Bergmann / Dienelt
Ausländerrecht

Ausländerrecht

Aufenthaltsgesetz, Freizügigkeitsgesetz/EU und
ARB 1/80 (Auszug), Europäische Menschenrechts-
konvention (Auszug), Grundrechtecharta und
Artikel 16a GG, Asylgesetz

Kommentar

Herausgegeben von

Prof. Dr. Jan Bergmann, LL. M. Eur.
Vors. Richter am
VGH Baden-Württemberg

Dr. Klaus Dienelt
Vors. Richter am VG Darmstadt

bearbeitet von den Herausgebern und

Benjamin Bäßler
Ministerialrat beim LfDI BW,
Richter am LG a. D.

Dr. Ina Bauer
Richterin am
VGH Baden-Württemberg

Dr. Jannis Broscheit
Richter am VG Wiesbaden

Franz Wilhelm Dollinger
Richter am Bundesverwaltungsgericht

Ingo Kolber
Erster Polizeihauptkommissar,
Bundespolizeiakademie

Dr. Anna Nusser
Richterin am SG,
VG Karlsruhe

Dr. Julian Nusser
Richter am
VGH Baden-Württemberg

Dr. Isabel Röcker
Richterin am VGH,
VerfGH Baden-Württemberg

Kai-Christian Samel
Vors. Richter am VG Berlin

Carina Stephan
Richterin am AG Dieburg

Prof. Dr. Simone Wunderle, LL. M.
Hochschule für öffentliche Verwaltung und Finanzen Ludwigsburg,
Richterin am VG a. D.

14. Auflage 2022

Zitiervorschlag: Bergmann/Dienelt/*Bearbeiter*

Rechtsstand: 1. Juni 2022 (BGBl. ausgewertet bis 31. Mai 2022)

www.beck.de

ISBN 978 3 406 78267 1

© 2022 Verlag C. H. Beck oHG
Wilhelmstraße 9, 80801 München
Satz, Druck und Bindung: Druckerei C. H. Beck Nördlingen
(Adresse wie Verlag)

Umschlaggestaltung: Druckerei C. H. Beck Nördlingen

CO_2 neutral

chbeck.de/nachhaltig

Gedruckt auf säurefreiem, alterungsbeständigem Papier
(hergestellt aus chlorfrei gebleichtem Zellstoff)

Wir sind alle Ausländer – fast überall

Vorwort

Vorwort zur vierzehnten Auflage

Die Corona-Pandemie hat unsere Arbeitsweise verändert. Immer umgreifender wird digitalisiert; immer mehr arbeiten wir online. Für den vorliegenden Kommentar bedeutet dies, dass die Lesefreundlichkeit, vor allem bei der Arbeit am Bildschirm, verbessert werden musste. Aus diesem Grund haben wir die Neuauflage dazu genutzt, die allermeisten Abkürzungen aufzulösen und zudem die Fußnoten umfassend zu verlinken. Es kann nun noch benutzerfreundlicher mit unseren Kommentierungen gearbeitet werden.

Die Ampelkoalition hat ihre im Koalitionsvertrag 2021 angekündigten Novellierungen im Migrationsbereich bislang nur ganz vereinzelt umgesetzt. Unser Werk greift sämtliche Impulse auf und bildet den aktuellen Stand ab. Insbesondere wird die im November 2020 erfolgte umfassende Novellierung des Freizügigkeitsgesetzes/EU, mit der nicht nur der Brexit einen rechtlichen Rahmen erhalten hat, sondern auch die Systematik des Gesetzes neu geregelt wurde, berücksichtigt. Mangels weiterer in Kraft getretener gesetzlicher Änderungen legt die Neuauflage einen Schwerpunkt auf die seit 2019 ergangene Rechtsprechung, gerade auch aus dem immer relevanter werdenden Europa. Ergänzend hat Dr. Julian Nusser, der zuvor an den EGMR abgeordnet war, eine Neukommentierung der migrationsrechtlichen Zentralnormen der EMRK erarbeitet.

Aus dem bewährten Autorenteam wollte Dr. Walter Krämer altersbedingt ausscheiden; seine Kommentierungen werden nun von dem Datenschutzexperten Benjamin Bäßler verantwortet. Ebenfalls neu begrüßen wir den Verwaltungsrichterkollegen Dr. Jannis Broscheit, der aufgrund spannender einschlägiger Publikationen „in der Szene" auf sich aufmerksam gemacht hat.

Unser besonderer Dank gilt der allseits hochgeschätzten Fachlektorin Ruth Schrödl, die längst fest mit dem Team zusammengewachsen ist, sowie dem zuständigen Lektoratsleiter Dr. Johannes Wasmuth.

Stuttgart/Darmstadt, im Juli 2022

Jan Bergmann
Klaus Dienelt

Aus dem Vorwort zur dreizehnten Auflage

Das bis zuletzt politisch heiß umkämpfte Migrationspaket 2019 novelliert vor allem mit dem Fachkräfteeinwanderungsgesetz (FEG) und Gesetz über Duldung bei Ausbildung und Beschäftigung (DuldG) auf der einen Seite sowie dem „Geordnete-Rückkehrgesetz" (2. RückkehrG) auf der anderen Seite umfassend die Aufenthalts- und Asylgesetze. Die zahlreichen Änderungsnormen spiegeln die unterschiedlichen politischen Grundkonzepte der Regierungsparteien wider: Einerseits soll durch gezielte und gesteuerte Zuwanderung von Fachkräften aus Drittstaaten die Basis des Wirtschaftsstandortes Deutschland abgesichert sowie durch einen „kleinen Spurwechsel" der Übergang von bereits in Deutschland lebende Asylbeantragende in den Arbeitsmarkt ermöglicht werden. Andererseits wird zugleich das rechtliche Instrumentarium zur Durchsetzung einer vollziehbaren Ausreisepflicht deutlich verschärft. Weitere Neuerungen sind aus Europa zu melden, hier vor allem mit den richtungsweisenden EuGH-Grundlagenurteilen Jawo/Ibrahim zum Dublin-Asylsystem. Kurz, die vollständige Überarbeitung des gesamten Werkes war unabdingbar.

Das bewährte Autorenteam, aus dem leider die zur Stuttgarter Sozialbürgermeisterin gewählte Kollegin Dr. Alexandra Sußmann sowie Richter am VGH Dr. Wolfgang Schenk ausgeschieden sind, konnte dies alles nicht mehr alleine stemmen. Mit Arbeitskraft und Schwung verstärken uns deshalb ausgewiesene Expertinnen und Experten: Erster Polizeihauptkommissar Ingo Kolber der Bundespolizeiakademie schärft den Blick auf die immer relevanter werdenden Bereiche von Grenzschutz und Visaverfahren. Die derzeit am BVerfG arbeitende Ri'inSG Dr. Anna Nusser richtet noch stärker die Aufmerksamkeit auf die komplexe sozialrechtliche Seite von Migration und Integration. Ri'inAG Carina Stephan stärkt unsere strafrechtliche Kompetenz. Der beim baden-württembergischen Landesbeauftragten arbeitende Ministerialrat Dr. Walter Krämer sichert ab, dass der zwischenzeitlich in allen Lebensbereichen verstärkte Datenschutz auch bei uns den ihm gebührenden Stellenwert hält. Der derzeit am Straßburger EGMR eingesetzte RiVG Dr. Julian Nusser gewichtet weiter die zentrale menschenrechtliche Perspektive unseres Kommentars.

Stuttgart/Darmstadt, im November 2019

Jan Bergmann
Klaus Dienelt

Vorwort

Aus dem Vorwort zur zwölften Auflage

In der emotional aufgeladenen Flüchtlingspolitik versuchen alle, nach bestem Wissen und Gewissen das Richtige zu tun. Als größte Aufgabe der Gegenwart wird die Integration der rund eine Million Menschen gesehen, die im letzten Jahr nach Deutschland gekommen sind. Zugleich besteht weitreichender politischer Konsens, dass all diejenigen zeitnah das Land verlassen sollen, die keine Bleibeperspektive haben. Die große Koalition hat zu diesen Zwecken zum einen das am 17. März 2016 in Kraft getretene sogenannte „Asylpaket II" erlassen. Es umfasst das „Gesetz zur Einführung beschleunigter Asylverfahren" und wird von dem „Gesetz zur erleichterten Ausweisung von straffälligen Ausländern und zum erweiterten Ausschluss der Flüchtlingsanerkennung bei straffälligen Asylbewerbern" flankiert. Zum anderen wurde das am 6. August 2016 in Kraft getretene und nach dem Leitgedanken des Förderns und Forderns konstruierte „Integrationsgesetz" erlassen, das als Artikelgesetz zahlreiche bestehende Regelungskomplexe ändert. Auch die im vorliegenden Werk kommentierten Normen wurden hierdurch umfangreich novelliert, sodass eine Neuauflage unabdingbar erscheint. Schließlich waren die im Februar und November 2016, sowie im Juli und August 2017 in Kraft getretenen Neuregelungen des „Datenaustauschverbesserungsgesetzes", des „Gesetzes zur Verbesserung des Schutzes der sexuellen Selbstbestimmung", des „Gesetzes zur Bekämpfung von Kinderehen" sowie des „Gesetzes zur Umsetzung aufenthaltsrechtlicher Richtlinien der Europäischen Union zur Arbeitsmigration" und des „Gesetzes zur besseren Durchsetzung der Ausreisepflicht" in das Werk einzuarbeiten.

Stuttgart/Darmstadt, im Oktober 2017

Jan Bergmann
Klaus Dienelt

Aus dem Vorwort zur elften Auflage

Das Migrationsrecht ist nicht zuletzt aufgrund der aktuellen Flüchtlingsbewegungen vielfältigen und raschen Änderungen unterworfen. Seit Erscheinen der letzten Auflage waren insbesondere das Richtlinienumsetzungsgesetz 2013 und das am 1. August 2015 in Kraft getretene Gesetz zur Neubestimmung des Bleiberechts und der Aufenthaltsbeendigung einzuarbeiten, welches u. a. das von Bergmann/Dörig auf den letzten Deutschen Verwaltungsgerichtstagen europarechtlich angestoßene neue Ausweisungsrecht einführt, sowie das soeben erst beschlossene Asylverfahrensbeschleunigungsgesetz. Vor der Türe stehen die weitere Umsetzung der novellierten Asylverfahrens-Richtlinie 2013/32/EU und zahlreiche Reformvorschläge insbesondere zum Asylrecht, die aus den Verhandlungsergebnissen der verschiedenen Flüchtlingsgipfel resultieren.

Am Autorenteam hat sich wenig verändert. Die sieben Kolleginnen und Kollegen sind allesamt beruflich im Ausländer- bzw. Asylrecht aktiv und bieten insbesondere den richterlichen Blick auf diese spannende Materie. Der Schwerpunkt des Kommentars liegt auf der besonderen Nutzbarkeit für die alltägliche Praxis, weswegen Literaturstreitigkeiten weniger Raum erhalten.

Stuttgart/Darmstadt, im November 2015

Jan Bergmann
Klaus Dienelt

Aus dem Vorwort zur zehnten Auflage

Die rasch fortschreitende Europäisierung des Ausländer- und Asylrechts macht eine Neuauflage des Kommentars unausweichlich. Einzuarbeiten war insbesondere das am 26. November 2011 in Kraft getretene weitere Richtlinienumsetzungsgesetz, durch welches u. a. die Rückführungsrichtlinie in bundesdeutsches Recht umgesetzt wurde, sowie das am 1. August 2012 in Kraft getretene Gesetz zur Umsetzung der Hochqualifizierten-Richtlinie (Blue Card).

Die Neuauflage war Anlass für weitere Änderungen: Die bislang in § 4 AufenthG versteckte Kommentierung des ARB 1/80 wurde komplett überarbeitet und benutzerfreundlich verselbstständigt. Hinzugekommen ist des Weiteren eine Kurzkommentierung der EU-Grundrechtecharta, die im Laufe der nächsten Jahre gerade in unseren Rechtsgebieten erheblich an Bedeutung gewinnen dürfte. Die wichtigste Neuerung jedoch ist die Erweiterung des Autorenkreises um die in einem Ausländerrechtssenat des VGH Baden-Württemberg aktive Frau Dr. Ina Bauer, um die am Verwaltungsgericht Stutt-

Vorwort

gart tätige Richterin Frau Dr. Simone Wunderle, die einen Schwerpunkt auch im humanitären Aufenthaltsrecht hat, um die ebendort tätige, zuvor als Richterin am Sozialgericht aktive Frau Dr. Alexandra Sußmann, die ihr besonderes sozial- und arbeitsrechtliches Know-how einbringt, um den am Berliner Verwaltungsgericht tätigen Herrn Kai-Christian Samel, der zuvor am Bundesverfassungsgericht als wissenschaftlicher Mitarbeiter im Ausländerrecht aktiv war, sowie um Herrn Holger Winkelmann, der aufgrund seiner vielfältigen Erfahrungen bei der Bundespolizei vor allem die grenz-, strafrechts- und haftrelevanten Normen mit Praxiswissen anreichert. Gemeinsam mit der bei der Beauftragten der Bundesregierung für Migration, Flüchtlinge und Integration tätigen Frau Sybille Röseler, die den Kommentar nach dieser Neuauflage verlässt, besteht das Autorenteam damit derzeit aus acht und langfristig aus sieben Personen, was den Verlag zur Umstellung auf das Herausgebermodell veranlasste.

Stuttgart/Darmstadt, im April 2013

Jan Bergmann
Klaus Dienelt

Aus dem Vorwort zur neunten Auflage

Fünf Jahre sind vergangen, seit unser verehrter Mentor und väterlicher Freund Professor Dr. Günter Renner am 19. August 2005 plötzlich und unerwartet im Alter von 66 Jahren in Melsungen verstorben ist. Günter Renner hat das Ausländerrecht in Deutschland wie kaum ein anderer geprägt. Sowohl mit dem von ihm geleiteten 12. Senat am Hessischen Verwaltungsgerichtshof als auch mit zahllosen wissenschaftlichen Beiträgen und vor allem dem seit der 5. Auflage von 1991 bis 2005 betreuten vorliegenden Kommentar hat er maßgeblich Einfluss genommen auf Rechtsprechung und Verwaltung. „Der Renner", wie das 1967 von Dr. Werner Kanein begründete Werk bald überall genannt wurde, ist einfach jedem im Ausländerrecht Tätigen ein Begriff.

Günter Renner hinterlässt ohne jeden Zweifel große Fußstapfen. Mit der kurz vor seinem Tod fertiggestellten 8. Auflage hinterließ er zudem eine erste umfassende Kommentierung des am 1. Januar 2005 in Kraft getretenen neuen Zuwanderungsrechts. Entsprechend seinem im Verlagsvertrag niedergelegten Willen haben wir diese Bearbeitungen unseren Bearbeitungen zugrunde gelegt und sodann fortgeschrieben. Neu eingearbeitet wurde vor allem das am 28. August 2007 in Kraft getretene Richtlinienumsetzungsgesetz, mit dem insgesamt elf Richtlinien der Europäischen Union in das innerstaatliche Recht umgesetzt worden sind, sowie die seit dem 26. Oktober 2009 vorliegende bundeseinheitliche Allgemeine Verwaltungsvorschrift zum Aufenthaltsgesetz.

Äußerlich haben wir vorsichtige Änderungen vorgenommen. Am augenfälligsten dürfte die Umstellung des gesamten Kommentars auf Fußnoten sein, die zur besseren Lesbarkeit beitragen soll. In den Fußnoten kehren wir uns zudem überwiegend ab von den bisher vielfach verwendeten EZAR-Quellenangaben und zitieren verstärkt im herkömmlichen Sinne, auch um das raschere Auffinden in Datenbanken zu erleichtern. So wird manches altbekannt und manches neu erscheinen. Günter Renners ausländerrechtliches Erbe wird gepflegt und weiterentwickelt. Sein liberaler Geist wirkt fort. Daran ist uns gelegen.

Stuttgart/Darmstadt/Berlin, im September 2010

Jan Bergmann
Klaus Dienelt
Sybille Röseler

Aus dem Vorwort zur achten Auflage

Nun ist endlich gelungen, was lange verhindert und dann doch begonnen worden ist: Das alte deutsche Ausländerrecht ist zu einem neuen Zuwanderungsrecht entwickelt worden.

Nach der Reform des deutschen Staatsangehörigkeitsrechts in den Jahren 1999 und 2000 hat sich zunächst in zahlreichen gesellschaftlichen Gruppen und dann bei dem Gesetzgeber die Erkenntnis durchgesetzt, dass auch das Ausländerrecht reformiert werden sollte. Die These vom Nichteinwanderungsland Deutschland konnte nicht länger die allfällige Anpassung an grundlegend geänderte Verhältnisse hindern. Zunehmende wirtschaftliche Schwierigkeiten und demografische Defizite hatten Grundlagen und System des Ausländergesetzes von 1990 schneller als erwartet altern lassen. Die vielfältigen Bestrebungen auf europäischer Ebene, die Bausteine für ein zukunftstaugliches Migrationsrecht zu schaffen, brachten Deutschland in Zugzwang. Die Europäische Union machte von den ihr neu übertragenen Kompetenzen in den Bereichen Visa und Zuwanderung sowie Asyl und Flüchtlinge zügig Gebrauch.

Vorwort

Nachdem die Unabhängige Kommission „Zuwanderung" in ihrem Bericht „Zuwanderung gestalten – Integration fördern" im Juli 2001 festgestellt hatte: „Deutschland braucht Zuwanderinnen und Zuwanderer", entschied sich der Gesetzgeber für eine Umgestaltung des Ausländerrechts in ein modernes Zuwanderungsrecht. Nach langen parlamentarischen Auseinandersetzungen und der Nichtigerklärung des ersten Zuwanderungsgesetzes von 2002 wegen einer verfassungswidrigen Zustimmung des Bundesrats konnte das Zuwanderungsgesetz (ZuwG) über drei Jahre nach Einbringung des ersten Entwurfs schließlich am 1. Januar 2005 in Kraft treten.

Die vielfachen Herausforderungen für die deutsche Zuwanderungspolitik sind mit diesem Gesetz angenommen, aber nicht gemeistert. Während die Ausländerpolizeiverordnung von 1938 und das Ausländergesetz von 1965 jeweils ein Vierteljahrhundert und das Ausländergesetz 1990 fast 15 Jahre gegolten haben, wird das Aufenthaltsgesetz schon in fünf Jahren grundlegend verändert sein. Unabhängig von den ohnehin notwendigen Nachbesserungen wird die noch ausstehende Umsetzung einiger EU-Richtlinien schon in den nächsten zwei Jahren für wesentliche Veränderungen sorgen. Vor allem die folgenden Bereiche werden davon betroffen sein: Freizügigkeit der Unionsbürger, Familienzusammenführung zu Drittstaatsangehörigen, Daueraufenthalts- und Weiterwanderungsrecht von Drittstaatsangehörigen, Asyl- und Flüchtlingsstatus und Asylverfahren.

Melsungen, im Juni 2005   Günter Renner

Aus dem Vorwort zur siebenten Auflage

Fast neun Jahre sind seit der Wiedervereinigung Deutschlands und dem Zusammenbruch des Ostblocks vergangen, seit über acht Jahren gilt das neue Ausländergesetz, und vor annähernd sechs Jahren wurde das Asylgrundrecht durch die neue Drittstaatenklausel sehr weitgehend beschnitten. Die europäische Einigung schreitet fort. Der Vertrag von Amsterdam wird nach seinem Inkrafttreten wesentliche ausländerrechtliche Kompetenzen auf die Europäische Union verlagern. Zuzug und Aufenthalt von Drittstaatsangehörigen werden dem Einfluss der Mitgliedstaaten entzogen werden. Mit den Europa-Abkommen ist der Weg für eine Erweiterung der Union um mittel- und osteuropäische Reformstaaten geebnet und vorgezeichnet. Damit erweist sich an der Schwelle zu einem neuen Jahrhundert und Jahrtausend der enge Zusammenhang zwischen der Globalisierung der Lebens- und Arbeitsverhältnisse und dem zunehmenden Bedarf an einer zeitgerechten Ausgestaltung des Migrationsrechts im weiteren Sinne.

Geblieben ist ein nicht unbeträchtlicher Reformstau. Die Aufrechterhaltung der These vom Nichteinwanderungsland verhinderte aber die notwendigen Schlussfolgerungen aus der Tatsache, dass Deutschland die Einwanderung zahlreicher Ausländer durch Gewährung eines Daueraufenthalts und durch Einbürgerung in der Vergangenheit rechtlich und tatsächlich zugelassen hat und weiter zulässt. Das beständige Leugnen der millionenfachen Einwanderungssituation hat es verhindert, die Regelung des Aufenthalts von Ausländern in Deutschland endlich als einen Teil der gemeinsamen Daseinsvorsorge zu begreifen, statt Nichtdeutsche ausschließlich oder vorwiegend als Quelle polizeilicher Gefahren anzusehen und zu behandeln. Nicht zuletzt die beharrlich verweigerte Bereitschaft zur Anerkennung mehr oder weniger unabänderlicher Fakten ist verantwortlich für das allenthalben festzustellende Fehlen system- und sachgerechter Vorschriften – und damit auch für den Mangel an Akzeptanz des gesetzten Rechts in der deutschen wie in der nichtdeutschen Bevölkerung.

Melsungen, im Februar 1999   Günter Renner

Aus dem Vorwort zur sechsten Auflage

Die ersten Jahre nach dem Zusammenbruch der kommunistischen Staaten Ost- und Südosteuropas und der Wiedervereinigung Deutschlands waren geprägt von hoffnungsvoller Aufbruchstimmung einerseits und unsicheren Zukunftserwartungen andererseits. Ungeachtet zwischenzeitlicher Enttäuschungen und Rückschläge, nicht nur wegen des Kriegs im ehemaligen Jugoslawien, hat die Öffnung von Grenzen, Märkten und Systemen den Wanderungsbewegungen neuen Auftrieb verliehen. Der von Grenzkontrollen freie europäische Binnenmarkt kann den Austausch von Waren, Dienstleistungen und Arbeitskräften sowie die allgemeine Freizügigkeit weiter fördern. Dabei liegen die möglichen Gefahren fehlender Steuerung der über die EG-Freizügigkeit hinausgehenden Zuwanderung auf der Hand.

Ein grundlegender Wandel hat sich innerhalb weniger Monate im Asylrecht vollzogen. Das neue Asylverfahrensgesetz vom Juli 1992 wurde bereits kurz nach seinem – teilweisen – Inkrafttreten für

Vorwort

ungenügend erachtet und mit der Änderung der grundgesetzlichen Gewährleistung des Asylrechts einer erneuten Revision unterzogen. Die mit der Drittstaatenklausel beabsichtigte Beschränkung der Aufnahme auf mit dem Flugzeug einreisende politisch Verfolgte beendet eine asylrechtliche Tradition, die mit den Verfolgungserfahrungen Deutscher während des Zweiten Weltkriegs begann. In Zukunft wird der Reiseweg und nicht mehr die erlittene oder drohende Verfolgung über das Asylrecht in Deutschland entscheiden.

Die ausländerfeindlichen Ausschreitungen und Morde in den Jahren 1992 und 1993 sind nicht auf unzureichende Gesetze zurückzuführen, eher schon auf eine vernachlässigte Aufklärung der Bevölkerung über Ursachen und Folgen von Zuwanderung. Gegen politischen Fanatismus von Sektierern und dessen teilweise Billigung durch einen Teil der deutschen Bevölkerung kann nur sachgerechte und wahrheitsgemäße Information helfen. Einseitige Tatsachendarstellungen schaden der Akzeptanz von Ausländern bei Deutschen ebenso wie undifferenzierte Werturteile gleich welcher Art. Nur Rechtssicherheit und klare Perspektiven für die ausländische Wohnbevölkerung können die Grundlagen für ein friedliches Zusammenleben in Deutschland bilden.

Melsungen, im August 1993 — Günter Renner

Aus dem Vorwort zur fünften Auflage

Über 25 Jahre lang hat das Ausländergesetz vom April 1965 gegolten. Seither haben sich die Verhältnisse in und um Deutschland grundlegend gewandelt. Die europäische Einigung ist fortgeschritten, die internationale Verflechtung der Wirtschaft verstärkt die Wanderungsbewegungen der Arbeitnehmer, und das weltweite Flüchtlingselend wächst trotz aller Bemühungen um Frieden und Sicherung der Menschenrechte. Der Zusammenbruch des Kommunismus in Osteuropa wird zusätzlich Menschen zum Verlassen einer Heimat bewegen, die ihnen schon lange keine Heimat mehr war. Die Vereinigung Deutschlands schafft Hoffnungen im Innern wie im Ausland. Trotz aller Anfangsschwierigkeiten werden mit steigender Wirtschaftskraft noch mehr Ausländer nach Deutschland drängen und hier auch benötigt werden und willkommen sein.

In dieser Zeit des Umbruchs ist ein neues Ausländerrecht geschaffen worden, das den Anforderungen der Zukunft gewachsen sein soll. Die Eile, mit der es konzipiert, beraten und verabschiedet wurde, hat ihm nicht immer und überall gut getan. Doch bei näherer Betrachtung scheint es besser zu sein als sein anfänglicher Ruf.

Melsungen, im Juli 1991 — Günter Renner

Aus dem Vorwort zur vierten Auflage

Etwa viereinhalb Millionen Ausländer leben in der Bundesrepublik Deutschland. Anzeichen einer Ausländerfeindlichkeit sind unverkennbar. Spektakuläre Ereignisse jüngerer Zeit sind Warnzeichen.

Es ist unzutreffend, von „ausländischen Mitbürgern" und „Gastarbeitern" zu sprechen. Diese beschönigende, unbegründete, Illusionen hervorrufende Terminologie sollte aufgegeben werden. Der Staatsfremde, Staatenlose oder Ausländer ist Einwohner, Gebietszugehöriger. Der „Gastarbeiter" ist alles andere als ein Gast, nicht selten ein minderberechtigter ausländischer Arbeitnehmer.

München/Feilnbach, im Mai 1986 — Werner Kanein

Aus dem Vorwort zur dritten Auflage

Das deutsche Fremdenrecht ist nach wie vor in Bewegung. Die jüngere und jüngste Zeit haben einschneidende Änderungen durch Gesetze, Ausführungsvorschriften und höchstrichterliche Entscheidungen gebracht. Vor allem der Rechtsprechung ist zu danken, daß gegenüber weitgehend restriktiver und schematischer Vollzugspraxis der eigentliche Wille des Gesetzgebers zu weltoffener, liberaler und humaner Fremdenpolitik zunehmend zur Durchsetzung gelangt. Die durch die Rezession bewirkte Konsolidierung der Verhältnisse auf dem Gebiet des Ausländerrechts kommt diesem Ziel zugute.

München/Feilnbach, im Oktober 1979 — Werner Kanein

Vorwort

Aus dem Vorwort zur zweiten Auflage

Bei Inkrafttreten des Ausländergesetzes befanden sich rund eine Million ausländische Arbeiter im Bundesgebiet. Man ging davon aus, daß deren Beschäftigung vorübergehend sein werde.

Zwar verfügen in allen Staaten der Welt Inländer über eine privilegierte Rechtsstellung gegenüber Staatsfremden, die grundsätzlich keinen Anspruch auf Aufenthalt besitzen. Doch darf der ausländerbehördliche Vollzug des Fremdenrechts weniger als Aufgabe des Polizeirechts, aus dem es rechtssystematisch hervorgegangen ist, begriffen werden. Vielmehr sollte es in der liberalen und humanen Weise gehandhabt werden, die den Absichten des Gesetzgebers ebenso wie der in der neueren höchstrichterlichen Rechtsprechung des Bundesverfassungsgerichts und Bundesverwaltungsgerichts sich abzeichnenden Auffassung entspricht. Damit können die von Anbeginn gegen das Gesetz laut gewordene Kritik verstummen, die Ausländer das Gefühl der Unsicherheit verlieren, die behördliche Arbeit erleichtert, die Gerichte entlastet und beträchtlicher politischer Zündstoff beseitigt werden.

München, im Juni 1974   Werner Kanein

Aus dem Vorwort zur ersten Auflage

Die bis zum 30. September 1965 maßgebende Rechtsgrundlage des Deutschen Fremdenrechts, die Ausländerpolizeiverordnung vom 22. August 1938 (RGBl. I S. 1053), ist durch das Ausländergesetz vom 28. April 1965, verkündet am 8. Mai 1965 (BGBl. I S. 353), abgelöst worden. Das Ausländergesetz ist seit 1. Oktober 1965 in Kraft. Es enthält nicht unbeträchtliche Neuerungen. Während die Ausländerpolizeiverordnung im wesentlichen nur das Aufenthaltsrecht der Ausländer regelte, geht das Ausländergesetz darüber hinaus und enthält neben der Regelung der Einreise und des Aufenthalts, die nunmehr rechtlich als einheitlicher Vorgang betrachtet werden, Bestimmungen über das Paß- und Ausweiswesen der Ausländer, die politische Betätigung, das Asylrecht u. dgl. Der gesteigerten Bedeutung des Fremdenrechts entsprechend hat der Gesetzgeber das Rechtsgebiet eingehender geregelt.

München, im Juli 1967   Werner Kanein

Inhaltsübersicht

Vorwort	VII
Inhaltsverzeichnis	XV
Bearbeiterverzeichnis	XXV
Abkürzungsverzeichnis	XXIX

Erster Teil. Aufenthaltsgesetz

Kapitel 1. Allgemeine Bestimmungen	1
Kapitel 2. Einreise und Aufenthalt im Bundesgebiet	52
Kapitel 3. Integration	854
Kapitel 4. Ordnungsrechtliche Vorschriften	882
Kapitel 5. Beendigung des Aufenthalts	915
Kapitel 6. Haftung und Gebühren	1312
Kapitel 7. Verfahrensvorschriften	1356
Kapitel 8. Beauftragte für Migration, Flüchtlinge und Integration	1542
Kapitel 9. Straf- und Bußgeldvorschriften	1547
Kapitel 9a. Rechtsfolgen bei illegaler Beschäftigung	1616
Kapitel 10. Verordnungsermächtigungen; Übergangs- und Schlussvorschriften	1627

Zweiter Teil. Freizügigkeitsgesetz/EU ... 1681

Dritter Teil. ARB 1/80
(Auszug)

Kapitel II. Soziale Bestimmungen	1904
Kapitel III. Wirtschaftliche und technische Zusammenarbeit	2019

Vierter Teil. Europäische Menschenrechtskonvention ... 2021
(Auszug)

Fünfter Teil. Grundrechtecharta der EU

Titel I. Würde des Menschen	2048
Titel II. Freiheiten	2054
Titel III. Gleichheit	2074
Titel IV. Solidarität	2080
Titel V. Bürgerrechte	2088
Titel VI. Justizielle Rechte	2094
Titel VII. Allgemeine Bestimmungen über die Auslegung und Anwendung der Charta	2100

Sechster Teil. Artikel 16a Grundgesetz ... 2109

Siebter Teil. Asylgesetz

Abschnitt 1. Geltungsbereich	2158
Abschnitt 2. Schutzgewährung	2164
Abschnitt 3. Allgemeine Bestimmungen	2196
Abschnitt 4. Asylverfahren	2228
Abschnitt 5. Unterbringung und Verteilung	2442
Abschnitt 6. Recht des Aufenthalts während des Asylverfahrens	2473
Abschnitt 7. Folgeantrag, Zweitantrag	2522
Abschnitt 8. Erlöschen der Rechtsstellung	2539
Abschnitt 9. Gerichtsverfahren	2566
Abschnitt 10. Straf- und Bußgeldvorschriften	2619
Abschnitt 11. Übergangs- und Schlussvorschriften	2627

Sachregister	2641

Inhaltsverzeichnis

Vorwort	VII
Bearbeiterverzeichnis	XXV
Abkürzungsverzeichnis	XXIX

Erster Teil. Aufenthaltsgesetz

Kapitel 1. Allgemeine Bestimmungen ... 1

§ 1 Zweck des Gesetzes; Anwendungsbereich ... 1
§ 2 Begriffsbestimmungen ... 12

Kapitel 2. Einreise und Aufenthalt im Bundesgebiet ... 52

Abschnitt 1. Allgemeines ... 52

§ 3 Passpflicht ... 52
§ 4 Erfordernis eines Aufenthaltstitels ... 72
§ 4a Zugang zur Erwerbstätigkeit ... 93
§ 5 Allgemeine Erteilungsvoraussetzungen ... 107
§ 6 Visum ... 152
§ 7 Aufenthaltserlaubnis ... 191
§ 8 Verlängerung der Aufenthaltserlaubnis ... 207
§ 9 Niederlassungserlaubnis ... 218
§ 9a Erlaubnis zum Daueraufenthalt – EU ... 239
§ 9b Anrechnung von Aufenthaltszeiten ... 254
§ 9c Lebensunterhalt ... 260
§ 10 Aufenthaltstitel bei Asylantrag ... 263
§ 11 Einreise- und Aufenthaltsverbot ... 275
§ 12 Geltungsbereich; Nebenbestimmungen ... 312
§ 12a Wohnsitzregelung ... 324

Abschnitt 2. Einreise ... 339

§ 13 Grenzübertritt ... 339
§ 14 Unerlaubte Einreise; Ausnahme-Visum ... 347
§ 15 Zurückweisung ... 364
§ 15a Verteilung unerlaubt eingereister Ausländer ... 392

Abschnitt 3. Aufenthalt zum Zweck der Ausbildung ... 403

§ 16 Grundsatz des Aufenthalts zum Zweck der Ausbildung ... 403
§ 16a Berufsausbildung; berufliche Weiterbildung ... 415
§ 16b Studium ... 421
§ 16c Mobilität im Rahmen des Studiums ... 433
§ 16d Maßnahmen zur Anerkennung ausländischer Berufsqualifikationen ... 435
§ 16e Studienbezogenes Praktikum EU ... 442
§ 16f Sprachkurse und Schulbesuch ... 443
§ 17 Suche eines Ausbildungs- oder Studienplatzes ... 446

Abschnitt 4. Aufenthalt zum Zweck der Erwerbstätigkeit ... 448

§ 18 Grundsatz der Fachkräfteeinwanderung; allgemeine Bestimmungen ... 448
§ 18a Fachkräfte mit Berufsausbildung ... 455
§ 18b Fachkräfte mit akademischer Ausbildung ... 457
§ 18c Niederlassungserlaubnis für Fachkräfte ... 464
§ 18d Forschung ... 470
§ 18e Kurzfristige Mobilität für Forscher ... 476
§ 18f Aufenthaltserlaubnis für mobile Forscher ... 480
§ 19 ICT-Karte für unternehmensintern transferierte Arbeitnehmer ... 481
§ 19a Kurzfristige Mobilität für unternehmensintern transferierte Arbeitnehmer ... 487
§ 19b Mobiler-ICT-Karte ... 492
§ 19c Sonstige Beschäftigungszwecke; Beamte ... 495
§ 19d Aufenthaltserlaubnis für qualifizierte Geduldete zum Zweck der Beschäftigung ... 499

Inhaltsverzeichnis

§ 19e Teilnahme am europäischen Freiwilligendienst	509
§ 19f Ablehnungsgründe bei Aufenthaltstiteln nach den §§ 16b, 16c, 16e, 16f, 17, 18b Absatz 2, den §§ 18d, 18e, 18f und 19e	511
§ 20 Arbeitsplatzsuche für Fachkräfte	515
§§ 20a–20c *(aufgehoben)*	518
§ 21 Selbständige Tätigkeit	518

Abschnitt 5. Aufenthalt aus völkerrechtlichen, humanitären oder politischen Gründen	528
§ 22 Aufnahme aus dem Ausland	528
§ 23 Aufenthaltsgewährung durch die obersten Landesbehörden; Aufnahme bei besonders gelagerten politischen Interessen; Neuansiedlung von Schutzsuchenden	533
§ 23a Aufenthaltsgewährung in Härtefällen	542
§ 24 Aufenthaltsgewährung zum vorübergehenden Schutz	549
§ 25 Aufenthalt aus humanitären Gründen	553
§ 25a Aufenthaltsgewährung bei gut integrierten Jugendlichen und Heranwachsenden	586
§ 25b Aufenthaltsgewährung bei nachhaltiger Integration	597
§ 26 Dauer des Aufenthalts	605

Abschnitt 6. Aufenthalt aus familiären Gründen	618
§ 27 Grundsatz des Familiennachzugs	618
§ 28 Familiennachzug zu Deutschen	649
§ 29 Familiennachzug zu Ausländern	665
§ 30 Ehegattennachzug	675
§ 31 Eigenständiges Aufenthaltsrecht der Ehegatten	698
§ 32 Kindernachzug	721
§ 33 Geburt eines Kindes im Bundesgebiet	742
§ 34 Aufenthaltsrecht der Kinder	747
§ 35 Eigenständiges, unbefristetes Aufenthaltsrecht der Kinder	752
§ 36 Nachzug der Eltern und sonstiger Familienangehöriger	761
§ 36a Familiennachzug zu subsidiär Schutzberechtigten	775

Abschnitt 7. Besondere Aufenthaltsrechte	789
§ 37 Recht auf Wiederkehr	789
§ 38 Aufenthaltstitel für ehemalige Deutsche	803
§ 38a Aufenthaltserlaubnis für in anderen Mitgliedstaaten der Europäischen Union langfristig Aufenthaltsberechtigte	813

Abschnitt 8. Beteiligung der Bundesagentur für Arbeit	832
§ 39 Zustimmung zur Beschäftigung	832
§ 40 Versagungsgründe	846
§ 41 Widerruf der Zustimmung und Entzug der Arbeitserlaubnis	849
§ 42 Verordnungsermächtigung und Weisungsrecht	851

Kapitel 3. Integration	854
§ 43 Integrationskurs	854
§ 44 Berechtigung zur Teilnahme an einem Integrationskurs	865
§ 44a Verpflichtung zur Teilnahme an einem Integrationskurs	870
§ 45 Integrationsprogramm	879
§ 45a Berufsbezogene Deutschsprachförderung; Verordnungsermächtigung	881

Kapitel 4. Ordnungsrechtliche Vorschriften	882
§ 46 Ordnungsverfügungen	882
§ 47 Verbot und Beschränkung der politischen Betätigung	889
§ 47a Mitwirkungspflichten; Lichtbildabgleich	895
§ 48 Ausweisrechtliche Pflichten	896
§ 48a Erhebung von Zugangsdaten	905
§ 49 Überprüfung, Feststellung und Sicherung der Identität	906
§§ 49a, 49b *(aufgehoben)*	915

Inhaltsverzeichnis

Kapitel 5. Beendigung des Aufenthalts	915
Abschnitt 1. Begründung der Ausreisepflicht	915
§ 50 Ausreisepflicht	915
§ 51 Beendigung der Rechtmäßigkeit des Aufenthalts; Fortgeltung von Beschränkungen	928
§ 52 Widerruf	943
Vorbemerkung §§ 53–56 – Ausweisung	957
§ 53 Ausweisung	1016
§ 54 Ausweisungsinteresse	1050
§ 54a *(aufgehoben)*	1081
§ 55 Bleibeinteresse	1081
§ 56 Überwachung vollziehbar ausreisepflichtiger Ausländer aus Gründen der inneren Sicherheit	1089
§ 56a Elektronische Aufenthaltsüberwachung; Verordnungsermächtigung	1095
Abschnitt 2. Durchsetzung der Ausreisepflicht	1102
§ 57 Zurückschiebung	1102
§ 58 Abschiebung	1111
§ 58a Abschiebungsanordnung	1129
§ 59 Androhung der Abschiebung	1143
§ 60 Verbot der Abschiebung	1163
§ 60a Vorübergehende Aussetzung der Abschiebung (Duldung)	1209
§ 60b Duldung für Personen mit ungeklärter Identität	1232
§ 60c Ausbildungsduldung	1239
§ 60d Beschäftigungsduldung	1252
§ 61 Räumliche Beschränkung, Wohnsitzauflage, Ausreiseeinrichtungen	1260
§ 62 Abschiebungshaft	1269
§ 62a Vollzug der Abschiebungshaft	1296
§ 62b Ausreisegewahrsam	1302
§ 62c Ergänzende Vorbereitungshaft	1307
Kapitel 6. Haftung und Gebühren	1312
§ 63 Pflichten der Beförderungsunternehmer	1312
§ 64 Rückbeförderungspflicht der Beförderungsunternehmer	1319
§ 65 Pflichten der Flughafenunternehmer	1324
§ 66 Kostenschuldner; Sicherheitsleistung	1326
§ 67 Umfang der Kostenhaftung	1332
§ 68 Haftung für Lebensunterhalt	1339
§ 68a Übergangsvorschrift zu Verpflichtungserklärungen	1347
§ 69 Gebühren	1348
§ 70 Verjährung	1354
Kapitel 7. Verfahrensvorschriften	1356
Abschnitt 1. Zuständigkeiten	1356
§ 71 Zuständigkeit	1356
§ 71a Zuständigkeit und Unterrichtung	1371
§ 72 Beteiligungserfordernisse	1373
§ 72a Abgleich von Visumantragsdaten zu Sicherheitszwecken	1380
§ 73 Sonstige Beteiligungserfordernisse im Visumverfahren, im Registrier- und Asylverfahren und bei der Erteilung von Aufenthaltstiteln	1385
§ 73a Unterrichtung über die Erteilung von Visa	1398
§ 73b Überprüfung der Zuverlässigkeit von im Visumverfahren tätigen Personen und Organisationen	1399
§ 73c Zusammenarbeit mit externen Dienstleistungserbringern	1401
§ 74 Beteiligung des Bundes; Weisungsbefugnis	1402
Abschnitt 1 a. Durchbeförderung	1404
§ 74a Durchbeförderung von Ausländern	1404
Abschnitt 2. Bundesamt für Migration und Flüchtlinge	1407
§ 75 Aufgaben	1407
§ 76 (weggefallen)	1412

Inhaltsverzeichnis

Abschnitt 3. Verwaltungsverfahren	1412
§ 77 Schriftform; Ausnahme von Formerfordernissen	1412
§ 78 Dokumente mit elektronischem Speicher- und Verarbeitungsmedium	1419
§ 78a Vordrucke für Aufenthaltstitel in Ausnahmefällen, Ausweisersatz und Bescheinigungen	1422
§ 79 Entscheidung über den Aufenthalt	1424
§ 80 Handlungsfähigkeit	1430
§ 81 Beantragung des Aufenthaltstitels	1434
§ 81a Beschleunigtes Fachkräfteverfahren	1449
§ 82 Mitwirkung des Ausländers	1453
§ 83 Beschränkung der Anfechtbarkeit	1462
§ 84 Wirkungen von Widerspruch und Klage	1463
§ 85 Berechnung von Aufenthaltszeiten	1471
§ 85a Verfahren bei konkreten Anhaltspunkten einer missbräuchlichen Anerkennung der Vaterschaft	1472
Abschnitt 4. Datenschutz	1478
§ 86 Erhebung personenbezogener Daten	1478
§ 86a Erhebung personenbezogener Daten zu Förderungen der freiwilligen Ausreise und Reintegration	1484
§ 87 Übermittlungen an Ausländerbehörden	1486
§ 88 Übermittlungen bei besonderen gesetzlichen Verarbeitungsregelungen	1502
§ 88a Verarbeitung von Daten im Zusammenhang mit Integrationsmaßnahmen	1506
§ 89 Verfahren bei identitätsüberprüfenden, -feststellenden und -sichernden Maßnahmen	1509
§ 89a *Verfahrensvorschriften für die Fundpapier-Datenbank (aufgehoben)*	1512
§ 90 Übermittlungen durch Ausländerbehörden	1515
§ 90a Mitteilungen der Ausländerbehörden an die Meldebehörden	1520
§ 90b Datenabgleich zwischen Ausländer- und Meldebehörden	1521
§ 90c Datenübermittlungen im Visumverfahren über das Auswärtige Amt	1523
§ 91 Speicherung und Löschung personenbezogener Daten	1524
§ 91a Register zum vorübergehenden Schutz	1526
§ 91b Datenübermittlung durch das Bundesamt für Migration und Flüchtlinge als nationale Kontaktstelle	1530
§ 91c Innergemeinschaftliche Auskünfte zur Durchführung der Richtlinie 2003/109/EG	1530
§ 91d Auskünfte zur Durchführung der Richtlinie (EU) 2016/801	1534
§ 91e Gemeinsame Vorschriften für das Register zum vorübergehenden Schutz und zu innergemeinschaftlichen Datenübermittlungen	1538
§ 91f Auskünfte zur Durchführung der Richtlinie 2009/50/EG innerhalb der Europäischen Union	1538
§ 91g Auskünfte zur Durchführung der Richtlinie 2014/66/EU	1540
Kapitel 8. Beauftragte für Migration, Flüchtlinge und Integration	**1542**
§ 92 Amt der Beauftragten	1542
§ 93 Aufgaben	1544
§ 94 Amtsbefugnisse	1545
Kapitel 9. Straf- und Bußgeldvorschriften	**1547**
§ 95 Strafvorschriften	1547
§ 96 Einschleusen von Ausländern	1588
§ 97 Einschleusen mit Todesfolge; gewerbs- und bandenmäßiges Einschleusen	1601
§ 97a Geheimhaltungspflichten	1604
§ 98 Bußgeldvorschriften	1606
Kapitel 9a. Rechtsfolgen bei illegaler Beschäftigung	**1616**
§ 98a Vergütung	1616
§ 98b Ausschluss von Subventionen	1620
§ 98c Ausschluss von der Vergabe öffentlicher Aufträge	1624
Kapitel 10. Verordnungsermächtigungen; Übergangs- und Schlussvorschriften	**1627**
§ 99 Verordnungsermächtigung	1627
§ 100 Sprachliche Anpassung	1631
§ 101 Fortgeltung bisheriger Aufenthaltsrechte	1632
§ 102 Fortgeltung ausländerrechtlicher Maßnahmen und Anrechnung	1639

Inhaltsverzeichnis

§ 103 Anwendung bisherigen Rechts	1645
§ 104 Übergangsregelungen	1646
§ 104a Altfallregelung	1654
§ 104b Aufenthaltsrecht für integrierte Kinder von geduldeten Ausländern	1669
§ 105 Übergangsregelung zur Duldung für Personen mit ungeklärter Identität	1670
§ 105a Bestimmungen zum Verwaltungsverfahren	1671
§ 105b Übergangsvorschrift für Aufenthaltstitel nach einheitlichem Vordruckmuster	1677
§ 105c Überleitung von Maßnahmen zur Überwachung ausgewiesener Ausländer aus Gründen der inneren Sicherheit	1677
§ 106 Einschränkung von Grundrechten	1678
§ 107 Stadtstaatenklausel	1679

Zweiter Teil. Freizügigkeitsgesetz/EU

Vorbemerkung	1681
§ 1 Anwendungsbereich; Begriffsbestimmungen	1690
§ 2 Recht auf Einreise und Aufenthalt	1705
§ 3 Familienangehörige	1739
§ 3a Aufenthalt nahestehender Personen	1755
§ 4 Nicht erwerbstätige Freizügigkeitsberechtigte	1760
§ 4a Daueraufenthaltsrecht	1768
§ 5 Aufenthaltskarten, Bescheinigung über das Daueraufenthaltsrecht	1782
§ 5a Vorlage von Dokumenten	1798
§ 6 Verlust des Rechts auf Einreise und Aufenthalt	1801
§ 7 Ausreisepflicht	1827
§ 8 Ausweispflicht	1843
§ 9 Strafvorschriften	1847
§ 10 Bußgeldvorschriften	1850
§ 11 Anwendung des allgemeinen Aufenthaltsrechts; Ausnahmen von der Anwendung dieses Gesetzes	1851
§ 11a Verordnungsermächtigung	1867
§ 12 Staatsangehörige der EWR-Staaten	1868
§ 12a Unionsrechtliches Aufenthaltsrecht	1870
§ 13 Staatsangehörige der Beitrittsstaaten	1875
§ 14 Bestimmungen zum Verwaltungsverfahren	1887
§ 15 Übergangsregelung	1887
§ 16 Rechtsstellung britischer Staatsangehöriger und ihrer Familienangehörigen	1888

Dritter Teil. ARB 1/80
(Auszug)

Vorbemerkung	1895

Kapitel II. Soziale Bestimmungen . . . 1904

Abschnitt 1. Fragen betreffend die Beschäftigung und die Freizügigkeit der Arbeitnehmer	1904
Art. 6	1904
Art. 7	1936
Art. 8 *(nicht kommentiert)*	1958
Art. 9	1958
Art. 10	1962
Art. 11 *(nicht kommentiert)*	1969
Art. 12 *(nicht kommentiert)*	1969
Art. 13	1969
Art. 14	2003
Art. 15 *(nicht kommentiert)*	2019
Art. 16 *(nicht kommentiert)*	2019

Kapitel III. Wirtschaftliche und technische Zusammenarbeit . . . 2019

Art. 30 *(nicht kommentiert)*	2019

Inhaltsverzeichnis

Vierter Teil. Europäische Menschenrechtskonvention
(Auszug)

Art. 3 Verbot der Folter	2021
Art. 8 Recht auf Achtung des Privat- und Familienlebens	2033

Fünfter Teil. Grundrechtecharta der EU

Vorbemerkung	2041
Präambel	2047

Titel I. Würde des Menschen 2048

Art. 1 Würde des Menschen	2048
Art. 2 Recht auf Leben	2049
Art. 3 Recht auf Unversehrtheit	2050
Art. 4 Verbot der Folter und unmenschlicher oder erniedrigender Strafe oder Behandlung	2051
Art. 5 Verbot der Sklaverei und der Zwangsarbeit	2053

Titel II. Freiheiten 2054

Art. 6 Recht auf Freiheit und Sicherheit	2054
Art. 7 Achtung des Privat- und Familienlebens	2056
Art. 8 Schutz personenbezogener Daten	2059
Art. 9 Recht, eine Ehe einzugehen und eine Familie zu gründen	2061
Art. 10 Gedanken-, Gewissens- und Religionsfreiheit	2062
Art. 11 Freiheit der Meinungsäußerung und Informationsfreiheit	2063
Art. 12 Versammlungs- und Vereinigungsfreiheit	2064
Art. 13 Freiheit der Kunst und der Wissenschaft	2065
Art. 14 Recht auf Bildung	2066
Art. 15 Berufsfreiheit und Recht zu arbeiten	2067
Art. 16 Unternehmerische Freiheit	2067
Art. 17 Eigentumsrecht	2068
Art. 18 Asylrecht	2069
Art. 19 Schutz bei Abschiebung, Ausweisung und Auslieferung	2073

Titel III. Gleichheit 2074

Art. 20 Gleichheit vor dem Gesetz	2074
Art. 21 Nichtdiskriminierung	2074
Art. 22 Vielfalt der Kulturen, Religionen und Sprachen	2076
Art. 23 Gleichheit von Frauen und Männern	2077
Art. 24 Rechte des Kindes	2078
Art. 25 Rechte älterer Menschen	2079
Art. 26 Integration von Menschen mit Behinderung	2079

Titel IV. Solidarität 2080

Art. 27 Recht auf Unterrichtung und Anhörung der Arbeitnehmerinnen und Arbeitnehmer im Unternehmen	2080
Art. 28 Recht auf Kollektivverhandlungen und Kollektivmaßnahmen	2080
Art. 29 Recht auf Zugang zu einem Arbeitsvermittlungsdienst	2081
Art. 30 Schutz bei ungerechtfertigter Entlassung	2081
Art. 31 Gerechte und angemessene Arbeitsbedingungen	2082
Art. 32 Verbot der Kinderarbeit und Schutz der Jugendlichen am Arbeitsplatz	2083
Art. 33 Familien- und Berufsleben	2084
Art. 34 Soziale Sicherheit und soziale Unterstützung	2084
Art. 35 Gesundheitsschutz	2086
Art. 36 Zugang zu Dienstleistungen von allgemeinem wirtschaftlichen Interesse	2086
Art. 37 Umweltschutz	2087
Art. 38 Verbraucherschutz	2087

Titel V. Bürgerrechte 2088

Art. 39 Aktives und passives Wahlrecht bei den Wahlen zum Europäischen Parlament	2088
Art. 40 Aktives und passives Wahlrecht bei den Kommunalwahlen	2089

Inhaltsverzeichnis

Art. 41 Recht auf eine gute Verwaltung 2089
Art. 42 Recht auf Zugang zu Dokumenten 2091
Art. 43 Der Europäische Bürgerbeauftragte 2092
Art. 44 Petitionsrecht 2092
Art. 45 Freizügigkeit und Aufenthaltsfreiheit 2093
Art. 46 Diplomatischer und konsularischer Schutz 2093

Titel VI. Justizielle Rechte 2094

Art. 47 Recht auf einen wirksamen Rechtsbehelf und ein unparteiisches Gericht 2094
Art. 48 Unschuldsvermutung und Verteidigungsrechte 2097
Art. 49 Grundsätze der Gesetzmäßigkeit und der Verhältnismäßigkeit im Zusammenhang mit Straftaten und Strafen 2098
Art. 50 Recht, wegen derselben Straftat nicht zweimal strafrechtlich verfolgt oder bestraft zu werden 2099

Titel VII. Allgemeine Bestimmungen über die Auslegung und Anwendung der Charta 2100

Art. 51 Anwendungsbereich 2100
Art. 52 Tragweite und Auslegung der Rechte und Grundsätze 2104
Art. 53 Schutzniveau 2107
Art. 54 Verbot des Missbrauchs der Rechte 2108

Sechster Teil. Artikel 16a Grundgesetz

Art. 16a GG [Asylrecht] 2109

Siebter Teil. Asylgesetz

Vorbemerkung 2145

Abschnitt 1. Geltungsbereich 2158

§ 1 Geltungsbereich 2158

Abschnitt 2. Schutzgewährung 2164

Unterabschnitt 1. Asyl 2164
§ 2 Rechtsstellung Asylberechtigter 2164

Unterabschnitt 2. Internationaler Schutz 2169
§ 3 Zuerkennung der Flüchtlingseigenschaft 2169
§ 3a Verfolgungshandlungen 2177
§ 3b Verfolgungsgründe 2181
§ 3c Akteure, von denen Verfolgung ausgehen kann 2183
§ 3d Akteure, die Schutz bieten können 2185
§ 3e Interner Schutz 2187
§ 4 Subsidiärer Schutz 2189

Abschnitt 3. Allgemeine Bestimmungen 2196

§ 5 Bundesamt 2196
§ 6 *(aF) Bundesbeauftragter* (weggefallen) 2202
§ 6 Verbindlichkeit asylrechtlicher Entscheidungen 2203
§ 7 Erhebung personenbezogener Daten 2206
§ 8 Übermittlung personenbezogener Daten 2211
§ 9 Hoher Flüchtlingskommissar der Vereinten Nationen 2216
§ 10 Zustellungsvorschriften 2218
§ 11 Ausschluss des Widerspruchs 2225
§ 11a Vorübergehende Aussetzung von Entscheidungen 2226

Abschnitt 4. Asylverfahren 2228

Unterabschnitt 1. Allgemeine Verfahrensvorschriften 2228
§ 12 Handlungsfähigkeit 2228
§ 12a Asylverfahrensberatung 2230

Inhaltsverzeichnis

§ 13 Asylantrag 2232
§ 14 Antragstellung 2238
§ 14a Familieneinheit 2246
§ 15 Allgemeine Mitwirkungspflichten 2249
§ 15a Auswertung von Datenträgern 2253
§ 16 Sicherung, Feststellung und Überprüfung der Identität 2254
§ 17 Sprachmittler 2261

Unterabschnitt 2. Einleitung des Asylverfahrens 2263

§ 18 Aufgaben der Grenzbehörde 2263
§ 18a Verfahren bei Einreise auf dem Luftwege 2279
§ 19 Aufgaben der Ausländerbehörde und der Polizei 2289
§ 20 Weiterleitung an eine Aufnahmeeinrichtung 2292
§ 21 Verwahrung und Weitergabe von Unterlagen 2294
§ 22 Meldepflicht 2296
§ 22a Übernahme zur Durchführung eines Asylverfahrens 2298

Unterabschnitt 3. Verfahren beim Bundesamt 2299

§ 23 Antragstellung bei der Außenstelle 2299
§ 24 Pflichten des Bundesamtes 2301
§ 25 Anhörung 2307
§ 26 Familienasyl und internationaler Schutz für Familienangehörige 2313
§ 26a Sichere Drittstaaten 2324
§ 27 Anderweitige Sicherheit vor Verfolgung 2328
§ 27a *Zuständigkeit eines anderen Staates (aufgehoben)* 2342
§ 28 Nachfluchttatbestände 2343
§ 29 Unzulässige Anträge 2348
§ 29a Sicherer Herkunftsstaat; Bericht; Verordnungsermächtigung 2386
§ 30 Offensichtlich unbegründete Asylanträge 2391
§ 30a Beschleunigte Verfahren 2397
§ 31 Entscheidung des Bundesamtes über Asylanträge 2399
§ 32 Entscheidung bei Antragsrücknahme oder Verzicht 2405
§ 32a Ruhen des Verfahrens 2407
§ 33 Nichtbetreiben des Verfahrens 2408

Unterabschnitt 4. Aufenthaltsbeendigung 2412

§ 34 Abschiebungsandrohung 2412
§ 34a Abschiebungsanordnung 2418
§ 35 Abschiebungsandrohung bei Unzulässigkeit des Asylantrags 2421
§ 36 Verfahren bei Unzulässigkeit nach § 29 Absatz 1 Nummer 2 und 4 und bei offensichtlicher Unbegründetheit 2422
§ 37 Weiteres Verfahren bei stattgebender gerichtlicher Entscheidung 2431
§ 38 Ausreisefrist bei sonstiger Ablehnung und bei Rücknahme des Asylantrags 2434
§ 39 *Abschiebungsandrohung nach Aufhebung der Anerkennung (aufgehoben)* 2435
§ 40 Unterrichtung der Ausländerbehörde 2436
§ 41 *Gesetzliche Duldung (weggefallen)* 2437
§ 42 Bindungswirkung ausländerrechtlicher Entscheidungen 2438
§ 43 Vollziehbarkeit und Aussetzung der Abschiebung 2439
§ 43a *Aussetzung der Abschiebung durch das Bundesamt (weggefallen)* 2441
§ 43b *Paßbeschaffung (weggefallen)* 2442

Abschnitt 5. Unterbringung und Verteilung 2442

§ 44 Schaffung und Unterhaltung von Aufnahmeeinrichtungen 2442
§ 45 Aufnahmequoten 2445
§ 46 Bestimmung der zuständigen Aufnahmeeinrichtung 2447
§ 47 Aufenthalt in Aufnahmeeinrichtungen 2449
§ 48 Beendigung der Verpflichtung, in einer Aufnahmeeinrichtung zu wohnen . . . 2454
§ 49 Entlassung aus der Aufnahmeeinrichtung 2455
§ 50 Landesinterne Verteilung 2457
§ 51 Länderübergreifende Verteilung 2463
§ 52 Quotenanrechnung 2465
§ 53 Unterbringung in Gemeinschaftsunterkünften 2466
§ 54 Unterrichtung des Bundesamtes 2472

Inhaltsverzeichnis

Abschnitt 6. Recht des Aufenthalts während des Asylverfahrens	2473
§ 55 Aufenthaltsgestattung	2473
§ 56 Räumliche Beschränkung	2481
§ 57 Verlassen des Aufenthaltsbereichs einer Aufnahmeeinrichtung	2484
§ 58 Verlassen eines zugewiesenen Aufenthaltsbereichs	2488
§ 59 Durchsetzung der räumlichen Beschränkung	2493
§ 59a Erlöschen der räumlichen Beschränkung	2497
§ 59b Anordnung der räumlichen Beschränkung	2498
§ 60 Auflagen	2499
§ 61 Erwerbstätigkeit	2504
§ 62 Gesundheitsuntersuchung	2508
§ 63 Bescheinigung über die Aufenthaltsgestattung	2508
§ 63a Bescheinigung über die Meldung als Asylsuchender	2511
§ 64 Ausweispflicht	2514
§ 65 Herausgabe des Passes	2515
§ 66 Ausschreibung zur Aufenthaltsermittlung	2517
§ 67 Erlöschen der Aufenthaltsgestattung	2518
Zweiter Unterabschnitt. Aufenthalt nach Abschluß des Asylverfahrens (weggefallen)	2521
§ 68 *Aufenthaltserlaubnis (weggefallen)*	2521
§ 69 *Wiederkehr eines Asylberechtigten (weggefallen)*	2521
§ 70 *Aufenthaltsbefugnis (weggefallen)*	2521
Abschnitt 7. Folgeantrag, Zweitantrag	2522
§ 71 Folgeantrag	2522
§ 71a Zweitantrag	2537
Abschnitt 8. Erlöschen der Rechtsstellung	2539
§ 72 Erlöschen	2539
§ 73 Widerruf und Rücknahme der Asylberechtigung und der Flüchtlingseigenschaft	2547
§ 73a Ausländische Anerkennung als Flüchtling	2561
§ 73b Widerruf und Rücknahme des subsidiären Schutzes	2562
§ 73c Widerruf und Rücknahme von Abschiebungsverboten	2564
Abschnitt 9. Gerichtsverfahren	2566
§ 74 Klagefrist, Zurückweisung verspäteten Vorbringens	2566
§ 75 Aufschiebende Wirkung der Klage	2580
§ 76 Einzelrichter	2582
§ 77 Entscheidung des Gerichts	2588
§ 78 Rechtsmittel	2590
§ 79 Besondere Vorschriften für das Berufungsverfahren	2605
§ 80 Ausschluss der Beschwerde	2606
§ 80a Ruhen des Verfahrens	2608
§ 81 Nichtbetreiben des Verfahrens	2609
§ 82 Akteneinsicht in Verfahren des vorläufigen Rechtsschutzes	2613
§ 83 Besondere Spruchkörper	2614
§ 83a Unterrichtung der Ausländerbehörde	2616
§ 83b Gerichtskosten, Gegenstandswert	2616
§ 83c Anwendbares Verfahren für die Anordnung und Befristung von Einreise- und Aufenthaltsverboten	2619
Abschnitt 10. Straf- und Bußgeldvorschriften	2619
§ 84 Verleitung zur missbräuchlichen Asylantragstellung	2619
§ 84a Gewerbs- und bandenmäßige Verleitung zur missbräuchlichen Asylantragstellung	2622
§ 85 Sonstige Straftaten	2623
§ 86 Bußgeldvorschriften	2626
Abschnitt 11. Übergangs- und Schlussvorschriften	2627
§ 87 Übergangsvorschriften	2627
§ 87a Übergangsvorschriften aus Anlass der am 1. Juli 1993 in Kraft getretenen Änderungen	2630

Inhaltsverzeichnis

§ 87b Übergangsvorschrift aus Anlass der am 1. September 2004 in Kraft getretenen
  Änderungen 2632
§ 87c Übergangsvorschriften aus Anlass der am 6. August 2016 in Kraft getretenen
  Änderungen 2632
§ 88 Verordnungsermächtigungen 2634
§ 88a Bestimmungen zum Verwaltungsverfahren 2635
§ 89 Einschränkung von Grundrechten 2636
§ 90 *Ermächtigung zur vorübergehenden Ausübung von Heilkunde (außer Kraft)* 2636

Anlage I (zu § 26a) 2638
Anlage II (zu § 29a) 2638

Sachregister 2641

Bearbeiterverzeichnis

I. Nach Paragraphen

AufenthG

§ 1	Dienelt
§ 2	Dienelt/A. Nusser
§ 3	Kolber
§ 4	Samel
§ 4a	J. Nusser
§ 5	Samel
§ 6 Rn. 1–74	Kolber
§ 6 Rn. 75–114	Samel
§ 7	Dienelt
§ 8	Samel
§ 9	Dienelt
§§ 9a, 9b	Dollinger
§ 9c	J. Nusser
§ 10	Dienelt
§ 11	Dollinger
§ 12	Dienelt
§ 12a	Röcker
§§ 13–15	Kolber
§ 15a	Dienelt
§§ 16–16c	Samel
§ 16d	Bergmann/Broscheit
§§ 16e–17	Samel
§§ 18–18c	J. Nusser
§§ 18d–19b	Dienelt
§ 19c	Bergmann/Broscheit
§ 19d	Dienelt/Dollinger
§ 19e	Samel
§ 19f	Bergmann/Dienelt
§ 20	Samel
§ 21	J. Nusser
§§ 22–26	Röcker
§§ 27–38a	Dienelt
§§ 39–42	A. Nusser
§§ 43–45a	Röcker
§ 46	Wunderle
§ 47	Samel
§§ 47a–49	Kolber
§§ 50–52	Dollinger
Vorb §§ 53–56–§ 56	Bauer
§ 56a	Dollinger
§ 57	Kolber
§§ 58–61	Dollinger
§§ 62–62b	Winkelmann/Broscheit
§ 62c	Broscheit
§§ 63–70	Dollinger
§§ 71, 71a	Kolber
§ 72	Samel/Kolber
§§ 72a–74a	Kolber
§§ 75–85a	Samel
§§ 86–91e	Krämer/Bäßler
§ 91f	J. Nusser
§ 91g	Dienelt
§§ 92–94	Samel
§§ 95–98	Stephan
§§ 98a–104	Wunderle

Bearbeiter

§§ 104a, 104b	Samel
§ 105	Dollinger
§§ 105a, 105b	Wunderle
§ 105c	Dollinger
§ 106	Winkelmann/Broscheit
§ 107	Wunderle

FreizügG/EU
Vorb, §§ 1–8	Dienelt
§§ 9, 10	Dienelt/Stephan
§§ 11–16	Dienelt

ARB 1/80
Vorb, Art. 6, 7, 9, 10, 13, 14	Dienelt

EMRK
Art. 3, 8	J. Nusser

GRCh
Vorb, Präambel – Art. 3	Bergmann
Art. 4	Bergmann/J. Nusser
Art. 5, 6	Bergmann
Art. 7	Bergmann/J. Nusser
Art. 8	Krämer/Bäßler
Art. 9–54	Bergmann

Art. 16a GG .... Bergmann

AsylG
Vorb, §§ 1–6	Bergmann
§§ 7, 8	Krämer/Bäßler
§§ 9–13	Bergmann
§ 14	Winkelmann/Broscheit
§§ 14a–17	Bergmann
§§ 18–19	Kolber
§§ 20–58	Bergmann
§ 59	Winkelmann/Broscheit
§§ 59a–83c	Bergmann
§§ 84–86	Bergmann/Stephan
§§ 87–90	Bergmann

II. In alphabetischer Ordnung

Bäßler	AufenthG §§ 86–91e; GRCh Art. 8; AsylG §§ 7, 8
Bauer	AufenthG Vorb §§ 53–56–§ 56
Bergmann	AufenthG §§ 16d, 19c, 19f; GRCh Vorb, Präambel – Art. 7, 9–54; GG Art. 16a; AsylG Vorb, §§ 1–6, 9–13, 14a–17, 20–58, 59a–90
Broscheit	AufenthG §§ 16d, 19c, 62–62c, 106; AsylG §§ 14, 59
Dienelt	AufenthG §§ 1, 2, 7, 9, 10, 12, 15a, 18d–19b, 19d, 19f, 27–38a, 91g; FreizügG/EU; ARB 1/80 Vorb, Art. 6, 7, 10, 13, 14
Dollinger	AufenthG §§ 9a, 9b, 11, 19d, 50–52, 56a, 58–61, 63–70, 105, 105c
Kolber	AufenthG §§ 3, 6 Rn. 1–74, 13–15, 47a–49, 57, 71, 71a, 72–74a; AsylG §§ 18–19
A. Nusser	AufenthG §§ 2, 39–42
J. Nusser	AufenthG §§ 4a, 9c, 18–18c, 21, 91f; EMRK Art. 3, 8; GRCh Art. 4, 7
Röcker	AufenthG §§ 12a, 22–26, 43–45a
Samel	AufenthG §§ 4, 5, 6 Rn. 75–114, 8, 16–16c, 16e–17, 19e, 20, 47, 72, 75–85a, 92–94, 104a, 104b
Stephan	AufenthG §§ 95–98; FreizügG/EU §§ 9, 10; AsylG §§ 84–86
Wunderle	AufenthG §§ 46, 98a–104, 105a, 105b, 107

Verzeichnis der ausgeschiedenen Bearbeiter früherer Auflagen

Dr. Werner Kanein (†) .... 1.–4. Aufl.
Dr. Walter Krämer .... AufenthG §§ 86–91e; GRCh Art. 8; AsylG §§ 7, 8 (13. Aufl.)
Prof. Dr. Günter Renner (†) .... 5.–8. Aufl.
Sybille Röseler .... AufenthG § 2 (9.–10. Aufl.), § 4 (9. Aufl.), §§ 8, 9c, 16–18 (9.–10. Aufl.), § 18a (9. Aufl.), §§ 19, 20, 21, 39–45 (9.–10. Aufl.), § 88a (10. Aufl.), §§ 92–94, 104a–105 (9.–10. Aufl.)
Dr. Wolfgang Schenk .... AufenthG §§ 19b–20c (12. Aufl.)
Dr. Alexandra Sußmann .... AufenthG §§ 4 (11.–12. Aufl.), § 8 (11. Aufl.), 9c (11.–12. Aufl.), § 17a (12. Aufl.), § 18 (10.–12. Aufl.), § 19 (11.–12. Aufl.), § 19a (10.–12. Aufl.), § 20 (11. Aufl.), § 21 (11.–12. Aufl.), § 39 (10.–12. Aufl.), §§ 40–45 (11.–12. Aufl.), § 91f (10.–12. Aufl.)
Holger Winkelmann .... AufenthG § 3 (10.–13. Aufl.), § 6 (10. Aufl.), §§ 6 Rn. 1–74, 13–15, 46 (10.–13. Aufl.), § 47a (12.–13. Aufl.), §§ 48–49 (10.–13. Aufl.), §§ 49a, 49b (11.–12. Aufl.), § 50 (10. Aufl.), §§ 57, 62, 62a (10.–13. Aufl.), § 62b (11.–13. Aufl.), §§ 71, 71a, 72a–74a, 86, 87–91e (10.–13 Aufl.), § 91g (11.–13. Aufl.), §§ 95–97, 98, 106 (10.–13. Aufl.); AsylG §§ 14, 18–19, 59 (11.–13. Aufl.); AsylVfG §§ 14, 18–19, 59 (10. Aufl.)

Abkürzungsverzeichnis

AA	Auswärtiges Amt
aA	anderer Ansicht
AAH-ARB 1/80	Allgemeine Anwendungshinweise des BMI zum ARB 1/80 des Assoziationsrats EWG/Türkei
AAH-SDÜ	Allgemeine Anwendungshinweise zum Schengener Durchführungsübereinkommen
aaO	am angegebenen Ort
AAV	Verordnung über Aufenthaltsgenehmigungen zur Ausübung einer unselbständigen Erwerbstätigkeit (Arbeitsaufenthaltsverordnung)
abgedr.	abgedruckt
Abk.	Abkommen
ABl.	Amtsblatt der EU
abl.	ablehnend
ABM	Arbeitsbeschaffungsmaßnahme
Abs.	Absatz
Abschn.	Abschnitt
abw.	abweichend
ADS	Antidiskriminierungsstelle
AE	Aufenthaltserlaubnis (nach AufenthG)
aE	am Ende
ÄndG	Änderungsgesetz
ÄndVO	Änderungsverordnung
AEntG	Arbeitnehmerentsendegesetz
AEUV	Vertrag über die Arbeitsweise der Europäischen Union
AEVO	Verordnung über die Arbeitserlaubnis für nichtdeutsche Arbeitnehmer (Arbeitserlaubnisverordnung)
aF	alte(r) Fassung
AFG	Arbeitsförderungsgesetz
AFIS	Automatisiertes Fingerabdruck-Identifizierungssystem
AG	Amtsgericht; Ausführungsgesetz
Ag	Antragsgegner(in)
AGB	Allgemeine Geschäftsbedingungen
AGG	Allgemeines Gleichbehandlungsgesetz
AGVwGO	Gesetz zur Ausführung der Verwaltungsgerichtsordnung
AKN	Ankunftsnachweis
ALG	Arbeitslosengeld
allg.	allgemein
allgM	allgemeine Meinung
Alt.	Alternative
aM	anderer Meinung
amtl.	amtlich
Amtl. Begr.	Amtliche Begründung
ANBA	Amtliche Nachrichten der Bundesagentur für Arbeit
Anerkennungs-RL	Richtlinie 2001/40/EG des Rates vom 28. Mai 2001 über die gegenseitige Anerkennung von Entscheidungen über die Rückführung von Drittstaatsangehörigen; auch Richtlinie 2011/95/EU des Europäischen Parlaments und des Rates vom 13. Dezember 2011 über Normen für die Anerkennung von Drittstaatsangehörigen oder Staatenlosen als Personen mit Anspruch auf internationalen Schutz, für einen einheitlichen Status für Flüchtlinge oder für Personen mit Anrecht auf subsidiären Schutz und für den Inhalt des zu gewährenden Schutzes (s. a. Qualifikations-RL)
AnfG	Anfechtungsgesetz
Anh.	Anhang
Anm.	Anmerkung
AnwBl	Anwaltsblatt
AnwStAusnVO	Verordnung über Ausnahmeregelungen für die Erteilung einer Arbeitserlaubnis an neu einreisende ausländische Arbeitnehmer (Anwerbestoppausnahmeverordnung)

Abkürzungen

AO	Abgabenordnung
AöR	Archiv des öffentlichen Rechts
AP	Arbeitsrechtliche Praxis
ARB	Beschluss des Assoziationsrats EWG/Türkei
ARB 1/80	Beschluss Nr. 1/80 des Assoziationsrats EWG/Türkei
ARB 2/76	Beschluss Nr. 2/76 des Assoziationsrats EWG/Türkei
ArbG	Arbeitsgericht
ArbMigSteuergG	Gesetz zur arbeitsmarktadäquaten Steuerung der Zuwanderung Hochqualifizierter und zur Änderung weiterer aufenthaltsrechtlicher Regelungen (Arbeitsmigrationssteuerungsgesetz)
arg.	argumentum
ArGV	Verordnung über die Arbeitsgenehmigung für ausländische Arbeitnehmer (Arbeitsgenehmigungsverordnung)
Art.	Artikel
AS	Amtliche Sammlung von Entscheidungen der Oberverwaltungsgerichte Rheinland-Pfalz und Saarland
ASAV	Verordnung über Ausnahmeregelungen für die Erteilung einer Arbeitserlaubnis an neu einreisende ausländische Arbeitnehmer (Anwerbestoppausnahmeverordnung)
Ast.	Antragsteller(in)
AssAbk	Assoziationsabkommen
AssAbk EWG/Türkei	Abkommen zur Gründung einer Assoziation zwischen der Europäischen Wirtschaftsgemeinschaft und der Türkei vom 12.9.1963
AsylbLG	Asylbewerberleistungsgesetz
AsylG	Asylgesetz in der Fassung der Bekanntmachung vom 2.9.2008 (BGBl. I S. 1798), das zuletzt durch Art. 45 des Gesetzes vom 15.8.2019 (BGBl. I S. 1307) geändert worden ist
AsylVerfRL	Richtlinie 2013/32/EU des Europäischen Parlaments und des Rates vom 26. Juni 2013 zu gemeinsamen Verfahren für die Zuerkennung und Aberkennung des internationalen Schutzes (Neufassung) (Asylverfahrens-RL)
AsylVerfRL aF	Richtlinie 2005/85/EG des Rates vom 1. Dezember 2005 über Mindestnormen für Verfahren in den Mitgliedstaaten zur Zuerkennung und Aberkennung der Flüchtlingseigenschaft (Asylverfahrens-RL)
AsylVfÄndG 1984	1. Gesetz zur Änderung des Asylverfahrensgesetzes vom 11.7.1984
AsylVfÄndG 1987	Gesetz zur Änderung asylverfahrensrechtlicher, arbeitserlaubnisrechtlicher und ausländerrechtlicher Vorschriften vom 6.1.1987
AsylVfÄndG 1988	Gesetz zur Änderung asylverfahrensrechtlicher und ausländerrechtlicher Vorschriften vom 20.12.1988
AsylVfÄndG 1992	Gesetz zur Neuregelung des Asylverfahrens vom 26.6.1992
AsylVfÄndG 1993	Gesetz zur Änderung asylverfahrens-, ausländer- und staatsangehörigkeitsrechtlicher Vorschriften vom 30.6.1993
AsylVfBeschlG 2015	Asylverfahrensbeschleunigungsgesetz vom 20.10.2015, in Kraft seit 24.10.2015
AsylVfBG	Gesetz zur Beschleunigung des Asylverfahrens vom 25.7.1978
2. AsylVfBG	2. Gesetz zur Beschleunigung des Asylverfahrens vom 16.8.1980
AsylVfG	Gesetz über das Asylverfahren (Asylverfahrensgesetz)
AsylVfNG	Gesetz zur Neuregelung des Asylverfahrens vom 26.6.1992
AsylVO	Verordnung über die Anerkennung und die Verteilung von ausländischen Flüchtlingen (Asylverordnung)
AsylVO-DDR	Durchführungsverordnung zum Gesetz über die Gewährung des Aufenthalts für Ausländer in der Deutschen Demokratischen Republik
AsylZBV	Asylzuständigkeitsbestimmungsverordnung
AT	Allgemeiner Teil
ATG	Altersteilzeitgesetz
AuAS	Schnelldienst Ausländer- und Asylrecht
AufenthG	Gesetz über den Aufenthalt, die Erwerbstätigkeit und die Integration von Ausländern im Bundesgebiet (Aufenthaltsgesetz) in der Fassung der Bekanntmachung vom 25.2.2008 (BGBl. I 162), das zuletzt durch Art. 49 des Gesetzes vom 20.11.2019 (BGBl. I 1626) geändert worden ist
AufenthGÄndG	Gesetz zur Neubestimmung des Bleiberechts und der Aufenthaltsbeendigung, in Kraft seit 1.8.2015
AufenthG-E	Entwurf des Gesetzes über den Aufenthalt, die Erwerbstätigkeit und die Integration von Ausländern im Bundesgebiet (Aufenthaltsgesetz)

Abkürzungen

AufenthG/EWG	Gesetz über Einreise und Aufenthalt von Staatsangehörigen der Mitgliedstaaten der Europäischen Wirtschaftsgemeinschaft
AufenthV	Aufenthaltsverordnung
Aufl.	Auflage
Aufnahme-RL	Richtlinie 2013/33/EU des Europäischen Parlaments und des Rates vom 26. Juni 2013 zur Festlegung von Normen für die Aufnahme von Personen, die internationalen Schutz beantragen (Neufassung)
Aufnahme-RL aF	Richtlinie 2003/9/EG des Rates vom 27. Januar 2003 zur Festlegung von Mindestnormen für die Aufnahme von Asylbewerbern in den Mitgliedstaaten
AÜG	Gesetz zur Regelung der gewerbsmäßigen Arbeitnehmerüberlassung (Arbeitnehmerüberlassungsgesetz)
ausf.	ausführlich
AuslDatV	Verordnung über die Führung von Ausländerdateien durch die Ausländerbehörden und die Auslandsvertretungen (Ausländerdateienverordnung)
AuslDÜV	Verordnung über Datenübermittlung an die Ausländerbehörden (Ausländerdatenübermittlungsverordnung)
AuslG	Ausländergesetz
AuslG-VwV	Allgemeine Verwaltungsvorschrift zum Ausländergesetz (auch: VwV-AuslG)
AuslRÄndG 2007	Gesetz zur Umsetzung aufenthalts- und asylrechtlicher Richtlinien der Europäischen Union vom 19.8.2007
AuslRNG	Gesetz zur Neuregelung des Ausländerrechts vom 9.7.1990
AuslRNÄndG	Gesetz zur Änderung des Gesetzes zur Neuregelung des Ausländerrechts vom 12.10.1990
AV	Ausnahmevisum
AVwV-AufenthG	Allgemeine Verwaltungsvorschrift zum Aufenthaltsgesetz vom 26.10.2009 (GMBl S. 878)
Az.	Aktenzeichen
AZR	Ausländerzentralregister
AZRG	Gesetz über das Ausländerzentralregister
AZRG-DV	Verordnung zur Durchführung des Ausländerzentralregisters (AZRG-Durchführungsverordnung)
B.	Beschluss
BA	Bundesagentur für Arbeit
Bader/Ronellenfitsch	Bader/Ronellenfitsch, Verwaltungsverfahrensgesetz, 2. Aufl. 2016
BAFl	Bundesamt für die Anerkennung ausländischer Flüchtlinge
BAföG	Bundesausbildungsförderungsgesetz
BAG	Bundesarbeitsgericht
BAGE	Entscheidungssammlungen des Bundesarbeitsgerichts
BAMF	Bundesamt für Migration und Flüchtlinge
BAnz	Bundesanzeiger
Barwig, AuslR	Barwig/Huber/Lörcher/Schumacher/Sieveking (Hrsg.), Das neue Ausländerrecht, 1991
Barwig, Ausweisung	Barwig/Brinkmann/Huber/Lörcher/Schumacher (Hrsg.), Ausweisung im demokratischen Rechtsstaat, 1996
Barwig, AsylR	Barwig/Lörcher/Schumacher (Hrsg.), Asylrecht im Binnenmarkt, 1989
Barwig, Bürger	Barwig/Brinkmann/Huber/Lorcher/Schumacher (Hrsg.), Vom Ausländer zum Bürger, 1994
Barwig, Sozialer Schutz	Barwig/Sieveking/Brinkmann/Lörcher/Röseler (Hrsg.), Sozialer Schutz von Ausländern in Deutschland, 1997
BayObLG	Bayerisches Oberstes Landesgericht
BayObLGZ	Entscheidungen des BayObLG in Zivilsachen
BayVerfGH	Bayerischer Verfassungsgerichtshof
BayVBl	Bayerische Verwaltungsblätter
BayVGH	Bayerischer Verwaltungsgerichtshof
BB	Bundesbeauftragter für Asylangelegenheiten (auch: BBfA); Brandenburg; Betriebsberater
BBfA	Bundesbeauftragter für Asylangelegenheiten (auch: BB)
Bd.	Band
BDSG	Bundesdatenschutzgesetz
BDVR	Bund deutscher Verwaltungsrichter

Abkürzungen

Bearb.	Bearbeiter; Bearbeitung
bearb.	bearbeitet
Becker/Braasch	Becker/Braasch, Recht der ausländischen Arbeitnehmer, 3. Aufl. 1986
BEEG	Bundeselterngeld- und Elternzeitgesetz
Begr.	Begründung
Beihilfe-RL	Richtlinie 2002/90/EG des Rates vom 28. November 2002 zur Definition der Beihilfe zur unerlaubten Ein- und Durchreise und zum unerlaubten Aufenthalt
Beitz/Wollenschläger	Beitz/Wollenschläger (Hrsg.), Handbuch des Asylrechts, 1980/81
Bek.	Bekanntmachung
ber.	berichtigt
Bergmann/Kenntner	Bergmann/Kenntner (Hrsg.), Deutsches Verwaltungsrecht unter europäischem Einfluss, 2002
Beschl.	Beschluss
BeschV	Verordnung über die Zulassung von neueinreisenden Ausländern zur Ausübung einer Beschäftigung (Beschäftigungsverordnung)
BeschVerfV	Verordnung über das Verfahren und die Zulassung von im Inland lebenden Ausländern zur Ausübung einer Beschäftigung (Beschäftigungsverfahrensverordnung)
bestr.	bestritten
betr.	betreffend
BetrVG	Betriebsverfassungsgesetz
BfDI	Bundesbeauftragte(r) für den Datenschutz und die Informationsfreiheit
BFH	Bundesfinanzhof
BGB	Bürgerliches Gesetzbuch
BGBl. I, II, III	Bundesgesetzblatt Teil I, Teil II, Teil III
BGH	Bundesgerichtshof
BGHSt	Entscheidungssammlung des Bundesgerichtshofs in Strafsachen
BGHZ	Entscheidungssammlung des Bundesgerichtshofs in Zivilsachen
BGS	Bundesgrenzschutz
Bh	Buchholz (Sammlung von Entscheidungen des Bundesverwaltungsgerichts)
BK	Dolzer/Graßhof/Kahl (Hrsg.), Bonner Kommentar zum Grundgesetz (Loseblatt)
BKA	Bundeskriminalamt
BKAG	Gesetz über das Bundeskriminalamt und die Zusammenarbeit des Bundes und der Länder in kriminalpolizeilichen Angelegenheiten (Bundeskriminalamtgesetz)
BlueCard-RL	Richtlinie 2009/50/EG des Rates vom 25. Mai 2009 über die Bedingungen für die Einreise und den Aufenthalt von Drittstaatsangehörigen zur Ausübung einer hochqualifizierten Beschäftigung (BlueCard-Richtlinie)
BMAS	Bundesminister (Bundesministerium) für Arbeit und Soziales
BMFSFJ	Bundesminister (Bundesministerium) für Familie, Senioren, Frauen und Jugend
BMJV	Bundesminister (Bundesministerium) der Justiz und für Verbraucherschutz
BMWi	Bundesminister (Bundesministerium) für Wirtschaft und Energie (früher: Bundesminister (Bundesministerium) für Wirtschaft und Arbeit)
BMI	Bundesminister (Bundesministerium) des Innern für Bau und Heimat
BND	Bundesnachrichtendienst
BPOL	Bundespolizei
BPOLD	Bundespolizeidirektion
BPolG	Gesetz über die Bundespolizei (Bundespolizeigesetz)
BR	Bundesrat
BR Deutschland	Bundesrepublik Deutschland
BR-Drs.	Drucksache des Deutschen Bundesrates
Breithaupt	Breithaupt (Hrsg.), Sammlung von Entscheidungen aus dem Gebiet der Sozialversicherung, Versorgung und Arbeitslosenversicherung
BSG	Bundessozialgericht
BSGE	Entscheidungssammlung des Bundessozialgerichts
BSHG	Bundessozialhilfegesetz
Bsp.	Beispiel(e)
bspw.	beispielsweise
Bst.	Buchstabe (auch: Buchst)

Abkürzungen

BStatG	Bundesstatistikgesetz
BT	Bundestag; Besonderer Teil
BT-Drs.	Drucksache des Deutschen Bundestages
BtMG	Gesetz über den Verkehr mit Betäubungsmitteln (Betäubungsmittelgesetz)
Buchst.	Buchstabe (auch: Bst)
BüMA	Bescheinigung über die Meldung als Asylsuchender
BUrlG	Mindesturlaubsgesetz für Arbeitnehmer (Bundesurlaubsgesetz)
BVA	Bundesverwaltungsamt
BVerfG	Bundesverfassungsgericht
BVerfG-A	Richterausschuss des Bundesverfassungsgerichts
BVerfGE	Entscheidungssammlung des Bundesverfassungsgerichts
BVerfG(K)	Sammlung der Kammerentscheidungen des Bundesverfassungsgerichts
BVerfSchG	Gesetz über die Zusammenarbeit des Bundes und der Länder in Angelegenheiten des Verfassungsschutzes und über das Bundesamt für Verfassungsschutz (Bundesverfassungsschutzgesetz)
BVerwG	Bundesverwaltungsgericht
BVerwGE	Entscheidungssammlung des Bundesverwaltungsgerichts
BVFG	Gesetz über die Angelegenheiten der Vertriebenen und Flüchtlinge (Bundesvertriebenengesetz)
BVFG-VwV	Allgemeine Verwaltungsvorschrift zum Bundesvertriebenengesetz
BW	Baden-Württemberg
BWG	Bundeswahlgesetz
BWVPr	Baden-Württembergische Verwaltungspraxis
bzgl.	bezüglich
BZRG	Gesetz über das Zentralregister und das Erziehungsregister (Bundeszentralregistergesetz)
bzw.	beziehungsweise
ca.	circa
CDU	Christlich Demokratische Union
Christ/Kloesel	Christ/Kloesel, Deutsches Ausländerrecht, 2. Aufl. 1980 ff.
Christ/Häußer/Kloesel	Christ/Häußer/Kloesel, Deutsches Ausländerrecht, 28. Aufl. 2019
CSU	Christlich Soziale Union
2. DAVG	Zweites Datenaustauschverbesserungsgesetz v. 4.8.2019 (BGBl. I 1171), Inkrafttreten 9.8.2019
DA	Durchführungsanweisungen
Daueraufenthalts-RL	Richtlinie 2003/109/EG des Rates vom 25. November 2003 betreffend die Rechtsstellung der langfristig aufenthaltsberechtigten Drittstaatsangehörigen (Daueraufenthalts-Richtlinie)
DAVorm	Der Amtsvormund
DB	Der Betrieb
DDR	Deutsche Demokratische Republik
ders.	derselbe
dh	das heißt
Dienelt	Dienelt, Freizügigkeit nach der EU-Osterweiterung, 2004
dies.	dieselbe(n)
Dörig	Dörig, Handbuch Migrations- und Integrationsrecht, 2018
DÖV	Die Öffentliche Verwaltung
DRiG	Deutsches Richtergesetz
DRiZ	Deutsche Richterzeitung
Drs.	Drucksache
Dublin II-VO	Verordnung (EG) Nr. 343/2003 des Rates zur Festlegung der Kriterien und Verfahren zur Bestimmung des Mitgliedstaats, der für die Prüfung eines von einem Drittstaatsangehörigen in einem Mitgliedstaat gestellten Asylantrags zuständig ist
Dublin III-VO	Verordnung (EU) Nr. 604/2013 des Europäischen Parlaments und des Rates vom 26.6.2013 zur Festlegung der Kriterien und Verfahren zur Bestimmung des Mitgliedstaats, der für die Prüfung eines von einem Drittstaatsangehörigen oder Staatenlosen in einem Mitgliedstaat gestellten Antrags auf internationalen Schutz zuständig ist.
DuldG	Gesetz über Duldung bei Ausbildung und Beschäftigung v. 8.7.2019 (BGBl. I 1021), Inkrafttreten 1.1.2020

Abkürzungen

DÜ	Übereinkommen über die Bestimmung des zuständigen Staates für die Prüfung eines in einem Mitgliedstaat der Europäischen Gemeinschaften gestellten Asylantrags – Dubliner Übereinkommen
Dürig	Dürig, Beweismaß und Beweislast im Asylrecht, 1990
DV AuslG	Verordnung zur Durchführung des Ausländergesetzes
DVBl.	Deutsches Verwaltungsblatt
DV-DÜ II-VO	EU-Asylantrags-Zuständigkeits-Durchführungsverordnung
DVO	Durchführungsverordnung
EAG-Vertrag	Vertrag zur Gründung der Europäischen Atomgemeinschaft
EASO	Europäisches Unterstützungsbüro für Asylfragen
eAT	Elektronischer Aufenthaltstitel
ebd.	ebenda
ECRE	European Council on Refugees and Exiles (Europäischer Flüchtlingsrat)
ED	erkennungsdienstlich
EDV	Elektronische Datenverarbeitung
EES	Entry/Exit System
EFA	Europäisches Fürsorgeabkommen
EFTA	Europäisches Freihandelsabkommen
EFZG	Gesetz über die Zahlung des Arbeitsentgelts an Feiertagen und im Krankheitsfalle (Entgeltfortzahlungsgesetz)
EG	Europäische Gemeinschaft
EGBGB	Einführungsgesetz zum Bürgerlichen Gesetzbuche
EGKS	Europäische Gemeinschaft für Kohle und Stahl
EGMR	Europäischer Gerichtshof für Menschenrechte
EGV	Vertrag zur Gründung der Europäischen Gemeinschaft
Einf.	Einführung
EinigungsV	Einigungsvertrag
Einl.	Einleitung
einschl.	einschließlich
EMRK	Konvention zum Schutz der Menschenrechte und Grundfreiheiten (Europäische Menschrechtskonvention)
ENA	Europäisches Niederlassungsabkommen
endg.	endgültig
entspr.	entsprechend
Entw.	Entwurf
EP	Europäisches Parlament
Erbs/Kohlhaas	Erbs/Kohlhaas (Hrsg.), Strafrechtliche Nebengesetze (Loseblatt)
EStG	Einkommensteuergesetz
ESVGH	Entscheidungssammlung des Hessischen Verwaltungsgerichtshofs und des Verwaltungsgerichtshofs Baden-Württemberg mit Entscheidungen der Staatsgerichtshöfe beider Länder
etc	et cetera
EU	Europäische Union
EuG	Gericht erster Instanz der Europäischen Gemeinschaften
EuGH	Gerichtshof der Europäischen Gemeinschaften
EUGHE	Entscheidungssammlung des Europäischen Gerichtshofs
EuGHMR	Europäischer Gerichtshof für Menschenrechte
EuGRZ	Europäische Grundrechte-Zeitschrift
EUR	Euro; Europarecht (Zeitschrift)
EUStp	Gemeinsamer Standpunkt des Rats der EU vom 4.3.1996 betreffend die harmonisierte Anwendung der Definition des Begriffs „Flüchtling" in Art. 1 GK
EUV	Vertrag über die Europäische Union
EU-VisaVO	Verordnung (EU) 2018/1806 des Europäischen Parlaments und des Rates vom 14.11.2018 zur Aufstellung der Liste der Drittländer, deren Staatsangehörige beim Überschreiten der Außengrenzen im Besitz eines Visums sein müssen, sowie der Liste der Drittländer, deren Staatsangehörige von dieser Visumpflicht befreit sind
EU-VisaVO aF	Verordnung (EG) Nr. 539/2001 des Rates zur Aufstellung der Liste der Drittländer, deren Staatsangehörige beim Überschreiten der Außengrenzen im Besitz eines Visums sein müssen, sowie der Liste der Drittländer, deren Staatsangehörige von dieser Visumpflicht befreit sind

Abkürzungen

eV	eingetragener Verein
evtl.	eventuell
EWG	Europäische Wirtschaftsgemeinschaft
EWGV	Vertrag zur Gründung der Europäischen Wirtschaftsgemeinschaft
EWR	Europäischer Wirtschaftsraum
Eyermann	Eyermann, Verwaltungsgerichtsordnung, 15. Aufl. 2019
EzA	Entscheidungssammlung zum Arbeitsrecht
EZAR	Entscheidungssammlung zum Ausländer- und Asylrecht
EZAR NF	Entscheidungssammlung zum Zuwanderungs-, Asyl- und Freizügigkeitsrecht, neue Folge ab 2005
f.	folgend(e)
FamFG	Gesetz über das Verfahren in Familiensachen und in den Angelegenheiten der freiwilligen Gerichtsbarkeit
FamRZ	Zeitschrift für das gesamte Familienrecht
Familienzusammenführungs-RL	Richtlinie 2003/86/EG des Rates vom 22. September 2003 betreffend das Recht auf Familienzusammenführung (Familienzusammenführungs-Richtlinie)
FDP	Freie Demokratische Partei
FEG	Fachkräfteeinwanderungsgesetz v. 15.8.2019 (BGBl. I 1307), Inkrafttreten gem. Art. 54 überwiegend am 1.3.2020
FEVS	Sammlung fürsorgerechtlicher Entscheidungen
ff.	folgende
FG	Finanzgericht
FGG	Gesetz über die Angelegenheiten der freiwilligen Gerichtsbarkeit
Finkelnburg/Dombert/Külpmann	Finkelnburg/Dombert/Külpmann, Vorläufiger Rechtsschutz im Verwaltungsstreitverfahren, 7. Aufl. 2017
Fn.	Fußnote
FNA	Fundstellennachweis A, Beilage zum Bundesgesetzblatt Teil I
Forscher-RL	Richtlinie 2005/71/EG des Rates vom 12. Oktober 2005 über ein besonderes Zulassungsverfahren für Drittstaatsangehörige zum Zwecke der wissenschaftlichen Forschung (Forscher-Richtlinie)
FreizügG/EU	Gesetz über die allgemeine Freizügigkeit von Unionsbürgern (Freizügigkeitsgesetz/EU)
Freizüg-RL	Richtlinie 2004/38/EG des Europäischen Parlaments und des Rates vom 29. April 2004 über das Recht der Unionsbürger und ihrer Familienangehörigen, sich im Hoheitsgebiet der Mitgliedstaaten frei zu bewegen und aufzuhalten, zur Änderung der Verordnung (EWG) Nr. 1612/68 und zur Aufhebung der Richtlinien 64/221/EWG, 68/360/EWG, 72/194/EWG, 73/148/EWG, 75/34/EWG, 75/35/EWG, 90/364/EWG, 90/365/EWG und 93/96/EWG (Freizügigkeits-Tichtlinie)
FreizügV/EG	Verordnung über die allgemeine Freizügigkeit von Staatsangehörigen der Mitgliedstaaten der Europäischen Union (Freizügigkeitsverordnung/EG)
FS	Festschrift
FS ZDWF	Festschrift zum zehnjährigen Bestehen der ZDWF „Flüchtlinge in der Bundesrepublik Deutschland", 1990
FS Zeidler	Festschrift für Wolfgang Zeidler, hrsg. von Fürst/Herzog/Umbach, 1987
FV	Freundschaftsvertrag
G 10-G	Gesetz über die Beschränkung des Brief-, Post- und Fernmeldegeheimnisses (Artikel 10-Gesetz)
GAD	Gesetz über den Auswärtigen Dienst
GBl.	Gesetzblatt
GEAS	Gemeinsames Europäisches Asylsystem
GER	Gemeinsamer Europäischer Referenzrahmen
Ges.	Gesetz
GewArch	Gewerbearchiv
GewO	Gewerbeordnung
GFK	Genfer Flüchtlingskonvention (auch: GK)
GG	Grundgesetz für die Bundesrepublik Deutschland
ggf.	gegebenenfalls

Abkürzungen

GK	Abkommen über die Rechtsstellung der Flüchtlinge vom 28.7.1951 (inoffiziell: Genfer Flüchtlingskonvention) (auch: GFK)
GK-AsylVfG	Fritz/Vormeier (Hrsg.), Gemeinschafts-Kommentar zum Asylverfahrensgesetz (Loseblatt)
GK-AufenthG	Fritz/Vormeier (Hrsg.), Gemeinschaftskommentar zum Aufenthaltsgesetz (Loseblatt)
GK-AuslR	Fritz/Vormeier (Hrsg.), Gemeinschafts-Kommentar zum Ausländerrecht (Loseblatt)
GKG	Gerichtskostengesetz
GKI	Gemeinsame Konsularische Instruktion
GKV	Gesetzliche Krankenversicherung
GmbH	Gesellschaft mit beschränkter Haftung
GMBl	Gemeinsames Ministerialblatt
GmSOBG	Gemeinsamer Senat der obersten Gerichtshöfe des Bundes
GRCh	Charta der Grundrechte der Europäischen Union
GrS	Großer Senat
GS	Gedächtnisschrift
GSSt	Großer Senat für Strafsachen
GÜB	Grenzübertrittsbescheinigung
Gutmann	Gutmann, Die Assoziationsfreizügigkeit türkischer Staatsangehöriger, 2. Aufl. 1999
GVBl	Gesetz- und Verordnungsblatt
GVG	Gerichtsverfassungsgesetz
GWB	Gesetz gegen Wettbewerbsbeschränkungen
hA	herrschende Ansicht
Haberland	Haberland, Eingliederung von Aussiedlern, 6. Aufl. 1994
HAG	Gesetz über die Rechtsstellung heimatloser Ausländer im Bundesgebiet
Hailbronner	Hailbronner (Hrsg.), Ausländerrecht (Loseblatt)
Hailbronner, Einbürgerung	Hailbronner, Einbürgerung von Wanderarbeitnehmern und doppelte Staatsangehörigkeit, 1992
Hailbronner, Rückübernahme	Hailbronner, Rückübernahme eigener und fremder Staatsangehöriger, 1996
Hailbronner/Renner/Maaßen	Hailbronner/Renner/Maaßen, Staatsangehörigkeitsrecht, 6. Aufl. 2017
Hs.	Halbsatz
Hambüchen	Hambüchen, Das Arbeitserlaubnisrecht, 1990
Hdb	Handbuch
HeimatlAuslG	Gesetz über die Rechtsstellung heimatloser Ausländer im Bundesgebiet
HessVGH	Hessischer Verwaltungsgerichtshof
HessAGVwGO	Hessisches Ausführungsgesetz zur Verwaltungsgerichtsordnung
HessVGRspr	Rechtsprechung der hessischen Verwaltungsgerichte
HessVwVG	Hessisches Verwaltungsvollstreckungsgesetz
HH	Hamburg
Hinw.	Hinweis
HK-AuslR	Hofmann/Hoffmann, Ausländerrecht, 2008
hL	herrschende Lehre
hM	herrschende Meinung
HmbJMBl	Hamburgisches Justizministerialblatt
HQRL	Richtlinie 2009/50/EG des Rates vom 25. Mai 2009 über die Bedingungen für die Einreise und den Aufenthalt von Drittstaatsangehörigen zur Ausübung einer hochqualifizierten Beschäftigung (Hochqualifizierten-Richtlinie)
HQRLUmsG	Gesetz zur Umsetzung der Hochqualifizierten-Richtlinie der Europäischen Union
Hrsg.	Herausgeber
hrsg.	herausgegeben
Hs.	Halbsatz
HSchulAbsZugV	Verordnung über den Zugang ausländischer Hochschulabsolventen zum Arbeitsmarkt (Hochschulabsolventen-Zugangsverordnung)
HSOG	Hessisches Gesetz über die öffentliche Sicherheit und Ordnung

Abkürzungen

HSV	Handels- und Schiffahrtsvertrag
HTK-AuslR	Zeitler (Hrsg.), Hypertextkommentar zum Ausländerrecht
Huber	Huber (Hrsg.), Handbuch des Ausländer- und Asylrechts (Loseblatt)
HumHAG	Gesetz über Maßnahmen für im Rahmen humanitärer Hilfsaktionen aufgenommene Flüchtlinge
HwO	Handwerksordnung
IA	Innenausschuss
iA	im Allgemeinen
ICT	intra-corporate transfer
ICTRL	Richtlinie 2014/66/EU des Europäischen Parlaments und des Rates vom 15. Mai 2014 über die Bedingungen für die Einreise und den Aufenthalt von Drittstaatsangehörigen im Rahmen eines unternehmensinternen Transfers
idF	in der Fassung
idR	in der Regel
idS	in diesem Sinne
iE	im Einzelnen; im Ergebnis
ie	id est
ieS	im engeren Sinne
IGH	Internationaler Gerichtshof
ILO	International Labour Organization
IHK	Industrie- und Handelskammer
IM	Minister(ium) des Innern
Immenga/Mestmäcker	Immenga/Mestmäcker, Wettbewerbsrecht, 6. Aufl. 2019
IMK	Ständige Konferenz der Innenminister und -senatoren der Länder
InfAuslR	Informationsbrief Ausländerrecht
info also	Informationen für Arbeitslosen- und Sozialhilfe
insbes.	insbesondere
insg.	insgesamt
IntB	Integrationsbeauftragte
IntFamRVG	Gesetz zur Aus- und Durchführung bestimmter Rechtsinstrumente auf dem Gebiet des internationalen Familienrechts (Internationales Familienrechtsverfahrensgesetz)
IntG	Integrationsgesetz
IntV	Verordnung über die Durchführung von Integrationskursen für Ausländer und Spätaussiedler (Integrationskursverordnung)
IPbpR	Internationaler Pakt über bürgerliche und politische Rechte
IPR	Internationales Privatrecht
IPrax	Praxis des Internationalen Privatrechts
IPRspr	Rechtsprechung zum Internationalen Privatrechts
iRd	im Rahmen des/der
IRG	Gesetz über die internationale Rechtshilfe in Strafsachen
IRO	International Refugee Organization
iRv	im Rahmen von
iS(d)	im Sinne (des, der)
IStGH	Internationaler Strafgerichtshof
iSv	im Sinne von
IT-ArGV	Verordnung über die Arbeitsgenehmigung für hochqualifizierte ausländische Fachkräfte der Informations- und Kommunikationstechnologie
IT-AV	Verordnung über Aufenthaltserlaubnisse für hochqualifizierte ausländische Fachkräfte der Informations- und Kommunikationstechnologie
iÜ	im Übrigen
iVm	in Verbindung mit
iwS	im weiteren Sinne
Jarass/Pieroth	Jarass/Pieroth, Grundgesetz, 15. Aufl. 2018
jew.	jeweils, jeweilig
Jg.	Jahrgang
JGG	Jugendgerichtsgesetz
Jhdt.	Jahrhundert
JR	Juristische Rundschau
JuS	Juristische Schulung
JZ	Juristenzeitung

Abkürzungen

Kap.	Kapital; Kapitel
KfbG	Gesetz zur Bereinigung von Kriegsfolgengesetzen
Kfz	Kraftfahrzeug
KG	Kammergericht (Berlin); Kommanditgesellschaft
Kimminich, Asylrecht	Kimminich, Grundprobleme des Asylrechts, 1983
Kimminich, Aufenthalt	Kimminich, Der Aufenthalt von Ausländern in der Bundesrepublik Deutschland, 1980
Kimminich, Rechtsstatus	Kimminich, Der internationale Rechtsstatus des Flüchtlings, 1962
KJHG	Kinder- und Jugendhilfegesetz, vgl. SGB III
Kloesel/Christ/Häußer	Kloesel/Christ/Häußer, Deutsches Aufenthalts- und Ausländerrecht (Loseblatt)
km	Kilometer
Knack/Henneke	Knack/Henneke (Hrsg), Verwaltungsverfahrensgesetz, 11. Aufl. 2019
Köfner/Nicolaus	Köfner/Nicolaus, Grundlagen des Asylrechts in der Bundesrepublik Deutschland, 1986
Kopp/Ramsauer	Kopp/Ramsauer, Verwaltungsverfahrensgesetz, 20. Aufl. 2019
Kopp/Schenke	Kopp/Schenke, Verwaltungsgerichtsordnung, 25. Aufl. 2019
krit.	kritisch
KRK	Übereinkommen über die Rechte des Kindes vom 20.11.1989
KSchG	Kündigungsschutzgesetz
LAG	Landesarbeitsgericht; Gesetz über den Lastenausgleich (Lastenausgleichsgesetz)
LFZG	Lohnfortzahlungsgesetz
LG	Landgericht
Lit.	Literatur
lit.	litera
LS	Leitsatz
LSA	Land Sachsen-Anhalt
LSG	Landessozialgericht
LT-Drs.	Landtags-Drucksache
LVerfG	Landesverfassungsgericht
mablAnm	mit ablehnender Anmerkung
mÄnd	mit Änderung(en)
mAnm	mit Anmerkung(en)
Marx	Marx, Kommentar zum Asylgesetz, 10. Aufl. 2019
Massenzustrom-RL	Richtlinie 2001/55/EG des Rates vom 20. Juli 2001 über Mindestnormen für die Gewährung vorübergehenden Schutzes im Falle eines Massenzustroms von Vertriebenen und Maßnahmen zur Förderung einer ausgewogenen Verteilung der Belastungen, die mit der Aufnahme dieser Personen und den Folgen dieser Aufnahme verbunden sind, auf die Mitgliedstaaten
MDR	Monatsschrift für Deutsches Recht
mE	meines Erachtens
MehrStaatÜbk	Übereinkommen über die Verringerung der Mehrstaatigkeit und über die Wehrpflicht von Mehrstaatern
MiloG	Gesetz zur Regelung eines allgemeinen Mindestlohns (Mindestlohngesetz)
Mio.	Million(en)
MNet	http://www.migrationsrecht.net
MRRG	Melderechtsrahmengesetz
MüKo	Münchener Kommentar
MuSchG	Gesetz zum Schutze der erwerbstätigen Mutter (Mutterschutzgesetz)
MV	Mecklenburg-Vorpommern
mwN	mit weiteren Nachweisen
mWv	mit Wirkung vom
mWz	mit Wirkung zum
NAK	Niederlassungsabkommen
NATO	North Atlantic Treaty Organization (Nordatlantikpakt)
NdsOVG	Niedersächsisches Oberverwaltungsgericht
NDV	Nachrichten des Deutschen Vereins
NE	Niederlassungserlaubnis

Abkürzungen

nF	neue Fassung
NJ	Neue Justiz
NJW	Neue Juristische Wochenschrift
NJW-RR	Neue Juristische Wochenschrift – Rechtsprechungsreport
NordÖR	Zeitschrift für Öffentliches Recht in Norddeutschland
Nr.	Nummer(n)
nr	nicht rechtskräftig
NRW	Nordrhein-Westfalen
NStZ	Neue Zeitschrift für Strafrecht
NSV	Niedersächsische Verfassung (auch: NV)
NV	Niedersächsische Verfassung (auch: NSV)
n v	nicht veröffentlicht
NVwZ	Neue Zeitschrift für Verwaltungsrecht
NVwZ-RR	Neue Zeitschrift für Verwaltungsrecht – Rechtsprechungsreport
Nw.	Nachweis(e)
NWVBl	Nordrhein-Westfälische Verwaltungsblätter
NZA	Neue Zeitschrift für Arbeitsrecht
oa	oder anders
oÄ	oder Ähnliches
oä	oder ähnlich
OBS	Otto Benecke Stiftung
ÖStVerfGH	Österreichischer Verfassungsgerichtshof
og	oben genannt
OHG	offene Handelsgesellschaft
OLG	Oberlandesgericht
OK-MNet	Onlinekommentar migrationsrecht.net
Opfer-RL	Richtlinie 2004/81/EG des Rates vom 29. April 2004 über die Erteilung von Aufenthaltstiteln für Drittstaatsangehörige, die Opfer des Menschenhandels sind oder denen Beihilfe zur illegalen Einwanderung geleistet wurde und die mit den zuständigen Behörden kooperieren
OVG	Oberverwaltungsgericht
OVG Bln-Bbg	Oberverwaltungsgericht Berlin-Brandenburg
OVG LSA	Oberverwaltungsgericht des Landes Sachsen-Anhalt
OWiG	Gesetz über Ordnungswidrigkeiten
Palandt	Palandt, Bürgerliches Gesetzbuch, 78. Aufl. 2019
PassG	Passgesetz
PAuswG	Gesetz über Personalausweise
PFP	Partnership for Peace (Partnerschaft für den Frieden)
PKH	Prozesskostenhilfe
Plenarprot.	Plenarprotokoll
Prot.	Protokoll
Quaritsch	Quaritsch, Recht auf Asyl, 1985
Qualifikations-RL	Richtlinie 2011/95/EU des Europäischen Parlaments und des Rates vom 13. Dezember 2011 über Normen für die Anerkennung von Drittstaatsangehörigen oder Staatenlosen als Personen mit Anspruch auf internationalen Schutz, für einen einheitlichen Status für Flüchtlinge oder für Personen mit Anrecht auf subsidiären Schutz und für den Inhalt des zu gewährenden Schutzes (Neufassung)
Qualifikations-RL aF	Richtlinie 2004/83/EG des Rates vom 29. April 2004 über Mindestnormen für die Anerkennung und den Status von Drittstaatsangehörigen oder Staatenlosen als Flüchtlinge oder als Personen, die anderweitig internationalen Schutz benötigen und über den Inhalt des zu gewährenden Schutzes (Qualifikations-Richtlinie)
2. RückkehrG	Zweites Gesetz zur besseren Durchsetzung der Ausreisepflicht v. 15.8.2019 (BGBl. I 1294), Inkrafttreten 21.8.2019
RA	Rechtsausschuss
RdErl	Runderlass
Redeker/von Oertzen	Redeker/von Oertzen, Verwaltungsgerichtsordnung, 16. Aufl. 2014
RegEntw	Regierungsentwurf

Abkürzungen

Reichel	Reichel, Das staatliche Asylrecht im Rahmen des Völkerrechts, 1987
Renner	Renner, Ausländerrecht in Deutschland, 1998 (zit. Renner, AiD)
REST-RL	Richtlinie 2016/801/EU des Europäischen Parlaments und des Rates vom 11. Mai 2016 über die Bedingungen für die Einreise und den Aufenthalt von Drittstaatsangehörigen zu Forschungs- oder Studienzwecken, zur Absolvierung eines Praktikums, zur Teilnahme an einem Freiwilligendienst, Schüleraustauschprogrammen oder Bildungsvorhaben und zur Ausübung einer Aupair-Tätigkeit (REST-Richtlinie)
RF-RL	Richtlinie 2008/115/EG des Europäischen Parlaments und des Rates vom 16.12.2008 über gemeinsame Normen und Verfahren in den Mitgliedstaaten zur Rückführung illegal aufenthältiger Drittstaatsangehöriger (Rückführungsrichtlinie) (auch: Rückführungs-RL)
RGBl	Reichsgesetzblatt
RhPf	Rheinland-Pfalz
RIW/AWD	Recht der internationalen Wirtschaft/Außenwirtschaftsdienst
rkr.	rechtskräftig
RL	Richtlinie
RLUmsG 2007	Gesetz zur Umsetzung aufenthalts- und asylrechtlicher Richtlinien der Europäischen Union (Richtlinien-Umsetzungsgesetz 2007)
RLUmsG 2011	Gesetz zur Umsetzung aufenthaltsrechtlicher Richtlinien der Europäischen Union und zur Anpassung nationaler Rechtsvorschriften an den EU-Visakodex (Richtlinien-Umsetzungsgesetz 2011)
Rn.	Randnummer(n)
RÖW	Recht in Ost und West
Rpfl.	Der deutsche Rechtspfleger
Rs.	Rechtssache
Rspr.	Rechtsprechung
RT-Drs.	Reichstags-Drucksache
Rückführungs-RL	Richtlinie 2008/115/EG des Europäischen Parlaments und des Rates vom 16. Dezember 2008 über gemeinsame Normen und Verfahren in den Mitgliedstaaten zur Rückführung illegal aufhältiger Drittstaatsangehöriger (auch: RF-RL)
RuStAG	Reichs- und Staatsangehörigkeitsgesetz
RVO	Rechtsverordnung
S.	Satz (bei Rechtsnormen); Seite
s.	siehe; section
SA	Sachsen-Anhalt
sa	ssiehe auch
SächsOVG	Sächsisches Oberverwaltungsgericht
SächsVBl	Sächsische Verwaltungsblätter
Sanktions-RL	Richtlinie 2009/52/EG des Europäischen Parlaments und des Rates vom 18. Juni 2009 über Mindeststandards für Sanktionen und Maßnahmen gegen Arbeitgeber, die Drittstaatsangehörige ohne rechtmäßigen Aufenthalt beschäftigen
Schengen-RL	Richtlinie 2001/51/EG des Rates vom 28. Juni 2001 zur Ergänzung der Regelungen nach Artikel 26 des Übereinkommens zur Durchführung des Übereinkommens von Schengen vom 14. Juni 1985
Schenk	Schenk, Asylrecht und Asylverfahrensrecht, 1993
Schenk/Ulrich/Heppe	Schenk/Ulrich/Heppe (Hrsg.), Asylrecht und Asylverfahrensrecht, 2. Aufl. 2010
SchwarzArbG	Gesetz zur Bekämpfung der Schwarzarbeit und illegalen Beschäftigung (Schwarzarbeitsbekämpfungsgesetz)
SDÜ	Übereinkommen zur Durchführung des Übereinkommens von Schengen vom 14. Juni 1985 betreffend den schrittweisen Abbau der Kontrollen an den gemeinsamen Grenzen vom 19.6.1990
Selk	Selk, Asylrecht und Verfassung, 1990
SG	Sozialgericht
SGB	Sozialgesetzbuch
SGb	Die Sozialgerichtsbarkeit
SGB I	Sozialgesetzbuch (SGB) Erstes Buch – Allgemeiner Teil (SGB I)
SGB II	Sozialgesetzbuch (SGB) Zweites Buch – Grundsicherung für Arbeitsuchende (SGB II)

Abkürzungen

SGB III	Sozialgesetzbuch (SGB) Drittes Buch – Arbeitsförderung (SGB III)
SGB IV	Viertes Buch Sozialgesetzbuch – Sozialversicherung – (SGB IV)
SGB V	Sozialgesetzbuch (SGB) Fünftes Buch – Gesetzliche Krankenversicherung (SGB V)
SGB VI	Sozialgesetzbuch (SGB) Sechstes Buch – Gesetzliche Rentenversicherung (SGB VI)
SGB VII	Siebtes Buch Sozialgesetzbuch – Gesetzliche Unfallversicherung (SGB VII)
SGB VIII	Sozialgesetzbuch (SGB) Achtes Buch – Kinder- und Jugendhilfe (SGB VIII)
SGB IX	Sozialgesetzbuch (SGB) Neuntes Buch – Rehabilitation und Teilhabe behinderter Menschen (SGB IX)
SGB X	Zehntes Buch Sozialgesetzbuch – Sozialverwaltungsverfahren und Sozialdatenschutz (SGB X)
SGB XI	Sozialgesetzbuch (SGB) Elftes Buch – Soziale Pflegeversicherung (SGB XI)
SGB XII	Sozialgesetzbuch (SGB) Zwölftes Buch – Sozialhilfe (SGB XII)
SGG	Sozialgerichtsgesetz
SGK	Schengener Grenzkodex
SIS	Schengener Informationssystem
SKAufG	Streitkräfteaufenthaltsgestz
Slg.	Sammlung
s. o.	siehe oben
sog.	sogenannt/e
SozR	Sozialrecht, Rechtsprechung und Schrifttum
SozVers	Die Sozialversicherung
SPD	Sozialdemokratische Partei Deutschlands
StAG	Staatsangehörigkeitsgesetz
StAngRegG	Gesetz zur Regelung von Fragen der Staatsangehörigkeit
StAngGebV	Staatsangehörigkeits-Gebührenverordnung
StAnz	Staatsanzeiger
StAR-VwV	Allgemeine Verwaltungsvorschriften zum Staatsangehörigkeitsrecht
StAZ	Das Standesamt
Stelkens/Bonk/Sachs	Stelkens/Bonk/Sachs (Hrsg.), Verwaltungsverfahrensgesetz, 9. Aufl. 2018
StGB	Strafgesetzbuch
StGH	Staatsgerichtshof
StlÜbk	Übereinkommen über die Rechtsstellung der Staatenlosen (auch: UN-RechtStaatenlosÜbk)
Storr ua	Storr/Wenger/Eberle/Albrecht/Harms/Kreuzer, Kommentar zum Zuwanderungsrecht, 2. Aufl. 2008
StPO	Strafprozessordnung
str.	streitig
Studenten-RL	Richtlinie 2004/114/EG des Rates vom 13. Dezember 2004 über die Bedingungen für die Zulassung von Drittstaatsangehörigen zur Absolvierung eines Studiums oder zur Teilnahme an einem Schüleraustausch, einer unbezahlten Ausbildungsmaßnahme oder einem Freiwilligendienst
StVollzG	Strafvollzugsgesetz
s. u.	siehe unten
ThürOVG	Oberverwaltungsgericht Thüringen
TVG	Tarifvertragsgesetz
U.	Urteil
u.	und
ua	unter anderem; und andere
uÄ	und Ähnliche(s)
UAbs.	Unterabsatz
Übk.	Übereinkommen
umstr.	umstritten
UN	United Nations (Vereinte Nationen)
UN-Folterkonvention	Konvention gegen Folter und andere grausame, unmenschliche oder erniedrigende Behandlung oder Strafe
UNHCR	Hoher Flüchtlingskommissar der Vereinten Nationen
UNHCR, Beschlüsse	UNHCR (Hrsg.), Beschlüsse des Exekutivkomitees, 1988 ff.
UNHCR, Hdb	UNHCR (Hrsg.), Handbuch über Verfahren und Kriterien zur Feststellung der Flüchtlingseigenschaft, 1979

Abkürzungen

Unionsbürger-RL	Richtlinie 2004/38/EG des Europäischen Parlaments und des Rates vom 29. April 2004 über das Recht der Unionsbürger und ihrer Familienangehörigen, sich im Hoheitsgebiet der Mitgliedstaaten frei zu bewegen und aufzuhalten, zur Änderung der Verordnung (EWG) Nr. 1612/68 und zur Aufhebung der Richtlinien 64/221/EWG, 68/360/EWG, 72/194/EWG, 73/148/EWG, 75/34/EWG, 75/35/EWG, 90/364/EWG, 90/365/EWG und 93/96/EWG (Unionsbürger-Richtlinie)
UN-KRK	UN-Kinderrechtskonvention
UN-RechtStaatenlos-Übk	Übereinkommen über die Rechtsstellung der Staatenlosen (auch: StlÜbk)
unstr.	unstreitig
unveröff.	unveröffentlicht
USA	Vereinigte Staaten von Amerika
usw.	und so weiter
uU	unter Umständen
UZwG	Gesetz über den unmittelbaren Zwang bei Ausübung öffentlicher Gewalt
v.	vom, von
va	vor allem
VA(e)	Verwaltungsakt(e)
VAH	Vorläufige Anwendungshinweise des Bundesministeriums des Inneren zum Aufenthaltsgesetz und zum Freizügigkeitsgesetz/EU
Var.	Variante
VBlBW	Verwaltungsblätter für Baden-Württemberg
VereinsG	Gesetz zur Regelung des öffentlichen Vereinsrechts (Vereinsgesetz)
VerfGH	Verfassungsgerichtshof
VersammlG	Gesetz über Versammlungen und Aufzüge (Versammlungsgesetz)
VersR	Versicherungsrecht
VerwArch	Verwaltungsarchiv
VerwRdsch	Verwaltungsrundschau
VerwRspr	Verwaltungsrechtsprechung in Deutschland
VG	Verwaltungsgericht
VGH	Verwaltungsgerichtshof
VGHE	Entscheidungssammlung des Bayerischen Verwaltungsgerichtshofs und des Bayerischen Verfassungsgerichtshofs
vgl.	vergleiche
vH.	von (vom) Hundert
VIS	Visa-Informationssystem
VK	Visakodex
VO	Verordnung
Vorb/Vorbem	Vorbemerkung
VR	Völkerrecht
VwGO	Verwaltungsgerichtsordnung
VwKostG	Verwaltungskostengesetz
VwV	Verwaltungsvorschrift
VwV-AuslG	Allgemeine Verwaltungsvorschrift zum Ausländergesetz (AuslG-VwV) vom 7.6.2000
VwVG	Verwaltungs-Vollstreckungsgesetz
VwVfG	Verwaltungsverfahrensgesetz
VwZG	Verwaltungszustellungsgesetz
VwZVG	Verwaltungszustellungs- und Vollstreckungsgesetz
WaffG	Waffengesetz
Weber	Weber (Hrsg.), Einwanderungsland Bundesrepublik Deutschland in der Europäischen Union, 1997
Weberndörfer	Weberndörfer, Schutz vor Abschiebung nach dem neuen Ausländergesetz, 1992
Westphal/Stoppa	Westphal/Stoppa, Ausländerrecht für die Polizei, 3. Aufl. 2007
Winkelmann	Winkelmann in: OK-MNet, Onlinekommentar
WoBindG	Gesetz zur Sicherung der Zweckbestimmung von Sozialwohnungen (Wohnungsbindungsgesetz)
WoGG	Wohngeldgesetz
WPflG	Wehrpflichtgesetz

Abkürzungen

WÜD	Wiener Übereinkommen über diplomatische Beziehungen vom 18.4.1961
WÜK	Wiener Übereinkommen über konsularische Beziehungen vom 24.4.1963
WVRK	Wiener Vertragsrechtskonvention vom 23.5.1969
ZaöRV	Zeitschrift für ausländisches öffentliches Recht und Völkerrecht
ZAR	Zeitschrift für Ausländerrecht und Ausländerpolitik
ZAR AKTUELL	Aktueller Informationsdienst der Zeitschrift für Ausländerrecht und Ausländerpolitik
zB	zum Beispiel
ZDG	Gesetz über den Zivildienst der Kriegsdienstverweigerer (Zivildienstgesetz)
ZDWF	Zentrale Dokumentationsstelle der Freien Wohlfahrtspflege für Flüchtlinge
ZevKR	Zeitschrift für evangelisches Kirchenrecht
ZfSH/SGB	Zeitschrift für Sozialhilfe und Sozialgesetzbuch
Ziekow	Ziekow, Verwaltungsverfahrensgesetz, 3. Aufl. 2013
Ziff.	Ziffer(n)
Zimmermann	Zimmermann, Das neue Grundrecht auf Asyl, 1994
zit.	zitiert
ZP	Zusatzprotokoll
ZPO	Zivilprozessordnung
ZRP	Zeitschrift für Rechtspolitik
zT	zum Teil
ZUR	Zentrum zur Unterstützung der Rückkehr
Zusatzabk	Zusatzabkommen
zust.	zustimmend; zuständig
ZuwG	Zuwanderungsgesetz
ZwangsverhBekämpfG	Gesetz zur Bekämpfung der Zwangsheirat und zum besseren Schutz der Opfer vor Zwangsheirat sowie zur Änderung weiterer aufenthalts- und asylrechtlicher Vorschriften
zzgl.	zuzüglich

Abkürzungen

WÜD	Wiener Übereinkommen über diplomatische Beziehungen vom 18.4.1961
WÜK	Wiener Übereinkommen über konsularische Beziehungen vom 24.4.1963
WVRK	Wiener Vertragsrechtskonvention vom 23.5.1969
ZaöRV	Zeitschrift für ausländisches öffentliches Recht und Völkerrecht
ZAR	Zeitschrift für Ausländerrecht und Ausländerpolitik
ZAR AKTUELL	Aktueller Informationsdienst der Zeitschrift für Ausländerrecht und Ausländerpolitik
zB	zum Beispiel
ZDG	Gesetz über den Zivildienst der Kriegsdienstverweigerer (Zivildienstgesetz)
ZDWF	Zentrale Dokumentationsstelle der Freien Wohlfahrtspflege für Flüchtlinge
ZevKR	Zeitschrift für evangelisches Kirchenrecht
ZfSH/SGB	Zeitschrift für Sozialhilfe und Sozialgesetzbuch
Ziekow	Ziekow, Verwaltungsverfahrensgesetz, 3. Aufl. 2013
Ziff	Ziffer(n)
Zimmermann	Zimmermann, Das neue Grundrecht auf Asyl, 1984
zit	zitiert
ZP	Zusatzprotokoll
ZPO	Zivilprozessordnung
ZRP	Zeitschrift für Rechtspolitik
ZT	zum Teil
ZUR	Zeitpunkt zur Unterzeichnung der Konkvention
Zusatzprk	Zusatzprotokoll
zust	zustimmend zuständig
ZuwG	Zuwanderungsgesetz
Zwang vollstreckpfl	Gesetz zur Beschränkung der Zwangsmittel und zum besseren Schutze der Güter vor Zwangsgebot, sowie zur Änderung weiterer aufenthalts- und asylrechtlicher Vorschriften
vgl	vergleiche

Erster Teil. Aufenthaltsgesetz

Gesetz über den Aufenthalt, die Erwerbstätigkeit und die Integration von Ausländern im Bundesgebiet (Aufenthaltsgesetz – AufenthG)

In der Fassung der Bekanntmachung vom 25.2.2008 (BGBl. I S. 162); zuletzt geändert durch Art. 4a Gesetz zur Regelung eines Sofortzuschlages und einer Einmalzahlung in den sozialen Mindestsicherungssystemen sowie zur Änderung des Finanzausgleichsgesetzes und weiterer Gesetze vom 23.5.2022 (BGBl. I S. 760)

Kapitel 1. Allgemeine Bestimmungen

§ 1 Zweck des Gesetzes; Anwendungsbereich

(1) ¹Das Gesetz dient der Steuerung und Begrenzung des Zuzugs von Ausländern in die Bundesrepublik Deutschland. ²Es ermöglicht und gestaltet Zuwanderung unter Berücksichtigung der Aufnahme- und Integrationsfähigkeit sowie der wirtschaftlichen und arbeitsmarktpolitischen Interessen der Bundesrepublik Deutschland. ³Das Gesetz dient zugleich der Erfüllung der humanitären Verpflichtungen der Bundesrepublik Deutschland. ⁴Es regelt hierzu die Einreise, den Aufenthalt, die Erwerbstätigkeit und die Integration von Ausländern. ⁵Die Regelungen in anderen Gesetzen bleiben unberührt.

(2) Dieses Gesetz findet keine Anwendung auf Ausländer,
1. deren Rechtsstellung von dem Gesetz über die allgemeine Freizügigkeit von Unionsbürgern geregelt ist, soweit nicht durch Gesetz etwas anderes bestimmt ist,
2. die nach Maßgabe der §§ 18 bis 20 des Gerichtsverfassungsgesetzes nicht der deutschen Gerichtsbarkeit unterliegen,
3. soweit sie nach Maßgabe völkerrechtlicher Verträge für den diplomatischen und konsularischen Verkehr und für die Tätigkeit internationaler Organisationen und Einrichtungen von Einwanderungsbeschränkungen, von der Verpflichtung, ihren Aufenthalt der Ausländerbehörde anzuzeigen und dem Erfordernis eines Aufenthaltstitels befreit sind und wenn Gegenseitigkeit besteht, sofern die Befreiungen davon abhängig gemacht werden können.

Allgemeine Verwaltungsvorschrift
1 Zu § 1 – Zweck des Gesetzes; Anwendungsbereich
1.1 Gesetzeszweck
1.1.1 § 1 Absatz 1 Satz 1 bis 3 enthält die Zielbestimmungen des Gesetzes, an denen sich die Ausfüllung von Ermessenstatbeständen zu orientieren hat. Vorrangiges Ziel ist die Steuerung und Begrenzung der Zuwanderung. Dabei sind Aufnahme- und Integrationsfähigkeit sowie die wirtschaftlichen und arbeitsmarktpolitischen Interessen der Bundesrepublik Deutschland zu berücksichtigen.
1.1.2 Nach § 1 Absatz 1 Satz 4 regelt das Gesetz die Einreise und den Aufenthalt von Ausländern. Das Gebiet von inländischen Flughäfen ist ungeachtet des Erreichens der Grenzkontrollstellen Teil des Staatsgebietes der Bundesrepublik Deutschland. Der Transitbereich eines Flughafens unterliegt in vollem Umfang der deutschen staatlichen Hoheitsgewalt. Dasselbe gilt für das Gebiet von Küstengewässern, Flussmündungen und Freihäfen.
1.1.3 Nach Satz 4 regelt das Gesetz auch die Erwerbstätigkeit von Ausländern. Die Berechtigung zur Erwerbstätigkeit ergibt sich aus dem Aufenthaltstitel des Ausländers (vgl. Nummer 4.2).
1.1.4 Das Aufenthaltsgesetz regelt auch das übergeordnete ausländerpolitische Ziel der Integration, das als wesentlicher Gesetzeszweck im Rahmen der verfassungsrechtlichen Kompetenzen Berücksichtigung findet und damit zu einer Handlungsmaxime für die mit den ausländerrechtlichen Entscheidungen betrauten Behörden wird. Die Grundsätze der staatlichen Integrationsmaßnahmen sind in den §§ 43 bis 45 niedergelegt. Sie werden ergänzt durch die IntV.
1.1.5 Andere Gesetze i. S. d. § 1 Absatz 1 Satz 5 mit eigenständigen Regelungen für bestimmte Ausländer sind derzeit insbesondere das
– FreizügG/EU,
– AsylVfG,
– HAuslG,
– SkAufG.

1.1.5.1 Für die Einreise von Asylsuchenden sind insbesondere Artikel 16a GG sowie §§ 18, 18a, 19 Absatz 3 AsylVfG maßgeblich.

1.1.5.2 Völkerrechtliche Verträge sind nur dann andere Gesetze i. S. d. § 1 Absatz 1 Satz 5, wenn sie im Wege eines Vertragsgesetzes nach Artikel 59 Absatz 2 Satz 1 GG ratifiziert worden sind und wenn die in ihnen enthaltenen Vorschriften keine bloßen Staatenverpflichtungen begründen, sondern nach ihrem Inhalt und Zweck für eine unmittelbare Anwendung bestimmt und geeignet sind (z. B. Genfer Flüchtlingskonvention, Staatenlosenübereinkommen). Eine unmittelbare Anwendbarkeit ist generell zu bejahen bei Bestimmungen, die Befreiungen vom Erfordernis der Aufenthaltstitel vorsehen (z. B. NATO-Truppenstatut, Wiener Übereinkommen über Konsularische Beziehungen) und/oder zur Ausstellung von Passersatzpapieren verpflichten (Artikel 28 Genfer Flüchtlingskonvention, Artikel 28 Staatenlosenübereinkommen). Das SDÜ hat nach seiner Überführung in Gemeinschaftsrecht durch den Amsterdamer Vertrag nicht mehr die Rechtsqualität eines völkerrechtlichen Vertrages, sondern von sekundärem Gemeinschaftsrecht. Es ist daher unmittelbar anwendbar (vgl. Nummer 1.1.5.3.1).

Das NATO-Truppenstatut und das dazugehörige Zusatzübereinkommen enthalten unter bestimmten Voraussetzungen für Truppenmitglieder ausländischer Streitkräfte, ziviles Gefolge und deren Angehörige Befreiungen von aufenthaltsrechtlichen Verpflichtungen im Aufenthaltsstaat. Dies gilt insbesondere für Pass- und Sichtvermerksbestimmungen, Ein- und Ausreisekontrollen sowie Meldevorschriften. Schließt ein Ausländer, der bislang eines Aufenthaltstitels bedurfte, die Ehe mit einem i. S. d. NATO-Truppenstatuts privilegierten Angehörigen ausländischer Streitkräfte, kommt es zum Ruhen des bisherigen Aufenthaltsrechts. Im Falle der Ehescheidung oder des sonstigen Verlustes der vorgenannten Befreiungen lebt das bisherige Aufenthaltsrecht wieder auf, soweit es nicht nach § 51 inzwischen erloschen ist. Anders als in den in § 27 Absatz 3 AufenthV geregelten Fällen wird ein noch nicht beschiedener Antrag des Ehegatten auf Erteilung oder Verlängerung eines Aufenthaltstitels dadurch, dass die vorgenannten Befreiungen eintreten, gegenstandslos. Ein entsprechender Antrag kann erst nach dem Wegfall der vorgenannten Befreiungen wieder gestellt werden.

1.1.5.3 Für nach dem Europäischen Gemeinschaftsrecht freizügigkeitsberechtigte Unionsbürger und Staatsangehörige der EWR-Staaten und deren Familienangehörige gilt § 1 Absatz 2 Nummer 1.

1.1.5.3.1 Das Europäische Gemeinschaftsrecht hat Anwendungsvorrang vor dem Aufenthaltsgesetz. Die Verordnungen und Entscheidungen des Rates und der Kommission haben eine unmittelbare Wirkung (Artikel 249 EGV). Dasselbe gilt für die Teile des SDÜ und die übrigen Bestimmungen des Schengen-Acquis, die durch den Amsterdamer Vertrag in Gemeinschaftsrecht überführt worden sind. Richtlinien der EU bzw. EG bedürfen der Umsetzung in innerstaatliches Recht. Sind Richtlinien nicht oder nicht ausreichend in innerstaatliches Recht umgesetzt worden, gelten nach Ablauf der Umsetzungsfrist die Regelungen der Richtlinie als unmittelbar anwendbar, die für eine Einzelfallanwendung inhaltlich unbedingt und hinreichend genau bestimmt sind und nicht selbst Verpflichtungen für den Einzelnen begründen. Die mit der Ausführung des Aufenthaltsgesetzes beauftragten Behörden haben das durch die Richtlinien zu erreichende Ziel im Rahmen bestehender Auslegungs- oder Ermessensspielräume zu berücksichtigen.

Bestehen Zweifel an der Vereinbarkeit nationalen Rechts mit dem Recht der Europäischen Union, so sollte eine isolierte Entscheidung einzelner Behörden oder Länder über die Nicht-Anwendung nationaler Gesetze wegen vermeintlicher Richtlinienwidrigkeit vermieden werden. Vielmehr ist eine abgestimmte Verfahrensweise anzustreben, die zügig herbeigeführt werden sollte.

1.2 Anwendungsbereich

1.2.1 Freizügigkeitsgesetz/EU

1.2.1.1 Ausländer, deren Rechtsstellung durch das Gesetz über die allgemeine Freizügigkeit von Unionsbürgern (Freizügigkeitsgesetz/EU – FreizügG/EU) geregelt ist, sind gemäß § 1 FreizügG/EU Staatsangehörige anderer Mitgliedstaaten der Europäischen Union (Unionsbürger) und ihre Familienangehörigen sowie Staatsangehörige der EWR-Staaten und ihre Familienangehörigen (§ 12 FreizügG/EU).

1.2.1.2 Auf Grund der fortschreitenden Einigung Europas und der weit reichenden Sonderstellung des Freizügigkeitsrechts werden Unionsbürger und ihre Familienangehörigen grundsätzlich vom Anwendungsbereich des Aufenthaltsgesetzes ausgenommen. Es ist auf diese Personen nur anwendbar, wenn dies ausdrücklich durch ein anderes Gesetz bestimmt ist. § 11 FreizügG/EU erklärt in drei Fällen das Aufenthaltsgesetz für anwendbar:
– entsprechende Anwendung der in § 11 Absatz 1 Satz 1 bis 4 FreizügG/EU genannten Vorschriften auf Freizügigkeitsberechtigte,
– entsprechende Anwendung des Aufenthaltsgesetzes, wenn dieses eine günstigere Rechtsstellung vermittelt als das FreizügG/ EU (§ 11 Absatz 1 Satz 5 FreizügG/EU) oder
– generelle Anwendung des Aufenthaltsgesetzes nach Feststellung des Nichtbestehens oder des Verlustes des Freizügigkeitsrechts (§ 11 Absatz 2 FreizügG/EU).

1.2.2 Völkerrechtliche Ausnahmen

1.2.2.1 Die Einreise und der Aufenthalt von Ausländern, auf die gemäß § 1 Absatz 2 Nummer 2 und 3 das Aufenthaltsgesetz keine Anwendung findet, werden im Rahmen des Völkerrechts vom Auswärtigen Amt im Einvernehmen mit dem Bundesministerium des Innern durch besondere Bestimmungen geregelt. Soweit diese Bestimmungen für die Einreise und den Aufenthalt eine besondere Erlaubnis vorsehen, sind für ihre Erteilung, Versagung, Verlängerung oder Entziehung das Auswärtige Amt einschließlich der deutschen Auslandsvertretungen oder die vom Auswärtigen Amt bezeichneten ausländischen Behörden zuständig. Einer Beteiligung der Ausländerbehörde bedarf es nicht, es sei denn, dies ist ausdrücklich vorgeschrieben. Bei der besonderen Erlaubnis, die etwa aufgrund internationaler Gepflogenheiten oder zur Wahrung der Gegenseitigkeit für die Einreise beispielsweise in der Form eines Visums erteilt wird (so genanntes diplomatisches Visum), handelt es sich nicht um einen Aufenthaltstitel i. S. v. § 4.

1.2.2.2 Die aufenthaltsrechtliche, ausweisrechtliche und sonstige Behandlung von Diplomaten und anderen bevorrechtigten Personen in der Bundesrepublik Deutschland findet auf der Grundlage des Rundschreibens des Auswärtigen Amtes über Diplomaten und andere bevorrechtigte Personen in der jeweils geltenden und im GMBl veröffentlichten Fassung statt.

1.2.2.3 Verzeichnisse über die diplomatischen Missionen, die konsularischen Vertretungen in der Bundesrepublik Deutschland und die Internationalen Organisationen mit Sitz in der Bundesrepublik Deutschland sind auf der Internetseite des Auswärtigen Amtes aufgelistet *(www.auswaertiges-amt.de)*.

1.2.2.4 Eine Zusammenstellung der völkerrechtlichen Übereinkommen und der damit in Zusammenhang stehenden Rechtsvorschriften, aufgrund derer Personen, insbesondere Bedienstete aus anderen Staaten in der Bundesrepublik Deutschland besondere Vorrechte und Immunitäten genießen, ist in dem vom Bundesministerium der Justiz jährlich als Beilage zum BGBl. II herausgegebenen Fundstellennachweis B sowie in dem vom Bundesministerium der Justiz jährlich als Beilage zum BGBl. I herausgegebenen Fundstellennachweis A enthalten *(www.bgbl.de)*.

1.2.2.5 Hinsichtlich der Rechtsstellung der Streitkräfte aus den Vertragsstaaten des Nordatlantikvertrages und der im Rahmen des Nordatlantikvertrages errichteten internationalen militärischen Hauptquartiere (Mitglieder der Truppe und ziviles Gefolge sowie Angehörige) wird auf das Rundschreiben des Auswärtigen Amtes über Diplomaten und andere bevorrechtigte Personen in seiner jeweiligen Fassung verwiesen (siehe Nummer 1.2.2.2).

1.2.2.6 Hinsichtlich der Vorrechte und Befreiungen von Soldaten anderer Staaten wird auf das Übereinkommen vom 19. Juni 1995 zwischen den Vertragsstaaten des Nordatlantikvertrages und den anderen an der Partnerschaft für den Frieden teilnehmenden Staaten über die Rechtsstellung ihrer Truppen sowie das Zusatzprotokoll (PfP-Truppenstatut, BGBl. 1998 II S. 1338), die aufgrund des Streitkräfteaufenthaltsgesetzes vom 20. Juli 1995 (BGBl. II S. 554) abgeschlossenen Vereinbarungen sowie auf das Rundschreiben des Auswärtigen Amtes über Diplomaten und andere bevorrechtigte Personen verwiesen (siehe Nummer 1.2.2.2).

1.2.2.7 Das Aufenthaltsgesetz findet auf den gemäß § 27 AufenthV vom Erfordernis eines Aufenthaltstitels befreiten Personenkreis Anwendung (Personen bei Vertretungen ausländischer Staaten), soweit völkerrechtliche Vereinbarungen nicht entgegenstehen. Der Aufenthalt dieser Ausländer kann gemäß § 12 Absatz 4 zeitlich und räumlich beschränkt und von Bedingungen und Auflagen abhängig gemacht werden, soweit hierdurch völkerrechtliche Verpflichtungen insbesondere nach dem Wiener Übereinkommen über diplomatische Beziehungen (WÜD) und dem Wiener Übereinkommen über konsularische Beziehungen (WÜK) (z. B. Organisationshoheit der Entsendestaaten, Pflicht zu umfassender Unterstützung der ausländischen Mission durch deutsche Behörden) nicht verletzt werden. Dem Aufenthaltsgesetz und dem Erfordernis eines Aufenthaltstitels können allerdings bestimmte Personengruppen, insbesondere aufgrund ihrer ständigen Ansässigkeit im Bundesgebiet, unterfallen (z. B. im Bundesgebiet angeworbene Ortskräfte ausländischer Missionen); vgl. hierzu Rundschreiben des Auswärtigen Amtes über Diplomaten und andere bevorrechtigte Personen.

Übersicht

	Rn.
I. Entstehungsgeschichte	1
II. Allgemeines	2
III. Zwecke, Ziele und Gegenstände des Gesetzes	4
IV. Geltungsbereich und Inkrafttreten	13
V. Personenkreise	15
1. Vorrangregelungen und Anwendungsausnahmen	15
2. Unionsbürger und Gleichgestellte	16
3. Vorrangig geregelte Personengruppen	34
4. Völkerrechtliche Ausnahmen	38
5. Staatenlose	46

I. Entstehungsgeschichte

Die Vorschrift entspricht dem **Gesetzesentwurf**[1]; nur die Erwähnung der Aufnahmekapazität in Abs. 1 wurde vom Vermittlungsausschuss eingefügt[2]. Sie stimmt mit §§ 1 I, 2 AuslG 1990 im Wesentlichen überein. Mit dem 2. ÄndG zum AufenthG wurden in Abs. 1 S. 4 die Worte „Förderung der" vor Integration gestrichen. 1

II. Allgemeines

Abs. 1 umschreibt den **Zweck und Ziele** des Gesetzes, wobei das Signalwort „Einwanderung" zugunsten der Begriffe „Zuzug" und „Zuwanderung" vermieden wird. Dennoch bekennt sich der Gesetzgeber zur Steuerung der Migration nach Deutschland und damit zu einer kontrollierten Öffnung für neue Einwanderung. Die Neuausrichtung des Gesetzes hat zur Folge, dass die zuvor bestehende Grundentscheidung der Einwanderungsbegrenzung iRd aufenthaltsrechtlichen **Ermessenskontrolle** nicht mehr angewendet werden kann[3]. 2

Individuelle Rechte sind in den einleitenden Bestimmungen nicht enthalten. Die privaten Belange der Migranten treten hinter die öffentlichen Interessen an einer gesteuerten Migration in den Hintergrund. Das Gesetz spricht von der „Aufnahme- und Integrationsfähigkeit", „wirtschaftlichen und arbeitsmarktpolitischen Interessen" sowie „humanitären Verpflichtungen". Den ersten drei Sätzen kommt aber nicht lediglich eine programmatische Bedeutung zu, sie bilden vielmehr wichtige Richtpunkte für Auslegung und Anwendung des gesamten Gesetzes. Abs. 2 umschreibt zusammen mit § 2 I den **personellen Geltungsbereich** des Gesetzes, wobei in § 2 I der eigentliche Anwendungsbereich bestimmt und in Abs. 2 (ähnlich wie in § 2 I AuslG 1990) die Ausnahmen genannt sind. 3

---

[1] AufenthG-E, BT-Drs. 15/420, 6.
[2] BT-Drs. 15/3479, 2.
[3] *J. Bast* FS Kai Hailbronner, 2013, S. 7.

III. Zwecke, Ziele und Gegenstände des Gesetzes

4   Der Beschreibung von Zwecken, Zielen und Gegenständen des Gesetzes in Abs. 1 liegt zugrunde, dass Einreise und Aufenthalt für Ausländer **nicht frei** sind. Weder Völker- noch Verfassungsrecht gewähren kosmopolitische Freizügigkeit. Das Völkerrecht garantiert einen gewissen fremdenrechtlichen Mindeststandard (zB Freiheitsrechte, Rechtsschutz)[4]. Da das deutsche innerstaatliche Recht diese Mindestbedingungen erfüllt, haben allgemeine Grundsätze des Völkerrechts (über Art. 25 GG) keine praktischen Auswirkungen auf das deutsche Ausländerrecht. Einreisefreiheit für Staatsfremde gibt es weder nach Völkervertrags- noch nach Völkergewohnheitsrecht. Ebenso verhält es sich nach dem GG, das auf Ausländer in Deutschland zT anwendbar ist, soweit Grundrechte nicht Deutschen vorbehalten sind[5], ihnen aber keine allgemeine Einreisefreiheit gewährt[6]. Eine Ausnahme bildet nur Art. 16a I GG zugunsten politisch Verfolgter; ihnen ist Schutz vor Verfolgung verheißen, was jedwede Überstellung an den Verfolgerstaat ausschließt und damit Nichtabweisung an der Grenze und anschließenden Aufenthalt einbezieht[7].

5   Auf dieser Grundlage ist Abs. 1, ohne dass es dort ausdrücklich erwähnt ist, als **Verdeutlichung** zu verstehen, dass Ausländer in den Genuss von Einreise und Aufenthalt nur nach dem AufenthG – und anderen einschlägigen Rechtsvorschriften – gelangen können, ihnen also eine davon unabhängige entsprechende Rechtsposition nicht zukommt. Abs. 1 ist nicht die Magna Charta der Staatsfremden oder einer liberalen Einwanderungspolitik, als die er erscheinen mag. Im Gegenteil: zusammen mit § 4 I 1 unterwirft er Ausländer einer Genehmigungsbedürftigkeit, die ungeachtet der Konstruktion im Ergebnis als Sperre wirkt. Daran ändert der Umstand nichts, dass zugunsten von Angehörigen bestimmter Staaten aufgrund Völkervertragsrecht Erleichterungen und Vergünstigungen bei Einreise und Aufenthalt vereinbart sind und das Gesetz selbst Ausnahmen und Befreiungen anordnet oder vorsieht. Aus der UN-Kinderkonvention[8] ergibt sich ein Einreise- und Aufenthaltsrecht für Deutschland freilich nicht; die Bundesregierung hat hierzu bei Hinterlegung der Ratifikationsurkunde eine entsprechende Erklärung abgegeben[9]. Gerade die Besonderheiten des Aufenthaltsrechts für Angehörige von EU-Staaten[10] belegen, dass iÜ allgemeine Freizügigkeit zwischen den Staaten nicht herrscht. Dessen ungeachtet wurde und wird eine Einwanderung bestimmter Gruppen (zB Unionsbürger, Asylberechtigte, Familienangehörige) mittels Verfestigung des Aufenthaltsrechts bis hin zur Einbürgerung rechtlich und faktisch zugelassen. Obwohl Deutschland damit nicht als klassisches Einwanderungsland bezeichnet werden kann[11], hat es in den letzten Jahrzehnten faktisch Einwanderung geduldet, gebilligt und gefördert, indem es Verfestigungen des Aufenthalts bis hin zur Einbürgerung zunehmend wirksamer unterstützt hat[12].

6   Die **Ziele und Zwecke** des Gesetzes können mit fünf Begriffspaaren zusammengefasst skizziert werden: Steuerung und Begrenzung, Ermöglichen und Gestalten von Zuwanderung, Aufnahme- und Integrationskapazität, Wirtschaft und Arbeitsmarkt, Gestaltung und Pflichterfüllung. Die Erwähnung dieser Begriffe dient nicht lediglich einem programmatischen Bedürfnis zur schlagwortartigen Kennzeichnung des gesetzgeberischen Gestaltungswillens. Mit der Verwendung mehrerer ganz unterschiedlicher Begriffe sollen vielmehr Grundregeln für die Auslegung und Anwendung der nachfolgenden Normen aufgestellt werden. Es sollen keine unverbindlichen Generalaussagen getroffen, sondern Richtpunkte für die Gesetzesausführung fest vorgegeben werden. Der Gesetzgeber will Grundsätze va für die Auslegung von unbestimmten Rechtsbegriffen und die Ausübung behördlichen Ermessens vorschreiben. Das Gesetz enthält zwar eine Vielzahl von Rechtsansprüchen und klaren Tatbestandsvoraussetzungen. Soweit aber Voraussetzungen der Auslegung bedürfen und Ermessen ohne nähere Bindung eingeräumt ist, sollen die im Ergebnis genannten Ziele und Zwecke beachtet werden. Dabei geht es nicht in erster Linie nur um eine möglichst bundesweit einheitliche Ermessenspraxis, die auch durch Verwaltungsrichtlinien gesteuert werden könnte, sondern um zwingende gesetzliche Vorgaben, deren Beachtung nicht dem behördlichen Ermessen anheimgegeben ist[13].

7   Wenn Steuerung und Begrenzung als Zweck des Gesetzes ausdrücklich genannt sind, dann ist dies im Zusammenhang mit dem ebenfalls erwähnten Ermöglichen und Gestalten von Zuwanderung zu

---

[4] Näher *Renner* AiD Rn. 2/1 ff.
[5] Zu Art. 2 GG vgl. BVerfG Beschl. v. 31.3.1987 – BvM 2/86, BVerfGE 75, 1; Beschl. v. 26.9.1978 – 1 BvR 525/77, BVerfGE 49, 168; zu Art. 6 GG vgl. BVerfG Beschl. v. 12.5.1987 – 2 BvR 1226/83 ua, BVerfGE 76, 1; zu Art. 19 IV GG vgl. BVerfG Beschl. v. 2.5.1984 – 2 BvR 1413/83, BVerfGE 67, 43.
[6] Näher *Renner* AiD Rn. 2/28 ff.
[7] BVerfG Beschl. v. 2.7.1980 – 1 BvR 147/80 ua, BVerfGE 54, 341; Beschl. v. 25.2.1981 – 1 BvR 413/80, BVerfGE 56, 216; BVerwG Urt. v. 7.10.1975 – I C 46.69, BVerwGE 49, 202; → GG Art. 16a Rn. 7 ff.; → AsylG § 55 Rn. 2 ff.
[8] Gesetz v. 17.2.1992, BGBl. 1992 II S. 121.
[9] BT-Drs. 12/42, 54; *Renner* AiD Rn. 6/122 ff.
[10] → Rn. 16.
[11] Näher *Renner* AiD Rn. 3/47 f., 5/502 ff.
[12] Zuwanderungsbericht S. 13 ff.
[13] Ähnlich *Hailbronner* AufenthG § 1 Rn. 6 f.

sehen. Alles dies könnte auch mit dem allgemeinen Begriff der **Regelung** umschrieben werden. Der Gesetzgeber hat die beiden Begriffspaare aber bewusst gewählt, um zu verdeutlichen: Zuwanderung soll nicht nur allgemein geregelt, sondern sie soll aktiv gestaltet und gesteuert, und sie soll va begrenzt werden. Das Ziel der Begrenzung ist letztlich den anderen Ziel- und Zweckbestimmungen vorgeordnet, wie aus deren Inhalten hervorgeht. Wirtschaft und Arbeitsmarkt vertragen nämlich nach Überzeugung des Gesetzgebers jedenfalls derzeit eine Öffnung Deutschlands für Zuwanderung ebenso wenig wie die Aufnahme- und Integrationskapazitäten. **Begrenzung** bedeutet allerdings nicht Verringerung der Zuzugszahlen im Vergleich mit den Verhältnissen unter der Geltung des AuslG von 1965 und 1990. Für die Beurteilung der danach anzustrebenden Arten, Ausmaßen und Nettowerten können allerdings demografische Gesichtspunkte nur mittelbar berücksichtigt werden[14].

In erster Linie sollen die Möglichkeiten und Fähigkeiten Deutschlands zur **Aufnahme und zur** **8** **Integration** von nicht deutschen Zuwanderern beachtet werden. Damit werden einerseits generelle Grenzen der Zuwanderung beschrieben, andererseits aber auch die Absichten des Gesetzgebers ausgedrückt, die Zuwanderung nicht ausnahmslos zu unterbinden und unter das Maß der in den letzten Jahren erreichten Nettozuwanderung zurückzuführen. Der Schwerpunkt liegt eher auf dem Gestalten und Steuern als auf Beschränkung iSv absoluter Verringerung. Im Vordergrund stehen Steuern und Gestalten im Gegensatz zu einer bloßen Hinnahme. Damit ist zwar nicht die These vertreten, die Zuwanderung sei in der Vergangenheit ungeregelt vonstattengegangen und nur passiv hingenommen worden[15]. Es wird aber die Erkenntnis des Gesetzgebers deutlich, dass eine aktive Steuerung im Interesse Deutschlands nötig ist und auch lohnt. Die Kapazitäten für Aufnahme und Integration[16] sind nebeneinander aufgeführt, weil sie sich voneinander unterscheiden. Die bloße Aufnahme ist meist einfacher und schneller zu bewerkstelligen, als die nicht nur auf einen vorübergehenden Zeitraum ausgerichtete Integration. Wie zB die Aufnahme von Flüchtlingen aus dem zerfallenden Jugoslawien zeigt und die Möglichkeit der vorübergehenden Schutzgewährung nach § 24 bestätigt, stellt die Bundesrepublik Deutschland notfalls die Erfordernisse einer schnellen und wirksamen Eingliederung in deutsche Lebensverhältnisse zurück und gewährt dem humanitär dringenden Schutz den Vorrang.

Die Interessen von **Wirtschaft und Arbeitsmarkt** bilden wichtige Bezugspunkte für die Zuwan- **9** derung. Das gesamte Zuwanderungsrecht wurde unter dem Eindruck der gewaltigen weltwirtschaftlichen Umwälzungen der letzten beiden Jahrzehnte in Angriff genommen. Es soll ua auch eine Antwort auf die zunehmende Globalisierung und die damit verbundene Flexibilisierung der Arbeitsmärkte geben. Im Zuge der fortschreitenden Liberalisierung der Märkte und der gleichzeitigen Mobilisierung der Arbeitskräfte sollen Lösungen gefunden werden, die der deutschen Wirtschaft und dem deutschen Arbeitsmarkt nützen. Anzeichen für eine ökonomische Erholung sind derzeit ebenso wenig erkennbar wie Patentrezepte zur Überwindung der wirtschaftlichen Rezession. Unter diesen Umständen ist bemerkenswert, dass der Gesetzgeber jedenfalls nicht eine vollständige Abschottung für notwendig erachtet, sondern Zuwanderung im Grundsatz auch bei der gegenwärtigen desolaten Wirtschaftslage für vertretbar gehalten hat. Dennoch: der **Anwerbestopp** ist aufrechterhalten und, wie die Einzelregelungen für Selbstständige, Hochqualifizierte und sonstige Erwerbstätige belegen, tendenziell verstärkt worden. Insbesondere sind auch für die Zukunft zusätzliche Möglichkeiten der aktiven Anwerbung von ausgewählten Spitzenkräften im Wege eines auf einem Punktesystem aufbauenden Auswahlverfahrens[17] oder eines gezielten Engpassverfahrens[18] ausgeschlossen.

Neben dem aktiven Gestalten von Zuwanderung im Interesse Deutschlands steht gleichberechtigt **10** die Erfüllung der **humanitären Verpflichtungen.** Damit sind nicht nur die einschlägigen Pflichten gemeint, die sich aus Gemeinschaftsrecht und völkerrechtlichen Verträgen, insbesondere der GK, der EMRK und der KRK, ergeben, sondern auch die aus dem deutschen Verfassungsrecht für den Schutz von Ausländern zu ziehenden Folgerungen, zB bei der Familienzusammenführung und der Aufenthaltsbeendigung hier geborener oder aufgewachsener Jugendlicher und Heranwachsender.

In der Aufzählung der gesetzlichen Ziele und Zwecke fehlt das Interesse an einer Verbesserung der **11** **demografischen Verhältnisse** in Deutschland. Die Entwicklung der Bevölkerung in Deutschland kann in der Feststellung zusammengefasst werden: Die deutsche Bevölkerung schrumpft und altert[19]. Die Geburtenzahlen sind in den letzten drei Jahrzehnten erheblich zurückgegangen und verharren auf einem für die Regeneration völlig unzureichendem Stand. Das durchschnittlich erreichte Lebensalter hat sich deutlich erhöht und steigt weiter. Die Alterspyramide zeigt deutliche Defizite und lässt eine Besserung nicht erkennen. Selbst massive Fördermaßnahmen für Familie und Zuwanderung könnten eine schnelle und merkliche Umkehrung der äußerst negativen Tendenzen nicht bewirken. Zusätzliche Geburten sind in den nächsten zwei Jahrzehnten auf der Grundlage der Geburten in den ersten Jahren

---

[14] Dazu → Rn. 11.
[15] Zur Unrichtigkeit dieser Annahme ausf. das Jahresgutachten 2004 S. 125 ff.
[16] Dazu auch → Rn. 11.
[17] § 20 Gesetzesentwurf; Zuwanderungsbericht 2001 S. 83 ff.
[18] Jahresgutachten S. 220 ff.
[19] Dazu ausf. und überzeugend *Birg* ZAR 1999, 195; *Schnapp/Kostorz* ZAR 2002, 163; Zuwanderungsbericht 2001 S. 26 ff.; Jahresgutachten 2004 S. 115 ff.

dieses Jahrhunderts kaum zu erwarten. Vor diesem Hintergrund erscheint es jedenfalls bemerkenswert, dass der Gesetzgeber die seit langem offensichtliche demografische Fehlentwicklung weder in einzelnen Normen noch bei der gesetzlichen Zielbestimmung berücksichtigt hat. Gleichwohl dürfen die Defizite in der arbeits- und auch sonst leistungsfähigen Bevölkerung bei der Durchführung des Gesetzes nicht außer Betracht bleiben. Sie sind bei der Aufnahme- und Integrationsfähigkeit ebenso zu berücksichtigen wie bei den wirtschaftlichen Interessen. Daher können und müssen demografische Interessen zB bei der Begriffsauslegung und bei der Ermessensausübung iRd Zulassung von Erwerbstätigen, Familienangehörigen und Flüchtlingen in die Überlegungen einbezogen werden.

12 Die **Gegenstände** der gesetzlichen Regelung wurden gegenüber den AuslG v. 1965 und 1990 erheblich erweitert. Zu Einreise und Aufenthalt hinzugekommen sind Erwerbstätigkeit und Integration, wobei Letztere gänzlich neu in den Kreis der Regelungsgegenstände aufgenommen ist. Die **Erwerbstätigkeit** unterlag auch früher schon dem AuslG und den dafür zuständigen Behörden, nämlich Ausländerbehörden, Grenzbehörden und Auslandsvertretungen. Materiell war der Zugang zur unselbständigen Erwerbstätigkeit aber auf der Grundlage der Ermächtigung in § 10 AuslG ausschließlich in Rechtsverordnungen geregelt (AAV, ASAV, IT-AV, ArGV, IT-ArGV) und materiell wie formell nach Aufenthalt und Arbeitsmarkt gespalten: hier die Ordnungs- und dort die Arbeitsverwaltung. Nunmehr hat der Gesetzgeber auch Einzelheiten der Zulassung zu Erwerbstätigkeiten selbst geregelt und die Mitwirkung der Arbeitsverwaltung auf ein behördeninternes Zustimmungsverfahren beschränkt. Die Aufgabe der **Integration** ist erstmals umfassender ausländerrechtlich geregelt. Zuvor hatte der Bundesgesetzgeber Hilfen nur in Teilbereichen der Förderung von Spätaussiedlern, Asylberechtigten und Jugendlichen aus den ehemaligen Anwerbestaaten vorgesehen. Nunmehr sind sowohl Spätaussiedler als auch Ausländer erfasst, aber nicht auf allen Feldern der Eingliederung, sondern nur für den Besuch von Integrationskursen, die dem Erwerb von Kenntnissen der deutschen Sprache und Bildung dienen.

IV. Geltungsbereich und Inkrafttreten

13 Die **räumliche Geltung** des AufenthG erstreckt sich auf das gesamte Gebiet der Bundesrepublik Deutschland. Die frühere Erwähnung (West-)Berlins und die Berlin-Klausel in § 106 AuslG sind nach der Vereinigung Deutschlands durch Beitritt der DDR zur Bundesrepublik Deutschland am 3.10.1990 nicht mehr erforderlich.

14 **In Kraft** getreten ist das AuslG grundsätzlich am 1.1.2005; die Ermächtigungen zum Erlass von Rechtsverordnungen sind seit 6.8.2004, dem Tag nach der Verkündung des ZuwG, in Kraft und die Abschaffung des BB und der Weisungsunabhängigkeit der Entscheider des BAMF seit 1.9.2004 (Art. 15 ZuwG).

V. Personenkreise

1. Vorrangregelungen und Anwendungsausnahmen

15 Der Anwendungsbereich in persönlicher Hinsicht wird mittelbar durch § 2 I bestimmt: Ausländer, nämlich Personen ohne den Status eines Deutschen nach Art. 116 I GG. Damit sind sowohl Angehörige anderer Staaten als auch Staatenlose erfasst. Dieser **Personenkreis** ist aber in zweifacher Hinsicht weiter **eingeschränkt**: durch vorrangige andere gesetzlichen Regelungen (Abs. 1 S. 5) und durch Ausnahmen von der Anwendung (Abs. 2). Das Verhältnis beider Begrenzungen ist unklar, wie das Bsp. der Unionsbürger jedenfalls bei oberflächlicher Betrachtung[20] zeigt: Für sie bleiben die Regelungen des FreizügG/EU unberührt, da dort verlautbarte Gemeinschaftsrecht Vorrang vor dem deutschen Recht genießt, und gleichzeitig sind sie von der Anwendung des AufenthG ausgenommen, soweit nicht § 11 FreizügG/EU eine entsprechende Anwendung anordnet. Unterschiede bestehen aber insofern, als die erste Beschränkung eine gesetzliche Grundlage erfordert, während die zweite auch auf bestimmten völkerrechtlichen Verträgen beruhen kann. Angesichts der eben daraus herrührenden Überschneidungen können beide Gruppen gemeinsam dargestellt werden. IE gilt das AufenthG für sie nicht, weil sie ihm entweder wegen des Vorrangs anderer nicht weiter beschriebener Regelungen oder wegen einer der einzeln bezeichneten Anwendungsausnahmen nicht unterliegen.

2. Unionsbürger und Gleichgestellte

16 Den weitestgehenden Vorrang genießt das **EU-Recht**. Die von ihm begünstigten Angehörigen anderer Mitgliedstaaten und EWR-Staaten sowie der Schweiz unterliegen samt ihren Familienangehörigen in erster Linie den EU-Normen. Deutsches Recht ist auf sie nur anwendbar, wenn und soweit diese Personen nicht freizügigkeitsberechtigt sind oder umgekehrt nach deutschem Recht zusätzlich begünstigt oder in Umsetzung des EU-Rechts dem innerstaatlichem deutschem Recht unterworfen sind (dazu § 11 FreizügG/EU). Daher ist für sie die Anwendung des AufenthG grundsätzlich ausgeschlos-

---

[20] Genauer → Rn. 16.

Zweck des Gesetzes; Anwendungsbereich § 1 AufenthG 1

sen. Der Vorrang des FreizügG/EU gründet generell nicht auf dessen Spezialität gegenüber dem AufenthG, sondern auf dem Vorrang des primären und sekundären EU-Rechts, also der Verträge, VO und RL der EU. Unionsbürger und ihnen Gleichgestellte sind daher nicht aufgrund vorrangiger gesetzlichen Regelungen iSd Abs. 1 S. 5 von der Anwendung ausgeschlossen[21], und ihre Rechtsstellung ist auch nicht „von dem" FreizügG/EU geregelt iSd Abs. 2 Nr. 1, sondern beruht unmittelbar auf Unionsrecht. Vom Unionsrecht werden nicht nur EU-Bürger und ihre Familienangehörigen erfasst, sondern unter bestimmten Voraussetzungen auch deutsche Staatsangehörige[22].

Der Anwendungsbereich des FreizügG/EU wird durch personelle und sachliche Gesichtspunkte 17 festgelegt. Während der **Personenkreis,** der begünstigt werden soll, sich unmittelbar aus der Formulierung des § 1 ergibt, ist der **sachliche Geltungsbereich** über den Wortlaut hinaus dahingehend zu ergänzen, dass er die Einreise und den Aufenthalt grundsätzlich nur erfasst, sofern der Vorgang dem Unionsrecht unterfällt. Das Unionsrecht erfasst im Regelfall nur grenzüberschreitende Sachverhalte.

Die Anwendungsbereiche des AufenthG einerseits und des FreizügG/EU andererseits sind wie folgt 18 voneinander abzugrenzen: Gemäß § 1 II Nr. 1 findet das AufenthG keine Anwendung auf Ausländer, deren Rechtsstellung nach dem FreizügG/EU geregelt ist, soweit nicht durch Gesetz etwas anderes bestimmt ist. § 1 II Nr. 1 nimmt damit Ausländer aus dem Anwendungsbereich des AufenthG bereits dann aus, wenn deren Rechtsstellung vom FreizügG/EU (lediglich) geregelt wird. **Hingegen kommt es nicht darauf an, ob diese Ausländer nach dem FreizügG/EU tatsächlich freizügigkeitsberechtigt sind**[23].

Das FreizügG/EU ist ein grundsätzlich **abschließendes Spezialgesetz,** das dem AufenthG vorgeht 19 (§ 1 II Nr. 1).

Das AufenthG findet auf Unionsbürger und ihre Familienangehörigen in folgenden Fällen kraft 20 Gesetzes Anwendung:
– Das FreizügG/EU enthält einen Verweis auf das AufenthG (siehe ua § 3 II und IV 2 sowie § 11 I -VI und VIII – XIV).
– Das AufenthG vermittelt Unionsbürgern oder ihren Familienangehörigen eine günstigere Rechtsstellung (§ 11 XIV 1).
– Die Ausländerbehörde hat das Nichtbestehen oder den Verlust des Rechts auf Freizügigkeit festgestellt (§ 11 XIV 2).
– Ein Unionsbürger kann sich aufgrund des in Art. 18 AEUV und in Art. 21 II GRCh normierten Diskriminierungsverbot auf Regelungen im Aufenthaltsgesetz berufen, die deutsche Staatsangehörige begünstigen.[24]

Das **Günstigkeitsprinzip** nach § 11 XIV 1 führt nicht nur dazu, dass die Regelungen des AufenthG 21 über Drittstaatsangehörige zur Anwendung gelangen, soweit diese eine günstigere Rechtsstellung vermitteln, sondern über das **Diskriminierungsverbot des Art. 18 AEUV** finden auch die Regelungen Anwendung, die Deutsche betreffen. Ein Unionsbürger kann verlangen, so gestellt zu werden wie ein deutscher Staatsangehöriger. Dies kann insbesondere bei Nachzugsfällen zu minderjährigen EU-Bürgern bedeutsam sein, in denen der Lebensunterhalt des drittstaatsangehörigen Elternteils nicht gedeckt ist; hier sind die Nachzugsregelungen für den Nachzug zu einem deutschen Kind heranzuziehen.

Das FreizügG/EU findet nach § 1 I Nr. 1 auf Unionsbürger Anwendung. Nach der Begriffsbestim- 22 mung in § 1 I Nr. 1 sind Unionsbürger Staatsangehörige anderer Mitgliedstaaten der Europäischen Union, die nicht Deutsche sind. Damit entspricht die gesetzliche Regelung der bis 2020 gültigen Fassung des FreizügG/EU, die den Anwendungsbereich auf Staatsangehörige „anderer" Mitgliedstaaten beschränkte.

Mit der Formulierung „anderer Mitgliedstaaten" werden deutsche Staatsangehörige ausgenommen. 23 Diese **Inländerdiskriminierung**[25] ist nur dann mit dem Unionsrecht vereinbar, wenn kein grenzüberschreitender Sachverhalt vorliegt. So fehlt es – anders als bei sog. Rückkehrerfällen (s. § 1 I Nr. 6 FreizügG/EU) – an dem erforderlichen EU-Bezug in Fällen, in denen ein deutscher Staatsangehöriger, der niemals das Recht auf Freizügigkeit innerhalb der EU ausgeübt hat, sich auf das Gesetz beruft. Denn das Unionsrecht gilt grundsätzlich nicht für Sachverhalte, die sich ausschließlich innerhalb eines Mitgliedstaats abspielen[26].

Die Anwendung des AufenthG auf Familienangehörige inländischer Unionsbürger, denen kein 24 unionsrechtliches Aufenthaltsrecht zusteht, verstößt auch nicht nach nationalen Recht gegen Art. 3 I

---

[21] Missverständlich daher die Nennung des FreizügG/EU zusammen mit AsylG und HAG in Nr. 1.1.5 VAH.
[22] Einzelheiten zum Anwendungsbereich s. § 1 FreizügG/EU; aA in Bezug auf Doppelstaater OVG NRW Beschl. v. 17.3.2008 – 18 B 191/08 Rn. 7.
[23] OVG NRW Beschl. v. 20.11.2015 – 18 B 665/15 Rn. 3, VG Aachen Urt. v. 7.9.2016 – 8 K 2191/14 Rn. 27.
[24] HessVGH Urt. v. 16.11.2016 – 9 A 242/15, Rn. 21; Einzelheiten unter § 11 und abrufbar unter www.migrationsrecht.net, OK-MNet zu § 1 FreizügG/EU Abschnitt II 2.
[25] *Riese/Noll* NVwZ 2007, 516 ff.
[26] EuGH Urt. v. 18.10.1990 – C-297/88 ua, EZAR 811 Nr. 12 Ls. 1; Urt. v. 27.10.1982 – 35 und 36/82, EZAR 811 Nr. 2.

GG[27]. Dabei kann dahinstehen, ob angesichts der Verpflichtung zur Umsetzung unionsrechtlicher Vorgaben und der dadurch bedingten Betroffenheit unterschiedlicher Rechtskreise überhaupt gleiche oder vergleichbare Sachverhalte iSd Art. 3 I GG vorliegen[28]. Denn die aus dem Nebeneinander von Unionsrecht und nationalem Recht entstehende Ungleichbehandlung ist jedenfalls sachlich gerechtfertigt. Ist eine Übertragung des unionsrechtlichen Aufenthaltsrechts auf Familienangehörige von inländischen Unionsbürgern, die von ihrem Freizügigkeitsrecht keinen Gebrauch gemacht haben, unionsrechtlich nicht geboten, liegen hinreichend gewichtige Gründe vor, dass in diesen Fällen die für alle nicht freizügigkeitsberechtigten Ausländer geltenden Bestimmungen des nationalen Aufenthaltsrechts zur Anwendung kommen[29].

25 Unionsbürger ist jede Person, die die Staatsangehörigkeit eines anderen Mitgliedstaats besitzt: Belgien, Dänemark, Finnland, Frankreich, Großbritannien, Griechenland, Irland, Italien, Luxemburg, Niederlande, Österreich, Portugal, Schweden, Spanien. Seit 1.5.2004: Estland, Lettland, Litauen, Malta, Polen, Slowakei, Slowenien, Tschechische Republik, Ungarn, Zypern. Seit 1.1.2007: Bulgarien, Rumänien. Seit 1.7.2013: Kroatien.

26 Wer **Staatsangehörigkeit eines Mitgliedstaats** und damit Unionsbürger ist, bestimmt allein und ausschließlich der Mitgliedstaat. Erwerb und Verlust der Staatsangehörigkeit richtet sich allein nach innerstaatlichem Recht[30]. Die Mitgliedstaaten können erforderlichenfalls angeben, wer für die Zwecke des Unionsrechts als ihre Staatsangehörigen anzusehen ist[31]. So hat die Bundesrepublik Deutschland bei ihrem Beitritt erklärt, dass alle Deutschen iSd Art. 116 I GG als ihre Staatsangehörigen anzusehen sind (BGBl. 1975 II S. 764). Frankreich und das Vereinigte Königreich haben Erklärungen zur Rechtsstellung der Bewohner ihrer außereuropäischen Gebiete abgegeben[32].

27 Der vom Gesetz erfasste **Personenkreis** ist mit der Staatsangehörigkeit anderer Mitgliedstaaten und ihren Familienangehörigen umschrieben. Der begünstigte Personenkreis wird – soweit es Unionsbürger betrifft – weder durch die RL noch durch den AEUV unmittelbar unionsrechtlich autonom definiert. Zur Bestimmung der Unionsbürgerschaft (Art. 20 I 2 AEUV) ist auf die Staatsangehörigkeit eines Mitgliedstaats und damit auf die nationalen Rechtsordnungen der Mitgliedstaaten über den Erwerb bzw. den Verlust der nationalen Staatsbürgerschaft abzustellen.

28 **Besitzt ein Unionsbürger zugleich die deutscher Staatsangehörigkeit, so findet das FreizügG/EU auf ihn keine Anwendung.** Anders als bei Unionsbürgern, die zugleich auch eine Staatsangehörigkeit eines Drittstaats haben, sperrt die deutsche Staatsangehörigkeit sogar den Rückgriff auf das FreizügG/EU als auch die ihr zugrunde liegende Freizügigkeits-RL[33]. Der EuGH hat hinsichtlich der Rechtslage von **Doppelstaatern** in der Rechtssache Lounes klargestellt, „dass vor dem Hintergrund, dass ein Mitgliedstaat nach völkerrechtlichen Grundsätzen seinen eigenen Staatsangehörigen das Recht, in sein Hoheitsgebiet einzureisen und dort zu bleiben, nicht verwehren kann und diese Staatsangehörigen dort folglich über ein nicht an Bedingungen geknüpftes Aufenthaltsrecht verfügen, diese RL nicht dazu bestimmt ist, das Recht eines Unionsbürgers auf Aufenthalt in dem Mitgliedstaat, dessen Staatsangehörigkeit er besitzt, zu regeln"[34].

29 Um zu vermeiden, dass die Integration von Unionsbürgern durch Erlangung der deutschen Staatsangehörigkeit nicht zum Verlust der Aufenthaltsrechte von drittstaatsangehörigen Familienangehörigen führt, können sich Doppelstaater auf Art. 21 AEUV berufen[35]. Dabei wird die Freizügigkeits-RL entsprechend angewandt, um einen Rechtsverlust zu vermeiden. Für Familienangehörige von Doppelstaatern hat dies zur Folge, dass § 12a FreizügG/EU Anwendung findet.

30 Besitzt ein Drittstaatsangehöriger eine **weitere Staatsangehörigkeit eines EU-Staates,** dann kann er sich immer auf diese Unionsbürgerschaft berufen. Denn der EuGH hat in der Rechtssache Micheletti[36] klargestellt, dass es unzulässig sei, wenn ein Mitgliedstaat versuchen würde, die Wirkungen der Staatsangehörigkeit, die ein anderer Mitgliedstaat dem Ausländer verliehen hat, dadurch zu beschränken, dass er eine zusätzliche Voraussetzung für die Anerkennung dieser Staatsangehörigkeit im Hinblick auf die Ausübung der im Vertrag vorgesehenen Grundfreiheiten verlangt. Damit werden die

---

[27] BVerwG Urt. v. 22.6.2011 – 1 C 11.10 Rn. 11; BVerwG Urt. v. 4.9.2007 – 1 C 43.06, DVBl 2008, 108; OVG NRW 18 A 2513/10; OVG NRW Beschl. v. 21.1.2011 – Beschl. v. 17.3.2008 – 18 B 191/08, AuAS 2008, 125; OVG Brem Beschl. v. 15.11.2010 – 1 B 156/10; BayVGH Beschl. v. 21.6.2010 – 10 ZB 09.2959; OVG RhPf Beschl. v. 3.7.2001 – 10 B 10646/01, InfAuslR 2001, 429; HmbOVG Beschl. v. 3.8.1993 – Bs VII 90/93, VGH BW Beschl. v. 7.8.1995 – 13 S 329/95, NJW 1996, 72.
[28] Vgl. BVerfG Beschl. v. 8.11.1989 – 1 BvR 986/89, NJW 1990, 1033 und Beschl. v. 13.6.2006 – 1 BvR 1160/03, BVerfGE 116, 135 (159).
[29] BVerwG Urt. v. 22.6.2011 – 1 C 11.10 Rn. 11.
[30] *Renner* AiD Rn. 5/77 ff.
[31] Vgl. 2. Erklärung zur Schlussakte des EUV, BGBl. 1992 II S. 1251.
[32] Näher *Renner* AiD Rn. 5/80.
[33] EuGH Urt. v. 14.11.2017 – C-165/16 Rn. 33 ff. – Lounes.
[34] EuGH Urt. v. 14.11.2017 – C-165/16 Rn. 37 – Lounes.
[35] EuGH Urt. v. 14.11.2017 – C-165/16 Rn. 51 ff. – Lounes; s. auch OK-Mnet § 1 FreizügG/EU, Ziff. 4 zu Doppelstaatern.
[36] EuGH Urt. v. 7.7.1992 – C-369/90, Slg. 1992, I-4239 – Micheletti.

Zweck des Gesetzes; Anwendungsbereich § 1 AufenthG 1

EU-Staaten letztlich verpflichtet, die Staatsangehörigkeit anderer Mitgliedstaaten zu akzeptieren; sie dürfen einen EU-Bürger nicht wegen seiner weiteren Staatsangehörigkeit ausgrenzen. Maßgebliche Staatsangehörigkeit ist damit stets die eines anderen Mitgliedstaats der EU, mag effektive Staatsangehörigkeit im Einzelfall auch die eines Drittstaats sein. Denn die Unionsbürgerschaft knüpft für die Zwecke des Unionsrechts nicht an die „effektive" Staatsangehörigkeit eines anderen Mitgliedstaats an, sondern nur an die Staatsangehörigkeit eines Mitgliedstaats. Den Mitgliedstaaten ist es insoweit verwehrt, bei Vorliegen weiterer Staatsangehörigkeiten Untersuchungen darüber anzustellen, ob die des Drittstaates die effektivere Staatsangehörigkeit ist[37].

Der Anwendungsbereich differenziert nicht danach, ob Unionbürger eines **Beitrittsstaats** bereits 31 vollständig Freizügigkeit genießen oder nicht.

Außerdem findet das Gesetz über § 12 FreizügG/EU auf Staatsangehörige der **EWR-Staaten** und 32 ihre Familienangehörigen Anwendung. Das in Deutschland am 1.1.1994 in Kraft getretene Assoziierungsabkommen über den EWR erfasst neben den EU-Mitgliedstaaten, die ohnehin durch Nr. 1 in den Anwendungsbereich des FreizügG/EU einbezogen werden, die Staaten Island, Liechtenstein und Norwegen. Einzelheiten finden sich bei der Kommentierung zu § 12 FreizügG/EU. Die **Schweiz** ist weder EU- noch EWR-Mitglied, sie ist aber durch eine Reihe von bilateralen Verträgen mit der EU verbunden. In vielen Bereichen sind Schweizer Staatsangehörige daher EU-Bürgern gleichgestellt, ohne dass das FreizügG/EU auf sie Anwendung findet. Für das Vereinigte Königreich gilt nach dem Brexit § 1 I Nr. 3 FreizügG/EU. Die materielle Rechtsstellung wird im Austrittsvertrag geregelt, auf den § 16 FreizügG/EU verweist[38].

Familienangehörige iSd § 1 FreizügG/EU sind nur die in § 1 II Nr. 3 FreizügG/EU genannten 33 Personen. Sonstige Angehörige, die nicht ausdrücklich in § 1 II Nr. 4 FreizügG/EU aufgeführt sind, unterfallen dem AufenthG[39]. Lebenspartner werden von § 1 II Nr. 2 FreizügG/EU erfasst. Wegen der Einzelheiten wird auf die Kommentierung zu § 1 FreizügG/EU verwiesen.

3. Vorrangig geregelte Personengruppen

Nach § 1 I 5 bleiben Regelungen in anderen Gesetzen unberührt. Damit sind gesetzliche Regelun- 34 gen für einzelne Ausländergruppen gemeint, deren Rechtsstatus dort spezieller als im AufenthG geregelt ist. Als gesetzliche Regelungen, die unberührt bleiben, kommen in Betracht: AsylG, HAG und StreitkräfteaufenthG, Asylbewerber, Asylberechtigte und GK-**Flüchtlinge** unterliegen (abgesehen von dem ohnehin vorrangigen Art. 16a GG) den speziellen Vorschriften des AsylG, sind ansonsten dem allgemeinen Ausländerrecht unterworfen. **Heimatlose** Ausländer können sich in erster Linie auf die privilegierenden Vorschriften des HAG berufen[40]. Bis zur Aufhebung des HumAG Ende 2004 (Art. 15 III Nr. 3 ZuwG) waren auch **Kontingentflüchtlinge** vorrangig von den Normen des HumAG erfasst (§§ 1 ff. HumAG)[41].

Die **EMRK** erfüllt diese Voraussetzungen nicht, da sie nicht nur für alle Ausländer, sondern auch für 35 Inländer gilt und ihr Regelungsbereich weit über das Ausländerrecht hinausragt[42]. Die EMRK ist kein Gesetz, sondern ein völkerrechtlicher Vertrag, der als solcher nicht unmittelbar in die staatliche Rechtsordnung eingreifen kann[43]. Auch nach Erlass des ZustimmungsG handelt es sich weiterhin der Rechtsnatur nach um einen völkerrechtlichen Vertrag, dessen innerstaatliche Geltung lediglich durch den Vollzugsbefehl bewirkt wird. Die Entscheidungen des EGMR besitzen ihrerseits ebenfalls keine Gesetzesqualität[44].

Zum großen Teil privilegiert sind auch Angehörige von **Streitkräften**[45]. Nach Art. 3 I 1 des 36 Abkommens zwischen den Parteien des Nordatlantikvertrages v. 19.6.1951 über die Rechtsstellung ihrer Truppen **(Nato-Truppenstatut)**[46] sind die Mitglieder der Truppe und ihrer zivilen Gefolge und ihre Angehörigen von Pass- und Sichtvermerksbeschränkungen sowie von der Einreisekontrolle beim Betreten oder Verlassen des Hoheitsgebietes eines Aufnahmestaates befreit. Nach Art. 3 I 2 Nato-Truppenstatus sind sie ferner von den Bestimmungen des Aufnahmestaates über die Registrierung und Kontrolle von Ausländern befreit, erwerben jedoch keinerlei Recht auf ständigen Aufenthalt oder Wohnsitz in den Hoheitsgebieten des Aufnahmestaates. Nach Art. 6 I des Zusatzabkommens vom 3.8.1959 zum Nato-Truppenstatus hinsichtlich der in der Bundesrepublik Deutschland stationierten

---

[37] *Schönberger*, Unionsbürger, 2005, S. 290.
[38] Einzelheiten in der Kommentierung zu § 1 FreizügG/EU.
[39] BVerwG Urt. v. 25.10.2017 – 1 C 34.16, Ls.
[40] Dazu näher → AsylG § 1 Rn. 19 ff.
[41] → AsylG § 1 Rn. 27 ff.
[42] NdsOVG Beschl. v. 3.7.2012 – 11 LA 150/12 Rn. 5.
[43] BVerfG Urt. v. 4.5.2011 – 2 BvR 2333/08 Rn. 164.
[44] BVerfG Urt. v. 4.5.2011 – 2 BvR 2333/08 Rn. 164.
[45] SKAufG v. 20.7.1995, BGBl. II S. 554; vgl. Art. III NATO-Truppenstatut und Art. 5 ff. Zusatzabkommen, vgl. auch PfP-Truppenstatut v. 19.6.1995 mit Zusatzprot und Gesetz v. 9.7.1998, BGBl. 1998 II S. 1338 (1340).
[46] BGBl. 1961 II S. 1183.

ausländischen Truppen[47] sind Mitglieder einer Truppe, eines zivilen Gefolges und Angehörige von den deutschen Vorschriften auf den Gebieten des Meldewesens und der Ausländerpolizei mit Ausnahme der Meldungen in Beherbergungsstätten befreit.[48] Der Anwendungsbereich des AufenthG ist eröffnet, sobald der Status nach dem Nato-Truppenstatus erloschen ist; auf diesen Status kann der Ausländer verzichten und die entsprechende Eintragung im Pass streichen lassen.

37 Für den vorübergehenden Aufenthalt der Streitkräfte aus den „Partnerschaft für den Frieden" (PfP)-Staaten gilt der **PfP-Truppenstatus** v. 19.6.1995[49]. Der vorübergehende Aufenthalt von Streitkräften wird seit dem 27.7.1995 (Art. 5 SKAufG) zudem vom **Streitkräfteaufenthaltsgesetz** (SkAufG)[50] erfasst. Nach Art. 1 I und II SKAufG wird die Bundesregierung ermächtigt, Vereinbarungen mit ausländischen Staaten über Einreise und vorübergehenden Aufenthalt ihrer Streitkräfte in der Bundesrepublik Deutschland für Übungen, Durchreise auf dem Landwege und Ausbildung von Einheiten durch Rechtsverordnung ohne Zustimmung des Bundesrats in Kraft zu setzen. Vereinbarungen dürfen nur mit solchen Staaten geschlossen werden, die auch der Bundeswehr den Aufenthalt in ihrem Hoheitsgebiet gestatten. In Art. 2 § 2 SKAufG wird die Einreise und der Aufenthalt ausländischer Streitkräfte und deren Mitglieder speziell geregelt.

4. Völkerrechtliche Ausnahmen

38 Aus völkerrechtlichen **Verträgen** können sich Abweichungen nur ergeben, wenn sie durch Gesetz ratifiziert (Art. 59 II GG), hinreichend bestimmt sind[51] und nicht nur die Vertragsparteien binden, sondern unmittelbar Rechte und Pflichten der betreffenden. Staatsangehörigen begründen[52]. Früher war der Vorrang völkerrechtlicher Verträge gesetzlich bestimmt (§ 55 III AuslG 1965), nunmehr ergibt er sich aus deren Charakter als leges speciales oder uU leges posteriores. Der aus dem rechtsstaatlichen Postulat der Einheit und Widerspruchsfreiheit der Rechtsordnung abgeleitete ungeschriebene, aber gewohnheitsrechtliche anerkannte Rechtssatz „lex posterior derogat legi priori"[53] gilt zwar auch im Verhältnis von einfachem Bundesgesetzesrecht zu völkerrechtlichem Vertragsrecht, das nach Art. 59 II 1 GG in innerstaatliches Recht mit dem Range einfachen Bundesrecht transformiert worden ist[54]. Er beansprucht aber nur Geltung für die Lösung temporaler Kollisionen tatbestandsidentischer Normen und nur für den Fall, dass sich dem jüngeren Gesetz im Wege der Auslegung keine Aussage über das Schicksal des älteren Rechts entnehmen lässt[55].

39 Die **Unberührtheitsklausel** ist im Verhältnis zu völkerrechtlichen Verträgen als Anordnung des Gesetzgebers zur Ausschaltung der lex posterior Regelung zu verstehen[56]. Nach der gesetzlichen Anordnung sind in BundesG transformierte völkerrechtliche Verträge, deren Vorschriften hinreichend bestimmt sind, „andere Gesetze" iSd § 1 I 5[57]. Von Abs. 2 Nr. 3 sind nur solche Verträge erfasst, die den dort genannten diplomatischen, konsularischen und sonstigen internationalen Personenverkehr betreffen und ihn teilweise freistellen (partielle Exemtion). Überschneidungen ergeben sich mit Abs. 2 Nr. 2, weil die dort genannten gesetzlichen Regelungen über die vollständige Exemtion zT auf Völkervertragsrecht beruhen.

40 Die von §§ 18–20 GVG iVm dem Wiener Übereinkommen über Diplomatische Beziehungen (WÜD) und dem Wiener Übereinkommen über Konsularische Beziehungen (WÜK) erfassten Personen unterliegen nicht der deutschen Gerichtsbarkeit und sind daher schon nach allgemeinen Völkerrecht von ausländerrechtlichen Vorschriften **freigestellt**[58]. Das WÜD regelt die Vorrechte der **akkreditierten Diplomaten.** Bei fehlender Akkreditierung unterliegen sie den allgemeinen ausländischen Bestimmungen. Der Status eines akkreditierten Diplomaten endet dadurch, dass der vertretene Staat die Ernennung zurückzieht oder dass der Empfangsstaat den Diplomaten zur persona non grata erklärt. Inhaber von Diplomatenpässen sind für bestimmte Staaten für Kurzaufenthalte ohne Aufnahme

---

[47] BGBl. 1961 II S. 1313 und BGBl. 1994 II S. 2594.
[48] VG Frankfurt a. M. Urt. v. 29.6.2005 – 1 E 1151/05 (V), InfAuslR 2005, 385.
[49] BGBl. 1999 II S. 1340.
[50] Gesetz über die Rechtsstellung ausländischer Streitkräfte bei vorübergehendem Aufenthalt in der Bundesrepublik Deutschland SkAufG (BGBl. 1995 II S. 554), zuletzt geändert durch Art. 113 VO v. 31.10.2006 (BGBl. I S. 2407).
[51] BVerwG Urt. v. 16.10.1990 – 1 C 15.88, BVerwGE 87, 11; Urt. v. 27.9.1988 – 1 C 52.87, BVerwGE 80, 233.
[52] Vgl. BVerwG Urt. v. 27.9.1988 – 1 C 52.87, BVerwGE 80, 233; BVerwG Urt. v. 28.5.1991 – 1 C 20.89, EZAR 103 Nr. 28.
[53] BVerwG Urt. v. 18.5.2000 – 5 C 29.98, BVerwGE 111, 200 (211) mwN.
[54] BVerwG Urt. v. 18.5.2000 – 5 C 29.98, BVerwGE 111, 200 (211) mwN; HmbOVG Urt. v. 21.3.1995 – OVG Bf VI 31/91, MDR 1995, 971.
[55] BVerwG Urt. v. 18.5.2000 – 5 C 29.98, BVerwGE 111, 200 (211); *Quaritsch,* Das parlamentslose Parlamentsgesetz, 2. Aufl. 1961, S. 20 f.; *Renck* JZ 1970, 770.
[56] *Fritsch* ZAR 2007, 356 (358).
[57] Ebenso *Fritsch* ZAR 2007, 356 (358).
[58] Vgl. dazu und zu Folgendem Rundschreiben des BMI in der neuesten Fassung jeweils im GMBl. und Listen des AA über ausländische Vertretungen, Staatennamen ua auf http://www.auswaertiges-amt.de; näher *Westphal/Stoppa,* AuslR für die Polizei, 3. Aufl., S. 73 f.

Zweck des Gesetzes; Anwendungsbereich **§ 1 AufenthG 1**

einer Erwerbstätigkeit über § 19 II AufenthV von der Visumspflicht befreit. Das WÜK regelt die Vorrechte der Mitglieder der **konsularischen Vertretungen**. Bei den in Abs. 2 Nr. 3 genannten Personen kommt es auf die jeweilige Vertragsgrundlage an, ob und in welcher Hinsicht die Anwendung aufenthaltsrechtlicher Vorschriften ausgeschlossen ist.

Vollständig freigestellt sind danach zunächst: Repräsentanten anderer Staaten und deren Begleitung[59]; Leiter und Mitglieder der akkreditierten diplomatischen Vertretungen sowie deren nicht ständig im Bundesgebiet ansässigen Familienmitglieder; das nicht ständig im Bundesgebiet ansässige Geschäftspersonal (Verwaltungs- und technischer Dienst) dieser Diplomaten und dessen im gemeinsamen Haushalt lebenden Familienangehörigen; das dienstliche Hauspersonal der diplomatischen Missionen. Hinzukommen: Leiter, Berufskonsularbeamte und nicht ständig im Bundesgebiet ansässige Mitglieder des Geschäftspersonals berufskonsularischer Vertretungen; Berufskonsularbeamte der von Honorarkonsuln geleiteten Vertretungen; Berufskonsuln (nicht also allgemeine Wahl- oder Honorarkonsuln, auch nicht das Hauspersonal der Berufskonsuln). Ständig im Bundesgebiet ansässig ist, wer sich schon vor Aufnahme seines Dienstes gewöhnlich hier aufhielt und erwerbstätig war („Ortskraft"). 41

Die Ausnahmen für **sonstige** im diplomatischen oder konsularischen Verkehr und in internationalen Einrichtungen tätige **Personen** (Abs. 2 Nr. 2) sind enger gefasst als nach § 49 I Nr. 3 AuslG 1965 und zudem je nach der völkerrechtlichen Grundlage inhaltlich begrenzt („soweit sie"). Vorausgesetzt sind die genannten Befreiungen und die Verbürgung der Gegenseitigkeit, soweit dies nach den zugrundeliegenden Verträgen zulässig ist. Begünstigt sind Vertreter der UN-Mitgliedstaaten und der UN-Sonderorganisationen, Bedienstete der UN und deren Sonderorganisationen sowie Sachverständige im Auftrag der UN oder deren Sonderorganisationen. 42

Die nach Abs. 2 Nr. 2 und 3 ganz oder teilweise befreiten Personen werden beim AA (diplomatischer Dienst) oder den Staats- oder Senatskanzleien (konsularischer Dienst) registriert. Über die **Registrierung** wird eine Bescheinigung ausgestellt. Im Falle von Zweifeln sind Rückfragen bei den Ausstellungsbehörden möglich. Aufgrund langer Übung wird ihnen häufig ein **„Diplomaten-Visum"** ausgestellt, hierfür fehlt es aber an einer tragfähigen Grundlage[60]. Diese Personen unterliegen nämlich nicht dem deutschen Aufenthaltsrecht und damit auch nicht der Visumpflicht. Familienangehörige benötigen auch bei erlaubter selbstständiger und unselbstständiger Erwerbstätigkeit keinen Aufenthaltstitel, falls Gegenseitigkeit gewährleistet ist (§ 27 II AufenthV). 43

Nicht vom AuslG und dem Erfordernis des Aufenthaltstitels **befreit** sind: ständig im Bundesgebiet ansässige Familienangehörige der ebenfalls ständig hier ansässigen Mitglieder des diplomatischen Personals; ständig im Bundesgebiet ansässige Mitglieder des diplomatischen oder konsularischen Geschäftspersonals und deren im gemeinsamen Haushalt lebenden Familienangehörige; ständig im Bundesgebiet ansässige Mitglieder des dienstlichen Hauspersonals diplomatischer Missionen oder berufskonsularischer Vertretungen und deren im gemeinsamen Haushalt lebenden Familienangehörige; ständig im Bundesgebiet ansässige und im Familienhaushalt lebende Angehörige der Leiter und Berufskonsularbeamten konsularischer Vertretungen; private Hausangestellte des diplomatischen oder konsularischen Personals. Die Befreiungen nach § 27 I Nr. 2 und 3 AufenthV betreffen nur Personen, die ausschließlich zu Beschäftigungszwecken einreisen und danach das Bundesgebiet wieder verlassen (BR-Drs. 13/93, 6). 44

Wer als Angehöriger oder Bediensteter des diplomatischen oder konsularischen Dienstes oder internationalen Organisationen oder Einrichtungen nicht ganz oder teilweise von der Anwendung des AufenthG ausgenommen ist, kann **in anderer Weise privilegiert** sein. Diese Personen sind nämlich zT von der Verpflichtung zum Besitz eines Passes oder eines Aufenthaltstitels befreit (§§ 3, 19, 20, 27 AufenthV). 45

5. Staatenlose

Staatenlose genießen eine ähnliche Rechtsstellung wie ausländische Flüchtlinge nach der GK (Art. 12 ff. StlÜbk). Unter den **Begriff** des Staatenlosen nach Art. 1 I StlÜbk fällt jede Person, die kein Staat aufgrund seines Rechts als Staatsangehöriger ansieht. Staatenlos ist danach allein, wer von Rechts wegen von keinem völkerrechtlichen existenten Staat als Staatsangehöriger anerkannt wird[61]. Hierzu zählen zumindest dem Wortlaut nach nicht die folgenden Fälle von **De-facto-Staatenlosigkeit:** (1) wenn der Heimatstaat die Staatsangehörigkeit anerkennt, aber keine effektive Regierung besitzt, die zur Schutzgewährung imstande ist, oder (2) wenn der Heimatstaat diplomatischen Schutz zu gewähren nicht bereit ist oder der Einzelne diesen Schutz etwa aus Gründen politischer Verfolgung nicht in Anspruch nimmt[62]. 46

---

[59] Betreffende Staatenvertreter mit besonderem Auftrag BGH Beschl. v. 27.2.1984 – 3 StR 396/83, EuGRZ 1984, 273.
[60] So auch *Westphal/Stoppa,* 10.4.3.
[61] *Hailbronner/Renner* Einl. F Rn. 58.
[62] Dazu *Bleckmann/Helm* ZAR 1989, 147.

47 Die Staatsangehörigkeit „ungeklärt" gibt es nicht; eine Person gehört entweder einem bestimmten Staat (oder mehreren) oder keinem Staat an. Unerheblich ist der Grund der Staatenlosigkeit; staatenlos ist auch, wer auf seine Staatsangehörigkeit verzichtet hat und sie wiedererwerben könnte[63]. Für die Anwendbarkeit des AufenthG ist es unerheblich, ob eine Person de iure oder nur de facto staatenlos ist; sie darf nur nicht Deutscher sein. Die Rechtsstellung nach dem StlÜbk setzt De-iure-Staatenlosigkeit voraus[64]. De-facto-Staatenlose der genannten Art werden aber innerstaatlich gleichbehandelt[65].

48 Die **Rechtsstellung** der Staatenlosen, die unmittelbar aus dem StlÜbk folgt[66], knüpft zT an die Rechtmäßigkeit des Aufenthalts (Art. 23, 24 StlÜbk) und zT an den tatsächlichen Aufenthalt an (Art. 4, 14, 32 StlÜbk); zT wird nicht einmal der Aufenthalt vorausgesetzt (Art. 2–4 StlÜbk). Die besonderen wertvollen Rechtspositionen verlangen einen **rechtmäßigen Aufenthalt**, zB Fürsorge, Sozialrecht, Freizügigkeit, Reiseausweis[67] und Nichtabschiebung nach Art. 23, 24, 26, 28, 31 S. 1 StlÜbk. Maßgeblich hierfür ist die Zulassung des Aufenthalts nach der innerstaatlichen Rechtsordnung des Vertragsstaats. In der Bundesrepublik Deutschland ist grundsätzlich eine Zulassung des Aufenthalts erforderlich; Duldung, Aufenthaltsgestattung oder ein fiktives Aufenthaltsrecht genügen nicht[68], ebenso wenig ein bloßer Anspruch auf einen Aufenthaltstitel[69]. Die erforderliche besondere Beziehung zu dem Vertragsstaat und dessen Zustimmung zum Aufenthalt braucht nicht von vornherein auf einen unbegrenzten Daueraufenthalt gerichtet zu sein. Verlangt ist nur das Eingehen auf die besondere Lage des Staatenlosen, und dies kann durch einen Aufenthaltstitel gleich welcher Art zum Ausdruck gelangen. Es genügt auch die Befreiung von der Genehmigungspflicht[70].

§ 2 Begriffsbestimmungen

(1) Ausländer ist jeder, der nicht Deutscher im Sinne des Artikels 116 Abs. 1 des Grundgesetzes ist.

(2) Erwerbstätigkeit ist die selbständige Tätigkeit, die Beschäftigung im Sinne von § 7 des Vierten Buches Sozialgesetzbuch und die Tätigkeit als Beamter.

(3) [1] Der Lebensunterhalt eines Ausländers ist gesichert, wenn er ihn einschließlich ausreichenden Krankenversicherungsschutzes ohne Inanspruchnahme öffentlicher Mittel bestreiten kann. [2] Nicht als Inanspruchnahme öffentlicher Mittel gilt der Bezug von:
1. Kindergeld,
2. Kinderzuschlag,
3. Erziehungsgeld,
4. Elterngeld,
5. Leistungen der Ausbildungsförderung nach dem Dritten Buch Sozialgesetzbuch, dem Bundesausbildungsförderungsgesetz und dem Aufstiegsfortbildungsförderungsgesetz,
6. öffentlichen Mitteln, die auf Beitragsleistungen beruhen oder die gewährt werden, um den Aufenthalt im Bundesgebiet zu ermöglichen und
7. Leistungen nach dem Unterhaltsvorschussgesetz.

[3] Ist der Ausländer in einer gesetzlichen Krankenversicherung krankenversichert, hat er ausreichenden Krankenversicherungsschutz. [4] Bei der Erteilung oder Verlängerung einer Aufenthaltserlaubnis zum Familiennachzug werden Beiträge der Familienangehörigen zum Haushaltseinkommen berücksichtigt. [5] Der Lebensunterhalt gilt für die Erteilung einer Aufenthaltserlaubnis nach den §§ 16a bis 16c, sowie 16f für Ausnahme der Teilnehmer an Sprachkursen, die nicht der Studienvorbereitung dienen, als gesichert, wenn der Ausländer über monatliche Mittel in Höhe des monatlichen Bedarfs, der nach den §§ 13 und 13a Abs. 1 des Bundesausbildungsförderungsgesetzes bestimmt wird, verfügt. [6] Der Lebensunterhalt gilt für die Erteilung einer Aufenthaltserlaubnis nach den §§ 16d, 16f Absatz 1 für Teilnehmer an Sprachkursen, die nicht der Studienvorbereitung dienen, sowie § 17 als gesichert, wenn Mittel entsprechend Satz 5 zuzüglich eines Aufschlages um 10 Prozent zur Verfügung stehen. [7] Das Bundesministerium des Innern, für Bau und Heimat gibt die

---

[63] BVerwG Urt. v. 16.7.1996 – 1 C 30.93, BVerwGE 101, 295.
[64] BVerwG Urt. v. 23.2.1993 – 1 C 45.90, BVerwGE 92, 116.
[65] BT-Drs. 8/13, 5 f.; *Bleckmann/Helm* ZAR 1989, 147; BVerwG Urt. v. 7.7.1959 – I C 119.57, StAZ 1960, 12; BVerwG Urt. v. 15.10.1985 – 9 C 30.85, NVwZ 1986, 759; VGH BW Urt. v. 1.12.1986 – 1 S 612/86, EZAR 250 Nr. 1.
[66] BVerwG Urt. v. 16.10.1990 – 1 C 15.88, EZAR 252 Nr. 5.
[67] Dazu näher *Renner* AiD Rn. 5/57 ff.: Rspr. in EZAR 252 Nr. 1–10.
[68] BVerwG Urt. v. 16.10.1990 – 1 C 15.88, EZAR 252 Nr. 5; VGH BW Urt. v. 20.8.1987 – 1 S 285/87, EZAR 252 Nr. 2; VGH BW Urt. v. 2.2.1987 – 13 S 2243/86, InfAuslR 1987, 191; OVG NRW Urt. v. 26.5.1987 – 18 A 2811/84, EZAR 252 Nr. 1; Urt. v. 14.2.1989 – 18 A 858/87; aA *Bleckmann/Helm* ZAR 1989, 147 (153); *Rossen* ZAR 1988, 20.
[69] Betr. Aufenthaltsgenehmigung BVerwG Urt. v. 16.7.1996 – 1 C 30.93, BVerwGE 101, 295.
[70] BVerwG Urt. v. 16.10.1990 – 1 C 15.88, EZAR 252 Nr. 5.

Mindestbeträge nach Satz 5 für jedes Kalenderjahr jeweils bis zum 31. August des Vorjahres im Bundesanzeiger bekannt.[1]

(4) [1]Als ausreichender Wohnraum wird nicht mehr gefordert, als für die Unterbringung eines Wohnungssuchenden in einer öffentlich geförderten Sozialmietwohnung genügt. [2]Der Wohnraum ist nicht ausreichend, wenn er den auch für Deutsche geltenden Rechtsvorschriften hinsichtlich Beschaffenheit und Belegung nicht genügt. [3]Kinder bis zur Vollendung des zweiten Lebensjahres werden bei der Berechnung des für die Familienunterbringung ausreichenden Wohnraumes nicht mitgezählt.

(5) Schengen-Staaten sind die Staaten, in denen folgende Rechtsakte in vollem Umfang Anwendung finden:
1. Übereinkommen zur Durchführung des Übereinkommens von Schengen vom 14. Juni 1985 zwischen den Regierungen der Staaten der Benelux-Wirtschaftsunion, der Bundesrepublik Deutschland und der Französischen Republik betreffend den schrittweisen Abbau der Kontrollen an den gemeinsamen Grenzen (ABl. L 239 vom 22.9.2000, S. 19),
2. die Verordnung (EU) 2016/399 des Europäischen Parlaments und des Rates vom 9. März 2016 über einen Gemeinschaftskodex für das Überschreiten der Grenzen durch Personen (Schengener Grenzkodex) (ABl. L 77 vom 23.3.2016, S. 1) und
3. die Verordnung (EG) Nr. 810/2009 des Europäischen Parlaments und des Rates vom 13. Juli 2009 über einen Visakodex der Gemeinschaft (ABl. L 243 vom 15.9.2009, S. 1).

(6) Vorübergehender Schutz im Sinne dieses Gesetzes ist die Aufenthaltsgewährung in Anwendung der Richtlinie 2001/55/EG des Rates vom 20. Juli 2001 über Mindestnormen für die Gewährung vorübergehenden Schutzes im Falle eines Massenzustroms von Vertriebenen und Maßnahmen zur Förderung einer ausgewogenen Verteilung der Belastungen, die mit der Aufnahme dieser Personen und den Folgen dieser Aufnahme verbunden sind, auf die Mitgliedstaaten (ABl. EG Nr. L 212 S. 12).

(7) Langfristig Aufenthaltsberechtigter ist ein Ausländer, dem in einem Mitgliedstaat der Europäischen Union die Rechtsstellung nach Artikel 2 Buchstabe b der Richtlinie 2003/109/EG des Rates vom 25. November 2003 betreffend die Rechtsstellung der langfristig aufenthaltsberechtigten Drittstaatsangehörigen (ABl. EU 2004 Nr. L 16 S. 44), die zuletzt durch die Richtlinie 2011/51/EU (ABl. L 132 vom 19.5.2011, S. 1) geändert worden ist, verliehen und nicht entzogen wurde.

(8) Langfristige Aufenthaltsberechtigung – EU ist der einem langfristig Aufenthaltsberechtigten durch einen anderen Mitgliedstaat der Europäischen Union ausgestellte Aufenthaltstitel nach Artikel 8 der Richtlinie 2003/109/EG.

(9) Einfache deutsche Sprachkenntnisse entsprechen dem Niveau A 1 des Gemeinsamen Europäischen Referenzrahmens für Sprachen (Empfehlungen des Ministerkomitees des Europarates an die Mitgliedstaaten Nr. R (98) 6 vom 17. März 1998 zum Gemeinsamen Europäischen Referenzrahmen für Sprachen – GER).

(10) Hinreichende deutsche Sprachkenntnisse entsprechen dem Niveau A 2 des Gemeinsamen Europäischen Referenzrahmens für Sprachen.

(11) Ausreichende deutsche Sprachkenntnisse entsprechen dem Niveau B 1 des Gemeinsamen Europäischen Referenzrahmens für Sprachen.

(11a) Gute deutsche Sprachkenntnisse entsprechen dem Niveau B2 des Gemeinsamen Europäischen Referenzrahmens für Sprachen.

(12) Die deutsche Sprache beherrscht ein Ausländer, wenn seine Sprachkenntnisse dem Niveau C 1 des Gemeinsamen Europäischen Referenzrahmens für Sprachen entsprechen.

(12a) Eine qualifizierte Berufsausbildung im Sinne dieses Gesetzes liegt vor, wenn es sich um eine Berufsausbildung in einem staatlich anerkannten oder vergleichbar geregelten Aus-

---

[1] Das Bundesministerium des Innern, für Bau und Heimat hat gemäß § 2 Abs. 3 Satz 7 AufenthG folgende Mindestbeträge zur Sicherung des Lebensunterhalts nach § 2 Abs. 3 Satz 5 AufenthG für das Jahr 2022 bekannt gegeben (Bek. v. 13.8.2021, BAnz AT 20.8.2021 B2).
„Der Lebensunterhalt eines Ausländers gilt nach § 2 Abs. 3 Satz 5 AufenthG für die Erteilung einer Aufenthaltserlaubnis nach den §§ 16a bis 16c, 16e sowie 16f AufenthG mit Ausnahme der Teilnehmer an Sprachkursen, die nicht der Studienvorbereitung dienen, als gesichert, wenn der Ausländer über monatliche Mittel in Höhe des monatlichen Bedarfs, der nach den §§ 13 und 13a Absatz 1 des Bundesausbildungsförderungsgesetzes (BAföG) bestimmt wird, verfügt.
Für Ausländer in betrieblicher oder schulischer Berufsausbildung ergibt sich hinsichtlich der Erteilung einer Aufenthaltserlaubnis nach § 16a AufenthG gemäß § 13 Absatz 1 Nummer 1 BAföG ein Betrag für den monatlichen Bedarf in Höhe von 832 Euro.
In den übrigen Fällen einer Aufenthaltserlaubnis nach § 16a AufenthG sowie bei Aufenthaltserlaubnissen nach den §§ 16b, 16c, 16e und 16f AufenthG ergibt sich gemäß § 13 Absatz 1 Nummer 2 BAföG ein Betrag für den monatlichen Bedarf in Höhe von 861 Euro.
Bei Nachweis einer Unterkunft, deren Miet- und Nebenkosten geringer sind als 325 Euro (Betrag nach § 13 Absatz 2 Nummer 2 BAföG), mindert sich der nachzuweisende Betrag entsprechend."

bildungsberuf handelt, für den nach bundes- oder landesrechtlichen Vorschriften eine Ausbildungsdauer von mindestens zwei Jahren festgelegt ist.

(12b) Eine qualifizierte Beschäftigung im Sinne dieses Gesetzes liegt vor, wenn zu ihrer Ausübung Fertigkeiten, Kenntnisse und Fähigkeiten erforderlich sind, die in einem Studium oder einer qualifizierten Berufsausbildung erworben werden.

(12c) Bildungseinrichtungen im Sinne dieses Gesetzes sind
1. Ausbildungsbetriebe bei einer betrieblichen Berufsaus- oder Weiterbildung,
2. Schulen, Hochschulen sowie Einrichtungen der Berufsbildung oder der sonstigen Aus- und Weiterbildung.

(13) International Schutzberechtigter ist ein Ausländer, der internationalen Schutz genießt im Sinne der
1. Richtlinie 2004/83/EG des Rates vom 29. April 2004 über Mindestnormen für die Anerkennung und den Status von Drittstaatsangehörigen oder Staatenlosen als Flüchtlinge oder als Personen, die anderweitig internationalen Schutz benötigen, und über den Inhalt des zu gewährenden Schutzes (ABl. L 304 vom 30.9.2004, S. 12) oder
2. Richtlinie 2011/95/EU des Europäischen Parlaments und des Rates vom 13. Dezember 2011 über Normen für die Anerkennung von Drittstaatsangehörigen oder Staatenlosen als Personen mit Anspruch auf internationalen Schutz, für einen einheitlichen Status für Flüchtlinge oder für Personen mit Anrecht auf subsidiären Schutz und für den Inhalt des zu gewährenden Schutzes (ABl. L 337 vom 20.12.2011, S. 9).

(14) [1] Soweit Artikel 28 der Verordnung (EU) Nr. 604/2013 des Europäischen Parlaments und des Rates vom 26. Juni 2013 zur Festlegung der Kriterien und Verfahren zur Bestimmung des Mitgliedstaats, der für die Prüfung eines von einem Drittstaatsangehörigen oder Staatenlosen in einem Mitgliedstaat gestellten Antrags auf internationalen Schutz zuständig ist (ABl. L 180 vom 29.6.2013, S. 31), der die Inhaftnahme zum Zwecke der Überstellung betrifft, maßgeblich ist, gelten § 62 Absatz 3a für die widerlegliche Vermutung einer Fluchtgefahr im Sinne von Artikel 2 Buchstabe n der Verordnung (EU) Nr. 604/2013 und § 62 Absatz 3b Nummer 1 bis 5 als objektive Anhaltspunkte für die Annahme einer Fluchtgefahr im Sinne von Artikel 2 Buchstabe n der Verordnung (EU) Nr. 604/2013 entsprechend; im Anwendungsbereich der Verordnung (EU) Nr. 604/2013 bleibt Artikel 28 Absatz 2 im Übrigen maßgeblich. [2] Ferner kann ein Anhaltspunkt für Fluchtgefahr vorliegen, wenn
1. der Ausländer einen Mitgliedstaat vor Abschluss eines dort laufenden Verfahrens zur Zuständigkeitsbestimmung oder zur Prüfung eines Antrags auf internationalen Schutz verlassen hat und die Umstände der Feststellung im Bundesgebiet konkret darauf hindeuten, dass er den zuständigen Mitgliedstaat in absehbarer Zeit nicht aufsuchen will,
2. der Ausländer zuvor mehrfach einen Asylantrag in anderen Mitgliedstaaten als der Bundesrepublik Deutschland im Geltungsbereich der Verordnung (EU) Nr. 604/2013 gestellt und den jeweiligen anderen Mitgliedstaat der Asylantragstellung wieder verlassen hat, ohne den Ausgang des dort laufenden Verfahrens zur Zuständigkeitsbestimmung oder zur Prüfung eines Antrags auf internationalen Schutz abzuwarten.

[3] Die für den Antrag auf Inhaftnahme zum Zwecke der Überstellung zuständige Behörde kann einen Ausländer ohne vorherige richterliche Anordnung festhalten und vorläufig in Gewahrsam nehmen, wenn
a) der dringende Verdacht für das Vorliegen der Voraussetzungen nach Satz 1 oder 2 besteht,
b) die richterliche Entscheidung über die Anordnung der Überstellungshaft nicht vorher eingeholt werden kann und
c) der begründete Verdacht vorliegt, dass sich der Ausländer der Anordnung der Überstellungshaft entziehen will.

[4] Der Ausländer ist unverzüglich dem Richter zur Entscheidung über die Anordnung der Überstellungshaft vorzuführen. [5] Auf das Verfahren auf Anordnung von Haft zur Überstellung nach der Verordnung (EU) Nr. 604/2013 finden die Vorschriften des Gesetzes über das Verfahren in Familiensachen und in den Angelegenheiten der freiwilligen Gerichtsbarkeit entsprechend Anwendung, soweit das Verfahren in der Verordnung (EU) Nr. 604/2013 nicht abweichend geregelt ist.

Allgemeine Verwaltungsvorschrift
2 Zu § 2 – Begriffsbestimmungen
2.0 Allgemeines
Die in § 2 enthaltenen Begriffsbestimmungen gelten für das gesamte Aufenthaltsgesetz und die auf seiner Grundlage erlassenen Rechtsverordnungen.
2.1 Begriff des Ausländers
2.1.1 Ausländer ist jede natürliche Person, die nicht Deutscher i. S. d. Artikels 116 Absatz 1 GG ist. Eine Person mit deutscher und zugleich einer oder mehreren fremden Staatsangehörigkeit(en) ist kein Ausländer i. S. d. § 2 Absatz 1. Beruft sich eine Person darauf, Deutscher zu sein, hat sie das Bestehen der deutschen Staatsangehörigkeit

Begriffsbestimmungen **§ 2 AufenthG 1**

oder ihre Eigenschaft als Statusdeutscher nach § 82 Absatz 1 nachzuweisen. Die deutsche Staatsangehörigkeit ist i. d. R. anhand eines deutschen Personalausweises oder Passes zu belegen. Bei Spätaussiedlern und ihren in den Aufnahmebescheid einbezogenen Familienangehörigen (Ehegatte und Abkömmlinge) genügt bis zur Ausstellung eines solchen Personalausweises oder Passes die Vorlage einer Bescheinigung nach § 15 Absatz 1 oder Absatz 2 BVFG. Bestehen Zweifel, ob die deutsche Staatsangehörigkeit erworben worden ist oder noch besteht, ist eine Auskunft der Personalausweis- bzw. Passbehörde einzuholen, die ggf. in Zusammenarbeit mit der Staatsangehörigkeitsbehörde die entsprechenden Feststellungen trifft. Bis zur Klärung ist die Person als Ausländer zu behandeln. Bestehen Zweifel, ob eine Person nach § 4 Absatz 3 BVFG Statusdeutscher geworden ist, so ist die Auskunft des Bundesverwaltungsamtes oder der nach § 100b Absatz 2 BVFG zuständigen Behörde einzuholen.

2.1.2 Ist ein Ausländer eingebürgert worden, wird sein Aufenthaltstitel gegenstandslos. Die Staatsangehörigkeitsbehörde wird einen vorhandenen Aufenthaltstitel „ungültig" stempeln und die zuständige Ausländerbehörde unterrichten (§ 73 Nummer 1 AufenthV). § 36 Absatz 2 und 3 AZRG ist zu beachten. Einem unter Fortbestehen der bisherigen Staatsangehörigkeit Eingebürgerten oder einem Deutschen, der aus einem sonstigen Grund zugleich eine oder mehrere fremde Staatsangehörigkeit(en) besitzt, darf kein Aufenthaltstitel erteilt werden; ihm kann aber zur Vermeidung von Schwierigkeiten bei einer Reise in seinen Herkunftsstaat im ausländischen Pass oder Passersatz die Eintragung angebracht werden:

„Der Passinhaber besitzt Aufenthaltsrecht in der Bundesrepublik Deutschland ... (Datum, Dienstsiegel)."

2.1.3 Die Behandlung der Pässe und Passersatzpapiere eingebürgerter Personen bzw. die ausländerbehördlichen Eintragungen in diesen Dokumenten bestimmen sich nach den Richtlinien des Bundesministeriums des Innern über die Behandlung ausländischer Pässe, Passersatzpapiere, Personalausweise und Personenstandsurkunden in der jeweils geltenden Fassung. Das Eigentumsrecht des ausstellenden Staates ist zu beachten.

2.1.4 Heimatlose Ausländer sind kraft Gesetzes (§ 12 HAuslG) zum Aufenthalt im Bundesgebiet berechtigt (siehe Nummer 3.3.4.1.3).

2.2 Erwerbstätigkeit

2.2.1 Erwerbstätigkeit ist ein Oberbegriff. Er umfasst sowohl die selbständige Erwerbstätigkeit als auch die Beschäftigung i. S. d. § 7 SGB IV. Die Definition in § 7 Absatz 1 SGB IV lautet: „Beschäftigung ist die nichtselbständige Arbeit, insbesondere in einem Arbeitsverhältnis. Anhaltspunkte für eine Beschäftigung sind eine Tätigkeit nach Weisungen und eine Eingliederung in die Arbeitsorganisation des Weisungsgebers."

2.2.2 Als Beschäftigung gilt auch der Erwerb beruflicher Kenntnisse, Fertigkeiten oder Erfahrungen im Rahmen betrieblicher Berufsbildung (§ 7 Absatz 2 SGB IV).

2.2.3 Der Begriff der Selbständigkeit ist gesetzlich nicht definiert. Er ergibt sich aus der Umkehr der Kennzeichnungsmerkmale einer abhängigen Beschäftigung. Die Abgrenzung zwischen selbständiger Erwerbstätigkeit und Beschäftigung ist anhand der Kriterien in § 7 Absatz 1 SGB IV vorzunehmen. Die Erteilung einer Aufenthaltserlaubnis zum Zweck der selbständigen Erwerbstätigkeit bestimmt sich nach § 21, wenn die Ausübung der selbständigen Tätigkeit der Hauptzweck des Aufenthalts im Bundesgebiet ist; vgl. näher Nummer 21.0.5. Für die Frage der Abgrenzung zwischen einer selbständigen Erwerbstätigkeit und einer Beschäftigung als Arbeitnehmer kommt es nach der Rechtsprechung des Bundesarbeitsgerichts maßgeblich darauf an, ob eine Tätigkeit nach einer Gesamtwürdigung aller Umstände des Einzelfalles in persönlicher Abhängigkeit ausgeübt wird. Kriterien für die Feststellung einer persönlichen Abhängigkeit und damit für das Vorliegen eines Arbeitsverhältnisses sind insbesondere das Weisungsrecht des Arbeitgebers, die Eingliederung in den Betrieb sowie die Vergütung in Gestalt eines monatlichen Gehalts.

2.2.4 Tätigkeiten, die nach den §§ 2 und 4 bis 13 der BeschV genannt sind, gelten nach § 16 Satz 1 BeschV nicht als Beschäftigung i. S. d. Aufenthaltsgesetzes, sofern sie nur für bis zu drei Monate innerhalb eines Zeitraums von zwölf Monaten im Bundesgebiet ausgeübt werden. Dasselbe gilt nach § 16 Satz 2 BeschV für Tätigkeiten von Personen, die nach den §§ 23 bis 30 AufenthV vom Erfordernis eines Aufenthaltstitels befreit sind. Die Folge dieser Ausnahme von der Pflicht zum Besitz eines Aufenthaltstitels, die insbesondere visumrechtliche Auswirkungen hat, ist u. a. in § 17 Absatz 2 Satz 1 AufenthV geregelt. Sofern entsprechende Tätigkeiten selbstständig ausgeübt werden, findet ebenfalls § 17 Absatz 2 AufenthV Anwendung. Vgl. näher Nummer 4.1.3.2.1.

2.3 Sicherung des Lebensunterhalts

2.3.1 Eine Sicherung des Lebensunterhalts ohne Inanspruchnahme öffentlicher Mittel ist gegeben, wenn der Lebensunterhalt entweder aus eigenen Mitteln des Ausländers oder aus Mitteln Dritter, die keine öffentlichen Mittel sind, bestritten wird. Lebensunterhalt ist dabei die Gesamtheit der Mittel, die erforderlich sind, um den Bedarf eines Menschen zu decken. Eine Sicherungsmöglichkeit besteht auch durch einen Dritten im Rahmen einer Verpflichtungserklärung nach § 68. Liegt eine Verpflichtungserklärung vor, so führt dies allerdings nicht zwingend dazu, dass zugleich auch eine Sicherung des Lebensunterhalts nach § 5 Absatz 1 Nummer 1 gegeben ist. Bei der Prüfung dieses Tatbestandes sind vielmehr die Umstände des Einzelfalles zu berücksichtigen (vgl. dazu Nummer 5.1.1.1). Die Ausländerbehörde soll im Rahmen einer Zustimmung nach § 31 AufenthV die zur Lebensunterhaltssicherung vorliegenden Feststellungen und Berechnungen darlegen.

2.3.1.1 Die in Artikel 6 GG vorgenommenen Wertungen wie auch der Verhältnismäßigkeitsgrundsatz sind bei Anwendung von § 2 Absatz 3 zu berücksichtigen. Dem entsprechend ist die Inanspruchnahme einzelner Hilfen nach dem SGB II oder XII in seltenen Ausnahmefällen unschädlich, etwa bei Studierenden aufgrund einer Schwangerschaft.

2.3.1.2 Der Lebensunterhalt eines Ausländers ist insbesondere nicht gesichert, wenn er für sich selbst einen Anspruch auf Leistungen hat

2.3.1.2.1 – zur Sicherung des Lebensunterhalts nach dem SGB II,

2.3.1.2.2 – der Grundsicherung im Alter und bei Erwerbsminderung nach SGB XII,

2.3.1.2.3 – der Hilfe zum Lebensunterhalt nach SGB XII oder entsprechende Leistungen nach SGB VIII oder

2.3.1.2.4 – nach dem Asylbewerberleistungsgesetz.

Auf den tatsächlichen Bezug kommt es nicht an.

2.3.1.3 Eine Sicherung des Lebensunterhalts liegt auch dann nicht vor, wenn Wohngeld tatsächlich bezogen wird.

2.3.1.4 Dagegen ist der Lebensunterhalt gesichert, wenn der Ausländer Kindergeld, Kinderzuschlag und Erziehungsgeld oder Elterngeld oder öffentliche Mittel in Anspruch nimmt, die auf einer Beitragsleistung beruhen (z. B.

Leistungen aus der Kranken- oder Rentenversicherung und das Arbeitslosengeld I) oder gerade zu dem Zweck gewährt werden, dem Ausländer einen Aufenthalt im Bundesgebiet zu ermöglichen. Stipendien sollen diesem Zweck dienen. Der Lebensunterhalt ist auch bei Bezug von Leistungen nach dem BAföG, nach dem Gesetz zur Förderung der beruflichen Aufstiegsförderung (AFBG) sowie nach dem SGB III, Viertes Kapitel, Fünfter Abschnitt (Förderung der Berufsausbildung) auch soweit diese Leistungen zum Teil auf Darlehensbasis gewährt werden. Dies gilt auch in den Fällen der Aufenthaltserlaubnis nach § 16, da BAföG-Leistungen an diesen Personenkreis nur in wenigen Fällen geleistet werden, die dann dem Ziel dienen, dem Ausländer die Durchführung eines Studiums im Bundesgebiet zu ermöglichen. Des Weiteren ist bei BAföG-Empfängern der Bezug aufstockender Leistungen nach § 22 Absatz 7 SGB II für Wohnkosten in Fällen, in denen sie bei ihren nach SGB II geförderten Eltern wohnen, unschädlich. Dasselbe gilt für BAföG-Empfänger, die nach § 7 Absatz 6 SGB II zusätzlich Leistungen nach dem SGB II beziehen können.

2.3.2 Darüber hinaus setzt die Lebensunterhaltssicherung des Ausländers voraus, dass er seine Unterhaltspflichten gegenüber den in Deutschland lebenden Familienangehörigen erfüllen kann. Bei isolierter Betrachtung bezieht sich § 2 Absatz 3 nur auf die Sicherung des Lebensunterhalts des jeweiligen Antragstellers. Die Einbeziehung der Unterhaltspflichten des Ausländers ergibt sich jedoch aufgrund gesetzes- und rechtssystematischer Auslegung:

2.3.2.1 – In § 2 Absatz 3 Satz 2 werden das Kindergeld, der Kinderzuschlag und das Erziehungsgeld oder Elterngeld ausdrücklich aus der Berechnung der Lebensunterhaltssicherungspflicht herausgenommen. Diese Leistungen – mit Ausnahme des Erziehungsgeldes und teilweise des Elterngeldes – werden aber gerade in Bezug auf unterhaltsberechtigte Kinder gewährt und dienen nicht der Sicherung des Lebensunterhalts des Elternteils.

2.3.2.2 – Darüber hinaus unterliegt der Ausländer ebenso wie ein Deutscher den unterhaltsrechtlichen Verpflichtungen des BGB (z. B. aus §§ 1360, 1601 und 1602 Absatz 2 BGB). Die Geltung dieser Jedermannspflicht wird auch im Aufenthaltsrechtlich vorausgesetzt.

2.3.2.3 – Die Notwendigkeit einer Gesamtbetrachtung ergibt sich (insbesondere auch in Familiennachzugsfällen) jedoch auch aus dem Verständnis der Familie als durch Unterhaltspflichten miteinander verbundene Wirtschaftsgemeinschaft. Auch wird bei der Gewährung sozialer Leistungen stets vermutet, dass innerhalb einer Haushaltsgemeinschaft gemeinsam gewirtschaftet wird (§ 36 SGB XII) und infolgedessen eine Gesamtbetrachtung angestellt.

Die Sicherung des Lebensunterhalts der unterhaltsberechtigten Familienangehörigen ist daher Bestandteil der eigenen Lebensunterhaltssicherung. Eine Zusammenrechnung ist hingegen ausgeschlossen, wenn hierdurch die Ehegatten aufenthaltsrechtlich schlechter gestellt werden als im Falle einer Trennung. Dies ist etwa der Fall, wenn ein Ehegatte im Falle der Aufhebung der ehelichen Lebensgemeinschaft ein eigenes Aufenthaltsrecht (z. B. nach § 31 Absatz 1 Satz 1 Nummer 1) hätte, weil sein Einkommen ausreicht, seinen eigenen Bedarf – gemessen an den Maßstäben des SGB II – zu decken, so dass die Regelungsvoraussetzungen aus § 5 Absatz 1 Nummer 1 und Nummer 2 erfüllt wären (vgl. BVerfG, Beschluss vom 11. Mai 2007, Az: 2 BvR 2483/06).

2.3.3 Die Fähigkeit zur Bestreitung des Lebensunterhalts darf nicht nur vorübergehend sein. Demnach ist eine Prognoseentscheidung erforderlich, ob der Lebensunterhalt des Ausländers für die Dauer des beabsichtigten Aufenthalts gesichert ist. Diese Frage ist insbesondere dann zu prüfen, wenn Erziehungsgeld oder Elterngeld bezogen wird, da Erziehungsgeld für maximal 24 Monate und Elterngeld i. d. R. für maximal 14 Monate gewährt wird und nicht als Einkommen nach SGB XII gilt, so dass trotz gesicherten Lebensunterhalts dennoch ein Anspruch auf Leistungen der Hilfe zum Lebensunterhalt nach SGB XII bestehen kann. Bei befristeten Arbeitsverträgen ist neben den Gesamtumständen des jeweiligen Einzelfalles auch zu berücksichtigen, ob – wie in einigen Wirtschaftszweigen üblich – der kettenartige Abschluss neuer Verträge mit demselben Arbeitgeber oder ständig neue Abschlüsse mit verschiedenen Vertragspartnern zu erwarten sind, oder ob die Gefahr der Erwerbslosigkeit nach Auslaufen des Vertrages nahe liegt. Im Fall der Erwerbstätigkeit sind bei der Berechnung des verfügbaren Einkommens von dem Erwerbseinkommen sämtliche in § 11 Absatz 2 SGB II aufgeführten Beträge abzuziehen, da diese auch bei der Berechnung eines etwaigen leistungsrechtlichen Anspruchs zu berücksichtigen sind.

2.3.4 Das Aufenthaltsgesetz definiert nicht, wann der Lebensunterhalt gesichert ist. Auch wenn ein Ausländer für sich selbst keine der in Nummer 2.3.1.2 genannten Leistungen erhält, ist darauf abzustellen, ob er im konkreten Einzelfall Anspruch auf Leistungen zur Grundsicherung für Arbeitsuchende nach SGB II oder auf Leistungen der Sozialhilfe nach SGB XII hat. Bei der Bedarfsermittlung sind neben den Regelsätzen auch Miet- und Nebenkosten und Beiträge zur Kranken- und Pflegeversicherung sowie alle weiteren in § 11 Absatz 2 SGB II aufgeführten Beträge zu berücksichtigen. Bei Zweifeln ist ggf. die örtliche Leistungsbehörde (Träger der Grundsicherung für Arbeitsuchende, Sozialamt) um eine entsprechende Berechnung zu bitten. Verbleibt nach dieser fiktiven Berechnung ein Anspruch auf öffentliche Leistungen, ist der Lebensunterhalt nicht gesichert. Einer fiktiven Berechnung bedarf es i. d. R. nicht bei Empfängern von BAföG-Leistungen. Für diese kann ohne weiteres von gesichertem Lebensunterhalt ausgegangen werden, da die BAföG-Bedarfssätze bedarfsdeckend sind.

2.3.4.1 Der Lebensunterhalt kann auch durch Unterhaltsleistungen von Familienangehörigen gesichert werden. Der Nachweis, dass im Bundesgebiet eine zum gesetzlichen Unterhalt verpflichtete Person vorhanden ist, reicht für sich allein nicht aus. Durch Unterhaltsleistungen einer anderen Person ist der Lebensunterhalt gesichert, wenn und solange sich auch die andere Person rechtmäßig in Deutschland aufhält und den Lebensunterhalt ohne Inanspruchnahme öffentlicher Mittel leisten kann. Hält sich die andere Person nicht im Bundesgebiet auf, hat der Ausländer gemäß § 82 Absatz 1 den Nachweis zu erbringen, dass entsprechende Mittel bis zum Ablauf der Geltungsdauer des Aufenthaltstitels verfügbar sind. Berücksichtigungsfähig sind Geldleistungen und geldwerte Leistungen, die entweder zu einer Erhöhung der der Familie als Wirtschaftseinheit zur Verfügung stehenden Einkommens führen (etwa Geldüberweisungen) oder zu einer Verringerung der Ausgabenhöhe führen (etwa kostenloses oder deutlich vergünstigtes Wohnen). Der Familienangehörige, der die Unterhaltsleistungen erbringt, muss nicht mit den Begünstigten zusammenleben. Familienangehöriger ist jeder zum Familienkreis Zählende, der gerade auf Grund der familiären Verbundenheit die Unterhaltsleistungen erbringt (etwa auch ein Stiefelternteil oder Geschwister. Zur Lebensunterhaltssicherung bei Stiefkindernachzug vgl. Nummer 32.0.5.

2.3.4.2 Schließlich können auch freiwillige Leistungen nicht unterhaltspflichtiger Personen zur Sicherung des Lebensunterhalts i. S. d. § 2 Absatz 3 beitragen. Diese Möglichkeit kommt aber für längerfristige Aufenthalte nur ausnahmsweise in Betracht. Die Sicherung des Lebensunterhalts soll i. d. R. aus eigener Kraft, d. h. in erster Linie

Begriffsbestimmungen § 2 AufenthG 1

durch eigenes Erwerbseinkommen des Ausländers bzw. seines Ehepartners erfolgen. Freiwillige Leistungen Dritter sind dem gegenüber mit erheblichen Unsicherheiten und Risiken behaftet. Es sind deshalb strenge Anforderungen an den Nachweis der Leistungsfähigkeit des Dritten zu stellen. So muss auf jeden Fall gewährleistet sein, dass die entsprechenden freiwilligen Leistungen tatsächlich auch über den erforderlichen Zeitraum erbracht werden.

Dies kann etwa dadurch geschehen, dass ein selbständiges Schuldversprechen nach § 780 BGB oder eine Verpflichtungserklärung nach § 68 abgegeben wird. Die Verpflichtungserklärung begründet allerdings für sich genommen keinen Anspruch zwischen dem Verpflichtungsgeber und der Bezugsperson, sondern vermittelt lediglich eine Rückgriffsmöglichkeit öffentlicher Leistungsträger. Ob derartige Schuldversprechen ausreichend sind, kann nur im Wege einer Einzelfallwürdigung beurteilt werden. Da ein Schuldversprechen im Ausländerrecht der Belastung öffentlicher Kassen vorbeugen soll, kommt es auf den jeweiligen Aufenthaltszweck und die jeweilige Aufenthaltsdauer an (siehe dazu auch Nummer 68.1.2). Geht es um einen auf Dauer angelegten Aufenthalt des Ausländers zur Familienzusammenführung, ist zu fordern, dass der Lebensunterhalt dauerhaft gesichert ist.

2.3.4.3 Hinsichtlich der Sicherstellung des Lebensunterhalts im Rahmen eines Ausbildungs- oder Studienaufenthalts siehe Nummer 16.0.8.

2.3.5 Zu dem in § 2 Absatz 3 geforderten Krankenversicherungsschutz gehört nicht die Pflegeversicherung, die einen besonderen Sicherungsgrund darstellt (§ 68 Absatz 1 Satz 1) und deren Nachweis aus besonderem Anlass – etwa in den Fällen des § 7 Absatz 1 Satz 3 und der §§ 21, 36 – verlangt werden kann.

2.3.5.1 Ausreichender Krankenversicherungsschutz liegt im Übrigen vor, wenn der Ausländer in einer gesetzlichen Krankenversicherung krankenversichert ist. Einer weiteren Prüfung bedarf es in diesem Fall nicht.

2.3.5.2 Ausreichender Krankenversicherungsschutz kann auch vorliegen, wenn der Ausländer in einer privaten Krankenversicherung krankenversichert ist. In diesem Fall bedarf es einer eingehenden Prüfung anhand des Einzelfalls, ob ausreichender Krankenversicherungsschutz vorliegt. Dabei sind u. a. auch der mit dem Aufenthalt verfolgte Zweck sowie die Dauer des Aufenthalts zu berücksichtigen (vgl. Nummer 9 c.1.3). So kann bei beabsichtigten Kurzaufenthalten vermutet werden, dass der Ausländer das umfangreiche Leistungsspektrum, das von einer gesetzlichen Krankenversicherung abgedeckt wird, erkennbar nicht in Anspruch nehmen wird, so dass in diesen Fällen eine Krankenversicherung auch dann als ausreichend betrachtet werden kann, wenn sie nicht dem Leistungskatalog der gesetzlichen Krankenversicherung entspricht. Voraussetzung der Erteilung eines Schengen-Visums zum kurzfristigen Aufenthalt von bis zu drei Monaten ist nach Kapitel V der Gemeinsamen Konsularischen Instruktion an die diplomatischen Missionen und die konsularischen Vertretungen, die von Berufskonsularbeamten geleitet werden (GKI ABl. C 326 vom 22. Dezember 2005, S. 1 bis 149) grundsätzlich der Nachweis einer ausreichenden Reisekrankenversicherung auch für Repatriierungs-, ärztliche Nothilfe- und Notaufnahmeleistungen im Krankenhaus für das gesamte Schengen-Gebiet.

2.3.6 Ausreichende Mittel stehen Studenten, die nicht nach dem BAföG gefördert werden, nach § 16 dann zur Verfügung, wenn diese dem BAföG-Förderungshöchstsatz (§§ 13 und 13a Absatz 1 BAföG) entsprechen. Dieser wird jährlich zum Jahresende durch das Bundesministerium des Innern im Bundesanzeiger veröffentlicht.

2.3.7 Als Mindestbetrag für die Lebensunterhaltssicherung für Forscher nach § 20 gilt nach § 2 Absatz 3 Satz 6 ein Betrag in Höhe von zwei Dritteln der Bezugsgröße i. S. d. § 18 SGB IV. Das Bundesministerium des Innern gibt den betreffenden Nettobetrag für das kommende Jahr jeweils bis zum 31. Dezember des Vorjahres im Bundesanzeiger bekannt. Stehen dem Forscher Mittel in Höhe des veröffentlichten Mindestbetrags zur Verfügung, ist in jedem Fall ohne weitere Prüfung davon auszugehen, dass der Lebensunterhalt gesichert ist. Wird der Mindestbetrag, z. B. wegen Teilzeitbeschäftigung oder wegen anfänglicher tarifmäßig niedriger Einstufung nicht erreicht, ist im Wege einer individuellen Prüfung festzustellen, ob der Lebensunterhalt nach § 2 Absatz 3 Satz 1 bis 4 gesichert ist (siehe Nummer 2.3.4). Neben dem in der Aufnahmevereinbarung genannten Gehalt sind weitere laufende Einkünfte, wie z. B. zugesagte Stipendien, den zur Verfügung stehenden Mitteln zuzurechnen. Bei fehlender Sicherung des Lebensunterhalts ist die Aufnahmevereinbarung nicht wirksam (§ 38f Absatz 2 Nummer 3 AufenthV). Das hat zur Folge, dass die Erteilung einer Aufenthaltserlaubnis nach § 20 nicht erfolgen kann. Die vorstehenden allgemeinen Grundsätze zur Bedarfsermittlung gelten im Fall des § 2 Absatz 3 Satz 6 nicht.

2.4 Ausreichender Wohnraum

2.4.0 Der Wohnraum muss einer menschenwürdigen Unterbringung dienen. Eine abgeschlossene Wohnung wird jedoch nicht verlangt.

2.4.1 Die Voraussetzung „ausreichend" bezieht sich auf zwei Faktoren: die Beschaffenheit und Belegung, d. h. die Größe der Wohnung im Hinblick auf die Zahl der Bewohner. Die Obergrenze bildet das Sozialwohnungsniveau, d. h. es darf keine bessere Ausstattung verlangt werden, als sie auch typischerweise Sozialwohnungen in der jeweils entsprechenden Region aufweisen. Die Untergrenze bilden die auch für Deutsche geltenden Rechtsvorschriften der Länder, also z. B. die Wohnungsaufsichtsgesetze oder in Ermangelung solcher Gesetze das allgemeine Polizei- bzw. Ordnungsrecht.

2.4.2 Ausreichender Wohnraum ist – unbeschadet landesrechtlicher Regelungen – stets vorhanden, wenn für jedes Familienmitglied über sechs Jahren zwölf Quadratmeter und für jedes Familienmitglied unter sechs Jahren zehn Quadratmeter Wohnfläche zur Verfügung stehen und Nebenräume (Küche, Bad, WC) in angemessenem Umfang mitbenutzt werden können. Eine Unterschreitung dieser Wohnungsgröße um etwa zehn Prozent ist unschädlich. Wohnräume, die von Dritten mitbenutzt werden, bleiben grundsätzlich außer Betracht; mitbenutzte Nebenräume können berücksichtigt werden.

2.5 Schengen-Visum

2.5.1 Staatsangehörige der Staaten, die in Anhang I der aktuellen Fassung der Verordnung (EG) Nummer 539/2001 des Rates vom 15. März 2001 zur Aufstellung der Liste der Drittländer, deren Staatsangehörige beim Überschreiten der Außengrenzen im Besitz eines Visums sein müssen, sowie der Liste der Drittländer, deren Staatsangehörige von der Visumpflicht befreit sind (ABl. EG Nummer L 81 S. 1) aufgeführt sind, benötigen für die Einreise in das gemeinsame Gebiet der Schengen-Staaten ein Visum. Die Staatsangehörigen der im Anhang II der Verordnung aufgeführten Staaten bedürfen für die Einreise anlässlich eines Kurzaufenthalts für bis zu drei Monaten innerhalb einer Frist von sechs Monaten vom Tag der ersten Einreise an kein Visum, sofern sie nicht beabsichtigen, eine Erwerbstätigkeit aufzunehmen (vgl. Nummer 2.2). Der sich anschließende Aufenthalt nach der Einreise bemisst sich nach Artikel 20 SDÜ.

2.5.2 Darüber hinaus ergeben sich die wesentlichen rechtlichen Maßgaben für die Visumerteilung aus dem SDÜ (siehe hierzu allgemein Nummer 2.5.4). Das Schengen-Visum (siehe § 6 Absatz 1) wird für einen Kurzaufenthalt bis zu drei Monaten ausgestellt (z. B. für Touristenreisen, Besuchsaufenthalte, Geschäftsreisen, erwerbsbezogene Aufenthalte i. S. v. § 16 BeschV) und berechtigt nach Maßgabe der Artikel 10, 11 und 19 SDÜ zum freien Reiseverkehr im Hoheitsgebiet der Schengen-Staaten. Für die Erteilung von Schengen-Visa mit dem Hauptreiseziel Deutschland sind grundsätzlich die deutschen Auslandsvertretungen zuständig (vgl. Artikel 12 Absatz 2 SDÜ); solche Visa können jedoch im Rahmen von Vertretungsregelungen, die das Auswärtige Amt für den Amtsbereich bestimmter Konsulate mit anderen Schengen-Staaten vereinbart, auch von den Auslandsvertretungen dieser anderen Schengen-Staaten erteilt werden.

2.5.3.1 Nach Artikel 21 Absatz 1 SDÜ sind Ausländer, die über einen von einem Schengen-Staat ausgestellten Aufenthaltstitel verfügen, zur Einreise, Durchreise und zum (Kurz-) Aufenthalt im gesamten Schengen-Gebiet bis zu drei Monaten berechtigt, soweit sie die in Artikel 5 Absatz 1 Buchstaben a), c) und e) der Verordnung (EG) Nummer 562/2006 des Europäischen Parlaments und des Rates vom 15. März 2006 über einen Gemeinschaftskodex für das Überschreiten der Grenzen durch Personen (Schengener Grenzkodex; ABl. EG Nummer L 105 S. 1) aufgeführten Einreisevoraussetzungen erfüllen und nicht auf der nationalen Ausschreibungsliste der betroffenen Vertragspartei stehen. Die insoweit berechtigten Ausländer bedürfen demnach für einen kurzfristigen Aufenthalt bis zu drei Monaten keines weiteren Aufenthaltstitels. Die jeweils geltenden Aufenthaltstitel ergeben sich aus den nach Artikel 21 Absatz 3 SDÜ notifizierten Titeln sowie anhand der Anlage 4 der Gemeinsamen Konsularischen Instruktion. Nicht zu den Aufenthaltstiteln zählen nach Artikel 2 Nummer 15 Buchstabe b) Schengener Grenzkodex die Aufenthaltsgestattung für Asylbewerber (§ 55 AsylVfG), der erlaubte Aufenthalt nach § 81 Absatz 3 Satz 1, die Aussetzung der Abschiebung nach § 81 Absatz 3 Satz 2, die Duldung (§ 60a) sowie die Betretenserlaubnis (§ 11 Absatz 2).

2.5.3.2 Ein Bezugszeitraum für einen dreimonatigen Kurzaufenthalt ist in Artikel 21 SDÜ nicht ausdrücklich festgelegt. Zur Verhinderung von Missbrauch sind hierbei die durch den Europäischen Gerichtshof in der Rechtssache „Bot" (EuGH, Urteil vom 3. Oktober 2006 Rs. C 241/05 – Bot) herausgearbeiteten Berechnungsgrundsätze heranzuziehen (vgl. Nummer 6.1.2.3). Missbrauch liegt vor, die Interessen der Bundesrepublik Deutschland wären gefährdet, wenn sich ein Ausländer aufgrund von Artikel 21 SDÜ unter Umgehung aufenthaltsrechtlicher Regelungen des Aufenthaltsgesetzes insgesamt länger im Bundesgebiet gewöhnlich aufhielte als in dem Schengen-Staat, dessen Aufenthaltstitel er besitzt (Artikel 5 Absatz 1 Buchstabe e) Schengener Grenzkodex i. V. m. § 5 Absatz 1 Nummer 3). Zur Bestimmung des Bezugszeitraums vgl. auch Nummer 6.1.8.1.1 ff.

2.5.4 Annex: Schengener Durchführungsübereinkommen (SDÜ)

2.5.4.1 Das SDÜ hat zum Ziel, die Kontrollen des Personenverkehrs an den gemeinsamen Grenzen der Vertragsstaaten (Schengen-Binnengrenzen) abzuschaffen und den Transport und Warenverkehr zu erleichtern. Gleichzeitig sieht es eine Reihe von Maßnahmen vor, um dadurch entstehende Sicherheitseinbußen auszugleichen (z. B. Harmonisierung der Visumspolitik und des Erteilungsverfahrens, Schaffung einheitlicher Kontrollen an den Schengen-Außengrenzen, Einrichtung des SIS, Regelungen zur polizeilichen und justiziellen Zusammenarbeit).

2.5.4.2 Das SDÜ ist – zunächst als völkerrechtlicher Vertrag – am 26. März 1995 für die Vertragsstaaten Belgien, Deutschland, Frankreich, Luxemburg, Niederlande, Spanien und Portugal und später für Italien, Österreich sowie die nordischen Staaten Dänemark, Finnland und Schweden und die assoziierten Staaten Island und Norwegen, die nicht Mitgliedstaaten der EU sind, in Kraft gesetzt worden. Im Dezember 2007 beschloss der Europäische Rat eine Ost- und Süderweiterung mit dem Wegfall der Kontrollen an den Binnengrenzen zwischen Estland, Lettland, Litauen, Malta, Polen, Slowakei, Slowenien, Tschechien und Ungarn zum 21. Dezember 2007 (Land- und Seegrenzen) bzw. zum 30. März 2008 (an den Flughäfen). Nachdem der Rat den Beschluss vom 27. November 2008 über die vollständige Anwendung der Bestimmungen des Schengen-Besitzstandes in der Schweizerischen Eidgenossenschaft gefasst hat, sind die Personenkontrollen zum 12. Dezember 2008 (Landgrenzen) und zum 29. März 2009 (Luftgrenzen) weggefallen. Gemäß dem Protokoll zum Vertrag von Amsterdam können sich Irland und das Vereinigte Königreich am Schengen-Besitzstand oder an Teilen davon beteiligen. Beide Staaten haben hiervon in Teilen Gebrauch gemacht, die jedoch nicht den freien Personenverkehr betreffen.

2.5.4.3 Nach dem „Protokoll zur Einbeziehung des Schengen-Besitzstands in den Rahmen der Europäischen Union", das am 1. Mai 1999 zusammen mit dem Amsterdamer Vertrag (BGBl. 1999 II S. 416) in Kraft getreten ist, wurde der damalige „Schengen-Besitzstand" in das Gemeinschaftsrecht überführt und damit zu unmittelbar anwendbarem Gemeinschaftsrecht erklärt. Hierdurch wurde er Änderungen und Ergänzungen zugänglich, die auf der Grundlage der in Artikel 61 ff. EGV enthaltenen Ermächtigungen erfolgen können; ein völkerrechtlicher Vertrag ist für die Änderung des SDÜ nicht länger erforderlich. Wegen dieser Änderung des Rechtscharakters sind sowohl das SDÜ als auch die übrigen zum Schengen-Besitzstand gehörenden Vorschriften bei der Auslegung als unmittelbar geltendes Gemeinschaftsrecht zu behandeln, das Anwendungsvorrang gegenüber eventuell abweichenden nationalen Rechtsvorschriften besitzt. Der Europäische Gerichtshof ist für die Auslegung der Bestimmungen des Schengen-Rechts zuständig.

2.5.4.4 Vorschriften des SDÜ und die übrigen Vorschriften des Schengen-Rechts können somit unmittelbar Rechte und Pflichten für Personen begründen, die sich im Hoheitsgebiet der Anwenderstaaten aufhalten. Bei der Bestimmung, ob eine Vorschrift unmittelbare Wirkung entfaltet, ist vorrangig anhand des Wortlauts zu bestimmen, ob die Bestimmung Personen oder aber Anwenderstaaten oder deren Behörden zu einem bestimmten Handeln oder Unterlassen auffordert. Werden Behörden zu einem bestimmten Handeln aufgefordert, bilden die zum Schengen-Recht gehörenden Vorschriften dann eine ausreichende Rechtsgrundlage für das beschriebene Verwaltungshandeln, wobei allerdings ggf. ergänzende Zuständigkeits- und Verfahrensvorschriften des nationalen Rechts zu beachten sind.

2.5.4.5 Die Regelungen des SDÜ erstrecken sich nur auf „Drittausländer", d. h. auf Personen, die nicht Staatsangehörige eines der Mitgliedstaaten der Europäischen Union sind (Artikel 1 SDÜ). Zu den „Drittausländern" gehören (materiell-rechtlich) auch nicht die Staatsangehörigen der Schengen-Staaten Island und Norwegen sowie des EWR-Staats Liechtenstein und der Schweiz, auf die das mit der Europäischen Gemeinschaft und ihren Mitgliedstaaten geschlossene Freizügigkeitsabkommen (BGBl. 2001 II S. 810) als gemeinschaftsrechtliche Sonderregelung Anwendung findet. Nach Artikel 2 Nummer 6 Schengener Grenzkodex ist die Definition nunmehr der gemeinschaftsrechtlichen Terminologie dergestalt angepasst, dass „Drittstaatsangehöriger" jede Person ist, die nicht Unions-

Begriffsbestimmungen § 2 AufenthG 1

bürger i. S. d. Artikels 17 Absatz 1 EGV ist und die nicht unter Artikel 2 Nummer 5 Schengener Grenzkodex fällt. Artikel 2 Nummer 5 Schengener Grenzkodex definiert „Personen, die das Gemeinschaftsrecht auf freien Personenverkehr genießen". Demnach sind „Drittstaatsangehörige" i. S. d. Schengener Grenzkodex alle Personen, die nicht EU-Bürger, EWR-Bürger oder Schweizer und nicht deren Familienangehörige sind. Solche Familienangehörigen (Ehegatten oder Lebenspartner sowie die Verwandten in absteigender Linie, die noch nicht 21 Jahre alt sind oder denen Unterhalt gewährt wird oder Verwandte in aufsteigender Linie, denen Unterhalt gewährt wird), die die Staatsangehörigkeit von Drittstaaten besitzen, genießen ein dem europäischen Freizügigkeitsrecht nachgebildetes „abgeleitetes" Recht auf Freizügigkeit.

2.5.4.6 Das SDÜ und die übrigen schengenrechtlichen Regelungen finden zudem grundsätzlich nur auf die dort erwähnten Aufenthalte Anwendung. Dies sind zum einen die (Kurz-)Aufenthalte, die den zeitlichen Rahmen von drei Monaten je Sechsmonatszeitraum – jeweils ab der Einreise gerechnet – nicht überschreiten (Artikel 11, 19 SDÜ, Artikel 5 Absatz 1 Schengener Grenzkodex) oder Durchreisen in den Ausstellerstaat eines Aufenthaltstitels bzw. nationalen Visums (Artikel 5 Absatz 4 Buchstabe a) Schengener Grenzkodex, Artikel 18 SDÜ). Zum anderen sind Aufenthalte in Bezug genommen, bei denen visumbefreite Drittausländer oder Inhaber eines Aufenthaltstitels eines Anwenderstaates vorübergehend in einen anderen Anwenderstaat reisen (Artikel 20, 21 SDÜ).

2.5.4.6.1 Verordnung (EG) Nummer 562/2006 des Europäischen Parlaments und des Rates vom 15. März 2006 über die Einführung eines Gemeinschaftskodex für das Überschreiten der Grenzen durch Personen (Schengener Grenzkodex; ABl. EG Nummer L 105 S. 1)

Mit dem Schengener Grenzkodex wurden die Artikel 2 bis 8 des SDÜ sowie weitere Rechtsakte aufgehoben. Bezugnahmen auf die gestrichenen Artikel des SDÜ und die aufgehobenen Rechtsakte gelten als Bezugnahme auf den Schengener Grenzkodex.

Der Schengener Grenzkodex hat als Verordnung der Europäischen Union Gesetzescharakter und gilt seit seinem Inkrafttreten am 13. Oktober 2006 in allen Anwenderstaaten. Für die neuen Beitrittsstaaten der Europäischen Union, in denen das SDÜ noch nicht vollständig angewendet wird, gelten die Bestimmungen des Schengener Grenzkodex in dem Umfang, wie es die Beitrittsakte vorsehen.

2.5.4.6.2 Verordnung (EG) Nummer 539/2001 des Rates zur Aufstellung der Liste der Drittländer, deren Staatsangehörige beim Überschreiten der Außengrenzen im Besitz eines Visums sein müssen, sowie der Liste der Drittländer, deren Staatsangehörige von dieser Visumpflicht befreit sind, vom 15. März 2001 (ABl. EG Nummer L 81 S. 1)

Die Verordnung regelt unmittelbar, welche Staatsangehörigen von Drittländern beim Überschreiten der Außengrenzen der Mitgliedstaaten für Kurzaufenthalte visumpflichtig und welche für Kurzaufenthalte von der Visumpflicht befreit sind. Artikel 1 Absatz 1 der Verordnung bestimmt eine Visumpflicht für beabsichtigte Aufenthalte von bis zu drei Monaten. Diese supranationale Bestimmung entspricht der Aufenthaltstitelpflicht für die Einreise nach § 4 Absatz 1. Eine Einreise ohne Visum entgegen dieser Vorschrift ist unerlaubt. Artikel 1 Absatz 2 der Verordnung befreit die benannten Personengruppen von der Visumpflicht nach Absatz 1 für geplante Aufenthalte bis zu drei Monaten im Gebiet der Schengen-Staaten. Die Befreiung von der Aufenthaltstitelpflicht nach der Einreise richtet sich vorrangig nach Artikel 20 Absatz 1 SDÜ.

Einreisen zu geplanten Aufenthalten von über drei Monaten unterliegen grundsätzlich der Aufenthaltstitelpflicht nach § 4 Absatz 1, sofern keine Ausnahmeregelung nach § 41 AufenthV besteht.

Daneben enthält die Verordnung Öffnungsklauseln für nationale Befreiungen vom Erfordernis eines Aufenthaltstitels, die im deutschen Recht durch die §§ 16 bis 25 und 29 AufenthV ausgefüllt werden (vgl. zu § 16 AufenthV die Ausführungen in Nummer 4.1.3.1 ff.).

2.5.4.6.3 Verordnung (EG) Nummer 415/2003 des Rates vom 27. Februar 2003 über die Erteilung von Visa an der Grenze, einschließlich der Erteilung derartiger Visa an Seeleute auf der Durchreise (ABl. EG Nummer L 64 S. 1)

Die Verordnung regelt unmittelbar die Erteilung von Visa an der Grenze (vgl. Artikel 17 Absatz 3 Buchstabe c) SDÜ; siehe hierzu im Einzelnen Nummer 14.2).

2.6 Richtlinie zum vorübergehenden Schutz

Die Richtlinie 2001/55/EG des Rates vom 20. Juli 2001 über Mindestnormen für die Gewährung vorübergehenden Schutzes im Falle eines Massenzustroms von Vertriebenen und Maßnahmen zur Förderung einer ausgewogenen Verteilung der Belastungen, die mit der Aufnahme dieser Personen und den Folgen dieser Aufnahme verbunden sind, auf die Mitgliedstaaten (ABl. EG Nummer L 212 S. 12, so genannte Richtlinie zum vorübergehenden Schutz) wird durch das Aufenthaltsgesetz und die AufenthV in das innerstaatliche Recht umgesetzt. § 24 regelt den Aufenthaltsstatus und die Verteilung von Ausländern, die vorübergehenden Schutz genießen, § 29 Absatz 4 die Familienzusammenführung und § 56 Absatz 3 den besonderen Ausweisungsschutz. §§ 42 und 43 AufenthV regeln die Verlegung des Wohnsitzes, § 91a das Register über die Personen, denen nach der Richtlinie vorübergehender Schutz gewährt wird, und § 91b den innergemeinschaftlichen Datenaustausch hierzu.

2.7 Langfristig Aufenthaltsberechtigter

2.7.1 Absatz 7 enthält die Legaldefinition eines langfristig Aufenthaltsberechtigten i. S. v. Artikel 2 Buchstabe b) der Richtlinie 2003/109/EG des Rates vom 25. November 2003 betreffend die Rechtsstellung der langfristig aufenthaltsberechtigten Drittstaatsangehörigen (ABl. EU 2004 Nummer L 16 S. 44, so genannte Daueraufenthalt-Richtlinie).

2.7.2 Der Begriff umfasst diejenigen Drittstaatsangehörigen, die in anderen Anwenderstaaten der Daueraufenthalt-Richtlinie die Rechtsstellung besitzen. Das Vereinigte Königreich, Irland und Dänemark beteiligen sich nicht an dieser Richtlinie (Erwägungsgrund 25 und 26 der Daueraufenthalt-Richtlinie). Sie sind daher weder zur Umsetzung verpflichtet, noch können sie den Aufenthaltstitel „Daueraufenthalt-EG" i. S. d. Daueraufenthalt-Richtlinie erteilen. Auch die Mobilitätsregelungen des dritten Kapitels der Richtlinie können folglich auf Ausländer, die sich in diesen Staaten aufhalten, keine Anwendung finden.

2.7.3 Durch die Formulierung „verliehen und nicht entzogen wurde" wird klargestellt, dass die Rechtsstellung auf Grund eines Verwaltungsaktes auf Antrag und nicht etwa bereits bei Erfüllung der Voraussetzungen erworben wird. Zudem wird durch die Worte „und nicht entzogen" klargestellt, dass die Rechtsstellung i. S. d. Definition fortbesteht, bis sie entzogen wird und nicht etwa bereits dann entfällt, wenn die Voraussetzungen für eine Entziehung gegeben sind.

2.7.4 Der Besitz der Rechtsstellung ist regelmäßig durch einen Aufenthaltstitel nachzuweisen, der in einer der Amtssprachen der Europäischen Union den Vermerk „Daueraufenthalt-EG" trägt (siehe hierzu im Einzelnen Nummer 38.a.1.1.1). Anderslautende nationale Daueraufenthalts- oder langfristige Aufenthaltstitel verleihen grundsätzlich keine Rechtsstellung i. S. d. Daueraufenthalt-Richtlinie. Beim Besitz eines entsprechenden Aufenthaltstitels kann vermutet werden, dass die Rechtsstellung nicht entzogen wurde; der Umstand einer Entziehung würde sich aber im Verfahren nach dem neuen § 91c erweisen. Da die Richtlinie in Artikel 15 Absatz 4 aber hinsichtlich der Geltendmachung der Rechtsstellung nicht zwingend an die Vorlage eines solchen Aufenthaltstitels anknüpft, kann der Nachweis der Rechtsstellung als langfristig Aufenthaltsberechtigter daneben auch durch eine schriftliche Bestätigung der Behörden des Mitgliedstaates, ggf. auch dessen Auslandsvertretung in Deutschland geführt werden. In diesem Fall bedarf es einer sorgfältigen Vergewisserung durch die Ausländerbehörden, dass die Rechtsstellung als langfristig Aufenthaltsberechtigter auch tatsächlich verliehen worden ist.

2.7.5 Die Darlegungs- und Beweislast für den Besitz der Rechtsstellung trifft nach § 82 Absatz 1 den Ausländer, der sich auf die Rechtsstellung beruft. Langfristig Aufenthaltsberechtigte, die in Deutschland diese Rechtsstellung besitzen, erhalten zum Nachweis dieser Rechtsstellung den Aufenthaltstitel „Erlaubnis zum Daueraufenthalt-EG" nach § 9 a. Ausländer, die in einem anderen Anwenderstaat der Richtlinie die Rechtsstellung eines langfristig Aufenthaltsberechtigten innehaben und gemäß der Mobilitätsregelungen des dritten Kapitels der Richtlinie zu einem langfristigen Aufenthalt nach Deutschland weiterwandern, haben einen Anspruch auf eine Aufenthaltserlaubnis § 38 a.

Übersicht

	Rn.
I. Entstehungsgeschichte	1
II. Begriffe	9
1. Ausländer	10
2. Erwerbstätigkeit	16
3. Gesicherter Lebensunterhalt	34
a) Grundlagen	34
b) Vereinbarkeit der Lebensunterhaltssicherung mit höherrangigem Recht	53
c) Krankenversicherungsschutz	57
d) Berechnung des Lebensunterhalts	67
e) Einkommensarten	84
f) Ausnahmen aufgrund der EU-Richtlinien	119
g) Lebensunterhaltsdeckung bei der Niederlassungserlaubnis	131
h) Ausnahme beim Familiennachzug zu einer Bedarfsgemeinschaft mit deutschen Geschwistern	144
i) Nachzug von Rentnern	149
j) Studenten	153
4. Ausreichender Wohnraum	163
5. Schengen-Staaten	172
6. Vorübergehender Schutz	174
7. Langfristig Aufenthaltsberechtigter/Aufenthaltsberechtigung-EU	176
8. Elementare Sprachverwendung	178
9. Selbstständige Sprachverwendung	182
10. Gute deutsche Sprachkenntnisse	191
11. Kompetente Sprachverwendung	193
12. Internationaler Schutz	195
13. Qualifizierte Berufsausbildung	196
14. Qualifizierte Beschäftigung	200
15. Bildungseinrichtung	201
16. Fluchtgefahr	202

I. Entstehungsgeschichte

1   Die Vorschrift stimmt im Wesentlichen mit dem **Gesetzesentwurf** überein[2]. Während des Vermittlungsverfahrens wurden in Abs. 3 in S. 2 das „Erziehungsgeld" eingefügt und S. 3 angefügt[3]. Mit dem RLUmsG 2007[4] wurden zudem Elterngeld und Kinderzuschlag eingefügt. Abs. 1 entspricht § 1 II AuslG 1990 und Abs. 4 dem früheren § 7 IV AuslG 1990. Abs. 3 ist ähnlich formuliert wie § 7 II Nr. 2 AuslG 1990. Die Definition der unselbstständigen Tätigkeit in Abs. 2 (iVm § 7 SGB IV) weicht von der des § 12 DVAuslG 1990 ab. Mit Abs. 7, der ebenfalls durch das RLUmsG 2007 eingefügt wurde, ist die Definition des langfristig Aufenthaltsberechtigten, der durch die Daueraufenthalts-RL[5] verbindlich konkretisiert wird, aufgenommen worden.

---

[2] BT-Drs. 15/420, 7.
[3] BT-Drs. 15/3479, 2.
[4] Gesetz zur Umsetzung aufenthalts- und asylrechtlicher RL der EU v. 19.8.2007, BGBl. I S. 1970.
[5] RL 2003/109/EG v. 25.11.2003 (ABl. 2004 L 16, S. 44).

Begriffsbestimmungen § 2 AufenthG 1

Mit dem RLUmsG 2011[6] wurden in Abs. 3 als für die Lebensunterhaltssicherung unschädliche Leistungen die Leistungen der Ausbildungsförderung aufgenommen. Außerdem wurde die gesetzliche Begriffsbestimmung des Schengen-Visums in Abs. 5 vor dem Hintergrund der definitorischen Festlegung im Unionsrecht (Art. 2 des Visakodex) gestrichen. An Stelle des Abs. 5 trat die Begriffsbestimmung der Schengen-Staaten. Die neuen Abs. 8–11 definieren die Anforderungen an die verschiedenen im AufenthG vorgesehenen Sprachstandsniveaus (einfache, hinreichende und ausreichende Deutschkenntnisse sowie das Beherrschen der deutschen Sprache) unter Verweis auf die jeweils entsprechenden Niveaustufen des Gemeinsamen Europäischen Referenzrahmens für Sprachen. Ziel der Aufnahme dieser Definitionen ist es, eine bundeseinheitliche Auslegung der Begriffe zu gewährleisten[7].

Die Abs. 8 und 13 wurden mit dem Gesetz zur Verbesserung der Rechte von internationalen Schutzberechtigten und ausländischen Arbeitnehmern vom 29.8.2013[8] eingeführt. Zugleich wurde § 2 III 2 neu gefasst und in Abs. 7 auf die Änderung der Daueraufenthalts-RL durch die RL 2012/51/EU hingewiesen.

Durch das AufenthGÄndG 2015 vom 27.7.2015[9] wurden die Abs. 14 und 15 neu aufgenommen. Durch das RLUmsG 2017 wurde in Abs. 2 die Formulierung „und die Tätigkeit als Beamter" aufgenommen. Außerdem wurde S. 6 in Abs. 3 aufgehoben. In dem neuen S. 6 wurden die Wörter „den Satz 5 und 6" durch die Wörter „Satz 5" und die Wörter „31. Dezember" durch die Wörter „31. August" ersetzt. Mit dem Gesetz zur Durchsetzung der Ausreisepflicht wurde in § 2 XIV die neue Nr. 5a eingeführt.

Eine weitere Änderung des § 2 erfolgte mit dem FEG. In Abs. 3 wurde der „§ 16" durch die Wörter „den §§ 16a bis 16c, 16e sowie § 16f mit Ausnahme der Teilnehmer an Sprachkursen, die nicht der Studienvorbereitung dienen" ersetzt. Außerdem wurde nach S. 5 folgender Satz eingefügt: „Der Lebensunterhalt gilt für die Erteilung einer Aufenthaltserlaubnis nach den § 16d, 16f Absatz 1 für Teilnehmer an Sprachkursen, die nicht der Studienvorbereitung dienen, sowie § 17 als gesichert, wenn Mittel entsprechend S. 5 zuzüglich eines Aufschlags um zehn von hundert zur Verfügung stehen." Mit dieser Regelung soll eine Vereinfachung der Verwaltungspraxis erreicht werden, zugleich aber sichergestellt werden, dass ein Zuzug in die sozialen Sicherungssysteme vermieden wird[10].

In Abs. 5 Nr. 2 erfolgte eine technische Änderung aufgrund der Kodifizierung von Verordnung (EG) 2006/562 des EU-Parlaments und des Rates durch die VO (EU) 2016/399 des EU-Parlaments und des Rates vom 9.3.2016 über einen Gemeinschaftskodex[11].

Weiterhin wurden durch das FEG die Abs. 11a, 12a-12c eingefügt, mit denen die Begriffe der qualifizierten Berufsausbildung, der qualifizierten Beschäftigung und der Bildungseinrichtungen, die teilweise in der Beschäftigungsverordnung enthalten waren, definiert werden. Durch das 2. RückkehrG 2019[12] wurde der Bereich der Haft neu gefasst. Die Neufassung verweist in Bezug auf die Überstellungshaft zum einen auf § 62 IIIa für die widerlegliche Vermutung einer Fluchtgefahr und zum anderen auf § 62 IIIb Nr. 1–5 bezüglich der objektiven Anhaltspunkte für die Annahme einer Fluchtgefahr. Durch die Aufnahme dieser Regelungen in § 62 wurde Abs. 14 aF überflüssig und konnte gestrichen werden. Die bisherige Regelung des Abs. 15 zur Fluchtgefahr iRv Verfahren nach der Dublin III-VO wurde in Abs. 14 überführt und um weitere Fallgruppen ergänzt.

Durch Art. 169 der Elften Zuständigkeitsanpassungsverordnung vom 19.6.2020[13] wurde in Abs. 3 das Wort „Innern" um die Wörter „für Bau und Heimat" ergänzt.

II. Begriffe

Die Vorschrift nennt den **Geltungsbereich** der Definitionen nicht. Trotz des Fehlens einer dahin gehenden Einschränkung gelten diese nur für die Anwendung des AufenthG und die damit verbundene Rechtsverordnung. Die Definitionen sind nämlich augenscheinlich nicht für die gesamte deutsche Rechtsordnung bestimmt, sondern sollen nur im Zusammenhang mit der Anwendung des für Ausländer geschaffenen Rechts verbindlich sein. Ausgenommen ist va das FreizügG/EU, weil sich die dortigen Bestimmungen ausschließlich an unionsrechtlichen Begriffen ausrichten. Dies wird zB an dem Begriff der Erwerbstätigkeit deutlich, der nach der Rspr. des EuGH va auf den Austausch von Leistungen abstellt[14].

---

[6] Gesetz zur Umsetzung aufenthaltsrechtlicher RL der EU und zur Anpassung nationaler Rechtsvorschriften an den EU-Visakodex v. 22.11.2012, BGBl. I S. 2258.
[7] Gesetz zur Umsetzung aufenthaltsrechtlicher RL der EU und zur Anpassung nationaler Rechtsvorschriften an den EU-Visakodex v. 22.11.2012, BGBl. I S. 2258.
[8] BGBl. 2013 I S. 3484.
[9] BGBl. 2015 I S. 1386.
[10] Entwurf des FEG v. 4.1.2019 BR-Drs. 7/19, 92 f.
[11] FEG v. 15.8.2019, BGBl. 2019 I S. 1307; in Kraft getreten am 1.3.2020.
[12] 2. RückkehrG v. 15.8.2019, BGBl. 2019 I S. 1294; in Kraft getreten am 21.8.2019.
[13] Elfte Zuständigkeitsanpassungsverordnung v. 19.6.2020, BGBl. I S. 1328.
[14] Dazu → FreizügG/EU § 2 Rn. 7.

1. Ausländer

10 Der erfasste Personenkreis ist wie in § 2 I AuslG 1990[15] **negativ formuliert**. Deutsche unterliegen dem Gesetz nicht. Die frühere Pflicht zur Anzeige einer fremden Staatsangehörigkeit durch Deutsche (§ 27 AuslG 1965) besteht nicht mehr. Mittelbar können die Vorschriften des AufenthG auch für Deutsche Bedeutung erlangen, etwa beim Nachweis der Voraussetzungen für den Familiennachzug zu Deutschen (§ 28) oder bei Ausweisung von Familienangehörigen Deutscher (§ 56 I Nr. 4). Den verfassungsrechtlichen Beschränkungen des AufenthG (und des AsylG) unterliegen auch Deutsche, wenn sie etwa aus eigenem Recht Rechtsschutz gegen ausländerbehördliche Maßnahmen gegenüber ausländischen Familienangehörigen in Anspruch nehmen.

11 Unter Deutschen sind nach der **Definition des Art. 116 I GG** sowohl deutsche Staatsangehörige als auch aufgenommene deutsche Volkszugehörige sowie deren Ehegatten und Kinder zu verstehen[16]. Solange die Deutscheneigenschaft nicht feststeht, wird die betreffende Person grundsätzlich als Ausländer behandelt. Dennoch darf sie vor der Klärung der Staatsangehörigkeit nicht uneingeschränkt abgeschoben oder ausgeliefert werden, wenn dadurch der Rechtsstatus des (evtl.) Deutschen gefährdet würde[17]. Ein Deutscher darf nämlich weder ans Ausland ausgeliefert (Art. 16 II GG) noch dorthin abgeschoben werden. Diese Garantie wäre verletzt, wenn bei bloßen Zweifeln an der Deutscheneigenschaft oder bei Unklarheiten ohne Weiteres die Ausländereigenschaft anzunehmen wäre. Die Berufung auf den Deutschenstatus allein vermittelt zwar kein Bleiberecht[18], kann aber aufenthaltsbeendenden Maßnahmen entgegenstehen, wenn er dadurch faktisch vernichtet würde. Es kommt also maßgeblich auf den Grad an Sicherheit für die Feststellung der Deutscheneigenschaft einerseits und auf die möglichen Folgen einer vorläufigen Ausreise für den Erhalt des Status andererseits an.

12 Kann auch im Staatsangehörigkeits-Feststellungsverfahren die Deutscheneigenschaft nicht endgültig positiv geklärt werden, ist die betreffende Person als Nichtdeutscher zu behandeln. Die Negativdefinition des Abs. 1 sagt aber noch nichts über die Darlegungs- und Beweislast aus. Die Deutschen zukommende Grundrechtsstellung und die allgemein der Ausländerbehörde obliegende Amtsermittlungspflicht (§§ 24, 26 VwVfG) zwingen diese erforderlichenfalls zu eigenen Feststellungen über die Ausländereigenschaft, wenn auch auf der Grundlage der Angaben der betreffenden Person zu ihrer Herkunft[19]. Ist eine **abschließende Klärung** zunächst nicht möglich, darf eine Ausreisepflicht nur begründet und durchgesetzt werden, wenn der Betroffene trotz Ausreise zur Fortführung des Feststellungsverfahrens imstande bleibt und ihm außerdem die Rückkehr im Erfolgsfall nicht unzumutbar erschwert oder unmöglich gemacht wird[20]. Im Auslieferungsverfahren sind Staatsanwaltschaft und Gerichte zu noch weitergehender Amtsaufklärung verpflichtet und an der Auslieferung gehindert, falls nicht die Ausländereigenschaft sicher feststeht[21].

13 Deutscher ist va, wer die **deutsche Staatsangehörigkeit** durch Abstammung (ius sanguinis), Geburt in Deutschland (ius soli), Erklärung, Adoption oder Einbürgerung sowie als Statusdeutscher erworben hat (§§ 1 ff. StAG)[22]. Deutscher ist auch der **Statusdeutsche**, der als Flüchtling oder Vertriebener deutscher Volkszugehörigkeit ist oder als dessen Ehegatte oder Kind Aufnahme in Deutschland gefunden hat[23]. Die Statusdeutschen-Eigenschaft ist an drei Voraussetzungen geknüpft: deutsche Volkszugehörigkeit, Vertreibung oder Flucht und Aufnahme. Deutsche Volkszugehörigkeit erfordert ein subjektives Bekenntnis zum deutschen Volkstum, das durch objektive Merkmale wie Abstammung, Sprache, Erziehung und Kultur bestätigt wird (§ 6 I BVFG). Nach dem 31.12.1923 geborene Personen müssen besondere Voraussetzungen erfüllen; ua müssen sie von einem deutschen Staatsangehörigen oder deutschen Volkszugehörigen abstammen, sich nur zum deutschen Volkstum bekannt haben und über aktuelle familienvermittelte Deutschkenntnisse verfügen (§ 6 II BVFG). Als Aufnahme genügt nicht die Zulassung zum Staatsgebiet als Ausländer, sie muss vielmehr der Vertriebenen deutscher Volkszugehörigen gelten. Seit 1.7.1990 ist für Aussiedler ein förmlicher Aufnahmebescheid vorgeschrieben, der grundsätzlich nur den noch im Ausland lebenden (potenziellen) Aussiedlern erteilt wird (§§ 26 ff. BVFG)[24]. MWv 1.1.1993 wird jährlich nur noch einer begrenzten Zahl von Personen die Aufnahme zugesagt (§ 27 IV BVFG), derzeit höchstens 103.080. Wer mit

---

[15] Dazu *Silagi* StAZ 2001, 225.
[16] → Rn. 5 f.
[17] HessVGH Beschl. v. 27.9.1996 – 12 TG 3290/96, EZAR 270 Nr. 6 mwN.
[18] BVerfG-K Beschl. v. 9.8.1990 – 2 BvR 1782/88, InfAuslR 1990, 297; VGH BW Beschl. v. 20.2.1992 – 1 S 115/92, EZAR 040 Nr. 1.
[19] HessVGH Beschl. v. 27.9.1996 – 12 TG 3290/96, EZAR 270 Nr. 6.
[20] BVerfG-A Urt. v. 14.8.1984 – 2 BvR 845/84, NVwZ 1985, 33; HmbOVG Beschl. v. 10.9.1990 – Bs V 128/90, EZAR 100 Nr. 27; HessVGH Beschl. v. 4.4.1991 – 12 TH 2694/90, EZAR 622 Nr. 10; weitergehend *Sachs* NVwZ 1985, 323.
[21] BVerfG-K Beschl. v. 22.6.1990 – 2 BvR 116/90, NJW 1990, 2193.
[22] Zu anderen Erwerbsnormen *Hailbronner/Renner* StAG § 3 Rn. 5 ff.
[23] Dazu im Einzelnen *Hailbronner/Renner* GG Art. 116 Rn. 21 ff.; *Haberland* Komm. des BVFG im Dt. BundesR V F 10 S. 37 ff.
[24] Näher *Hailbronner/Renner* GG Art. 116 Rn. 71 ff.

einem Aufnahmebescheid einreist, erwirbt den Status nach Art. 116 I GG ohne weiteren Aufnahmeakt[25].

Der Vertriebenenausweis war und ist hinsichtlich der Vertriebeneneigenschaft und damit auch der deutschen Volkszugehörigkeit für alle Behörden verbindlich (§ 15 V BVFG aF, § 100 I BVFG), ist also auch von der Staatsangehörigkeits- und der Ausländerbehörde zu beachten. Seit 1.1.1993 werden nur noch **Spätaussiedlerbescheinigungen** ausgestellt, die ebenfalls allgemein verbindlich sind (§ 15 I BVFG). In den Aufnahmebescheid aufgenommene Familienangehörige mit Grundkenntnissen der deutschen Sprache (§§ 7 II, 27 I 2 BVFG) erhalten eine entsprechende Bescheinigung, die ebenfalls allgemein verbindlich ist (§ 15 II BVFG). Über die Statusdeutschen-Eigenschaft wird auf Antrag eine Urkunde erteilt. Seit der Reform des Staatsangehörigkeitsrechts 1999/2000 vermitteln die Bescheinigungen nach § 15 I, II BVFG unmittelbar die deutsche Staatsangehörigkeit (§ 7 StAG); der frühere Einbürgerungsanspruch nach § 6 StAngRegG ist entfallen. Wer am 1.8.1999 Statusdeutscher war, hat mit diesem Tag die deutsche Staatsangehörigkeit erworben, Spätaussiedler und deren Ehegatten und Abkömmlinge aber nur im Falle des Besitzes einer Bescheinigung nach § 15 I oder II BVFG (§ 40a StAG).

Ausländer ist nach der negativen Begriffsbestimmung weder der deutsche Mehrstaater[26] noch der **Staatenlose**, wobei der Statusdeutsche des Art. 116 I GG nicht als staatenlos anzusehen ist[27]. Staatenlosigkeit kann rechtlich oder faktisch begründet sein. Auch wer tatsächlich entgegen der Rechtslage nicht von seinem Heimatstaat als Staatsangehöriger anerkannt wird, befindet sich in der typischen schutzlosen Situation des Staatenlosen. Ausländer ist danach jede Person, deren fremde Staatsangehörigkeit oder Staatenlosigkeit feststeht. Ist die Zugehörigkeit zu einem oder mehreren Staaten ungeklärt oder Staatenlosigkeit nicht sicher festzustellen und gleichzeitig der Tatbestand des Art. 116 I GG auszuschließen, ist die Person als Ausländer anzusehen.

2. Erwerbstätigkeit

Abs. 2 enthält eine Begriffsbestimmung der „Erwerbstätigkeit". Die Vorschrift umschreibt sie als „die selbständige Tätigkeit, die Beschäftigung im Sinne von § 7 des Vierten Buches Sozialgesetzbuch und die Tätigkeit als Beamter". Bei der „Erwerbstätigkeit" handelt es sich damit um einen **Oberbegriff**, der sonst nicht durch eine Legaldefinition festgelegt ist. Für die Zwecke des AufenthG und der darauf bezogenen Rechtsverordnung hat die Vorschrift eine eigene Bestimmung dahin getroffen, dass sowohl die selbstständige Tätigkeit als auch die (unselbstständige) Beschäftigung iSd § 7 SGB IV gemeint sind[28]. Wenn der Begriff also ohne Zusatz verwendet wird, dann sind beide Arten gemeint.

Der Begriff der Erwerbstätigkeit erfasst nur auf Gewinn ausgerichtete Betätigungen, nicht bloße Liebhabereien oder Hobby-Beschäftigungen. Ausgenommen bleibt auch die Mithilfe im Haushalt von Angehörigen einschließlich deren Pflege. Anders verhält es sich, wenn der Ausländer in den Haushalt als Betrieb eingegliedert ist und eine echte bare oder unbare Gegenleistung erhält und nicht nur ein Taschengeld oder eine ähnliche Anerkennung. In diesem Sinne kann Hilfe im Haushalt und bei der Kindererziehung auch dann als Erwerbstätigkeit anzusehen sein, wenn sie für Verwandte oder Bekannte erbracht und nur mit Kost und Logis belohnt wird. Anders kann es sich verhalten, wenn die Tätigkeit einerseits und die Unterhaltsgewährung andererseits auf familienrechtlichen Verpflichtungen beruhen.

Die Unterscheidung zwischen Selbstständigen und Beschäftigten ist nicht nur für die jeweiligen besonderen Aufenthaltszwecke der §§ 18, 19, 21 wichtig, sondern auch im Rahmen der EU-Freizügigkeit[29] und der in völkerrechtlichen Verträgen meist für Selbstständige enthaltene Privilegierungen[30]. Mit der **selbstständigen Tätigkeit** ist die Erwerbstätigkeit gemeint, die nicht als Beschäftigung, sondern selbstständig ausgeübt wird. Da es eine allgemeine Definition des Selbstständigen und seiner auf Gewinn ausgerichteten Tätigkeit nicht gibt, bleibt der Rückgriff auf die arbeits- und sozialrechtlichen Grundsätze zur Definition der Arbeitnehmereigenschaft. Wer nicht beschäftigt iSd § 7 SGB IV ist, ist selbstständiger Erwerbstätiger[31].

Allgemein sprechen für die Selbstständigkeit: persönliche Unabhängigkeit; Verpflichtung zum Erbringen eines Erfolgs, nicht bloß zum Einsatz der Arbeitskraft; freie Wahl von Zeit, Ort und Dauer der Arbeit; freie Wahl der Art der Aufgabendurchführung; Ablehnen können des Auftrags, fehlende Eingliederung in einen Betrieb; Einsatz eigenen Kapitals und eigener Arbeitsmittel; Unternehmerrisiko, das über das Risiko, für den Arbeitseinsatz kein Entgelt zu erzielen, hinausgeht; fehlende Entgelt-

---

[25] *Renner* AiD Rn. 6/88 ff.; BVerwG Beschl. v. 29.4.1997 – 9 C 4.96, EZAR 270 Nr. 8; ebenso Nr. 2.1.2 VAH: „vorläufig als Deutscher behandelt".
[26] Dazu *Hailbronner/Renner* Einl. D Rn. 11.
[27] → § 1 Rn. 26 f.; *Hailbronner/Renner* GG Art. 116 Rn. 6.
[28] Früher anders in § 12 DVAuslG.
[29] Dazu § 2 FreizügG/EU.
[30] Zu Mittel- und Osteuropa-Abk. vgl. § 4.
[31] Ebenso *Hailbronner* AufenthG § 2 Rn. 16.

fortzahlung bei Krankheit, keine Urlaubs- oder Weihnachtsgratifikation; Tätigkeit für mehr als einen Auftraggeber; Beschäftigung sozialversicherungspflichtiger Arbeitnehmer; Werbemaßnahmen. Wie im Arbeits-, Steuer- und Sozialrecht ist auch hier das **Gesamtbild** ausschlaggebend, nicht die jeweils benutzten Bezeichnungen und die Art der Behandlung durch Gewähren von „Honorar" oder „Vergütung" statt „Lohn" oder „Gehalt". Selbstständigkeit ist zudem nicht allein dadurch indiziert, dass weder Lohnsteuer noch Sozialversicherungsbeiträge abgeführt werden.

20   Die **unselbstständige Erwerbstätigkeit** bezeichnet das AufenthG meist als „**Ausübung einer Beschäftigung**" (zB in § 39 I 1). Unter Beschäftigung wird also nicht nur (transitiv) die Tätigkeit des Arbeitgebers verstanden, sondern (intransitiv) auch die Tätigkeit des Arbeitnehmers, wobei beide Begriffe nicht identisch sein sollen. Die insoweit maßgeblichen Bestimmungen des § 7 SGB IV[32] lauten:

„(1) Beschäftigung ist die nichtselbständige Arbeit, insbesondere in einem Arbeitsverhältnis. Anhaltspunkte für eine Beschäftigung sind eine Tätigkeit nach Weisung und eine Eingliederung in die Arbeitsorganisation des Weisungsgebers.

(2) Als Beschäftigung gilt auch der Erwerb beruflicher Kenntnisse, Fertigkeiten u. Erfahrungen im Rahmen betrieblicher Berufsbildung."

21   Aus dem Wort „insbesondere" in § 7 I 1 SGB IV folgt, dass der Begriff der Beschäftigung nicht mit dem Vorliegen eines Arbeitsverhältnisses identisch ist, sondern weiter gefasst ist. Im Regelfall werden zwar Arbeits- und Beschäftigungsverhältnis deckungsgleich sein. Eine Beschäftigung kann aber auch dann vorliegen, wenn kein Arbeitsverhältnis vorliegt, etwa weil der Arbeitsvertrag zB wegen Geschäftsunfähigkeit eines Vertragspartners, Irrtumsanfechtung oder Formmangel unwirksam ist.

22   Liegt ein Arbeitsvertrag vor, so ist damit noch keine Beschäftigung gegeben. Hinzutreten muss die tatsächliche Arbeitsleistung. Ohne tatsächliche Arbeitsaufnahme liegt keine Beschäftigung vor.[33] Allein der **Abschluss eines Arbeitsvertrags** ist damit nicht davon abhängig, dass der Ausländer im Besitz eines Aufenthaltstitels ist, der ihm die Beschäftigung gestattet.

23   Eine Beschäftigung setzt zudem voraus, dass die **Arbeitsleistung freiwillig** ist. Denn es handelt sich um einen grundlegenden Unterschied, ob jemand aufgrund eines Arbeitsvertrags für einen Arbeitgeber tätig wird oder ob er etwa als **Strafgefangener** bzw. als **Sicherungsverwahrter** kraft gesetzlichen Zwangs arbeiten muss. Im Gegensatz zu freien Arbeitnehmern verrichtet er diese Arbeit nicht aufgrund einer Verpflichtung aus einem Beschäftigungs- oder Arbeitsverhältnis, sondern unmittelbar aufgrund des öffentlich-rechtlichen Gewaltverhältnisses als Gefangener bzw. Sicherungsverwahrer kraft seiner Unterworfenheit unter den Anstaltszwang[34].

24   Erwerbsfähige Hilfebedürftige, die nach § 16d SGB II iRe gemeinnützigen und zusätzlich geschaffenen Arbeitsgelegenheit Arbeitslosengeld II zzgl. einer Mehraufwandsentschädigung erhalten (sog. **Ein-Euro-Jobs**), werden kraft gesetzlicher Anordnung ebenfalls nicht iRe Arbeits- oder Beschäftigungsverhältnisses tätig (§ 16d VII 2 SGB II). Vielmehr handelt es sich um ein „öffentlich-rechtliches Beschäftigungsverhältnis" eigener Art[35].

25   § 7 I 2 SGB VII konkretisiert zwei Anhaltspunkte für eine Beschäftigung im Sinne einer nichtselbständigen Arbeit: Tätigkeit nach Weisung und Eingliederung in die Arbeitsorganisation des Weisungsgebers.

26   Mit dem **Weisungsrecht** knüpft die Norm an das Direktionsrecht des Arbeitgebers an, der Art, Zeit und Ort der Arbeit iRd Arbeitsverhältnisses näher konkretisieren kann. Allerdings hängt die Ausgestaltung des Weisungsrechts maßgeblich von der Art der geschuldeten Tätigkeit ab. Je höher qualifiziert die Tätigkeit ist, desto eingeschränkter ist regelmäßig das Weisungsrecht. Das BSG geht deshalb bei Diensten höherer Art davon aus, dass dem Kriterium der „Tätigkeit nach Weisung" nur untergeordnete oder überhaupt keine Bedeutung zukommt und dass insoweit das Kriterium der „Eingliederung in eine übergeordnete Betriebsorganisation" in den Vordergrund rückt[36]. Auch wenn die klassischen Weisungsrechte zunehmend eine geringere Rolle spielen, weil den Arbeitnehmern mehr Eigenverantwortung, Eigeninitiative und auch mehr Selbständigkeit zugestanden wird, so bleibt es als Indiz für eine Beschäftigung von Bedeutung.

27   Das Kriterium der **Eingliederung in die Arbeitsorganisation des Weisungsgebers** ermöglicht die Berücksichtigung struktureller und organisatorischer Gegebenheiten, in deren Rahmen sich die Ausübung der Beschäftigung vollzieht. Eine Beschäftigung liegt daher idR nur vor, wenn die personellen, räumlichen und sonstigen Mittel zu seiner Bewältigung, mithin der betriebliche Rahmen, vom Arbeitgeber gestellt oder organisiert werden. Außerdem bestimmt der Arbeitgeber das Ziel der Beschäftigung und die Mittel, die er zur Erreichung des Ziels einsetzt.

---

[32] Dazu *Berndt* NJW 2000, 464.
[33] Zu den gesetzlichen Ausnahmen, in denen auch ohne Arbeitsleistung ein Beschäftigungsverhältnis bestehen kann, s. § 7 Ia, III SGB IV.
[34] BSG Urt. v. 31.10.1967 – 3 RK 84/65, BSGE 27, 197 Rn. 11 ff.
[35] BAG Beschl. v. 8.11.2006 – 5 AZB 36/06, BAGE 120, 92 ff.; BSG Urt. v. 27.8.2011 – B 4 AS 1/10 R, BSGE 109, 70 Rn. 17.
[36] BSG Urt. v. 9.12.1981 – 12 RK 4/81, SozR 2400 § 2 Nr. 19 = juris Rn. 72.

Die Abgrenzung, ob die notwendige Eingliederung in einen Betrieb und dessen Organisation und **28** Weisungsstruktur gegeben ist und deswegen ein Beschäftigungsverhältnis vorliegt und der Tätigkeit nicht ein (selbstständig ausgeübtes) Dienstverhältnis zugrunde liegt, kann gerade dann schwerfallen, wenn die wahren Verhältnisse verschleiert werden sollen.

Indizien für das Vorliegen einer abhängigen Beschäftigung sind: **29**
- Abschluss eines als „Arbeitsvertrag" bezeichneten Vertrags
- feste Vergütung, bei der die Arbeitsleistung nicht mit einem besonderen Verlustrisiko (Unternehmerrisiko) verbunden ist
- Anwendbarkeit eines Tarifvertrags auf den Arbeitsvertrag
- Abführen von Lohnersatzleistungen an die Sozialversicherung
- Arbeitsleistung ist höchstpersönlich zu erbringen
- Fehlzeiten bei Krankheit oder Arbeitsverhinderung werden vom Arbeitgeber überbrückt
- Anwesenheitskontrollen, insbesondere durch Zeiterfassungssysteme
- Eingliederung in den Arbeitsprozess durch Eingliederung in die arbeitsteilige Produktion oder iRv Teamarbeit oder der Aufnahme in einen Dienstplan
- feste Arbeitszeiten
- Arbeitsplatz im Betrieb des Arbeitgebers
- Betriebsmittel (Computer, Fahrzeuge, Werkzeug usw) werden vom Arbeitgeber gestellt
- Gewährung von Urlaubs-, Weihnachtsgeld oder eines 13. Monatsgehalts

Damit sind indes nur einige der Kriterien genannt, die insgesamt das allein maßgebliche Gesamtbild **30** der nichtselbstständigen Beschäftigung ergeben[37]. Ob jemand abhängig beschäftigt oder selbstständig tätig ist, hängt davon ab, welche Merkmale überwiegen. Daher sind alle Umstände des Einzelfalls zu berücksichtigen; maßgebend hat stets das Gesamtbild der jeweiligen Arbeitsleistung unter Berücksichtigung der Verkehrsanschauung zu sein[38].

Selbstständige Tätigkeit wird man häufig iRd **Vertretung juristischer Personen** haben, die **31** durch ihren Geschäftsführer bzw. ihre Vorstände gerichtlich und außergerichtlich vertreten werden (zB § 35 I GmbHG, § 78 AktG, § 26 II BGB). Wenn ihre Tätigkeit sich auf die Vertretung der juristischen Person weitgehend erschöpft und die laufenden Geschäfte leitenden Angestellten übertragen werden, werden diese nicht aufgrund eines Arbeitsvertrags, sondern aufgrund ihrer gesellschaftsrechtlichen Organstellung tätig[39].

Erledigen die Vorstände und Geschäftsführer auch die laufenden Geschäfte, so liegt neben dem gesellschaftsrechtlichen Bestellungsakt regelmäßig auch ein Arbeits- oder Dienstvertrag zwischen dem Vertreter und der juristischen Person vor[40].

Über § 7 II SGB IV wird der Begriff der Beschäftigung auch auf „den Erwerb beruflicher Kennt- **32** nisse, Fertigkeiten und Erfahrungen im Rahmen betrieblicher Berufsbildung" erstreckt. Der Begriff der betrieblichen Berufsbildung entspricht dem des § 2 I Nr. 1 BBiG. Eingeschlossen sind grundsätzlich alle Personen, die eine Berufsausbildung iSd BBiG absolvieren. Allerdings werden über die Berufsausbildung in anerkannten Ausbildungsberufen iSd BBiG hinaus auch Ausbildungsgänge in nicht anerkannten Ausbildungsberufen von § 7 II SGB IV erfasst[41]. Da der Anwendungsbereich des § 7 II SGB IV bereits seinem Wortlaut nach nicht nur auf volle Berufsausbildungen beschränkt ist, können zudem auch Praktikanten oder Volontäre Beschäftigte sein[42]. Nicht von § 7 II SGB IV erfasst werden Stipendiaten, deren Stipendium allein der Ausbildung und dem Unterhalt dient, nicht aber Erwerbszwecken[43].

Eine Erwerbstätigkeit iSd AufenthG liegt auch bei einer Tätigkeit als Beamter vor. Sowohl § 7 III **33** BBG als auch § 7 BeamtStG sehen vor, dass auch Personen ohne deutsche Staatsangehörigkeit in das **Beamtenverhältnis** berufen werden dürfen. Nach dem BeamtenstatusG betrifft dies insbesondere Hochschullehrerinnen und Hochschullehrer und andere Mitarbeiterinnen und Mitarbeiter des wissenschaftlichen und künstlerischen Personals. Da dies auch Ausländer betrifft, die für diese Tätigkeit einwandern und in das Beamtenverhältnis berufen werden, ist diese Ergänzung der Definition der Erwerbstätigkeit erforderlich.

3. Gesicherter Lebensunterhalt

a) Grundlagen. Die Sicherung des Lebensunterhalts gehört zu den wichtigsten Voraussetzungen für **34** die Zuwanderung von Drittstaatsangehörigen, aber auch für die Verlängerung einer Aufenthaltserlaub-

---
[37] Zur Selbstständigkeit → Rn. 31.
[38] BSG Urt. v. 30.11.1978 – 12 RK 33/76, BeckRS 1978, 30705481.
[39] BSG Urt. v. 22.8.1973 – 12 RK 27/72, BeckRS 1973, 244.
[40] Vgl. BSG Urt. v. 30.11.1978 – 12 RK 33/76, BeckRS 1978, 30705481.
[41] BSG Urt. v. 27.7.2011 – B 12 R 16/09 R, BSGE 109, 22 Rn. 18 f.
[42] Vgl. hierzu BSG Urt. v. 12.10.2009 – B 12 KR 7/00 R, BeckRS 2001, 40136 Rn. 17; zu Praktikumszeiten iRe praxisintegrierten dualen Studiums vgl. aber BSG Urt. v. 1.12.2009 – B 12 R 4/08 R, BSGE 105, 56 ff.
[43] Vgl. BSG Urt. v. 28.6.2018 – B 5 AL 1/17 R, BSGE 126, 109 Rn. 21 ff.

nis, die Aufenthaltsverfestigung, den Familiennachzug und die Einbürgerung. Daher könnte eine **einheitliche Definition** für das AufenthG einen großen Beitrag für eine einheitliche Gesetzesanwendung leisten. Tatsächlich ist die Lebensunterhaltssicherung nicht nur nicht für alle Aufenthaltstitel erforderlich (vgl. zB §§ 28 I 2, 34 I 1), sondern die Höhe des erforderlichen Lebensunterhalts differiert zudem (zB zwischen Studierenden, Forschern und Ausländern ohne europarechtlich grundierten Aufenthaltstitel).

35   Die eigenständige Sicherung des Lebensunterhalts ist grundlegende Voraussetzung für die Aufenthaltsgewährung. Öffentliche Mittel sollen hierfür grundsätzlich nicht eingesetzt werden müssen. Die Lebensunterhaltssicherung ist die wichtigste Voraussetzung, um die Inanspruchnahme öffentlicher Mittel zu verhindern. Nach der Wertung des Gesetzgebers ist die Sicherung des Lebensunterhalts bei der Erteilung von Aufenthaltstiteln im Aufenthaltsrecht als eine Voraussetzung von grundlegendem staatlichen Interesse anzusehen. Diese bereits im AuslG 1990 getroffene Wertung wurde durch die Neuregelung des Aufenthaltsrechts im ZuwG generell noch verstärkt, indem die Sicherung des Lebensunterhalts nunmehr nicht nur bei der Erteilung von Titeln zum Daueraufenthalt, sondern für alle Aufenthaltstitel von einem (Regel-)Versagungsgrund zu einer (Regel-)Erteilungsvoraussetzung heraufgestuft worden ist. Damit sollen die fiskalischen Interessen noch weitergehend geschützt werden[44]. Gesichert ist der Unterhalt deshalb nur, wenn der Unterhaltsbedarf **ohne Inanspruchnahme öffentlicher Mittel** gedeckt werden kann. Dies ist nach § 2 III 1 der Fall, wenn der Ausländer ihn einschließlich ausreichenden Krankenversicherungsschutzes ohne Inanspruchnahme öffentlicher Mittel bestreiten kann. Dabei bleiben die in § 2 III 2 aufgeführten öffentlichen Mittel außer Betracht. Die Inanspruchnahme von nicht in § 2 III 2 genannter öffentlicher Mittel (zB ALG II, Sozialgeld, Sozialhilfe) kann bei der Erteilung oder Verlängerung eines Aufenthaltstitels allerdings dann unbeachtlich sein, wenn im AufenthG die Sicherung des Lebensunterhalts nicht verlangt wird (vgl. zB §§ 5 III, 28 I 1, 29 IV, 30 III, 31 IV, 33 S. 1, 34 I, 35 IV).

36   Der Lebensunterhalt ist nach § 2 III bereits dann nicht gesichert, wenn ein Anspruch auf (aufstockende) Grundsicherungsleistungen besteht. Ob die Leistungen tatsächlich in Anspruch genommen werden, ist nach dem gesetzgeberischen Regelungsmodell unerheblich[45]. Dies lässt sich zwar nicht schon aus dem Wortlaut der Vorschrift herleiten, der Formulierung, der Ausländer müsse seinen Lebensunterhalt ohne Inanspruchnahme öffentlicher Mittel bestreiten „können". Es ergibt sich aber aus dem Sinn und Zweck der Vorschrift iVm den Gesetzesmaterialien und der systematischen Stellung iRd AufenthG. Der Sinn und Zweck der Regelung besteht darin, neue Belastungen für die öffentlichen Haushalte zu vermeiden[46]. Dies spricht dafür, dass im Falle eines voraussichtlichen Anspruchs auf öffentliche Mittel – sofern sie nicht ausdrücklich nach § 2 III 2 außer Betracht zu bleiben haben – der Lebensunterhalt nicht als gesichert angesehen werden kann, da dann auch eine Inanspruchnahme dieser Mittel zu erwarten oder jedenfalls nicht auszuschließen ist[47]. Im Übrigen wird die genannte Auslegung auch durch die Begründung des Gesetzentwurfs zu § 27 III bestätigt, in der zu dem vergleichbaren Erfordernis des Angewiesenseins auf Leistungen nach dem SGB II und SGB XII ausgeführt wird, es komme wie im bisherigen Recht „nur auf das Bestehen eines Anspruchs auf Sozialhilfe, das heißt das Vorliegen der Voraussetzungen, nicht auf die tatsächliche Inanspruchnahme an"[48].

37   Die Ermittlung des für die Sicherung des Lebensunterhalts maßgeblichen Bedarfs richtet sich bei erwerbsfähigen Ausländern im Grundsatz nach den Bestimmungen des SGB II.[49] Daraus folgt, dass der Unterhaltsbedarf eines Ausländers, der mit anderen Personen in einer Bedarfsgemeinschaft iSd § 7 III SGB II zusammenlebt, unter Berücksichtigung der Bedarfe der übrigen Mitglieder der Bedarfsgemeinschaft ermittelt werden muss[50]. Einer hiervon abweichenden aufenthaltsrechtlichen Bedarfsermittlung, die nur den isolierten Unterhaltsbedarf eines jeden Bedarfsgemeinschaftsmitgliedes berücksichtigt, hat das BVerwG eine Absage erteilt. Nach der überzeugenden Auffassung des BVerwG können gegen eine einheitliche Auslegung des zentralen Begriffs der Sicherung des Lebensunterhalts gemäß § 2 III 1 weder Wortlaut noch Systematik des AufenthG angeführt werden[51]. Es trifft zwar zu, dass das AufenthG unterschiedliche Formulierungen verwendet. In einigen Vorschriften wird ausdrücklich auf den Ausländer und seine Familienangehörigen Bezug genommen (vgl. etwa §§ 9a II Nr. 2, 21 IV 2). Andere Vorschriften stellen dagegen nur auf den Ausländer ab (§§ 2 III 1, 9 II Nr. 2, 35 I 2 Nr. 3 und 37 I 1 Nr. 2). Da § 2 III 1 jedoch den Begriff der Sicherung des Lebensunterhalts für das gesamte Aufenthaltsrecht definiert und in diesem Zusammenhang auf die einschlägigen sozialrechtlichen

---

[44] BVerwG Urt. v. 16.11.2010 – 1 C 21.09, BVerwGE 138, 148 Rn. 17.
[45] OVG Bln-Bbg Urt. v. 31.5.2018 – OVG 11 B 18.16, BeckRS 2018, 13584 Rn. 26; BVerwG Urt. v. 26.8.2008 – 1 C 32.07, BVerwGE 131, 370 Rn. 21.
[46] BVerwG Urt. v. 26.8.2008 – 1 C 32.07, BVerwGE 131, 370 Rn. 21.
[47] BVerwG Urt. v. 26.8.2008 – 1 C 32.07, BVerwGE 131, 370 Rn. 21.
[48] BT-Drs. 15/420, 81; s. zu diesem Argument auch BVerwG Urt. v. 26.8.2008 – 1 C 32.07, BVerwGE 131, 370 Rn. 21.
[49] BVerwG Urt. v. 16.11.2010 – 1 C 21.09, BVerwGE 138, 148 Rn. 15 mwN.
[50] § 9 I, II iVm § 7 III SGB II.
[51] BVerwG Urt. v. 16.11.2010 – 1 C 21.09, BVerwGE 138, 148 Rn. 16.

Regelungen verweist, ist auch der Unterhaltsbedarf des einzelnen Ausländers nach den sozialrechtlichen Regelungen für die Bedarfsgemeinschaft zu bemessen. Es kann nicht angenommen werden, dass der Gesetzgeber mit der Definitionsnorm des § 2 III 1 andere Vorstellungen verbunden hat. Denn der gesetzlich angeordnete Systemwechsel im Sozialrecht in Form der Berechnung des Unterhaltsbedarfs einer Bedarfsgemeinschaft fällt zeitlich zusammen mit dem Inkrafttreten des AufenthG[52].

Durch das Abstellen auf die Bedarfsgemeinschaft wird zugleich deutlich, dass es nicht erforderlich ist, dass der Ausländer selbst durch eigene Erwerbstätigkeit oder eigenes Vermögen seinen Unterhalt zu decken in der Lage ist. Der Ehegatte eines Ausländers, der nicht erwerbstätig ist, vermag seinen Lebensunterhalt durch das Einkommen seines Partners zu decken. Unterhaltszahlungen eines unterhaltspflichtigen Familienangehörigen sind für die Sicherung des Lebensunterhalts des Ehegatten eines Ausländers zu berücksichtigen, wenn der Unterhaltspflichtige nicht nur zur Zahlung imstande, sondern auch dazu bereit ist oder erforderlichenfalls zu regelmäßigen Zahlungen gezwungen wird[53]. Das objektive Bestehen eines Unterhaltsanspruchs ist indes nicht geeignet, den Lebensunterhalt aktuell zu sichern, wenn der Anspruch auf Unterhalt erst gerichtlich durchgesetzt werden muss. [38]

Problematisch ist im Einzelfall, ob eine **dauerhafte Deckung des Lebensunterhalts** vorliegt, wenn auch Personen ohne rechtliche Bindungen einer Bedarfsgemeinschaft zugerechnet werden (etwa der De-facto-Lebenspartner). Werden **freiwillige Leistungen in der Bedarfsgemeinschaft** zugerechnet, so wird man zur Annahme der Lebensunterhaltsdeckung zum einen zu prüfen haben, ob das Einkommen der Erwerbsperson dauerhaft gesichert ist, und zum anderen eine Prognose anzustellen haben, ob dauerhaft davon auszugehen ist, dass der Erwerbstätige für den Unterhalt der in der Bedarfsgemeinschaft lebenden Person aufkommen wird. Anders als bei freiwilligen Leistungen ist davon auszugehen, dass **rechtlich verbindliche Unterhaltsleistungen** dauerhaft zugerechnet werden können. [39]

Die Fähigkeit zur Bestreitung des Lebensunterhalts ohne Inanspruchnahme öffentlicher Mittel darf nicht nur vorübergehend sein. Die zur Verfügung stehenden Mittel müssen eine gewisse Nachhaltigkeit aufweisen. Es bedarf einer **positiven Prognose,** dass der Lebensunterhalt des Ausländers in Zukunft auf Dauer ohne Inanspruchnahme öffentlicher Mittel gesichert ist[54]. Dies erfordert einen Vergleich des voraussichtlichen Unterhaltsbedarfs mit den voraussichtlich zur Verfügung stehenden Mitteln[55]. Bei der Abschätzung der dauerhaften Sicherung des Lebensunterhalts kann auch eine rückschauende Betrachtung erfolgen[56]. Hierbei muss unter Berücksichtigung der Berufschancen und der sich aus der bisherigen Erwerbsbiografie ergebenden Daten ein Verlaufsschema erkennbar sein, das die Annahme stabiler Einkommensverhältnisse erlaubt[57]. IRd Prognoseentscheidung kann berücksichtigt werden, dass ein Ausländer, der seit einigen Monaten beschäftigt ist, zuvor über Jahre öffentliche Mittel in Anspruch genommen hat, obwohl ihm eine Arbeitsaufnahme möglich war[58]. [40]

Wird der laufende Lebensunterhalt einer Bedarfsgemeinschaft im Wesentlichen durch Erwerbseinkünfte einer Person gedeckt, die sich bereits im **Rentenalter** befindet oder kurz davor steht, wird sich eine positive Prognose, dass der Lebensunterhalt auch künftig gesichert ist, grundsätzlich nur treffen lassen, wenn die Person über hinreichend hohe Ansprüche aus einer Altersversorgung verfügt oder auf vorhandenes Vermögen zurückgreifen kann[59]. [41]

Im Rahmen der Prognoseentscheidung ist grundsätzlich auf die Leistungsansprüche der Bedarfsgemeinschaft iSv § 9 I, II SGB II abzustellen, in der die Ausländer aktuell leben[60]. Ist eine Person der Bedarfsgemeinschaft ausreisepflichtig, so ändert dies nichts an der Tatsache, dass sie weiterhin der Bedarfsgemeinschaft aktuell noch angehört. Bei der Prognoseentscheidung ist daher nicht davon auszugehen, dass ihr Ausscheiden aus der Gemeinschaft unmittelbar bevorsteht[61]. [42]

---

[52] BVerwG Urt. v. 16.11.2010 – 1 C 21.09, BVerwGE 138, 148 Rn. 16.
[53] HessVGH Urt. v. 16.2.2004 – 12 UE 2675/03, BeckRS 2004, 22372; OVG LSA Beschl. v. 27.11.2014 – 2 M 98/14, BeckRS 2015, 40802; BayVGH Beschl. v. 12.11.2008 – 19 ZB 08.1943, 19 CS 08.1944, InfAuslR 2009, 76 Rn. 4.
[54] BVerwG Urt. v. 18.4.2013 – 10 C 10.12, BVerwGE 146, 198 Rn. 13; Urt. v. 7.4.2009 – 1 C 17.08, BVerwGE 133, 329 Rn. 29; OVG LSA Beschl. v. 27.11.2014 – 2 M 98/14, BeckRS 2015, 40802; BayVGH Beschl. v. 28.10.2014 – 10 C 14.2002, BeckRS 2014, 58903 Rn. 20; Beschl. v. 24.4.2014 – 10 ZB 14.524, BeckRS 2014, 51264 Rn. 6; NdsOVG Beschl. v. 2.2.2011 – 11 ME 441/10, BeckRS 2011, 46690; OVG Brem Beschl. v. 15.10.2010 – 1 B 172/10, BeckRS 2010, 55395; HmbOVG Urt. v. 20.3.2015 – 1 Bf 231/13, AuAS 2015, 134 Rn. 30.
[55] BVerwG Urt. v. 16.11.2010 – 1 C 21.09, BVerwGE 138, 148, Rn. 15
[56] NdsOVG Beschl. v. 29.11.2006 – 11 LB 127/06, BeckRS 2006, 27258; OVG Bln-Bbg Beschl. v. 28.2.2006 – 11 S 13.06, InfAuslR 2006, 277 Rn. 6.
[57] OVG Bln-Bbg Beschl. v. 20.11.2015 – OVG 11 S 67/15, BeckRS 2016, 40394 Rn. 4; Beschl. v. 28.2.2006 – 11 S 13/06, InfAuslR 2006, 277 Rn. 6; OVG Bln Beschl. v. 15.4.2005 – 2 N 314/04, AuAS 2005, 122 f. Rn. 6.
[58] HmbOVG Urt. v. 20.3.2015 – 1 Bf 231/13, AuAS 2015, 134 Rn. 35.
[59] HmbOVG Beschl. v. 2.3.2018 – 1 Bs 264/17.
[60] BVerwG Urt. v. 18.4.2013 – 10 C 10.12, BVerwGE 146, 198 Rn. 13 und v. 16.11.2010 – 1 C 20.09, BVerwGE 138, 135 Rn. 20 f.
[61] BVerwG Beschl. v. 8.4.2015 – 1 B 15.15, BeckRS 2015, 45614 Rn. 5.

43 Konsequenterweise bemessen sich Einkommen und Unterhaltsbedarf bei **nicht (mehr) erwerbsfähigen Ausländern,** die wegen Krankheit oder Behinderung auf absehbare Zeit außerstande sind, unter den üblichen Bedingungen des allgemeinen Arbeitsmarktes mindestens drei Stunden täglich erwerbstätig zu sein (§ 8 I SGB II) oder die die Altersgrenze des § 7a SGB II überschritten haben und daher gemäß § 7 I 1 Nr. 1, 2 SGB II keine Leistungen nach dem SGB II beanspruchen können, grundsätzlich nach den Bestimmungen des SGB XII. Nach § 19 II 1 SGB XII erhalten Personen, die die – mit § 7a SGB II korrespondierende – Altersgrenze nach § 41 II SGB XII erreicht haben, Leistungen der Grundsicherung im Alter und bei Erwerbsminderung nach dem Vierten Kapitel des SGB XII, sofern sie ihren notwendigen Lebensunterhalt nicht oder nicht ausreichend aus eigenen Kräften und Mitteln, insbesondere aus ihrem Einkommen und Vermögen, bestreiten können[62]. Für Ausländer gelten insoweit keine anderen Regelungen (§ 23 I 2 SGB XII). Unerheblich ist, ob Leistungen tatsächlich in Anspruch genommen werden; nach dem gesetzlichen Regelungsmodell kommt es nur auf das Bestehen eines entsprechenden Anspruchs an[63].

44 Die für die Bedarfsdeckung **notwendigen Mittel** kann der Ausländer aus eigener Erwerbstätigkeit, aus anderen Einkünften oder aus eigenem Vermögen, aber auch aus anderen Quellen beziehen. Es dürfen nur keine öffentlichen Mittel sein. Finanzielle Leistungen Dritter sind daher ohne Rücksicht auf den Zahlungsgrund als Eigenmittel anzusetzen, solange sie die Inanspruchnahme öffentlicher Mittel erübrigen. Es kommen also auch freiwillige Zahlungen nicht zum Unterhalt verpflichteter Personen in Ansatz. Herkunft der Mittel und Leistungsgrund können allerdings für die Frage der Sicherung auf Dauer relevant werden. Die Leistungen können entweder den Bestand an verfügbarem Einkommen erhöhen (zB durch Zuschüsse) oder den Bedarf senken (zB durch kostenloses Bereitstellen von Nahrung oder Wohnraum). Für den Fall der Erteilung oder Verlängerung einer Nachzugsaufenthaltserlaubnis bestimmt S. 4 ausdrücklich, dass **Beiträge der Familienangehörigen** zum Haushaltseinkommen berücksichtigt werden. Diese Sonderregelung schließt nicht aus, auch in sonstigen Fällen Unterhaltsleistungen von Familienangehörigen zu berücksichtigen, sofern der Unterhaltspflichtige leistungsfähig und auch zu einer kontinuierlichen Leistungserbringung willens ist[64]. Dies gilt etwa auch im Rahmen humanitärer Aufenthaltsrechte, die auf dem Schutz des Familienlebens beruhen. Allein ein möglicher Anspruch auf Unterhalt ist aber nicht ausreichend, wenn keine Kostenübernahmeerklärung nach § 68 I abgegeben wird[65].

45 Für die Berechnung und den Ansatz eigenen Einkommens und Vermögens in dem dargestellten Sinn kommt es zunächst nur auf die gegenwärtigen Verhältnisse an; gleichwohl ist eine **Prognose** über die Sicherung auf gewisse Dauer notwendig. Öffentliche Interessen sprechen nämlich gegen den (erstmaligen oder weiteren) Aufenthalt, wenn der Einsatz öffentlicher Mittel ohne eigene Beitragsleistung bereits absehbar ist. Abzustellen ist auf die Fähigkeit zur Selbstversorgung mit dem notwendigen Unterhalt („bestreiten kann"), nicht auf die Inanspruchnahme von Fremdmitteln[66]. Eigenmittel und Leistungen Dritter müssen nicht nur gelegentlich verfügbar sein, sondern jeweils bei Bedarf, also regelmäßig. Dies setzt sowohl die Leistungsfähigkeit und -bereitschaft des Dritten als auch die jeweilige Liquidität voraus.

46 Ein ungekündigtes **Arbeitsverhältnis** genügt grundsätzlich ebenso wie eine Verpflichtungserklärung nach § 68[67]. Die Befristung des Arbeitsvertrags des Ausländers oder des Dritten ist unschädlich, weil mit der Erosion des Normalarbeitsverhältnisses die Aneinanderreihung befristeter Beschäftigungsverhältnisse, ggf. selbstständiger Tätigkeiten und Unterbrechungen der Erwerbsbiografie nicht unüblich sind. Als ungesichert müssen dagegen die daraus herrührenden Leistungen dann angesehen werden, wenn bei einer Einzelfallbetrachtung nicht mit einer Verlängerung zu rechnen ist und in Anbetracht von Qualifikation, Arbeitsmarkt und bisheriger Erwerbsbiografie der Bezug von (steuerfinanzierten) Sozialleistungen wahrscheinlich ist. Bonität und Leistungswillen des **Dritten** lassen sich durch verbindliche Erklärungen und Zahlungsbelege nachweisen. Schutz gegen plötzlichen Vermögensverfall oder andere Unwägbarkeiten ist damit nicht geboten, aber auch nicht erforderlich. Ebenso wenig bedarf es in allen Fällen einer förmlichen Verpflichtung nach § 68. Diese kann aber den Leistungswillen bekräftigen und beim Aufenthalt im Inland auch die Vollstreckung wegen fälliger Zahlungen erleichtern.

47 Die in § 2 III 2 genannten **öffentlichen Leistungen** sind deswegen den Eigenmitteln gleichgestellt, weil sie entweder dem Bedarf von Kindern dienen oder auf eigener Beitragsleistung des Ausländers beruhen oder gerade den Unterhaltsbedarf während des Aufenthalts im Bundesgebiet abdecken sollen. Zur ersten Gruppe zählen Kinder- und Elterngeld sowie der Kinderzuschlag, zur dritten zB Stipendien. Zur zweiten Gruppe gehören Renten- und Krankenversicherungsleistungen sowie ALG I, und zwar ohne Rücksicht darauf, ob und ggf. in welchem Umfang der Staat Zuschüsse

---

[62] BVerwG Urt. v. 18.4.2013 – 10 C 10.12, NVwZ 2013, 1339 Rn. 13.
[63] BVerwG Urt. v. 26.8.2008 – 1 C 32.07, BVerwGE 131, 370 Rn. 19.
[64] VG Bayreuth Beschl. v. 24.3.2015 – B 4 E 14.698, unter Hinweis auf HessVGH Urt. v. 16.2.2004 – 12 UE 2675/03, InfAuslR 2004, 239 (240).
[65] OVG LSA Beschl. v. 27.11.2014 – 2 B 98/14, BeckRS 2015, 40781.
[66] Zur Haftung Dritter vgl. § 68; *Brunner* ZAR 1991, 23.
[67] VGH BW Urt. v. 9.11.2015 – 11 S 714/15, InfAuslR 2016, 100 Rn. 61.

zu den einzelnen Versicherungszweigen zahlt. Die sonstigen öffentlichen Leistungen brauchen nicht vollständig oder überwiegend durch Beiträge finanziert zu sein; es genügt, dass die Eigenleistung einen Grund für die Leistungsgewährung abgibt. Der Bezug des Existenzgründungszuschusses nach § 93 SGB III ist unschädlich, da seine Inanspruchnahme einen ALG-I-Anspruch voraussetzt.[68] Ebenfalls unschädlich ist in diesem Fall der Bezug von ergänzendem ALG II nach dem SGB II, da dieses ebenfalls der ursprünglichen Beitragsleistung zuzurechnen ist und dem Ausländer ein staatlich erwünschtes Verhalten, nämlich die Existenzgründung zur Vermeidung von Arbeitslosigkeit, nicht entgegengehalten werden kann.[69]

48 Leistungen der Ausbildungsförderung nach dem **BAföG**, dem **SGB III** und dem AufstiegsfortbildungsG sind für die Lebensunterhaltungssicherung nach aktueller Rechtslage unschädlich und gelten als unterhaltssicherndes Einkommen. Sie gehörten früher zu den schädlichen Leistungen, da sie weder Leistungen für Kinder sind, noch auf Beitragsmitteln beruhen oder gewährt werden, um einen Aufenthalt zu ermöglichen. Die hinsichtlich der Ausländerklauseln mit Wirkung zum 1.1.2008 in Kraft getretene 22. BAföG-Novelle[70] räumt allerdings durch Änderungen der § 8 BAföG, § 60 SGB III im Wesentlichen allen in Deutschland lebenden jungen Ausländern Förderansprüche ein und macht damit deutlich, dass die Aufnahme einer Ausbildung oder eines Studiums durch Ausländer staatlich erwünscht ist und auch staatlicher Förderung bedarf. Bereits die AVV stufte daher den Bezug von Leistungen der Ausbildungsförderung als unschädlich ein, was allerdings angesichts des klaren Gesetzeswortlauts nicht unproblematisch war.

49 Die S. 5–7 dienten ursprünglich der Umsetzung des Art. 7 Ib Studenten-RL[71] und des Art. 6 IIb Forscher-RL[72]. Beide RL sahen die verbindliche Festlegung und Bekanntgabe eines Mindestbetrags vor, der regelmäßig als ausreichend für die Sicherung des Lebensunterhalts gilt. Die RL wurden durch die RL über die Bedingungen für die Einreise und den Aufenthalt von Drittstaatsangehörigen zu Forschungs- oder Studienzwecken, zur Absolvierung eines Praktikums, zur Teilnahme an einem Freiwilligendienst, Schüleraustauschprogrammen oder Bildungsvorhaben und zur Ausübung einer Au-pair-Tätigkeit vom 11.5.2016[73] neu gefasst, verlangt aber weiterhin Nachweis der „nötigen Mittel" und sieht die Bekanntgabe des jeweiligen Referenzbetrags vor.[74] Da die RL für den Krankenversicherungsschutz gesonderte Bestimmungen enthalten, beziehen diese Richtwerte die Krankenversicherungskosten nicht mit ein.

50 Nach § 2 III 5 gilt der Lebensunterhalt für die Erteilung einer Aufenthaltserlaubnis nach § 16 als gesichert, wenn der Ausländer über monatliche Mittel in Höhe des monatlichen Bedarfs verfügt, den nach §§ 13 und 13a BAföG zu bestimmen ist. Das Bundesausbildungsförderungsgesetz (BAföG) sieht eine Berechnung des monatlichen Bedarfs anhand eines Grundbetrags, eines Zuschlags für den Wohnbedarf, eines etwaigen zusätzlichen Zuschlags für die Miet- und Nebenkosten, eines Zuschlags für die Krankenversicherung und eines weiteren Zuschlags für die Pflegeversicherung vor. Die Berechnung der ausreichenden Mittel zur Sicherung des Lebensunterhalts von Studierenden hat sich wegen der gesetzlichen Verweisung auf das BAföG nach dieser Berechnungssystematik zu richten. Grundbetrag und Zuschläge sind infolgedessen gesondert bekannt zu geben. Die Kosten für die Rückreise als einmalige Kosten zählen nicht zu den monatlich erforderlichen Mitteln iSd Art. 7 Ib 2 Studenten-RL. Ein Nachweis der Deckung der Rückreisekosten wird vor der Einreise bereits aus dem Grunde nicht gefordert, weil Studierende nach § 16 IV die Möglichkeit haben, nach Beendigung des Studiums in Deutschland zu verbleiben, um hier erwerbstätig zu werden.

51 Daraus ergibt sich für ein **Hochschulstudium**, soweit nicht eine Unterkunft nachgewiesen ist, ein Betrag von monatlich 861 EUR[75]. **Der Nachweis hinreichender Mittel zur Sicherung des Lebensunterhalts für die Ersterteilung einer Aufenthaltserlaubnis kann durch ein Sperrkonto erbracht werden, auf das der zwölffache Monatsbetrag des vom Bundesministerium des Innern im Bundesanzeiger veröffentlichten Betrags eingezahlt ist**[76]. Ein Student muss daher für eine Aufenthaltserlaubnis zu Studienzwecken ein Guthaben auf einem Sperrkonto in Höhe von 10 332 EUR belegen. Daneben kann verlangt werden, dass der Ausländer einen Nachweis über die notwendigen Mittel zur Begleichung der von der Hochschule berechneten Studiengebühren erbringt[77].

---

[68] Vgl. zum Existenzgründungszuschuss nach § 421 I SGB III HessVGH Beschl. v. 12.12.2006 – 3 TG 2484/06, InfAuslR 2007, 101.
[69] Vgl. HessVGH Beschl. v. 12.12.2006 – 3 TG 2484/06, InfAuslR 2007, 101.
[70] BGBl. 2007 I S. 3254.
[71] RL 2004/114/EG vom 13.12.2004.
[72] RL 2005/71/EG vom 12.10.2005.
[73] RL (EU) 2016/801.
[74] Art. 7 Ie, III RL (EU) 2016/801.
[75] BAföG – Höchstsatz für allein lebende Studenten ab dem Wintersemester 2020/2021.
[76] OVG Bln-Bbg Beschl. v. 4.3.2015 – OVG 2 S 8/15, BeckRS 2015, 44032 unter Hinweis auf VAB Nr. 2.3.5, vgl. dazu auch Nr. 16.0.8.1 f. AVwV-AufenthG, GMBl. 2009 S. 878.
[77] OVG Bln-Bbg Beschl. v. 4.3.2015 – OVG 2 S 8/15, BeckRS 2015, 44032; Beschl. v. 8.1.2015 – OVG 2 S 87/14.

52 Als erforderliche monatliche Mittel für Aufenthaltserlaubnisse nach §§ 16d, 16f I und 17 sieht S. 6 einen Betrag in Höhe des in S. 5 genannten Betrages zuzüglich eines Aufschlages um 10 % vor. Die Bekanntgabe der Mindestbeträge für das jeweilige Kalenderjahr erfolgt gemäß § 2 III 7 durch das BMI.

53 **b) Vereinbarkeit der Lebensunterhaltssicherung mit höherrangigem Recht.** Steht einem Nachzugsbegehren der Schutz der öffentlichen Kassen entgegen, bedarf es iRd § 5 I Nr. 1 einer Abwägung dieses öffentlichen Interesses mit den gegenläufigen privaten Belangen der Familie; die Entscheidung muss insbesondere den Grundsätzen der Verhältnismäßigkeit und des Übermaßverbots entsprechen. Dabei sind alle relevanten Umstände des Einzelfalls einzustellen. Besteht zwischen Eltern und **minderjährigen Kindern** eine Eltern-Kind-Beziehung oder ist deren Aufnahme beabsichtigt, ist insbesondere zu ermitteln, welche Folgen die Verweigerung eines Aufenthaltsrechts für die Ausübung der Elternverantwortung und für das Wohl der minderjährigen Kinder hätte. Bei der Gewichtung der betroffenen Belange ist auch zu berücksichtigen, ob eine familiäre Lebensgemeinschaft nur im Bundesgebiet verwirklicht werden kann. **Ist einem Mitglied der aus Eltern und ihren minderjährigen Kindern gebildeten Kernfamilie ein Aufenthalt im Ausland zur Fortführung der Lebensgemeinschaft nicht möglich oder zumutbar, kommt dem Interesse der Familie, die Lebensgemeinschaft gerade im Bundesgebiet zu führen, besonderes Gewicht zu.** In diesem Fall bedarf es für aufenthaltsrechtliche Entscheidungen, die dies verhindern, entsprechend gewichtiger gegenläufiger öffentlicher Belange[78].

54 Die Beziehung zwischen Eltern und minderjährigen Kindern unterfällt zudem dem Schutz des **Art. 8 EMRK**. Nach stRspr des EGMR garantiert aber auch die Konvention kein Recht eines Ausländers, in einen bestimmten Staat einzureisen und sich dort aufzuhalten. Maßnahmen im Bereich der Einwanderung können jedoch das Recht auf Achtung des Familienlebens nach Art. 8 EMRK berühren. Danach hat jedermann Anspruch auf Achtung seines Privat- und Familienlebens; ein Eingriff ist nur unter den Voraussetzungen des Art. 8 II EMRK statthaft. In beiden Fällen ist ein ausgewogenes Gleichgewicht zwischen den gegenläufigen Interessen des Einzelnen und der Gesellschaft herzustellen. IE verpflichtet damit auch Art. 8 EMRK zu einer Abwägungslösung nach Verhältnismäßigkeitsgrundsätzen. In diesem Zusammenhang misst auch der EGMR bei der Frage, ob der Nachzug des Familienangehörigen das adäquate Mittel zur Etablierung eines gemeinsamen Familienlebens wäre, regelmäßig dem Umstand Bedeutung bei, ob er die einzige Möglichkeit darstellt, ein Familienleben zu entwickeln, etwa weil Hindernisse für eine Wohnsitzbegründung im Ausland bestehen oder besondere Umstände vorliegen, aufgrund derer eine solche Wohnsitzbegründung nicht erwartet werden kann[79].

55 Besonderen Schutz genießt das Familienleben auch nach der **GRCh**, die hier nach Art. 51 I zu beachten ist, da der Nachzug eines minderjährigen Kindes zu seinen drittstaatsangehörigen Eltern in den Anwendungsbereich der Familienzusammenführungs-RL fällt. Art. 7 und 24 GRCh, die auf Unionsebene die Bedeutung des Familienlebens für Kinder unterstreichen, sind aber nicht dahin auszulegen, dass den Mitgliedstaaten der Ermessensspielraum genommen würde, über den sie nach der Familienzusammenführungs-RL bei der Prüfung von Anträgen auf Familienzusammenführung verfügen. Inhaltlich entspricht das Recht auf Achtung des Privat- und Familienlebens nach Art. 7 GRCh den in Art. 8 I EMRK gewährleisteten Rechten in ihrer Auslegung durch die Rspr. des EGMR[80]. Auf Unionsebene ist zudem die Verpflichtung zur Berücksichtigung des Kindeswohls nach Art. 24 II GRCh und das in Art. 24 III GRCh niedergelegte Erfordernis zu beachten, dass das Kind regelmäßig persönliche Beziehungen zu beiden Elternteilen unterhält[81].

56 IE verpflichten damit sowohl die Familienzusammenführungs-RL als auch Art. 6 GG, Art. 8 EMRK und Art. 7 iVm Art. 24 II und III GRCh beim Kindernachzug in Fällen, in denen die Voraussetzungen für ein Recht auf Einreise und Aufenthalt nach der RL nicht vorliegen und den Mitgliedstaaten ein Handlungsspielraum verbleibt, bei dessen Ausfüllung den Schutz der Familie und das Recht auf Familienleben zu achten und dabei insbesondere das Kindeswohl angemessen zu berücksichtigen. Weitergehenden Schutz vermag auch das Übereinkommen über die Rechte des Kindes vom 20.11.1989[82] – UN-Kinderrechtskonvention (KRK) – nicht zu gewähren. Den Regelungen zur Berücksichtigung des Kindeswohls (Art. 3 I KRK), zum familiären Zusammenleben (Art. 9 I 1 KRK) und zur Behandlung von Anträgen auf Familienzusammenführung (Art. 10 I 1 KRK) ist weder ein unmittelbarer Anspruch auf einen voraussetzungslosen Kindernachzug noch ein unbedingter Vorrang des Kindeswohls vor entgegenstehenden öffentlichen Belangen zu entnehmen.

57 **c) Krankenversicherungsschutz.** Aus § 2 III 1 und 3 ergibt sich, dass die Lebensunterhaltssicherung auch einen ausreichenden Krankenversicherungsschutz, dh die Mitgliedschaft in der gesetzlichen

---

[78] BVerwG Urt. v. 13.6.2013 – 10 C 16.12, InfAuslR 2013, 364 Rn. 21.
[79] BVerwG Urt. v. 13.6.2013 – 10 C 16.12, InfAuslR 2013, 2013 Rn. 22.
[80] EuGH Urt. v. 15.11.2011 – C-256/11, InfAuslR 2012, 47 Rn. 70 – Dereci ua.
[81] EuGH Urt. v. 27.6.2006 – C-540/03, Slg. 2006, I-5769 Rn. 58 – EU-Parlament/Rat der EU.
[82] BGBl. 1992 II S. 121.

Begriffsbestimmungen § 2 AufenthG 1

Krankenversicherung oder einen damit vergleichbaren privaten Versicherungsschutz erfordert[83]. Der Unterhaltsbedarf umfasst kraft ausdrücklicher gesetzlicher Bestimmung daher auch einen ausreichenden **Krankenversicherungsschutz.** Als ausreichend ist ein Versicherungsschutz nur anzusehen, wenn er die üblichen Risiken mit den üblichen Leistungen abdeckt. Grundsätzlich müssen die in der gesetzlichen Sozialversicherung geltenden Bedingungen eingehalten sein, also die dort versicherten Risiken abgesichert und die dort vorgesehenen Leistungen wenigstens der Art nach gewährleistet sein. Unschädlich sind zB Leistungsausschlüsse für besondere Krankheiten und Eigenbeiträge für bestimmte Grund- oder Sonderleistungen. Dagegen reicht nicht die Reisekrankenversicherung aus, die lediglich Risiken während der Reise absichert, nicht aber während eines ständigen Aufenthalts. Grundsätzlich nicht versichert sein müssen andere Wechselfälle des Lebens, zB das Pflegefallrisiko, auch wenn die Pflegeversicherung für große Bevölkerungsgruppen inzwischen vorgeschrieben oder üblich ist. Die Pflegeversicherung ist nur einbezogen, wenn sie besonders erwähnt ist wie in § 68 I 1.

Ein Ausländer unterliegt nach der Einreise nicht automatisch der Versicherungspflicht in der 58 gesetzlichen Krankenversicherung, auch wenn diese gemäß § 3 Nr. 2 SGB IV iVm § 5 I Nr. 13b SGB V grundsätzlich für alle Personen mit Wohnsitz oder gewöhnlichem Aufenthalt in der Bundesrepublik Deutschland gilt, die keinen anderweitigen Anspruch auf Absicherung im Krankheitsfall haben und bisher nicht gesetzlich oder privat krankenversichert waren. Denn Ausländer, die nicht
– Angehöriger eines Mitgliedsstaates der EU,
– Angehöriger eines Vertragsstaates des Abkommens über den Europäischen Wirtschaftsraum oder
– Staatsangehörige der Schweiz

sind, werden gem. § 5 XI 1 SGB V von der Versicherungspflicht nach Abs. 1 Nr. 13 der Vorschrift nur erfasst, wenn
– sie eine Niederlassungserlaubnis oder
– eine Aufenthaltserlaubnis mit einer Befristung auf mehr als zwölf Monate nach dem AufenthG besitzen und
– für die Erteilung dieser Aufenthaltstitel keine Verpflichtung zur Sicherung des Lebensunterhalts nach § 5 I Nr. 1 besteht.

Die zuletzt genannte Voraussetzung verlangt, dass die Regelerteilungsvoraussetzung der Lebens- 59 unterhaltssicherung abstrakt für den avisierten Aufenthaltstitel keine Anwendung findet; nicht ausreichend ist das Vorliegen einer Ausnahme von der Regel im Einzelfall oder der Möglichkeit eines Absehens im Ermessenswege. Andernfalls würde das gesetzgeberische Anliegen konterkariert, den gesetzlichen Krankenkassen mit § 5 XI 1 SGB V eine möglichst leicht handhabbare Feststellung der Voraussetzung der Versicherungspflicht zu ermöglichen[84].

Ist der Ausländer 60
– Angehöriger eines Mitgliedsstaates der EU,
– Angehöriger eines Vertragsstaates des Abkommens über den Europäischen Wirtschaftsraum oder
– Staatsangehöriger der Schweiz,

wird er gem. § 5 XI 2 SGB V von der Versicherungspflicht nach Abs. 1 Nr. 13 der Vorschrift nicht erfasst, wenn die Voraussetzung für die Wohnortnahme in Deutschland die Existenz eines Krankenversicherungsschutzes nach § 4 FreizügG/EU ist.

Ein Ausländer hat aber nach Begründung seines Wohnsitzes in Deutschland gegen jedes 61 **zugelassene private Krankenversicherungsunternehmen einen Anspruch auf Abschluss eines privaten Krankenversicherungsvertrags im Basistarif**[85]. § 152 I 1 (Gesetz über die Beaufsichtigung der Versicherungsunternehmen – Versicherungsaufsichtsgesetz; im Folgenden VAG) verpflichtet jedes Versicherungsunternehmen mit Sitz im Inland, welches die substitutive Krankenversicherung betreibt, zum Angebot eines branchenweit einheitlichen Basistarifs, dessen Vertragsleistungen in Art, Umfang und Höhe mit den Leistungen der gesetzlichen Krankenversicherung, auf die ein Anspruch besteht, vergleichbar sind. **Im Basistarif besteht für private Krankenversicherungsunternehmen gem. § 193 V VVG Kontrahierungszwang.** Der Versicherer ist nach § 193 V 1 Nr. 2 VVG versicherungsvertragsrechtlich verpflichtet, allen Personen mit Wohnsitz in Deutschland eine Versicherung im Basistarif nach § 152 VAG zu gewähren, die
– in der gesetzlichen Krankenversicherung weder versicherungspflichtig noch freiwillig versichert sind,
– keinen Anspruch auf Leistungen nach dem AsylbLG haben oder
– nicht Empfänger laufender Leistungen der in Abs. 3 S. 2 Nr. 4 der Vorschrift sind und nicht bereits eine private Krankheitskostenversicherung mit einem zugelassenen Versicherungsunternehmen vereinbart haben.

Ergänzend besteht die gesetzliche Verpflichtung von Personen mit Wohnsitz im Inland, eine ent- 62 sprechende Krankheitskostenversicherung abzuschließen und aufrechtzuerhalten (§ 193 III 1 VVG).

---

[83] BVerwG Urt. v. 18.4.2013 – 10 C 10.12, NVwZ 2013, 1339 Rn. 14.
[84] BVerwG Urt. v. 18.4.2013 – 10 C 10.12, NVwZ 2013, 1339 Rn. 14 unter Hinweis auf BT-Drs. 16/3100, 95.
[85] BVerwG Urt. v. 18.4.2013 – 10 C 10.12, NVwZ 2013, 1339 Rn. 16.

1 AufenthG § 2

Der gesetzlich angeordnete Kontrahierungszwang und die Versicherungspflicht erfassen auch Ausländer und enthalten – anders als § 5 XI SGB V – keine aufenthaltsrechtlichen Voraussetzungen wie etwa den Besitz eines qualifizierten Aufenthaltstitels[86].

63 § 5 I Nr. 1 iVm § 2 III 1 setzt nicht voraus, dass der Ausländer bereits zum **Zeitpunkt** der Beantragung der Aufenthaltserlaubnis bzw. zum Zeitpunkt des Schlusses der letzten Tatsacheninstanz einen Versicherungsvertrag abgeschlossen haben muss. Das wäre ihm vor der Begründung eines Wohnsitzes in Deutschland auch gar nicht möglich. Der Gesetzgeber hat das Bestehen ausreichenden Krankenversicherungsschutzes im Aufenthaltsrecht gem. § 2 III 1 der Lebensunterhaltssicherung zugeordnet. Folglich genügt für die von § 5 I Nr. 1 geforderte Prognoseentscheidung, dass der Ausländer diese Voraussetzung nach der Einreise erfüllen kann und wird. Denn nach dem Zweck der Vorschrift, die Inanspruchnahme öffentlicher Mittel zu verhindern, kommt es nur darauf an, ob während des Aufenthalts im Bundesgebiet ein Anspruch auf öffentliche Leistungen iSv § 2 III 1 besteht bzw. vermieden werden kann[87].

64 Entsteht allein durch die Zahlung des Krankenversicherungsbeitrags für den Basistarif gem. § 152 VAG, der sich im Höchstbetrag im Jahr 2021 auf 769,16 EUR belaufen hat,[88] Hilfebedürftigkeit iSd Zweiten oder des Zwölften Buches Sozialgesetzbuch, vermindert sich gem. § 152 IV VAG der Beitrag für die Dauer der Hilfebedürftigkeit um die Hälfte. Die dadurch entstehenden Mehraufwendungen sind gem. § 154 VAG auf alle an dem gesetzlich vorgesehenen Ausgleichssystem beteiligten privaten Versicherungsunternehmen zu verteilen. Besteht auch bei einem nach Abs. 4 verminderten Beitrag Hilfebedürftigkeit im genannten Sinne, erhält der Hilfebedürftige vom Grundsicherungsleistungsträger einen Zuschuss zum Krankenversicherungsbeitrag, der auf den Betrag nach § 152 IV VAG begrenzt ist (vgl. § 26 I SGB II; für den Bereich der Sozialhilfe siehe § 32 IV SGB XII).

65 **Aus diesem Regelungsgefüge wird deutlich, dass die Möglichkeit der Absenkung auf die Hälfte des Beitrags gemäß § 152 IV VAG zur Vermeidung sozialrechtlicher Hilfebedürftigkeit sich nur zulasten der privaten Versicherungsunternehmen und damit letztlich der privat Versicherten auswirkt**[89]. Öffentliche Mittel iSd § 2 III 1 werden dadurch – im Gegensatz zu dem in § 26 SGB II geregelten Fall – nicht in Anspruch genommen. Bei der ausländerrechtlichen Prüfung, ob der Lebensunterhalt gesichert ist, ist daher bei Bestehen eines Anspruchs auf Abschluss einer privaten Krankenversicherung im Basistarif zugunsten des Ausländers auch die Absenkungsmöglichkeit des § 152 IV VAG zu berücksichtigen. Damit reduziert sich der in die Prognoseentscheidung einzustellende Aufwand für einen ausreichenden Krankenversicherungsschutz derzeit auf 384,58 EUR.[90]

66 Für Personen, die im Basistarif nach § 152 VAG krankenversichert sind, und deren Krankenversicherungsbeiträge nach § 152 IV VAG auf 50 Prozent vermindert sind, werden auch die Kosten für die private **Pflegeversicherung** nach § 110 II 3 SGB XI auf 50 Prozent des Höchstbetrags in der sozialen Pflegeversicherung reduziert. Für die Pflegeversicherung ergibt sich der Höchstbeitrag aus der Multiplikation der Beitragsbemessungsgrenze mit dem Beitragssatz von 3,05 Prozent (vgl. § 55 I und II SGB XI). Soweit trotz des abgesenkten Beitrags Hilfebedürftigkeit besteht, sehen § 26 III, IV SGB II bzw. § 32 VI SGB XII die Beitragstragung durch das Jobcenter bzw. den Sozialhilfeträger vor.

67 **d) Berechnung des Lebensunterhalts.** Der Einkommens- und Bedarfsberechnung ist grundsätzlich der **Personenkreis** zugrunde zu legen, der sich aus den Regeln über die Bedarfsgemeinschaft gem. § 9 I und II iVm § 7 II–IIIa SGB II ergibt[91], unabhängig davon, inwieweit zwischen diesen Personen unterhaltsrechtliche Beziehungen bestehen.

68 Welche Personen zur Bedarfsgemeinschaft zählen, ergibt sich aus § 7 III SGB II: Hiernach gehören zur Bedarfsgemeinschaft die erwerbsfähigen Leistungsberechtigten (Nr. 1), die im Haushalt lebenden Eltern oder der im Haushalt lebende Elternteil eines unverheirateten erwerbsfähigen Kindes, welches das 25. Lebensjahr noch nicht vollendet hat, und die im Haushalt lebende Partnerin oder der im Haushalt lebende Partner dieses Elternteils (Nr. 2), als Partner oder Partnerin der erwerbsfähigen leistungsberechtigten die nicht dauernd getrennt lebende Ehegattin oder der nicht dauernd getrennt lebende Ehegatte (Nr. 3 lit. a), die nicht dauernd getrennt lebende Lebenspartnerin oder der nicht dauernd getrennt lebende Lebenspartner (Nr. 3 lit. b), eine Person, die mit der erwerbsfähigen leistungsberechtigten Person in einem gemeinsamen Haushalt so zusammenlebt, dass nach verständiger Würdigung der wechselseitige Wille anzunehmen ist, Verantwortung zu tragen und füreinander einzustehen (Nr. 3 lit. c), die dem Haushalt angehörenden unverheirateten Kinder der in der Nummern 1 bis 3 genannten Personen, wenn sie das 25. Lebensjahr noch nicht vollendet haben, soweit

---

[86] BVerwG Urt. v. 18.4.2013 – 10 C 10.12, NVwZ 2013, 1339 Rn. 16.
[87] BVerwG Urt. v. 18.4.2013 – 10 C 10.12, NVwZ 2013, 1339 Rn. 17.
[88] www.pkv.de/wissen/private-krankenversicherung/brancheneinheitliche-tarife/#c711 (3.1.2022); s. hierzu auch OVG Bln-Bbg Urt. v. 27.2.2014 – OVG 2 B 12/12, BeckRS 2014, 49396.
[89] BVerwG Urt. v. 18.4.2013 – 10 C 10.12, NVwZ 2013, 1339 Rn. 23; OVG Bln-Bbg Urt. v. 27.2.2014 – OVG 2 B 12/12, BeckRS 2014, 49396 Rn. 23.
[90] Vgl. BVerwG Urt. v. 18.4.2013 – 10 C 10.12, NVwZ 2013, 1339 Rn. 23.
[91] BVerwG Urt. v. 29.11.2012 – 10 C 4.12, BVerwGE 145, 153 Rn. 26; Urt. v. 16.11.2010 – 1 C 21.09, BVerwGE 138, 148 Rn. 14 ff.

sie die Leistungen zur Sicherung ihres Lebensunterhalts nicht aus eigenem Einkommen oder Vermögen beschaffen können (Nr. 4).

Ein wechselseitiger Wille, Verantwortung füreinander zu tragen und füreinander einzustehen iSd § 7 III Nr. 3 lit. c SGB II, wird nach § 7 IIIa SGB II vermutet, wenn Partner länger als ein Jahr zusammenleben oder mit einem gemeinsamen Kind zusammenleben oder Kinder oder Angehörige im Haushalt versorgen oder befugt sind, über Einkommen oder Vermögen des anderen zu verfügen. 69

Wenn diese Kriterien zutreffen, wird eine solche Gemeinschaft angenommen. Sollte dies dennoch nicht zutreffen, haben die Betroffenen die Möglichkeit, das Gegenteil nachzuweisen. Oft ist es schwierig zu beurteilen, ob eine Bedarfsgemeinschaft gegeben ist (mit der Folge einer gemeinsamen Berechnung der Leistungen). 70

Ob zB ein unverheiratetes, noch nicht 25 Jahre altes Kind, das selbst ein Kind hat, eine eigene Bedarfsgemeinschaft mit seinem Kind bildet, auch wenn das noch nicht 25 Jahre alte Kind selbst noch einem Haushalt mit seinen Eltern angehört (§ 9 III SGB II)[92] oder ob in einem solchen Fall eine Drei-Generationen-Bedarfsgemeinschaft gebildet wird, ist umstritten und höchstrichterlich bislang ungeklärt[93]. Hat ein unverheiratetes, noch nicht 25 Jahre altes Kind ein eigenes Einkommen (zB Rente), das zusammen mit dem Kindergeld den eigenen Bedarf abdeckt, so fällt das Kind aus der Bedarfsgemeinschaft heraus; sein Lebensunterhalt ist auch dann gedeckt, wenn seine Eltern auf ALG-II-Leistungen angewiesen sind (§ 9 II 2 SGB II). 71

Die Bedarfsgemeinschaft ist von der **Haushaltsgemeinschaft** zu unterscheiden. Zu einer Haushaltsgemeinschaft zählen Personen, die zusammen in einem Haushalt leben. Das ist auch bei der Bedarfsgemeinschaft der Fall; der Begriff der Haushaltsgemeinschaft ist aber weiter. 72

Der Gesetzgeber hat bei Haushaltsgemeinschaften von Verwandten und Verschwägerten eine gesetzliche Vermutung in § 9 V SBG II dafür geschaffen, dass die anderen Haushaltsmitglieder einen Arbeitslosengeld-II-Berechtigten (ALG-II-Bezieher) unterstützen, etwa in dem Fall, wenn eine erwachsene Tochter mit ihren Eltern in einer Wohnung lebt. Voraussetzung für den Eintritt der Vermutung ist zum einen ein Zusammenleben in einer Haushaltsgemeinschaft mit Verwandten oder Verschwägerten ohne dass eine Bedarfsgemeinschaft vorliegt und zum anderen muss die Unterstützung des Hilfebedürftigen nach dem Einkommen und Vermögen des Angehörigen erwartet werden dürfen.[94] Der Antragsteller kann die gesetzliche Vermutung widerlegen, hat hierfür aber die Darlegungslast. 73

Innerhalb einer Bedarfsgemeinschaft, deren gesamter Bedarf nicht aus eigenen Kräften und Mitteln gedeckt wird, gilt jede Person im Verhältnis des eigenen Bedarfs zum Gesamtbedarf als hilfebedürftig (§ 9 II 3 SGB II) und hat im Regelfall einen Leistungsanspruch in Höhe dieses Anteils. Hat der Ausländer ein Einkommen, das seinen Bedarf deckt, so ist er gleichwohl bedürftig, da sein Einkommen auf die anderen Mitglieder der Haushaltsgemeinschaft aufgeteilt wird (horizontale Verteilung des Einkommens). **Das führt regelmäßig dazu, dass der Lebensunterhalt des Ausländers dann nicht gesichert ist, wenn der Gesamtbedarf der Bedarfsgemeinschaft, deren Mitglied er ist, nicht durch eigene Mittel bestritten werden kann**[95]. 74

Die Berechnung des zu berücksichtigenden Einkommens bestimmt sich nach §§ 11 ff. SGB II. Nach § 11 I 1 SGB II sind als Einkommen zu berücksichtigen alle Einnahmen in Geld abzüglich der nach § 11b abzuziehenden Beträge mit Ausnahme der in § 11a genannten Einnahmen. Es sind also von den in einem ersten Schritt gemäß § 11 I SGB II zu ermittelnden Bruttoeinnahmen die in § 11b SGB II genannten Beträge abzuziehen. Hierzu zählen nach § 11b I 1 SGB II auf das Einkommen entrichtete Steuern (Nr. 1), Pflichtbeiträge zur Sozialversicherung einschließlich der Beiträge zur Arbeitsförderung (Nr. 2), Beiträge zu öffentlichen oder privaten Versicherungen oder ähnlichen Einrichtungen, soweit diese Beiträge gesetzlich vorgeschrieben oder nach Grund und Höhe angemessen sind (Nr. 3), geförderte Altersvorsorgebeiträge nach § 82 EStG, soweit sie den Mindesteigenbeitrag nach § 86 EStG nicht überschreiten (Nr. 4), die mit der Erzielung des Einkommens verbundenen notwendigen Ausgaben (Nr. 5), für Erwerbstätige ein Betrag nach § 11b III SGB II, Aufwendungen zur Erfüllung gesetzlicher Unterhaltsverpflichtungen (Nr. 7), bei erwerbsfähigen Leistungsberechtigten, deren Einkommen nach dem Vierten Abschnitt des Bundesausbildungsförderungsgesetzes oder nach § 67 oder § 126 des Dritten Buches bei der Berechnung der Leistungen der Ausbildungsförderung für mindestens ein Kind berücksichtigt wird, der nach den Vorschriften der Ausbildungsförderung berücksichtigte Betrag (Nr. 8). Für die Absetzbeträge nach § 11 I 1 Nr. 3 bis 5 SGB II enthält die Verordnung zur Berechnung von Einkommen sowie zur Nichtberücksichtigung von Einkommen und Vermögen beim Arbeitslosengeld II/Sozialgeld (Alg II–V) in § 6 Pauschbeträge. § 11b II SGB II bestimmt für erwerbstätige Leistungsberechtigte, dass anstelle der Beträge nach § 11b I 1 Nr. 3–5 SGB II ein Betrag von insgesamt 100 EUR monatlich vom Erwerbseinkommen abzusetzen ist. Nach § 11b II 2 SGB II kann dieser Absetzbetrag unter den dort genannten Bedingungen auch höher ausfallen. 75

---

[92] LSG Baden-Württemberg, Urt v 25.3.2011 – L 12 AS 910/10, BeckRS 2011, 71193.
[93] Vgl. BSG Urt. v. 17.7.2014 – B 14 AS 54/13, NZS 2015, 388 (389).
[94] Zur Unterstützungsvermutung s. BSG Urt. v. 3.9.2020 – B 14 AS 55/19 R, BeckRS 2020, 29981 Rn. 22 ff.
[95] BVerwG Urt. v. 29.11.2012 – 10 C 4.12, BVerwGE 145, 153 Rn. 26.

76 Die bis zum 31.7.2016 bestehende Möglichkeit im Sinne der Verwaltungsvereinfachung bei laufenden Einnahmen in unterschiedlicher Höhe nach § 2 III Alg II–V das monatliche Durchschnittseinkommen der letzten sechs Monate zugrunde zu legen, besteht seit Aufhebung des § 2 III Alg II–V zum 1.8.2016 nicht mehr.[96]

77 In Bezug auf die Abzugsmöglichkeit von **gesetzlichen Unterhaltsverpflichtungen** ist zu beachten, dass sie abweichend von § 11b I 1 Nr. 7 SGB II unabhängig von einer Titulierung einkommensmindernd zu berücksichtigen sind[97]. Dies gilt allerdings nur in der Höhe, in der eine Titulierung auch unter Berücksichtigung des Ranges der Unterhaltsgläubiger rechtlich möglich wäre, und auch nur so lange, wie die Erbringung bzw. Geltendmachung von Unterhaltsleistungen tatsächlich zu erwarten ist. Wurden Unterhaltsleistungen über einen längeren Zeitraum weder erbracht noch geltend gemacht, ist regelmäßig davon auszugehen, dass dies auch in der Zukunft der Fall sein wird. Überobligatorische Leistungen des Unterhaltsverpflichteten dürfen sich nicht zu Lasten des nachzugswilligen Ausländers auswirken. **Unterhaltspflichten könnten daher nur in der Höhe in Abzug gebracht werden, in der eine Titulierung auch rechtlich möglich wäre**[98].

78 Sollten die Unterhaltsansprüche angesichts des derzeitigen Bedarfs des Ausländers und angesichts seiner derzeitigen Einkommensverhältnisse und des vom ihm beanspruchten Selbstbehalts zu hoch festgesetzt sein, ist es Sache des Ausländers, eine Abänderung der Unterhaltstitel herbeizuführen[99].

79 Während § 11b SGB II bestimmt, welche Ausgaben das Einkommen als Absetzbeträge mindern, regelt § 11a SGB II, welche Einnahmen nicht als Einkommen zu berücksichtigen sind. Hierzu zählen zB Leistungen nach dem SGB II, Grundrenten nach dem BVG, Renten und Beihilfen nach dem Bundesentschädigungsgesetz, Schmerzensgeldansprüche, Leistungen aufgrund öffentlich-rechtlicher Vorschriften, die zu einem ausdrücklich genannten Zweck erbracht werden, soweit sie nicht im Einzelfall demselben Zweck dienen wie die Leistungen nach dem SGB II, Zuwendungen der freien Wohlfahrtspflege und Zuwendungen ohne rechtliche und sittliche Pflicht. Weitere nicht als Einkommen zu berücksichtigende Einnahmen werden in § 1 Alg II–V festgelegt.

80 Die **Bedarfsberechnung** bestimmt sich grundsätzlich nach § 19 I 3 SGB II; danach umfassen die Leistungen des Arbeitslosengelds II
– den Regelbedarf (§ 20 SGB II),
– die Mehrbedarfe (§ 21 SGB II) sowie
– den Bedarf für Unterkunft und Heizung (§ 22 SGB II).

81 Besondere Schwierigkeiten ergeben sich bei der **Unterhaltsberechnung für Familienangehörige im Ausland**. Bei solchen Konstellationen werden regelmäßig die Düsseldorfer Tabelle oder unterhaltsrechtliche Leitlinien der deutschen OLG für die Bedarfsberechnung herangezogen[100]. Es ist jedoch eine Anpassung an die jeweiligen Kaufkraftverhältnisse im jeweiligen Staat nötig; zudem ist der Unterhaltsbedarf für einen im Ausland lebenden Familienangehörigen unter besonderer Berücksichtigung der dortigen Lebensverhältnisse zu beurteilen. Hier kann man sich entsprechend der Rspr. einiger OLG in Familiensachen an der Ländergruppeneinteilung des Bundesfinanzministeriums zu § 33a EStG orientieren[101]. Dies bietet eine den praktischen Bedürfnissen gerecht werdende einfache Handhabung. Die hiermit verbundene Pauschalierung ist im Interesse größerer Praktikabilität, Rechtssicherheit, Gleichbehandlung sowie zur Vermeidung einer kostenintensiven Beweiserhebung hinzunehmen[102].

82 Eine **Verpflichtungserklärung** ist zur Gewähr der Lebensunterhaltssicherung grundsätzlich auch bei der Erteilung von Aufenthaltserlaubnissen zu berücksichtigen, die längerfristig oder auf Daueraufenthalte ausgerichtet sind[103]. Denn mit der Abgabe dieser in § 68 vorgesehenen Garantie wird bezweckt, ein tatbestandliches Hindernis der Regelerteilungsvoraussetzung des § 5 I Nr. 1 auszuräumen[104].

83 Auch wenn in diesen Fällen die Reichweite und der Umfang der eingegangenen Verpflichtung für den Garantiegeber bei Abgabe der Erklärung nicht absehbar sein mögen, verstößt eine **Verpflichtungserklärung** nicht gegen die guten Sitten (§ 138 BGB). Denn für die Berücksichtigung von unzumutbaren Härten bei der Inanspruchnahme des Garantiegebers bieten im System des Aufenthaltsrechts

---

[96] S. Siebte Verordnung zur Änderung der Arbeitslosengeld II/Sozialgeld-Verordnung v. 26.7.2016, BGBl 2016 I S. 1858.
[97] BVerwG Urt. v. 29.11.2012 – 10 C 4.12, BVerwGE 145, 153 Rn. 27; Urt. v. 7.4.2009 – 1 C 17.08, BVerwGE 133, 329 Rn. 33; aA OVG RhPf Urt. v. 22.1.2015 – 7 A 10542/14, BeckRS 2015, 41682 Rn. 31.
[98] BVerwG Urt. v. 29.11.2012 – 10 C 4.12, BVerwGE 145, 153 Rn. 27; OVG Bln-Bbg Urt. v. 20.11.2014 – OVG 2 B 13.12, BeckRS 2015, 41213.
[99] OVG RhPf Urt. v. 22.1.2015 – 7 A 10542/14, BeckRS 2015, 41682 Rn. 31.
[100] OVG Bln-Bbg Urt. v. 20.11.2014 – OVG 2 B 13/12, BeckRS 2015, 41213.
[101] OVG Bln-Bbg Urt. v. 20.11.2014 – OVG 2 B 13/12, BeckRS 2015, 41213 unter Hinweis auf OLG Brandenburg Urt. v. 12.9.2012 – 9 UF 220/11, BeckRS 2012, 21728; OLG Koblenz Beschl. v. 10.10.2007 – 7 WF 798/07 NJW-RR 2008, 159 160, jeweils mwN.
[102] OVG Bln-Bbg Urt. v. 20.11.2014 – OVG 2 B 13/12, BeckRS 2015, 41213.
[103] BVerwG Urt. v. 18.4.2013 – 10 C 10.12, NVwZ 2013, 1339 Rn. 31.
[104] BVerwG Urt. v. 18.4.2013 – 10 C 10.12, NVwZ 2013, 1339 Rn. 29.

sowohl die Geltendmachung des Erstattungsanspruchs durch den Verwaltungsakt im Regel-Ausnahme-Verhältnis als auch die sich ggf. anschließende Verwaltungsvollstreckung ausreichend Raum[105].

e) Einkommensarten. aa) Allgemeines. Kindergeld, Kinderzuschlag, Erziehungsgeld oder Elterngeld, Leistungen der Ausbildungsförderung nach dem SGB III, dem BAFöG und dem Aufstiegsfortbildungsförderungsgesetz, Unterhaltsvorschussleistungen sowie öffentliche Mittel, die auf Beitragsleistungen beruhen oder die gewährt werden, um den Aufenthalt im Bundesgebiet zu ermöglichen, dürfen zur Sicherung des Lebensunterhalts eingesetzt werden, ohne dass sie als Inanspruchnahme öffentlicher Mittel gelten (§ 2 III 2). Zu den auf Beitragsleistungen beruhenden öffentlichen Mitteln gehören zB Leistungen aus der Kranken- oder Rentenversicherung und das Arbeitslosengeld I (ALG I). Hingegen sind Leistungen nach dem SGB II (ALG II) und XII (Sozialhilfe) sowie das Wohngeld, soweit es den SGB-II-Bedarf deckt, keine auf einer Beitragsleistung beruhenden öffentlichen Mittel. 84

Der im Rahmen der Arbeitsförderung nach dem SGB III gewährte **Gründungszuschuss** gem. § 93 I SGB III beruht auf Beitragsleistungen und dient daher zur Sicherung des Lebensunterhalts iSv § 2 III. Etwas anderes gilt für das **Pflegegeld,** das nicht als eigenes Einkommen angerechnet werden kann. Das gilt unabhängig von der Beitragsfinanzierung des Pflegegelds, da dieses nicht dazu bestimmt ist, den allgemeinen Lebensunterhalt zu sichern. Das Pflegegeld dient vielmehr der Sicherstellung der erforderlichen Grundpflege und hauswirtschaftlichen Versorgung des Pflegebedürftigen (§ 37 I 2 SGB XI). Es tritt an die Stelle der Pflegesachleistung des § 36 SGB XI, soll mithin einen besonderen – durch die Pflegebedürftigkeit hervorgerufenen – Bedarf decken und steht damit nicht zur Bestreitung des allgemeinen Lebensbedarfs zur Verfügung[106]. An die Betreuungsperson **weitergeleitetes Pflegegeld** hindert nicht die Gewährung von Leistungen nach dem SGB II für die pflegenden Familienangehörigen, weil es gem. § 1 I Nr. 4 Alg II–V nicht auf das Einkommen der Bedarfsgemeinschaft angerechnet wird. Danach sind bei der Berechnung von Leistungen nach dem SGB II nicht steuerpflichtige Einnahmen einer Pflegeperson für Leistungen der Grundpflege und der hauswirtschaftlichen Versorgung nicht als Einkommen zu berücksichtigen[107]. 85

Beim **Sozialgeld** (§ 28 SGB II) handelt es sich wie beim ALG II (§ 19 SGB II) um öffentliche Mittel, die nicht auf einer Beitragsleistung beruhen und daher nicht zur Sicherung des Lebensunterhalts gem. § 2 III beitragen können. Sozialgeld wird nichterwerbsfähigen Angehörigen, die in einer Bedarfsgemeinschaft leben, gewährt, soweit sie keinen Anspruch auf Leistungen nach dem Vierten Kapitel des SGB XII haben. In der Praxis haben damit vorrangig Kinder unter 15 Jahren einen Anspruch auf Sozialgeld. Durch die Inanspruchnahme von Sozialgeld kann der Lebensunterhalt nicht nach § 5 I Nr. 1 AufenthG gesichert werden. Insoweit liegt diese Regelerteilungsvoraussetzung nicht vor. 86

bb) Kindergeld. Nach § 2 III 2 Nr. 1 AufenthG führt der Bezug des Kindergelds nicht zur Annahme der fehlenden Lebensunterhaltssicherung. Um Kindergeld zu erhalten, müssen Eltern und Kinder bestimmte Voraussetzungen erfüllen. 87

Kindergeld wird als Einkommen berücksichtigt. Die Anspruchsberechtigung ergibt sich für in Deutschland unbeschränkt steuerpflichtige Personen aus §§ 62 ff. EStG und für nicht in Deutschland unbeschränkt steuerpflichtige Personen aus § 1 BKGG. 88

Für die Einkommensberechnung ist mit Blick auf die Bedarfsgemeinschaft wichtig zu wissen, wem das Kindergeld zugeordnet wird. Hier gelten folgende Grundsätze: 89
– Nach § 11 I 5 SGB II ist minderjährigen und volljährigen Kindern einer Bedarfsgemeinschaft das für sie gewährte Kindergeld als Einkommen zuzurechnen, soweit es zu deren Lebensunterhaltssicherung benötigt wird.
– Kindergeld für volljährige Kinder, die nicht zur Bedarfsgemeinschaft gehören, aber im Haushalt mit leben, ist normativ dem Kindergeldberechtigten zugeordnet, wie sich aus der Zuweisung des § 62 EStG ergibt. Es ist deshalb bei dem jeweiligen Kindergeldberechtigten, also im Regelfall bei einem Elternteil, als Einkommen zu berücksichtigen[108]. Lebt das volljährige Kind nicht im Haushalt des Kindergeldberechtigten und leitet der Kindergeldberechtigte die Leistung an das volljährige Kind weiter, wird es nach § 1 I Nr. 8 Alg II–V nicht beim Kindergeldberechtigten als Einkommen angerechnet.

Damit ist bei minderjährigen Kindern das Kindergeld vom Bedarf in Abzug zu bringen. Das Kindergeld kann zusammen mit anderem Einkommen, zB Ausbildungsvergütung, dazu führen, dass der Bedarf des Kindes gedeckt ist und es nicht mehr in die Bedarfsgemeinschaft mit seinen Eltern fällt. So kann der Nachzug eines Kindes zu seinen Eltern nicht davon abhängig gemacht werden, dass der Lebensunterhalt der Bedarfsgemeinschaft gedeckt ist, wenn das Kind nach dem Zuzug ins Bundes- 90

---

[105] BVerwG Urt. v. 18.4.2013 – 10 C 10.12, NVwZ 2013, 1339 Rn. 31.
[106] Vgl. NdsOVG Beschl. v. 27.11.2014 – 13 LA 108/14, BeckRS 2014, 58861; OVG NRW Beschl. v. 13.4.2018 – 18 E 172/18, BeckRS 2018, 5886 Rn. 7 und Beschl. v. 21.1.1999 – 17 A 2175/98, BeckRS 1999, 21383 Rn. 8.
[107] VG Münster Beschl. v. 9.3.2017 – 8 K 488/16, BeckRS 2017, 104319 Rn. 5.
[108] BSG Urt. v. 1.7.2009 – B 4 AS 9/09 R, SGb 2010, 367; bestätigt durch BSG Urt. v. 17.7.2014 – B 14 AS 54/13 R, NZW 2015, 388, 392 Rn. 34 mwN.

gebiet seinen Lebensunterhalt zu decken vermag. Haben Kinder eigenes Einkommen, so wird das Kindergeld bei den Eltern als Einkommen, soweit es für die Bedarfsdeckung des Kindes nicht erforderlich ist, angerechnet.

91   cc) **Kinderzuschlag.** Nach § 2 III 2 Nr. 2 gilt der Bezug des Kinderzuschlags nach § 6a BKGG nicht als Inanspruchnahme öffentlicher Mittel und führt deshalb nicht zur Annahme der fehlenden Lebensunterhaltssicherung.

92   Ist der nach den Regelungen des SGB II bestehende Bedarf nicht vollständig durch Einkommen oder Vermögen gedeckt, ist zu prüfen, ob die verbleibende Einkommenslücke durch einen Kinderzuschlag gem. § 6a BKGG geschlossen werden kann[109]. Denn der Kinderzuschlag gehört gemäß § 2 III 2 Nr. 2 zu den aufenthaltsrechtlich unschädlichen Sozialleistungen[110] und soll verhindern, dass Eltern nur wegen der Unterhaltsbelastung für ihre Kinder Arbeitslosengeld II in Anspruch nehmen müssen[111].

93   **Durch den Kinderzuschlag soll (zusammen mit dem Kindergeld) der Bedarf von Kindern gedeckt werden, deren mit ihnen in einem Haushalt zusammenlebende Eltern (oder Elternteil) mit ihrem eigenen Einkommen zwar grundsätzlich ihren (nach den Bestimmungen des Zweiten Buchs des Sozialgesetzbuchs zu bemessenden) eigenen Bedarf decken können, nicht jedoch (oder nicht vollständig) den ihres Kindes bzw. ihrer Kinder.** Dadurch soll der Lebensunterhalt des Kindes oder der Kinder gesichert werden, ohne dass sie bzw. ihre Eltern Leistungen nach dem Zweiten Buch des Sozialgesetzbuches in Anspruch nehmen müssten. Zweck der Gewährung des Kinderzuschlags ist also, dass Eltern und mit ihnen in der Bedarfsgemeinschaft lebende Kinder nicht nur wegen der Unterhaltsbelastung der Eltern für die Kinder auf Arbeitslosengeld II und Sozialgeld verwiesen werden.[112]

94   Die Anspruchsvoraussetzungen des Kinderzuschlags sind in § 6a BKGG normiert. Nach dessen Abs. 1 haben Alleinerziehende und Elternpaare Anspruch auf Kinderzuschlag für ihre unverheirateten, unter 25 Jahre alten Kinder, die in ihrem Haushalt leben, wenn

– für diese Kinder Kindergeld bezogen wird,
– die monatlichen Einnahmen der Eltern die Mindesteinkommensgrenze erreichen,
– Nichtbestehen von Hilfebedürftigkeit bei Bezug des Kinderzuschlags und ergänzender Berücksichtigung des für den Antragsmonat bewilligten oder voraussichtlich zu bewilligenden Wohngeldes

95   Die **Mindesteinkommensgrenze** beträgt für Elternpaare 900 EUR (§ 6a I Nr. 2 BKGG), für Alleinerziehende 600 EUR (§ 6a I Nr. 2 BKGG). Den Kinderzuschlag können Eltern nur dann beanspruchen, wenn ihre monatlichen Einnahmen in Geld oder Geldeswert (zB Bruttoeinkommen aus Erwerbstätigkeit, Arbeitslosengeld I, Krankengeld etc) die jeweilige Mindesteinkommensgrenze erreichen. Die Ermittlung des Mindesteinkommens erfolgt nach den Grundsätzen des SGB II, dh insbesondere anhand der Vorgaben der §§ 11, 11a SGB II.[113] Allerdings stellt § 6a I Nr. 2 BKGG klar, dass die Beträge nach § 11b SGB II nicht abzusetzen sind.

96   Die nach früherer Rechtslage bestehende Voraussetzung einer **Höchsteinkommensgrenze,** die sich aus der Bemessungsgrenze in Höhe der bei der Berechnung des Alg II oder des Sozialgelds zu berücksichtigenden elterlichen Bedarfe und dem Gesamtkinderzuschlag, welcher durch zu berücksichtigendes Einkommen und/oder Vermögen des Kindes bzw. der Kinder gemindert wurde (§ 6a I Nr. 3, II 1 und III 3 BKGG aF). errechnete, ist durch das StaFamG mWv 1.1.2020 aufgehoben worden.[114]

97   Im Rahmen der Bedarfsermittlung sind die auf die Eltern entfallenden anteiligen Kosten für Unterkunft und Heizung abweichend von den Regelungen des SGB II nicht nach Köpfen, sondern gemäß § 6a V 3 BKGG in dem Verhältnis aufzuteilen, das sich aus den im 12. Bericht der Bundesregierung über die Höhe des Existenzminimums festgestellten Unterkunftsbedarfen für Alleinstehende, Ehepaare, Lebenspartnerschaften und Kinder (Existenzminimumsbericht) ergibt. Dabei gelten folgende Prozentsätze:

98   Für alleinstehende Elternteile mit
1 Kind	77,02 Prozent
2 Kindern	62,63 Prozent
3 Kindern	52,77 Prozent
4 Kindern	45,60 Prozent
5 Kindern	40,14 Prozent

---

[109] Vgl. BVerwG Urt. v. 29.11.2012 – 10 C 4.12, BVerwGE 145, 153 Rn. 30.
[110] BVerwG Urt. v. 16.11.2010 – 1 C 21.09, BVerwGE 138, 148 Rn. 22.
[111] BT-Drs. 15/1516, 83.
[112] BT-Drs. 15/1516, 83; BSG Beschl. v. 19:6.2012 – B 4 KG 2/11 B, BeckRS 2012, 72280 Rn. 8.
[113] Vgl. BSG Urt. v. 26.7.2016 – B 4 KG 2/14 R, NZS 2017, 28 Rn. 14.
[114] Gesetz zur zielgenauen Stärkung von Familien und ihren Kindern durch die Neugestaltung des Kinderzuschlags und die Verbesserung der Leistungen für Bildung und Teilhabe (Starke-Familien-Gesetz) v. 29.4.2019, BGBl. I S. 530.

Begriffsbestimmungen § 2 AufenthG 1

Für Elternpaare mit
1 Kind 83,14 Prozent
2 Kindern 71,15 Prozent
3 Kindern 62,18 Prozent
4 Kindern 55,22 Prozent
5 Kindern 49,66 Prozent

Liegen diese Voraussetzungen des § 6a I BKGG vor, sind für die Berechnung der Höhe des Kinder- 99
zuschlags folgende Schritte durchzuführen:
– Ermittlung des Höchstbetrags des Kinderzuschlags nach den Modalitäten des § 6a II BKGG. Dieser beträgt seit dem 1.1.2022 209 EUR.
– Minderung des Höchstbetrags um das zu ermittelnde eigene Einkommen und Vermögen des Kindes nach Maßgabe des § 6a III BKGG)
– Ermittlung des Gesamtkinderzuschlags nach § 6a IV BKGG
– Ermittlung des berücksichtigungsfähigen Einkommens oder Vermögens der Eltern (vgl. § 6a IV BKGG)
– ggf. stufenweise Minderung des Gesamtkinderzuschlags wegen Einkommen und Vermögens der Eltern (§ 6a VI BKGG)

Nach Berechnung der Höhe des Kinderzuschlags ist dieser mit dem tatsächlichen Bedarf zu ver- 100
gleichen. Nur wenn dieser durch den Kinderzuschlag zumindest gedeckt werden kann, besteht ein Anspruch auf den Kinderzuschlag. Denn ein gleichzeitiger Bezug von Arbeitslosengeld II/Sozialgeld bzw. Leistungen der Sozialhilfe und Kinderzuschlag ist nicht möglich.

Der Kinderzuschlag wird nach § 6a VII BKGG jeweils für einen Zeitraum von sechs Monaten 101
bewilligt. Der Kinderzuschlag wird nach § 6a VII 2 BKGG nicht für Zeiten vor der Antragstellung erbracht.

Der (mittelbare) Ausschluss vom Kinderzuschlag nach § 6a I BKGG für Berechtigte nach dem 102
AsylbLG, der sich daraus ergibt, dass dieser Personenkreis bereits dem Grunde nach keinen Anspruch auf Leistungen nach dem SGB II hat, ist ebenso wie der Ausschluss dieser Personen unmittelbar von Leistungen nach dem SGB II verfassungsgemäß[115].

Zusätzlich zum Kinderzuschlag erhalten Kindergeldberechtigte für ihr Kind nach § 6b BKGG unter 103
den dort genannten Voraussetzungen Leistungen zur Bildung und Teilhabe, die den Leistungen nach § 28 II-VII SGB II entsprechen.

Der Kinderzuschlag wird zusammen mit dem Kindergeld monatlich gezahlt. Über den Antrag auf 104
Kinderzuschlag entscheidet die Familienkasse (vgl. § 7 II BKGG) durch schriftlichen Bescheid. Der Kinderzuschlag ist ausschließlich bei der Familienkasse der Bundesagentur für Arbeit (BA) zu beantragen. Sie ist auch für die Bearbeitung zuständig. Dies gilt gleichermaßen für Angehörige des öffentlichen Dienstes.

Nach § 12a S. 1 SGB II sind Leistungsberechtigte verpflichtet, Sozialleistungen anderer Träger in 105
Anspruch zu nehmen und die dafür erforderlichen Anträge zu stellen, sofern dies zur Vermeidung, Beseitigung, Verkürzung oder Verminderung der Hilfebedürftigkeit erforderlich ist. Nach § 5 III 1 SGB II können die Leistungsträger einen Antrag auf Leistungen eines anderen Trägers stellen sowie Rechtsbehelfe und Rechtsmittel einlegen, wenn der Leistungsberechtigte einen solchen Antrag trotz Aufforderung nicht selbst stellt. Bei der Prognose, ob der Kläger den antragsabhängigen Kinderzuschlag anstelle der Leistungen nach dem SGB II gegebenenfalls tatsächlich auch beantragen würde, ist zu berücksichtigen, dass nach § 12a SGB II eine Pflicht zur Inanspruchnahme des Kinderzuschlags nach dem BKGG besteht, es sei denn, dass dadurch nicht die Hilfebedürftigkeit aller Mitglieder der Bedarfsgemeinschaft für einen zusammenhängenden Zeitraum von mehr als drei Monaten beseitigt würde (§ 12a S. 2 Nr. 2 SGB II). Wegen der Komplexität der Berechnung und der Anwendung der einschlägigen sozialrechtlichen Vorschriften dürfte es in der Praxis sachdienlich sein, Auskünfte des für die Leistungen nach dem SGB II zuständigen Sozialleistungsträgers und ggf. der für den Kinderzuschlag zuständigen Familienkasse einzuholen[116].

dd) Elterngeld. Seit dem 1.1.2007 können Eltern ab der Geburt eines Kindes bis zu 14 Monate 106
lang das Elterngeld erhalten, beide können den Zeitraum frei untereinander aufteilen. Ein Elternteil allein kann die Leistung für mindestens zwei und maximal zwölf Monate beziehen. Für zwei zusätzliche Monate wird das Elterngeld gezahlt, wenn der Partner vom Angebot des Elterngeldes Gebrauch macht und für mindestens zwei Monate im Job pausiert oder die Arbeitszeit reduziert (Partnermonate).

Zum Jahr 2015 wurde die Möglichkeit geschaffen, zwischen dem Bezug von bisherigem Elterngeld 107
(jetzt Basiselterngeld) und dem Bezug von Elterngeld Plus zu wählen und auch beides kombinieren zu können. Durch die Einführung des **Elterngeld Plus** haben sich die individuellen Gestaltungsmöglichkeiten von Elternzeit und Elterngeldbezug damit vervielfacht.

---

[115] BSG Urt. v. 15.12.2010 – B 14 KG 1/09 R, BeckRS 2011, 69396 Rn. 14.
[116] BVerwG Urt. v. 16.8.2011 – 1 C 4.10, NVwZ-RR 2012, 333 Rn. 17.

108 In Elterngeld-Plus-Monaten wird höchstens die Hälfte des zustehenden Basiselterngeldes ausgezahlt. Durch die Inanspruchnahme von Elterngeld-Plus-Monaten kann der Bezugszeitraum des Elterngeldes über den 14. Lebensmonat ihres Kindes hinaus verlängert werden. Denn ein Bezugsmonat mit Basiselterngeld kann in zwei Elterngeld-Plus-Monate umgewandelt werden. Für Eltern, die sich zeitweise die Erziehungs- und Erwerbsarbeit teilen, gibt es jeweils vier neue **Partnerschaftsbonusmonate**. Diese Partnerschaftsbonusmonate werden nur in Form von Elterngeld Plus gewährt.

109 **Alleinerziehende**, die das Elterngeld zum Ausgleich des wegfallenden Erwerbseinkommens beziehen, können aufgrund des fehlenden Partners volle 14 Monate Elterngeld in Anspruch nehmen.

110 Maßgebend für die Höhe des Elterngeldes ist das Nettoeinkommen der letzten zwölf Kalendermonate vor der Geburt des Kindes. Bei der Bestimmung der zwölf Kalendermonate werden Monate mit Bezug von Mutterschafts- oder Elterngeld sowie Monate, in denen aufgrund einer schwangerschaftsbedingten Erkrankung das Einkommen gesunken ist, grundsätzlich nicht mitgezählt. Dies gilt ebenfalls für Monate, in denen aufgrund von Wehr- oder Zivildienstzeiten Einkommen weggefallen ist. Statt dieser Monate werden zusätzliche, weiter zurückliegende Monate zugrunde gelegt.

111 Das Elterngeld ersetzt dann in der Regel 67 Prozent des nach der Geburt des Kindes wegfallenden monatlichen Erwerbseinkommens. Der Maximalbetrag beträgt 1.800 EUR. Den Mindestbetrag von 300 EUR erhalten auch nicht erwerbstätige Elternteile zusätzlich zu Sozialleistungen wie dem Arbeitslosengeld II, der Sozialhilfe, dem Wohngeld oder dem Kinderzuschlag. Allerdings wird das Elterngeld grundsätzlich als bedarfsminderndes Einkommen gemäß § 11 I 1 SGB II berücksichtigt (vgl. § 10 V 1 BEEG).

112 Entgeltersatzleistungen, wie zB Arbeitslosengeld und Rentenzahlungen, die während des Elterngeldbezugs für das Einkommen vor der Geburt gezahlt werden, mindern den Elterngeldanspruch, soweit dieses den Mindestbetrag von 300 EUR überschreitet (vgl. § 3 BEEG). Bei Unterhaltsansprüchen wird das Elterngeld auf beiden Seiten nur berücksichtigt, wenn es den Betrag von 300 EUR monatlich übersteigt.

113 Für Geringverdiener, Mehrkindfamilien und Familien mit Mehrlingen wird das Elterngeld erhöht (vgl. § 2 II BEEG bzw. § 2a BEEG). Mutterschaftsleistungen wie etwa das Mutterschaftsgeld einschließlich des Arbeitgeberzuschusses werden auf das Elterngeld voll angerechnet.

114 Anspruch auf Elterngeld haben nach § 1 BEEG Eltern, die
– ihre Kinder nach der Geburt selbst betreuen und erziehen,
– nicht mehr als 32 Stunden in der Woche erwerbstätig sind,
– mit ihren Kindern in einem Haushalt leben und
– einen Wohnsitz oder ihren gewöhnlichen Aufenthalt in Deutschland haben.

115 Das Elterngeld muss nach § 7 I 1 BEEG schriftlich beantragt werden. Jeder Elternteil kann für sich einmal einen Antrag auf Elterngeld stellen. Der jeweilige Antrag kann einmal ohne Angabe von Gründen und zusätzlich einmal in Härtefällen geändert werden. Der Antrag muss nicht sofort nach der Geburt des Kindes gestellt werden. Rückwirkende Zahlungen werden jedoch nach § 7 I 2 BEEG nur für die letzten drei Monate vor Beginn des Monats geleistet, in dem der Antrag auf Elterngeld eingegangen ist.

116 Neben den leiblichen Eltern können Adoptiveltern, in Ausnahmefällen (vgl. § 1 III, IV BEEG) auch Verwandte bis zu dritten Grades (wie Urgroßeltern, Großeltern, Tanten und Onkel sowie Geschwister) Elterngeld erhalten.

117 **ee) Wohngeld.** Etwaige Ansprüche auf Bewilligung von Wohngeld bleiben bei der Berechnung der Sicherung des Lebensunterhalts grundsätzlich außen vor[117]. Dies gilt jedenfalls dann, wenn Wohngeld über den SGB II-Anspruch hinaus gewährt wird. Wohngeld gehört zwar nicht zu den in § 2 III 2 genannten privilegierten öffentlichen Leistungen und ist daher nicht geeignet, eine bestehende Einkommenslücke zu schließen[118]. Auf der anderen Seite schadet der Bezug von Wohngeld aber auch nicht, wenn der Bedarf aus eigenem Einkommen, Vermögen oder aufenthaltsrechtlich unschädlichen öffentlichen Leistungen bereits gedeckt ist[119]. Insoweit ist eine Bedarfsberechnung ohne Wohngeld zu erstellen und diese mit dem Einkommen des Wohngeldberechtigten zu vergleichen. Überschreitet das Einkommen den SGB-II-Bedarf, so ist der zusätzliche Bezug von Wohngeld unschädlich.

118 Tatsächlich ist das Wohngeld neben dem Kinderzuschlag und dem Elterneinkommen der dritte Baustein eines sozialpolitischen Konzepts, um einkommensschwachen Familien die Lebensführung ohne den Bezug von Leistungen nach dem SGB II zu ermöglichen. Ohne Wohngeld führt jedoch der Kinderzuschlag bei den potenziell Anspruchsberechtigten häufig nicht aus dem Leistungsbezug nach dem SGB II heraus. Dann wird weder Wohngeld noch Kindergeld gezahlt, da bei der Berechnung des fiktiven Gesamteinkommens unter Berücksichtigung der Freibeträge noch ein Anspruch auf ergänzende Leistungen nach dem SGB II verbliebe. In diesen Fällen werden die Aufstockungsleistungen einschließlich der Wohnkosten komplett vom Träger der Grundsicherung für Arbeitsuchende getragen.

---

[117] BVerwG Urt. v. 29.11.2012 – 10 C 4.12, BVerwGE 145, 153 Rn. 29.
[118] BVerwG Urt. v. 29.11.2012 – 10 C 4.12, BVerwGE 145, 153 Rn. 29.
[119] Vgl. BVerwG Urt. v. 29.11.2012 – 10 C 4.12, BVerwGE 145, 153 Rn. 29.

Die Unschädlichkeit des Kinderzuschlags ist daher sinnlos, solange der Bezug von Wohngeld schadet.[120]

f) Ausnahmen aufgrund der EU-Richtlinien. Das BVerwG hat bereits darauf hingewiesen, dass im Anwendungsbereich der Familienzusammenführungs-RL oder sonstiger unionsrechtlicher Vorgaben sich bei der Berechnung des Hilfebedarfs Abweichungen ergeben können[121]. Wegen des gleichen Wortlauts ist davon auszugehen, dass die folgenden Ausnahmen für die Bestimmung des Lebensunterhalts iRd Familienzusammenführungs-RL auch für die Daueraufenthalts-RL (Art. 5 und 15) gelten. 119

Im Anwendungsbereich der Familienzusammenführungs-RL ist der Begriff der Lebensunterhaltssicherung zu modifizieren[122]. 120

Dabei ist zu beachten, dass nach Art. 3 V Familienzusammenführungs-RL die RL nicht das Recht der Mitgliedstaaten berührt, günstigere Regelungen zu treffen oder beizubehalten. Daher kann die Einkommensberechnung nach § 2 III von den restriktiven Voraussetzungen der RL abweichen. Dies gilt etwa in Bezug auf die Berücksichtigung von Einkünften des nachziehenden Ehegatten, die nach der Familienzusammenführungs-RL nicht zu berücksichtigen wären[123]. 121

In der Systematik der Familienzusammenführungs-RL stellt der Anspruch auf Genehmigung der Familienzusammenführung gemäß Art. 4 I der RL die Grundregel dar, sodass die den Mitgliedstaaten in Art. 7 Ic Familienzusammenführungs-RL verliehene Befugnis zur Regelung der Nachzugsvoraussetzungen eng auszulegen ist[124]. Der in Art. 7 Ic Familienzusammenführungs-RL eröffnete Handlungsspielraum darf von den Mitgliedstaaten nicht in einer Weise genutzt werden, dass das Richtlinienziel – die Begünstigung der Familienzusammenführung – und die praktische Wirksamkeit der RL beeinträchtigt werden[125]. Nach dieser Rspr. bezieht sich der Begriff der Sozialhilfe(leistungen) in Art. 7 Ic Familienzusammenführungs-RL als autonomer Begriff des Unionsrechts nur auf Unterstützungsleistungen, die einen Mangel an ausreichenden festen und regelmäßigen Einkünften ausgleichen, nicht aber auf eine Hilfe, die es erlauben würde, außergewöhnliche oder unvorhergesehene Bedürfnisse zu befriedigen[126]. 122

Die Sozialhilfe iSd Art. 7 Ic Familienzusammenführungs-RL erfasst daher nur Leistungen, die von Behörden zur Kompensation des Mangels an ausreichenden festen und regelmäßigen Einkünften gewährt werden, um die allgemein notwendigen Kosten des Lebensunterhalts für den Ausländer und seine Familienangehörigen zu bestreiten; sie schließt nicht die besondere Sozialhilfe zur Bestreitung besonderer, individuell bestimmter notwendiger Kosten des Lebensunterhalts ein[127]. 123

Für die von der Familienzusammenführungs-RL erfassten Fälle hat der 1. Senat des BVerwG bereits entschieden, dass es der Anwendungsvorrang des Unionsrechts gebietet, bei der Einkommensberechnung den **Freibetrag für Erwerbstätigkeit** nach § 11b I 1 Nr. 6, III SGB II nicht zu Lasten des nachzugswilligen Ausländers abzusetzen. Denn dieser Freibetrag wird in erster Linie aus arbeitsmarkt- bzw. beschäftigungspolitischen Gründen gewährt und soll den Anreizfunktion zur Aufnahme bzw. Beibehaltung einer Erwerbstätigkeit haben, nicht aber einen Mangel an ausreichenden festen und regelmäßigen Einkünften iSd Rspr. des Gerichtshofs ausgleichen[128]. Hinsichtlich des in § 11b II 1 SGB II pauschaliert erfassten **Werbungskostenabzugs** verlangt das Gebot der individualisierten Prüfung gem. Art. 17 Familienzusammenführungs-RL, den Nachweis geringerer Aufwendungen als die gesetzlich veranschlagten 100 EUR zuzulassen[129]. 124

Der Bedarfsberechnung sind auch im Anwendungsbereich der Familienzusammenführungs-RL neben dem Bedarf für Unterkunft und Heizung (§ 22 SGB II) grundsätzlich die in § 20 SGB II vorgesehenen Regelbedarfssätze zugrunde zu legen[130]. Bei bereits im Entscheidungszeitpunkt nach 125

---

[120] Vgl. auch 8. Lagebericht der Beauftragten der Bundesregierung für Migration, Flüchtlinge und Integration 2010, S. 289, http://www.bundesregierung.de/Content/DE/Publikation/IB/2010-11-03-8-Lagebericht.pdf?__blob=publicationFile&v=7gl.
[121] BVerwG Urt. v. 16.11.2010 – 1 C 21.09, NVwZ 2011, 829 (831) Rn. 20.
[122] BVerwG Urt. v. 29.11.2012 – 10 C 4.12, BVerwGE 145, 153 Rn. 31.
[123] EuGH Urt. v. 6.12.2012 – C-356/11, NVwZ 2013, 419 (422) Rn. 72 – O. und S., anders im AufenthG s. BVerwG Urt. v. 16.8.2011 – 1 C 12.10, NVwZ-RR 2012, 330 (332) Rn. 16.
[124] BVerwG Urt. v. 29.11.2012 – 10 C 4.12, BVerwGE 145, 153 Rn. 31; EuGH Urt. v. 4.3.2010 – C-578/08, NVwZ 2010, 697 Rn. 43 – Chakroun.
[125] BVerwG Urt. v. 29.11.2012 – 10 C 4.12, BVerwGE 145, 153 Rn. 31; EuGH Urt. v. 4.3.2010 – C-578/08, NVwZ 2010, 697 Rn. 43 – Chakroun.
[126] BVerwG Urt. v. 29.11.2012 – 10 C 4.12, BVerwGE 145, 153 Rn. 31; EuGH Urt. v. 4.3.2010 – C-578/08, NVwZ 2010, 697 Rn. 49 – Chakroun.
[127] BVerwG Urt. v. 29.11.2012 – 10 C 4.12, BVerwGE 145, 153 Rn. 31; EuGH Urt. v. 4.3.2010 – C-578/08, NVwZ 2010, 697 Rn. 52 – Chakroun.
[128] BVerwG Urt. v. 29.11.2012 – 10 C 4.12, BVerwGE 145, 153 Rn. 32, unter Hinweis auf Urt. v. 16.11.2010 – 1 C 20.09, BVerwGE 138, 135 Rn. 33.
[129] BVerwG Urt. v. 29.11.2012 – 10 C 4.12, BVerwGE 145, 153 Rn. 32, unter Hinweis auf Urt. v. 16.11.2010 – 1 C 20.09, BVerwGE 138, 135 Rn. 34.
[130] BVerwG Urt. v. 29.11.2012 – 10 C 4.12, BVerwGE 145, 153 Rn. 33.

Grund und Höhe absehbaren Mehrbedarfen ist anhand des unionsrechtlichen Begriffs der Sozialhilfe in Art. 7 Ic Familienzusammenführungs-RL wie folgt zu differenzieren:

126 Die Mehrbedarfszuschläge für Alleinerziehende (§ 21 III SGB II)[131] sowie die Kosten der dezentralen Warmwassererzeugung (§ 21 VII SGB II) sind in die Bedarfsberechnung einzustellen[132]. Denn sie decken allgemein notwendige Kosten des Lebensunterhalts der anspruchsberechtigten Personengruppen und dienen nicht der Befriedigung außergewöhnlicher oder unvorhergesehener Bedürfnisse.

127 **Nicht zu berücksichtigen sind dagegen die Mehrbedarfe**
– für werdende Mütter (§ 21 II SGB II),
– für erwerbsfähige Behinderte (§ 21 IV SGB II),
– für eine aus medizinischen Gründen notwendige kostenaufwendige Ernährung (§ 21 V SGB II),
– für einen im Einzelfall unabweisbaren, laufenden, nicht nur einmaligen besonderen Bedarf (§ 21 VI SGB II) und die Erstausstattungsbedarfe (§ 24 III SGB II)[133].

128 Diese Leistungen betreffen besondere, individuell bestimmte notwendige Kosten außerhalb des allgemeinen notwendigen Lebensunterhalts und dienen der Befriedigung außergewöhnlicher oder unvorhergesehener Bedürfnisse[134]. Daher sind sie unionsrechtlich der von Art. 7 Ic Familienzusammenführungs-RL nicht abgedeckten „besonderen Sozialhilfe" zuzurechnen, die nicht zulasten nachzugswilliger Ausländer berücksichtigt werden darf.

129 Aufenthaltsrechtlich nicht anzusetzen sind jedoch die in § 28 SGB II enthaltenen Bedarfe für Bildung und Teilhabe[135]. Denn würde man sie als aufenthaltsschädlich berücksichtigen, liefe das dem Grundanliegen des Gesetzgebers zuwider, gerade die Integration ausländischer Kinder systematisch zu fördern, um ua Defizite in der sprachlichen Verständigung abzubauen, die den tatsächlichen Zugang zum Arbeitsmarkt beschränken und damit oft zu entsprechenden sozialen Folgelasten führen[136].

130 **Ist der Lebensunterhalt – auch unter Berücksichtigung der unionsrechtlichen Vorgaben – nicht (vollständig) gesichert, ist weiter zu prüfen, ob in dem jeweiligen Einzelfall eine Ausnahme von § 5 I Nr. 1 in Betracht kommt**[137]. Verfassungs-, unions- oder völkerrechtliche Gewährleistungen sowie atypische Umstände des Einzelfalls, die so bedeutsam sind, dass sie das sonst ausschlaggebende Gewicht der gesetzlichen Regelung beseitigen, können Ausnahmen vom Regelfall des § 5 I 1 Nr. 1 rechtfertigen[138]. Dabei sind auch im Hinblick auf das unionsrechtliche Gebot der Einzelfallprüfung die in Art. 17 Familienzusammenführungs-RL genannten Aspekte zu berücksichtigen. Ob ein Ausnahmefall vorliegt, unterliegt in jedem Fall vollständiger gerichtlicher Überprüfung[139].

131 **g) Lebensunterhaltsdeckung bei der Niederlassungserlaubnis. aa) Umfang der Bedarfsdeckung.** Bei der Beurteilung, ob der Lebensunterhalt eines erwerbsfähigen Ausländers iSv § 9 II 1 Nr. 2 iVm § 26 IV 1 gesichert ist, ist darauf abzustellen, ob der Ausländer nach Erteilung der Niederlassungserlaubnis seinen Lebensunterhalt voraussichtlich ohne Inanspruchnahme öffentlicher Mittel iSv § 2 III, dh insbesondere ohne Inanspruchnahme von Leistungen zur Sicherung des Lebensunterhalts nach dem SGB II, bestreiten kann. Für die Berechnung, ob er voraussichtlich einen Anspruch auf derartige Leistungen hat, gelten grundsätzlich die sozialrechtlichen Regelungen über die Bedarfsgemeinschaft[140].

132 Der Gesetzgeber hat speziell die Erteilung einer Niederlassungserlaubnis gem. § 26 IV als stärkste Form der Aufenthaltsverfestigung durch Verweis auf § 9 II teilweise von besonderen Integrationserfordernissen abhängig gemacht, die über die allgemeinen Erteilungsvoraussetzungen des § 5 I und II hinausgehen. Anders als die Aufenthaltserlaubnis ist die Niederlassungserlaubnis unbefristet und inhaltlich grundsätzlich unbeschränkt, sofern nicht ausnahmsweise Nebenbestimmungen im AufenthG zugelassen sind (vgl. etwa 23 II 4). Sie unterliegt keiner Zweckbindung, berechtigt zur Aufnahme einer Erwerbstätigkeit und verschafft dem Berechtigten ferner den besonderen Ausweisungsschutz. Sie ist daher auf den dauerhaften Verbleib eines Ausländers im Bundesgebiet angelegt.

---

[131] Vgl. BVerwG Urt. v. 29.11.2012 – 10 C 4.12, BVerwGE 145, 153 Rn. 34, Urt. v. 26.8.2008 – 1 C 32.07, BVerwGE 131, 370 Rn. 25.
[132] BVerwG Urt. v. 29.11.2012 – 10 C 4.12, BVerwGE 145, 153 Rn. 34.
[133] So BVerwG Urt. v. 29.11.2012 – 10 C 4.12, BVerwGE 145, 153 Rn. 34.
[134] BVerwG Urt. v. 29.11.2012 – 10 C 4.12, BVerwGE 145, 153 Rn. 35.
[135] BVerwG Urt. v. 29.11.2012 – 10 C 4.12, BVerwGE 145, 153 Rn. 28.
[136] Vgl. BT-Drs. 15/420, 61, 68.
[137] BVerwG Urt. v. 29.11.2012 – 10 C 4.12, BVerwGE 145, 153 Rn. 36.
[138] BVerwG Urt. v. 29.11.2012 – 10 C 4.12, BVerwGE 145, 153 Rn. 36; Urt. v. 18.4.2013 – 10 C 10.12, NVwZ 2013, 1339 Rn. 36; Urt. v. 16.11.2010 – 1 C 21.09, BVerwGE 138, 148 Rn. 18 und Urt. v. 22.5.2012 – 1 C 6.11, DVBl 2012, 1167 Rn. 11.
[139] BVerwG Beschl. v. 8.4.2015 – 1 B 15.15, BeckRS 2015, 45614 Rn. 5; Urt. v. 29.11.2012 – 10 C 4.12, BVerwGE 145, 153 Rn. 36; Urt. v. 22.5.2012 – 1 C 6.11, DVBl 2012, 1167 Rn. 11.
[140] BVerwG Urt. v. 16.8.2011 – 1 C 4.10, NVwZ-RR 2012, 73 Rn. 14 im Anschluss an Urt. v. 16.11.2010 – 1 C 21.09, BVerwGE 138, 148 Rn. 14 ff.; OVG RhPf Urt. v. 22.1.2015 – 7 A 10542/14, BeckRS 2015, 41682 Rn. 31.

Lebt der Ausländer im Bundesgebiet mit Familienangehörigen zusammen, führt die Erteilung einer 133
Niederlassungserlaubnis typischerweise auch zu einer tatsächlichen Verfestigung des Aufenthalts der
Angehörigen. Die Option, die eheliche oder familiäre Lebensgemeinschaft im Herkunftsland zu
führen, rückt damit jedenfalls in die Ferne. Ist die Familie auf Sozialleistungen angewiesen, folgt aus
der Aufenthaltsverfestigung eine Perpetuierung der Inanspruchnahme von Sozialleistungen. Zugleich
entfällt der aufenthaltsrechtliche Anreiz für die übrigen Mitglieder einer Bedarfsgemeinschaft, eine
eigene Erwerbstätigkeit aufzunehmen und dadurch die öffentlichen Kassen zu entlasten. All dies
entspricht schwerlich dem Willen des Gesetzgebers[141].

Nur diese Auslegung wird auch der Lebenswirklichkeit gerecht. Es wäre lebensfremd, wenn man 134
annähme, ein Ausländer, der Alleinverdiener ist, würde von seinem Einkommen zunächst seinen
eigenen Bedarf decken und seiner Familie lediglich die verbleibenden Mittel zukommen lassen. Nur
diese Auslegung vermeidet auch, was ebenfalls wirklichkeitsfern wäre, dass neben der realen sozialrechtlichen Berechnung, in welcher Höhe der Familie als Bedarfsgemeinschaft Sozialleistungen zustehen, eine fiktive aufenthaltsrechtliche Berechnung vorgenommen wird, ob der einzelne Ausländer –
für sich gesehen – seinen Lebensunterhalt ohne Inanspruchnahme von Sozialleistungen bestreiten
könnte[142].

Bei der erforderlichen Berechnung des Hilfebedarfs der familiären Bedarfsgemeinschaft sind – im 135
Hinblick auf eine Niederlassungserlaubnis – die Bestimmungen des SGB II weiterhin maßgebend,
soweit es den **Freibetrag für Erwerbstätigkeit** nach § 11 II 1 Nr. 6 SGB II und die **Werbungskostenpauschale** von 100 EUR nach § 11 II 2 SGB II betrifft[143]. Soweit im Anwendungsbereich der
FamZu-RL Einschränkungen vorgenommen werden[144] gilt dies nicht für die Erteilung einer Niederlassungserlaubnis, bei der keine unionsrechtlichen Vorgaben zu beachten sind[145].

Von der Erteilungsvoraussetzung der Unterhaltssicherung kann auch nicht durch Rückgriff auf die 136
Regelung des § 5 III 2 abgesehen werden. Der Gesetzgeber hat die durch eine Niederlassungserlaubnis
gestärkte Rechtsposition in § 26 IV von dem in § 9 II 1 Nr. 2 genannten Erfordernis der Sicherung
des Lebensunterhalts abhängig gemacht. Von dieser Voraussetzung kann nach der Gesetzessystematik
nur unter den besonders in § 9 II 6 normierten Voraussetzungen abgesehen werden. Ein Rückgriff auf
die allgemeine Ausnahmeregelung des § 5 III 2, wonach ohne Normierung konkreter Voraussetzungen von der Anwendung der Abs. 1 und 2 des § 5 – und damit auch von dem Erfordernis der
Unterhaltssicherung – abgesehen werden kann, ist daher nicht möglich[146]. Vielmehr trifft § 9 II 6
insoweit eine abschließende Regelung und macht die Unterhaltssicherung bei der Niederlassungserlaubnis – anders als im Anwendungsbereich des § 5 – mithin nicht zu einer Regelerteilungsvoraussetzung, sondern zu einer zwingenden Erteilungsvoraussetzung[147].

bb) Ausländer mit deutschem Ehegatten. Gesetzessystematik sowie Sinn und Zweck der Norm 137
sprechen dafür, dass für die Erteilung einer Niederlassungserlaubnis nach § 28 II 1 auch das in § 5 I
Nr. 1 geregelte Erfordernis der Sicherung des Lebensunterhalts erfüllt sein muss[148]. Regelmäßig ist
aber eine Atypik gegeben, die ein Abweichen von der Regelerteilungsvoraussetzung ermöglicht.

Der Gesetzgeber hat nach der Konzeption des AufenthG die Fälle, in denen er von der Erfüllung 138
bestimmter allgemeiner Erteilungsvoraussetzungen abweichen wollte, ausdrücklich im Wortlaut der
jeweiligen Vorschrift kenntlich gemacht (bspw. in §§ 29 IV, 30 III, 34 I und 36 I). Eine entsprechende
Regelung hat er auch in § 28 I für die Erteilung einer Aufenthaltserlaubnis an den Ehegatten eines
Deutschen, das minderjährige ledige Kind eines Deutschen bzw. den Elternteil eines minderjährigen
ledigen Deutschen zur Ausübung der Personensorge getroffen. Im Gegensatz dazu fehlt in § 28 II für
den Anspruch auf Erteilung einer Niederlassungserlaubnis eine entsprechende Formulierung. Daraus
folgt, dass neben den in § 28 II 1 genannten Tatbestandsmerkmalen die allgemeinen Erteilungsvoraussetzungen des § 5 – insbesondere die Regelerteilungsvoraussetzung der Sicherung des Lebensunterhalts
– erfüllt sein müssen[149].

Dem steht nicht entgegen, dass § 28 II 1 ausdrücklich das Fehlen eines Ausweisungsinteresses als 139
Erteilungsvoraussetzung erwähnt, die anderen Voraussetzungen des § 5 I Nr. 1 jedoch unerwähnt lässt.
Vielmehr wird durch diese Formulierung die Regelerteilungsvoraussetzung des § 5 I Nr. 2 verschärft,
weil von einem Ausweisungsinteresse auch bei einer atypischen Fallgestaltung nicht mehr abgesehen

---

[141] BVerwG Urt. v. 16.8.2010 – 1 C 21.09, BVerwGE 138, 148 Rn. 18.
[142] BVerwG Urt. v. 16.8.2011 – 1 C 4.10, NVwZ-RR 2012, 73 Rn. 19; OVG RhPf Urt. v. 22.1.2015 – 7 A 10542/14, BeckRS 2015, 41682 Rn. 26 f.
[143] BVerwG Urt. v. 16.8.2011 – 1 C 4.10, NVwZ-RR 2012, 73 Rn. 20; OVG RhPf Urt. v. 22.1.2015 – 7 A 10542/14, BeckRS 2015, 41682 Rn. 26 f.
[144] Hierzu BVerwG Urt. v. 16.11.2010 – 1 C 20.09, BVerwGE 138, 135 Rn. 34.
[145] BVerwG Urt. v. 16.8.2010 – 1 C 21.09, BVerwGE 138, 148 Rn. 20; OVG LSA Beschl. v. 15.1.2015 – 2 L 193/12, BeckRS 2015, 44866.
[146] BVerwG Urt. v. 16.8.2010 – 1 C 21.09, BVerwGE 138, 148 Rn. 23.
[147] BVerwG Urt. v. 16.8.2010 – 1 C 21.09, BVerwGE 138, 148 Rn. 23.
[148] BVerwG Urt. v. 16.8.2011 – 1 C 12.10, InfAuslR 2012, 55 Rn. 12.
[149] BVerwG Urt. v. 16.8.2011 – 1 C 12.10, InfAuslR 2012, 55 Rn. 13 mwN.

werden kann[150]. Daraus kann nicht auf eine Absicht des Gesetzgebers geschlossen werden, er habe durch die Verschärfung einer Regelerteilungsvoraussetzung auf die Erfüllung der übrigen Regelerteilungsvoraussetzungen verzichten wollen.

140 Für das Erfordernis der Sicherung des Lebensunterhalts als Voraussetzung für die Erteilung einer Niederlassungserlaubnis nach § 28 II 1 spricht auch die Bedeutung, die der Gesetzgeber der Unterhaltssicherung generell beimisst. Er sieht hierin eine Erteilungsvoraussetzung von grundlegendem staatlichem Interesse und zugleich die wichtigste Voraussetzung, um die Inanspruchnahme öffentlicher Mittel zu verhindern[151]. Angesichts dieser gesetzgeberischen Wertung kann nicht angenommen werden, dass von der Unterhaltssicherung bei Erteilung einer Erlaubnis zum Daueraufenthalt nach § 28 II abgesehen werden sollte. **Der Gesetzgeber hat allerdings die Niederlassungserlaubnis bei familiärer Lebensgemeinschaft mit Deutschen insofern gegenüber einer solchen mit Ausländern privilegiert, als für die Unterhaltssicherung § 5 I Nr. 1 und nicht § 9 II 1 Nr. 2 maßgeblich ist. Das hat zur Folge, dass für die Familienangehörigen Deutscher die Sicherung des Lebensunterhalts nur eine Regelerteilungsvoraussetzung darstellt und nicht wie für die Familienangehörigen von Ausländern eine zwingende Voraussetzung**[152].

141 Für die Sicherung des Lebensunterhalts iSv § 5 I Nr. 1 ist auf den Gesamtbedarf der Bedarfsgemeinschaft abzustellen[153]. Insofern sind für die Berechnung, ob ein Anspruch auf öffentliche Leistungen besteht, grundsätzlich die sozialrechtlichen Regelungen über die Bedarfsgemeinschaft nach § 9 II SGB II maßgeblich.

142 **Bei einer familiären Lebensgemeinschaft mit einem deutschen Ehegatten ist aber von einer Ausnahme vom Regelfall des § 5 I Nr. 1 auszugehen**[154]. Von einer solchen Ausnahme ist bei besonderen atypischen Umständen auszugehen, die so bedeutsam sind, dass sie das sonst ausschlaggebende Gewicht der gesetzlichen Regelung beseitigen.

143 Ein wesentlicher Grund für das Abstellen auf die Bedarfsgemeinschaft besteht in der Vermeidung von zusätzlichen Belastungen der öffentlichen Haushalte. Dieser Grund für das Abstellen auf die familiäre Bedarfsgemeinschaft liegt bei deutschen Familienangehörigen nicht vor. Das Aufenthaltsrecht eines Deutschen im Land seiner Staatsangehörigkeit kann nicht weiter verfestigt werden. Deutsche sind auch dann nicht zur Ausreise verpflichtet, wenn sie Sozialleistungen beziehen. Daher führt die mit einer Niederlassungserlaubnis verbundene Verfestigung des Aufenthalts des ausländischen Ehegatten eines Deutschen nicht zu einer Verstetigung der Belastung öffentlicher Haushalte durch die Verpflichtung zur Gewährung von Sozialleistungen[155]. In diesem Fall greift die allgemeine Regel nicht, dass die Verfestigung des Aufenthalts eines Mitglieds der auf Sozialleistungen angewiesenen Bedarfsgemeinschaft zu einer zusätzlichen Belastung der öffentlichen Haushalte führt und daher der Erteilung einer Niederlassungserlaubnis entgegensteht[156]. Der Verweis auf § 5 I Nr. 1 verliert durch die vorstehend näher beschriebene Ausnahme im Fall einer durch deutsche Familienangehörige entstehenden Bedarfslücke nicht seine Bedeutung, da weiterhin der Lebensunterhalt des die Niederlassungserlaubnis begehrenden Ausländers selbst – sowie ggf. weiterer in die Bedarfsgemeinschaft einbezogener ausländischer Familienangehörigen – gesichert sein muss[157].

144 **h) Ausnahme beim Familiennachzug zu einer Bedarfsgemeinschaft mit deutschen Geschwistern.** Der Normzweck des § 5 I Nr. 1 besteht darin, neue Belastungen für die öffentlichen Haushalte durch die Erteilung von Aufenthaltstiteln zu vermeiden[158]. Dabei handelt es sich um eine Erteilungsvoraussetzung von grundlegendem staatlichem Interesse[159]. Diese gilt aber nur in der Regel.

145 Eine Ausnahme vom Regelfall des § 5 I Nr. 1 ist aufgrund atypischer Umstände dann anzunehmen, wenn die Kernfamilie des Ausländers, zu dem der Nachzug erfolgen soll, bereits ihren rechtmäßigen Aufenthalt in Deutschland hat und die deutsche Staatsangehörigkeit umfasst. Diese Umstände sind so bedeutsam, dass sie das sonst ausschlaggebende Gewicht der gesetzlichen Regelung beseitigen[160].

146 **Den Nachzugsvorschriften zu deutschen Staatsangehörigen (zB § 28 I 2 und 3) kann der allgemeine Rechtsgedanke entnommen werden, dass beim Nachzug in eine Familie, der ein deutscher Staatsangehöriger angehört, dem fiskalischen Interesse ein geringeres Gewicht zukommt als beim Nachzug in eine rein ausländische Familie.** Diese Wertung ist auch bei der Frage, ob im vorliegenden Fall besondere atypische Umstände eine Ausnahme von der Regelertei-

---

[150] Zum Ausweisungsgrund BVerwG Urt. v. 16.8.2011 – 1 C 12.10, InfAuslR 2012, 55 Rn. 13.
[151] BVerwG Urt. v. 16.8.2011 – 1 C 12.10, InfAuslR 2012, 55 Rn. 13.
[152] BVerwG Urt. v. 16.8.2011 – 1 C 12.10, InfAuslR 2012, 55 Rn. 13.
[153] BVerwG Urt. v. 16.8.2011 – 1 C 12.10, InfAuslR 2012, 55 Rn. 14.
[154] BVerwG Urt. v. 16.8.2011 – 1 C 12.10, InfAuslR 2012, 55 Rn. 19.
[155] BVerwG Urt. v. 16.8.2011 – 1 C 12.10, InfAuslR 2012, 55 Rn. 19.
[156] BVerwG Urt. v. 16.8.2011 – 1 C 12.10, InfAuslR 2012, 55 Rn. 19.
[157] BVerwG Urt. v. 16.8.2011 – 1 C 12.10, InfAuslR 2012, 55 Rn. 19.
[158] BVerwG Urt. v. 13.6.2013 – 10 C 16.12, InfAuslR 2013, 364 Rn. 30.
[159] BT-Drs. 15/420, 70.
[160] BVerwG Urt. v. 13.6.2013 – 10 C 16.12, InfAuslR 2013, 364 Rn. 29; Urt. v. 16.8.2011 – 1 C 12.10, Buchholz 402.242 § 28 AufenthG Nr. 2 Rn. 17.

Begriffsbestimmungen § 2 AufenthG 1

lungsvoraussetzung des § 5 I Nr. 1 rechtfertigen, zu berücksichtigen. Dies führt allerdings nicht dazu, dass allein die Tatsache, dass einer Kernfamilie ein oder mehrere minderjährige deutsche Kinder angehören, bereits ein Absehen vom Erfordernis der Lebensunterhaltssicherung rechtfertigt[161]. Hierzu bedarf es vielmehr des Hinzutretens weiterer Umstände, die bei einer wertenden Gesamtschau das ausschlaggebende Gewicht der gesetzlichen Regelung in § 5 I Nr. 1 beseitigen[162]. Bis zu einem Lebensalter von zwölf Jahren besteht ein gesteigerter Schutz- und Betreuungsbedarf und die Kinder sind in besonderem Maße auf ein Aufwachsen in der Kernfamilie angewiesen, sodass ein Zusammenleben regelmäßig dem Wohl des nachzugswilligen Kindes entspricht.

Ein Regelfall, der zur Versagung des Nachzugs führt, kann aber dann vorliegen, wenn die Eltern 147 eines nachzugswilligen Kindes keine hinreichenden Bemühungen entfaltet haben, um den Lebensunterhalt der Familie aus eigenen Kräften zu sichern, und deshalb gegen sie Sanktionen wegen Verletzung ihrer sozialrechtlichen Verpflichtungen nach §§ 31 ff. SGB II verhängt worden sind[163].

Eine Ausnahme von der Regelerteilungsvoraussetzung der Sicherung des Lebensunterhalts nach 148 § 5 I Nr. 1 liegt beim Nachzug eines minderjährigen Kindes in eine Kernfamilie, der mindestens ein minderjähriges deutsches Kind angehört, jedenfalls dann vor, wenn
– die Kernfamilie ihren Schwerpunkt in Deutschland hat und mit dem Nachzug vervollständigt wird,
– das nachziehende Kind das 13. Lebensjahr noch nicht vollendet hat und
– gegen die Eltern keine Sanktionen wegen Verletzung ihrer sozialrechtlichen Verpflichtungen nach §§ 31 ff. SGB II verhängt worden sind[164].

i) Nachzug von Rentnern. Ausländer, die die Altersgrenze des § 41 II 2 SGB XII erreicht haben, 149 sind leistungsberechtigt iSv § 19 II SGB XII, wenn sie nicht in der Lage sind, ihren Lebensunterhalt aus ihrem eigenen bzw. dem nach § 19 II 1 iVm § 43 I SGB XII berücksichtigungsfähigen Einkommen oder Vermögen ihres Ehegatten zu bestreiten. Es ist aber zu beachten, dass anders als bei einer Bedarfsgemeinschaft nach SGB II nur der Teil des Einkommens berücksichtigt wird, den der andere Ehegatte zur Unterhaltssicherung nicht benötigt. Insoweit erfolgt eine vertikale Unterhaltsberechnung, die dazu führen kann, dass der Lebensunterhalt eines der Partner gesichert ist, während der andere auf den Bezug von SGB-XII-Leistungen angewiesen ist.

Zieht ein Rentner zu seinen Kindern, so kann nicht ohne Weiteres auf das verfügbare Einkommen 150 der Familie des Kindes abgestellt werden, weil der Rentner, der im Fall seines Nachzugs Anspruch auf Grundsicherung gem. § 41 SGB XII haben würde, auch bei Zuzug in den Haushalt des Kindes nicht Teil einer aus ihm und der Familie des Kindes entstehenden Bedarfsgemeinschaft würde.

Die Begründung einer Einstandsgemeinschaft zwischen volljährigen Kindern und ihren Eltern ist 151 vom Gesetzgeber grundsätzlich nicht vorgesehen, wie § 43 SGB XII verdeutlicht. Hiernach gilt die Einstehensvermutung des § 39 S. 1 SGB XII nicht (§ 43 I Hs. 2 SGB XII), und selbst Unterhaltsansprüche gegenüber Kindern bleiben unberücksichtigt, wenn deren Jahreseinkommen unter 100.000 EUR liegt (§ 94 Ia SGB XII). Dass das Einkommen diese Grenze nicht überschreitet, wird gem. S. 3 der Vorschrift widerleglich vermutet.

Zieht ein Elternteil, das die die Altersgrenze des § 41 II SGB XII erreicht hat (ab 65 Jahre), zu den 152 Kindern, so wird bei der Prüfung der Sicherung des Lebensunterhalts daher nur auf den eigenen Bedarf und die eigenen Mittel des Elternteils abgestellt[165].

j) Studenten. § 2 III 5 AufenthG legt als Spezialregelung für die Aufenthaltserlaubnis nach §§ 16a 153 bis 16c, 16e sowie 16f fest, wann der Lebensunterhalt als gesichert gilt[166]. Deutschland hat von der in Art. 7 III REST-RL eingeräumten Möglichkeit Gebrauch gemacht, einen Referenzbetrag für die nötigen Mittel zur Deckung der Kosten für den Unterhalt ohne Inanspruchnahme des Sozialhilfesystems anzugeben. Die Bestimmung erleichtert die Prüfung der Sicherung des Lebensunterhalts, erhöht deren Transparenz und vereinfacht damit die Einreise zu Studienzwecken.

Der Lebensunterhalt eines Ausländers, der eine Aufenthaltserlaubnis gemäß §§ 16a bis 16c, 16e 154 sowie 16f begehrt, gilt als gesichert, wenn seine Mittel zur Deckung des Bedarfs iSd § 2 III 5 in seiner Person ausreichen, und zwar auch dann, wenn bei rein sozialrechtlicher Betrachtung eine Bedarfsgemeinschaft vorliegt und der Bedarf des Studenten sozialrechtlich nicht gesichert wäre[167].

Das Auseinanderfallen der ausländerrechtlichen und sozialrechtlichen Folge tritt nicht ein, wenn das 155 Studium, für dessen Durchführung der Aufenthalt begehrt wird, eine **iRd BAföG dem Grunde nach förderungsfähige Ausbildung** ist. In diesem Fall haben Studierende gemäß § 7 V 1 SGB II grundsätzlich keinen Anspruch auf Leistungen zur Sicherung des Lebensunterhalts nach dem SGB II. Leben sie mit anderen Personen in einer Bedarfsgemeinschaft, so sind die Grundsätze **einer gemischten**

---

[161] BVerwG Urt. v. 13.6.2013 – 10 C 16.12, InfAuslR 2013, 364 Rn. 30.
[162] BVerwG Urt. v. 13.6.2013 – 10 C 16.12, InfAuslR 2013, 364 Rn. 30.
[163] BVerwG Urt. v. 13.6.2013 – 10 C 16.12, InfAuslR 2013, 364 Rn. 33.
[164] BVerwG Urt. v. 13.6.2013 – 10 C 16.12, InfAuslR 2013, 364, Ls.
[165] BVerwG Urt. v. 18.4.2013 – 10 C 10.12, NVwZ 2013, 1339 Rn. 19.
[166] NdsOVG Beschl. v. 25.4.2018 – 8 ME 13/18, BeckRS 2018, 7919 Rn. 21.
[167] NdsOVG Beschl. v. 25.4.2018 – 8 ME 13/18, BeckRS 2018, 7919 Rn. 23 f.

1 AufenthG § 2 Erster Teil. Aufenthaltsgesetz

Bedarfsgemeinschaft anwendbar[168]. In einer gemischten Bedarfsgemeinschaft, in der ein Mitglied keine Leistungen nach dem SGB II erhalten kann, ist dessen Einkommen zunächst zur Deckung des eigenen Bedarfs und erst der seinen Bedarf übersteigende Teil zur Deckung des Bedarfs der übrigen Mitglieder der Bedarfsgemeinschaft einzusetzen[169].

156 Das führt im Anwendungsbereich der §§ 16a–16c, 16e sowie 16f dazu, dass der Lebensunterhalt des Ausländers, der eine Aufenthaltserlaubnis zum Zwecke des Studiums begehrt, bereits dann gesichert ist, wenn in seiner Person die Voraussetzung des § 2 III 5 erfüllt ist, auch wenn der seinen nach dieser Vorschrift bestimmten Bedarf übersteigende Teil seiner Mittel nicht ausreicht, um den bei den anderen Mitgliedern der Bedarfsgemeinschaft bestehenden Bedarf zu decken.

157 Ist das **Studium nicht dem Grunde nach förderungsfähig und damit § 7 V 1 SGB II nicht anwendbar, geht § 2 III 5 der sozialrechtlichen Bewertung vor**[170]. An sich gilt allerdings § 9 II 3 SGB II in diesem Fall auch für den Studierenden. Die Anwendung dieser Vorschrift bei der aufenthaltsrechtlichen Prüfung der Sicherung des Lebensunterhalts hätte allerdings zur Folge, dass das Ergebnis im Widerspruch zu § 2 III 5 stünde. Diese Vorschrift bezieht sich einschränkungslos auf Aufenthaltserlaubnisse nach §§ 16a–16c, 16e sowie 16f. Sie differenziert nicht nach der Förderungsfähigkeit des angestrebten Studiums, sondern bezieht sich auf die REST-RL[171]. Diese kennt als Unionsrecht die aus dem deutschen BAföG stammende Unterscheidung nach der Förderungsfähigkeit nicht. Sie stellt vielmehr allein darauf ab, ob das Studium zu einem anerkannten Abschluss wie einem Diplom, Zertifikat oder Doktorgrad von höheren Bildungseinrichtungen führt (Art. 3 Nr. 3 REST-RL).

158 Die damit angelegte aufenthaltsrechtliche Gleichbehandlung förderungsfähiger und nicht förderungsfähiger Studienzwecke hätte keine praktische Wirksamkeit, wenn § 2 III 5 unangewendet bliebe, wenn zwar ein Studium iSd Art. 3 Nr. 3 REST-RL vorliegt, dieses aber dem Grund nach nicht förderungsfähig ist. Um diese Folge zu vermeiden, aber darüber hinaus auch bereits aufgrund seiner Eigenschaft als speziellere Norm, setzt sich § 2 III 5 durch[172]. **Der Lebensunterhalt eines Ausländers, der eine Aufenthaltserlaubnis gemäß §§ 16a–16c, 16e sowie 16f begehrt, gilt als gesichert, wenn seine Mittel zur Deckung des Bedarfs iSd § 2 III 5 in seiner Person ausreichen, und zwar auch dann, wenn bei rein sozialrechtlicher Betrachtung keine gemischte Bedarfsgemeinschaft vorliegt, weil § 7 V 1 SGB II einen Leistungsanspruch dieses Ausländers nicht ausschließt**[173].

159 Nach § 2 III 5 gilt der Lebensunterhalt für die Erteilung einer Aufenthaltserlaubnis nach § 16 als gesichert, wenn der Ausländer über monatliche Mittel in Höhe des monatlichen Bedarfs verfügt, der nach den §§ 13 und 13a BAföG zu bestimmen ist. Daraus ergibt sich für ein Hochschulstudium ein Betrag von monatlich 861 EUR. Zum Nachweis der Lebensunterhaltssicherung kann der Ausländer Unterlagen über ein von ihm eingerichtetes Sperrkonto vorlegen. Danach kann der Nachweis hinreichender Mittel zur Sicherung des Lebensunterhalts für die Ersterteilung durch ein Sperrkonto erbracht werden, auf das der zwölffache Monatsbetrag des vom BMI im Bundesanzeiger veröffentlichten Betrags eingezahlt ist[174].

160 Die bereits für Studierende bestehende Möglichkeit, das Erfordernis der Lebensunterhaltssicherung pauschalierend durch Ermittlung eines Richtwerts zu bestimmen, wird durch S. 6 auf eine weitere Personengruppen ausgeweitet. So kommen hinzu die Teilnehmer an Maßnahmen zur Anerkennung ausländischer Berufsqualifikationen, an Sprachkursen und Schulbesuchen sowie diejenigen, die einen Ausbildungs- oder Studienplatz suchen. Damit entfallen für die Ausländerbehörde sowie die Auslandsvertretung aufwendige Berechnungen zur Ermittlung des sozialhilferechtlichen Bedarfs.

161 Für Ausländer, die einen Aufenthaltstitel nach den §§ 16a–16f sowie § 17 beantragen, wird – wie bei den Studierenden nach § 16b bereits nach geltender Rechtslage – auf die einschlägigen Sätze nach dem BAföG Bezug genommen. Eine Bezugnahme auf das BAföG ist sachgerecht, weil die Lebenssachverhalte zwischen diesen beiden Personengruppen ähnlich sind. Die Referenz spiegelt die Tatsache wider, dass in der Ausbildungsphase – ähnlich wie bei Studierenden – grundsätzlich niedrigere Lebenshaltungskosten anfallen.

162 Bei Ausländern, die einen Antrag auf einen Aufenthaltstitel nach den § 16d und § 17 stellen, wird jedoch zusätzlich zu den monatlichen Mitteln, über die der Betreffende nach den §§ 13 und 13a I BAföG verfügen muss, ein Aufschlag von zehn Prozent gefordert. Dies gilt auch für Antragsteller nach § 16f I, sofern es sich um Teilnehmer an Sprachkursen handelt, die nicht der Studienvorbereitung

---

[168] NdsOVG Beschl. v. 25.4.2018 – 8 ME 13/18, BeckRS 2018, 7919 Rn. 23 unter Hinweis auf LSG Bln-Bbg Urt. v. 30.6.2009 – L 12 KG 5/07, BeckRS 2009, 72540; SächsLSG Urt. v. 20.9.2012 – L 7 AS 402/11, BeckRS 2013, 66566; SG Berlin Urt. v. 25.3.2015 – S 205 AS 8970/14, BeckRS 2015, 68336.
[169] NdsOVG Beschl. v. 25.4.2018 – 8 ME 13/18, BeckRS 2018, 7919Rn. 23 unter Hinweis auf BSG Urt. v. 15.4.2008 – B 14/7b AS 58/06 R, BeckRS 2008, 56387 Rn. 47.
[170] NdsOVG Beschl. v. 25.4.2018 – 8 ME 13/18, BeckRS 2018, 7919Rn. 24.
[171] NdsOVG Beschl. v. 25.4.2018 – 8 ME 13/18, BeckRS 2018, 7919Rn. 24.
[172] NdsOVG Beschl. v. 25.4.2018 – 8 ME 13/18, BeckRS 2018, 7919Rn. 24.
[173] NdsOVG Beschl. v. 25.4.2018 – 8 ME 13/18, BeckRS 2018, 7919Rn. 24.
[174] OVG Bln-Bbg Beschl. v. 4.3.2015 – OVG 2 S 8/15, BeckRS 2015, 44032 Rn. 7.

dienen. Damit wird den spezifischen Besonderheiten dieser Personengruppe Rechnung getragen, die im Vergleich zu Schülern, Auszubildenden oder Studierenden in der Regel keine Vergünstigungen geltend machen kann. Für die von der Pauschalierung betroffenen Personengruppen bleibt die Möglichkeit der individuellen Prüfung der Lebensunterhaltssicherung unberührt, sodass auch bei Nicht-Erreichen der Einkommensschwelle aufgrund geringen sozialhilferechtlichen Bedarfs im Einzelfall das Erfordernis der ausreichenden Lebensunterhaltssicherung dennoch erfüllt sein kann.

4. Ausreichender Wohnraum

§ 2 IV bestimmt, dass nicht mehr gefordert wird, als für die Unterbringung eines Wohnungssuchenden in einer öffentlich geförderten sozialen Mietwohnung genügt (S. 1). Der Wohnraum ist nicht ausreichend, wenn er den auch für Deutsche geltenden Rechtsvorschriften hinsichtlich Beschaffenheit und Belegung nicht genügt (S. 2). Damit legt die Vorschrift, um den unbestimmten Rechtsbegriff näher einzugrenzen, eine Ober- und Untergrenze und folglich einen Spielraum für das fest, was in der Verwaltungspraxis allenfalls gefordert werden darf bzw. mindestens zu fordern ist[175]. Stets ausreichend ist Wohnraum, der dem Sozialwohnungsstandard entspricht[176]. Eine bessere, insbesondere eine größere Wohnung darf nicht gefordert werden. Nicht mehr ausreichend ist andererseits Wohnraum, der den auch für Deutsche geltenden, in den Wohnungsaufsichtsgesetzen der Länder festgelegten Anforderungen nicht genügt[177]. 163

Zur Auslegung des Begriffs wird man auch auf § 12a IX Nr. 3 zurückgreifen können, der den Begriff des „angemessenen Wohnraums" (§ 12a II) verwendet. Danach ist ausreichender Wohnraum gegeben (s. näher Nr. 2.4.2 AVV-AufenthG), wenn für jedes Familienmitglied über sechs Jahren zwölf Quadratmeter und für jedes Familienmitglied unter sechs Jahren zehn Quadratmeter Wohnfläche zur Verfügung stehen[178]. Diese Überlegung wurde jedoch später mit der ausdrücklichen Erwägung verworfen, dass Asylunterkünfte, die anerkannten Bleibeberechtigten (sog. „Fehlbelegern") vorübergehend für einen begrenzten Zeitraum zum Wohnen angeboten werden können, im Zusammenhang mit einer Wohnsitzzuweisung dann nicht mehr nutzbar wären[179]. 164

Zu den Anforderungen an eine öffentlich geförderte soziale Mietwohnung verweist § 5 WoBindG in seiner seit 2002 geltenden Fassung auf § 27 IV WoFG, der im Wesentlichen zugrunde legt, dass die maßgebliche Wohnungsgröße von den Ländern bestimmt wird. Es ist jedoch in Rechnung zu stellen, dass die Größe einer nach den Maßstäben des sozialen Wohnungsbaus angemessenen Wohnung lediglich die Obergrenze darstellt. Entspricht die zur Verfügung stehende Wohnung hinsichtlich der Raumzahl und der Grundfläche den vorgenannten Anforderungen nicht, so kann sie gleichwohl als ausreichend zu betrachten sein, solange für jedes Familienmitglied noch ein Mindestmaß zur Verfügung steht[180]. Dieses Mindestmaß ergibt sich in einigen Bundesländern aus landesrechtlichen Vorschriften der Wohnungsaufsichtsgesetze, die Wohnungsmissstände, ua die Überbelegung von Wohnraum, verhindern bzw. ihnen vorbeugen sollen. Auch in diesen Fällen ist es jedoch sachgerecht, sich an den vorgenannten Werten als Untergrenze zu orientieren. Da § 2 IV einen gerichtlich nur eingeschränkt überprüfbaren **Beurteilungsspielraum** einräumt, ist letztlich entscheidend darauf abzustellen, in welcher Weise die jeweilige Verwaltungspraxis diesen Spielraum ausschöpft[181]. 165

Nach Nr. 2.4.2 der vom BMI erlassenen Allgemeinen Verwaltungsvorschrift zum AufenthG ist ausreichender Wohnraum unbeschadet landesrechtlicher Regelungen stets vorhanden, wenn für jedes Familienmitglied über sechs Jahren zwölf Quadratmeter Wohnfläche zur Verfügung stehen und Nebenräume (Küche, Bad, WC) in angemessenem Umfang mitbenutzt werden können. Eine Unterschreitung dieser Wohnungsgröße um etwa zehn Prozent ist unschädlich[182]. 166

Der **Nachweis** ausreichenden Wohnraums iSd § 2 IV für den Familiennachzug erfordert hinreichende **Belege**, aus denen sich ergibt, dass dem in Deutschland lebenden Ausländer eine Wohnung rechtlich und tatsächlich gesichert zur Verfügung steht und für die Wohnzwecke der Familie genutzt werden kann; allein das Vorhandensein eines **Wohnberechtigungsscheins** und die nicht belegte Behauptung, eine solche Wohnung könne jederzeit angemietet werden, reichen nicht[183]. Der Nach- 167

---

[175] OVG Bln-Bbg Urt. v. 20.11.2014 – OVG 2 B 13/12, BeckRS 2015, 41213; Urt. v. 25.3.2010 – 3 B 9/08, BeckRS 2010, 48040.
[176] OVG Bln-Bbg Urt. v. 25.3.2010 – OVG 3 B 9/08, BeckRS 2010, 48040.
[177] Vgl. Begründung des Gesetzesentwurfs der Bundesregierung zur wortgleichen Vorschrift in § 17 IV AuslG 1990, BT-Drs. 11/6321, 60.
[178] BayVGH Beschl. v. 16.5.2018 – 12 N 18.9, BeckRS 2018, 11762 Rn. 107 unter Hinweis auf Ministerratsvorlage v. 25.7.2016, S. 23; Normaufstellungsakt, Bl. 276 f.
[179] BayVGH Beschl. v. 16.5.2018 – 12 N 18.9, BeckRS 2018, 11762 Rn. 107 unter Hinweis auf Ministerratsvorlage v. 25.7.2016, S. 23; Normaufstellungsakt, Bl. 276 f.
[180] OVG Bln-Bbg Urt. v. 25.3.2010 – OVG 3 B 9/08, BeckRS 2010, 48040 unter Hinweis auf Urt. v. 18.8.2005 – 7 B 24/05, BeckRS 2007, 20238.
[181] OVG Bln-Bbg Urt. v. 25.3.2010 – OVG 3 B 9/08, BeckRS 2010, 48040.
[182] Hierzu OVG Bln-Bbg Urt. v. 31.7.2015 – OVG 7 B 39/14, BeckRS 2015, 50195 Rn. 20; Urt. v. 25.3.2010 – OVG 3 B 9/08, BeckRS 2010, 48040; Urt. v. 27.2.2014 – OVG 2 B 14/11, BeckRS 2014, 49397.
[183] OVG Bln-Bbg Urt. v. 31.7.2015 – OVG 7 B 39/14, BeckRS 2015, 50195 Rn. 21.

weis muss aussagekräftig sein, also insbesondere die Wohnfläche erkennen lassen[184]. Die Nachweispflicht (§§ 9 II Nr. 9, 29 I Nr. 2) kann den Zuzug erheblich beeinträchtigen. Dennoch bestehen gegen diese Voraussetzung nicht von vornherein grundsätzliche **verfassungsrechtliche Bedenken**[185]. Zweifel an der Verhältnismäßigkeit wären nur angebracht, wenn das Wohnraumerfordernis prohibitiv wirkte. Wohnraumknappheit trifft unterprivilegierte Schichten, zu denen Ausländer überwiegend gehören, am ehesten. Dazu kommt, dass großer Mangel an Wohnraum gerade dort herrscht, wo besonderer Bedarf an ausländischen Arbeitskräften besteht, also in Ballungsgebieten. Aus ähnlichen Gründen dürften auch keine durchgreifenden Zweifel an der Vereinbarkeit mit Art. 8 EMRK bestehen, solange das Wohnraumerfordernis das familiäre Zusammenleben nicht unverhältnismäßig behindert.

168 Zu beachten ist, dass das Wohnraumerfordernis zT auf Unionsrecht beruht. So bestimmt für den Familiennachzug Art. 7 Ia Familienzusammenführungs-RL, dass der Zusammenführende über Wohnraum verfügen muss, „der für eine vergleichbar große Familie in derselben Region als üblich angesehen wird und der die in dem betreffenden Mitgliedstaat geltenden allgemeinen Sicherheits- und Gesundheitsnormen erfüllt". **Aus dem Unionsrecht folgt kein Verzicht auf das Wohnraumerfordernis**[186]. Durch die Europäisierung der Tatbestandsvoraussetzung ist eine rein nationale Auslegung der Bestimmung unzulässig. Außerdem muss der Grundsatz der Verhältnismäßigkeit, der in Art. 17 Familienzusammenführungs-RL eine besondere Ausprägung gefunden hat, beachtet werden.

169 Für das Wohnraumerfordernis nennt das Gesetz zwei **Qualifikationsmerkmale**, nämlich Beschaffenheit und Belegung sowie eine Ober- und eine Untergrenze, nämlich das Sozialwohnungsniveau und den polizei- und wohnungsaufsichtsrechtlichen Minimalstandard[187]. „Angemessener" Wohnraum ist nicht verlangt. Mit Beschaffenheit und Belegung sind Anforderungen an Ausstattung und Größe gemeint[188]. Das ausreichende Maß ist mithilfe dieser Auslegungsrichtpunkte objektiv zu bestimmen, also nicht abhängig von subjektiven Bedürfnissen und Einkommensverhältnissen sowie örtlicher Marktlage. Die für ein menschenwürdiges Leben erforderlichen Bedingungen sind auf die jeweiligen Einzelfallverhältnisse abzustellen, aber objektiv feststellbar, unterliegen also nicht dem Ermessen oder der freien Einschätzung der Ausländerbehörde. Es handelt sich um einen unbestimmten Rechtsbegriff, der auslegungsbedürftig und -fähig ist. Ausländerpolitische Zwecke, zB solche der Verhinderung des Nachzugs oder der Ausgrenzung auch hier geborener Ausländer[189], dürfen keinesfalls Eingang in diese Auslegung finden.

170 Zu den für die Berechnung maßgeblichen **Personen** zählen Kinder in den ersten beiden Lebensjahren nicht. Ansonsten sind alle Personen zu berücksichtigen, die zur familiären Lebensgemeinschaft gehören. Auch für auswärts studierende oder arbeitende Angehörige oder zeitweilig getrennt lebende Ehegatten muss Wohnraum vorgehalten werden. Der familiären Lebensgemeinschaft gehören aber Eltern oder Kinder, die im Heimatstaat oder an einem anderen Ort leben, nicht an. Wohnraum braucht auch nicht schon für alle nachzugsberechtigten oder -willigen Familienmitglieder im Voraus bereitgehalten zu werden[190].

171 Unter Berücksichtigung der unterschiedlichen **landesrechtlichen Vorschriften** zu § 5 des 2. WoBindG und zur Wohnungsaufsicht werden idR als ausreichend anzusehen sein: zwölf Quadratmeter Wohnfläche pro Person über sechs Jahre und zehn Quadratmeter pro Kind bis sechs Jahre (in Hessen neun Quadratmeter pro Person). Diese Werte gelten bei Mitbenutzung von Nebenräumen (Küche, Bad, WC), die dann nicht zur Wohnfläche zählen. Bei abgeschlossener Wohnung werden für Personen über sechs Jahre zwölf Quadratmeter verlangt. Geringfügige Unterschreitungen (nach Nr. 2.4.3 VAH um etwa 10 Prozent) sind zu vernachlässigen, zumal es nicht nur auf die Größe, sondern auch auf die Ausstattung der Wohn- und Nebenräume ankommt. Eine abgeschlossene Wohnung ist nicht verlangt, sie kann also auch von einer Wohngemeinschaft gemeinsam genutzt sein. Untervermietung ist nicht ausgeschlossen, der Wohnraum muss aber rechtlich und tatsächlich gesichert sein und zur Verfügung stehen.

5. Schengen-Staaten

172 Die Definition der Schengen-Staaten wurde mit dem RLUmsG 2011 in Abs. 5 aufgenommen. Schengen-Staaten sind: Deutschland, Belgien, Dänemark, Estland, Finnland, Frankreich, Griechenland, Island, Italien, Lettland, Liechtenstein, Litauen, Luxemburg, Malta, Niederlande, Norwegen, Österreich, Polen, Portugal, Schweden, Schweiz, Slowakei, Slowenien, Spanien, Tschechische Republik und Ungarn.

---

[184] OVG Bln-Bbg Urt. v. 5.12.2018 – OVG 3 B 8.18, BeckRS 2018, 39348 Rn. 27; Urt. v. 31.7.2015 – OVG 7 B 39/14, BeckRS 2015, 50195 Rn. 21.
[185] So betr. Familiennachzug wohl auch BVerfG Beschl. v. 12.5.1987 – 2 BvR 1226/83 ua, BVerfGE 76, 1; betr. öffentlich Interessen *Zimmermann* DÖV 1991, 46.
[186] OVG Bln-Bbg Urt. v. 5.12.2018 – OVG 3 B 8.18, BeckRS 2018, 39348 Rn. 29.
[187] Näher *Renner* Rn. 5/198–205.
[188] OVG Bln-Bbg Urt. v. 5.12.2018 – OVG 3 B 8.18, BeckRS 2018, 39348 Rn. 25.
[189] Krit. dazu *Rittstieg* ZRP 1990, 131.
[190] *Zimmermann* DVBl 1991, 185.

Begriffsbestimmungen § 2 AufenthG 1

Es handelt sich folglich um die bisherigen EU-Staaten, mit Ausnahme von Irland und Zypern, 173
jedoch zuzüglich Island, Norwegen, Schweiz und Liechtenstein. Norwegen und Island, die der
nordischen Passunion angehören, sind 1999 dem Schengener Abkommen beigetreten, nachdem
Dänemark, Schweden und Finnland, die auch Mitglied der nordischen Passunion waren, EU-Staaten
wurden. Hierdurch konnte vermieden werden, dass Norwegen und Island wieder Grenzkontrollen an
der EU-Außengrenze einführen. Die Länder (Bulgarien und Rumänien), die seit dem 1.1.2007
Mitglieder der EU sind, treten dem Schengener Abkommen vorerst nicht bei. San Marino und
Vatikanstadt sind keine Schengen-Staaten. Es bestehen aber keine Grenzkontrollen zum Nachbarland
Italien. Monaco ist kein Schengen-Staat. Es bestehen aber keine Grenzkontrollen zum Nachbarstaat
Frankreich. Bestimmte monegassische Aufenthaltstitel berechtigen zur Inanspruchnahme von Reise-
rechten in den Schengen-Staaten. Andorra ist kein Schengen-Staat. Andorranische Aufenthaltstitel
berechtigen nicht zum Transit durch die Schengen-Staaten.

6. Vorübergehender Schutz

Der Begriff des vorübergehenden Schutzes ergibt sich unmittelbar aus der Schengen-RL, die 174
Mindestnormen für die Flüchtlingsaufnahme im Falle eines vom EU-Rat festgestellten **Massenzustroms** aufstellt. Die Definition gilt nur für diese Fallgestaltung. Er ist damit besetzt und kann nicht
mehr allgemein für die Aufnahme schutzbedürftiger Drittstaatsangehörigen verwendet werden, die
unabhängig von der materiellen Grundlage immer als zeitlich auf die Dauer der Verfolgung oder
sonstigen Gefährdung bezogen verstanden wird. Auch die Aufnahme politisch Verfolgter nach Art. 16a
GG dient dem Schutz während der Zeit der Verfolgung und kann grundsätzlich bei deren Fortfall
beendet werden. Die Klarstellung des Begriffsinhalts ist nicht nur wegen der notwendigen EU-weiten
Einheitlichkeit notwendig, sondern auch im Hinblick auf die bevorstehende Umsetzung der EU-
Asylverfahrens-RL[191], die ua auch für den Begriff des subsidiären Schutzes eine europaweit übereinstimmende Verwendung voraussetzen.

Die vorübergehende Aufnahme auf der Grundlage der Schengen-RL ist nicht nur definiert, sondern 175
für Deutschland durch § 24 auch verfahrensmäßig **umgesetzt**. Damit sind die Sondervorschriften für
die Aufnahme von Kriegs- und Bürgerkriegsflüchtlingen (§ 32a AuslG aF und § 32a AsylVfG aF)
überflüssig geworden. Weitere spezielle Regelungen befinden sich in § 29 IV für den Familiennachzug
und in § 56 III für den Ausweisungsschutz sowie in §§ 42, 43, 77–83 AufenthV für den Wohnsitzwechsel und in § 91a für das beim BAMF zu führende Register zum vorübergehenden Schutz.

7. Langfristig Aufenthaltsberechtigter/Aufenthaltsberechtigung-EU

Der Begriff „langfristig Aufenthaltsberechtigter" wird in Abs. 7 definiert. Die Definition verzichtet 176
anders als die Begriffsbestimmung in Art. 2b Daueraufenthalts-RL[192] auf weitreichende Verweisungen.
Da dieser Begriff an verschiedenen Stellen des geänderten AufenthG verwendet wird, war zur Vereinfachung der Rechtsanwendung seine Definition an dieser Stelle geboten. Der Begriff umfasst
diejenigen, die in anderen Anwenderstaaten der Daueraufenthalts-RL – alle EU-Staaten mit Ausnahme
von Irland und Dänemark– die Rechtsstellung besitzen. Durch die Formulierung „verliehen und nicht
entzogen wurde" in S. 1 wird klargestellt, dass die Rechtsstellung aufgrund eines VA auf Antrag und
nicht etwa bereits bei Erfüllung der Voraussetzungen erworben wird. Dies entspricht den Vorgaben des
Art. 7 I 1 Daueraufenthalts-RL, der folgende Regelung aufweist: „Um die Rechtsstellung eines langfristig Aufenthaltsberechtigten zu erlangen, reicht der Drittstaatsangehörige bei den zuständigen
Behörden des Mitgliedstaats, in dem er sich aufhält, einen Antrag ein." In der Begründung des
Kommissionsentwurfs[193] wurde zu der gleichlautenden Entwurfsregelung klargestellt: „In diesem
Absatz [Art 9 Abs 1] wird die Ausstellung der langfristigen Aufenthaltsberechtigung-EG, die rechts-
begründend im Hinblick auf den Status ist, geregelt."

Zudem wird durch die Worte „und nicht entzogen" klargestellt, dass die Rechtsstellung iSd 177
Definition fortbesteht, bis sie entzogen wird und nicht etwa bereits dann entfällt, wenn die Voraussetzungen für eine Entziehung gegeben sind (s. Art. 9 Daueraufenthalts-RL). Der Besitz der Rechtsstellung ist regelmäßig durch einen Aufenthaltstitel nachzuweisen, in dem nach Art. 8 III Daueraufenthalts-RL in einer der Amtssprachen der EU der Vermerk „Daueraufenthalts-EG" enthalten ist. Es
genügt also nicht jeder Daueraufenthalts- oder langfristiger Aufenthaltstitel. Beim Besitz eines entsprechenden Aufenthaltstitels kann vermutet werden, dass die Rechtsstellung nicht entzogen wurde;
der Umstand einer Entziehung würde sich aber im Verfahren nach dem neuen § 91c erweisen. Da die
Daueraufenthalts-RL aber hinsichtlich der Geltendmachung der Rechtsstellung nicht an die Vorlage
eines solchen Aufenthaltstitels anknüpft, sind auch alternative Nachweise, etwa eine Auskunft der
Behörden des Mitgliedstaates als Nachweis für die Rechtsstellung oder deren Verlust denkbar; die

---

[191] Dazu → GG Art. 16a Rn. 131 ff.
[192] RL 2003/109/EG des Rates v. 25.11.2003 betr. die Rechtsstellung der langfristig aufenthaltsberechtigen Drittstaatsangehörigen (ABl. 2004 L 16, S. 44).
[193] KOM(2001) 127 endg., S. 19.

Darlegungs- und Beweislast für den Besitz der Rechtsstellung trifft nach § 82 I den Ausländer, der sich auf die Rechtsstellung beruft. Langfristig Aufenthaltsberechtigte, die in Deutschland diese Rechtsstellung besitzen, erhalten zum Nachweis dieser Rechtsstellung den Aufenthaltstitel „Erlaubnis zum Daueraufenthalt-EG" nach § 9a.

8. Elementare Sprachverwendung

178 **Einfache deutsche Sprachkenntnisse (A1):** Kann vertraute, alltägliche Ausdrücke und ganz einfache Sätze verstehen und verwenden, die auf die Befriedigung konkreter Bedürfnisse zielen. Kann sich und andere vorstellen und anderen Leuten Fragen zu ihrer Person stellen – zB wo sie wohnen, was für Leute sie kennen oder was für Dinge sie haben – und kann auf Fragen dieser Art Antwort geben. Kann sich auf einfache Art verständigen, wenn die Gesprächspartner langsam und deutlich sprechen und bereit sind zu helfen.

179 **Bei der Selbstbeurteilung werden folgende Kriterien verwendet:**
– **Hören:** Ich kann vertraute Wörter und ganz einfache Sätze verstehen, die sich auf mich selbst, meine Familie oder auf konkrete Dinge um mich herum beziehen, vorausgesetzt, es wird langsam und deutlich gesprochen.
– **Lesen:** Ich kann einzelne vertraute Namen, Wörter und ganz einfache Sätze verstehen, zB auf Schildern, Plakaten oder in Katalogen.
– **An Gesprächen teilnehmen:** Ich kann mich auf einfache Art verständigen, wenn mein Gesprächspartner bereit ist, etwas wiederholen zu wiederholen oder das Gesagte anders zu formulieren, und mir dabei hilft zu formulieren, was ich zu sagen versuche. Ich kann einfache Fragen stellen und beantworten, sofern es sich um unmittelbar notwendige Dinge und um sehr vertraute Themen handelt.
– **Zusammenhängendes Sprechen:** Ich kann einfache Wendungen und Sätze gebrauchen, um Leute, die ich kenne, zu beschreiben und um zu beschreiben, wo ich wohne.
– **Schreiben:** Ich kann eine kurze einfache Postkarte schreiben, zB Feriengrüße. Ich kann auf Formularen, zB in Hotels, Namen, Adresse, Nationalität usw eintragen.

180 **Hinreichende deutsche Sprachkenntnisse (A2):** Kann Sätze und häufig gebrauchte Ausdrücke verstehen, die mit Bereichen von ganz unmittelbarer Bedeutung zusammenhängen (zB Informationen zur Person und zur Familie, Einkaufen, Arbeit, nähere Umgebung). Kann sich in einfachen, routinemäßigen Situationen verständigen, in denen es um einen einfachen und direkten Austausch von Informationen über vertraute und geläufige Dinge geht. Kann mit einfachen Mitteln die eigene Herkunft und Ausbildung, die direkte Umgebung und Dinge im Zusammenhang mit unmittelbaren Bedürfnissen beschreiben.

181 **Bei der Beurteilung werden folgende Kriterien verwendet:**
– **Hören:** Ich kann einzelne Sätze und die gebräuchlichsten Wörter verstehen, wenn es um für mich wichtige Dinge geht (zB sehr einfache Informationen zur Person und zur Familie, Einkaufen, Arbeit, nähere Umgebung). Ich verstehe das Wesentliche von kurzen, klaren und einfachen Mitteilungen und Durchsagen.
– **Lesen:** Ich kann ganz kurze, einfache Texte lesen. Ich kann in einfachen Alltagstexten (zB Anzeigen, Prospekten, Speisekarten oder Fahrplänen) konkrete, vorhersehbare Informationen auffinden und ich kann kurze, einfache persönliche Briefe verstehen.
– **An Gesprächen teilnehmen:** Ich kann mich in einfachen, routinemäßigen Situationen verständigen, in denen es um einen einfachen, direkten Austausch von Informationen und um vertraute Themen und Tätigkeiten geht. Ich kann ein sehr kurzes Kontaktgespräch führen, verstehe aber normalerweise nicht genug, um selbst das Gespräch in Gang zu halten.
– **Zusammenhängendes Sprechen:** Ich kann mit einer Reihe von Sätzen und mit einfachen Mitteln zB meine Familie, andere Leute, meine Wohnsituation meine Ausbildung und meine gegenwärtige oder letzte berufliche Tätigkeit beschreiben.
– **Schreiben:** Ich kann kurze, einfache Notizen und Mitteilungen schreiben. Ich kann einen ganz einfachen persönlichen Brief schreiben, zB um mich für etwas zu bedanken.

9. Selbstständige Sprachverwendung

182 **Ausreichende deutsche Sprachkenntnisse (B1):** Kann die Hauptpunkte verstehen, wenn klare Standardsprache verwendet wird und wenn es um vertraute Dinge aus Arbeit, Schule, Freizeit usw geht. Kann die meisten Situationen bewältigen, denen man auf Reisen im Sprachgebiet begegnet. Kann sich einfach und zusammenhängend über vertraute Themen und persönliche Interessengebiete äußern. Kann über Erfahrungen und Ereignisse berichten, Träume, Hoffnungen und Ziele beschreiben und zu Plänen und Ansichten kurze Begründungen oder Erklärungen geben.

183 **Bei der Beurteilung werden folgende Kriterien verwendet:**
– **Hören:** Ich kann die Hauptpunkte verstehen, wenn klare Standardsprache verwendet wird und wenn es um vertraute Dinge aus Arbeit, Schule, Freizeit usw geht. Ich kann vielen Radio- oder

Fernsehsendungen über aktuelle Ereignisse und über Themen aus meinem Berufs- oder Interessengebiet die Hauptinformation entnehmen, wenn relativ langsam und deutlich gesprochen wird.
- **Lesen:** Ich kann Texte verstehen, in denen va sehr gebräuchliche Alltags- oder Berufssprache vorkommt. Ich kann private Briefe verstehen, in denen von Ereignissen, Gefühlen und Wünschen berichtet wird.
- **An Gesprächen teilnehmen:** Ich kann die meisten Situationen bewältigen, denen man auf Reisen im Sprachgebiet begegnet. Ich kann ohne Vorbereitung an Gesprächen über Themen teilnehmen, die mir vertraut sind, die mich persönlich interessieren oder die sich auf Themen des Alltags wie Familie, Hobbys, Arbeit, Reisen, aktuelle Ereignisse beziehen.
- **Zusammenhängendes Sprechen:** Ich kann in einfachen zusammenhängenden Sätzen sprechen, um Erfahrungen und Ereignisse oder meine Träume, Hoffnungen und Ziele zu beschreiben. Ich kann kurz meine Meinungen und Pläne erklären und begründen. Ich kann eine Geschichte erzählen oder die Handlung eines Buchs oder Films wiedergeben und meine Reaktionen beschreiben.
- **Schreiben:** Ich kann über Themen, die mir vertraut sind oder mich persönlich interessieren, einfache zusammenhängende Texte schreiben. Ich kann persönliche Briefe schreiben und darin von Erfahrungen und Eindrücken berichten.

Nach 9.2.1.7 Verwaltungsvorschrift zum AufenthG werden ausreichende Kenntnisse der deutschen Sprache idR durch Vorlage eines bestandenen Deutschtests für Zuwanderer (§ 17 I IntV), der mit der Gesamtbewertung B1 abschließt, nachgewiesen. **Der Nachweis wird indes nicht geführt, wenn der Deutschtest für Zuwanderer zwar mit der Gesamtbewertung B1 abschließt, aber im Prüfungsteil „Schreiben" unter dem Niveau B1 liegt.** Denn beim Zertifikat B1 wird zumindest auch in dem Prüfungsbereich „Schreiben" das Niveau B1 verlangt. 184

Dass nicht nur in dem mündlichen, sondern auch dem schriftlichen Teilbereich die Anforderungen B1 verlangt werden, ergibt sich aus § 3 II IntV[194]. Durch den ausdrücklichen Klammerverweis auf das Sprachniveau B1, der durch die VO vom 5.12.2007[195] eingeführt worden war, wird klargestellt, dass dieses Sprachniveau auch für den Prüfungsbereich „schriftlich ausdrücken" gilt. 185

Dem entspricht auch die Regelung des § 10 IV 1 StAG, der bestimmt, dass das Vorliegen ausreichender Kenntnisse der deutschen Sprache nach § 10 I Nr. 6 StAG nachgewiesen wurde, „wenn der Ausländer die Anforderungen der Sprachprüfung zum Zertifikat Deutsch (B1 des Gemeinsamen Europäischen Referenzrahmens für Sprachen) in mündlicher und schriftlicher Form erfüllt". In dieser Regelung wird ausdrücklich auf die schriftlichen und mündlichen Prüfungsabschnitte hingewiesen, aus denen sich die Sprachprüfung zusammensetzt. 186

Mit dieser Regelung wollte der Gesetzgeber die Anforderungen an ausreichende Sprachkenntnisse auf der Grundlage des Zertifikats B1 definieren und entsprechende Anregungen der Innenministerkonferenz[196] vom Mai 2006 zur bundeseinheitlichen Auslegung des Begriffs „ausreichende Sprachkenntnisse" umsetzen[197]. Der IMK-Beschluss zielte auf die Einführung eines bundeseinheitlichen Mindeststandards für Einbürgerungen ab, die hinsichtlich der Anforderungen an den Nachweis ausreichender Deutschkenntnisse in den Ländern sehr unterschiedlich praktiziert worden sind. Zentraler Unterschied war dabei die Einbeziehung der Schreibfähigkeit, die etwa in Hessen nicht geprüft wurde. 187

Soweit § 17 II 1 IntV bestimmt, dass die Teilnahme am Integrationskurs iSv § 43 II 2 erfolgreich ist, wenn in dem Sprachtest die für das Sprachniveau B1 erforderliche Punktzahl nachgewiesen ist, wird damit nicht unzweifelhaft der Nachweis erbracht, dass der Ausländer in der Lage ist, zu schreiben. Denn bei dem Deutschtest für Zuwanderer, der speziell für den Integrationskurs entwickelt wurde, handelt es sich um ein Stufenzertifikat, bei dem es ausreicht, dass nur in Teilbereichen B1 erzielt wird, um zum Gesamtergebnis B1 zu kommen. Um die Gesamtbewertung B1 zu erlangen, reicht es aus, dass teilweise ein Niveau unterhalb A2 erreicht wurde. So wird das Gesamtergebnis B1 auch verliehen, wenn der Ausländer im Bereich „Hören/Lesen" oder „Schreiben" ein Sprachniveau von unter A2 erreicht, sofern in den beiden anderen Bereichen das Sprachniveau B1 erzielt wurde. 188

Die schriftsprachlichen Kenntnisse werden in zwei Teilbereichen erbracht: 189
- dem Fertigkeitsbereich „Leseverstehen", der die schriftliche Rezeption umfasst, und
- dem Fertigkeitsbereich „Schreiben", der die schriftliche Produktion umfasst.

---

[194] Diese Regelung bestimmt: „Über ausreichende Kenntnisse der deutschen Sprache nach Abs 1 Nr 1 verfügt, wer sich im täglichen Leben in seiner Umgebung selbstständig sprachlich zurechtfinden kann und entsprechend seinem Alter und Bildungsstand ein Gespräch führen und sich schriftlich ausdrücken kann (Niveau B1 des Gemeinsamen Europäischen Referenzrahmens für Sprachen)."
[195] BGBl. 2017 I S. 2787.
[196] Die Anregung aus dem IMK-Beschl. v. 5.5.2006 lautete: „Beherrschen der deutschen Sprache, orientiert am Sprachniveau B1 des gemeinsamen europäischen Sprachrahmens, was durch einen schriftlichen und mündlichen Sprachtest nachzuweisen ist."
[197] BT-Drs. 16/5065, 229.

190 Da der Nachweis der schriftsprachlichen Kompetenz des Teilnehmers nicht ausschließlich durch Bewertung des Prüfungsteils „Schreiben" erfolgt, ist es möglich, unzureichende Schriftsprachkenntnisse durch Kenntnisse im Fertigkeitsbereich „Leseverstehen" auszugleichen.

10. Gute deutsche Sprachkenntnisse

191 **Gute deutsche Sprachkenntnisse (B2):** Kann die Hauptinhalte komplexer Texte zu konkreten und abstrakten Themen verstehen; versteht im eigenen Spezialgebiet auch Fachdiskussionen. Kann sich so spontan und fließend verständigen, dass ein normales Gespräch mit Muttersprachlern ohne größere Anstrengung auf beiden Seiten gut möglich ist. Kann sich zu einem breiten Themenspektrum klar und detailliert ausdrücken, einen Standpunkt zu einer aktuellen Frage erläutern und die Vor- und Nachteile verschiedener Möglichkeiten angeben.

192 **Bei der Beurteilung werden folgende Kriterien verwendet:**
– **Hören:** Ich kann längere Redebeiträge und Vorträge verstehen und auch komplexer Argumentation folgen, wenn mir das Thema einigermaßen vertraut ist. Ich kann im Fernsehen die meisten Nachrichtensendungen und aktuelle Reportagen verstehen. Ich kann die meisten Spielfilme verstehen, sofern Standardsprache gesprochen wird.
– **Lesen:** Ich kann Artikel und Berichte über Probleme der Gegenwart lesen und verstehen, in denen die Schreibenden eine bestimmte Haltung oder einen bestimmten Standpunkt vertreten. Ich kann zeitgenössische literarische Prosatexte verstehen.
– **An Gesprächen teilnehmen:** Ich kann mich so spontan und fließend verständigen, dass ein normales Gespräch mit einem Muttersprachler recht gut möglich ist. Ich kann mich in vertrauten Situationen aktiv an einer Diskussion beteiligen und meine Ansichten begründen und verteidigen.
– **Zusammenhängendes Sprechen:** Ich kann zu vielen Themen aus meinen Interessengebieten eine klare und detaillierte Darstellung geben. Ich kann einen Standpunkt zu einer aktuellen Frage erläutern und Vor- und Nachteile verschiedener Möglichkeiten angeben.
– **Schreiben:** Ich kann über eine Vielzahl von Themen, die mich interessieren, klare und detaillierte Texte schreiben. Ich kann in einem Aufsatz oder Bericht Informationen wiedergeben oder Argumente und Gegenargumente für oder gegen einen bestimmten Standpunkt darlegen. Ich kann Briefe schreiben und darin die persönliche Bedeutung von Ereignissen und Erfahrungen deutlich machen.

11. Kompetente Sprachverwendung

193 **Beherrschen der deutschen Sprache (C1):** Kann ein breites Spektrum anspruchsvoller, längerer Texte verstehen und auch implizite Bedeutungen erfassen. Kann sich spontan und fließend ausdrücken, ohne öfter deutlich erkennbar nach Worten suchen zu müssen. Kann die Sprache im gesellschaftlichen und beruflichen Leben oder in Ausbildung und Studium wirksam und flexibel gebrauchen. Kann sich klar, strukturiert und ausführlich zu komplexen Sachverhalten äußern und dabei verschiedene Mittel zur Textverknüpfung angemessen verwenden.

194 **Bei der Beurteilung werden folgende Kriterien verwendet:**
– **Hören:** Ich kann längeren Redebeiträgen folgen, auch wenn diese nicht klar strukturiert sind und wenn Zusammenhänge nicht explizit ausgedrückt sind. Ich kann ohne allzu große Mühe Fernsehsendungen und Spielfilme verstehen.
– **Lesen:** Ich kann lange, komplexe Sachtexte und literarische Texte verstehen und Stilunterschiede wahrnehmen. Ich kann Fachartikel und längere technische Anleitungen verstehen, auch wenn sie nicht in meinem Fachgebiet liegen.
– **An Gesprächen teilnehmen:** Ich kann mich spontan und fließend ausdrücken, ohne öfter deutlich erkennbar nach Worten suchen zu müssen. Ich kann die Sprache im gesellschaftlichen und beruflichen Leben wirksam und flexibel gebrauchen. Ich kann meine Gedanken und Meinungen präzise ausdrücken und meine eigenen Beiträge geschickt mit denen anderer verknüpfen.
– **Zusammenhängendes Sprechen:** Ich kann komplexe Sachverhalte ausführlich darstellen und dabei Themenpunkte miteinander verbinden, bestimmte Aspekte besonders ausführen und meinen Beitrag angemessen abschließen.
– **Schreiben:** Ich kann mich schriftlich klar und gut strukturiert ausdrücken und meine Ansicht ausführlich darstellen. Ich kann in Briefen, Aufsätzen oder Berichten über komplexe Sachverhalte schreiben und die für mich wesentlichen Aspekte hervorheben. Ich kann in meinen schriftlichen Texten den Stil wählen, der für die jeweiligen Leser angemessen ist.

12. Internationaler Schutz

195 Der Abs. 13 wurde mit dem Gesetz zur Verbesserung der Rechte von internationalen Schutzberechtigten und ausländischen Arbeitnehmern vom 29.8.2013 (BGBl. I S. 3484) eingeführt. **Wegen der Einzelheiten wird auf die Kommentierung zu § 1 I Nr. 2 AsylG verwiesen.**

13. Qualifizierte Berufsausbildung

Aus Gründen der Rechtsklarheit wird die Definition der qualifizierten Berufsausbildung, die bislang 196 ausschließlich in § 6 I 2 BeschV enthalten war, jedoch auch der Auslegung von Normen im AufenthG dient, im Katalog der Begriffsbestimmungen in § 2 verankert und überarbeitet (Abs. 12a)[198]. Danach liegt im Inland eine qualifizierte Berufsausbildung vor, wenn es sich um eine Berufsausbildung in einem **staatlich anerkannten oder vergleichbar geregelten Ausbildungsberuf** handelt, für den nach bundes- oder landesrechtlichen Vorschriften eine **Ausbildungsdauer von mindestens zwei Jahren festgelegt** ist.

Staatlich anerkannte oder vergleichbar geregelte Ausbildungsberufe sind alle anerkannten Aus- und 197 Fortbildungsabschlüsse nach BBiG und HwO sowie vergleichbare bundes- oder landesrechtlich geregelte Berufsabschlüsse oder diesen Berufsabschlüssen entsprechende Qualifikationen. Umfasst sind dabei auch Ausbildungen, deren praktischer Teil in betrieblicher Form durchgeführt wird und für die ein Anspruch auf die Zahlung einer Ausbildungsvergütung besteht, zB Ausbildung zum/zur Altenpfleger(in) oder zum/zur Gesundheits- und Krankenpfleger(in).

Die geforderte Dauer der Ausbildung bezieht sich auf die generelle Dauer der Ausbildung 198 **und nicht auf die individuelle Ausbildungsdauer des betroffenen Ausländers**[199]. Die Voraussetzungen für die Erteilung der Aufenthaltserlaubnis sind daher auch in den Fällen erfüllt, in denen regulär eine zweijährige Ausbildungszeit zu absolvieren ist, im Einzelfall jedoch der Berufsabschluss nach einer verkürzten Ausbildungszeit zugelassen wurde.

Externenprüfungen nach § 45 II BBiG erfolgen nicht auf der Grundlage einer im Inland absol- 199 vierten Ausbildung, sondern aufgrund einer bisher ausgeübten praktischen Tätigkeit und damit erlangten beruflichen Erfahrung. Damit ist § 2 XIIa auf solche Fälle nicht anwendbar[200].

14. Qualifizierte Beschäftigung

§ 2 XIIb enthält eine Legaldefinition der **qualifizierten Beschäftigung** iSd AufenthG. Hiermit 200 wird die Handhabung insbesondere der Normen in Kap. 2 Abschnitt 4 (Aufenthalt zum Zweck der Erwerbstätigkeit) deutlich erleichtert. In Abgrenzung zu unqualifizierten Beschäftigungen liegt eine qualifizierte Beschäftigung vor, wenn die Art der arbeitsvertraglich vereinbarten Tätigkeiten üblicherweise von Personen mit Fertigkeiten, Kenntnissen und Fähigkeiten ausgeübt wird, die in einer qualifizierten Berufsausbildung oder akademischen Ausbildung erworben werden. Dies umfasst sowohl berufsrechtlich reglementierte als auch nichtreglementierte Berufe[201].

15. Bildungseinrichtung

In § 2 XIIc wird der Begriff der **Bildungseinrichtung** definiert. Er umfasst die Einrichtungen, die 201 bei Aufenthalt nach Kap. 2 Abschnitt 3 Ausbildungen (Berufsausbildung, betriebliche Weiterbildung, Studium und Studienvorbereitung, Maßnahmen zur Anerkennung ausländischer Berufsqualifikationen, Schulbesuch, Sprachkurse) anbieten. Eine Bildungseinrichtung iSd AufenthG kann damit auch ein Betrieb sein, in dem zB betriebliche Aus- und Weiterbildungen oder rein betriebliche Maßnahmen zur Anerkennung ausländischer Berufsqualifikationen durchgeführt werden[202].

16. Fluchtgefahr

Die seit dem 1.1.2014 anzuwendende VO (EU) Nr. 604/2013 („Dublin III-VO") regelt das Ver- 202 fahren zur Überstellung von Asylbewerbern in den für die Prüfung ihres Asylantrags zuständigen Mitgliedstaat. Sie enthält – anders als die VO (EG) Nr. 343/2003 des Rates vom 18.2.2003 zur Festlegung der Kriterien und Verfahren zur Bestimmung des Mitgliedstaats, der für die Prüfung eines von einem Drittstaatsangehörigen in einem Mitgliedstaat gestellten Asylantrags zuständig ist[203] – erstmals auch Vorschriften für eine Inhaftnahme zum Zweck der Sicherstellung von Überstellungsverfahren. Soweit die Voraussetzungen und das Verfahren für eine Inhaftnahme in der VO (EU) Nr. 604/ 2013 selbst geregelt sind, kommt ein Rückgriff auf die bisher auf Überstellungen Anwendung findenden entsprechenden nationalen Regelungen nicht mehr in Betracht. In Art. 28 II VO (EU) Nr. 604/2013 sind die Voraussetzungen festgelegt, unter denen die Mitgliedstaaten Ausländer zum vorgenannten Zweck in Haft nehmen dürfen. **Eine solche Inhaftnahme ist demnach nach einer Einzelfallprüfung möglich, wenn eine erhebliche Fluchtgefahr besteht, und auch nur dann, wenn die Haft verhältnismäßig ist und sich weniger einschneidende Maßnahmen nicht wirk-**

---

[198] Entwurf des FEG v. 4.1.2019 BR-Drs. 7/19, 94.
[199] Durchführungsanweisungen zur BeschV (2013), Ziffer 2.06.101.
[200] Durchführungsanweisungen zur BeschV (2013), Ziffer 2.06.103.
[201] Entwurf des FEG v. 4.1.2019 BR-Drs. 7/19, 94.
[202] Entwurf des FEG v. 4.1.2019 BR-Drs. 7/19, 94.
[203] ABl. 2003 L 50, 1.

sam anwenden lassen. Nach Art. 2 lit. n VO (EU) Nr. 604/2013 bezeichnet der Begriff Fluchtgefahr „das Vorliegen von Gründen im Einzelfall, die auf objektiven gesetzlich festgelegten Kriterien beruhen und zu der Annahme Anlass geben, dass sich ein Antragsteller, ein Drittstaatsangehöriger oder Staatenloser, gegen den ein Überstellungsverfahren läuft, diesem Verfahren möglicherweise durch Flucht entziehen könnte". Die entsprechende gesetzliche Regelung erfolgte durch das AufenthGÄndG 2015, mit dem in § 2 die Abs. 14 und 15 eingeführt wurden.

203 Mit Einfügung von § 2 XV wurden nur die **objektiven Kriterien für die Annahme einer Fluchtgefahr** iSv Art. 2 lit. n VO (EU) Nr. 604/2013 festgelegt, auf denen im Einzelfall die Gründe beruhen können, die zu der Annahme Anlass geben, dass sich der Betroffene, gegen den ein Überstellungsverfahren läuft, diesem Verfahren möglicherweise durch Flucht entziehen könnte. Zudem darf eine Inhaftnahme zwecks Sicherstellung des Überstellungsverfahrens nach Art. 28 II der VO nur dann erfolgen, wenn eine Einzelfallprüfung ergibt, dass die Fluchtgefahr erheblich und die Haft verhältnismäßig ist und sich weniger einschneidende Maßnahmen nicht wirksam anwenden lassen. Der Begriff der „erheblichen" Fluchtgefahr ist dabei als Begriff des Europarechts autonom auszulegen.

204 **Erhebliche Fluchtgefahr** ist nach der VO (EU) Nr. 604/2013 („Dublin III-VO") in Art. 28 II Voraussetzung für die Inhaftnahme zwecks Sicherstellung von Überstellungsverfahren[204]. Nach Art. 2 lit. n VO (EU) Nr. 604/2013 hat die Begründung von Fluchtgefahr auf **objektiv gesetzlich festgelegten Kriterien** zu beruhen. Nach der bisherigen Fassung galten die in § 2 XIV aF festgelegten Kriterien über die Verweisung in Abs. 15 für die Überstellungshaft. Die Neufassung verweist für die Überstellungshaft auf § 62 IIIa für die **widerlegliche Vermutung einer Fluchtgefahr** iSv Art. 2 lit. n VO (EU) Nr. 604/2013 und § 62 IIIb Nr. 1–5 als **objektive Anhaltspunkte für die Annahme einer Fluchtgefahr** iSv Art. 2 lit. n der VO (EU) Nr. 604/2013 entsprechend. Die Abwägung von Gründen im Einzelfall ist Voraussetzung für die Annahme einer Fluchtgefahr für die Überstellungshaft. Dies folgt darüber hinaus aus dem **Verhältnismäßigkeitsprinzip**[205]. Durch den Hinweis, dass im Anwendungsbereich der VO (EU) Nr. 604/2013 Art. 28 II iÜ maßgeblich bleibt, ist klargestellt, dass die übrigen Voraussetzungen des Art. 28 II zusätzlich zu prüfen sind und vorliegen müssen[206]. Die Einzelfallprüfung obliegt der die Überstellungshaft beantragenden Behörde bzw. auch dem anordnenden Richter.

205 Entsprechende Geltung kommt ua dem Grundsatz in § 62 I 3 zu, wonach Minderjährige und Familien mit Minderjährigen nur in besonderen Ausnahmefällen und nur so lange in Haft genommen werden dürfen, wie es unter Berücksichtigung des Kindeswohls angemessen ist. IdR dürfte eine Inhaftierung Minderjähriger unverhältnismäßig sein[207].

206 Die bisherige Regelung wird durch das 2. RückkehrG 2019 erweitert. § 2 XIV 2 Nr. 1 überführt wortgleich die bisherige Regelung in § 2 XV 2 aF. § 2 XIV 2 Nr. 2 will Folgendes regeln: Zur Gewährleistung des in der Dublin III-VO festgelegten Zuständigkeitsregimes besteht in Fällen, in denen ein Asylantragsteller in mindestens zwei anderen Mitgliedstaaten als der Bundesrepublik Deutschland einen Asylantrag gestellt und jeweils diesen Staat der Antragstellung wieder verlassen hat, ohne die Bestimmung des für die Prüfung seines Asylverfahrens zuständigen Mitgliedstaates abzuwarten, ein besonderes Interesse an der Durchführung der Überstellung. Die Tatsache, dass die betroffene Person bereits einen dritten Asylantrag im Geltungsbereich der Dublin III-VO – diesmal in der Bundesrepublik Deutschland – stellt und mindestens zweimal den jeweiligen anderen Staat der Antragstellung verlassen hat, kann auf eine erhöhte Fluchtneigung hindeuten[208].

207 Die **vorläufige Ingewahrsamnahme** bzw. das **Festhalten ohne vorherige richterliche Anordnung** sind in der Dublin III-VO nicht abschließend geregelt[209]. Die Regelung in § 2 XIV 2 orientiert sich am § 62 V. Wegen der Einzelheiten wird auf die Kommentierung zu → § 62 verwiesen.

Kapitel 2. Einreise und Aufenthalt im Bundesgebiet

Abschnitt 1. Allgemeines

§ 3 Passpflicht

(1) ¹Ausländer dürfen nur in das Bundesgebiet einreisen oder sich darin aufhalten, wenn sie einen anerkannten und gültigen Pass oder Passersatz besitzen, sofern sie von der Passpflicht nicht durch Rechtsverordnung befreit sind. ²Für den Aufenthalt im Bundesgebiet erfüllen sie die Passpflicht auch durch den Besitz eines Ausweisersatzes (§ 48 Abs. 2).

---

[204] BT-Drs. 19/10047, 28.
[205] BT-Drs. 19/10047, 28.
[206] BT-Drs. 19/10047, 28.
[207] BT-Drs. 19/10047, 28.
[208] BT-Drs. 19/10047, 28.
[209] BT-Drs. 19/10047, 28.

(2) Das Bundesministerium des Innern, für Bau und Heimat oder die von ihm bestimmte Stelle kann in begründeten Einzelfällen vor der Einreise des Ausländers für den Grenzübertritt und einen anschließenden Aufenthalt von bis zu sechs Monaten Ausnahmen von der Passpflicht zulassen.

Allgemeine Verwaltungsvorschrift
3 Zu § 3 – Passpflicht
3.0 Allgemeines
3.0.1 Die Passpflicht, also die Pflicht zum Besitz eines gültigen und anerkannten Passes oder Passersatzes, erstreckt sich zum einen auf die Einreise, zum anderen auf den Aufenthalt des Ausländers im Bundesgebiet. Die Erfüllung der Passpflicht ist grundsätzlich eine zwingende Voraussetzung für die erlaubte Einreise (§ 14 Absatz 1 Nummer 1) sowie für die Erteilung eines Aufenthaltstitels oder dessen Verlängerung (§ 5 Absatz 1 Nummer 4 und § 8 Absatz 1). Bei der Erteilung und Verlängerung von Aufenthaltstiteln sind jedoch Ausnahmen vom Regelerteilungsgrund der Passpflicht in dem in § 5 Absatz 3 genannten Umfang zulässig. Wird die Passpflicht im Bundesgebiet nicht mehr erfüllt, kann ein erteilter Aufenthaltstitel widerrufen werden (§ 52 Absatz 1 Nummer 1).
3.0.2 Die Passpflicht besteht unabhängig von der Pflicht zur Mitführung des Passes oder Passersatzes beim Grenzübertritt (§ 13 Absatz 1 Satz 2) und von den ausweisrechtlichen Pflichten gemäß § 48 und nach §§ 56 und 57 AufenthV (z. B. Passvorlagepflicht).
3.0.2.1 Ausländer, die nach § 1 Absatz 2 Nummer 1 von der Anwendung des Aufenthaltsgesetzes ausgenommen sind, unterliegen gemäß § 8 FreizügG/EU nur einer dort geregelten Ausweispflicht. Ein Verstoß gegen diese Pflicht (Ordnungswidrigkeit nach § 10 FreizügG/EU) führt für sich allein nicht zu einer die Freizügigkeit beschränkenden Maßnahme (Artikel 15 Absatz 2 der Richtlinie 2004/38/EG des Europäischen Parlaments und des Rates vom 29. April 2004 über das Recht der Unionsbürger und ihrer Familienangehörigen, sich in den Hoheitsgebieten der Mitgliedstaaten der Europäischen Union frei zu bewegen und aufzuhalten, zur Änderung der Verordnung (EWG) Nummer 1612/68 und zur Aufhebung der Richtlinien 64/221/EWG, 68/380/EWG, 72/194/EWG, 73/148/EWG, 75/34/EWG, 75/35/EWG, 90/364/EWG, 90/365 EWG und 93/96/EWG (ABl. EU Nummer L 229 S. 35, so genannte Freizügigkeitsrichtlinie) und führt nicht dazu, dass der Aufenthalt unerlaubt ist.
3.0.2.2 Die Passpflicht erstreckt sich nicht auf die Ausländer, die nach § 1 Absatz 2 von der Anwendung des Aufenthaltsgesetzes ausgenommen sind. Hinsichtlich der Ausstellung von Ausweisen für Mitglieder ausländischer Vertretungen und internationaler Organisationen wird auf Abschnitt VIII des Rundschreibens des Auswärtigen Amtes über Diplomaten und andere bevorrechtigte Personen in der jeweils gültigen Fassung verwiesen. Staatsoberhäupter benötigen nach allgemeinen völkerrechtlichen Grundsätzen auch bei Privatreisen keinen Pass.
3.0.3 Ein Verstoß gegen die Passpflicht ist gemäß § 95 Absatz 1 Nummer 1 und 3 strafbewehrt. Ein Verstoß gegen die Passpflicht und Visumpflicht liegt nicht vor, wenn der Ausländer, der einen gültigen Aufenthaltstitel besitzt, aus einem seiner Natur nach lediglich vorübergehenden Grund mit einem gültigen und anerkannten Pass das Bundesgebiet verlässt, diesen im Ausland verliert und innerhalb der Geltungsdauer des Aufenthaltstitels mit einem neuen Pass in das Bundesgebiet einreist.
3.0.4 Ein Pass ist ein Dokument, das von einem Staat an seine eigenen Staatsangehörigen ausgestellt wird. Er bedarf der Unterschrift durch den Passinhaber. Der Pass hat nach überkommenem Verständnis verschiedene Funktionen. Er bescheinigt, dass die Personendaten (Name, Vorname, Geburtsdatum) sowie die Personalien des durch Lichtbild und – außer bei Analphabeten – Unterschrift ausgewiesenen Inhabers des Papiers entsprechen. Durch den Pass wird die Inanspruchnahme des Inhabers als eigener Staatsangehöriger im völkerrechtlichen Verkehr erklärt. Durch den Pass wird dem Inhaber von seinem Staat grundsätzlich erlaubt, die eigene Staatsgrenze in auswärtige Richtung zu überschreiten, und erklärt, dass gegen die Einreise in die Staaten, für die der Pass gültig ist, keine Bedenken bestehen. Mit dem Pass wird eine Erlaubnis ausgesprochen, die eigene Staatsgrenze zur Einreise in – grundsätzlich – das gesamte eigene Hoheitsgebiet zu überschreiten. Ferner wird gegenüber auswärtigen Staaten nach überwiegender Auffassung versichert, dass der Ausstellerstaat den Inhaber im Rahmen der Passgültigkeit zurücknimmt. Der Ausstellerstaat übernimmt den Besitz und den konsularischen Schutz des Passinhabers.
3.0.5 Passersatzpapier – oder kürzer Passersatz – i. S. d. allgemeinen ausländerrechtlichen Sprachgebrauchs ist ein Papier, das nach der Bestimmung der ausstellenden Stelle zumindest auch zum Grenzübertritt geeignet und bestimmt ist, ohne dass es sämtliche Funktionen eines Passes aufweist. Ist ein Passersatz in Deutschland anerkannt, zugelassen oder eingeführt, so genügt ein Ausländer auch mit dem Passersatz der Passpflicht. Ein Papier, das nach dem Willen der ausstellenden Behörde nicht zum grenzüberschreitenden Reisen bestimmt ist, sondern ausschließlich andere Funktionen erfüllt, ist niemals Passersatz.
3.0.6 Der anerkannte und gültige Pass oder Passersatz berechtigt zum ordnungsgemäßen Grenzübertritt nach Maßgabe des § 13 sowie nach Artikel 5 Absatz 1 Buchstabe a) Schengener Grenzkodex. Einen erforderlichen Aufenthaltstitel ersetzt er nicht.
3.0.7 Die Passpflicht und die Pflicht zum Besitz eines Aufenthaltstitels (Visum, Aufenthaltserlaubnis, Niederlassungserlaubnis, Daueraufenthalt-EG) bestehen unabhängig voneinander und werden auch unabhängig voneinander erfüllt oder nicht erfüllt. Ob für die Einreise und den Aufenthalt ein Visum bzw. Aufenthaltstitel erforderlich ist, hängt, sofern nicht Sonderregeln greifen, nicht davon ab, mit welchem Dokument die Passpflicht erfüllt wird. Insbesondere hängt die durch die Verordnung (EG) Nummer 539/2001 des Rates vom 15. März 2001 zur Aufstellung der Liste der Drittländer, deren Staatsangehörige beim Überschreiten der Außengrenzen im Besitz eines Visums sein müssen, sowie der Liste der Drittländer, deren Staatsangehörige von der Visumpflicht befreit sind (ABl. EG Nummer L 81 S. 1) im Rahmen ihres Anwendungsbereichs festgelegte Visumpflicht oder Visumbefreiung von der Staatsangehörigkeit des einreisenden Ausländers und nicht von dem Papier ab, das zur Erfüllung der Passpflicht verwendet wird (eine systematische Ausnahme bilden die Inhaber der in der Verordnung genannten Dokumente der Sonderverwaltungszonen Hongkong und Macao).
3.0.8 Durch den Besitz eines gültigen Passes wird den Behörden die Feststellung der Identität und Staatsangehörigkeit sowie der Rückkehrberechtigung seines Inhabers ohne weiteres ermöglicht. Ein gültiger Pass, den ein Staat an seine eigenen Angehörigen ausstellt, beinhaltet die völkerrechtlich verbindliche Erklärung des ausstellenden Staates,

dass der Inhaber ein eigener Staatsangehöriger ist. Da ausschließlich der Staat, dessen Staatsangehörigkeit ein Ausländer besitzt, rechtlich zur Feststellung der Namensführung berechtigt ist, gilt der in einem solchen Pass eingetragene Name des Inhabers als rechtlich verbindlich festgestellt (zu Ausnahmen vgl. Nummer 3.0.9). Wird diese der Rechtssicherheit im internationalen Reiseverkehr dienende Funktion des Passes erfüllt, erübrigt sich somit eine Identitätsfeststellung gemäß § 49. Hiervon unberührt bleiben die ebenfalls in § 49 geregelten Befugnisse zur Identitätssicherung oder eine Prüfung der Echtheit des Passes.

3.0.9 Artikel 10 Absatz 1 EGBGB sieht vor, dass der Name einer Person dem Recht des Staates unterliegt, dem die Person angehört. Als Durchbrechung dieses Prinzips sieht Artikel 10 Absatz 2 und 3 EGBGB in bestimmten Fällen die Möglichkeit vor, das deutsche Namensrecht für den Ehenamen (Absatz 2) oder den Namen des Kindes (Absatz 3) zu wählen. Sofern infolge dieser Rechtswahl und etwaigen weiteren Erklärungen im deutschen Rechtskreis ein Name geführt wird, der von dem Namen abweicht, den der Ausländer nach Heimatrecht hat, ist in Deutschland der nach deutschem Recht bestimmte Name maßgeblich. Der Umstand, dass der betreffende Ausländer in Deutschland einen abweichenden Namen führt, hat aber nicht zur Folge, dass der Ausländer nicht mehr einen abweichenden Namen nach ausländischem Recht innehat. Insofern wird der Pass oder Passersatz, der denjenigen Namen enthält, der nach wie vor dem Heimatrecht entspricht, nicht inhaltlich unrichtig. Die in § 56 Absatz 1 Nummer 3 AufenthV vorgesehene Verpflichtung zur Korrektur besteht also nicht, solange der Name nach Heimatrecht im Pass richtig eingetragen ist. Es besteht auch keine Verpflichtung zur Abgabe von Erklärungen, um im Heimatstaat den Namen dem Namen anzugleichen, der nach deutschem Recht geführt wird.

In diesen Fällen der nach deutschem Recht abweichenden Namensführung ist wie folgt zu verfahren:

3.0.9.1 In Etiketten für den Aufenthaltstitel und das Visum, in denen der Name wiedergegeben wird und die in den Pass eingeklebt werden, sowie in der Fiktionsbescheinigung ist der Name einzutragen, der im Pass verzeichnet ist. Damit wird verdeutlicht, dass das Etikett zum Pass gehört; andernfalls bestünde, etwa auf Reisen, die Gefahr, dass vermutet wird, der Aufenthaltstitel gehöre nicht zum Pass, sei also gefälscht. Auf dem Etikett ist im Feld für Anmerkungen oder auf einem Zusatzblatt (im Beispielsfalle einer Wahl des Namens „Mustermann") folgender Vermerk anzubringen:

– bei einer Wahl des Ehenamens:

„Der Inhaber führt in Deutschland den Ehenamen MUSTERMANN."

– bei einer Wahl des Kindesnamens:

„Die Inhaberin führt in Deutschland den Namen Erika MUSTERMANN."

3.0.9.2 Werden deutsche Passersatzpapiere ausgestellt, wird dadurch nicht völkerrechtlich verbindlich der Name festgestellt. Deutsche Behörden sind daher nicht gezwungen, das Namensrecht des Heimatstaates anzuwenden, sondern nur das deutsche Namensrecht. Umgekehrt sollte wegen des Gebrauchs des Dokuments in auswärtigen Staaten, wo das deutsche Namensrecht keine Rolle spielt, ein nach ausländischem Recht weiter geführter Name aufgeführt werden. Als Namen sind die nach deutschem Recht geführten Namen anzugeben, allerdings der nach ausländischem Recht geführte Namen in Klammern zuzusetzen, und zwar (beispielsweise, wenn der Inhaber nach deutschem Recht Stefan Mustermann und nach ausländischem Recht Ploni Almoni heißt) in der Form:

    Name: MUSTERMANN (ALMONI)
    Vornamen: Stefan (Ploni)

und als amtlicher Eintrag erläuternd auf einer leeren Dokumentenseite aufzunehmen:

„Der Name des Inhabers lautet nach deutschem Recht Stefan MUSTERMANN und nach dem Recht des Staates, dem er angehört, Ploni ALMONI."

3.0.9.3 Die Ausstellungsvoraussetzungen für einen Reiseausweis für Ausländer liegen in den genannten Fällen nicht allein wegen der unterschiedlichen Namensführung vor, wenn der betroffene Ausländer einen gültigen und anerkannten ausländischen Pass oder Passersatz besitzt.

3.0.10 Stellt hingegen ein auswärtiger Staat einen Passersatz an eine Person aus, die dieser Staat nicht als eigenen Staatsangehörigen in Anspruch nimmt, wird die in Nummer 3.0.8 erwähnte Feststellungsbefugnis nicht ausgeübt, sondern nur der Inhaber bezeichnet. Wie weit die Indizwirkung der Eintragungen im Passersatz reicht, hängt vom jeweiligen Einzelfall ab. Zu den in § 3 Absatz 1 und 3 AufenthV genannten Papieren (insbesondere Reiseausweisen für Flüchtlinge und Staatenlose) ist von der Richtigkeit der Eintragungen im Regelfall auszugehen. Bei Passersatzpapieren, die mit einem Visum oder anderen Aufenthaltstitel eines Schengen-Staates versehen sind, wird vermutet, dass die Identität schon im Erteilungsverfahren sicher festgestellt wurde. Die zur Verwendung im internationalen Reiseverkehr bestimmten Grenzübertrittsdokumente müssen generell zumindest das Geburtsdatum des Passinhabers sowie Ausstellungs- und Ablaufdatum gemäß dem Gregorianischen Kalender unter Verwendung der international gebräuchlichen arabischen Ziffern enthalten. Datumseintragungen ausschließlich nach sonstigen Zeitrechnungen sind mit den langjährigen völkerrechtlichen Gepflogenheiten und den ICAO-Standards (hier: maschinenlesbare Dokumente, Nummer 10.1 von Teil 1 des Doc. 9303) unvereinbar. Insofern handelt es sich hierbei um eine elementare ungeschriebene Voraussetzung zur Erfüllung der gesetzlichen Passpflicht i. S. d. § 3 Absatz 1.

3.0.11 Beabsichtigt der Passbewerber in Kürze zu heiraten, so kann, wenn sofort eine Auslandsreise angetreten werden soll und sich der Familienname ändert, der Pass schon vor der Eheschließung mit dem neuen Namen hergestellt werden. Als Beginn der Gültigkeitsdauer ist der Tag der Eheschließung einzutragen. Die Aushändigung des Passes darf jedoch erst nach der Eheschließung erfolgen. Vor der Aushändigung des Passes ist die Namensführung anhand der Heiratsurkunde oder des Familienbuches zu überprüfen.

3.1 Erfüllung der Passpflicht

3.1.1 Nach § 3 Absatz 1 Satz 1 kann ein Ausländer, der in das Bundesgebiet einreist oder sich darin aufhält, die Passpflicht durch Besitz eines anerkannten und gültigen Passes oder Passersatzes erfüllen, sofern nicht durch Rechtsverordnung eine Befreiung geregelt oder im Einzelfall nach § 3 Absatz 2 eine Ausnahme zugelassen wurde.

Passpflicht **§ 3 AufenthG 1**

3.1.2 Kann ein Ausländer einen anerkannten und gültigen Pass oder Passersatz nicht in zumutbarer Weise erlangen, genügt der Ausländer gemäß § 48 Absatz 2 – im Inland, aber nicht beim Grenzübertritt – seiner Passpflicht durch Besitz eines Ausweisersatzes (§ 3 Absatz 1 Satz 2 i. V. m. § 48 Absatz 2). § 3 Absatz 1 Satz 2 hat klarstellenden Charakter. Die Erfüllung der Passpflicht durch den Besitz eines Ausweisersatzes lässt die Verpflichtung zur Passbeschaffung nach § 48 Absatz 3 und die Pflichten nach § 56 AufenthV unberührt.

3.1.3 Ausländer, die das 16. Lebensjahr noch nicht vollendet haben, können ihre Passpflicht auch durch Eintragung in den Pass eines gesetzlichen Vertreters erfüllen (§ 2 Satz 1 AufenthV); ab dem zehnten Lebensjahr muss ein Lichtbild des Kindes in einen solchen Pass eingebracht worden sein (§ 12 Satz 2 AufenthV). Die Eltern sind verpflichtet, dafür zu sorgen, dass ihre Kinder der Passpflicht genügen (§ 80 Absatz 4). Die Ausländerbehörde soll die Eltern auf diese Verpflichtung hinweisen.

3.1.4 Das Merkmal „Besitz" eines Passes oder Passersatzes ist auch dann erfüllt, wenn der Ausländer den Pass oder Passersatz zwar nicht mitführt, jedoch der Ausländerbehörde oder den mit der Durchführung dieses Gesetzes beauftragten Behörden binnen angemessener Frist nachweist, dass er über einen gültigen und anerkannten Pass oder Passersatz verfügt (§ 82 Absatz 1). Ein Verstoß gegen die Passpflicht liegt nicht vor, wenn der Pass in Verwahrung genommen wurde (§ 50 Absatz 6, § 21 Absatz 1 AsylVfG). Asylantragsteller sind verpflichtet, den Pass oder Passersatz den mit der Ausführung des AsylVfG betrauten Behörden zu überlassen (§ 15 Absatz 2 Nummer 4 AsylVfG). Für die Dauer der Überlassung des Passes oder Passersatzes wird dem Ausländer auf Antrag ein Ausweisersatz (Anlage D1 zur AufenthV) ausgestellt, wenn er einen Aufenthaltstitel besitzt oder die Abschiebung ausgesetzt ist (§ 55 Absatz 1 Satz 1 Nummer 2 AufenthV). § 50 Absatz 6 bleibt unberührt. Asylantragsteller erhalten für die Dauer des Asylverfahrens eine Bescheinigung über die Aufenthaltsgestattung, wenn sie nicht im Besitz eines Aufenthaltstitels sind (§ 63 AsylVfG). Für die Dauer des Asylverfahrens genügen sie ihrer Passpflicht mit der Bescheinigung über die Aufenthaltsgestattung (§ 64 AsylVfG). Die Herausgabe des Passes an Asylantragsteller richtet sich nach § 21 Absatz 5, § 65 AsylVfG. Eine Ablichtung des Passes oder Passersatzes ist zu den Akten zu nehmen.

3.1.5 Die Passpflicht ist in erster Linie auf den Besitz eines gültigen und anerkannten Passes oder Passersatzes gerichtet. Die Ausstellung eines deutschen Passersatzes richtet sich in den Fällen des § 4 Absatz 1 Satz 1 Nummer 1 und 2 AufenthV nach den Vorschriften der §§ 5 ff. AufenthV, in den Fällen des § 4 Absatz 1 Satz 1 Nummer 5 bis 7 AufenthV nach den maßgeblichen gemeinschaftsrechtlichen und völkerrechtlichen Vorschriften bzw. innerstaatlichen Transformationsvorschriften. Die Ausländerbehörde hat die Erfüllung der Passpflicht im Zusammenwirken mit dem Bundesamt für Migration und Flüchtlinge – Ausländerzentralregister – zu überwachen.

3.1.6 Ein ausländischer Pass oder Passersatz ist nur dann für die Erfüllung der Passpflicht geeignet, wenn er anerkannt oder allgemein zugelassen ist. Ein Pass oder Passersatz wird auf Grund § 71 Absatz 6 vom Bundesministerium des Innern oder von der von ihm bestimmten Stelle im Benehmen mit dem Auswärtigen Amt anerkannt. Die Anerkennung ist jeweils auf ein bestimmtes Muster bezogen (beispielsweise: „Dienstpass der Republik X"), das dem Bundesministerium des Innern entsprechend der gängigen internationalen Praxis vom ausländischen Staat übermittelt wird. Sie wirkt konstitutiv, weil § 3 Absatz 1 zur Erfüllung der Passpflicht die Anerkennung voraussetzt.

3.1.7 Bei den Anerkennungsentscheidungen des Bundesministeriums des Innern handelt es sich um Allgemeinverfügungen i. S. d. § 35 Satz 2 VwVfG. Sie werden im Bundesanzeiger bekannt gegeben. Zu beachten sind neben den später erlassenen weiteren Allgemeinverfügungen die Regelungen in der Allgemeinverfügung vom 3. Januar 2005 (BAnz. S. 745) zu neuen Mustern: Folgemuster gelten als vorläufig anerkannt, bis über die Folgeanerkennung entschieden ist. Gleiches gilt nach den in der Allgemeinverfügung enthaltenen Maßgaben für neue Muster, über die noch keine Entscheidung getroffen worden ist. Bestehen Zweifel, ob das Muster eines von dem Ausländer vorgelegten Dokuments einem für Deutschland gültigen Nationalpass oder einem zugelassenen Passersatz entspricht, hat die Ausländerbehörde über die oberste Landesbehörde beim Bundesministerium des Innern anzufragen. Dies gilt – unbeschadet einer strafrechtlichen Verfolgung (z. B. wegen Urkundenfälschung) – nicht, wenn es sich um einen gefälschten oder verfälschten ausländischen Pass oder Passersatz handelt. Die Grenzbehörden wenden sich in Zweifelsfällen an das Bundespolizeipräsidium, das seinerseits das Bundesministerium des Innern befassen kann. Allein die im Bundesanzeiger jeweils veröffentlichte Entscheidung ist rechtlich maßgebend (§ 43 Absatz 1 Satz 2 VwVfG).

3.1.8 Während sich die Anerkennung eines Passes oder Passersatzes auf ein bestimmtes Muster bezieht, das der Entscheidung zugrunde liegt, handelt es sich im Gegensatz dazu bei der Zulassung eines Passersatzes um die abstrakte Bestimmung, dass ein amtlicher Ausweis für die Erfüllung der Passpflicht ausreichend ist. Eine solche Zulassung sieht § 3 Absatz 1 und 3 AufenthV vor. Dokumente, die unter diese Vorschrift fallen, bedürfen keiner Anerkennung. Mitteilungen des Bundesministeriums des Innern zur Anerkennung solcher Dokumente haben rein nachrichtliche Funktion. Hingegen handelt es sich bei Entscheidungen nach § 3 Absatz 2 AufenthV um Allgemeinverfügungen, die im Bundesanzeiger bekannt gemacht werden.

3.1.9.1 Bei Proxy-Pässen handelt es sich um authentische Passformulare, die von einem autorisierten Amtsträger ausgestellt wurden, wobei sich der Antragsteller bei Ausstellung von einem Mittelsmann vertreten lässt, der zur Ausfertigung ein Lichtbild und eine Unterschriftsprobe zum Einscannen an den Passbeamten überbringt und anschließend den Pass an den eigentlichen Inhaber übergibt bzw. diesem zukommen lässt.

3.1.9.2 Proxy-Pässe sind u. a. aufgrund ihrer fehlenden Visa sowie Ein- und Ausreisevermerke bei Vorlage im Bundesgebiet erkennbar. Anstatt einer Originalunterschrift ist regelmäßig eine eingescannte Unterschrift mit erkennbaren Rändern vorhanden. Darüber hinaus ist häufig feststellbar, dass sich der Passinhaber zum Ausstellungszeitpunkt nachweislich im Bundesgebiet aufgehalten hat, obwohl der Pass außerhalb Deutschlands ausgestellt wurde.

3.1.9.3 Für die Beurteilung, ob ein grundsätzlich anerkannter ausländischer Pass oder Passersatz ungültig ist, gelten unbeschadet völkerrechtlicher Regelungen die Regelungen, die der Ausstellerstaat hierzu trifft. So bestimmt sich nach dem Recht des Ausstellerstaates, ob Pässe, die durch einen Vertreter des Antragstellers durch diesen beantragt und in einem postalischen Verfahren erteilt worden sind (so genannte „Proxy-Pässe"), gültig sind oder nicht. Einige

Kolber

Staaten erklären Proxy-Pässe für ungültig, während andere Staaten, auch westliche Industriestaaten, postalische Verfahren für die Ausstellung von Folgepässen vorsehen. Das Bundesministerium des Innern entscheidet im Einzelfall über die Anerkennungsfähigkeit von „by-Proxy"-Pässen in Form einer Allgemeinverfügung nach § 71 Absatz 6, die im Bundesanzeiger bekannt gemacht wird.

3.1.10 Nach § 56 Absatz 1 Nummer 8 AufenthV muss der Ausländer die Anbringung von Vermerken über die Ein- und Ausreise, über das Antreffen im Bundesgebiet sowie über Maßnahmen und Entscheidungen nach dem Aufenthaltsgesetz dulden. Die Anbringung anderer Eintragungen oder Vermerke im Pass oder Passersatz ist grundsätzlich unzulässig, sofern nicht europäisches Recht weiter gehende Vorschriften enthält. Im Pass oder Passersatz eines Ausländers dürfen somit keine Eintragungen vorgenommen werden, die erkennen lassen, dass er seine Anerkennung als Asylberechtigter oder die Feststellung nach § 60 Absatz 1 begehrt. Des Weiteren darf die Beantragung eines Aufenthaltstitels nicht im Pass oder Passersatz vermerkt werden, da damit nicht eine behördliche Maßnahme oder Entscheidung dokumentiert wird. Fiktionsbescheinigungen werden daher nicht in den Pass oder Passersatz eingeklebt, sondern müssen i. V. m. einem separaten Trägervordruck (Anlage D3 zur AufenthV) verwendet werden (vgl. Nummer 81.5). Eine Ausnahme bildet der Vermerk über einen Visumantrag, der in Nummer VIII 2 der Gemeinsamen Konsularischen Instruktion geregelt ist. Weiterhin ist es nach Maßgabe des § 4 Absatz 6 AufenthV zulässig, in deutschen Passersatzpapieren einen Hinweis anzubringen, dass „die Personalangaben auf den eigenen Angaben des Ausländers beruhen".

3.1.11 Zu der Anbringung von Vermerken, die im Pass oder Passersatz eines Ausländers eingetragen werden, bestehen überwiegend konkrete Vorgaben oder Ausfüllhinweise. Dies gilt insbesondere für die in den Anlagen D2 a, D11, D13 a, D13 b und D14 zur AufenthV vorgesehenen Aufkleber und zu Ein- und Ausreisekontrollstempeln. Andere zulässige Vermerke sind mit Angabe des Ortes und des Datums, Unterschrift und einem Abdruck des Dienstsiegels zu versehen.

3.1.12 Wird einem Ausländer ein neuer Pass ausgestellt, wird ein in dem alten Pass eingetragener und noch gültiger Aufenthaltstitel unter Verwendung des entsprechenden amtlichen Vordrucks in den neuen Pass übertragen. Der Vordruck ist mit dem Vermerk: „Übertrag des Aufenthaltstitels" samt Ort, Datum, Dienstsiegel und Unterschrift zu versehen. Hat die übertragende Behörde den Aufenthaltstitel nicht selbst erteilt, so ist auch zu vermerken, welche Behörde (§ 71 Absatz 1 und 2) den Aufenthaltstitel erteilt hat. Die Amtshandlung ist gebührenpflichtig (§ 47 Absatz 1 Nummer 11 AufenthV).

3.1.13 Durch Rechtsverordnung von der Passpflicht befreit sind Ausländer nur in den Fällen des § 14 AufenthV (Rettungsfälle). Diese Befreiung endet, wenn dem Ausländer situationsbedingt die Beschaffung eines Passes oder Passersatzes (ggf. eines deutschen Dokuments) zumutbar ist. Im Zweifel ist hier ein großzügiger Maßstab anzusetzen und flexibel zu verfahren. Den befassten Behörden wurde, um Rettungsmaßnahmen nicht durch aufenthaltsrechtliche Formerfordernisse zu behindern, durch eine offene Formulierung in § 14 Satz 2 AufenthV bewusst ein großer Spielraum eingeräumt. In Rettungsfällen ist aber im Ausgleich hierzu dafür zu sorgen, dass die Behörden den Vorgang von sich aus verfolgen und die wesentlichen Sachverhalte aktenkundig machen.

3.2 Befreiung von der Passpflicht

Nach § 3 Absatz 2 kann das Bundesministerium des Innern oder die von ihm bestimmte Stelle in begründeten Einzelfällen vor der Einreise eine Ausnahme von der Passpflicht zulassen. Das Bundesministerium des Innern oder die von ihm bestimmte Stelle entscheidet bei der Erteilung der Ausnahme von der Passpflicht nach einheitlichen Ermessensgrundsätzen.

Im Rahmen des regulären Visumverfahrens kann die Ausnahme nur von der für die Ausstellung des Visums zuständigen Behörde (Auslandsvertretung) über das Auswärtige Amt beim Bundesministerium des Innern beantragt werden (vgl. Nummer 5.1.4). In begründeten Einzelfällen (z. B. im Flugzeug verlorener Reisepass) kann jedoch auch bei einer Bundespolizeibehörde der Antrag auf Zulassung einer Ausnahme von der Passpflicht vor Einreise beantragt werden. Die Behörde, die um die Ausnahme ersucht hat (Auslandsvertretung oder Bundespolizeibehörde), händigt dem Ausländer den ergangenen Bescheid des Bundesministeriums des Innern oder das von der zuständigen Bundespolizeibehörde auf einem besonderen Blatt angebrachte Visum (Blattvisum) über die auf maximal sechs Monate befristete Zulassung einer Ausnahme von der Passpflicht aus.

Die Befreiung von der Passpflicht stellt einen von der Entscheidung über den Visumantrag unabhängigen Verwaltungsakt dar. Die Befreiung von der Passpflicht samt Bescheinigung ist gebührenpflichtig (§ 48 Absatz 1 Satz 1 Nummer 9 AufenthV).

3.3 Deutsche Passersatzpapiere für Ausländer

3.3.0 § 4 Absatz 1 AufenthV enthält eine abschließende Aufzählung der von deutschen Behörden auszustellenden Passersatzpapiere. Soweit nach § 81 AufenthV keine Übergangsregelung besteht, sind deutsche Dokumente, die nicht in der AufenthV aufgeführt sind oder den in der AufenthV bestimmten Mustern entsprechen, nicht für den Grenzübertritt und die Erfüllung der Passpflicht geeignet. Etwaige sonstige mit weiteren Berechtigungen, die diese Papiere vermitteln, bleiben unberührt. Insbesondere handelt es sich bei Grenzübertrittsbescheinigungen nicht um Passersatzpapiere.

3.3.1 Reiseausweis für Ausländer (§ 4 Absatz 1 Nummer 1, §§ 5 bis 11 AufenthV)

3.3.1.1 Die Ausstellung von Reiseausweisen für Ausländer ist in den §§ 5 bis 11 AufenthV im Einzelnen geregelt. Die Erteilung erfolgt im Ermessen der zuständigen Behörde. Neben der Berücksichtigung der in der Verordnung genannten Kriterien kann die Behörde weitere Erwägungen anstellen. Allgemein soll, vor allem im Hinblick auf die Passhoheit des Herkunftsstaates, die erhebliche abstrakte Missbrauchsgefahr und die Interessen der Bundesrepublik Deutschland, die Ausstellung des Reiseausweises für Ausländer zurückhaltend gehandhabt werden. Die Ausstellung setzt in jedem Fall voraus, dass der Ausländer einen Pass oder Passersatz auf zumutbare Weise nicht erlangen kann, § 5 Absatz 1 AufenthV. Hierfür hat der Ausländer entsprechende Nachweise beizubringen (vgl. Nummer 3.3.1.4).

§ 3 AufenthG 1

Passpflicht

3.3.1.2 Eine Unzumutbarkeit der Erfüllung der Wehrpflicht im Heimatstaat aus zwingenden Gründen (§ 5 Absatz 2 Nummer 3 AufenthV) liegt regelmäßig vor:

– bei Ausländern der zweiten Generation, die vor Abschluss eines Einbürgerungsverfahrens stehen,
– bei Ausländern, die mit Deutschen verheiratet sind, wenn aus der Ehe ein Kind hervorgegangen ist oder wenn ein Kind eines Ehegatten im gemeinsamen Haushalt lebt und in diesen Fällen die eheliche Lebensgemeinschaft fortbesteht,
– bei Ausländern, die mit Deutschen in ehelicher Lebensgemeinschaft leben, wenn sie über 35 Jahre alt sind und sich mindestens fünf Jahre rechtmäßig in der Bundesrepublik Deutschland aufgehalten haben, sowie
– bei Ausländern, die mit ihrem minderjährigen deutschen Kind zusammenleben und zur Ausübung der Personensorge berechtigt sind.

3.3.1.3 Die Erlangung eines Passes oder Passersatzes ist grundsätzlich auch nicht zumutbar bei Forderungen des Heimatstaates nach vorübergehender Rückkehr, wenn ein Abschiebungshindernis nach § 60 vorliegt.

3.3.1.4 Wenn ein Ausländer sich darauf beruft, dass ihm kein Pass ausgestellt wird, hat er Nachweise beizubringen (z. B. Vorlage des Schriftverkehrs mit der Auslandsvertretung), dass die Ausstellung des Passes aus von ihm nicht zu vertretenden Gründen verweigert wird (§ 82 Absatz 1). Dem steht der Nachweis gleich, dass aus von dem Ausländer nicht zu vertretenden Gründen der Pass entzogen wurde. Die Ausländerbehörde soll sich ihrerseits bei der zuständigen Auslandsvertretung des fremden Staates um die Ausstellung eines Passes für Ausreisepflichtige bemühen.

3.3.1.5 Soweit ein Anspruch auf Ausstellung eines Reiseausweises für Flüchtlinge oder eines Reiseausweises für Staatenlose besteht, wird kein Reiseausweis für Ausländer ausgestellt, es sei denn, der Ausländer möchte in einen Staat reisen, der den Reiseausweis für Flüchtlinge bzw. den Reiseausweis für Staatenlose nicht anerkennt, jedoch den Reiseausweis für Ausländer.

3.3.1.6 Der Reiseausweis für Ausländer darf mit Ausnahme des in § 6 Satz 1 Nummer 3 AufenthV genannten Falles nur auf Antrag ausgestellt werden. Die Ausstellung darf zudem nur erfolgen, wenn die Voraussetzungen des § 5 AufenthV erfüllt sind, sofern nicht in § 6 Satz 2 AufenthV für einzelne Ausstellungsfälle Abweichendes geregelt ist. Die Ausstellung liegt im Ermessen der Behörde. Grundsätzlich haben die Ausstellungsbehörden bei der Ermessensentscheidung auch die Dauer der Bindung des Antragstellers an das Bundesgebiet zu beachten, vgl. § 6 Satz 1 Nummer 1 AufenthV. Ist der Aufenthalt nur kurzfristig, bedarf die Ausstellung einer besonderen Rechtfertigung. Der Reiseausweis kann zeitgleich mit der Erteilung des erforderlichen Aufenthaltstitels ausgestellt werden; vgl. auch § 6 Satz 1 Nummer 2 AufenthV.

3.3.1.7 Die Ausstellung eines deutschen Reiseausweises für Ausländer berührt die Passhoheit des Heimatstaates. Bei nur vorübergehender Passlosigkeit kommt daher die Ausstellung eines Reiseausweises für Ausländer nur in Betracht, wenn der Ausländer aus zwingenden Gründen darauf angewiesen ist (z. B. dringende familiäre Hilfeleistung im Ausland) und die Ausstellung eines Notreiseausweises nicht ausreicht.

3.3.1.8 Auf die Ausstellung eines Reiseausweises für Ausländer besteht kein Rechtsanspruch. Über die Ausstellung ist nach pflichtgemäßem Ermessen zu entscheiden. Die Ausstellung soll im Allgemeinen nur versagt werden, wenn die Ausstellungsvoraussetzungen des § 5 AufenthV nicht erfüllt werden, wenn kein Ausstellungsgrund nach den §§ 6 und 7 gegeben ist, oder wenn öffentliche Interessen der Bundesrepublik Deutschland der Ausstellung entgegenstehen. Für die Entziehung gelten § 4 Absatz 7 und 8 AufenthV.

Für das Ausfüllen, die Änderung, Umschreibung und Einziehung von Reiseausweisen, die Aufbewahrungsdauer für Passanträge sowie die Behandlung abgelaufener, ungültig gewordener, eingezogener oder in Verlust geratener Reiseausweise finden die Bestimmungen für deutsche Reisepässe entsprechende Anwendung, soweit hier oder in gesonderten Ausfüllhinweisen nichts anderes bestimmt ist. Entsprechendes gilt für die Feststellung, ob ein Reiseausweis gültig oder ungültig ist.

3.3.1.9 In Umsetzung der Verordnung (EG) Nummer 2252/2004 des Rates vom 13. Dezember 2004 über Normen für Sicherheitsmerkmale und biometrische Daten in den von den Mitgliedstaaten ausgestellten Pässen und Reisedokumenten (ABl. EU Nummer L 385 S. 1) wird der Reiseausweis für Ausländer nach dem in Anlage D4 c zur AufenthV abgedruckten amtlichen Muster seit dem 1. November 2007 von der Bundesdruckerei auf Antrag der Ausländerbehörden zentral hergestellt und personalisiert. Der bisherige Vordruck in Anlage D4 a zur AufenthV ist seit dem 1. Januar 2007 nur noch zur Ausstellung vorläufiger Reiseausweise für Ausländer ohne Speicher- und Verarbeitungsmedium und befristet bis zum 31. August 2009 weiter zu verwenden. Der vorläufige Reiseausweis für Ausländer ist – auch nach Verlängerung – mit einer maximalen Gültigkeit von insgesamt nicht mehr als einem Jahr in den Ausländerbehörden auszustellen (§ 4 Absatz 1 Satz 3 AufenthV). Reiseausweise mit bis zu einjähriger Gültigkeit gelten als „vorläufige Passersatzpapiere", ohne dass es eines entsprechenden Eintrags („vorläufig") in den Pass bedarf.

3.3.1.10 Die Verlängerung von alten, bereits ausgestellten Reiseausweisen ist nicht möglich. Der vorläufige Reiseausweis ist nur in Eilfällen, das heißt nur, wenn die Produktionsdauer eines Reiseausweises mit Speicher- und Verarbeitungsmedium die Reise des Ausländers vereiteln würde, auszustellen. Der Eilfall ist besonders darzulegen. Grundsätzlich sind alle Passersatzpapiere mit Speicher- und Verarbeitungsmedium auszustellen. Eine Wahlfreiheit zwischen Reiseausweisen mit und ohne Speicher- und Verarbeitungsmedium (vorläufige Reiseausweise) besteht nicht. Seit dem 1. November 2007 erhalten Kinder von vorläufigen Reiseausweisen einen eigenen Ausweis. Bis zum zwölften Lebensjahr ist dafür das Muster der Anlage D4 a zur AufenthV zu verwenden und in den Ausländerbehörden zu personalisieren. Ab dem zwölften Lebensjahr ist ein Reiseausweis mit Speicher- und Verarbeitungsmedium auf dem Muster der Anlage D4 c zur AufenthV auszustellen. Auf Wunsch der gesetzlichen Vertreter können Reiseausweise mit Speicher- und Verarbeitungsmedium bereits vor dem zwölften Lebensjahr ausgestellt werden. Die Eintragung in Reiseausweise der Eltern ist in keinem Fall mehr zulässig. Ab dem 1. September 2009 sind die nach dem in Anlage D4 d abgedruckten amtlichen Muster für vorläufige Reiseausweise und für Reiseausweise für Kinder zu verwenden (§ 80 AufenthV). Auf die Ausfüllhinweise des Bundesministeriums des Innern sowie den Handlungsleitfaden für Ausländerbehörden in der jeweils gültigen Fassung wird verwiesen.

3.3.1.11 Die Gebühren für die Ausstellung von Passersatzpapieren richten sich nach den §§ 48 ff. AufenthV. Da die Rechtsgrundlage zur Erhebung von Gebühren für Amtshandlungen nach dem Aufenthaltsgesetz (§ 69) nicht für abweichungsfest bestimmt worden ist (vgl. § 105a), steht es den Ländern frei, unter Wahrung der völkerrechtlichen Verpflichtungen und gebührenrechtlichen Grundsätze für Reiseausweise für Ausländer abweichende Regelungen zu treffen.

3.3.1.12 Nach Maßgabe des § 6 Satz 1 Nummer 3 und Satz 2 AufenthV darf ein Reiseausweis für Ausländer abweichend von § 5 Absatz 2 bis 4 AufenthV ausgestellt werden, um dem Ausländer die endgültige Ausreise aus dem Bundesgebiet zu ermöglichen. Die Gültigkeitsdauer ist auf den für diesen Zweck erforderlichen Zeitraum zu beschränken. In diesen Fällen ist der Heimatstaat nicht aus dem Geltungsbereich auszuschließen.

3.3.1.13 Gültigkeitsdauer und Geltungsbereich des Reiseausweises für Ausländer sind in §§ 8 und 9 AufenthV geregelt. Reiseausweise mit Speicher- und Verarbeitungsmedium sind nicht verlängerbar. Bei Reiseausweisen ohne Speicher- und Verarbeitungsmedium ist auch bei der Verlängerung nach § 5 Absatz 5 AufenthV zu prüfen, ob die Ausstellungsvoraussetzungen noch erfüllt sind. Entfallen die Ausstellungsvoraussetzungen vor Ablauf der Gültigkeit, ist der Reiseausweis i. d. R. zu entziehen (§ 4 Absatz 7 Satz 1 AufenthV).

3.3.2 Die nach § 12 Absatz 1 AufenthV ausgestellten Grenzgängerkarten sind keine Passersatzpapiere mehr (§ 4 Absatz 1 AufenthV). Die in Anlage D5 zur AufenthV abgedruckten Muster wurden ab dem 1. Januar 2008 von den dann zu verwendenden Mustern der Anlage D5 a AufenthV abgelöst (§ 80 Satz 3 AufenthV). Grenzgängerkarten fördern die Freizügigkeit von Unionsbürgern, die ansonsten beim Umzug in einen anderen angrenzenden Mitgliedstaat befürchten müssten, dass ihre Ehegatten oder Lebenspartner, die während des Aufenthalts der Ehegatten oder Lebenspartner in Deutschland erwerbstätig sein durften, nur wegen des Umzugs nicht mehr ihrer bisherigen Beschäftigung nachgehen können. § 12 Absatz 2 AufenthV dient der Umsetzung des Freizügigkeitsabkommens EU – Schweiz. Die Ausstellungsdauer und Verlängerung richtet sich nach dem Freizügigkeitsabkommen EU – Schweiz, worauf in der Regelung durch die Verweisung auf die „Bedingungen" des Abkommens ausdrücklich hingewiesen wird.

3.3.3 Notreiseausweise (Anlage D6 zur AufenthV) nach § 4 Absatz 1 Satz 1 Nummer 2 AufenthV werden nach den Vorschriften des § 13 AufenthV ausgestellt. Ausstellungsberechtigt sind die mit der Kontrolle des grenzüberschreitenden Verkehrs beauftragten Behörden (§ 13 Absatz 2 AufenthV) und die Ausländerbehörden (§ 13 Absatz 3 AufenthV). Die Grenzbehörden sollen die Ausstellung von Notreiseausweisen restriktiv handhaben. Die Ausländerbehörden können wegen seiner Nachrangigkeit gegenüber anderen Passersatzpapieren einen Notreiseausweis nur ausstellen, wenn die Beschaffung eines anderen – deutschen oder nichtdeutschen – Passes oder Passersatzpapiers etwa wegen der gebotenen Eile oder aus sonstigen Gründen nicht in Betracht kommt. Die Ausstellung eines Notreiseausweises als Passersatz ist zudem nur zulässig, wenn der Ausländer sich in anderer Weise als durch einen Pass oder Passersatz über seine Identität ausweisen kann, etwa durch Vorlage eines Personalausweises, und wenn zudem die Staatsangehörigkeit feststeht. Die Bescheinigung der bereits bestehenden Rückkehrberechtigung ist nur durch oder mit Zustimmung der Ausländerbehörde zulässig. Notreiseausweise können auch ohne diese Bestätigung ausgestellt werden. Bei Staatsangehörigen, die nicht der Visumpflicht unterliegen, ist eine solche Bestätigung i. d. R. entbehrlich. Die Bestätigung erfolgt zwar auf dem Vordruck des Notreiseausweises, dennoch handelt es sich um eine gesonderte Bescheinigung. Sie ist daher auf Seite 6 des Vordrucks gesondert mit Unterschrift und Dienstsiegel zu bestätigen; Unterschrift und Dienstsiegel auf Seite 3 des Vordrucks genügen nicht. Wird die Bescheinigung nicht erteilt, ist Seite 6 des Vordrucks durch Durchstreichen oder in anderer auffälliger und dauerhafter Weise zu entwerten; Dienstsiegel und Unterschrift dürfen dann auf Seite 6 nicht angebracht werden. Mit der Unterschrift auf dem bei der Behörde verbleibenden Ausstellungsbeleg bestätigt der Ausländer, dass er darauf hingewiesen wurde, dass der Notreiseausweis nicht von allen Staaten anerkannt wird. Von der Anbringung eines Lichtbildes kann abgesehen werden, wenn der Notreiseausweis lediglich zur Einreise zum Zweck des Landgangs während der Liegezeit ausgestellt wird und ein anderes amtliches Dokument mit Lichtbild vorhanden ist. Auf dieses Dokument ist im Notreiseausweis zu verweisen.

3.3.4 Reiseausweis für Flüchtlinge (§ 4 Absatz 1 Satz 1 Nummer 3 bzw. Anlage D7 zur AufenthV)

3.3.4.0 Die Ausstellung des Reiseausweises für Flüchtlinge (§ 4 Absatz 1 Satz 1 Nummer 3 AufenthV) richtet sich nach Artikel 28 Genfer Flüchtlingskonvention.

3.3.4.1 Folgende Ausländer haben im Rahmen eines rechtmäßigen Aufenthalts im Bundesgebiet Anspruch auf Ausstellung eines Reiseausweises für Flüchtlinge:

3.3.4.1.1 – Personen, die vom Bundesamt für Migration

und Flüchtlinge als Asylberechtigte anerkannt worden sind und gleichgestellte Personen wie:

– Ausländer, denen bis zum Wirksamwerden des Beitritts in dem in Artikel 3 des Einigungsvertrages genannten Gebiet Asyl gewährt worden ist (§ 2 Absatz 3 AsylVfG),
– Familienangehörige eines Asylberechtigten, die nach § 26 AsylVfG als Asylberechtigte anerkannt worden sind,
– Familienangehörige eines Asylberechtigten, denen nach § 7a Absatz 3 AsylVfG 1982 die Rechtsstellung eines Asylberechtigten gewährt wurde,
– Personen, die als ausländische Flüchtlinge nach der Asylverordnung vom 6. Januar 1953 anerkannt worden sind

mit dem Eintrag:

„Der Inhaber dieses Reiseausweises ist als Asylberechtigter anerkannt."

3.3.4.1.2 – Ausländer, denen das Bundesamt für Migration und Flüchtlinge die Flüchtlingseigenschaft nach § 3 Absatz 4 AsylVfG zuerkannt hat oder ihnen gleichgestellte Personen wie Familienangehörige eines Flüchtlings, denen nach § 26 Absatz 4 AsylVfG die Flüchtlingseigenschaft zuerkannt wurde (Familienflüchtlingsschutz)

mit dem Eintrag:

„Der Inhaber dieses Reiseausweises ist Flüchtling i. S. d. Abkommens über die Rechtsstellung der Flüchtlinge."

Passpflicht § 3 AufenthG 1

3.3.4.1.3 – Heimatlose Ausländer mit dem Eintrag:

„*Der Inhaber dieses Reiseausweises ist heimatloser Ausländer nach dem Gesetz über die Rechtsstellung heimatloser Ausländer im Bundesgebiet vom 25. April 1951 und zum Aufenthalt im Gebiet der Bundesrepublik Deutschland berechtigt.*"

3.3.4.1.4 – Kontingentflüchtlinge, die vor dem 1. Januar 2005 nach dem bis dahin geltenden § 1 Absatz 1 des Gesetzes über Maßnahmen für im Rahmen humanitärer Hilfsaktionen aufgenommene Flüchtlinge vom 22. Juli 1980 (BGBl. I 1980 S. 1057) die Rechtsstellung von Flüchtlingen nach der Genfer Flüchtlingskonvention genossen haben (vgl. § 103); dies gilt nicht für Personen, die nur in analoger Anwendung des Gesetzes aufgenommen wurden. Hierzu erfolgt der Eintrag:

„*Der Ausweisinhaber ist als ausländischer Flüchtling nach § 1 Absatz 1 des Gesetzes über Maßnahmen im Rahmen humanitärer Hilfsaktionen, das am 1. Januar 2005 außer Kraft trat, aufgenommen worden. Die Rechtsstellung gilt nach § 103 AufenthG fort.*"

3.3.4.1.5 – Ausländer, denen von einem anderen Vertragsstaat des Abkommens über die Rechtsstellung der Flüchtlinge die Flüchtlingseigenschaft zuerkannt worden ist, wenn die Verantwortung für die Ausstellung des Reiseausweises auf Deutschland übergegangen ist (Artikel 28 Genfer Flüchtlingskonvention i. V. m. § 11 des Anhangs zu diesem Abkommen) mit dem Eintrag:

„*Der Inhaber dieses Reiseausweises hat außerhalb des Gebietes der Bundesrepublik Deutschland Anerkennung als Flüchtling nach dem Abkommen über die Rechtsstellung der Flüchtlinge gefunden.*"

3.3.4.2 Reiseausweise für Flüchtlinge mit Speicher- und Verarbeitungsmedium werden mit einer Gültigkeitsdauer von grundsätzlich drei Jahren ausgestellt. Eine Ausnahme besteht nur für Ausländer nach dem HAuslG. Für diese wird ein Reiseausweis für Flüchtlinge mit einer Gültigkeitsdauer von zehn Jahren ausgestellt. Die auf drei Jahre beschränkte Gültigkeitsdauer gilt auch für Inhaber eines längerfristigen Aufenthaltstitels. Diese beschränkte Gültigkeitsdauer für Reiseausweise für Flüchtlinge mit Speicherund Verarbeitungsmedium, die an Personen nach Vollendung des zwölften Lebensjahres ausgestellt werden, ist u. a. eine Konsequenz aus § 11 des Anhangs zur Genfer Flüchtlingskonvention. Danach geht gemäß Artikel 28 dieser Konvention die Verantwortung für die Ausstellung eines neuen Ausweises auf den anderen Staat über, wenn sich ein Flüchtling rechtmäßig im Gebiet eines anderen vertragschließenden Staates niederlässt. Konkretisiert wird diese Regelung in Artikel 2 und 3 des Übereinkommens über den Übergang der Verantwortung für Flüchtlinge vom 30. September 1994 (BGBl. 1994 II S. 2645). Demnach geht die Zuständigkeit für die Erneuerung des Reiseausweises unter den nachstehenden Voraussetzungen auf einen anderen Staat über:

– zwei Jahre tatsächlicher und dauernder Aufenthalt mit Zustimmung der Behörden des anderen Staates,
– Gestattung des dauernden Aufenthalts durch den anderen Staat,
– Gestattung des Aufenthalts über die Geltungsdauer des Reiseausweises hinaus,
– sofern die Verantwortung entsprechend den o. g. Voraussetzungen noch nicht übergegangen ist, sechs Monate nach Geltungsdauer des Reiseausweises (zu dieser Möglichkeit hat Deutschland jedoch einen Vorbehalt erklärt, der für und gegen Deutschland gilt).

Es ist zu beachten, dass das Übereinkommen über den Übergang der Verantwortung für Flüchtlinge nur zwischen europäischen Staaten anwendbar ist und auch insoweit nur eine eingeschränkte Bindungswirkung besteht, da eine Reihe von Staaten das Abkommen nicht oder nur mit Vorbehalten unterzeichnet haben.

§ 51 Absatz 7 greift die o. g. Regelung auf und verneint den Anspruch eines vom Bundesamt für Migration und Flüchtlinge anerkannten Asylberechtigten oder eines Ausländers, dem die Flüchtlingseigenschaft zuerkannt worden ist, auf erneute Erteilung eines Aufenthaltstitels, wenn dieser das Bundesgebiet verlassen hat und die Zuständigkeit für die Ausstellung des genannten Dokuments auf einen anderen Staat übergegangen ist. Ein Reiseausweis für Flüchtlinge wird dann nicht mehr ausgestellt.

Würden Reiseausweise für Flüchtlinge mit Speicher- und Verarbeitungsmedium an Personen nach Vollendung des zwölften Lebensjahres mit einer Gültigkeitsdauer von bis zu zehn Jahren ausgestellt, könnte sich der Reiseausweisinhaber für mehrere Jahre im Ausland aufhalten, ohne dass die Genfer Flüchtlingskonvention in der beschriebenen Form Anwendung findet. Zudem könnte sich der Betroffene zumindest vorübergehend der Kontrolle durch die zuständigen Behörden sowohl im Bundesgebiet als auch dem Staat des tatsächlichen Aufenthaltes entziehen; unabhängig davon, ob dieser Staat die Konvention unterzeichnet hat. Negative Beeinträchtigungen der deutschen Sicherheitsinteressen können dabei nicht ausgeschlossen werden.

3.3.4.3 In den ab dem 1. November 2007 bis zum 31. August 2009 zu verwendenden Vordrucken (Anlage D7 zur AufenthV für vorläufige Reiseausweise und Reiseausweise für Kinder und Anlage D7 a zur AufenthV für Reiseausweise mit Speicher- und Verarbeitungsmedium) ist ein Vermerk vorgedruckt, wonach sich die Rückkehrberechtigung nach der Gültigkeitsdauer des Reiseausweises richtet. Gleiches gilt für den ab dem 1. September 2009 zu verwendenden Vordruck Anlage D7 b zur AufenthV. Auf die Ausfüllhinweise des Bundesministeriums des Innern sowie den Handlungsleitfaden für Ausländerbehörden in der jeweils gültigen Fassung sowie auf Nummer 3.3.1.9 wird verwiesen.

3.3.4.4 Sofern der Geltungsbereich des Reiseausweises nicht nach § 4 des Anhangs zur Genfer Flüchtlingskonvention auf bestimmte Länder zu beschränken ist, gilt er für alle Staaten mit Ausnahme des Herkunftsstaats; als Geltungsbereich ist in diesem Fall in den Vordrucken für den Reiseausweis, die ab dem 1. November 2007 bzw. ab dem 1. September 2009 zu verwenden sind (Anlagen D7, D7 a, D 7b zur AufenthV) der Text

„*Dieser Reiseausweis ist gültig für alle Staaten mit Ausnahme von: …*"

dreisprachig vorgedruckt einzutragen; es ist also nur noch die Bezeichnung des Herkunftsstaates vorzunehmen.

3.3.4.5 Für Kinder sind ab dem 1. November 2007 eigene Reiseausweise auszustellen. Bei Vorlage eines durch eine deutsche Behörde ausgestellten Reiseausweises für Flüchtlinge ist eine Eintragung über Kinder, die das 16. Le-

Kolber

bensjahr vollendet haben, von Amts wegen zu löschen. Dies gilt nicht für die in dem Reiseausweis eingetragenen minderjährigen Kinder eines Ausländers, der seine dauernde Niederlassung in einem anderen Staat anstrebt.

3.3.4.6 Für die zu erhebenden Gebühren sieht die Genfer Flüchtlingskonvention in § 3 des Anhangs vor: „Die für die Ausstellung des Ausweises erhobenen Gebühren dürfen den niedrigsten Ansatz, der für heimatliche Pässe gilt, nicht übersteigen". Die Gebühren von 59 Euro entsprechen den Gebühren für deutsche Nationalpässe. Für Befreiungen von den Passgebühren bei Flüchtlingen im Sozialleistungsbezug sind § 52 Absatz 7 und § 53 AufenthV grundsätzlich anwendbar.

3.3.4.7 Wird dem Inhaber eines Nationalpasses ein Reiseausweis für Flüchtlinge ausgestellt, ist ihm der Nationalpass gleichwohl zu belassen. Handelt es sich um einen anerkannten Asylberechtigten oder um einen Ausländer, dem die Flüchtlingseigenschaft zuerkannt wurde, ist eine Kontrollmitteilung an das Bundesamt für Migration und Flüchtlinge unter Beifügung von Kopien des Nationalpasses zu übermitteln. Sowohl der Reiseausweis als auch der Nationalpass sind mit einem Vermerk zu versehen, der auf das Vorhandensein des anderen Ausweises hinweist und der lautet:

– Im Nationalpass nur auf Deutsch:

„Dem Inhaber wurde ein deutsches Passersatzpapier ausgestellt."

– Im Reiseausweis für Flüchtlinge:

„Der Inhaber ist auch Inhaber eines Nationalpasses. The bearer also holds a national passport."

3.3.4.8 Der Ausländer hat den Reiseausweis für Flüchtlinge unverzüglich bei der Ausländerbehörde abzugeben (vgl. § 72 Absatz 2, § 73 Absatz 6 AsylVfG) wenn:

– die Anerkennung als Asylberechtigter oder die Zuerkennung der Flüchtlingseigenschaft erlischt (§ 72 AsylVfG) oder unanfechtbar widerrufen oder zurückgenommen (§ 73 AsylVfG) worden ist oder
– in den Fällen des § 75 Satz 2 AsylVfG die aufschiebende Wirkung der Klage nicht angeordnet bzw. in den Fällen des § 75 Satz 3 AsylVfG nicht wieder hergestellt wird.

Falls der Ausländer dieser gesetzlichen Pflicht nicht nachkommt, wird der Reiseausweis entzogen (§ 4 Absatz 2 Satz 2 AufenthV). Auf Nummer 3.3.1.8 und Nummer 48.1.6.1 wird verwiesen.

3.3.4.9 Lässt sich die Staatsangehörigkeit oder Staatenlosigkeit nicht feststellen, so ist „ungeklärt" einzutragen. Vermag der Ausländer seine Staatsangehörigkeit oder seine Staatenlosigkeit nicht durch Urkunden zu belegen, genügt es, wenn er sie glaubhaft macht, es sei denn, dass auf den urkundlichen Nachweis aus besonderen Gründen nicht verzichtet werden kann. Eidesstattliche Versicherungen dürfen hierbei von den Ausländerbehörden nicht entgegengenommen werden. Auf die Anmerkung zu Nummer 3.3.5.0 wird hingewiesen.

3.3.4.10 Stehen zwingende Gründe der öffentlichen Sicherheit oder Ordnung der Ausstellung eines Reiseausweises entgegen (Artikel 28 Genfer Flüchtlingskonvention), kann einem Asylberechtigten oder einem Ausländer, dem die Flüchtlingseigenschaft zuerkannt wurde, ein Ausweisersatz ausgestellt werden.

3.3.4.11 Für Reisen in Staaten, die den Reiseausweis für Flüchtlinge nicht als Grenzübertrittspapier anerkennen, kann ein Reiseausweis für Ausländer ausgestellt werden, sofern die allgemeinen Voraussetzungen der §§ 5 ff. AufenthV erfüllt sind.

3.3.4.12 Hält sich der Inhaber eines von einer deutschen Behörde ausgestellten Reiseausweises rechtmäßig in einem Staat auf, für den die Genfer Flüchtlingskonvention oder das Protokoll vom 31. Januar 1967 oder das Londoner Abkommen betreffend Reiseausweise an Flüchtlinge vom 15. Oktober 1946 gilt, sind für die Ausstellung eines neuen Reiseausweises die Behörden desjenigen Staates zuständig, bei denen der Flüchtling seinen Antrag zu stellen berechtigt ist (§ 11 des Anhangs zur Genfer Flüchtlingskonvention, Artikel 13 des Londoner Abkommens). Eine Verlängerung der Gültigkeitsdauer des Reiseausweises durch die deutsche Auslandsvertretung scheidet daher in diesen Fällen regelmäßig aus. Der Reiseausweis ohne Speicher- und Verarbeitungsmedium kann jedoch von der deutschen Auslandsvertretung dann verlängert werden, wenn der Inhaber des Reiseausweises von den Behörden des Staates, in dem er sich aufhält, keinen Reiseausweis oder sonstigen Ausweis erhält, und die Behörden dieses Staates den weiteren Aufenthalt nur unter der Voraussetzung gestatten, dass der Reiseausweis verlängert wird. Dabei ist zu beachten, dass ein Reiseausweis nur ausgestellt werden kann, solange ein Aufenthaltsrecht für das Bundesgebiet besteht. Für eine Verlängerung der Gültigkeitsdauer des Reiseausweises um mehr als sechs Monate und für eine erneute Verlängerung bedarf es daher im Hinblick auf § 51 Absatz 1 Nummer 6 und 7 (vgl. aber auch § 51 Absatz 7) der Zustimmung der Ausländerbehörde, die den Reiseausweis ausgestellt oder seine Gültigkeitsdauer zuletzt verlängert hat. Die Zustimmung ist unmittelbar bei der Ausländerbehörde einzuholen.

3.3.4.13 Hält sich der Ausländer mit einem von einer deutschen Behörde ausgestellten Reiseausweis rechtmäßig in einem Staat auf, für den die Genfer Flüchtlingskonvention oder das Protokoll vom 31. Januar 1967 oder das Londoner Abkommen betreffend Reiseausweise an Flüchtlinge vom 15. Oktober 1946 nicht gelten, kann die deutsche Auslandsvertretung die Gültigkeitsdauer des Reiseausweises ohne Speicherund Verarbeitungsmedium verlängern, wenn der Inhaber von den Behörden dieses Staates keinen Ausweis erhalten kann und die Behörden den weiteren Aufenthalt nur unter der Voraussetzung gestatten, dass der Reiseausweis verlängert wird. Auch dabei ist zu beachten, dass ein Reiseausweis nur ausgestellt werden kann, solange ein Aufenthaltsrecht für das Bundesgebiet besteht. Für eine Verlängerung der Gültigkeitsdauer des Reiseausweises um mehr als sechs Monate und für eine erneute Verlängerung bedarf es daher im Hinblick auf § 51 Absatz 1 Nummer 6 und 7 (vgl. aber auch § 51 Absatz 7) der Zustimmung der Ausländerbehörde, die den Reiseausweis ausgestellt oder seine Gültigkeitsdauer zuletzt verlängert hat. Die Zustimmung ist unmittelbar bei der Ausländerbehörde einzuholen.

3.3.4.14 Hat der Ausländer das Bundesgebiet verlassen und ist die Zuständigkeit für die Ausstellung eines Reiseausweises für Flüchtlinge auf einen anderen Staat übergegangen (§ 11 des Anhangs der Genfer Flüchtlingskonvention;

Artikel 2 des Europäischen Übereinkommens über den Übergang der Verantwortung für Flüchtlinge vom 16. Oktober 1980, BGBl. 1994 II S. 2645), hat der Ausländer trotz seiner Anerkennung als Asylberechtigter keinen Anspruch auf erneute Erteilung eines Aufenthaltstitels (§ 51 Absatz 7). Solange der Asylberechtigte im Besitz eines gültigen von einer deutschen Behörde ausgestellten Reiseausweises für Flüchtlinge ist, erlischt der Aufenthaltstitel im Fall der Ausreise nicht (§ 51 Absatz 7). Dies gilt auch für Ausländer, denen die Flüchtlingseigenschaft zuerkannt wurde (§ 3 Absatz 4 AsylVfG).

3.3.4.15 Ausländer, die außerhalb des Bundesgebiets als ausländische Flüchtlinge i. S. d. Genfer Flüchtlingskonvention anerkannt worden sind, können nach § 22 in das Bundesgebiet übernommen werden. Soll ihnen aufgrund einer entsprechenden Entscheidung der Aufenthalt im Bundesgebiet über die Gültigkeitsdauer eines Reiseausweises für Flüchtlinge, der von einer Behörde eines anderen Staates ausgestellt wurde, hinaus gestattet werden, hat die Ausländerbehörde einen neuen Reiseausweis nach der Genfer Flüchtlingskonvention auszustellen. Entsprechendes gilt in den Fällen des § 11 des Anhangs zur Genfer Flüchtlingskonvention. Die Behandlung des ausländischen Reiseausweises richtet sich nach § 12 des Anhangs zur Genfer Flüchtlingskonvention.

3.3.5 Reiseausweis für Staatenlose (§ 4 Absatz 1 Satz 1 Nummer 4 bzw. Anlagen D8 bis D8 b zur AufenthV)
3.3.5.0 Die Ausstellung des Reiseausweises für Staatenlose (§ 4 Absatz 1 Satz 1 Nummer 4 AufenthV) richtet sich nach dem Übereinkommen über die Rechtsstellung der Staatenlosen vom 28. September 1954 (BGBl. 1976 II S. 473), das am 24. Januar 1977 für die Bundesrepublik Deutschland in Kraft getreten ist (BGBl. 1977 II S. 235). Staatenlos i. S. d. Übereinkommens sind nur Ausländer, die nachweislich keine Staatsangehörigkeit eines in Betracht kommenden Staates besitzen (de-jure-Staatenlose), nicht aber Personen, deren Staatsangehörigkeit ungeklärt ist, oder deren rechtlich vorhandene Staatsangehörigkeit von ihrem Herkunftsstaat rechtswidrig, etwa durch Verweigerung der Ausstellung eines Passes, nicht berücksichtigt wird (de-facto-Staatenlose, vgl. Nummer 3.3.1.8 und Nummer 48.1.6.1 f.).

3.3.5.1 Die Reiseausweise für Staatenlose mit Speicher- und Verarbeitungsmedium, die an Personen nach Vollendung des zwölften Lebensjahres ausgestellt werden, werden mit einer Gültigkeitsdauer von bis zu drei Jahren ausgestellt. Die Vorschriften zur Gültigkeitsdauer der Reiseausweise für Flüchtlinge unter Nummer 3.3.4.2 finden entsprechende Anwendung. In Bezug auf die seit dem 1. November 2007 zu verwendenden Muster für vorläufige Reisepässe und Reisepässe für Kinder bzw. solche mit Speicher- und Verarbeitungsmedium wird auf die Ausführungen zu Nummer 3.3.1.9, die Ausfüllhinweise des Bundesministeriums des Innern sowie den Handlungsleitfaden für Ausländerbehörden in der jeweils gültigen Fassung hingewiesen.

3.3.5.2 Für die zu erhebenden Gebühren sieht das Staatenlosenabkommen in § 3 des Anhangs vor: „Die für die Ausstellung des Ausweises erhobenen Gebühren dürfen den niedrigsten Ansatz, der für heimatliche Pässe gilt, nicht übersteigen". Die Gebühren von 59 Euro entsprechen den Gebühren für deutsche Nationalpässe.

Für Befreiungen von den Passgebühren bei Staatenlosen im Sozialleistungsbezug sind § 52 Absatz 7 und § 53 AufenthV grundsätzlich anwendbar.

3.3.5.3 Ein Rechtsanspruch auf Ausstellung eines Reiseausweises für Staatenlose besteht nur dann, wenn der Staatenlose sich rechtmäßig im Bundesgebiet aufhält und zwingende Gründe aus sicherheitspolitischem Interesse oder der öffentlichen Ordnung nicht entgegenstehen (Artikel 28 Satz 1 Staatenlosenübereinkommen). Grundsätzlich wird ein Daueraufenthaltsrecht vorausgesetzt. Verweigert ein Staat, in dem sich der Staatenlose zuvor aufgehalten hatte, diesem die Rückkehr auf Dauer, ist für den Ausländer dieser Staat nicht mehr das Land seines gewöhnlichen bzw. rechtmäßigen Aufenthalts i. S. v. Artikel 28 des Staatenlosenübereinkommens. Die Aufenthaltserlaubnis, die mit einer Gültigkeitsdauer von mindestens einem Jahr und nicht nur für einen seiner Natur nach vorübergehenden Zweck (z. B. Studium) erteilt wurde, verleiht ein entsprechendes Aufenthaltsrecht i. S. d. Artikels 28 Satz 1 des Staatenlosenübereinkommens. Diese Anforderung wird jedoch durch die Wirkung des § 81 Absatz 2 oder 3 ebenso wenig erfüllt wie durch eine Duldung nach § 60a.

3.3.5.4 Nach Artikel 28 Satz 2 des Staatenlosenübereinkommens können die Vertragsstaaten auch jedem anderen in ihrem Hoheitsgebiet befindlichen Staatenlosen einen Reiseausweis (§ 4 Absatz 1 Satz 1 Nummer 4 AufenthV) im Ermessenswege ausstellen. Sie werden insbesondere wohlwollend die Möglichkeit prüfen, solche Reiseausweise denjenigen in ihrem Hoheitsgebiet befindlichen Staatenlosen auszustellen, die von dem Land, in dem sie ihren rechtmäßigen Aufenthalt haben, keinen Reiseausweis erhalten können (so genannte Wohlwollensklausel). Die Ausstellung eines Reiseausweises für Staatenlose im Ermessenswege kommt insbesondere dann nicht in Betracht, wenn dem Ausländer die Stellung eines (Wieder-)Einbürgerungsantrags zugemutet werden kann und der Ausländer nicht nachweist, dass dieser Antrag keinen Erfolg hat.

3.3.6 Die Schülersammelliste (§ 4 Absatz 1 Satz 1 Nummer 5 AufenthV) erfüllt zugleich zwei Funktionen: Zum einen ersetzt sie einen Aufenthaltstitel, zum anderen stellt sie einen Passersatz dar. Zu den genauen Ausstellungsmodalitäten wird auf Nummer 4.1.3.6 hingewiesen. Damit eine deutsche Schülersammelliste die Funktion eines Passersatzpapiers erfüllt, ist es erforderlich, dass die Liste nach Aufbau und Text der Vorgabe der EU-Schülersammellistenregelung entspricht, vollständig und gut lesbar ausgefüllt ist und die gesamte Reisendengruppe (einschließlich der deutschen Schüler und der nicht deutschen Schüler mit einem geeigneten Pass oder Passersatz) sowie Zweck und Umstände der Reise aufführt, ggf. in einem Anhang, der Liste beigefügt wird und mit ihr (etwa durch gefächertes Zusammenheften und Anbringen eines Dienstsiegels, das alle beigefügten Blätter erfasst) verbunden wird. Einziger zulässiger Zweck ist ein bestimmter Schulausflug einer Schülergruppe an einer allgemein- oder berufsbildenden Schule. Die Bestätigung der Ausländerbehörde, die dazu führt, dass die Liste die Funktion eines Passersatzpapiers erfüllen kann, wird nur mit Bezug zu denjenigen Schülern erteilt, die nicht Unionsbürger sind und die keinen eigenen geeigneten, also im Ziel- oder Transitstaat anerkannten Pass oder Passersatz mit Lichtbild besitzen. Die Identität – nur – dieser Schüler ist durch ein an der Liste angebrachtes aktuelles Lichtbild zu bestätigen. Vor der Bestätigung ist sicherzustellen, dass der Schüler im Bundesgebiet wohnhaft ist, sich erlaubt oder befugt im Bundesgebiet aufhält und, sofern nicht die Regelung zu geduldeten Schülern greift (siehe sogleich), zur Wiedereinreise berechtigt ist. Bestätigungen der Ausländerbehörde sind nur auf Listen anzubringen, die von der Schulleiterin oder dem Schulleiter – persönlich oder durch die allgemein bestellte Vertreterin oder den allgemein bestellten Vertreter – bereits gegengezeichnet sind.

Nach § 22 Absatz 2 AufenthV kann die Ausländerbehörde für geduldete Schüler, die in einer Schülergruppe in Begleitung einer Lehrkraft einer allgemeinbildenden oder berufsbildenden inländischen Schule in das Ausland zu reisen beabsichtigen, anordnen, dass die Abschiebung nach der Wiedereinreise ausgesetzt wird. Diese Anordnung der aufschiebend bedingten Duldung ist erforderlich, weil mit einer Ausreise eine Duldung erlischt. Die Duldung, deren Wirkung aufschiebend bedingt mit der Wiedereinreise eintritt, ist auf der Schülersammelliste zu vermerken. Der Vermerk hat den Wortlaut:

„Die Abschiebung von [Bezeichnung des Schülers/der Schülerin/der Schüler] ist nach der Wiedereinreise und bis zum ... ausgesetzt (§ 22 Absatz 2 AufenthV)."

Ob die Voraussetzungen für die Anbringung des Vermerks gegeben sind, hat die Ausländerbehörde von Amts wegen zu prüfen. Die von der Duldung erfassten Schüler sind für die Wiedereinreise in das Bundesgebiet vom Erfordernis eines Aufenthaltstitels befreit. Im europäischen Recht ist die Befreiung von der Visumpflicht für die Wiedereinreise der betreffenden Schüler in den Schengen-Raum in Artikel 1 Absatz 2 Satz 2, 2. Spiegelstrich der Verordnung (EG) Nummer 539/2001 des Rates zur Aufstellung der Liste der Drittländer, deren Staatsangehörige beim Überschreiten der Außengrenzen im Besitz eines Visums sein müsse, sowie der Liste der Drittländer, deren Staatsangehörige von dieser Visumpflicht befreit sind, vom 15. März 2001 (ABl. EG Nummer L 81 S. 1) geregelt, so dass auch eine Wiedereinreise möglich ist, wenn die Reiseroute über einen anderen Schengen-Staat in das Bundesgebiet führt und somit die Außengrenzkontrolle von einem anderen Staat als Deutschland durchgeführt wird.

3.3.7 Die Bescheinigung über die Wohnsitzverlegung (§ 4 Absatz 1Satz 1 Nummer 6bzw. Anlage D9 zur AufenthV) ist näher in § 43 Absatz 2 AufenthV geregelt. Diese Regelung entspricht Artikel 26 Absatz 5 der Richtlinie 2001/55/EG des Rates vom 20. Juli 2001 über Mindestnormen für die Gewährung vorübergehenden Schutzes im Falle eines Massenzustroms von Vertriebenen und Maßnahmen zur Förderung einer ausgewogenen Verteilung der Belastungen, die mit der Aufnahme dieser Personen und den Folgen dieser Aufnahme verbunden sind, auf die Mitgliedstaaten (ABl. EG Nummer L 212 S. 12, so genannte Richtlinie zum vorübergehenden Schutz).

3.3.8 Das Standardreisedokument für die Rückführung (§ 4 Absatz 1 Nummer 7 bzw. Anlage D10 zur AufenthV) dient, wenn es von einer deutschen Behörde ausgestellt wurde, als Passersatz- und damit Grenzübertrittspapier nur für die Ausreise aus der Bundesrepublik Deutschland. Seine Ausstellung erfolgt unter Berücksichtigung der in § 1 Absatz 8 AufenthV genannten Empfehlung des Rates.

3.3.9.0 Für andere als die in § 4 Absatz 1 AufenthV genannten deutsche Passersatzpapiere gilt die Übergangsregelung des § 81 AufenthV. Dort geregelt ist die Weitergeltung von

3.3.9.1 – Reiseausweisen für Flüchtlinge und für Staatenlose, Grenzgängerkarten und Eintragungen in Schülersammellisten, die bis zum 31. Dezember 2004 ausgestellt worden sind, für die Dauer des jeweiligen Gültigkeitszeitraums,

3.3.9.2 – Reisedokumenten (§ 14 Absatz 1 Nummer 1 DVAuslG), Reiseausweisen als Passersatz, die an Ausländer ausgestellt worden sind, Befreiungen von der Passpflicht i. V. m. Rückkehrberechtigungsvermerken auf einem Ausweisersatz, Passierscheinen für Flugpersonal und Landgangsausweisen für Seeleute und Grenzkarten nach dem Freizügigkeitsabkommen EU-Schweiz, die entsprechend der näheren Regelung in der Übergangsvorschrift des § 81 Absatz 2 AufenthV als Dokumente nach der AufenthV weiter gelten (vgl. auch § 81 Absatz 3 AufenthV). In § 81 Absatz 5 AufenthV ist die Möglichkeit eines Umtausches in neue Passersatzpapiere näher beschrieben. Von der Möglichkeit eines solchen Umtauschs können die Behörden, welche die neuen Papiere ausstellen dürfen, insbesondere dann Gebrauch machen, wenn hierdurch im Hinblick auf die vorhandene Fälschungssicherheit neuer Vordrucke ein Sicherheitsgewinn zu erwarten ist, oder wenn ältere Dokumente abgenutzt oder wegen eines veralteten Lichtbildes in ihrer Verwendbarkeit eingeschränkt sind. Passersatzpapiere, die nicht in § 81 Absatz 1 oder 2 AufenthV genannt sind, wurden am 1. Februar 2005 ungültig. Hiervon betroffen sind insbesondere die diversen Sonderbescheinigungen, die auf Grund zwischenstaatlicher Vereinbarungen mit Nachbarstaaten ausgestellt wurden. Solche Bescheinigungen werden zum Stichtag zwar nicht insgesamt ungültig, sind aber seit dem 1. Februar 2005 nicht mehr geeignet, einen anerkannten und gültigen Pass oder Passersatz zu ersetzen. Wenn beispielsweise ein Ausweis dazu berechtigt, den Bodensee auch außerhalb der Grenzkontrollstellen von der Schweiz nach Deutschland zu überqueren, besteht diese Berechtigung auf Grund des Ausweises weiterhin, jedoch ist beim Grenzübertritt stets ein anerkannter und gültiger Pass oder Passersatz mitzuführen.

Übersicht

	Rn.
I. Entstehungsgeschichte	1
II. Allgemeines	2
III. Passpflicht	12
IV. Ausländische und deutsche Passersatzpapiere	20

I. Entstehungsgeschichte

Die Vorschrift entsprach in vollem Umfang dem **Gesetzesentwurf**[1] der Bundesregierung vom 7.2.2003. Abs. 1 wurde mit dem Gesetz zur Umsetzung aufenthalts- und asylrechtlicher RL der EU (RLUmsG 2007) vom 19.8.2007 um S. 2 ergänzt, der lediglich klarstellenden Charakter hat. 1

II. Allgemeines

Die **Passpflicht** ist vor der Verpflichtung, über einen Aufenthaltstitel zu verfügen, wohl die **grundlegendste Pflicht im Ausländerrecht**[2], was auch an der Stellung im Normengefüge mit „§ 3" deutlich wird. Die Bedeutung wird zudem durch Art. 6 I a SGK[3] als erstrangige Einreisevoraussetzung unterstrichen. Die Passpflicht ist völkergewohnheitsrechtlich verankert und gibt dem ausstellenden Gebietsstaat die Möglichkeit, für sein Staatsvolk die **Personalhoheit** auszuüben. Damit kann zugleich die Zuordnung der Passinhaber zum Staat erfolgen, so dass völkerrechtswidrige Beeinträchtigungen bei mangelnder Zurechenbarkeit abgewehrt werden können. Der Pass ist ein **Identitäts- und Grenzübertrittsdokument,** das durch den Staat in erster Linie eigenen Staatsangehörigen ausgestellt wird. Jedoch können auch fremden Staatsangehörigen oder Staatenlosen Pässe ausgestellt werden (Fremdenpässe). Falls der Pass keine dahin gehenden Einschränkungen enthält, berechtigt er zur Ausreise und zur Rückkehr. Zugleich erklärt der ausstellende Staat nach allgemeiner Auffassung mit der Passausgabe seine Bereitschaft zur **Gewährung diplomatischen und konsularischen Schutzes** und zur **Rückübernahme** des Inhabers jedenfalls während der Gültigkeit des Passes. Pässe (lat. passus = Durchgang) waren ursprünglich Geleitbriefe im Mittelalter, die den Inhaber dem Schutz und der wohlwollenden Behandlung der Behörden empfahlen. Erst in der weiteren Entwicklung zu Zeiten des Dreißigjährigen Krieges erlangte der Pass zunehmend die Bedeutung als Kontroll- und Steuerungselement im Bereich des Aufenthalts sowie später als Reiseerlaubnisschein und qualifiziertes Identitätsdokument[4]. Im deutschen Raum wurde der Pass erst Anfang des 19. Jahrhunderts aus sicherheitspolitischen Erwägungen iRd Passzwangs eingeführt[5]. Der Pass muss **gültig und anerkannt** sein (dazu → Rn. 8). 2

Der notwendige Inhalt eines Passes ist nicht näher bestimmt, sondern ergibt sich aus dessen Zweck und der allgemeinen Staatenpraxis[6]. Daher muss der Pass zumindest die folgenden Angaben enthalten: 3

- Name und Vorname
- Tag und Ort der Geburt
- Staatsangehörigkeit
- Lichtbild und
- Unterschrift des Inhabers
- Geltungsbereich und -dauer
- ausstellende Behörde

Das BMI hat mit Allgemeinverfügung[7] festgelegt, dass für eine vorläufige Anerkennung eines ausländischen Passes dieser mindestens über folgende Angaben verfügen muss:

- Name und Vorname
- Tag oder Jahr sowie Ort oder Land der Geburt
- Staatsangehörigkeit des Inhabers
- ein Lichtbild des Inhabers – außer bei Kindern, die das zehnte Lebensjahr noch nicht vollendet haben –
- die Bezeichnung der ausstellenden Behörde
- eine Angabe zum Gültigkeitszeitraum
- Bezeichnung der Dokumentenart
- Dokumentennummer
- Geschlecht
- die Unterschrift des Inhabers. Auf das Erfordernis der Unterschrift wird bei Kindern und Jugendlichen, die das zehnte Lebensjahr noch nicht vollendet haben, und bei Kindern und Jugendlichen, bei denen der Ausstellerstaat das Unterschriftserfordernis erst ab einem späteren Zeitpunkt fordert, verzichtet.

---

[1] BT-Drs. 15/420, 7.
[2] S. auch *Wenger* in Storr/Wenger/Eberle/Albrecht/Harms, Kommentar zum ZuwanderungsR, 2. Aufl., § 3 Rn. 3.
[3] VO (EU) 2016/399 des Europäischen Parlaments und des Rates v. 9.3.2016 über einen Gemeinschaftskodex für das Überschreiten der Grenzen durch Personen (Schengener Grenzkodex), ehemals VO (EU) Nr. 562/2006.
[4] Ausf. *Jansen* ZAR 1998, 70.
[5] ZB allgemeines Passreglement für gesamte Königlich-Preußische Staaten v. 20.3.1813.
[6] *Jansen* ZAR 1998, 70; *Maor* ZAR 2005, 222.
[7] Allgemeinverfügung über die Anerkennung eines ausländischen Passes oder Passersatzes v. 6.4.2016, BAnz. AT v. 25.4.2016 B1.

Weitere Vorgaben erfolgen nach Maßgabe der VO (EG) Nr. 444/2009 vom 28.5.2009 zur Änderung der VO (EG) Nr. 2252/2004 über Normen für Sicherheitsmerkmale und biometrische Daten in von den Mitgliedstaaten ausgestellten Pässen und Reisedokumenten (EG-Passverordnung). Diese Verordnung begründet die allgemeine Pflicht zur Abgabe von Fingerabdrücken, die auf einem kontaktlosen Chip im Pass oder Reisedokument gespeichert werden. Weiterhin ist als ergänzende Sicherheitsmaßnahme und zur Gewährleistung eines zusätzlichen Kinderschutzes außerdem der Grundsatz **„eine Person – ein Pass"** eingeführt werden. Mithilfe dieses Grundsatzes, der auch von der Internationalen Luftfahrtorganisation (ICAO) empfohlen wird, kann die eindeutige Zuordnung zwischen Pass und biometrischen Daten und dem Passinhaber gewährleistet werden[8]. Aufgrund dieser Vorgabe ergab sich im deutschen Passrecht seit 26.6.2012 die Änderung, dass Kindereinträge im Reisepass der Eltern ungültig sind und dass das Kind nicht mehr zum Grenzübertritt berechtigt ist. Somit müssen ab diesem Tag alle Kinder (ab Geburt) bei Reisen ins Ausland über ein eigenes Reisedokument verfügen. Für die Eltern als Passinhaber bleibt das Dokument dagegen uneingeschränkt gültig. Minderjährige unterliegen ebenfalls der Passpflicht. Bei Minderjährigen obliegt dem gesetzlichen Vertreter die Verpflichtung, rechtzeitig die Erteilung bzw. die Verlängerung eines Passes bzw. Passersatzes zu beantragen (vgl. § 80 IV).

Pässe werden als **Nationalpässe:**
– Reisepässe (für jedermann) oder als
– dienstliche oder auch amtliche Pässe (Diplomaten-, Ministerial- oder Dienstpass; Spezialpässe)

sowie als **Fremdenpässe** erteilt.

In der Bundesrepublik Deutschland werden seit 1990 keine Fremdenpässe mehr ausgestellt. Als Ersatz wird der **Reiseausweis für Ausländer** (vgl. §§ 5–11 AufenthV) – vormals Reisedokument – erteilt. Als amtliche Pässe werden durch die Bundesrepublik Deutschland nach § 1 II 4 PassG Dienst- oder Diplomatenpässe (jeweils auch als vorläufige Dokumente) ausgestellt. Obwohl es sich auch bei amtlichen Pässen um Nationalpässe handelt, dürfen diese gem. § 1 IV 2 PassG unter bestimmten Umständen auch Ausländern ausgestellt werden.

4   **Schein- oder Pseudopässe** sind als „Pass" bezeichnete Papiere von privaten Organisationen oder Phantasiestaaten. Das Vorzeigen eines Schein- oder Pseudopasses erfüllt grundsätzlich nicht den Tatbestand der Urkundenfälschung.

In der Praxis beispielsweise bekannt gewordene Schein- oder Pseudopässe:
– „World Service Authority"
– „Ausweispapiere nordamerikanischer Indianer"
– „Aztekisches Kaiserreich"
– „Corolingian Berician States and Dynasty"
– „Principality of Sealand"
– „Republik Maluku Selata (Südmolukken)"
– „Republik of Khalistan"
– „Republic of Koneuwe"
– „Romano Lill"
– „Sovereign Order of the Hospitallers of Saint John of Jerusalem – Knights of Malta"
– „Service d'Information Code Diplomatique & Consultaire".

Der Rat der EU veröffentlich regelmäßig in PRADO (Public Register of Authentical Travel and Identity Documents Online) eine Liste bekannter Phantasie- und Tarnpässe[9].

5   Statt eines Passes können **Passersatzpapiere** ausgestellt werden. Diese brauchen nicht alle die für den Pass genannten Angaben zu enthalten; sie müssen aber den Inhaber genau bezeichnen und zumindest zum Grenzübertritt berechtigen. Ein Passersatz kann seine Funktion nicht erfüllen, wenn der ausstellende Staat den Inhaber nicht als eigenen Staatsangehörigen anerkennt oder zumindest die Rückübernahme garantiert. Zur Anerkennung ausländischer Passersatzpapiere und zur Ausstellung deutscher Passersatzpapiere für Ausländer vgl. §§ 3, 4 AufenthV. Lediglich mit einem **Ausweisersatz** genügt der Ausländer gem. § 48 II – im Inland, aber nicht beim Grenzübertritt – seiner Passpflicht durch Besitz eines Ausweisersatzes (§ 3 I 2 iVm § 48 II).

6   Der Pass unterliegt nach geltendem und anerkanntem Völkergewohnheitsrecht der **Passhoheit** des ausstellenden Staats. Ein fremder Nationalpass darf daher grundsätzlich nicht eingezogen oder sonst auf Dauer einbehalten werden.

Unzulässig sind:
– Einziehung gem. § 74 II Nr. 2 bzw. § 282 StGB,
– vollstreckungssichernde Beschlagnahme gem. §§ 111b ff. StPO.

Eine vorübergehende Einbehaltung ist dagegen zulässig, wenn sie dem Zweck dient, die Ausreiseverpflichtung des Ausländers durchsetzen und überwachen zu können oder eine Haftverschonung

---

[8] VO (EG) Nr. 444/2009 v. 28.5.2009, Erwägungsgrund Nr. 6.
[9] ec.europa.eu/home-affairs/system/files/2021-09/list_of_known_fantasy_and_camouflage_passports_en.pdf.

abzusichern (vgl. §§ 48 I, 50 V)[10]. Die Hinterlegung bei Asylbewerbern ist auch völkerrechtlich unbedenklich. Dasselbe gilt zugunsten von durch ausländische Staaten ausgestellten Passersatzpapieren.

Mit der Angabe der **Staatsangehörigkeit** erklärt der ausstellende Staat völkerrechtlich verbindlich, dass der Inhaber sein Staatsangehöriger ist. Damit steht der Pass zwar hinsichtlich des tatsächlichen Bestehens der Staatsangehörigkeit nicht dem Staatsangehörigenausweis[11] gleich. Deutsche Behörden haben die Eintragungen in dem Pass aber zunächst als verbindlich und damit als zutreffend hinzunehmen und eigene Identitätsüberprüfungen zu unterlassen. So wird der deutsche Staatsangehörigenausweis nur dann ausgestellt, wenn der Antragsteller ein berechtigtes Interesse nachweist, also trotz Vorlage eines deutschen Passes oder Passersatzes das Bestehen der deutschen Staatsangehörigkeit angezweifelt wird[12]. Unberührt bleibt die behördliche Befugnis zur Prüfung der Echtheit des Passes und bei triftigem Anlass auch der Richtigkeit der Eintragungen selbst. **Eintragungen in den Pass** sind grundsätzlich Rechtseingriffe in das autonome Recht des Ausstellers. Diese sind aber nach den Gepflogenheiten im Rechtsverkehr völkerrechtlich zu dulden, soweit diese erforderlich und üblich sind. Insbesondere soweit sie zur Dokumentation des Aufenthaltsrechts notwendig sind und den Inhaber bei einer Rückkehr in den Heimatstaat oder sonst nicht gefährden. Unbedenklich sind daher Einreisestempel, Zurückweisungsstempel, das Einkleben von Visumetiketten sowie das Anbringen von Vermerken über Auflagen und Bedingungen. Weitergehende Eintragungen sind über eine gesetzliche Ermächtigung (vgl. §§ 99 I Nr. 10, 56 I Nr. 7, 8 AufenthV; § 71 III Nr. 8, Art. 11, 12 SGK, Art. 34 V VK) möglich. Deutsche Behörden dürfen Eintragungen in ausländischen Pässen und Passersatzpapieren nur nach Maßgabe einer Ermächtigung durch die ausstellende Behörde ändern oder löschen. Im Pass oder Passersatz eines Ausländers dürfen keine Eintragungen vorgenommen werden, die erkennen lassen, dass er seine Anerkennung als Asylberechtigter oder die Feststellung nach § 60 I begehrt. Des Weiteren darf die Beantragung eines Aufenthaltstitels nicht im Pass oder Passersatz vermerkt werden, da damit nicht eine behördliche Maßnahme oder Entscheidung dokumentiert wird. Daher wird dem Asylbewerber eine Aufenthaltsgestattung ausgestellt und Fiktionsbescheinigungen (§ 81 V) werden auf einem eigenen Vordruck angebracht. Etwas anderes gilt bei der Beantragung eines Visums für einen kurzfristigen Aufenthalt (Schengen-Visum). So sieht Art. 20 I VK vor, dass die Zulässigkeit des Visumantrags durch einen Stempelabdruck im Pass des Antragstellers zu dokumentieren ist. Bei Erteilung des Visums wird dieses gem. Anhang VIII des VK auf der Seite des Passes angebracht, auf der sich der Stempel befindet und diesen dadurch verdeckt. Nach Maßgabe des § 4 VI AufenthV ist es zulässig, in deutschen Passersatzpapieren einen Hinweis anzubringen, dass die Personalangaben auf den eigenen Angaben des Ausländers beruhen (Nr. 3.1.10 AVwV-AufenthG). Die Vermerke müssen den Aussteller erkennen lassen[13].

Der souveränen Entscheidung eines jeden Staates obliegt es grundsätzlich, ob er die von einem anderen Staat ausgestellten Pässe oder Passersatzpapiere **anerkennt oder nicht**. Besondere völkervertragliche Bindungen, zB die nach der GFK, sind zu beachten. Üblicherweise müssen Fremdenpässe, um anerkannt zu werden, eine gesonderte Rückkehrberechtigung enthalten (Nr. 3.3.4.3, 3.3.9.2 AVwV-AufenthG). Die Zuständigkeit für die Anerkennung eines Passes (§ 3 I) in der Bundesrepublik Deutschland liegt beim BMI im Benehmen mit dem AA und erfolgt durch Bekanntgabe im BAnz (vgl. § 71 VI). Rechtlich maßgebend ist allein die im BAnz. veröffentlichte Entscheidung (§ 43 I 2 VwVfG)[14]. Bei den sog. **Proxy-Pässen** (by proxy = in Abwesenheit) handelt es sich um Pässe mit maschinenlesbarer Personalseite, die in Abwesenheit des späteren Passinhabers von offiziellen Behörden des Ausstellerstaates ausgestellt werden. Einige Ausstellerstaaten, so auch die Bundesrepublik Deutschland, erklären Proxy-Pässe für ungültig, weil das persönliche Erscheinen des Antragstellers und die eigenhändige Unterschrift vor dem Passbeamten erforderlich sind. Somit sind diese Pässe für den Grenzübertritt und Aufenthalt in Deutschland nicht als ausreichend anerkannt. Proxy-Pässe folgender Staaten werden derzeit nicht anerkannt (s. Allgemeinverfügung[15]):

– Angola
– Ghana
– Republik Nigeria
– Jemen.

---

[10] OLG Saarbrücken Beschl. v. 12.9.1977 – Ws 345/77, NJW 1978, 2460.
[11] Vgl. Nr. 9 StAR-Verwaltungsvorschrift iVm StUrkV; *Hailbronner/Renner* StAG § 39 Rn. 7.
[12] OVG MV Beschl. v. 5.9.2018 – 1 O 715/18, BeckRS 2018, 29522; BayVGH Beschl. v. 8.8.2018 – 5 ZB 18.844, BeckRS 2018, 18315.
[13] § 44 II Nr. 1 VwVfG; VGH BW Beschl. v. 27.1.1992 – 1 S 2993/91, NVwZ-RR 1992, 438 L.
[14] Allgemeinverfügung für die Anerkennung ausländischer Pässe, zuletzt v. 6.4.2016, BAnz. AT v. 25.4.2016 B1.
[15] Proxy-Pässe können auch im Einzelfall trotz generellen Anerkenntnisses nicht ausreichend sein, so VGH BW Urt. v. 30.7.2014 – 11 S 2450/13: Allein die Vorlage eines irakischen Proxy-Passes der Serie G genügt nicht zwingend zum Nachweis der Identität des Inhabers. Passinhabers und damit zur Erfüllung der Regelerteilungsvoraussetzung des § 5 I Nr. 1a AufenthG (hier Einzelfall, in dem die Identität als geklärt anzusehen war, obwohl bislang weder eine StAngUrkunde noch ein Personalausweis vorgelegt worden war und die Klägerin in der Vergangenheit im Besitz eines gefälschten irakischen Personalausweises war).

9 Der **Passbesitz** als objektive Voraussetzung einer legalen Einreise und eines legalen Aufenthalts ist von der Ausweispflicht als einem Mittel des Identitätsnachweises und der Passmitführungspflicht sowie der Passvorlagepflicht zu unterscheiden[16]. Der Besitz eines gültigen Passes ist sowohl für die Einreise (§ 14 I Nr. 1 und §§ 15, 57) als auch für die Erteilung oder Verlängerung eines Aufenthaltstitels (§§ 5 I Nr. 4, 8 I) zwingend vorausgesetzt (Ausnahmen nach § 5 III: §§ 24 I, 25 I–III, IVa und IVb). Kein Besitz liegt vor, wenn der Passinhaber die tatsächliche Gewalt über den Pass aufgibt (zB durch Vernichtung), in anderer Weise verliert (zB durch Diebstahl, Verlust), der Pass ungültig ist (zB durch Entfernen von Seiten) oder von der Bundesrepublik Deutschland nicht anerkannt ist. Im **Schengen-Raum** ist die **Passmitführungspflicht beim Grenzübertritt** nicht ausdrücklich aufgehoben, sondern aufrechterhalten (Art. 23 lit. a SGK; Nr. 5.3.2 AAH-SDÜ); infolge Wegfalls der Binnengrenzkontrollen läuft sie zwar für die Grenzkontrolle ins Leere[17], gleichwohl ist sie nicht aufgehoben worden[18]. Gem. Art. 21 lit. c SGK bleiben die nationalen Pflichten zum Besitz oder Mitführen von Urkunden und Bescheinigungen unberührt. Im deutschen Recht sind die betreffenden Obliegenheiten in § 13 I 2 und § 8 I Nr. 1 und 2 V FreizügG/EU geregelt. Die **EU-Kommission** ist jedoch der Auffassung, dass die Abschaffung der Binnengrenzkontrollen der Möglichkeit der Mitgliedstaaten, in ihren Rechtsvorschriften die Verpflichtung zum Besitz oder Mitführen von Urkunden und Bescheinigungen vorzusehen, zwar nicht entgegensteht, aber eine solche Pflicht dann für das gesamte Hoheitsgebiet „*oder auch*" die Gebiete entlang der Außengrenzen gelten muss. Besteht für den Aufenthalt im Hoheitsgebiet – wie in Deutschland – keine Mitführungspflicht, dann darf sie auch nicht ausschließlich für den Binnengrenzraum gelten. Danach wären entsprechende **Mitführungspflichten und Sanktionsvorschriften unzulässig**[19]. Zu beachten ist aber, dass die Wendung „oder auch" sowie der Begriff „Grenz**raum**" (vgl. in der englischen Textversion: „... it must be applied throughout their territory or in the external border zones") nicht mit den Voraussetzungen für einen Grenz**übertritt** gleichzusetzen sind. Unterstellt man, die Kommission hat die Worte bewusst gewählt, sind die Vorschriften nach § 13 sowie die Sanktionsvorschriften nach dem PassG und FreizügG/EU auch weiterhin auf den Grenzübertritt anwendbar. Jedoch muss bei einer Kontrolle im Binnengrenzraum festgestellt werden, dass sich die Grenzübertrittspapiere im Hoheitsgebiet der Bundesrepublik Deutschland befinden, damit der Nachweis für die Mitführung der Papiere beim Binnengrenzübertritt geführt werden kann und zB die Voraussetzungen des Art. 21 I SDÜ geprüft werden können. Die Mitführungspflicht von Grenzübertrittsdokumenten gewährleistet nämlich, dass der Ausländer nach seiner Einreise den Pass auf Verlangen auch tatsächlich zeitnah vorlegen kann. Von einem Nichtbesitz kann seitens der Behörde auch ausgegangen werden, wenn der Ausländer bei der Einreisekontrolle an der Außengrenze nicht willens oder in der Lage ist, den Pass in angemessener Zeit vorweisen oder die Verwahrung bei einer Behörde oder Auslandsvertretung belegen zu können. Dies bedeutet, dass der Betroffene das Dokument im Bedarfsfall im Inland oder an der Grenze so kurzfristig vorlegen kann, wie es für den behördlichen Kontrollzweck erforderlich ist. Führt der Ausländer keinen Pass bei der Einreise mit, so stellt dies zumindest eine Ordnungswidrigkeit dar (§ 98 III Nr. 3). Regelmäßig ist Nichtbesitz eines Passes bei Einreise oder Aufenthalt strafbewehrt (§ 95 I Nr. 3). Zu den besonderen Voraussetzungen bei Art. 21 SDÜ, → Rn. 18.

10 Die Durchführung sog. **verdachtsunabhängiger Kontrollen** ist auch nicht etwa unvereinbar mit dem Unionsrecht. Nach Art. 23 lit. a SGK berührt die Abschaffung der Grenzkontrollen an den Binnengrenzen nicht die Ausübung der polizeilichen Befugnisse durch die zuständigen Behörden der Mitgliedstaaten nach Maßgabe des nationalen Rechts, sofern die Ausübung solcher Befugnisse nicht die gleiche Wirkung wie Grenzübertrittskontrollen hat. Die Rspr. verlangt eine normative Einschränkung der Kontrollbefugnisse, um zu gewährleisten, dass diese nicht die gleiche Wirkung wie nach Art. 22 SGK unzulässige Grenzkontrollen haben können[20]. In diesem Zusammenhang gilt, dass die normativen Einschränkungen der Kontrollbefugnisse umso genauer sein müssen, je zahlreicher die Indizien für eine mögliche, einer Grenzkontrolle gleichkommende Wirkung sind. Zu den Anforderungen gehört allerdings, dass die Kontrollen nicht an den Grenzen selbst, sondern im Hoheitsgebiet stattfinden und die Kontrolle unabhängig vom Überschreiten der Grenze durch die kontrollierte Person stattfindet. „Nach diesen Maßstäben begründet § 22 Ia BPolG Befugnisse, die iSd Art 23 Buchst a SGK nicht die gleiche Wirkung wie Grenzübertrittskontrollen haben. Dies ist auch normativ hinreichend abgesichert", so das OVG RhPf[21]. Dieser Rechtsrahmen zur einschränkenden Anwendung der Befugnis muss hinreichend genau und detailliert festlegen, auf welche Weise die nach

---

[16] Näher *Jansen* ZAR 1998, 70; *Maor* ZAR 2005, 222.
[17] *Nanz* ZAR 1994, 99.
[18] VG Frankfurt a. M. Beschl. v. 9.4.2002 – 1 G 790/02(V), BeckRS 2002, 21658 und v. 21.7.2004 – 1 E 2479/04, BeckRS 2004, 151982; *Winkelmann* ZAR 2010, 274; *Westphal/Stoppa* S. 122, 125; aA HessVGH Beschl. v. 19.11.2003 – 12 TG 2668/03, InfAuslR 2004, 141.
[19] Bericht der Kommission v. 13.10.2010 KOM(2010) 554, Nr. 3.3.
[20] EuGH Urt. v. 22.6.2010 – C-188/10 und C-189/10, BeckEuRS 2010, 521304 – Melki u. Abdeli; EuGH Urt. v. 19.7.2012 – C-278/12, BeckEuRS 2012, 691612 – Adil.
[21] OVG RhPf Urt. v. 21.4.2016 – 7 A 11108/14, NJW 2016, 2820; aA VGH BW, Urt. v. 13.2.2018 – 1 S 1469/17, NVwZ 2018, 1893.

nationalem Recht möglichen Kontrollmaßnahmen nach Häufigkeit, Intensität und Selektivität eingeschränkt werden. Der nationale Rechtsrahmen muss rechtsverbindliche Einschränkungen in zeitlicher und örtlicher Hinsicht vorsehen. Dies kann durch ermessenslenkende Regelungen geschehen, die die praktische Handhabung der nationalen Befugnisse steuern[22]. Das AG Kehl legte die Frage der Vereinbarkeit der Durchführung von verdachtsunabhängigen Kontrollen dem EuGH vor[23]. Nach Auffassung des EuGH sei es nun Sache des nationalen Gerichts, zum einen festzustellen, ob weitere Bestimmungen des nationalen Rechts, die die Bundesregierung im vorliegenden Verfahren angeführt habe, zu der für den hiesigen Sachverhalt maßgeblichen Zeit in Kraft waren, und zum anderen zu prüfen, ob sie für die gemäß dem BPolG durchgeführten Kontrollen einen Rahmen vorsähen, wie er von der Rspr. des EuGH gefordert werde, damit solche Kontrollen nicht als Kontrollen mit gleicher Wirkung wie eine Grenzübertrittskontrolle angesehen werden könnten. Hierzu hat der VGH BW in zwei Berufungsverfahren festgestellt, dass zumindest im April 2013 eine solche erforderliche Einschränkung des Kontrollrahmens nicht vorlag[24]. Durch die Veröffentlichung eines Erlasses zur Anwendung des § 23 I Nr. 3 BPolG[25] hat das BMI den erforderlichen Anwendungsrahmen vorgegeben, der den Anforderungen des EuGH entspricht[26]. Zu 22 Ia BPolG betreffend Identitätskontrollen in Zügen und an Bahnhöfen fände sich ein Indiz für eine mögliche gleiche Wirkung wie eine Grenzübertrittskontrolle, in dem sich das mit den Kontrollen nach dieser Vorschrift verfolgte Ziel insbesondere insoweit nicht von den mit den Grenzübertrittskontrollen verfolgten Zielen unterscheide, als die Kontrollen nach § 22 Ia BPolG der Verhinderung oder Unterbindung unerlaubter Einreise in das deutsche Hoheitsgebiet dienen, was sich zum Teil mit der Definition im SGK decke, nach der mit den Grenzübertrittskontrollen festgestellt werden solle, ob die betroffenen Personen in das Hoheitsgebiet des Mitgliedstaats einreisen dürften. Es sei Sache der nationalen Gerichte, zu überprüfen, ob die deutsche Regelung Konkretisierungen und Einschränkungen enthalte, die selbst hinreichend genau und detailliert sowie geeignet seien, die Intensität, die Häufigkeit und die Selektivität der in dieser Vorschrift vorgesehenen Kontrollen zu lenken, um sicherzustellen, dass die praktische Ausübung der vom deutschen Recht eingeräumten polizeilichen Befugnisse nicht unter Verstoß gegen Art. 23 lit. a SGK zu Kontrollen führe, die eine gleiche Wirkung wie Grenzübertrittskontrollen hätten[27].

Die Passpflicht gilt ungeachtet des Alters, also auch für minderjährige Ausländer (zur Vertretung **11** § 80 IV). Ausnahmen und Befreiungen von der Passpflicht (Abs. 2; § 14 AufenthV) sind ebenso zugelassen wie Ausnahmen bei Erteilung eines Aufenthaltstitels (§ 5 III). An die Passpflicht sind Verpflichtungen des Ausländers geknüpft, geeignete Vorkehrungen zu treffen, um jederzeit im Besitz eines ordnungsgemäß gültigen Passes oder Passersatzes zu sein (§ 48 II, III). Zweifel an Identität oder Staatsangehörigkeit berechtigen zu Maßnahmen zur Identitätsfeststellung (§ 49 III). Beim Ablauf der Gültigkeit des Passes oder dessen Verlust oder Vernichtung kann der Aufenthaltstitel aufgehoben (Art. 34 II VK) oder widerrufen (§ 52) werden; er erlischt aber nicht mehr automatisch wie früher nach § 9 I Nr. 1 AuslG-1965. Mithin war auch der Zwang, in jedem Fall deutsche Ersatzpapiere auszustellen, entfallen[28].

III. Passpflicht

Die Passpflicht ist von der Pflicht, einen Aufenthaltstitel (§ 4 I) oder bei der Einreise ein Visum (VO **12** (EU) 2018/1806, Art. 6 I b SGK) zu besitzen, zu unterscheiden. Der Pass ersetzt den notwendigen Aufenthaltstitel nicht. **Pass und Aufenthaltstitel sind unabhängige Dokumente,** auch wenn der Aufenthaltstitel in den Pass eingeklebt wird (Erteilung als separate Karte mit Lichtbild: vgl. Liste von Aufenthaltstiteln gem. Art. 2 Nr. 16 SGK). Wird der Pass ungültig (etwa durch Zeitablauf), so berührt dies nicht die Gültigkeit des Aufenthaltstitels[29]. Etwas anderes kann gelten, wenn die Gesamturkunde so verändert wird, dass auch dem Aufenthaltstitel ein neuer Inhalt, etwa durch Einfügen einer neuen Identität, beigelegt wird. Handelt es sich um fiktive Personendaten, so führt dies ggf. zur Nichtigkeit des Aufenthaltstitels nach § 44 I VwVfG. Nach Art. 6 I a SGK muss der Pass mindestens **noch drei Monate nach der geplanten Ausreise aus dem Hoheitsgebiet der Mitgliedstaaten gültig** sein. In begründeten Notfällen kann von dieser Verpflichtung abgesehen werden. Er muss innerhalb der vorangegangenen zehn Jahre ausgestellt worden sein (vgl. Art. 12 VK).

Passpflicht besteht nicht für Personen, auf die das AufenthG nicht anzuwenden ist (§ 1 II). **Staats-** **13** **oberhäupter** benötigen nach allgemeinen völkerrechtlichen Grundsätzen auch bei Privatreisen keinen

---

[22] EuGH Urt. v. 22.6.2010 – C-188/10 und C-189/10, BeckEuRS 2010, 521304 – Melki u. Abdeli; BVerwG Beschl. v. 13.12.2019 – 6 B 30.19, BeckRS 2019, 35095 Rn. 12.
[23] AG Kehl EuGH-Vorlage v. 21.12.2015 – 3 Ds 303 Js 7262/14.
[24] VGH BW Urt. v. 13.2.2018 – 1 S 1468/17, BeckRS 2018, 1909.
[25] GMBl. 2016 Nr. 10, S. 203.
[26] BVerwG Beschl. v. 13.12.2019 – 6 B 30.19, BeckRS 2019, 35095.
[27] EuGH Urt. v. 21.6.2017 – C-9/16 (A), BeckRS 2017, 113667.
[28] Vgl. BT-Drs. 11/6321, 44.
[29] EuGH Urt. v. 4.9.2014 – C-575/12, BeckEuRS 2012, 697285; ebenso *Westphal/Stoppa* S. 124.

Pass. Angehörige des diplomatischen und konsularischen Dienstes iSd § 1 II Nr. 3 sind nicht von der Passpflicht befreit.

14 **Freizügigkeitsberechtigte Unionsbürger** und ihnen gleichgestellte Personen (EWR-Staatsangehörige) unterliegen nicht der Passpflicht, sondern nur der Ausweispflicht nach § 8 FreizügG/EU (vgl. § 11 I 1 FreizügG/EU). Bei einem Verstoß liegt eine Ordnungswidrigkeit vor (§ 10 FreizügG/EU), keine Straftat[30].

Der Nichtbesitz eines Ausweises führt nicht zur Illegalität des Aufenthalts und berechtigt nicht zu dessen Beendigung (Art. 5 IV, 15 II RL 2004/38/EG). **Schweizer Bürger** unterfallen nicht dem FreizügG/EU. Eine subsidiäre Anwendung der Vorschriften aus dem § 98 ist unter Beachtung des Freizügigkeitsrechts (insbesondere unter Beachtung des Diskriminierungsverbots in Bezug auf den Grad der Vorwerfbarkeit sowie der Sanktionshöhe) möglich. Das Freizügigkeitsabkommen EU/Schweiz sieht selbst keine Sanktionen gegen passrechtliche Vorschriften vor[31].

15 Die **Ermächtigungen** des BMI zur Befreiung von der Passpflicht und zur Einführung eigener und zur Zulassung anderer amtlicher Ausweise als Passersatz (§ 99 I Nr. 4–6) sind hinreichend bestimmt (Art. 80 I GG) und auch auf Unionsbürger anzuwenden (§ 11 I FreizügG/EU). Von ihnen hat das BMI in den §§ 2 ff. AufenthV Gebrauch gemacht[32].

16 **Befreiungen** gelten einmal in begründeten Einzelfällen aufgrund einer Anordnung des BMI (§ 3 II) und außerdem in Rettungs-, Unglücks- und Katastrophenfällen für Personen, die Hilfe in Anspruch nehmen oder Hilfe leisten oder zum Flugpersonal oder zu Begleitpersonen von Rettungsflügen gehören (§ 14 AufenthV). Andere Personengruppen sind derzeit nicht von der Passpflicht allgemein befreit. Im Visumverfahren kann eine Ausnahme von der Passpflicht bei den deutschen Auslandsvertretung über das Auswärtige Amt beim BAMF beantragt werden[33]. Ergibt sich an Grenze die Notwendigkeit über eine Ausnahme von der Passpflicht zu entscheiden, so ist hierfür das Bundespolizeipräsidium zuständig[34]. Ist im Rahmen der Aufnahme von Schutzbedürftigen im Wege des Resettlements nach § 23 IV eine Ausnahme von der Passpflicht erforderlich, so ist für die Entscheidung hierüber ebenfalls das BAMF zuständig[35].

17 Die Passpflicht kann der Ausländer in der Bundesrepublik Deutschland notfalls mit einem **Ausweisersatz** erfüllen, der den Anforderungen des § 48 II genügt und mit Passersatzpapieren (§§ 3, 4 AufenthV), zB mit einem Reiseausweis nach Art. 28 GFK oder Art. 28 Staatenlosen-Übereinkommen § 3 I 2 hat klarstellenden Charakter. Die Regelung lässt die Verpflichtung zur Passbeschaffung nach § 48 III und die Pflichten nach § 56 AufenthV unberührt. Der Ausweisersatz berechtigt nicht zum Grenzübertritt und ist folglich nicht in § 4 AufenthV (von deutschen Behörden ausgestellte Passersatzpapiere) aufgeführt. Bei Ausländern unter 16 Jahren reicht die Eintragung in den Pass des gesetzlichen Vertreters aus[36]; vom zehnten Lebensjahr an muss ein eigenes Lichtbild des Kindes im Pass oder Passersatz angebracht sein (§ 2 AufenthV). Für **Asylbewerber** gelten die Sonderregelungen der §§ 15 II Nr. 4; 21 I und 5; 64 I; 65 AsylG über die Abgabe des Passes und die Erfüllung der Ausweispflicht durch die Aufenthaltsgestattung.

18 **Besitz** eines Passes oder Ausweises ist nicht gleichbedeutend mit **Mitführen** oder **Vorlegen.** Es genügt, wenn der Ausländer die Sachherrschaft über den Pass iSd § 868 BGB ausübt[37] und den Besitz in angemessener Frist nachweist. Dies kann außer durch Vorlage auch durch Übermittlung per Fax oder von (möglichst beglaubigten) Ablichtungen geschehen. Besitz bedeutet daher grundsätzlich nicht, dass der Pass von dem Ausländer ständig mitgeführt werden muss; die Mitführungspflicht, die insbesondere bei Grenzübertritt nach § 13 I 2 besteht, ist von der Besitzpflicht zu unterscheiden. Zu beachten ist hier aber eine schengenrechtliche Implikation: Nach **Art. 21 I iVm IIa SDÜ** können Drittausländer, die Inhaber eines gültigen von einer der Vertragsparteien ausgestellten Aufenthaltstitels sind oder die Inhaber eines von einem der Mitgliedstaaten gem. Art. 18 erteilten gültigen Visums für den längerfristigen Aufenthalt sind, sich aufgrund dieses Dokuments und eines gültigen Reisedokuments höchstens bis zu drei Monaten frei im Hoheitsgebiet der anderen Vertragsparteien bewegen, soweit sie in Art. 6 Ia, c und e SGK aufgeführten Einreisevoraussetzungen erfüllen. Das Recht aus Art. 21 I SDÜ steht dem Drittausländer auch dann zu, wenn er via die genannten Einreisevoraussetzungen des Art. 6 Ia SGK erfüllt. Zusätzlich reicht für die Inanspruchnahme des Rechts aus Art. 21 I SDÜ nicht schon der bloße Besitz eines Reisepasses aus. In Art. 21 I SDÜ ist ausdrücklich davon die Rede, dass die Inhaber eines gültigen, von einer der Vertragsparteien ausgestellten Aufenthaltstitels/nationalen Visums sich aufgrund dieses Dokuments und **eines gültigen Reisedoku-**

---

[30] Zur Unverhältnismäßigkeit der Ahndung des Nichtbesitzes eines Ausweises bei Unionsbürgern vgl. EuGH Urt. v. 30.4.1998 – C-24/97, BeckRS 2004, 75354 – Kommission/Deutschland.

[31] So auch *Westphal/Stoppa* S. 789.

[32] Dazu *Maor* ZAR 2005, 222; zu den Passersatzpapieren → Rn. 20 ff.

[33] Vgl. Auswärtiges Amt Visumhandbuch, 74. EL, S. 130.

[34] Vgl. § 71 III 6 AufenthG iVm § 58 I BPolG iVm § 1 III 1b BPolZV.

[35] www.bmi.bund.de/SharedDocs/downloads/DE/veroeffentlichungen/themen/migration/humanitaere-aufnahmeprogramme/aufnahmeanordnung-7-begleitregelung.pdf?__blob=publicationFile&v=1.

[36] Im Gegensatz dazu im deutschen PassR, → Rn. 3.

[37] Vgl. HessVGH Beschl. v. 19.11.2003 – 12 TG 2668/03, InfAuslR 2004, 141.

ments höchstens bis zu drei Monate frei im Hoheitsgebiet der anderen Vertragsparteien bewegen können, soweit sie die in Art. 6 Ia SGK aufgeführten Einreisevoraussetzungen erfüllen. Diese Forderung wird in den insoweit vergleichbaren Regelungen der Art. 19 und 20 SDÜ nicht aufgestellt[38]. Der Ausländer muss daher das Grenzübertrittspapier **im Bundesgebiet besitzen** (vgl. Nr. 95.1.1.2 und 95.1.2.1.1 AVwV-AufenthG). Der Nichtbesitz führt hier zum Erlöschen des schengenrechtlichen Reiserechts von Anfang an, mit der Folge, dass der Ausländer wegen der Nichterfüllung von § 4 vollziehbar ausreisepflichtig wird, da der von einem anderen Mitgliedstaat ausgestellte Aufenthaltstitel oder das von einem anderen Mitgliedstaat ausgestellte nationale Visum keinen Aufenthaltstitel nach deutschem Recht darstellt.

Es muss sich um einen noch **gültigen Pass** handeln. Hieran fehlt es, wenn der Pass durch 19 Manipulationen nicht mehr die Gültigkeitsanforderungen erfüllt. Der Besitz an einem Pass geht verloren, wenn der Inhaber die tatsächliche Gewalt aufgibt (zB Vernichtung des Passes, Wegwerfen) oder in anderer Weise die tatsächliche Sachherrschaft verliert (zB Verlust des Passes). Nicht ungültig wird der Pass durch Wechsel der Wohnanschrift, Wechsel des Familiennamens durch Eheschließung[39], jedoch durch eine fehlende Unterschrift[40], soweit der Passinhaber schreibkundig und schreibfähig ist. Die Beförderung von Ausländern, deren mitgeführter Pass eine Unterschrift des Inhabers vorsieht, aber nicht unterschrieben ist, verstößt gegen das Beförderungsverbot nach § 63 I[41]. Bei Verwendung iSd zwei- und mehrseitigen Abkommen über die Weitergeltung von abgelaufenen Pässen führt das Ablaufen eines Passes nicht automatisch dazu, dass sie ihre Funktion verlieren. Denn Deutschland ist Vertragspartei von sechs **Abkommen,** die ua die Weitergeltung abgelaufener Pässe regeln[42]. Hierzu gehört das Europäische Abkommen über die Regelung des Personenverkehrs zwischen den Mitgliedstaaten des Europarats vom 13.12.1957[43] mit Regelungen über abgelaufene Pässe für Belgien, Deutschland, Österreich, Frankreich, Luxemburg, Schweiz, Portugal und Spanien. Ziel des Abkommens ist es, die Reisen von Staatsangehörigen der Vertragsparteien zu erleichtern, die mit einem in der Anlage zu diesem Abkommen aufgeführten Pass oder Ausweis über alle Grenzen in das Hoheitsgebiet der anderen Parteien einreisen und von dort ausreisen können. Jede Vertragspartei gestattet ohne Förmlichkeit dem Inhaber eines solchen Passes oder Ausweises die Wiedereinreise in ihr Hoheitsgebiet, auch wenn die Staatsangehörigkeit des Betroffenen strittig ist. Die vorgesehenen Erleichterungen gelten nur für einen Aufenthalt von höchstens drei Monaten in einem der anderen Vertragsstaaten und ohne Aufnahme einer Erwerbstätigkeit. Das Abkommen regelt für die Bundesrepublik Deutschland ua, dass für die Einreise und den Aufenthalt in einem der anderen Vertragsstaaten ein seit weniger als einem Jahr abgelaufener Reisepass oder Kinderreisepass der Bundesrepublik Deutschland ausreichend ist. Dieses Abkommen beeinträchtigt nicht die jetzt oder in Zukunft geltenden einzelstaatlichen Rechtsvorschriften und zwei- oder mehrseitigen Verträge oder Abkommen, die den Staatsangehörigen anderer Vertragsparteien hinsichtlich des Grenzübertritts eine günstigere Behandlung gewähren. Günstigere Regelungen finden sich zT in zweiseitigen Abkommen, die die Bundesrepublik Deutschland mit Monaco[44], Luxemburg[45], der Schweiz[46], Liechtenstein[47], den Niederlanden[48] und Österreich[49] geschlossen hat. Staatsangehörige der vorgenannten Vertragsstaaten können zT mit bis zu fünf Jahren abgelaufenen Pässen in das Bundesgebiet einreisen. Solche abgelaufenen Pässe gelten dann gem. § 3 I 1 AufenthV jedoch formal nur als Passersatzpapiere.

IV. Ausländische und deutsche Passersatzpapiere

Als Passersatz sind aufgrund der Ermächtigung in § 99 I Nr. 6 insbesondere die folgenden **nicht-** 20 **deutschen Dokumente zugelassen** (§ 3 III AufenthV); näher dazu Nr. 3.1.6 ff. AVwV[50]:

– Reiseausweise für Staatenlose und Flüchtlinge (Art. 28 StlÜbk, Art. 28 GFK);
– Ausweise für Mitglieder und Bedienstete von EU-Organen;
– Ausweise für Abgeordnete der Parlamentarischen Versammlung des Europarats;
– amtliche Personalausweise der EU-Mitgliedstaaten, der sonstigen EWR-Staaten und der Schweiz;

---

[38] Vgl. VG Frankfurt a. M. Beschl. v. 9.4.2002 – 1 G 790/02(V), BeckRS 2002, 21658; Urt. v. 21.7.2004 – 1 E 2479/04, BeckRS 2004, 151982.
[39] Vgl. *Stoppa* in Huber (Hrsg.) AufenthG § 95 Rn. 18 (Eheschließung).
[40] VG Frankfurt a. M. Beschl. v. 11.7.2007 – 7 G 1872/07.AF, BeckRS 2007, 27234.
[41] OVG Bln-Bbg Beschl. v. 8.3.2013 – OVG 7 N 91/13, BeckRS 2013, 48567.
[42] Ausf. hierzu *Westphal/Stoppa* S. 137 f.
[43] BGBl. 1959 II S. 389 (395); Einzelheiten unter www.coe.int/de/web/conventions/full-list?module=treaty-detail&treatynum=025.
[44] GMBl. 1959 S. 287 und 1960 S. 75.
[45] GMBl. 1956 S. 357.
[46] GMBl. 1956 S. 356.
[47] GMBl. 1956 S. 356.
[48] GMBl. 1958 S. 191.
[49] BGBl. 1969 II S. 1457.
[50] *Maor* ZAR 2005, 222.

– Schülersammellisten (Art. 2 Beschluss des Rates vom 30.11.1994, ABl. 1994 L 327, 1);
– Flugbesatzungsausweise für § 23 AufenthV;
– Binnenschifffahrtsausweise für § 25 AufenthV.

Außerdem handelt es sich bei abgelaufenen Pässen, die im Rahmen zwischenstaatlicher Vereinbarungen zur Einreise und zum Aufenthalt berechtigen formal nur noch um Passersatzpapiere (§ 3 I I AufenthV, → Rn 19).

21 Als **deutsche Passersatzpapiere** sind aufgrund der Ermächtigung in § 99 I Nr. 5 **eingeführt** (§ 4 AufenthV; näher dazu Nr. 3.3 AVwV-AufenthG):
– Reiseausweise für Ausländer, für Staatenlose und für Flüchtlinge;
– Notreiseausweis;
– Schülersammelliste;
– Bescheinigung über Wohnsitzverlegung (Art. 26 Schutzgewährungs-RL);
– Europäisches Reisedokument für die Rückkehr (VO (EU) 2016/1953 vom 29.10.2016, ABl. 2016 L 311, S. 13);
– vorläufige Reiseausweise für Ausländer, Flüchtlinge und Staatenlose.

Der heutige **Passierschein** (§ 24 AufenthV) und der frühere Landgangsausweis (vgl. § 14 DVAuslG) sind nicht mehr zugelassen. Die **Grenzgängerkarte** ist seit 28.8.2007 (RLUmsG 2007) nicht mehr als Passersatz zugelassen, weil dafür kein praktisches Bedürfnis mehr gesehen wurde. Sowohl der Passierschein als auch die Grenzgängerkarte dienen ausschließlich der Dokumentation einer Befreiung von der Aufenthaltstitelpflicht.

22 Der **Reiseausweis für Ausländer** (§§ 5 ff. AufenthV) trat an die Stelle des früheren Reisedokuments (§§ 15 ff. DVAuslG) und des früheren Fremdenpasses (§ 4 AuslG-1965)[51]. Ausstellung und Verlängerung sind an den Besitz besonderer aufenthaltsrechtlicher Titel gebunden, zu denen auch die Aufenthaltsgestattung zählt. Asylbewerbern kann ein Passersatz ausgestellt werden, wenn ein dringendes öffentliches Interesse besteht, zwingende Gründe es erfordern oder die Versagung des Reiseausweises für Ausländer eine unbillige Härte bedeuten und die Durchführung des Asylverfahrens nicht gefährdet wird (§ 6 Nr. 4 AufenthV). Zumutbar ist dem Ausländer gem. § 5 II Nr. 2 AufenthV, nach den Bestimmungen des deutschen Passrechts, insbesondere den §§ 6 und 15 PassG, an der Ausstellung oder Verlängerung des Passes mitzuwirken und die Behandlung eines Antrags durch die Behörden des Herkunftsstaates nach dem Recht des Herkunftsstaates zu dulden, soweit dies nicht zu einer unzumutbaren Härte führt[52].

23 Eine **Duldung** ist nicht ausreichend. Hier stellt § 3 I 2 klar, dass auch der Besitz eines Ausweisersatzes nach § 48 II ausreicht, um die Passpflicht zu erfüllen. Die Einführung hatte klarstellenden Charakter, da § 48 II bestimmt, dass ein Ausländer, der einen Pass weder besitzt noch in zumutbarer Weise erlangen kann, der Ausweispflicht mit der Bescheinigung über die Aussetzung der Abschiebung bei Aufenthalt im Inland genügt, wenn diese mit den Angaben zur Person und einem Lichtbild versehen und als Ausweisersatz bezeichnet ist. Abs. 1 S. 2 lässt die Verpflichtung zur Passbeschaffung nach § 48 III und die Pflichten nach § 56 AufenthV unberührt. Der Ausweisersatz berechtigt nicht zum Grenzübertritt.

24 Nach Art. 25 I RL 2011/95/EU (sog. Qualifikations-RL) stellen die Mitgliedstaaten (außer Irland, Großbritannien und Dänemark) Personen, denen die Flüchtlingseigenschaft zuerkannt worden ist, **Reiseausweise** – wie im Anhang zur Genfer Flüchtlingskonvention (Art. 28 iVm dem Anhang des Abkommens vom 28.7.1951 über die Rechtsstellung der Flüchtlinge (BGBl. 1953 II S. 559)) vorgesehen – für Reisen außerhalb ihres Gebiets aus, es sei denn, dass zwingende Gründe der öffentlichen Sicherheit oder Ordnung dem entgegenstehen.[53] National erhalten anerkannte Flüchtlinge und Asylberechtigte nach § 1 III Nr. 2, § 4 I Nr. 3 AufenthV einen Reiseausweis für Flüchtlinge nach der GFK, der als Passersatz dem Aufenthaltstitel gem. § 26 I 2 entsprechend zunächst eine Gültigkeitsdauer von drei Jahren besitzt. Anstelle des Reiseausweises für Flüchtlinge kann auch ein Reiseausweis für Flüchtlinge nach dem Londoner Abkommen (Abkommen vom 15.10.1946 betreffend die Ausstellung eines Reiseausweises an Flüchtlinge, die unter die Zuständigkeit des zwischenstaatlichen Ausschusses für die Flüchtlinge fallen (BGBl. 1951 II S. 160)) gem. § 1 III Nr. 1, § 4 I Nr. 3 AufenthV erteilt werden. Auch wenn dieses Abkommen durch die GFK weitgehend verdrängt wurde, hat es Bedeutung, wenn der Flüchtling in Staaten einreisen will, die nicht Vertragsstaaten der GFK sind, aber das Londoner Abkommen ratifiziert haben (zB Indien und Pakistan). Die Aufnahme jüdischer Zuwanderer aus der ehemaligen Sowjetunion unter entsprechender Anwendung des KontingentflüchtlingsG vor Inkrafttreten des ZuwanderungsG begründet keinen Anspruch auf Ausstellung eines Reiseausweises für Flüchtlinge nach Art. 28 GFK[54].

25 Art. 25 II RL 2011/95/EU bestimmt weiter, dass die Mitgliedstaaten Personen, denen der **subsidiäre Schutzstatus** zuerkannt worden ist und die keinen nationalen Pass erhalten können, Doku-

---

[51] Näher Nr. 3.3.1.1 AVwV-AufenthG; *Maor* ZAR 2005, 222.
[52] VG Bayreuth Gerichtsbescheid v. 11.10.2013 – B 1 K 11.123, BeckRS 2013, 59743.
[53] SächsOVG Urt. v. 19.1.2017 – 3 A 77/16, EZAR NF 79 Nr. 10.
[54] OVG Bln-Bbg Urt. v. 29.12.2011 – OVG 2 B 9/11, BeckRS 2012, 45010.

mente ausstellen, mit denen sie reisen können. Dies zumindest wenn schwerwiegende humanitäre Gründe ihre Anwesenheit in einem anderen Staat erfordern, es sei denn, dass zwingende Gründe der öffentlichen Sicherheit oder Ordnung dem entgegenstehen. Dieser Personengruppe wird – mangels einer speziellen Regelung – ein Reiseausweis für Ausländer nach § 4 I Nr. 1 AufenthV auszustellen sein.

Damit der Ausländer seiner Ausweispflicht (§ 48) jederzeit nachkommen kann, treffen ihn besondere **ausweisrechtliche Pflichten** hinsichtlich seines ausländischen Passes (§ 56 Nr. 1–6 AufenthV) und des von der Bundesrepublik Deutschland ausgestellten Passersatzes (§ 56 Nr. 7 AufenthV). Damit wird der Ausländer zugleich in die Lage versetzt, seine passrechtlichen Verpflichtungen zu erfüllen. Passvorlage wird nur nach § 48 I verlangt; sonst genügt zum Nachweis des Besitzes die Vorlage binnen angemessener Frist. Ein deutscher Reiseausweis oder ein anderer Passersatz werden bei Wegfall der Ausstellungsvoraussetzungen idR entzogen (§ 4 II AufenthV). Es besteht keine allgemeine Passbeschaffungsverpflichtung, sondern nur konkrete zumutbare Mitwirkungspflichten[55]. 26

Keine ausdrückliche Passpflicht besteht hingegen für das **Durchreiserecht nach Art. 6 V a SGK**, der insoweit das Grundprinzip der Passpflicht durchbricht und oftmals verkannt wird: 27

> „Drittstaatsangehörige, die nicht alle Voraussetzungen des Absatzes 1 erfüllen, aber Inhaber eines Aufenthaltstitels oder eines Visums für einen längerfristigen Aufenthalt sind, wird die Einreise in das Hoheitsgebiet der anderen Mitgliedstaaten zum Zwecke der Durchreise zur Erreichung des Hoheitsgebiets des Mitgliedstaats gestattet, der den Aufenthaltstitel oder das Visum für einen längerfristigen Aufenthalt ausgestellt hat, es sei denn, sie sind auf der nationalen Ausschreibungsliste des Mitgliedstaats, an dessen Außengrenzen sie einreisen wollen, mit einer Anweisung ausgeschrieben, ihnen die Einreise oder die Durchreise zu verweigern."

Danach dürfen Inhaber eines der vorgenannten Dokumente unter den abschließend aufgeführten Voraussetzungen – ausnahmsweise – auch ohne (zB auch ohne gültigen oder anerkannten) Pass durch die Vertragsparteien in den Ausstellerstaat reisen, der insoweit die „Garantiefunktion" mit der Ausstellung eines Aufenthaltstitels oder nationalen Visums übernahm. Damit ist so die jederzeitige Ersteinreise oder auch Rückkehr in den Ausstellerstaat gewährleistet. Dementsprechend dürfte auch die unmittelbare Einreise in den Ausstellerstaat zu gestatten sein, um das genannte Ziel zu erreichen, auch wenn dieser Fall nicht ausdrücklich geregelt ist. 28

Passeintragungen **minderjähriger Kinder** mit deutscher Staatsangehörigkeit im Pass eines ausländischen Elternteils erfüllen auch die Passpflicht iSd § 3. Eine Sanktionierung gem. § 25 III Nr. 1 PassG ist deshalb nicht möglich. Die Erziehungsberechtigten bzw. die gesetzlichen Vertreter handeln auch nicht ordnungswidrig iSd § 25 III Nr. 1 PassG. 29

Durch § 22 I AufenthV wird die Befreiung von Schülern von der Aufenthaltstitelpflicht geregelt, die auf ordnungsgemäß ausgestellten **Schülersammellisten** aufgeführt sind. Grundlage hierfür ist die EU-Schülersammellistenregelung (Beschluss Nr. 94/795/JI) vom 30.11.1994[56]. Die Schülersammelliste (§ 4 I 1 Nr. 5 AufenthV) erfüllt zugleich zwei Funktionen: 30

– Zum einen ersetzt sie einen Aufenthaltstitel,
– zum anderen kann diese einen Passersatz darstellen.

Die EU-Schülersammellistenregelung betrifft Schüler, die Drittausländer sind und in einem anderen EU-Mitgliedstaat ihren Wohnsitz haben. Nach Art. 1 I der nicht unmittelbar geltenden, sondern durch die AufenthV umgesetzten EU-Schülersammellistenregelung verlangt ein Mitgliedstaat von Schülern, die auf eine Sammelliste eingetragen sind, nach Maßgabe der in der Sammellistenregelung wiedergegebenen Voraussetzungen kein Visum. Die Schülergruppe muss von einem Lehrer begleitet sein. Die Schülersammelliste muss die Schule mit Namen und Anschrift, den begleitenden Lehrer, Reiseziel und -zeitraum und sämtliche mitreisende Schüler (unabhängig von ihrer Staatsangehörigkeit) bezeichnen und von der Schulleitung unterzeichnet sein. Der Aufbau und der textliche Inhalt sind in der Sammellistenregelung vorgeschrieben. Listen, die dieser Form nicht zumindest im Wesentlichen entsprechen, sind unwirksam. Die Schüler auf der Liste müssen sich grundsätzlich durch einen eigenen Lichtbildausweis ausweisen können. Die Befreiung für Schüler mit Wohnsitz in einem EU-Mitgliedstaat ergibt sich aus Art. 4 II b EU-VisumVO, die Befreiung für Schüler mit Wohnsitz in einem EWR-Staat, der Schweiz oder einem in Anhang II der EUVisumVO aufgeführten Staat aus § 22 AufenthV. 31

Soll die Schülersammelliste hiervon abweichend nicht nur vom Erfordernis des Aufenthaltstitels befreien, sondern auch als **Passersatzpapier** gelten, ist eine amtliche Bestätigung durch die zuständige Behörde des Wohnsitzlandes (nicht nur der Schule) und eine Integration der Lichtbilder sämtlicher Schüler erforderlich, die keinen eigenen Lichtbildausweis besitzen und auf die sich die Passersatzfunktion daher beziehen soll. Dazu ist es erforderlich, dass die Liste nach Aufbau und Text der Vorgabe der EU-Schülersammellistenregelung entspricht, vollständig und gut lesbar ausgefüllt ist und die gesamte 32

---

[55] OVG NRW Beschl. v. 9.2.2004 – 18 B 811/03, BeckRS 2004, 21406.
[56] ABl. 1994 L 327, S. 1.

Reisegruppe (einschließlich der deutschen Schüler und der nichtdeutschen Schüler mit einem geeigneten Pass oder Passersatz) sowie Zweck und Umstände der Reise aufführt, ggf. in einem Anhang, der der Liste beigefügt wird und mit ihr (etwa durch gefächertes Zusammenheften und Anbringen eines Dienstsiegels, das alle beigefügten Blätter erfasst) verbunden wird. Einziger zulässiger Zweck ist ein bestimmter Schulausflug einer Schülergruppe an einer allgemein- oder berufsbildenden Schule. Die Bestätigung der Ausländerbehörde, die dazu führt, dass die Liste die Funktion eines Passersatzpapiers erfüllen kann, wird nur mit Bezug zu denjenigen Schülern erteilt, die nicht Unionsbürger sind und die keinen eigenen geeigneten, also im Ziel- oder Transitstaat anerkannten Pass oder Passersatz mit Lichtbild besitzen. Die Identität – nur – dieser Schüler ist durch ein an der Liste angebrachtes aktuelles Lichtbild zu bestätigen.

33   Die Sammellistenregelung wird bzgl. der Befreiung von der Aufenthaltstitelpflicht durch **§ 22 I AufenthV** von Deutschland einseitig auf Schüler mit Wohnsitz in einem in Anhang II der EU-VisumVO genannten Staat ausgedehnt. Diese Ausdehnung gilt aber nicht für die mögliche passersetzende Funktion. Andere Befreiungstatbestände, die zugunsten von Schülern anwendbar sind, die in Schülergruppen reisen, werden durch § 22 I AufenthV nicht verdrängt, bleiben also in vollem Umfang anwendbar. Somit können etwa Schülergruppen, deren Schüler ausschließlich aus visumfreien Staaten stammen, zurückgewiesen werden, nur weil sie nicht auf einer Sammelliste eingetragen sind. In § 22 II AufenthV wird die Wiedereinreise von in Deutschland **geduldeten Schülern** in das Bundesgebiet geregelt. Voraussetzung ist der von der zuständigen Ausländerbehörde auf der Sammelliste angebrachte Vermerk der Aussetzung der Abschiebung im Falle der Wiedereinreise.

34   Vor der Bestätigung ist sicherzustellen, dass der Schüler im Bundesgebiet wohnhaft ist, sich erlaubt oder befugt im Bundesgebiet aufhält und, sofern nicht die Regelung zu geduldeten Schülern greift, zur Wiedereinreise berechtigt ist. Bestätigungen der Ausländerbehörde sind nur auf Listen anzubringen, die von dem Schulträger oder dem Schulleiter – persönlich oder durch einen allgemein bestellten Vertreter – bereits gegengezeichnet sind[57].

§ 4 Erfordernis eines Aufenthaltstitels

(1) ¹Ausländer bedürfen für die Einreise und den Aufenthalt im Bundesgebiet eines Aufenthaltstitels, sofern nicht durch Recht der Europäischen Union oder durch Rechtsverordnung etwas anderes bestimmt ist oder auf Grund des Abkommens vom 12. September 1963 zur Gründung einer Assoziation zwischen der Europäischen Wirtschaftsgemeinschaft und der Türkei (BGBl. 1964 II S. 509) (Assoziationsabkommen EWG/Türkei) ein Aufenthaltsrecht besteht. ²Die Aufenthaltstitel werden erteilt als

1. Visum im Sinne des § 6 Absatz 1 Nummer 1 und Absatz 3,
2. Aufenthaltserlaubnis (§ 7),
2a. Blaue Karte EU (§ 18b Absatz 2),
2b. ICT-Karte (§ 19),
2c. Mobiler-ICT-Karte (§ 19b),
3. Niederlassungserlaubnis (§ 9) oder
4. Erlaubnis zum Daueraufenthalt – EU (§ 9a).

³Die für die Aufenthaltserlaubnis geltenden Rechtsvorschriften werden auch auf die Blaue Karte EU, die ICT-Karte und die Mobiler-ICT-Karte angewandt, sofern durch Gesetz oder Rechtsverordnung nichts anderes bestimmt ist.

(2) ¹Ein Ausländer, dem nach dem Assoziationsabkommen EWG/Türkei ein Aufenthaltsrecht zusteht, ist verpflichtet, das Bestehen des Aufenthaltsrechts durch den Besitz einer Aufenthaltserlaubnis nachzuweisen, sofern er weder eine Niederlassungserlaubnis noch eine Erlaubnis zum Daueraufenthalt – EU besitzt. ²Die Aufenthaltserlaubnis wird auf Antrag ausgestellt.

Allgemeine Verwaltungsvorschrift
   4 Zu § 4 – Erfordernis eines Aufenthaltstitels
   4.1 Aufenthaltstitelpflicht
   4.1.0.1 Aus § 4 Absatz 1 Satz 1 ergibt sich, dass nach Maßgabe des Aufenthaltsgesetzes der Aufenthalt von Ausländern im Bundesgebiet grundsätzlich unter Erlaubnisvorbehalt steht. Aus dem Aufenthaltstitel ergibt sich – konstitutiv – das Recht auf Einreise und Aufenthalt. Es endet, wenn der Aufenthaltstitel wegfällt.
   4.1.0.2 Das Aufenthaltsgesetz kennt vier Aufenthaltstitel: Das Visum (Schengen-Visum und nationales Visum) ist ein eigenständiger Aufenthaltstitel. Die Aufenthaltserlaubnis ist ein befristeter, die Niederlassungserlaubnis ein unbefristeter Aufenthaltstitel. Mit dem Gesetz zur Umsetzung aufenthalts- und asylrechtlicher Richtlinien der Europäischen Union wurde die Erlaubnis zum Daueraufenthalt-EG als eigenständiger Aufenthaltstitel neben der Niederlassungserlaubnis aufgenommen. Der Erteilungsgrund wird in dem Klebeetikett vermerkt.
   4.1.0.3 Allein zum Zwecke der Straf- oder Untersuchungshaft ist ein Aufenthaltstitel nicht zu erteilen oder zu verlängern.

---

[57] Vgl. Nr. 3.3.6 AVwV-AufenthG.

Erfordernis eines Aufenthaltstitels § 4 AufenthG 1

4.1.1.1 Aus dem Recht der Europäischen Union kann sich eine unmittelbare Befreiung von der Aufenthaltstitelpflicht ergeben. Soweit das Aufenthaltsgesetz insoweit Anwendung findet (vgl. den Ausschlusstatbestand des § 1 Absatz 2 Nummer 1), hat ein vorhandener Aufenthaltstitel dann nur deklaratorische Wirkung. Eine sich unmittelbar aus Gemeinschaftsrecht ergebende Befreiung von der Aufenthaltstitelpflicht zur Einreise und zum Aufenthalt in das Bundesgebiet besteht vor allem folgenden in Fällen:

– für Staatsangehörige der Schweiz und deren Familienangehörige, soweit sie nach dem Abkommen zwischen der Europäischen Gemeinschaft und ihren Mitgliedstaaten einerseits und der Schweizerischen Eidgenossenschaft andererseits über die Freizügigkeit (BGBl. 2001 II S. 810) ein Aufenthaltsrecht haben,
– für Staatsangehörige eines Staates, der in Anhang II der Verordnung (EG) Nummer 539/2001 des Rates vom 15. März 2001 zur Aufstellung der Liste der Drittländer, deren Staatsangehörige beim Überschreiten der Außengrenzen im Besitz eines Visums sein müssen, sowie der Liste der Drittländer, deren Staatsangehörige von der Visumpflicht befreit sind (ABl. EG Nummer L 81 S. 1) in der jeweils geltenden Fassung aufgeführt ist, für einen Kurzaufenthalt für bis zu drei Monate innerhalb einer Frist von sechs Monaten vom Tag der ersten Einreise an; vgl. auch § 17 Absatz 1 AufenthV zu einer Ausnahme hierzu und § 17 Absatz 2 AufenthV zu Gegenausnahmen; Rechtsgrundlage der Befreiung ist Artikel 20 Absatz 1 SDÜ,
– nach Artikel 5 Absatz 4 Buchstabe a) Schengener Grenzkodex (Durchreiserecht für Inhaber eines von einer Vertragspartei ausgestellten Aufenthaltstitels, auch ohne Pass),
– nach Artikel 18 Satz 3 SDÜ (Durchreise für Inhaber von Visa anderer Schengenstaaten für einen längerfristigen Aufenthalt, um sich in den Schengenstaat zu begeben, der das Visum ausgestellt hat, nicht aber Durchreise zur Rückkehr oder mehrfache Durchreise),
– für die nach Artikel 21 SDÜ begünstigten Ausländer (Inhaber eines Aufenthaltstitels der Schengenstaaten) für einen Kurzaufenthalt bis zu drei Monaten.

4.1.1.2 Hängt die Befreiung vom Erfordernis eines Aufenthaltstitels davon ab, ob der Aufenthalt des Ausländers einen bestimmten Zeitraum nicht überschreitet, und ist das Reisedokument eines Drittstaatsangehörigen nicht mit einem Einreisestempel versehen, so können die zuständigen nationalen Behörden gemäß Artikel 11 Absatz 1 Schengener Grenzkodex annehmen, dass der Inhaber des Reisedokuments die geltenden Voraussetzungen hinsichtlich der Aufenthaltsdauer nicht oder nicht mehr erfüllt. Nach Artikel 11 Absatz 2 Schengener Grenzkodex kann diese Annahme von einem Drittstaatsangehörigen durch jedweden glaubhaften Nachweis widerlegt werden, insbesondere durch Belege wie Beförderungsnachweise oder Nachweise über seine Anwesenheit außerhalb des Hoheitsgebiets der Mitgliedstaaten, aus denen hervorgeht, dass er die Voraussetzungen hinsichtlich der Dauer eines kurzfristigen Aufenthalts eingehalten hat. Hierbei können Ausländerbehörden die Möglichkeit des § 82 Absatz 1 Satz 2 nutzen, dem Drittstaatsangehörigen zur Beibringung von Nachweisen eine angemessene Frist zu setzen. Gemäß § 82 Absatz 1 Satz 4 können nach Ablauf der Frist geltend gemachte Umstände und beigebrachte Nachweise unberücksichtigt bleiben.

4.1.1.3 In den folgenden Fällen ist zwar durch das Recht der Europäischen Union unter bestimmten Voraussetzungen ein Anspruch auf einen Aufenthaltstitel vorgesehen, wobei allerdings allein die Erfüllung der Anspruchsvoraussetzungen nicht unmittelbar zur Einreise oder zur Erteilung eines Ausnahmevisums berechtigt, so dass nach allgemeinen Vorschriften ein Durchlaufen des Visumverfahrens vor der Einreise gefordert werden kann und im Inland für einen rechtmäßigen Aufenthalt nach allgemeinen Vorschriften ein Aufenthaltstitel erforderlich ist:

– bei Begünstigten nach den Assoziierungsabkommen mit mittel- und osteuropäischen Staaten (in erster Linie Dienstleister und Selbstständige), soweit diese Staaten nicht bereits der Europäischen Union beigetreten sind,
– bei drittstaatsangehörigen ausländischen Arbeitnehmern, die bei einem Unternehmen mit Sitz in einem Mitgliedstaat der Europäischen Union ordnungsgemäß beschäftigt sind, und die zur Erbringung einer Dienstleistung gemäß Artikel 49 und 50 des Vertrages zur Gründung der Europäischen Gemeinschaft vorübergehend in das Bundesgebiet entsandt werden (so genannte „Vander-Elst-Fälle"; vgl. auch § 15 BeschV).

4.1.2 Personen, auf die gemäß § 1 Absatz 2 Nummer 3 das Aufenthaltsgesetz keine Anwendung findet (vgl. Nummer 1.2.2) kann auf Antrag eine deklaratorische Aufenthaltserlaubnis erteilt werden, wenn sie aufgrund des NATOTruppenstatuts zum Aufenthalt in Deutschland berechtigt sind. Dieser soll mit der Nebenbestimmung „Deklaratorisch; Inhaber unterliegen dem NATO-Truppenstatut" versehen werden.

4.1.3 Ausnahmen und Befreiungstatbestände zur Pflicht des Besitzes eines Aufenthaltstitels sind für einen rechtmäßigen Aufenthalt in den §§ 15 bis 30 AufenthV geregelt. Artikel 20 Absatz 2 SDÜ und die Artikel 4 und 5 der Verordnung (EG) Nummer 539/2001 enthalten einen Spielraum für nationale Sonderregelungen. Dieser Gestaltungsspielraum wurde durch die AufenthV genutzt, indem ausdrücklich geregelt wurde, dass in bestimmten Fällen für die Einreise und den Aufenthalt abweichend von den allgemeinen Vorschriften des europäischen Rechts ein Aufenthaltstitel benötigt oder eine solche ausdrücklich ausgenommen wird. Ohne eine solche ausdrückliche Ausnahmeregelung auf nationaler Ebene würde allein die Verordnung (EG) Nummer 539/2001 gelten.

4.1.3.1 § 16 AufenthV berücksichtigt völkerrechtliche Verpflichtungen, insbesondere aus Sichtvermerksabkommen, die Deutschland vor dem Inkrafttreten des SDÜ gegenüber Drittstaaten eingegangen ist und wonach die Beschränkung des Artikels 20 Absatz 1 SDÜ (visumfreier Aufenthalt bis drei Monaten innerhalb eines Zeitraums von sechs Monaten vom Datum der ersten Einreise an, bezogen auf den SchengenRaum) nicht Anwendung finden kann. Diese Abkommen sind, soweit sie nicht EU-, EWR- oder Schweizer Bürger betreffen, in Anlage A zur AufenthV aufgeführt. Es handelt sich um die folgenden Abkommen:

4.1.3.1.1 – Australien (GMBl 1953 S. 575). Bei der Bestimmung der Dauer von Aufenthalten von bis zu drei Monaten werden Aufenthalte in anderen Schengen-Staaten nicht angerechnet, auch wenn kein Aufenthaltstitel nach der Einreise beantragt wird. Die Befreiung geht ansonsten nicht über die Regelung in § 41 Absatz 1 AufenthV hinaus.

4.1.3.1.2 – Brasilien (BGBl. 2008 II S. 1179).

4.1.3.1.3 – Chile (GMBl 1955 S. 22). Bei der Bestimmung der Dauer von Aufenthalten von bis zu 90 Tagen ohne Ausübung einer Erwerbstätigkeit werden Aufenthalte in anderen Schengen-Staaten nicht angerechnet.

4.1.3.1.4 – El Salvador (BAnz. 1998 S. 12 778). Salvadorianische Staatsangehörige sind ohne zeitliche Beschränkung von der Visumpflicht befreit, sofern sie nicht einer Erwerbstätigkeit nachgehen wollen. Bei Aufenthalten von

Samel

mehr als drei Monaten benötigen sie einen Aufenthaltstitel, den sie im Inland beantragen können. Zur Visum- und Erlaubnispflicht bei einer Ausübung einer Erwerbstätigkeit gelten die allgemeinen Regelungen.

4.1.3.1.5 – Ghana (BGBl. 1998 II S. 2909). Die Vereinbarung gilt nur für Inhaber von Diplomaten- und Dienstpässen der Republik Ghana. Wenn die Dauer des Aufenthaltes drei Monate nicht überschreitet und die betreffenden Personen keine Erwerbstätigkeit ausüben wollen, ist für die Einreise und den Aufenthalt kein Aufenthaltstitel, auch kein Visum, erforderlich. Aufenthalte in anderen Schengen-Staaten werden auf den genannten Zeitraum nicht angerechnet.

4.1.3.1.6 – Honduras (GMBl 1963 S. 363). Honduranische Staatsangehörige sind ohne zeitliche Beschränkung von der Visumpflicht befreit, sofern sie nicht einer Erwerbstätigkeit nachgehen wollen. Bei Aufenthalten von mehr als drei Monaten – ohne Berücksichtigung von Voraufenthalten in anderen Schengen-Staaten – benötigen sie jedoch einen Aufenthaltstitel, den sie im Inland beantragen können. Zur Visum- und Erlaubnispflicht bei Ausübung einer Erwerbstätigkeit gelten die allgemeinen Regelungen. Auf § 41 Absatz 2 AufenthV wird hingewiesen.

4.1.3.1.7 – Japan (BAnz. 1998 S. 12778). Bei der Bestimmung der Dauer von Aufenthalten von bis zu drei Monaten werden Aufenthalte von Inhabern japanischer Nationalpässe in anderen Schengen-Staaten nicht angerechnet, auch wenn kein Aufenthaltstitel nach der Einreise beantragt wird. Die Befreiung geht ansonsten nicht über die Regelung in § 41 Absatz 1 AufenthV hinaus.

4.1.3.1.8 – Kanada (GMBl 1953 S. 575). Bei der Bestimmung der Dauer von Aufenthalten von bis zu drei Monaten werden Aufenthalte von Inhabern kanadischer Nationalpässe in anderen Schengen-Staaten nicht angerechnet, auch wenn kein Aufenthaltstitel nach der Einreise beantragt wird. Die Befreiung geht ansonsten nicht über die Regelung in § 41 Absatz 1 AufenthV hinaus.

4.1.3.1.9 – Korea (Republik Korea) (BGBl. 1974 II S. 682 sowie BGBl. 1998 II S. 1390). Bei der Bestimmung der Dauer von Aufenthalten von bis zu drei Monaten werden Aufenthalte in anderen Schengen-Staaten nicht angerechnet, auch wenn kein Aufenthaltstitel nach der Einreise beantragt wird. Die Befreiung geht ansonsten nicht über die Regelung in § 41 Absatz 1 AufenthV hinaus.

4.1.3.1.10 – Kroatien (BGBl. 1998 II S. 1388). Bei der Bestimmung der Dauer von Aufenthalten von bis zu drei Monaten ohne Ausübung einer Erwerbstätigkeit werden Aufenthalte in anderen Schengen-Staaten nicht angerechnet.

4.1.3.1.11 – Monaco (GMBl 1959 S. 287). Zur Einreise ohne Ausübung einer Erwerbstätigkeit genügen ein gültiger oder seit höchstens fünf Jahren abgelaufener Nationalpass, eine gültige amtliche Identitätskarte, wenn diese den Inhaber als monegassischen Staatsangehörigen ausweist oder eine von französischen Behörden ausgestellte Identitätskarte (carte de séjour), die den Inhaber als monegassischen Staatsangehörigen ausweist. Die Befreiung geht ansonsten nicht über die Regelung in § 41 Absatz 2 AufenthV hinaus.

4.1.3.1.12 – Neuseeland (BGBl. 1972 II S. 1550). Bei der Bestimmung der Dauer von Aufenthalten von bis zu drei Monaten werden Aufenthalte in anderen Schengen-Staaten nicht angerechnet, auch wenn kein Aufenthaltstitel nach der Einreise beantragt wird. Die Befreiung geht ansonsten nicht über die Regelung in § 41 Absatz 1 AufenthV hinaus.

4.1.3.1.13 – Panama (BAnz. 1967 Nummer 171, S. 1). Bei der Bestimmung der Dauer von Aufenthalten von bis zu drei Monaten ohne Ausübung einer Erwerbstätigkeit werden bei Touristen Aufenthalte in anderen Schengen-Staaten nicht angerechnet.

4.1.3.1.14 – Philippinen (BAnz. 1968 Nummer 135, S. 2). Die Vereinbarung findet nur noch auf Inhaber von Diplomaten- und Dienstpässen der Republik der Philippinen Anwendung. Wenn die Dauer des Aufenthaltes drei Monate nicht überschreitet und die betreffenden Personen keine Erwerbstätigkeit ausüben wollen, ist für die Einreise und den Aufenthalt kein Aufenthaltstitel, auch kein Visum, erforderlich. Aufenthalte in anderen Schengen-Staaten werden auf den genannten Zeitraum nicht angerechnet.

4.1.3.1.15 – San Marino (BGBl. 1969 II S. 203). Zur Einreise ohne Ausübung einer Erwerbstätigkeit genügen ein gültiger Nationalpass, eine gültige Identitätskarte der Republik San Marino oder ein gültiger Kinderausweis. Bei der Bestimmung der Dauer von Aufenthalten von bis zu drei Monaten ohne Ausübung einer Erwerbstätigkeit werden Aufenthalte in anderen Schengen-Staaten nicht angerechnet. Die Befreiung geht ansonsten nicht über die Regelung in § 41 Absatz 2 AufenthV hinaus.

4.1.3.1.16 – Vereinigte Staaten von Amerika (GMBl1953 S. 575). Die Befreiung geht nicht über die Regelung in § 41 Absatz 1 AufenthV hinaus.

4.1.3.1.17 Berücksichtigung finden in Anlage A Nummer 3 AufenthV auch das Europäische Übereinkommen über die Aufhebung des Sichtvermerkszwangs für Flüchtlinge vom 20. April 1959 (BGBl. 1961 II S. 1097, 1098) und das Abkommen zwischen der Regierung der Bundesrepublik Deutschland und dem Schweizerischen Bundesrat über die Abschaffung des Sichtvermerkszwangs für Flüchtlinge vom 4. Mai 1962 (BGBl. 1962 II S. 2331, 2332). Inhaber von Reiseausweisen für Flüchtlinge (§ 1 Absatz 3 AufenthV) der Staaten, die diese Übereinkommen ratifiziert haben, und die ihren gewöhnlichen Aufenthalt im Ausstellungsstaat haben, können für einen Aufenthalt von bis zu drei Monaten visumfrei nach Deutschland einreisen, sofern sie keine Erwerbstätigkeit ausüben. Dies gilt unter dem Gesichtspunkt der Gegenseitigkeit nicht für Inhaber von Reiseausweisen für Flüchtlinge derjenigen Staaten, die einen Nichtanwendungsvorbehalt erklärt haben, solange dieser Vorbehalt nicht zurück genommen wird. Dies ist insbesondere im Verhältnis zu Frankreich und dem Vereinigten Königreich der Fall. Treten weitere Staaten dem Übereinkommen bei, wird die Geltung der entsprechenden Bestimmungen des § 16 AufenthV auch vor einer Anpassung der Anlage A Nummer 3 AufenthV auf diese Staaten erstreckt.

4.1.3.2 § 17 Absatz 1 AufenthV erfasst die in Anhang II der Verordnung (EG) Nummer 539/2001 erfassten Ausländer, die – ohne die damit geschaffene nationale Regelung – auch bei Ausübung von Erwerbstätigkeiten für Kurzaufenthalte visumfrei einreisen könnten. Insofern wird hier auf der Ebene des nationalen Rechts zur Steuerung der Erwerbstätigkeit von Ausländern eine Beschränkung vorgesehen.

4.1.3.2.1 Da der Erwerbstätigkeitsbegriff des § 2 Absatz 2 sehr weit geht und etwa auch typische Geschäftsreisen erfassen würde, musste eine Gegenausnahme geschaffen werden. Daher verweist § 17 Absatz 2 AufenthV durch Erwähnung der entsprechenden Ermächtigungsgrundlage auf § 16 BeschV. In § 16 BeschV wird bestimmt, dass die in den §§ 2 sowie 4 bis 13 BeschV genannten Tätigkeiten nicht als Beschäftigung gelten, wenn sie bis zu drei Monate innerhalb eines Zeitraums von zwölf Monaten im Inland ausgeübt werden. Da es sich bei diesen Tätigkeiten, wenn sie innerhalb dieses Zeitrahmens ausgeübt werden, nicht um Beschäftigungen handelt, handelt es sich auch nicht um aufenthaltsrechtlich relevante Erwerbstätigkeiten. § 17 Absatz 1 AufenthV findet in diesem Falle also keine Anwen-

Erfordernis eines Aufenthaltstitels § 4 AufenthG 1

dung. Der betreffende Ausländer ist in jeder Hinsicht so zu behandeln, als wäre er nicht erwerbstätig, insbesondere hinsichtlich der Frage des Erfordernisses eines Aufenthaltstitels. Für Selbstständige wird in § 17 Absatz 2 AufenthV im Hinblick auf die Aufenthaltstitelpflicht eine entsprechende Anwendung des § 16 BeschV i. V. m. §§ 2 sowie 4 bis 13 BeschV angeordnet. Enthält ein Aufenthaltstitel den Vermerk, wonach eine (selbstständige) Erwerbstätigkeit nicht gestattet ist, ist die Ausübung selbstständiger Erwerbstätigkeiten, die inhaltlich und hinsichtlich des Zeitrahmens ihrer Ausübung im Bundesgebiet den Beschäftigungen nach § 16 BeschV entsprechen, daher dennoch gestattet.

4.1.3.2.2 Von der Dreimonatsfrist ausgenommen ist nach § 17 Absatz 2 Satz 2 AufenthV das Personal, das Deutschland nur im Rahmen von Transitfahrten durchfährt, also im grenzüberschreitenden Verkehr, sofern lediglich Güter durch das Bundesgebiet hindurchbefördert werden, ohne sie im Bundesgebiet zu laden oder zu entladen, oder Personen durch das Bundesgebiet reisen, ohne dass sie – außer für kurze Pausen oder Übernachtungen – ein- und aussteigen. Eine „Durchbeförderung" lässt sich am sinnvollsten dadurch beschreiben, dass das Transportfahrzeug nicht wechselt. Nicht erfasst sind somit etwa Fälle, in denen ein Container im Bundesgebiet umgeladen wird oder Busse im Linienverkehr im Bundesgebiet eine Station anfahren, um die Fahrgäste auf andere Fahrzeuge oder auf andere Verkehrsmittel umsteigen zu lassen.

4.1.3.3 § 18 AufenthV sieht unter bestimmten Bedingungen eine Visumbefreiung für Inhaber ausländischer Ausweise für Flüchtlinge und für Staatenlose vor. Die Vorschrift geht weiter als § 16 AufenthV, da die Genfer Flüchtlingskonvention durch weitaus mehr Ausstellerstaaten, und zwar auch solche, die im Anhang II zur Verordnung (EG) Nummer 539/2001 aufgeführt sind, ratifiziert wurde als die Europäische Abkommen über die Aufhebung des Sichtvermerkszwangs für Flüchtlinge, auf das § 18 Satz 2 AufenthV und § 16 AufenthV Bezug nehmen. Der von § 16 AufenthV i. V. m. Anlage A Nummer 3 zur AufenthV erfasste Personenkreis ist mit demjenigen, der durch § 18 AufenthV erfasst ist, also nur teilidentisch, weshalb die besondere Regelung des § 18 AufenthV erforderlich ist. Das Verhältnis zwischen § 16 AufenthV und § 18 AufenthV wird durch § 18 Satz 2 AufenthV klargestellt. Die Befreiung vom Erfordernis des Aufenthaltstitels befreit nicht von den übrigen Einreisevoraussetzungen, so dass eine Ausschreibung zur Einreiseverweigerung zur Zurückweisung berechtigen würde. In geeigneten Fällen ist also durch eine solche Ausschreibung eine Steuerung möglich.

4.1.3.4 Durch § 19 AufenthV wird die Visumfreiheit entsprechend der in Artikel 4 Absatz 1 Buchstabe a) der Verordnung (EG) Nummer 539/2001 geschaffenen Möglichkeit auf Inhaber der in Anlage B zur AufenthV aufgeführten dienstlichen Pässe ausgedehnt. Die Befreiung vom Erfordernis des Aufenthaltstitels führt unbeschadet völkerrechtlicher Verpflichtungen nicht zu einer Befreiung von den übrigen Einreisevoraussetzungen, so dass eine Ausschreibung zur Einreiseverweigerung zur Zurückweisung berechtigen würde. Auch durch § 20 AufenthV werden bestimmte dienstlich Reisende vom Erfordernis eines Aufenthaltstitels befreit; Vatikanpässe kommen ihrer Funktion nach amtlichen Pässen gleich. Der jeweilige konkrete Reisezweck ist bei Inhabern dieser Ausweise für die Befreiung unerheblich.

4.1.3.5 In § 21 AufenthV sind die Fälle der Grenzgängerkarten geregelt. Die räumliche Gültigkeit von Grenzgängerkarten erstreckt sich auf das gesamte Bundesgebiet.

4.1.3.6 Durch § 22 Absatz 1 AufenthV wird die Befreiung von Schülern von der Aufenthaltstitelpflicht geregelt, die auf ordnungsgemäß ausgestellten Schülersammellisten aufgeführt sind. Hierzu wird im Einzelnen auf die EU-Schülersammellistenregelung vom 30. November 1994 (ABl. EG Nummer L 327 S. 1) sowie auf Nummer 3.3.6 verwiesen. Die EU-Schülersammellistenregelung verpflichtet Schüler, die Drittausländer sind und in einem anderen EU-Mitgliedstaat ihren Wohnsitz haben. Nach Artikel 1 Absatz 1 der nicht unmittelbar geltenden, sondern durch die AufenthV umgesetzten EU-Schülersammellistenregelung verlangt ein Mitgliedstaat von Schülern, die auf eine Sammelliste eingetragen sind, nach Maßgabe der in der Sammellistenregelung wiedergegebenen Voraussetzungen kein Visum. Die Schülergruppe muss von einem Lehrer begleitet sein. Die Schülersammelliste muss die Schule mit Name und Anschrift, den begleitenden Lehrer, Reiseziel und -zeitraum und sämtliche mitreisenden Schüler (unabhängig von ihrer Staatsangehörigkeit) bezeichnen und von der Schulleitung unterzeichnet sein. Der Aufbau und der textliche Inhalt sind in der Sammellistenregelung vorgeschrieben. Listen, die dieser Form nicht zumindest im Wesentlichen entsprechen, sind unwirksam. Die Schüler auf der Liste müssen sich grundsätzlich durch einen eigenen Lichtbildausweis ausweisen können. Soll die Schülersammelliste hiervon abweichend nicht nur vom Erfordernis des Aufenthaltstitels befreien, sondern auch als Passersatzpapier gelten, ist eine amtliche Bestätigung durch die zuständigen Behörde des Wohnsitzlandes (nicht nur der Schule) und eine Integration der Lichtbilder sämtlicher Schüler erforderlich, die keinen eigenen Lichtbildausweis mitführen und auf die sich die Passersatzfunktion aber beziehen soll. Die Sammellistenregelung wird durch § 22 Absatz 1 AufenthV von Deutschland einseitig auf Schüler mit Wohnsitz in den Staaten ausgedehnt, die nicht EU-Mitgliedstaaten sind, deren Staatsangehörige aber visumfrei nach Deutschland einreisen können. Diese Ausdehnung gilt aber nicht für die mögliche passersetzende Funktion. Andere Befreiungstatbestände, die zugunsten von Schülern anwendbar sind, insbesondere bei Schülergruppen unter Lehreraufsicht, werden durch § 22 Absatz 1 AufenthV nicht verdrängt, bleiben also in vollem Umfang anwendbar. Somit können etwa Schülergruppen, deren Schüler ausschließlich aus visumfreien Staaten stammen, nicht zurückgewiesen werden, nur weil sie nicht auf einer Sammelliste eingetragen sind. In § 22 Absatz 2 AufenthV wird – i. V. m. Artikel 1 Absatz 2 Satz 2, 2. Gedankenstrich der Verordnung (EG) Nummer 539/2001 – die Wiedereinreise von in Deutschland geduldeten Schülern in das Bundesgebiet geregelt. Voraussetzung ist der Vermerk der Aussetzung der Abschiebung im Falle der Wiedereinreise; näher dazu Nummer 3.3.6.

4.1.3.7 In den §§ 23 bis 25 AufenthV sind für Personen, die im Bereich des grenzüberschreitenden, nicht straßengebundenen Transportwesens reisen, bestimmte Befreiungen vorgesehen. Die dort erwähnten Passierscheine unterscheiden sich in der Form danach, ob sie im Luft- oder Seeverkehr ausgestellt werden. Im Luftverkehr werden sie mit Computerdruckern ausgestellt. Missbrauch wird dadurch ausgeschlossen, dass auf den Passierscheinen die Dienststelle angegeben wird, an die Rückfragen zur Echtheit gerichtet werden können. Die Dienststellen, die zur Ausstellung von Passierscheinen berechtigt sind, führen ein entsprechendes Register und sind rund um die Uhr an sieben Tage in der Woche besetzt, so dass dort Rückfragen stets möglich sind. Die Passierscheine sind keine Passersatzpapiere.

4.1.3.8.1 In § 26 Absatz 1 AufenthV wird allgemein festgelegt, dass sich Ausländer, die sich im Bundesgebiet befinden, ohne i. S. d. § 13 einzureisen, keinen Aufenthaltstitel benötigen. Die Regelung gibt damit ein allgemeines Grundprinzip wieder. Nicht eingereist sind Personen, die noch nicht die Grenzübergangsstelle passiert haben (§ 13

Absatz 2 Satz 1) oder deren Passage vor einer voraussichtlichen Zurückweisung zu einem bestimmten vorübergehenden Zweck gestattet wird, solange eine Kontrolle des Aufenthalts möglich bleibt (§ 13 Absatz 2 Satz 2). Eingereist ist jedoch etwa ein Ausländer, der die Grenzkontrollen umgangen hat oder innerhalb des Schengen-Raums oder ausnahmsweise sonst die Bundesgrenze überschreiten darf, ohne hierfür Grenzübergangsstellen zu benutzen (§ 13 Absatz 2 Satz 3).

Insbesondere bedürfen danach keines Aufenthaltstitels

– Personen, die den Transitbereich eines Flughafens nicht verlassen, sofern nicht eine besondere Flughafentransitvisumpflicht besteht,
– Fahrgäste oder Besatzungsmitglieder von Schiffen, solange sie nur auf dem Schiff verbleiben oder sonst keine im Hafengebiet befindliche Grenzübergangsstelle (z. B. Passagierschiffs-/Fährterminal) passieren und nicht § 4 Absatz 4 eingreift,
– Personen, die sich an Bord von Flugzeugen befinden, solange sie das Bundesgebiet überfliegen,
– Personen, die deutsche Küstengewässer nur durchfahren und
– Personen, denen von den Grenzbehörden in den Fällen des § 13 Absatz 2 Satz 2 das Passieren gestattet wird.

Eine Befreiung von der Passpflicht ist in den Transitfällen nicht vorgesehen. Flughafentransitvisa sind selbst keine Aufenthaltstitel, befreien aber – soweit Flughafentransitpflicht besteht – von der Pflicht zum Besitz eines Aufenthaltstitels.

4.1.3.8.2 § 26 Absatz 2 AufenthV weist auf eine weitere Voraussetzung der Befreiung zu Absatz 1 hin, die auf der als unmittelbares Recht im Range einer europäischen Verordnung anwendbaren Regelungen des Gemeinsamen Konsularischen Instruktion beruht, die eine besondere Genehmigung (Flughafentransitvisum) für das Betreten des Transitbereichs durch Staatsangehörige bestimmter Staaten verlangen. Die in Teil I der Anlage 3 der Gemeinsamen Konsularischen Instruktion aufgeführten Staatsangehörigen sind grundsätzlich verpflichtet, auch beim Flughafentransit eine Genehmigung zu besitzen; dasselbe gilt für Personen, die – nur – im Besitz der von diesen Staaten ausgestellten Reisedokumente sind. Diese Personen unterliegen jedoch nicht der Flughafentransitvisumpflicht, wenn sie im Besitz eines in Teil III der Anlage 3 der Gemeinsamen Konsularischen Instruktion aufgeführten Aufenthaltstitels eines EWR-Staates oder eines dort genannten Aufenthaltstitels Andorras, Japans, Kanadas, Monacos, San Marinos, der Schweiz oder der Vereinigten Staaten sind, der ein uneingeschränktes Rückkehrrecht garantiert. Die Pflicht zum Besitz eines Flughafentransitvisums gilt mit Rücksicht auf Nummer 3.24 und 3.25 des Anhangs 9 des Abkommens über die internationale Zivilluftfahrt vom 7. Dezember 1944 (BGBl. 1956 II S. 411) zudem nicht für Flugbesatzungsmitglieder, die einen Flugbesatzungsausweis besitzen. Ein Aufenthalt im Transitbereich ohne Flughafentransitvisum ist ein unerlaubter Aufenthalt. Das Flughafentransitvisum stellt keinen Aufenthaltstitel dar. Die Tatsache, dass dem Ausländer mit einem Flughafentransitvisum der Aufenthalt im Transitbereich gestattet ist, bedeutet damit keine Zulassung zur Einreise in diesen Staat („legally admitted for entry") i. S. d. Anhangs 9 Kapitel 3 I B Nummer 3.51 zum Abkommen über die internationale Zivilluftfahrt vom 7. Dezember 1944, so dass eine Zurückweisung möglich ist, wenn der Ausländer seine Reise nicht von sich aus fortsetzt.

4.1.3.8.3 § 26 Absatz 3 AufenthV ergänzt als nationale Regelung die europäische Regelung zum Flughafentransit. Als Voraussetzung für die Befreiung nach § 26 Absatz 1 AufenthV wird daher ein nach nationalem Recht bestehendes Erfordernis eines Flughafentransitvisums beibehalten. Die Staatenliste in Anlage C zur AufenthV ist maßgeblich. Für jordanische, indische und türkische Staatsangehörige wurden in Anlage C Nummer 3 und 4 zur AufenthV Sonderregelungen vorgesehen, mit der Besonderheiten des Transitflugreiseverkehrs in die und aus den in Nummer 3 und 4 der Anlage C zur AufenthV genannten Zielstaaten berücksichtigt wurden; auch auf diese Fälle ist zudem § 26 Absatz 3 Nummer 2 AufenthV anwendbar.

4.1.3.9 § 27 AufenthV sieht Befreiungen für Personen vor, die sich im Zusammenhang mit der Tätigkeit der Vertretungen auswärtiger Staaten im Bundesgebiet aufhalten, und die nicht bereits völkerrechtlich und wegen § 1 Absatz 2 Nummer 2 oder 3 aus dem Anwendungsbereich des gesamten Aufenthaltsrechts ausgenommen sind. § 27 Absatz 1 Nummer 3 und Nummer 5, Absatz 2 und Absatz 3 AufenthV gilt entsprechend für das private Hauspersonal und andere zum Haushalt gehörende Personen von Bediensteten der Internationalen Organisationen mit Sitz in der Bundesrepublik Deutschland, sofern ein entsprechendes Sitzstaatsabkommen besteht. § 27 AufenthV sieht keine Freistellung von sämtlichen aufenthaltsrechtlichen Regelungen vor, sondern nur eine Befreiung von Erfordernis des Aufenthaltstitels. Das Vorliegen des Befreiungstatbestandes stellt das Auswärtige Amt fest, das einen entsprechenden Protokollausweis ausstellt. Die Erlaubnis zur Ausübung einer Erwerbstätigkeit nach § 27 Absatz 2 AufenthV erteilt das Auswärtige Amt unter Beteiligung der Bundesagentur für Arbeit; hierzu beurteilt das Auswärtige Amt auch die Erfüllung des Merkmals der Gegenseitigkeit. Die Berechtigung zur Ausübung der Erwerbstätigkeit ist im Fall von Familienangehörigen im Protokollausweis vermerkt (Ausweise „D-A" und „VB-A").

Die Ersterteilung einer Aufenthaltserlaubnis oder einer Niederlassungserlaubnis ist nicht zulässig, solange ein Befreiungstatbestand nach § 27 AufenthV besteht. Dies gilt auch für Personen, die zunächst als Entsandte einer ausländischen Vertretung in der Bundesrepublik eingereist sind, während ihres Aufenthalts in den Status einer Ortskraft der Vertretung wechseln und als solche nach § 27 AufenthV vom Erfordernis eines Aufenthaltstitels befreit sind. § 27 Absatz 3 AufenthV bestimmt, dass Ausländer, die bereits eine Aufenthalts- oder Niederlassungserlaubnis besitzen und erst danach einem Befreiungstatbestand des § 27 AufenthV unterfallen, weiterhin die Verlängerung der Aufenthaltserlaubnis oder die Erteilung der Niederlassungserlaubnis beantragen können; hierfür gelten die allgemeinen rechtlichen Voraussetzungen. Die Ausländer können damit ihren aufenthaltsrechtlichen Status beibehalten oder verbessern. Den Betroffenen soll es durch diese Regelung ermöglicht werden, ihren vor Aufnahme der Ortskrafttätigkeit erworbenen ausländerrechtlichen Status beizubehalten und weiter zu verfestigen. Ansonsten würde – wegen des Verlustes des bereits gesicherten ausländerrechtlichen Status – die Bereitschaft von sich bereits im Bundesgebiet befindenden ausländischen Arbeitsuchenden, als Ortskraft zu arbeiten, erheblich geschmälert, da sie nach einer etwaigen Beendigung der Tätigkeit keinen Aufenthaltstitel mehr besäßen. In der Folge würden zur Besetzung der offenen Stellen Ortskräfte und ihre Angehörigen aus dem Ausland angeworben werden, obwohl bereits auf dem deutschen Arbeitsmarkt geeignete Arbeitsuchende zur Verfügung stehen.

4.1.3.10 § 28 AufenthV enthält eine allgemeine Verweisung auf das Freizügigkeitsabkommen EU–Schweiz und setzt die darin vorgesehenen Befreiungen auf nationaler Ebene um. Die Ausstellung der im Abkommen oder in dieser

Verordnung vorgesehenen Aufenthaltserlaubnisse und Grenzgängerkarten richtet sich nach den hierfür jeweils geltenden Vorschriften, die durch § 28 AufenthV nicht berührt werden. Sofern ein Schweizer Bürger also nicht bereits nach dem Freizügigkeitsabkommen vom Erfordernis des Aufenthaltstitels befreit ist, sondern einen Aufenthaltstitel benötigt, besteht auch keine Befreiung nach § 28 AufenthV.

Nach Artikel 2 Absatz 1 Satz 6, Absatz 2 Satz 2 i. V. m. Artikel 6, 12, 20, 23, 24 und 31 des Anhangs I zum Abkommen mit der Schweiz vom 21. Juni 1999 haben Staatsangehörige der Schweiz unter den dort genannten Voraussetzungen einen Rechtsanspruch auf Ausstellung einer (deklaratorischen) Aufenthaltserlaubnis. In § 28 Satz 2 AufenthV ist daher bestimmt, dass die Aufenthaltserlaubnis von Amts wegen auszustellen ist. Die Ausstellung einer Grenzgängerkarte erfolgt nur in den in § 12 Absatz 2 AufenthV genannten Fällen.

Für die (deklaratorische) Aufenthaltserlaubnis ist das gemeinsame Vordruckmuster „Aufenthaltskarte für Familienangehörige eines Unionsbürgers oder eines Staatsangehörigen eines EWR-Staates bzw. Aufenthaltserlaubnis für Staatsangehörige der Schweizerischen Eidgenossenschaft und ihre Familienangehörigen, die nicht Staatsangehörige der Schweizerischen Eidgenossenschaft sind" zu verwenden.

4.1.3.11 § 29 AufenthV enthält im Hinblick auf das Erfordernis des Aufenthaltstitels eine Parallelregelung zu § 14 AufenthV. Insofern wird auf Nummer 3.1.13 verwiesen. Aufenthaltstitel, die nach der Beendigung der Befreiung erforderlich werden, können ohne Visumverfahren im Bundesgebiet erteilt werden, weil die Befreiung weder räumlich beschränkt war noch von vornherein zeitlich befristet ist (§ 39 Nummer 2 AufenthV).

4.1.3.12 § 30 AufenthV enthält einen Befreiungstatbestand für bestimmte Durchbeförderungen. Da das Gemeinschaftsrecht für die Fälle der Durchreise und Durchbeförderung keine Abweichung von der Verordnung (EG) Nummer 539/2001 zulässt, können die Befreiungen für die danach visumpflichtigen Staatsangehörigen nur gewährt werden, wenn keine Schengen-Außengrenze überschritten wird. § 30 Nummer 1 AufenthV ist praktisch relevant insbesondere bei der Durchführung der Abkommen, die die Rückkehr der Bürgerkriegsflüchtlinge aus dem ehemaligen Jugoslawien aus verschiedenen europäischen Staaten auf dem Landweg betreffen. § 30 Nummer 2 AufenthV sieht für die dort genannten Fälle eine Zustimmung des Bundesministeriums des Innern oder der von ihm beauftragten Stelle vor. Bei der vom Bundesministerium des Innern beauftragten Stelle handelt es sich um das Bundespolizeipräsidium. In Bezug auf die Anwendung der Verordnung (EG) Nummer 539/2001 ist beim Überschreiten einer Schengen-Außengrenze die Genehmigung der Durchbeförderung durch Deutschland i. S. d. Artikels 2 der Verordnung (EG) Nummer 539/2001 als Visum zu werten.

4.1.4 Ausländer, die nach dem Assoziierungsabkommen EWG/Türkei und den dazu ergangenen Assoziationsratsbeschlüssen ein Aufenthaltsrecht besitzen, von dem Erfordernis eines konstituierenden Aufenthaltstitels befreit. Dazu korrespondierend besteht die Pflicht des begünstigten Personenkreises, sich das bestehende Aufenthaltsrecht durch die Ausstellung einer Aufenthaltserlaubnis bestätigen zu lassen (§ 4 Absatz 5). Bei Erfüllung der entsprechenden Voraussetzungen kann dem begünstigten Personenkreis eine Niederlassungserlaubnis erteilt werden; die Verpflichtung nach § 4 Absatz 5, die sich nicht auf Inhaber einer Niederlassungserlaubnis oder Erlaubnis zum Daueraufenthalt-EG bezieht, entfällt dann.

(...)

4.5 Deklaratorischer Aufenthaltstitel

4.5.1 § 4 Absatz 5 trägt der Rechtsprechung des Europäischen Gerichtshofs zum Assoziierungsabkommen EWG/Türkei Rechnung. Da das Aufenthaltsgesetz im Übrigen nur konstituierende Aufenthaltstitel regelt, gäbe es ohne diesen Absatz keine Verpflichtung zur Beantragung deklaratorischer Aufenthaltstitel zum Nachweis eines bestehenden Aufenthaltsrechts nach Assoziationsrecht. Die deklaratorische Aufenthaltserlaubnis ist auf Antrag auszustellen, sofern das Aufenthaltsrecht nach dem Assoziationsrecht EWG/Türkei, insbesondere aus dem ARB 1/80, tatsächlich besteht. Die Möglichkeit, trotz des bestehenden Aufenthaltsrechts bei Vorliegen der Voraussetzungen eine Niederlassungserlaubnis mit entsprechend konstitutiver Wirkung zu erhalten, bleibt unberührt.

4.5.2 Die Ersteinreise türkischer Staatsangehöriger einschließlich des damit verbundenen Visumverfahrens sowie deren erstmalige Erwerbstätigkeitsaufnahme sind nach den allgemeinen Bestimmungen des Aufenthaltsgesetzes zu steuern. Hierzu bestehen zumeist keine assoziationsrechtlichen Begünstigungen oder Verpflichtungen. Die Allgemeinen Anwendungshinweise des Bundesministerium des Innern zum ARB 1/80 (AAH-ARB 1/80) in der jeweils gültigen Fassung sind anzuwenden; die nach Erlass der jeweils letzten Fassung ergangene Rechtsprechung, insbesondere des Europäischen Gerichtshofs, ist zu beachten.

4.5.3 Sofern nicht die Erteilung einer Niederlassungserlaubnis in Betracht kommt, ist entsprechend der eigentlichen Zwecksetzung des ARB 1/80, nämlich eine Bewerbung um und die Ausübung einer Beschäftigung zu ermöglichen, die deklaratorische Aufenthaltserlaubnis für denjenigen Gültigkeitszeitraum auszustellen, für den sie erteilt würde, wenn die Voraussetzungen der Erteilung einer Aufenthaltserlaubnis für eine Beschäftigung nach § 18 vorliegen würden. Ergibt sich daraus kein hinreichender Maßstab für die Bemessung des Gültigkeitszeitraums, ist die Aufenthaltserlaubnis jeweils für drei Jahre auszustellen. Liegen die Voraussetzungen für die Erteilung einer Niederlassungserlaubnis vor, soll der Antragsteller auf die Möglichkeit der Beantragung hingewiesen werden. Inhaber einer Niederlassungserlaubnis unterliegen nicht der Verpflichtung nach § 4 Absatz 5, da sie einen Aufenthaltstitel besitzen, der eine grundsätzlich weitergehende Berechtigung vermittelt als das Assoziationsrecht EWG/Türkei.

4.5.4 Zur Sanktionierung von Verletzungen der Pflicht zur Teilnahme an Integrationskursen vgl. Nummer 44 a.3.3.

Übersicht

	Rn.
I. Entstehungsgeschichte	1
II. Allgemeines	2
III. Zulassungsbedürftigkeit von Einreise und Aufenthalt	4
1. Allgemeines	4
2. Ausnahmen vom Erlaubnisvorbehalt durch Unionsrecht	9

	Rn.
3. Nationale Befreiungen	30
4. Beschränkungen, Bedingungen und Auflagen	38
IV. Aufenthaltstitel – Trennungsprinzip	42
V. Visum, Aufenthaltstitel vor und nach der Einreise	56
1. Visum	56
2. Aufenthaltstitel im Inland vor der Einreise	58
3. Aufenthaltstitel nach der Einreise	59
VI. Deklaratorischer Aufenthaltstitel (Abs. 2)	62
1. Assoziationsabkommen EWG/Türkei	62
2. Aufenthaltstitel für Familienangehörige von Unionsbürgern	65
VII. Verwaltungsverfahren und Rechtsschutz	68

I. Entstehungsgeschichte

1   Die Vorschrift entspricht im Wesentlichen dem **Gesetzesentwurf** zum ZuwG[1]. Mit dem Richtlinienumsetzungsgesetz 2007 (RLUmsG 2007)[2] wurde als weiterer Aufenthaltstitel die Erlaubnis zum Daueraufenthalt – EU eingeführt sowie die Pflicht für Arbeitgeber und Auftraggeber, die Berechtigung des Ausländers zur Ausübung der unselbstständigen oder selbstständigen Erwerbstätigkeit zu prüfen. Mit dem zweiten Richtlinienumsetzungsgesetz 2011 (RLUmsG 2011)[3] wurde das Visum als Aufenthaltstitel neu gefasst und dem Abs. 3 die Verpflichtung des Arbeitgebers zur Aufbewahrung der Aufenthaltstitel, Aufenthaltsgestattung oder der Duldung angefügt. Durch das Gesetz zur Umsetzung der Hochqualifizierten-Richtlinie der Europäischen (HQRLUmsG)[4] wurde als neuer Titel in § 4 I Nr. 2 die Blaue Karte EU eingeführt und bei Abs. 1 ein zusätzlich S. 3 eingefügt, wonach die für die Aufenthaltserlaubnis geltenden Vorschriften auf die Blaue Karte EU Anwendung finden. Durch das Gesetz zur Verbesserung der Rechte von internationalen Schutzberechtigten und ausländischen Arbeitnehmern (IntSBer/AuslArbVerbG)[5] wurde Abs. 4 ersatzlos gestrichen und Abs. 1 S. 2 und Abs. 5 S. 1 redaktionell an die Terminologie des Unionsrechts angepasst[6]. Durch Ersetzung des Wortes „Beschäftigung" durch „Erwerbstätigkeit" wurde klargestellt, dass auch die selbstständige Tätigkeit unter Erlaubnisvorbehalt steht. Nach Abs. 3 S. 4 besteht die Verpflichtung des Arbeitgebers, sich vor einer entgeltlichen Beschäftigung vom Vorliegen des erforderlichen Aufenthaltstitels des Vertragspartners zu überzeugen. Mit dem Richtlinienumsetzungsgesetz 2017 (RLUmsG 2017)[7] wurden in Abs. 1 die neuen Aufenthaltstitel ICT-Karte (§ 19b) und Mobiler-ICT-Karte (§ 19d) eingefügt, zur Umsetzung der Saisonarbeitnehmer-RL[8] wurden Abs. 3 S. 3 und 5 ergänzt. Mit dem Fachkräfteeinwanderungsgesetz 2019 **(FEG)**[9] wurde Abs. 1 S. 2 der neuen Paragraphen-Ordnung angepasst. Die Vorschriften über die Erwerbstätigkeit in Abs. 2 und 3 wurden aufgehoben und in § 4a neu gefasst. Der bisher in Abs. 5 geregelte deklaratorische Aufenthaltstitel für Assoziationsberechtigte ist nunmehr in Abs. 2 geregelt.

II. Allgemeines

2   § 4 normiert die grundsätzliche Zulassungsbedürftigkeit der **Einreise** von Ausländern in das Bundesgebiet **und** ihren **Aufenthalt** dort. Die Zulassungsbedürftigkeit entspricht dem Grundsatz, wonach jeder Staat nach völkerrechtlichen Grundsätzen vorbehaltlich vertraglicher Vereinbarungen und gewohnheitsrechtliche Pflichten nach eigenem Ermessen frei entscheiden kann, welche fremden Staatsangehörigen er in seinem Staatgebiet zulässt[10]; aufgrund von Völkerrecht und **EU-Recht** hat die rechtliche und tatsächliche Bedeutung von § 4 allerdings erheblich abgenommen. Seit der Einführung des Art. 79 AEUV hat die EU unter der Zielvorgabe einer „gemeinsamen Einwanderungspolitik" die Kompetenz für die „Festlegung der Rechte von Drittstaatsangehörigen" gemäß Art. 79 II lit. b AEUV. EU-Recht gestattet Unionsbürgern und Gleichgestellten sowie deren Angehörigen praktisch ohne Ausnahme Einreise und Aufenthalt sowie Erwerbstätigkeit; folglich ist § 4 auf diese Personen nicht anwendbar (§ 11 FreizügG/EU). EU-Recht bestimmt auch Einreise, Aufenthalt und **Erwerbstätigkeit** von Staatsangehörigen assoziierter Staaten mit. EU-Recht trifft die Bestimmungen für **kurzzeitige Aufenthalte** von Drittstaatsangehörigen: Einreise und Aufenthalt mit nationalen Aufenthalts-

---

[1] BT-Drs. 15/420, 8.
[2] Gesetz v. 19.8.2007, BGBl. 2007 I S. 1970.
[3] Gesetz v. 22.11.2011, BGBl. 2011 I S. 2258.
[4] Gesetz v. 1.6.2012, BGBl. 2012 I S. 1224.
[5] Gesetz v. 29.8.2013, BGBl. 2013 I S. 3484.
[6] Vgl. hierzu auch *Hailbronner* AufenthG § 4 Rn. 1.
[7] Gesetz v. 12.5.2017, BGBl. I S. 1106.
[8] RL 2014/36/EU v. 26.2.2014 über die Bedingungen für die Einreise und den Aufenthalt von Drittstaatsangehörigen zwecks Beschäftigung als Saisonarbeitnehmer (ABl. 2014 L 94, 375); vgl. zur Umsetzung auch § 15a BeschV.
[9] Gesetz v. 15.8.2019, BGBl. 2019 I S. 1307.
[10] Vgl. *Dörig* in Dörig Hdb Migrationsrecht § 4 Rn. 1.

titeln anderer Mitgliedstaaten (vgl. Art. 2 Nr. 16 SGK, Art. 21 SDÜ), die Erteilung von **Schengen-Visa** nach dem Visakodex (§ 6 II) und die Befreiung der Staatsangehörigen bestimmter Staaten von dieser Visumpflicht gemäß der EU-VisumVO[11]. Außerdem regelt es die die Gestaltung der Visummarke[12].

§ 4 I 2 benennt die für Einreise- und Aufenthalt **erforderlichen Aufenthaltstitel.** Das Visum ist 3 ein eigener Aufenthaltstitel und nicht wie früher lediglich eine andere Form einer Aufenthaltsgenehmigung. Von dem Titelzwang können durch Rechtsverordnung Ausnahmen ohne nähere Beschränkungen vorgesehen werden (§ 99 I Nr. 1); sie können also örtlich, zeitlich, gegenständlich oder sonst begrenzt gewährt werden. **Ausnahmen** von dem Erfordernis der vorherigen Einholung des Aufenthaltstitels bei der Auslandsvertretung können durch Rechtsverordnung in zweifacher Hinsicht zugelassen werden: Erteilung durch die Ausländerbehörde vor oder nach der Einreise (§ 99 I Nr. 2). Die Visumfreiheit für kurzzeitige Aufenthalte wird durch die Art. 4 I EU-VisumVO verbindlich festgelegt und kann durch deutsches Recht nicht verändert werden. Sind Einreise und kurzzeitiger Aufenthalt von der Titelpflicht ausgenommen, entfällt damit nicht gleichzeitig die Pflicht zur Einholung des Aufenthaltstitels für einen anschließenden längerfristigen Aufenthalt unter Durchführung des Visumverfahrens bei der Auslandsvertretung. Ob der für einen längerfristigen Aufenthalt erforderlich Aufenthaltstitel im Inland beantragt und erteilt werden darf, ergibt sich erst aus einer nationalen Rechtsverordnung gemäß § 99 I Nr. 2 (vgl. §§ 39 ff. AufenthV) bzw. aus § 5 II 2.

III. Zulassungsbedürftigkeit von Einreise und Aufenthalt

1. Allgemeines

Einreise und Aufenthalt von Ausländern stehen allgemein unter **Erlaubnisvorbehalt**[13]. Das 4 generelle Verbot unterliegt keinen verfassungsrechtlichen Bedenken[14]. Es kann nur durch Erteilung eines Aufenthaltstitels oder eine Befreiung, also nach Maßgabe des AufenthG und anderer Rechtsvorschriften, überwunden werden. Mangels allgemeiner garantierter Freizügigkeit wird dadurch weder allgemeine Völkerrechtsregeln noch Verfassungsrecht verletzt. Das GG trifft keine Regelungen über Einreise und Aufenthalt von Ausländern. Freizügigkeit ist nur deutschen Staatsangehörigen garantiert (Art. 11 GG)[15]. Die Entscheidung über die Bedingungen von Einreise und Aufenthalt von Ausländern obliegt der gesetzgebenden und vollziehenden Gewalt[16]. Darin liegt auch keine gleichheitssatzwidrige Ungleichbehandlung (Art. 3 I GG); die Ausländereigenschaft ist ein sachliches Unterscheidungsmerkmal im Aufenthaltsrecht. Der unterschiedliche Rechtsstatus von In- und Ausländer im Hinblick auf den Gebietszugang stellt keine Diskriminierung dar, sondern beruht auf Grundsatz des Staatsangehörigkeitsrechts. Die Staatsangehörigkeit gehört nicht zu den nach Art. 3 III GG verbotenen Differenzierungskriterien.

Nach § 4 I 1 bedürfen Ausländer für die Einreise und den Aufenthalt im Bundesgebiet eines 5 **Aufenthaltstitels,** sofern nicht durch Recht der EU oder durch Rechtsverordnung etwas anderes bestimmt ist oder aufgrund des Assoziationsabkommens EWG/Türkei ein Aufenthaltsrecht besteht. Fehlt dem Ausländer der erforderliche Aufenthaltstitel und ist er nicht privilegiert, ist seine Einreise unerlaubt (§ 14 I). Die Aufenthaltstitel werden nach § 4 I 2 erteilt als Visum (§ 6), Aufenthaltserlaubnis (§ 7), Blaue Karte EU (§ 18b II), ICT-Karte (§ 19), Mobiler-ICT-Karte (§ 19b), Niederlassungserlaubnis (§ 9) oder Erlaubnis zum Daueraufenthalt – EU (§ 9a).

Zwischen Einreise und Aufenthalt wird in § 4 I nicht weiter unterschieden; die **Einreise,** also der 6 Grenzübertritt (§ 13), eröffnet den Gebietszugang, zugleich beginnen **Aufenthalt** und gegebenenfalls der Niederlassungsprozess[17]. Dies steht freilich weder der Beschränkung einer Befreiung auf die Einreise noch einer differenzierten Berücksichtigung von Art und Dauer des Aufenthalts bei Entscheidungen über dessen Verfestigung oder Beendigung entgegen, etwa bei der erstmaligen Erteilung

---

[11] VO (EU) 2018/1806 v. 14.11.2018 zur Aufstellung der Liste der Drittländer, deren Staatsangehörige beim Überschreiten der Außengrenzen im Besitz eines Visums sein müssen, sowie der Liste der Drittländer, deren Staatsangehörige von dieser Visumpflicht befreit sind ABl. 2018 L 303, 39, zuletzt geändert durch VO (EU) v. 10.4.2019, ABl. 2019 L 103 I, 1.
[12] VO über die einheitliche Visumsgestaltung: VO (EG) Nr. 1683/95 v. 29.5.1995 – ABl. 1995 L 164, S. 1 zuletzt geändert durch die VO (EU) 2017/1370 v. 4.7.2017 ABl. 2017L 198, S. 24 nichtamtliche konsolidierte Fassung unter EUR-Lex – 01995R1683–20170817 – DE; vgl. auch → § 6 Rn. 25.
[13] Ein Grund hierfür ist ua das Sozialstaatsprinzip, durch das der Gesetzgeber verpflichtet ist, inländischen Arbeitnehmern ein hohes Lohn- und Beschäftigungsniveau zu sichern, vgl. hierzu auch *Aumann* ZESAR 2014, 421 ff.; *Wallerath,* Arbeitsmarkt, in: Isensee/Kirchhof HbStR IV, 3. Aufl. 2006, § 94 Rn. 26; *Thym,* Migrationsverwaltungsrecht, 2010, 132.
[14] Vgl. hierzu umfassend *Hailbronner* AufenthG § 4 Rn. 3 ff.
[15] Vgl. umfassend *Funke-Kaiser* GK-AufenthG § 1 Rn. 9 ff.
[16] BVerfG Beschl. v. 12.5.1987 – 2 BvR 101/84, 2 BvR 313/84, BVerfGE 76, 1 (47 f., 51 f.); Beschl. v. 18.4.1989 – 2 BvR 1169/84, BVerfGE 80, 81 (92).
[17] Vgl. hierzu auch *Hailbronner* AufenthG § 4 Rn. 3.

eines Aufenthaltstitels seiner, Verlängerung (§ 8 I) oder der Beendigung des Aufenthalts im Falle einer Ausweisung (§§ 53 ff.).

7 Die **Erforderlichkeit** eines Aufenthaltstitels für die Einreise richtet sich allein nach einer verwaltungsrechtlichen Sichtweise[18]. Auch wenn nach § 95 Ia und VI der Aufenthalt mit einem Schengen-Visum bei illegaler Beschäftigung strafbar wird, ist für die Bewertung der Erforderlichkeit iRv § 4 I allein eine **formale Sichtweise**[19] maßgeblich. Nicht entscheidend ist daher, ob die Einreise einen Straftatbestand nach § 95 I erfüllt. Das AufenthG stellt bei dem Grenzübertritt mit der Formulierung „dem nach § 4 erforderlichen Aufenthaltstitel" auf den **Besitz „eines" Aufenthaltstitels** ab, der (überhaupt) zur Einreise berechtigt. Hierdurch werden die Grenzbehörden von der Ermittlung des tatsächlich verfolgten Aufenthaltszwecks befreit. Zu unterscheiden ist die Frage der unerlaubten Einreise von der Frage, ob der Ausländer das für den angestrebten Aufenthaltszweck erforderliche Visum besitzt. Eine unerlaubte Einreise liegt daher nicht vor, wenn der Ausländer mit einem Schengen-Visum Typ C (Visum für einen Kurzaufenthalt bis zu 90 Tage zB als Touristenvisum) einreist, das ohne Zustimmung der Ausländerbehörde ausgestellt wird, obwohl für den eigentlich verfolgten Aufenthaltszweck (zB Familienzusammenführung, Aufnahme einer Erwerbstätigkeit) eine Zustimmung erforderlich gewesen wäre[20]. Diese Auslegung wird von den Gesetzesmaterialien zum Entwurf des AufenthG gestützt, wonach sich die „Erforderlichkeit des Aufenthaltstitels nach objektiven Kriterien und nicht nach dem beabsichtigten Zweck bemisst"[21]. Allerdings spielt das **Einreisemotiv** etwa bei einer ermessensabhängigen Zurückweisung zB nach § 15 II Nr. 2 (erheblicher Zweckwechsel) oder bei § 5 II 1 Nr. 1 eine Rolle; hier ist eine materiell-rechtliche Betrachtung erforderlich, dh es ist zu prüfen, ob der Ausländer den für den jeweiligen Aufenthaltszweck erforderlichen Aufenthaltstitel (also idR das erforderliche Visum) besitzt. Die Einreise mit dem „falschen" Visum steht gemäß § 5 II 1 Nr. 1 der Erteilung des weiteren Aufenthaltstitels entgegen.

8 Die Zulassungsbedürftigkeit des Aufenthalts hängt nicht von **Aufenthaltszwecken** oder -dauer, Staatsangehörigkeit oder Alter ab. Allerdings sind die Arten der Aufenthaltstitel (§ 4 I 2) und die Möglichkeiten der Befreiung je nach dem Zweck des angestrebten Aufenthalts unterschiedlich ausgestaltet. Die Befreiungen von der Visumpflicht und zT auch der Passpflicht sind abhängig von der Staatsangehörigkeit (Anhang II zur EU-VisumVO; § 41 AufenthV). Besonderheiten ergeben sich für den Transitverkehr auf deutscher Flughäfen[22]. Die Besonderheiten für die Besatzungsmitglieder von Seeschiffen[23] sind mittlerweile aufgehoben.

2. Ausnahmen vom Erlaubnisvorbehalt durch Unionsrecht

9 **Ausnahmen** von der Zulassungsbedürftigkeit nach Abs. 1 S. 1 von Einreise und Aufenthalt ergeben sich aus den aufgrund EU-Rechts bestehenden Personenverkehrsfreiheiten der **Unionsbürger**, ihrer **Familienangehörigen** und der ihnen gleichgestellten **EWR-Bürger** (§ 12 FreizügG/EU)[24]. Insoweit knüpft Abs. 1 S. 1 klarstellend an § 1 II Nr. 1 AufenthG an, nach dem das AufenthG und damit auch § 4 keine Anwendung findet. Das FreizügG/EU ist ein grundsätzlich **abschließendes Spezialgesetz**, das dem AufenthG vorgeht. Das AufenthG ist danach nicht anzuwenden, wenn nicht ausdrücklich darauf verwiesen wird (§ 3 III 2, V 2; § 11 I 1 und 2 FreizügG/EU), wenn es eine günstigere Behandlung enthält (§ 11 I 11 FreizügG/EU) oder wenn das Freizügigkeitsrecht nicht besteht oder entfallen ist (§ 11 II FreizügG/EU).

10 Das **Günstigkeitsprinzip** nach § 11 I FreizügG/EU führt nicht nur dazu, dass die Regelungen des AufenthG über Drittstaatsangehörige zur Anwendung gelangen, soweit diese eine günstigere Rechtsstellung vermitteln, sondern über das **Diskriminierungsverbot des Art. 18 AEUV** finden auch die Regelungen des AufenthG Anwendung, die Deutsche betreffen.

11 Auch für **Staatsangehörige von Beitrittsstaaten** (§ 13 FreizügG/EU) kommt der Regelung in dem Bereich, in dem die Freizügigkeit durch die Beitrittsverträge beschränkt ist[25], Bedeutung zu. Aktuell genießen allerdings alle Mitgliedstaaten volle Arbeitnehmerfreizügigkeit und unterliegen keinen Beschränkungen durch die Beitrittsverträge mehr.

---

[18] → § 14 Rn. 9.
[19] So *Funke-Kaiser* in GK-AuslR § 14 Rn. 15; *Hailbronner* AuslR AufenthG § 14 Rn. 11a; *Westphal/Stoppa*, AuslR für die Polizei, 3. Aufl., S. 471 f.; BGH Urt. v. 27.4.2005 – 2 StR 457/04, NJW 2005, 2095 mwN zum Meinungsstreit; Urt. v. 11.2.2000 – 3 StR 308/99, NJW 2000, 1732; BGH Urt. v. 27.4.2005 – 2 StR 457/04, NJW 2005, 2095; *Winkelmann*, E-Book Ausländerstrafrecht, S. 12, www.migrationsrecht.net; aA HessVGH Beschl. v. 16.3.2005 – 12 TG 298/05, NVwZ 2006, 111.
[20] Ebenso *Westphal/Stoppa*, AuslR für die Polizei, 3. Aufl., S. 471.
[21] BT-Drs. 15/420, 73.
[22] Dazu → Rn. 35.
[23] Dazu → Rn. 36.
[24] Dazu → § 1 Rn. 16 f. und FreizügG/EU.
[25] S. hierzu § 13 FreizügG/EU.

Erfordernis eines Aufenthaltstitels **§ 4 AufenthG 1**

Die Einreise und der Aufenthalt von **türkischen Staatsangehörigen**[26] unterfällt grundsätzlich dem 12 AufenthG. Allerdings wird die Einreise türkischer Staatsangehöriger von den **Standstill-Klauseln**[27] des Art. 41 ZP[28] und des Art. 13 ARB 1/80 erfasst[29]. Zuletzt hat der EuGH seine Rspr. zu Art. 13 ARB 1/80[30] auch auf die Stillhalteklausel des Art. 7 ARB 2/76[31] erstreckt. Neue Beschränkungen können gleichwohl aus zwingenden Gründen des Allgemeininteresses, dh der effektiven Einwanderungskontrolle und der Steuerung der Migration gerechtfertigt sein; sie sind aber nur zulässig, soweit sie nicht über das zur Erreichung des verfolgten Ziels Erforderliche hinausgehen[32].

Als eine unzulässige nachträgliche Beschränkung der **Dienstleistungsfreiheit** hat der EuGH die 13 Visumpflicht für die Einreise von in der Türkei beschäftigten Berufskraftfahrern angesehen[33]. Türkische Staatsangehörige benötigen daher für einen bis zu zwei Monate dauernden Aufenthalt zur Erbringung einer vorübergehenden Dienstleistung im Bundesgebiet als Arbeitnehmer eines Arbeitgebers mit Sitz in der Türkei keinen Aufenthaltstitel[34]. Für die Einreise stellt die Auslandsvertretung visumbefreiten türkischen Staatsangehörigen eine entsprechende Bescheinigung aus. Keine vergleichbare Befreiung besteht für selbstständige Dienstleistungserbringer[35] oder für die Empfänger von Dienstleistungen[36].

Inwieweit die nachträgliche Einführung einer Visumpflicht zur **effektiven Zuwanderungskon-** 14 **trolle** als zwingender Grund des Allgemeininteresses gerechtfertigt[37] ist, wird bisher noch nicht einheitlich beantwortet[38]. Während das BVerwG die Aufhebung der Befreiung von der Aufenthaltserlaubnispflicht für unter 16-jährige türkische Staatsangehörigen wegen eines zwingenden Grundes des Allgemeininteresses als gerechtfertigt angesehen hat[39], hält der EuGH eine solche Maßnahme für nicht verhältnismäßig, soweit es sich um im Mitgliedstaat geborene Kinder handelt, von denen ein Elternteil ein sich rechtmäßig in diesem Mitgliedstaat aufhaltender türkischer Arbeitnehmer ist[40]. IÜ benötigen türkische Staatsangehörige grundsätzlich ein Visum für die Einreise nach Deutschland. Hinsichtlich des Aufenthalts ergeben sich aus dem ARB 1/80 weitreichende Aufenthaltsrechte. Sie beruhen entweder auf einem die Beschäftigung absichernden Begleitrechts nach Art. 6 I ARB 1/80 oder auf der Rechtsstellung als Familienangehöriger eines türkischen Arbeitnehmers nach Art. 7 ARB 1/80. Assoziationsberechtigten wird nach § 4 II ein **deklaratorischer Aufenthaltstitel** ausgestellt. Wegen der Einzelheiten wird auf die Kommentierung zu Abs. 2 verwiesen.

Für Schweizer Staatsangehörige und ihre Familienangehörigen bestehen die Sonderregelungen, die 15 sich aus dem **Freizügigkeitsabkommen EG/Schweiz** (Befreiung von der Aufenthaltstitelpflicht nach § 28 AufenthV)[41] ergeben. Auch wenn Schweizer und ihre Familienangehörigen ein unmittelbares Recht auf Einreise und Aufenthalt aufgrund des Assoziierungsabkommens besitzen, unterliegen sie – anders als EU-Bürger und ihre Familienangehörigen – dem AufenthG. Ungeachtet der Annahme der Volksinitiative „Gegen Masseneinwanderung" durch die Schweizer Bevölkerung und die Kantone am 9.2.2014 gilt das **Freizügigkeitsabkommen** mangels Kündigung durch die Schweiz zunächst fort.

Keinen Aufenthaltstitel benötigen Personen, die nach **Art. 4 I Anlage II der EU-VisumVO**[42] 16 und Art. 6 SGK[43], Art. 20, 21 SDÜ[44] ohne Visum zur Durchreise oder zum Kurzaufenthalt berechtigt sind („**Positivstaater**"). Diese Befreiung, die durch die unionsrechtliche Wirkung des schengen-

---

[26] Vgl. hierzu auch *Weltke* AktAR § 4 Rn. 28 ff.; auch → Rn. 103 ff.
[27] Zur Bedeutung der Standstill-Klauseln nach der Assoziation EWG/Türkei und zu daraus möglicherweise folgenden Visumfreiheit von Dienstleistern und Dienstleistungsempfänger türkischer Staatsangehöriger vgl. *Gutmann* IX-1 Art. 6 Rn. 4–11.
[28] → ARB 1/80 Art. 13 Rn. 49.
[29] BVerwG Urt. v. 6.11.2014 – 1 C 4.14, ZAR 2015, 109 Rn. 14.
[30] EuGH Urt. v. 29.3.2017 – C-652/15, NJW 2017, 2398 – Tekdemir.
[31] EuGH Urt. v. 7.8.2018 – C-123/17, NVwZ 2019, 43 – Yön.
[32] EuGH Urt. v. 7.8.2018 – C-123/17, NVwZ 2019, 43 Rn. 89 – Yön.
[33] EuGH Urt. v. 19.2.2009 – C 228/06, EuZW 2009, 257– Soysal und Savatli.
[34] Vgl. § 1 II Nr. 2 DVAuslG 1965 idF v. 12.3.1969, BGBl. I S. 207.
[35] BVerwG Urt. v. 19.2.2015 – 1 C 9.14, NVwZ 2015, 827.
[36] Vgl. EuGH Urt. v. 24.9.2013 – C-221/11, ZAR 2014, 163– Demirkan.
[37] EuGH Urt. v. 10.7.2014 – C-138/13, NVwZ 2014, 1081– Dogan.
[38] So aber BVerwG Urt. v. 6.11.2014 – 1 C 4.14, NVwZ 2015, 373 Rn. 20 – für den Kindernachzug; aA VGH BW Beschl. v. 16.9.2015 – 11 S 1711/15, NVwZ 2015, 1701 Rn. 7 (Familiennachzug); vgl. auch VG Darmstadt Vorlagebeschl. v. 1.12.2015 – 5 K 1261.15 DA, BeckRS 2016, 42241.
[39] BVerwG Urt. v. 6.11.2014 – 1 C 4.14, NVwZ 2015, 373 Rn. 20.
[40] EuGH Urt. v. 29.3.2017 – C-652/15, NJW 2017, 2398 Rn. 54 – Tekdemir.
[41] Abkommen vom 21.6.1999 zwischen der Europäischen Gemeinschaft und ihren Mitgliedstaaten und der Schweizer Eidgenossenschaft, ABl. 2002 L 114, 6; BGBl. 2001 II S. 810; 2002 II S. 1692.
[42] VO (EU) 2018/1006 Liste der Drittländer, deren Staatsangehörigen von dieser Visumpflicht befreit sind.
[43] VO (EU) 2016/399 des Europäischen Parlaments und des Rates vom 9.3.2016 über einen Gemeinschaftskodex für das Überschreiten der Grenzen durch Personen (Schengener Grenzkodex) (ABl. 2016 L 77, 1), zuletzt geändert durch VO (EU) 2017/458 des Europäischen Parlaments und des Rates vom 15.3.2017 ABl. 2017 L 74, 1; gemäß Art. 44 S. 1 SGK wird die VO (EG) Nr. 562/2006 (SGK aF) aufgehoben. Für Bezugnahmen auf die aF verweist S. 2 auf Anlage X.
[44] IdF der VO (EU) Nr. 610/2013 v. 26.3.2013, ABl. 2013 L 182, 1.

Samel

1 AufenthG § 4

rechtlichen Reiserechts aus dem SDÜ vermittelt wird, gilt nur so lange, wie der Ausländer sich auf die Wirkung positiv berufen kann. Der Aufenthalt ist nicht erlaubnisfrei, sofern für den beabsichtigten Aufenthaltszweck ein nationaler Titel benötigt wird[45]. Ist das für den Reisenden in Betracht kommende Reiserecht erloschen, muss auf das jeweilige Recht des Landes zurückgegriffen werden (vgl. Nr. 14.1.2.1 AVwV). Eine besondere Bedeutung hat in diesem Zusammenhang Art. 21 I SDÜ[46]: Danach können Drittausländer (Drittstaatsangehörige)[47], die Inhaber eines gültigen von einer der Vertragsparteien ausgestellten Aufenthaltstitels (Art. 2 Nr. 16 SGK) sind, sich aufgrund dieses Dokuments und eines gültigen Reisedokuments höchstens bis zu 90 Tage je Zeitraum von 180 Tagen frei im Hoheitsgebiet der anderen Vertragsparteien bewegen, soweit sie die in **Art. 6 Ia, Ic und Ie SGK**[48] aufgeführten Einreisevoraussetzungen erfüllen.

17 Das Recht aus Art. 21 I SDÜ steht dem Drittausländer also nur dann zu, wenn er die Einreisevoraussetzungen des **Art. 6 Ia SGK** erfüllt, also insbesondere einen gültigen Reisepass besitzt und Inhaber eines gültigen, von einer der Vertragsparteien ausgestellten Aufenthaltstitels ist. Dann kann er sich aufgrund dieses Dokuments und eines gültigen Reisedokumentes höchstens bis 90 Tage je Zeitraum von 180 Tagen frei im Hoheitsgebiet der anderen Vertragsparteien bewegen. Diese Forderung wird in den insoweit vergleichbaren Regelungen der Art. 19 und 20 SDÜ nicht aufgestellt. Der Ausländer muss daher das Grenzübertrittspapier im Bundesgebiet besitzen (vgl. Nr. 95.1.1.2 und 95.1.2.1.1 AVwV). Der Nichtbesitz führt hier zum Erlöschen des schengen-rechtlichen Reiserechts von Anfang an, mit der Folge, dass der Ausländer wegen der Nichterfüllung von § 4 I **vollziehbar ausreisepflichtig** wird. Ebenso erlischt ein Reiserecht jedenfalls nach Art. 19–21 SDÜ, wenn eine der übrigen konstitutiven Voraussetzungen des Art. 6 I SGK nicht (mehr) erfüllt werden. Konstitutive – unabdingbare – Voraussetzungen für die Inanspruchnahme sind jedenfalls der Pass (Ia), das Visum/der Aufenthaltstitel (Ib, nicht bei Art. 20 I SDÜ), nicht vorliegen dürfen eine SIS-Ausschreibung (Id) und die Gefahr für die öffentliche Ordnung (Ie). Die Voraussetzung über genügend Mittel zur Bestreitung des Lebensunterhalts zu verfügen (Ic), würde dann zum Erlöschen führen können, wenn der Aufenthalt überhaupt nicht mehr legal gesichert werden könnte. Zu beachten ist jedoch bei Art. 19 SDÜ, dass die Ausreisepflicht zunächst nicht nach § 50 I vollziehbar ist, da ein Schengen-Visum (auch ein *nicht von Deutschland* ausgestelltes) das Erfordernis eines Aufenthaltstitels gemäß § 4 I 1 erfüllt. In diesen Fällen bedarf es eines Feststellungsaktes der zuständigen Behörde, um das bestehende Aufenthaltsrecht zB zu beseitigen. Das entsprach zB auch der Verpflichtung nach § 52 VII, der den zwingenden Widerruf des Schengen-Visums bei unerlaubter Erwerbstätigkeit vorsah[49]. Nunmehr regelt Art. 34 Visakodex, der als europarechtliche Befugnisnorm § 52 insgesamt vorgeht, **Annullierung und Aufhebung** von Schengen-Visa.

18 „**Positivstaater**" nach Art. 4 I EU-VisumVO sind von der Visumpflicht nicht befreit, wenn sie sich länger als 90 Tage im Bundes- oder Schengen-Gebiet aufhalten wollen[50]. Beabsichtigt ein befreiter Ausländer bereits bei der Einreise, sich länger als 90 Tage im Schengen-Gebiet aufzuhalten, so ist bereits seine Einreise unerlaubt[51]. Gleiches gilt für Inhaber eines von einem anderen Schengenstaat ausgestellten Aufenthaltstitels[52]. Anders verhält es sich jedoch, wenn er erst nach seiner Einreise den Entschluss fällt, sich länger als 90 Tage im Inland bzw. Schengen-Gebiet aufzuhalten[53]. Ob der Drittstaatsangehörige im Besitz des erforderlichen Visums (§ 5 II 1 Nr. 1) war, ist in beiden Fällen zu verneinen[54]. Damit kommt es für das Vorliegen der Befreiung auf die **subjektive Einstellung** des Drittstaatsangehörigen bei Überschreitung der Außengrenzen an (ebenso Nr. 14.1.2.1.1.7 AVwV), die aber nicht über die grundsätzliche Zuordnung des Staates, dessen Staatsangehörigkeit der Ausländer besitzt, zu Anhang I oder II EU-VisumVO entscheidet. Insofern unterfällt ein Positivstaater weiterhin Anhang II zu Art. 1 II EU-VisumVO, auch wenn für den Einzelfall ausnahmsweise Visumpflicht besteht[55].

---

[45] Vgl. hierzu VG Regensburg Beschl. v. 2.8.2013 – RO 9 E 13.1225, BeckRS 2013, 54215; *Weltke* AktAR § 4 Rn. 25.
[46] Zahl der von den deutschen Auslandsvertretungen erteilten Schengen-Visa für kurzfristige Aufenthalte (Transit, Besuch, Geschäftsreisen, Tourismus und andere, AC) 1.870.822 im Jahre 2018 und 1.894.433 im Jahre 2017.
[47] Der Begriff des Drittausländers nach dem SDÜ und der AVwV entspricht dem Begriff des Drittstaatsangehörigen nach dem SGK.
[48] Die Verweisung im SDÜ erfolgt noch auf Art. 5 Ia, Ic und Ie SGK aF.
[49] → § 6 Rn. 71; *Winkelmann* ZAR 2010, 213.
[50] *Westphal/Stoppa*, AuslR für die Polizei, 3. Aufl., S. 470.
[51] Vgl. HessVGH Beschl. v. 20.10.2016 – 7 B 2174/16, BeckRS 2016, 55440 Rn. 27f.; OVG LSA Beschl. v. 7.10.2014 – 2 L 152/13, BeckRS 2015, 40783; HmbOVG Beschl. v. 23.9.2013 – 3 BS 131/13, NVwZ-RR 2014, 490; BayVGH Beschl. v. 21.6.2013 – 10 CS 13.1002, BeckRS 2013, 53428 Rn. 13; VGH BW Beschl. v. 14.9.2011 – 11 S 2438/11, EZAR NF 22 Nr. 6; → § 5 Rn. 101 f.
[52] Vgl. BayVGH Beschl. v. 28.2.2019 – 10 ZB 18.1626, BeckRS 2019, 3423 Rn. 12; → § 5 Rn. 105.
[53] → § 5 Rn. 96.
[54] Vgl. BVerwG Urt. v. 11.1.2011 – 1 C 23.09, BVerwGE 138, 353 = NVwZ 2011, 871 Rn. 20; → § 5 Rn. 96.
[55] § 17 II AufenthV stellt wiederum eine Gegenausnahme auf; Rechtsgrundlage für die Befreiung ist Art. 20 I SDÜ, vgl. *Weltke* AktAR § 4 Rn. 22.

Die EU-VisumVO beruht auf Art. 77 II lit. a AEUV. Danach erlassen das Europäische Parlament 19
und der Rat gemäß dem ordentlichen Gesetzgebungsverfahren Maßnahmen, die den Bereich der
gemeinsamen Politik in Bezug auf Visa und andere kurzfristige Aufenthaltstitel betreffen. Es obliegt
dem europäischen Gesetzgeber die Drittländer, deren Staatsangehörige der Visumspflicht unterliegen
oder von dieser für **geplante Aufenthalte von höchstens 90 Tagen innerhalb einer Frist von
180 Tagen** befreit sind, nach Maßgabe der Kriterien der EU-VisumVO zu bestimmen.

Dabei erfasst die EU-VisumVO ausschließlich Einreisen über die **Außengrenzen der Anwender-** 20
staaten. Anwenderstaaten sind dabei nicht die EU-Staaten, sondern diejenigen Staaten, die den
Schengen-Besitzstand einschließlich der EU-VisumVO anwenden. Dies sind auch die EWR-Staaten
Island, Liechtenstein und Norwegen. Keine Anwendung findet die EU-VisumVO für Irland (s.
Begründungserwägung 39) mit der Folge, dass die Einreise von Drittstaatsangehörigen aus Irland
Staaten der EU-VisumVO unterfällt, während die Einreise aus Island, Liechtenstein und Norwegen als
Binneneinreise ausschließlich vom SDÜ und bei Durchreisen über die Außengrenze von Art. 6 Va
SGK erfasst wird.

Für die Einreise und den Kurzaufenthalt sind die Staatsangehörigen der in Anhang II EU-VisumVO 21
genannten Staaten nach § 17 AufenthV vom Erfordernis eines Aufenthaltstitels **nicht** befreit, sofern sie
im Bundesgebiet eine **Erwerbstätigkeit** ausüben[56]. Diese Einschränkung von der Befreiung wird
durch Art. 6 III EU-VisumVO ermöglicht. Danach können die Mitgliedstaaten für Personen, die
während ihres Aufenthalts einer Erwerbstätigkeit nachgehen, Ausnahmen von der Visumbefreiung
vorsehen. Nach Nr. 14.1.2.1.1.7.1 f. AVwV führt bereits die Absicht, eine Erwerbstätigkeit aufzunehmen, dazu, dass die Befreiung nach der EU-VisumVO entfällt[57]. Diese Ansicht scheint mit dem
Wortlaut von § 17 I AufenthV schwer vereinbar. Denn die Norm knüpft nicht an die Absicht, eine
Beschäftigung ausüben zu wollen (anders als § 41 II AufenthV) an, sondern an die Ausübung einer
Erwerbstätigkeit. Insoweit kann die Bestimmung keinen Einfluss auf die Einreise haben, da die Ausübung einer Erwerbstätigkeit im Zeitpunkt des Grenzübertritts regelmäßig nicht vorliegt[58], sondern
nur den Aufenthalt nach der Einreise betreffen kann. Der Aufenthaltsstatus richtet sich aber nicht nach
der EU-VisumVO, diese regelt nur den Grenzübertritt. Der Aufenthalt bestimmt sich für nach Anhang
II der EU-VisumVO befreite Ausländer nach Art. 20 SDÜ. Die von Anhang II erfassten Ausländer
können sich danach für einen Zeitraum von 90 Tagen innerhalb eines Bezugszeitraums von 180 Tagen
seit der ersten Einreise rechtmäßig im Schengen-Gebiet aufhalten, wenn sie die in Art. 20 I SDÜ
genannten Voraussetzungen erfüllen.

Mit Aufnahme einer **Erwerbstätigkeit** verlieren sie den Status als befreite Ausländer, gleichzeitig 22
entfällt damit der rechtmäßige Aufenthalt. § 17 I AufenthV stellt klar, dass der privilegierte Status nach
Einreise im Zeitpunkt der Ausübung einer Erwerbstätigkeit nicht (mehr) besteht, sofern nicht ausnahmsweise eine „Nichtbeschäftigung" nach § 17 II AufenthV vorliegt. Diese Rechtsfolge wird
zudem regelmäßig aus Art. 6 Ie SGK folgen. Eine gegen den Wortlaut des § 17 I AufenthV erweiternde Auslegung, welche die Befreiung bereits bei der Absicht der Aufnahme einer Erwerbstätigkeit
entfallen lassen will, scheidet wegen der strafrechtlichen Folgen aus.

Die Einreise von befreiten Ausländern nach Anhang II EU-VisumVO über **Schengen-Binnen-** 23
grenzen wird nicht von der EU-VisumVO erfasst, sondern richtet sich ausschließlich nach Art. 20
SDÜ. Die Regelung, die ihrem Wortlaut nach nur den Aufenthalt regelt, erfasst zugleich den **Einreisevorgang.** Die Einreise und der Aufenthalt sind erlaubt, wenn die Voraussetzungen der Befreiung
und die Voraussetzungen von Art. 6 SGK vorliegen, auf die verwiesen wird. Hier besteht insoweit ein
Unterschied zur Einreise über eine Außengrenze der **Anwenderstaaten des Schengen-Besitzstandes,** als die Absicht einer Beschäftigung geeignet ist, über Art. 6 Ie SGK auch die
Einreise unerlaubt zu machen, wenn die Ausübung der Beschäftigung genehmigungspflichtig ist. Die
Absicht eines längerfristigen Aufenthalts, dh länger als 90 Tage im Bezugszeitraum von 180 Tagen seit
der ersten Einreise, stellt regelmäßig eine Gefahr iSd Art. 6 Ie SGK dar, die automatisch zur unerlaub-
ten Einreise und illegalem Aufenthalt führt[59], wenn nicht ein Sichtvermerksabkommen nach Art. 20 II
SDÜ eingreift.

Besonderheiten gelten für Drittausländer, die im **Besitz eines Aufenthaltstitels**[60] **oder eines** 24
nationalen Visums[61] **eines anderen Mitgliedstaats** der Anwenderstaaten des Schengen-Besitzstandes sind. Deren Einreise unterfällt für Aufenthalt von bis zu 90 Tagen Art. 21 SDÜ, soweit die dort

---

[56] Es sei denn, sie reisen zum Zwecke der Saisonbeschäftigung iSv Art. 12 der Saisonarbeitnehmer-RL ein;
→ Rn. 26.
[57] So auch Westphal/Stoppa S. 470; Westphal in Huber AufenthG § 14 Rn. 14 und Stoppa in Huber AufenthG § 95
Rn. 61 f.; → § 14 Rn. 17; aA VG Darmstadt Beschl. v. 5.6.2008 – 5 L 277/08.DA.
[58] Vgl. ausnahmsweise im Falle des Zigarettenschmuggels OLG Brandenburg Beschl. v. 22.1.2004 – 2 Ss 36/03,
NStZ-RR 2004, 280.
[59] So auch VG München Urt. v. 27.7.2010 – M 10 K 09.3655, BeckRS 2010, 36095; aA VG Düsseldorf Urt. v.
4.6.2012 – 22 L 613/12, BeckRS 2012, 51626.
[60] Aufenthaltstitel nach dem einheitlichen Muster gemäß der VO (EG) Nr. 1030/2002: beachte die fortlaufenden
Aktualisierungen der Liste von Aufenthaltstiteln gemäß Art. 2 Nr. 16 der VO (EU) 2016/399.
[61] Art. 21 IIa, eingeführt durch VO (EG) Nr. 265/2010 v. 25.3.2010, ABl. 2010 L 85, 1.

genannten Voraussetzungen erfüllt werden. Ist der Ausländer bei der Einreise über die Außengrenze im Besitz eines abgelaufenen Passes und erfüllt er nicht alle Voraussetzungen des Art. 6 I SGK. Ihm wird nach Art. 6 Va SGK die Einreise zum Zwecke der **Durchreise** zur Erreichung des Hoheitsgebiets des Mitgliedstaats gestattet, der den Aufenthaltstitel, das Visum oder ein Rückreisevisum ausgestellt hat, es sei denn, er ist auf der nationalen Ausschreibungsliste mit einer Anweisung ausgeschrieben, ihm die Einreise oder die Durchreise zu verweigern.

25 Nach Art. 12 Ic **Saisonarbeitnehmer-RL** benötigen Saisonarbeitnehmer, die Staatsangehörige der in Anhang II EU-VisumVO genannten Staaten sind, für einen Aufenthalt von nicht mehr als 90 Tagen kein Visum, sondern erhalten gemäß § 15 BeschV eine Arbeitserlaubnis zum Zweck der Saisonbeschäftigung. § 4a IV 1 stellt sicher, dass die Beschäftigung unbeschadet § 17 AufenthV ohne Visum erfolgen darf[62].

26 Bei Durchführung eines **Mitteilungsverfahrens** kann für einen Aufenthalt im Rahmen **kurzfristiger Mobilität** auf das Erfordernis der Einholung eines Aufenthaltstitels verzichtet werden. Im Anwendungsbereich der REST-RL bedürfen Inhaber eines Aufenthaltstitels zum Zwecke des Studiums oder der Forschung eines anderen Mitgliedstaats der EU gemäß § 16c I für einen Studienaufenthalt von bis zu 360 Tagen und gemäß § 18e I für einen Forschungsaufenthalt von 180 Tagen abweichend von § 4 I keines nationalen Aufenthaltstitels[63]. Sofern keine Ablehnung der Einreise und des Aufenthalts gemäß § 19f erfolgt, erhält der Ausländer vom BAMF eine Bescheinigung über die Berechtigung von Einreise und Aufenthalt zu diesem Zweck (§ 16c IV bzw. § 18e V). **Unternehmensintern transferierte Arbeitnehmer** benötigen unter den Voraussetzungen von § 19a I für die Dauer von bis zu 90 Tagen innerhalb eines Zeitraums vom 180 Tagen keines nationalen Aufenthaltstitels für ihre Beschäftigung im Bundesgebiet. Stattdessen erhalten sie vom BAMF eine Bescheinigung über die Berechtigung von Einreise und Aufenthalt zu diesem Zweck (§ 19a IV).

27 Unionsrechtsnormen bewirken wie gezeigt in unterschiedlicher Weise eine Einschränkung des Anwendungsbereichs ausländerrechtlicher Vorschriften der Mitgliedstaaten. Sie genießen **Anwendungsvorrang** vor der innerstaatlichen Rechtsordnung. Je nach der Art und Verbindlichkeit der EU-Normen und ihrer unmittelbaren Anwendbarkeit ergeben sich Folgen für den Inhalt der Bescheinigungen und Aufenthaltstitel; zum großen Teil entfalten diese Bescheinigungen keine konstitutiven Wirkungen, sie haben vielmehr nur deklaratorische Bedeutung.

28 Nachdem der EU mit dem Amsterdamer Vertrag weitreichende Kompetenzen auch für die Regelung der Einreise und des Aufenthalts von Nicht-Unionsbürgern eingeräumt wurden und die EU mit der Einführung des Art. 79 AEUV durch den Vertrag von Lissabon die Kompetenz für die „Festlegung der Rechte von Drittstaatsangehörigen"[64] erhielt, hat sie in diesem Bereich erhebliche gesetzgeberische Aktivitäten entfaltet; zu diesem Rechtsbestand gehört auch das SDÜ als maßgeblicher Teil des Schengen Besitzstandes[65]. Daraus ergibt sich eine Vielzahl von unmittelbaren und mittelbaren Einwirkungen des EU-Rechts auf die Zulassung der Einreise und des Aufenthalts von **Drittstaatsangehörigen**. In erster Linie sind dies Bestimmungen über Kurzaufenthalte.

29 Die mit Ländern des ehemaligen Ostblocks geschlossenen **Europaabkommen** haben durch den zwischenzeitlichen Beitritt einiger Staaten ihren eigentlichen Zweck erfüllt und damit ihre Bedeutung fast vollständig verloren.

3. Nationale Befreiungen

30 **Asylantragsteller (§ 13 AsylG)** benötigen für die Einreise keinen Aufenthaltstitel iSd § 4 I 2[66]. Sie erhalten nach Stellung des (evtl. nur mündlichen) Asylgesuchs kraft Gesetzes eine Aufenthaltsgestattung (§ 55 AsylG) und dürfen nicht zurückgewiesen werden (§ 15 IV 2). Damit ist den Erfordernissen des Asylgrundrechts (Art. 16a I GG) und des Refoulement-Verbots (Art. 33 I GK) Genüge getan. Einer Befreiung von der Aufenthaltstitel- und Visumpflicht bedürfen sie ebenso wenig wie einer Befreiung von der Passpflicht; denn der Nichtbesitz eines gültigen Passes oder Visums steht ihrer Einreise nicht entgegen[67]. Auf diese Vergünstigung können sich indes visumpflichtige Ausländer, die aus einem sicheren Drittstaat einreisen (Art. 16a II GG) oder nicht bereits an der Grenze um Asyl nachsuchen, nicht berufen; ihnen ist gemäß § 18 II AsylG die Einreise zu verweigern; für sie verbleibt es ohnehin uneingeschränkt bei der Visumpflicht, sofern sie nicht befreit sind.

31 Nationale Befreiungen vom Erfordernis des Aufenthaltstitels sind nicht im AufenthG[68] geregelt, sondern **durch Rechtsverordnungen** (§§ 4 I 1, 99 I Nr. 1). Die Fälle des § 2 I zählen nicht hierher, weil auf sie das AufenthG überhaupt nicht anzuwenden ist. Die nach EU-Recht freizügigkeitsberechtigten Personen zählen ebenfalls nicht zu den Personen, die von einer Befreiung Gebrauch machen. Sie

---

[62] Vgl. BR-Drs. 9/17, 41.
[63] → § 16c Rn. 1 ff. und → § 18e Rn. 7.
[64] Vgl. hierzu Aumann ZESAR 2014, 421 ff.
[65] → § 6 Rn. 16 ff.
[66] → § 5 Rn. 88, → § 15 Rn. 36, 17; → AsylG § 18 Rn. 16.
[67] → AsylG § 18 Rn. 13; zur Einreise ohne Visum § 5 II.
[68] Anders noch § 2 II AuslG 1965.

erhalten als Unionsbürger allenfalls eine Anmeldebescheinigung und als Familienangehörige eine deklaratorische Aufenthaltskarte (§ 5 I, II FreizügG/EU). Heimatlose Ausländer bedürfen keines Aufenthaltstitels (§ 12 S. 2 HAuslG; früher § 2 II Nr. 2 AuslG 1965). Aufgrund Unionsrecht befreit sind drittstaatsangehörige Schüler mit Wohnsitz in einem Mitgliedstaat bei einer (Gruppen-)Fahrt[69].

Befreiungen vom Erfordernis des Aufenthaltstitels durch Rechtsverordnungen des BMI mit Zustimmung des Bundesrats sind nicht nur zugelassen, sondern zumindest erwünscht. Die **Verordnungsermächtigung** verpflichtet das BMI nicht zum Erlass einer derartigen Rechtsverordnung (anders noch § 3 I 2 AuslG), das Gesetz hält aber Befreiungen „zur **Erleichterung des Aufenthalts von Ausländern**" (§ 99 I Nr. 1) ersichtlich für geboten. Die Ermächtigung genügt trotz ihrer allgemeinen formulierten Grundlage den Anforderungen des Art. 80 I GG, wenn man die Regelungspraxis in der Vergangenheit in Rechnung stellt, die im Grundsatz fortgeführt und nur zusammengefasst und der Systematik unionsrechtlicher Vorgaben angepasst werden solle[70]. Im Gesetz genannt ist allerdings nur der Zweck der Ermächtigung (§ 99 I Nr. 1: „Erleichterung des Aufenthalts"), nicht aber das Regelungsprogramm[71] und nicht das vorhersehbare Ausmaß der Ausfüllung der Ermächtigung[72], wobei in der Begründung des Gesetzesentwurfs[73] ohnehin nur von der „Erleichterung des internationalen Reiseverkehrs" die Rede ist. Erleichtert wird der Aufenthalt von Ausländern durch Regelungen, die nicht nur den grenzüberschreitenden Verkehr vereinfachen, sondern auch den kurzfristigen Aufenthalt ohne Aufenthaltstitel zulassen. Gerade dies wird aber schon durch das EU-Visaregime zusammen mit dem Schengen-Besitzstand getan (vgl. § 15 AufenthV) und unterliegt demzufolge dem deutschen Recht nur noch in begrenztem Umfang. Aber auch die vollständige Befreiung, etwa für Inhaber bestimmter Ausweise (§§ 18 ff. AufenthV), ist durch die Ermächtigung gedeckt. „Vorhersehbar" sind diese Regelungen im Einzelnen freilich nach der Fassung des § 99 I Nr. 1 kaum, nur nach der – keineswegs verbindlichen – Ankündigung in der Begründung des Gesetzesentwurfs[74]. **32**

Die Ermächtigung in § 99 IV 1 zum Erlass einer Rechtsverordnung nach Abs. 1 und 2 vorläufig auch ohne Zustimmung des Bundesrats für die Fälle der zwischenstaatlichen **Vereinbarung** und der Wahrung **öffentlicher Interessen** nimmt hinsichtlich der ersten Alt. Bedacht auf die Bedenken, die gegen Ausnahmen von dem gesetzlichen Erfordernis des Aufenthaltstitels aufgrund nicht ratifizierungsbedürftiger zwischenstaatlicher Vereinbarungen bestehen[75]. Diese Ermächtigung verstärkt insgesamt das Gewicht des Bundesrats gegenüber der Bundesregierung und stellt sicher, dass auch insoweit das BMI nur mit Zustimmung des Bundesrats Befreiungstatbestände einführen darf. Gegen die Bestimmtheit des Verordnungszwecks „zur Wahrung öffentlicher Interessen" bestehen wegen mangelnder Vorhersehbarkeit des Inhalts einer Rechtsverordnung durchaus Bedenken. **33**

Die Befreiungen für Kurzaufenthalte nach § 15 AufenthV beruhen auf Unionsrecht (s. o.), nämlich dem **SDÜ** und der **EU-VisumVO**. Aufrechterhalten bleiben Befreiungen aufgrund älterer **Sichtvermerksabkommen** und sonstiger völkerrechtlicher Verpflichtungen (§ 16 AufenthV iVm Anl. A). Eine **Verbalnote** befreit jedoch nicht vom Erfordernis eines Aufenthaltstitels für einen längerfristigen Aufenthalt. Sie erfüllt keine der in § 4 I 1 genannten Möglichkeiten der Befreiung vom Erfordernis eines Aufenthaltstitels[76]. Von der Aufenthaltstitelpflicht befreit sind Inhaber bestimmter **Ausweise** (§§ 18–20 AufenthV). Dabei handelt es sich um: Reiseausweise nach Art. 28 GK und Art. 28 StlÜbk (§ 18 AufenthV; zu Überschneidungen mit § 16 und Anl. A Nr. 3 vgl. Nr. 4.1.3.1 AVwV), dienstliche Pässe (§ 19 AufenthV iVm Anl. B)[77], Ausweise der EU, zwischenstaatliche Organisationen und des Vatikans (§ 20 AufenthV) sowie Grenzgängerkarten iSd § 12 für Unionsbürger und Schweizer (§ 21 AufenthV). Außerdem sind die durch die EU-Regelungen über Schülerfahrten erfassten Schüler befreit, die mit entsprechenden Sammellisten reisen (§ 22 AufenthV). **34**

Weitere Befreiungen gelten im grenzüberschreitenden Beförderungswesen gemäß §§ 23–26 AufenthV ua für: **Personal** im Luft- und Schiffsverkehr, Transitflugreisende (ohne Einreise), Transitschiffsfahrgäste. Die Befreiung nach § 26 I AufenthV erfasst nur den Transit, also den Zwischenaufenthalt ohne Einreise, dh va ohne Verlassen des Transitbereichs eines Flughafens oder des Schiffs. Bis zur Einreise iSd § 13 AufenthG unterliegen Ausländer ohnehin nicht der Zulassungspflicht zum Staatsgebiet. Eine Besonderheit stellt das **Flughafentransitvisum** dar, das kein Aufenthaltstitel ist, aber nach Maßgabe der Art. 3 iVm Anhang IV Visakodex (Visum Kategorie „A") vorgesehen ist (§ 26 AufenthV wird insoweit durch EU-Recht überlagert und ist nicht mehr anwendbar). Unter der Geltung des **Schengen-Besitzstandes** sind Flüge über einen deutschen Flughafen in einen anderen Schengen- **35**

---

[69] EU-Rat, Beschl. v. 30.11.1994; vgl. § 22 I Nr. 3 AufenthV.
[70] BT-Drs. 15/420, 68.
[71] Vgl. BVerfG Beschl. v. 20.10.1981 – 1 BvR 640/80, BVerfGE 58, 257.
[72] Vgl. BVerfG Beschl. v. 8.1.1981 – 2 BvL 3/77 ua, BVerfGE 56, 1.
[73] BT-Drs. 15/420, 68.
[74] BT-Drs. 15/420, 68; vgl. hierzu umfassend *Funke-Kaiser* GK-AufenthG § 4 Rn. 41 ff.
[75] Zur Geschichte dieser Ermächtigung vgl. BT-Drs. 11/6321, 6; BT-Drs. 11/6541, 1; BT-Drs. 11/6960, 21.
[76] OVG RhPf Urt. v. 7.2.2019 – 7 A 11006/18, BeckRS 2019, 6356 Rn. 39 f.
[77] Vgl. OVG NRW Beschl. v. 19.6.1998 – 18 B 198/97, BeckRS 1998, 22382 zu § 4 II DVAuslG; OVG RhPf Urt. v. 7.2.2019 – 7 A 11006/18, BeckRS 2019, 6356 Rn. 39.

Staat keine Transitflüge mehr. Befreit sind auch bestimmte Fälle der Durchreise oder Durchbeförderung über die Grenze zu einem Schengen-Staat (§ 30 AufenthV).

36 Durch das Gesetz zur Verbesserung der Rechte von internationalen Schutzberechtigten und ausländischen Arbeitnehmern (IntSBer/AuslArbVerbG)[78] wurde Abs. 4 ersatzlos gestrichen. Besatzungsmitglieder von Seeschiffen unter deutscher Flagge unterlagen dem Zulassungserfordernis, gleichgültig, ob sie sich an Bord aufhielten oder an Land gingen. **Seeleute** sind nunmehr nach Maßgabe von § 24 AufenthV vom Erfordernis eines Aufenthaltstitels befreit bzw. können bereit werden.

37 Einige Personengruppen, die nicht bereits unter die Ausnahme § 1 II Nr. 2 und 3 fallen (§ 27 AufenthV), sind von der Aufenthaltstitelpflicht befreit (unterliegen aber sonst dem AufenthG); das gilt ua für das dienstliche **Hauspersonal berufskonsularischer Vertretungen** und deren mit ihnen zusammenlebenden, nicht ständig hier ansässigen Familienangehörigen, die Familienangehörigen des dienstlichen Hauspersonals diplomatischer Missionen, die mit Zustimmung des Auswärtigen Amts (AA) örtlich angestellten Mitglieder des Personals und des dienstlichen Hauspersonals diplomatischer Missionen und berufskonsularischer Vertretungen und deren mit Zustimmung des AA zugezogenen engeren Familienangehörigen, die mit Zustimmung des AA beschäftigten privaten Hausangestellten von Mitgliedern dieser Missionen oder Vertretungen und deren mit Zustimmung des AA zugezogenen engeren Familienangehörigen und die mitreisenden Familienangehörigen von Repräsentanten anderer Staaten. Zum Nachweis ihres erlaubnisfreien Aufenthalts erhalten die sog. „unechten" Ortskräfte Protokollausweise des AA.

4. Beschränkungen, Bedingungen und Auflagen

38 **Zulassungsfreiheit** iSd **Freistellung von der Aufenthaltstitelpflicht** ist nicht gleichbedeutend mit einem garantierten Aufenthaltsrecht. Überwiegend wird die Befreiung nur wegen der kurzen Aufenthaltsdauer oder zur Erleichterung der diplomatischen Beziehungen oder des internationalen Verkehrs gewährt. Hinzu kommen die Staatsangehörigen von Drittstaaten, die nach Art. 6 Va SKG iVm Art. 20, 21 SDÜ ein- und durchreisen sowie sich für kurze Zeit im Mitgliedstaat aufhalten dürfen. In jedem Fall bleibt der Ausländerbehörde nach § 12 IV die Möglichkeit vorbehalten, den weiteren Aufenthalt (nachträglich) zu befristen oder sonst zu **beschränken**. Vorausgesetzt ist, dass die materiellen Voraussetzungen für den Aufenthalt nicht vorliegen. Die Ermächtigung erscheint hinreichend bestimmt; es muss allerdings ein aufenthaltsrechtlicher erheblicher Anlass bestehen, und es müssen die Grundsätze der Verhältnismäßigkeit und des Vertrauensschutzes eingehalten sowie die Grundrechte beachtet werden. Die Kontrollmöglichkeit der Ausländerbehörde durch eine Anzeigepflicht, wie sie nach § 13 DVAuslG vorgesehen war, besteht nicht mehr.

39 **Annullierung und Aufhebung eines Visums** richten sich nach Art. 34 Visakodex; dementsprechend wurde der SGK in Anhang V Teil A angepasst. Die im Entwurf vorgesehene Möglichkeit[79] der **Verringerung der Gültigkeitsdauer** von Visa ist nicht weiter verfolgt und in der Schlussfassung des Visakodex gestrichen worden. Die Verkürzung kann aber als **„Minusmaßnahme"** anstelle einer sofortigen vollständigen Annullierung bzw. Aufhebung geboten sein. Eine zeitliche Verkürzung der Gültigkeitsdauer bietet den Vorteil, die durch eine „Beseitigung" des Visums geschaffene neue Situation eines Aufenthalts ohne Visum im Schengen-Gebiet zu regeln. Die Verkürzung der Gültigkeitsdauer kann so individuell vorgenommen werden, dass der Ausländer unproblematisch und rechtmäßig durch andere Schengen-Staaten (§ 2 V) durchreisen und auf diese Weise ausreisen kann[80].

40 Von den Beschränkungen **ausgenommen** sind die Fälle des § 1 II, für die das AufenthG nicht gilt. Ausgenommen sind ferner heimatlose Ausländer[81], die wegen des ihnen gewährten gesetzlichen Aufenthaltsrechts gemäß § 12 S. 2 HAG von der Aufenthaltstitelpflicht befreit sind, Asylbewerber (wegen §§ 55 ff. AsylG) und die nach §§ 20, 27 AufenthV befreiten Personen, außerdem hilfsbedürftig gewordene Personen nach Art. 6 lit. a EFA[82], weil danach eine Rückschaffung iSd Beendigung des erlaubten Aufenthalts ausgeschlossen ist[83].

41 **Gemäß § 12 IV sind Bedingungen und Auflagen** in ähnlicher Weise zulässig wie nach § 12 II. So sind Auflagen und Bedingungen hinsichtlich der Erwerbstätigkeit ebenso statthaft wie zu Ausreisekosten und Unterhalt. Der zulassungsfreie Aufenthalt soll nicht günstiger behandelt werden als der zulassungsbedürftige. Eine **zeitliche Beschränkung** ist zulässig, wenn sie durch Sachgründe gerechtfertigt ist, vor allem nach Wegfall der Befreiungsvoraussetzungen. Unsachgerecht ist aber die Befristung kurz vor Ablauf einer für die Einbürgerung erforderliche Aufenthaltsdauer[84]. **Räumlich** darf der

---

[78] Gesetz v. 29.8.2013, BGBl. 2013 I S. 3484.
[79] Ehemals Art. 31 des Entwurfs zum Visakodex: „Die Grenzkontrollbehörde können die Gültigkeitsdauer eines Visums verkürzen, wenn nachgewiesen ist, dass der Inhaber nicht über ausreichende Mittel zur Bestreitung seines Lebensunterhalts während der ursprünglich vorgesehenen Aufenthaltsdauer verfügt."
[80] *Winkelmann*, E-Book, Kommentierung zum Visakodex, www.migrationsrecht.net.
[81] Vgl. *Funke-Kaiser* GK-AufenthG § 4 Rn. 115.
[82] Europäisches Fürsorgeabkommen v. 11.12.1953, BGBl. 1956 II S. 563.
[83] BVerwG Urt. v. 16.9.1986 – 1 C 13.85, BVerwGE 75, 26.
[84] NdsOVG Beschl. v. 27.7.1989 – 21 M 77/89, EZAR 103 Nr. 13.

Aufenthalt zB für die Zeit eines Staatsbesuchs auf eine bestimmte Stadt beschränkt werden, um gewalttätige Auseinandersetzungen rivalisierender ausländischer Gruppen zu verhindern[85]. Verbote oder Beschränkungen einer selbstständigen oder unselbstständigen Erwerbstätigkeit sind in derselben Weise zulässig wie nach § 12 II.

IV. Aufenthaltstitel – Trennungsprinzip

42 § 4 I 2 benennt die **sieben nach dem AufenthG zu erteilenden Aufenthaltstitel:** Niederlassungserlaubnis, Aufenthaltserlaubnis, Blaue Karte EU, ICT-Karte, Mobiler ICT-Karte, Erlaubnis zum Daueraufenthalt – EU und das Visum. Während die Niederlassungserlaubnis unbefristet und die Aufenthaltserlaubnis befristet erteilt wird, dienen das Schengen-Visum für Kurzaufenthalte und die Durchreise (§ 6 I Nr. 1) sowie das nationale Visum (§ 6 III), nicht hingegen das Visum für den Flughafentransit (§ 6 I Nr. 2) weiterhin der Einreisekontrolle durch den Bund, nunmehr aber als eigenständiger Aufenthaltstitel (§ 6). Diese Aufenthaltstitel treten an die Stelle der nach dem AuslG 1990 erteilten Aufenthaltsgenehmigung (Aufenthaltsberechtigung, unbefristeter und befristeter Aufenthaltserlaubnis, Aufenthaltsbewilligung und Aufenthaltsbefugnis). Das Maß der mit dem AufenthG getroffenen Differenzierung nach Erteilungsvoraussetzungen und Rechtsfolgen übersteigt das System des AuslG 1990 beträchtlich; die Anlage zur AZRG-DV zählt eine Vielzahl von Aufenthaltserlaubnis und Niederlassungserlaubnis auf, die nach Erteilungsvoraussetzungen und Rechtsfolgen – auch hinsichtlich der sozialrechtlichen Ansprüche – zT stark variieren.

43 **Bescheinigungen** nach § 81 V über die **Fortgeltungsfiktionen** gemäß § 81 III und IV bzw. die Bescheinigung über die Wirkung nach § 84 II 2 sind keine Aufenthaltstitel. Die Fortgeltungsfiktion gemäß § 81 IV steht auch nicht dem Besitz eines Aufenthaltstitels, wie er für den Familiennachzug zu Ausländern gemäß § 29 I Nr. 1 erforderlich ist, gleich[86]. Gilt ein Aufenthaltstitel aber gemäß § 81 IV fort, ist mit der entsprechenden Bescheinigung nach Abs. 5 die Aus- und Wiedereinreise möglich[87], die Bescheinigung wird insofern wie ein Aufenthaltstitel iSv Art. 21 SDÜ behandelt. Die Erlaubnisfiktion nach § 81 III 1 berechtigt dagegen nicht zur Wiedereinreise in das Bundesgebiet[88].

44 **Kein Aufenthaltstitel** ist die Aufenthaltsgestattung. Als Bescheinigung des gesetzlichen Aufenthaltsrechts des Asylbewerbers (§§ 55, 63 AsylG) ist die **Aufenthaltsgestattung** nach dem AsylG **kein** spezialgesetzlich normierter **Aufenthaltstitel**[89]. Es mag dahingestellt bleiben, ob eine andere Auslegung schon ausgeschlossen ist, weil § 4 I 2 eine abschließende Regelung enthält[90]. Jedenfalls folgt aus § 63 AsylG, dass die Bescheinigung über die Aufenthaltsgestattung kein Aufenthaltstitel ist. Der Wortlaut des § 63 I 1 AsylG differenziert selbst zwischen der Aufenthaltsgestattung einerseits und dem Aufenthaltstitel andererseits. Nach dieser Vorschrift wird einem Ausländer nach der Asylantragstellung eine Bescheinigung über die Aufenthaltsgestattung ausgestellt, wenn er nicht im Besitz eines Aufenthaltstitels ist. Mit dem Unterlassen der Formulierung des Besitzes eines „anderen" Aufenthaltstitels hat der Gesetzgeber zum Ausdruck gebracht, dass die Aufenthaltsgestattung selbst kein Aufenthaltstitel sein soll[91]. Bestätigt wird dies durch die Formulierung, dass die Bescheinigung „ausgestellt", nicht aber „erteilt" wird (vgl. dagegen zB § 4 I 2). Die Bescheinigung über die Aufenthaltsgestattung ist allein ein Dokument, mit dem der Ausländer iSe bloßen Ausweisersatzes seine Identität nachweisen können soll (vgl. § 64 AsylG). Auch sonst verwendet das AsylG den Begriff des Aufenthaltstitels iS desjenigen des AufenthG (vgl. §§ 14, 14a, 15, 26a, 34, 43, 48, 55, 56, 65 AsylG).

45 Auch die **Duldung** stellt **keinen Aufenthaltstitel** iSv § 4 I 2 dar[92]. Die Duldung dient lediglich zum Nachweis der **Aussetzung der Abschiebung** (§ 60a IV), legalisiert jedoch nicht den Aufenthalt. Das gilt auch soweit die Erteilung einer Duldung zur Ermöglichung humanitär motivierter und politisch erwünschter Aufenthalt (vgl. zB §§ 60c – Ausbildungsduldung und 60d – Beschäftigungsduldung)[93] eingesetzt wird.

46 Lediglich deklaratorisch wirkt die **Aufenthaltskarte** gemäß § 5 I FreizügG/EU, die von Amts wegen den drittstaatsangehörigen Familienangehörigen von Unionsbürgern und EWR-Staatern ausgestellt wird, während die Unionsbürger und die EWR-Staater selbst keine Bescheinigung über ihr EU-Aufenthaltsrecht (mehr) erhalten. Auch die **Bescheinigung über das Daueraufenthaltsrecht** gemäß § 5 V FreizügG/EU ist lediglich deklaratorisch. Gleiches gilt für die türkischen Staatsangehöri-

---

[85] BVerwG Urt. v. 1.7.1975 – 1 C 35.70, BVerwGE 49, 36; zur Beschränkung der politischen Betätigung gemäß § 47 I 2 → § 47 Rn. 10.
[86] BayVGH Beschl. v. 28.2.2019 – 10 ZB 18.1626, BeckRS 2019, 3423 Rn. 9.
[87] Vgl. Stahmann in Hofmann AuslR § 4 Rn. 47; VG Hannover Beschl. v. 7.1.2013 – 7 B 6332.12, BeckRS 2013, 46264.
[88] OVG Bln-Bbg Beschl. v. 28.7.2017 – 11 S 48.17, BeckRS 2017, 155297 Rn. 9; OVG NRW Beschl. v. 11.5.2009 – 18 B 8.09, ZAR 2009, 278; → § 81 Rn. 42.
[89] VG Münster Urt. v. 14.6.2012 – 8 K 2632, BeckRS 2012, 52443; *Weltke* AktAR § 4 Rn. 39.
[90] So VG Freiburg Urt. v. 19.4.2012 – 4 K 1626/11, BeckRS 2012, 50156.
[91] VG Münster Urt. v. 14.6.2012 – 8 K 2632, BeckRS 2012, 50156.
[92] → § 60a Rn. 4.
[93] Vgl. BT-Drs. 19/8286.

gen auf Antrag zum Nachweis ihres Aufenthaltsrechts nach dem Assoziationsrecht auszustellende Aufenthaltserlaubnis (Abs. 2) und der dieser nachgebildete deklaratorische Aufenthaltstitel für Familienangehörige von Unionsbürgern[94].

47 Aufenthaltstitel werden gemäß § 7 I 2 zu den in den Abschnitten 3–7 des AufenthG näher beschriebenen Aufenthaltszwecken, zur Ausbildung oder Erwerbstätigkeit, aus völkerrechtlichen, humanitären oder politischen Gründen, aus familiären Gründen oder für besondere Aufenthaltsrechte erteilt. Auch wenn der Gesetzgeber die unterschiedlichen Aufenthaltsgenehmigungen des AuslG 1990 abgeschafft hat, so hat er die Zweckbindung der Aufenthaltstitel beibehalten. Nach dem in §§ 7, 8 verankerten Konzept verschiedener Aufenthaltstitel (**Trennungsprinzip**) ist ein Ausländer regelmäßig darauf verwiesen, seine aufenthaltsrechtlichen Ansprüche aus den Rechtsgrundlagen abzuleiten, die der Gesetzgeber für die spezifischen vom Ausländer verfolgten Aufenthaltszwecke geschaffen hat[95]. Das Ziel eines Antrags auf Erteilung oder Verlängerung einer Aufenthaltserlaubnis (§§ 7, 8) wird daher durch die Aufenthaltszwecke und den Lebenssachverhalt, aus denen der Ausländer seinen Anspruch herleitet, bestimmt und begrenzt, weil das AufenthG strikt zwischen den in den Abschnitten 3–7 seines Kap. 2 genannten Aufenthaltszwecken trennt[96]. Damit handelt es sich bei den unterschiedlichen Arten von Aufenthaltserlaubnissen um jeweils eigenständige Regelungsgegenstände, die zueinander im Verhältnis der **Anspruchskonkurrenz**[97] stehen[98].

48 Die Trennung der Aufenthaltszwecke[99] in unterschiedlicher Aufenthaltstitel hat zur Folge, dass ein Ausländer grundsätzlich auch mehrere Aufenthaltstitel besitzen kann, solange das Gesetz nichts anderes bestimmt[100]. Das Ausstellen von mehreren Aufenthaltstiteln ist insbesondere dann erforderlich, wenn die einzelnen Aufenthaltstitel dem Ausländer unterschiedliche Rechte verleihen. Können diese Vergünstigungen nicht in einem Aufenthaltstitel zusammengefasst werden, so gibt es keinen Grund, dem Ausländer mehrere Aufenthaltstitel zu versagen. Insbesondere ergibt sich aus dem AufenthG kein Ausschlussgrund für weitere Aufenthaltstitel. Denn bei Vorliegen der Voraussetzungen steht dem Ausländer ein – ggf. im Ermessen der Ausländerbehörde stehender – Anspruch auf Erteilung eines Aufenthaltstitels zu einem bestimmten Zweck zu. Ein diesem Anspruch entgegenstehender Ausschluss müsste sich, da er nicht explizit geregelt ist, zumindest durch Auslegung mit hinreichender, dem Gebot rechtsstaatlicher Normenklarheit genügender Eindeutigkeit dem Gesetz entnehmen lassen. Das ist aber nicht der Fall. Dem Wortlaut des AufenthG lassen sich keine zwingenden Argumente gegen das Ausstellen mehrerer Aufenthaltstitel entnehmen[101]. Das in §§ 7 und 8 verankerte **Trennungsprinzip** spricht nicht gegen den Besitz mehrerer Aufenthaltstitel[102]. Auch wenn es sich bei den unterschiedlichen Arten von Aufenthaltstiteln um eigenständige Regelungsgegenstände handelt, die eigenständig nach den spezifischen Vorschriften zu beurteilen sind, so bedeutet dies nicht, dass eine Aufenthaltserlaubnis nicht zu mehreren – eigenständig zu beurteilenden – Zwecken erteilt werden könnte[103].

49 Das **Trennungsprinzip** hat Auswirkungen auf den **Verfahrens- und Streitgegenstand**[104] eines ausländerrechtlichen Verfahrens. Dieser bestimmt und begrenzt sich nach dem Aufenthaltszweck und dem zugrundeliegenden Lebenssachverhalt, aus dem der Anspruch hergeleitet wird[105]. Der Ausländer hat seine aufenthaltsrechtlichen Ansprüche aus den Rechtsgrundlagen abzuleiten, die der Gesetzgeber für die spezifischen vom Ausländer verfolgten Aufenthaltszwecke geschaffen hat[106]. Eine Anspruchsnormenkonkurrenz liegt vor, wenn ein inhaltlich einheitlicher Anspruch mit unterschiedlichen Voraussetzungen für unterschiedliche Lebenssituationen geregelt wird[107] und dieser auf identische

---

[94] → Rn. 60 ff.
[95] BVerwG Urt. v. 9.6.2009 – 1 C 11.08, BVerwGE 134, 124 = NVwZ 2009, 1432; Urt. v. 4.9.2007 – 1 C 43.06, BVerwGE 129, 226 = NVwZ 2008, 333 Rn. 26; BayVGH Beschl. v. 1.3.2012 – 10 C 11.510, BeckRS 2012, 25700 Rn. 3.
[96] BVerwG Urt. v. 4.9.2007 – 1 C 43.06, BVerwGE 129, 226 = NVwZ 2008, 333, Rn. 26; VGH BW Beschl. v. 3.8.2009 – 11 S. 1056/09, BeckRS 2009, 37274 Rn. 12.
[97] Zur Unterscheidung von Anspruchskonkurrenz und Anspruchsnormenkonkurrenz vgl. zB *Rennert* in *Eyermann* VwGO § 121 Rn. 24.
[98] BVerwG Urt. v. 19.3.2013 – 1 C 12.12, BVerwGE 146, 117 = ZAR 2013, 385.
[99] Vgl. hierzu umfassend *Funke-Kaiser* GK-AufenthG § 4 Rn. 116 ff.
[100] BVerwG Beschl. v. 1.4.2014 – 1 B 1.14, BeckRS 2014, 50423 Rn. 5; noch offengelassen BVerwG Beschl. v. 17.8.2011 – 1 C 19.10, NVwZ-RR 2012, 44 Rn. 4.
[101] So BVerwG Urt. v. 19.3.2013 – 1 C 12.12, BVerwGE 146, 117 = ZAR 2013, 385 Rn. 17 ff.; noch offengelassen BVerwG Beschl. v. 17.8.2011 – 1 C 19.10, NVwZ-RR 2012, 44 Rn. 4.
[102] So BVerwG Urt. v. 19.3.2013 – 1 C 12.12, BVerwGE 146, 117 = ZAR 2013, 385 Rn. 21.
[103] Es wird jedoch ein elektronisches Dokument über den Aufenthaltstitel erteilt, → § 78a Rn. 5.
[104] Vgl. *Funke-Kaiser* GK-AufenthG § 4 Rn. 87.
[105] VGH BW Beschl. v. 7.12.2015 – 11 S 1998/15, BeckRS 2016, 43786 Rn. 3.
[106] BVerwG Urt. v. 4.9.2007 – 1 C 43.06, BVerwGE 129, 226 = NVwZ 2008, 333 Rn. 26; VGH BW Beschl. v. 5.9.2016 – 11 S 1512/16, BeckRS 2016, 105866 Rn. 5; OVG Bln-Bbg Beschl. v. 28.10.2015 – OVG 11 S 37.15, BeckRS 2015, 55297 Rn. 8.
[107] Bejaht für Visum zum Kindernachzug nach § 32: BVerwG Urt. v. 29.11.2012 – 10 C 11.12, NVwZ 2013, 427 Rn. 11.

Rechtsfolgen führt. Legt der Ausländer ohne weitere Eingrenzung einen Lebenssachverhalt dar, der einem oder mehreren in den Abschnitten 3–7 des Kap. 2 des AufenthG genannten Aufenthaltszwecken zuzuordnen ist, ist sein Antrag auszulegen[108] und nach jeder bei Würdigung des vorgetragenen Lebenssachverhalts in Betracht kommenden Vorschrift des betreffenden Abschnitts zu beurteilen[109].

Für die **Auslegung des Antrags** eines anwaltlich vertretenen Ausländers, der sein Begehren 50 ausdrücklich auf eine einzelne Rechtsgrundlage des AufenthG stützt, ist der Gegenstand des Antrags entsprechend begrenzt[110], es sei denn, der unterbreitete Lebenssachverhalt legt nahe, dass weitere Rechtsgrundlagen in Betracht kommen. Es ist dem Ausländer folglich grundsätzlich verwehrt, mit einem Rechtsbehelf gegen die Ablehnung seines Antrags auf Erteilung einer Aufenthaltserlaubnis einen (neuen) Aufenthaltszweck geltend zu machen, der bis zum Erlass der Ablehnungsentscheidung noch nicht Gegenstand seines Antragsbegehrens war[111], was selbst dann der Fall sein kann, wenn der nach der Ablehnung des Antrags erstmals geltend gemachte Aufenthaltszweck nach der gleichen Rechtsvorschrift zu beurteilen ist wie der Aufenthaltszweck im vorangegangenen Verwaltungsverfahren[112]. Folglich kann auch gegen die Vollziehbarkeit der Ablehnung eines Antrags auf Erteilung oder Verlängerung der Aufenthaltserlaubnis (§ 84 I Nr. 1) grundsätzlich kein vorläufiger Rechtsschutz nach § 80 V VwGO für einen Aufenthaltszweck gewährt werden, der nicht Ziel des Antrags bis zur Ablehnungsentscheidung war. Für die anderen Aufenthaltszwecke ist ein neuer Aufenthaltserlaubnis-Antrag zu stellen. Löst dieser Antrag keine Fiktionswirkung iSd § 81 III 1 oder IV mehr aus, kann vorläufiger gerichtlicher Rechtsschutz zur Sicherung des damit verfolgten Anspruchs vor der Entscheidung der Ausländerbehörde und im Falle einer Ablehnung des Antrags nur noch durch eine einstweilige Anordnung nach § 123 I VwGO gewährt werden[113].

Bei der **Auslegung** des – nicht formbedürftigen – **Antrags auf Erteilung eines Aufenthaltstitels** 51 (§ 81 I) sind die für die Auslegung von empfangsbedürftigen Willenserklärungen des bürgerlichen Rechts geltenden Rechtsgrundsätze (§§ 133, 157 BGB) anzuwenden[114]. Danach kommt es nicht auf den inneren Willen des Erklärenden, sondern darauf an, wie seine Erklärung aus der Sicht des Empfängers bei objektiver Betrachtung zu verstehen ist. Dabei kann der Wortlaut hinter Sinn und Zweck der Erklärung zurücktreten. Maßgebend ist der geäußerte Wille des Erklärenden, wie er aus der Erklärung und sonstigen Umständen für den Erklärungsempfänger erkennbar wird. Maßgeblich ist daher, wie die Ausländerbehörde den Antrag unter Berücksichtigung aller ihr erkennbarer Umstände und der Mitwirkungspflicht des Ausländers (§ 82 I) nach Treu und Glauben zu verstehen hat. Dabei muss sich die Auslegung auf die schriftlichen und mündlichen Erklärungen des Ausländers in ihrer Gesamtheit und das mit ihnen erkennbar verfolgte Ziel beziehen. Bei der Ermittlung des wirklichen Willens ist nach anerkannter Auslegungsregel zugunsten eines anwaltlich nicht vertretenen Ausländers davon auszugehen, dass er den Antrag stellen will, der nach Lage der Sache seinen Belangen entspricht und gestellt werden muss, um das erkennbar angestrebte Ziel zu erreichen[115]. Die Ausländerbehörde darf aber regelmäßig annehmen, dass dem Antragsbegehren vollständig entsprochen wird, wenn dem Ausländer der für ihn günstigste Titel erteilt wird, dieser ihm zugleich die Verfolgung der übrigen von der Antragstellung umfassten Zwecke ermöglicht und ansonsten kein Interesse an der Erteilung eines weiteren/anderen Aufenthaltstitel offenkundig ist[116].

Die beantragte **„Verlängerung"** des Aufenthaltstitels erfasst grundsätzlich auch Ansprüche, die auf 52 Neuerteilung einer Aufenthaltserlaubnis gerichtet sind. Allerdings beinhaltet der geltend gemachte Anspruch auf Verlängerung der akzessorischen Aufenthaltserlaubnis nach §§ 28 I 1 Nr. 1 und 30 nicht gleichzeitig die Geltendmachung eines eigenständigen Aufenthaltsrechts[117]. Werden ein an eine geschiedene Ehe anknüpfendes eigenständiges Aufenthaltsrecht gemäß § 31 bzw. ein Aufenthaltsrecht aus ARB 1/80 geltend gemacht, ist ein Anspruch auf Erteilung einer Aufenthaltserlaubnis gemäß § 21

---

[108] BayVGH Urt. v. 26.9.2016 – 10 B 13.1318, BeckRS 2016, 53197 Rn. 28.
[109] VGH BW Beschl. v. 3.8.2009 – 11 S 1056/09, BeckRS 2009, 37274 Rn. 12.
[110] Dies hat zur Folge, dass die Ausländerbehörde an den Verfahrensgegenstand gebunden ist und den Verfahrensgegenstand nicht in unzulässiger Weise durch eine darüber hinausgehende Entscheidung erweitern kann. Auch stellt sich in diesem Zusammenhang die Frage, ob ein erforderlicher Antrag ggf. konkludent nachgeholt werden kann, vgl. hierzu umfassend *Funke-Kaiser* GK-AufenthG § 4 Rn. 118.
[111] VGH BW Beschl. v. 3.9.2009 – 11 S 1056/09, BeckRS 2009, 37274 Rn. 12; Beschl. v. 12.9.2002 – 11 S 636/02, NVwZ-RR 2003, 236.
[112] VGH BW Beschl. v. 28.4.2008 – 11 S 683/08, BeckRS 2008, 35600 Rn. 6.
[113] VGH BW Beschl. v. 20.11.2007 – 11 S 2364/07, BeckRS 2007, 28218 Rn. 3; VGH BW Beschl. v. 3.8.2009 – 11 S 1056/09, BeckRS 2009, 37274 Rn. 12.
[114] BayVGH Urt. v. 26.9.2016 – 10 B 13.1318, BeckRS 2016, 53197 Rn. 28; HessVGH Beschl. v. 24.11.2016 – 3 B 2556/16 und 3 D 2558/17, 3 B 2556/16 Rn. 15; VGH BW Beschl. v. 3.8.2009 – 11 S. 1056/09, BeckRS 2009, 37274 Rn. 12; *Funke-Kaiser* GK-AufenthG § 4 Rn. 117.
[115] HessVGH Beschl. v. 24.11.2016 – 3 B 2556/16 und 3 D 2558/17, 3 B 2556/16 Rn. 15; VGH BW Beschl. v. 3.8.2009 – 11 S. 1056/09, BeckRS 2009, 37274 Rn. 12 unter Hinweis auf BVerwG Urt. v. 12.12.2001 – 8 C 17.01, BVerwGE 115, 302, NJW 2002, 1137 zur erfolgsorientierten Auslegung von Willenserklärungen.
[116] OVG NRW Beschl. v. 9.11.2012 – 18 B 932.12, BeckRS 2012, 59784.
[117] Vgl. BVerwG Urt. v. 9.6.2009 – 1 C 11.08, BVerwGE 134, 124, NVwZ 2009, 1432 Rn. 13; OVG Bln-Bbg Beschl. v. 15.4.2014 – OVG 11 S 26.14, BeckRS 2014, 50880 Rn. 7.

regelmäßig nicht mit umfasst[118]. Dagegen kann die Auslegung eines Antrags auf Verlängerung einer Aufenthaltserlaubnis nach § 38a ergeben, dass auch ein Antrag gemäß § 9a gestellt werden sollte[119].

53 Das Begehren auf Erteilung einer **Aufenthaltserlaubnis auf Probe nach § 104a I 1** stellte gegenüber sonstigen Ansprüchen auf Erteilung einer Aufenthaltserlaubnis nach Kap. 2 Abschnitt 5 des AufenthG einen abtrennbaren eigenständigen Streitgegenstand dar[120]. Denn die Aufenthaltserlaubnis auf Probe wurde nur für einen begrenzten Zeitraum (Stichtag: 31.12.2009) erteilt und konnte selbst nicht zu einer Aufenthaltsverfestigung in Gestalt einer Niederlassungserlaubnis führen (§ 104a I 3). Bei dem Begehren auf Erteilung einer solchen Aufenthaltserlaubnis handelte es sich deshalb nicht lediglich um einen weiteren Rechtsgrund für ein einheitliches prozessuales Begehren, sondern um einen selbstständigen prozessualen Anspruch. Daraus folgte auch, dass ein nur gegen die Versagung einer Aufenthaltserlaubnis auf Probe eingelegtes Rechtsmittel auf diesen Streitgegenstand beschränkt ist und sich nicht automatisch auf sämtliche vom ursprünglichen Begehren umfassten und von der Vorinstanz geprüften anderweitigen Ansprüche erstreckte[121].

54 Die Erteilung eines humanitären Aufenthaltstitels als Familienangehöriger gut integrierter Jugendlicher (§§ 25a II 1 und 2) steht in Anspruchsnormenkonkurrenz[122] zur Aufenthaltserlaubnis gemäß § 25b, und nach § 25 V. Die Anträge nach § 25b und § 25 V sind daher hilfsweise zu stellen[123]. Allerdings spricht viel dafür, dass ein Antrag auf Erteilung einer Aufenthaltserlaubnis aus humanitären Gründen regelmäßig auf sämtliche Anspruchsgrundlagen bezogen ist[124].

55 Niederlassungserlaubnis, Erlaubnis zum Daueraufenthalt – EU und Aufenthaltserlaubnis unterscheiden sich nach ihrer Geltungsdauer und der Zulässigkeit von Nebenbestimmungen (§§ 7, 9). Niederlassungserlaubnis und Erlaubnis zum Daueraufenthalt – EU haben keine Zweckbestimmung (§ 9 I 2; § 9a I 2).

V. Visum, Aufenthaltstitel vor und nach der Einreise

1. Visum

56 Das **Visum** (Sichtvermerk) stellt keine besondere Form einer Aufenthaltsgenehmigung mehr dar, sondern ist einer von sieben Aufenthaltstiteln (§ 4 I 2), welcher vor der Einreise in das Bundesgebiet bzw. in die Schengen-Staaten (§ 2 V) von der zuständigen Auslandsvertretung oder ausnahmsweise von der Grenzbehörde (§ 6 IV) erteilt wird[125]. Eine eindeutige Zuordnung wie bei den anderen Aufenthaltstiteln ist damit gleichwohl nicht erreicht. Inhalt und Funktion des Visums unterscheiden sich nämlich von Niederlassungserlaubnis und Aufenthaltserlaubnis. Das Visum wird für einen **begrenzten Zeitraum** erteilt. Zu unterscheiden sind das sog. Schengen-Visum (§ 6 I und II) nach dem Visakodex und das nationale Visum[126] für längerfristige Aufenthalte (§ 6 III).

57 Das generelle Visumserfordernis gilt nicht in den Fällen der Befreiung vom Erfordernis des Aufenthaltstitels[127] und vom Erfordernis des Visums mit der Möglichkeit der Einholung des Aufenthaltstitels (bei der Ausländerbehörde) vor oder nach der Einreise. Die **Rechtsverordnung-Ermächtigung** für die Befreiung von der Visumpflicht (§ 99 I Nr. 2) wird den Anforderungen des Art. 80 I GG nur dann gerecht, wenn man deren Voraussetzungen und Umfang auf der Grundlage der bisherigen Praxis konkretisiert. Denn sie enthält nur die beiden Regelungsvarianten (vor oder nach der Einreise), ohne deren Voraussetzungen tatbestandsmäßig zu beschreiben und damit das Regelungsprogramm vorhersehbar[128] zu machen. Solche Anhaltspunkte werden hinsichtlich der ausländerbehördlichen Zustimmung zur Visumserteilung genannt (vgl. § 99 I Nr. 3: Sicherung der Mitwirkung anderer Behörden) mit der Folge, dass damit eine zureichende Grundlage für die Festlegung der Zustimmungsfälle angenommen werden kann.

2. Aufenthaltstitel im Inland vor der Einreise

58 Grundsätzlich muss der Ausländer das Visum vor der Einreise im Ausland einholen. Nur **ausnahmsweise** kann ein Aufenthaltstitel vor der Einreise im Inland eingeholt werden. Aufgrund der Ermächti-

---

[118] Vgl. OVG Bln-Bbg Beschl. v. 28.10.2015 – OVG BeckRS 2015, 55297 Rn. 8.
[119] Vgl. HessVGH Beschl. v. 24.11.2016 – 3 B 2556/16 und 3 D 2558/17, 3 B 2556/16 Rn. 15 f.
[120] BVerwG Urt. v. 11.1.2011 – 1 C 22.09, BVerwGE 138, 336 = NVwZ 2011, 939 Rn. 19.
[121] BVerwG Urt. v. 11.1.2011 – 1 C 22.09, BVerwGE 138, 336= NVwZ 2011, 939 Rn. 19.
[122] Zur Unterscheidung von Anspruchskonkurrenz und Anspruchsnormenkonkurrenz vgl. zB *Rennert* in Eyermann VwGO § 121 Rn. 23.
[123] VGH BW Beschl. v. 5.9.2016 – 11 S 1512/16, BeckRS 2016, 105866 Rn. 5.
[124] VGH BW Beschl. v. 5.9.2016 – 11 S 1512/16, BeckRS 2016, 105866 Rn. 5.
[125] Vgl. *Welte* AktAR § 4 Rn. 42.
[126] Dazu näher § 6 und die dortigen Anm.
[127] → Rn. 30 ff.
[128] Vgl. dazu BVerfG Beschl. v. 8.1.1981 – 2 BvL 3/77 ua, BVerfGE 56, 1 (12); Beschl. v. 20.10.1981 – 1 BvR 640/80, BVerfGE 58, 257 (277).

gung in § 99 I Nr. 2[129] sieht § 38 AufenthV für den Fall, dass der Ausländer seinen gewöhnlichen Aufenthalt in einem Staat hat, in dem die Bundesrepublik Deutschland keine Auslandsvertretung unterhält oder in dem die Auslandsvertretung vorübergehend keine Visa erteilen kann und das Auswärtige Amt (AA) keine andere Auslandsvertretung (in einem benachbarten Staat) ermächtigt hat, die Erteilung eines nationalen Visums vorzunehmen. Die Unmöglichkeit kann auf rechtlichen oder tatsächlichen Umständen beruhen. Zuständig ist die Ausländerbehörde am Sitz des AA, also die des Landes Berlin. Die Vorschrift findet keine Anwendung für Schengen-Visa. Für diese gilt, dass die Auslandsvertretungen aller Schengen-Staaten Visa für den gesamten Schengen-Raum ausstellen dürfen und ausstellen. Der Visakodex (Art. 5 IV und 8) sieht iÜ Vertretungsvereinbarungen ua für den Fall vor, dass ein Mitgliedstaat in einem Staat keine Auslandsvertretung unterhält[130].

3. Aufenthaltstitel nach der Einreise

Holt der Ausländer den Aufenthaltstitel als Visum nicht vor der Einreise, dh im Ausland, ein und **reist er ohne oder ohne das erforderliche Visum** ein, so wird ein weiterer Aufenthaltstitel gemäß § 5 II 1 nicht erteilt[131]. Das gilt allerdings nicht für die Fälle der Verlängerung des Aufenthaltstitels, die grundsätzlich denselben Regeln unterliegt wie die Ersterteilung (§ 8 I), oder wenn die Verlängerung zu einem anderen Aufenthaltszweck ausdrücklich erlaubt ist. Die einfachere und verfahrensmäßig günstigere Art der Erteilung des Aufenthaltstitels nach Einreise ist nur für einige **wenige Fallgruppen** vorgesehen. Zunächst lässt das AufenthG selbst die Erteilung oder Verlängerung eines Aufenthaltstitels ohne vorheriges Visumverfahren zu, zB in §§ 5 III, 10 III.   59

Für andere Konstellationen ermöglichen die §§ 39 ff. AufenthV eine die Einholung des Aufenthaltstitels nach der Einreise. Eine eigene Rechtsgrundlage für das Inlandsverfahren ist notwendig, weil die Erteilung oder Verlängerung einer Aufenthaltserlaubnis als solche oder als Niederlassungserlaubnis grundsätzlich verlangt, dass der Ausländer mit dem erforderlichen Visum eingereist ist und die maßgeblichen Tatsachen, va den beabsichtigten **Aufenthaltszweck, bereits im Visumantrag angegeben** hat (§ 5 II 1). Ob der Betroffene mit dem erforderlichen Visum iSv § 5 II 1 Nr. 1 eingereist ist, richtet sich nach dem Aufenthaltszweck und der Aufenthaltsdauer entsprechend der konkret bei der Ausländerbehörde beantragten Aufenthaltserlaubnis[132].   60

Da die Einreise entweder zu kurzfristigen Zwecken mit oder ohne Schengen-Visum und zu längerfristigen Zwecken mit einem nationalen Visum erfolgt (vgl. § 6), baut ein längerfristiger Aufenthaltstitel auf vorläufigen Zulassungen zum Aufenthalt auf, die zT im Unionsrecht angesiedelt sind und unterschiedliche Perspektiven für einen längeren Aufenthalt eröffnen. Dem entsprechen die von §§ 39–41 AufenthV erfassten Fallgruppen. § 39 AufenthV knüpft mit den dort geregelten Alternativen an Fallgruppen an, in denen der Ausländer einen bestimmten Aufenthaltsstatus aufweisen muss. Wegen der Einzelheiten zu § 39 AufenthV wird auf die Kommentierung in → § 5 verwiesen[133].   61

VI. Deklaratorischer Aufenthaltstitel (Abs. 2)

1. Assoziationsabkommen EWG/Türkei

Die Aufenthaltserlaubnis begründet bei türkischen Staatsangehörigen – wie bei allen Drittstaatsangehörigen, aber anders als bei EU-Bürgern – konstitutiv ein Aufenthaltsrecht, solange keine Rechtsposition aus dem ARB 1/80 erworben wurde[134]. Sofern der Ausländer die Rechtsposition aus Art. 6 I 1. Spiegelstrich oder Art. 7 ARB 1/80 erworben hat, ist sein Aufenthalt jedenfalls solange kraft Assoziationsrechts rechtmäßig, als er die Voraussetzungen der Art. 6 I oder Art. 7 ARB 1/80 erfüllt. **Insoweit hat die Aufenthaltserlaubnis nach Abs. 2 lediglich deklaratorische Bedeutung** und die Funktion eines Nachweises[135]. Dies wird auch vom AufenthG anerkannt, da § 4 II für den Nachweis des Bestehens einer Rechtsposition nach Art. 6 I oder Art. 7 ARB 1/80 das „Ausstellen" einer Aufenthaltserlaubnis vorsieht. Mit dem Tatbestandsmerkmal „ausstellen" wird anders als mit dem Wort „erteilen" der **deklaratorische** Charakter der Aufenthaltserlaubnis hervorgehoben. Die zum Nachweis des Aufenthaltsrechts ausgestellte deklaratorische Aufenthaltserlaubnis muss die Rechts-   62

---

[129] Dazu → Rn. 31.
[130] Vgl. VG Berlin Urt. v. 4.12.2019 – VG 10 K 186.19 V.
[131] Davon kann unter den Voraussetzungen von § 5 II 2 abgesehen werden, → § 5 Rn. 154 ff.
[132] BVerwG Urt. v. 16.11.2011 – 1 C 17.09, BVerwGE 138, 122 = NVwZ 2011, 495 Rn. 19; OVG Bln-Bbg Urt. v. 16.7.2009 – OVG 2 B 19.08, BeckRS 2009, 38800.
[133] → § 5 Rn. 118 ff.
[134] Vgl. hierzu auch BVerwG Urt. v. 19.3.2013 – 1 C 12.12, BVerwGE 146, 117 = ZAR 2013, 385. Danach kann grundsätzlich neben dem Titel nach Abs. 2 ein konstitutiver Titel erteilt werden, wenn zugleich ein weiterer Aufenthaltszweck verfolgt wird, dessen Voraussetzungen erfüllt sind.
[135] BVerwG Urt. v. 19.3.2013 – 1 C 12.12, BVerwGE 146, 117 = ZAR 2013, 385 Rn. 20 (26); Urt. v. 22.5.2012 – 1 C 6.11, NVwZ 2013, 75 Rn. 27; OVG Bln-Bbg Urt. v. 15.8.2013 – OVG 7 B24/13, BeckRS 2013, 55898; BayVGH Urt. v. 5.3.2013 – 10 B 12.2219, BeckRS 2013, 49006, Rn. 38.

grundlage, das Bestehen eines Daueraufenthaltsrechts und eine mindestens fünfjährige Gültigkeitsdauer erkennen lassen[136]. Wird die Aufenthaltserlaubnis allein zur Fortsetzung einer Beschäftigung iSv Art. 6 I 1. oder 2. Spiegelstrich ARB 1/80 erteilt, enthält sie entsprechende Beschränkungen über den Umfang der erlaubten Beschäftigung.

63 Der Aufenthaltserlaubnis kommt aber quasi **konstitutive Bedeutung** zu, **wenn die Rechte nach den Art. 6 I oder 7 ARB 1/80 entfallen** oder die Voraussetzungen einer Aufenthaltserlaubnis im Zeitpunkt der Erteilung zu Unrecht angenommen wurden[137]. In diesen Fällen begründet die Aufenthaltserlaubnis – solange sie nicht zeitlich beschränkt wird – den rechtmäßigen Aufenthalt im Bundesgebiet (zu den Rechtsfolgen des supranationalen Aufenthaltsrechts s. Nr. 1.5.5 ff. AAH–ARB 1/80). In der Vergangenheit war in der Praxis häufig problematisch, ob die Ausländerbehörde mit der Erteilung der Aufenthaltserlaubnis lediglich einen Rechtsanspruch nach dem ARB 1/80 bescheinigen oder – etwa bei Ehegatten von Deutschen – eine konstitutive Genehmigung erteilen wollte, weil die Voraussetzungen eines Aufenthaltsrechts nach dem AufenthG erfüllt waren. Mit der Einführung des deklaratorischen Aufenthaltstitels[138] ist dieses Problem gelöst, da für die Bescheinigung ein eigener Aufenthaltstitel zur Verfügung steht. Erteilt die Ausländerbehörde trotz Bestehens einer Rechtsposition nach Art. 6 I oder Art. 7 ARB 1/80 eine Aufenthaltserlaubnis nach einer anderen Vorschrift, zB zum Führen einer Lebensgemeinschaft mit einem deutschen Ehegatten, dann will sie – schon wegen der weitergehenden Zugangsrechte zum Arbeitsmarkt in Bezug auf die Ausübung einer selbstständigen Erwerbstätigkeit – eine „normale" Aufenthaltserlaubnis erteilen. Dies kann im Einzelfall sinnvoll sein, auch wenn die Aufenthaltserlaubnis nach § 4a I 1 die Aufnahme einer selbstständigen Erwerbstätigkeit gestattet. Eine derartige „normale" Aufenthaltserlaubnis ist aber kein feststellender Verwaltungsakt und bringt daher nicht die Bindungswirkung hinsichtlich des Bestehens der Rechtsstellung aus Art. 6 und 7 ARB 1/80 mit sich. Möglich ist zudem die Erteilung mehrerer Aufenthaltstitel neben der Aufenthaltserlaubnis gemäß Abs. 2[139].

64 Die Zuordnung kann im Einzelfall erhebliche Rechtswirkungen nach sich ziehen. Eine rechtliche Bedeutung kommt der feststellenden Wirkung der deklaratorischen Aufenthaltserlaubnis nämlich insofern zu, als sie nach außen dokumentiert, dass der Ausländer die Rechtsstellung eines Berechtigten nach dem ARB 1/80 innehat. Ob dies in Ausweisungsfällen zur Konsequenz hat, dass einem türkischen Staatsangehörigen, der eine gültige Aufenthaltserlaubnis gemäß Abs. 2 besitzt, nicht entgegengehalten werden kann, er erfülle nicht die Voraussetzungen nach Art. 6 oder 7 ARB 1/80, ist fraglich[140]. § 53 III knüpft den besonderen Ausweisungsschutz an das Assoziationsrecht, nicht an die Aufenthaltserlaubnis nach § 4 II. Bei einer Ausweisung genießt ein türkischer Staatsangehöriger, der eine deklaratorische Aufenthaltserlaubnis nach § 4 II besitzt, daher keinen besonderen **Ausweisungsschutz** nach Maßgabe des Art. 14 ARB 1/80, wenn er, etwa wegen eines längerfristigen Auslandsaufenthalts, seine Rechtsstellung aus Art. 6 oder 7 ARB 1/80 verloren hat. Die Verlustwirkungen treten ein, ohne dass es eines Verwaltungsakts bedarf, der das Erlöschen des Aufenthaltsrechts feststellt[141].

2. Aufenthaltstitel für Familienangehörige von Unionsbürgern

65 Familienangehörige freizügigkeitsberechtigter Unionsbürger steht unter den Voraussetzungen von § 3 I FreizügG/EU das Recht auf Einreise und AufenthG gemäß § 2 I FreizügG/EU zu[142]. Für die Erteilung des Visums gilt § 2 IV FreizügG/EU. Liegen diese Voraussetzungen nicht vor, kann nach der Rspr. des EuGH[143] drittstaatsangehörigen Familienangehörigen von Unionsbürgern dann ein abgeleitetes Aufenthaltsrecht zustehen, wenn der vom Drittstaatsangehörige abhängige Unionsbürger ohne dessen gesicherten Aufenthalt faktisch gezwungen wäre, das Unionsgebiet zu verlassen und ihm dadurch der tatsächliche Genuss des Kernbestands seiner Rechte als Unionsbürger verwehrt würde[144].

---

[136] BVerwG Urt. v. 22.5.2012 – 1 C 6.11, NVwZ 2013, 75.
[137] *Dienelt*, E-Book, Rechtsstellung türkischer Staatsangehöriger nach Art. 6 und 7 ARB 1/80, S. 83 f., www.migrationsrecht.net.
[138] Die Neufassung erklärt sich aus der Rspr. des EuGH zum Assoziierungsabkommen EWG/Türkei und zum ARB Nr. 1/80. Der EuGH geht von einem impliziten Aufenthaltsrecht aus dem Assoziationsrecht aus, sofern die Voraussetzungen des ARB Nr. 1/80 vorliegen, s. auch *Hailbronner* AuslR AufenthG § 4 Rn. 71.
[139] BVerwG Urt. v. 28.4.2015 – 1 C 21.14, BVerwGE 152, 76 = NVwZ 2015, 1448, Rn. 22; Urt. v. 19.3.2013 – 1 C 12.11, BVerwGE 146, 117 = ZAR 2013, 385 Rn. 20.
[140] AA 11. Aufl. unter Hinweis auf *Dienelt*, E-Book, Rechtsstellung türkischer Staatsangehöriger nach Art. 6 und 7 ARB 1/80, S. 83 f., www.migrationsrecht.net.
[141] VG Berlin Urt. v. 23.9.2015 – 24 K 248.14, BeckRS 2015, 54363.
[142] Vgl. dazu § 3 FreizügG/EU.
[143] EuGH Urt. v. 19.10.2004 – C-200/02, EuR 2005, 658 Rn. 25 ff. – Zhu und Chen; Urt. v. 8.3.2011 – C-34/09, NVwZ 2011, 545 Rn. 41 ff. – Ruiz Zambrano; Urt. v. 13.9.2016 – C-165/14, NVwZ 2017, 218 Rn. 51 ff. – Rendón Martín; Urt. v. 10.5.2017 – C-133/15, NVwZ 2017, 1445 Rn. 70 ff. – Chavez-Vilchez; Urt. v. 8.5.2018 – C-82/16, NVwZ 2018, 1859 Rn. 54 ff. – K. A.
[144] Vgl. auch BVerwG Urt. v. 12.7.2018 – 1 C 16.17, BVerwGE 162, 349 = NVwZ 2019, 486 Rn. 34 ff.

Die Gewährung eines solchen Aufenthaltsrechts kann nach der Rspr. des EuGH jedoch nur „aus- 66
nahmsweise" oder bei „Vorliegen ganz besondere(r) Sachverhalte" erfolgen[145]. Verhindert werden
soll nämlich nur eine Situation, in welcher der Unionsbürger für sich keine andere Wahl sieht, als
einem Drittstaatsangehörigen, von dem er rechtlich, wirtschaftlich oder affektiv abhängig ist, bei der
Ausreise zu folgen oder sich zu ihm ins Ausland zu begeben und deshalb das Unionsgebiet zu
verlassen[146]. Gegen eine solche Situation spricht grundsätzlich etwa die Tatsache, dass ein minderjähriger
Unionsbürger mit einem sorgeberechtigten Elternteil zusammenlebt, der über ein Daueraufenthaltsrecht
verfügt und berechtigt ist, einer Erwerbstätigkeit nachzugehen.

Besteht ein abgeleitetes unionsrechtliches Aufenthaltsrecht aus Art. 20 AEUV, ist dem Ausländer 67
zum Nachweis dieses Rechts eine Bescheinigung nach nationalen Vorschriften auszustellen[147]. Hierbei
handelt es sich aber um keine Aufenthaltserlaubnis mit den sich aus dem AufenthG ergebenden
Beschränkungen und Verfestigungsmöglichkeiten. Da auch die Voraussetzungen für die Ausstellung
einer Aufenthaltskarte nach § 5 I FreizügG/EU bzw. der Freizügigkeits-RL nicht vorliegen, handelt es
sich hier um eine Bescheinigung, wie sie nach § 4 II als deklaratorische Aufenthaltserlaubnis für das
Bestehen eines assoziationsrechtlichen Aufenthaltsrechts vorgesehen ist[148].

VII. Verwaltungsverfahren und Rechtsschutz

Der Ausländer kann gegen eine den Aufenthaltstitel versagende Entscheidung der Ausländerbehörde 68
bzw. der Auslandsvertretung gerichtlichen Rechtsschutz erlangen. Insofern wird auf die Ausführungen
unter → § 6 Rn. 75 ff. verwiesen.

§ 4a Zugang zur Erwerbstätigkeit

(1) ¹Ausländer, die einen Aufenthaltstitel besitzen, dürfen eine Erwerbstätigkeit ausüben,
es sei denn, ein Gesetz bestimmt ein Verbot. ²Die Erwerbstätigkeit kann durch Gesetz
beschränkt sein. ³Die Ausübung einer über das Verbot oder die Beschränkung hinausgehenden
Erwerbstätigkeit bedarf der Erlaubnis.

(2) ¹Sofern die Ausübung einer Beschäftigung gesetzlich verboten oder beschränkt ist,
bedarf die Ausübung einer Beschäftigung oder einer über die Beschränkung hinausgehenden
Beschäftigung der Erlaubnis; diese kann dem Vorbehalt der Zustimmung durch die
Bundesagentur für Arbeit nach § 39 unterliegen. ²Die Zustimmung der Bundesagentur für
Arbeit kann beschränkt erteilt werden. ³Bedarf die Erlaubnis nicht der Zustimmung der
Bundesagentur für Arbeit, gilt § 40 Absatz 2 oder Absatz 3 für die Versagung der Erlaubnis
entsprechend.

(3) ¹Jeder Aufenthaltstitel muss erkennen lassen, ob die Ausübung einer Erwerbstätigkeit
erlaubt ist und ob sie Beschränkungen unterliegt. ²Zudem müssen Beschränkungen seitens
der Bundesagentur für Arbeit für die Ausübung der Beschäftigung in den Aufenthaltstitel
übernommen werden. ³Für die Änderung einer Beschränkung im Aufenthaltstitel ist eine
Erlaubnis erforderlich. ⁴Wurde ein Aufenthaltstitel zum Zweck der Ausübung einer bestimmten
Beschäftigung erteilt, ist die Ausübung einer anderen Erwerbstätigkeit verboten,
solange und soweit die zuständige Behörde die Ausübung der anderen Erwerbstätigkeit
nicht erlaubt hat. ⁵Die Sätze 2 und 3 gelten nicht, wenn sich der Arbeitgeber auf Grund
eines Betriebsübergangs nach § 613a des Bürgerlichen Gesetzbuchs ändert oder auf Grund
eines Formwechsels eine andere Rechtsform erhält.

(4) Ein Ausländer, der keinen Aufenthaltstitel besitzt, darf eine Saisonbeschäftigung nur
ausüben, wenn er eine Arbeitserlaubnis zum Zweck der Saisonbeschäftigung besitzt,
sowie eine andere Erwerbstätigkeit nur ausüben, wenn er auf Grund einer zwischenstaatlichen
Vereinbarung, eines Gesetzes oder einer Rechtsverordnung ohne Aufenthaltstitel
hierzu berechtigt ist oder deren Ausübung ihm durch die zuständige Behörde erlaubt
wurde.

(5) ¹Ein Ausländer darf nur beschäftigt oder mit anderen entgeltlichen Dienst- oder
Werkleistungen beauftragt werden, wenn er einen Aufenthaltstitel besitzt und kein diesbezügliches
Verbot oder keine diesbezügliche Beschränkung besteht. ²Ein Ausländer, der
keinen Aufenthaltstitel besitzt, darf nur unter den Voraussetzungen des Absatzes 4 beschäftigt
werden. ³Wer im Bundesgebiet einen Ausländer beschäftigt, muss
1. prüfen, ob die Voraussetzungen nach Satz 1 oder Satz 2 vorliegen,

---

[145] EuGH Urt. v. 15.11.2011 – C-256/11, NVwZ 2012, 97 Rn. 67 – Dereci; Urt. v. 8.11.2012 – C-40/11, NVwZ 2013, 357 Rn. 71 – Iida; Urt. v. 8.5.2018 – C-82/16, NVwZ 2018, 1859 Rn. 51 – K. A.; vgl. auch BVerwG Urt. v. 30.7.2013 – 1 C 9.12, BVerwGE 147, 261 = NVwZ 2014, 294 Rn. 33 ff.
[146] Vgl. auch BVerwG Urt. v. 30.7.2013 – 1 C 9.12, BVerwGE 147, 261 = NVwZ 2014, 294 Rn. 33 ff.
[147] EuGH Urt. v. 8.5.2018 – C-82/16, NVwZ 2018, 1859 Rn. 54 ff. – K. A.
[148] BVerwG Urt. v. 12.7.2018 – 1 C 16/17, BVerwGE 162, 349 = NVwZ 2019, 486 Rn. 34 ff.

2. für die Dauer der Beschäftigung eine Kopie des Aufenthaltstitels, der Arbeitserlaubnis zum Zweck der Saisonbeschäftigung oder der Bescheinigung über die Aufenthaltsgestattung oder über die Aussetzung der Abschiebung des Ausländers in elektronischer Form oder in Papierform aufbewahren und
3. der zuständigen Ausländerbehörde innerhalb von vier Wochen ab Kenntnis mitteilen, dass die Beschäftigung, für die ein Aufenthaltstitel nach Kapitel 2 Abschnitt 4 erteilt wurde, vorzeitig beendet wurde.

⁴Satz 3 Nummer 1 gilt auch für denjenigen, der einen Ausländer mit nachhaltigen entgeltlichen Dienst- oder Werkleistungen beauftragt, die der Ausländer auf Gewinnerzielung gerichtet ausübt.

Allgemeine Verwaltungsvorschrift
4 Zu § 4 – Erfordernis eines Aufenthaltstitels
(...)
4.2 Erwerbstätigkeit
4.2.1.1 Die Berechtigung eines Ausländers zur Erwerbstätigkeit wird in den Aufenthaltstitel eingetragen. Eine Arbeitsgenehmigung in Form eines separaten Verwaltungsaktes gibt es außer in den Fällen der Staatsangehörigen der Beitrittsstaaten, die den Übergangsregelungen unterliegen (§ 13 FreizügG/EU i. V. m. §§ 284 bis 288 SGB III und der ArGV sowie ASAV) nicht mehr. Die Entscheidung über den Aufenthalt und die Ausübung einer Erwerbstätigkeit ergeht gegenüber dem Ausländer nunmehr einheitlich durch die Ausländerbehörde („one-stop-government"). Die Werkvertragsarbeitnehmerkarten, die von der Bundesagentur für Arbeit an Werkvertragsarbeitnehmer ausgestellt werden, konkretisieren den Aufenthaltstitel lediglich hinsichtlich des Beschäftigungsrechts, gelten damit aber auch als dessen Bestandteil und stellen rechtlich keine separate Erlaubnis dar. Ist eine Erwerbstätigkeit nicht zugelassen, ist auch dies im Aufenthaltstitel zu vermerken mit der Formulierung:
„*Beschäftigung nur mit Genehmigung der Ausländerbehörde gestattet.*"
Sind einige, jedoch nicht sämtliche Erwerbstätigkeiten zugelassen, ist durch entsprechende Formulierungen die Ausübung anderer Erwerbstätigkeiten auszuschließen. Auch die Ausübung einer Erwerbstätigkeit, die – insbesondere nach der BeschV – keiner Zustimmung der Bundesagentur für Arbeit bedarf, muss von der Ausländerbehörde zugelassen werden.
Tätigkeiten, die in § 16 BeschV genannt sind, gelten im dort genannten zeitlichen Rahmen nicht als Beschäftigung i. S. d. Aufenthaltsgesetzes; zur Ausübung entsprechender selbstständiger Tätigkeiten ist § 17 Absatz 2 AufenthV zu beachten (vgl. näher Nummer 4.3.4). Selbst wenn die Nebenbestimmung die Ausübung einer Erwerbstätigkeit ausschließt, können also die entsprechenden Tätigkeiten innerhalb des zeitlichen Rahmens, der in § 16 BeschV genannt ist, ausgeübt werden, weil es sich dabei nicht um eine Erwerbstätigkeit handelt. Eine entsprechende, in ihrer Formulierung vom Fall abhängige Klarstellung im Visum oder ggf. im Aufenthaltstitel (etwa: „Erwerbstätigkeit nicht gestattet. Durchführung geschäftlicher Besprechungen für bis zu drei Monate im Jahr gestattet." oder „Erwerbstätigkeit nicht gestattet. Messepräsentation auf der Messe ist gestattet.") ist unschädlich. Ein entsprechender Hinweis soll klarstellend aufgenommen werden, wenn die Behörde besonders geprüft hat, ob die beabsichtigte Tätigkeit dem § 16 BeschV unterfällt und dies dann bejaht hat.
Ist die Ausübung einer Erwerbstätigkeit ohne Einschränkungen gestattet, lautet der Vermerk:
„*Erwerbstätigkeit gestattet.*" *(vgl. den Vordruck zur Niederlassungserlaubnis in Anlage D14 zur AufenthV)*
oder
„*Jede Erwerbstätigkeit gestattet.*"
Jede Niederlassungserlaubnis berechtigt zur Ausübung einer Erwerbstätigkeit. Dieser Grundsatz ist zwar nur in § 9 Absatz 1 festgelegt, gilt jedoch ebenso für die auf der Grundlage des § 26 Absatz 3 und 4 erteilten Niederlassungserlaubnisse sowie in den Fällen der § 19 Absatz 1, § 21 Absatz 4, § 23 Absatz 2, § 28 Absatz 2, § 31 Absatz 3, § 35 Absatz 1 und § 38 Absatz 1 Nummer 1.
4.2.1.2 Die Berechtigung zur Erwerbstätigkeit ergibt sich in den Fällen des § 9 Absatz 1, § 22 Satz 3, § 25 Absatz 1 und 2, § 28 Absatz 5, § 31 Absatz 1, § 37 Absatz 1, § 38 Absatz 4 und § 104a Absatz 1 und 2 ohne Einschränkungen. Sie bezieht sich nicht nur auf Beschäftigungen, sondern auch auf selbstständige Tätigkeiten und beruht direkt auf dem Aufenthaltsgesetz. Unberührt bleiben spezifische Zulassungs- und Ausübungsvorschriften bei geregelten Berufen (Medizinberufe, Rechtsanwälte, Steuerberater, Handwerk etc.). Der Aufenthaltstitel ersetzt nicht entsprechende Zulassungsentscheidungen der zuständigen Behörden. Nach § 16 Absatz 3 sind Studenten während des Studiums und Personen in studienvorbereitenden Maßnahmen zur Ausübung einer Beschäftigung und zur Ausübung studentischer Nebentätigkeiten (siehe im Einzelnen Nummer 16.3 bis 16.3.11) berechtigt. § 29 Absatz 5 eröffnet dem Ausländer, der im Rahmen des Familiennachzugs eine Aufenthaltserlaubnis erhält, ein abgeleitetes Arbeitsmarktzugangsrecht (Nummer 29.5). In den übrigen Fällen muss die Erlaubnis zur Ausübung einer Erwerbstätigkeit einzelfallbezogen entschieden werden.
4.2.2.1 Nach § 4 Absatz 2 Satz 2 muss jeder Aufenthaltstitel erkennen lassen, ob und ggf. unter welchen Bedingungen die Ausübung einer Erwerbstätigkeit erlaubt ist. Dies geschieht durch einen entsprechenden Eintrag in den Aufenthaltstitel. Gleiches gilt für die Duldung und die Aufenthaltsgestattung, in der eine Nebenbestimmung zur Erwerbstätigkeit zu verfügen ist.
4.2.2.2 Bei der Niederlassungserlaubnis ist die Berechtigung zur Erwerbstätigkeit bereits in das Klebeetikett eingedruckt. Einschränkungen der Erwerbstätigkeit sind nicht zulässig. Abweichendes kann gelten, wenn eine unbefristete Aufenthaltserlaubnis, die bis zum 31. Dezember 2004 erteilt wurde, mit einschränkenden Bedingungen oder Auflagen zur Ausübung einer Erwerbstätigkeit nach § 101 Absatz 1 als Niederlassungserlaubnis fortgilt. In derartigen Fällen ist, sofern nicht ausnahmsweise ein Grund für die Beibehaltung der Bedingung oder Auflage besteht, dem betroffenen Ausländer nahe zu legen, die Streichung der betreffenden Bedingung oder Auflage zu beantragen. Entsprechend dem Gesetzeszweck des Aufenthaltsgesetzes ist diesem Antrag regelmäßig stattzugeben.

4.2.2.3 In der Aufenthaltserlaubnis ist stets eine Aussage über die Berechtigung zur Erwerbstätigkeit zu treffen. Diese ist in den im Gesetz geregelten Fällen (vgl. Nummer 4.2.1.2) lediglich deklaratorisch, in den übrigen Fällen konstitutiv.

4.2.3.1 Eine Aufenthaltserlaubnis zum Zweck der betrieblichen Aus- oder Weiterbildung sowie zur Ausübung einer Beschäftigung (§§ 17, 18) kann nur nach Zustimmung der Bundesagentur für Arbeit erteilt werden, es sei denn, dass es sich um eine zustimmungsfreie Beschäftigung nach §§ 2 bis 15 BeschV handelt (vgl. Durchführungsanweisungen der Bundesagentur für Arbeit). Über die Zulassung einer zustimmungsfreien Beschäftigung entscheidet die Behörde, die den Aufenthaltstitel erteilt. Beantragt der Ausländer ein Visum zum Zweck der Aufnahme einer Beschäftigung oder zur betrieblichen Aus- oder Weiterbildung, wird die Zustimmung der Bundesagentur für Arbeit im Visumverfahren von der Auslandsvertretung über die Ausländerbehörde eingeholt. Die Ausländerbehörde übernimmt die entsprechende Nebenbestimmung aus dem Visum in die Aufenthaltserlaubnis, ohne hierfür eine erneute Zustimmung zu benötigen, soweit die Zustimmung einen längeren Zeitraum als die Gültigkeit des Visums umfasst.

4.2.3.2 Besitzt der Ausländer eine Aufenthaltserlaubnis zu einem anderen Zweck (humanitäre Gründe, Familiennachzug), bei dem die Erwerbstätigkeit nicht von Gesetzes wegen zugelassen ist, kann die Ausländerbehörde die Aufnahme einer Beschäftigung erlauben, wenn die Bundesagentur für Arbeit zugestimmt hat oder es sich um eine zustimmungsfreie Beschäftigung nach §§ 2 bis 15 BeschV handelt.

4.2.3.3 Die Aufenthaltserlaubnis zur Ausübung einer selbstständigen Erwerbstätigkeit kann unter den Voraussetzungen des § 21 erteilt werden. Hinsichtlich kurzfristiger Aufenthalte ist § 17 Absatz 2 AufenthV zu beachten. Für Ausländer, die bereits eine Aufenthaltserlaubnis zu einem anderen Zweck (humanitäre Gründe, Familiennachzug) besitzen, bei dem die Erwerbstätigkeit nicht von Gesetzes wegen zugelassen ist, kann die selbstständige Erwerbstätigkeit nach § 21 Absatz 6 erlaubt werden.

4.2.4 Die Zustimmung der Bundesagentur für Arbeit kann Beschränkungen hinsichtlich der beruflichen Tätigkeit, des Arbeitgebers, des Bezirks der Agentur für Arbeit und der Lage und Verteilung der Arbeitszeit sowie eine Gültigkeitsdauer enthalten. Solche Beschränkungen sind in die Nebenbestimmung zur Aufenthaltserlaubnis aufzunehmen. Falls aus Platzgründen erforderlich, ist hierfür das Zusatzblatt zur Aufenthaltserlaubnis gemäß amtlichem Muster zu verwenden.

4.3 Die Erwerbstätigkeit erlaubende Aufenthaltstitel

4.3.1.0 § 4 Absatz 3 Satz 1 bestimmt, dass ein Ausländer im Bundesgebiet einer Erwerbstätigkeit nur nachgehen darf, wenn ihm dies durch den Aufenthaltstitel erlaubt wurde. Die Vorschrift übernimmt damit inhaltlich das Verbot mit Erlaubnisvorbehalt für selbständige und unselbständige Erwerbstätigkeit im früheren Recht.

4.3.1.1 Die Aufenthaltsgestattung, die Aufenthaltserlaubnis und die Duldung sollen, wenn noch eine Prüfung nach § 39 Absatz 2 durchzuführen ist, mit folgendem Hinweis versehen werden:

„*Beschäftigung nur mit Genehmigung der Ausländerbehörde gestattet.*"

Besteht eine Wartezeit oder wird bei Duldungsinhabern die Erlaubnis nach § 11 BeschVerfV versagt, soll der Hinweis lauten:

„*Erwerbstätigkeit nicht gestattet.*"

4.3.1.2 Wer einen Aufenthaltstitel nicht oder nicht mehr besitzt, darf keine Erwerbstätigkeit ausüben. Dies betrifft auch Ausländer, die erst nach Ablauf ihres Aufenthaltstitels dessen Verlängerung beantragen; in diesem Fall greift die Fiktionswirkung des § 81 Absatz 3 nicht ein (siehe aber Nummer 81.4.2.3). Ebenso liegt kein Anwendungsfall des § 84 Absatz 2 Satz 2 vor, da kein Verwaltungsakt vorliegt, der die Rechtmäßigkeit des Aufenthalts beendet (vgl. § 84 Absatz 2 Satz 1, auf den sich der folgende Satz 2 bezieht). Ausländer, denen gegenüber eine Ausweisungsverfügung ergangen ist oder deren Aufenthaltserlaubnis nachträglich befristet wurde, können eine Erwerbstätigkeit weiter ausüben, soweit vor Erlass der Entscheidung ein Aufenthaltstitel bestand, wonach die Ausübung der Erwerbstätigkeit zulässig war, und solange einer der in § 84 Absatz 2 Satz 2 genannten Sachverhalte vorliegt. Diese Wirkungen bescheinigt die Ausländerbehörde auf Antrag dem Ausländer; der Vordruck „Fiktionsbescheinigung" (Anlage D3 zur AufenthV) ist zur Vermeidung von Missverständnissen nicht zu verwenden. Beantragt der Ausländer vor Ablauf der Geltungsdauer die Verlängerung oder Neuerteilung eines Aufenthaltstitels, gilt der alte Aufenthaltstitel nach § 81 Absatz 4 als fortbestehend. Diese Fortgeltung erstreckt sich auch auf eine in diesem Titel enthaltene Berechtigung zur Erwerbstätigkeit.

4.3.2 Für Asylbewerber, denen nach § 61 Absatz 2 AsylVfG die Ausübung einer Beschäftigung erlaubt werden kann, gelten nach der Prüfung, ob ein mindestens einjähriger gestatteter Aufenthalt im Bundesgebiet vorliegt, Nummer 4.2.3.2 und 4.2.4 entsprechend. An die Stelle der Aufenthaltserlaubnis tritt die Bescheinigung über die Aufenthaltsgestattung nach § 63 AsylVfG.

4.3.3 Ausländern, deren Aufenthalt nach § 60a geduldet wird, kann die Beschäftigung nach Zustimmung der Bundesagentur für Arbeit erlaubt werden. § 10 BeschVerfV schreibt für Geduldete eine Wartezeit von einem Jahr vor. Anzurechnen auf die Wartezeit sind erlaubte und geduldete sowie Aufenthaltszeiten mit Aufenthaltsgestattung vor Erteilung der Duldung nur, wenn ein durchgängiger Aufenthalt in Deutschland besteht (vgl. Nummer 42.2.1.1.1).

4.3.4 Eine weitere Ausnahme vom Grundsatz des Satzes 1 enthält § 16 BeschV (Fiktion der Nichterwerbstätigkeit). Damit können diejenigen Ausländer, die nach § 17 Absatz 2 § 23 bis 30 AufenthV vom Erfordernis eines Aufenthaltstitels befreit sind, auch ohne Aufenthaltstitel die in der Aufenthaltsverordnung genannten Beschäftigungen ausüben. Daher wird in den zeitlichen und sachlichen Grenzen der Fiktion der Nichterwerbstätigkeit durch eine beabsichtigte berufliche Tätigkeit im Bundesgebiet nicht die Visumpflicht ausgelöst, die im übrigen nach § 17 Absatz 1 AufenthV bestehen würde, wenn ein ansonsten für Kurzaufenthalte visumfreier Drittausländer im Bundesgebiet erwerbstätig werden möchte. Dies betrifft – z. B – Geschäftsreisende, die für Besprechungen oder Verhandlungen in das Bundesgebiet reisen. Entsprechendes gilt auch für Drittausländer mit einem Aufenthaltstitel eines anderen SchengenStaates, die aus beruflichen Gründen vorübergehend im Bundesgebiet tätig werden und wegen Artikel 21 Absatz 1 SDÜ mit ihrem Aufenthaltstitel des anderen Schengen-Staates für bis zu drei Monate nach Deutschland reisen dürfen, ohne hierfür ein Visum zu benötigen.

4.3.5 Im Gegensatz zu Absatz 3 Satz 1 ist in Absatz 3 Satz 2 nicht der Ausländer der Normadressat. Adressat dieser Regelung ist derjenige, der Ausländer beschäftigt oder der Ausländer mit der Erbringung von Dienst- oder Werkleistungen beauftragt. Der mit Satz 2 in Verbindung stehende Satz 4 spricht die Verpflichtung aus, sich vor einer

Beschäftigung oder Beauftragung mit nachhaltigen entgeltlichen Dienst- oder Werksleistungen einer Person davon zu überzeugen, dass diese Person entweder nicht Ausländer oder zur Ausübung der Erwerbstätigkeit berechtigt ist. Hierdurch wird der Maßstab der Fahrlässigkeit i. S. d. § 404 SGB III konkretisiert. Die Prüfungspflicht besteht bei der Beauftragung mit Dienst- und Werkleistungen nur im Falle der Nachhaltigkeit, also etwa nicht bei gelegentlichen Hilfeleistungen, Beauftragungen im Rahmen von Kontakten in Ladengeschäften oder in ähnlich flüchtigen Situationen, bei Gefälligkeiten gegen kein oder geringes Entgelt oder im Rahmen der Nachbarschaftshilfe. Die leichtfertige Beauftragung zu Werk- oder Dienstleistungen entgegen dem Beauftragungsverbot des Satzes 2 wird nach § 98 Absatz 2a sanktioniert.

4.4 Aufenthaltstitelpflicht von Seeleuten
4.4.1 Ausländische Seeleute auf deutschen Seeschiffen benötigen auch dann einen Aufenthaltstitel, wenn das Schiff sich außerhalb des Bundesgebietes befindet. Wenn sie im Ausland anheuern, müssen sie den Aufenthaltstitel vor Ausstellung des Seefahrtbuches als Visum einholen. Das Visum bedarf gemäß § 35 Nummer 3 AufenthV nicht der Zustimmung der Ausländerbehörde, wenn der Ausländer auf einem deutschen Seeschiff beschäftigt werden soll, das berechtigt ist, die Bundesflagge zu führen, und in das internationale Seeschifffahrtsregister eingetragen ist (§ 12 FlaggRG), sofern nicht zugleich ein gewöhnlicher Aufenthalt im Bundesgebiet begründet wird.

4.4.2 Seeleute, die Staatsangehörige eines in Anhang II der Verordnung (EG) Nummer 539/2001 genannten Staates sind, benötigen keinen Aufenthaltstitel, wenn sie sich innerhalb der durch Schengen-Recht vorgegebenen Dreimonatsfrist ein Seefahrtsbuch ausstellen lassen. Danach gilt für sie die Befreiung nach § 24 Absatz 1 Nummer 2 AufenthV. Für die Ausstellung des Seefahrtsbuches, die sich nicht nach dem Aufenthaltsgesetz richtet, muss die Voraussetzung des § 5 Absatz 2 Nummer 1 nicht erfüllt sein.

4.4.3 Den nicht von der Aufenthaltstitelpflicht befreiten Seeleuten kann eine Aufenthaltserlaubnis bzw. ein nationales Visum nach § 18 für die Dauer der Beschäftigung, längstens jedoch für drei Jahre bzw. für ein Jahr erteilt werden. Die Aufenthaltserlaubnis kann entsprechend verlängert werden. Die Aufenthaltserlaubnis wird mit der Nebenbestimmung

„*Beschäftigung nur als Seemann gemäß § 14 Nummer 1 BeschV gestattet*"

versehen.

Übersicht

	Rn.
I. Entstehungsgeschichte	1
II. Allgemeines	2
1. Entwicklung der Erwerbsmigration in der Bundesrepublik	2
a) Ausländische Arbeitnehmer in Deutschland	2
b) Anwerbe- und Vermittlungsverfahren	7
2. Zur Rechtslage vor Inkrafttreten des Fachkräfteeinwanderungsgesetzes	15
3. Die Neuregelung nach dem Fachkräfteeinwanderungsgesetz	21
III. Erwerbstätigkeit, Selbstständigkeit und Beschäftigung	24
IV. Zulassung von Erwerbstätigkeit und Beschäftigung	26
1. Grundsätzliches	26
2. Zulässigkeit einer Beschäftigung	29
3. Zustimmung der Bundesagentur für Arbeit	30
4. Beschränkung der Zustimmung	31
5. Zulässigkeit der selbstständigen Erwerbstätigkeit	32
V. Bescheinigung	34
1. Grundsätzliches	34
2. Charakter des Vermerks	35
VI. Ausländer ohne Aufenthaltstitel	41
VII. Beschäftigung eines Ausländers	46
VIII. Pflichten des Arbeitgebers bzw. des Vertragspartners	50
IX. Verwaltungsverfahren, Rechtsschutz	56

I. Entstehungsgeschichte

1   Die Vorschrift wurde durch das **FEG 2019**[1] eingefügt. Sie hat die Regelung über den Zugang von Ausländern zur Erwerbstätigkeit aus § 4 II und III aF herausgelöst und mit dem Anspruch auf größere Transparenz[2] gesondert gefasst und in Teilbereichen in grundsätzlicher Weise modifiziert. Sie enthält zusammen mit § 39 das wesentliche – und durch zahlreiche Einzelvorschriften, im Wesentlichen in der AufenthG und der BeschV ergänzte – **Programm** der Steuerung der Ausländerbeschäftigung. An der Wiedergabe der in Teilen veralteten Verwaltungsvorschrift wird festgehalten, weil sie jedenfalls in Einzelfällen noch herangezogen werden kann.

---

[1] BGBl. 2019 I S. 1307, in Kraft getreten am 1.3.2020.
[2] Vgl. BT-Drs. 19/8285, 86.

II. Allgemeines

1. Entwicklung der Erwerbsmigration in der Bundesrepublik

a) Ausländische Arbeitnehmer in Deutschland. Die Regelungen der AuslG 1965 und 1990 waren nicht auf Einreise und Aufenthalt nichtdeutscher Arbeitnehmer zugeschnitten. Das frühere Ausländerrecht ignorierte vielmehr ausländische Arbeitskräfte als Sondergruppe, obwohl die **Geschichte der Ausländer in Deutschland** seit Beginn der Industrialisierung eine Geschichte der ausländischen Arbeiter war und bis heute geblieben ist[3]. Die Ausländerpolitik war seit Mitte der 1950er-Jahre bis 1973 geprägt durch die Anwerbung ausländischer Arbeitnehmer; nach dem Anwerbestopp im November 1973 trat der Familiennachzug in den Mittelpunkt des Interesses und außerdem die Frage nach dem „Einwanderungsland Deutschland"[4]. Dessen ungeachtet wurden vom AuslG 1965 bereitgestellte Instrumentarien zur Steuerung des Zuzugs und auch zur Verringerung der ausländischen Wohnbevölkerung immer dann eingesetzt, wenn die **Arbeitsmarktpolitiker** dies für ratsam hielten: Anwerbung seit 1955, Anwerbestopp 1973, Verfestigungsvorschriften 1978, Begrenzung des Familiennachzugs 1981, Rückkehrförderung 1984, erneute Verfestigung bis hin zu Einbürgerungsansprüchen 1990. Dabei trugen zunächst arbeits- und sozialrechtliche Ansprüche und Chancen der Arbeitnehmer und ihrer Familien zur Vermehrung der ausländischen Erwerbstätigen bei und später lösten Belastungen der öffentlichen Haushalte aufgrund hoher Flüchtlingszahlen umgekehrt restriktive Maßnahmen aus. Mangels ausreichend konkreter gesetzlicher Vorgaben bestimmte die Verwaltung Ziele und Maßnahmen der Ausländerbeschäftigung, wurde dabei allerdings bisweilen durch die Rspr. korrigiert[5].

Ausländerpolitischer Orientierungspunkt war jeweils nicht eine irgendwie objektivierbare „Belastungsgrenze", sondern allein die **Konjunktur- und Arbeitsmarktlage.** Insoweit bestand in der Sache kein Unterschied zur EU-Politik, die unter dem Aspekt des Gemeinsamen Markts vor allem Arbeitnehmern und ihren Familien Freizügigkeit garantiert; nur wurden im AuslG 1965 ökonomische Motive für die Regulierung des Auslandsaufenthalts – anders als in den EU-Normen – nicht genannt. Kurzfristige Veränderungen der Arbeits- und Sozialstruktur bedingten rasche Novellierungen in diesem Bereich (etwa bei Arbeitserlaubnis oder Kindergeld), während die gesetzlichen Vorschriften über Einreise und Aufenthalt seit Inkrafttreten des alten AuslG im Oktober 1965 im Wesentlichen 25 Jahre lang gleichblieben.

Erst in den Jahren 1989 und 1990 nahmen die vielfältigen Bestrebungen zur grundlegenden **Reform des Ausländerrechts** Gestalt an. Aufbauend auf den seit vielen Jahren von der Bundesregierung vertretenen ausländerpolitischen Zielvorstellungen – Integration der hier auf Dauer lebenden Ausländer und Begrenzung des Neuzuzugs –, entwickelte sich nach einem ersten internen Entwurf aus dem BMI eine breite ausländerpolitische Diskussion um die künftige Gestaltung des Ausländerrechts. Parteien, Verbände und andere Organisationen entwickelten Vorstellungen über wünschenswerte und sachlich zwingende Veränderungen der bis dahin geltenden rechtlichen Regeln. Dabei bestand bei allen Unterschieden im Übrigen Einigkeit in der Voraussage, dass auf ausländische Arbeitnehmer in absehbarer Zukunft nicht verzichtet werden kann und soll. Mit dem AuslG 1990 wurde erstmals seit 25 Jahren das Aufenthaltsrecht grundlegend durch den Gesetzgeber verändert und nicht durch bloße Verwaltungsvorschriften. Mit dieser Reform wurden Neuerungen im Arbeitserlaubnis- und Sozialrecht sowie im Bereich der Einbürgerung verbunden. Die Reformdiskussion wurde Ende der 1990er-Jahre wieder aufgenommen und mündete in die Zuwanderungsrechtsdiskussion, die von 2001 an verstärkt geführt wurde.

In der **DDR** wurde Ausländerpolitik zu anderen Zwecken betrieben. Außer ausgewählten Studenten, Wissenschaftlern und Künstlern vorwiegend aus kommunistischen oder sozialistischen Staaten erhielten nur Arbeitskräfte aus Algerien, Angola, China, Kuba, Mosambik, Polen, Ungarn und Vietnam aufgrund von Regierungsabkommen für eine jeweilige fest begrenzte Zeit ein Aufenthaltsrecht[6]. Ziel dieser Vereinbarungen war die Beschäftigung der Ausländer, verbunden mit beruflicher Qualifizierung; Familiennachzug und Verfestigung des Aufenthalts wurden grundsätzlich nicht zugelassen. Allein der gezielte Einsatz an bestimmten Arbeitsplätzen in der Produktion, die isolierte Unterbringung in Wohnheimen und die Betreuung durch Beauftragte der Auslandsvertretung des Heimatstaats erschwerten ein ungezwungenes partnerschaftliches Verhältnis zur einheimischen Bevölkerung bei einer verhältnismäßig geringen Anzahl von weniger als 200.000 Personen.

Nachdem sich der **Anteil der Ausländer an der Wohnbevölkerung** zunächst über viele Jahre hin auf dem Niveau von über 4 Mio. Menschen und nach 1990 wiederum steigend auf 6,7 Mio. im Jahr

---

[3] Zur Geschichte näher *Renner* AiD Rn. 1/1–53; für Preußen *Bade* ZAR 1983, 87 mwN über Zusammenhänge zwischen fehlendem deutschem Arbeitskräftepotenzial und Zuzug von Ausländern nach Deutschland.
[4] Dazu näher *Renner* AiD Rn. 1/54–73; *Bodenbender* ZAR 1982, 72; *Minta* ZAR 1981, 27; *Schiffer* ZAR 1981, 163; *Staab* ZAR 1983, 65; *Zuleeg* ZAR 1984, 80.
[5] Dazu näher *Renner* FS Zeidler S. 1003.
[6] Dazu näher *Elsner* ZAR 1990, 157; *Haedrich* LKV 1993, 83; *Thomä-Venske* ZAR 1990, 125.

2005 stabilisiert hatte[7], hat die Zuwanderung nach Deutschland bis 2015 hingegen kontinuierlich zugenommen[8]. Erst in den Jahren 2016/2017 ist es insoweit zu einem spürbaren Rückgang gekommen[9]. Am 31.12.2015 lebten nach dem AZR in Deutschland 9.107.893 Ausländer. Während auch der Familiennachzug und insbesondere seit 2014 die Einreise zur Erwerbstätigkeit zugenommen haben[10], ist der Großteil des Einwanderungsschubs in den Jahren ab 2015 auf in der Bundesrepublik Deutschland schutzsuchende Personen zurückzuführen[11]. Die Zahl der Schutzsuchenden ist in den Jahren 2016 und 2017 hingegen regelrecht eingebrochen[12]. Dieser Trend hat sich in den Folgejahren fortgesetzt.[13] Die Integration der Vielzahl schutzsuchender und schutzberechtigter Personen in den Arbeitsmarkt stellt allerdings weiterhin eine Herausforderung dar, um die derzeit gerungen wird[14]. Daneben wird weiterhin der Bedarf nach einer verstärkten Zuwanderung von Fachkräften geltend gemacht[15].

7 b) **Anwerbe- und Vermittlungsverfahren.** Grundlage der Ausländerbeschäftigung war in der Bundesrepublik Deutschland seit Mitte der 1950er-Jahre die **staatliche Anwerbung und Vermittlung** ausländischer Arbeitskräfte durch Dienststellen der hierfür nach § 19 I 1 AFG zuständigen BA. Anwerbevereinbarungen wurden geschlossen mit Griechenland, Italien, Jugoslawien, Korea, Marokko, Portugal, Spanien, Tunesien und der Türkei. Die Vereinbarungen mit Korea betrafen lediglich Bergarbeiter für den Steinkohlebergbau. Seit November 1973 besteht ein Anwerbe- und Vermittlungsstopp für Arbeitnehmer aus Staaten außerhalb der EU[16]; er besteht auch nach Inkrafttreten des ZuwG grundsätzlich fort[17]. Nach §§ 1 I, 18 I orientiert sich die Zulassung ausländischer Beschäftigter an den Erfordernissen des Wirtschaftsstandortes Deutschland unter Berücksichtigung der Verhältnisse auf dem Arbeitsmarkt. Insofern ist nach wie vor Raum für Anwerbung und Vermittlung. Die Voraussetzungen dafür sind in den §§ 18–21 und in der BeschV geregelt. Grundsätzlich ist die Zuständigkeit der BA erforderlich. **Ohne Mitwirkung** der BA oder anderer Behörden dürfen **Unionsbürger und ihnen Gleichgestellte** angeworben und vermittelt werden, da sie als Arbeitnehmer Freizügigkeit genießen und bei deren Ausübung nicht behindert werden dürfen (Art. 45 III AEUV).

8 EU-weit tätige Unternehmen sehen sich bei der Entsendung von Personal regelmäßig vor die Frage gestellt, ob für die in einem anderen Mitgliedstaat der EU eingesetzten Arbeitnehmer der Grundsatz der Geltung des Sozialversicherungsrechts des Tätigkeitsstaats gilt oder weiterhin die Sozialversicherungsvorschriften des Beschäftigungsstaates anzuwenden sind.

9 Art. 12 VO (EG) Nr. 883/2004[18] sieht die **Fortgeltung der Sozialversicherungsvorschriften des Entsendestaates** vor. Voraussetzung ist ua, dass die voraussichtliche Dauer der Arbeit 24 Monate nicht überschreitet und der entsandte Arbeitnehmer keine andere Person ablöst. Die VO ist für die EU-Staaten seit dem 1.5.2010, die Schweiz seit dem 1.4.2012 und die EWR-Staaten (Island, Liechtenstein und Norwegen) seit dem 1.6.2012 anwendbar und hat von diesem Zeitpunkt an die VO (EWG) Nr. 1408/1971 ersetzt[19].

10 Übt eine in Deutschland versicherte Person ihre Erwerbstätigkeit ganz oder teilweise in einem anderen Mitgliedstaat aus, benötigt sie eine Bescheinigung A1, mit der sie nachweisen kann, dass für sie die deutschen Rechtsvorschriften über soziale Sicherheit gelten. Das Formblatt „A 1" ist für alle Beteiligten, Behörden und Gerichte bindend. Zur Reichweite der Bindung führt der EuGH (zu der Vorgängerbescheinigung „E 101") aus, dass die Bescheinigung notwendig zur Folge habe, dass das System der sozialen Sicherheit des anderen Mitgliedstaates nicht angewandt werden kann. Hieran seien auch die nationalen Gerichte gebunden[20]. Wenn ein Bundesgebiet tätiger Arbeitnehmer über eine

---

[7] ZAR 2005, 175; vgl. auch den 7. Bericht der Integrationsbeauftragten zur Lage der Ausländerinnen und Ausländer in Deutschland, Berlin 2007, www.bundesregierung.de.
[8] Vgl. Migrationsbericht des BAMF 2015, S. 9.
[9] Vgl. Migrationsbericht des BAMF 2016/2017, S. 12.
[10] Vgl. Migrationsbericht des BAMF 2015, S. 168 f.
[11] Vgl. Migrationsbericht des BAMF 2015, S. 9.
[12] Vgl. Migrationsbericht des BAMF 2016/2017, S. 12.
[13] Vgl. Migrationsbericht des BAMF 2019, S. 12.
[14] Vgl. zB *v. Planta* NJW 2016, 18; zum IntG *v. Harbou* NJW 2016, 2700; *v. Harbou* NVwZ 2016, 421; *Buchholtz* NVwZ 2017, 756.
[15] Vgl. zB *Tonn* ZAR 2021, 14; *Dörig* NVwZ 2016, 1033 mwN.
[16] Anweisung des Bundesministers für Arbeit und Sozialordnung an den Präsidenten der Bundesanstalt für Arbeit vom 23.11.1973, InfAuslR 1984, 238.
[17] Zum amtlichen Anwerbe- und Vermittlungsverfahren noch *Kanein/Wollenschläger*, AuslG, 3. Aufl., Abschnitt 2 unter I, S. 314 ff.
[18] VO des Europäischen Parlaments und des Rates zur Koordinierung der Systeme der sozialen Sicherheit, (ABl. 2004 L 166, S. 1 in der durch ABl. 2004 L 200, S. 1 berichtigten Fassung), zuletzt geändert durch VO (EU) Nr. 465/2012 des Europäischen Parlaments und des Rates vom 22.5.2012 (ABl. 2012 L 149, S. 4).
[19] Vgl. VO (EG) Nr. 987/2009 des Europäischen Parlaments und des Rates vom 16.9.2009 zur Festlegung der Modalitäten für die Durchführung der VO (EG) Nr. 883/2004 über die Koordinierung der Systeme der sozialen Sicherheit (ABl. 2009 L 284, S. 1–42). Aufgrund der VO (EU) Nr. 1231/2010 gilt die VO mit Ausnahmen auch für Drittstaatsangehörige, die ausschließlich aufgrund ihrer Staatsangehörigkeit nicht unter die VO fallen.
[20] EuGH Urt. v. 26.1.2006 – C-2/05, BeckRS 2006, 70078; BGH Urt. v. 24.10.2006 – 1 StR 44/06, BeckRS 2006, 13846.

A 1-Bescheinigung seines Heimatstaates verfügt, können danach für ihn im Inland keine Sozialversicherungsabgaben erhoben werden. Mangels Sozialversicherungspflicht in Deutschland scheidet auch eine Strafbarkeit nach § 266a StGB wegen Vorenthaltens von Sozialversicherungsbeiträgen aus[21]. Damit erhalten Arbeitgeber Klarheit und Rechtssicherheit[22].

Bei einer **dauerhaften** Entsendung von Personal zur Ausführung sog. „Kettenwerkverträge" ist die Anwendbarkeit des Art. 12 VO (EG) Nr. 883/2004 aber regelmäßig ausgeschlossen. Allgemein werden als „Kettenwerkverträge" mehrere zeitlich aufeinanderfolgende Werkverträge mit den gleichen Vertragspartnern über gleichartige Leistungen verstanden. Gerade im Bereich, in denen Fachleute eingesetzt (Fleischereien) oder Werkstattarbeiten durchgeführt werden, bei denen die Fertigung bestimmter Gegenstände vereinbart wird, kommt es regelmäßig zu einer Fortführung der Geschäftsbeziehung. Werden Anschlussverträge geplant, zu deren Ausführung erneut entsandtes Personal eingesetzt werden soll, stellt sich die Frage, ob die Voraussetzungen für die Ausstellung einer A 1-Bescheinigung vorliegen. 11

Ein jahrelanger Einsatz der gleichen Arbeitnehmer im Rahmen hintereinander geschalteter Werkverträge führt dazu, dass die Voraussetzungen für den Erhalt einer A 1-Bescheinigung nicht vorliegen. Denn wenn beabsichtigt ist, den gleichen Arbeitnehmer über mehrere Jahre in einen EU-Mitgliedstaat zu entsenden, damit dieser an einer Betriebsstätte gleiche Tätigkeiten ausführt, ist bereits bei Beginn der Entsendung, dh von vornherein, nicht vorgesehen, dass die Entsendezeit nur bis zu 24 Monate beträgt. 12

Auch wenn jeweils andere Arbeitnehmer zur Ausführung der **„Kettenwerkverträge"** eingesetzt werden, ist dies problematisch, wenn es um die Erlangung von A 1-Entsendebescheinigungen geht. Denn eine Voraussetzung für deren Erteilung ist nach Art. 12 I VO (EG) Nr. 883/2004, dass der entsandte Arbeitnehmer keinen anderen Arbeitnehmer ablöst. Die Regelung soll nicht dazu genutzt werden, Arbeitsplätze in einem Mitgliedstaat der EU auf Dauer durch entsandtes Personal zu besetzen, um so die Geltung der Sozialversicherungsvorschriften des Beschäftigungsstaates auszuschließen. 13

Die Umgehung des Grundsatzes der Geltung des Sozialversicherungsrechts des Beschäftigungsstaats kann weitreichende Folgen für das entsendende Unternehmen haben. Die Rücknahme und der Widerruf erteilter A 1-Entsendebescheinigungen ist möglich, mit der Folge, dass Sozialversicherungsbeiträge im Tätigkeitsstaat nachzuzahlen sind. Das ist zB dann der Fall, wenn die im „A 1" gemachten Angaben nicht mehr den tatsächlichen Verhältnissen entsprechen. Ein Widerruf ist auch für zurückliegende Zeiträume möglich. 14

2. Zur Rechtslage vor Inkrafttreten des Fachkräfteeinwanderungsgesetzes

Nach §§ 4 II 1, III 1 aF galt der Grundsatz, dass einem aufenthaltsberechtigten Ausländer in Deutschland die Betätigung als Arbeitnehmer oder Selbstständiger eigens erlaubt werden musste. Die Erwerbstätigkeit eines Ausländers unterlag damit einem **Verbot mit Erlaubnisvorbehalt**. Die danach erforderliche Zulassung zum Arbeitsmarkt wurde teils vom Gesetzgeber, teils vom Verordnungsgeber und teils von der BA gesteuert. Dementsprechend befanden sich die Rechtsgrundlagen zum Teil im AufenthG und in der AufenthV und ansonsten in der BeschV[23]. 15

Die Ausübung einer Erwerbstätigkeit konnte dabei bereits auf die folgende Art und Weise (ohne das Erfordernis einer gesonderten Gestattung durch die Ausländerbehörde, ggf. unter Beteiligung der BA) **gestattet** sein: (1) unmittelbar durch Gesetz erlaubt; (2) aufgrund Rechtsverordnung nicht als Erwerbstätigkeit geltend; (3) durch Rechtsverordnung von der Zustimmungspflichtigkeit freigestellt. 16

Der **Gesetzgeber** erlaubte in folgenden Fällen die unselbstständige (wie die selbstständige) Erwerbstätigkeit allein aufgrund des Aufenthaltstitels: Besitz einer Niederlassungserlaubnis (§ 9 I 2 aF); Besitz einer Erlaubnis zum Daueraufenthalt EU (§ 9a I 2 aF), Aufnahme einer von der Bildungsmaßnahme unabhängigen Beschäftigung bis zu zehn Stunden die Woche im Falle eines Aufenthalts zum Zwecke der Anerkennung ausländischer Berufsqualifikation (§ 17a II aF), Aufnahme aus dem Ausland (§ 22 S. 3 aF); Aufnahme aus dem Ausland durch BMI (§ 23 II aF), Aufenthalt zum vorübergehenden Schutz (§ 24 aF nach Maßgabe des § 24 VI aF), Besitz einer humanitären Aufenthaltserlaubnis aufgrund Anerkennung als Asylberechtigter, Flüchtling iSd GK oder subsidiär Schutzberechtigter (§ 25 I 4, II 2 aF), Familiennachzug §§ 28 ff. aF (vgl. § 27 V seit 2.12.2013), Wiederkehr (§ 37 I 2 aF); ehemalige Deutsche (§ 38 IV 1 aF), Aufenthaltserlaubnis nach der gesetzlichen Altfallregelung (§ 104a III aF). Auch die Aufenthaltserlaubnis für gut integrierte Jugendliche (§ 25a IV aF) und bei nachhaltiger Integration (§ 25b VI aF) Berechtigten zur Ausübung einer Erwerbstätigkeit. Gesetzliche Regelungen zur Ausübung einer Beschäftigung fanden sich weiter in §§ 18–21 aF. Diese Aufenthaltstitel wurden hingegen gerade zu dem Zweck erteilt, dass eine Erwerbstätigkeit im Bundesgebiet aufgenommen wird. 17

---

[21] Näher dazu *Wilde* NSZ 2016, 48.
[22] Vgl. *Ziegelmeier* DStR 2016, 2858.
[23] Die in BeschV v. 6.6.2013 (BGBl. I S. 1499), zuletzt geändert durch Art. 1 und 2 Vierte ÄndVO v. 31.7.2016 (BGBl. I S. 1953), ersetzt mWv 1.7.2013 die bis dahin anwendbare BeschV aF und BeschVerfV.

18 In den in § 30 Nr. 1 BeschV iVm §§ 3 und 16 BeschV genannten Fällen **galt** eine Tätigkeit, wenn sie nur bis zu 90 Tagen innerhalb von 180 Tagen ausgeübt wird, **nicht als Erwerbstätigkeit** iSd AufenthG. Begünstigt waren zudem gemäß § 30 Nr. 2 ua Tätigkeiten nach §§ 5, 14, 15, 17, 18, 19 I BeschV sowie den §§ 20, 22 und 23 BeschV, die bis zu 90 Tagen innerhalb von zwölf Monaten ausgeübt werden: ua Wissenschaft und Forschung; vorwiegend karitativ oder religiös bestimmte Tätigkeit, kaufmännische Tätigkeit mit Auslandsbezug; betriebliche Weiterbildung; Journalismus; internationaler Straßen- und Schienenverkehr, internationale Sportveranstaltungen. Außerdem wurden die Tätigkeiten der folgenden Personengruppen nicht als relevante Erwerbstätigkeit betrachtet (§ 30 Nr. 4 BeschV iVm §§ 23–30 AufenthV): Bedienstete ausländischer Auslandsvertretung; Rettungskräfte iSv § 14 AufenthV; Transitarbeitnehmer. Die gleichzeitige Begünstigung Schweizer Staatsangehöriger (§ 28 AufenthV) war lediglich deklaratorisch; denn deren Beschäftigungsaufenthalt war kraft Abkommens EU/Schweiz erlaubt.

19 Der dritte Weg bestand darin, die Beschäftigung ohne Mitwirken der BA zuzulassen, die Tätigkeit also von der Zustimmungsbedürftigkeit **freizustellen**[24]. Zustimmungsfreie **dauerhafte** Beschäftigungen für Fachkräfte (Hochqualifizierte, Führungskräfte ua) waren in §§ 2, 3, 5, 7 und 9 BeschV aF geregelt. Zustimmungsfreie **vorübergehende** Beschäftigungen fanden sich in §§ 14, 15 BeschV aF, zustimmungsfreie Beschäftigungen für **entsandte** Arbeitnehmer waren in §§ 16 (Geschäftsreisende), 17 (Betriebliche Weiterbildungen), 18 (Journalisten), 20 (Internationaler Straßen- und Schienenverkehr) und 21 (Dienstleistungserbringung) BeschV geregelt.

20 Zustimmungsfreie Beschäftigungen für **besondere Berufs- und Personengruppen** fanden sich in §§ 22, 23 BeschV (Internationale Sportveranstaltungen) und § 24 BeschV (Schifffahrt- und Luftverkehr). Die praxisrelevanteste Regelung stellte § 31 BeschV dar. Allen Ausländern, die aus **völkerrechtlichen, humanitären oder politischen Gründen** eine Aufenthaltserlaubnis besaßen, konnte die Erlaubnis zur Beschäftigung ohne Zuständigkeit der BA erteilt werden. Personen mit **Duldung und Aufenthaltsgestattung**, also Personen, die keine Aufenthaltserlaubnis zum Zwecke der Beschäftigung besitzen, konnte durch die BeschV (§ 1 I 2 Nr. 3 BeschV) nach § 4 II 3 aF die Ausübung einer Beschäftigung ohne Zuständigkeit der BA erlaubt werden[25].

3. Die Neuregelung nach dem Fachkräfteeinwanderungsgesetz

21 § 4a I 1 sieht nunmehr im Vergleich zu § 4 II 1, III 1 aF ein umgekehrtes Regel-Ausnahme-Verhältnis vor. Danach dürfen Ausländer, die einen Aufenthaltstitel besitzen, eine Erwerbstätigkeit ausüben, es sei denn ein Gesetz bestimmt ein Verbot. Systematisch ist also das Verbot mit Erlaubnisvorbehalt durch eine **Erlaubnis mit Verbotsvorbehalt** ersetzt worden. Die Vorschrift soll damit den Paradigmenwechsel zum Ausdruck bringen, der sich – angesichts der Entwicklung einer Vielzahl von Ausnahmen von dem zuvor bestehenden grundsätzlichen Verbot – in der Sache bereits zuvor angedeutet und in weiten Teilen ohnehin schon vollzogen hatte. In der Gesetzesbegründung ist in diesem Zusammenhang davon die Rede, dass das Regel-Ausnahme-Verhältnis an die Veränderungen angepasst werde, die seit der Einführung von § 4 II 1 aF erfolgt seien und dass anders als bei dessen Einführung mittlerweile in den allermeisten Fällen einer Aufenthaltserlaubnis die Erwerbstätigkeit kraft Gesetzes gestattet sei[26]. Dass dieser Neuerung freilich über das bloße Spiegeln einer bereits vollzogenen Entwicklung hinaus Liberalisierungspotential innewohnt, dass sie mehr als ein „Akt der politischen Kosmetik" ist[27], ist angesichts zahlreicher Verbots- und Beschränkungsmöglichkeiten bereits bezweifelt worden[28].

22 In der Konsequenz der **Umkehr des genannten Regel-Ausnahme-Verhältnisses** sind durch das FEG 2019 die Regelungen aufgehoben worden, nach denen ein bestimmter Aufenthaltstitel auch die Berechtigung zur Erwerbstätigkeit vermittelt. Dies ist beispielsweise in den § 9 I, § 25a IV, § 25b V und § 22 geschehen, deren alte Fassungen jeweils ausdrücklich die Berechtigung zur Erwerbstätigkeit aussprachen. Die Notwendigkeit einer entsprechenden ausdrücklichen Regelung besteht nunmehr nicht mehr. Die Berechtigung zur Erwerbstätigkeit wird nunmehr, soweit kein Verbot vorgesehen ist, bereits hinreichend durch den in § 4a I genannten Grundsatz zum Ausdruck gebracht. Im Gegenzug musste gesetzgeberisch ergänzt werden, wenn ein Aufenthaltstitel gerade nicht die Berechtigung zur Ausübung einer Erwerbstätigkeit vermitteln soll. Dies ist wie folgt geschehen: Schengen-Visum, das nicht zum Zwecke der Erwerbstätigkeit erteilt wurde (vgl. § 6 IIa), Aufenthaltserlaubnis nach § 7 I 3 (vgl. § 7 I 4), Aufenthaltserlaubnis zur Teilnahme an Sprachkursen und zu Schulbesuchen (§ 16f III 4), Aufenthaltserlaubnis zum Zwecke des Suchens eines Ausbildungs- oder eines Studienplatzes (vgl. § 17 III), Aufenthaltserlaubnis nach § 23 I, wenn die Erwerbstätigkeit nicht in der Anordnung ausdrücklich

---

[24] Hierzu → § 39 Rn. 8 ff.
[25] Vgl. § 32 BeschV.
[26] BT-Drs. 19/8285, 86.
[27] *Thym*, Vortrag auf dem 19. Deutschen Verwaltungsgerichtstag am 15.5.2019 in Darmstadt, bisher unveröffentlicht.
[28] *Hammer/Klaus* ZAR 2019, 137.

erlaubt wird (vgl. § 23 I 4), außerdem Aufenthaltserlaubnisse nach § 23a I (vgl. § 23a I 5), § 24 (vgl. § 24 VI), § 25 IV (vgl. § 25 IV 3), § 25 IVa (vgl. § 25 IVa 4), § 25 IVb (vgl. § 25 IVb 4).

Im Übrigen ist an den bekannten Steuerungsmitteln, wonach bestimmte Tätigkeiten nicht als **23** Erwerbstätigkeit gelten oder von der Zuständigkeit durch die BA freigestellt sein können[29], auch durch das FEG 2019 grundsätzlich – mit Veränderungen im Detail – festgehalten worden.[30]

III. Erwerbstätigkeit, Selbstständigkeit und Beschäftigung

Das AufenthG fasst unter dem Oberbegriff „Erwerbstätigkeit" die selbstständige Tätigkeit und die **24** (unselbstständige) Beschäftigung zusammen (§ 2 II).

Soweit während eines **kurzfristigen Aufenthalts** eine nichtselbstständige Erwerbstätigkeit ausgeübt **25** werden soll, zB in Form von **Geschäftsverhandlungen** von Angestellten ausländischer Unternehmen, können sich diese darauf berufen, dass kurzfristige Tätigkeiten zT nicht als Beschäftigung gelten. Gemäß § 30 BeschV gelten Tätigkeiten nach §§ 3 und 16 BeschV bis zu 90 Tagen innerhalb von 180 Tagen nicht als Beschäftigung iSd AufenthG. Begünstigt sind zudem ua Tätigkeiten nach §§ 5, 14, 15, 17, 18, 19 I BeschV sowie den §§ 20, 22 und 23 BeschV, die bis zu 90 Tagen innerhalb von zwölf Monaten ausgeübt werden[31]: ua Wissenschaft und Forschung; vorwiegend karitativ oder religiös bestimmte Tätigkeit, kaufmännische Tätigkeit mit Auslandsbezug; betriebliche Weiterbildung; Journalismus; internationaler Straßen- und Schienenverkehr, Internationale Sportveranstaltungen. Außerdem werden die Tätigkeiten der folgenden Personengruppen nicht als relevante Erwerbstätigkeit betrachtet (§ 30 Nr. 4 BeschV iVm §§ 23–30 AufenthV): Bedienstete ausländischer Auslandsvertretung; Rettungskräfte iSv § 14 AufenthV; Transitarbeitnehmer. Die gleichzeitige Begünstigung Schweizer Staatsangehöriger (§ 28 AufenthV) ist lediglich deklaratorisch; denn deren Beschäftigungsaufenthalt ist kraft Abkommens EU/Schweiz erlaubt.

IV. Zulassung von Erwerbstätigkeit und Beschäftigung

1. Grundsätzliches

Nach der Rechtslage nach Inkrafttreten des **FEG 2019** dürfen Ausländer, die einen Aufenthaltstitel **26** besitzen, eine Erwerbstätigkeit grundsätzlich – das heißt, soweit ein Gesetz kein Verbot bestimmt – ausüben. Soweit ein Gesetz ein Verbot oder eine Beschränkung der Erwerbstätigkeit bestimmt, bedarf eine darüber hinausgehende Erwerbstätigkeit der Erlaubnis (§ 4a I 2, II).

Gesetzliche **Verbote** der Erwerbstätigkeit, die in der Konsequenz der Umkehr des Regel-Ausnah- **27** me-Verhältnisses nunmehr ausdrücklich in den Gesetzestext aufgenommen worden sind, sind wie folgt vorgesehen: Schengen-Visum, das nicht zum Zwecke der Erwerbstätigkeit erteilt wurde (vgl. § 6 IIa), Aufenthaltserlaubnis nach § 7 I 3 (vgl. § 7 I 4), Aufenthaltserlaubnis zur Teilnahme an Sprachkursen und zu Schulbesuchen (§ 16f III 4), Aufenthaltserlaubnis zum Zwecke des Suchens eines Ausbildungs- oder eines Studienplatzes (vgl. § 17 III), Aufenthaltserlaubnis nach § 23 I, wenn die Erwerbstätigkeit nicht in der Anordnung ausdrücklich erlaubt wird (vgl. § 23 I 4), außerdem Aufenthaltserlaubnis nach § 23a I (vgl. § 23a I 5), § 25 IV (vgl. § 25 IV 3), § 25 IVa (vgl. § 25 IVa 4), § 25 IVb (vgl. § 25 IVb 4). Gesetzliche **Beschränkungen** der Erwerbstätigkeit, die in der Konsequenz der Umkehr des Regel-Ausnahme-Verhältnisses nunmehr ausdrücklich in den Gesetzestext aufgenommen worden sind, sind wie folgt vorgesehen: Aufenthaltserlaubnis zu Zwecke des Studiums (§ 16b III und § 16b V 2); Aufenthaltserlaubnis zum Zweck der Anerkennung einer im Ausland erworbenen Berufsqualifikation (§ 16d II, IV 3); hierzu zählt auch § 24 VI.

Teilweise enthalten diese Verbote und Beschränkungen keinen ausdrücklichen Hinweis auf die in **28** Abs. 1 vorgesehenen Möglichkeit der abweichenden Erlaubnis (zB § 16f III 4, § 17 III). Teilweise heißt es im Rahmen einer sog. „Öffnungsklausel" hingegen ausdrücklich, dass gemäß § 4a I eine Erlaubnis erteilt werden kann (zB § 7 I 4). Demnach bietet Abs. 1 keine generelle Ermächtigung zur Erlaubnis einer Erwerbstätigkeit entgegen einem grundsätzlichen Verbot; vielmehr sprechen auf die dargestellte Differenzierung gründende systematische Erwägungen dafür, dass die Ermächtigung zur Erlaubnis zusätzlich von einer ausdrücklichen gesetzgeberischen Entscheidung in Gestalt einer solchen Öffnungsklausel abhängen soll[32].

---

[29] → Rn. 15 ff.
[30] So auch BVerwG Urt. v. 27.4.2021 – 1 C 13.19, NVwZ-RR 2021, 952 (955) Rn. 33.
[31] Durch Art. 5 AufenthÄndG 2015 wurde die Diskrepanz zwischen Schengenrecht auf der einen (90 Tage innerhalb von 180 Tagen) und nationalen Ausländerbeschäftigungsrecht (drei Monate innerhalb von 180 Tagen) beseitigt, vgl. BT-Drs. 18/4097, BGBl. I S. 1386.
[32] So die Gesetzesbegründung ausdrücklich zu § 17 III, BT-Drs. 19/8285, 96.

2. Zulässigkeit einer Beschäftigung

29 Von der Frage, ob ein Aufenthaltstitel die Ausübung einer Erwerbstätigkeit grundsätzlich erlaubt, muss die Frage unterschieden werden, ob bei gesetzlichem Verbot oder gesetzlicher Beschränkung (zB hinsichtlich des Umfanges[33]) eine Beschäftigung im Einzelfall erlaubt werden kann. Nach Abs. 2 S. 1 bedarf eine Beschäftigung, sofern sie gesetzlich verboten oder beschränkt ist, der Erlaubnis. Dies macht deutlich, dass auch bei einer grundsätzlichen Erlaubnis der Erwerbstätigkeit an die Ausübung einer konkreten Beschäftigung weitere Voraussetzungen geknüpft sein können, zB hinsichtlich ihres Umfangs. So kann eine Beschäftigung angestrebt werden, die über ein Verbot oder eine Beschränkung hinausgeht, was nach Abs. 2 S. 1 eine Erlaubnis erforderlich macht[34]. Auch kann die Erteilung der Beschäftigungserlaubnis dem Vorbehalt der Zuständigkeit durch die BA unterliegen (Abs. 2 S. 1 Hs. 2).

3. Zustimmung der Bundesagentur für Arbeit

30 Von der Erlaubnisbedürftigkeit einer Erwerbstätigkeit und der Erlaubnisbedürftigkeit einer konkreten Beschäftigung weiterhin zu unterscheiden ist die in Abs. 2 S. 1 Hs. 2 angesprochene Frage, ob die Erlaubnis einer Beschäftigung entgegen einem Verbot oder über eine Beschränkung hinaus dem **Vorbehalt der (internen) Zustimmung durch die BA nach § 39** unterliegt. Dies hängt im Kern von der Frage ab, ob das AufenthG oder die BeschV für den konkret angestrebten Aufenthaltstitel mit Beschäftigungserlaubnis ein Zustimmungserfordernis begründen oder nicht. Hierfür sind die folgenden Normen und Regelwerke maßgeblich: Nach § 39 I setzt die Erteilung eines Aufenthaltstitels zur Ausübung einer Beschäftigung die Zuständigkeit der BA voraus, es sei denn, sie ist kraft Gesetzes, der BeschV oder Bestimmungen in zwischenstaatlichen Verträgen nicht erforderlich. § 39 V stellt klar, dass sich aus den Abschnitten 3, 5 oder 7 eine Zustimmungspflicht ergeben kann – derzeit ist dies nur in Bezug auf Vorschriften in Abschnitt 3 der Fall. Daneben können sich – wie in § 39 I bereits angesprochen – insbesondere aus der auf Grundlage von § 42 I Nr. 1 erlassenen BeschV Zustimmungserfordernisse ergeben. Denn nach der genannten Vorschrift kann das BMAS durch Rechtsverordnung mit Zustimmung des Bundesrats Beschäftigungen und ihre Voraussetzungen bestimmen, für die Ausländer nach § 4a II 1 mit oder ohne Zustimmung der BA zugelassen werden können. Ist dies nicht der Fall, also bedarf es keiner Zustimmung der BA, gelten für die Versagung der Erlaubnis dennoch § 40 II oder III entsprechend (vgl. § 4a II 3), deren Voraussetzungen die Ausländerbehörde in diesem Fall in eigener Verantwortung zu prüfen hat.

4. Beschränkung der Zustimmung

31 Abs. 2 S. 2 sieht nunmehr ausdrücklich die zuvor in § 39 IV aF angesprochene Möglichkeit vor, dass die BA die Zustimmung mit Beschränkungen erteilt. Nach § 39 IV aF konnte die BA die Zuständigkeit je nach dem bei Arbeitsmarkt- und Vorrangprüfung gefundenen Ergebnis gegenständlich, räumlich und zeitlich **beschränken**: hinsichtlich der beruflichen Tätigkeit und des Arbeitgebers sowie der Lage und Verteilung der Arbeitszeit und va auch auf BA-Bezirke und eine bestimmte Dauer. § 4a II 2 ist nunmehr, in dem nur noch auf die grundsätzliche Möglichkeit der Beschränkung der Zustimmung verwiesen wird, deutlich knapper gefasst. Im Zusammenspiel mit den § 34 f. BeschV, die die Möglichkeiten der Beschränkung weiter ausdifferenzieren, ergibt sich aber kein substanzieller Unterschied zur alten Rechtslage.

5. Zulässigkeit der selbstständigen Erwerbstätigkeit

32 Eine selbstständige Erwerbstätigkeit unterliegt nicht den Einschränkungen nach Abs. 2, die sich ausdrücklich nur auf die Beschäftigung beziehen.

33 Bei der Erteilung einer Aufenthaltserlaubnis zum Zwecke der Ausübung einer selbstständigen Tätigkeit (§ 21 I) durch die Ausländerbehörde ist eine Beteiligung der BA nicht erforderlich, wohl aber die der in § 21 I 3 genannten Stellen. Dies gilt auch, wenn in Deutschland lebende Ausländer, denen nicht schon kraft Gesetzes die Ausübung einer selbstständigen Tätigkeit erlaubt ist, eine Erlaubnis nach § 21 VI begehren. Bei Ausländern mit **Aufenthaltserlaubnis nach § 21** bezeichnet die Nebenbestimmung als inhaltliche Einschränkung des Aufenthaltstitels oder modifizierende Auflage das zu betreibende Unternehmen. Wird diese Tätigkeit aufgegeben, gilt die Aufenthaltserlaubnis nicht für eine andere selbstständige Tätigkeit fort.

---

[33] Vgl. BT-Drs. 19/8285, 87.
[34] Vgl. BT-Drs. 19/8285, 87.

V. Bescheinigung

1. Grundsätzliches

Nach Abs. 3 S. 1, der die Regelung aus § 4 II 2 aF übernimmt, muss jeder Aufenthaltstitel 34 erkennen lassen, ob die Ausübung einer Erwerbstätigkeit erlaubt ist und ob sie Beschränkungen unterliegt. Nach S. 2, der die Regelung aus § 4 II 4 aF übernimmt, müssen Beschränkungen für die Ausübung der Beschäftigung seitens der BA in den Aufenthaltstitel übernommen werden. Beides geschieht durch einen entsprechenden ausdrücklichen Eintrag in den Aufenthaltstitel. Dies dient dem Zweck, für Ausländer und Arbeitgeber sowie Behörden die Berechtigung zur Erwerbstätigkeit zu dokumentieren. Eventuelle zeitliche, regionale oder auf den Arbeitgeber bezogene **Beschränkungen** der Zulassung einer Beschäftigung sind daher ebenfalls in die Aufenthaltserlaubnis **einzutragen**.

2. Charakter des Vermerks

Welchen rechtlichen Charakter der **Vermerk über die Erwerbstätigkeit** im Hinblick auf den 35 Aufenthaltstitel aufweist, hängt von seiner Grundlage und der daraus folgenden Regelungswirkung ab.

Im normativen Regelfall, in dem die Zulassung der Erwerbstätigkeit **kraft Gesetzes** mit dem 36 Aufenthaltstitel verbunden ist (Abs. 1 S. 1 Hs. 1), bezeichnet ein entsprechender Vermerk nur eine den Bestand des VA nicht berührende Rechtsfolge. Dabei handelt es sich um keine Nebenbestimmung. Der Vermerk „Jede Erwerbstätigkeit gestattet" ist dann lediglich ein **deklaratorischer** Hinweis auf eine von einer Behördenentscheidung unabhängige gesetzliche Rechtsfolge[35]. Er erfüllt die gesetzliche Forderung, dass jeder Titel die Berechtigung zur Erwerbstätigkeit erkennen lassen muss. Dies wäre nur unzureichend gewährleistet, wenn statt dieses Vermerks die Normen über die Niederlassungserlaubnis, die Aufenthaltserlaubnis oder die o. g. Rechtsfolgen in dem Titel genannt wären. Deshalb ist die klare Aussage über die Zulassung jeder Erwerbstätigkeit vorzuziehen.

Ebenfalls deklaratorisch ist die Eintragung **„Erwerbstätigkeit nicht gestattet"**, wenn diese Fest- 37 stellung zwingend aus dem Gesetz folgt und Ausnahmen von der Behörde nicht zugelassen werden dürfen, wie zB bei **Asylbewerbern** während der Dauer der Wohnverpflichtung iSd § 47 AsylG (§ 61 I AsylG), und Asylbewerber und Geduldete in den ersten drei Monaten des Aufenthalts (§ 61 II AsylG, § 32 I BeschV). Gleiches gilt für Ausländer mit einer Aufenthaltserlaubnis nach § 16f (vgl. § 16f III 4). Die Eintragung kann nicht separat angefochten werden[36].

Soweit bei vorhandener Aufenthaltserlaubnis **zu anderen Zwecken als der Erwerbstätigkeit** die 38 Erwerbstätigkeit entgegen einem gesetzlichen Verbot erlaubt wird, handelt es sich um eine **Nebenbestimmung**, nicht aber um eine Auflage oder Bedingung iSd § 36 VwVfG. Zwar wird damit gleichzeitig von dem Ausländer das Unterlassen jeder anderen Tätigkeit verlangt; dass nur die erlaubte Tätigkeit ausgeübt werden darf, ergibt sich aber ohne weiteres aus der beschränkten Zulassung. Die Zuständigkeit zur Ausübung einer Beschäftigung oder die Genehmigung einer selbstständigen Tätigkeit bei vorhandener Aufenthaltserlaubnis zu einem anderen Aufenthaltszweck als der Erwerbstätigkeit oder bei einer Duldung stellt eine Nebenbestimmung dar, die eigens zu beantragen und gegebenenfalls mit Verpflichtungsklage zu verfolgen ist.

Bei Aufenthaltserlaubnis zu Zwecken der Erwerbstätigkeit wird der Inhalt des Verwaltungsakts 39 dagegen durch die Nebenbestimmung selbst bestimmt. Sie ist Teil des Verwaltungsakts, also Inhaltsbestimmung im Sinne einer Einschränkung des Aufenthaltstitels (sog. **modifizierende Auflage**). Für diese kennzeichnend ist eine Rechtslage, den den Verwaltungsakt nur mit der dieser sog. inhaltlichen Einschränkung zulässt oder aber dessen vollständige Ablehnung. Bei der die erlaubte Tätigkeit definierenden Nebenbestimmung zu einer an **Erwerbszuwanderer** erteilten Aufenthaltserlaubnis nach § 18 ff. zum Zwecke der Ausübung einer bestimmten Beschäftigung oder einer Aufenthaltserlaubnis nach § 21 zum Zwecke der Ausübung einer bestimmten selbstständigen Tätigkeit handelt es sich um eine modifizierende Auflage zur Aufenthaltserlaubnis[37], weil die Erteilung der Aufenthaltserlaubnis mit diesen Bestimmungen steht und fällt[38]. Gleiches gilt für die Aufenthaltserlaubnis, die allein zur Fortsetzung einer Beschäftigung iSv Art. 6 I 1. oder 2. Spiegelstrich ARB 1/80 erteilt wird. Entweder der Ausländer erhält die Aufenthaltserlaubnis mit Nebenbestimmung oder überhaupt keine Aufenthaltserlaubnis; denn auf ein anderes Aufenthaltsrecht (gegebenenfalls mit einer anderen Erwerbstätigkeitsberechtigung) kann er sich nicht berufen (zur Strafbarkeit eines Verstoßes vgl. § 95 I Nr. 2).

Nicht zu verwechseln ist die modifizierende Auflage mit der **auflösenden Bedingung,** deren 40 Eintritt die Wirksamkeit des Verwaltungsakts selbst entfallen lässt: Die Aufenthaltserlaubnis mit der Zulassung zur begehrten Erwerbstätigkeit erlischt eben gerade nicht automatisch mit dem Verlust dieser

---

[35] Vgl. *Hailbronner* AufenthG § 39 Rn. 85; *Marx* ZAR 2005, 47.
[36] Vgl. *Hailbronner* AufenthG § 12 Rn. 19.
[37] Vgl. zu Aufenthaltserlaubnis nach § 21 VG Ansbach Beschl. v. 17.4.2007 – AN 19 S 07.00253, BeckRS 2007, 33950.
[38] Ebenso *Marx* ZAR 2005, 47; *Hoffmann* HK-AuslR § 4 Rn. 37.

J. Nusser

Erwerbstätigkeit. Ein solcher Zusammenhang müsste vielmehr ausdrücklich in die Aufenthaltserlaubnis aufgenommen werden. Allerdings ist die auflösende Bedingung aus Gründen der Rechtssicherheit in der Regel nicht dazu bestimmt, den hauptsächlichen Aufenthaltszweck oder zentrale Erteilungsvoraussetzungen abzusichern, da bei Eintreten der Bedingung ohne Weiteres ein unrechtmäßiger Aufenthalt entsteht[39]. Auflösende Bedingungen sind selbstständig anfechtbar.

VI. Ausländer ohne Aufenthaltstitel

41 Nach Abs. 4 darf ein Ausländer, der keinen Aufenthaltstitel – also insbesondere ein geduldeter Ausländer sowie der Inhaber einer Aufenthaltsgestattung – besitzt, eine Saisonbeschäftigung nur ausüben, wenn er eine Arbeitserlaubnis zu diesem Zweck besitzt, und eine andere Erwerbstätigkeit grundsätzlich nicht ausüben, es sei denn es ist ihm durch zwischenstaatliche Vereinbarung, ein Gesetz, eine Rechtsverordnung oder durch die zuständige Behörde erlaubt. Aus der Norm ergibt sich, zusammen mit § 32 BeschV, eine Anspruchsgrundlage für die Erteilung einer Beschäftigungserlaubnis an geduldete Ausländer.

42 Bezogen auf die Gruppen der Ausländern ohne Aufenthaltstitel ist die Rechtslage auch nach Inkrafttreten des FEG 2019 systematisch im Kern gleich geblieben.[40] Es besteht insoweit weiterhin ein Verbot mit Erlaubnisvorbehalt.[41] Die BeschV verweist hierzu nunmehr in § 1 S. 2 Nr. 3 auf ihre Regelungen darüber, dass einer/m Ausländer, die/der im Besitz einer Duldung ist, oder anderen Ausländern, die keinen Aufenthaltstitel besitzen, nach § 4a IV AufenthG die Ausübung einer Beschäftigung mit oder ohne Zuständigkeit der BA erlaubt werden kann. Sie trifft hierzu in § 32 eine Regelung, die durch das FEG 2019 nur leicht modifiziert worden ist.

43 Nach § 32 I 1 BeschV können Ausländer, die eine Duldung oder Aufenthaltsgestattung besitzen, **eine Zustimmung mit Vorrangprüfung** zur Ausübung einer Beschäftigung erteilt werden, wenn sie sich seit drei Monaten erlaubt, geduldet oder mit einer Aufenthaltsgestattung im Bundesgebiet aufhalten. Nach S. 2 gelten die §§ 39, 40 I Nr. 1 und Abs. 2 sowie § 41 AufenthG entsprechend.

44 Nach **§ 32 II BeschV** bedürfen Geduldete und Personen ohne Aufenthaltstitel **keiner Zustimmung**, wenn einer der dort genannten Fälle vorliegt (ua Berufsausbildung in staatlichem anerkanntem Ausbildungsberuf, Mangelberuf, Beschäftigung von Ehegatten und Angehöriger bei häuslicher Gemeinschaft). Nach § 32 III BeschV darf die Zuständigkeit für ein Tätigwerden als Leiharbeitnehmer iSd § 1 I AÜG nur in den Fällen des Abs. 5 erteilt werden. Nach 15 Monaten ununterbrochenem erlaubtem, geduldetem oder gestattetem Aufenthalt **entfällt die Vorrangprüfung nach § 32 V Nr. 2 BeschV**. Gleiches gilt, wenn eine Beschäftigung nach § 18b I (Fachkraft mit akademischer Ausbildung) und § 18b II 2 (Mangelberuf), 18a (Ausbildungsberuf) oder 8 BeschV (praktische Tätigkeit als Voraussetzung für die Anerkennung ausländischer Berufsqualifikation) aufgenommen werden soll. Erleichterungen ergaben sich nach der Altregelung in § 39 II Nr. 2 aF für eine betrieblich durchgeführte Einstiegsqualifizierung nach § 54a SGB III. Hierbei handelt es sich zunächst um eine zustimmungspflichtige Beschäftigung (§ 32 I BeschV) iSd § 7 II SGB IV. Durch eine sog. **Globalzustimmung** der BA nach § 39 II Nr. 2 für eine Einstiegsqualifizierung nach § 54a SGB III konnte auf individuelle Zustimmungsanfragen der Ausländerbehörde für Einstiegsqualifizierungen nach § 54a SGB III verzichtet werden[42]. Die Möglichkeit einer solchen Globalzuständigkeit ist nach Inkrafttreten des **FEG 2019** nunmehr nicht mehr vorgesehen, sodass sie ihre erleichternde Wirkung verlieren dürfte. In 133 von insgesamt 156 Agenturbezirken der BA wurde die Vorrangprüfung gem. § 32 V Nr. 3 BeschV bei der Beschäftigung von **Asylbewerbern und Geduldeten** vom 16.8.2016 an für die Dauer von drei Jahren ausgesetzt.

45 Die Erteilung einer Beschäftigungserlaubnis an geduldete Ausländer gemäß §§ 4a Abs. 4, § 32 BeschV steht im Ermessen der Ausländerbehörde.[43] Einen Rechtsanspruch auf Erteilung einer Beschäftigungserlaubnis hat der Gesetzgeber nur in § 60c I 3 AufenthG für den Fall der Ausbildungsduldung vorgesehen. Eine dem § 60c I 3 AufenthG vergleichbare Regelung fehlt in der Norm des § 60d AufenthG, die die Beschäftigungsduldung betrifft. Allerdings wird davon auszugehen sein, dass im Falle eines bestehenden Regelanspruchs auf Erteilung der Beschäftigungsduldung bezüglich der Beschäftigungserlaubnis ein sog. intendiertes Ermessen besteht. Im Falle eines Rechtsanspruchs auf Duldung nach § 60a II 1 AufenthG enthält das AufenthG aber nach wie vor keinen Anhalt für einen

---

[39] Vgl. für die auflösende Bedingung des Bezugs von Sozialleistungen BVerwG Urt. v. 16.11.2010 – 1 C 20.09, NVwZ 2011, 825 Rn. 15 mwN; *Hoppe* InfAuslR 2008, 292.
[40] VGH BW Beschl. v. 8.1.2021 – 12 S 3651/20, BeckRS 2021, 481 Rn. 11 mwN.
[41] So auch OVG Bln-Bbg Beschl. v. 9.7.2020 – OVG 3 M 120/20, BeckRS 2020, 15945 Rn. 17 mwN.
[42] Diese wurde im Juni 2015 erteilt.
[43] Vgl. BayVGH Beschl. v. 29.10.2020 – 10 CE 20.2240, BeckRS 2020, 30373 Rn. 8; VGH BW Beschl. v. 8.1.2021 – 12 S 3651/20, BeckRS 2021, 481 Rn. 13; zweifelnd NdsOVG Beschl. v. 9.6.2021 – 13 ME 587/20 BeckRS 2021, 13437 Rn. 76

Rechtsanspruch oder einen Regelanspruch auf eine Beschäftigungserlaubnis.[44] Das Ermessen kann aber im Einzelfall auf null reduziert sein.[45]

VII. Beschäftigung eines Ausländers

Die Regelung in Abs. 5 S. 1 und 2 modifiziert Abs. 3 S. 2 und 3 aF. Sie begründen heute wie damals ein Beschäftigungsverbot bzw. benennen die Voraussetzungen andererseits, unter denen ein Ausländer beschäftigt werden darf. S. 1 betrifft dabei den Fall, dass ein Ausländer einen Aufenthaltstitel besitzt, S. 2 hingegen den Fall, in dem ein Aufenthaltstitel nicht besteht. Im erstgenannten Fall hängt die Zulässigkeit der Beschäftigung davon ab, dass der Aufenthaltstitel bzgl der Beschäftigung kein Verbot oder keine Beschränkung besteht. Im letztgenannten Fall hängt die Beschäftigung von den in Abs. 4 genannten Voraussetzungen ab. **46**

Das **Beschäftigungsverbot** wird durch den Bußgeldtatbestand des § 404 SGB III sanktioniert. **47**

Ausgenommen sind die Personen, die auch aufenthaltsrechtlich privilegiert sind: Unionsbürger, EWR-Staater, Schweizer und zT Türken sowie für Saisonbeschäftigungen von Ausländern, die eine Arbeitserlaubnis zum Zwecke der Saisonbeschäftigung (§ 15a BeschV) besitzen. **48**

Das Verbot betrifft nur die Beschäftigung, nicht schon die Anbahnung des Arbeitsverhältnisses; es gilt also nicht für Anwerbung, Vermittlung und Abschluss des Arbeitsvertrags. Arbeitssuche ist ohne Genehmigung gestattet. Beschäftigung nach §§ 15a (Saisonbeschäftigungen), 15b (Schaustellergehilfen), 15c (Haushaltshilfen) BeschV, dürfen allerdings nur von der BA vermittelt werden. Gleiches gilt gemäß 6 II Nr. 1 BeschV für Ausländer mit ausländischen Berufsqualifikationen, wenn nicht die BA gemäß § 6 II Nr. 2 BeschV für den Beruf bzw. die Berufsgruppe allgemein festgestellt hat, dass die Besetzung offener Stellen mit Ausländern arbeitsmarkt- und integrationspolitisch verantwortbar ist[46]. Gemäß § 38 BeschV darf die Anwerbung und Vermittlung von Staatsangehörigen bestimmter Staaten[47] in Gesundheits- und Pflegeberufe nur durch der BA erfolgen. **Schutzobjekt** ist der Arbeitsmarkt der Bundesrepublik Deutschland. Die Zulassungspflicht ist daher beschränkt auf die Beschäftigung im Inland. Gleichgültig ist, ob der Arbeitnehmer Wohnsitz oder gewöhnlichen Aufenthalt und der Arbeitgeber den Sitz im In- oder im Ausland haben[48]. Sonderregeln bestehen zB für Hausangestellte von Entsandten (§ 13 BeschV). **49**

VIII. Pflichten des Arbeitgebers bzw. des Vertragspartners

Abs. 5 S. 3 begründet Pflichten des Beschäftigungsgebers, wie sie sich zuvor im Wesentlichen bereits aus § 4 III 4 und 5 aF ergaben. **50**

S. 3 Nr. 1 verpflichtet den Arbeitgeber, zu prüfen, ob die Voraussetzungen nach S. 1 oder 2 vorliegen, dh, ob der Ausländer erwerbstätig sein und der konkreten Beschäftigung nachgehen darf. **51**

Seit dem RLUmsG 2007 – nunmehr geregelt in Abs. 5 S. 4 – verpflichtet die Regelung auch den **Vertragspartner** von Selbstständigen, sich vom Vorhandensein eines Aufenthaltstitels zu überzeugen, der die Beschäftigung (in bestimmtem Umfang) erlaubt. Dies gilt allerdings nur bei „nachhaltigen" Werk- und Dienstverträgen. An dieser Einschränkung hat auch das FEG 2019 nichts geändert. Der Begriff der **Nachhaltigkeit** ist rechtlich dabei nach wie vor schwer zu fassen: Nachbarschaftshilfe, Einkäufe in Ladengeschäften und ähnlich flüchtige Geschäftskontakte, Gefälligkeiten gegen kein oder ein nur geringes Entgelt sind nach der Gesetzesbegründung nicht nachhaltig[49]. Eine Gewinnerzielungsabsicht in nicht nur geringem Umfang wird ebenfalls Bestandteil der Nachhaltigkeit sein (vgl. § 1 III SchwarzArbG[50]). Aber auch die Betrauung von ausländischen Selbstständigen mit nur einem umfangreichen bzw. kostenintensiven Werk- oder Dienstleistungsauftrag ist nachhaltig, weil ihr die begrifflich vorausgesetzte zeitliche Dimension fehlt. Lediglich bei **Dauerschuldverhältnissen** ist die Nachhaltigkeit evident. Inwieweit Nachhaltigkeit anzunehmen ist, wenn, ohne dass ein Dauerschuldverhältnis begründet wird, die Durchführung eines Auftrags längere Zeit in Anspruch nimmt, ist unklar. Ebenso unklar ist, ob Nachhaltigkeit bei regelmäßiger Beauftragung desselben Unternehmens mit wiederkehrenden Leistungen (zB Kfz-Wartung) anzunehmen ist, und wie kurz die Abstände zwischen den einzelnen Aufträgen sein müssen. Offen ist schließlich auch, ob die Erforschungspflicht **52**

---

[44] Vgl. OVG LSA Beschl. v. 9.11.2021 – 2 M 79/21, BeckRS 2021, 35474 Rn. 19; VGH BW Beschl. v. 8.1.2021 – 12 S 3651/20, BeckRS 2021, 481 Rn. 13.
[45] Zu möglichen Ermessenserwägungen s. OVG LSA Beschl. v. 12.11.2021 – 2 M 132/21, BeckRS 35463 Rn. 24 ff.; vgl. auch OVG Saarland Beschl. v. 4.10.2021 – 2 B 208/21, BeckRS 2021, 29444 Rn. 7.
[46] Vgl. BA Positivliste Zuwanderung in Ausbildungsberufe vom 9.9.2016.
[47] Anlage zu § 38 BeschV (57 Staaten). Vermittlungsabsprachen für Pflegekräfte bestehen etwa mit Bosnien und Herzegowina, den Philippinen und Serbien.
[48] Zum Problem der entsandten Arbeitnehmer Gesetz v. 26.2.1996, BGBl. 1996 I S. 227; *Bieback* ZAR 1995, 99; *Borgmann* ZAR 1996, 116; *Hickl* NZA 1997, 513; auch *Werner* ZAR 1985, 82.
[49] BT-Drs. 16/5065, 159; vgl. hierzu umfassend *Funke-Kaiser* GK-AufenthG § 4 Rn. 147.
[50] Schwarzarbeitsbekämpfungsgesetz v. 23.7.2004 (BGBl. I S. 1842), zuletzt geändert durch Art. 3 des Gesetzes v. 21.10.2016, BGBl. I S. 2372.

so weit geht, dass bei der Beauftragung eines größeren Unternehmens, das nicht den Namen des Inhabers trägt, zunächst zB durch Einsichtnahme in das Handelsregister dessen Person in Erfahrung gebracht werden muss, um dann Staatsangehörigkeit und gegebenenfalls Art des Aufenthaltstitels zu erfragen – die Regelung ist auf einen sofort als solchen erkennbaren ausländischen Einzelselbstständigen zugeschnitten und in der Praxis kaum anwendbar[51]. Der zur Sanktionierung eines Vertragsschlusses mit einem unerlaubt selbstständigen Ausländer eingeführte **Bußgeldtatbestand** des § 98 IIa dürfte angesichts dieser Unklarheiten gegen das auch im OWiR geltende **Bestimmtheitsgebot** verstoßen. Die Regelung wäre im Übrigen systematisch im SchwarzArbG besser zu verankern gewesen, zumal nach dessen § 2 I Nr. 4b die Zollbehörde prüfen, ob Ausländer entgegen § 4a IV und V 1 und 2 mit entgeltlichen Dienst- oder Werkvertragsleistungen beauftragt wurden.

53   Abs. 5 S. 3 Nr. 2 verpflichtet den Arbeitgeber, für die Dauer der Beschäftigung eine Kopie des Aufenthaltstitels, der Arbeitserlaubnis zum Zweck der Saisonbeschäftigung oder der Bescheinigung über die Aufenthaltsgestattung oder über die Aussetzung der Abschiebung des Ausländers in elektronischer Form oder in Papierform aufzubewahren.

54   Durch das **FEG 2019** neu geregelt und von nicht unerheblicher praktischer Relevanz ist die **Verpflichtung des Arbeitgebers aus Abs. 5 S. 3 Nr. 3**, der zuständigen Ausländerbehörde innerhalb von vier Wochen ab Kenntniserlangung mitzuteilen, wenn die Beschäftigung, für die der Aufenthaltstitel erteilt wurde, vorzeitig beendet wird. Den Ausländer trifft eine vergleichbare Mitteilungspflicht nach § 82 VI 1. Der Gesetzgeber hat die vorliegend begründete Pflicht des Arbeitgebers mit einem praktischen Bedürfnis gerechtfertigt, weil Ausländer oftmals ihrer Mitteilungspflicht nicht nachkämen, sodass die Ausländerbehörde erst bei Ablauf des Aufenthaltstitels von der Beendigung des Arbeitsverhältnisses erfahre[52]. Er sieht in der Begründung einer solchen Mitteilungspflicht zutreffend auch keine unverhältnismäßige Belastung, weil der Arbeitgeber den Aufenthaltstitel ohnehin in Kopie aufbewahre und zudem erheblich durch neue Verfahrensregelungen entlastet werde. Der Ermittlung der Belastung legt der Gesetzgeber dabei folgende Annahme zugrunde[53]: Die jährliche Anzahl der Erteilungen einer Aufenthaltserlaubnis zur Erwerbstätigkeit liege bei ca. 132.400 Fällen. Es werde angenommen, dass in zehn Prozent aller Fälle, die dem Aufenthaltstitel zugrunde liegende Beschäftigung vorzeitig beendet werde. Der zeitliche Aufwand für eine Mitteilung an die zuständige Ausländerbehörde werde mit 10,5 Minuten pro Fall angegeben. Insgesamt entstünden so Personalkosten in Höhe von ca. 74.600 EUR. Hinzu kämen Sachkosten für Porto und Büromaterial.

55   Den Vertragspartner von Selbstständigen treffen nach Abs. 5 S. 4 nur die Pflicht aus S. 3 Nr. 1, nicht hingegen die Pflichten nach S. 3 Nr. 2 und 3.

IX. Verwaltungsverfahren, Rechtsschutz

56   Im Zuge des sog. „One-Stop-Government" verantwortet die Ausländerbehörde den gesamten Verwaltungsakt, gegebenenfalls nach Durchführung des internen Zustimmungsverfahrens durch die BA. Anträge auf Zulassung einer Beschäftigung sind daher an die Ausländerbehörde zu richten, die die BA zu beteiligen hat. Bestehen Zweifel, ob eine Beschäftigung zustimmungsfrei ausgeübt werden darf, ist die BA ebenfalls zu beteiligen.

57   Der zulässige Rechtsschutz richtet sich nach dem Charakter des Vermerks zur Aufenthaltserlaubnis bzw. der Duldung. Wird bei **bestehender Aufenthaltserlaubnis zu einem anderen Aufenthaltszweck** als §§ 18–21 oder einer Duldung die Zustimmung zur Ausübung einer Beschäftigung versagt oder eine selbstständige Tätigkeit nicht zugelassen, sind Widerspruch[54] und Verpflichtungsklage möglich, da es sich um eine selbstständig einklagbare Nebenbestimmung handelt. Das Rechtsschutzinteresse richtet sich darauf, dass die Ausländerbehörde die gewünschte Beschäftigung erlaubt. Die im internen Zustimmungsverfahren zuständige BA ist notwendig beizuladen (§ 65 II VwGO). Dies gilt auch bei jedem Verlangen nach Änderung einer Zuständigkeit zugunsten des Ausländers (zB Erhöhung der Stundenzahl, für die eine Beschäftigung erlaubt ist).

58   Auch bei **falschen Eintragungen** (zB Fehlen des Zusatzes „Erwerbstätigkeit gestattet" bei Aufenthaltserlaubnis für Ehegatten von Deutschen) sind Widerspruch und Verpflichtungsklage zulässig[55] – meistens jedoch wohl kaum notwendig.

59   Für die Anfechtung einer zutreffend dargestellten Erwerbstätigkeitsbeschränkung, die lediglich deklaratorisch eine **gesetzlich vorgesehene Rechtsfolge** wiedergibt (zB der Aufdruck „Beschäftigung nur mit Zustimmung der Ausländerbehörde") dürfte ein Rechtsschutzinteresse fehlen. Etwas anderes gilt, wenn die gesetzlich vorgesehene Rechtsfolge so formuliert ist, dass bei bestehender Aufenthaltserlaubnis oder Duldung der **falsche Eindruck** eines Beschäftigungsverbots entsteht mit negativen Auswirkungen auf Arbeitsplatzsuche und ggf. die Inanspruchnahme von Sozialleistungen

---

[51] Krit. auch Huber/Göbel-Zimmermann Rn. 229. Der Wirtschaftsausschuss des Bundesrats hatte die Streichung der Regelung empfohlen, BR-Drs. 224/1/07.
[52] BT-Drs. 19/8285, 88.
[53] BT-Drs. 19/8285, 77.
[54] Sofern nach Landesrecht eröffnet.
[55] So wohl auch Marx ZAR 2005, 47.

Allgemeine Erteilungsvoraussetzungen § 5 AufenthG 1

("Beschäftigung nicht erlaubt" oä). In diesen Fällen ist ein Rechtsschutzinteresse hinsichtlich der korrekten Wiedergabe des Sachverhalts anzunehmen, dass andernfalls erhebliche Nachteile drohen.

Wird eine **Aufenthaltserlaubnis** nach §§ 18–21 **zu Erwerbszwecken** versagt, ist Gegenstand von 60 Widerspruch und Verpflichtungsklage der gesamte Aufenthaltstitel. Eine evtl. fehlende Zustimmung der BA oder eine selbstständige Zulassung einer selbstständigen Tätigkeit können nicht isoliert angefochten bzw. erstritten werden. Hat die BA die Zuständigkeit ganz oder teilweise abgelehnt, ist sie dem Verfahren beizuladen.

§ 5 Allgemeine Erteilungsvoraussetzungen

(1) Die Erteilung eines Aufenthaltstitels setzt in der Regel voraus, dass
1. der Lebensunterhalt gesichert ist,
1a. die Identität und, falls er nicht zur Rückkehr in einen anderen Staat berechtigt ist, die Staatsangehörigkeit des Ausländers geklärt ist,
2. kein Ausweisungsinteresse besteht,
3. soweit kein Anspruch auf Erteilung eines Aufenthaltstitels besteht, der Aufenthalt des Ausländers nicht aus einem sonstigen Grund Interessen der Bundesrepublik Deutschland beeinträchtigt oder gefährdet und
4. die Passpflicht nach § 3 erfüllt wird.

(2) [1] Des Weiteren setzt die Erteilung einer Aufenthaltserlaubnis, einer Blauen Karte EU, einer ICT-Karte, einer Niederlassungserlaubnis oder einer Erlaubnis zum Daueraufenthalt – EU voraus, dass der Ausländer
1. mit dem erforderlichen Visum eingereist ist und
2. die für die Erteilung maßgeblichen Angaben bereits im Visumantrag gemacht hat.
[2] Hiervon kann abgesehen werden, wenn die Voraussetzungen eines Anspruchs auf Erteilung erfüllt sind oder es auf Grund besonderer Umstände des Einzelfalls nicht zumutbar ist, das Visumverfahren nachzuholen. [3] Satz 2 gilt nicht für die Erteilung einer ICT-Karte.

(3) [1] In den Fällen der Erteilung eines Aufenthaltstitels nach § 24 oder § 25 Absatz 1 bis 3 ist von der Anwendung der Absätze 1 und 2, in den Fällen des § 25 Absatz 4a und 4b von der Anwendung des Absatzes 1 Nr. 1 bis 2 und 4 sowie des Absatzes 2 abzusehen. [2] In den übrigen Fällen der Erteilung eines Aufenthaltstitels nach Kapitel 2 Abschnitt 5 kann von der Anwendung der Absätze 1 und 2 abgesehen werden. [3] Wird von der Anwendung des Absatzes 1 Nr. 2 abgesehen, kann die Ausländerbehörde darauf hinweisen, dass eine Ausweisung wegen einzeln zu bezeichnender Ausweisungsinteressen, die Gegenstand eines noch nicht abgeschlossenen Straf- oder anderen Verfahrens sind, möglich ist. [4] In den Fällen der Erteilung eines Aufenthaltstitels nach § 26 Absatz 3 ist von der Anwendung des Absatzes 2 abzusehen.

(4) Die Erteilung eines Aufenthaltstitels ist zu versagen, wenn ein Ausweisungsinteresse im Sinne von § 54 Absatz 1 Nummer 2 oder 4 besteht oder eine Abschiebungsanordnung nach § 58a erlassen wurde.

Allgemeine Verwaltungsvorschrift
5 Zu § 5 – Allgemeine Erteilungsvoraussetzungen
5.0 Allgemeines
5.0.1 § 5 regelt die grundlegenden Voraussetzungen für die Erteilung eines Aufenthaltstitels. Diese Erteilungsgründe gelten mit Ausnahme von Absatz 1 Nummer 3 unabhängig davon, ob ein Rechtsanspruch auf Erteilung eines Aufenthaltstitels besteht oder nach Ermessen entschieden werden kann. Die Voraussetzungen des § 5 Absatz 1 gelten für alle Aufenthaltstitel, d. h. auch für das Visum und die Erlaubnis zum Daueraufenthalt-EG. Die Voraussetzungen des § 5 Absatz 2 müssen bei der Erteilung einer Aufenthaltserlaubnis, Niederlassungserlaubnis oder Erlaubnis zum Daueraufenthalt-EG zusätzlich zu denjenigen erfüllt werden, die in § 5 Absatz 1 genannt sind. Der Umstand, dass es sich in den Fällen des Absatzes 1 um Regelerteilungsgründe handelt, hat zur Folge, dass ein Aufenthaltstitel nicht erteilt werden kann, wenn nicht feststellbar ist, ob der Erteilungsgrund vorliegt (objektive Beweislast). Bei der Darlegung der Voraussetzungen hat der Ausländer eine Mitwirkungspflicht gemäß § 82 Absatz 1, auf die ihn die Ausländerbehörde hinweisen soll (§ 82 Absatz 3).
5.0.2 Ausnahmen von diesen Erteilungsvoraussetzungen finden sich in § 5 Absatz 2 Satz 2, § 5 Absatz 3 sowie in speziellen Erteilungsvorschriften für bestimmte Aufenthaltszwecke. Darüber hinaus kann von einem Regelerteilungsgrund nur abgewichen werden, wenn ein Sachverhalt vorliegt, der sich so sehr vom gesetzlichen Regeltatbestand unterscheidet, dass er das ausschlaggebende Gewicht des gesetzlichen Regelerteilungsgrundes beseitigt. Dies ist anhand des Zwecks des Regeltatbestands zu ermitteln. Ein Fall unterscheidet sich demnach nicht bereits deshalb vom Regelfall, weil besondere, außergewöhnliche Umstände und Merkmale zu einer Abweichung von der Vielzahl gleich liegender Fälle führen. Vielmehr ist zusätzlich erforderlich, dass eine solche Abweichung die Anwendung des Regeltatbestandes nach seinem Sinn und Zweck unpassend oder grob unverhältnismäßig oder untunlich erscheinen lässt. Die Beurteilung, ob ein Regelerteilungsfall eingreift, erfordert eine rechtlich gebundene Entscheidung, die einer uneingeschränkten gerichtlichen Überprüfung unterliegt.
5.0.3 Das Europäische Fürsorgeabkommen vom 11. Dezember 1953 (BGBl. 1956 II S. 563/1958 II S. 18) und das Europäische Niederlassungsabkommen vom 13. Dezember 1959 (BGBl. 1959 II S. 998) schränken zwar die Aus-

1 AufenthG § 5

Erster Teil. Aufenthaltsgesetz

weisung eines Ausländers ein, die sich daraus ergebende Schutzwirkung schließt jedoch nicht die Versagung der Verlängerung eines Aufenthaltstitels aus. Die Schutzwirkung dieser Verträge erstreckt sich nur auf bestehende Aufenthaltsrechte. Siehe hierzu auch Nummer 5.1.2.1.

5.1 Die Regelerteilungsvoraussetzungen nach Absatz 1

5.1.1.1 Die Regelerteilungsvoraussetzung der Lebensunterhaltssicherung dient dazu, die Inanspruchnahme öffentlicher Mittel zu vermeiden. Die Definition der Lebensunterhaltssicherung findet sich in § 2 Absatz 3 (vgl. Nummer 2.3). Allerdings soll dadurch auch verhindert werden, dass die Bundesrepublik D auf sonstige Weise einen finanziellen Nachteil erleidet. Dies ist beispielsweise dann der Fall, wenn der Ausländer seinen Unterhalt dadurch bestreitet, dass er einer illegalen Beschäftigung nachgeht. Der Regelerteilungsgrund ist immer dann gegeben, wenn feststeht, dass der Ausländer seinen vollen, allgemeinen Lebensunterhalt abdecken kann. Hierzu kann die Verpflichtungserklärung eines Dritten nach § 68 als Nachweis verwendet werden (siehe auch Nummer 68 und Nummer 2.3.4.2).

5.1.1.2 Von der Regelerteilungsvoraussetzung der Lebensunterhaltssicherung kann nur bei Vorliegen besonderer, atypischer Umstände abgesehen werden, die so bedeutsam sind, dass sie das sonst ausschlaggebende Gewicht der gesetzlichen Regelung beseitigen, aber auch dann, wenn entweder aus Gründen höherrangigen Rechts wie etwa Artikel 6 GG oder im Hinblick auf Artikel 8 EMRK (Schutz des Familienlebens) die Erteilung eines Visums zum Familiennachzug zwingend geboten ist. Solche Umstände können vorliegen, wenn die Herstellung der Lebensgemeinschaft im Herkunftsland im Einzelfall nicht möglich ist. Sie kommen auch dann in Betracht, wenn das nachzugsvermittelnde Familienmitglied Kinder deutscher Staatsangehörigkeit im Bundesgebiet hat. Denn in solchen Fällen ist auch das Recht der in Deutschland lebenden Familienangehörigen auf Umgang mit der Referenzperson zu berücksichtigen.

5.1.1a Identität und Staatsangehörigkeit sind im Regelfall durch die Vorlage eines gültigen Passes oder Passersatzes nachgewiesen. Sofern ein solches Dokument nicht vorliegt, sind die Identität und Staatsangehörigkeit durch andere geeignete Mittel nachzuweisen (z. B. Geburtsurkunde, andere amtliche Dokumente). Als Drittausländer sind auch Personen zu behandeln, bei denen noch nicht geklärt ist, ob sie Deutsche (vgl. § 2 Absatz 1) bzw. Unionsbürger sind. Die zur Feststellung der Identität oder Staatsangehörigkeit erforderlichen Maßnahmen nach § 49 Absatz 1 und 2 veranlasst grundsätzlich die Ausländerbehörde (vgl. § 71 Absatz 4). Deutsche Volkszugehörige, die einen Aufnahmebescheid und einen Registrierschein besitzen, sind insoweit nicht als Drittausländer zu behandeln.

5.1.2 Ausweisungsgrund

5.1.2.1 Es kommt darauf an, ob im Einzelfall die Voraussetzungen eines Ausweisungstatbestandes nach den §§ 53, 54 oder 55 (Ausweisungsgrund) objektiv vorliegen. Es wird nicht gefordert, dass der Ausländer auch ermessensfehlerfrei ausgewiesen werden könnte. Daher ist keine hypothetische Prüfung durchzuführen, ob der Ausländer wegen des Ausweisungsgrundes ausgewiesen werden könnte oder würde, und ob der Ausweisung Schutzvorschriften entgegenstehen. Bei der Feststellung, ob ein Ausweisungsgrund vorliegt, ist auch unbeachtlich, ob die Ausweisungsbeschränkungen des § 56 gegeben sind, oder ob das im Europäischen Fürsorgeabkommen für den dort begünstigten Personenkreis geregelte Verbot der Ausweisung wegen Sozialhilfebedürftigkeit eingreift. Diese Regelung verbietet nämlich lediglich, dass an das Vorliegen des Ausweisungsgrundes nach § 55 Absatz 2 Nummer 6 die Rechtsfolge der Ausweisung geknüpft wird. Sie verpflichtet jedoch nicht, einem Ausländer, der Sozialhilfe in Anspruch nimmt, den Aufenthaltstitel zu erteilen oder zu verlängern.

5.1.2.2 Der Ausweisungsgrund ist nur beachtlich, wenn dadurch aktuell eine Beeinträchtigung der öffentlichen Sicherheit und Ordnung oder sonstiger erheblicher Interessen der Bundesrepublik Deutschland i. S. v. §§ 53, 54 und 55 zu befürchten ist. Je gewichtiger der Ausweisungsgrund ist, umso weniger strenge Voraussetzungen sind an die Prüfung des weiteren Vorliegens einer Gefährdung zu stellen. Ausweisungsgründe nach §§ 53, 54 und 55 Absatz 2 Nummer 1 bis 3 liegen solange vor, wie eine Gefährdung fortbesteht. Längerfristige Obdachlosigkeit, Sozialhilfebezug und Inanspruchnahme von Erziehungshilfe (§ 55 Absatz 2 Nummer 5, 2. Alternative Nummer 6 und 7) können keine Grundlage für die Versagung bieten, wenn diese Umstände zwischenzeitlich weggefallen sind. Ein Ausweisungsgrund ist auch dann unbeachtlich, wenn er auf Grund einer Zusicherung der Ausländerbehörde verbraucht ist (Gesichtspunkt des Vertrauensschutzes). Hingegen dürfen solche Zusagen nur gegeben werden, wenn eine Gefährdung der geschützten Rechtsgüter in Zukunft mit hoher Wahrscheinlichkeit ausgeschlossen werden kann.

5.1.2.3.1 Da die Ausländerbehörden nach § 41 Absatz 1 Nummer 7 BZRG eine unbeschränkte Auskunft aus dem Bundeszentralregister verlangen können, sind Einträge im Bundeszentralregister und die zu Grunde liegenden Sachverhalte – insbesondere zu strafrechtlichen Verurteilungen, aber auch zu Suchvermerken im Zusammenhang mit noch nicht abgeschlossenen Strafverfahren – mit Ausnahme der in § 17 BZRG genannten Eintragungen und mit Ausnahme der Verurteilungen zu Jugendstrafe, bei denen der Strafmakel als beseitigt erklärt ist (vgl. § 41 Absatz 3 BZRG) – grundsätzlich bis zur Tilgung im Bundeszentralregister (Zweiter Teil, Vierter Abschnitt BZRG) verwertbar. Ist die Eintragung über eine Verurteilung im Register getilgt worden oder ist sie zu tilgen, so dürfen die Tat und die Verurteilung dem Betroffenen hingegen nach § 51 Absatz 1 BZRG nicht mehr vorgehalten und nicht zu seinem Nachteil verwertet werden. Entscheidungen von Gerichten oder Ausländerbehörden, die im Zusammenhang mit der Tat oder der Verurteilung vor der Tilgung bereits ergangen sind, bleiben hingegen nach § 51 Absatz 2 BZRG unberührt. Nach § 52 Absatz 1 Nummer 1 BZRG darf die frühere Tat zudem auch nach der Tilgung berücksichtigt werden, wenn die Sicherheit der Bundesrepublik Deutschland oder eines ihrer Länder dies zwingend gebietet. Hiervon ist im Zusammenhang mit § 5 Absatz 4 sowie § 54 Nummer 5 oder 5a regelmäßig auszugehen.

5.1.2.3.2 Zu beachten ist, dass ein Antragsteller im Visumverfahren und im Verfahren zur Beantragung eines Aufenthaltstitels sich nach § 53 Absatz 1 BZRG als unbestraft bezeichnen darf und den der Verurteilung zugrunde liegenden Sachverhalt nicht zu offenbaren braucht, wenn die Verurteilung entweder nicht in ein Führungszeugnis oder nur in ein Führungszeugnis für Behörden aufzunehmen ist oder aus dem Bundeszentralregister zu tilgen ist. Von der Offenbarung zur Pflicht von Verurteilungen, die zwar nicht zu tilgen sind, aber nicht in ein Führungszeugnis aufgenommen werden, ist der Betroffene nach § 53 Absatz 2 BZRG gegenüber Behörden, die zu einer unbeschränkten Auskunft aus dem Bundeszentralregister befugt sind, nur dann nicht befreit, wenn eine entsprechende Belehrung erfolgt ist. Eine entsprechende Bestätigung der Belehrung – auch im Hinblick auf § 55 Absatz 2 Nummer 1 – ist stets zu erteilen. Sie kann wie folgt lauten:

Allgemeine Erteilungsvoraussetzungen § 5 AufenthG 1

„In § 55 Absatz 2 Nummer 1 AufenthG ist bestimmt, dass ein Ausländer/eine Ausländerin aus Deutschland ausgewiesen werden kann, wenn er/sie im Verfahren zur Erteilung eines Aufenthaltstitels falsche Angaben zum Zwecke der Erteilung eines Aufenthaltstitels gemacht hat. Der Antragsteller/die Antragstellerin ist verpflichtet, alle Angaben nach bestem Wissen und Gewissen zu machen. Bewusste Falschangaben können zur Folge haben, dass der Antrag abgelehnt wird bzw. die Antragstellerin/der Antragsteller aus Deutschland ausgewiesen wird, sofern ein Aufenthaltstitel bereits erteilt wurde.

Die Behörde darf nach den Vorschriften des BZRG eine unbeschränkte Auskunft über die im Bundeszentralregistergesetz eingetragenen und nicht zu tilgenden strafrechtlichen Verurteilungen einholen, auch wenn diese nicht mehr in Führungszeugnisse aufgenommen werden. Daher ist ein Antragsteller verpflichtet, auch strafrechtliche Verurteilungen, die zwar nicht zu tilgen sind, aber nicht in ein Führungszeugnis aufgenommen werden, anzugeben.

Durch die Unterschrift bestätigt die Antragstellerin/der Antragsteller, dass er/sie über die Rechtsfolgen falscher oder unvollständiger Angaben im Verfahren belehrt worden ist."

5.1.2.4 Für ein Absehen von der Regelerteilungsvoraussetzung des Fehlens eines Ausweisungsgrundes können im Hinblick auf verfassungsrechtliche Vorgaben die nachfolgenden, nicht abschließenden Gesichtspunkte maßgeblich sein. Sie kommen insbesondere bei der Ermessensausübung über ein Absehen beim Familiennachzug nach § 27 Absatz 3 Satz 2 in Betracht:

5.1.2.4.1 – Die Dauer der Aufenthaltszeit, in der keine Straftaten begangen wurden, im Verhältnis zur Gesamtaufenthaltsdauer. Ein langwährender rechtmäßiger Aufenthalt im Bundesgebiet und die damit regelmäßig einhergehende Integration kann unter Berücksichtigung des Grundsatzes der Verhältnismäßigkeit eine atypische Fallgestaltung in der Weise ergeben, dass schutzwürdige Bindungen des Ausländers im Bundesgebiet zu berücksichtigen sind und ein Aufenthaltstitel je nach dem Grad der Entfremdung vom Heimatland grundsätzlich nur noch zur Gefahrenabwehr aus gewichtigen Gründen versagt werden darf.

5.1.2.4.2 – Hat der Ausländer die Inanspruchnahme von Sozialhilfeleistungen nicht zu vertreten (z. B. unverschuldete Arbeitslosigkeit, unverschuldeter Unfall) und hält er sich seit vielen Jahren rechtmäßig im Bundesgebiet auf, ist dieser Umstand insbesondere dann zugunsten des Ausländers zu gewichten, wenn er aufgrund seiner Sondersituation dem deutschen Arbeitsmarkt nicht zur Verfügung steht oder die Minderung der Erwerbsfähigkeit einen ergänzenden Bezug von Leistungen nach SGB XII erforderlich macht. Dies gilt auch bei der Verlängerung einer nach § 31 erteilten Aufenthaltserlaubnis.

5.1.2.4.3 – Bei Inanspruchnahme von Leistungen nach SGB XII zur Bestreitung des Lebensunterhaltes nach langwährendem Aufenthalt im Bundesgebiet ist auch darauf abzustellen, ob diese Leistungen nur in geringer Höhe oder für eine Übergangszeit in Anspruch genommen werden. Dies kann insbesondere bei Alleinerziehenden der Fall sein.

5.1.3 Beeinträchtigung oder Gefährdung der Interessen der Bundesrepublik Deutschland

5.1.3.1 Der Begriff der Interessen der Bundesrepublik Deutschland umfasst in einem weiten Sinne sämtliche öffentlichen Interessen. Der Regelversagungsgrund fordert nicht die Beeinträchtigung oder Gefährdung eines „erheblichen" öffentlichen Interesses (vgl. im Gegensatz hierzu § 55 Absatz 1). Eine Gefährdung öffentlicher Interessen ist anzunehmen, wenn Anhaltspunkte dafür vorliegen, dass der Aufenthalt des betreffenden Ausländers im Bundesgebiet öffentliche Interessen mit hinreichender Wahrscheinlichkeit beeinträchtigt wird. Allgemeine entwicklungspolitische Interessen erfüllen an sich allein diese Anforderungen nicht. Die Ausländerbehörde hat unter Berücksichtigung des bisherigen Werdegangs des Ausländers eine Prognoseentscheidung zu treffen.

5.1.3.2.1 Zu den in § 5 Absatz 1 Nummer 3 genannten Interessen gehört auch das öffentliche Interesse an der Einhaltung des Aufenthaltsrechts einschließlich der Einreisevorschriften, um insbesondere dem Hineinwachsen in einen vom Gesetz verwehrten Daueraufenthalt in Deutschland vorzubeugen. Die die Einreise und den Aufenthalt regelnden Vorschriften konkretisieren die allgemeine Zweckbestimmung des Aufenthaltsgesetzes, den Zuzug von Ausländern in die Bundesrepublik Deutschland zu steuern und zu begrenzen (§ 1 Absatz 1 Satz 1). Das vorgenannte Interesse ist grundsätzlich verletzt, wenn der Ausländer in das Bundesgebiet einreist und sich die Art des von ihm beantragten und danach erteilten Aufenthaltstitels mit dem tatsächlichen Aufenthaltsgrund oder -zweck nicht deckt. Erhärtet sich der Verdacht der Begehung einer Straftat gemäß § 95 Absatz 2 Nummer 2 (unrichtige Angaben) mit der Folge, dass in der Person des Ausländers ein Ausweisungsgrund vorliegt, liegt auch die Regelerteilungsvoraussetzung des § 5 Absatz 1 Nummer 2 nicht vor. Eine Gefährdung der Interessen der Bundesrepublik Deutschland kann insbesondere angenommen werden, wenn das Ausländerrecht für den beabsichtigten Aufenthaltszweck des Ausländers im Regelfall keine legale Verwirklichungsmöglichkeit vorsieht und somit zu befürchten ist, dass der Ausländer den Aufenthaltszweck illegal erreichen will.

5.1.3.2.2.1 Einem Ausländer, dem nur vorübergehender Aufenthalt gewährt werden soll, darf kein Aufenthaltstitel erteilt werden, wenn begründete Zweifel an der Möglichkeit oder der Bereitschaft zur Rückkehr in seinen Herkunftsstaat bestehen (zur Ablehnung eines Schengen-Visums wegen fehlender Rückkehrbereitschaft vgl. auch Nummer 6.1.3.1). Kann im Einzelfall die Rückkehrbereitschaft nicht festgestellt werden, ist die Erteilung eines Visums bereits tatbestandlich wegen des Fehlens der Regelerteilungsvoraussetzung ausgeschlossen (vgl. Nummer 6.1.3).

5.1.3.2.2.2 Diese Voraussetzung ist auch in Fällen der Beantragung eines Schengen- oder eines nationalen Visums zum Zweck eines Sprachkursbesuchs des Ehegatten eines Ausländers oder eines Deutschen von besonderer Bedeutung, mit dem die Ehegatte eines Ausländers oder der Deutschen den Erwerb von Deutschkenntnissen zur Erfüllung der Voraussetzung des § 30 Absatz 1 Satz 1 Nummer 2 im Inland beabsichtigt.

5.1.3.2.3 Die Auslandsvertretungen prüfen im Wege der gebotenen Einzelfallbetrachtung die Rückkehrbereitschaft und -möglichkeit des Antragstellers unter Einbeziehung ihrer Erkenntnisse zum Herkunftsland. In die Prognoseentscheidung über die Rückkehrbereitschaft fließt das Bestehen eventueller individueller Abschiebungshindernisse im Herkunftsstaat mit ein.

5.1.3.3 Zu den öffentlichen Interessen i. S. v. § 5 Absatz 1 Nummer 3 gehört auch, die Verpflichtungen einzuhalten, die sich aus völkerrechtlichen Verträgen für die Vertragsstaaten ergeben. Für die Erteilung eines Schengen-Visums sind die Voraussetzungen des Artikels 5 Absatz 1 Schengener Grenzkodex maßgebend.

5.1.3.4 Zu den öffentlichen Interessen gehört auch die Vermeidung einer Belastung der öffentlichen Haushalte. Der Aufenthaltstitel ist daher regelmäßig zu versagen, wenn der Ausländer, insbesondere als ältere Person, keinen Krankenversicherungsschutz nachweist oder Rückkehrhilfen in Anspruch genommen hat. Bei älteren Ausländern muss das Risiko der Krankheit durch eine Versicherung oder im Einzelfall durch eine gleichwertige Absicherung, z. B. durch Abgabe einer Erklärung gemäß § 68 oder einer Bürgschaft, gedeckt sein (vgl. Nummer 68.1.2.2).

5.1.3.5.1 Zu den öffentlichen Interessen i. S. v. § 5 Absatz 1 Nummer 3 gehört die öffentliche Gesundheit. Der Schutz der öffentlichen Gesundheit umfasst die Verhinderung der Weiterverbreitung von übertragbaren Krankheiten beim Menschen. Als übertragbare Krankheiten kommen hier vor allem die in Artikel 29 der Richtlinie 2004/38/EG des Europäischen Parlaments und des Rates vom 29. April 2004 über das Recht der Unionsbürger und ihrer Familienangehörigen, sich im Hoheitsgebiet der Mitgliedstaaten der Europäischen Union frei zu bewegen und aufzuhalten, zur Änderung der Verordnung (EWG) Nummer 1612/68 und zur Aufhebung der Richtlinien 64/221/EWG, 68/ 380/EWG, 72/194/EWG, 73/148/EWG, 75/34/ EWG, 75/35/EWG, 90/364/EWG, 90/365 EWG und 93/96/EWG (ABl. EU Nummer L 229 S. 35, so genannte Freizügigkeitsrichtlinie) genannten Krankheiten (siehe dazu Nummer 6.1.1.3 VwV-FreizügigEU) und Krankheiten mit klinisch schweren Verlaufsformen, die sich im Inland epidemisch verbreiten können, in Betracht. Erfasst sind Kranke, Krankheitsverdächtige, Ansteckungsverdächtige, Ausscheider (§ 2 IfSG) sowie sonstige Personen, die Krankheitserreger so in oder an sich tragen, dass im Einzelfall die Gefahr einer Weiterverbreitung besteht. Eine Gefahr für die öffentliche Gesundheit besteht im Einzelfall nicht, wenn die Krankheit nachweislich nicht auf andere Menschen übertragen werden kann. Auch eine ordnungsgemäße Heilbehandlung einschließlich der Befolgung der erforderlichen Präventionsmaßnahmen schließt die Gefahr einer Weiterverbreitung der Krankheit weitgehend aus. Ein Regelversagungsgrund wegen Beeinträchtigung oder Gefährdung der öffentlichen Gesundheit ist daher nicht gegeben, wenn nachgewiesen wird, dass die Krankheit im Inland ordnungsgemäß unter Beachtung des Arztprivilegs nach § 24 IfSG behandelt werden wird und erforderliche Präventionsmaßnahmen befolgt werden. Ist eine Störung oder Gefährdung der öffentlichen Gesundheit auf das persönliche Verhalten des Ausländers zurückzuführen, liegt der Ausweisungsgrund des § 55 Absatz 2 Nummer 2 vor, so dass die Regelversagung auch auf § 5 Absatz 1 Nummer 2 gestützt werden kann.

5.1.3.5.2 Nicht übertragbare Krankheiten berühren zwar nicht die Gesundheit der Bevölkerung und stellen keinen Regelversagungsgrund dar; sie können jedoch öffentliche Belange anderer Art, insbesondere wegen der Notwendigkeit finanzieller Aufwendungen der Sozialversicherung oder öffentlicher Haushalte beeinträchtigen (siehe Nummer 5.1.1 f.). Insoweit kann die Regelerteilungsvoraussetzung des ausreichenden Krankenversicherungsschutzes nach § 5 Absatz 1 Nummer 1 i. V. m. § 2 Absatz 3 Satz 1 fehlen.

5.1.3.5.3 Bei Vorliegen von Anhaltspunkten für die Gefährdung der öffentlichen Gesundheit kann die Ausländerbehörde die Vorlage eines Gesundheitszeugnisses verlangen, im Visumverfahren die Auslandsvertretung die Beibringung einer geeigneten und zuverlässigen ärztlichen Bescheinigung. Die Vorlage von Gesundheitszeugnissen für Angehörige bestimmter Ausländergruppen kann nur die oberste Landesbehörde anordnen.

5.1.3.6 Eine Beeinträchtigung öffentlicher Interessen liegt vor, wenn der Ausländer seinen Lebensunterhalt aus einer sittenwidrigen oder sozial unwerten Erwerbstätigkeit bestreitet. In diesen Fällen greift der Versagungsgrund jedoch nicht ein, wenn der Ausländer einen gesetzlichen Aufenthaltsanspruch hat oder das Diskriminierungsverbot nach Europäischem Gemeinschaftsrecht eine Inländergleichbehandlung gebietet. Die Ausübung der Prostitution beeinträchtigt öffentliche Interessen insbesondere dann stets, wenn sie in tatsächlicher wirtschaftlicher Abhängigkeit ausgeübt wird, selbst wenn diese Abhängigkeit nicht eine strafrechtliche Erheblichkeit aufweist. Soweit Ermessen eröffnet ist, ist zudem zu beachten, dass die Zulassung des Aufenthalts zum Zwecke der Ausübung der Prostitution, auch wenn sie legal erfolgt, nicht im migrationspolitischen Interesse liegt.

5.1.4 Erfüllung der Passpflicht

5.1.4.1 Der Regelerteilungsgrund der Erfüllung der Passpflicht dient neben der Feststellung der Identität und Staatsangehörigkeit des Ausländers auch dazu, die Rückkehrmöglichkeit des Ausländers in den Staat, der den Pass oder Passersatz ausgestellt hat, sicherzustellen (vgl. Nummer 3.0.8).

5.1.4.2 Gründe, die ausnahmsweise eine Abweichung von der Passpflicht rechtfertigen, sind außer den in § 5 Absatz 3 genannten Fällen etwa das Vorliegen eines Anspruchs auf Erteilung des Aufenthaltstitels, wenn der Ausländer sich rechtmäßig im Bundesgebiet aufhält und aus von ihm nicht zu vertretenden Gründen keinen Pass erlangen kann, oder sonstige begründete Einzelfälle.

5.1.4.3.1 Eine Erteilung von Aufenthaltstiteln ohne Vorliegen eines anerkannten Passes oder Passersatzpapiers soll erst nach einer umfassenden Überprüfung der zu befreienden Person, bei einem Voraufenthalt in Deutschland auch anhand des Bundeszentralregisters, erfolgen. Dies entspricht dem Charakter der Entscheidung als Ausnahmeentscheidung, die einen durch den Gesetzgeber als grundsätzlich zwingend ausgestalteten Grund für eine Versagung des Aufenthaltstitels – sogar in Fällen, in denen sonst ein Anspruch bestehen würde – durchbricht. Auch bei Bestehen eines Anspruchs kann auf das Vorhandensein eines ausreichenden Passes oder Passersatzes ausnahmsweise nur verzichtet werden, wenn an der Rückkehrwilligkeit, -bereitschaft und -berechtigung ausnahmsweise keine vernünftigen Zweifel bestehen, oder wenn ein Anspruch oder ein sehr gewichtiger Grund für die Begründung eines Daueraufenthalts besteht und keine Gründe ersichtlich sind, wonach in naher oder mittlerer Zukunft mit einer Aufenthaltsbeendigung oder der Verwirklichung von Ausweisungstatbeständen zu rechnen ist. In aller Regel kann demnach beim Vorliegen von Vorstrafen in derartigen Fällen kein Aufenthaltstitel erteilt werden, insbesondere wenn es sich um erheblichere oder Rohheitsdelikte handelt. Bei der Entscheidung sind wegen der im Ergebnis verbleibenden Rückführungsmöglichkeit bei Passlosigkeit auch allgemeine migrationspolitische Erwägungen verstärkt zu berücksichtigen. Im Ergebnis muss verhindert werden, dass in gleicher Lebenslage bei Passlosigkeit ein wegen der fehlenden Rückführungsmöglichkeit sichererer Aufenthalt gegeben ist als bei Vorhandensein eines Passes.

5.1.4.3.2 Ausnahmen von der Passpflicht vor der Einreise des Ausländers richten sich nach § 3 Absatz 2. Das Bundesministerium des Innern entscheidet über die Ausnahme von der Passpflicht in einem selbständigen Verwaltungsverfahren und ist dabei nicht an Entscheidungen oder Zusagen anderer Behörden gebunden. Die Ausnahme vom Regelerteilungsgrund der Passpflicht hat lediglich zur Folge, dass trotz der Nichterfüllung der Passpflicht ein Aufenthaltstitel erteilt wird. Sie befreit den Ausländer jedoch nicht davon, sich um die Erfüllung der nach § 3 Absatz 1 weiterhin bestehenden Passpflicht zu bemühen. Die Pflichten nach § 48 Absatz 3 gelten weiterhin. Ihre schuldhafte Nichterfüllung ist gemäß § 98 Absatz 2 Nummer 3 bußgeldbewehrt. Sofern der Ausländer keinen Pass oder Passersatz besitzt (insbesondere keinen Reiseausweis für Flüchtlinge) und ein Pass oder Passersatz trotz entsprechend nachgewiesener erfolgloser Bemühungen nicht innerhalb von zwei Monaten erlangt werden kann, ist mit dem Aufenthaltstitel ein Ausweisersatz auszustellen.

Allgemeine Erteilungsvoraussetzungen § 5 AufenthG 1

5.2 Erteilungsvoraussetzungen der Aufenthaltserlaubnis und der Niederlassungserlaubnis
5.2.1 § 5 Absatz 2 bestimmt als weitere Voraussetzung für die Erteilung der längerfristigen oder dauerhaften Aufenthaltstitel, dass das Visumverfahren nicht nur ordnungsgemäß, sondern auch unter vollständiger Angabe insbesondere des Aufenthaltszwecks durchgeführt worden sein muss. Auf diese Weise soll die Einhaltung des Visumverfahrens als wichtiges Steuerungsinstrument der Zuwanderung gewährleistet werden.
5.2.1.1 Die Voraussetzung kommt nur zum Tragen, wenn ein Visum erforderlich ist. Dies ist nicht der Fall, soweit der Ausländer gemäß §§ 39 bis 41 AufenthV den Aufenthaltstitel nach der Einreise einholen darf (siehe hierzu im Falle der Eheschließung auch Nummer 30.0.1 f.).
5.2.1.2 Einem Ausländer, der bereits eine Aufenthaltserlaubnis besitzt und deren Verlängerung oder die Erteilung eines anderen Aufenthaltstitels begehrt, kann bei dieser Gelegenheit ein früherer Visumverstoß nicht mehr vorgehalten werden.
5.2.2.1 Von der Einhaltung des Visumverfahrens kann im Einzelfall abgesehen werden, wenn die Voraussetzungen eines Anspruchs auf Erteilung der Aufenthaltserlaubnis, einer Niederlassungserlaubnis oder einer Erlaubnis zum Daueraufenthalt-EG erfüllt sind. Damit soll in Fällen, in denen die materielle Prüfung der Ausländerbehörde bereits zu Gunsten des Ausländers abgeschlossen ist, vermieden werden, dass das Visumverfahren lediglich als leere Förmlichkeit durchgeführt werden muss. Dies ist jedoch insbesondere dann nicht der Fall, wenn es Gründe dafür gibt, das Vorliegen der Voraussetzungen eines Anspruchs auf Erteilung eines Aufenthaltstitels, z. B. das Bestehen einer wirksamen Ehe, in Zweifel zu ziehen. Es ist auch mit dem verfassungsrechtlichen Schutz von Ehe und Familie nach Artikel 6 GG grundsätzlich vereinbar, den Ausländer auf die Einholung eines erforderlichen Visums zu verweisen (siehe aber Nummer 5.2.3). Einem mit einem Visum zu einem anderen Aufenthaltszweck eingereisten Ehegatten kann ein Aufenthaltszweckwechsel zum Ehegattennachzug nicht gestattet werden, wenn der Ehegattennachzug auch bei Vorliegen aller übrigen Voraussetzungen vom Nachweis der einfachen Deutschkenntnisse nach § 30 Absatz 1 Satz 1 Nummer 2 und § 28 Absatz 1 Satz 5 abhängig ist, da der Ehegatte nach Sinn und Zweck des § 30 Absatz 1 Satz 1 Nummer 2 die einfachen Deutschkenntnisse bereits vor dem Zuzug nach Deutschland bei der Erteilung des nationalen Visums zum Ehegattennachzug nachweisen soll.
5.2.2.2 Im Rahmen der nach § 5 Absatz 2 Satz 2 zu treffenden Ermessensentscheidung ist ein erheblicher öffentlicher Belang, dass aus generalpräventiven Gründen im Falle des gezielten Versuchs einer Umgehung der Erteilungsvoraussetzungen für ein nationales Visum die Nachholung des Visumverfahrens als Steuerungsinstrument vor der Einreise gefordert wird. Häufig sind allein die Auslandsvertretungen im Visumverfahren in der Lage, anhand der Gegebenheiten im jeweiligen Herkunftsland das Vorliegen bestimmter Erteilungsvoraussetzungen (z. B. sozial-familiäre Verwurzelung hinsichtlich der Rückkehrbereitschaft, Mittel zur Lebensunterhaltssicherung, persönliche Voraussetzungen bei Anträgen zu Erwerbs- oder Studienaufenthalten) zu beurteilen. Es widerspräche darüber hinaus dem gesetzlichen Ziel der Steuerung der Zuwanderung nach § 1, einen weiteren Aufenthalt im Inland während der notwendigen Bearbeitung des Antrags zum Aufenthaltszweckwechsel zu gestatten, wenn der Antrag auf weiteren Aufenthalt im Einzelfall letztlich versagt werden muss.
5.2.2.3 Ein Anspruch auf Erteilung eines Aufenthaltstitels i. S. d. Aufenthaltsgesetzes ist nicht anzunehmen, wenn ein Aufenthaltstitel auf Grund einer Ermessensreduzierung auf Null erteilt werden muss, ohne dass ein Anspruch entstanden ist. Dies ist vielmehr im Rahmen der Regelung besonderer Gründe des Einzelfalls nach § 5 Absatz 2 Satz 2, 2. Alternative zu berücksichtigen.
5.2.3 In Ermessensfällen kann von der Nachholung des Visumverfahrens abgesehen werden, wenn sie auf Grund besonderer Umstände des Einzelfalles nicht zumutbar ist. Dies kann z. B. der Fall sein, wenn
– im Haushalt des Ausländers betreuungsbedürftige Kinder oder pflegebedürftige Personen leben, deren Betreuung im Fall der Reise nicht gesichert wäre,
– dem Ausländer wegen Krankheit, Schwangerschaft, Behinderung oder hohen Alters die Reise nicht zumutbar ist,
– wenn reguläre Reiseverbindungen in das Herkunftsland des Ausländers nicht bestehen,
– eine legale oder angesichts der Rahmenbedingung der Reise zumutbare Durchreise durch Drittstaaten nicht gewährt wird,
– im Herkunftsland keine deutsche Auslandsvertretung existiert oder
– ein Aufenthaltstitel auf Grund einer Ermessensreduzierung auf Null erteilt werden muss, ohne dass ein Anspruch entstanden ist.

Die Kosten der Reise für die Nachholung des Visumverfahrens im Herkunftsland sind für sich allein keine solchen besonderen Umstände.
Liegen im Einzelfall besondere Umstände vor, so soll die Ausländerbehörde von ihrem Ermessen insbesondere Gebrauch machen, wenn sie im Einzelfall über den Antrag zum Aufenthaltszweckwechsel sachlich ohne eine Beteiligung der Auslandsvertretung entscheiden kann und der Antrag nicht offensichtlich unbegründet ist. Dies dient auch dazu, eine Nachholung des Visumverfahrens durch Ermächtigung der grenznahen Auslandsvertretungen zu vermeiden.
5.3 Ausnahmeregelungen
5.3.0.1 In vielen Fällen der Aufenthaltsgewährung aus völkerrechtlichen, humanitären und politischen Gründen kann die Erteilung eines Aufenthaltstitels typischerweise nicht von der Einhaltung aller Voraussetzungen des § 5 abhängig gemacht werden. Absatz 3 trifft daher für diese Fälle eine zusammenfassende Sonderregelung. Bei Ausländern, die die Voraussetzungen eines humanitären Aufenthaltstitels erfüllen, besteht i. d. R. nicht die Möglichkeit, den Aufenthalt zu beenden. Sie sollen nach dem Aufenthaltsgesetz für die Dauer der humanitären Notlage die Möglichkeit eines legalen Aufenthaltsstatus erhalten.
5.3.0.2 § 5 Absatz 3 gilt nicht für den Fall der Familienzusammenführung zu diesem Personenkreis. Ein nachziehendes Familienmitglied muss die Voraussetzungen des § 5 erfüllen, soweit in den Vorschriften zum Familiennachzug keine Ausnahmen vorgesehen sind.
5.3.1.1 In den Fällen des § 5 Absatz 3, 1. Halbsatz ist der Aufenthaltstitel ungeachtet der allgemeinen Erteilungsvoraussetzungen der Absätze 1 und 2 zu erteilen. Hinsichtlich der Ausweisungsgründe regelt § 25 Absatz 1 Satz 2 einen speziellen Versagungsgrund, der auch im Fall des § 25 Absatz 2 anwendbar ist.

5.3.1.2 Nach § 5 Absatz 3 Satz 1 ist im Rahmen der Prüfung der Erteilungsvoraussetzungen einer Aufenthaltserlaubnis nach § 25 Absatz 4a von den allgemeinen Erteilungsvoraussetzungen nach § 5 Absatz 1 Nummer 1, Nummer 1a und Nummer 2 und Absatz 2 abzusehen. Zu prüfen bleiben daher die sonstige Gefährdung der öffentlichen Interessen der Bundesrepublik Deutschland nach § 5 Absatz 1 Nummer 3 und das Vorliegen der Ausweisungsgründe des § 54 Absatz 5a nach § 5 Absatz 4 Satz 1 (vgl. Nummer 25.4 a.3).

Die Einschränkung des § 5 Absatz 3 Satz 1 beinhaltet jedoch keine Einschränkung der Möglichkeit, den Ausländer bei Vorliegen der Voraussetzungen auszuweisen.

5.3.2 In den übrigen Fällen des Kapitels 2 Abschnitt 5 des Aufenthaltsgesetzes kann nach § 5 Absatz 3 Satz 2 von der Anwendung der Absätze 1 und 2 abgesehen werden.

5.3.2.1 Ein Absehen vom Erfordernis des gesicherten Lebensunterhalts kommt bei erstmaliger Erteilung eines Aufenthaltstitels nach Kapitel 2 Abschnitt 5 grundsätzlich in Betracht, da ohne den Besitz eines Aufenthaltstitels die Aufnahme einer Beschäftigung erschwert ist. Dies gilt nicht, wenn der Betroffene sich bereits seit einem Jahr in Deutschland aufgehalten und geduldet wird, da nunmehr die Möglichkeit nach § 10 BeschVerfV besteht, auch Geduldeten die Ausübung einer Erwerbstätigkeit zu erlauben. Bei der Ermessensentscheidung ist in diesen Fällen daher zu prüfen, ob Tatsachen die Annahme rechtfertigen, dass der Ausländer in absehbarer Zeit in der Lage sein wird, seinen Lebensunterhalt eigenständig zu sichern. Bei der anzustellenden Prognose ist die Qualifikation des Ausländers, insbesondere seine Ausbildung und Sprachkenntnisse, ebenso zu berücksichtigen wie die Frage, ob der Ausländer sich in der Vergangenheit aktiv um eine Beschäftigung bemüht hat. Ist absehbar, dass der Ausländer auf unabsehbare Zeit von Sozialleistungen abhängig sein wird, sprechen gute Gründe dafür, von der Voraussetzung der Lebensunterhaltssicherung nicht abzusehen. Diese Grundsätze gelten auch für den Ausweisungsgrund des § 55 Absatz 2 Nummer 6. Dient der Aufenthalt nach § 25 Absatz 4 Satz 1 vorrangig den persönlichen Interessen des Ausländers, wie etwa im Falle der Regelung wichtiger persönlicher Angelegenheiten oder des Abschlusses einer Ausbildung, wird man von der Voraussetzung der Lebensunterhaltssicherung regelmäßig nicht absehen können. Die Erteilung der Aufenthaltserlaubnis kann auch von der Abgabe einer Verpflichtungserklärung abhängig gemacht werden.

5.3.2.2 Ausweisungstatbestände können bis zu der Grenze außer Betracht bleiben, die auch eine Aufenthaltsverfestigung nicht verhindert (§ 9 Absatz 2 Satz 1 Nummer 4).

5.3.2.3 Im Fall des § 23 Absatz 2 soll von der Einhaltung des Visumverfahrens im Regelfall nicht abgesehen werden, da hier ein überwiegendes öffentliches Interesse an der Einhaltung des geregelten Aufnahmeverfahrens besteht und der Ausländer sich nicht in einer Fluchtsituation befindet. Bei Bürgerkriegsflüchtlingen oder Personen, bei denen rechtliche Abschiebungsverbote vorliegen, soll von der Einhaltung des Visumverfahrens abgesehen werden, im Übrigen ist nach den Umständen des Einzelfalles zu entscheiden.

5.3.2.4 Sofern von dem Erfordernis der Erfüllung der Passpflicht im Rahmen der Erteilung des Aufenthaltstitels abgesehen werden kann, befreit dies den Ausländer nicht zugleich von der allgemeinen Pflicht, die Passpflicht nach § 3 Absatz 1 sowie die Pflichten nach § 48 Absatz 3 und nach § 56 AufenthV zu erfüllen. Sofern das Vorliegen der Voraussetzungen für die Ausstellung eines Ausweisersatzes oder deutschen Passersatzes nicht festgestellt werden kann (die Darlegungslast trifft hierzu grundsätzlich den Ausländer), zugleich aber dennoch ausnahmsweise ein Aufenthaltstitel erteilt werden kann, weil dann die Erteilungsvoraussetzungen vorliegen, ist das Klebeetikett mit dem Aufenthaltstitel auf den Vordruck „Ausweisersatz" nach Anlage D1 zur AufenthV aufzukleben; die Wörter „Ausweisersatz" auf Seite 1 und „als Ausweisersatz" auf Seite 4 sind zu streichen und der Vermerk

„Die Inhaberin/der Inhaber genügt mit dieser Bescheinigung nicht der Pass- und Ausweispflicht."
auf Seite 1 anzubringen.

5.3.3 In Satz 3 wird den Ausländerbehörden in Anlehnung an die verwaltungsgerichtliche Rechtsprechung ausdrücklich die Möglichkeit eröffnet, einem Ausländer einen Aufenthaltstitel zu erteilen, ohne dass Ausweisungsgründe „verbraucht" werden. Auf Nummer 79.2.3.5 wird verwiesen.

5.3.3.1 Eine solche Handhabe ist insbesondere dann sinnvoll, wenn es die Behörde als wahrscheinlich erachtet, dass es letztendlich nicht zu einer Ausweisung kommt, allerdings eine nähere Prüfung nicht vorbehalten bleiben soll (z. B. Abwarten des Ausgangs eines gegen den Ausländer anhängigen strafrechtlichen Ermittlungsverfahrens), oder wenn ein lang andauerndes Ausweisungsverfahren durchgeführt wird. In solchen Fällen müsste die Ausländerbehörde, wenn die Möglichkeit der Erteilung des Aufenthaltstitels unter Vorbehalt nicht möglich wäre, den Ausländer auf die Titelfiktion (§ 81) verweisen oder den „Verbrauch" eines Ausweisungsgrundes akzeptieren.

5.3.3.2 Durch das Erfordernis der Benennung der vorbehaltenen Ausweisungsgründe besteht Rechtssicherheit hinsichtlich des Umfanges des Vorbehalts. Der Vorbehalt muss nicht in den Aufenthaltstitel aufgenommen werden. Es genügt, wenn er dem Ausländer in anderer Weise, etwa durch ein Begleitschreiben, mitgeteilt wird. Er steht der Eignung des Aufenthaltstitels für Reisen nach Artikel 21 SDÜ nicht entgegen.

5.4 Versagungsgründe

5.4.1 Der Versagungsgrund nach § 5 Absatz 4 greift ein, wenn ein Ausweisungsgrund nach § 54 Nummer 5 oder 5a objektiv vorliegt. § 5 Absatz 4 ist gegenüber § 5 Absatz 1 Nummer 2 insoweit die speziellere Vorschrift. Ebenso wie im Rahmen von § 5 Absatz 1 Nummer 2 ist es nicht erforderlich, dass der Ausländer auch ermessensfehlerfrei ausgewiesen werden könnte. Die Ausführungen zu Nummer 5.1.2.1 gelten entsprechend.

5.4.2 Der Versagungsgrund gilt uneingeschränkt sowohl für Aufenthaltstitel, die im Ermessenswege erteilt werden können, als auch für solche, auf die ein gesetzlicher Anspruch besteht. Bei Vorliegen von Tatsachen, die die Schlussfolgerung rechtfertigen, dass ein Terrorismusbezug i. S. d. § 54 Nummer 5 besteht, sowie in Fällen des § 54 Nummer 5a, überwiegt nach der Wertung des Gesetzgebers – wie die Ausgestaltung des § 5 Absatz 4 Satz 1 als zwingender Versagungsgrund zeigt – stets das Interesse der Bundesrepublik Deutschland an der Fernhaltung des Betroffenen vom Bundesgebiet gegenüber der dem Anspruch zugrunde liegenden Grundrechtsposition (z. B. aus Artikel 6 GG). Artikel 6 GG verleiht keinen unmittelbaren Rechtsanspruch auf Aufenthaltsgewährung im Bundesgebiet, sondern verpflichtet lediglich den Staat, familiäre Bindungen in erforderlicher und angemessener Weise zu berücksichtigen. Für die hinter § 5 Absatz 4 stehende gesetzgeberische Wertung ist insbesondere entscheidend, dass sich der Terrorismus zielgerichtet gegen die Sicherheit der gesamten Gesellschaft und dabei auch gegen zentrale, verfassungsrechtlich verbürgte Rechtsgüter, unter anderem gegen die Grundrechte auf Leben (Artikel 2 Absatz 2 GG) und Eigentum (Artikel 14 GG) richtet. Die objektive staatliche Pflicht zur Achtung und Wahrung der Würde aller Menschen und der betroffenen Rechtsgüter ist Gegenstand der im Grundgesetz verankerten objektiven Werteordnung und richtet sich daher nicht nur auf den Schutz der entsprechenden Rechtsgüter im In-, sondern auch im Ausland. Es besteht zudem weltweiter Konsens, dass für Terroristen kein sicheres Refugium geschaffen werden darf. Auch terroristische Aktivitäten mit Auslandsbezug führen daher zu einem überwiegenden Interesse an der Fernhaltung des Betroffenen aus dem Bundesgebiet.

5.4.3 In den Fällen, in denen § 54 Nummer 5 über die Verweisung des § 5 Absatz 4 zur Anwendung kommt, muss die Frage der Gegenwärtigkeit auch im Zusammenhang mit der Regelung des § 5 Absatz 4 Satz 2 beurteilt werden. Danach ist bei der Gefahrenprognose zu berücksichtigen, ob sich der Betroffene gegenüber den zuständigen Behörden offenbart und glaubhaft von seinem sicherheitsgefährdenden Handeln Abstand nimmt.

5.4.4.1 Die Regelung des § 5 Absatz 4 Satz 2 kommt – ebenso wie § 54 Nummer 5, 2. Halbsatz – zur Anwendung, wenn die fragliche Handlung, die einen Versagungsgrund rechtfertigt, in der Vergangenheit liegt. An das glaubhafte Abstandnehmen sind ausgesprochen hohe Maßstäbe zu setzen, da nur aufgrund eindeutigen aktiven Tuns des Betroffenen davon ausgegangen werden kann, dass dieser von seiner früheren, den Terrorismus unterstützenden Einstellung endgültig Abstand genommen hat.

5.4.4.2 Satz 2 ermöglicht im Einzelfall Ausnahmen bei tätiger Reue. Durch diese Regelung soll die Möglichkeit geschaffen werden, Ausländern, die sich bereits im Bundesgebiet aufhalten und sich von ihren bisherigen terroristischen Bestrebungen vollständig und dauerhaft distanzieren, ein Aufenthaltsrecht zu gewähren. Die Feststellung, ob vom Terrorismus Abstand genommen wurde und entsprechende Behauptungen glaubhaft sind, ist in erster Linie von den Sicherheitsbehörden aufgrund der konkreten Erfahrungen in Bezug auf bestimmte Vereinigungen zu treffen. Um glaubhaft von einem sicherheitsgefährdenden Handeln Abstand zu nehmen, muss der Ausländer eine innere und äußere völlige Abkehr von den sicherheitsgefährdenden Zielen überzeugend deutlich machen. Insbesondere muss sich die Abkehr nach außen durch entsprechende Handlungen manifestieren, und es muss deutlich werden, dass die Abkehr auf Dauer und zudem nicht aus äußeren Zwängen oder auf Grund rechtlicher Konsequenzen (beispielsweise infolge eines Vereinsverbotes) erfolgt.

5.4.5 Für Ausnahmen vor der Einreise nach Satz 3 ist das Bundesministerium des Innern oder die von ihm bestimmte Stelle zuständig. Die Entscheidung des Bundesministeriums des Innern ergeht gegenüber der Behörde, die den Aufenthaltstitel erteilt oder versagt und ist somit ein Mitwirkungsakt innerhalb des Visumverfahrens, der als solcher nicht durch Rechtsmittel selbständig angegriffen werden kann. Die Ausnahmeregelung ist nur besonders gelagerten und konkreten Einzelfällen vorbehalten und muss vor der Einreise ausgesprochen werden.

5.5 Zusätzlich zu beachtende Einreisevoraussetzungen nach dem Schengener Grenzkodex

Neben den allgemeinen Erteilungsvoraussetzungen nach § 5 sind bei der Erteilung von Schengen-Visa und bei der Einreise in das Schengen-Gebiet die Einreisevoraussetzungen nach dem Schengener Grenzkodex zu beachten. Neben Artikel 1 des Schengener Grenzkodex, wonach keine Grenzkontrollen in Bezug auf Personen stattfinden, die die Binnengrenzen zwischen den Mitgliedstaaten der Europäischen Union überschreiten, ist Artikel 5 Absatz 1 Buchstabe a) bis e) Schengener Grenzkodex für die Einreise und den Aufenthalt von Drittstaatsangehörigen im Schengen-Gebiet maßgeblich. Für einen Aufenthalt von bis zu drei Monaten je Sechsmonatszeitraum

5.5.1 muss ein Drittstaatsangehöriger bei der Einreise

– im Besitz eines oder mehrerer gültiger Reisedokumente sein, wobei es sich im Fall der Bundesrepublik Deutschland – sofern keine Ausnahme von der Passpflicht zugelassen wurde – um anerkannte und gültige Pässe oder Passersatzpapiere i. S. d. § 3 Absatz 1 handeln muss. Die Befugnis zur Anerkennung von Reisedokumenten liegt nach wie vor ausschließlich bei den Mitgliedstaaten. Bei einer Einreise in das Bundesgebiet ist es nicht erheblich, ob alle anderen SchengenStaaten das Reisedokument anerkennen. Werden Schengen-Visa in Reisedokumenten erteilt, die nicht von allen Schengen-Staaten anerkannt werden, sind die nicht anerkennenden Staaten aus dem Geltungsbereich auszunehmen.

– soweit erforderlich über ein gültiges Visum verfügen, außer wenn er Inhaber eines sonstigen gültigen Aufenthaltstitels ist (siehe § 6),

– den Zweck und die Umstände seines beabsichtigten Aufenthalts belegen und ausreichende Mittel zur Bestreitung seines Lebensunterhalts sowohl für die Dauer des beabsichtigten Aufenthalts als auch für die Rückreise in den Herkunftsstaat nachweisen und

5.5.2.1 darf ein Drittstaatsangehöriger

– nicht gemäß Artikel 96 SDÜ im SIS zur Einreiseverweigerung ausgeschrieben sein sowie
– keine Gefahr für die öffentliche Ordnung, die innere Sicherheit, die öffentliche Gesundheit oder die internationalen Beziehungen eines Mitgliedstaats darstellen und insbesondere nicht in den nationalen Datenbanken der Mitgliedstaaten zur Einreiseverweigerung aus diesen Gründen ausgeschrieben sein.

5.5.2.2 Abweichungen hiervon sind in Artikel 5 Absatz 4 Schengener Grenzkodex und den „Sonderbestimmungen für bestimmte Personengruppen" im Anhang VII Schengener Grenzkodex geregelt. Die genannten Einreisevoraussetzungen sind zwar im Wesentlichen deckungsgleich mit den Voraussetzungen des § 5; nach Artikel 5 Absatz 1 Buchstabe e) Schengener Grenzkodex werden aber insbesondere auch die Sicherheitsinteressen anderer Schengen-Staaten berücksichtigt.

5.5.2.3 Die genannten Einreisevoraussetzungen müssen jeweils einzeln erfüllt sein. Die Nichterfüllung einer Einreisevoraussetzung kann nicht durch die Erfüllung einer anderen Einreisevoraussetzung ersetzt werden. Ein grundsätzlich visumfreier Drittausländer kann etwa nicht die Passpflicht dadurch erfüllen, dass er zwar kein anerkanntes gültiges Grenzübertrittspapier besitzt, ihm jedoch ein Ausnahmevisum erteilt wird. Vielmehr kann die Erfüllung der Passpflicht nur durch die Ausstellung eines Passersatzpapiers bewirkt werden.

5.5.3 Für die Einreise und den Aufenthalt im Schengen-Gebiet müssen Drittstaatsangehörige im Besitz eines oder mehrerer gültiger Reisedokumente sein, die sie zum Überschreiten der Grenze berechtigen (Artikel 5 Absatz 1 Buchstabe a) Schengener Grenzkodex; siehe jedoch Artikel 5 Absatz 4 Buchstabe a) Schengener Grenzkodex).

5.5.3.1 Die auf EU-Ebene als gültig anerkannten Reisedokumente sind in der jährlich von den Ratsgremien aktualisierten Liste der zum Grenzübertritt berechtigenden Dokumente aufgeführt.

Die Schengener Vertragsparteien hatten ursprünglich vorgesehen, auch die Anerkennung von Reisedokumenten auf Schengener Ebene zu regeln. Später hatten sie sich zwar auf eine gemeinsame Visa-Politik, nicht jedoch auf eine gemeinsame Politik der Anerkennung von Pässen oder Reisedokumenten verständigt. Diese unterliegt nach wie vor den einzelnen Schengen-Staaten, was inzwischen in mehreren Verordnungen auch dauerhaft festgeschrieben ist; vgl. nur Artikel 6 der Verordnung (EG) Nummer 539/2001 des Rates vom 15. März 2001 zur Aufstellung der Liste der Drittländer, deren Staatsangehörige beim Überschreiten der Außengrenzen im Besitz eines Visums sein müssen, sowie der Liste der Drittländer, deren Staatsangehörige von der Visumpflicht befreit sind (ABl. EG Nummer L 81 S. 1). Insoweit bestehen unterschiedliche Gegebenheiten hinsichtlich der Anerkennung von Reisedokumenten.

5.5.3.2 Vermerke, die in dem Pass oder Passersatz eines Ausländers eingetragen werden, sind mit Angabe des Ortes und des Datums, der Unterschrift und einem Abdruck des Dienstsiegels -stempels zu versehen. Im automatisierten Visumverfahren sowie bei der Eintragung von Kontrollstempeln werden Ausnahmen zugelassen. Das Abstempeln der Reisedokumente ist in Artikel 10 Schengener Grenzkodex geregelt. Die Abstempelungsmodalitäten sind dem Anhang IV Schengener Grenzkodex zu entnehmen. Vermerke dürfen nur eingetragen werden, wenn dies nach europäischem oder deutschem Recht ausdrücklich zugelassen ist.

5.5.4 Allgemeine Hinweise zum SDÜ: Ausschreibung zur Einreiseverweigerung nach Artikel 96 SDÜ/Abfrage des SIS

5.5.4.0 Allgemeines

5.5.4.0.1.1 Vor jeder ausländerrechtlichen Entscheidung ist durch Abfrage des SIS zu prüfen, ob der Ausländer von deutschen Behörden und Gerichten oder von Behörden und Gerichten anderer Schengen-Staaten zur Einreiseverweigerung ausgeschrieben ist.

5.5.4.0.1.2 Beim SIS handelt es sich um ein EDV-gestütztes Erfassungs- und Abfragesystem zur Personen- und Sachfahndung, das sich in das jeweilige nationale Informationssystem N. SIS und die zentrale technische Unterstützungseinheit C. SIS in Straßburg gliedert. Die Zentralstelle für das deutsche N. SIS ist die SIRENE Deutschland, eingerichtet beim Bundeskriminalamt in Wiesbaden. Die SIRENE ist die nationale Stelle, die die im SDÜ vorgesehenen Informationsübermittlungs- und Koordinationsaufgaben im Zusammenhang mit einer Ausschreibung im SIS wahrzunehmen hat.

5.5.4.0.1.3 Diese Abfrage ist für die Prüfung, ob ein Konsultationsverfahren nach Artikel 25 SDÜ einzuleiten ist, ebenso erforderlich wie für aufenthaltsbeendende Maßnahmen. Die Ausschreibung von Ausländern zur Einreiseverweigerung im SIS ist durch Artikel 96 SDÜ geregelt. Diese Ausschreibung bewirkt eine Einreisesperre für das gesamte Schengen-Gebiet und ist von allen Schengen-Staaten bei der Visumerteilung, der Grenzkontrolle, der Kontrolle des Binnen-Reiseverkehrs sowie der Erteilung und Verlängerung von Aufenthaltstiteln zu beachten. Personen, die das Gemeinschaftsrecht auf freien Personenverkehr genießen, dürfen zur Einreiseverweigerung nicht im SIS ausgeschrieben werden.

5.5.4.0.2 Die Ausweisung, Zurückschiebung oder die vollzogene Abschiebung haben nach § 11 Absatz 1 Satz 1 zur Folge, dass der Ausländer nicht erneut in das Bundesgebiet einreisen und sich darin aufhalten darf (gesetzliche Sperrwirkung). Ausschreibungen zur Einreiseverweigerung nach Artikel 96 SDÜ von anderen SchengenStaaten und solche nach Artikel 96 Absatz 2 SDÜ von deutschen Behörden bewirken kein Einreise-, Aufenthalts- und Erteilungsverbot i. S. v. § 11 Absatz 1 Satz 1 und 2. Die Voraussetzungen für eine unerlaubte Einreise nach § 14 Absatz 1 Nummer 3 liegen in diesen Fällen nicht vor. Die Ausschreibungen sind jedoch bei der Visumerteilung, der Grenzkontrolle, der Kontrolle des Binnen-Reiseverkehrs sowie der Erteilung und Verlängerung von Aufenthaltstiteln zu beachten. Sie rechtfertigen unter anderem eine Zurückweisung nach § 15 Absatz 2 Nummer 3 und führen im Falle eines kurzfristigen Aufenthaltes dazu, dass der Ausländer die Aufenthaltsvoraussetzungen nach Artikel 19, 20 oder 21 SDÜ nicht erfüllt, somit kein Aufenthaltsrecht besitzt und nach Artikel 23 SDÜ verpflichtet ist, den Schengen-Raum zu verlassen.

5.5.4.1 Ausschreibungstatbestände

5.5.4.1.1 Ist ein Ausländer i. S. v. § 11 Absatz 1 Satz 1 ausgewiesen, zurückgeschoben oder abgeschoben worden, hat die zuständige Behörde, unbeschadet sonstiger nationaler Ausschreibungen (INPOL, Ausländerzentralregister) nach Artikel 96 Absatz 3 SDÜ die Ausschreibung zur Einreiseverweigerung im SIS unverzüglich zu veranlassen.

Ist die Ausweisung beabsichtigt gewesen, aber mangels Bekanntgabe unterblieben, weil der Ausländer ausgereist oder untergetaucht ist, sollte im Interesse der Rechtsklarheit und zur Verfahrensvereinfachung gleichwohl die beabsichtigte Ausweisung verfügt und die Ausweisungsverfügung öffentlich zugestellt werden. Ausschreibungsgrundlage ist dann weiterhin Artikel 96 Absatz 3 SDÜ.

5.5.4.1.2 Artikel 96 SDÜ, der Ausschreibungen zum Zweck der Einreiseverweigerung regelt, bietet keine Rechtsgrundlage für Ausschreibungen, die lediglich den Zweck der Aufenthaltsermittlung verfolgen. Danach darf z. B. ein abgelehnter Asylbewerber, der untergetaucht ist, nur zur Aufenthaltsermittlung im INPOL oder im Ausländerzentralregister, nicht jedoch im SIS ausgeschrieben werden.

5.5.4.1.3 Eine Ausschreibung im SIS nach Artikel 96 Absatz 3 SDÜ kann nicht im Fall einer Zurückweisung nach § 15 erfolgen, da diese nicht die ausländerrechtlichen Folgen des § 11 Absatz 1 Satz 1 auslöst und somit die Voraussetzungen nach Artikel 96 Absatz 3 SDÜ nicht gegeben sind.

5.5.4.2 Ausschreibungsfristen für das SIS

5.5.4.2.1 Die für Deutschland zutreffenden Ausschreibungsfristen betragen – unbeschadet einer Verlängerung – bei einer

– Ausweisung nach §§ 53, 54   sechs Jahre,
– Ausweisung nach § 55   drei Jahre,
– Zurückschiebung nach § 57   drei Jahre und
– Abschiebung nach §§ 58 ff.   drei Jahre.

In den Fällen einer Ausweisung nach §§ 53, 54 mit späterer Abschiebung gilt die längere Ausschreibungsfrist. Die Ausschreibungsfrist beginnt mit der Ausreise. Im Fall einer erneuten Abschiebung oder Zurückschiebung nach unerlaubter Einreise während der Sperrwirkung nach § 11 Absatz 1 Satz 1 ist die Ausschreibungsfrist um weitere drei Jahre zu verlängern.

5.5.4.2.2 Wird die Sperrwirkung von Ausweisung, Zurückschiebung und Abschiebung nach § 11 Absatz 1 Satz 3 auf Antrag des Ausländers aufgehoben bzw. befristet, ist die Löschung der Ausschreibung im SIS mit der Aufhebung der Sperrwirkung bzw. mit Ablauf der Befristung unverzüglich zu veranlassen (vgl. Artikel 112 Absatz 1 Satz 1 SDÜ).

Allgemeine Erteilungsvoraussetzungen **§ 5 AufenthG 1**

5.5.4.2.3 Die Datenerfassung von Ausschreibungen nach Artikel 96 Absatz 2 und 3 SDÜ im SIS ist zunächst auf drei Jahre befristet, kann jedoch verlängert werden (Artikel 112 Absatz 1 und 2 SDÜ). Die Überwachung der Prüffristen erfolgt – unbeschadet von Wiedervorlagesystemen der zuständigen Behörden – in jedem Einzelfall über die SIRENE Deutschland. Dabei wird sichergestellt, dass Löschungen von Ausschreibungen nicht ohne die Möglichkeit einer vorherigen Prüfung durch die Ausländerbehörden erfolgen.

5.5.4.3 Verfahrensweise

Ausschreibungen im SIS nach Artikel 96 SDÜ sowie die Löschung von Ausschreibungen sind von der zuständigen Ausländerbehörde über die örtlich zuständigen Polizeidienststellen unter Verwendung des amtlichen Vordrucks KP 21/24 bzw. entsprechender Ländervordrucke unverzüglich zu veranlassen. Meldungen an das Ausländerzentralregister haben möglichst zeitgleich zu erfolgen. Der Informationsaustausch in Trefferfällen aufgrund von Ausschreibungen nach Artikel 96 SDÜ wird von der SIRENE Deutschland gesteuert. Beim Verkehr mit der SIRENE Deutschland sind die amtlich vorgeschriebenen Formulare zu verwenden.

5.5.4.4 Konsultationsverfahren nach Artikel 25 SDÜ

5.5.4.4.0 Nach Artikel 25 SDÜ ist ein so genanntes Konsultationsverfahren zwischen den zuständigen Behörden der Schengen-Staaten zur Wahrung ihrer Interessen durchzuführen, wenn festgestellt wird, dass ein Ausländer, dem ein Aufenthaltstitel erteilt werden soll, im SIS zur Einreiseverweigerung ausgeschrieben ist, oder wenn eine solche Ausschreibung nach Erteilung eines Aufenthaltstitels festgestellt wird.

5.5.4.4.1 Ersuchen nach Artikel 25 Absatz 1 SDÜ

5.5.4.4.1.1 Vor der Erteilung bzw. Verlängerung eines Aufenthaltstitels haben die zuständigen Behörden (§ 71) zu prüfen, ob der Ausländer im SIS von einem anderen Schengen-Staat zur Einreiseverweigerung ausgeschrieben ist (Artikel 96 SDÜ). Dies gilt auch für den Fall, dass die Visumerteilung der vorherigen Zustimmung der Ausländerbehörde bedarf (§ 31 Absatz 1 AufenthV). Liegt eine Ausschreibung vor, hat die Ausländerbehörde über die SIRENE Deutschland ein Konsultationsverfahren nach Artikel 25 Absatz 1 Satz 1, 1. Halbsatz SDÜ einzuleiten, um die Interessen des ausschreibenden Schengen-Staates bei ihrer Entscheidung berücksichtigen zu können. Aufenthaltstitel dürfen in diesem Fall nur bei Vorliegen gewichtiger Gründe erteilt oder verlängert werden.

5.5.4.4.1.2 Gewichtige Gründe liegen neben humanitären Erwägungen und infolge internationaler Verpflichtungen (vgl. § 22) grundsätzlich dann vor, wenn die Voraussetzungen eines Anspruchs auf Erteilung bzw. Verlängerung eines Aufenthaltstitels i. S. v. § 5 vorliegen (z. B. Recht auf Wiederkehr, Ehegatten- und Kindernachzug, ausländischer Ehegatte eines Deutschen) und keine Tatbestände erfüllt sind, die den Anspruch derart einschränken, dass über die Erteilung des Aufenthaltstitels nur nach Ermessen entschieden wird (z. B. § 27 Absatz 3). Gewichtige Gründe liegen nicht allein deshalb vor, weil die Aufnahme einer Erwerbstätigkeit angestrebt wird.

5.5.4.4.1.3 Die im Konsultationsverfahren von der Behörde des ausschreibenden Schengen-Staates übermittelten Ausschreibungsgründe sind bei der Entscheidung über den Aufenthaltstitel maßgeblich zu berücksichtigen. Die Regelung im SDÜ, nach der Aufenthaltstitel in Ausschreibungsfällen nur bei Vorliegen von gewichtigen Gründen, insbesondere wegen humanitärer Erwägungen oder infolge internationaler Verpflichtungen erteilt werden dürfen, ist zu beachten. Danach kann auch bei Erfüllung tatbestandlicher Voraussetzungen eines Anspruchs auf Erteilung eines Aufenthaltstitels die Nichterfüllung einer Erteilungsvoraussetzung bzw. Regelerteilungsvoraussetzung zur Versagung des Aufenthaltstitels führen.

5.5.4.4.1.4 Erteilt die Ausländerbehörde den Aufenthaltstitel, muss der ausschreibende Schengen-Staat nach Artikel 25 Absatz 1 Satz 2 SDÜ die Ausschreibung zur Einreiseverweigerung zurückziehen. Es bleibt ihm unbenommen, den Ausländer weiterhin national mit entsprechender Wirkung auszuschreiben. In Deutschland bleiben solche Ausländer weiterhin im INPOL und im Ausländerzentralregister ausgeschrieben.

5.5.4.4.2 Ersuchen nach Artikel 25 Absatz 2 SDÜ

5.5.4.4.2.1 Stellt sich erst im Nachhinein, z. B. im Rahmen einer Personenkontrolle, heraus, dass ein Ausländer, der über einen von einem Schengen-Staat erteilten gültigen Aufenthaltstitel verfügt, im SIS zur Einreiseverweigerung nach Artikel 96 SDÜ ausgeschrieben ist, muss ein Konsultationsverfahren nach Artikel 25 Absatz 2 Satz 1 SDÜ eingeleitet werden. Das Konsultationsverfahren soll dem Schengen-Staat, der den Aufenthaltstitel erteilt hat, die Prüfung ermöglichen, ob ausreichende Gründe für die Einziehung des Aufenthaltstitels vorliegen.

5.5.4.4.2.2 Stellt eine der in § 71 genannten Behörden fest, dass ein Ausländer, der über einen gültigen Aufenthaltstitel eines anderen Schengen-Staates verfügt, von Deutschland nach Artikel 96 SDÜ im SIS zur Einreiseverweigerung ausgeschrieben ist, hat sie unverzüglich über die SIRENE Deutschland ein Konsultationsverfahren nach Artikel 25 Absatz 2 Satz 1 SDÜ einzuleiten. Zieht der Schengen-Staat den erteilten Aufenthaltstitel nach der Konsultation nicht ein, ist die Löschung der Ausschreibung im SIS zu veranlassen (vgl. Artikel 25 Absatz 2 Satz 2 SDÜ). Der Ausländer bleibt weiterhin im INPOL und im Ausländerzentralregister ausgeschrieben (nationale Ausschreibungsliste). Im Übrigen hat die örtlich zuständige Ausländerbehörde aufenthaltsbeendende Maßnahmen zu prüfen.

5.5.4.4.2.3 Stellt eine der in § 71 genannten Behörden fest, dass ein Ausländer, der über eine gültigen deutschen Aufenthaltstitel verfügt, von einem anderen Schengen-Staat im SIS zur Einreiseverweigerung ausgeschrieben ist, hat sie unverzüglich die für die Erteilung des Aufenthaltstitels zuständige Ausländerbehörde zu unterrichten. Diese hat über die SIRENE Deutschland ein Konsultationsverfahren nach Artikel 25 Absatz 2 Satz 1 SDÜ gegenüber dem ausschreibenden Schengen-Staat einzuleiten und zu prüfen, ob aufgrund der übermittelten Ausschreibungsgründe Anlass besteht, den Aufenthaltstitel einzuziehen und aufenthaltsbeendende Maßnahmen einzuleiten (z. B. Ausweisung).

5.5.4.4.2.4 Stellt eine der in § 71 genannten Behörden fest, dass ein Ausländer, der über einen gültigen Aufenthaltstitel eines Schengen-Staates verfügt, von einem anderen Schengen-Staat nach Artikel 96 SDÜ im SIS zur

1 AufenthG § 5

Erster Teil. Aufenthaltsgesetz

Einreiseverweigerung ausgeschrieben ist, hat sie unverzüglich die SIRENE Deutschland zu unterrichten, die ihrerseits die SIRENE des ausschreibenden Schengen-Staates über den Konsultationsfall unterrichtet. Soweit sich der Ausländer nicht zum Zweck der Durchreise nach Artikel 5 Absatz 4 Buchstabe a) Schengener Grenzkodex im Bundesgebiet aufhält, ist er kraft Gesetzes ausreisepflichtig, da die Voraussetzungen für die Einreise, Durchreise und den Kurzaufenthalt nach Artikel 21 Absatz 1 i. V. m. Artikel 5 Absatz 1 Buchstabe e) Schengener Grenzkodex schon vor der Einreise nicht vorgelegen haben oder nach der Einreise weggefallen sind. Die zuständigen Behörden haben zu prüfen, ob die Ausreisepflicht mittels Zurückschiebung oder Abschiebung durchzusetzen ist (Artikel 23 Absatz 1 bis 3 SDÜ i. V. m. §§ 57, 58); Vorrang hat die freiwillige Ausreise im Rahmen der Ausreisefrist.

5.5.4.4.3 Verfahrensweise

5.5.4.4.3.1 Beim Konsultationsverfahren nach Artikel 25 Absatz 1 und 2 SDÜ sind die amtlich vorgeschriebenen Formulare zu verwenden. Beim Ausfüllen der Formulare ist zu beachten, dass der betreffende Schengen-Staat möglichst umfangreich und genau über den bisherigen wie den beabsichtigten Aufenthalt bzw. den Aufenthaltstitel und die Gründe für die Ausschreibung zur Einreiseverweigerung unterrichtet wird. Wird das Konsultationsverfahren durch eine deutsche Behörde in Gang gesetzt, ist bei der Angabe von „Deutschland" als Schengen-Staat in Klammern die zuständige Behörde sowie das entsprechende Aktenzeichen hinzuzufügen.

5.5.4.4.3.2 Die mit einem Anschreiben zu versehenden Formulare sind im Behördenverkehr unmittelbar der SIRENE Deutschland beim Bundeskriminalamt in Wiesbaden als der Behörde zuzuleiten, die bis auf Weiteres für die Steuerung der Konsultationen gegenüber den anderen Schengen-Staaten zuständig ist.

5.5.4.4.3.3 Muss nach Abschluss des Konsultationsverfahrens die Ausschreibung zur Einreiseverweigerung durch die Ausländerbehörde zurückgezogen werden, hat die zu veranlassende Löschung weiterhin über den Meldeweg der datenerfassenden Polizeidienststellen der Länder mittels des Vordrucks KP 21/24 bzw. entsprechender Ländervordrucke („Löschung im SIS") zu erfolgen. Der betreffende Ausländer bleibt weiterhin im INPOL sowie im Ausländerzentralregister ausgeschrieben.

Übersicht

	Rn.
I. Entstehungsgeschichte	1
II. Allgemeines	2
III. Regelerteilungsvoraussetzungen (Abs. 1)	7
1. Allgemeines	7
2. Passpflicht (Nr. 4)	19
3. Lebensunterhalt (Nr. 1)	23
4. Identität und Staatsangehörigkeit (Nr. 1a)	41
5. Ausweisungsinteresse (Nr. 2)	51
6. Interessen der Bundesrepublik Deutschland (Nr. 3)	71
IV. Zwingende Erteilungsvoraussetzungen (Abs. 2)	86
1. Allgemeines	86
2. Ordnungsgemäße Einreise	90
3. Angaben im Visumantrag	114
4. Ausnahmen	116
V. Ausnahmen bei humanitären Aufenthalten	160
VI. Zwingende Versagungsgründe	170

I. Entstehungsgeschichte

1 Die Vorschrift entspricht im Wesentlichen dem **Gesetzesentwurf**[1]. Im Vermittlungsverfahren wurde Nr. 1a eingefügt und S. 1 in Abs. 4 neu gefasst[2]. Mit dem Richtlinienumsetzungsgesetz 2007 (RLUmsG 2007)[3] wurde die Vorschrift an die neuen Aufenthaltstitel gemäß § 9a und § 25 IVa angepasst. Die Passpflicht (Nr. 4) wurde systematisch in Abs. 1 eingegliedert und in Abs. 3 der Vorbehalt aufgenommen, dass die Ausländerbehörde sich die Ausweisung trotz Erteilung eines Aufenthaltstitels vorbehalten kann. Mit dem Zweiten Richtlinienumsetzungsgesetz (RLUmsG 2011)[4] wurde in Abs. 3 der neue § 25 IVb aufgenommen. Art. 1 Nr. 32 des Gesetzes zur Verbesserung der Rechte von intern Schutzberechtigten und ausländischen Arbeitnehmern[5] aktualisierte die Terminologie des Daueraufenthalts – EU. Mit dem AufenthGÄndG 2015[6] wurde die Vorschrift an das neue Ausweisungsrecht angepasst. Mit Art. 5 IntG[7] wurde § 5 III 1 geändert und S. 4 angefügt. Für die Niederlassungserlaubnis nach § 26 III ist mWv 6.8.2016 zwar weiterhin von Abs. 2, aber nicht mehr

---
[1] BT-Drs. 15/420, 8.
[2] BT-Drs. 15/3479, 2.
[3] Gesetz v. 19.8.2007, BGBl. I S. 1970.
[4] Gesetz v. 22.11.2011, BGBl. I S. 2258.
[5] Gesetz v. 29.8.2013, BGBl. I S. 3484.
[6] Gesetz v. 27.7.2015, BGBl. I S. 1386.
[7] Gesetz v. 31.7.2016, BGBl. I S. 1939.

Allgemeine Erteilungsvoraussetzungen § 5 AufenthG 1

von Abs. 1 abzusehen. Mit der Einführung der ICT-Karte durch das RLUmsG 2017[8] wurde Abs. 2 entsprechend angepasst. Abs. 4 S. 2 und 3 sind mit dem FamiliennachzugsneuregelG[9] mWv 1.8.2018 entfallen. Mit dem Fachkräfteeinwanderungsgesetz (**FEG**)[10] wurde die Aufzählung in Abs. 2 S. 1 klarstellend um die Blaue Karte EU ergänzt[11] und mit dem **2. RückkehrG 2019**[12] Abs. 4 S. 1 um die Bezugnahme auf § 58a erweitert.

II. Allgemeines

Das AufenthG benennt anders als seine Vorgänger in einer Vorschrift zusammengefasst die **grund-** 2 **legenden Voraussetzungen** für die Erteilung eines Aufenthaltstitels, an deren Erfüllung grundsätzlich bei jeder Aufenthaltslegalisierung ein besonderes öffentliches Interesse besteht[13]. Abs. 1 gilt für alle Titel, Abs. 2 nur für Niederlassungserlaubnis und Aufenthaltserlaubnis. § 5 gilt nicht für das Schengen-Visum, für das eigene Voraussetzungen nach dem Visakodex gelten (§ 6 I). Nach der Konzeption des AufenthG sind die Fälle, in denen von der Erfüllung bestimmter allgemeiner Erteilungsvoraussetzungen abgewichen wird, ausdrücklich im Wortlaut der jeweiligen Vorschrift kenntlich gemacht (§§ 25a I 2, 25b I 1, 26 III Nr. 3, 28 I, 29 IV, 30 III, 34 I, 36 I)[14]. Außerdem sind verschiedenartige Abweichungen schon in § 5 selbst angelegt. Weitere allgemeine Voraussetzungen finden sich für das Visum in § 6, für die Aufenthaltserlaubnis in § 7 und § 8, für die Niederlassungserlaubnis in § 9 und den Daueraufenthalt – EU in § 9a. Abweichende Voraussetzungen für die einzelnen Aufenthaltszwecke in der jeweiligen einschlägigen Vorschrift gehen § 5 vor. Für jeden Aufenthaltstitel müssen die Voraussetzungen auf drei Stufen geprüft und bejaht werden, bevor er erteilt werden kann. Dabei kann das Ergebnis einer Prüfungsstufe durchaus offenbleiben, wenn eine Voraussetzung auf einer anderen Stufe zweifelsfrei nicht erfüllt ist. Die Prüfungsreihenfolge ist zwar systematisch vorgegeben, nicht aber praktisch verbindlich einzuhalten.

Liegen die Voraussetzungen nach § 5 nicht vor, kann der Aufenthaltstitel grundsätzlich nicht erteilt 3 werden. Die Wirkungsweise der einzelnen Voraussetzungen ist unterschiedlich als regelmäßig zu erfüllende oder als zwingend zu erfüllende Voraussetzungen ausgestaltet. In Abs. 1 sind **Regelerteilungsvoraussetzungen** benannt, die nur in von der Regel abweichend, also in atypischen Fällen nicht erfüllt werden müssen. In Abs. 2 sind **zwingende Voraussetzungen** genannt. Von diesen kann nur in den zwei in S. 2 beschriebenen Konstellationen abgewichen werden. Abs. 3 benennt Fallgruppen humanitärer Aufenthaltstitel, in denen von den zwingenden bzw. den Regelerteilungsvoraussetzungen der Abs. 1 und 2 entweder abzusehen ist oder im Einzelfall abgesehen werden kann. In Abs. 4 sind **zwingende Versagungsgründe** genannt. Die vormals in S. 2 und 3 benannten Ausnahmen sind mWv 1.8.2018 entfallen. Hinzu kommt, dass bei einigen Aufenthaltszwecken noch weitere Ausnahmen von einzelnen Voraussetzungen des § 5 vorgesehen sind, zB in §§ 25b, 27 III 2, 28 I 2–4, 34 I 1 und 38 III. Diese Ausnahmen sind nicht einheitlich formuliert. Zum Teil ist die Abweichung zwingend, zum Teil in das behördliche Ermessen gestellt; zum Teil kann von allen Voraussetzungen abgewichen werden, zum Teil nur von einigen; zum Teil sind Ausnahmen allgemein zugelassen, zum Teil nur für besondere Fälle.

Dieses **Stufensystem** ist mithin wesentlich komplizierter, als es zunächst zu vermuten lässt[15]. Die 4 damit erreichten Unterscheidungen sind Folge des gesetzlichen Anliegens, der Vielfalt der Lebenslagen von Zuwanderern Rechnung zu tragen. Daher bestimmen letztlich die für die einzelnen Zuwanderungszwecke geschaffenen Tatbestände über die Anwendung der allgemeinen Erteilungs- und Versagungsvoraussetzungen und die Zulassung des Aufenthalts. Für im Gesetz selbst nicht ausdrücklich vorgesehene Aufenthaltszwecke bleibt der Weg über die offene Ermessensnorm des § 7 I 2, deren Anwendungsbereich jedoch wegen der umfassenden Regelung von Aufenthaltszwecken im AufenthG gering bleibt.

Die Bestimmungen des § 5 sind **nicht anwendbar,** wenn und soweit andere Gesetze vom Auf- 5 enthG unberührt bleiben (§ 1 I 5) oder das AufenthG insgesamt nicht anwendbar ist (§ 1 II). Sie gelten auch nicht für Unionsbürger und Gleichgestellte (§ 11 I FreizügG/EU). Hinsichtlich der Grundvoraussetzungen des § 5 ist zu beachten, dass manche zweiseitige Abkommen lediglich Vergünstigungen für die Beendigung des Aufenthalts vorsehen, nicht jedoch für dessen Begründung oder Verlängerung (zB Art. 6 EFA[16]). Die Grundvoraussetzungen des § 5 gelten schließlich nur bei Aufent-

---

[8] Gesetz v. 12.5.2017, BGBl. I S. 1106.
[9] Gesetz v. 12.7.2018, BGBl. I S. 1147.
[10] Gesetz v. 15.8.2019, BGBl. I S. 1307.
[11] Vgl. BR-Drs. 7/19, 96.
[12] Gesetz v. 15.8.2019, BGBl. I S. 1294.
[13] BVerwG Urt. v. 14.5.2013 – 1 C 17.12, ZAR 2013, 439 Rn. 12.
[14] Vgl. BVerwG Urt. v. 16.8.2011 – 1 C 12.10, NVwZ-RR 2012, 330 Rn. 13.
[15] Vgl. zur früheren ähnlich strukturierten Rechtslage → 7. Aufl., AuslG § 5 Rn. 6.
[16] Europäisches Fürsorgeabkommen v. 11.12.1953, BGBl. 1956 II S. 563; vgl. auch → Vorb. §§ 53–56 Rn. 124; vgl. auch Art. 8 deutsch-österreichische Fürsorgeabkommen v. 28.12.1968, BGBl. 1969 II S. 1; Art. 5 deutsch-schweizerische Fürsorgevereinbarung v. 17.3.1953, BGBl. II S. 31.

haltstiteln iSd § 4 I 2, nicht bei anderen Aufenthaltsrechten, wie zB der Aufenthaltsgestattung für Asylbewerber nach §§ 55, 63 AsylG.

6 § 5 unterscheidet, wie andere Bestimmungen, ohne dass dies näher definiert ist, zwischen **Rechtsansprüchen** auf einen Aufenthaltstitel und solchen, deren Gewährung im Ermessen steht. Außerdem wird in manchen Fällen eine bestimmte Entscheidung mit dem Begriff „soll" vorgegeben. Schließlich werden Voraussetzungen beschrieben, die „in der Regel" zur Erteilung oder Versagung von Aufenthaltstiteln oder zur Ausweisung verpflichten, oder aber „Ausnahmen" oder „Abweichungen" von einzelnen oder mehreren Voraussetzungen zugelassen. Diese Begriffe können hier nicht einheitlich bestimmt werden, sie müssen vielmehr im Zusammenhang der jeweiligen Regelung gesehen und ausgelegt werden und werden dort erläutert.

III. Regelerteilungsvoraussetzungen (Abs. 1)

1. Allgemeines

7 Die in Abs. 1 aufgeführten Anforderungen gelten für die Erteilung und Verlängerung **aller Aufenthaltstitel,** also nicht wie die des Abs. 2 nur für Niederlassungserlaubnis und Aufenthaltserlaubnis, sondern auch für das nationale Visum. Bei Letzterem müssen allerdings die besonderen Verhältnisse im Ausland vor der Einreise berücksichtigt werden.

8 Die Erteilungsvoraussetzungen des Abs. 1 gelten in der **Regel.** Abweichungen davon setzen einen Ausnahmefall voraus. Der Gesetzgeber hat mit § 5 I bestimmte Erteilungsvoraussetzungen auf der Tatbestandsseite vor die Klammer gezogen und bestimmt, dass sie in der Regel vorliegen müssen, unabhängig davon, ob auf die Erteilung des begehrten Aufenthaltstitels bei Vorliegen der gesetzlichen Voraussetzungen ein Rechtsanspruch besteht oder nach Ermessen zu entscheiden ist. Abweichungen davon ergeben sich aus § 5 III für bestimmte Aufenthaltstitel[17].

9 Von den Regelerteilungsvoraussetzungen darf nur **ausnahmsweise** abgesehen werden, wenn von der Regel abweichende Umstände vorliegen und der Erteilung (oder Verlängerung, § 8) des Aufenthaltstitels nicht entgegenstehen. Sowohl verfassungs-, unions- oder völkerrechtliche Gewährleistungen als auch atypische Umstände des Einzelfalls, die so bedeutsam sind, dass sie das sonst ausschlaggebende Gewicht der gesetzlichen Regelung beseitigen, können eine Ausnahme vom Regelfall rechtfertigen[18]. Ob ein Ausnahmefall vorliegt, unterliegt **voller gerichtlichen Nachprüfung;** der Ausländerbehörde steht insoweit kein Einschätzungsspielraum zu[19]. Der Ausnahmefall liegt auch nicht im behördlichen Ermessen, sondern bildet einen zwingenden Teil des gesetzlichen Tatbestands, der im Einzelfall zu ermitteln und festzustellen ist.

10 Um das Vorliegen einer Ausnahme festzustellen oder ausschließen zu können, müssen die **persönliche Situation des Ausländers und andere** für den Aufenthalt sprechende Umstände festgestellt und beurteilt werden. Relevant sind die Dauer seines bisherigen Aufenthalts sowie seine persönlichen, wirtschaftlichen und sonstigen Bindungen. Insoweit können die in § 55 formulierten Bleibeinteressen, im Einzelfall eine Ausnahme von dem Erfordernis der Regelvoraussetzung begründen[20]. Dabei wird die Gewichtung nach längerem, uU unterbrochenem Aufenthalt anders ausfallen, als bei der erstmaligen Einreise.

11 Ein vom Regelfall abweichender **Ausnahmefall** liegt vor, wenn ein **atypischer Sachverhalt** gegeben ist, der sich von der Menge gleichgelagerter Fälle durch **besondere Umstände** unterscheidet, die so bedeutsam sind, dass sie das sonst ausschlaggebende Gewicht des der Regelerteilungsvoraussetzung zugrunde liegenden öffentlichen Interesses beseitigen[21]. Es muss sich dabei um eine Abweichung handeln, die die Anwendung des Regelfalls nach Sinn und Zweck grob unpassend oder untunlich erscheinen lässt. Ob ein Ausnahmefall gegeben ist, ist aufgrund einer umfassenden Abwägung aller einschlägigen öffentlichen und privaten Interessen zu entscheiden und stellt eine Rechtsentscheidung dar. Dabei geht es nicht um Ausnahmen im engeren Sinne, die zum Teil nach bestimmten Maßstäben wie einer besonderen oder außergewöhnlichen Härte oder nach pflichtgemäßem Ermessen zugelassen werden können. Gemeint sind vielmehr Fälle, die außerhalb der vom Gesetzgeber bei einer notwendigerweise pauschalen gesetzlichen Regelung ins Auge gefassten typischen Fallkonstellationen liegen[22]. Wenn kein solcher Ausnahmefall gegeben ist, handelt es sich um einen **Regelfall,** in dem das Fehlen einer der Regelerteilungsvoraussetzungen des § 5 I der Erteilung des Aufenthalts-

---

[17] → Rn. 156.
[18] Vgl. BVerwG Urt. v. 16.8.2011 – 1 C 12.10, NVwZ-RR 2012, 330 Rn. 18; Urt. v. 22.5.2012 – 1 C 6.11, BVerwGE 143, 150 = NVwZ 2013, 75 Rn. 23; Urt. v. 13.6.2013 – 10 C 16.12, NVwZ 2013, 1493 Rn. 16.
[19] BVerwG Urt. v. 30.4.2009 – 1 C 3.08, NVwZ 2009, 1239 Rn. 14.
[20] Vgl. Umstände, die trotz Ausweisungstatbestand gegen die Ausweisung nach altem Recht sprechen, VGH BW Urt. v. 27.1.1992 – 13 S 1585/90, NVwZ-RR 1992, 511; Beschl. v. 12.2.1992 – 13 S 1198/91, NVwZ 1992, 706.
[21] Vgl. BVerwG Urt. v. 16.8.2011 – BVerwG 1 C 12.10, NVwZ-RR 2012, 330 Rn. 18; Urt. v. 22.5.2012 – 1 C 6.11, BVerwGE 143, 150 = NVwZ 2013, 75 Rn. 23.
[22] Damit sind die allg. Voraussetzungen des Abs. 1 den Regelversagungsgründen des § 7 II AuslG 1990 und den besonderen Versagungsgründen des § 8 I Nr. 3 und 4 AuslG 1990 nachgebildet.

titels **zwingend entgegensteht**. Die Ausländerbehörde muss den Antrag – vorbehaltlich einer gesetzlichen Sonderregelung – zwingend ablehnen.

Liegt indes ein **Ausnahmefall** vor, kann dem Ausländer jedenfalls bei einem gesetzlichen Anspruch auf Erteilung eines Aufenthaltstitels die fehlende Regelerteilungsvoraussetzung iSd § 5 I nicht entgegengehalten werden[23]. Das Vorliegen eines Ausnahmefalls nach § 5 I führt also bei einem gesetzlichen Anspruch auf Erteilung eines Aufenthaltstitels nicht dazu, dass nach Ermessen zu entscheiden ist. 12

Steht der Aufenthaltstitel im Ermessen der Ausländerbehörde, so kann das Fehlen der Regelerteilungsvoraussetzung und eine etwaige Atypik grundsätzlich iRd Ermessenserwägungen berücksichtigt werden und auch zur Ablehnung des Aufenthaltstitels führen. Die Entscheidung ist aber nur dann ermessensgerecht, wenn die Atypik umfassend in der Ermessensabwägung berücksichtigt wurde. 13

Atypische Umstände können zB hinsichtlich der Erfüllung der Passpflicht angenommen werden, wenn ein Rechtsanspruch auf den Aufenthaltstitel besteht, die Beschaffung von Passpapieren aber erhebliche Schwierigkeiten und einen ungewöhnlichen Zeitaufwand verursacht. Insofern kommt unter den Voraussetzungen des § 55 I 1 Nr. 1 AufenthV zunächst die Ausstellung eines Ausweisersatzes in Betracht. Ein solcher kann einem Ausländer, der einen anerkannten und gültigen Pass nicht besitzt oder diesen in zumutbarer Weise erlangen kann, ausgestellt werden. Einem Ausländer ist die Kontaktaufnahme mit den Heimatbehörden nicht zumutbar, solange das Asyl(erst)verfahren noch nicht unanfechtbar abgeschlossen oder die Ablehnung als offensichtlich unbegründet vollziehbar ist[24]. 14

Bei der Unterhaltssicherung können zB Fälle aus dem gesetzlichen Normalprogramm herausfallen, in denen nur ein geringer Anteil des Unterhalts auf kurze Zeit nicht gedeckt ist und der Ausfall von dem Ausländer nicht zu vertreten ist. Im Falle eines Ausweisungsinteresses können Gesichtspunkte, die ein Bleibeinteresse nach § 55 begründen können, auch zur Feststellung einer atypischen Fallgestaltung herangezogen werden[25]. Schließlich ist auch bei der Gefährdung öffentlicher Interessen das persönliche Schicksal des Ausländers besonders zu berücksichtigen[26]. 15

Soweit der **Bereich der Familienzusammenführungs-RL (RL 2003/86/EG)** betroffen ist, ergeben sich Besonderheiten, da die Systematik der Familienzusammenführungs-RL nicht von einer automatischen Sperre bei dem Nichtvorliegen der Erteilungsvoraussetzungen (zB Lebensunterhalt, Pass, Sicherheit und Ordnung) ausgeht. Vielmehr verlangt Art. 17 Familienzusammenführungs-RL in den Fällen der Ablehnung eines Antrags auf **Familiennachzug** eine **Einzelfallabwägung**[27], bei der alle zu berücksichtigenden Interessen, insbesondere die der betroffenen Kinder, ausgewogen und sachgerecht bewertet werden müssen[28]. Durch Art. 17 Familienzusammenführungs-RL werden die Vorgaben von Art. 8 EMRK in das Gemeinschaftsrecht übernommen. Denn die Familienzusammenführungs-RL ist in besonderer Weise an die Standards der EMRK gebunden[29]. 16

Da die Familienzusammenführungs-RL eine **individuelle Prüfung** jedes einzelnen Antrags verlangt, schließt sie eine Regel-Ausnahme-Prüfung, die eine umfassende Bewertung des Sachverhalts ausschließlich mit Blick auf das Vorliegen einer Atypik ermöglicht, aus. Das BVerwG hat die mit Blick auf den besonderen Schutz des Familienlebens und nach Art. 5 V und Art. 17 Familienzusammenführungs-RL geforderte Einzelfallprüfung erforderliche Abwägung innerhalb der Klärung, ob eine Ausnahme von der Regelerteilungsvoraussetzung des § 5 I Nr. 1 vorliegt, verortet[30]. Maßgeblich soll sein, dass eine **Einzelfallwürdigung** unter Berücksichtigung der Gesamtumstände des Falles erfolgt: Der Unterschied wirkt sich nach der Rspr. des BVerwG immer da aus, wo keine Atypik angenommen wird. In diesem Fall ist der Antrag abzulehnen. Die Prüfung, ob unter Berücksichtigung des Grundsatzes der Verhältnismäßigkeit ein Aufenthaltstitel zu erteilen ist, erfolgt demnach auf Tatbestandsseite. Obwohl das Unionsrecht eine Ermessensentscheidung fordert, verbleibt der Ausländerbehörde danach kein Ermessensspielraum im Hinblick auf die nach gebotene Art. 17 Familienzusammenführungs-RL Abwägungsentscheidung. 17

Die **Familienzusammenführungs-RL** sieht – anders als die EMRK – für die Kernfamilie in Art. 4 I Familienzusammenführungs-RL einen Nachzugsanspruch vor. Damit geht die Familienzusammenführungs-RL über den in Art. 8 I EMRK verankerten Anspruch auf Achtung des Familienlebens deutlich hinaus mit der Folge, dass der durch die EMRK gewährte „margin of appreciation" in diesen anspruchsbegründenden Fällen grundsätzlich nicht mehr besteht. Hierdurch kommt den in Art. 17 Familienzusammenführungs-RL genannten Abwägungskriterien eine veränderte Funktion zu: Es wird nicht geprüft, ob die Gesichtspunkte ausnahmsweise zu einer Beschränkung des mitgliedstaatlichen Entscheidungsspielraums im Einzelfall und damit zu einem Nachzugsanspruch führen, 18

---

[23] Zur Lebensunterhaltssicherung BVerwG Urt. v. 30.4.2009 – 1 C 3.08, NVwZ 2009, 1239 Rn. 11.
[24] VG Stade Urt. v. 22.3.2012 – 4 A 184/10, BeckRS 2012, 49061.
[25] Vgl. VGH BW Urt. v. 27.1.1992 – 13 S 1585/90, NVwZ-RR 1992, 511; Beschl. v. 12.2.1992 – 13 S 1198/91, NVwZ 1992, 706.
[26] → Rn. 61.
[27] *Dienelt*, Auswirkungen der FamZuRL auf die Lebensunterhaltsdeckung, www.migrationsrecht.net, → Rn. 37.
[28] EuGH Urt. v. 6.12.2012 – C 356/11 und C 357/11, NVwZ 2013, 419 Rn. 72 und 81.
[29] So bestimmt der zweite Erwägungsgrund der Präambel, dass diese RL im Einklang mit den Grundrecht stehe und die Grundsätze, die insbes. in Art. 8 EMRK und der GRCh anerkannt wurden, berücksichtige.
[30] BVerwG Urt. v. 13.6.2013 – 10 C 16.12, NVwZ 2013, 1493 Rn. 20; → Rn. 35.

sondern es ist umgekehrt zu ermitteln, ob die durch die Lebensunterhaltserfordernisse erfolgte Begrenzung des gemeinschaftsrechtlichen Rechts auf Familiennachzug unter Beachtung des Grundsatzes der Verhältnismäßigkeit gerechtfertigt ist. Wird damit aber der Handlungsspielraum der Mitgliedstaaten bei Nachzugsfällen, die die Kernfamilie betreffen, durch den grundsätzlich bestehenden Nachzugsanspruch ausgeschlossen, so ist der Verweis auf ein familiäres Zusammenleben in einem Drittstaat nur ausnahmsweise zulässig[31].

2. Passpflicht (Nr. 4)

19 Ungeachtet seiner auf der nachträglichen Einfügung in das AufenthG beruhenden Nennung als Nr. 4 der Regelerteilungsvoraussetzungen, gehört die Erfüllung der Passpflicht nach § 3 zu den grundlegenden Voraussetzungen für Einreise und Aufenthalt und damit für alle Aufenthaltstitel (vgl. auch § 8 I Nr. 3 AuslG 1990). Der **Zweck** ist darin zu sehen, dass mit dem Pass die **Identität** festgestellt und der Ausländer vor allem seinem Heimatstaat zugeordnet werden kann. Freizügigkeitsberechtigte Unionsbürger und ihnen Gleichgestellte unterliegen nicht der Passpflicht[32], andere Personengruppen sind freigestellt[33]. Wer danach als Ausländer der Passpflicht unterworfen ist, kann diese notfalls auch mit einem Ausweisersatz gemäß § 55 I AufenthV erfüllen[34]. Der Ausländer kann schließlich seiner Passpflicht auch durch die Vorlage eines gültigen Passersatzes nachkommen. Als Passersatz gilt nach §§ 3 I und II Nr. 1 iVm 1 III Nr. 2 AufenthV insbesondere auch der Reiseausweis für Flüchtlinge iSv Art. 28 GFK[35].

20 Ausländer kommen ihrer Verpflichtung zum **Besitz** eines Passes auch dann nach, wenn sie ihn nicht bei sich führen oder sofort vorlegen können, aber binnen angemessener Frist den Besitz nachweisen[36]. Dazu bedarf es nicht unbedingt der Vorlage oder Aushändigung des Passes selbst, es genügt vielmehr die substanziierte Darlegung von Hilfstatsachen für den Besitz, wenn diese ihrerseits nachgewiesen oder belegt sind. So kann der Besitz ggf. auch mithilfe einer Fotokopie, eines Faxes oder einer Zeugenaussage nachgewiesen werden. Die Sachherrschaft über den Pass reicht aus, sie darf aber nicht verloren sein, zB infolge Diebstahls, Vernichtung, Verlierens oder Verlegens ohne Aussicht auf ein Wiederfinden.

21 Die **Passbesitzpflicht** ist nicht auf den Zeitpunkt der Erteilung des Aufenthaltstitels beschränkt, sondern gilt dauerhaft und damit auch für jede Verlängerung (§ 8 I), auch wenn der gültige Pass seit der Einführung des elektronischen Aufenthaltstitels nicht mehr dafür benötigt wird, um den Aufenthaltstitel samt Hinweis auf die Berechtigung zur Erwerbstätigkeit einzutragen. Der Passbesitz muss darüber hinaus ununterbrochen gegeben sein. Der Ausländer muss einen gültigen Pass ab der Erteilung des Visums oder der Einreise **während des gesamten Inlandsaufenthalts** bis zur Ausreise besitzen.

22 Die **Rechtsfolge** des Nichtbesitzes besteht in der Versagung der Erteilung oder Verlängerung des Aufenthaltstitels. Der Ausländer muss den Pass schon bei der Einreise mit sich führen (§ 13 I 2) und ihn den Behörde auf Verlangen auch vorlegen (§ 48 I). Er reist unerlaubt ein und ist zurückzuweisen, wenn er ihn in diesem Zeitpunkt nicht besitzt (§§ 14 I Nr. 1, 15 I). Endet der Besitz aus welchen Gründen auch immer, so kann der Aufenthaltstitel widerrufen werden (§ 52 I 1 Nr. 1).

3. Lebensunterhalt (Nr. 1)

23 Die **Sicherung des Lebensunterhalts** stellt nach dem Passbesitz eine Voraussetzung von grundlegendem staatlichem Interesse für Einreise und Aufenthalt dar[37]. Auch bei Unionsbürgern beschreibt die Inanspruchnahme öffentlicher Mittel eine Grenze der Freizügigkeit. Der Normzweck besteht darin, neue Belastungen für die öffentlichen Haushalte durch die Erteilung von Aufenthaltstiteln zu vermeiden[38]. Die einheitliche Definition in § 2 III unterstreicht die Bedeutung. Dort ist außer dem Umfang (S. 1) auch die Herkunft der Mittel (S. 2 und 3) zur Deckung des Bedarfs bestimmt. § 2 III 5 enthält besondere Maßgaben für Aufenthaltstitel, die zu Ausbildungszwecken erteilt werden. Danach ist der Lebensunterhalt als gesichert anzusehen, wenn Mittel in Höhe des BAföG-Bedarfs zu Verfügung stehen; für Teilnehmer an nicht studienvorbereitenden Sprachkursen und für die Aufenthaltserlaubnis zur Studienplatz- und Arbeitssuche gilt ein um zehn Prozent erhöhter Bedarf[39]. Die pauschalierte Betrachtung soll die Ermittlung des Unterhaltsbedarfs im Einzelfall entbehrlich machen[40].

---

[31] *Dienelt*, Auswirkungen der FamZuRL auf die Lebensunterhaltsdeckung, www.migrationsrecht.net.
[32] → § 3 Rn. 14.
[33] → § 3 Rn. 16.
[34] → § 3 Rn. 17; allg. zu Pässen und Ausweisen *Maor* ZAR 2005, 222.
[35] BVerwG Beschl. v. 17.6.2013 – 10 B 1.13, BeckRS 2013, 52672 Rn. 3; zur Identifikationsfunktion des Reisepasses nach Art. 28 GFK BVerwG Urt. v. 17.3.2004 – 1 C 17.03, BVerwGE 123, 18 = NVwZ 2005, 1191.
[36] → § 3 Rn. 18.
[37] BT-Drs. 15/420, 70.
[38] BVerwG Urt. v. 13.6.2013 – 10 C 16.12, NVwZ 2013, 1493 Rn. 30.
[39] → § 2 Rn. 171 f.
[40] BR-Drs. 7/19, 92.

Allgemeine Erteilungsvoraussetzungen **§ 5 AufenthG 1**

Sofern bei **Aufenthaltstiteln von der Erfüllung der Sicherung des Lebensunterhalts abge-** 24
wichen wird, ist dies im Wortlaut der jeweiligen Vorschrift (§§ 25a I 2, 25b I 1, 28 I 2–4, 29 IV, 30 III, 34 I, 36 I, 36a)[41] kenntlich gemacht. Ist der Nachweis der Sicherung des Lebensunterhalts dagegen Tatbestandsmerkmal des Aufenthaltstitels (**§ 17, § 25a II, § 35 I, 37 I 1**) geht dies § 5 I Nr. 2 vor, dh, der Aufenthaltstitel kann auch bei atypischen Umstände nicht erteilt werden, wenn der Lebensunterhalt nicht gesichert ist.

Für die Niederlassungserlaubnis wiederholt § 9 I 1 Nr. 2 das Erfordernis der Lebensunterhaltssiche- 25
rung. Das Erfordernis **fester und regelmäßiger Einkünfte** iSv § 9a II 1 Nr. 2 (Art. 5 Ia Daueraufenthalts-RL[42]) ist in § 9c definiert. Die Niederlassungserlaubnis nach § 18c I und II nimmt auf § 9 I 1 Nr. 2 Bezug, § 18c III verlangt die Sicherung des Lebensunterhalts ohne staatliche Hilfe, die Niederlassungserlaubnis gemäß § 21 III die Sicherung des Lebensunterhalts für den Ausländer und seine mit ihm in familiärer Gemeinschaft lebenden unterhaltsberechtigten Angehörigen, durch ausreichende Einkünfte. Für die Niederlassungserlaubnis nach § 26 III bedarf es lediglich einer überwiegenden Lebensunterhaltssicherung. Für die Niederlassungserlaubnis bei familiären Lebensgemeinschaften mit deutschen Staatsangehörigen gilt § 5 I Nr. 1 und nicht § 9 II 1 Nr. 2[43].

Die Erfüllung der Verpflichtung zur Sicherung des Lebensunterhalts setzt eine Prognose voraus, dass 26
der Lebensunterhalt des Ausländers – einschließlich ausreichenden Krankenversicherungsschutzes – in Zukunft auf Dauer ohne Inanspruchnahme öffentlicher Mittel gesichert ist. Hierfür ist ein Vergleich des voraussichtlichen Unterhaltsbedarfs mit den voraussichtlich zur Verfügung stehenden Mitteln anzustellen, wobei sich der Bedarf grundsätzlich nach den Maßstäben des Sozialrechts bemisst[44]. Die Maßstäbe sind aber über den Bereich der Kernfamilie hinaus nicht mit den Vorgaben des SGB II identisch[45].

Unerheblich ist, ob tatsächlich Sozialleistungen in Anspruch genommen werden, da es nur auf das 27
Bestehen eines entsprechenden Anspruchs ankommt[46]. Es kommt auch nicht darauf an, ob der Ausländer „unverschuldet" Leistungen nach dem SGB II oder XII in Anspruch nehmen muss. Anders als im Einbürgerungsrecht, in dem die Voraussetzung der Lebensunterhaltssicherung auch dann erfüllt ist, wenn der Ausländer die Inanspruchnahme von Sozialhilfeleistungen nicht zu vertreten hat (vgl. § 10 I 1 Nr. 3 StAG), lässt sich den Regelungen in §§ 5 I Nr. 1, 2 III eine derartige Einschränkung nicht entnehmen. Vielmehr räumt das AufenthG den fiskalischen Interessen, die mit dem Erfordernis der Sicherung des Lebensunterhalts verfolgt werden, ein größeres Gewicht ein als das Einbürgerungsrecht[47]. Ein **unverschuldeter Sozialleistungsbezug** vermag aber uU einen Ausnahmefall begründen, wenn sich der Ausländer in einer Sondersituation befindet, die sich wesentlich von der anderer Ausländer unterscheidet. Eine dauerhafte Erkrankung, die einer lebensunterhaltssichernden Erwerbstätigkeit entgegensteht, begründet für sich allein aber noch nicht die Annahme eines Ausnahmefalls[48].

Im Rahmen der erforderlichen Prognose kommt es darauf an, ob angenommen werden kann, dass 28
der Lebensunterhalt ohne Inanspruchnahme öffentlicher Mittel **auf Dauer** gesichert ist. Von einer Sicherung des Lebensunterhalts kann daher nur ausgegangen werden, wenn die zur Verfügung stehenden Mittel eine gewisse Nachhaltigkeit aufweisen[49], was nicht allein durch eine punktuelle Betrachtung des jeweils aktuellen Beschäftigungsverhältnisses beurteilt werden kann. Es muss unter Berücksichtigung der Berufschancen und der bisherigen Erwerbsbiografie eine gewisse Verlässlichkeit des Mittelzuflusses gewährleistet sein, die unter dem Gesichtspunkt der Dauerhaftigkeit eine **positive Prognose** zulässt[50]. Erforderlich ist also eine Abschätzung auch aufgrund rückschauender Betrachtung, ob ohne unvorhergesehene Ereignisse in Zukunft gewährleistet erscheint, dass der Lebensunterhalt dauerhaft ohne Inanspruchnahme öffentlicher Mittel aufgebracht werden kann. Auch wenn eine solche Prognose aufgrund der individuellen Arbeitsverhältnisse und der allgemeinen Arbeitsmarktsituation mit Unwägbarkeiten belastet ist, muss zumindest auf der Basis der sich aus den **bisherigen Erwerbsbiografie** ergebenden Daten ein Verlaufsschema erkennbar sein, das die begründete Annahme stabiler Einkommensverhältnisse erlaubt; denn aus dem Zweck der Norm ergibt sich die Notwendigkeit einer

---

[41] Vgl. BVerwG Urt. v. 16.8.2011 – 1 C 12.10, NVwZ-RR 2012, 330 Rn. 13.
[42] RL 2003/109/EG des Rates v. 5.11.2003, ABl. 2004 L 16, 44.
[43] BVerwG Urt. v. 18.8.2011 – 1 C 12.10, NVwZ-RR 2012, 330 Rn. 13.
[44] → § 2 Rn. 52 ff.
[45] BVerwG Urt. v. 16.11.2010 – 1 C 20.09, BVerwGE 138, 135 = NVwZ 2011, 825 Rn. 20 f.; Urt. v. 18.4.2013 – 10 C 10.12 BVerwGE 146, 198 = NVwZ 2013, 1339 Rn. 13, 20 f.; OVG Bln-Bbg Urt. v. 21.5.2012 – OVG 2 B 8.11, BeckRS 2012, 52908 Rn. 21.
[46] BVerwG Urt. v. 26.8.2008 – 1 C 32.07, BVerwGE 131, 370 = NVwZ 2009, 248 Rn. 21.
[47] BVerwG Urt. v. 19.2.2009 – 1 C 22.08, BVerwGE 133, 153 = NVwZ 2009, 843 Rn. 24; OVG Bln-Bbg Urt. v. 21.5.2012 – OVG 2 B 8.11, BeckRS 2012, 52908 Rn. 24.
[48] BayVGH Beschl. v. 28.10.2014 – 10 C 14.2002, BeckRS 2014, 58903 Rn. 17; Beschl. v. 24.4.2014 – 10 ZB 14.524, BeckRS 2014, 51264 Rn. 7.
[49] BVerwG Urt. v. 7.4.2009 – 1 C 17.08, BVerwGE 133, 329 = NVwZ 2010, 262 Rn. 33.
[50] BVerwG Urt. v. 29.11.2012 – 10 C 4.12, BVerwGE 145, 153 = NVwZ 2013, 947 Rn. 25; Urt. v. 18.4.2013 – 10 C 10.12, BVerwGE 146, 198 = NVwZ 2013, 1339 Rn. 13; OVG Bln-Bbg Beschl. v. 10.3.2015 – OVG 11 N 126.14, BeckRS 2015, 43110 Rn. 6; Beschl. v. 24.4.2012 – OVG 11 S 14.12, BeckRS 2012, 50079 Rn. 6.

gewissen **Verlässlichkeit des Mittelzuflusses**[51]. Im Rahmen der Prognoseentscheidung können auch Brüche in der Erwerbsbiografie zu berücksichtigen sein.[52] Die zukünftige Sicherung des Lebensunterhalts kann im Übrigen zweifelhaft sein, wenn sie aktuell nur durch einen Hinzuverdienst zu den Leistungen aus einer Altersversorgung erreicht werden kann[53].

29 Maßgeblich ist der **Zeitraum des voraussichtlichen Aufenthalts.** Dessen Dauer bestimmt auch darüber, ob die Mittel bereits zur Verfügung stehen (bei einem Kurzaufenthalt) oder (bei angestrebten Daueraufenthalten) lediglich in Zukunft zu erwarten seien müssen. Bei einer für mehrere Jahre gültigen Aufenthaltserlaubnis braucht nicht die vollständige Geltungsdauer mit bereits vorhandenen Mitteln oder gesicherten Rechtsansprüchen abgedeckt zu sein. Es genügt auch, wenn zB bei einem befristeten Arbeitsverhältnis mit dessen Verlängerung gerechnet werden kann.

30 Bei Ausländern, die das **Rentenalter** erreicht haben und deren – ganz oder zum Teil im Ausland erworbene – Rentenansprüche und Vermögen nicht zur Bestreitung des nach dem SGB XII als angemessen angesehenen Lebensunterhaltes ausreichen, fehlt es an einer Lebensunterhaltsdeckung[54]. Hier ist – sofern nicht im Lichte des Art. 17 Familienzusammenführungs-RL eine Ausnahme anzunehmen ist[55] – die Annahme eines Ausnahmefalls vom Erfordernis der Sicherung des Lebensunterhalts ebenso wenig gerechtfertigt wie in Fällen, in denen Ausländer wegen ihres Alters oder dauerhafter Erkrankung keine den Lebensunterhalt sichernde Beschäftigung finden können[56].

31 Ein Ausnahmefall von der regelmäßig zu erfüllenden Voraussetzung der Unterhaltssicherung erfordert folgende Voraussetzungen: Es müssen entweder besondere, **atypische Umstände** vorliegen, die so bedeutsam sind, dass sie das sonst ausschlaggebende Gewicht der gesetzlichen Regelung beseitigen, oder die Erteilung des Aufenthaltstitels muss **aus Gründen höherrangigen Rechts,** wie etwa Art. 6 GG, oder im Hinblick auf Art. 8 EMRK geboten sein, zB weil die Herstellung der Familieneinheit im Herkunftsland nicht möglich ist[57]. Steht einem Nachzugsbegehren der Schutz der öffentlichen Kassen entgegen, bedarf es iRd § 5 I Nr. 1 AufenthG einer Abwägung des öffentlichen Interesses mit den gegenläufigen privaten Belangen der Familie und die Entscheidung muss insbesondere den Grundsätzen der Verhältnismäßigkeit entsprechen. Dabei sind alle relevanten Umstände des Einzelfalls einzustellen[58]. Stellt sich die Verweigerung eines Aufenthaltstitels als eine außergewöhnliche Härte iSd § 36 II dar, weil die Fortführung der Familieneinheit im Ausland unzumutbar und deshalb eine Verletzung von Art. 6 GG, Art. 8 EMRK anzunehmen ist, liegt ein Ausnahmefall vor[59].

32 Nach der **Rspr. des BVerfG** begründet weder das in Art. 6 I GG verbürgte Recht auf ein familiäres Zusammenleben noch das in Art. 6 II 1 GG gewährleistete Elternrecht im Interesse des Kindeswohls einen unmittelbaren Anspruch auf Einreise und Aufenthalt. Allerdings verpflichtet die in **Art. 6 I GG enthaltene wertentscheidende Grundsatznorm** die Ausländerbehörde, bei der Entscheidung über ein Aufenthaltsbegehren die bestehenden familiären Bindungen an Personen, die sich berechtigterweise im Bundesgebiet aufhalten, zu berücksichtigen und entsprechend dem Gewicht dieser Bindungen zur Geltung zu bringen[60]. Für die Verhältnismäßigkeit eines Eingriffs in den Schutzbereich des Art. 6 I GG ist die Frage, ob es den anderen Familienangehörigen zumutbar ist, den Ausländer ins Herkunftsland zu begleiten, von erheblicher Bedeutung. Denn wenn die familiäre Lebensgemeinschaft nur in Deutschland gelebt werden kann, weil einem beteiligten Familienmitglied ein Verlassen des Bundesgebiets nicht zumutbar ist, etwa weil ihm dort flüchtlingsrechtliche relevante Verfolgung droht, drängt die Pflicht des Staates, die Familie zu schützen, regelmäßig einwanderungspolitische Belange zurück[61]. Dem Interesse der Familie, die Lebensgemeinschaft gerade im Bundesgebiet zu führen, kommt in diesem Fall besonderes Gewicht zu und es bedarf für aufenthaltsrechtliche Entscheidungen, die dies verhindern, entsprechend gewichtiger gegenläufiger öffentlicher Belange[62]. Nicht ausreichend ist, dass die Übersiedlung mit Beschwernissen verbunden ist[63]. Eine Verletzung von Art. 6 I GG liegt fern, wenn die Lebensgemeinschaft zumutbar auch im gemeinsamen Herkunftsland geführt werden

---

[51] BayVGH Beschl. v. 6.3.2020 – 10 C 20139, BeckRS 2020, 4526; OVG Bln-Bbg Urt. v. 21.5.2012 – OVG 2 B 8.11, BeckRS 2012, 52908 Rn. 24; OVG NRW Beschl. v. 4.12.2007 – 17 E 47/07, BeckRS 2008, 30011; BayVGH Urt. v. 23.10.2008 – 10 BV 08.256, BeckRS 2008, 28465.
[52] BayVGH Beschl. v. 22.3.2021 – 10 CS 20.2358, BeckRS 2021, 10947 Rn 21.
[53] Vgl. HmbOVG Beschl. v. 2.3.2018 – 1 Bs 264.17.
[54] OVG Bln-Bbg Urt. v. 21.5.2012 – OVG 2 B 8.11, BeckRS 2012, 52908 Rn. 24.
[55] → § 2 Rn. 43
[56] OVG Bln-Bbg Urt. v. 21.5.2012 – OVG 2 B 8.11, BeckRS 2012, 52908 Rn. 24.
[57] → EMRK Art. 8 Rn. 11, 12.
[58] BVerwG Urt. v. 13.6.2013 – 10 C 16.12, NVwZ 2013, 1493 Rn. 21.
[59] Vgl. BVerwG Urt. v. 30.7.2013 – 1 C 15.12, ZAR 2014, 75 Rn. 22.
[60] Vgl. BVerfG Beschl. v. 12.5.1987 – 2 BvR 1226/83 ua, BVerfGE 76, 1 (49 ff.); Beschl. v. 11.5.2007 – 2 BvR 2483/06, InfAuslR 2007, 336 (337); BVerwG Urt. v. 13.6.2013 – 10 C 16.12, NVwZ 2013, 1493 Rn. 21 mwN; OVG Bln-Bbg Urt. v. 21.5.2012 – OVG 2 B 8.11, BeckRS 2012, 52908 Rn. 25.
[61] Vgl. BVerfG Beschl. v. 18.4.1989 – 2 BvR 1169/84, BVerfGE 80, 81 (95); OVG Bln-Bbg Urt. v. 21.5.2012 – OVG 2 B 8.11, BeckRS 2012, 52908 Rn. 25.
[62] BVerwG Urt. v. 13.6.2013 – 10 C 16.12, NVwZ 2013, 1493 Rn. 21.
[63] OVG Bln-Bbg Beschl. v. 10.4.2019 – OVG 11 N 33.17, BeckRS 2019, 6691 Rn. 13.

kann[64]. Denn Art. 6 I GG gewährleistet nicht das Recht, die familiäre Lebensgemeinschaft in Deutschland zu führen, wenn dies auch in einem anderen Land zumutbar möglich ist.

Besteht eine von Art. 6 GG geschützte **Lebens- und Erziehungsgemeinschaft** zwischen einem 33 drittstaatsangehörigen Ausländer und seinem minderjährigen Kind, so kann er dann nicht ohne Weiteres darauf verwiesen werden, diese Lebensgemeinschaft mit seinem Kind und dessen Mutter im Drittstaat fortzusetzen, wenn beide zwar ebenfalls Staatsangehörige dieses Drittstaates sind, die Mutter seines Kindes aber ferner Mutter eines anderen minderjährigen Kindes ist, das (auch) die deutsche Staatsangehörigkeit besitzt und damit zugleich Unionsbürger (Art. 9 I 2 EUV) ist. Letzterem steht aufgrund seiner deutschen Staatsangehörigkeit ein Aufenthaltsrecht in Deutschland zu. Außerdem könnte es, wenn es mit seiner Mutter in den Drittstaat ausreisen muss, den Kernbestand der Rechte nicht mehr in Anspruch nehmen, die ihm die Unionsbürgerschaft verleiht[65].

Die deutsche Staatsangehörigkeit eines Familienmitglieds allein begründet aber noch **keine Un-** 34 **zumutbarkeit**. Es besteht aber besonderer Anlass zur Prüfung, ob diesem ein Verlassen Deutschlands zuzumuten ist. Ob ein Fall der Unzumutbarkeit vorliegt, hängt davon ab, welche Folgen der Auslandsaufenthalt für diesen hätte, ob Alternativen denkbar sind und ggf. wie sich ein derartiger Aufenthalt im Ausland auf die – rechtlich gesicherte – Möglichkeit einer späteren Rückkehr und Reintegration in Deutschland auswirken würde[66]. Bei minderjährigen deutschen Kindern, die bei einem Elternteil leben, kann sich eine Unzumutbarkeit auch aus ihren Beziehungen zum anderen – in Deutschland verbleibenden – Elternteil oder Geschwistern ergeben.[67] Daher sind die Besonderheiten, die sich bei Patchworkfamilien ergeben, sorgfältig zu ermitteln und mit dem ihnen zukommenden Gewicht zu berücksichtigen[68].

Ist der Ausländer nur deshalb auf Leistungen nach dem SGB II angewiesen, weil er mit seinen 35 **deutschen Familienangehörigen in einer Bedarfsgemeinschaft** lebt, könnte er aber mit seinem Erwerbseinkommen seinen eigenen Bedarf decken, so ist bei Erteilung einer Niederlassungserlaubnis nach § 28 II 1 eine Ausnahme von der Regelerteilungsvoraussetzung nach § 5 I Nr. 1 zu machen[69]. Besondere Umstände, die eine Ausnahme vom Regelfall begründen, liegen hier in der Tatsache, dass das Einkommen des Ausländers ausreicht, seinen eigenen Lebensunterhalt zu sichern, und die Bedarfslücke nur durch den Unterhaltsbedarf der deutschen Familienangehörigen entsteht. Für die deutschen Familienangehörigen bedeutet die Erteilung einer Niederlassungserlaubnis an den Ausländer aber keine Verfestigung des Aufenthalts, da sie als Deutsche ohnehin Anspruch auf dauerhaften Verbleib in der Bundesrepublik haben. Daher führt die mit einer Niederlassungserlaubnis verbundene Verfestigung des Aufenthalts des Ausländers nicht zu einer Verstetigung der Belastung öffentlicher Haushalte durch die Verpflichtung zur Gewährung von Sozialleistungen[70].

Auch für die Verhältnismäßigkeit eines Eingriffs in den Schutzbereich des Rechts auf Achtung des 36 Privat- und Familienlebens nach **Art. 8 EMRK** (bzw. Art. 7 GRCh[71]) kommt nach der Rspr. des EGMR der Frage erhebliche Bedeutung zu, ob das Familienleben ohne Hindernisse auch im Herkunftsland möglich ist[72] oder ob der Nachzug das einzige adäquate Mittel darstellt, in familiärer Gemeinschaft zu leben[73].

Im Anwendungsbereich der Familienzusammenführungs-RL sind § 5 I 1 Nr. 1 iVm § 2 III 1 37 hinsichtlich der Berechnungsmodalitäten des geforderten Lebensunterhalts und der Berücksichtigung öffentlicher Leistungen unionsrechtlich überformt[74]. Gleiches gilt im Anwendungsbereich der Daueraufenthalts-RL[75] Außerdem steht die in § 5 I Nr. 1 getroffene Regelung nicht ohne Weiteres im Einklang mit der **Familienzusammenführungs-RL**, die es in **Art. 7 Ic Familienzusammenführungs-RL** den Mitgliedstaaten erlaubt, den Nachzug von Familienangehörigen von der Sicherung des Lebensunterhalts abhängig zu machen und die Erfüllung weiterer Voraussetzung auch bei weiteren aufenthaltsrechtlichen Entscheidungen zu verlangen (Art. 16 Familienzusammenführungs-RL). Anders als § 5 I Nr. 1 geht die Systematik der Familienzusammenführungs-RL nicht von einer regelmäßigen Sperre bei einem Anspruch auf Sozialleistungen aus. Vielmehr ist eine individuelle Prüfung vor-

---

[64] BVerwG Urt. v. 30.4.2009 – 1 C 3.08, NVwZ 2009, 1239 Rn. 18; Urt. v. 26.8.2008 – 1 C 32.07, BVerwGE 131, 370 = NVwZ 2009, 248 Rn. 37.
[65] OVG RhPf Urt. v. 18.4.2012 – 7 A 10112/12, BeckRS 2012, 214979 Rn. 36 ff. im Anschluss an EuGH Urt. v. 8.3.2011 – C-34/09, NVwZ 2011, 545 – Ruiz Zambrano.
[66] BVerwG Urt. v. 30.7.2013 – 1 C 15.12, ZAR 2014, 75 Rn. 17 mwN.
[67] BVerwG Urt. v. 13.6.2013 – 10 C 16.12, NVwZ 2013, 1493 Rn. 27, 30 unter Hinweise auf BVerfG Beschl. v. 23.1.2006 – 2 BvR 1935/05, NVwZ 2006, 682.
[68] BVerwG Urt. v. 30.7.2013 – 1 C 15.12, ZAR 2014, 75 Rn. 15.
[69] BVerwG Urt. v. 16.8.2011 – 1 C 12.10, NVwZ-RR 2012, 330 Rn. 18.
[70] BVerwG Urt. v. 16.8.2011 – 1 C 12.10, NVwZ-RR 2012, 330 Rn. 19.
[71] Vgl. EuGH Urt. v. 15.11.2011 – C-256/11, InfAuslR 2012, 47 Rn. 7 – Dereci ua.
[72] Vgl. EGMR Urt. v. 19.2.1996 – 53/1995/559/645, InfAuslR 1996, 245 – Gül; Urt. v. 28.11.1996 – 73/1995/579/665, InfAuslR 1997, 141 – Ahmut.
[73] Vgl. EGMR Urt. v. 21.12.2001 – 31465/96, InfAuslR 2002, 334 – Sen.
[74] BVerwG Urt. v. 16.11.2010 – 1 C 21.09, BVerwGE 138, 148 = NVwZ 2011, 829; Urt. v. 29.11.2012 – 10 C 4/12, BVerwGE 145, 153; → § 2 Rn. 129 ff.
[75] NdsOVG Beschl. v.24.6.2021 – 13 ME 527/20, BeckRS 2021, 16954; → § 2 Rn. 129 ff.

zunehmen, wenn die erforderlichen Mittel des Zusammenführenden, um unabhängig von Sozialleistungen leben zu können, fehlen. Denn **Art. 17 Familienzusammenführungs-RL fordert in allen Fällen der Ablehnung eines Antrags auf Familiennachzug eine Einzelfallabwägung**[76] und schließt eine pauschale Anwendung abstrakter Schwellenwerte unter Außerachtlassung der konkreten Fallumstände aus[77]. Daher bedarf es in diesen Fällen im Rahmen der Ausnahmefallprüfung einer Einzelfallprüfung bei der alle zu berücksichtigenden Interessen insbesondere, wenn Kinder betroffen sind, ausgewogen bewertet werden[78].

38   Zweifelhaft ist, ob sich aus der **Anerkennungs-RL**[79] Besonderheiten ergeben. Bei Familienangehörigen von Flüchtlingen, liegt jedenfalls nicht generell ein Ausnahmefall vor[80]. Familienangehörige von Flüchtlingen, haben nämlich nach Art. 23 II, 24 I Anerkennungs-RL (nur) gemäß den nationalen Verfahren Anspruch auf Erteilung einer Aufenthaltserlaubnis. Von den Regelerteilungsvoraussetzungen des § 5 I kann daher nur im Anwendungsbereich von § 29 II 1 abgesehen werden sofern nicht gemäß § 29 II 2 zwingend von ihnen abzusehen ist. Der besonderen Situation von Flüchtlingen und ihren Familienangehörigen kann aber zumindest gemäß § 5 III 2 im Ermessenswege Rechnung getragen werden.

39   Während im Anwendungsbereich von § 36 I und § 36a I 2, also beim **Elternnachzug zum unbegleiteten minderjährigen Flüchtling (UMF)** bzw. subsidiär Schutzberechtigten zwingend von dem Erfordernis der Lebensunterhaltssicherung abzusehen ist, findet § 5 I Nr. 1 auf den Nachzug von Geschwisterkindern gemäß § 32 I Anwendung. Kann der Lebensunterhalt für den Nachzug dieser – was regelmäßig der Fall sein wird – nicht gesichert werden, stehen die Eltern regelmäßig vor einem Entscheidungskonflikt, auf die Wahrnehmung des Nachzugsrechts nach § 36 I bzw. § 36a I 2 zu verzichten oder die anderen minderjährigen Kinder zurückzulassen. In dieser Situation hängt die Annahme eines Ausnahmefalls nach der Rspr. des OVG Bln-Bbg neben der Situation im Herkunftsland davon ab, dass die Eltern nach der Einreise längerfristig über einen Aufenthaltstitel verfügen werden, der ein Recht zum Kindernachzug vermittelt[81]. Haben die Eltern zum Schutz des minderjährigen Flüchtlings und seines Interesses an der Familieneinheit mit seinen Eltern (Art. 10 Familienzusammenführungs-RL) einen Anspruch auf eine zeitlich nicht nur eng begrenzte Aufenthaltserlaubnis, liegt die Annahme eines Ausnahmefalls für den Nachzug der Geschwisterkinder nahe. Das OVG Bln-Bbg hat bisher ein derartiges sicheres Bleiberecht verneint, wenn die Voraussetzungen des § 36 I in naher Zukunft entfallen würden[82] und den nachgezogenen Eltern mit dem Eintritt der Volljährigkeit des als Flüchtling im Bundesgebiet lebenden Kindes kein eigenständiges Aufenthaltsrecht zustehe[83]. Nunmehr geht es aber mit Blick auf das Urteil des EuGH[84], wonach ein minderjähriger Asylbewerber, der während des Asylverfahrens volljährig und dem später die Flüchtlingseigenschaft zuerkannt werde, weiter als „Minderjähriger" iSv Art. 10 III lit. a Familienzusammenführungs-RL anzusehen sei, davon aus, dass Überwiegendes dafür spreche, dass der nachgezogene Elternteil nach seiner Einreise und auch nach dem Eintritt der Volljährigkeit des Kindes einen Anspruch auf Erteilung einer Aufenthaltserlaubnis nach § 36 I haben werde[85]. Das Gericht hält aber daran fest, dass ein zukünftiger Asylantrag der Eltern noch keine solche Rechtsposition vermittle und ein etwaiges Familiennachzug ermöglichendes Aufenthaltsrecht nicht vor dem Abschluss des Asylverfahrens fingiert werden könne[86].

40   Die **Rechtsfolge** der mangelnden Unterhaltssicherung besteht in der Versagung der Erteilung oder Verlängerung des Aufenthaltstitels (§ 8 I). Der Ausländer muss die Sicherung ausreichender Existenzmittel schon bei Erteilung des Visums, zum Zeitpunkt der Einreise und sodann gegenüber der Ausländerbehörde nachweisen. Für die Einreise besteht allerdings keine ausdrückliche Kontrollbefugnis der Grenzbehörde, die (mangelnde) Absicherung des Unterhaltsbedarfs zu prüfen. Seit dem 1.1.2016 führt die Inanspruchnahme von Sozialleistungen nicht mehr zur Annahme eines Ausweisungsinteresses[87].

---

[76] → Rn. 16 ff.; *Dienelt*, Auswirkungen der FamZuRL auf die Lebensunterhaltsdeckung, www.migrationsrecht.net.
[77] EuGH Urt. v. 6.12.2012 – C 356/11 und C 357/11, NVwZ 2013, 419 Rn. 49 (53, 82).
[78] BVerwG Urt. v. 13.6.2013 – 10 C 16.12, NVwZ 2013, 1493 Rn. 20; vgl. auch BayVGH Beschl. v. 28.2.2014 – 10 ZB 13.2410, BeckRS 2014, 49133 Rn. 8; → Rn. 16.
[79] Annerkennungs- oder Flüchtlings-RL (RL 2011/95/EU v. 13.12.2011 (ABl. 2011 L 337, 9) ersetzt die Qualifikations-RL aF (RL 2004/83/EG v. 29.4.2004, ABl. 2004L 304, 12).
[80] AA VG Münster Urt. v. 30.7.2009 – 8 K 169/09, BeckRS 2009, 36308.
[81] OVG Bln-Bbg Beschl. v. 28.9.2016 – OVG 3 S 55.16, BeckRS 2016, 52927 Rn. 3; Beschl. v. 16.9.2016 – OVG 3 S 95.15, NVwZ 2016, 471 Rn. 6 f.
[82] OVG Bln-Bbg Beschl. v. 22.12.2016 – OVG 3 S 488.16.
[83] OVG Bln-Bbg Beschl. v. 22.12.2016 – OVG 3 S 98.16, BeckRS 2016, 111065 Rn. 5; Beschl. v. 22.12.2016 – OVG 3 S 106.16, NVwZ-RR 2017, 259 Rn. 8.
[84] EuGH Urt. v. 12.4.2018 – C-550/16, NVwZ 2018, 1463 – A, S.
[85] OVG Bln-Bbg Beschl. v. 9.12.2018 – OVG 3 S 98.18, BeckRS 2018, 33732 Rn. 12.
[86] OVG Bln-Bbg Beschl. v. 22.12.2016 – OVG 3 S 98.16, BeckRS 2016, 111065 Rn. 7; anders noch OVG Bln-Bbg Beschl. v. 21.12.2015 – OVG 3 S 95.15, NVwZ 2016, 471 Rn. 3.
[87] Der bisherige § 55 I Nr. 5 findet im neuen Ausweisungsrecht keine Entsprechung.

4. Identität und Staatsangehörigkeit (Nr. 1a)

Nr. 1a in Abs. 1 ist erst im Vermittlungsverfahren als weitere Regelerteilungsvoraussetzung einge- 41
fügt worden. Der Wortlaut spricht eindeutig für eine selbstständige Bedeutung neben dem Passbesitz
sowie für eine zwingende Klärung der Identität und der Staatsangehörigkeit. Damit wird zum Ausdruck gebracht, dass hinsichtlich der Feststellung der Identität, sowohl eine entsprechende Aufklärungspflicht der Ausländerbehörde (§ 49 III) als auch eine entsprechende Mitwirkungspflicht des
Ausländers (§ 48 III) korrespondiert. Der Gesetzgeber hat zum Ausdruck gebracht, dass ein gewichtiges staatliches Interesse an der Individualisierung der Personen, denen ein Aufenthaltstitel erteilt wird,
besteht[88].

Dieser Zweck und die systematische Stellung als Regelerteilungsvoraussetzung belegen, dass das 42
öffentliche Interesse an der Identifizierung des Ausländers und Klärung seiner Rückkehrberechtigung
in das Herkunftsland nicht davon abhängt, ob die Möglichkeit einer Aufenthaltsbeendigung besteht
oder nicht[89]. Diese Funktion wäre eindeutiger, wenn die Vorschrift des § 8 I Nr. 3 AuslG 1990
unverändert übernommen und der Bedingungssatz nicht eingefügt worden wäre. Folgt man der
Begründung des entsprechenden Änderungsantrags im ersten Gesetzgebungsverfahren[90], so sollte damit
der Versagungsgrund der ungeklärten Identität und Staatsangehörigkeit aus § 8 I Nr. 1 AuslG 1990
übernommen werden, weil es nicht zuletzt vor dem Hintergrund der Terroranschläge vom 11.9.2001
und des weltweit agierenden Terrorismus nicht angehen könne, dass Personen der Zugang zu einem
Aufenthaltstitel geebnet würde, die an der Klärung ihrer Identität nicht mitwirkten. Über das Verhältnis zur Passpflicht und die Bedingung der fehlenden Rückkehrberechtigung ist dort nichts gesagt.
Mithin soll offenbar nichts anderes bezweckt werden, als die Klärung entsprechender Zweifel an der
behaupteten Identität oder Staatsangehörigkeit.

Die **Identität einer Person** (im rechtlichen Sinne) wird durch tatsächliche und rechtliche Daten 43
wie Geburtsdatum, Geburtsort, Name, Vorname, Name der Eltern usw bestimmt, die der betreffenden
Person zuzuordnen sind. „Identität" bedeutet die Übereinstimmung dieser personenbezogenen Daten
mit einer natürlichen Person[91]. **Die Klärung der Identität** setzt die **Gewissheit** voraus, dass ein
Ausländer die Person ist, für die er sich ausgibt, mithin Verwechslungsgefahr nicht besteht[92]. Dabei
haben nationale Reisepässe als öffentliche, internationale Anerkennung genießende staatliche Urkunden nach internationaler Übung grundsätzlich eine herausgehobene Identifikationsfunktion, indem sie
in der Regel den Nachweis erbringen, dass der Inhaber die in dem Pass genannte, beschriebene und
abgebildete Person ist und die darin enthaltenen Angaben mit deren tatsächlichen und rechtlichen
Verhältnissen übereinstimmen. Dieser Nachweis ist erforderlich, um eine einreisewillige Person jederzeit den sie betreffenden Verwaltungsvorgängen zuzuordnen, was die Grundvoraussetzung einer
effektiven Ein- und Ausreisekontrolle darstellt[93].

Hieraus kann darauf geschlossen werden, dass die später eingefügte Voraussetzung **eigenständig** 44
neben der Erfüllung der Passpflicht gilt. Gleichwohl führt dies nicht in jedem Fall zu zusätzlichen
Prüfungsverpflichtungen der Behörde. Da sich Identität und Staatsangehörigkeit in aller Regel mithilfe
des Passes oder ggf. Passersatzes feststellen lassen, muss der Frage nach der Identität und der Staatsangehörigkeit, an deren Klärung der Ausländer mitzuwirken hat (§ 49 I), regelmäßig nicht nachgegangen werden. Eine zusätzliche Prüfungsverpflichtung kann aber entstehen, wenn es sich trotz Vorlage
eines Passes um eine Fallgestaltung handelt, die Anlass zu Zweifeln an der Identität des Ausländers
bietet. Etwa weil der Ausländer in seinem Asylverfahren abweichende Angaben gemacht hat oder
wegen des Urkundenwesens im Herkunftsland zweifelhaft ist, auf welcher Grundlage die Passeintragungen erfolgt sind[94]. Liegt ein Fall einer (nachgewiesenen) Täuschung über die Identität vor, besteht
auch ein Ausweisungsinteresse iSv § 54 II Nr. 8 lit. a oder ggf. Nr. 9[95].

Die **Identität** kann also in aller Regel allein aufgrund des Passes oder Passersatzes festgestellt werden. 45
Anhand eines Vergleichs der dortigen Eintragungen und ggf. gespeicherten biometrischen Daten
(Lichtbild, Fingerabdruck) mit der persönlichen Erscheinung des Passinhabers lässt sich entscheiden,
ob diese auf ihn zutreffen und damit dessen Identität hinreichend bestimmt ist. Zu Zweifeln an der
Identität kommt es praktisch nur, wenn der Ausländer einen gültigen Pass oder Passersatz nicht besitzt
oder nicht vorlegen kann. Für die Identitätsfeststellung können dann andere Dokumente wie zB

---

[88] BVerwG Urt. v. 14.5.2013 – 1 C 17.12, ZAR 2013, 439 Rn. 20.
[89] BVerwG Beschl. v. 7.5.2013 – 1 B 2.13, BeckRS 2013, 51300 Rn. 4.
[90] BT-Drs. 15/955, 7.
[91] VGH BW Urt. v. 30.7.2014 – 11 S 2450.13, BeckRS 2014, 56397 Rn. 32.
[92] OVG Bln-Bbg Urt. v. 19.3.2012 – OVG 3 B 15.11, BeckRS 2012, 51105 Rn. 20 unter Hinweis auf BVerwG Urt. v. 1.9.2011 – 5 C 27.10, InfAuslR 2012, 27 zur Klärung der Identität zum Zwecke der Einbürgerung nach § 10 StAG.
[93] OVG Bln-Bbg Urt. v. 19.3.2012 – OVG 3 B 15.11, BeckRS 2012, 51105 Rn. 20.
[94] Vgl. VG Berlin Beschl. v. 18.2.2016 – VG 15 L 33.16 V; OVG Bln-Bbg Beschl. v. 9.9.2014 – OVG 7 N 109.14, BeckRS 2014, 57928 Rn. 3f.
[95] BVerwG Urt. v. 12.7.2018 – 1 C 16.17, BVerwGE 162, 349 = NVwZ 2019, 486; vgl. auch SächsOVG Beschl. v. 2.9.2016 – 3 B 168/16, BeckRS 2016, 53660 Rn. 9.

Geburtsurkunde, Dienstausweis, Wehrpass oder Führerschein herangezogen werden. Probleme ergeben sich immer dann, wenn der Ausländer über keinerlei Dokumente verfügt. Im Übrigen findet § 49 Anwendung. Die Identität des Ausländers ist also so lange ungeklärt, bis ein gültiges Ausweispapier oder doch gleich beweiskräftige Unterlagen als Nachweis der Identität vorgelegt werden kann; eine spätere Klärung der Identität entfaltet in Bezug auf die materiellrechtliche Regelerteilungsvoraussetzung des § 5 I Nr. 1a keine Rückwirkung[96].

46 Anhaltspunkte für die Anforderungen an die Identitätsklärung iRv § 5 I Nr. 1a gibt die Rspr. des BVerwG für die Identitätsfeststellung bei der Einbürgerung. Dort gilt, dass es dem bis zur **Grenze der objektiven Möglichkeit und subjektiven Zumutbarkeit** mitwirkenden Einbürgerungsbewerber möglich bleiben muss, seine Identität nachzuweisen, wenn er sich in einer Beweisnot befindet, etwa weil im Herkunftsland kein funktionierendes Personenstandswesen besteht oder die dortigen Behörden ihre Mitwirkung aus Gründen versagen, die der Ausländer nicht zu vertreten hat oder, wenn er als anerkannter Flüchtling besorgen müsste, dass eine Kontaktaufnahme mit Behörden des Herkunftsstaats Repressalien für Dritte zur Folge hätte[97].

47 Insofern hat das BVerwG ein **Stufenmodell** entwickelt: Ist der Einbürgerungsbewerber weder in Besitz eines Passes noch sonstiger amtlicher Dokumente und ist ihm deren Erlangung objektiv nicht möglich oder subjektiv nicht zumutbar, kann er sich zum Nachweis seiner Identität auch sonstiger nach § 26 I 1 und 2 VwVfG zugelassener Beweismittel bedienen; insbesondere nichtamtlicher Urkunden oder Dokumente, die geeignet sind, die Angaben zu seiner Person zu belegen, gegebenenfalls auch Zeugenaussagen[98]. Ist auch dies objektiv nicht möglich oder subjektiv nicht zumutbar, so kann die Identität des Einbürgerungsbewerbers ausnahmsweise allein auf der Grundlage seines Vorbringens als nachgewiesen anzusehen sein, sofern die Angaben zur Person auf der Grundlage einer umfassenden Würdigung der Umstände des Einzelfalls und des persönlichen Vorbringens des Einbürgerungsbewerbers zur Überzeugung der Einbürgerungsbehörde feststehen[99]. Dabei ist ein Übergang von einer Stufe zu einer nachgelagerten Stufe nur zulässig, wenn es dem mitwirkenden Einbürgerungsbewerber nicht gelingt, den Nachweis seiner Identität zu führen[100].

48 Für die Überzeugungsbildung von Einbürgerungsbehörde und Gericht (§ 108 VwGO) ist ein für das praktische Leben brauchbarer Grad von Gewissheit erforderlich, der Zweifeln Schweigen gebietet, ohne diese völlig auszuschließen. Die auf den verschiedenen Stufen zu berücksichtigenden Beweismittel müssen hierfür jeweils in sich stimmig sein und auch bei einer **Gesamtbetrachtung** jeweils im Einklang mit den Angaben des Einbürgerungsbewerbers zu seiner Person und seinem übrigen Vorbringen stehen[101]. Es bleibt abzuwarten, ob das BVerwG, das zur Klärung der Identität im Einbürgerungsverfahren entwickelte Stufenmodel auf die Identitätsklärung iRv § 5 I Nr. 1a überträgt[102].

49 Der späteren Klärung der Identität im Einbürgerungsverfahren steht nicht entgegen, dass diese bereits regelmäßig gemäß § 5 I Nr. 1a im aufenthaltsrechtlichen Erlaubnisverfahren zu prüfen ist. § 5 I Nr. 1a gilt allein für die Erteilung eines Aufenthaltstitels, nicht für die Einbürgerung. Dieser Vorschrift ist auch kein Zuständigkeitsverteilung zwischen Ausländer- und Einbürgerungsbehörde zu entnehmen. Identitätsfeststellungen der Ausländerbehörde haben daher auch keine Bindungswirkung für ein Einbürgerungsverfahren[103].

50 Die **Staatsangehörigkeit** bedarf der gesonderten Feststellung nur dann, wenn die Rückkehrberechtigung in einen anderen Staat unsicher ist. Da diese Berechtigung zu dem Mindestinhalt eines Passes oder Passersatzes zählt[104], kann sich eine zusätzliche Prüfung in aller Regel nur dann als notwendig erweisen, wenn ein atypischer Fall eine Ausnahme von der Passpflicht rechtfertigt. Staatenlose, die über keinen Reiseausweis eines anderen Staates mit Einreiserecht (vgl. Art. 28 StlÜbk und § 13 des Anhang zum StlÜbk) verfügen, besitzen in aller Regel kein Passpapier, in dem ein derartiges Einreiserecht bescheinigt. Bei ihnen erübrigen sich dann aber auch Ermittlungen über das Bestehen einer Staatsangehörigkeit.

5. Ausweisungsinteresse (Nr. 2)

51 Die Begründung eines rechtmäßigen Aufenthalts durch Erteilung eines Aufenthaltstitels setzt nach § 5 I Nr. 2 in der Regel voraus, dass kein Ausweisungsinteresse besteht, also ein Ausweisungstatbestand nicht verwirklicht ist. Das Nichtbestehen eines Ausweisungsinteresses ist damit – wie zuvor der **Ausweisungsgrund** – eine sehr wichtige und zugleich sorgfältig zu prüfende Regelerteilungsvoraussetzung. Anders als der bisher verwendete Begriff „Ausweisungsgrund" bezieht sich § 5 I Nr. 2

---

[96] BVerwG Beschl. v. 6.3.2014 – 1 B 17.13, BeckRS 2014, 49307 Rn. 8.
[97] BVerwG Urt. v. 23.9.2020 – 1 C 36.19, BVerwGE 169, 269 = NVwZ 2021, 494 Rn. 15.
[98] BVerwG Urt. v. 23.9.2020 – 1 C 36.19, BVerwGE 169, 269 = NVwZ 2021, 494 Rn. 19.
[99] BVerwG Urt. v. 23.9.2020 – 1 C 36.19, BVerwGE 169, 269 = NVwZ 2021, 494 Rn. 19.
[100] BVerwG Urt. v. 23.9.2020 – 1 C 36.19, BVerwGE 169, 269 = NVwZ 2021, 494 Rn. 21.
[101] BVerwG Urt. v. 23.9.2020 – 1 C 36.19, BVerwGE 169, 269 = NVwZ 2021, 494 Rn. 20.
[102] Vgl. *Fleuß* ZAR 2021, 156.
[103] BVerwG Urt. v. 1.9.2011 – 5 C 27.10, BVerwGE 140, 311 Rn. 14.
[104] → § 3 Rn. 3.

nunmehr ausdrücklich auf den Begriff des Ausweisungsinteresses in § 53 I und die gesetzlichen Beispiele von **Ausweisungsinteressen** iSv § 54[105].

Der Erteilung einer Niederlassungserlaubnis steht das bloße Ausweisungsinteresse nicht entgegen, **52** sondern nur die Gründe der öffentlichen Sicherheit oder Ordnung, die ein bestimmtes Gewicht haben. § 9 II Nr. 4 verlangt insofern eine § 53 II vergleichbare Abwägung. Zu beachten ist aber, dass für das Recht auf Wiederkehr gemäß § 37 III zwischen dem Bestehen eines Ausweisungsinteresses (Nr. 2), der erfolgten Ausweisung und der Zulässigkeit der Ausweisung (Nr. 1) unterschieden wird.

Sowohl bei Anwendung von § 7 II Nr. 1 AuslG 1990 als auch von § 5 I Nr. 2 wurde „Aus- **53** weisungsgrund" gleichgesetzt mit **„Ausweisungstatbestand"**[106]. Nach dem bisherigen und dem seit dem 1.1.2016 geltenden Ausweisungsrecht gilt nichts anderes[107]. Die Neufassung von § 5 I Nr. 2 stellt nach dem Willen des Gesetzgebers[108] lediglich eine Folgeänderung zur Neuordnung des Ausweisungsrechts in den §§ 53 ff. dar. Dementsprechend hält das BVerwG seine zu § 5 I Nr. 2 aF und zu den inhaltlich entsprechenden Vorläufervorschriften ergangene Rspr. für übertragbar[109]. Soweit der durch das AufenthGÄndG 2015 mWv 1.8.2015 eingeführte Begriff des Ausweisungsinteresses in § 5 I Nr. 2 ua Vorschriften (§§ 15 II Nr. 1, 25b II Nr. 2, 28 II 1, 31 III 1 Nr. 1, 37 III Nr. 2) auf die erst am 1.1.2016 in Kraft tretende Regelung der §§ 53 f. nF Bezug nahm, war er im Wege der Auslegung an den bestehenden Normtext anzubinden. Da der Begriff des Ausweisungsinteresses auf einen bestimmten **Ausweisungstatbestand** zielt, war für die Übergangszeit eine Bezugnahme auf die Ausweisungstatbestände der §§ 53, 54, 55 I, II in der bis zum 31.12.2015 geltenden Fassung des AufenthG möglich und geboten.

§ 53 I als Grundtatbestand der Ausweisung setzt voraus, dass der weitere Aufenthalt des Ausländers **54** eine Gefahr für die öffentliche Sicherheit und Ordnung, die freiheitliche demokratische Grundordnung darstellt oder sonstige erhebliche Interessen der Bundesrepublik Deutschland gefährdet sind[110]. § 53 I wird durch den nicht abschließenden Katalog gemäß § 54 von als **(besonders schwere und schwere)** Ausweisungsinteressen bezeichneten Tatbeständen konkretisiert. Die Erteilung eines Aufenthaltstitels kommt nur dann in Betracht, wenn ein Ausweisungsinteresse nicht vorliegt, also ein Ausweisungstatbestand nicht verwirklicht ist; ob die Ausweisung im Einzelfall rechtsfehlerfrei verfügt werden könnte, ist insoweit unerheblich[111]. Eine hypothetische Ausweisungsprüfung erfolgt nicht. Trotz des unterschiedlichen Gewichts der in § 54 genannten Ausweisungsinteressen wird für die Regelerteilungsvoraussetzung (zunächst) nicht weiter unterschieden. Eine Abwägung mit den privaten Bleibeinteressen erfolgt erst im Rahmen der Frage, ob eine Abweichung von der Regelfall vorliegt[112], oder zB gemäß § 27 III 2 von einem bestehenden Ausweisungsinteresse im Ermessen abgesehen werden kann.

Die Regelerteilungsvoraussetzung des § 5 I Nr. 2, also das Nichtbestehen eines Ausweisungsinteres- **55** ses, ist als Tatbestandsmerkmal in vollem Umfang gerichtlich überprüfbar[113]. Die Prüfung von Ausweisungsinteressen bei Erteilung einer Aufenthaltserlaubnis dient dem Zweck, aktuell zu befürchtende Beeinträchtigungen der öffentlichen Sicherheit und Ordnung oder sonstiger erheblicher Interessen der Bundesrepublik Deutschland iSv § 53 I abzuwenden. Sie verfolgt damit in erster Linie **spezialpräventive Zwecke**. Da es um die Erlaubnis eines künftigen Aufenthalts geht, ist nicht die Störung der öffentlichen Sicherheit und Ordnung in der Vergangenheit von Bedeutung, sondern nur eine solche in Gegenwart und Zukunft. Daher ist grundsätzlich eine **Gefahrenprognose** bei jedem Ausweisungstatbestand anzustellen, und zwar nicht erst bei der Frage, ob eine von der Regel des § 5 I Nr. 2 **abweichenden Atypik** besteht[114]. Je gewichtiger ein Ausweisungsinteresse ist, umso weniger strenge Voraussetzungen sind an die Prüfung des weiteren Vorliegens einer zukünftigen Gefährdung **(Wiederholungsgefahr)** zu stellen. Steht aber ohne vernünftige Zweifel fest, dass keine Gefahr für die öffentliche Sicherheit mehr droht, können allenfalls generalpräventive Zwecke ein entgegenstehendes Ausweisungsinteresse begründen.

Das BVerwG hat unter Anknüpfung an seine zum alten Ausweisungsrecht ergangene Rspr.[115] die **56** Auffassung bestätigt, dass auch nach dem seit dem 1.1.2016 geltenden Recht allein **generalpräventive Gründe** ein Ausweisungsinteresse begründen können. § 53 I setze nicht voraus, dass von dem ord-

---

[105] BVerwG Urt. v. 12.7.2018 – 1 C 16.17, BVerwGE 162, 349 = NVwZ 2019, 486 Rn. 15; BayVGH Beschl. v. 29.8.2016 – 10 AS 16.1602, BeckRS 2016, 51505 Rn. 21.
[106] Näher zum früheren Recht Renner AiD Rn. 5/466–484.
[107] Vgl. BVerwG Urt. v. 10.12.2014 – 1 C 15.14, NVwZ-RR 2015, 313 Rn. 21; Urt. v. 16.11.2010 – 1 C 20.09, BVerwGE 138, 135 = NVwZ 2011, 825 Rn. 19.
[108] Vgl. BT-Drs. 18/4097, 35.
[109] BVerwG Urt. v. 12.7.2018 – 1 C 16.17, BVerwGE 162, 349 = NVwZ 2019, 486 Rn. 15.
[110] BT-Drs. 18/4097, 49; vgl. auch → § 53 Rn. 12 ff.
[111] OVG NRW Beschl. v. 16.8.2016 – 18 B 754.16, BeckRS 2016, 50359 Rn. 11; BayVGH Beschl. v. 16.3.2016 – 10 ZB 14.2634, BeckRS 2016, 44265 Rn. 6; HmbOVG Beschl. v. 17.12.2015 – 4 Bf 137.13, BeckRS 2016, 44956 Rn. 42; VGH BW Beschl. v. 25.8.2015 – 11 S 1500.15, BeckRS 2015, 51619 Rn. 9.
[112] BVerwG Urt. v. 12.7.2018 – 1 C 16.17, BVerwGE 162, 349 = NVwZ 2019, 486 Rn. 15.
[113] OVG Brem Beschl. v. 27.10.2009 – 1 B 224.09, ZAR 2010, 32.
[114] VGH BW Urt. v. 19.4.2017 – 11 S 1967.16, BeckRS 2017, 109939 Rn. 26.
[115] BVerwG Urt. v. 14.2.2012 – 1 C 7.11, ZAR 2012, 344 Rn. 17 mwN.

nungsrechtlich auffälligen Ausländer selbst eine Gefahr ausgehen müsse[116]. Vom Aufenthalt eines Ausländers, der (schwere) Straftaten begangen hat, könne nämlich auch dann eine Gefahr für die öffentliche Sicherheit und Ordnung ausgehen, wenn zwar von ihm selbst keine (Wiederholungs-)Gefahr mehr ausgehe, im Fall des Unterbleibens einer ausländerrechtlichen Reaktion auf sein Fehlverhalten andere Ausländer aber nicht wirksam davon abgehalten würden, vergleichbare Delikte zu begehen[117]. Jedenfalls diene das in dem entschiedenen Fall einschlägige, nach § 54 II Nr. 8 lit. a schwer wiegende Ausweisungsinteresse wegen Falschangaben zur Verhinderung einer Abschiebung, typischerweise generalpräventiven Interessen[118]. **Generalprävention** setzt die Annahme voraus, dass sich andere Ausländer mit Rücksicht auf eine kontinuierliche Ausweisungs- bzw. Versagungspraxis ordnungsgemäß verhalten[119]. Auch soweit dagegen ua der fehlende empirische Nachweis der Abschreckungswirkung eingewandt wird, entspricht die Generalprävention der Intention des Gesetzgebers[120] im Rahmen des ihm zustehenden weiten gesetzgeberischen Ermessens.

57 Das Ausweisungsinteresse muss **aktuell** bestehen, darf also nicht „verbraucht" sein[121]. Nicht die Verwirklichung eines Ausweisungstatbestands ist hinderlich, sondern das Bestehen einer Gefahr für die öffentliche Sicherheit im Zeitpunkt der Entscheidung über Erteilung oder Verlängerung des Aufenthaltstitels[122]; nicht die Störung der öffentlichen Sicherheit und Ordnung in der Vergangenheit steht dem Aufenthalt in Deutschland entgegen, sondern die ihr gegenwärtig drohenden Beeinträchtigungen. Dem Aufenthalt soll ein Ausweisungsinteresse, das noch nicht zur Ausweisung geführt hat, auch nur dann idR entgegenstehen, wenn eine Gefährdung (noch) besteht. Aus diesem Grunde können Verurteilungen, die aus formellen Gründen **nicht mehr** gegen den Ausländer **verwertet** werden, nicht herangezogen werden. Getilgte oder tilgungsreife Verurteilungen unterliegen einem Verwertungsverbot (§ 51 I BZRG)[123]. Ebenso wenig darf auf Eintragungen nach § 17 BZRG und auf Jugendstrafen zurückgegriffen werden, wenn der Strafmakel für beseitigt erklärt ist (§ 41 III BZRG). Die Ausnahme der Sicherheitsgefährdung (§ 52 I Nr. 1 BZRG) greift nicht allgemein ein, allenfalls im Zusammenhang mit Abs. 4.

58 Auch ein generalpräventives Ausweisungsinteresse muss zum entscheidungserheblichen Zeitpunkt noch aktuell sein, es darf also nicht durch Zeitablauf an Bedeutung verloren haben, dass es bei der Anwendung des § 5 I Nr. 2 nicht mehr herangezogen werden kann. Das BVerwG orientiert sich dazu an den **Fristen der** §§ 78 ff. StGB zur **Strafverfolgungsverjährung**. Während die einfache Verjährungsfrist des § 78 III StGB, deren Dauer sich nach der verwirklichten Tat richtet und die mit Beendigung der Tat zu laufen beginnt, eine untere Grenze bilde, orientiere sich die obere Grenze regelmäßig an der absoluten Verjährungsfrist des § 78c III 2 StGB. Bei abgeurteilten Straftaten stellen auch insoweit die Fristen für ein Verwertungsverbot nach § 51 BZRG die Obergrenze dar[124].

59 Bei der Anwendung des § 5 I Nr. 2 ist auch zu beachten, dass es nicht zu Wertungswidersprüchen in Fällen kommt, in denen eine Ausweisung verfügt und ihre Wirkung (Einreise- und Aufenthaltsverbot gemäß § 11 I) befristet wurden und die Frist zwischenzeitlich abgelaufen ist. Steht die Ausweisung nach der Befristung des Einreise- und Aufenthaltsverbots der Erteilung der Aufenthaltserlaubnis nicht mehr entgegen, so muss dieses Ergebnis auch für Fälle gelten, in denen aus vergleichbaren Gründen von einer Ausweisung abgesehen wurde. Andernfalls hätte das Bestehen eines Ausweisungsinteresses weitergehende Wirkungen, als die Ausweisung selbst. Anderes kann aber gelten, wenn die Ausweisung im Hinblick auf ein Untertauchen oder die Ausreise des Ausländers nicht verfügt wurde oder ihm nicht bekanntgegeben werden konnte. Dagegen verneint das BVerwG die Heranziehung der in § 11 III festgelegten Kriterien für die Bestimmung, ob ein Ausweisungsinteresse fortbesteht[125].

60 Die Frage, ob ein **Ausnahmefall** anzunehmen ist, ist erst zu beantworten, wenn feststeht, dass eine Gefährdung durch den Ausländer nach wie vor zu befürchten ist (Wiederholungsgefahr) oder generalpräventives Ausweisungsinteresse fortbesteht. Ob ein Ausnahmefall vorliegt, ist aufgrund einer umfassenden **Abwägung** aller in Betracht kommenden öffentlichen und privaten Interessen zu entscheiden. Ergibt diese Abwägung, dass eine (fortbestehende) Gefährdung der öffentlichen Sicherheit (Wiederholungsgefahr) hinzunehmen ist, liegt ein Ausnahmefall vor[126].

---

[116] BVerwG Urt. v. 12.7.2018 – 1 C 16.17, BVerwGE 162, 349 = NVwZ 2019, 486 Rn. 16.
[117] BVerwG Urt. v. 12.7.2018 – 1 C 16.17, BVerwGE 162, 349 = NVwZ 2019, 486 Rn. 16; ebenso BayVGH Beschl. v. 28.12.2018 – 10 ZB 18.1154, BeckRS 2018, 35631 Rn. 7.
[118] BVerwG Urt. v. 12.7.2018 – 1 C 16.17, BVerwGE 162, 349 = NVwZ 2019, 486 Rn. 16; ebenso BayVGH Beschl. v. 28.12.2018 – 10 ZB 18.1154, BeckRS 2018, 35631 Rn. 7; aA VGH BW Urt. v. 19.4.2017 – 11 S 1967/16, BeckRS 2017, 109939 Rn. 33 ff.
[119] Vgl. OVG RhPf Beschl. v. 23.10.2018 – 7 A 10866.18, NJW 2019, 168 Rn. 10.
[120] Vgl. BT-Drs. 18/4097, 49.
[121] BVerwG Urt. v. 15.3.2005 – 1 C 26.03, NVwZ 2005, 1091, vgl. auch → § 53 Rn. 33 ff.
[122] Vgl. BVerwG Urt. v. 31.8.1998 1 C 28.97, InfAuslR 1998, 285; → § 53 Rn. 32.
[123] BVerwG Urt. v. 27.1.2009 – 1 C 40.07, BVerwGE 133, 72 = NVwZ 2009, 979.
[124] BVerwG Urt. v. 12.7.2018 – 1 C 16.17, BVerwGE 162, 349 = NVwZ 2019, 486 Rn. 23; → § 53 Rn. 41, 45.
[125] BVerwG Urt. v. 12.7.2018 – 1 C 16.17, BVerwGE 162, 349 = NVwZ 2019, 486 Rn. 23.
[126] BayVGH Beschl. v. 31.8.2016 – 10 CS 16.649, BeckRS 2016, 52293 Rn. 7; BayVGH Beschl. v. 29.8.2016 – 10 AS 16.1602, BeckRS 2016, 51505 Rn. 24 mwN.

In Bezug auf Straftaten sind für eine Abweichung von der ansonsten ausschlaggebenden Regelerteilungsvoraussetzung insbesondere die Dauer des straffreien Aufenthalts im Verhältnis zur Gesamtdauer des Aufenthalts sowie ggf. der Grad der Entfremdung vom Heimatland zu berücksichtigen[127]. Allein die wirtschaftliche Integration genügt nicht[128]. Die Dauer des (rechtmäßigen) Aufenthalts im Bundesgebiet ist damit ein gewichtiges, aber nicht das allein entscheidende Kriterium zur Bestimmung eines Ausnahmefalls. Vielmehr muss der Ausländer die ihm durch einen langen Aufenthalt gegebene Gelegenheit auch genutzt haben, sich wirtschaftlich und sozial so zu integrieren, dass eine **Verfestigung seiner Lebensverhältnisse im Bundesgebiet** eingetreten ist und ihn eine Beendigung des Aufenthalts besonders hart treffen würde[129]. 61

In den Fällen, in denen eine Atypik nicht festgestellt werden kann, erfährt § 27 III 2 eine zusätzliche Bedeutung für den Familiennachzug. Danach kann im Ermessen von § 5 I 2 abgesehen werden. Es ist danach im Einzelfall zu prüfen, ob die Verwirklichung eines Ausweisungstatbestands nach dessen Art, Aktualität und Gewicht die Versagung der Familienzusammenführung bzw. der weiteren Wahrung der familiären Lebensgemeinschaft zu rechtfertigen vermag[130]. Bei der behördlichen Ermessensausübung ist das durch die Verwirklichung des Ausweisungstatbestandes hervorgerufene öffentliche Interesse an einer Aufenthaltsversagung mit den individuellen, grundrechtlich geschützten Interesse des den Nachzug begehrenden Angehörigen iVm dem ebenfalls grundrechtlich geschützten Interesse des Stammberechtigten abzuwägen. Die Ausländerbehörde bzw. die Auslandsvertretung haben hierbei das besondere Gewicht, das Ehe und Familie verfassungsrechtlich wie auch konventionsrechtlich beizumessen ist, zu beachten, und die Folgen der Versagung des Aufenthalts für den Nachziehenden, insbesondere aber für seine von ihm abhängigen Familienangehörigen in die Ermessensabwägung einzustellen[131]. 62

Für die Erteilung einer Niederlassungserlaubnis für Familienangehörige von Deutschen verschärft § 28 II 1 die Regelerteilungsvoraussetzung des § 5 I Nr. 2, weil das Bestehen eines Ausweisungsinteresses – ungeachtet der Frage einer atypischen Fallgestaltung – der Erteilung der Niederlassungserlaubnis entgegensteht[132]. 63

Die Regelerteilungsvoraussetzung des Nichtvorliegens von Ausweisungsinteressen wird im Fall der unerlaubten Einreise nicht von § 5 II 2 als lex specialis verdrängt[133]. Denn ein Verstoß gegen die Anforderungen, die in § 5 II 1 genannt sind, begründet nicht notwendigerweise immer auch einen Ausweisungsinteresse[134]. Nicht jede Einreise ohne das „erforderliche" Visum iSv § 5 II 1 Nr. 1 ist auch schon eine unerlaubte Einreise iSv § 14 I Nr. 2. Welches Visum iSv § 5 II 1 Nr. 1 erforderlich ist, bestimmt sich nach dem Aufenthaltszweck, der mit der beantragten Aufenthaltserlaubnis verfolgt wird. Wer mit einem Besuchsvisum einreist, obwohl er einen Daueraufenthalt (zB zum Zweck des Familiennachzugs) anstrebt, verstößt zwar gegen § 5 II 1 Nr. 1, reist aber nicht unerlaubt iSv § 14 I Nr. 2 ein und begründet damit grundsätzlich auch kein Ausweisungsinteresse. Ein Verstoß gegen das Erfordernis des § 5 II 1 Nr. 2 stellt nur bei entsprechender vorheriger Belehrung einen Ausweisungstatbestand dar (§ 54 II Nr. 8 lit. a)[135]. Nach Ausreise zur Nachholung der erforderlichen Visumverfahrens kann dieser Ausweisungstatbestand nicht mehr entgegengehalten werden[136]. 64

Die Sonderregelung in § 9 II 1 Nr. 4 verdrängt, soweit es bei der Niederlassungserlaubnis um Ausweisungsinteressen geht, die sich auf Straftaten des Ausländers beziehen, die Regelerteilungsvoraussetzung des § 5 I Nr. 2[137]. Danach ist die Niederlassungserlaubnis zu erteilen, wenn Gründe der öffentlichen Sicherheit oder Ordnung unter Berücksichtigung der Schwere oder der Art des Verstoßes gegen die öffentliche Sicherheit oder Ordnung oder der vom Ausländer ausgehenden Gefahr unter Berücksichtigung der Dauer des bisherigen Aufenthalts und dem Bestehen von Bindungen im Bundesgebiet nicht entgegenstehen. Diese Regelung macht deutlich, dass die Erteilung einer Niederlassungserlaubnis bei Straftaten des Ausländers nicht (regelmäßig) schon wegen Bestehen eines Ausweisungsinteresses ausscheiden soll, sondern darüber aufgrund einer umfassenden Abwägung der in der Regelung genannten Rechtsgüter entschieden werden soll[138]. § 9 II 1 Nr. 4 ist zeitgleich mit und bewusst parallel zu der Regelung in § 9a II 1 Nr. 5 (Erlaubnis zum Daueraufenthalt-EU) in das AufenthG aufgenommen worden. Diese Parallelität ginge verloren, wenn man bei der Niederlassungserlaubnis – anders als bei der Erlaubnis zum Daueraufenthalt-EU – zusätzlich zu der in § 9 vorgesehe- 65

---

[127] OVG LSA Beschl. v. 31.8.2009 – 2 M 132/09, BeckRS 2009, 39399, Beschl. v. 13.7.2006 – 2 O 230/06, BeckRS 2008, 32718.
[128] Vgl. BayVGH Beschl. v. 5.3.2007 – 24 CS 07.207, BeckRS 2007, 29355.
[129] Vgl. HmbOVG Beschl. v. 5.5.1995 – BsV 350/94, BeckRS 1995, 12943.
[130] OVG Bln-Bbg Urt. v. 27.8.2009 – OVG 11 B 1.09, BeckRS 2011, 46823.
[131] OVG Bln-Bbg Urt. v. 27.8.2009 – OVG 11 B 1.09, BeckRS 2011, 46823.
[132] BVerwG Urt. v. 16.8.2011 – 1 C 12.10, NVwZ-RR 2012, 330 Rn. 13.
[133] BVerwG Urt. v. 16.11.2010 – 1 C 17.09, NVwZ 2011, 499 Rn. 25; HmbOVG Beschl. v. 9.5.2012 – 4 Bs 15/12, BeckRS 2012, 51612.
[134] Für den Ausweisungsgrund HmbOVG Beschl. v. 9.5.2012 – 4 Bs 15/12, BeckRS 2012, 51612.
[135] → § 54 Rn. 87 f.
[136] BVerwG Urt. v. 16.11.2010 – 1 C 17.09, NVwZ 2011, 499 Rn. 28.
[137] BVerwG Urt. v. 16.11.2010 – 1 C 21.09, BVerwGE 138, 148 = NVwZ 2011, 829 Rn. 12 f.
[138] BVerwG Urt. v. 16.11.2010 – 1 C 21.09, BVerwGE 138, 148 = NVwZ 2011, 829 Rn. 13.

nen Abwägung regelmäßig das Nichtbestehen eines **Ausweisungsinteresses** gemäß § 5 I Nr. 2 fordern würde[139].

66 Eine **Gefahrenprognose** ist grundsätzlich bei jedem Ausweisungstatbestand also Ausweisungsinteresse iSv § 54 anzustellen. Sie scheidet aber aus Gründen des **Vertrauensschutzes** aus, wenn die Ausländerbehörde die Verwirklichung des Ausweisungstatbestands trotz Kenntnis nicht zum Anlass für aufenthaltsbeendende Maßnahmen genommen hat. „Ausweisungsgründe sind nicht unsterblich"[140]. Gleiches gilt für das Ausweisungsinteresse nach neuem Recht. Hat die Ausländerbehörde sie geprüft und für unbeachtlich gehalten, ist sie daran auch bei Entscheidungen über Erteilung und Verlängerung gebunden. Damit ist sie nicht gezwungen, auf ihre Berücksichtigung für immer zu verzichten. Sie muss nur jeweils nach Bekanntwerden entscheiden, ob sie aufenthaltsbeendende Maßnahmen ergreifen will oder nicht, und sie kann sich ggf. auf eine Abmahnung oder Verwarnung beschränken und damit die spätere Verwertbarkeit erhalten. Feste zeitliche Grenzen bestehen nicht, es kommt auf Art und Gewicht des Ausweisungsinteresses an.

67 Um zu vermeiden, dass bei einem **ungeklärten Sachverhalt** die Erteilung eines humanitären Aufenthaltstitels solange aufgeschoben wird, bis ein Strafverfahren oder anderes Verwaltungsverfahren abgeschlossen wurde (vgl. § 79 II Nr. 1), ist mit dem RLUmsG 2007 die Möglichkeit aufgenommen worden, dass die Ausländerbehörde sich die Ausweisung wegen einzeln zu bezeichnenden Ausweisungsinteressen vorbehält (§ 5 III 3). Der Vorbehalt verhindert, dass ein Ausweisungsinteresse durch Erteilung des Aufenthaltstitels als verbraucht angesehen wird[141], weil die Ausländerbehörde den Sachverhalt nicht zum Anlass genommen hat, den Aufenthaltstitel nach § 5 I Nr. 2 zu versagen. Während der Wortlaut und die Gesetzesbegründung[142] eine generelle Anwendbarkeit der Vorschrift nahelegen, spricht die Regelung im Zusammenhang mit den Absehensvorschriften für die Erteilung von Aufenthaltstiteln nach Kap. 2 Abschnitt 5 für einen beschränkten Anwendungsbereich.

68 Die allgemeinen Erteilungsvoraussetzungen des § 5 I müssen in der Regel erfüllt sein. Das Nichtbestehen eines Ausweisungsinteresses gehört zwar zu den grundlegenden Bedingungen für jede Zulassung zum Staatsgebiet, gerade weil hierfür aber die objektive Erfüllung eines Ausweisungstatbestands genügt, eröffnet das Gesetz für den Familiennachzug gemäß § 27 III 2 und für humanitäre Aufenthaltstitel gemäß § 5 III 2, die Möglichkeit, von dem Hindernis des Bestehens eines Ausweisungsinteresses abzusehen. Damit wird verhindert, dass infolge einer abstrakten gesetzlichen Bewertung die letztlich entscheidenden individuellen Verhältnisse unberücksichtigt bleiben, insbesondere für familiäre Aufenthalte wird die notwendige Berücksichtigung der Bedeutung von Art. 6 GG und Art. 8 EMRK im Einzelfall ermöglicht[143].

69 Für **Nachzugsfälle**, die unter die **Familienzusammenführungs-RL** fallen, ist zu beachten, dass das Ausweisungsinteresse die gemeinschaftsrechtlichen Anforderungen der Art. 6 und 17 Familienzusammenführungs-RL genügen muss[144]. Art. 6 I Familienzusammenführungs-RL enthält eine Regelung, nach der die Mitgliedstaaten einen Antrag auf Einreise und Aufenthalt eines Familienangehörigen aus Gründen der öffentlichen Ordnung, der öffentlichen Sicherheit oder öffentlichen Gesundheit ablehnen können. Abs. 2 der Bestimmung sieht unter den gleichen Voraussetzungen die Möglichkeit der Mitgliedstaaten vor, den Aufenthaltstitel eines Familienangehörigen zu entziehen oder dessen Verlängerung abzulehnen. Bei dieser Bestimmung handelt es sich selbst nicht um eine Rechtsgrundlage, auf die eine Ablehnungsentscheidung gestützt werden kann, sondern um die Konkretisierung der Eingriffsvoraussetzungen für eine im nationalen Recht des jeweiligen Mitgliedstaates enthaltene Ermächtigungsnorm. Insoweit ist aufgrund des Gesetzesvorbehalts das nationale Recht bei der Entscheidung über die Ablehnung, die Entziehung oder Ablehnung der Verlängerung eines Aufenthaltstitels heranzuziehen und zu beachten.

70 Bei der Erteilung eine Aufenthaltserlaubnis nach § 38a ist zu beachten, dass § 5 I Nr. 2 unter Berücksichtigung von **Art. 17 I Daueraufenthalts-RL**, wonach die Mitgliedstaaten einem langfristig Aufenthaltsberechtigten oder seinen Familienangehörigen den Aufenthalt versagen können, wenn er eine Gefahr für die öffentliche Ordnung oder öffentliche Sicherheit darstellt, anzuwenden ist. Nicht jeder Verstoß iSv § 54 II Nr. 9 stellt danach ein der Erteilung entgegenstehende Ausweisungsinteresses dar, vielmehr können nur gewichtige Gründe der öffentlichen Ordnung oder Sicherheit die Versagung eines Aufenthaltstitels nach § 38a rechtfertigen. Erforderlich ist, dass im Hinblick auf Art und Schwere des Verstoßes gegen die öffentliche Ordnung oder Sicherheit oder die von dem Drittstaatsangehörigen ausgehende Gefährdung das öffentliche Interesse an der Aufenthaltsbeendigung das Aufenthaltsinteresse des Ausländers überwiegt[145].

---

[139] BVerwG Urt. v. 16.11.2010 – 1 C 21.09, BVerwGE 138, 148 = NVwZ 2011, 829 Rn. 13.
[140] *Pfaff* ZAR 2003, 308.
[141] BT-Drs. 16/5065, 159.
[142] BT-Drs. 16/5065, 159.
[143] Zur Anwendung beim Zuzug zu Deutschen → § 28 Rn. 7.
[144] Zu Art. 17 FamZuRL → Rn. 16 und zum Ausweisungsschutz → § 27 Rn. 102 ff.
[145] NdsOVG Beschl. v. 5.4.2019 – 13 ME 25.19, BeckRS 2019, 6861 Rn. 9 mwN; → § 38a Rn. 67 ff.

6. Interessen der Bundesrepublik Deutschland (Nr. 3)

Die Beeinträchtigung sonstiger Interessen (Abs. 1 Nr. 3) ist nur außerhalb von Rechtsansprüchen schädlich. Das sind außerhalb des AufenthG zB Ansprüche aus § 12 III HAG oder Art. 6 und 7 ARB 1/80[146].

Ein Anspruch liegt wie bei vergleichbaren Formulierungen im AufenthG nur bei einem **strikten Rechtsanspruch auf Erteilung eines Aufenthaltstitels** vor. Ein solcher Rechtsanspruch besteht nur dann, wenn alle zwingenden und regelhaften Tatbestandsvoraussetzungen erfüllt sind und die Behörde kein Ermessen mehr auszuüben hat[147]. Ein **Regelanspruch ist ein Anspruch** im Sinne der Regelerteilungsvoraussetzung, wenn kein atypischer Fall vorliegt[148]. Ansprüche aufgrund von Sollvorschriften stellen keinen gesetzlichen Anspruch dar[149], da es ihnen an einer abschließenden abstrakt-generellen, die Verwaltung bindenden Entscheidung des Gesetzgebers fehlt[150]. Die Ausländerbehörde ist verpflichtet, grundsätzlich so zu verfahren, wie es im Gesetz bestimmt ist. Im Regelfall bedeutet das „Soll" also ein „Muss". Dh, dass die Erteilung des Aufenthaltstitels nicht im Ermessen der Ausländerbehörde steht, sondern dass er erteilt werden muss, wenn keine besonderen atypischen Umstände dafürsprechen, hiervon ausnahmsweise abzusehen[151]. Anders als bei einer Anspruchsnorm, bei der die tatbestandlichen Voraussetzungen sowohl positiv als auch negativ abschließend bestimmt sind, kann nur aufgrund einer wertenden Betrachtung aller Umstände des Einzelfalles beurteilt und festgestellt werden, ob ein Ausnahmefall vorliegt; die möglichen Versagungsgründe sind hiernach gerade nicht in abschließender Weise durch den Gesetzgeber vollumfänglich ausformuliert[152].

Ein Anspruch aufgrund einer Vorschrift, die der Behörde ein Ermessen einräumt, genügt auch dann nicht, wenn das **Ermessen „auf null"** reduziert ist, eine fehlerfreie Versagung also ausscheidet, die Ausländerbehörde den Aufenthaltstitel also erteilen muss. Insofern besteht kein Unterschied zur gängigen Praxis unter den AuslG 1965 und 1990. Das BVerwG hat diese Auslegung für die unterschiedlichen Formulierungen in §§ 9 I Nr. 2, 11 I und 28 III AuslG ausdrücklich bestätigt[153] und auch auf die neue Rechtslage übertragen[154]. Aus der Entstehungsgeschichte des AufenthG ist nichts dafür ersichtlich, dass der Gesetzgeber diese allseits anerkannte Rechtslage ändern wollte[155]. Daher handelt es sich um keinen Rechtsanspruch, wenn einem Ausländer ein Aufenthaltstitel nur deswegen zu erteilen ist, weil das der Ausländerbehörde eingeräumte Ermessen **„auf null geschrumpft"** ist.

Unter **Interessen** der Bundesrepublik Deutschland sind alle **wirtschaftlichen, gesellschaftlichen und arbeitsmarktpolitischen sowie sonstige staatliche oder öffentliche – auch soziale und kulturelle – Interessen** zu verstehen, die durch den Aufenthalt von Ausländern betroffen werden. § 5 I Nr. 3 hat den zuvor geltenden Versagungsgrund des § 7 II Nr. 3 AuslG 1990 übernommen. Der schon in dieser Regelung enthaltene Begriff der „Interessen der Bundesrepublik Deutschland" war inhaltlich identisch mit dem in § 2 I 2 AuslG 1965 normierten Begriff „Belange der Bundesrepublik"; auf die Generalklausel als Grundsatz sollte weiterhin nicht verzichtet werden[156]. Der in § 2 I 2 AuslG 1965 enthaltene Begriff „Belange" wurde weit ausgelegt[157]. § 7 II Nr. 3 AuslG 1990 enthielt sogar – wie nunmehr auch § 5 I Nr. 3 – insoweit eine strengere Regelung als § 2 I 2 AuslG 1965, als schon eine Gefährdung der Interessen (bzw. Belange) der Bundesrepublik Deutschland ausreichte; es war nicht mehr erforderlich, dass die Anwesenheit des Ausländers Belange des Staates beeinträchtigte[158]. Dabei brauchte es sich nicht um Belange von „erheblichem" Gewicht zu handeln wie bei dem (früheren) Ausweisungstatbestand des § 10 I Nr. 11 AuslG 1965.

Die **öffentlichen Interessen** können formelhaft mit den **Grundzielen des AufenthG** umschrieben werden, wie sie in § 1 I zum Ausdruck gebracht sind. Nach dem Willen des Gesetzgebers[159]

---

[146] Zu Art. 6 OVG NRW Beschl. v. 3.6.1998 – 18 B 3137/96, BeckRS 1998, 22879 Rn. 15.
[147] BVerwG Urt. v. 16.12.2008 – 1 C 37.07, BVerwGE 132, 382 = NVwZ 2009, 789 Rn. 21; Urt. v. 16.11.2010 1 C 17.09, NVwZ 2011, 499 Rn. 24; Urt. v. 10.12.2014 – 1 C 15/14, NVwZ-RR 2015, 313 Rn. 15.
[148] Ausdrücklich offengelassen BVerwG Urt. v. 16.12.2008 – 1 C 37.07, BVerwGE 132, 382 = NVwZ 2009, 789 Rn. 24.
[149] Vgl. zu § 10 III BVerwG Urt. v. 17.12.2015 – 1 C 31.14, BVerwGE 153, 353 I = NVwZ 2016, 458 Rn. 20.
[150] BVerwG Urt. v. 17.12.2015 – 1 C 31.14, BVerwGE 153, 353 = NVwZ 2016, 458 Rn. 21; Urt. v. 12.7.2016 – 1 C 23.15, NVwZ 2016, 1498 Rn. 21.
[151] Offengelassen für § 25 V 2 BVerwG Beschl. v. 16.2.2012 – 1 B 22.11, BeckRS 2013, 45173 Rn. 4.
[152] BVerwG Urt. v. 17.12.2015 – 1 C 31.14, BVerwGE 153, 353 = NVwZ 2016, 458 Rn. 21.
[153] BVerwG Urt. v. 17.3.2004 – 1 C 11.03, NVwZ-RR 2004, 687; Urt. v. 18.6.1996 – 1 C 17/95, BVerwGE 101, 265.
[154] BVerwG Urt. v. 10.12.2014 – 1 C 15.14, NVwZ-RR 2015, 313 Rn. 15.
[155] Vgl. va BT-Drs. 15/420, 70, so auch BVerwG Urt. v. 16.12.2008 – 1 C 37.07, BVerwGE 132, 382 = NVwZ 2009, 789 zu § 10 III 3.
[156] Begründung zum AuslG 1990, BT-Drs. 11/6321, 56.
[157] BVerwG Urt. v. 27.9.1978 – 1 C 79.76, BVerwGE 56, 246 (248); Urt. v. 30.1.1979 – 1 C 56.77, BVerwGE 57, 252 (254).
[158] OVG Bln-Bbg Beschl. v. 11.12.2009 – OVG 11 N 48.08, BeckRS 2010, 45086.
[159] Vgl. Begründung zum AufenthG, BT-Drs. 15/420, 70.

gehören zu den öffentlichen Interessen im Gegensatz zum AuslG 1990 nicht mehr eine übergeordnete ausländerpolitische einseitige Grundentscheidung der Zuwanderungsbegrenzung. Stattdessen ist Ziel der Anwendung der ausländerrechtlichen Instrumentarien eine flexible und bedarfsorientierte Zuwanderungssteuerung. Dabei können je nach bestehender Zuwanderungs- und Integrationssituation sowohl Interessen der Zuwanderungsbegrenzung als auch der gezielten Zuwanderung bestimmter Zuwanderergruppen[160] im Vordergrund stehen. Um die notwendige Flexibilität zu erhalten, erfolgt mit der Regelung, abgesehen von dem Interesse an Zuwanderungssteuerung, keine übergeordnete Festlegung. Der Begriff der Interessen der Bundesrepublik Deutschland umfasst hiernach unter Berücksichtigung dieser Neuorientierung der Ausländerpolitik in einem weiten Sinne **sämtliche öffentlichen Interessen**[161]. Gemeint sind nicht nur Interessen des Bundes, sondern auch solche der Länder und Kommunen. In jedem Fall müssen diese Interessen so gewichtig sein, dass sie auch bei bloßer Gefährdung einen Aufenthaltstitel zwingend ausschließen[162], soweit kein Rechtsanspruch besteht. In § 1 I ist nicht zuletzt durch den Begriff der „Aufnahmefähigkeit" der grundsätzliche Wille zur Aufrechterhaltung des Anwerbestopps betont. Die öffentlichen Interessen werden auch mit der mit dem **FEG 2019** beabsichtigten weiteren Öffnung für eine qualifizierte Zuwanderung einer Neubewertung unterzogen[163].

76 Die Norm erfüllt eine **Auffangfunktion,** weshalb eine Eingrenzung ihres Anwendungsbereichs, sofern etwa Ausweisungsgründe aktuell nicht vorliegen, fernliegt[164]. Erforderlich ist eine Beeinträchtigung oder Gefährdung von Interessen, nicht aber, wie gemäß § 53 I für die Ausweisung, die Gefährdung erhebliche öffentliche Interessen. Eine Gefährdung öffentlicher Interessen ist anzunehmen, wenn Anhaltspunkte dafür vorliegen, dass der Aufenthalt des betreffenden Ausländers im Bundesgebiet öffentliche Interessen mit hinreichender Wahrscheinlichkeit beeinträchtigen wird[165]. Auch insofern hat die Ausländerbehörde unter Berücksichtigung des bisherigen Werdegangs des Ausländers eine Prognoseentscheidung zu treffen.

77 Wie schon nach § 7 II Nr. 3 AuslG 1990 reicht bereits die **Gefährdung** aus. Die damit verbundene Ausweitung erfordert freilich eine Begrenzung dahin, dass nicht jede abstrakte Gefahr ausreicht, sondern im Einzelfall eine bevorstehende oder zumindest drohende Beeinträchtigung festgestellt werden muss. Da der Katalog der Ausweisungsinteressen gemäß § 54 bereits zahlreiche Interessenbereiche erschöpfend behandelt, kann der Anwendungsbereich von Abs. 1 Nr. 3 (neben Nr. 2) nur gering sein. Dabei ist auch zu bedenken, dass mit dieser Bestimmung, anders als durch die Negativschranke des § 2 I AuslG 1965, kein absolutes Hindernis für einen Aufenthaltstitel errichtet ist, sondern nur für den Regelfall.

78 Zu den vorgehenden öffentlichen Interessen gehört zwar auch die Einhaltung von Verpflichtungen aus völkerrechtlichen **Verträgen** oder etwa Sanktionslisten der Vereinten Nationen[166].

79 Von der Zuwanderung von Studierwilligen und Hochqualifizierten abgesehen, sprachen nach der Gesamtanlage des AufenthG bisher öffentliches Interessen grundsätzlich gegen die **Einwanderung** von Ausländern aus Nicht-EU-Staaten. Mit dem **FEG 2019** soll nunmehr aber auch eine gezielte und gesteuerte **Zuwanderung von qualifizierten Fachkräften** (vgl. § 2 XIIa und XIIb) ermöglicht werden[167]. Trotz erfolgter Einwanderung in der Vergangenheit und trotz Erleichterungen für die Aufenthaltsverfestigung, wie zuletzt durch das AufenthGÄndG 2015, bis hin zur Einbürgerung sowie entsprechender Verlautbarungen einzelner Repräsentanten[168], versteht sich die Bundesrepublik nach § 1 gleichwohl weiterhin nicht als Einwanderungsland[169]. Dieser Grundsatz kann jedoch nicht Ausländern entgegengehalten werden, die gesetzliche Einreisemöglichkeiten oder Aufenthaltsverfestigungen in Anspruch nehmen[170]. Es liegt allerdings im öffentlichen Interesse, die Einhaltung der Einreise- und Aufenthaltsvorschriften zu sichern und dem Hineinwachsen in einen vom Gesetz nicht vorgesehenen Daueraufenthalt vorzubeugen[171].

80 Zu den geschützten Interessen gehört das im Aufenthaltsrecht niedergelegte öffentliche Interesse an einer geregelten Zuwanderung; es steht demnach der Erteilung eines Aufenthaltstitels für einen vorübergehenden Aufenthalt entgegen, wenn **begründete Zweifel an der Möglichkeit oder Bereitschaft zur Rückkehr in den Heimatstaat** nach dem Ablauf des befristeten rechtmäßigen

---

[160] Etwa Hochqualifizierte iSd HQRLUmsG vgl. BT-Drs. 17/8682.
[161] OVG Bln-Bbg Beschl. v. 11.12.2009 – OVG 11 N 48.08, BeckRS 2010, 45086.
[162] Näher *Renner* AiD Rn. 5/497–516.
[163] Vgl. BT-Drs. 19/8285.
[164] OVG Bln-Bbg Beschl. v. 11.12.2009 – OVG 11 N 48.08, BeckRS 2010, 45086.
[165] OVG Bln-Bbg Beschl. v. 11.12.2009 – OVG 11 N 48.08, BeckRS 2010, 45086.
[166] Vgl. *Maor* in BeckOK AufenthG § 5 Rn. 15.
[167] Vgl. BT-Drs. 19/8285.
[168] Vgl. nur *Merkel:* „Deutschland ist ein Einwanderungsland", FAZ-Net v. 26.7.2015.
[169] Vgl. § 1.
[170] Vgl. HessVGH Beschl. v. 12.8.1991 – 12 UE 3862/87, NVwZ-RR 1992, 210; SchlHOVG Beschl. v. 26.7.1991 – 4 M 98/91, BeckRS 2013, 56485.
[171] Ähnlich *Hailbronner* AufenthG § 5 Rn. 37 f.

Allgemeine Erteilungsvoraussetzungen   § 5 AufenthG 1

Aufenthalts bestehen oder die erforderliche Rückkehrberechtigung fehlt[172]. Dies gilt nicht nur für die Erteilung eines Visums[173], sondern für die Gewährung aller lediglich für einen vorübergehenden Aufenthalt bestimmten Aufenthaltstitels[174].

An der Möglichkeit und der Bereitschaft des Ausländers zur **Rückkehr** nach Beendigung eines 81 befristeten Aufenthalts besteht ein erhebliches öffentliches Interesse, weil sonst die gesetzlichen Ziele der Steuerung und Begrenzung nicht zu erreichen sind. Daher sprechen begründete Zweifel am Rückkehrwillen oder der Rückkehrfähigkeit von vornherein gegen einen Aufenthaltstitel[175]. Besonders im Visumverfahren nimmt dieses Kriterium eine wichtige Rolle ein[176]. Auch insoweit ist der Ausländer darlegungspflichtig (§ 82 I)[177] und hat die seine Rückkehrbereitschaft und -fähigkeit stützenden Tatsachen schlüssig vorzutragen und erforderlichenfalls durch geeignete Unterlagen zu belegen[178]. Für ihn streitet nicht der Grundsatz „in dubio pro libertate", weil eine allgemeine Einreisefreiheit nicht besteht, sondern nur die Zulassung zum Staatsgebiet nach den einschlägigen innerstaatlichen Regeln (§ 4 I). Andere Grundsätze gelten auch nicht aufgrund des Schengen-Normenbestands, insbesondere des SDÜ und des Visakodex.

Auch die Inanspruchnahme von **Rückkehrhilfen** begründet ein öffentliches Interesse an der Ver- 82 hinderung eines erneuten Daueraufenthalts[179]. Unvorhergesehene Umstände können allerdings eine Ausnahme rechtfertigen, wenn sie – etwa mit Blick auf Art. 6 I GG – einen erneuten Aufenthalt im Bundesgebiet erfordern.

Entwicklungshilfepolitik war früher im Rahmen des Ermessens ein maßgeblicher Aspekt[180]. 83 Angesichts des weltweiten „Wettbewerbs um die besten Köpfe"[181] haben Bedenken gegen einen „Brain Drain" zugunsten der westlichen Industriestaaten allmählich an Gewicht verloren[182]. Entwicklungshilfebelange verlangten schon früher bei Studenten nicht unabdingbar die Rückkehr nach Abschluss der Ausbildung. Die Einhaltung entwicklungs- und bildungspolitischer Ziele bildete ein Belang iSd § 2 I AuslG 1965 und begründet daher ebenso wenig ein öffentliche Interesse iSd Abs. 1 Nr. 3. Zudem greifen jetzt die zweckspezifischen Regeln des § 20 ein, die den Verbleib eines erfolgreichen Absolventen einer Ausbildung in Deutschland ungeachtet der Staatsangehörigkeit und Herkunft zum Zwecke der Erwerbstätigkeit gerade erleichtern sollen[183].

Öffentliche Interessen können beeinträchtigt oder gefährdet sein, wenn die **öffentliche Gesund-** 84 **heit** berührt ist. Dafür genügt die Feststellung oder der begründete Verdacht einer meldepflichtigen übertragbaren Krankheit (§§ 6, 7 InfektionsschutzG [IfSG]), eines Ausscheiders oder Ansteckungsverdächtigen iSd § 2 Nr. 6 und 7 IfSG. Gleiches gilt für eine Infektion oder eine erhöhte Infektionswahrscheinlichkeit mit SARS-CoV-2[184]. Bei einem begründeten Verdacht kann die Vorlage eines Gesundheitszeugnisses oder eines Impfnachweises verlangt werden. Eine HIV-Infektion gehört lediglich zu den anonym gemäß § 7 III Nr. 2 IfSG meldepflichtigen Krankheiten, insofern ist auch zweifelhaft, ob die öffentliche Gesundheit gefährdet ist, wenn Vorsorge gegen eine Übertragung getroffen wird[185]. IÜ können HIV-Infektion und AIDS-Erkrankung ein tatsächliches dauerhaftes Abschiebungshindernis iSv § 25 V begründen[186]. Bei der Erteilung einer Aufenthaltserlaubnis nach dieser Vorschrift kann wiederum gemäß § 5 III 2 von den Regelerteilungsvoraussetzungen abgesehen werden. Im Falle von psychischen Erkrankungen werden nicht öffentliche Gesundheitsinteressen, wohl aber finanzielle und ggf. Sicherheitsbelange berührt.

Schließlich sind die Belange der **öffentlichen Haushalte** zu den insoweit geschützten Interessen zu 85 rechnen. Sie sind insbesondere betroffen, wenn der Ausländer seinen Lebensunterhalt (§ 2 III) nicht sichern kann und über keinen Krankenversicherungsschutz verfügt. Insofern findet Abs. 1 Nr. 1 Anwendung. Darüber hinaus ist auch die Bildung einer Altersvorsorge vom AufenthG als öffentlicher

---

[172] NdsOVG Urt. v. 28.6.2012 – 11 LB 301/11, BeckRS 2012, 53701 unter Hinweis auf OVG Bln-Bbg Beschl. v. 14.9.2007 – OVG 2 N 38.07, BeckRS 2008, 39796.
[173] Vgl. Art. 32 Ib Visakodex (VO (EG) Nr. 810/2009) v. 13.7.2009, ABl. 2009 L 243, 1.
[174] NdsOVG Urt. v. 28.6.2012 – 11 LB 301/11, BeckRS 2012, 53701; OVG Bln Bbg Urt. v. 15.3.2018 OVG 2 B 6.17, BeckRS 2018, 4956 Rn. 21.
[175] *Hailbronner* AufenthG § 5 Rn. 41 mwN.
[176] *Teipel* ZAR 1995, 162 mwN; näher § 6.
[177] → § 82 Rn. 8.
[178] Vgl. dazu Art. 14 Id Visakodex (VO [EG] Nr. 810/2009) v. 13.7.2009, ABl. 2009 L 243, S. 1.
[179] Zum früheren Recht OVG RhPf Beschl. v. 26.2.1991 – 13 B 10 161/91, NVwZ-RR 1991, 430; BVerwG Beschl. v. 30.1.1986 – 1 A 80.85, NVwZ 1986, 306.
[180] Zum früheren Recht BVerwG Urt. v. 4.10.1988 – 1 C 1.88, NVwZ 1989, 762; VGH BW Urt. v. 8.3.1989 – 11 S 3112/88, EZAR 100 Nr. 25.
[181] Bericht der Unabhängigen Kommission „Zuwanderung" Zuwanderung gestalten Integration fördern v. 4.7.2001 (Zuwanderungsbericht), S. 26.
[182] → § 16 Rn. 4; BT-Drs. 19/8285, wonach sich die Bundesregierung der internationalen Prinzipien für eine ethisch verantwortbare Gewinnung von Fachkräften bewusst sei.
[183] → § 16b Rn. 38.
[184] Vgl. OVG Bln-Bbg Beschl. v. 31.3.2020 – OVG 2 S 18/20, BeckRS 2020, 6211.
[185] Vgl. zur Ausweisung BayVGH Beschl. v. 19.5.1989 – 10 CS 89.1202, EZAR 124 Nr. 10.
[186] Vgl. zB VG Würzburg Urt. v. 17.1.2011 – W 7 K 10.425, BeckRS 2011, 33468.

Belang anerkannt (vgl. § 21 III und § 9 II Nr. 3 für die Niederlassungserlaubnis). Ob darüber hinaus auch der Nachweis einer Pflegeversicherung verlangt werden kann, erscheint fraglich. § 2 III verlangt anders als § 9c Nr. 3 lediglich ausreichenden Krankenversicherungsschutz (Nr. 2.3.6 AVwV). Die Pflegebedürftigkeit gehört zu den üblichen Lebensrisiken, kann aber nicht unterschiedslos bei jedem Ausländer als so naheliegend betrachtet werden, dass hieraus allgemein oder von einem bestimmten Alter an auf eine Gefahr für die öffentliche Hand geschlossen werden kann. Allerdings besteht für den Großteil der Bevölkerung eine Pflegeversicherungspflicht in der sozialen oder privaten Pflegeversicherung (§§ 20 ff. SGB XI).

IV. Zwingende Erteilungsvoraussetzungen (Abs. 2)

1. Allgemeines

86 Die Voraussetzungen des Abs. 2 gelten nur **für Aufenthaltserlaubnis, Blaue Karte EU, ICT-Karte, Niederlassungserlaubnis und Erlaubnis Daueraufenthalt – EU**. Für die Erteilung eines Visums müssen sie nicht beachtet werden, weil sie gerade die Einreise mit dem erforderlichen bzw. richtigen Visum[187] betreffen. Sie sind anders als § 8 I Nr. 1 und 2 AuslG 1990 nicht als Versagungsgründe, sondern als zwingende Erteilungsvoraussetzungen konzipiert. Damit trägt der Ausländer die Darlegungs- und Beweislast. Sie gelten auch im Falle eines **Rechtsanspruchs**. Besonderheiten können im Wege der Ausnahme berücksichtigt werden.

87 Abs. 2 muss im **Zusammenhang** mit den Bestimmungen über die Einreise und die Antragstellung im Inland gesehen werden. Die Vorschrift soll die Beachtung des Visumverfahrens als wichtiges Steuerungsinstrument der Zuwanderung gewährleisten[188]. Dieses dient der Prüfung der Erteilungsvoraussetzungen des Aufenthaltstitels durch die Auslandsvertretung vor der Einreise. Ein Verstoß gegen die Visumvorschriften soll einen späteren Aufenthalt möglichst verhindern. Auf vier Stufen wird die Visumpflicht abgesichert. Erstens führt der Versuch der Einreise ohne das erforderliche Visum zur Zurückweisung an der Grenze (§ 15 I und II). Ob zweitens ein Aufenthaltstitel nach der Einreise (mit oder ohne Visum) beantragt werden darf, entscheidet sich nach **§§ 39–41 AufenthV**. Drittens kann bei einer Einreise ohne Visum ein späterer Antrag im Inland bei bestehender Visumpflicht ein fiktives Aufenthaltsrecht oder eine Aussetzung der Abschiebung nach § 81 nicht auslösen. Viertens stellt die Einreise unter Verstoß gegen die Visumvorschriften ein materiell-rechtliches Hindernis gegen die Erteilung des inländischen Aufenthaltstitels dar. S. 2 eröffnet zur Herstellung der Verhältnismäßigkeit eine Ausnahmemöglichkeit für Fälle, in denen auf die Einhaltung des Visumverfahrens verzichtet werden kann.

88 Abs. 2 fordert zweierlei: die **Einreise mit dem erforderlichen Visum (Nr. 1)** und die **erforderlichen Angaben** bereits **im Visumantrag (Nr. 2)**. Nicht die Verletzung rein ordnungsrechtlicher Bestimmungen soll nachträglich zum Ausschluss des inländischen Aufenthaltstitels führen, sondern ein Versäumnis bei der notwendigen **Mitwirkung** des Ausländers (§ 82). Auf dieses muss im Verfahren bei der Auslandsvertretung besonders Wert gelegt werden. Im Ausland sind wegen der begrenzten Kapazitäten der Auslandsvertretungen und wegen der in vielen Fällen bestehenden besondere Eilbedürftigkeit Amtsermittlung und Überprüfung von Angaben und Unterlagen nur eingeschränkt möglich und durchsetzbar. Umso größere Bedeutung hat die Richtigkeit der Angaben des Ausländers im Visumantrag.

89 **Welches Visum iSv § 5 II 1 Nr. 1 als das erforderliche Visum anzusehen ist, bestimmt sich nach dem Aufenthaltszweck, der mit der im Bundesgebiet beantragten Aufenthaltserlaubnis verfolgt wird**[189]. Für dieses Verständnis der Vorschrift spricht neben ihrer systematischen Stellung bei den allgemeinen Voraussetzungen für die Erteilung von Aufenthaltstiteln auch der Sinn und Zweck der Regelung. Sie dient anders als § 14 I Nr. 2 nicht primär der Verhinderung oder Sanktion einer unerlaubten Einreise, sondern soll die Einhaltung des Visumverfahrens als wichtiges Steuerungsinstrument der Zuwanderung gewährleisten[190]. Diesem Zweck der Vorschrift wird eine weite, auch nachträgliche Änderungen des Aufenthaltszwecks erfassende Auslegung der Vorschrift am ehesten gerecht. Nur bei einem solchen Verständnis der Vorschrift erlangen iÜ die in § 39 Nr. 2, 3 und 6 AufenthV vorgesehenen Ausnahmen eine eigenständige Bedeutung. In den dort geregelten Fällen einer nach-

---

[187] Für die Erteilungsvoraussetzungen für ein Visum vgl. § 6.
[188] BT-Drs. 15/420, 70, vgl. BVerwG Urt. v. 16.11.2010 – 1 C 17.09, NVwZ 2011, 499 Rn. 19; Urt. v. 11.1.2011 – 1 C 23.09, BVerwGE 138, 353 = NVwZ 2011, 871 Rn. 20; Urt. v. 10.12.2014 – 1 C 15.14, NVwZ-RR 2015, 313 Rn. 20.
[189] BVerwG Urt. v. 16.11.2010 – 1 C 17.09, NVwZ 2011, 499 Rn. 19; Urt. v. 11.1.2011 – 1 C 23.09, BVerwGE 138, 353 = NVwZ 2011, 871 Rn. 20; Urt. v. 10.12.2014 – 1 C 15.14, NVwZ-RR 2015, 313 Rn. 13; OVG Bln-Bbg Urt. v. 16.7.2009 – OVG 2 B 19.08, BeckRS 2009, 38800 Rn. 15; HessVGH Beschl. v. 16.3.2005 – 12 TG 298/05, NVwZ 2006, 111; VGH BW Beschl. v. 14.3.2006 – 11 S 1797/05, BeckRS 2006, 22606 Rn. 12 ff.; NdsOVG Beschl. v. 28.8.2008 – 13 ME 131/08, BeckRS 2008, 38781; OVG Brem Beschl. v. 26.6.2009 – 1 B 552/08, BeckRS 2010, 46396; zur alten Rechtslage noch offenlassend BVerwG Urt. v. 18.6.1996 – 1 C 17.95, BVerwGE 101, 265 = NVwZ 1997, 192.
[190] BVerwG Urt. v. 16.11.2010 – 1 C 17.09, NVwZ 2011, 499 Rn. 19 unter Hinweis auf BT-Drs. 15/420, 70.

träglichen Änderung des Aufenthaltszwecks würde andernfalls schon nach § 5 II 1 die Beantragung eines Aufenthaltstitels im Bundesgebiet zulässig sein.

2. Ordnungsgemäße Einreise

Die zwingenden Erteilungsvoraussetzungen wirken **anspruchshemmend**. Auch ein Rechtsanspruch auf einen Aufenthaltstitel kann bei Nichterfüllung eines der beiden Tatbestandsvoraussetzungen jedenfalls zeitweilig nicht durchgesetzt werden. Er geht jedoch nicht endgültig verloren, wenn der Ausländer nach der Ausreise das etwa erforderliche Visum einholt und die maßgeblichen Angaben gegenüber der Auslandsvertretung macht. Außerdem können die Gründe des Abs. 2 S. 1 durch Erteilung eines Aufenthaltstitels, bei der gemäß S. 2 über sie hinweggesehen wurde, „verbraucht" sein und deshalb der Verlängerung nicht mehr entgegenstehen[191]. Stellt ein Ausländer einen Antrag auf Erteilung eines Aufenthaltstitels, so ist dabei stets in erster Linie seine aufenthaltsrechtliche Situation zu berücksichtigen, aus der heraus er den Antrag stellt. Hält sich der Ausländer bereits im Bundesgebiet auf, so kommt es auf den Rechtszustand an, der zum **Zeitpunkt der Antragstellung** aktuell besteht. Nur bei einem Ausländer, der nach seiner Einreise ins Bundesgebiet noch keine Aufenthaltserlaubnis erhalten hat, sind die Voraussetzungen der Aufenthaltsbegründung – insbesondere die Einhaltung des Sichtvermerksverfahrens **(Visumverfahrens)** – maßgeblich zu beachten. 90

Abgesehen von den möglichen Ausnahmen nach Abs. 2 S. 2 und Abs. 3[192] markieren die besonderen Erteilungsvoraussetzungen eine eindeutige Schwelle, die auch Ausländer mit einem Anspruch auf Einreise und Aufenthalt nicht überschreiten dürfen. Sie sollen die **Zuzugsentscheidung vor der Einreise** und die **ordnungsgemäße Kontrolle** der einreisenden Ausländer gewährleisten. Damit sichern sie ein Grundprinzip des Ausländerrechts, nämlich die Verschärfung der Zugangskontrollen vor der Grenze. Mit Rücksicht auf dieses gewichtige ausländerpolitische Interesse der Bundesrepublik Deutschland und die Ausnahmemöglichkeiten nach Abs. 2 S. 2 ist die Regelung nicht unverhältnismäßig. 91

Die Einreise ohne Visum macht die vorherige Prüfung des Aufenthaltsbegehrens unmöglich. Relevant kann dies nur werden, wenn überhaupt ein **Visum erforderlich** ist, der Ausländer also vom Erfordernis des Aufenthaltstitels nicht befreit ist (§§ 15–30 AufenthV)[193]. Davon zu trennen ist die Frage, ob er den Aufenthaltstitel nach der Einreise einholen darf (§§ 39–41 AufenthV)[194]. Insoweit reicht ggf. auch ein Schengen-Visum oder eine Aufenthaltsgestattung aus. Einreise ohne das erforderliche Visum ist nicht gleichbedeutend mit formell illegaler Einreise (vgl. § 14 I Nr. 1 und 2) oder materiell illegaler Einreise (vgl. §§ 14 I Nr. 3, 15 II 2). Für die zwingende Versagungsnorm des Abs. 2 S. 1 werden Visum- und Zustimmungsbedürftigkeit nicht vermutet (wie nach § 71 II 2 AuslG), sie müssen vielmehr positiv festgestellt werden. Das Erteilungsverbot beschränkt sich mit Rücksicht auf den bloßen Kontrollzweck auf die erstmalige Erteilung, gilt also nicht für Verlängerung gemäß § 8 I oder spätere Neuerteilung (vgl. § 39 Nr. 1 AufenthV)[195]. 92

Die **Erforderlichkeit** des Visums ist abhängig von der Zugehörigkeit zu bestimmten Personengruppen und von dem verfolgten Aufenthaltszweck, der geplanten Aufenthaltsdauer und einer beabsichtigten Erwerbstätigkeit[196]. Eine wirksame Zugangskontrolle kann nur stattfinden, wenn der konkret beabsichtigte Aufenthaltszweck nach den maßgeblichen formellen und materiellen Bestimmungen geprüft werden kann und der Ausländer gezwungen ist, sich an die daraufhin erfolgte Zulassung und deren Bedingungen zu halten. Deshalb genügt nicht der Besitz irgendeines, sondern nur des für den jeweiligen Einzelfall, insbesondere den **konkreten Aufenthaltszweck notwendigen Visums**. Die frühere Formulierung in § 8 I Nr. 1 AuslG 1990 „ohne erforderliches Visum" war umstritten[197]. Diese Streitfrage hat sich erledigt. Nunmehr ist mit dem neuen Wortlaut „mit dem erforderlichen Visum" klargestellt, dass nicht irgendein Visum ausreicht[198]. Welches Visum iSv § 5 II 1 Nr. 1 als das erforderliche Visum anzusehen ist, bestimmt sich nach dem Aufenthaltszweck, der mit dem beantragten Aufenthaltstitel verfolgt wird[199]. 93

Die Voraussetzung des konkret erforderlichen Visums ist außerdem nur dann erfüllt, wenn die evtl. vorgeschriebene **Zustimmung der Ausländerbehörde** erfolgt ist. Die Erforderlichkeit dieser Zustimmung richtet sich gemäß § 31 I 1 AufenthV ua nach der beabsichtigten Aufenthaltsdauer bzw. der 94

---

[191] S. VGH BW Beschl. v. 26.1.1994 – 11 S 268/93, InfAuslR 1995, 104 (105); OVG Bln Beschl. v. 30.7.1998 – 3 SN 11.97, InfAuslR 1998, 471.
[192] Vgl. aber auch §§ 23a, 25a, 25b (104a).
[193] → § 4 Rn. 31 ff.
[194] Zu Einzelheiten → § 4 Rn. 57 ff.
[195] Dazu § 8.
[196] → § 4 Rn. 4 ff.
[197] Vgl. zB *Fraenkel* S. 45; *Pfaff* ZAR 1992, 119; *Renner* NVwZ 1993, 729.
[198] IE ebenso *Hailbronner* AufenthG § 5 Rn. 46 ff., 54; *Renner* ZAR 2004, 266; missverständlich BT-Drs. 15/420, 73: „Erforderlichkeit (…) nach objektiven Kriterien und nicht nach dem beabsichtigten Aufenthaltszweck"; gegen den Gesetzeswortlaut Nr. 14.1.2.1 VAH: „einen erforderlichen Aufenthaltstitel nicht besitzt".
[199] BVerwG Urt. v. 16.11.2010 – 1 C 17.09, NVwZ 2011, 499 Rn. 19.

Absicht der Aufnahme einer Erwerbstätigkeit. Damit hängt die Art des Visums von der Willensrichtung im Zeitpunkt des Antrags auf das Visum und bei dessen Erteilung ab. Diese wiederum kann nur anhand der Angaben des Bewerbers im Visumantrag verlässlich festgestellt werden. Wird die danach für das Visum notwendige Zustimmung der Ausländerbehörde nicht eingeholt, reist der Ausländer uU mit einem objektiv nicht ausreichenden Visum ein[200]. Das Zustimmungserfordernis (§ 31 AufenthV) soll die Prüfung der Erteilungsvoraussetzungen eines Aufenthaltstitels durch die zuständige Ausländerbehörde in den Fällen ermöglichen, in denen ein länger als 90 Tage dauernder Aufenthalt, der nicht der Erwerbstätigkeit dient, angestrebt wird. An der erforderlichen Zustimmung fehlt es, wenn diese nicht beteiligt wurde, obwohl ein Daueraufenthalt angestrebt wird.

95 Unschädlich ist es, wenn die fehlende **Zustimmung der Bundesagentur für Arbeit**, falls sie für den vorgesehenen Zweck erforderlich war, von der Ausländerbehörde nicht eingeholt worden ist. Maßgeblich ist lediglich der Inhalt der Zustimmung der Ausländerbehörde und darauf aufbauend des Visums. Nach außen hin kommt es weder auf die interne Mitwirkung der Bundesagentur für Arbeit noch auf das Verfahren bei der Willensbildung der Ausländerbehörde an. Voraussetzung ist nur, dass der angestrebte Aufenthaltszweck durch das Visum gedeckt ist.

96 Fasst der Ausländer seinen **Entschluss** zum längeren Verbleib oder zur Ausübung einer Erwerbstätigkeit erst **nach der Einreise** aufgrund später eingetretener Umstände, wirkt dies nicht zurück auf den Zeitpunkt der Einreise. Die Zustimmungspflicht entsteht nicht nachträglich aufgrund einer späteren Sinnesänderung. Sie entfällt umgekehrt auch nicht nachträglich, wenn der Ausländer entgegen seiner ursprünglichen Absicht innerhalb kurzer Zeit wieder ausreist oder während des Kurzaufenthalts keine Erwerbstätigkeit aufnimmt.

97 Abzustellen ist auf die Einreise, nicht auf den späteren **Zeitpunkt** des Antrags auf einen Aufenthaltstitel im Inland. Maßgeblich sind die beim Grenzübertritt gegebenen Tatsachen. Später eingetretene Umstände wirken nicht zurück. Einreise und Aufenthalt bilden insoweit keine Einheit, sondern werden getrennt betrachtet. Unregelmäßigkeiten bei der Einreise schlagen zwar nach Maßgabe von Abs. 2 auf die anschließende Erteilung eines Titels durch. Während des Aufenthalts eingetretene Tatsachen wirken aber nicht auf die Einreise zurück und beseitigen nicht nachträglich deren Rechtmäßigkeit. Solche Umstände, wie zB die Aufnahme einer Erwerbstätigkeit oder das Überziehen der genehmigten Dauer des Kurzaufenthalts, können aber abhängig von den jeweiligen Umständen des Einzelfalls als Indizien für eine schon bei der Einreise bestehende dahingehende Absicht herangezogen werden.

98 Das **Schengen-Visum** ist nur für **kurzfristige Aufenthaltszwecke** geeignet und bestimmt, auch wenn es mit einem längeren Gültigkeitszeitraum versehen ist und verlängert werden kann (Art. 33 I, II Visakodex). Für **längerfristige Aufenthaltszwecke** ist ein nationales Visum erforderlich, dessen Erteilung sich nach den für die Aufenthaltserlaubnis, Blaue Karte EU, ICT-Karte, Niederlassungserlaubnis und Erlaubnis Daueraufenthalt – EU maßgeblichen Vorschriften richtet (§ 6 III). Ein nationales Visum ist auch zur Ausübung einer **Erwerbstätigkeit** erforderlich und bedarf dann nach Maßgabe der BeschV der Zustimmung der Bundesagentur für Arbeit.

99 Auch ein (später erfolgloser) **Asylbewerber** benötigt für die Einreise ein Visum (und einen Pass)[201]; ihm kann indes wegen des Asylgesuchs die Einreise ohne Visum während des Aufenthalts für die Durchführung des Asylverfahrens nicht angelastet werden[202]. Ungeachtet der Frage, ob seine Einreise mit Rücksicht auf den Asylantrag als erlaubt oder als unerlaubt zu gelten hat[203] und ob er ohne Visum an der Grenze zurückgewiesen werden darf[204], ist er nicht mit Rücksicht auf das an der Grenze (oder gar später) geäußerte Asylsuchen von einer sonst bestehenden Visumpflicht ausgenommen[205]. Weder aus der insoweit allein maßgeblichen EU-Visum-VO[206] noch aus deutschen Rechtsvorschriften lässt sich entnehmen, dass Asylbewerber von der Visumpflicht befreit sind. Art. 3 EU-VisumVO nimmt auch anerkannte GK-Flüchtlinge nicht von der Visumpflicht aus, sondern bezieht sie ein, sofern sie einen GK-Reiseausweis aus einem Staat des Anhangs I besitzen.

100 Der durch Art. 16a GG und internationalen Flüchtlingsrechts **gebotene Schutz** wird durch die Visumverpflichtung uU geringfügig behindert, aber letztlich nicht ernsthaft eingeschränkt. Va wird der Asylbewerber an der Grenze grundsätzlich nicht zurückgewiesen (§ 18 I AsylG) und wegen der

---

[200] Vgl. BVerwG Urt. v. 11.1.2011 – 1 C 23.09, BVerwGE 138, 353 = NVwZ 2011, 871 Rn. 20; zum früheren Recht VGH BW Beschl. v. 6.2.1992 – 1 S 15/92, NVwZ 1993, 291; HessVGH Beschl. v. 30.9.1992 – 12 TG 947/92, NVwZ-RR 1993, 213; SchlHOVG Beschl. v. 12.3.1992 – 4 M 25/92, BeckRS 2013, 56481.
[201] Vgl. SächsOVG Beschl. v. 19.7.2019 – 3 B 138/19, BeckRS 2019, 18267 Rn. 8; BVerwG Urt. v. 3.6.1997 – 1 C 18/96, NVwZ 1998, 189. zu § 8 I Nr. 1 AuslG.
[202] → § 4 Rn. 30; § 55 AsylG.
[203] S. §§ 4, 15.
[204] BVerwG Urt. v. 19.5.1981 – 1 C 168/79, NJW 1981, 2653 f.
[205] BVerwG Urt. v. 3.6.1997 – 1 C 1.97, NVwZ 1998, 187.
[206] Die VO (EU) 2018/1806 des Europäischen Parlaments und des Rates v. 14.11.2018 zur Aufstellung der Liste der Drittländer, deren Staatsangehörige beim Überschreiten der Außengrenzen im Besitz eines Visums sein müssen, sowie der Liste der Drittländer, deren Staatsangehörige von dieser Visumpflicht befreit sind, ABl. 2018 L 303, 39 ersetzt die bisherige VO (EG) Nr. 539/2001 des Rates v. 15.3.2001.

Allgemeine Erteilungsvoraussetzungen　　　　　　　　　　　　　　　　**§ 5 AufenthG 1**

unerlaubten Einreise nicht bestraft (§ 95 V; Art. 31 I GK). Mit der Antragstellung erhält er einen Ankunftsnachweis (§ 63 AsylG) zur Bestätigung seines kraft Gesetzes gestatteten rechtmäßigen Aufenthalts (§ 55 I AsylG). Für weitere Aufenthaltsbegehren während oder nach Abschluss des Asylverfahrens (vgl. § 10) kommt es wie bei anderen Ausländern nur darauf an, ob seine Einreise visumpflichtig war (Anhang I zur EU-Visum-VO), der Ausländer ein Visum besaß und ihm ein Aufenthaltstitel ausnahmsweise nach der Einreise erteilt werden darf (§§ 39–41 AufenthV). Er ist damit nicht gegenüber anderen Ausländern diskriminiert, sondern wird entsprechend seiner Sondersituation privilegiert behandelt. Für die Aufenthaltsgestattung (§ 55 AsylG) gilt Abs. 2 ohnehin nicht, für humanitäre Aufenthaltserlaubnis nach §§ 24, 25 I–III, IVa, IVb, 26 III ist von den Erfordernissen des Abs. 2 abzusehen und in den anderen Fällen des Abschnitts 5 kann[207] davon abgesehen werden (Abs. 3). Das Bestehen der Visumpflicht der Asylbewerber ist schließlich indirekt bestätigt durch die auf die der besonderen Situation von Asylbewerbern Rechnung tragende Vorschrift des § 39 Nr. 4 AufenthV.

Positivstaater, also die Staatsangehörigen der in Anhang II EU-VisumVO aufgeführten Staaten, **101** sind gemäß Art. 4 II EU-VisumVO von der Visumpflicht „beim Überschreiten der Außengrenzen der Mitgliedstaaten" (Abs. 1) für einen Kurzaufenthalt, also einen Aufenthalt der 90 Tage je Zeitraum von 180 Tagen nicht überschreitet, befreit. EU-VisumVO beruht auf Art. 77 II lit. a AEUV. Danach erlassen Europäisches Parlament und Rat im ordentlichen Gesetzgebungsverfahren Maßnahmen die gemeinsame Politik in Bezug auf Visa ua kurzfristige Aufenthalte betreffend. Die Befreiung greift daher nicht, wenn der Aufenthalt über einen Kurzaufenthalt hinausgehen soll. Da der Grenzübertritt mit anschließendem Aufenthalt für Visumpflichtige wie für Befreite im gesamten Schengen-Gebiet durch Art. 19 und 20 SDÜ geregelt ist[208], sind Visumpflicht und Befreiung auf das Überschreiten der Außengrenze bezogen. Die Unterscheidung ob ein Schengen-Visum für den kurzfristigen Aufenthalt oder ein nationales Visum für einen längerfristigen oder Erwerbsaufenthalt erforderlich ist, ist danach anhand der beim Grenzübertritt bestehenden Absicht des Ausländers zu treffen[209].

Nach alledem sind die **Aufenthaltsabsichten** sowohl bei visumfreien als auch bei visumpflichtigen **102** Personen erheblich für die Einreise, aber auch für den späteren Aufenthalt. Insofern ist sichergestellt, dass die Zweckbezogenheit der EU-Visumbefreiung und des Schengen-Visums mit den daraus folgenden transnationalen Rechtswirkungen nach Art. 19, 20 SDÜ durchgesetzt werden kann. Einen erst nach der Einreise eingetretenen **Sinneswandel** muss der Ausländer schlüssig darlegen und erforderlichenfalls durch geeignete Unterlagen oder sonst beweisen. Grundsätzlich wird er an seinen Angaben zum Visumantrag festgehalten. Änderungen seiner Absichten sind für ihn günstige Tatsachen, die er vorzutragen und zu belegen hat (§ 82 I).

Wer als **Positivstaater**[210] von vornherein einen 90 Tage übersteigenden Aufenthalt oder die Auf- **103** nahme einer Erwerbstätigkeit beabsichtigt, aber über kein Visum verfügt, reist ohne das erforderliche Visum und **unerlaubt** ein[211]. Er kann sich nicht auf ein Aufenthaltsrecht aus Art. 20 SDÜ berufen, weil er bei der Einreise nicht von der Visumpflicht befreit war. Fasst er einen durch die Visumfreiheit nicht gedeckten Entschluss erst während des Aufenthalts, ist die Einreise nicht nachträglich als unerlaubt anzusehen; diese erfolgte nämlich für einen zulässigen Kurzaufenthalt: Der weitere Aufenthalt im Schengen-Gebiet ist aufgrund der Sichtvermerkfreiheit nach Art. 20 SDÜ grundsätzlich erlaubt. Wird allerdings die zugelassene Aufenthaltsdauer überschritten, macht sich der Ausländer, wenn er vollziehbar ausreisepflichtig ist, wegen unerlaubten Aufenthalts strafbar (§§ 4 I 1, 95 I Nr. 2). Die Aufnahme einer Erwerbstätigkeit ist, sofern sie nicht kraft Gesetzes oder Rechtsverordnung zugelassen ist oder keines entsprechenden Aufenthaltstitels bedarf, als Ordnungswidrigkeit zu verfolgen (§ 404 II Nr. 4 SGB III). In beiden Fällen kann ein Ausweisungsinteresse begründet sein (§ 54 II Nr. 9).

Wer als **Negativstaater** nach der Einreise mit einem Schengen-Visum entsprechend seinem ur- **104** sprünglichen Plan einen Erwerbs- oder Daueraufenthalt beginnt, ist unter Verstoß gegen § 6 III 1 und das Erfordernis der vorherigen Zustimmung durch die Ausländerbehörde und damit **ohne das erforderliche Visum** aber nicht unerlaubt iSv § 14 I Nr. 2 **eingereist**[212]. Dieses Verhalten ist nicht

---

[207] Gemäß § 25b I soll die Aufenthaltserlaubnis unter den dortigen Voraussetzungen abweichend von § 5 II erteilt werden.
[208] → § 6 Rn. 12.
[209] Dazu § 6.
[210] Staatsangehöriger eines Staats der Positivliste in Anhang II EU-VisumVO.
[211] Vgl. VGH BW Beschl. v. 20.9.2018 – 11 S 1973/18, BeckRS 2018, 23535 Rn. 14; HessVGH Beschl. v. 20.10.2016 – 7 B 2174/16, BeckRS 2016, 55440 Rn. 27 f.; OVG LSA Beschl. v. 7.10.2014 – 2 L 152/13, BeckRS 2015, 40783; HmbOVG Beschl. v. 23.9.2013 – 3 BS 131/13, NVwZ-RR 2014, 49; BayVGH Beschl. v. 26.6.2013 – 10 CS 13.1002, BeckRS 2013, 53428 Rn. 13; VGH BW Beschl. v. 14.9.2011 – 11 S 2438/11, BeckRS 2011, 54725.
[212] BVerwG Urt. v. 11.1.2011 – 1 C 23.09, BVerwGE 138, 353 = NVwZ 2011, 871. Rn. 20; zum früheren Recht OVG NRW Beschl. v. 14.12.1993 – 18 B 628/93, BeckRS 1993, 5743; HessVGH Beschl. v. 30.9.1992 – 12 TG 947/92, NVwZ-RR 1993, 213; SchlHOVG Beschl. v. 12.3.1992 – 4 M 25/92, BeckRS 2013, 56481.

strafbar²¹³. Die unerlaubte Erwerbstätigkeit ist allerdings ordnungswidrig (§ 404 II Nr. 4 SGB III), der weitere Aufenthalt strafbar (§§ 4 I 1, 95 I Nr. 2). Einen erst nach der Einreise eingetretenen Sinneswandel muss der Ausländer schlüssig darlegen und beweisen (§ 82 I). Gelingt ihm dies, dann erweist sich die Einreise nicht nachträglich als unerlaubt.

105   Gemäß **Art. 21 I SDÜ** können sich Drittstaatsangehörige, die Inhaber eines gültigen, von einem **Mitgliedstaat ausgestellten Aufenthaltstitels** (Art. 2 Nr. 16 SGK) sind, aufgrund dieses Aufenthaltstitels, eines gültigen Reisepasses und soweit sie die Einreisevoraussetzungen gemäß Art. 6 Ia, Ic und, Ie SGK²¹⁴ erfüllen, für einen Kurzaufenthalt, also für bis zu 90 Tage je Zeitraum von 180 Tagen, frei im Hoheitsgebiet der anderen Mitgliedstaaten bewegen. Verfolgt der Ausländer aber bereits bei der Einreise die Absicht eines längeren Aufenthalts, benötigt er das für den beabsichtigten Aufenthalt erforderliche nationale Visum gemäß § 6 III 1²¹⁵.

106   Nachdem der EuGH in den Rechtssache Savas²¹⁶ sowie Tum und Dari²¹⁷ entschieden hat, dass Art. 41 I ZP zum Assoziationsabkommen unmittelbar anwendbar ist, hat dies unmittelbar Auswirkungen auf die Frage nach der Visumpflicht und damit der unerlaubten **Einreise türkischer Staatsangehöriger**. Art. 41 I ZP enthält eine Stillhalteklausel, wonach die Vertragsparteien der Assoziierungsabkommens untereinander keine neuen Beschränkungen der Niederlassungsfreiheit und des freien Dienstleistungsverkehrs einführen dürfen. Die **Stillhalteklausel (Standstill)** vermittelt türkischen Staatsangehörigen aber kein Niederlassungs- und Aufenthaltsrecht²¹⁸. Ebenso wenig ergibt sich aus ihr ein Recht auf freien Dienstleistungsverkehr oder Einreise in das Hoheitsgebiet eines Mitgliedstaats²¹⁹. Die Stillhalteklausel verbietet nämlich nur die Einführung neuer Maßnahmen, die bezwecken oder bewirken, dass die Ausübung der Niederlassungsfreiheit oder des freien Dienstleistungsverkehrs durch einen türkischen Staatsangehörigen in einem Mitgliedstaat strengeren Voraussetzungen als denjenigen unterworfen wird, die für ihn zum Zeitpunkt des Inkrafttretens des Zusatzprotokolls am 1.1.1973 galten²²⁰. Voraussetzung ist außerdem, dass die Einreise und der Aufenthalt die Ausübung einer wirtschaftlichen Tätigkeit betreffen²²¹.

107   Die dynamisch zu verstehende **Stillhalteklausel** verfestigt denjenigen Rechtszustand, der zum Zeitpunkt des Inkrafttretens des Abkommens am 1.1.1973 bestand bzw. später eingeführte Vergünstigungen. Die Mitgliedstaaten dürfen sich also nicht von dem mit Art. 41 I ZP verfolgten Ziel entfernen, günstigere Bedingungen für die schrittweise Verwirklichung der Dienstleistungs- und Niederlassungsfreiheit zu schaffen, indem sie Bestimmungen ändern, die in ihrem Gebiet nach Inkrafttreten des Zusatzprotokolls zugunsten türkischer Staatsangehöriger erlassen haben²²². Allerdings ist nach der Rspr. des EuGH die Schaffung einer neuen Beschränkung dann nicht verboten, wenn diese „durch einen **zwingenden Grund des Allgemeininteresses** gerechtfertigt und geeignet ist, die Erreichung des angestrebten legitimen Ziels zu erreichen, und nicht über das zu dessen Erreichung Erforderliche hinausgeht"²²³.

108   Die Vorschrift des Art. 41 I ZP führt in ihrem Anwendungsbereich dazu, dass für die Beurteilung der Einhaltung der Einreisebestimmungen durch türkische Staatsangehörige die Rechtslage des AuslG im Zeitpunkt des Inkrafttretens des ZP, dh am 1.1.1973, zugrunde zu legen ist, sofern diese günstiger ist. Nach § 5 I Nr. 1 DVAuslG vom 10.9.1965²²⁴ idF vom 13.9.1972 (im Folgenden: DVAuslG 1965)²²⁵ benötigten türkische Staatsangehörige, die entsprechend der Positivliste von der Sichtvermerkspflicht grundsätzlich freigestellt waren, nur dann vor der Einreise einen Sichtvermerk, wenn sie im Bundesgebiet eine Erwerbstätigkeit ausüben wollten. Für sonstige Aufenthalte bestand ohne zeitliche Begrenzung grundsätzlich keine Visumpflicht²²⁶, da diese erst durch die 11. ÄnderungsVO zur DVAuslG vom 1.7.1980²²⁷ auch für türkische Staatsangehörige eingeführt wurde. Dabei konnte

---

²¹³ → § 95 Rn. 43.
²¹⁴ Die Verweisung im SDÜ erfolgt noch auf Art. 5 Ia, Ic und Ie SGK.
²¹⁵ OVG Bln-Bbg Beschl. v. 28.2.2019 – OVG 11 S 21.18, BeckRS 2019, 2896 Rn. 11, HmbOVG Beschl. v. 1.6.2018 – 1 Bs 126/17, BeckRS 2018, 13375 Rn. 17 mwN; vgl. auch BayVGH Beschl. v. 28.2.2019 – 10 ZB 18.1626, BeckRS 2019, 3423 Rn. 12.
²¹⁶ EuGH Urt. v. 11.5.2000 – C-37/98, EuZW 2000, 569 – Savas.
²¹⁷ EuGH Urt. v. 20.9.2007 – C-16/05, NVwZ 2008, 61 – Tum und Dari.
²¹⁸ Vgl. BVerwG Urt. v. 19.2.2015 – 1 C 9.14, NVwZ 2015, 827 Rn. 16.
²¹⁹ EuGH Urt. v. 11.5.2000 – C-37/98, EuZW 2000, 569 – Savas; Urt. v. 21.10.2003 – C-317/01, C-369/01, BeckRS 2004, 76304.
²²⁰ EuGH Urt. v. 19.2.2009 – C-228/06 EuZW 2009, 257 Rn. 47 – Soysal; Urt. v. 10.7.2014 – C-138/13 NVwZ 2014, 1081 Rn. 26 – Dogan.
²²¹ EuGH Urt. v. 24.9.2013 – C-221/11 NVwZ 2013, 1465 Rn. 55 – Demirkan, Urt. v. 10.7.2014 – C-138/13 NVwZ 2014, 1081 Rn. 28 – Dogan.
²²² BVerwG Urt. v. 19.2.2015 – 1 C 9.14, NVwZ 2015, 827 Rn. 16.
²²³ EuGH Urt. v. 10.7.2014 – C 138/13, NVwZ 2014, 1081 Rn. 37 – Dogan.
²²⁴ BGBl. 1965 I S. 1341.
²²⁵ BGBl. 1972 I S. 1743.
²²⁶ Für eine medizinische Behandlung s. VG Darmstadt Beschl. v. 28.10.2005 – 8 G 1070/05 (2), InfAuslR 2006, 45.
²²⁷ BGBl. 1980 I S. 782.

Allgemeine Erteilungsvoraussetzungen § 5 AufenthG 1

die Sichtvermerkspflicht im Hinblick auf die noch erforderliche Kündigung der deutsch-türkischen Sichtvermerksvereinbarung von 1953 erst am 5.10.1980 in Kraft treten. Die generelle Beschränkung des visumfreien Aufenthalts auf einen Zeitraum von drei Monaten ist gleichfalls erst zu einem späteren Zeitpunkt, nämlich durch die 14. ÄnderungsVO zur DVAuslG vom 13.12.1982[228] eingeführt worden; sie gilt demnach gleichfalls nicht für türkische Staatsangehörige, die sich auf die **Stillhalteklausel** des Art. 41 I ZP berufen können. Gleiches gilt in Bezug auf die neue Definition des Kurzaufenthalts gemäß Art. 6 I SGK als Aufenthalt von 90 Tagen innerhalb eines Zeitraums von 180 Tagen.

War ein Visum nur bei Aufnahme einer Erwerbstätigkeit vor der Einreise einzuholen, so ergab sich 109 aus § 1 II Nr. 2 und 3 DVAuslG 1965, dass bestimmte Zwecke nicht nur vom Sichtvermerksverfahren, sondern insgesamt vom **Erfordernis der Einholung eines Aufenthaltstitels befreit** waren. Denn nach diesen Regelungen bedurften türkische Staatsangehörige, die Inhaber von Nationalpässen waren, keiner Aufenthaltserlaubnis, wenn sie

– „sich im Dienst eines nicht im Geltungsbereich des Ausländergesetzes ansässigen Arbeitgebers zu einer ihrer Natur nach vorübergehenden Dienstleistung als Arbeitnehmer im Geltungsbereich des Ausländergesetzes aufhalten, sofern die Dauer des Aufenthalts zwei Monate nicht übersteigt. Die Befreiung gilt nicht für Ausländer, die im Geltungsbereich des Ausländergesetzes ein Reisegewerbe (§ 55 GewO) ausüben wollen (Nr 2);
– unter Beibehaltung ihres gewöhnlichen Aufenthalts im Ausland im Geltungsbereich des Ausländergesetzes in Vorträgen oder Darbietungen künstlerischen, wissenschaftlichen oder sportlichen Charakters tätig werden wollen, sofern die Dauer des Aufenthalts zwei Monate nicht übersteigt (Nr 3)".

Durch § 1 II Nr. 2 und 3 DVAuslG 1965 waren etwa **Fernfahrer von türkischen Unternehmen** 110 im grenzüberschreitenden Güterkraftverkehr – letztere unterfallen der Dienstleistungsfreiheit – sowie Geschäftsreisende, die im Bundesgebiet Besprechungen oder Verhandlungen führen wollten, begünstigt. Ebenfalls visafrei war die Einreise türkischer Staatsangehöriger für Vorträge oder Darbietungen künstlerischen, wissenschaftlichen oder sportlichen Charakters[229]. Der Visafreiheit steht auch nicht die EU-VisumVO entgegen, die für türkische Staatsangehörige die generelle Visapflicht vorsieht[230].

Kommt der Standstill-Klausel des Art. 41 I ZP für den Bereich der Dienstleistungsfreiheit erhebliche 111 Bedeutung zu, so gilt Gleiches nicht für die **Einreise zur Aufnahme einer selbstständigen Tätigkeit.** Denn einem türkischen Staatsangehörigen, der sich selbstständig erwerbstätig im Bundesgebiet niederlassen will, konnte bereits im Zeitpunkt des Inkrafttretens ZP entgegengehalten werden, dass seine Einreise nach § 5 I Nr. 1 DVAuslG 1965 visumpflichtig ist[231].

Der Begriff des **„freien Dienstleistungsverkehrs"** in Art. 41 I ZP erfasst nicht die Freiheit 112 türkischer Staatsangehöriger, sich als **Dienstleistungsempfänger** in einen Mitgliedstaat (der EU) zu begeben, um dort eine Dienstleistung in Anspruch zu nehmen[232]. Dementsprechend kann sich der türkische Tourist zur Begründung der Visumfreiheit nicht auf die von ihm beabsichtigte Inanspruchnahme von Dienstleistungen berufen[233].

Inwieweit die Visumpflicht für den **Familiennachzug** zu assoziationsberechtigten türkischen 113 Staatsangehörigen mit den Standstillklauseln der Art. 13 ARB 1/80 und Art. 7 ARB 2/76 vereinbar ist, ist noch nicht abschließend geklärt. Nach der Rspr. des EuGH sind Art. 41 ZP und Art. 13 ARB 1/80 gleichartig. Auch die Stillhalteklausel des Art. 13 ARB 1/80 ist dahin auszulegen, dass mit Blick auf den türkischen Arbeitnehmer Regelungen über die Familienzusammenführung vom Anwendungsbereich nicht von vornherein ausgeschlossen sind[234]. Zuletzt hat der EuGH seine Rspr. zu Art. 13 ARB 1/80[235] auch auf die Stillhalteklausel des Art. 7 ARB 2/76[236] erstreckt. Während das BVerwG die Aufhebung der Befreiung von der Aufenthaltserlaubnispflicht für unter 16-jährige türkische Staatsangehörige als durch einen zwingenden Grund des Allgemeininteresses gerechtfertigt angesehen hat[237], hat der EuGH eine solche Maßnahme jedoch als nicht verhältnismäßig angesehen, soweit es sich um im Mitgliedstaat geborene Kinder handelt, von denen ein Elternteil ein sich rechtmäßig in diesem Mitgliedstaat aufhaltender türkischer Arbeitnehmer ist[238]. Die Einführung der generellen Visumpflicht

---

[228] BGBl. 1982 I S. 1681.
[229] *Dienelt*, Aktuelle Fragen zum Aufenthaltsrecht türkischer Staatsangehöriger, 2001, S. 62 ff.; ebenso *Gutmann* InfAuslR 2000, 318 f.
[230] Einzelheiten hierzu unter Art. 13 ARB 1/80.
[231] Vgl. BayVGH Beschl. v. 2.7.2015 – 10 ZB 14.2102, BeckRS 2015, 48458 Rn. 3; Einzelheiten unter Art. 13 ARB 1/80; s. auch *Dienelt*, Aktuelle Fragen zum Aufenthaltsrecht türkischer Staatsangehöriger, 2001, S. 62 ff.; ebenso *Gutmann* InfAuslR 2000, 318 f.
[232] EuGH Urt. v. 24.9.2013 – C-221/11, NVwZ 2013, 1465 Rn. 23 – Demirkan; BVerwG Beschl. v. 20.112014 – 1 B 24.14, BeckRS 2015, 40924 Rn. 4.
[233] OVG Bln-Bbg Beschl. v. 20.1.2014 – OVG 11 B 1.14, BeckRS 2014, 46296 Rn. 15.
[234] BVerwG Urt. v. 6.11.2014 – 1 C 4.14, BVerwGE 150, 276 NVwZ 2015, 373 Rn. 14 mwN; OVG Bln-Bbg Urt. v. 30.1.2015 – OVG 7 B 22.14, ZAR 2015, 234.
[235] EuGH Urt. v. 29.3.2017 – C-652/15, NJW 2017, 2398 – Tekdemir.
[236] EuGH Urt. v. 7.8.2018 – C-123/17, NVwZ 2019, 43 – Yön.
[237] BVerwG Urt. v. 6.11.2014 – 1 C 4.14, BVerwGE 150, 276 = NVwZ 2015, 373 Rn. 20.
[238] EuGH Urt. v. 29.3.2017 – C-652/15, NJW 2017, 2398 – Tekdemir.

for türkische Staatsangehörige sieht das BVerwG aus Gründen der effektiven Einwanderungskontrolle und der Steuerung der Migrationskontrolle als gerechtfertigt an. Der Verhältnismäßigkeit im Einzelfall könne gemäß § 5 II 2 Rechnung getragen werden[239].

3. Angaben im Visumantrag

114 Die Angaben, die für die Erteilung des Visums maßgeblich sind, müssen bereits im Visumantrag gemacht worden sein. Der Ausländer muss seine **Mitwirkungspflichten** (§ 82 I) im Visumverfahren **erfüllt** haben. Ist das nicht der Fall erhält er nach seiner Einreise keinen Aufenthaltstitel. Wenn vor der Erteilung des Visums nicht alle dafür erheblichen Tatsachen geprüft und bewertet werden konnten, besteht die Gefahr eines zweckwidrigen Aufenthalts. Abgesehen von einer möglichen Strafbarkeit von Falschangaben (§ 95 II Nr. 2[240]) und der Verwirklichung eines ggf. generalpräventiven Ausweisungsinteresses iSv § 54 II Nr. 8 wegen falscher oder unvollständiger Angaben[241] soll mit der Verweigerung des Aufenthaltstitels wegen fehlender rechtzeitiger Angaben zusätzlich die Visumpflicht abgesichert werden. Die Voraussetzung der rechtzeitigen Angaben im Visumantrag tritt zu der Einreise mit dem erforderlichen Visum hinzu.

115 Als **maßgeblich** können nur diejenigen Angaben angesehen werden, die für das konkrete Visum zu dem beabsichtigten Aufenthaltszweck benötigt werden. Dazu gehören außerdem grundsätzlich alle abgefragten Personalien, aber auch Voraufenthalte, Vorstrafen und frühere Visavorgänge. Zum Aufenthaltszweck muss erklärt werden, ob zB Besuche von Verwandten oder Bekannten, Touristen- oder Erholungsreise oder ähnliche kurzfristige Zwecke verfolgt werden oder aber die Ausübung einer Erwerbstätigkeit oder ein längerer Aufenthalt, der über die Grenzen des Schengen-Visums hinausgeht. Außer den Formularfragen sind auch schriftliche oder mündliche Nachfragen zu beantworten. „Im Visumantrag" ist nicht wörtlich zu verstehen, die Angaben können auch in Anlagen oder zusätzlichen Erklärungen enthalten sein.

4. Ausnahmen

116 Die Einhaltung der Visumregeln ist kein Selbstzweck. Sie soll verhindern, dass die Steuerungsmechanismen lahmgelegt und die Zugangskontrollen unterlaufen werden. Sinn und Zweck der Visumvorschriften leiden nicht darunter, wenn **ausnahmsweise** von ihnen **abgesehen** wird und sie hinter eindeutige Rechtsansprüche zurücktreten oder auf ihre Nachholung wegen Unzumutbarkeit verzichtet wird. In beiden Fällen wäre der Umweg über Ausreise, Visumverfahren und erneute Einreise nur mit Kosten und Zeitaufwand verbunden und stellte sich damit als bloße Förmelei dar. Von diesen Grundsatz ausgehend hat die Ausländerbehörde im Wege des Ermessens zu beurteilen, ob eine Ausnahme vertretbar und angemessen ist. Voraussetzung dafür ist aber zunächst die Feststellung eines Anspruchs auf einen Aufenthaltstitel oder einer Unzumutbarkeit im Einzelfall (§ 5 II 2).

117 Für die Praxis kommt den **Befreiungstatbeständen des § 39 AufenthV** besondere Bedeutung zu. Mit ihnen werden Ausländer von der Durchführung des Visumverfahrens befreit, denen eine Ausreise zu diesem Zweck nicht möglich bzw. unzumutbar ist (§ 39 Nr. 4 und 5 AufenthV) oder bei denen sich die Nachholung des Visumverfahrens als bloße Förmelei darstellen würde, weil sie vor Beendigung ihres rechtmäßigen Aufenthalts einen Anspruch auf einen Aufenthaltstitel erworben haben (§ 39 Nr. 1, 2, 3 und 6 AufenthV)[242]. Die Befreiungstatbestände knüpfen an den letzten Einreisevorgang an. Reist ein Ausländer zum Zwecke der Eheschließung aus dem Bundesgebiet aus, so ist nicht die Ersteinreise, sondern die Wiedereinreise der maßgebliche Einreisevorgang[243]. Auch wenn der Wortlaut der Vorschrift eine andere Lesart zulässt, deutet die Stellung der Vorschrift im Vierten Abschnitt der AufenthV, der nur Ausnahmen vom Visumerfordernis für die Erteilung nationaler Aufenthaltstitel gemäß § 6 III betrifft, darauf hin, dass mit diesem Tatbestandsmerkmal nicht die Einreise in den Schengen-Raum, sondern die (letzte) Einreise in das Bundesgebiet gemeint ist[244].

118 § 39 AufenthV knüpft an Fallgruppen an, in denen der Ausländer einen bestimmten, eine Privilegierung rechtfertigenden Aufenthaltsstatus besitzt. **Dieser privilegierende aufenthaltsrechtliche**

---

[239] BVerwG Urt. v. 25.6.2019 – 1 C 40.18, BVerwGE 166, 77 Rn. 21 ff.; → Rn. 154.
[240] Beachte § 3 StGB bei Angaben gegenüber deutschen Auslandsvertretungen – OLG Köln Beschl. v. 27.4.1999 – Ss 118/99, NStZ 2000, 39; → § 95 Rn. 100.
[241] BayVGH Beschl. v. 28.12.2018 – 10 ZB 18.1154, BeckRS 2018, 35631 Rn. 9.
[242] OVG NRW Beschl. v. 1.3.2011 – 18 B 944/10, BeckRS 2011, 48575.
[243] So BVerwG Urt. v. 11.1.2011 – 1 C 23.09, BVerwGE 138, 353 = NVwZ 2011, 871 Rn. 25; ebenso BayVGH Beschl. v. 23.12.2008 – 19 CS 08.577, 19 C 08.3068, BeckRS 2008, 28729 Rn. 15 und Beschl. v. 12.1.2010 – 10 CS 09.2705, BeckRS 2010, 6148 Rn. 9; VGH BW Beschl. v. 8.7.2008 – 11 S 1041/08, ZAR 2008, 399, Beschl. v. 16.9.2009 – 13 S 1975/09, BeckRS 2009, 39419 Rn. 5; HessVGH Beschl. v. 22.9.2008 – 1 B 1628/08, ZAR 2008, 402; NdsOVG Beschl. v. 1.3.2010 – 13 ME 3/10, BeckRS 2010, 47454; OVG NRW Beschl. v. 2.11.2009 – 18 B 1516/08, BeckRS 2009, 41359; OVG MV Beschl. v. 22.7.2009 – 2 M 93/09, BeckRS 2010, 51948.
[244] BVerwG Urt. v. 11.1.2011 – 1 C 23.09, BVerwGE 138, 353 = NVwZ 2011, 871 Rn. 25; aA *Benassi* InfAuslR 2008, 127 (128 f.); *Stahmann* in Hofmann AuslR § 81 Rn. 19.

Allgemeine Erteilungsvoraussetzungen § 5 AufenthG 1

Status muss im Zeitpunkt der Antragstellung vorliegen[245]. Die Präsensform der Befreiungstatbestände macht hinreichend deutlich, dass es nicht ausreicht, wenn der Ausländer in der Vergangenheit einen entsprechenden Status besessen hat. Soweit in der Rspr. auf einen späteren Zeitpunkt abgestellt wird, etwa den der behördlichen oder gerichtlichen Entscheidung[246], würden die gesetzlichen Befreiungstatbestände leerlaufen, da insbesondere in den Fallgruppen der Nr. 2 und 3 die Befreiung bzw. das Visum bereits abgelaufen wären. Die den Befreiungstatbeständen innewohnende intertemporale Begrenzung des Anwendungsbereichs führt – wie auch das Nachzugsalter beim Kindernachzug – zu einer Vorverlagerung des materiellen Prüfungszeitpunkts.

Kommt eine der Ausnahmeregelungen gemäß § 39 AufenthV zur Anwendung, so ergibt sich der 119 Aufenthaltsstatus nach Auslaufen der Befreiungen, Visa, Duldungen oder Aufenthaltsgestattung nach der Antragstellung regelmäßig aus § 81. Greift einer der Ausnahmetatbestände, so ist der Aufenthalt des Ausländers auf jeden Fall zumindest geduldet, sofern er aus § 81 keinen besseren Aufenthaltsstatus ableiten kann. Allerdings tritt die Fortgeltungsfiktion gemäß § 81 IV 2 nicht ein, wenn der Ausländer mit einem Visum gemäß § 6 I eingereist ist. Mangels Regelungslücke scheidet insofern auch eine analoge Anwendung von § 81 III 1 aus[247]. Der Ausschluss gemäß § 81 IV 2 greift auch bei Einreise mit einem von einem anderen Schengen-Staat ausgestellten Schengen-Visum[248].

Die Fallgruppen des § 39 AufenthV, nach denen eine Aufenthaltserlaubnis nach der Einreise einge- 120 holt werden kann, sind nicht abschließend, insbesondere bleiben die **Ausnahmetatbestände im AufenthG** (§§ 5 II 2, 19d Ia, 25a, 25b, 104a, 104b) unberührt.

An erster Stelle stehen – von den gesetzlich geregelten Fällen abgesehen – diejenigen Personen, für 121 die ein bereits im Bundesgebiet bestehender Aufenthalt mit **nationalem Visum** oder mit einer **Aufenthaltserlaubnis** für einen längeren Aufenthalt verlängert werden soll (**§ 39 Nr. 1 AufenthV**). Trotz des Wortlauts eröffnet die Vorschrift der Ausländerbehörde kein Ermessen, sondern macht die Beantragung bzw. Verlängerung eines Aufenthaltstitels im Inland allein davon abhängig, dass der Ausländer „bereits im Bundesgebiet ansässig" ist[249]. Da der Befreiungstatbestand an den Besitz des nationalen Visums oder der Aufenthaltserlaubnis anknüpft, muss der Ausländer im Zeitpunkt der Antragstellung einen gültigen Aufenthaltstitel vorweisen können. Ausreichend ist auch die Fortgeltungsfiktion gem. § 81 IV, jedenfalls dann, wenn die Verlängerung der bisherigen Aufenthaltserlaubnis zugesichert worden ist[250].

Als „Ausnahme" bestätigt § 39 Nr. 1 AufenthV, dass bei Verlängerungen von Aufenthaltstiteln § 5 II 122 grundsätzlich einzuhalten ist (§ 8 I). Das nationale Visum nach § 6 III ist gerade auf einen längerfristigen Aufenthalt angelegt, und die Aufenthaltserlaubnis schließt, gleich welchem Zweck sie dient, einen solchen jedenfalls nicht von vornherein aus. Auch wenn die vorherige Aufenthaltserlaubnis nicht verlängert werden kann, soll für die Erteilung eines anderen Aufenthaltstitels jedenfalls eine vorherige Ausreise überflüssig sein. Auf eine erlaubte Einreise[251] und eine bestimmte Dauer des Voraufenthalts kommt es (anders früher § 9 V Nr. 2 DVAuslG) nicht an.

Der bisherige Aufenthaltstitel muss für die Anwendung von § 39 Nr. 1 AufenthV nicht gleichartig 123 sein, ausreichend kann auch eine abweichend von § 5 II erteilte Aufenthaltserlaubnis nach § 25 V sein, etwa wenn dem Ausländer diese nach Rücknahme seines Asylantrages erteilt wurde und er nunmehr die Neuerteilung einer Aufenthaltserlaubnis nach anderen Vorschriften begehrt[252]. Auf die ursprünglich ohne das erforderliche Visum erfolgte Einreise kommt es dann nicht mehr an. Derjenige, der sich bereits mit einem Aufenthaltstitel berechtigt im Bundesgebiet aufhält und auf dieser Grundlage seinen „gewöhnlichen Aufenthalt" begründet hat, bedarf grundsätzlich keines Visums mehr, das ihn zur Einreise berechtigen würde. § 39 Nr. 1 AufenthV schließt den Wechsel des Aufenthaltszwecks nicht aus. Allerdings kann ein solcher Zweckwechsel gesetzlich ausgeschlossen sein (§ 10 III, 16a I 2, 16b IV)[253].

Sodann geht es um von der Aufenthaltstitel-Pflicht **befreite Personen**, sofern die Befreiung für 124 mehr als sechs Monate gilt und nicht räumlich beschränkt ist (**§ 39 Nr. 2 AufenthV**). Diese Voraussetzungen werden nicht in allen Befreiungsfällen[254] erfüllt, insbesondere fallen Befreiungen für Kurzaufenthalte nicht darunter. Erfasst werden auch Ausländer, die zuvor gemäß § 2 IV 1 FreizügG/EU

---

[245] VGH BW Beschl. v. 5.3.2008 – 11 S 378/08, BeckRS 2008, 33384 Rn. 11.
[246] So OVG NRW Beschl. v. 11.7.2012 – 18 B 562/12, BeckRS 2012, 53834; HmbOVG Beschl. v. 16.11.2010 – 4 Bs 220/10, BeckRS 2010, 56892.
[247] BayVGH Beschl. v. 28.5.2015 – 10 CE 14.2123, BeckRS 2015, 47040 Rn. 2; Beschl. v. 4.9.2014 – 10 CS 14.1601, BeckRS 2014, 56706 Rn. 12 f.
[248] BVerwG Urt. v. 19.11.2019 – 1 C 22.18; aA VGH BW Urt. v. 6.4.2018 – 11 S 2583.17, BeckRS 2018, 6543 Rn. 24 f.; Beschl. v. 18.6.2018 – 11 S 816/18, BeckRS 2018, 13629; aA BayVGH Beschl. v. 21.2.2013 – 10 CS 12.2679, BeckRS 2013, 48084 Rn. 6 mwN.
[249] OVG Bln-Bbg Urt. v. 20.3.2019 – OVG 11 B 5.17, BeckRS 2019, 5297 Rn. 41 unter Hinweis auf OVG NRW Beschl. v. 21.12.2007 – 18 B 1535/07, BeckRS 2008, 30343, und BR-Drs. 731/04, 182.
[250] BVerwG Urt. v. 26.5.2020, BVerwG 1 C 12.19, BVerwGE 168, 159 = ZAR 2021, 30 Rn. 60.
[251] BVerwG Urt. v. 26.5.2020, BVerwG 1 C 12.19, BVerwGE 168, 159 = ZAR 2021, 30 Rn. 54.
[252] BVerwG Urt. v. 26.5.2020, BVerwG 1 C 12.19, BVerwGE 168, 159 = ZAR 2021, 30 Rn. 54.
[253] OVG Bln-Bbg Urt. v. 20.3.2019 – 11 B 5.17, BeckRS 2019, 5297 Rn. 43.
[254] → § 4 Rn. 30 ff.

keinen Aufenthaltstitel benötigten und ihren rechtmäßigen Aufenthalt erst nachträglich aufgrund der Feststellung des Nichtbestehens oder Verlusts der Freizügigkeit verloren haben. Der Antrag muss aber vor Bekanntgabe des feststellenden VA gestellt werden.

125 **§ 39 Nr. 3 AufenthV** privilegiert **Positivstaater** (1. Alt.), also Staatsangehörige eines Staats der Positivliste in Anhang II EU-VisumVO, sowie Besitzer eines **Schengen-Visums** (2. Alt.), sofern die Voraussetzungen eines Anspruchs auf Erteilung eines Aufenthaltstitels nach der Einreise und während des erlaubten bzw. des kurzfristigen Aufenthalts entstanden sind. Ausdrücklich ausgenommen sind Ansprüche auf Erteilung eines Visums zu Studienzwecken (§ 16b), studienbezogenen Praktika (§ 16e) oder zur Teilnahme am Europäischen Freiwilligendienst (§ 19e)[255]. Für diese Aufenthaltszwecke kann nur unter den Voraussetzungen von § 5 II 2 von der Durchführung des Visumverfahrens abgesehen werden.

126 „Positivstaater" nach Art. 4 II EU-VisumVO sind von der Visumpflicht für einen Aufenthalt von bis zu 90 Tagen je Zeitraum von 180 Tagen befreit. Die EU-VisumVO beruht auf Art. 77 II lit. a AEUV. Danach erlassen Europäisches Parlament und Rat gemäß dem ordentlichen Gesetzgebungsverfahren Maßnahmen, die gemeinsame Politik in Bezug auf Visa ua kurzfristige Aufenthalte betreffend. Die Befreiung gilt nicht, wenn sich Positivstaater **länger als 90 Tage** im Bundes- oder Schengen-Gebiet aufhalten wollen[256]. Beabsichtigt also der von der Visumspflicht befreiter Ausländer bereits bei der Einreise, sich länger als im Schengen-Gebiet aufzuhalten, so ist seine Einreise grundsätzlich unerlaubt[257].

127 Für das Vorliegen der Befreiung kommt es also auf die **subjektive Einstellung** des Drittstaatsangehörigen bei Überschreiten der Außengrenzen an (ebenso Nr. 14.1.2.1.1.7 AVwV). Für die grundsätzliche Zuordnung des Staates, dessen Staatsangehörigkeit der Ausländer besitzt, ist Anhang I oder II EU-VisumVO entscheidend. Insofern unterfällt ein Positivstaater weiterhin Anhang II zu Art. 4 I EU-Visum-VO, auch wenn für den Einzelfall ausnahmsweise Visumpflicht besteht, etwa weil er beabsichtigt, einer Erwerbstätigkeit nachzugehen (vgl. Art. 6 III EU-VisumVO) oder er einen Daueraufenthalt anstrebt.

128 Dabei erfasst die EU-VisumVO ausschließlich Einreisen über die **Außengrenzen der Anwenderstaaten.** Anwenderstaaten sind dabei nicht die EU-Staaten, sondern diejenigen Staaten, die den Schengen-Besitzstand einschließlich der EU-VisumVO anwenden. Dies sind auch die weiteren EWR-Staaten Island, Lichtenstein und Norwegen (Erwägungsgründe 35, 37) sowie die Schweiz (Erwägungsgrund 36). Keine Anwendung findet die EU-VisumVO für Irland (s. Erwägungsgründe 39 der EU-VisumVO) mit der Folge, dass die Einreise von Drittstaatsangehörigen aus Irland der EU-VisumVO unterfällt, während die Einreise aus Island, Liechtenstein, Norwegen und die Schweiz als Binneneinreise ausschließlich vom SDÜ und bei Durchreisen über die Außengrenze von Art. 6 Va SGK erfasst wird.

129 Für die Einreise und den Kurzaufenthalt sind die Staatsangehörigen der in Anhang II EU-VisumVO genannten Staaten nach § 17 AufenthV vom Erfordernis eines Aufenthaltstitels **nicht** befreit, sofern sie im Bundesgebiet eine **Erwerbstätigkeit** ausüben. Diese Einschränkung von der Befreiung wird durch Art. 6 III EU-VisumVO ermöglicht. Nach Nr. 14.1.2.1.1.7.1 f. AVwV führt bereits die Absicht, eine Erwerbstätigkeit aufzunehmen, dazu, dass die Befreiung nach der EU-VisumVO entfällt[258]. Diese Ansicht scheint mit dem Wortlaut von § 17 I AufenthV schwer vereinbar. Denn die Norm erlaubt den Mitgliedstaaten Ausnahmen von der Visumbefreiung für Personen, die während ihres Aufenthalts einer Erwerbstätigkeit nachgehen. Sie knüpft also nicht ausdrücklich an die Absicht, eine Beschäftigung ausüben zu wollen an (anders als § 41 II AufenthV). Im Zeitpunkt des Grenzübertritts liegt aber regelmäßig keine Erwerbstätigkeit vor[259]. § 17 I AufenthV muss aber im Lichte des Art. 6 III EU-VisumVO so ausgelegt werden, dass von den Mitgliedstaaten Personen, die während ihres Aufenthalts einer Erwerbstätigkeit nachgehen wollen, von der Visumbefreiung ausgenommen werden können. Der EU-Verordnungsgeber ist nur ermächtigt Einreisefragen zu bestimmen, folglich **regelt die EU-VisumVO nur den Grenzübertritt** und nicht den Aufenthalt. Die Vorschrift wäre von vornherein wirkungslos, wenn die Visumpflicht erst für den Zeitpunkt der Aufnahme der Erwerbstätigkeit gelten sollte. Insoweit gilt, dass bereits die Absicht der Aufnahme der Erwerbstätigkeit die Visumbefreiung suspendiert, sofern nicht ausnahmsweise eine „Nichtbeschäftigung" nach § 17 II AufenthV vorliegt.

130 Für den Aufenthalt nach der Einreise findet die EU-VisumVO keine Anwendung. Der spätere Aufenthaltsstatus bestimmt sich für von der Visumspflicht nach Anhang II EU-VisumVO befreite Ausländer nach Art. 20 SDÜ. Die von Anhang II erfassten Ausländer können sich danach für einen Zeitraum von 90 Tagen innerhalb eines Bezugszeitraums von 180 Tagen seit der ersten Einreise rechtmäßig im Schengen-Gebiet aufhalten, wenn sie die in Art. 20 I SDÜ genannten Voraussetzungen erfüllen.

---

[255] Der Wortlaut von § 39 Nr. 3 AufenthV hat zum Redaktionsschluss noch nicht die Änderungen des AufenthG durch das FEG 2019 berücksichtigt.
[256] Ebenso *Westphal/Stoppa*, AuslR für die Polizei, 3. Aufl., S. 470.
[257] → Rn. 98.
[258] So auch *Westphal/Stoppa* S. 470; *Westphal* in Huber AufenthG § 14 Rn. 14; aA VG Darmstadt Beschl. v. 5.6.2008 – 5 L 277/08.DA.
[259] Aber ausnahmsweise im Falle des Zigarettenschmuggels, OLG Brandenburg Beschl. v. 22.1.2004 – 2 Ss 36/03, BeckRS 2004, 5263.

Allgemeine Erteilungsvoraussetzungen **§ 5 AufenthG 1**

Verlieren sie den Status als von der Visumspflicht befreite Ausländer durch die spätere Aufnahme **131** einer Erwerbstätigkeit, so entfällt damit zwar nicht eine ursprünglich rechtmäßige Einreise aber der rechtmäßige Aufenthalt[260]. Mit § 17 I AufenthV wird der privilegierte Status nach Einreise im Zeitpunkt der Ausübung einer Erwerbstätigkeit vernichtet, sofern nicht ausnahmsweise eine „Nichtbeschäftigung" nach § 17 II AufenthV vorliegt. Diese Rechtsfolge wird zudem regelmäßig aus Art. 6 Ie SGK folgen. Eine gegen den Wortlaut des § 17 I AufenthV erweiternde Auslegung, die die Befreiung bereits bei der Absicht der Aufnahme einer Erwerbstätigkeit entfallen lassen will, scheidet schon wegen der damit verbundenen strafrechtlichen Folgen (§ 95 I Nr. 3) aus.

Die Einreise von der Visumspflicht befreiter Ausländer nach Anhang II der EU-VisumVO über **132** **Schengen-Binnengrenzen** wird nicht von der EU-VisumVO erfasst, sondern richtet sich ausschließlich nach Art. 20 SDÜ. Der Befreiungstatbestand ist aber erweiternd auch auf diesen Einreisevorgang zu erstrecken. Die Regelung, die ihrem Wortlaut nach nur den Aufenthalt regelt, erfasst also zugleich den Einreisevorgang. Die Einreise und der Aufenthalt sind erlaubt, wenn die Voraussetzungen der Befreiung und die Voraussetzungen des Art. 6 SGK vorliegen, auf die verwiesen wird. Die Absicht der Aufnahme einer Beschäftigung ist geeignet, über Art. 6 Ie SGK auch die Einreise unerlaubt zu machen, wenn die Ausübung der Beschäftigung genehmigungspflichtig ist. Die Absicht eines längerfristigen Aufenthalts, dh länger als 90 Tage im Bezugszeitraum von 180 Tagen seit der ersten Einreise, stellt, wenn nicht ein Sichtvermerksabkommen nach Art. 20 II SDÜ eingreift, regelmäßig eine Gefahr iSd Art. 6 Ie SGK dar, die automatisch zur unerlaubten Einreise und zum illegalem Aufenthalt führt.

Trotz der insoweit unklaren Formulierung in **§ 39 Nr. 3 AufenthV** geht es in der **2. Alt.** nicht um **133** Positivstaater, sondern um **Negativstaater,** die in Besitz eines **Schengen-Visums** sind. Der Gesetzestext bezieht sich zwar nur auf die genannten Positivstaater, die zusätzlichen Voraussetzungen („und") alternativ („oder") erfüllen, also sich entweder rechtmäßig im Bundesgebiet aufhalten oder ein Schengen-Visum besitzen. Letzteres ist aber nur bei visumpflichtigen Personen denkbar. Daher kann nicht der Wortlaut ausschlaggebend sein, sondern der Regelungswille, der auf ein Nebeneinander von Visumfreien („und") Visumbesitzern ausgerichtet war[261]. Die einen (Positivstaater) müssen sich rechtmäßig im Bundesgebiet aufhalten, dürfen also zB keine Erwerbstätigkeit ausüben, die der Visumbefreiung entgegensteht. Die anderen (Negativstaater) müssen ein gültiges Schengen-Visum für kurzfristige Aufenthalte besitzen. Die Angehörigen der Gruppen müssen über einen Anspruch auf einen Aufenthaltstitel verfügen, dessen Voraussetzungen aber erst nach der Einreise entstanden sein dürfen. Bei Unzumutbarkeit kann ohnehin aufgrund besonderer Umstände des Einzelfalls vom Visumverfahren abgesehen werden (§ 5 II 2)[262].

Die Privilegierung des § 39 Nr. 3 AufenthV ist in den Fällen ausgeschlossen, in denen der Anspruch **134** auf Erteilung eines Aufenthaltstitels bereits vor der Einreise entstanden ist[263]. Denn die Vorschrift soll nur diejenigen Ausländer begünstigen, die im Schengen-Visumverfahren zutreffende Angaben gemacht haben und bei denen sich aufgrund **nach der Einreise eingetretener neuer Umstände der Aufenthaltszweck geändert** hat. Sie soll aber nicht den Versuch honorieren, einen von Anfang an beabsichtigten Daueraufenthalt unter Umgehung der nationalen Visumvorschriften durchzusetzen. Andernfalls würde die bewusste Umgehung des Visumverfahrens folgenlos bleiben und dieses Verfahren als wichtiges Steuerungsinstrument der Zuwanderung entwertet[264].

§ 39 Nr. 3 AufenthV setzt einen **Anspruch auf Erteilung eines Aufenthaltstitels, der nach der** **135** **Einreise entstanden sein muss,** voraus. Unter einem „Anspruch" iSd § 39 Nr. 3 AufenthV ist, ebenso wie bei vergleichbaren Formulierungen im AufenthG – etwa in § 10 III 3 –, grundsätzlich nur ein strikter Rechtsanspruch zu verstehen[265]. Ein solcher Rechtsanspruch liegt nur dann vor, wenn alle zwingenden und regelhaften Tatbestandsvoraussetzungen erfüllt sind und die Behörde kein Ermessen mehr auszuüben hat[266], weil nur dann der Gesetzgeber selbst eine Entscheidung über das zu erteilende Aufenthaltsrecht getroffen hat[267]. Eine Ermessenreduzierung auf null reicht nicht aus[268]. Auch bei einer

---

[260] Vgl. Maor ZAR 2005, 185 (187).
[261] So auch die Begründung zur ZuwGDV-E in BR-Drs. 731/04, 185.
[262] Vgl. auch VGH BW Beschl. v. 8.7.2008 – 11 S 1041/08, ZAR 2008, 399.
[263] Vgl. dazu BayVGH Beschl. v. 18.5.2009 – 10 CS 09.853, BeckRS 2009, 34254; für eine restriktive Auslegung wohl OVG RhPf Beschl. v. 20.4.2009 – 7 B 10037/09, BeckRS 2009, 33836.
[264] BVerwG Urt. v. 16.11.2010 – 1 C 17.09, NVwZ 2011, 499 Rn. 25.
[265] BVerwG Urt. v. 16.11.2010 – 1 C 17.09, NVwZ 2011, 499 Rn. 60.
[266] BVerwG Urt. v. 17.12.2015 – 1 C 31.14, BVerwGE 143, 353 = NVwZ 2016, 458 Rn. 20f.; Urt. v. 10.12.2014 – 1 C 15/14, NVwZ-RR 2015, 313 Rn. 15; Urt. v. 16.11.2010 – 1 C 17.09, NVwZ 2011, 499 Rn. 60; OVG NRW Beschl. v. 16.8.2016 – 18 B 754.16, BeckRS 2016, 50359 Rn. 7.
[267] BVerwG Urt. v. 17.12.2015 – 1 C 31.14, BVerwGE 153, 353 = NVwZ 2016, 458Rn. 20; Urt. v. 10.12.2014 – 1 C 15/14, NVwZ-RR 2015, 313 Rn. 15; Urt. v. 16.11.2010 – 1 C 17.09, NVwZ 2011, 499 Rn. 60; 16.12.2008 – 1 C 37.07, BVerwGE 132, 382 = NVwZ 2009, 789; OVG NRW Beschl. v. 16.8.2016 – 18 B 754.16, BeckRS 2016, 50359 Rn. 7.
[268] VGH BW Beschl. v. 10.3.2009 – 11 S 2990/08, BeckRS 2009, 32462; ebenso OVG LSA Beschl. v. 4.7.2006 – 2 O 210/06, BeckRS 2008, 32762; OVG Bln-Bbg Beschl. v. 6.10.2006 – OVG 7 S 32.06, LSK 2007, 110236; NdsOVG Beschl. v. 18.6.2007 – 10 PA 65/07, BeckRS 2007, 25180; so auch BVerwG Urt. v. 16.12.2008 – 1 C 37.07, BVerwGE 132, 382 = NVwZ 2009, 789 zu § 10 III 3; aA VG Freiburg Urt. v. 2.4.2005 – 8 K 1275/03, InfAuslR 2005, 388.

„Soll"-Regelung fehlt es daran, wenngleich bei Vorliegen der gesetzlichen Tatbestandsvoraussetzungen die Rechtsfolge regelmäßig vorgezeichnet ist[269]. Denn die Annahme eines atypischen Ausnahmefalls beruht auf einer wertenden Einzelfallbetrachtung und stellt ebenfalls keinen strikten Rechtsanspruch dar[270].

136 Das aufgrund einer illegalen Einreise begründete schwerwiegende Ausweisungsinteresse nach § 54 II Nr. 8 ist auch iRv § 39 Nr. 3 AufenthV zu berücksichtigen und steht der Annahme eines strikten Rechtsanspruchs iSd Vorschrift entgegen[271]. Die Vorschrift des § 39 Nr. 3 AufenthV befreit nur von der Erteilungsvoraussetzung des § 5 II 1; die selbstständige Regelerteilungsvoraussetzung des Nichtbestehens eines Ausweisungsinteresses nach § 5 I Nr. 2 bleibt aber weiterhin zu beachten. Dies entspricht auch dem Sinn und Zweck des § 39 Nr. 3 AufenthV.

137 Für die Frage, ob die Voraussetzungen eines Anspruchs auf Erteilung eines Aufenthaltstitels nach der Einreise entstanden sind, kommt es bei einem beabsichtigten Daueraufenthalt auf die letzte, vor der Antragstellung erfolgte Einreise in das Bundesgebiet und nicht auf die Einreise in den Schengen-Raum an[272]. Eheschließungen **im Ausland** sind daher nicht geeignet, die Voraussetzungen zu erfüllen. Der Wortlaut des § 39 Nr. 3 AufenthV ist als solcher für diese Auslegung allerdings unergiebig. Die AufenthV verwendet den Begriff der Einreise überdies uneinheitlich, so dass allgemeingültige Rückschlüsse ausscheiden. So wird etwa im Zusammenhang mit der Regelung in § 1 II AufenthV und der Definition des Begriffs „Kurzaufenthalt" ausdrücklich Bezug genommen auf die Einreise in das gemeinsame Gebiet der Schengen-Staaten. § 39 AufenthV befindet sich aber unter der Überschrift des 4. Abschnitts „Einholung eines Aufenthaltstitels im Bundesgebiet", was – ebenso wie die Formulierung in § 39 S. 1 Hs. 1 AufenthV – dafürspricht, dass § 39 Nr. 3 AufenthV die Einreise in das Bundesgebiet meint.

138 Für dieses Verständnis lässt sich weiter anführen, dass § 39 Nr. 3 AufenthV auf der Ermächtigung des § 99 I Nr. 2 beruht. Dieser ermächtigt das BMI, durch Rechtsverordnungen mit Zustimmung des Bundesrats zu bestimmen, dass der Aufenthaltstitel vor der Einreise bei der Ausländerbehörde oder nach der Einreise eingeholt werden kann[273]. Es handelt sich um eine nationale Ausnahmeregelung zur generellen Erteilungsvoraussetzung des § 5 II 1 Nr. 1 und 2, die die Einreise mit dem für den angestrebten Aufenthaltszweck erforderlichen Visum (vgl. § 6) und die maßgeblichen Angaben bereits im Visumantrag verlangt. Aufgrund der Ermächtigung in § 99 I Nr. 2 werden nur nationale Abweichungen erlaubt, die nach Sinn und Zweck der Vorschrift auf die nationale Einreise abstellen. Entsprechend beschränkt sich der sachliche Anwendungsbereich der Vorschrift auf die Befreiung von der gemäß § 6 III 1 für längerfristige Aufenthalte geltenden nationalen Visumpflicht[274].

139 Für **die Beurteilung, wann die Voraussetzungen eines Anspruchs** iSd § 39 Nr. 3 AufenthV **entstanden sind,** ist auf den Zeitpunkt abzustellen, in dem das **zentrale Merkmal** der jeweiligen Anspruchsnorm, das den Aufenthaltszweck kennzeichnet[275] (etwa Eheschließung), erfüllt worden ist[276]. Denn in der amtlichen Begründung der Neufassung werden Anspruchsentstehung und Aufenthaltszweck miteinander verknüpft, während die übrigen Anspruchsvoraussetzungen an dieser Stelle nicht genannt werden („[…] die Vergünstigung nur dann gilt, wenn der Anspruch nach der Einreise entstanden ist und damit ein von vornherein beabsichtigter Wechsel des angegebenen Aufenthaltszwecks ausgeschlossen werden kann"[277]). Daraus folgt, dass iRd § 39 Nr. 3 AufenthV für das Entstehen der Voraussetzungen eines Anspruchs auf Erteilung eines Aufenthaltstitels nur darauf abzustellen ist, wann das **den Aufenthaltszweck kennzeichnende Tatbestandsmerkmal** der Anspruchsgrundlage gegeben war. IÜ führt die Gegenauffassung, die auf das Vorliegen sämtlicher Anspruchsvoraussetzungen – mit

---

[269] BVerwG Urt. v. 17.12.2015 – 1 C 31.14, BVerwGE 153, 353 = NVwZ 2016, 458 Rn. 20.
[270] BVerwG Urt. v. 17.12.2015 – 1 C 31.14, BVerwGE 153, 353 = NVwZ 2016, 458 Rn. 21.
[271] So für den Ausweisungsgrund BVerwG Urt. v. 16.11.2010 – 1 C 17.09, NVwZ 2011, 499 Rn. 122; aA OVG NRW Beschl. v. 16.9.2008 – 19 B 871/08, BeckRS 2008, 139853 zu § 39 Nr. 5 AufenthV.
[272] BVerwG Urt. v. 11.1.2011 – 1 C 23.09, BVerwGE 138, 353 = NVwZ 2011, 871 Rn. 25; OVG Bln-Bbg Urt. v. 16.7.2009 – OVG 2 B 19.08, BeckRS 2009, 38800; HessVGH Beschl. v. 22.9.2008 – 1 B 1628/08, ZAR 2008, 402; VGH BW Beschl. v. 8.7.2008 – 11 S 1041/08, ZAR 2008, 399; OVG NRW Beschl. v. 2.11.2009 – 18 B 1516/08, BeckRS 2009, 41359; BayVGH Beschl. v. 18.5.2009 – 10 CS 09.853, BeckRS 2009, 34254 Rn. 17 und Beschl. v. 23.12.2008 – 19 CS 08.577, 19 C 08.3068, BeckRS 2008, 28729 Rn. 15; aA *Benassi* InfAuslR 2008, 127, 128 f.
[273] Ausf. OVG NRW Beschl. v. 2.11.2009 – 18 B 1516/08, BeckRS 2009, 41359.
[274] OVG Bln-Bbg Urt. v. 16.7.2009 – OVG 2 B 19.08, BeckRS 2009, 38800; BayVGH Beschl. v. 18.5.2009 – 10 CS 09.853, BeckRS 2009, 34254; Beschl. v. 23.12.2008 – 19 CS 08.577, 19 C 08.3068, BeckRS 2008, 28729; Beschl. v. 24.7.2008 – 19 CS 08.1940, BeckRS 2010, 53795; NdsOVG Beschl. v. 28.8.2008 – 13 ME 131/08, BeckRS 2008, 38781; HessVGH Beschl. v. 22.9.2008 – 1 B 1628/08, ZAR 2008, 402; VGH BW Beschl. v. 8.7.2008 – 11 S 1041/08, ZAR 2008, 399.
[275] BVerwG Urt. v. 11.1.2011 – 1 C 23.09, BVerwGE 138, 353 = NVwZ 2011, 871 Rn. 26.
[276] BVerwG Urt. v. 11.1.2011 – 1 C 23.09, BVerwGE 138, 353 = NVwZ 2011, 871 Rn. 26; ebenso NdsOVG Beschl. v. 1.3.2010 – 13 ME 3/10, BeckRS 2010, 47454.; BayVGH Beschl. v. 29.9.2009 – 19 CS 09.1405, BeckRS 2009, 43794 Rn. 4; OVG Brem Beschl. v. 26.6.2009 – 1 B 552/08, BeckRS 2010, 46396; aA VGH BW Beschl. v. 8.7.2008 – 11 S 1041/08, ZAR 2008, 399.
[277] BT-Drs. 16/5065, 240.

Ausnahme des Visumerfordernisses gemäß § 5 II 1 – für einen Aufenthaltstitel abstellt, zu willkürlichen Ergebnissen. Mit Blick auf das Anliegen des Gesetzgebers, von vornherein beabsichtigte Daueraufenthalt nicht länger visumrechtlich zu privilegieren, ist eine Differenzierung danach, ob zB die notwendigen Kenntnisse der deutschen Sprache (§ 28 I 5 iVm § 30 I 1 Nr. 2) vor oder nach Einreise in das Bundesgebiet erworben worden sind, nicht zu vereinbaren.

§ 39 Nr. 3 AufenthV setzt nicht nur voraus, dass der Ausländer im Zeitpunkt der Antragstellung **140** von der Visumspflicht befreit oder im Besitz eines gültigen Schengen-Visums ist und die Voraussetzungen eines Anspruchs auf Erteilung eines Aufenthaltstitels nach der Einreise entstanden sind, sondern auch, dass der Anspruch **während der Geltungsdauer der Befreiung bzw. des Schengen-Visums** entstanden ist[278]. Bereits der Wortlaut, „er […] sich rechtmäßig im Bundesgebiet aufhält oder ein gültiges Schengen-Visum für kurzfristige Aufenthalte (§ 6 I Nr 1 AufenthG) besitzt", legt es wegen der Verwendung der Gegenwartsform nahe, dass der Ausländer bei Entstehung des Anspruchs nach der Einreise entweder befreit oder noch im Besitz eines gültigen Schengen-Visums sein muss. Außerdem gebietet der aus den Gesetzesmaterialien[279] erkennbare Sinn und Zweck der Bestimmung einer solchen Auslegung. Denn nur bei diesem Verständnis der Norm wird die Missbrauchsmöglichkeit, die der Gesetzgeber mit der Änderung des § 39 Nr. 3 AufenthV ausschließen wollte, zumindest eingeschränkt. Am Bsp. des Erfordernisses der einfachen deutschen Sprachkenntnisse (§ 30 I 1 Nr. 2) wird dies deutlich: Ein Ausländer, der mit einem Schengen-Visum für kurzfristige Aufenthalte eingereist ist, aber entgegen seinen Angaben im Visumantrag einen längerfristigen Aufenthalt zum Zweck der Eheschließung und des ehelichen Zusammenlebens im Bundesgebiet beabsichtigt hat, kann eine Aufenthaltserlaubnis vom Inland aus dann nämlich nur einholen, wenn er die Deutschkenntnisse bereits vor der Einreise erworben hat oder sie – was eher selten gelingen dürfte – noch während der Geltungsdauer eines Schengen-Visums nachweist[280].

Außerdem sind **Asylbewerber** als Inhaber einer Aufenthaltsgestattung (§ 55 AsylG) nach Maßgabe **141** von § 10 I oder II befreit **(§ 39 Nr. 4 AufenthV).** Also ein Anspruch auf einen Aufenthaltstitel besteht oder wichtige Interessen der Bundesrepublik Deutschland die Erteilung erfordern und die oberste Landesbehörde zustimmt.

Rechtsansprüche können sich zB aus §§ 28 I, 30 I, 32 I ergeben. Unerheblich sind für die Entbehr- **142** lichkeit des Visumverfahrens die näheren Umstände der Einreise. Es kommt hier also nicht darauf an, dass Asylbewerber bei der Einreise nicht von der Aufenthaltstitelpflicht befreit sind[281] und ihr Aufenthalt nach §§ 55 I 1, 56 AsylG räumlich beschränkt ist. Ihr Aufenthalt ist zwar rechtmäßig, wird aber im Falle der Nichtanerkennung nicht angerechnet (§ 55 III AsylG)[282]. Wenn die strengen Anforderungen des § 10 I oder II nicht erfüllt sind, kann ein Asylbewerber einen Aufenthaltstitel nur unter Einhaltung des Visumverfahrens erlangen. Mit der Ausreise in den Heimatstaat gilt jedoch der Asylantrag als zurückgenommen (§ 33 III AsylG).

Nach **§ 39 Nr. 5 AufenthV** kann ein Ausländer einen Aufenthaltstitel im Bundesgebiet einholen, **143** wenn seine Abschiebung nach § 60a ausgesetzt ist (der Ausländer also geduldet wird) und er aufgrund einer Eheschließung, Begründung einer Lebenspartnerschaft oder Geburt eines Kindes **während seines Aufenhalts im Bundesgebiet** einen **Anspruch auf Erteilung** einer Aufenthaltserlaubnis erworben hat. Diese Ausnahme soll dem vollziehbar ausreisepflichtigen Ausländer, dessen Abschiebung tatsächlich oder rechtlich unmöglich ist und der deshalb geduldet wird und der daher regelmäßig nicht zur Durchführung des Visumverfahrens ausreisen kann, die Einholung des Aufenthaltstitels im Bundesgebiet ermöglichen, wenn er den Anspruch unter der Duldung aufgrund der genannten Ereignisse erworben hat. Ohne diese Privilegierung blieben geduldete Ausländer von dem Anspruch auf Erteilung eines ihnen infolge Verheiratung oder Geburt eines Kindes zustehenden Aufenthaltstitels ausgeschlossen und bedürften einen Ermessensentscheidung gemäß § 5 II 2[283].

Fraglich ist, ob es für das Erfordernis der Duldung nach § 60a maßgeblich auf den Zeitpunkt der **144** Antragstellung[284] oder auf den Zeitpunkt der behördlichen Entscheidung bzw. in einem sich anschließenden Klageverfahren auf den Zeitpunkt der letzten mündlichen Verhandlung in der Tatsacheninstanz[285] ankommt. Zwar könnte der Wortlaut des § 39 AufenthV, der von der Möglichkeit der Einholung eines Aufenthaltstitels im Bundesgebiet spricht, für ein Abstellen auf den Zeitpunkt des Eintritts des den Anspruch begründenden Ereignisses bzw. den Zeitpunkt der Antragstellung hindeuten. Jedoch ist auch insoweit am maßgeblichen Zeitpunkt der letzten mündlichen Verhandlung in der

---

[278] Vgl. HessVGH Beschl. v. 22.9.2008 – 1 B 1628/08, ZAR 2008, 402; OVG RhPf Beschl. v. 20.4.2009 – 7 B 10037/09, BeckRS 2009, 33836.
[279] Vgl. BT-Drs. 16/5065, 240, s. o.
[280] So auch OVG RhPf Beschl. v. 20.4.2009 – 7 B 10037/09, BeckRS 2009, 33836.
[281] BVerwG Urt. v. 3.6.1997 – 1 C 1.97, EZAR 011 Nr. 12; aA *Teipel* ZAR 1995, 161.
[282] BVerwG Urt. v. 3.6.1997 – 1 C 1.97, EZAR 011 Nr. 12.
[283] OVG Bln-Bbg Beschl. v. 12.2.2013 – OVG 7 N 63.13, BeckRS 2013, 47326.
[284] So VGH BW Beschl. v. 5.3.2008 – 11 S 378/08, BeckRS 2008, 33384 Rn. 11.
[285] So OVG NRW Beschl. v. 11.7.2012 – 18 B 562/12, BeckRS 2012, 53834; HmbOVG Beschl. v. 16.11.2010 – 4 Bs 220/10, BeckRS 2010, 56892.

Tatsacheninstanz festzuhalten. Die Duldung muss also noch in diesem Zeitpunkt vorliegen, andernfalls wäre sie kein Hinderungsgrund mehr, das Visumsverfahren zu durchlaufen[286].

145 Die Umstände der Einreise spielen wie bei Asylbewerbern[287] keine Rolle. Es kommt auch nicht auf die Ausstellung des Duldungspapiers (vgl. §§ 60a IV, 77 S. 1 Nr. 5) an, sondern auf die Aussetzung, also den bewussten Nichtvollzug der Abschiebung (§ 60a). In Betracht kommen nur **familienbezogene Rechtsansprüche** nach §§ 28 I 1 Nr. 1 und 3, 30 I. Unter einem „Anspruch" iSv § 39 Nr. 5 AufenthV ist – ebenso wie bei § 39 Nr. 3 AufenthV – grundsätzlich nur ein strikter Rechtsanspruch zu verstehen. Ein solcher liegt nur dann vor, wenn alle zwingenden und regelhaften Tatbestandsvoraussetzungen erfüllt sind und die Behörde kein Ermessen mehr auszuüben hat, weil nur dann der Gesetzgeber selbst eine Entscheidung über das zu erteilende Aufenthaltsrecht getroffen hat[288]. Eine Ermessensreduzierung auf null reicht nicht aus[289]. Auch bei einer „Soll"-Regelung fehlt es daran, wenngleich bei Vorliegen der gesetzlichen Tatbestandsvoraussetzungen die Rechtsfolge regelmäßig vorgezeichnet ist[290]. Denn die Annahme eines atypischen Ausnahmefalls beruht auf einer wertenden Einzelfallbetrachtung und stellt ebenfalls keinen strikten Rechtsanspruch dar[291].

146 Da die Vorschrift der Privilegierung von Personen dient, die sich bereits geduldet im Bundesgebiet aufhalten, wenn die anspruchsbegründenden Voraussetzungen eintreten, ist es nach vorherrschender Rspr. nicht ausreichend, wenn die Duldung ausschließlich zur Eheschließung im Bundesgebiet oder mit Blick auf die bevorstehende Geburt eines Kindes erteilt worden ist, weil andernfalls diese Ereignisse doppelt berücksichtigt würden[292]. Diese teleologische Reduktion ist aber nicht zwingend, weil § 39 Nr. 5 AufenthV gerade den veränderten familiären Umständen nach der Einreise Rechnung tragen soll[293].

147 Nach § 39 Nr. 6 AufenthV kann einem Ausländer, der im Besitz eines von einem anderen Schengen-Staat (vgl. § 2 V) ausgestellten Aufenthaltstitel ist, im Bundesgebiet ein Aufenthaltstitel erteilt werden, wenn sich der Ausländer aufgrund des ausländischen Aufenthaltstitels im Bundesgebiet rechtmäßig aufhalten darf (Art. 21 SDÜ) und die Voraussetzungen eines Anspruchs auf Erteilung eines Aufenthaltstitels erfüllt sind. Bei dem ausländischen Aufenthaltstitel kann es sich um einen nationalen Aufenthaltstitel (Art. 21 I SDÜ) und jedenfalls theoretisch auch um ein nationales Visum eines anderen Schengen-Staats (§ 21 IIa SDÜ) handeln[294]. Art. 21 I SDÜ erlaubt allerdings nur Kurzaufenthalte. Beabsichtigt der Ausländer also bereits bei der Einreise einen längeren Aufenthalt, bedarf er ab diesem Zeitpunkt das dafür erforderliche nationale Visum[295]. Der Antrag auf Erteilung eines Aufenthaltstitels muss sowohl vor Ablauf des Zeitraums für den die Befreiung nach Art. 21 SDÜ gilt als auch innerhalb der 90-Tage-Frist nach § 41 III 2 AufenthV gestellt werden. § 39 Nr. 6 AufenthV privilegiert auch die Familienangehörigen eines in einem anderen Mitgliedstaat langfristig Aufenthaltsberechtigten der sein Aufenthaltsrecht (Art. 14, 15 Daueraufenthalts-RL) im Bundesgebiet ausübt, wenn die Familie bereits im ersten Mitgliedstaat bestand (Art. 16 Daueraufenthalts-RL)[296].

148 Nach § 39 Nr. 7 AufenthV kann der Ausländer den Aufenthaltstitel im Inland einholen, wenn er seit 18 Monaten eine von einem anderen Mitgliedstaat der EU ausgestellte Blaue Karte EU besitzt und er für die Ausübung einer hochqualifizierten Beschäftigung im Inland eine Blaue Karte EU (§ 18b II) beantragt. Die Privilegierung beruht auf Art. 18 I BlueCard-RL und umfasst auch die den Ausländer begleitenden Familienangehörigen. Die Antragsfrist gemäß S. 3 setzt Art. 18 II BlueCard-RL um.

---

[286] OVG Bln-Bbg Beschl. v. 12.2.2013 – OVG 7 N 63.13, BeckRS 2013, 47326; aA VGH BW Beschl. v. 5.3.2008 – 11 S 378/08, BeckRS 2008, 33384 Rn. 11.
[287] → § 4 Rn. 30.
[288] BVerwG Urt. v. 17.12.2015 – 1 C 31.14, BVerwGE 153, 353 = NVwZ 2016, 458 Rn. 20; Urt. v. 10.12.2014 – 1 C 15/14, NVwZ-RR 2015, 313 Rn. 19; BVerwG Urt. v. 16.11.2010 – 1 C 17.09, NVwZ 2011, 499; Urt. v. 16.12.2008 – 1 C 37.07, BVerwGE 132, 382 = NVwZ 2009, 789; OVG NRW Beschl. v. 16.8.2016 – 18 B 754.16, BeckRS 2016, 50359 Rn. 7.
[289] VGH BW Beschl. v. 10.3.2009 – 11 S 2990/08, BeckRS 2009, 32462; ebenso OVG LSA Beschl. v. 4.7.2006 – 2 O 210/06, BeckRS 2008, 32762; OVG Bln-Bbg Beschl. v. 6.10.2006 – OVG 7 S 32.06, LSK 2007, 110236; NdsOVG Beschl. v. 18.6.2007 – 10 PA 65/07, BeckRS 2007, 25180; so auch BVerwG Urt. v. 16.12.2008 – 1 C 37.07, BVerwGE 132, 382 = NVwZ 2009, 789 zu § 10 III 3; aA VG Freiburg Urt. v. 2.4.2005 – 8 K 1275/03, InfAuslR 2005, 388.
[290] BVerwG Urt. v. 17.12.2015 – 1 C 31.14, BVerwGE 153, 353 = NVwZ 2016, 458 Rn. 20.
[291] BVerwG Urt. v. 17.12.2015 – 1 C 31.14, BVerwGE 153, 353 = NVwZ 2016, 458 Rn. 21.
[292] BayVGH Beschl. v. 20.8.2018 – 10 C 18.1497, BeckRS 2018, 21841 Rn. 20; NdsOVG Beschl. v. 2.2.2018 – 13 PA 12/18, BeckRS 2018, 1067; HmbOVG Beschl. v. 10.4.2014 – 4 Bf 19/13, BeckRS 2014, 52410; OVG Bln-Bbg Beschl. v. 10.1.2012 – OVG 11 S 6.12, BeckRS 2012, 4585; Beschl. v. 22.8.– OVG 2 S 61.07, BeckRS 2008, 39807, aA VGH BW Beschl. v. 5.3.2008 – 11 S 378.08, BeckRS 2008, 33784.
[293] Vgl. auch *Hofmann* in Hofmann AuslR § 81 Rn. 22.
[294] Vgl. *Maor* in: Kluth/Hornung/Koch ZuwanderungsR-HdB, § 4 Rn. 114.
[295] OVG Bln-Bbg Beschl. v. 28.2.2019 – OVG 11 S 21.18, BeckRS 2019, 2896 Rn. 11; HmbOVG Beschl. v. 1.6.2018 – 1 Bs 126/17, BeckRS 2018, 13475; vgl. auch BayVGH Beschl. v. 28.2.2019 – 10 ZB 18.1626, BeckRS 2019, 3423 Rn. 12.
[296] BayVGH Beschl. v. 13.4.2015 – 19 CS 14.2847, BeckRS 2015, 45994 Rn. 17 f.

§ 39 Nr. 8 und 9 AufenthV[297] privilegieren die Inhaber von Aufenthaltstiteln nach der **ICT-** 149 **RL**[298]. Während für die Ersterteilung der ICT-Karte gemäß § 19 zwingend das Visumverfahren durchzuführen ist (§ 5 II 3, § 39 S. 2 AufenthV, Art. 11 II ICT-RL), kann der Inhaber einer ICT-Karte deren Verlängerung im Inland beantragen (Nr. 8). Ist der Ausländer im Besitz eines Aufenthaltstitels nach der ICT-RL eines anderen Mitgliedstaates kann er die Mobiler ICT-Karte (§ 19b) und ebenso die Aufenthaltserlaubnis zum Familiennachzug zu einem Inhaber einer Mobiler ITC-Karte im Inland beantragen.

Ebenfalls privilegiert sind Inhaber eines Aufenthaltstitels eines anderen Mitgliedstaates, der aufgrund 150 der **REST-RL** erteilt worden ist. Gemäß **§ 39 Nr. 10 AufenthV** können sie die Aufenthaltserlaubnis für mobile Forscher (§ 18f) ebenso wie die Aufenthaltserlaubnis zum Familiennachzug zum Inhaber einer solchen Aufenthaltserlaubnis im Inland beantragen.

Saisonbeschäftigte mit Arbeitserlaubnis iSv § 15a I 1 Nr. 1 BeschV können gemäß **§ 39 Nr. 11** 151 **AufenthV** vor Ablauf der Arbeitserlaubnis einen Aufenthaltstitel zur Saisonbeschäftigung bei demselben oder einem anderen Arbeitgeber im Inland beantragen. Der rechtzeitige Antrag bewirkt, dass bis zu einer Entscheidung der Ausländerbehörde der Aufenthaltstitel als erteilt gilt.

Positivstaater können ferner einen visumfreien **Kurzaufenthalt gemäß § 40 AufenthV** über 152 90 Tage hinaus entsprechend Art. 20 II SDÜ verlängern. Ausgeschlossen ist die Aufnahme einer Erwerbstätigkeit, sofern es sich nicht um nach § 17 II AufenthV unbeachtliche Tätigkeiten (§ 40 AufenthV) handelt. Damit können von der Visumpflicht Befreite die Verlängerung ihres rechtmäßigen Aufenthalt ohne vorherige Ausreise beantragen. Eine Ausnahme nach Art. 20 II SDÜ setzt zwingende Gründe für die Anwesenheit oder eine unbillige Härte im Falle der Versagung voraus (Nr. 2.4.2.8 AAH-SDÜ)[299], zB eine dringende Krankenbehandlung oder der Tod eines Mitreisenden.

§ 41 AufenthV privilegiert die Staatsangehörigen weiterer **befreundeter Staaten**. Diese benöti- 153 gen auch für Aufenthalte, die keine Kurzaufenthalte sind, kein Visum, sondern können den erforderlichen Aufenthaltstitel im Inland einholen. Der Antrag muss aber binnen 90 Tagen – also dem Zeitraum eines Kurzaufenthalts – gestellt werden (§ 41 III AufenthV). Keine Anwendung findet diese Privilegierung auf die Erteilung einer ICT-Karte (§ 41 IV AufenthV).

Greift keine der allgemeinen Ausnahmen der §§ 39–41 AufenthV, kann eine **Ausnahme** nach 154 § 5 II 2 in Betracht kommen. Das Absehen von dem Erfordernis des Visumverfahrens im Ermessenswege ist danach möglich, wenn ein **Anspruch auf Erteilung des Aufenthaltstitels** besteht oder **besondere Umstände die Unzumutbarkeit der Ausreise und Nachholung des Visumverfahrens** begründen. Eine solche Ausnahme ist für die Erteilung einer ICT-Karte ausgeschlossen (S. 3, Art. 11 II ICT-RL). Der Aufenthaltstitel zum Zweck des unternehmerischen Transfers kann nur von einem Drittstaat, in dem der Antragsteller seinen Wohnort bzw. Lebensmittelpunkt hat, aus gestellt werden[300].

Ein **Anspruch** (§ 5 II 2 Alt. 1) auf die Erteilung ist ebenso wie bei § 10 III 3 oder in § 39 Nr. 3 155 AufenthV nur dann gegeben, wenn das AufenthG oder ein anderes Gesetz einen **strikten Rechtsanspruch** verleihen. Ein solcher Rechtsanspruch liegt nur dann vor, wenn alle zwingenden und regelhaften Tatbestandsvoraussetzungen erfüllt sind und die Behörde kein Ermessen mehr auszuüben hat, weil nur dann der Gesetzgeber selbst eine Entscheidung über das zu erteilende Aufenthaltsrecht getroffen hat[301]. Eine Ermessenreduzierung auf null reicht nicht aus[302]. Auch bei einer „Soll"-Regelung fehlt es daran, wenngleich bei Vorliegen der gesetzlichen Tatbestandsvoraussetzungen die Rechtsfolge regelmäßig vorgezeichnet ist[303]. Die Annahme eines atypischen Ausnahmefalls beruht auf einer wertenden Einzelfallbetrachtung und stellt ebenfalls keinen strikten Rechtsanspruch dar[304]. Nach seiner Entstehungsgeschichte bezweckt § 5 II 2 Alt. 1 eine Ausnahme von der Visumpflicht „wie üblich"[305]. Die Vorschrift knüpft damit unmittelbar an die Ausnahmen von der Visumpflicht nach § 9 I Nr. 1 und 2 AuslG 1990 und deren Voraussetzung eines „Anspruchs auf Erteilung der Aufenthaltsgenehmigung nach diesem Gesetz" an. Dies musste ein strikter Rechtsanspruch sein, nicht ein solcher, der seinerseits

---

[297] § 39 Nr. 8–11 wurden mit der VO zur Umsetzung aufenthaltsrechtlicher Richtlinien der Europäischen Union zur Arbeitsmigration v. 1.8.2017, BGBl. 2017 I S. 3066, eingefügt.
[298] RL 2014/66/EU v. 15.5.2014, ABl. 2014 L 157, 1.
[299] Vgl. Beschl. des Exekutivausschusses v. 14.12.1993 – SCH/Comes 93 21, ABl. 2000 L 239, 151.
[300] Vgl. Gesetzesentwurf der Bundesregierung v. 12.1.2017, BR-Drs. 9/17.
[301] BVerwG Urt. v. 17.12.2015 – 1 C 31.14, BVerwGE 153, 353 = NVwZ 2016, 458 Rn. 20; Urt. v. 10.12.2014 – 1 C 15/14, NVwZ-RR 2015, 313 Rn. 19; BVerwG Urt. v. 16.11.2010 – 1 C 17.09, NVwZ 2011, 499; Urt. v. 16.12.2008 – 1 C 37.07, BVerwGE 132, 382 = NVwZ 2009, 789; OVG NRW Beschl. v. 16.8.2016 – 18 B 754.16, BeckRS 2016, 50359 Rn. 7.
[302] VGH BW Beschl. v. 10.3.2009 – 11 S 2990/08, BeckRS 2009, 32462; ebenso OVG LSA Beschl. v. 4.7.2006 – 2 O 210/06, BeckRS 2008, 32762; OVG Bln-Bbg Beschl. v. 6.10.2006 – OVG 7 S 32.06, LSK 2007, 110236; NdsOVG Beschl. v. 18.6.2007 – 10 PA 65/07, BeckRS 2007, 25180; so auch BVerwG Urt. v. 16.12.2008 – 1 C 37.07 BVerwGE 132, 382 = NVwZ 2009, 789 zu § 10 III 3; aA VG Freiburg Urt. v. 2.4.2005 – 8 K 1275/03, InfAuslR 2005, 388.
[303] BVerwG Urt. v. 17.12.2015 – 1 C 31.14, BVerwGE 153, 353 = NVwZ 2016, 458 Rn. 20.
[304] BVerwG Urt. v. 17.12.2015 – 1 C 31.14, BVerwGE 153, 353 = NVwZ 2016, 458 Rn. 21.
[305] Begründung zum RegE, BT-Drs. 15/420, 70.

nur ein Ermessen eröffnet, selbst wenn im Einzelfall das Ermessen, etwa aufgrund von Art. 6 GG oder Art. 8 EMRK, auf null reduziert war, sodass sich hieraus faktisch ein Rechtsanspruch auf Erteilung der Aufenthaltserlaubnis ergab[306].

156 Die Neuregelung schreibt diese Rechtslage ohne sachliche Änderung fort[307]. Das in § 5 II 1 Nr. 1 vorgeschriebene Visumverfahren dient dem Zweck, die Zuwanderung nach Deutschland wirksam steuern und begrenzen zu können[308]. Ausgehend von diesem Zweck sind **Ausnahmen von der Visumpflicht nach § 5 II 2 prinzipiell eng auszulegen.** Das bedeutet für die Auslegung des Ausnahmetatbestands des Vorliegens eines gesetzlichen Anspruchs auf Erteilung der angestrebten Aufenthaltserlaubnis, dass sich ein solcher aus der typisierten gesetzlichen Regelung ergeben muss und Ausnahmetatbestände insoweit unberücksichtigt bleiben müssen[309]. Auf diese Weise soll generalpräventiv dem Anreiz entgegengewirkt werden, nach illegaler Einreise Bleibegründe zu schaffen, die mit einem Verzicht auf das vom Ausland durchzuführende Visumverfahren honoriert werden. Die bewusste Umgehung des Visumverfahrens soll nicht folgenlos bleiben, um dieses wichtige Steuerungsinstrument der Zuwanderung nicht zu entwerten[310]. Für dieses enge Verständnis sprechen auch Sinn und Zweck des § 5 II 2, auf die Nachholung des Visumverfahrens zur Vermeidung unnötigen Verwaltungs- und Reiseaufwands nur dann zu verzichten, wenn sich alle Voraussetzungen für die Erteilung eines Aufenthaltstitels bereits im Inland ohne eine ins Detail gehende Einzelfallprüfung feststellen lassen. Nur in solchen Fällen verliert der **auf Zuwanderungskontrolle und -steuerung zielende Zweck** des Visumverfahrens an Gewicht. Der Verweis auf die Nachholung dieses Verfahrens kann dann auf einen unverhältnismäßigen, bloßen Formalismus hinauslaufen. Das wird bei einem strikten gesetzlichen Rechtsanspruch, der nicht durch besondere Umstände des Einzelfalls geprägt und ohne größeren Ermittlungs- und Bewertungsaufwand feststellbar ist, regelmäßig in Betracht kommen. Bei einem Anspruch auf Erteilung eines Aufenthaltstitels aufgrund einer Ermessensreduktion auf null liegt es im Regelfall anders. Ob das Ermessen von Rechts wegen nur zugunsten des Ausländers ausgeübt werden darf, ist erst nach Sammlung, Gewichtung und Abwägung aller wesentlichen Gesichtspunkte des jeweiligen Einzelfalles feststellbar[311].

157 In diesem Fall ergibt sich nur wegen besonderer **Einzelfallumstände** eine Verpflichtung zur Erteilung eines Aufenthaltstitels. Eine solche Ermessensreduzierung ist im Grundsatz bei jeder Ermessensnorm möglich. Es steht aber nicht schon aufgrund einer Tatbestandserfüllung fest, sondern erst nach Sammlung und Auswertung aller relevanten Umstände des Einzelfalls sowie einer anschließenden Güter- und Interessenabwägung. Es erfordert unter Umständen einen nicht unbeträchtlichen Aufwand und zwingt die Ausländerbehörde damit zu einer Prüfung, von der sie gerade durch das Visumverfahren entlastet werden soll. Die Ausländerbehörde soll nur dann eine Ausnahme zulassen können, wenn sie keine umfangreichen Ermittlungen und Abwägungen vorzunehmen braucht, weil sich das materielle Ergebnis ohne Weiteres aus einer Anspruchsnorm finden lässt.

158 Aufgrund besonderer Einzelfallumstände kann auch wegen **Unzumutbarkeit** (§ 5 II 2 Alt. 2) auf die Nachholung des Visumverfahrens verzichtet werden.[312] Das ist bei einem unverhältnismäßigen Eingriff in die Rechte aus Art. 6 I und II GG und Art. 8 I EMRK der Fall, weil der Ausländer auf die Lebenshilfe der anderen Familienmitglieds angewiesen ist[313]. Dagegen begründet das Vorbringen, der Ausländer sei wegen einer Gehbehinderung und eines reduzierten Allgemeinzustandes ständig auf fremde Hilfe angewiesen nicht die Unzumutbarkeit, wenn sich der gesundheitliche Zustand des Ausländers nicht erst nach der Einreise erheblich verschlechtert und ihn zuvor nicht an der Reise nach Deutschland gehindert hat[314]. Bei der Überlegung, ob die Nachholung eines Visumverfahrens zumutbar ist, ist nicht vom Fall einer Abschiebung, sondern von einer selbst organisierten freiwilligen Ausreise auszugehen[315]. Die mit der Ausreise und einer erneuten Einreise im Rahmen des erforderlichen Visum verbundenen Kosten, Mühen und Verluste an Zeit, die für andere Angelegenheiten dringender benötigt wird, gehören allerdings zu dem normalen Risiko der nicht ordnungsgemäßen Einreise[316] und begründen daher für sich allein nicht die Unzumutbarkeit der Ausreise und Nachholung des Visumverfahrens. Wartezeiten, Kosten und sonstige Erschwernisse, die durch das Visumverfahren

---

[306] BVerwG Urt. v. 8.6.1996 – 1 C 17.95, BVerwGE 101, 265 = NVwZ 1997, 192; Beschl. v. 3.3.1998 – 1 B 27.98, BeckRS 1998, 30433555; Urt. v. 17.3.2004 – 1 C 11.03, NVwZ-RR 2004, 687.
[307] VGH BW Beschl. v. 10.3.2009 – 11 S 2990/08, BeckRS 2009, 32462.
[308] BVerwG Urt. v. 11.1.2011 – 1 C 23.09, BVerwGE 138, 353 = NVwZ 2011, 871 unter Hinweis auf BT-Drs. 15/420, 70.
[309] BVerwG Urt. v. 10.12.2014 – 1 C 15.14, NVwZ-RR 2015, 313 Rn. 20.
[310] BVerwG Urt. v. 10.12.2014 – 1 C 15.14, NVwZ-RR 2015, 313 Rn. 20; OVG Bln-Bbg Beschl. v. 27.1.2014 – OVG 7 M 74.13, BeckRS 2014, 46972.
[311] VGH BW Beschl. v. 10.3.2009 – 11 S 2990/08, BeckRS 2009, 32462.
[312] Vgl. BVerwG Urt. v. 25.6.2019 – 1 C 40.18, BVerwGE 166, 77 Rn. 25.
[313] Vgl. BayVGH Beschl. v. 30.9.2014 – 19 CS 14.1576, BeckRS 2014, 56871 Rn. 41 mwN.
[314] Vgl. OVG Bln-Bbg Beschl. v. 26.11.2018 – OVG 2 S 38.18, BeckRS 2018, 3015 Rn. 6.
[315] Vgl. HmbOVG Beschl. v. 2.3.2018 – 1 Bs 264/17.
[316] OVG Saarl Beschl. v. 13.6.2017 – 2 B 344.17, BeckRS 2017, 114315 Rn. 16; OVG LSA Beschl. v. 27.5.2015 – 2 M 21.15, BeckRS 2015, 51145 Rn. 20; NdsOVG Beschl. v. 27.7.2009 – 11 ME 171.09, BeckRS 2009, 36319.

entstehen, sind als typische Umstände der gesetzlichen Ausgestaltung des Einreiseverfahrens auch bei der ordnungsgemäßen Einreise grundsätzlich hinzunehmen[317]. Als unzumutbar können sie nur dann angesehen werden, wenn die Versäumnisse dem Ausländer nicht persönlich anzulasten sind, sein Verschulden nur gering war oder die notwendigen Reisen aufgrund äußerer Umstände oder aus persönlichen Gründen besondere Schwierigkeiten bereiten oder besonders aufwendig erscheinen, zB bei der Durchreise durch mehrere andere Staaten, bei Reiseunfähigkeit, Krankheit oder der Sorge für einen pflegebedürftigen Angehörigen oder sehr kleinen Kindern[318]. Eine Trennung von Ehegatten, die die übliche Dauer des Visumverfahrens nicht übersteigt, ist regelmäßig zumutbar[319]. Ist mit der Nachholung des Visumverfahrens eine Trennung des Ausländers von seinem Kind verbunden, ist für die Feststellung, dass Nachholung des Visumverfahrens nur eine vorübergehende und keine dauerhafte Trennung des Ausländers und seines Kindes zur Folge haben wird, eine umfassende Prognose unter Berücksichtigung der Unwägbarkeiten des Visumsverfahrens erforderlich[320].

Auch wenn einer der beiden Tatbestände erfüllt ist, ist ein Absehen von der ordnungsgemäßen **159** Einreise noch nicht zwingend geboten. Es muss vielmehr im Wege des **Ermessens** entschieden werden, ob von dieser Möglichkeit Gebrauch gemacht werden soll[321]. Dabei darf die Ausländerbehörde (generalpräventiv) berücksichtigen, ob eine bewusste Umgehung des Visumverfahrens vorliegt, die nicht durch eine Abweichung im Ermessenswege honoriert werden soll[322]. Dieses Handlungsermessen ist nicht eröffnet, wenn eine Ausnahmesituation verneint worden ist. Zudem darf es sich nicht in der Wiederholung der Gesichtspunkte erschöpfen, die bereits für die Feststellung einer atypischen Sachlage herangezogen wurden. Es können aber allgemeine Erwägungen darüber angestellt werden, ob im konkreten Einzelfall das Nachholen des Visumverfahrens mit den dahinterstehenden Grundgedanken noch vereinbar ist oder umgekehrt ohne Schaden für das Prinzip von ihm abgewichen werden kann. Schließlich soll die Dispositionsmöglichkeit des Abs. 2 S. 2 va dazu dienen, eine Visumerteilung durch grenznahe Auslandsvertretungen zu erübrigen.

V. Ausnahmen bei humanitären Aufenthalten

§ 5 III 1 und 2 stellen Sonderregelungen dar, in welchen Fällen bei einem Aufenthaltstitel nach **160** Kap. 2 Abschnitt 5 von der Anwendung des § 5 I insgesamt oder zumindest hinsichtlich einzelner Erteilungsvoraussetzungen abgesehen werden muss oder im Ermessenswege abgesehen werden kann. Damit wird dem Umstand Rechnung getragen, dass bei der Aufenthaltsgewährung aus **völkerrechtlichen, humanitären oder politischen Gründen** die Erteilung eines Aufenthaltstitels in bestimmten Fällen typischerweise nicht von der Einhaltung aller Voraussetzungen des § 5 I abhängig gemacht werden kann[323] und in allen anderen Fällen die Ausländerbehörde über die Möglichkeit, im Ermessenswege von der Einhaltung der allgemeinen Erteilungsvoraussetzungen abzusehen, zu einer Einzelfallwürdigung verpflichtet sind[324]. International Schutzberechtigte sind regelmäßig nicht mit einem Visum eingereist, sodass von den Voraussetzungen von § 5 II für die Erteilung der Aufenthaltserlaubnis gemäß Abs. 3 S. 1 und Niederlassungserlaubnis gemäß S. 4 abzusehen ist[325]. Nach S. 2 ist für alle sonstigen Tatbestände der §§ 22–26 ein weites Ermessen eröffnet.

Die allgemeinen Erteilungsvoraussetzungen der Abs. 1 und 2 gelten danach allgemein nicht für **161** Aufenthaltserlaubnis zugunsten genau bezeichneter Personengruppen. Sie sind **nicht anwendbar** bei Erteilung einer Aufenthaltserlaubnis an: vorübergehend nach einem EU-Ratsbeschluss **aufgenommene Flüchtlinge** (§ 24); anerkannte **Asylberechtigte** (§ 25 I); **international Schutzberechtigte**, also anerkannte GK-Flüchtlinge und subsidiär Schutzberechtigte (§ 25 II); anerkannte **Abschiebungsschutzberechtigte** (§ 25 III). Letzteren darf daher auch nicht hinsichtlich der Erfüllung der grundsätzlichen Passpflicht (§ 5 I Nr. 4 iVm § 3) und einer darauf gerichteten Mitwirkungspflicht der Aufenthalt gemäß § 25 III 2 versagt werden[326].

Für die Erteilung der Niederlassungserlaubnis gemäß § 26 III sind **Asylberechtigte und GK-** **162** **Flüchtlinge** seit dem 6.8.2016[327] nicht mehr von der Erfüllung der Regelerteilungsvoraussetzungen

---

[317] Vgl. zB BayVGH Beschl. v. 8.2.2019 – 10 C 18.1641, BeckRS 2019, 2247 Rn. 6 mwN; NdsOVG Beschl. v. 1.3.2010 – 13 ME 3/10, BeckRS 2010, 47454.
[318] Vgl. HessVGH Beschl. v. 17.6.2013 – 3 B 968.13, BeckRS 2013, 53964.
[319] BayVGH Beschl. v. 21.7.2015 – 10 CS 15.859, BeckRS 2015, 49676 Rn. 69; OVG Saarl Beschl. v. 15.12.2014 – 2 B 374/14, BeckRS 2015, 40115.
[320] BVerfG Beschl. v. 9.12.2021 – 2 BvR 1333/21, BeckRS 2021, 41010 Rn 51 ff.
[321] BVerwG Urt. v. 11.1.2011 – 1 C 23.09, BVerwGE 138, 353 = NVwZ 2011, 871 Rn. 9; SächsOVG Beschl. v. 17.8.2006 – 3 BS 130/06, BeckRS 2006, 26068.
[322] OVG Bln-Bbg Beschl. v. 26.11.2018 – OVG 2 S 38.18, BeckRS 2018, 3015 Rn. 9; BayVGH Beschl. v. 19.6.2018 – 10 CE 18.993, BeckRS 2018, 14558 Rn. 5.
[323] BT-Drs. 15/420, 70.
[324] BVerwG Urt. v. 14.5.2013 – 1 C 17.12, ZAR 2013, 439 Rn. 22.
[325] Vgl. BT-Drs. 18/8829, 47.
[326] OVG Bln-Bbg Beschl. v. 28.3.2014 – OVG 6 N 27.14, BeckRS 2014, 50006.
[327] IntG v. 31.7.2016, BGBl. 2016 I S. 1939.

nach Abs. 1 befreit. Allerdings sieht § 26 III Nr. 3 in Abschwächung von § 5 I Nr. 1 nur eine überwiegende Sicherung des Lebensunterhalts vor. Es bleibt dabei, dass von Abs. 2 abzusehen ist.

163 Die zwingende Ausnahme nach Abs. 3 S. 1 greift ohne Weiteres ein, wenn die formellen Voraussetzungen für die genannten humanitären Aufenthaltserlaubnisse gegeben sind. In den Fällen der §§ 24, 25 I und II ist die Ausländerbehörde grundsätzlich an die Entscheidungen des EU-Rats und des BAMF **gebunden** und nicht zur eigenen Prüfung berechtigt. Sie hat nur zu entscheiden, ob der Ausschlussgrund des § 24 II vorliegt oder atypische Umstände einer Aufenthaltserlaubnis nach § 25 III entgegenstehen. Eine Überprüfung der Anerkennungsgrundlagen findet nicht statt. Im Falle der Niederlassungserlaubnis nach § 26 III ist zuvor das Ergebnis der Routineprüfung (§ 73 IIa AsylG) des BAMF abzuwarten. Auch insoweit steht der Ausländerbehörde aber kein eigener materieller Entscheidungsspielraum zu.

164 Mit dem RLUmsG 2007 wurde Abs. 3 S. 1 um eine Regelung für den Fall des § 25 IVa, mit dem 2. RLUmsG 2011 für Fälle des § 25 IVb ergänzt. Hier ist von der Anwendung des Abs. 1 Nr. 1–2 und 4 sowie des Abs. 2 abzusehen.

165 Außerhalb dieses zwingenden Anwendungsausschlusses hat die Ausländerbehörde in den sonstigen Fällen der humanitären Aufenthaltserlaubnis oder Niederlassungserlaubnis darüber zu entscheiden, ob von den genannten Voraussetzungen abgesehen werden kann. Mit der eröffneten Möglichkeit, nach **Ermessen** auch bei fehlender Lebensunterhaltssicherung einen Aufenthaltstitel zu erteilen, hat der Gesetzgeber den Besonderheiten der humanitären Aufenthaltstitel ausreichend Rechnung getragen. Die **Regelerteilungsvoraussetzung** des § 5 I Nr. 1 zielt darauf ab, grundsätzlich nur Ausländer den Aufenthalt zu ermöglichen, die ihren Lebensunterhalt eigenständig, dh ohne Inanspruchnahme öffentlicher Mittel sichern können. Besteht ein humanitärer Grund und/oder ein Ausreise- und Abschiebungshindernis, das der Ausländer nicht zu vertreten hat, so wird in diesen Fällen häufig die Inanspruchnahme von Sozialleistungen nicht zu vermeiden sein, gleichwohl ist der Ausländer objektiv gehindert, das Bundesgebiet zu verlassen. Somit kann aber der mit der Erteilungsvoraussetzung des § 5 I Nr. 1 verfolgte Zweck bei diesen Ausländer nicht erreicht werden. Dem kann durch die Entscheidung über das Absehen von der Regelerteilungsvoraussetzung im Wege der Ermessensentscheidung von der Ausländerbehörde Rechnung getragen werden.

166 Dieses **Ermessen** ist nicht weiter gebunden. Es muss sich aber an dem Grundsatz ausrichten, dass die besonderen Verhältnisse von Flüchtlingen und anderen aus humanitären Gründen aufgenommenen Personen die Erfüllung der allgemeinen Erteilungsvoraussetzungen grundsätzlich erschweren. Dabei ist zugrunde zu legen, dass der humanitäre Aufenthalt grundsätzlich auf die Dauer der Verfolgungsgefahren und sonstigen Gefährdungen begrenzt ist und während dieses Zeitraums eine Beendigung des Aufenthalts ohnehin nicht ernsthaft in Betracht kommt.

167 Die **Rechtsfolgen** bestehen in beiden Fallgruppen in der Nichtanwendung von Abs. 1 und 2. Wobei in den Fällen des § 25 IVa und IVb Abs. 1 Nr. 3 anwendbar bleibt. Der Familiennachzug zu den begünstigten Personen ist durch diese Vorschrift aber nicht privilegiert. Im zweiten Fall kann die Ausländerbehörde das Absehen auf eine oder mehrere Voraussetzungen beschränken. Damit kann va berücksichtigt werden, dass die ausreichende Unterhaltssicherung durch eigenes Einkommen je nach der Lebenssituation auch von Flüchtlingen verlangt werden kann[328]. Allerdings ist dies nur dann zu vertreten, wenn ihnen eine Erwerbstätigkeit auch gestattet wird. Nach § 31 BeschV bedarf die Erteilung der Erlaubnis zur Beschäftigung an Ausländer mit einer Aufenthaltserlaubnis nach dem 5. Abschnitt jedoch keine Zustimmung der Bundesagentur für Arbeit mehr. Unter den Voraussetzungen von § 32 II–IV BeschV gilt dies auch für Geduldete (sofern nicht die Einschränkungen gemäß § 60a VI greifen) und Asylbewerber. Die bloße Möglichkeit der Bundesagentur für Arbeit, der Erwerbstätigkeit von Geduldeten nach § 32 I BeschV zuzustimmen, genügt hierfür aber nicht. Dem Ausländer kann die mangelnde Unterhaltssicherung nur entgegengehalten werden, wenn ihm die Erwerbstätigkeit auch tatsächlich ermöglicht worden ist, was besonders für die Erteilung einer Niederlassungserlaubnis (nach §§ 23 II, 26 IV) und in Verlängerungsfällen (§ 8 I) den Ausschlag geben kann.

168 Ein nach § 5 III zulässiges Absehen von der Feststellung der Identität hindert die Einbürgerungsbehörde später nicht, eine solche Prüfung im Staatsangehörigkeitsverfahren durchzuführen[329].

169 Wie sich bereits aus dem Gesetzeswortlaut vom § 5 III ergibt, ermöglicht diese Vorschrift lediglich ein Absehen von den Regelerteilungsvoraussetzungen des § 5 I, II, nicht jedoch von für die Erteilung bestimmter Aufenthaltstitel **speziell normierten besonderer Erteilungsvoraussetzungen**[330]. Soweit § 9 II 1 Nr. 2 für die Erteilung einer Niederlassungserlaubnis zwingend die Sicherung des Lebensunterhalts vorschreibt, stellt die Regelung eine gegenüber der für die Erteilung eines jeden Aufenthaltstitels zu beachtenden Regelerteilungsvoraussetzung des § 5 I 1 Nr. 1 abschließende Spezialvorschrift dar, welche auch einen Rückgriff auf die Ausnahmevorschrift des § 5 III ausschließt[331].

---

[328] Die Vorgaben der FamZuRL und der Anerkennungs-RL müssen beachtet werden; → Rn. 38 ff.
[329] BVerwG Urt. v. 1.9.2011 – 5 C 27.10, BVerwGE 140, 311 Rn. 14.
[330] VGH BW Urt. v. 26.7.2007 – 13 S 1078/07, BeckRS 2007, 25886.
[331] VGH BW Urt. v. 26.7.2007 – 13 S 1078/07, BeckRS 2007, 25886.

VI. Zwingende Versagungsgründe

Eine **absolute Schranke** für die Erteilung eines Aufenthaltstitels, die für alle Aufenthaltstitel gilt, enthält Abs. 4. Die Aufenthaltserlaubnis ist zwingend zu versagen, wenn ein Ausweisungsinteresses (= Ausweisungstatbestand) nach § 54 I Nr. 2 oder 4 besteht oder bei Erlass einer Abschiebungsanordnung nach § 58. Wenn eine der dort erfassten Formen der **Beteiligung bzw. Unterstützung des Terrorismus** festgestellt wird oder eine Abschiebungsanordnung gemäß § 58a erlassen wurde, genügt die Tatbestandserfüllung, um die Aufenthaltserlaubnis oder Niederlassungserlaubnis zu versagen. Eine Ausweisung ist nicht erforderlich. Es ist daher nicht zu untersuchen, ob zB Bleibeinteressen einer Ausweisung entgegenstehen könnten. Auf eine etwaige Atypik kommt es nicht an. § 5 IV 1 ist lex specialis zu § 5 I Nr. 2. 170

Der **Versagungsgrund** des § 5 IV gilt daher auch bei Erteilung einer humanitären Aufenthaltserlaubnis gemäß § 25 I und II[332]. Bereits vom Wortlaut her stützt die uneingeschränkt formulierte Rechtsfolge des § 5 IV die Annahme, dass dieser Versagungsgrund Geltung für alle Aufenthaltstitel hat[333]. Außerdem spricht der systematische Auslegungsbefund für diese Auffassung. Denn der Gesetzgeber hat mit dem ZuwanderungsG im Jahr 2004 die zuvor in §§ 68 und 70 AsylG 1992 enthaltenen aufenthaltsrechtlichen Ansprüche anerkannter Asylberechtigter und Flüchtlinge in das AufenthG eingefügt und den humanitären Aufenthaltstitel zugeordnet. Gleichzeitig wurden in § 5 III 1 und 2 differenzierte Regelungen getroffen, nach denen von (einzelnen) Erteilungsvoraussetzungen des § 5 I, II bei einem Aufenthaltstitel nach Kap. 2 Abschnitt 5 des Gesetzes abgesehen werden muss bzw. kann. Im Anschluss an diese obligatorischen und fakultativen Absehensvorschriften findet sich der Versagungsgrund des § 5 IV. Diese Vorgehensweise spricht dafür, dass der Gesetzgeber hinsichtlich der Anwendbarkeit der allgemeinen Erteilungsvoraussetzungen für die humanitären Aufenthaltstitel eine in sich geschlossene Regelung geschaffen hat. 171

Beachtlich sind für anerkannte Flüchtlinge § 25 II und der Anwendungsvorrang des Unionsrechts iRd Flüchtlingsschutzes. § 25 II 2 iVm I 2 enthält eine Einschränkung für Fälle, in denen Ausländer aus **schwerwiegenden Gründen der Sicherheit** aus Deutschland ausgewiesen wurden[334]. Nach Art. 21 III Anerkennungs-RL darf ein Mitgliedstaat, einem Flüchtling den befristeten Aufenthaltstitel nur dann versagen, wenn dieser aus schwerwiegenden Gründen als eine **Gefahr für die Sicherheit des Mitgliedstaats** anzusehen ist. Mit diesen Vorgaben ist der Versagungsgrund des § 5 IV vereinbar. Denn nach dem 37. Erwägungsgrund der Anerkennungs-RL[335] gilt der Begriff der öffentlichen Sicherheit und Ordnung auch für die Fälle, in denen ein Drittstaatsangehöriger einer Vereinigung angehört, die den internationalen Terrorismus unterstützt, oder er eine derartige Vereinigung unterstützt. Damit ist in der Anerkennungs-RL selbst klargestellt, dass die mit § 5 IV beabsichtigte effektive Bekämpfung der Vorfeldunterstützung des internationalen Terrorismus durch Absenkung der Eingriffsschwelle[336] auch bei einer Anwendung auf anerkannte Flüchtlinge grundsätzlich unionsrechtlich gedeckt ist[337]. 172

§ 5 IV setzt voraus, dass Tatsachen die Schlussfolgerung rechtfertigen, dass der Ausländer einer Vereinigung angehört oder angehört hat, die den Terrorismus unterstützt oder er eine derartige Vereinigung unterstützt oder unterstützt hat. Dazu können die Ausländerbehörde gemäß § 73 II und III an die dort genannten Sicherheitsbehörden und Nachrichtendiensten Daten übermitteln und bei diesen Auskünfte einholen. Auf zurückliegende Mitgliedschaften und Unterstützungshandlungen kann die Ausweisung nur gestützt werden, soweit diese eine **gegenwärtige Gefährlichkeit** begründen[338]. Vorläufer dieser Regelung war der durch das TerrorismusbekämpfungsG[339] neu eingeführte Versagungsgrund des § 8 I Nr. 5 AuslG 1990. Durch Streichung des Attributs „international" im AufenthG wollte der Gesetzgeber den nationalen wie den internationalen Terrorismus erfassen; der räumliche Anwendungsbereich der Vorschrift wurde demzufolge erweitert und erfasst alle terroristischen Aktivitäten unabhängig davon, wo sie stattfinden[340]. 173

Die Aufenthaltstitel ist gemäß Abs. 4 auch zu versagen, wenn gegen den Ausländer eine **Abschiebungsanordnung** gemäß § 58a erlassen wurde. Die Abschiebungsanordnung kann ergehen aufgrund einer auf Tatsachen gestützten Prognose zur Abwehr einer besonderen Gefahr für die Sicherheit der Bundesrepublik Deutschland oder einer terroristischen Gefahr ergehen, ohne dass es einer vorherigen Abschiebung bedarf. Damit wird klargestellt, dass die Adressaten einer Abschiebungsanordnung nach § 58a auch ohne Ausweisung einen etwaigen Anspruch auf einen Aufenthaltstitel verlieren. Die 174

---

[332] BVerwG Urt. v. 22.5.2012 – 1 C 8.11, BVerwGE 143, 138 = NVwZ 2012, 1625 Rn. 14.
[333] BVerwG Urt. v. 22.5.2012 – 1 C 8.11, BVerwGE 143, 138 = NVwZ 2012, 1625 Rn. 16.
[334] BVerwG Urt. v. 22.5.2012 – 1 C 8.11, BVerwGE 143, 138 = NVwZ 2012, 1625 Rn. 19.
[335] Erwgr. 28 Qualifikations-RL (aF).
[336] Hierzu BVerwG Urt. v. 15.3.2005 – 1 C 26.03, NVwZ 2005, 1091.
[337] BVerwG Urt. v. 22.5.2012 – 1 C 8.11, BVerwGE 143, 138 = NVwZ 2012, 1625 Rn. 22.
[338] BVerwG Urt. v. 30.4.2009 – 1 C 6.08, NVwZ 2009, 1162.
[339] Gesetz zur Bekämpfung des internationalen Terrorismus v. 9.1.2002, BGBl. 2002 I S. 361.
[340] BT-Drs. 15/420, 70; vgl. auch BT-Drs. 16/5065, 183 zu Nr. 42.

Ausweisungsinteressen nach § 54 I Nr. 2 und 4 und die eine Abschiebungsanordnung rechtfertigenden Tatsachen dürften sich aber regelmäßig überschneiden, eine Erweiterung des Anwendungsbereichs von Abs. 4 ist nicht zu erwarten.

175 Das **Erteilungsverbot** wirkt auch gegenüber dem Schutz von Ehe und Familie nach Art. 6 GG und Art. 8 EMRK. Die daraus folgenden rigorosen Beschränkungen sind nur im Hinblick auf die vom Terrorismus ausgehenden schweren und bewusst willkürhaften und unberechenbaren Gefahren für Leben, Gesundheit und Eigentum der Bevölkerung zu vertreten. Besonderheiten im Einzelfall kann nach Wegfall der Ausnahmemöglichkeiten nicht Rechnung getragen werden.

176 Die Ausnahmen nach Abs. 4 S. 2 und 3 sind mit dem FamiliennachzugsneuregelungsG mWv 1.8.2018 entfallen, um – so die Beschlussempfehlung des Innenausschusses – die Einreise von Gefährdern ausnahmslos auszuschließen[341]. Die Ausnahmen waren bisher auf Einzelfälle der **tätigen Reue** und bei dringenden öffentlichen und privaten Interessen auf im Ermessen des BMI beschränkt. Auf der Ebene der Feststellung eines Ausweisungsinteresses ist aber weiterhin zu berücksichtigen, wenn der Ausländer sich von erkennbar, eindeutig und glaubhaft von seinem sicherheitsgefährdenden Handeln distanziert (§ 54 I Nr. 2)[342].

§ 6 Visum

(1) Einem Ausländer können nach Maßgabe der Verordnung (EG) Nr. 810/2009 folgende Visa erteilt werden:
1. ein Visum für die Durchreise durch das Hoheitsgebiet der Schengen-Staaten oder für geplante Aufenthalte in diesem Gebiet von bis zu 90 Tagen je Zeitraum von 180 Tagen (Schengen-Visum),
2. ein Flughafentransitvisum für die Durchreise durch die internationalen Transitzonen der Flughäfen.

(2) ¹Schengen-Visa können nach Maßgabe der Verordnung (EG) Nr. 810/2009 bis zu einer Gesamtaufenthaltsdauer von 90 Tagen je Zeitraum von 180 Tagen verlängert werden. ²Für weitere 90 Tage innerhalb des betreffenden Zeitraums von 180 Tagen kann ein Schengen-Visum aus den in Artikel 33 der Verordnung (EG) Nr. 810/2009/EG genannten Gründen, zur Wahrung politischer Interessen der Bundesrepublik Deutschland oder aus völkerrechtlichen Gründen als nationales Visum verlängert werden.

(2a) Schengen-Visa berechtigen nicht zur Ausübung einer Erwerbstätigkeit, es sei denn, sie wurden zum Zweck der Erwerbstätigkeit erteilt.

(3) ¹Für längerfristige Aufenthalte ist ein Visum für das Bundesgebiet (nationales Visum) erforderlich, das vor der Einreise erteilt wird. ²Die Erteilung richtet sich nach den für die Aufenthaltserlaubnis, die Blaue Karte EU, die ICT-Karte, die Niederlassungserlaubnis und die Erlaubnis zum Daueraufenthalt – EU geltenden Vorschriften. ³Die Dauer des rechtmäßigen Aufenthalts mit einem nationalen Visum wird auf die Zeiten des Besitzes einer Aufenthaltserlaubnis, Blauen Karte EU, Niederlassungserlaubnis oder Erlaubnis zum Daueraufenthalt – EU angerechnet.

(4) Ein Ausnahme-Visum im Sinne des § 14 Absatz 2 wird als Visum im Sinne des Absatzes 1 Nummer 1 oder des Absatzes 3 erteilt.

Allgemeine Verwaltungsvorschrift
6 Zu § 6 – Visum
6.0 Allgemeines
Die Vorschrift regelt die Erteilung von Visa. Sie resultiert aus der Einordnung des Visums als selbständiger Aufenthaltstitel (§ 4 Absatz 1 Satz 2 Nummer 1). Es wird zwischen Schengen-Visa für kurzfristige Aufenthalte bis zu drei Monaten (§ 6 Absatz 1 Nummer 2) und einem nationalen Visum für längerfristige Aufenthalte unterschieden (§ 6 Absatz 4). Die Einordnung entspricht Gemeinschaftsrecht, das gleichzeitig Regelungen über die Ausgestaltung und Rechtsfolgen eines Visums vorsieht (Artikel 10 f. SDÜ).
6.1 Erteilung von Schengen-Visa
6.1.1 Durch das SDÜ ist zur Vereinheitlichung des Personenverkehrs im Bereich der Visumregelungen für den kurzfristigen Aufenthalt ein einheitliches Visum eingeführt worden (Schengen-Visum, Artikel 10 bis 17 SDÜ, § 6 Absatz 1 bis 3). Das SDÜ sowie andere Vorschriften des Gemeinschaftsrechts (u. a. Gemeinsame Konsularische Instruktion, Verordnung (EG) Nummer 1683/95 des Rates vom 29. Mai 1995 über eine einheitliche Visagestaltung (ABl EG Nummer L 164 S 1) in der jeweils geltenden Fassung) enthalten hinsichtlich der Ausgestaltung, des Berechtigungsinhalts sowie des Erteilungsverfahrens von Schengen-Visa unmittelbar geltende Regelungen, auf die das nationale Recht (etwa in § 6 Absatz 1 und § 59 AufenthV) verweist.
6.1.2 Das Schengen-Visum wird in folgenden Kategorien erteilt (siehe Nummer I.2. i. V. m. Nummer V.2.1. und Nummer VI 1.7. Gemeinsame Konsularische Instruktion):

---

[341] BT-Drs. 19/2740, 13.
[342] → § 54 Rn. 32.

Visum § 6 AufenthG 1

6.1.2.1 Visum für den Flughafentransit (Kategorie „A"): Dieses Transitvisum berechtigt einen der Transitvisumpflicht unterliegenden Drittausländer (vgl. Nummer I.2.1.1. i. V. m. Anlage 3 der Gemeinsamen Konsularischen Instruktion), sich im Rahmen der Gültigkeitsdauer während einer Zwischenlandung, eines Flugabschnitts oder internationalen Flügen in der internationalen Transitzone eines Flughafens aufzuhalten. Es kann für ein-, zwei- oder mehrmalige Transitaufenthalte erteilt werden, berechtigt nicht zur Einreise in das Hoheitsgebiet der Bundesrepublik Deutschland oder eines anderen Schengen-Staates und ist kein Aufenthaltstitel (§ 26 Absatz 2 Satz 3 AufenthV). In Fällen der Durchbeförderung ersetzt die Genehmigung der Durchbeförderung ein ggf. erforderliches Visum für den Flughafentransit.

6.1.2.2 Visum für die Durchreise (Kategorie „B"): Dieses Transitvisum (§ 6 Absatz 1 Nummer 1) berechtigt einen Drittausländer, im Rahmen der Gültigkeitsdauer durch das Schengen-Gebiet zu reisen, um von dem Hoheitsgebiet eines Drittstaats in einen anderen Drittstaat zu gelangen. Es kann für ein-, zwei- oder in Ausnahmefällen auch mehrmalige Durchreisen erteilt werden. Die Dauer jeder Durchreise darf fünf Tage nicht überschreiten.

6.1.2.3 Visum für den kurzfristigen Aufenthalt (Kategorie „C"): Dieses Visum (§ 6 Absatz 1 Nummer 2) berechtigt einen Drittausländer zur Einreise in das Schengen-Gebiet für einen ununterbrochenen Aufenthalt oder verschiedene aufeinander folgende Aufenthalte mit einer Gesamtdauer von nicht mehr als drei Monaten je Sechsmonatszeitraum ab dem Datum der ersten Einreise. Der Begriff der „ersten Einreise" i. S v. Artikel 20 Absatz 1 SDÜ umfasst außer der zeitlich ersten Einreise in den SchengenRaum auch die erste Einreise dorthin nach Ablauf einer Frist von sechs Monaten ab dieser zeitlich ersten Einreise sowie jede weitere erste Einreise, die nach Ablauf einer jeweils neuen Frist von sechs Monaten ab einem vorangegangenen Datum der ersten Einreise erfolgt (vgl. EuGH, Urteil vom 3. Oktober 2006, Rs. C – 241/05 – Bot) – vgl. Nummer 6.1.8.1.1 ff. Das Visum kann unter bestimmten Voraussetzungen für mehrere Aufenthalte ausgestellt werden (vgl. Nummer 6.2), wobei die Gesamtdauer dieser Aufenthalte drei Monate je Sechsmonatszeitraum nicht überschreiten darf. Die Gültigkeitsdauer dieses Visums für die mehrfache Einreise kann ein Jahr, in Ausnahmefällen über ein Jahr bis zu fünf Jahren betragen (vgl. Nummer I.2.1.3. i. V. m. Nummer V.2.1. und VI.1.7. Gemeinsame Konsularische Instruktion).

6.1.2.4 Nationales Visum für den längerfristigen Aufenthalt mit gleichzeitiger Gültigkeit als Visum für einen kurzfristigen Aufenthalt (Kategorie „D+C"): Bei diesem Visum handelt es sich um ein nationales Visum, welches ab dem ersten Tag seiner Gültigkeit für höchstens drei Monate gleichzeitig als einheitliches Visum für einen kurzfristigen Aufenthalt (Kategorie „C") gilt, da es unter Einhaltung der gemeinsamen Voraussetzungen und Kriterien erteilt wurde und der Inhaber die in Artikel 5 Absatz 1 Buchstaben a), c), d) und e) Schengener Grenzkodex aufgeführten Einreisevoraussetzungen erfüllt (vgl. Nummer I.2.2. i. V. m. Nummer VI.1.7. Gemeinsame Konsularische Instruktion). Zum Inhalt der Berechtigung siehe Nummer 6.4.

6.1.2.5 Visum mit räumlich beschränkter Gültigkeit: Nach Artikel 15 SDÜ dürfen einheitliche Sichtvermerke einem Drittausländer grundsätzlich nur erteilt werden, wenn er die in Artikel 5 Absatz 1 Buchstaben a), c), d) und e) Schengener Grenzkodex aufgeführten Einreisevoraussetzungen erfüllt. Hält eine Vertragspartei es für notwendig, aus humanitären Gründen oder Gründen des nationalen Interesses oder aufgrund internationaler Verpflichtungen (Artikel 5 Absatz 4 Buchstabe c) Schengener Grenzkodex) einem Drittausländer, der nicht sämtliche Einreisevoraussetzungen gemäß Artikel 5 Absatz 1 Schengener Grenzkodex erfüllt, die Einreise in sein Hoheitsgebiet zu gestatten, wird das einheitliche Visum gemäß Artikel 16 SDÜ auf das Hoheitsgebiet dieser Vertragspartei beschränkt. Eine räumliche Beschränkung des Schengen-Visums erfolgt auch in den Fällen der Artikel 11 Absatz 2 und 14 Absatz 1 Satz 2 SDÜ. Aufgrund der Aufhebung der Kontrollen an den Binnengrenzen soll jedoch die Erteilung von räumlich beschränkten Visa aus Gründen der inneren Sicherheit aller Schengen-Staaten auf Ausnahmefälle beschränkt bleiben.

6.1.3 § 6 Absatz 1 verweist für die Erteilung des Schengen-Visums auf die Voraussetzungen des SDÜ, des Schengener Grenzkodex und der danach ergangenen Ausführungsvorschriften. Die Grundlagen für die Prüfung eines Visumantrags ergeben sich demnach aus dem SDÜ (Artikel 10, 15 SDÜ i. V. m. Artikel 5, 39 Absatz 3 Schengener Grenzkodex). Sie werden durch die Gemeinsame Konsularische Instruktion sowohl inhaltlich als auch verfahrenstechnisch ergänzt und erläutert. Dies entspricht weitgehend den in § 5 dargelegten allgemeinen Regelerteilungsvoraussetzungen für einen Aufenthaltstitel.

6.1.3.1 Die Feststellung der Rückkehrabsicht ist nach Artikel 5 Absatz 1 Buchstabe e) Schengener Grenzkodex zentrale Erteilungsvoraussetzung. Kapitel V der Gemeinsamen Konsularischen Instruktion bekräftigt, dass bei der Bearbeitung von Visumanträgen auch das Ziel der Bekämpfung der illegalen Einreise als ein wesentlicher Punkt zu berücksichtigen ist. Das Vorliegen der Rückkehrabsicht des Antragstellers nach Beendigung des Aufenthaltszwecks ist als tatbestandliche Einreisevoraussetzung in jedem Einzelfall festzustellen. Hinweise auf die fehlende Rückkehrabsicht ergeben sich aus tatsächlichen Indizien in der Person des Antragstellers, aufgrund derer auf eine mangelnde „Verwurzelung" des Ausländers im Herkunftsstaat geschlossen werden kann. Kann die Rückkehrbereitschaft nicht festgestellt werden (vgl. Kapitel V Ziff. 3 Gemeinsame Konsularische Instruktion), so ist das Visum mangels Erfüllung der Erteilungsvoraussetzungen gemäß Artikel 15 SDÜ i. V. m. Artikel 5 Absatz 1 Buchstabe e) Schengener Grenzkodex zu versagen.

6.1.3.2.1 Hinsichtlich der Prüfung der Mittel zur Bestreitung des Lebensunterhalts nach Artikel 5 Absatz 1 Buchstabe c) Schengener Grenzkodex führt Artikel 5 Absatz 3 Schengener Grenzkodex entsprechende Belege auf. Artikel 5 Absatz 2 Schengener Grenzkodex verweist insbesondere im Hinblick auf die Prüfung des tatsächlichen Reisezwecks auf eine in Anhang I Schengener Grenzkodex enthaltene, nicht abschließende Liste von Belegen, die sich der Grenzschutzbeamte von dem Drittstaatsangehörigen vorlegen lassen kann.

6.1.3.2.2 Die Mittel zur Bestreitung des Lebensunterhalts werden nach Artikel 5 Absatz 3 Schengener Grenzkodex nach der Dauer und dem Zweck des Aufenthalts unter Zugrundelegung der Ausgaben für Unterkunft und Verpflegung in dem/den betreffenden Mitgliedstaat(en) nach Maßgabe eines mittleren Preisniveaus für preisgünstige Unterkünfte bewertet, die um die Zahl der Auftage multipliziert werden.

6.1.3.2.3 Die Feststellung ausreichender Mittel zur Bestreitung des Lebensunterhalts kann anhand von Bargeld, Reiseschecks und Kreditkarten erfolgen, die sich im Besitz des Drittstaatsangehörigen befinden. Sofern dies in den nationalen Rechtsvorschriften vorgesehen ist, können auch Verpflichtungserklärungen und Bürgschaften von Gastgebern i. S d. nationalen Rechts Nachweise für das Vorhandensein ausreichender Mittel darstellen (zur Sicherung des Lebensunterhalts vgl. § 2 Absatz 3 sowie Nummer V.1.4. Gemeinsame Konsularische Instruktion), wobei allerdings zu berücksichtigen ist, dass es sich hierbei nur um Rückgriffsinstrumente handelt. Das Aufenthaltsgesetz sieht eine

Sicherungsmöglichkeit im Rahmen einer Verpflichtungserklärung nach § 68 vor, die bei der Prüfung der Erteilungsvoraussetzungen des Schengen-Visums ggf. zu berücksichtigen ist.

6.1.4.1 Eine Abweichung von den Erteilungsvoraussetzungen des SDÜ kommt nach den Artikeln 5 Absatz 4 Buchstabe c) Schengener Grenzkodex, 16 SDÜ nur aus humanitären Gründen, aus Gründen des nationalen Interesses oder auf Grund internationaler Verpflichtungen in Betracht. § 6 Absatz 1 Satz 2 stellt klar, dass von der Ausnahmemöglichkeit u. a. zur Wahrung politischer Interessen oder aus völkerrechtlichen Gründen Gebrauch gemacht werden kann.

6.1.4.2 Die Abweichung nach den Artikeln 5 Absatz 4 Buchstabe c) Schengener Grenzkodex, 16 SDÜ hat allerdings zwingend zur Folge, dass die räumliche Geltung des Visums auf das Hoheitsgebiet der betroffenen Vertragspartei beschränkt werden muss (Artikel 16 SDÜ). Dem trägt § 6 Absatz 1 Satz 3 Rechnung. Liegt zu dem betreffenden Drittstaatsangehörigen eine Ausschreibung gemäß Artikel 5 Absatz 1 Buchstabe d) Schengener Grenzkodex vor, so unterrichtet der Mitgliedstaat, der die Einreise in sein Hoheitsgebiet gestattet, die anderen Mitgliedstaaten darüber (vgl. Artikel 5 Absatz 4 Buchstabe c) Satz 2 Schengener Grenzkodex, Artikel 16 SDÜ). Eine Ausnahme nach Artikel 5 Absatz 4 Buchstabe c) Schengener Grenzkodex kommt nicht in Betracht, wenn nationales Recht sie ausschließt (z. B. § 5 Absatz 4, § 11 Absatz 1).

6.1.5 Die Erteilung des in Absatz 1 Nummer 2 bezeichneten Schengen-Visums ist anders als bei einem nationalen Visum nicht von einem gesetzlich vorgesehenen oder konkret benannten Aufenthaltszweck abhängig. Maßgeblich ist die Beantragung für einen kurzfristigen Aufenthalt (Gültigkeit bis zu drei Monaten innerhalb einer Sechsmonatsfrist). Unberührt hiervon bleibt die Obliegenheit des Antragstellers, im Regelfall den tatsächlich beabsichtigten Aufenthaltszweck (z. B. Besuchsaufenthalt, Geschäftsreise etc.) und die Rückkehrbereitschaft nachzuweisen.

6.1.6 Im Visum soll der Aufenthaltszweck so konkret wie möglich angegeben werden. Das SchengenVisum kann bei der Erteilung und Verlängerung mit einer Bedingung oder Auflage verbunden werden (§ 12 Absatz 2). Bei den im SchengenVisum enthaltenen und nach der Gemeinsamen Konsularischen Instruktion zulässigen Eintragungen (Feld „Anmerkungen") handelt es sich nur dann um Nebenbestimmungen i. S v. § 12, wenn das Schengen-Visum von einer deutschen Behörde erteilt oder verlängert und die Nebenbestimmung von einer deutschen Behörde verfügt worden ist. Vor der Erteilung oder Verlängerung eines Schengen-Visums kann eine Sicherheitsleistung für entstehende Ausreisekosten gefordert werden (§ 66 Absatz 2 und 5, § 67).

6.1.7 Für deutsche Schengen-Visa gilt § 4 Absatz 2 Satz 2, wonach jeder Aufenthaltstitel erkennen lassen muss, ob die Ausübung einer Erwerbstätigkeit erlaubt ist. Die Erlaubnis gilt nur für Deutschland, nicht für andere Schengen-Staaten. Umgekehrt gilt ein entsprechender Eintrag anderer Schengen-Staaten nicht für Deutschland. Die Ausübung einer Erwerbstätigkeit i. S d. § 2 Absatz 2 ist im Bundesgebiet allerdings auch ohne besondere Erlaubnis von deutschen Behörde mit einem von einem anderen Schengen-Staat ausgestellten SchengenVisum zulässig, wenn die Tätigkeit nach § 16 BeschV nicht als Beschäftigung gilt oder eine entsprechende Erwerbstätigkeit selbständig ausgeübt wird (vgl. § 17 Absatz 2 AufenthV).

6.1.8.1 Nach Artikel 11 Absatz 1, 19 Absatz 2 und 20 Absatz 1 SDÜ wird der kurzfristige Aufenthalt auf bis zu drei Monaten je Sechsmonatszeitraum vom Datum der ersten Einreise an berechnet. Der Europäische Gerichtshof hat mit Urteil vom 3. Oktober 2006 über die Auslegung des Artikels 20 Absatz 1 SDÜ und den darin enthaltenen Begriff „erste Einreise" entschieden (Rs. Bot – C-241/05). Der Begriff der „ersten Einreise" i. S d. Artikel bezeichnet demnach

– die zeitlich erste Einreise in den Schengenraum überhaupt,
– die weitere Einreise in den Schengenraum nach Ablauf einer Frist von sechs Monaten ab der zeitlich ersten Einreise oder jede weitere Einreise, die nach Ablauf jeder neuen Frist von sechs Monaten ab einem Datum der ersten Einreise erfolgt.

6.1.8.1.2 Im Ergebnis ist es zulässig, wenn ein Drittstaatsangehöriger zwei unmittelbar aufeinander folgende Aufenthalte kumuliert und sich dadurch nahezu sechs Monate im Schengenraum aufhält. Allerdings muss zwischen den Sechsmonatszeiträumen in jedem Fall zwingend eine Aus- und Wiedereinreise in den Schengenraum erfolgen.

6.1.8.1.3 Die in Artikel 11 Absatz 1, 19 Absatz 2 bzw. 20 Absatz 1 SDÜ genannte Dreimonatsfrist wird in Kapitel VI Ziff. 1.4. Gemeinsame Konsularische Instruktion konkretisiert. Danach beträgt die Höchstaufenthaltsdauer 90 Tage pro Halbjahr. Der Begriff „Halbjahr" wird nach Artikel 5 Absatz 1 Schengener Grenzkodex für Zwecke der Berechnung der Aufenthaltsdauer durch den Begriff „Sechsmonatszeitraum" konkretisiert.

6.1.8.2 Bei Staatsangehörigen der Drittländer, die in der Liste in Anhang I der Verordnung (EG) Nummer 539/ 2001 des Rates zur Aufstellung der Liste der Drittländer, deren Staatsangehörige beim Überschreiten der Außengrenzen im Besitz eines Visums sein müssen, sowie der Liste der Drittländer, deren Staatsangehörige von dieser Visumpflicht befreit sind (ABl. L 81 S 1) aufgeführt sind („Negativstaater"), ist ein vorangegangener nationaler Aufenthalt (länger als drei Monate) nicht auf die Zeiten des Aufenthalts nach dem SDÜ anzurechnen, sofern kurz nach dem Ende des Aufenthalts nach nationalem Recht ein Kurzaufenthalt nach dem SDÜ begehrt wird. Bei Staatsangehörigen der Drittländer, die in der Liste in Anhang II der Verordnung aufgeführt sind („Positivstaater") ist nach Beendigung eines Aufenthalts nach nationalem Recht die unmittelbare Wiedereinreise als sichtsvermerksfreier Drittausländer i. S v. Artikel 20 Absatz 1 SDÜ möglich. In beiden Fällen ist bei einem kurzfristigen Aufenthalt, der an einen Aufenthalt nach nationalem Recht anschließt erforderlich, dass erst eine Ausreise aus dem Schengengebiet und eine Wiedereinreise erfolgt, damit die erforderlichen Einreisevoraussetzungen nach Artikel 5 Absatz 1 Schengener Grenzkodex überprüft werden können.

In derartigen Fällen ist – um dem Ausländer den Aufwand einer aus rein formalen Gründen vorzunehmenden Aus- und Wiedereinreise zu ersparen – die Erteilung einer anschließend an den ursprünglichen Aufenthalt nach nationalem Recht für drei Monate gültigen Aufenthaltserlaubnis nach § 7 Absatz 1 Satz 3 i. d. R. auf Antrag vorzunehmen, sofern die Einreisevoraussetzungen nach Artikel 5 Schengener Grenzkodex und die Erteilungsvoraussetzungen des § 5 erfüllt sind, keine Anhaltspunkte dafür bestehen, dass unmittelbar nach Ablauf der so erteilten Aufenthaltserlaubnis eine Aus- und Wiedereinreise erfolgt, um zusätzlich ein Aufenthaltsrecht nach Artikel 20 SDÜ zu erlangen und auch sonst gegen den weiteren Aufenthalt keine Bedenken bestehen.

6.1.8.3 Für einen Aufenthalt im Schengenraum vor Beginn der Gültigkeit eines bereits erteilten nationalen Visums gilt Folgendes: So genannte „Positivstaater" (d. h. nach der EG-Visa-Verordnung visumfreie Drittstaatsangehörige), denen bereits ein Visum für einen längerfristigen Aufenthalt (z. B. Au-pair-Beschäftigung) erteilt wurde, können auch für einen Aufenthalt von bis zu drei Monaten vor Gültigkeit des nationalen Visums visumsfrei einreisen.

Da auch „Positivstaater" grundsätzlich nicht das Recht haben, die Aufenthaltserlaubnis nach der Einreise im Inland einzuholen (vgl. §§ 17, 41 AufenthV), muss der „Positivstaater" bereits mit dem (erst später wirksamen) nationalen Visum in die Bundesrepublik einreisen.

6.2 Erteilung von Visa mit mehrjähriger Gültigkeit
Ein Schengen-Visum nach § 6 Absatz 1 kann unter den schengenrechtlichen Voraussetzungen auch als einheitliches Visum mit ein- oder mehrjähriger Gültigkeit erteilt werden (so genanntes unechtes Einjahres- oder Mehrjahresvisum) (vgl. auch Nummer 6.1.2.3). Das Visum mit einer Gültigkeitsdauer von einem bis zu fünf Jahren berechtigt zu einem dreimonatigem Aufenthalt innerhalb eines Sechsmonatszeitraums und zur mehrmaligen Einreise. Nach Kapitel I Nummer 2.1.3 Gemeinsame Konsularische Instruktion kann das Visum an zuverlässige Personen ausgestellt werden, die die erforderlichen Garantien bieten und für eine Vertragspartei von besonderem Interesse sind oder die aus nachvollziehbaren Gründen regelmäßig reisen werden. Die Feststellung der erforderlichen Garantien verlangt eine hinreichende Wahrscheinlichkeit, dass sämtliche Erteilungsvoraussetzungen während der gesamten Geltungsdauer des Visums vorliegen werden, so dass eine erneute Einzelfallprüfung vor jeder Einreise entbehrlich ist. Der Nachweis eines Reisekrankenversicherungsschutzes für den ersten Aufenthaltszeitraum ist ausreichend. Nach den Vorschriften der Gemeinsamen Konsularischen Instruktion darf von der Möglichkeit der Ausstellung von Mehrjahresvisa nur in Ausnahmefällen Gebrauch gemacht werden. Regelungen über Mehrjahresvisa in zwischen der Europäischen Union und Drittstaaten geschlossenen so genannten Visumerleichterungsabkommen lassen die o. g. Regelungen der Gemeinsamen Konsularischen Instruktion unberührt.

6.3 Verlängerung von Schengen-Visa
6.3.1 Die Verlängerung eines Schengen-Visums richtet sich nach § 6 Absatz 3. Danach kann ein Schengen-Visum, das bei der Erteilung durch die Auslandsvertretung nicht für drei Monate ausgestellt wurde, im Inland entsprechend gemeinschaftsrechtlicher Vorgaben bis zu einer Gesamtaufenthaltsdauer von drei Monaten innerhalb einer Frist von sechs Monaten verlängert werden (Satz 1), sofern die Erteilungsvoraussetzungen noch vorliegen. Eine Änderung des Visumzwecks ist nicht gestattet. Der Antrag ist ordnungsgemäß zu begründen; insbesondere können höhere Gewalt, humanitäre, berufliche oder schwerwiegende persönliche Gründe berücksichtigt werden. Die Sechsmonatsfrist beginnt mit dem Tag der ersten Einreise. Wenn die Dauer des Aufenthaltes mit einem Schengen-Visum durch die Ausländerbehörde in diesem Sinne verändert wird, handelt es sich also um die Verlängerung eines Visums, nicht um die Erteilung eines anderen Aufenthaltstitels.

6.3.1.1 Nach Artikel 17 Absatz 3 Buchstabe e) SDÜ trifft der Exekutivausschuss (nunmehr der Rat) die erforderlichen Entscheidungen in Bezug auf die Voraussetzungen für die Verlängerung von Schengen-Visa unter Berücksichtigung der Interessen aller Vertragsparteien. Die gemeinsamen Grundsätze für die Verlängerung des einheitlichen Visums sind in der Anlage des Beschlusses des Exekutivausschusses SCH/ Com-ex (93) 21 vom 14. Dezember 1993 aufgeführt. Danach ist u a. Folgendes festgelegt:

– Die Verlängerung der durch das Visum gewährten Aufenthaltsdauer ist auf Antrag bis zu einer Aufenthaltsdauer von 90 Tagen (je Sechsmonatszeitraum) möglich, wenn sich nach der Ausstellung des Visums neue Tatsachen ergeben.
– Der Antrag ist ordnungsgemäß zu begründen, wobei insbesondere höhere Gewalt, humanitäre, berufliche oder schwerwiegende persönliche Gründe angeführt werden können.
– Eine Änderung des Zwecks des Visums ist in keinem Fall gestattet.
– Die Verlängerung des Visums erfolgt im Rahmen der nationalen Verfahren.
– Für die Verlängerung ist die Behörde des Staates zuständig, in dessen Hoheitsgebiet sich der Antragsteller befindet.
– Bei Angehörigen von Staaten oder Personengruppen, bei denen in einer oder mehreren Vertragspartei(en) das Verfahren der Konsultation der zentralen Behörden erforderlich ist, darf die Verlängerung des Visums nur in Ausnahmefällen erfolgen. Wird das Visum verlängert, so ist die zentrale Behörde des Staates in Kenntnis zu setzen, dessen Auslandsvertretung das Visum ausgestellt hat.
– Das verlängerte Visum bleibt ein einheitliches Visum, das zur Einreise in das Hoheitsgebiet aller Vertragsparteien berechtigt, für das es bei seiner Erteilung gültig war; in Ausnahmefällen kann durch Entscheidung der zuständigen Verwaltungsbehörde von dieser Regelung abgewichen werden.

6.3.1.2 Die Verlängerung eines Schengen-Visums kommt nur unter den Voraussetzungen für die Erteilung eines Schengen-Visums in Betracht (Artikel 15 SDÜ i. V. m. Artikel 5 Absatz 1 Buchstaben a), c), d) und e) Schengener Grenzkodex). Bei der Verlängerung ist insbesondere zu prüfen,

6.3.1.2.1 – ob der Lebensunterhalt des Ausländers gesichert ist (Artikel 5 Absatz 1 Buchstabe c) Schengener Grenzkodex) und der Ausländer nicht zur Einreiseverweigerung ausgeschrieben ist (Artikel 96 SDÜ) sowie

6.3.1.2.2 – ob Tatsachen geltend gemacht werden, die eine Verlängerung des Visums wegen wichtiger persönlicher Belange (z. B. Krankenhausbehandlung, familiäre Hilfeleistung, Todesfall eines nahen Verwandten, Termine bei Gerichten und Behörden), aus humanitären Gründen oder höherer Gewalt rechtfertigen. Bei Besuchsreisen zu Verwandten ist ein den Belangen des Einzelfalls angemessener Maßstab anzulegen (z. B. Grad der Verwandtschaft, Verfestigung des Aufenthalts des im Bundesgebiet lebenden Ausländers).

6.3.1.3 Bestehen begründete Zweifel, ob der Ausländer über ausreichende Mittel zur Sicherung des Lebensunterhalts für den weiteren Aufenthalt im Bundesgebiet verfügt, kann die Verlängerung von einem geeigneten Nachweis und in geeigneten Fällen der ergänzenden Vorlage einer Erklärung nach § 68 Absatz 1 Satz 1 abhängig gemacht werden.

6.3.1.4 Die Erteilung oder Verlängerung eines Schengen-Visums in einem ungültig gewordenen Reisedokument ist grundsätzlich ausgeschlossen (Artikel 13 Absatz 1 SDÜ; siehe jedoch Artikel 5 Absatz 4 Buchstabe c) Schengener Grenzkodex). Bei der Erteilung bzw. Verlängerung des Schengen-Visums ist sicherzustellen, dass die Rückreise des Ausländers in seinen Herkunftsstaat oder eine Reise in einen Drittstaat auch in Anbetracht der Gültigkeitsdauer des Reisedokuments möglich ist (Artikel 13 Absatz 2 SDÜ) und ggf. durchgesetzt werden kann.

6.3.1.5 Bei der Bemessung der Verlängerungsfrist ist auf das Datum der ersten Einreise bzw. die Gültigkeit des Visums abzustellen. Im Fall der Verlängerung darf der räumliche Geltungsbereich des Visums nicht erweitert werden.

Bei der Verlängerung können die Ausländerbehörden in Ausnahmefällen (z. B. ärztliche Behandlung, besorgniserregende Ereignisse bei nächsten Familienangehörigen, wichtige persönliche Gründe) jeweils eine zusätzliche (Wieder-) Einreise in das Schengen-Gebiet gestatten (siehe Nummer 2.5).

6.3.1.6 Bei Angehörigen von Staaten oder bei Personengruppen, bei denen vor der Visumerteilung durch die Auslandsvertretungen der SchengenStaaten ein Konsultationsverfahren erforderlich ist (Artikel 17 Absatz 2 SDÜ; siehe auch Anlage 5 zur Gemeinsamen Konsularischen Instruktion), darf die Verlängerung nur in dringenden Ausnahmefällen erfolgen. Die Verlängerung des Visums ist dem Auswärtigen Amt bzw. dem Bundesverwaltungsamt innerhalb von drei Tagen mitzuteilen, wenn das Schengen-Visum von der Auslandsvertretung eines anderen Schengen-Staates erteilt worden ist. Das Auswärtige Amt bzw. das Bundesverwaltungsamt setzt die zentrale Behörde des Staates in Kenntnis, dessen Auslandsvertretung das Visum ausgestellt hat. In der Mitteilung sind Name, Vorname, Geburtsdatum, Staatsangehörigkeit des Visuminhabers, Art und Nummer des Reisedokuments, Nummer der Visummarke, Visumkategorie, Datum und Ort der Visumausstellung, verlängerte Gültigkeits- bzw. Aufenthaltsdauer aufzunehmen.

6.3.1.7 Bei der Verlängerung des Visums ist durch einen Vermerk nach § 4 Absatz 2 Satz 2 die Ausübung einer Erwerbstätigkeit auszuschließen, sofern die Auslandsvertretung dies im ursprünglichen Visum ebenfalls vermerkt hatte oder der Grund des weiteren Aufenthaltes nicht in der Ausübung einer Erwerbstätigkeit besteht. Ist hingegen der Zweck des ursprünglichen Visums zum kurzfristigen Aufenthalt auf die Aufnahme oder Ausübung einer Erwerbstätigkeit gerichtet und besteht der Verlängerungsgrund gerade darin, dass die Möglichkeit der Ausübung dieser Tätigkeit verlängert werden soll, so ist auch in das Verlängerungsvisum die Erlaubnis zur Ausübung der Tätigkeit aufzunehmen. Handelt es sich dabei um eine Tätigkeit, deren Erlaubnis nur mit Zustimmung der Bundesagentur für Arbeit erteilt werden darf, ist diese Zustimmung vor der Verlängerung einzuholen.

6.3.1.8.1 Nach § 59 Absatz 1 Satz 3 AufenthV ist für die Verlängerung des Schengen-Visums das in Anlage D13 b AufenthV abgedruckte Muster zu verwenden. Bei den Verlängerungsetiketten handelt es sich um sicherungsbedürftige Gegenstände, die nach den einschlägigen Sicherungsvorschriften für Bundes- und Landesbehörden aufzubewahren und zu registrieren sind.

6.3.1.8.2 Für das Ausfüllen des Visumetiketts wird auf Abschnitt VI sowie auf die Anlagen 9 und 13 zur Gemeinsamen Konsularischen Instruktion verwiesen. Die Eintragungen sind mit dokumentenechter Tinte bzw. Dokumentenstiften vorzunehmen.

6.3.1.8.3 Auf dem Klebeetikett ist im Feld „Dauer des Aufenthalts ... Tage" (Nutzungsdauer) die Anzahl der für den verlängerten Aufenthalt gestatteten Tage mit zwei Ziffern einzutragen, wobei die erste Ziffer eine 0 ist, wenn die Anzahl der Tage weniger als 10 beträgt. Die Aufenthaltstage dürfen 90 Tage pro Sechsmonatszeitraum ab dem Datum der ersten Einreise (soweit angegeben) bzw. der Gültigkeit des Schengen-Visums nicht überschreiten.

6.3.1.8.4 Unter Berücksichtigung der Nutzungs- und Gültigkeitsdauer des ursprünglichen SchengenVisums ist im Feld der Gültigkeitsdauer nach dem Wort „vom" der erste Tag anzugeben, an dem das verlängerte Schengen-Visum gültig ist (= Tag nach Ablauf der Nutzungsdauer, wenn die Gültigkeit noch länger andauert, oder Tag nach Ablauf der Gültigkeitsdauer, wenn die Nutzungsdauer von 90 Tagen pro Halbjahr noch nicht erschöpft ist). Nach dem Wort „bis" ist unter Berücksichtigung der verlängerten Nutzungsdauer der letzte Tag der Gültigkeit anzugeben. Die Tage der Gültigkeitsdauer dürfen die Tage der Nutzungsdauer nicht überschreiten.

6.3.1.8.5 Die Felder hinsichtlich des räumlichen Gültigkeitsbereichs und der Art des Visums sind grundsätzlich dem ursprünglichen SchengenVisum entsprechend auszufüllen. Wird eine zusätzliche Einreise gewährt, ist im Feld „Anzahl der Einreisen" die zusätzliche Einreise mit „01" anzugeben; ansonsten ist das Feld durchzustreichen.

6.3.1.8.6 Bei der Verlängerung des Schengen-Visums ist das Verlängerungsetikett im Anschluss an das Schengen-Visumetikett bzw. andere Klebeetiketten, an Stempel oder sonstige Eintragungen anzubringen.

6.3.1.8.7 Bei der Verlängerung eines Schengen-Visums von Staatsangehörigen der Staaten, bei denen bei der Visumerteilung in einem oder mehreren Schengen-Staaten das Verfahren der Konsultation der zentralen Behörden erforderlich gewesen ist (Artikel 17 Absatz 2 SDÜ; Anlage 5B zur Gemeinsamen Konsularischen Instruktion), ist im Bundesgebiet kein Konsultationsverfahren durchzuführen.

6.3.2 Eine weitere Verlängerung für weitere drei Monate innerhalb der betreffenden Sechsmonatsfrist kommt nach Absatz 3 Satz 3 entsprechend dem Verweis auf Absatz 1 Satz 2 nur aus völkerrechtlichen oder humanitären Gründen oder zur Wahrung politischer Interessen der Bundesrepublik Deutschland in Betracht. Durch die Verlängerung über drei Monate hinaus darf das Schengen-Visum nach den Regelungen des SDÜ nicht mehr als Schengen-Visum bezeichnet werden. Es wird als nationales Visum („D"-Visum) auf dem einheitlichen Sichtvermerk verlängert. Als nationales Visum berechtigt es nach Artikel 18 Satz 3 SDÜ den Inhaber nur noch dazu, durch andere Schengen-Staaten zu reisen, um sich nach Deutschland zu begeben, solange kein dort aufgeführter Versagungsgrund vorliegt; diese Durchreisefunktion ist allerdings bereits bei der Erteilung erschöpft, weil sich der Ausländer schon im Bundesgebiet befindet. Zur Durchreise durch andere SchengenStaaten zum Zweck der Rückreise, insbesondere nach Artikel 5 Absatz 4 Buchstabe c) Schengener Grenzkodex, berechtigt das Visum dann nicht. Es ist jedoch nicht ausgeschlossen, dass bei einer Verlängerung als nationales Visum, womit zwar nur ein Aufenthalt in Deutschland möglich ist, gleichwohl eine oder mehrere Wiedereinreisen nach Deutschland innerhalb des Gültigkeitszeitraums ausnahmsweise erlaubt werden können (z. B. zur Ausreise aus dem Schengenraum). In diesem Fall stellt das Ausländerbehörde die Verlängerung des Visums aus und sieht die Möglichkeit einer mehrfachen Einreise in dem Klebeetikett vor.

In besonders gelagerten Ausnahmefällen, in denen der Ausländer im Schengen-Raum reisen muss und Sicherheitsoder andere Interessen anderer Schengen-Staaten nicht gefährdet sind, kann – obwohl hinsichtlich das erforderliche Visum nach § 5 Absatz 2 Satz 1 vorliegt – auf Grund der Ausnahmeregelung des § 5 Absatz 2 Satz 2 eine Aufenthaltserlaubnis nach § 7 Absatz 1 Satz 3 erteilt werden, die dann nach Artikel 21 SDÜ zum Reisen innerhalb des Schengen-Raums berechtigt. Von dieser Möglichkeit ist restriktiv Gebrauch zu machen.

6.3.3 Die Fiktionsbescheinigung wird anerkannt, sofern sie nach § 81 Absatz 4 erteilt wurde (drittes Feld auf Seite 3 des Trägervordrucks angekreuzt) im Zusammenhang mit dem bisherigen Aufenthaltstitel (einschließlich des bisherigen Visums), dessen Gültigkeitszeitraum endete, und einem anerkannten und noch gültigen Pass oder Passersatz zum Reisen innerhalb des Schengen-Raums; sie ist entsprechend für die Aufnahme in die Gemeinsame Konsularische Instruktion notifiziert worden. Sofern die Fiktionsbescheinigung nach § 81 Absatz 3 erteilt wurde (erstes oder zweites

Feld auf Seite 3 des Trägervordrucks angekreuzt), berechtigt sie nicht zum Reisen im Schengen-Raum (vgl. näher Nummer 81.3.6 und 81.5.3).

6.4 Nationales Visum

6.4.1 § 6 Absatz 4 legt in Anlehnung an Artikel 18 SDÜ fest, dass für längerfristige Aufenthalte ein nationales Visum erforderlich ist. Nach § 4 Absatz 1 Satz 2 Nummer 1 ist das nationale Visum ein eigenständiger Aufenthaltstitel. Seine Erteilung richtet sich gemäß § 6 Absatz 4 Satz 2 nach den für die Aufenthalts- und Niederlassungserlaubnis sowie die Erlaubnis zum Daueraufenthalt-EG je nach Aufenthaltszweck geltenden Vorschriften. Bereits für die Erteilung des Visums müssen daher neben den allgemeinen Regelerteilungsvoraussetzungen gemäß § 5 – z. B. Sicherung des Lebensunterhalts (§ 5 Absatz 1 Nummer 1), Ausschluss einer Gefahr für die öffentliche Sicherheit (§ 5 Absatz 1 Nummer 2 i. V. m. § 55 Absatz 1), Erfüllung der Passpflicht (§ 5 Absatz 1 Nummer 4) – auch die für die Erteilung einer Aufenthalts- oder Niederlassungserlaubnis oder einer Erlaubnis zum Daueraufenthalt-EG erforderlichen besonderen tatbestandlichen Erfordernisse erfüllt sein. Vor Ablauf der Geltungsdauer des Visums ist entsprechend dem bei der Visumerteilung angegebenen Aufenthaltszweck eine Aufenthaltserlaubnis, Niederlassungserlaubnis oder Erlaubnis zum Daueraufenthalt-EG im Inland zu beantragen. Veränderungen während der Geltungsdauer des Visums können zur Anwendbarkeit einer anderen Rechtsgrundlage führen; nach § 39 Nummer 1 AufenthV kann einem Inhaber eines nationalen Visums ein Aufenthaltstitel zu jedem gesetzlich vorgesehenen Aufenthaltszweck ohne erneutes Visumverfahren erteilt werden. Um spätere Unklarheiten bei der Berechnung von Fristen zu vermeiden, enthält § 6 Absatz 4 Satz 3 eine Anrechnungsbestimmung.

6.4.2.1 Nationale Visa werden, sofern nicht besondere Umstände eine Abweichung rechtfertigen, etwa um eine frühzeitige Vorsprache bei der Ausländerbehörde zu bewirken, für drei Monate ausgestellt. Da das „D"-Visum nur zur Durchreise durch das Hoheitsgebiet der anderen Mitgliedstaaten nicht zum Aufenthalt im Schengenraum berechtigt, sollten nationale Visa grundsätzlich als „D+C" mit mehrfacher Einreise und grundsätzlich nur für drei Monate erteilt werden. Für Folgeaufenthalte ist bei Erfüllung der Voraussetzungen eine Aufenthaltserlaubnis zu erteilen.

6.4.2.2 In Absprache der zuständigen Ausländerbehörde können im Einzelfall zur Wahrung von Sicherheitsbelangen eine kürzere Geltungsdauer vorgesehen und Nebenbestimmungen verfügt werden (z. B. Verpflichtung zur sofortigen Vorsprache bei der Ausländerbehörde nach der Einreise, Beschränkung auf einen bestimmten Studienort und Studiengang), wobei entsprechende Anregungen bereits bei Übersendung des Visumantrags in das Votum an die Ausländerbehörde aufgenommen werden können.

6.4.2.3 Das nationale Visum kann in Einzelfällen in Abstimmung mit der zuständigen Ausländerbehörde für einen längeren Zeitraum als drei Monate ausgestellt werden, wenn – etwa in Fällen des § 7 Absatz 1 Satz 3 – der Aufenthalt für einen vorübergehenden sonstigen Zweck für höchstens ein Jahr ermöglicht werden soll, die Ausländerbehörde keinen Bedarf für eine Vorsprache des Antragstellers und zur Durchführung weiterer Überprüfungen sieht, und ersichtlich ein Bedürfnis für die Erteilung eines Aufenthaltstitels besteht, der gemäß Anlage 4 der Gemeinsamen Konsularischen Instruktion zu Reisen in andere Schengen-Staaten berechtigen würde.

6.4.2.4 Jüdischen Zuwanderern und ihren gemeinsam mit ihnen aufzunehmenden Familienangehörigen ist ein auf 90 Tage befristetes nationales Visum zu erteilen, wenn eine bestandskräftige gültige Aufnahmezusage i. S d. § 23 Absatz 2 vorliegt (vgl. Nummer 23.2). In das Visum sind Auflagen aus der Aufnahmezusage zu übernehmen. Die Zustimmung nach § 32 AufenthV gilt als erteilt. Bei der Erteilung dieses Visums prüfen die Auslandsvertretungen neben der Gültigkeitsdauer und Erlöschenstatbeständen nur, ob der zugrunde liegende Aufnahmebescheid nicht offensichtlich rechtswidrig ist. Im Übrigen besteht keine Prüfungskompetenz oder weiteres Ermessen der Auslandsvertretungen.

6.4.3 Grundsätzlich bedarf ein nationales Visum der Zustimmung der zuständigen Ausländerbehörde am beabsichtigten Aufenthaltsort (§ 99 Absatz 1 Nummer 3; § 31 AufenthV). Nach § 31 AufenthV bedarf ein Visum der Zustimmung, wenn

– der Ausländer sich länger als drei Monate im Bundesgebiet aufhalten will,
– der Ausländer im Bundesgebiet eine Erwerbstätigkeit ausüben will, die nicht § 16 BeschV unterfällt oder
– die Daten des Ausländers nach § 73 Absatz 1 Satz 1 an die Sicherheitsbehörden übermittelt werden.

In den beiden letzten Fallgruppen gilt das Zustimmungserfordernis auch bei der Erteilung von Schengen-Visa.

6.4.3.1 Mit dem Zustimmungsverfahren bei der Erteilung nationaler Visa sollen eine umfassende Feststellung des entscheidungserheblichen Sachverhalts auch im Inland (Einkommensverhältnisse und Wohnraum des zusammenführenden Ehegatten in Deutschland zur Sicherung des Lebensunterhalts) und im Hinblick auf die regelmäßig bei der Einreise bei der zuständigen Ausländerbehörde beantragten längerfristige Aufenthalts- und Niederlassungserlaubnis eine einvernehmliche Würdigung des Antrags ermöglicht werden. Ausnahmen vom Zustimmungserfordernis sehen §§ 32 bis 37 AufenthV vor.

6.4.3.2 Die Zustimmung zur Visumerteilung ist eine verwaltungsinterne, selbständig nicht einklagbare oder anfechtbare Handlung. Eine Visumerteilung ohne erforderliche Zustimmung ist nicht zulässig. Eine abschließende Entscheidung über die Erteilung nationaler Visa, bei der die Ausländerbehörde nach § 31 Absatz 1 Satz 1 Nummer 1 AufenthV beteiligt worden ist, soll grundsätzlich im Einvernehmen getroffen werden. Soweit das Einvernehmen im Ausnahmefall nicht hergestellt werden kann, kann die Auslandsvertretung den Visumantrag trotz Zustimmung der Ausländerbehörde in eigener Zuständigkeit nach § 71 Absatz 2 ablehnen. Bei anderen langfristigen Aufenthaltszwecken (z. B. Studien- oder Au-pair-Aufenthalte) kann die Auslandsvertretung das nationale Visum im Einzelfall ohne eine Beteiligung der Ausländerbehörde ablehnen, wenn sie den entscheidungserheblichen Sachverhalt eigenständig feststellen kann und eine darüber hinausgehende Würdigung durch die Ausländerbehörde im Inland entbehrlich erscheint.

6.4.3.3 Im Zustimmungsverfahren nach § 31 AufenthV übermittelt die Auslandsvertretung der Ausländerbehörde am beabsichtigten Aufenthaltsort den Antrag auf das nationale Visum mit den antragsbegründenden und ggf. weiteren Unterlagen (z. B. Befragungsniederschriften) zur eigenständigen Prüfung. Sie fügt ein Votum zum Visumantrag bei. Die Zustimmungserklärung der Ausländerbehörde muss ausdrücklich erfolgen. Sie muss eine Würdigung des entscheidungserheblichen Sachverhalts und die Auseinandersetzung mit den einschlägigen Erteilungsvoraussetzungen erkennen lassen, um Grundlage für die Erteilung eines Visums der Auslandsvertretung sein zu können.

6.4.3.4 Nach § 31 Absatz 1 Satz 2 und 3 AufenthV gilt die Zustimmung der Ausländerbehörde als erteilt, wenn sie nicht innerhalb der dort bestimmten Fristen der Visumerteilung ausdrücklich widerspricht oder eine längere Bearbeitungsdauer mitteilt (so genanntes Schweigefristverfahren). Die Aufzählung der Fallgruppen in § 31 Absatz 1 Satz 2 und 3 AufenthV ist abschließend. Die Anwendung des Schweigefristverfahrens schließt eine ausdrückliche Zustimmung der Ausländerbehörde gegenüber der Auslandsvertretung während der Frist nicht aus. Hierdurch kann im Einzelfall eine beschleunigte Visumerteilung ermöglicht werden.

6.4.4 Das als „D"-Visum ausgestellte nationale Visum ist grundsätzlich nur für das Hoheitsgebiet des jeweils ausstellenden Schengen-Staates gültig. Es berechtigt den Ausländer jedoch zur einmaligen Einreise in das Schengen-Gebiet und zur Durchreise durch andere Schengen-Staaten, um in das Hoheitsgebiet des ausstellenden Staates zu gelangen, sofern der Ausländer die Einreisevoraussetzungen gemäß Artikel 5 Absatz 1 Buchstaben a), d) und e) Schengener Grenzkodex erfüllt oder er nicht auf der nationalen Ausschreibungsliste des Mitgliedstaats steht, durch dessen Hoheitsgebiet die Durchreise begehrt wird (Artikel 18 Satz 3 SDÜ).

Nach Artikel 5 Absatz 4 Buchstabe a) Schengener Grenzkodex wird Ausländern, die über einen von einem Schengen-Staat ausgestellten Aufenthaltstitel, ein Rückreisevisum oder erforderlichenfalls über beide Dokumente verfügen und die nicht auf der nationalen Ausschreibungsliste des Mitgliedstaats, an dessen Außengrenzen sie einreisen wollen, mit einer Anweisung ausgeschrieben sind, sie zurückzuweisen oder ihnen die Durchreise zu verweigern, die Einreise in das Hoheitsgebiet der anderen Mitgliedstaaten zum Zwecke der Durchreise zur Erreichung des Hoheitsgebiets des Mitgliedstaats gestattet, der den Aufenthaltstitel oder das Rückreisevisum ausgestellt hat. Die jeweils geltenden Aufenthaltstitel und Rückreisesichtvermerke ergeben sich aus Anlage 4 zur Gemeinsamen Konsularischen Instruktion. Die Dauer der Durchreise ist auf fünf Tage beschränkt.

6.4.5 Wird ein nationales Visum nach § 6 Absatz 4 Satz 2 für einen Aufenthaltszweck ausgestellt, bei dem die Erwerbstätigkeit ganz oder mit Beschränkungen zu gestatten ist, oder liegt eine Zustimmung der Bundesagentur für Arbeit zur Erlaubnis zur Beschäftigung vor, ist die Erlaubnis zur Ausübung der Erwerbstätigkeit im entsprechenden Umfang bereits im nationalen Visum anzugeben. Ist dies in fehlerhafter Weise unterblieben, besteht in Fällen, in denen die Ausübung einer Erwerbstätigkeit kraft Gesetzes auf Grund der Rechtsgrundlage des erteilten nationalen Visums erlaubt ist, diese Erlaubnis auch entgegen der fehlerhaften Angabe im Visum. Die fehlerhafte Angabe im Visum ist dann auf Antrag oder von Amts wegen von der zuständigen Auslandsvertretung oder Ausländerbehörde gebührenfrei zu berichtigen. Wird in diesen Fällen nach der Einreise mit dem Visum eine Aufenthaltserlaubnis, Niederlassungserlaubnis oder Erlaubnis zum Daueraufenthalt-EG bei der Ausländerbehörde beantragt, ist in eine ggf. ausgestellte Fiktionsbescheinigung die Erlaubnis zur Ausübung einer Erwerbstätigkeit trotz des fehlerhaften Vermerks im Visum im rechtlich zutreffenden Umfang zu vermerken.

6.4.6 Bei der Visumerteilung mit Zustimmung der Ausländerbehörde nach § 31 Absatz 1 AufenthV besteht im Rahmen des allgemeinen Verwaltungsverfahrensrechts und des jeweils anwendbaren Datenschutzrechts ein Akteneinsichtsrecht auch gegenüber der zuständigen Ausländerbehörde. Das Akteneinsichtsrecht bezieht sich in diesem Fall auch auf die von der Auslandsvertretung im Zustimmungsverfahren an die Ausländerbehörde übermittelten Aktenbestandteile; ausgenommen hiervon ist bei Akteneinsicht vor Abschluss des Verfahrens jedoch der interne Entscheidungsvorschlag (Votum) der Auslandsvertretung (vgl. § 29 Absatz 1 Satz 2 VwVfG). Die Ausländerbehörde unterrichtet die Auslandsvertretung unverzüglich von der Gewährung der Akteneinsicht.

Übersicht

	Rn.
I. Entstehungsgeschichte	1
II. Allgemeines	2
1. Einfluss des Visakodex auf den Begriff des Visums	2
2. Flughafentransitvisum	10
3. Einreiserechte und Aufenthaltsfragen	12
III. Einheitliches Visum	16
1. Allgemeines	16
2. Inhalt, Form und Verfahren	19
3. Kurzfristiger Aufenthalt	29
4. Durchreise	44
5. Verlängerung	45
6. Ausnahmevisa	50
IV. Nationales Visum	54
V. Verwaltungsverfahren und Annullierung	60
1. Verwaltungsverfahren	60
2. Erlöschen, Widerruf und Rücknahme	71
VI. Rechtsschutz	75
1. Allgemeines	75
2. Remonstrationsverfahren	79
3. Klageverfahren	91
4. Einstweiliger Rechtsschutz	111

Visum   § 6 AufenthG 1

I. Entstehungsgeschichte

Die Vorschrift von 2004 (**ZuwG 2004**[1]) entsprach im Wesentlichen dem damaligen **Gesetzes-** 1
entwurf 2003[2]. Im Vermittlungsverfahren wurden in Abs. 2 und 3 S. 1 die Wörter „pro Halbjahr"
durch die Passage „innerhalb einer Frist von sechs Monaten von dem Tag der ersten Einreise an" ersetzt
und auch Abs. 1 S. 3 entsprechend geändert[3]. Mit dem **RLUmsG 2007**[4] wurde der Wortlaut nur an
den neuen Aufenthaltstitel in § 9a angepasst. Die bisherige Fassung entspricht dem **RLUmsG 2011**[5],
der in Bezug auf § 6 zur Anpassung des innerstaatlichen Rechts an die VO (EG) Nr. 810/2009[6] des
Europäischen Parlaments und des Rates vom 13.7.2009 über einen Visakodex der Gemeinschaft – sog.
Visakodex (VK) – diente. Die AVwV-AufenthG (s. o.) sind insoweit in weiten Teilen überholt und
bedürfen der Anpassung. Das **RLUmsG 2013**[7] führte zur sprachlichen Anpassung „Daueraufenthalt –
EU" und zur Ergänzung des Abs. 4. Mit dem **AufenthGÄndG 2015**[8] wurden die Regelungen zur
Berechnung eines Kurzaufenthalts in Abs. 1 Nr. 1, Abs. 2 S. 1 und S. 2 an die neuen schengenrechtlichen Regelungen[9] angepasst, damit das nationale Recht mit dem höherrangigen Unionsrecht konform ist. Als Kurzaufenthalt gilt nun nicht mehr ein Aufenthalt von höchstens drei Monaten innerhalb
eines Sechsmonatszeitraums von dem Tag der ersten Einreise an, sondern ein **Aufenthalt von bis zu**
90 Tagen je Zeitraum von 180 Tagen, wobei der Zeitraum von 180 Tagen, der jedem Tag des
Aufenthalts vorangeht, berücksichtigt wird (vgl. Art. 6 I 1 SGK, sog. Rückwärtsrechnung)[10]. Durch
das **FEG 2019**[11] wurde Abs. 2a eingefügt, der klarstellt, dass ein Schengen-Visum (Typ C) grundsätzlich nicht zur Aufnahme einer Erwerbstätigkeit berechtigt. Diese Ergänzung trat am 1.3.2020 in
Kraft.

II. Allgemeines

1. Einfluss des Visakodex auf den Begriff des Visums

In § 6 AufenthG 2005 umschrieb die Vorschrift erstmals das Visum[12] als **eigenständigen Auf-** 2
enthaltstitel iSd damaligen §§ 2 V, 4 I 2 Nr. 1 iVm 6[13]. Aufenthaltserlaubnis und Visum sind nach der
Konzeption des AufenthG jeweils eigenständige Aufenthaltstitel. Nach § 4 I 2 werden die Aufenthaltstitel als Visum (iSd § 6 I Nr. 1 und III), Aufenthaltserlaubnis (§ 7), Blaue Karte EU (§ 19a), ICT-Karte
(§ 19), Mobiler-ICT-Karte (§ 19b), Niederlassungserlaubnis (§ 9) oder Erlaubnis zum Daueraufenth –
EU (§ 9a) erteilt[14]. Das Visum (Mehrzahl Visa, Visen) ist dem Grunde nach eine **Einreiseerlaubnis,**
die allerdings nicht den *Anspruch* auf Einreise in sich birgt (s. § 15; Art. 30 VK). Nach den Bestimmungen des europäischen Reiserechts (SDÜ, SGK, VK) sowie dem deutschen Recht vermittelt das Visum
(iSe Aufenthaltstitels) iRd jeweiligen Berechtigungsinhalts auch ein **Aufenthaltsrecht** für einen Kurz-

---

[1] Gesetz zur Steuerung und Begrenzung der Zuwanderung und zur Regelung des Aufenthalts und der Integration
von Unionsbürgern und Ausländern (ZuwG) v. 30.7.2004, BGBl. 2004 I S. 41 v. 5.8.2004.
[2] BT-Drs. 15/420, 8.
[3] BT-Drs. 15/3479, 2.
[4] BGBl. 2007 I S. 1970.
[5] BGBl. 17/5470, 5; BR-Drs. 210/11.
[6] ABl. 2009 L 243, 1; anwendbar seit 5.4.2010; geändert durch VO (EU) Nr. 977/2011 v. 3.10.2011, ABl. 2011 L
258, 9.
[7] BGBl. 2013 I S. 3484.
[8] BGBl. 2015 I S. 1386.
[9] Am 19.7.2013 ist die VO (EU) Nr. 610/2013 des Europäischen Parlaments und des Rates v. 26.6.2013 zur
Änderung der VO (EG) Nr. 562/2006 des Europäischen Parlaments und des Rates über einen Gemeinschaftskodex
für das Überschreiten der Grenzen durch Personen (Schengener Grenzkodex), des Übereinkommens zur Durchführung des Übereinkommens von Schengen, die VO (EG) Nr. 1683/95 und (EG) Nr. 539/2001 des Rates sowie
die VO (EG) Nr. 767/2008 und (EG) Nr. 810/2009 des Europäischen Parlaments und des Rates in Kraft getreten.
Mit der VO wurden, mit Inkrafttretenstermin zum 18.10.2013, die Regelungen zur Berechnung der Kurzzeitauf-
enthaltsdauer in der EU-VisaVO, dem SGK, dem SDÜ, der VIS-VO und dem VK geändert.
[10] Nr. 4 zu § 6 der Begr. des GesEntw.
[11] Fachkräfteeinwanderungsgesetz (FEG 2019), BGBl. 2019 I S. 1307; in Kraft getreten am 1.3.2020.
[12] Ausf. bei *Westphal/Stoppa* S. 157 ff.
[13] Vgl. § 4; nicht anwendbar auf Unionsbürger: § 11 I FreizügG/EU.
[14] OVG Bln-Bbg Urt. v. 24.11.2011 – OVG 2 B 21.10, BeckRS 2012, 45790; „Nicht zu überzeugen vermag die
in Teilen der Literatur vertretene Auffassung, dass mit dem Visum iSv § 4 I 2 Nr. 1, das einen eigenständigen
Aufenthaltstitel darstelle, lediglich das kurzfristige Schengen-Visum gemeint sei, nicht aber das nationale Visum nach
§ 6 IV, bei dem es sich um einen Unterfall des jeweiligen später im Inland zu erteilenden Aufenthaltstitels handele
(vgl. *Kloesel/Christ/Häußer,* Deutsches Aufenth- u. AuslR, 5. Aufl. 2010, § 4 Rn 50; *Hailbronner,* AuslR, Stand: 9/
2011, § 4 Rn 8). Denn weder den Wortlaut des § 4 I 2 Nr. 1 noch den Gesetzesmaterialien lässt sich etwas dafür
entnehmen, dass mit dem dort unter Bezugnahme auf „§ 6" genannten Visum nur das Schengen-Visum (§ 6 I-III)
und nicht auch das nationale Visum (§ 6 IV) gemeint sein sollte"; VG Weimar Beschl. v. 1.9.2016 – 2 E 734/16,
BeckRS 2016, 52630.

Kolber   159

1 AufenthG § 6

aufenthalt (nach dem SDÜ, SGK) sowie für einen längerfristigen Aufenthalt nach nationalem Recht[15]. Das Visum wird auch als Sichtvermerk bezeichnet und konnte als sog. Schengen-Visum iSv Art. 10 f. SDÜ (Typ A, B oder C) oder als nationales Visum (Typ D, s. u. IV) erteilt werden. Eine besondere Form war das Visum Typ D+C (sog. „Hybrid-Visum") auf der Basis des Art. 18 II SDÜ, das vor dem längerfristigen Aufenthalt (Berechtigungsinhalt Typ D, → Rn. 52 ff.) einen vorangeschalteten Kurzaufenthalt (Typ C) ermöglichte[16].

3 Nach Art. 2 EU-VisaVO (näher → Rn. 10) gilt als Visum eine von einem Mitgliedstaat ausgestellte Genehmigung oder eine getroffene Entscheidung, die für die Einreise zum Zwecke eines Kurzaufenthalts oder zur Durchreise (ohne Flughafentransit) erforderlich ist. ISd Sprachgebrauchs des VK wurde der Begriff präzisiert und an den Schengener Bedeutungsgehalt angepasst sowie um den Anwendungsbereich der Durchreise durch die internationalen Transitzonen der Flughäfen von Mitgliedstaaten erweitert[17]. Dies bedeutet aber lediglich, dass bei Erteilung eines Visums im vorgenannten Sinne neben dem Aufenthalt zugleich eine Durchreise durch den Transitbereich möglich ist. Von einem **einheitlichen Visum** wird gesprochen, wenn es sich um ein für das gesamte Hoheitsgebiet eines Mitgliedstaats gültiges Visum handelt. In Abgrenzung dazu ist der Begriff „Visum für einen Flughafentransit" in Art. 2 Nr. 5 VK eigenständig definiert und berechtigt nur zur Durchreise durch die internationalen Transitzonen eines oder mehrerer Flughäfen der Mitgliedstaaten und nicht zur Einreise[18]. Der VK erstreckt sich auf die Erteilung von Schengen-Visa für den kurzfristigen Aufenthalt, Durchreisevisa und Visa für den Flughafentransit; daher wurden alle Verweise auf nationale Visa (Visa der Kategorie D) gestrichen. Ausnahmen, Verlängerungen und Voraussetzungen eines Visums für einen längerfristigen Aufenthalt ergeben sich nicht aus EU-Recht, sondern aus dem innerstaatlichen Recht. § 6 verdeutlicht diese Rechtslage und nutzt den Spielraum des deutschen Gesetzgebers zu eigenständigen Regelungen über das nationale Visum in Abs. 3 und in Abs. 4. Mit Einführung des VK wurden die Kategorien der Schengen-Visa geändert. Geblieben ist das **Visum Typ C** für den kurzfristigen Aufenthalt in der bisherigen Bedeutung. Entfallen ist hingegen das Visum Typ B für Transitzwecke, das nunmehr als **Kategorie C-Visum mit dem Vermerk „Transit"** in der Bemerkungszeile ausgestellt wird. Ebenso wurde das Visum vom Typ D+C abgeschafft sowie die Möglichkeit der Erteilung von Sammelvisa (entgegen der deutschen Auffassung). Insoweit bedurfte es einer Änderung des § 6 AufenthG 2005. An der Grenze können die Grenzbehörden Ausnahmevisa (AV) ausstellen, die als Aufenthaltstitel gelten (§§ 71 III 2, 14 II sowie § 6 IV); s. u. III Nr. 6. Der Sichtvermerk war früher eine besondere Form der Aufenthaltsgenehmigung (Aufenthaltsbewilligung; § 5 AuslG 2002), ausgestellt vor der Einreise durch die Auslandsvertretung. Seine Bedeutung hatte aber im Zuge der Schaffung eines EU-weiten Visumregimes einen Wandel (s. o.) erfahren. Es steht selbstständig neben anderen Titeln, konzentriert sich aber nach europäischem Verständnis auf das Überschreiten der (Außen-)Grenzen für einen kurzfristigen Aufenthalt[19]. Das Ineinandergreifen des europäischen Visumrechts, das sich vom Vertragsrecht des SDÜ über das Gemeinschaftsrecht („Schengener Besitzstand") zum **Unionsrecht** entwickelt hatte und nunmehr zusammen mit der EU-VisaVO, dem SGK sowie dem VK die Einreisen in die daran teilnehmenden Staaten vollständig regelt, kommt darin zum Ausdruck, dass § 6 überwiegend nur auf das vorrangige EU-Recht verweist (statische Verweisung), ohne dessen Inhalt im Einzelnen wiederzugeben[20]. Die Regelungen im bisherigen Abs. 1 S. 2 und 3 konnten daher entfallen, da die dort genannten Erteilungsvoraussetzungen für räumlich beschränkte Schengen-Visa nunmehr im VK normiert sind. Die Erteilung von Schengen-Visa für die mehrfache Einreise mit einer Gültigkeitsdauer von bis zu fünf Jahren ist in den einschlägigen Vorschriften des VK abschließend geregelt[21], sodass es im AufenthG keiner eigenen Regelung mehr bedurfte und der Abs. 2 in seiner bisherigen Fassung entbehrlich wurde[22]. Mit **Vorschlag der Kommission**[23] vom 1.4.2014 sollte der VK neu gefasst werden. Die Notwendigkeit, die Einreise nach Europa in einem sicheren Umfeld zu erleichtern, hat seit der Annahme des VK größere politische Aufmerksamkeit erhalten. Offenheit gegenüber Besuchern liegt im Interesse der EU, da Reisende zum Wirtschaftswachstum beitragen. Außerdem fördern Kontakte zwischen Völkern und Kulturen das gegenseitige Verständnis und den interkulturellen Dialog[24]. Dadurch sollte die EU-Wirtschaft gestärkt und der Tourismus

---

[15] Hierzu ausf. *Winkelmann* ZAR 2010, 213 (270).
[16] Seit 5.4.2010 nicht mehr vorgesehen. Der VK (vgl. Fn. 6) löste ab diesem Datum die Gemeinsame Konsularische Instruktion (GKI) ab und ersetzte die Art. 9–17 SDÜ. Nach Art. 56 III SGK gelten Bezugnahmen auf die gestrichenen Art. und die aufgehobenen Rechtsakte als Bezugnahmen auf den VK und sind nach der Entsprechungstabelle in Anhang 13 zum VK zu lesen; *Winkelmann*, Kommentierung zum Visakodex. Die GKI war nicht mehr als eine innerdienstliche Vorschrift, *Huber* AufenthG § 6 Rn. 2.
[17] Vgl. nunmehr auch in § 6 I Nr. 2.
[18] Vgl. § 26 II 3 AufenthV.
[19] §§ 4, 5.
[20] Allg. dazu *Maor* ZAR 2005, 185.
[21] Vgl. Art. 24 II VK.
[22] Vgl. Begr. in BT-Drs. 17/5470, 38.
[23] COM(2014) 164 final v. 1.4.2014; derzeit zur Erörterung im Rat der EU.
[24] COM(2014) 165 final v. 1.4.2014.

ausgebaut werden. Zur Förderung der Mobilität, insbesondere zur Erleichterung von Familienbesuchen, sollten für enge Verwandte von Unionsbürgern gewisse Verfahrenserleichterungen vorgesehen (Art. 8, 13, 14 und 20) werden. Der Vorschlag stand in Verbindung zum parallel vorgelegten Verordnungsvorschlag zur Einführung eines **Rundreise-Visums**[25]. Beide Vorschläge wurden von der Kommission im Frühjahr 2018 zurückgezogen[26]. Daraufhin hat die Kommission am 14.3.2018 einen Vorschlag zu Änderungen einzelner Reglungen des VK vorgelegt[27]. Die Änderungen des VK wurden am 20.6.2019 vom Parlament und dem Rat angenommen und als Verordnung (EU) 2019/1155 zur Änderung des VK veröffentlicht[28]. Die Änderungen gelten seit 2.2.2020.

Die wichtigsten Elemente der Änderung lassen sich wie folgt zusammenfassen:
– Abschaffung der formellen Unterscheidung von Visum für den kurzfristigen Aufenthalt und Visum für die Durchreise.
– Es wird eine Definition des Begriffs „Seeleute" eingeführt.
– Die Vorausfrist für die Einreichung eines Visumantrags wird von drei auf sechs Monate, für Seeleute auf neun Monate verlängert.
– Es wird die Möglichkeit aufgenommen, das Antragsformular elektronisch auszufüllen und zu unterzeichnen.
– Die Visumgebühr wird von 60 auf 80 EUR angehoben. Die Visumgebühr für Kinder zwischen sechs und zwölf Jahren wird um 5 auf 40 EUR erhöht.
– Möglichkeit, mittels Durchführungsbeschluss Vergünstigungen im Visumverfahren gegenüber Staaten, die im Bereich der Rückübernahme nicht kooperieren, vorübergehend auszusetzen oder umgekehrt Vergünstigungen vorzusehen.
– Die Frist für die Entscheidung über Visumanträge kann im Einzelfall auf 45 Kalendertage (bisher 30) verlängert werden.

Im Jahr **2015** wurden 2.302.859 Visaanträge bearbeitet (Ablehnungsquote: 6,08 Prozent). Weltweit **4** wurden 1.911.203 Schengen-Visa (Typ C) und 239.512 nationale Visa (Typ D) von Deutschland erteilt bei einer Ablehnungsquote von 5,63 Prozent bzw. 9,42 Prozent. Von den D-Visa wurden 72.681 für die Familienzusammenführung erteilt[29]. Die Bundespolizei und die mit der polizeilichen Kontrolle des grenzüberschreitenden Verkehrs beauftragten Behörden haben im Jahr 2015 insgesamt 11.031 Ausnahmevisa an der Grenze erteilt sowie insgesamt 335 räumlich beschränkte Ausnahmevisa. Im Jahr 2015 wurde in 29.372 Fällen gegen ablehnende Visumbescheide remonstriert und 1.743 Klagen gegen ablehnende Visumentscheidungen erhoben. 1.124 Klagen richteten sich gegen ablehnende Entscheidungen von nationalen Visa, 619 Klagen gegen abgelehnte Schengen-Visa. Es wurde über 1.540 Klagen in Visumverfahren entschieden. Dabei wurden iRd Klageverfahrens 425 Visa erteilt. Zudem wurden 3.668 erschlichene Schengen-Visa festgestellt. Die Gebühreneinnahmen beliefen sich 2015 auf 106.208.712 Euro[30].

Die deutschen Auslandsvertretungen haben im Jahr **2016** insgesamt 2.329.388 Visaanträge bearbeitet **5** und im Ergebnis 2.162.119 Visa erteilt. Dabei handelte es sich um 1.883.867 C-Visa und 278.252 D-Visa für einen längerfristigen Aufenthalt. Von den erteilten D-Visa entfielen 103.883 auf den Zweck der Familienzusammenführung. Durch die Erteilung von Visa haben die deutschen Auslandsvertretungen im Jahr 2016 Gebühren in Höhe von 111.344.549 EUR eingenommen. Von der Bundespolizei und den übrigen mit der grenzpolizeilichen Kontrolle beauftragten Behörden wurden 23.928 Visa an der Grenze erteilt. Im Jahr 2016 wurde in 33.802 Fällen gegen die Versagung eines Visums remonstriert. Außerdem wurden im Jahr 2016 2.166 Klagen gegen ablehnende Visumentscheidungen erhoben. Davon richteten sich 1.470 Klagen gegen ablehnende Entscheidungen von nationalen Visa (D-Visa) und 696 gegen abgelehnte Schengen-Visa (C-Visa). Im Jahr 2016 wurde über 1.805 Klagen in Visumverfahren entschieden. Dabei wurden iRd Klageverfahrens in 460 Verfahren Visa erteilt (329 nach Vergleich, 23 nach Verurteilung, 108 im Wege der Erledigung)[31].

Durch die deutschen Auslandsvertretungen wurden im Jahr **2017** weltweit 2.417.097 Visa-Anträge **6** bearbeitet (Ablehnungsquote 8,50 Prozent) und dabei Bearbeitungsgebühren in Höhe von über 118 Mio. EUR eingenommen. Dabei lag die Ablehnungsquote bei nationalen Visa mit 13,55 Prozent deutlich höher als bei Schengen-Visa mit 7,61 %. Die Anzahl der von deutschen Auslandsvertretungen erteilten Schengen-Visa (Typ C) lag bei 1.894.433 und die der erteilten nationalen Visa (Typ D) bei 305.802. Davon wurden 117.992 dieser D-Visa für die Familienzusammenführung erteilt[32]. Die mit der polizeilichen Kontrolle des grenzüberschreitenden Verkehrs beauftragten Behörde der Bundes-

---

[25] COM(2014) 163 final.
[26] ABl. 2018 C 233, S. 7.
[27] COM(2018) 252 final, 2018/0061 (COD).
[28] Verordnung des Europäischen Parlamentes und des Rates v. 20.6.2019 zur Änderung der Verordnung (EG) Nr. 810/2009 über einen Visakodex der Gemeinschaft (Visakodex), ABl. 2019 L 188, S. 25.
[29] Antw der BReg, BT-Drs. 19/7138, 14.
[30] Antw der BReg, BT-Drs. 18/9477.
[31] Antw der BReg, BT-Drs. 18/11588, 6, 22.
[32] Antw der BReg, BT-Drs. 19/7138, 14.

polizei, der Wasserschutzpolizei HH und der Polizei Bayern haben 9.817 Schengen.Visa gem. Art. 34 und 36 VK und elf nationale Visa gem. § 14 II an der Grenze erteilt. Hiervon wurden 168 gem. Art. 25 I VK räumlich beschränkt. Im Jahr 2017 wurde in 2.264 Fällen Klagen erhoben. Davon betrafen 701 Klagen Schengen-Visa und 1.563 Klagen nationale Visa. Die Bundespolizei und die übrigen mit der polizeilichen Kontrolle des grenzüberschreitenden Verkehrs beauftragen Behörde haben 1474 erschlichene und 110 verfälschte Schengen-Visa festgestellt[33].

7   Die deutschen Auslandsvertretungen haben im Jahr **2018** weltweit 2.063.895 Anträge auf die Erteilung von Schengen-Visa bearbeitet und 1.870.822 Schengen-Visa (Typ A und C) erteilt. Die Ablehnungsquote lag bei 9,1 Prozent. Die Zahl der erteilten nationalen Visa (Typ D) sank im Jahr 2018 auf 300.954. Insgesamt wurden 360.392 Anträge auf nationale Visa durch die deutschen Auslandsvertretungen bearbeitet. Die Ablehnungsquote lag bei 15,2 Prozent[34]. Im Jahr 2018 wurden für die Familienzusammenführung von deutschen Auslandsvertretungen 107.240 D-Visa erteilt[35].

8   Im Jahr **2019** haben deutsche Auslandsvertretungen 2.563.240 Visumanträge bearbeitet und im Ergebnis 1.959.401 Visa vom Typ C und 324.636 D-Visa erteilt. Mit 119.496 Visa wurden die meisten Visa vom Typ D zwecke der Erwerbstätigkeit erteilt. In der Summe lag die Zahl der abgelehnten Visumanträge bei 268.856, was einer Ablehnungsquote von 10,5 Prozent entspricht[36].

9   Im ersten von der Corona-Pandemie geprägten Jahr **2020** haben deutsche Auslandsvertretungen 654.544 Visumanträge bearbeitet und dabei insgesamt 92.165 Visa abgelehnt. Dies entspricht einer Ablehnungsquote von 14,1 Prozent. Erteilt wurden 353.983 C-Visa und 191.485 nationale Visa vom Typ D, von denen 60.945 für Zwecke der Erwerbstätigkeit erteilt wurden[37]. Die vergleichsweise hohe Ablehnungsquote dürfte insbesondere auf die Einreisebeschränkungen zur Bekämpfung der Corona-Pandemie zurückzuführen sein.

2. Flughafentransitvisum

10   Das Visum **Typ A (Flughafentransitvisum)** war schon im AufenthG 2005 kein Aufenthaltstitel, da es folgerichtig nicht zur Einreise berechtigte[38]. Das Unionsrecht unterscheidet nicht mehr zwischen Visa zur Durchreise und zum Aufenthalt als eigene Visakategorien (Art. 2 Nr. 2 lit. a VK). Zudem wird verdeutlicht, dass Flughafentransitvisa eine eigene Visakategorie darstellen (Art. 2 Nr. 2 lit. b VK). Daher war Abs. 1 entsprechend zu ändern. Damit verweist Abs. 1 lediglich auf die unmittelbar anwendbaren Bestimmungen des VK. Mit Abs. 1 Nr. 2 erhält das Flughafentransitvisum **erstmals eine gesetzliche Legitimation** im AufenthG. Bislang war dieses Visum lediglich in § 26 AufenthV genannt, allerdings ohne Verordnungsermächtigung in § 99. § 99 IIIa wurde mit dem AufenthG 2011 neu eingefügt und § 26 AufenthV angepasst[39]. Anhang IV zum VK enthält eine Liste von derzeit zwölf Drittländern[40], deren Staatsangehörige zur Durchreise durch die Transitzone der Flughäfen aller Schengen-Staaten ein Visum für den Flughafentransit benötigen. Von der Flughafentransitpflicht sind nach Art. 3 V VK generell befreit[41]:

– Inhaber einheitlicher Visa, nationaler Visa oder Aufenthaltstitel der Mitgliedstaaten;
– Drittstaatsangehörige, die über einen von Andorra, Kanada, Japan, San Marino oder den Vereinigten Staaten von Amerika ausgestellten, in Anhang V zum VK aufgelisteten gültigen Aufenthaltstitel verfügen, welcher die vorbehaltlose Rückübernahme des Inhabers garantiert, oder die über einen gültigen Aufenthaltstitel für eines oder mehrere der überseeischen Länder und Gebiete des Königreichs der Niederlande (Aruba, Curaçao, Sint Maarten, Bonaire, St. Eustatius und Saba) verfügen;
– Inhaber von Visa von Mitgliedstaaten, die sich nicht an der Annahme des VK beteiligt haben (Irland) oder die die Bestimmungen des Schengen-Besitzstands noch nicht vollständig anwenden (Bulgarien, Kroatien, Rumänien, Zypern) oder von Andorra, Japan, Kanada, San Marino sowie den USA; das gilt, wenn sie in den Ausstellerstaat oder in jeden anderen Drittstaat reisen oder auch bei Rückreise aus diesen Ausstellerstaaten nach Aufenthalt;
– Freizügigkeitsberechtigte;

---

[33] Antw der BReg, BT-Drs. 19/2035.
[34] Visastatistik des AA, www.auswaertiges-amt.de/de/einreiseundaufenthalt/visa/207794#content_9.
[35] Antwort der BReg, BT-Drs. 19/7138, 14.
[36] Visastatistik des AA, www.auswaertiges-amt.de/de/service/visa-und-aufenthalt/-/2231558.
[37] Visastatistik des AA, www.auswaertiges-amt.de/de/service/visa-und-aufenthalt/-/2231558.
[38] Vgl. § 6 Nr. I und 1, 2 AufenthG 2005 und § 26 AufenthV 2005; nunmehr § 26 II 3 AufenthV.
[39] (3a) Das Bundesministerium des Innern wird ermächtigt, durch Rechtsverordnung im Einvernehmen mit dem Auswärtigen Amt ohne Zustimmung des Bundesrates nach Maßgabe von Art. II der VO (EG) Nr. 810/2009 die Staaten festzulegen, deren Staatsangehörige zur Durchreise durch die internationalen Transitzonen deutscher Flughäfen im Besitz eines Visums für den Flughafentransit sein müssen.
[40] Afghanistan, Bangladesch, Demokratische Republik Kongo, Eritrea, Äthiopien, Ghana, Iran, Irak, Nigeria, Pakistan, Somalia und Sri Lanka. Um das allgemeine Ziel der Harmonisierung aller Aspekte der Visumpolitik erreichen zu können, wurde unterbunden, dass einzelne Mitgliedstaaten für Personen mit bestimmten Staatsangehörigkeiten ein Flughafentransitvisum vorschreiben können (vgl. Begr. in KOM(2006) 403 endg. v. 19.7.2006).
[41] Ergänzt durch VO (EU) Nr. 154/2012 v. 15.2.2012, ABl. 2012 L 58, S. 3.

Visum § 6 AufenthG 1

– Diplomatenpassinhaber und
– Flugbesatzungsmitglieder nach ICAO-Abkommen.

Bei der Erstellung des VK waren im Gesetzgebungsverfahren während der gleichzeitigen Änderung der GKI (→ Rn. 12) handwerkliche Fehler unterlaufen, die durch eine Änderung des VK behoben wurden[42]. Dies war auch nur über den VK als Verordnungstext möglich, da das Handbuch zum VK keine Bindungswirkung in gesetzlicher Hinsicht entfaltet. So mussten Art. 3 V lit. b und c VK dahin gehend geändert bzw. präzisiert werden, dass

– sich die Ausnahme vom Visumerfordernis ebenfalls auf Staaten bezieht, die die Schengen-Regularien nicht oder noch nicht voll anwenden (derzeit Irland, Bulgarien, Rumänien, Zypern sowie Kroatien[43]);
– die Rückreise in Bezug auf Art. 3 V lit. c VK von Drittstaaten über Mitgliedstaaten nur visafrei ist, wenn diese aus den Ausstellerstaaten (hier Japan, Kanada und USA) erfolgt;
– die Erwähnung des EWR sodann überflüssig wurde.

Die VO eröffnet darüber hinaus die Möglichkeit, dass die einzelnen Schengen-Staaten für Staatsangehörige weiterer Staaten die Flughafentransitvisumpflicht vorsehen können. Nach Art. 3 II–IV VK können einzelne Mitgliedstaaten im **dringlichen Fall eines Massenzustroms** rechtswidriger Einwanderer verlangen, dass Staatsangehörige anderer als der in Art. 3 I VK genannten Drittstaaten zur Durchreise durch die internationalen Transitzonen der in ihrem Hoheitsgebiet gelegenen Flughäfen im Besitz eines Visums für den Flughafentransit sein müssen. Diese Staaten werden durch das BMI im Einvernehmen mit dem AA durch VO ohne Zustimmung des Bundesrats festgelegt (vgl. § 26 AufenthV sowie Anl. C AufenthV; s. Art. 3 II, IV VK). Die Festlegung der Staaten sowie die Aufhebung der Pflicht zur Einholung eines Flughafentransitvisums wird gem. Art. 53 I lit. b VK der Kommission (vor Wirksamwerden) mitgeteilt[44]. Die Mitteilungen werden jährlich zum Zwecke der Aufnahme des betreffenden Drittstaats in die Liste in Anhang IV iRd in Art. 52 I VK genannten Ausschusses überprüft. Wird der Drittstaat nicht in die Liste in Anhang IV aufgenommen, kann der betreffende Mitgliedstaat die Visumpflicht für den Flughafentransit aufheben oder beibehalten, sofern die in Art. 3 II VK festgelegten Bedingungen erfüllt sind. Die Liste der Drittstaatsangehörigen, die nur in einigen Schengen-Staaten visumpflichtig für den Flughafentransit sind, ist in Anl. 7b zum Visa-Handbuch abgedruckt. Entsprechend sind in Anl. C zu § 26 II 1 AufenthV flughafentransitvisumpflichtige Staatsangehörige aus acht Staaten aufgeführt: Indien, Jordanien (mit Einschränkungen), Libanon, Mali, Sudan, Südsudan, Syrien und Türkei (mit Einschränkungen). Unabhängig davon, dass das Vorliegen der Voraussetzungen („dringende Fälle von Massenzustrom") weiterhin fraglich scheint, hatte Deutschland bis zum Inkrafttreten des AufenthG 2011 die Anforderungen für die Einführung einer Transitvisumpflicht nicht erfüllt. Zwar hatte Deutschland der Kommission die Entscheidung der Einführung der Transitvisumpflicht für die **Türkei** mitgeteilt, aber erst danach die Rechtsgrundlage für die Visumpflicht im nationalen Recht geschaffen. Das Fehlen der Rechtsgrundlage für die Transitvisumpflicht führte auch dazu, dass die nach § 46 Nr. 1a AufenthV erhobene Gebühr von 60 Euro zunächst rechtsgrundlos erhoben wurde[45]. 11

3. Einreiserechte und Aufenthaltsfragen

Die Neufassung der **EU-VisaVO**[46] trat am 18.12.2018 in Kraft und hat die VO (EG) Nr. 539/2001 abgelöst. Die VO stellt eine Weiterentwicklung des Schengener Besitzstandes dar und basiert insbesondere auf Art. 77 II lit. a AEUV. Die Bedeutung der EU-VisaVO mit den Anhang I und II (→ Rn. 3) liegt insbesondere in der Bestimmung der beiden Staatengruppen, deren Staatsangehörige eines Visums bedürfen oder von der Visumpflicht befreit sind. Visumpflicht und Visumbefreiung betreffen nicht einen bestimmten Aufenthalt in dem Hoheitsgebiet, sondern nur das Überschreiten der Außengrenzen „für" einen kürzeren Aufenthalt (Art. 4 I) Nur der **Grenzübertritt** ist also in dieser EU-VO geregelt. Die Berechtigung zum anschließenden **Aufenthalt** in dem Hoheitsgebiet der Schengen-Staaten ergibt sich für Visuminhaber aus **Art. 19** und für von der Visumpflicht Befreite aus **Art. 20 SDÜ**[47]. Visumbefreiungen ergeben sich nicht nur aus dem Anhang II der EU-VisaVO, sondern aus dem Verordnungstext selbst bzw. im Umkehrschluss dazu. Gem. Art. 4 II lit. b sind Schüler, welche die Staatsangehörigkeit eines in Anhang I genannten Staates besitzen und ihren Wohnsitz in einem Mitgliedstaat der EU haben, für die Teilnahme an einer Schülerreise unmittelbar visumbefreit. Ebenso sind Flüchtlinge und Staatenlose sowie andere Personen, die nicht die Staatsangehörigkeit eines Landes besitzen, mit Wohnsitz in einem Mitgliedstaat, die Inhaber eines von 12

---

[42] COM(2011) 516 final v. 30.8.2011 = VO (EU) Nr. 154/2012 v. 15.2.2012, ABl. 2012 L 58, S. 3.
[43] Seit 1.7.2013 auch Kroatien gem. Beitrittsvertrag v. 9.12.2011.
[44] Vgl. Begr. in BT-Drs. 17/5470, 54.
[45] Nachricht in MNet v. 29.1.2011 (www.migrationsrecht.net/nachrichten–auslaenderrecht–europa–u–eu/1728–tuerkei–transitvisa–gebuehr–visakodex.html).
[46] ABl. 2018 L 303, 9.
[47] Ausf. zur EU-VisaVO, *Winkelmann* ZAR 2010, 213 (218).

diesem Mitgliedstaat ausgestellten Reisedokuments sind, gem. Art. 4 II lit. c von der Pflicht ein Visum zu besitzen befreit. Begünstigte der letztgenannten Gruppe sind derzeit Flüchtlinge mit Reiseausweis für Flüchtlinge (Rechtsstellung von 1946/1951), Staatenlose mit Reiseausweis für Staatenlose (Rechtsstellung von 1954) oder andere Personen ohne Staatsangehörigkeit (De-facto Staatenlose)[48]. Die §§ 18 und 22 AufenthV sind wegen des Anwendungsvorrangs der EU-VisaVO nur noch auf dort geregelte Überhangtatbestände anwendbar[49]. Um den nationalen Besonderheiten Rechnung zu tragen, enthält Art. 6 EU-VisaVO Ausnahmen sowohl von der Visumpflicht als auch von der Visumbefreiung, die über **Öffnungsklauseln** im Verordnungstext der Regelung durch den nationalen Gesetzgeber zugänglich werden. Diese nationalen Besonderheiten werden unregelmäßig im Amtsblatt der EU veröffentlicht[50].

13 Die Abgrenzung gegenüber dem einheitlichen Visum ist von dessen Regelungsgehalt abhängig, der nicht nur durch die Kurzfristigkeit, sondern auch dadurch bestimmt ist, dass es über die Berechtigung zu einer **Erwerbstätigkeit** keine Aussage trifft[51]. Die **Zulassung** zur Erwerbstätigkeit ist nicht ein-, aber auch nicht ausgeschlossen. Damit steht es den Mitgliedstaaten frei, dem Inhaber eines Schengen-Visums eine Erwerbstätigkeit zu gestatten[52]. Diese nationale Berechtigung folgt aber nicht aus dem Schengen-Visum[53] und entfaltet auch keine Wirkungen über den Aufenthaltsstaat hinaus. Gegenstand des Visums sind nur die Einreise und über Art. 19 SDÜ auch der Aufenthalt in dem gesamten Hoheitsgebiet selbst bzw. in den Schengen-Staaten, auf die das Visum ggf. räumlich beschränkt ist. Ob eine Erwerbstätigkeit zugelassen wird, obliegt allein dem Aufenthaltsstaat. Diese Entscheidung gehört nicht zum Berechtigungsinhalt des Schengen-Visums (so schon Nr. 1.3.1.2.2 AAH-SDÜ)[54]. Durch das FEG 2019 (Inkrafttreten 1.3.2020) wurde § 4a „Zugang zur Erwerbstätigkeit" eingefügt und das bisherige Regel-Ausnahme-Verhältnis bezüglich der Gestattung der Erwerbstätigkeit umgekehrt (bisher Verbot mit Erlaubnisvorbehalt, nun Erlaubnis mit Verbotsvorbehalt). Gesetzlich geregelt werden muss daher nun, wenn die Erwerbstätigkeit nicht gestattet ist. Demzufolge wird durch **Abs. 2a** (Inkrafttreten 1.3.2020) klargestellt, dass Schengen-Visa grundsätzlich nicht zur Aufnahme einer Erwerbstätigkeit berechtigen. Andererseits können auch zum Zweck der Erwerbstätigkeit Schengen-Visa erteilt werden, wenn es eine Rechtsgrundlage hierfür gibt (dies schließt die jeweils einschlägigen Vorschriften der BeschV sowie eine etwaig erforderliche Zustimmung der BA nach § 39 ein). Für Aufenthalt nach den §§ 18b II, 18d, 19 und 19b können keine Schengen-Visa erteilt werden, da aufgrund europarechtlicher Vorgaben eine Mindestaufenthaltsdauer von 90 Tagen vorausgesetzt wird[55]. Wie bisher muss jeder Aufenthaltstitel, also auch das deutsche Schengen-Visum, erkennen lassen, ob die Ausübung einer Erwerbstätigkeit erlaubt ist und ob sie Beschränkungen unterliegt (vgl. § 4a III 1).

14 Die hierüber zwischenzeitlich aufgekommenen **Unsicherheiten**[56] beschäftigen sich mit der Frage, inwieweit die **Absicht der Aufnahme der Erwerbstätigkeit**[57] oder die **Absicht zur Einreise zwecks längerfristigen Aufenthalts**[58] bereits beim Außengrenzübertritt zum Wegfall der Visumbefreiung bei sichtvermerksbefreiten Drittausländern führt[59]. Für das Schengen-Visum sind die Sicherung des Lebensunterhalts und die Fähigkeit zum legalen Erwerb der notwendigen Mittel vorausgesetzt (Art. 6 I c, IV, Art. 39 SGK). Ausweislich der Kompetenzzuweisung in Art. 77 II lit. a AEUV regelt die VO lediglich die Frage eines Visumerfordernisses für die **Einreise** zu einem geplanten Aufenthalt von **bis zu 90 Tagen innerhalb von 180 Tagen (Kurzaufenthalt)** und regelt *nicht* den anschließenden Aufenthalt. Die Visumbefreiung für sog. Positivstaater richtet sich für die Einreise über eine EU-Außengrenze in erster Linie nach Art. 4 I iVm Anhang II EU-VisaVO und für die Einreise über eine EU-Binnengrenze, mithin Schengen-Binnengrenze und den anschließenden Aufenthalt im Bundesgebiet, nach Art. 20 I SDÜ.

15 Die Befreiung vom Erfordernis eines Aufenthaltstitels wird im Grundsatz durch **§ 15 AufenthV (unionsrechtliche Regelung der Kurzaufenthalte)** wiedergegeben und hat somit lediglich deklaratorische Bedeutung. Vorbehaltlich weiterer Regelungen in den §§ 16 ff. AufenthV sind diese europa-

---

[48] *Winkelmann* ZAR 2010, 213 (218).
[49] Vgl. bzgl. § 18 AufenthV OVG Münster Beschl. v. 11.11.2015 – 18 B 387/15, BeckRS 2015, 54903 Rn. 8.
[50] So zB am 20.3.2008: Mitteilung gem. der VO (EG) Nr. 539/2001 des Rates zur Aufstellung der Liste der Drittländer, deren Staatsangehörige beim Überschreiten der Außengrenzen im Besitz eines Visums sein müssen, sowie der Liste der Drittländer, deren Staatsangehörige von dieser Visumpflicht befreit sind (ABl. 2008 C 74, 40).
[51] *Fehrenbacher* ZAR 2002, 58.
[52] Dazu *Westphal/Stoppa* ZAR 2002, 315.
[53] *Welte* ZAR 2002, 320.
[54] *Hailbronner* AufenthG § 6 Rn. 36; NdsOVG Beschl. v. 27.2.2002 – 11 ME 65/02, EZAR 011 Nr. 16.
[55] Vgl. Gesetzesbegründung in BT-Drs. 19/8285, 88.
[56] Dazu näher *Hailbronner* AufenthG § 6 Rn. 36.
[57] Vgl. § 14; s. *Winkelmann* in OK-MNet-AufenthG zu § 14 Rn. 12, 14; vgl. auch OLG Hamm Beschl. v. 21.1.2010 – 15 Wx 58/09, BeckRS 2010, 8043; *Hofmann/Hoffmann*, AuslR, 2008, § 6 Rn. 2.
[58] So nämlich VGH BW Beschl. v. 14.9.2011 – 11 S 2438/11, BeckRS 2011, 54725 – im Fall des Kindernachzugs; bei *Winkelmann*, in OK-MNet-AufenthG zu § 14 Rn. 12, 14; *Westphal/Stoppa* ZAR S. 223; HessVGH Beschl. v. 29.9.2003 – 12 TG 2339/03, BeckRS 2003, 25115; s. auch zu Art. 21 SDÜ (AufT-Inhaber) VG Stuttgart Beschl. v. 7.5.2014 – 5 K 4470//13, BeckRS 2014, 51707.
[59] So BT-Drs. 15/420, 1; → § 14 Rn. 17, Nr. 14.1.2.1.1.7.1 AVwV–AufenthG.

rechtlichen Regelungen also abschließend. Für die Einreise und den Kurzaufenthalt sind die Staatsangehörigen der in Anhang II der EU-VisaVO in der jeweils geltenden Fassung genannten Staaten vom Erfordernis eines Aufenthaltstitels nicht befreit, sofern sie im Bundesgebiet eine Erwerbstätigkeit ausüben (§ 17 I AufenthV). Dass § 17 I AufenthV nicht von **„ausüben wollen"** spricht, mit der Folge, dass der Gesetzgeber hier lediglich die tatsächliche Aufnahme einer Erwerbstätigkeit unter Visumerfordernis stellen wollte, lässt die grammatische Auslegung zu[60], muss aber nach der ratio legis verworfen werden. Denn die Öffnungsklausel des Art. 6 III EU-VisaVO sieht vor, dass die Mitgliedstaaten für Personen, die während ihres Aufenthalts einer Erwerbstätigkeit nachgehen, Ausnahmen von der Visumbefreiung gem. Art. 1 II vorsehen können. Diese Befreiung bezieht sich de lege lata nur auf die Einreise. Inhalt und Reichweite des Befreiungstatbestands werden damit nicht allein durch den Wortlaut, sondern va durch den Kontext der Regelung, insbesondere die der EU-VisaVO zugrunde liegende **Normierungskompetenz,** bestimmt[61]. Den weiteren (Kurz-)Aufenthalt regelt das SDÜ (→ Rn. 12). Im § 4 AufenthG wird daher konsequent das Erfordernis eines Aufenthaltstitels für alle (Dritt-)Ausländer festgeschrieben, die sich in der Bundesrepublik Deutschland kurzfristig oder auch längerfristig aufhalten, es sei denn, dass – insbesondere durch das Recht der EU – Ausnahmen bestimmt werden oder worden sind.

III. Einheitliches Visum

1. Allgemeines

Mit dem SDÜ und SGK sollten **Visumpolitik und -praxis** in den Vertragsstaaten aufeinander abgestimmt und vereinheitlicht werden[62]. Damit wurde zugleich künftigen EG-Regelungen, die nach dem Amsterdamer Vertrag ermöglicht wurden[63], der Weg geebnet. Am 1.5.1999 wurde das SDÜ durch Protokoll zum Amsterdamer Vertrag in den Rahmen der EU als Gemeinschaftsrecht integriert[64]. Für das Verfahren im Einzelnen galten bis 4.4.2010 die Vorschriften der Gemeinsamen Konsularischen Instruktion (GKI)[65]. In ihr waren bislang ua die Arten der Visa bestimmt und die Zusammenarbeit der Konsulate geregelt. Die VO (EG) Nr. 810/2009 (VK) regelt seit dem 5.4.2010 ua das Verfahren und die Voraussetzungen für die Erteilung von Visa für geplante Aufenthalte im Hoheitsgebiet der Mitgliedstaaten[66]. Die in § 6 AufenthG 2004 zur Erteilung von Schengen-Visa getroffenen Regelungen fanden von dem Zeitpunkt an keine Anwendung mehr[67]. Das Visahandbuch[68] (vgl. Art. 51 VK) für die Anwendung des VK enthält praktische Anweisungen (Leitlinien, bewährte Verfahren und Empfehlungen) für die Konsularbediensteten der Mitgliedstaaten und die Bediensteten anderer Behörden, die für die Prüfung von Visumanträgen und Entscheidungen über solche Anträge oder für die Änderung von bereits erteilten Visa zuständig sind. **16**

Die grundlegende **Bedeutung** des SDÜ, SGK für das Aufenthaltsrecht liegt in der gegenseitigen Anerkennung und der Ausdehnung des räumlichen Geltungsbereichs nationaler Aufenthaltstitel und Visa. Die **Wirkungsweise** des ursprünglichen Vertragswerks und seiner Einzelnormen war nicht einheitlich. Das SDÜ galt nach Ratifikation, Inkrafttreten und Inkraftsetzen[69] zunächst als völkerrechtlicher Vertrag in formeller Hinsicht sowohl gegenüber den anderen Vertragsparteien als auch innerstaatlich. In materieller Hinsicht enthielt das SDÜ überwiegend Staatenverpflichtungen und nur zum geringeren Teil unmittelbare Rechtsfolgen für den Einzelfall[70]. **17**

Der **räumliche Geltungsbereich** des Schengen-Rechts stimmt nicht mit dem Hoheitsgebiet der EU-Mitgliedstaaten überein. Von den alten EU-Staaten nehmen Dänemark und Irland nicht teil. Norwegen und Island sind aufgrund Assoziierungsabkommen seit März 2001 beigetreten. Die neuen EU-Staaten hatten den Schengen-Besitzstand grundsätzlich mit dem Beitrittsvertrag vom 1.5.2004[71], **18**

---

[60] ISe Bestimmung der Erforderlichkeit eines Visums zur Einreise in die EU nur anhand objektiver Kriterien vgl. etwa HTK–AuslR § 14 zu Abs. 1 Nr. 2, 3/2009, Nr. 3.1; *Hailbronner* AufenthG § 14 Rn. 11 ff., 18 ff.; *Hofmann/Hoffmann* § 14 Rn. 8; zur Strafbarkeit BGH Beschl. v. 24.3.2021 – 3 StR 22/21, BeckRS 2021, 7962 und BGH Urt. v. 26.1.2021 – 1 StR 289/20, BeckRS 2021, 5118 Rn. 60.
[61] VGH BW Beschl. v. 14.9.2011 – 11 S 2438/11, BeckRS 2011, 54725 Rn. 8; OVG Bautzen Beschl. v. 28.10.2021 – 3 B 299/21, BeckRS 2021, 33053 Rn. 16.
[62] *Nanz* ZAR 1994, 99; *Weber* ZAR 1993, 11.
[63] *Lang* ZAR 1998, 59; *Welte* ZAR 1998, 67.
[64] Zum damaligen Bestand ABl. 2000 L 239, 1; zur Entwicklung des Besitzstandes ausf. *Winkelmann* ZAR 2010, 213.
[65] ABl. 2000 L 239, 317; ABl. 2002 C 313, 1; nunmehr geregelt im VK.
[66] VG Berlin Urt. v. 12.5.2011 – 14 K 237.09 V, BeckRS 2011, 51686.
[67] OVG Bln-Bbg Urt. v. 24.6.2010 – OVG 2 B 16.09, BeckRS 2010, 51042.
[68] KOM(2010) 1620 endg. v. 19.3.2010.
[69] *Hailbronner/Thiery* ZAR 1997, 55.
[70] *Westphal* ZAR 1998, 175; *Westphal* in Huber B 651 Vorb. Rn. 9, Art. 19 Rn. 1, Art. 20 Rn. 3, Art. 23 Rn. 2 ff.; vgl. näher die Bestimmungen der AAH-SDÜ, abgedr. in *Renner*, Verwaltungsvorschriften, S. 575 ff.; *Winkelmann* ZAR 2010, 213.
[71] Betr. Estland, Lettland, Litauen, Polen, Slowakei, Tschechien, Ungarn, Slowenien, Zypern und Malta.

1.1.2007[72] und 1.7.2013[73] an übernommen. Die **Schweiz** ist mittlerweile dem Schengen-Raum beigetreten[74]. Es galten aber zunächst noch nicht die Bestimmungen über Binnengrenzkontrollen und Schengen-Visum (Art. 2, 9–12, 14–25 SDÜ), sie waren erst nach einem Beschluss des EU-Rats[75] für die Beitrittsstaaten 2004 anzuwenden (Art. 3 III Beitrittsakte). Damit entfielen die Kontrollen an den Land- und Seegrenzen dieser Staaten seit 21.12.2007 (für die Luftgrenzen mWv 30.3.2008). Für die und im Verhältnis zu den Beitrittsstaaten 2007 bleiben die Grenzkontrollen vorerst weiterhin existent. Mit einem entsprechenden Beschluss ist bis auf Weiteres nicht zu rechnen[76]. Die EU-Kommission hat am 22.10.2019 festgestellt, dass **Kroatien** die Voraussetzungen zur vollständigen Anwendung des Schengen-Besitzstands erfüllt[77]. Gleichwohl wurde bislang kein entsprechender Beschluss gefasst. **Liechtenstein** ist am 7.3.2011 durch Ratifikation des Abkommens als neues Mitglied im Schengen-Raum aufgenommen worden. Nach der Evaluierungsphase wurde durch Beschluss[78] des Rates vom 13.12.2011 die vollständige Anwendung der Bestimmungen des Schengen-Besitzstands im Fürstentum Liechtenstein mit Wirkung vom 19.12.2011 verfügt. In diesem Zusammenhang hat das Fürstentum Liechtenstein auch die VO (EG) Nr. 343/2003 des Rates zur Festlegung der Kriterien und Verfahren zur Bestimmung eines Mitgliedstaates, der für die Prüfung eines von einem Drittstaatsangehörigen in einem Mitgliedstaat gestellten Asylantrags („Dublin II") angewendet. Gleiches gilt auch für die Dublin III-VO[79]. Da Liechtenstein über keinen internationalen Flughafen verfügt, wurde die Schengen-Vollanwendung mit *einem* Datum in Kraft gesetzt[80].

2. Inhalt, Form und Verfahren

19 **Staatenverpflichtungen** enthielt zB Art. 4 I SDÜ, der die Vertragsstaaten seit 1993 zu Kontrollen bestimmter Art bei Flugpassagieren aus Drittstaaten verpflichtete, und Art. 9 I SDÜ, der die Pflicht zur gemeinsamen Personenverkehrspolitik und zu weitergehender Harmonisierung begründete. Demgegenüber sind zB Art. 6 V SGK, 19, 20, 21 SDÜ in der Art eines individuellen Rechts ausgestaltet und so bestimmt formuliert, dass sie **unmittelbare Wirkungen** innerhalb des Vertragsstaats sowie für und gegen Drittstaatsangehörige entfalten. Soweit einzelne Bestimmungen derart unmittelbar anwendbar sind, gehen sie den allgemeinen ausländerrechtlichen Normen als Unionsrecht vor (zum früheren Rechtszustand vgl. Nr. 1.1.4 S. 2 AAH-SDÜ).

20 Soweit danach eine unmittelbare Wirkung gegenüber dem Drittstaatsangehörigen nicht eintritt, erscheint fraglich, ob das Interesse an einem **normgemäßen Verhalten** des anderen Staats bei Anwendung nationaler Ermessensbestimmungen berücksichtigt werden kann. Hinsichtlich der Staatenverpflichtungen steht dem entgegen, dass nur die zuständigen Gesetzgebungs- oder Verwaltungsorgane und nicht die Auslandsvertretung und Ausländerbehörde dazu berufen sind, die notwendigen Maßnahmen zur internen Umsetzung zu beschließen und durchzusetzen. Anders verhält es sich dagegen, sofern dem Mitgliedstaat bestimmte Verfahrensweisen vorgeschrieben sind oder die Berücksichtigung von öffentlichen oder individuellen Interessen anheimgestellt ist, um Normzwecke zu fördern. Insoweit kann, falls die Vorschrift mangels Bestimmtheit nicht unmittelbar anwendbar ist, ein **öffentliches Interesse** an der Einhaltung der Verpflichtungen bestehen, das bei Ausfüllung derartiger Tatbestandsvoraussetzungen und der Ermessensausübung berücksichtigt werden kann.

21 Begriffe, Voraussetzungen, **Verfahren** und Form sowie räumliche und zeitliche Geltung des einheitlichen Visums sind verbindlich vorgegeben (Art. 1 VK, ehemals Art. 10–17 SDÜ (nunmehr Art. 2, 4 ff. VK), Art. 2, 6 SGK, ehemals VO (EG) Nr. 415/2003, nunmehr Art. 35, 36 iVm Anhang VI, IX VK[81]);

---

[72] Betr. Bulgarien und Rumänien.

[73] Betr. Kroatien.

[74] Abk. zwischen der EU, der EG und der Schweizerischen Eidgenossenschaft über die Assoziierung dieses Staates bei der Umsetzung, Anwendung und Entwicklung des Schengen-Besitzstandes (ABl. 2008 L 53, S. 52). Der Rat für Justiz und Inneres hatte in seiner Sitzung am 27.11.2008 die „Schengenreife" der Schweizerischen Eidgenossenschaft beschlossen (ABl. 2008 L 327, S. 15). Nach dem Beschluss des Rates 2008/903/EG über die vollständige Anwendung der Bestimmungen des Schengener Besitzstandes in der Schweiz wurden die Personenkontrollen an den Landgrenzen mWv 12.12.2008 und an den Luftgrenzen v. 29.12.2009 abgeschafft.

[75] 2007/801/EG: Beschluss des Rates v. 6.12.2007 über die vollständige Anwendung der Bestimmungen des Schengen-Besitzstands in der Tschechischen Republik, der Republik Estland, der Republik Lettland, der Republik Litauen, der Republik Ungarn, der Republik Malta, der Republik Polen, der Republik Slowenien und der Slowakischen Republik, ABl. 2007 L 323, S. 34–39.

[76] Die Niederlande und Finnland blockierten bei einem Treffen der EU-Innenminister in Brüssel die zuletzt diskutierte schrittweise Aufhebung der Passkontrollen im September 2011. Danach sprachen sich Deutschland und Frankreich dagegen aus. Als Grund nannten die Länder mangelnden Fortschritt im Kampf gegen Korruption und organisierte Kriminalität in den beiden zuletzt beigetretenen EU-Staaten (Pressemitteilung des Rates v. 22.9.2011; www.spiegel.de (9.4.2013)).

[77] COM(2019) 497 final.

[78] ABl. 2011 L 334, S. 27.

[79] Liechtensteinisches Landesgesetzblatt Jg 2018 Nr. 268 v. 19.7.2013.

[80] Vgl. schon Nachricht in MNet v. 12.4.2011; Art. 1 II, III des Beschl. (ABl. 2011 L 334, S. 27).

[81] Näher zum alten Recht *Westphal* ZAR 1998, 171; zum VK *Westphal/Brakemeier* NVwZ 2010, 621; *Winkelmann*, Kommentierung zum Visakodex.

Visum **§ 6 AufenthG 1**

unter bestimmten Umständen dürfen nationale Visa ausgestellt werden (Art. 6 Vc SGK, Art. 18 SDÜ). Vor allem gelten sowohl das einheitliche Visum als auch die Befreiung von der Visumpflicht durch die EU-VisaVO für den gesamten Schengen-Raum zum Zwecke der Einreise, der Durchreise und des Aufenthalts während der Gültigkeitsdauer (Art. 19, 20 SDÜ). Die Visumpflicht kann also auch durch einen von einem anderen Schengen-Staat ausgestellten Sichtvermerk erfüllt werden[82]. Nach Art. 10 VK (Allgemeine Regeln für das Einreichen eines Antrags) ist ein **Lichtbild** vorzulegen, das den Normen der VO (EG) Nr. 1683/95[83] oder falls das **VIS**[84] nach Art. 48 der VIS-VO in Betrieb ist, den Normen nach Art. 13 VK (Biometrische Identifikatoren) entspricht. Nach dem Beschluss der Kommission[85] wurde das VIS am 11.10.2011 in den Wirkbetrieb überführt. Zunächst startete das Erfassungssystem in der ersten Region (Nordafrika: Ägypten, Algerien, Libyen, Mauretanien, Marokko und Tunesien)[86]. In der letzten Region wurde das VIS am 20.11.2015 in Betrieb genommen[87]. Gem. VO (EG) 81/2009[88] wurde am 31.10.2011 die vollumfängliche Kontrolle im Rahmen der eingehenden Kontrolle von visumpflichtigen Drittstaatsangehörigen bei der Einreise nach (heute) Art. 8 IIIb SGK aufgenommen. Dazu erfolgt die **Verifizierung der Identität** des Visuminhabers und der Echtheit des Visums an der Außengrenze grundsätzlich mittels Abfrage der Nummer der Visummarke in Kombination mit einer Verifizierung der Fingerabdrücke des Visuminhabers.

Die **materiellen Voraussetzungen** für die Erteilung (Art. 18–23 VK) durch die Auslandsvertretung (Art. 18 VK) oder ausnahmsweise die Grenzbehörden (Art. 35, 36, Art. 6 V lit. b, c SGK, §§ 71 III 2, 14 II) stimmen in der Sache im Wesentlichen mit den Voraussetzungen und den Versagungsgründen für Besuchsvisa nach früherem deutschem Recht (§§ 3 III, 7 II, 8 I, 28 AuslG) überein (näher unter → Rn. 23). Soweit der Ausländer keine Gefahr für öffentliche Ordnung, nationale Sicherheit oder internationale Beziehungen darstellen darf, geht es allerdings nicht nur um Deutschland; es genügt vielmehr, wenn ein anderer Schengen-Staat betroffen ist (Garantiefunktion der Außengrenze, ehemals Art. 23 SDÜ (vgl. nun Art. 6 Rückführungs-RL, Art. 14 SGK)[89]. Die zu prüfenden materiellen Erteilungsvoraussetzungen bzw. Versagungsgründe gem. Art. 21 bzw. Art. 32 VK unterliegen in vollem Umfang der gerichtlichen Kontrolle[90]. Nach Art. 21 I VK ist bei der Prüfung eines Antrags auf ein einheitliches Visum zunächst festzustellen, ob der Antragsteller die Einreisevoraussetzungen nach Art. 6 I lit. a, c, d und e SGK erfüllt[91]. Es besteht sowohl auf Unions- als auch auf nationaler Ebene ein erhebliches öffentliches Interesse an der Unterbindung rechtswidriger Einwanderungen[92]. 22

Das **Visumverfahren** ist dahin gehend **modifiziert**, dass ggf. Belege über Zweck und Umstände des Aufenthalts (Art. 14, Anhang II VK) vorzulegen sind und der Ausländer nicht zur Einreiseverweigerung durch in einem der Vertragsstaaten ausgeschrieben sein darf (Art. 6 I lit. d und e SGK). Die Erteilung eines Visums für höchstens 90 Tage je 180-Tage-Zeitraum ergeht durch **gebundene Entscheidung** ohne Ermessensspielraum[93] (näher dazu → Rn. 25 f.). 23

Die **Ausschreibung zur Einreiseverweigerung** eines anderen Mitgliedstaats – weder nach innerstaatlichem Recht gem. Art. 6 I lit. e SGK noch ehemals Art. 96 SDÜ (nunmehr Art. 24 VO (EG) Nr. 1987/2006 vom 20.12.2006 (SIS II-VO)) gem. Art. 6 I lit. d SGK – bewirkt eine Sperre iSd 24

---

[82] Zu Form und Inhalt des Visums weiterführend *Westphal/Stoppa* S. 164 f.
[83] VO (EG) Nr. 1683/95 des Rates v. 29.5.1995 über eine einheitliche Visagestaltung, ABl. 1995 L 164, 1–4.
[84] VO (EG) Nr. 767/2008 des Europäischen Parlaments und des Rates v. 9.7.2008 über das Visa-Informationssystem (VIS) und den Datenaustausch zwischen den Mitgliedstaaten über Visa für einen kurzfristigen Aufenthalt (VIS-Verordnung), ABl. 2008 L 218, 60.
[85] Durchführungsbeschl. 2011/636/EU v. 21.9.2011 zur Festlegung des Zeitpunkts der Inbetriebnahme des Visa-Informationssystems (VIS) in einer ersten Region, ABl. 2011 L 249, 18.
[86] Entscheidung 2010/49/EG der Kommission v. 30.11.2009 zur Bestimmung der ersten Regionen, in denen das Visa-Informationssystem (VIS) in Betrieb genommen wurde, ABl. 2010 L 23, 62; Art. 48 V VIS-Verordnung. Der Betrieb des VIS erfolgt nach Angabe der BReg (Antw der BReg, BT-Drs. 18/4765) ohne nennenswerte Probleme. Die Europäische Kommission hat den Bericht nach Art. 50 der EU-VO zum VIS zur Gesamtbewertung des VIS am 14.10.2016 vorgelegt (COM(2016) 655 final). Auf Grundlage der Evaluierung empfiehlt die Kommission, das VIS weiterzuentwickeln und seine Interkonnektivität mit anderen Systemen – wie dem vorgeschlagenen Ein- und Ausreisesystems (Entry-Exit-System, EES) und dem EU-weiten Reiseinformations- und Genehmigungssystems (ETIAS) – zu verbessern.
[87] Durchführungsbeschluss (EU) 2015/912 der Kommission v. 12.6.2015 zur Festlegung des Zeitpunkts der Inbetriebnahme des Visa-Informationssystems (VIS) in der einundzwanzigsten, zweiundzwanzigsten und dreiundzwanzigsten Region, ABl. 2015 L 148, 28.
[88] VO (EG) Nr. 81/2009 des Europäischen Parlaments und des Rates v. 14.1.2009 zur Änderung der Verordnung (EG) Nr. 562/2006 in Bezug auf die Nutzung des Visa-Informationssystems (VIS) im Rahmen des Schengener Grenzkodex, ABl. 2009 L 35, 56.
[89] Zu den materiellen Voraussetzungen → Rn. 21 ff.
[90] VG Berlin Beschl. v. 26.10.2010 – 22 K 31.10 V, BeckRS 2010, 55944.
[91] VG Berlin Urt. v. 12.5.2011 – 14 K 237.09 V, BeckRS 2011, 51686.
[92] OVG Bln-Bbg Urt. v. 14.10.2014 – OVG 2 B 11.13, BeckRS 2014, 57880.
[93] OVG Bln-Bbg Urt. v. 24.6.2010 – OVG 2 B 16.09, BeckRS 2010, 51042; VG Berlin Urt. v. 14.12.2010 – 3 K 301.09 V, BeckRS 2011, 47843; VG Berlin Urt. v. 27.1.2011 – 29 K 362.10 V, BeckRS 2011, 53917 und Urt. v. 17.6.2011 – 14 K 275.10 V, BeckRS 2011, 53137.

§ 11 I (Nr. 2.2.0.2 AAH-SDÜ). Soll trotz Ausschreibung durch einen anderen Staat ein Visum erteilt werden, ist dieser vorab zu konsultieren (Art. 25 I SDÜ; Art. 11 IV Rückführungs-RL, künftig Art. 9 I VO (EU) 2018/1860). Eine **Konsultation** unter Einschaltung der Sicherheitsbehörden der jeweiligen Staaten findet auch für Staatsangehörige von (etwa 40) „Problemstaaten" bei der Einreisekontrolle statt (vgl. ehemals Art. 17 II SDÜ, nunmehr Art. 22 VK, Art. 6 I lit. e)[94]. Die Staaten haben damit die Möglichkeit, von ihnen unerwünschten Ausländern die Einreise zu verweigern (Art. 6 I lit. e, 14 I SGK, § 15 II Nr. 3), obwohl keine Gründe vorliegen, die im Einzelfall eine Ausschreibung zur Einreiseverweigerung nach Art. 24 SIS II-VO rechtfertigen. Der gesamte Datenbestand des SIS II (Stand 31.12.2020) betrug 87.668.110 (davon 11.776.569 deutscher Anteil) Einträge, davon zu Personen 933.061 (davon 94.146 deutscher Anteil)[95].

25   Das einheitliche Visum wird auf der einheitlichen europäischen **Visummarke** (VO/EG 1683/95[96]) erteilt. Typ A ist für den Flughafentransit vorgesehen, ehemals Typ B für die Durchreise (mittlerweile Typ C „Transit") und Typ C für Aufenthalt bis zu 90 Tagen (Kurzaufenthalt) innerhalb eines Zeitraums von 180 Tagen (Bezugszeitraum). Eine Ausnahme hiervon bildet Art. 25 I lit. b VK, der die weitere Erteilung eines Visums Typ C zu lässt, auch wenn die dem Grunde nach zulässigen 90 Aufenthaltstage innerhalb des Bezugszeitraums bereits verbraucht sind. Nämlich dann, wenn die Auslandsvertretung hierfür einen gerechtfertigten Grund erkennt. In solchen Fällen ist das Visum Typ C mit räumlich auf den Ausstellerstaat beschränkter Gültigkeit zu erteilen. Mit dem Gültigkeitszeitraum wird bestimmt, in welchem Zeitraum Einreise und Aufenthalt zugelassen sind. Die Nutzungsdauer legt die Höchstzahl der Aufenthaltstage fest. Die Zahl der zulässigen Einreisen ist festgelegt (zu Einzelheiten vgl. Nr. 1.3.1.1 ff. AAH-SDÜ, ehemals GKI, ABl. 2005 C 326, S. 1, nunmehr VK). Die Gesamtaufenthaltsdauer muss in Bezug auf diesen **Bezugszeitraum** von 180 Tagen berechnet werden.

26   **Zum Hintergrund:** Das alte Berechnungsverfahren bereitete in der Praxis zuweilen große Schwierigkeiten, da im EU-Recht bislang nicht eindeutig festgelegt war, wie die Berechnung genau erfolgen sollte. Zur **Fristenberechnung** verwiesen *Westphal/Stoppa*[97] auf die allgemeinen europäischen Rechts- und Verwaltungsgrundsätze, die denen des BGB entsprachen. Nach dem Urteil in der Rechtssache Bot[98] hatte der EuGH festgelegt, dass Art. 20 I SDÜ den Aufenthalt nicht generell für bis zu drei Monate, sondern nur innerhalb des durch die erste Einreise festgelegten Bezugszeitraums erlaubte. Nach Ablauf musste grundsätzlich eine Ausreise des Ausländers aus dem Schengen-Gebiet erfolgen, bevor ein erneuter Bezugszeitraum begründet werden konnte. Damit sollte ein schengenwidriger faktischer Daueraufenthalt vermieden werden, der sich ansonsten durch kettenartig aneinandergereihte Aufenthalte beliebig verlängern ließe. Nicht ausdrücklich führte der EuGH zu der Frage aus, inwieweit nach Ende des jeweiligen Bezugszeitraums auch dann – etwa zwingend – eine Ausreise aus dem Schengen-Raum zu erfolgen hätte. Somit wurde in Deutschland aus Verhältnismäßigkeitsgründen maßgeblich auf den Verbrauch der Aufenthaltstage abgestellt. Eine erneute Einreise kurz vor Ende eines Bezugszeitraums ließ daher die Lösung zu, dass der Reisende noch die restlichen Tage (bis maximal 90) aufbrauchen konnte, damit den Sechsmonatszeitraum überschreiten konnte und erst dann wieder ausreisen musste[99]. Zur Bestimmung der Frage, ob bereits der Einreisetag mitgezählt werden durfte, wurde auf den Juristischen Dienst des Rates hingewiesen, der in Bezug auf die Vorschriften des Gemeinschaftsrechts über Fristen ausführte, dass nach deren grundlegenden Bestimmungen der Tag, der die Frist auslöst, nicht mitgezählt wird und die Frist nie an einem arbeitsfreien Tag zu zählen beginnt, sondern erst am ersten darauf folgenden Arbeitstag[100]. Allerdings wurde seinerzeit – entgegen der vorgenannten Fristenlösung – in Deutschland der Tag der Einreise, zB iSd Bestimmungen aus Art. 20 I SDÜ, mitgezählt, obgleich der Tag der Einreise auch nach § 187 I BGB[101] nicht anzurechnen war. Bei sichtvermerkspflichtigen Drittausländern wurde der äußere Rahmen des Aufenthaltszeitraums durch die Gültigkeit des Visums gesetzt (etwa bei einem Jahres- oder Mehrjahresvisum). Der jeweilige Bezugszeitraum von sechs Monaten wurde auch hier durch den Tag der Einreise ausgelöst (wobei Art. 2 Nr. 2a VK von „Zeitpunkt"[102] sprach). Auch hier wurde eine zwingende Ausreise zu Ende des so bestimmten Bezugszeitraums nicht für verhältnismäßig erachtet, sofern noch Aufenthalts-

---

[94] *Westphal* ZAR 1998, 175; *Westphal/Stoppa* S. 162.
[95] BT-Drs. 19/25941, 3.
[96] Zuletzt geändert durch VO (EU) 2017/1370 v. 4.7.2017 (ABl. 2017 L 198, 24); bis zum 19.12.2019 durften noch die Visumetiketten mit alten bisherigen Muster verwendet werden; vgl. § 80 II AufenthV.
[97] *Westphal/Stoppa* S. 168, 171 f. weiterführend zur Problemstellung mit konkreten Berechnungsbeispielen.
[98] EuGH Urt. v. 3.10.2006 – C-241/05, BeckRS 2006, 70769.
[99] *Winkelmann*, Kommentar zum Visakodex, S. 10.
[100] Vgl. Verordnung (EWG, Euratom) Nr. 1182/71 des Rates v. 3.6.1971 zur Festlegung der Regeln für die Fristen, Daten und Termine, ABl. 1971 L 124, 1.
[101] „Ist für den Anfang einer Frist ein Ereignis oder ein in den Lauf eines Tages fallender Zeitpunkt maßgebend, so wird bei der Berechnung der Frist der Tag nicht mitgerechnet, in welchen das Ereignis oder der Zeitpunkt fällt." So auch VG Düsseldorf Beschl. v. 24.1.2011 – 27 L 1633/10, 27 L 1633/10.
[102] Nicht gemeint ist sicherlich durch diese sprachliche Abweichung, dass der Bezugszeitraum durch eine bestimmte Uhrzeit an diesem Tage beginnt und später auch endet. Die letztmögliche Ausreisezeit am letzten Tag des Bezugszeitraums ist gegen Ende des jeweiligen Tages, also spätestens um 24 Uhr.

tage zur Verfügung standen. Insoweit war der Begriff der ersten Einreise in Art. 20 I SDÜ nicht bestimmt genug und bedurfte einer Konkretisierung durch den (EU-)Gesetzgeber[103].

Art. 18, 20 und 21 SDÜ und ua die EU-VisaVO wurden bzgl. des Kurzaufenthalts in Aufenthalt von bis zu 90 Tagen je Zeitraum von 180 Tagen durch die VO (EG) Nr. 610/2013 geändert. Dies hatte **Auswirkung auf die Berechnungsmodalitäten** für einen Kurzaufenthalt (→ Rn. 26). Danach wird nunmehr an jedem Tag des Aufenthalts der letzte Zeitraum von 180 Tagen berücksichtigt. Außerdem wird der Tag der Einreise als der erste Tag des Aufenthalts im Hoheitsgebiet der Mitgliedstaaten und der Tag der Ausreise als der letzte Tag des Aufenthalts im Hoheitsgebiet der Mitgliedstaaten gerechnet[104]. Der Zeitraum von 180 Tagen wird danach also an jedem Tag des Aufenthalts berücksichtigt. Ein- und Ausreisetag zählen stets mit. Der Tag „der ersten Einreise" und das EuGH-Urteil Bot (→ Rn. 26) sind also irrelevant. Rechtmäßige Aufenthalte aufgrund eines Aufenthaltstitels oder eines nationalen Visums für den längerfristigen Aufenthalt werden bei der Berechnung der Länge des Aufenthalts im Hoheitsgebiet der Mitgliedstaaten nicht berücksichtigt[105]. Eine Schlechterstellung während der Umstellungsphase sollte nicht erfolgen (Meistbegünstigungsprinzip). 27

Die **Befreiung vom Sichtvermerkszwang** erfolgt maßgeblich durch die EU-VisaVO (→ Rn. 12 f.) oder durch die Mitgliedstaaten aufgrund der Öffnungsklausel aus Art. 6 EU-VisaVO. Wer durch die EU-VisaVO von der Visumpflicht befreit ist, kann sich in jedem Schengen-Staat frei bewegen, längstens jedoch 90 Tage innerhalb von 180 Tagen. Für Ausländer, die durch nationale Regelungen einzelner Mitgliedstaaten von der Visumpflicht befreit sind, gilt dies nur in diesen Staaten; in den übrigen Mitgliedstaaten gilt weiterhin die Visumpflicht durch die EU-VisaVO. Außerdem müssen während des Aufenthalts die Voraussetzungen des Art. 6 I lit. a, c, d und e SGK erfüllt sein (Art. 20 I SDÜ). Damit ist den jeweils von der Visumpflicht befreiten Ausländern ein transnationales Aufenthaltsrecht (VA) verliehen, auf das sie sich unmittelbar berufen können; hierfür ist unerheblich, dass der befreite Personenkreis in der EU-VisaVO festgelegt wird und nicht durch das SDÜ oder den VK selbst. Unter § 6 fallen auch einheitliche Visa anderer Schengen-Staaten, sie sind ebenfalls als Aufenthaltstitel iSv § 4 I 2 Nr. 1 Alt. 1 zu werten[106]. Die Erteilung, Verlängerung oder Annullierung/ Aufhebung erfolgt durch die jeweils zuständige Behörde[107] auf Basis des SGK, insbesondere des VK und des nationalen Rechts grundsätzlich mit Wirkung für alle Schengen-Staaten (Art. 14, Anhang V SGK, Art. 34, Anhang VI VK, §§ 71, 52, zu §§ 48, 49 VwVfG s. u. Abschnitt V Nr. 2). 28

3. Kurzfristiger Aufenthalt

Die Unterscheidung zwischen einheitlichem und nationalem Visum erfolgt nach der **Dauer** des beabsichtigten Aufenthalts. Ein kurzfristiger Aufenthalt ist danach nicht mit drei Monaten bemessen wie früher nach deutschem Recht, sondern mit bis zu 90 Tagen innerhalb von 180 Tagen. Für einen längerfristigen Aufenthalt ist gem. § 6 III 1 – vorbehaltlich bestimmter Ausnahmen – ein Visum für das Bundesgebiet (nationales Visum) erforderlich, das vor der Einreise[108] erteilt wird und der Zustimmung der zuständigen Ausländerbehörde bedarf (§ 31 I Nr. 1 AufenthV). Welches Visum iSv § 5 II 1 Nr. 1 als das erforderliche Visum anzusehen ist, bestimmt sich nach dem Aufenthaltszweck, der mit der im Bundesgebiet beantragten Aufenthaltserlaubnis verfolgt wird[109]. Zudem erlaubt Art. 21 IIa iVm Art. 21 I SDÜ eine Einreise in die Bundesrepublik über eine Schengenbinnengrenze iSv § 14 I nur dann, wenn ein Kurzaufenthalt iSv Art. 21 I SDÜ beabsichtigt ist. Dies folgt aus Art. 21 I SDÜ, der ein Kurzaufenthaltsrecht für Drittstaatsausländer in anderen Mitgliedstaaten nur unter dem Vorbehalt gewährt, dass der Aufenthalt des Drittstaatsangehörigen ua die in Art. 6 Ia, Ic und Ie SGK aufgeführten Voraussetzungen erfüllt. Maßgeblich ist danach ein geplanter Aufenthalt im Hoheitsgebiet eines Mitgliedstaates von bis zu 90 Tagen je Zeitraum von 180 Tagen. Plant der Drittstaatsausländer bei der Einreise indes einen längeren Aufenthalt in der Bundesrepublik, bedarf es bereits zu diesem Zeitpunkt wegen der beabsichtigten Überschreitung des in Art. 21 I SDÜ vorgegebenen zeitlichen Rahmens eines nationalen Visums für einen längerfristigen Aufenthalt in der Bundesrepublik[110]. Der EuGH[111] hat entschieden, dass Botschaften von EU-Staaten verfolgten Menschen kein Visum für einen Asylantrag aus humanitären Gründen erteilen müssen. Vielmehr sei es eine Entscheidung nach nationalem Recht, ob ein solche Einreiseerlaubnis erteilt werden könne. Das Unionsrecht lege aus- 29

---

[103] VO (EU) Nr. 610/2013 v. 26.6.2013, ABl. 2013 L 182, 1.
[104] Art. 6 II 1 SGK.
[105] Art. 6 II 2 SGK.
[106] So auch *Westphal/Stoppa*, 3. Aufl., S. 160.
[107] Ggf. auch auf Ersuchen der zuständigen Behörde (vgl. § 71 III Nr. 3b, c).
[108] VG Berlin Urt. v. 12.2.2014 – 1 K 55.13 V, BeckRS 2014, 59060 und Beschl. v. 9.7.2014 – 3 L 410.14 V, BeckRS 2014, 55743.
[109] VG Düsseldorf Beschl. v. 30.8.2013 – 8 L 1466/13, BeckRS 2013, 55375.
[110] HessVGH Beschl. v. 4.6.2014 – 3 B 785/14, BeckRS 2014, 55611; VGH BW Beschl. v. 23.2.2021 – 12 S 389/21, BeckRS 2021, 4677; aA zur Strafbarkeit BGH Urt. v. 26.1.2021 – 1 StR 289/20, BeckRS 2021, 5118 Rn. 49.
[111] EuGH Urt. v. 7.3.2017 – C-638/16 PPU, BeckRS 2017, 103042.

schließlich die Verfahren und Voraussetzungen für die Erteilung von Visa für die Durchreise durch das Hoheitsgebiet der Mitgliedstaaten oder für geplante Aufenthalte in diesem Gebiet von höchstens 90 Tagen fest. Der EuGH ist zu dem Ergebnis gekommen, dass für einen Antrag auf ein Visum mit räumlich beschränkter Gültigkeit, der von einem Drittstaatsangehörigen aus humanitären Gründen auf der Grundlage des VK bei der Vertretung des Zielmitgliedstaats im Hoheitsgebiet eines Drittstaates in der Absicht gestellt wird, sogleich nach seiner Ankunft in diesem Mitgliedstaat einen Antrag auf internationalen Schutz zu stellen und sich infolgedessen in einem Zeitraum von 180 Tagen länger als 90 Tage dort aufzuhalten, nicht der VK gilt, sondern beim gegenwärtigen Stand des Unionsrechts allein das nationale Recht.

30 Das einheitliche Visum gilt grundsätzlich **räumlich unbegrenzt** im gesamten Schengen-Gebiet. Es berechtigt zu dem vorgesehenen kurzfristigen Aufenthalt nicht nur in dem das Visum ausstellenden Staat, sondern in allen Schengen-Staaten (Art. 19 SDÜ), ohne dass es der Zustimmung des jeweils anderen Staats bedarf (einheitliches Visum, Art. 2 Nr. 3 VK). Sofern nicht alle Voraussetzungen für die Erteilung eines schengenweit gültigen Visums (Typ C) erfüllt werden, ist die Ausstellung räumlich begrenzt auf einen oder mehrere Schengen-Staaten möglich (ehemals Art. 11 II, 14 I, 15, 16 SDÜ, nunmehr Art. 2 Nr. 4, 25 VK; Art. 6 V lit. b, c SGK). Art. 25 I VK schreibt der Behörde die Befugnis zu, frei zu entscheiden, ob sie ein Visum erteilen will. Es ist fraglich, ob bei einer von der Behörde verneinten Rückkehrbereitschaft ein Visum mit räumlich beschränkter Gültigkeit erteilt werden darf. Die Rückkehrbereitschaft ist in Art. 6 I SGK nicht ausdrücklich aufgeführt. Die deutsche Rspr. sah das Fehlen der Rückkehrbereitschaft als einen Unterfall der in Art. 6 I lit. e SGK geregelten Gefahr für die öffentliche Ordnung an. Das unionsrechtliche Verständnis dieses Begriffs deckt das möglicherweise nicht, zumal da Art. 21 I VK das Risiko der rechtswidrigen Einwanderung sowie die Rückkehrbereitschaft ausdrücklich anführt[112].

31 Die grenzüberschreitende Wirkung ist unionsrechtlich bestimmt und daher nicht durch deutsches Recht abänderbar. Sie umfasst aber kein Recht zur Ausübung einer Erwerbstätigkeit; hierüber entscheidet allein der Mitgliedstaat. Außer der zeitlichen Begrenzung ist das Visum also auch in **sachlicher** Hinsicht beschränkt.

32 Für die Einreise mit einheitlichem Visum müssen va die folgenden materiellen und formellen **Voraussetzungen** erfüllt sein (Art. 6 I SGK):
– Besitz gültiger Reisedokumente, die zum Grenzübertritt berechtigen (Art. 6 I lit. a SGK): „Er [der Drittstaatsangehörige] muss im Besitz eines gültigen Reisedokuments sein, das seinen Inhaber zum Überschreiten der Grenze berechtigt und folgende Anforderungen erfüllt:
  i) Es muss mindestens noch drei Monate nach der geplanten Ausreise aus dem Hoheitsgebiet der Mitgliedstaaten gültig sein. In begründeten Notfällen kann diese Verpflichtung ausgesetzt werden.
  ii) Es muss innerhalb der vorangegangenen zehn Jahre ausgestellt worden sein."
– Besitz eines erforderlichen und gültigen Visums oder eines erforderlichen und gültigen Aufenthaltstitels bzw. gültigen Visums für den längerfristigen Aufenthalt (Art. 6 I lit. b SGK);
– Besitz ausreichender Mittel für den Lebensunterhalt oder entsprechende legale Erwerbsmöglichkeiten; erforderlichenfalls Belege über Aufenthaltszweck und -umstände (Art. 6 I lit. c SGK);
– keine Ausschreibung zur Einreiseverweigerung im SIS (Art. 24 SIS II-VO)[113] oder in nationalen Datenbanken (Art. 6 I lit. d SGK);
– keine Gefahr für öffentliche Ordnung, innere Sicherheit, öffentliche Gesundheit oder internationale Beziehungen der Mitgliedstaaten (Art. 6 I lit. e SGK).

33 Zur näheren Bestimmung der Erfordernisse nach Art. 6 I lit. c SGK nennt Art. 6 IV SGK Einzelheiten zur **Definition ausreichender Mittel zur Bestreitung des Lebensunterhalts**[114]. Danach werden die Mittel zur Bestreitung des Lebensunterhalts nach der Dauer und dem Zweck des Aufenthalts und unter Zugrundelegung der Ausgaben für Unterkunft und Verpflegung in dem/den betreffenden Mitgliedstaat(en) nach Maßgabe eines mittleren Preisniveaus für preisgünstige Unterkünfte bewertet, die mit der Zahl der Aufenthaltstage multipliziert werden. So bilden die jährlich von ihren nationalen Behörden für das Überschreiten ihrer Außengrenzen **festgelegten Richtbeträge**[115] nur einen Rahmen für die Prüfung, ob bezogen auf den Aufenthaltszweck ausreichende finanzielle Mittel nachgewiesen werden können. Eine weitere Argumentationshilfe ist die Bestimmung des **§ 2 III**, wonach der Lebensunterhalt eines Ausländers dann gesichert ist, wenn er ihn einschließlich ausreichenden Krankenversicherungsschutzes ohne Inanspruchnahme öffentlicher Mittel bestreiten kann. Klare Fälle sind danach jedenfalls solche, in denen der Ausländer über gar keine oder solch geringfügige Finanzmittel verfügt, die in krassem Widerspruch zur Länge des Aufenthalts und/oder zur gewählten bzw. vorgestellten Unterkunft stehen[116]. Die Feststellung ausreichender Mittel zur Bestreitung des

---

[112] VG Berlin Urt. v. 28.3.2014 – 4 K 75.13 V – mwN, BeckRS 2014, 50964.
[113] Vgl. *Westphal* ZAR 1999, 361 zu Art. 96 SDÜ.
[114] Vgl. auch HK-AuslR/*Hoffmann* § 6 Rn. 5.
[115] Mitteilungsverpflichtung nach Art. 39 Ic SGK; vgl. aktualisierte Veröffentlichungen im ABl., zuletzt 2021 C 2102, 8.
[116] *Winkelmann* ZAR 2010, 272.

Lebensunterhalts kann anhand von Bargeld, Reiseschecks und Kreditkarten usw erfolgen, die sich im Besitz des Drittstaatsangehörigen befinden. Weiterhin können auch Verpflichtungserklärungen und Bürgschaften von Gastgebern einen ausreichenden Nachweis darstellen. Anhang I SGK enthält eine nicht abschließende Liste von Belegen, die zum Nachweis des Aufenthaltszwecks an der Grenze – auch bei Visuminhabern – geprüft werden können. Nach **Anl. 25 zum Schengen-Handbuch** bestimmt Deutschland, dass verbindliche Tagessätze nicht bestehen. Vielmehr bedarf es in jedem Einzelfall einer gesonderten Prüfung durch das Kontrollpersonal. Dabei sind die jeweiligen persönlichen Umstände wie Art und Zweck der Reise, Dauer des Aufenthalts, etwaige Unterbringung bei Angehörigen oder Freunden sowie Kosten für Verpflegung zu berücksichtigen. Kann der Drittstaatsangehörige für diese Umstände keine Belege vorweisen oder zumindest glaubhafte Angaben machen, so müssen für jeden Tag **45 Euro** zu seiner Verfügung stehen. Außerdem muss sichergestellt sein, dass die Rückreise bzw. Weiterreise des Drittstaatsangehörigen möglich ist. Der Nachweis kann zB durch Vorlage eines Weiter- oder Rückreisetickets erfolgen. Die finanziellen Mittel können insbesondere nachgewiesen werden durch Barmittel, Kreditkarten und Schecks, aber auch durch:

– Bankbürgschaft eines Kreditinstituts, dem der Geschäftsbetrieb in der Bundesrepublik Deutschland erlaubt ist,
– selbstschuldnerische Bürgschaft des Gastgebers,
– telegrafische Geldanweisung oder
– Hinterlegung einer Sicherheitsleistung bei der für den Aufenthalt zuständigen Ausländerbehörde durch den Gastgeber oder einen Dritten oder
– Verpflichtungserklärung.

Bei begründeten Zweifeln an der Liquidität im bargeldlosen Zahlungsverkehr ist vor der Einreise eine Überprüfung vorzunehmen.

Die **öffentliche Ordnung** im Schengen-Gebiet ist als gefährdet anzusehen, wenn ein zwingender **34** oder ein Regelversagungsgrund iSd § 5 IV vorliegt oder eine zwingende Erteilungsvoraussetzung iSd § 5 I und II nicht erfüllt ist. Die Gefährdung kann auch darin gesehen werden, dass ein Ausweisungsgrund (jetzt Ausweisungsinteresse) gegeben ist[117]. In Fällen des § 54 Nr. 5 oder 5a hat die deutsche Auslandsvertretung vor einer Visumerteilung zwingend deutsche Sicherheitsbehörden zu beteiligen (dazu → § 73 Rn. 11).

Auch bei Erfüllung der in Art. 6 I SGK genannten Kriterien besteht **kein Anspruch** auf ein **35** einheitliches Visum[118]. Es herrscht wie nach deutschem Recht **keine Einreisefreiheit,** andererseits gehören die Aufrechterhaltung und die Förderung des internationalen Personenverkehrs auch zu den Grundanliegen der gemeinsamen Politik der Schengen-Staaten. Abgesehen von der Wahrung der öffentlichen Interessen im gesamten Hoheitsgebiet, also nicht nur in dem Bereich des Ausstellerstaats, sind im Rahmen des verbleibenden **Ermessens**[119] zusätzlich öffentliche Belange gegenüber den individuellen Interessen in Rechnung zu stellen. Hierfür gelten die Visaregeln der AufenthV und andere Einreise- und Aufenthaltsvorschriften des nationalen Rechts nicht, sondern allein die des SDÜ, SGK und des VK. Bestimmte materielle Auslegungsregeln hielt das SDÜ indes nicht bereit, wohl aber der VK. Vormals musste dies der Funktion des kurzfristigen Visums als Mittel zur Steuerung des internationalen Reiseverkehrs unter Wahrung der Interessen der Aufenthaltstaaten entnommen werden. Dabei war entsprechend den Rechtswirkungen des (heute) einheitlichen Visums nicht nur auf den Ausstellerstaat abzustellen, sondern auf den gesamten Schengen-Raum.

§ 6 I Nr. 1 AufenthG ist auch im Verhältnis zu Art. 23 IV, Art. 32 I und Art. 35 VI anzuwenden, **36** da § 6 I im Wege des Anwendungsvorrangs von den europäischen Bestimmungen nicht verdrängt wird. Die geforderte Übereinstimmung mit dem EU-Recht wird ohne Weiteres dadurch erreicht, dass § 6 I nur nach Maßgabe des VK zur Erteilung von Visa ermächtigt[120].

In diesem Zusammenhang ist vorab die Bedeutung von **Rückkehrfähigkeit und -bereitschaft** zu **37** klären[121]. Das öffentliche Interesse an der Einhaltung der Visumregeln betrifft nicht nur den Zeitpunkt der Einreise, sondern auch den der ordnungsgemäßen Beendigung des Aufenthalts durch Ausreise. Nicht zuletzt wegen des Fehlens von Binnengrenzkontrollen besteht ein außerordentliches gemeinsames Interesse der Mitgliedstaaten an der rechtzeitigen Ausreise des Visuminhabers aus dem Schengen-Gebiet. Die Bundespolizei hat im Zuge ihrer Fahndungsmaßnahmen in den Jahren 2005 bis 2010 nachstehende Anzahl von Personen im Bundesgebiet festgestellt, deren Visum bzw. Aufenthaltstitel abgelaufen war: 2005: 7.454 Personen, 2006: 6.021 Personen; 2007: 5.485 Personen; 2008: 4.831

---

[117] Betr. Kind VG Berlin Beschl. v. 17.5.2002 – 19 A 13.02, BeckRS 2002, 31346264.
[118] Ein Anspruch auf Erteilung eines Schengen-Visums setzt voraus, dass die Behörde ein solches Visum erteilen will (VG Berlin Urt. v. 21.2.2014 – 4 K 232.11 V, BeckRS 2014, 51064 und Urt. v. 27.3.2014 – 4 K 712.13 V, BeckRS 2014, 50963).
[119] VG Berlin Urt. v. 20.10.2011 – 22 K 6.11 V, BeckRS 2011, 56452: Zur fehlerhaften Ermessensausübung bei ausländischen Ehegatten eines deutschen Staatsangehörigen nach § 28 I Nr. 1 AufenthG.
[120] VG Berlin Urt. v. 27.3.2014 – 4 K 35.11 V, BeckRS 2014, 50961.
[121] → § 5 Rn. 31; *Teipel* ZAR 1995, 162 mwN.

Personen; 2009: 4.538 Personen und 2010: 5.405 Personen[122]. Lässt sich absehen, dass der dauernde Verbleib wesentlich wahrscheinlicher ist als die Rückkehr, dann ist die öffentliche Ordnung iSd Art. 6 I lit. e SGK gefährdet mit der Folge, dass das Visum nicht erteilt werden darf[123]. In anderen Fällen ist das Risiko des dauernden Verbleibs im Schengen-Gebiet mit dem Gewicht des Besuchsinteresses abzuwägen und nach Ermessen zu entscheiden. Art. 32 I iVm Art. 21 I VK ist dahin gehend auszulegen, dass die Verpflichtung der zuständigen Behörde eines Mitgliedstaats, ein einheitliches Visum zu erteilen, voraussetzt, dass in Anbetracht der allgemeinen Verhältnisse im Wohnsitzstaat des Antragstellers und seiner persönlichen Umstände, die anhand seiner Angaben festgestellt worden sind, keine begründeten Zweifel an der Absicht des Antragstellers bestehen, das Hoheitsgebiet der Mitgliedstaaten vor Ablauf der Gültigkeitsdauer des beantragten Visums zu verlassen[124]. Die zuständigen Behörden eines Mitgliedstaats dürfen nach Abschluss der Prüfung eines Antrags auf ein einheitliches Visum einem Antragsteller allerdings nur dann ein einheitliches Visum verweigern, wenn ihm einer der in Art. 23 IV, Art. 32 I und Art. 35 VI VK aufgezählten Gründe für die Verweigerung des Visums entgegengehalten werden kann[125]. Die betreffenden Behörden verfügen bei der Prüfung dieses Antrags über einen **weiten Beurteilungsspielraum**[126], der sich sowohl auf die Anwendungsvoraussetzungen dieser Vorschriften als auch auf die Würdigung der Tatsachen bezieht, die für die Feststellung maßgeblich sind, ob dem Antragsteller einer dieser Verweigerungsgründe entgegengehalten werden kann. Die Visumversagung lässt sich daher im Ermessenswege im Umkehrschluss nicht auf Rückkehrzweifel stützen, wenn diese zur Verneinung der Tatbestandsvoraussetzungen der Visumerteilung nicht ausreichten[127]. Ob die Auslegung des unbestimmten Rechtsbegriffs „begründete Zweifel an der Rückkehrabsicht" daher gerichtlich voll überprüfbar ist, ist streitig[128]. Verbleiben begründete Zweifel an der Rückkehrabsicht, die der Antragsteller nicht ausräumen kann, steht dies der Erteilung eines Schengen-Visums entgegen[129].

38 Schon im Hinblick auf die Massenhaftigkeit von Einreisebegehren für kurzfristige Besuche und Reisen bedurfte es (in Abstimmung mit den anderen Schengen-Staaten) einer pauschalen Steuerung durch geeignete Richtlinien des AA für die Auslandsvertretungen zur **Absicherung der Rückkehr.** Vor allem die Anerkennung von Pauschalreiseverträgen und **Reisekrankenversicherungen** (seit 1.1.2004 über mindestens 30.000 EUR)[130] musste zentral geplant und bestimmt werden, da insoweit eine individuelle Prüfung weder sachgerecht noch zeitgerecht vorgenommen werden konnte. Zudem bedurfte es hierzu der Abstimmung innerhalb der Schengen-Staaten, weil sonst ungleiche Bedingungen die erforderliche Einheitlichkeit der Zugangsvoraussetzungen gefährdeten. Die individuellen Verhältnisse bleiben trotz dieser notwendigen Globalprüfungen gleichwohl ausschlaggebend.

39 **Anhaltspunkte** für eine fehlende Bereitschaft zur Ausreise nach Ablauf des Kurzaufenthalts können sich va aus der mangelnden Verwurzelung im Heimatland oder aus Regelverletzungen bei früheren Aufenthalten ergeben[131] oder in den schwierigen Lebensbedingungen im Heimatland begründet sein[132]. Wenn es dabei bereits zu Verstößen gegen das Aufenthaltsrecht oder gegen StrafG gekommen ist, muss die Gefahr der Wiederholung ausgeräumt werden. Bei der Abwägung von öffentlichen und privaten Interessen müssen aber außer den öffentlichen Belangen auch die Rechte der Beteiligten, va aus Art. 6 GG und Art. 8 EMRK, angemessen berücksichtigt werden. Nach Art. 8 EMRK schützenswerte Rechte des Antragstellers im Hinblick auf die mögliche Anbahnung einer Lebenspartnerschaft mit einem Deutschen sind iRd Erteilung eines Schengen-Visums jedoch nicht zu prüfen[133] (auch → Rn. 39 zur Erteilung eines räumlich beschränkten Visums). So können sich einerseits, auch wenn der einreisewillige Ausländer über einen bestimmten Betrag für Einreise und Aufenthalt verfügt, **Bedenken** daraus ergeben, dass ein einladender Sohn, der als Asylberechtigter anerkannt ist und eine Verpflichtungserklärung abgegeben hat, seit Jahren für sich und seine Familie Sozialhilfe bezieht. Andererseits dürfen die persönlichen Anstrengungen zur Aufrechterhaltung der Familienbande durch kurzfristige Besuche nicht durch kleinliche Anforderungen zunichte gemacht werden.

---

[122] BT-Drs. 17/8084.
[123] Vgl. OVG NRW Urt. v. 31.5.1995 – 17 A 3538/92, EZAR 011 Nr. 5.
[124] EuGH Urt. v. 19.12.2013 – C-84/12, Slg. 2013 – Koushaki.
[125] OVG Bln-Bbg Beschl. v. 29.5.2013 – OVG 3 N 39.13, BeckRS 2013, 52338.
[126] VG Berlin Urt. v. 4.11.2014 – 28 K 355.13 V, BeckRS 2014, 58710.
[127] VG Berlin Urt. v. 4.11.2014 – 28 K 355.13 V, BeckRS 2014, 58710.
[128] Es steht nicht zu erwarten, dass sich die Auffassung durchsetzen wird, die Auslegung des in Art. 32 Ib VK genannten unbestimmten Rechtsbegriffs der „begründeten Zweifel an der Absicht, das Hoheitsgebiet der Mitgliedstaaten vor Ablauf der Gültigkeit des beantragten Visums zu verlassen", sei gerichtlich voll überprüfbar (entgegen VG Berlin Urt. v. 18.11.2014 – 24 K 33.14 V, BeckRS 2014, 59645), so VG Berlin Urt. v. 17.12.2014 – 28 K 50.14 V, BeckRS 2014, 59771.
[129] VG Berlin Urt. v. 17.12.2014 – 28 K 50.14 V, BeckRS 2014, 59771.
[130] EU-Rat, ABl. 2004 L 5, 79.
[131] *Teipel* ZAR 1995, 162; VG Berlin Urt. v. 12.10.2011 – 12 K 1544.10 V, BeckRS 2011, 55394.
[132] OVG Bln-Bbg Urt. v. 14.10.2014 – OVG 2 B 11.13, BeckRS 2014, 57880.
[133] BVerwG Urt. v. 15.11.2011 – 1 C 15.10, BeckRS 2012, 45869 Rn. 17; VG Berlin Urt. v. 3.2.2012 – 29 K 292.11 V, BeckRS 2012, 47541; OVG Bln-Bbg Urt. v. 14.10.2014 – OVG 2 B 11.13, BeckRS 2014, 57880.

An den Voraussetzungen für eine Visumerteilung fehlt es, wenn nach dem Ergebnis einer **umfas-** 40
senden Risikobewertung begründete Zweifel an der Absicht des Antragstellers bestehen, das Visum
zum angegebenen Aufenthaltszweck zu nutzen und fristgemäß den Schengen-Raum zu verlassen[134].
Die Prüfung, ob die Gefahr einer rechtswidrigen Einreise oder fehlender Rückkehrbereitschaft besteht,
erfordert eine **einzelfallbezogene Prognoseentscheidung**. Der Schutz von Ehe und Familie ist zu
beachten. Das Konsulat hat das Visum nach den **spiegelbildlichen Versagungsgründen** in Art. 32 I
VK zu verweigern, wenn der Antragsteller als eine Gefahr für die öffentliche Ordnung eingestuft wird
(lit. a Nr. vi) oder begründete Zweifel an der von ihm bekundeten Absicht bestehen, das Hoheitsgebiet der Mitgliedstaaten vor Ablauf des beantragten Visums zu verlassen lit. b)[135]. Aus der Tatsache,
dass bei einem früheren Aufenthalt die Verlängerung eines Visums beantragt und gewährt wurde, kann
nicht bei einer späteren Einreise auf fehlende Rückkehrbereitschaft geschlossen werden[136]. Werden bei
der Erteilung eines Besuchsvisums ernsthafte Zweifel an der Rückkehrwilligkeit festgestellt, ist eine
Erteilung nur in Ausnahmefällen möglich, soweit der betreffende Mitgliedsstaat dies aus humanitären
Gründen, aus Gründen nationalen Interesses oder aufgrund internationaler Verpflichtungen für erforderlich hält[137] (→ Rn. 29). Denn auch ein Anspruch auf Visumerteilung mit **räumlich beschränkter Gültigkeit** nach Art. 2 Nr. 4 und Art. 25 I lit. a VK, für den Art. 32 mit den dort genannten
Visumsverweigerungsgründen nicht gilt, besteht in diesen Fällen nicht. Ein Verpflichtungsbegehren,
das ein Schengen-Visum zum Gegenstand hat, erledigt sich auch nach Ablauf der im Antrag bezeichneten Reisedaten nicht, wenn dem Begehren erkennbar kein zeitlich bestimmter Reiseanlass zugrunde
liegt, sondern dieses fortbesteht und vom Antragsteller weiterverfolgt wird[138]. In diesen Fällen gebietet
es Art. 19 IV GG, im Wege der Verpflichtungsklage über das Visumbegehren zu entscheiden[139]. Die
materiellen Erteilungsvoraussetzungen und Versagungsgründe des VK für ein Schengen-Visum zu
Besuchszwecken, nach denen ua zu prüfen ist, ob begründete Zweifel an der Rückkehrbereitschaft des
Antragstellers bestehen, werden durch das zwischen der EG und der Ukraine geschlossene Visaerleich-
terungsabkommen weder verdrängt noch modifiziert[140].

Können die Voraussetzungen des Art. 6 SGK von Anfang an nicht erfüllt werden, besteht die 41
Möglichkeit einer **Ausnahme** (14 II; Art. 25 VK; Art. 6 V lit. c SGK). Der Charakter des Visums
verändert sich dann nicht, das Visum ist jedoch grundsätzlich auf deutsches **Hoheitsgebiet zu
beschränken** (Art. 25 II 1 VK). Als Grundlagen kommen nur in Betracht: völkerrechtliche oder
humanitäre Gründe oder politische Interessen der Bundesrepublik Deutschland. Allein die Absicht,
einen Menschen zu besuchen, ist kein humanitärer Grund[141]. Ein solcher humanitärer Grund könnte
zB die kurzfristige Aufenthaltsgewährung aus völkerrechtlichen, humanitären oder politischen Gründen iSd § 22 ff. sein. Hier wird aber in der Regel von einer längerfristigen Aufenthaltsperspektive
auszugehen sein, weshalb in solchen Fällen nur die Erteilung eines nationalen Visums in Betracht
kommen wird[142]. Wegen des Fortfalls von Binnengrenzkontrollen soll bei der Erteilung **restriktiv**
verfahren werden (vgl. Nr. 1.2.1.1.6 AAH-SDÜ; Nr. 6.1.2.5 AVwV). In Betracht kommen zB
Familienbesuche[143]. Die **Aussicht auf eine Lebenspartnerschaft** mit einem Deutschen fällt ohne
Weiteres in den Schutzbereich von Art. 8 EMRK und angesichts der Gleichstellung von Ehe und
Lebenspartnerschaft in § 27 II, sodass dem Antragsteller jedenfalls einfachrechtlich ein dem Art. 6 I
GG entsprechendes Schutzniveau zuzubilligen ist. Bei der Konkretisierung des Maßstabs der Erforderlichkeit, die in Art. 25 I VK den Mitgliedstaaten zugewiesen wird, ist zu berücksichtigen, dass nach
der Rspr. des BVerfG und des EGMR weder der Schutz der Familie nach Art. 6 GG noch das Recht
auf Achtung des Familienlebens nach Art. 8 EMRK einen unmittelbaren Anspruch auf Einreise und
Aufenthalt gewähren. Dies gilt über Art. 52 III GRCh auch für das Recht auf Achtung des Familienlebens nach Art. 7 GRCh. Allerdings verpflichtet die in Art. 6 I iVm II GG enthaltene wertentscheidende Grundsatznorm, der zufolge der Staat die Familie zu schützen und zu fördern hat, auch die
Auslandsvertretung, bei der Entscheidung über ein Besuchsvisum familiäre Bindungen des Ausländers
an Personen, die sich berechtigterweise im Bundesgebiet aufhalten, zu berücksichtigen und entsprechend dem Gewicht dieser Bindungen zur Geltung zu bringen; damit korrespondiert ein Anspruch des

---

[134] VG Berlin Beschl. v. 26.10.2010 – 22 K 31.10 V, BeckRS 2010, 55944.
[135] BVerwG Urt. v. 15.11.2011 – 1 C 15.10, BeckRS 2012, 45869 Rn. 17; vgl. hierzu Vorabentscheidungsersuchen an den EuGH durch VG Berlin Beschl. v. 10.2.2012 – VG 4 K 35.11 V, BeckRS 2012, 50164.
[136] OVG Bln-Bbg Urt. v. 24.6.2010 – OVG 2 B 16.09, BeckRS 2010, 51042; VG Berlin Urt. v. 14.12.2010 – 3 K
301.09 V, BeckRS 2011, 47843; VG Berlin Urt. v. 17.6.2011 – 14 K 275.10 V, BeckRS 2011, 53137.
[137] BVerwG Urt. v. 11.1.2011 – 1 C 1.10, BeckRS 2011, 48113; OVG Bln-Bbg Beschl. v. 20.4.2011 – OVG 11
M 43.10, BeckRS 2011, 50141.
[138] BVerwG Urt. v. 11.1.2011 – 1 C 1.10, BeckRS 2011, 48113.
[139] OVG Bln-Bbg Urt. v. 24.6.2010 – OVG 2 B 16.09, BeckRS 2010, 51042.
[140] BVerwG Urt. v. 15.11.2011 – 1 C 15.10, BeckRS 2012, 45869.
[141] VG Berlin Urt. v. 4.11.2014 – 28 K 355.13 V, BeckRS 2014, 58570.
[142] Vgl. in Bezug auf die Visumerteilung zum Zwecke der Asylantragstellung EuGH Urt. v. 7.3.2017 – C-638/16,
ZAR 2017, 134; *Niehaus* in Dörig MigrationsR-HdB § 10 Duldung, Beschränkung, Haftung Rn. 131; *Kluth* ZAR
2017, 105; aA *Shu-Perng Hwang* EuR 2018, 269.
[143] BT-Drs. 15/420, 71.

Grundrechtsträgers auf angemessene Berücksichtigung seiner familiären Bindungen. Auch Art. 8 EMRK und Art. 7 GRCh verpflichten iE zu einer solchen Abwägung nach Verhältnismäßigkeitsgrundsatz[144]. Ein Antrag auf Erteilung eines Schengen-Visums ist zwar in erster Linie auf ein für den gesamten Schengen-Raum gültiges einheitliches Visum (Art. II Nr. 3 VK) gerichtet, darin ist aber idR (als Minus) zugleich ein Antrag auf ein Visum mit räumlich beschränkter Gültigkeit (Art. II Nr. 4 VK) – hier für das Hoheitsgebiet der Bundesrepublik Deutschland – enthalten. Bei Versagung eines einheitlichen Visums müssen deshalb die Auslandsvertretungen und im Falle einer Klage die VG regelmäßig auch darüber entscheiden, ob nicht zumindest ein Visum mit räumlich beschränkter Gültigkeit zu erteilen ist.

42   Die Erteilung für **mehrere Einreisen** (Eintrag „MULT") erfolgt aus Vereinfachungsgründen, um wiederholte gleichgerichtete Visavorgänge zu ersparen. Die Gültigkeit kann auf den voraussichtlichen Gesamtzeitraum abgestellt werden, darf aber fünf Jahre nicht überschreiten. Es gilt jeweils für längstens 90 Tage innerhalb von 180 Tagen (Art. 24 VK; Nr. 6.2 AVwV). Die deutschen Auslandsvertretungen erteilten im Jahr 2018 insgesamt 546.287 Visa mit ein- bzw. mehrjähriger Gültigkeitsdauer (2017: 523.350, 2016: 515.690, 2015: 529.576, 2014: 464.776, 2013: 413.190, 2012: 326.069). Im Jahr 2018 fielen darunter 348.532 Jahresvisa, 106.721 Zwei-Jahres-Visa, 60.584 Drei-Jahres-Visa, 13.079 Vier-Jahres-Visa sowie 17.371 Fünf-Jahres-Visa[145]. Die Konsulate dürfen Mehrfachvisa erteilen, deren Gültigkeitsdauer über die Gültigkeitsdauer des Reisedokuments des Antragstellers hinausgeht, um sicherzustellen, dass Mehrfachvisa mit einer langen Gültigkeitsdauer von drei bis fünf Jahren eine maximale Wirkung entfalten können[146].

43   Die **Gebühren** für die Erteilung von Schengen-Visa richtet sich nach Art. 16 VK und ergänzend nach § 46 AufenthV (→ Rn. 59).

4. Durchreise

44   Das **Transitvisum** (Typ C „Transit") erlaubt dem Inhaber die Durchreise durch das Schengen-Gebiet von **einem Drittstaat in einen anderen Drittstaat**. Die zulässige Anzahl der Durchreisetage bemisst sich nach dem VK an der (tatsächlich zu vermutenden) Durchreisedauer + 15 Tage „Gnaden"- oder „Kulanzfrist"; insoweit gibt es die alte „Fünf-Tage"-Regelung analog der GKI nicht mehr. Das Visum kann für eine, zwei oder ausnahmsweise auch mehrere Durchreisen erteilt werden. Die Dauer wird je nach Verkehrsmittel bestimmt. Auch hier können sich Bedenken aus einer möglichen Absicht des Verbleibs auf Dauer (→ Rn. 25–28) oder über die zugelassene Transitzeit hinaus ergeben. Das Transitvisum darf nicht mit dem speziellen **Durchreiserecht nach Art. 6 V lit. a SGK** verwechselt werden. Art. 14 SGK knüpft an die Nichterfüllung der Einreisevoraussetzungen von Drittstaatsangehörigen nach Art. 6 I SGK die Einreiseverweigerung in den Fällen, in denen der vorgenannte Personenkreis nicht unter Art. 6 V SGK fällt. Denn Drittstaatsangehörige, die nicht alle Voraussetzungen des Abs. 1 erfüllen, der Inhaber eines von einem Mitgliedstaat ausgestellten Aufenthaltstitels oder Visums für den längerfristigen Aufenthalt[147] sind, wird die **Einreise in das Hoheitsgebiet der anderen Mitgliedstaaten zum Zwecke der Durchreise zur Erreichung des Hoheitsgebiets des Mitgliedstaats** gestattet, der den Aufenthaltstitel, das Visum für den längerfristigen Aufenthalt ausgestellt hat, es sei denn, sie sind auf der nationalen Ausschreibungsliste des Mitgliedstaats, an dessen Außengrenzen sie einreisen wollen, mit einer Anweisung ausgeschrieben, ihnen die Einreise oder die Durchreise zu verweigern[148].

Das Visum Typ C zum Zwecke des Transits kann auch **an der Grenze** erteilt werden (näher dazu unter → Rn. 48), auch an Seeleute, falls ein dringender unvorhersehbarer Einreisegrund gegeben ist und das Visum nicht vorab eingeholt werden konnten (§§ 14 II, 71 III Nr. 2; Art. 35, 36 iVm Anhang VI, IX VK). Das **Flughafen-Transitvisum** (Kategorie A, Art. 3, 26 VK; § 26 II AufenthV; → Rn. 8 f.) ist hier nicht erwähnt, weil es nicht zur Einreise, sondern nur zum Aufenthalt im Transitbereich des Flughafens berechtigt[149] und daher keinen Aufenthaltstitel darstellt (vgl. § 4 I 1, § 6 I Nr. 2; Art. 2 Nr. 5 VK). Die **Gebühren** für die Erteilung von Schengen-Visa richten sich nach Art. 16 VK und ergänzend nach § 46 AufenthV (→ Rn. 59).

5. Verlängerung

45   Das einheitliche Visum kann in **besonderen Fällen im Inland** bis zur Gesamtaufenthaltsdauer von 90 Tagen innerhalb von 180 Tagen verlängert werden (II 1; vgl. Art. 33 VK), wenn es nicht schon auf diese längste Dauer ausgestellt wurde. Das Visum kann auch von der Auslandsvertretung (Konsulat)

---

[144] BVerwG Urt. v. 15.11.2011 – 1 C 15.10, BeckRS 2012, 45869 Rn. 17; VG Berlin Urt. v. 3.2.2012 – 29 K 292.11 V, BeckRS 2012, 47541.
[145] Antwort der BReg v. 4.11.2019, BT-Drs. 19/14701.
[146] COM(2014) 165 final v. 1.4.2014.
[147] Eingefügt mWv 5.4.2010 durch VO (EU) Nr. 265/2010.
[148] Ausf. *Winkelmann* ZAR 2010, 270.
[149] Krit. zur früheren Rechtslage *Westphal/Stoppa* S. 111 f.

eines anderen Staats ausgestellt sein. Zuständig ist die Ausländerbehörde, in deren Bezirk sich der Ausländer aufhält. Die Änderung eines bereits erteilten Visums in Form der Verlängerung ist nicht für die Grenzbehörde vorgesehen. Das dort beschriebene Verfahren greift nach Art. 33 VK nur für Fälle, in denen die Antragsteller bereits eingereist sind. Die Ausstellung ist in **Fällen des Vorliegens höherer Gewalt oder humanitärer Gründe vorgeschrieben und daher kostenlos** (Art. 33 I 2 VK). Abgesehen davon, dass die Voraussetzungen für die Erteilung (→ Rn. 21 ff.) weiter vorliegen müssen, ist die Verlängerung nur in besonders gelagerten Fällen zulässig, die sich nicht zwangsläufig durch Härte oder Unzumutbarkeit auszeichnen müssen. Die maßgeblichen Grundsätze für die Ermessensausübung hatte noch der Schengen-Exekutivausschuss aufgestellt (seit dem Amsterdamer Vertrag der *Rat der EU für Justiz und Inneres* (JI), vgl. Art. 2 I 2 Schengen-Protokoll)[150]. Danach mussten in einem Antrag für die Erteilung neue Tatsachen für den gleichen Aufenthaltszweck begründet werden (zB höhere Gewalt, humanitäre, berufliche oder schwerwiegende persönliche Gründe). Das Ermessen war daran auszurichten, dass die Grenze von drei Monaten allgemein galt und für den Reiseverkehr als angemessen angesehen wurde und deshalb bei kürzerer Befristung öffentliche Interessen nicht von vornherein gegen eine Verlängerung bis zu dieser Grenze sprachen. Als besonderer Anlass kam zB eine zwischenzeitliche Veränderung der Sachlage in Betracht, auch wenn diese nicht unvorhergesehen eingetreten war. Nach Art. 33 II VK **können** die Gültigkeitsdauer und/oder die Aufenthaltsdauer eines erteilten Visums **verlängert werden,** wenn der Visuminhaber **schwerwiegende persönliche Gründe,** die eine Verlängerung der Gültigkeitsdauer oder der Aufenthaltsdauer rechtfertigen, belegt. Für diese Verlängerungen wird eine **Gebühr von 30 EUR** erhoben. Die Daten der Verlängerung sind gem. Art. 14 VIS-VO[151] in das Visa-Informationssystem einzugeben. Die Verlängerung erfolgt durch das Ausfüllen und Anbringen einer neuen Visummarke (Art. 33 VI VK). Dies ergibt sich auch schon aus Art. 27 III VK, wonach auf einer bereits bedruckten Visummarke keine handschriftlichen Änderungen vorgenommen werden dürfen. In Fällen der konsultationspflichtigen Staaten ist die Ausnahme auf Notfälle begrenzt. Über die nunmehr in Art. 33 VK geregelten Fälle hinaus kann nach § 39 AufenthV ein Aufenthaltstitel in den dort bezeichneten Fällen im Bundesgebiet eingeholt oder verlängert werden.

Eine ähnliche Regelung hält § 40 AufenthV entsprechend dem Vorbehalt für Ausnahmefälle in Art. 20 II SDÜ für **vom Visumzwang befreite** Personen bereit. Danach wird aber nicht das Visum verlängert, sondern eine Aufenthaltserlaubnis im Anschluss an einen visumfreien Kurzaufenthalt erteilt. Dazu muss nicht nur eine Ausnahmesituation festgestellt werden, sondern die Ausübung einer Erwerbstätigkeit ausgeschlossen sein. **46**

Eine **weitere Verlängerung** um bis zu 90 Tage innerhalb von 180 Tagen ist nur aus denselben Gründen zulässig wie die Ausnahme nach Art. 6 V lit. c SGK (Abs. 2 S. 2): völkerrechtliche oder humanitäre Gründe oder politische Interessen der Bundesrepublik Deutschland (→ Rn. 29). Damit sind jedoch die Bedingungen des einheitlichen Visums (Schengen-Visums) nicht mehr erfüllt, mit der Folge, dass es sich mit der Verlängerung um ein **räumlich beschränktes Visum** iSv Art. 25 I lit. b VK aber nicht um ein **nationales Visum** handelt. Insoweit ist der Gesetzestext in § 6 II 2 fehlgehend, da nicht das Schengen-Visum hin zu einem nationalen Visum verlängert wird, sondern das einheitliche Visum zu einem Visum mit räumlich beschränkter Gültigkeit. Andernfalls würde das so erstellte nationale Visum Reiserechte in alle Schengen-Staaten nach Art. 21 IIa SDÜ erzeugen, selbst dann, wenn es sich schon zuvor um ein räumlich beschränktes Schengen-Visum gehandelt hätte[152]. Der Berechtigungsinhalt des räumlich beschränkten Visums wird auf dem einheitlichen Sichtvermerk eingetragen, wobei als Gültigkeitsbereich „DEUTSCHLAND" bezeichnet wird (Erteilung eines Visums mit räumlich beschränkter Gültigkeit, Art. 25 Ib VK). Ein Visum mit räumlich beschränkter Gültigkeit ist nur für das Hoheitsgebiet des ausstellenden Mitgliedstaats gültig. In Ausnahmefällen kann es für das Hoheitsgebiet von mehr als einem Mitgliedstaat gültig sein, sofern die betreffenden Mitgliedstaaten dem zustimmen (Art. 25 II VK). **47**

Die „Verlängerung" eines einheitlichen Visums im vorgenannten Sinne in der Funktion („für weitere 90 Tage") führte **bis 5.9.2013** zur **Fortbestandsfiktion,** war aber keine eigentliche Verlängerung des Visums, sondern bewirkte ein Aufenthaltsrecht eigener Art (sui generis). Lediglich die Wirkungen eines Schengen-Visums, begrenzt auf das Gebiet der Bundesrepublik Deutschland, blieben – nach nationalem Recht – fortbestehen (s. o.). Da die Fiktionsbescheinigung als Aufenthaltstitel iSv Art. 21 III SDÜ notifiziert ist, handelt es sich bei der Fiktionsbescheinigung daher um einen neuen Aufenthaltstitel iSd Art. 21 SDÜ (Drittausländer mit nationalem Aufenthaltstitel) – und damit handelte es sich nicht (mehr) um ein Schengen-Visum für kurzfristige Aufenthalte iSd Art. 2 Nr. 2a VK[153]. **48**

---

[150] Beschl. v. 14.12.1993 – Sch/Comex (93) 21, ABl. 2000 L 239, 151.
[151] Verordnung (EG) Nr. 767/2008 des Europäischen Parlaments und des Rates vom 9.7.2008 über das Visa-Informationssystem (VIS) und den Datenaustausch zwischen den Mitgliedstaaten über Visa für einen kurzfristigen Aufenthalt (VIS-Verordnung).
[152] AA *Stahmann/Schild* in Hofmann, 2. Aufl., § 6 Rn. 81.
[153] OVG NRW Beschl. v. 12.9.2008 – 18 B 943/08, BeckRS 2008, 141851; VG Stuttgart Beschl. v. 25.2.2009 – 8 K 74/09, BeckRS 2009, 32165; VG Darmstadt Beschl. v. 23.10.2009 – 5 L 557/09 DA (2), BeckRS 2010, 46043.

Soweit ein zuvor schon auf Deutschland räumlich beschränktes Visum verlängert werden sollte und Fortbestandsfiktion auslöst (§ 81 IV), wurde der begrenzten Wirkung in der Fiktionsbescheinigung durch Eintrag in den **Nebenbestimmungen** Rechnung zu tragen.

49 Die bislang gesetzlich vorgesehene **Fortgeltungsfiktion** des § 81 IV 1, die auch bei vorangegangenem Besitz eines Schengen-Visums eintrat, ist infolge des Art. I Nr. 27a des Gesetzes zur Verbesserung der Rechte von international Schutzberechtigten und ausländischen Arbeitnehmern vom 29.8.2013 (BGBl. 2013 I S. 3484) **weggefallen**.[154] Beantragt der Inhaber eines Schengen-Visums vor dessen Ablauf die Verlängerung, so tritt die Erlaubnisfiktion des § 81 IV 1 nun gem. § 81 V 2 nicht ein. Dies gilt auch für Schengen-Visa anderer Schengen-Staaten[155].

6. Ausnahmevisa

50 Die Grenzbehörde kann einem Ausländer nach Art. 6 V lit. b, c SGK, §§ 14 II, 71 III 2, Art. 35, 36 iVm Anhang VI, IX VK ein Visum an der Grenze (Ausnahmevisum) erteilen[156]. Im Jahr 2017 wurden durch die Bundespolizei und die mit der grenzpolizeilichen Kontrolle beauftragten Behörden der Länder Bayern und Hamburg 9.754 Ausnahmevisa erteilt, davon 9.212 Schengen-Visa und 542 nationale Visa. Die Schengen-Visa entfielen ua auf Staatsangehörige der Philippinen (4.530), Indien (1.395), der Russischen Föderation (683) und Indonesien (651)[157]. Dabei bestehen unionsrechtliche Regelungen für einheitliche Visa nur für die Erteilung von Visa an den (Schengen-)Außengrenzen. Die Erteilung von Ausnahmevisa an den Binnengrenzen ist damit nicht ausgeschlossen und ist basierend auf nationalem Recht *vor* der Einreise möglich (zB über Kontaktdienststellen im Ausland). In Abweichung der allgemeinen Regel, dass Visa nach Art. 18 VK von den diplomatischen und konsularischen Vertretungen erteilt werden, kann einem Drittausländer, der beim Überschreiten der Außengrenzen der Mitgliedstaaten im Besitz eines Visums sein muss, ausnahmsweise an der Grenze ein Visum erteilt werden, wenn nach Art. 35, 36 iVm Anhang VI, IX VK[158] folgende **Erteilungsvoraussetzungen** erfüllt sind:

– Er muss die Voraussetzungen nach Art. 6 I lit. a, c, d und e SGK erfüllen,
– es war ihm nicht möglich, im Voraus ein Visum zu beantragen,
– er muss ggf. unter Vorlage von Belegen einen unvorhersehbaren zwingenden Einreisegrund geltend machen und
– seine Rückreise in den Herkunftsstaat oder die Durchreise in einen Drittstaat muss gewährleistet sein.

Ein Visum, das bei Vorliegen der genannten Bedingungen an der Grenze erteilt wird, kann je nach Fall entweder ein Durchreisevisum (Typ C „Transit") oder ein Einreisevisum (Typ C) iSd Art. 24 VK sein, das grundsätzlich für alle Schengen-Staaten gilt. In beiden Fällen ist das erteilte Visum nur für eine Einreise gültig. Die **Gültigkeitsdauer** solcher Einreisevisa betrug vor Inkrafttreten des VK nach Art. 1 II VO 415/2003/EG maximal 15 Tage; die Gültigkeitsdauer solcher Durchreisevisa betrug maximal fünf Tage. Nunmehr beträgt die Gültigkeitsdauer gem. Art. 35 III VK für einheitliche Visa, unabhängig davon, ob es sich um ein Visum zum Zwecke des Aufenthalts oder der Durchreise handelt, höchstens 15 Tage. Die konkrete Gültigkeitsdauer wird dabei nach dem individuellen Zweck und den Bedingungen des beabsichtigten Aufenthalts bemessen. Nicht erfasst werden mangels Kompetenz der EU Flughafentransitvisa des Typs A.

51 Ausnahmevisa sollen grundsätzlich für das gesamte Schengen-Gebiet gültig sein. Ausnahmen, in denen ein Ausnahmevisum auf das **Bundesgebiet oder weitere Schengen-Staaten räumlich beschränkt** wird, begründen folgende Fälle[159]:

– Der Drittausländer erfüllt nicht alle Einreisevoraussetzungen des Art. 6 I SGK; ihm wird aber in Anwendung des Art. 6 V lit. c SGK iVm Art. 35 IV, 25 I lit. a VK aus völkerrechtlichen oder humanitären Gründen oder zur Wahrung politischer Interessen der Bundesrepublik Deutschland ein Ausnahmevisum erteilt.
– Dem Drittausländer wird in Anwendung des Art. 25 I lit. b VK ein Visum erteilt, obwohl er bereits drei Monate im Bezugszeitraum von sechs Monaten ausgeschöpft hat.
– Das Reisedokument des Drittausländers wird von einem oder mehreren Schengen-Staaten nicht anerkannt (Art. 25 III VK).
– Der Drittausländer gehört nach Art. 22 VK zu einer Kategorie von Personen, für die zwingend vorgeschrieben ist, eine oder mehrere Zentralbehörden anderer Mitgliedstaaten zu konsultieren (Art. 25 VK), was aus Zeitgründen nicht möglich ist.

---

[154] Hierauf Bezug nehmend BayVGH Beschl. v. 12.8.2014 – 10 CS 14.1315/10 C 14.1317, BeckRS 2014, 55848.
[155] BVerwG Urt. v. 19.11.2019 – 1 C 22.18, BeckRS 2019, 36255 Rn. 18.
[156] Vgl. auch → § 19 Rn. 25 ff.
[157] Antw der BReg v. 4.11.2019, BT-Drs. 19/14701.
[158] Vormals VO (EG) Nr. 415/2003 des Rates v. 27.2.2003 über die Erteilung von Visa an der Grenze, einschließlich der Erteilung derartiger Visa an Seeleute auf der Durchreise (ABl. 2003 L 64, 1).
[159] Fallgruppen wurden entnommen *Westphal/Stoppa* S. 496.

Ausnahmsweise kann die Grenzbehörde nach §§ 14 II, 71 III Nr. 2 auch an einer **(Schengen-) Binnengrenze** ein Ausnahmevisum erteilen, wenn der Ausländer noch nicht eingereist ist[160] (→ Rn. 48). Ebenfalls kann ein Ausnahmevisum dem Gültigkeitszeitraum des bereits erteilten Visums zeitlich vorgeschaltet sein, um den Zeitraum bis zum ersten Gültigkeitstag aus besonderen Gründen zu überbrücken.

Bis zum 1.2.2020[161] war in der VO die Ausnahmevisum-Erteilung an **Seeleute** geregelt (Art. 36 iVm Anhang IX VK[162]). Einem Seemann, der beim Überschreiten der Außengrenzen der Mitgliedstaaten im Besitz eines Visums sein musste (EU-VisaVO, Art. 3 I iVm Anhang I), konnte an der Grenze ein Durchreisevisum erteilt werden, wenn er: 52

– die Bedingungen gemäß Art. 36 iVm Anhang IX VK erfüllte (Voraussetzungen nach Art. 6 I lit. a, c, d und e SGK; es war ihm nicht möglich, im Voraus ein Visum zu beantragen; er musste ggf. unter Vorlage von Belegen einen unvorhersehbaren zwingenden Einreisegrund geltend machen; seine Rückreise in den Herkunftsstaat oder die Durchreise in einen Drittstaat musste gewährleistet sein) und
– er die betreffende Grenze überschreiten wollte, um auf einem Schiff, auf dem er als Seemann arbeiten sollte, anzumustern oder wieder anzumustern oder von einem Schiff, auf dem er als Seemann gearbeitet hatte, abzumustern.

Das Visum zur Durchreise wurde in Einklang mit den Bestimmungen des Art. 1 II VK erteilt und enthielt ferner den Hinweis, dass der Inhaber Seemann ist. Die Erteilung von Sammelvisa war (entgegen des deutschen Vorschlags) bereits vor dem 2.2.2020 durch den VK nicht mehr vorgesehen, da aufgrund der Einführung der Verwendung biometrischer Daten der Grundsatz der **Einzelvisumbeantragung** gilt. Vor der Visumerteilung an der Grenze an einen Seemann oder an Seeleute auf der Durchreise kamen die zuständigen nationalen Behörden den in Anhang IX VK enthaltenen Weisungen nach. Bei der Ausführung dieser Weisungen tauschten die zuständigen nationalen Behörden der Mitgliedstaaten die erforderlichen Informationen über den betroffenen Seemann oder die betroffenen Seeleute anhand eines ordnungsgemäß ausgefüllten Formblatts für Seeleute auf der Durchreise gem. Anhang IX VK aus. Durch die VO (EU) 1155/2019 wurde der VK derart geändert, dass die Regelung zur Erteilung von Ausnahmevisa an Seeleute aus der VO gestrichen wurde. Durch Art. 36 IIa ist die Kommission nun ermächtigt, die Erteilung von Visa an den Außengrenze an Seeleute per Durchführungsbeschluss zu regeln. Von dieser Ermächtigung hat die Kommission Gebrauch gemacht und eine diesbezügliche Weisung erlassen[163], die im Wesentlichen der bisherigen Regelung entspricht.

Problematisch können in der Praxis Fälle der kurzfristigen Anreise von visumpflichtigen Seeleuten zu deutschen **Schiffsneubauten** oder **Werftaufliegern** sein, wenn diese aufgrund kurzfristiger An- oder Ummusterung ohne erforderliches Visum einreisen wollen und oftmals keine unmittelbare Ausreise sichergestellt ist. Teilweise erfolgt die Abreise mit diesen Schiffen aus Deutschland erst nach mehr als 15 Tagen, sodass dieser Aufenthalt nach dem VK nicht über ein Ausnahmevisum (Typ C „Transit") für die Durchreise geregelt werden kann. In der Praxis wurden für die betroffenen Werften aus gewohnheitsrechtlichen und wirtschaftlichen Erwägungen auf nationalem Recht basierende Zugeständnisse gemacht. Der Erteilung eines Transitvisums folgte während der Liegezeit in den Häfen und einem Aufenthalt im Hafenort regelmäßig die Erteilung eines Passierscheins nach § 24 II AufenthV durch die Grenzbehörden. Da bevorzugt der Erteilung von Mehrjahres-Visa für Seeleute möglich ist, sollten die Seeleute/Reeder schon aus verwaltungsökonomischen Gründen solche Visa beantragen (Art. 24 IIb VK). Fälle, in denen Schiffe innerhalb des Küstenmeeres an **Offshore-Windparks** für längere Zeit vor Anker liegen, damit Besatzungsmitglieder Arbeiten erledigen können, sind ausländerrechtlich relevant, da sich die Seeleute im deutschen Küstenmeer aufhalten und damit den ausländerrechtlichen Bestimmungen unterliegen. Für die Einreise und den Aufenthalt im Bundesgebiet bedürfen Drittstaatsangehörige auch die erforderlichen Aufenthaltstitels zur Erwerbstätigkeit, sofern nicht europäische Befreiungen dem entgegenstehen. Für diese Seeleute gilt jedoch keine Befreiung nach §§ 15 iVm 24 II AufenthV, da es sich nicht um ziviles Schiffspersonal eines *in der See- und Küstenschifffahrt verkehrenden Schiffes* handelt, die für den Aufenthalt im Hafenort während der Liegezeit des Schiffes vom Erfordernis eines Aufenthaltstitels befreit werden können[164]. 53

IV. Nationales Visum

Da Voraussetzungen und Berechtigungsinhalt des einheitlichen Visums beschränkt sind, besteht ein allgemeines Bedürfnis der Mitgliedstaaten an dem Fortbestand der Befugnis zur Erteilung von **Visa** 54

---

[160] Zu den Voraussetzungen s. *Westphal/Stoppa* S. 499.
[161] Vgl. Art. 3 II Verordnung (EU) 2019/1155 des Europäischen Parlaments und des Rates vom 20.6.2019 zur Änderung der Verordnung (EG) Nr. 810/2009 über einen Visakodex der Gemeinschaft (Visakodex), ABl 2019 L 188, 25.
[162] Ehemals Art. 2 iVm Anhang 1 und 2 der VO (EG) Nr. 415/2003.
[163] C(2020) 64 final, unveröffentlicht.
[164] BVerwG Urt. v. 27.4.2021 – 1 C 13.19, BeckRS 2021, 20449 Rn. 26–32.

nach eigenem Recht. Diese Möglichkeit wird ihnen durch den SGK allgemein über die beschränkte Ausnahme des Art. 6 V lit. c SGK hinaus belassen (vgl. Art. 18 SDÜ). Bis zum Inkrafttreten des VK konnte dieses Visum bis zu drei Monaten innerhalb der Sechs-Monats-Frist gleichzeitig als Schengen-Visum gelten, falls es dessen Voraussetzungen erfüllte (Art. 18 S. 2 SDÜ 2010, Typ D+C, sog. „Hybrid-Visum"). Sonst berechtigte es den Inhaber nur zur Durchreise *in* den Ausstellerstaat (Art. 18 S. 3 SDÜ 2010) und zu den von dem Mitgliedstaat zugelassenen Betätigungen. Am 27.2.2009 wurde von der Kommission der Vorschlag für eine VO des Rates zur Änderung des Übereinkommens zur Durchführung des Übereinkommens von Schengen in Bezug auf Visa für den längerfristigen Aufenthalt und Ausschreibungen im Schengener Informationssystem (KOM(2009) 90 endgültig, 2009/0025 (CNS)) vorgelegt. Die daraus folgende VO (EU) Nr. 265/2010 vom 25.3.2010[165] führte zur Änderung von Art. 18, 21 und 25 SDÜ sowie Art. 5 IVa SGK (alt). Damit ist der Personenverkehr im Schengen-Gebiet ohne Binnengrenzen für Drittstaatsangehörige, die sich mit einem von einem Mitgliedstaat ausgestellten Visum für den längerfristigen Aufenthalt (Kategorie D) rechtmäßig in dem betreffenden Mitgliedstaat aufhalten, erleichtert worden. Hintergrund waren die damals seit 14 Jahren bestehenden Probleme mit der Nichtgewährung von Weiter- und Rückreiserechten, die umfassend in der Begründung beschrieben werden. Die VO trat mit dem VK am 5.4.2010 in Kraft und gewährleistet damit eine **rechtliche Gleichstellung** von **Inhabern langfristiger Titel (D-Visum/Aufenthaltstitel) mit Inhaber nationaler Aufenthaltstitel.**

55 Die Notwendigkeit eines nationalen Visums besteht, wenn ein über die zeitlichen Grenzen des einheitlichen Visums hinausgehender **längerfristiger Aufenthalt** angestrebt wird (§ 6 III). Nur die Aufenthaltsdauer, nicht die Ausübung einer Erwerbstätigkeit ist dafür maßgeblich. Mit einem einheitlichen Visum ist zwar nicht kraft EU-Rechts über die Ausübung einer Erwerbstätigkeit entschieden. Hierüber haben vielmehr allein die Mitgliedstaaten zu befinden, und zwar nicht grenzüberschreitend, sondern nur auf ihr Hoheitsgebiet bezogen. Deswegen ist aber noch kein nationales Visum erforderlich, wenn während des Kurzaufenthalts eine Erwerbstätigkeit beabsichtigt ist und zugelassen werden soll. Falls ein Mitgliedstaat Erwerbstätigkeiten während des Kurzaufenthalts von visumbefreiten Personen ausschließen will, kann er für diese eine Ausnahme von der Visumbefreiung vorsehen (Art. 6 III EU-VisaVO, → Rn. 13 ff.), um eine bessere Steuerung der Erwerbsmigration zu ermöglichen. Aber auch in diesem Fall wird mit dem dann erteilten Visum nicht zugleich kraft EU-Rechts über die Zulässigkeit der Erwerbstätigkeit entschieden, sondern nur aufgrund nationaler Regelungen.

56 In Deutschland ist mit dem einheitlichen Visum nicht die Erlaubnis zur Erwerbstätigkeit verbunden. Während des Kurzaufenthalts mit einem einheitlichen Visum kann aber eine **Beschäftigung** nach Maßgabe von § 17 II AufenthV iVm § 30 BeschV[166] ausgeübt werden, weil die dort genannten Tätigkeiten nicht als Erwerbstätigkeit gelten. Dies gilt auch zugunsten von Positivstaatern. Von der Möglichkeit des Art. 6 III EU-VisaVO hat Deutschland durch § 17 AufenthV Gebrauch gemacht[167]. Positivstaater können als Saisonarbeitnehmer eine Arbeitserlaubnis gem. § 15 BeschV erhalten und dürfen dann gem. § 4a IV auch ohne Aufenthaltstitel beschäftigt werden[168].

57 Das nationale Visum ist für längerfristige Aufenthalte nach den für die Aufenthaltserlaubnis, die Niederlassungserlaubnis, Blaue Karte EU, ICT-Karte und die Erlaubnis zum Daueraufenthalt – EU geltenden Vorschriften vorgesehen (§ 6 III 2). Die **materiellen Grundlagen** für das nationale Visum stimmen mit denen für die im Inland erteilten Aufenthaltserlaubnisse, Niederlassungserlaubnisse, Blaue Karten EU, ICT-Karten oder Erlaubnisse zum Daueraufenthalt – EU überein. Damit sind die gesetzlichen Bestimmungen über diese Aufenthaltstitel auch auf das nationale Visum anzuwenden. Erfasst sind sowohl die allgemeinen Erteilungsvoraussetzungen als auch die speziellen Voraussetzungen für den jeweiligen Aufenthaltszweck. Dies gilt auch für nationale Visa aus völkerrechtlichen, humanitären oder politischen Gründen (§§ 22 ff.), die in der Regel einen längerfristigen Aufenthalt zum Ziel haben. So hat der EuGH entschieden, dass sich die Erteilung eines Visums zum Zwecke einer Asylantragstellung ausschließlich nach nationalem Recht richtet und wegen des auf einen längerfristigen Aufenthalt angelegten Aufenthaltszweck Unionsrecht insoweit nicht zur Anwendung kommt[169]. Eingeschlossen sind ferner alle Vorschriften über die Zulassung einer selbstständigen oder unselbstständigen Erwerbstätigkeit. Es läuft dem Zweck der Ermächtigung des § 5 Abs. 2 S. Alt. 1 nicht zuwider, wenn die Ausländerbehörde sich bei ihrer **Ermessensausübung** davon leiten lässt, dass es – ungeachtet des Vorliegens eines Anspruchs auf Erteilung einer Aufenthaltserlaubnis – einem nachzugswilligen Ehegatten grundsätzlich zumutbar ist, das Visumverfahren zu durchlaufen[170]. Das Visumverfahren ist ein **Steuerungsinstrument der Zuwanderung**[171], dessen Beachtung die Ausländerbehörde auch in

---

[165] ABl. 2010 L 85, 1.
[166] S. hierzu BR-Drs. 182/13 mit Vorschlägen zur Änderung des AuslBeschäftigungsR.
[167] Dazu *Maor* ZAR 2005, 185.
[168] → § 4a Rn. 41.
[169] EuGH Urt. v. 7.3.2017 – C-638/16 PPU, BeckRS 2017, 103042; *Niehaus* in Dörig MigrationsR-HdB § 10 Duldung, Beschränkung, Haftung Rn. 131; *Kluth* ZAR 2017, 105; aA *Shu-Perng Hwang* EuR 2018, 269.
[170] BVerfG Beschl. v. 14.12.2007 – 2 BvR 2341/06, BeckRS 2008, 33618.
[171] So im Folgenden zitiert nach OVG Brem Beschl. v. 21.12.2011 – 1 B 246/11, BeckRS 2012, 45794.

Bezug auf den Ehegattennachzug verlangen kann. Der Umstand, dass die Eheleute in diesem Fall eine vorübergehende Trennung für die **übliche Dauer des Visumverfahrens** hinnehmen müssen, verstößt nicht gegen Art. 6 GG oder Art. 8 EMRK. Andererseits bildet die normale Dauer des Visumverfahrens aber auch die maßgebliche Grenze für die hinzunehmende Trennungszeit[172]. Das bedeutet, dass die Ausländerbehörde dessen voraussichtliche Dauer in die Ermessenserwägungen einzubeziehen hat. Bestehen Anhaltspunkte dafür, dass die Trennungszeit die normale Dauer eines Visumverfahrens überschreiten würde, ist dies im Rahmen der Ermessensausübung zugunsten des Ehegatten zu berücksichtigen. Zu berücksichtigen ist ferner, dass die Ausländerbehörde selbst auf die Dauer des Visumverfahrens Einfluss nehmen kann. Denn die Erteilung des Visums ist nach § 31 AufenthV von ihrer Zustimmung abhängig. Besteht sie iRv § 5 Abs. 2 S. 2 Alt. 1 auf der Durchführung eines Visumverfahrens, hat sie regelmäßig durch Erteilung einer Vorabzustimmung nach § 31 Abs. 3 AufenthV dafür Sorge zu tragen, dass die Trennungszeit nicht länger als erforderlich dauert[173].

Neben den materiellen Vorschriften für den jeweiligen Aufenthaltszweck sind die **Verfahrensregeln** einzuhalten, die aufgrund der Ermächtigung in § 99 Abs. 1 Nr. 3 in §§ 31–38 AufenthV aufgenommen sind. Das Verfahren der Auslandsvertretung folgt zum Teil anderen Regeln als das Verfahren im Inland. Außer der Ersatzzuständigkeit der Ausländerbehörde Berlin (§ 38 AufenthV) ist in der AufenthV bestimmt, in welchen Fällen es keiner Zustimmung der Ausländerbehörde bedarf (§§ 33–37) und in welcher Weise die Ausländerbehörde die Zustimmung zu erteilen hat. Die Absicht einer Erwerbstätigkeit löst nach § 31 I 1 Nr. 2 AufenthV die Zustimmungsbedürftigkeit aus; über die Zulassung zur Erwerbstätigkeit findet sich dort aber keine ausdrückliche Bestimmung. 58

Im Anschluss an die Geltungsdauer des Langzeit-Visums wird auf Antrag die entsprechende Aufenthaltserlaubnis, Blaue Karte EU oder ICT-Karte erteilt. Visa für den längerfristigen Aufenthalt haben eine **Gültigkeitsdauer von höchstens einem Jahr** (Art. 18 I SDÜ). Gestattet ein Mitgliedstaat einem Drittausländer einen Aufenthalt von mehr als einem Jahr, wird das Visum für einen längerfristigen Aufenthalt vor Ablauf seiner Gültigkeitsdauer durch einen Aufenthaltstitel ersetzt (Art. 18 II SDÜ). Ob dies nach der Einreise zulässig ist, richtet sich nach den Regeln des § 39 AufenthV. Nach der Einreise in das und dem Aufenthalt im Bundesgebiet, der nach seiner Dauer keinen Besuchs- oder anderen vorübergehenden Zwecken (mehr) dient, kommt eine Verpflichtung zur Erteilung eines Visums zum Zwecke des Familiennachzugs nicht mehr in Betracht. Das nationale Visum, eine nach seiner gesetzlichen Ausgestaltung in §§ 4 I 2 Nr. 1, 6 III Nr. 1 vor der Einreise einzuholende besondere Form des Aufenthaltstitels, ist nicht für das Aufenthaltserlaubnisbegehren von Ausländern vorgesehen, die bereits ihren gewöhnlichen Aufenthalt im Bundesgebiet begründet haben[174]. Da die Erteilung eines anderen Aufenthaltstitels, wenn auch unter Umständen für denselben Zweck, beantragt wird, gilt das Visum mit den Eintragungen über die Erwerbstätigkeit fort (§ 81 IV). Schließlich wird der rechtmäßige Aufenthalt mit einem nationalen Visum auf Zeiten des Besitzes einer Aufenthaltserlaubnis, Niederlassungserlaubnis, Blauen Karte EU, ICT-Karte oder Erlaubnis zum Daueraufenthalt – EU angerechnet. 59

V. Verwaltungsverfahren und Annullierung

1. Verwaltungsverfahren

Für das Visumverfahren sind die vom AA ermächtigten Auslandsvertretungen (§ 71 II; Art. 2 Nr. 9, 4 I, 7 VK – **Konsulate** –) **zuständig**, für das Ausnahmevisum an der Grenze die Grenzbehörden (§§ 14 II, 71 III Nr. 2; Art. 35, 36 VK). Das einheitliche Visum ist grundsätzlich von der Visastelle des Konsulats desjenigen Staates auszustellen, in dem das Hauptreiseziel liegt (Art. 5 Ilit. a VK). Die weitere Prüfung der Zuständigkeit bestimmt sich nach den weiteren Alternativen des Art. 5 I VK sowie der Art. 6–8 VK. 60

Die **Erteilung** des einheitlichen Visums richtet sich mittlerweile ausschließlich nach EU-Recht (→ Rn. 14 ff.), ergänzt um nationales Verfahrensrecht. Die Visumverweigerung erfolgt nach Art. 32 VK; für Visaverweigerungen an der Grenze gilt Art. 35 VI, VII iVm Art. 58 V VK. Das VwVfG findet auf Verfahren vor den Auslandsvertretungen keine Anwendung (§ 2 III Nr. 3 VwVfG). Das einheitliche Visum wird nach den Bestimmungen des VK auf einer einheitlichen EU-**Visummarke** mit einem Lichtbild erteilt (vgl. VO/EG 1683/95 idF der VO/EG 2017/1370). **Gebühren** für die Ausstellung des Visums werden nach § 46 AufenthV erhoben: Die Gebühren für ein Visum betragen nach Art. 16 VK 80 EUR für den Antragsteller und 40 EUR für Kinder zwischen sechs und zwölf Jahren; befreit sind Kinder unter sechs Jahren, Schüler, Studenten, Forscher, Vertreter gemeinnütziger Organisationen bis 25 Jahre. Von der Gebühr können Kinder von sechs bis zwölf Jahren befreit werden, ebenso Inhaber von amtlichen Pässen und Personen bis 25 Jahre, die an bestimmten Veranstaltungen gemein- 61

---

[172] Vgl. BVerfG Beschl. v. 10.5.2008 – 2 BvR 588/08, BeckRS 2008, 35242; BVerwG Urt. v. 11.1.2011 – 1 C 23.09, BeckRS 2011, 48919.
[173] OVG Brem Beschl. v. 26.4.2010 – 1 B 50/10, BeckRS 2010, 48719; Beschl. v. 12.8.2011 – 1 B 150/11, BeckRS 2011, 53540.
[174] OVG Bln-Bbg Beschl. v. 20.5.2014 – OVG 3 B 3.12, BeckRS 2014, 51956.

nütziger Organisationen teilnehmen. Insoweit bedurfte es einer Änderung/Anpassung der §§ 50, 52 und 69 AufenthV. Ggf. gelten aufgrund von Visumerleichterungsabkommen der EU mit Drittstaaten abweichende Gebühren[175]. Nach Antragsrücknahme vor Eintritt in die Sachbearbeitung und für die Ablehnung ist eine Bearbeitungsgebühr in derselben Höhe fällig, es sei denn, die Ablehnung beruht auf der Unzuständigkeit der Behörde oder der mangelnden Handlungsfähigkeit des Antragstellers (§ 49 AufenthV). Die Gebühr für die Erteilung eines nationalen Visums (Typ D) ist von 60 auf 75 EUR erhöht worden[176].

62 **Nebenbestimmungen** können auch nachträglich verfügt werden (§ 12 II). Um mögliche finanzielle Risiken auszuschließen, kann im Wege des Ermessens auch auf das Mittel der **Kaution** zurückgegriffen werden[177]. Mit dieser Zahlung können später entstehende Kosten für Unterhalt und Abschiebung gedeckt werden, wenn diese nicht anders abgesichert werden können, zB durch eine Verpflichtung nach § 68. Die Kautionszahlung kann entweder durch Bedingung oder Auflage zum Visum angeordnet oder aber durch öffentlich-rechtlichen Vertrag vereinbart werden. Während bei der Bedingung ein unerwünschter Schwebezustand eintritt, erfordert die Auflage uU Vollstreckungsmaßnahmen; beide Nachteile werden durch die Vereinbarung vermieden. Die Kaution braucht grundsätzlich nicht verzinst zu werden[178]. Eine nachträgliche Befristung ist nicht vorgesehen, da § 7 II 2 nicht anwendbar ist[179].

63 Die **Ablehnung** des Visumantrags bedarf der **Schriftform** (Art. 32 II, III iVm Anhang VI VK; § 77 II), ausgenommen hiervon die Versagung eines Visums für einen längerfristigen Aufenthalt (Typ D) an der Grenze (§ 77 II Hs. 2 AufenthG 2010), die Versagung eines Schengen-Visums ist durch Ablehnungsbescheid und Begründung anhand des Formblatts (Anhang VI VK) mitzuteilen. Es ist ausdrücklich ein Rechtsmittel nach deutschem Recht vorzusehen (Art. 32 III 1 VK; s. näher unter Nr. 3 Rechtsschutz).

64 Die für die Visumerteilung zuständigen Behörden entscheiden in **eigener Verantwortung** über den Sichtvermerk aufgrund der jeweils einschlägigen materiellen Vorschriften der §§ 5 ff[180]. Art. 9 (Modalitäten für das Einreichen eines Antrags), Art. 10 (allgemeine Regeln für das Einreichen eines Antrags) und Art. 11 VK (Antragsformular) sowie das weitere Verfahren richten sich nach dieser VO. Die Prüfung der Einreisevoraussetzungen und die Risikobewertung erfolgen nach Art. 21 VK (→ Rn. 22 f.). An Verwaltungsvorschriften der Länder sind die Viusmbehörden dabei nicht gebunden[181]. Auch Entscheidungen und Stellungnahmen anderer Behörden sind grundsätzlich nicht für sie verbindlich, es sei denn, dies ist gesetzlich so bestimmt. Nach außen hin haben nur sie die getroffene Entscheidung zu vertreten (zum Rechtsschutz → Rn. 75 f.). Im internen Entscheidungsprozess der Auslandsvertretungen sind unter Umständen die Ausländerbehörde und die BA sowie weitere Stellen beteiligt. Ohne deren Beteiligung kann die Auslandsvertretung aber entscheiden, wenn ein Visum ohnehin nicht in Betracht kommt, weil zB zwingende Versagungsgründe gegeben sind.

65 Die deutschen Auslandsvertretungen können bestimmte **Daten**, die im Visumverfahren von ihnen oder von der für die Entgegennahme des Visumantrags zuständigen Auslandsvertretung eines anderen Schengen-Staates anfallen, gem. § 73 den dort genannten Sicherheitsbehörden zur Prüfung von Versagungsgründen übermitteln. Die Auslandsvertretung muss vor Erteilung eines Visums die **Zustimmung** der für den vorgesehenen Aufenthaltsort zuständigen **Ausländerbehörde** einholen, wenn der Aufenthalt länger als drei Monate dauern soll, eine Erwerbstätigkeit beabsichtigt ist oder im Zusammenhang mit der Terrorismusbekämpfung Daten an die Sicherheitsbehörden zu übermitteln sind (§ 31 I 1 AufenthV). Im Falle der Vermittlung durch einen Verband, eine Organisation, Forschungseinrichtung oder andere Stelle kann auch die Zustimmung der insoweit örtlich zuständigen Ausländerbehörde eingeholt werden (§ 31 II AufenthV). Ausnahmen von der obligatorischen Zustimmung gelten ua für Spätaussiedler mit Aufnahmebescheid und deren Ehegatten und Abkömmlinge, für bestimmte Stipendiaten, Wissenschaftler, Forscher, Gastarbeitnehmer, für Seeleute eines Schiffs unter deutscher Flagge und Mitglieder ausländischer Streitkräfte (§§ 33–36 AufenthV). Eine Zustimmung der obersten Landesbehörde ersetzt die der Ausländerbehörde und macht diese überflüssig (§ 32 AufenthV). Schließlich sind Erwerbstätige ausgenommen, deren Tätigkeit nicht als Erwerbstätigkeit im aufenthaltsrechtlichen Sinne gilt (§ 37 AufenthV iVm § 30 BeschV; Rückausnahme im Zusammenhang mit der Terrorismusbekämpfung). **§ 73a** (Unterrichtung über die Erteilung von Visa, s. dort) setzt Art. 31 VK um. Unterrichtungen der anderen Schengen-Staaten über erteilte Visa können über die zuständige Stelle an den Bundesnachrichtendienst, das Bundesamt für Verfassungsschutz, den Militärischen Abschirmdienst, das Bundeskriminalamt und das Zollkriminalamt zur Prüfung über-

---

[175] Vgl. zB Art. 5 des Abkommens zwischen der Europäischen Union und der Republik Cabo Verde zur Erleichterung der Erteilung von Visa für einen kurzfristigen Aufenthalt, ABl. 2021 L 371, 5.
[176] § 46 II Nr. 1 AufenthV (Ges. zur Änderung gebührenrechtlicher Regelungen im Aufenthaltsrecht, BGBl. 2017 I S. 2350).
[177] *Teipel* ZAR 1995, 162.
[178] OVG NRW Urt. v. 16.8.2000 – 17 A 1013/99, BeckRS 9998, 31245.
[179] *Hermann/Keicher* ZAR 2005, 196; dazu auch → Rn. 50.
[180] Näher *Teipel* ZAR 1995, 162.
[181] BVerwG Beschl. v. 15.3.1985 – 1 A 6.85, BeckRS 9998, 45383.

mittelt werden, ob der Einreise und dem Aufenthalt des Visumantragstellers/-inhabers die in § 5 IV genannten Gründe oder sonstige Sicherheitsbedenken entgegenstehen.

Maßgeblich für das Visum wie für die Zustimmung der Ausländerbehörde sind die für den jeweiligen Aufenthaltstitel einschlägigen Vorschriften. An die Zustimmung der Ausländerbehörde ist die Auslandsvertretung insofern **gebunden,** als das Visum ohne Zustimmung nicht erteilt werden darf; ob die Zustimmung zu Recht versagt worden ist, wird erforderlichenfalls in dem Rechtsstreit gegen die Bundesrepublik Deutschland nach Beiladung der für die Ausländerbehörde verantwortlichen Körperschaft entschieden[182]. Das Visum kann aber trotz Zustimmung versagt werden, wenn die formellen oder materiellen Voraussetzungen für den begehrten Aufenthaltstitel – entgegen der Ansicht der Ausländerbehörde – nicht gegeben sind[183]. Ausschlaggebend und nach außen verantwortlich ist demnach die Auslandsvertretung. Dies gilt auch und erst recht, wenn die Ausländerbehörde außerhalb des § 31 I AufenthV um Auskunft gebeten wurde, zB bei einem kurzfristigen Verwandtenbesuch. 66

Art. 32 III VK bestimmt, dass es auf den **Zeitpunkt der Entscheidung** über das „Rechtsmittel" ankommt. Art. 23 I VK, der eine Entscheidung innerhalb von 15 Kalendertagen über zulässige Visumanträge vorschreibt, kann dazu führen, dass Umstände übersehen oder missverstanden werden oder dass für den Betroffenen erst durch die Entscheidung erkennbar wird, was er noch darzulegen gehabt hätte. Das Überprüfungsverfahren soll die Möglichkeit eröffnen, Derartiges zu korrigieren. Das legt es nahe, auf den Zeitpunkt der Überprüfung abzustellen. Jedenfalls bietet die Norm keinen Anhalt dafür, dass es dem Antragsteller etwa abgeschnitten wäre, im „Rechtsmittelverfahren" weitere Unterlagen iSv Art. 14 I VK vorzulegen, und dass die Überprüfung allein auf die Sachlage am Ende der Frist des Art. 23 I VK beschränkt wäre[184]. 67

Das Zustimmungsverfahren bleibt **behördenintern,** auch wenn in der Behördenpraxis die Einholung der Zustimmung oft von dem Ausländer selbst beantragt wird oder wenn die Ausländerbehörde (nach § 31 III AufenthV) eine **Vorabzustimmung** erteilt oder ablehnt. Unterbleibt ein eigentlich notwendiges Zustimmungsverfahren, ist der Verwaltungsakt der Auslandsvertretung dennoch nicht nichtig (Rechtsgedanke des § 44 III Nr. 4 VwVfG), allenfalls anfechtbar. Die Mitwirkung der Ausländerbehörde kann bis zum Erlass eines Widerspruchsbescheids oder, falls der Widerspruch ausgeschlossen ist, bis zur Klageerhebung nachgeholt werden mit der Folge, dass der Verfahrensfehler geheilt ist (Rechtsgedanke des § 45 I Nr. 5, II VwVfG). Weder die Zustimmung noch deren Versagung stellen einen Verwaltungsakt dar und sind deshalb nicht selbstständig angreifbar, denn sie treffen keine Regelung mit verbindlicher Außenwirkung (vgl. § 35 VwVfG). Im Verwaltungsprozess führt die obligatorische Mitwirkung der Ausländerbehörde zur notwendigen Beiladung (§ 65 II VwGO) der sie tragenden Körperschaft. Die Zustimmung ist bis zur Erteilung des Visums rücknehmbar oder widerrufbar, falls die Voraussetzungen nicht vorlagen oder nachträglich entfallen; später erscheint die Rücknahme ausgeschlossen[185]. 68

Ebenso verhält es sich bei einer **Konsultation,** die bei SIS-Ausschreibung und bei Herkunft aus bestimmten Staaten erforderlich wird (Art. 22 VK). Sofern dabei uU die Sicherheitsbehörden eingeschaltet werden, bleibt auch diese Mitwirkung intern. Eine ablehnende Stellungnahme des konsultierten Staats bindet die Auslandsvertretung nicht. Diese hat vielmehr selbstständig über Art. 6 I lit. d SGK zu entscheiden und kann auch von der Möglichkeit des Art. 6 V lit. c SGK Gebrauch machen (→ Rn. 48). Die Mitgliedstaaten teilen nach dem vorgesehenen Verfahren der Kommission die Einführung oder Rücknahme der Verpflichtung zur vorherigen Konsultation mit, die ihrerseits die Mitgliedstaaten unterrichtet. Die Informationen sind nach Art. 53 I lit. d und II VK auch der **Öffentlichkeit** regelmäßig zur Verfügung zu stellen. Nach Art. 22 III, IV iVm Art. 53 I lit. b und Art. 47 I lit. g VK ist zur Verbesserung der Sichtbarkeit und im Hinblick auf ein einheitliches Auftreten im Bereich der gemeinsamen Visumpolitik eine gemeinsame Webseite über die Visabestimmungen im Schengen-Raum eingerichtet worden. Über diese Webseite werden der breiteren Öffentlichkeit alle einschlägigen Informationen zur Beantragung eines Visums zur Verfügung gestellt[186]. Diese Plattform ist bislang ausschließlich in englischer Sprache verfügbar. 69

Schließlich ist auch die Einbeziehung der BA zum Zwecke der Zustimmung zu einer **Beschäftigung** eine rein interne Angelegenheit. Die Auslandsvertretung hat für eine beabsichtigte unselbstständige Erwerbstätigkeit ein Zustimmungsverfahren nach denselben Grundsätzen einzuleiten wie die Ausländerbehörde; § 4 II und III gelten auch für das Visum. Die BA entscheidet gegenüber der Auslandsvertretung in derselben Weise wie gegenüber der Ausländerbehörde. Über den Zuzug eines Selbstständigen befindet die Auslandsvertretung ebenso wie die Ausländerbehörde (dazu § 21). 70

---

[182] BVerwG Urt. v. 18.9.1984 – 1 A 4.83, BVerwGE 70, 127; Urt. v. 16.5.1983 – 1 C 56/79, BVerwGE 67, 173.
[183] BVerwG Beschl. v. 15.3.1985 – 1 A 6.85, BeckRS 9998, 45383.
[184] VG Berlin Urt. v. 27.3.2014 – 4 K 35.11 V, BeckRS 2014, 50961.
[185] Betr letzterem aA *Teipel* ZAR 1995, 162.
[186] Vgl. Erwgr. Nr. 23 VK und Rede von *Henrik Lax,* MDEP, Berichterstatter Ausschuss für Bürgerliche Freiheiten, Justiz und Inneres anlässlich der Plenardebatte am 1.4.2009 in Brüssel; *Winkelmann,* Kommentierung zum VK; https://ec.europa.eu/home-affairs/policies/schengen-borders-and-visa_en.

2. Erlöschen, Widerruf und Rücknahme

71 Die allgemeinen Bestimmungen über Erlöschen, Widerruf und Rücknahme (§§ 51, 52) gelten für die nach § 4 I S. 2 aufgeführten Aufenthaltstitel (ohne Schengen-Visum, aber inklusive des nationalen Visums). Seit Anwendung des VK richtet sich die Annullierung und Aufhebung eines einheitlichen Visums („Schengen-Visums") nach Art. 34 VK, dementsprechend erhielt der SGK in Anhang V Teil A eine sprachliche Änderung. Die **Annullierung** kommt infrage, wenn die Erteilungsvoraussetzungen zum Zeitpunkt der Ausstellung schon nicht vorlagen[187], während die **Aufhebung** die Situation betrifft, in der die Voraussetzungen zum Gebrauch des Visums vor oder auch nach der Einreise *nicht mehr* erfüllt werden. Das Visum kann zu diesem Zweck **auch durch einen anderen Mitgliedstaat** als den Ausstellerstaat annulliert oder aufgehoben werden; der ausstellende Mitgliedstaat ist grundsätzlich zur Annullierung oder Aufhebung verpflichtet (zur Unterrichtungspflicht → § 51 Rn. 47)[188]. Der Visuminhaber selbst kann auch um Aufhebung des Visums ersuchen (Art. 34 III VK). Überwiegender **Zweck der Annullierung** ist es, den Inhaber des Visums davon abzuhalten, in das Gebiet der Mitgliedstaaten einzureisen. Somit entsprach diese Maßnahme dem Widerruf vor der Einreise gem. § 52 I Nr. 3 AufenthG 2005. Der **Aufhebung** entsprach im AufenthG zB dem Widerruf nach § 52 VII AufenthG 2007, soweit der Entschluss zur unerlaubten Erwerbstätigkeit eines Schengen-Visuminhabers nach der Visumantragstellung gefasst wurde. Bei der Überprüfung der Rechtmäßigkeit der Annullierung eines Visums ist auf die Sach- und Rechtslage zum Zeitpunkt der Entscheidung der Behörden abzustellen. Bei der Entscheidung über Visumanträge bzw. die Annullierung erteilter Visa bei der Einreisekontrolle steht den Grenzbehörden ein weiter Beurteilungsspielraum zu, der nur eingeschränkt gerichtlich überprüfbar ist. Dieser Beurteilungsspielraum beruht auf einem situationsbedingten komplexen Bewertungsvorgang der Persönlichkeit des Einreisenden, seinem Verhalten bei der Einreisekontrolle, seiner Integration in dem Herkunftsland, den dortigen politischen, sozialen und wirtschaftlichen Verhältnissen sowie auf der mit der Einreise möglicherweise verbundenen Gefahr für die öffentliche Ordnung, die innere Sicherheit, die öffentliche Gesundheit und insbesondere auf der Bewertung der Glaubhaftigkeit der Aussagen des Ausländers im Hinblick auf den mit der Einreise verfolgten Zweck[189]. Die Nichtvorlage einer oder mehrerer Belege für die Antragstellung nach Art. 14 III iVm Anhang II VK darf nicht automatisch zur Annullierung oder Aufhebung führen. Insoweit gilt für die Grenzbehörden der Prüfungsmaßstab des Art. 6 I, 3 iVm Anhang I SGK. Im Falle der Visumannullierung oder -aufhebung nach Art. 34 VI, VII ist die Anwendung des **Standardformulars** nach Anhang VI und die Rechtsmittelregelung anwendbar[190]. Lediglich die Direkteinreise in das Bundesgebiet mit einem von einem anderen Mitgliedstaat ausgestellten Schengen-Visum darf nicht zur Annullierung führen[191]. Ebenso nicht die Visumbeantragung mit wahren Angaben bei der unzuständigen Vertretung[192]. Zur Problematik ausführlich → § 14 Rn. 24. Art. 34 VK ist als Unionsrecht **unmittelbar anwendbar** und genießt Anwendungsvorrang gegenüber entgegenstehende Normen im AufenthG § 84 I Nr. 6 wurde durch das **RLUmsG 2011** folglich gestrichen.

72 Unsicher kann erscheinen, welche Folgen die Nichtbeachtung der einzelnen Beschränkungen und der Fortfall der Voraussetzungen des **einheitlichen Visums** haben. Dabei ist zu beachten, dass die Rechte nach Art. 19 SDÜ an den Besitz des Visums und die weiteren Voraussetzungen des Art. 19 gebunden sind. Jedenfalls verlangt Art. 6 I Rückführungs-RL von den Mitgliedstaaten grundsätzlich, einen solchen illegalen Aufenthalt durch den Erlass einer Rückkehrentscheidung zu beenden[193]. An ausdrücklichen Vorschriften über Erlöschen, Widerruf oder Rücknahme des Schengen-Visums im deutschen Recht konnte verzichtet werden, da insoweit ihr das VK abschließend regelt (vgl. Art. 14 und Anhang V SGK, Art. 34 iVm Anhang VI VK, s. zuvor). Auf von deutschen Auslandsvertretungen erteilte Visa können die Vorschriften des VwVfG wie allgemein auf Maßnahmen im Ausland nicht angewendet werden (§ 2 III Nr. 3 VwVfG), wobei die (innerstaatliche) Zuständigkeit hier offenbleiben soll. Die Anwendung des VwVfG scheidet bei einheitlichen Visa anderer Mitgliedstaaten von vornherein aus.

73 Vorab ist festzustellen, dass das Visum sowohl beim Überziehen des Gültigkeitszeitraums als auch beim Überschreiten der Aufenthaltsdauer **ungültig** wird. Auf beide Zeiträume ist es nämlich festgelegt. Auch die Aufnahme einer Erwerbstätigkeit führt, wenn sie nicht nach dem Recht des Aufenthaltsstaats erlaubt ist (zB nach § 16 BeschV) oder wird, dazu, dass das Visum den Aufenthalt nicht

---

[187] VG Augsburg Beschl. v. 31.3.2011 – Au 1 S 11.377, BeckRS 2011, 30731 zur Zulässigkeit der Klage und zur Annullierungsentscheidung wegen arglistiger Täuschung im Visumverfahren und beabsichtigtem Daueraufenthalt.
[188] EuGH Urt. v. 10.4.2012 – C-83/12, Slg. 2012, BeckRS 2012, 80729.
[189] HessVGH Beschl. v. 25.4.2017 – BeckRS 2017, 110638, mit Hinweis auf BVerwG Urt. v. 17.9.2015 – 1 C 37.14 Rn. 18, BeckRS 2015, 54295 Rn. 18.
[190] Vgl. Art. 58 V VK.
[191] SächsOVG Beschl. v. 18.7.2012 – 3 B 151/12, www.justiz.sachsen.de/ovgentschweb/document.phtml?id=2814.
[192] So auch *Stahmann* in Hofmann, 2. Aufl., § 6 Rn. 72.
[193] Zur Definition „illegaler Aufenthalt" und „Rückkehrentscheidung" vgl. Art. 3 Nr. 1 und 4 Rückführungs-RL.

mehr deckt (vgl. insoweit die fehlende Voraussetzung des Art. 6 I lit. e SGK). In den ersten beiden Fällen bedarf es indes keines Eingriffsakts, da der Geltungsbereich des Visums nicht mehr eingehalten ist. In Bezug auf die **Erwerbstätigkeit** bedarf es zwingend der Annullierung oder der Aufhebung nach Art. 34 VK, da trotz des Wegfalls des Reiserechts noch keine vollziehbare Ausreisepflicht besteht. Entfällt nämlich eine der absolut zwingenden Voraussetzungen des Art. 6 I SGK oder wird nachträglich festgestellt, dass sie schon anfänglich nicht gegeben waren, wird das Visum damit nicht ohne Weiteres ungültig oder nichtig; insoweit wird auf den formalen Aspekt abgestellt. Der Nichtbesitz gültiger Grenzübertrittspapiere ist gleichbedeutend mit dem Überschreiten von Geltungsbereich oder -dauer[194]. Konstitutive – unabdingbare – Voraussetzungen für die Inanspruchnahme sind jedenfalls der Pass (Abs. 1 lit. a), das Visum/der Aufenthaltstitel (Abs. 1 lit. b), keine SIS-Ausschreibung (Abs. 1 lit. d) und keine Gefahr (Abs. 1 lit. e). Die Voraussetzung, über genügend Mittel nach Abs. 1 lit. c verfügen zu müssen, würde zum Erlöschen führen können, wenn der Aufenthalt überhaupt nicht mehr legal gesichert werden könnte. Zu beachten ist jedoch bei Art. 19 SDÜ (anders als in vergleichbaren Fällen der Art. 20 I, 21 I SDÜ), dass die Ausreisepflicht zunächst nicht nach § 50 I vollziehbar ist, da ein (auch ein *nicht von Deutschland* ausgestelltes) Schengen-Visum das Erfordernis eines Aufenthaltstitels gem. § 4 I 1 erfüllt[195]. In diesen Fällen bedarf es jedenfalls eines Feststellungsaktes der zuständigen Behörde, um das bestehende Aufenthaltsrecht zu beseitigen[196]. Das entsprach zB auch der Verpflichtung nach § 52 VII AufenthG 2010, der den zwingenden Widerruf des Schengen-Visums bei unerlaubter Erwerbstätigkeit vorsah. Der Identitätsnachweis kann zudem von den Mitgliedstaaten unabhängig von dem Visum verlangt werden. Nach Art. 12 VK und Art. 21 I VK iVm Art. 6 I lit. a SGK wird der Besitz eines oder mehrerer gültiger Grenzübertrittspapiere für die Erteilung des Visums vorgeschrieben. Unabhängig davon bleiben die vom SDÜ und SGK nicht berührten Verpflichtungen zum Nachweis der Identität an den Außengrenzen bestehen; nur die Personenkontrollen an den Binnengrenzen sind entfallen (Art. 22 SGK).

Transnational *verbindlich* wirkende Regeln über die Behandlung nachträglicher Veränderungen der 74 Erteilungsgrundlagen existierten zunächst weder im EU-Recht im Allgemeinen noch für SDÜ/SGK im Besonderen. Eine einschlägige Regelung über Annullierung, Aufhebung und Verkürzung der Geltungsdauer des Schengen-Visums durch einen Beschluss des Schengen-Exekutivausschusses von 1993 gehörte zum Schengen-Besitzstand und ist als EU-Recht mittlerweile mit Art. 34 VK verbindlich vorgeschrieben. Im Beschluss war die Aufhebung des Visums auch durch einen anderen Staat schon vorgesehen[197]. Es fehlte indes an der notwendigen Umsetzung für Deutschland[198]. Die Annullierung wirkt grundsätzlich „ex tunc" auf den Ausstellungspunkt, sodass die Einreise mit einem später annullierten Visum verwaltungsrechtlich unerlaubt war[199]. Zur Wirkungsweise der Einreiseverweigerung und der Annullierung näher unter § 15. Die im Entwurf vorgesehene Möglichkeit[200] der **Verringerung der Gültigkeitsdauer** von Visa ist nicht weiter verfolgt worden und ist in der Schlussfassung des VK gestrichen worden. Die Verkürzung kann aber als **„Minusmaßnahme"** anstelle einer sofortigen vollständigen Annullierung bzw. Aufhebung geboten sein. Eine solche zeitliche Verkürzung der Gültigkeitsdauer bietet den Vorteil, die durch eine „Beseitigung" des Visums geschaffene neue Situation eines Aufenthalts ohne Visum im Schengen-Gebiet zu regeln. Die Verkürzung der Gültigkeitsdauer kann so individuell vorgenommen werden, um unproblematisch und rechtmäßig durch andere Schengen-Staaten durchzureisen und damit seine Ausreise zu vollziehen[201].

VI. Rechtsschutz

1. Allgemeines

Der Ausländer kann gegen eine das Visum versagende Entscheidung der Auslandsvertretung und 75 Grenzbehörde gerichtlichen Rechtsschutz erlangen. Die Rechtswegeröffnung folgt aus Art. 19 IV GG[202], für Schengen-Visa aus Art. 35 VII iVm Art. 32 III **Visakodex**. Soweit § 83 I 1 die Versagung eines nationalen Visums an der Grenze für unanfechtbar erklärt, ist die Vorschrift wegen des Verstoßes gegen Art. 19 IV GG **verfassungswidrig**[203].

---

[194] So auch *Hailbronner* AufenthG § 6 Rn. 40; *Westphal/Stoppa* S. 339.
[195] Ausf. *Winkelmann* ZAR 2010, 270 f.
[196] Zum weiteren Verfahren der Beendigung des illegalen Aufenthalts und zur Verfahrensweise bei Rückkehrentscheidungen gem. RL 2008/115/EG bei *Winkelmann*, Beitrag zur Umsetzung der Rückführungs-RL; s. einführend Kap. 5, Beendigung des Aufenthalts.
[197] *Hailbronner* AufenthG § 7 Rn. 38.
[198] Ebenso betr. nachträgliche Befristung *Hermann/Keicher* ZAR 2005, 196.
[199] *Stahmann* in Hofmann, 2. Aufl., § 6 Rn. 72.
[200] Ehemals Art. 31 des Entwurfs zum VK: „Die Grenzkontrollbehörden können die Gültigkeitsdauer eines Visums verkürzen, wenn nachgewiesen ist, dass der Inhaber nicht über ausreichende Mittel zur Bestreitung seines Lebensunterhalts während der ursprünglich vorgesehenen Aufenthaltsdauer verfügt".
[201] *Winkelmann*, Beitrag zum VK.
[202] → § 83 Rn. 4.
[203] → § 83 Rn. 4; vgl. auch *Sennekamp/Pietzsch* in Kluth/Hund/Maaßen (Hrsg.), Zuwanderungsrecht, § 9 Rn. 8.

76 Auf die Einreise gerichtete Rechtsschutzverfahren sind grundsätzlich vom Ausland aus zu betreiben. Eine vorläufige Ermöglichung des Aufenthalts im Bundesgebiet während eines noch laufenden Visumsverfahrens ist im AufenthG nicht vorgesehen und nur in Ausnahmefällen denkbar[204].

77 Im Falle der **Ablehnung eines Schengen-Visums** an der **Außengrenze** kann der Ausländer nach Art. 35 VII iVm Art. 32 III Visakodex in Übereinstimmung mit den Vorschriften des Mitgliedstaates, also gemäß §§ 42 ff., 68 ff. VwGO Verpflichtungswiderspruch einlegen und ggf. Verpflichtungsklage erheben. Für die Ablehnung eines nationalen Visums an der Grenze sind die §§ 42 ff., 68 ff. VwGO unmittelbar anwendbar. Widerspruch ist gemäß § 70 I VwGO bei der Behörde, die den VA erlassen hat, zu erheben. Das ist regelmäßig die örtlich zuständige Bundespolizeidirektion. Klage ist gemäß § 52 Nr. 2 VwGO bei dem für diese örtlich zuständigen VG zu erheben. Klagegegner ist gemäß § 78 VwGO die Bundesrepublik Deutschland. Zielführender dürfte die Beantragung des Visums bei der zuständigen deutschen Auslandsvertretung sein.

78 Sofern die Auslandsvertretung die **Erteilung des Visums ablehnt,** kann der Ausländer unmittelbar Verpflichtungsklage auf Erteilung des versagten Visums erheben. Ein Vorverfahren findet nach § 68 I 2 Nr. 1 VwGO nicht statt[205]. Gemäß § 2 GAD bilden das Auswärtige Amt und seine Auslandsvertretung eine einheitliche oberste Bundesbehörde. Daran hat sich durch die Errichtung eines Bundesamts für Auswärtige Angelegenheiten (BfAAG)[206] zum 1.1.2021 zunächst nichts geändert. Es bleibt aber abzuwarten, wie die Visabearbeitung durch das BfAAG geregelt werden wird. Statt unmittelbar zu klagen, kann der Ausländer auch zunächst **remonstrieren,** also die Auslandsvertretung um eine erneute Überprüfung der Entscheidung bitten und dabei ergänzende Tatsachen vortragen. Die Auslandsvertretung weisen bereits auf ihren Internetseiten auf die Möglichkeit der **Remonstration** gegen die Versagung von Visaanträgen hin.

2. Remonstrationsverfahren

79 Bei der **Remonstration** (Gegenvorstellung) handelt es sich um einen formlosen gesetzlich nicht geregelten Rechtsbehelf. Sie ist kein Widerspruch[207], Neuantrag oder Antrag auf Wiederaufgreifen des Verfahrens, sondern ein Antrag auf Überprüfung der Entscheidung durch dieselbe Behörde. Da für die Auslandsvertretung das VwVfG gemäß § 2 III Nr. 3 VwVfG nicht gilt, können dessen Vorschriften für das **Remonstrationsverfahren** nur entsprechend herangezogen werden. Nach den Verwaltungsvorschriften des Auswärtigen Amts zum Visumverfahren (Visumhandbuch[208]) und in der Rechtspraxis des Auswärtigen Amts und seiner Auslandsvertretungen wird ein einheitliches, an das Widerspruchsverfahren angelehntes, Verfahren beachtet. Mit dieser Selbstbindung stellt das Auswärtige Amt eine gleichbleibende Behandlung (Art. 3 I GG) von Remonstrationen sicher und schützt den Ausländer, der im Vertrauen auf die Remonstration von einer Klage absieht, vor Rechtsverlust. Ungeachtet dessen würde eine gesetzliche Grundlage für ein behördeninternes Überprüfungsverfahren mehr Transparenz und Rechtssicherheit schaffen.

80 Im Remonstrationsverfahren soll das ursprüngliche Visumbegehren vollumfänglich und ergebnisoffen unter Würdigung neuer Argumente, Tatsachen und Beweismittel überprüft werden[209]. Der Ausländer kann dabei gemäß § 82 zur Vorlage neuer Nachweise aufgefordert werden. Gegebenenfalls wird die örtliche Ausländerbehörde gemäß § 31 I AufenthV erneut beteiligt. Grundsätzlich soll ein anderer Visaentscheider über die Remonstration befinden (**„Vier-Augen-Prinzip"**).

81 Die Möglichkeit zur **Remonstration** besteht unabhängig von der Klageerhebung. Denkbar ist also Remonstration und Klage gleichzeitig zu verfolgen[210]. Das Remonstrationsverfahren bietet sich immer dann als effektive Rechtsschutzmöglichkeit an, wenn mit dem Visumantrag erforderliche Nachweise nicht oder nicht vollständig vorgelegt wurden, ein entscheidungserheblicher Umstand offensichtlich übersehen wurde oder erst später eingetreten ist. Da über die Remonstration in der Regel binnen drei Monaten entschieden werden soll, kann oftmals schneller[211] und kostengünstiger als im Klageverfahren Rechtsschutz erlangt werden. Das Remonstrationsverfahren ist gebührenfrei. Zur Klärung umstrittener Rechtsfragen ist das Remonstrationsverfahren dagegen ungeeignet.

---

[204] → Rn. 109.
[205] OVG Bln-Bbg Beschl. v. 8.1.2016 – OVG 3 S 96.15, BeckRS 2016, 42327 Rn. 3; Beschl. v. 26.5.2014 – OVG 2 L 11.14, BeckRS 2014, 52706.
[206] Gesetz über die Errichtung eines Bundesamts für Auswärtige Angelegenheiten und zur Änderung des Gesetzes über den Auswärtigen Dienst, des Aufenthaltsgesetzes und zur Anpassung anderer Gesetze an die Errichtung des Bundesamts v. 12.6.2020, BGBl. I S. 1241.
[207] Vgl. OVG Bln-Bbg Beschl. v. 8.1.2016 – OVG 3 S 96.15, BeckRS 2016, 42327 Rn. 3; OVG Bln Urt. v. 31.1.2003 – OVG 3 B 4.02, InfAuslR 2003, 275.
[208] Visumhandbuch, www.auswaertiges-amt.de/de/einreiseundaufenthalt/visabestimmungen-node, Stand: 5/2021.
[209] Visumhandbuch, Remonstrationsverfahren Nr. 4 lit. e.
[210] In diesen Fällen entscheidet die Auslandsvertretung auf Weisung des Prozessreferats des Auswärtigen Amts.
[211] Die durchschnittliche Verfahrensdauer der erledigten Visaklagen am VG Bln betrug 2020 10,5 Monate (Bericht zur Geschäftslage 2020, Pressemitteilung 3.2.2020).

Die Remonstration wird bei der Auslandsvertretung erhoben, die das Visum versagt hat. Eine 82
gesetzliche Frist ist nicht zu beachten. Die Auslandsvertretungen überprüfen aber nur Bescheide, die
nicht bestandskräftig geworden sind. Dh die Klagefrist gemäß § 74 I 2 und II VwGO darf noch nicht
abgelaufen sein. Die Klagefrist beträgt bei Bescheiden mit ordnungsgemäßer **Rechtsbehelfsbelehrung** einen Monat. Das sind insbesondere die Bescheide, mit denen die Erteilung eines Schengen-Visums abgelehnt wird (Art. 32 III Visakodex). Ist der Bescheid nicht mit einer ordnungsgemäßen
Rechtsbehelfsbelehrung versehen (vgl. § 77 II 1), beträgt die Klagefrist gemäß §§ 74 I 2, 58 II 1
VwGO ein Jahr.

Allerdings hemmt die Remonstration nicht die **Klagefrist**. Eine fristgemäße Remonstration wird 83
jedoch unbeschadet des Ablaufs der Klagefrist beschieden. Mit dem Erlass des Remonstrationsbescheids, der idR den Erstbescheid aufhebt[212], wird erneut die Klagemöglichkeit[213] eröffnet.

Die Remonstration ist nach dem Visahandbuch **schriftlich** zu erheben; dh, die Remonstration muss 84
vom Antragsteller oder dem Bevollmächtigten eigenhändig unterschrieben sein. Damit unterscheidet
sie sich von der formlos möglichen Antragstellung[214]. Da kein gesetzlicher Anspruch auf Remonstration besteht, ist das Formerfordernis unbedenklich. Die Remonstration kann grundsätzlich **nicht
mit formloser E-Mail** erhoben werden[215]. Inwieweit die Möglichkeiten des elektronischen Rechtsverkehrs mit der Auslandsvertretung bestehen, ist jeweils zu klären. Die fristwahrend formlose E-Mail
eines im Inland ansässigen Rechtsanwalts wird regelmäßig bearbeitet.[216] Ggf. erkennt die Auslandsvertretung ein eigenhändig unterschriebenes eingescanntes Dokument als Remonstration an, sofern
die Unterschrift mit den vorliegenden Dokumenten abgeglichen und sichergestellt werden kann, dass
diese von dem angegebenen Absender stammt. Insofern ist aber Vorsicht geboten, um Rechtsverluste
zu vermeiden.

Remonstrationsbefugt ist der Ausländer bzw. der gesetzliche Vertreter (§ 80). Das Auswärtige 85
Amt erkennt – anders die Rspr. für das Klageverfahren – die Remonstrationsbefugnis des in Deutschland lebenden Ehegatten mit Ausnahme der Fälle des § 29 II 2 nicht an. Ebenfalls nicht remonstrationsbefugt sind Einlader und Verpflichtungsgeber nach § 68. Der Ausländer kann sich von einem
Rechtsanwalt oder einer sonstigen Person vertreten lassen. Eine schriftliche Vollmacht ist vorzulegen.

Das Auswärtige Amt geht davon aus, dass die Remonstration jedenfalls sofern eine inländische 86
Ausländerbehörde gemäß § 31 I AufenthV zu beteiligen ist, in deutscher Sprache zu erfolgen hat (vgl.
§ 23 I VwVfG) und Dokumente in deutscher Übersetzung vorgelegt werden sollen. Nach der Praxis
der Auslandsvertretung werden aber auch lesbare fremdsprachige Remonstrationen zur Kenntnis
genommen und bearbeitet.

Eine Verpflichtung zur Begründung der Remonstration besteht nicht, sie obliegt dem Antragsteller 87
aber gemäß § 82[217]. Der Ausländer hat die Gelegenheit, seinen Vortrag zu ergänzen und neue Beweismittel vorzulegen. Die Auslandsvertretung kann ihm dazu eine Frist gemäß § 82 I 2 setzen. Es besteht
die Möglichkeit zur **Akteneinsicht** in entsprechender Anwendung von § 29 VwVfG.

Auch im Falle der erfolglosen Remonstration hebt die Auslandsvertretung den ursprünglich ableh- 88
nenden Bescheid auf und lehnt den Visumantrag (erneut) ab (Zweitbescheid[218]). Der **Remonstrationsbescheid** enthält grundsätzlich eine ausführliche, einzelfallbezogene Begründung und ist mit der
Rechtsbehelfsbelehrung *„Gegen diesen Bescheid kann innerhalb eines Monats nach Bekanntgabe Klage bei
dem VG Berlin erhoben werden."* zu versehen. Diese Rechtsbehelfsbelehrung genügt auch ohne Angabe
der Postanschrift des VG Berlin den Voraussetzungen des § 58 I VwGO[219]. Der Remonstrationsbescheid ergeht in deutscher Sprache. Die Rechtsbehelfsbelehrung und die Begründung sollen in
Übersetzung beigefügt werden, sofern der Ausländer selbst remonstriert (Höflichkeitsübersetzung).
Daneben kann bei Schengen-Visa ein sog. Kurz-Remonstrationsbescheid, der im Wesentlichen auf die
Gründe des Erstbescheides verweist, ergehen, wenn der Ausländer keine neuen Tatsachen vorbringt
oder Belege einreicht.

Der Remonstrationsbescheid wird **formlos** (entsprechend § 41 I VwVfG) durch Aushändigung 89
oder Übersendung **bekannt gegeben**. Ist ein Bevollmächtigter bestellt, so wird der Remonstrationsbescheid regelmäßig an diesen übermittelt.

Das Remonstrationsverfahren ist **gebührenfrei**. Kosten eines Bevollmächtigten werden nicht erstat- 90
tet. Die für das Widerspruchsverfahren geltenden Vorschriften (§ 80 VwVfG, §§ 72, 73 III 3 VwGO)
sind nicht – auch nicht entsprechend – anwendbar[220].

---

[212] → Rn. 88.
[213] → Rn. 78.
[214] → § 81 Rn. 8.
[215] Vgl. zur Antragstellung per E-Mail VG Berlin Urt. v. 27.2.2012 – 35 K 40.11 V, BeckRS 2012, 49905.
[216] Visumhandbuch: Bevollmächtigte und Beistände im Visumverfahren.
[217] → § 82 Rn. 3.
[218] Vgl. *Hailbronner* AufenthG § 6 Rn. 318.
[219] Vgl. dazu BVerwG Beschl. v. 11.3.2015 – 9 B 5.15, BeckRS 2015, 43498 Rn. 3.
[220] Vgl. OVG Bln Urt. v. 31.1.2003 – OVG 3 B 4.02, BeckRS 2014, 45684; VG Bln Urt. v. 21.9.2010 – 19 K
265.09, BeckRS 2014, 59059.

3. Klageverfahren

91 Die Klage ist gemäß § 79 I Nr. 1 VwGO gegen die Bundesrepublik Deutschland, vertreten durch das Auswärtige Amt, zu richten und nach § 52 Nr. 2 S. 5 VwGO bei dem VG zu erheben, in dessen Bezirk die Bundesregierung ihren Sitz hat. Mit der Bekanntmachung über die Sitzentscheidung der Bundesregierung vom 22.7.1999[221] ist das **VG Berlin** mit Wirkung zum 1.9.1999 örtlich zuständig geworden. Das VG Berlin ist gemäß § 52 Nr. 2 S. 5 VwGO auch dann zuständig, wenn es sich um Visumangelegenheiten handelt, die in die Zuständigkeit des BfAA fallen[222]. Sofern die Bescheide der Auslandsvertretung mit Rechtsmittelbelehrungen verbunden sind, verweisen diese auf die Klagemöglichkeit beim VG Berlin[223].

92 Die Bundesrepublik Deutschland ist auch in den Fällen, in denen die Auslandsvertretung das Visum zwingend versagen musste, weil die zuständige Ausländerbehörde ihre Zustimmung gemäß § 31 I AufenthV versagt hat, richtiger Klagegegner. Die Zustimmungsverweigerung ist, obwohl sie gegenüber der Auslandsvertretung Bindungswirkung entfaltet, kein selbstständig anfechtbarer VA, sondern ein innerbehördlicher Mitwirkungsakt, der im Klageverfahren gegen die Bundesrepublik Deutschland gerichtlich überprüft wird[224]. Im Verwaltungsstreitverfahren ist die Körperschaft der Ausländerbehörde, die ihre Zustimmung versagt hat, gemäß § 65 II VwGO **notwendig beizuladen**[225]. Ist für die Erteilung des Visums die Zustimmung der Bundesagentur für Arbeit (BA) erforderlich (§ 39 I 1 und II), ist diese gemäß § 65 II VwGO notwendig beizuladen. Bei Klagen auf Erteilung von Visa zur Aufnahme einer selbstständigen Beschäftigung kann die einfache Beiladung der örtlichen IHK gemäß § 65 I VwGO sachdienlich sein.

93 Statthafte Klageart ist die Verpflichtungsklage gemäß § 42 I Alt. 2 VwGO als **Versagungsgegenklage** oder als **Untätigkeitsklage** (§ 75 VwGO). Sie zielt auf die Verpflichtung zum Erlass des begehrten Visums. Die Aufhebung der vorangegangenen Ablehnung durch Bescheid bzw. Remonstrationsbescheid braucht nicht eigens beantragt werden[226], diese ist nur Zwischenschritt[227]. Insofern kommt es für die Antragstellung nicht darauf an, ob das begehrte Visum unter Aufhebung des versagenden Bescheides und/oder des versagenden Remonstrationsbescheids beantragt wird[228]. Dass bei einer Aufhebung bloß des Remonstrationsbescheids die ursprüngliche Versagung wiederaufleben könnte, ist im Falle der Visumserteilung ohne praktische Relevanz. Die Verpflichtungsklage ist auch die richtige Klageart, wenn der vorgesehene Besuchszeitraum abgelaufen ist und die Besuchsabsicht fortbesteht[229]. Damit hat sich die frühere gegenteilige Auffassung des OVG Berlin und des OVG Berlin-Brandenburg[230] nicht durchgesetzt.

94 Die **Klagefrist** gemäß § 74 I 2 VwGO beträgt bei Bescheiden mit ordnungsgemäßer Rechtsbehelfsbelehrung **einen Monat**. Das sind insbesondere die Bescheide, mit denen die Erteilung eines **Schengen-Visums** abgelehnt wird (Art. 32 III Visakodex). Ist der Bescheid nicht mit einer Rechtsbehelfsbelehrung (vgl. § 79 II 1) versehen, beträgt die Klagefrist gemäß §§ 74 I 2, II, 58 II 1 VwGO ein Jahr. Da die das Visum versagenden Bescheide nicht zugestellt werden, beginnt die Klagefrist mir Aushändigung und Erhalt des (Remonstrations-)Bescheids. Die damit verbundenen Unsicherheiten bzgl. des Fristbeginns sind hinzunehmen. Die Remonstration ist keine Sachurteilsvoraussetzung der Verpflichtungsklage, sie wirkt auch nicht fristhemmend. Ein Remonstrationsbescheid eröffnet aber regelmäßig die Klagefrist neu[231].

95 Eine **Untätigkeitsklage** setzt gemäß § 75 VwGO ua voraus, dass die Auslandsvertretung ohne zureichenden Grund nicht über den Visumantrag entschieden hat, obwohl der Antragsteller das seinerseits Erforderliche getan, insbesondere die erforderlichen Unterlagen vorgelegt hat[232]. Ob dafür in jedem Fall eine persönliche Vorsprache in einem ausschließlich über ein Online-Terminvergabesystem

---

[221] BGBl. 1999 I S. 1725.
[222] Vgl. *Berstermann* in Posser/Wolff BeckOK VwGO § 52 Rn. 10.
[223] Allerdings ohne auf die Postanschrift Kirchstraße 7, 10557 Berlin hinzuweisen.
[224] OVG Bln-Bbg Beschl. v. 21.3.2019 – OVG 3 S 9.19, BeckRS 2019, 4848 Rn. 2; BVerwG Urt. v. 18.9.1984 – 1 A 4.83, BVerwGE 70, 127 = NJW 1984, 2775 (zu § 5 DVAuslG).
[225] BVerwG Urt. v. 18.9.1984 – 1 A 4.83, BVerwGE 70, 127 = NJW 1984, 2775; unter Bezugnahme auf BVerwG Urt. v. 16.5.1983 – 1 C 56.79, BVerwGE 67, 173 = NJW 1994, 72 zur notwendigen Beiladung.
[226] Vgl. *Happ* in Eyermann VwGO § 42 Rn. 33.
[227] Vgl. *Pietzcker* in Schoch/Schneider/Bier VwGO § 79 Rn. 17.
[228] Vgl. BVerwG Urt. v. 22.5.1987 – 4 C 77.84 BVerwGE 77, 317; vgl. aber OVG Bln Urt. v. 31.1.2003 – 3 B 4.02, InfAuslR 2003, 275.
[229] BVerwG Urt. v. 11.1.2011 – 1 C 1.10, BVerwGE 138, 371 = NVwZ 2011, 1201 Rn. 14.
[230] OVG Bln Urt. v. 27.8.2003 – OVG 8 B 17.02; Beschl. v. 11.6.2004 – OVG 2 M 31.04; OVG Bln-Bbg Beschl. v. 22.2.2006 – OVG 3 M 6.06; Beschl. v. 31.3.2009 – OVG 3 S 18.09; Beschl. v. 1.4.2009 – OVG 12 M 113.08, BeckRS 2009, 140994 Rn. 3; Urt. v. 18.12.2009 – OVG 3 B 6.09, BeckRS 2010, 45117.
[231] → Rn. 81.
[232] Vgl. OVG Bln-Bbg Beschl. v. 20.1.2014 – OVG 11 B 1.14, BeckRS 2014, 46296.

zu erhaltenden Vorsprachetermin Voraussetzung ist, ist fraglich[233]. Die Antragstellung ist gemäß § 81 I formlos möglich[234].

Die sog. **„Online-Terminvereinbarung"** zur Vorsprache ist noch kein Visumantrag[235]. Die **96** Terminvereinbarung für die Vornahme einer Rechtshandlung stellt nicht bereits die Rechtshandlung selbst dar oder ersetzt diese. Die Antragstellung erfolgt in diesen Fällen üblicherweise erst iRd Vorsprache. Soweit die deutsche Auslandsvertretung gemäß § 73c bei der Beantragung nationaler Visa mit externen Dienstleistungserbringern zusammenarbeiten und sich deren Dienstleistung auf die Vermittlung von Vorspracheterminen beschränkt, gilt bisher nichts anderes. Eine elektronische Antragstellung ist aber bei Eröffnung eines entsprechenden elektronischen Zugangs für die Antragstellung gemäß § 3a VwVfG (analog) denkbar.

Auch der formunwirksame Antrag kann die Möglichkeit einer Untätigkeitsklage eröffnen, wenn die **97** Behörde ohne zureichenden Grund die Annahme eines formgerechten Antrags verweigert[236]. Sie kann nicht vor Ablauf von drei Monaten seit der Antragstellung erhoben werden, außer wenn wegen besonderer Umstände eine kürzere Frist geboten ist. Ob die Entscheidungsfristen für **Schengen-Visa** gemäß Art. 23 Visakodex eine kürzere Frist gebieten, kann wohl nicht generell angenommen werden. Die Entscheidungsfristen nach Art. 23 Visakodex dienen als Ordnungsvorschriften dazu, Visa-Entscheidungen zu beschleunigen. Für den Rechtsschutz ist aber gemäß Art. 32 III Visakodex grundsätzlich das Prozessrecht der Mitgliedstaaten beachtlich. Ob eine kürzere Frist im Einzelfall geboten ist, wird sich ohnehin regelmäßig aus dem Visumzweck ergeben.

Ob und für welchen Zeitraum ein zureichender Grund iSv § 75 besteht, ist nach objektiven **98** Gesichtspunkten zu beurteilen. Erforderlich ist, dass der in Frage stehende Grund mit der Rechtsordnung im Einklang steht. Typischerweise sind zureichende Gründe Ausdruck **mangelnder Entscheidungsreife** wegen fehlender, für die Sachverhaltsfeststellung notwendiger Informationen (zB ergänzende Unterlagen) sowie noch ausstehender Verfahrensschritte (zB erforderliche Mitwirkung anderer Stellen)[237]. Eine längere Bearbeitungsdauer kann auch auf der Beteiligung der örtlichen Ausländerbehörde gemäß § 31 I AufenthV beruhen, jedoch kann daraus allein kein zureichender Grund für die Nichtentscheidung des Visumantrags abgeleitet werden[238]. Auch die permanente Überbelastung der zuständigen Behörde, ein hoher Krankenstand oder der Urlaub zahlreicher Mitarbeiter stellen keinen zureichenden Grund dar. In diesen Fällen sind nämlich das zuständige Ministerium oder die Behördenleitung gehalten, für einen hinreichenden Ersatz oder für eine verbesserte personelle und sachliche Ausstattung zu sorgen. Wobei eine Erweiterung der Kapazitäten im Ausland, insbesondere in Staaten mit prekärer Sicherheitslage, an faktische Grenzen gelangen kann. Eine vorübergehende außergewöhnliche Belastung, auf die durch organisatorische Maßnahmen nicht kurzfristig reagiert werden kann, kann die Annahme eines zureichenden Grundes für die Untätigkeit der Behörde rechtfertigen[239]. Die aufgrund der Schließung der deutschen Botschaften Damaskus und Kabul und der **außergewöhnlich stark gestiegenen Zahl von Visaanträgen zur Familienzusammenführung** gewachsene Belastung der deutschen Auslandsvertretung zB in der Türkei und in Libanon bzw. Islamabad und Delhi war bzw. ist – jedenfalls vorübergehend – als zureichender Grund anzuerkennen[240].

§ 75 VwGO findet im Falle einer ausstehenden Remonstrationsentscheidung keine unmittelbare **99** Anwendung. Das Remonstrationsverfahren ist kein Widerspruchsverfahren, seine Durchführung **keine Sachurteilsvoraussetzung** für die Verpflichtungsklage. Unbeschadet einer noch nicht beschiedenen Remonstration bleibt aber innerhalb der Klagefrist die Verpflichtungsklage zulässig, sodass eine entsprechende Anwendung des § 75 VwGO nur dann von Bedeutung ist, wenn die Klagefrist bereits abgelaufen ist und die Auslandsvertretung ohne zureichenden Grund nicht innerhalb von drei Monaten entschieden hat[241].

Nur die Klageerhebung in deutscher Sprache (§ 55 VwGO, § 184 S. 1 GVG) ist fristwahrend. Ist **100** die Klageschrift in einer anderen Sprache abgefasst oder die ladungsfähige Anschrift des Klägers im Ausland nicht ersichtlich, wird der Kläger gemäß § 82 II VwGO zur Ergänzung aufgefordert. Bei nicht fristgerechter Nachbesserung wird die Klage ggf. unzulässig (§ 82 II 2 VwGO). Nicht durch einen inländischen Rechtsanwalt oder einen inländischen Familienangehörigen (§ 67 II 2 Nr. 2

---

[233] So VG Berlin Beschl. v. 8.7.2016 – 1 K 161.15 V; Urt. v. 11.10.2001 – 21 A 155.00, NVwZ-RR 2002, 310; aA VG Berlin Beschl. v. 10.11.2016 – 11 K 313.16 V; Beschl. v. 28.6.2016 – 4 K 135.16 V (PKH).
[234] → § 81 Rn. 9.
[235] BVerwG Urt. v. 15.8.2019 – 1 C 23.18 BVerwGE 166, 219 = NVwZ 2019, 1762 Rn. 28; VG Berlin Beschl. v. 28.3.2012 – VG 24 L 77.12; Beschl. v. 30.9.2014 – 30 L 246.14; aA *Happ* ZAR 2021, 274.
[236] VG Berlin Urt. v. 4.12.2018 – 10 K 196.18 V, BeckRS 2018, 34538 Rn. 13.
[237] OVG Bln-Bbg Beschl. v. 5.3.2019 – OVG 3 L 67.17, BeckRS 2019, 3180 Rn. 4; vgl. auch VG Berlin Beschl. v. 14.12.2016 – 3 K 624.16 V, Urkundenüberprüfungsverfahren.
[238] OVG Bln-Bbg Beschl. v. 8.7.2019 – OVG 3 M 47.18 BeckRS 2019, 14276 Rn. 4.
[239] *Brenner* in Sodan/Ziekow VwGO § 75 Rn. 52; *Kopp/Schenke* VwGO § 75 Rn. 13; *Neumann* in Sodan/Ziekow VwGO § 161 Rn. 228; *Happ* in Eyermann VwGO § 75 Rn. 9.
[240] OVG Bln-Bbg Beschl. v. 2.1.2017 – OVG 3 M 122.16, BeckRS 2017, 100060 Rn. 6.
[241] → Rn. 67.

VwGO) vertretene Kläger werden regelmäßig aufgefordert, einen **Zustellungsbevollmächtigten im Bundesgebiet** (§ 56 III VwGO, § 184 I ZPO) zu bestimmen. Über diesen wird dann der gerichtliche Schriftverkehr abgewickelt, ohne dass die Unwägbarkeiten des Postlaufs im Ausland den Verfahrensfortgang behindern. Wird ein Zustellungsbevollmächtigter trotz Aufforderung nicht bestellt, können spätere Zustellungen ohne die Beachtung einer besonderen Form erfolgen. Da die Vereinfachung des Verfahrens durch Bestimmung eines Zustellungsbevollmächtigter im Inland auch im Interesse des Ausländers ist, empfiehlt es sich, diesen bereits in der Klageschrift zu bestimmen. Für die Feststellung des Klagebegehrens und die Zuordnung zu der richtigen Auslandsvertretung der Beklagten sollte der Klage der das Visum versagende Bescheid bzw. Remonstrationsbescheid (in Kopie) beigefügt werden (§ 82 I 1 VwGO).

101 Gemeinsam mit dem Ausländer ist auch der im Bundesgebiet lebende **Ehegatte** im Hinblick auf Art. 6 GG **klagebefugt**[242]. **Eltern** bzw. Elternteile sind in Verfahren des Kindesnachzugs gleichfalls aus Art. 6 I und II GG klagebefugt. **Klagebefugt sind auch unbegleitete Minderjährige,** soweit es um die Erteilung eines Visums an ihre Eltern oder einen Elternteil gemäß § 36 I geht. Vor Gericht werden sie von ihrem amtlich bestellten Vormund vertreten. Nicht klagebefugt sind Einlader oder Verpflichtungsgeber nach § 68. Handelt es sich nicht um Familienangehörige (§ 67 II 2 Nr. 2 VwGO) sind sie auch nicht vertretungsbefugt und gemäß § 67 III 1 VwGO zurückzuweisen. Sie können aber als Zustellungsbevollmächtigte gemäß § 56 III VwGO bestimmt werden.

102 Das Gericht ermittelt den Sachverhalt von Amts wegen (§§ 86 I, 96 I VwGO)[243], es zieht gemäß § 99 I 1 VwGO die Visavorgänge der Auslandsvertretung bei. Deren Übersendung über den amtlichen Kurierweg des Auswärtigen Amts nimmt bisher in der Regel rund acht Wochen in Anspruch. Bei Eilbedürftigkeit kann die Anforderung von Kopien der Akten angezeigt sein. Sobald die Visavorgänge vorliegen, kann gemäß § 100 I VwGO **Akteneinsicht** genommen werden, an Rechtsanwälte kann auf Antrag eine Aktenversendung an den Kanzleiort erfolgen (§ 100 II 2 VwGO). Gleiches gilt für die Akten der beigeladenen Behörde (örtliche Ausländerbehörde, BA, IHK). Ggf. wird diese schon vor Ort Akteneinsicht ermöglichen können. Wird die Versagung des Visums mit geheimhaltungsbedürftigen Sicherheitsbedenken begründet, kann das Auswärtige Amt unter den Voraussetzungen des § 99 I 2 VwGO die Herausgabe der Akten verweigern[244]. Über die Rechtmäßigkeit der Herausgabeverweigerung entscheiden besondere Spruchkörper des OVG Berlin-Brandenburg bzw. des BVerwG gemäß § 99 II VwGO. Lässt sich aufgrund der Zurückhaltungserklärung nichts zu den Sicherheitsbedenken sagen, ist nach den allgemeinen Regeln der Beweislast zu entscheiden[245]. Die zulässige Zurückhaltung der Information kann nicht als Beweisvereitelung gewertet werden[246].

103 Ein generelles, vom jeweiligen Einzelfall unabhängiges Recht des den Familiennachzug begehrenden Visumklägers, ihm die **persönliche Teilnahme** an einer mündlichen Gerichtsverhandlung zu ermöglichen, besteht nicht[247]. Kann er gemäß § 21 SDÜ visumsfrei einreisen[248], hat er sicherzustellen, dass zum Zeitpunkt der mündlichen Verhandlung die zulässige Dauer seines Aufenthalts im Bundesgebiet nicht überschritten ist. Dies sollte auch bei der Bestimmung des Termins (§ 102 I 1 VwGO) beachtet werden.

104 Sofern der im Bundesgebiet lebende Ehegatte nicht gemeinsam mit dem Ausländer klagt, kann er nach § 65 I VwGO beigeladen werden. Eine notwendige Beiladung nach § 65 II VwGO erfolgt nicht[249]. Wird der Ehegatte beigeladen, so kann sein persönliches Erscheinen nach § 95 VwGO angeordnet werden. Ist der Ehegatte weder Kläger noch Beigeladener kommt seine **Vernehmung als Zeuge** in Betracht.

105 Als Beigeladener kann sich der Ehegatte äußern und angehört werden, ist aber nicht verpflichtet, Angaben zu machen. Wird der Ehegatte als Zeuge geladen, hat er ein **Zeugnisverweigerungsrecht** gemäß § 98 VwGO, § 383 I Nr. 2 ZPO. Dieses entbindet den Zeugen nicht von der Verpflichtung, zum Termin zu erscheinen. Im Falle des Ausbleibens des Ehegatten-Zeugen können ihm die durch sein Ausbleiben verursachten Kosten und ggf. ein Ordnungsgeld auferlegt werden (§§ 380 f. ZPO). Ist der in Deutschland lebende Ehegatte nicht reisefähig, kommt eine Zeugenvernehmung durch den Berichterstatter (§ 87 III 1, 96 II VwGO) oder den ersuchten Richter (§ 98 VwGO iVm § 375 ZPO) in Betracht.

106 In Verfahren des Ehegattennachzugs sind die Angaben des in Deutschland lebenden Ehegatten das **wesentliche Erkenntnismittel** zur Beurteilung der Tatbestandsvoraussetzung der Absicht der Herstellung einer ehelichen Lebensgemeinschaft. Fraglich ist, ob und welche Schlüsse daraus zu ziehen sind, wenn ein beigeladener Ehegatte nicht zur mündlichen Verhandlung erscheint. Jedenfalls gilt, dass

---

[242] BVerwG Urt. v. 27.8.1996 – 1 C 8.94, BVerwGE 102, 12 = NVwZ 1997, 1116; *Oestmann* InfAuslR 2008, 17.
[243] Dazu auch → § 79 Rn. 3 ff.
[244] BVerwG Beschl. v. 31.1.2011 – 20 F 18.10, BeckRS 2011, 47867 Rn. 11.
[245] *Geiger* in Eyermann § 99 Rn. 22.
[246] *Rudisile* in Schoch/Schneider/Bier VwGO § 99 Rn. 49; OVG NRW Urt. v. 1.10.1997 – 17 A 1888/92, NVwZ-RR 1998, 398.
[247] OVG Bln-Bbg Beschl. v. 4.22013 – OVG 12 N 83.11, BeckRS 2013, 47155; → § 79 Rn. 7.
[248] → § 4 Rn. 16.
[249] BVerwG Beschl. v. 28.4.1981 – 1 B 44.81, BeckRS 1981, 31300593; *Oestmann* InfAuslR 2008, 17.

unter den Voraussetzungen des § 102 II VwGO (wenn darauf hingewiesen wurde) ohne ihn verhandelt und entschieden werden kann. Das dürfte im Falle des Ausbleibens nach Anordnung des persönlichen Erscheinens jedoch nicht möglich sein[250]. Die Gerichte verzichten daher oftmals auf die Anordnung des persönlichen Erscheinens zugunsten des Hinweises, dass das persönliche Erscheinen des Beigeladenen erwünscht oder zweckdienlich sei[251].

Im Rahmen seiner Entscheidung über die Verpflichtungsklage auf Erlass eines **nationalen Visums** 107 überprüft das Gericht die Entscheidung der Auslandsvertretung **vollumfänglich** hinsichtlich des Vorliegens der Anspruchsvoraussetzungen und – sofern die Entscheidung im Ermessen der Behörde steht – gemäß § 114 S. 1 VwGO auf eine fehlerfreie Ermessensausübung. Für die heranzuziehende Entscheidungsgrundlage gilt § 79[252]. Entscheidungen über die Erteilung von **Schengen-Visa** nach dem Visakodex stehen nicht im Ermessen der Auslandsvertretung[253]. Zu beachten ist aber, dass nach der Rspr. des EuGH[254] der Auslandsvertretung bei der Prüfung des Visumantrags ein weiter **Beurteilungsspielraum** hinsichtlich der Anwendungsvoraussetzungen des Visakodex als auch hinsichtlich der Tatsachenwürdigung zukommt. Der Umfang der gerichtlichen Überprüfung ist entsprechend eingeschränkt[255]. Gleiches gilt für die Anfechtung der Annullierung oder Aufhebung eines Visums gemäß Art. 34 Visakodex[256].

Die Anerkennung von behördlichen Beurteilungsspielräumen ist im deutschen Verwaltungsrecht 108 eine auf wenige Konstellationen beschränkte Ausnahme[257]. Insofern ist diese Rspr. des EuGH auf Kritik gestoßen[258]. Das Recht der EU kennt hingegen keine dem deutschen Recht vergleichbare klare Trennung zwischen Ermessen und Beurteilungsspielräumen[259]. Das OVG Berlin-Brandenburg[260] hat für Schengen-Visa entschieden, dass die Entscheidungen der deutschen Auslandsvertretung gerichtlich **nur eingeschränkt überprüfbar** sind, weil den zuständigen Behörden bei der Prüfung der Visaerteilung über einen weiten Beurteilungsspielraum verfüge. Die Kontrolle sei beschränkt auf die Prüfung, ob die Behörde von einem unrichtigen Sachverhalt ausgegangen sei, den anzuwendenden Begriff oder den gesetzlichen Rahmen, in dem sie sich frei bewegen könne, verkannt, allgemeingültige Wertmaßstäbe nicht beachtet, sachfremde Erwägungen angestellt oder gegen Verfahrensvorschriften verstoßen habe[261]. Das BVerwG[262] hat diese Rspr. bestätigt.

Prozessuale Konsequenz dieser Rspr. ist, dass das Gericht bei festgestellten Beurteilungsfehlern nicht 109 anstelle der Auslandsvertretung entscheiden kann. Fehlerhafte Entscheidungen können lediglich aufgehoben und zur erneuten Entscheidung an das Auswärtige Amt zurückverwiesen werden[263]. Solche rein kassatorischen Entscheidungen sind im deutschen Verwaltungsprozess, in dem das Gericht idR Spruchreife herbeizuführen und in der Sache selbst zu entscheiden hat, zwar nicht ausgeschlossen, ihm aber eher fremd[264]. Sie verzögern zudem eine abschließende Entscheidung in der Sache. Insbesondere, wenn neue Tatsachen zu beurteilen sind und die Beurteilung nicht während des gerichtlichen Verfahrens durch das Auswärtige Amt erfolgt, kann der Antragsteller sein Visumsbegehren ggf. effektiver über das Remonstrationsverfahren oder im Wege eines Neuantrags realisieren.

Eine durch die Erfüllung noch fehlender Voraussetzungen (gültiger Reisepass, den Reisezeitraum 110 abdeckende Krankenversicherung) aufschiebend bedingte Verpflichtung der des Auswärtigen Amts soll nicht möglich sein, weil dies zu neuem, im Vollstreckungsverfahren auszutragenden Streit über die Erfüllung materieller Tatbestandsvoraussetzungen führen könne[265]. Wegen der nicht absehbaren Dauer eines Visum- und Klageverfahren würde dies aber bedeuten, dass der Ausländer fortwährend für das Bestehen von Reisekrankenversicherungsschutz sorgen und die dafür erforderlichen Kosten tragen muss. Dieses Ergebnis ist jedenfalls in den Fällen in Frage zu stellen, in denen eine allgemeine Zusage einer Reisekrankenversicherung, innerhalb eines bestimmten Zeitraums für die Dauer der beabsichtigen Reise Krankenversicherungsschutz zu gewähren, vorliegt. IÜ verfährt das Auswärtige Amt iRd

---

[250] AA *Ortloff/Riese* in Schoch/Schneider/Bier VwGO § 102 Rn. 23.
[251] Vgl. *Ortloff/Riese* in Schoch/Schneider/Bier VwGO § 102 Rn. 25.
[252] Dazu → § 79 Rn. 3 ff.
[253] EuGH Urt. v. 19.12.2013 – C-84/12, NVwZ 2014, 289 – Koushkaki; BVerwG Urt. v. 17.9.2015 – 1 C 37.14, NVwZ 2016, 161 Rn. 15.
[254] EuGH Urt. v. 19.12.2013 – C-84/12, NVwZ 2014, 289.
[255] EuGH Urt. v. 19.12.2013 – C-84/12, NVwZ 2014, 289 Rn. 60 ff.
[256] VG Berlin Beschl. v. 21.3.2019 – 8 L 96.19 V.
[257] Vgl. dazu *Riese* in Schoch/Schneider/Bier VwGO Vorb. zu § 113 Rn. 30 ff.
[258] Vgl. VG Berlin Urt. v. 21.2.2014 – 4 K 232.11 V, BeckRS 2014, 51064; Urt. v. 17.12.2014 – 28 K 50.14 V, BeckRS 2014, 59771; Urt. v. 17.12.2014 – VG 24 K 91.14 V, BeckRS 2015, 40305.
[259] Vgl. *Sachs* in Stelkens/Bonk/Sachs, VwVfG, 9. Aufl., § 40 Rn. 163 mwN; zur gerichtlichen Kontrolle → Rn. 235.
[260] OVG Bln-Bbg Urt. v. 19.11.2014 – OVG 6 B 20.14, BeckRS 2014, 58689.
[261] OVG Bln-Bbg Urt. v. 19.11.2014 – OVG 6 B 20.14, BeckRS 2014, 58689; Urt. v. 18.12.2014 – OVG 12 B 19.14; ebenso wohl Beschl. v. 9.3.2015 – OVG 11 N 107.14, BeckRS 2015, 43802.
[262] BVerwG Urt. v. 17.9.2015 – 1 C 37.14, NVwZ 2016, 161 Rn. 18 ff.
[263] OVG Bln-Bbg Urt. v. 19.11.2014 – OVG 6 B 20.14, BeckRS 2014, 58689.
[264] Vgl. dazu *Riese* in Schoch/Schneider/Bier VwGO Vorb. zu § 113 Rn. 17 ff., 30 ff.
[265] OVG Bln-Bbg Urt. v. 28.8.2012 – OVG 3 B 37.11, BeckRS 2012, 57805.

vergleichsweisen Beilegung von Besuchsvisaklagen regelmäßig in dieser Weise, indem es die Zusicherung der Erteilung des begehrten Visums ua von der Vorlage eines für den Reisezeitraum gültigen Krankenversicherungsnachweises abhängig macht.

4. Einstweiliger Rechtsschutz

111 Nach § 123 I 2 VwGO kann das Gericht eine **einstweilige Anordnung (eA)** zur Regelung eines vorläufigen Zustands in Bezug auf ein streitiges Rechtsverhältnis ua dann erlassen, wenn dies zur Abwendung wesentlicher Nachteile oder aus anderen Gründen nötig erscheint. Erforderlich ist die Glaubhaftmachung der Voraussetzungen des Anspruchs auf Erteilung des begehrten Visums (Anordnungsanspruch) und der besonderen Dringlichkeit der Einreise (Anordnungsgrund). Dem Wesen und Zweck dieses Verfahrens entsprechend kann das Gericht mit einer eA grundsätzlich aber nur vorläufige Regelungen treffen und dem jeweiligen Antragsteller nicht schon in vollem Umfang das gewähren, was Klageziel des Hauptsacheverfahrens ist. Durch den Erlass einer zur Visumserteilung verpflichtenden eA wird die Hauptsache aber hinsichtlich der mit dem Visum erteilten Einreiseerlaubnis und des eingeräumten Aufenthaltsrechts vorweggenommen[266].

112 Die **Vorwegnahme der Hauptsacheentscheidung** kommt – mit Rücksicht auf die verfahrensrechtliche Garantie effektiven Rechtsschutzes (Art. 19 IV GG) – nur in Ausnahmefällen, und zwar dann in Betracht, wenn ein Obsiegen im Hauptsacheverfahren mit hoher Wahrscheinlichkeit zu erwarten ist und dem Rechtsschutzsuchenden schwere und unzumutbare, anders nicht abwendbare Nachteile entstünden, zu deren nachträglicher Beseitigung die Entscheidung in der Hauptsache nicht mehr in der Lage wäre[267]. Das ist etwa der Fall, wenn ein Anspruch nach § 36 I bzw. § 36 I 2 auf Elternnachzug zum unbegleiteten Minderjährigen durch das Erreichen der Volljährigkeit des Kindes im Verlauf des Hauptsacheverfahrens vereitelt würde[268].

113 In der Regel rechtfertigt aber allein die voraussichtliche Dauer des Visumverfahren in der Hauptsache nicht, die Entscheidung im Wege einer eA vorwegzunehmen[269]. Dies ist angesichts der derzeitig noch gewährleisteten durchschnittlichen erstinstanzlichen Verfahrensdauer von Visaklagen von deutlich weniger als einem Jahr[270] vertretbar. Ob den zuletzt bei dem VG Berlin vermehrt erhobenen Anträgen mit dem Ziel eine ausstehende Entscheidung der Auslandsvertretung zu erzwingen bzw. überhaupt einen Termin zur dortigen Vorsprache zu erlangen[271], Erfolg beschieden, hängt vom jeweiligen Einzelfall ab. Bisher haben das VG Berlin und das OVG Berlin-Brandenburg in **Einzelfällen**, insbesondere wo die Trennung von Elternteilen und ihren sehr jungen Kindern von nicht absehbarer Dauer zu besorgen war, einen Anordnungsgrund in der für die Vorwegnahme der Hauptsache erforderlichen Intensität angenommen[272]. Ebenso in dem Fall des ausgewiesenen Vaters zum Besuch seines im Sterben liegenden Kindes[273]. Ähnlich kann die Teilnahme an besonders wichtigen Ereignissen (Geburt des eigenen Kindes, Beerdigung von nahen Familienangehörigen[274]) je nach den Umständen des Einzelfalls zu beurteilen sein. In Anbetracht der Machtübernahme der Taliban in Afghanistan hat das VG Berlin in einem Einzelfall die Bundesrepublik zur Erteilung von Visa für eine afghanische Ortskraft und dessen Familie verpflichtet[275].

114 Nach der übereinstimmenden Praxis aller mit Visumstreitverfahren befassten Senate des OVG Berlin-Brandenburg ist in Verfahren, die den Erlass einer einstweiligen Anordnung auf Verpflichtung der Bundesrepublik Deutschland zur (vorläufigen) Erteilung eines Visums zum Gegenstand haben, der anzusetzende Auffangstreitwert des § 52 II GKG gemäß § 53 II Nr. 1 GKG um die Hälfte zu

---

[266] Vgl. OVG Bln-Bbg Beschl. v. 13.10.2015 – OVG 2 S 51.15, BeckRS 2015, 53668 Rn. 3.
[267] OVG Bln-Bbg Beschl. v. 18.2.2019 – OVG 3 S 8.19, BeckRS 2019, 2495, VG Bln Beschl. v. 21.6.2011 – 1 L 150.11 V, BeckRS 2011, 53809, mHinw auf BVerfG Urt. v. 25.10.1998 – 2 BvR 745.88, BVerfGE 79, 69 (74, 77) und Urt. v. 25.7.1996 – 1 BvR 638.96, NVwZ 1997, 479 (480 ff.); OVG Bln Beschl. v. 11.10.2000 – OVG 8 SN 175.00, InfAuslR 2001, 81; OVG Bln-Bbg Beschl. v. 21.7.2006 – OVG 3 S 35.06/OVG 3 M 68.15, BeckRS 2015, 52563; Beschl. v. 11.12.2013 – OVG 2 S 87.13, BeckRS 2014, 45019.
[268] BVerwG Urt. v. 18.4.2013 – 10 C 9.12, BVerwGE 146, 189 = NVwZ 2013, 1344; vgl. auch → § 36 Rn. 12; dagegen OVG Bln-Bbg Beschl. v. 8.2.2017 – OVG 3 S 8.17, das den Erlass einer eA mit Blick auf die nur noch wenige Tage dauernde Minderjährigkeit abgelehnt hat; nunmehr aber OVG Bln-Bbg Beschl. v. 19.12.2018 – OVG 3 S 98.18, BeckRS 2018, 33732 Rn. 12.
[269] StRspr vgl. VG Bln Beschl. v. 21.6.2011 – 1 L 150.11 V, BeckRS 2011, 53809; Beschl. v. 21.10.2013 – 29 L 228.13 V, BeckRS 2013, 57527; Beschl. v. 9.7.2014 – 3 L 410.14 V, BeckRS 2014, 55743; OVG Bln-Bbg Beschl. v. 17.11.2016 – OVG 3 S 100.16, BeckRS 2016, 110602 Rn. 3.
[270] Die durchschnittliche Verfahrensdauer der erledigten Visaklagen am VG Bln betrug 2018 8,8 Monate, vgl. Bericht zur Geschäftslage 2019, Pressemitteilung v. 25.1.2019, in 2020 10,5 Monate, vgl. Bericht zur Geschäftslage 2020, Pressemitteilung 3.2.2021.
[271] Vgl. VG Berlin, Bericht zur Geschäftslage 2020, Pressemitteilung 3.2.2021.
[272] OVG Bln-Bbg Beschl. v. 8.10.2010 – OVG 3 S 26.10, BeckRS 2010, 50769; VG Berlin Beschl. v. 13.2.2015 – 33 L 39.15 V, BeckRS 2015, 42265.
[273] VG Berlin Beschl. v. 29.8.2014 – 3 L 573.14 nv.
[274] VG Berlin Beschl. v. 7.7.2016 – 10 L 212.16 V, BeckRS 2016, 49810.
[275] VG Berlin Beschl. v. 25.8.2021 – 10 L 285/21 V, BeckRS 2021, 23671.

ermäßigen, auch wenn das Begehren auf eine Vorwegnahme der Hauptsache zielt.[276] Maßgeblich ist die Anzahl der begehren Visa, nicht die Zahl der Antragsteller[277].

§ 7 Aufenthaltserlaubnis

(1) [1]Die Aufenthaltserlaubnis ist ein befristeter Aufenthaltstitel. [2]Sie wird zu den in den nachfolgenden Abschnitten genannten Aufenthaltszwecken erteilt. [3]In begründeten Fällen kann eine Aufenthaltserlaubnis auch für einen von diesem Gesetz nicht vorgesehenen Aufenthaltszweck erteilt werden. [4]Die Aufenthaltserlaubnis nach Satz 3 berechtigt nicht zur Erwerbstätigkeit; sie kann nach § 4a Absatz 1 erlaubt werden.

(2) [1]Die Aufenthaltserlaubnis ist unter Berücksichtigung des beabsichtigten Aufenthaltszwecks zu befristen. [2]Ist eine für die Erteilung, die Verlängerung oder die Bestimmung der Geltungsdauer wesentliche Voraussetzung entfallen, so kann die Frist auch nachträglich verkürzt werden.

Allgemeine Verwaltungsvorschrift
7 Zu § 7 – Aufenthaltserlaubnis
7.1 Aufenthaltszwecke
7.1.1 Die Aufenthaltserlaubnis ist der befristete Aufenthaltstitel nach dem Aufenthaltsgesetz. Sie wird zu den in Kapitel 2 Abschnitte 3 bis 7 genannten Aufenthaltszwecken erteilt. Je nach dem verfolgten Aufenthaltszweck ergeben sich aus der Aufenthaltserlaubnis unterschiedliche Rechtsfolgen, etwa hinsichtlich der Möglichkeiten der Verfestigung, des Familiennachzuges, der Erwerbstätigkeit oder dem Zugang zu sozialen Leistungen. Sofern für bestimmte Aufenthaltszwecke Sonderregelungen bestehen, befinden sich diese i. d. R. in dem Abschnitt für den jeweiligen Aufenthaltszweck. Nach dem in §§ 7 und 8 verankerten Trennungsprinzip zwischen den in Kapitel 2 Abschnitte 3 bis 7 näher beschriebenen Aufenthaltszwecken ist ein Ausländer regelmäßig darauf verwiesen, seine aufenthaltsrechtlichen Ansprüche aus den Rechtsgrundlagen abzuleiten, die der Gesetzgeber für die spezifischen vom Ausländer verfolgten Aufenthaltszwecke geschaffen hat.
7.1.1.0 Der Aufenthaltszweck ist aus dem Aufenthaltstitel ersichtlich. Bei der Erteilung der Aufenthaltserlaubnis trägt die Ausländerbehörde den Erteilungsgrund in derselben Weise in das Klebeetikett ein, in der der Aufenthaltszweck im Ausländerzentralregister gespeichert wird. Die Eintragung ist im Feld für Anmerkungen vorzunehmen (§ 59 Absatz 3 AufenthV). Die abschließende Liste der möglichen Aufenthaltszwecke ergibt sich aus den Tabellenteilen 10 und 11 der Anlage zur DV-AZRG, die in ihrem wesentlichen Inhalt nachstehend abgedruckt ist:
7.1.1.1 Aufenthaltserlaubnis
7.1.1.1.1 A. Aufenthalte zum Zweck der Ausbildung nach
1. § 16 Absatz 1 (Studium)
2. § 16 Absatz 1a (Studienbewerbung)
3. § 16 Absatz 4 (Arbeitsplatzsuche nach Studium)
4. § 16 Absatz 5 (Sprachkurse, Schulbesuch)
5. § 16 Absatz 6 (innergemeinschaftlich mobiler Student)
6. § 17 (sonstige Ausbildungszwecke)
7.1.1.1.2 B. Aufenthalt zum Zweck der Erwerbstätigkeit nach
1. § 18 (Beschäftigung)
2. § 18a (Aufenthaltserlaubnis für qualifizierte Geduldete zum Zweck der Beschäftigung)
3. § 20 Absatz 1 (Forscher)
4. § 20 Absatz 5 (in einem anderen Mitgliedstaat zugelassener Forscher)
5. § 21 (selbständige Tätigkeit)
7.1.1.1.3 C. Aufenthalt aus völkerrechtlichen, humanitären oder politischen Gründen nach
1. § 22 Satz 1 (Aufnahme aus dem Ausland)
2. § 22 Satz 2 (Aufnahme durch Bundesministerium des Innern)
3. § 23 Absatz 1 (Aufnahme durch Land)
4. § 23 Absatz 2 (besondere Fälle)
5. § 23a (Härtefallaufnahme durch Länder)
6. § 24 (vorübergehender Schutz)
7. § 25 Absatz 1 (Asyl)
8. § 25 Absatz 2 (Genfer Flüchtlingskonvention)
9. § 25 Absatz 3 (Abschiebungsverbot)
10. § 25 Absatz 4 Satz 1 (dringende persönliche oder humanitäre Gründe)
11. § 25 Absatz 4 Satz 2 (Verlängerung wegen außergewöhnlicher Härte)
12. § 25 Absatz 5 (rechtliche oder tatsächliche Gründe)
7.1.1.1.4 D. Aufenthalt aus familiären Gründen nach
1. § 28 Absatz 1 Satz 1 Nummer 1 (Familiennachzug zu Deutschen: Ehegatte)
2. § 28 Absatz 1 Satz 1 Nummer 2 (Familiennachzug zu Deutschen: Kinder)
3. § 28 Absatz 1 Satz 1 Nummer 3 Satz 2 (Familiennachzug zu Deutschen: Elternteil)
4. § 28 Absatz 4 (Familiennachzug zu Deutschen: Sonstige)

---

[276] OVG Bln-Bbg Beschl. v. 16.9.2015 – OVG 3 S 54/15, BeckRS 2015, 52594 Rn. 7.
[277] OVG Bln Beschl. v. 5.8.2004 – OVG 2 L 42.04, BeckRS 2014, 45675.

5. § 30 (Ehegattennachzug)
6. § 32 Absatz 1 Nummer 1 (Kindernachzug zu Asylberechtigten)
7. § 32 Absatz 1 Nummer 2 (Kindernachzug im Familienverband)
8. § 32 Absatz 2 (Kindernachzug über 16 Jahren)
9. § 32 Absatz 2a (Kind eines langfristig Aufenthaltsberechtigten im Mitgliedstaat)
10. § 32 Absatz 3 (Kindernachzug unter 16 Jahren)
11. § 32 Absatz 4 (Kindernachzug im Härtefall)
12. § 33 (Geburt im Bundesgebiet)
13. § 36 Absatz 1 (Nachzug von Eltern)
14. § 36 Absatz 2 (Nachzug sonstiger Familienangehöriger)

7.1.1.1.5 E. Besondere Aufenthaltserlaubnisse nach

1. § 7 Absatz 1 Satz 3 (sonstige begründete Fälle)
2. § 25 Absatz 4a (Opfer von Menschenhandel)
3. § 31 Absatz 1, 2, 4 (eigenständiges Ehegattenaufenthaltsrecht)
4. § 34 Absatz 2 (eigenständiges Aufenthaltsrecht von Kindern)
5. § 37 Absatz 1 (Wiederkehr Jugendlicher und Heranwachsender)
6. § 37 Absatz 5 (Wiederkehr Rentner)
7. § 38 Absatz 1 Nummer 2, Absatz 2 und 5 (ehemalige Deutsche)
8. § 38a (langfristig Aufenthaltsberechtigte anderer Mitgliedstaaten)
9. § 104a Absatz 1 Satz 1 (Aufenthaltserlaubnis auf Probe)
10. § 23 Absatz 1 Satz 1 i. V. m. § 104a Absatz 1 Satz 2 (gesetzliche Altfallregelung)
11. § 23 Absatz 1 Satz 1 i. V. m. § 104a Absatz 2 Satz 1 (Altfallregelung für volljährige Kinder von Geduldeten)
12. § 23 Absatz 1 Satz 1 i. V. m. § 104a Absatz 2 Satz 2 (Altfallregelung für unbegleitete Flüchtlinge)
13. § 23 Absatz 1 Satz 1 i. V. m. § 104b (integrierte Kinder von Geduldeten)
14. § 4 Absatz 5 (Assoziationsrecht EWG/ Türkei)
15. Aufenthaltserlaubnis nach dem Freizügigkeitsabkommen EG/Schweiz für freizügigkeitsberechtigte Schweizerische Bürger
16. Aufenthaltserlaubnis nach dem Freizügigkeitsabkommen EG/Schweiz für Angehörige von freizügigkeitsberechtigten Schweizerischen Bürgern

7.1.1.2 Niederlassungserlaubnis/unbefristeter Aufenthaltstitel nach

1. § 9 (allgemein)
2. § 9a (Erlaubnis zum Daueraufenthalt-EG)
3. § 19 (Hochqualifizierte)
4. § 21 Absatz 4 (drei Jahre selbständige Tätigkeit)
5. § 23 Absatz 2 (besondere Fälle)
6. § 26 Absatz 3 (Asyl/Genfer Flüchtlingskonvention nach drei Jahren)
7. § 26 Absatz 4 (aus humanitären Gründen nach sieben Jahren)
8. § 28 Absatz 2 (Familienangehörige von Deutschen)
9. § 31 Absatz 3 (eigenständiges Aufenthaltsrecht der ausländischen Ehegatten)
10. § 35 (Kinder)
11. § 38 Absatz 1 Nummer 1 (ehemalige Deutsche)
12. dem Freizügigkeitsabkommen EG/ Schweiz für freizügigkeitsberechtigte Schweizerische Bürger
13. dem Freizügigkeitsabkommen EG/ Schweiz für Angehörige von freizügigkeitsberechtigten Schweizerischen Bürgern

7.1.2 Der Wechsel des Aufenthaltszwecks ist möglich, wenn im Aufenthaltsgesetz keine speziellen Ausschlussgründe genannt sind. Kommen mehrere Aufenthaltszwecke in Betracht, ist im Zweifel davon auszugehen, dass ein Ausländer denjenigen Aufenthaltstitel beantragt hat, der die am weitest gehenden Berechtigungskraft – etwa mit Bezug auf die Ausübung einer Erwerbstätigkeit und die Aufenthaltsverfestigung – vermittelt, sofern der entsprechende Erteilungstatbestand erfüllt ist, und hilfsweise ein Aufenthaltstitel für andere in Betracht kommende Zwecke beantragt wurde. Nach § 14 Absatz 2 Satz 1 BeschVerfV gilt die Zustimmung der Bundesagentur für Arbeit zur Ausübung einer Beschäftigung im Rahmen ihrer zeitlichen Begrenzung auch für jeden weiteren Titel fort. Die Zustimmung gilt allerdings dann nicht fort, wenn ein Aufenthaltszweckwechsel vom völkerrechtlichen, humanitären oder politischen Aufenthaltszweck zum Zwecke der Beschäftigung nach § 18 erfolgen soll.

7.1.2.1 Einschränkungen für einen Zweckwechsel bestehen während des Studiums (§ 16 Absatz 2) und während einer beruflichen Aus- oder Weiterbildung (§ 17 Satz 3). Inhaber eines Schengenvisums können ohne vorherige Ausreise nur dann in einen langfristigen Aufenthaltszweck überwechseln, wenn nach der Einreise ein Anspruch auf Erteilung eines Aufenthaltstitels entstanden ist (§ 39 Nummer 3 AufenthV). Für Asylbewerber gilt § 10.

7.1.2.2 Beantragt ein Ausländer einen Aufenthaltstitel zu einem anderen Zweck, prüft die Ausländerbehörde, ob die gesetzlichen Voraussetzungen für den neuen Aufenthaltszweck vorliegen, ob keine Ausschlussgründe eingreifen und übt, soweit erforderlich, Ermessen aus. Gibt sie dem Antrag statt, wird eine neue Aufenthaltserlaubnis ausgestellt. Im Fall der Ablehnung des Antrages gilt die alte Aufenthaltserlaubnis bis zum Ablauf ihrer Geltungsdauer weiter und kann auch bei Vorliegen der entsprechenden Voraussetzungen verlängert werden. Im Zweifel gilt die Verlängerung als mit beantragt, wenn die bisherige Aufenthaltserlaubnis zeitnah ausläuft. Für die Erteilung einer Aufenthaltserlaubnis zu einem anderen Aufenthaltszweck als demjenigen, zu dem eine bestehende Aufenthaltserlaubnis bisher galt, findet die besondere Gebührenregelung des § 45 Nummer 3 AufenthV Anwendung, deren Formulierung allein zur Klarstellung des Unterschiedes zwischen einer völligen Neuerteilung einer Aufenthaltserlaubnis einerseits und der Änderung des Aufenthaltszwecks andererseits gewählt wurde.

7.1.3 Ein Aufenthaltstitel nach § 7 Absatz 1 Satz 3 kann nur zu einem Zweck erteilt werden, der in Kapitel 2 Abschnitte 3 bis 7 nicht geregelt ist. Diese Zwecke lassen sich nicht abschließend aufzählen. Denkbar ist z. B., dass ein vermögender Ausländer sich in Deutschland niederlassen möchte, um hier von seinem Vermögen zu leben. Darüber hinaus handelt es sich um eine Auffangregelung für unvorhergesehene Fälle. Es gelten die allgemeinen

Aufenthaltserlaubnis § 7 AufenthG 1

Erteilungsvoraussetzungen des § 5. In allen Fällen, in denen auf § 7 Absatz 1 Satz 3 zurückgegriffen wird, ist unter Berücksichtigung der für und gegen den Aufenthalt des Ausländers im Bundesgebiet sprechenden schutzwürdigen Individualinteressen des Ausländers und öffentlichen Interessen zu entscheiden. Sind spezielle Voraussetzungen, die für den angestrebten Aufenthaltszweck in gesetzlichen Sondertatbeständen festgelegt sind, nicht erfüllt, ist die zuständige Ausländerbehörde nicht berechtigt, weitere auf § 7 Absatz 1 Satz 3 gestützte Ermessenserwägungen anzustellen. So kann § 7 Absatz 1 Satz 3 nicht herangezogen werden, wenn dem Ausländer unter Anwendung von § 27 eine Aufenthaltserlaubnis erteilt oder verlängert werden soll. Dies bedeutet aber nicht, dass § 7 Absatz 1 Satz 3 allein deshalb nicht angewendet werden kann, nur weil der Ausländer zu einem speziell geregelten Zweck einen Aufenthalt im Bundesgebiet anstreben könnte, er aber gar nicht will. So kann etwa § 7 Absatz 1 Satz 3 auf vermögende Pensionäre angewendet werden, deren erwachsene Kinder im Bundesgebiet leben, sofern keine familiäre Lebensgemeinschaft angestrebt wird, sondern nur reine Besuchsbegegnungen stattfinden sollen. Denn dann handelt es sich von vornherein nicht um einen beabsichtigten Aufenthalt aus familiären Gründen i. S. d. Kapitels 2 Abschnitt 6, so dass auch keine außergewöhnliche Härte i. S. d. § 36 vorliegen muss. In Betracht kommen etwa auch Fälle, in denen ein Drittausländer mit Wohnsitz in einem anderen Staat – auch ggf. einem Schengen-Staat – eine Ferienwohnung in Deutschland unterhält, in der er sich häufiger aufhält. Hinsichtlich der hierfür erforderlichen Erteilung eines Visums wird auf Nummer 6.4.2.3 hingewiesen. Eine Aufenthaltserlaubnis kann auch nach § 7 Absatz 1 Satz 3 erteilt werden, wenn ein Ausländer im Schengenraum reisen möchte, sein Antrag auf einen Aufenthaltstitel aber noch bearbeitet wird. Die entsprechende Fiktionsbescheinigung nach § 81 Absatz 3 Satz 1 würde zum Reisen im Schengenraum nicht berechtigen (vgl. näher Nummer 6.3.3) Die Aufenthaltserlaubnis ist dann mit dem Vermerk zu versehen:
„*Vorläufige Aufenthaltserlaubnis unter dem Vorbehalt des Widerrufs.*"
Dem Ausländer ist aktenkundig mitzuteilen, dass die endgültige Entscheidung über die Erteilung einer Aufenthaltserlaubnis vorbehalten bleibt. Mit diesem Vermerk versehen, begründet die Aufenthaltserlaubnis keinen Vertrauensschutz (vgl. auch Nummer 8.1.2). Der vorläufig erteilte Aufenthaltstitel ist auf den voraussichtlichen Bearbeitungszeitraum zu befristen.
7.2 Befristung bzw. nachträgliche Verkürzung der Geltungsdauer der Aufenthaltserlaubnis
7.2.1 Mit der Maßgabe, die Geltungsdauer der Aufenthaltserlaubnis unter Berücksichtigung des beabsichtigten Aufenthaltszwecks zu befristen, hat die zuständige Behörde ausreichenden Spielraum, eine dem Einzelfall angemessene Befristung festzulegen. Die Befristung muss sich nicht auf die gesamte Dauer des beabsichtigten Aufenthalts erstrecken. Sie kann unter dem Gesichtspunkt der Überprüfung der Voraussetzungen auch vorzeitig enden.
7.2.2 Nachträgliche Verkürzung der Geltungsdauer
7.2.2.1 Eine für die Erteilung, die Verlängerung oder die Bestimmung der Geltungsdauer wesentliche Voraussetzung ist dann entfallen, wenn eine Erteilungsvoraussetzung des § 5 entfällt oder der Aufenthaltszweck, zu dem der Aufenthalt im Bundesgebiet erlaubt wurde, nicht durchgeführt wird, vorzeitig erfüllt oder sonst vorzeitig entfallen ist, ohne dass damit zugleich ein Ausweisungsgrund verwirklicht sein müsste. Liegen diese Voraussetzungen vor, ist der Ausländerbehörde ein weiter Ermessensbereich eröffnet, in dem sie eine sachgerechte Interessenabwägung vorzunehmen hat. Zu berücksichtigen ist jedoch, ob der nachträglichen Verkürzung der Geltungsdauer des Aufenthaltstitels spezielle Vorschriften entgegenstehen, die den Anwendungsbereich des § 7 Absatz 2 Satz 2 einschränken.
7.2.2.1.1 Der Wegfall einer Erteilungs- bzw. Verlängerungsvoraussetzung i. S. d. Vorschrift kann etwa in der Beendigung der Lebensgemeinschaft eines Ausländers mit seinem im Bundesgebiet lebenden Ehegatten oder in der dauernden Aufhebung einer sonstigen für den Fortbestand des Aufenthaltszwecks erheblichen familiären Lebensgemeinschaft liegen. Diese Umstände sind insoweit wesentlich, als die Voraussetzungen für einen Familiennachzug nun nicht mehr vorliegen. Wesentlich im gesetzlichen Sinne ist diese Voraussetzung allerdings nur dann, wenn sich nicht aus anderen Gründen eine gesetzliche Möglichkeit ergibt, den Aufenthaltstitel zu verlängern. Dies ist etwa dann zu bejahen, wenn die Voraussetzungen für ein eigenständiges Aufenthaltsrecht bereits vorliegen oder die Voraussetzungen für die Erteilung einer Aufenthaltserlaubnis zur Ausübung einer Erwerbstätigkeit vorliegen und die Bundesagentur für Arbeit zugestimmt hat, soweit eine Zustimmung nach den allgemeinen Regeln erforderlich ist.
7.2.2.1.2 Auch Aufenthaltsrechte, die auf Europäischem Gemeinschaftsrecht beruhen (z. B. Aufenthaltsrechte nach Artikel 6 Absatz 1, Artikel 7 ARB 1/80) können einer nachträglichen Verkürzung der Geltungsdauer der Aufenthaltserlaubnis entgegenstehen. Dies ist nicht der Fall bei § 38a, da Artikel 22 Absatz 1 Buchstabe b) der Richtlinie 2003/109/EG des Rates vom 25. November 2003 betreffend die Rechtsstellung der langfristig aufenthaltsberechtigten Drittstaatsangehörigen (ABl. EU 2004 Nummer L 16 S. 44, so genannte Daueraufenthalt-Richtlinie) den Mitgliedstaaten die Möglichkeit einräumt, den Aufenthaltstitel bei Wegfall der Voraussetzungen nachträglich zu beenden.
7.2.2.1.3 Bei der Ermessensausübung können etwa die in § 55 Absatz 3 genannten Gesichtspunkte Gewicht haben. Liegen Ausweisungsgründe vor, sind diese in die Ermessenserwägungen auch unter dem Gesichtspunkt einzubeziehen, ob anstelle der Ausweisung die nachträgliche Verkürzung der Geltungsdauer der Aufenthaltserlaubnis als mildere Maßnahme in Betracht kommt.
7.2.2.2 Sind wesentliche Voraussetzungen für die Erteilung der Aufenthaltserlaubnis entfallen, darf dies in die Ermessenserwägungen mit einbezogen werden, es sei denn, dass die Aufenthaltserlaubnis auf einem gesetzlichen Anspruch beruht. Sofern kein gültiger Pass oder Passersatz vorliegt (§ 5 Absatz 1, § 3 Absatz 1), ist § 52 Absatz 1 Nummer 1 anzuwenden.
7.2.2.3 Wurde der Aufenthaltstitel durch unzutreffende Angaben erschlichen (z. B. Vortäuschen einer ehelichen Lebensgemeinschaft) und wurden diese Angaben der Erteilung eines Aufenthaltstitels maßgeblich zugrunde gelegt, kommt neben strafrechtlichen Sanktionen die Rücknahme des Aufenthaltstitels nach Verwaltungsverfahrensrecht in Betracht. § 7 Absatz 2 Satz 2 ist nicht anwendbar, da die Erteilungsvoraussetzungen nicht nachträglich entfallen sind, sondern nie vorgelegen haben. Die Möglichkeit der Rücknahme hängt nicht davon ab, ob wegen einer nachweislichen Täuschungshandlung eine strafrechtliche Verurteilung bereits erfolgt ist. Bei Rücknahme einer erschlichenen Einbürgerung lebt der ehemalige Aufenthaltstitel nicht wieder auf. In diesen Fällen ist nicht über die Rücknahme eines Aufenthaltstitels, sondern über die Erteilung eines Aufenthaltstitels bzw. über die Beendigung des Aufenthalts zu entscheiden.
7.2.2.4 Die nachträgliche zeitliche Verkürzung der Geltungsdauer einer Aufenthaltserlaubnis darf nicht rückwirkend verfügt werden. Sie darf frühestens auf den Zeitpunkt der Bekanntgabe festgelegt werden. Da erst nach

1 AufenthG § 7

Erster Teil. Aufenthaltsgesetz

diesem Zeitpunkt die Ausreisepflicht beginnt, darf die in der Abschiebungsandrohung zu bestimmende Ausreisefrist erst nach der zeitlichen Verkürzung des Aufenthalts beginnen.

7.2.2.5 Die nachträgliche zeitliche Verkürzung der Geltungsdauer der Aufenthaltserlaubnis bedarf der Schriftform (§ 77 Absatz 1 Satz 1).

7.2.2.6 Widerspruch und Anfechtungsklage gegen die nachträgliche zeitliche Verkürzung der Geltungsdauer der Aufenthaltserlaubnis haben aufschiebende Wirkung (§ 80 Absatz 1 VwGO). Die aufschiebende Wirkung dieser Rechtsbehelfe bewirkt zwar nicht, dass die Ausreisepflicht entfällt (vgl. § 84 Absatz 2 Satz 1), sie ist jedoch nicht vollziehbar (vgl. § 58 Absatz 2 Satz 2). Die Ausreisepflicht ist jedoch vollziehbar, wenn gemäß § 80 Absatz 2 Satz 1 Nummer 4 VwGO die sofortige Vollziehung einer Verfügung nach § 7 Absatz 2 Satz 2 angeordnet wird oder in den Fällen des § 80b Absatz 1 VwGO. Mit Rücksicht auf den Grundsatz der Verhältnismäßigkeit muss ein besonderes, über die Voraussetzung für die Beschränkung der Aufenthaltserlaubnis hinausgehendes öffentliches Interesse vorliegen (z. B. Wiederholungsgefahr, Ausschreibung zur Einreiseverweigerung im SIS). Es ist bei Täuschungshandlungen zu berücksichtigen, dass nicht der Eindruck erweckt werden darf, dass Ausländer trotz einer nachweisbaren Täuschung ein – wenn auch unsicheres – Aufenthaltsrecht erwirken können und somit im Ergebnis gegenüber Ausländern, die richtige Angaben machen, einen Vorteil haben.

7.2.2.7 Grundsätzlich kann von einer nachträglichen zeitlichen Verkürzung der Geltungsdauer der Aufenthaltserlaubnis abgesehen werden, wenn deren Geltungsdauer nur noch sechs Monate beträgt und keine gewichtigen Gründe für eine (umgehende) Entfernung des Ausländers aus dem Bundesgebiet vorliegen (z. B. Wiederholungsgefahr, Ausschreibung zur Einreiseverweigerung im SIS). Im Hinblick auf eine sofortige Durchsetzung der Ausreisepflicht kann mit der nachträglichen Verkürzung der Geltungsdauer der Aufenthaltserlaubnis und durch die Ausgestaltung der Nebenbestimmung mit einer Frist zur Ausreise, die mindestens 14 Tage betragen soll, die Abschiebung ohne Androhung und Fristsetzung in Betracht kommen.

7.2.2.8 Die Ausreisefrist darf erst zu einem Zeitpunkt beginnen, in dem der Ausländer den Aufenthaltstitel gemäß § 84 Absatz 2 nicht mehr besitzt.

Übersicht

	Rn.
I. Entstehungsgeschichte	1
II. Allgemeines	2
III. Aufenthaltszwecke	6
1. Aufenthaltszwecke im AufenthG	6
2. Andere Aufenthaltszwecke	12
IV. Befristung	34
1. Allgemeines	34
2. Anfängliche Befristung	38
3. Nachträgliche Befristung	40
V. Rechtsschutz	68

I. Entstehungsgeschichte

1   Die Vorschrift entspricht dem **Gesetzesentwurf**[1].

II. Allgemeines

2   Die Vorschrift legt Grundlagen, Inhalt und Geltungsdauer der Aufenthaltserlaubnis in der Art einer **Definition** fest (nicht anzuwenden auf Unionsbürger und Gleichgestellte: § 11 I FreizügG/EU). Anders als die Aufenthaltserlaubnis nach § 15 AuslG 1990 und § 2 I AuslG 1965 ist sie nicht unabhängig von einem Aufenthaltszweck, sondern wird gerade für einen bestimmten Aufenthaltszweck erteilt. Anders als nach dem AuslG stellt sie neben dem Visum den einzigen befristeten Aufenthaltstitel dar. Aufenthaltsbewilligung und Aufenthaltsbefugnis sind in ihr aufgegangen. Daneben gibt es nur noch die (unbefristete) Niederlassungserlaubnis. Die ausdrückliche Ausrichtung auf Aufenthaltszwecke ist zwar neu, eine finale Bestimmung lag aber auch den §§ 15 ff. AuslG zugrunde, weil die Aufenthaltserlaubnis auch danach für unterschiedliche Zwecke vorgesehen war: Familiennachzug, Wiederkehr, Erwerbstätigkeit. Diese Zuwanderungskanäle sind nunmehr ausdrücklich erweitert um Gründe, für die früher zT Aufenthaltsbewilligung und Aufenthaltsbefugnis vorgesehen waren: Ausbildung; selbstständige Erwerbstätigkeit; völkerrechtliche, humanitäre und politische Gründe; ehemalige Deutsche. Damit können mit der Aufenthaltserlaubnis sowohl sehr kurzfristige als auch Daueraufenthalte erlaubt werden. Außerdem kann die Aufenthaltserlaubnis jetzt auch für im AufenthG nicht behandelte Zwecke erteilt werden (Abs. 1 S. 2).

3   Die **Voraussetzungen** für Erteilung und Verlängerung der Aufenthaltserlaubnis sind nicht abschließend und allgemein festgelegt. Abgesehen von den allgemeinen Vorschriften des § 5 sind sie für den jeweiligen Aufenthaltszweck gesondert bestimmt. Die Aufenthaltserlaubnis stellt grundsätzlich den Ausgangspunkt für die Niederlassungserlaubnis und auch für die Einbürgerung dar. Sie bildet aber nicht mehr die Basis für einen Stufenaufbau von befristeter zu unbefristeter Aufenthaltserlaubnis zur

---

[1] BT-Drs. 15/420, 9.

Aufenthaltsberechtigung und schließlich zur Einbürgerung, denn die Niederlassungserlaubnis kann auch unmittelbar erteilt werden (vgl. §§ 9, 19, 23 II, 38 I 1 Nr. 1).

Außerdem wird in Abs. 2 die **Befristung** aus dem Kreis der zulässigen Nebenbestimmungen (§ 12 II–V) herausgenommen und entsprechend der Eigenart der Aufenthaltserlaubnis als befristeter Aufenthaltstitel besonders geregelt. Die Vorschrift ist nur für die Aufenthaltserlaubnis bestimmt und daher auf das nationale Visum nicht anwendbar[2]. 4

Die mit einer Aufenthaltserlaubnis verbundenen **Rechte** sind nicht einheitlich, sondern entsprechend dem jeweiligen Aufenthaltszweck unterschiedlich ausgestaltet. Der Zweck ist aus dem Aufenthaltstitel ersichtlich, da der Erteilungsgrund in dem Klebeetikett eingetragen wird und damit neben dem Aufenthaltsrecht auch Art und Umfang der Berechtigung zur Erwerbstätigkeit erkennbar sind. Daraus lässt sich ua ersehen, ob und wie die Aufenthaltserlaubnis verlängert werden kann (§ 26 I und III) oder ob sie zum Familiennachzug (§§ 29 II und III, 32 I Nr. 2) oder zum Besuch eines Integrationskurses (§ 44 I Nr. 1) berechtigt. Außerdem ergeben sich daraus Hinweise auf soziale Leistungsrechte wie zB Kindergeld (§ 62 II EStG; § 1 III BKGG), Erziehungsgeld (§ 1 VI BErzGG), Ausbildungsförderung (§ 8 I BAföG). 5

III. Aufenthaltszwecke

1. Aufenthaltszwecke im AufenthG

Die **strikte Unterteilung** der Aufenthaltstitel nach Aufenthaltszwecken ergibt gerade für die Aufenthaltserlaubnis einen besonderen Sinn, weil sie anders als die Niederlassungserlaubnis zu Beginn des Aufenthalts erteilt wird und damit jedenfalls den anfänglichen Zweck festlegt. Damit sind weder ein anfängliches oder späteres Überlagern oder Zusammenfallen mehrerer Aufenthaltsgründe noch ein späterer Wechsel ausgeschlossen. 6

Der Aufenthaltszweck ist zunächst durch die wichtigsten Zuwanderungskategorien Erwerbstätigkeit, Familie und humanitäre Aufnahme grob gekennzeichnet. Werden die Zuzugs- und Aufenthaltsgründe und deren normative Grundlagen im Einzelnen berücksichtigt, ergeben sich leicht **über 50 verschiedene** Aufenthaltszwecke, von denen zehn zu einer Niederlassungserlaubnis führen können und die übrigen zu einer Aufenthaltserlaubnis. Eine Zusammenstellung befindet sich in den Tabellenteilen 9 und 9a der Anlage zur AZRG-DV. 7

Das **Verhältnis** mehrerer nacheinander oder gleichzeitig verfolgter Zwecke ist nicht allgemein geregelt. ZT schließen sie sich gegenseitig aus (zB nach § 16 II), zT sind sie nebeneinander zulässig (§ 16 III), zT werden mit dem Aufenthalt notwendigerweise zwei Ziele verfolgt, zB Familienzusammenführung oder Wiederkehr und Erwerbstätigkeit (§§ 28 V, 37 I 2). ZT ist eine Zeitgrenze festgelegt und ausgeschlossen, dass im Anschluss daran ein Aufenthaltstitel für ähnliche Erwerbstätigkeiten erteilt wird (§ 26 BeschV). 8

Beabsichtigt der Ausländer die **Fortsetzung** des Aufenthalts zu einem anderen als dem bisherigen Zweck, ist zunächst zu beurteilen, ob der Wechsel ausgeschlossen ist[3]. Sodann müssen die Voraussetzungen für den neuen Aufenthaltszweck festgestellt und erforderlichenfalls Ermessen ausgeübt werden. Sodann kann die Aufenthaltserlaubnis für den geänderten Zweck verlängert oder aber bei vorherigem Ablauf der bisherigen Aufenthaltserlaubnis eine neue erteilt werden. Ein Zweckwechsel ist auch in dem Übergang von der Aufenthaltserlaubnis zur Niederlassungserlaubnis zu sehen, da diese ohne Bindung an einen bestimmten Zweck erteilt wird und immer zu Erwerbstätigkeiten jeder Art berechtigt. 9

Der **Zweckwechsel** ist ausgeschlossen während des Studiums (§ 16b IV) sowie während einer betrieblichen Aus- oder Weiterbildung (§ 16a I 2). Asylbewerber können vor Abschluss des Verfahrens einen Aufenthaltstitel nach Ermessen nur im staatlichen Interesse und mit Zustimmung der obersten Landesbehörde erhalten (§ 10 I). Erfolglose Asylbewerber sind vor ihrer Ausreise von allen oder bestimmten Aufenthaltstiteln ausgeschlossen (§ 10 III). Touristen mit mehr als sechs Monaten Aufenthaltsdauer kann ohne eine vorherige Ausreise ein Aufenthaltstitel nur aufgrund eines Rechtsanspruchs erteilt werden (§ 39 S. 1 Nr. 3 AufenthV). Im Anschluss an einen visumfreien Kurzaufenthalt können sie im Ausnahmefall eine Aufenthaltserlaubnis mit der Berechtigung zur Ausübung einer Kurzzeittätigkeit erhalten (§ 40 iVm § 17 II AufenthV und § 16 BeschV). 10

Einen Zweckwechsel stellt es auch dar, wenn zu dem bisherigen Aufenthaltszweck ein weiterer **hinzutritt** oder von mehreren einer **wegfällt**. Nach der Eheschließung eines Erwerbstätigen dient der Aufenthalt gleichzeitig zwei Zwecken, und nach einer Ehescheidung entfällt der familiäre und geht in ein selbstständiges Aufenthaltsrecht über. Es erscheint grundsätzlich notwendig, dass die Häufung von Aufenthaltszwecken in dem Aufenthaltstitel zum Ausdruck gebracht wird. Der Kennzeichnungszwang nach § 4a III dient va der Bekanntgabe der Berechtigung zur Erwerbstätigkeit mit deren evtl. Beschränkungen. 11

---

[2] Zum Schengen-Visum → § 6.
[3] Dazu → Rn. 10.

2. Andere Aufenthaltszwecke

12 Mit der Auffangklausel des Abs. 1 S. 3 ist eine Möglichkeit geschaffen, andere als vom AufenthG vorgesehene Aufenthaltszwecke zu berücksichtigen. § 7 I 3 bestimmt, dass in begründeten Fällen eine Aufenthaltserlaubnis auch für einen von diesem Gesetz nicht vorgesehenen Aufenthaltszweck erteilt werden kann, das heißt – gemäß dem Wortlaut – wenn der Ausländer den Aufenthalt zu einem bestimmten Zweck erstrebt, der von den einzelnen gesetzlichen Bestimmungen über die Erteilung einer Aufenthaltsgenehmigung der im Aufenthaltsgesetz überhaupt nicht vorgesehen ist bzw. dessen Bereich gesetzlich nicht bereits abschließend geregelt worden ist[4]. Unter der Geltung der §§ 7, 15 AuslG war dies auch ohne ausdrückliche gesetzliche Regelung befürwortet worden.

13 Grds muss es sich um Aufenthaltszwecke handeln, die ihrer Art nach in §§ 16–38 nicht vorkommen[5]. Es genügt nicht, wenn innerhalb eines Aufenthaltszwecks für eine bestimmte Fallkonstellation ein Aufenthaltsrecht nicht vorgesehen ist oder wenn im Einzelfall die geforderten Voraussetzungen nicht erfüllt sind[6]. Damit ist keine allgemeine Generalklausel eingeführt, die allgemein zur Auffüllung vermeintlicher Lücken im System der Zuwanderung genutzt werden könnte. Es muss sich um einen anderen Aufenthaltszweck handeln, nicht lediglich um eine andere Fallkonstellation innerhalb desselben Zuwanderungskanals.

14 Nach dem in § 7 AufenthG verankerten **Trennungsprinzip** ist der Ausländer daher grundsätzlich gehalten, seine aufenthaltsrechtlichen Ansprüche aus den Rechtsgrundlagen abzuleiten, die der Gesetzgeber für die spezifischen vom Ausländer verfolgten Aufenthaltszwecke geschaffen hat[7]. Dass § 7 I 3 mithin **keine allgemeine Generalklausel** bildet, wonach Aufenthaltserlaubnisse auch dann erteilt werden können, wenn die Voraussetzungen der speziell hierfür vorgesehenen Erlaubnistatbestände nicht vorliegen, wird auch durch die genetische Auslegung bestätigt. Denn gemäß der Begründung des Gesetzentwurfs der Bundesregierung zum sogenannten Zuwanderungsgesetz soll eine Aufenthaltserlaubnis nach § 7 I 3 nur „außerhalb der vom Gesetz erfassten und speziell geregelten Aufenthaltszwecke erteilt werden" können[8]. Dies folgt schließlich auch aus der Systematik des § 7 I 2 und 3 sowie aus dem Sinn und Zweck der dort gewählten Regelungstechnik. Denn andernfalls wäre § 7 I 3 der Auffangtatbestand für jegliches nach den Spezialtatbeständen abzulehnende Begehren[9]. Würde man in § 7 I 3 einen solchen Auffangtatbestand erblicken wollen, wäre das gesetzgeberische Anliegen mit dem Aufenthaltsgesetz eine planmäßige Regulierung „über den Aufenthalt, die Erwerbstätigkeit und die Integration von Ausländern im Bundesgebiet" zu gewährleisten, grundlegend in Frage gestellt.

15 **Keinem** der geregelten Zuwanderungskanäle **zuzuordnen** sind Personen, die keine Wiederkehrer und keine ehemaligen Deutschen sind und die weder mit ihrer Familie zusammenleben noch erwerbstätig sein noch ausgebildet noch aus humanitären oder ähnlichen Gründen aufgenommen werden wollen. Diese Ausländer können insbesondere auch nicht der Personengruppe zugeordnet werden, die sich für einen vorübergehenden Aufenthalt auf dringende humanitäre oder persönliche Gründe berufen wollen (§ 25 IV 1). Sie streben den Aufenthalt in Deutschland zu ganz anderen Zwecken an, die im Gesetz keinen Niederschlag gefunden haben. Zum Teil handelt es sich dabei um vorübergehende Aufenthalte, für die früher ohne Weiteres im Wege des Ermessens eine Aufenthaltsbewilligung nach § 28 AuslG erteilt werden konnte. Mit der Streichung dieses Titels sollte nicht jede Möglichkeit ausgeschlossen sein, berechtigten Aufenthaltswünschen dieser Personen nachzukommen. Dies war jedenfalls nicht Ziel des gesetzgeberischen Bestrebens, die Anzahl der Titel zu verringern und die Zuwanderungswege übersichtlicher zu gestalten.

16 Von der Generalklausel des § 7 I 3 werden Ausländer erfasst, die über erhebliche finanzielle Mittel verfügen und in Deutschland leben wollen (**„Millionärsregelung"**)[10]. Dementsprechend kann Ziff. 7.1.3. der Allgemeinen Verwaltungsvorschriften zum Aufenthaltsgesetz vom 26. Oktober 2009 des Bundesministeriums des Innern entnommen werden, dass ein denkbarer „begründeter Fall" „ein vermögender Ausländer ist, der sich in Deutschland niederlassen möchte, um hier von seinem Vermögen zu leben…". Genannt wird hierbei als Beispiel die Konstellation der vermögenden Pensionäre, deren erwachsene Kinder im Bundesgebiet leben, sofern keine familiäre Lebensgemeinschaft angestrebt wird, sondern nur reine Besuchsbegegnungen stattfinden sollen. Dabei ist davon auszugehen, dass der Ausländer über ein so großes Vermögen verfügen muss, dass dieser seinen Lebensunterhalt mit einer

---

[4] Vgl. zu § 7 I AuslG aF BVerwG Urt. v. 27.2.1996 – 1 C 41.93, BVerwGE 100, 287 Rn. 45; vgl. Hbg OVG Beschl. v. 20.12.2010 – 3 Bs 235/10 Rn. 22; OVG Bln-Bbg Urt. v. 5.12.2018 – OVG 3 B 8.18 Rn. 38 und 17.11.2016 – OVG 2 B 13.16 Rn 25 sowie Beschl vom 17.12.2009 – OVG 11 N 62.08 Rn. 6; OVG LSA Beschl. v. 21.1.2013 – 2 L 118/10 Rn. 46; BayVGH, Beschl. v. 13.2.2008 – 10 CS 07.2733 Rn. 4.

[5] OVG Bln-Bbg Urt. v. 17.11.2016 – OVG 2 B 13.16 Rn. 25; OVG LSA Beschl. v. 21.1.2013 – 2 L 118/10 Rn. 46.

[6] OVG Bln-Bbg Urt. v. 5.12.2018 – OVG 3 B 8.18 Rn. 38; Urt. v. 17.11.2016 – OVG 2 B 13.16 Rn. 25 und Beschl. v. 17.12.2009 – OVG 11 N 62.08 Rn. 6.

[7] BVerwG Urt. v. 4.9.2007 – 1 C 43.06 Rn. 26.

[8] BT-Drs. 15/420, S. 71.

[9] Vgl. hierzu auch Hbg OVG Beschl. v. 20.12.2010 – 3 Bs 235/10 Rn. 22.

[10] VG Freiburg Urt. v. 18.7.2018 – 1 K 1083/17 Rn. 25 ff.

gewissen Nachhaltigkeit bzw. dauerhaft aus den Erträgen seines Vermögens bestreiten kann, ohne den Vermögensstock aufzubrauchen, oder über dauerhafte Erträge aus einem fremden Kapitalstock wie bei einer Rente verfügt[11]. Die Erträge, aus denen der Lebensunterhalt bestritten wird, müssen dabei maßgeblich über dem sozialhilferechtlichen Existenzminimum liegen[12].

Die Erteilung eines Visums zum Zwecke der **Adoption eines Kindes aus einem Staat, der dem Haager Adoptionsübereinkommen nicht beigetreten ist,** richtet sich nach § 6 IV iVm § 7 I 3[13]. Wird zu diesem Zweck ein Einreisevisum beantragt, liegt ein „begründeter Fall" iSd § 7 I 3 grundsätzlich nur vor, wenn das im Adoptionsvermittlungsgesetz geregelte internationale Adoptionsvermittlungsverfahren vollständig durchgeführt worden ist und mit einer positiven Empfehlung der zuständigen Adoptionsvermittlungsstelle geendet hat[14]. 17

Die Erteilung einer **Aufenthaltserlaubnis zur Ermöglichung einer Einbürgerung** oder auch nur zur **Durchführung eines Einbürgerungsverfahrens** ist nach § 7 I 3 nicht vorgesehen[15]. Eine Einbürgerung setzt stets einen rechtmäßigen Aufenthalt des Ausländers im Bundesgebiet voraus. Wäre die Ausländerbehörde bei Vorliegen der übrigen tatbestandlichen Voraussetzungen des StAG gehalten, einen unrechtmäßigen Aufenthalt des die Einbürgerung begehrenden Ausländers durch Erteilung eines Aufenthaltstitels zu beenden, um ihm so eine Einbürgerung zu ermöglichen, würde das wesentliche Tatbestandsmerkmal des „rechtmäßigen Aufenthalts" im StAG sinnentleert. Die Ausländerbehörde ist mithin nicht verpflichtet, dem Ausländer die Erfüllung der durch Gesetz geforderten Einbürgerungsvoraussetzungen durch Erteilung eines Aufenthaltstitels zu ermöglichen[16]. 18

Die Erteilung eines Aufenthaltstitels zur Durchsetzung eines **vertriebenenrechtlichen Aufnahmeanspruchs** scheidet gleichfalls aus[17], da die Regelung des Aufnahmeverfahrens im Bundesvertriebenengesetz abschließend[18] ist. 19

Einen Aufenthaltstitel aus § 7 I 3 können Ausländer ableiten, die trotz **Schutzes des Privatlebens nach Art. 8 I EMRK** ausgewiesen wurden und das Bundesgebiet verlassen mussten. Es ist in der Rspr. des BVerwG geklärt, dass ein aus dem Anspruch des Art. 8 EMRK auf Achtung des Privat- und Familienlebens abzuleitender weitergehender Ausweisungsschutz und in diesem Rahmen auch der in der Rspr. des EGMR besonders hervorgehobene Grundsatz der Verhältnismäßigkeit zu beachten ist.[19] 20

Eine Verletzung des in Art. 8 II EMRK verankerten Grundsatzes der Verhältnismäßigkeit kommt insbesondere bei Ausländern in Betracht, die aufgrund ihrer gesamten Entwicklung faktisch zu Inländern geworden sind und denen wegen der Besonderheiten des Falles ein Leben im Staat ihrer Staatsangehörigkeit, zu dem sie keinen Bezug haben, nicht zuzumuten ist.[20] Kriterien hierfür sind: Der Ausländer ist als Kleinkind nach Deutschland gekommen, hier aufgewachsen und zur Schule gegangen.[21] Außerdem setzt ein Eingriff in Art. 8 I EMRK voraus, dass das Privat- oder Familienleben des Ausländers im Bundesgebiet fest verankert ist und sich nicht auf eine lose Verbindung beschränkt.[22] 21

Das BVerfG hat für im Bundesgebiet geborene und aufgewachsene Ausländer, die in Deutschland keine durch Art. 8 EMRK geschützten familiären Bindungen haben, hervorgehoben, dass diese durch den Zwang, das Bundesgebiet nicht nur kurzzeitig zu verlassen, die für das Privatleben konstitutiven Beziehungen unwiederbringlich verlieren[23]. Sofern ein Ausländer durch die Ausweisung in derartiger Weise schwerwiegend beeinträchtigt werde, müssten die für die Ausweisung sprechenden Gründe **überragendes Gewicht** haben. Die Verhältnismäßigkeit der Ausweisung könnte in diesem Fall nicht durch eine **Befristung** ihrer Wirkung erreicht werden[24]. 22

„Zumal das Aufenthaltsrecht nach dem Wegfall der Bindungen an das Bundesgebiet eine Wiedereinreise grundsätzlich nicht vorsieht (...) und der Wegfall des Aufenthaltsverbots gemäß § 11 Abs 1 23

---

[11] VG München Urt. v. 12.5.2021 – M 25 K 19.2489 Rn. 31 mwN.
[12] VG München Urt. v. 12.5.2021 – M 25 K 19.2489 Rn. 31.
[13] BVerwG Urt. v. 26.10.2010 – 1 C 15.09 Rn. 10.
[14] BVerwG Urt. v. 26.10.2010 – 1 C 15.09 Rn. 15.
[15] NdsOVG Beschl. v. 29.3.2012 – 8 LA 25/12 Rn. 8.
[16] NdsOVG Beschl. v. 29.3.2012 – 8 LA 25/12 Rn. 8 unter Hinweis auf BVerwG Beschl. v. 10.11.1978 – I B 246.77, Buchholz 402.24 § 2 AuslG Nr. 12.
[17] OVG Bln-Bbg Beschl. v. 27.5.2014 – OVG 2 M 27.12 Rn. 16.
[18] OVG Bln-Bbg Beschl. v. 27.5.2014 – OVG 2 M 27.12 Rn. 15.
[19] BVerwG Beschl. v. 21.8.1997 – 1 B 163.97; Beschl. v. 21.8.1995 – 1 B 119.95, Buchholz 402.240 § 45 AuslG 1990 Nr. 3; Beschl. v. 22.2.1993 – 1 B 7.93, Buchholz 402.26 AufenthG/EWG Nr. 9.
[20] BVerwG Urt. v. 29.9.1998 – 1 C 8.96, Buchholz 402.240 § 45 AuslG 1990 Nr. 16.
[21] BVerwG Urt. v. 29.9.1998 – 1 C 8.96, Buchholz 402.240 § 45 AuslG 1990 Nr. 16; BVerwG Urt. v. 28.1.1997 – 1 C 17.94, Buchholz 402.240 § 48 AuslG 1990 Nr. 10.
[22] BVerwG Urt. v. 26.3.1982 – 1 C 29.81, BVerwGE 65, 188 (195); Urt. v. 30.11.1982 – 1 C 25.78, BVerwGE 66, 268 (273); Urt. v. 3.3.1996 – 1 C 28.94, Buchholz 402.240 § 20 AuslG 1990 Nr. 2; Urt. v. 18.11.1997 – 1 C 22.96, Buchholz 402.240 § 20 AuslG.
[23] BVerfG Beschl. v. 10.5.2007 – 2 BvR 304/07.
[24] BVerfG Beschl. v. 10.5.2007 – 2 BvR 304/07.

Dienelt

daher ohne praktische Wirkung bleibt", fordert das BVerfG eine umfassende auf den Einzelfall bezogene Abwägung, die zudem über Art. 2 I GG abgesichert ist[25].

24 Entgegen der Ansicht des BVerfG erscheint es bei Ausländern der zweiten Generation – ebenso wie bei Ausländern mit Familienangehörigen[26] – notwendig, aber auch ausreichend, wenn die Ausweisung befristet verfügt wird. Dem Problem der fehlenden Wiederkehrmöglichkeit kann durch § 7 I 3 Rechnung getragen werden. **Wenn die Ausweisung wegen der Verwurzelung eines Ausländers und des Fehlens eines Rückkehranspruchs unterbleiben müsste, kann eine Ermessenreduktion bei § 7 I 3 im Hinblick auf den Schutz des Privatlebens nach Art. 8 I EMRK zur Verhältnismäßigkeit der Ausweisung führen.** Ein gänzlicher Verzicht auf die Ausweisung privilegiert Ausländer der zweiten Generation gegenüber Ausländern, die Familienangehörige im Bundesgebiet zurücklassen, unangemessen.

25 Damit der ausgewiesene Ausländer die Möglichkeit hat, seine Lebensführung auf die Rückkehr einzustellen, muss das Rückkehrrecht unmittelbar mit der Ausweisung verfügt werden. Diese Verfahrensweise ist aber nur dann verhältnismäßig, wenn es dem Ausländer nach seiner Abwesenheit noch möglich ist, an seine Sozialkontakte anzuknüpfen, die in ihrer Gesamtheit des Privatleben ausmachen. Dies wird regelmäßig nur der Fall sein, wenn sich die Abwesenheit aus dem Bundesgebiet als kurzzeitige Unterbrechung des Aufenthalts darstellt, mithin idR drei Jahre nicht überschreitet.

26 Auf den Auffangtatbestand können sich hingegen **heterosexuelle** Partner auch und gerade dann nicht berufen, wenn sie eheähnlich zusammenleben, denn im Bereich der Familienzusammenführung iwS sind außer der Ehe nur eingetragene homosexuelle Partnerschaften als Nachzugsziel anerkannt[27]. Gerade die ins Feld geführte Ähnlichkeit der Lebensgemeinschaften zeigt, dass mit der Ausdehnung auf heterosexuelle nichteheliche Gemeinschaften kein neuer Aufenthaltszweck abgedeckt, sondern nur eine vom Gesetz ausgeschlossene Konstellation einbezogen werden soll. Damit würde aber nur die bewusste Entscheidung des Gesetzgebers gegen eine Einbeziehung nichtehelicher heterosexueller Lebensgemeinschaften unzulässigerweise korrigiert und ein neuer Zuwanderungsweg „Nichtregistrierte Partnerschaften" geschaffen. Gerade wegen des verfassungsrechtlichen Gebots der besonderen Förderung von Ehe und Familie kann eine damit erreichte Gleichstellung von Ehe und Nichtehe nur vom Gesetzgeber vorgenommen werden. Davon unabhängig sind Aufenthaltsrechte, die aus dem Zusammenleben der Partner mit einem gemeinsamen Kind oder dem Kind eines Partners folgen, denn diese bilden jeweils eine Familie iSd Art. 6 GG und der §§ 27 I, 28 I, 29, 32.

27 Erst recht kann die Auffangregelung nicht auf einen **Arbeitnehmer** angewendet werden, der in einem anderen als den zugelassenen Branchen und Funktionen tätig werden will. Oder auf einen **hochqualifizierten** Spezialisten, der weder über besondere Berufserfahrungen verfügt noch ein hohes Einkommen bezieht und damit nicht in das Bild eines Hochqualifizierten passt. Oder einen **Selbstständigen,** der wesentlich weniger als vom Gesetz als Regel angesehen investieren und Arbeitsplätze schaffen will und kann und auch sonst die deutsche Wirtschaft nicht nachweisbar bereichert (anders uU bei einem selbstständigen Dienstleister)[28].

28 Als ein anderer Aufenthaltszweck kann es nicht angesehen werden, wenn ein entfernter **Verwandter** außerhalb der Kernfamilie zu einem Deutschen oder zu einem Ausländer zuzuziehen beabsichtigt. Das damit angestrebte familiäre Zusammenleben ist Gegenstand der §§ 27–36, wonach Ehegatten, Kindern und Eltern sowie anderen Verwandten unter je verschiedenen Voraussetzungen der Zuzug gestattet wird. Sonstige Verwandte können nur in außergewöhnlichen Härtefällen zuziehen. Diese Beschränkung kann nicht mithilfe von Abs. 1 S. 2 umgangen werden.

29 Als Zuwanderer im AufenthG nicht berücksichtigt sind **Nichterwerbstätige,** die lediglich in Deutschland leben und dabei Waren erwerben und Dienstleistungen in Anspruch nehmen wollen. Zu dieser Personengruppe gehören zB Millionäre oder Pensionäre, die hier im eigenen Haus, einer Mietwohnung oder einer Seniorenresidenz ständig oder gelegentlich wohnen und einen Teil ihres Lebens verbringen wollen. Selbst wenn diese Personen über Verwandte in Deutschland verfügen, ist der Aufenthaltszweck nicht die familiäre Lebensgemeinschaft iSd § 27 I, sondern allenfalls eine Besuchs- oder Begegnungsgemeinschaft. Schließlich steht es der Anwendung von Abs. 1 S. 2 nicht entgegen, wenn sich dieser Ausländer gelegentlich kulturell oder karitativ betätigen will, ohne damit eine Erwerbstätigkeit iSd § 2 II (iVm § 7 SGB IV) auszuüben. Ebenso zu behandeln sind Personen, die sich einer längeren Krankenbehandlung oder Therapie unterziehen wollen und für die deswegen ein Schengen-Visum nicht ausreicht.

30 Ebenso kann sich die Lage zB einer **Großmutter** darstellen, die nicht zu ihrem verheirateten Sohn ziehen, sondern (erster Fall) wegen ihrer angegriffenen Gesundheit in der Nähe der Familie ihres Sohnes leben oder aber (zweiter Fall) die Enkel gelegentlich beaufsichtigen will[29]. In beiden Fällen ist

---

[25] BVerfG Beschl. v. 10.5.2007 – 2 BvR 304/07 – den Schutz des Privatlebens über Art. 2 I GG entwickelte die Kammer mit Beschl. v. 10.8.2007 – 2 BvR 535/06.
[26] EGMR Große Kammer Urt. v. 18.10.2006 – 46410/99 – Üner/Niederlande.
[27] HessVGH Beschl. v. 4.5.1993 – 13 TH 163/93, NVwZ-RR 1994, 55; aA *Hailbronner* AufenthG § 7 Rn. 21.
[28] Vgl. § 4.
[29] Dazu *Pfaff* ZAR 2005, 8.

weder eine familiäre Lebensgemeinschaft noch ein Pflegeverhältnis angestrebt, im ersten Fall auch keine Erwerbstätigkeit. Ob ein derartiger Zuzug sozialpolitisch erwünscht ist, kann hier offenbleiben, es kann aber nicht in Abrede gestellt werden, dass Aufenthaltszwecke dieser Art aus dem gesetzlichen Rahmen fallen und daher nach Abs. 1 S. 2 berücksichtigt werden können.

Eine Aufenthaltserlaubnis kann auch nicht zum Zwecke der **Eheschließung** erteilt werden. Insoweit ist es ausreichend, wenn ein Besuchsvisum nach § 6 I erteilt wird, um die Eheschließung zu ermöglichen. Anschließend kann unter den Voraussetzungen von § 39 I 1 Nr. 3 AufenthV ein Aufenthaltstitel eingeholt werden[30]. Schließlich gehört auch das **Verlöbnis** zu keinem der gesetzlichen Aufenthaltszwecke. Es wird zwar ebenso wie die Eheschließungsfreiheit durch Art. 6 GG geschützt, verlangt aber kein familiäres Zusammenleben. Daher zählen Verlobte nicht zu einer der zuzugs- und aufenthaltsberechtigten Personengruppen. Verlobte streben als solche kein Zusammenleben auf Dauer an, sondern nur einen vorübergehenden Aufenthalt bis zur Eheschließung. Vorausgesetzt sind aber ein ernsthaftes Eheversprechen und außerdem eine unmittelbar bevorstehende Eheschließung. Wenn die Beschaffung der notwendigen Heiratspapiere und damit der voraussichtliche Eheschließungstermin noch gänzlich unsicher sind, handelt es sich nicht um einen vorübergehenden Aufenthaltszweck, der neben dem Daueraufenthalt nach der Eheschließung anerkannt werden kann. Die Eheschließung muss also absehbar bevorstehen[31]. 31

Mit der Feststellung eines Aufenthaltszwecks außerhalb des AufenthG hat es nicht sein Bewenden. Auslandsvertretung und Ausländerbehörde müssen vielmehr anschließend noch das ihnen obliegende **Ermessen** ausüben. Dabei müssen sie sich daran orientieren, dass der jeweils ermittelte andere Aufenthaltszweck vom Gesetz anerkannt ist, es aber nur „in begründeten Fällen" zur Erteilung einer Aufenthaltserlaubnis kommen soll. Bei der notwendigen Abwägung der einander widerstreitenden öffentlichen und privaten Rechtsgüter und Interessen sind die Grundrechte und die Verhältnismäßigkeit zu beachten. Begrenzung und Steuerung des Zuzugs sowie die Verhinderung von Belastungen für Arbeitsmarkt und Infrastruktur sind anerkennenswerte und notwendige Aspekte bei dieser Bewertung und Gewichtung. Sie stehen einer Zuwanderung grundsätzlich in den Fällen des Millionärs und der Großmutter nicht entgegen. 32

Bei einem Aufenthaltstitel nach § 7 I 3 müssen die allgemeinen Erteilungsvoraussetzungen des § 5 vorliegen[32]. 33

IV. Befristung

1. Allgemeines

Die Befristung zählt zu den **Nebenbestimmungen** iSd § 12, mit denen Voraussetzungen, Umfang und Dauer der Aufenthaltstitel näher bestimmt werden können. Sie ist die wichtigste, denn mit der Befristung wird letztlich über Verbleib oder Ausreise entschieden. Die Bestimmung einer Frist bedeutet, dass der Aufenthaltstitel zu einem bestimmten Zeitpunkt endet oder nur für einen bestimmten Zeitraum gilt (vgl. § 36 II Nr. 1 (L)VwVfG). Die zeitliche Begrenzung gehört zur Eigenart der Aufenthaltserlaubnis und ist deshalb unmittelbar in § 7 behandelt und nicht in § 12. Dessen ungeachtet gelten auch für die Aufenthaltserlaubnis die allgemeinen Grundsätze über Nebenbestimmungen und insbesondere Befristungen (vgl. § 36 II Nr. 1 (L)VwVfG). 34

Die Befristung der Aufenthaltserlaubnis steht nicht im behördlichen Ermessen. Sie folgt vielmehr **zwingend** aus der gesetzlichen Definition dieses Aufenthaltstitels in Abgrenzung zu der über Befristung nicht zugänglichen Niederlassungserlaubnis (§ 7 I 1, II 1 einerseits und § 9 I 1 andererseits). Der Ausländerbehörde obliegt also nicht die Entscheidung darüber, ob die Aufenthaltserlaubnis befristet werden soll. Sie ist auch weiter darin gebunden, dass bei Bemessung der Frist der beabsichtigte Aufenthaltszweck berücksichtigt werden muss. Der **Beginn der Geltung** der Aufenthaltserlaubnis ist nicht ausdrücklich bestimmt. Infolge der Antragsbedürftigkeit (§ 81 I; Ausnahme in § 33) darf die Aufenthaltserlaubnis frühestens ab Eingang des Antrags bei der zuständigen Behörde und längstens bis zu dem beantragten Zeitpunkt erteilt werden; eine auf einen früheren Zeitpunkt rückwirkende Erteilung[33] ist danach ebenso ausgeschlossen wie eine Aufenthaltserlaubnis mit einer längeren als der beantragten Geltungsdauer. 35

Bei der Festsetzung der konkreten **Fristdauer** ist die Ausländerbehörde dagegen innerhalb der Grenzen pflichtgemäßer Ausübung des Ermessens grundsätzlich **frei,** und zwar bei der Erteilung wie bei der Verlängerung (§ 8 I). Anders verhält es sich aber zB, wenn spezielle gesetzliche Vorgaben bestehen (wie zB in §§ 26 I, 31 I 1). Außerdem darf die Frist im Hinblick auf §§ 3 I, 52 I 1 Nr. 1 nicht 36

---

[30] So OVG Bln-Bbg Beschl. v. 17.12.2009 – OVG 11 N 62.08 Rn. 7; zum Meinungsstreit ausf. OVG Bln-Bbg Urt. v. 19.1.2016 – OVG 6 B 81.15 Rn. 13 ff.
[31] *Hailbronner* AufenthG § 7 Rn. 22; BVerwG Beschl. v. 2.10.1984 – 1 B 114.84, InfAuslR 1985, 130; HessVGH Beschl. v. 19.11.1993 – 12 TG 2539/93, EZAR 632 Nr. 19; zur Duldung SächsOVG Beschl. v. 8.2.2005 – 3 BS 426/04, EZAR NF 34 Nr. 4.
[32] OVG Brem Beschl. v. 6.7.2015 – 1 PA 80/15 Rn. 10.
[33] Ausnahme bei § 81 IV.

über die Geltungsdauer des Passes und einer evtl. erforderlichen Rückkehrberechtigung hinausgehen. Sie soll bei außereuropäischen Staaten (ausgenommen Australien, Israel, Japan, Kanada, Neuseeland, USA) auf längstens drei Monate vor Passablauf befristet werden; bei Ablauf der Gültigkeitsdauer des Passes kommt sonst nur ein Widerruf in Betracht (§ 52 I 1 Nr. 1). Schließlich ist die Geltungsdauer von dem Zeitpunkt und dem Inhalt des Antrags abhängig. Die Aufenthaltserlaubnis wird nur auf Antrag erteilt (§ 81 I) und kann daher weder rückwirkend noch über den beantragten Zeitpunkt hinaus ausgestellt werden.

37 Für die **Berechnung** der Frist gelten die Vorschriften des § 31 (L)VwVfG, hilfsweise die §§ 187–193 BGB. Die Befristung muss eindeutig bestimmt sein und sollte deshalb mit dem Datum nach festgelegt werden. Erfolgt sie dagegen nach Zeiträumen wie Wochen, Monaten oder Jahren, beginnt die Frist erst mit dem auf die Bekanntgabe folgenden Tag zu laufen (§ 31 II VwVfG), also nicht mit der schriftlichen Verfügung in den Behördenakten. Infolgedessen steht der Geltungszeitraum nicht vorab sicher fest und kann die Aufenthaltserlaubnis nicht mit einer festen Frist in den Pass eingetragen werden. Anders verhält es sich mit Verlängerungen, weil in diesen Fällen der Fristbeginn grundsätzlich vom Zeitpunkt der Beendigung der vorangehenden Aufenthaltserlaubnis abhängt, es sei denn, die Bekanntgabe erfolgt erst später. Eine in diesem Fall denkbare rückwirkende Erteilung ab Antragstellung erscheint zulässig. Die dadurch entstehende Lücke wird nach § 81 IV und dadurch ausgefüllt, dass der Ausländer bei späterer Erteilung so zu behandeln ist, als habe er die Verlängerung auf seinen rechtzeitigen Antrag hin erhalten und somit die Aufenthaltserlaubnis ununterbrochen besessen.

2. Anfängliche Befristung

38 Die Aufenthaltserlaubnis **muss** anfänglich mit einer Frist versehen und diese muss an dem Aufenthaltszweck ausgerichtet werden. Außerdem muss berücksichtigt werden, ob und wie lange eine Verlängerung erfolgen soll oder darf und wann der Übergang zu einer Niederlassungserlaubnis zulässig ist. Ferner sind gesetzliche Vorgaben für die Aufenthaltserlaubnis selbst (zB in §§ 26 I, 31 I 1) und außerdem für die Zustimmung zur Beschäftigung (zB in §§ 18–22, 26, 35 BeschV) zu beachten. Schließlich braucht die Ausländerbehörde es nicht auf eine nachträgliche Verkürzung der Frist ankommen zu lassen, sondern kann Unsicherheiten über den Fortbestand der Erteilungsvoraussetzungen von vornherein durch eine kürzere Frist Rechnung tragen.

39 Bei der deklaratorischen Aufenthaltserlaubnis nach § 4 V ist va auf die Stufenregelungen der Art. 6 und 7 **ARB 1/80** Rücksicht zu nehmen, um das Erreichen der nächsten Verfestigungsstufe mit ihren Folgen für den Zugang zum Arbeitsmarkt unter Kontrolle zu halten. Die Aufenthaltserlaubnis für **Ehegatten** von Deutschen sollte im Hinblick auf § 28 II 1 auf drei Jahre befristet werden, es sei denn, es besteht begründeter Anlass für eine besondere Überprüfung des Bestehens einer Lebensgemeinschaft. Die Aufenthaltserlaubnis für anerkannte **Flüchtlinge** wird zweckmäßigerweise im Hinblick auf die obligatorische Widerrufsprüfung nach § 73 IIa AsylG ebenfalls zunächst auf drei Jahre befristet. Bei Erwerbstätigen, die nur des Erwerbszwecks wegen einer Aufenthaltserlaubnis besitzen, ist die Frist unbedingt so zu bemessen, dass sie nicht über die Geltungsdauer der Zustimmung der BA hinausreicht. Diese ist aber auf längstens drei Jahre begrenzt (§ 13 II BeschVerfV; vgl. auch § 14 BeschVerfV).

3. Nachträgliche Befristung

40 Wesentlich **einschneidender** als die anfängliche Befristung, die der Aufenthaltserlaubnis immanent ist, wirkt die nachträgliche Fristverkürzung. Sie ist daher kraft ausdrücklicher gesetzlicher Anordnung nur zulässig, wenn eine für die Erteilung, die Verlängerung oder die Bestimmung der Geltungsdauer wesentliche Voraussetzung entfallen ist. Ungeachtet dieser Voraussetzung steht der Ausländerbehörde Ermessen zu („kann (...) auch nachträglich"). **Die Befristung der Aufenthaltserlaubnis dient dem Zweck effektiver und zeitnaher Überwachung**[34].

41 **Völkerrechtlich ausgeschlossen** (§ 1 I 5) ist eine nachträgliche Befristung im Anwendungsbereich des ILO-Übereinkommens Nr. 97[35] nach Eintritt der Berufsunfähigkeit, wenn der Ausländer dauernd als Wanderarbeitnehmer zugelassen ist. Dies setzt indes einen unbefristeten Aufenthaltstitel und eine ebenso unbefristete Zulassung zum Arbeitsmarkt voraus[36]. Nicht unzulässig ist Fristverkürzung auch gegenüber marokkanischen Arbeitnehmern[37]. Unzulässig wäre dies nur, wenn damit eine fortbestehende Zulassung zum Arbeitsmarkt unterlaufen würde[38]. Dagegen darf in einen Aufenthaltstitel nicht aus Gründen der Hilfsbedürftigkeit zulasten eines Angehörigen eines Vertragsstaats des EFA eingegriffen werden. Unter Rückschaffung iSv Art. 6a EFA ist nämlich jede aufenthaltsbeendende Maßnahme während eines erlaubten Aufenthalts zu verstehen[39].

---

[34] BVerwG Urt. v. 22.6.2011 – 1 C 5.11, BVerwGE 140, 64 Rn. 19 unter Hinweis auf BT-Drs. 15/420, 71.
[35] V. 1.7.1949, BGBl. II S. 87, II S. 2204.
[36] BT-Drs. 3/512, 32; *Hailbronner* AufenthG § 7 Rn. 33 ff.
[37] *Hailbronner* AufenthG § 7 Rn. 36; BVerwG Urt. v. 1.7.2003 – 1 C 18.02, EZAR 029 Nr. 24.
[38] Dazu EuGH Urt. v. 2.3.1999 – C-416/96, EZAR 811 Nr. 40.
[39] BVerwG Urt. v. 16.9.1986 – 1 C 13.85, BVerwGE 75, 26.

Weiterhin stehen einer Befristung die **Diskriminierungsverbote** in Art. 64 bzw. Art. 67 der 42
Europa-Mittelmeer-Abkommen. mit **Algerien, Marokko** und **Tunesien**[40], die unmittelbar anwendbar sind[41], sowie – für türkische Arbeitnehmer – in Art. 37 ZP[42] bzw. Art. 10 ARB 1/80 entgegen[43].

Auch wenn die EU mit zwölf Partnern aus dem südlichen und östlichen Mittelmeerraum (Marokko, 43
Algerien, Tunesien, Ägypten, Israel, Palästinensische Autonomiegebiete, Jordanien, Libanon, Syrien, Türkei, Zypern, Malta; Libyen ist Beobachter) Europa-Mittelmeer-Abkommen geschlossen hat, die die alten Kooperationsabkommen ablösen, so enthalten nur die Abkommen mit Tunesien, Marokko und Algerien Diskriminierungsklauseln. Das Europa-Mittelmeer-Abkommen mit Tunesien vom 17.7.1995 ist am 1.3.1998 in Kraft getreten[44]. Das Abkommen mit Marokko vom 26.2.1996 ist am 1.3.2000 in Kraft getreten[45] und das mit Algerien vom 22.4.2002 am 1.9.2005[46].

Der EuGH hat in der Rechtssache Gattoussi[47] entschieden, dass der Aufnahmemitgliedstaat dann, 44
wenn er dem Wanderarbeitnehmer ursprünglich in Bezug auf die Ausübung einer Beschäftigung weitergehende Rechte als in Bezug auf den Aufenthalt verliehen hatte, die Situation dieses Arbeitnehmers nicht aus Gründen infrage stellen darf, die nicht dem Schutz eines berechtigten Interesses des Staates wie der öffentlichen Ordnung, Sicherheit und Gesundheit dienen. Dabei hat der EuGH klargestellt, dass dies erst recht gilt, wenn – und dies macht das Diskriminierungsverbot für die Befristung nach § 7 II von Bedeutung – der Aufnahmemitgliedstaat die Aufenthaltserlaubnis nachträglich befristet.

Aus der Rechtssache Gattoussi ergibt sich daher ein **Verbot der Befristung,** wenn der **Arbeitneh-** 45
mer sich auf Art. 64 Europa-Mittelmeer-Abkommen berufen kann[48]. Die Zielrichtung des Diskriminierungsverbots, dh die Gleichbehandlung von Staatsangehörigen hinsichtlich der Arbeits-, Entlohnungs- und Kündigungsbedingungen zu gewährleisten, ist nicht an einen gefestigten Aufenthaltsstatus geknüpft, sondern findet auf jede Person Anwendung, die sich legal im Bundesgebiet aufhält und einer unselbständigen Erwerbstätigkeit nachgeht. Etwas anderes gilt aber bei der Ableitung von aufenthaltsrechtlichen Ansprüchen. Hier ist eine **gefestigte aufenthaltsrechtliche Stellung** des Arbeitnehmers erforderlich, die insbesondere bei einer Duldung oder Aufenthaltsgestattung nicht vorliegt.

Besitzt der Ausländer eine Aufenthaltserlaubnis oder Niederlassungserlaubnis, die ihm kraft Gesetzes 46
die Ausübung einer Beschäftigung gestattet, dann ist er nicht nur im Besitz einer gefestigten aufenthaltsrechtlichen Stellung, sondern auch im Besitz einer arbeitsrechtlichen Position, in die mit der Befristung eingegriffen wird. Dass die arbeitsrechtliche Situation nicht durch eine eigenständige Genehmigung verliehen wird, ist bei der Befristung ohne Bedeutung. Dies hat lediglich in Verlängerungsfällen zur Folge, dass es an einer über die Aufenthaltserlaubnis hinauswirkenden Rechtsstellung, aus der aufenthaltsrechtliche Verlängerungsansprüche abgeleitet werden könnten, fehlt. Auch die Erteilung einer Zustimmung zu einer Beschäftigung vermittelt dem Arbeitnehmer iRd festgelegten Modalitäten eine gefestigte Rechtsstellung, die einer Befristung entgegengehalten werden kann.

Entscheidend für die Vereinbarkeit einer Befristungsentscheidung mit dem Diskriminierungsverbot 47
ist die Frage, ob einem Ausländer in zeitlicher Hinsicht „weitergehende Rechte" in Bezug auf den Zugang zum Arbeitsmarkt und einer Beschäftigung verliehen worden sein müssen oder ob es ausreicht, dass der Ausländer eine „gefestigte Stellung" auf dem Arbeitsmarkt innehat, in die eingegriffen wird. In der Rechtssache El-Yassini[49] lag nach dem Auslaufen des Aufenthaltstitels nur noch eine selbstständige Arbeitsgenehmigung vor, an die der EuGH anknüpfen musste, um über das Diskriminierungsverbot eine aufenthaltsrechtliche Rechtsposition ableiten zu können.

---

[40] Art. 64 Europa-Mittelmeer-Abk. mit Marokko und Tunesien in Kap. I („Bestimmungen über die Arbeitskräfte") des Titels VI („Zusammenarbeit im sozialen und kulturellen Bereich") lautet: „(1) Jeder Mitgliedstaat gewährt den Arbeitnehmern tunesischer Staatsangehörigkeit, die in seinem Hoheitsgebiet beschäftigt sind, eine Behandlung, die hinsichtlich der Arbeits-, Entlohnungs- und Kündigungsbedingungen keine auf der Staatsangehörigkeit beruhende Benachteiligung gegenüber seinen eigenen Staatsangehörigen bewirkt. (2) Absatz 1 gilt hinsichtlich der Arbeits- und Entlohnungsbedingungen für alle tunesischen Arbeitnehmer, die dazu berechtigt sind, im Hoheitsgebiet eines Mitgliedstaats eine befristete nichtselbständige Erwerbstätigkeit auszuüben". Art. 67 Europa-Mittelmeer Abk. mit Algerien enthält eine gleichlautende Regelung.
[41] Zu Art. 40 Kooperationsabk. EuGH Urt. v. 2.3.1999 – C-416/99, InfAuslR 1999, 218 – El-Yassini und zu Art. 64 Europa-Mittelmeer-Abk. EuGH Urt. v. 14.12.2006 – C 97/05 – Gattoussi.
[42] Art. 37 hat folgenden Wortlaut: „Jeder Mitgliedstaat sieht für die in der Gemeinschaft beschäftigten Arbeitnehmer türkischer Staatsangehörigkeit eine Regelung vor, die in Bezug auf die Arbeitsbedingungen und das Entgelt keine auf der Staatsangehörigkeit beruhende Diskriminierung gegenüber Arbeitnehmern enthält, die Staatsangehörige der anderen Mitgliedstaaten sind."
[43] AA BVerwG Beschl. v. 23.8.2016 – 1 B 96.16 Rn. 4; BayVGH Beschl. v. 22.2.2017 – 19 ZB 15.510 Rn. 10; VGH BW Urt. v. 25.5.2016 – 11 S 492/16 Rn. 24; NdsOVG Beschl. v. 17.6.2014 – 4 PA 84/14; HessVGH Beschl. v. 6.11.2014 – 6 A 691/14.Z, InfAuslR 2015, 96 Rn. 22 unter Hinweis auf EuGH Urt. v. 14.12.2006 – C 97/05 Rn. 39 und 43 – Gattoussi.
[44] ABl. 1998 L 97, S. 2.
[45] ABl. 2000 L 70, S. 2.
[46] ABl. 2005 L 265, S. 2.
[47] EuGH Urt. v. 14.12.2006 – C 97/05 – Gattoussi.
[48] Hierzu VGH BW Beschl. v. 16.6.2011 – 11 S 1305/11, InfAuslR 2011, 359 Rn. 12.
[49] EuGH Urt. v. 2.3.1999 – C-416/96 – El-Yassini.

Dienelt

1 AufenthG § 7   Erster Teil. Aufenthaltsgesetz

48 Demgegenüber lag in der Rechtssache Gattousi eine Befristung vor, ohne dass eine weitergehende Arbeitsgenehmigung gegeben war. Hier stellte der EuGH unter Bezug auf die Rspr. El-Yassini fest, dass in „Anbetracht der Grundsätze des Vertrauensschutzes und der Rechtssicherheit" die dort aufgestellten Rechtsgrundsätze „erst recht [gelten]", wenn, [...], der Aufnahmemitgliedstaat die Aufenthaltserlaubnis nachträglich befristet". Insoweit ist die Annahme, dass eine das Diskriminierungsverbot nur dann aufenthaltsrechtliche Bedeutung entfaltet, wenn eine gegenüber dem Aufenthaltsrecht weitergehende arbeitsrechtliche Rechtsstellung vorliegt[50], mit dem Fall, der der EuGH Rspr. in der Rechtssache Gattousi zugrunde lag, unvereinbar. **Der Rspr. des EuGH in der Rechtssache Gattousi lassen sich – ausgehend von dem entschiedenen Fall – keine tragfähigen Anhaltspunkte dafür entnehmen, dass die Anwendung des Diskriminierungsverbots auf einer spezifischen Arbeitserlaubnis beruhen müsse und nur die Fallkonstellation einer „überschießenden Arbeitserlaubnis" betreffe**[51]. Ebenso fehlten Anhaltspunkte dafür, dass der Arbeitsmarktzugang nicht die gesetzliche Folge der Erteilung eines Aufenthaltstitels zu einem anderen Zweck als dem der Aufnahme einer Erwerbstätigkeit gewesen sein dürfe.

49 Eine Befristung ist nach der Rspr. des EuGH in der Rechtssache Gattousi aber aus Gründen der öffentlichen Ordnung, Sicherheit und Gesundheit zulässig. Die öffentliche Ordnung setzt nach der Rspr. des EuGH voraus, dass eine tatsächliche und hinreichend schwere Gefährdung vorliegt, die ein Grundinteresse der Gesellschaft berührt[52]. Diese dem Ausweisungsrecht für EU-Bürger bzw. assoziationsrechtlich begünstigte türkische Staatsangehörige entnommenen Voraussetzungen werden idR nicht vorliegen.

50 Die Entscheidung des BVerwG[53], mit der eine aufenthaltsrechtliche Wirkung der Diskriminierungsklausel im Befristungsverfahren zur alten Rechtslage unter dem AuslG 1990 abgelehnt wurde, verkennt den maßgeblichen Zeitpunkt für die rechtliche Betrachtung. Im Zeitpunkt des Wirksamwerdens der Befristung der Aufenthaltserlaubnis hat ein Ausländer eine gefestigte aufenthalts- und arbeitsgenehmigungsrechtliche Position, in die nur aus Gründen der öffentlichen Ordnung, Sicherheit und Gesundheit eingegriffen werden darf.

51 Gleiches gilt für **türkische Staatsangehörige**, die als **Arbeitnehmer dem Art. 37 ZP bzw. Art. 10 ARB 1/80** unterfallen. Der EuGH hat in der Rechtssache Güzeli[54] die zum Europa-Mittelmeer-Abkommen entwickelten Grundsätze auf das ARB 1/80 übertragen. Diese Übertragung erscheint gerade mit Blick auf die Sonderregelung des Art. 6 und 7 ARB problematisch, weil aufenthaltsrechtliche Ansprüche über das Diskriminierungsverbot schon unterhalb der Beschäftigungsgrenzen des Art. 6 I ARB 1/80 erworben werden können. Eine Befristung einer Aufenthaltserlaubnis ist bereits dann unzulässig, wenn der türkische Staatsangehörige als Arbeitnehmer im Besitz einer Aufenthaltserlaubnis ist, die ihm die Ausübung einer Beschäftigung gestattet; eine Bescheinigung nach § 4 V ist nicht ausreichend, da diese keine arbeitsrechtliche Position schafft, sondern diese – wie auch die aufenthaltsrechtliche Stellung – nur lediglich deklaratorisch bestätigt.

52 **Nachträglich bedeutet nicht rückwirkend**[55]. Zulässig ist nur die Verkürzung der zuvor bestimmten und noch nicht abgelaufenen Frist. Anders als der Widerruf, der die Rechtmäßigkeit des Aufenthalts rückwirkend zu beseitigen vermag, greift die Befristung nicht in den Bestand des Aufenthaltsrechts in der Vergangenheit ein. Andernfalls würde die enumerative Aufzählung der Widerrufsgründe in der Widerrufsregelung des § 52 überflüssig.

53 Die neue Frist kann auch auf den Zeitpunkt der Bestandskraft der Verfügung bestimmt werden[56]. Sie darf aber nicht auf einen Zeitpunkt vor Bekanntgabe festgesetzt werden: Sonst wirkt sie wie eine Rücknahme und ist als solche zu werten. Die nachträgliche Fristverkürzung bildet zusammen mit Widerruf und Rücknahme (§§ 52, 48 (L)VwVfG) ein geschlossenes System für die Korrektur eines befristet erteilten oder verlängerten Aufenthaltstitels, das eine unmittelbare oder entsprechende Anwendung der allgemeinen Widerrufsvorschriften des § 49 II (L)VwVfG ausschließt. Denn der Gesetzgeber hat abschließend die Fälle aufgezählt, in denen ein Widerruf eines Aufenthaltstitels zulässig ist. Ergänzend können lediglich die Widerrufsregelungen des (L)VwVfG herangezogen werden, die die Modalitäten eines Widerrufs regeln (zB Frist, Zuständigkeit).

54 Grundlage für die Fristverkürzung ist der Fortfall einer wesentlichen Voraussetzung. Das Vertrauen auf den Fortbestand ist dann nicht geschützt. Dabei ist als **wesentlich** jeder Umstand anzusehen, der

---

[50] So auch VGH BW Urt. v. 25.5.2016 – 11 S 492/16 Rn. 24; HessVGH Beschl. v. 6.11.2014 – 6 A 691/14.Z, InfAuslR 2015, 96 Rn. 22, unter Hinweis auf EuGH Urt. v. 14.12.2006 – C 97/05 Rn. 39 und 43 – Gattoussi.
[51] AA BVerwG Beschl. v. 23.8.2016 – 1 B 96.16 Rn. 4; BayVGH Beschl. v. 22.2.2017 – 19 ZB 15.510 Rn. 12; VGH BW Urt. v. 25.5.2016 – 11 S 492/16 Rn. 24; HessVGH Beschl. v. 6.11.2014 – 6 A 691/14.Z, InfAuslR 2015, 96 Rn. 22 unter Hinweis auf EuGH Urt. v. 14.12.2006 – C 97/05 Rn. 39 und 43 – Gattoussi.
[52] EuGH Urt. v. 14.12.2006 – C 97/05 – Gattoussi unter Hinweis auf EuGH Urt. v. 28.10.1975 – 36/75, Slg. 1975, I-1279 Rn. 28 – Rutili; Urt. v. 10.2.2000 – C 340/97, Slg. 2000, I-957 Rn. 57 – Nazli und Urt. v. 25.7.2002 – C 459/99, Slg. 2002, I-6591 Rn. 79 – MRAX.
[53] BVerwG Urt. v. 1.7.2003 – 1 C 32.02; s. auch *Dienelt* NVwZ 2003, 54 (55).
[54] EuGH Urt. v. 26.10.2006 – C 4/05.
[55] Ebenso OVG Brem Beschl. v. 2.2.2010 – 1 B 366/09, InfAuslR 2010, 193 Rn. 24; diese Frage ausdrücklich offenlassend BVerwG Urt. v. 14.5.2013 – 1 C 16.12, BVerwGE 146, 17 Rn. 24.
[56] BVerwG Urt. v. 28.5.1991 – 1 C 20.89, EZAR 103 Nr. 16.

für die Erteilung oder Verlängerung mitursächlich war[57]. Es zählen also nicht nur die hauptsächlich bedeutsamen Gründe, sondern alle den Aufenthaltstitel tragenden Tatsachen. Wesentlich kann eine zwingende Voraussetzung sein, aber auch ein iRd Ermessens herangezogener Umstand. Rechtsänderungen fallen nicht hierunter; soweit Gesetzesnovellen in Rechtspositionen eingreifen, bedarf es entsprechender sachgerechter Übergangsregelungen. Die Voraussetzungen für die ursprüngliche Frist sind auch entfallen, wenn sich der Aufenthaltszweck nicht (mehr) verwirklichen lässt[58]. Bei Verlust oder Ablauf des Passes ist von dem Widerruf nach § 52 I 1 Nr. 1 Gebrauch zu machen.

Fraglich kann erscheinen, ob es dem späteren Fortfall einer wesentlichen Genehmigungsvoraussetzung gleichsteht, wenn sich nachträglich herausstellt, dass diese schon bei Erteilung des Aufenthaltstitels **nicht vorlag**. Erweist sich die Zulassung des Aufenthalts bei dieser Konstellation als von Beginn an rechtswidrig, kann sie grundsätzlich, wenn auch unter erschwerten Bedingungen, zurückgenommen werden (§ 51 I Nr. 3 iVm § 48 I 2, II–IV (L)VwVfG)[59]. Dennoch erschiene es eigentlich weder rechts- noch ermessensfehlerhaft, wenn sich die Ausländerbehörde zur nachträglichen Fristverkürzung statt zur Rücknahme entschlösse. Die Wahl des milderen Mittels wäre ihr jedenfalls nicht aus systematischen Gründen verwehrt. Dennoch ist Abs. 2 S. 2 (wie schon § 12 II 2 AuslG) so eindeutig formuliert, dass die ursprüngliche Nichterfüllung der Voraussetzungen nicht darunter fällt[60]. Andererseits hindert es aber die Fristverkürzung nach Wegfall der maßgeblichen Umstände nicht, wenn Erteilung oder Fristbestimmung rechtswidrig waren[61]. 55

Das Gesetz enthält keine Aussage für den Fall, dass eine wesentliche Genehmigungsvoraussetzung entfallen ist, die ursprüngliche Befristung aber aus anderen Gründen aufrechterhalten muss oder im Wege des Ermessens aufrechterhalten werden kann (zur **„Doppelprüfung"** vgl. § 49 I (L)VwVfG). Falls die festgesetzte Frist auf einer anderen als der fortgefallenen Tatsachengrundlage zwingend beizubehalten ist, erweist sich der früher herangezogene tatsächliche Umstand für die Zukunft als nicht wesentlich. Würde ausschließlich auf in dem Verwaltungsakt genannte oder den Akten zufolge erkennbar zugrunde gelegte frühere tatsächliche Verhältnisse abgehoben, wäre zwar der Tatbestand des Abs. 2 S. 2 formal erfüllt. Eine nachträgliche Änderung wäre dann aber im Ergebnis ausgeschlossen; sie wäre in jedem Fall ermessensfehlerhaft, weil aus Rechtsgründen unzulässig. Anders verhält es sich beim Fortfall von im Ermessenswege berücksichtigten Tatsachen. Sind sie idS wesentlich, dass die Ermessensentscheidung darauf beruht, so zwingt ihr Wegfall zu einer erneuten Ermessensbetätigung. Diese kann allerdings nach der neuen Sachlage zur selben Frist führen und deshalb eine Änderung der Befristung erübrigen. 56

Als wesentliche Sachlagenänderung kommt va der zwischenzeitliche **Fortfall des** für den Aufenthaltstitel maßgeblichen **Zwecks** in Betracht. So kann die eheliche Lebensgemeinschaft inzwischen durch Scheidung oder Trennung aufgehoben sein[62], der ursprünglich vorhandene Wohnraum wegen Vergrößerung der Familie nicht mehr ausreichen oder der Unterhalt infolge dauernder Sozialhilfebedürftigkeit nicht mehr gedeckt sein[63]. Immer muss es sich aber um Umstände handeln, die für die Genehmigung rechtlich und tatsächlich maßgeblich waren. Deshalb ist der Bezug von Sozialhilfe und Arbeitslosengeld unbeachtlich, wenn es hierauf für Erteilung und Fortbestand des Aufenthaltstitels nicht ankommt (vgl. etwa §§ 5 III, 31 IV 1). 57

Die Verwirklichung eines **Ausweisungstatbestands** allein rechtfertigt noch nicht die Befristung; diese setzt vielmehr voraus, dass der Ausländer daraufhin ausgewiesen werden könnte[64]. Das Vorliegen eines Ausweisungsgrunds steht zwar in der Regel der Erteilung des Aufenthaltstitels entgegen (§ 5 I Nr. 3) und seine nachträgliche Erfüllung stellt eine wesentliche Änderung der maßgeblichen Sachlage dar. Es würde aber dem System der Maßnahmen zur Aufenthaltsbeendigung widersprechen, wenn der genehmigte Aufenthalt allein wegen Verwirklichung eines Ausweisungstatbestands beschränkt und beendet werden könnte. Nachträgliche Befristung und Ausweisung entfalten im Wesentlichen dieselben Wirkungen; in beiden Fällen erlischt der Aufenthaltstitel (vgl. § 51 I Nr. 1 und 5). Obwohl bei Änderung der Geltungsdauer das Erlöschen aus den erwähnten verfahrenstechnischen Gründen erst nach Ablauf einer kurzen Frist eintreten kann, würden die besonderen Voraussetzungen der Ausweisung, va der besondere Ausweisungsschutz nach § 56, unterlaufen, wenn statt der Ausweisung ohne Beachtung dieser Ausweisungsbestimmungen die Friständerung verfügt werden dürfte. 58

---

[57] Näher *Renner* AiD Rn. 5/530–540.
[58] BVerwG Beschl. v. 25.7.1990 – 1 B 66.90, InfAuslR 1990, 300; HessVGH Beschl. v. 12.4.2002 – 12 TG 808/02, EZAR 014 Nr. 12; Beschl. v. 28.1.1993 – 13 TH 156/92, DVBl 1993, 1026; OVG NRW Urt. v. 4.1.1994 – 18 A 2083/93, EZAR 014 Nr. 4; zum AssoziationsR EWG/Türkei HessVGH Urt. v. 29.3.1993 – 12 UE 1461/90, EZAR 103 Nr. 17.
[59] Dazu BVerwG Urt. v. 23.3.1982 – 1 C 20.81, BVerwGE 65, 174.
[60] *Hailbronner* AufenthG § 7 Rn. 25; *Meyer* ZAR 2002, 13; ebenso zum früheren Recht BVerwG Urt. v. 23.5.1995 – 1 C 3.94, BVerwGE 98, 298.
[61] *Meyer* ZAR 2002, 13 mwN.
[62] BVerwG Beschl. v. 3.3.1989 – 1 B 21.89, EZAR 103 Nr. 12; BayVGH Beschl. v. 20.8.2003 – 10 ZB 03.1598, NVwZ-RR 2004, 150; HessVGH Beschl. v. 2.8.1988 – 12 TH 3533/87, EZAR 622 Nr. 5.
[63] BVerwG Urt. v. 28.5.1991 – 1 C 20.89, EZAR 103 Nr. 16.
[64] HmbOVG Urt. v. 15.1.2013 – 1 A 202/06 Rn. 49.

59 Der Verkürzung der Geltungsdauer einer Aufenthaltserlaubnis steht es nicht entgegen, dass ein Anspruch auf eine Aufenthaltserlaubnis zu einem anderen Zweck besteht[65]. Nach dem AufenthG zugrunde liegenden Konzept unterschiedlicher Aufenthaltstitel mit jeweils eigenständigen Voraussetzungen und Rechtsfolgen können mehrere Aufenthaltstitel erteilt werden, solange das Gesetz nicht eindeutig etwas anderes bestimmt[66]. Der Ausländer erhält hierdurch kein über die gesetzlich geregelten Aufenthaltstitel hinausgehendes „neues" Aufenthaltsrecht, sondern lediglich mehrere Aufenthaltstitel, die in ihren Rechtsfolgen und in ihrem Fortbestand weiterhin jeweils ihren eigenen Regelungen unterliegen[67].

60 Entfallen die Voraussetzungen eines Aufenthaltstitels, so ist in diesem Fall zugleich mit der Verkürzungsverfügung über die Erteilung der anderen Aufenthaltserlaubnis zu entscheiden. Denn die Aufenthaltserlaubnis wird nach § 7 I 2 für einen bestimmten Aufenthaltszweck erteilt. An diesen knüpft das Gesetz unterschiedliche Rechtsfolgen, etwa hinsichtlich der Verlängerung der Aufenthaltserlaubnis oder der Verfestigung des Aufenthalts (sog. Trennungsprinzip)[68]. Damit handelt es sich bei den unterschiedlichen Arten von Aufenthaltstiteln um jeweils eigenständige Regelungsgegenstände. Folgerichtig ist die für die einzelne Aufenthaltserlaubnis maßgebliche Rechtsgrundlage bei der Erteilung kenntlich zu machen und im AZR zu registrieren (§ 3 AZR-Gesetz iVm Anlage zur AZRG-DV).

61 Steht der Fortfall einer wesentlichen Genehmigungsvoraussetzung fest, ist die Befristung nicht zwingend vorgeschrieben. Die Ausländerbehörde hat dann vielmehr **Ermessen** auszuüben und aufgrund einer umfassenden Güter- und Interessenabwägung zu entscheiden, ob und wann der Aufenthaltstitel enden soll. Für die Ermessensentscheidung hat das **Trennungsprinzip** zur Folge, dass nur noch das Interesse des Ausländers, bis zum Ablauf der ursprünglichen Geltungsdauer der Aufenthaltserlaubnis in Deutschland zu bleiben, und das öffentliche Interesse an der Beendigung eines materiell rechtswidrig gewordenen Aufenthalts gegeneinander abzuwägen ist[69]. Das Interesse des Ausländers an einem Verbleib in Deutschland über die reguläre ursprüngliche Geltungsdauer der Aufenthaltserlaubnis hinaus ist – wie auch in den regulären Verlängerungsfällen – iRd Prüfung eines anschließenden Aufenthaltsrecht zu berücksichtigen[70]. Beträgt die Restlaufzeit nur noch wenige Wochen oder Monate, kann die Ausländerbehörde auf die Befristung ganz verzichten und sich darauf beschränken, einen fälligen Verlängerungsantrag abzulehnen.

62 Bei der Entscheidung über die Verkürzung der Geltungsdauer einer Aufenthaltserlaubnis hat die Ausländerbehörde den **persönlichen Bindungen,** die der betroffene Ausländer während seines Aufenthalts in Deutschland aufgebaut hat, nur dann Rechnung zu tragen, wenn sich daraus besondere Gründe ergeben, die – das Fehlen eines anschließenden Aufenthaltsrechts aus anderen Gründen unterstellt – für die Notwendigkeit eines zeitlich beschränkten Verbleibs des Ausländers in Deutschland bis zum Ablauf der ursprünglichen Geltungsfrist seiner Aufenthaltserlaubnis sprechen können[71]. Kann aufgrund der persönlichen Bindungen ein anderer Aufenthaltstitel erteilt werden, so ist grundsätzlich die alte Aufenthaltserlaubnis zu befristen und der neue Aufenthaltstitel zu erteilen.

63 Die Geltungsdauer einer rechtswidrig gewordenen Aufenthaltserlaubnis kann in aller Regel gem. § 7 II 2 nachträglich verkürzt werden, wenn davon auszugehen ist, dass der Ausländer während des Zeitraums bis zum Ablauf der ursprünglichen Geltungsfrist seiner Aufenthaltserlaubnis darauf angewiesen sein wird, seinen Lebensunterhalt durch den **Bezug von Sozialleistungen** zu bestreiten[72].

64 Im Rahmen der Ausübung des von § 7 II 2 eröffneten Ermessens muss die Ausländerbehörde in aller Regel nicht einen aus öffentlichen Mitteln finanzierten weiteren Aufenthalt des Ausländers in Deutschland hinnehmen, wenn dieser der Pflege sozialer Beziehungen dienen soll, die – das Fehlen eines anschließenden Aufenthaltsrechts unterstellt – nach dem Ablauf der ursprünglichen Geltungsdauer der Aufenthaltserlaubnis aufgrund der dann eintretenden Ausreisepflicht des Ausländers und der deshalb zu erwartenden räumlichen Trennung ohnehin wesentlich erschwert sein würde[73]. Gewichtige Belange, die für einen vorläufigen weiteren Aufenthalt in Deutschland sprechen, mögen dagegen etwa dann gegeben sein, wenn enge persönliche, insbesondere enge verwandtschaftliche Bindungen einen Aufenthalt des Ausländers gerade in der Zeit bis zum Ablauf der ursprünglichen Geltungsdauer seiner Aufenthaltserlaubnis erfordern. Dabei ist namentlich an Fälle zu denken, in denen der Ausländer gerade in dieser Zeit in besonderer Weise auf die Unterstützung eines Familienangehörigen oder umgekehrt der Familienangehörige auf die Unterstützung des Ausländers angewiesen ist[74].

---

[65] BVerwG Urt. v. 9.6.2009 – 1 C 11.09, ZAR 2009, 349; BayVGH Beschl. v. 24.5.2012 – 10 ZB 11.2201 Rn. 3; BayVGH Beschl. v. 3.3.2010 – 10 ZB 09.2023 Rn. 12 f.
[66] BVerwG Beschl. v. 1.4.2014 – 1 B 1.14, AuAS 2014, 110 Rn. 5.
[67] BVerwG Beschl. v. 1.4.2014 – 1 B 1.14, AuAS 2014, 110 Rn. 5; Urt. v. 19.3.2013 – 1 C 12.12, BVerwGE 146, 117 Rn. 19 f.
[68] BVerwG Urt. v. 19.3.2013 – 1 C 12.12, BVerwGE 146, 117 Rn. 21 mwN; Einzelheiten unter § 4.
[69] So BVerwG Urt. v. 9.6.2009 – 1 C 11.09, ZAR 2009, 349.
[70] BVerwG Urt. v. 9.6.2009 – 1 C 11.09, ZAR 2009, 349.
[71] NdsOVG Beschl. v. 13.1.2015 – 4 ME 294/14, InfAuslR 2015, 137 Rn. 12.
[72] NdsOVG Beschl. v. 13.1.2015 – 4 ME 294/14, InfAuslR 2015, 137 Rn. 10.
[73] NdsOVG Beschl. v. 13.1.2015 – 4 ME 294/14, InfAuslR 2015, 137 Rn. 12.
[74] NdsOVG Beschl. v. 13.1.2015 – 4 ME 294/14, InfAuslR 2015, 137 Rn. 12.

Insbesondere bei türkischen Staatsangehörigen, die als Arbeitnehmer tätig sind, ist bei der Ermessensausübung Sorgfalt geboten. So kann bei **türkischen Staatsangehörigen**, die einen Rechtsstatus nach Art. 6 I Alt. 1 ARB 1/80 innehaben, eine Befristung nur mit dem Ziel einer Veränderung der Zugangsmöglichkeiten zum Arbeitsmarkt erfolgen; Art. 6 I ARB 1/80 vermittelt nur einen Beschäftigungsanspruch und erfasst keine selbstständige Tätigkeit. War der türkische Staatsangehörige hingegen noch nicht ein Jahr beim selben Arbeitgeber unselbstständig beschäftigt, so ist zukunftsgerichtet zu berücksichtigen, ob er bis zum Ablauf der Geltungsdauer der Aufenthaltserlaubnis noch die Rechtsposition nach Art. 6 I Alt. 1 ARB 1/80 erwerben kann. Ist dies möglich, so ist dieser Umstand bei der Ermessensausübung zu berücksichtigen. Wenn der Erwerb der Rechtsposition hingegen nicht möglich ist, so ist die Beschäftigungsdauer im Hinblick auf Art. 6 I ARB 1/80 für die Ermessensausübung nicht relevant. Schließlich ist auch die restliche Geltungsdauer des Aufenthaltstitels zu beachten. 65

Unter dem Aspekt der **Verhältnismäßigkeit** und des **Vertrauensschutzes** muss va auf die Verfestigung der Lebensverhältnisse in Deutschland und die Entfremdung von dem Heimatstaat Bedacht genommen werden[75]. Allerdings gibt es hierfür keine feste Zeitgrenze; es müssen vielmehr auch die Gründe und Zwecke des bisherigen Aufenthalts berücksichtigt werden, nach deren Wegfall ein weiterer Verbleib in Deutschland grundsätzlich nicht möglich ist. Letztlich sind damit die individuellen Lebensumstände ausschlaggebend. Im Fall der Anwendbarkeit der **Familienzusammenführungs-RL**[76] sind die Vorgaben des Art. 17 RL 2003/83/EG zu berücksichtigen, dh, es müssen in gebührender Weise die Art und die Stärke der familiären Bindungen der betroffenen Person und die Dauer ihres Aufenthalts in dem Mitgliedstaat sowie das Vorliegen familiärer, kultureller oder sozialer Bindungen zu ihrem Herkunftsland angemessen berücksichtigt werden. Ob es die Unterschiede in der Wirtschafts- und Sozialordnung zwischen der Bundesrepublik Deutschland und der DDR rechtfertigen, regelmäßig den Aufenthaltszeiten in der DDR ein geringeres Gewicht beizumessen[77], kann fraglich erscheinen. Schließlich können die gemeinsame Sprache und Kultur in diesen beiden Teilen Deutschlands eine Grundlage für eine erfolgreiche Integration auch im geeinten Deutschland bieten. Vor allen Dingen muss – hier wie bei anderen Fallgestaltungen – im Einzelfall ermittelt werden, ob ungeachtet der unterschiedlichen Staats-, Wirtschafts- und Sozialsysteme für den Ausländer eine Rückkehr in die Heimat unzumutbar geworden ist. 66

Die in der Praxis vorherrschende **schematische Befristungsmethodik** ist mit Art. 6 I GG bzw. Art. 8 I EMRK unvereinbar. Zum Schutz von Ehe und Familie ist eine Einzelfallbetrachtung erforderlich, bei der unter Berücksichtigung der in Art. 17 RL 2003/83/EG enthaltenen Kriterien eine Gefahrenprognose zu treffen ist. Generalpräventive Erwägungen sind – so sie überhaupt rechtlich zulässig sind – kenntlich zu machen und mit den Belangen der Familienangehörigen, insbesondere der minderjährigen Kinder des Ausländers, abzuwägen. 67

V. Rechtsschutz

Die **Befristung** der Aufenthaltserlaubnis bildet mit dieser eine Einheit und kann nicht selbstständig angegriffen werden. Zulässig sind also Verpflichtungswiderspruch und -klage (§ 42 II VwGO), gerichtet auf Verlängerung der Frist. Die Rechtsmittel entfalten keine aufschiebende Wirkung (§ 84 I Nr. 1). Eilrechtsschutz ist nach § 123 VwGO gegeben. 68

Die **Fristverkürzung** stellt sich als Eingriffsakt dar und ist daher mit Anfechtungswiderspruch und -klage (§ 42 I VwGO) anzugreifen, gerichtet auf die Aufhebung der Verkürzung insgesamt oder zumindest zum Teil; hier ist die aufschiebende Wirkung nicht ausgeschlossen (vgl. § 84 I). Dementsprechend richtet sich der vorläufige Rechtsschutz nach § 80 V VwGO, falls der Sofortvollzug behördlich angeordnet ist. 69

Da im Befristungsverfahren nicht geprüft wird, ob der Ausländer aus anderen Gründen einen Anspruch auf Erteilung oder Verlängerung einer Aufenthaltserlaubnis hat, ist das Vorliegen eines anderen Aufenthaltstitels nicht inzident iRd Entscheidung über die Verkürzung der Frist für die bisherige, akzessorische Aufenthaltserlaubnis nach § 7 II 2 zu prüfen, sondern ist als Gegenstand eines gleichzeitig zu bescheidenden Begehrens auf Verlängerung der Aufenthaltserlaubnis oder Neuerteilung einer Aufenthaltserlaubnis aus anderen Gründen anzusehen, was hilfsweise für den Fall geltend gemacht wird, dass sich die Verkürzung der Geltungsdauer der bisherigen Aufenthaltserlaubnis als rechtmäßig erweist[78]. 70

Der entsprechende Antrag wird regelmäßig in dem Vorbringen iRd Anhörung zu der beabsichtigten Fristverkürzung nach § 7 II 2 gesehen werden können. Dieses (Hilfs-)Begehren ist nicht anders zu beurteilen als ein Begehren auf Verlängerung oder Neuerteilung einer Aufenthaltserlaubnis nach Ablauf der regulären (nicht verkürzten) Geltungsdauer der Aufenthaltserlaubnis. 71

---

[75] Dazu BVerwG Urt. v. 27.6.1995 – 1 C 5.94, BVerwGE 99, 28; BVerwG Urt. v. 23.3.1982 – 1 C 20.81, BVerwGE 65, 174; Beschl. v. 14.9.1990 – 1 B 126/90, EZAR 103 Nr. 15 und Urt. v. 28.5.1991 – 1 C 20/89, EZAR 103 Nr. 16; HessVGH Urt. v. 4.3.2002 – 12 UE 201/02, EZAR 019 Nr. 15.
[76] S. hierzu § 27.
[77] So BVerwG Beschl. v. 14.9.1990 – 1 B 126.90, EZAR 103 Nr. 15.
[78] So BVerwG Urt. v. 9.6.2009 – 1 C 11.09, ZAR 2009, 349.

72 Die Aufspaltung in Befristung und Neuerteilungsverfahren hat einige prozessuale Konsequenzen: Lehnt die Ausländerbehörde zugleich mit der Befristung der ursprünglichen Aufenthaltserlaubnis den Antrag auf Erteilung einer anderen Aufenthaltserlaubnis ab, so ist letztere Entscheidung zwar nach § 84 I Nr. 1 sofort vollziehbar, jedoch ist die **Ausreisepflicht des Ausländers bis zur Vollziehbarkeit der Befristungsentscheidung nicht insgesamt sofort vollziehbar.** Die Ausländerbehörde darf daher in diesem Fall die Abschiebung nur aufschiebend bedingt androhen, sofern die Befristung nicht mit Sofortvollzug ausgesprochen wird.

73 Sofern die Ausländerbehörde nicht zugleich mit der Befristung auch über den Antrag auf Erteilung oder Verlängerung einer Aufenthaltserlaubnis entscheidet, entfaltet dieser unbeschiedene Aufenthaltserlaubnis-Antrag – der auch konkludent gestellt sein kann – Fiktionswirkung nach § 81 IV. Mit Erlass der Befristungsentscheidung ist der Aufenthalt daher weiterhin rechtmäßig mit der Folge, dass der Ausländer nicht ausreisepflichtig ist. Eine zugleich mit der Befristung verfügte Abschiebungsandrohung ist rechtswidrig.

74 Etwas anderes gilt aber dann, wenn der Ausländer vor der Befristung – auch nicht konkludent – einen Aufenthaltserlaubnis-Antrag gestellt hat. In diesem Fall ist der Ausländer mit Befristung seines Aufenthaltstitels ausreisepflichtig. Die Ausreisepflicht ist aber, sofern kein Sofortvollzug angeordnet wurde, nicht vollziehbar (kein Fall des § 84 I), sodass die Abschiebung nur aufschiebend bedingt angedroht werden kann.

75 Die Befristung beendet den rechtmäßigen Aufenthalt. Auch der Eintritt des Suspensiveffekts der Klage vermag an dieser Rechtsfolge nichts zu ändern, da nach § 84 II 1 Widerspruch und Klage unbeschadet ihrer aufschiebenden Wirkung die Wirksamkeit eines die Rechtmäßigkeit des Aufenthalts beendenden VA unberührt lassen[79].

76 Besondere Beachtung ist bei einem getrennten Bescheiden des gestellten Antrags auf Erteilung oder Verlängerung der Aufenthaltserlaubnis aus anderen Gründen geboten. Sofern die Ausländerbehörde zunächst eine Befristungsentscheidung ohne Abschiebungsandrohung erlässt und dem Ausländer im Hinblick auf die Erlaubnisfiktion des § 81 IV eine Fiktionsbescheinigung nach § 81 V ausstellt, so droht der Eintritt der Bestandskraft in Bezug auf die Befristungsentscheidung. Dies hat zur Folge, dass diese vollziehbar ist, wenn erst nach Ablauf der Widerspruchs- oder Klagefrist der Antrag auf Erteilung oder Verlängerung der Aufenthaltserlaubnis abgelehnt wird. In diesem Fall wird der Ausländer mit Ablehnung des Aufenthaltserlaubnis-Antrags nach § 84 I Nr. 1 vollziehbar ausreisepflichtig.

77 Bei der nachträglichen Verkürzung der Geltungsdauer einer Aufenthaltserlaubnis auf den Zeitpunkt der Zustellung des Befristungsbescheids nach § 7 II 2 ist dieser **Zeitpunkt für die Beurteilung der Sach- und Rechtslage** maßgeblich, wenn er vor dem Zeitpunkt der letzten mündlichen Verhandlung des Tatsachengerichts liegt[80]. Einer Einbeziehung tatsächlicher Entwicklungen nach Erlass des angegriffenen VA bedarf es nicht, wenn die nachträglich eingetretenen Tatsachen sich auf den angegriffenen VA nicht mehr auswirken können, sondern – insbesondere nach dem Wegfall des Aufenthaltsrechts und dem Entstehen einer Ausreisepflicht – Bedeutung lediglich für die Neuerteilung eines Titels oder die Verlängerung des abgelaufenen Titels haben[81].

78 Die **Anordnung des Sofortvollzugs** der nachträglichen Befristung einer Aufenthaltserlaubnis erfordert ein über das Interesse am Erlass des VA hinausgehendes besonderes öffentliches Interesse an einer Beendigung des Aufenthalts des Betreffenden vor Eintritt der Unanfechtbarkeit[82]. Für die Anordnung der sofortigen Vollziehung der nachträglichen Befristung eines Aufenthaltstitels nach § 80 II 1 Nr. 4 VwGO, die als schwerwiegende Maßnahme nicht selten tief in das Schicksal des Betroffenen eingreift und deren Gewicht durch die Anordnung des Sofortvollzugs noch zusätzlich verschärft wird, bedarf es daher eines besonderen öffentlichen Interesses an der Beendigung des Aufenthalts des Betroffenen schon vor Eintritt der Unanfechtbarkeit. Mit der Zubilligung der aufschiebenden Wirkung nimmt der Gesetzgeber gerade in Kauf, dass ein längerer Aufenthalt des Ausländers im Bundesgebiet als Folge des gesetzlich durch Art. 19 IV 4 GG garantierten Rechtsschutzsystems begründet wird. Auch wenn bei einer nachträglichen Befristungsentscheidung systembedingt die Dauer eines etwaig in Anspruch genommenen Rechtsschutzverfahrens dazu führen kann, dass sich das Ziel einer früheren Aufenthaltsbeendigung (faktisch) erledigt, ist bei einer solchen Entscheidung die Notwendigkeit des Sofortvollzugs nicht indiziert.

79 Der Gesetzgeber hat durch die Regelung des § 84 I zu erkennen gegeben, im Falle des § 7 II 2 im Regelfall keinen das Abwarten des Hauptsacheverfahrens entgegenstehenden unverzüglichen Handlungsbedarf zu sehen, es vielmehr beim Grundsatz des § 80 I VwGO bleiben sollte, wonach der Klage aufschiebende Wirkung zukommt. Die infolgedessen bestehende aufschiebende Wirkung einer Klage

---

[79] OVG Bln-Bbg Beschl. v. 8.5.2012 – OVG 11 S 22.12 Rn. 6.
[80] BVerwG Beschl. v. 22.5.2013 – 1 B 25.12, AuAS 2013, 158 Rn. 6.
[81] BVerwG Beschl. v. 22.5.2013 – 1 B 25.12, AuAS 2013, 158 Rn. 6 mwN.
[82] NdsOVG Beschl. v. 21.3.2014 – 8 ME 24/14, InfAuslR 2014, 225 Rn. 4; vgl. BVerfG Beschl. v. 25.1.1996 – 2 BvR 2718/95 Rn. 25; VGH BW Beschl. v. 29.4.2013 – 11 S 581/13 Rn. 18; OVG Brem Beschl. v. 23.4.2010 – 1 B 44/10 Rn. 12; OVG NRW Beschl. v. 19.5.2009 – 18 B 421/09 Rn. 8; BayVGH Beschl. v. 6.6.2008 – 19 CS 08.1233 Rn. 4; HessVGH Beschl. v. 30.7.2007 – 9 TG 1360/07 Rn. 5 f.

gegen einen auf § 7 II 2 gestützten Bescheid und die hieran anknüpfende Möglichkeit während des Rechtsmittelverfahrens im Bundesgebiet zu bleiben, ist Folge des gesetzlich durch Art. 19 IV GG garantierten Rechtsschutzsystems[83].

Ein besonderes **öffentliches Interesse am Sofortvollzug** kann gegeben sein, wenn der Betroffene 80 eine Gefahr für die öffentliche Sicherheit darstellt [84] oder ein Aufenthaltsrecht erschlichen wurde.

§ 8 Verlängerung der Aufenthaltserlaubnis

(1) Auf die Verlängerung der Aufenthaltserlaubnis finden dieselben Vorschriften Anwendung wie auf die Erteilung.

(2) Die Aufenthaltserlaubnis kann in der Regel nicht verlängert werden, wenn die zuständige Behörde dies bei einem seiner Zweckbestimmung nach nur vorübergehenden Aufenthalt bei der Erteilung oder der zuletzt erfolgten Verlängerung der Aufenthaltserlaubnis ausgeschlossen hat.

(3) ¹Vor der Verlängerung der Aufenthaltserlaubnis ist festzustellen, ob der Ausländer einer etwaigen Pflicht zur ordnungsgemäßen Teilnahme am Integrationskurs nachgekommen ist. ²Verletzt ein Ausländer seine Verpflichtung nach § 44a Abs. 1 Satz 1 zur ordnungsgemäßen Teilnahme an einem Integrationskurs, ist dies bei der Entscheidung über die Verlängerung der Aufenthaltserlaubnis zu berücksichtigen. ³Besteht kein Anspruch auf Erteilung der Aufenthaltserlaubnis, soll bei wiederholter und gröblicher Verletzung der Pflichten nach Satz 1 die Verlängerung der Aufenthaltserlaubnis abgelehnt werden. ⁴Besteht ein Anspruch auf Verlängerung der Aufenthaltserlaubnis nur nach diesem Gesetz, kann die Verlängerung abgelehnt werden, es sei denn, der Ausländer erbringt den Nachweis, dass seine Integration in das gesellschaftliche und soziale Leben anderweitig erfolgt ist. ⁵Bei der Entscheidung sind die Dauer des rechtmäßigen Aufenthalts, schutzwürdige Bindung des Ausländers an das Bundesgebiet und die Folgen einer Aufenthaltsbeendigung für seine rechtmäßig im Bundesgebiet lebenden Familienangehörigen zu berücksichtigen. ⁶War oder ist ein Ausländer zur Teilnahme an einem Integrationskurs nach § 44a Absatz 1 Satz 1 verpflichtet, soll die Verlängerung der Aufenthaltserlaubnis jeweils auf höchstens ein Jahr befristet werden, solange er den Integrationskurs noch nicht erfolgreich abgeschlossen oder noch nicht den Nachweis erbracht hat, dass seine Integration in das gesellschaftliche und soziale Leben anderweitig erfolgt ist.

(4) Absatz 3 ist nicht anzuwenden auf die Verlängerung einer nach § 25 Absatz 1, 2 oder Absatz 3 erteilten Aufenthaltserlaubnis.

Allgemeine Verwaltungsvorschrift
8 Zu § 8 – Verlängerung der Aufenthaltserlaubnis
8.1 Verlängerungsvoraussetzungen
8.1.1 Nach § 8 Absatz 1 gelten für die Verlängerung der Aufenthaltserlaubnis im Anspruchs- oder Ermessensbereich dieselben Vorschriften wie für ihre Erteilung. Besondere gesetzliche Verlängerungsregelungen sind vorrangig (z. B. § 16 Absatz 4, § 30 Absatz 3, § 31 Absatz 4 Satz 1, § 34 Absatz 1).
8.1.2 Die Gewährung eines befristeten Aufenthaltsrechts gibt dem Ausländer keinen Anspruch auf Verlängerung der Aufenthaltserlaubnis. Soweit ein Ermessenstatbestand vorliegt, ist unter Berücksichtigung des Grundsatzes der Verhältnismäßigkeit, der Gleichbehandlung und des Vertrauensschutzes bei der Entscheidung über die Verlängerung zugunsten des Ausländers auch zu berücksichtigen, dass während eines vorangegangenen rechtmäßigen Aufenthalts schutzwürdige persönliche, wirtschaftliche oder sonstige Bindungen zum Bundesgebiet entstanden sein können. Bei einem Wechsel des Aufenthaltszwecks handelt es sich i. d. R. um die Erteilung eines neuen Aufenthaltstitels, so dass die entsprechenden Erteilungsvoraussetzungen für den anderen Aufenthaltszweck erfüllt sein müssen. Zum Fachrichtungswechsel bei Studienaufenthalten ist Nummer 16.2 zu beachten.
8.1.3 Erfüllt ein Ausländer die zeitlichen Voraussetzungen für die Erteilung der Niederlassungserlaubnis oder der Erlaubnis zum Daueraufenthalt-EG, soll die Ausländerbehörde ihn auf die Möglichkeit der Antragstellung hinweisen (§ 82 Absatz 3). Weist der Ausländer die Voraussetzungen für die Niederlassungserlaubnis bzw. die Erlaubnis zum Daueraufenthalt-EG nicht nach, obwohl er auf den Rechtsanspruch hingewiesen wurde, darf die Aufenthaltserlaubnis antragsgemäß befristet verlängert werden.
8.1.4 Im Falle der Verlängerung der Aufenthaltserlaubnis ist die Geltungsdauer grundsätzlich so zu bestimmen, dass sie am Tage nach dem Ablauf der bisherigen Geltungsdauer beginnt. Dies gilt auch dann, wenn die Ausländerbehörde erst zu einem späteren Zeitpunkt über die Verlängerung der Aufenthaltserlaubnis entscheidet. Bei rechtzeitiger Antragstellung gilt der bisherige Aufenthaltstitel bis zur Entscheidung der Ausländerbehörde als fortbestehend (§ 81 Absatz 4). Zur verspäteten Antragstellung vgl. ausführlich Nummer 81.4.2.1 ff.
8.1.5 Eine zu einem früheren Aufenthaltstitel erteilte Zustimmung der Bundesagentur für Arbeit zu einer Beschäftigung gilt im Rahmen ihrer zeitlichen Begrenzung fort, sofern das Beschäftigungsverhältnis fortgesetzt wird (§ 14 Absatz 2 BeschVerfV). Eine vor Inkrafttreten des Aufenthaltsgesetzes erteilte Arbeitsgenehmigung gilt bei Verlängerung der Aufenthaltserlaubnis im Rahmen ihrer Geltungsdauer als Zustimmung der Bundesagentur für

---

[83] NdsOVG Beschl. v. 21.3.2014 – 8 ME 24/14, InfAuslR 2014, 225 Rn. 6 mwN.
[84] OVG LSA Beschl. v. 18.10.2018 – 2 M 76/18 Rn. 21 mwN; OVG RhPf Beschl. v. 18.1.2017 – 7 B 10722/16 Rn. 12.

Samel

1 AufenthG § 8

Arbeit fort (§ 105 Absatz 1 Satz 2). Die einer IT-Fachkraft nach § 6 Absatz 2 der Verordnung über die Arbeitsgenehmigung für hochqualifizierte Fachkräfte der Informations- und Kommunikationstechnologie erteilte befristete Arbeitserlaubnis gilt als unbefristete Zustimmung zum Aufenthaltstitel zur Ausübung einer Beschäftigung fort (§ 46 Absatz 2 BeschV).

8.2 Ausschluss der Verlängerung

8.2.1.1 § 8 Absatz 2 eröffnet der zuständigen Behörde die Möglichkeit, die Verlängerung der Aufenthaltserlaubnis durch eine Nebenbestimmung auszuschließen. Dies betrifft beispielsweise kurzfristige Arbeitsaufenthalte, bei denen eine Aufenthaltsverfestigung nicht zulässig ist (Saisonarbeitnehmer, Werkvertragsarbeitnehmer) oder Aufenthalte auf Grund spezifischer Postgraduiertenprogramme der Entwicklungszusammenarbeit, bei denen sich die Geförderten von vornherein verpflichtet haben, nach Abschluss der Hochschulfortbildung zurückzukehren. Auf diese Weise soll die Ausländerbehörde von Anfang an Klarheit über die Perspektive der Aufenthaltsdauer im Bundesgebiet schaffen. Siehe hierzu auch Nummer 9 a.3.4.1.

8.2.1.2 Absatz 2 ist nicht anzuwenden, wenn der Aufenthaltszweck zwar einem zeitlichen Rahmen unterliegen mag, aber nach der gesetzlichen Wertung des Aufenthaltsgesetzes keine Bedenken gegen einen längeren Aufenthalt bestehen.

– Dies ist z. B. der Fall bei Studenten (vgl. § 16 Absatz 4). Etwas anderes gilt, wenn sie bereits derart lange ein Studium betreiben, dass ein Hineinwachsen in ein verfestigtes Aufenthaltsrecht ohne Studienabschluss zu erwarten ist. Ist bei Studenten etwa damit zu rechnen, dass sie auf Grund der Vorgaben von Richtlinien der Europäischen Union ein dauerhaftes Aufenthaltsrecht erlangen können, obwohl sie zuvor ihr Studium nicht abgeschlossen haben werden, kommt eine Anwendung des § 8 Absatz 2 in Betracht.

– Dies ist auch der Fall bei hoch qualifiziertem Personal, das sich zwar zur Durchführung eines bestimmten Vorhabens in Deutschland aufhält, dessen längerer Aufenthalt aber wegen der Qualifikation migrationspolitisch erwünscht wäre.

8.2.2 Die Rechtsfolge der Nichtverlängerbarkeit tritt kraft Gesetzes ein. Widerspruch und Klage gegen die Nebenbestimmung haben aufschiebende Wirkung.

8.2.3 Eine Ausnahme von der als Regel angeordneten Nichtverlängerbarkeit kann dann in Betracht kommen, wenn sich die dem Erlass der Nebenbestimmung zu Grunde gelegten Umstände so wesentlich verändert haben, dass bei deren Kenntnis die Nebenbestimmung nach § 8 Absatz 2 nicht hätte erlassen werden dürfen. Im Falle einer solchen Ausnahme behält der Ausländer die Aufenthaltserlaubnis zum bisherigen Aufenthaltszweck. Kommt eine solche Ausnahme nicht in Betracht, ist zu prüfen, ob ihm aus humanitären Gründen eine Aufenthaltserlaubnis auf der Grundlage des § 25 Absatz 4 Satz 2 verlängert werden kann.

8.3 Berücksichtigung der Verpflichtung zum Integrationskurs

8.3.0.1 Absatz 3 enthält drei Regelungen. Nach Satz 1 ist jede Verletzung der Pflicht zur ordnungsgemäßen Teilnahme an einem Integrationskurs bei der Verlängerung zu berücksichtigen. Die Sätze 2 und 3 differenzieren dies für Anspruchs- und Ermessenskonstellationen. Nach Satz 2 soll eine Verlängerung bei wiederholter und gröblicher Verletzung der Teilnahmepflicht versagt werden, sofern kein Anspruch auf Verlängerung besteht. Nach Satz 3 kann eine Verlängerung auch in Anspruchsfällen versagt werden. Damit erfolgt eine rechtsfolgenbezogene Abstufung: Aus einer Kann-Verlängerung wird eine Soll-Versagung. Aus einem Anspruch wird eine Kann-Versagung.

8.3.0.2 Der Kursträger hat die Ausländerbehörde oder den zuständigen Träger der Grundsicherung für Arbeitsuchende nach § 8 Absatz 3 Satz 1 IntV zu informieren, wenn er feststellt, dass ein zur Teilnahme verpflichteter Ausländer nicht ordnungsgemäß i. S. v. § 14 Absatz 5 Satz 2 IntV teilnimmt. Das Bundesamt für Migration und Flüchtlinge übermittelt der Ausländerbehörde Informationen über die Teilnahmeverpflichtung nach § 5 Absatz 2 und § 6 Absatz 1 IntV auf Ersuchen. Die Verpflichtung zur Teilnahme am Integrationskurs ist in dem bundeseinheitlichen Vordruck gemäß § 6 Absatz 3 IntV zu vermerken.

8.3.1 Nach § 8 Absatz 3 hat die Ausländerbehörde die Verletzung der nach § 44a Absatz 1 Satz 1 bestehenden Pflicht zur ordnungsgemäßen Teilnahme an einem Integrationskurs bei der Entscheidung über die Verlängerung des Aufenthaltstitels zu berücksichtigen.

8.3.1.1 Die Teilnahmepflicht richtet sich nach § 44a und der IntV (vgl. Nummer 44a).

8.3.1.2 Die Teilnahme am Integrationskurs ist nach § 14 Absatz 5 Satz 2 IntV ordnungsgemäß, wenn der Ausländer so regelmäßig am Kurs teilnimmt, dass ein Kurserfolg möglich ist und der Lernerfolg insbesondere nicht durch Kursabbruch oder häufige Nichtteilnahme gefährdet ist und er am Abschlusstest nach § 17 Absatz 1 IntV teilnimmt. Die Teilnahme ist daher insbesondere dann nicht ordnungsgemäß, wenn der Integrationskurs gar nicht oder nur so unregelmäßig besucht wird, dass das Kursziel gefährdet wird. Die Ausländerbehörde kann vom Ausländer die Vorlage der Bescheinigung über die ordnungsgemäße Teilnahme nach § 14 Absatz 5 Satz 1 IntV verlangen.

Die ordnungsgemäße Teilnahme ist auf Erreichung des Kursziels gerichtet, die Abschlussprüfung mit dem Ziel ausreichender Deutschkenntnisse. Zur ordnungsgemäßen Teilnahme gehört daher auch die Teilnahme am Abschlusstest; auf eine erfolgreiche Teilnahme am Abschlusstest kommt es aber nicht an. Am Ziel ist es, dass der Teilnehmer durch die Teilnahme dokumentiert, dass er sich bemüht, ausreichende Sprachkenntnisse i. S. v. § 43 Absatz 3 i. V. m. § 3 Absatz 2 IntV zu erlangen.

8.3.1.3 Die Berücksichtigung der nicht ordnungsgemäßen Teilnahme am Integrationskurs kann z. B. durch die Festlegung einer kürzeren Verlängerungsfrist, um alsbald eine erneute Gelegenheit zur Überprüfung ein erhalten oder durch die Ablehnung der Verlängerung geschehen. Soweit die Verlängerung im Ermessen der Behörde steht, soll bei wiederholter und gröblicher Verletzung der Pflichten nach Satz 1 die Verlängerung abgelehnt werden. Besteht ein Anspruch auf Verlängerung der Aufenthaltserlaubnis nur nach dem Aufenthaltsgesetz, kann die Verlängerung abgelehnt werden. Im Rahmen der Ermessensentscheidung ist zu berücksichtigen, ob der Ausländer den Nachweis erbringt, dass seine Integration in das gesellschaftliche Leben anderweitig erfolgt oder mit hinreichender Sicherheit zu erwarten ist, und die Versagung der Verlängerung nicht insbesondere aus den in Satz 4 genannten Gesichtspunkten als unbillige Härte anzusehen ist.

8.3.2 Die Regelung des § 8 Absatz 3 Satz 2 betrifft die Fälle, in denen der Ausländer keinen Anspruch auf die Erteilung einer Verlängerung hat. Hiernach soll die Verlängerung der Aufenthaltserlaubnis versagt werden, sofern der Ausländer wiederholt und gröblich gegen die Teilnahmepflicht verstoßen hat.

8.3.2.1 Wiederholt ist ein Verstoß gegen die Teilnahmepflicht dann, wenn der Ausländer – trotz der erstmaligen Meldung des Kursträgers an die Ausländerbehörde oder den Träger der Grundsicherung für Arbeitsuchende nach § 8 Absatz 3 Satz 1 IntV – weiterhin dem Integrationskurs fernbleibt.

8.3.2.2 Das Tatbestandsmerkmal „gröblich" setzt voraus, dass der Ausländer – über das wiederholte Fernbleiben vom Integrationskurs hinaus – in besonders offenkundiger und damit schwerwiegender Weise gegen die Teilnahmeverpflichtung verstoßen hat. Der Ausländer wird auf die Teilnahmeverpflichtung und die rechtlichen Konsequenzen der Verletzung der Teilnahmepflicht im Rahmen der Titelerteilung bzw. bei Unterzeichnung der Eingliederungsvereinbarung hingewiesen, so dass eine spätere erneute Aufklärung grundsätzlich entbehrlich ist. Verstößt der Ausländer trotz dieses ersten Hinweises wiederholt gegen die Teilnahmeverpflichtung und erhält er deshalb einen weiteren Hinweis auf die ihm obliegende Pflicht sowie die rechtlichen Konsequenzen der Verletzung dieser Pflicht, so ist insbesondere im Fall des erneuten Fernbleibens eine gröbliche Verletzung der Teilnahmeverpflichtung anzunehmen. Die Pflicht zur ordnungsgemäßen Teilnahme ist insbesondere dann nicht gröblich verletzt, wenn der Teilnehmer krankheitsbedingt nicht an dem Kurs teilnehmen konnte und hierfür ein ärztliches Attest vorlegt.

8.3.3 § 8 Absatz 3 Satz 3 betrifft die Fälle, in denen der Ausländer grundsätzlich einen Anspruch auf die Erteilung einer Verlängerung hat. Hier nach kann die Verlängerung der Aufenthaltserlaubnis versagt werden, sofern der Ausländer wiederholt und gröblich gegen die Teilnahmepflicht verstoßen hat.

8.3.3.0 Im Umkehrschluss zu § 8 Absatz 3 Satz 2 a. F. war eine Versagung der Verlängerung in Anspruchsfällen vor In-Kraft-Treten des Richtlinienumsetzungsgesetzes nicht möglich, da die Ablehnung der Verlängerung ausschließlich in der Variante des Nichtvorliegens eines Anspruchs geregelt war.

8.3.3.1 Die Merkmale „wiederholt und gröblich" in Satz 2 sind ergänzend auch in Satz 3 zu berücksichtigen. Es wird auf Nummer 8.3.2.1 f. verwiesen.

8.3.3.2 Als Rechtsfolge sieht § 8 Absatz 3 Satz 3 ein pflichtgemäßes Ermessen vor. Die Ausländerbehörde kann unter den Voraussetzungen des Satzes 3 den Anspruch auf die Verlängerung auf eine Ermessensentscheidung herabstufen. Im Rahmen dieser Ermessensentscheidung muss insbesondere der Verstoß gegen die Teilnahmepflicht berücksichtigt werden. Darüber hinaus sind jedoch auch weitere für die Verlängerung der Aufenthaltserlaubnis relevante Aspekte zu berücksichtigen, vgl. insbesondere § 8 Absatz 3 Satz 4.

8.3.4 Zur Vermeidung unbilliger Härten sind bei den Entscheidungen nach Absatz 3 Satz 1 bis 3 die Dauer des rechtmäßigen Aufenthalts, schutzwürdige Bindungen des Ausländers an das Bundesgebiet und die Folgen für die rechtmäßig im Bundesgebiet lebenden Familienangehörigen des Ausländers als maßgebliche Kriterien zu berücksichtigen.

8.4 Ausnahmen von Absatz 3

§ 8 Absatz 4 regelt die Ausnahmen von der Sanktionsregelung nach Absatz 3. Die Regelung ist teilweise europarechtlich geboten, teilweise hat sie klarstellenden Charakter.

8.4.1 Die in § 8 Absatz 4 enthaltene Ausnahmeregelung ist europarechtlich geboten, da nach der Richtlinie 2004/83/EG des Rates vom 29. April 2004 über Mindestnormen für die Anerkennung und den Status von Drittstaatsangehörigen oder Staatenlosen als Flüchtlinge oder als Personen, die anderweitig internationalen Schutz benötigen, und über den Inhalt des zu gewährenden Schutzes (ABl. EU L 304 S. 12, so genannte Qualifikationsrichtlinie) Asylberechtigten und Flüchtlingen ein Aufenthaltstitel (siehe § 25 Absatz 1 und 2) nur aus zwingenden Gründen der öffentlichen Sicherheit und Ordnung oder im Falle von subsidiär Schutzberechtigten nur bei Vorliegen von Ausschlussklauseln (siehe § 25 Absatz 3 Satz 2) versagt werden kann. Der Verstoß gegen die Pflicht zur Teilnahme am Integrationskurs erfüllt diese Voraussetzungen nicht.

8.4.2 Zwar ist § 8 Absatz 3 bereits durch § 26 Absatz 3 grundsätzlich ausgeschlossen, da der Ausländer eine Niederlassungserlaubnis erhält. Jedoch kann auch bei einer nach § 25 Absatz 1 oder 2 erteilten Aufenthaltserlaubnis im Einzelfall eine bloße Verlängerung in Betracht kommen, wenn das Bundesamt für Migration und Flüchtlinge die in § 26 Absatz 3 erwähnte Mitteilung (noch) nicht getätigt hat.

8.4.3 Die Aufnahme von § 25 Absatz 4a hat klarstellenden Charakter, da diese Personengruppe auf Grund ihres nur vorübergehenden Aufenthalts nicht integrationsbedürftig ist und somit auch nicht unter die Regelung der §§ 44 und 44a fällt.

8.4.4 Ebenfalls von den Sanktionen des § 8 Absatz 3 ausgenommen sind türkische Arbeitnehmer und deren Familienangehörige, sofern sie auf der Grundlage des Assoziationsrechts mit der Europäischen Union, insbesondere nach ARB 1/80 begünstigt sind (vgl. Artikel 6 oder 7 ARB 1/80). Die nicht ordnungsgemäße bzw. Nichtteilnahme an einem Integrationskurs darf nicht bei der Entscheidung über die Beendigung des Aufenthaltes eines nach Assoziationsrecht begünstigten türkischen Staatsangehörigen berücksichtigt werden. Mangelnde Integration stellt für sich genommen keinen Grund zur Aufenthaltsbeendigung dar, die i. S. d. Artikels 14 Absatz 1 ARB 1/80 aus Gründen der öffentlichen Ordnung, Sicherheit oder Gesundheit erfolgen kann. Zur Auslegung der Merkmale der öffentlichen Sicherheit und Ordnung ist zu beachten, dass der Europäische Gerichtshof diese entsprechend der Rechtsprechung zur Beendigung des Aufenthalts freizügigkeitsberechtigter Unionsbürger und deren Familienangehöriger auslegt, wobei allerdings die mit der Unionsbürgerrichtlinie eingeführten weitergehenden Ausweisungstatbestände auf türkische Staatsangehörige nicht anwendbar sind. Zur Möglichkeit der Sanktionierung der nach Assoziationsrecht begünstigten türkischen Arbeitnehmern und deren Familienangehörigen vgl. Nummer 44 a.3.3.

Übersicht

	Rn.
I. Entstehungsgeschichte	1
II. Allgemeines	2
III. Verlängerung	4
1. Grundsatz	4
2. Abweichungen	14
3. Regelversagung nach Ausschluss der Verlängerung (Abs. 2)	23

Samel

	Rn.
4. Folgen nicht ordnungsgemäßer Teilnahme am Integrationskurs (Abs. 3)	29
5. Rechtsfolgen nicht ausreichender Sprachkenntnisse	36
6. Ausnahmen	39
IV. Rechtsschutz	40

I. Entstehungsgeschichte

1 Die Vorschrift entspricht im Wesentlichen dem **Gesetzesentwurf**[1]. Im Vermittlungsverfahren wurde in Abs. 3 S. 1 geringfügig anders formuliert und S. 2 und 3 eingefügt[2]. Mit dem RLUmsG 2007[3] wurde Abs. 3 S. 2 neu eingefügt und der bisherige S. 2 grundlegend geändert, um die aufenthaltsrechtlichen Sanktionsmöglichkeiten bei nicht ordnungsgemäßer Teilnahme am Integrationskurs zu verdeutlichen. Abs. 4 wurde neu angefügt. Mit dem ZwangsheiratsBekämpfG[4] wurde Abs. 3 mWv 1.7.2011 nochmals ergänzt, um auch unverschuldet fehlende Sprachkenntnisse zu sanktionieren. Mit dem RLUmsG 2011[5] wurde die Nichtanwendbarkeit der Vorschrift gemäß Abs. 4 auf die Aufenthaltstitel nach § 25 I–III beschränkt.

II. Allgemeines

2 § 8 I ist die Grundnorm für die **Verlängerung befristeter Aufenthaltserlaubnisse** nach dem AufenthG. Die allgemeine Regel, dass die Verlängerung der Aufenthaltserlaubnis denselben Vorschriften wie die Erteilung folgt, wird für die einzelnen Aufenthaltstitel teilweise wiederholt, ergänzt bzw. modifiziert. Die Verlängerung kommt in Betracht, solange die Voraussetzungen für einen unbefristeten Aufenthalt (§§ 9, 9a, 18c, 26 III, 28 II 1, 2) nicht vorliegen.

3 Da der Aufenthalt freizügigkeitsberechtigter **Unionsbürger** keinen Aufenthaltstitel (§ 4 I) erfordert und keiner Befristung unterliegt, ist auch keine Verlängerung erforderlich. § 8 findet auch keine Anwendung auf den Aufenthalt von drittstaatsangehörigen Familienangehörigen eines freizügigkeitsberechtigten Unionsbürgers. Die diesen von Amts wegen ausgestellte Aufenthaltskarte (§ 5 I 1 FreizügG/EU) soll fünf Jahre gültig sein. Sie wird verlängert, sofern sie nicht gemäß § 5 IV 1 FreizügG/EU eingezogen wird. **Türkische Arbeitnehmer** und ihre Familienangehörigen haben unter den Voraussetzungen von § 6 I ARB 1/80 nach mindestens einem Jahr Beschäftigung bei demselben Arbeitgeber Anspruch auf Verlängerung der Aufenthaltserlaubnis, ohne dass sonstige Voraussetzungen außerhalb von Art. 6, 7, 14 ARB 1/80 vorliegen müssen. IÜ ist die deklaratorische Aufenthaltserlaubnis nach § 4 II zu verlängern. Gleiches gilt für die Verlängerung der Bescheinigung des unionsrechtlichen Aufenthaltsrechts aus Art. 20 AEUV gemäß § 4 II.

III. Verlängerung

1. Grundsatz

4 Nach dem AufenthG wird die Aufenthaltserlaubnis für einen bestimmten Zweck erteilt (§ 7 I 2), eine Verlängerung ist gemäß § 8 I möglich, solange dieser **Aufenthaltszweck fortbesteht** und die Verlängerung nicht gemäß 8 II ausgeschlossen ist oder an seine Stelle ein anderer – eine Verlängerung ermöglichender – Aufenthaltszweck getreten ist (§§ 16b IV, 16d IV, 31 I)[6]. Für die Verlängerung gelten grundsätzlich **dieselben Vorschriften** wie für die Ersterteilung (insbesondere die allgemeinen Erteilungsvoraussetzungen gemäß § 5 I)[7], zT auch spezielle Bestimmungen (zB §§ 16B II, 30 III, 31 IV 1, 34 I, 36 II 2, 37 IV), die jeweils vorrangig sind, auch wenn das Gesetz in diesen Fällen von Verlängerung spricht. Der Grundsatz soll aber auch für einen Wechsel des Aufenthaltszwecks innerhalb derselben Art von Aufenthaltstiteln gelten; die verschiedenen Arten der Aufenthaltszwecke (Studium, Ausbildung, Erwerbstätigkeit, humanitärer Aufenthalt, Familienzusammenführung, sonstiger Aufenthalt) werden durch die Abschnitte 3–7 beschrieben und sind in den Tabellenteilen 9 und 9a der Anlage zur AZRG-DV im Einzelnen aufgeführt[8]. Nicht von § 8 I erfasst ist dagegen der (lückenlose) Wechsel in einen andersartigen Aufenthaltstitel. Hierfür sind besondere Voraussetzungen einzuhalten; der Zweckwechsel darf zB nicht durch ein **Zweckwechselverbot** (vgl. § 16b IV 1) ausgeschlossen sein. Unter Verlängerung ist hier also die weitere lückenlose Zulassung des Aufenthalts ohne Wechsel des

---

[1] BT-Drs. 15/4201, 9.
[2] BT-Drs. 15/3479, 2.
[3] Gesetz v. 19.8.2007, BGBl. I S. 1970.
[4] Gesetz zur Bekämpfung der Zwangsheirat und zum besseren Schutz der Opfer vor Zwangsheirat sowie zur Änderung weiterer aufenthalts- und asylrechtlicher Vorschriften v. 23.6.2011, BGBl. I S. 1266.
[5] Gesetz v. 22.11.2011, BGBl. I S. 2258.
[6] Vgl. BVerwG Urt. v. 26.4.2016 – 1 C 9.15, BVerwGE 155, 47 = NVwZ 2016, 1811 Rn. 18.
[7] Vgl. OVG Bln-Bbg Urt. v. 11.6.2015 – OVG 11 B 26.14, BeckRS 2015, 48992 Rn. 19.
[8] Vgl. auch → § 7 Rn. 6–11.

Aufenthaltszwecks zu verstehen[9], wobei die neue Geltungsdauer am Tage nach Ablauf der bisherigen beginnt[10]. Für eine weitere Neuerteilung des Aufenthaltstitels, die sich mangels zeitlichen Zusammenhangs nicht als Verlängerung darstellt, ist die Anwendung der für die Ersterteilung geltenden Vorschriften selbstverständlich.

Die **Verlängerung setzt den Besitz einer Aufenthaltserlaubnis voraus.** Das AufenthG unterscheidet – wie bereits zuvor das AuslG 1990 – deutlich zwischen der Erteilung und der Verlängerung einer Aufenthaltserlaubnis. Da gemäß § 51 I Nr. 1 eine Aufenthaltserlaubnis mit Ablauf ihrer Geltungsdauer erlischt, setzt die Verlängerung einen noch wirksamen Aufenthaltstitel voraus. Der Antrag (§ 81 I) auf Verlängerung muss demzufolge grundsätzlich vor Ablauf der bisherigen Aufenthaltserlaubnis gestellt werden[11]. Der Systematik des AufenthG widerspricht es, eine bereits abgelaufene Aufenthaltserlaubnis mit Rückwirkung vor den Zeitpunkt der Antragstellung zu verlängern[12]. Gegenteiliges ergibt sich auch aus § 81 IV nicht, nachdem der Gesetzgeber in § 81 IV 3 eine klarstellende Regelung zur Vermeidung unbilliger Härten bei verspäteten Verlängerungsanträgen getroffen hat[13].

Auch wenn nach § 8 I die gleichen Voraussetzungen für die Verlängerung wie für die Erteilung der Aufenthaltserlaubnis gelten sollen, sind **Differenzierungen** schon der Sache nach geboten. So müssen manche Tatbestandsvoraussetzungen wie zB ein bestimmtes Alter für den Kindernachzug ihrer Natur nach nur bei der erstmaligen Erteilung vorliegen; für die Verlängerung spielen sie keine Rolle. Ebenso verhält es sich mit den Erteilungsvoraussetzungen des § 5 II 1; ist über sie einmal nach § 5 II 2 hinweggesehen worden, sind sie gegenstandslos geworden, also „verbraucht" (vgl. auch § 39 Nr. 1 AufenthV). Das gilt auch für den Fall, dass eine Aufenthaltserlaubnis nach § 25 V erteilt wurde. Wurde der einer Verlängerung zugrunde liegende Aufenthaltstitel hingegen rechtswidrig erteilt, weil zB die Tatbestandsvoraussetzungen nicht erfüllt waren, müssen diese Tatbestandsvoraussetzungen der Erteilung trotz Bestandskraft erneut geprüft werden. Bei Fehlen scheidet eine Verlängerung des Aufenthaltstitels aus[14]. Dagegen sind die Regelerteilungsvoraussetzungen des § 5 I (einschließlich Passbesitz) grundsätzlich auf jede Verlängerung anwendbar[15], wenn nicht ein Abweichen bereits im Wortlaut der jeweiligen Erteilungsvorschrift kenntlich gemacht ist[16] oder gemäß § 5 III auf ihre Erfüllung verzichtet werden kann bzw. muss. Für das Vorliegen der Verlängerungsvoraussetzungen ist allein der **Zeitpunkt der letzten mündlichen Verhandlung** maßgeblich[17].

Die generelle Gleichstellung von Erteilung und Verlängerung lässt gesetzliche festgelegte **Abweichungen** zu. In einigen Fällen unterliegt – abweichend von dem Grundsatz des § 8 I – die Verlängerung günstigeren Voraussetzungen als die (Neu-)Erteilung zB gemäß § 30 III für nachgezogene Ehegatten, gemäß § 31 I 1 und IV 1 für das eigenständige Aufenthaltsrecht nach Trennung oder Tod des Ehegatten, gemäß § 34 I für das Kind des sich erlaubt im Bundesgebiet aufhaltenden personensorgeberechtigten Ausländers und gemäß § 37 IV für den wiederkehrenden jungen Ausländer. In anderen Fällen ist die Verlängerung dagegen ausgeschlossen. Gemäß § 26 II darf die Aufenthaltserlaubnis nicht verlängert werden, wenn das Ausreisehindernis oder die sonstigen einer Aufenthaltsbeendigung entgegenstehenden Gründe entfallen sind.

Wird die Aufenthaltserlaubnis zu einem nur vorübergehenden Zweck erteilt, ist die Verlängerung regelmäßig begrenzt oder ausgeschlossen. So wird die Aufenthaltserlaubnis zu Studienzwecken gemäß § 16b II 4 (nur) verlängert, wenn der Aufenthaltszweck noch nicht erreicht ist und in einem angemessenen Zeitraum noch erreicht werden kann[18]. Zur Anerkennung einer ausländischen Berufsqualifikation gemäß § 16d darf nach Ablauf der genannten Höchstzeiträume nicht verlängert werden (§ 16d VI), gleiches gilt für die Aufenthaltserlaubnis zur Arbeitsplatzsuche gemäß § 20. Die Verlängerung der Aufenthaltserlaubnis zur Studienbewerbung gemäß § 17 II über einen Zeitraum von neun Monaten hinaus dürfte in Ausnahmefällen möglich sein, nachdem die vormalige Begrenzung des Aufenthalts als Studienbewerber von neun Monaten (§ 16 VII aF) nicht übernommen wurde[19].

---

[9] Vgl. auch *Hoppe* HTK AuslR § 8 AufenthG, zu Abs. 1 Nr. 2; NdsOVG Beschl. v. 13.3.2006 – 11 ME 315/05, NVwZ-RR 2006, 726.
[10] BVerwG Urt. v. 22.6.2011 – 1 C 5.11, BVerwGE 142, 195 = NVwZ 2012, 1485 Rn. 14; zu verspäteten Anträgen → Rn. 11 f.
[11] BVerwG Urt. v. 22.6.2011 – 1 C 5.11, BVerwGE 142, 195 = NVwZ 2012, 1485 Rn. 14.
[12] BVerwG Urt. v. 22.6.2011 – 1 C 5.11, BVerwGE 142, 195 = NVwZ 2012, 1485 Rn. 14 unter Hinweis auf BVerwG Urt. v. 1.3.1983 – 1 C 14.81, BVerwGE 67, 47 = NVwZ 1983, 476 zu § 7 II 2 AuslG 1965; Beschl. v. 19.8.1993 – 1 B 49.93, BeckRS 1993, 31251956.
[13] Wegen der Einzelheiten vgl. § 81 IV.
[14] Vgl. OVG Bln-Bbg Urt. v. 31.5.2018 – OVG 11 B 18.16, BeckRS 2018, 13584 Rn. 20; Beschl. v. 2.3.2015 – OVG 11 S 10.15, BeckRS 2015, 43113.
[15] Vgl. § 5.
[16] Vgl. BVerwG Urt. v. 16.8.2011 – 1 C 12.10, NVwZ-RR 2012, 330 Rn. 13.
[17] Vgl. OVG Bln-Bbg Urt. v. 31.5.2018 – OVG 11 B 18.16, BeckRS 2018, 13584 Rn. 21; aA für den Fall der Aufenthaltserlaubnis nach § 31 IV 2 – Zeitpunkt des Ablaufs der Geltungsdauer der vorherigen Aufenthaltserlaubnis – OVG NRW Beschl. v. 9.12.2013 – 18 B 267/13, BeckRS 2014, 45581.
[18] → § 16b Rn. 14 f.
[19] Vgl. dazu und zur Verlängerung der Aufenthaltserlaubnis zur Ausbildungsplatzsuche → § 17 Rn. 6.

9 Soweit ein **Rechtsanspruch** auf einen Aufenthaltstitel besteht[20], kann auch die Verlängerung beansprucht werden. Soweit **Ermessen** auszuüben ist, gelten für die Verlängerung im Grundsatz dieselben Maßstäbe wie für die Ersterteilung. Vertrauen auf Verlängerung erkennt das Gesetz nicht an. Freilich dürfen die zwischenzeitliche Dauer des Aufenthalts und die dadurch erreichte Integration nie außer Acht gelassen werden[21]. **Persönliche Belange** gewinnen nach längerem rechtmäßigen Aufenthalt an Gewicht, va dann, wenn sie grundrechtlich (Art. 6 GG, Art. 8 EMRK) geschützt sind. Sie können damit ggf. einen Ausnahmefall iSv § 5 I begründen, der ein Abweichen von den Regelerteilungsvoraussetzungen erlaubt. Ist ein Ermessen eröffnet, sind private Bindungen auch dann in die Ermessensabwägung einzubeziehen, wenn sie noch keine zwingende Grundrechtsrelevanz besitzen, etwa eine Verlobung mit einem deutschen Staatsangehörigen oder einem hier rechtmäßig lebenden Ausländer. Es müssen wie nach Abs. 3 S. 3 va die Dauer des Inlandsaufenthalts, die schutzwürdigen Bindungen an Deutschland und die Folgen für die rechtmäßig in Deutschland lebenden Familienangehörigen berücksichtigt werden.

10 Infolge der strengen Differenzierung der Aufenthaltstitel kann eigentlich der Fall einer unbesehenen **routinemäßigen Verlängerung** eines Aufenthaltstitels für wechselnde Aufenthaltszwecke nicht mehr eintreten[22]. Der Ausländer kann nicht darauf vertrauen, dass der Aufenthaltstitel so oft verlängert wird, bis er den Übergang in die Niederlassungserlaubnis bietet oder die Aussicht auf eine Einbürgerung. Dennoch kann aus anderen Gründen das Vertrauen des Ausländers in eine Verlängerung geweckt und zu schützen sein, zB durch schriftliche oder mündliche Zusagen. Der Ausländer soll einerseits auf die Möglichkeit einer Niederlassungserlaubnis hingewiesen werden, wenn die Voraussetzungen bereits erfüllt sind oder bald erfüllt werden (vgl. § 82 III). Andererseits soll mit der Anwendung von Abs. 2 einer ungegründeten Vertrauensbildung entgegengewirkt werden[23].

11 Das Verhältnis von Aufenthaltstiteln und einer ggf. noch erforderlichen **Zustimmung der Bundesagentur für Arbeit** zur Beschäftigung ist so gestaltet, dass mit der jeweiligen Befristung ein Gleichlauf gewährleistet wird. Die Zustimmung wird immer für einen bestimmten Aufenthaltstitel erteilt (§ 35 I BeschV), gilt aber im Rahmen ihrer Befristung für jeden anderen Aufenthaltstitel fort (§ 35 II BeschV). Nach zweijähriger versicherungspflichtiger Beschäftigung gemäß § 9 I Nr. 1 BeschV oder bei ununterbrochenem erlaubten, geduldeten oder gestatteten Aufenthalt § 9 I Nr. 2 BeschV entfällt die Zustimmungspflicht. Ab diesem Zeitpunkt sind keine negativen Auswirkungen der Beschäftigung eines Ausländers zu erwarten, sodass das Ermessen der Ausländerbehörde hinsichtlich der Verlängerung der Aufenthaltserlaubnis noch weiter eingeschränkt ist.

12 Die Verlängerung setzt grundsätzlich einen **rechtzeitigen Antrag** voraus. Löst der Verlängerungsantrag die gesetzliche **Fortgeltungsfiktion** des § 81 IV 1 aus, so gilt die Aufenthaltserlaubnis bis zur Entscheidung über die Verlängerung fort. Wurde der Antrag auf Erteilung oder Verlängerung eines Aufenthaltstitels verspätet gestellt, ist die Aufenthaltserlaubnis gemäß § 51 I Nr. 1 erloschen. Eine Verlängerung kommt nicht mehr in Betracht[24]. Die Ausländerbehörde kann aber zur Vermeidung einer unbilligen Härte gemäß § 81 IV 3 die Fortgeltungswirkung anordnen[25]. Geschieht dies ist der Anknüpfungspunkt für eine Verlängerung der Aufenthaltserlaubnis wiederhergestellt; es tritt ein rechtmäßiger Aufenthalt ein. Voraussetzung für die Anordnung der Fortgeltungswirkung sind formell die Nachholung des (versäumten) Antrags auf Verlängerung des Aufenthaltstitels sowie materiell das Vorliegen einer unbilligen Härte[26]. Kommt mangels Fortgeltungsfiktion die Verlängerung der Aufenthaltserlaubnis nicht mehr in Betracht, kann nur ein neuer Aufenthaltstitel erteilt werden, wenn auch uU für denselben Aufenthaltszweck. Der zwischenzeitliche Aufenthalt ist allerdings illegal, die Ausreisepflicht vollziehbar und der weitere Verbleib strafbar (§ 95 I Nr. 2), bei Fahrlässigkeit ordnungswidrig (§ 98 I).

13 Der Gesetzgeber hat Gründe und Folgen der **Unterbrechung** des rechtmäßigen Aufenhalts erwogen und jeweils spezielle Lösungen gefunden. Nur zum Teil stellt er auf einen ununterbrochen rechtmäßigen Aufenthalt oder einen ununterbrochenen Besitz eines Aufenthaltstitels ab. Passlosigkeit hat er schon 1990 von einem Erlöschens- in einen Widerrufsgrund umgestaltet (§ 43 I Nr. 1 AuslG 1990; jetzt § 52 I 1 Nr. 1). Bei der Einbürgerung bleiben gewisse Unterbrechungen unberücksichtigt oder werden eingerechnet (§ 12b StAG), und außerdem bietet § 85 für Unterbrechungen eine sachgerechte Lösung.

2. Abweichungen

14 Außerdem bestehen **zwischenstaatliche Vereinbarungen,** die eine Verlängerung des Aufenthaltstitels unter erleichterten Voraussetzungen ermöglichen. Art. 2 des Europäischen Niederlassungsüber-

---

[20] Dazu § 5.
[21] Vgl. OVG Bln-Bbg Urt. v. 11.6.2015 – OVG 11 B 26.14, BeckRS 2015, 48992 Rn. 24.
[22] Dazu noch BVerfG Beschl. v. 26.9.1978 – 1 BvR 525/77, BVerfGE 49, 168.
[23] → Rn. 22 ff.
[24] BVerwG Urt. v. 22.6.2011 – 1 C 5.10, BVerwGE 140, 64 = NVwZ 2011, 1340 Rn. 14.
[25] Hierzu ausf. → § 81 Rn. 19 ff.
[26] → § 81 Rn. 25 ff.

Verlängerung der Aufenthaltserlaubnis   § 8 AufenthG 1

einkommens (ENA)[27] stellt die Erleichterung allerdings unter den Vorbehalt der öffentlichen Ordnung, Sicherheit, Volksgesundheit und Sittlichkeit sowie der wirtschaftlichen und sozialen Verträglichkeit (betreffen Erwerbstätigkeit vgl. aber Art. 10 ENA). Ähnliche Einschränkungen enthalten die (durch EU-Recht praktisch obsolet gewordenen) Wohlwollens- und Erleichterungsklauseln der Art. I, II deutsch-französischer Übereinkommen – NSV-Frankreich[28], Art. 1 deutsch-griechischer NSV[29] und Art. 2 deutsch-spanischer NV[30]. Ähnlich verhält es sich mit entsprechenden Meistbegünstigungsklauseln, zB nach Art. I Nr. 1 deutsch-japanischer HS[31] V und Art. 1 deutsch-persisches NAK. Nach Art. 2 deutsch-türkisches NAK[32] gilt die vereinbarte Einreise- und Niederlassungsfreiheit vorbehaltlich der Einwanderungsbestimmungen.

Aus den **Diskriminierungsverboten** in Art. 64 bzw. Art. 67 Europa-Mittelmeer-Abkommen mit **Algerien, Marokko** und **Tunesien**[33], die unmittelbar anwendbar sind[34], sowie – für türkische Arbeitnehmer – in Art. 37 ZP[35] bzw. Art. 10 ARB 1/80 kann **kein Anspruch auf Verlängerung** eines Aufenthaltstitels abgeleitet **werden**[36]. 15

Die EU mit zwölf Partnern aus dem südlichen und östlichen Mittelmeerraum (Marokko, Algerien, Tunesien, Ägypten, Israel, Palästinensische Autonomiegebiete, Jordanien, Libanon, Syrien, Türkei, Zypern, Malta; Libyen ist Beobachter) Europa-Mittelmeer-Abkommen geschlossen, die die alten Kooperationsabkommen ablösen. Allerdings enthalten nur die Abkommen mit Tunesien, Marokko und Algerien Diskriminierungsklauseln. Das Europa-Mittelmeer-Abkommen mit Tunesien vom 17.7.1995 ist am 1.3.1998 in Kraft getreten[37]. Das Abkommen mit Marokko vom 26.2.1996 ist am 1.3.2000 in Kraft getreten[38] und das mit Algerien vom 22.4.2002 am 1.9.2005[39]. Zypern und Malta sind seit dem 1.5.2004 Mitglieder der EU. 16

Der EuGH hat in der Rechtssache Gattoussi[40] entschieden, dass der Aufnahmemitgliedstaat dann, wenn er dem Wanderarbeitnehmer ursprünglich in Bezug auf die Ausübung einer Beschäftigung weitergehende Rechte als in Bezug auf den Aufenthalt verliehen hatte, die Situation dieses Arbeitnehmers nicht aus Gründen in Frage stellen darf, die nicht dem Schutz eines berechtigten Interesses des Staates, wie der öffentlichen Ordnung, Sicherheit und Gesundheit dienen. Dabei hat der EuGH die Entscheidung in der Rechtssache El-Yassini[41] bestätigt und klargestellt, dass sich aus der überschießenden beschäftigungsrechtlichen Regelung ein Anspruch auf Verlängerung der aufenthaltsrechtlichen Rechtsstellung ergeben kann. 17

Das Diskriminierungsverbot, sofern aus ihm aufenthaltsrechtliche Positionen abgeleitet werden sollen, setzt neben der Arbeitnehmereigenschaft **eine gesicherte und nicht nur vorläufige aufenthaltsrechtliche Position** und damit das Bestehen eines nicht bestrittenen Aufenthaltsrechts voraus. Erkennbar wollte der EuGH mit seiner Rspr. nicht den Aufenthaltsstatus von Asylbewerbern 18

---

[27] Gesetz v. 30.9.1959, BGBl. II S. 997.
[28] Niederlassungs- und Schifffahrtsvertrag zwischen der BRD und der Französischen Republik – NSV Frankreich.
[29] Niederlassungs- und Schifffahrtsvertrag zwischen der BRD und dem Königreich Griechenland v. 18.3.1960 – NSV Griechenland.
[30] Niederlassungsvertrag zwischen der BRD und dem Spanischen Staat v. 23.4.1970 – NV Spanien.
[31] Handels- und Schifffahrtsvertrag zwischen dem Deutschen Reich und Japan – HSV Japan.
[32] Niederlassungsabkommen zwischen dem Deutschen Reich und der Türkischen Republik – NA Türkei.
[33] Art. 64 Europa-Mittelmeer-Abkommen. mit Marokko und Tunesien in Kap. I („Bestimmungen über die Arbeitskräfte") des Titels VI („Zusammenarbeit im sozialen u. kulturellen Bereich") lautet: „(1) Jeder Mitgliedstaat gewährt den Arbeitnehmern tunesischer Staatsangehörigkeit, die in seinem Hoheitsgebiet beschäftigt sind, eine Behandlung, die hinsichtlich der Arbeits-, Entlohnungs- und Kündigungsbedingungen keine auf der Staatsangehörigkeit beruhende Benachteiligung gegenüber seinen eigenen Staatsangehörigen bewirkt. (2) Absatz 1 gilt hinsichtlich der Arbeits- u. Entlohnungsbedingungen für alle tunesischen Arbeitnehmer, die dazu berechtigt sind, im Hoheitsgebiet eines Mitgliedstaats eine befristete nichtselbstständige Erwerbstätigkeit auszuüben." Art. 67 Europa-Mittelmeer-Abkommen mit Algerien enthält eine gleichlautende Regelung.
[34] Zu Art. 40 Kooperationsabkommen EuGH Urt. v. 2.3.1999 – C 416/96, NVwZ 1999, 1095 – El Yassini, und zu Art. 64 Europa-Mittelmeer-Abkommen, EuGH Urt. v. 14.12.2006 – C 97/05, NVwZ 2007, 430 – Gattoussi.
[35] Art. 37 hat folgenden Wortlaut: „Jeder Mitgliedstaat sieht für die in der Gemeinschaft beschäftigten Arbeitnehmer türkischer Staatsangehörigkeit eine Regelung vor, die in Bezug auf die Arbeitsbedingungen und das Entgelt keine auf der Staatsangehörigkeit beruhende Diskriminierung gegenüber Arbeitnehmern enthält, die Staatsangehörige der anderen Mitgliedstaaten sind."
[36] BVerwG Urt. v. 8.12.2009 – 1 C 16.08, BVerwG 134, 334 = NVwZ 2010, 1101 zu Art. 10 ARB 1/8 und Urt. v. 8.12.2009 – 1 C 14.08, BVerwGE 135, 325 = NVwZ 2010, 1098 zu Art. 64 Europa-Mittelmeer-Abkommen/Tunesien; s. außerdem BVerwG Urt. v. 1.7.2003 – 1 C 18.02, BVerwG 118, 249 = NVwZ 2004, 241; OVG NRW Beschl. v. 25.7.2005 – 18 B 983/05BeckRS 2005, 28764, OVG NRW Beschl. v. 22.6.2007 – 18 B 722/07, NVwZ-RR 2008, 60; BayVGH Beschl. v. 23.3.2006 – 24 CS 06.514, BeckRS 2009, 40753; HessVGH Beschl. v. 6.4.2004 – 9 TG 864/04, NVwZ-RR 2005, 285; aA VGH BW Urt. v. 27.9.2007 – 13 S 1059/07, BeckRS 2007, 27134.
[37] ABl. 1998 L 97, 2.
[38] ABl. 2000 L 70, 2.
[39] ABl. 2005 L 265, 2.
[40] EuGH Urt. v. 14.12.2006 – C 97/05, NVwZ 2007, 430 – Gattoussi.
[41] EuGH Urt. v. 2.3.1999 – C-416/96, NVwZ 1999, 1095 – El-Yassini.

1 AufenthG § 8

oder geduldeten Ausländern verbessern, sondern ging bei der Ableitung eines Aufenthaltsrechts aus einer Arbeitsgenehmigung von einem gesicherten Aufenthaltsrecht zum Zeitpunkt des Antrags auf Verlängerung der Aufenthaltserlaubnis aus. Diese Einschränkung lässt sich aus dem Bezug in den Entscheidungsgründen zu den Ansprüchen türkischer Staatsangehöriger aus Art. 6 I ARB 1/80 entnehmen. Eine Besser- oder auch nur Gleichstellung mit türkischen Staatsangehörigen war wegen der unterschiedlichen Zielrichtung des ARB 1/80 und der Europa-Mittelmeer-Abkommen ausdrücklich nicht beabsichtigt, da Letztere nicht auf einen Beitritt zur EU abzielen.

19 Keine gesicherte, sondern nur eine **vorläufige Rechtsposition auf dem Arbeitsmarkt** hat ein Arbeitnehmer während des Zeitraums, in dem sein Widerspruch oder seine Klage aufschiebende Wirkung gegen eine die Verlängerung des Aufenthaltstitels versagenden behördlich Entscheidung entfaltet. Dies gilt ebenso für Beschäftigungszeiten, in denen sein Aufenthalt gemäß § 81 III 1 als erlaubt oder nach § 81 III 2 als geduldet gilt. Auch in Bezug auf die **Fortgeltungsfiktion des § 81 IV 1** kann nichts anderes gelten. Insoweit kann auf die Rspr. des EuGH zum ARB 1/80, die als Maßstab auch im Rahmen der Europa-Mittelmeer-Abkommen heranzuziehen ist, zurückgegriffen werden.

20 Im Übrigen fehlt es bei Verlängerungsfällen an einer überschießenden, gefestigten arbeitsgenehmigungsrechtlichen Position[42]. Denn mit dem AufenthG wurde die eigenständige Arbeitsgenehmigung mit der Ausnahme der inzwischen überholten Übergangsregelungen für EU-Bürger der Beitrittsstaaten abgeschafft. Der dem Ausländer erteilte Aufenthaltstitel lässt erkennen in welchem Umfang die Aufnahme und Ausübung einer Erwerbstätigkeit gestattet ist. Damit kann keine zeitliche Diskrepanz zwischen Aufenthaltsrecht und arbeitsrechtlicher Position mehr auftreten Die Erwerbstätigkeitserlaubnis beschränkt sich auf die zeitliche Dauer des Aufenthaltstitels.

21 Insofern wird deutlich, dass auch dem Aufenthaltstitel als Nebenbestimmung beigefügte Regelung zur Erwerbstätigkeit keine von der Aufenthaltserlaubnis unabhängigen weitergehenden Rechte vermittelt. Der schon immer im Arbeitsgenehmigungsrecht angelegte **Vorrang des Aufenthaltsrechts**[43] verbietet es, aus der Nebenbestimmung zur Aufenthaltserlaubnis – auch in Form der grundsätzlich uneingeschränkten Zustimmung zur Beschäftigung (§ 105 II aF[44]) – weitergehende, von der Aufenthaltserlaubnis unabhängige, gleichsam überschießende Aufenthaltsrechte abzuleiten.

22 Bei der Verlängerung der deklaratorischen Aufenthaltserlaubnis **türkischer Staatsangehöriger** gemäß § 4 II ist zu beachten, dass diese unabhängig vom nationalen Recht unmittelbar aus Art. 6 und 7 ARB 1/80 einen Anspruch auf Verlängerung haben können. Hierbei ist zu beachten, dass die **Rechtsposition aus Art. 6 I ARB 1/80** nicht durch Arbeitgeberwechsel, Arbeitslosigkeit oder aus Gründen der öffentlichen Ordnung, Sicherheit oder Gesundheit nach Art. 14 ARB 1/80 entfallen sein darf. **Rechte aus Art. 7 ARB 1/80** bestehen unabhängig von einer Erwerbstätigkeit fort. In der Rechtssache Cetinkaya[45] hat der EuGH ausgeführt, dass das Recht aus Art. 7 S. 1 ARB 1/80 „nur" nach Art. 14 I ARB 1/80 aus Gründen der öffentlichen Ordnung, Sicherheit und Gesundheit oder weil der Betroffene das Hoheitsgebiet des Aufnahmemitgliedstaats während eines erheblichen Zeitraums ohne berechtigte Gründe verlassen hat, beschränkt werden kann. In der Rechtssache Aydinli[46] hat der EuGH dies nochmals bestätigt. Kann der türkische Staatsangehörige keinen Verlängerungsanspruch aus Art. 6 oder 7 ARB 1/80 ableiten, so kann er, ebenso wenig wie Drittausländer aus den Europa-Mittelmeer-Abkommen, aus den **Diskriminierungsverboten nach Art. 37 ZP** bzw. **Art. 10 ARB 1/80** Rechte auf Verlängerung seiner Aufenthaltserlaubnis ableiten[47]. Der EuGH hat in der Rechtssache Güzeli[48] die zum Europa-Mittelmeer-Abkommen entwickelten Grundsätze auf das ARB 1/80 übertragen.

3. Regelversagung nach Ausschluss der Verlängerung (Abs. 2)

23 Wie Abs. 2 voraussetzt, ist die Ausländerbehörde **befugt,** für einen vorübergehenden Aufenthaltszweck bei Erteilung oder Verlängerung eines Aufenthaltstitels die (weitere) Verlängerung **auszuschließen.** Besondere Voraussetzungen für diesen Ausschluss, den das Gesetz sonst an keiner Stelle erwähnt, sind nicht bestimmt. Sie können aber nur aus dem Tatbestandsteil „seiner Zweckbestimmung nach nur vorübergehender Aufenthalt" gefolgert werden. Dasselbe gilt für die Rechtsnatur des Ausschlusses.

---

[42] Das OVG NRW Beschl. v. 22.6.2007 – 18 B 722/07, NVwZ-RR 2008, 60 hat klargestellt, dass es auch unter Berücksichtigung von EuGH, Urt. v. 14.12.2006 – C-97/05, NVwZ 2007, 430 – Gattoussi, daran festhält, dass sich aus dem Diskriminierungsverbot in Art. 64 Europa-Mittelmeer-Abkommen/Marokko grundsätzlich kein aufenthaltsrechtlicher Anspruch für marokkanische Arbeitnehmer ergibt.

[43] BVerwG Urt. v. 1.7.2003 – 1 C 18.02, EzAR 029 Nr. 24 = DVBl 2004, 119 zur alten Rechtslage; OVG NRW Beschl. v. 22.6.2007 – 18 B 722/07, NVwZ-RR 2008, 60.

[44] Aufgeh. mWv 15.7.2016 durch Gesetz v. 8.7.2016, BGBl. I S. 1594.

[45] EuGH Urt. v. 11.11.2004 – C-467/02, EuZW 2005, 122 – Cetinkaya.

[46] EuGH Urt. v. 7.7.2005 – C-373/03, EuZW 2005, 670 – Aydinli.

[47] So auch BVerwG Urt. v. 8.12.2009 – 1 C 26.08, BVerwG 135, 137 = NVwZ 2010, 652.

[48] EuGH Urt. v. 26.10.2006 – C 4/05, NVwZ 2007, 187 – Güzeli.

Nicht alle Aufenthaltszwecke, für die eine (befristete) Aufenthaltserlaubnis vorgesehen ist, erfordern 24 nur einen **vorübergehenden Aufenthalt.** Sonst hätte diese Einschränkung keinen Sinn. Sollten auch die humanitären Aufenthalte des Abschnitts 5 (§§ 22–25b) gemeint sein, hätten sie bezeichnet werden können und müssen, wie zB in §§ 5 III, 26, 29 II, 32 I Nr. 1. Daher kann es sich nur um Aufenthaltszwecke handeln, die auf einen kurzfristigen Erfolg ausgerichtet sind und sich für eine Fortsetzung oder Wiederholung nicht eignen. Typischerweise sind dies Aufenthalte zu Ausbildungs- oder Studienzwecken oder zu kurzfristigen Arbeitsaufenthalten (zB Saisonarbeit, Werkvertragsarbeit etc)[49]. Für die Aufenthalte dieser Personen kann Anlass für eine Ausschlussverfügung bestehen, wenn die (weitere) Verlängerung gesetzlich ausgeschlossen ist oder angesichts des begrenzten Zwecks nicht erlaubt werden soll; etwa, weil nach der letztmaligen Verlängerung der Aufenthaltserlaubnis nicht mehr mit einem Studienabschluss gerechnet werden kann (vgl. § 16b II 4)[50].

Die **Rechtsnatur** des Ausschlusses ist unklar. Es handelt sich um keine Nebenbestimmung iSd § 36 25 VwVfG, va um keine Bedingung oder Auflage. Der später wirkende Ausschluss einer weiteren Verlängerung bildet uU eine untrennbare Einheit mit dem Bescheid selbst in dem Sinne, dass dieser ohne den Ausschluss der Verlängerung nicht erginge (modifizierende Auflage). Tatsächlich soll nicht nur eine Warnung oder Ankündigung ausgesprochen, sondern bereits eine bindende Regelung für den Verlängerungsfall getroffen werden. Damit handelt es sich um einen verbindlich regelnden Verwaltungsakt iSd § 35 VwVfG[51]. Die Anordnung eines Verlängerungsausschlusses muss begründet werden (§ 39 I VwVfG). Wenn die strikte Verbindung mit der anstehenden Erteilung oder Verlängerung beabsichtigt ist (modifizierende Auflage), muss dies deutlich gemacht werden. Andernfalls stellt der Ausschluss einen eigenständigen Verwaltungsakt dar, der lediglich eine Warnfunktion erfüllen soll und dessen Schicksal den Bestand der gegenwärtigen Erteilung oder Verlängerung nicht berührt.

Die **Rechtsfolge** besteht in der Nichtverlängerbarkeit im **Regelfall.** Dadurch ist der Regelungs- 26 charakter der Ausschlussverfügung bestätigt. Der Ausschluss ergibt sich aus dem Gesetz, beruht aber auf der behördlichen Verfügung. Die Ausländerbehörde ist damit nicht ausnahmslos gebunden. In **atypischen** Fällen ist die Verlängerung nicht ausgeschlossen, sondern es kann über sie aufgrund der allgemeinen Voraussetzungen frei entschieden werden. Eine derartige außerplanmäßige Fallgestaltung kann va infolge einer zwischenzeitlichen grundlegenden Veränderung der Tatsachenlage auftreten. Sie ist anzunehmen, wenn angesichts der neuen Sachlage ein absoluter Ausschluss grob ungerecht wäre, etwa wenn mit der Nichtverlängerung der Aufenthaltserlaubnis der unmittelbar bevorstehende Studienabschluss vereitelt würde[52].

Mit der Anerkennung einer atypischen Fallkonstellation ist die Verlängerung aber nicht zwingend 27 geboten. Ob sie erfolgt, ist vielmehr von den jeweiligen Bestimmungen und damit ua vom **Ermessen** abhängig. Bei der Ermessensausübung hat die Ausländerbehörde die bisherige Aufenthaltsdauer, den **Grund für die bisher noch ausgebliebene Zweckerreichung** und die vermutlich zur Zweckerreichung **weiterhin benötigte Aufenthaltsdauer** zu berücksichtigen[53]. Die Ausländerbehörde trifft hierzu eine Prognoseentscheidung. Die Rechtslage ist dann nicht anders, als wenn die Ausschlussverfügung nicht ergangen wäre.

Der Verlängerungsausschluss hat auch auf die Erlangung der **Rechtsstellung eines langfristig** 28 **Aufenthaltsberechtigten** (§ 2 VII) Auswirkungen ebenso auf die Anrechnung von Aufenthaltszeiten bei der Erlaubnis zum Daueraufenthalt – EU: Ausländer, deren Aufenthalt förmlich beschränkt wurde, können nicht den Status eines langfristig Aufenthaltsberechtigten erlangen (§ 9a III Nr. 5b) und die Aufenthaltszeiten sind auf die Fünf-Jahres-Frist nach § 9a II Nr. 1 nicht anrechenbar (§ 9b S. 2 iVm § 9a III Nr. 5b)[54].

4. Folgen nicht ordnungsgemäßer Teilnahme am Integrationskurs (Abs. 3)

Gemäß Abs. 3 sind **Sanktionen** für den Fall vorgesehen, dass der Ausländer seine Verpflichtung zur 29 ordnungsgemäßen Teilnahme gemäß § 44a I 1 am Integrationskurs nicht erfüllt. Welche Pflichtverletzung zum Anlass für Sanktionen genommen werden sollte und wie diese Sanktionen gestaltet sein sollten, war im Gesetzgebungsverfahren zum ZuwG umstritten[55]. Um diesen Regelungen in der behördlichen Praxis zu häufigerer Anwendung zu verhelfen, wurde mit dem Zwangsheirats-BekämpfG[56] die ausdrückliche Verpflichtung der Ausländerbehörde eingeführt, vor der Verlängerung

---

[49] *Hoppe* HTK-AuslR § 8 AufenthG, zu Abs. 2 Nr. 2.
[50] → Rn. 8.
[51] *Hoppe* HTK-AuslR § 8 AufenthG, zu Abs. 2 Nr. 3.1; aA (Nebenbestimmung) *Hailbronner* AufenthG § 8 Rn. 19; AVwV Nr. 8.2.1.
[52] Vgl. OVG Bln-Bbg Beschl. v. 15.12.2016 – OVG 6 S 26.16, BeckRS 2016, 56005 Rn. 3; → § 16b Rn. 22.
[53] *Hoppe* HTK-AuslR § 8 AufenthG, zu Abs. Nr. 3.2.
[54] → § 9b Rn. 24.
[55] Vgl. BT-Drs. 14/7387, 7 und 14/8046, 1 sowie 15/420, 72; BR-Drs. 921/01, BT-Drs 14/431, BR-Drs. 22/1/03, 9.
[56] Gesetz zur Bekämpfung der Zwangsheirat und zum besseren Schutz der Opfer vor Zwangsheirat sowie zur Änderung weiterer auf- und asylrechtlicher Vorschriften v. 23.6.2011, BGBl. I S. 1266.

die ordnungsgemäße Teilnahme eines Verpflichteten zu überprüfen – an sich eine Selbstverständlichkeit bei einer Verlängerungsvoraussetzung. Satz 3 und 4 knüpfen an unterschiedliche Folgen für Anspruchs- und für Ermessensfälle.

30 Die **Teilnahmepflicht** am Integrationskurs nach § 44a I 1 Nr. 1 ist **verletzt,** wenn der Ausländer am Kurs gar nicht teilnimmt. Teilnahme kann sich auch nicht in der Anmeldung und dem Besuch einer oder mehrerer Kursstunden erschöpfen. Verlangt ist vielmehr eine regelmäßige Teilnahme, die ggf. auch durch Krankheit und ähnlicher Hinderungsgründe unterbrochen sein kann. Die Legaldefinition enthält § 14 VI 2 IntV[57], der eine so regelmäßige Teilnahme verlangt, dass ein Kurserfolg möglich ist. **Ordnungsgemäße** Teilnahme bedeutet somit nicht aktive Beteiligung am Unterricht, sondern lediglich regelmäßige Teilnahme. Ein Abbruch des Kurses ohne vernünftigen Grund (zB Krankheit, Schwangerschaft, Arbeitsaufnahme) bedeutet eine nicht ordnungsgemäße Teilnahme. Zur ordnungsgemäßen Teilnahme gehört auch die Teilnahme am Abschlusstest, auch wenn ein Erfolg (Niveau B1 GER[58], § 17 I 1 Nr. 1 IntV) vorhersehbar ausgeschlossen ist. Ob dies noch von der VO-Ermächtigung des § 43 IV umfasst ist, ist zweifelhaft, da diese sich lediglich auf die Rahmenbedingungen für die ordnungsgemäße und erfolgreiche Teilnahme erstreckt, nicht aber auf die Definition des Abschlusstests als Bestandteil des Kurses.

31 Nach § 8 III ist die Verletzung der Verpflichtung zur Teilnahme am Integrationskurs bei der Entscheidung über die Verlängerung zu berücksichtigen. **Rechtsfolgen** sind neben der in S. 2 genannten Berücksichtigung bei der Verlängerungsentscheidung auch die mögliche Ablehnung der Verlängerung. Der Pflichtenverstoß kann zunächst in der Weise berücksichtigt werden, dass die **Verlängerung kürzer befristet** wird, um das weitere Verhalten des Ausländers im Integrationskurs beobachten und bei der nächsten Verlängerung in die Ermessenserwägungen einbeziehen zu können. Dies ist auch bei einem Anspruch auf Erteilung der Aufenthaltserlaubnis zulässig. Das mit der Sanktionsmöglichkeit verfolgte Ziel der Integrationsförderung, ist in Art. 7 II Familienzusammenführungs-RL[59] anerkannt und steht grundsätzlich mit Art. 6 GG und Art. 8 EMRK in Einklang[60]. Bei **türkischen Staatsangehörigen,** die als Arbeitnehmer oder deren Familienangehörigen unter die Privilegierungen des ARB 1/80 fallen, ist jedoch zu beachten, dass die Aufenthaltserlaubnis lediglich deklaratorischer Natur ist. Eine kürzere als die übliche Befristung wäre bei diesem Personenkreis ungeeignet, das erwünschte Verhalten zu erreichen, da das Aufenthaltsrecht nicht von einer Teilnahme am Integrationskurs abhängig ist. Eine kürzere als die übliche Verlängerung – idR zwei Jahre – verstieße ohnehin gegen das Verschlechterungsverbot des Art. 13 ARB 1/80, weil es sich um eine nach 1980 neu eingeführte Beschränkung handelt[61].

32 Nach Abs. 3 S. 3 ist bei **wiederholter und gröblicher Verletzung der Teilnahmepflicht** die Nichtverlängerung der Aufenthaltserlaubnis, auf deren Verlängerung kein Anspruch besteht, der Regelfall, von dem nur in **atypischen Einzelfällen** abgewichen werden kann. Sofern ein Anspruch besteht, kann die Verlängerung im Ermessensweg abgelehnt werden, wenn der Ausländer nicht den Nachweis erbringt, dass seine Integration in das gemeinschaftliche und soziale Leben anderweitig stattgefunden hat[62]. Wiederholt und gröblich ist die Teilnahmepflichtverletzung dann, wenn sie qualitativ und quantitativ das Maß einer einfachen Teilnahmepflichtverletzung übersteigt. Die Gefährdung eines möglichen Kurserfolgs durch zu vertretendes eigenes Verhalten (§ 14 VI 2 IntV – zB häufiges Fehlen ohne wichtigen Grund) erfüllt den Tatbestand der einfachen Pflichtverletzung. Als „gröblich" kann dieses Verhalten dann gewertet werden, wenn von vornherein ein fehlendes Interesse am Kurserfolg zu erkennen ist, zB bei einer Verweigerung der Teilnahme am gesamten Kurs oder an einer sehr großen Zahl der Unterrichtseinheiten. Das Merkmal der Wiederholung ist insofern eine Affirmation des „Gröblichen" als es verdeutlicht, dass es nicht um das Versäumen oder Stören einzelner Unterrichtsstunden geht, sondern um ein kontinuierliches Verhalten, zumindest aber regelmäßig auftretendes Verhalten oder das Versäumen großer Teile ganzer Kursabschnitte (Basissprachkurs, Aufbausprachkurs und Orientierungskurs nach § 43 III). Die wiederholte, ungerechtfertigte Versäumnis einzelner Unterrichtsstunden gefährdet zunächst ggf. „nur" den Kurserfolg eines einzelnen Abschnitts; ihr fehlt das qualitative Element des „Gröblichen". Dies ist im jeweiligen Einzelfall zu entscheiden.

33 Besteht ein **Verlängerungsanspruch nur** nach dem **AufenthG,** kann bei der Verletzung der Pflicht zur ordnungsgemäßen Teilnahme am Integrationskurs gemäß S. 4 die Verlängerung versagt werden, wenn der Ausländer nicht nachweist, dass die gesellschaftliche soziale Integration auch ohne Integrationskurs geglückt ist. Das Wort „nur" stellt sicher, dass eine Nichtverlängerung der Aufenthaltserlaubnis ausgeschlossen ist, wenn **höherrangiges Recht** einen **Verlängerungsanspruch** begründet. Letzteres ist insbesondere bei assoziationsrechtlich privilegierten türkischen Staatsangehörigen

---

[57] Gesetz v. 13.12.2004, BGBl. I S. 3370, zuletzt geändert durch VO v. 21.6.2017, BGBl. I S. 1875.
[58] Gemeinsamer Europäischer Referenzrahmen für Sprachen, vgl. § 2 XI, → § 2 Rn. 192.
[59] RL 2003/86/EG v. 22.9.2003, ABl. 2003 L 251, 12.
[60] BayVGH Beschl. v. 10.6.2015 – 10 C 15.244, BeckRS 2015, 48006 Rn. 6.
[61] Vgl. zuletzt EuGH Urt. v. 29.3.2017 – C-652/15, NJW 2017, 2398 – Tekdemir und Urt. v. 7.8.2018 – C-123/17, NVwZ 2019, 43 – Yön zu Art. 7 des ARB 2/76.
[62] Vgl. *Hailbronner* AufenthG § 8 Rn. 26b.

der Fall[63]. Einem Verlängerungsausschluss entgegenstehende Grundrechte, etwa bei Ehegatten von Deutschen, die aufgrund Art. 6 GG regelmäßig nicht darauf verwiesen werden können, ihre Ehe im Ausland zu führen[64] und bei Eltern deutscher Kinder, sind bei der Ermessensausübung zu berücksichtigen. Gleiches gilt für Art. 8 EMRK (Recht auf Achtung des Privat- und Familienlebens) bei langjährig im Bundesgebiet lebenden Ausländern und deren Ehegatten[65]. Dass die schutzwürdigen Belange des Ausländers und die Folgen einer Aufenthaltsbeendigung für seine rechtmäßig im Inland lebenden Familienangehörigen bei der Ermessensausübung zu berücksichtigen sind, stellt S. 5 ausdrücklich klar. Je intensiver die familiären Bindungen sind, desto weniger kommt eine Ablehnung der Verlängerung in Betracht[66].

Die Nichtverlängerung der Aufenthaltserlaubnis ist dann nicht zulässig, wenn der Ausländer seine **34** erfolgreiche gesellschaftliche und soziale **Integration nachweisen** kann. Da gesellschaftliche und soziale Integration schon sozialwissenschaftlich kaum zu beschreiben sind, kann es für die Feststellung des Tatbestandsmerkmals einer erfolgreichen Integration nur auf die im AufenthG genannten Integrationsmerkmale ankommen (Lebensunterhaltsicherung, Sprachkenntnisse, Straffreiheit etc), die auf wirtschaftliche Integration, Kommunikationsfähigkeit und auf die Einhaltung der Rechtsordnung zielen. Anhaltspunkte bieten weiter die in § 3 IntV formulierten Ziele des Integrationskurses. Da die Teilnahmeberechtigung und -verpflichtung am Integrationskurs für Ausländer mit erkennbar geringem Integrationsbedarf gemäß § 44 III 1 Nr. 2 entfällt, wird man für den Nachweis des Integrationserfolgs gemäß § 8 III 4 auf die Regelannahme von § 4 II IntV zugreifen können. Ausreichende Kenntnisse der deutschen Sprache sind für den Nachweis hinreichend (sie lassen gemäß § 44 III 1 Nr. 3 gleichfalls die Teilnahmeberechtigung und -verpflichtung entfallen), aber nicht erforderlich. Dass für den Nachweis erfolgter Integration auf Kenntnisse der deutschen Sprache überhaupt verzichtet werden kann, ist dagegen zweifelhaft. Diese können auch außerhalb von Integrationskursen erworben werden. Je nach individueller Lebenssituation mögen für die Kommunikationsfähigkeit und damit für die soziale Integration auch ggf. einfache Deutschkenntnisse genügen. Auf zumindest einfache deutsche Sprachkenntnisse wird zur Vermeidung von Wertungswidersprüchen aber nicht ohne Weiteres zu verzichten sein, auch wenn sich der Ausländer (nur) in einem englischsprachigen Umfeld (zB Wissenschaft, Wirtschaft, Kunst) bewegt.

Ist die Ermessensentscheidung tatbestandlich eröffnet, müssen die in Abs. 3 S. 3 genannten Kriterien **35** der Aufenthaltsdauer, der schutzwürdigen Bindungen und der familiären Folgen angemessen in Rechnung gestellt werden. Vor der Entscheidung muss die Ausländerbehörde den Ausländer gemäß § 44a III 1 auf die möglichen Folgen seiner Verletzung der Teilnahmepflicht hinweisen, wenn er diese aus von ihm zu vertretenden Gründen verletzt.

5. Rechtsfolgen nicht ausreichender Sprachkenntnisse

Abs. 3 S. 6 wurde durch das ZwangsheiratsBekämpfG angefügt. Die Regelung dient dazu, zur **36** Teilnahme an einem Integrationskurs verpflichtete Ausländer anzuspornen, den Integrationskurs möglichst schnell und erfolgreich zu absolvieren[67]. Die Aufenthaltserlaubnis wird für höchstens ein Jahr verlängert, wenn zur Teilnahme verpflichtete Ausländer **das Sprachniveau B1 GER** nicht erreichen. Entsprechend lässt § 44 II seit dem IntG dem Ausländer ein Jahr Zeit, bis der Teilnahmeanspruch erlischt. Die Teilnahmeverpflichtung ist zeitlich nicht begrenzt, sie endet außer durch die ordnungsgemäße Teilnahme nur durch Rücknahme oder Widerruf (§ 44a Ia, ebenfalls eingefügt durch ZwangsheiratsBekämpfG). Die Regelung bezieht alle Ausländer ein, die nach § 44a zur Teilnahme verpflichtet worden sind. Sie erhalten eine auf mehr als ein Jahr befristete Aufenthaltserlaubnis erst dann, wenn sie den Kurs erfolgreich abgeschlossen haben. Erfolgreich ist der Abschluss, wenn im Abschlusstest das Niveau B1 des Gemeinsamen Europäischen Referenzrahmens für Sprachen nachgewiesen und im Test „Leben in Deutschland" die für das Bestehen des Orientierungskurses notwendige Punktzahl erreicht ist (§§ 43 II 2 AufenthG, 17 II IntV).

Ausländer, die dieses Niveau nicht erreichen – rund 40 Prozent der Kursteilnehmer erreichen in **37** den letzten Jahren auch nach 600 Stunden nur das Niveau A2 oder weniger[68] – erhalten eine Verlängerung der Aufenthaltserlaubnis von mehr als einem Jahr nur, wenn sie nachweisen, dass ihre Integration in das gesellschaftliche und soziale Leben gelungen ist. Damit müssen für eine auf mehr als ein Jahr befristete Aufenthaltserlaubnis hinsichtlich der **Sprachanforderungen** grundsätzlich **dieselben Voraussetzungen** erfüllt werden wie für die **Niederlassungserlaubnis und** für die **Einbürge-**

---

[63] Vgl. *Maor* in BeckOK AuslR AufenthG § 8 Rn. 19.
[64] Vgl. grundlegend zu Art. 6 GG und Aufenthaltsrechten von Ausländern BVerfGE 76, 1 (50 ff.).
[65] Vgl. *Hoppe* HTK-AuslR § 8 AufenthG, zu Abs. 3 Nr. 3.3, der darauf hinweist, dass weder aus Art. 6 GG noch aus Art. 8 EMRK ein unmittelbarer Anspruch auf Aufenthalt fließt.
[66] Vgl. aber OVG NRW, das die Nichtverlängerung der Aufenthaltserlaubnis des Ehemannes einer deutschen Staatsangehörigen gemäß § 8 III für zulässig hält, Beschl. v. 29.4.2011 – 18 B 377/11, NVwZ 2011, 895.
[67] Vgl. BT-Drs. 17/5093, S. 15.
[68] Vgl. BAMF, Bericht zur bundesweiten Integrationskursgeschäftsstatistik für das erste Halbjahr 2021 – Sprachniveau Deutsch-Test für Zuwanderer (DTZ) S. 13 f.

rung. Ob dies integrationspolitisch sinnvoll ist, ist fraglich und berücksichtigt auch nicht einen etwaigen tatsächlichen zunehmenden Spracherwerb außerhalb eines Kursbesuchs im Verlauf eines länger werdenden Aufenthalts. Ausländer, die den Kurs mit einem geringeren Sprachniveau abschließen und anschließend eine Arbeit aufnehmen, oder Ausländer, deren Verpflichtung widerrufen wird, weil sie von einer staatlichen Stelle in ein Arbeitsverhältnis vermittelt werden, das eine weitere Teilnahme ausschließt, werden durch die Regelung sanktioniert, da nicht die wirtschaftlichen, sondern nach dem Wortlaut allein die gesellschaftliche und soziale Integration trotz unzureichender Sprachkenntnisse eine mehr als einjährige Verlängerung erlaubt. Die Abgrenzung zwischen wirtschaftlichen, gesellschaftlichen und sozialen Aspekten der Integration bleibt ohnehin unscharf[69].

38 Folge unzureichender Sprachkenntnisse ist nicht nur der jährliche Verlängerungsantrag einschließlich der Vorsprache auf der Ausländerbehörde, sondern auch eine spürbare zusätzliche Kostenbelastung, da für die Verlängerung der Aufenthaltserlaubnis nach Einführung des elektronischen Aufenthaltstitels (eAT) 93 EUR Gebühren anfallen (§ 45 Nr. 2 lit. b AufenthV). Auch für Arbeits- und Wohnungssuche stellt eine Befristung der Aufenthaltserlaubnis von nur höchstens einem Jahr eine Erschwernis dar. Ob die Regelung verhältnismäßig ist, ist daher vor dem Hintergrund gleicher Anforderungen wie bei Niederlassungserlaubnis und Einbürgerung sehr zweifelhaft. Auf assoziationsrechtlich begünstigte **türkische** Arbeitnehmer und ihrer Familienangehörigen sowie auf türkische Selbstständige ist sie wegen des Verschlechterungsverbots nach Art. 13 ARB 1/80, 41 ZP ohnehin nicht anzuwenden, da 1973 bzw. 1980 die zwei- oder dreijährige Befristung der Aufenthaltserlaubnis die Regel war.

6. Ausnahmen

39 Der mit RLUmsG 2007[70] angefügte Abs. 4 stellt ausdrücklich klar, dass die Nichtverlängerung der Aufenthaltserlaubnis wegen nicht ordnungsgemäßer Teilnahme am Integrationskurs bei Asylberechtigten, anerkannten Flüchtlingen iSd GK, subsidiär Schutzberechtigten und Ausländern, die aufgrund eines zielstaatsbezogenen Abschiebungsverbots eine Aufenthaltserlaubnis nach § 25 III erhalten haben, nicht zulässig ist. Dies folgt für die Inhaber von Aufenthaltserlaubnissen nach § 25 I-III aus der **Anerkennungs-RL**[71], da diesen Personen die Verlängerung des Aufenthaltstitels nur aus zwingenden Gründen der öffentlichen Sicherheit und Ordnung versagt werden darf. Es handelt sich insofern um eine Klarstellung, als bei dieser Gruppe schon der Tatbestand des Abs. 3 nicht erfüllt ist, da deren Verlängerungsanspruch sich nicht *nur* aus dem AufenthG ergibt.

IV. Rechtsschutz

40 Gegen die Versagung der Verlängerung sind **Widerspruch und Verpflichtungsklage** (§§ 42 I, 68 ff. VwGO) gegeben, die keine aufschiebende Wirkung entfalten (§ 84 I Nr. 1)[72]. Rechtsschutz gegen den zukünftigen Verlängerungsausschluss gemäß § 8 II ist unmittelbar gegen diesen und nicht erst im Fall der Nichtverlängerung zu suchen. Andernfalls erwächst die Anordnung in Bestandskraft. Einstweiliger Rechtsschutz ist nach § 80 V 1 VwGO statthaft, soweit die Voraussetzungen des § 81 III oder IV vorliegen, sonst nach § 123 VwGO[73].

§ 9 Niederlassungserlaubnis

(1) ¹Die Niederlassungserlaubnis ist ein unbefristeter Aufenthaltstitel. ²Sie kann nur in den durch dieses Gesetz ausdrücklich zugelassenen Fällen mit einer Nebenbestimmung versehen werden. ³§ 47 bleibt unberührt.

(2) ¹Einem Ausländer ist die Niederlassungserlaubnis zu erteilen, wenn

1. er seit fünf Jahren die Aufenthaltserlaubnis besitzt,
2. sein Lebensunterhalt gesichert ist,
3. er mindestens 60 Monate Pflichtbeiträge oder freiwillige Beiträge zur gesetzlichen Rentenversicherung geleistet hat oder Aufwendungen für einen Anspruch auf vergleichbare Leistungen einer Versicherungs- oder Versorgungseinrichtung oder eines Versicherungsunternehmens nachweist; berufliche Ausfallzeiten auf Grund von Kinderbetreuung oder häuslicher Pflege werden entsprechend angerechnet,
4. Gründe der öffentlichen Sicherheit oder Ordnung unter Berücksichtigung der Schwere oder der Art des Verstoßes gegen die öffentliche Sicherheit oder Ordnung oder der vom Ausländer ausgehenden Gefahr unter Berücksichtigung der Dauer des bisherigen Aufenthalts und dem Bestehen von Bindungen im Bundesgebiet nicht entgegenstehen,

---

[69] Vgl. zum Integrationsbegriff des AufenthG *Berlit* ZAR 2018, 229 ff.
[70] AuslRÄndG 2007 v. 19.8.2007, BGBl. I S. 1970.
[71] RL 2011/95/EU v. 13.12.2011ABl. 2011 L 337, 9, vormals Qualifikations-RL 2004/83/EG v. 29.4.2004, ABl. 2004 L 304,12.
[72] → § 84 Rn. 5 ff.
[73] → § 84 Rn. 32 ff.

Niederlassungserlaubnis § 9 AufenthG 1

5. ihm die Beschäftigung erlaubt ist, sofern er Arbeitnehmer ist,
6. er im Besitz der sonstigen für eine dauernde Ausübung seiner Erwerbstätigkeit erforderlichen Erlaubnisse ist,
7. er über ausreichende Kenntnisse der deutschen Sprache verfügt,
8. er über Grundkenntnisse der Rechts- und Gesellschaftsordnung und der Lebensverhältnisse im Bundesgebiet verfügt und
9. er über ausreichenden Wohnraum für sich und seine mit ihm in häuslicher Gemeinschaft lebenden Familienangehörigen verfügt.

²Die Voraussetzungen des Satzes 1 Nr. 7 und 8 sind nachgewiesen, wenn ein Integrationskurs erfolgreich abgeschlossen wurde. ³Von diesen Voraussetzungen wird abgesehen, wenn der Ausländer sie wegen einer körperlichen, geistigen oder seelischen Krankheit oder Behinderung nicht erfüllen kann. ⁴Im Übrigen kann zur Vermeidung einer Härte von den Voraussetzungen des Satzes 1 Nr. 7 und 8 abgesehen werden. ⁵Ferner wird davon abgesehen, wenn der Ausländer sich auf einfache Art in deutscher Sprache mündlich verständigen kann und er nach § 44 Abs. 3 Nr. 2 keinen Anspruch auf Teilnahme am Integrationskurs hatte oder er nach § 44a Abs. 2 Nr. 3 nicht zur Teilnahme am Integrationskurs verpflichtet war. ⁶Darüber hinaus wird von den Voraussetzungen des Satzes 1 Nr. 2 und 3 abgesehen, wenn der Ausländer diese aus den in Satz 3 genannten Gründen nicht erfüllen kann.

(3) ¹Bei Ehegatten, die in ehelicher Lebensgemeinschaft leben, genügt es, wenn die Voraussetzungen nach Absatz 2 Satz 1 Nr. 3, 5 und 6 durch einen Ehegatten erfüllt werden. ²Von der Voraussetzung nach Absatz 2 Satz 1 Nr. 3 wird abgesehen, wenn sich der Ausländer in einer Ausbildung befindet, die zu einem anerkannten schulischen oder beruflichen Bildungsabschluss oder einem Hochschulabschluss führt. ³Satz 1 gilt in den Fällen des § 26 Abs. 4 entsprechend.

(4) Auf die für die Erteilung einer Niederlassungserlaubnis erforderlichen Zeiten des Besitzes einer Aufenthaltserlaubnis werden folgende Zeiten angerechnet:
1. die Zeit des früheren Besitzes einer Aufenthaltserlaubnis oder Niederlassungserlaubnis, wenn der Ausländer zum Zeitpunkt seiner Ausreise im Besitz einer Niederlassungserlaubnis war, abzüglich der Zeit der dazwischen liegenden Aufenthalte außerhalb des Bundesgebiets, die zum Erlöschen der Niederlassungserlaubnis führten; angerechnet werden höchstens vier Jahre,
2. höchstens sechs Monate für jeden Aufenthalt außerhalb des Bundesgebiets, der nicht zum Erlöschen der Aufenthaltserlaubnis führte,
3. die Zeit eines rechtmäßigen Aufenthalts zum Zweck des Studiums oder der Berufsausbildung im Bundesgebiet zur Hälfte.

Allgemeine Verwaltungsvorschrift
9 Zu § 9 – Niederlassungserlaubnis
9.1 Unbeschränktes Aufenthaltsrecht
Die Niederlassungserlaubnis gilt unbefristet, berechtigt zur Ausübung einer Erwerbstätigkeit und darf nur in den durch das Aufenthaltsgesetz geregelten Fällen mit einer Nebenbestimmung versehen werden (Verbot bzw. Beschränkung der politischen Betätigung nach § 47; wohnsitzbeschränkende Auflage in den Fällen des § 23 Absatz 2). Die Niederlassungserlaubnis verleiht immer ein vollumfängliches Aufenthaltsrecht, losgelöst von einer ursprünglichen Zweckbindung.
9.2 Erteilungsvoraussetzungen
9.2.0 Die Niederlassungserlaubnis wird, wenn im Aufenthaltsgesetz nichts anderes bestimmt ist, unter den in § 9 Absatz 2 festgelegten Voraussetzungen erteilt. Dies gilt mit Ausnahme der verlängerten Mindestfrist von sieben Jahren auch im Fall des § 26 Absatz 4. Darüber hinaus gibt es für einige Aufenthaltszwecken Sonderregelungen für die Erlangung der Niederlassungserlaubnis (§§ 19, 21 Absatz 4, § 23 Absatz 2, § 26 Absatz 3 und 4, § 28 Absatz 2, § 31 Absatz 3, §§ 35, 38 Absatz 1 Nummer 1). Die Erteilung der Niederlassungserlaubnis richtet sich in diesen Fällen nach den dort genannten Voraussetzungen und den allgemeinen Erteilungsvoraussetzungen des § 5. Statt dessen ist auch die Erteilung einer Niederlassungserlaubnis nach § 9 Absatz 2 möglich, wenn deren gesamte Voraussetzungen vorliegen; im Fall des § 26 Absatz 4 muss aber zudem die verlangerte Mindestfrist von sieben Jahren gegeben sein (zur Möglichkeit der Erteilung einer Erlaubnis zum Daueraufenthalt-EG in den Fällen des § 26 Absatz 3 und 4 vgl. Nummer 9 a.3.1.1).
9.2.1.1 Aufenthaltserlaubnis seit fünf Jahren
Der Ausländer muss nach § 9 Absatz 2 Satz 1 Nummer 1 seit fünf Jahren eine Aufenthaltserlaubnis besitzen. Zeiten im Besitz eines nationalen Visums zählen mit (§ 6 Absatz 4 Satz 3). Hinsichtlich der Anrechenbarkeit von Auslandsaufenthalten und Aufenthalten zum Zweck des Studiums oder der Berufsausbildung ist § 9 Absatz 4 zu beachten. Aufenthaltsrechte, die bestanden haben, ohne dass der Ausländer eine Aufenthaltserlaubnis besaß, oder indem er von der Aufenthaltstitelpflicht befreit war – etwa indem er, ohne eine Aufenthaltserlaubnis zu besitzen, unter entsprechende Tatbestände des ARB 1/80 oder nach § 27 AufenthV fiel – werden nicht angerechnet. Angerechnet werden aber Aufenthaltszeiten, während derer er eine Aufenthaltserlaubnis nach § 4 Absatz 5 oder in Anwendung des § 27 Absatz 3 AufenthV besaß. Unterbrechungen der Rechtmäßigkeit des Aufenthalts (z. B. infolge verspäteter Anträge auf Verlängerung der Aufenthaltserlaubnis) können gemäß § 85 bis zu einem Jahr außer Betracht bleiben.
9.2.1.1.1 Eine Anrechnung von Zeiten des Besitzes einer Aufenthaltsgenehmigung vor dem 1. Januar 2005 ist ausdrücklich nur im Fall des Besitzes einer Aufenthaltsbefugnis für den Anwendungsbereich des § 26 Absatz 4 vorgesehen. Zeiten des Besitzes einer Aufenthaltsbewilligung, die einer Verfestigung nicht zugänglich war, vor

Dienelt

Inkrafttreten des Zuwanderungsgesetzes zählen daher grundsätzlich nicht als Zeiten im Besitz einer Aufenthaltserlaubnis nach § 9 Absatz 2 Satz 1 Nummer 1 (vgl. aber Nummer 9.2.1.1.2, 9.4.3 zur Ausnahme bei Aufenthalten zum Zwecke des Studiums oder der Berufsausbildung). Aufenthaltsbewilligungen und -befugnisse gelten zwar nach § 101 Absatz 2 mit Wirkung ab dem 1. Januar 2005 als Aufenthaltserlaubnis neuen Rechts fort. Diese Vorschrift stellt jedoch lediglich eine Überleitungsregelung dar und bezweckt ausschließlich, dass eine bestehende Aufenthaltsgenehmigung nicht förmlich umgeschrieben werden muss, sondern kraft Gesetzes mit Wirkung vom 1. Januar 2005 die Rechtswirkungen neuen Rechts entfaltet (vgl. Nummer 101.2). Rückwirkende Folgen wurden vom Gesetzgeber hingegen nicht angeordnet. Dies ergibt sich auch aus dem Umkehrschluss zu der Vorschrift in § 102 Absatz 2, die u. a. die Anrechnung von Zeiten des Besitzes einer Aufenthaltsbefugnis nach dem Ausländergesetz für die Erteilung einer Niederlassungserlaubnis ausdrücklich anordnet. Einer solchen Regelung hätte es nicht bedurft, wenn diese Zeiten ohnehin rückwirkend als Zeiten einer Aufenthaltserlaubnis nach neuem Recht gelten würden. Die Zeiten des Besitzes einer nach dem Ausländergesetz erteilten Aufenthaltserlaubnis werden hingegen angerechnet, da die Aufenthaltsbewilligung im Gegensatz zur Aufenthaltsbefugnis einer Verfestigung zugänglich war.

9.2.1.1.2 Zur Anrechnung von Zeiten des rechtmäßigen Aufenthalts zum Zweck des Studiums siehe Nummer 9.4.3.

9.2.1.1.3 Besitzt der Ausländer zum Zeitpunkt der Antragstellung einen Aufenthaltstitel nach Kapitel 2 Abschnitt 5, gelten die abweichenden Erteilungsfristen des § 26.

9.2.1.2 Lebensunterhaltssicherung

Hinsichtlich der Sicherung des Lebensunterhalts nach § 9 Absatz 2 Satz 1 Nummer 2 gilt grundsätzlich § 2 Absatz 3. Die Voraussetzung ist nicht erfüllt, wenn der Antragsteller den Lebensunterhalt nur für sich, nicht aber für seine Familienangehörigen in Deutschland, denen er zum Unterhalt verpflichtet ist, sicherstellen kann (siehe hierzu Nummer 2.3.2). Handelt es sich bei dem Antragsteller um einen ehemaligen Deutschen, der seinen gewöhnlichen Aufenthalt als Deutscher noch nicht fünf Jahre im Bundesgebiet hatte, aber über mindestens diesen Zeitraum über einen gesicherten Aufenthaltsstatus (ggf. als Deutscher und Ausländer) verfügt hat, so sollte der Rechtsgedanke von § 38 Absatz 3 herangezogen werden und in besonderen Fällen von der Anforderung der Lebensunterhaltssicherung abgesehen werden (vgl. hierzu Nummer 38.3.3).

9.2.1.3 Beiträge zur gesetzlichen Rentenversicherung

9.2.1.3.1 Der Nachweis von Aufwendungen für einen Anspruch auf Versicherungsleistungen, die denen aus der gesetzlichen Rentenversicherung vergleichbar sind, setzt nicht voraus, dass der Ausländer im Zeitpunkt der Erteilung der Niederlassungserlaubnis einen Versorgungsanspruch erworben hat, der den Lebensunterhalt ausreichend sichert. Entscheidend ist, ob unter der Voraussetzung, dass die private Altersvorsorge weitergeführt wird, Ansprüche in gleicher Höhe erworben werden, wie sie entstehen würden, wenn der Ausländer 60 Monatsbeiträge zur gesetzlichen Rentenversicherung geleistet hätte und künftig weitere Beiträge zur gesetzlichen Rentenversicherung entrichten würde. Die Beiträge zur gesetzlichen Rentenversicherung führen zum Erwerb eines Anspruchs auf Rente, zum einen für den Zeitpunkt des Ausscheidens aus dem Erwerbsleben mit Erreichen der entsprechenden Altersgrenze und zum anderen im Falle eines vorzeitigen Ausscheidens aus dem Erwerbsleben infolge Erwerbs- oder Berufsunfähigkeit. Diese beiden Ansprüche bilden den Maßstab für die Vergleichbarkeit. Vorausgesetzt ist dabei, dass die Beiträge wie bisher bis zum Eintritt des Versicherungsfalles weiter entrichtet werden. Grundlage für die Ermittlung ist ein Einkommen, mit dem der Lebensunterhalt des Ausländers gesichert ist (siehe Nummer 5.1.1.1 und 2.3). Bei Ausländern, die vor dem 1. Januar 2005 im Besitz einer Aufenthaltserlaubnis oder Aufenthaltsbefugnis waren, findet § 9 Absatz 2 Satz 1 Nummer 3 keine Anwendung (§ 104 Absatz 2).

9.2.1.4 Keine entgegenstehenden Gründe der öffentlichen Sicherheit und Ordnung

Das Tatbestandsmerkmal der öffentlichen Sicherheit und Ordnung in § 9 Absatz 2 Satz 1 Nummer 4 wurde im Rahmen des Richtlinienumsetzungsgesetzes an das Tatbestandsmerkmal des § 9a Absatz 2 Satz 1 Nummer 5 angepasst. Insoweit wird auf Nummer 9 a.2.1.5 verwiesen.

9.2.1.5 Beschäftigungserlaubnis

Arbeitnehmer müssen über einen Aufenthaltstitel verfügen, der ihnen die Beschäftigung erlaubt (§ 4 Absatz 3 Satz 1). Diese Erlaubnis muss unbefristet (z. B. auf Grund einer Regelung des Aufenthaltsgesetzes oder auf Grund § 46 Absatz 2 BeschV oder § 9 BeschVerfV) vorliegen. Arbeitnehmer in diesem Sinne ist jeder, der eine Beschäftigung i. S. d. § 2 Absatz 2 ausübt.

9.2.1.6 Berufsausübungserlaubnis

9.2.1.6.1 Sofern für die Ausübung bestimmter Berufe besondere Erlaubnisse vorgeschrieben sind (z. B. Rechtsanwälte, Heilberufe, im Gewerberecht vorgesehene Erlaubnisse) muss ein Ausländer, der diesen Beruf als Selbständiger oder Beschäftigter ausüben will, im Besitz der erforderlichen Erlaubnis sein, die ihm die dauerhafte Ausübung eines solchen Berufes erlaubt. Eine auf eine befristete berufliche Tätigkeit beschränkte Erlaubnis reicht nicht aus. Vor allem bei den Heilberufen besteht nicht für alle Ausländer die rechtliche Möglichkeit einer dauernden Berufsausübung. Es besteht hier aber die Möglichkeit, eine Erlaubnis zum Daueraufenthalt-EG zu beantragen. In § 9a Absatz 2 ist eine dauerhafte Berufsausübungserlaubnis als Erteilungsvoraussetzung nicht aufgeführt.

9.2.1.6.2 Trotz einer etwaigen Befristung liegt eine Erlaubnis zur dauernden Berufsausübung vor, wenn die Befristung nur bezweckt, die Berufstauglichkeit erneut zu prüfen. Dies ist in allen Fällen anzunehmen, in denen für Deutsche dieselben Regelungen gelten. Einer Dauererlaubnis zur selbständigen Erwerbstätigkeit steht es gleich, wenn die Berufsausübung wie etwa im Einzelhandel ohne Genehmigung erlaubt ist.

9.2.1.7 Ausreichende Kenntnisse der deutschen Sprache

Ausreichende Kenntnisse der deutschen Sprache entsprechen der Definition des Sprachniveaus B1 des Gemeinsamen Europäischen Referenzrahmens für Sprachen (Empfehlungen des Ministerkomitees des Europarates an die Mitgliedstaaten Nummer R (98) 6 vom 17. März 1998 zum Gemeinsamen Europäischen Referenzrahmen für Sprachen – GER). Das Niveau B1 GER setzt folgende sprachliche Fähigkeiten bei allen Sprachkompetenzen (Hören, Sprechen, Lesen und Schreiben) voraus: Kann die Hauptpunkte verstehen, wenn klare Standardsprache verwendet wird und es um vertraute Dinge aus Arbeit, Schule, Freizeit usw. geht. Kann die meisten Situationen bewältigen, denen man auf Reisen im Sprachgebiet begegnet. Kann sich einfach und zusammenhängend über vertraute Themen und persönliche Interessensgebiete äußern. Kann über Erfahrungen und Ereignisse berichten, Träume, Hoffnungen und Ziele beschreiben und zu Plänen und Ansichten kurze Begründungen oder Erklärungen geben (vgl. Nummer 44 a.1.2.2). Bei Ausländern, die vor dem 1. Januar 2005 im Besitz einer Aufenthaltserlaubnis oder Aufenthaltsbefugnis waren, wird nur verlangt, dass sie sich auf einfache Art in deutscher Sprache mündlich verständigen können (§ 104 Absatz 2). Die Voraussetzung ausreichender Kenntnisse der deutschen Sprache ist von der Ausländerbehörde festzustellen. Die erforderlichen Sprachkenntnisse sind i. d. R. nachgewiesen, wenn der Ausländer

– das „Zertifikat Deutsch" oder den „Deutsch-Test für Zuwanderer" (Kompetenzstufe B1) nach § 17 Absatz 1 Nummer 1 IntV erworben hat,
– vier Jahre eine deutschsprachige Schule mit Erfolg (Versetzung in die nächst höhere Klasse) besucht hat,
– einen Hauptschulabschluss oder wenigstens gleichwertigen deutschen Schulabschluss erworben hat,
– in die zehnte Klasse einer weiterführenden deutschsprachigen Schule (Realschule, Gymnasium oder Gesamtschule) versetzt worden ist oder
– ein Studium an einer deutschsprachigen Hochschule oder Fachhochschule oder eine deutsche Berufsausbildung erfolgreich abgeschlossen hat.

Sind die erforderlichen Kenntnisse der deutschen Sprache nicht oder nicht hinreichend anhand von Zeugnissen oder Zertifikaten nachgewiesen, ist dem Ausländer ein Sprachtest, ggf. auch ein Sprachkurs zu empfehlen, es sei denn, der Ausländer verfügt nach der in einem persönlichen Gespräch gewonnenen Überzeugung der Ausländerbehörde offensichtlich über die geforderten Sprachkenntnisse. In diesen Fällen kann auf einen Sprachtest verzichtet werden.

9.2.1.8 Grundkenntnisse der Rechts- und Gesellschaftsordnung und der Lebensverhältnisse
Grundkenntnisse der Rechts- und Gesellschaftsordnung umfassen die grundlegenden Prinzipien des Rechtsstaats. Eine Orientierung über die Inhalte geben die Lehrpläne des Orientierungskurses, der Bestandteil des Integrationskurses ist. Das Vorliegen der Grundkenntnisse der Rechts- und Gesellschaftsordnung ist von der Ausländerbehörde festzustellen. I. d. R. werden diese Kenntnisse durch den bundeseinheitlichen Test zum Orientierungskurs nach § 17 Absatz 1 Nummer 2 IntV nachgewiesen. Der Nachweis der Kenntnisse ist auch erbracht, wenn der Ausländer einen Abschluss einer deutschen Hauptschule oder einen vergleichbaren oder höheren Schulabschluss einer deutschen allgemein bildenden Schule nachweisen kann. Bei Ausländern, die vor dem 1. Januar 2005 im Besitz einer Aufenthaltserlaubnis oder Aufenthaltsbefugnis waren, findet § 9 Absatz 2 Nummer 8 keine Anwendung (§ 104 Absatz 2).

9.2.1.9 Ausreichender Wohnraum
Auf die Voraussetzungen nach § 2 Absatz 4 wird Bezug genommen (vgl. Nummer 2.4).

9.2.2 Nachweis der bzw. Ausnahmen von den Voraussetzungen nach § 9 Absatz 2 Satz 1 Nummer 7 und 8

9.2.2.1 Über die erfolgreiche Teilnahme am Integrationskurs erhält der Ausländer eine Bescheinigung (§ 17 Absatz 4 IntV). Nach § 9 Absatz 2 Satz 2 genügt diese Bescheinigung in jedem Fall als Nachweis der Voraussetzungen des § 9 Absatz 2 Satz 1 Nummer 7 und 8. Ausländer, die am Integrationskurs nicht oder nicht erfolgreich teilgenommen haben, können die Voraussetzungen auf andere Weise nachweisen. Sie können die Abschlusstests des Integrationskurses auf freiwilliger Basis ablegen.

9.2.2.2.1 Von den Voraussetzungen der ausreichenden Kenntnisse der deutschen Sprache nach § 9 Absatz 2 Satz 1 Nummer 7 und der Grundkenntnisse der Rechts- und Gesellschaftsordnung und der Lebensverhältnisse in Deutschland nach § 9 Absatz 2 Satz 1 Nummer 8 wird zwingend abgesehen, wenn der Ausländer wegen einer körperlichen, geistigen oder seelischen Krankheit oder Behinderung oder aufgrund seines Alters nicht in der Lage ist, diese Voraussetzungen zu erfüllen. In diesen Fällen ist auch kein Nachweis geringerer Kenntnisse zu verlangen. Nicht jede Krankheit oder Behinderung führt zum Ausschluss der genannten Voraussetzungen, sondern nur diejenigen, die den Ausländer an der Erlangung der Kenntnisse hindern, insbesondere die Unfähigkeit, sich mündlich oder schriftlich zu artikulieren sowie angeborene oder erworbene Formen geistiger Behinderung oder altersbedingte Beeinträchtigungen. Die Ausschlussgründe sind vom Ausländer durch ein ärztliches Attest nachzuweisen, wenn sie nicht offenkundig sind.

9.2.2.2.2 Eine Härte, bei der nach Absatz 2 Satz 4 von den Voraussetzungen der Nummer 7 und 8 abgesehen werden kann, kann z. B. vorliegen, wenn eine körperliche, geistige oder seelische Erkrankung oder Behinderung die Erfüllung der Voraussetzungen zwar nicht unmöglich macht, aber dauerhaft wesentlich erschwert, wenn der Ausländer bei der Einreise bereits über 50 Jahre alt war, oder wenn wegen der Pflegebedürftigkeit eines Angehörigen der Besuch eines Integrationskurses auf Dauer unmöglich oder unzumutbar war. Aus dem geltend gemachten, nachzuweisenden Gründen muss sich unmittelbar nachvollziehen lassen, dass im Einzelfall eine Erschwernis vorliegt.

9.2.2.3.1 Darüber hinaus wird nach Absatz 2 Satz 5 von den Voraussetzungen der Nummer 7 und 8 auch dann abgesehen, wenn der Ausländer sich auf einfache Art in deutscher Sprache mündlich verständigen kann und zugleich entweder nur einen geringen Integrationsbedarf hat (§ 44 Absatz 3 Nummer 2) oder dessen Teilnahme am Integrationskurs auf Dauer unmöglich oder unzumutbar ist (§ 44a Absatz 2 Nummer 3).

9.2.2.3.2 Zur Feststellung, ob sich der Ausländer auf einfache Art in deutscher Sprache mündlich verständigen kann wird auf Nummer 28.2.4 und 30.1.2.1 verwiesen.

9.2.3 Nach § 9 Absatz 2 Satz 6 ist von den Voraussetzungen des § 9 Absatz 2 Satz 1 Nummer 2 und 3 (Lebensunterhaltssicherung/Rentenversicherungspflichtbeiträge) abzusehen, wenn der Ausländer diese aus den in § 9 Absatz 2 Satz 3 genannten Gründen nicht erfüllen kann.

9.3 Ehegatten- und Auszubildendenprivileg

9.3.1 § 9 Absatz 3 Satz 1 gilt für verheiratete Ausländer unabhängig davon, ob sie im Wege des Familiennachzuges eingereist sind. Die Vorschrift gilt nicht für Ehegatten von Deutschen, für diese enthält § 28 Absatz 2 eine privilegierende Sonderregelung. Das Erfordernis des gesicherten Lebensunterhalts gilt auch für den verheirateten Antragsteller. Hierfür genügt die Gewährung des Lebensunterhalts durch den anderen Ehegatten (siehe Nummer 2.3.2.3).

9.3.2 Zu einem anerkannten schulischen oder beruflichen Bildungsabschluss führt nicht nur der Besuch einer allgemeinbildenden Schule, sondern auch der Besuch von Berufsfachschulen (z. B. Handelsschule) oder sonstigen öffentlichen oder staatlich anerkannten berufsbildenden Schulen. Berufsvorbereitende Maßnahmen wie ein berufliches Vollzeitschuljahr oder eine außerschulische berufsvorbereitende Vollzeitmaßnahme sowie die Tätigkeit als Praktikant führen nicht zu einem anerkannten beruflichen Bildungsabschluss.

Dienelt

9.4 Anrechnung von Auslandsaufenthalten und Aufenthalten zum Zweck des Studiums oder der Berufsausbildung

9.4.1 § 9 Absatz 4 Nummer 1 bezweckt, dass die einmal erreichte Integration in die deutschen Lebensverhältnisse unter bestimmten Voraussetzungen auch dann berücksichtigt wird, wenn der Ausländer nach einem Auslandsaufenthalt, der zum Erlöschen der Niederlassungserlaubnis führte, erneut eine Niederlassungserlaubnis beantragt. Die Regelung gilt für alle Fälle der Erteilung einer Niederlassungserlaubnis, unabhängig davon, ob sie nach § 9 oder einer anderen Vorschrift erteilt wird.

9.4.1.1 Der Ausländer muss bei seiner Ausreise im Besitz der Niederlassungserlaubnis gewesen sein. Dies ist nicht der Fall, wenn diese bereits vorher (z. B. durch Ausweisung, Rücknahme oder Widerruf) erloschen ist. Einem ehemaligen Deutschen, der bei seiner Einbürgerung im Besitz einer Niederlassungserlaubnis war und nach der Spezialregelung des § 38 lediglich eine Aufenthaltserlaubnis erhalten konnte, können die Zeiten des Besitzes einer Niederlassungserlaubnis sowie die Zeiten mit deutscher Staatsangehörigkeit ebenfalls bis zu vier Jahren angerechnet werden.

9.4.1.2 Alle Voraussetzungen für die Erteilung der Niederlassungserlaubnis müssen erfüllt werden. § 9 Absatz 4 bewirkt lediglich, dass auf Grund der Anrechnung alter Aufenthaltszeiten nicht die gesamte erforderliche Frist zurückgelegt werden muss.

9.4.1.3 Von den vor der Ausreise liegenden Zeiten im Besitz einer Aufenthaltserlaubnis und Niederlassungserlaubnis (z. B. zehn Jahre) wird die Zeit des Auslandsaufenthalts abgezogen, sofern sie zum Erlöschen der Niederlassungserlaubnis führte (z. B. drei Jahre). Von der übrig bleibenden Zeit (im Beispiel: sieben Jahre) werden höchstens vier Jahre angerechnet (im Beispiel hat der Ausländer daher bereits nach einem Jahr im Besitz der Aufenthaltserlaubnis die Frist gemäß § 9 Absatz 2 Nummer 1 erfüllt). Ist die Zeit des Auslandsaufenthaltes länger als die Voraufenthaltszeit, führt die Regelung dazu, dass keine Voraufenthaltszeiten angerechnet werden. Ist für die Erlangung der Niederlassungserlaubnis eine kürzere Zeit als vier Jahre erforderlich (z. B. nach § 28 Absatz 2), kann bei entsprechend langem Voraufenthalt bei Erfüllung aller übrigen Voraussetzungen bereits unmittelbar nach der Einreise ein Anspruch auf Erteilung der Niederlassungserlaubnis entstehen. Dies bedeutet, dass ein Visum, das für die Einreise beantragt wird, auch sogleich nach § 6 Absatz 4 nach den für die Niederlassungserlaubnis geltenden Vorschriften erteilt werden kann und darin die entsprechende Rechtsgrundlage angegeben und der Vermerk „Erwerbstätigkeit gestattet" eingetragen wird; dennoch ist das Visum zu befristen; der Ausländer hat nach der Einreise einen Anspruch auf Erteilung einer Niederlassungserlaubnis auf dem Vordruck „Aufenthaltstitel" anstelle des Visums.

9.4.2 Die Anrechnung nach § 9 Absatz 4 Nummer 2 ist nur möglich, soweit der Ausländer während seines Auslandsaufenthalts im Besitz der Aufenthaltserlaubnis war. War die Aufenthaltserlaubnis wegen Ablaufs der Geltungsdauer erloschen, kann die Zeit danach nicht angerechnet werden. Anrechenbar sind maximal sechs Monate.

9.4.2.1 War der Ausländer vom Erfordernis eines Aufenthaltstitels befreit, kommt es für die Anrechnung von Zeiten eines Auslandsaufenthalts darauf an, ob durch diesen Aufenthalt der gewöhnliche Aufenthalt im Bundesgebiet weggefallen bzw. unterbrochen worden ist. Im Hinblick auf § 51 Absatz 1 Nummer 7 ist anzunehmen, dass durch einen Auslandsaufenthalt bis zu sechs Monaten der gewöhnliche Aufenthalt im Bundesgebiet grundsätzlich nicht wegfällt. Es müssen jedoch entsprechende Anknüpfungspunkte im Bundesgebiet bestanden haben, die auf den Mittelpunkt der Lebensbeziehungen des Ausländers im Bundesgebiet hindeuten (z. B. Fortbestehen des Arbeitsverhältnisses, familiäre Anknüpfungspunkte).

9.4.3 Mit § 9 Absatz 4 Nummer 3 wird die für die Erlaubnis zum Daueraufenthalt-EG geltende Regelung des § 9b Satz 1 Nummer 4 zur Anrechnung von Studienzeiten und Zeiten der Berufsausbildung nach Artikel 4 Absatz 2, Unterabsatz 2 der Richtlinie 2003/109/EG des Rates vom 25. November 2003 betreffend die Rechtsstellung der langfristig aufenthaltsberechtigten Drittstaatsangehörigen (ABl. EU 2004 Nummer L 16 S. 44, so genannte Daueraufenthalt-Richtlinie) gleichermaßen auf die Niederlassungserlaubnis angewandt (siehe Nummer 9 b.1.4).

Übersicht

	Rn.
I. Entstehungsgeschichte	1
II. Gesetzliche Systematik	2
III. Niederlassungserlaubnis	6
1. Allgemeines	6
2. Fünfjähriger Besitz einer Aufenthaltserlaubnis (Abs. 2 S. 1 Nr. 1)	15
3. Lebensunterhalt (Abs. 2 S. 1 Nr. 2)	34
4. Alterssicherung (Abs. 2 S. 1 Nr. 3)	47
5. Gefahr für die öffentliche Ordnung und Sicherheit (Abs. 2 S. 1 Nr. 4)	56
6. Zulassung zur Erwerbstätigkeit (Abs. 2 S. 1 Nr. 5 und Nr. 6)	62
7. Kenntnisse der Sprache sowie der Rechts- und Gesellschaftsordnung (Abs. 2 S. 1 Nr. 7 und Nr. 8)	66
8. Ausnahmen von Abs. 2 S. 1 Nr. 7 und Nr. 8	82
9. Ausreichender Wohnraum	106
IV. Verwaltungsverfahren und Rechtsschutz	107

I. Entstehungsgeschichte

1   Die **Vorschrift entspricht** im Wesentlichen dem **Gesetzesentwurf**[1]. Im Vermittlungsverfahren wurden lediglich Bezugnahmen angepasst und S. 5 in Abs. 2 eingefügt[2]. Mit dem 1. RLUmsG 2007 wurde § 9 an die Voraussetzungen des § 9a angepasst. Dies gilt insbesondere für die Änderung des

---

[1] BT-Drs. 15/420, 9.
[2] BT-Drs. 15/3479, 3.

Abs. 2 Nr. 4 sowie die Anrechnungsmöglichkeit von Studienaufenthaltszeiten in Abs. 4 Nr. 3. Weiterhin wurde im Zuge des RLUmsG 2007 in Abs. 1 der S. 2 neu gefasst und S. 1 des Abs. 4, der an die alte Regelung des Abs. 2 Nr. 4 anknüpfte, aufgehoben. Durch Gesetz vom 22.11.2011 wurde in § 9 III 2 nach dem Wort „Bildungsabschluss" die Wörter „oder einem Hochschulabschluss" eingefügt[3]. Durch das Fachkräfteeinwanderungsgesetz vom 15.8.2019 (**FEG 2019**[4]) hat der Gesetzgeber in § 9 I 2 die Worte „berechtigt zur Ausübung einer Erwerbstätigkeit und" ersatzlos gestrichen. Es handelt sich um eine sog. Folgeänderung aufgrund des neuen § 4a, der das Regel-Ausnahme-Verhältnis im Hinblick auf die Gestattung der Erwerbstätigkeit zugunsten der Erstattung umgekehrt hat. Gesetzlich geregelt werden muss noch nur, wenn Erwerbstätigkeit nicht gestattet ist[5].

II. Gesetzliche Systematik

Die Niederlassungserlaubnis ist neben den befristeten Aufenthaltstiteln **ein unbefristeter Aufenthaltstitel**. Sie löst damit die unbefristete Aufenthaltserlaubnis und die Aufenthaltsberechtigung des AuslG 1990 ab. Der nicht legal definierte Begriff der **„Niederlassung"**, der sich seit dem 16. Jahrhundert nachweisen lässt, gehört ursprünglich in die wirtschaftlichen Bereiche der Selbstständigen und Freiberufler, die ihren Tätigkeitsschwerpunkt an einem Ort einrichten und sich dort niederlassen. Im Migrationsrecht fristete er in eher verborgenes Dasein, obwohl er auf der Grundlage einer seit Mitte des 19. Jh. bewährten Tradition im Recht der Freizügigkeit an prominenter Stelle (Art. 74 Nr. 4 GG) zur Kennzeichnung der konkurrierenden Zuständigkeit des Bundes für das „Aufenthalts- u. Niederlassungsrecht der Ausländer" dient. Dabei wird unter „Aufenthalt" das bloße „Verweilen einschließlich der Wohnsitznahme" und unter „Niederlassung" die „Begründung einer Erwerbstätigkeit" verstanden[6]. Nach Jahrzehnten der Vergessenheit und Bedeutungslosigkeit erlebte der Begriff im Herbst 1984 eine „Renaissance"[7], als die Fraktion Die Grünen dem Bundestag den Entwurf eines Gesetzes „über die Niederlassung von Ausländern (Niederlassungsgesetz)" vorlegten[8]. 2

Nach erneutem jahrelangem Schlummern haben die Koalitionsfraktionen und die Bundesregierung die „Niederlassung" im Winter 2001/2002 mit ihren Gesetzesentwurf zur Zuwanderung[9] wieder zum Leben erweckt und dabei für die **Niederlassung** die Bedeutung gewählt, die nach der **Definition** des **„Brockhaus"** die allgemeine ist: „Die Gründung eines Wohnsitzes im Unterschied zum nichtständigen Aufenthaltsort"[10]. Dies geschah ebenso absichtlich wie die Umschreibung der Gesamtmaterie als „Zuwanderung" im Unterschied zur „Einwanderung", die dem Bund in die alleinige Zuständigkeit zugewiesen ist (Art. 73 Nr. 3 GG), für die Politik aber in der zusammengesetzten Wortform „Einwanderungsland" jedenfalls damals noch ein Reizwort darstellte. „Zuwanderung" lässt anders als gesteuerte „Einwanderung" die Entscheidung für die deutsche Staatsangehörigkeit offen, und „Niederlassung" kennzeichnet den auf eine längere Dauer angelegten Aufenthalt, ohne dass damit notwendig eine wirtschaftliche Betätigung verbunden ist. Auch der Inhaber einer Aufenthaltserlaubnis kann selbstständig erwerbstätig oder abhängig beschäftigt sein. Ob nun Zu- oder Einwanderung, im Mittelpunkt des Interesses steht der Oberbegriff des grenzüberschreitenden Wanderns von Menschen – also der Migration –, die mit der Niederlassung ihren jedenfalls vorläufigen Abschluss findet. Neu ist diese Entwicklung nicht. Historisch erinnert sei nur an das **Potsdamer Toleranzedikt** des Kurfürsten Friedrich Wilhelm von Brandenburg von 1685, mit dem dieser seinen in Frankreich wegen ihrer Religion verfolgten calvinistischen Glaubensgenossen, den Hugenotten, „freie und sichere Niederlassung" in Brandenburg anbot[11]. 3

Niederlassungserlaubnis und Aufenthaltserlaubnis bilden **kein** strenges **Stufensystem** bis hin zur Einbürgerung. Die Aufenthaltserlaubnis stellt die allgemeine Grundlage für die Niederlassungserlaubnis dar (Abs. 2 S. 1 Nr. 1), die Niederlassungserlaubnis kann aber auch unmittelbar ohne vorherigen Besitz der Aufenthaltserlaubnis erworben werden (§§ 19, 23 II 1, 38 I 1 Nr. 1). Den besonderen Ausweisungsschutz vermittelt die Niederlassungserlaubnis allein nicht; ähnlich wie bei der Aufenthaltserlaubnis kommt es zusätzlich auf die Dauer des rechtmäßigen Aufenthalts an (§ 56 I 1). Schließlich baut die Einbürgerung auf einem mehrjährigen rechtmäßigen Aufenthalt und einer hinreichenden Integration auf, ein bestimmter Aufenthaltstitel wird dabei aber nicht verlangt; der Besitz einer Niederlassungserlaubnis allein gewährt keine bevorzugte Behandlung (§§ 8–13 StAG). Dennoch markiert die 4

---

[3] BGBl. 2011 I S. 2258; in Kraft getreten am 26.11.2011.
[4] BGBl. 2019 I S. 1307; in Kraft getreten am 1.3.2020.
[5] BT-Drs. 19/8285, 88.
[6] *Jarass/Pieroth* GG Art. 74 Rn. 15; *Degenhart* in Sachs, GG, 2018, Art. 74 Rn. 32 mwN.
[7] So *Franz* ZAR 1985, 7; zuvor schon in ZAR 1983, 61.
[8] BT-Drs. 10/1356; dazu ZAR 1984, 126.
[9] BT-Drs. 14/7387 und 14/7987.
[10] Brockhaus, 17. Aufl. 1971.
[11] Vgl. zur Ambivalenz zwischen dem als Monument der preußischen Toleranz gefeierten Edikt einerseits und dem praktischen Interesse an migrationswilligen Fachkräften andererseits *Clark*, Preußen, Aufstieg und Niedergang, 1600–1947, 2006, S. 171 ff.

Niederlassungserlaubnis einen besonders formellen Grad der Verfestigung des Aufenthalts aufgrund fortgeschrittener Integration.

5   Der Erteilung einer Niederlassungserlaubnis nach § 9 steht der Besitz einer Erlaubnis zum Daueraufenthalt – EU nach § 9a nicht entgegen[12].

III. Niederlassungserlaubnis

1. Allgemeines

6   Die Niederlassungserlaubnis bringt eine fortgeschrittene Integration zum Ausdruck und zeichnet sich durch mehrere besondere **Merkmale** aus: (1) Grundsätzlich besteht auf sie ein **Rechtsanspruch**. (2) Sie ist **unbefristet** und grundsätzlich nicht beschränkbar. (3) Sie **berechtigt zu** jeder Art von **Erwerbstätigkeit**. Damit unterscheidet sie sich in Voraussetzungen und Rechtsinhalt erheblich von der unbefristeten Aufenthaltserlaubnis und der Aufenthaltsberechtigung des AuslG 1990 (vgl. auch die Übergangsvorschrift des § 102 I).

7   Die Niederlassungserlaubnis wird meist aufgrund eines **Rechtsanspruchs** erteilt, wobei zum Teil von Abs. 2 S. 1 abgewichen wird: Erfüllung der Voraussetzungen des Abs. 2 S. 1; besondere politische Interessen (§ 23 II 1); Familienangehörige von Deutschen (§ 28 II); Ehegatten nach Aufhebung der ehelichen Lebensgemeinschaft (§ 31 III); Minderjährige ab 16 Jahre und Volljährige (§ 35 I); ehemalige Deutsche (§ 38 I 1 Nr. 1). Nach **Ermessen** kann die Niederlassungserlaubnis unter jeweils besonderen Voraussetzungen erteilt werden: Hochqualifizierten (§ 19), Selbstständigen (§ 21 IV), Flüchtlingen (§ 26 IV). Bei alledem sind jeweils die **allgemeinen Voraussetzungen** des § 5 **zusätzlich** zu erfüllen, auch wenn sich einzelne Anforderungen überschneiden. So ist die Sicherung des Lebensunterhalts allgemein nur idR verlangt, für die Niederlassungserlaubnis aber unbedingt (mit Modifikationen nach Abs. 2 S. 6 und Abs. 3 S. 1). Ebenso eigenständig ist neben dem Ausweisungsgrund (§ 5 I 1 Nr. 2) die relative Straffreiheit iSd Abs. 2 S. 1 Nr. 4 zu prüfen (wie früher für die Aufenthaltsberechtigung nach § 27 II Nr. 5 iVm § 24 I Nr. 6 AuslG 1990).

8   Die **Geltungsdauer** der Niederlassungserlaubnis ist nicht begrenzt und kann auch nicht nachträglich durch Befristung verändert werden. Ihr dürfen auch keine aufschiebenden oder auflösenden Bedingungen beigefügt werden, die sie zeitlich begrenzen. Die Erlöschensgründe (§ 51) gelten für die Niederlassungserlaubnis grundsätzlich ebenso wie für Aufenthaltserlaubnis und Visum, allerdings mit einigen Abweichungen. Ihr Widerruf ist nur nach § 52 I möglich. Der Fortfall der Erteilungsvoraussetzungen allein führt nicht zur Beendigung der Niederlassungserlaubnis oder zu einer „Rückstufung" in die Aufenthaltserlaubnis.

9   Die Niederlassungserlaubnis ist auch räumlich **unbeschränkt** und verträgt keine Nebenbestimmungen in Form von Bedingungen, Auflagen oder sonstigen Beschränkungen. Sie ist auch nicht von dem ursprünglich verfolgten Aufenthaltszweck abhängig, sondern besteht losgelöst von der Grundlage der ersten Zuwanderung. Zwei Ausnahmen bestehen: Eine den Wohnsitz regulierende Beschränkung ist im Falle des § 23 II vorgesehen und außerdem kann die politische Betätigungsfreiheit nach § 47 eingeschränkt werden.

10   Die Niederlassungserlaubnis berechtigt immer zur Ausübung einer **Erwerbstätigkeit**. Mit der Aufenthaltserlaubnis ist die Zulassung zu selbstständiger und unselbstständiger Erwerbstätigkeit nur in manchen Fällen verbunden und dabei zum Teil noch besonderen Voraussetzungen oder Beschränkungen unterworfen (zB nach §§ 22 S. 2, 24 VI, 25 I 4, 28 II, 31 I 2, 37 I 2, 38 IV). Der Besitzer einer Niederlassungserlaubnis kann dagegen jede Art von Erwerbstätigkeit ausüben und benötigt hierfür keine besondere Zulassung durch Ausländerbehörden oder BA. Er muss nur die sonst allgemein geltenden Anforderungen erfüllen und zB über die für einzelne Berufe notwendigen Ausbildungsabschlüsse oder Berufszulassungen verfügen.

11   Die in Abs. 2 aufgezählten Anforderungen **gelten** in dem Sinne **allgemein,** dass sie für die Niederlassungserlaubnis an die Stelle der Regelerteilungsvoraussetzungen des § 5 I treten und immer erfüllt sein müssen, wenn nicht für einzelne Personengruppen Abweichungen zugelassen oder vorgeschrieben oder vollständig eigene Voraussetzungen aufgestellt sind[13]. So ist zB in Abs. 2 S. 3, 5 und 6 vorgeschrieben, dass von bestimmten Voraussetzungen abzusehen ist, und in Abs. 3 S. 4 ist das Absehen dem Ermessen überlassen. Dagegen bestehen für Hochqualifizierte und ehemalige Deutsche jeweils verschiedene Sonderbedingungen (§§ 19, 38 I 1 Nr. 1), während der Gesetzgeber für den Rechtsanspruch in § 23 II keine eigenen Voraussetzungen nennt. Ungeachtet dessen muss die grundsätzliche Passpflicht nach § 3 auch bei Erteilung der Niederlassungserlaubnis – aufgrund welcher Vorschrift auch immer diese erfolgt – erfüllt sein.

12   Hinsichtlich der **Integrationsvoraussetzungen** des § 9 II 1 Nr. 3, 7 und 8 trifft die Übergangsbestimmung des § 104 II eine Sonderregelung. Danach ist bei Ausländern, die vor dem 1.1.2005 im Besitz einer Aufenthaltserlaubnis oder Aufenthaltsbefugnis sind, bei der Entscheidung über die Ertei-

---

[12] BVerwG Urt. v. 19.3.2013 – 1 C 12.12, BVerwGE 146, 117 Rn. 16.
[13] BVerwG Beschl. v. 6.3.2014 – 1 B 17.13.

lung einer Niederlassungserlaubnis hinsichtlich der sprachlichen Kenntnisse nur erforderlich, dass sie sich auf einfache Art in deutscher Sprache mündlich verständigen können, und es findet § 9 II 1 Nr. 3 und 8 keine Anwendung. Mit dieser Übergangsregelung wollte der Gesetzgeber sicherstellen, dass Ausländern, die bei Inkrafttreten des AufenthG bereits im Besitz eines Aufenthaltstitels waren, bei der weiteren Aufenthaltsverfestigung keine Rechtsnachteile erwachsen[14].

Die Niederlassungserlaubnis erledigt sich nach § 43 II VwVfG, wenn der Ausländer eingebürgert wird[15]. Mit der **Einbürgerung** des Ausländers entfällt der Regelungszweck der Niederlassungserlaubnis, der in der Vermittlung und Ausgestaltung seines Aufenthaltsrecht als Ausländer in Deutschland liegt. Die Steuerungsfunktion der Niederlassungserlaubnis kann ab dem Zeitpunkt der Einbürgerung keine Rechtsfolgen mehr zeitigen. Verliert der Ausländer die deutsche Staatsangehörigkeit wieder, so lebt die Niederlassungserlaubnis nicht wieder auf[16]. 13

Der Erteilung einer Niederlassungserlaubnis nach § 9 steht der Besitz einer Erlaubnis zum Daueraufenthalt – EU nach § 9a nicht entgegen[17]. 14

2. Fünfjähriger Besitz einer Aufenthaltserlaubnis (Abs. 2 S. 1 Nr. 1)

Die Erteilung einer Niederlassungserlaubnis setzt nach **Abs. 2 S. 1 Nr. 1** einen **fünfjährigen rechtmäßigen Voraufenthalt** voraus, dem ein **gefestigtes Aufenthaltsrecht** zugrunde lag. Der Besitz der Aufenthaltserlaubnis seit mindestens fünf Jahren darf zudem **nicht unterbrochen** sein, wie Wortlaut („seit") und Sinn dieser Verfestigungsvorschrift nahelegen. Kurzfristige Unterbrechungen der Rechtmäßigkeit bis zu einem Jahr können nach § 85 außer Betracht bleiben, damit ist aber nicht die Lücke in der Besitzzeit geschlossen[18]. Dies belegt va § 6 IV 3, wonach die Dauer des rechtmäßigen Aufenthalts mit einem nationalen Visum ausdrücklich „auf die Zeiten des Besitzes" einer Aufenthaltserlaubnis oder Niederlassungserlaubnis angerechnet wird. Schließlich wird auch für die Einbürgerung streng zwischen rechtmäßigem Aufenthalt und Besitz eines Aufenthaltstitels unterschieden (zB in §§ 4 III, 8 I, 10 I 1 im Eingang und in Nr. 2 StAG) und Unterbrechungen nur für den Aufenthalt, nicht aber für den Besitz des Titels zT als unbeachtlich angesehen und zT sogar angerechnet (§ 12b StAG). 15

Unterbrochen wird der Besitz der Aufenthaltserlaubnis durch einen Auslandsaufenthalt, der zum Erlöschen der Aufenthaltserlaubnis führt (§ 51 I Nr. 7). Nicht unterbrochen wird der Besitz der Aufenthaltserlaubnis dagegen durch die Ablehnung einer Verlängerung, wenn die Aufenthaltserlaubnis zunächst während des Verfahrens vor der Ausländerbehörde und vor dem VG fortbesteht (§§ 81 IV, 84 II 2) und dann auf Verpflichtungsurteil hin (rückbezogen) erteilt wird[19]. Umgekehrt folgt daraus: Hat ein Ausländer für den Fiktionszeitraum keinen materiellen Anspruch auf Erteilung einer Aufenthaltserlaubnis, kommt eine Anrechnung von **Fiktionszeiten nach § 81 IV** auf die Frist, für er eine Aufenthaltserlaubnis besitzen muss, um eine Niederlassungserlaubnis zu erhalten, nicht in Betracht[20]. Im Interesse der Erhaltung einer einmal erreichten Integration werden für den Fortbestand der Aufenthaltserlaubnis unschädliche Auslandsaufenthalte bis zu sechs Monaten **angerechnet,** also nicht weitere von der Ausländerbehörde nach § 51 I Nr. 7 genehmigte Auslandszeiten. Angerechnet werden auch Zeiten des Besitzes einer Aufenthaltserlaubnis oder Niederlassungserlaubnis bis zu vier Jahren, wenn der Ausländer bei der Ausreise eine Niederlassungserlaubnis besaß. Abgezogen werden die danach liegenden Auslandszeiten bis zum Erlöschen der Niederlassungserlaubnis. Damit findet keine Anrechnung statt, wenn der Voraufenthalt nicht länger dauerte als der Auslandsaufenthalt. 16

Auf **Art und Rechtsgrundlage der Aufenthaltserlaubnis** kommt es grundsätzlich nicht an. Für generelle Ausnahmen fehlt es an ausdrücklichen Aussagen des Gesetzgebers. Daraus erwachsen zunächst für die Übergangszeit, mit der sich nur die Bestimmung des § 102 II befasst, Schwierigkeiten bei der Einstufung von Aufenthaltserlaubnis und anderen Aufenthaltsgenehmigungen auf der Grundlage des AuslG 1990[21]. Für die Zeit ab Januar 2005 und für die neue Art der Aufenthaltserlaubnis schließt § 16 II die Erteilung einer Niederlassungserlaubnis während der Dauer eines **Studiums** aus. Verlängert werden darf nur die Aufenthaltserlaubnis zum Zwecke des Studiums. Wie § 16 IV 1 erkennen lässt, gilt dies allerdings nur, wenn und solange der Student über keine Aufenthaltserlaubnis für einen anderen Aufenthaltszweck als den des Studiums verfügt. Außerdem ist die Erteilung einer Niederlassungserlaubnis im Anschluss an den Abschluss des Studiums ausgeschlossen (Abs. 4 S. 2); erteilt werden darf nur eine Aufenthaltserlaubnis[22]. Die Niederlassungserlaubnis kann also nicht statt einer Aufenthaltserlaubnis zur Suche eines Arbeitsplatzes erteilt werden. Gleiches gilt für die Drittstaatsausländer, die eine Aufenthaltserlaubnis nach § 16 VI besitzen (Abs. 6 S. 5). 17

---

[14] BVerwG Urt. v. 13.9.2011 – 1 C 7.10, BVerwGE 140, 332 Rn. 25 unter Hinweis auf BT-Drs. 15/420, 100.
[15] BVerwG Urt. v. 19.4.2011 – 1 C 2.10, BVerwGE 139, 337 Rn. 14.
[16] BVerwG Urt. v. 19.4.2011 – 1 C 2.10, BVerwGE 139, 337 Rn. 27.
[17] BVerwG Urt. v. 19.3.2013 – 1 C 12.12, BVerwGE 146, 117 Rn. 16.
[18] HessVGH Beschl. v. 16.7.2007 – 11 TP 1155/07.
[19] BayVGH Beschl. v. 7.3.2016 – 10 ZB 14.822; ebenso *Maor* in BeckOK AuslR § 9 Rn. 5 mwN.
[20] BVerwG Urt. v. 30.3.2010 – 1 C 6.09, NVwZ 2010, 1106; dazu krit. *Pfersich* ZAR 2011, 106.
[21] Dazu → Rn. 16 ff.
[22] Eingefügt ab 18.3.2005; → § 16 Rn. 1.

18 Damit ist indes die **Anrechnung des Besitzes einer Aufenthaltserlaubnis für Studienzwecke** als Zeit des rechtmäßigen Voraufenthalts iSv Abs. 2 S. 1 Nr. 1 noch nicht ausgeschlossen. Mit dem RLUmsG 2007 wurde durch § 9 IV Nr. 3 – in Anlehnung an § 9b I 1 Nr. 4 – die Anrechnung der Zeiten eines rechtmäßigen Aufenthalts zum Zweck des Studiums oder der Berufsausbildung **zur Hälfte** ermöglicht. Die Anrechnungsbestimmung wirkt nach dem Grundsatz des intertemporalen Rechts auch auf Sachverhalte zurück, die vor dem Inkrafttreten des RLUmsG 2007 entstanden sind. Damit sind für zukünftige oder laufende Verfahren auf Erteilung einer Niederlassungserlaubnis Studienaufenthaltszeiten zur Hälfte berücksichtigungsfähig, auch wenn sie vor dem 28.8.2007 lagen. Auf Altfälle, die bereits abgeschlossen sind, wirkt die Änderung nicht zurück.

19 Als schwieriger erweist sich die Bewertung des Besitzes einer Aufenthaltsgenehmigung nach **früherem Recht**. Der Wortlaut des Abs. 2 S. 1 Nr. 1 lässt nur die Gleichbehandlung einer Aufenthaltserlaubnis mit einer Aufenthaltserlaubnis zu, wobei die Formulierung „die Aufenthaltserlaubnis" auch anzeigen könnte, dass damit nur die Aufenthaltserlaubnis neuen Rechts gemeint ist. Aufenthaltsberechtigung und unbefristete Aufenthaltserlaubnis scheiden aus der Betrachtung aus, weil deren Inhaber bereits aufgrund der Überleitung nach § 101 I 1 in den Besitz der Niederlassungserlaubnis gelangt sind. Damit bleibt die Frage offen, ob der frühere Besitz einer befristeten Aufenthaltserlaubnis, Aufenthaltsbewilligung oder Aufenthaltsbefugnis dem Besitz einer Aufenthaltserlaubnis gleichsteht. Von Januar 2005 an wird dies durch die Überleitung nach § 101 II gewährleistet. Offen bleibt die Anrechnung der früheren Besitzzeiten der befristeten Aufenthaltsgenehmigung.

20 Für die Überleitung von (alten) Aufenthaltsgenehmigungen in (neue) Aufenthaltstitel hält das Gesetz allgemeine Regeln bereit (§ 101), nicht aber für deren Berücksichtigung zum Erreichen der neuen Verfestigungsstufe der Niederlassungserlaubnis. Nur für zwei Fälle sind **Übergangsregelungen** erfolgt: (1) § 102 II ordnet für die Erteilung einer Niederlassungserlaubnis nach § 26 IV die Anrechnung des Besitzes einer Aufenthaltsbefugnis oder Duldung an[23]. (2) § 104 II lässt es für die Niederlassungserlaubnis bei Besitzern einer Aufenthaltserlaubnis oder Aufenthaltsbefugnis[24] genügen, wenn sie über einfache mündliche Deutschkenntnisse verfügen; von dem Nachweis einer Rentenversicherung und Kenntnissen der Rechts- und Gesellschaftsordnung (Abs. 2 S. 1 Nr. 3 und 8) sind sie dispensiert. Aus diesen beiden Übergangsregelungen allein kann nicht darauf geschlossen werden, dass in allen anderen Fällen der Besitz einer Aufenthaltsgenehmigung für die Niederlassungserlaubnis ohne Bedeutung wäre. Eine solche Folgerung lässt sich weder dem Gesetz noch den Materialien entnehmen.

21 Allerdings lassen §§ 102 II und 104 II nicht sicher erkennen, ob der Besitz einer **Aufenthaltsgenehmigung alten Rechts** dem einer Aufenthaltserlaubnis gleichstehen soll. Mit § 102 II werden Flüchtlinge erfasst, die früher oft nur eine Aufenthaltsbefugnis (nach § 30 AuslG 1990 oder § 70 AsylVfG aF) oder eine Duldung besaßen und jetzt eine Aufenthaltserlaubnis (nach § 25 II–V) erhalten. Ohne eine Sonderregelung könnten Zeiten der Duldung nicht berücksichtigt werden, die früher für die unbefristete Aufenthaltserlaubnis zT angerechnet wurden (§ 35 I 3 AuslG 1990). Die Gleichstellung bezieht sich auch nur auf die Spezialnorm des § 26 IV, nach der bei Flüchtlingen auch Zeiten der Aufenthaltsgestattung angerechnet werden. Ein Hinweis auf eine Gleichbehandlung alter und neuer Titel ergibt sich indes aus § 104 II. Danach genügen bei vor 2005 gestellten Anträgen, die nunmehr auf eine Niederlassungserlaubnis gerichtet sind (§ 104 I), Deutschkenntnisse nach der Formel des § 24 I Nr. 4 AuslG 1990; begünstigt sind Besitzer einer Aufenthaltserlaubnis oder einer Aufenthaltsbefugnis. Ihre Gleichstellung mit Besitzern einer Aufenthaltserlaubnis beruht jedoch auf ihrer Anwartschaft auf eine unbefristete Aufenthaltserlaubnis, die auch durch eine Aufenthaltsbefugnis vermittelt wurde (vgl. §§ 24, 35 I 1 AuslG 1990).

22 Für die Frage einer Gleichstellung von Aufenthaltsgenehmigung und Aufenthaltstitel bietet § 101 I und II insofern einen Anhalt, als dort der **Grundsatz** enthalten ist, dass nicht die Bezeichnungen der Titel für die Ähnlichkeit von Aufenthaltsgenehmigungen nach altem und Aufenthaltstitel nach neuem Recht maßgeblich sind, sondern die zugrunde liegenden Aufenthaltszwecke. Im Wesentlichen ist dabei im Hinblick auf die Funktion der Niederlassungserlaubnis danach zu fragen, ob sich die früheren befristeten Aufenthaltsgenehmigungen zum Erwerb der unbefristeten Aufenthaltserlaubnis oder Aufenthaltsberechtigung eigneten oder nicht. Dies ist für die Aufenthaltserlaubnis und die Aufenthaltsbefugnis zu bejahen, nicht aber für die Aufenthaltsbewilligung (vgl. §§ 24 I Nr. 1, 27 II Nr. 1, 35 I 1 AuslG 1990). Mithin läge es nahe, außer der Aufenthaltserlaubnis auch die Aufenthaltsbefugnis als gleichwertig anzusehen. Hiergegen spricht jedoch die Beschränkung der Anrechnung von Zeiten

---

[23] BVerwG Urt. v. 13.9.2011 – 1 C 17.10, BVerwGE 140, 332. Für die Duldung auf Zeiten des nachträglich für rechtmäßig erklärten Aufenthalts oder auf solche Duldungszeiten, an die sich nahtlos eine Aufenthaltserlaubnis anschließt, begrenzend OVG NRW Beschl. v. 26.5.2015 – 2 L 18/14 Rn. 9; BayVGH Beschl. v. 7.12.2015 – 10 C 15.1129.

[24] Der Ausländer muss tatächlich im Besitz einer Aufenthaltserlaubnis gewesen sein; ein Rechtsanspruch auf rückwirkende Erteilung genügt ebenso nicht (OVG LSA Urt. v. 26.9.2017 – 2 L 35/15) wie eine Befreiung vom Erfordernis einer Aufenthaltserlaubnis, etwa für sog. unechte Ortskräfte (OVG NRW Beschl. v. 1.4.2015 – 18 A 1240/14). Den Anspruch auf rückwirkende Erteilung lassen ausreichen BayVGH Urt. v. 3.6.2014 – 10 B 13.2083 und *Hailbronner* AuslR § 104 Rn. 5.

mit Aufenthaltsbefugnis auf den Fall des § 26 IV durch § 102 II. Daher bleibt für die Zeit vor 2005 die Berücksichtigung des Besitzes **nur der Aufenthaltserlaubnis**[25].

Der **Begriff** der „Aufenthaltserlaubnis" in Abs. 2 S. 1 Nr. 1 ist also **wörtlich** zu nehmen ohne Rücksicht darauf, dass der Begriffsinhalt gewechselt hat und erweitert ist. Wenn damit Besitzzeiten ab Januar 2005 eine Besserstellung erfahren, ist dies auf die gewollte Vereinfachung durch Zusammenfassung von drei Aufenthaltsgenehmigungen in der neuen Aufenthaltserlaubnis zurückzuführen. Hätte der Gesetzgeber stärker nach dem Aufenthaltszweck unterscheiden wollen, hätte er dies sowohl für die Vergangenheit als auch in Abs. 2 S. 1 Nr. 1 ausdrücklich bestimmen müssen. Infolgedessen zählen Zeiten des Besitzes sowohl der Aufenthaltserlaubnis bis Ende 2004 als auch ab Januar 2005 jeder Aufenthaltserlaubnis unabhängig vom Aufenthaltszweck gleich; abweichend behandelt werden nur die Aufenthaltserlaubnis nach §§ 22–25 (§ 26 III und IV). Möglichkeiten, von dem Erfordernis des fünfjährigen Besitzes der Aufenthaltserlaubnis abzusehen, bestehen nicht. 23

Auf die Fünf-Jahres-Frist ist entgegen der überwiegend in Rspr. und Literatur vertretenen Auffassung[26] die Zeit von der Stellung des Antrags auf Verlängerung der Aufenthaltserlaubnis bis zur Entscheidung der Behörde über den Antrag nach **§ 81 IV nicht anzurechnen, sofern der Antrag auf Erteilung eines Aufenthaltstitels abgelehnt wird**[27]. 24

§ 9 II 1 Nr. 1 setzt ein unbestrittenes, gesichertes Aufenthaltsrecht voraus[28]. Allein der rechtmäßige Aufenthalt ist nicht ausreichend, da die Norm von dem Besitz einer „Aufenthaltserlaubnis" spricht[29]. Das Gesetz lässt an mehreren Stellen erkennen, dass nicht jeder rechtmäßige Aufenthalt anrechnungsfähig sein soll. So wird nach § 9 IV Nr. 3 die Zeit eines rechtmäßigen Aufenthalts zum Zweck des Studiums oder der Berufsausbildung im Bundesgebiet nur zur Hälfte angerechnet. Außerdem bestimmt § 6 III 3, dass die Dauer des rechtmäßigen Aufenthalts mit einem nationalen Visum auf die Zeiten des Besitzes einer Aufenthaltserlaubnis angerechnet wird. Damit gibt das AufenthG zu erkennen, dass nicht jeder Aufenthaltstitel berücksichtigungsfähig ist. Differenziert das Gesetz bei der Bestimmung des erforderlichen fünfjährigen Aufenthalts nach bestimmten Titeln, so liegt diesem der Gedanke zugrunde, dass nur ein gefestigter, gesicherter Aufenthalt, der auf einer Aufenthaltserlaubnis beruht, anrechnungsfähig sein soll. 25

Indem der Gesetzgeber nach **§ 9 IV Nr. 3** die Zeit eines rechtmäßigen Aufenthalts zum Zweck des Studiums oder der Berufsausbildung im Bundesgebiet nur zur Hälfte anrechnet, hat er erkennbar dem Umstand Rechnung getragen, dass der Aufenthalt von Studenten während des Studiums, wie § 16 II verdeutlicht, nicht auf einen verfestigten Status gerichtet ist. Erst mit erfolgreichem Abschluss des Studiums vermag sich der Aufenthalt nach § 16 IV, V zu verfestigen. 26

Die **Anrechnung** der **Dauer** des rechtmäßigen Aufenthalts **eines nationalen Visums** auf die Zeiten des Besitzes einer Aufenthaltserlaubnis § 6 III 3 beruht zwar auch darauf, dass ein Visum nach der in § 4 I 2 zum Ausdruck kommenden Systematik keine Aufenthaltserlaubnis ist, jedoch hat der Gesetzgeber mit der Anrechnungsmöglichkeit zudem klargestellt, dass er Aufenthalte, die grundsätzlich auf eine Verfestigung ausgerichtet sind, auch für berücksichtigungsfähig hält, wenn deren Rechtmäßigkeit auf einem nationalen Visum beruht. Aufenthaltszeiten, die auf anderen Visa beruhen, insbesondere Kurzaufenthalte, bleiben hingegen unberücksichtigt. Dies gilt auch dann, wenn der Aufenthalt nachträglich durch Erteilung einer Aufenthaltserlaubnis in einen verfestigten Aufenthalt einmündet. 27

Dass der Gesetzgeber bei **§ 9 II Nr. 1** einen **gefestigten aufenthaltsrechtlichen Status** im Blick hatte, wird auch aus § 9a deutlich. Der Gesetzgeber hat § 9 an die durch die Daueraufenthalts-RL[30] zwingend vorgegebenen Anforderungen an eine Erlaubnis für den Daueraufenthalt–EU angeglichen. Die Angleichung der Niederlassungserlaubnis wird insbesondere aus der Änderung des § 9 II 1 Nr. 4 (Gründe der Sicherheit und Ordnung) und der Aufnahme des § 9 IV Nr. 3 (Anrechnung von Studienzeiten) deutlich. Damit strebte der Gesetzgeber eine möglichst inhaltsgleiche Ausgestaltung der Voraussetzungen beider Daueraufenthaltsrechte an, was für eine im Zweifel einheitliche Auslegung der verwendeten Rechtsbegriffe spricht, soweit Besonderheiten sich nicht aus der Daueraufenthalts-RL ergeben. Dass der Gesetzgeber in § 9a II 1 Nr. 1 die Erteilung der Erlaubnis zu Daueraufenthalt–EU an den Besitz eines Aufenthaltstitels und nicht einer Aufenthaltserlaubnis knüpft, ist nur darauf zurückzuführen, dass damit auch die Niederlassungserlaubnis nach § 9 anrechnungsfähig sein sollte. 28

In Bezug auf den fünfjährigen rechtmäßigen Aufenthalt nach **Art. 4 I Daueraufenthalts-RL** geht die Daueraufenthalts-RL ersichtlich von einem gefestigten Aufenthaltsstatus aus, der erst die Voraussetzung des Rechts zu Weiterwanderung in andere Mitgliedstaaten der EU eröffnet. So führt die 6. Begründungserwägung der Daueraufenthalts-RL aus: „Die Dauer des Aufenthalts im Hoheitsgebiet 29

---

[25] Ebenso *Hailbronner* AufenthG § 9 Rn. 7.
[26] Hierzu BayVGH Urt. v. 4.2.2007 – 19 B 08.2774, ZAR 2009, 280 mwN zu § 26 IV.
[27] BVerwG Beschl. v. 6.3.2014 – 1 B 17.13, AuAS 2014, 86 Rn. 7.
[28] So VG Darmstadt Beschl. v. 12.10.2009 – 5 L 971/09.DA (2); aA BayVGH Urt. v. 4.2.2007 – 19 B 08.2774, ZAR 2009, 280.
[29] BayVGH Beschl. v. 7.3.2016 – 10 ZB 14.822 Rn. 7.
[30] RL 2003/109/EG des Rates v. 25.11.2003 betr. die Rechtsstellung der langfristig aufenthaltsberechtigten Drittstaatsangehörigen, ABl. 2004 L 16, S. 44.

eines Mitgliedstaats sollte das Hauptkriterium für die Erlangung der Rechtsstellung eines langfristig Aufenthaltsberechtigten sein. Der Aufenthalt sollte rechtmäßig und ununterbrochen sein, um die Verwurzelung der betreffenden Person im Land zu belegen." In der Begründung des Kommissionsentwurfs[31] vom 13.3.2001 wird hierzu zu Art. 5 des Entwurfs ausgeführt: „Die erste Bedingung, die jemand erfüllen muss, der den Status eines langfristig Aufenthaltsberechtigten erlangen möchte, betrifft die Dauer des Aufenthalts. Anhand dieses Kriteriums lässt sich die Beständigkeit des Aufenthalts im Hoheitsgebiet des betreffenden Mitgliedstaates messen. Die geforderte Aufenthaltsdauer wird auf fünf Jahre festgelegt. Der Aufenthalt muss unbedingt rechtmäßig gewesen sein."

30   Folgerichtig findet die Richtlinie nach **Art. 3 II Daueraufenthalts-RL** ua **keine Anwendung auf Drittstaatsangehörige,** die sich zwecks Studiums oder Berufsausbildung aufhalten (lit. a); denen zwecks vorübergehenden Schutzes der Aufenthalt in einem Mitgliedstaat genehmigt wurde oder die aus diesem Grund um eine Aufenthaltsgenehmigung nachgesucht haben und über deren Rechtsstellung noch nicht entschieden ist (lit. b) oder die sich ausschließlich vorübergehend wie etwa als Au-pair oder Saisonarbeitnehmer als von einem Dienstleistungserbringer iRd grenzüberschreitenden Erbringung von Dienstleistungen entsendete Arbeitnehmer oder als Erbringer grenzüberschreitender Dienstleistungen aufhalten oder deren Aufenthaltsgenehmigung förmlich begrenzt wurde (lit. c).

31   Davon unberührt, kann einem **Drittstaatsangehörigen** nach der Rspr. des EuGH indes **ausnahmsweise ein unionsrechtliches Aufenthaltsrecht sui generis** zustehen, das aus Art. 20 AEUV abgeleitet wird. Dieses setzt voraus, dass ein vom Drittstaatsangehörigen abhängiger Unionsbürger ohne den gesicherten Aufenthalt des Drittstaatsangehörigen faktisch gezwungen wäre, das Unionsgebiet zu verlassen und ihm dadurch der tatsächliche Genuss des Kernbestands seiner Rechte als Unionsbürger verwehrt wird[32].

32   Setzt die **Fünf-Jahres-Frist** des § 9 II 1 Nr. 1 einen **gesicherten, unbestrittenen Aufenthaltsstatus** voraus, so werden **Aufenthaltszeiten, die nur auf der Aufenthaltsfiktion des § 81 IV beruhen, nicht erfasst**[33]. Deshalb kommt eine Anrechnung von Fiktionszeiten nach § 81 IV auf die Frist, für er eine Aufenthaltserlaubnis besitzen muss, um eine Niederlassungserlaubnis zu erhalten, nicht in Betracht, wenn der Ausländer für den Fiktionszeitraum keinen materiellen Anspruch auf Erteilung einer Aufenthaltserlaubnis hat[34]. Denn während des Verfahrens der behördlichen Prüfung des Verlängerungsantrags hat der Ausländer kein unbestrittenes Aufenthaltsrecht im Bundesgebiet, weil die Frage des Fortbestehens eines Aufenthaltsrechts gerade erst geklärt werden soll. Auch wenn man davon ausgehen wollte, dass der Gesetzgeber mit § 81 IV ein „Neues Rechtsinstitut"[35] oder „einen völlig neuen aufenthaltsrechtlichen Status"[36] geschaffen hat, gilt nach dem ausdrücklichen Wortlaut des § 81 IV der bisherige Aufenthaltstitel (lediglich) „bis zur Entscheidung der Ausländerbehörde als fortbestehend". Dies schließt es aus, hierin ein unbestrittenes Aufenthaltsrecht zu sehen. Mit der neuen Regelung in § 81 IV wollte der Gesetzgeber nicht bewirken, dass während der behördlichen Prüfung eines Verlängerungsantrags noch weitere Stufen einer Aufenthaltsverfestigung entstehen. Vielmehr sollte sichergestellt werden, dass auch die mit dem Aufenthaltstitel verbundene Berechtigung zur Ausübung einer Erwerbstätigkeit bis zur Bescheidung des Antrags fortgilt[37], es sollte also der Eintritt von Nachteilen für den Ausländer im Zeitraum der behördlichen Prüfung vermieden werden.

33   Endlich zwingt auch die **ratio legis des § 81 IV** nicht zur Anrechnung des Fiktionszeitraums auf die Frist des § 9 II 1 Nr. 1. Die Fortgeltungsfiktion in § 81 IV bezweckt, dass der Ausländer nach Stellung eines Verlängerungsantrags von den Rechtswirkungen seiner seitherigen Aufenthaltserlaubnis weiterhin Gebrauch machen können soll. Hierdurch kann die Ausländerbehörde das Vorliegen der Voraussetzungen der Verlängerung des Aufenthaltstitels umfassend prüfen, ohne dass der Ausländer hierdurch einen Rechtsnachteil insbesondere in Bezug auf die Ausübung einer Erwerbstätigkeit erleiden würde. Wären die Zeiten des fiktiven Aufenthalts unabhängig von der späteren Entscheidung über den Antrag auf Erteilung eines Aufenthaltstitels anrechnungsfähig, so wäre die Ausländerbehörde allein aufgrund des drohenden Zeitablaufs gezwungen eine ablehnende Entscheidung zu treffen, um ein Hereinwachsen in den Aufenthaltszeitraum von fünf Jahren nach § 9 II 1 Nr. 1 zu verhindern. **Etwas anderes** gilt hingegen **dann, wenn dem Antrag auf Verlängerung oder Erteilung einer Aufenthaltserlaubnis nachträglich entsprochen wird**[38]. In diesem Fall ist davon auszugehen, dass das gesicherte Aufenthaltsrecht bereits im Zeitpunkt der Antragstellung vorlag.

---

[31] KOM(2001) 127 endg., S. 16.
[32] EuGH Urt. v. 13.9.2016 – C-165/14, NVwZ 2017, 218 Rn. 51 ff. – Rendon Martin und Urt. v. 10.5.2017 – C-133/15, NVwZ 2017, 1145 Rn. 70 ff. – Chavez-Vilchez; s. auch BVerwG Urt. v. 12.7.2018 – 1 C 16.17 Rn. 33 f.
[33] VG Darmstadt Beschl. v. 12.10.2009 – 5 L 971/09.DA (2); aA BayVGH Urt. v. 4.2.2007 – 19 B 08.2774, ZAR 2009, 280.
[34] BayVGH Beschl. v. 6.3.2016 – 10 ZB 14.822; BVerwG Urt. v. 30.3.2010 – 1 C 6.09.
[35] S. *Hailbronner* AufenthG § 81 Rn. 23.
[36] *Funke-Kaiser* in GK-AufenthG § 81 Rn. 38 sowie *Pfaff* ZAR 2007, 415.
[37] S. BT-Drs. 15/420, 96.
[38] BayVGH Beschl. v. 7.3.2016 – 10 ZB 14.822 Rn. 7.

3. Lebensunterhalt (Abs. 2 S. 1 Nr. 2)

Die Sicherung des Lebensunterhalts iSv **Abs. 2 S. 1 Nr. 2** belegt zuverlässig den Grad der wirtschaftlichen Integration. **Maßgeblich** sind die Bestimmungen des **§ 2 III**. Sie grenzen private und öffentliche Mittel klar gegeneinander ab, was gerade für lange in Deutschland lebende Ausländer wichtig ist. Die Unterhaltssicherung ist für die Niederlassungserlaubnis zwingend vorgeschrieben[39]. Ohnehin zu prüfen ist sie nach § 5 I 1 Nr. 1. 34

Zwar setzt der Wortlaut des § 9 II 1 Nr. 2 nur voraus, dass der **Lebensunterhalt des Ausländers** – nicht auch seiner Familienangehörigen – („sein Lebensunterhalt") gesichert ist[40], jedoch hat das BVerwG die Lebensunterhaltssicherung auf die Bedarfsgemeinschaft erstreckt[41]. 35

Bei der Beurteilung, ob der Lebensunterhalt eines erwerbsfähigen Ausländers iSv § 9 II 1 Nr. 2 gesichert ist, ist darauf abzustellen, ob der Ausländer nach Erteilung der Niederlassungserlaubnis seinen Lebensunterhalt voraussichtlich ohne Inanspruchnahme öffentlicher Mittel iSv § 2 III, dh insbesondere ohne Inanspruchnahme von Leistungen zur Sicherung des Lebensunterhalts nach dem SGB II, bestreiten kann. Für die Berechnung, ob er voraussichtlich einen Anspruch auf derartige Leistungen hat, gelten grundsätzlich die **sozialrechtlichen** Regelungen über die **Bedarfsgemeinschaft**[42]. Das BVerwG wendet die sozialrechtlichen Regelungen nur grundsätzlich an und behält sich damit einen Spielraum, der Abweichungen von den Vorgaben des SGB II ermöglicht, sofern nicht die Kernfamilie betroffen ist. Der Begriff der Kernfamilie bezeichnet im allgemeinen Sprachgebrauch die aus den Eltern und ihren leiblichen Kindern bestehende Familie[43]. Eine hiervon abweichende rechtliche Definition, nach der sich die Kernfamilie auf die Eltern und ihre minderjährigen Kinder beschränkt, kennt soweit ersichtlich das nationale Recht nicht[44]. 36

Danach gilt in einer Bedarfsgemeinschaft, wenn deren gesamter Bedarf nicht aus eigenen Kräften und Mitteln gedeckt werden kann, jede Person im Verhältnis des eigenen Bedarfs zum Gesamtbedarf als hilfebedürftig (§ 9 II 3 SGB II). Im Regelfall hat danach jedes Mitglied der Bedarfsgemeinschaft einen Leistungsanspruch in Höhe dieses Anteils. Das führt nach der Rspr. des BVerwG – jedenfalls soweit die Bedarfsgemeinschaft aus Mitgliedern der Kernfamilie besteht – regelmäßig dazu, dass der Lebensunterhalt des Ausländers dann nicht iSv § 9 II 1 Nr. 2 gesichert ist, wenn der **Gesamtbedarf der Bedarfsgemeinschaft** nicht durch eigene Mittel bestritten werden kann[45]. 37

Die vom Gesetz verlangte Existenzsicherung des Ausländers kann **nicht allein durch eine punktuelle Betrachtung** des jeweiligen aktuellen Beschäftigungsverhältnisses beurteilt werden. Sie setzt vielmehr eine Abschätzung – auch aufgrund rückschauender Betrachtung – voraus, ob ohne unvorhergesehene Ereignisse in Zukunft gewährleistet erscheint, dass der Ausländer den Lebensunterhalt dauerhaft ohne Inanspruchnahme öffentlicher Mittel aufbringen kann[46]. 38

Ausnahmen sind gem. **Abs. 2 S. 3 und S. 6** nur in der Weise vorgesehen, dass von dem Erfordernis der Unterhaltssicherung bei Personen abzusehen ist, die es wegen einer körperlichen, geistigen oder seelischen Krankheit oder Behinderung nicht erfüllen können. Wegen der Einzelheiten siehe unten. 39

Bei der Beurteilung, ob der **Lebensunterhalt** eines erwerbsfähigen Ausländers iSv § 9 II 1 Nr. 2 gesichert ist, ist darauf abzustellen, ob der Ausländer nach Erteilung der Niederlassungserlaubnis seinen Lebensunterhalt voraussichtlich **ohne Inanspruchnahme öffentlicher Mittel** iSv **§ 2 III 1,** dh insbesondere ohne jede (auch nur ergänzende) Inanspruchnahme von Leistungen zur Sicherung des Lebensunterhalts nach dem SGB II, bestreiten kann. Für die Berechnung, ob er voraussichtlich einen Anspruch auf derartige Leistungen hat, gelten grundsätzlich die sozialrechtlichen Regelungen über die Bedarfsgemeinschaft[47]. Dabei ist freilich zu berücksichtigen, dass der Gesetzgeber in **§ 2 III 2** in einem 40

---

[39] Zu Modifikationen → Rn. 21.
[40] OVG Saarl Urt. v. 24.9.2009 – 2 A 287/08. § 9 II 1 Nr. 2 unterscheidet sich deutlich von § 9a II Nr. 2, wonach einem Ausländer eine Erlaubnis zum Daueraufenthalt – EU, die der Niederlassungserlaubnis gleichgestellt ist, zu erteilen ist, wenn ua „sein Lebensunterhalt und derjenige seiner Angehörigen, denen er Unterhalt zu leisten hat, durch feste und regelmäßige Einkünfte gesichert ist". Der unterschiedliche Wortlaut dieser beiden Normen spricht entscheidend dagegen, dass auch nach § 9 II 1 Nr. 2 nicht nur der Lebensbedarf des Ausländers selbst, sondern auch der seiner Familienangehörigen gesichert sein muss. Auch wenn § 9a erst im Jahre 2007 in Umsetzung der Daueraufenth-RL (RL 2003/109/EG) nachträglich in das AufenthG eingefügt wurde und die Formulierung zum Lebensunterhalt dem RL-Text entspricht, so hat der Gesetzgeber den ursprünglichen Wortlaut des § 9 II 1 Nr. 2 mit dem 1. RLUmsG 2007 beibehalten, obwohl er an anderer Stelle den Text der Niederlassungserlaubnis auf den neuen § 9a abgestimmt hat (zB § 9 II 1 Nr. 4).
[41] BVerwG Urt. v. 16.8.2011 – 1 C 4.10, NVwZ-RR 2012, 333 Rn. 14.
[42] BVerwG Urt. v. 16.8.2011 – 1 C 4.10, NVwZ-RR 2012, 333 Rn. 14 im Anschluss an Urt. v. 16.11.2010 – 1 C 21.09, InfAuslR 2011, 182 Rn. 14.
[43] OVG Saarl Beschl. v. 1.7.2011 – 2 B 216/11, 2 D 236/11 Rn. 26.
[44] OVG Saarl Beschl. v. 1.7.2011 – 2 B 216/11, 2 D 236/11 Rn. 28.
[45] BVerwG Urt. v. 16.8.2011 – 1 C 4.10, NVwZ-RR 2012, 333 Rn. 14.
[46] OVG NRW Beschl. v. 4.12.2007 – 17 E 47/07.
[47] BVerwG Urt. v. 16.8.2011 – 1 C 4.10, NVwZ-RR 2012, 73 Rn. 14 im Anschluss an Urt. v. 16.11.2010 – 1 C 21.09, BVerwGE 138, 148 Rn. 14 ff.; OVG RhPf Urt. v. 22.1.2015 – 7 A 10542/14 Rn. 23 ff.

abschließenden Katalog für bestimmte öffentliche Mittel anordnet, dass deren Bezug „nicht als Inanspruchnahme öffentlicher Mittel gilt": ua Kindergeld, Kindergeldzuschlag, Erziehungsgeld, Elterngeld und sogar die Leistungen nach dem UnterhaltsvorschussG.

41 Der Gesetzgeber hat speziell die Erteilung einer Niederlassungserlaubnis als stärkste Form der Aufenthaltsverfestigung durch Verweis auf § 9 II teilweise von besonderen Integrationserfordernissen abhängig gemacht, die über die allgemeinen Erteilungsvoraussetzungen des § 5 I und II hinausgehen. Anders als die Aufenthaltserlaubnis ist die **Niederlassungserlaubnis unbefristet** und inhaltlich grundsätzlich unbeschränkt, sofern nicht ausnahmsweise Nebenbestimmungen im AufenthG zugelassen sind (vgl. etwa § 23 II 4). Sie **unterliegt keiner Zweckbindung**, berechtigt zur Aufnahme einer Erwerbstätigkeit und verschafft dem Berechtigten ferner den besonderen Ausweisungsschutz. Sie ist daher auf den dauerhaften Verbleib eines Ausländers im Bundesgebiet angelegt.

42 Lebt der Ausländer im Bundesgebiet mit Familienangehörigen zusammen, führt die Erteilung einer Niederlassungserlaubnis typischerweise auch zu einer **tatsächlichen Verfestigung des Aufenthalts der Angehörigen**. Die Option, die eheliche oder familiäre Lebensgemeinschaft im Herkunftsland zu führen, rückt damit jedenfalls in die Ferne. Ist die Familie auf Sozialleistungen angewiesen, folgt aus der Aufenthaltsverfestigung eine Perpetuierung der Inanspruchnahme von Sozialleistungen. Zugleich entfällt der aufenthaltsrechtliche Anreiz für die übrigen Mitglieder einer Bedarfsgemeinschaft, eine eigene Erwerbstätigkeit aufzunehmen und dadurch die öffentlichen Kassen zu entlasten. All dies entspricht schwerlich dem Willen des Gesetzgebers[48].

43 Nur diese Auslegung wird auch der Lebenswirklichkeit gerecht. Es wäre lebensfremd, wenn man annähme, ein Ausländer, der Alleinverdiener ist, würde von seinem Einkommen zunächst seinen eigenen Bedarf decken und seiner Familie lediglich die verbleibenden Mittel zukommen lassen. Nur diese Auslegung vermeidet auch, was ebenfalls wirklichkeitsfern wäre, dass neben der realen sozialrechtlichen Berechnung, in welcher Höhe der **Familie als Bedarfsgemeinschaft** Sozialleistungen zustehen, eine fiktive aufenthaltsrechtliche Berechnung vorgenommen wird, ob der einzelne Ausländer – für sich gesehen – seinen Lebensunterhalt ohne Inanspruchnahme von Sozialleistungen bestreiten könnte[49].

44 Bei der erforderlichen Berechnung des Hilfebedarfs der familiären Bedarfsgemeinschaft sind – im Hinblick auf eine Niederlassungserlaubnis – die Bestimmungen des SGB II weiterhin maßgebend, soweit es die **Absetzungsfreibeträge für Erwerbstätigkeit** nach § 11b II SGB II und die weiteren pauschalierten Freibeträge nach § 11b III SGB II betrifft[50]. Soweit im Anwendungsbereich der Familienzusammenführungs-RL Einschränkungen vorgenommen werden[51], gilt dies nicht für die Erteilung einer Niederlassungserlaubnis, bei der keine unionsrechtlichen Vorgaben zu beachten sind[52].

45 Von der Erteilungsvoraussetzung der Unterhaltssicherung kann vorliegend **nicht durch Rückgriff auf** die Regelung des **§ 5 III 2** abgesehen werden. Der Gesetzgeber hat die durch eine Niederlassungserlaubnis gestärkte Rechtsposition in § 26 IV von dem in § 9 II 1 Nr. 2 genannten Erfordernis der Sicherung des Lebensunterhalts abhängig gemacht. Von dieser Voraussetzung kann nach der Gesetzessystematik nur unter den besonders in § 9 II 6 normierten Voraussetzungen abgesehen werden. Ein Rückgriff auf die allgemeine Ausnahmeregelung des § 5 III 2, wonach ohne Normierung konkreter Voraussetzungen von der Anwendung der Abs. 1 und 2 des § 5 – und damit auch von dem Erfordernis der Unterhaltssicherung – abgesehen werden kann, ist daher nicht möglich[53]. Vielmehr trifft § 9 II 6 insoweit eine abschließende Regelung und macht die Unterhaltssicherung bei der Niederlassungserlaubnis – anders als im Anwendungsbereich des § 5 – mithin nicht zu einer Regelerteilungsvoraussetzung, sondern zu einer zwingenden Erteilungsvoraussetzung[54].

46 § 5 III Hs. 2 ist nicht anwendbar. Diese Vorschrift bestimmt lediglich ein Absehen von den Regelerteilungsvoraussetzungen des § 5 I, II, nicht jedoch von für die Erteilung bestimmter Aufenthaltstitel **speziell normierten besonderen Erteilungsvoraussetzungen**[55]. Soweit § 9 II 1 Nr. 2 für die Erteilung einer Niederlassungserlaubnis zwingend die Sicherung des Lebensunterhalts vorschreibt, stellt die Regelung eine gegenüber der für die Erteilung eines jeden Aufenthaltstitels zu beachtenden Regelerteilungsvoraussetzung des § 5 I 1 Nr. 1 abschließende Spezialvorschrift dar, welche auch einen Rückgriff auf die Ausnahmevorschrift des § 5 III ausschließt[56].

---

[48] BVerwG Urt. v. 16.8.2010 – 1 C 21.09, BVerwGE 138, 148 Rn. 18.
[49] BVerwG Urt. v. 16.8.2011 – 1 C 4.10, NVwZ-RR 2012, 73 Rn. 19.
[50] BVerwG Urt. v. 16.8.2011 – 1 C 4.10, NVwZ-RR 2012, 73 Rn. 20 zur Vorgängerregelung in § 11 SGB II in der zwischen 2007 und 2010 geltenden Fassung.
[51] Hierzu BVerwG Urt. v. 16.8.2011 – 1 C 20.09 Rn. 34.
[52] BVerwG Urt. v. 16.8.2010 – 1 C 21.09, BVerwGE 138, 148 Rn. 20.
[53] BVerwG Urt. v. 16.8.2010 – 1 C 21.09, BVerwGE 138, 148 Rn. 23.
[54] BVerwG Urt. v. 16.8.2010 – 1 C 21.09, BVerwGE 138, 148 Rn. 23.
[55] BVerwG Beschl. v. 22.11.2016 – 1 B 117/16; Urt. v. 28.10.2008 – 1 C 34.07, InfAuslR 2009, 62 zu § 26 IV; VGH BW Urt. v. 26.7.2007 – 13 S 1078/07; BayVGH Beschl. v. 25.6.2013 – 10 B 12.2500 Rn. 35.
[56] BVerwG Urt. v. 28.10.2008 – 1 C 34.07, InfAuslR 2009, 62 zu § 26 IV; VGH BW Urt. v. 26.7.2007 – 13 S 1078/07.

4. Alterssicherung (Abs. 2 S. 1 Nr. 3)

Der nach **Abs. 2 S. 1 Nr. 3 Hs. 1** erforderliche Nachweis der Einzahlung von mindestens **60 Monaten Pflichtbeiträgen** oder freiwilligen Beiträgen zur **gesetzlichen Rentenversicherung** wird in der Regel durch Bewilligung einer Altersrente nachgewiesen. Denn Voraussetzung für eine Regelaltersrente ist nach § 35 SGB VI neben dem Erreichen der Regelaltersgrenze, dass die allgemeine Wartezeit erfüllt ist, die nach § 50 I 1 Nr. 1 SGB VI im Hinblick auf die Regelaltersrente fünf Jahre (dh 60 Monate) beträgt. 47

Die Voraussetzung einer **eigenen Beitragsleistung** wird **durch staatliche Beitragszahlungen für Arbeitslosengeld-II-Bezieher nicht erfüllt**[57]. Entsprechende Zahlungen können in der Vergangenheit erfolgt sein, da durch Art. 6 Nr. 2b des Vierten Gesetzes für moderne Dienstleistungen am Arbeitsmarkt vom 24.12.2003[58] die Beitragspflicht zur gesetzlichen Rentenversicherung für Empfänger von SGB-II-Leistungen eingeführt wurde und mit Art. 19 Nr. 2b des Haushaltsbegleitgesetzes 2011 vom 9.12.2010[59] wieder abgeschafft worden ist. 48

Bereits nach dem Wortlaut des Gesetzes ist erforderlich, dass „er (der Ausländer) mindestens 60 Monate Pflichtbeiträge oder freiwillige **Beiträge geleistet hat**". Die Formulierung knüpft begrifflich an die Vorschriften über die Beitragszahlung in der gesetzlichen Rentenversicherung an und nicht an die Vorschriften über die rentenrechtliche Zeiten (vgl. hierzu §§ 50, 54 SGB VI)[60]. Beim Bezug von Arbeitslosengeld II war nach § 170 I Nr. 1 SGB VI aF nicht der Ausländer, sondern der Bund zur Beitragstragung verpflichtet gewesen. 49

Die **Versorgung im Alter** braucht anders als der laufende Unterhalt nicht gesichert zu sein, Anwartschaften müssen aber in der vorgeschriebenen Form und Höhe nachgewiesen werden (Übergangsregelung in § 104 II). Die verlangten Beiträge zur gesetzlichen Rentenversicherung ergeben eine Anwartschaft auf Leistungen bei Erwerbs- oder Berufsunfähigkeit und Erreichen des Rentenalters. 50

Die nach **Abs. 2 S. 1 Nr. 3 Hs. 2** ersatzweise **zugelassene private Altersvorsorge** muss nach Art und Höhe ähnliche („vergleichbar" sind alle Werte) Leistungen gewährleisten. Sie muss nach den gegenwärtigen Verhältnissen und Berechnungsmethoden Bezüge erwarten lassen, die ähnlich wie die gesetzliche Rente dem bisherigen Lebenszuschnitt angemessen sind. Die weitere Entrichtung von Beiträgen wird unterstellt, aber nicht verlangt und geprüft. Solche private Vorsorge, die insbesondere für Personen die – etwa als Selbstständige – nicht der gesetzlichen Rentenversicherungspflicht unterliegen, lässt sich etwa durch die Vorlage privater Lebensversicherungspolicen oder privater (Fonds-) Sparverträge oder auch den nachhaltigen Erwerb von Aktien belegen[61]. 51

Ist der **Rentenfall bereits eingetreten**, kommt es nur auf die Entrichtung der Beiträge für 60 Monate in der Vergangenheit an. Die Höhe der tatsächlichen Rentenleistungen ist dann nur für die Unterhaltssicherung erheblich. 52

Anzurechnen sind Zeiten der **Kinderbetreuung und der häuslichen Pflege.** Vorausgesetzt ist, dass Ausfallzeiten aufgrund einer Erwerbstätigkeit oder aus sonstigen Gründen versicherungsrechtlich überhaupt anzusetzen sind. Nicht zu berücksichtigen sind sie, wenn sie ohne Auswirkungen bleiben, weil sie die Alterssicherung nicht zu verbessern. Durch Kindererziehungszeiten (§ 56 SGB VI) allein kann ein Rentenanspruch entstehen; zu berücksichtigen ist, dass diese Zeiten für jeden Kalendermonat (nur) 0,0833 Entgeltpunkte ausmachen (§ 70 II SGB VII). 53

Ausnahmen sind wie bei der Unterhaltssicherung zwingend **zugunsten von Kranken und Behinderten** vorgeschrieben. Außerdem sind Personen ausgenommen, die sich in einer qualifizierenden Ausbildung befinden. Endet ihre schulische oder berufliche Ausbildung mit einem Bildungsabschluss (auch Berufsfachschule, nicht aber Praktikum, Volontariat oder Berufsvorbereitungsmaßnahmen), kann sie auch ohne Rentenanwartschaften einen Anspruch auf die Niederlassungserlaubnis. Die Ausbildung muss sich für den Abschluss allgemein eignen, und das Erreichen des Abschlusses darf nicht von vornherein unmöglich sein. Es ist aber keine individuelle Erfolgsprognose anzustellen. Bei nicht getrenntlebenden Ehegatten genügt die Erfüllung des Vorsorgeerfordernisses durch einen von ihnen (für Ehegatten Deutscher vgl. die Privilegierung durch § 28 II). Dabei ist unterstellt, dass der andere von den zu erwartenden Versicherungsleistungen profitiert. Die Versicherung braucht zwar keine Zusatzleistungen für Verheiratete zu gewährleisten, muss aber wie die gesetzliche Sozialversicherung auch eine Witwenversorgung jedenfalls dem Grunde nach einschließen. 54

Der **Ausnahmeregelung des § 9 III 2**, wonach von der Voraussetzung des § 9 II 1 Nr. 3 abgesehen wird, wenn sich der Ausländer in einer Ausbildung befindet, lässt sich nicht entnehmen, dass der Gesetzgeber Studierende auch von der Voraussetzung der Sicherung des Lebensunterhalts nach § 9 II 1 55

---

[57] BayVGH Beschl. v. 7.12.2015 – 19 ZB 14.2293, InfAuslR 2016, 329 Rn. 6 ff.; OVG Bln-Bbg Beschl. v. 13.4.2021 – OVG 3 M 30/31 Rn. 4.
[58] BGBl. 2003 I S. 2954 ff.
[59] BGBl. 2010 I S. 1885 ff.
[60] BayVGH Beschl. v. 7.12.2015 – 19 ZB 14.2293, InfAuslR 2016, 329 Rn. 7.
[61] Vgl. zB SächsOVG Beschl. v. 9.4.2018 – 3 B 34/18 Rn. 12.

Nr. 2 ausnehmen oder auch insoweit privilegieren wollte[62]. Vielmehr hat er für **Auszubildende** grundsätzlich nur auf die **Voraussetzung des Nachweises von Beiträgen zur Rentenversicherung verzichtet.** Hätte er Auszubildenden noch weitere Erleichterungen gegenüber anderen Ausländern ermöglichen wollen, hätte er ohne Weiteres auch eine Ausnahmeregelung von § 9 I 1 Nr. 2 treffen können.

5. Gefahr für die öffentliche Ordnung und Sicherheit (Abs. 2 S. 1 Nr. 4)

56 **Strafrechtliche Verstöße** sind für die Niederlassungserlaubnis in den Grenzen des **Abs. 2 S. 1 Nr. 4 hinderlich.** Hier stellt sich ua die Frage, ob eine Straftat oder eine Verurteilung noch verwertet werden darf oder als Ablehnungsgrund „verbraucht" ist.

57 **Absolute Straflosigkeit wird nicht verlangt.** Getilgte oder tilgungsreife Verurteilungen dürfen auf keinen Fall verwertet werden. Der Text des § 9 II 1 Nr. 4 wurde an den Text des neuen § 9a II Nr. 5 angepasst. Dies dient der in § 9a I 2 und 3 ausdrücklich geregelten **Parallelität von Niederlassungserlaubnis und Erlaubnis zum Daueraufenthalt-EU.** Durch Nr. 4 wird nach dem Vorbild des Art. 6 I UAbs. 2 Daueraufenthalts-RL anstelle eines starren Kriteriums eine **umfassende Abwägung** zwischen den Interessen des Ausländers und den Ordnungsbelangen vorgegeben[63]. Die vom Ausländer ausgehende **Gefahr muss konkret fortbestehen,** dh, es muss Wiederholungsgefahr vorliegen[64].

58 Der bisherige Text des § 9 II 1 Nr. 4, wonach die Erteilung einer Niederlassungserlaubnis voraussetzte, dass der Ausländer in den letzten drei Jahren nicht wegen einer vorsätzlichen Straftat zu einer Jugend- oder Freiheitsstrafe von mindestens sechs Monaten oder einer Geldstrafe von 180 Tagessätzen verurteilt worden ist, sollte nach dem Willen des Gesetzgebers nicht beibehalten werden, um die **Schwelle für den Ausschluss der Niederlassungserlaubnis zu senken.** Dieses Ziel ist aber nur erreichbar, wenn die Tatbestandsmerkmale abweichend von § 9a II Nr. 5 ausgelegt werden. Denn auch wenn generalpräventive Erwägungen im Rahmen der Versagung des Status eines langfristig Aufenthaltsberechtigten zulässig sind, liegen die Anforderungen des Versagungsgrundes in § 9a II Nr. 5 eher höher denn niedriger als bei der aF des § 9 II 1 Nr. 4.

59 Da unterschiedliche Schwellen des Versagungsgrundes bei den unbefristeten Aufenthaltstiteln zwar möglich, aber nicht wünschenswert sind, wird sich die **Auslegung** des § 9 II 1 Nr. 4 an der unionsrechtlich vorgeprägten **Regelung des § 9a II Nr. 5 zu orientieren** haben. Da die Erlaubnis zum Daueraufenthalt – EU keinen weiteren Einschränkungen in Bezug auf die öffentliche Ordnung und Sicherheit unterworfen werden kann als den in Art. 6 I UAbs. 2 Daueraufenthalts-RL genannten, findet auch § 5 I Nr. 2 – jedenfalls soweit er die Ablehnung der Erlaubnis nach § 9a an geringere Anforderungen knüpfen würde – keine Anwendung.

60 Die **Sonderregelung in § 9 II 1 Nr. 4** verdrängt, soweit es bei der Niederlassungserlaubnis allerdings um Ausweisungsgründe geht, die sich auf Straftaten des Ausländers beziehen, die allgemeine Erteilungsvoraussetzung des § 5 I Nr. 2[65]. Diese Regelung macht deutlich, dass die Erteilung einer Niederlassungserlaubnis bei Straftaten des Ausländers nicht (regelmäßig) schon wegen Vorliegens eines Ausweisungsgrundes ausscheiden soll, sondern darüber aufgrund einer umfassenden Abwägung der in der Regelung genannten Rechtsgüter entschieden werden soll[66]. § 9 II 1 Nr. 4 ist zeitgleich mit und bewusst parallel zu der Regelung in § 9a II 1 Nr. 5 (Erlaubnis zum Daueraufenthalt-EG) in das AufenthG aufgenommen worden. Diese Parallelität ginge verloren, wenn man bei der Niederlassungserlaubnis – anders als bei der Erlaubnis zum Daueraufenthalt-EG – zusätzlich zu der in § 9 vorgesehenen Abwägung regelmäßig das Nichtvorliegen eines Ausweisungsgrundes gem. § 5 I Nr. 2 fordern würde[67].

61 Insoweit kann das vom Gesetzgeber in § 9a I 2 und 3 ausdrücklich zum Ausdruck gebrachte Ziel, die Schwelle der Ablehnung einer Niederlassungserlaubnis herabzusenken, nur erreicht werden, wenn die **Parallelität der Auslegung der Regelungen des § 9** einerseits **und des § 9a** andererseits aufgegeben wird.

6. Zulassung zur Erwerbstätigkeit (Abs. 2 S. 1 Nr. 5 und Nr. 6)

62 Ein **Arbeitnehmer** benötigt nach **Abs. 2 S. 1 Nr. 5** eine Erlaubnis zur **Beschäftigung.** Diese kann auf Gesetz, Rechtsverordnung oder Zustimmung der BA beruhen. Die Zulassung kann darin bestehen, dass durch Gesetz oder Rechtsverordnung bestimmt ist, dass eine Erwerbstätigkeit nicht vorliegt oder ohne Weiteres ausgeübt werden darf. Bei nicht getrenntlebenden Ehegatten genügt die Zulassung eines von ihnen zum Arbeitsmarkt, auch wenn dieser die Zulassung aufgrund der Art seiner

---

[62] BayVGH Beschl. v. 17.7.2013 – 10 C 12.1128 Rn. 12.
[63] SächsOVG Beschl. v. 9.4.2018 – 3 B 34/18 Rn. 14.
[64] SächsOVG Beschl. v. 9.4.2018 – 3 B 34/18 Rn. 14; *Marx* in GK-AufenthG § 9 Rn. 274.
[65] BVerwG Urt. v. 16.11.2010 – 1 C 21.09, BVerwGE 138, 148 Rn. 12f.
[66] BVerwG Urt. v. 16.11.2010 – 1 C 21.09, BVerwGE 138, 148 Rn. 12f.
[67] BVerwG Urt. v. 16.11.2010 – 1 C 21.09, BVerwGE 138, 148 Rn. 12f.

Tätigkeit oder seiner aufenthaltsrechtlichen Stellung nicht benötigt (vgl. für Ehegatten Deutscher vgl. die Privilegierung durch § 28 II). Art und Dauer der Beschäftigung sind gleichgültig.

Eine Erlaubnis zur dauernden Ausübung einer selbstständigen Tätigkeit nach **Abs. 2 S. 1 Nr. 6** 63
benötigen zT **Selbstständige**, va aber **Freiberufler**, zB Ärzte (§§ 2 ff. BÄO), Heilpraktiker[68], Zahnärzte (§§ 2 ff. ZahnheilkundeG), Tierärzte (§§ 2 ff. BTier-ÄrzteO) und Apotheker (§§ 2 ff. BApothO) sowie andere Angehörige des Gesundheitswesens[69]. Wenn die Erlaubnis noch nicht erteilt ist, wird es genügen, dass die Voraussetzungen hierfür zweifellos vorliegen. Ist eine selbstständige Tätigkeit erlaubnisfrei[70], ist Abs. 2 S. 1 Nr. 6 irrelevant.

Eine **Dauererlaubnis** liegt auch vor, wenn sie nur zum Zwecke der Überprüfung der fachlichen 64
Eignung oder aus anderen Gründen kraft Gesetzes oder üblicherweise, uU auch bei Deutschen, nur befristet erteilt wird. Dabei darf nicht außer Acht gelassen werden, dass zeitlich befristete Verträge immer üblicher werden und Prognosen zB über Tätigkeiten im deutschen Gesundheitswesen wegen der immer größeren Finanzierungsdefizite zunehmend unsicher werden.

Der **Zulassung steht es gleich,** wenn die Tätigkeit wie im Einzelhandel ohne Erlaubnis ausgeübt 65
werden darf. Bei Ausübung der freiberuflichen Tätigkeit als Arbeitnehmer (zB angestellter Krankenhausarzt) ist zusätzlich die Zulassung zum Arbeitsmarkt erforderlich, uU also auch die Zustimmung der BA. Privilegiert sind auch hier wie bei der abhängigen Erwerbstätigkeit zusammenlebende Ehegatten; von ihnen braucht nur einer die Berufsausübungserlaubnis zu besitzen (betreffend Ehegatten Deutscher vgl. § 28 II).

7. Kenntnisse der Sprache sowie der Rechts- und Gesellschaftsordnung (Abs. 2 S. 1 Nr. 7 und Nr. 8)

Im Zuge der besonderen Förderung der Integration durch den Bund wird nunmehr auch bei 66
Erteilung der Niederlassungserlaubnis größerer Wert auf **Kenntnisse der deutschen Sprache** sowie der **deutschen Rechts- und Lebensverhältnisse** gelegt. **Abs. 2 S. 1 Nr. 7 und Nr. 8** verlangen ausreichende Deutschkenntnisse und Grundkenntnisse der Rechts- und Gesellschaftsordnung sowie der Lebensverhältnisse im Bundesgebiet. Ohne deren Nachweis darf eine Niederlassungserlaubnis nicht erteilt werden[71]. Besitzer einer Aufenthaltserlaubnis oder Aufenthaltsbefugnis vor Januar 2005 müssen sich nur in einfacher Sprache mündlich verständigen können (§ 104 II im Anschluss an § 24 I Nr. 4 AuslG 1990).

Im **Einbürgerungsrecht** wirken nicht ausreichende Kenntnisse der deutschen Sprache beinahe 67
absolut hinderlich (vgl. §§ 10, 11 I Nr. 1 StAG), und sogar mitreisende nichtdeutsche Ehegatten von Spätaussiedlern müssen neuerdings wenigstens über Grundkenntnisse der deutschen Sprache verfügen (§ 27 I 2 BVFG). Die Anforderungen an die Qualität der Deutschkenntnisse sind je nach Zuwanderergruppe so verschieden, dass jedenfalls kein System mehr erkennbar ist[72]. Für die Einbürgerung weicht die Praxis bei der Prüfung der ausreichenden Deutschkenntnisse iSd § 11 I Nr. 1 StAG in den Bundesländern[73] so weit voneinander ab, dass sie nicht anders als verwirrend bezeichnet werden kann.

Wenn der Bundesgesetzgeber für die Niederlassungserlaubnis ausreichende **Kenntnisse der deut-** 68
schen Sprache verlangt und damit dieselben Anforderungen stellt wie bei der Einbürgerung aufgrund Rechtsanspruchs, so kommt darin der feste Wille zum Ausdruck, die Integration nicht nur verstärkt zu fördern, sondern rechtliche Verfestigungen auch von persönlichen Integrationserfolgen abhängig zu machen. Um eine drohende Zersplitterung des Rechts wie in Einbürgerungsverfahren zu vermeiden, ist der zu erreichende **Standard** einmal dadurch **vereinheitlicht,** dass in erster Linie der erfolgreiche Abschluss des Integrationskurses zum Nachweis dient und dieser Kenntnisse nach B1 des Gemeinsamen Europäischen Referenzrahmens für Sprachen (GER) verlangt (vgl. §§ 3 II, 17 I 1 Nr. 1 IntV: Zertifikat Deutsch B 1). Diese Anforderungen stimmen mit denjenigen überein, die für die Einbürgerung durch Nr. 86.1.2 AuslG-Verwaltungsvorschrift empfohlen sind („Zertifikat Deutsch"; vgl. auch die BVFG-Verwaltungsvorschrift des BMI vom 19.11.2004)[74]. Sie sollen jetzt auch für die Niederlassungserlaubnis gelten[75].

Die Stufe oder besser das **Niveau B1** – Selbstständige Sprachverwendung des GER[76] – wird in **§ 2** 69
XI definiert und erfordert in den einzelnen Bereichen die folgenden Kenntnisse und Fähigkeiten:

Sprachverwendung: – Kann die Hauptpunkte verstehen, wenn klare Standardsprache verwendet 70
wird und wenn es um vertraute Dinge aus Arbeit, Schule, Freizeit usw geht. Kann die meisten

---

[68] Dazu BVerfG Beschl. v. 10.5.1988 – 1 BvR 482/84 ua, BVerfGE 78, 179.
[69] Dazu *Franz* ZAR 1989, 154; *Renner* AiD Rn. 6/107–126.
[70] Etwa die Tätigkeit einer selbstständigen Geistheilerin, vgl. BSG Urt. v. 19.6.2018 – B 2 U 9/17 R.
[71] Vgl. aktuell zB VG Augsburg Urt. v. 30.5.2018 – Au 6 K 17.345.
[72] Dazu *Renner* ZAR 2002, 339 und 2004, 176.
[73] Dazu im Einzelnen *Hailbronner/Renner* GG Art. 116 Rn. 62, StAG § 11 Rn. 3–6; *Meireis* StAZ 2003, 1; *Renner* ZAR 2002, 339.
[74] GMBl. S. 1059.
[75] Ebenso *Hailbronner* AufenthG § 9 Rn. 27.
[76] Unter www.goethe-institut.de oder www.alpha.at.

Dienelt

Situationen bewältigen, denen man auf Reisen im Sprachgebiet begegnet. Kann sich einfach und zusammenhängend über vertraute Themen und persönliche Interessengebiete äußern. Kann über Erfahrungen und Ereignisse berichten, Träume, Hoffnungen und Ziele beschreiben und zu Plänen und Ansichten kurze Begründungen oder Erklärungen geben.

71 **Lese- und Hörverstehen:** – Kann die Hauptpunkte verstehen, wenn klare Standardsprache verwendet wird und wenn es um vertraute Dinge aus Arbeit, Schule, Freizeit usw geht. Er/Sie kann vielen Radio- oder Fernsehsendungen über aktuelle Ereignisse und über Themen aus seinem/ihrem Berufs- oder Interessengebiet die Hauptinformation entnehmen, wenn relativ langsam und deutlich gesprochen wird. Er/Sie kann Texte verstehen, in denen va sehr gebräuchliche Alltags- oder Berufssprache vorkommt. Er/Sie kann private Briefe verstehen, in denen von Ereignissen, Gefühlen und Wünschen berichtet wird.

72 **Sprechen:** – Kann die meisten Situationen bewältigen, denen man auf Reisen im Sprachgebiet begegnet. Er/Sie kann ohne Vorbereitung an Gesprächen über Themen teilnehmen, die ihm/ihr vertraut sind, die ihn/sie persönlich interessieren oder die sich auf Themen des Alltags wie Familie, Hobbys, Arbeit, Reisen, aktuelle Ereignisse beziehen. Er/Sie kann in einfachen zusammenhängenden Sätzen sprechen, um Erfahrungen und Ereignisse oder seine/ihre Träume, Hoffnungen und Ziele zu beschreiben. Er/Sie kann kurz seine/ihre Meinungen und Pläne erklären und begründen. Er/Sie kann eine Geschichte erzählen oder die Handlung eines Buches oder Films wiedergeben und seine/ihre Reaktionen beschreiben.

73 **Schreiben:** – Kann über Themen, die ihm/ihr vertraut sind oder ihn/sie persönlich interessieren, einfache zusammenhängende Texte schreiben. Er/Sie kann persönliche Briefe schreiben und darin von Erfahrungen und Eindrücken berichten.

74 Der **Nachweis ausreichender Kenntnisse** des Deutschen und der deutschen Rechts- und Gesellschaftsordnung und der Lebensverhältnisse in Deutschland erfolgt am besten durch eine fälschungssichere **Bescheinigung** über den erfolgreichen Abschluss des Integrationskurses bei einem zugelassenen Kursträger (Abs. 2 S. 2; § 43 III 2; § 17 II IntV)[77]. Damit werden nicht nur Deutschkenntnisse nach Stufe B1 GER (aufgrund von 600 Unterrichtsstunden Basis- und Aufbausprachkurs) bescheinigt, sondern auch die übrigen Kenntnisse (aufgrund weiterer 45 Unterrichtsstunden Orientierungskurs).

75 Wer aus welchen Gründen auch immer (vgl. §§ 44, 44a) nicht an dem Integrationskurs teilnimmt, kann seine Kenntnisse auch in anderer Form nachweisen, zB durch **Schulzeugnisse, Ausbildungsabschlüsse** ua. Wer etwa einen **Hauptschulabschluss** erreicht hat, hat damit zugleich auch die erforderlichen ausreichenden Kenntnisse der deutschen Sprache sowie der Rechts- und Gesellschaftsordnung nachgewiesen[78]

76 Nach 9.2.1.7 Verwaltungsvorschrift zum AufenthG werden ausreichende Kenntnisse der deutschen Sprache idR durch Vorlage eines bestandenen Deutschtests für Zuwanderer (§ 17 I IntV), der mit der Gesamtbewertung B1 abschließt, nachgewiesen.

77 Der **Nachweis** wird **geführt, wenn** der Deutschtest für Zuwanderer zwar mit der Gesamtbewertung B1 abschließt, aber im **Prüfungsteil „Schreiben" unter dem Niveau B1 liegt**, obwohl beim Zertifikat B1 zumindest auch in dem Prüfungsbereich „Schreiben" das Niveau B1 verlangt wird. Denn die Anforderungen an den Nachweis ausreichender Kenntnisse der deutschen Sprache ergeben sich aus § 10 I Integrationskurstestverordnung[79]. Hier wird geregelt, dass das Niveau B 1 des Gemeinsamen Europäischen Referenzrahmens für Sprachen, auf den in § 10 IV 1 StAG in der bisherigen Fassung ausdrücklich Bezug genommen ist, beim „Deutschtest für Zuwanderer" erreicht ist, wenn in dem Fertigkeitsbereich „Sprechen" sowie in mindestens einem der Bereiche „Hören/Lesen" oder „Schreiben" die Kompetenzstufe B1 erreicht ist. Dies ist darin begründet, dass der Nachweis schriftsprachlicher Kompetenz nicht ausschließlich im Prüfungsteil „Schreiben" erfolgt, sondern auch im Teil „Hören/Lesen" schriftsprachliche Kenntnisse im Fertigkeitsbereich „Leseverstehen" beziehungsweise „schriftliche Rezeption" erhoben und diese zudem in schriftlicher Form geprüft werden.

78 **Der Gesetzgeber hat im Rahmen der Änderung des § 10 IV 1 StAG**[80] **deutlich gemacht, dass er nicht nur im Staatsangehörigenrecht, sondern auch im Bereich des Aufenthaltsrechts auf das Erfordernis schriftlicher Sprachkenntnisse auf dem Niveau B1 verzichtet**[81]. So wurden in § 10 IV 1 StAG die Wörter „der Ausländer die Anforderungen der Sprachprüfung zum Zertifikat Deutsch (B 1 des Gemeinsamen Europäischen Referenzrahmens für Sprachen) in mündlicher und schriftlicher Form erfüllt" durch die Wörter „der Ausländer die Anforderungen einer Sprachprüfung

---

[77] Zu den Kursen *Hauschild* ZAR 2005, 55.
[78] Vgl. BT-Drs. 15/420, 72 und BT-Drs. 15/5470, 20; s. a. Nr. 9.2.1.7 AufenthG-Verwaltungsvorschrift; SaarlVG Urt. v. 24.10.2017 – 6 K 2413/16 Rn. 28.
[79] IRd Änderung des § 10 IV 1 StAG wird dies vom Gesetzgeber ausdrücklich hervorgehoben, BT-Drs. 249/21, 17.
[80] Viertes Gesetz zur Änderung des Staatsangehörigkeitsgesetzes v. 12.8.2021 BGBl. I S. 3538 (Nr. 54); Geltung ab 20.8.2021.
[81] BT-Drs. 249/21, 17.

der Stufe B 1 des Gemeinsamen Europäischen Referenzrahmens für Sprachen erfüllt" ersetzt. Mit dieser Änderung sollte eine einheitliche Anforderung der Sprachkenntnisse B1 im Staatsangehörigengesetz sowie dem AufenthG sichergestellt werden[82].

Soweit § 17 II 1 IntV bestimmt, dass die **Teilnahme am Integrationskurs iSv § 43 II 2** erfolgreich ist, wenn in dem **Sprachtest** die für das **Sprachniveau B1 erforderliche Punktzahl nachgewiesen** ist. 79

Die **schriftsprachlichen Kenntnisse** werden in **zwei Teilbereichen** erbracht: 80
– dem Fertigkeitsbereich **„Leseverstehen"**, der die schriftliche Rezeption umfasst, und
– dem Fertigkeitsbereich **„Schreiben"**, der die schriftliche Produktion umfasst.

Da der Nachweis der schriftsprachlichen Kompetenz des Teilnehmers nicht ausschließlich durch Bewertung des Prüfungsteils „Schreiben" erfolgt, ist es möglich, **unzureichende Schriftsprachkenntnisse durch** Kenntnisse im Fertigkeitsbereich **„Leseverstehen"** auszugleichen. 81

8. Ausnahmen von Abs. 2 S. 1 Nr. 7 und Nr. 8

Ausnahmen nach **Abs. 2 S. 1 Nr. 7** sind in der Weise zugelassen, dass ausreichende **Sprachkenntnisse** und Grundkenntnisse der deutschen Rechts- und Gesellschaftsordnung nicht von Personen verlangt werden, die sie wegen einer körperlichen, geistigen oder seelischen Krankheit oder Behinderung nicht erwerben können. § 9 II 3 fordert grundsätzlich einen **kausalen Ursachenzusammenhang** zwischen der Krankheit und den fehlenden Sprachkenntnissen und Kenntnissen der Rechts- und Gesellschaftsordnung, dh, die unzureichenden Sprachkenntnisse müssen ihre Ursache in der Krankheit oder Behinderung selbst haben[83]. Eine Krankheit oder Behinderung ist dabei nur dann kausal für die Unmöglichkeit, den Nachweis der Altersvorsorge zu erbringen, wenn sie den Ausländer bereits vor dem maßgeblichen Zeitpunkt der Entscheidung über seinen Erlaubnisantrag hinderte, die erforderlichen Beiträge zur gesetzlichen Rentenversicherung oder Aufwendungen zur privaten Altersvorsorge zu leisten[84]. In welchem Umfang der Unterhaltsbedarf nicht gedeckt werden kann, ist unerheblich. In jedem Fall ist **zwingend** auf die Erfüllung dieses Erfordernisses zu verzichten. Ein Rückgriff auf die allgemeine Ausnahmeregelung des § 5 III 2 ist nicht möglich[85]. 82

Aus der gesetzgeberischen Bewertung, die Sicherung des Lebensunterhalts bei der Erteilung von Aufenthaltstiteln als eine Voraussetzung von grundlegendem staatlichem Interesse anzusehen, folgt, dass Ausnahmen von der Voraussetzung des § 9 II 1 Nr. 2 grundsätzlich eng auszulegen sind[86]. Daraus ergibt sich, dass allein eine auf einem vorgerückten Lebensalter beruhende allgemeine Minderung der Leistungsfähigkeit – auch durch alterstypische Erkrankungen – keinen gesetzlich anerkannten Grund darstellt, vom Erfordernis der Sicherung des Lebensunterhalts abzusehen[87]. 83

Weitere Ausnahmen können nach S. 3 von den Voraussetzungen der Nr. 6 und 7 und über die Verweisung in S. 6 von den Voraussetzungen der Nr. 2 und 3 gemacht werden. 84

Die Ausnahmebestimmung nach Abs. 2 S. 2–6 **erfasst** aber **nicht Fälle,** in denen der Ausländer nur aufgrund der im normalen Lebensverlauf auftretenden Alterserscheinungen wie der Einschränkung der Leistungsfähigkeit durch **alterstypische Erkrankungen** nicht in der Lange ist, die Kenntnisse zu erlangen. Insbesondere **dient** die Vorschrift **nicht dazu, bei Personen im Rentenalter,** deren Aufenthaltszeit im Bundesgebiet für den Erwerb ausreichender Rentenansprüche zu kurz war oder die in der Zeit aus anderen Gründen solche nicht in ausreichendem Maße erworben haben, **vom Erfordernis der Sicherung des Lebensunterhaltes abzusehen**[88]. 85

Auch für eine entsprechende Anwendung der **besonderen Härtefallregelung des § 9 II 4** ist daher **hier kein Raum**[89]. Ausweislich der Gesetzesbegründung[90] wollte der Gesetzgeber mit dieser Ausnahmevorschrift den durch Art. 3 III 2 GG gebotenen besonderen Schutz von kranken und behinderten Menschen Rechnung tragen und diese nicht von einer ansonsten möglichen weiteren Aufenthaltsverfestigung durch Versagung einer Niederlassungserlaubnis wegen Fehlens dieser besonde- 86

---

[82] Aus der Gesetzesbegründung: „Die nun vorgesehene Formulierung entspricht inhaltlich den Regelungen im Aufenthaltsrecht (vergleiche § 9 II Nr. 7 iVm § 2 XI AufenthG) und stellt sicher, dass eine einheitliche Anwendung erfolgt."; BT-Drs. 249/21, 17.
[83] OVG LSA Beschl. v. 20.1.2021 – 2 L 102/19 Rn. 44; VG Bremen Urt. v. 19.4.2021 – 4 K 1283/19 Rn. 34; VG Köln Urt. v. 17.11.2020 – 12 K 542/20 Rn. 12; VG Würzburg Urt. v. 16.1.2017 – W 7 K 16.725 Rn. 17; VG Münster Urt. v. 15.2.2018 – 8 K 3455/16 Rn. 16.
[84] Hierzu OVG LSA Beschl. v. 20.1.2021 – 2 L 102/19 Rn. 47.
[85] BVerwG Beschl. v. 22.11.2016 – 1 B 117.16 und Urt. v. 28.10.2008 – 1 C 34.07.
[86] BVerwG Beschl. v. 22.11.2016 – 1 B 117.16 Rn. 5, Urt. v. 28.10.2008 – 1 C 34.07 Rn. 16.
[87] BVerwG Beschl. v. 22.11.2016 – 1 B 117.16 Rn. 5; OVG Bln-Bbg Beschl. v. 13.4.2021 – OVG 3 M 20/21 Rn. 3.
[88] Ebenso BVerwG Beschl. v. 22.11.2016 – 1 B 117.16 ua Rn. 5 für eine 82-jährige Person, die Analphabetin ist; BayVGH Beschl. v. 14.9.2009 – 19 ZB 09.785, AuAS 2009, 233 Rn. 16.
[89] BVerwG Beschl. v. 22.11.2016 – 1 B 117.16 ua Rn. 5.
[90] Vgl. BT-Drs. 15/420, 72.

ren Integrationsvoraussetzungen ausschließen[91]. Damit unterscheidet sich die Ausnahmeregelung von § 10 VI StAG.

87 Als Ausnahmeregelung ist **§ 9 II 3** grundsätzlich **keiner weiten Auslegung zugänglich**[92]. Auch die Entstehungsgeschichte der Vorschrift lässt eine erweiternde Auslegung nicht zu.

88 Auch ein nur noch eingeschränkt erwerbsfähiger Ausländer kann sich auf den Ausnahmetatbestand berufen, wenn er wegen einer körperlichen, geistigen oder seelischen Krankheit oder Behinderung nicht mehr in der Lage ist, seinen **Lebensunterhalt** (§ 9 II 3 iVm S. 6) zu sichern[93].

89 Die Niederlassungserlaubnis darf, wenn der Ausländer den **Ausnahmetatbestand erfüllt,** nicht allein unter dem Hinweis darauf abgelehnt werden, dass ein anderer Familienangehöriger aus der Bedarfsgemeinschaft den Lebensunterhalt der Familie sichern könnte. Das Ausbleiben von Unterhaltsleistungen führt nicht dazu, dass eine krankheits- oder behinderungsbedingte Erwerbsunfähigkeit des Ausländers „nicht kausal" für die fehlende Lebensunterhaltssicherung wäre[94]. § 9 II 6 stellt allein darauf ab, dass der Ausländer die Voraussetzung der Lebensunterhaltssicherung aus den in S. 3 genannten Gründen nicht erfüllen kann; ob derartige Gründe auch in der Person eines anderen Mitglieds der Bedarfsgemeinschaft vorliegen, ist danach ohne Bedeutung[95].

90 Die Regelung des **Abs. 2 S. 6** enthält **weder eine Verpflichtung zur beruflichen Weiterqualifizierung noch** wird der **Nachweis krankheitsbedingter Unmöglichkeit** einer Weiterqualifizierung gefordert[96]. Weder dem Wortlaut der Bestimmung noch der Gesetzesbegründung lässt sich eine entsprechende Qualifizierungspflicht zur Kompensation der krankheits- oder behinderungsbedingten Defizite entnehmen, um die Einkommenssituation zu verbessern. Ein ungeschriebenes Tatbestandsmerkmal dieser Art folgt auch nicht aus dem Sinn und Zweck des Erfordernisses der Unterhaltssicherung[97].

91 Die analoge Anwendung des § 9 II 3 iVm S. 6 auf den Fall, dass der Ausländer eine körperlich oder geistig behinderte bzw. erkrankte Person rund um die Uhr zu betreuen hat, ist nach dem eindeutigen Gesetzeswortlaut nicht möglich[98]. Insoweit handelt es sich bei **§ 9 II 3 iVm S. 6** um eine **abschließende Ausnahmeregelung,** die keiner erweiternden Auslegung auf andere Fallkonstellationen, in denen ein Ausländer seinen Lebensunterhalt unverschuldet nicht sichern kann, zugänglich ist[99].

92 Nach § 9 II 6 ist von der Voraussetzung der Sicherung des Lebensunterhalts nur zugunsten eines Ausländers abzusehen, der diese selbst aus den in § 9 II 3 genannten Gründen – dh wegen einer körperlichen, geistigen oder seelischen Krankheit oder Behinderung – nicht erfüllen kann, nicht aber zugunsten eines des Kranken oder Behinderten pflegenden Dritten[100]. Auch aus der Gesetzesbegründung[101] ergibt sich, dass der Gesetzgeber in § 9 II 6 iVm S. 3 eine eng auszulegende und **abschließende Spezialregelung** gerade für den Fall getroffen hat, dass der Ausländer aufgrund einer in seiner eigenen Person vorliegenden Krankheit oder Behinderung nicht in der Lage ist, die Voraussetzungen für eine wirtschaftliche Integration zu erfüllen[102].

93 Nach der Gesetzesbegründung wollte der Gesetzgeber mit der Ausnahmevorschrift des Abs. 2 S. 6 **ausschließlich** dem durch Art. 3 III 2 GG gebotenen **besonderen Schutz von kranken und behinderten Menschen** Rechnung tragen und diese nicht von einer ansonsten möglichen weiteren Aufenthaltsverfestigung[103] durch Versagung einer Niederlassungserlaubnis wegen Fehlens der besonderen Integrationsvoraussetzungen ausschließen. Die Bestimmung soll lediglich sicherstellen, dass Behinderte nicht benachteiligt werden, wenn sie wegen ihrer Behinderung nicht arbeiten können. Dieser eng begrenzten Ausnahmekonstellation können vergleichbare weitere Sachverhalte, zB dass der Ausländer aufgrund von Betreuungsleistungen keiner Berufstätigkeit nachgehen kann, nicht gleichgestellt werden[104].

94 **Nicht erforderlich** ist weiter, dass die unter § 9 II 6 iVm § 9 II 3 fallende **Krankheit oder Behinderung alleinursächlich für** die **Unmöglichkeit** der **Erfüllung der Lebensunterhalts-**

---

[91] BayVGH Beschl. v. 14.9.2009 – 19 ZB 09.785, AuAS 2009, 233 Rn. 16; OVG Bln-Bbg Beschl. v. 13.12.2011 – OVG 12 B 24.11 Rn. 22.
[92] BVerwG Beschl. v. 22.11.2016 – 1 B 117.16 ua Rn. 5; BayVGH Beschl. v. 14.9.2009 – 19 ZB 09.785, AuAS 2009, 233 Rn. 17.
[93] BayVGH Beschl. v. 18.6.2015 – 10 C 15.675 Rn. 11 unter Hinweis auf OVG Bln-Bbg Urt. v. 13.12.2011 – 12 B 24.11 Rn. 22 mwN.
[94] OVG NRW Urt. v. 15.10.2014 – 17 A 1150/13 Rn. 76.
[95] OVG NRW Urt. v. 15.10.2014 – 17 A 1150/13 Rn. 71, 74.
[96] OVG Bln-Bbg Urt. v. 13.12.2011 – OVG 12 B 24.11, InfAuslR 2012, 177 Rn. 23.
[97] OVG Bln-Bbg Urt. v. 13.12.2011 – OVG 12 B 24.11, InfAuslR 2012, 177 Rn. 23.
[98] BVerwG Urt. v. 28.10.2008 – 1 C 34.07, NVwZ 2009, 246 (247); NdsOVG Beschl. v. 30.11.2011 – 8 PA 186/11 Rn. 8; OVG Saarl Beschl. v. 29.1.2008 – 2 D 472/07 Rn. 11; OVG NRW Urt. v. 19.10.2007 – 18 A 4032/06; NdsOVG Beschl. v. 27.11.2014 – 13 LA 108/14, InfAuslR 2015, 49 Rn. 9.
[99] VGH BW Urt. v. 26.7.2007 – 13 S 1078/07, VBlBW 2007, 473.
[100] BVerwG Urt. v. 28.10.2008 – 1 C 34.07, InfAuslR 2009, 62.
[101] Vgl. BT-Drs. 15/420, 72.
[102] VGH BW Urt. v. 26.7.2007 – 13 S 1078/07.
[103] VGH BW Urt. v. 26.7.2007 – 13 S 1078/07.
[104] VGH BW Urt. v. 26.7.2007 – 13 S 1078/07.

sicherung ist. Kann ein Ausländer sowohl wegen einer Behinderung oder Erkrankung als auch wegen eines anderen Grundes, zB Alter, die Anforderungen einer Niederlassungserlaubnis nicht erfüllen, so steht dies daher der Anwendbarkeit der Ausnahmeregelung nicht entgegen[105]. Denn der Norm ist nicht zu entnehmen, dass die dort in Bezug genommenen Gründe alleinursächlich sein müssen[106]. Denn es besteht kein sachlicher Grund, einem Ausländer, der behinderungsbedingt niemals seinen Lebensunterhalt eigenständig wird sicherstellen können, die Rechtswohltat des § 9 II 6 zu versagen, weil er zudem auch altersbedingt hierzu nicht in der Lage ist.

Voraussetzung dieses zwingenden, aber auch abschließenden Ausnahmetatbestands ist, **95** dass dem Ausländer die Erfüllung wegen einer körperlichen, geistigen oder seelischen Krankheit oder Behinderung (nahezu) dauerhaft unmöglich ist[107]. Zur Bestimmung der krankheits- oder behinderungsbedingten Erwerbsunfähigkeit wird auf die sozialrechtlichen Bestimmungen über die (teilweise) Erwerbsunfähigkeit nach § 43 Abs. 1 Nr. 1 und S. 2 bzw. Abs. 2 S. 1 Nr. 1 SGB VI zurückgegriffen, wonach teilweise erwerbsgemindert derjenige ist, der wegen Krankheit oder Behinderung auf nicht absehbare Zeit außerstande ist, unter den üblichen Bedingungen des allgemeinen Arbeitsmarkts mindestens sechs Stunden täglich erwerbstätig zu sein, und vollerwerbsgemindert derjenige ist, der wegen Krankheit oder Behinderung auf nicht absehbare Zeit außerstande ist, unter den üblichen Bedingungen des allgemeinen Arbeitsmarktes mindestens drei Stunden täglich erwerbstätig zu sein[108]. Dabei bedeutet „auf nicht absehbare Zeit" länger als sechs Monate[109].

Erforderlich zum **Nachweis der tatbestandlichen Voraussetzungen der Ausnahmeregelung** **96** des § 9 II 6 iVm § 9 II 3 ist eine **fachärztliche Aussage** darüber, ob und in welchem Umfang der die Niederlassungserlaubnis begehrende Ausländer noch arbeitsfähig ist und eine Vergleichsberechnung des theoretisch durch Erwerbstätigkeit zu erzielenden Einkommens und der dem Ausländer zustehenden öffentlichen Leistungen[110]. Es bedarf hier einer konkreten Betrachtung dahin gehend, inwieweit der Ausländer aufgrund der der Behinderung zugrunde liegenden gesundheitlichen Beeinträchtigungen bei einer ihm theoretisch möglichen Tätigkeit seinen Lebensunterhalt – gemessen an sozialgesetzlichen Maßstäben – verdienen könnte[111].

Da bei **Personen im Rentenalter** die Generierung von Einkommen durch eigene Erwerbstätigkeit **97** nicht mehr im Vordergrund steht, sondern vielmehr der Lebensunterhalt grundsätzlich durch während des vorangegangenen Erwerbslebens generierte Rentenansprüche gesichert wird, ist zudem erforderlich, dass **dargelegt** wird, dass auch ein **Erwerb entsprechender Anwartschaften (in der Vergangenheit)** bereits **wegen** einer unter die Ausnahmeregelung des **§ 9 II 6 iVm § 9 II 3** fallenden **Krankheit oder Behinderung nicht möglich** war[112]. Für die Frage, ob der Ausländer iSv § 9 II 6 die Voraussetzung des § 9 II 1 Nr. 3 aus den in § 9 II 3 genannten Gründen nicht erfüllen „kann", kommt es nicht darauf an, ob der Ausländer im Zeitpunkt der (gerichtlichen) Entscheidung aufgrund seiner Erkrankung oder Behinderung daran gehindert ist, künftig (weitere) Beiträge zur gesetzlichen Rentenversicherung oder Aufwendungen für die private Altersvorsorge zu erbringen, sondern darauf, ob er aufgrund der Erkrankung oder Behinderung bis zu diesem Zeitpunkt nicht in der Lage gewesen ist, die erforderlichen 60 Monate Beiträge zur gesetzlichen Rentenversicherung oder Aufwendungen für eine vergleichbare private Altersvorsorge zu leisten[113].

Diese **rückschauende Berücksichtigung des bisherigen Erwerbslebens** ist, angesichts der oben **98** genannten Zielsetzung des Erfordernisses der Lebensunterhaltssicherung, die Zuwanderung in die Sozialsysteme zu verhindern, bei Personen im Rentenalter erforderlich, die schon wegen ihres Alters nicht mehr erwerbsfähig sind[114]. Dadurch wird dieser Zielsetzung grundsätzlich entsprochen und zugleich, Art. 3 III 2 GG entsprechend, gewährleistet, dass auch ältere, im Sinne der Ausnahmeregelung behinderte oder kranke Personen, die wegen ihrer Behinderung oder Krankheit selbst bei einem langjährigen Aufenthalt nicht in der Lage gewesen wären, zur (vollständigen) Sicherung des Lebensunterhalts ausreichende Rentenansprüche zu erwerben, nicht von der Möglichkeit einer Aufenthaltsverfestigung ausgeschlossen werden.

---

[105] VG Ansbach Urt. v. 16.6.2016 – AN 5 K 15.00399.
[106] OVG NRW Urt. v. 15.10.2014 – 17 A 1150/13 Rn. 67.
[107] BVerwG Urt. v. 28.4.2015 – 1 C 21.14 Rn. 17; OVG LSA Beschl. v. 20.1.2021 – 2 L 102/19 Rn. 30; VG Bremen Urt. v. 19.4.2021 – 4 K 1283/19 Rn. 34.
[108] OVG LSA Beschl. v. 20.1.2021 – 2 L 102/19 Rn. 30 mwN.
[109] OVG LSA Beschl. v. 20.1.2021 – 2 L 102/19 Rn. 30 mwN, Beschl.v. 14.3.2019 – 2 L 120/16 Rn. 16 ff.
[110] VG Ansbach Urt. v. 16.6.2016 – AN 5 K 15.00399 Rn. 47; BayVGH Beschl. v. 18.6.2015 – 10 C 15.675 Rn. 11.
[111] VG Ansbach Urt. v. 16.6.2016 – AN 5 K 15.00399 Rn. 47; BayVGH Urt. v. 16.4.2008 – 19 B 07.336 Rn. 40.
[112] VG Ansbach Urt. v. 16.6.2016 – AN 5 K 15.00399 Rn. 47.
[113] OVG LSA Beschl. v. 20.1.2021 – 2 L 102/19 Rn. 45.
[114] OVG LSA Beschl. v. 20.1.2021 – 2 L 102/19 Rn. 45; VG Ansbach Urt. v. 16.6.2016 – AN 5 K 15.00399 Rn. 47.

1 AufenthG § 9

Erster Teil. Aufenthaltsgesetz

99 Eine Erstreckung der in **§ 9 II 3** zugunsten Behinderter getroffenen Regelung kann auch nicht aus der Rspr. des **EuGH** in der **Rechtssache Coleman**[115] abgeleitet werden. Darin wurde der Schutzbereich des Diskriminierungsverbots wegen Behinderung zwar auch auf eine Mutter erstreckt, die die wesentlichen Pflegeleistungen für ihr behindertes Kind erbringt. Die Entscheidung bezieht sich aber nur auf das in der RL 2000/78/EG[116] verankerte **spezielle Verbot der Diskriminierung**[117]. Zudem betrifft die Entscheidung nur den Fall der Benachteiligung der pflegenden Mutter, während es bei der Anwendung des **§ 9 II 3** um die **Frage der Erstreckung einer Privilegierung (Absehen vom Erfordernis der Unterhaltssicherung)** geht. Im Übrigen hat der EuGH in der Rechtssache Bartsch hervorgehoben, dass sich das Diskriminierungsverbot nach Art. 13 EG (dort wegen des Alters) nicht auf nationale Regelungen bezieht, die keinen unionsrechtlichen Bezug haben, etwa weil sie nicht der Umsetzung einer RL dienen[118].

100 Bei den **Integrationskursen** wird auf besondere Defizite wie Analphabetismus Rücksicht genommen (zB durch Integrationskurse mit Alphabetisierung nach § 13 S. 1 Nr. 2 IntV), dabei bleiben aber Fälle übrig, denen damit nicht geholfen werden kann. Bei ihnen ist von den genannten Kenntnissen abzusehen, wenn das Fehlen ausreichender Kenntnisse seine Ursache in Krankheit oder Behinderung hat. In welchem Umfang Kenntnisse bestehen, ist unerheblich. In jedem Fall ist **zwingend** auf die Erfüllung dieses Erfordernisses zu verzichten. Dies gilt auch bei Personen, die sich auf einfache Art mündlich in Deutsch verständigen können[119], aber entweder nach § 44 III Nr. 2 keinen Anspruch auf Kursteilnahme hatten (nur geringer Integrationsbedarf) oder nach § 44a II Nr. 3 nicht dazu verpflichtet waren (Teilnahme unmöglich).

101 Ausnahmen können sich für **türkische Staatsangehörige aus den Stillhalteklauseln** der Art. 13 ARB 1/80 und Art. 41 ZP ergeben. Insoweit wird auf die Kommentierung zu Art. 13 ARB 1/80 verwiesen.

102 Außerdem kann nach **Abs. 2 S. 4** auch in **anderen Fällen nach Ermessen** zur **Vermeidung einer Härte** davon abgesehen werden. Der Gesetzgeber hat hier an Fälle gedacht, in denen die Betroffenen trotz verstärkter Bemühungen die Anforderungen in Bezug auf die **Sprachkenntnisse und Kenntnisse der Rechts- und Gesellschaftsordnung unverschuldet** nicht erfüllen können[120]. Er geht davon aus, dass es insoweit (auch bei strikter Zuwanderungssteuerung im Bereich der wirtschaftlichen Migration) immer Einzelfälle – zB im Rahmen der Familienzusammenführung – geben wird, in denen die Betroffenen auf aller Anstrengung und selbst bei Berücksichtigung von Alter und Bildungsstand die geforderten Kenntnisse nicht in hinreichendem Maße erwerben können[121].

103 Ein **Härtefall nach Abs. 2 S. 4** kann insbesondere bei **„bildungsfernen" Personen** auftreten, die in einer anderen Sprache sozialisiert worden sind und trotz aller Anstrengungen auch unter Berücksichtigung von Alter und Bildungsstand die erforderlichen Kenntnisse nicht in dem ausreichenden Maß erwerben können[122]. Es soll nicht hingenommen werden, dass ihnen dauerhaft die Aufenthaltsverfestigung vorenthalten wird, obwohl sie im Alltagsleben erkennbar zurechtkommen und sie alle zumutbaren Anstrengungen unternommen haben, um die gewünschte Kenntnisse zu erwerben[123]. Die **Erziehung eigener Kinder** und auch die Sorge für Kinder im Vorschulalter stellen für sich genommen keine Umstände dar, die die Erfüllung der Voraussetzungen des § 9 II 1 Nr. 7 und 8 wesentlich erschweren. Es müssen vielmehr erschwerende Umstände hinzukommen, etwa eine schwere Erkrankung oder die Behinderung des Kindes.

104 Eine **Härte iSd § 9 II 4** kann ferner auch dann vorliegen, wenn eine körperliche, geistige oder seelische Erkrankung oder Behinderung die Erfüllung der Voraussetzungen gem. Abs. 2 S. 1 Nr. 7 und Nr. 8 zwar nicht unmöglich macht, aber dauerhaft erschwert, wenn der Ausländer bei der Einreise bereits über 50 Jahre alt war oder wegen der Pflegebedürftigkeit eines Angehörigen der Besuch eines Integrationskurses auf Dauer unmöglich oder unzumutbar war (vgl. Nr. 9.2.2. AufenthG-Verwaltungsvorschrift).

105 Die **Betreuung von gesunden Kleinkindern** und eine **ungünstige Verkehrsanbindung** zum Ort des Integrationskurses erfüllen nicht die Voraussetzungen des § 9 II 4[124].

---

[115] EuGH Urt. v. 17.7.2008 – C-303/06, NJW 2008, 2763 ff. – Coleman.
[116] RL des Rates v. 27.11.2000 zur Festlegung eines allgemeinen Rahmens für die Verwirklichung der Gleichbehandlung in Beschäftigung und Beruf (ABl. 2000 L 303, 16).
[117] So BVerwG Urt. v. 28.10.2008 – 1 C 34.07, InfAuslR 2009, 62.
[118] Vgl. EuGH Urt. v. 23.9.2008 – C-427/06, NZA 2008, 1119 f. – Bartsch.
[119] Dazu → § 44a Rn. 3.
[120] BVerwG Urt. v. 28.4.2015 – 1 C 21.14 Rn. 18.
[121] BT-Drs. 15/420, 72 f.
[122] Vgl. BT-Drs. 15/420, 73; vgl. zB BayVGH Beschl. v. 18.6.2015 – 10 C 15.675 Rn. 11; VG Saarland Urt. v. 24.10.2017 – 6 K 2413/16 Rn. 4.
[123] BVerwG Urt. v. 28.4.2015 – 1 C 21.14 Rn. 18 unter Hinweis auf BT-Drs. 15/420, 73.
[124] BVerwG Urt. v. 28.4.2015 – 1 C 21.14 Rn. 19.

Erlaubnis zum Daueraufenthalt – EU § 9a AufenthG 1

9. Ausreichender Wohnraum

Der **Wohnraum** muss den Erfordernissen des § 2 IV genügen. Als Familienangehörige zählen nur 106 die tatsächlich mit dem Ausländer zusammenlebenden Personen, nicht zB der getrenntlebende Ehegatte oder das volljährige Kind mit eigener Wohnung. Auf eine etwaige familienrechtliche Verpflichtung zur Versorgung von Angehörigen mit Wohnraum kommt es ebenso wenig an wie auf evtl. noch nachzugsberechtigte und -willige Verwandte. Gezählt werden nur die tatsächlich bei dem Ausländer wohnenden Personen, ausgenommen die Kinder bis zu zwei Jahren.

IV. Verwaltungsverfahren und Rechtsschutz

Verwaltungsverfahren und Rechtsschutz unterscheiden sich grundsätzlich nicht von dem Verfahren 107 um die Erteilung der anderen Aufenthaltstitel. **Besonders zu beachten** sind lediglich die besonderen Nachweisregeln des Abs. 2 S. 2 über die sprachlichen und kulturellen Integrationsvoraussetzungen.

Besteht zwischen dem Ausländer und der Ausländerbehörde Streit über das Vorliegen der Voraus- 108 setzungen für die Erteilung einer Niederlassungserlaubnis, ist dieser **grundsätzlich im Hauptsacheverfahren** auszutragen. Statthafte Klageart im Streit um eine abgelehnte Niederlassungserlaubnis ist die **Verpflichtungsklage,** für die Fälle ausländerbehördlichen Rechtsfolgeermessens – etwa nach Abs. 2 S. 4 – hilfsweise gerichtet auf Neubescheidung. Würde die Ausländerbehörde in einem Verfahren nach § 123 VwGO zur Erteilung einer Niederlassungserlaubnis verpflichtet, würde das Hauptsacheverfahren überflüssig. Es würden – in einer bedeutenden aufenthaltsrechtlichen Statusfrage – vollendete Tatsachen geschaffen[125].

§ 9a Erlaubnis zum Daueraufenthalt – EU

(1) ¹Die Erlaubnis zum Daueraufenthalt – EU ist ein unbefristeter Aufenthaltstitel. ²§ 9 Abs. 1 Satz 2 und 3 gilt entsprechend. ³Soweit dieses Gesetz nichts anderes regelt, ist die Erlaubnis zum Daueraufenthalt – EU der Niederlassungserlaubnis gleichgestellt.

(2) ¹Einem Ausländer ist eine Erlaubnis zum Daueraufenthalt – EU nach Artikel 2 Buchstabe b der Richtlinie 2003/109/EG zu erteilen, wenn
1. er sich seit fünf Jahren mit Aufenthaltstitel im Bundesgebiet aufhält,
2. sein Lebensunterhalt und derjenige seiner Angehörigen, denen er Unterhalt zu leisten hat, durch feste und regelmäßige Einkünfte gesichert ist,
3. er über ausreichende Kenntnisse der deutschen Sprache verfügt,
4. er über Grundkenntnisse der Rechts- und Gesellschaftsordnung und der Lebensverhältnisse im Bundesgebiet verfügt,
5. Gründe der öffentlichen Sicherheit oder Ordnung unter Berücksichtigung der Schwere oder der Art des Verstoßes gegen die öffentliche Sicherheit oder Ordnung oder der vom Ausländer ausgehenden Gefahr unter Berücksichtigung der Dauer des bisherigen Aufenthalts und dem Bestehen von Bindungen im Bundesgebiet nicht entgegenstehen und
6. er über ausreichenden Wohnraum für sich und seine mit ihm in familiärer Gemeinschaft lebenden Familienangehörigen verfügt.

²Für Satz 1 Nr. 3 und 4 gilt § 9 Abs. 2 Satz 2 bis 5 entsprechend.

(3) Absatz 2 ist nicht anzuwenden, wenn der Ausländer
1. einen Aufenthaltstitel nach Abschnitt 5 besitzt, der nicht auf Grund des § 23 Abs. 2 erteilt wurde, oder eine vergleichbare Rechtsstellung in einem anderen Mitgliedstaat der Europäischen Union innehat und weder in der Bundesrepublik Deutschland noch in einem anderen Mitgliedstaat der Europäischen Union als international Schutzberechtigter anerkannt ist; Gleiches gilt, wenn er einen solchen Titel oder eine solche Rechtsstellung beantragt hat und über den Antrag noch nicht abschließend entschieden worden ist,
2. in einem Mitgliedstaat der Europäischen Union einen Antrag auf Anerkennung als international Schutzberechtigter gestellt oder vorübergehenden Schutz im Sinne des § 24 beantragt hat und über seinen Antrag noch nicht abschließend entschieden worden ist,
3. in einem anderen Mitgliedstaat der Europäischen Union eine Rechtsstellung besitzt, die der in § 1 Abs. 2 Nr. 2 beschriebenen entspricht,
4. sich mit einer Aufenthaltserlaubnis nach § 16a oder § 16b oder
5. sich zu einem sonstigen seiner Natur nach vorübergehenden Zweck im Bundesgebiet aufhält, insbesondere
    a) auf Grund einer Aufenthaltserlaubnis nach § 19c, wenn die Befristung der Zustimmung der Bundesagentur für Arbeit auf einer Verordnung nach § 42 Abs. 1 bestimmten Höchstbeschäftigungsdauer beruht,

---
[125] OVG Brem Beschl. v. 1.9.2011 – 1 B 105/11 Rn. 4.

b) wenn die Verlängerung seiner Aufenthaltserlaubnis nach § 8 Abs. 2 ausgeschlossen wurde oder
c) wenn seine Aufenthaltserlaubnis der Herstellung oder Wahrung der familiären Lebensgemeinschaft mit einem Ausländer dient, der sich selbst nur zu einem seiner Natur nach vorübergehenden Zweck im Bundesgebiet aufhält, und bei einer Aufhebung der Lebensgemeinschaft kein eigenständiges Aufenthaltsrecht entstehen würde.

Allgemeine Verwaltungsvorschrift
9a Zu § 9a – Erlaubnis zum Daueraufenthalt-EG
9a.0 Allgemeines

9a.0.1 Die Erlaubnis zum Daueraufenthalt-EG ist ein eigenständiger unbefristeter Aufenthaltstitel neben der Niederlassungserlaubnis (siehe § 4 Absatz 1 Nummer 4). Sie beruht auf der Richtlinie 2003/109/EG des Rates vom 25. November 2003 betreffend die Rechtsstellung der langfristig aufenthaltsberechtigten Drittstaatsangehörigen (ABl. EU 2004 Nummer L 16 S. 44, so genannte Daueraufenthalt-Richtlinie), in deren Umsetzung folgende Regelungen des Aufenthaltsgesetzes aufgenommen wurden: § 2 Absatz 7, § 4 Absatz 1 Nummer 4, § 5 Absatz 2, § 6 Absatz 4, §§ 9a bis 9c, 29 Absatz 1 Nummer 1, § 30 Absatz 1 Satz 1 Nummer 3 Buchstaben b) und f), § 30 Absatz 1 Satz 2 Nummer 2, § 31 Absatz 1 Satz 1 und 2, Absatz 3 und 4, § 32 Absatz 2 bis 3, §§ 33, 34, 38a, 44a Absatz 2a, § 51 Absatz 8 und 9, § 52 Absatz 6, § 56 Absatz 1 Satz 1 Nummer 1a, § 69 Absatz 3 Nummer 2a, § 75 Nummer 5, § 77 Absatz 1 Satz 3, § 91c, § 101 Absatz 3 und § 105 a.

9a.0.2 § 9a regelt den persönlichen Anwendungsbereich sowie die Erteilungsvoraussetzungen der Erlaubnis zum Daueraufenthalt-EG. Die §§ 9b und 9c enthalten Spezifizierungen hinsichtlich einzelner Tatbestandsmerkmale des § 9a: der Bestimmung der Dauer des Voraufenthalts (§ 9a Absatz 2 Satz 1 Nummer 1) sowie hinsichtlich fester und regelmäßiger Einkünfte im Rahmen der Lebensunterhaltssicherung (§ 9a Absatz 2 Satz 1 Nummer 2).

9a.0.3 Nach § 11 Absatz 1 Satz 5 des FreizügG/EU sind freizügigkeitsberechtigte Unionsbürger und ihre Familienangehörigen bei Vorliegen der Voraussetzungen nach §§ 9a bis 9c vom Anwendungsbereich der Erlaubnis zum Daueraufenthalt-EG umfasst, da diese eine günstigere Regelung hinsichtlich der Erlöschensfristen bei Auslandsaufenthalten nach Maßgabe von § 51 Absatz 9 Nummer 4, § 4a Absatz 7 FreizügG/EU vermittelt. Zur Anrechnung von Zeiten, in denen der Ausländer freizügigkeitsberechtigt war, siehe Nummer 9b.1.3.

9a.0.4 Bei der Umsetzung der Daueraufenthalt-Richtlinie war es möglich, die Erlaubnis zum Daueraufenthalt-EG nach Tatbestand und Rechtsfolge stark an der Niederlassungserlaubnis zu orientieren; dies wird hinsichtlich der Rechtsfolge insbesondere an § 9a Absatz 1 Satz 2 und 3 deutlich.

9a.0.5 Da der aufenthaltsrechtliche Status eines Ausländers eindeutig definiert sein muss, ist eine parallele Erteilung einer Niederlassungserlaubnis und einer Erlaubnis zum Daueraufenthalt-EG selbst dann ausgeschlossen, wenn der Ausländer die Voraussetzungen beider Aufenthaltstitel erfüllt. Da die Erlaubnis zum Daueraufenthalt-EG eine weitergehende Rechtsposition einräumt als die Niederlassungserlaubnis, ist grundsätzlich davon auszugehen, dass der Ausländer in diesem Fall eine Erlaubnis zum Daueraufenthalt-EG beantragt. Inhaber einer Niederlassungserlaubnis können beantragen, dass ihnen anstelle der Niederlassungserlaubnis die Erlaubnis zum Daueraufenthalt-EG erteilt wird. Die Voraussetzungen für die Erteilung der Erlaubnis zum Daueraufenthalt-EG sind dann vollständig zu prüfen. Werden sie nicht erfüllt, bleibt die Niederlassungserlaubnis wirksam; werden sie hingegen erfüllt, ist die Erlaubnis zum Daueraufenthalt-EG zu erteilen und die Niederlassungserlaubnis als ungültig zu kennzeichnen.

9a.0.6 Im Gegensatz zur Erlaubnis zum Daueraufenthalt-EG berechtigt eine Niederlassungserlaubnis nach nationalem Recht, die nach §§ 9, 19, 21 Absatz 4, § 23 Absatz 2, § 26 Absatz 3 und 4, § 28 Absatz 2, § 31 Absatz 3, §§ 35 und 38 Absatz 1 Nummer 1 erteilt wird, nicht zur Mobilität nach Artikel 13 Satz 2 Daueraufenthalt Richtlinie.

9a.0.7 In formeller Hinsicht gelten die nachfolgend dargestellten Besonderheiten:
9a.0.7.1 Im Rahmen des Verwaltungsverfahrens sind
folgende Mitteilungspflichten zu beachten:
9a.0.7.1.1 – bei Erteilung einer Erlaubnis zum Daueraufenthalt-EG, § 91c Absatz 1,
9a.0.7.1.2 – bei aufenthaltsbeendenden Maßnahmen einer deutschen Ausländerbehörde gegen einen in einem anderen Mitgliedstaat lebenden Ausländer, der die Erlaubnis zum Daueraufenthalt-EG besitzt, § 91c Absatz 3 und
9a.0.7.1.3 – bei aufenthaltsbeendenden Maßnahmen eines anderen Mitgliedstaats gegen einen in diesem Mitgliedstaat lebenden Ausländer, der die Erlaubnis zum Daueraufenthalt-EG besitzt, auf Nachfrage, § 91c Absatz 5.
9a.0.7.2 Im Rahmen der innergemeinschaftlichen grenzüberschreitenden Kooperation ist die Zentralstellenfunktion des Bundesamts für Migration und Flüchtlinge als nationale Kontaktstelle zu beachten.
9a.0.7.3 Nach § 77 Absatz 1 Satz 3 ist einem Verwaltungsakt, mit dem eine Aufenthaltserlaubnis, eine Niederlassungserlaubnis oder eine Erlaubnis zum Daueraufenthalt-EG versagt wird, eine Rechtsbehelfsbelehrung beizufügen (siehe Nummer 77.1.4.2).
9a.0.8 Für das Erlöschen gilt § 51 Absatz 9 als abschließende Sonderregelung, daher ist der Widerruf nach § 52 ausgeschlossen.

9a.1 Rechtsfolgen
9a.1.1 Nach § 9a Absatz 1 Satz 1 wird die Erlaubnis zum Daueraufenthalt-EG als ein eigenständiger unbefristeter Aufenthaltstitel erteilt (siehe § 4 Absatz 1 Nummer 4).
9a.1.2 Durch die Regelung des § 9a Absatz 1 Satz 2, die § 9 Absatz 1 Satz 2 und 3 für entsprechend anwendbar erklärt, wird die Erlaubnis zum Daueraufenthalt-EG hinsichtlich ihrer Rechtsfolgen weitgehend an die Niederlassungserlaubnis angelehnt. Diese rechtsfolgenorientierte Gleichbehandlung wird noch durch § 9 Absatz 1 Satz 3 verstärkt, indem die an die Niederlassungserlaubnis geknüpften Rechtsfolgen, mit Ausnahme abweichender Regelungen im Aufenthaltsgesetz, auch für die Erlaubnis zum Daueraufenthalt-EG gelten sollen.

9a.2 Erteilungsvoraussetzungen
9a.2.0 In § 9a Absatz 2 werden die Erteilungsvoraussetzungen der Erlaubnis zum Daueraufenthalt-EG geregelt. Wie bei den Erteilungsvoraussetzungen der Niederlassungserlaubnis nach § 9 Absatz 2 handelt es sich nicht um eine abschließende Aufzählung. Vielmehr ist § 5 zusätzlich zu beachten. Der in § 9a Absatz 2 Satz 1 enthaltene Katalog von Tatbestandsmerkmalen ist zu einem weiten Teil identisch mit demjenigen in § 9 Absatz 2 Satz 1.

Erlaubnis zum Daueraufenthalt – EU § 9a AufenthG 1

9a.2.1.1 Fünfjähriger rechtmäßiger Aufenthalt
9a.2.1.1.1 § 9a Absatz 2 Satz 1 Nummer 1 sieht in Umsetzung von Artikel 4 Daueraufenthalt-Richtlinie vor, dass sich ein Ausländer seit fünf Jahren ununterbrochen mit Aufenthaltstitel in Deutschland aufhält. Diese Voraussetzungen müssen im Zeitpunkt der Antragstellung erfüllt sein, insbesondere muss der Aufenthaltstitel im Zeitpunkt der Antragstellung Gültigkeit besitzen. Zur Bestimmung der erforderlichen Aufenthaltsdauer muss auch die Regelung zur Anrechnung von Aufenthaltszeiten nach § 9b beachtet werden (vgl. Nummer 9b).
9a.2.1.1.2 Mangels einschränkender Regelungen müssen dabei auch titulierte Aufenthaltszeiten vor Inkrafttreten dieser Regelung am 28. August 2007 einbezogen werden. Gleiches gilt für Aufenthaltszeiten, die vor dem In-Kraft-Treten der Daueraufenthalt-Richtlinie am 23. Januar 2006 liegen, da sich auch aus der DaueraufenthaltRichtlinie insoweit keine Einschränkungen ergeben.
9a.2.1.1.3 Zeiten des Besitzes eines nationalen Visums werden nach § 6 Absatz 4 Satz 3 angerechnet.
9a.2.1.1.4 Die Aufenthaltszeiten mit einem deklaratorischen Aufenthaltstitel nach § 4 Absatz 5 aufgrund des Assoziationsabkommens EWG/ Türkei werden einbezogen.
9a.2.1.2 Lebensunterhaltssicherung
9a.2.1.2.0 § 9a Absatz 2 Satz 1 Nummer 2 setzt Artikel 5 Absatz 1 Buchstabe a) Daueraufenthalt-Richtlinie um. Nummer 2 sieht vor, dass der Lebensunterhalt des Ausländers und derjenige seiner Angehörigen, denen er Unterhalt zu leisten hat, durch feste und regelmäßige Einkünfte gesichert ist.
9a.2.1.2.1 Zur Bestimmung der Lebensunterhaltssicherungspflicht sind neben dem Ausländer alle unterhaltsberechtigten Familienangehörigen im Bundesgebiet einzubeziehen. Dabei wird die Familie als durch Unterhaltspflichten miteinander verbundene Wirtschaftsgemeinschaft verstanden.
9a.2.1.2.2 Die Sicherung des Lebensunterhalts muss durch feste und regelmäßige Einkünfte erfolgen. Nach § 9a Absatz 2 Satz 1 Nummer 2 ist daher auf die Dauerhaftigkeit und Regelmäßigkeit der Erzielung von Einkünften abzustellen. Dabei ist neben der Legaldefinition des Begriffs der Lebensunterhaltssicherung in § 2 Absatz 3 insbesondere auch § 9c hinsichtlich seiner RegelInhaltsbestimmung von festen und regelmäßigen Einkünften zu beachten (vgl. Nummer 9c).
9a.2.1.3 Ausreichende Kenntnisse der deutschen Sprache
§ 9a Absatz 2 Satz 1 Nummer 3 entspricht hinsichtlich seines Wortlautes und seiner inhaltlichen Anforderung § 9 Absatz 2 Satz 1 Nummer 7 (vgl. Nummer 9.2.1.7). Bei dem Erfordernis des Vorhandenseins ausreichender Kenntnisse der deutschen Sprache handelt es sich um Integrationsanforderungen nach Artikel 5 Absatz 2 Daueraufenthalt-Richtlinie.
9a.2.1.4 Grundkenntnisse der Rechts- und Gesellschaftsordnung und der Lebensverhältnisse
§ 9a Absatz 2 Satz 1 Nummer 4 entspricht hinsichtlich seines Wortlautes und seiner inhaltlichen Anforderung § 9 Absatz 2 Satz 1 Nummer 8 (vgl. Nummer 9.2.1.8). Auch bei dem Erfordernis des Vorhandenseins von Grundkenntnissen der Rechts- und Gesellschaftsordnung und der Lebensverhältnisse im Bundesgebiet handelt es sich um Integrationsanforderungen nach Artikel 5 Absatz 2 Daueraufenthalt-Richtlinie.
9a.2.1.5 Keine entgegenstehenden Gründe der öffentlichen Sicherheit und Ordnung
9a.2.1.5.0 Mit § 9a Absatz 2 Satz 1 Nummer 5 wird Artikel 6 Absatz 1 Daueraufenthalt-Richtlinie umgesetzt. Um eine Parallelität zwischen der Niederlassungserlaubnis und der Erlaubnis zum Daueraufenthalt-EG zu erreichen, wurde auch § 9 Absatz 2 Satz 1 Nummer 4 an die Neuregelung des § 9a Absatz 2 Satz 1 Nummer 5 angepasst. Wie bei § 9 Absatz 2 Satz 1 Nummer 4 wird durch die Neuregelung klargestellt, dass § 9a Absatz 2 Satz 1 Nummer 5 keine ausschließende Wirkung gegenüber den allgemeinen Erteilungsvoraussetzungen in § 5 hat. Dies gilt insbesondere für § 5 Absatz 4 Satz 1 sowie § 5 Absatz 1 Nummer 2 i. V. m. § 54 Nummer 5 und 5 a.
9a.2.1.5.1.1 Der Vorbehalt der Gründe der öffentlichen Sicherheit und Ordnung ist i. S. d. Daueraufenthalt-Richtlinie und des weiteren EU-Rechts (Artikel 27 der Richtlinie 2004/38/EG des Europäischen Parlaments und des Rates vom 29. April 2004 über das Recht der Unionsbürger und ihrer Familienangehörigen, sich im Hoheitsgebiet der Mitgliedstaaten der Europäischen Union frei zu bewegen und aufzuhalten, zur Änderung der Verordnung (EWG) Nummer 1612/68 und zur Aufhebung der Richtlinien 64/221/EWG, 68/380/EWG, 72/194/EWG, 73/148/EWG, 75/34/EWG, 75/ 35/EWG, 90/364/EWG, 90/365 EWG und 93/ 96/EWG (ABl. EU EWG L 229 S. 35, so genannte Freizügigkeitsrichtlinie, Artikel 39 Absatz 3, Artikel 46 Absatz 1 und Artikel 55 i. V. m. Artikel 46 Absatz 1 EGV) auszulegen.
9a.2.1.5.1.2 Vom Schutzbereich der öffentlichen Sicherheit und Ordnung mit umfasst sind Verstöße gegen die Rechtsordnung, insbesondere Strafgesetze. Gleichwohl sind auch Gefährdungen der staatlichen Sicherheit unter Einbeziehung von extremistischen und terroristischen Aktivitäten einzubeziehen.
9a.2.1.5.2 Der Vorbehalt der Gründe der öffentlichen Sicherheit und Ordnung steht unter dem Gebot, die Schwere oder die Art des Verstoßes gegen die öffentliche Sicherheit oder Ordnung oder die vom Ausländer ausgehenden Gefahr zu berücksichtigen. Dabei müssen ferner der Dauer des bisherigen Aufenthalts und das Bestehen von Bindungen im Bundesgebiet berücksichtigt werden. Es ist daher eine Abwägung zwischen den für einen Daueraufenthalt sprechenden privaten Interessen eines Ausländers und den hiergegen sprechenden öffentlichen Interessen vorzunehmen.
9a.2.1.5.2.1 Dabei können die folgenden Erwägungen für die Ermessensentscheidung herangezogen werden: Die Regelung des § 9 Absatz 2 Satz 1 Nummer 4 a. F., die bis zum 27. August 2007 galt, konnte aufgrund der nach Artikel 6 Absatz 1 Daueraufenthalt-Richtlinie notwendigen Ermessensentscheidung nicht auf die entsprechende Regelung des § 9a Absatz 2 Satz 1 Nummer 5 übertragen werden. Daher kann auf die inhaltliche Wertung dieser Regelung in ihrer durch das Richtlinienumsetzungsgesetz modifizierten Form (vgl. z. B. § 35 Absatz 3 Nummer 2; § 12a Absatz 1 Nummer 2 und 3 StAG) als ein Gesichtspunkt im Rahmen der Ermessensentscheidung – nicht als Regelannahme – zurückgegriffen werden.
Wenn der Ausländer in den letzten drei Jahren wegen einer vorsätzlichen Straftat zu einer Jugendstrafe von mindestens sechs oder einer Freiheitsstrafe von mindestens drei Monaten oder einer Geldstrafe von mindestens 90 Tagessätzen verurteilt worden ist oder wenn die Verhängung einer Jugendstrafe ausgesetzt ist, sind bei der in die Ermessensentscheidung einzubeziehenden Gesichtspunkt insbesondere die Schwere und Art der Straftat sowie die vom Ausländer ausgehende Gefahr zu bewerten. Hiervon unberührt bleibt die mögliche Rechtfertigung eines Versagungsgrundes aufgrund anderer Rechtsverstöße unterhalb dieser Schwelle einschließlich einer Gefährdung der

1 AufenthG § 9a

Erster Teil. Aufenthaltsgesetz

staatlichen Sicherheit unter Einbeziehung von extremistischen und terroristischen Aktivitäten (siehe Nummer 9 a.2.1.5.1.2).

9a.2.1.5.2.2 Darüber hinaus müssen die persönlichen Interessen des Ausländers an der Erteilung der Erlaubnis zum Daueraufenthalt-EG, die Dauer seines Aufenthalts sowie seine Bindung im Bundesgebiet im Rahmen der Ermessensentscheidung berücksichtigt werden.

9a.2.1.6 Ausreichender Wohnraum
§ 9a Absatz 2 Satz 1 Nummer 6 setzt Artikel 7 Absatz 1 Unterabsatz 2 der DaueraufenthaltRichtlinie um (vgl. Nummer 9.2.1.9).

9a.2.2 Nach § 9a Absatz 2 Satz 2 gelten § 9 Absatz 2 Satz 2 bis 5 für die Tatbestandsmerkmale nach § 9a Absatz 2 Satz 1 Nummer 3 und 4 entsprechend.

9a.3 Ausschlussgründe

9a.3.0.1 § 9a Absatz 3 bestimmt den personellen Anwendungsbereich der Erlaubnis zum Daueraufenthalt-EG, indem – in Umsetzung von Artikel 3 Absatz 2 Daueraufenthalt-Richtlinie – bestimmte Ausländergruppen ausgeschlossen werden.

9a.3.0.2 Die Ausschlussgründe nach § 9a Absatz 3 Nummer 1 und 2 gelten auch für Inhaber entsprechender Rechtsstellungen in anderen Mitgliedstaaten. Der Ausschlussgrund des § 9a Absatz 3 Nummer 3 gilt nur für Ausländer, die eine Rechtsstellung in anderen Mitgliedstaaten besitzen, die der in § 1 Absatz 2 Nummer 2 entspricht.

9a.3.1.1 Nach § 9a Absatz 3 Nummer 1 findet die Erlaubnis zum Daueraufenthalt-EG keine Anwendung auf Aufenthaltstitel nach Kapitel 2 Abschnitt 5 des Aufenthaltsgesetzes, dem „Aufenthalt aus völkerrechtlichen, humanitären oder politischen Gründen". Hiermit wird Artikel 3 Absatz 2 Buchstabe c) und d) der Daueraufenthalt-Richtlinie umgesetzt, der eine Anwendung auf Flüchtlinge, subsidiär Geschützte i. S. d. Richtlinie 2004/83/EG des Rates über Mindestnormen für die Anerkennung und den Status von Drittstaatsangehörigen oder Staatenlosen als Flüchtlinge oder als Personen, die anderweitig internationalen Schutz benötigen, und den Inhalt des zu gewährenden Schutzes (ABl. EG L 304 S. 12, ber. ABl. EG L 204 S. 24, so genannte Qualifikationsrichtlinie) oder humanitäre Aufenthalte nach nationalem Recht in den Mitgliedstaaten ausschließt. Der Begriff der subsidiären Schutzform in Artikel 3 Absatz 2 Buchstabe c) ist weitergehender als der in der Qualifikationsrichtlinie verwandte Begriff, da er auch nach nationalem Recht vorgegebene Schutzformen umfasst. Da die Qualifikationsrichtlinie zeitlich nach der Daueraufenthalt-Richtlinie erlassen wurde und lediglich Mindestkriterien für den subsidiären Schutz vorsieht, kann sie nicht zu einer gegenteiligen Auslegung führen. Da die Aufenthaltstitel nach Kapitel 2 Abschnitt 5 des Aufenthaltsgesetzes mit Ausnahme des Aufenthaltstitels nach § 23 Absatz 2 an Flüchtlinge oder subsidiär Geschützte erteilt werden, ist dieser Personenkreis vom Anwendungsbereich des § 9a Absatz 2 ausgenommen. Die Erteilung einer Erlaubnis zum Daueraufenthalt-EG ist (anstelle der Erteilung einer Niederlassungserlaubnis nach § 9) wegen Wegfalls dieser ursprünglichen Zweckrichtung aber möglich, wenn eine Niederlassungserlaubnis nach § 26 Absatz 3 bzw. Absatz 4 erteilt werden könnte und im Fall des § 26 Absatz 3 zudem die Voraussetzungen für die Erteilung einer Niederlassungserlaubnis nach § 9 Absatz 2 vorliegen (vgl. Nummer 9.2.0).

9a.3.1.2 Damit sind auch Ausländer mit einem Aufenthaltstitel nach der gesetzlichen Altfallregelung bzw. nach einer IMK-Bleiberechtsregelung vom Anwendungsbereich der Erlaubnis zum Daueraufenthalt-EG ausgeschlossen (vgl. § 104a Absatz 1 Satz 2 und 3).

9a.3.1.3 Die Beschränkung gilt auch für nationale humanitäre Aufenthaltstitel der anderen Mitgliedstaaten. Diese berechtigen nicht zum Erwerb einer Erlaubnis zum Daueraufenthalt-EG. Dies bedeutet jedoch nicht, dass diejenigen Drittstaatsangehörigen, die auf der Grundlage eines in einem anderen Mitgliedstaat erteilten nationalen humanitären Aufenthaltstitels einen Daueraufenthalt-EG des anderen Mitgliedstaats erhalten haben, keinen Aufenthaltstitel nach § 38a erhalten dürften und damit von der Mobilität ausgeschlossen wären. Denn als Zweitstaat i. S. d. Daueraufenthalt-Richtlinie ist Deutschland an die Entscheidung des Erststaats gebunden.

9a.3.2 Ausländern, die lediglich einen Antrag auf Flüchtlingsanerkennung oder Gewährung subsidiären Schutzes gestellt haben, kann nach § 9a Absatz 3 Nummer 2 die Erlaubnis zum Daueraufenthalt-EG nicht erteilt werden (vgl. Artikel 3 Absatz 2 Buchstabe b) bis d) Daueraufenthalt-Richtlinie).

9a.3.3 Diplomaten und andere Personen, die insbesondere nach den Wiener Übereinkommen über diplomatische und konsularische Beziehungen (WÜK) eine besondere Rechtsstellung genießen, werden in Umsetzung von Artikel 3 Absatz 2 Buchstabe f) Daueraufenthalt-Richtlinie vom Erwerb der Rechtsstellung eines langfristig Aufenthaltsberechtigten ausgeschlossen. Der in § 1 Absatz 2 Nummer 2 geregelte Grundsatz, wonach das Aufenthaltsgesetz auf diesen Personenkreis grundsätzlich keine Anwendung findet, wird durch diese Regelung hinsichtlich der Erlaubnis zum Daueraufenthalt-EG auf den Geltungsbereich der Richtlinie erweitert.

9a.3.4.0 Mit Nummern 4 und 5 wird die Erteilung der Erlaubnis zum Daueraufenthalt-EG an Personen ausgeschlossen, die sich zum Studium, zur Berufsausbildung oder zu einem anderen seiner Natur nach vorübergehenden Zweck im Bundesgebiet aufhalten. Die entsprechenden Gründe werden beispielhaft aufgezählt.

9a.3.4.1 Buchstabe a) ist neben § 9a Absatz 3 Nummer 5 Buchstabe b) erforderlich, weil nicht jeder Aufenthalt nach § 9a Absatz 3 Nummer 5 Buchstabe a) mit einer Befristung nach § 8 Absatz 2 einhergeht. Die Befristung nach § 8 Absatz 2 wird in der Praxis nur auf den jeweils letzten Aufenthaltstitel angewendet, der zur Ausübung einer von vornherein zeitlich beschränkten Beschäftigung ausgestellt wird. Beträgt die Höchstbeschäftigungsdauer nach der BeschV beispielsweise vier Jahre, ist es dennoch nicht unüblich, dass zunächst eine Aufenthaltserlaubnis für zwei Jahre ausgestellt wird, die dann für weitere zwei Jahre verlängert werden kann. Nur die letzte dieser Aufenthaltserlaubnisse wird mit einer Einschränkung nach § 8 Absatz 2 versehen, weil ansonsten bereits die erste Aufenthaltserlaubnis nicht verlängert werden könnte.

9a.3.4.2 Von besonderer Bedeutung ist die Regelung in § 9a Absatz 3 Nummer 5 Buchstabe c). Hiernach kommt für den nachgezogenen Familienangehörigen die Erteilung der Rechtsstellung eines langfristig Aufenthaltsberechtigten nicht in Betracht, wenn auch der Stammberechtigte wegen der vorübergehenden Natur des Aufenthaltsrechts hierzu nicht berechtigt wäre. Eine Ausnahme gilt, wenn bei einer Beendigung der Lebensgemeinschaft ein eigenständiges Aufenthaltsrecht entstehen würde. In diesem Fall darf das Zusammenleben des Familienangehörigen mit dem Stammberechtigten – auch im Hinblick auf Artikel 6 GG – im Vergleich zu einer Trennung nicht zu Nachteilen führen.

Übersicht

	Rn.
I. Entstehungsgeschichte	1
II. Gesetzliche Systematik des Unionsrechts	2
III. Nationale Erlaubnis zum Daueraufenthalt – EU	26
1. Verhältnis zur Niederlassungserlaubnis (Abs. 1)	26
2. Rechtmäßiger Aufenthalt (Abs. 2 S. 1 Nr. 1)	30
3. Lebensunterhaltssicherung (Abs. 2 S. 1 Nr. 2)	35
4. Kenntnisse der Sprache sowie der Rechts- und Gesellschaftsordnung (Abs. 2 S. 1 Nr. 3 und Nr. 4)	39
5. Gefahr für die öffentliche Sicherheit und Ordnung (Abs. 1 S. 1 Nr. 5)	41
6. Wohnraumerfordernis (Abs. 2 S. 1 Nr. 6)	51
7. Anwendungsausschluss (Abs. 3)	52

I. Entstehungsgeschichte

Die Vorschrift wurde mit dem **RLUmsG 2007**[1] eingeführt, mit der auch die RL der EG umgesetzt wurden. § 9a ist eine der maßgeblichen Umsetzungsbestimmungen der Daueraufenthalts-RL. Sie regelt zusammen mit §§ 9b und 9c den Status des langfristig Aufenthaltsberechtigten in dem ersten Mitgliedstaat, dh den Erwerb der Rechtsstellung, der Drittstaatsangehörigen die Weiterwanderung in andere EU-Staaten ermöglicht. Durch das RLUmsG 2012[2] wurde in Abs. 3 Nr. 1 die Formulierung „Gleiches gilt, wenn er einen solchen Titel oder eine solche Rechtsstellung beantragt hat und über den Antrag noch nicht abschließend entschieden worden ist" angefügt. 1

Durch das am 1.3.2020 in Kraft tretende Fachkräfteeinwanderungsgesetz vom 15.8.2019 (**FEG 2019**[3]) waren die Verweisungen in § 9a III Nr. 4 und Nr. 5a zu ändern. In Nr. 4 wurde die Angabe „§ 16 oder § 17" durch die Angabe „§ 16a oder § 16b" ersetzt, während in Nr. 5a die Angabe „§ 18" durch die Angabe „§ 19c" ersetzt wurde. Es handelt sich um rein redaktionelle Anpassungen an den neuen Gesetzestext in den §§ 16a, 16b und 19c[4].

II. Gesetzliche Systematik des Unionsrechts

Die EU führte mit der **Daueraufenthalts-RL** (RL 2003/109/EG)[5] des Rates vom 25.11.2003 betreffend die Rechtsstellung der langfristig Aufenthaltsberechtigten die „kleine Freizügigkeit" für Drittstaatsangehörige, die die Rechtsstellung eines langfristig Aufenthaltsberechtigten (s. § 2 VII) erlangt haben, ein. Die RL musste von den Mitgliedstaaten bis zum 23.1.2006 in nationales Recht umgesetzt werden (Art. 26 Daueraufenthalts-RL). 2

Grundlage der RL war die Entscheidung des Europäischen Rats in Tampere (15./16.10.1999), dass die **Rechtsstellung von Drittstaatsangehörigen** der **Rechtsstellung von Staatsangehörigen der Mitgliedstaaten angenähert** werden müsse. Insbesondere Drittstaatsangehörige, die sich rechtmäßig und dauerhaft in einem Mitgliedstaat aufhalten, müssten denen der Staatsangehörigen der EU-Mitgliedstaaten vergleichbare Rechte genießen können (Punkt 21 der Schlussfolgerungen von Tampere). Mit der RL soll diesen Forderungen Rechnung getragen und die Anwendung von Art. 63 I Nr. 4 EG (jetzt Art. 79 II lit. b AEUV) gewährleistet werden. Nach Art. 79 II Buchst. 6 AEUV ist festzulegen, unter welchen Bedingungen Drittstaatsangehörige, die iSd RL in einem Mitgliedstaat langfristig aufenthaltsberechtigt sind, sich in anderen Mitgliedstaaten als demjenigen, der ihnen diese Rechtsstellung erstmals zuerkannt hat, aufhalten können. 3

Die RL führt eine **einheitliche Rechtsstellung für langfristig aufenthaltsberechtigte Drittstaatsangehörige** ein und trägt damit zur Annäherung der einschlägigen Rechtsvorschriften der Mitgliedstaaten bei. Darüber hinaus gewährleistet sie, dass langfristig **aufenthaltsberechtigte Drittstaatsangehörige** nicht nur in ihrem Wohnsitzmitgliedstaat, sondern **in allen EU-Mitgliedstaaten eine günstigere Behandlung** erfahren. Diese RL findet nach Art. 3 I Daueraufenthalts-RL Anwendung auf Ausländer, die sich rechtmäßig im Hoheitsgebiet eines Mitgliedstaats aufhalten. **Einige große Personengruppen** waren und sind partiell noch heute nach Art. 3 II vom Anwendungsbereich der **RL ausgeschlossen** (nämlich Flüchtlinge, Asylbewerber, auch wenn über deren Antrag noch nicht entschieden wurde, Saisonarbeiter, iRd grenzüberschreitenden Erbringung von Dienstleistungen entsandte Arbeitnehmer, Personen, die vorübergehenden Schutz oder eine subsidiäre Schutzregelung genießen, Personen, die sich zu Studienzwecken oder iRe Berufsausbildung im Hoheitsgebiet aufhalten). 4

---

[1] Gesetz zur Umsetzung aufenthalts- und asylrechtlicher RL der EU v. 19.8.2007 (BGBl. I S. 1970).
[2] Gesetz zur Umsetzung der HochqualifiziertenRL der EU v. 1.6.2012 (BGBl. I S. 1224).
[3] BGBl. 2019 I S. 1307; in Kraft getreten am 1.3.2020.
[4] BT-Drs. 19/8285, 88.
[5] ABl. 2004 L 16, 44.

1 AufenthG § 9a

5 Ab dem 20.5.**2013** hat sich die Rechtslage geändert, da die 1. Änderungs-RL zur **Daueraufenthalts-RL** (RL 2011/51/EU[6]) den Anwendungsbereich auf **Personen mit internationalem Schutz** erstreckt. Nach Art. 2f RL 2011/51/EU wird internationaler Schutz durch einen Verweis auf Art. 2a RL 2004/86/EG (sog. Qualifikations-RL) definiert. **Erfasst werden** seither **Flüchtlinge** nach § 25 II und **subsidiär Schutzberechtigte** nach § 60 II, III und VII 2. Der Aufenthaltstitel nach § 9a ist für diese Personengruppe besonders attraktiv, weil im Falle von Personen, denen internationaler Schutz gewährt wurde, mindestens die Hälfte des Zeitraums zwischen dem Tag der Einreichung des Antrags, aufgrund dessen dieser internationale Schutz gewährt wurde, und dem Tag der Ausstellung des Aufenthaltstitels, oder der gesamte Zeitraum, wenn dieser 18 Monate übersteigt, in die Berechnung des Zeitraums gem. Abs. 1 einbezogen wird (Art. 4 II RL 2011/51/EU).

6 Stellt ein Mitgliedstaat einem Drittstaatsangehörigen, dem er internationalen Schutz gewährt hat, eine langfristige Aufenthaltsberechtigung-EU aus, so muss das Eintragungsfeld „Anmerkungen" einen Hinweis auf den Status eines internationalen Schutzberechtigten enthalten, um deutlich zu machen, dass keine Rückführung in den Heimatstaat erfolgen kann. Die Mitgliedstaaten erteilen Drittstaatsangehörigen, die sich nach Art. 4 I Daueraufenthalts-RL **seit fünf Jahren ununterbrochen rechtmäßig** in ihrem Hoheitsgebiet aufgehalten haben, unter bestimmten Voraussetzungen die Rechtsstellung eines langfristig Aufenthaltsberechtigten. Der Status eines langfristig Aufenthaltsberechtigten soll nach Art. 9 II 1 Daueraufenthalts-RL in Form einer „langfristigen Aufenthaltsberechtigung-EG" dokumentiert werden. Der Aufenthaltstitel soll nach Art. 9 II 2 Daueraufenthalts-RL mindestens fünf Jahre gültig sein und wird erforderlichenfalls auf Antrag ohne Weiteres verlängert. Art. 9 VI Daueraufenthalts-RL stellt fest, dass das Ablaufen einer langfristigen Aufenthaltsberechtigung-EG auf keinen Fall den Entzug oder den Verlust der Rechtsstellung eines langfristig Aufenthaltsberechtigten zur Folge hat.

7 Die **Zeiten,** in denen sich der Drittstaatsangehörige nicht im Hoheitsgebiet des Mitgliedstaats aufgehalten hat, **unterbrechen** nach Art. 4 III Daueraufenthalts-RL den Anrechnungszeitraum **nicht,** sondern fließen in die Berechnung der Dauer des ständigen Aufenthalts ein, **wenn sie nicht mehr als sechs aufeinanderfolgende Monate betragen** (und innerhalb der fünf Jahre nicht mehr als insgesamt zehn Monate ausmachen) oder aus in den Rechtsvorschriften des jeweiligen Mitgliedstaats vorgesehenen Gründen erforderlich waren (Erfüllung militärischer Pflichten, Entsendung aus beruflichen Gründen, schwere Krankheit, Schwangerschaft, Studium, Forschungsarbeiten).

8 Der Drittstaatsangehörige muss nach Art. 5 I Daueraufenthalts-RL nachweisen, dass er für sich und seine unterhaltsberechtigten Familienangehörigen über feste und **regelmäßige Einkünfte,** die ohne Inanspruchnahme der Sozialhilfeleistungen des betreffenden Mitgliedstaats für seinen eigenen Lebensunterhalt und den seiner Familienangehörigen ausreichen, sowie über eine **Krankenversicherung** verfügt.

9 Die Mitgliedstaaten können nach Art. 5 II Daueraufenthalts-RL von Drittstaatsangehörigen verlangen, dass sie die **Integrationsanforderungen** gemäß dem nationalen Recht erfüllen. Im Unterschied zu Integrationsmaßnahmen iSd Art. 16 III setzen Integrationsanforderungen im Zeitpunkt der Erlangung des Status als langfristig Aufenthaltsberechtigter ausreichende Kenntnis der im betreffenden Mitgliedstaat gesprochenen Sprache sowie Kenntnisse der Rechts- und Gesellschaftsordnung voraus. Das zwischen Integrationsanforderungen und Integrationsmaßnahmen ein wichtiger Unterschied liegt, wird aus den Verhandlungen der RL deutlich. Die Mitgliedstaaten hatten ausdrücklich den Vorschlag Deutschlands und der Niederlande abgelehnt, in Art. 16 Daueraufenthalts-RL das Wort Maßnahme in Anforderungen zu ändern[7]. Hierdurch sollte vermieden werden, dass die Weiterwanderung von **Mindestsprachanforderungen** abhängig gemacht wurde. Dem langfristig Aufenthaltsberechtigten sollte lediglich die Teilnahmeverpflichtung an einer Integrationsprüfung auferlegt werden können, um seinen Status zu erlangen[8].

10 Außerdem sieht die 7. Begründungserwägung der Daueraufenthalts-RL vor, dass die Mitgliedstaaten die Erfüllung von steuerlichen Pflichten und Beiträge zur Rentenversicherung iRd Prüfung des Vorliegens regelmäßiger Einkünfte berücksichtigen können. Der Vorschlag Deutschlands, dass **60 Pflichtbeiträge zur Rentenversicherung** als Erteilungsvoraussetzung aufgenommen werden sollten, wurde unter Hinweis auf die verlangten stabilen Einkommensverhältnisse abgelehnt[9]. Diese Anforderung kann daher auch nicht nachträglich über die 7. Begründungserwägung als zwingende Erteilungsvoraussetzung in die RL eingeführt werden.

11 Nach Art. 6 Daueraufenthalts-RL können die Mitgliedstaaten die Rechtsstellung eines langfristig Aufenthaltsberechtigten aus Gründen der öffentlichen Ordnung oder der öffentlichen Sicherheit ablehnen. Auch hier konnte sich der Vorschlag Deutschlands, die Erteilung des Status des langfristig

---

[6] RL 2011/51/EU des Europäischen Parlaments und des Rates vom 11.5.2011 zur Änderung der RL 2003/109/EG des Rates zur Erweiterung ihres Anwendungsbereichs auf Personen, die internationalen Schutz genießen (ABl. 2011 L 132, 1).
[7] Protokoll des Rates v. 14.3.2003 (7393/1/93 REV 1), S. 5.
[8] Protokoll des Rates v. 9.10.2002 (12 624/2), S. 1f.
[9] Protokoll des Rates v. 14.3.2003 (7393/1/93 REV 1), S. 2.

Aufenthaltsberechtigten davon abhängig zu machen, dass dieser zu keiner **Straftat von mehr als sechs Monaten** verurteilt worden war[10], nicht durchsetzen.

Die Mitgliedstaaten stellen dem langfristig Aufenthaltsberechtigten auf Antrag[11] eine für alle Mitgliedstaaten geltende Aufenthaltsberechtigung-EG aus (in Bundesgebiet wird diese als Erlaubnis zum Daueraufenthalts – EU erteilt). Erst mit der Ausstellung des Titels kann der Drittstaatsangehörige die Rechte aus der RL in Anspruch nehmen. Anders als sonst im Gemeinschaftsrecht ist die **Erteilung des Aufenthaltstitels konstitutiv,** dh rechtsbegründend für die Rechtsstellung. Der konstitutive Charakter der Ersterteilung ergibt sich aus Art. 7 I Daueraufenthalts-RL, der die Formulierung „Um die Rechtsstellung eines langfristig Aufenthaltsberechtigten zu erlangen, reicht der Drittstaatsangehörige (...), einen Antrag ein" enthält. 12

Die Aufenthaltstitel müssen aufgrund des Art. 8 III 3 Daueraufenthalts-RL im Eintragungsfeld „Art des Aufenthaltstitels" die Bezeichnung „Daueraufenthalt – EU" aufweisen. Diese wird in den verschiedenen Amtssprachen der EU wie folgt bezeichnet: 13

Sprache	Abkürzung	Bezeichnung
Deutsch	DE	Daueraufenthalt – EG
Spanisch	ES	Residente de larga duración – CE
Tschechisch	CS	povolení k pobytu pro dlouhodobě pobývajícího rezidenta – ES
Dänisch	DA	Fastboende udlænding – EF
Estnisch	ET	pikaajaline elanik – EL
Griechisch	EL	επί μακρόν διαμένων – EK
Englisch	EN	long-term resident – EC
Französisch	FR	résident de longue durée – CE
Italienisch	IT	soggiornante di lungo periodo – CE
Lettisch	LV	pastāvīgais iedzīvotājs – EK
Litauisch	LT	ilgalaikis gyventojas – EB
Ungarisch	HU	huzamos tartózkodási engedéllyel rendelkező – EK
Maltesisch	MT	EG-langdurig ingezetene
Polnisch	PL	rezydent długoterminowy – WE
Portugiesisch	PT	residente CE de longa duração
Slowakisch	SK	osoba s dlhodobým pobytom – ES
Slowenisch	SL	rezident za daljši čas – ES
Finnisch	FI	pitkään oleskelleen kolmannen maan kansalaisen EY-oleskelu
Schwedisch	SV	varaktigt bosatt inom EG.

Die **Rechtsstellung eines langfristig Aufenthaltsberechtigten** kann nur bei Vorliegen der in der RL genannten Gründe **aberkannt** werden, 14

– wenn er die Rechtsstellung eines langfristig Aufenthaltsberechtigten auf betrügerische Art und Weise erlangt hat (Art. 9 Ia Daueraufenthalts-RL),
– wenn eine Ausweisung gegen ihn verfügt worden ist (Art. 9 Ib Daueraufenthalts-RL) oder
– wenn er sich während eines Zeitraums von zwölf aufeinanderfolgenden Monaten nicht im Hoheitsgebiet der EG aufgehalten hat (Art. 9 Ic Daueraufenthalts-RL).

Drittstaatsangehörige, denen als langfristig Aufenthaltsberechtigte eine Erlaubnis zum Daueraufenthalt – EU erteilt wurde, werden nach Art. 11 Daueraufenthalts-RL – mit der Möglichkeit der Beschränkung in einzelnen Bereichen – auf folgenden Gebieten wie eigene Staatsangehörige behandelt **(Inländergleichbehandlung):** 15

– Bedingungen für den Zugang zu einer abhängigen oder selbstständigen Erwerbstätigkeit sowie Beschäftigungs- und Arbeitsbedingungen (wöchentliche Ruhezeit, Gesundheits- und Sicherheitsnormen am Arbeitsplatz, Jahresurlaub, Arbeitsentgelt, Entlassungsmodalitäten);
– allgemeine und berufliche Bildung, Anerkennung der Prüfungszeugnisse und Stipendien;
– Sozialleistungen (Familienbeihilfen, Altersrenten usw) und Krankenversicherung;
– Sozialhilfe (garantiertes Mindesteinkommen, Mindestaltersversorgung und kostenlose ärztliche Versorgung);
– soziale und steuerliche Vergünstigungen, Zugang zu Waren und Dienstleistungen;
– Vereinigungsfreiheit sowie Mitgliedschaft und Betätigung in einer Gewerkschaft oder einem Arbeitgeberverband;
– freier Zugang zum gesamten Hoheitsgebiet des betreffenden Mitgliedstaates. In einigen Fällen können die Mitgliedstaaten die Gleichbehandlung beim Zugang zu einer Erwerbstätigkeit und zur

---

[10] Protokoll des Rates v. 14.3.2003 (7393/1/93 REV 1), S. 2.
[11] Zum Antragserfordernis VGH BW Beschl. v. 30.5.2007 – 13 S 1020/07, InfAuslR 2007, 346 (349); NdsOVG Beschl. v. 18.1.2007 – 10 ME 44/07, NVwZ-RR 2007, 348; HessVGH Beschl. v. 13.3.2006 – 24 ZB 05.3191, NVwZ-RR 2006, 147.

allgemeinen und beruflichen Bildung einschränken (indem sie bspw. den Nachweis ausreichender Sprachkenntnisse verlangen).

16 Drittstaatsangehörige, denen eine Erlaubnis zum Daueraufenthalt – EU erteilt wurde, genießen **besonderen Ausweisungsschutz** nach Art. 12 Daueraufenthalts-RL. Die Mitgliedstaaten können nur dann eine Ausweisung verfügen, wenn das Verhalten der betroffenen Person zum gegenwärtigen Zeitpunkt eine hinreichend schwere Gefahr für die öffentliche Ordnung oder die öffentliche Sicherheit darstellt. In keinem Fall kann eine derartige Entscheidung mit wirtschaftlichen Gründen gerechtfertigt werden. Die Mitgliedstaaten verpflichten sich, bestimmte Aspekte wie Alter, Dauer des Aufenthalts ua zu berücksichtigen, bevor sie gegen einen langfristig Aufenthaltsberechtigten eine Ausweisung verfügen. Insgesamt entspricht der Ausweisungsschutz weitgehend dem, der vom EuGH für EU-Bürger entwickelt wurde; s. hierzu die Kommentierung unter § 56 I Nr. 1a.

17 Die Mitgliedstaaten können für die Ausstellung dauerhafter oder unbefristeter Aufenthaltstitel günstigere Voraussetzungen als die Bedingungen dieser RL vorsehen. Allerdings begründen diese Aufenthaltstitel nach Art. 13 Daueraufenthalts-RL nicht das Recht auf Aufenthalt in anderen Mitgliedstaaten.

18 Ein langfristig Aufenthaltsberechtigter hat das Recht, sich länger als drei Monate in einem anderen Mitgliedstaat als demjenigen, der ihm die Rechtsstellung zuerkannt hat, aufzuhalten. **Vor der Einreise muss kein Visum eingeholt werden.** Art. 15 II Hs. 2 Daueraufenthalts-RL räumt den langfristig Aufenthaltsberechtigten lediglich die Möglichkeit ein, vor der Weiterwanderung in den zweiten Mitgliedstaat das Vorliegen der Voraussetzungen in einem Visumverfahren prüfen zu lassen, wenn der Mitgliedstaat dies ermöglicht.

19 Allerdings können die Mitgliedstaaten die Gesamtzahl der Personen, denen ein Aufenthaltsrecht gewährt werden kann, begrenzen, sofern solche Begrenzungen bei Annahme dieser RL bereits in den geltenden Rechtsvorschriften vorgesehen sind. Ferner können die Mitgliedstaaten aus Gründen der Arbeitsmarktpolitik Unionsbürger vorrangig berücksichtigen. Beantragt ein langfristig Aufenthaltsberechtigter in einem zweiten Mitgliedstaat einen Aufenthaltstitel, kann er von den Behörden dieses Mitgliedstaats nach Art. 15 II–IV Daueraufenthalts-RL zur **Vorlage bestimmter Unterlagen** (zB seine langfristige Aufenthaltsberechtigung, ein Ausweispapier, sein Arbeitsvertrag, Mietvertrag ua) und zum Nachweis fester und regelmäßiger Einkünfte sowie einer Krankenversicherung aufgefordert werden.

20 Die Rechte des weitergewanderten langfristig Aufenthaltsberechtigten sind von der Erteilung der Aufenthaltserlaubnis nach § 38a abhängig. Dass die Erteilung des **Aufenthaltstitels für die Rechtsstellung konstitutiv,** dh rechtsbegründend ist, ergibt sich aus Art. 21 I Daueraufenthalts-RL. Mit der Formulierung: „Sobald die langfristig Aufenthaltsberechtigten (…) den Aufenthaltstitel erhalten haben (…)" wird die Inländergleichbehandlung und die damit einhergehenden Rechte an das Vorliegen der Aufenthaltserlaubnis nach § 38a geknüpft.

21 Personen, die im ersten Mitgliedstaat als Familienangehörige eines langfristig Aufenthaltsberechtigten gelten, haben nach Art. 15 I Daueraufenthalts-RL das Recht, den langfristig Aufenthaltsberechtigten in den zweiten Mitgliedstaat zu begleiten oder ihm nachzureisen, wenn die Familie bereits vor der Weiterwanderung im ersten Mitgliedstaat bestand. Auch der **Familiennachzug ist nicht an die Einhaltung eines Visumverfahrens gebunden.** Bestand die Familie im ersten Mitgliedstaat noch nicht, finden nach Art. 16 V Daueraufenthalts-RL die Nachzugsregelungen nach den Vorschriften der Familienzusammenführungs-RL Anwendung; hier ist ein Visumverfahren einzuhalten.

22 Der zweite Mitgliedstaat kann einem langfristig Aufenthaltsberechtigten oder seinen Familienangehörigen den Aufenthalt nur verweigern, wenn die betroffene Person eine **Gefahr für die öffentliche Ordnung, die öffentliche Sicherheit oder die öffentliche Gesundheit** darstellt. Ist Letzteres der Fall, kann der Mitgliedstaat eine ärztliche Untersuchung verlangen, um feststellen zu lassen, dass die in den Anwendungsbereich der RL fallenden Personen nicht an einer Krankheit leiden, gegen die der Aufnahmestaat Maßnahmen zum Schutz der eigenen Staatsangehörigen ergriffen hat. Um einen ordnungsgemäßen Ablauf des Verfahrens zu gewährleisten, sieht die RL eine Reihe von Garantien vor (Frist für die Prüfung des Antrags auf Aufenthaltserlaubnis, Benachrichtigungsmodalitäten, Rechtsmittel, Kriterien für die Ausweisung).

23 Ein langfristig Aufenthaltsberechtigter, der sich in einem zweiten Mitgliedstaat aufhält, behält seine Rechtsstellung im ersten Mitgliedstaat, solange er diese im zweiten noch nicht erworben hat. Nach einem rechtmäßigen Aufenthalt von fünf Jahren im Hoheitsgebiet des zweiten Mitgliedstaats kann ein langfristig Aufenthaltsberechtigter bei den zuständigen Behörden dieses Staates um die Gewährung der Rechtsstellung eines langfristig Aufenthaltsberechtigten nachsuchen. Wird ihm der Status erteilt, so führt dies zum Erlöschen des Rechtsstatus in dem ersten Mitgliedstaat.

24 Soweit die Daueraufenthalts-RL in Art. 1b mit der Formulierung „in einen anderen Mitgliedstaat als denjenigen, der ihm diese Rechtsstellung zuerkannt hat" scheinbar die ganze EU erfasst, gilt dies wegen der Vorbehalte Großbritanniens, Irlands und Dänemarks nicht für diese drei Mitgliedstaaten. Gem. Art. 69 EG (zum 1.12.2009 aufgehoben) gelten für das Vereinigte Königreich, Irland und Dänemark besondere Regelungen im Hinblick auf die Anwendbarkeit des Titels IV des EG-Vertrags.

Die Bestimmung des Art. 69 EG regelte das Verhältnis zwischen dem Titel IV des EG-Vertrags und den einschlägigen Protokollen zwischen dem Vereinigten Königreich, Irland sowie Dänemark. Nach Art. 1 des Protokoll Nr. 3 über die Position des **Vereinigten Königreichs** und **Irlands** beteiligen sich diese Staaten grundsätzlich nicht an der Annahme von Maßnahmen, die entsprechend des Titels „freier Personenverkehr, Asylrecht und Einwanderung" erlassen werden. Das Vereinigte Königreich und Irland haben sich nach Art. 3 des Protokolls Nr. 3 die Möglichkeit vorbehalten, dass sie sich an der Annahme und Anwendung von getroffenen Maßnahmen beteiligen können. Diese Möglichkeit eines „Opt-in" haben die beiden Staaten im Hinblick auf die Daueraufenthalts-RL bislang nicht ausgeübt.

Nach dem Protokoll Nr. 4 über die Position Dänemarks beteiligt sich Dänemark nicht an der 25 Annahme von Maßnahmen nach Titel IV. Eine Ausnahme gilt nach Art. IV des Protokolls Nr. 4 nur in Bezug auf Maßnahmen zur Bestimmung derjenigen Drittländer, deren Staatsangehörige beim Überschreiten der Außengrenzen der Mitgliedstaaten im Besitz eines Visums sein müssen, sowie auf Maßnahmen zur einheitlichen Visagestaltung.

III. Nationale Erlaubnis zum Daueraufenthalt – EU

1. Verhältnis zur Niederlassungserlaubnis (Abs. 1)

Der Erteilung einer Niederlassungserlaubnis nach **§ 9 steht** der Besitz einer Erlaubnis zum Dauer- 26 aufenthalt – EU nach **§ 9a nicht entgegen**[12]. Die Anlehnung von **Abs. 1** an die Regelung in § 9 I verdeutlicht die Gemeinsamkeit, die zudem in der in S. 3 verankerten Gleichstellung der Rechtsfolgen verankert ist. Die Erlaubnis zum Daueraufenthalt – EU ist – wie die Niederlassungserlaubnis – ein unbefristeter und weitgehend unbeschränkter Aufenthaltstitel. Die Erlaubnis zum Daueraufenthalt – EU bringt eine fortgeschrittene Integration zum Ausdruck und zeichnet sich durch mehrere besondere Merkmale aus:

– Grundsätzlich besteht auf sie ein Rechtsanspruch.
– Sie ist unbefristet und grundsätzlich nicht beschränkbar.
– Sie berechtigt zu jeder Art von Erwerbstätigkeit.
– Familienangehörige haben das Recht auf Nachzug oder können den langfristig Aufenthaltsberechtigten in einen anderen Mitgliedstaat begleiten, wenn die Familie bereits im ersten Mitgliedstaat bestand.
– Sie vermittelt einen (zum Teil beschränkbaren) Anspruch auf Inländergleichbehandlung.
– Im Unterschied zur Niederlassungserlaubnis vermittelt sie dem Inhaber einen besonderen Ausweisungsschutz, der dem von EU-Bürgern angenähert ist.
– Sie ermöglicht die Weiterwanderung in andere EU-Staaten.

Zur Vermeidung umfangreicher Folgeänderungen in anderen Gesetzen wurde festgelegt, dass 27 **Inhaber** einer Erlaubnis zum **Daueraufenthalt – EU Inhaber einer Niederlassungserlaubnis gleichgestellt** sind, sofern andere Gesetze an die Inhaberschaft einer Niederlassungserlaubnis anknüpfen. Die Gleichstellung mit der Niederlassungserlaubnis hat nur begünstigende Funktion, soweit sich aus der Daueraufenthalts-RL weitergehende Rechte ableiten lassen, können diese durch die Gleichstellungsregelung nicht eingeschränkt werden.

Für in anderen Mitgliedstaaten langfristig Aufenthaltsberechtigte gilt § 9a I 3 nicht, da diese Per- 28 sonengruppe nach der Weiterwanderung nach Deutschland nur eine Aufenthaltserlaubnis nach § 38a erhält.

Nach Art. 13 S. 1 Daueraufenthalts-RL können die Mitgliedstaaten für die Ausstellung dauerhafter 29 oder unbefristeter Aufenthaltstitel günstigere Voraussetzungen als in der RL vorgesehen einräumen. Hierunter fallen die Niederlassungserlaubnis (§§ 19, 21 IV, 23 II, 26 III und IV, 28 II 2, 31 III, 35 und 38 I Nr. 1). Diese berechtigen nach Art. 13 S. 2 Daueraufenthalts-RL jedoch nicht zur Mobilität. Dies hat zur Folge, dass die Rechtsstellung des langfristig Aufenthaltsberechtigten nur unter den in der RL benannten Voraussetzungen gewährt werden kann.

2. Rechtmäßiger Aufenthalt (Abs. 2 S. 1 Nr. 1)

Die erste Voraussetzung für die Erteilung einer Erlaubnis zum Daueraufenthalt – EU ist nach **Abs. 2** 30 **S. 1 Nr. 1,** dass der Ausländer „sich **seit fünf Jahren mit Aufenthaltstitel im Bundesgebiet** aufhält". Die Dauer des Aufenthalts im Hoheitsgebiet eines Mitgliedstaats ist nach der Daueraufenthalts-RL das Hauptkriterium für die Erlangung der Rechtsstellung eines langfristig Aufenthaltsberechtigten iSd § 2 VII.[13] Der Besitz eines Aufenthaltstitels über die Dauer von fünf Jahren darf nicht unterbrochen sein, wie Wortlaut („seit") und Sinn dieser Verfestigungsvorschrift nahelegen. Dies entspricht auch den Vorgaben der Daueraufenthalts-RL, die in Art. 4 I verlangt, dass die Drittstaats-

---

[12] BVerwG Urt. v. 19.3.2013 – 1 C 12.12, BVerwGE 146, 117 Rn. 16.
[13] So ausdrücklich der Erwgr. 6 der Daueraufenth-RL.

angehörigen sich „unmittelbar vor der Stellung eines entsprechenden Antrags fünf Jahre lang ununterbrochen rechtmäßig in ihrem Hoheitsgebiet aufgehalten haben".

31 Anders als bei der Niederlassungserlaubnis nach § 9 können **kurzfristige Unterbrechungen der Rechtmäßigkeit** bis zu einem Jahr **nicht nach § 85 außer Betracht** bleiben. Die Daueraufenthalts-RL legt verbindlich die Erteilungsvoraussetzungen für die Erlaubnis zum Daueraufenthalt – EU fest. Die Mitgliedstaaten dürfen ausschließlich iRd festgelegten Ausnahmeregelungen Unterbrechungen für unschädlich ansehen. Die Bindung an die Daueraufenthalts-RL ergibt sich aus deren Art. 13 sowie der 17. Begründungserwägung. Dort wird festgelegt, dass die Mitgliedstaaten für die Ausstellung dauerhafter oder unbefristeter Aufenthaltstitel günstigere Voraussetzungen als diejenigen der RL vorsehen dürfen. Diese Aufenthaltstitel begründen aber nicht das Recht auf Aufenthalt in anderen Mitgliedstaaten.

32 Soweit § 9a II Nr. 1 an den **Besitz eines Aufenthaltstitels** anknüpft, ist dies mit den Vorgaben der RL unvereinbar. Die Formulierung „mit Aufenthaltstitel" soll die in Art. 4 Daueraufenthalts-RL niedergelegte Voraussetzung, dass sich der Ausländer „fünf Jahre ununterbrochen rechtmäßig in ihrem Hoheitsgebiet" aufgehalten hat, umsetzen[14]. Auch in Fällen, in denen der Aufenthalt ohne Aufenthaltstitel rechtmäßig ist, etwa bei türkischen Staatsangehörigen gem. Art. 6 I oder 7 ARB 1/80[15], kann eine Erlaubnis zum Daueraufenthalt – EU erteilt werden. Ein gesicherter, gefestigter rechtmäßiger Aufenthalt iSd § 9a I 1 Nr. 1 lässt sich – wie auch bei der Niederlassungserlaubnis – aus einer Fiktionsbescheinigung **nach § 81 IV nicht ableiten**[16]. Auf Art und Grundlage der Aufenthaltserlaubnis kommt es bei der Ermittlung des rechtmäßigen Aufenthalts, wie § 9a II zeigt – anders als bei § 9 –, grundsätzlich an. Zeiten des Besitzes eines nationalen Visums werden nach § 6 IV 3 angerechnet.

33 Unterbrochen wird der Besitz des rechtmäßigen Aufenthalts in den in **§ 9b** genannten Fällen. § 9b stellt eine abschließende Anrechnungsbestimmung dar. Der Gesetzgeber war zum Erlass von Sonderregelungen nur insoweit berechtigt, als die Daueraufenthalts-RL ihm iRd Art. 4 II Regelungsspielräume belassen hat. Die allgemeinen Regelungen über das Erlöschen von Aufenthaltstiteln – mit Ausnahme der Sonderregelung in § 51 IX – und die Anrechnung von Aufenthaltszeiten (§ 85) sind daher grundsätzlich unanwendbar; zu den Ausnahmen s. Kommentierung zu § 9b.

34 Im Unionsrecht wurde das **Mindestalter,** ab dem ein Kind den Status erlangen kann, nicht festgelegt. Im RL-Entwurf[17] wird darauf abgestellt, dass dieses Alter im nationalen Recht festgelegt ist. Es ist das Alter, in dem Kinder erstmals einen Aufenthaltstitel erhalten.

3. Lebensunterhaltssicherung (Abs. 2 S. 1 Nr. 2)

35 **Feste und regelmäßige Einkünfte** iSv Abs. 2 S. 1 Nr. 2 liegen in der Regel vor, wenn der Ausländer oder sein mit ihm in familiärer Gemeinschaft lebender Ehegatte Beiträge oder Aufwendungen für eine angemessene Altersversorgung leistet ist (**§ 9c S. 1 Nr. 2**). Dabei sind gem. § 9c S. 3 keine höheren Anforderungen zu stellen, als in § 9 II 1 Nr. 3 für eine Niederlassungserlaubnis vorgesehen sind. Die Sicherung des Lebensunterhalts belegt zuverlässig den Grad der wirtschaftlichen Integration. **Maßgeblich ist** die Bestimmung des **§ 9c**. Sie grenzt private und öffentliche Mittel klar gegeneinander ab, was gerade für lange in Deutschland lebende Ausländer wichtig ist. Die Unterhaltssicherung ist für die Erlaubnis zum Daueraufenthalt – EU zwingend vorgeschrieben. Denn die Daueraufenthalts-RL legt die Anforderungen an die Erteilung einer Erlaubnis zum Daueraufenthalt – EU in Art. 5 Ia in Bezug auf die Lebensunterhaltsdeckung für die Mitgliedstaaten verbindlich fest. Die Mitgliedstaaten müssen vom Drittstaatsangehörigen verlangen, dass er über **feste und regelmäßige Einkünfte,** die ohne Inanspruchnahme der Sozialhilfeleistungen des betreffenden Mitgliedstaats für seinen eigenen Lebensunterhalt und den seiner Familienangehörigen ausreichen, verfügt. Folglich setzt die Erteilung einer Erlaubnis zum Daueraufenthalt – EU nicht nur voraus, dass der eigene Lebensunterhalt des Ausländers ohne Inanspruchnahme öffentlicher Mittel iSv § 2 III 1 auf Dauer gesichert ist, sondern es muss zusätzlich auch der Lebensunterhalt aller unterhaltsberechtigten Familienangehörigen gesichert sein[18]. Die Mitgliedstaaten beurteilen diese Einkünfte anhand ihrer Art und Regelmäßigkeit und können die Höhe der Mindestlöhne und -renten beim Antrag auf Erteilung der Rechtsstellung eines langfristig Aufenthaltsberechtigten berücksichtigen. Weiterhin verlangt Art. 5 Ib, dass die Ausländer über eine **Krankenversicherung,** die im betreffenden Mitgliedstaat sämtliche Risiken abdeckt, die idR auch für die eigenen Staatsangehörigen abgedeckt sind, verfügen. Der Bezug öffentlicher Familienleistungen nach den abschließenden Katalogtatbeständen des § 2 III 2 – also vom Kindergeld bis zum Unterhaltsvorschuss[19] – ist aber unschädlich.

36 Bei der Erteilung zum Daueraufenthalt – EU ist auf die Dauerhaftigkeit und Regelmäßigkeit der Erzielung von Einkünften und auf die Lebensunterhaltssicherung der gesamten im Bundesgebiet

---

[14] BT-Drs. 16/5065, 278; VG München Urt. v. 19.5.2016 – M 12 K 14.4513, BeckRS 2016, 48913.
[15] Hierzu → § 4.
[16] BayVGH Beschl. v. 27.6.2016 – 19 ZB 15.737, BeckRS 2016, 49253 Rn. 23.
[17] KOM(2001) 127 endg. v. 13.3.2001, S. 16.
[18] BVerwG Beschl. v. 28.4.2015 – 1 B 20.15, BeckRS 2015, 46073 Rn. 6.
[19] Vgl. HessVGH Beschl. v. 24.11.2016 – 3 B 2556/16 U, 3 D 2558/16, BeckRS 2016, 110638 Rn. 21.

lebenden Familie abzustellen. Dabei wird die **Familie als** durch Unterhaltspflichten miteinander verbundene **Wirtschaftsgemeinschaft** verstanden. Der Nachweis der Lebensunterhaltssicherung wird gefordert, um zu verhindern, dass der Betreffende und seine Familienangehörigen nach Erlangung des Status Sozialleistungen benötigen, auf die sie nach Art. 11 Ic Daueraufenthalts-RL grundsätzlich Anspruch wie Inländer haben; der Gleichbehandlungsanspruch kann nach Art. 11 IV Daueraufenthalts-RL auf Kernleistungen[20] beschränkt werden.

Bei der Beurteilung der Frage, ob ein Drittstaatsangehöriger über feste und regelmäßige Einkommen verfügt, können nach der 7. Begründungserwägung der Daueraufenthalts-RL die Mitgliedstaaten Faktoren wie die Entrichtung von Beiträgen in ein Alterssicherungssystem und die Erfüllung der steuerlichen Verpflichtungen berücksichtigen (s. § 9c). Um aber eine Prognose hinsichtlich einer „angemessenen" Altersversorgung treffen zu können, muss überhaupt eine Altersversorgung bestehen[21]. Es kann aber nicht verlangt werden, dass der Drittstaatsangehörige 60 Monate lang **Beiträge in die gesetzliche Rentenversicherung** eingezahlt hat[22]. Der entsprechende Vorschlag Deutschlands konnte sich in den Beratungen nicht durchsetzen[23]. Er würde zudem in Widerspruch mit den RL stehen, da er voraussetzen würde, dass über die gesamten fünf Jahre, die zur Erlangung des Status eines langfristig Aufenthaltsberechtigten erforderlich sind, Rentenbeiträge gezahlt wurden, obwohl auch Unterbrechungen des rechtmäßigen Aufenthalts von bis zu zehn Monaten unschädlich sein sollen[24]. Daher ist bei geringeren Einzahlungszeiträumen die Angemessenheit unter Berücksichtigung des Lebensalters, der bisherigen Aufenthaltszeit im Bundesgebiet und des bisherigen Versicherungsverlaufs zu beurteilen[25]. 37

Die Dauerhaftigkeit darf **nicht** dazu führen, dass ein **unbefristetes Arbeits- oder Beschäftigungsverhältnis gefordert** wird. Im EU-weiten Kontext, der bei Auslegung der Norm zu berücksichtigen ist, ist zu beachten, dass Arbeitsverhältnisse überwiegend nur befristet abgeschlossen werden. Für die Ermittlung der Dauerhaftigkeit kann daher sowohl auf die Dauer des zurückliegenden Arbeitsverhältnisses als auch auf die Befristungsdauer des Arbeitsvertrags abgestellt werden. Maßgeblich ist der Einzelfall; ein auf ein Jahr befristetes Arbeitsverhältnis dürfte aber idR ausreichen, um die Dauerhaftigkeit der Sicherung des Einkommens zu belegen. 38

4. Kenntnisse der Sprache sowie der Rechts- und Gesellschaftsordnung (Abs. 2 S. 1 Nr. 3 und Nr. 4)

Im Zuge der besonderen Förderung der Integration durch den Bund wird gemäß **Abs. 2 S. 1 Nr. 3 und Nr. 4)** auch bei Erteilung der Erlaubnis zum Daueraufenthalt – EU größerer Wert auf **Kenntnisse der deutschen Sprache sowie der deutschen Rechts- und Lebensverhältnisse** gelegt. Verlangt werden ausreichende Deutschkenntnisse und Grundkenntnisse der Rechts- und Gesellschaftsordnung sowie der Lebensverhältnisse im Bundesgebiet. Ohne deren Nachweis darf eine Erlaubnis zum Daueraufenthalt – EU grundsätzlich nicht erteilt werden. Die Erleichterung für Besitzer einer Aufenthaltserlaubnis oder Aufenthaltsbefugnis vor Januar 2005, die sich nur in einfacher Sprache mündlich verständigen können müssen (§ 104 II im Anschluss an § 24 I Nr. 4 AuslG 1990), gilt mangels Erweiterung des Anwendungsbereichs der Übergangsregelung nicht für die Erlaubnis zum Daueraufenthalt – EU. Etwas anderes gilt auch nicht durch die Gleichstellungsregelung des § 9 I 2, da mit ihr die Erlaubnis zum Daueraufenthalt – EU nur der Niederlassungserlaubnis gleichgestellt wird; die Erteilungsvoraussetzungen bleiben von der Gleichstellungsregelung unberührt. 39

Die Daueraufenthalts-RL hätte einer Erleichterung der Voraussetzungen nicht entgegengestanden, da weder die Sprachkenntnisse noch die Kenntnisse der Rechts- und Gesellschaftsordnung zu den zwingenden Erteilungsvoraussetzungen nach Art. 5 I gehören. Vielmehr haben die Mitgliedstaaten durch **Art. 5 II Daueraufenthalts-RL** nur die Möglichkeit eröffnet bekommen, von Ausländern zu verlangen, dass sie die Integrationsanforderungen gemäß dem nationalen Recht erfüllen. Für die Sprachkenntnisse gelten die gleichen Anforderungen wie iRd Niederlassungserlaubnis nach § 9, auf die § 9a II 2 Bezug nimmt. Danach gelten hinsichtlich der ausreichenden Kenntnisse der deutschen Sprache und der Grundkenntnisse der Rechts- und Gesellschaftsordnung und der Lebensverhältnisse im Bundesgebiet § 9 II 2–5 entsprechend. 40

---

[20] Nach der 13. Begründungserwägung der Daueraufenth-RL ist die Beschränkung auf Kernleistungen so zu verstehen, „dass dieser Begriff zumindest ein Mindesteinkommen sowie Unterstützung bei Krankheit, bei Schwangerschaft, bei Elternschaft und bei Langzeitpflege erfasst". Die Modalitäten der Gewährung dieser Leistungen sollten durch das nationale Recht bestimmt werden.
[21] VGH BW Urt. v. 2.2.2011 – 11 S 1198/10, InfAuslR 2011, 190 Rn. 27.
[22] Ebenso BayVGH Beschl. v. 27.6.2016 – 19 ZB 15.737, BeckRS 2016, 49253 Rn. 32 mwN; aA VGH BW Urt. v. 2.2.2011 – 11 S 1198/10, InfAuslR 2011, 190 Rn. 27; BayVGH Beschl. v. 24.9.2008 – 10 CS 08.2329, BeckRS 2008, 28422 Rn. 9; VG Bayreuth Urt. v. 28.1.2015 – B 4 K 14.794, BeckRS 2015, 43566 Rn. 48; VG Bremen Urt. v. 9.9.2013 – 4 K 2076/12, BeckRS 2013, 56496 Rn. 11.
[23] Protokoll des Rates v. 14.3.2003 (7393/1/93 REV 1), S. 5.
[24] AA VGH BW Urt. v. 2.2.2011 – 11 S 1198/10, InfAuslR 2011, 190 Rn. 35.
[25] BayVGH Beschl. v. 27.6.2016 – 19 ZB 15.737, BeckRS 2016, 49253 Rn. 32.

5. Gefahr für die öffentliche Sicherheit und Ordnung (Abs. 1 S. 1 Nr. 5)

41 **Absolute Straflosigkeit wird nicht verlangt.** Getilgte oder tilgungsreife Verurteilungen dürfen auf keinen Fall verwertet werden. Der Text des **§ 9a II 1 Nr. 5** unterscheidet sich von der früheren Fassung des § 9 II Nr. 4, wonach die Erteilung einer Niederlassungserlaubnis voraussetzte, dass der Ausländer in den letzten drei Jahren nicht wegen einer vorsätzlichen Straftat zu einer Jugend- oder Freiheitsstrafe von mindestens sechs Monaten oder einer Geldstrafe von 180 Tagessätzen verurteilt worden ist. Die Bundesrepublik Deutschland hatte in den Beratungen versucht, die Strafbarkeitsschwelle von sechs Monaten in die RL zu verhandeln, ist mit dem Vorschlag aber gescheitert[26].

42 Die Formulierung von **Abs. 2 S. 1 Nr. 5 entspricht** dem Ausschlussgrund des **Art. 6 I Daueraufenthalts-RL.** Da dieser **Ordre-public-Vorbehalt** im Unionsrecht verankert ist, kann er weder durch den Gesetzgeber noch die Rspr. verschärft werden. Durch den gleichen Wortlaut wie bei § 9 II 1 Nr. 4 soll vermieden werden, dass ein Unterschied zwischen den Anforderungen entsteht, die für die Erteilung der jeweils dauerhaften Rechtsstellung nach § 9 einerseits und nach § 9a andererseits gestellt werden. Es ist gleichwohl denkbar, dass der gleiche Wortlaut des Vorbehalts der öffentlichen Sicherheit und Ordnung in § 9a II 1 Nr. 5 und § 9 II 1 Nr. 4 unterschiedlich ausgelegt werden.[27] Denn im Bereich der Niederlassungserlaubnis nach § 9 kann der Gesetzgeber die Erteilungsvoraussetzungen frei gestalten. Auch die Rspr. des EuGH kann sich unmittelbar nur für den Ordre-public-Vorbehalt des Art. 6 Daueraufenthalts-RL beziehen.

43 Durch Nr. 5 wird nach dem Vorbild des Art. 6 I UAbs. 2 Daueraufenthalts-RL anstelle eines starren Kriteriums eine Abwägung zwischen den Interessen des Ausländers und den Ordnungsbelangen vorgegeben. Aus dem Rechtssetzungsverfahren zur Daueraufenthalts-RL wird deutlich, dass **kein Verzicht auf generalpräventive Gründe** in Bezug auf die Möglichkeit der Ablehnung des Status eines langfristig Aufenthaltsberechtigten gewollt war. Dabei hat sich insbesondere das EU-Parlament mit seinen Änderungsanträgen gegen eine Übertragung der für EU-Bürger geltenden Grundsätze in Bezug auf den Ordre-public-Vorbehalt auf Art. 6 Daueraufenthalts-RL ausgesprochen.

44 Betrachtet man den **Ordre-public-Vorbehalt** in Art. 6 Daueraufenthalts-RL, so fällt zunächst auf, dass er nicht als Erteilungsvoraussetzung in Art. 7 Daueraufenthalts-RL Eingang gefunden hat[28], sondern **als optionale Eingriffsvoraussetzung.** Die Mitgliedstaaten, die einem Ausländer die Rechtsstellung eines langfristig Aufenthaltsberechtigten aus Gründen der öffentlichen Ordnung oder der öffentlichen Sicherheit versagen, sind nach Art. 6 I UAbs. 2 Daueraufenthalts-RL verpflichtet, die Schwere oder die Art des Verstoßes gegen die öffentliche Ordnung oder die öffentliche Sicherheit oder die von der betroffenen Person ausgehende Gefahr zu berücksichtigen, wobei sie auch der Dauer des Aufenthalts und dem Bestehen von Bindungen im Aufenthaltsstaat angemessen Rechnung zu tragen haben. Außerdem bestimmt Art. 6 II Daueraufenthalts-RL, dass die Versagungsentscheidung nicht aus wirtschaftlichen Gründen getroffen werden darf.

45 Die geltende Fassung der RL weicht deutlich von der ursprünglich im **Kommissionsentwurf**[29] vom 13.3.2001 vorgesehenen Fassung des Art. 7 RL-Vorschlags ab[30], der an die für EU-Bürger geltende Rechtslage angelehnt war. Das **EU-Parlament** unterbreitete mit seinem nach „9/11" vorgelegten Bericht vom 30.11.2001[31] zu dem RL-Vorschlag der Kommission in Bezug auf die Regelung von Art. 7 einen Änderungsvorschlag. Die Formulierung „wenn das persönliche Verhalten der betroffenen Person eine gegenwärtige Gefahr für die öffentliche Ordnung oder die innere Sicherheit darstellt" sollte dahin gehend umformuliert werden, dass er lautet[32] „wenn aufgrund persönlichen Verhaltens des Antragstellers von einer **Gefahr für die öffentliche Ordnung oder die innere Sicherheit** ausgegangen werden kann". Der 2. UAbs. sollte folgenden Wortlaut erhalten[33]: „Eine solche Gefährdung liegt insbesondere dann vor, wenn der Betreffende einen nicht nur vereinzelten oder geringfügigen Verstoß gegen Rechtsvorschriften begangen oder außerhalb des Mitgliedstaates eine Straftat begangen hat, die im Mitgliedstaat als vorsätzliche Straftat anzusehen ist. Von einer Gefahr für die öffentliche Ordnung oder die innere Sicherheit ist regelmäßig bei Personen

---

[26] Protokoll des Rates v. 14.3.2003 (7393/1/93 REV 1), S. 2.
[27] Indifferent indes BVerwG Urt. v. 12.7.2018 – 1 C 16.17, BVerwGE 162, 349 Rn. 18.
[28] Hierauf hat schon *Hailbronner* ZAR 2004, 163 (164) hingewiesen.
[29] KOM(2001) 127 endg., S. 38.
[30] Art. 7 hatte folgenden Wortlaut: „Die Mitgliedstaaten können den Status eines langfristig Aufenthaltsberechtigten versagen, wenn das persönliche Verhalten der betreffenden Person eine gegenwärtige Gefahr für die öffentliche Ordnung oder die innere Sicherheit darstellt. Die Tatsache einer strafrechtlichen Verurteilung genügt für sich allein nicht, um automatisch eine Versagungsentscheidung im Sinne von Absatz 1 zu begründen. Eine solche darf nicht zu wirtschaftlichen Zwecken getroffen werden." Zur Begründung führte die Kommission in ihrem Vorschlag aus: „Maßgeblich sind hier Kriterien, die teilweise den Kriterien der RL 64/221/EWG des Rates von 25.2.1964 zur Koordinierung der Sondervorschriften für die Einreise und den Aufenthalt von Ausländern soweit sie aus Gründen der öffentlichen Ordnung, Sicherheit oder Gesundheit gerechtfertigt sind, entsprechen."
[31] Bericht v. 30.11.2001, A5–0436/2001.
[32] S. Änderungsantrag 23 im Bericht des EU Parlaments v. 30.11.2001, A5–0436/2001, S. 17.
[33] S. Änderungsantrag 23 im Bericht des EU Parlaments v. 30.11.2001, A5–0436/2001, S. 17.

auszugehen, die sich bei der Verfolgung politischer Ziele an Gewalttätigkeiten beteiligen oder öffentlich zur Gewaltanwendung aufrufen oder mit Gewaltanwendung drohen oder bei denen Tatsachen die Annahme rechtfertigen, dass sie einer Vereinigung angehören, die den internationalen Terrorismus unterstützt."

Zur Begründung dieses Änderungsvorschlags bezog sich das **EU-Parlament** ausdrücklich darauf, **46** dass die Reduzierung der Versagungsgründe schon bei der erstmaligen Erteilung des Rechtsstatus auf die für freizügigkeitsberechtigte EU-Angehörige geltende RL 64/221/EWG nicht akzeptabel erscheine.[34] Im Folgenden wird ausgeführt: „Bereits bei der Gewährung dieser Rechtsposition weitgehend auf die Wahrung von Sicherheitsaspekten, die sich insbesondere bei der Begehung von Straftaten ableiten, zu verzichten, erscheint unangebracht. Insbesondere kann nicht darauf verzichtet werden, aus generalpräventiven Gründen den privilegierenden Rechtsstatus dann zu versagen, wenn es zu Rechtsverstößen etwa im Bereich des Drogenhandels oder der organisierten Kriminalität gekommen ist."

Betrachtet man die verschiedenen Änderungsanträge[35] und vergleicht sie mit der verabschiedeten **47** Fassung des Art. 6 Daueraufenthalts-RL, so wird erkennbar, dass der Ordre-public-Vorbehalt nicht dahin ausgelegt werden kann, dass er der Rechtsstellung von EU-Bürgern entspricht.[36] Für diese Auslegung spricht zudem die im Rat beschlossene **Angleichung**[37] **von Art. 6 Daueraufenthalts-RL an den Wortlaut von Art. 6 Familienzusammenführungs-RL**[38], der gleichfalls keine Gleichstellung des Ausweisungsschutzes mit Unionsbürgern bewirkt, sondern auch ein generalpräventives Einschreiten ermöglicht.[39]

Kann der **Ordre-public-Vorbehalt** des Art. 6 nicht unter Rückgriff auf die Rechtslage für EU- **48** Bürger konkretisiert werden, so liegt seine Bedeutung va in der vorgeschriebenen **Berücksichtigung persönlicher Belange**, soweit sie durch Art. 6 I Daueraufenthalts-RL konkretisiert werden.[40] Die Verpflichtung der Mitgliedstaaten, im Falle der Ablehnung eines Antrags die Schwere oder Art des Verstoßes gegen die öffentliche Ordnung oder die öffentliche Sicherheit oder die von der betroffenen Person ausgehende Gefahr zu berücksichtigen, wird durch Art. 6 I UAbs. 2 Daueraufenthalts-RL dahin gehend erweitert, dass auch der Dauer des Aufenthalts und dem Bestehen von Bindungen im Aufenthaltsstaat angemessen Rechnung getragen werden muss.

Insoweit schreibt die RL unionsrechtlich die **Berücksichtigung von Art. 8 EMRK** im Rahmen **49** der entsprechende ausländerrechtlichen Entscheidungen fest. Hierdurch wird zwar nicht unmittelbar die geltende Rechtslage verändert, da Art. 8 I 1 EMRK auch heute schon iR aufenthaltsrechtlicher Entscheidungen zwingend zu berücksichtigen ist.[41] Jedoch beruhte bislang die Pflicht zur Beachtung

---

[34] S. Änderungsantrag 23 im Bericht des EU Parlaments v. 30.11.2001, A5–0436/2001, S. 17.
[35] Weitere Änderungen der ursprünglichen Fassung des Art. 7 wurden durch die Stellungnahme des Ausschusses für Recht und Binnenmarkt angeregt, der die in dem KommissionsEntw enthaltene Formulierung „das persönliche Verhalten der betroffenen Person" im Wege einer Klarstellung dahin gehend fassen wollte, dass der Textteil durch die Worte „der Antragsteller" ersetzt wird. Mit der Stellungnahme des Ausschusses für Beschäftigung und soziale Angelegenheiten wurde weiterhin eine Streichung des Wortes „gegenwärtige" angeregt. Diese Streichung sollte zum Ausdruck bringen, dass ein Drittstaatsangehöriger aus keinen Gründen eine Gefahr für das Aufenthaltsland darstellen darf. Auch in dem Rat war die Streichung des Adjektivs „gegenwärtige" diskutiert worden. Österreich, das von Deutschland, Frankreich und Großbritannien unterstützt wurde, schlug die Streichung vor, um sicherzustellen, dass auch früher begangene Straftaten berücksichtigt werden können, die so schwer sind, dass sie nach dem Ermessen der Mitgliedstaaten eine ständige Gefahr darstellen können.
[36] So auch *Hailbronner* ZAR 2004, 163 (164) Fn. 8.
[37] Protokoll des Rates v. 20.12.2002, 15 483/02, S. 11. Die Angleichung an den Ordre-public-Vorbehalt der FamZu-RL wird auch durch die Vereinbarung im Rat deutlich, folgende Erklärung zu Art. 6 aufzunehmen, die S. 2 der Erklärung zu Art. 6 in der RL betr. das Recht auf Familienzusammenführung entspricht: „Das Konzept der öffentlichen Ordnung und der öffentlichen Sicherheit deckt auch Fälle ab, in denen ein Drittstaatsangehörige einer Vereinigung, die den Terrorismus unterstützt, angehört, eine solche Vereinigung unterstützt oder extremistische Bestrebungen hat."
[38] RL 2003/86/EG des Rates v. 22.9.2003, ABl. 2003 L 251, 12.
[39] Zu Einzelheiten s. *Dienelt* InfAuslR 2005, 445 ff.
[40] Dabei wird aufgrund der Beratungen im Rat auch erkennbar, dass die Vertreter der Mitgliedstaaten übereinkamen, Art. 6 an den Wortlaut von Art. 6 der RL über das Recht auf Familienzusammenführung anzugleichen, der durch den Verweis auf Art. 17 der FamZu-RL noch weitere Differenzierungen in Bezug auf die zu berücksichtigenden Umstände vornimmt.
[41] Innerhalb der deutschen Rechtsordnung stehen die EMRK und ihre ZP – soweit sie für die Bundesrepublik Deutschland in Kraft getreten sind – im Range eines Bundesgesetzes. Die Einordnung als Bundesrecht führt dazu, dass Behörden und Gerichte die EMRK wie anderes Gesetzesrecht des Bundes im Rahmen methodisch vertretbarer Auslegung zu berücksichtigen und anzuwenden haben. Insoweit hat das BVerfG bereits mit Beschl. v. 14.10.2004 (2 BvR 1481/04, NJW 2004, 3407) Folgendes klargestellt: „Zur Bindung an Gesetz und Recht (Art. 20 III GG) gehört die Berücksichtigung der Gewährleistungen der EMRK und der Entscheidungen des EGMR im Rahmen methodisch vertretbarer Gesetzesauslegung. Sowohl die fehlende Auseinandersetzung mit einer Entscheidung des EGMR als auch deren gegen vorrangiges Recht verstoßende schematische „Vollstreckung" können gegen Grundrechte in Verbindung mit dem Rechtsstaatsprinzip verstoßen."

der Vorgaben der EMRK auf dem deutschen TransformationsG, mit dem der völkerrechtliche Vertrag und seine Zusatzprotokolle gem. Art. 59 II GG in nationales Recht transformiert wurden.[42]

50   Eine Verschiebung des Prüfungsmaßstabes bei Anwendung von Art. 8 EMRK findet durch die Vorgaben der Daueraufenthalts-RL insoweit statt, als sich **aus** der Regelung von **Art. 8 I EMRK, anders als aus Art. 7 I Daueraufenthalts-RL, kein Recht auf Daueraufenthalt** ableiten lässt. Da der Art. 6 I UAbs. 2 Daueraufenthalts-RL herangezogen wird, um eine in der Daueraufenthalts-RL verankerte Rechtsposition zu beschränken, ist er eng auszulegen. Der weite Maßstab der Verhältnismäßigkeit, der iRd Schrankenvorbehalts des Art. 8 II EMRK gilt, ist daher nicht ohne Weiteres auf Art. 6 Daueraufenthalts-RL übertragbar.

6. Wohnraumerfordernis (Abs. 2 S. 1 Nr. 6)

51   **Abs. 2 S. 1 Nr. 6 entspricht** dem Wohnraumerfordernis nach **§ 9 II 1 Nr. 9**. Nach Art. 7 I UAbs. 2 Daueraufenthalts-RL kann ausreichender Wohnraum zum Nachweis der materiellen Voraussetzungen des Daueraufenthaltsrechts gefordert werden. Die Regelung zum Nachweis ausreichenden Wohnraums ist in Art. 7 I UAbs. 2 statt in Art. 5 Daueraufenthalts-RL aufgenommen worden, um einen Gesamtkompromiss zu ermöglichen. Im Einvernehmen mit der Kommission und dem Ratssekretariat stellt diese Verschiebung der Regelung keine inhaltliche Änderung dar. Der Nachweis ausreichenden Wohnraums sollte danach weiterhin als eigenständige Erteilungsvoraussetzung vorgesehen werden. Art. 7 I UAbs. 2 Daueraufenthalts-RL eröffnet den Mitgliedstaaten die Möglichkeit, den Nachweis ausreichenden Wohnraums als Erteilungsvoraussetzung vorzusehen. Dabei wurde die in § 9 vorgegebene Systematik, wonach das Wohnraumerfordernis sowie die Lebensunterhaltssicherungspflicht eigenständige Voraussetzungen sind, auf § 9a übertragen, um die bezweckte Parallelität der Regelungen zu gewährleisten.

7. Anwendungsausschluss (Abs. 3)

52   Mit **Abs. 3 Nr. 1 und Nr. 2** wird eine Vielzahl von Ausländern aus dem Anwendungsbereich der Erlaubnis zum Daueraufenthalt – EU ausgeschlossen. Bis zum 20.5.2013 war der **Ausschluss von Asylberechtigten und Flüchtlingen,** die Aufenthaltstitel nach § 25 I und II besitzen, nach § 9a III Nr. 2 möglich. Denn Flüchtlinge waren ausdrücklich nach Art. 3 IId Daueraufenthalts-RL von dem Anwendungsbereich der RL ausgenommen.

53   Ab dem 20.5.2013 hat sich die Rechtslage geändert, da die 1. Änderungs-RL zur Daueraufenthalts-RL (RL 2011/51/EU[43]) den Anwendungsbereich auf **Personen mit internationalem Schutz** erstreckt. Nach Art. 2f RL 2011/51/EU wird internationaler Schutz durch einen Verweis auf Art. 2a Qualifikations-RL definiert. Erfasst werden damit **Flüchtlinge** nach § 25 II und **subsidiär Schutzberechtigte** nach § 60 II, III und VII 2. Aufgrund der ausdrücklichen Einbeziehung der subsidiär Schutzberechtigten durch die 1. Änderungs-RL zur Daueraufenthalts-RL ist auch klargestellt worden, dass diese Personengruppe bis zum Ablauf der Transformationsfrist der Änderungs-RL von dem Status nach § 9a ausgeschlossen bleibt[44].

54   Der Aufenthaltstitel nach § 9a ist für diese Personengruppe besonders attraktiv, weil im Falle von Personen, denen internationaler Schutz gewährt wurde, mindestens die Hälfte des Zeitraums zwischen dem Tag der Einreichung des Antrags, aufgrund dessen dieser internationale Schutz gewährt wurde, und dem Tag der Ausstellung des Aufenthaltstitels, oder der gesamte Zeitraum, wenn dieser 18 Monate übersteigt, in die Berechnung des Zeitraums gem. Abs. 1 einbezogen wird (Art. 4 II RL 2011/51/EU).

55   Ausgeschlossen bleiben nach **§ 9a III Nr. 2** weiterhin Ausländer, die einen Antrag auf Anerkennung der Flüchtlingseigenschaft gestellt haben und deren Antrag noch nicht abschließend beschieden worden ist. Auch der Ausschluss von Drittstaatsangehörigen nach § 9a III Nr. 2, die nach Maßgabe des § 24 einen Aufenthaltstitel besitzen, ist mit der Daueraufenthalts-RL vereinbar. Diese Ausländer, denen aufgrund der RL 2001/55/EG[45] vorübergehender Schutz gewährt wird, unterfallen dem Ausschlussgrund nach Art. 3 IIb Daueraufenthalts-RL.

56   **Diplomaten** und andere Personen, die insbesondere nach den Wiener Übereinkommen über diplomatische und konsularische Beziehungen eine besondere Rechtsstellung genießen, werden in

---

[42] Gesetz über die EMRK v. 7.8.1952, BGBl. 1952 II S. 685; die Konvention ist gem. der Bekanntgabe v. 15.12.1953, BGBl. 1954 II S. 14 am 3.9.1953 für die Bundesrepublik Deutschland in Kraft getreten; neue Bekanntmachung der EMRK in der Fassung des 11. ZP in BGBl. 2002 II S. 1054.

[43] RL 2011/51/EU des EU-Parlaments und des Rates vom 11.5.2011 zur Änderung der RL 2003/109/EG des Rates zur Erweiterung ihres Anwendungsbereichs auf Personen, die internationalen Schutz genießen (ABl. 2011 L 132, 1).

[44] Zu einer Ablehnung subsidiär Schutzberechtigter neigend BVerwG Urt. v. 9.6.2009 – 1 C 7.08 NVwZ 2009, 1431; s. auch VG Aachen Urt. v. 30.4.2008 – 8 K 766/06 BeckRS 2008, 37830; VG Ansbach Urt. v. 22.4.2008 – AN 19 K 07.00952, BeckRS 2008, 43725 Rn. 26 ff.

[45] ABl. 2001 L 212, 12.

Umsetzung von Art. 3 IIf Daueraufenthalts-RL nach § **9a III Nr. 3** vom Erwerb der Rechtsstellung eines langfristig Aufenthaltsberechtigten ausgeschlossen. Der in § 1 II Nr. 2 geregelte Grundsatz, wonach das AufenthG auf diesen Personenkreis grundsätzlich keine Anwendung findet, wird durch diese Regelung hinsichtlich der Erlaubnis zum Daueraufenthalt – EU auf den Geltungsbereich der RL erweitert. Insoweit ist die Regelung in § 9a III Nr. 3 deklaratorisch.

Mit **Abs. 3 Nr. 4 und 5** wird die Erteilung der Erlaubnis zum Daueraufenthalt – EU an Ausländer ausgeschlossen, die sich zum **Studium,** zur **Berufsausbildung** oder zu einem anderen seiner Natur nach vorübergehenden Zweck im Bundesgebiet aufhalten. Die entsprechenden Gründe werden beispielhaft aufgezählt. Dieser Ausschluss steht mit der Daueraufenthalts-RL im Einklang, da nach Art. 3 IIa Daueraufenthalts-RL die RL keine Anwendung auf Drittstaatsangehörige findet, die sich zwecks Studiums oder Berufsausbildung im Bundesgebiet aufhalten[46]. 57

Nach § **9a III Nr. 5** kann eine Aufenthaltserlaubnis nach § 9a II nicht erteilt werden, wenn der Ausländer sich zu einem sonstigen seiner Natur nach vorübergehenden Zweck im Bundesgebiet aufhält. Der Ausschlussstatbestand wird in Art. 3 IIe Daueraufenthalts-RL, abweichend vom Wortlaut des § 9a III Nr. 5, wie folgt umschrieben: „die sich ausschließlich vorübergehend wie etwa als Au-pair oder Saisonarbeitnehmer, als von einem Dienstleistungserbringer im Rahmen der grenzüberschreitenden Erbringung von Dienstleistungen entsendete Arbeitnehmer oder als Erbringer grenzüberschreitender Dienstleistungen aufhalten oder deren Aufenthaltsgenehmigung förmlich begrenzt wurde; (…)". Diese anders lautende Formulierung folgt daraus, dass in der RL auf **die Kürze des Aufenthalts im Mitgliedstaat** als wesentliches Kriterium für die Herausnahme dieser Personengruppe aus den Regelungen der Daueraufenthalts-RL abgestellt wurde, während der Schwerpunkt bei der Umsetzung in deutsches Recht auf den **vorübergehenden Charakter des Aufenthalts** gelegt wurde[47]. 58

Dass die Verlängerung der Aufenthaltserlaubnis von der zuständigen Behörde nicht ausgeschlossen wurde (§ 8 II), ist für die Qualifizierung der jeweiligen Aufenthaltszwecke als (lediglich) vorübergehend unerheblich. Dies folgt rechtssystematisch schon daraus, dass die förmliche Begrenzung der Dauer der Aufenthaltserlaubnis nach § 8 II nach § 9a III Nr. 5b lediglich eines von mehreren **gesetzlichen Regelbeispielen für das Vorliegen eines vorübergehenden Aufenthaltszwecks** darstellt, sodass sich der vorübergehende Charakter des Aufenthaltszwecks auch aus den weiteren Regelbeispielen in § 9a III Nr. 5a und 5c und sonstigen im Gesetz nicht ausdrücklich genannten Gründen ergeben kann[48]. 59

Die Aufzählung des Falles in **Nr. 5a** ist neben der Erwähnung der Fälle des **Nr. 5b** erforderlich, weil nicht jeder Aufenthalt nach lit. a mit einer Befristung nach § 8 II einhergeht: Die Möglichkeit des § 8 II wird in der Praxis nur auf den jeweils letzten Aufenthaltstitel angewendet, der zur Ausübung einer von vornherein zeitlich beschränkten Beschäftigung ausgestellt wird. Beträgt die Höchstbeschäftigungsdauer nach der BeschV bspw. vier Jahre, ist es dennoch nicht unüblich, dass zunächst eine Aufenthaltserlaubnis für zwei Jahre ausgestellt wird, die dann um weitere zwei Jahre verlängert werden kann. Nur der letzte dieser Aufenthaltserlaubnisse wird mit einer Einschränkung nach § 8 II versehen, weil ansonsten bereits die erste Aufenthaltserlaubnis nicht verlängert werden könnte. 60

Von besonderer Bedeutung ist die Regelung in § **9a III Nr. 5c,** wonach für den nachgezogenen **Familienangehörigen** die Erteilung der Rechtsstellung eines langfristig Aufenthaltsberechtigten nicht in Betracht kommt, wenn auch der **Stammberechtigte** sich **selbst nur zu** einem seiner Natur nach **vorübergehenden Zweck im Bundesgebiet** aufhält. Eine Ausnahme gilt, wenn bei einer Aufhebung der Lebensgemeinschaft ein eigenständiges Aufenthaltsrecht entstehen würde. In diesem Fall darf das Zusammenleben des Familienangehörigen mit dem Stammberechtigten – auch im Hinblick auf Art. 6 GG sowie Art. 8 EMRK – im Vergleich zu einer Trennung nicht Nachteilen führen. 61

In **Abs. 3 Nr. 1–3** wird auf das Bestehen jeweils eines bestimmten **Aufenthaltsstatus** nicht nur im Bundesgebiet, sondern **auch in anderen Mitgliedstaaten** abgestellt. Dies ist durch Art. 3 II Daueraufenthalts-RL vorgegeben. Anders als Art. 4 II UAbs. 2 Daueraufenthalts-RL stellt Art. 3 II nicht auf den „betreffenden Mitgliedstaat" ab. Art. 4 II regelt nämlich die Anrechenbarkeit von Zeiten und nicht die Frage der Anwendbarkeit. Der systematische Unterschied zwischen Art. 3 einerseits und Art. 4 II andererseits wird va anhand der Regelungen zu Studenten deutlich: Zum einen sind Studenten nach Art. 3 IIa aus ihrem Anwendungsbereich ausgenommen, zum anderen werden aber nach Art. 4 II UAbs. 2 Daueraufenthalts-RL Studienzeiten zur Hälfte angerechnet. Danach können Ausländer während ihres Aufenthalts zum Zweck des Studiums die Rechtsstellung eines langfristig Aufenthaltsberechtigten nicht erwerben, wohingegen sie die Rechtsstellung grundsätzlich beanspruchen können, wenn sie sich nach Beendigung des Aufenthalts zum Zweck des Studiums zu einem anderen Zweck (der nicht in Art. 3 II erwähnt ist) im betreffenden Mitgliedstaat aufhalten; die Studienzeiten werden dann zur Hälfte angerechnet. 62

---

[46] AA VG Bremen Urt. v. 9.9.2013 – 4 K 2076/12 BeckRS 2013, 56496 Rn. 11.
[47] HessVGH Beschl. v. 31.5.2011 – 6 A 404/11.Z, InfAuslR 2011, 375 Rn. 14.
[48] HessVGH Beschl. v. 31.5.2011 – 6 A 404/11.Z, InfAuslR 2011, 375 Rn. 12.

§ 9b Anrechnung von Aufenthaltszeiten

(1) ¹Auf die erforderlichen Zeiten nach § 9a Abs. 2 Satz 1 Nr. 1 werden folgende Zeiten angerechnet:

1. Zeiten eines Aufenthalts außerhalb des Bundesgebiets, in denen der Ausländer einen Aufenthaltstitel besaß und
   a) sich wegen einer Entsendung aus beruflichen Gründen im Ausland aufgehalten hat, soweit deren Dauer jeweils sechs Monate oder eine von der Ausländerbehörde nach § 51 Abs. 1 Nr. 7 bestimmte längere Frist nicht überschritten hat, oder
   b) die Zeiten sechs aufeinanderfolgende Monate und innerhalb des in § 9a Abs. 2 Satz 1 Nr. 1 genannten Zeitraums insgesamt zehn Monate nicht überschreiten,
2. Zeiten eines früheren Aufenthalts im Bundesgebiet mit Aufenthaltserlaubnis, Niederlassungserlaubnis oder Erlaubnis zum Daueraufenthalt – EU, wenn der Ausländer zum Zeitpunkt seiner Ausreise im Besitz einer Niederlassungserlaubnis oder einer Erlaubnis zum Daueraufenthalt – EU war und die Niederlassungserlaubnis oder die Erlaubnis zum Daueraufenthalt – EU allein wegen eines Aufenthalts außerhalb von Mitgliedstaaten der Europäischen Union oder wegen des Erwerbs der Rechtsstellung eines langfristig Aufenthaltsberechtigten in einem anderen Mitgliedstaat der Europäischen Union erloschen ist, bis zu höchstens vier Jahre,
3. Zeiten, in denen der Ausländer freizügigkeitsberechtigt war,
4. Zeiten eines rechtmäßigen Aufenthalts zum Zweck des Studiums oder der Berufsausbildung im Bundesgebiet zur Hälfte,
5. bei international Schutzberechtigten der Zeitraum zwischen dem Tag der Beantragung internationalen Schutzes und dem Tag der Erteilung eines aufgrund der Zuerkennung internationalen Schutzes gewährten Aufenthaltstitels.

²Nicht angerechnet werden Zeiten eines Aufenthalts nach § 9a Abs. 3 Nr. 5 und Zeiten des Aufenthalts, in denen der Ausländer auch die Voraussetzungen des § 9a Abs. 3 Nr. 3 erfüllte. ³Zeiten eines Aufenthalts außerhalb des Bundesgebiets unterbrechen den Aufenthalt nach § 9a Abs. 2 Satz 1 Nr. 1 nicht, wenn der Aufenthalt außerhalb des Bundesgebiets nicht zum Erlöschen des Aufenthaltstitels geführt hat; diese Zeiten werden bei der Bestimmung der Gesamtdauer des Aufenthalts nach § 9a Abs. 2 Satz 1 Nr. 1 nicht angerechnet. ⁴In allen übrigen Fällen unterbricht die Ausreise aus dem Bundesgebiet den Aufenthalt nach § 9a Abs. 2 Satz 1 Nr. 1.

(2) ¹Auf die erforderlichen Zeiten nach § 9a Absatz 2 Satz 1 Nummer 1 werden die Zeiten angerechnet, in denen der Ausländer eine Blaue Karte EU besitzt, die von einem anderen Mitgliedstaat der Europäischen Union erteilt wurde, wenn sich der Ausländer

1. in diesem anderen Mitgliedstaat der Europäischen Union mit einer Blauen Karte EU mindestens 18 Monate aufgehalten hat und
2. bei Antragstellung seit mindestens zwei Jahren als Inhaber der Blauen Karte EU im Bundesgebiet aufhält.

²Nicht angerechnet werden Zeiten, in denen sich der Ausländer nicht in der Europäischen Union aufgehalten hat. ³Diese Zeiten unterbrechen jedoch den Aufenthalt nach § 9a Absatz 2 Satz 1 Nummer 1 nicht, wenn sie zwölf aufeinanderfolgende Monate nicht überschreiten und innerhalb des Zeitraums nach § 9a Absatz 2 Satz 1 Nummer 1 insgesamt 18 Monate nicht überschreiten. ⁴Die Sätze 1 bis 3 sind entsprechend auf Familienangehörige des Ausländers anzuwenden, denen eine Aufenthaltserlaubnis nach den §§ 30 oder 32 erteilt wurde.

Allgemeine Verwaltungsvorschrift
9b Zu § 9b – Anrechnung von Aufenthaltszeiten

9b.0.1 § 9b ist eine Spezifizierung der in § 9a Absatz 2

Satz 1 Nummer 1 enthaltenen Tatbestandsvoraussetzung der notwendigen Voraufenthaltszeit von fünf Jahren mit Aufenthaltstitel. Hiermit wird Artikel 4 Absatz 2 und 3 der Richtlinie 2003/109/EG des Rates vom 25. November 2003 betreffend die Rechtsstellung der langfristig aufenthaltsberechtigten Drittstaatsangehörigen (ABl. EU 2004 Nummer L 16 S. 44, so genannte Daueraufenthalt-Richtlinie) umgesetzt. § 85 ist wegen dieser Sonderregelung nicht anwendbar.

9b.0.2 Die Regelaussage wird in § 9b Satz 4 getroffen: Grundsätzlich unterbrechen Auslandsaufenthalte die Aufenthaltszeit, es sei denn, in § 9b wird etwas anderes geregelt.

9b.1.1.1 Nach § 9b Satz 1 Nummer 1 Buchstabe a) wird der Auslandsaufenthalt von Ausländern, die sich im Rahmen einer vorübergehenden Entsendung aus beruflichen Gründen im Ausland aufgehalten haben, als Zeit eines Inlandsaufenthalts angerechnet (Artikel 4 Absatz 3, Unterabsatz 3 Daueraufenthalt-Richtlinie). Solche beruflich bedingten Auslandsaufenthalte führen vor allem höher qualifizierte Ausländer, wie etwa Wissenschaftler, qualifizierte Dienstleister oder Führungskräfte der Wirtschaft durch. Voraussetzung für die Anrechnung nach dieser Vorschrift ist zum einen, dass berufliche und nicht private Gründe den Hauptanlass für den Auslandsaufenthalt bildeten. Grundsätzlich darf die Dauer jedes Auslandsaufenthalts sechs Monate nicht überschreiten, es sei denn, die Ausländerbehörde hat eine verlängerte Wiedereinreisefrist nach § 51 Absatz 1 Nummer 7 bestimmt. Der Wortlaut macht deutlich, dass auch mehrmalige, die vorgegebenen Fristen nicht überschreitende Auslandsaufenthalte aus beruflichen Gründen als

Zeiten eines Inlandsaufenthalts angerechnet werden können. Mit der Bezugnahme auf die Entscheidung der Ausländerbehörde nach § 51 Absatz 1 Nummer 7 wird klargestellt, dass Auslandsaufenthalte, die nach dieser Vorschrift zum Erlöschen des Aufenthaltstitels führen würden, zumindest nach § 9b Satz 1 Nummer 1 Buchstabe a) nicht (auch nicht bis zu sechs Monaten) anrechnungsfähig sind. § 9b Satz 1 Nummer 2 bleibt hiervon unberührt.

9b.1.1.2. § 9b Satz 1 Nummer 1 Buchstabe b) regelt die Anrechnung für Auslandsaufenthalte aufgrund nicht beruflicher Zwecke (vgl. Artikel 4 Absatz 3, Unterabsatz 1 Daueraufenthalt-Richtlinie). Jeder einzelne Auslandsaufenthalt darf nicht länger als sechs Monate dauern. Zudem darf – anders als bei Auslandsaufenthalten aus beruflichen Zwecken – die Gesamtdauer der Auslandsaufenthalte für übrige Zwecke zehn Monate nicht überschreiten.

9b.1.2.1 Durch § 9b Satz 1 Nummer 2 wird die für die Niederlassungserlaubnis geltende Regelung in § 9 Absatz 4 Nummer 1 sinngemäß auf die Erlaubnis zum Daueraufenthalt-EG angewandt. Ehemaligen Inhabern einer Niederlassungserlaubnis, deren Aufenthaltstitel durch einen Auslandsaufenthalt erloschen ist, wird mit der Anrechnungsvorschrift der Wiedererwerb der Rechtsstellung unter erleichterten Voraussetzungen ermöglicht. Dasselbe gilt für Ausländer, die zwar keine Niederlassungserlaubnis, aber eine Erlaubnis zum Daueraufenthalt-EG besaßen.

9b.1.2.2 Die Anrechnung nach Artikel 4 Absatz 3, Unterabsatz 2 i. V. m. Absatz 1 Daueraufenthalt-Richtlinie zulässig. Denn die Privilegierung von ehemals niedergelassenen Ausländern nach § 9 Absatz 4 stellt einen „spezifischen Grund" i. S. d. Artikels 4 Absatz 3, Unterabsatz 2 der Richtlinie dar, da sie über eine enge Beziehung zu Deutschland verfügen. Zudem werden nur Aufenthaltszeiten im Bundesgebiet bis zu maximal vier Jahren angerechnet. Zugleich wird damit die zwingend ausgestaltete Vorgabe des Artikels 9 Absatz 5 Daueraufenthalt-Richtlinie umgesetzt, wonach nach einem Verlust der Rechtsstellung eines dauerhaft Aufenthaltsberechtigten, der nicht auf schuldhaftes Verhalten zurückzuführen ist, ein vereinfachtes Verfahren für die Wiedererlangung der Rechtsstellung vorzusehen ist. Die Regelung ist derart formuliert, dass Inhaber einer Niederlassungserlaubnis, die vor der Umsetzung der Richtlinie erloschen ist, miterfasst werden, weil sie bereits nach der Regelung des bisherigen § 9 Absatz 4 Nummer 1 eine vergleichbare Vergünstigung im Hinblick auf die Niederlassungserlaubnis beanspruchen konnten.

9b.1.3 Nach § 9b Satz 1 Nummer 3 werden auch Zeiten, in denen der Ausländer freizügigkeitsberechtigt war, angerechnet. Dies ist einerseits notwendig, da Artikel 4 Absatz 1 Daueraufenthalt-Richtlinie als Anspruchsgrundlage u. a. auf den rechtmäßigen Aufenthalt im Hoheitsgebiet eines Mitgliedstaates abstellt. Dies ist aufgrund des Zwecks der Daueraufenthalt-Richtlinie andererseits auch geboten, da diese die Rechtsstellung der Daueraufenthaltsberechtigten an die der Freizügigkeitsberechtigten angleicht. Eine Schlechterstellung der Freizügigkeitsberechtigten ist nicht beabsichtigt. Daher erfüllen nicht nur Inhaber eines Aufenthaltstitels, sondern auch Drittstaatsangehörige, die sich vor Erteilung eines Aufenthaltstitels nach dem Aufenthaltsgesetz als Freizügigkeitsberechtigte im Bundesgebiet aufgehalten haben, diese Voraussetzung.

9b.1.4 Mit § 9b Satz 1 Nummer 4 wird die Anrechnung von Studienzeiten und Zeiten der Berufsausbildung nach Artikel 4 Absatz 2, Unterabsatz 2 Daueraufenthalt-Richtlinie umgesetzt. Es wird dabei lediglich festgelegt, in welchem Umfang die Dauer des Studiums und der Berufsausbildung auf die erforderlichen Zeiten nach § 9a Absatz 2 Satz 1 Nummer 1 angerechnet werden können. Nicht geregelt ist hingegen die Frage, ob Zeiten vor einem Auslandsaufenthalt, der zum Erlöschen der Aufenthaltserlaubnis geführt hat, nach Wiedereinreise zur Berechnung der erforderlichen Zeiten angerechnet werden können. Grundsätzlich sind diese vollständig neu zu erbringen, wenn eine Aufenthaltserlaubnis einmal erloschen ist. Die einzige Regelung, die dazu führt, dass früher erbrachte Zeiten angerechnet werden, ist in Nummer 2 enthalten. § 9b Satz 1 Nummer 4 gilt auch für Zeiten, die vor dem 1. Januar 2005 liegen (z. B. Aufenthaltsbewilligung zum Zweck des Studiums nach § 28 AuslG).

9b.1.4.1 Zu Aufenthalten zum Zweck des Studiums gehören neben den Aufenthalten nach § 16 Absatz 1 sowohl Aufenthalte zum Zweck der Studienbewerbung nach § 16 Absatz 1a als auch Aufenthalte zur Suche eines angemessenen Arbeitsplatzes nach erfolgreichem Abschluss des Studiums nach § 16 Absatz 4. Auf den erfolgreichen Abschluss des Studiums kommt es dabei nicht an.

9b.2 Durch § 9b Satz 2 wird das Anrechnungsverbot des Artikels 4 Absatz 2, Unterabsatz 1 Daueraufenthalt-Richtlinie umgesetzt, wonach Diplomaten und andere Personen, die insbesondere nach den Wiener Übereinkommen über diplomatische und konsularische Beziehungen (WÜK) eine besondere Rechtsstellung genießen, nicht in den Anwendungsbereich der Daueraufenthalt-Richtlinie fallen.

9b.3 Mit § 9b Satz 3 wird von der Möglichkeit nach Artikel 4 Absatz 3, Unterabsatz 2 der Richtlinie Gebrauch gemacht, Unterbrechungen aus „spezifischen Gründen" oder aufgrund „zeitlich begrenzter Ausnahmesituationen" für unschädlich für den Erwerb der Rechtsstellung eines langfristig Aufenthaltsberechtigten zu erklären. Die spezifischen Gründe liegen bei Erfüllung der Tatbestandsmerkmale des § 51 Absatz 2 bis 4 vor. Unterbrechungen des Aufenthaltes, die nach diesen Vorschriften im jeweiligen Einzelfall nicht zum Erlöschen eines Aufenthaltstitels geführt haben, aber auch nicht nach § 9b Satz 1 anrechenbar sind, unterbrechen den Zeitraum nach § 9a Absatz 2 Satz 1 Nummer 1 nicht. Die davor liegenden Zeiträume eines Aufenthalts mit einem Aufenthaltstitel werden bei der Anspruchsentstehung berücksichtigt. Beispielsweise führt damit eine Ausreise zur Ableistung des Pflichtwehrdienstes im Heimatstaat (§ 51 Absatz 3) nicht zu einem neuen Lauf der Frist nach § 9a Absatz 2 Satz 1 Nummer 1 (vgl. Nummer 51.3).

9b.4 In § 9b Satz 4 wird in Übereinstimmung mit den zwingenden Vorgaben der Daueraufenthalt-Richtlinie klargestellt, dass in allen verbleibenden – also den nicht in den in § 9b Satz 1 bis 3 geregelten – Fällen eine Ausreise dazu führt, dass der Aufenthalt unterbrochen ist. Die Zeiten vorheriger Aufenthalte können daher nicht mehr angerechnet werden.

Übersicht

	Rn.
I. Entstehungsgeschichte	1
II. Gesetzliche Systematik des Unionsrechts	2
III. Anrechnung von Voraufenthaltszeiten nach § 9b	6
1. Auslandsaufenthalt (Abs. 1 S. 1 Nr. 1)	6
2. Früherer rechtmäßiger Aufenthalt (Abs. 1 S. 1 Nr. 2)	15

	Rn.
3. Ehemalige Freizügigkeitsberechtigte (Abs. 1 S. 1 Nr. 3)	19
4. Studium oder Berufsausbildung (Abs. 1 S. 1 Nr. 4)	21
5. Flüchtlinge und subsidiär Schutzberechtigte (Abs. 1 S. 1 Nr. 5)	23
IV. Ausschluss der Anrechnung von Voraufenthaltszeiten (Abs. 1 S. 2–4)	24
V. Sonderregelung für Blue-Card-Inhaber (Abs. 2)	25

I. Entstehungsgeschichte

1   Die Vorschrift wurde mit dem **AuslRÄndG 2007**[1] eingeführt, mit der auch die Richtlinie der EG umgesetzt wurde. § 9b ist eine der **Umsetzungsbestimmungen** der **Daueraufenthalts-RL**. Sie regelt zusammen mit §§ 9a und 9c den Status des langfristig Aufenthaltsberechtigten in dem ersten Mitgliedstaat, dh den Erwerb der Rechtsstellung, der Drittstaatsangehörigen die Weiterwanderung in andere EU-Staaten ermöglicht. Durch das RLUmsG 2012[2] wurde Abs. 2 angefügt.

II. Gesetzliche Systematik des Unionsrechts

2   Die Anrechnungsvorschrift des § 9b dient der **Umsetzung des Art. 4 II, III Daueraufenthalts-RL**. In die Berechnung des Zeitraums von fünf Jahren, in denen sich ein Drittstaatsangehöriger ununterbrochen rechtmäßig im Bundesgebiet aufgehalten haben muss, fließen nach Art. 4 II 1 Daueraufenthalts-RL die Zeiten nicht ein, in denen

– sich der Drittstaatsangehörige ausschließlich vorübergehend wie etwa als Au-pair oder Saisonarbeitnehmer, als von einem Dienstleistungserbringer iRd grenzüberschreitenden Erbringung von Dienstleistungen entsendeter Arbeitnehmer oder als Erbringer grenzüberschreitender Dienstleistungen aufgehalten hat oder dessen Aufenthaltstitel nach § 8 II förmlich begrenzt wurde (Art. 3 IIe Daueraufenthalts-RL) oder

– die Rechtsstellung des Drittstaatsangehörigen durch das Wiener Übereinkommen von 1961 über diplomatische Beziehungen, das Wiener Übereinkommen von 1963 über konsularische Beziehungen, das Übereinkommen von 1969 über Sondermissionen oder die Wiener Konvention von 1975 über die Vertretung der Staaten in ihren Beziehungen zu internationalen Organisationen universellen Charakters geregelt ist (Art. 3 IIf Daueraufenthalts-RL).

3   Zeiten, in denen der Drittstaatsangehörige sich nicht im Hoheitsgebiet des Mitgliedstaats aufgehalten hat, unterbrechen nach UAbs. 1 des Art. 4 III Daueraufenthalts-RL die Dauer des Fünf-Jahres-Zeitraums nicht, sondern fließen in die Berechnung dieses Aufenthalts ein, wenn sie sechs aufeinanderfolgende Monate nicht überschreiten und innerhalb des Zeitraums von fünf Jahren insgesamt zehn Monate nicht überschreiten.

4   Liegen spezifische Gründe oder zeitlich begrenzte Ausnahmesituationen vor, so können die Mitgliedstaaten nach der **UAbs. 2 des Art. 4 III Daueraufenthalts-RL** gemäß ihrem nationalen Recht vorsehen, dass längere Zeiten, in denen der Drittstaatsangehörige sich nicht in ihrem Hoheitsgebiet aufgehalten hat, die Dauer des Fünf-Jahres-Zeitraums nicht unterbrechen. In diesen Fällen berücksichtigen die Mitgliedstaaten die Zeiten, in denen der Drittstaatsangehörige sich nicht in ihrem Hoheitsgebiet aufgehalten hat, nicht bei der Berechnung der Gesamtdauer des Zeitraums.

5   Abweichend hiervon können die Mitgliedstaaten nach **UAbs. 3 des Art. 4 III Daueraufenthalts-RL** Zeiten, in denen sich der Drittstaatsangehörige im Zusammenhang mit einer Entsendung aus beruflichen Gründen einschließlich iRe grenzüberschreitenden Erbringung von Dienstleistungen nicht in ihrem Hoheitsgebiet aufgehalten hat, in die Berechnung des Fünf-Jahres-Zeitraums einfließen lassen.

III. Anrechnung von Voraufenthaltszeiten nach § 9b

1. Auslandsaufenthalt (Abs. 1 S. 1 Nr. 1)

6   In **Abs. 1 S. 1 Nr. 1 lit. a** wird von der nach Art. 4 III UAbs. 3 Daueraufenthalts-RL vorgesehenen Möglichkeit Gebrauch gemacht, den Auslandsaufenthalt von Ausländern, die sich iRe **vorübergehenden Entsendung aus beruflichen Gründen** im Ausland aufgehalten haben, als Zeit eines Inlandsaufenthalts anzurechnen. Solche beruflich bedingten Auslandsaufenthalte weisen va die Lebensläufe höher qualifizierter Ausländer wie etwa Wissenschaftler, qualifizierte Dienstleister oder Führungskräfte der Wirtschaft auf. Voraussetzung für die Anrechnung nach dieser Vorschrift ist, dass berufliche und nicht private Gründe den Hauptanlass für den Auslandsaufenthalt bildeten.

7   Die Umsetzung der Ausnahme nach **Abs. 1 S. 1 Nr. 1 lit. a entspricht** dem Sinn und Zweck des **Öffnungsvorbehalts der Daueraufenthalts-RL**. Zur Begründung der in dem RL-Entwurf noch als

---

[1] Gesetz zur Umsetzung aufenthalts- und asylrechtlicher RL der EU v. 19.8.2007 (BGBl. I S. 1970).
[2] Gesetz zur Umsetzung der HochqualifiziertenRL der EU v. 1.6.2012 (BGBl. I S. 1224).

Anrechnungsregelung vorhandenen Bestimmung führte der Kommissionsentwurf aus[3]: „In Absatz 1 wird der Grundsatz des ununterbrochenen Aufenthalts in einem Mitgliedstaat als Garantie für die Beständigkeit dieses Aufenthalts festgeschrieben. Dieses Prinzip muss jedoch flexibel gehandhabt werden, da bestimmte Ereignisse den Betreffenden veranlassen können, den Mitgliedstaat für eine gewisse Zeit zu verlassen, ohne dass dies der Beständigkeit seines Aufenthalts Abbruch tut. Bestimmte Abwesenheiten – solche, deren Dauer sechs aufeinander folgende Monate nicht überschreitet, u. Abwesenheiten aus wichtigen oder schwerwiegenden Gründen – werden daher nicht als Unterbrechungen des Aufenthalts betrachtet. Vorgesehen ist auch die Entsendung aus beruflichen Gründen, da dies zur Vollendung des Binnenmarkts beiträgt, in dem Unternehmen Mitarbeiter außerhalb eines Mitgliedstaates mobilisieren können. Diese berufliche Entsendung darf sich nicht ungünstig auf die Berechnung der Aufenthaltsdauer auswirken. Ebenso dürfen sich Forschungsaufenthalte in einem anderen Mitgliedstaat nicht ungünstig auswirken u. die Forscher daran hindern, den Status zu erlangen, denn es gilt, das Ziel eines europäischen Forschungsraums, wie von der Kommission in ihrer Mitteilung vom 18.1.2000 definiert und vom Europäischen Rat am 23. und 24.3.2000 in Lissabon bekräftigt, zu verwirklichen."

Durch **lit. a** wird klargestellt, dass **mehrere Auslandsaufenthalte** („jeweils") **anrechnungsfähig** 8 sind, auch wenn der Zehn-Monats-Zeitraum des lit. b überschritten wird. Die Ausländerbehörde kann zudem eine verlängerte Wiedereinreisefrist nach § 51 I Nr. 7 bestimmen.

Durch die Anknüpfung an die Entscheidung der Ausländerbehörde nach § 51 I Nr. 7 wird klar- 9 gestellt, dass Auslandsaufenthalte, die nach dieser Vorschrift zum Erlöschen des Aufenthaltstitels führen würden, zumindest nach § 9b I 1 Nr. 1 lit. a vollständig nicht anrechnungsfähig sind. § 9b I 1 Nr. 2 bleibt hiervon unberührt.

In § **9b I 1 Nr. 1 lit. b** wird für **übrige Auslandsaufenthalte** die Anrechnungsvorschrift 10 des Art. 4 III UAbs. 1 Daueraufenthalts-RL umgesetzt. Die Regelung bestimmt, dass Zeiten, in denen der Drittstaatsangehörige sich nicht im Hoheitsgebiet des Mitgliedstaats aufgehalten hat, die Dauer des Fünf-Jahres-Zeitraums nicht unterbrechen und in die Berechnung dieses Aufenthalts einfließen, wenn sie sechs aufeinanderfolgende Monate nicht überschreiten und **innerhalb des Zeitraums von fünf Jahren insgesamt zehn Monate** nicht überschreiten.

Hält sich ein Drittstaatsangehöriger **länger als sechs Monate im Ausland aus, ohne dass der** 11 **Aufenthalt aus beruflichen Gründen veranlasst war und zum Erlöschen des Aufenthaltstitels geführt hätte**, ist dieser Zeitraum – auch nicht teilweise – anrechnungsfähig. Für Auslandsaufenthalte gilt § 9b I 3, mit dem Art. 4 III UAbs. 2 Daueraufenthalts-RL umgesetzt wurde. Liegen spezifische Gründe oder zeitlich begrenzte Ausnahmesituationen vor, so können die Mitgliedstaaten nach dieser RL-Bestimmung gemäß ihrem nationalen Recht vorsehen, dass längere Zeiten, in denen der Drittstaatsangehörige sich nicht in ihrem Hoheitsgebiet aufgehalten hat, die Dauer des Fünf-Jahres-Zeitraums nicht unterbrechen. In diesen Fällen berücksichtigen die Mitgliedstaaten die Zeiten, in denen der Drittstaatsangehörige sich nicht in ihrem Hoheitsgebiet aufgehalten hat, nicht bei der Berechnung der Gesamtdauer des Zeitraums.

Um die **Anrechnungsfähigkeit** zu **erhalten,** muss der Drittstaatsangehörige vor dem Überschrei- 12 ten der Sechs-Monats-Frist in das Bundesgebiet zurückkehren. Bei einem weiteren Auslandsaufenthalt innerhalb der Fünf-Jahres-Frist ist eine Anrechnungsfähigkeit nur gegeben, wenn der Gesamtaufenthalt im Ausland zehn Monate nicht überschritten hat. Hält sich der Drittstaatsangehörige nach einem Auslandsaufenthalt von sechs Monaten weitere sechs Monate im Ausland auf, so sind insgesamt nur sechs und nicht zehn Monate anrechnungsfähig, obwohl jeder der Zeiträume für sich genommen voll anrechnungsfähig gewesen wäre. Kehrt der Drittstaatsangehörige von seinem zweiten Auslandsaufenthalt vor Überschreiten der Zehn-Monats-Grenze zurück, so ist der gesamte Auslandsaufenthalt auf die Fünf-Jahres-Frist anzurechnen.

Unterbrechungen aus „spezifischen Gründen" oder „zeitlich begrenzten Ausnahmesitua- 13 **tionen",** die von den Mitgliedstaaten nach der Daueraufenthalts-RL unschädlich für den Erwerb der Rechtsstellung eines langfristig Aufenthaltsberechtigten erklärt werden können, liegen bei Erfüllung der Tatbestandsmerkmale des § 51 II–IV vor. Unterbrechungen des Aufenthalts, die nach diesen Vorschriften im jeweiligen Einzelfall nicht zum Erlöschen eines Aufenthaltstitels geführt haben, aber auch nicht nach § 9b I 1 anrechenbar sind, unterbrechen den Zeitraum nach § 9a II Nr. 1 nicht. Die davorliegenden Zeiträume eines Aufenthalts mit einem Aufenthaltstitel werden zur Anspruchsentstehung berücksichtigt. Bspw. führt damit eine Ausreise zur Ableistung des Pflichtwehrdienstes im Heimatstaat nicht zu einem neuen Lauf der Frist nach § 9a II 1 Nr. 1 (vgl. § 51 III iVm § 9b I 3).

In § **9b I 4** wird in Übereinstimmung mit den zwingenden Vorgaben der Daueraufenthalts-RL 14 klargestellt, dass in allen verbleibenden, also den nicht in den S. 1–3 geregelten Fällen, eine Ausreise dazu führt, dass der Aufenthalt unterbrochen ist. Die Zeiten vorheriger Aufenthalte können daher nicht mehr auf die Fünf-Jahres-Frist nach § 9a II Nr. 1 angerechnet werden.

---

[3] Begr. Kommission v. 13.3.2001 (KOM(2001) 127 endg., S. 17) zu Art. 5 des Vorschlags für eine RL des Rates betr. den Status der langfristig aufenthaltsberechtigten Drittstaatsangehörigen.

2. Früherer rechtmäßiger Aufenthalt (Abs. 1 S. 1 Nr. 2)

15 Durch § 9b I 1 Nr. 2 wird die Regelung in § 9 IV Nr. 1 sinngemäß übernommen. Ehemaligen Inhabern einer Niederlassungserlaubnis oder Erlaubnis zum Daueraufenthalt – EU, deren Aufenthaltstitel **allein** durch einen Auslandsaufenthalt oder durch Erlangung des Status eines langfristig Aufenthaltsberechtigten in einem anderen Mitgliedstaat erloschen ist, wird mit der Anrechnungsvorschrift der Wiedererwerb der Rechtsstellung unter erleichterten Voraussetzungen ermöglicht.

16 Die Anrechnungsbestimmung, die eine **Anrechnung von Voraufenthaltszeiten von bis zu vier Jahren** vorsieht, ist mit den Vorgaben der Daueraufenthalts-RL vereinbar; sie beruht auf Art. 4 III UAbs. 2 Daueraufenthalts-RL. Nach dieser RL-Bestimmung dürfen die Mitgliedstaaten im nationalen Recht längere Unterbrechungszeiten, die aus spezifischen Gründen oder zeitlich begrenzten Ausnahmesituationen herrühren, für den Erwerb der Rechtsstellung eines langfristig Aufenthaltsberechtigten für unbeachtlich erklären. Die RL legt zugleich in S. 2 fest, dass die Mitgliedstaaten die Zeiten, in denen der Drittstaatsangehörige sich nicht in ihrem Hoheitsgebiet aufgehalten hat, nicht bei der Berechnung der Gesamtdauer des Fünf-Jahres-Zeitraums berücksichtigen. Damit ist eindeutig geregelt, dass anders als bei Unterbrechungen aus beruflichen Gründen eine Anrechnung von Unterbrechungszeiten auf die Fünf-Jahres-Frist unzulässig ist.

17 Das **Erlöschen** einer Niederlassungserlaubnis oder einer Erlaubnis zum Daueraufenthalt – EU iSv Abs. 1 S. 1 Nr. 2 allein durch einen Auslandsaufenthalt kann als „spezifischer Grund" iSd Ausnahmebestimmung der Daueraufenthalts-RL angesehen werden. Bei einer derartigen Auslegung ist aber zu beachten, dass kein sachlicher Grund für eine Privilegierung des Erlöschens des Aufenthaltstitels durch einen Auslandsaufenthalt in einem Drittstaat gegenüber einem Auslandsaufenthalt in einem EU-Staat ersichtlich ist.

18 Soweit Zeiten eines früheren Aufenthalts im Bundesgebiet nach Abs. 1 S. 1 Nr. 2, in dem der Ausländer zuvor im Besitz einer Aufenthaltserlaubnis war, für anrechnungsfähig erklärt werden, ist dies mit den Vorgaben der Daueraufenthalts-RL nur nach Maßgabe folgender Einschränkungen vereinbar: Zum einen können **Studienaufenthaltszeiten** nur zur Hälfte angerechnet werden. Zum anderen dürfen die Voraufenthaltszeiten nicht ihrerseits vor dem Erwerb der Niederlassungserlaubnis oder der Erlaubnis zum Daueraufenthalt – EU erloschen sein. Es muss sich mithin um Zeiträume handeln, die beim Erwerb der Niederlassungserlaubnis oder der Erlaubnis zum Daueraufenthalt – EU anrechnungsfähig gewesen wären. Ist eine Aufenthaltserlaubnis aufgrund von Voraufenthalts bereits vor Erteilung des unbefristeten Aufenthaltsrechts erloschen, besteht keine Möglichkeit, diesen Aufenthaltszeitraum bei der Anrechnung auf die Fünf-Jahres-Frist des § 9 II 1 Nr. 1 zu berücksichtigen.

3. Ehemalige Freizügigkeitsberechtigte (Abs. 1 S. 1 Nr. 3)

19 Gegen die Einbeziehung von Zeiträumen nach **Abs. 1 S. 1 Nr. 3**, in denen ein Drittstaatsangehöriger freizügigkeitsberechtigt war, bestehen keine Bedenken. Auch wenn die RL nicht auf EU-Bürger und ihre Familienangehörigen anwendbar ist, so kann ein Drittstaatsangehöriger, der nicht mehr freizügigkeitsberechtigt ist und keinen Daueraufenthalt nach § 4a FreizügG/EU erworben hat, ein Interesse an der Rechtsstellung eines langfristig Aufenthaltsberechtigten haben.

20 Da Art. 4 I Daueraufenthalts-RL auf den rechtmäßigen Aufenthalt im Hoheitsgebiet eines Mitgliedstaates abstellt, erfüllen nicht nur Inhaber eines Aufenthaltstitels, sondern auch Drittstaatsangehörige, die sich vor Erteilung eines Aufenthaltstitels nach dem AufenthG als Freizügigkeitsberechtigte im Bundesgebiet aufgehalten haben, diese Voraussetzung. Die Regelung wird wegen des Erwerbs eines eigenständigen Aufenthaltsrechts nach § 3 V FreizügG/EU für Ehegatten nach Auflösung der Ehe oder nach § 3 II, III FreizügG/EU nach Tod des Unionsbürgers geringe Bedeutung haben.

4. Studium oder Berufsausbildung (Abs. 1 S. 1 Nr. 4)

21 Die Anrechnungsvorschrift in § 9b I 1 Nr. 4 entspricht **Art. 4 II UAbs. 2 Daueraufenthalts-RL.** Sie regelt, dass einem Drittstaatsangehörigen, dem ursprünglich ein Aufenthaltstitel zwecks **Studiums oder Berufsausbildung** gewährt wurde (Art. 3 IIa Daueraufenthalts-RL) und der später einen Aufenthaltstitel erhält, auf dessen Grundlage ihm die Rechtsstellung eines langfristig Aufenthaltsberechtigten zuerkannt werden kann, die Hälfte der Studien- und Ausbildungszeiten auf den Fünf-Jahres-Zeitraum angerechnet erhält. Zur Begründung führte der Kommissionsentwurf aus[4]: „Zeiten des Aufenthalts zum Zweck eines Studiums zur Promotionsvorbereitung können angerechnet werden, jedoch nicht in ihrer Gesamtheit, da mit einem Studium im Prinzip keine dauerhafte Niederlassung bezweckt wird. Erhält der Student einen anderen Status, wird die Dauer seines Studiums zur Hälfte auf die Gesamtaufenthaltsdauer angerechnet, die für die Gewährung des Status eines langfristig Aufenthaltsberechtigten maßgeblich ist. **Für Promovierende** gilt diese Regel jedoch **nicht:** Sie können den

---

[4] Begr. Kommission v. 13.3.2001 (KOM(2001) 127 endg., S. 17) zu Art. 5 des Vorschlags für eine RL des Rates betr. den Status der langfristig aufenthaltsberechtigten Drittstaatsangehörigen.

Status eines langfristig Aufenthaltsberechtigten nach fünfjährigem Aufenthalt erlangen, da die Eingliederung hochqualifizierter Personen in die Gesellschaft und den Arbeitsmarkt gefördert werden sollte."

Ein eigenständiger Aufenthaltstitel, auf dessen Grundlage der Status eines langfristig Aufenthaltsberechtigten erteilt werden kann, ist nicht der noch bis 29.2.2020 geltende § 16 IV. Dieser ab dem 1.3.2020 durch die §§ 18a, 18b ersetzte Aufenthaltstitel dient zwar nicht mehr unmittelbar dem Studienaufenthalt, er steht aber in einem Näheverhältnis zu dem ursprünglichen Studienaufenthalt, was auch dadurch deutlich wird, dass § 16 IV nicht als neuer Aufenthaltstitel erteilt wird, sondern als Verlängerung der ursprünglichen Aufenthaltserlaubnis, die zu Studienzwecken erteilt worden war, ausgestaltet ist.

5. Flüchtlinge und subsidiär Schutzberechtigte (Abs. 1 S. 1 Nr. 5)

Ab dem 20.5.2013 hat sich die Rechtslage geändert, da die 1. Änderungs-RL zur Daueraufenthalts-RL (RL 2011/51/EU[5]) den Anwendungsbereich der Daueraufenthalts-RL seither auf **Personen mit internationalem Schutz** erstreckt. Nach Art. 2 f. RL 2011/51/EU wird internationaler Schutz durch einen Verweis auf Art. 2a Qualifikations-RL definiert. Erfasst werden damit **Flüchtlinge** nach § 25 II und **subsidiär Schutzberechtigte** nach § 60 II, III und VII 2. Der Aufenthaltstitel nach § 9a ist für diese Personengruppe besonders attraktiv, weil im Falle von Personen, denen internationaler Schutz gewährt wurde, mindestens die Hälfte des Zeitraums zwischen dem Tag der Einreichung des Antrags, aufgrund dessen dieser internationale Schutz gewährt wurde, und dem Tag der Ausstellung des Aufenthaltstitels, oder der gesamte Zeitraum, wenn dieser 18 Monate übersteigt, in die Berechnung des Zeitraums gem. Abs. 1 einbezogen wird (Art. 4 II RL 2011/51/EU). Nach dem Gesetzesentwurf zur Umsetzung der RL zur Änderung der Daueraufenthalts-RL soll § 9b I um eine Nr. 5 ergänzt werden, die bestimmen soll, dass bei international Schutzberechtigten der Zeitraum zwischen dem Tag der Beantragung internationalen Schutzes und dem Tag der Erteilung eines aufgrund der Zuerkennung internationalen Schutzes gewährten Aufenthaltstitels anzurechnen ist. Mit dieser Umsetzung würde das nationale Recht die RL-Vorgaben großzügig umsetzen. Von der in der RL vorgesehenen Möglichkeit, die Dauer des Asylverfahrens nur hälftig anzurechnen, sofern die Dauer des Asylverfahrens 18 Monate nicht übersteigt, wurde kein Gebrauch gemacht. Die überschießende Umsetzung ist möglich, da es sich bei der Anrechnungsregelung in Art. 4 II RL 2011/51/EU um eine Mindestanrechnungsregelung handelt, die auch eine Vollanrechnung des Asylverfahrens eröffnet.

IV. Ausschluss der Anrechnung von Voraufenthaltszeiten (Abs. 1 S. 2–4)

Durch § 9b I 2 wird das **Anrechnungsverbot des Art. 4 II UAbs. 1 Daueraufenthalts-RL umgesetzt**. In die Berechnung des Zeitraums von fünf Jahren, in denen sich ein Drittstaatsangehöriger ununterbrochen rechtmäßig im Bundesgebiet aufgehalten haben muss, fließen nach Art. 4 II 1 Daueraufenthalts-RL die Zeiten nicht ein, in denen

- sich der Drittstaatsangehörige ausschließlich vorübergehend wie etwa als Au-pair oder Saisonarbeitnehmer, als von einem Dienstleistungserbringer iRd grenzüberschreitenden Erbringung von Dienstleistungen entsendete Arbeitnehmer oder als Erbringer grenzüberschreitender Dienstleistungen aufgehalten hat oder dessen Aufenthaltstitel nach § 8 II förmlich begrenzt wurde (Art. 3 IIe Daueraufenthalts-RL) oder
- die Rechtsstellung des Drittstaatsangehörigen durch das Wiener Übereinkommen von 1961 über diplomatische Beziehungen, das Wiener Übereinkommen von 1963 über konsularische Beziehungen, das Übereinkommen von 1969 über Sondermissionen oder die Wiener Konvention von 1975 über die Vertretung der Staaten in ihren Beziehungen zu internationalen Organisationen universellen Charakters geregelt ist (Art. 3 IIf Daueraufenthalts-RL).

V. Sonderregelung für Blue-Card-Inhaber (Abs. 2)

§ 9b II dient der **Umsetzung** der Vorgaben des **Art. 16 BlueCard-RL**[6], der bestimmt, dass die Daueraufenthalts-RL mit Ausnahmen gilt, die das Ziel verfolgen, die räumliche Mobilität innerhalb der Gemeinschaft zu fördern, um geografisch mobile hochqualifizierte Arbeitskräfte aus Drittstaaten, die die in jener RL genannte Rechtsstellung langfristig Aufenthaltsberechtigter in der EU noch nicht erworben haben, nicht zu benachteiligen (Erwägungsgrund 20 BlueCard-RL).

Der Inhaber einer Blauen Karte EU, der **nach 18 Monaten rechtmäßigen Aufenthalts** in einen anderen EU-Mitgliedstaat weitergewandert ist, ist nach Art. 16 I BlueCard-RL berechtigt, **Aufent-**

---

[5] RL 2011/51/EU des EU Parlaments und des Rates v. 11.5.2011 zur Änderung der RL 2003/109/EG des Rates zur Erweiterung ihres Anwendungsbereichs auf Personen, die internationalen Schutz genießen (ABl. 2011 L 132, 1).

[6] RL 2009/50/EG des Rates v. 25.5.2009 über die Bedingungen für die Einreise und den Aufenthalt von Drittstaatsangehörigen zur Ausübung einer hochqualifizierten Beschäftigung (ABl. 2009 L 155, 17); s. auch § 19a.

haltszeiten in mehreren Mitgliedstaaten zu kumulieren, um die vorgeschriebene Aufenthaltsdauer von fünf Jahren nachweisen zu können, sofern folgende Voraussetzungen erfüllt sind:

a) fünf Jahre rechtmäßiger und ununterbrochener Aufenthalt in der EU als Inhaber einer Blauen Karte EU und

b) unmittelbar vor Einreichung des Antrags zwei Jahre rechtmäßiger und ununterbrochener Aufenthalt als Inhaber einer Blauen Karte EU im Hoheitsgebiet des Mitgliedstaats, in dem der Antrag auf Erteilung der langfristigen Aufenthaltsberechtigung in der EU gestellt wird.

27 § 9b II 1 Nr. 1 ist im Hinblick auf die RL-Vorgaben so zu verstehen, dass der Ausländer sich mindestens 18 Monate rechtmäßig als Inhaber einer Blauen Karte EU in dem anderen Mitgliedstaat aufgehalten haben muss. Dem Rechtmäßigkeitsmerkmal wird in der Regel kaum Bedeutung zukommen, da sich der Inhaber einer Blauen Karte EU grundsätzlich rechtmäßig in einem anderen Mitgliedstaat aufgehalten haben wird. Vor Ablauf von 18 Monaten besteht nach Art. 18 I BlueCard-RL kein Recht auf Weiterwanderung in einen anderen EU-Staat, sodass § 9b II Nr. 1 an diese Zeitvorgabe anknüpfen kann.

28 § 9b II 1 Nr. 2 setzt Art. 16 Ib BlueCard-RL um, wobei hier („seit") im Einklang mit der RL ein **ununterbrochener rechtmäßiger Aufenthalt** gefordert wird.

29 § 9 II 2 bestimmt den **Grundsatz,** dass Zeiten, in denen sich der Ausländer nicht in der EU aufgehalten hat, nicht angerechnet werden. § 9 II 3 setzt als **Ausnahme** zu diesem Grundsatz die Vorgaben des Art. 16 III 1 BlueCard-RL hinsichtlich der **Unterbrechungszeiten** um. Nach dieser Vorschrift unterbrechen bei der Berechnung des Zeitraums des rechtmäßigen und ununterbrochenen Aufenthalts in der EU Zeiten, in denen der Drittstaatsangehörige sich nicht in der EU aufgehalten hat, die Dauer des Fünf-Jahres-Zeitraums nicht, wenn sie zwölf aufeinanderfolgende Monate nicht überschreiten und innerhalb des Fünf-Jahres-Zeitraums insgesamt 18 Monate nicht überschreiten. Diese Privilegierung kommt nach Art. 16 III 2 BlueCard-RL auch in den Fällen zur Anwendung, in denen der Inhaber einer Blauen Karte EU keinen Gebrauch von der Weiterwanderungsmöglichkeit gemacht hat.

30 Anders als bei § 51 IX Nr. 3 knüpft **Abs. 2 S. 3** an den **Aufenthalt außerhalb der EU** an. Dies entspricht den Vorgaben der RL, die in Art. 16 III 1 vom Aufenthalt außerhalb der „Gemeinschaft" spricht und damit auch die EU-Staaten erfasst, die wie das Vereinigte Königreich, Irland und Dänemark nicht verpflichtet sind, die BlueCard-RL umzusetzen.

31 Nach der **21. Begründungserwägung BlueCard-RL** dient diese Regelung folgendem Zweck: „Die Mobilität zwischen den EU-Mitgliedsländern und den Herkunftsländern hochqualifizierter Arbeitnehmer sollte gefördert und unterstützt werden. Es sollten Abweichungen von der RL 2003/109/EG vorgesehen werden, um den Zeitraum zu verlängern, in dem die Drittstaatsangehörigen sich nicht im Hoheitsgebiet der Gemeinschaft aufhalten und der nicht als „Fehlzeit" auf den rechtmäßigen und ununterbrochenen Aufenthalt, der wiederum Voraussetzung für den Erwerb der Rechtsstellung langfristig Aufenthaltsberechtigter in der Europäischen Gemeinschaft ist, angerechnet wird. Längere Abwesenheitszeiten als in der RL 2003/109/EG vorgesehen, sollten auch erlaubt sein, nachdem hochqualifizierte Arbeitskräfte aus Drittstaaten die Rechtsstellung langfristig Aufenthaltsberechtigter in der Europäischen Gemeinschaft erworben haben, um ihre zirkuläre Migration zu fördern."

32 Die Privilegierung wird durch § 9 II 4 auf die **Familienangehörigen von Blue-Card-Inhabern** erstreckt. Damit macht Deutschland von der Regelungsoption in Art. 15 VII BlueCard-RL Gebrauch.

§ 9c Lebensunterhalt

¹ Feste und regelmäßige Einkünfte im Sinne des § 9a Absatz 2 Satz 1 Nummer 2 liegen in der Regel vor, wenn

1. der Ausländer seine steuerlichen Verpflichtungen erfüllt hat,
2. der Ausländer oder sein mit ihm in familiärer Gemeinschaft lebender Ehegatte im In- oder Ausland Beiträge oder Aufwendungen für eine angemessene Altersversorgung geleistet hat, soweit er hieran nicht durch eine körperliche, geistige oder seelische Krankheit oder Behinderung gehindert war,
3. der Ausländer und seine mit ihm in familiärer Gemeinschaft lebenden Angehörigen gegen das Risiko der Krankheit und der Pflegebedürftigkeit durch die gesetzliche Krankenversicherung oder einen im Wesentlichen gleichwertigen, unbefristeten oder sich automatisch verlängernden Versicherungsschutz abgesichert sind und
4. der Ausländer, der seine regelmäßigen Einkünfte aus einer Erwerbstätigkeit bezieht, zu der Erwerbstätigkeit berechtigt ist und auch über die anderen dafür erforderlichen Erlaubnisse verfügt.

² Bei Ehegatten, die in ehelicher Lebensgemeinschaft leben, genügt es, wenn die Voraussetzung nach Satz 1 Nr. 4 durch einen Ehegatten erfüllt wird. ³ Als Beiträge oder Aufwen-

dungen, die nach Satz 1 Nr. 2 erforderlich sind, werden keine höheren Beiträge oder Aufwendungen verlangt, als es in § 9 Abs. 2 Satz 1 Nr. 3 vorgesehen ist.

Allgemeine Verwaltungsvorschrift
9c Zu § 9c – Lebensunterhalt

9c.0.1 § 9c enthält Spezifizierungen zu dem in § 9a Absatz 2 Satz 1 Nummer 2 enthaltenen Tatbestandsmerkmal „feste und regelmäßige Einkünfte" im Rahmen der Lebensunterhaltssicherung. § 2 Absatz 3 findet daher auch in Bezug auf § 9a Absatz 2 Satz 1 Nummer 2 i. V. m. § 9c Anwendung.

9c.0.2 Die in § 9c Satz 1 enthaltenen Voraussetzungen sind als Regeltatbestände ausgestaltet. Sind diese Regeltatbestände nicht erfüllt, ist grundsätzlich davon auszugehen, dass der Lebensunterhalt nicht hinreichend gesichert ist.

9c.1.1 Nach § 9c Satz 1 Nummer 1 soll auch die Erfüllung der steuerlichen Verpflichtungen überprüft werden, was regelmäßig anhand einer Bescheinigung des zuständigen Wohnsitzfinanzamtes nachzuweisen ist (so genannte „Auskunft in Steuersachen"). Steuerliche Unregelmäßigkeiten stellen erfahrungsgemäß ein frühes Indiz für eine mangelnde finanzielle Leistungsfähigkeit dar, so dass das Merkmal der Erfüllung der steuerrechtlichen Verpflichtungen für die Prüfung der dauerhaften Leistungsfähigkeit des Ausländers besonders geeignet ist.

9c.1.2 Der Ausländer muss eine angemessene Altersversorgung nach § 9c Satz 1 Nummer 2 nachweisen. Die Prüfung der angemessenen Altersversorgung ist prognostischer Natur; nicht notwendig ist, dass der Ausländer zum Zeitpunkt der Antragstellung, sondern im Zeitpunkt des Ausscheidens aus dem Erwerbsleben über eine angemessene Altersversorgung verfügt. Insoweit sind auch in der Vergangenheit wegen einer körperlichen, geistigen oder seelischen Erkrankung oder Behinderung nicht geleistete Beiträge oder Aufwendungen für eine angemessene Altersversorgung nach dem letzten Halbsatz unschädlich. Bei der Prüfung der angemessenen Altersversorgung können neben erworbenen Anwartschaften inländischer Träger auch Anwartschaften ausländischer Träger berücksichtigt werden, sofern hierdurch eine angemessene Altersvorsorge sichergestellt werden kann. Der in § 9c Satz 3 enthaltene Verweis auf § 9 Absatz 2 Satz 1 Nummer 3 beinhaltet keine Regelanforderung, sondern ist als Obergrenze zu verstehen.

9c.1.3 In § 9c Satz 1 Nummer 3 werden im Hinblick auf das unbefristete Aufenthaltsrecht die Anforderungen an eine ausreichende Kranken- und auch Pflegeversicherung konkretisiert (vgl. Artikel 5 Absatz 1 Buchstabe b) der Daueraufenthalts-Richtlinie) (vgl. zu den allgemeinen Anforderungen an einen ausreichenden Krankenversicherungsschutz Nummer 2.3.5). Qualitativ muss der Krankenversicherungsschutz im Wesentlichen der deutschen gesetzlichen Krankenversicherung (bzw. Pflegeversicherung) entsprechen, wobei Abweichungen hinsichtlich einzelner Leistungsdetails unschädlich sind. Der Versicherungsschutz muss unbefristet sein oder sich automatisch verlängern. Dies dient dem Ausschluss der missbräuchlichen Nutzung neuerer Versicherungsprodukte, die gezielt an jüngere Zuwanderer mit der Erwartung eines Daueraufenthaltsrechts zu niedrigen Preisen veräußert werden und eine Krankenversicherung vorsehen, deren Schutz nach zehn oder fünfzehn Jahren automatisch endet, so dass die Versicherten zu einer Zeit, in der das Risiko ihrer Krankheit und Pflegebedürftigkeit größer wird, keinen Versicherungsschutz mehr genießen.

9c.1.4 Das in § 9c Satz 1 Nummer 4 genannte Merkmal stellt die Voraussetzung für feste und regelmäßige Einkünfte aus einer erlaubten Erwerbstätigkeit dar und konkretisiert damit die zwingende Voraussetzung des Artikels 5 Absatz 1 Buchstabe a) der Daueraufenthalt-Richtlinie.

9c.2 Die in Satz 2 entspricht dem Inhalt des § 9 Absatz 3 Satz 1. Beiträge zur Altersversorgung betreffend ist der Inhalt des § 9 Absatz 3 Satz 1 in der Formulierung des neuen § 9c Satz 1 Nummer 2 entsprechend berücksichtigt.

9c.3 In § 9c Satz 3 wird festgelegt, dass die Anforderungen, die nach Satz 1 Nummer 2 an die Altersversorgung gestellt werden, i. S. d. Festlegung einer absoluten Obergrenze nicht höher sein dürfen als diejenigen nach § 9 Absatz 2 Satz 1 Nummer 3 für die Niederlassungserlaubnis.

I. Entstehungsgeschichte

Die Vorschrift wurde mit dem AuslRÄndG 2007[1] eingeführt, mit der auch die RL der EU umgesetzt wurden. § 9c ist eine der Umsetzungsbestimmungen der Daueraufenthalts-RL, was die scheinbare Doppelung zu § 2 III erklärt.[2] Sie regelt zusammen mit §§ 9a und 9b den Status des langfristig Aufenthaltsberechtigten und die Erteilungsvoraussetzungen in dem ersten Mitgliedstaat, dh der Erwerb der Rechtsstellung, die Drittstaatsangehörigen die Weiterwanderung in andere EU-Staaten ermöglicht. Sie liegt nunmehr idF vom 29.8.2013 vor[3].

II. Allgemeines

Die Vorschrift definiert im Zusammenhang mit der Erteilung der Erlaubnis zum Daueraufenthalt – EU den **Tatbestand der Sicherung des Lebensunterhalts** nach § 9a II 1 Nr. 2. Sie ist insofern missverständlich, als sie sich auf eine Normierung von Indizien beschränkt, die nach Erwägungsgrund 7 der RL zur Beurteilung der Tatbestandsvoraussetzungen herangezogen werden dürfen: Bei der Beurteilung der Frage, ob ein Drittstaatsangehöriger über feste und regelmäßige Einkünfte verfügt, können danach die Mitgliedstaaten „Faktoren" wie die Entrichtung von Beiträgen in ein Alterssicherungssystem und die Erfüllung der steuerlichen Verpflichtungen berücksichtigen. § 9c beinhaltet eine Regelvermutung: Liegen die Tatbestände aus Nr. 1–4 kumulativ vor, sind feste und regelmäßige Einkünfte zu unterstellen. Sind einzelne Vorgaben nicht erfüllt, können keine festen und regelmäßigen

---

[1] BGBl. 2007 I S. 1970.
[2] Vgl. *Kluth* NVwZ 2018, 1437 (1440).
[3] § 9c S. 1 idF des Art. 1 Nr. 7 Ges. v. 29.8.2013, BGBl. I S. 3484.

Einkünfte angenommen werden. Es bedarf einer Einzelfallbetrachtung, ob aufgrund atypischer Umstände feste und regelmäßige Einkünfte vorliegen[4].

3 Die **Kriterien für die Lebensunterhaltssicherung** iSd RL werden dagegen offengelassen. Es ist davon auszugehen, dass trotz fehlenden ausdrücklichen Verweises hinsichtlich der Höhe des für die Lebensunterhaltssicherung erforderlichen Einkommens die zu § 2 entwickelten Grundsätze Anwendung finden. Eigene Einkommen der Familienangehörigen sind wie bei § 2 zu berücksichtigen, da ansonsten Alleinstehende bessergestellt wären als im Familienverband lebende Personen: Eine verbindliche Festlegung auf die in den meisten Mitgliedstaaten nicht mehr vorherrschende „Alleinverdiener-Ehe" wird durch die RL nicht angestrebt.

III. Elemente der Lebensunterhaltssicherung

1. Entrichtung von Steuern und Sozialabgaben

4 Nach S. 1 Nr. 1 ist die **Erfüllung der steuerlichen Verpflichtungen** Voraussetzung für die Erteilung des Aufenthaltstitels. Da diese Regelung ihre Rechtfertigung ausschließlich in Erwägungsgrund 7 findet und dem Nachweis der Lebensunterhaltssicherung dient, dürfen die Anforderungen nicht überspannt werden. Bei Arbeitnehmern, deren Arbeitgeber Steuern und Sozialabgaben abführt, bedarf es neben Lohn- oder Gehaltsbescheinigungen idR keines weiteren Nachweises. Zweck der Regelung[5] ist nicht die Vermeidung von Steuerverkürzungen (zB durch die Nichtangabe von Kapitaleinkünften) – dieses Anliegen ist ggf. Gegenstand des Ordrepublic-Vorbehalts.

5 Von Selbstständigen kann eine **Bescheinigung des zuständigen Wohnsitzfinanzamts** verlangt werden. Derartige Bescheinigungen stellen die Finanzämter im Zusammenhang mit der Vergabe öffentlicher Aufträge und mit gewerberechtlichen Verfahren bereits jetzt aus (sog. „Auskunft in Steuersachen"), sodass keine neuen Verfahren eingeführt werden müssen. Steuerliche Unregelmäßigkeiten stellen bei Selbstständigen erfahrungsgemäß ein frühes Indiz für eine mangelnde finanzielle Leistungsfähigkeit dar[6], sodass das Merkmal der Erfüllung der steuerlichen Verpflichtungen für die Prüfung einer dauerhaften Leistungsfähigkeit des Ausländers in diesen Fällen geeignet ist.

2. Beiträge zur Altersversorgung

6 Nach S. 1 Nr. 2 müssen im bisherigen Versicherungsverlauf **angemessene Beiträge oder Aufwendungen zur Altersversorgung** entrichtet worden sein. Dabei kommt es nicht nur auf in Deutschland entrichtete Beiträge an. Die Regelung erkennt die wachsende internationale Mobilität und die erfolgte Einbeziehung von Drittstaatsangehörigen in den Geltungsbereich der VO 1408/71 wie auch diverser bilateraler Sozialversicherungsabkommen an. Nicht zulässig ist es, aufgrund der bisherigen Erwerbsbiografie eine konkrete, individuelle Rentenprognose anzustellen, da es ausdrücklich auf Beitragszahlungen und nicht auf Rentenerwartungen ankommt. S. 3 stellt dies nochmals ausdrücklich klar, indem er auf die erforderlichen 60 Monatsbeiträge zur gesetzlichen Rentenversicherung verweist, die für die Erteilung der Niederlassungserlaubnis nach § 9 II 1 Nr. 3 Voraussetzung sind. Dies ist im Spannungsfeld des staatlichen Interesses an der Vermeidung von Zuwanderung in die sozialen Sicherungssysteme einerseits und dem Interesse des Ausländers an Statussicherheit andererseits auch sachgerecht, weil die gesetzlichen Renten nicht nur in Deutschland mittlerweile nur noch einen Teil der Alterseinkommen ausmachen und ergänzt werden um Betriebsrenten, private Vorsorgeleistungen, va aber um Erbschaften und private (familiäre) Unterstützung.

7 Anders als bei § 9 II 1 Nr. 3 stellen die 60 Monatsbeiträge aber keine Regelanforderung[7], sondern eine Obergrenze dar (so auch AVV 9c 1.2, da Art. 5 Ia der RL lediglich „feste und regelmäßige" Einkünfte verlangt, nicht aber Mindesteinzahlungen in die Rentenversicherung). Die Bundesrepublik Deutschland hatte sich mit dem Anliegen, die Anforderung von 60 Monatsbeiträgen zur Voraussetzung zu machen, nicht durchsetzen können. Lediglich in Erwägungsgrund 7 wird erläutert, dass die Mitgliedstaaten Einzahlungen in die Systeme der Alterssicherung berücksichtigen dürfen; nach Erwägungsgrund 9 „sollten" wirtschaftliche Erwägungen nicht herangezogen werden, um die Zuerkennung der Rechtsstellung eines Daueraufhältigen zu versagen. Es ist daher weder mit der RL noch mit §§ 9a II, 9c Nr. 2 vereinbar, die Daueraufenthaltserlaubnis zu versagen, weil noch keine 60 Monatsbeiträge in in- oder ausländische Alterssicherungssysteme eingezahlt wurden oder eine vergleichbare Absicherung vorhanden ist und deshalb noch keine unverfallbare Rentenanwartschaft besteht[8].

---

[4] Vgl. *Hoppe* HTK-AuslR § 9c Rn. 2.
[5] Vgl. hierzu auch *Hoppe* HTK-AuslR § 9c Rn. 4.
[6] BT-Drs. 16/5065, 284; *Hailbronner* AufenthG § 9c Rn. 7.
[7] Vgl. hierzu auch *Hailbronner* AuslR § 9c Rn. 6.
[8] So aber VGH BW, Urt. v. 2.2.2011 – 11 S 1198/10, BeckRS 2011, 47333. Zum Maßstab für eine angemessene Altersvorsorge bei weniger als 60 Beitragsmonaten vgl. BayVGH Beschl. v. 27.6.2016 – 19 ZB 15.737, BeckRS 2016, 49253; VG Bremen Urt. v. 9.9.2013 – 4 K 2076/12, BeckRS 2013, 56496.

Da die Altersvorsorge nach der Daueraufenthalts-RL ein zulässiges, aber nicht zwingendes Bewertungselement für die Feststellung der ausreichenden Sicherung des Lebensunterhalts darstellt, ist die im 2. Hs. von S. 1 Nr. 2 vorgesehene Ausnahme zu begrüßen, die § 9 II 6 iVm § 9 II 1 Nr. 3 entspricht. Sie entspringt Erwägungsgrund 5 der Daueraufenthalts-RL. Sie setzt Krankheit oder Behinderung voraus, die kausal dafür gewesen sind, dass keine angemessenen Beiträge oder Aufwendungen für die Altersvorsorge geleistet worden sind. Es ergibt sich hier kein Unterschied zur Erteilung einer Niederlassungserlaubnis, vgl. § 9 II 3[9]. 8

Diese Ausnahme ist auf die Altersvorsorge beschränkt, gilt mithin nicht hinsichtlich der Lebensunterhaltssicherung. Dies genügt den Vorgaben der Daueraufenthalts-RL.

S. 3 stellt klar, dass die Anforderungen, die nach S. 1 Nr. 2 an die Altersversorgung gestellt werden, nicht höher sein dürfen als diejenigen nach § 9 II 1 Nr. 3 für die Erteilung der Niederlassungserlaubnis (60 Monatsbeiträge zur gesetzlichen Rentenversicherung oder entsprechend private Vorsorge). 9

3. Kranken- und Pflegeversicherung

Durch S. 1 Nr. 3 wird eine iSd Art. 5 I b Daueraufenthalts-RL **ausreichende Kranken- und auch Pflegeversicherung** gefordert. Qualitativ muss der Krankenversicherungsschutz im Wesentlichen der deutschen gesetzlichen Krankenversicherung entsprechen, wobei Abweichungen hinsichtlich einzelner Leistungsdetails unschädlich sind. Arbeitnehmer, deren Einkommen die Beitragsbemessungsgrenzen der Krankenversicherung nicht überschreiten und deren nichterwerbstätige Familienangehörige aufgrund der Familienkrankenversicherung nach § 10 SGB V versichert sind, erfüllen diese Voraussetzung generell aufgrund der gesetzlichen Versicherungspflicht nach § 5 SGB V. Das Gleiche gilt für freiwillig gesetzlich Versicherte und für privat Versicherte, auch wenn sie im Standardtarif – ab 2009 Basistarif – der privaten Krankenversicherung versichert sind. 10

Dass der Versicherungsschutz **unbefristet** sein oder sich automatisch verlängern muss, wird mit dem Ausschluss der missbräuchlichen Nutzung neuerer Versicherungsprodukte begründet, die gezielt an jüngere Zuwanderer zu niedrigen Preisen veräußert wurden und eine Krankenversicherung vorsehen, deren Schutz nach zehn oder 15 Jahren automatisch endete[10]. Da die Gesundheitsreform von 2007 (GKV-Wettbewerbsstärkungsgesetz)[11] eine allgemeine Krankenversicherungspflicht eingeführt hat, die seit April 2007 alle Personen, die der gesetzlichen Krankenversicherung, und ab 2009 auch Personen, die dem System der privaten Krankenversicherung zuzuordnen sind, erfasst, ist diese Regelung zwischenzeitlich wohl weitgehend überflüssig. 11

4. Erforderliche Erlaubnisse

Nach S. 1 Nr. 4 muss der Ausländer, der seine Einkünfte aus Erwerbseinkommen bezieht, die dafür **erforderlichen Erlaubnisse** besitzen. Damit werden formale Kriterien für die notwendigen festen und regelmäßigen Einkünfte aus einer Erwerbstätigkeit aufgestellt, die ihre Grundlage in Erwägungsgrund 5 der Daueraufenthalts-RL finden. Die Regelung entspricht der des § 9 II Nr. 5 und 6. Erforderlich ist nicht nur, soweit sie aufenthaltsrechtlich (noch) verlangt wird, die Zustimmung der BA zur Ausübung einer Beschäftigung bzw. die Genehmigung einer selbstständigen Tätigkeit durch die Ausländerbehörde. Soweit erforderlich müssen darüber hinaus die weiteren Zulassungen vorliegen, wie zB die Approbation oder die Berufsausübungserlaubnisse für Angehörige der Heilberufe oder eine Gewerbeanmeldung. 12

Was mit der Regelung des S. 2 tatsächlich gemeint ist, erschließt sich nicht. Es dürfte jedenfalls nicht gemeint sein, dass der andere Ehepartner rechtswidrig erwerbstätig sein darf. Insoweit wird an die ebenfalls weitgehend inhaltsleere Regelung des § 9 III 1 angeknüpft. Deren einzig relevanter Anwendungsbereich ist der Verzicht darauf, dass beide Ehepartner 60 Monatsbeiträge zur Rentenversicherung geleistet haben müssen – dies ist dem Rentenversicherungssystem mit Witwen-/Witwerrenten und dem System des Versorgungsausgleichs bei Scheidung eines Ehepaars geschuldet. Ausgerechnet diese rechtssystematisch sinnvolle Regelung wird aber in § 9c nicht übernommen, sondern allein der Verweis auf die nicht erforderlichen Erlaubnisse. 13

§ 10 Aufenthaltstitel bei Asylantrag

(1) Einem Ausländer, der einen Asylantrag gestellt hat, kann vor dem bestandskräftigen Abschluss des Asylverfahrens ein Aufenthaltstitel außer in den Fällen eines gesetzlichen Anspruchs nur mit Zustimmung der obersten Landesbehörde und nur dann erteilt werden, wenn wichtige Interessen der Bundesrepublik Deutschland es erfordern.

---

[9] Vgl. hierzu auch *Hoppe* HTK-AuslR zu § 9c Rn. 7.
[10] Vgl. BT-Drs. 16/5065, 285.
[11] BGBl. 2007 I S. 378.

1 AufenthG § 10

(2) Ein nach der Einreise des Ausländers von der Ausländerbehörde erteilter oder verlängerter Aufenthaltstitel kann nach den Vorschriften dieses Gesetzes ungeachtet des Umstandes verlängert werden, dass der Ausländer einen Asylantrag gestellt hat.

(3) ¹Einem Ausländer, dessen Asylantrag unanfechtbar abgelehnt worden ist oder der seinen Asylantrag zurückgenommen hat, darf vor der Ausreise ein Aufenthaltstitel nur nach Maßgabe des Abschnitts 5 erteilt werden. ²Sofern der Asylantrag nach § 30 Abs. 3 Nummer 1 bis 6 des Asylgesetzes abgelehnt wurde, darf vor der Ausreise kein Aufenthaltstitel erteilt werden. ³Die Sätze 1 und 2 finden im Falle eines Anspruchs auf Erteilung eines Aufenthaltstitels keine Anwendung; Satz 2 ist ferner nicht anzuwenden, wenn der Ausländer die Voraussetzungen für die Erteilung einer Aufenthaltserlaubnis nach § 25 Abs. 3 erfüllt.

Allgemeine Verwaltungsvorschrift
10 Zu § 10 – Aufenthaltstitel bei Asylantrag
10.1 Erstmalige Erteilung eines Aufenthaltstitels
10.1.1 § 10 Absatz 1 findet nur Anwendung, solange das Asylverfahren noch nicht bestandskräftig abgeschlossen ist. Die asylrechtliche Entscheidung darf daher nicht bestandskräftig oder rechtskräftig geworden sein. Im Falle der Rücknahme des Asylantrags oder des Verzichts gemäß § 14a Absatz 3 AsylVfG, ohne dass eine Entscheidung in der Sache über das Asylbegehren erging, muss die Feststellung des Bundesamts für Migration und Flüchtlinge gemäß § 32 AsylVfG bestandskräftig geworden sein.
10.1.2 Auch ein Folgeantrag stellt einen Asylantrag i. S. d. § 10 Absatz 1 dar (vgl. § 13 Absatz 1 und § 71 Absatz 1 Satz 1 AsylVfG). Auch wenn ein Folgeantrag nicht zwingend dazu führt, dass das Bundesamt für Migration und Flüchtlinge in der Sache über das Asylbegehren entscheidet (Asylverfahren im engeren Sinne), handelt es sich bei dem hierdurch ausgelösten Verfahren um ein Asylverfahren im weiteren Sinne, auf das § 10 Absatz 1 nach Sinn und Zweck Anwendung findet. Gleiches gilt für einen Zweitantrag nach § 71a AsylVfG.
10.1.3 Ein Aufenthaltstitel, auf den ein gesetzlicher Anspruch besteht, ist zu erteilen, auch wenn das Asylverfahren noch nicht bestandskräftig abgeschlossen ist.
10.1.4 Die Voraussetzung, dass wichtige Interessen der Bundesrepublik Deutschland den Aufenthalt des Ausländers erfordern, wird nur in seltenen Ausnahmefällen zu bejahen sein. Der maßgebliche Grund muss regelmäßig in der Person des Ausländers liegen. Ein solcher Ausnahmefall kommt etwa in Betracht, wenn es sich um einen Wissenschaftler von internationalem Rang oder eine international geachtete Persönlichkeit handelt. Auch erhebliche außenpolitische Interessen können im Einzelfall eine Aufenthaltsgewährung erfordern. Der Umstand, dass Interessen der Bundesrepublik Deutschland lediglich weder beeinträchtigt noch gefährdet sind (vgl. § 5 Absatz 1 Nummer 3), genügt den Anforderungen nicht.
10.1.5 Die Ausländerbehörde entscheidet in eigener Zuständigkeit, ob ein Ausnahmefall vorliegt. Die Einholung einer Weisung der obersten Landesbehörde auf dem Dienstweg ist nur erforderlich, sofern sie das Vorliegen eines Ausnahmefalls bejaht und dies begründet wird. § 10 Absatz 1 findet auch Anwendung bei der Verlängerung eines unter Beachtung dieser Vorschrift erteilten Aufenthaltstitels. Soweit die Gründe weiterhin fortbestehen, auf denen das wichtige Interesse der Bundesrepublik Deutschland für eine Aufenthaltsgewährung beruht, bedarf es keines erläuternden Berichts an die oberste Landesbehörde. Eine Berichtspflicht besteht, wenn der Aufenthalt des Ausländers nach erteiltem Aufenthaltstitel beendet werden soll.
10.2 Verlängerung eines Aufenthaltstitels
10.2.1 § 10 Absatz 2 ist auch anzuwenden, wenn der Ausländer im Anschluss an die Aufenthaltserlaubnis eine Niederlassungserlaubnis oder Erlaubnis zum Daueraufenthalt-EG beantragt.
10.2.2 In allen anderen Fällen, in denen der Ausländer nicht die Verlängerung des vor dem Asylantrag erteilten Aufenthaltstitels, sondern die Erteilung eines Aufenthaltstitels zu einem anderen Aufenthaltszweck beantragt, findet nicht § 10 Absatz 2, sondern § 10 Absatz 1 Anwendung. Dies gilt auch in den Fällen des § 8 Absatz 2. Da § 10 Absatz 2 zudem nur nach der Einreise von der Ausländerbehörde erteilte Aufenthaltstitel Anwendung findet, werden von der Vorschrift Fälle nicht erfasst, in denen der Ausländer mit einem nationalen oder einem Schengen-Visum eingereist ist und noch kein Aufenthaltstitel im Inland erteilt wurde. Auch in diesen Fällen findet allein § 10 Absatz 1 Anwendung.
10.2.3 Beantragt ein Ausländer nach der Stellung eines Asylantrags einen Aufenthaltstitel, ist § 55 Absatz 2 AsylVfG zu beachten. Wird der Antrag auf Erteilung eines Aufenthaltstitels abgelehnt und liegt bereits eine nach den Vorschriften des AsylVfG vollziehbare Abschiebungsandrohung vor, richtet sich das weitere Verfahren nach § 43 AsylVfG.
10.3 Aufenthaltstitel bei Ablehnung oder Rücknahme des Asylantrages
10.3.0 § 10 Absatz 3 bezweckt, dass erfolglose Asylbewerber nur eingeschränkt die Möglichkeit haben, einen Aufenthaltstitel zu erlangen. § 10 Absatz 3 findet erst Anwendung, wenn das Asylverfahren unanfechtbar abgeschlossen ist. Im Falle der Rücknahme des Asylantrags, ohne dass eine Entscheidung in der Sache über das Asylbegehren erging, muss die Feststellung des Bundesamtes für Migration und Flüchtlinge gemäß § 32, § 32a Absatz 2 oder § 33 Absatz 1 und 2 AsylVfG unanfechtbar geworden sein. Dies gilt nicht für den Fall des Verzichts gemäß § 14a Absatz 3 AsylVfG.
10.3.1 Die Möglichkeit einer Erteilung beschränkt sich nach § 10 Absatz 3 Satz 1 auf Aufenthaltstitel aus völkerrechtlichen, humanitären oder politischen Gründen, beispielsweise im Rahmen einer Bleiberechtsregelung nach § 23 Absatz 1 oder bei positiver Entscheidung der Härtefallkommission der Landesregierung bzw. des Senats (vgl. Hinweise zu §§ 22, 23, 23a, 24, 25). Von der Sperrwirkung des § 10 Absatz 3 Satz 1 ebenfalls ausgenommen sind die Aufenthaltserlaubnisse nach § 104a Absatz 1 Satz 1 i. V. m. Satz 3 und § 104a Absatz 1 Satz 2 i. V. m. § 23 Absatz 1 Satz 2.
10.3.2 Dem Ausländer darf vor der Ausreise kein Aufenthaltstitel erteilt werden, wenn das Bundesamt für Migration und Flüchtlinge den Asylantrag zuvor gemäß § 30 Absatz 3 AsylVfG als offensichtlich unbegründet abgelehnt hat. Das Bundesamt für Migration und Flüchtlinge muss die offensichtliche Unbegründetheit des Asylantrages hierbei auf die in § 30 Absatz 3 AsylVfG genannten qualifizierten Gründe gestützt haben (z. B. Täuschung

über verfahrensrelevante Tatsachen, Verletzung von Mitwirkungspflichten, vollziehbare Ausweisung nach §§ 53, 54, Asylantrag nach § 14a AsylVfG, wenn zuvor Eltern unanfechtbar abgelehnt worden sind). Die Vorschrift findet keine Anwendung, wenn das Bundesamt für Migration und Flüchtlinge den Asylantrag wegen fehlender Flüchtlingseigenschaft (§ 30 Absatz 1 AsylVfG), bei Flucht aus wirtschaftlichen Gründen (§ 30 Absatz 2 AsylVfG) oder bei Vorliegen der Ausschlussgründe nach § 3 Absatz 2 AsylVfG oder § 60 Absatz 8 als offensichtlich unbegründet abgelehnt hat. Die letztgenannten Fälle sind von § 10 Absatz 3 Satz 1 erfasst.

10.3.3.1 Die vorgenannten Einschränkungen der Sätze 1 und 2 gelten nicht, wenn der Ausländer aus anderen Gründen einen Anspruch auf die Erteilung eines Aufenthaltstitels hat (z. B. bei einem deutschverheirateten Ausländer nach § 28 Absatz 1). Im Falle einer Ermessensreduzierung auf Null besteht kein Anspruch i. S. d. Vorschrift.

10.3.3.2 § 10 Absatz 3 Satz 2 findet keine Anwendung auf den Aufenthaltstitel nach § 25 Absatz 3 Satz 1. Auch wenn der Asylantrag nach § 30 Absatz 3 AsylVfG durch das Bundesamt für Migration und Flüchtlinge abgelehnt worden ist, findet § 25 Absatz 3 Satz 1 Anwendung, wenn das Bundesamt für Migration und Flüchtlinge Abschiebungsverbote nach § 60 Absatz 2, 3, 5 oder 7 festgestellt hat. Damit wird die uneingeschränkte Geltung des subsidiären Schutzes klargestellt.

Übersicht

	Rn.
I. Entstehungsgeschichte	1
II. Allgemeines	2
III. Aufenthaltstitel und Asylantrag	3
1. Erstantrag nach Asylantrag	3
2. Verlängerung eines vor dem Asylantrag erteilten Aufenthaltstitels	21
3. Verlängerungsantrag nach Asylantrag	25
4. Antrag nach Asylablehnung	27
IV. Rechtsschutzfragen	55

I. Entstehungsgeschichte

Die Vorschrift entspricht in vollem Umfang dem **Gesetzesentwurf**[1]. Mit dem AuslRÄndG 2007 1 wurde Abs. 3 um den S. 3 ergänzt, wonach S. 2 nicht anzuwenden ist, wenn der Ausländer die Voraussetzungen für die Erteilung einer Aufenthaltserlaubnis nach § 25 III erfüllt. Durch das AsylVfBeschlG 2015 wurde in § 10 III 2 das Wort „Asylverfahrensgesetzes" durch „Asylgesetzes" ersetzt.

II. Allgemeines

Die Bestimmung über Aufenthaltstitel für Asylbewerber steht im Zusammenhang mit den §§ 55, 56 2 AsylG über die **Aufenthaltsgestattung** der Asylbewerber und deren sonstigen aufenthaltsrechtlichen Status. Sie behandeln die Möglichkeit, trotz Asylverfahrens einen davon unabhängigen Aufenthaltstitel zu erteilen und damit eine Ausnahme von der grundsätzlichen Ausreisepflicht des erfolglosen Asylbewerbers zuzulassen. Zur Ausweisung während des Asylverfahrens vgl. § 56 IV, zur Abschiebung vgl. § 60 IX.

III. Aufenthaltstitel und Asylantrag

1. Erstantrag nach Asylantrag

Die erstmalige Erteilung eines Aufenthaltstitels während des Asylverfahrens ist grundsätzlich aus- 3 geschlossen. Dies gilt auch für die Verlängerung eines dennoch ausnahmsweise erteilten Aufenthaltstitels. Die Einschränkung betrifft va Aufenthaltserlaubnis und Niederlassungserlaubnis; das Visum kann nur betroffen sein, wenn der Ausländer nach dem Asylantrag zum Zwecke des Visumverfahrens ausreist und der Asylantrag nicht wegen einer Einreise in den Heimatstaat oder aus sonstigen Gründen als zurückgenommen gilt (vgl. § 33 II AsylG). Mit dem Erteilungsverbot soll sichergestellt werden, dass die **Ausreise** nach erfolglosem Asylverfahren **durchgesetzt** werden kann. Im Hinblick auf den gesetzlichen Aufenthaltstitel der Aufenthaltsgestattung nach § 55 AsylG ist dies unbedenklich. Nur zwei Ausnahmetatbestände sind zugelassen: gesetzlicher Anspruch auf Aufenthaltstitel und wichtige öffentliche Interessen.

Die Regelung des § 10 I berechtigt einen Ausländer nicht zur Einholung eines asylverfahrens- 4 unabhängigen Aufenthaltstitel im Bundesgebiet unter **Absehen vom Visumerfordernis**[2]. Die Vorschrift, die dem § 11 I AuslG 1990 entspricht, soll verhindern, dass ein Asylbewerber während der Durchführung eines Asylverfahrens einen Aufenthaltstitel zu einem anderen Zweck im Bundesgebiet erlangen kann[3]. Der Ausländer muss sich entscheiden, ob er ein Asylverfahren beginnen und fortführen

---

[1] BT-Drs. 15/420, 9 f.
[2] OVG NRW Beschl. v. 8.12.2011 – 18 B 866/11 Rn. 9.
[3] BT-Drs. 15/420, 73.

will oder ob er ein anderweitiges Aufenthaltsrecht anstrebt. Es soll vermieden werden, dass ein Ausländer das Asylverfahren missbraucht, um unter den Voraussetzungen des AsylG einen Aufenthalt im Bundesgebiet zu begründen, und sichergestellt werden, dass der Ausländer nach dem erfolglosen Abschluss des Asylverfahrens das Bundesgebiet wieder verlässt[4]. Ausnahmen vom Visumverfahren sind daher nur iRd Ausnahmeregelungen des § 39 Nr. 4 AufenthV möglich. Die Regelung des § 5 II 2 kommt nicht zur Anwendung, da diese eine Ermessensentscheidung voraussetzt und es daher an einem gesetzlichen Aufenthaltsanspruch fehlt[5].

5 Das Erteilungsverbot ist mit der **Familienzusammenführungs-RL**[6] nicht vereinbar[7]. Art. 4 I Familienzusammenführungs-RL legt ausdrücklich fest, dass die Rechtsstellung der Familienangehörigen, die einen Aufenthaltstitel anstreben, unerheblich ist.[8] Aus dem Zusatz „wobei ihre Rechtsstellung unerheblich ist" ist zu folgern, dass der in der RL verankerte Nachzugsanspruch für Ehegatten und Kinder nach Art. 3 I Familienzusammenführungs-RL keinen nationalen Beschränkungen unterworfen werden darf, die an die Rechtsstellung des Familienangehörigen des im Bundesgebiet lebenden Ehegatten bzw. Elternteils anknüpfen. In der Begründung der Kommission zum RL-Vorschlag[9] findet sich hierzu folgende Feststellung: „Für Familienangehörige gilt der Vorschlag hingegen unabhängig von deren Rechtsstellung. So können sich Angehörige beispielsweise in einem Mitgliedstaat aufhalten, außerhalb des Mitgliedstaats wohnhaft sein, einen Asylantrag gestellt haben oder unter eine andere Regelung für den vorübergehenden Schutz fallen." Da in der Begründung des RL-Entwurfs ausdrücklich das Stellen eines Asylantrags durch den Angehörigen erwähnt wird, bestehen keine Zweifel, dass der Status Asylbewerber im Anwendungsbereich der Familienzusammenführungs-RL für die Erteilung des Aufenthaltsrechts keine Bedeutung haben darf.

6 **Für den Wegfall der Titelerteilungssperre des § 10 I reicht ein lediglich teilweise bestandskräftiger Abschluss des mit dem Asylantrag eingeleiteten Verwaltungsverfahrens nicht aus**[10]. Bereits der Wortlaut der Vorschrift erfordert, dass das Asylverfahren insgesamt bestandskräftig abgeschlossen worden ist[11]. Dies bestätigt auch der systematische Zusammenhang mit § 10 III, der den Fall einer unanfechtbaren Ablehnung des Asylantrags regelt und auch hier nicht zwischen den einzelnen Entscheidungsgegenständen eines Asylverfahrens differenziert; dies sieht § 10 auch sonst nicht vor.

7 Ist der Asylbewerber bereits als subsidiär Schutzberechtigter anerkannt worden und verfolgt er sein Begehren auf Flüchtlingsschutz oder auf Anerkennung als Asylberechtigter weiter, so ist aber zu beachten, dass er einen Rechtsanspruch auf Erteilung eines Aufenthaltstitels hat, sodass die Sperrwirkung in diesem Fall nicht zur Anwendung gelangt[12]. Hierdurch wird zugleich ein unionsrechtswidriger Zustand vermieden. Denn nach Art. 24 Qualifikations-RL haben sowohl Flüchtlinge wie subsidiär Schutzberechtigte einen Anspruch auf umgehende Ausstellung eines Aufenthaltstitels.

8 Ein asylrechtliches Folge- und Zweitverfahren ist nicht iSd § 10 I bestandskräftig abgeschlossen, wenn zwar die Feststellung des Bundesamtes, dass die Voraussetzungen von Abschiebungsschutz nach nationalem Recht (§ 60 V oder VII) vorliegen, bestandskräftig geworden ist, nicht aber die Entscheidung über die Durchführung eines weiteren Asylverfahrens; die Sperre für die Erteilung eines Aufenthaltstitels wirkt dann für die Dauer des gerichtlichen Verfahrens fort[13]. Gegen eine Auslegung, die eine bestandskräftige Zuerkennung nationalen Abschiebungsschutzes ausreichen lässt, um insoweit die Titelerteilungssperre wegfallen zu lassen, spricht mittelbar § 51 I Nr. 8, nach dem auch ein nach § 25 II–V erteilter Aufenthaltstitel kraft Gesetz erlischt, wenn ein Ausländer nach Erlangung des Aufenthaltstitels zeitlich nachfolgend einen Asylantrag stellt. Aus dieser Erlöschensregelung ergibt sich der klare Wille des Gesetzgebers, während eines noch nicht insgesamt abgeschlossenen Asylverfahrens den rechtmäßigen Aufenthalt des Ausländers allein durch die Aufenthaltsgestattung nach dem AsylG zu sichern und daneben grundsätzlich keinen humanitären Aufenthaltstitel zuzulassen.

9 Muss nach § 10 I das Asylverfahren insgesamt bestandskräftig abgeschlossen sein, bevor ein Aufenthaltstitel erteilt werden darf, **so wird davon auch das Folgeverfahren nach § 71 AsylG und**

---

[4] OVG NRW Beschl. v. 8.12.2011 – 18 B 866/11 Rn. 9.
[5] OVG NRW Beschl. v. 8.12.2011 – 18 B 866/11 Rn. 20.
[6] RL 2003/86/EG v. 22.9.2003, ABl. 2003 L 251, 12.
[7] AA BayVGH Beschl. v. 21.7.2015 – 10 CS 15.859 ua Rn. 57 ff. zu § 10 III.
[8] Art. 4 I Familienzusammenführungs-RL hat folgenden Wortlaut: „(1) Diese Richtlinie findet Anwendung, wenn der Zusammenführende im Besitz eines von einem Mitgliedstaat ausgestellten Aufenthaltstitels mit mindestens einjähriger Gültigkeit ist, begründete Aussicht darauf hat, ein dauerhaftes Aufenthaltsrecht zu erlangen, und seine Familienangehörigen Drittstaatsangehörige sind, wobei ihre Rechtsstellung unerheblich ist."
[9] KOM(1999) 638 endg., S. 14.
[10] BVerwG Urt. v. 17.12.2015 – 1 C 31.14, BVerwGE 153, 353 Rn. 12; Urt. v. 12.7.2016 – 1 C 23.15, InfAusR 2016, 1498 Rn. 9.
[11] BVerwG Urt. v. 17.12.2015 – 1 C 31.14, BVerwGE 153, 353 Rn. 12.
[12] *Berlit* Anm. zu BVerwG Urt. v. 17.12.2015 – 1 C 31.14, C.
[13] BVerwG Urt. v. 17.12.2015 – 1 C 31.14, BVerwGE 153, 353 Rn. 12; Urt. v. 12.7.2016 – 1 C 23.15, InfAusR 2016, 1498 Rn. 9.

das Zweitverfahren nach § 71a AsylG erfasst[14]. Zwar führt die Ablehnung des Bundesamtes, ein weiteres Asylverfahren durchzuführen, dazu, dass der Antragsteller sich verfahrensrechtlich nicht in einem laufenden Asylverfahren befindet, jedoch führt die Verpflichtung des VG, die Spruchreife herbeizuführen, dazu, auch während der Dauer eines Folge- oder Zweitantragsverfahren von einem laufenden Asylverfahren auszugehen. Gegen die Ansicht, ein Folge- oder Zweitantrag löse die Wirkungen des § 10 nicht aus, weil er nicht vor, sondern nach dem bestandskräftigen Abschluss des (Erst-)Verfahrens gestellt werde und wegen des ungesicherten Aufenthalts dem Erstantrag nicht ähnlich sei[15], spricht zunächst der Wortlaut von § 71 I 1 und § 71a I AsylG, der auch den Folge- und Zweitantrag als Asylantrag bezeichnet, der bei Erfüllung der gesetzlichen Voraussetzungen ein weiteres Asylverfahren eröffnet. Die Einbeziehung von Folge- und Zweitantragstellern ist auch deshalb von Bedeutung, weil die Sperrwirkung des § 10 III, die mit dem bestandskräftigen Abschluss des Erstverfahrens idR eintritt (etwa § 25a V, § 25b V), für bestimmte humanitäre Aufenthaltstitel nicht anwendbar ist. **Gründe für eine Privilegierung des Folge- und Zweitantragstellers gegenüber dem Erstantragsteller bei Anwendung des § 10 liegen nicht vor**[16].

Auch für das Folge- und Zweitverfahren gilt die Wertung des Gesetzgebers, während eines noch **10** nicht abgeschlossenen Asylverfahrens den aufenthaltsrechtlichen Status des Ausländers allein durch die Regelungen des AsylG zu bestimmen und daneben grundsätzlich keinen humanitären Aufenthaltstitel zuzulassen[17]. Damit soll ausgeschlossen werden, Asylantragsteller zu einem anderen Zweck als dem zur Durchführung eines Asylverfahrens den Aufenthalt im Bundesgebiet zu gestatten. Ferner soll ermöglicht werden, die Ausreisepflicht nach negativem Ausgang des Asylverfahrens durchzusetzen, ohne dass diese schon zuvor durch Erteilung eines solchen Aufenthaltstitels ausgeschlossen werden kann, auf den kein gesetzlicher Anspruch besteht[18].

Es stellt sich aber die Frage, ob ein Folge- oder Asylantragsteller, der aufgrund der Entscheidung des **11** Bundesamtes, kein weiteres Asylverfahren durchzuführen, nicht in den Genuss einer Aufenthaltsgestattung nach § 55 AsylG kommt, im Hinblick auf die bestandskräftige Feststellung von Abschiebungsverboten einen Anspruch auf aufenthaltsrechtliche Besserstellung hat, da er andernfalls nur einen Anspruch auf eine Duldung hat[19].

Von der Sperrwirkung nach § 10 I werden Fälle eines **gesetzlichen Anspruchs** ausgenommen, dh **12** ein „strikter Rechtsanspruch" auf Erteilung eines Aufenthaltstitels, der sich unmittelbar **aus dem Gesetz** ergibt und bei dem alle zwingenden und regelhaften Tatbestandsvoraussetzungen erfüllt sind[20]. Wenn das Gesetz daher ausdrücklich die Erteilung eines Aufenthaltstitels als zwingende Folge anordnet (Ist-Regelung), ist ein entsprechender Anspruch des Ausländers ohne Weiteres zu bejahen. Ein mögliches unionsrechtliches Aufenthaltsrecht aus Art. 20 AEUV zur Sicherung eines Aufenthaltsrechts eines Drittstaatsangehörigen ist kein nationaler Rechtsanspruch aus dem Gesetz[21]. Aus Art. 20 AEUV ergibt sich ein unionsrechtliches Aufenthaltsrecht eigener Art[22].

Ein gesetzlicher Anspruch auf einen Aufenthaltstitel besteht nicht bei einer **Ermessensreduktion** **13** **auf „null"**[23]. Der Anspruch muss im konkreten Fall bestehen; es dürfen also keine gesetzlichen Ausschlussgründe vorliegen oder zwingende Erteilungsvoraussetzungen iSd § 5 fehlen. Dies ist nicht anzunehmen, wenn zwingende oder fakultative Ausnahmen iRd § 5 eingreifen.

Ein **Anspruch aufgrund einer „Soll"-Regelung** vermittelt selbst dann keinen Rechts- **14** anspruch, wenn kein atypischer Fall vorliegt[24]. Bei einer „Soll"-Regelung fehlt es an einer abschließenden abstrakt-generellen, die Verwaltung bindenden Entscheidung des Gesetzgebers. Zwar ist bei einer Soll-Regelung die Entscheidung der Verwaltung insoweit gebunden, als bei Vorliegen der gesetzlichen Tatbestandsvoraussetzungen die Rechtsfolge regelmäßig vorgezeichnet ist. Auch die Frage, ob ein atypischer Ausnahmefall vorliegt, bei dem der Verwaltung ein Rechtsfolgenermessen eröffnet ist, unterliegt in vollem Umfang der gerichtlichen Nachprüfung und ist idS im ersten

---

[14] BVerwG Urt. v. 12.7.2016 – 1 C 23.15, InfAusR 2016, 1498 Rn. 12; OVG LSA Urt. v. 26.9.2017 – 2 L 35/15 Rn. 58; Beschl. v. 26.5.2015 – 2 L 18/14, AuAS 2015, 170 (172); SächsOVG Urt. v. 10.3.2010 – 2 L 18/09 Rn. 9; HmbOVG Urt. v. 27.11.1998 – Bf IV 45/96, EZAR 017 Nr. 18; VGH BW Urt. v. 17.4.1996 – 11 S 156/96, InfAuslR 1996, 303; aA noch die 12. Aufl., AufenthG § 10 Rn. 6.
[15] So noch die 12. Aufl. AufenthG § 10 Rn. 6.
[16] BVerwG Urt. v. 12.7.2016 – 1 C 23.15, InfAusR 2016, 1498 Rn. 13.
[17] BVerwG Urt. v. 12.7.2016 – 1 C 23.15, InfAusR 2016, 1498 Rn. 13.
[18] BVerwG Urt. v. 12.7.2016 – 1 C 23.15, InfAusR 2016, 1498 Rn. 13.
[19] Zu diesem Problem BVerwG Urt. v. 12.7.2016 – 1 C 23.15, InfAusR 2016, 1498 Rn. 14.
[20] BVerwG Urt. v. 16.12.2008 – 1 C 37.07, BVerwGE 132, 382; HessVGH Urt. v. 1.10.2014 – 6 A 2206/13, InfAuslR 2015, 121 Rn. 36.
[21] Zu diesem Problem BVerwG Urt. v. 12.7.2018 – 1 C 16.17 Rn. 28.
[22] BVerwG Urt. v. 12.7.2018 – 1 C 16.17 Rn. 28.
[23] BVerwG Urt. v. 16.12.2008 – 1 C 37.07, BVerwGE 132, 382. Ob Regelansprüche oder Ansprüche aufgrund von Soll-Vorschriften ausreichen, blieb offen. HessVGH Urt. v. 1.10.2014 – 6 A 2206/13, InfAuslR 2015, 121 Rn. 36.
[24] BVerwG Urt. v. 17.12.2015 – 1 C 31.14, BVerwGE 153, 353 Rn. 20; Urt. v. 12.7.2016 – 1 C 23.15, InfAusR 2016, 1498 Rn. 21. Hierzu *Dienelt* ZAR 2005, 120; offengelassen durch BVerwG Urt. v. 16.12.2008 – 1 C 37.07, BVerwGE 132, 382; Beschl. v. 16.2.2012 – 1 B 22.11 Rn. 4.

Schritt eine rechtlich gebundene Entscheidung[25]. Anders als bei einer Anspruchsnorm, bei der die tatbestandlichen Voraussetzungen sowohl positiv als auch negativ abschließend bestimmt sind, kann indes nur aufgrund einer wertenden Betrachtung aller Umstände des Einzelfalls beurteilt und festgestellt werden, ob ein Ausnahmefall vorliegt; die möglichen Versagungsgründe sind hiernach gerade nicht in abschließender Weise durch den Gesetzgeber vollumfänglich ausformuliert[26]. Diese normative Offenheit in Bezug auf Umstände, die einen Fall als atypisch erscheinen lassen, unterscheiden die „Soll"-Vorschrift im verwaltungsrechtlichen Sinne auch von solchen Normen, die für die abstrakt-generellen Tatbestandsvoraussetzungen unbestimmte Rechtsbegriffe verwenden. Aus denselben Gründen, bei denen für einen „gesetzlichen Anspruch" jedenfalls iSd § 10 ein Anspruch aufgrund einer Ermessensvorschrift auch dann nicht genügt, wenn das Ermessen im Einzelfall „auf null" reduziert ist, fehlt es wegen der Notwendigkeit einer der Prüfung der Tatbestandsvoraussetzungen nachgelagerten behördlichen Würdigung aller Umstände des Einzelfalls an einer abstrakt-generellen abschließenden, die Verwaltung bindenden Wertung des Gesetzgebers zugunsten eines Aufenthaltsrechts[27].

15 Diese aus dem Wortlaut und dem Zweck der Verwendung einer „Soll"-Regelung, der Verwaltung eine abschließende Prüfung und Bewertung aller Umstände des Einzelfalls zu ermöglichen, folgende Auslegung wird systematisch durch die Regelung in § 10 III 3 Hs. 2 bestätigt[28]. Dieser weiteren Ausnahme von der in § 10 III 2 angeordneten Titelerteilungssperre bedürfte es nicht, wenn in Fällen einer „Soll"-Regelung bereits ein „Anspruch auf Erteilung eines Aufenthaltstitels" iSd § 10 III 1 Hs. 1 vorläge[29]. Die Gesetzesbegründung zu dieser durch AufenthÄndG 2007 eingefügten Regelung[30] weist nicht darauf, dass diese Ergänzung ohne konstitutive Wirkung allein eine der Europarechtskonformität des deutschen Rechts geschuldete Klarstellung gewesen wäre[31]. Der unterschiedliche Wortlaut in § 10 I 1 AufenthG einerseits („gesetzlichen Anspruchs") und Abs. 3 S. 3 der Vorschrift andererseits („Anspruchs") weist nicht auf Regelungs- oder Bedeutungsunterschiede[32]. Da der in § 10 III 3 enthaltene Begriff des „Anspruchs auf Erteilung eines Aufenthaltstitels" gleichbedeutend ist mit dem in § 10 I genannten Begriff des „gesetzlichen Anspruchs", gilt diese Auslegung für beide Regelungen.

16 In § 10 III 3 ist ausdrücklich geregelt, dass der die Erteilung eines Aufenthaltstitels (im Falle der Ablehnung eines Asylantrags als offensichtlich unbegründet) ausschließende S. 2 des § 10 III „ferner" nicht anzuwenden sei, wenn der Ausländer die Voraussetzungen für die Erteilung einer Aufenthaltserlaubnis nach § 25 III erfüllt. Das Gesetz ordnet damit an, dass die Ausschlussregelung des § 10 III 2 sowohl im Falle eines Anspruchs auf Erteilung eines Aufenthaltstitels als auch beim Vorliegen der tatbestandlichen Voraussetzungen des § 25 III keine Anwendung finden darf. Wenn der Gesetzgeber es aber für erforderlich hielt, trotz (und in Ergänzung) der Regelung des bisherigen § 10 III 3 ausdrücklich anzuordnen, dass die Ausschlussregelung des § 10 III 2 auch bei Vorliegen der Voraussetzungen des § 25 III nicht eingreife, so lässt dies nur den Schluss zu, dass er einer auch dieser Soll-Vorschrift gerade nicht die Qualität einer einen Anspruch iSd § 10 III 3 Hs. 1 begründende Norm beimisst[33]. Andernfalls hätte er es bei § 10 III 3 in seiner bisherigen Fassung belassen können und nicht die Notwendigkeit gesehen, dessen Rechtsfolge – Nichtanwendbarkeit des § 10 III 2 – ausdrücklich (auch) für Fälle anzuordnen, in denen die Voraussetzungen des § 25 III erfüllt sind. Dieser Wille des Gesetzgebers kommt im Wortlaut und in der Systematik des Gesetzes deutlich zum Ausdruck und ist einer Interpretation des § 10 III 3 daher zugrunde zu legen[34].

17 Es kann auch nicht angenommen werden, der Gesetzgeber habe mit Einfügung des Hs. 2 des § 10 III 3 lediglich klarstellend noch einmal etwas bekräftigen wollen, was ohnehin schon in und das Vorliegen eines Anspruchs abstellenden Hs. 1 geregelt ist[35]. Eine solche Erwägung erweist sich schon deshalb als fernliegend, weil auf ihrer Grundlage nicht nachvollziehbar wäre, warum er eine derartige Klarstellung nur in Ansehung der Vorschrift des § 25 III für erforderlich gehalten haben könnte, nicht aber – bspw. – in Ansehung des § 25 V 2.

---

[25] BVerwG Urt. v. 17.12.2015 – 1 C 31.14, BVerwGE 153, 353 Rn. 21 mwN; HessVGH Urt. v. 1.10.2014 – 6 A 2206/13, InfAuslR 2015, 121 Rn. 49.
[26] BVerwG Urt. v. 17.12.2015 – 1 C 31.14, BVerwGE 153, 353 Rn. 21; HessVGH Urt. v. 1.10.2014 – 6 A 2206/13, InfAuslR 2015, 121 Rn. 49.
[27] BVerwG Urt. v. 17.12.2015 – 1 C 31.14, BVerwGE 153, 353 Rn. 21; Urt. v. 12.7.2016 – 1 C 23.15, InfAusR 2016, 1498 Rn. 21.
[28] BVerwG Urt. v. 17.12.2015 – 1 C 31.14, BVerwGE 153, 353 Rn. 22; Urt. v. 12.7.2016 – 1 C 23.15, InfAusR 2016, 1498 Rn. 21; HessVGH Urt. v. 1.10.2014 – 6 A 2206/13, InfAuslR 2015, 121 Rn. 39 ff.
[29] BVerwG Urt. v. 17.12.2015 – 1 C 31.14, BVerwGE 153, 353 Rn. 22.
[30] BT-Drs. 16/5065, 164.
[31] Vgl. BayVGH Urt. v. 6.3.2008 – 10 B 06.2961 Rn. 16.
[32] BVerwG Urt. v. 17.12.2015 – 1 C 31.14, BVerwGE 153, 353 Rn. 22; Urt. v. 16.12.2008 – 1 C 37.07, BVerwGE 132, 382 Rn. 23.
[33] HessVGH Urt. v. 1.10.2014 – 6 A 2206/13, InfAuslR 2015, 121 Rn. 49.
[34] HessVGH Urt. v. 1.10.2014 – 6 A 2206/13, InfAuslR 2015, 121 Rn. 49.
[35] HessVGH Urt. v. 1.10.2014 – 6 A 2206/13, InfAuslR 2015, 121 Rn. 49.

Aufenthaltstitel bei Asylantrag § 10 AufenthG 1

Wenn das Gesetz somit in seiner jetzigen Fassung ausdrücklich normiert, dass sich ein Ausländer, der 18 den Ausschlusstatbestand des § 10 III 2 erfüllt, dennoch auf die Soll-Vorschrift des § 25 III berufen kann, so verdeutlicht dies, dass anderen Soll-Regelungen, also etwa § 25 V 2, der Ausschlusstatbestand des § 10 III 2 zwingend entgegensteht[36].

Wichtige Interessen der Bundesrepublik Deutschland, die für einen Aufenthaltstitel während des 19 Asylverfahrens sprechen, können sich zB aus außenpolitischen Beziehungen des Bundes oder kulturellen Belangen der Länder ergeben, aber auch aus der Person des Asylbewerbers. Begünstigt sein können zB Angehörige einer befreundeten Exilregierung oder unterdrückte Minderheiten oder hervorragende Wissenschaftler oder Künstler, denen unabhängig von ihrem asylrechtlichen Status die Grundlage eines Daueraufenthalts geboten werden soll. Soweit eine Erwerbstätigkeit oder ein Studium ermöglicht werden sollen, sind außerdem die sonst einschlägigen Bestimmungen zu beachten, va §§ 4 II, 19 iVm der BeschVerfV.

Im Falle wichtiger öffentlicher Interessen (nicht im Falle des Rechtsanspruchs) ist die **Zustimmung** 20 der obersten Landesbehörde erforderlich. Diese braucht die Ausländerbehörde nur bei Bejahung des wichtigen Interesses einzuholen, über das sie selbstständig zu befinden hat. Kriterien für die Zustimmung nennt das Gesetz nicht. Sie hat sich am Vorliegen eines wichtigen Interesses auszurichten, steht aber im alleinigen Ermessen des Landesinnenministers oder -senators. Die Ausländerbehörde ist an die Zustimmung oder deren Verweigerung gebunden. Im Streitfall kann Letztere nur inzident geprüft werden.

2. Verlängerung eines vor dem Asylantrag erteilten Aufenthaltstitels

§ 10 II ist zu entnehmen, dass ein nach der Einreise des Ausländers von der Ausländerbehörde 21 erteilter oder verlängerter Aufenthaltstitel nach den Vorschriften des Aufenthaltsgesetzes ungeachtet des Umstandes verlängert werden kann, dass der Ausländer einen Asylantrag gestellt hat.

Ein Asylantrag berührt einen bereits bestehenden Aufenthaltstitel mit einer Gesamtgeltungsdauer 22 von über sechs Monaten nicht; ein kürzerer erlischt dagegen mit dem Asylantrag (§ 55 II 1 AsylG). Abs. 2 stellt sicher, dass auch die **Verlängerung** während des Asylverfahrens **statthaft** bleibt, dem Asylbewerber also aus dem Asylgesuch kein aufenthaltsrechtlicher Nachteil für die Zukunft erwächst. Es muss sich um einen nach der Einreise von der Ausländerbehörde erteilten oder verlängerten Aufenthaltstitel handeln. Damit genügt nicht ein nationales oder ein Schengen-Visum. Um eine Verlängerung handelt es sich auch dann nicht, wenn eine Aufenthaltserlaubnis zu einem anderen Aufenthaltszweck beantragt wird (Arg. aus § 81 IV). Formell handelt es sich um denselben Aufenthaltstitel, in materieller Hinsicht geht es um einen anderen Titel. In diesen Fällen greift daher Abs. 1 ein.

Die Frage, in welchem Verhältnis die Anwendungsbereiche von § 10 II und III zueinander stehen 23 und ob auch in Konstellationen wie der hier gegenständlichen, in denen bereits vor Stellung des Asylantrags die Verlängerung einer ohnehin bestehenden Aufenthaltserlaubnis beantragt war, von einem Eintreten der Titelerteilungssperre auszugehen ist, wird in der obergerichtlichen Rechtsprechung uneinheitlich beantwortet[37].

Es ist davon auszugehen, dass es sich im Verhältnis der Abs. 2 und 3 des § 10 um jeweils 24 **selbstständige und überschneidungsfrei zu bildende Anwendungsbereiche handelt**[38]. § 10 II formuliert in klarstellender Funktion eine Ausnahme von dem in § 10 I geregelten Grundsatz, wonach vor dem bestandskräftigen Abschluss des Asylverfahrens ein Aufenthaltstitel außer in den Fällen eines gesetzlichen Anspruchs nur mit Zustimmung der obersten Landesbehörde und nur dann erteilt werden kann, wenn wichtige Interessen der Bundesrepublik Deutschland es erfordern. Während sich Abs. 1 auf die Möglichkeit der (erstmaligen) Erteilung eines Aufenthaltstitels während des laufenden, bisweilen noch nicht bestandskräftig abgeschlossenen Asylverfahrens bezieht, erfasst Abs. 3 die diesbezügliche Rechtslage nach bestandskräftiger Ablehnung oder Rücknahme des Asylantrags. Hiervon nimmt Abs. 2 Fälle der Verlängerung einer bereits erteilten oder verlängerten Aufenthaltserlaubnis jeweils grundsätzlich aus[39]. Die (erstmalige) Erteilung und die Verlängerung eines Aufenthaltstitels stehen somit nebeneinander, was dazu führt, dass § 10 III nicht auf Fälle der Verlängerung einer bereits bestehenden Aufenthaltserlaubnis anzuwenden ist, sondern in Anschluss an Abs. 1 die Rechtslage für Fälle der erstmaligen Erteilung fortschreibt, in denen das entsprechende Asylverfahren bereits zu einem Abschluss gekommen ist[40].

---

[36] HessVGH Urt. v. 1.10.2014 – 6 A 2206/13, InfAuslR 2015, 121 Rn. 50; iE ebenso OVG MV Urt. v. 26.9.2007 – 2 L 173/06.
[37] Verneinend OVG LSA Beschl. v. 8.3.2019 – 2 M 148/18 Rn. 18; in der Tendenz so auch OVG Bln-Bbg Beschl. v. 13.6.2017 – OVG 11 S 94.16 Rn. 3; aA NdsOVG Beschl. v. 26.7.2007 – 12 ME 252/07 Rn. 6 f.
[38] VG Bremen Beschl. v. 3.9.2021 – 4 V 1358/21 Rn. 18.
[39] VG Bremen Beschl. v. 3.9.2021 – 4 V 1358/21 Rn. 21.
[40] VG Bremen Beschl. v. 3.9.2021 – 4 V 1358/21 Rn. 21.

Dienelt

3. Verlängerungsantrag nach Asylantrag

25 Ein Asylantrag berührt einen bereits bestehenden Aufenthaltstitel mit einer Gesamtgeltungsdauer von über sechs Monaten nicht; ein kürzerer erlischt dagegen mit dem Asylantrag (§ 55 II 1 AsylG). Abs. 2 stellt sicher, dass auch die **Verlängerung** während des Asylverfahrens **statthaft** bleibt, dem Asylbewerber also aus dem Asylgesuch kein aufenthaltsrechtlicher Nachteil für die Zukunft erwächst. Es muss sich um einen nach der Einreise von der Ausländerbehörde erteilten oder verlängerten Aufenthaltstitel handeln. Damit genügt nicht ein nationales oder ein Schengen-Visum. Um eine Verlängerung handelt es sich auch dann nicht, wenn eine Aufenthaltserlaubnis zu einem anderen Aufenthaltszweck beantragt wird (Arg. aus § 81 IV). Formell handelt es sich um denselben Aufenthaltstitel, in materieller Hinsicht geht es um einen anderen Titel. In diesen Fällen greift daher Abs. 1 ein.

26 Anders verhält es sich beim **Wechsel** des Aufenthaltstitels von der Aufenthaltserlaubnis zur Niederlassungserlaubnis. In diesem Fall ist die Vorschrift zwar dem Wortlaut nach nicht anwendbar, Sinn und Zweck der Vorschrift sprechen aber so eindeutig für eine Anwendung auf den Fall der Verfestigung, dass der Wortlaut wie ein Formulierungsfehler behandelt werden muss. Der Gesetzgeber wollte die inhaltsgleichen Bestimmungen des § 11 I und II AuslG übernehmen[41] und hat damit auch die frühere Verwaltungspraxis gebilligt, die den Übergang von der Aufenthaltsbefugnis zur unbefristeten Aufenthaltserlaubnis einbezogen hatte (Nr. 11.2.1 AuslG-Verwaltungsvorschrift). Wenn der Ausländer nicht wegen des Asylantrags bei einer Verlängerung benachteiligt werden soll, gilt dies erst recht bei einer Verfestigung durch Erteilung einer Niederlassungserlaubnis.

4. Antrag nach Asylablehnung

27 Die Bestimmungen des Abs. 3 lehnen sich an § 30 V AuslG an und sollen bewirken, dass abgelehnte Asylbewerber nur noch **eingeschränkt** einen Aufenthaltstitel erwerben können.[42] Die Regelung beschränkt die Möglichkeit der Erteilung einer Aufenthaltserlaubnis nach Abschluss eines Asylverfahrens ohne vorherige Ausreise und bezweckt damit, einen Wechsel von einem asylverfahrensbedingten Aufenthalt zu einem Aufenthalt aus anderen Zwecken zu erschweren bzw. ganz auszuschließen[43]. Bevor die Legalisierung des Aufenthalts eingeleitet werden kann, soll primär versucht werden, die Ausreisepflicht eines vollziehbar ausreisepflichtigen Ausländers durchzusetzen[44]. Dem Verhältnismäßigkeitsgrundsatz im Hinblick auf andere grundrechtliche Positionen, insbesondere Art. 6 I GG, wird dadurch Rechnung getragen, dass das Verbot, vor Ausreise des Asylbewerbers einen Aufenthaltstitel zu erteilen, insbesondere für Fälle gesetzlicher Ansprüche und Aufenthaltstitel zur Aufenthaltsgewährung aus völkerrechtlichen, humanitären oder politischen Gründen durchbrochen wird[45].

28 Vorausgesetzt ist der bestandskräftige, für den Asylbewerber erfolglose **Abschluss** des Asylverfahrens mit Ablehnung des Asylantrags durch das BAMF und mit Antragsrücknahme (Erklärung oder Fiktion nach §§ 32 I, 33 I und II AsylG). Ein Verzicht nach § 14a III AsylG ist nicht hinderlich.[46] Abgelehnt ist der Asylantrag, wenn weder eine Asyl- noch eine Flüchtlingsanerkennung erfolgt, also auch dann, wenn ein Abschiebungshindernis nach § 60 II–VII festgestellt wird – und dessen ungeachtet eine Abschiebungsandrohung ergeht (vgl. §§ 31 II, 34 I AsylG).

29 Bei „schlichter" Asylablehnung[47] und Feststellung eines der Hindernisse des § 60 I–VII, richten sich die **Rechtsfolgen** für das Aufenthaltsrecht unmittelbar nach § 25 III (Soll-Anspruch auf Aufenthaltserlaubnis) und (in zweiter Linie) nach § 25 IV und V (Aufenthaltserlaubnis nach Ermessen) sowie nach §§ 23, 23a. Die Erteilung einer Aufenthaltserlaubnis auf dieser Grundlage ist nicht ausgeschlossen, wohl aber eine Aufenthaltserlaubnis nach §§ 18–21, 27–36, ausgenommen aber Fälle mit Rechtsansprüchen.

30 Ein von einer ausländerrechtlichen Vorschrift vorausgesetzter **Anspruch auf Erteilung eines Aufenthaltstitels** muss ein strikter Rechtsanspruch sein, der sich unmittelbar aus dem Gesetz ergibt[48]. Nur bei strikten Rechtsansprüchen macht der Gesetzgeber unmittelbar deutlich, dass er den Versagungsgrund des § 10 III 1 und 2 als nachrangig ansieht[49]. Besteht ein gesetzlicher Anspruch auf Erteilung eines Aufenthaltstitels hat der Gesetzgeber in abstrakt-genereller Weise eine abschließende, die Verwaltung bindende Wertung zugunsten des Aufenthaltsrechts getroffen und die Entscheidung damit der behördlichen Ermessensprüfung im Einzelfall entzogen. Gegenüber einem Ausländer, der

---

[41] BT-Drs. 15/420, 73.
[42] BT-Drs. 15/420, 73.
[43] VGH BW Beschl. 5.7.2018 – 11 S 1224/18 Rn. 26.
[44] VGH BW Beschl. 5.7.2018 – 11 S 1224/18 Rn. 26.
[45] VGH BW Beschl. 5.7.2018 – 11 S 1224/18 Rn. 26.
[46] BVerwG Urt. v. 21.11.2006 – 1 C 10.06.
[47] BVerwG Urt. v. 16.12.2008 – 1 C 37.07, BVerwGE 132, 382.
[48] BVerwG Urt. v. 16.12.2008 – 1 C 37.07, BVerwGE 132, 382 Rn. 21 mwN; OVG LSA Urt. v. 26.9.2017 – 2 L 35/15 Rn. 55.
[49] SächsOVG Beschl. v. 14.5.2018 – 3 A 223/18 Rn. 9; Beschl. v. 17.1.2018 – 3 A 293/17 Rn. 9.

sich bereits im Bundesgebiet aufhält, erscheint in diesen Fällen der Verweis auf ein Visumverfahren, das als wichtiges Steuerungselement der Zuwanderung die ausländerbehördliche Entscheidung vor der Einreise gewährleisten soll, nicht in gleichem Maße zwingend wie bei im Ermessen stehenden Aufenthaltstitel[50].

Es liegt in der Logik des Sanktionsgedankens, der § 10 III 2 immanent ist, dass der Ausländer in diesen Fällen das Verwaltungsverfahren und eine sich ggf. anschließende gerichtliche Auseinandersetzung vom Ausland aus zu betreiben hat und ihm nicht gestattet werden soll, sich für die Dauer des oft mehrjährigen Verfahrens weiter im Bundesgebiet aufzuhalten und den Aufenthalt hier dadurch weiter zu verfestigen[51]. Nur die Begrenzung der in § 10 III vorgesehenen Ausnahme auf gesetzliche Ansprüche gewährleistet, dass die Sperrwirkung in der Praxis nicht weitgehend leerläuft[52]. 31

Nach Ablehnung des Asylantrags als offensichtlich unbegründet ist die Erteilung eines Aufenthaltstitels vollständig ausgeschlossen, sofern kein gesetzlicher Anspruch vorliegt. **Weder Soll-Regelungen noch Fälle der Ermessensreduktion auf null**[53] **vermitteln dem Ausländer einen Rechtsanspruch.** Insoweit gelten die Ausführungen zu dem gesetzlichen Anspruch iSv § 10 I entsprechend[54]. 32

In Fällen, in denen die **Familienzusammenführungs-RL** einen Aufenthaltsanspruch vermittelt und der Asylantrag als offensichtlich unbegründet abgelehnt wurde, ist der Ausschlusstatbestand nicht anwendbar. Die Sperrwirkung des § 10 III ist auf Familienangehörige des Zusammenführenden, die einen Rechtsanspruch auf Zuzug geltend machen können, bedeutungslos[55]. Denn Art. 4 I Familienzusammenführungs-RL legt ausdrücklich fest, dass die Rechtsstellung der Familienangehörigen unerheblich ist[56]. Aus dem Zusatz, „wobei ihre Rechtsstellung unerheblich ist", ist zu folgern, dass der in der RL verankerte Nachzugsanspruch für Ehegatten und Kinder nach Art. 3 I Familienzusammenführungs-RL keinen nationalen Beschränkungen unterworfen werden darf, die an die Rechtsstellung des Familienangehörigen des im Bundesgebiet lebenden Ehegatten bzw. Elternteils anknüpfen[57]. 33

Die Vorschrift, die dem § 11 I AuslG 1990 entspricht, unterfällt auch nicht der Regelungskompetenz in Art. 5 III Familienzusammenführungs-RL[58], da sie nicht der Durchsetzung des Visumverfahrens dient, sondern verhindern soll, dass ein Asylbewerber während der Durchführung eines Asylverfahrens einen Aufenthaltstitel zu einem anderen Zweck im Bundesgebiet erlangen kann[59]. Der Ausländer muss sich entscheiden, ob er ein Asylverfahren beginnen und fortführen will oder ob er ein anderweitiges Aufenthaltsrecht anstrebt. Es soll vermieden werden, dass ein Ausländer das Asylverfahren missbraucht, um unter den Voraussetzungen des AsylG einen Aufenthalt im Bundesgebiet zu begründen, und sichergestellt werden, dass der Ausländer nach dem erfolglosen Abschluss des Asylverfahrens das Bundesgebiet wieder verlässt[60]. 34

In Fällen, die nicht unter die Familienzusammenführungs-RL fallen, darf auch keine Aufenthaltserlaubnis nach §§ 22–25 erteilt werden. Damit wird nach dem Grundsatz verfahren, dass Asylbewerber, die ein offensichtlich aussichtsloses Asylverfahren betrieben haben, von weiteren Bleiberechten ausgeschlossen sein sollen. Sie sollen nicht allein wegen des Asylaufenthalts besser stehen als aus dem Ausland neu zuwandernde Personen. 35

Der Wortlaut des besonderen Versagungsgrundes nach § 10 III 2 ist eindeutig: Er erfasst ausschließlich Fälle, in denen der Asylantrag als offensichtlich unbegründet nach § 30 III AsylG abgelehnt wurde[61]. Maßgeblich hierfür ist der Bescheid des BAMF. Für eine Ablehnung als offensichtlich unbegründet nach § 30 III AsylG ist es deshalb idR erforderlich, dass die **Vorschrift, wenn schon nicht im Tenor, so doch zumindest in der Begründung des Bescheids ausdrücklich genannt wird**[62]. 36

Wird die Vorschrift nicht erwähnt, so reicht es angesichts der gravierenden Rechtsfolgen, die § 10 III 2 an eine solche qualifizierte Ablehnung knüpft und die nur durch Einlegung von Rechtsmitteln gegen diese Ablehnung vermieden werden können, nicht aus, wenn sich die Begründung des 37

---

[50] SächsOVG Beschl. v. 11.5.2018 – 3 A 223/18 Rn. 9.
[51] SächsOVG Beschl. v. 14.5.2018 – 3 A 223/18 Rn. 9.
[52] SächsOVG Beschl. v. 14.5.2018 – 3 A 223/18 Rn. 9.
[53] BVerwG Urt. v. 19.9.2000 – 1 C 14.00 Rn. 16; Beschl. v. 17.3.1993 – B 27.93 Rn. 4; Urt. v. 24.1.1995 – 1 C 2.94 Rn. 40; Urt. v. 22.2.1995 – 1 C 11.94; Urt. v. 4.6.1997 – 1 C 9.95; Urt. v. 17.3.2004 – 1 C 11.03 Rn. 12.
[54] Ausf. s. o. zu Abs. 1.
[55] So *Dienelt*, E-Book Familienzusammenführungsrichtlinie, www.migrationsrecht.net; aA BayVGH Beschl. v. 21.7.2015 – 10 CS 15.859 ua Rn. 57 ff.
[56] „(1) Diese Richtlinie findet Anwendung, wenn der Zusammenführende im Besitz eines von einem Mitgliedstaat ausgestellten Aufenthaltstitels mit mindestens einjähriger Gültigkeit ist, begründete Aussicht darauf hat, ein dauerhaftes Aufenthaltsrecht zu erlangen, und seine Familienangehörigen Drittstaatsangehörige sind, wobei ihre Rechtsstellung unerheblich ist."
[57] AA BayVGH Beschl. v. 21.7.2015 – 10 CS 15.859 ua Rn. 57 ff.
[58] AA BayVGH Beschl. v. 21.7.2015 – 10 CS 15.859 ua Rn. 57 ff.
[59] BT-Drs. 15/420, 73.
[60] OVG NRW Beschl. v. 8.12.2011 – 18 B 866/11 Rn. 9.
[61] So auch BVerwG Urt. v. 25.8.2009 – 1 C 30.08.
[62] BVerwG Urt. v. 25.8.2009 – 1 C 30.08.

Bescheids zweifelsfrei auf eine der Fallgruppen des § 30 III AsylG bezieht[63]. Es ist ein **Gebot der Rechtsklarheit und Rechtssicherheit,** dass die Rechtsgrundlage für den Offensichtlichkeitsausspruch für den Betroffenen insoweit eindeutig und klar erkennbar ist[64]. Dies ist auch mit Blick auf die Ausländerbehörde geboten, die nach der gesetzlichen Konzeption im aufenthaltsrechtlichen Verfahren an den Bescheid des BAMF gebunden ist und ihm ohne eigene inhaltliche Prüfung eindeutig entnehmen können muss, dass der Offensichtlichkeitsausspruch auf einen der Missbrauchstatbestände des § 30 III AsylG gestützt wurde[65].

38 Dabei ist es nach Ansicht des BVerwG für eine Anwendung von § 10 III 2 grundsätzlich **nicht erforderlich, dass das BAMF den Offensichtlichkeitsausspruch allein auf § 30 III AsylG stützt**[66]. Diesem Ansatz ist zuzustimmen, soweit mit den Fallgruppen des § 30 III AsylG Missbrauchstatbestände sanktioniert werden. Denn es ist nicht einzusehen, warum ein Ausländer zB nach gröblicher Verletzung seiner Mitwirkungspflichten im Asylverfahren nur deshalb von der Sperrwirkung des § 10 III 2 verschont werden sollte, weil das BAMF sein Asylbegehren darüber hinaus auch aus inhaltlichen Gründen als offensichtlich unbegründet abgelehnt hat[67].

39 Hingegen verkennt das BVerwG das Spannungsverhältnis von § 30 I und II zu § 30 III Nr. 1 AsylG. Mit der Fallgruppe des im Wesentlichen unsubstantiierten Vorbringens wird kein Missbrauch sanktioniert, sondern die Fallgruppe des § 30 I AsylG erweitert. Das BVerwG vermag nicht zu erklären, weshalb ein Asylbewerber, der einen völlig unsubstantiierten Asylsachverhalt schildert, nach der Ablehnung durch das BAMF rechtlich besser gestellt sein soll, als derjenige, dessen Vorbringen zumindest in Ansätzen verfolgungsrelevant gewesen ist[68].

40 Eine Ablehnung des Asylantrags nach § 30 III AsylG liegt dabei nur dann vor, wenn die Entscheidung sowohl hinsichtlich der Asylanerkennung – sofern beantragt – als auch hinsichtlich der Feststellung der Voraussetzungen des § 60 I auf § 30 III AsylG gestützt ist (§ 13 I AsylG)[69]. Die Regelung knüpft nur an die Entscheidung des BA an, in der gerichtlichen Verfahren nicht der Asylantrag entschieden wird, sondern über die rechtshängige Klage[70]. Weist das VG die Asylklage als offensichtlich unbegründet ab und stützt das Offensichtlichkeitsurteil dabei auf § 30 III AsylG, so wird damit nicht der Asylantrag, sondern die Klage als offensichtlich unbegründet abgewiesen. Folge des gerichtlichen Urteils ist die Bestandskraft des BA-Bescheids, ohne dass dieser inhaltlich gestaltet wird[71]. Das Offensichtlichkeitsurteil im Gerichtsverfahren hat nur die Begrenzung des Rechtsschutzes zur Folge, da die Entscheidung mit Rechtsmitteln nicht mehr angreifbar ist (§ 78 I AsylG).

41 Die Sperrwirkung des § 10 III 2 findet nur Anwendung, wenn der Ausländer den für ihn nachteiligen asylrechtlichen Bescheid gerichtlich auch darauf überprüfen lassen konnte, ob der Asylantrag zu Recht nach § 30 III AsylG als offensichtlich unbegründet abgelehnt worden ist. Das ist bei Asylablehnungen, die **vor dem 1.1.2005 bestandskräftig** geworden sind, nicht möglich[72]. War der Bescheid des BAMF zwar vor dem 1.1.2005 bekannt gegeben, aber noch nicht bestandskräftig geworden, so findet die Sperrwirkung Anwendung[73]. Dies folgt aus dem Fehlen einer ausdrücklichen Übergangsvorschrift sowie aus dem Willen des Gesetzgebers, die aufenthaltsrechtliche Sanktionierung eines Missbrauchs im Asylverfahren möglich rasch und damit effektiv zu verwirklichen. Ferner hat er ausgeführt, dass es sich bei der Anwendung der Vorschrift auf diese Altfälle lediglich um eine tatbestandliche Rückanknüpfung und nicht um eine sog. echte Rückwirkung handle und schutzwürdiges Vertrauen der Betroffenen dadurch nicht verletzt werde[74].

42 Die durch § 10 III 2 eingetretene Sperrwirkung für die Erteilung eines Aufenthaltstitels entfällt nicht durch **nachträgliche Rücknahme des Asylantrags.** Das ergibt sich insbesondere aus dem Zweck der Vorschrift, den Missbrauch des Asylverfahrens zu sanktionieren[75].

43 **§ 10 III 1 ist über die in § 10 III 3 geregelten Fälle hinaus auch im Hinblick auf die aufenthaltsrechtlichen Schutzwirkungen aus Art. 6 I GG und Art. 8 I EMRK hinaus keiner einschränkenden Auslegung zugänglich**[76].

---

[63] OVG MV Beschl. v. 31.1.2007 – 2 O 109/06; HmbOVG Beschl. v. 16.4.2007 – 3 So 116/05 und Beschl. v. 2.7.2007 – 4 Bf 290/06.Z, Asylmagazin 2007, 34 (35); OVG MV Beschl. v. 31.1.2007 – 2 O 109/06.
[64] So ausdrücklich BVerwG Urt. v. 25.8.2009 – 1 C 30.08.
[65] Vgl. BVerwG Urt. v. 25.8.2009 – 1 C 30.08.
[66] BVerwG Urt. v. 16.12.2008 – 1 C 37.07, BVerwGE 132, 382; BVerwG Urt. v. 25.8.2009 – 1 C 30.08.
[67] BVerwG Urt. v. 16.12.2008 – 1 C 37.07, BVerwGE 132, 382.
[68] So *Dienelt* ZAR 2005, 120 (121).
[69] BVerwG Urt. v. 16.12.2008 – 1 C 37.07, BVerwGE 132, 382.
[70] So auch HmbOVG Beschl. v. 2.7.2007 – 4 Bf 290/06.Z, Asylmagazin 2007, 34 (35) mwN.
[71] Ebenso HmbOVG Beschl. v. 2.7.2007 – 4 Bf 290/06.Z, Asylmagazin 2007, 34 (35).
[72] BVerwG Urt. v. 25.8.2009 – 1 C 30.08.
[73] BVerwG Urt. v. 16.12.2008 – 1 C 37.07, BVerwGE 132, 382; Urt. v. 25.8.2009 – 1 C 30.08.
[74] BVerwG Urt. v. 16.12.2008 – 1 C 37.07, BVerwGE 132, 382.
[75] BVerwG Urt. v. 16.12.2008 – 1 C 37.07, BVerwGE 132, 382.
[76] VGH BW Beschl. v. 5.7.2018 – 11 S 1224/18 Rn. 27; OVG Bln-Bbg Urt. v. 9.6.2011 – OVG 2 B 2.10 Rn. 34 ff.; aA VG Halle Urt. v. 21.5.2012 – 1 A 264/10 Rn. 30 f.

Aufenthaltstitel bei Asylantrag § 10 AufenthG 1

Der Wortlaut des § 10 III bietet für eine solche einschränkende Auslegung keinen Ansatzpunkt. 44
Nach S. 1 der Vorschrift darf ein Aufenthaltstitel „nur" nach Maßgabe des Abschnitts 5 erteilt werden;
S. 3 Hs. 1 regelt als weitere Ausnahme den Fall eines Anspruchs auf Erteilung eines Aufenthaltstitels.
Diese Ausnahmen sind nach der eindeutigen Gesetzesformulierung als abschließend zu verstehen. Die
Bestimmung, dass ein Aufenthaltstitel „nur" nach Maßgabe des Abschnitts 5 oder im Fall eines
(gesetzlichen) Anspruchs auf Erteilung eines Aufenthaltstitels erteilt werden darf, würde iE weitgehend
leerlaufen, wenn die ausnahmsweise zulässige Erteilung eines Aufenthaltstitel nach Maßgabe des
Abschnitts 5 in einem wesentlichen Teilbereich, nämlich in den Fällen des Aufenthalts aus humanitären
Gründen, letztlich zur Folge hätte, dass die Sperrwirkung des § 10 III 1 auch hinsichtlich anderer
Aufenthaltszwecke, bei denen kein gesetzlicher Anspruch auf Erteilung eines Aufenthaltstitels besteht,
vollständig beseitigt wäre.

Stellt sich überdies die zwangsweise Durchsetzung der Ausreisepflicht als mit Art. 6 GG oder Art. 8 45
EMRK unvereinbar dar, weil etwa dem Ausländer und seinen Angehörigen nicht zugemutet werden
kann, ihre familiären Bindungen im Bundesgebiet auch nur vorübergehend durch Ausreise zu unterbrechen, kann dies zu einem Duldungsanspruch führen.[77]

Die Frage, ob das BAMF zu Recht eine Offensichtlichkeitsentscheidung getroffen hat, stellt sich 46
nicht, da der Normtext ausdrücklich auf die unanfechtbare Offensichtlichkeitsentscheidung abstellt
und nicht auf das Vorliegen der Voraussetzungen des § 30 III AsylG[78]. Insoweit unterscheidet sich die
Regelung vom ursprünglichen Regierungsentwurf[79]. Dort wurde in der Begründung noch ausdrücklich darauf abgestellt, dass das Vorliegen eines der in § 30 III AsylG genannten Sachverhalte ausreicht,
um den Versagungsgrund herbeizuführen. Diese Fassung wurde offensichtlich aufgegeben, um der
Ausländerbehörde nicht die erhebliche materielle Prüfungslast aufzuerlegen, die mit der Prüfung des
Vorliegens der Voraussetzungen des § 30 III AsylG verbunden gewesen wären. **Hat das BAMF den
Asylantrag auf der Grundlage des § 30 III AsylG abgelehnt, so entfällt die Sperre daher nicht
dadurch, dass im ausländerrechtlichen Verfahren von der Behörde oder dem Gericht eine
abweichende Beurteilung des Sachverhalts vorgenommen wird**[80].

Die Fälle der offensichtlichen Unbegründetheit sind in § 30 AsylG nach unterschiedlichen Kriterien 47
definiert, nämlich nach materiellen (Abs. 1 und 2) und formellen (Abs. 3). Gemeinsam sind beiden
Gruppen von Anträgen, dass sie nur dann in der qualifizierten Form abgelehnt werden dürfen, wenn
sie sich als wesentlich unbegründet erweisen. Abs. 3 knüpft die qualifizierte Antragsablehnung an die
Verletzung der Mitwirkungspflichten von ganz unterschiedlichem Gewicht und ist daher entsprechend
zurückhaltend auszulegen, damit dem Flüchtling Verhaltensweisen nicht unberechtigt und unfairer-
weise angelastet werden.[81] Mit dieser Maßgabe bestehen keine grundsätzlichen Bedenken gegen den
rigorosen Ausschluss weiterer Bleiberechte für Personen, die das Asylverfahren unter Verstoß gegen
Verfahrenspflichten betrieben haben. Zu wiederholen ist: Ein Aufenthaltsrecht ist in diesen Fällen nicht
wegen der Unbegründetheit des Asylgesuchs ausgeschlossen, sondern wegen der Verletzung von Mitwirkungspflichten. Der Fall des § 30 I AsylG ist nicht einbezogen, obwohl dies kaum nachvollziehbar
ist[82].

Eine Reduzierung des § 10 III 2 auf Missbrauchsfälle wäre zwar wünschenswert, würde aber gerade 48
die mit der geänderten Fassung verbundene Erleichterung der Ausländerbehörde, keine asylrechtliche
Wertung vornehmen zu müssen, konterkarieren.

Die Anwendbarkeit des § 10 III 2 in den Fällen der §§ 30 III Nr. 7 Alt. 2, 14a II AsylG 49
setzt aber aus rechtsstaatlichen Gründen voraus, dass das BAMF den Vertreter des Kindes
iSv § 12 III AsylG zutreffend und in für Ausländer nachvollziehbarer Form über die Rechts-
folge des § 10 III 2 belehrt hat[83]. Gem. § 14 I 2 AsylG ist der Ausländer vor der Antragstellung
schriftlich und gegen Empfangsbestätigung darauf hinzuweisen, dass nach Rücknahme oder unanfechtbarer Ablehnung seines Asylantrags die Erteilung eines Aufenthaltstitels gem. § 10 III Beschränkungen
unterliegt. Der Gesetzgeber trägt damit dem Umstand Rechnung, dass der betroffene Asylantragsteller
auf die gravierenden Rechtsfolgen des § 10 III hingewiesen werden muss[84]. Für die Fälle des § 14a II
AsylG, in denen ein solcher Hinweis „vor Antragstellung" gar nicht möglich ist, sieht das Gesetz zwar

---

[77] VGH BW Beschl. v. 5.7.2018 – 11 S 1224/18 Rn. 27 mwN.
[78] BVerwG Urt. v. 16.12.2008 – 1 C 37.07, BVerwGE 132, 382.
[79] „(3) Einem Ausländer, dessen Asylantrag unanfechtbar abgelehnt worden ist oder der diesen zurückgenommen
hat, darf vor der Ausreise ein Aufenthaltstitel nur nach Maßgabe des Abschnitt 5 und nur dann erteilt werden, wenn
keiner der in § 30 Abs 3 des AsylverfG genannten Sachverhalte vorliegt. Dies gilt nicht im Falle eines Anspruchs auf
Erteilung einer Aufenthaltserlaubnis."
[80] Ebenso VG Schleswig Urt. v. 19.10.2006 – 4 A 57/05.
[81] S. BT-Drs. 14/7387, 68: „Sofern der Asylantrag nach § 30 Abs 3 AsylVfG (jetzt AsylG) abgelehnt wurde
(Gründe, die zur offensichtlichen Unbegründetheit eines Asylantrags führen, insbesondere im Falle der Täuschung),
darf kein Aufenthaltstitel erteilt werden."
[82] Dazu *Dienelt* ZAR 2005, 120.
[83] OVG LSA Urt. v. 14.4.2011 – 2 L 238/09 Rn. 66 ff.; aA OVG NRW Beschl. v. 20.11.2017 – 18 B 1199/17
Rn. 21 ff.
[84] OVG LSA Urt. v. 14.4.2011 – 2 L 238/09 Rn. 67.

Dienelt

(ausdrücklich) keine Hinweis- bzw. Belehrungspflicht vor. In diesen Fällen, in denen der betroffene Ausländer noch nicht einmal selbst einen Antrag gestellt hat, sondern ein Antrag nur fingiert wird, ist es aber erst recht nicht hinzunehmen, die schwerwiegende Rechtsfolge des § 10 III 2 ohne Belehrung eintreten zu lassen.

50   Da aus strukturellen Gründen ein Hinweis vor der Antragstellung hier nicht möglich ist, ist die Belehrung in entsprechender Anwendung des § 14 I 3 AsylG nachzuholen. Der Hinweis nach § 14 I 2 AsylG muss in einer laienhaft verständlichen Weise die Rechtsfolgen des § 10 III umschreiben[85]. Dem Zweck der Belehrung entsprechend reicht es nicht aus, den Wortlaut von § 10 III zu wiederholen; vielmehr muss die Belehrung verständlich auf vom Ausländer möglicherweise nicht einkalkulierte Folgen eines Asylantrags hinweisen. Liegt ein fingierter Asylantrag nach § 14a II AsylG vor, muss die Belehrung auch den Zusammenhang zwischen dem als gestellt geltenden Asylantrag, der (voraussichtlichen) Ablehnung als offensichtlich unbegründet nach § 30 III Nr. 7 AsylG und der daraus folgenden Erteilungssperre sowie die Wirkung eines Verzichts auf diese Rechtsfolge mit hinreichender Deutlichkeit erkennen lassen[86].

51   Mit dem AuslRÄndG 2007 wurde Abs. 3 um einen weiteren Satz ergänzt, der klarstellt, dass S. 2 nicht anzuwenden ist, wenn der Ausländer die Voraussetzungen für die Erteilung einer Aufenthaltserlaubnis nach § 25 III erfüllt. Die Ergänzung dient nach der Gesetzesbegründung[87] der **Umsetzung der Qualifkations-RL.** Art. 24 II gewährt subsidiär Schutzberechtigten grundsätzlich einen Aufenthaltstitel. Die Möglichkeit, subsidiär Schutzberechtigten den Aufenthaltstitel zu verweigern, weil ein vorheriger Asylantrag als offensichtlich unbegründet abgelehnt worden ist, besteht nicht. Die Textergänzung in Abs. 3 S. 3 gewährleistet, dass auch im Falle der Ablehnung eines Asylantrags als offensichtlich unbegründet der subsidiär Schutzberechtigte eine Aufenthaltserlaubnis erhalten kann.

52   Die Änderung hat nur klarstellende Bedeutung: Der in § 25 III verankerte Regelfall („soll") erfüllt das Kriterium eines Anspruchs iSd § 10 III 2[88]. Bei der im Rahmen einer Soll-Vorschrift zu prüfenden Frage, ob ein atypischer Fall vorliegt, handelt es sich um eine ermessenseröffnende Tatbestandsvoraussetzung. Als Soll-Vorschrift ist § 25 III für die mit ihrer Durchführung betraute Behörde rechtlich zwingend und verpflichtet sie, grundsätzlich so zu verfahren, wie es im Gesetz bestimmt ist. Im Regelfall bedeutet das „Soll" daher ein „Muss". Dies bedeutet, dass die Erteilung der Aufenthaltserlaubnis nicht im Ermessen der Ausländerbehörde steht, sondern dass sie erteilt werden muss, wenn keine besonderen atypischen Umstände dafürsprechen, hiervon ausnahmsweise abzusehen[89]. Nur bei Vorliegen von Umständen, die den Fall als atypisch erscheinen lassen, darf die Behörde anders verfahren als im Gesetz vorgesehen und Ermessenserwägungen anstellen.

53   Die Regelung des § 10 III berechtigt einen Ausländer – trotz des insoweit missverständlichen Wortlauts („... vor der Ausreise") – nicht zur Einholung eines asylverfahrensunabhängigen Aufenthaltstitel im Bundesgebiet unter **Absehen vom Visumerfordernis**[90].

54   Es genügt nicht jedes Verlassen des Bundesgebiets. Denn eine Ausreise iSd § 10 III 1 ist nur dann gegeben, wenn eine Ausreisepflicht gemäß § 50 I vorliegt, weil der Ausländer den zum Verbleib im Bundesgebiet erforderlichen Aufenthaltstitel nicht besitzt[91].

IV. Rechtsschutzfragen

55   Eine **isolierte Anfechtungsklage** ist hinsichtlich eines Offensichtlichkeitsurteils nach § 30 III AsylG nur statthaft, wenn von der qualifizierten Asylablehnung eine besondere Beschwernis ausgeht, die nicht auf andere Weise abgewendet werden kann. Die besondere Beschwernis liegt in dem Anwachsen des besonderen Versagungsgrundes nach § 10 III 2[92].

56   Entgegen einer teilweise vertretenen Auffassung[93] entfällt die Sperrwirkung aus § 10 III nicht bereits dann, wenn auf einen **erfolgreichen Eilantrag** des Ausländers hin die aufschiebende Wirkung der Klage angeordnet worden ist. Hierfür gibt es keine – dem § 37 II AsylG für die Verlängerung der Ausreisefrist entsprechende – Rechtsgrundlage. Das auf Anordnung der aufschiebenden Wirkung der Asylklage gerichtete Eilverfahren führt zwar zu einer Überprüfung des Offensichtlichkeitsausspruches, schafft diesen jedoch nicht aus der Welt. Auch in diesen Fällen ändert die gerichtliche Entscheidung

---

[85] OVG LSA Urt. v. 14.4.2011 – 2 L 238/09 Rn. 68.
[86] OVG LSA Urt. v. 14.4.2011 – 2 L 238/09 Rn. 68.
[87] BT-Drs. 16/5065, 164.
[88] So auch VG Frankfurt a. M. Urt. v. 31.10.2006 – 1 E 1230/06; *Dienelt* ZAR 2005, 120; offengelassen durch BVerwG Urt. v. 16.12.2008 – 1 C 37.07, BVerwGE 132, 382; Beschl. v. 16.2.2012 – 1 B 22.11 Rn. 4.
[89] Zur Bedeutung von Soll-Vorschriften s. BVerwG Urt. v. 2.7.1992 – 5 C 39.90, BVerwGE 90, 275 ff.
[90] OVG NRW Beschl. v. 8.12.2011 – 18 B 866/11 Rn. 18; OVG Bln-Bbg Beschl. v. 17.1.2011 – 11 S 51.10 Rn. 8; aA SächsOVG Urt. v. 16.10.2008 – 3 A 94/08 Rn. 23; so wohl auch OVG Brem Beschl. v. 27.10.2009 – 1 B 224/09, InfAuslR 2010, 29.
[91] SächsOVG Beschl. v. 25.9.2021 – 3 A 408/21 Rn. 31.
[92] BVerwG Urt. v. 21.11.2006 – 1 C 10.06.
[93] Vgl. *Schaeffer* in Hailbronner AufenthG § 30 Rn. 49 unter Bezugnahme auf *Marx*, AsylVfG, 6. Aufl. 2005, und *Wenger* in Storr/Wenger/Eberle/Albrecht/Harms/Kreuzer AufenthG § 10 Rn. 7.

nicht das Offensichtlichkeitsurteil ab, sondern hat über § 37 II AsylG nur Auswirkung auf die Abschiebungsandrohung im Hinblick auf die gesetzte Ausreisefrist.[94]

Auch eine ausländerbehördliche oder gerichtliche Überprüfung des Offensichtlichkeitsausspruches im Verfahren auf Erteilung eines Aufenthaltstitels kommt, wie oben dargelegt, nach dem Wortlaut des § 10 III 2 nicht infrage. Diese entstehende **Rechtsschutzlücke** lässt sich nur durch einen im Hauptsacheverfahren (hilfsweise) formulierten Aufhebungsantrag schließen.[95] 57

Das Rechtsschutzinteresse an der Aufhebung des Offensichtlichkeitsausspruches kann allerdings nur soweit reichen, wie auch die Sperrwirkung reicht, mithin sich nur auf eine Ablehnung als offensichtlich unbegründet beziehen, die konkret auf § 30 III AsylG gestützt ist. Maßgeblich dafür, ob der Asylantrag gerade wegen § 30 III AsylG abgelehnt wurde, ist der Inhalt des Bundesamtsbescheids.[96] Lässt der Bescheid die Rechtsgrundlage hingegen offen, kann § 10 III 2 nicht zur Anwendung kommen, selbst wenn sich aus der Begründung eindeutig ergibt, dass der Offensichtlichkeitsausspruch (auch) auf zumindest einem der in § 30 III AsylG erwähnten Gründe beruht[97]. 58

Im Hinblick auf die Offensichtlichkeitsentscheidung nach **§ 30 III Nr. 7 AsylG** fehlt regelmäßig ein Rechtsschutzbedürfnis für eine isolierte Anfechtungsklage, wenn mit der Klage nur erreicht werden soll, dass die Sperrwirkung nach § 10 III 2 nicht eintreten soll. In diesen Fällen kann durch einen Verzicht auf die Durchführung eines Asylverfahrens nach § 14a III AsylG das gleiche Ergebnis auf einfachere Weise erreicht werden. Die Entscheidung des BVerwG[98] steht dem nicht entgegen, da im Rahmen dieser Entscheidung erstmals die Frage der isolierten Anfechtungsklage in Bezug auf ein Offensichtlichkeitsurteil nach § 30 III AsylG geklärt werden sollte und ein Verzicht auf die Durchführung eines Asylverfahrens nach § 14a III AsylG im Revisionsverfahren nicht möglich war. Nachdem der Umfang des Rechtsschutzes klargestellt wurde, sind an das Rechtsschutzbedürfnis wieder erhöhte Anforderungen zu stellen. 59

§ 11 Einreise- und Aufenthaltsverbot

(1) ¹Gegen einen Ausländer, der ausgewiesen, zurückgeschoben oder abgeschoben worden ist, ist ein Einreise- und Aufenthaltsverbot zu erlassen. ²Infolge des Einreise- und Aufenthaltsverbots darf der Ausländer weder erneut in das Bundesgebiet einreisen noch sich darin aufhalten noch darf ihm, selbst im Falle eines Anspruchs nach diesem Gesetz, ein Aufenthaltstitel erteilt werden.

(2) ¹Im Falle der Ausweisung ist das Einreise- und Aufenthaltsverbot gemeinsam mit der Ausweisungsverfügung zu erlassen. ²Ansonsten soll das Einreise- und Aufenthaltsverbot mit der Abschiebungsandrohung oder Abschiebungsanordnung nach § 58a unter der aufschiebenden Bedingung der Ab- oder Zurückschiebung und spätestens mit der Ab- oder Zurückschiebung erlassen werden. ³Das Einreise- und Aufenthaltsverbot ist bei seinem Erlass von Amts wegen zu befristen. ⁴Die Frist beginnt mit der Ausreise. ⁵Die Befristung kann zur Abwehr einer Gefahr für die öffentliche Sicherheit und Ordnung mit einer Bedingung versehen werden, insbesondere einer nachweislichen Straf- oder Drogenfreiheit. ⁶Tritt die Bedingung bis zum Ablauf der Frist nicht ein, gilt eine von Amts wegen zusammen mit der Befristung nach Satz 3 angeordnete längere Befristung.

(3) ¹Über die Länge der Frist des Einreise- und Aufenthaltsverbots wird nach Ermessen entschieden. ²Sie darf außer in den Fällen der Absätze 5 bis 5b fünf Jahre nicht überschreiten.

(4) ¹Das Einreise- und Aufenthaltsverbot kann zur Wahrung schutzwürdiger Belange des Ausländers oder, soweit es der Zweck des Einreise- und Aufenthaltsverbots nicht mehr erfordert, aufgehoben oder die Frist des Einreise- und Aufenthaltsverbots verkürzt werden. ²Das Einreise- und Aufenthaltsverbot soll aufgehoben werden, wenn die Voraussetzungen für die Erteilung eines Aufenthaltstitels nach Kapitel 2 Abschnitt 5 vorliegen. ³Bei der Entscheidung über die Verkürzung der Frist oder die Aufhebung des Einreise- und Aufenthaltsverbots, das zusammen mit einer Ausweisung erlassen wurde, ist zu berücksichtigen, ob der Ausländer seiner Ausreisepflicht innerhalb der ihm gesetzten Ausreisefrist nachgekommen ist, es sei denn, der Ausländer war unverschuldet an der Ausreise gehindert oder die Überschreitung der Ausreisefrist war nicht erheblich. ⁴Die Frist des Einreise- und Aufenthaltsverbots kann aus Gründen der öffentlichen Sicherheit und Ordnung verlängert werden. ⁵Absatz 3 gilt entsprechend.

---

[94] BVerwG Urt. v. 3.4.2001 – 9 C 22.00, BVerwGE 114, 122 ff.
[95] BVerwG Urt. v. 21.11.2006 – 1 C 10.06; vgl. *Dienelt* ZAR 2005, 120 (123); VG Schleswig Urt. v. 19.10.2006 – 4 A 57/05; VG Stuttgart Urt. v. 13.4.2005 – A 11 K 1120/03 und VG Regensburg Urt. v. 13.1.2006 – RO 4 K 04.30 179.
[96] OVG MV Beschl. v. 31.1.2007 – 2 O 109/06.
[97] BVerwG Urt. v. 25.8.2009 – 1 C 30.08.
[98] BVerwG Urt. v. 21.11.2006 – 1 C 10.06.

(5) ¹Die Frist des Einreise- und Aufenthaltsverbots soll zehn Jahre nicht überschreiten, wenn der Ausländer auf Grund einer strafrechtlichen Verurteilung ausgewiesen worden ist oder wenn von ihm eine schwerwiegende Gefahr für die öffentliche Sicherheit und Ordnung ausgeht. ²Absatz 4 gilt in diesen Fällen entsprechend.

(5a) ¹Die Frist des Einreise- und Aufenthaltsverbots soll 20 Jahre betragen, wenn der Ausländer wegen eines Verbrechens gegen den Frieden, eines Kriegsverbrechens oder eines Verbrechens gegen die Menschlichkeit oder zur Abwehr einer Gefahr für die Sicherheit der Bundesrepublik Deutschland oder einer terroristischen Gefahr ausgewiesen wurde. ²Absatz 4 Satz 4 und 5 gilt in diesen Fällen entsprechend. ³Eine Verkürzung der Frist oder Aufhebung des Einreise- und Aufenthaltsverbots ist grundsätzlich ausgeschlossen. ⁴Die oberste Landesbehörde kann im Einzelfall Ausnahmen hiervon zulassen.

(5b) ¹Wird der Ausländer auf Grund einer Abschiebungsanordnung nach § 58a aus dem Bundesgebiet abgeschoben, soll ein unbefristetes Einreise- und Aufenthaltsverbot erlassen werden. ²In den Fällen des Absatzes 5a oder wenn der Ausländer wegen eines in § 54 Absatz 1 Nummer 1 genannten Ausweisungsinteresses ausgewiesen worden ist, kann im Einzelfall ein unbefristetes Einreise- und Aufenthaltsverbot erlassen werden. ³Absatz 5a Satz 3 und 4 gilt entsprechend.

(5c) Die Behörde, die die Ausweisung, die Abschiebungsandrohung oder die Abschiebungsanordnung nach § 58a erlässt, ist auch für den Erlass und die erstmalige Befristung des damit zusammenhängenden Einreise- und Aufenthaltsverbots zuständig.

(6) ¹Gegen einen Ausländer, der seiner Ausreisepflicht nicht innerhalb einer ihm gesetzten Ausreisefrist nachgekommen ist, kann ein Einreise- und Aufenthaltsverbot angeordnet werden, es sei denn, der Ausländer ist unverschuldet an der Ausreise gehindert oder die Überschreitung der Ausreisefrist ist nicht erheblich. ²Absatz 1 Satz 2, Absatz 2 Satz 3 bis 6, Absatz 3 Satz 1 und Absatz 4 Satz 1, 2 und 4 gelten entsprechend. ³Das Einreise- und Aufenthaltsverbot ist mit seiner Anordnung nach Satz 1 zu befristen. ⁴Bei der ersten Anordnung des Einreise- und Aufenthaltsverbots nach Satz 1 soll die Frist ein Jahr nicht überschreiten. ⁵Im Übrigen soll die Frist drei Jahre nicht überschreiten. ⁶Ein Einreise- und Aufenthaltsverbot wird nicht angeordnet, wenn Gründe für eine vorübergehende Aussetzung der Abschiebung nach § 60a vorliegen, die der Ausländer nicht verschuldet hat.

(7) ¹Gegen einen Ausländer,
1. dessen Asylantrag nach § 29a Absatz 1 des Asylgesetzes als offensichtlich unbegründet abgelehnt wurde, dem kein subsidiärer Schutz zuerkannt wurde, das Vorliegen der Voraussetzungen für ein Abschiebungsverbot nach § 60 Absatz 5 oder 7 nicht festgestellt wurde und der keinen Aufenthaltstitel besitzt oder
2. dessen Antrag nach § 71 oder § 71a des Asylgesetzes wiederholt nicht zur Durchführung eines weiteren Asylverfahrens geführt hat,

kann das Bundesamt für Migration und Flüchtlinge ein Einreise- und Aufenthaltsverbot anordnen. ²Das Einreise- und Aufenthaltsverbot wird mit Bestandskraft der Entscheidung über den Asylantrag wirksam. ³Absatz 1 Satz 2, Absatz 2 Satz 3 bis 6, Absatz 3 Satz 1 und Absatz 4 Satz 1, 2 und 4 gelten entsprechend. ⁴Das Einreise- und Aufenthaltsverbot ist mit seiner Anordnung nach Satz 1 zu befristen. ⁵Bei der ersten Anordnung des Einreise- und Aufenthaltsverbots nach Satz 1 soll die Frist ein Jahr nicht überschreiten. ⁶Im Übrigen soll die Frist drei Jahre nicht überschreiten. ⁷Über die Aufhebung, Verlängerung oder Verkürzung entscheidet die zuständige Ausländerbehörde.

(8) ¹Vor Ablauf des Einreise- und Aufenthaltsverbots kann dem Ausländer ausnahmsweise erlaubt werden, das Bundesgebiet kurzfristig zu betreten, wenn zwingende Gründe seine Anwesenheit erfordern oder die Versagung der Erlaubnis eine unbillige Härte bedeuten würde. ²Im Falle der Absätze 5a und 5b ist für die Entscheidung die oberste Landesbehörde zuständig.

(9) ¹Reist ein Ausländer entgegen einem Einreise- und Aufenthaltsverbot in das Bundesgebiet ein, wird der Ablauf einer festgesetzten Frist für die Dauer des Aufenthalts im Bundesgebiet gehemmt. ²Die Frist kann in diesem Fall verlängert werden, längstens jedoch um die Dauer der ursprünglichen Befristung. ³Der Ausländer ist auf diese Möglichkeit bei der erstmaligen Befristung hinzuweisen. ⁴Für eine nach Satz 2 verlängerte Frist gelten die Absätze 3 und 4 Satz 1 entsprechend.

Allgemeine Verwaltungsvorschrift
11 Zu § 11 – Einreise- und Aufenthaltsverbot¹
11.1 Einreise- und Aufenthaltsverbot nach Ausweisung, Zurückschiebung oder Abschiebung
11.1.0 Die Ausweisung, Zurückschiebung oder Abschiebung haben zur Folge, dass der Ausländer nicht erneut in das Bundesgebiet einreisen und sich darin aufhalten darf (gesetzliche Sperrwirkung). Sie führen i. d. R. zu einer

---

¹ Noch nicht an § 11 in der aktuellen Fassung angepasst.

Einreise- und Aufenthaltsverbot § 11 AufenthG 1

Ausschreibung zur Einreiseverweigerung im SIS (Artikel 96 Absatz 3 SDÜ) und bewirken damit auch eine Einreisesperre für das gesamte Gebiet der Schengen-Staaten.

Für gemeinschaftsrechtlich freizügigkeitsberechtigte Unionsbürger und EWR-Bürger sowie deren Familienangehörige i. S. d. §§ 2, 3, 4, 4a und 12 FreizügG/EU gilt § 11 Absatz 1 auch nach Verlust des Freizügigkeitsrechts nicht. Insoweit geht die spezielle Regelung in § 7 Absatz 2 FreizügG/EU vor (vgl. § 11 Absatz 1 Satz 1 FreizügG/EU). Daher ist für Unionsbürger, die vor dem Inkrafttreten des FreizügG/EU abgeschoben worden sind, die Wirkung der Abschiebung mit Inkrafttreten des FreizügG/EU entfallen. Eine vor dem 1. Januar 2005 erlassene Ausweisung entfaltet aber so lange Sperrwirkung, bis über den Antrag auf Befristung positiv entschieden wurde. Zur Ausschreibung zur Einreiseverweigerung vgl. Nummer 7.2.1 FreizügG/EU-VwV.

Auf Staatsangehörige der Schweiz ist § 7 Absatz 2 FreizügG/EU entsprechend anzuwenden. Das Europäische Niederlassungsabkommen (hier nur im Verhältnis zur Türkei bedeutsam, die übrigen Vertragsstaaten sind EU- oder EWR-Staaten) regelt zwar in Artikel 3 die Voraussetzungen für die Ausweisung, nicht jedoch die Wirkung der Ausweisung und die Möglichkeit ihrer nachträglichen Befristung und hat daher keinen Einfluss auf die Anwendbarkeit von § 11 Absatz 1.

11.1.1 Ausweisung, Zurückschiebung oder Abschiebung haben zur Folge, dass die Einreise verboten ist (§ 14 Absatz 1 Nummer 3), dem Ausländer auch bei Vorliegen der Voraussetzungen eines Anspruchs kein Aufenthaltstitel erteilt werden darf und etwaige Befreiungen vom Erfordernis des Aufenthaltstitels bei der Einreise entfallen. Dieser absolute Versagungsgrund ist jedoch im Anwendungsbereich von § 25 Absatz 4a, 5 sowie § 25 Absatz 1 und 2 durchbrochen. Hierbei ist jedoch zu beachten, dass die Anwendung von § 25 Absatz 1 Satz 1 und Absatz 2 Satz 1 wiederum durch § 25 Absatz 1 Satz 2 und Absatz 2 Satz 2 in den Fällen einer Ausweisung aus schwerwiegenden Gründen der öffentlichen Sicherheit und Ordnung ausgeschlossen wird. Durch die Erteilung einer Aufenthaltserlaubnis nach § 25 Absatz 5 wird jedenfalls die Sperrwirkung für Aufenthaltstitel nach Kapitel 2 Abschnitt 5 aufgehoben. Zur Frage der Anwendbarkeit von § 11 Absatz 1 Satz 2 in Bezug auf die Erteilung einer Aufenthaltserlaubnis nach § 25 Absatz 3 siehe Nummer 25.3.2. Auf Nummer 23 a.1.1.3 wird hingewiesen.

11.1.2 Hinsichtlich des Entstehens der Sperrwirkung ist zu differenzieren:

11.1.2.1 Die Sperrwirkung des § 11 Absatz 1 tritt bei einer Zurückschiebung oder Abschiebung nur nach deren tatsächlichem Vollzug ein.

11.1.2.2 Bei der Ausweisung tritt die Sperrwirkung unabhängig davon ein, ob diese sofort vollziehbar oder bestandskräftig ist. Das folgt aus der Regelung des § 84 Absatz 2, aufgrund derer nur die Vollziehbarkeit der Ausweisung gehemmt ist, nicht aber die sonstigen Wirkungen der Ausweisung, zu denen auch die Sperrwirkung nach § 11 Absatz 1 gehört. Danach hat die Behörde selbst dann die Erteilung eines Aufenthaltstitels zu versagen, wenn das Verwaltungsgericht nur die Vollziehbarkeit einer Ausweisung im Verfahren auf Gewährung vorläufigen Rechtsschutzes gemäß § 80 Absatz 5 VwGO ausgesetzt hat. Das hat im Fall einer Ausweisungsverfügung, mit der zugleich ein Antrag auf Erteilung eines Aufenthaltstitels abgelehnt wurde, zur Folge, dass die durch die Versagung des Aufenthaltstitels begründete vollziehbare Ausreisepflicht (vgl. § 84 Absatz 1, § 58 Absatz 2 Satz 2) unabhängig davon eintritt, ob der gegen die Ausweisungsverfügung gerichtete Rechtsbehelf (Widerspruch/Klage) aufschiebende Wirkung hat.

Die bestandskräftige Ausweisung begründet das Einreise- und Aufenthaltsverbot selbst dann, wenn sie rechtswidrig ist. Etwas anderes gilt nur dann, wenn die Ausweisung etwa gemäß § 44 VwVfG nichtig ist – also wenn sie an einem besonders schwerwiegenden Fehler leidet und dies bei verständiger Würdigung aller in Betracht kommenden Umstände offensichtlich ist – oder wenn durch die Anordnung gegen das sich aus Artikel 3 Absatz 1 GG ergebende Willkürverbot verstoßen wurde. Ein derartiger Verstoß ist nur in den Fällen anzunehmen, in denen die Anordnung unter Berücksichtigung der das Grundgesetz beherrschenden Gedanken unter keinem denkbaren Aspekt rechtlich vertretbar ist und sich daher der Schluss aufdrängt, dass sie auf sachfremden Erwägungen beruht.

11.1.2.3 Im Falle der Ausweisung nach erteiltem Aufenthaltstitel findet § 51 Absatz 1 Nummer 5 Anwendung. Da mit der Ausweisung der Aufenthalt unrechtmäßig wird, kann eine Erlaubnisfiktion nach § 81 nicht eintreten.

11.1.2.4 Ist im Falle einer Ausweisung die Sperrwirkung bereits im Rahmen der Verfügung der Ausweisung befristet worden und wird der Ausländer anschließend zurückgeschoben oder abgeschoben, entsteht eine neue unbefristete Sperrwirkung. Ebenso entsteht eine neue unbefristete Sperrwirkung, wenn der Ausländer unerlaubt wieder eingereist und daraufhin erneut ausgewiesen, zurückgeschoben oder abgeschoben worden ist.

11.1.3 Die von der Ausweisung, Zurückschiebung oder Abschiebung ausgehenden Wirkungen werden auf Antrag i. d. R. befristet. Eine Notwendigkeit, bereits mit Erlass einer Ausweisung deren Wirkungen zu befristen, ergibt sich weder aus Gemeinschafts- noch aus Konventionsrecht.

11.1.3.1 Grundsätzlich ausgeschlossen ist die Befristung, wenn ein Ausländer aus den in Satz 5 genannten schwerwiegenden Gründen oder aufgrund einer Abschiebungsanordnung nach § 58a abgeschoben worden ist. Nur wenn wichtige, insbesondere politische Gründe vorliegen, kann nach Satz 6 die oberste Landesbehörde in diesen Fällen die Befristung ausnahmsweise zulassen.

11.1.3.2 Die Zuständigkeit für die Befristungsentscheidung ergibt sich grundsätzlich aus § 71, ggf. i. V. m. Landesrecht.

11.1.3.2.1 Für die Entscheidung über die Befristung ist grundsätzlich diejenige Behörde zuständig, die die Maßnahme getroffen hat, die zur Wiedereinreisesperre führte. Soweit ein Ausländer seinen gewöhnlichen Aufenthalt an einem anderen Ort genommen hat, dort das Befristungsverfahren betreibt und sich nach Landesrecht hieraus die örtliche Zuständigkeit der Ausländerbehörde am Zuzugsort ergibt, ist – in sinngemäßer Anwendung von § 72 Absatz 3 – Einvernehmen mit der Ursprungsbehörde herzustellen.

11.1.3.2.2 Haben Maßnahmen der Bundespolizei die Sperrwirkung ausgelöst, erfolgt die Entscheidung über die Befristung ebenfalls durch die Bundespolizei (vgl. Nummer 71.3.1.2.3). Über die Befristungen wird im Bereich der Bundespolizei – vorbehaltlich der Möglichkeit vorgesetzter Behörden, Entscheidungen an sich zu ziehen – auf der Ebene der Bundespolizeidirektionen entschieden. Vor der Entscheidung werden die Bundespolizeidirektionen überprüfen, ob für den betroffenen Ausländer eine Ausländerbehörde zuständig war oder ist. Sollte dies der Fall sein, wird die Entscheidung über die Befristung nur nach Einsichtnahme in die Ausländerakte getroffen. Der aktenführenden Ausländerbehörde ist dabei die Möglichkeit einer Stellungnahme einzuräumen. Im Zweifel muss die Bundespolizeidirektion mit der Ausländerbehörde eine einvernehmliche Entscheidung treffen. Umgekehrt übermitteln die Bundespolizeidirektionen den Ausländerbehörden auf Anforderung Informationen über Zurückschiebungen und deren Gründe.

11.1.3.3 Der Ausländer soll auf die Möglichkeit der Antragstellung hingewiesen werden (§ 82 Absatz 3 Satz 1). Nach dem Rechtsgedanken des § 25 VwVfG soll dies vor allem dann erfolgen, wenn der Antrag offensichtlich nur versehentlich oder in Unkenntnis unterblieben ist. Der Ausländer kann den Antrag bereits bei seiner Anhörung über die Ausweisung stellen. Im Falle der Befristung soll der Ausländer darauf hingewiesen werden, dass die von der Ausweisung, Zurückschiebung oder Abschiebung ausgehenden Sperrwirkungen erneut unbefristet entstehen, wenn er nach der Ausweisung zurück- oder abgeschoben oder erneut ausgewiesen, zurück- oder abgeschoben wird und dass die Frist für den Wegfall der Sperrwirkung erst mit der Ausreise beginnt (§ 11 Absatz 1 Satz 4). Der Ausländer soll spätestens bei der Ausweisung, Zurückschiebung oder Abschiebung von der Ausländerbehörde über die Folgen eines Verstoßes auch im Hinblick auf das Schengen-Gebiet aktenkundig belehrt werden.

11.1.3.4 Vor oder nach der Ausreise kann der Befristungsantrag gestellt und darüber entschieden werden. Die Entscheidung über die Befristung kann zurückgestellt werden, bis das Ausreisefrist abgelaufen ist oder ein Nachweis über die freiwillige Ausreise vorliegt. Der Ausländer ist in diesem Fall darauf hinzuweisen, dass bei der Entscheidung über die Befristung auch berücksichtigt wird, ob er der Ausreisepflicht zur Vermeidung der von der Abschiebung ausgehenden Sperrwirkung freiwillig nachgekommen ist.

11.1.3.5 Bei einem Antrag auf Erteilung eines Aufenthaltstitels nach einer Ausweisung, Zurückschiebung oder Abschiebung ist zu prüfen, ob dieser Antrag als Antrag auf Befristung der in § 11 Absatz 1 Satz 1 und 2 genannten Wirkungen ausgelegt werden kann. Im Zweifelsfall ist der Ausländer auf die Rechtslage hinzuweisen.

11.1.4 Die Wirkung der Ausweisung, Zurückschiebung oder Abschiebung wird auf Antrag i. d. R. befristet, d. h. von der Regelbefristung darf nur abgesehen werden, wenn im konkreten Einzelfall besondere Umstände vorliegen, die es rechtfertigen, die Sperrwirkung unbefristet bestehen zu lassen. Die zuständige Behörde hat bei der Prüfung der Frage, ob ein Regelfall i. S. d. § 11 Absatz 1 vorliegt, keinen Ermessensspielraum. Vielmehr unterliegt die Befristungsentscheidung der vollen gerichtlichen Nachprüfung.

11.1.4.1 Entscheidend ist, ob der mit der Ausweisung, Zurückschiebung oder Abschiebung verfolgte Zweck aufgrund besonderer Umstände nicht durch die zeitlich unbefristete Fernhaltung des Ausländers vom Bundesgebiet bzw. vom Schengen-Gebiet erreicht werden kann. Dies bestimmt sich wesentlich nach dem Gewicht des Ausweisungsgrundes und den mit der Ausweisung verfolgten spezial- und/oder generalpräventiven Zwecken. Von einem Regelfall kann dann nicht ausgegangen werden, wenn der Ausländer in so hohem Maß eine Gefährdung der öffentlichen Interessen darstellt (Wiederholungsgefahr), dass eine fortdauernde Fernhaltung geboten ist. Bei einer generalpräventiv motivierten Ausweisung ist insbesondere darauf abzustellen, ob die Abschreckungswirkung noch nicht verbraucht ist. Bei Betäubungsmitteldelikten und Bezügen zum Terrorismus und Extremismus ist beispielsweise ein besonders strenger Maßstab anzulegen.

11.1.4.2 Die Befristungsmöglichkeit ist ein geeignetes Mittel, die einschneidenden Folgen einer Ausweisung, Zurück- oder Abschiebung für die persönliche Lebensführung des Ausländers einzuschränken und bei generalpräventiven Überlegungen zu verhindern, dass sich die ausländerrechtlichen Maßnahmen im Verhältnis zur beabsichtigten Abschreckung anderer Ausländer als unverhältnismäßig erweisen. Dabei sind nach der Ausweisung eintretende Umstände, die für oder gegen das Fortbestehen der Sperrwirkung sprechen, insbesondere die Fortgeltung der Beweggründe der Maßnahme und die Entwicklung der persönlichen Verhältnisse des Ausländers (vgl. § 55 Absatz 3), abzuwägen und zu berücksichtigen. Nach der Rechtsprechung des Bundesverwaltungsgerichts zur Maßgeblichkeit der Sach- und Rechtslage im Zeitpunkt der letzten mündlichen Verhandlung oder Entscheidung des Tatsachengerichts (vgl. Nummer Vor 53.3.1.2) werden bei nachträglichen Befristungen nur alle Veränderungen eine Rolle spielen, die nach Unanfechtbarkeit der Ausweisung eintreten. Insbesondere ist die aufenthaltsrechtliche Schutzwirkung von Artikel 6 Absatz 1 und 2 GG und Artikel 8 EMRK in die Abwägungsentscheidung einzustellen. Artikel 6 GG gebietet jedoch auch bei Ausländern mit deutschem Ehegatten nicht generell eine Befristung der Maßnahme, sondern lediglich eine Abwägung nach Maßgabe des Grundsatzes der Verhältnismäßigkeit.

11.1.4.3 Eine Ausweisung nach § 53 oder § 54 ist Indiz für das Vorliegen eines Ausnahmefalls; es ist jedoch dessen ungeachtet eine Beurteilung nach den in Nummer 11.1.4.1 f. genannten Umständen des Einzelfalls vorzunehmen. Im Falle einer Ausweisung nach § 54 Nummer 5 und 5a ist der Einzelfall von der Ausländer ausgehenden Gefahr für die innere Sicherheit maßgeblich Rechnung zu tragen. Bei einer Ermessensausweisung nach § 55 werden nur eine Vielzahl und mit besonderer Hartnäckigkeit begangene Verstöße für eine Ausnahme von § 11 Absatz 1 Satz 3 sprechen. Der Annahme eines Regelfalls steht grundsätzlich nicht entgegen, dass der Ausländer unerlaubt eingereist ist oder gegenüber der deutschen Auslandsvertretung im Visumverfahren oder gegenüber der Ausländerbehörde zum Zwecke der Täuschung unrichtige oder unvollständige Angaben gemacht oder diese verweigert hat, wenn er diese Angaben zu einem späteren Zeitpunkt macht oder korrigiert. Der Umstand muss jedoch durch eine längere Fristbemessung berücksichtigt werden.

11.1.4.4 Die Befristung soll davon abhängig gemacht werden, dass die Zurückschiebungs- oder Abschiebungskosten und sonstige während seines Aufenthalts in der Bundesrepublik Deutschland aus öffentlichen Mittel erstattet werden, zu deren Erstattung der Ausländer verpflichtet ist (vgl. §§ 66 bis 68). Die Bearbeitung des Antrags auf Befristung kann von der vorherigen Zahlung der Bearbeitungsgebühr abhängig gemacht werden (Sicherheitsleistung; vgl. § 16 VwKostG). Bei Beantragung eines neuen Aufenthaltstitels ist dieser Aspekt auch bei Prüfung der Regelerteilungsvoraussetzung des § 5 Absatz 1 Nummer 3 zu berücksichtigen. Bei deutschverheirateten Ausländern tragen jedoch finanzielle Erwägungen die Ablehnung eines Regelbefristungsantrags für sich allein nicht.

11.1.4.5 Hinsichtlich der Frage, ob die von der Abschiebung ausgehende Wirkung befristet werden soll, ist auf das Verhalten des Ausländers vor und – in Fällen der nachträglichen Befristung – nach der Ausreise abzustellen. I. d. R. sind Führungszeugnisse oder ähnliche Dokumente des Aufenthaltsstaates anzufordern; eine Stellungnahme der konsularisch zuständigen deutschen Auslandsvertretung über die inhaltliche Richtigkeit des Dokuments ist ggf. über das Auswärtige Amt anzufordern.

11.1.4.6 Ungeachtet einer vom Ausländer ausgehenden und fortbestehenden speziellen oder generellen Gefahr sind im Übrigen bei der Entscheidung über die Befristung strafgerichtliche Verurteilungen unerheblich, die nach den

Einreise- und Aufenthaltsverbot § 11 AufenthG 1

Vorschriften des BZRG nicht mehr gegen den Ausländer verwendet werden dürfen; vgl. hierzu näher Nummer 5.1.2.3.1 f.

11.1.4.6.1 Für die Bestimmung der Dauer der Frist ist maßgebend, ob und ggf. wann der mit der Ausweisung, Zurückschiebung oder Abschiebung verfolgte Zweck durch die vorübergehende Fernhaltung des Ausländers aus dem Bundesgebiet erreicht ist. Die Behörde hat dazu auch das Verhalten des Betroffenen nach der Ausweisung zu würdigen und im Wege einer Prognose auf der Grundlage einer aktualisierten Tatsachenbasis die (Höchst-)Frist nach dem mutmaßlichen Eintritt der Zweckerreichung zu bemessen. Dabei ist grundsätzlich auf den der Ausweisung zugrunde liegenden Tatbestand abzustellen, dessen Gewicht der Gesetzgeber bereits durch die Abstufung in Ermessens-, Regel- und Ist-Ausweisung berücksichtigt hat. Im Interesse einer einheitlichen Ermessensausübung soll die Frist im Regelfall – vorbehaltlich einer Würdigung der Umstände des Einzelfalls – wie folgt festgesetzt werden:

– drei Jahre bei Ausweisungen nach § 55,
– sieben Jahre bei Ausweisungen nach § 54 und
– zehn Jahre bei Ausweisungen nach § 53.

Die einmal gesetzte Frist kann nachträglich aufgrund Änderung der für die ursprüngliche Bemessung erheblichen Umstände verlängert oder verkürzt werden.

11.1.4.6.2 Ist aufgrund besonderen Ausweisungsschutzes nach § 56 eine Ausweisung gemäß § 56 Absatz 1 Satz 4 und 5 oder § 56 Absatz 2 zu einer Regel- oder Ermessensausweisung herabgestuft worden, bleibt dies bei der Bemessung der Frist unberücksichtigt. Den besonderen Umständen des Einzelfalles ist vielmehr durch Verkürzung oder Verlängerung der regelmäßigen Frist um bis zu drei Jahre Rechnung zu tragen. Hierbei sind auch besondere Sicherheitsinteressen, z. B. bei Ausweisungen mit Bezug zu Terrorismus bzw. Extremismus, zu berücksichtigen. Eine weitergehende Verkürzung der Frist kann grundsätzlich nur in Betracht kommen, wenn ohne Ausweisung ein gesetzlicher Anspruch auf Erteilung eines Aufenthaltstitels bestünde oder schutzwürdige Belange des Ausländers (z. B. die Wiederherstellung der familiären Lebensgemeinschaft zur Personensorge für ein Kind mit deutscher Staatsangehörigkeit) eine frühere Wiedereinreisemöglichkeit zwingend gebieten. Diese Prüfung kann frühestens drei Jahre vor Ablauf der Regelfrist bzw. der im Einzelfall bereits um bis zu drei Jahre verkürzten Frist erfolgen, da ihr die dann aktuellen Umstände zugrunde gelegt werden müssen.

11.1.4.6.3 Bei Abschiebungen ohne vorausgegangene Ausweisung und bei Zurückschiebungen beträgt die Frist im Regelfall zwei Jahre und kann nach den Umständen des Einzelfalles halbiert oder verdoppelt werden. Eine weitergehende Verkürzung der Frist sollte nur im Fall eines gesetzlichen Anspruchs auf Erteilung der Aufenthaltserlaubnis oder bei Ausländern erwogen werden, die zum Zeitpunkt der Abschiebung oder Zurückschiebung minderjährig waren.

11.1.4.6.4 Der für die Fristberechnung maßgebliche Zeitpunkt der Ausreise ist ein für den Ausländer günstiger Umstand i. S. d. § 82 Absatz 1. Der Ausländer ist regelmäßig darauf hinzuweisen, dass ihm eine entsprechende Nachweispflicht obliegt.

11.1.4.7 Fällt die Sperrwirkung mit Ablauf der Befristung weg, hat die Behörde, die die Befristung verfügt hat, die Löschung der Ausschreibung zur Einreiseverweigerung im SIS und in IN-POL zu veranlassen. In diesen Fällen sind auch die Meldepflichten nach dem AZRG und den hierzu ergangenen Bestimmungen zu beachten.

11.1.4.8 § 11 Absatz 1 ist hinsichtlich der Sperrwirkung bei jeder Entscheidung über einen Antrag auf Erteilung oder Verlängerung eines Aufenthaltstitels zu prüfen. Ein dieser Vorschrift zuwider erteilter Aufenthaltstitel ist grundsätzlich unter Berücksichtigung des Grundsatzes des Vertrauensschutzes zurückzunehmen, solange die Sperrwirkung andauert. Bei einer Ausschreibung zur Einreiseverweigerung im SIS ist Artikel 25 Absatz 1 und 2 SDÜ zu beachten (vgl. Nummer 5.5.4.4).

11.1.4.9 Die Befristung darf nur im Einvernehmen mit der Behörde geändert oder aufgehoben werden, die die Befristung erlassen hat (§ 72 Absatz 3).

11.1.4.10 Nach Ablauf der Frist der Sperrwirkung finden die Vorschriften über die Befreiung vom Erfordernis des Aufenthaltstitels wieder Anwendung (§ 51 Absatz 5). Die Erteilung eines Aufenthaltstitels richtet sich dann nach den allgemeinen Vorschriften. Bei erneuter Beantragung eines Aufenthaltstitels sind sämtliche Erteilungsvoraussetzungen, vor allem auch das Nichtvorliegen von Ausweisungsgründen (§ 5 Absatz 1 Nummer 2) zu prüfen. Ausweisungsgründe, die der abgelaufenen Befristung zugrunde gelegen haben, können insoweit Berücksichtigung finden, als sie in Gesamtschau mit weiteren Anhaltspunkten Anlass zu der Prognose geben, dass die von dem Ausländer ausgehende Gefährdung über das Fristende hinaus fortbesteht. Dies gilt nur dann, wenn die der Ausweisung zugrunde liegenden Verurteilungen noch nicht getilgt sind.

11.2 Betretenserlaubnis

11.2.1 Für die Erteilung einer Betretenserlaubnis ist die Ausländerbehörde zuständig, in deren Bezirk sich der Ausländer aufhalten will. Dies gilt auch nach einer Zurückschiebung durch die Grenzbehörden oder die Polizeien der Länder. Die Beteiligungsvorschrift des § 72 Absatz 3 ist zu beachten. Die Vorschrift ist auch auf Ausländer anwendbar, die unter das FreizügG/EU fallen (§ 11 Absatz 1 FreizügG/EU). Eine Durchschrift der Betretenserlaubnis ist dem jeweiligen Landeskriminalamt zuzuleiten, das die Aussetzung der Festnahme für die Dauer der Betretenserlaubnis in INPOL und SIS veranlasst.

11.2.2 Die Betretenserlaubnis ist kein Aufenthaltstitel. Sie bewirkt lediglich die zeitweilige Aussetzung des Einreise- und Aufenthaltsverbots nach § 11 Absatz 1. Ausländer, die visumpflichtig sind, benötigen neben der Betretenserlaubnis ein Visum für die Einreise in das Bundesgebiet. Die Auslandsvertretungen berücksichtigen bei ihrer Entscheidung über den Visumantrag die Betretenserlaubnis im Rahmen der Ermessensabwägung. Aus der Betretenserlaubnis an sich folgt weder ein Anspruch auf Visumerteilung noch eine Ermessensbindung. Während der Geltungsdauer der Betretenserlaubnis lebt eine nach den Vorschriften der AufenthV bestehende Befreiung vom Erfordernis des Aufenthaltstitels wieder auf. Angehörige eines Staates, der in Anhang II der Verordnung (EG) Nummer 539/2001 des Rates vom 15. März 2001 zur Aufstellung der Liste der Drittländer, deren Staatsangehörige beim Überschreiten der Außengrenzen im Besitz eines Visums sein müssen, sowie der Liste der Drittländer, deren Staatsangehörige von der Visumpflicht befreit sind (ABl. EG Nummer L 81 S. 1) aufgeführt ist, können daher mit einer Betretenserlaubnis für einen Kurzaufenthalt in das Bundesgebiet ohne Visum einreisen. Soweit es sich um andere Staatsangehörige handelt, darf für die Geltungsdauer der Betretenserlaubnis ein (Schengen-)Visum mit räumlich beschränkter Gültigkeit (VRG) erteilt werden.

11.2.3 Die Betretenserlaubnis muss befristet werden. Sie darf nicht für eine längere Zeit erteilt werden, als zur Erreichung des Reisezwecks unbedingt erforderlich ist. In den in Absatz 1 Satz 5 genannten Fällen darf eine Betretenserlaubnis nur erteilt werden, wenn dies von der obersten Landesbehörde im Einzelfall als Ausnahme zugelassen wird. In den Fällen des § 58a Absatz 2 bedarf die Erteilung einer Betretenserlaubnis der Zustimmung des Bundesministeriums des Innern.

11.2.4 Reiseweg und Aufenthaltsort können vorgeschrieben werden. Entsprechende Nebenbestimmungen sind ggf. in das Visum aufzunehmen. Der Reiseweg ist unter Umständen zu überwachen. Die Bestimmung der Frist, des Reiseweges oder Aufenthaltsortes kann nachträglich geändert werden, wenn es aus zwingenden Gründen oder zur Vermeidung unbilliger Härten erforderlich ist. In die Erwägungen sind Gründe der öffentlichen Sicherheit und Ordnung einzubeziehen.

11.2.5 Zwingende Gründe, die eine Betretenserlaubnis rechtfertigen, können sich auch unabhängig von den persönlichen Belangen des Ausländers aus Gründen des öffentlichen Interesses, z. B. bei Wahrnehmung von Terminen bei Gerichten und Behörden (Zeugenvernehmung, Vorladung bei Behörden, Erbschaftsangelegenheiten) oder mit Rücksicht auf Dritte ergeben (Regelung von Geschäften im Inland, die die persönliche Anwesenheit unbedingt erfordern). Bei der Beurteilung, ob eine unbillige Härte vorliegt, kommen insbesondere humanitäre Gründe oder zwingende persönliche Gründe in Betracht (z. B. schwere Erkrankung von Angehörigen, Todesfall).

11.2.6 Die Betretenserlaubnis darf nicht erteilt werden, wenn der Aufenthalt des Ausländers mit einiger Wahrscheinlichkeit zu einer erneuten Gefährdung der öffentlichen Sicherheit und Ordnung oder der öffentlichen Gesundheit führt. So sollte eine Betretenserlaubnis in den Fällen einer Ausweisung nach § 54 Nummer 5 und 5a jedenfalls in den ersten Jahren nach der Ausreise grundsätzlich nicht erteilt werden. Besteht eine Wiederholungsgefahr, die bis zur Ausreise verwirklichen kann, wird eine Betretenserlaubnis nicht erteilt. Auch wenn die Erteilung der Betretenserlaubnis im öffentlichen Interesse liegt, darf sie grundsätzlich nicht gewährt werden, wenn Zweifel bestehen, ob der Ausländer freiwillig wieder ausreisen wird oder wenn nicht gewährleistet ist, dass der Ausländer im Falle seiner nicht freiwilligen Ausreise abgeschoben werden kann. Die Erteilung einer Betretenserlaubnis kann grundsätzlich auch davon abhängig gemacht werden, ob der Ausländer die Abschiebungskosten oder die Kosten der Zurückschiebung beglichen hat oder ob er hierzu bereit ist. Es kann auch eine Sicherheitsleistung (vgl. Nummer 66.5) verlangt werden.

Übersicht

	Rn.
I. Entstehungsgeschichte	1
II. Gesetzliche Systematik des Einreise- und Aufenthaltsverbots im Überblick	4
III. Einreise- und Aufenthaltsverbot (Abs. 1)	6
IV. Verfahren und Anspruch auf Befristung (Abs. 2)	16
1. Ausweisung	18
a) Befristung nach dem ZuwanderungsG 2005	18
b) Rückführungs-RL 2008	21
c) Befristung nach dem RLUmsG 2011	29
d) Befristung nach dem AufenthGÄndG 2015	34
e) Befristung nach dem 2. RückkehrG 2019	39
2. Verhältnis Einreiseverbot zu Abschiebung und Zurückschiebung	42
3. Nebenbestimmungen	49
V. Länge der Frist (Abs. 3)	54
VI. Besondere Befristungen nach Abs. 5–5c	68
VII. Abänderungen beim Einreise- und Aufenthaltsverbot	76
VIII. Altfälle	86
IX. Einreise- und Aufenthaltsverbot nach Abs. 6	88
X. Einreise- und Aufenthaltsverbot bei negativem Asylverfahren (Abs. 7)	93
1. Geltung der Rückführungs-RL	93
2. Entscheidungen des BAMF nach Abs. 7 und Abs. 2	96
XI. Betretenserlaubnis (Abs. 8)	113
XII. Einreise entgegen Einreise- und Aufenthaltsverbot (Abs. 9)	119
XIII. Verhältnis von § 11 zu anderen Regelungen	122
XIV. Verwaltungsverfahren und Rechtsschutz	126

I. Entstehungsgeschichte

1 Die Vorschrift entsprach ursprünglich im Wesentlichen dem **Gesetzesentwurf zum ZuwG**[2]. Im Vermittlungsverfahren wurden in Abs. 1 S. 5 und 6 angefügt und in Abs. 2 die Passage „außer in den Fällen des Absatzes 1 Satz 5" und S. 2 eingefügt[3]. Mit dem **RLUmsG 2011**[4] wurde in S. 3 die Formulierung „in der Regel" gestrichen. Weiterhin wurden die S. 4 und 5 eingefügt und S. 8 (vormals S. 6) sowie Abs. 2 redaktionell angepasst. In der Gesetzesbegründung[5] wurde hierzu ausgeführt: Mit

---

[2] BT-Drs. 15/420, 10.
[3] BT-Drs. 15/3479, 3.
[4] Gesetz zur Umsetzung aufenthaltsrechtlicher RL der EU und zur Anpassung nationaler Rechtsvorschriften an den EU-Visakodex v. 22.11.2011 (BGBl. I S. 2258).
[5] BT-Drs. 17/5470, 21.

den Änderungen in Abs. 1 wird **Art. 11 Rückführungs-RL[6] umgesetzt.** Das Antragserfordernis in Abs. 1 S. 3 wird beibehalten. Die Ausländerbehörde regen eine Antragstellung in geeigneten Fällen an (§ 82 III 1). Die in dem neuen S. 4 vorgesehenen Ausnahmen von der regelmäßigen Höchstfrist von fünf Jahren beruhen auf Art. 2 II lit. b Rückführungs-RL – gegenüber verurteilten Straftätern wird der Anwendungsbereich der RL insoweit eingeschränkt – und Art. 11 II 2 Rückführungs-RL (schwerwiegende Gefahr für die Sicherheit und Ordnung). Eine strafrechtliche Verurteilung iSd Ausnahme erfordert das Zugrunde liegen schwerwiegender Straftaten. Erlischt der Aufenthaltstitel durch Ablauf seiner Geltungsdauer, liegt eine rechtzeitige und freiwillige Ausreise iSd neuen S. 5 dann nicht vor, wenn die Ausreise nicht vor dem Ablauf der Geltungsdauer erfolgt ist[7].

Das **AufenthGÄndG 2015**[8] hat die Vorschrift umfassend geändert und neu gegliedert. Der 2 Gesetzesentwurf begründete die Neuregelung wie folgt[9]. Im Laufe des Gesetzgebungsverfahren sind gegenüber dem Entwurf Abs. 4 S. 2 und Abs. 6 S. 5 aufgenommen worden[10]. Das AsylVfBeschlG 2015 hat sodann Änderungen in Abs. 7 vorgenommen[11].

„Absatz 1

Die Legaldefinition in Absatz 1 verdeutlicht, dass die Sperre aus § 11 – wie bisher – zugleich als Einreise-, Aufenthalts- und Titelerteilungsverbot ausgestaltet ist.

Das Einreise- und Aufenthaltsverbot wird zu seiner praktischen Wirksamkeit national auf Grundlage von § 50 Absatz 6 AufenthG im INPOL und schengenweit im SIS ausgeschrieben. Verfügt der betroffene Ausländer über einen Aufenthaltstitel in einem anderen Mitgliedstaat, erfolgt die Ausschreibung nur national.

Absatz 2

Die Neuregelung in Absatz 2 sieht vor, dass eine Befristung des Einreise- und Aufenthaltsverbotes künftig von Amts wegen erfolgt. Damit wird die Rechtsprechung des Europäischen Gerichtshofs und des Bundesverwaltungsgerichts zu den sich insoweit aus Artikel 11 Absatz 1 der Richtlinie 2008/115/EG des Europäischen Parlaments und des Rates vom 16. Dezember 2008 über gemeinsame Normen und Verfahren in den Mitgliedstaaten zur Rückführung illegal aufhältiger Drittstaatsangehöriger (ABl. L 348 vom 24.12.2008, S. 98; Rückführungsrichtlinie) ergebenden Anforderungen nachvollzogen (vgl. EuGH, Urteil vom 19. September 2013, Rs. C-297/12; BVerwG, Urteil vom 10. Juli 2012, 1 C 19/11, Rn 30).

Die Befristungsentscheidung ist ein eigener Verwaltungsakt, der unabhängig von der dem Einreise- und Aufenthaltsverbot zugrunde liegenden ausländerrechtlichen Entscheidung oder Maßnahme existiert und mit eigenen Rechtsmitteln angegriffen werden kann. Die Frist beginnt mit der Ausreise. Es ist hierfür unbeachtlich, ob die Ausreise freiwillig oder zwangsweise, z. B. durch Abschiebung, erfolgt. Mit dem Anknüpfen des Fristbeginns an die Ausreise soll ein Abwarten des Ablaufs der Frist im Inland vermieden werden.

Sofern ein Einreise- und Aufenthaltsverbot besteht und die Frist nicht zu laufen beginnt, weil der Betroffene aus tatsächlichen oder rechtlichen Gründen nicht abgeschoben werden darf oder unverschuldet nicht ausreisen kann, kommt die nachträgliche Aufhebung des Einreise- und Aufenthaltsverbots nach § 11 Absatz 4 Satz 1 in Betracht (Inlandsfall).

Im Falle einer Ausweisung wird die Frist gemeinsam mit der Ausweisungsverfügung festgesetzt. Sofern dem Einreise- und Aufenthaltsverbot keine Ausweisung zugrunde liegt, soll die Frist mit der Abschiebungsandrohung der Ausländerbehörde festgesetzt werden, da dies regelmäßig das vorerst letzte Schriftstück darstellen dürfte, das dem Ausländer von einer deutschen Behörde zugestellt wird. Da die Abschiebung zu diesem Zeitpunkt noch nicht durchgeführt worden ist und das Einreise- und Aufenthaltsverbot mithin noch gar nicht entstanden ist, ist die Befristung unter die aufschiebende Bedingung der Abschiebung zu stellen.

Die Frist ist spätestens bei der Ab- oder Zurückschiebung festzusetzen, wobei hiervon die gesamte Vollzugshandlung bis zu ihrem Abschluss erfasst ist.

Den Behörden wird zudem zur Abwehr einer Gefahr für die öffentliche Sicherheit und Ordnung, insbesondere bei Wiederholungsgefahr, die Möglichkeit eröffnet, die von Amts wegen zu treffende Befristungsentscheidung mit einer auflösenden Bedingung zu verknüpfen. Die Bedingung muss geeignet sein, der Gefahr zu begegnen, und dem Ausländer muss es möglich und zumutbar sein, den entsprechenden Nachweis auch tatsächlich zu erbringen. Beispielsweise kann es sein, dass in einzelnen Ländern der Nachweis der Straffreiheit anhand eines Führungszeugnisses nicht möglich oder nicht zumutbar ist. Bei einer Gefahr für die

---

[6] RL 2008/115/EG v. 16.12.2008 über gemeinsame Norm und Verfahren in den Mittgliedstaaten zur Rückführung illegal aufhältiger Drittstaatsangehöriger (ABl. 2008 L 348, 98).
[7] Diese Intentionen des Gesetzgebers bei S. 5 idF des RLUmsG 2011 ist nicht verständlich, denn kein Ausländer ist verpflichtet, vor Ablauf der Geltungsdauer seines Aufenthaltstitels (und damit während der Rechtmäßigkeit seines Aufenthalts) auszureisen.
[8] BGBl. 2015 I S. 1386.
[9] BT-Drs. 18/4097, 8 f., 35 ff.
[10] BT-Drs. 18/5420, 25.
[11] Vgl. hierzu BGBl. 2015 I S. 1722; BT-Drs. 18/6185, 16, 66.

öffentliche Sicherheit und Ordnung, die durch eine bestehende Drogenabhängigkeit begründet ist, könnte beispielsweise der Nachweis der Drogenfreiheit zur Bedingung gemacht werden (insofern auch schon BayVGH, Beschluss vom 21. November 2013 – 19C 13.1206), der durch ein entsprechendes ärztliches Attest erbracht werden könnte. Bei straffällig gewordenen Ausländern könnte die Bedingung den Nachweis der Straffreiheit zum Gegenstand haben, wenn das durch die Straftaten zum Ausdruck kommende Verhalten im Einzelfall eine Gefahr für die öffentliche Sicherheit und Ordnung darstellt. Hiermit wird dem Umstand Rechnung getragen, dass die Behörde den Lebenslauf des Ausländers im Ausland nach der Aufenthaltsbeendigung in der Regel nicht weiter verfolgen kann und es somit der Mitwirkungspflicht des Ausländers entspricht, die positive Persönlichkeitsentwicklung aktiv darzulegen.

Tritt die Bedingung nicht ein, gilt eine andere, längere Befristung, die die Behörde für diesen Fall zeitgleich mit der vorgenannten Befristung festgesetzt hat. Diese Befristung kann ihrerseits nicht erneut mit einer Bedingung verknüpft werden; Absatz 4 bleibt indessen unberührt.

Absatz 3

Der neue Absatz 3 Satz 1 stellt klar, dass über die Dauer der Sperrfrist im pflichtgemäßen Ermessen der zuständigen Behörden zu entscheiden ist. Damit wird der bisher offene Wortlaut konkretisiert (vgl. insoweit die Ausführungen des Bundesverwaltungsgerichts, Urteil vom 14. Februar 2011[12], Az.: 1 C 7/11). Nur in den in Satz 2 genannten Konstellationen darf die Frist fünf Jahre in Übereinstimmung mit Artikel 2 Absatz 2 Buchstabe b bzw. mit Artikel 11 Absatz 2 Satz 2 der Richtlinie 2008/115/EG überschreiten. Absatz 3 Satz 3 setzt die Rechtsprechung des Bundesverwaltungsgerichts zur regelmäßigen Höchstdauer der Frist um (BVerwG, Urteil vom 13. Dezember 2012, AZ.: 1 C 14/12, Rn 14).

Absatz 4

Durch den neuen Absatz 4 wird eine spezielle Rechtsgrundlage zur nachträglichen Verlängerung oder Verkürzung der Frist sowie zur Aufhebung des Einreise- und Aufenthaltsverbots geschaffen. Damit wird für Änderungen der Frist der Rückgriff auf die allgemeinen Regelungen der Verwaltungsverfahrensgesetze der Länder überflüssig und das Verfahren für die Behörden vereinfacht.

Eine Verkürzung der Frist oder die Aufhebung des Einreise- und Aufenthaltsverbots nach Satz 1 kann angezeigt sein, wenn Umstände eintreten, die das Gewicht des öffentlichen Interesses, den Ausländer aus dem Bundesgebiet fernzuhalten oder ihm die Erteilung eines Aufenthaltstitels im Bundesgebiet vorzuenthalten, verringern. Eine Fristverkürzung oder Aufhebung kommt beispielsweise in Auslandsfällen in Betracht, wenn der Ausländer seiner Ausreisepflicht innerhalb einer ihm gesetzten Ausreisefrist freiwillig nachgekommen ist. Eine Aufhebung des Einreise- und Aufenthaltsverbots ist insbesondere angezeigt, soweit die general- bzw. spezialpräventiven Gründe für die Sperrwirkungen es nicht mehr erfordern oder zur Wahrung der schutzwürdigen Belange des Betroffenen (vgl. hierzu auch BVerwG, Urteil vom 6. März 2014, 1 C 5.13). Dies dürfte insbesondere bei Vorliegen der Voraussetzungen für die Erteilung eines Aufenthaltstitels nach Abschnitt 5 von Kapitel 2 des Aufenthaltsgesetzes, insbesondere nach § 25 Absatz 4a bis 5, § 25a und § 25b, der Fall sein. Anders als im bisherigen Recht, wo bei den vorstehend genannten Tatbeständen teilweise ausdrücklich geregelt war, dass eine entsprechende aufenthaltsrechtliche Entscheidung „abweichend von § 11 Abs 1" getroffen werden konnte, soll den Belangen der betroffenen Ausländer künftig im Rahmen von Absatz 4 Rechnung getragen werden. Die Dauer des Einreise- und Aufenthaltsverbots soll dann entsprechend verkürzt oder aufgehoben werden, um die Erteilung der Aufenthaltserlaubnis zu ermöglichen. Die Neuregelung setzt insoweit eine entsprechende Entscheidung der zuständigen Behörde voraus. Abgesehen davon ist mit der Änderung keine Erhöhung der Anforderungen an die Erteilung einer Aufenthaltserlaubnis nach § 25 Absatz 4a bis 5, § 25a und § 25b gegenüber der bisher geltenden Rechtslage (vgl. insoweit die Ausführungen in Ziffer 25.5.0 der Allgemeinen Verwaltungsvorschrift zum Aufenthaltsgesetz vom 26. Oktober 2009) verbunden.

Wenn einem Ausländer vor Inkrafttreten dieses Gesetzes eine Aufenthaltserlaubnis nach § 25 Absatz 4a bis 5 „abweichend von § 11 Abs 1" erteilt worden ist (sog. Übergangsfälle), wurde damit die Sperrwirkung des Einreise- und Aufenthaltsverbots aufgehoben (vgl. BVerwG, Urteil vom 4. September 2007, 1 C 43.06, Rn 34). Daher bedarf es in diesen Fällen bei einer möglichen Verlängerung des Aufenthaltstitels oder der Erteilung eines anderen Aufenthaltstitels nach Abschnitt 5 von Kapitel 2 keiner Entscheidung nach Absatz 4 über die Verkürzung oder Aufhebung des Einreise- und Aufenthaltsverbots; das ursprüngliche Einreise- und Aufenthaltsverbot steht jedenfalls der Verlängerung oder Erteilung eines solchen Titels nicht mehr entgegen. Auch bei Beantragung eines anderen Aufenthaltstitels dürfte der Zweck des Einreise- und Aufenthaltsverbots einer Erteilung des Aufenthaltstitels regelmäßig nicht mehr entgegenstehen, es sei denn, die Behörde stellt bei diesen Übergangsfällen im Rahmen der Prüfung der Erteilungsvoraussetzungen fest, dass dies doch der Fall ist.

Eine Verlängerung nach Satz 2 kann zum Beispiel dann angezeigt sein, wenn der Ausländer nachträglich weitere Ausweisungstatbestände erfüllt hat. Die Rückführungsrichtlinie 2008/115/EG steht der Verlängerung der Frist nicht entgegen: Artikel 11 Absatz 2 der Richtlinie bestimmt insoweit nur, dass die Dauer des

---

[12] Hierbei handelt es sich um einen Druckfehler in der Gesetzesbegründung; das Urteil ist v. 14.2.2012.

Einreise- und Aufenthaltsverbots festgesetzt wird. Die Regelung schließt eine spätere Änderung der Dauer des Einreise- und Aufenthaltsverbots nicht aus.

Hinsichtlich der Dauer eines verlängerten Einreise- und Aufenthaltsverbots findet Absatz 3 entsprechend Anwendung; auf diese Weise ist sichergestellt, dass den Vorgaben von Richtlinie 2008/115/EG zur Dauer eines Einreise- und Aufenthaltsverbots Rechnung getragen wird.

Absatz 5

Die Regelung entspricht der bisherigen Rechtslage.

Absatz 6

§ 11 Absatz 6 ermöglicht im Einzelfall die Verhängung eines Einreise- und Aufenthaltsverbots, wenn ein Ausländer seiner Ausreisepflicht nicht innerhalb einer ihm gesetzten Ausreisefrist nachkommt, es sei denn der Ausländer ist unverschuldet an der Ausreise gehindert oder die Überschreitung der Ausreisefrist ist nicht erheblich.

Die Ausreisefrist selbst richtet sich nach § 59, d. h. die gesetzte Ausreisefrist muss angemessen sein und zwischen sieben und 30 Tagen betragen (§ 59 Absatz 1 Satz 1), es sei denn eine, der in § 59 geregelten Ausnahmen greift ein. Wird die Ausreisefrist nach § 59 Absatz 1 Satz 6 unterbrochen, beginnt sie nach Wiedereintritt der Vollziehbarkeit erneut zu laufen.

Mit der Regelung in Absatz 6 kann im pflichtgemäßen Ermessen der zuständigen Behörden die Überschreitung der Ausreisefrist sanktioniert werden. Diese Regelung steht in Übereinstimmung mit der Rückführungsrichtlinie 2008/115/EG: Gemäß Artikel 11 Absatz 1 Buchstabe b der Richtlinie geht die Rückkehrentscheidung mit einem Einreiseverbot einher, falls der Rückkehrverpflichtung nicht nachgekommen wurde.

Sofern der Ausländer aufgrund von nicht von ihm zu vertretenden Umständen an der Einhaltung der Frist gehindert war, zum Beispiel wenn über einen Antrag auf einstweiligen Rechtsschutz noch nicht entschieden ist, kann ein Einreise- und Aufenthaltsverbot nicht angeordnet werden. Gleiches gilt, wenn der Ausländer durch Krankheit an der Einhaltung der Ausreisefrist gehindert ist. Der Ausländer muss insoweit gegenüber der Ausländerbehörde Tatsachen vorbringen, die ihm das Einhalten der Frist unmöglich oder unzumutbar gemacht haben und diese Tatsachen belegen.

Das Einreise- und Aufenthaltsverbot nach Absatz 6 kann zudem nur angeordnet werden, wenn die Überschreitung der Ausreisefrist erheblich ist. Dies ist im Verhältnis zu der im Einzelfall gesetzten Ausreisefrist zu beurteilen.

Bei einer gesetzten Ausreisefrist von z. B. 30 Tagen dürfte eine Überschreitung von zehn Tagen erheblich sein. Die Dauer der Fristüberschreitung ist mithin ein Ermessensgesichtspunkt bei der Anordnung des Einreise- und Aufenthaltsverbots.

Das Einreise- und Aufenthaltsverbot nach Absatz 6 wird national auf Grundlage von § 50 Absatz 6 im INPOL und schengenweit im SIS ausgeschrieben.

Insoweit gebietet es der Grundsatz der praktischen Wirksamkeit (effet utile) von Artikel 11 Absatz 1 der Richtlinie 2008/115/EG, Rückkehrentscheidungen, die mit einem Einreiseverbot einhergehen, zu ihrer Wirksamkeit grundsätzlich schengenweit auszuschreiben.

Abweichend von Absatz 3 gelten für das Einreise- und Aufenthaltsverbot nach Absatz 6 verkürzte Höchstfristen. So soll die Frist bei der ersten Anordnung des Einreise- und Aufenthaltsverbots nach Satz 1 ein Jahr nicht überschreiten. Im Übrigen soll die Frist 3 Jahre nicht überschreiten.

Absatz 7

Nach Absatz 7 kann das Bundesamt für Migration und Flüchtlinge nach pflichtgemäßem Ermessen ein Einreise- und Aufenthaltsverbot kraft gesonderten Verwaltungsakts anordnen, wenn eine der folgenden Voraussetzungen gegeben ist:

Nummer 1:

Es ist eine bestandskräftige Ablehnung eines Asylantrags als offensichtlich unbegründet nach § 29a Absatz 1 des Asylverfahrensgesetzes erfolgt und es wurde auch kein subsidiärer Schutz zuerkannt, kein Abschiebungsverbot nach § 60 Absatz 5 oder 7 festgestellt und der Ausländer besitzt keinen Aufenthaltstitel.

Nummer 2:

Der Folge- oder Zweitantrag hat bestandskräftig wiederholt nicht zur Durchführung eines Asylverfahrens geführt. Auf diese Weise soll es der zuständigen Behörde ermöglicht werden, im Einzelfall – wenn aufgrund der in Absatz 7 beschriebenen Umstände eine missbräuchliche Inanspruchnahme des Asylverfahrens vorliegt – ein Einreise- und Aufenthaltsverbot anzuordnen, wenn die Voraussetzungen des Absatzes 1 oder 6 nicht erfüllt sind. Durch den mit der Möglichkeit, ein solches Einreise- und Aufenthaltsverbot anzuordnen, verbundenen generalpräventiven Effekt soll zugleich einer Überlastung des Asylverfahrens durch offensichtlich nicht schutzbedürftige Personen entgegen gewirkt werden. Die entsprechenden Kapazitäten sollen vielmehr für die Prüfung der Asylanträge tatsächlich schutzbedürftiger Personen eingesetzt werden.

Dollinger

In Bezug auf die Möglichkeit der Ausschreibung des Einreise- und Aufenthaltsverbots nach Absatz 7 sowie in Bezug auf die Höchstfristen wird auf die Ausführungen zu Absatz 6 verwiesen.

Absatz 8

Absatz 8 entspricht der bisherigen Rechtslage.

Absatz 9

Reist der Ausländer vor Ablauf des Einreise- und Aufenthaltsverbots in das Bundesgebiet ein, ohne dass eine Erlaubnis nach Absatz 8 vorliegt, wird der Ablauf der Frist gehemmt. Die Frist beginnt erst mit erneuter Ausreise wieder (weiter) zu laufen. Die Frist kann im Einzelfall – unter Beachtung der Höchstfristen des Absatzes 3 – verlängert werden, längstens jedoch um die Dauer der ursprünglichen Befristung. Die verlängerte Frist beginnt dann mit der erneuten Ausreise zu laufen. Bei der Entscheidung über eine mögliche Verlängerung ist zu berücksichtigen, ob dem Ausländer die Beantragung einer Betretenserlaubnis nach Absatz 8 zumutbar war. Dies ist etwa dann nicht der Fall, wenn der Ausländer einen im Sterben liegenden Angehörigen besuchen möchte und mit einer ausreichend schnellen Erteilung einer Erlaubnis nach Absatz 8 durch die Ausländerbehörde nicht gerechnet werden konnte. Der Ausländer ist auf die Möglichkeit der Fristverlängerung bei der ursprünglichen Befristungsentscheidung nach Absatz 2 hinzuweisen."

3   Zur **Anpassung an das Unionsrecht** ist die Vorschrift durch das am 21.8.2018 in Kraft getretene Zweite Gesetz zur besseren Durchsetzung der Ausreisepflicht vom **15.8.2019**[13] **(2. RückkehrG)** erneut grundlegend novelliert worden. Der Gesetzesentwurf zum 2. RückkehrG begründet die Regelung wie folgt[14]:

„Absatz 1

§ 11 Absatz 1 des Aufenthaltsgesetzes sieht bislang vor, dass das Einreise- und Aufenthaltsverbot kraft Gesetzes infolge einer Ausweisung, Zurückschiebung oder Abschiebung entsteht. Das Bundesverwaltungsgericht hat mit Beschlüssen vom 13. Juli 2017 - 1 BR 3.17 und 1 A 10.17 –, sowie Urteil vom 21. August 2018 - 1 C 21.17 – die Auffassung vertreten, dass ein allein auf einer Anordnung des Gesetzgebers beruhendes Einreise- und Aufenthaltsverbot nicht im Einklang mit der Rückführungsrichtlinie 2008/115/EG stehe. Artikel 3 Nummer 6 der Richtlinie definiert das Einreiseverbot als „behördliche oder richterliche Entscheidung oder Maßnahme, mit der die Einreise in das Hoheitsgebiet der Mitgliedstaaten und der dortige Aufenthalt für einen bestimmten Zeitraum untersagt wird und die mit einer Rückkehrentscheidung einhergeht."

Durch die Neufassung wird der Rechtsprechung des Bundesverwaltungsgerichts Rechnung getragen. Anstelle des bisherigen Automatismus sieht Absatz 1 Satz 1 vor, dass ein Einreise- und Aufenthaltsverbot zu erlassen ist. Es tritt daher nicht mehr kraft Gesetzes ein, sondern stellt einen Verwaltungsakt dar.

Absatz 1 Satz 2 regelt identisch zur bisherigen Rechtslage den Inhalt des Verbots.

Absatz 2

Absatz 2 Satz 1 und 2 regelt, zu welchem Zeitpunkt das Einreise- und Aufenthaltsverbot in den Fällen des Absatzes 1 erlassen werden soll. Satz 1 regelt, dass im Falle der Ausweisung das Einreise- und Aufenthaltsverbot zusammen mit der Ausweisungsverfügung zu erlassen ist. Satz 2 sieht vor, dass in allen sonstigen Fällen der Abschiebung oder Zurückschiebung das Einreise- und Aufenthaltsverbot mit der Abschiebungsandrohung oder Abschiebungsanordnung nach § 58a unter der aufschiebenden Bedingung der Ab- oder Zurückschiebung, spätestens aber mit der Ab- oder Zurückschiebung erlassen werden soll. Da das Einreise- und Aufenthaltsverbot nur für den Fall der Zurückschiebung oder Abschiebung zulässig ist, muss das Einreise- und Aufenthaltsverbot, das vor diesem Zeitpunkt erlassen wird, unter die aufschiebende Bedingung der tatsächlichen Zurückschiebung oder Abschiebung gestellt werden. Zugleich ermöglicht der Erlass des Einreise- und Aufenthaltsverbots zusammen mit der Abschiebungsandrohung oder Abschiebungsanordnung nach § 58a eine ordnungsgemäße Zustellung und damit Bekanntgabe gegenüber dem Ausländer. Satz 3 stellt klar, dass die – notwendige – Entscheidung über die Befristung des Einreise- und Aufenthaltsverbots zusammen mit diesem erlassen wird, und dass es hierzu weiterhin keines Antrages bedarf. Satz 4 bis 6 entsprechen inhaltlich dem bisherigen Recht.

Absatz 3

Absatz 3 bildet die nach Artikel 11 Absatz 2 der Richtlinie 2008/115/EG grundsätzlich vorgegebene Höchstdauer der Befristung von fünf Jahren ab.

Zu Absatz 4

Absatz 4 Satz 1 und 2 entspricht dem bisherigen Recht. Satz 3 regelt, dass bei der Entscheidung über die Verkürzung der Frist oder die Aufhebung des Einreise- und Aufenthaltsverbots, das zusammen mit einer Ausweisung erlassen wurde, zu berücksichtigen ist, ob der Ausländer seiner Ausreisepflicht innerhalb der ihm gesetzten Ausreisefrist nachgekommen ist, es sei denn, der Ausländer war unverschuldet an der Ausreise

---

[13] BGBl. I 2019 S. 1294.
[14] BT-Drs. 19/10047, 31 ff.

gehindert oder die Überschreitung der Ausreisefrist war nicht erheblich. Diese Bedingung setzt Artikel 11 Absatz 3 der Rückführungsrichtlinie um und ist für den Ausländer Anreiz, der Verpflichtung zur Ausreise freiwillig nachzukommen, um nicht die Möglichkeit der Aufhebung des Einreiseverbots für die Zukunft auszuschließen. Absatz 4 Satz 4 und 5 entspricht dem bisherigen § 11 Absatz 4 Satz 3 und 4 Aufenthaltsgesetz.

Absatz 5

In Absatz 5 Satz 1 ist zukünftig für die bislang in § 11 Absatz 3 Satz 2 Aufenthaltsgesetz erfassten Fälle eine Höchstfrist für das Einreise- und Aufenthaltsverbot von zehn Jahren vorgesehen.

Absatz 5a

Absatz 5a sieht eine Regelfrist von 20 Jahren für das Einreise- und Aufenthaltsverbot vor, wenn der Ausländer wegen eines Verbrechens gegen den Frieden, eines Kriegsverbrechens oder eines Verbrechens gegen die Menschlichkeit oder zur Abwehr einer Gefahr für die Sicherheit der Bundesrepublik Deutschland oder einer terroristischen Gefahr ausgewiesen wurde. Nach der Neuregelung sind auch hier die Umstände im Einzelfall zu berücksichtigen. Die Regelfrist von 20 Jahren ist bei den genannten Fallgruppen in Anbetracht deren Gewichts angemessen, da schwerwiegende Sicherheitsinteressen betroffen sind. Eine Verlängerung der Frist aus Gründen der öffentlichen Sicherheit und Ordnung nach Ermessen möglich, was durch den Verweis auf Absatz 4 Satz 4 und 5 in Absatz 5a Satz 2 klargestellt wird. Nach Absatz 5a Satz 3 ist eine Verkürzung der Frist oder eine Aufhebung des Verbots weiterhin grundsätzlich ausgeschlossen. Nach Absatz 5a Satz 4 kann die oberste Landesbehörde allerdings Ausnahmen hiervon zulassen. Wegen der regelmäßig besonderen sicherheitspolitischen Bedeutung einer entsprechenden Ausnahmeentscheidung muss sie von einer politisch besonders verantwortlichen Stelle getragen werden.

Absatz 5b

Wie im bisherigen § 11 Absatz 5 Satz 1 2. Variante soll in den Fällen der Abschiebungsanordnung nach § 58a als Regelentscheidung ein unbefristetes Einreise- und Aufenthaltsverbot erlassen werden. Die Abschiebungsanordnung nach § 58a dient der Abwehr einer besonderen Gefahr für die Sicherheit der Bundesrepublik Deutschland oder einer terroristischen Gefahr. Das mit der Abschiebungsanordnung nach § 58a zu erlassende Einreise- und Aufenthaltsverbot dient mithin dem Schutz dieser Rechtsgüter.

Nach Absatz 5b Satz 2 kann im Einzelfall ein unbefristetes Einreise- und Aufenthaltsverbot in den Fallgruppen des Absatzes 5a erlassen werden, wenn dies unter Berücksichtigung aller Umstände erforderlich und verhältnismäßig ist. Ebenso kann im Einzelfall ein unbefristetes Einreise- und Aufenthaltsverbot erlassen werden, wenn der Ausländer wegen eines in § 54 Absatz 1 Nummer 1 genannten Ausweisungsinteresses ausgewiesen worden sind; diese Fälle können im Einzelfall denjenigen nach Absatz 5a in ihrer Schwere gleichstehen. Dabei ist auch im Einzelfall die Schwere der Gefährdung zu berücksichtigen. Absatz 5b Satz 3 sieht durch die Verweisung auf Absatz 5a Satz 3 und 4 vor, dass eine Befristung des Einreise- und Aufenthaltsverbots oder seine Aufhebung grundsätzlich ausgeschlossen ist, so dass es sich nicht zwingend um eine lebenslange Sperre handelt. Auch hiervon können allerdings Ausnahmen zugelassen werden. Wegen der ebenfalls hohen sicherheitspolitischen Bedeutung ist auch hier für entsprechende Befristungen oder Aufhebungen des unbefristeten Einreise- und Aufenthaltsverbots die oberste Landesbehörde zuständig.

Absatz 5c

In Absatz 5c wird nunmehr allgemein geregelt, dass die Behörde, die den zu Grunde liegenden Verwaltungsakt erlässt, auch für den Erlass und die erstmalige Befristung des damit zusammenhängenden Einreise- und Aufenthaltsverbots zuständig ist. Dieser Behörde liegt die Verfahrensakte vor und sie hat die für die zu treffende Ermessensentscheidungen erforderliche aktuelle Sachkenntnis.

Folglich liegt auch im Fall des § 58a Absatz 1 des Aufenthaltsgesetzes die Zuständigkeit für den Erlass des Einreise- und Aufenthaltsverbots bei den obersten Landesbehörde. Im Fall, dass das Bundesministerium des Innern, für Bau und Heimat die Übernahme der Zuständigkeit nach § 58a Absatz 2 Aufenthaltsgesetz erklärt, ist es auch für den Erlass des Einreise- und Aufenthaltsverbots zuständig.

Für Folgeentscheidungen ist nach § 71 Absatz 1 Aufenthaltsgesetz die Ausländerbehörde beziehungsweise im Anwendungsbereich des Absatzes 5a Satz 4, gegebenenfalls in Verbindung mit Absatz 5b Satz 3, die oberste Landesbehörde zuständig.

Absatz 6 und 7

Die Absätze 6 und 7 entsprechen dem bisherigen § 11 Absatz 6 und 7. Die Verweisungen wurden an die Neuregelung angepasst.

Absatz 8

Die Regelung entspricht der bisherigen Regelung zur sogenannten Betretenserlaubnis in dem bisherigen § 11 Absatz 8. An die Stelle der komplexen Verweisung im bisherigen § 11 Absatz 8 Satz 2 tritt unmittelbar die Bestimmung, dass in den Fällen, in denen die oberste Landesbehörde für die Aufhebung des Verbots oder die Festsetzung einer kürzeren Frist zuständig wäre, nämlich in den Fällen der Absätze 5a und 5b, die oberste Landesbehörde aus den gleichen Gründen auch für die Erteilung einer sogenannten Betretenserlaubnis zuständig ist.

Absatz 9
Die Regelung entspricht dem bisherigen § 11 Absatz 9."

II. Gesetzliche Systematik des Einreise- und Aufenthaltsverbots im Überblick

4 Das Instrument des Einreise- und Aufenthaltsverbots nach § 11 ist ein wesentliches **Mittel staatlicher Zuzugssteuerung.** Es hindert Ausländer, denen in der Vergangenheit bereits Einreise oder Aufenthalt versagt worden waren, an der (erneuten) Einreise und einem legalen Aufenthalt im Bundesgebiet. Damit kann die Vorschrift als Ergänzung zu den ebenfalls im Abschnitt 1 des Kapitels 2 des AufenthG unter Allgemeines verorteten **§ 4 und § 5** betrachtet werden, die bestimmten, dass Ausländer für die Einreise und den Aufenthalt im Bundesgebiet grundsätzlich eines Aufenthaltstitels bedürfen und die darüber hinaus die allgemeinen Erteilungsvoraussetzungen für einen solchen Titel festlegen[15].

5 § 11 ist **binnensystematisch** vom Erlass eines Einreise- und Aufenthaltsverbots – Abs. 1 – durch Verwaltungsakt und dessen behördliche Abwicklung – Abs. 2–7 – bis hin zu sehr engen Ausnahmen von Verbotstatbestand (Abs. 8) und der Festlegung der Folgen seiner Verletzung (Abs. 9) aufgebaut. **Abs. 1** bestimmt, dass gegen ausgewiesene, zurückgeschobene oder abgeschobene Ausländer generell ein Einreise- und Aufenthaltsverbot zu verhängen ist. **Abs. 2** regelt den gemeinsamen Erlass von Ausweisung oder Abschiebungsandrohung bzw. -anordnung und Einreise und Aufenthaltsverbot sowie die Befristung des Einreise- und Aufenthaltsverbots von Amts wegen. **Abs. 3** legt die Bemessung der im behördlichen Ermessen festzusetzende Sperrfrist für eine erneute Einreise unter Angabe von Rahmendaten fest, während die **Abs. 5–5c** unter bestimmten strafrelevanten Voraussetzungen längere Sperrfristen – zehn Jahre (Abs. 5), 20 Jahre (Abs. 5a), unbefristet (Abs. 5b) – normieren und die dafür zuständige Behörde benennen (Abs. 5c). Die nachträgliche Aufhebung, Verkürzung oder Verlängerung des Einreise- und Aufenthaltsverbots oder deren gesetzlichen Ausschluss ist Gegenstand der Vorschriften des **Abs. 4**. **Abs. 6** regelt die ermessensgesteuerte behördliche Verhängung eines Einreise- und Aufenthaltsverbots im Einzelfall für Ausländer, die ihrer Ausreisepflicht nicht innerhalb der ihnen gesetzten Ausreisefrist nachkommen. Für nach dem AsylG erfolglose Antragsteller trifft **Abs. 7** ein besonderes, durch das BAMF anzuordnendes Einreise- und Aufenthaltsverbot. Die zuständige Behörde darf dem Ausländer nach **Abs. 8** trotz Einreise- und Aufenthaltsverbot bei dem Vorliegen zwingender Gründe oder zur Vermeidung einer unbilligen Härte ausnahmsweise erlauben, das Bundesgebiet kurzfristig zu betreten. Schließlich legt **Abs. 9** die Folgen eines Verstoßes gegen ein Einreiseverbot fest.

III. Einreise- und Aufenthaltsverbot (Abs. 1)

6 Nach **Abs. 1 S. 1** ist gegen ein ausgewiesenen (§ 53 I iVm § 54), zurückgeschobenen (§ 57) oder abgeschobenen (§ 58) Ausländer, der nicht Unionsbürger ist, **durch Verwaltungsakt ein Einreise- und Aufenthaltsverbot zu erlassen.**[16] Aufgrund dieses Einreise- und Aufenthaltsverbots darf der Ausländer **weder** in das Bundesgebiet **einreisen noch sich hier aufhalten noch einen Aufenthaltstitel erhalten.** Letzteres gilt auch dann, wenn die tatbestandlichen Voraussetzungen für einen Anspruch auf einen Titel vorliegen würden **(Abs. 1 S. 2)**. Diese **dreifache Sperrwirkung** umschreibt der Gesetzgeber mit der Bezeichnung Einreise- und Aufenthaltsverbot. Die Sperrwirkung betrifft auch Ausländer, die ohne Visum einreisen könnten oder von der Verpflichtung, einen Titel vor der Einreise einzuholen, an sich befreit sind (vgl. § 51 V). Die Eintragung des Einreise- und Aufenthaltsverbots im bundesländerübergreifenden Informationssystem der Polizei beim BKA – INPOL – (vgl. § 50 VI 2) und ggf. schengenweit im Schengener Informationssystem – SIS – (Art. 24 SIS II-VO)[17] sowie die **Strafbewährung** eines Verstoßes gegen § 11 I (vgl. § 95 II Nr. 1 idF des AufenthGÄndG 2015) sorgen für die praktische Wirksamkeit. Gemäß § 95 II Nr. 1 wird mit Freiheitsstrafe bis zu drei Jahren oder mit Geldstrafe bestraft, wer entgegen § 11 I oder in Zuwiderhandlung einer vollziehbaren Anordnung nach § 11 VI 1 oder VII 1 in das Bundesgebiet einreist oder sich darin aufhält.

7 Der Gesetzesbegründung[18] zufolge regelt **Abs. 1 S. 2** identisch zur bisherigen Rechtslage den Inhalt des Verbots. Der Ausländer darf **infolge des Einreise- und Aufenthaltsverbots**

– weder erneut ins Bundesgebiet einreisen
– noch sich darin aufhalten
– noch darf ihm, selbst im Falle eines Anspruchs nach diesem Gesetz, ein Aufenthaltstitel erteilt werden.

---

[15] Instruktiv dazu aus richterlicher Sicht *Fleuß* ZAR 2017, 49 und *Berlit* NVwZ 2019, 199, aus anwaltlicher Sicht *Oberhäuser* Asylmagazin 2019, 7.
[16] BVerwG Beschl. v. 6.5.2020 – 1 C 14.19, BeckRS 2020, 15865 Rn. 11.
[17] → § 50 Rn. 1 ff.
[18] BT-Drs. 19/10047, 31.

Die Wortwahl „infolge des Einreise- u. Aufenthaltsverbots" deutet indes daraufhin, dass das Verbot nicht mehr – wie vor dem Inkrafttreten des 2. RückkehrG 2019 – automatisch mit der Wirksamkeit einer Ausweisung oder einer Abschiebung ausgelöst wird. Es tritt vielmehr erst als Folge des gesondert **durch VA verfügten Einreise- und Aufenthaltsverbots** nach Abs. 1 S. 1 ein. Bei diesem exekutiv verfügten Einreise- und Aufenthaltsverbot handelt es sich um einen einheitlichen, auch in sich nicht teilbaren Verwaltungsakt[19].

Für **Unionsbürger und ihre Familienangehörigen**[20], die ihr Freizügigkeitsrecht nach § 6 I FreizügG/EU verloren haben, oder bei denen das Nichtbestehen des Freizügigkeitsrechts nach § 2 VII FreizügG/EU festgestellt worden ist, gelten die **besonderen Regelungen des § 7 II FreizügG/EU**[21]. **Einreise- und Aufenthaltsverbot** nach § 7 II 1–3 FreizügG/EU werden nach den Maßgaben des § 7 II 5–8 FreizügG/EU befristet[22]. Entsprechendes gilt für **Staatsangehörige der EWR-Staaten.** Abschiebungen können aufgrund der abschließenden Regelung in § 7 II FreizügG/EU keine Sperrwirkung begründen. Etwas anderes gilt für vor Erlangung des Unionsbürgerstatus nach den für Drittstaatsangehörige geltenden Regeln bestandskräftig ausgewiesene Ausländer. Für sie ist aufgrund des umfassenden Verweises von § 11 II FreizügG/EU auf das AufenthG § 11 II anzuwenden[23]. Wichtig ist, dass Unionsbürger nach § 7 II 5 FreizügG/EU einen bindenden Rechtsanspruch auf Befristung haben, dh, dass es sich bei der Befristungsentscheidung um eine gebundene Entscheidung handelt, die gerichtlich voll überprüfbar ist[24]. Damit sind sie gegenüber Drittstaatsangehörigen besser gestellt, die bei einem Einreise- und Aufenthaltsverbot nur dem Grunde nach eine Befristungsentscheidung verlangen könne, über deren Länge die Behörde gem. § 11 III 1 nach Ermessen entscheidet.

8

Schweizerische Staatsangehörige und ihre Familienangehörigen stehen nach Art. 3 und Art. 4 des Freizügigkeitsabkommens EU-Schweiz aus dem Jahre 1999[25] unter dem Schutz von § 7 II FreizügG/EU. Entsprechende Regelungen gelten für Staatsangehörige der weiteren EFTA-Staaten (Island, Norwegen und Liechtenstein), die allesamt EWR-Staaten sind (§ 12 FreizügG/EU)[26]. Dagegen findet § 7 II FreizügG/EU nach Maßgabe des ARB 1/80 für **assoziationsberechtigte türkische Staatsangehörige** keine – auch keine analoge – Anwendung, dh, für sie bleibt es bei § 11[27].

9

Eine sog. **„Altausweisung"** eines jetzigen Unionsbürgers und die daran anknüpfende Sperrwirkung eines VA nach § 11 I bleibt auch nach dem Beitritt des Landes seiner Staatsangehörige zur EU wirksam; die Ausländerbehörde darf einen Unionsbürger auf der Grundlage einer solchen Ausweisung aber nur abschieben, wenn sie in einer rechtsmittelfähigen Entscheidung festgestellt hat, dass die regelmäßig strengeren Voraussetzungen für eine Beschränkung seines Freizügigkeitsrechts als Unionsbürger vorliegen[28]. Die **Befristung einer solchen „Altausweisung"** bemisst sich **für Unionsbürger entsprechend § 7 II 5 FreizügG/EU.** Die behördliche Befristungsentscheidung hat von Amts wegen zu erfolgen und ist auch hinsichtlich der Länge des Einreise- und Aufenthaltsverbots eine gebundene Entscheidung[29].

10

Während § 11 I idF des **AufenthGÄndG 2015** noch an der **ursprünglichen Konzeption** festgehalten hatte, dass die **Sperrwirkung kraft Gesetzes** entsteht, hat der Gesetzgeber dem Unionsrecht in seiner Anwendung durch die Rspr. des BVerwG[30] folgend durch das **2. RückkehrG 2019** bestimmt, das die **Sperrwirkung** des Einreise- und Aufenthaltsverbots nach § 11 I erst **aufgrund eines VA** eintritt. Art und Begründung der Ausweisung, Zurückschiebung oder Abschiebung sind unerheblich für die gesetzlichen Folgen. Bei der **Ausweisung** löst die Verfügung das Einreise- und Aufenthaltsverbot aus, bei der Zurück- und der Abschiebung der tatsächliche Vollzug. Im ersten Fall kommt es nur auf die Wirksamkeit der Ausweisung an, weder sofortige Vollziehung noch Bestandskraft sind erforderlich[31] (vgl. § 84 II 1), im zweiten dagegen auf die Zurück- oder Abschiebung im

11

---

[19] BVerwG Urt. v. 7.9.2021 – 1 C 47.20, NVwZ 2021, 1842 Rn. 10; NdsOVG, Urt. v. 6.5.2020 – 13 LB 190/19, BeckRS 2020, 7842 Rn 42; VGH BW, Beschl. v. 13.11.2019 – 11 S 2996/19, BeckRS 2019, 29732.
[20] Zum klassischen Begriff des Familienangehörigen vgl. BVerwG Urt. v. 25.10.2017 – 1 C 34.16, DVerwGE 160, 147. Zum neuen unionsrechtlich determinierten Begriff des Familienangehörigen und der nahestehenden Personen s. Art. 2 Nr. 2 RL 2004/38/EG i. V. m. Art. 3 Abs. 2 RL 2004/38/EG und §§ 3, 3a FreizügG/EU.
[21] → FreizügG/EU § 7 Rn. 1 ff.
[22] BVerwG Urt. v. 14.12.2016 – 1 C 13.16, ZAR 2017, 232 Rn. 25.
[23] BVerwG Urt. v. 14.12.2016 – 1 C 13.16, ZAR 2017, 232 für einen bulgarischen Staatsangehörigen, der vor dem EU-Beitritt Bulgariens aus dem Bundesgebiet bestandskräftig ausgewiesen worden war.
[24] BVerwG Urt. v. 25.3.2015 – 1 C 18.14, ZAR 2015, 190; vgl. auch *Fleuß* ZAR 2017, 49 (59 f.).
[25] ABl. 2002 L 114, 6.
[26] → FreizügG/EU § 12 Rn. 1 ff.
[27] BVerwG Urt. v. 4.10.2012 – 1 C 13.11, NVwZ 2013, 361; OVG Bln-Bbg Urt. v. 15.8.2013 – OVG 7 B 24/13, BeckRS 2013, 55898; BayVGH Urt. v. 27.5.2014 – 10 B 12.1700, BeckRS 2014, 53489; ebenso *Maor* in BeckOKAuslR § 11 Rn. 61; aA noch VGH BW Urt. v. 19.12.2008 – 11 S 1453/07, BeckRS 2009, 30685.
[28] BVerwG Urt. v. 14.12.2016 – 1 C 13.16, NvwZ 2017, 879 Rn. 16.
[29] BVerwG Urt. v. 28.4.2015 – 1 C 20.14, BeckRS 2015, 47992; Urt. v. 25.3.2015 – 1 C 18.14, ZAR 2015, 190.
[30] BVerwG Urt. v. 21.8.2018 – 1 C 21.17, NVwZ 2019, 483 Rn. 20; s. auch EuGH Urt. v. 19.9.2013 – C-297/12, ZAR 2014, 128 Rn. 27 ff., 31 – Filev, Osmani.
[31] *Hailbronner* AufenthG § 11 Rn. 12.

Anschluss an die Nichterfüllung der Ausreisepflicht. Die **Abschiebung** braucht nicht auf eine Ausweisung zu folgen, sie kann sich auch an die Ablehnung oder das Fehlen eines Aufenthaltstitels anschließen. Es muss aber zum Vollzug gekommen sein; Androhung oder Anordnung der Abschiebung sind unschädlich.

12   Eine vollzogene Abschiebung löste schon nach altem Recht **keine Sperrwirkung nach § 11 I** aus, wenn die **Abschiebung rechtswidrig** ist[32], etwa

– weil Abschiebungsverbote oder Vollstreckungshindernisse missachtet[33] oder
– die Vorgaben der Rückführungs-RL[34] nicht eingehalten worden sind oder
– zwingende Voraussetzungen nach §§ 58, 59 nicht vorgelegen haben oder
– wenn der zugrunde liegende VA, der die Ausreisepflicht begründet, mit Rechtsmitteln angegriffen wird (Art. 19 IV GG). Dabei bleibt es auch nach dem neuen Recht (2. RückkehrG 2019). So kann die Ablehnung der Verlängerung der Aufenthaltserlaubnis nicht mit der Begründung für rechtmäßig erklärt werden, der Erteilung stünde im maßgeblichen Zeitpunkt der mündlichen Verhandlung vor dem VG die Sperrwirkung der Abschiebung nach § 11 I entgegen. Die bloße Tatsache, dass der Ausländer zwischenzeitlich abgeschoben worden ist, darf nicht dazu führen, dass die gerichtliche Überprüfung der Gründe für die Versagung der Aufenthaltserlaubnis in einem Hauptsacheverfahren entfällt[35]. Auch wenn der Rechtsfolge an den Vollzugsakt anknüpft, dh die Abschiebung, so führt die Aufhebung der Abschiebungsandrohung dazu, dass die Sperrwirkung mit **Ex-tunc-**Wirkung entfällt.

13   Das nach § 11 I idF des 2. RückkehrG 2019 erlassene Einreise- und Aufenthaltsverbot ist **mit Unionsrecht – Art. 11 II Rückführungs-RL – vereinbar.** Gem. Art. 11 II Rückführungs-RL bedarf es für ein Einreise- und Aufenthaltsverbot stets einer behördlichen oder richterlichen Einzelfallentscheidung, die auch seine Dauer festlegen muss. Ebendies gewährleistet der neue § 11 I. Der deutsche Gesetzgeber hat mit **§ 11 II–IX** darüber hinaus ein **komplexes System** geschaffen, das dem Bedürfnis nach Einzelfallgerechtigkeit iSd **Rückführungs-RL** hinreichend **Rechnung trägt**[36]. Einreise- und Aufenthaltsverbot sind danach von Amts wegen zu befristen (Abs. 2), über die Fristlänge wird nach Ermessen entschieden (Abs. 3). Diese **behördliche Befristungsentscheidung** beinhaltet zugleich ein befristetes Einreiseverbot[37]. Zudem kann das Verbot im Einzelfall ausnahmsweise aufgehoben oder verkürzt werden (Abs. 4). **§ 11 VI und VII** ermöglichen es zudem, die **Sperrwirkung kraft behördlicher Anordnung** herbeizuführen. Die Verhängung eines Einreise- und Aufenthaltsverbots durch VA knüpft an Sachverhalte an, in denen es bisher nicht zu einer Abschiebung gekommen ist, allerdings sollen die Rechtsfolgen des Abs. 1 herbeigeführt werden. Verstöße gegen eine vollziehbare Anordnung nach Abs. 6 S. 1 oder Abs. 7 S. 1 fallen unter den Straftatbestand des § 95 II Nr. 1.

14   Aufgrund der **Regelungen in § 25 IVa, IVb und V** kann das Titelerteilungsverbot wie bisher durch die Erteilung eines humanitären Aufenthaltstitels zumindest partiell durchbrochen werden. Die Erteilung einer Aufenthaltserlaubnis nach § 25 V aF beseitigte die Sperrwirkung einer Ausweisung für die Erteilung weiterer Aufenthaltstitel aus humanitären, völkerrechtlichen oder politischen Gründen allerdings nur insoweit, als für diese Aufenthaltstitel keine spezielle Erteilungssperre gilt[38]. In sog. **Übergangsfällen**[39], in denen bereits abweichend von § 11 I eine Aufenthaltserlaubnis nach § 25 IVa–V aF erteilt worden ist, ist die Sperrwirkung jedenfalls für die weitere Verlängerung oder Erteilung von Aufenthaltstiteln aus humanitären, völkerrechtlichen oder politischen Zwecken, dh insbesondere für die Fälle nach §§ 22–26, aufgehoben. Eine **vollständige Beseitigung der Sperrwirkung** kann erst mit Ablauf ihrer Frist oder mit Aufhebung des Ein- und Ausreiseverbots erreicht werden[40]. Erteilt die Ausländerbehörde in Verkennung der gesetzlichen Sperrwirkung irrtümlich eine Aufenthaltserlaubnis, so ist die Sperrwirkung ebenfalls erloschen.

---

[32] BVerwG Urt. v. 16.7.2002 – 1 C 8.02, NVwZ 2003, 217 Rn. 17 ff.; GK-AufenthG § 11 Rn. 52 (Stand: 11/2015); GK-AufenthG § 81 Rn. 71 ff. (Stand: 9/2012) – dort auch näher zur fehlenden Erledigung des Eilverfahrens, wenn die Abschiebung vor einer gerichtlichen Entscheidung vollzogen worden ist.
[33] BVerwG Urt. v. 7.12.2004 – 1 C 14.04, BVerwGE 122, 271 Rn. 13.
[34] Hierzu etwa → Rn. 21–28.
[35] BVerwG Beschl. v. 4.2.1998 – 1 B 9.98, InfAuslR 1998, 220.
[36] BVerwG Urt. v. 21.8.2018 – 1 C 21.17, NVwZ 2019, 483 Rn. 26 spricht in diesem Zusammenhang zumindest von einer richtlinienkonformen Rechtsfortbildung des § 11 I und II idF des Gesetzes von 2015 (Einreise- und Aufenthaltsverbot kraft Gesetzes).
[37] BVerwG Urt. v. 27.7.2017 – 1 C 28.16, NVwZ 2018, 409 und Urt. v. 21.8.2018 – 1 C 21.17, NVwZ 2019, 483.
[38] S. zur Rechtslage vor dem AufenthGÄndG 2015 BVerwG Urt. v. 6.3.2014 – 1 C 2.13, InfAuslR 2014, 223. Mit dieser Entscheidung hat das BVerwG seine bisherige Rspr. eingeschränkt, wonach eine Aufenthaltserlaubnis nach § 25 V die Sperrwirkung für alle Aufenthaltstitel aus humanitären, völkerrechtlich oder politischen Gründen beseitigt (so noch BVerwG Urt. v. 13.4.2010 – 1 C 5.09, BVerwGE 136, 284 Rn. 12; Urt. v. 4.9.2007 – 1 C 43.06, BVerwGE 129, 226 Rn. 42).
[39] Vgl. hierzu auch die Gesetzesbegründung BT-Drs. 18/4097, 36 f. (zu § 11), 41 (zu § 25).
[40] BVerwG Urt. v. 13.4.2010 – 1 C 5.09, BVerwGE 136, 284 Rn. 15; VGH BW Urt. v. 5.12.2012 – 11 S 739/12, BeckRS 2013, 45261.

Einreise- und Aufenthaltsverbot § 11 AufenthG 1

Eine **Ausnahme** gilt allerdings nach wie vor für **§ 25 I, II,** die eine Versagung der Aufenthalts- 15
erlaubnis nicht nach jeder Ausweisung erlauben, sondern nur dann, wenn der Ausländer auf Grund eines besonders schwerwiegenden Ausweisungsinteresses nach § 54 I iSd Anforderungen der Anerkennungs-RL ausgewiesen worden ist[41]. Keine solche Ausnahme enthält hingegen **§ 37 III Nr. 1,** der die Ablehnung eines Wiederkehrrechts nicht generell vorschreibt, sondern in das Ermessen der Behörde stellt, wenn der Ausländer vor der Ausreise aus dem Bundesgebiet ausgewiesen worden war. Eine vollständige Beseitigung der Sperrwirkung kann hier ausschließlich in einem besonderen Befristungsverfahren gem. § 11 II erreicht werden[42]. Zusätzlich ermöglicht die Bestimmung es, eine Ausweisung im Ermessenswege noch entgegenzuhalten, auch wenn ihre Sperrwirkung erloschen ist.

IV. Verfahren und Anspruch auf Befristung (Abs. 2)

Im Fall der Ausweisung ist das **Einreise- und Aufenthaltsverbot gemeinsam mit der Aus-** 16
weisungsverfügung zu erlassen (Abs. 2 S. 1). Im Übrigen soll es **mit der Abschiebungsandrohung** oder der Abschiebungsanordnung nach § 58a unter der ausschiebenden Bedingung der Ab- oder Zurückschiebung ergehen (Abs. 2 S. 2 Hs. 1). **Spätestens** muss es von Amts wegen **mit der Ab- oder Zurückschiebung** erlassen werden (Abs. 2 S. 2 Hs. 2). **Unionsrechtlich** sind dabei die in Art. 7 und Art. 8 Rückführungs-RL genannten Fristen und Voraussetzungen sowie die in Art. 12 und Art. 13 Rückführungs-RL festgelegten Regeln für die Verfahrensgarantien und die Rechtsbehelfe zu beachten. Ein Einreise- und Aufenthaltsverbot ohne Setzung einer Frist zur freiwilligen Ausreise nach Abs. 2 S. 2 Hs. 2 ist danach nur unter den Voraussetzungen des **Art. 7 IV Rückführungs-RL** (Fluchtgefahr, Gefahr für die öffentliche Ordnung, die öffentliche Sicherheit oder die nationale Sicherheit, Ablehnung eines Aufenthaltstitels als offensichtlich unbegründet oder missbräuchlich) unionsrechtskonform. Dass ist etwa der Fall, wenn Abschiebungsandrohung und Einreise- und Aufenthaltsverbot aus der Haft ohne Einräumung einer Frist zur freiwilligen Ausreise nach § 59 V 1 aufgrund einer Ausweisung verfügt worden sind[43].

Mit der **Befristung des Verbots** von Einreise und Aufenthalt nach **Abs. 2 S. 3** wird nach Fristab- 17
lauf der **Weg für legale Einreise und Aufenthalt frei.** Das gleiche Ergebnis wird durch die vollständige **Aufhebung des Verbots** erreicht **(Abs. 4 S. 1).** Mit der Befristung ist die Entscheidung über einen Aufenthaltstitel nach Fristablauf nicht präjudiziert, eine Ausnahme hiervon der – vorgezogenen – Konsequenz des Aufhebens des Verbots gilt nach Abs. 4 S. 2. Der Fristablauf führt aber bei Befreiung vom Erfordernis des Aufenthaltstitels zum Wiederaufleben der Befreiung (§ 51 V iVm § 11 I). Die Befristung ist aber kein Mittel, um eine Ausweisungsverfügung, die infolge der Verschiebung des für die Sach- und Rechtslage maßgeblichen Zeitpunkts auf denjenigen der mündlichen Verhandlung bzw. Entscheidung in der (letzten) Tatsacheninstanz rechtswidrig geworden ist[44], doch noch „zu halten".

1. Ausweisung

a) Befristung nach dem ZuwanderungsG 2005. Nach **§ 11 I 3 AufenthG idF vom 1.1.2005** 18
– wie zuvor nach § 8 II AuslG 1990 – erfolgte die **Befristung nur auf Antrag** und setzte grundsätzlich die vorherige Ausreise voraus. Ohne dass dies im Wortlaut des Gesetzes ausdrücklich verankert war, war allgemeine Auffassung, dass über die Länge der Frist nach **Ermessen** zu entscheiden war[45]. Ziff. 11.1.4.6.1 der AVwV enthält noch hieran ausgerichtet ermessenslenkende Vorgaben.

Nach damaliger Rechtslage bestand nur im Einzelfall die Verpflichtung der Ausländerbehörde, 19
zur Wahrung der Verhältnismäßigkeit von Amts wegen die Wirkungen der Ausweisung schon bei Erlass der Ausweisung zu befristen[46]. Ob dies erforderlich war, hing bei einer spezialpräventiven Ausweisung von den gesamten Umständen des Einzelfalls, insbesondere dem Ausmaß der von dem Ausländer ausgehenden Gefahr, der Vorhersehbarkeit der zukünftigen Entwicklung dieser Gefahr und den schutzwürdigen Belangen des Ausländers und seiner Angehörigen ab[47].

Nach der **Rspr. des EGMR** ist die Befristung des Einreise- und Aufenthaltsverbots eine Möglich- 20
keit, die Verhältnismäßigkeit einer Ausweisung iSd EMRK sicherzustellen[48]. Der EGMR hat in seiner

---

[41] → § 53 Rn. 98f.
[42] Vgl. BVerwG Urt. v. 13.4.2010 – 1 C 5.09, BVerwGE 136, 284 Rn. 13, 15 zu § 11 I AufenthG idF v. 25.2.2008, BGBl. I S. 162.
[43] OVG NRW Beschl. v. 8.5.2019 – 18 B 176/19, BeckRS 2019, 8245.
[44] Etwa weil die Wiederholungsgefahr entfallen oder die Ausweisung aufgrund einer neuen Sachlage unverhältnismäßig geworden ist.
[45] Vgl. etwa NdsOVG Urt. v. 14.5.2009 – 8 LB 158/06, BeckRS 2009, 35376; BayVGH Beschl. v. 26.3.2009 – 19 ZB 09.498, BeckRS 2009, 43212.
[46] BVerwG Urt. v. 10.7.2012 – 1 C 19.11, NVwZ 2013, 365 Rn. 33; Urt. v. 4.9.2007 – 1 C 43.06, BVerwGE 129, 226 Ls. 4 und Rn. 28.
[47] BVerwG Urt. v. 15.3.2005 – 1 C 2.04, Buchholz 451.901 AssoziationsR Nr. 42; Urt. v. 23.10.2007 – 1 C 10.07, BVerwG 129, 367 Rn. 18; Urt. v. 2.9.2009, Buchholz 451.901 AssoziationsR Nr. 54 Rn. 25; Beschl. v. 20.8.2009 – 1 B 13.09, Buchholz 402.242 § 11 AufenthG Nr. 4 Rn. 8.
[48] → Vorb. §§ 53–56 Rn. 95ff.

Dollinger

kasuistisch geprägten Rspr. in mehreren Entscheidungen die Ausweisung eines Ausländers als unverhältnismäßig iSd Art. 8 II EMRK erachtet, weil (noch) keine Entscheidung über die Befristung ihrer Wirkungen getroffen worden war[49]. In der Rechtssache Kaya gegen Deutschland hingegen wurde vom EGMR eine unbefristete Ausweisung eines 1978 im Bundesgebiet geborenen türkischen Staatsangehörigen für verhältnismäßig iSd Art. 8 EMRK angesehen, obwohl er in Deutschland aufwuchs, die Schule besuchte und eine Lehre abschloss[50]. Da dem Kindeswohl vorrangige Bedeutung zukommt, kann eine Änderung der relevanten Umstände aber ausnahmsweise die Nichtvollstreckung einer bestands- oder rechtskräftigen Rückführungsanordnung rechtfertigen[51].

21   b) **Rückführungs-RL 2008.** Die **RL 2008/115/EG** v. 16.12.2008 über gemeinsame Normen und Verfahren in den Mitgliedstaaten zur **Rückführung illegal aufhältiger Drittstaatsangehöriger**[52] – **Rückführungs-RL** – hat unionsrechtliche Regelungen für Einreise- und Aufenthaltsverbote getroffen. Die Umsetzungsfrist ist am 24.12.2010 abgelaufen. Erst durch das RLUmsG v. 22.11.2011[53] ist ihre – teilweise als partiell defizitär bewertete[54] – Umsetzung vorgenommen worden. Die RL gilt für Drittstaatsangehörige, die sich illegal in einem Mitgliedstaat aufhalten (**Art. 2 I Rückführungs-RL**), es sei denn der Mitgliedstaat hat von der in **Art. 2 II lit. b Rückführungs-RL** vorgesehenen Ausnahmemöglichkeit Gebrauch gemacht und beschlossen, die Rückführungs-RL nach einzelstaatlichem Recht nicht auf rückkehrpflichtige rechtskräftig verurteilte Straftäter oder Personen anzuwenden, gegen die ein Auslieferungsverfahren anhängig ist[55]. Deutschland hat dies nach Auffassung des BVerwG nicht getan.

22   **Art. 3 Nr. 2 Rückführungs-RL definiert illegalen Aufenthalt** als die Anwesenheit von Drittstaatsangehörigen, die nicht oder nicht mehr die Einreisevoraussetzungen nach Art. 5 SGK oder andere Voraussetzungen für die Einreise in einen Mitgliedstaat oder den dortigen Aufenthalt erfüllen, im Hoheitsgebiet dieses Mitgliedstaats. Nach **Art. 3 Nr. 4 Rückführungs-RL** ist die **Rückkehrentscheidung** die behördliche oder richterliche Entscheidung oder Maßnahme, mit der der illegale Aufenthalt von Drittstaatsangehörigen festgestellt und eine Rückkehrverpflichtung auferlegt oder festgestellt. Nach **Art. 3 Nr. 6 Rückführungs-RL** ist „**Einreiseverbot**" die behördliche oder richterliche Entscheidung oder Maßnahme, mit der die Einreise in das Hoheitsgebiet der Mitgliedstaaten und der dortige Aufenthalt für einen bestimmten Zeitraum untersagt wird und die mit einer Rückkehrentscheidung einhergeht[56]. Das Einreiseverbot ergeht als Einzelfallentscheidung, das von Amts wegen gemeinsam mit einer Rückkehrentscheidung verfügt wird. Ein an eine Ausweisung anknüpfendes Einreise- und Aufenthaltsverbot kann auch dann mit einer Rückkehrentscheidung nach Art. 3 Nr. 6 Rückführungs-RL einhergehen, wenn lediglich eine im Asylverfahren ergangene Abschiebungsandrohung des BAMF vorliegt. **Art. 6 VI Rückführungs-RL** bestimmt, dass durch diese Richtlinie die Mitgliedstaaten nicht daran gehindert werden sollen, entsprechend ihren innerstaatlichen Rechtsvorschriften und unbeschadet der nach Kap. III und nach anderen einschlägigen Bestimmungen des Gemeinschaftsrechts und des einzelstaatlichen Rechts verfügbaren Verfahrensgarantien mit einer einzigen behördlichen oder richterlichen Entscheidung eine Entscheidung über die Beendigung des legalen Aufenthalts sowie eine Rückkehrentscheidung und/oder eine Entscheidung über eine Abschiebung und/oder ein Einreiseverbot zu erlassen. **Rückkehrentscheidung, Abschiebung und Einreiseverbot** sind danach **voneinander unabhängige Rechtsakte,** die gemeinsam oder getrennt voneinander ergehen können[57].

---

[49] Vgl. EGMR Urt. v. 17.4.2003 – 52853/99, NJW 2004, 2147 (2149) – Yilmaz; Urt. v. 22.4.2004 – 42703/98, InfAuslR 2004, 374 – Radovanovic; Urt. v. 27.10.2005 – 32231/92, InfAuslR 2006, 3 – Keles.
[50] EGMR Urt. v. 28.6.2007 – 31753/02, InfAuslR 2007, 325 (Zusammenfassung) – Kaya.
[51] EGMR Urt. v. 21.9.2017 – 53661/15, NLMR 2017, 435 – Severe/Österreich: Wenn zwar die Rückführungsanordnung rasch erging und ein Vollstreckungsversuch zügig vorbereitet und durchgeführt wurde, aber die innerstaatlichen Gerichte danach beinahe fünfeinhalb Jahre brauchten, bevor sie sich schließlich gegen die Vollstreckung der Rückführungsanordnung mit der Begründung entschieden, die Kinder seien bei der Rückkehr zum Vater sehr wahrscheinlich durch die bevorstehende Trennung von ihrer Mutter weiter traumatisiert würden und dass sie sich mittlerweile gut an das Leben in Österreich angepasst hätten, muss der Schluss gezogen werden, dass die Änderung der Umstände in erster Linie durch den Zeitablauf bestimmt wurde und dass dies angesichts des Versäumnisses, irgendwelche weiteren Zwangsmaßnahmen zu ergreifen, hauptsächlich den österreichischen Behörden zuzurechnen war, sodass der Vater insgesamt keinen effektiven Schutz seines Rechts auf Achtung seines Familienlebens erhielt und folglich eine Verletzung von Art. 8 EMRK stattgefunden hat.
[52] ABl. 2008 L 348, 98.
[53] BGBl. 2011 I S. 2258.
[54] Vgl. etwa die Kritik bei *Marx* ZAR 2014, 278; *Keßler* Asylmagazin 2014, 416; *Oberhäuser* Asylmagazin 2019, 7. Schreiben der Europäischen Kommission an den deutschen Außenminister v. 16.10.2014 – 2014/2192, C (2014) 7338 final im Rahmen der Prüfung des Vertragsverletzungsverfahrens wegen nicht vollständiger bzw. nicht korrekter Umsetzung der Rückführungs-RL.
[55] EuGH Urt. v. 3.6.2021 – C 546/19, NVwZ 2021, 1207.
[56] EuGH Urt. v. 19.9.2013 – C-297/12, NVwZ 2014, 361 – Filev u. Osmani.
[57] BVerwG Urt. v. 21.8.2018 – 1 C 21.17, NVwZ 2019, 483 Rn. 22; Urt. v. 16.2.2022 – 1 C 6.21.

Die in Rspr. und Lit. umstrittene Frage, ob die **isolierte Ausweisung** eine Rückkehrentscheidung 23
iSv Art. 3 Nr. 4 Rückführungs-RL, ist – ebenso wie etwa für Widerruf und Rücknahme – zu
verneinen[58]. Die materiellen und verfahrensrechtlichen Vorgaben der Rückführungs-RL sind für die
isolierte Ausweisung nicht einschlägig. Durch die Neufassung von § 11 I, II idF des 2. RückkehrG
2019 hat der Streit die praktische Relevanz eingebüßt. **Abweichend** beurteilt der EuGH die Sach-
und Rechtslage, wenn **mit der Ausweisung gleichzeitig ausdrücklich ein Aufenthaltsverbot
verfügt** wird[59]. Ebenso anders zu beurteilen ist der Fall, wenn mit der Ausweisung eine Befristungsentscheidung nach § 11 II und III getroffen wird; in dieser **behördlichen Befristung** ist dann das
Einreise- und Aufenthaltsverbot angelegt und **enthalten**[60].

Die **Ausweisung** ist darauf angelegt, mit ihrem Erlass einen Aufenthaltstitel zum Erlöschen zu 24
bringen (§ 51 I Nr. 5) und damit die Rechtmäßigkeit des Aufenthalts zu beenden. Wie sich aus dem
Kommissionsentwurf zur Rückführungs-RL[61] ergibt, sind die Gründe und das Verfahren für die
Beendigung eines rechtmäßigen Aufenthalts nicht Regelungsgegenstand der RL. Es kommt für die
Anwendbarkeit der Rückführungs-RL nur auf den Status des illegalen Aufenthalts an, ohne dass von
Relevanz wäre, auf welche Weise dieser Status begründet worden ist[62]. Dementsprechend sind sowohl
der **Kommissionsentwurf** als auch die schließlich ergangene RL auf **Art. 63 III lit. b EGV** gestützt,
die einwanderungspolitischen Maßnahmen im Bereich illegale Einwanderung und illegaler Aufenthalt,
einschließlich der Rückführung solcher Personen, die sich illegal im Mitgliedstaat aufhalten, vorsieht.
Wäre allein die Beendigung des legalen Aufenthalts Regelungsgegenstand gewesen, hätte die Heranziehung von Art. 63 III lit. a EGV nahegelegen, der ua Einreise und Aufenthaltsvoraussetzungen
betrifft. Das in **Art. 6 VI Rückführungs-RL** vorausgesetzte Verständnis des „legalen" Aufenthalts
und die dort vorgenommene ausdrückliche Abgrenzung zur Rückkehrentscheidung, die im nationalen
Recht als (unselbständige) Abschiebungsandrohung darstellt, sprechen ebenfalls gegen die Einordnung
der isolierten Ausweisung als Rückkehrentscheidung[63]. Auch der EuGH hat betont, dass die Rückführungs-RL nicht zum Ziel hat, die nationalen Rechtsvorschriften über den Aufenthalt von Ausländern insgesamt zu harmonisieren, sondern sich nur auf die Rückführung von Drittstaatsangehörigen, die sich illegal in einem Mitgliedstaat aufhalten, bezieht[64].

Die generelle Herausnahme von Akten, die die Rechtmäßigkeit des Aufenthalts im Mitgliedstaat 25
beenden, dh nach deutschem Recht – Ausweisung, Rücknahme und Widerruf – aus dem Anwendungsbereich der Rückführungs-RL wird mit Blick auf deren Art. 2 II lit. b Alt. 1 und die Tatsache,
dass der Gesetzgeber gemeint hat, von diesem **„Opt-out"** partiell Gebrauch gemacht zu haben[65], in
Frage gestellt[66]. Nach Art. 2 II lit. b Alt. 1 Rückführungs-RL können die Mitgliedstaaten beschließen,
die Rückführungs-RL auf Drittstaatsangehörige nicht anzuwenden, die nach einzelstaatlichem Recht
aufgrund einer strafrechtlichen Sanktion oder infolge einer strafrechtlichen Sanktion rückkehrpflichtig
sind. Der weite Wortlaut („infolge") legt es durchaus nahe, dass auch die auf einer strafrechtlichen

---

[58] VGH BW Beschl. v. 15.10.2013 – 11 S 2114/13, InfAuslR 2014, 1140; Urt. v. 6.11.2012 – 11 S 2307/11, BeckRS 2012, 60618; Urt. v. 16.5.2012 – 11 S 2328/11, EZAR NF 42 Nr. 11; Urt. v. 10.2.2012 – 11 S 1361/11, NVwZ-RR 2012, 492; Urt. v. 7.12.2011 – 11 S 897/11, NVwZ-RR 2012, 412; BayVGH Urt. v. 28.6.2016 – 10 B 15.1854, BeckRS 2016, 50099; Gutmann InfAuslR 2011, 13; *Westphal/Stoppa*, Report Ausländer- und Europarecht Nr. 24, November 2011, www.westphal-stoppa.de; aA *Hörich*, Abschiebungen nach europäischen Vorgaben, 2015, S. 81 ff.; *Hörich* ZAR 2011, 281 (283 f.); *Fritzsch* ZAR 2011, 297 (302 f.); *Stiegeler* Asylmagazin 2011, 62 (63 ff.); *Gutmann* InfAuslR 2013, 2 und InfAuslR 2012, 208; *Deibel* ZAR 2012, 148; *Welte* ZAR 2012, 424; vorl. Anwendungshinweise des Bundesinnenministeriums v. 16.12.2010 zur einstweiligen Umsetzung der Richtlinie – Az. M I 3 – 215 734/25, S. 3; vgl. auch OVG Saarl Beschl. v. 18.10.2011 – 2 A 352/11, BeckRS 2011, 55296; offengelassen BVerwG Urt. v. 13.12.2012 – 1 C 14.12, BeckRS 2013, 45540; Urt. v. 13.12.2012 – 1 C 20.11, NVwZ 2013, 733; Urt. v. 14.2.2012 – 1 C 7.11, ZAR 2012, 344; HmbOVG Beschl. v. 9.5.2012 – 4 Bs 15/12, BeckRS 2012, 51612; OVG NRW Urt. v. 22.3.2012 – 18 A 951/09, EZAR NF 19 Nr. 59; VG Düsseldorf Urt. v. 24.4.2012 – 22 K 7443/11, BeckRS 2012, 50827; s. auch OVG Bln-Bbg Urt. v. 13.12.2011 – 12 B 19.11, Asylmagazin 2012, 86 – Wiedereinreiseverbot bei Ausweisung nach der Rückführungs-RL.

[59] Vgl. EuGH Urt. v. 14.9.2017 – C-184/16, BeckRS 124327 betr. ein griechisches Vorabentscheidungsersuchen ua vom EuGH bejahten Frage, ob eine um ein Aufenthaltsverbot ergänzte Ausweisungsverfügung eine Rückkehrentscheidung iSd Rückführungs-RL ist.

[60] BVerwG Urt. v. 27.7.2017 – 1 C 28.16, NVwZ 2018, 409 und Urt. v. 21.8.2018 – 1 C 21.17, NVwZ 2019, 483.

[61] KOM/2005/0391 endg. v. 1.9.2005 – dort insbes. I 3 Ziff. 12 und I 4.

[62] *Franßende la Cerda* ZAR 2008, 377 (380 f.).

[63] VGH BW Urt. v. 10.2.2012 – 11 S 1361/11, NVwZ-RR 2012, 492.

[64] EuGH Urt. v. 6.12.2012 – C-430/11 Rn. 31 NVwZ-RR 2013, 123 – Sagor und Urt. v. 6.12.2011 – C-329/11 Rn. 28, BeckRS 2011, 81777 – Achughbabian.

[65] Vgl. die Gesetzesbegründung zu § 11 BT-Drs. 17/5470, 2; s. hierzu auch VGH BW Urt. v. 6.11.2012 – 11 S 2307/11, BeckRS 2012, 60618. Nach Auffassung des EuGH (Urt. v. 19.9.2013 – C-297/12, InfAuslR 2013, 416 – Filev und Osmani) führt die verspätete Umsetzung der Rückführungs-RL dazu, dass die Bundesrepublik von einem ihr eingeräumten Opt-out nach Art. 2 II lit. b jedenfalls für Altfälle nicht mehr hätte wirksam Gebrauch machen können.

[66] S. zum Anwendungsbereich der Rückführungs-RL – auch mit Blick auf das AsylG – ausf. und vertiefend GK-AufenthG § 59 Rn. 262 ff. (Stand: 3/2013).

Verurteilung basierende, durch die Verwaltung verfügte Ausweisung hierunter fallen kann[67]. Eine solche Auslegung würde allerdings nicht der **Entstehungsgeschichte** und Bedeutung dieser Bestimmung gerecht.

26 Die Kommission hat während der Beratungen im Rat stets deutlich gemacht, dass die verschiedenen Stufen „Beendigung des legalen Aufenthalts" und (deswegen danach) **illegaler Aufenthalt** zu unterscheiden sind und die **Rückführungs-RL** nur den letzteren Fall erfasst. Verschiedene Mitgliedstaaten, deren Strafrecht bei Delikten von Ausländern auch den Verlust des Aufenthaltsrechts als Strafe oder Nebenstrafe vorsieht[68], befürchteten, dass durch die Rückführungs-RL in die ihrer alleinigen Kompetenz obliegenden Angelegenheit des nationalen Strafrechts eingegriffen würde. Obwohl sowohl das Europäische Parlament als auch andere Mitgliedstaaten die Auffassung der Kommission, dass die Beendigung des legalen Aufenthalts – auch mit Mitteln des Strafrechts – schon gar nicht vom Anwendungsbereich der Rückführungs-RL erfasst ist, stützen und eine solche Klausel für nicht notwendig erachteten, verlangten diese Länder ausdrücklich eine Optionsregelung. Letztlich ist dem aus Gründen des Pragmatismus entsprochen worden, weil andernfalls die Gefahr des Scheiterns der RL gedroht hätte[69].

27 Das Urteil des **EuGH vom 19.9.2013**[70] gebietet keine andere Sichtweise[71]. Zwar lag der Entscheidung auch eine isolierte Ausweisung aus dem Jahre 1999 zugrunde. Das vorlegende Amtsgericht hat sich jedoch mit der Problematik, ob die Ausweisung überhaupt unter Art. 3 Nr. 4 Rückführungs-RL fällt, nicht beschäftigt. Der EuGH hat sich (demzufolge) auch nicht dazu geäußert, ob die Ausweisung eine Rückkehrentscheidung iSd Rückführungs-RL ist. Dies ist im Übrigen in erster Linie auch eine Frage des nationalen Rechts. Für die unionsrechtliche Rechtmäßigkeit einer Rückführungsentscheidung gegen einen Drittstaatsangehörigen kommt es nach aktueller Rspr. des **EuGH vom 3.6.2021** nicht auf die Ausweisung an, selbst wenn diese bestandskräftig sein sollte. Unionsrechtlich entscheidend ist allein der rechtmäßige Bestand der Abschiebungsandrohung nach § 59 oder Abschiebungsanordnung nach § 58a als der unionsrechtlich maßgeblichen Rückführungsentscheidung. Ist die Abschiebungsanordnung gegen den Drittstaatsangehörigen rechtswidrig oder aufgehoben worden, verletzt ein gleichwohl ergangenes Einreise- und Aufenthaltsverbot nach § 11 auch dann Art. 2 I Rückführungs-RL, wenn die Ausweisung bestandskräftig geworden war[72].

28 Nach § 11 I, II, VII verfügte **migrationsbedingte Einreise- und Aufenthaltsverbote** werden uneingeschränkt von der Rückführungs-RL erfasst. Als klärungsbedürftig sieht das BVerwG – mit Blick auf Äußerungen der Europäischen Kommission – an, ob dies auch für **„nichtmigrationsbedingte Einreiseverbote"** gilt. Ob derartige nichtmigrationsbedingte Einreiseverbote tatsächlich grundsätzlich oder unter bestimmten Voraussetzungen nicht in den Anwendungsbereich der Rückführungs-RL fallen, ist in der Rspr. des EuGHs bislang nicht geklärt. Dementsprechend hat das BVerwG diese Frage dem EuGH im Wege des Vorabentscheidungsverfahrens nach Art. 267 AEUV vorgelegt[73].

29 **c) Befristung nach dem RLUmsG 2011.** Seit dem Inkrafttreten der Änderung des § 11 I aF durch das RLUmsG 2011 haben Ausländer nach dem Urteil des BVerwG vom 10.7.2012 einen Anspruch darauf, dass die Ausländerbehörde mit Erlass einer Ausweisung zugleich deren in § 11 I 1 und 2 aF genannten Wirkungen (Einreise- und Aufenthaltsverbot, Titelerteilungssperre) befristet. Die Befristungsentscheidung setzt nicht mehr die vorherige Ausreise des Ausländers voraus[74]. § 11 I 3 aF verschafft dem Ausländer – vorbehaltlich der Ausnahmen in S. 7 aF – einen uneingeschränkten, auch hinsichtlich der Dauer der Befristung voller gerichtlicher Überprüfung unterliegenden **Befristungsanspruch**[75]. Aufgrund der unionsrechtlichen Prägung des § 11 I 3 aF, die dieser durch das Inkrafttreten des RLUmsG 2011 erfahren hat, sind die Interessen des Einzelnen an der zeitlichen Beschrän-

---

[67] Dies jedenfalls für die frühere Ist-Ausweisung nach § 53 aF annehmend *Franßende la Cerda* ZAR 2008, 377 (381) sowie auf diesen verweisend *Schieffer* in Hailbronner, EU Immigration and Asylum Law, 2010, S. 1513.
[68] Vgl. hierzu Art. 33 Freizügigkeits-RL.
[69] *Lutz*, The Negotiations on the Return Directive, 2010, unter 2.2., S. 30 Scope of the Directive – Art. 2; s. auch *Europäische Kommission*, Contact Committee „Return Directive" (2008/115/EC) – Migrapol CC Return Dir 33 zu Art. 2 (www.ec.europa.eu), das – allerdings nicht rechtsverbindlich – eine große Zahl von Fragen zur Rückführungs-RL behandelt. Der Aspekt, dass die Optionsregelung letztlich eine überflüssige, aber unschädliche Maßnahme darstellt, kommt indirekt auch bei *Franßende la Cerda* ZAR 2008, 377 (381) zum Ausdruck.
[70] EuGH Urt. v. 19.9.2013 – C-297/12, InfAuslR 2013, 416 – Filev und Osmani.
[71] VGH BW Beschl. v. 15.10.2013 – 11 S 2114/13, InfAuslR 2014, 140, GK-AufenthG § 11 Rn. 16 (Stand: 10/2015und § 59 Rn. 264.1 (Stand: 3/2014).
[72] EuGH Urt. v. 3.6.2021 – C-546/19, NVwZ 2021, 1207.
[73] BVerwG Beschl. v. 9.5.2019 – 1 C 14.19, EZAR NF 45 Nr. 26 und Ergänzungsbeschl. v. 6.5.2020 – 1 C 14.19, BeckRS 2020, 15865; vgl. dazu auch EuGH Urt. v. 3.6.2021 – C-546/19, NVwZ 2021, 1207.
[74] BVerwG Urt. v. 10.7.2012 – 1 C 19.11, NVwZ 2013, 365 Rn. 30 ff.; Weiterentwicklung der Rspr. BVerwG Urt. v. 14.2.2012 – 1 C 7.11, ZAR 2012, 344 Rn. 28 f.
[75] BVerwG Urt. v. 13.12.2012 – 1 C 14.12, BeckRS 2013, 45540 Rn. 11; Urt. v. 10.7.2012 – 1 C 19.11, NVwZ 2013, 365 Rn. 34; Urt. v. 14.2.2012 – 1 C 7.11, ZAR 2012, 344 Rn. 32 f.

kung der Wirkungen der Ausweisung und an einem hierauf bezogenen effektiven Rechtsschutz erheblich aufgewertet worden.

Diesen Befristungsanspruch entnimmt das **BVerwG** einer **Gesamtschau insbesondere der anlässlich der Umsetzung der Rückführungs-RL eingefügten grundsätzlichen Höchstfrist von fünf Jahren** (§ 11 I 4 aF, § 11 III 2 nF) sowie den Grundrechten einschließlich des Verhältnismäßigkeitsgrundsatzes und der EMRK. Es sieht das nationale **Ausweisungsrecht** auch jenseits konkret verbindlicher Vorgaben als **durch ein europäisches Mehrebenensystem geprägt** und beeinflusst an[76]. Der Erlass einer Entscheidung zur Befristung der Wirkungen einer Ausweisung setzt nicht mehr die vorherige Ausreise des Ausländers voraus. Der Befristungsanspruch gilt unabhängig davon, ob die Ausweisung spezial- und/oder generalpräventiv verfügt wird. Dass es geboten ist, eine allein generalpräventiv begründete Ausweisung zur Wahrung der Verhältnismäßigkeit in ihren Wirkungen von Amts wegen mit Erlass der Ausweisung zu befristen, hatte das BVerwG bereits zuvor entschieden[77]. 30

Das **BVerwG** hat bei insoweit offenem und unverändert gebliebenem Wortlaut des § 11 I 3 aF, wonach die in S. 1 und 2 aF genannten Wirkungen auf Antrag befristet werden, angenommen, dass die Regelung in ihrem europäischen Gesamtzusammenhang so zu verstehen ist, dass dem Ausländer ein Recht auf vollständige gerichtliche Kontrolle eingeräumt ist, um die Verhältnismäßigkeit der Ausweisung zu sichern. Weder hinsichtlich des **„Ob" der Befristung** noch bzgl. der nach § 11 III 1 zu bestimmenden **Länge der Frist** steht der Ausländerbehörde ein Ermessen zu; vielmehr handelt es sich um eine **rechtliche gebundene Entscheidung**[78]. 31

In Folge dieser Rspr. kann sich die Frage, ob eine unbefristet verfügte Ausweisung mit Art. 8 EMRK in Einklang steht, durch den Anspruch auf Befristung der Wirkungen der Ausweisung mit Erlass der Ausweisungsverfügung im Wege einer gebundenen Entscheidung nicht mehr stellen. Es ist nicht ersichtlich, dass es noch eine Konstellation geben könnte, in der eine in der Sache gerechtfertigte Ausweisung mangels Befristung unverhältnismäßig und damit aufzuheben sein könnte, obwohl ein selbstständig einklagbarer Anspruch auf Befristung besteht. 32

Hat die Ausländerbehörde die Frist zu lang bemessen oder fehlt es an einer Befristungsentscheidung – **und liegt kein Fall nach Abs. 5b S. 1** (Abschiebungsanordnung nach § 58a mit unbefristetem Einreise- und Aufenthaltsverbot) oder Abs. 5a iVm § 5b S. 2 („Verbrecherausweisung") vor –, so hat das Gericht die Frist festzulegen. In Konsequenz dieser Rspr. sind die **Anfechtung der Ausweisung und die Verpflichtung zur Befristung** ihrer Wirkungen **zwei unterschiedliche Streitgegenstände** und stehen im Verhältnis Haupt- und Hilfsantrag. Die Ausweisung kann in Rechtskraft erwachsen, während die Befristung oder deren Länge (noch) streitig sind. 33

d) Befristung nach dem AufenthGÄndG 2015. Über das „Ob" der **Befristung** ist – letztlich in Konsequenz der Rspr. des BVerwG zu § 11 idF des RLUmsG 2011 – nach Abs. 2 S. 1 und 3 **von Amts wegen mit der Ausweisung** zu entscheiden. Dem Ausländer ist der Einwand verwehrt, zum jetzigen Zeitpunkt keine Befristungsentscheidung zu wollen. 34

Soweit der Ausländerbehörde in **Abs. 3 S. 1** ausdrücklich ein **Ermessen** hinsichtlich der Länge der Frist („wie" der Befristung) eingeräumt wird, erfolgt dies nach der Gesetzesbegründung in Konkretisierung des offenen Wortlauts – und damit letztlich in Korrektur der Rspr. des BVerwG zu § 11 I 3 idF des RLUmsG 2011. 35

Eine **gebundene Entscheidung** über die **Länge der Sperrfrist nach § 11 III 1** folgt zunächst **nicht aus der Rückführungs-RL**, und zwar ungeachtet der vom BVerwG offengelassenen Frage, ob die Befristung der gesetzlichen Wirkungen der Ausweisung an den Bestimmungen dieser Richtlinie zu messen ist[79]. Art. 11 II Rückführungs-RL enthält mit Ausnahme der grundsätzlich geltenden Fünf-Jahres-Frist keine weiteren inhaltlichen Vorgaben für die Dauer der Frist, sondern schreibt nur die Berücksichtigung der jeweiligen Umstände des Einzelfalls vor. Hierzu bedarf es nicht zwingend einer gebundenen Entscheidung. Auch dem Recht auf einen wirksamen Rechtsbehelf nach Art. 13 Rückführungs-RL ist nicht zu entnehmen, dass der Ausländerbehörde vom nationalen Gesetzgeber kein Ermessensspielraum eingeräumt werden darf. Denn die Wirksamkeit eines Rechtsbehelfs bezieht sich auf die umfassende gerichtliche Überprüfung der normativ vorgegebenen Grenzen behördlichen Handelns[80]. 36

Strukturelle Erwägungen stehen einer **Ermessensregelung iSv § 11 III 1** nach der Rspr. des BVerwG[81] ebenfalls nicht entgegen. Der Umstand, dass es sich bei der Ausweisung nach § 53 I um eine gebundene Entscheidung mit einer tatbestandsbezogenen Abwägung handelt, zwingt den Gesetz- 37

---

[76] *Armbruster/Hoppe* ZAR 2013, 309.
[77] BVerwG Urt. v. 14.2.2012 – 1 C 7.11, ZAR 2012, 344; Urt. v. 22.2.2017 – 1 C 27.16, NVwZ 2018, 88 Rn. 18.
[78] So die seit dem Urt. v. 10.7.2012 – 1 C 19.11, NVwZ 2013, 365 stRspr des BVerwG, vgl. etwa Urt. v. 13.12.2012 – 1 C 14.12, InfAuslR 2013, 141; Urt. v. 14.5.2013 – 1 C 13.12, InfAuslR 2013, 334; Urt. v. 6.3.2014 – 1 C 2.13, InfAuslR 2014, 223.
[79] BVerwG Urt. v. 10.7.2012 – 1 C 19.11, BVerwGE 143, 277 Rn. 45.
[80] BVerwG Urt. v. 22.2.2017 – 1 C 27.16, NVwZ 2018, 88 Rn. 21.
[81] BVerwG Urt. v. 22.2.2017 – 1 C 27.16, NVwZ 2018, 88 Rn. 22.

geber von Verfassung wegen nicht zu einer Regelung, nach der dies auch in Bezug auf die Dauer der mit der Ausweisung verbundenen gesetzlichen Rechtsfolgen der Fall sein muss. Die Ausgestaltung der **Ausweisung** als gerichtlich **voll überprüfbare Abwägungsentscheidung** ist auf das vom Gesetzgeber verfolgte Ziel zurückzuführen, eine „Beschleunigung des Verfahrens und schnellere Rechtssicherheit" zu erreichen[82]. Gleichzeitig wollte der Gesetzgeber, dass über die **Dauer der Sperrfrist von der zuständigen Behörde nach pflichtgemäßem Ermessen** zu entscheiden ist[83]. Dieser gesetzgeberischen Entscheidung stehen verfassungs- und konventionsrechtliche Vorgaben nicht entgegen. Die Befristung der gesetzlichen Wirkungen einer Ausweisung wirkt sich zwar mit Blick auf Art. 2 I und Art. 6 GG sowie Art. 8 EMRK auf die Verhältnismäßigkeit der Aufenthaltsbeendigung aus[84]. Die **Verhältnismäßigkeit der Aufenthaltsbeendigung** kann auch bei einer Ermessensentscheidung hinsichtlich der konkreten Dauer der Sperrfrist auf der Rechtsfolgenseite gewährleistet werden.

38 Das Erfordernis einer **Ermessensentscheidung** nach § 11 III 1 **ändert nichts am behördlichen Prüfprogramm.** Die Ausländerbehörde – oder in Fällen des Abs. 7, das BAMF[85] – muss bei der allein unter präventiven Gesichtspunkten festzusetzenden Frist das Gewicht des Ausweisungsinteresses und den mit der Ausweisung verfolgten Zweck berücksichtigen. Hierzu bedarf es in einem **ersten Schritt** der prognostischen Einschätzung im Einzelfall, wie lange das Verhalten des Betroffenen, das seiner Ausweisung zugrunde liegt, das öffentliche Interesse an der **Gefahrenabwehr** trägt. Die auf diese Weise an der Erreichung des Ausweisungszwecks ermittelte Höchstfrist muss von der Behörde in einem **zweiten Schritt** an höherrangigem Recht, dh an verfassungsrechtlichen Wertentscheidungen (Art. 2 I, Art. 6 GG), sowie unions- und konventionsrechtlich an den Vorgaben aus **Art. 7 GRCh und Art. 8 EMRK** gemessen und bestimmt werden[86]. Über dieses normative Korrektiv lassen sich auch bei einer Ermessensentscheidung die einschneidenden Folgen des Einreise- und Aufenthaltsverbots für die persönliche Lebensführung des Betroffenen begrenzen. Dabei sind von der zuständigen Behörde nicht nur die nach § 55, I, II AufenthG schutzwürdigen Bleibeinteressen des Ausländers in den Blick zu nehmen, sondern es bedarf nach Maßgabe des Grundsatzes der Verhältnismäßigkeit auf der Grundlage der Umstände des Einzelfalls einer umfassenden Abwägung der betroffenen Belange.

39 e) **Befristung nach dem 2. RückkehrG 2019.** § 11 II idF des RückkehrG 2019 **übernimmt** das **Regelungsmodell** der **Rückführungs-RL.** Danach ist das Einreise- und Aufenthaltsverbot als antragsunabhängige, mit einer Rückkehrentscheidung von Amts wegen einhergehende Einzelfallentscheidung ausgestaltet, in der die Dauer der befristeten Untersagung des Aufenthalts in Anbetracht der jeweiligen Umstände des Einzelfalls festgelegt wird. Die Begriffsbestimmung des Einreiseverbots in Art. 3 Nr. 6 Rückführungs-RL fordert eine „behördliche oder richterliche Entscheidung oder Maßnahme, mit der die Einreise in das Hoheitsgebiet der Mitgliedstaaten und der dortige Aufenthalt für einen bestimmten Zeitraum untersagt wird und die mit einer Rückkehrentscheidung einhergeht." Daraus folgt, dass es sich bei der Anordnung des Einreiseverbots um eine im Einzelfall zu treffende behördliche oder richterliche Entscheidung handeln muss. Zudem muss diese Einzelfallentscheidung die Einreise und den Aufenthalt für einen bestimmten Zeitraum untersagen, also von Amts wegen[87] eine bestimmte Dauer festsetzen (Art. 11 II iVm Art. 3 Nr. 6 Rückführungs-RL).

40 **Rückkehrentscheidung** und **Einreise- und Aufenthaltsverbot** sind jeweils **eigenständige Entscheidungen, die gesondert anfechtbar** sind[88]. Dafür spricht, dass die Rückführungsrichtlinie in den Begriffsbestimmungen des Art. 3 Nr. 4, 5 und 6 und auch in Art. 12 I davon ausgeht, dass es sich bei der Rückkehrentscheidung, der Abschiebung und dem Einreiseverbot um voneinander unabhängige Rechtsakte handelt, die, wie aus Art. 6 VI Rückführungs-RL folgt, auch getrennt voneinander ergehen können. Auch in Art. 13 I und II iVm Art. 12 I Rückführungs-RL werden Rückkehrentscheidungen und Entscheidungen über das Einreiseverbot als eigenständige Entscheidungen aufgeführt, gegen die separate Rechtsbehelfe möglich sind. Eine fehlende Befristungsentscheidung kann folglich allenfalls zur Rechtswidrigkeit des Einreiseverbots führen, nicht aber zur Rechtswidrigkeit der hiervon rechtlich zu trennenden Abschiebung[89].

41 Mit der Grundsatzentscheidung des neuen § 11 I idF des 2. RückkehrG 2019, das **Einreise- und Aufenthaltsverbot** unionsrechtskonform als gesonderten **Verwaltungsakt** anzulegen, fällt das **„Ob" der Befristung von Amts wegen** nach § 11 II 3 zusammen. Für das „Wie" der Befristung ergeben sich keine Änderungen (vgl. → Rn. 35–38). Entscheidungen über die Befristung des Einreise- und

---

[82] BT-Drs. 18/4097, 49 f.
[83] BT-Drs. 18/4097, 36.
[84] BVerwG Urt. v. 14.2.2012 – 1 C 7.11, BVerwGE 142, 29 Rn. 33 mwN der Rspr. des EGMR.
[85] Vgl. § 11 VII 3.
[86] BVerwG Urt. v. 10.7.2012 – 1 C 19.11, BVerwGE 143, 227 Rn. 42 und Urt. v. 22.2.2017 – 1 C 27.16, NVwZ 2018, 88 Rn. 23.
[87] EuGH Urt. v. 19.9.2013 – C-297/12, NVwZ 2014, 361 Rn. 27 ff., 31 – Filev und Osmani.
[88] BVerwG Urt. v. 27.3.2018 – 1 A 4.17, BeckRS 2018, 9650 Rn. 87, v. 22.8.2017 – 1 A 2.17, ZAR 2018, 119 und v. 22.8.2017 – 1 A 3.17, BVerwGE 159, 296 Rn. 36.
[89] BVerwG Urt. v. 21.8.2018 – 1 C 21.17, NVwZ 2019, 116 Rn. 22.

Aufenthaltsverbots, die noch auf der Grundlage des alten § 11 I (gesetzliches Einreise- und Aufenthaltsverbot) ergangen sind, sind nach dem Inkrafttreten des § 11 I idF des RückkehrG 2019 gemäß § 47 VwVfG in eine behördliche Anordnung eines befristeten Einreise- und Aufenthaltsverbots umzudeuten[90].

2. Verhältnis Einreiseverbot zu Abschiebung und Zurückschiebung

Grundlage einer Abschiebung ist die **Abschiebungsandrohung**, die ihrerseits eine **Rückkehr-** 42 **entscheidung iSv Art. 3 IV Rückführungs-RL**[91] darstellt; ist eine Abschiebungsandrohung ausnahmsweise entbehrlich, übernimmt die dann erforderliche Abschiebungsanordnung – etwa nach § 58a – deren Funktion[92].

Die **Abschiebungsandrohung** löst nach **nationalem Recht kein Einreiseverbot** iSd Art. 11 I 43 Rückführungs-RL aus, sodass im Zeitpunkt ihres Erlasses an sich kein Bedürfnis für eine Festsetzung der zeitlichen Dauer eines solchen Verbots besteht[93]. Reist der Ausländer etwa nach Ablehnung eines Antrags auf Erteilung einer Aufenthaltserlaubnis und einer entsprechenden Abschiebungsandrohung freiwillig in sein Heimatland aus, entsteht keine Sperrwirkung. Das nationale Recht ist hier insoweit günstiger als das Unionsrecht, das ein Einreiseverbot auch dann zulässt, wenn eine freiwillige Ausreise erfolgt[94].

Ein **Einreiseverbot** entsteht vielmehr **erst durch** das regelmäßig gemeinsam mit der Abschie- 44 bungsandrohung **durch VA** behördlich gesondert angeordnete Einreise- und Aufenthaltsverbot (§ 11 II 1 iVm Art. 3 Nr. 6 und Art. 12 I Rückführungs-RL) in dem gleichzeitig dessen Dauer festgelegt wird. Um diesen Erfordernissen des Unionsrechts zu entsprechen, muss spätestens mit der zwangsweisen Aufenthaltsbeendigung von Amts wegen eine individuelle Entscheidung ergehen, die eine Befristung nach den konkreten Umständen des Einzelfalls trifft. Dies schließt die sofortige Befristung auf null als Regelinstrumentarium ein.

Es ist zwischen **Abschiebungsandrohung oder –anordnung (VA), Abschiebung (Realakt)** 45 **und Einreise- und Aufenthaltsverbot (VA)** zu differenzieren. Fehlt es bei der Abschiebung rechtswidrig am Einreise- und Aufenthaltsverbot nach § 11 I, II, hat dies keine rechtliche Relevanz für die Rechtmäßigkeit von Abschiebungsandrohung, Abschiebungsanordnung und Abschiebung. Es gibt **keinen Rechtswidrigkeitszusammenhang zwischen der Abschiebung und dem Einreise- und Aufenthaltsverbot** sowie seiner **Befristung**[95].

Es ist deshalb unerheblich, ob ein Einreiseverbot, um dem Gebot des „Einhergehens" mit der 46 Rückkehrentscheidung zu genügen, dem Betroffenen so rechtzeitig bekannt gegeben werden muss, dass er noch im Bundesgebiet von den ihm durch **Art. 13 Rückführungs-RL** eingeräumten Rechtsbehelfen Gebrauch machen kann. Soweit dies in der Rechtsprechung[96] angenommen worden ist, lag dem das abweichende Konzept des AufenthG vor dem Inkrafttreten des 2. RückkehrG 2019 zugrunde, wonach ein Einreiseverbot mit der Abschiebung kraft Gesetzes entstand und bei einer fehlenden Befristung zunächst unbefristet eintrat. Ausgehend davon, dass ohne Anordnung im Einzelfall wegen des Vorrangs des Unionsrechts schon kein Einreiseverbot entstehen kann, berühren die Erwägungen zum Zeitpunkt eines Rechtsbehelfs gegen ein Einreiseverbot allenfalls die Frage, unter welchen Voraussetzungen ein Einreiseverbot nach der Ausreise angeordnet werden darf. **Ob ein Einreiseverbot** im Einklang mit aus der Rückführungs-RL ggf. folgenden zeitlichen Vorgaben **angeordnet worden ist, ist** – bei Annahme getrennter und jeweils eigenständiger Überprüfung unterliegender Anordnungen und Maßnahmen – **keine Frage der Rechtmäßigkeit der Abschiebung**[97].

Allerdings soll die zuständige Ausländerbehörde das Einreise- und Aufenthaltsverbot regelmäßig mit 47 der Abschiebungsandrohung oder -anordnung erlassen (§ 11 II 2). Zur Sicherung effektiven Rechtsschutzes gegen das Einreise- und Aufenthaltsverbot – nicht gegen die Abschiebung – sollte die

---

[90] BVerwG Urt. v. 7.9.2021 – 1 C 3.21, BeckRS 2021, 42834 Rn. 32.
[91] Näher BVerwG Urt. v. 21.8.2018 – 1 C 21.17, NVwZ 2019, 116 unter Hinweis auf *Hailbronner* AsylG § 34 Rn. 14 ff.; *Funke-Kaiser* GK-AsylG AsylG § 34 Rn. 13; *Hörich*, Abschiebungen nach europäischen Vorgaben, 2015, S. 87 ff.; VGH BW Beschl. v. 19.11.2013 – A 10 S 2362/13, BeckRS 2013, 59830. Das BVerwG hatte diese Frage früher offengelassen; vgl. BVerwG Urt. v. 4.10.2012 – 1 C 12.11, BeckRS 2012, 60250 und Urt. v. 10.7.2012 – 1 C 19.11, NVwZ 2013, 365.
[92] VGH BW Urt. v. 10.2.2012 – 11 S 1361/11, BeckRS 2012, 47832.
[93] BVerwG Urt. v. 4.10.2012 – 1 C 12.11, BeckRS 2012, 60250 Rn. 18; NdsOVG Beschl. v. 14.1.2015 – 8 ME 136/14, BeckRS 2015, 40886.
[94] Art. 11 I 2 Rückführungs-RL; vgl. hierzu auch Europäische Kommission, Contact Committee „Return Directive" (2008/115/EC) – Migrapol CC Return Dir 33 zu Art. 11.
[95] BVerwG Urt. v. 21.8.2018 – 1 C 21.17, NVwZ 2019, 483 Rn. 24.
[96] Vgl. zB OVG Bln-Bbg Urt. v. 27.10.2016 – OVG 12 B 18.15, BeckRS 2016, 54144 und Beschl. v. 29.11.2016 – OVG 12 S 84.16, BeckRS 2016, 55268, danach Bekanntgabe bei einer mindestens Ein-Tages-Frist vor Durchführung der Abschiebung; HessVGH Beschl. v. 13.10.2014 – 7 B 1413/14, ZAR 2015, 70; VGH BW Beschl. v. 19.12.2012 – 11 S 2303/12, InfAuslR 2013, 98 dort mAnm *Gutmann*; Beschl. v. 9.11.2012 – 11 S 2200/12, BeckRS 2012, 60036; Urt. v. 10.2.2012 – 11 S 1361/11, NVwZ-RR, 2012, 492.
[97] BVerwG Urt. v. 21.8.2018 – 1 C 21.17, NVwZ 2019, 483 Rn. 23.

Entscheidung über das Einreiseverbot dem Ausländer so rechtzeitig vor der Abschiebung bekannt gegeben werden, dass er noch im Bundesgebiet von den ihm durch Art. 13 Rückführungs-RL eingeräumten Rechtsbehelfen Gebrauch machen kann (Art. 19 IV GG).

48 § 11 greift die Rspr. zur Notwendigkeit der rechtzeitigen Befristung von Ab- und Zurückschiebungen von Amts wegen in Abs. 2 S. 3 auf. Die in **Abs. 3 S. 1** vorgesehene Entscheidung über die **Länge der Frist** nach Ermessen wirft keine vergleichbaren Probleme wie bei der Ausweisung auf[98]. Art. 11 II Rückführungs-RL verpflichtet über die Dauer des Einreiseverbots unter Berücksichtigung aller Umstände des Einzelfalls[99] zu entscheiden; der Verhältnismäßigkeitsgrundsatz ist zu wahren. Ob dies im Wege einer gebundenen Entscheidung oder als Ermessensentscheidung geschieht, obliegt der Autonomie der Mitgliedstaaten.

3. Nebenbestimmungen

49 Seit dem Urteil des BVerwG vom 10.7.2012[100] war es umstritten, ob die vor der Änderung des § 11 I durch das RLUmsG 2011 auch bei Ausweisungen geübte Verwaltungspraxis, eine **Befristung unter bestimmten Bedingungen**[101] zu stellen, wie zB die Vorlage eines ausländischen Führungszeugnisses[101] oder Nachweis zur Drogenfreiheit, noch fortgeführt werden kann[102] oder ob es – weil die Befristung nunmehr eine gebundene Entscheidung ist – an der gesetzlichen Grundlage fehlt, die eine solche Entscheidung unter Beifügung einer Nebenbestimmung zulassen würde[103].

50 Mit **Abs. 2 S. 5** ist eine gesetzliche Grundlage geschaffen, die unter den dort genannten Voraussetzungen die Befristung unter einer Bedingung erlaubt. Die – im Ermessen stehende – Bedingung kann aber nur zur Abwehr einer **Gefahr für die öffentliche Sicherheit und Ordnung** eingesetzt werden. Wie ein Vergleich mit Abs. 3 S. 2 zeigt, bedarf es bei Abs. 2 S. 5 aber keiner schwerwiegenden Gefahr, die aber denkbar, wenn nur eine Höchstfrist von fünf Jahren im Raum steht. Außer den **Nachweisen** zur **Straffreiheit** (zB durch einen Strafregisterauszug des Heimatlands) oder der **Drogenfreiheit** (etwa durch ein Drogen-Screening) können ggf. auch Bestätigungen über erfolgreich abgeleistete Therapien (etwa im Zusammenhang mit einer früheren Sexual- oder einer anderen Gewaltstraftat) im Rahmen des S. 5 verlangt werden. Die Bedingung muss eindeutig formuliert und in der Sache verhältnismäßig sein. Das bedeutet, sie muss insbesondere geeignet sein, der vom Ausländer ausgehenden Gefahr für die öffentliche Sicherheit und Ordnung zu begegnen, und dem Ausländer muss es möglich und zumutbar sein, den tatsächlichen Nachweis auch zu erbringen[104]. § 11 II 5 ist auf Befristungsentscheidungen nach dem spezielleren § 7 II FreizügG/EU nicht anwendbar[105].

51 Durch **Abs. 2 S. 6** ist sichergestellt, dass der Ausländer parallel eine eindeutige und unbedingte Befristung erhält, sodass er sein Verhalten hierauf ausrichten kann. Ohne diese Regelung entstünde die Situation, dass – wenn die Bedingung nicht erfüllt würde – ein unbefristetes Einreiseverbot bestünde, was weder mit der Rspr. des BVerwG zur Befristung noch mit Art. 11 II Rückführungs-RL in Einklang stünde. Ein Verstoß gegen § 11 II 6 liegt vor, wenn nur eine „bedingte Befristung" verfügt wurde, nicht aber – worauf der Ausländer einen Anspruch hat – eine „längere Befristung" für den Fall, dass die Bedingung nicht eintritt, denn dann würde das Einreise- und Aufenthaltsverbot in dem Fall, dass die Bedingung nicht eintritt, im Ergebnis unbegrenzt gelten, was gegen § 11 II 3 verstoßen würde[106].

52 Auch wenn man davon ausgeht, dass die Bestimmung der Länge der Ausreisefrist generell, also auch im Fall der Ausweisung, nach Ermessen erfolgt und damit an sich nach § 36 II (L)VwVfG weitere Nebenbestimmungen zulässig sind, dürfte mit **Abs. 2 S. 5 und S. 6** im Hinblick auf die Einengung (Bedingung zur Gefahrenabwehr) eine **abschließende Regelung** vorliegen. Dies legt auch ein Vergleich mit Regelungen im AufenthG nahe, die ebenfalls die Zulässigkeit von Nebenbestimmungen zum Gegenstand haben (vgl. etwa § 53 IV, 12 II und IV, § 23 II 4 sowie § 9 I 2).

53 Der zuständigen Behörde dürfte es allerdings unbenommen bleiben, ungeachtet des Abs. 4 mit Erlass der rechtlich gebotenen Entscheidungen über die **Befristung zugleich** auch darauf **hinzuweisen** oder sogar schon verbindlich festzulegen, in welcher Weise sie bei **Eintritt bestimmter anderer Umstände** (zB bevorstehende Heirat mit einer/m deutschen Staatsangehörigen) die Befristungsentscheidung zugunsten des Ausländers ändert.

---

[98] GK-AufenthG § 11 Rn. 66 (Stand: 10/2015); → Rn. 34 ff.
[99] GK-AufenthG § 59 Rn. 292 (Stand: 3/2014); als Kriterien sind Aspekte der Gefahrenabwehr, aber auch der Generalprävention von Bedeutung.
[100] BVerwG Urt. v. 10.7.2012 – 1 C 19.11, NVwZ 2013, 365.
[101] Vgl. auch Ziff. 11.1.4.5. Verwaltungsvorschrift-AufenthG.
[102] Bejahend BayVGH Beschl. v. 21.11.2013 – 19 C 13.1206, NVwZ-RR 2014, 439.
[103] So NdsOVG Urt. v. 7.3.2013 – 11 LB 167/12, EZAR NF 45 Nr. 11; *Armbruster/Hoppe* ZAR 2013, 309 (314 f.).
[104] BT-Drs. 18/4097, 35.
[105] VGH BW Urt. v. 15.2.2017 – 11 S 983/16, BeckRS 2017, 103636.
[106] BayVGH Beschl. v. 12.7.2016 – 10 B 14.1854, BeckRS 2016, 51737.

V. Länge der Frist (Abs. 3)

Über die **Länge der Sperrfrist** für ein Einreise- und Aufenthaltsverbot entscheidet die Ausländerbehörde nach **Abs. 3 S. 1** nach **pflichtgemäßem Ermessen**. Die Entscheidung des Gesetzgebers, die Fristbemessung in das pflichtgemäße Ermessen der zuständigen Behörde zu stellen[107], verstößt weder gegen verfassungsrechtliche Bestimmtheitsanforderungen noch den Vorgaben effektiven Rechtsschutzes. Sie steht auch Unionsrecht nicht entgegen, das aufgrund seines Anwendungsvorrangs zur Unanwendbarkeit kollidierenden nationalen Rechts führen würde. Denn die unions- wie verfassungsrechtliche Vorgabe einer auf den Einzelfall bezogenen Verhältnismäßigkeitsprüfung ist (auch) bei einer Ermessensentscheidung gewährleistet[108]. In der Anwendungspraxis sind die sich aus Unions- und Verfassungsrecht jeweils einzelfallbezogen ergebenden Anforderungen freilich zu beachten. Die Bestimmung der Länge der Sperrfrist oder, anders formuliert, die Geltungsdauer des Einreise- und Aufenthaltsverbots ist in zwei Prüfungsschritten durchzuführen[109]: Im ersten Schritt ist das öffentliche Interesse an der sozial- und generalpräventiven Gefahrenabwehr durch die zuständige Behörde prognostisch abzuschätzen. Im zweiten Schritt sind dagegen die Folgen des Einreise- und Aufenthaltsverbots für die private Lebensführung des Ausländers bei der Befristung einzustellen. Hier geht es um am Verhältnismäßigkeitsgrundsatz orientierte Berücksichtigung der Rechte des Ausländers aus Art. 6 GG, Art. 7 GRCh und Art. 8 EMRK. Die daraus resultierenden Rechte tragen dem Interesse des Ausländers an einer „angemessenen Rückkehrperspektive" bei aufenthaltsbeendenden Maßnahmen Rechnung[110]. Die **Fristlänge von bis zu fünf Jahren** nach **Abs. 3 S. 2** selbst greift **Art. 11 II Rückführungs-RL** auf. Eine Differenzierung danach, ob das Einreise- und Aufenthaltsverbot auf einer Ausweisung oder einer Ab- bzw. Zurückschiebung beruht, enthält die Norm nicht. Die Rspr. des BVerwG zur Bestimmung der Länge der Sperrfrist nach § 11 idF des RLUmsG 2011 hat im Prinzip weiter Gültigkeit[111].

54

Bei der Ausweisung ist die allein unter präventiven Gesichtspunkten festzusetzende Frist gem. § 11 III 2 unter Berücksichtigung der Umstände des Einzelfalls zu bestimmen und darf fünf Jahre nur überschreiten, wenn der Ausländer aufgrund einer strafrechtlichen Verurteilung ausgewiesen worden ist oder wenn von ihm eine schwerwiegende Gefahr für die öffentliche Sicherheit oder Ordnung ausgeht. Eine **schwerwiegende Gefahr** wird va dann vorliegen, wenn die Ausweisung nach den Maßstäben des § 53 III erfolgt ist. Unabhängig davon kann eine solche nach den Umständen des Einzelfalls bei allen von § 54 I erfassten Tatbeständen vorliegen; bei den § 54 II zugrunde liegenden Fällen dürfte dies eher die Ausnahme sein und insoweit besondere Feststellungen bedürfen. Nach der Rspr. des BVerwG[112] sind bei der Bestimmung der Länge der Frist das Gewicht des Ausweisungsgrundes (nunmehr des Ausweisungsinteresses) und der mit der Ausweisung verfolgte Zweck zu berücksichtigen. Es bedarf der **prognostischen Einschätzung** im jeweiligen Einzelfall, wie lange das Verhalten des Betroffenen, das einer zu spezialpräventiven Zwecken verfügten Ausweisung zugrunde liegt, das öffentliche Interesse an der **Gefahrenabwehr** zu tragen vermag. Die sich an der Erreichung des Ausweisungszwecks orientierende Höchstfrist muss sich aber an höherrangigem Recht, dh an verfassungsrechtlichen Wertentscheidungen (Art. 2 I, Art. 6 GG) und den Vorgaben aus Art. 7 GRCh, Art. 8 EMRK messen und ggf. relativieren lassen. Dieses normative Korrektiv bietet der Ausländerbehörde und den Verwaltungsgerichten ein rechtsstaatliches Mittel, um die fortwirkenden einschneidenden Folgen des Einreise- und Aufenthaltsverbots für die persönliche Lebensführung des Betroffenen zu begrenzen. Dabei sind insbesondere die in § 55 III Nr. 1 und Nr. 2 aF (nunmehr § 53 II) genannten schutzwürdigen Belange des Ausländers in den Blick zu nehmen. Die Abwägung ist nach Maßgabe des Grundsatzes der Verhältnismäßigkeit auf der Grundlage der Umstände des Einzelfalles im Zeitpunkt der Behördenentscheidung bzw. im maßgeblichen Zeitpunkt der gerichtlichen Entscheidung vorzunehmen.

55

§ 11 III 2 beinhaltet eine **Obergrenze** von **fünf Jahren**, wenn keiner der in Abs. 5–5b beschriebenen Fälle vorliegt. Aber sowohl in Fällen, in denen diese Obergrenze gilt, als auch in solchen, in denen eine Überschreitung der fünf Jahre zulässig ist, ist eine Einzelfallprüfung geboten[113].

56

---

[107] Vgl. BT-Drs. 18/4097, 36 und BVerwG Urt. v. 22.2.2017 – 1 C 27.16, NVwZ 2018, 88 Rn. 19.

[108] Wie hier BVerwG Urt. v. 22.2.2017 – 1 C 27.16, NVwZ 2018, 88 Rn. 22; OVG RhPf Urt. v. 8.11.2016 – 7 A 11058/15, BeckRS 2016, 55436; OVG NRW Urt. v. 10.5.2016 – 18 A 610/14, BeckRS 2016, 47473; BayVGH Urt. v. 12.7.2016 – 10 BV 14.818; *Fleuß* ZAR 2017, 49 (52); aA VGH BW Urt. v. 9.12.2015 – 11 S 1857/15, BeckRS 2016, 40747 und *Funke-Kaiser* GK-AufenthG § 11 Rn. 62 ff.

[109] BVerwG Urt. v. 7.9.2021 – 1 C 47.20, NVwZ 2021, 1842.

[110] *Hailbronner* AuslR §§ 11 Rn. 4.

[111] → Rn. 29–38.

[112] BVerwG Urt. v. 22.2.2017 – 1 C 27.16, NVwZ 2018, 88 Rn. 23; Urt. v. 13.12.2012 – 1 C 14.12, BeckRS 2013, 45540 Rn. 14 ff.; Urt. v. 13.12.2012 – 1 C 20.11, NVwZ 2013, 733 Rn. 40 ff.; Urt. v. 10.7.2012 – 1 C 19.11, NVwZ 2013, 365 Rn. 42.

[113] Ebenso OVG RhPf Urt. v. 8.11.2016 – 7 A 11058/15, BeckRS 2016, 55436; *Maor* in OK-AuslR § 11 Rn. 17 (Stand: 08/2019).

1 AufenthG § 11

Eine **schematische Fristberechnung,** bei der die Behörde etwa den Strafrahmen des abgeurteilten Delikts oder das nunmehr nach § 54 vertypte Ausweisungsinteresse oder gar die Fristen der Ziff. 11.1.4.6.1. Verwaltungsvorschrift-AufenthG zum AufenthG aF heranzieht oder sich zumindest daran orientiert, ist **unzulässig**[114]. Erforderlich ist zunächst die Prognose, bis wann von dem Ausländer voraussichtlich die Gefahr noch ausgeht, um derentwillen die Ausweisung erfolgt ist. Für das Persönlichkeitsbild des Ausländers sind va die Umstände heranzuziehen, die auch für die Ausweisung relevant sind, dh, beruht die Ausweisung auf strafrechtlichen Verhalten spielen hierbei seine Strafbiografie, die Einschätzungen und Beurteilungen der Strafgerichte, ggf. der Verlauf der Strafhaft (hierbei auch die Frage nach einer erfolgreichen notwendigen Sucht- oder Sozialtherapie) und Aussetzung des Strafrests ebenso eine Rolle wie Hinweise auf bereits eingetretene oder absehbare (positive) Änderungen seines Persönlichkeitsbilds (Abstand zur letzten Tat, Läuterung durch Lebensalter, sonstige Hinweise auf Persönlichkeitswandel)[115]. Kann die Wiederholungsgefahr im Ausweisungsverfahren sachgerecht nur unter Zuhilfenahme von sachverständigen Äußerungen prognostiziert werden – etwa weil eine psychische Erkrankung relevant ist[116] –, dürfte dies auch für die Frage gelten, wie lange diese noch vorliegen wird.

57 Trägt der Ausländer indes **keine individuelle Umstände** vor und sind solche auch sonst nicht ersichtlich, ist es aus Gründen der **Gleichbehandlung** angemessen, die gesetzlich festgelegte Höchstdauer von fünf Jahren (§ 11 III 2) zur Hälfte auszuschöpfen und regelmäßig eine **Frist von 30 Monaten** zu bestimmen[117].

58 Liegen der Ausweisung neben der Spezialprävention auch **generalpräventive Erwägungen** zugrunde, sind diese bei der Befristungsentscheidung ebenfalls einzustellen, allerdings ist dies nur unterhalb der Grenze von fünf Jahren zulässig[118].

59 Bestimmte **persönliche Umstände** des Ausländers (Art. 6 I, Art. 8 EMRK, Art. 17 Familienzusammenführungs-RL[119]), für die dieser darlegungspflichtig ist (§ 82 I), können dazu führen, trotz einer prognostizierten fortbestehenden Gefahr die Frist angemessen zu verkürzen. Relevant sind hier va das Vorhandensein einer (stabilen) familiären Lebensgemeinschaft mit (Ehe-)Partner oder Kindern im Bundesgebiet, die Staatsangehörigen oder der aufenthaltsrechtliche Status der Familienmitglieder, die bisherige Dauer des Aufenthalts des Ausländers im Bundesgebiet und der Grad seiner Integration (Sprachkenntnisse, Berufsausbildung, Arbeitsplatz, Beziehungen sozialer Art). Des Weiteren muss die persönliche Situation des Ausländers im Ziel- oder Rückführungsstaat (Berufstätigkeit, Höhe des Erwerbseinkommens, soziale Integration, soziale Konstanz, auch: Straffreiheit) berücksichtigt werden, falls der Ausländer von dort aus die Befristung weiterverfolgt. Zur Ermittlung und Gewichtung der für die Länge der Befristung relevanten Belange kann es sich letztlich anbieten, auch hier die **„Boultif/Üner-Kriterien"**[120] heranzuziehen, die bei der Prüfung der Verhältnismäßigkeit der Ausweisung an sich eine entscheidende Rolle spielen[121].

60 Eine Befristungsentscheidung kann nicht deshalb unterbleiben, weil der Zeitpunkt für ein Ende oder eine relevante Minderung der vom Ausländer ausgehenden weiteren Gefährdung aufgrund seines bislang gezeigten Verhaltens nicht prognostiziert werden kann. Dem ist ausschließlich bei der Bemessung der Länge der Frist Rechnung zu tragen. Bei einer vom Ausländer weiterhin ausgehenden

---

[114] OVG NRW Beschl. v. 24.1.2013 – 18 A 139/12, BeckRS 2013, 46555.
[115] Vgl. VG Darmstadt Urt. v. 17.12.2009 – 5 K 115/09.DA, BeckRS 2010, 46451. Die dort genannten Kriterien sind mit Modifikationen auch für die jetzige Rechtslage relevant. Vgl. ähnlich auch die Kriterien bei *Zeitler* HTK-AuslR/§ 11 AufenthG zu Abs. 3.
[116] So zu §§ 53 ff. aF BVerwG Urt. v. 4.10.2012 – 1 C 13.11, NVwZ 2013, 361 Rn. 12 mwN.
[117] BayVGH Beschl. v. 28.11.2016 – 11 ZB 16.30463, BeckRS 2016, 110059; SchlHOVG Beschl. v. 7.1.2019 – 3 LA 189/18, BeckRS 2019, 10157; OVG RhPf Beschl. v. 10.1.2019 – 6 A 10042/18, BeckRS 2019, 112.
[118] GK-AufenthG § 11 Rn. 107 (Stand: 10/2015).
[119] RL 2003/86/EG des Rates v. 22.9.2003 betr. das Recht auf Familienzusammenführung (ABl. 2003 L 251, S. 12). Deren Art. 17 sieht vor, dass die Mitgliedstaaten im Fall der Ablehnung eines Antrags, dem Entzug oder der Nichtverlängerung des Aufenthaltstitels sowie der Rückführung des Ausländers oder seiner Familienangehörigen in gebührender Weise die Art und die Stärke der familiären Bindungen der betr. Person und die Dauer ihres Aufenthalts in dem Mitgliedstaat sowie das Vorliegen familiärer, kultureller oder sozialer Bindungen zu ihrem Herkunftsland berücksichtigen. Mit diesen Vorgaben übernimmt die RL weitgehend die oben zu Art. 8 I EMRK vom EGMR entwickelten Grundsätze in das EU-Recht. Gleichwohl kommt Art. 17 FamZu-RL eine besondere Bedeutung zu. Der EGMR räumt den Mitgliedstaaten als Ausfluss der Staatssouveränität bei der Auslegung des Art. 8 I EMRK immer einen weiten Beurteilungsspielraum ein. Demgegenüber handelt es sich bei Art. 17 der RL um eine Einschränkungsmöglichkeit von in der RL verankerten Rechten mit der Folge, dass diese Regelung restriktiv auszulegen ist (so zutr. *Groenendijk* in Barwig/Beichel-Benedetti/Bringmann (Hrsg.), Perspektivwechsel im Ausländerrecht, S. 177 ff., 181; *Dienelt*, E-Book zur FamZu-RL, www.migrationsrecht.net). Hat der Ausländer aufgrund des Art. 4 I FamZu-RL einen Anspruch auf Familiennachzug, so darf dieser nur unter Anwendung des Vorbehalts der öffentlichen Ordnung und Sicherheit nach Art. 6 der RL unter Berücksichtigung der o. g. Kriterien des Art. 17 der RL durch Ablehnung einer zeitnahen Befristung beschränkt werden.
[120] EGMR Urt. v. 2.8.2001 – 54273/00, InfAuslR 2001, 476 – Boultif und Urt. v. 18.6.2006 – 46410/99, NVwZ 2007, 1279 – Üner; s. hierzu die Kommentierung → Vorb. §§ 53–56 Rn. 103 ff.
[121] Vgl. etwa BVerwG Urt. v. 14.2.2012 – 1 C 7.11, InfAuslR 2012, 255; VGH BW Urt. v. 16.4.2012 – 11 S 4/12, BeckRS 2012, 50160.

schwerwiegenden Gefahr nennt Art. 11 II Rückführungs-RL **keine absolute Obergrenze**. Da die **Befristung** aber **bezweckt**, dem Ausländer eine **Perspektive für seine weitere Lebensplanung** einzuräumen ist va mit Blick auf die Verhältnismäßigkeit eine prognostisch bestimmte Frist von mehr als zehn Jahren ausgeschlossen, solange kein Fall nach **Abs. 5–5b** vorliegt.

Das BVerwG hat im Urteil vom 14.2.2012 darauf abgestellt, dass sich bereits in dem für die **61** Ausweisung maßgeblichen Zeitpunkt beurteilen lässt, wie lange der Betroffene unter Berücksichtigung seiner schutzwürdigen privaten Belange vom Bundesgebiet ferngehalten werden muss, damit die notwendige **generalpräventive Wirkung** erzielt werden kann. Außer der gesetzgeberischen Grundentscheidung, Ausweisungen auch aus generalpräventiven Gründen vorzusehen[122], die sich im Grundsatz im Ausweisungsrecht auf der Grundlage des AufenthGÄndG 2015 wiederfindet, gibt es bislang keine verlässlichen Kriterien, die für die (gebundene) Entscheidung über das „Ob" der Befristung belastbar herangezogen werden könnten. Allerdings muss das **generalpräventive Ausweisungsinteresse** zum Zeitpunkt der Ausweisung (und des Einreise- und Aufenthaltsverbots) **noch aktuell** sein[123].

Im Bereich der Feststellung einer generalpräventiven Wirkung sind **Typisierungen** unumgänglich. **62** Insoweit bietet es sich an, bei einem Delikt, das grundsätzlich mit einer schwerwiegenden Gefahr für die öffentliche Sicherheit oder Ordnung verbunden ist, die Erreichung der Generalprävention an der in § 11 III 2 genannte Frist von fünf Jahren zu orientieren und bei mittleren und leichteren Straftaten oder Ausweisungstatbeständen entsprechende Abstufungen vorzusehen. Die generelle **Differenzierung** zwischen **Verbrechen und Vergehen** nach § 12 StGB und die **Strafrahmen der einzelnen Straftatbestände** liefern hierfür gute Anhaltspunkte. Für den konkreten Fall können die Wirkungen der Ausweisung dann unter Verhältnismäßigkeitsaspekten im Hinblick auf die persönlichen Belange der Betroffenen ggf. kürzer zu befristen sein. Dass nach der Neufassung des Ausweisungsrechts durch das AufenthGÄndG 2015 die Generalprävention in der Praxis weiter eine eigenständige Bedeutung hat, ist durch das Urteil des BVerwG vom 12.7.2018 klar und deutlich bestätigt worden, wonach generalpräventive Gründe auch nach dem seit 1.1.2016 geltenden Ausweisungsrechts ein Ausweisungsinteresse iSv § 5 I Nr. 2 begründen können[124].

Wurden die Wirkungen der Ausweisung unter dem Aspekt der Gefahrenabwehr befristet, so hat die **63** auf die Grundlage der Abschiebungsandrohung[125] durchgeführte **Abschiebung va** unionsrechtlich eine **eigenständige Bedeutung** für die daran anknüpfende Sperrwirkung und deren Befristung. Da die Ausweisung keine Rückkehrentscheidung iSd Art. 3 Nr. 4 Rückführungs-RL ist[126], können ihre Sperrwirkungen nach nationalem Recht nicht als ein Einreiseverbot iSd Rückführungs-RL verstanden werden.

Das **Konzept der Rückführungs-RL** geht von einem korrespondierenden System dergestalt aus, **64** dass ein Einreiseverbot nur mit einer Rückehrentscheidung einhergehen kann (vgl. jeweils den Wortlaut in Art. 3 Nr. 6, Art. 11 I und Art. 12 I Rückführungs-RL). Die Sperrwirkungen der Ausweisung wirken auch nur über eine SIS-Ausschreibung im Einzelfall in den anderen Mitgliedstaaten. Demgegenüber gilt das durch einen Mitgliedstaat verhängte Einreiseverbot nach der Rückführungs-RL von vornherein grundsätzlich zwingend in und für alle Anwenderstaaten (vgl. Art. 11 IV Rückführungs-RL iVm Art. 25 SDÜ). Deutlich wird dies auch durch den Erwägungsgrund 14 der Rückführungs-RL, wonach die Wirkung der einzelstaatlichen Rückführungsmaßnahmen durch die Einführung eines Einreiseverbots, das die Einreise in das Hoheitsgebiet sämtlicher Mitgliedstaaten und den dortigen Aufenthalt verbietet, europäischen Zuschnitt erhält. Würde man bei einem ausgewiesenen Ausländer die Wirkungen der Abschiebung sofort „auf null" befristen, weil man beispielsweise von der Erwägung ausginge, dass er diese infolge einer Inhaftierung nicht habe vermeiden können (§ 58 III Nr. 1) oder für die eigentliche Gefahrenabwehr ohnehin die Befristung der Sperrwirkungen der Ausweisung entscheidend sei, würde dies dem unionsrechtlichen Ansatz der Rückführungs-RL nicht gerecht. Allerdings dürfte nach den konkreten Umständen des Einzelfalls bei der Befristung der Wirkungen der Abschiebung, die auf eine Ausweisung zurückgeht, regelmäßig keine längere Frist erforderlich werden als bei der Befristung der Wirkungen der Ausweisung.

Geht vom Ausländer **keine schwerwiegende Gefahr** für die öffentliche Sicherheit oder Ordnung **65** aus, ist ein für die Länge der nach § 11 III 1 zu bestimmenden **Frist** ein Rahmen von **null bis fünf Jahren** gegeben. Für die individuell festzulegende Frist innerhalb dieses Rahmens wird als Kriterium etwa heranzuziehen sein, ob vom Ausländer überhaupt eine Gefahr für die öffentliche Sicherheit oder Ordnung ausgeht, ob und ggf. wie oft bereits in der Vergangenheit gegen ihn ein Einreiseverbot (auch von anderen Mitgliedstaaten) verhängt worden ist und ob er gegebenenfalls unter Missachtung eines

---

[122] S. näher BVerwG Urt. v. 14.2.2012 – 1 C 7.11, ZAR 2012, 344 Rn. 19 ff.
[123] BVerwG Urt. v. 9.5.2019 – 1 C 21.18, EZAR NF 40 Nr. 35.
[124] BVerwG Urt. v. 12.7.2018 – 1 C 16.17, NVwZ 2019, 486 Rn. 14 ff.
[125] Diese ist die Rückkehrentscheidung iSd Art. 3 Nr. 4 Rückführungs-RL.
[126] → Rn. 23.

solchen Verbots eingereist ist. Die Berücksichtigung dieser Umstände lassen sich dem Erwägungsgrund 14 der Rückführungs-RL sowie dem Kommissionsvorschlag zu Art. 9[127] entnehmen.

66 Zur Beurteilung der **konkret vom Ausländer ausgehenden Gefahr** sind weiter zudem Gesichtspunkte mit Bezug zur öffentlichen Sicherheit oder Ordnung zu berücksichtigen, wie etwa eine **Täuschung des Ausländers über seine Identität** gem. § 60b (zB durch Vorlage gefälschter Unterlagen) oder der Umstand, dass der Ausländer versucht hat, sich der **Abschiebung zu entziehen** oder hierbei **gewalttätig** geworden war. Schließlich sind die persönlichen Belange des Ausländers mit der ihnen gebotenen Bedeutung einzustellen. Dass bestimmte Tatsachen für die Beendigung des legalen Aufenthalts bedeutsam gewesen sind – etwa zur Begründung der Gefährlichkeit des Ausländers für den Erlass der Ausweisungsverfügung –, steht ihrer Heranziehung bei der Entscheidung über die Befristung der Wirkungen der Abschiebung nicht zwingend entgegen. Art. 11 II Rückführungs-RL verpflichtet zur Berücksichtigung aller Umstände des Einzelfalls; unionsrechtlich sind diese Gründe auch nicht verbraucht.

67 Nach den Vorstellungen der Kommission[128] ist die Rücknahme des Einreiseverbots zu prüfen, wenn es erstmals zu einer Rückführung gekommen ist oder der Ausländer alle Kosten des vorangegangenen Rückführungsverfahrens erstattet hat. Die **Bezahlung der Abschiebungskosten** wirkt daher **zugunsten des Ausländers** und kann die Abänderung der ursprünglichen Befristungsentscheidung (ggf. auf seinen erneuten Antrag hin) rechtfertigen oder ausnahmsweise sogar die Aufhebung des Einreise- und Aufenthaltsverbots, wenn von dem Ausländer keine weitere Gefahr ausgeht. Die in Nr. 11.1.4.4 AVwV-AufenthG als Sollregelung vorgesehene Verknüpfung der Befristung der Wirkungen von Ausweisung und Abschiebung mit der Erstattung von Kosten durch den Ausländer ist mit der jetzigen Rechtslage vereinbar, wenn das „Soll" als „Kann" gelesen wird und in dieses „Kann" alle Kriterien im Wege einer Gesamtabwägung unter Anwendung des Verhältnismäßigkeitsprinzips einfließen. Für die Zurückschiebung gelten die vorstehenden Ausführungen entsprechend.

VI. Besondere Befristungen nach Abs. 5–5c

68 Nach § 11 V 1 soll die **Befristung** des Einreise- und Aufenthaltsverbots **zehn Jahre** nicht überschreiten, wenn der Ausländer aufgrund einer strafgerichtlichen Verurteilung ausgewiesen worden ist oder wenn von ihm eine schwerwiegende Gefahr für die öffentliche Sicherheit und Ordnung ausgeht. Die Regelung war vor dem Inkrafttreten des 2. RückkehrG 2019 inhaltsgleich in § 11 III 2 und 3 aF enthalten. Sie entspricht Unionsrecht, nämlich Art. 11 II 2 Rückführungs-RL, wonach die Frist fünf Jahre (§ 11 III 2) überschreiten kann, wenn der Ausländer „eine schwerwiegende Gefahr für die öffentliche Ordnung, die öffentliche Sicherheit oder die nationale Sicherheit" darstellt.

69 Bei Ausländern, die wegen eines Verbrechens gegen den Frieden, eines Kriegsverbrechens oder eines Verbrechens gegen die Menschlichkeit oder zur Abwehr einer Gefahr für die Sicherheit der Bundesrepublik Deutschland oder einer terroristischen Gefahr ausgewiesen worden, soll das Einreise- und Aufenthaltsverbot nach **§ 11 Va 1** regelmäßig auf **20 Jahre befristet werden**. Die in der Rechtsfolge „soll" als eingeschränkte Ermessensentscheidung gefasste Vorschrift erlaubt und verlangt die Berücksichtigung atypischer Umstände im Einzelfall, die zu einer kürzeren oder längeren Befristung führen können. Dass eine Verlängerung der Befristung über 20 Jahre hinaus aus Gründen der öffentlichen Sicherheit möglich ist, folgt aus dem Verweis in Abs. 5a S. 2 auf § 11 IV 4 und 5. Für eine Verkürzung der Frist, die grundsätzlich ausgeschlossen ist (Abs. 5a S. 4), ergibt sich dies aus § 11 Va 4, der die (auch) politisch verantwortliche oberste Landesbehörde ermächtigt, im Einzelfall Ausnahmen von der Regelfrist von 20 Jahren zuzulassen.

70 Für Ausländer, die aufgrund einer **Abschiebungsanordnung nach § 58a** aus dem Bundesgebiet abgeschoben werden, soll nach § 11 Vb 1 ein **unbefristetes Einreise- und Aufenthaltsverbot** erlassen werden[129]. Hiervon kann gem. § 11 Vb 3 iVm § 11 Va 4 nur die oberste Landesbehörde eine Ausnahme im Einzelfall zulassen. Die Regelung ist an § 11 V aF idF des Gesetzes vor dem Inkrafttreten des 2. RückkehrG 2019 angelehnt. Allerdings besteht insofern ein Unterschied zu § 11 V aF, als nur noch gegen Ausländer, die eine Abschiebungsanordnung nach § 58a erhalten haben, ein grundsätzlich unbefristetes Einreise- und Aufenthaltsverbot verfügt wird, während bei den Ausländern, die wegen eines Verbrechens gegen den Frieden, eines Kriegsverbrechens oder eines Verbrechens gegen die Menschlichkeit oder zur Abwehr einer Gefahr für die Sicherheit Deutschlands oder einer terroristischen Gefahr ausgewiesen worden sind, das Einreise- und Aufenthaltsverbot regelhaft auf 20 Jahre zu befristen ist. Nach § 11 Vb 2 kommt für die letztgenannte Gruppe nur noch im Einzelfall ein unbefristetes Einreise- und Aufenthaltsverbot in Betracht. Ein unbefristetes Einreise- und Aufenthalts-

---

[127] KOM(2005) 0391 endg. v. 1.9.2005; *Franßende la Cerda* ZAR 2009, 17; *Schieffer* in Hailbronner, EU Immigration and Asylum Law, 2010, S. 1513.
[128] S. Art. 9 KOM(2005) 0391 endg. v. 1.9.2005.
[129] Vgl. zB BVerwG Urt. v. 6.2.2019 – 1 A 3.18, NVwZ-RR 2019, 738: Eine terroristische Gefahr iSd § 58a I 1 setzt eine unmittelbare räumliche Beziehung zwischen den terroristischen Aktivitäten und der Bundesrepublik Deutschland nicht voraus.

verbot in den Fällen des § 58a soll dann verfügt werden, wenn von dem Ausländer eine herausragende Gefährlichkeit ausgeht[130].

Ergeht eine **Abschiebungsanordnung nach § 58a**, soll die **zuständige Ausländerbehörde** nach § 11 Vb gegenüber dem ausreisepflichtigen Ausländer ein **unbefristetes Einreise- und Aufenthaltsverbot erlassen**. Zuständige Ausländerbehörde für Abschiebungsanordnungen gem. § 58a ist die **oberste Landesbehörde** (§ 58a I 1). Die Abschiebungsanordnung selbst entfaltet nach dem Wortlaut anders als die Ausweisung keine Sperrwirkung, da ausdrücklich an die Abschiebung, dh an den Vollzug angeknüpft wird. Ergeht eine Abschiebungsanordnung und erfolgt eine freiwillige Ausreise, so bestünde keine Sperrwirkung. Diese **Regelungslücke** ist durch eine entsprechende Anwendung der Sperrwirkung der Ausweisung zu schließen, da der Gesetzgeber die von § 58a erfassten Fälle gegenüber Ausweisungen keineswegs privilegieren wollte. Die Befristung einer nicht vollzogenen Abschiebungsanordnung bleibt möglich, da sich bei der Analogie die Rechtsfolge aus Abs. 2 ergibt. 71

§ 11 Vb intendiert letztlich eine **lebenslange Sperre aus general- und spezialpräventiven Gründen**[131]. Dies setzt das Vorliegen einer „**besonderen Gefahr**" für die innere Sicherheit voraus, die eine mit der terroristischen Gefahr (**§ 58a I**) vergleichbare Gefahrendimension erreicht[132]. Auch wenn aktuell eine konkrete schwerwiegende Gefahr (entsprechend Art. 11 II 2 Rückführungs-RL) und damit die erforderlichen spezialpräventiven Gründe vorliegen, sollte zur Sicherstellung der verfassungs- und unionsrechtlich gebotenen Verhältnismäßigkeit jedenfalls nach einem angemessenen Zeitraum von **zehn (Abs. 5) bis zwanzig (Abs. 5a) Jahren** eine einzelfallorientierte Überprüfung möglich sein, ob die tatsächlichen Verhältnisse den Fortbestand der Sperre noch tragen. 72

Ist dies nicht mehr der Fall, liegen die Voraussetzungen für eine **einzelfallbezogene Ausnahme nach Abs. 5b S. 3** vor. Anders als über das Einreise- und Aufenthaltsverbot, über das in den Fällen nach Abs. 3, Abs. 5 und Abs. 5a die zuständige Ausländerbehörde[133] und in den Fällen des Abs. 5b die oberste Landesbehörde zu entscheiden hat (vgl. **Abs. 5c**), ist für die weitere Entscheidung über eine Ausnahme von dem unbefristeten Verbot generell die **oberste Landesbehörde** zuständig. Sie entscheidet in der Rechtsfolge nach pflichtgemäßem Ermessen. Hierbei fällt der obersten Landesbehörde ein **weiter Prognose- und Ermessensspielraum** zu. Zu berücksichtigen sind bei der Ausnahmeentscheidung nicht nur innen-, sondern ggf. auch außenpolitische Interessen Deutschlands, um etwa den Eindruck zu verhindern, das Land stehe als „sicherer Hafen" für Schwerstverbrecher und Terroristen zur Verfügung. Ebenso können die Interessen der Bundesrepublik Deutschland eine Rolle spielen sowie die Beziehungen zu einem einzelnen Drittstaat[134]. 73

Eine nach § 58a ergangene Abschiebungsanordnung ist nicht deshalb unverhältnismäßig oder mit der Rückführungs-RL unvereinbar, weil sie nach deutscher Rechtslage im Falle einer Abschiebung mit einem grundsätzlich **unbefristeten Fernhalten vom Bundesgebiet** verbunden ist (**§ 11 I, II und Vb**) und ein solches unbefristetes Einreiseverbot von der Ausländerbehörde gesondert angeordnet wird. Denn bei einer nachträglich nachhaltigen Verhaltensänderung des Ausländers besteht nach **§ 11 IV und Vb** jedenfalls die **Möglichkeit einer nachträglichen Aufhebung oder Verkürzung** des – aufgrund behördlicher Anordnung oder kraft Gesetzes – mit der Abschiebung entstandenen Einreise- und Aufenthaltsverbots[135]. 74

Abs. 5c enthält eine **allgemeine Zuständigkeitsregelung für Einreise- und Aufenthaltsverbote**. Sie bestimmt, dass die Behörde, die die Ausweisung, die Abschiebungsandrohung oder die Abschiebungsanordnung nach § 58a erlässt, auch für den Erlass und die erstmalige Befristung des damit zusammenhängenden Einreise- und Aufenthaltsverbots zuständig ist. Auch für Folgeentscheidungen ist nach § 71 I die Ausländerbehörde oder nach Abs. 5a S. 4 und Abs. 5b S. 3 die oberste Landesbehörde zuständig. 75

VII. Abänderungen beim Einreise- und Aufenthaltsverbot

Der Lauf der **Sperrfrist** beginnt nach § 11 II 4 **mit der Ausreise** nach Ausweisung, Zurückschiebung oder Abschiebung. Etwas anderes kann gelten, wenn die Ausländerbehörde die Frist durch Angabe eines Datums festgelegt hat. Unter Ausreise ist die erste Ausreise zu verstehen, nicht eine weitere nach (unerlaubter) Wiedereinreise[136]. Der Begriff der **Ausreise** ist aus dem jeweiligen Rege- 76

---

[130] Zu nennen sind hier zB Fälle aus dem Bereich der schwerwiegenden Gewaltkriminalität auch bei zugrunde liegender psychischer Erkrankung und fehlender Therapiewilligkeit oder einer Therapieresistenz. Auch eine Unterstützung des Terrorismus ohne Anhaltspunkte für eine zukünftige Verhaltensänderung kann hierunter fallen.
[131] BT-Drs. 15/955, 10 zu § 11 I 7 und 8 aF.
[132] BVerwG Beschl. v. 31.5.2017 – 1 VR 4.17, BeckRS 2017, 113651 Rn. 17 und Beschl. v. 21.3.2017 – 1 VR 1.17, NVwZ 2017, 1057 Rn. 17. Vgl. die Kommentierung zu § 58a.
[133] BVerwG Beschl. v. 22.8.2017 – 1 A 9.17 und 1 A 10/17, BeckRS 2017, 127382.
[134] Vgl. Maor in Kluth/Heusch BeckOK AuslR AufenthG § 11 Rn. 38.
[135] BVerwG Urt. v. 21.8.2018 – 1 A 16.17, BeckRS 2018, 28003 und Urt. v. 22.8.2017 – 1 A 2.17, ZAR 2018, 119.
[136] VGH BW Urt. v. 6.11.2012 – 11 S 2307/11, BeckRS 2012, 60618; HmbOVG Beschl. v. 15.8.1991 – Bs VII 67/91, EZAR 017 Nr. 2.

lungszusammenhang der einschlägigen Vorschrift heraus auszulegen[137]. § 11 II 4 verwendet einen weiten Ausreisebegriff, der sowohl die freiwillige als auch die zwangsweise Ausreise umfasst[138]. Durch die Ausreise muss die Ausreisepflicht erfüllt sein; die Ausreise in einen anderen Unionsstaat reicht also nur unter den Voraussetzungen des § 50 III aus.

77 Es gibt Fälle, in denen in einem überschaubaren Zeitraum eine **Ausreise realiter nicht in Betracht** kommt, weil dem Ausländer die Flüchtlingseigenschaft zuerkannt ist, ein Abschiebungsverbot hinsichtlich des Herkunftsstaats besteht und sich auch die Möglichkeit einer Aufenthaltsbeendigung in einen aufnahmebereiten Drittstaat oder eine freiwillige Ausreise dorthin nicht aufdrängt oder er von der Ausländerbehörde aus familiären Gründen (etwa wegen seiner Lebensgemeinschaft mit seinen minderjährigen deutschen Kindern) langfristig geduldet wird. Die Beseitigung der Sperrwirkung durch Befristung „auf null" **ohne vorherige Ausreise** war nach bisheriger Rechtslage möglich[139]. In Fällen, in denen bei einer rechtskräftigen Ausweisung eine zeitnahe Aufenthaltsbeendigung nicht möglich ist, ist allerdings keine sofortige Befristung auf null geboten. Nach der Rspr. des BVerwG zu § 11 idF des RLUmsG 2011 muss vielmehr bei der Fristbestimmung auf typisierende Annahmen zurückgegriffen werden. Der Betroffene kann aber einen Antrag auf Abänderung der Befristung stellen, wenn sich die für die Festsetzung maßgebenden Tatsachen nachträglich geändert haben[140].

78 Nach § 11 IX 1 wird im Fall einer **verbotswidrigen**[141] **Einreise** während der Sperrfrist der Lauf der **Frist gehemmt,** dh, die Frist verlängert sich um den Zeitraum, in dem der Ausländer sich tatsächlich im Bundesgebiet aufhält (§ 209 BGB entsprechend). Zusätzlich besteht im Ermessenswege die Möglichkeit die **Sperrfrist maximal um die Dauer der ursprünglichen Befristung zu verlängern** (Abs. 9 S. 2). Allerdings darf die Verlängerung nach S. 2 nicht dazu führen, dass die bezogen auf den konkreten Anlass des ursprünglichen Einreise- und Aufenthaltsverbots bestehende maximale Höchstfrist der Sperrwirkung nach Abs. 3 und Abs. 4 S. 1 überschritten wird. Dies folgt aus dem Verweis in Abs. 9 S. 4. Zwar sanktioniert Abs. 9 va aus generalpräventiven Gründen die Missachtung des Einreise- und Aufenthaltsverbots. Bei der Ermessensentscheidung sind aber auch die persönlichen Gründe für den Verstoß mit dem ihnen zukommenden Gewicht einzustellen. Durch den Verweis nur auf den S. 1 des Abs. 4 ist klargestellt, dass die neue maßgebliche Gesamtfrist nach Abs. 9 S. 2 nicht mehr verlängert werden kann. Die in S. 3 vorgesehene **Belehrung** muss sich ungeachtet ihres engeren Wortlauts aufgrund des Sachzusammenhangs auch auf die Hemmung nach S. 1 erstrecken.

79 § **11 IV 3,** der durch das 2. RückkehrG 2019 neu in die Vorschrift eingefügt worden ist, **privilegiert ausreisepflichtige Ausländer, die ihrer Ausreisepflicht innerhalb der gesetzten Ausreisefrist nachgekommen** sind oder die unverschuldet an der Ausreise gehindert waren oder die die Ausreisefrist nicht wesentlich überschritten haben. Die Neuregelung trägt zum einen Art. 11 III Rückführungs-RL Rechnung. Zum anderen ermuntert sie ausreisepflichtige Ausländer zur freiwilligen Ausreise. Wer bestehender Ausreisepflicht freiwillig ausreist, darf auf eine Verkürzung der Frist oder die Aufhebung des Einreise- und Aufenthaltsverbots hoffen.

80 § **11 IV 4** sieht eine **Verlängerung der Sperrfrist aus Gründen der öffentlichen Sicherheit und Ordnung** vor. Ein bestimmter Gefährdungsgrad wird nicht vorausgesetzt. Nach dem Wortlaut ist es auch unerheblich, ob aus Gründen der Spezialprävention eine Fristverlängerung deshalb erforderlich wird, weil die Frist von Anfang an rechtswidrig zu kurz bemessen war (etwa weil die Gefährdungsprognose auf falschen Tatsachen beruhte) oder ob sich erst durch ein späteres Verhalten des Ausländers herausgestellt hat, dass von ihm auch jenseits der ursprünglich verfügten Sperrfrist noch eine Gefahr ausgeht. Die Regelung des Abs. 4 S. 4 trägt dem Umstand Rechnung, dass im Zeitpunkt der Befristungsentscheidung, die von Amts wegen zusammen mit der Ausweisungsverfügung erfolgen muss, eine begrenzte Prognosefähigkeit besteht und daher auch in der Regel ein Zeitraum von zehn Jahren den Zeithorizont darstellt, für den eine Prognose realistischerweise noch gestellt werden kann[142]. Aus dem Verweis in Abs. 4 S. 5 auf Abs. 3 ergibt sich, dass für eine Verlängerung über fünf Jahre hinaus schwerwiegende Gründe vorliegen müssen.

---

[137] BVerwG Urt. v. 17.1.2012 – 1 C 1.11, InfAuslR 2012, 173 Rn. 8.
[138] BVerwG Urt. v. 17.1.2012 – 1 C 1.11, InfAuslR 2012, 173 Rn. 8; VGH BW Urt. v. 6.11.2012 – 11 S 2307/11, BeckRS 2012, 60618.
[139] BVerwG Urt. v. 6.3.2014 – 1 C 2.13, NVwZ 2014, 1107 Rn. 14; Urt. v. 10.7.2012 – 1 C 19.11, NVwZ 2013, 365 Rn. 33; Urt. v. 4.9.2007 – 1 C 43.06, InfAuslR 2008, 71 (wonach sowohl bei der generalpräventiven als auch bei der spezialpräventiven Ausweisung der Grundsatz der Verhältnismäßigkeit iVm Art. 6 GG im Einzelfall die Befristung der Sperrwirkung einer Ausweisung nach § 11 I 2 aF gebieten kann, ohne dass der Ausländer zur vorherigen Ausreise verpflichtet ist); VGH BW Urt. v. 5.12.2012 – 11 S 739/12, BeckRS 2013, 45261 hierzu BVerwG Urt. v. 6.3.2014 – 1 C 5.13, BeckRS 2014, 50805 und NdsOVG Beschl. v. 16.1.2017 – 13 LA 43/15, BeckRS 2017, 100788.
[140] BVerwG Beschl. v. 11.11.2013 – 1 B 11.13, BeckRS 2013, 59147 Rn. 3; Urt. v. 30.7.2013 – 1 C 9.12, NVwZ 2014, 294 Rn. 42 f.
[141] S. hierzu näher *Maor* in BeckOK-AuslR § 11 Rn. 89 ff. (Stand: 08/2019).
[142] BVerwG Urt. v. 28.4.2015 – 1 C 20.14, BeckRS 2015, 47992 Rn. 29.

Die Regelung sieht ein **zweifaches Ermessen** vor, nämlich ob überhaupt eine Fristverlängerung 81 verfügt wird und wenn ja, wie lange. Im Rahmen des „Ob" muss unter Berücksichtigung aller Umstände des Einzelfalls die Notwendigkeit und Verhältnismäßigkeit geprüft werden. Generalpräventive Gründe scheiden hierfür aus. Wesentlich für die Ermessensbetätigung ist, wer die zu kurze Frist aus welchen Gründen zu verantworten hat.

Eine **Verlängerung** kommt begrifflich **nur** in Betracht, **wenn** das **Einreise- und Aufenthalts-** 82 **verbot noch gilt.** Etwas, das hingegen nicht mehr existent ist, kann nicht verlängert werden. Ist die Sperrwirkung infolge Fristablaufs schon entfallen, so können sich Ausländer, die vom Titelerfordernis befreit sind, wieder legal im Bundesgebiet aufhalten; eine Beschränkung kommt dann nur über § 12 IV in Betracht. IU wird einer Aufenthaltserlaubnis § 5 I Nr. 2 entgegenstehen. Ggf. kann – sofern der Ausländer etwa neue Straftaten begangen hat – eine erneute Ausweisung verfügt werden.

Zur **Wahrung schutzwürdiger Belange** kommt nach § 11 IV 1 **eine Verkürzung der Sperr-** 83 **frist** aber auch eine **Aufhebung des Ein- und Ausreiseverbots** in Betracht, wobei letzteres wohl an die Stelle der Befristung der Sperrwirkung auf null tritt[143]. Bei den schutzwürdigen Belangen handelt es sich va um familiäre Belange, negative Veränderungen des Gesundheitszustands der eigenen Person oder bei nahen Angehörigen, gravierende Schwierigkeiten im Herkunftsland. Diese Umstände können neu aufgetreten oder schon früher tatsächlich vorgelegen, aber jetzt erst bekannt geworden sein. Da es sich hierbei um Tatsachen aus der Sphäre des Ausländers handelt, setzt dies regelmäßig einen entsprechenden Antrag von ihm voraus. Ob eine Verkürzung oder Aufhebung in Betracht kommt oder beides abgelehnt wird, hängt vom Gewicht der beteiligten privaten und öffentlichen Belange, etwa auch dem Grad einer nach wie vor vom Ausländer ausgehenden Gefahr, ab. Es gibt auch keinen unbedingten Vorrang des Kindeswohls vor entgegenstehenden öffentlichen Interessen[144]. Der Ausländerbehörde ist grundsätzlich ein Ermessen eingeräumt, ob und ggf. welche Maßnahme sie bei geltend gemachten schutzwürdigen Belangen zugunsten des Ausländers trifft. Zu beachten ist, dass es sich bei der Befristung (§ 11 II 3) und der Aufhebung (§ 11 IV 1) des Einreise- und Aufenthaltsverbots prozessual um **unterschiedliche Streitgegenstände** handelt[145].

Ist der **Ausweisungszweck erreicht,** weil spezial- und generalpräventive Gründe[146] die Ausweisung 84 nicht mehr tragen, ist das Einreise- und Aufenthaltsverbot mit Wirkung für alle Aufenthaltszwecke aufzuheben (Abs. 4 S. 1). Insoweit wird entweder von einer Ermessensreduktion auf null oder sogar von einem gebundenen Anspruch auszugehen sein[147].

Ein **„Soll-Anspruch" auf Aufhebung** des Einreise- und Aufenthaltsverbots besteht nach Abs. 4 85 S. 2 dann, wenn die Voraussetzungen für die Erteilung eines Aufenthaltstitels aus völkerrechtlichen, humanitären oder politischen Gründen vorliegen. Gedacht ist hier insbesondere an die **Titel nach §§ 25 IVa–V, 25a und 25b.** Der Ausländer muss die besonderen und regelhaften Voraussetzungen des jeweiligen Titels erfüllen. Ist der Ausländer etwa wegen einer Vermögensstraftat zu einer kurzzeitigen Freiheitsstrafe von sechs Monaten auf Bewährung verurteilt und deshalb ausgewiesen worden, so ist eine solche Verurteilung nach der speziellen und insoweit § 5 I Nr. 2 abändernden Regelung in § 25b II Nr. 2 für diesen Titel nach § 25b nicht relevant und damit ein Fall einer Soll-Aufhebung gegeben. Die Aufhebung des Einreise- und Aufenthaltsverbots dürfte dann aber auch nur partiell bzgl. humanitärer Titel wirken. In dieser Konstellation ist direkt bei der Beantragung und ggf. gerichtlichen Geltendmachung des Titels zulässig; über die Befristung kann in diesem Rahmen mitentschieden werden, was insbesondere in den Fällen verfassungsökonomisch ist, in denen die Titelerteilung selbst, wie etwa bei § 25 IVb, im Ermessen steht.

VIII. Altfälle

In Konsequenz des Urteils des **EuGH v. 19.9.2013**[148] sind Sperrwirkungen, die bei Ablauf der 86 Umsetzungsfrist der Rückführungs-RL zum 24.12.2010 bereits fünf Jahre angedauert haben, wirkungslos, es sei denn, der Drittstaatsausländer stellt eine schwerwiegende Gefahr für die öffentliche Sicherheit und Ordnung oder die nationale Sicherheit iSd Art. 11 II 2 Rückführungs-RL dar. Da

---

[143] Ebenso BVerwG Urt. v. 22.2.2017 – 1 C 27.16, NVwZ 2018, 88 Rn. 15 unter Hinweis auf BT-Drs. 18/4097, 36.
[144] BVerwG Beschl. v. 21.7.2015 – 1 B 26.15, BeckRS 2015, 49497.
[145] BVerwG Urt. v. 22.2.2017 – 1 C 27.16, NVwZ 2018, 88 Rn. 15.
[146] Insoweit ist die Ls. des BVerwG Urt. v. 14.5.2013 – 1 C 13.12, InfAuslR 2013, 334, wonach die Befristung der Wirkungen einer Ausweisung (§ 11 I 3 aF) allein spezialpräventiven Zwecken diene, missverständlich. Dieser erklärt sich jedoch daraus, dass der Kläger in diesem Fall eine Rechtsposition nach Art. 7 ARB 1/80 besaß (vgl. Urt. v. 14.5.2013 Rn. 11) und daher ohnehin nur aus spezialpräventiven Gründen ausgewiesen werden konnte. Dass sich das BVerwG in diesem Urteil nicht von der Generalprävention „verabschiedet" hat, verdeutlicht seine spätere Entsch. v. 6.3.2014 – 1 C 2.13, NVwZ 2014, 1107 Rn. 12 zur Befristung: „Bei einer aus generalpräventiven Zwecken verfügten Ausweisung kommt es – soweit sie zulässig ist – darauf an, wie lange von ihr eine abschreckende Wirkung auf andere Ausländer ausgeht".
[147] Vgl. hierzu auch BVerwG Urt. v. 6.3.2014 – 1 C 2.13, NVwZ 2014, 1107 Rn. 14; VGH BW Urt. v. 21.11.2016 – 11 S 1656/16, BeckRS 2016, 55431.
[148] EuGH Urt. v. 19.9.2013 – C-297/12, InfAuslR 2013, 416 – Filev und Osmani.

Deutschland die Rückführungs-RL verspätet, nämlich durch das RLUmsG 2011 erst zum 26.11.2011, umgesetzt hat, entfalten aufgrund der dazwischen liegenden unmittelbaren Anwendung der RL alle Ausweisungen und Abschiebungen, die bis zum 26.11.2006 erfolgt sind, keine Sperrwirkung mehr, es sei denn vom **Drittstaatsangehörigen** geht weiter eine **schwerwiegende Gefahr für die öffentliche Sicherheit und Ordnung** oder die nationale Sicherheit iSd Art. 11 II 2 Rückführungs-RL aus. Über eine gegebenenfalls nachträgliche Befristung ist antragsunabhängig zu entscheiden[149].

87 Zwar fällt die Ausweisung als solche nicht unter die Rückführungs-RL[150]. Da das BVerwG jedoch die Grundsätze der Rückführungs-RL für die Befristung auch auf das Ausweisungsrecht anwendet[151], gibt es insoweit keinen sachlichen Grund Altausweisungen, -abschiebungen und -zurückschiebungen unterschiedlich zu behandeln. Für die **Aufrechterhaltung des Einreise- und Aufenthaltsverbots** bedarf es allerdings nach den Vorgaben der Rückführungs-RL einer **individuellen behördlichen Prüfung**, ob eine schwerwiegende Gefahr iSd Art. 11 II 2 Rückführungs-RL vorliegt, was zwar regelmäßig aber nicht zwangsläufig dann gilt, wenn eine frühere Ausweisung auf § 53 aF gestützt wurde[152].

IX. Einreise- und Aufenthaltsverbot nach Abs. 6

88 Abs. 6 sanktioniert die **schuldhafte Nichteinhaltung der Ausreisepflicht** durch den ausreisepflichtigen Ausländer. Nicht vom Tatbestand der Vorschrift erfasst sind ausreisepflichtige Ausländer, die unverschuldet an der Ausreise verhindert sind, und solche, die die Ausreisefrist nicht erheblich überschritten haben.

89 Nach **Abs. 6 S. 1** kann gegenüber einem Ausländer, der seiner Ausreisepflicht nicht innerhalb einer ihm gesetzten Ausreisefrist nachkommt, durch die Ausländerbehörde mittels VA ein Einreise- und Aufenthaltsverbot angeordnet werden, es sei denn, er ist unverschuldet an der Ausreise gehindert oder das Überschreiten der Ausreisefrist ist nicht erheblich. Die Vorschrift knüpft an **Art. 11 I UAbs. 1 lit. b Rückführungs-RL** an, wonach eine Rückkehrentscheidung mit einem Einreiseverbot einhergeht, wenn der Rückkehrverpflichtung nicht nachgekommen wird. Die nationale Regelung ist allerdings günstiger als sie ein Ermessen eröffnet, ob überhaupt ein Verbot angeordnet wird.

90 Soweit **Abs. 6 S. 6** vorsieht, dass ein Verbot nicht angeordnet wird, wenn **Duldungsgründe nach § 60a** vorliegen, wobei hier solche nach § 60a II, **der der Ausländer nicht verschuldet hat**, und solche nach § 60a IIb in Betracht kommen, ist dies eine nähere Bestimmung, wann ein Unverschulden iSd S. 1 vorliegt. Unverschuldete Duldungsgründe sind etwa familiäre Bindungen, die zu einem rechtlichen Ausreisehindernis erstarken, oder auch eine krankheitsbedingte Reiseunfähigkeit. Eine Duldung aufgrund der eigenen Täuschung über die Identität oder die nachhaltige Verletzung von Mitwirkungspflichten steht einer Anordnung nach S. 1 nicht entgegen. Ein fehlendes Verschulden liegt aber etwa vor, wenn dem Ausländer persönlich die Ausreisefrist nicht bekannt war, weil ihm die Rückkehrentscheidung aufgrund Anwalts- oder Behördenverschulden nicht zugegangen war[153]. Ob eine **Fristüberschreitung erheblich** ist, beurteilt sich im Verhältnis zu der im Einzelfall festgesetzten Ausreisefrist[154]. Bei einer 30tägigen Ausreisefrist etwa wird eine Fristüberschreitung von drei Tagen noch nicht erheblich sein, eine solche von zehn Tagen hingegen schon.

91 Abs. 6 tritt in seiner jetzigen Ausgestaltung[155] nicht in Konflikt mit der neuen **stichtagsunabhängigen Bleiberechtsregelung des § 25b**. Nach § 25b II Nr. 1 führen unter den dort genannten Voraussetzungen Verhinderungen oder Verzögerungen zur Versagung der Aufenthaltserlaubnis. Abs. 6 S. 2 sieht vor, dass Abs. 4 S. 2 entsprechend anwendbar ist. Aus dem Rechtsgedanken, der dem zugrunde liegt, lässt sich schließen, dass die Anordnung eines Einreise- und Aufenthaltsverbots nach Abs. 6 nicht in Betracht kommt, wenn die Voraussetzungen des § 25b bereits erfüllt sind.

92 Die Anordnung eines Einreise- und Aufenthaltsverbots nach **Abs. 6 S. 1** steht in der Rechtsfolge im pflichtgemäßen behördlichen **Ermessen**. Es „kann" angeordnet werden. Kriterien für das „wie" der Ermessensübung ergeben sich durch die Verweisung von Abs. 6 S. 2 in Abs. 1 S. 2, Abs. 2 S. 3–6, Abs. 3 S. 1 und Abs. 4 S. 1, 2 und 4, die entsprechend gelten.

---

[149] BGH Beschl. v. 20.2.2014 – V ZB 76/13, BeckRS 2014, 6233.
[150] → Rn. 23 ff.
[151] → Rn. 23, 29 ff.
[152] Vgl. näher BVerwG Urt. v. 25.3.2015 – 1 C 18.14, ZAR 2015, 190; VGH BW Urt. v. 21.11.2016 – 11 S 1656/16, BeckRS 2016, 55431.
[153] *Zeitler* HTK-AuslR/§ 11 AufenthG/zu Abs. 6.
[154] BT-Drs. 18/4097, 37. Vgl. dazu etwa VG Bayreuth Urt. v. 29.8.2018 – B 6 K 18.426, BeckRS 2018, 24064 Rn. 26.
[155] Vgl. zum Gesetzgebungsverf *Neundorf/Brings* ZRP 2015, 145.

X. Einreise- und Aufenthaltsverbot bei negativem Asylverfahren (Abs. 7)

1. Geltung der Rückführungs-RL

Die **Abschiebungsandrohung** nach § 34 AsylG erfüllt die Merkmale einer **Rückkehrentscheidung** iSd Art. 3 Nr. 4 Rückführungs-RL. Dass die Abschiebungsandrohung mit der Entscheidung über den Asylantrag verbunden ist (vgl. § 34 II AsylG), die erst mit deren Bestandskraft nach § 67 I Nr. 6 AsylG die Illegalität des Aufenthalts herbeiführt, beruht auf Art. 6 VI Rückführungs-RL. Das Unionsrecht ermächtigt mit dieser Regelung die Mitgliedstaaten ausdrücklich, die Rückkehrentscheidung mit dem die Rechtmäßigkeit des Aufenthalts beendenden VA zu verbinden. Dadurch wird aber die die Legalität beseitigende Verfügung selbst nicht zur Rückkehrentscheidung. Eine Sonderstellung nehmen die Fälle des § 67 I Nr. 4, 5 und 5a AsylG ein, in denen die Abschiebungsandrohung oder die diese ersetzende Abschiebungsanordnung die Legalität des Aufenthalts beendet. Hier ergeht aber nach nationalen Recht später keine weitere (zweite) Rückkehrentscheidung, weshalb dies durch Art. 6 VI Rückführungs-RL legitimiert ist[156]. Dem steht das Urteil des EuGH vom 30.5.2013[157] nicht entgegen. Es betrifft eine andere Fragestellung.

93

Auch die **Abschiebungsanordnung** nach § 34a AsylG kann prinzipiell als **Rückkehrentscheidung** iSd Rückführungs-RL qualifiziert werden. Art. 8 III Rückführungs-RL, wonach die Mitgliedstaaten eine getrennte behördliche oder gerichtliche Maßnahme erlassen können, mit der die Abschiebung angeordnet wird, hindert den nationalen Gesetzgeber nicht, eine Abschiebungsanordnung als Rückkehrentscheidung einzustufen[158]. Eine **Ausnahme** gilt allerdings für die Abschiebungsanordnung nach § 34a I 1 iVm § 26a AsylG im Rahmen von **Überstellungsverfahren im Dublin-System;** diese ist keine Rückkehrentscheidung iSd Rückführungs-RL[159]. Unionsrechtlich wird zwischen dem Anwendungsbereich der Dublin III-VO und der Rückführungs-RL getrennt. Dies folgt etwa aus den für die Rückkehr in Bezug genommenen Zielländern in Art. 3 Nr. 3 Rückführungs-RL, der besonderen Regelung in Art. 24 IV Dublin III-VO und aus dem Erwägungsgrund 9 der Rückführungs-RL. Fehlt es an einer Rückkehrentscheidung iSd Rückführungs-RL, kann auch kein Einreiseverbot iSd Art. 11 Rückführungs-RL entstehen, das für seine jeweilige Dauer eine Einreise in das Hoheitsgebiet der Mitgliedstaaten bzw. einen Aufenthalt dort unterbinden soll.

94

Das nationale Recht sieht jedoch im Fall einer durchgeführten Abschiebung in den für das Asylverfahren zuständige Mitgliedstaat ein kraft Gesetzes entstehendes Einreise- und Aufenthaltsverbot vor. Ziel der Rückführungs-RL ist zwar ua den Wirkungen einer einzelstaatlichen Rückführungsmaßnahme durch ein entsprechendes Einreiseverbot europäischen Zuschnitt zu verleihen (vgl. etwa Erwägungsgrund 9 sowie das Konsultationsverfahren nach Art. 11 IV Rückführungs-RL). Die Rückführungs-RL dürfte aber nicht so zu verstehen sein, dass sie im Wege einer Exklusivität auch Maßnahmen ausschließt, die – ohne Eintrag im SIS – nur innerhalb und für einen bestimmten Mitgliedstaat wirksam sein sollen, wie dies bei einer Abschiebung vom Bundesgebiet in einen anderen Mitgliedstaat in Betracht kommt. Der Ausländer wird hierdurch auch nicht unangemessen belastet, denn er hat die **Möglichkeit der freiwilligen Ausreise in den nach den Dublin-Regelungen zuständigen Mitgliedstaat**[160]. Dass nach § 11 bei der Befristung eines rein nationalen Verbots der gleiche Maßstab gilt wie bei der Befristung einer unionsrechtlich geprägten Entscheidung, ist Ausdruck des Gestaltungsermessens des Gesetzgebers.

95

2. Entscheidungen des BAMF nach Abs. 7 und Abs. 2

Nach § 75 Nr. 12 ist das **BAMF zuständig für die Befristung** eines Einreise- und Aufenthaltsverbots nach § 11 II im Fall einer **Abschiebungsandrohung nach den §§ 34, 35 AsylG** oder einer **Abschiebungsanordnung nach § 34a AsylG** sowie für die **Anordnung und Befristung eines Einreise- und Aufenthaltsverbots** nach § 11 VII.

96

Bei abgelehnten Asylbewerbern erfolgt die Abschiebung auf der Grundlage einer Abschiebungsandrohung nach §§ 34, 35 AsylG oder eine Abschiebungsanordnung nach § 34a AsylG. Aus verwaltungsökonomischen Gründen und aufgrund der größeren Sachnähe hat der Gesetzgeber entschieden, dass das **BAMF** selbst zusammen mit der jeweiligen Abschiebungsandrohung oder Abschiebungs-

97

---

[156] Näher VGH BW Beschl. v. 19.11.2013 – A 10 S 2362/13, BeckRS 1013, 59830; Beschl. v. 11.6.2013 – A 11 S 1158/13, InfAuslR 2014, 154; Beschl. v. 19.12.2012 – 11 S 2303/12, InfAuslR 2013, 98; GK-AufenthG § 11 Rn. 17 ff. (Stand: 11/2015) und § 59 Rn. 265 ff. (Stand: 3/2014).
[157] EuGH Urt. v. 30.5.2013 – C-534/11, InfAuslR 2013, 285 – Arslan.
[158] GK-AufenthG § 11 Rn. 19 (Stand: 10/2015); *Lutz,* Negotiations of the Return Directive, 2010, S. 49 f.
[159] VGH BW Urt. v. 16.4.2014 – A 11 S 1721/13, InfAuslR 2014, 293; GK-AufenthG § 59 Rn. 268 (Stand: 3/2014); *Hörich,* Abschiebungen nach europäischen Vorgaben, 2015, S. 65 ff.
[160] Vgl. auch BVerwG Urt. v. 17.9.2015 – 1 C 26.14, NVwZ 2016, 67: Eine Überstellung ohne Verwaltungszwang ist keine Abschiebung und führt nicht zu einem gesetzlich Einreise- und Aufenthaltsverbot.

anordnung (und damit im Regelfall im selben Bescheid, Abs. 2 S. 4 Hs. 1) die Befristung des Einreise- und Aufenthaltsverbots für den Fall der Abschiebung vornimmt[161].

98 Das AufenthGÄndG 2015 sieht für die Zuständigkeit des BAMF nach § 75 Nr. 12 keine ausdrückliche Übergangsregelung vor. Aus der in § 11 II 4 Hs. 1 enthaltenen Anordnung des gesetzlichen Regelfalls („soll") ist aber zu schließen, dass das BAMF in **Alt- und Übergangsfälle** für die Befristung der Sperrwirkung der Abschiebung nicht zuständig ist, weil es ihm in diesen Fällen gar nicht möglich ist, entsprechend dem Regelfall zu handeln. Ist der die Abschiebungsandrohung enthaltende Bescheid des BAMF vor dem Inkrafttreten der Neufassung des § 11 am 1.8.2015 erlassen worden, verbleibt es noch bei der Zuständigkeit der Ausländerbehörde. Dies ist durch **§ 104 XII** idF des AsylVfBeschlG 2015 ausdrücklich so geregelt[162]. Dieser bestimmt, dass im Falle einer Abschiebungsandrohung nach den §§ 34 und 35 AsylG oder einer Abschiebungsanordnung nach § 34a AsylG, die bereits vor dem 1.8.2015 erlassen oder angeordnet worden ist, die Ausländerbehörde für die Befristung eines Einreise- und Aufenthaltsverbots nach § 11 II zuständig sind.

99 Die **Befristung des Einreise- und Aufenthaltsverbots** für den Fall der Abschiebung ist **eine den Ausländer begünstigende Entscheidung,** die allerdings unter der dem nationalen Rechtssystem immanenten Voraussetzung steht, dass es überhaupt zu seiner Abschiebung kommt. Reist der Ausländer freiwillig aus, wird die Befristungsentscheidung gegenstandslos. Dies gilt auch für Befristungsentscheidungen durch das BAMF. Die Abschiebungsandrohung oder -anordnung und die Befristungsentscheidung nach § 11 II 3 sind voneinander zu trennende, unterschiedliche Verwaltungsakte. Zwar kann es prinzipiell der Klärung in einem Hauptsacheverfahren überlassen bleiben, ob die Sperrwirkungen einer (noch nicht) durchgeführten Abschiebung fehlerfrei befristet worden sind[163], so dass idR für einen noch vor der Abschiebung gestellten Antrag nach § 123 I 1 VwGO auf Verkürzung der Sperrfrist oder gar Befristung auf Null kein Raum ist.

100 Durch das **AsylVfBeschlG 2015** hat der Gesetzgeber nunmehr in § 34a II und § 36 III AsylG ua ausdrücklich vorgesehen, dass Anträge auf Gewährung vorläufigen Rechtsschutzes gegen die Befristung des Einreise- und Aufenthaltsverbots durch das BAMF nach § 11 II innerhalb einer Woche ab Bekanntgabe zu stellen sind. Das ist dahin gehend auszulegen, dass der Gesetzgeber im Bereich des **Asylrechts** dem Ausländer die Möglichkeit eröffnen will, **noch während seines Aufenthalts im Bundesgebiet auch die Befristungsentscheidung einer (vorläufigen) gerichtlichen Kontrolle zu unterziehen.** Nach der ausdrücklichen gesetzlichen Regelung in §§ 34a II und 36 III AsylG gilt diese erweiterte Rechtsschutzmöglichkeit nur für Befristungsentscheidungen, die durch das BAMF getroffen werden. In anderen Fällen, insbesondere wenn die Ausländerbehörde nach § 104 XII noch für die Befristungsentscheidung zuständig ist, gelten die allgemeinen Erwägungen für die Zulässigkeit und Begründetheit eines Antrags nach § 123 I 1 VwGO.

101 Die Beantragung vorläufigen Rechtsschutzes gegen die Befristungsentscheidung und eine ggf. den Antragsteller hinsichtlich der Frist begünstigende Entscheidung haben keine unmittelbaren Auswirkungen auf die Vollziehbarkeit der Abschiebungsanordnung oder -androhung. Dies stellen § 34a II 4 und § 36 III 11 AsylVG klar.

102 Das **BAMF** ist weiter zuständig für die als Ermessensentscheidung ausgestaltete Anordnung eines Einreise- und Aufenthaltsverbots nach **§ 11 VII** und dessen Befristung. Hierbei handelt es sich um einen möglichen Anwendungsfall des Art. 11 I UAbs. 2 Rückführungs-RL, der ausdrücklich die Verhängung eines Einreiseverbots in das Ermessen der Mitgliedstaaten stellt. Von einem Einreise- und Aufenthaltsverbot nach Abs. 7 erwartet der Gesetzgeber generalpräventive Effekte und daran anknüpfend die Aufrechterhaltung der Arbeitskapazität des BAMF für tatsächlich schutzbedürftige Personen[164]. Hat das BAMF bestandskräftig ein Einreise- und Aufenthaltsverbot angeordnet, darf einem Ausländer selbst im Falle eines Aufenthaltstitels ein solcher nach § 11 I 2 und III 1 nicht erteilt werden[165].

103 Der mit **Abs. 7 S. 1 Nr. 1** geschaffene Tatbestand für ein Einreise- und Aufenthaltsverbot ist auf den **Ausländer** anwendbar, dessen **Asylantrag aus einem sicheren Herkunftsstaat bestandskräftig als offensichtlich unbegründet abgelehnt** wurde. Dass die weiteren in Nr. 1 aufgezählten Voraussetzungen (keine Zuerkennung eines subsidiären Schutzes oder eines nationalen Abschiebungsverbot und kein aktueller Titelbesitz) für die Verhängung eines solches Verbots vorliegen müssen, versteht sich von selbst, denn sonst müsste der Betreffende das Bundesgebiet nicht verlassen, sodass folglich auch kein Einreise- und Aufenthaltsverbot verhängt werden könnte[166]. Das Verbot kann für

---

[161] BT-Drs. 18/5420, 28.
[162] Die Gesetzesbegründung argumentiert allerdings nicht ausdrücklich mit einer Klarstellung, sondern verweist darauf, dass es der Gedanke der Verfahrensbeschleunigung und -ökonomie gebiete, die Zuständigkeit in diesen Altfällen bei der Ausländerbehörde zu belassen (BT-Drs. 18/6185, 71).
[163] Vgl. hierzu VGH BW Beschl. v. 9.11.2012 – 11 S 2200/12, InfAuslR 2013, 74; Beschl. v. 19.12.2012 – 11 S 2303/12, InfAuslR 2013, 98.
[164] Vgl. auch *Zeitler* HTK-AuslR/§ 11 AufenthG/zu Abs. 7 (Stand: 28.9.2015).
[165] SächsOVG Beschl. v. 26.2.2018 – 3 B 9/18, BeckRS 2018, 40041.
[166] Vgl. zB VG Köln Urt. v. 31.8.2018 – 19 K 1192/17.A; VG Aachen Beschl. v. 17.7.2018 – 9 L 927/18.A, BeckRS 2018, 16599.

den Fall der Bestandskraft der Ablehnung des Asylantrags als offensichtlich unbegründet bereits im Asylablehnungsbescheid mitverfügt werden (Titelerteilungssperre); dies folgt aus Abs. 7 S. 3 iVm der entsprechend geltenden Bestimmung in Abs. 2 S. 3–6. Die Bestimmung der Länge hat gleichzeitig mit der Anordnung zu erfolgen (Abs. 7 S. 4). Abs. 7 S. 3 iVm Abs. 1 ist eine Spezialvorschrift ua für nach § 29a I AsylG als offensichtlich unbegründet abgelehnte Asylbewerber und geht deshalb der allgemeinen Vorschrift des § 10 III vor, die bestimmt, welcher Aufenthaltstitel ua einem Ausländer, dessen Asylantrag unanfechtbar abgelehnt worden ist, vor dessen Ausreise erteilt werden darf[167].

Dass die Verfügung des Einreise- und Aufenthaltsverbots keine gesonderte neue Entscheidung durch 104 das BAMF erst nach Bestandskraft des Bescheids zu § 29a AsylG verlangt[168], hat der Gesetzgeber mittlerweile mit Korrekturen im Wortlaut des Abs. 7 durch das AsylVfBeschlG 2015 klargestellt. So ist in Nr. 1 (und Nr. 2) das – in diesem Zusammenhang missverständliche – Wort „bestandskräftig" entfallen. Ferner ist S. 2 die Formulierung aufgenommen worden, dass das Einreise- und Aufenthaltsverbot mit Bestandskraft der Entscheidung über den Asylantrag wirksam wird.

Die Verhängung eines Verbots nach Abs. 7 Nr. 1 ist auch möglich, wenn die Bestandskraft der 105 Ablehnung des Asylantrags als offensichtlich unbegründet schon vor dem Inkrafttreten des Gesetzes zum 1.8.2015 vorlag. Der Wortlaut des Gesetzes enthält insoweit keine zeitliche Einschränkung.

Abs. 7 S. 1 Nr. 2 betrifft den **mehrfach erfolglos gestellten Folge- oder Zweitantrag** nach 106 §§ 71, 71a AsylG. Auch hier ist es möglich, im Wiederholungsfall bereits im Ablehnungsbescheid das Verbot unter der Voraussetzung der Bestandskraft der erneuten Entscheidung zu § 71 oder zu § 71a AsylG mitaufzunehmen.

Das **BAMF** hat nach pflichtgemäßem **Ermessen im konkreten Einzelfall** darüber zu befinden, 107 **ob** es überhaupt ein **Einreise- und Aufenthaltsverbot** verhängt und **wenn ja, mit welcher Frist.** Der Gesetzgeber geht typisierend davon aus, dass in den Fällen der Nr. 1 und 2 eine missbräuchliche Inanspruchnahme des deutschen Asylverfahrens vorliegt, auf das – mit abschreckender Wirkung – mit einem Einreiseverbot reagiert werden kann[169]. Das Ermessen kann sich daher vorrangig auf generalpräventive Erwägungen stützen[170]. Abs. 7 enthält nach dem Ablauf des Gesetzgebungsverfahrens bewusst keine dem Abs. 6 S. 6 vergleichbare Regelung. Daraus folgt, dass auch **unverschuldete Duldungsgründe den Erlass eines Einreise- und Aufenthaltsverbots nicht hindern.** Ist allerdings offensichtlich, dass der Ausländer das Bundesgebiet aus Rechtsgründen auf unabsehbare Zeit nicht verlassen kann, weil er wegen einer schweren Erkrankung voraussichtlich dauerhaft reiseunfähig ist, ist das ein Gesichtspunkt, der nach den Umständen des Einzelfalls ein dennoch angeordnetes Einreise- und Aufenthaltsverbot ermessensfehlerhaft machen könnte.

Die **Frist** ist sowohl bei Nr. 1 als auch Nr. 2 in **Abs. 7** im Fall der erstmaligen Anordnung auf **ein** 108 **Jahr** im Wege einer **Soll-Regelung** begrenzt (Abs. 7 S. 5). Im **Wiederholungsfall,** ein solcher kann etwa vorliegen, wenn ein Ausländer aus einem sicheren Herkunftsstaat nach bestandskräftiger Ablehnung des Asylantrags als offensichtlich unbegründet zwar ausgereist ist, aber nach erneuter Einreise erneut ein erfolgloses Asylbegehren äußert, soll die Frist **drei Jahre** nicht übersteigen (Abs. 7 S. 6). Dass die Frist erst mit Ausreise läuft, ist mit der Rückführungs-RL und insbesondere deren Art. 11 zu vereinbaren[171].

Die Anordnung eines behördlichen Einreise- und Aufenthaltsverbots ist ein **belastender Verwal-** 109 **tungsakt.** Die nach dem Gesetz zwingend erforderliche Befristungsentscheidung lässt sich aber als ein daneben tretender eigenständiger und damit auch gesondert angreifbarer Verwaltungsakt verstehen. Bei diesem Verständnis wäre **vorläufiger Rechtsschutz gegen die Anordnung des Einreise- und Aufenthaltsverbots nach § 80 V VwGO und gegen die Länge der Frist (hilfsweise) nach § 123 I 1 VwGO** gegeben. Auch für die Anordnung und Befristung nach § 11 VII sehen § 36 III 10 und 11 AsylG die dort normierten Besonderheiten für den vorläufigen Rechtsschutz vor.

Wird der Ausländer, gegen den ein befristetes Einreise- und Aufenthaltsverbot nach Abs. 7 verfügt 110 worden ist, tatsächlich abgeschoben, entsteht ein weiteres Verbot kraft Gesetzes, das ebenfalls zu befristen ist. Mangels gegenteiliger gesetzlicher Regelungen **laufen beide Sperrwirkungen, die unterschiedliche Zielsetzungen** verfolgen, ab Ausreise nebeneinander.

Ungeachtet dessen, dass die Rechtsgrundlage für die Befristung eines Einreise- und Aufenthalts- 111 verbots durch das BAMF oder der Verhängung eines befristeten Verbots der Einreise und des Aufenthalts in § 11 II 3 oder § 11 VII und damit im AufenthG ist und dass das AufenthG in § 83 III nunmehr eine ausdrückliche Regelung für den Ausschluss des Widerspruchsverfahrens gegen die Anordnung und Befristung eines Einreise- und Aufenthaltsverbots durch das BAMF enthält, handelt es

---

[167] Vgl. SächsOVG Beschl. v. 26.2.2018 – 3 B 9/18, BeckRS 2018, 40041 Rn. 7.
[168] So aber etwa noch VG Oldenburg Beschl. v. 22.9.2015 – 7 B 3487/15, BeckRS 2015, 52482; VG Osnabrück Beschl. v. 23.9.2015 – 5 B 377/15, BeckRS 2015, 52483.
[169] Krit. hierzu und zur Entstehungsgeschichte der Regelungen *Neundorf/Brings* ZRP 2015, 145.
[170] Ebenso VG Frankfurt a. M. Urt. v. 17.11.2016 – 3 K 5537/15 F. A., BeckRS 2016, 110786; VG Oldenburg Urt. v. 31.3.2016 – 5 A 464/16, BeckRS 2016, 44220.
[171] GK-AufenthG § 11 Rn. 162 (Stand: 10/2015).

Dollinger

sich hierbei um **Streitigkeiten nach dem AsylG**[172]. Die Befristung nach § 11 II steht in unmittelbarem sachlichem und zeitlichen Zusammenhang mit dem Erlass der Abschiebungsandrohung nach §§ 34, 35 AsylG oder der Abschiebungsanordnung nach § 34a. Auch die Verfügung nach **Abs. 7** knüpft direkt an asylrechtliche Anträge an. Einreise- und Aufenthaltsverbot und dessen Befristung sind **Annex des** gesamten **asylverfahrensrechtlichen Instrumentariums,** das auf die Beendigung des Aufenthalts des (ehemaligen) Asylbewerbers gerichtet ist[173]. Dass es sich bei den Streitigkeiten über Anordnung oder Befristung von Einreise- und Aufenthaltsverboten durch das BAMF nach § 75 Nr. 12 um asylrechtliche Streitigkeiten handelt, stellt nunmehr der durch das AsylVfBeschlG 2015 eingefügte § 83c AsylG klar[174].

112 Da § 75 Nr. 12 nur für Entscheidungen nach § 11 II und VII eine Zuständigkeit des BAMF vorsieht, verbleibt es für den Fall des nach deren Bestandskraft geltend gemachten **Anspruchs auf Aufhebung des Einreise- und Aufenthaltsverbots oder Verkürzung der Sperrfrist** nach § 11 **IV** bei der **Zuständigkeit der Ausländerbehörde** nach § 71 I[175]. Hat das BAMF eine Befristungsentscheidung nach § 11 II getroffen, ist aus § 73 III zu schließen, dass die Ausländerbehörde in einem solchen Fall vor einer Entscheidung nach § 11 IV das BAMF zu beteiligen hat. Ein Beteiligungserfordernis bei einer Verfügung des BAMF nach § 11 VII ist in § 73 III nicht ausdrücklich aufgeführt, vielmehr heißt es dort nur „Befristungen nach § 11 II S. 1". Allerdings spricht der Zweck der Vorschrift dafür, das Beteiligungserfordernis auch auf diesen Fall anzuwenden. Streitigkeiten nach § 11 IV sind ausländerrechtliche Verfahren – was auch sachgerecht ist, weil Aufhebung und Verkürzung idR im Sachzusammenhang mit einem Begehren auf Erteilung einer Aufenthaltserlaubnis stehen (vgl. § 11 IV 2).

XI. Betretenserlaubnis (Abs. 8)

113 Das kurzzeitige Betretungsrecht nach § 11 VIII beinhaltet kein freies Bewegungsrecht; es will lediglich sicherstellen, dass der Berechtigte den zwingenden Gründen, die seine Anwesenheit im Bundesgebiet erfordern, auch tatsächlich entsprechen kann. Dies gilt namentlich dann, wenn begründete Zweifel hinsichtlich seiner Rückkehrbereitschaft bestehen.

114 Die **Erlaubnis nach Abs. 8** stellt **keinen Aufenthaltstitel** iSd § 4 I 2 dar. Sie setzt das Verbot des Abs. 1 zeitweilig und zweckgebunden außer Kraft, indem sie zum Grenzübertritt und zur Hin- und Rückreise zu dem Ort, an dem die kurzzeitige Anwesenheit des Ausländers erforderlich ist, berechtigt; sie gilt auch für Unionsbürger (vgl. § 11 FreizügG/EU). Sie legalisiert nationale Einreise und Aufenthalt unmittelbar („erlaubt"). Ist aufgrund des vorrangigen Unionsrechts auch für einen Kurzaufenthalt ein Visum vorgeschrieben, muss dies allerdings eingeholt werden, ggf. als Visum mit räumlich beschränkter Gültigkeit nach Art. 25 Visakodex.

115 Die **Dauer des nach Abs. 8 S. 1 erlaubten kurzfristigen Verweilens** richtet sich nach dem **Zweck der Reise** und kann Übernachtungen und Wohnen einschließen. Sie kann in der Erlaubnis ebenso vorgeschrieben werden wie Reiseweg und Aufenthaltsort (zur Beteiligung der Ausländerbehörde § 72 I). Eine nachträgliche Änderung ihres Inhalts ist unter entsprechender Anwendung der Vorschriften des § 12 II zulässig, obwohl diese auf Visum und Aufenthaltserlaubnis beschränkt sind; denn die Interessenlage ist bei der Betretenserlaubnis ähnlich wie bei diesen Aufenthaltstitel, wenn man in ihr selbst schon die Erlaubnis zu Einreise und Betreten sieht[176].

116 **Zwingende Gründe** für Einreise und kurzfristigen Aufenthalt während der Sperrzeit nach Abs. 1 **sind** anzuerkennen, wenn sie in den persönlichen Verhältnissen begründet sind, aber auch dem öffentlichen Interesse entsprechen, etwa für Wahrnehmung von Terminen bei Gerichten[177] oder Behörde oder Regelung von Streitfragen materieller oder immaterieller Art mit Behörde. Hat ein Gericht das persönliche Erscheinen eines Ausländers zu einem Verhandlungstermin angeordnet, erfordern in der Regel zwingende Gründe seine Anwesenheit im Bundesgebiet. Entsprechendes gilt, wenn der Ausländer rechtswidrig abgeschoben worden ist[178]. Gegenläufige öffentliche Sicherheitsinteressen können nur dann zu einem anderen Ergebnis führen, wenn sie selbst zwingend das ausnahmslose Fernhalten des Ausländers gebieten. Dies setzt voraus, dass den Sicherheitsinteressen auch nicht durch Neben-

---

[172] GK-AufenthG § 11 Rn. 95 (Stand: 10/2015); VG Oldenburg Beschl. v. 2.10.2015 – 5 B 3636/15, BeckRS 2015, 52761.

[173] S. zu dieser Überlegung auch GK-AsylVfG § 80 Rn. 16.2 (Stand: 4/2009).

[174] S. die Gesetzesbegründung in BT-Drs. 18/6185, 51. Mit § 83c AsylG ist der gegenteiligen Auffassung (vgl. etwa VG Regensburg Beschl. v. 10.9.2015 – RO 9 K 15.1357, BeckRS 2015, 51722), die keine asylrechtliche, sondern eine aufenthaltsrechtliche Streitigkeit angenommen hat, die Grundlage entzogen.

[175] BVerwG Urt. v. 25.1.2018 – 1 C 7.17, NVwZ 2018, 1319 Rn. 12; vgl. hierzu auch BT-Drs. 18/4262, 4 – Antwort Bundesregierung auf eine Kleine Anfrage zur Bewertung des Gesetzesentwurfs zur Neubestimmung des Bleiberecht und der Aufenthaltsbeendigung.

[176] S. nun auch Nr. 11.2.4 AVwV-AufenthG.

[177] ThürOVG Beschl. v. 2.12.2014 – 3 EO 757/14, EZAR NF 45 Nr. 20.

[178] Vgl. OVG NRW Beschl. v. 15.8.2018 – 17 B 1029/18, NVwZ 2018, 1493 mAnm *Kluth*.

Einreise- und Aufenthaltsverbot　　　　　　　　　　　　　　　　　　§ 11 AufenthG 1

bestimmungen zur Betretungserlaubnis angemessen Rechnung getragen werden kann[179]. Denkbar ist etwa den unbegleiteten Aufenthalt des Ausländers auf den Transitbereich eines Flughafens zu beschränken und seine Zuführung zum Gericht ggf. durch polizeiliche Begleitung zu gewährleisten. Die hierfür entstehenden Kosten fallen dem Betroffenen zur Last (§§ 66, 67). Insoweit kann zugleich ein Kostenvorschuss verlangt werden.

Eine unbillige Härte kann sich va im familiären oder humanitären Bereich ergeben, etwa 117
bei beabsichtigter Eheschließung[180], Geburt des eigenen Kindes, Erkrankung oder Tod naher Angehöriger. Die Gefahr einer erneuten Beeinträchtigung oder Gefährdung öffentlicher Interessen muss entweder ausgeräumt werden oder als so gering erscheinen, dass sie angesichts zwingender Gründe oder einer sonst eintretenden unbilligen Härte hinzunehmen ist. Sie kann sich daraus ergeben, dass die spätere freiwillige Ausreise oder die Abschiebung nicht gesichert oder frühere Abschiebungskosten nicht beglichen sind[181]. Die Betretenserlaubnis kann auch nur Zug um Zug gegen die Hinterlegung eines Rückflugscheines oder unter dieser Bedingung erteilt werden[182].

Für die Erteilung einer **Betretenserlaubnis nach Abs. 8 S. 1 zuständig** ist grundsätzlich die 118
Ausländerbehörde. Abweichend davon ist gem. **Abs. 8 S. 2 die oberste Landesbehörde** für die Erteilung der Betretenserlaubnis zuständig, wenn es sich um Ausländer handelt, für die eine Abschiebungsanordnung nach § 58a ergangen ist (Abs. 5b) und für Ausländer, die wegen eines Verbrechens gegen den Frieden, eines Kriegsverbrechens oder eines Verbrechens gegen die Menschlichkeit oder zur Abwehr einer Gefahr für die Sicherheit Deutschlands oder einer terroristischen Gefahr ausgewiesen wurden (Abs. 5a). Das ist nach der Systematik der Abs. 5a, 5b und 8 stimmig.

XII. Einreise entgegen Einreise- und Aufenthaltsverbot (Abs. 9)

Abs. 9 S. 1 hemmt den Ablauf der Frist des Einreise- und Aufenthaltsverbots, solange sich der 119
Ausländer nach einer Einreise und vor Ablauf des Verbots entgegen dem Verbot im Bundesgebiet aufhält. Das ist nicht der Fall, wenn dem Ausländer eine Betretenserlaubnis nach Abs. 8 erteilt worden ist, weil seine Einreise und Aufenthalt nicht „entgegen" dem Verbot erfolgt ist. Die Einreise muss nach der Verhängung des Verbotes und nach einer Ausreise erfolgt sein, die den Fristlauf nach § 11 II 4 ausgelöst hat. Der Zeitraum, während dessen der Fristablauf gehemmt ist, wird in die Frist des Einreise- und Aufenthaltsverbots nicht eingerechnet (§ 209 BGB).

Abs. 9 S. 2 erlaubt es der zuständigen Behörde die Befristung des Einreise- und Aufenthaltsverbots 120
von Ausländern, die entgegen einem solchen Verbot ins Bundesgebiet einreisen zu verlängern. Die Dauer der Verlängerung darf den Zeitraum der ursprünglichen Befristung nicht überschreiten. Bei Mehrfachverstößen ist die „ursprüngliche Befristung" die aktuell im Zeitpunkt des Verstoßes geltende Frist[183]. Die **Verlängerungsentscheidung** steht in der Rechtsfolge im pflichtgemäßen **behördlichen Ermessen.**

Das Gesetz knüpft keine ausdrückliche Sanktion an das Unterbleiben der in **Abs. 9 S. 3** festgelegten 121
behördlichen **Hinweispflicht** bei der erstmaligen Befristung des Einreise- und Aufenthaltsverbots. Der unterbliebene Hinweis macht eine Verlängerungsentscheidung mithin nicht von vornherein rechtswidrig. Er kann aber im Einzelfall bei der Dauer der Befristungsverlängerung zu berücksichtigen sein. Abs. 9 S. 3 bezieht sich iÜ angesichts des Wortlautes („erstmaligen"), der Gesetzessystematik und ausweislich der Entstehungsgeschichte[184] nur auf die in § 11 IX 2 – nachträgliche Verlängerung der Frist – und nicht auf die in § 11 IX 1 vorgesehene Ablaufhemmung[185].

XIII. Verhältnis von § 11 zu anderen Regelungen

Für das Verhältnis der **Rücknahme nach § 48 (L)VwVfG** einer von Anfang an rechtswidrigen 122
bestandskräftigen Ausweisungsverfügung zur **Befristung** eines Einreise- und Aufenthaltsverbots **gem. § 11 II 3** gilt, dass wegen der unterschiedlichen Wirkungen beide Vorschriften **nebeneinander** anwendbar sind, sich mithin gegenseitig nicht ausschließen[186]. Dies ergibt sich zum einen schon daraus, dass die Rücknahme darauf gerichtet ist, die Ausweisungsverfügung von Anfang an zu beseitigen, so dass deren Folgen schon nicht eintreten können, der Betroffene nicht, was § 11 II 4 voraussetzt, gezwungen ist, das Bundesgebiet zu verlassen. Demgegenüber ist die Befristung des Einreise- und Aufenthaltsverbots auf eine Folgenbegrenzung für die Zukunft gerichtet und macht eine Ausreise

---

[179] OVG Brem Beschl. v. 18.3.2010 – 1 B 45/10, EZAR NF 55 Nr. 3.
[180] BVerfG Beschl. v. 25.4.2018 – 2 BvQ 28/18, BeckRS 2018, 8171.
[181] NdsOVG Beschl. v. 20.2.2007 – 11 ME 386/06, NVwZ-RR 2007, 417.
[182] Vgl. auch NdsOVG Beschl. v. 20.2.2007 – 11 ME 386/06, InfAuslR 2007, 197 (201); BayVGH Beschl. v. 10.6.2009 – 19 C 09.1178, BeckRS 2009, 43396.
[183] Wie hier Maor in BeckOK AuslR AufenthG § 11 Rn. 91.
[184] Vgl. Begründung des Gesetzentwurfs, BT-Drs. 18/4097, 38.
[185] HmbOVG Beschl. v. 6.9.2018 – 3 Bs 97/18, EZAR NF 98 Nr. 101.
[186] BVerwG Urt. v. 7.12.1999 – 1 C 13.99, BVerwGE 110, 140; VGH BW Urt. v. 11.3.1999 – 13 S 2208/97, InfAuslR 1999, 427; NdsOVG Beschl. v. 4.6.2002 – 11 ME 159/02, BeckRS 2005, 22280.

Dollinger

grundsätzlich unumgänglich, sodass sich die beiden Regelungskreise nicht schneiden. Beide Verfügungen – Ausweisung und Einreise- und Aufenthaltsverbot – sind jeweils gesondert anfechtbare Verwaltungsakte; die zeitliche Befristung des Einreise- und Aufenthaltsverbots ist unselbständiger Teil des einheitlich nach § 11 ergehenden Verwaltungsakts[187].

123 Die Anwendbarkeit der **Widerrufsregelungen gem. § 49 (L)VwVfG** ist grundsätzlich[188] **ausgeschlossen**[189]. Nach dieser Vorschrift kann ein rechtmäßiger nicht begünstigender VA, auch nachdem er unanfechtbar geworden ist, ganz oder teilweise mit Wirkung für die Zukunft widerrufen werden. Die Anwendung dieser Vorschrift ist durch § 11 II als einer bundesrechtlichen Spezialvorschrift jedenfalls insoweit ausgeschlossen, als es wie hier um die Berücksichtigung von Sachverhaltsänderungen geht, die für den Fortbestand des Ausweisungszwecks erheblich sind. Die Wirkungen der Ausweisung dürfen nach der gesetzlichen Konzeption in der Regel erst zu einem Zeitpunkt wegfallen, der nach der Ausreise des Ausländers liegt. Demgegenüber würde ein Widerruf der Ausweisung die Ausweisungswirkungen beseitigen, ohne dass es der vorherigen Ausreise des Ausländers bedürfte. Wäre die Widerrufsvorschrift anwendbar, so könnte die Behörde nach Ermessen über die Fortdauer der Ausweisungswirkungen in einer Weise entscheiden, die § 11 ausschließen will. Daraus folgt, dass jedenfalls dann ein Widerruf ausscheidet, wenn es darum geht, einer Sachverhaltsänderung Rechnung zu tragen, nach der es nicht länger gerechtfertigt ist, allein wegen der Ausweisung einen Aufenthalt des Ausländers auszuschließen[190]. Sowohl das Vorbringen, nach Ablauf der Tilgungsfrist für die strafgerichtlichen Verurteilungen sei eine Befürchtung neuer Straftaten nicht mehr berechtigt, als auch die Behauptung lang anhaltender Suizidgefahr ermöglichen daher nicht die Beseitigung der Ausweisungswirkungen im Wege des Widerrufs, sondern nur den Erlass eines gesonderten Einreise- und Aufenthaltsverbots nach § 11 mit entsprechender Befristung.

124 Unter diesen Umständen kommt auch ein **Wiederaufgreifen des Ausweisungsverfahrens gem. § 51 I Nr. 1 (L)VwVfG nicht** in Betracht[191], der davon ausgeht, dass sich die dem VA zugrunde liegende Sach- oder Rechtslage nachträglich zugunsten des Betroffenen geändert hat. Dies gilt allerdings nicht für die Wiederaufgreifensgründe des Abs. 1 Nr. 2 und 3, denen die Ratio zugrunde liegt, dass der angefochtene VA von Anfang an mit Fehlern behaftet sein kann. Insoweit schneiden sich die Regelungskreise nicht, vielmehr sind Wiederaufgreifensgründe des Abs. 1 Nr. 2 und 3 speziellere Ausformungen, die ergänzend zur Rücknahme rechtswidriger VA nach § 48 (L)VwVfG von Anfang an eingreifen können[192].

125 Das Verhältnis des Einreise- und Aufenthaltsverbot nach **§ 11 I** zur **Ausbildungsduldung** nach **§ 60c** bestimmt sich danach, ob der Ausländer die Berufsausbildung bloß aufgenommen oder bereits erfolgreich abgeschlossen hat. Die bloße Aufnahme einer Berufsausbildung eröffnet dem Ausländer regelmäßig nur eine geduldete Bleibe-, aber keine die Geltungsdauer des Einreise- und Aufenthaltsverbots überdauernde Rückkehrperspektive[193]. Demgegenüber vermittelt der erfolgreiche Ausbildungsabschluss dem Ausländer eine gem. § 11 II 1 zu beachtende aufenthaltsrechtliche Rückkehrperspektive[194].

XIV. Verwaltungsverfahren und Rechtsschutz

126 **Verfassungsrechtliche Anforderungen** ergeben sich aus § 77. Soweit es um die Befristung der Wirkungen der Abschiebung und Zurückschiebung geht, ist Art. 12 Rückführungs-RL zu beachten.

127 Die Entscheidung über das Einreise- und Aufenthaltsverbot und seine Befristung muss schriftlich ergehen und begründet werden (§ 77 I). In der **Begründung** sind bezogen auf den konkreten Einzelfall die wesentlichen tatsächlichen und rechtlichen Gründe mitzuteilen, die die Behörde zu ihrer Entscheidung bewogen haben. Eine lediglich formelhafte Begründung genügt nicht. Verletzungen von Form- oder Verfahrensbestimmungen sind nach Maßgabe der §§ 46, 45 II nicht erheblich. Zwar hebt die Rückführungs-RL die Bedeutung der Verfassungsregelungen bei der Rückführung sich illegal aufhaltender Drittstaatsangehöriger hervor (vgl. etwa Erwägungsgründe 6 S. 1, 11, Art. 1 Rückführungs-RL). Hieraus ist aber für das Begründungserfordernis nicht zu schließen, dass bei dem hier vorliegenden **indirekten Vollzug von Unionsrecht** das Verfahrensrecht im Interesse des Schutzes der materiellen Rechtspositionen soweit aufgewertet wäre, dass aus Gründen der Effektivität Fehler hierbei den Charakter absoluter Verfahrensfehler hätten[195]. Maßgeblich bleibt vielmehr die sachliche Richtig-

---

[187] BVerwG Urt. v. 7.9.2021 – 1 C 47.20, NVwZ 2021, 1842 Rn 10; auch → Rn. 19.
[188] Zu möglichen Ausnahmen s. NdsOVG Beschl. v. 4.6.2002 – 11 ME 159/02, BeckRS 2005, 22280.
[189] BVerwG Urt. v. 7.12.1999 – 1 C 13.99, BVerwGE 110, 140.
[190] BVerwG Urt. v. 7.12.1999 – 1 C 13.99, BVerwGE 110, 140; VGH BW Urt. v. 11.3.1999 – 13 S 2208/97, InfAuslR 1999, 427.
[191] BVerwG Urt. v. 7.12.1999 – 1 C 13.99, BVerwGE 110, 140; VGH BW Urt. v. 11.3.1999 – 13 S 2208/97, InfAuslR 1999, 427.
[192] VGH BW Urt. v. 11.3.1999 – 13 S 2208/97, InfAuslR 1999, 427.
[193] BVerwG Urt. v. 7.9.2021 – 1 C 47.20, NVwZ 2021, 1842 Rn. 25.
[194] BVerwG Urt. v. 7.9.2021 – 1 C 47.20, NVwZ 2021, 1842 Rn. 24.
[195] Vgl. näher die Kommentierung bei § 77, allg. auch *Kopp/Ramsauer* VwVfG § 45 Rn. 5a ff. und § 46 Rn. 5a ff.

keit der Befristungsentscheidung. Für diese Sichtweise spricht auch die Tatsache, dass die Rückführungs-RL die Verwendung von Standardformularen in Bezug auf die Rückkehr nicht ausschließt (Erwägungsgrund 6 S. 2).

Die **Rückführungs-RL** enthält **keine Vorgaben für** die **behördliche Zuständigkeit**. Dies bleibt **128** der Verfahrensautonomie der Mitgliedstaaten überlassen. Die Rückkehrentscheidung und die Entscheidung über die Befristung müssen daher nicht zwingend von derselben Behörde getroffen werden.

Noch zu der vor dem RLUmsG 2011 geltenden Rechtslage hat das BVerwG[196] entschieden, dass für **129** die nachträgliche Befristung der Wirkungen einer Abschiebung nach § 11 I 3 aF grundsätzlich die Ausländerbehörde des Bundeslandes zuständig ist, in dem der Ausländer seinen gewöhnlichen Aufenthalt hat oder zuletzt hatte (entsprechende Anwendung der mit § 3 I Nr. 3a (L)VwVfG) und die Zuständigkeit nach dem letzten gewöhnlichen Aufenthalt im Bundesgebiet auch dann fortbesteht, wenn der Ausländer seinen gewöhnlichen Aufenthalt nunmehr im Ausland genommen hat. Eine Annexzuständigkeit der eine Abschiebung anordnenden Ausländerbehörde für eine spätere Entscheidung über die Befristung ihrer Wirkungen besteht nicht[197].

Ausweisung, Einreise- und Aufenthaltsverbot, Befristung und Aufhebung der Befristung 130 (§ 11 IV 1) sind **unterschiedliche Streitgegenstände**[198]. Wird die Ausweisung angefochten (Hauptantrag), steht ein Begehren auf kürzere Befristung als von der Behörde ausgesprochen hierzu im Hilfsverhältnis. Dem Bestimmtheitserfordernis des § 82 VwGO genügt es nicht, wenn der Kläger lediglich die Festsetzung einer angemessenen Frist beantragt, ohne zu verdeutlichen, was aus seiner Sicht angemessen ist[199]. Geht man davon aus, dass die Länge der Sperrfrist eine Art intendierte Ermessensentscheidung ist[200], und hält der Ausländer die Frist für fehlerhaft, ist er wohl nicht darauf beschränkt, nur eine Neubescheidung zu beantragen. Da der Ausländer einen Anspruch auf korrekte Befristung hat, führen Fehler der Ausländerbehörde im Zusammenhang mit der Befristung – auch wenn sie nur zu einer Neubescheidung führen würden – nicht dazu, dass die Ausweisung ihrerseits aufgehoben werden müsste, weil es zur Sicherung ihrer Verhältnismäßigkeit an der Befristung fehlen würde.

Handelt es sich um **Altfälle,** in denen die Ausweisung bereits bestandskräftig ist, kann die Klage auf **131** Befristung auch hilfsweise mit einer im Hauptantrag auf Verpflichtung zur Aufhebung (Widerruf, Rücknahme, Wiederaufgreifen des Verfahren) der Ausweisung gerichteten Klage verbunden werden. Dies ist insbesondere dann sinnvoll, wenn die Rechtsfolgen der Ausweisung rückwirkend beseitigt werden sollen. Hierfür muss aber für den gesamten Rückwirkungszeitraum ein Rechtsschutzbedürfnis, zB Erhalt der Anrechnungszeiten für die Verfestigung eines Aufenthaltstitels, geltend gemacht werden. Anträge auf Befristung und Aufenthaltstitel können gleichzeitig gerichtlich verfolgt und beschieden werden[201].

Gegen die Ablehnung der Betretenserlaubnis oder der Befristung oder gegen deren Dauer kann **132 Verpflichtungswiderspruch und -klage** erhoben werden (§§ 42 II, 68 VwGO). Dasselbe gilt bei Unterlassung jeglicher Bescheidung eines Antrags auf Befristung oder Erteilung einer Betretenserlaubnis.

Das in § 11 I 2 bestimmte **Verbot, ins Bundesgebiet einzureisen, sich hier aufzuhalten** oder **133** einen Titel zu erhalten, wird – abweichend von der Rechtslage vor dem Inkrafttreten des 2. RückkehrG 2019 – **nicht mehr mit Wirksamkeit der Ausweisung** ausgelöst. Das Verbot, einzureisen, sich aufzuhalten oder einen Titel zu erhalten, tritt (erst) **infolge des behördlichen verfügten Einreise- und Aufenthaltsverbots** ein. Auch wenn auf eine Anfechtungsklage gegen eine Ausweisungsverfügung allein das Einreise- und Aufenthaltsverbot aufgehoben wird, entfällt die Sperrwirkung nach § 11 I 2. Hat ein Antrag auf vorläufigen Rechtsschutz nach § 80 V VwGO insoweit Erfolg, ist das Einreise- und Aufenthaltsverbot vorläufig suspendiert. Einer Titelerteilung steht aber idR § 5 I Nr. 2 entgegen. § 84 II 1 regelt die nur Wirksamkeit der Ausweisung trotz aufschiebender Wirkung von Widerspruch und Klage[202]. Für das behördliche verfügte Einreise- und Aufenthaltsverbot gem. § 11 I 1, II ist § 84 II 1 nicht einschlägig.

Beim durch Verwaltungsakt angeordneten **Einreise- und Aufenthaltsverbot,** entfällt nach Maß- **134** gabe von § 84 I Nr. 7 und 8 die aufschiebende Wirkung. Bei der Verhängung eines Einreise- und Aufenthaltsverbots von bestimmter Dauer handelt es sich um eine einheitliche Regelung[203], die insgesamt mit der Anfechtungsklage anzugreifen ist[204]. **Vorläufiger Rechtsschutz gegen das Verbot**

---

[196] BVerwG Urt. v. 22.3.2012 – 1 C 5.11, NVwZ 2012, 1485 Rn. 20.
[197] BVerwG Urt. v. 22.3.2012 – 1 C 5.11, NVwZ 2012, 1485 Rn. 14.
[198] BVerwG Urt. v. 22.2.2017 – 1 C 27.16, NVwZ 2018, 88 Rn. 15.
[199] HmbOVG Urt. v. 15.6.2015 – 1 Bf 163/14, InfAuslR 2015, 375; OVG NRW Beschl. v. 24.1.2013 – 18 A 139/12, BeckRS 2013, 46555.
[200] → Rn. 31.
[201] HmbOVG Beschl. v. 15.8.1991 – Bs VII 67/91, EZAR 017 Nr. 2.
[202] Vgl. näher *Funke-Kaiser* GK-AufenthG § 84 Rn. 49 f.
[203] BVerwG Urt. v. 13.7.2017 – 1 VR 3.17, ZAR 2018, 85 und Urt. v. 7.9.2021 – 1 C 47.20, NVwZ 2021, 1842.
[204] BVerwG Urt. v. 27.7.2017 – 1 C 28.16, NVwZ 2018, 409; VGH BW, Beschl. v. 21.1.2020 – 11 S 3477/19, NVwZ-RR 2020, 556; OVG MV, Urt. v. 28.6.2021 – 4 LB 443/19 OVG, BeckRS 2021, 26542.

an sich wird durch § 80 V VwGO gewährt, im Hauptsacheverfahren ist die **Anfechtungsklage** statthaft[205], auch dann, wenn es (hilfsweise) nur um eine kürzere Befristung geht. Ob eine Befristungsentscheidung den rechtlichen Vorgaben des AufenthG und der Rückführungs-RL entspricht, bleibt regelmäßig einer Klärung im Hauptsacheverfahren vorbehalten[206]. Dies gilt jedenfalls dann, wenn der Ausländer anwaltlich vertreten ist oder im Bundesgebiet lebende Angehörige hat. Art. 13 I und II Rückführungs-RL gebieten in diesen Fällen nicht, dass den Betroffenen zur Durchführung des Hauptsacheverfahrens der vorläufige Aufenthalt im Bundesgebiet ermöglicht wird[207]. Die Möglichkeit einer Abschiebung ist daher grundsätzlich nicht davon abhängig, dass die Entscheidung über die Befristung bestandskräftig ist[208].

135 Für die **gerichtliche Beurteilung**, ob die Anordnung eines **Einreise- und Aufenthaltsverbots** und dessen Befristung rechtmäßig ist, kommt es maßgeblich auf die **Sach- und Rechtslage im Zeitpunkt der letzten mündlichen Verhandlung vor der letzten Tatsacheninstanz** oder im Zeitpunkt der gerichtlichen Entscheidung der letzten Tatsacheninstanz an[209]. Dabei sind nach ständigen Rspr des BVerwG Rechtsänderungen, die nach der Entscheidung des Tatsachengerichts eintreten, vom Revisionsgericht zu berücksichtigen, wenn sie das Tatsachengericht, wenn es jetzt entschiede, zu beachten hätte[210]. Hat die Behörde eine fehlerhafte Ermessensentscheidung über die Dauer der Frist für das Einreise- und Aufenthaltsverbot nach § 11 I getroffen, hat das Gericht nicht die Möglichkeit, dass Ermessen selbst auszuüben die fehlerhafte Entscheidung der Ausländerbehörde durch eine eigene Fristsetzung zu ersetzen[211].

§ 12 Geltungsbereich; Nebenbestimmungen

(1) ¹Der Aufenthaltstitel wird für das Bundesgebiet erteilt. ²Seine Gültigkeit nach den Vorschriften des Schengener Durchführungsübereinkommens für den Aufenthalt im Hoheitsgebiet der Vertragsparteien bleibt unberührt.

(2) ¹Das Visum und die Aufenthaltserlaubnis können mit Bedingungen erteilt und verlängert werden. ²Sie können, auch nachträglich, mit Auflagen, insbesondere einer räumlichen Beschränkung, verbunden werden. ³Insbesondere kann die Aufenthaltserlaubnis mit einer räumlichen Beschränkung versehen werden, wenn ein Ausweisungsinteresse nach § 54 Absatz 1 Nummer 1 oder 1a besteht und dies erforderlich ist, um den Ausländer aus einem Umfeld zu lösen, welches die wiederholte Begehung erheblicher Straftaten begünstigt.

(3) Ein Ausländer hat den Teil des Bundesgebiets, in dem er sich ohne Erlaubnis der Ausländerbehörde einer räumlichen Beschränkung zuwider aufhält, unverzüglich zu verlassen.

(4) Der Aufenthalt eines Ausländers, der keines Aufenthaltstitels bedarf, kann zeitlich und räumlich beschränkt sowie von Bedingungen und Auflagen abhängig gemacht werden.

(5) ¹Die Ausländerbehörde kann dem Ausländer das Verlassen des auf der Grundlage dieses Gesetzes beschränkten Aufenthaltsbereichs erlauben. ²Die Erlaubnis ist zu erteilen, wenn hieran ein dringendes öffentliches Interesse besteht, zwingende Gründe es erfordern oder die Versagung der Erlaubnis eine unbillige Härte bedeuten würde. ³Der Ausländer kann Termine bei Behörden und Gerichten, bei denen sein persönliches Erscheinen erforderlich ist, ohne Erlaubnis wahrnehmen.

Allgemeine Verwaltungsvorschrift
12 Zu § 12 – Geltungsbereich, Nebenbestimmungen
12.1 Geltungsbereich
12.1.1 Der Aufenthaltstitel gilt für das gesamte Bundesgebiet. Räumliche Beschränkungen können für Inhaber eines Aufenthaltstitels nur in Form einer entsprechenden Auflage verfügt werden (§ 12 Absatz 2 Satz 2).
12.1.1.1 Von dem Grundsatz, dass der Aufenthaltstitel für das Bundesgebiet erteilt wird, darf nur in Ausnahmefällen abgewichen werden. Der Aufenthaltstitel kann zur Wahrung öffentlicher Interessen, die insbesondere aufenthaltsrechtlichen Zwecken dienen (vgl. § 5 Absatz 1 Nummer 3) auch nachträglich räumlich beschränkt werden (Grundsatz der Verhältnismäßigkeit, Willkürverbot). Er kann auf bestimmte Teile des Bundesgebiets beschränkt werden, wenn besondere Gründe es erfordern, die in der Person oder im Verhalten des Ausländers oder in besonderen

---

[205] BVerwG Urt. v. 7.9.2021 – 1 C 47.20, NVwZ 2021, 1842 Rn. 10.
[206] Aber nunmehr zu den Besonderheiten im Asylverfahren → Rn. 99–101.
[207] VGH BW Beschl. v. 19.12.2012 – 11 S 2303/12, BeckRS 2013, 46193 und Beschl. v. 9.11.2012 – 11 S 2200/12, BeckRS 2012, 60036 Rn. 11; vgl. auch GK-AufenthG § 59 Rn. 299 ff., wonach eine Vorwegnahme der Hauptsache allenfalls dann in Betracht kommt, wenn sich der Ausländer auf einen überragend wichtigen Grund für eine zeitnahe Realisierung der Rückkehr beruft.
[208] Vgl. auch OVG Bln-Bbg Beschl. v. 21.9.2012 – OVG 3 S 98.12, BeckRS 2012, 57457 Rn. 2.
[209] BVerwG Urt. v. 25.1.2018 – 1 C 7.17, NVwZ 2018, 1319 Rn. 11 mwN.
[210] BVerwG Urt. v. 17.9.2015 – 1 C 27.14, NVwZ 2016, 71.
[211] OVG LSA Beschl. v. 20.5.2021 – 2 M 25/21, BeckRS 2021, 12774.

örtlichen Verhältnissen liegen können (z. B. Grenz- oder Notstandsgebiete, Verhinderung von Straftaten). Die räumliche Beschränkung bleibt auch nach Wegfall des Aufenthaltstitels in Kraft (§ 51 Absatz 6).

12.1.1.2 Die Ausländerbehörde darf einen Aufenthaltstitel nicht unter Ausschluss ihres eigenen örtlichen Zuständigkeitsbereichs nur für andere Teile des Bundesgebietes erteilen oder verlängern. Soll ausnahmsweise ein Aufenthaltstitel unter Ausschluss des eigenen Zuständigkeitsbereiches erteilt werden, ist das Benehmen mit den obersten Landesbehörden der betreffenden Außenländerbehörden herzustellen.

12.1.1.3 Eine von einer Ausländerbehörde eines anderen Landes erteilte oder verlängerte Aufenthaltserlaubnis darf auch nachträglich auf das Gebiet des anderen Landes beschränkt werden. Dies gilt nicht, wenn dadurch dem Ausländer die Ausübung einer erlaubten unselbständigen Erwerbstätigkeit unmöglich wird.

12.1.2 Das Schengen-Visum kann unter den Voraussetzungen der Artikel 5 Absatz 4 Buchstabe c) Schengener Grenzkodex, Artikel 10 Absatz 3, Artikel 11 Absatz 2, Artikel 14 Absatz 1 Satz 2 und Artikel 16 SDÜ räumlich beschränkt erteilt oder verlängert werden (siehe auch Artikel 19 Absatz 3 SDÜ). Dabei ist der Grundsatz zu beachten, dass der Schengen-Raum grundsätzlich ein einheitlicher Reiseraum ist, weshalb die Beschränkung eines Schengen-Visums auf Deutschland nur in Übereinstimmung mit den genannten Vorschriften des SDÜ erfolgen darf und sonst zu unterbleiben hat.

12.2 Nebenbestimmungen

12.2.0 Gemäß Absatz 2 Satz 1 und 2 können das Visum und die Aufenthaltserlaubnis mit Nebenbestimmungen erteilt und verlängert werden. Nebenbestimmungen können u. a. als Auflagen oder Bedingungen verfügt werden. Sie müssen hinreichend bestimmt sein und dürfen keine Unklarheiten darüber lassen, unter welchen Voraussetzungen ein Aufenthaltsrecht entsteht, fortbesteht oder entfällt. Die Auflage verlangt ein Tun, Dulden oder Unterlassen und kann auch nachträglich verfügt werden. Bedingungen machen den Eintritt oder Wegfall einer Vergünstigung oder Belastung von dem ungewissen Eintritt eines mit der Bedingung bezeichneten Ereignisses abhängig. Unterschieden wird zwischen aufschiebender und auflösender Bedingung. Insbesondere die auflösende Bedingung hat im Falle ihres Eintritts ganz erhebliche Auswirkungen auf die Rechtsstellung des Ausländers (vgl. Nummer 12.2.3).

12.2.1 Nebenbestimmungen und Hinweise sind im Visumetikett aufzunehmen. In Anlage 9 der Gemeinsamen Konsularischen Instruktion werden die üblichen Nebenbestimmungen und Hinweise eines Mitgliedstaates notifiziert. Deutschland hat sich die Möglichkeit weiterer Nebenbestimmungen bei nationalen Visa vorbehalten. Nur bei nationalen Visa (Visa der Kategorie „D") darf auch von anderen als den in Anlage 9 zur Gemeinsamen Konsularischen Instruktion aufgeführten Nebenbestimmungen und Hinweisen Gebrauch gemacht werden.

12.2.2 Die Niederlassungserlaubnis ist mit Ausnahme des in § 23 Absatz 2 speziell geregelten Falles stets nebenbestimmungsfrei. Sofern vor dem 1. Januar 2005 erteilte unbefristete Aufenthaltserlaubnisse, die nach § 101 Absatz 1 als Niederlassungserlaubnisse weiter gelten, Nebenbestimmungen enthalten, bleiben diese Nebenbestimmungen nach § 102 Absatz 1 zunächst wirksam. Sie sind auf Antrag aufzuheben, sofern nicht ein besonderer gewichtiger Grund für die weitere Aufrechterhaltung besteht.

12.2.3 Das Verfügen einer auflösenden Bedingung muss wegen der schwerwiegenden Rechtsfolgen bei deren Eintritt im Einzelfall gegenüber anderen milderen Regelungen, wie z. B. dem Verfügen einer Auflage oder den Möglichkeiten der nachträglichen Befristung bzw. des Widerrufs einer Aufenthaltserlaubnis abgewogen werden. Dies gilt insbesondere in Bezug auf auflösende Bedingungen, die einzelne Modalitäten des Aufenthaltszwecks oder die allgemeinen Erteilungsvoraussetzungen absichern sollen. Im Rahmen der Abwägung ist insbesondere zu berücksichtigen, ob ein konkreter Missbrauchsverdacht vorliegt. Tritt eine auflösende Bedingung ein, gelten die allgemeinen Regelungen: Der Ausländer ist mangels Aufenthaltstitel vollziehbar ausreisepflichtig (§ 50 Absatz 1). Hierbei ist dem Ausländer aber durch die Ausgestaltung der auflösenden Bedingung zugleich eine hinreichende Frist zur Ausreise, die mindestens 14 Tage betragen soll, einzuräumen.

12.2.4 Auflösende Bedingungen und Auflagen dürfen nicht dazu führen, dass Handlungen, die durch besondere Vorschriften mit Sanktionen belegt sind, entgegen der Wertung des Gesetzgebers zugleich unter § 95 Absatz 1 Nummer 2 oder § 98 Absatz 3 Nummer 2 fallen. Unter die besonders sanktionierten Tatbestände, die somit nicht Gegenstand einer zusätzlichen Auflage oder auflösenden Bedingung nach § 12 Absatz 2 werden können, fallen insbesondere die Begehung von Straftaten oder Ordnungswidrigkeiten im Allgemeinen, dabei insbesondere die Ausübung einer unerlaubten Erwerbstätigkeit (vgl. § 404 Absatz 2 Nummer 4 SGB III). Auch die Erfüllung von Ausweisungstatbeständen kann nicht zur auflösenden Bedingung erhoben werden, da hierdurch die Pflicht zur Ermessensausübung (§ 55 Absatz 1) umgangen bzw. ein besonderer Ausweisungsschutz nicht berücksichtigt würde.

12.2.5.1.1 Der Aufenthaltstitel kann mit einer wohnsitzbeschränkenden Auflage versehen werden. Hierbei wird, anders als bei der räumlichen Beschränkung, nur die Wohnortwahl nicht aber die Reisefreiheit im Bundesgebiet eingeschränkt.

12.2.5.1.2 Die der Ausländerbehörde bekannten oder erkennbaren Belange des Ausländers, die einer bestimmten Beschränkung der Wohnsitznahme im Einzelfall entgegenstehen (z. B. Notwendigkeit des Umzugs zwecks Herstellung der familiären Lebensgemeinschaft oder eine Behinderung), sind von Amts wegen bereits bei der Entscheidung über die Auflagenerteilung zu berücksichtigen.

12.2.5.2.1 Die wohnsitzbeschränkende Auflage stellt insbesondere ein geeignetes Mittel dar, um mittels einer regionalen Bindung die überproportionale fiskalische Belastung einzelner Länder und Kommunen durch ausländische Empfänger sozialer Leistungen zu verhindern. Entsprechende Auflagen können auch dazu beitragen, einer Konzentrierung sozialhilfeabhängiger Ausländer in bestimmten Gebieten und der damit einhergehenden Entstehung von sozialen Brennpunkten mit ihren negativen Auswirkungen auf die Integration von Ausländern vorzubeugen. Entsprechende Maßnahmen sind auch gerechtfertigt, um Ausländer mit einem besonderen Integrationsbedarf an einen bestimmten Wohnort zu binden, damit sie dort von den Integrationsangeboten Gebrauch machen können.

12.2.5.2.2 Vor diesem Hintergrund werden wohnsitzbeschränkende Auflagen erteilt und aufrechterhalten bei Inhabern von Aufenthaltserlaubnissen nach Kapitel 2 Abschnitt 5 des Aufenthaltsgesetzes bzw. Niederlassungserlaubnissen nach § 23 Absatz 2, soweit und solange sie Leistungen nach dem SGB II oder XII oder dem AsylbLG beziehen. Hierzu zählen auch Aufenthaltserlaubnisse nach §§ 104a und 104b.

12.2.5.2.3 Für Asylberechtigte und Flüchtlinge, d. h. für Inhaber von Aufenthaltstiteln nach § 25 Absatz 1 und 2 kommen wohnsitzbeschränkende Auflagen nur in Betracht, soweit deren Verhängung auch aus migrations- und integrationspolitischen Interessen erforderlich ist, da sich aus dem Zusammenwirken der in Artikel 26 Genfer Flüchtlingskonvention gewährten Freizügigkeit mit dem Grundsatz fürsorgerechtlicher Gleichbehandlung (Artikel 24 Genfer Flüchtlingskonvention) ergibt, dass freizügigkeitsbeschränkende Maßnahmen gegenüber Flüchtlingen nicht allein zum Zweck der angemessenen Verteilung öffentlicher Soziallasten eingesetzt werden dürfen. Die zuständige Ausländerbehörde hat in diesem Fall die migrations- bzw. integrationspolitischen Konflikte zu beschreiben, die im jeweiligen Einzelfall bei einer – durch Verhängung wohnsitzbeschränkender Auflagen zu vermeidenden – unkontrollierten Binnenwanderung entstünden. Soweit die Maßnahme im konkreten Fall der Verhinderung sozialer Brennpunkte durch gehäufte Ansiedlung von Ausländern in bestimmten Gebieten dient, sind diese (potenziellen) Brennpunkte näher zu beschreiben. Gleiches gilt für die Eignung von entsprechenden Auflagen, zur Problemlösung beizutragen. Ebenso sind konkrete und nachvollziehbare Ausführungen zu den örtlichen Integrationsangeboten erforderlich, wenn Ausländer durch die Wohnsitzauflage an einen bestimmten Wohnort gebunden werden sollen, damit sie dort von bedarfsgerechten Integrationsangeboten profitieren können.

12.2.5.2.4 Eine Streichung oder Änderung der wohnsitzbeschränkenden Auflage zur Ermöglichung eines den Zuständigkeitsbereich der Ausländerbehörde überschreitenden Wohnortwechsels bedarf der vorherigen Zustimmung durch die Ausländerbehörde des Zuzugsortes. Bei einer Verweigerung der Zustimmung hat die Ausländerbehörde des Zuzugsortes im Hinblick auf das von der Ausländerbehörde des bisherigen Wohnorts zu tragende Prozessrisiko alle Gründe für ihre Entscheidung mitzuteilen. Die Ausländerbehörde des Zuzugsortes darf die Zustimmung zur Streichung der Auflage nicht allein unter Hinweis darauf, dass der Zweck des Wohnsitzwechsels auch an einem anderen Ort erreicht werden kann, verweigern.

12.2.5.2.4.1 Die Zustimmung ist, soweit die Auflage aus den unter Nummer 12.2.5.2.2 genannten Gründen verfügt wurde, zu erteilen, wenn der Lebensunterhalt am neuen Wohnort auch für alle Familienangehörigen voraussichtlich dauerhaft ohne die Inanspruchnahme von Leistungen nach dem SGB II oder XII oder dem AsylbLG gesichert ist (vgl. § 2 Absatz 3). Bei beabsichtigter Aufnahme einer Erwerbstätigkeit genügt die Vorlage eines entsprechenden Arbeitsvertrages; zu befristeten Arbeitsverhältnissen wird auf Nummer 2.3.3 Bezug genommen. Die Zustimmung ist auch zu erteilen, wenn das für die Sicherung des Lebensunterhalts erforderliche Einkommen um bis zu zehn Prozent unterschritten wird.

12.2.5.2.4.2 Darüber hinaus ist die Zustimmung – unabhängig von der Sicherung des Lebensunterhalts oder den genannten migrations- und integrationspolitischen Interessen – zu erteilen, wenn mindestens eine der folgenden Voraussetzungen vorliegt:

– Der Umzug dient der Herstellung der familiären Lebensgemeinschaft zwischen Ehe bzw. Lebenspartnern sowie Eltern und ihren minderjährigen Kindern, die über eine Aufenthaltserlaubnis nach Kapitel 2 Abschnitt 5 des Aufenthaltsgesetzes verfügen. Die Zustimmung darf bei Verfügung der Auflage aus den unter Nummer 12.2.5.2.2 genannten Gründen nicht erteilt werden, wenn der zuziehende Ehe- bzw. Lebenspartner oder Elternteil im Falle des Umzugs seine Erwerbstätigkeit aufgeben müsste, es sei denn, der Lebensunterhalt wird auch für den zuziehenden Ehe- bzw. Lebenspartner durch den Partner, zu dem zugezogen wird, gesichert.
– Der Umzug der Verwandten dient der dauerhaften und nachhaltigen Verbesserung der benötigten Pflege von Betroffenen, die wegen ihres Alters oder wegen ihrer Krankheit oder Behinderung pflegebedürftig sind. Entsprechendes gilt, wenn der Pflegebedürftige zu den Verwandten zieht.
– Der Umzug ist erforderlich, um einer Gefahrenlage im Gebiet des räumlichen Bereichs einer wohnsitzbeschränkenden Auflage, die von Familienangehörigen bzw. dem ehemaligen Partner ausgeht, zu begegnen.

12.2.5.2.4.3 Die Ausländerbehörde des bisherigen Wohnorts darf die wohnsitzbeschränkende Auflage erst dann streichen oder ändern, wenn die Zustimmung der Ausländerbehörde des Zuzugsorts vorliegt.

12.2.5.2.5 Wurde eine aus den unter Nummer 12.2.5.2.2 genannten Gründen verfügte Auflage ohne die vorherige Zustimmung der Ausländerbehörde des Zuzugsorts gestrichen oder geändert und tritt innerhalb von sechs Monaten am Zuzugsort Bedürftigkeit nach Leistungen nach dem SGB II oder XII oder dem AsylbLG ein, so ist die Wohnsitznahme erneut durch Auflage auf das Land des vorherigen Wohnorts zu beschränken, es sei denn, es liegen die in Nummer 12.2.5.2.4.2 genannten Gründe vor.

12.3 Verlassenspflicht

12.3.1 Die Regelung des § 12 Absatz 3 bezieht sich nicht lediglich auf den von § 12 Absatz 2 und 4 erfassten Personenkreis, sondern auch auf ausreisepflichtige Ausländer (§ 12 Absatz 6) und Ausländer, deren Abschiebung ausgesetzt ist (§ 61 Absatz 1), sowie auf Asylbewerber (§ 56 Absatz 1 und 3, § 59 Absatz 2 AsylVfG). Unerheblich ist, ob die räumliche Beschränkung unmittelbar kraft Gesetzes besteht, durch Verwaltungsakt angeordnet ist oder fortgilt.

12.3.2 Die Verlassenspflicht ist unverzüglich, ggf. im Wege des unmittelbaren Zwanges nach Maßgabe des § 59 AsylVfG und der landesrechtlichen Vorschriften durchzusetzen.

12.3.3 Zuständig ist die Ausländerbehörde, in deren Bezirk sich der Ausländer widerrechtlich aufhält (§ 71 Absatz 1) und auch die Polizei des betroffenen Landes (§ 71 Absatz 5).

12.3.4 Bei einem Verstoß gegen eine räumliche Beschränkung kann je nach Art, Schwere, Umständen und Dauer ein Ausweisungsgrund gemäß § 55 Absatz 2 Nummer 2 gegeben sein.

12.3.5 Bei vollziehbar ausreisepflichtigen Ausländern, die nicht im Besitz einer Duldung sind, hat die Aufenthaltsbeendigung im Wege der Abschiebung oder Zurückschiebung Vorrang vor der Anwendung des § 12 Absatz 3.

12.3.6 Die Durchsetzung der Verlassenspflicht des § 12 Absatz 3 ist kostenpflichtig (§ 66 Absatz 1) für den Ausländer, den Verpflichteten aus einer Verpflichtungserklärung oder den kostenpflichtigen Beförderungsunternehmer. Der einmalige Verstoß gegen eine vollziehbare räumliche Beschränkung stellt einen Bußgeldtatbestand dar (§ 98 Absatz 3 Nummer 2, § 86 AsylVfG).

12.4 Beschränkungen des genehmigungsfreien Aufenthalts

§ 12 Absatz 4 findet auf sämtliche Ausländer Anwendung, die insbesondere nach Bestimmungen der AufenthV keinen Aufenthaltstitel benötigen. Die Befreiung endet mit der Anordnung von Bedingungen und Auflagen nicht. Bei Ausländern, die vom Erfordernis eines Aufenthaltstitels befreit sind, ist von der Möglichkeit der Anordnung von Bedingungen und Auflagen nur Gebrauch zu machen, wenn die Wahrung öffentlicher Interessen dies im jeweiligen Einzelfall gebietet. Insbesondere soll die Anordnung von Rechtsfolgen unterbleiben, die sich ohnehin aus dem Gesetz ergeben (z. B. Beschränkungen bei der Aufnahme einer Beschäftigung).

Geltungsbereich; Nebenbestimmungen § 12 AufenthG 1

12.5 Verlassen des beschränkten Aufenthaltsbereichs
12.5.0 § 12 Absatz 5 entspricht weitgehend § 58 Absatz 1 und 3 AsylVfG.
12.5.1 Satz 1 gibt der Ausländerbehörde – auch für räumliche Beschränkungen aufgrund anderer Bestimmungen des Aufenthaltsgesetzes (z. B. § 61) – eine flexible Möglichkeit, Ausnahmen zuzulassen.
12.5.2 Satz 2 regelt Fallgruppen, in denen entsprechenden Anträgen stattzugeben ist.
12.5.2.1 Ein dringendes öffentliches Interesse kann z. B. bestehen, wenn der Ausländer unter Zeugenschutz steht, oder wenn das Verlassen des Geltungsbereichs der räumlichen Beschränkung der Beschaffung von Heimreisedokumenten oder Identitätsnachweisen dient (Termine bei Botschaften oder Konsulaten sind jedoch gemäß Satz 3 erlaubnisfrei).
12.5.2.2 Zwingend sind nur Gründe von erheblichem Gewicht. Sie können familiärer, religiöser, gesundheitlicher oder politischer Natur sein. In Betracht kommen etwa der Besuch eines Facharztes, dringende familiäre Angelegenheiten, z. B. Besuch schwer kranker Familienmitglieder sowie eine Teilnahme an bedeutenden religiösen Riten und Festen.
12.5.2.3 Unbillige Härten sind Beeinträchtigungen persönlicher Belange, die im Vergleich zu den betroffenen öffentlichen Interessen und im Hinblick auf den vom Gesetz vorausgesetzten Zweck der Aufenthaltsbeschränkung als unangemessen schwer anzusehen sind. Es handelt sich um einen gerichtlich voll überprüfbaren unbestimmten Rechtsbegriff. Persönliche Interessen des Ausländers können stärker berücksichtigt werden als beim Begriff des zwingenden Grundes.
12.5.3 Satz 3 stellt klar, dass in bestimmten Fällen eine Erlaubnis nicht erforderlich ist. Erforderlich ist die persönliche Anwesenheit nicht nur bei ausdrücklicher Anordnung des persönlichen Erscheinens, sondern auch dann, wenn die Anwesenheit bei objektiver Betrachtung geboten erscheint. Behörden in diesem Sinne sind auch Botschaften und Konsulate ausländischer Staaten.

Übersicht

	Rn.
I. Entstehungsgeschichte	1
II. Allgemeines	2
III. Geltungsbereich und räumliche Beschränkungen	6
IV. Bedingungen	16
V. Auflagen	30
1. Allgemeines	30
2. Wohnsitzbeschränkende Auflagen	33
VI. Verlassenspflicht und -recht bei räumlicher Beschränkung	50
VII. Rechtsschutz	56

I. Entstehungsgeschichte

Die Vorschrift entspricht in vollem Umfang dem **Gesetzesentwurf**[1]. 1

II. Allgemeines

Örtlicher **Geltungsbereich** und Beschränkungen sind vorab bestimmt, weil diese durch die vorrangigen Regelungen des Schengener Durchführungsübereinkommen (SDÜ) mitbestimmt werden und weil die Wirkung von Nebenbestimmungen auf dieser Grundlage aufbaut. Bedingungen und Auflagen sind für Visum und Aufenthaltserlaubnis sowie für die Befreiung von der Pflicht zum Besitz eines Aufenthaltstitels zugelassen, nicht aber für die Niederlassungserlaubnis, die nicht mit Nebenbestimmungen versehen werden darf (Ausnahmen in §§ 23 II 2, 47). Bedingungen und Auflagen können auch andere Gegenstände betreffen als den räumlichen Geltungsbereich. Die Kennzeichnung des Aufenthaltszwecks des Visums oder der Aufenthaltserlaubnis durch Angabe des Zwecks und uU der Rechtsgrundlage stellt weder Bedingung noch Auflage dar; sie dient vielmehr der Festlegung des Geltungsbereichs des konkreten Titels und ist damit Teil der Regelung iSd § 35 (L)VwVfG[2]. 2

Die **Rechtsnatur** von Bedingungen und Auflagen, die auch nach § 14 AuslG 1990 und § 7 III AuslG 1965 zulässig waren, kann strittig sein (vgl. § 36 II Nr. 2, 4 (L)VwVfG)[3]. Insbesondere ist nicht sicher, ob es sich bei Auflagen jeweils um solche iSd § 36 II Nr. 4 (L)VwVfG handelt oder um sog. modifizierende; die Unterscheidung wirkt sich hauptsächlich beim Rechtsschutz aus[4]. Weder Gesetzeswortlaut und Entstehungsgeschichte[5] noch Sinn und Zweck lassen darauf schließen, dass in Abs. 2 nur eine der beiden Auflagenarten gemeint sein soll. Zu Fristen vgl. § 7 II. 3

Sonstige **Nebenbestimmungen** sind nicht ausdrücklich erwähnt, auch nicht in der Begründung des Gesetzesentwurfs[6]. Sie sind aber jedenfalls in der Form der „Nebenbestimmungen" über die 4

---
[1] BT-Drs. 15/420, 10.
[2] Zur Beschäftigung → Rn. 4.
[3] Zu Nebenbestimmungen allg. *Renner* AiD Rn. 5/518–642.
[4] Dazu → Rn. 24.
[5] Dazu Begründung des Gesetzesentwurfs, BT-Drs. 15/420, 59.
[6] BT-Drs. 15/420, 73.

Dienelt 315

1 AufenthG § 12

Berechtigung zur Ausübung einer Beschäftigung zulässig (§§ 4 II 2, 18 II 2). Dies liegt auch § 84 I Nr. 3 zugrunde, wonach Rechtsbehelfe gegen die Änderung oder Aufhebung einer Nebenbestimmung über die Ausübung einer Beschäftigung keine aufschiebende Wirkung entfalten. Welche Rechtsnatur diese Nebenbestimmungen (ua Vermerke, Hinweise, Zulassungen, Beschränkungen) haben, ist nach ihrer Zweckbestimmung und Wirkung zu bestimmen[7]. Maßgeblich ist allein, ob sie Gegenstand der Regelung selbst sind oder dieser nur beigegeben[8].

5 Bedingungen sind anders als Auflagen nicht **nachträglich** zulässig (anders noch § 7 IV AuslG 1965). Sie können auch der Erlaubnisfiktion des § 81 III beigefügt werden. Allgemein können Bedingungen und Auflagen gegenüber ausreisepflichtigen Ausländern und damit auch gegenüber Duldungsinhabern angeordnet werden (§ 61 I 2). Sie erlöschen aufgrund Aufhebung oder Erfüllung der Ausreisepflicht (§ 51 VI). Ausgeschlossen sind Auflagen wie Bedingungen für die Niederlassungserlaubnis (ausgenommen solche nach § § 23 II 2, 47; Übergangsregelung in § 102). Auf **Unionsbürger** ist § 12 nicht anwendbar (vgl. § 11 I FreizügG/EU).

III. Geltungsbereich und räumliche Beschränkungen

6 Der räumliche Geltungsbereich der Aufenthaltstitel umfasst grundsätzlich das gesamte Hoheitsgebiet der Bundesrepublik Deutschland. Nach der Herstellung der deutschen Einheit am 3.10.1990 ist unter „Bundesgebiet" Gesamtdeutschland zu verstehen (Überleitungsregelung für aufenthaltsrechtliche Titel nach DDR-Recht in Anlage I Kap. II Sachgebiet B Abschnitt III Nr. 4 zum Einigungsvertrag). Damit ist das „Bundesgebiet" gleichbedeutend mit „Deutschland". Trotz der Zuständigkeit der Bundesländer gelten die Verwaltungsakte der Ausländerbehörde grundsätzlich für das gesamte Bundesgebiet. Beschränkungen dieser **internen** Wirkungen durch Gesetze oder Verwaltungsakte sind ausnahmsweise zulässig. Die Ausländerbehörde darf aber zB die Geltung nicht auf einen Teil des Bundesgebiets beschränken und den eigenen ausnehmen; die damit vorgenommene Verteilung ist Gegenstand jeweils streng begrenzter gesetzlicher Regelungen (zB §§ 15a, 23 I 3, 24 III–VI; §§ 44–54 AsylG; § 8 BVFG) und unterliegt daher nicht dem Ermessen von Regionalbehörden. Zu Einzelheiten bei der Wohnsitzauflage → Rn. 33 ff.

7 Die **externe** Wirkung beruht auf Gemeinschaftsrecht und ist der Regelung durch den deutschen Gesetzgeber weitgehend entzogen. Vorrangig gelten die Bestimmungen des SDÜ, va die Art. 19–21 über die transnationale Geltung des Schengen-Visums, die Visumbefreiung und den nationalen Titel. Damit unterliegen nicht nur Erteilung und Geltung des Schengen-Visums dem EU-Recht, sondern zT auch die Rechtswirkungen der von den Mitgliedstaaten ausgestellten Titel. Deren Erteilung wird va nach Ablauf der Umsetzungsfristen für die EU-RL zur Familienzusammenführung, zum Daueraufenthalt und zum Studium sowie zum Asylverfahren und zur Asylanerkennung ebenso weitgehend durch Gemeinschaftsrecht vorherbestimmt sein.

8 Das **Schengen-Visum** kann räumlich beschränkt werden (Art. 5 IVc SGK, 10 III, 11 II, 14 I 2, 16 SDÜ; vgl. auch Art. 19 III SDÜ). Angesichts des Vorrangs des SDÜ und des Ausnahmecharakters solcher Beschränkungen sind die im SDÜ dafür angeordneten Voraussetzungen strikt einzuhalten. Die Zulassung kontrollierter Reisefreiheit in einem einheitlichen Reiseraum darf nicht unterlaufen werden, zumal Kontrollen wegen des Fortfalls der Binnengrenzkontrollen nicht wirksam vorgenommen werden können.

9 Räumliche Beschränkungen in **sonstigen Fällen**, also bei nationalen Visa oder Aufenthaltserlaubnissen, beruhen auf Gesetz (§§ 51 VI, 56 III 1, 59 II 1) oder VA (zB nach Abs. 2 S. 2). Für Asylbewerber gelten die Vorschriften der §§ 56 ff. AsylG. Gründe für eine ausnahmsweise räumliche Beschränkung, die sowohl mit Art. 2 I GG als auch mit Art. 2 I 4. ZP/EMRK vereinbar ist[9], können sich nur aus besonderen öffentlichen Interessen ergeben[10]. Diese wiederum können aus dem Verhalten des Ausländers oder von äußeren Umständen herrühren, die eine Aufenthaltsbegrenzung erfordern. Liegen Gründe vor, welche die Ausweisung oder die Versagung des Aufenthaltstitels rechtfertigen, kommt überhaupt kein Aufenthaltstitel in Betracht.

10 Im **Einzelfall** angeordnet werden können sie immer nur bei einem wichtigen öffentlichen Interesse unter Wahrung der Verhältnismäßigkeit (bei Verstoß uU Ausweisung nach § 55 II Nr. 2). Daher muss das öffentliche Interesse va bei Rechtsansprüchen auf Aufenthalt ein überragendes Gewicht aufweisen, um räumliche Beschränkungen rechtfertigen zu können. Vorausgesetzt sind immer Zweckmäßigkeit und Geeignetheit, die zB bei dem Versuch, die vermehrte Ansiedlung von Ausländern in städtischen Ballungsgebieten oder an sozialen Brennpunkten zu verhindern, idR fehlen. So wäre es zB äußerst fraglich, ob **„Parallelgesellschaften"**[11] durch räumliche Beschränkungen verhindert werden sollten und könnten. Eine Entlastung von Ballungsräumen bedarf der überörtlichen Regulierung und kann

---

[7] Dazu → § 4 Rn. 29 ff., 57 ff.
[8] → Rn. 2.
[9] → Rn. 38 ff.; OVG Bln Urt. v. 12.7.1979 – I B 119.77, NJW 1980, 539; aA *Strate* InfAuslR 1980, 129.
[10] Krit. gegenüber einem „überlasteten Siedlungsgebiet Berlin" schon *Franz* JR 1976, S. 146 und 188; näher *Renner* AiD Rn. 5/541–553.
[11] Dazu Jahresgutachten 2004, S. 20, 96, 98, 324.

nicht von der einzelnen Ausländerbehörde vorgenommen werden. Eine „Ghetto"-Bildung beruht meist auf sozialen Ursachen wie zB der mangelnden Verfügbarkeit billigen Wohnraums oder dem Bedürfnis nach Zusammenwohnen mit ethnisch und kulturell Gleichen. Sie darf nicht nur negativ als reine Abschottung verstanden werden, sondern auch als berechtigtes Streben nach Erhalt der eigenen kulturellen Identität. Daher sollte und kann sie mit ausländerpolizeirechtlichen Maßnahmen weder sachgerecht noch verhältnismäßig aufgelöst noch verhindert werden.

Eine örtliche Beschränkung ist nicht erst nach Eintritt einer Störung der öffentlichen Sicherheit **11** erlaubt; auch vorbeugende polizeiliche Gefahrenabwehr ist zulässig, zB zur Verhinderung von Ausschreitungen anlässlich des Besuchs eines ausländischen Staatsgastes[12]. Hierfür sind aber geeignete tatsächliche Anhaltspunkte erforderlich, eine Schein- oder Putativgefahr genügt nicht[13].

Der Aufenthalt darf auf ein **Land** oder mehrere Länder oder Teile hiervon beschränkt werden, etwa **12** für die Duldung bei voneinander abweichenden Ländererlassen. Die Befugnis zur räumlichen Beschränkung schließt aber die Kompetenz zur Erteilung eines Aufenthaltstitels ausschließlich für Gebiete außerhalb der eigenen Zuständigkeit der Ausländerbehörde nicht ein (zur Aufenthaltsgestattung vgl. § 56 AsylG); für diesen Fall wäre zumindest die Zustimmung der anderen Ausländerbehörde erforderlich. Außerdem darf durch die räumliche Begrenzung nicht der Zweck des Aufenthaltstitels vereitelt werden, etwa bei Familiennachzug zu in anderen Gebieten wohnhaften Personen oder bei unselbstständiger Erwerbstätigkeit an einem anderen Ort.

Die nachträgliche **örtliche Beschränkung** ist nicht wie die Befristung der Aufenthaltserlaubnis **13** (§ 7 II 2) an den Fortfall einer wesentlichen Voraussetzung der Erteilung gebunden. Sie erfordert gleichwohl eine wesentliche Änderung der bei Erteilung des unbeschränkten Aufenthaltstitels (Visum und Aufenthaltserlaubnis) gegebenen oder angenommenen Umstände. Sie stellt sich zwar der Form nach nicht als teilweise Rücknahme oder teilweiser Widerruf dar, weil Abs. 2 S. 2 lex specialis gegenüber diesen Bestimmungen ist, und braucht deshalb die Voraussetzungen der §§ 48, 49 (L)VwVfG nicht einzuhalten. Lagen die Voraussetzungen für die örtliche Einschränkung des Geltungsbereichs schon bei Erteilung vor, ist die nachträgliche Anordnung (für die Zukunft) ebenso ohne Weiteres zulässig wie bei späterer Änderung (zu Letzterem § 49 II Nr. 1 (L)VwVfG). Sind sie erst später eingetreten, bedarf es jedoch ähnlicher Sachgründe und Wertungen wie nach § 49 (L)VwVfG[14].

Die **Durchsetzung** räumlicher Beschränkungen des Aufenthalts erfolgt auf der Grundlage der aus **14** den Beschränkungen folgenden Verlassenspflicht. Zu den Kosten § 66 I, zur Ordnungswidrigkeit § 97 III Nr. 1. Entweder muss der Ausländer das Bundesgebiet verlassen oder sich in den Teil begeben, in dem der Aufenthalt erlaubt ist. Unmittelbarer Zwang ist nach Maßgabe der §§ 57 ff. und landesrechtlichen Vorschriften zulässig. Ausreisepflichtige ohne Duldung sind nicht im Bundesgebiet zu verteilen, sondern vorrangig zurück- oder abzuschieben. Nur wenn dies nicht möglich ist, darf Abs. 3 angewandt werden.

Eine Verfügung, mit der der Ausländer aufgefordert werden soll, in den zugewiesenen Bereich **15** zurückzukehren, kann nicht auf § 12 III gestützt werden. Diese Regelung legt dem Ausländer zwar eine gesetzliche Verpflichtung auf, die Norm als solche ermächtigt die Ausländerbehörde aber nicht zum Erlass von **Ordnungsverfügungen.** Hierfür ist vielmehr der Rückgriff auf die ordnungsbehördliche bzw. polizeiliche (vgl. § 71 V) Generalklausel erforderlich[15].

IV. Bedingungen

Für Visum und Aufenthaltserlaubnis sind **aufschiebende** wie **auflösende** Bedingungen grund- **16** sätzlich zulässig, wenn ein öffentliches Interesse dies gebietet oder nahelegt. Die generelle Zulässigkeit von (nicht nachträglichen) Bedingungen bei Vorliegen eines öffentlichen Interesses bedeutet nicht, dass auch Ansprüche auf Aufenthaltstitel durch Bedingungen ohne Weiteres eingeschränkt werden dürfen (vgl. zu dieser Einschränkung auch § 5 I Nr. 3). Sie dürfen nicht dem Zweck der Erteilungsvoraussetzungen zuwiderlaufen und auch sonst nicht zweckwidrig oder sachwidrig wirken. Sie dürfen auch nicht überflüssigerweise angeordnet werden, wenn sich Beschränkungen bereits aus dem Gesetz oder dem Aufenthaltstitel ergeben, zB hinsichtlich der Zulassung einer Erwerbstätigkeit.

Aufschiebende Bedingungen dürfen nur dazu dienen, die Erteilung vom Eintritt noch fehlender **17** Voraussetzungen für den Anspruch oder vom Nichtvorliegen von Versagungsgründen oder entsprechenden Nachweisen abhängig zu machen (zB Verpflichtungserklärung eines Dritten nach § 68 I oder eine ähnliche Sicherheit iSd § 66 V). Insoweit eröffnet die Bedingung die Möglichkeit einer frühzeitigen Entscheidung mit Selbstbindung der Ausländerbehörde und der Folge, dass nachträglicher Streit vermieden wird, der zu Unsicherheiten in der Rechtslage führen kann. Für den Ausländer nachteilig wirkt sich der meist damit verbundene Zeitaufwand aus. Bei äußerst eilbedürftigen Entscheidungen wie dem Visum aus einem unvorhersehbar aufgetretenen Anlass für ein fest terminiertes

---

[12] BVerwG Beschl. v. 18.4.1989 – 1 B 55.89, EZAR 103 Nr. 1.
[13] VGH BW Urt. v. 1.8.1990 – 11 S 1276/89, EZAR 103 Nr. 14.
[14] Näher *Renner* AiD Rn. 5/553.
[15] OVG NRW Beschl. v. 21.6.2012 – 18 B 420/12 Rn. 7.

Ereignis (zB Beisetzung) darf die Bedingung nicht dazu führen, dass das Visum wegen Verspätung seinen Zweck nicht erfüllen kann.

18   Eine **auflösende** Bedingung, mit deren Eintritt der Aufenthaltstitel erlöschen soll, ist ebenso zulässig (vgl. § 51 I Nr. 2)[16], zumindest bei Rechtsansprüchen aber problematisch. Die Gründe für Erlöschen und Widerruf (§§ 51, 52) bieten eine in der Regel ausreichende Grundlage für die Abwicklung von Fällen nachträglichen Fortfalls von Genehmigungsvoraussetzungen.

19   **Die Bedingung, „die Aufenthaltserlaubnis erlischt bei Beendigung der ehelichen Lebensgemeinschaft", ist zu unbestimmt** (§ 37 I (L)VwVfG), um in jedem Einzelfall sicher feststellen zu können, ob und wann sie eingetreten ist[17]. Ob eine eheliche Lebensgemeinschaft beendet ist, bedarf im Regelfall der wertenden Betrachtung einer Vielzahl von Faktoren. Von einem Bestehen der ehelichen Lebensgemeinschaft ist auszugehen, wenn außer dem formalen rechtlichen Band der Ehe eine tatsächliche Verbundenheit der Eheleute vorliegt, die regelmäßig in der Pflege einer häuslichen Gemeinschaft zum Ausdruck kommt. Eine eheliche Lebensgemeinschaft besteht hingegen nicht mehr, wenn die Ehegatten auf Dauer getrennt leben, dh, wenn eine Trennung iSd § 1566 I BGB vorliegt[18]. Ob eine Trennung der Ehegatten als endgültig oder vorübergehend anzusehen ist, kann dabei nicht ohne Weiteres bereits im Zeitpunkt einer im Streit erfolgten Trennung der Eheleute beurteilt werden. Vielmehr kann dies häufig erst rückblickend sicher festgestellt werden. Diese Feststellung muss nach objektiven Kriterien unter Berücksichtigung der Erklärungen der Ehegatten sowie sämtlicher Umstände des Einzelfalls erfolgen[19]. Maßgeblich für die Bestimmung des Trennungszeitpunkts ist, wann sich objektiv betrachtet der Wille zur Aufgabe der ehelichen Lebensgemeinschaft durch einen Ehepartner nach außen manifestiert hat. Hingegen kann es nicht darauf ankommen, ob und wie lange einer oder beide Ehepartner nach der durch eine Ehekrise bedingten räumlichen Trennung auf eine Wiederaufnahme der häuslichen Gemeinschaft gehofft haben oder ungeachtet der Trennung subjektiv vom Fortbestand der Lebensgemeinschaft ausgegangen sind. Würde man solche Zeiten des Bewusstwerdens der Trennung oder des Hoffens und Bangens um die Ehe auf die Dauer der ehelichen Lebensgemeinschaft anrechnen, ginge jede Rechtssicherheit und Rechtsklarheit verloren[20].

20   Soll die Aufenthaltserlaubnis in solchen Konstellationen vorzeitig enden, bedarf es aus Gründen der Rechtssicherheit eines das Aufenthaltsrecht aufhebenden Verwaltungsakt[21]. Erst ein solcher Verwaltungsakt schafft die erforderliche Zäsur und führt dem Betroffenen vor Augen, dass die Fortsetzung des Aufenthalts strafbar ist (§ 95 I Nr. 2).

21   In Nr. 12.2.0 Verwaltungsvorschrift heißt es daher zutreffend: „Nebenbestimmungen ... müssen hinreichend bestimmt sein und dürfen keine Unklarheiten darüber lassen, unter welchen Voraussetzungen ein Aufenthaltsrecht entsteht, fortbesteht oder entfällt."

22   Außerdem sprechen arbeitsmarktbezogene Überlegungen gegen die Zulässigkeit einer derartigen Bedingung: Die Aufenthaltserlaubnis nach § 28 I Nr. 1 berechtigt zur Ausübung einer Erwerbstätigkeit. Sowohl der Arbeitnehmer als auch der Arbeitgeber müssen wissen, ob die Beschäftigung erlaubt ist, da eine Beschäftigung ohne Erlaubnis ebenfalls die Strafbarkeit der Betroffenen nach sich zieht. Der Arbeitgeber setzt sich im Falle unerlaubter Beschäftigung zudem weiteren Haftungsrisiken (zB der Verpflichtung, die Abschiebungskosten zu tragen, § 66 IV) aus. Insbesondere dem Arbeitgeber kann es nicht zugemutet werden, das Fortbestehen der ehelichen Lebensgemeinschaft seines Arbeitnehmers täglich zu überprüfen – ganz abgesehen davon, dass sich die Frage stellt, auf welchem Wege dies ohne gleichzeitiges Eindringen in die Intimsphäre des Arbeitnehmers geschehen könnte.

23   Zudem entzieht sich die Behörde mit einer auflösenden Bedingung der sonst notwendigen Einzelfallentscheidung über eine nachträgliche Befristung der Aufenthaltserlaubnis und dem von ihr auszuübenden Ermessen (§ 7 II 2)[22].

24   **Unzulässig ist auch eine auflösende Bedingung, die lautet: „Aufenthaltserlaubnis erlischt mit dem Bezug von Leistungen nach dem SGB II"[23].** Auch wenn ein Leistungsbezug als singuläres Ereignis verhältnismäßig einfach und eindeutig festgestellt werden kann und die Inanspruch-

---

[16] OVG Saarl Beschl. v. 16.1.2017 – 2 B 354/16 Rn. 6 (Verlust der Krankenversicherung).
[17] Wie hier VG Darmstadt Beschl. v. 7.10.2011 – 5 L 1089/11.DA; VG Stuttgart Urt. v. 5.4.2001 – 7 K 3570/00, InfAuslR 2002, 123 ff.; VG Augsburg Urt. v. 11.7.2006 – Au 6 K 05.31, InfAuslR 2007, 11 ff.; *Müller* in NK-AuslR AufenthG § 12 Rn. 7.
[18] Vgl. BVerwG Beschl. v. 30.9.1998 – 1 B 92.98, InfAuslR 1999, 72 (73).
[19] BayVGH Urt. v. 6.3.2008 – 10 B 07.1316; Beschl. v. 12.9.2007 – 24 CS 67.2053.
[20] VG Darmstadt Beschl. v. 7.10.2011 – 5 L 1089/11.DA; BayVGH Urt. v. 6.3.2008 – 10 B 07.1316.
[21] VG Darmstadt Beschl. v. 7.10.2011 – 5 L 1089/11.DA; so auch VG Augsburg Urt. v. 11.7.2006 – Au 6 K 05.31, InfAuslR 2007, 11 ff.
[22] Vgl. auch HessVGH Beschl. v. 31.7.2003 – 12 TG 1726/03, InfAuslR 2003, 418 ff.; VG Augsburg Urt. v. 11.7.2006 – Au 6 K 05.31, InfAuslR 2007, 11 ff.; VG Stuttgart Urt. v. 5.4.2001 – 7 K 3570/00, InfAuslR 2002, 123 ff.).
[23] *Hoppe* InfAuslR 2008, 292 (294); aA *Huber* in Huber AufenthG § 12 Rn. 5; *Maor* in Kluth/Hund/Maaßen ZuwanderungsR § 4 Rn. 50; *Zeitler* in HTK-AuslR, Stand: 10/2009, AufenthG § 12 II 1, Anm. 2 f.; *Wenger* in Storr/Wenger/Eberle/Albrecht/Harms AufenthG § 12 Rn. 5; BVerwG Beschl. v. 22.7.2005 – 1 B 61.05, Buchholz 402.240 § 14 Nr. 2; Urt. v. 16.6.2004 – 1 C 20.03, NVwZ 2005, 90 f.

nahme von Leistungen auf ausschließlich eigenem Entschluss (Antrag) des Betroffenen beruhen, also nicht etwa durch Dritte ausgelöst werden können, kann sich die Behörde nicht der im Falle der Befristung der Aufenthaltserlaubnis erforderlichen Ermessensentscheidung entziehen. Dies gilt insbesondere auch in Fällen, in denen das Aufenthaltsrecht auf Unionsrecht beruht (Familiennachzug, Studenten, Forscher usw), da hier der Grundsatz der Verhältnismäßigkeit in besonderer Weise zu beachten ist.

Im Falle eines **Ausweisungsinteresses** (§ 5 I 1 Nr. 2) wäre eine auflösende Bedingung nicht nur 25 wegen der fehlenden Bestimmtheit, sondern auch deswegen unstatthaft, weil damit das Mittel der Ausweisung ausgehöhlt würde. Zutreffend heißt es in Nr. 12.2.4. der Verwaltungsvorschrift: „Auch die Erfüllung von Ausweisungstatbeständen kann nicht zur auflösenden Bedingung erhoben werden, da hierdurch die Pflicht zur Ermessensausübung (§ 55 I) umgangen bzw. ein besonderer Ausweisungsschutz nicht berücksichtigt würde." Eine Ausweisung setzt nämlich mehr voraus als die Erfüllung eines Ausweisungstatbestands und ist nur dann sofort vollziehbar, wenn die Behörde dies anordnet (§ 80 I VwGO; vgl. § 84).

Die Anforderung einer **Kaution,** die bei Nichterfüllung der Ausreisepflicht verfällt, mittels Bedin- 26 gung ist grundsätzlich außerhalb von Rechtsansprüchen auf einen Aufenthaltstitel zulässig; allerdings muss diese Maßnahme im Einzelfall angezeigt sein und nicht unverhältnismäßig wirken[24]. Die Kaution darf nicht fällig werden, wenn dem Ausländer der weitere Aufenthalt gesetzlich oder durch Verwaltungsakt erlaubt wird[25].

Früher zum Teil übliche Bedingungen, die eine Aufenthaltsgenehmigung bei Beendigung eines 27 **Arbeitsverhältnisses** erlöschen ließen, konnten in Widerspruch zum Inhalt der Arbeitsgenehmigung geraten, insbesondere bei einer Arbeitsberechtigung nach § 286 SGB III. Unabhängig davon, dass sie unverhältnismäßig und unsachgerecht sein konnten, richten sich Nebenbestimmungen betreffs unselbstständiger Erwerbstätigkeit nach geltendem Recht allein nach §§ 4, 39 ff.[26]. Hinsichtlich der selbstständigen Erwerbstätigkeit sind Beschränkungen zulässig, sie ergeben sich aber bereits aus dem Aufenthaltstitel selbst[27].

Der Nachweis der **Kostentragung** durch einen Dritten[28] könnte auch als Auflage verfügt werden, 28 dann wäre aber der Bestand des Aufenthaltstitels von der Erfüllung der Auflage unabhängig, ein Ergebnis, dass der Gesetzgeber früher offenbar vermeiden wollte (vgl. § 14 I 2 AuslG: Aufenthaltsgenehmigung vom Nachweis der Kostentragung abhängig). Die Verpflichtung zur Kostentragung kann durch Verpflichtungserklärung nach § 68 I erbracht werden. Sie kann sich auf die Ausreisekosten iSd §§ 66 I, 67 I beschränken oder den Unterhalt für einen bestimmten Zeitraum einbeziehen. Als milderes Mittel kommt die Anordnung einer entsprechenden Sicherheitsleistung in Betracht. In keinem Fall darf die Bedingung unverhältnismäßig belasten. Deshalb dürfte zB bei einem Anspruch auf Daueraufenthalt und bei gesichertem Lebensunterhalt weder eine Sicherheitsleistung noch eine Kostenübernahme durch einen Dritten angeordnet werden; allenfalls wäre ein geringer Teilbetrag für Ausreisekosten und Unterhalt sachgerecht, um das ebenso geringe Risiko für die öffentliche Hand zu kompensieren[29].

Die von der Behörde verfügte auflösende Bedingung ist nicht nichtig iSv § 44 LVwVfG, sondern 29 lediglich rechtswidrig, sodass sie bis zum regulären Erlöschen der Aufenthaltserlaubnis 1 wirksam bleibt (§ 43 II LVwVfG)[30].

V. Auflagen

1. Allgemeines

Auflagen dürfen ebenso wie Bedingungen nur im **öffentlichen Interesse** verfügt werden, vor 30 Erteilung des Aufenthaltstitels, aber auch nachträglich. Trotz genereller Zulässigkeit ist aber eine unzulässige Beschränkung von Ansprüchen auf einen Aufenthaltstitel untersagt, zB durch ein Arbeitsverbot für Ausländer, die eine Rechtsanspruch auf Ausübung einer Erwerbstätigkeit haben. Der Verstoß gegen Auflagen ist zum Teil straf- und bußgeldbewehrt (§§ 95 I Nr. 4, 6a und 7, 98 III Nr. 1). Die politische Betätigung ist in der Regel nach § 47 durch selbstständigen VA zu regeln; daneben sind aber Meldeauflagen und Ähnliches im Zusammenhang mit politischen Ereignissen oder Veranstaltungen zulässig (vgl. auch § 54a). Hinsichtlich der unselbstständigen und selbstständigen Erwerbstätigkeit vgl. § 4a.

Die Befugnis nach § 12 IV, die Auflage schon vor Erteilung des Aufenthaltstitels anzuordnen, spielt 31 va eine Rolle in den Fällen der **Fiktionen** nach § 81 III, IV. Ohne einen (gesetzlichen oder

---

[24] Zum Visum vgl. § 6.
[25] BVerwG Beschl. v. 31.7.1986 – 1 A 48.86, EZAR 101 Nr. 4.
[26] Vgl. § 4.
[27] Näher dazu § 21.
[28] → Rn. 17.
[29] Zum Verhältnis von Bürgschaftserklärung zum Sozialhilfeanspruch *Brunner* ZAR 1991, 23.
[30] VG Darmstadt Beschl. v. 7.10.2011 – 5 L 1089/11.DA.

Dienelt

ausländerbehördlichen) Grundverwaltungsakt ist indes eine Auflage grundsätzlich nicht möglich, und zwar weder als Nebenbestimmung iSd § 36 I Nr. 4 (L)VwVfG noch als integrierender Bestandteil. Ein solcher Verwaltungsakt ist aber im Falle des § 81 IV vorhanden, weil danach der Aufenthaltstitel fortgilt. In den Fällen des § 81 III gilt der Aufenthalt als erlaubt oder geduldet, die hierüber auszustellende Bescheinigung (§ 81 V) erfüllt eine ähnliche Funktion wie ein Aufenthaltstitel und kann daher entsprechend mit Bedingungen oder Auflagen versehen werden, um die Einhaltung der gesetzlichen Fiktionen zu sichern.

32 Durch eine Auflage kann dem Ausländer auferlegt werden, jede **Veränderung der ehelichen Gemeinschaft unverzüglich mitzuteilen.** Zwar ist die Erteilung einer Aufenthaltserlaubnis zum Familiennachzug als gebundene Entscheidung ausgestaltet, jedoch steht bei der Ersterteilung die Befristung über ein Jahr hinaus (§ 27 IV 3) im Auswahlermessen der Ausländerbehörde[31]. Da die durch die Auflage auferlegte Offenbarungspflicht entscheidungserhebliche Tatsachen aus der Sphäre des Ausländers betrifft, die der Ausländerbehörde nicht ohne Weiteres bekannt werden, ist die Auferlegung der Offenbarungspflicht aus Zumutbarkeitsgesichtspunkten mit Blick auf die Verantwortungssphären von Ausländer und Ausländerbehörde legitim[32].

2. Wohnsitzbeschränkende Auflagen

33 **Eine Wohnsitzauflage ist keine räumliche Beschränkung** iSv § 12 II, III. Sie ordnet zwar eine Residenzpflicht an, schränkt die Freizügigkeit im Bundesgebiet iÜ aber nicht ein[33]. Hält sich ein Ausländer außerhalb des zugewiesenen Bereichs auf, ist dies kein Verstoß gegen die Wohnsitzauflage. Die Erteilung einer Wohnsitzauflage ist grundsätzlich zulässig, weil sie gegenüber der in § 12 II 2 ausdrücklich genannten räumlichen Beschränkung der Aufenthaltserlaubnis einen geringeren Eingriff darstellt[34]. Sie ordnet zwar eine Pflicht zur Wohnungsnahme und -nutzung an diesem Ort an, schränkt die Möglichkeit, sich im Bundesgebiet im Übrigen frei zu bewegen und aufzuhalten, aber nicht ein[35].

34 Nach einer früher geltenden Absprache der Innenminister wurden die Aufenthaltstitel für aus humanitären Gründen vorübergehend oder dauerhaft bleibeberechtigte Ausländer und Flüchtlinge nach §§ 22–25 – auch bei anerkannten Flüchtlingen – regelmäßig mit einer **Wohnsitzauflage** versehen[36]. Nunmehr werden Wohnsitzauflagen kraft Gesetzes für spezielle Personengruppen (Asylberechtigte, Flüchtlinge, subsidiär Schutzberechtigte und Ausländer mit humanitären Aufenthaltserlaubnissen nach §§ 22, 23, 25) in § 12a speziell geregelt, sodass § 12 subsidiär ist. Ein Anwendungsbereich verbleibt nur insoweit, als die gesetzliche Anordnung einer Wohnsitzauflage § 12a nicht anwendbar ist.

35 Die einer Aufenthaltserlaubnis nach § 12 II 2 beigefügte Wohnsitzauflage ist eine **selbstständig anfechtbare belastende Nebenbestimmung** (§ 36 II Nr. 4 VwVfG) zu einem begünstigenden VA[37]. Nach § 51 VI bleibt eine Wohnsitzauflage zwar auch nach Ablauf einer befristet erteilten Aufenthaltserlaubnis wirksam. Wird im Anschluss die Aufenthaltserlaubnis verlängert oder eine neue Aufenthaltserlaubnis erteilt und erneut mit der Wohnsitzauflage versehen, ist hierin aber regelmäßig die konkludente Aufhebung der vorangegangenen Wohnsitzauflage zu sehen mit der Folge, dass die Wirkung des § 51 VI mit dem Neuerlass geendet hat[38].

36 Die Wohnsitzauflagen sind nach dem AufenthG nicht vorgeschrieben, sondern stehen – mit Ausnahme der aufgrund einer Aufnahmezusage des BAMF eingereisten Ausländer (in der Praxis betrifft dies nur jüdische Kontingentflüchtlinge), § 23 II – im Ermessen der zuständigen Ausländerbehörde, § 12 II. Die lediglich auf einer Absprache einer Arbeitsgruppe der Ausländerreferenten der Länderinnenminister beruhende Praxis der Wohnsitzauflagen wird mithilfe entsprechender Ländererlasse umgesetzt. Die Wohnsitzauflagen werden mit der Zielsetzung einer **gleichmäßigen Verteilung der Lasten für Sozialleistungen** begründet.

37 Bei diesen Erlassen handelt es sich um das Ermessen bindende Verwaltungsvorschriften. Derartige, das Ermessen lenkende Verwaltungsvorschriften sind zulässig; sie machen eine Prüfung in jedem Einzelfall im Interesse der Einheitlichkeit der Rechtsanwendung entbehrlich[39]. Die durch eine Ver-

---

[31] BVerwG Urt. v. 14.5.2013 – 1 C 16.12, BVerwGE 146, 271 Rn. 22.
[32] BVerwG Urt. v. 14.5.2013 – 1 C 16.12, BVerwGE 146, 271 Rn. 22.
[33] OVG NRW Beschl. v. 21.6.2012 – 18 B 420/12 Rn. 4; BVerwG Beschl. v. 15.1.2008 – 1 C 17.07, BVerwGE 130, 148.
[34] BVerwG Urt. v. 19.8.2014 – 1 C 1.14 Rn. 14; Urt. v. 15.1.2008 – 1 C 17.07, BVerwGE 130, 148 Rn. 13.
[35] BVerwG Urt. v. 15.1.2008 – 1 C 17.07 Rn. 13; OVG NRW Beschl. v. 30.9.2020 – 18 E 285/19 Rn. 18 OVG NRW, Beschl. v. 21.11.2013 – 18 A 1291/13 Rn. 14, Beschl. v. 21.6.2012 – 18 B 420/12 Rn. 4.
[36] Vgl. „Bundeseinheitlichen Verfahrensweise bei wohnsitzbeschränkenden Auflagen", beschlossen auf der Ausländerreferentenbesprechung v. 19./20.4.2005. Innenministerium NRW, Erlass v. 29.7.2005 und 23.12.2005; Erlass des Hessischen Ministeriums des Innern und für Sport v. 26.7.2005; Ministerium des Innern des Landes Brandenburg, Information v. 20.9.2005 sowie Ministerium des Innern und für Sport des Landes Rheinland-Pfalz, Erlass v. 27.7.2005 zur „Bundeseinheitlichen Verfahrensweise bei wohnsitzbeschränkenden Auflagen".
[37] HmbOVG Urt. v. 26.5.2010 – 5 Bf 85/10 Rn. 3; VG Hamburg Urt. v. 10.9.2018 – 15 K 5745/15 Rn. 44.
[38] NdsOVG Beschl. v. 4.4.2017 – 8 PA 46/17 Rn. 9; HmbOVG Urt. v. 26.5.2010 – 5 Bf 85/10 Rn. 30; VG Hamburg Urt. v. 10.9.2018 – 15 K 5745/15 Rn. 44.
[39] BVerwG Urt. v. 19.3.1996 – 1 C 34.93, BVerwGE 100, 335 (340 f.).

Geltungsbereich; Nebenbestimmungen § 12 AufenthG 1

waltungsvorschrift bewirkte Ermessensbindung der Behörde darf aber nicht so weit gehen, dass den wesentlichen Besonderheiten des Einzelfalls nicht mehr Rechnung getragen werden könnte[40]. Insoweit ist in der Praxis zu prüfen, ob die Erlasse der Ausländerbehörde überhaupt noch einen Spielraum für eine Einzelfallentscheidung belassen. Die bisherige Praxis, die die Erlasse gesetzesähnlich anwendet, wird der Ermessensvorschrift des § 12 II nicht gerecht und trägt insbesondere auch nicht den Rechten Rechnung, die zB Flüchtlinge und subsidiär Schutzberechtigte mit der Anerkennung nach der Qualifikations-RL[41] erwerben. So sieht etwa Art. 23 I RL 2004/83/EG (iVm Art. 20 II RL 2004/83/EG) vor, dass die Mitgliedstaaten dafür Sorge tragen, dass der Familienverband aufrechterhalten werden kann.

Rechtmäßig ist es nach nationalem Recht auch – sofern keine Sonderregelungen wie die der Art. 26 **38** und 23 der GFK greifen –, gegenüber Ausländern die Aufenthaltserlaubnis mit Wohnsitzauflagen zum Zweck der angemessenen Verteilung der Sozialhilfelasten zu verbinden. Das hat das BVerwG für die Aufnahme größerer Gruppen von Ausländern – zB Bürgerkriegsflüchtlinge oder jüdische Zuwanderer aus der ehemaligen Sowjetunion – entschieden[42]. Denn es dient einem gewichtigen öffentlichen Interesse, innerhalb der föderal strukturierten Bundesrepublik Deutschland einer Überlastung einzelner Bundesländer und Kommunen durch ein Verteilungsverfahren und entsprechende Wohnsitzbeschränkungen beim Bezug von Leistungen der sozialen Sicherung entgegenzuwirken[43].

Abweichendes ergibt sich nach der Rspr. des BVerwG für **anerkannte Flüchtlinge nach der** **39** **GFK,** weil diese in Art. 23 GFK bei der Gewährung von Sozialhilfeleistungen für Flüchtlinge die „gleiche Behandlung" vorsieht wie für eigene Staatsangehörige, für die entsprechende Wohnsitzauflagen aus fiskalischen Gründen nicht vorgesehen sind. Daher darf anerkannten Flüchtlingen – anders als Staatenlosen, Kontingentflüchtlingen und sonstigen Inhabern von Aufenthaltserlaubnissen aus völkerrechtlichen, humanitären oder politischen Gründen – die Wahl des Wohnsitzes nicht zum Zweck der angemessenen Verteilung der Sozialhilfelasten eingeschränkt werden[44].

In Bezug auf **subsidiär Schutzberechtigte sind Wohnsitzauflagen in engen Grenzen zulässig.** **40** Der der EuGH hat in den verbundenen Rechtssache Alo und Osso im Jahr 2016 entschieden, dass eine Wohnsitzregelung für subsidiär Schutzberechtigte nicht gegen Art. 33 Qualifikations-RL verstößt, sofern sie dem **Ziel der erleichterten Integration** und nicht etwa einer gerechten Verteilung der Sozialasten dient[45] Daher ist im Einzelnen zu prüfen, ob Wohnsitzauflagen geeignet sind, die Integration zu fördern. Allein fiskalische Gesichtspunkte sind daher nicht zulässig, um eine Wohnsitzauflage zu verhängen.

Außerdem dürfen subsidiär Schutzberechtigte nicht diskriminiert werden. Eine Ungleich- **41** behandlung ist zulässig, sofern subsidiär Schutzberechtigte einen höheren Integrationsbedarf haben als die Vergleichsgruppe[46]. Daher muss sich die Situation der subsidiär Schutzberechtigten objektiv von der Situation anderer Drittstaatsangehöriger unterscheiden, die sich aus (anderen) humanitären, politischen oder völkerrechtlichen Gründen rechtmäßig in Deutschland aufhalten und keiner Wohnsitzregelung unterliegen[47]. Da subsidiär Schutzberechtigte strukturell gesehen keinen anderen Integrationsbedarf als andere Drittstaatsangehörige haben, ist die Darlegung des besonderen Integrationsbedarfs im Einzelfall erforderlich. Dies ist bereits deshalb geboten, weil es sich um eine sehr heterogene Gruppe handelt, unter der sich sowohl Hochschulabsolventen als auch Analphabeten befinden.

Für alle weiteren Ausländer ist zudem **Art. 2 des 4. ZP/EMRK**[48] zu beachten. Das Recht der **42** „freien Wohnsitzwahl" ist als grundlegendes Menschenrecht in Art. 2 des 4. ZP/EMRK verankert. Alle Menschen, die sich rechtmäßig im Hoheitsgebiet eines Staates aufhalten, genießen das Recht, dort ihren Wohnsitz frei zu wählen und frei zu beziehen. Für Ausländer, die subsidiären Schutz nach Maßgabe der Qualifikations-RL[49] genießen, ist zudem Art. 32 RL 2004/83/EG zu beachten, der jedoch unmittelbar nur das Recht der Bewegungsfreiheit und nicht das Recht auf freie Wohnsitzwahl erfasst.

---

[40] BVerwG Urt. v. 19.3.1996 – 1 C 34.93, BVerwGE 100, 335 (341) unter Hinweis auf BVerwGE 70, 127 (142).
[41] ABl. 2004 L 304, 12, Begründung ABl. 2005 L 204.
[42] BVerwG Urt. v. 19.8.2014 – 1 C 1.14 Rn. 14.
[43] BVerwG Urt. v. 19.8.2014 – 1 C 1.14 Rn. 14 mwN.
[44] BVerwG Urt. v. 15.1.2008 – 1 C 17.07, BVerwGE 130, 148 Rn. 18 ff.; Urt. v. 19.8.2014 – 1 C 1.14 Rn. 15.
[45] EuGH Urt. v. 1.3.2016 – C-443/14 und C-444/24 Rn. 64 – Alo und Osso.
[46] EuGH Urt. v. 1.3.2016 – C-443/14 und C-444/24 Rn. 62 – Alo und Osso.
[47] EuGH Urt. v. 1.3.2016 – C-443/14 und C-444/24 Rn. 64 – Alo und Osso.
[48] Art. 2 4. ZP/EMRK lautet: „(1) Jede Person, die sich rechtmäßig im Hoheitsgebiet eines Staates aufhält, hat das Recht, sich dort frei zu bewegen und ihren Wohnsitz frei zu wählen. (…) (3) Die Ausübung dieser Rechte darf nur Einschränkungen unterworfen werden, die gesetzlich vorgesehen und in einer demokratischen Gesellschaft notwendig sind für die nationale oder öffentliche Sicherheit, zur Aufrechterhaltung der öffentlichen Ordnung, zur Verhütung von Straftaten, zum Schutz der Gesundheit oder der Moral oder zum Schutz der Rechte und Freiheiten anderer. (4) Die in Absatz 1 anerkannten Rechte können ferner für bestimmte Gebiete Einschränkungen unterworfen werden, die gesetzlich vorgesehen und in einer demokratischen Gesellschaft durch das öffentliche Interesse gerechtfertigt sind."
[49] ABl. 2004 L 304, 12, betr. ABl. 2005 L 204, 24.

Dienelt

43 Voraussetzung des Rechtes auf freie Wahl des Wohnsitzes ist der **rechtmäßige Aufenthalt** im Hoheitsgebiet des Staates[50]. Dieses Merkmal verweist auf das innerstaatliche Recht des betreffenden Staates. Es ist dem innerstaatlichen Recht und den staatlichen Organen vorbehalten, die Voraussetzungen aufzustellen, die erfüllt sein müssen, damit der Aufenthalt einer Person in dem Staatsgebiet als „rechtmäßig" angesehen werden kann[51].

44 Bei der Auslegung des Merkmals des rechtmäßigen Aufenthalts ist zu beachten, dass die EMRK grundsätzlich einem Ausländer kein Recht auf Einreise und Aufenthalt in ein bestimmtes Land vermittelt. Das ZP/EMRK zielt nicht darauf ab, einem Ausländer über die Vorgaben der EMRK hinaus ein Recht auf Einreise und Aufenthalt zu vermitteln, sondern knüpft an die Entscheidung des einzelnen Staates an, einem Ausländer den Aufenthalt in seinem Staatsgebiet zu gestatten[52]. Der rechtmäßige Aufenthalt kann durch eine wohnsitzbeschränkende Auflage – anders als bei Art. 26 GFK – näher definiert werden, dh **der Aufenthalt des Betroffenen ist nur insoweit rechtmäßig, als er sich in den Grenzen des verliehenen Aufenthaltstitels bewegt**[53]. Dass die räumliche Beschränkung die Rechtmäßigkeit des Aufenthalts bestimmt, entspricht der Rspr. des EGMR[54].

45 Nach Art. 2 III 4. ZP/EMRK sind nur solche Einschränkungen der Freizügigkeit zulässig, die gesetzlich vorgesehen und in einer demokratischen Gesellschaft zur Aufrechterhaltung der nationalen oder öffentlichen Sicherheit und der öffentlichen Ordnung, zur Verhütung von Straftaten, zum Schutze der Gesundheit oder der Moral oder zum Schutze der Rechte anderer notwendig sind. Die Rechtfertigungsgründe sind eng auszulegen und müssen dem Grundsatz der Verhältnismäßigkeit genügen. Insoweit bestehen Zweifel an der Rechtmäßigkeit von Wohnsitzauflagen, die ausschließlich aus Gründen der verhältnismäßigen Verteilung von Sozialhilfelasten zwischen den Länder verhängt werden, zumal die Kosten für das ALG II zu gut 70 Prozent vom Bund getragen werden, § 46 SGB II. Das vorgebliche Ziel des Lastenausgleichs ließe sich einfacher und effektiver durch Finanztransfers als durch Freizügigkeitsbeschränkungen erreichen[55]. Aber auch hier wird – wie bei Art. 26 GFK – migrationspolitische Beschränkungen grundsätzlich zulässig[56].

46 § 12 II 2 ermächtigt die Ausländerbehörde nicht nur zum Erlass einer Auflage, mit der ein Ausländer verpflichtet wird, in dem Zuständigkeitsbereich der erlassenden Behörde seinen Wohnsitz zu nehmen. **Die Regelung ermöglicht auch eine Auflage, die einen Ausländer zwingt, seine Wohnung im Zuständigkeitsbereich einer anderen Ausländerbehörde zu nehmen. Da die Ausländerbehörde in diesem Fall über ihre Verbandskompetenz hinaus eine Regelung treffen will, ist entweder eine gesetzliche Regelung erforderlich, die dies ausdrücklich ermöglicht, oder die Zustimmung der Ausländerbehörde, in dessen Bereich der Ausländer seinen Wohnsitz nehmen soll**[57].

47 Stimmt die aufnehmende Ausländerbehörde der Wohnsitzauflage nicht zu, dann kann diese in Ermangelung einer gesetzlichen Regelung von der abgebenden Ausländerbehörde nicht verfügt werden. Aufgrund der Verwaltungsvorschrift der Länder sind wohnsitzbeschränkende Auflagen zu Aufenthaltserlaubnissen nach dem 5. Abschnitt des AufenthG zu erteilen und aufrechtzuerhalten, soweit und so

---

[50] BVerwG Urt. v. 19.8.2014 – 1 C 1.14 Rn. 17.
[51] EMRK Entsch. v. 1.12.1986 – 11 825/85, EuGRZ 1987, 335 (336) – S. Udayanan und S. Sivakumaran/BR Deutschland.
[52] EMRK Entsch. v. 1.12.1986, aaO vertrat in der vorgenannten Entscheidung die Auffassung, „dass die Anwesenheit von Ausländern, die in einem bestimmten Teil des Staatsgebietes vorläufig geduldet werden, um den Ausgang von Verfahren abzuwarten, in denen über ihr Recht auf eine Aufenthaltserlaubnis nach den einschlägigen Vorschriften des innerstaatlichen Rechts entschieden wird, insoweit als ‚rechtmäßig' im Staatsgebiet angesehen werden kann, als sie die Bedingung erfüllen, an die ihre Duldung und ihr Aufenthalt geknüpft sind".
[53] Der Sachverständigenausschuss führte zu Art. 2 I des 4. ZP zur EMRK aus (BT-Drs. V/1679, 15): „Der Ausschuss war ferner der Auffassung, dass ein Ausländer, der unter bestimmten Bedingungen (die nicht unbedingt mit dem Aufenthalt oder der Freizügigkeit zusammenhängen müssen) die Einreiseerlaubnis erhält, diese Bedingungen aber nicht erfüllt oder sie übertritt, nicht mehr so angesehen werden kann, als halte er sich ‚rechtmäßig' im Lande auf." S. auch BT-Drs. V/1679, 9. So auch *Frowein/Peukert* Rn. 2 zu Art. 2 des 4. ZP zur EMRK; *Fritzsch* ZAR 2007, 356 (360); aA *Giegerich* in Dörr/Grote/Marauhn, EMRK GG Konkordanz-Komm, Kap. 26 Freizügigkeit Rn. 75.
[54] EGMR Urt. v. 20.11.2007 – 44294/04 – Omwenyeke/Deutschland; ergangen zur räumlichen Beschränkung eines Asylbewerbers auf das Gebiet der Stadt Wolfsburg.
[55] UNHCR-Stellungnahme zu Maßnahmen zur Beschränkung der Wohnsitzfreiheit von Flüchtlingen und subsidiär geschützten Personen v. Juli 2007. Der UNHCR hat mit der Stellungnahme darauf hingewiesen, dass Wohnsitzauflagen für anerkannte und subsidiär geschützte Flüchtlinge auch wegen Verstoßes gegen die in Art. 26 GFK, in Art. 32 Qualifikations-RL sowie in Art. 14 EMRK iVm Art. 2 des 4. ZP/EMRK und Art. 12 IPbpR garantierten Freizügigkeitsrecht rechtswidrig sind. Die UNHCR-Stellungnahme konstatiert darüber hinaus, dass durch die Wohnsitzauflagen von den sich aus Art. 23 GFK, Art. 28 Qualifikations-RL, Art. 1 EFA iVm Art. 2 des ZP/EFA sowie Art. 14 EMRK iVm Art. 2 des 4. ZP/EMRK ebenfalls ergebende Anspruch von Flüchtlingen auf sozialhilferechtliche Gleichbehandlung mit Inländern unterlaufen wird.
[56] Der EGMR Entsch. v. 20.11.2007 – 44294/04 – Omwenyeke/BRD hat festgestellt, dass die räumliche Beschränkung des Aufenthalts und die damit verbundene Residenzpflicht nicht gegen Art. 2 des 4. ZP/EMRK verstoßen. BayVGH Urt. v. 9.5.2011 – 19 B 10.2384 Rn. 35 f.
[57] NdsOVG Beschl. v. 13.4.2010 – 8 ME 5/10 Rn. 21; aA VG Freiburg Urt. v. 30.6.2011 – 4 K 1073/10 Rn. 40; VG Aachen Urt. v. 26.11.2010 – 9 K 268/10 Rn. 30 ff.

Geltungsbereich; Nebenbestimmungen **§ 12 AufenthG 1**

lange die Inhaber der Aufenthaltserlaubnis Leistungen nach dem SGB II oder XII oder dem AsylbLG beziehen. Eine Streichung der wohnsitzbeschränkenden Auflage zur Ermöglichung eines länderübergreifenden Wohnortwechsels bedarf der vorherigen Zustimmung durch die Ausländerbehörde des Zuzugsorts. Wird die Wohnsitzauflage von der abgebenden Ausländerbehörde aufgehoben, so besteht für die aufnehmende Ausländerbehörde keine Möglichkeit mehr, den Ausländer zur Rückkehr zu zwingen, sofern die aufnehmende Ausländerbehörde ihre Zustimmung zur abdrängenden Wohnsitzauflage versagt. Etwas anderes gilt nur dann, wenn die ursprüngliche Auflage um eine Wohnsitzauflage hinsichtlich des Zuständigkeitsbereichs der neuen Ausländerbehörde erweitert wird. Diese Erweiterung, die den Ausländer rechtlich nicht beschwert, kann nachträglich aufgehoben werden.

Wie sich aus dem Wortlaut von § 12 II 2 AufenthG ergibt, steht diese Entscheidung im **Ermessen** 48 der Ausländerbehörde. Die Entscheidung ist daher nur darauf überprüfbar, ob die gesetzlichen Grenzen des Ermessens überschritten wurden oder von dem Ermessen in einer dem Zweck der Ermächtigung nicht entsprechenden Weise Gebrauch gemacht wurde[58]. Insoweit muss die Behörde im Rahmen ihrer Ermessensausübung den Grundsatz der Verhältnismäßigkeit und einen ggf. vorliegenden Vorrang höherrangigen Rechts beachten. Dabei ist den Besonderheiten des Einzelfalls gebührend Rechnung zu tragen[59].

Wohnsitzauflagen können unverhältnismäßig sein, wenn ein **Ausländer, der sich im Rentenalter** 49 befindet und altersbedingt nicht mehr in der Lage ist, seinen Lebensunterhalt dauerhaft aus eigenen Kräften zu sichern, seinen Lebensabend in der Nähe seiner Kinder verbringen will. Das mit einer Wohnsitzauflage verfolgte öffentliche Interesse an einer angemessenen Lastenverteilung zwischen den Bundesländern, kann hier im Einzelfall hinter den Schutz der familiären Lebensgemeinschaft zurücktreten[60].

VI. Verlassenspflicht und -recht bei räumlicher Beschränkung

Nach § 12 V 1 **kann** dem Ausländer das Verlassen des auf der Grundlage dieses Gesetzes beschränkten 50 Aufenthaltsbereichs erlaubt werden. Die Erlaubnis **ist** nach S. 2 zu erteilen, wenn hieran ein dringendes öffentliches Interesse besteht, zwingende Gründe es erfordern oder die Versagung der Erlaubnis eine unbillige Härte bedeuten würde. Diese Vorschrift ermächtigt bzw. verpflichtet die Ausländerbehörde am Aufenthaltsort des Ausländers indes nur dazu, das Verlassen des gesetzlich beschränkten Aufenthaltsbereichs für eine begrenzte Zeit zu erlauben[61]. Dies mag notwendig werden, um einem Ausländer den wöchentlichen Besuch des Freitagsgebets in einer Moschee zu ermöglichen[62].

Mit § 12 V werden Ausnahmen von der räumlichen Beschränkung wie im AsylG geregelt[63]. Auf 51 der Grundlage dieser Vorschrift ist es indessen nicht möglich, eine **Wohnsitznahme in einem anderen Bundesland auf Dauer** zu gestatten. Zwar spricht § 12 V – anders als §§ 57 I, 58 I 1 AsylG – nicht von einem „vorübergehenden" Verlassen des beschränkten Aufenthaltsbereichs. Eine Erlaubnis zur dauerhaften Wohnsitznahme in einem anderen Land käme aber einer Aufhebung der räumlichen Beschränkung des § 61 I 1 gleich, die § 12 V gerade nicht beinhaltet[64].

Eine andere Anspruchsgrundlage, die die Gestattung einer auf Dauer angelegten Wohnsitznahme in 52 einem anderen Bundesland ohne Zustimmung der dort zuständigen Ausländerbehörde zulässt, ist nicht ersichtlich. Eine dauerhafte Änderung des Wohnsitzes kann der Ausländer, der meint, aus zwingenden Gründen wie etwa dringenden familiären Gründen oder aus Gründen der Hilfsbedürftigkeit seinen Aufenthalt an einem anderen Aufenthaltsort in einem anderen Bundesland nehmen zu müssen, nur mit einer weiteren vorläufigen Aussetzung der Abschiebung gem. § 60a der Ausländerbehörde erreichen, in deren Zuständigkeitsbereich er meint, künftig sich aufzuhalten zu müssen[65].

Der in § 12 V 3 verwendete **Behördenbegriff** ist umfassend zu verstehen[66]. Er umfasst auch die von 53 den Standesämtern regelmäßig geforderte persönliche Vorsprache zur Anmeldung der Eheschließung[67].

Das persönliche Erscheinen des Ausländers ist stets erforderlich iS dieser Vorschrift, wenn es zur 54 Verfolgung seiner Interessen zweckmäßig ist. Eine ausdrückliche Anordnung des persönlichen Erscheinens durch eine Behörde oder ein Gericht ist nicht erforderlich[68].

---

[58] BVerwG Beschl. v. 19.8.2014 – 1 C 1.14 Rn. 14.
[59] BVerwG Urt. v. 15.1.2013 – 1 C 7.12, BVerwGE 145, 305 Rn. 22.
[60] BVerwG Urt. v. 15.1.2013 – 1 C 7.12, BVerwGE 145, 305 Rn. 22.
[61] OVG LSA Beschl. v. 5.4.2006 – 2 M 133/06; Beschl. v. 9.3.2006 – 2 M 225/05 – und v. 5.4.2006 – 2 M 126/06; OVG NRW Beschl. v. 29.11.2005 – 19 B 2364/03, InfAuslR 2006, 64; HmbOVG Beschl. v. 26.4.2006 – 4 Bs 66/06, InfAuslR 2006, 369.
[62] VG Regensburg Urt. v. 30.9.2015 – RN 9 K 15.1340 Rn. 27.
[63] Vgl. die Begründung zum Gesetzesentwurf, BT-Drs. 15/420, 73.
[64] OVG LSA Beschl. v. 5.4.2006 – 2 M 133/06.
[65] OVG LSA Beschl. v. 5.4.2006 – 2 M 133/06; OVG NRW Beschl. v. 29.11.2005 – 19 B 2364/03, InfAuslR 2006, 64.
[66] OVG NRW Beschl. v. 12.10.2005 – 17 B 1516/05.
[67] OVG NRW Beschl. v. 12.10.2005 – 17 B 1516/05.
[68] OVG NRW Beschl. v. 12.10.2005 – 17 B 1516/05.

55 Für die Erhebung einer **Gebühr** für die Erteilung einer Verlassenserlaubnis nach § 12 V oder für die Ausstellung einer Bescheinigung, dass eine solche Erlaubnis erteilt wurde, fehlt es an einer Rechtsgrundlage[69].

VII. Rechtsschutz

56 Gegen Bedingung oder modifizierende Auflage (als inhaltliche Beschränkung des Aufenthaltstitels) sind bei Ersterteilung wie bei Verlängerung **Verpflichtungswiderspruch und -klage** gegeben, gerichtet auf Erteilung des Aufenthaltstitels ohne Bedingung oder Auflage oder zumindest mit einer weniger belastenden; eine (bloße) Anfechtungsmöglichkeit besteht grundsätzlich nicht (§§ 42 I, 68 ff. VwGO). Angefochten werden kann nur eine Bedingung oder Auflage zur fiktiven Duldung oder Erlaubnis nach § 81 III, weil diese Positionen von Gesetzes wegen unbeschränkt eingeräumt sind und in sie durch Nebenbestimmungen rechtsverkürzend eingegriffen wird. Der Suspensiveffekt ist zT ausgeschlossen (§ 84 I). **Vorläufiger Rechtsschutz** wird in den Fällen des § 81 III nach § 80 V VwGO, sonst nach § 123 VwGO gewährt. **Angefochten** werden kann dagegen eine gleichzeitig mit dem Aufenthaltstitel oder zuvor verfügte (selbstständige) Auflage iSd § 36 II Nr. 4 (L)VwVfG. Einstweiliger Rechtsschutz richtet sich in diesem Fall immer nach § 80 V VwGO.

§ 12a Wohnsitzregelung

(1) ¹Zur Förderung seiner nachhaltigen Integration in die Lebensverhältnisse der Bundesrepublik Deutschland ist ein Ausländer, der als Asylberechtigter, Flüchtling im Sinne von § 3 Absatz 1 des Asylgesetzes oder subsidiär Schutzberechtigter im Sinne von § 4 Absatz 1 des Asylgesetzes anerkannt worden ist oder dem nach §§ 22, 23, 24 Absatz 1 oder § 25 Absatz 3 erstmalig eine Aufenthaltserlaubnis erteilt worden ist, verpflichtet, für den Zeitraum von drei Jahren ab Anerkennung oder Erteilung der Aufenthaltserlaubnis in dem Land seinen gewöhnlichen Aufenthalt (Wohnsitz) zu nehmen, in das er zur Durchführung seines Asylverfahrens oder im Rahmen seines Aufnahmeverfahrens zugewiesen oder gemäß § 24 Absatz 3 verteilt worden ist. ²Satz 1 findet keine Anwendung, wenn der Ausländer, sein Ehegatte, eingetragener Lebenspartner oder ein minderjähriges lediges Kind, mit dem er verwandt ist und in familiärer Lebensgemeinschaft lebt, eine sozialversicherungspflichtige Beschäftigung mit einem Umfang von mindestens 15 Stunden wöchentlich aufnimmt oder aufgenommen hat, durch die diese Person mindestens über ein Einkommen in Höhe des monatlichen durchschnittlichen Bedarfs nach den §§ 20 und 22 des Zweiten Buches Sozialgesetzbuch für eine Einzelperson verfügt, oder eine Berufsausbildung aufnimmt oder aufgenommen hat oder in einem Studien- oder Ausbildungsverhältnis steht oder einen Integrationskurs nach § 43, einen Berufssprachkurs nach § 45a, eine Qualifizierungsmaßnahme von einer Dauer von mindestens drei Monaten, die zu einer Berufsanerkennung führt, oder eine Weiterbildungsmaßnahme nach den §§ 81 und 82 des Dritten Buches Sozialgesetzbuch aufnimmt, aufgenommen oder abgeschlossen hat, sofern der Kurs oder die Maßnahme nicht an dem nach Satz 1 verpflichtenden Wohnsitz ohne Verzögerung durchgeführt oder fortgesetzt werden kann. ³Die Frist nach Satz 1 kann um den Zeitraum verlängert werden, für den der Ausländer seiner nach Satz 1 bestehenden Verpflichtung nicht nachkommt. ⁴Fallen die Gründe nach Satz 2 innerhalb von drei Monaten weg, wirkt die Verpflichtung zur Wohnsitznahme nach Satz 1 in dem Land fort, in das der Ausländer seinen Wohnsitz verlegt hat.

(1a) ¹Wird ein Ausländer, dessen gewöhnlicher Aufenthalt durch eine Verteilungs- oder Zuweisungsentscheidung nach dem Achten Buch Sozialgesetzbuch bestimmt wird, volljährig, findet ab Eintritt der Volljährigkeit Absatz 1 Anwendung; die Wohnsitzverpflichtung erwächst in dem Land, in das er zuletzt durch Verteilungs- oder Zuweisungsentscheidung zugewiesen wurde. ²Die bis zur Volljährigkeit verbrachte Aufenthaltszeit ab Anerkennung als Asylberechtigter, Flüchtling im Sinne von § 3 Absatz 1 des Asylgesetzes oder subsidiär Schutzberechtigter im Sinne von § 4 Absatz 1 des Asylgesetzes oder nach erstmaliger Erteilung eines Aufenthaltstitels nach den §§ 22, 23, 24 Absatz 1 oder 25 Absatz 3 wird auf die Frist nach Absatz 1 Satz 1 angerechnet.

(2) ¹Ein Ausländer, der der Verpflichtung nach Absatz 1 unterliegt und der in einer Aufnahmeeinrichtung oder anderen vorübergehenden Unterkunft wohnt, kann innerhalb von sechs Monaten nach Anerkennung, Aufnahme oder Erteilung einer Aufenthaltserlaubnis nach § 24 Absatz 1 längstens bis zum Ablauf der nach Absatz 1 geltenden Frist zu seiner Versorgung mit angemessenem Wohnraum verpflichtet werden, seinen Wohnsitz an einem bestimmten Ort zu nehmen, wenn dies der Förderung seiner nachhaltigen Integration in die Lebensverhältnisse der Bundesrepublik Deutschland nicht entgegensteht. ²Soweit im Einzelfall eine Zuweisung angemessenen Wohnraums innerhalb von sechs Monaten nicht möglich war, kann eine Zuweisung nach Satz 1 innerhalb von einmalig weiteren sechs Monaten erfolgen.

---

[69] OVG LSA Urt. v. 26.10.2011 – 2 L 44/10, AuAS 2012, 68 Rn. 23.

(3) ¹Zur Förderung seiner nachhaltigen Integration in die Lebensverhältnisse der Bundesrepublik Deutschland kann ein Ausländer, der der Verpflichtung nach Absatz 1 unterliegt, innerhalb von sechs Monaten nach Anerkennung oder erstmaliger Erteilung der Aufenthaltserlaubnis verpflichtet werden, längstens bis zum Ablauf der nach Absatz 1 geltenden Frist seinen Wohnsitz an einem bestimmten Ort zu nehmen, wenn dadurch

1. seine Versorgung mit angemessenem Wohnraum,
2. sein Erwerb ausreichender mündlicher Deutschkenntnisse im Sinne des Niveaus B1 des Gemeinsamen Europäischen Referenzrahmens für Sprachen und
3. unter Berücksichtigung der örtlichen Lage am Ausbildungs- und Arbeitsmarkt die Aufnahme einer Erwerbstätigkeit

erleichtert werden kann. ²Bei der Entscheidung nach Satz 1 können zudem besondere örtliche, die Integration fördernde Umstände berücksichtigt werden, insbesondere die Verfügbarkeit von Bildungs- und Betreuungsangeboten für minderjährige Kinder und Jugendliche.

(4) ¹Ein Ausländer, der der Verpflichtung nach Absatz 1 unterliegt, kann zur Vermeidung von sozialer und gesellschaftlicher Ausgrenzung bis zum Ablauf der nach Absatz 1 geltenden Frist auch verpflichtet werden, seinen Wohnsitz nicht an einem bestimmten Ort zu nehmen, insbesondere wenn zu erwarten ist, dass der Ausländer Deutsch dort nicht als wesentliche Verkehrssprache nutzen wird. ²Die Situation des dortigen Ausbildungs- und Arbeitsmarktes ist bei der Entscheidung zu berücksichtigen.

(5) ¹Eine Verpflichtung oder Zuweisung nach den Absätzen 1 bis 4 ist auf Antrag des Ausländers aufzuheben,

1. wenn der Ausländer nachweist, dass in den Fällen einer Verpflichtung oder Zuweisung nach den Absätzen 1 bis 3 an einem anderen Ort, oder im Falle einer Verpflichtung nach Absatz 4 an dem Ort, an dem er seinen Wohnsitz nicht nehmen darf,
    a) ihm oder seinem Ehegatten, eingetragenen Lebenspartner oder einem minderjährigen ledigen Kind, mit dem er verwandt ist und in familiärer Lebensgemeinschaft lebt, eine sozialversicherungspflichtige Beschäftigung im Sinne von Absatz 1 Satz 2, ein den Lebensunterhalt überwiegend sicherndes Einkommen oder ein Ausbildungs- oder Studienplatz zur Verfügung steht,
    b) ihm oder seinem Ehegatten, seinem eingetragenen Lebenspartner oder einem minderjährigen ledigen Kind, mit dem er verwandt ist und in familiärer Lebensgemeinschaft lebt, ein Integrationskurs nach § 43, ein Berufssprachkurs nach § 45a, eine Qualifizierungsmaßnahme von einer Dauer von mindestens drei Monaten, die zu einer Berufsanerkennung führt, oder eine Weiterbildungsmaßnahme nach den §§ 81 und 82 des Dritten Buches Sozialgesetzbuch zeitnah zur Verfügung steht, oder
    c) der Ehegatte, eingetragene Lebenspartner oder ein minderjähriges lediges Kind, mit dem er verwandt ist und mit dem er zuvor in familiärer Lebensgemeinschaft gelebt hat, an einem anderen Wohnort leben,
2. zur Vermeidung einer Härte; eine Härte liegt insbesondere vor, wenn
    a) nach Einschätzung des zuständigen Jugendamtes Leistungen und Maßnahmen der Kinder- und Jugendhilfe nach dem Achten Buch Sozialgesetzbuch mit Ortsbezug beeinträchtigt würden,
    b) aus anderen dringenden persönlichen Gründen die Übernahme durch ein anderes Land zugesagt wurde oder
    c) für den Betroffenen aus sonstigen Gründen vergleichbare unzumutbare Einschränkungen entstehen.

²Fallen die Aufhebungsgründe nach Satz 1 Nummer 1 Buchstabe a innerhalb von drei Monaten ab Bekanntgabe der Aufhebung weg, wirkt die Verpflichtung zur Wohnsitznahme nach Absatz 1 Satz 1 in dem Land fort, in das der Ausländer seinen Wohnsitz verlegt hat. ³Im Fall einer Aufhebung nach Satz 1 Nummer 2 ist dem Ausländer, längstens bis zum Ablauf der nach Absatz 1 geltenden Frist, eine Verpflichtung nach Absatz 3 oder 4 aufzuerlegen, die seinem Interesse Rechnung trägt.

(6) ¹Bei einem Familiennachzug zu einem Ausländer, der einer Verpflichtung oder Zuweisung nach den Absätzen 1 bis 4 unterliegt, gilt die Verpflichtung oder Zuweisung längstens bis zum Ablauf der nach Absatz 1 für den Ausländer geltenden Frist auch für den nachziehenden Familienangehörigen, soweit die zuständige Behörde nichts anderes angeordnet hat. ²Absatz 5 gilt für die nachziehenden Familienangehörigen entsprechend.

(7) Die Absätze 1 bis 6 gelten nicht für Ausländer, deren Anerkennung oder erstmalige Erteilung der Aufenthaltserlaubnis im Sinne des Absatzes 1 vor dem 1. Januar 2016 erfolgte.

(8) Widerspruch und Klage gegen Verpflichtungen nach den Absätzen 2 bis 4 haben keine aufschiebende Wirkung.

(9) Die Länder können im Hinblick auf Ausländer, die der Verpflichtung nach Absatz 1 unterliegen, hinsichtlich Organisation, Verfahren und angemessenen Wohnraums durch Rechtsverordnung der Landesregierung oder andere landesrechtliche Regelungen Näheres bestimmen zu

1. der Verteilung innerhalb des Landes nach Absatz 2,
2. dem Verfahren für Zuweisungen und Verpflichtungen nach den Absätzen 2 bis 4,
3. den Anforderungen an den angemessenen Wohnraum im Sinne der Absätze 2, 3 Nummer 1 und von Absatz 5 Satz 1 Nummer 1 Buchstabe a sowie der Form seines Nachweises,
4. der Art und Weise des Belegs einer sozialversicherungspflichtigen Beschäftigung nach Absatz 1 Satz 2, eines den Lebensunterhalt sichernden Einkommens sowie eines Ausbildungs- oder Studienplatzes im Sinne der Absätze 1 und 5 Satz 1 Nummer 1 Buchstabe a,
5. der Verpflichtung zur Aufnahme durch die zum Wohnort bestimmte Gemeinde und zu dem Aufnahmeverfahren.

(10) § 12 Absatz 2 Satz 2 bleibt für wohnsitzbeschränkende Auflagen in besonders begründeten Einzelfällen unberührt.

Allgemeine Verwaltungsvorschrift
Nicht belegt.

Übersicht

	Rn.
I. Entstehungsgeschichte	1
II. Allgemeines	3
1. Regelungsziel	3
2. Verhältnis zu anderen Vorschriften	5
3. Normstruktur	9
4. Anwendungsbereich der Vorschrift	13
a) Persönlicher Anwendungsbereich	13
b) Zeitlicher Anwendungsbereich	18
III. Einzelkommentierung	22
1. Abs. 1	22
2. Abs. 1a	28
3. Abs. 2	32
4. Abs. 3	36
5. Abs. 4	41
6. Abs. 5	45
a) Abs. 5 S. 1 Nr. 1	48
b) Abs. 5 S. 1 Nr. 2	53
7. Abs. 6	58
8. Abs. 7	63
9. Abs. 8	65
10. Abs. 9	67
11. Abs. 10	69
IV. Vereinbarkeit mit Europa- und Völkerrecht sowie Verfassungsrecht	70

I. Entstehungsgeschichte

1 § 12a wurde durch das am 31.7.2016 verkündete und am 6.8.2016 in Kraft getretene **Integrationsgesetz (IntG)**[1] neu in das AufenthG eingeführt. Das als ArtikelG ausgestaltete IntG führte neben Änderungen im SGB II, III und XII (Art. 1–3 IntG) und im AsylG (Art. 6 IntG) insbesondere zu Neuerungen im AufenthG (Art. 5 InG), darunter der Einführung einer – zunächst auf drei Jahre befristeten[2] – Wohnsitzregelung in § 12a AufenthG[3]. Das **Gesetz zur Entfristung des IntG**[4] führte iRd Migrationspakets 2019 zur Entfristung der Wohnsitzregelung für schutzberechtigte Ausländer und zu verschiedenen Änderungen der Wohnsitzregelung anhand der bis dahin entwickelten Praxis der Länder.[5] Die durch Gesetz vom 23.5.2022 mit Wirkung vom 1.6.2022 erfolgten Änderungen in Abs. 1 S. 1 und 2, Abs. 1a S. 2, Abs. 2 S. 1, Abs. 3 S. 1 Nr. 2 und Abs. 5 S. 1 Nr. 1 lit a, b und c konnten in der vorliegenden Kommentierung noch nicht berücksichtigt werden.

2 Das IntG und damit die eingeführte Wohnsitzregelung gehen zurück auf zwei wortgleiche **Gesetzesentwürfe** der Fraktionen der CDU/CSU und der SPD vom 31.5.2016[6] und der Bundesregierung vom 20.6.2016[7]. Der Bundesrat hat von seiner Möglichkeit einer Stellungnahme Gebrauch

---

[1] BGBl. 2016 I S. 1939.
[2] Art. 8 V IntG lautet wie folgt: „§ 12a des Aufenthaltsgesetzes in der Fassung der Bekanntmachung vom 25. Februar 2008 (BGBl. I S. 162), das zuletzt durch Artikel 5 dieses Gesetzes geändert worden ist, tritt am 6. August 2019 außer Kraft."
[3] Vgl. Art. 5 Nr. 3 IntG.
[4] BGBl. 2019 I S. 914.
[5] Der Bundesrat hatte dieses Gesetzgebungsverfahren zum Anlass genommen, weitergehende Änderungen an § 12a vorzuschlagen (BR-Drs. 99/19); diesen wurde jedoch aufgrund der Beschlussempfehlung des Ausschusses für Inneres und Heimat (BT-Drs. 19/10704) nicht gefolgt (BT-Drs. 19/9764).
[6] BT-Drs. 18/8615, 12 ff.
[7] BT-Drs. 18/8829, 12 ff.

gemacht[8] und ua Änderungsvorschläge zur Neuregelung in § 12a eingebracht[9]. Diesen wurden durch die Bundesregierung in ihrer Gegenäußerung[10] nur teilweise zugestimmt[11]. Im Bundestag hat der federführende Ausschuss für Arbeit und Soziales am 20.6.2016 eine öffentliche Anhörung von 21 Sachverständigen durchgeführt[12] und am 6.7.2016 abschließend über den Gesetzesentwurf beraten. Der Bundestag hat das Gesetz daraufhin am 7.7.2016 verabschiedet. Der Bundesrat hat das Gesetz am 8.7.2016 gebilligt und beschlossen, den Vermittlungsausschuss nicht anzurufen. Das Gesetz zur Entfristung des Integrationsgesetzes geht zurück auf einen Gesetzesentwurf der Bundesregierung[13] und sollte zuvorderst die zunächst auf drei Jahre befristete Wohnsitzregelung entfristen. Da bislang keine Verwaltungsvorschrift zu § 12a existiert, hat das BMI zumindest Anwendungshinweise zu § 12a erlassen[14].

II. Allgemeines

1. Regelungsziel

Die Verabschiedung des IntG stellt eine weitere Reaktion des Gesetzgebers auf die seit dem Jahr 2015 verstärkte Zuwanderung Schutzsuchender nach Deutschland dar. Die Gesetzesentwürfe nehmen folglich Bezug auf die hohe Anzahl an Asylanträgen im Vorjahr und die Erwartung gleichbleibend hoher Zuzugszahlen[15]. Sie betonen die Notwendigkeit einer zügigen Integration von Menschen mit guter Bleibeperspektive bei gleichzeitiger Förderung einer Rückkehr von Flüchtlingen ohne eine solche Perspektive. Ziel des Gesetzes ist ua die Ermöglichung einer schnellen und nachhaltigen **Integration** durch Unterstützung und Einforderung von Integrationsbemühungen[16]. 3

Konkret auf die Einführung von § 12a bezogen betonen die Gesetzesentwürfe die Schwierigkeiten bei Unterbringung und Integration schutzberechtigter Ausländer[17]. Zur Vermeidung von integrationshemmender Segregation von Personen, die keiner sozialversicherungspflichtigen Beschäftigung, keiner Ausbildung oder keinem Studium nachgehen und die aufgrund ihres Flüchtlingshintergrunds vor besonderen Integrationsherausforderungen stehen, sieht der Gesetzesentwurf die Notwendigkeit einer verbesserten **Steuerung der Wohnsitznahme** von Schutzberechtigten[18]. Die bestehende Regelung des § 12 II sei nicht ausreichend, da aus der Perspektive der Ausländerbehörde integrationspolitische Verteilungseffekte nicht hinreichend berücksichtigt werden könnten[19]. Der Wegfall der Befristung der Wohnsitzregelung im Jahr 2019 wird im Wesentlichen mit der weiter bestehenden Notwendigkeit des integrationspolitischen Instruments für die Betroffenen und der zu diesem Zweck erforderlichen Planbarkeit der Integrationsangebote von Ländern und Kommunen sowie eines Entgegenwirkens integrationshemmender Segregationstendenzen durch Zuzugsbeschränkungen begründet[20]. 4

2. Verhältnis zu anderen Vorschriften

Die Wohnsitzregelung in § 12a AufenthG ist nicht zu verwechseln mit der **Residenzpflicht** für Asylbewerber nach § 56 AsylG. Danach ist es Personen im laufenden Asylverfahren für eine Dauer von mindestens drei Monaten[21] untersagt, sich außerhalb des Bezirks der Ausländerbehörde aufzuhalten, in dem die zuständige Aufnahmeeinrichtung liegt. Die Residenzpflicht verbietet damit das Verlassen dieses eng umgrenzten Gebiets und schränkt damit die allgemeine Bewegungsfreiheit ein. Demgegenüber führt eine Wohnsitzregelung – quasi als milderes Mittel – gerade nicht zu einer Beschränkung der allgemeinen Bewegungsfreiheit, sondern lediglich zu einer Einschränkung bei der Wahl des Wohnsitzes bei gleichzeitig voller Freizügigkeit im Übrigen[22]. Die Wohnsitzregelung richtet sich auch nicht an Personen im laufenden Anerkennungsverfahren, sondern an diejenigen, die ein solches bereits erfolgreich durchlaufen haben. 5

Die Einführung von § 12a lässt die bisherige Regelung des **§ 12 II 2** unberührt. Danach können Visa und Aufenthaltserlaubnisse im Einzelfall nach Ermessen mit wohnsitzbeschränkenden Auflagen 6

---

[8] BR-Drs. 266/16.
[9] BR-Drs. 266/16, 6 ff.
[10] BT-Drs. 18/8883.
[11] BT-Drs. 18/8883, 4 f.
[12] Ausschuss-Drs. 18(11)681.
[13] BT-Drs. 19/8692.
[14] S. www.staedtetag-bw.de/media/custom/2295_79977_1.PDF?1473932418.
[15] BT-Drs. 18/8615, 1; BT-Drs. 18/8829, 1 (fortan nur noch BT-Drs. 18/8615 zitiert).
[16] BT-Drs. 18/8615, 1; BT-Drs. 18/8829, 1.
[17] BT-Drs. 18/8615, 42.
[18] BT-Drs. 18/8615, 42.
[19] BT-Drs. 18/8615, 43.
[20] BT-Drs. 19/8692, 1.
[21] § 59a AsylG.
[22] Vgl. BVerwG Urt. v. 15.1.2008 – 1 C 17.07, BVerwGE 130, 148.

verbunden werden[23]. Seit der Entscheidung des BVerwG v. 15.1.2008[24] wurden gegenüber anerkannten Flüchtlingen keine Wohnsitzauflagen mehr verhängt, so dass die Vorschrift bislang große Bedeutung für subsidiär Schutzberechtigte und Flüchtlinge im laufenden Anerkennungsverfahren hatte. Nach Einführung des § 12a wird § 12 II 2 eines Teiles seines Anwendungsbereichs entledigt. Für den in § 12a I 1 genannten Personenkreis ist § 12a hinsichtlich der dort angeführten Gründe grundsätzlich eine abschließende Regelung für die Anordnung von Wohnsitzverpflichtungen. Nichtsdestotrotz behält die Regelung für Personenkreise, die nicht von der Neuregelung in § 12a betroffen sind, Geltung. Dies wird insbesondere durch den 2019 eingeführten **§ 12 X** verdeutlicht, wonach § 12 II 2 für wohnsitzbeschränkende Auflagen in besonders begründeten Einzelfällen unberührt bleibt. In Ausnahmefällen kann die zuständige Behörde jedoch auch nach Wegfall einer Wohnsitzverpflichtung nach § 12a eine wohnsitzbeschränkende Auflage nach § 12 II 2 erteilen. Zudem kann eine wohnsitzbeschränkende Auflage nach § 12 II 2 aus in § 12a nicht angeführten Gründen erteilt werden[25].

7   Flankiert wird § 12a AufenthG durch die Einführung einer Sonderzuständigkeit für Leistungen der Grundsicherung durch Art. 2 Nr. 2b IntG. Nach **§ 36 II SGB II** ist abweichend von der normalen Zuständigkeit der Behörde am Ort des gewöhnlichen Aufenthalts für Leistungen nach dem SGB II der Träger zuständig, in dessen Gebiet die leistungsberechtigte Person nach § 12a I–III AufenthG ihren Wohnsitz zu nehmen hat. In **§ 23 V SGB XII** wurde durch Art. 3 IntG klargestellt, dass eine Verletzung einer Wohnsitzregelung im SGB XII zu Leistungseinschränkungen führen kann. Damit sollen nach dem Willen des Gesetzgebers auch leistungsrechtlich eigenmächtige Wohnsitznahmen unterbunden werden[26]. Durch das Gesetz zur **Entfristung des IntG** wurde **§ 72 IIIa AufenthG** eingeführt, wonach die Aufhebung einer Wohnsitzverpflichtung nach § 12a V nur mit Zustimmung der Ausländerbehörde des geplanten Zuzugsorts erfolgen darf.

8   Die Verletzung der Wohnsitzpflicht schließlich stellt nach § 98 III Nr. 2a und b eine Ordnungswidrigkeit dar, die mit einer Geldbuße bis zu 1.000 EUR geahndet werden kann (§ 98 V).

3. Normstruktur

9   Innerhalb von § 12a ist zunächst zwischen der Regelung in Abs. 1 einerseits und den Regelungen in den Abs. 2–4 andererseits zu unterscheiden. **§ 12a I** regelt die Wohnsitzzuweisung der dort genannten Personengruppen an ein bestimmtes Bundesland per Gesetz; ein umsetzender behördlicher Verwaltungsakt ist deshalb für die Zuweisung auf Länderebene nicht erforderlich. Dagegen beziehen sich die Abs. 2–4 – nachgelagert – auf die Verteilung innerhalb des grundsätzlich bereits nach Abs. 1 gesetzlich bereits festgelegten Bundeslandes. **§ 12a II–IV** stellen eine Rechtsgrundlage für eine landesinterne Verteilung dar und sind damit auf eine Umsetzung durch – im Ermessen der zuständigen Behörde stehenden – Verwaltungsakt angewiesen. Während § 12a II bei anerkannten Flüchtlingen, die noch in einer Aufnahmeeinrichtung wohnen, eine landesinterne Zuweisung an keine strengen Voraussetzungen knüpft, hängen Zuweisungsentscheidungen nach § 12a III und IV von konkreteren, situationsspezifischen Voraussetzungen ab[27].

10 Zu unterscheiden sind zudem die Regelungen in Abs. 2–3 von derjenigen in Abs. 4. Während § 12a II und III den Bundesländern die Möglichkeit einer **positiven Zuweisungsentscheidung** einräumt, bietet § 12a IV eine Rechtsgrundlage für eine **negative Wohnsitzentscheidung**. Konkret können Betroffene also auf Grundlage von Abs. 2 und 3 verpflichtet werden, an einem bestimmten Ort innerhalb des Bundeslandes zu wohnen, und auf Grundlage von Abs. 4, an einem bestimmten Ort nicht zu wohnen.

11 **§ 12a V** stellt eine Rechtsgrundlage für ein Aufheben einer Wohnsitzregelung dar. Diese bezieht sich nicht nur auf die zuvor behördlich angeordnete Einzelfallentscheidung nach Abs. 2–4, sondern auch auf die gesetzliche Wohnsitzregelung in Abs. 1. Liegen die Voraussetzungen des Abs. 5 vor, besteht ein Anspruch Aufhebung („ist auf Antrag des Ausländers aufzuheben").

12 § 12a VI stellt einen Gleichlauf der nach Abs. 1–5 geltenden Rechtslage hinsichtlich der Wohnsitznahme für den Fall des **Familiennachzugs** sicher. § 12a VII bezieht sich auf den zeitlichen Anwendungsbereich der Norm; Abs. VIII schließt die aufschiebende Wirkung von Widerspruch und Anfechtungsklage gegen Verpflichtungen nach Abs. 2–4 aus. Abs. 9 schließlich ermöglicht den Ländern die Ausgestaltung der Entscheidungen nach Abs. 2–5.

---

[23] Dazu iE → § 12 Rn. 32 ff.
[24] BVerwG Urt. v. 15.1.2008 – 1 C 17.07, BVerwGE 130, 148.
[25] BT-Drs. 19/8692, 11.
[26] BT-Drs. 18/8615, 34.
[27] Baden-Württemberg zB hat ermessensleitende Verwaltungsvorschriften zu § 12a II–IV erlassen (Vorläufige Anwendungshinweise des Ministeriums für Inneres, Digitalisierung und Migration zu § 12a AufenthG v. 5.9.2016); nach einem Runderlass des Niedersächsischen Ministeriums für Inneres und Sport v. 9.1.2017 liegen die Voraussetzungen des § 12a IV nur für das Gebiet der Stadt Salzgitter vor.

4. Anwendungsbereich der Vorschrift

a) Persönlicher Anwendungsbereich. Die gesamte Regelung in § 12a knüpft hinsichtlich des persönlichen Anwendungsbereichs an § 12a I 1 an. Danach gelten die gesetzliche Länderzuweisung und wegen der Bezugnahme von Abs. 2–4 auf die Verpflichtung nach Abs. 1 auch die Rechtsgrundlagen nach Abs. 2–4 für Personen, die das Anerkennungsverfahren erfolgreich durchlaufen haben. Der Verpflichtung unterliegen damit anerkannte Asylberechtigte und Flüchtlinge nach § 3 I AsylG sowie Personen, die subsidiären Schutz iSv § 4 I AsylG erhalten haben. Ebenso von der Wohnsitzpflicht umfasst sind Ausländer, denen nach § 22, § 23 oder § 25 III AufenthG erstmalig eine Aufenthaltserlaubnis erteilt worden ist; damit werden Personen erfasst, deren Abschiebung ein Verbot nach § 60 V oder VII AufenthG entgegensteht (§ 25 III), sowie aus dem Ausland aufgenommene Personen (§§ 22, 23 II und IV) und Personen, die unter eine Gruppenregelung zur Aufnahme fallen (§ 23 I). 13

Sonstige Drittstaatsangehörige unterfallen **nicht** der Wohnsitzregelung. Begründet wird dies mit dem Integrationsvorsprung, über den Ausländer verfügen, die nicht aus Schutzbedürftigkeit nach Deutschland eingereist sind, sondern sich bereits längere Zeit im Voraus und nicht unter dem Druck von Krieg oder Verfolgung vor ihrer Einreise mit den hiesigen Bedingungen vertraut gemacht haben[28]. Deren Situation sei mit derjenigen der von Abs. 1 erfassten Personen nicht vergleichbar. Nach dem ausdrücklichen Wortlaut des Gesetzes insbesondere nicht umfasst sind Ausländer mit Aufenthaltserlaubnissen nach § 25 IV–V, § 25a und § 25b, weil sie keinem Verteilungsverfahren unterliegen und kein Bedürfnis nach Integrationsförderung durch Wohnsitzregelungen bestehe[29]. Für Ausländer mit einer Aufenthaltserlaubnis nach § 24 gilt das Verteilungsverfahren nach § 24 III–V. 14

Von dem Gesetz nicht erfasst werden nach § 12a I 2 Personen, die einer sozialversicherungspflichtigen Beschäftigung mit einem Umfang von mindestens 15 Stunden wöchentlich nachgehen (und dabei mindestens über ein Einkommen des monatlich durchschnittlichen Bedarfs nach §§ 20, 22 SGB II für Einzelpersonen verfügen[30]), eine Berufsausbildung durchlaufen oder in einem Studien- oder Ausbildungsverhältnis stehen. Nach dem ausdrücklichen Gesetzeswortlaut ist nicht erforderlich, dass die Beschäftigung oder die Berufsausbildung bereits aufgenommen wurde; ausreichend ist es, wenn eine solche Aufnahme noch bevorsteht („aufnimmt oder aufgenommen hat"). Damit die Verpflichtung nach Abs. 1 S. 1 in einem solchen Fall nicht greift und eine Verlegung des Wohnsitzes in ein anderes Bundesland möglich ist, sind jedoch konkrete Nachweise für die beabsichtigte Aufnahme der Beschäftigung oder Ausbildung zu fordern (vgl. § 82 I AufenthG). Nicht ausreichend dagegen ist eine selbständige Erwerbstätigkeit; eine solche kann allenfalls zu einem Aufhebungsanspruch nach Abs. 5 S. 1 Nr. 1a führen. Von der Ausnahme umfasst sind nicht nur „klassische" unselbständige Arbeitsverhältnisse, sondern nach dem Willen des Gesetzgebers auch berufsorientierende oder -vorbereitende Maßnahmen sowie studienvorbereitende Tätigkeiten iSv § 16 I 2 AufenthG; diese dürfen jedoch nicht nur formal, sondern müssen tatsächlich wahrgenommen werden. Dagegen sollen Minijobs und geringfügige Beschäftigungsverhältnisse die Verpflichtung nach Abs. 1 S. 1 nicht aufheben[31]. 15

Ebenso zu einem Ausnahmetatbestand nach § 12a I 2 führt das Arbeiten im genannten Sinn durch ein Mitglied der Kernfamilie des Ausländers (Ehepartner, eingetragener Lebenspartner, minderjähriges Kind). Sofern die genannten Integrationsleistungen für einen Familienangehörigen vorliegen, sind auch die übrigen, in S. 2 genannten Familienangehörigen von der Verpflichtung nach S. 1 befreit[32]. Nach § 12a IX Nr. 4 können Art und Weise eines Belegs der Voraussetzungen nach Abs. 1 S. 2 landesrechtlich konkretisiert werden. 16

Nach § 12a VI unterliegen auch nachziehende Familienangehörigen (vgl. § 27 I) den Verpflichtungen des Ausländers, zu dem der Nachzug erfolgt. Damit wird ein Gleichlauf der Wohnsitzverpflichtungen für Angehörige einer Familie hergestellt. Jedoch nicht vom Anwendungsbereich von § 12a I erfasst sind unbegleitete minderjährige Ausländer, weil deren Aufenthalt den Sonderregelungen in §§ 42 ff., 88a SGB VIII unterliegt[33]. Damit regelt Abs. 6 lediglich den Familiennachzug zu bereits in Deutschland lebenden unbegleiteten Minderjährigen, nicht jedoch deren Nachzug selbst. 17

b) Zeitlicher Anwendungsbereich. Nach § 12a VII erfasst die Neuregelung alle Personen, deren Anerkennung oder erstmalige Erteilung der Aufenthaltserlaubnis ab dem 1.1.2016 erfolgte. Da die gesetzliche Wohnortzuweisung nach Abs. 1 erst mit Inkrafttreten des Gesetzes am 6.8.2016 entstand, können Probleme im Hinblick auf den zeitlichen Anwendungsbereich entstehen. Bei Personen, die zwischen dem 1.1.2016 und dem 6.8.2016 eine Anerkennung bzw. erstmalig eine Aufenthaltserlaubnis erhalten haben, liegt eine sog. **unechte Rückwirkung** vor. Eine solche ist gegeben, wenn – wie hier möglich – eine Norm auf gegenwärtige, noch nicht abgeschlossene Sachverhalte und Rechtsbeziehun- 18

---

[28] BT-Drs. 18/8615, 43.
[29] BT-Drs. 18/8615, 45.
[30] Derzeit 712 EUR.
[31] BT-Drs. 18/8615, 44.
[32] BT-Drs. 18/8615, 44.
[33] BT-Drs. 18/8615, 44.

gen für die Zukunft einwirkt und damit zugleich eine betroffene Rechtsposition nachträglich entwertet[34]. Das BVerfG erachtet eine unechte Rückwirkung dann als unzulässig, wenn das Vertrauen der Betroffenen schutzwürdiger ist als das mit dem Gesetz verfolgte Anliegen[35]. Ein Fall grundsätzlich unzulässiger sog. echter Rückwirkung, ein Eingreifen des Gesetzgebers in einen bereits vollständig abgeschlossenen Sachverhalt, liegt dagegen nicht vor; denn es wird keine Verpflichtung ausgesprochen, zwischen Januar und August 2016 in einem bestimmten Bundesland gewohnt zu haben[36].

19 Vergleichsweise einfach zu handhaben ist die Situation von Ausländern, die **ab dem 1.1.2016 eine Anerkennung** erhalten haben und **bis Inkrafttreten des IntG keinen Bundeslandwechsel** vorgenommen haben. Diese unterliegen nun der gesetzlichen Verpflichtung nach § 12a I AufenthG und können Adressat einer Einzelfallentscheidung nach Abs. 2–4 sein. Im Rahmen der Einzelfallentscheidung hat die Behörde in ihr auszuübendes Ermessen die Belange der Betroffenen im Hinblick auf die Anerkennung bereits vor Inkrafttreten des Gesetzes einzubeziehen. Mangels entsprechender Dispositionen dürfte ihr Vertrauen dabei regelmäßig nicht schutzwürdig sein.

20 Problematischer ist die Situation von **Personen, die zwischen der Anerkennung ab Jahresbeginn 2016 und Inkrafttreten des Gesetzes Anfang August 2016 in ein Bundesland umgezogen** sind, das nicht dem ihrer Verpflichtung nach § 12a I entspricht. Diese unterliegen seit Inkrafttreten des IntG automatisch der gesetzlichen Wohnsitzpflicht nach § 12a I, obwohl sie inzwischen bereits in ein anderes Bundesland verzogen sind. In diesem Fall haben die Betroffenen einen Antrag auf Aufhebung der Verpflichtung nach Abs. 5 zu stellen; dies hat die zuständige Behörde ggf. anzuregen (§ 25 I LVwVfG). IRd Entscheidung über den Antrag hat die Behörde im Hinblick auf die unechte Rückwirkung dem Vertrauen der Betroffenen hinreichend Rechnung zu tragen. Dies kann insbesondere über die Anwendung der Härtefallklausel in § 12a V 1 Nr. 2b oder c[37] erreicht werden[38]. Auch die Gesetzesbegründung fordert in einer solchen Konstellation eine Sicherstellung des Verhältnismäßigkeitsgrundsatzes[39].

21 Außer Kraft treten sollte § 12a AufenthG nach Art. 8 V IntG ursprünglich am 6.8.2019. Diese Befristung wurde durch das Gesetz zur Entfristung des IntG abgeschafft, so dass § 12a nunmehr **unbefristet** Geltung zukommt. Aus der ursprünglichen Befristung folgte jedoch nicht das Außerkrafttreten der Verpflichtungen nach Abs. 1 oder der aufgrund von Abs. 2–4 ausgesprochenen Verpflichtungen zu diesem Zeitpunkt. Die Dauer der Wohnsitzverpflichtungen bemaß sich vielmehr nach Abs. 1 (drei Jahre ab Anerkennung oder Erteilung der Aufenthaltserlaubnis) bzw. der im Bescheid auf Grundlage von Abs. 2–4 festgesetzten Frist. Aus Art. 8 V IntG folgte lediglich, dass nach dem dort genannten Zeitpunkt keine weiteren Verpflichtungen entstehen bzw. ausgesprochen werden können. Die ursprünglich mit dem IntG eingeführte Regelung des § 104 XIV AufenthG, wonach vor dem 6.8.2019 bereits begründete und ausgesprochene Verpflichtungen über den 6.8.2019 fortwirken sollten, wurde durch das Gesetz zur Entfristung des IntG obsolet und damit abgeschafft.

III. Einzelkommentierung

1. Abs. 1

22 Herzstück der Regelung ist die gesetzliche Verpflichtung der erfolgreich anerkannten Personen, ihren gewöhnlichen Aufenthalt (Legaldefinition in Abs. 1 S. 1 für Wohnsitz) für einen Zeitraum von drei Jahren ab Anerkennung oder Erteilung der Aufenthaltserlaubnis in dem Bundesland zu nehmen, in das sie zur Durchführung ihres Asylverfahrens bzw. im Rahmen ihres Aufnahmeverfahrens zugewiesen worden sind (Abs. 1 S. 1). Damit regelt die Vorschrift die **Verteilung zwischen den Bundesländern**. Diese Verpflichtung nach Abs. 1 S. 1 entsteht automatisch **von Gesetzes wegen** und bedarf keiner gesonderten behördlichen Verfügung.

23 Mit dieser ab Anerkennung oder – im Falle von §§ 22, 23 oder § 25 III – ab Erteilung der Aufenthaltserlaubnis von Gesetzes wegen entstehenden Verpflichtung, den Wohnsitz in dem Bundesland zu belassen, das bereits für die Durchführung des Asylverfahrens oder im Rahmen seines Aufnahmeverfahrens zuständig war, wird die Verteilung Schutzbedürftiger auf die Bundesländer zur Durchführung der Anerkennungsverfahren perpetuiert. Diese erste Verteilung erfolgt auf Grundlage des **Königsteiner Schlüssels,** der außer der Größe der Bevölkerung auch die Wirtschaftskraft der Länder berücksichtigt und jährlich neu errechnet wird (§ 45 AsylG).

---

[34] BVerfG Urt. v. 23.11.1999 – 1 BvF 1/94, BVerfGE 101, 239 (263).
[35] BVerfG Beschl. v. 22.5.2011 – 1 BvL 4/96, BVerfGE 103, 392 (403).
[36] Ebenso *Thym* ZAR 2016, 241 (249).
[37] Das NdsOVG stützt den Anspruch auf eine Härte nach § 12a V 1 Nr. 2c und sieht ansonsten eine Verletzung v. Art. 2 I GG durch Art. 12a I 1 und VII als gegeben an (NdsOVG Beschl. v. 2.8.2017 – 8 ME 90/17, BeckRS 2017, 120579 Rn. 21 f.).
[38] Darauf verweist auch das LSG NRW Beschl. v. 24.10.2016 – L 2 AS 1937/16 B ER, L 2 AS 2053/16 B, infoalso 2017, 78.
[39] BT-Drs. 18/8615, 46.

Da sich § 12a I nur auf die Verteilung zwischen den Bundesländern bezieht, steht es den Betroffenen 24
grundsätzlich frei, **innerhalb des Bundeslandes,** in dem sie ihren Wohnsitz nehmen müssen, umzuziehen. Eine automatische gesetzliche Verpflichtung, innerhalb eines Bundeslandes an einem bestimmten Ort zu wohnen oder nicht zu wohnen, folgt aus Abs. 1 gerade nicht. Vielmehr steht es den Bundesländern frei, ob sie von der Möglichkeit Gebrauch machen, landesinterne Verteilungen auf Grundlage von Abs. 2–4 im Verfügungswege vorzunehmen.

Nicht der Wohnsitzverpflichtung unterfallen die in **Abs. 1 S. 2** genannten Personen unter den dort 25
genannten Voraussetzungen, also insbesondere Erwerbstätige[40]. Durch das Gesetz zur Entfristung des IntG wurde der Familienkreis erweitert, so dass fortan nicht nur das minderjährige Kind des Ausländers, sondern generell minderjährige ledige Kinder, mit denen der Ausländer verwandt ist und in familiärer Lebensgemeinschaft lebt, der Regelung unterfallen. Die Änderung soll bewirken, dass eine Verpflichtung zur Wohnsitznahme unter Bezug auf die Tätigkeit eines minderjährigen ledigen Kindes in einem anderen Land nicht nur dann entfällt, wenn der Ausländer für dieses Kind sorgeberechtigt ist, sondern auch dann, wenn ein Verwandtschaftsverhältnis besteht (etwa wenn der Ausländer der Onkel des Kindes ist) und der Ausländer mit dem Kind in familiärer Lebensgemeinschaft wohnt. Damit sollen aus Gründen des Kindeswohls neben der Kernfamilie auch fluchtbedingte familiäre Lebensgemeinschaften zwischen Verwandten geschützt werden[41].

Liegen die dort genannten Voraussetzungen vor, kommt es von Vornherein nicht zum Entstehen der 26
Verpflichtung nach S. 1. Da Abs. 1 S. 1 auf den Zeitpunkt ab Anerkennung oder Erteilung der Aufenthaltserlaubnis abstellt, führt auch ein Wegfall der Integrationsleistungen des S. 2 nicht zu einem „Wiederaufleben" der Wohnsitzverpflichtung nach S. 1. Davon ausgenommen sind natürlich Umgehungsversuche der Wohnsitzverpflichtung nach Abs. 1 S. 1. Nicht ernsthafte Arbeits-, Ausbildungoder Studienabsichten führen bereits von Vornherein nicht zu einem Eingreifen der Ausnahme nach S. 2, so dass es auf ein „Wiederaufleben" der Pflicht nach S. 1 nicht ankommt, weil diese stets bestand.

Die durch das Gesetz zur Entfristung des IntG eingeführten **S. 3 und 4** sollen Regelungslücken der 27
bisher geltenden Wohnsitzregelung schließen. Der neue S. 3 beseitigt Anreize, den Wohnsitz rechtswidrig in einem anderen Land zu nehmen. Die pflichtwidrige Wohnsitzverlegung in ein anderes Land kann nunmehr dazu führen, dass sich die Dauer der individuellen Wohnsitzverpflichtung verlängert. S. 4 regelt insbesondere das in der Praxis aufgetretene Problem von nur kurzfristigen Arbeitsverhältnissen, die keine dauerhafte integrationsfördernde Wirkung entfalten, bisher aber gleichwohl eine dauerhafte Befreiung von der Wohnsitzverpflichtung begründen. In diesem Fall wirkt die Wohnsitzverpflichtung künftig im Land des neuen Wohnsitzes fort. Die Gesamtdauer der Wohnsitzverpflichtung verlängert sich dadurch nicht, da die Dauer der Wohnsitznahme am vorangehenden Wohnort auf die dreijährige Frist nach Abs. 1 S. 1 angerechnet wird. Die Dreimonatsfrist beginnt mit der Aufnahme der sozialversicherungspflichtigen Beschäftigung, der Berufsausbildung oder dem Studien- oder Ausbildungsverhältnis. Die Länder können natürlich weitere Maßnahmen nach den Abs. 2–4 treffen[42].

2. Abs. 1a

§ 12a Ia wurde durch das Gesetz zur Entfristung des IntG eingeführt. Abs. 1a stellt klar, dass die 28
Wohnsitzverpflichtung des § 12a nach **Erreichen der Volljährigkeit** zur Geltung kommt. Jedoch wird auf die Dauer der neu entstandenen Wohnsitzverpflichtung die Zeit zwischen der Anerkennung als Schutzberechtigter bzw. der erstmaligen Erteilung einer Aufenthaltserlaubnis nach den §§ 22, 23 oder 25 III und dem Eintritt der Volljährigkeit angerechnet. Wenn der Ausländer vor dem Eintritt der Volljährigkeit aus pädagogischen Gründen in einer Einrichtung untergebracht wurde, die in einem anderen Land liegt als dem Land des aufgrund der Verteilungs- oder Zuweisungsentscheidung örtlich zuständigen Jugendamts, soll die Wohnsitzregelung nach § 12a zur Vermeidung einer Härte gemäß Abs. 5 S. 1 Nr. 2 lit. a auf Antrag aufgehoben werden, wenn dies geboten erscheint, damit die Hilfe für den jungen Volljährigen in der Einrichtung, in der er sich bereits vor dem Eintritt der Volljährigkeit befunden hat, fortgesetzt werden kann[43].

3. Abs. 2

§ 12a II bietet eine Rechtsgrundlage für eine **landesinterne Verteilung.** Anders als die Verteilung 29
zwischen den Bundesländern nach Abs. 1 S. 1 folgt aus Abs. 2 keine gesetzliche Verpflichtung zur Wohnsitznahme. Vielmehr können die zuständigen Behörden auf Grundlage von § 12a II im Einzelfall per Verwaltungsakt eine Verteilung innerhalb des bereits nach Abs. 1 festgelegten Bundeslandes ermöglichen und Betroffene verpflichten, ihren Wohnsitz an einem bestimmten Ort zu nehmen.

Eine Wohnortzuweisung nach Abs. 2 kommt nur gegenüber Personen in Betracht, die der gesetzli- 30
che **Verpflichtung nach Abs. 1 unterliegen.** Andernfalls könnten die zu einer Ausnahme von der

---

[40] → Rn. 15 f.
[41] BT-Drs. 19/8692, 9.
[42] BT-Drs. 19/8692, 9 f.
[43] BT-Drs. 19/8692, 10.

gesetzlichen Länderzuweisung führenden Integrationsleistungen nach Abs. 1 S. 2 im Wege einer Einzelfallregelung auf Grundlage von Abs. 2 entwertet werden. Eine Zuweisung nach Abs. 2 setzt zudem voraus, dass die Personen noch in einer Aufnahmeeinrichtung (§ 44 AsylG) oder einer vorübergehenden Unterkunft wohnen.

31 Zweck der Verpflichtung ist eine **Versorgung mit angemessenem Wohnraum**; darunter ist nicht „ausreichender Wohnraum" iSv § 2 IV zu verstehen, sondern das landesrechtliche Verständnis zugrunde zu legen (Abs. 9 Nr. 3). Materielle Voraussetzung für den Erlass eines Verwaltungsakts auf Grundlage von Abs. 2 ist einzig, dass die Wohnsitznahme der Förderung der nachhaltigen Integration des Ausländers nicht entgegensteht. Durch diese offene Formulierung und die gesetzlich zum Ausdruck gebrachte Vermutung zugunsten einer Integrationsförderung durch Umzug wird den Bundesländern ein weiter Gestaltungsspielraum eingeräumt[44]. Nach dem Willen des Gesetzgebers soll § 12a II eine Abhilfe der vorübergehenden und damit per se integrationshemmenden Wohnverhältnisse in Aufnahmeeinrichtungen oder anderen vorübergehenden Unterkünften schaffen, indem eine reguläre Wohnunterbringung erfolgt[45]. Damit besteht grundsätzlich eine Vermutung zugunsten der Geeignetheit einer Wohnsitzverpflichtung außerhalb von Aufnahmeeinrichtungen zur Integrationsförderung; nichtsdestotrotz kann im Einzelfall eine solche Verpflichtung ausnahmsweise keine solche Wirkung entfalten, weshalb die Behörde von einer Einzelfallprüfung nicht entbunden sind.

32 Nach Ablauf von zwölf Monaten nach Anerkennung oder Aufnahme ist der Erlass eines Verwaltungsakts nach Abs. 2 ausgeschlossen (**Abs. 2 S. 2**). Im Regelfall soll eine Zuweisung auf Grundlage dieser Vorschrift binnen einer Frist von sechs Monaten nach Anerkennung oder Aufnahme erfolgen; nur soweit im Einzelfall eine Zuweisung in diesem Zeitraum nicht möglich ist, kann auf die Jahresfrist ausgewichen werden. Durch den Verweis auf eine Einzelfallregelung in Abs. 2 S. 2 werden ein pauschales Ausnutzen der Zwölf-Monats-Frist ausgeschlossen und die Behörde auf eine Darlegung der Gründe für eine Entscheidung erst nach Ablauf von sechs Monaten verwiesen. Die kurze Regelfrist von sechs Monaten versteht sich vor dem Hintergrund des gesetzgeberischen Willens, den Bundesländern eine Lösung integrationshemmender Wirkungen der Unterbringung in vorübergehenden Einrichtungen zu ermöglichen.

33 § 12a II ermöglicht eine Verpflichtung, den Wohnsitz an einem bestimmten Ort zu nehmen. Im Sinne des gesetzgeberischen Ziels, die integrationshemmenden Wohnverhältnisse in vorübergehenden Unterkünften einzuschränken, kann auf Grundlage von Abs. 2 S. 1 **keine Wohnsitzverpflichtung in einer Aufnahmeeinrichtung** oder anderen vorübergehenden Unterkunft erfolgen. Möglich ist eine solche allenfalls nach einer Umwidmung nach erfolgten baulichen Änderungen, die den Charakter der Unterkunft nachhaltig verändern[46]. Eine Verpflichtung, den gewöhnlichen Aufenthalt in enger räumlicher Nähe zu einer weiterhin bestehenden vorübergehenden Unterkunft zu nehmen, ist von der Vorschrift nicht grundsätzlich ausgeschlossen, da unter den Begriff des Ortes nicht nur andere Gemeinden fallen; eine solche Verpflichtung wird jedoch aufgrund der genannten Beweggründe des Gesetzgebers regelmäßig kaum zielführend sein.

34 Die Zuweisungsentscheidung steht im **Ermessen** der zuständigen Behörde. Die Ermessensausübung und -überprüfung folgt allgemeinen Regeln (§ 40 LVwVfG, § 124 VwGO). Hauptmotiv einer Verpflichtungsentscheidung hat stets das Ziel einer erfolgreichen Integration der Ausländer zu sein. Dabei kann eine Entscheidung nach Abs. 2 ua die in Abs. 1 S. 1 genannten Integrationsleistungen als Kriterien heranziehen (zB Integration in den Ausbildungs- und Arbeitsmarkt). Ebenso können auch andere integrationspolitisch relevante Kriterien, wie etwa die Möglichkeit des Erwerbs der deutschen Sprache, in die Entscheidung einbezogen werden[47]. In die Ermessensentscheidung einzubeziehen ist zudem die Dauer der Zuweisungsentscheidung. Diese ist zwingend zu befristen und gilt – aufgrund der Akzessorietät der landesinternen Zuweisung gegenüber der Verteilung zwischen den Bundesländern nach Abs. 1 – längstens bis zum Ablauf der gesetzlichen Pflicht nach Abs. 1. Kürzere Befristungen sind selbstverständlich möglich.

35 Nach § 12a IX besteht für die Bundesländer die Möglichkeit, Regelungen zu erlassen zur Verteilung innerhalb des Landes nach Abs. 2, dem entsprechenden Verfahren, den Anforderungen an den angemessenen Wohnraum und die Verpflichtung zur Aufnahme durch die zum Wohnort bestimmte Gemeinde und zum Aufnahmeverfahren. Damit untermauert Abs. 9 die ausgeprägte föderale Komponente der Vorschrift.

4. Abs. 3

36 Eine weitere **Rechtsgrundlage** für den Erlass einer **Wohnsitzverpflichtung** innerhalb eines Bundeslandes stellt § 12a III dar. Auch diese Regelung ist keine eigenständige gesetzliche Verpflichtung, sondern ermöglicht vielmehr – wie Abs. 2 – den Erlass entsprechender, im Ermessen der

---

[44] *Thym* ZAR 2016, 241 (247).
[45] BT-Drs. 18/8615, 45.
[46] *Thym* ZAR 2016, 241 (246 f.).
[47] BT-Drs. 18/8615, 45.

Behörde stehenden Verwaltungsakte. Nach Abs. 3 S. 1 kann eine Zuweisung eines Wohnsitzes unabhängig von der derzeit bestehenden Unterkunft erfolgen. Hauptmotiv der Behördenentscheidung muss der dem gesamten § 12a zugrunde liegende Integrationsgedanke sein. Damit scheidet auch hier – wie im Rahmen von Abs. 2 – eine Verpflichtung zur Wohnsitznahme in einer vorübergehenden Unterkunft aus[48].

Voraussetzung einer Entscheidung nach Abs. 3 S. 1 ist – wie im Falle des Abs. 1[49] – eine **bestehende Wohnsitzverpflichtung** in einem Bundesland nach Abs. 1. Ein Verwaltungsakt auf Grundlage von Abs. 2 kann binnen sechs Monaten nach Anerkennung oder Aufnahme erlassen werden; anders als in Abs. 2 ist eine ausnahmsweise Entscheidung binnen zwölf Monaten bei Vorliegen besonderer Gründe (Abs. 2 S. 2[50]) nicht möglich. Auch hier steht die Entscheidung im Ermessen der Behörde[51]; einzubeziehen ist auch die Dauer der Wohnsitzentscheidung, längstens bis zum Ablauf der nach Abs. 1 laufenden Frist (vgl. auch Abs. 1).

Eine Wohnsitzregelung nach Abs. 3 S. 1 kann dann erlassen werden, wenn dadurch die Versorgung des Ausländers mit angemessenem Wohnraum **(Nr. 1)** und der Erwerb hinreichender mündlicher Deutschkenntnisse (Niveau A2 des Gemeinsamen Europäischen Referenzrahmens für Sprachen [vgl. § 25b I 2 Nr. 4 AufenthG][52]; **Nr. 2)** und unter Berücksichtigung der örtlichen Lage am Ausbildungs- und Arbeitsmarkt die Aufnahme einer Erwerbstätigkeit **(Nr. 3)** erleichtert werden kann. Die genannten Voraussetzungen werden vom Gesetzgeber als für eine Integration wesentliche Kriterien betrachtet[53]. Das Vorliegen dieser – kumulativen[54] – Voraussetzungen muss von Behördenseite im Einzelfall geprüft werden und erfordert eine gerichtlich voll überprüfbare Prognoseentscheidung. Damit bietet Abs. 3 S. 1 deutlich weniger Spielraum als die Rechtsgrundlage nach Abs. 2.

Nach § 12a IX besteht für die Bundesländer die Möglichkeit Regelungen zu erlassen zu dem Verfahren für Zuweisungen und Verpflichtungen nach Abs. 3, den Anforderungen an den angemessenen Wohnraum nach Abs. 3 S. 1 Nr. 1 und die Verpflichtung zur Aufnahme durch die zum Wohnort bestimmte Gemeinde und zum Aufnahmeverfahren.

Der durch das Gesetz zur Entfristung des IntG eingeführte **S. 2** dient der flexibleren Handhabung durch die Länder, da zur Begründung einer Wohnsitzverpflichtung im Rahmen des Abs. 3 neben den für eine gelingende Integration besonders bedeutsamen Kriterien (Verfügbarkeit von Wohnraum, Spracherwerb und Aufnahme einer Erwerbstätigkeit) weitere Umstände berücksichtigt werden können, sofern sie im örtlichen Kontext die Integration fördern können wie insbesondere vorhandene Betreuungsangebote für minderjährige Kinder einschließlich allgemeinbildender Schulen[55].

5. Abs. 4

§ 12a IV ermöglicht den Bundesländern eine **negative Wohnsitzregelung** innerhalb ihres Gebietes. Auf Grundlage von Abs. 4 können Verwaltungsakte erlassen werden, um Ausländern die Wohnsitznahme an bestimmten Orten zu untersagen. Vermieden werden sollen Zuzüge in Gebiete mit erhöhten Segregationsrisiken[56]. Da lediglich der Zuzug an einen bestimmten Ort untersagt wird, ansonsten aber eine freie Wahl hinsichtlich des Wohnsitzes besteht, ist eine Entscheidung auf Grundlage von Abs. 4 als milderes Mittel gegenüber einer solchen nach Abs. 2–3 zu betrachten.

Voraussetzung einer Entscheidung nach Abs. 4 ist wiederum das **Bestehen einer gesetzlichen Verpflichtung zur Wohnsitznahme** in einem bestimmten Bundesland nach Abs. 1[57]; auch kann eine negative Wohnsitzregelung nur bis zum Ablauf der Frist nach Abs. 1 erlassen werden, um einen entsprechenden Gleichlauf der Pflichten herzustellen[58]. Anders als bei Abs. II und III besteht keine zeitliche Eingrenzung der Möglichkeit einer behördlichen Entscheidung, sodass auch nach Ablauf von sechs bzw. zwölf Monaten nach Anerkennung oder Aufnahme ein Bescheid auf Grundlage von Abs. 4 erlassen werden kann.

Ziel einer Entscheidung auf Grundlage von Abs. 4 ist die **Vermeidung von sozialer und gesellschaftlicher Ausgrenzung.** Voraussetzung für den Erlass eines Verwaltungsakts ist deshalb insbesondere eine negative Prognoseentscheidung hinsichtlich der Nutzung der deutschen Sprache als wesentliche Verkehrssprache. Gleichzeitig hat die Behörde in ihrer Ermessensentscheidung die Situation des

---

[48] → Rn. 30.
[49] → Rn. 27.
[50] → Rn. 12.
[51] → Rn. 31.
[52] Hat ein Ausländer das Sprachniveau A2 bereits erreicht oder gar übertroffen, kann die Wohnsitzauflage nicht geeignet sein, dem Ausländer den Erwerb hinreichender mündlicher Deutschkenntnisse zu erleichtern (so VG Stuttgart Beschl. v. 27.6.2019 – 8 K 2485/19, BeckRS 2019, 16771).
[53] BT-Drs. 18/8615, 45.
[54] VG Stuttgart Beschl. v. 27.6.2019 – 8 K 2485/19, BeckRS 2019, 16771.
[55] BT-Drs. 19/8692, 10.
[56] BT-Drs. 18/8615, 45.
[57] → Rn. 27.
[58] → Rn. 31.

Ausbildungs- und Arbeitsmarkts zu berücksichtigen (Abs. 4 S. 2). Dabei hat sich die Prüfung des Vorliegens einer Ausgrenzung nicht auf das interne Verhältnis innerhalb ethnisch-kultureller Gruppen zu beziehen, sondern vielmehr auf eine Vermeidung einer Ausgrenzung zur „Mehrheitsgesellschaft"[59]. Diese behördliche Prognoseentscheidung unterliegt voller gerichtlicher Kontrolle. Anders als die Entscheidungen nach Abs. 2–3, die auf die individuelle Lebenssituation der Betroffenen abstellen, ist iRe Entscheidung nach Abs. 4 vorwiegend auf die örtlichen Gegebenheiten Bezug zu nehmen; dies schließt eine Berücksichtigung der individuellen Einzelfallsituation jedoch nicht aus, sodass zB bei der Frage der Nutzung des Deutschen als Verkehrssprache auch auf die Einbindung der Gesamtfamilie in die örtliche Gemeinschaft abzustellen ist.

44 Nach § 12a IX besteht für die Bundesländer auch iRv Abs. 4 die Möglichkeit, Regelungen zu erlassen zu dem Verfahren für Zuweisungen und Verpflichtungen nach Abs. 4.

6. Abs. 5

45 § 12 V stellt das **Gegenstück zu den Regelungen in Abs. 1–4** dar, indem der Absatz eine Rechtsgrundlage für das **Aufheben der Verpflichtung** nach Abs. 1–4 schafft. Dadurch wird die nachträgliche Anpassung einer Verpflichtung zur Wohnsitznahme, einer Zuweisung oder Zuzugssperre ermöglicht[60]. Die zuständigen Behörden haben auf Grundlage dieses Abs. eine Aufhebungsentscheidung im Wege eines Verwaltungsakts zu treffen. Voraussetzung eines behördlichen Handelns ist stets ein Antrag des Ausländers. Sofern die Voraussetzungen nach Abs. 5 S. 1 vorliegen, besteht ein Anspruch auf Aufhebung, ein Ermessen steht der Behörde nach dem ausdrücklichen Wortlaut der Regelung nicht zu („ist auf Antrag des Ausländers aufzuheben")[61]. Zu unterscheiden sind die Voraussetzungen nach Abs. 5 S. 1 Nr. 1 und diejenigen nach Abs. 5 S. 1 Nr. 2. Während Nr. 1 Bezug nimmt auf die Ausnahmeregelung aufgrund bestehender Integrationsleistungen in Abs. 1 S. 2, findet sich in Nr. 2 eine näher konkretisierte Härtefallregelung.

46 Nach dem Willen des Gesetzgebers ist soweit möglich und geboten aus verfahrensökonomischen Gründen von einer Umsetzung einer Verpflichtung nach Abs. 1–4 bis zu einer Entscheidung über einen Antrag nach Abs. 5 abzusehen, wenn der Betroffene unmittelbar im Anschluss an eine Zuweisung an einen bestimmten Wohnort bzw. eine Zuzugssperre um eine **Anpassung aus familiären Gründen oder in Härtefällen** bittet[62].

47 Möchte der Ausländer seinen Anspruch nach Abs. 5 prozessual durchsetzen, steht ihm – ggf. nach Durchführung eines Widerspruchsverfahrens nach jeweiligem Landesrecht – der Weg zu den Verwaltungsgerichten zu; einschlägige Klageart ist die **Verpflichtungsklage** (§ 42 I Alt. 2 VwGO)[63]. Die nach § 42 II VwGO erforderliche Klagebefugnis folgt aus dem möglicherweise bestehenden Anspruch auf Aufhebung nach § 12a V 1 AufenthG. Zudem dürfte sich in der Regel ein Antrag auf Erlass einer einstweiligen Anordnung nach § 123 I VwGO anbieten.

48 **a) Abs. 5 S. 1 Nr. 1.** Die Voraussetzungen des Aufhebungsanspruchs nach Abs. 5 S. 1 Nr. 1 knüpfen an bereits geschaffene Integrationsleistungen (a) und familiäre Bindungen (b) an.

49 Die in **Abs. 5 S. 1 Nr. 1a** genannten Integrationsleistungen, die zu einem Aufhebungsanspruch führen, sind an die Ausnahmegründe in Abs. 2 S. 2 angelehnt. So besteht ein solcher Anspruch zum einen, wenn dem Ausländer oder seinem Ehepartner, eingetragenem Lebenspartner oder einem minderjährigen ledigen Kind, mit dem er verwandt ist und in familiärer Lebensgemeinschaft lebt[64], eine sozialversicherungspflichtige Beschäftigung mit einem Umfang von mindestens 15 Stunden wöchentlich mit mindestens einem Einkommen des monatlich durchschnittlichen Bedarfs nach §§ 20, 22 SGB II für Einzelpersonen[65] zur Verfügung steht. Zum anderen führt auch ein den Lebensunterhalt sicherndes Einkommen (§ 2 III) zu einem Aufhebungsanspruch; darunter fallen insbesondere Einkommen aus selbstständiger Tätigkeit, die nicht der „sozialversicherungspflichtigen Beschäftigung iSv Abs 1 S. 2" zuzurechnen sind[66]. Schließlich führt das Zurverfügungstehen eines Ausbildungs- oder Studienplatzes zu einem Aufhebungsanspruch. Ausreichend für einen Aufhebungsanspruch aller genannten Personen ist es, dass einer aus diesem Kreis die genannten Kriterien erfüllt. Wie im Rahmen von Abs. 1 S. 2 sind auch hier berufsorientierende oder -vorbereitende Maßnahmen, die dem Übergang in eine entsprechende betriebliche Ausbildung dienen, sowie studienvorbereitende Maßnahmen

---

[59] *Thym* ZAR 2016, 241 (247).
[60] BT-Drs. 18/8615, 45.
[61] OVG Bln-Bbg Beschl. v. 7.5.2018 – OVG 3 N 118.18, BeckRS 2018, 8746 Rn. 4; SächsOVG Beschl. v. 3.5.2018 – 3 D 77/17, BeckRS 2018, 8562 Rn. 7.
[62] BT-Drs. 18/8615, 45.
[63] HessVGH Beschl. v. 1.8.2018 – 6 D 1388/18, DÖV 2018, 920.
[64] Vor Inkrafttreten des Gesetzes zur Entfristung des Integrationsgesetzes galt dies nur für das „minderjährige Kind"; nunmehr sollen aus Gründen des Kindeswohls neben der Kernfamilie auch fluchtbedingte familiäre Lebensgemeinschaften zwischen Verwandten umfasst sein, vgl. BT-Drs. 19/8692, 10.
[65] → Rn. 15.
[66] → Rn. 15.

Wohnsitzregelung § 12a AufenthG 1

iSv § 16 I 2 AufenthG, also studienvorbereitende Sprachkurse, Besuch von Studienkollegs, ausreichend[67]. Ebenfalls erfasst sind Maßnahmen zur Anerkennung ausländischer Berufsqualifikationen[68].

Der Aufhebungsanspruch in **Abs. 5 S. 1 Nr. 1b** greift familiäre Bindungen an die Familie auf, 50 indem er ein Zusammenleben von Ehepartnern, eingetragenen Lebenspartnern und ein minderjähriges lediges Kind, mit dem er verwandt ist und mit dem er zuvor in familiärer Lebensgemeinschaft gelebt hat, ermöglicht. Die Erweiterung des Familienkreises auf Personen außerhalb der Kernfamilie erfolgte durch das Gesetz zur Entfristung des IntG und greift aus Gründen des Kindeswohls neben der Kernfamilie auch fluchtbedingte familiäre Lebensgemeinschaften zwischen Verwandten auf[69]. Wer aus dem Familienkreis einen Antrag stellt, um von seiner Verpflichtung oder Zuweisung entbunden zu werden, um am Wohnort des anderen Familienmitglieds zu leben, ist frei wählbar. Vor dem Hintergrund des gesetzgeberischen Willens, familiäre Bindungen zu berücksichtigen, muss ein Zusammenleben in der Kernfamilie auch tatsächlich angestrebt sein. Nicht unter Abs. 5 S. 1 Nr. 1b fällt der Familiennachzug aus dem Ausland, der von Abs. 6 bzw. §§ 42a ff., 88a SGB VIII erfasst wird[70].

Der Anwendungsbereich der Regelung ist von der Ausnahme der Wohnsitzverpflichtung nach 51 Abs. 1 S. 2 abzugrenzen. Aus der Systematik der Gesamtregelung folgt, dass sich Abs. 5 S. 1 Nr. 1 nur auf Fälle beziehen kann, in denen die genannten Gründe erst **nachträglich**, dh nach Anerkennung oder Erteilung der Aufenthaltserlaubnis, entstehen. In diesem Fall ist der Ausländer auf das Antragsverfahren nach Abs. 5 (und ggf. eine gerichtliche Verpflichtungsklage) zu verweisen, um eine Aufhebung der Verpflichtung nach Abs. 1 bzw. der Zuweisungen nach Abs. 2–4 zu erreichen. Liegen die Gründe dagegen bereits bei Anerkennung oder Erteilung der Aufenthaltserlaubnis vor, kann von Vornherein keine Wohnsitzverpflichtung nach Abs. 1 S. 1 entstehen (Abs. 1 S. 2). Da die Rechtsgrundlagen in Abs. 2–4 stets an eine bestehende Verpflichtung nach Abs. 1 anknüpfen, waren die Voraussetzungen für den Erlass entsprechender Verwaltungsakte in diesen Fällen bereits bei Erlass nicht gegeben, was ggf. auf gerichtlichem Wege im Wege der Anfechtungsklage und ggf. einem Antrag auf Anordnung der aufschiebenden Wirkung nach § 80 V VwGO[71] zu klären ist.

Nach **§ 12a IX Nr. 4** besteht für die Bundesländer die Möglichkeit, konkretisierende Regelungen zu 52 erlassen zur Art und Weise des Belegs einer sozialversicherungspflichtigen Beschäftigung, eines den Lebensunterhalt sichernden Einkommens sowie eines Ausbildungs- oder Studienplatzes. Der Bezug in Abs. 9 Nr. 3 auf die Möglichkeit landesrechtlicher Regelungen zu Anforderungen und Nachweis an angemessenen Wohnraum in Abs. 5 S. 1 Nr. 1 ist ein Redaktionsversehen; eine ursprünglich vorgesehene Ausnahme in Abs. 5 S. 1 Nr. 1a im Falle angemessenen Wohnraums ohne Lebensunterhaltssicherung wurde im Gesetzgebungsverfahren gestrichen, ohne offenbar Abs. 9 Nr. 3 dieser Streichung anzupassen.

b) Abs. 5 S. 1 Nr. 2. Diese ermöglicht eine Aufhebung einer Verpflichtung oder Zuweisung zur 53 Vermeidung einer Härte. In lit. a–c werden beispielhaft Gründe genannt, die zur Annahme einer Härte führen. Diese sind jedoch nicht abschließend („insbesondere"), sodass auch andere, in einem Antrag angeführte Gründe zu einem Aufhebungsanspruch führen können. Allein kann die Beschränkung der Wohnsitzwahl keine solche Härte begründen. Die Gesetzesbegründung sieht Gründe für einen Härtefall insbesondere bei besonders schutzbedürftigen Gruppen als möglich an; insbesondere ist eine Verpflichtung zur Wohnsitznahme aufzuheben, sofern diese dem Wohl, der sozialen Entwicklung, Erwägungen der Sicherheit und der Gefahrenabwehr oder den besonderen Bedürfnissen insbesondere von Kindern und Jugendlichen zuwiderläuft. Allgemein sind Härten nach dem Willen des Gesetzgebers Beeinträchtigungen persönlicher Belange, die im Vergleich zu den betroffenen Interessen und im Hinblick auf den vom Gesetz vorausgesetzten Zweck der Aufenthaltsbeschränkung als unangemessen schwer anzusehen sind[72]. Vorzunehmen ist danach eine **Interessenabwägung** zwischen den Interessen des Antragstellenden einerseits und dem hinter der Verpflichtung oder Zuweisung stehenden Integrationsgedanken andererseits. Soziale Beziehungen zu Freunden und Bekannten begründen grundsätzlich keine solche Härte; Gleiches gilt für Erkrankungen, sofern die benötigte Versorgung im zugewiesenen Bereich erhältlich ist[73]. Die Voraussetzungen des Aufhebungsanspruchs und damit die zugrunde liegenden unbestimmten Rechtsbegriffe unterliegen dabei voller gerichtlichen Kontrolle.

Beispielhaft aufgeführt für die Annahme einer Härte ist zum einen eine Beeinträchtigung von 54 Leistungen und Maßnahmen nach dem SGB VIII **(a).** Diese müssen zum Zeitpunkt der Antragstellung bereits erbracht werden oder zumindest mit einiger Erfolgsaussicht bereits beantragt worden sein; allein die formale Beantragung von Leistungen der Kinder- und Jugendhilfe ist nicht ausreichend. Bei der Frage einer Beeinträchtigung iSv Abs. 5 S. 1 Nr. 2a ist die Einschätzung des zuständigen Jugendamtes zugrunde zu legen.

---

[67] BT-Drs. 18/8615, 45.
[68] BT-Drs. 19/8692, 10.
[69] BT-Drs. 19/8692, 10.
[70] → Rn. 17 und 53 f.
[71] → Rn. 60 f.
[72] BT-Drs. 18/8615, 45 f.
[73] BayVGH Beschl. v. 9.1.2018 – 19 CS 17.1838, BeckRS 2018, 187 Rn. 10; ähnlich SächsOVG Beschl. v. 27.10.2017 – 3 D 46/17, BeckRS 2017, 129946 Rn. 12.

55 Des Weiteren sieht das Gesetz eine Härte als gegeben an, wenn aus anderen dringenden persönlichen Gründen die Übernahme durch ein anders Land zugesagt wurde **(b)** oder für den Betroffenen aus sonstigen Gründen vergleichbare unzumutbare Einschränkungen entstehen **(c)**.

56 Der neu durch das Gesetz zur Entfristung des IntG eingeführte **Abs. 5 S. 2** schließt eine Regelungslücke in Bezug auf eine Folge-Wohnsitzverpflichtung. Die Neuregelung stellt klar, dass die Aufhebungsgründe nach Abs. 5 S. 1 Nr. 1 lit. a für mindestens drei Monate ab Bekanntgabe der Aufhebung bestehen müssen, damit die Aufhebung der Verpflichtung nach Abs. 1 S. 1 dauerhaft Bestand hat. Die Dauer der Wohnsitznahme am vorangehenden Wohnort wird auf die Frist nach Abs. 1 S. 1 angerechnet. Die Regelung soll einen Gleichlauf mit dem Regelungsinhalt von Abs. 1 S. 4 gewährleisten. Im Hinblick auf den Aufhebungstatbestand des Abs. 5 S. 1 Nr. 2 lit. c wird besonders hervorgehoben, dass eine unzumutbare Einschränkung durch eine Wohnortbindung besteht, wenn die Verpflichtung oder Zuweisung eine gewalttätige oder gewaltbetroffene Person an den bisherigen Wohnsitz bindet, einer Schutzanordnung nach dem Gewaltschutzgesetz oder sonstigen zum Schutz vor Gewalt, insbesondere häuslicher oder geschlechtsspezifischer Gewalt, erforderlichen Maßnahmen entgegensteht[74].

57 Im Fall einer Aufhebung nach Nr. 2 ist dem Ausländer wiederum eine Wohnsitzverpflichtung nach Abs. 3 oder 4 aufzuerlegen, wobei das Interesse des Ausländers einzubeziehen ist **(Abs. 5 S. 3)**. Dies gilt wiederum längstens bis Ablauf der Frist nach Abs. 1. Damit verdeutlicht der Gesetzgeber, dass er zwar einerseits den berechtigten Interessen Betroffener im Falle einer Härte Rechnung trägt, gleichzeitig aber weiterhin an seinem Integrationskonzept durch Wohnsitzzuweisung grundsätzlich festhält.

7. Abs. 6

58 Nach § 12a VI unterliegen auch nachziehende Familienangehörige (vgl. § 27 I) den Verpflichtungen des Ausländers, zu dem der Nachzug erfolgt[75]. Damit wird ein Gleichlauf der Wohnsitzverpflichtungen für Angehörige einer Familie hergestellt. Auch hinsichtlich des Aufhebungsanspruchs nach Abs. 5 erfolgt eine solche Parallelisierung (Abs. 6 S. 2). Jedoch nicht vom Anwendungsbereich von § 12a I erfasst sind unbegleitete minderjährige Ausländer, weil deren Aufenthalt den Sonderregelungen in §§ 42a ff., 88a SGB VIII unterliegt[76]. Damit regelt Abs. 6 lediglich den Familiennachzug zu bereits in Deutschland lebenden minderjährigen Ausländern, nicht jedoch deren Nachzug selbst.

59 Der **Familienbegriff** des § 12a VI ist weiter als der Anwendungsbereich von Abs. 1 S. 2. So umfasst der Familiennachzug iSv § 27 neben den in Abs. 1 S. 2 genannten Personen auch volljährige Kinder[77]. Unter Familiennachzug fällt nur der Zuzug aus dem Ausland nach Deutschland, nicht dagegen eine Zusammenführung innerhalb des Bundesgebiets. Außerhalb von Kap. 2 Abschnitt 6 erteilte Aufenthaltserlaubnisse führen nicht zu einer Anwendung von Abs. 6.

60 Die **Akzessorietät** der Verpflichtung bzw. Zuweisung des nachziehenden Familienteils besteht auch im Hinblick auf den zeitlichen Geltungsbereich der Vorschrift nach Abs. 7[78]. Unterfällt die Bezugsperson aufgrund der Regelung in Abs. 7 der Verpflichtung nach Abs. 1 bzw. einer Verfügung auf Grundlage von Abs. 2–4, gilt diese Regelung auch für den nachziehenden Familienangehörigen; dabei ist unschädlich, ob der Zuzug erst ab Inkrafttreten des Gesetzes am 6.8.2016 oder bereits im Zeitraum zwischen der Anerkennung oder erstmaligen Erteilung der Aufenthaltserlaubnis ab dem 1.1.2016 oder dem Inkrafttreten erfolgte.

61 Die **Dauer der Verpflichtung** oder Zuweisung richtet sich – entsprechend dem akzessorischen Charakter der Regelung in Abs. 6 – nach der für den Ausländer, zu dem der Familiennachzug erfolgt, geltenden Frist.

62 Eine Lösung von der grundsätzlich bestehenden Akzessorietät der Rechtslage der nachziehenden Person von der Bezugsperson ermöglicht Abs. 6 S. 1, indem die zuständige Behörde ein **Abweichen** anordnen kann. Diese Anordnung im Wege eines Verwaltungsakts kann sich nach Systematik der Norm nur auf den nachziehenden Familienteil, nicht auf die Bezugsperson selbst beziehen; für diesen stehen die Rechtsgrundlagen in Abs. 2–4 zur Verfügung. Im Rahmen der anderweitigen Anordnung im Hinblick auf den nachziehenden Familienteil hat die Behörde zu berücksichtigen, dass eine solche Anordnung zu einem Anspruch auf Aufhebung nach Abs. 5 S. 1 Nr. 1b führen kann, weshalb eine Anordnung gegen den Willen des Familienangehörigen praktisch nicht infrage kommen dürfte.

8. Abs. 7

63 Zum **zeitlichen Anwendungsbereich** von § 12a und den daraus folgenden Konstellationen → Rn. 18–21 und → Rn. 55.

64 Das Abstellen auf den **Stichtag des 1.1.2016** in Abs. 7 begründet der Gesetzgeber damit, dass ab diesem Zeitpunkt aufgrund des starken Zustroms von Schutzsuchenden insbesondere im Herbst 2015

---

[74] BR-Drs. 99/19, 7.
[75] → Rn. 17.
[76] BT-Drs. 18/8615, 44.
[77] → § 27 Rn. 40 mwN.
[78] → Rn. 18 ff.

und der infolgedessen stark steigenden Zahl von Flüchtlingsanerkennungen der dringende Bedarf zur Wohnsitzregelung nach integrationspolitischen Maßgaben entstanden sei. Spätestens seit diesem Zeitpunkt sei die Notwendigkeit einer Wohnsitzregelung zur Integrationsförderung in der intensiven öffentlichen Debatte zur Flüchtlingskrise eingehend debattiert und gefordert worden[79].

9. Abs. 8

Nach § 12a VIII haben Widerspruch und Klage gegen Verpflichtungen nach Abs. 2–4 **keine** 65 **aufschiebende Wirkung.** Damit sollen nach dem Willen des Gesetzgebers eine schnelle Abhilfe vorläufiger, integrationshemmender Unterbringungs- oder Wohnverhältnisse oder übrige integrationsfördernde Faktoren sichergestellt werden[80]. Dies bedeutet, dass trotz eines behördlichen oder gerichtlichen Vorgehens gegen Zuweisungsentscheidungen im Wege des Anfechtungswiderspruchs bzw. der Anfechtungsklage eine Wohnsitzverpflichtung innerhalb des Bundeslandes zunächst greift. Um dies zu verhindern ist ein Antrag auf Anordnung der aufschiebenden Wirkung nach § 80 IV VwGO (bei der Behörde) bzw. nach § 80 V VwGO (beim Verwaltungsgericht) zu stellen.

Auf die Verpflichtung nach **Abs. 1** findet die Regelung naturgemäß keine Anwendung, weil diese 66 nicht auf eine Umsetzung mittels Verwaltungsakts angewiesen ist; möchte sich ein Ausländer gegen eine aus seiner Sicht nicht bestehende, behördlich aber angenommene Verpflichtung nach Abs. 1 wenden, steht ihm eine Feststellungsklage zur Verfügung. Auch auf Abs. 5 bezieht sich Abs. 8 aufgrund der zugrunde liegenden Verpflichtungssituation nicht; möchte ein Ausländer im Wege eines gerichtlichen Eilverfahrens eine Aufhebung einer Verpflichtung bzw. Zuweisung nach **Abs. 5** erreichen, ist er auf einen Antrag nach § 123 I VwGO zu verweisen.

10. Abs. 9

Abs. 9 ermöglicht den Bundesländern den Erlass von **Rechtsverordnungen** oder anderer landes- 67 rechtlicher Regelungen insbesondere zum Verfahren der Wohnsitzregelung im Land sowie zu den Anforderungen an den angemessenen Wohnraum sowie der Art und Weise des Nachweises bestimmter Integrationsleistungen[81].

So hat der Freistaat Bayern von der Möglichkeit **landesrechtlicher Regelungen** Gebrauch gemacht 68 und mit der am 1.9.2016 in Kraft getretenen Verordnung zur Durchführung des AsylG, des AsylbewerberleistungsG, des AufnahmeG und des § 12a AufenthG (Asyldurchführungsverordnung – DVAsyl; dort insbesondere § 8) vom 16.8.2016 entsprechende Regelungen erlassen. In Nordrhein-Westfalen wurde die Ausländer-Wohnsitzregelungsverordnung vom 15.11.2016 nach einer Entscheidung des OVG NRW wieder aufgehoben durch VO vom 3.3.2021. Weitere Bundesländer (zB Baden-Württemberg) haben angekündigt, von der Möglichkeit landesinterner Verteilungen nach Abs. 2–4 Gebrauch zu machen; andere dagegen (zB Niedersachsen, Brandenburg und Rheinland-Pfalz) wollen (derzeit) davon Abstand nehmen. Die meisten Länder agieren hier durch Erlasse oder Anwendungshinweise.

11. Abs. 10

Der neu durch das Gesetz zur Entfristung des IntG eingeführte Abs. 10 stellt das bis dahin nicht 69 geregelte **Verhältnis von § 12a zu § 12 II 2** klar. Für den in § 12a I 1 genannten Personenkreis ist § 12a hinsichtlich der dort angeführten Gründe grundsätzlich eine abschließende Regelung für die Anordnung von Wohnsitzverpflichtungen. In Ausnahmefällen kann die zuständige Behörde jedoch auch nach Wegfall einer Wohnsitzverpflichtung nach § 12a eine wohnsitzbeschränkende Auflage nach § 12 II 2 erteilen. Zudem kann eine wohnsitzbeschränkende Auflage nach § 12 II 2 aus in § 12a nicht angeführten Gründen erteilt werden. Dem Verhältnismäßigkeitsgrundsatz und der Rechtsprechung des EuGH[82] ist dabei in allen Fällen Rechnung zu tragen. Eine besondere Begründung ist erforderlich[83].

IV. Vereinbarkeit mit Europa- und Völkerrecht sowie Verfassungsrecht

Die Vereinbarkeit der Wohnsitzregelung mit Europa- und Völkerrecht war im Gesetzgebungsverfahren 70 **stark umstritten**[84]. Die Auseinandersetzung um die rechtliche Zulässigkeit einer Wohnsitzauflage wurde flankiert von der inner- und außerparlamentarisch geführten Kontroverse um die Frage des integrationspolitischen Sinns einer Beschränkung der freien Wohnsitzwahl. Die Kritik an der rechtlichen Zulässigkeit einer Wohnsitzbeschränkung knüpft im Hinblick auf Flüchtlinge nach der GFK an deren Recht auf Freizügigkeit nach Art. 26 GFK und das Gebot der Inländergleichbehandlung auf dem Gebiet

---

[79] BT-Drs. 18/8615, 46.
[80] BT-Drs. 18/8615, 46.
[81] → Rn. 32, 36, 40 und 48.
[82] EuGH Urt. v. 1.3.2016 – verb. Rs. C-443/14 und C-444/14, ECLI:EU:C:2016:127.
[83] BR-Drs. 99/19, 7 f.
[84] Vgl. Ausschuss-Drs. 18(11)681, 1 ff.

der öffentlichen Fürsorge nach Art. 23 GFK an. Für subsidiär Schutzberechtigte gilt die GFK nicht, aber dafür Art. 29 und 33 Qualifikations-RL[85], die im Wesentlichen Art. 23 und 26 GFK entsprechen.

71 Für die bislang eröffnete Möglichkeit einer wohnsitzbeschränkenden Auflage nach § 12 II 2 hat das **BVerwG** im Jahr 2008 entschieden, dass eine solche grundsätzlich möglich sei[86]. Das BVerwG stellte in seiner Entscheidung fest, dass im Hinblick auf Art. 23 und Art. 26 GFK Wohnsitzauflagen gegenüber anerkannten Flüchtlingen, die Sozialhilfeleistungen beziehen, rechtswidrig sind, wenn sie zum Zweck der angemessenen Verteilung öffentlicher Sozialhilfelasten verfügt werden. Dagegen betonte der Senat aber zugleich, dass Wohnsitzauflagen aus integrationspolitischen Gründen durchaus zulässig sein können[87]. Dies wurde in der allgemeinen Verwaltungsvorschrift vom 26.10.2009[88] aufgenommen. Seit der Entscheidung wurden jedoch vor Inkrafttreten des IntG keine Wohnsitzauflagen gegenüber anerkannten Flüchtlingen mehr verhängt, sondern lediglich gegenüber subsidiär Schutzberechtigten[89].

72 Das BVerwG hat daraufhin ein Vorabentscheidungsverfahren an den EuGH zur Frage der Vereinbarkeit von Wohnsitzauflagen gegenüber subsidiär Schutzberechtigten mit Art. 33 und/oder Art. 29 Qualifikations-RL eingeleitet[90]. Mit Urt. v. 1.3.2016[91] hat der **EuGH** im Rahmen dieses Vorabentscheidungsersuchens die deutschen Leitlinien des BVerwG bestätigt[92]. Der EuGH hat sich in seiner Entscheidung zunächst auf den Gleichbehandlungsgrundsatz aus Art. 33 Qualifikations-RL und das Gebot der Inländergleichbehandlung beim Sozialleistungszugang nach Art. 29 Qualifikations-RL bezogen und rein fiskalische Gründe für eine Wohnsitzregelung als unvereinbar mit diesen Vorschriften erklärt[93]. Dagegen erachtete der EuGH im Hinblick auf Art. 33 Qualifikations-RL eine Wohnsitzauflage gegenüber subsidiär Schutzberechtigten im Fall des Bezugs bestimmter Sozialleistungen als zulässig, wenn im Hinblick auf das Ziel der erleichterten Integration Unterschiede bestehen im Verhältnis zu anderen Drittstaatsangehörigen, die sich aus anderen als humanitären, politischen oder völkerrechtlichen Gründen rechtmäßig in Deutschland aufhalten, Sozialleistungen beziehen und keiner Wohnsitzauflage unterliegen[94]. Nach Auffassung des EuGH besteht also kein Gleichbehandlungsanspruch mit eigenen Staatsangehörigen, sondern mit Drittstaatsangehörigen ohne humanitären Aufenthaltstitel[95]. Sofern Ausländer mit humanitärem Aufenthaltstitel einen höheren Integrationsbedarf aufweisen als solche ohne, ist die Ungleichbehandlung im Hinblick auf das Wohnsitzerfordernis – nach Auffassung des EuGH – nicht zu beanstanden.

73 Mit dieser Entscheidung hat der EuGH Wohnsitzauflagen aus integrationspolitischen Gründen also **europarechtlich als grundsätzlich zulässig** erachtet. Zwar lag dem Vorabentscheidungsersuchen des BVerwG die Situation zweier subsidiär Schutzberechtigter zugrunde, doch beanspruchen die Feststellungen des EuGH auch Geltung im Hinblick auf anerkannte Flüchtlinge, weil sich Art. 29 und Art. 33 Qualifikations-RL auch auf diese beziehen (Art. 20 II Qualifikations-RL). Nichts anderes ergibt sich aus Art. 23 und 26 GFK, weil diese im Wesentlichen Art. 29 und 33 Qualifikations-RL entsprechen[96].

74 Ist es nach Auffassung des EuGH grundsätzlich möglich, Wohnsitzauflagen aus integrationspolitischen Gründen zu erlassen, ist die Neuregelung in § 12a an diesem Regelungsziel zu messen. Unter Zugrundelegung dessen begegnet die Neuregelung **keinen europarechtlichen Bedenken**. Davon gehen auch das OVG NRW in einer Entscheidung vom 4.9.2018 und das NdsOVG in einer Entscheidung vom 2.8.2017 aus[97]. Der Gesetzgeber hat sich ausweislich seiner Gesetzesbegründung umfangreich mit der Entscheidung des EuGH auseinandergesetzt[98] und sich bei der Schaffung der Wohnsitzregelung eng an die daraus folgenden Vorgaben angelehnt. So legt die Gesetzesbegründung ausführlich dar, warum die Situation der von § 12a I erfassten Personen im Hinblick auf deren erhöhtes Integrationsbedürfnis nicht mit derjenigen anderer Drittstaatsangehöriger vergleichbar ist. Auch betont der Gesetzgeber ausdrücklich das zugrunde liegende Ziel einer Verbesserung der Integrationschancen durch positive und negative Wohnsitzzuweisungen. Bezüglich der Verteilung zwischen den Bundesländern bekräftigt er das integrationspolitische Element des Königsteiner Schlüssels; die Möglichkeit einer landesinternen Zuweisung erachtet er wegen der insbesondere auf Ebene der lokalen

---

[85] RL 2011/95/EU des Europäischen Parlaments und des Rates v. 13.12.2011 über Normen für die Anerkennung von Drittstaatsangehörigen oder Staatenlosen als Personen mit Anspruch auf internationalen Schutz, für einen einheitlichen Status für Flüchtlinge oder für Personen mit Anrecht auf subsidiären Schutz und für den Inhalt des zu gewährenden Schutzes (Neufassung) (ABl. 2011 L 337, S. 9).
[86] BVerwG Urt. v. 15.1.2008 – 1 C 17.07, BVerwGE 130, 148 (150).
[87] BVerwG Urt. v. 15.1.2008 – 1 C 17.07, BVerwGE 130, 148 (153 ff.).
[88] GMBl. 2009 S. 878.
[89] *Zabel* NJW 2016, 1057.
[90] BVerwG Beschl. v. 19.8.2014 – 1 C 1.14, NVwZ-RR 2015, 61.
[91] EuGH Urt. v. 1.6.2016 – C-443/14 und C-444/14, NJW 2016, 1077 – Also und Osso.
[92] *Lehner/Lippold* ZAR 2016, 81 (83).
[93] EuGH Urt. v. 1.6.2016 – C-443/14 und C-444/14, NJW 2016, 1077 Rn. 41 ff.
[94] EuGH Urt. v. 1.6.2016 – C-443/14 und C-444/14, NJW 2016, 1077 Rn. 57 ff.
[95] Kritik an der Annahme einer objektiv vergleichbaren Situation üben *Pelzer/Pichel* ZAR 2016, 96 (98 f.).
[96] *Zabel* NJW 2016, 1057 (1058).
[97] OVG NRW Urt. v. 4.9.2018 – 18 A 256/18, EZAR NF 27 Nr. 16; NdsOVG Beschl. v. 2.8.2017 – 8 ME 90/17, BeckRS 2017, 120579 Rn. 32 ff.; ebenso SächsOVG Beschl. v. 3.8.2020 – 3 A 458/20, BeckRS 2020, 18473.
[98] BT-Drs. 18/8615, 43 f.

Gebietskörperschaften erfolgende Integration und der innerhalb eines Bundeslandes unterschiedlichen Infrastruktur und Möglichkeit des Ausbildungs- und Arbeitsmarktzugangs als erforderlich[99]. Auch verfügt die Regelung über eine Härtefallregelung und eine Verpflichtung zur zeitlichen Befristung; schließlich wird sie flankiert durch weitere, durch das IntG eingeführte oder ausgebaute Integrationsmaßnahmen (zB § 44 I 2 AufenthG)[100]. Dass die der Wohnsitzregelung zugrunde liegende gesetzgeberische Motivation nur vordergründig gewählt wurde, um in Einklang mit den Vorgaben des EuGH zu stehen, ist nicht ersichtlich. Die Kritik[101] an der integrationspolitischen Wirksamkeit der Wohnsitzregelung greift nicht durch, unterliegt die Wahl des Mittels der Integration – jedenfalls bis zur Grenze einer offensichtlichen Ungeeignetheit – dem gesetzgeberischen Beurteilungsspielraum[102].

Auch **verfassungsrechtlich** ist die Neuregelung nicht zu beanstanden. Maßstab einer Prüfung sind 75
Art. 3 I und Art. 2 I GG. Die im Rahmen der europarechtlichen Prüfung herangezogenen Gründe rechtfertigen auch eine Ungleichbehandlung iSv Art. 3 I GG und einen Eingriff in Art. 2 I GG[103]. Die verfassungsrechtliche Billigung einer Wohnsitzauflage gegenüber Spätaussiedlern unter Art. 11 GG[104] untermauert diese Annahme. Schließlich ist eine Verletzung des Freizügigkeitsrechts aus Art. 2 des 4. Zusatzprotokolls zur **EMRK** nicht gegeben[105]; selbst unter Zugrundelegung einer Schutzbereichsbetroffenheit[106] ist eine gesetzlich vorgesehene Beschränkung des Rechts auf freie Wohnsitzwahl nach Art. 2 IV im Falle eines öffentlichen Interesses möglich[107]. Diesbezüglich kann auf die Darlegungen in der Gesetzesbegründung sowie die Betonung der gesetzgeberischen Einschätzungsprärogative hinsichtlich einer gesetzlichen Zuzugsbeschränkung durch den EGMR[108] verwiesen werden. Hinsichtlich Art. 12 I IPbpR dürfte bereits der Schutzbereich nicht eröffnet sein[109].

Abschnitt 2. Einreise

§ 13 Grenzübertritt

(1) ¹Die Einreise in das Bundesgebiet und die Ausreise aus dem Bundesgebiet sind nur an den zugelassenen Grenzübergangsstellen und innerhalb der festgesetzten Verkehrsstunden zulässig, soweit nicht auf Grund anderer Rechtsvorschriften oder zwischenstaatlicher Vereinbarungen Ausnahmen zugelassen sind. ²Ausländer sind verpflichtet, bei der Einreise und der Ausreise einen anerkannten und gültigen Pass oder Passersatz gemäß § 3 Abs. 1 mitzuführen und sich der polizeilichen Kontrolle des grenzüberschreitenden Verkehrs zu unterziehen.

(2) ¹An einer zugelassenen Grenzübergangsstelle ist ein Ausländer erst eingereist, wenn er die Grenze überschritten und die Grenzübergangsstelle passiert hat. ²Lassen die mit der polizeilichen Kontrolle des grenzüberschreitenden Verkehrs beauftragten Behörden einen Ausländer vor der Entscheidung über die Zurückweisung (§ 15 dieses Gesetzes, §§ 18, 18a des Asylgesetzes) oder während der Vorbereitung, Sicherung oder Durchführung dieser Maßnahme die Grenzübergangsstelle zu einem bestimmten vorübergehenden Zweck passieren, so liegt keine Einreise im Sinne des Satzes 1 vor, solange ihnen eine Kontrolle des Aufenthalts des Ausländers möglich bleibt. ³Im Übrigen ist ein Ausländer eingereist, wenn er die Grenze überschritten hat.

Allgemeine Verwaltungsvorschrift
13 Zu § 13 – Grenzübertritt
13.1 Ein- und Ausreisekontrolle
13.1.1 Der Begriff der Einreise ist im Sinne eines tatsächlichen Vorgangs (Grenzübertritt, Betreten des Hoheitsgebietes der Bundesrepublik Deutschland) zu verstehen; die Frage, ob die Einreise erlaubt ist, beurteilt sich nach § 14 Absatz 1.
An einer zugelassenen Grenzübergangsstelle ist ein Ausländer erst ausgereist, wenn er die Grenze überschritten und die Grenzübergangsstelle passiert hat. Im Übrigen ist eine Person ausgereist, sobald sie die Grenzlinie überschritten hat.

---

[99] BT-Drs. 18/8615, 44.
[100] Auf die Bedeutung dessen weist insbes. *Zabel* NJW 2016, 1057 (1058) hin.
[101] So zB *Pelzer/Pichel* ZAR 2016, 96 (101); dagegen den Integrationsnutzen von Wohnortbeschränkungen betonend *Lehner/Lippold* ZAR 2016, 81 (88 f.).
[102] Ähnlich *Thym* ZAR 2016, 241 (248).
[103] Ebenso *Thym* ZAR 2016, 241 (248 f.); so auch OVG NRW Urt. v. 4.9.2018 – 18 A 256/18, EZAR NF 27 Nr. 16 Rn. 98 f.
[104] BVerfG Urt. v. 17.3.2004 – 1 BvR 1266/00, BVerfGE 110, 177 Rn. 40 ff.
[105] OVG NRW Urt. v. 4.9.2018 – 18 A 256/18, EZAR NF 27 Nr. 16 Rn. 100 ff.
[106] Krit. *Lehner/Lippold* ZAR 2016, 81 (88) mwN.
[107] Wiederum krit. gegenüber der Geeignetheit einer Wohnsitzregelung zur Rechtfertigung *Pelzer/Pichel* ZAR 2016, 96 (98).
[108] EGMR Urt. v. 23.2.2016 – 43494/09, §§ 119 f.
[109] *Lehner/Lippold* ZAR 2016, 81 (88); BayVGH Beschl. v. 19.3.2018 – 10 C 17.2591, BeckRS 2018, 6972 Rn. 7.

13.1.2 Über die Zulassung und Schließung von Grenzübergangsstellen entscheidet gemäß § 61 Absatz 1 BPolG das Bundesministerium des Innern im Benehmen mit dem Bundesministerium der Finanzen. Das Bundesministerium des Innern gibt die entsprechende Entscheidung im Bundesanzeiger bekannt. Die Verkehrsstunden werden von der zuständigen Bundespolizeidirektion festgelegt und durch Aushang an der Grenzübergangsstelle bekannt gegeben. An den EU-Außengrenzen erfolgt die Festlegung im Benehmen mit dem zuständigen Hauptzollamt.

13.1.3 Der Grenzübertritt kann ausnahmsweise außerhalb einer zugelassenen Grenzübergangsstelle erfolgen, wenn dies durch andere Rechtsvorschriften oder zwischenstaatliche Vereinbarungen zugelassen ist.

13.1.3.1 Nach Artikel 20 Schengener Grenzkodex dürfen die Binnengrenzen unabhängig von der Staatsangehörigkeit der betreffenden Person an jeder Stelle ohne Personenkontrollen überschritten werden. Artikel 2 Nr 1 Schengener Grenzkodex legt fest, was unter Binnengrenze i. S. d. Schengener Grenzkodex zu verstehen ist. Das Recht, die Binnengrenzen an jeder Stelle überschreiten zu dürfen, entfällt bei Wiedereinführung der Binnengrenzkontrollen (Artikel 28 Schengener Grenzkodex). In diesen Fällen ist die Benutzung von Grenzübergangsstellen wieder vorgeschrieben.

13.1.3.2 Nach § 61 Absatz 3 und 4 BPolG können die Bundespolizeidirektionen einzelnen Personen oder Personengruppen die Erlaubnis erteilen, die Grenze außerhalb einer zugelassenen Grenzübergangsstelle, außerhalb der festgesetzten Verkehrsstunden oder mit anderen als den zugelassenen Verkehrsarten zu überschreiten, wenn ein besonderes Bedürfnis dafür besteht und öffentliche Belange nicht entgegenstehen. Gemäß § 61 Absatz 4 BPolG kann, soweit ein Land im Einvernehmen mit dem Bund Aufgaben des grenzpolizeilichen Einzeldienstes mit eigenen Kräften wahrnimmt, in der Vereinbarung gemäß § 2 Absatz 3 BPolG bestimmt werden, dass Behörden oder Dienststellen der Polizei des Landes anstelle der Bundespolizei tätig werden. Die Grenzerlaubnis kann auch in Form einer Allgemeinverfügung i. S. v. § 35 Absatz 1 Satz 2 VwVfG, mündlich oder mit Auflagen versehen, erteilt werden. Ein Widerruf der Grenzerlaubnis ist jederzeit möglich.

13.1.4 Der Ausländer ist gemäß § 13 Absatz 1 Satz 2 verpflichtet, beim Grenzübertritt seinen gültigen und anerkannten Pass oder Passersatz mitzuführen, sich damit über seine Person auszuweisen und sich der polizeilichen Kontrolle des grenzüberschreitenden Verkehrs, deren Gegenstand in Artikel 7 Schengener Grenzkodex näher beschrieben ist, zu unterziehen. Die Kontrolle des grenzüberschreitenden Verkehrs führt die Grenzbehörde im Rahmen ihrer polizeilichen Befugnisse durch. Ein Verstoß gegen die Passmitführungspflicht stellt eine Ordnungswidrigkeit nach § 98 Absatz 3 Nummer 3 oder im Falle der erfolgten Einreise bei Nichtbesitz eines Passes oder Passersatzes (vgl. § 14) einen Straftatbestand nach § 95 Absatz 1 Nummer 1 dar. Der Versuch ist im letztgenannten Fall nach § 95 Absatz 3 strafbar. Schleuser haben ggf. Straftaten gemäß §§ 96 und 97 begangen.

13.1.4.1 Diese Pflichten bestehen für das Überschreiten der Grenze sowohl an als auch außerhalb von zugelassenen Grenzübergangsstellen. Außerhalb einer zugelassenen Grenzübergangsstelle entzieht sich ein Ausländer in Fällen, in denen eine Grenzübergangsstelle zu benutzen ist, der grenzpolizeilichen Kontrolle, wenn er die Grenze zur Ausreise überschreiten will oder im Fall der Einreise bereits überschritten hat und einer Kontrollaufforderung der Grenzbehörde nicht nachkommt und begeht damit eine Ordnungswidrigkeit gemäß § 98 Absatz 2 Nummer 2.

13.1.4.2 Die Passmitführungspflicht besteht auch für den Grenzübertritt an den Schengen-Binnengrenzen.

13.1.4.3 Die Pflicht, sich auszuweisen und der Grenzkontrolle zu unterziehen, besteht nur im Rahmen einer Grenzkontrolle. Sie umfasst die Pflicht, die entsprechenden grenzpolizeilichen Anordnungen zu befolgen.

13.2 Beendigung der Einreise

13.2.1.1 Der Ausländer hat eine Grenzübergangsstelle erst dann passiert, wenn er die Kontrollstationen der Grenzpolizei und des Zolls, soweit an den EU-Außengrenzen vorhanden, hinter sich gelassen hat und sich frei in Richtung Inland bewegen kann. Eine Einreise im ausländerrechtlichen Sinne liegt in den § 13 Absatz 2 Satz 2 genannten Fällen nicht vor. Solange der Ausländer sich danach im Falle einer näheren Überprüfung, im Falle der Festnahme, im Rahmen der Zurückweisung, aus Anlass der medizinischen Versorgung oder aus anderen Gründen noch in der Obhut der Grenzbehörden befindet, sich also nicht frei bewegen kann, ist er nicht eingereist, auch wenn er körperlich die Kontrollstationen überschritten hat. Das gilt auch für Ausländer, die sich im asylrechtlichen Flughafenverfahren gemäß § 18a AsylVfG befinden.

13.2.1.2 Dabei ist die Formulierung „solange ihnen eine Kontrolle des Aufenthalts des Ausländers möglich bleibt" so auszulegen, dass diese Möglichkeit auch dann besteht, wenn die tatsächliche Kontrolle durch andere Behörden (z. B. Jugendamt, geschlossene psychiatrische Einrichtung, Justizvollzugsanstalt, Militärbehörden der in Deutschland stationierten NATO-Streitkräfte) im Auftrag der mit der polizeilichen Kontrolle des grenzüberschreitenden Verkehrs beauftragten Behörde wahrgenommen wird (Amtshilfe). Wird der Aufenthalt eines Ausländers demnach im Inland von einer anderen Behörde derart gestaltet, dass der Ausländer sich faktisch nicht ohne besondere Gestattung dieser Behörde frei im Inland bewegen kann, bedarf es einer besonderen Bewachung des Ausländers durch die Grenzbehörden nicht. Entzieht sich der Ausländer unerlaubt der Kontrolle des Aufenthaltes durch Grenz- oder andere Behörden, ist er unerlaubt eingereist (siehe auch Nummer 13.2.5).

13.2.2 Überschreitet ein Ausländer die Grenze an einer Grenzübergangsstelle außerhalb der Öffnungszeiten oder an einer Stelle, an der sich keine Grenzübergangsstelle befindet, ist er eingereist, wenn er die Grenzlinie überschritten hat.

13.2.3 Befindet sich die Einreisekontrollstelle auf fremdem Hoheitsgebiet (gemäß den mit den Nachbarstaaten geschlossenen Vereinbarungen über die Gemeinschaftsabfertigung), ist die Einreise erst erfolgt, wenn die auf fremdem Hoheitsgebiet liegende Grenzübergangsstelle passiert und anschließend die Grenzlinie überschritten wurde.

13.2.4 Einreise ist auch die Grenzüberschreitung zum Zwecke der Durchreise.

13.2.5 Die Einreise an einer Flughafen-Grenzübergangsstelle ist erst erfolgt, wenn der Ausländer die Kontrollstationen der Grenzbehörden (Bundespolizei und Zoll) passiert hat (siehe auch Nummer 13.2.1.1). Ein Ausländer ist nicht eingereist, wenn er sich noch im Transitbereich eines Flughafens oder der Unterkunft nach § 65 aufhält bzw. im Rahmen des asylrechtlichen Flughafenverfahrens gemäß § 18a AsylVfG auf dem Flughafengelände untergebracht ist.

13.2.6.1 Seereisende überschreiten die Grenze mit dem Überfahren der seewärtigen Begrenzung des deutschen Küstenmeeres (so genannte Zwölfseemeilen-Zone) oder dem Überfahren der seitlichen Begrenzung des deutschen Küstenmeeres bzw. der deutschen Eigengewässer zu dem jeweiligen Nachbarstaat. Die Ausländer an Bord eines Schiffes, das von der Hohen See kommend einen als Grenzübergang zugelassenen deutschen Hafen anläuft, sind erst eingereist, wenn sie im Hafen kontrolliert worden sind und das Schiff verlassen haben.

Grenzübertritt § 13 AufenthG 1

13.2.6.2 Ausländer an Bord eines Schiffes, die beabsichtigen, unter Umgehung der Grenzübergangsstellen an Land zu gehen, haben die Einreise bereits mit der Einfahrt in das Küstenmeer vollendet. Das ist z. B. der Fall, wenn Schleuser Ausländer mit dem Schiff in Küstennähe bringen, um sie am Strand anzulanden. Sie können sich nicht auf das Recht der friedlichen Durchfahrt berufen.
13.2.6.3 Ausländer an Bord eines Schiffes, das aus einem anderen Staat oder über die Hohe See kommt und den Nord-Ostsee-Kanal passiert, reisen nach Deutschland ein. § 26 AufenthV findet keine Anwendung.
13.2.6.4 Bei der Einfahrt nach Deutschland über die Flussmündungen und Kanäle aus Richtung Hoher See oder über eine andere Außengrenze der Schengen-Staaten muss grundsätzlich ein als Grenzübergangsstelle zugelassener Hafen angelaufen werden, um eine Einreisekontrolle zu ermöglichen. Es ist nicht zulässig, Deutschland bzw. die Schengen-Staaten auf Flüssen oder Kanälen zu durchqueren, ohne einen Hafen zur Einreisekontrolle anzulaufen. Ausnahmen können sich aufgrund zwischenstaatlicher Vereinbarungen oder durch Grenzerlaubnisse ergeben (siehe Nummer 13.1.3, z. B. für den Grenzübertritt auf dem Bodensee).
13.2.7 Bei Kontrollen im fahrenden Zug ist eine Einreise erst dann erfolgt, wenn sich der Zug auf deutschem Hoheitsgebiet befindet, die grenzpolizeiliche Kontrolle im Zug beendet wurde und die Kontrollbeamten den Zug verlassen haben. Findet im Zug keine Grenzkontrolle statt, ist die Einreise mit dem Überfahren der Grenzlinie erfolgt.
13.2.8 Die Bestimmung des Einreisebegriffs in § 13 Absatz 2 lässt Rechtsvorschriften über die Einreise außerhalb des Ausländerrechts unberührt. Strafbare Handlungen eines Ausländers auf deutschem Staatsgebiet unterfallen gemäß § 3 StGB i. V. m. den jeweiligen bilateralen Abkommen über die Gemeinschaftsabfertigung dem deutschen Strafrecht, auch wenn er ausländerrechtlich als noch nicht eingereist gilt. Dies gilt insbesondere auch dann, wenn der Ausländer an einer so genannten „Vorgeschobenen Grenzkontrollstelle" (deutsche Grenzkontrollstelle auf dem Hoheitsgebiet eines fremden Staates) Delikte begeht, insbesondere gemäß § 95 Absatz 3 i. V. m. § 95 Absatz 1 Nummer 3.
13.3 Allgemeine Hinweise zum Grenzübertritt und zur Einreiseverweigerung nach dem Schengener Grenzkodex
13.3.1 Grenzübertritt
Nach Artikel 4 Absatz 1 Schengener Grenzkodex dürfen die Außengrenzen nur an den Grenzübergangsstellen und während der festgesetzten Verkehrsstunden überschritten werden. Die Verkehrsstunden sind an den Grenzübergangsstellen, die nicht rund um die Uhr geöffnet sind, deutlich anzugeben. Ausnahmen hierzu sind in Artikel 4 Absatz 2 Schengener Grenzkodex geregelt. Nach Artikel 4 Absatz 3 Schengener Grenzkodex sehen die Mitgliedstaaten nach nationalem Recht wirksame, verhältnismäßige und abschreckende Sanktionen für das unbefugte Überschreiten der Außengrenzen außerhalb der Grenzübergangsstellen oder der festgesetzten Verkehrsstunden vor. Nach § 98 Absatz 3 Nummer 3 handelt ordnungswidrig, wer vorsätzlich oder fahrlässig außerhalb einer zugelassenen Grenzübergangsstelle oder außerhalb der festgesetzten Verkehrsstunden einreist. Nach § 98 Absatz 4 kann der Versuch der Ordnungswidrigkeit geahndet werden. Die Ordnungswidrigkeit kann nach § 98 Absatz 5 mit einer Geldbuße bis zu 3000 Euro geahndet werden.
Die Binnengrenzen der Schengen-Staaten dürfen nach Artikel 20 Schengener Grenzkodex unabhängig von der Staatsangehörigkeit der betreffenden Personen an jeder Stelle ohne Personenkontrollen überschritten werden.
13.3.2 Einreiseverweigerung nach Artikel 13 Schengener Grenzkodex
13.3.2.1 Nach Artikel 13 Absatz 1 Schengener Grenzkodex wird einem Drittstaatsangehörigen, der nicht alle Einreisevoraussetzungen des Artikels 5 Absatz 1 Schengener Grenzkodex erfüllt und nicht zu dem in Artikel 5 Absatz 4 Schengener Grenzkodex genannten Personenkreis gehört, die Einreise in das Hoheitsgebiet der Mitgliedstaaten verweigert. Das SDÜ und die zu seiner Ausführung und Fortschreibung erlassenen gemeinschaftsrechtlichen Vorschriften erfassen den Begriff der unerlaubten Einreise nicht. Erfasst ist hier lediglich die Einreiseverweigerung im Falle der Nichterfüllung der Voraussetzungen des Artikels 5 Absatz 1 Schengener Grenzkodex sowie die Pflicht, das Hoheitsgebiet der Vertragsparteien unverzüglich zu verlassen, wenn die Voraussetzungen für einen kürzen Aufenthalt nicht oder nicht mehr erfüllt sind (vgl. Artikel 23 Absatz 1 SDÜ).
13.3.2.2 Verfahren
13.3.2.2.1 Die Einreiseverweigerung erfolgt mittels einer begründeten Entscheidung unter Angabe der Gründe für die Einreiseverweigerung. Die Entscheidung wird von einer nach nationalem Recht zuständigen Behörde erlassen und tritt unmittelbar in Kraft. Die begründete Entscheidung mit genauer Angabe der Gründe für die Einreiseverweigerung wird mit dem Standardformular nach Anhang V Teil B Schengener Grenzkodex erteilt, das von der nach nationalem Recht zur Einreiseverweigerung berechtigten Behörde ausgefüllt wird. Das ausgefüllte Standardformular wird dem betreffenden Drittstaatsangehörigen ausgehändigt, der den Empfang der Entscheidung auf dem Standardformular bestätigt (vgl. Artikel 13 Absatz 2 Schengener Grenzkodex).
13.3.2.2.2 Nach Artikel 13 Absatz 2 Schengener Grenzkodex steht Personen, denen die Einreise verweigert wird, ein Rechtsmittel zu Das Verfahren für die Einlegung des Rechtsmittels bestimmt sich nach nationalem Recht. Dem Drittstaatsangehörigen werden auch schriftliche Angaben zu Kontaktstellen gemacht, die ihn über eine rechtliche Vertretung unterrichten können, die entsprechend dem nationalen Recht in seinem Namen vorgehen kann. Die Einlegung eines solchen Rechtsmittels hat keine aufschiebende Wirkung und ist als Rechtsbehelfsbelehrung in dem auszuhändigenden Standardformular angegeben.
13.3.2.2.3 Die Modalitäten der Einreiseverweigerung an der Grenze wie Streichungen, Stempelungen usw. sind in Anhang V Teil A Schengener Grenzkodex aufgeführt.
13.3.2.2.4 Wird im Rechtsmittelverfahren festgestellt, dass die Entscheidung über die Einreiseverweigerung unbegründet war, so hat der betreffende Drittstaatsangehörige unbeschadet einer nach nationalem Recht gewährten Entschädigung einen Anspruch auf Berichtigung des ungültig gemachten Einreisestempels und anderer Streichungen und Vermerke durch den Mitgliedstaat, der ihm die Einreise verweigert hat.

I. Entstehungsgeschichte

Die Vorschrift stimmte in vollem Umfang mit dem **Gesetzesentwurf 2003** überein[1]. Die Vorgängerregelung des § 59 AuslG hatte fast denselben Wortlaut. 1

---

[1] BT-Drs. 15/420, 10.

II. Allgemeines

2 Während in Abs. 1 die Verpflichtungen an der Grenze und bei der Einreise bestimmt sind, ist in Abs. 2 das Verhältnis zwischen Grenzübertritt und Einreise beschrieben. Die Örtlichkeiten und Zeitpunkte von Grenzübertritt sowie Ein- und Ausreise haben ausländerrechtlich wie strafrechtlich **Bedeutung**. Die Maßnahmen der Zurückweisung, Zurückschiebung und Abschiebung (§§ 15, 57, 62) unterscheiden sich danach, ob der Ausländer bereits eingereist ist. Die Straftat nach § 95 I Nr. 3 setzt ebenso wie die Ordnungswidrigkeit nach § 98 II Nr. 3 die Einreise voraus, und die Strafvorschriften des § 95 I Nr. 1 und 2 stellen auf den Aufenthalt im Bundesgebiet, also ebenfalls auf die Zeit nach der Einreise ab, während § 98 III Nr. 2 die Umgehung der Grenzkontrolle ohne Rücksicht darauf, wo sie stattfindet, ahndet.

III. Einreise- und Ausreisekontrolle

3 Abs. 1 regelt den Grenzübertritt, die die **Ein- und Ausreiseformalitäten** an den Staatsgrenzen der Bundesrepublik Deutschland. Die Frage der Modalitäten des Grenzübertritts ist wesentlich von der Einstufung der Staatsgrenzen als (Schengen-)Binnengrenze oder (Schengen-)Außengrenze abhängig. Der SGK regelt unionsrechtlich verbindlich die wesentlichen Fragen für das Grenzregime[2]. Der SGK unterscheidet zwischen (Schengen-)Binnengrenzen und (Schengen-)Außengrenzen (Art. 2 Nr. 1–4 SGK). Binnengrenzen sind die gemeinsamen Landgrenzen der Mitgliedstaaten einschließlich der Fluss- und Binnenseegrenzen, die Flughäfen der Mitgliedstaaten für Binnenflüge sowie die See-, Flussschifffahrts- und Binnenseehäfen der Mitgliedstaaten für regelmäßige interne Fährverbindungen. Außengrenzen sind die Landgrenzen der Mitgliedstaaten einschließlich der Fluss- und Binnenseegrenzen, der Seegrenzen und der Flughäfen sowie der Flussschifffahrts-, See- und Binnenseehäfen, soweit sie nicht Binnengrenzen sind (Art. 2 Nr. 2 SGK). Durch die Definition der Binnengrenzen und Außengrenzen im SGK werden keine neuen Grenzen geschaffen, sondern die bestehenden Staatsgrenzen jeweils zugeordnet[3]. Grenzkontrollen finden an den (Schengen-)Außengrenzen statt, wobei die Grenzbehörden iRv Grenzübertrittskontrollen[4] insbesondere die **Einreisevoraussetzungen** für einen Kurzaufenthalt nach Art. 6 SGK überprüfen und das **Kontrollverfahren** nach Art. 7, 8 SGK anwenden sowie nach Art. 11 I 1 SGK die **Reisedokumente** von Drittausländern **systematisch abstempeln**. Eine Einstufung einer Staatsgrenze als (Schengen-)Außengrenze ist wegen der uneinheitlichen Geltung des SGK in den Mitgliedstaaten schwierig. So sind die Grenzen zu Irland (Schengen-)Außengrenzen, obwohl es sich um einen EU-Mitgliedstaat handelt. Bei den Grenzen zu den sog. Schengenteilanwender-Staaten (Bulgarien, Kroatien, Rumänien und Zypern) handelt es sich um (Schengen-)Binnengrenzen (nach Art. 18 I SGK gemeinsame Landgrenzen), obwohl weiterhin Grenzkontrollen stattfinden. Denn nach Art. 4 I der Beitrittsakte Bulgarien/Rumänien iVm Anhang I ist Art. 2 I SDÜ (jetzt Art. 22 SGK), der den Wegfall der Binnengrenzkontrollen regelt, vorläufig nicht anzuwenden. Gleiches gilt für die Grenzübertritte von und nach Kroatien seit dem EU-Beitritt am 1.7.2013. Für die Beitrittsstaaten aus der ersten Beitrittsrunde (1.5.2004) finden die Übergangsregelungen – mit Ausnahme Zyperns – keine Anwendung mehr.

4 Besonders problematisch sind EU-Außengrenzen, die zugleich **(Schengen-)Binnengrenzen** darstellen. So finden der SGK und das SDÜ in den EWR-Staaten Norwegen und Island Anwendung, ohne dass diese der EU beigetreten sind. Island und Norwegen sind aufgrund eines Übereinkommens mit der EU an den Schengener Besitzstand gebunden und an dessen Fortentwicklung beteiligt[5]. Da die Außengrenzkontrollen bereits bei Zutritt in diese EWR-Staaten erfolgen (also zB bei Einreise am Flughafen Oslo/Norwegen aus einem Drittstaat), werden bei Weiterreise über EU-Außengrenzen diese als (Schengen-)Binnengrenzen behandelt (so zB bei anschließender Weiterreise auf dem Landweg nach Göteborg/Schweden). Der Grenzübertritt darf ausnahmsweise außerhalb einer zugelassenen Grenzübergangsstelle erfolgen, wenn dies durch Rechtsvorschrift oder zwischenstaatliche Vereinbarung zugelassen wird. Eine wichtige Ausnahme regelt Art. 22 SGK, wonach die Binnengrenzen unabhängig von der Staatsangehörigkeit der betroffenen Personen an jeder Stelle **ohne Personenkontrollen** überschritten werden dürfen (es finden keine Grenzkontrollen mehr statt; Ausnahmeregelungen zur Durchführung von Kontrollen im Hoheitsgebiet der Mitgliedstaaten finden sich in Art. 23 SGK); Ausnahmeregelungen im Hinblick auf die vorübergehende Wiedereinführung der Kontrollen an den Binnengrenzen enthalten Art. 25 ff. SGK. Weitere Ausnahmen[6] ergeben sich aus Art. 5 II SGK,

---

[2] Ausf. *Westphal/Stoppa* S. 452 f.
[3] *Westphal* in Huber § 13 Rn. 1.
[4] Zur Differenzierung von „Grenzkontrolle" und „Grenzübertrittskontrolle" vgl. Art. 2 Nr. 10 und 11 SGK.
[5] Übereinkommen zwischen dem Rat der Europäischen Union sowie der Republik Island und dem Königreich Norwegen über die Assoziierung der beiden letztgenannten Staaten bei der Umsetzung, Anwendung und Entwicklung des Schengen-Besitzstands, ABl. 1999 L 176, 36.
[6] Einzelheiten zu den Ausnahmeregelungen finden sich bei *Westphal/Stoppa* S. 455 ff.; s. auch *Winkelmann* ZAR 2010, 216.

Grenzübertritt § 13 AufenthG 1

Art. 61 III BPolG (Grenzerlaubnis) und aus zwischenstaatlichen Vereinbarungen sowie völkerrechtlichen Verträgen (zB mit der Schweiz[7] und Liechtenstein[8]). **Einreisen an einer Schengen-Binnengrenze** sind daher schon völkerrechtlich bereits mit Überschreiten/Überqueren – ohne weiteres Zutun der Person (also zB als Passagier in einem Verkehrsmittel) – vollendet, und nicht erst mit physischem Betreten deutschen Bodens oder Verlassens eines bestimmten Raums. Das gilt auch für die **strafrechtliche Vollendung** etwa einer unerlaubten Einreise gem. § 95 I Nr. 3. Anders verhält es sich bei beim Überfliegen der Binnengrenze und anschließender Landung an einem Flughafen. Hier sind abweichend von der völkerrechtlichen Praxis gem. Art. 2 Nr. 1 lit. b SGK die Flughäfen Binnengrenze und nicht die Grenzlinie selbst. Somit erfolgt erst dort die aufenthaltsrechtliche Einreise mit Verlassen des Flugzeugs[9]. Die besondere nationale Konstellation der vollendeten ausländerrechtlichen Einreise iSv § 13 II 1 bei Passieren der Grenzübergangsstelle gilt hier in Ermangelung einer solchen Grenzübergangsstelle gerade nicht.

Ausländer sind zur Einreise grundsätzlich nur an den **zugelassenen Grenzübergangsstellen** 5 (Zulassung durch BMI nach § 61 I BPolG) und zu den festgesetzten Verkehrsstunden (Bundespolizeidirektionen) berechtigt. Diese gibt es gerade nicht an den Schengen-Binnengrenzen. Die nationale Regelung aus Abs. 1 S. 1, die nicht zwischen Außen- und Binnengrenze iSd SGK unterscheidet, wird durch die entsprechende unionsrechtliche Bestimmung in Art. 5 Abs. 1 S. 1 SGK in Bezug auf den Außengrenzenübertritt verdrängt. Nach der Legaldefinition des Art. 2 Nr. 8 SGK ist eine „Grenzübergangsstelle" ein von den zuständigen Behörden für das Überschreiten der **Außengrenzen** zugelassener Ort des Grenzübertritts. Eine Liste der für das Überschreiten der (Schengen-)Außengrenzen zulässigen Grenzübergangsstellen ist auf EU-Ebene in einer Liste veröffentlicht worden[10].

Unscharf ist indes die Formulierung des Art. 32 SGK, der bei **Wiedereinführung von Grenz-** 6 **kontrollen** an den Binnengrenzen die entsprechende Anwendung *(mutatis mutandis)* des Titels II des SGK mit den dort enthaltenen einschlägigen Bestimmungen vorsieht. An sich müsste bei Wiedereinführung der Grenzkontrollen die Pflicht für die Reisenden bestehen, die nunmehr zugelassenen Grenzübergangsstellen zu nutzen. Die zugelassenen Grenzübergangsstellen müssten jedoch im BAnz veröffentlicht werden und nach Art. 27 SGK den anderen Mitgliedstaaten sowie der Kommission mitgeteilt werden. Wenn Deutschland eine Grenzübergangsstelle einrichten will, muss § 61 BPolG beachtet werden. Nach der **Auffassung der Europäischen Kommission** sind die praktizierten Minusmaßnahmen (temporäre Wiedereinführung der Grenzkontrollen – wie zB anlässlich der WM 2006, des G8-Gipfels in Heiligendamm, der EM 2008, des G7-Gipfels in Elmau 2015, anlässlich von Maßnahmen gegen den islamischen Terrorismus sowie anlässlich des G20-Einsatzes in Hamburg 2017, anlässlich der irregulären Sekundärmigration im Schengen-Raum seit 2015 – lediglich *an Grenzabschnitten*) zulässig[11]. Die Binnengrenzen werden durch die Wiedereinführung von Grenzkontrollen jedoch nicht zu Außengrenzen[12]. Die dann eingerichteten Kontrollen finden nicht an „zugelassenen" Grenzübergangsstellen statt, sodass sich die Maßnahmen an diesen Kontrollstellen, also die relevanten Vorschriften aus Titel II des SGK, an den Gründen der Wiedereinführung orientieren. Damit findet keine systematische Kontrolle aller Reisenden statt, keine Abstempelung der Grenzübertrittspapiere und auch **keine vollumfängliche Zurückweisung**[13] von Personen sowie keine Rückbeförderungspflicht von Beförderungsunternehmen (vgl. dazu Nr. 13.1.3.1 AVwV-AufenthG, die insoweit von der vollständigen Wiedereinführung von Grenzkontrollen ausgeht). Entscheidungen über die Einreiseverweigerung dürfen nur für die Gründe im Zusammenhang mit der Wiedereinführung der Grenzkontrollen getroffen werden. Auch darf die Europäische Grenzschutzagentur (Frontex) nicht im Rahmen dieser Kontrollen mit einbezogen werden, da ihr Mandat auf die Außengrenzen beschränkt ist. Auszug aus dem Bericht der Kommission vom 13.10.2010 KOM(2010) 554, Nr. 5.2:

„*5.2. ANWENDBARE VORSCHRIFTEN*

Gemäß Art 28 [Anm.: heute 32] finden bei Wiedereinführung von Grenzkontrollen an den Binnengrenzen die einschlägigen Bestimmungen des Titels II entsprechend Anwendung. Es wurden keine weiteren Vorgaben gemacht, damit die Mitgliedstaaten bei der Wiedereinführung von Kontrollen flexibel und verhältnismäßig auf die jeweilige Bedrohung reagieren können. Die Maßnahmen dürfen nicht über das zur Aufrechterhaltung der öffentlichen Ordnung oder der inneren Sicherheit des betroffenen Mitgliedstaats erforderliche Maß hinausgehen.

---

[7] Abk. zwischen der EU, der EG und der Schweizerischen Eidgenossenschaft über die Assoziierung dieses Staates bei der Umsetzung, Anwendung und Entwicklung des Schengen-Besitzstandes (ABl. 2008 L 53, 52). Der Rat für Justiz und Inneres hatte in seiner Sitzung am 27.11.2008 die „Schengenreife" der Schweizerischen Eidgenossenschaft beschlossen (ABl. 2008 L 327, 15). Nach dem Beschl. des Rates 2008/903/EG über die vollständige Anwendung der Bestimmungen des Schengener-Besitzstandes in der Schweiz wurden die Personenkontrollen an den Landgrenzen mit Wirkung v. 12.12.2008 und an den Luftgrenzen v. 29.12.2009 abgeschafft.
[8] → § 6 Rn. 18.
[9] BGH Urt. v. 26.2.2015 – 4 StR 233/14, BeckRS 2015, 5869.
[10] Für Deutschland aktualisiert ABl. 2021 C 380, 3; zum Grenzübertritt *Westphal/Stoppa* S. 453 ff.
[11] Stellungnahme der Kommission, C(2015) 7100 final, Rn. 36.
[12] EuGH Urt. v. 19.3.2019 – C-444/17, BeckRS 2019, 3617 Rn. 61 f.
[13] Vgl. auch *Funke-Kaiser* in GK-AufenthG § 13 Rn. 6; *Pieroth,* Rechtsgutachten im Auftrag des Innenministeriums des Landes Nordrhein-Westfalen v. Oktober 1996, S. 63.

Je nach Bedrohungslage muss nicht zwangsläufig jedermann an den Grenzen kontrolliert werden. Die Kontrollen müssen hinsichtlich ihrer Dauer und räumlichen Ausdehnung verhältnismäßig sein und auf einer Risikoanalyse und konkreten nachrichtendienstlichen Erkenntnissen beruhen und sie dürfen nur zu dem Zweck durchgeführt werden, der ausschlaggebend für ihre Wiedereinführung war. Die Mitgliedstaaten können auch bestimmen, inwieweit die Wiedereinführung einer Überwachung der Grenze erforderlich ist. Die Einreise darf nur aus Gründen verweigert werden, die mit der Wiedereinführung der Grenzkontrollen zusammenhängen. Das Standardformular in Teil B von Anhang V des Kodex gilt nicht für EU-Bürger, da diesen die Einreise nur aus Gründen der öffentlichen Ordnung oder Sicherheit oder der öffentlichen Gesundheit und vorbehaltlich der in der Richtlinie 2004/38/EG vorgesehenen Verfahrensgarantien verweigert werden darf. Wird Drittstaatsangehörigen wegen unerlaubten Aufenthalts die Einreise verweigert, ist das Verfahren gemäß RückführungsRL einzuleiten. Durch die vorübergehende Wiedereinführung von Grenzkontrollen werden aus Binnengrenzen nicht wieder Außengrenzen; bestimmte Vorschriften wie das Abstempeln von Reisepässen (Art 10 des Grenzkodex, Anm: heute Art 11) oder die Haftung der Beförderungsunternehmen finden daher keine Anwendung. Es sei auch daran erinnert, dass für Operationen im Rahmen der Wiedereinführung von Kontrollen an den Binnengrenzen die FRONTEX-Agentur nicht in Anspruch genommen werden kann, da sich deren Auftrag auf die Kontrolle der Außengrenzen beschränkt."

7   Außerdem haben Personen zum Zwecke des Identitätsnachweises einen Pass oder Passersatz mitzuführen und auf Aufforderung vorzuzeigen und auszuhändigen (§ 13 I 2). Schließlich müssen sie sich der polizeilichen Grenzkontrolle unterziehen. Der Verstoß ist eine Ordnungswidrigkeit nach § 98 III Nr. 3. Von der Passmitführungspflicht (zur Passpflicht § 3 und zu ausweisrechtlichen Pflichten § 48) befreit ist, wer nicht der Passpflicht unterliegt (s. dazu näher § 14). An der Grenze kann ua in Härtefällen Angehörigen der EU- und der EWR-Staaten, der Positivstaaten des Anhangs II der EU-VisaVO und der Schweiz ein Notreiseausweis als Passersatz für längstens einen Monat ausgestellt werden (§ 13 AufenthV). **An den (Schengen-)Binnengrenzen ist keine Ausnahme von der Passmitführungspflicht vorgesehen**[14]. Im Schengen-Raum ist die Passmitführungspflicht nicht ausdrücklich aufgehoben, sondern aufrechterhalten (Art. 21 I SDÜ, Art. 23 lit. c SGK; Nr. 5.3.2 AAH-SDÜ); infolge Wegfalls der Binnengrenzkontrollen läuft sie zwar für die Grenzkontrolle ins Leere; gleichwohl ist sie weiterhin geboten. Sie gewährleistet, dass der Ausländer nach seiner Einreise den Pass auf Verlangen auch tatsächlich zeitnah vorlegen kann[15]. Nichts anderes sagt Art. 21 I SDÜ aus, der ua vorschreibt, Drittausländer können sich aufgrund eines gültigen Reisedokuments und eines gültigen Aufenthaltstitels iSv Art. 2 Nr. 16 SGK im Hoheitsgebiet der anderen Mitgliedstaaten bewegen, sofern sie die in Art. 6 I lit. a SGK aufgeführten Einreisevoraussetzungen erfüllen. Damit muss das Reisedokument sinnlogisch auch im jeweiligen Mitgliedstaat (kurzfristig) verfügbar sein.

IV. Grenzübertritt und Einreise

8   Abs. 2 soll das Verhältnis zwischen Grenzübertritt und Einreise beschreiben und mögliche Zweifel beseitigen. Die Definition des Abs. 2 nimmt keine Rücksicht auf die **Ordnungsgemäßheit** der Einreise nach Abs. 1; sie hebt nur auf die Möglichkeit der Kontrolle und der Zurückweisung an der Grenze ab und diese besteht unabhängig von den festgesetzten Verkehrsstunden und der tatsächlichen Ausführung der Kontrolle. Aus welchen Gründen die Einreise stattfindet, ist unerheblich; selbst im Falle von Nichtwollen oder Unwissenheit. Sie kann auch zu Transitzwecken erfolgen. Der Grenzübertritt ist in der Regel mit dem Überschreiten der Grenzlinie (ob nun an der Land- oder Seegrenze oder grundsätzlich (unsichtbar) in der Luft bei Überflug der Grenzlinie) erfolgt. Anders verhält es sich beim Überfliegen der Grenze im Rahmen sog. Binnenflüge zwischen Schengenstaaten. Hier erfolgt der Grenzübertritt und damit die aufenthaltsrechtliche Einreise erst am Flughafen mit dem Verlassen des Flugzeugs. Hierzu der BGH:

„Reist der Ausländer mit einem Binnenflug (Art. 2 Nr. 3 Schengener Grenzkodex) ein, gilt nach Art. 2 Nr. 1b Schengener Grenzkodex der „Flughafen" als Binnengrenze. Dies hat zur Folge, dass der für die Vollendung der Einreise maßgebliche (physische) Grenzübertritt nicht schon mit dem Überfliegen der (geografischen) Grenzlinie stattfindet (so aber Stoppa in Huber, Aufenthaltsgesetz, § 95 Rn. 117), sondern erst mit dem Betreten des Hoheitsgebietes des Zielstaates am Flughafen erfolgt (vgl. OLG München, EZAR NF 57 Nr. 10; GK-Aufenthaltsgesetz/Mosbacher, § 95 Rn. 99). Nicht erforderlich ist es hingegen, dass der Passagier eines Binnenfluges (Art. 2 Nr. 3 Schengener Grenzkodex) auch schon in den öffentlichen Bereich des Flughafengeländes gelangt ist oder den Flughafenbereich verlassen hat."[16]

---

[14] Zu Pässen und Ausweisen ausf. *Maor* ZAR 2005, 222.
[15] Ausf. zu Art. 21 SDÜ *Winkelmann* ZAR 7/2010, 8; OVG NRW Urt. v. 19.2.2008 – 19 A 4554/06, BeckRS 2008, 35363; VG Frankfurt a. M. Beschl. v. 9.4.2002 – 1 G 790/02(V), BeckRS 2002, 21658; Urt. v. 21.7.2004 – 1 E 2479/04, BeckRS 2004, 151982; so auch *Westphal/Stoppa* S. 122, 125; *Funke-Kaiser* in GK-AufenthG § 13 Rn. 21; aA HessVGH Beschl. v. 19.11.2003 – 12 TG 2668/03, InfAuslR 2004, 141; aA *Fränkel* in NK-AuslR AufenthG § 13 Rn. 10.
[16] BGH Urt. v. 26.2.2015 – 4 StR 233/14, BeckRS 2015, 5869 Rn. 21.

Grenzübertritt und Einreise **fallen** danach **nur zusammen,** wenn der Ausländer außerhalb einer **9** zugelassenen Grenzübergangsstelle einreist. An einer **zugelassenen Grenzübergangsstelle**[17] ist die Einreise erst mit dem **Passieren** dieser Stelle beendet, also nicht schon mit deren Erreichen[18]. Gleichwohl hält der Ausländer sich bereits physisch in Deutschland auf, sodass deutsches Recht auf ihn Anwendung findet. Dies gilt allerdings nur, wenn sich die Kontrollstellen auf deutschem Staatsgebiet befinden; liegt sie (als gemeinsame Kontrollstelle) auf fremdem Staatsgebiet, erfolgt die Einreise nach Verlassen der gemeinsamen Kontrollstelle erst mit Überschreiten der Grenzlinie. Ob die Grenzübergangsstelle geöffnet und besetzt ist, ist unerheblich. Im Falle der vorübergehenden **Wiedereinführung von Grenzkontrollen** an den Binnengrenzen sind, unabhängig von den nationalen Definition der Einreise, die kontrollierten Ausländer unionsrechtlich im Hoheitsgebiet der Mitgliedstaaten aufhältig. Daher sind bei einer Aufenthaltsbeendigung, auch ggf. iRe Einreiseverweigerung, die Vorgaben der Rückführungs-RL zu beachten, da die Ausnahmeregelung des Art. 2 II lit. a Rückführungs-RL keine Anwendung findet[19]. Bei einer Bahnfahrt ist die Einreise erfolgt, wenn die Grenzlinie überfahren ist.

Am **Flughafen** muss bei **Außengrenzübertritten** (also kontrollpflichtigen Drittlandsflügen oder **10** ausnahmsweise bei Flügen von und nach Staaten über eine vorläufige Schengen-Außengrenze, zB Flug Frankfurt a. M. – Nikosia/Zypern) die Kontrollstelle passiert sein und die Möglichkeit bestehen, sich frei in Richtung Inland zu bewegen. Betreten und Aufenthalt im Transitbereich, zB während des Verfahrens nach § 18a AsylG, sind nicht mit der Einreise gleichzusetzen. Damit ist der Aufenthalt üblicherweise das Verbleiben in Deutschland nach der Einreise und setzt grundsätzlich eine vollendete Einreise voraus. Inwieweit die Einreise auch zugleich mit der Vollendung strafrechtlich **beendet** ist, hat Auswirkung auf die Strafnormen der §§ 95–97 (s. dort). In Flughafentransitbereichen zB ist eine besondere Situation vorherrschend, soweit nicht das AsylG greift. Hier ist auch ein ausländerrechtlicher Aufenthalt möglich, der denknotwendig keine vollendete Einreise voraussetzt. Der Unterschied liegt hier in der bereits völkerrechtlich vollendeten Einreise bei gleichzeitigem fehlenden Einreisewillen (so zB bei dauerhaftem Verbleiben eines Ausländers im Transitbereich eines internationalen Großflughafens ohne Einreise- oder Weiterreiseabsicht)[20].

Nach § 13 II 1 ist daher an einer **zugelassenen Grenzübergangsstelle** ein Ausländer im Rechts- **11** sinne erst eingereist, wenn er die Grenze überschritten und die Grenzübergangsstelle passiert hat. Ansonsten ist ein Ausländer im Rechtssinne eingereist, wenn er die Grenzlinie überschritten hat. Das doppelte Erfordernis des § 13 II 1, wonach sowohl ein Grenzübertritt als auch ein Passieren der Grenzübergangsstelle erforderlich ist, damit eine Einreise im *Rechtssinne* angenommen werden kann, ist auf sämtliche Fälle zu beziehen, in denen im Zusammenhang mit dem gewählten Reiseweg zur ordnungsgemäßen Einreise eine Grenzübergangsstelle zu benutzen wäre. Wenn also ein Ausländer die Grenze überschreitet, aber nicht die zur ordnungsgemäßen Einreise zu passierende Grenzübergangsstelle passiert, damit aber auch nicht eine Grenzübergangsstelle umgeht, reist er im Rechtssinne auch nicht ein. Dieses Verständnis entspricht der bisherigen Handhabe bspw. in den folgenden Fällen keine ausländerrechtlichen Kontrollen durchzuführen:

– Durchfahren von Küstengewässern[21],
– Fahrt aus einem Schiff in und durch das Küstenmeer zu einem Freihafen und Rückfahrt oder Transit zu einem anderen Schiff, ohne den Freihafen zu verlassen[22],
– Flughafentransit oder
– Überflug des Bundesgebiets ohne Landung.

Anhand der Beispiele wird ersichtlich, dass ein Ausländer erhebliche Wege zurücklegen und auch eine erhebliche Zeit im Bundesgebiet verbringen kann, ohne dass er im Rechtssinne einreist. Zeit und Ort des Grenzübertritts und der Einreise im Rechtssinne können somit deutlich auseinanderfallen. Es kann vor diesem Hintergrund nicht angenommen werden, ein Ausländer, der noch nicht im Rechtssinne eingereist ist, halte sich im Rechtssinne auch nicht im Bundesgebiet auf bzw. unterliege keinen aufenthaltsrechtlichen Regelungen. Begrifflich kann der Aufenthalt eines Ausländers also nicht von seiner Einreise abhängig gemacht werden. Eine andere Sichtweise würde zu nicht hinnehmbaren Konsequenzen führen:

---

[17] An einer Schengen-Binnengrenze befinden sich keine zugelassenen Grenzübergangsstellen mehr. So zB beim Flug von Athen/Griechenland nach München. Damit erfolgt der Grenzübertritt bei einem Schengen-Binnenflug bereits luftseitig während des Überflugs der Staatsgrenze und nicht erst bei Landung auf dem Flughafen. Schon gar nicht erst bei Verlassen des Flugzeugs oder Passieren bestimmter Zonen im Flughafengebäude. So nämlich ohne OLG Bamberg Urt. v. 24.9.2014 – 3 Ss 59/13 Rn. 14. Daran ändern auch nicht sog. lagebildabhängige Kontrollen nach dem Polizeirecht etwas. Die Grenzkontrollen leben weder begrifflich noch inhaltlich in solchen Kontrollsituationen zur Verminderung oder Unterbindung unerlaubter Einreise wieder auf.
[18] Vgl. hierzu in Bezug auf die strafrechtliche Vollendung der Einreise BGH Beschl. v. 1.8.2012 – 4 StR 226/12, BeckRS 2012, 17665, der hieran anknüpft (Vollendung der Einreise = räumliches Verlassen der Grenzübergangsstelle).
[19] EuGH Urt. v. 19.3.2019 – C-444/17, BeckRS 2019, 3617 Rn. 62.
[20] AA *Westphal/Stoppa* S. 698.
[21] Das bloße Überfahren der Grenze in deutschen Hoheitsgewässern mit einem Seeschiff eines anderen Flaggenstaates stellt keine Einreise iSv § 13 II dar (VG SchlH Beschl. v. 14.11.2013 – 4 B 58/13); vgl. Recht auf friedliche Durchfahrt nach Art. 17 Seerechtsübereinkommen der Vereinten Nationen (SRÜ).
[22] Vgl. Art. 18 SRÜ.

- Gegen Ausländer, die im Transitbereich eines Flughafens oder in einem Freihafen straffällig werden, könnten andernfalls keine aufenthaltsrechtlichen Maßnahmen (Ausweisung, Abschiebung) verhängt werden, solange sie nicht eingereist wären. Somit könnten sich Ausländer (wenn man nicht auf die polizeirechtliche Generalklausel zurückgreift) jahrelang in Transitbereichen von Flughäfen aufhalten; oder Ausländer, die noch nicht im Rechtssinne eingereist sind, sich aber im Bundesgebiet befinden, würden nicht den ausweisrechtlichen Pflichten des § 56 AufenthV unterliegen, was insbesondere im Hinblick auf § 56 Nr. 8 AufenthV widersinnig wäre.
- Ausländer könnten von einem Drittstaat aus in das Gelände eines Freihafens oder in den Transitbereich eines Flughafens reisen und dort eine Beschäftigung ausüben, ohne den hierfür eigentlich erforderlichen Aufenthaltstitel zu besitzen.
- Die Beschäftigung auf einer Plattform oder Offshore-Windparkanlage im Küstenmeer in der Nord- oder Ostsee könnte bei direkter Anfahrt über See ohne einreise- und beschäftigungsrechtliche Formalitäten erfolgen[23].

12 Zu diesen Ergebnissen sollte die dargestellte Definition der Einreise aber ganz offensichtlich nicht führen. Ihr Sinn besteht vielmehr darin, dass auch bei einer Verlagerung der Grenzübergangsstelle in das Inland eine Zurückweisung, die eben bei der Einreise erfolgt, möglich ist, und dass aufenthaltsrechtliche Verpflichtungen, die bei der Einreise bestehen (etwa nach § 13 I 2), sich auf das Passieren der Grenzübergangsstelle beziehen. Auch Ausländer, die zwar die Grenze überschritten haben, die aber noch nicht im Rechtssinne eingereist sind, halten sich also im Bundesgebiet auf und würden daher im Prinzip dem Erfordernis des § 4 I unterliegen, während des Aufenthalts einen Aufenthaltstitel zu besitzen. Aus diesem Grunde regelt **§ 26 I AufenthV**, dass Ausländer, die sich im Bundesgebiet befinden, ohne iSd § 13 II eingereist zu sein, grundsätzlich keinen Aufenthaltstitel benötigen. In den o. g. Beispielsfällen ist daher ein Aufenthalt ohne Aufenthaltstitel erlaubt. Nicht erlaubt ist aber die Ausübung der **Erwerbstätigkeit** im Freihafen bzw. Transitbereich oder im Küstenmeer ohne einen Aufenthaltstitel.

13 Für denjenigen, der ein Visum für den **Flughafentransit** (näher → § 6 Rn. 8 f.) benötigt, also ein Visum zur Durchreise durch die internationalen Transitzonen eines oder mehrerer Flughäfen der Mitgliedstaaten (Art. 2 Nr. 5, Art. 3 iVm Anhang IV VK), findet die Ausnahme des § 26 I AufenthV nur dann Anwendung, wenn dieses Flughafentransitvisum auch vorhanden ist. Das Flughafentransitvisum selbst ist dabei kein Aufenthaltstitel iSv § 4. Die EU-Kommission hat in dem Entwurf zum VK ausgeführt, dass das Flughafentransitvisum kein Visum ieS ist und nicht unter den Begriff Visa iSv Art. 62 Nr. 2b EGV (jetzt Art. 77 II lit. a AEUV) fällt[24]. Besitzt ein nach Art. 3 VK zum Besitz eines Flughafentransitvisums verpflichteter Ausländer also im Transitbereich eines Flughafens weder ein Flughafentransitvisum noch einen sonstigen Aufenthaltstitel, der (auch) für das Bundesgebiet gilt, gilt für ihn also nicht die Ausnahme des § 26 I AufenthV. Obwohl er also nicht oder noch nicht eingereist ist, macht er sich nach § 95 I Nr. 2 strafbar. Zudem ist er grundsätzlich vollziehbar (§ 58 Abs. 2 Nr. 2) ausreisepflichtig (§ 50 I) und ihm kann ggf. die Einreise verweigert werden (Art. 14 I SGK, § 15 II Nr. 1 iVm § 55 I), wofür die mit der polizeilichen Kontrolle des grenzüberschreitenden Verkehrs beauftragten Behörden zuständig sind (§ 71 III Nr. 1). Darüber hinaus hat das befördernde Luftfahrtunternehmen den Ausländer entgegen § 63 I unerlaubt nach Deutschland befördert[25].

14 **Seereisende** überschreiten die Grenze mit Überfahren der seewärtigen Begrenzung des deutschen Küstenmeeres (Zwölf-Meilen-Zone) oder dem Überfahren der seitlichen Begrenzung des deutschen Küstenmeeres zu dem Nachbarstaat. Sie sind im Außengrenzverkehr erst nach der Kontrolle im nächsten als Grenzübergangsstelle zugelassenen Hafen eingereist. Wer diese Kontrolle zu umgehen beabsichtigt und an anderer Stelle außerhalb einer Grenzübergangsstelle an Land gehen will oder geht, ist bereits mit der Einfahrt ins Küstenmeer (unerlaubt) eingereist (vgl. Nr. 13.2.6.1–13.2.6.4 AVwV).

15 In den Fällen des Abs. 2 S. 2[26] ist noch keine Einreise im Rechtssinne erfolgt, obwohl tatsächlich die Kontrollstation passiert ist **(Fiktion der Nichteinreise)**. Der Ausländer befindet sich nämlich **unter Kontrolle** für einen bestimmten Zweck vorübergehend im Bundesgebiet (zB Krankenhausbehandlung, Besuch der Auslandsvertretung, persönliches Erscheinen zu einem Gerichtstermin, Zurückwei-

---

[23] „§ 26 Abs. 1 AufenthV ist jedenfalls dahin auszulegen, dass der Anwendungsbereich dieser Norm nicht eröffnet ist, wenn drittstaatsangehörige Seeleute als Besatzungsmitglieder auf einem Offshore-Supply-Schiff im deutschen Küstenmeer verbleiben, um dort einer Erwerbstätigkeit nachzugehen. § 26 Abs. 1 AufenthV zielt ungeachtet seines auslegungsbedürftigen Wortlauts im Falle der Einfahrt eines Seeschiffs in das Küstenmeer lediglich auf den grenzüberschreitenden Durchgangsverkehr, der – in Realisierung des Rechts der friedlichen Durchfahrt (Art. 17 SRÜ) – dem Transit von Personen und Waren dient. Dies erfasst nicht das Verbleiben von Besatzungsmitgliedern eines Offshore-SupplySchiffs zum Zweck von Offshore-Arbeiten im Küstenmeer, die vom Recht auf friedliche Durchfahrt gerade nicht erfasst sind" (BVerwG Urt. v. 27.4.2021 – 1 C 13.19, BeckRS 2021, 20449 Rn. 49; *Klaus* InfAuslR 2018, 349.
[24] Zum Flughafentransitvisum ausf. → § 6 Rn. 5 f.
[25] So auch *Maor* ZAR 2005, 185 (188).
[26] „Lassen die mit der polizeilichen Kontrolle des grenzüberschreitenden Verkehrs beauftragten Behörden einen Ausländer vor der Entscheidung über die Zurückweisung (§ 15 dieses Gesetzes, §§ 18, 18a des Asylverfahrensgesetzes) oder während der Vorbereitung, Sicherung oder Durchführung dieser Maßnahme die Grenzübergangsstelle zu einem bestimmten vorübergehenden Zweck passieren, so liegt keine Einreise im Sinne des Satzes 1 vor, solange ihnen eine Kontrolle des Aufenthalts des Ausländers möglich bleibt."

sungshaft etc[27]). Eine Kontrolle iSd Vorschrift ist daher zu bejahen, solange die Grenzbehörde den Aufenthaltsort des Ausländers mit Mitteln des unmittelbaren Zwangs bestimmen kann, solange sich der Ausländer also noch im unmittelbaren grenzsichernden Zugriff der Grenzbehörden befindet[28]. Entkommt der Ausländer der Kontrolle, so ist er eingereist[29]. **Zur Auswirkung der** Rückführungs-RL[30]: Es ist nicht hinreichend klar, ob die bisherige Verfahrensweise in Bezug auf die sog. **„Fiktion der Nichteinreise"** in der bisherigen Form angewendet werden kann. Fraglich ist, ob Ausländer, die unter diese Bestimmung fallen, iSv Art. 2 II lit. a Rückführungs-RL eine *Genehmigung* bzw. das *Recht* erhalten, sich in dem Mitgliedstaat aufzuhalten. Damit könnte der zulässige Anwendungsbereich der Öffnungsklausel verlassen sein und diese Fälle wären richtlinienkonform zu behandeln (Anwendung von Art. 6, 7, Rückführungs-RL etc). Als Gegenargument könnte angeführt werden, dass der Betroffene auch in diesen Fällen weiterhin unter der Kontrolle der Behörden steht und sich diese Fälle systematisch kaum von solchen des Transitaufenthalts nach § 15 VI trennen lassen. Insgesamt lässt sich feststellen, dass der Richtliniengeber – wenn auch nur unzureichend deutlich gemacht – nach systematischer Auslegung und nach der *ratio legis* wohl der Auffassung sein dürfte, dass der gesamte Bereich der Fallgestaltungen der Einreiseverweigerung an der Außengrenze von der Anwendung der Rückführungs-RL ausgenommen werden kann[31]. Sofern jedoch der erstmalige Antrag oder die Verlängerung der **Haft zur Sicherung der Zurückweisung abgelehnt** wird oder der Aufenthalt im Flughafentransit bzw. einer entsprechenden Unterkunft nach § 15 VI durch den Richter abgelehnt wird, ist der Ausländer frei und eine Einreise zu ermöglichen. Die Zurückweisung wird nunmehr außer Vollzug gesetzt (nach § 15 III 3 findet Abs. 1 keine Anwendung mehr). Die ausländerrechtliche Einreise ist nach § 13 nunmehr vollendet (§ 13 II 2 kann nicht mehr begründet werden)[32]. Zusätzlich zum Eintritt der gesetzlichen Ausreisepflicht ist eine Rückkehrentscheidung zu verfügen. Das Verfahren richtet sich nach der Rückführungs-RL.

Soweit in Fällen der beantragten Zurückweisungshaft diese nicht durch das Gericht beschlossen wird, sind Einreise und Aufenthalt entgegen der Nr. 15.5.4 AVwV-AufenthG so lange nicht unerlaubt, wie der Betroffene der behördlichen Zurückweisungsentscheidung zu dem vorgesehenen Abflugtermin auch nachkommt. Die aufschiebende Wirkung der Zurückweisung besteht, so lange sie nicht vollzogen werden kann und sollte durch eine Verfügung der Grenzbehörden, die dem Betroffenen auszuhändigen ist, deutlich gemacht werden. In unabsehbar langen Fällen (eine Zurückweisung ist aus rechtlichen oder tatsächlichen Gründen zunächst gar nicht oder jedenfalls nicht innerhalb von drei Monaten (Rechtsgedanke aus § 62 III 3) möglich), ist Verbindung mit der zuständigen Ausländerbehörde aufzunehmen, um den **faktischen Aufenthalt** über eine Duldung (§ 60a II 1) rechtlich zu ermöglichen. Auch wenn die Einreise des Ausländers von der Grenzpolizei nicht verhindert werden kann, so macht dies die Einreise nicht rechtmäßig. Die Einreise ist vielmehr unerlaubt und eröffnet gegebenenfalls die Möglichkeit der Zurückschiebung nach § 57 I. 16

Die Einreisebestimmung hat keinen Einfluss auf die Anwendbarkeit des Strafrechts. Dieses findet nach dem Territorialitätsprinzip nach § 3 StGB mit dem Überschreiten der Grenzlinie Anwendung. Gleiches gilt für die Rückkehr nach § 456a II StPO. Völkerrechtliche Verträge können die **Anwendung deutschen Strafrechts** in einer **Gemeinschaftskontrollstelle** bestimmen (zB nach Art. 11 des damaligen Abkommens zwischen der Bundesrepublik Deutschland und der Republik Polen über Erleichterungen der Grenzabfertigung vom 29.7.1992, das mit dem Wirkbetrieb „Schengens" obsolet wurde[33]). 17

§ 14 Unerlaubte Einreise; Ausnahme-Visum

(1) Die Einreise eines Ausländers in das Bundesgebiet ist unerlaubt, wenn er
1. **einen erforderlichen Pass oder Passersatz gemäß § 3 Abs. 1 nicht besitzt,**
2. **den nach § 4 erforderlichen Aufenthaltstitel nicht besitzt,**
2a. **zwar ein nach § 4 erforderliches Visum bei Einreise besitzt, dieses aber durch Drohung, Bestechung oder Kollusion erwirkt oder durch unrichtige oder unvollständige Angaben**

---

[27] BVerwG Beschl. v. 29.6.2000 – 1 C 25.99; HessVGH Urt. v. 2.8.1999 – 12 UE 1457/99, ZAR 1999, 233.
[28] HessVGH Urt. v. 17.12.2013 – 5 A 1865/12, BeckRS 2014, 48104 – mit Verweis auf VG Frankfurt a. M. Beschl. v. 22.8.1996 – 9 G 50492/96.A(1), NVwZ 1997, Beil. Nr. 5, 38. Dem unmittelbaren grenzsichernden Zugriff unterliegt auch noch, wer sich zwar nicht im unmittelbaren Gewahrsam der Grenzbehörde befindet, aber sich dem Zugriff derselben, die über den Aufenthaltsort des Betroffenen zu jeder Zeit informiert sind, nicht entziehen kann (Nr. 13.2.1.2 AVwV-AufenthG).
[29] S. dazu SächsOVG Beschl. v. 10.9.2009 – 3 D 17/09.
[30] RL 2008/115/EG des Europäischen Parlamentes und des Rates v. 16.12.2008 über gemeinsame Normen und Verfahren in den Mitgliedstaaten zur Rückführung illegal sich aufhaltenden Drittstaatsangehörigen – Rückführungs-RL – ABl. 2008 L 348, 98; s. auch Winkelmann, www.Migrationsrecht.net, Beitrag zur Umsetzung der Rückführungs-RL.
[31] Vgl. auch EuGH Urt. v. 19.3.2019 – C-444/17, BeckRS 2019, 3617.
[32] Vgl. in „Neue Regelungen zum Haftrecht", *Winkelmann* Nr. 2.3 zum bisherigen Recht.
[33] Das Abk. ist durch Art. 45 I 1 des Abkommens vom 15.5.2014 zwischen der Regierung der Bundesrepublik Deutschland und der Regierung der Republik Polen über die Zusammenarbeit der Polizei-, Grenz- und Zollbehörden seit 9.7.2015 außer Kraft.

1 AufenthG § 14

erschlichen wurde und deshalb mit Wirkung für die Vergangenheit zurückgenommen oder annulliert wird, oder
3. nach § 11 Absatz 1, 6 oder 7 nicht einreisen darf, es sei denn, er besitzt eine Betretenserlaubnis nach § 11 Absatz 8.

(2) Die mit der polizeilichen Kontrolle des grenzüberschreitenden Verkehrs beauftragten Behörden können Ausnahme-Visa und Passersatzpapiere ausstellen.

Allgemeine Verwaltungsvorschrift
14 Zu § 14 – Unerlaubte Einreise; Ausnahmevisum
14.1 Kriterien der unerlaubten Einreise
14.1.0 Einreise
14.1.0.1 Eine Einreise liegt erst vor, wenn der Ausländer gemäß § 13 Absatz 2 tatsächlich die Außengrenze der Bundesrepublik Deutschland von einem Drittstaat oder von einem anderen Schengenstaat aus überschritten hat (siehe Nummer 13.2). Eine bereits erfolgte Einreise in einen anderen Schengenstaat lässt die Anwendbarkeit des § 14 unberührt.
14.1.0.2 § 14 Absatz 1 findet gemäß § 1 Absatz 2 Nummer 1 auf Ausländer, deren Rechtsstellung von dem Gesetz über die allgemeine Freizügigkeit von Unionsbürgern geregelt ist (vgl § 1 FreizügG/EU) keine Anwendung (zur Ausweispflicht vgl § 8 FreizügG/EU, zum Erfordernis des Aufenthaltstitels vgl Nummer 14.1.2.1.1.6).
14.1.1 Einreise ohne erforderlichen Pass
14.1.1.1 Die Einreise eines Ausländers ist unerlaubt, wenn er einen erforderlichen Pass oder Passersatz gemäß § 3 Absatz 1 nicht besitzt.
14.1.1.2 Ein Ausländer erfüllt die Passpflicht, wenn

– er einen gemäß § 71 Absatz 6 anerkannten, gültigen Pass oder Passersatz besitzt,
– er gemäß § 2 AufenthV minderjährig ist und in den anerkannten und gültigen Pass oder Passersatz seines gesetzlichen Vertreters eingetragen ist. Die Passpflicht wird auch durch Eintragung im gültigen Pass oder Passersatz des gesetzlichen Vertreters dann erfüllt, wenn dieser nicht bei ihm ist,
– er gemäß § 3 AufenthV über einen zugelassenen nichtdeutschen amtlichen Ausweis als Passersatz verfügt oder
– er über eines der in § 4 AufenthV aufgezählten Passersatzpapiere verfügt.

14.1.1.3 Die Einreise ist i. S d. § 14 Absatz 1 Nummer 1 unerlaubt, wenn der Ausländer einen Pass oder Passersatz nicht mit sich führt und kein Fall des § 14 AufenthV vorliegt. Etwas anderes kann im Einzelfall gelten, wenn der Ausländer bis zur Beendigung der Einreisekontrolle den Nachweis erbringen kann, dass er im Besitz eines gültigen Passes oder Passersatzes bzw. von der Passpflicht befreit ist.
14.1.1.3.1 Ein Ausländer besitzt auch einen Pass bzw. Passersatz, wenn er ihn einer inländischen Behörde oder Behörde eines anderen SchengenStaates überlassen hat, um Eintragungen vornehmen zu lassen oder ein Visum zu beantragen, und dies nachweisen kann.
14.1.1.3.2 Ein Ausländer besitzt auch einen Pass bzw. Passersatz, wenn er ihn einer im Inland oder in einem anderen Schengen-Staat gelegenen Vertretung eines auswärtigen Staates zur Durchführung eines Visumverfahrens vorübergehend überlassen hat. In diesem Fall hat der Ausländer gemäß § 55 Absatz 2, § 56 Absatz 1 Nummer 4 AufenthV einen Ausweisersatz zu beantragen, um damit gemäß § 3 Absatz 1 Satz 2 die Passpflicht zu erfüllen. Daher hat der Ausländer, der sich auf diesen Sachverhalt beruft, darzulegen, dass er seiner Verpflichtung nachgekommen ist oder ihr ohne sein Verschulden nicht nachkommen konnte. Hat er die Beantragung eines Ausweisersatzes schuldhaft unterlassen, ist der Tatbestand einer Ordnungswidrigkeit gemäß § 77 Nummer 2 AufenthV erfüllt.
14.1.1.3.3 Ein Ausländer besitzt den Pass nicht mehr, wenn er ihn verloren oder unauffindbar verlegt hat, wenn das Dokument entwendet oder in wesentlichen Teilen vernichtet wurde oder unleserlich ist. Zur Vermeidung einer Straftat (§ 95 Absatz 1 Nummer 1 bzw. Nummer 3) und zur Gewährleistung der Passvorlagepflicht (§ 48 Absatz 1) sind Einreise und Aufenthalt des Ausländers in das Bundesgebiet ohne Pass, Passersatz oder entsprechender Befreiung zu verhindern.
14.1.1.4 Ein Ausländer, der zu einem Aufenthalt bis zu drei Monaten in das Schengen-Gebiet einreisen will und lediglich über einen Pass oder Passersatz verfügt, der zwar in Deutschland, nicht aber in allen Schengen-Staaten anerkannt ist, erfüllt die Einreisevoraussetzung gemäß Artikel 5 Absatz 1 Buchstabe a) Schengener Grenzkodex nur mit Bezug auf Deutschland und der jenigen Schengen-Staaten, die das Dokument anerkennen. Eine unerlaubte Einreise gemäß § 14 Absatz 1 Nummer 1 liegt schon deshalb nicht vor, da die Vorschrift lediglich auf die Erfüllung der Passpflicht für Deutschland abstellt. Findet die Einreise in den Schengen-Raum über eine deutsche Grenzübergangsstelle statt und ist der Kontrollperson bekannt, dass der Pass oder Passersatz nicht in allen Schengen-Staaten anerkannt ist, soll sie den Ausländer mündlich darauf hinweisen. Hierzu besteht aber keine rechtliche Verpflichtung.
14.1.2 Einreise ohne erforderlichen Aufenthaltstitel
14.1.2.1 Die Einreise eines Ausländers nach Deutschland ist unerlaubt, wenn er den erforderlichen Aufenthaltstitel nicht besitzt. Ein Aufenthaltstitel ist nach § 4 Absatz 1 erforderlich, wenn der Ausländer nicht vom Anwendungsbereich des Aufenthaltsgesetzes ausgenommen ist (§ 1 Absatz 2) und nicht durch europäische Rechtsvorschriften, nationales Gesetz oder Rechtsverordnung vom Erfordernis des Besitzes eines Aufenthaltstitels befreit ist. Kann der Ausländer den Aufenthaltstitel nach der Einreise einholen (§ 41 AufenthV), ist seine Einreise ohne den Besitz eines Aufenthaltstitels erlaubt. §§ 39 und 40 AufenthV setzen jedoch für den Zeitpunkt der Einreise einen Aufenthaltstitel oder die Befreiung voraus
14.1.2.1.1 Der Besitz eines Aufenthaltstitels ist nicht erforderlich für
14.1.2.1.1.1 – bevorrechtigte Personen, soweit gemäß § 1 Absatz 2 Nummer 2 bzw. Nummer 3 das Aufenthaltsgesetz auf sie nicht anzuwenden ist (u a. in Deutschland akkreditierte Diplomaten, NATO-Truppenangehörige im Rahmen des NATO-Truppenstatuts und des Zusatzabkommens zum NATO-Truppenstatut),
14.1.2.1.1.2 – Ausländer, die dem HAuslG unterfallen,
14.1.2.1.1.3 – Personen, die Deutsche sind und zugleich eine fremde Staatsangehörigkeit besitzen,

Unerlaubte Einreise; Ausnahme-Visum § 14 AufenthG 1

14.1.2.1.1.4 – Ausländer, die nach den Regelungen des SDÜ/Schengener Grenzkodex zur Durchreise oder zum Kurzaufenthalt ohne deutsches Visum berechtigt sind (z. B. Artikel 5 Absatz 4 Buchstabe a) Schengener Grenzkodex, Artikel 18 Satz 2 SDÜ[1], Artikel 21 SDÜ),
14.1.2.1.1.5 – Ausländer, die zur Geltendmachung eines Anspruchs auf Asylberechtigung oder auf Zuerkennung der Flüchtlingseigenschaft in das Bundesgebiet einreisen dürfen (vgl § 18 AsylG, § 18a AsylVfG),
14.1.2.1.1.6 – die in § 2 FreizügG/EU genannten Ausländer, soweit nach § 2 Absatz 4 FreizügG/EU keine Visumpflicht besteht. Auch soweit 14.1.2.1.1.7.2 danach die Visumpflicht besteht, kann eine visumfreie Einreise nach anderen Rechtsvorschriften (z. B. Artikel 21 SDÜ) in Betracht kommen,
14.1.2.1.1.7 Ausländer, die durch die Verordnung (EG) Nummer 539/2001 des Rates vom 15. März 2001 zur Aufstellung der Liste der Drittländer, deren Staatsangehörige beim Überschreiten der Außengrenzen im Besitz eines Visums sein müssen, sowie der Liste der Drittländer, deren Staatsangehörige von dieser Visumpflicht befreit sind (ABl. L 81 S 1)[2] in der jeweils geltenden Fassung von der Visumpflicht für einen Kurzaufenthalt befreit sind (so genannte „Positivstaater"). Soweit es dabei um die Frage geht, ob wegen eines entsprechenden Vorbehalts aufgrund von Artikel 4 Absatz 3[3] der Verordnung oder der zeitlichen Beschränkung auf Kurzaufenthalte der Befreiungstatbestand erfüllt ist, ist folgendes zu beachten:
14.1.2.1.1.7.1 – Für die Anwendbarkeit der Befreiung kommt es darauf an, ob der Ausländer einen Aufenthalt beabsichtigt, der wegen Aufnahme einer Erwerbstätigkeit oder der Absicht, den zeitlichen Rahmen zu überschreiten, eines Visums (mit Zustimmung der Ausländerbehörde) bedürfte. Die Befreiung nach Artikel 1 Absatz 2 der Verordnung ist in diesen Fällen nicht anwendbar, vgl die zeitliche Beschränkung in Artikel 1 Absatz 2[4] bzw. Artikel 4 Absatz 3[5] der Verordnung i. V. m. § 17 Absatz 1 AufenthV. Daher reist z. B. ein Staatsangehöriger einer der in Anhang II der Verordnung genannten Staaten (so genannter „Positivstaater") unerlaubt ein, wenn er bereits bei der Einreise die Absicht hat, sich länger als drei Monate im Bundesgebiet oder im Gebiet der Anwenderstaaten aufzuhalten oder eine Erwerbstätigkeit aufzunehmen. Der Nachweis dieser Absicht beim Grenzübertritt ist anhand objektiver Kriterien zu führen (z. B. Mitführen von Werkzeugen oder der Adresse eines Arbeitgebers). Auf § 17 Absatz 2 AufenthV i. V. m. § 16 BeschV wird hingewiesen. Die Einreise eines so genannten „Positivstaaters" ist jedoch dann nicht unerlaubt, wenn er für einen längeren visumpflichtigen Aufenthalt ein entsprechendes nationales Visum zur Erwerbstätigkeit ein entsprechendes nationales Visum besitzt, dessen Gültigkeitszeitraum innerhalb der auf die Einreise folgenden nächsten drei Monate beginnt (vgl Nummer 6.1.8.3). Aufenthalte bis zu drei Monaten, die an sich visumfrei wären, bleiben visumfrei, auch wenn sich an sie ein visumpflichtiger Aufenthalt anschließt, für den bereits bei Einreise ein nationales Visum besteht.
14.1.2.1.1.7.2 – Wird die Absicht eines Staatsangehörigen der in Anhang II der Verordnung genannten Staaten, eine Erwerbstätigkeit aufzunehmen, beim Grenzübertritt nicht erkannt, kann deren Vorliegen schon zum Zeitpunkt des Grenzübertritts aber später anhand objektiver Kriterien nachgewiesen werden, liegt eine unerlaubte Einreise (sowie ein unerlaubter Aufenthalt) vor.
14.1.2.1.1.7.3 – Lag die entsprechende Absicht nicht schon bei der Einreise vor (der zum Zeitpunkt der Einreise nach der Verordnung befreite Ausländer hat sich erst im Inland entschlossen, eine Erwerbstätig keit aufzunehmen) oder kann das Vorliegen der Absicht schon zum Zeitpunkt der Einreise später nicht nachgewiesen werden, führt dies allerdings nicht zu einer gleichsam rückwirkend unerlaubten Einreise, weil eine rückwirkende Erfüllung von Straftatbeständen nicht möglich ist.
14.1.2.1.1.7.4 – Die in Nummer 14.1.2.1.1.7 bis 14.1.2.1.1.7.3 dargelegten Grundsätze gelten nicht, wenn der Staatsangehörige der in Anhang II der Verordnung genannten Staaten aufgrund anderer Vorschriften vom Erfordernis des Besitzes eines Aufenthaltstitels befreit ist, z. B. wegen der Anwendbarkeit älterer Sichtvermerksabkommen gemäß § 16 AufenthV, oder wenn ihm die nachträgliche Einholung eines erforderlichen Aufenthaltstitels im Bundesgebiet gemäß § 41 AufenthV gestattet ist.
14.1.2.1.1.8 – Ausländer, die nach den §§ 15 bis 30 der AufenthV vom Erfordernis eines Aufenthaltstitels befreit sind. Für die Anknüpfung an objektive Kriterien sind die Nummer 14.1.2.1.1.7.1 ff. entsprechend anwendbar.
14.1.2.1.1.9 – Nach Deutschland zurückreisende, in Deutschland geduldete Schüler auf Schülersammellisten (§ 22 AufenthV), sofern die Ausländerbehörde in der Schülersammelliste vermerkt hat, dass nach der Wiedereinreise die Abschiebung ausgesetzt sein wird.
14.1.2.1.2 Der Begriff „erforderlich" i. S. d. § 14 Absatz 1 Nummer 2 ist so zu verstehen, dass der Ausländer irgendeinen Aufenthaltstitel besitzen muss, sofern er nicht Regelungen unterliegt, die den Aufenthaltsgesetz vorgehen, oder von dem Erfordernis des Besitzes eines Aufenthaltstitels befreit ist. Die Grenzbehörden sollen daher bei der Einreisekontrolle in der Kürze der Zeit anhand möglichst objektiver Merkmale feststellen können, ob der Ausländer die formellen Einreisevoraussetzungen nach §§ 3 und 4 erfüllt.
14.1.2.1.3 Enthält der Aufenthaltstitel auflösende oder aufschiebende Bedingungen, die auf Umstände verweisen, die nicht aus den mitgeführten Grenzübertrittspapieren hervorgehen, ist bei der Grenzkontrolle nicht von der Ungültigkeit des Aufenthaltstitels wegen der Bedingung auszugehen, sofern diese Ungültigkeit nicht offensichtlich ist. So gehen etwa das Fortbestehen einer ehelichen Lebensgemeinschaft oder eines Arbeitsverhältnisses nicht aus den Grenzübertrittspapieren hervor. Entsprechende Nachforschungen sollen unterbleiben. Ist allerdings ausdrücklich vermerkt, dass der Aufenthaltstitel nur in Verbindung mit bestimmten Dokumenten (wie etwa einer Verpflichtungserklärung) gilt, müssen diese bei der Grenzkontrolle auch vorgewiesen werden können.

---

[1] Hinweis: Aufgehoben durch Art. 1 Nr. 1 der VO (EU) Nr. 265/2010, ABl. 2010 L 85, 1. Bezugnahmen gelten insoweit als solche auf Art. 21 II a SDÜ.
[2] Vgl. nunmehr Verordnung (EU) 2018/1806 des EU-Parlaments und des Rates v. 14.11.2018 zur Aufstellung der Liste der Drittländer, deren Staatsangehörige beim Überschreiten der Außengrenzen im Besitz eines Visums sein müssen, sowie der Liste der Drittländer, deren Staatsangehörige von dieser Visumpflicht befreit sind (Kodifizierter Text), ABl. 2018 L 303, S. 39.
[3] Vgl. nunmehr Art. 6 III EU-VisaVO.
[4] Vgl. nunmehr Art. 4 II EU-VisaVO.
[5] Vgl. nunmehr Art. 6 III EU-VisaVO.

14.1.2.2 Eine unerlaubte Einreise liegt nicht vor, wenn der Ausländer mit einem Visum einreist, das aufgrund seiner Angaben ohne erforderliche Zustimmung der Ausländerbehörde (§ 31 AufenthV) erteilt wurde, obwohl er bereits bei der Einreise einen Aufenthaltszweck beabsichtigt, für den er ein Visum benötigt, das nur mit Zustimmung der Ausländerbehörde erteilt werden darf. So liegt keine unerlaubte Einreise vor, wenn ein Ausländer mit einem kurzfristig geltenden Visum einreist, obwohl er einen Daueraufenthalt beabsichtigt. Sofern die Grenzbehörde den begründeten Verdacht hat, dass der Aufenthalt nicht dem Zweck dienen soll, für das Visum erteilt wurde, kann sie den Ausländer gemäß § 15 Absatz 2 Nummer 2 zurückweisen. In den Fällen der §§ 39 bis 41 AufenthV hat eine Einreise ohne Aufenthaltstitel keine aufenthaltsrechtlichen Folgen (z. B. Zurückschiebung), weil der Aufenthaltstitel nach diesen Vorschriften bei der Einreise noch nicht „erforderlich" ist.

14.1.3 Einreise entgegen einer Wiedereinreisesperre

14.1.3.1 Nach § 11 Absatz 1 Satz 1 tritt die Wiedereinreisesperre außer in den Fällen der Ausweisung und Abschiebung auch dann ein, wenn der Ausländer gemäß § 57 zurückgeschoben wurde.

14.1.3.2 Die Einreise entgegen der gesetzlichen Wiedereinreisesperre nach § 11 Absatz 1 ist unerlaubt. Nach der Einreise besteht die vollziehbare Ausreisepflicht (§ 58 Absatz 2 Nummer 1), die regelmäßig eine Zurückschiebung zur Folge hat (§ 57 Absatz 1). Ein nach unerlaubter Einreise gestellter Antrag auf Erteilung eines Aufenthaltstitels bewirkt nicht die Erlaubnisfiktion des § 81 Absatz 3. Nicht unerlaubt gemäß § 14 Absatz 1 Nummer 3 ist die Einreise, wenn der Ausländer eine Betretenserlaubnis sowie das erforderliche Visum besitzt.

14.1.3.3 Die Einreise eines zur Einreiseverweigerung im SIS (Artikel 96 Absatz 3 SDÜ) ausgeschriebenen Ausländers nach Deutschland ist dann unerlaubt, wenn der Ausschreibung eine Ausweisung oder Abschiebung oder Zurückschiebung einer deutschen Ausländerbehörde oder einer sonstigen mit der Maßnahme der Zurückschiebung betrauten Behörde zu Grunde liegt (siehe Nummer 58.0.13.1.1 und Vor 53.10) und somit zugleich eine Wiedereinreisesperre gemäß § 11 Absatz 1 besteht (siehe auch Nummer 14.1.5).

14.1.3.4 Wird dem Ausländer durch eine deutsche Auslandsvertretung entgegen § 11 Absatz 1 vor der Einreise aufgrund unrichtiger oder unvollständiger Angaben ein Visum erteilt, kann die Grenzbehörde den Ausländer gemäß § 15 Absatz 2 Nummer 1 zurückweisen und das Visum gemäß § 52 Absatz 1 Nummer 3 widerrufen. Reist der Ausländer mit diesem Visum unkontrolliert ein oder hat die Grenzbehörde bei der Einreisekontrolle nicht erkannt, dass das Visum entgegen § 11 Absatz 1 erteilt wurde, ist zwar die Voraussetzung für die unerlaubte Einreise i. S. v. § 14 Absatz 1 Nummer 3 erfüllt. Der Umstand des wirksam erteilten Visums gebietet es jedoch, so lange vom Bestand der durch das Visum verliehenen Rechtsposition auszugehen, bis die vollziehbare Ausreisepflicht durch Erlass eines entsprechenden Verwaltungsaktes bewirkt worden ist (vgl § 48 VwVfG).

14.1.3.5 Die für die Befristung der Sperrwirkung nach § 11 Absatz 1 zuständige Ausländerbehörde oder im Falle einer zuvor erfolgten Zurückschiebung (§ 57) die für die polizeiliche Kontrolle des grenzüberschreitenden Verkehrs zuständige Behörde (§ 71 Absatz 3 Nummer 1) ist gemäß § 87 Absatz 2 Satz 1 Nummer 3 über eine unerlaubte Einreise oder einen entsprechenden Versuch zu unterrichten.

14.1.4 Ein Ausländer reist unter den Voraussetzungen des § 14 Absatz 1 auch dann unerlaubt ein, wenn er bei der Einreise kontrolliert worden ist (z. B. nur Sichtkontakt), aber die Grenzbehörde nicht bemerkt hat, dass er die Einreisevoraussetzungen des Besitzes von Pass und Aufenthaltstitel nicht erfüllt und ihm die Einreise freigegeben oder sie nicht aktiv verhindert hat. Eine grenzpolizeiliche Kontrolle und auch die Anbringung eines Einreisekontrollstempels in einem Dokument rechtfertigt für sich allein nicht die Annahme, der Ausländer habe die formellen Einreisevoraussetzungen erfüllt.

14.1.5 Die Einreise bei Vorliegen der Voraussetzungen des § 5 Absatz 4 (insbesondere Terrorismusverdacht) ist nicht ohne weiteres unerlaubt. Anders als § 11 normiert § 5 Absatz 4 kein generelles Einreise- und Betretensverbot, sondern nur einen zwingenden Versagungsgrund für die Erteilung eines Aufenthaltstitels im Sinn dieser Regelung ist, dass das Vorliegen einer Terrorismusgefahr – anders als eine erfolgte Ausweisung, Abschiebung oder Zurückschiebung – nicht zeitnah bei Grenzübertritt beurteilt werden kann. Allerdings ist Artikel 5 Absatz 1 Buchstabe e) Schengener Grenzkodex[6] zu beachten, die Tatbestandsvoraussetzungen sind bei entsprechender Ausschreibung im SIS als vorliegend zu betrachten. Eine Einreiseverweigerung ist – ggf. nach Widerruf des Visums, § 71 Absatz 3 Nummer 3 – auf § 15 Absatz 2 Nummer 1 und 3 zu stützen, auch wenn eine entsprechende Ausschreibung nicht vorliegt, sondern sich die Gefährlichkeit aus anderen Tatsachen ergibt. Die Unterrichtung von Strafverfolgungsbehörden bzw. anderen Stellen ist stets zu veranlassen.

14.2 Erteilung von Ausnahmevisa an der Grenze

14.2.0 Allgemeines

14.2.0.1 In Ausnahmefällen kann nach § 14 Absatz 2 ein Visum an der Grenze erteilt werden. Ein Ausnahmevisum kann grundsätzlich als nationales Visum oder als so genanntes einheitliches Visum nach Artikel 10 SDÜ[7] erteilt werden. Letzteres kann auch räumlich beschränkt erteilt werden.

14.2.0.2 Wird ein Ausnahmevisum für einen Aufenthalt erteilt, dessen Dauer insgesamt drei Monate überschreitet, handelt es sich nicht um ein einheitliches, sondern gemäß Artikel 18 SDÜ um ein nationales Ausnahmevisum. Das nationale Visum wird grundsätzlich von den diplomatischen und konsularischen Vertretungen nach Maßgabe des nationalen Rechts erteilt. Die ausnahmsweise Erteilung eines solchen Visums an der Grenze ist möglich.

14.2.0.3 Nach Artikel 12 Absatz 1 SDÜ[8] wird das einheitliche Visum grundsätzlich von den diplomatischen und konsularischen Vertretungen erteilt. Die ausnahmsweise Erteilung eines einheitlichen Visums an der Grenze ist nur nach Maßgabe der Verordnung (EG) Nummer 415/2003 des Rates vom 27. Februar 2003 über die Erteilung von Visa an der Grenze, einschließlich der Erteilung derartiger Visa an Seeleute auf der Durchreise (ABl. EG Nummer L 64 S 1)[9] unter den dort genannten Voraussetzungen möglich.

14.2.0.4 Im Rahmen des Artikels 10 SDÜ (einheitliches Visum, Ausnahmevisum) ist zwischen einem unbeschränkten und einem räumlich beschränkten Ausnahmevisum zu unterscheiden. Ein unbeschränktes Ausnahme-

---

[6] Vgl. nunmehr Art. 6 I lit. e SGK.
[7] Aufgehoben durch VK. Nunmehr geregelt in Art. 2 Nr. 3, 24 VK.
[8] Vgl. nunmehr Art. 4 ff. VK.
[9] Aufgehoben durch VK. Nunmehr geregelt in Art. 35, 36 VK.

visum gilt für die Bundesrepublik Deutschland und alle anderen Schengen-Staaten, während das räumlich beschränkte Ausnahmevisum nur für einen oder mehrere Schengen-Staaten erteilt wird.

14.2.0.5 Die Befugnis zur Erteilung eines einheitlichen Visums an der Grenze (Ausnahmevisum) ergibt sich aus § 14 Absatz 2 i. V. m. der Verordnung (EG) Nummer 415/2003.

14.2.0.6 Die Zuständigkeit der Grenzbehörden für die Erteilung von Ausnahmevisa ergibt sich aus § 71 Absatz 3 Nummer 2. Die Grenzbehörden sind dementsprechend grundsätzlich unzuständig zur Ausstellung von Ausnahmevisa an Personen, die bereits eingereist sind; dasselbe gilt für die Verlängerung von Visa. Antragsteller sind an die jeweils örtlich zuständige Ausländerbehörde zu verweisen. Das Bundesministerium des Innern kann jedoch Ausnahmen hiervon zulassen. Örtlich zuständig ist die Ausländerbehörde, in deren Bezirk der betreffende Ausländer wohnt oder sich ständig aufhält, hilfsweise die Ausländerbehörde, in der sich der Ausländer gegenwärtig aufhält.

14.2.0.7 Grundsätzlich sind Drittausländer, die die Einreisevoraussetzungen nicht erfüllen, zurückzuweisen. Die Darlegungslast, dass Gründe für die Erteilung eines Ausnahmevisums gegeben sein könnten, trifft ausnahmslos den Ausländer (vgl § 82 Absatz 1). Bestehen, insbesondere im Hinblick auf Sicherheitsbelange, Zweifel, ob ein Ausnahmevisum erteilt werden kann, ist von einer Erteilung abzusehen. Bei der Überprüfung der Voraussetzungen gilt der Grundsatz: „Im Zweifel für die Sicherheit".

14.2.1 Voraussetzungen für die Erteilung von einheitlichen Visa an der Grenze

14.2.1.1 Vor der Erteilung eines einheitlichen Ausnahmevisums ist die Erfüllung auch der allgemeinen Einreisevoraussetzungen (Artikel 5 Absatz 1 Buchstabe a), c), d) und e) Schengener Grenzkodex[10]) zu überprüfen. Vorhandene Konsultationsvorbehalte (Artikel 17 Absatz 2 SDÜ)[11] sind zu berücksichtigen (vgl Nummer 14.2.4).

14.2.1.2 Ein einheitliches Ausnahmevisum darf grundsätzlich nur erteilt werden, sofern der Ausländer
– im Besitz eines oder ggf. mehrerer gültiger und anerkannter Grenzübertrittspapiere ist,
– in geeigneter Weise, ggf. unter Vorlage von Dokumenten folgende Aspekte belegen kann:
– dass die Dauer des Aufenthaltes insgesamt drei Monate nicht überschreitet,
– den Zweck des Aufenthaltes,
– das Vorliegen eines unvorhersehbaren zwingenden Einreisegrundes, der es ihm unmöglich gemacht hat, ein Visum im Voraus bei einer diplomatischen oder konsularischen Vertretung zu beantragen,
– das Vorhandensein ausreichender Mittel zur Bestreitung des Lebensunterhaltes sowohl für die Dauer des Aufenthaltes als auch für die Rückreise in den Herkunftsstaat oder die Durchreise in einen Drittstaat, in dem seine Einreise gewährleistet ist, bzw. die Möglichkeit, solche Mittel in erlaubter Weise zu erwerben, und
– dass seine Rückreise in seinen Herkunftsstaat oder die Durchreise in einen Drittstaat gewährleistet ist, und zwar durch Vorlage eines oder ggf. mehrerer gültiger und anerkannter Grenzübertrittspapiere einschließlich ggf. erforderlicher Visa, die hinreichend gültig sein müssen, sowie eines Nachweises einer hinreichenden Rückreisemöglichkeit, wobei dieser Nachweis im Luftverkehr grundsätzlich durch einen bestätigten und bezahlten Rückflugschein, im See-, Bahn- und Busverkehr durch bezahlte Beförderungsausweise oder hinreichende Mittel zur Bezahlung solcher Ausweise sowie im individuellen Straßenverkehr durch Vorhandensein eines hinreichend verkehrstauglichen Fahrzeuges und die notwendigen Mittel zum Kraftstofferwerb zu erbringen ist,
– nicht im SIS oder im Geschützten Grenzfahndungsbestand zur Einreiseverweigerung ausgeschrieben ist oder sonst eine Wiedereinreisesperre besteht, und
– keine Gefahr für die öffentliche Ordnung, die nationale Sicherheit oder die internationalen Beziehungen eines Schengen-Staates einschließlich Deutschlands darstellt und hierfür auch keine Anhaltspunkte vorliegen.

14.2.1.3 Das unter den Voraussetzungen nach Nummer 14.2.1.2 erteilte Ausnahmevisum ist grundsätzlich in seinem räumlichen Geltungsbereich nicht zu beschränken. Im Ausnahmefall kann eine räumliche Beschränkung gemäß Artikel 10 Absatz 3 SDÜ[12] in Frage kommen. Das Ausnahmevisum ist hingegen entsprechend räumlich zu beschränken, wenn das Reisedokument lediglich für eine oder mehrere Vertragsparteien gültig ist (Artikel 14 Absatz 1 Satz 2 SDÜ[13]).

14.2.1.4 Einem Drittausländer, der nicht alle in Nummer 14.2.1.3 genannten Voraussetzungen erfüllt, darf grundsätzlich kein einheitliches Visum erteilt werden. Von diesem Grundsatz darf abgewichen werden, wenn die Erteilung eines einheitlichen Ausnahmevisums aus humanitären Gründen, Gründen des nationalen Interesses oder auf Grund internationaler Verpflichtungen erforderlich ist.

14.2.1.5 Ein nach Nummer 14.2.1.4 erteiltes Ausnahmevisum ist gemäß Artikel 16 SDÜ[14] i. V. m. Artikel 5 Absatz 4 Buchstabe c)[15] Schengener Grenzkodex räumlich auf Deutschland zu beschränken.

14.2.1.6 Ein Visum, das bei Vorliegen der in Nummer 14.2.1.2 oder 14.2.1.4 genannten Bedingungen an der Grenze erteilt wird, kann je nach Fall und Zweck entweder ein Durchreisevisum (Typ „B")[16] oder ein Einreisevisum (Typ „C") sein. Die Gültigkeitsdauer eines Einreisevisums (Typ „C") beträgt höchstens 15 Tage, die eines Durchreisevisums (Typ „B") höchstens fünf Tage[17]. Es ist jeweils nur für eine Einreise gültig.

14.2.1.7 Ein Drittstaatsangehöriger, der an der Grenze ein Durchreisevisum beantragt, muss im Besitz der Visa sein, die für seine Weiterreise in andere Transitstaaten als Mitgliedstaaten, die Titel II Kapitel 3 des SDÜ anwenden, und für den Bestimmungsstaat erforderlich sind.

14.2.2 Besondere Voraussetzungen für die Erteilung eines einheitlichen Ausnahmevisums zur Aufnahme einer Erwerbstätigkeit

Zur Aufnahme einer Erwerbstätigkeit kann ein einheitliches Ausnahmevisum (Typ „C") nur erteilt werden, wenn der beabsichtigte Aufenthalt die Dauer von drei Monaten nicht übersteigt

---

[10] Vgl. nunmehr Art. 6 I lit. a, c, d und e SGK.
[11] Vgl. nunmehr Art. 22 VK.
[12] Vgl. nunmehr Art. 25 VK.
[13] Vgl. nunmehr Art. 25 VK.
[14] Vgl. nunmehr Art. 25 VK.
[15] Vgl. nunmehr Art. 6 V lit. c SGK.
[16] Nunmehr Typ C „Transit".
[17] Es gilt Art. 24 I 3 VK.

14.2.2.1 – auf ausdrückliches Ersuchen einer Ausländerbehörde, die schriftlich bestätigt, dass sie der Erteilung eines Visums für den vorgesehenen Aufenthaltszweck zustimmt,
14.2.2.2 – auf Anordnung des Bundesministeriums des Innern,
14.2.2.3 – auf Ersuchen und in Amtshilfe für das Auswärtige Amt oder
14.2.2.4 – auf Bitten einer obersten Landesbehörde.
14.2.3 Besondere Voraussetzungen für die Erteilung eines nationalen Ausnahmevisums

Die Erteilung eines nationalen Ausnahmevisums (Typ „D") an der Grenze für Aufenthalte von insgesamt mehr als drei Monaten richtet sich ausschließlich nach dem Aufenthaltsgesetz. Voraussetzung für die Erteilung eines nationalen Ausnahmevisums (Typ „D") ist, dass es dem Ausländer aus zwingenden Gründen verwehrt war, bei der zuständigen deutschen Auslandsvertretung ein Visum einzuholen, und er unter Vorlage entsprechender Nachweise einen unvorhersehbaren zwingenden Einreisegrund geltend machen kann. Die nach § 31 Absatz 1 Nummer 1 AufenthV erforderliche Zustimmung der Ausländerbehörde muss eingeholt werden.

Wird ein nationales Ausnahmevisum an der Grenze erteilt, beträgt die maximale Gültigkeitsdauer 15 Tage. Damit wird sichergestellt, dass Personen, die einen längerfristigen Aufenthaltstitel anstreben, unmittelbar nach der Einreise bei der zuständigen Ausländerbehörde vorstellig werden.

14.2.4 Konsultationsvorbehalte

14.2.4.1 Personen, die zu einer Kategorie von Ausländern gehören, für die zwingend vorgeschrieben ist, eine oder mehrere Zentralbehörden anderer Schengen-Staaten zu konsultieren (siehe Anlage 5 der Gemeinsamen Konsularischen Instruktion in der jeweils gültigen Fassung), darf grundsätzlich kein einheitliches Ausnahmevisum erteilt werden. In Ausnahmefällen kann diesen Personen jedoch gemäß Artikel 5 Absatz 4 Buchstabe c) Schengener Grenzkodex ein auf Deutschland räumlich beschränktes einheitliches Ausnahmevisum erteilt werden, soweit es aus humanitären Gründen, aus Gründen des nationalen Interesses oder auf Grund internationaler Verpflichtungen erforderlich ist und die Reise nur nach Deutschland führt.

Seeleuten in Ausübung ihrer Berufstätigkeit oder bei in unmittelbarem Zusammenhang mit der Seemannseigenschaft stehenden Einreisen und Aufenthalten, sofern diese zur An-, Ab- oder Ummusterung rechtzeitig bei der zuständigen Grenzbehörde angekündigt wurden, kann nur nach Einholung der Zustimmung des Auswärtigen Amtes ein Ausnahmevisum in Amtshilfe erteilt werden. I. d. R. ist es für die Durchführung des Konsultationsverfahrens erforderlich, dass die Personendaten der Seeleute mindestens zehn Tage vor der beabsichtigten Einreise der zuständigen Grenzbehörde vorliegen. Das Visum ist räumlich nicht zu beschränken.

14.2.4.2 Personen, die zu einer Kategorie von Ausländern gehören, für die zwingend vorgeschrieben ist, die eigene Zentralbehörde Deutschlands (Auswärtiges Amt) zu konsultieren (siehe Anlage 5 der Gemeinsamen Konsularischen Instruktion in der jeweils gültigen Fassung) kann nach Konsultation des Bundesnachrichtendienstes, des Bundesamtes für Verfassungsschutz, des Militärischen Abschirmdienstes, des Bundeskriminalamtes und des Zollkriminalamtes ein einheitliches Ausnahmevisum erteilt werden.

Ausgenommen von der Konsultationspflicht sind Seeleute in Ausübung ihrer Berufstätigkeit oder bei in unmittelbarem Zusammenhang mit der Seemannseigenschaft stehenden Einreisen und Aufenthalten zur An-, Ab- oder Ummusterung und andere Personen oder Personengruppen, bei denen eine Ausnahme aus humanitären Gründen, Gründen des nationalen Interesses oder auf Grund internationaler Verpflichtungen erforderlich ist.

In den Fällen des § 14 Absatz 2 kann die jeweilige mit der polizeilichen Kontrolle des grenzüberschreitenden Verkehrs beauftragte Behörde die im Visumverfahren erhobenen Daten an die in Satz 1 genannten Behörden übermitteln (§ 73 Absatz 1 Satz 4).

14.2.5 Fallgruppen

Die nachstehend genannten Fallgruppen sind nicht abschließend, sondern als Richtschnur zu betrachten. Sie sind daher keinesfalls schematisch anzuwenden.

14.2.5.1 In den folgenden Fällen liegt i. d. R. ein unvorhersehbarer zwingender Einreise- oder Durchreisegrund vor, sofern dieser erst zu einem Zeitpunkt bekannt wurde, zu dem ein reguläres Visumverfahren nicht mehr durchgeführt werden konnte:
– plötzliche schwere Erkrankung eines nahen Angehörigen oder einer gleichartig nahe stehenden Person,
– Tod eines nahen Angehörigen oder einer gleichartig nahe stehenden Person. Es wird darauf hingewiesen, dass in einigen Kulturen und Religionen eine Beerdigung am Todestag oder an dem auf den Tod folgenden Tag üblich oder sogar religiös geboten ist,
– durch Unfälle, insbesondere Schiffbruch in Gewässern nahe des Bundesgebietes, sonstige Rettungs- und Katastrophenfälle oder aus sonstigen Gründen erforderlich gewordene Einreise zur medizinischen und/oder psychologischen Erstversorgung und ausnahmsweise Folgeversorgung in Deutschland,
– unverschuldetes Versäumen oder Ausfall von Anschlussverbindungen, sofern sich hieraus auf Grund des Einzelfalles die Notwendigkeit einer Einreise ergibt, sowie, bei sonstigen Reisen, von den ursprünglichen Reiseplänen ohne erkennbares Verschulden des Reisenden um bis zu einen Tag abweichende Gültigkeitsdauer des Visums (die Gesamtaufenthaltsdauer von 90 Tagen pro Halbjahr darf nicht überschritten werden),
– Notwendigkeit der kurzfristigen Reparatur eines Luftfahrzeuges durch Personal, das durch den Inhaber des Fluggerätes beauftragt wurde. Es ist wegen der erhöhten Sicherheitsbedürfnisse im Luftverkehr das schriftlich erklärte Einvernehmen der Behörden, die für die Gewährleistung der Sicherheit des Luftverkehrs und des Flughafengebäudes zuständig sind, und des Inhabers des Luftfahrzeuges sicherzustellen.

14.2.5.2 In den folgenden Fällen liegen Sachverhalte vor, in denen aus Gründen des nationalen Interesses ein einheitliches Ausnahmevisum erteilt werden kann:
– Einreise von Mitgliedern der Regierung (Regierungschef; Minister, bei Bundesstaaten nur auf Bundesebene) eines Staates, zu dem die Bundesrepublik Deutschland diplomatische Beziehungen unterhält, aus dargelegten dienstlichen Gründen, sofern die behauptete Diensttätigkeit nachgewiesen ist (ggf. beim Auswärtigen Amt anzufragen),
– Einreise zu Gesprächsterminen mit Vertretern deutscher oberster oder oberer Bundes- oder Landesbehörden, sofern ein Einladungsschreiben vorgelegt werden kann; sofern möglich, ist der Termin durch einen Rückruf bei der einladenden Stelle zu verifizieren,

Unerlaubte Einreise; Ausnahme-Visum § 14 AufenthG 1

– Einreise zu Veranstaltungen der Bundesregierung oder einer Landesregierung bei Vorlage einer persönlichen, namentlichen Einladung,
– Einreise prominenter Personen des internationalen öffentlichen Lebens (nach internationalem Maßstab bedeutende Persönlichkeiten des politischen, wirtschaftlichen oder kulturellen Lebens),
– vorhandenes erhebliches außenpolitisches Interesse nach Einschätzung des Auswärtigen Amtes (stets auf Grund eines in Textform, etwa per Telefax oder E-Mail, einzuholenden Votums des Auswärtigen Amtes, das ggf. über das Bundesministerium des Innern anzufordern ist).

Die vorstehenden Ausnahmegründe erstrecken sich auch auf mitreisende Begleiter. Sofern es sich eher um eine Delegationsgruppe handelt, ist im Zweifel, sofern das Auswärtige Amt nicht selbst votiert, beim Bundesministerium des Innern eine Entscheidung einzuholen.

14.2.5.3 Die folgenden Umstände rechtfertigen beispielhaft, jeweils für sich allein betrachtet, keine Ausnahmeentscheidung:

– Bezeichnung des mitgeführten Passes oder sonstiger Ausweise, sofern hiervon nicht nach europäischem oder deutschem Recht unmittelbar und ausdrücklich eine rechtliche Folge abhängt,
– Ehren- oder akademische Titel, Ehrenprädikate, Adelstitel, Verwandtschaft,
– ökonomische Interessen, es sei denn, es handelt sich um Interessen, die im Einzelfall erkennbar von nationaler Bedeutung für die Wirtschaft der Bundesrepublik Deutschland sind,
– kurzfristige Änderungen von Reiseplänen,
– Falschinformation durch ein Reisebüro über Visumerfordernisse,
– Einreise von Passagieren im Rahmen einer Kreuzfahrt,
– Wunsch mehrfacher Einreise trotz Ausstellung des Visums nur zur einfachen Einreise,
– Abweichungen des Regelungsgegenstandes der jeweiligen Visa bei mehreren Personen, die zusammen reisen, sofern kein offenkundiger Ausstellungsfehler nahe liegt,
– Beschränkung der Visumgültigkeit nur auf andere Schengen-Staaten trotz erkennbaren Einreisewunsches nach Deutschland,
– angebliche Fehler bei der Visumerteilung durch andere Schengen-Staaten; der Inhalt der entsprechenden Visa liegt allein im Verantwortungsbereich des Ausstellerstaates,
– Eintreffen zur Nachtzeit und Wunsch nach rascher Schaffung einer Übernachtungsmöglichkeit, solange kein medizinisch-pathologischer Zustand festzustellen ist,
– Schwangerschaft, solange kein medizinisch-pathologischer Zustand festzustellen ist.

14.2.6 Verfahren

14.2.6.0 Sämtliche pass- und ausländerrechtlichen Verwaltungsakte, soweit sich die Notwendigkeit an der Grenze ergibt, sind durch die jeweils örtliche Dienststelle der Grenzbehörde zu erlassen. Die Grenzbehörde gilt i. S. d. Verwaltungsverfahrensrechts als diejenige Verwaltungsbehörde, die den entsprechenden Verwaltungsakt erlässt. Dies gilt auch in den Bereichen, in denen nach den nachstehend genannten Vorbehalten vor dem Erlass des betreffenden Verwaltungsaktes die Entscheidung einer anderen Stelle einzuholen ist. Die Befugnis übergeordneter Behörden und Dienststellen, sich bestimmte Entscheidungen auf Grund ihrer Bedeutung bzw. ihrer möglichen Auswirkungen selbst vorzubehalten, bleibt unberührt.

14.2.6.1 Wurde die Entscheidung einer übergeordneten Behörde oder anderen Dienststelle eingeholt, hat die örtliche Dienststelle dieser auf dem Dienstweg unverzüglich auf elektronischem Weg einen grenzpolizeilichen Bericht über den Sachverhalt und den Vollzug der getroffenen Entscheidung vorzulegen. Sofern ein Ausnahmevisum erteilt wurde, ist der Behörde eine Kopie davon beizufügen.

14.2.6.2 Die mit der polizeilichen Kontrolle des grenzüberschreitenden Verkehrs beauftragten Behörden treffen nach § 14 Absatz 2, § 71 Absatz 3 Nummer 2 die Entscheidungen über Ausnahmevisa selbst, sofern nicht nach dem Aufenthaltsgesetz oder auf Grund eines Erlasses vorgesetzter Behörden Entscheidungsvorbehalte bestehen.

– Nach § 31 Absatz 1 AufenthV besteht das Erfordernis der Zustimmung der Ausländerbehörde in bestimmten Fallgruppen.
– Sofern eine nicht nach der BeschV zustimmungsfreie Erwerbstätigkeit, die nicht nach der Fiktion des § 17 Absatz 2 AufenthV i. V. m. § 16 BeschV als Nichterwerbstätigkeit gilt, ausgeübt werden soll und nicht nach dem Aufenthaltsgesetz ein Recht zur Ausübung einer Erwerbstätigkeit besteht, bedarf die Erteilung eines Ausnahmevisums, das zur Erwerbstätigkeit berechtigen soll, neben der nach § 31 Absatz 1 Nummer 2 AufenthV erforderlichen Zustimmung der Ausländerbehörde auch der Zustimmung der Bundesagentur für Arbeit. Es wird darauf hingewiesen, dass eine bestehende Zustimmung im Rahmen ihrer zeitlichen Begrenzung nach § 14 Absatz 2 Satz 1 BeschVerfV auch für weitere Aufenthaltstitel gilt. Ob eine Zustimmung erteilt wurde, kann dem Ausländerzentralregister entnommen werden.

14.2.6.3 Die Durchführung einer erforderlichen Konsultation eigener Zentralbehörden oder der Zentralbehörden anderer Schengen-Staaten veranlasst die Grenzbehörde in eigener Zuständigkeit; Rechtsgrundlage ist § 73 Absatz 1 Satz 3.

14.2.6.4 In allen Fällen und bei allen Visumkategorien ist – unabhängig von der Staatsangehörigkeit oder von einem möglichen Rechtsanspruch auf Erteilung eines Visums – zu prüfen, ob eine Einreiseverweigerung (Artikel 5 Absatz 1 Buchstabe d)[18] Schengener Grenzkodex, 96 SDÜ) oder sonstige nationale Speichervorbehalte bestehen. Dies erfolgt durch die Abfrage im INPOL/SIS und im Ausländerzentralregister. Sofern aus dem Ausländerzentralregister ersichtlich ist, dass bereits ein Visum im zeitlichen Zusammenhang beantragt wurde, die Entscheidung aber noch aussteht, ist Kontakt mit der zuständigen Auslandsvertretung aufzunehmen und der Grund für die ausstehende Entscheidung abzuklären. Im Falle einer bereits erteilten Ablehnung des Antrages von der Auslandsvertretung ist dem Antragsteller an der Grenze die Erteilung eines Ausnahmevisums ebenfalls zu versagen.

14.2.7 Korrektur oder Ergänzung vorhandener Visa

14.2.7.1 Ergeben sich besondere Anhaltspunkte, wonach versehentlich von einer deutschen Auslandsvertretung ein Visum in korrekturbedürftiger Weise erteilt wurde oder nach dem Sinn der Entscheidung, mit der das Visum

---

[18] Vgl. nunmehr Art. 6 I lit. d SGK.

erteilt wurde, eine Ergänzung erforderlich wird, kann die zuständige Grenzbehörde das Visum korrigieren bzw. ergänzen. Korrektur- oder Ergänzungsbedarf kann in den folgenden Fallkonstellationen bestehen:

14.2.7.1.1 – Korrekturbedarf besteht bei offensichtlichen Schreibfehlern bei Namens- und Datumsangaben, wobei die Möglichkeit einer Fälschung oder Verfälschung des Visumetiketts ausgeschlossen sein muss

14.2.7.1.2 – Ergänzungsbedarf kann aus reisetechnischen Gründen entstehen, wenn ein für eine oder zwei Einreisen ausgestelltes Visum lediglich für kurze „Aus- und Wiedereinreisen" genutzt werden soll, also bei verständiger Würdigung des Einzelfalles bei der „Ausreise" aus dem Schengen-Gebiet nicht von einem endgültigen Verlassen und somit nicht von einer erneuten Einreise ausgegangen werden kann. Ein Beispiel ist die Inanspruchnahme eines Fluges von einem Schengen-Staat im unmittelbaren Transit über einen Drittstaat in einen anderen Schengen-Staat. Ein weiteres Beispiel ist die Ausreise im Rahmen eines Tagesausfluges in einen Nicht-Schengen-Staat von einem Schengen-Staat aus, insbesondere, wenn sich das Reisegepäck während des Tagesausfluges noch im Schengen-Gebiet befindet. Der bereits in Anspruch genommene und der sich daran anschließende Aufenthalt im Schengen-Gebiet darf die zulässige Höchstdauer (90 Tage pro Halbjahr) nicht überschreiten.

14.2.7.2 Im Falle der Korrektur bzw. Ergänzung ist das zu korrigierende oder zu ergänzende Visum ungültig zu stempeln. Da die Annullierung des von der Auslandsvertretung ausgestellten Visums in der AZR-Visadatei nur von der Registerbehörde selbst vorgenommen werden kann, ist der Sachverhalt unter Angabe der Personalien und der Visumsdaten auf elektronischem Wege an das Bundesverwaltungsamt zu melden. Es ist ein neuer Visumaufkleber anzubringen, der den gesamten Inhalt des Visums unter Berücksichtigung der Korrektur bzw. Ergänzung enthält. Dabei wird als erster Tag der Gültigkeit der Tag der Entscheidung eingetragen und die handelnde Dienststelle als Ausstellungsbehörde angegeben.

Übersicht

	Rn.
I. Entstehungsgeschichte	1
II. Allgemeines	2
III. Unerlaubte Einreise	5
1. Passpflicht	5
2. Erforderlicher Aufenthaltstitel	8
3. Einreiseverbot	25
IV. Ausnahmevisum und Passersatz	27
V. Verwaltungsverfahren und Rechtsschutz	32

I. Entstehungsgeschichte

1 Die Vorschrift stimmte vollständig mit dem damaligen **Gesetzesentwurf**[19] überein. Die Vorgängerregelung des § 58 AuslG hatte fast denselben Wortlaut. Mit dem Gesetz zur Verbesserung der Rechte von international Schutzberechtigten und ausländischen Arbeitnehmern vom 29.8.2013[20] ist **Abs. 2a** eingefügt worden. Über die RL-Umsetzung[21] hinaus sind Verbesserungen des Aufenthaltsrechts vorgenommen worden, die der Klarstellung und Bereinigung von Unstimmigkeiten dienten und vorwiegend technischer und redaktioneller Natur waren. Mit dem **AufenthGÄndG 2015**[22] wurde zudem Abs. 1 Nr. 3 neu gefasst und an die Rechtsänderung in § 11 angepasst.

II. Allgemeines

2 **Materiell unerlaubt** ist die Einreise, wenn der Ausländer eine der vier Fallgruppen erfüllt:
– Er besitzt den **erforderlichen Pass** nicht,
– er besitzt den **erforderlichen Aufenthaltstitel** nicht,
– er weist zwar den erforderlichen **Aufenthaltstitel** vor, hat diesen aber durch **Drohung, Bestechung oder Kollusion** erwirkt oder durch **unrichtige oder unvollständige Angaben** erschlichen, sodass dieser deshalb mit Wirkung für die Vergangenheit **zurückgenommen oder annulliert** wird, oder
– er reist entgegen einer **Wiedereinreisesperre** nach § 11 I, VI oder VII in das Bundesgebiet ein, ohne zuvor eine Betretenserlaubnis nach § 11 VIII eingeholt zu haben.

3 Die **Legaldefinition** der unerlaubten Einreise bildet zusammen mit der Definition der Einreise in § 13 II die Grundvoraussetzung für eine Vielzahl von Rechtsfolgen im Aufenthaltsrecht[23]:
– Zurückweisung nach § 15 I

---

[19] BT-Drs. 15/420, 10.
[20] BGBl. 2013 I S. 3484.
[21] RL 2011/51/EU v. 11.5.2011 zur Änd. der RL 2003/109/EG zur Erweiterung ihres Anwendungsbereichs auf Personen, die internationalen Schutz genießen (ABl. 2011 L 132, 1), RL 2011/98/EU v. 13.12.2011 über ein einheitliches Verfahren zur Beantragung einer kombinierten Erlaubnis für Drittstaatsangehörige, sich im Hoheitsgebiet eines Mitgliedstaats aufzuhalten und zu arbeiten, sowie über ein gemeinsames Bündel von Rechten für Drittstaatsarbeitnehmer, die sich rechtmäßig in einem Mitgliedstaat aufhalten (ABl. 2011 L 343, 1).
[22] BGBl. 2015 I S. 1386.
[23] Eine gute Übersicht bieten *Westphal/Stoppa* S. 467 f.

Unerlaubte Einreise; Ausnahme-Visum § 14 AufenthG 1

- Zurückschiebung nach § 57 I, II, §§ 18 III, 19 III 1, 71 VI 2 AsylG
- Abschiebung nach §§ 59 I, 71 III Nr. 1a, b
- Nichtvorliegen der allgemeinen Erteilungsvoraussetzung nach § 5 I Nr. 2 und 3, II Nr. 1
- Haftgrund nach § 62 III Nr. 2
- Verteilungsverfahren nach § 15a
- Vollziehbarkeit der Ausreisepflicht nach § 58 II Nr. 1
- Straftat nach §§ 95 I Nr. 3, 95 II Nr. 1a, 95 III
- Maßnahmen der Identitätsfeststellung nach § 49 V Nr. 1 und 2, VIII

Durch § 14 wird der Begriff der unerlaubten Einreise **abschließend** umschrieben, daher führt die 4 Einreise außerhalb einer zugelassenen Grenzübergangsstelle (§ 13) nicht zur unerlaubten Einreise. Auch die Nichterfüllung der Voraussetzungen des § 6 I SGK führt – wenn nicht zugleich eine Voraussetzung des § 14 erfüllt wird – nicht zur unerlaubten Einreise[24]. Ein Einreisevorgang kann grundsätzlich nicht rückwirkend als unerlaubt bewertet werden; maßgeblich ist der Zeitpunkt der Einreise. Eine Ausnahme hiervon bildet die Einreise mit einem iSv § 14 I Nr. 2a missbräuchlich erlangter Aufenthaltstitel, der mit Wirkung für die Vergangenheit annulliert wird (hierzu vertiefend → Rn. 23). Eine Rücknahme kommt ggf. nach § 48 VwVfG bei Aufenthaltstiteln nach deutschem Erteilungsrecht in Betracht. In beiden Fällen wird die Einreise verwaltungsrechtlich rückwirkend unerlaubt, da der Ausländer durch die Annullierung bzw. die Rücknahme so gestellt wird, als hätte es das Schengenvisum (Typ C) oder das nationale Visum (Typ D) nie gegeben. Nach § 48 IV VwVfG gilt in Fällen von arglistiger Täuschung, Drohung oder Bestechung die Jahresfrist nach Kenntnisnahme für die Rücknahme nicht. Einheitliche Visa für einen Kurzaufenthalt unterliegen nach Art. 34 I VK der Annullierung, wenn sich herausstellt, dass die Voraussetzungen für ihre Erteilung zum Ausstellungszeitpunkt nicht erfüllt waren, insbesondere wenn es ernsthafte Gründe zu der Annahme gibt, dass das Visum durch arglistige Täuschung erlangt wurde. Das Visum wird grundsätzlich von den zuständigen Behörden des Mitgliedstaates, der es erteilt hat, annulliert. Das Visum kann von den zuständigen Behörden eines anderen Mitgliedstaats annulliert werden; in diesem Fall sind die zuständigen Behörden des Mitgliedstaats, der das Visum erteilt hat, zu unterrichten. Ob eine vollendete Einreise erfolgt ist, richtet sich nach § 13 II. Verwaltungsrechtlich stellt auch eine Rückführung aus einem Nachbarstaat im Rahmen eines Rückübernahmeabkommens eine unerlaubte Einreise dar. Mangels Vorsatz des Einreisevorgangs ist diese in solchen Fällen nicht strafbewehrt[25]. So auch im Rahmen der Durchbeförderung nach der RL 2003/110/EG (→ § 74a), solange der Ausländer zum Zwecke der Durchbeförderung bis zu maximal drei Tage von dem Erfordernis eines Aufenthaltstitels befreit ist (§ 30 AufenthV). Nach dem Beschluss des BGH vom 21.10.2010 – V ZB 56/10, BeckRS 2010, 28433 sind die **Haftvoraussetzungen der vollziehbaren Ausreisepflicht aufgrund unerlaubter Einreise** gemäß § 62 III 1 Nr. 2 allein nach objektiven Kriterien zu bestimmen. **Versehentliche Einreisen** genügen daher zur Begründung eines Haftgrunds nur, wenn die weiteren Voraussetzungen gegeben sind. Das entspricht auch dem **verwaltungsakzessorischen Prinzip**, das dem AufenthG innewohnt. Denn danach ist zB für § 14 I 1 Nr. 2, 2a unabhängig vom persönlichen Vorwurf die Einreise verwaltungsrechtlich unerlaubt. Die Erfüllung des in Betracht kommenden Straftatverdachts nach zB § 95 I Nr. 3 (→ § 95) hängt hingegen von den allgemeinen Strafbarkeitsvoraussetzungen wie zB dem persönlichen Schulderfordernis ab.

III. Unerlaubte Einreise

1. Passpflicht

Die **Passpflicht**[26] ist erfüllt durch Besitz eines anerkannten Passes oder Passersatzes (§§ 3 I, 71 VI; 5 §§ 3, 4 AufenthV) oder Eintragung im Pass des gesetzlichen Vertreters (§ 2 AufenthV). Es genügt der Besitz iSd Sachherrschaft (§ 868 BGB) über das Dokument (zB Abgabe bei einer Behörde oder der Auslandsvertretung eines anderen Staats); der Besitz muss dann nur nachgewiesen werden[27]. Auch ein **abgelaufener Pass** kann als Pass bzw. Passersatz ausreichen, da die Bundesrepublik Deutschland Vertragspartei mehrerer Abkommen ist, die die Weitergeltung abgelaufener Pässe als Grenzübertrittspapiere zum Gegenstand haben[28].

Passersatzpapiere bzw. **Passersatz** sind Dokumente, die nach der Bestimmung der ausstellenden 6 Stelle auch zum Grenzübertritt geeignet und bestimmt sind, ohne dass sie sämtliche Merkmale eines Passes aufweisen. Sofern ausländische Passersatzpapiere nicht nach § 3 AufenthV allgemein zugelassen sind, bedarf es der individuellen Anerkennung nach § 71 VI. Nach §§ 3, 4 AufenthV sind andere amtliche ausländische Ausweise als Passersatz zugelassen bzw. deutsche Passersatzpapiere für Ausländer

---

[24] Westphal/Stoppa S. 467.
[25] Zur Strafbarkeit der unerlaubten Einreise → § 95 Rn. 41.
[26] Umfassend zu den Fragen der Passpflicht Westphal/Stoppa S. 122 ff.
[27] Dazu Maor ZAR 2005, 222.
[28] Einzelheiten bei § 3.

eingeführt (Rechtsgrundlage § 99 I Nr. 5 und 6). Nach § 4 AufenthV sind durch deutsche Behörden ausgestellte Passersatzpapiere für Ausländer:

– der Reiseausweis für Ausländer (§ 5 I)
– der Notreiseausweis (§ 13 I)
– der Reiseausweis für Flüchtlinge (§ 1 III)
– der Reiseausweis für Staatenlose (§ 1 IV)
– die Schülersammelliste (§ 1 V)
– die Bescheinigung über die Wohnsitzverlegung (§ 43 II)
– das Europäische Reisedokument für die Rückkehr (§ 1 VIII),
– die vorläufigen Reiseausweise für Ausländer, Flüchtlinge und Staatenlose (§ 4 I 2).

7   Die Einreise ist nicht unerlaubt, wenn aufgrund des **Anwendungsvorrangs des Unionsrechts** kein Pass für den Grenzübertritt erforderlich ist (zB Art. 6 V lit. a SGK, hierzu → § 6 Rn. 44; Ausweispflicht nach Art. 1 II Assoziierungsabkommen EU-Schweiz), ein **Befreiungstatbestand** vorliegt (zB § 14 S. 1 AufenthV) oder das AufenthG nach § 1 II keine Anwendung findet. Umgekehrt verhält es sich ebenso. Anders als in Art. 6 I lit. a SGK ist keine Mindestgültigkeitsdauer oder ein Höchstalter des Passes oder Passersatzes vorgeschrieben. Es ist also möglich, dass ein Ausländer zwar die nationale Passpflicht erfüllt, gleichzeitig jedoch nicht die genannten Einreisevoraussetzungen des SGK, weil sein Pass zB zeitlich zwar gültig, aber älter als zehn Jahre ist. In solchen Fällen handelt es sich nicht um eine unerlaubte Einreise iSd § 14 I Nr. 1. Auf Unions- und EWR-Bürger ist Abs. 1 nicht anwendbar (vgl. § 1 II Nr. 1 iVm § 11 I FreizügG/EU). Da Abs. 1 nur die unerlaubte Einreise nach Deutschland betrifft, ist mit der Nichterfüllung der Passpflicht nicht automatisch eine unerlaubte Einreise in die Mitgliedstaaten des Schengener Abkommens verbunden. Jedoch bemisst sich die Frage der Erfüllung der Einreisevoraussetzungen nach Art. 6 I lit. a SGK bei der Einreise nach Deutschland oder der Durchreise durch Deutschland mangels europarechtlicher Vorgaben nach dem jeweiligen nationalen Recht, also hier deutschem Recht. Die Ausstellung, Bedeutung und Anerkennung von Pässen gehört völkergewohnheitsrechtlich zur **Passhoheit** des einzelnen Staates. Gleichwohl können diese Kompetenzen durch Europarecht überlagert sein (zB Durchreiserecht nach Art. 6 V lit. a SKG, das bei gültigem Aufenthaltstitel oder Visum für den längerfristigen Aufenthalt auf das Besitzen eines gültigen und anerkannten Passes verzichtet). Aus Art. 16a GG, § 1 I 5, § 18 I AsylG ergibt sich, dass Asylsuchende, die nicht aus sicheren Drittstaaten kommen, auch ohne gültigen Pass oder Passersatz erlaubt einreisen können. Das Gleiche gilt für Ausländer, die um internationalen Schutz iSd Qualifikations-RL nachsuchen[29].

2. Erforderlicher Aufenthaltstitel

8   Die 2. Alt. des § 14 I setzt voraus, dass der Ausländer ohne den **erforderlichen Aufenthaltstitel** eingereist ist. Nach § 4 I 1 bedürfen Ausländer für die Einreise und den Aufenthalt im Bundesgebiet eines **Aufenthaltstitels,** sofern nicht durch Recht der EU oder durch Rechtsverordnung etwas anderes bestimmt ist oder aufgrund des Assoziationsabkommens EWG/Türkei ein Aufenthaltsrecht besteht. Die Aufenthaltstitel werden nach § 4 I 2 erteilt als Visum (§ 6), Aufenthaltserlaubnis (§ 7), Blaue Karte EU (§ 18b II), ICT-Karte (§ 19), Mobiler-ICT-Karte (§ 19b), Niederlassungserlaubnis (§ 9) oder Erlaubnis zum Daueraufenthaltserlaubnis-EU (§ 9a) – die nach der Vorgabe in Art. 8 II Daueraufenth-RL eigentlich „langfristige Aufenthaltsberechtigung – EG" heißen müsste.

9   Die **Erforderlichkeit** richtet sich nach einer verwaltungsrechtlichen und nicht einer strafrechtlichen Sichtweise. Auch wenn nach § 95 Ia und VI der Aufenthalt mit einem Schengen-Visum bei illegaler Beschäftigung strafbar wird, ist für die Bewertung der Erforderlichkeit eine **formale Sichtweise**[30] entscheidend. Das AufenthG stellt bei dem Grenzübertritt mit der Formulierung „dem nach § 4 erforderlichen Aufenthaltstitel" auf den Besitz „eines" Aufenthaltstitels ab, der zur Einreise berechtigte. Hierdurch werden die Grenzbehörden von der Ermittlung des tatsächlich verfolgten Aufenthaltszwecks befreit. Die Frage des **Einreisemotivs** spielt erst bei einer möglichen Einreiseverweigerung nach Art. 14 I S. 1 SGK und der Ermittlung des Zwecks und der Umstände des geplanten Aufenthalts iSd Art. 6 Abs. 1 lit. c SGK eine Rolle; hier ist eine materiell-rechtliche Betrachtung erforderlich, es ist zu prüfen, ob der Ausländer den für den jeweiligen Aufenthaltszweck erforderlichen Aufenthaltstitel besitzt. Eine unerlaubte Einreise liegt daher nicht vor, wenn der Ausländer mit einem einheitlichen Visum Typ C (Visum für kurzfristige Aufenthaltszwecke) einreist, das ohne Zustimmung der Aus-

---

[29] Vgl. BVerwG in stRspr ua Urt. v. 16.8.1977 – I C 15.76, NJW 1978, 507; Beschl. v. 14.4.1992 – 1 C 48.89, NVwZ 1992, 682; ebenso OVG Bln Beschl. v. 13.2.1996 – 7 S 5/95, BeckRS 1996, 13471; *Westphal/Stoppa* S. 692; *Westphal* in Huber § 14.
[30] So *Funke-Kaiser* in GK-AuslR § 14 Rn. 9; *Hailbronner* AufenthG § 14 Rn. 12; *Westphal/Stoppa* S. 471 f.; BGH Urt. v. 27.4.2005 – 2 StR 457/04, NJW 2005, 2095 mwN zum Meinungsstreit; Urt. v. 11.2.2000 – 3 StR 308/99, NJW 2000, 1732; BGH Urt. v. 27.4.2005 – 2 StR 457/04, BeckRS 2005, 5655; *Winkelmann* OK-MNet-AufenthG zu § 14 Rn. 9; § 95 Rn. 30; aA HessVGH Beschl. v. 16.3.2005 – 12 TG 298/05, BeckRS 2005, 26152.

länderbehörde ausgestellt worden war, obwohl für den verfolgten Aufenthaltszweck (zB Familienzusammenführung, Arbeitsaufnahme) eine Zustimmung erforderlich gewesen wäre[31]. Diese Auslegung wird von den Gesetzesmaterialien zum Entwurf des AufenthG gestützt, wonach sich die „Erforderlichkeit des Aufenthaltstitels nach objektiven Kriterien und nicht nach dem beabsichtigten Zweck bemisst"[32].

Keinen Aufenthaltstitel benötigen Personen iSd § 1 II (ua Diplomaten), heimatlose Ausländer nach HAuslG und nach §§ 18–30 AufenthV von der Aufenthaltstitelpflicht befreite Ausländer sowie Personen, die nach der EU-VisaVO[33] und Art. 6 V lit. a SGK sowie Art. 21 I, IIa SDÜ ohne Visum zur Durchreise oder zum Kurzaufenthalt berechtigt sind[34]. Befreit sind auch Ausländer aus den in § 41 AufenthV aufgeführten Staaten, nicht jedoch die nach §§ 39, 40 AufenthV zur Antragstellung im Inland berechtigten Personen. 10

Diese Befreiung, die durch die unionsrechtliche Wirkung der Reiserechte aus dem SDÜ vermittelt wird, gilt nur so lange, wie der Ausländer sich auf die Wirkung positiv berufen kann. Ist das für den Reisenden in Betracht kommende Reiserecht erloschen, muss nach hM auf das jeweilige Recht des Landes zurückgegriffen werden (aA → Rn. 13). Eine besondere Bedeutung hat in diesem Zusammenhang Art. 21 I SDÜ[35]: Danach können Drittausländer, die Inhaber eines gültigen von einer der Vertragsparteien ausgestellten Aufenthaltstitels sind, sich aufgrund dieses Dokuments und eines gültigen Reisedokuments höchstens bis zu (drei Monate) 90 Tage frei im Hoheitsgebiet der anderen Vertragsparteien bewegen, soweit sie die in Art. 6 Abs. 1 lit. a, c, und e SGK aufgeführten Einreisevoraussetzungen erfüllen. Das Recht aus Art. 21 Abs. 1 SDÜ steht dem Drittausländer nur dann zu, wenn er ua die Einreisevoraussetzungen des Art. 6 I lit. a SGK erfüllt. Zusätzlich reicht für die Inanspruchnahme des Rechts aus Art. 21 I SDÜ nicht schon der bloße Besitz eines Reisepasses aus. In Art. 21 I SDÜ ist ausdrücklich davon die Rede, dass die Inhaber eines gültigen, von einer der Vertragsparteien ausgestellten Aufenthaltstitels sich aufgrund dieses Dokuments und **eines gültigen Reisedokuments** höchstens bis zu 90 Tage je Zeitraum von 180 Tagen auf freiem Hoheitsgebiet der anderen Vertragsparteien bewegen können, soweit sie die in Art. 6 I lit. a SGK aufgeführten Einreisevoraussetzungen erfüllen. Diese Forderung wird in den insoweit vergleichbaren Regelungen der Art. 19 und 20 SDÜ nicht aufgestellt. Der Ausländer muss daher das Grenzübertrittspapier **im Bundesgebiet** besitzen[36] (vgl. Nr. 95.1.1.2 und 95.1.2.1.1 AVwV-AufenthG). Der Nichtbesitz führt hier zum Erlöschen des schengenrechtlichen Reiserechts von Anfang an, mit der Folge, dass der Ausländer wegen der Nichterfüllung von § 4 **vollziehbar ausreisepflichtig** wird, da der von einem anderen Mitgliedstaat ausgestellte Aufenthaltstitel oder das von einem anderen Mitgliedstaat ausgestellte nationale Visum keinen Aufenthaltstitel nach deutschem Recht darstellt. 11

Ebenso ist das Reiserecht nach Art. 19–21 SDÜ infrage gestellt, wenn eine der übrigen *konstitutiven* Voraussetzungen des Art. 6 I SGK nicht (mehr) erfüllt werden. Konstitutive – unabdingbare – Voraussetzungen für die Inanspruchnahme sind jedenfalls der Pass (Abs. 1 lit. a), das Visum/der Aufenthaltstitel (Abs. 1 lit. b, nicht bei Art. 20 I SDÜ), die SIS-Ausschreibung (Abs. 1 lit. d) und die Gefahr (Abs. 1 lit. e). Die Voraussetzungen, über genügend Mittel nach Abs. 1 lit. c verfügen zu müssen, kann zur Aufenthaltsbeendigung führen, wenn der Aufenthalt überhaupt nicht legal gesichert werden könnte. Die Fälle, bei denen die Voraussetzungen des Art. 6 I lit. c oder e SGK (Mittelnachweis bzw. keine Gefahr für die öffentliche Ordnung, nationale Sicherheit, öffentliche Gesundheit oder die internationalen Beziehungen) entfallen, sind auch nach über 25 Jahren Wirkbetrieb von Schengen noch nicht hinreichend bestimmt worden. Da das Bestehen oder Erlöschen des Reiserechts nach Art. 20 I SDÜ unmittelbar die Erfüllung strafrechtlicher Tatbestände berührt (→ § § 95 f.), ist an das 12

---

[31] Ebenso *Westphal/Stoppa* S. 471.
[32] BT-Drs. 15/420, 73.
[33] Verordnung (EU) 2018/1806 des EU-Parlaments und des Rates v. 14.11.2018 zur Aufstellung der Liste der Drittländer, deren Staatsangehörige beim Überschreiten der Außengrenzen im Besitz eines Visums sein müssen, sowie der Liste der Drittländer, deren Staatsangehörige von dieser Visumpflicht befreit sind (Kodifizierter Text), ABl. 2018 L 303, 39.
[34] Betr Asylbewerber → § 4 Rn. 30; → § 5 Rn. 96; → § 15 Rn. 8.
[35] Aber auch → Rn. 19.
[36] So auch BGH Beschl. v. 12.7.2013 – V ZB 224/12, BeckRS 2013, 15444: *„[...] in diesem Fall war ihm die Einreise und der Aufenthalt in Deutschland nach Art. 21 Abs. 1 SDÜ, Art. 5 Abs. 1 Buchstabe der VO (EG) Nr. 562/2006 nur gestattet, wenn er nicht nur ein gültiges Reisedokument hatte, sondern dieses auch mit sich führte. Dem Betroffenen ist einzuräumen, dass die Begrifflichkeit der genannten Vorschriften in diesem Punkt nicht ganz einheitlich und auch nicht ganz eindeutig ist. Dort ist teils von Inhaberschaft, teils von Besitz der Dokumente die Rede. Dass ein Drittstaatsangehöriger in einen anderen Mitgliedstaat als den Staat, für den er eine Aufenthaltserlaubnis hat, nur einreisen darf, wenn er sein Reisedokument mit sich führt, ergibt aber ein Vergleich zu den Regeln der Europäischen Union, die für die Einreise von Unionsbürgern in andere Mitgliedstaaten der Europäischen Union gelten. Von ihnen darf nach Art 5 Abs 1 der Richtlinie 2004/38/EG vom 29. April 2004 (ABl. EG Nr. L 158 S. 77) zwar weder ein Visum noch eine andere Formalität verlangt werden, aber nur, wenn sie einen gültigen Reisepass oder Personalausweis mit sich führen. Für die Angehörigen von Drittstaaten, die eine schwächere Rechtsstellung haben, kann nichts Günstigeres gelten."*; VG Frankfurt a. M. Urt. v. 21.7.2004 – 1 E 2479/04, BeckRS 2004, 151982; vgl. auch ausf. hierzu *Winkelmann* ZAR 2010, 274 f.

Bestimmtheitserfordernis ein erhöhter Anspruch zu stellen³⁷. Somit kann **Mittellosigkeit** oder das Begehen von Rechtsverstößen (= Gefahr) nur dann unmittelbar zum Erlöschen des Reiserechts und gegebenenfalls zur Ausreisepflicht des Positivstaaters sowie zum strafbewehrten Aufenthalt führen, wenn die Sachlage im Einzelfall klar bestimmbar ist. So bilden die jährlich von ihren nationalen Behörden für das Überschreiten ihrer Außengrenzen festgelegten Richtbeträge (Mitteilungsverpflichtung nach Art. 39 I lit. c SGK) nur einen Rahmen für die Prüfung, ob bezogen auf den Aufenthaltszweck ausreichende finanzielle Mittel nachgewiesen werden können. Eine weitere Argumentationshilfe ist die Bestimmung des § 2 III, wonach der Lebensunterhalt eines Ausländers dann gesichert ist, wenn er ihn einschließlich ausreichenden Krankenversicherungsschutzes ohne Inanspruchnahme öffentlicher Mittel bestreiten kann. Klare Fälle sind danach allenfalls solche, in denen der Ausländer über gar keine oder solch geringfügige Finanzmittel verfügt, die in krassem Widerspruch zur Länge des Aufenthalts und/oder zur gewählten bzw. vorgestellten Unterkunft stehen.

Zum möglichen Erlöschen des Reiserechts bei Aufnahme einer unerlaubten Erwerbstätigkeit bei Inanspruchnahme des Reiserechts aus Art. 21 SDÜ führt VG Düsseldorf³⁸ grundlegend aus, dass die Behörde bei der Frage, ob wegen des Erlöschens eines Aufenthaltstitels der Ausländer auszuweisen ist, berücksichtigen muss, dass der Ausländer, der von einem Einreise- und Aufenthaltsrecht nach Art. 21 SDÜ Gebrauch macht, von offensichtlichen Fallkonstellationen abgesehen, nur schwerlich abschätzen kann, ob sein Aufenthalt eine Gefahr iSd Art. 6 I lit. e SGK für die öffentliche Ordnung darstellt und damit zugleich sein weiterer Aufenthalt unerlaubt wird. Lediglich auf objektive Kriterien abstellend (das Vorhandensein *irgendeines* Aufenthaltstitels) und daher ablehnend OLG Celle³⁹. Denn stellte man alleine auf die genannte Argumentation für eine Strafbarkeit des Ausländers nach § 95 I Nr. 3 ab, könnte von einem erforderlichen eindeutigen Auslegungsmaßstab iSd verfassungsrechtlich gebotenen Bestimmtheitsgrundsatzes von Strafbestimmungen nach Art. 103 II GG nicht gesprochen werden. Nicht nur der Begriff der Gefahr für die öffentliche Ordnung schon per se Interpretationsspielraum; er wird durch die Regelung des Art. 6 I lit. c SGK auch zusätzlich in der Erkennbarkeit seiner Bedeutung verwässert, weil darin ausdrücklich zugelassen wird, dass die Mittel zur Bestreitung des Lebensunterhalts im Aufnahmemitgliedstaat rechtmäßig, ggf. also auch durch eine legale Erwerbstätigkeit erworben werden können⁴⁰. Dies hat nach Auffassung des OLG Celle zur Folge, dass es für die Beurteilung der Rechtmäßigkeit einer Einreise allein auf objektive Kriterien ankomme⁴¹. Es ist daher allein darauf abzustellen, dass betroffene Ausländer über eine wirksame Einreisegenehmigung verfügen.

Für die Regeln des Erlöschens eines Reiserechts aus **Art. 19 SDÜ** sind die Ausführungen zu Art. 6 I lit. a, c, d und e SGK sinngemäß übertragbar. Zu beachten ist jedoch zusätzlich, dass die **Ausreisepflicht** zunächst nicht nach § 50 I vollziehbar ist, da ein (auch ein nicht von Deutschland ausgestelltes) Schengen-Visum das Erfordernis eines Aufenthaltstitels gem. § 4 I 1 erfüllt. In diesen Fällen bedarf es jedenfalls eines Feststellungsaktes der zuständigen Behörde, um das bestehende Aufenthaltsrecht zu beseitigen. Das entspricht der Verpflichtung zur Annullierung oder Aufhebung nach Art. 34 VK⁴².

13 In den Fällen, in denen Ausländer sich nicht mehr positiv auf ein Reiserecht aus Art. 19–21 SDÜ berufen können, ist entgegen der hM (→ Rn. 11) ein **Rückgriff auf nationales Recht nicht zulässig**. Der Unionsgesetzgeber hat mit der EU-VisaVO, dem SGK und dem SDÜ die Einreise zu einem Kurzaufenthalt und den anschließenden Kurzaufenthalt im Rahmen der geteilten Zuständigkeit aus Art. 4 II lit. j iVm Art. 77 AEUV umfassend geregelt⁴³. Einzig Ausnahmen oder Befreiungen der Visumpflicht für besondere Personengruppen und für den Fall der Aufnahme einer Erwerbstätigkeit nach Art. 6 EU-VisaVO sowie Regelungen zur Einreise aus nationalem Interesse bzw. aus humanitären Gründen nach Art. 6 V lit. c SGK sind dem nationalen Gesetzgeber noch zugänglich. Denn die gesetzgeberische Zuständigkeit der Mitgliedstaaten der EU erstreckt sich gem. Art. 2 II 2 iVm dem Protokoll Nr. 25 AEUV in den Bereichen der geteilten Zuständigkeit nur noch auf die Elemente, die nicht bereits durch Unionsrecht geregelt sind. Es steht dem nationalen Gesetzgeber folglich nicht mehr zu, eine allgemeine Aufenthaltstitelpflicht für Kurzaufenthalte zu regeln. Anders als das AufenthG kennt das Unionsrecht keine generelle Aufenthaltstitelpflicht für Ausländer für Kurzaufenthalte. Andernfalls hätte es des Anhangs I der EU-VisaVO nicht bedurft. Insofern handelt es sich bei den Art. 19–21 SDÜ auch nicht um Befreiungen von einer nationalen Aufenthaltstitelpflicht⁴⁴. Die Visumpflicht und die Befreiungen von dieser Pflicht für Kurzaufenthalte sind grundsätzlich nicht von

---

³⁷ BVerfG in stRspr zu Art. 103 II, 104 I GG; BGH Urt. v. 26.1.2021 – 1 StR 289/20, BeckRS 2021, 5118.
³⁸ VG Düsseldorf Beschl. v. 4.6.2012 – 22 L 613/12, BeckRS 2012, 51626.
³⁹ OLG Celle Beschl. v. 13.5.2014 – 1 Ws 216/14, BeckRS 2014, 10853 mit Bezug auf *Renner/Bergmann/Dienelt*, 10. Aufl., AufenthG § 95 Rn. 53.
⁴⁰ Vgl. VG Frankfurt a. M. Urt. v. 14.12.2010 – 7 K 851/10.F, BeckRS 2011, 50722.
⁴¹ Vgl. so auch in BR-Drs. 22/03, 164.
⁴² S. hierzu mit Anwendungsbeispielen *Winkelmann* ZAR 2010, 272 f.
⁴³ Vgl. insgesamt *Ostgathe/Nowicki* ZAR 2005, 360.
⁴⁴ Entgegen Nr. 4.1.1.1 AVwV-AufenthG.

Unerlaubte Einreise; Ausnahme-Visum § 14 AufenthG 1

weiteren Bedingungen abhängig[45]. Zwar ist die Inanspruchnahme der Reiserechte aus Art. 19–21 SDÜ von der Erfüllung der dort genannten Einreisevoraussetzungen des Art. 6 I SGK abhängig, die Nichterfüllung für jedoch nur dazu, dass dieses Reiserecht nicht mehr beansprucht werden kann, **nicht zu einer nationalen Aufenthaltstitelpflicht** (→ Rn. 15). Mithin ist ein Ausländer, der die Voraussetzungen der Art. 20 oder 21 SDÜ nicht mehr erfüllt, nicht ausreisepflichtig iSd § 50 I. Gleichwohl ist der Aufenthalt von Ausländern, welche die Voraussetzungen für einen Kurzaufenthalt nicht (mehr) erfüllen, gem. Art. 6 I Rückführungs-RL durch den Erlass einer **Rückkehrentscheidung** grundsätzlich zu beenden.

Soweit den Grenzbehörden damit Kontrollen über die Absichten einreisender Ausländer auferlegt sind, ist zunächst darauf hinzuweisen, dass sog. **„Positivstaater"** nach Art. 4 I EU-VisaVO **nicht befreit sind, wenn sie sich länger als 90 Tage im Bundes- oder Schengen-Gebiet aufhalten wollen**[46]. Beabsichtigte ein befreiter Ausländer, sich länger als 90 Tage im Schengen-Gebiet aufzuhalten, so ist seine Einreise grundsätzlich unerlaubt. Die unterschiedliche Behandlung von Ausländern, die im Besitz eines im Hinblick auf ihren Aufenthaltszweck unzureichenden Visums – etwa eines für 90 Tage geltenden Schengen-Visums, obgleich sie einen Daueraufenthalt anstreben – sind, und Ausländern, die als Positivstaater ohne Visum einreisen, obwohl auch sie einen über drei Monate hinausgehenden Daueraufenthalt anstreben, ist nicht gerechtfertigt[47]. 14

Die EU-VisaVO beruht auf Art. 77 II lit. a AEUV[48]. Nach dieser Norm beschließt der Rat die Vorschriften für Visa für **kurzfristige Aufenthalte**; es obliegt ihm daher, insbesondere die Liste der Drittländer, deren Staatsangehörige beim Überschreiten der Außengrenzen im Besitz eines Visums sein müssen, sowie die Liste der Drittländer, deren Staatsangehörige von dieser Visumpflicht befreit sind, aufzustellen. Damit kommt es für das Vorliegen der Befreiung auf die **subjektive Einstellung** des Drittstaatsangehörigen bei Überschreiten der Außengrenzen an (ebenso Nr. 14.1.1.2.1.1.7.1 AVwV-AufenthG), die aber nicht über die grundsätzliche Zuordnung des Staates, dessen Staatsangehörigkeit der Ausländer besitzt, zu Anhang I oder II der EU-VisaVO entscheidet. Insofern unterfällt ein Positivstaater weiterhin Anhang II zu Art. 4 I EU-VisaVO, auch wenn für den Einzelfall ausnahmsweise Visumpflicht besteht. 15

Eine Befreiung kann sich aber aus der **Ausnahmeregelung nach § 41 AufenthV** ergeben. Ausländer aus bestimmten Staaten (§ 41 I AufenthV: Australien, Israel, Japan, Kanada, der Republik Korea, Neuseeland, des Vereinigten Königreichs iSd § 1 I Nr. 6 FreizügG/EU sowie USA und § 41 II AufenthV: Andorra, Brasilien, El Salvador, Honduras, Monaco sowie San Marino[49]) können auch bei einem beabsichtigten längerfristigen Aufenthalt visumfrei in das Bundesgebiet einreisen. Kommt die Absicht der Aufnahme einer Erwerbstätigkeit hinzu, so entfällt nach § 41 II AufenthV die Befreiung für die dort genannten Staatsangehörigen. Das Sichtvermerksabkommen mit den **USA** (Rundschreiben des BMI vom 16.1.1953 – 6228 A 6/53, GMBl. S. 575), das am 1.2.1953 in Kraft trat, wurde durch Notenwechsel vom 10.5.1995, 24.7.1995 und 15.9.1995 einvernehmlich aufgehoben. Offensichtlich bestand die Regierung der Vereinigten Staaten von Amerika auf der Ansicht, dass die durch Notenwechsel geschlossene Vereinbarung vom 12./30.12.1952 und 9.1.1953 über die Befreiung von der Visumpflicht für Staatsangehörige der Vereinigten Staaten von Amerika und die Abschaffung der Visumgebühren für Staatsangehörige der Bundesrepublik Deutschland, die keine Kündigungsklausel enthält, einseitig gekündigt werden kann. Dies hatte die USA mit Note vom 24.7.1995 mitgeteilt. Diese Ansicht wurde von der Bundesregierung infrage gestellt. Dennoch war die Bundesregierung aber insbesondere wegen der Einseitigkeit einiger in dem Sichtvermerksabkommen enthaltener Verpflichtungen bereit, einer einvernehmlichen Aufhebung des Abkommens zuzustimmen. Daher wurde das Sichtvermerksabkommen seit 15.9.1995 einvernehmlich als aufgehoben betrachtet, was allerdings 15 Jahre später bemerkt wurde[50]. Israel (und nunmehr auch die USA) galt nämlich bislang als einziger 16

---

[45] Ausnahmen: Visumbefreiung gilt gem. Anhang II EU-VisaVO für Angehörige einiger Staaten nur für Inhaber biometrischer Reisepässe, für Inhaber von Pässen „Hong Kong Special Administrative Region" der „Região Administrativa Especial de Macau" oder nur für Inhaber von durch Taiwan ausgestellten Reisepässen, die eine Personalausweisnummer enthalten.
[46] Ebenso *Westphal/Stoppa* S. 470; vgl. VGH BW Beschl. v. 14.9.2011 – 11 S 2438/11, BeckRS 2011, 54725; OLG München Beschl. v. 16.7.2012 – 4 StRR 107/12, BeckRS 2013, 2747; HessVGH Beschl. v. 4.6.2014 – 3 B 785/14, BeckRS 2014, 55611; VG Regensburg Beschl. v. 2.8.2013 – RO 9 E 13.1225, BeckRS 2013, 54215; HmbOVG Beschl. v. 23.9.2013 – 3 Bs 131/13, BeckRS 2013, 57320; OVG NRW Beschl. v. 11.11.2015 – 18 B 387/15, BeckRS 2015, 54903; OVG Bautzen Beschl. v. 13.8.2020 – 3 B 112/20, BeckRS 2020, 21310; VGH München Beschl. v. 1.10.2020 – 10 CS 20.1954, BeckRS 2020, 26730; aA BGH Urt. v. 26.1.2021 – 1 StR 289/20, BeckRS 2021, 5118 Rn. 55.
[47] VG Düsseldorf Beschl. v. 30.8.2013 – 8 L 1466/13, BeckRS 2013, 55373; entgegen VGH BW Beschl. v. 14.9.2011 – 11 S 2438/11, BeckRS 2011, 54725; OVG LSA Beschl. v. 7.10.2014 – 2 L 152/13, BeckRS 2015, 40783; BayVGH Beschl. v. 21.6.2013 – 10 CS 13.1002, BeckRS 2013, 53428; HmbOVG Beschl. v. 23.9.2013 – 3 Bs 131/13, NVwZ-RR 2014, 490 Rn. 57.
[48] Ausf. → § 6 Rn. 12; *Winkelmann* ZAR 2010, 218.
[49] Es fehlt weiterhin Mexiko (Rundschreiben des BMI v. 4.1.1960 – VI B 5 – 62246A – 134/59 – GMBl. 1960 S. 27.
[50] Nachricht in www.migrationsrecht.net zur Aufhebung des SV-Abk. mit den USA v. 9.10.2010.

Staat, der unter die Vergünstigung des § 41 I AufenthV fällt, ohne selbst durch ein Sichtvermerksabkommen begünstigt zu sein. Das bedeutet, US-Amerikaner können zwar nach wie vor zu einem kurzfristigen wie auch längerfristigen Aufenthalt ohne Visum nach Deutschland einreisen, auch wenn damit die Aufnahme einer Erwerbstätigkeit verfolgt wird. Jedoch sind mangels Abkommen keine weiteren Vergünstigungen an den Aufenthalt geknüpft; insbesondere zählen die Voraufenthaltszeiten in anderen Schengen-Staaten mit. Diese Regelung läuft aber faktisch ins Leere, da bei Überschreiten der Dauer eines Kurzaufenthalts automatisch die Befreiung für die Einreise zu einem längerfristigen Aufenthalt aus § 41 I AufenthV eintritt.

17   Dabei erfasst die EU-VisaVO ausschließlich Einreisen über die **Außengrenzen der Anwenderstaaten**. Anwenderstaaten sind dabei nicht die EU-Staaten, sondern diejenigen Staaten, die den Schengen-Besitzstand einschließlich der EU-VisaVO anwenden. Dies sind auch die drei EWR-Staaten Norwegen, Liechtenstein und Island sowie die Schweiz (s. Erwägungsgründe 35 ff. der EU-VisaVO). Keine Anwendung findet die EU-VisaVO auf Einreisen nach Irland (s. Erwägungsgründe 39 der EU-VisaVO) mit der Folge, dass die Einreise von Drittstaatsangehörigen aus diesem Staat unmittelbar der EU-VisaVO unterfällt, während die Einreise aus Norwegen, Liechtenstein, der Schweiz oder Island als Binneneinreise ausschließlich vom SDÜ und bei Durchreisen vom Art. 6 V lit. a SGK erfasst wird.

18   Für die Einreise und den Kurzaufenthalt sind die Staatsangehörigen der in Anhang II der EU-VisaVO genannten Staaten nach § 17 AufenthV vom Erfordernis eines Aufenthaltstitels **nicht** befreit, sofern sie im Bundesgebiet eine **Erwerbstätigkeit** ausüben[51]. Diese Regelung wird durch Art. 6 III EU-VisaVO ermöglicht. Nach Nr. 14.1.2.1.1.7.1 f. AVwV-AufenthG führt bereits die Absicht, eine Erwerbstätigkeit aufzunehmen, dazu, dass die Befreiung nach der EU-VisaVO entfällt[52]. Diese Ansicht ist mit dem Wortlaut des § 17 I AufenthV, der auf der Öffnungsklausel des Art. 6 III EU-VisaVO fußt, nicht vereinbar. Denn weder die nationale Norm noch die EU-VisaVO knüpft an die Absicht, eine Beschäftigung ausüben zu wollen an (anders als § 41 II AufenthV), sondern an die tatsächliche Ausübung einer Erwerbstätigkeit. Die Bestimmung hat grundsätzlich keinen Einfluss auf die Einreise, da die Ausübung einer Erwerbstätigkeit im Zeitpunkt des Grenzübertritts regelmäßig nicht vorliegt[53]. Allerdings wird bei der Absicht eine Erwerbstätigkeit aufnehmen zu wollen regelmäßig eine Gefahr iSd **Art. 6 I lit. e SGK** anzunehmen sein, da die Aufnahme einer unerlaubten Erwerbstätigkeit zu einer Gefahr für die öffentliche Ordnung iSd EU-Recht führt[54], sofern nicht ausnahmsweise eine „Nichtbeschäftigung" nach § 17 II AufenthV vorliegt. Der Aufenthalt für visumbefreite Ausländer nach Anhang II der EU-VisaVO bestimmt sich nach Art. 20 SDÜ. Die von Anhang II erfassten Ausländer können sich danach für einen Zeitraum von bis zu 90 Tagen innerhalb eines Zeitraums von 180 Tagen rechtmäßig im Schengen-Gebiet aufhalten, wenn sie die in Art. 20 I SDÜ genannten Voraussetzungen erfüllen.

19   Die Einreise von befreiten Ausländern nach Anhang II der EU-VisaVO über **Schengen-Binnengrenzen** wird nicht von der EU-VisaVO erfasst, sondern richtet sich ausschließlich nach Art. 20 SDÜ. Die Regelung, die ihrem Wortlaut nach nur den Aufenthalt regelt, erfasst zugleich diesen Einreisevorgang. Die Einreise und der Aufenthalt sind erlaubt, wenn die Voraussetzungen der Befreiung und die Voraussetzungen des Art. 6 SGK vorliegen, auf die verwiesen wird. Hier besteht ein Unterschied zur Einreise über eine Außengrenze der Anwenderstaaten des Schengen-Besitzstandes, als die Absicht der Aufnahme einer Beschäftigung geeignet ist, über Art. 6 I lit. e SGK auch die Einreise unerlaubt zu machen, wenn die Ausübung der Beschäftigung genehmigungspflichtig ist. Die **Absicht eines längerfristigen Aufenthalts**, länger als 90 Tage innerhalb von 180 Tagen, stellt, wenn nicht ein Sichtvermerksabkommen nach Art. 20 II SDÜ eingreift, regelmäßig eine Gefahr iSd Art. 6 I lit. e SGK dar, die automatisch zur unerlaubten Einreise und illegalem Aufenthalt führt[55].

20   Besonderheiten gelten für Drittausländer, die im **Besitz eines Aufenthaltstitels oder eines nationalen Visums (Typ D) eines anderen Mitgliedstaats** (eines der Anwenderstaaten des Schengen-Besitzstandes) sind. Deren Einreise unterfällt für Aufenthalt von bis zu 90 Tagen dem Art. 21 SDÜ, soweit die dort genannten Voraussetzungen erfüllt werden. Ist der Ausländer bei der Einreise über die Außengrenze im Besitz eines abgelaufenen Passes und erfüllt er nicht alle Voraussetzungen des Art. 6 I SGK, so wird nach Art. 6 V lit. a SGK die Einreise zum Zwecke der **Durchreise** zur Erreichung des Hoheitsgebiets des Mitgliedstaats gestattet, der den Aufenthaltstitel oder das nationale Visum ausgestellt hat, es sei denn, er ist auf der nationalen Ausschreibungsliste mit einer Anweisung ausgeschrieben, ihm die Einreise zu verweigern.

---

[51] So jedenfalls bei Aufnahme der Erwerbstätigkeit BGH Urt. v. 8.3.2017 – 5 StR 333/16, BeckRS 2017, 107446; BGH Urt. v. 26.1.2021 – 1 StR 289/20, BeckRS 2021, 5118; BGH Beschl. v. 24.3.2021 – 3 StR 22/21, BeckRS 2021, 7962; OVG Bautzen Beschl. v. 10.12.2019 – 3 B 288/19, BeckRS 2019, 39268.

[52] So *Westphal/Stoppa* S. 470; *Winkelmann* in OK-MNet-AufenthG zu § 14 Rn. 14; vgl. auch OLG Hamm Beschl. v. 21.1.2010 – 15 Wx 58/09, BeckRS 2010, 8043.

[53] Aber ausnahmsweise im Falle des Zigarettenschmuggels, OLG Brandenburg Beschl. v. 22.1.2004 – 2 Ss 36/03, OLG Brandenburg Beschl. v. 22.1.2004 – 2 Ss 36/03, BeckRS 2004, 5281.

[54] VG München Urt. v. 27.7.2010 – M 10 K 09.3655, BeckRS 2010, 36095; aA VG Darmstadt Beschl. v. 5.6.2008 – 5 L 277/08, BeckRS 2008, 36511 bei *Winkelmann*.

[55] So auch LG Hof Urt. v. 20.4.2017 – 5 KLS 354 Js 1442/16 (2), BeckRS 2017, 155561.

Die Aufenthaltstitelpflicht und die Befreiungen knüpfen nicht nur an Staatsangehörigkeit oder Besitz 21
eines Passes an, sondern auch zum Teil an Dauer und Zweck des Aufenthalts[56]. Soweit die Befreiung
nur auf den weiteren Aufenthalt beschränkt ist, bleibt die Einreise davon unberührt; Einreise und
Aufenthalt sind insoweit getrennt zu betrachten[57]. Soweit die Befreiung von einer bestimmten Willensrichtung abhängt, ist die Einreise mit einer davon abweichenden Absicht unerlaubt, weil nicht von der
Pflicht zum Besitz eines Aufenthaltstitels freigestellt[58].

Für Drittstaatsangehörige aus der **Schweiz** und **Liechtenstein** galt zunächst noch **eingeschränkt** 22
eine Sonderregelung. Am 20.6.2006 war die Entscheidung Nr. 896/2006/EG[59] des EU-Parlaments
und des Rates vom 14.6.2006 zur Einführung einer vereinfachten Regelung für die Personenkontrollen an den Außengrenzen, die zum Gegenstand hat, dass die Mitgliedstaaten bestimmte von der
Schweiz und von Liechtenstein ausgestellte Aufenthaltserlaubnisse für die Zwecke der Durchreise
durch ihr Hoheitsgebiet einseitig anerkennen, im ABl. der EU veröffentlicht worden. Die Entscheidung trat am 10.7.2006 in Kraft. Mit dem Inkrafttreten der Entscheidung erkannten die Mitgliedstaaten, die den Schengen-Besitzstand vollständig anwenden, bestimmte Aufenthaltserlaubnisse der
Schweiz oder Liechtensteins zum Zweck der Durchreise der betroffenen Drittausländer einseitig an
(Art. 1). Den durch die Entscheidung begünstigten Drittausländern wurde damit kein Durchreiserecht
iSd Art. 6 V lit. a SGK gewährt. Gleichwohl war einem Drittausländer die Durchreise zu gestatten,
wenn er eine Aufenthaltserlaubnis der Schweiz oder Liechtensteins nach dem Anhang zu Art. 2 der
Entscheidung vorweisen konnte. Die Einreisevoraussetzungen des Art. 6 I lit. a, c, d und e SGK
mussten nicht erfüllt sein, obwohl Nr. 9 der Erwägungsgründe der Entscheidung dies nahelegte. Denn
Art. 2 der Entscheidung stellte eine derartige Voraussetzung nicht auf. Erfüllte der Drittausländer die
Voraussetzungen nicht, so war die Einreise nicht unerlaubt[60]. Die Reise des begünstigten Drittstaatsangehörigen durch das Hoheitsgebiet der Mitgliedstaaten durfte nicht mehr als fünf Tage dauern
(Art. 3). Im Gegensatz zu Art. 6 V lit. a SGK beschränkte sich das Durchreiserecht[61] nicht auf die
Rückkehr in den Staat, der den Aufenthaltstitel ausgestellt hat, sondern erlaubte nach Sinn und Zweck
der Regelung beide Reiserichtungen. Die Entscheidung Nr. 896/2006/EG galt seit dem 12.12.2008
bis zum 18.12.2011 nur noch in Bezug auf Liechtenstein[62]. **Die Entscheidung wird daher seit
19.12.2011 nur noch von Nicht-Schengen-Vollanwendern angewendet:** von Zypern seit
10.7.2006. Für Rumänien und Bulgarien gilt aufgrund der Entscheidung Nr. 586/2008/EG die
Entscheidung Nr. 896/2006/EG ebenfalls (ie sowohl in Bezug auf die Schweiz als auch in Bezug auf
Liechtenstein). Die Anwendung ist den Staaten mitgeteilt worden (Bulgarien 18.7.2008, Rumänien
11.7.2008)[63].

Damit ist insgesamt die **Einhaltung der Visumregeln** abgesichert, Verstöße gegen den Visum- 23
zwang oder die Bedingungen für die Visumfreiheit bleiben in beiden Fallgruppen nicht folgenlos. Die
Grenzkontrollen werden nicht zusätzlich erschwert, weil die EU-VisaVO und Art. 14 iVm Art. 8 III
SGK ohnehin zu entsprechenden Nachfragen verpflichten. In begründeten Fällen wird über die
Unerlaubtheit der Einreise bei der Erteilung eines Aufenthaltstitels hinweggesehen (§ 5 II 2). Zudem
kommt es für die Berechtigung zum Antrag auf Erteilung eines Aufenthaltstitels nach § 39 AufenthV
zT (Nr. 4 und 5) nicht auf die ordnungsgemäße Einreise an[64].

Nach **Abs. 1 Nr. 2a** ist die Einreise in das Bundesgebiet unerlaubt, wenn der Ausländer zwar ein 24
nach § 4 erforderliches Visum bei der Einreise besitzt, dieses aber durch Drohung, Bestechung oder
Kollusion erwirkt oder durch unrichtige oder unvollständige Angaben erschlichen wurde und deshalb
mit Wirkung für die Vergangenheit zurückgenommen oder annulliert wird. Mit der Einführung der
Nr. 2a wurde verwaltungsrechtlich korrespondierend zu § 95 VI geregelt, dass nunmehr nicht nur eine
Strafrechtsfolge aufgrund praktischen Bedürfnisses entsteht (→ § 95 Rn. 49), sondern diese Einreise
auch verwaltungsrechtlich unerlaubt ist. Hiermit wird in Abkehr von dort bestehenden Akzessorietät keine unmittelbare Verknüpfung zu § 95 VI hergestellt. Es verweist auch kein anderer Tatbestand
direkt auf § 14 I Nr. 2a. Durch die Änderung ist also kein neuer Straftatbestand eingeführt worden.
§ 95 I Nr. 3 verweist weiterhin nur auf § 14 I Nr. 1 und 2 und nicht auf die neue Nr. 2a. Die
Änderung bewirkt, dass die mit der polizeilichen Kontrolle des grenzüberschreitenden Verkehrs
beauftragten Behörden auch für die Aufenthaltsbeendigung in Form der Zurückschiebung oder

---

[56] Vgl. § 4.
[57] *Fraenkel* S. 25; *Pfaff* ZAR 1992, 117.
[58] *Fraenkel* S. 25; aA *Pfaff* ZAR 1992, 117.
[59] ABl. 2006 L 167, 8.
[60] Ebenso *Westphal/Stoppa* S. 343.
[61] Durch die Entscheidung wird ausdrücklich kein Recht zur Einreise für einen Kurzaufenthalt vermittelt: vgl.
dazu Vorabentscheidungsverfahren des OLG Karlsruhe Beschl. v. 4.4.2008 und Urt. des EuGH in dieser Rspr. Kqiku
(C-139/08, BeckRS 2009, 70380) v. 2.4.2009.
[62] Nach der Evaluierungsphase wurde durch Beschl. des Rates v. 13.12.2011 die vollständige Anwendung der
Bestimmungen des Schengen-Besitzstands im Fürstentum Liechtenstein mit Wirkung v. 19.12.2011 verfügt
(ABl. 2011 L 334, 27).
[63] Vgl. ABl. 2008 C 312, 8; vgl. *Winkelmann* ZAR 2010, 271; Jahrbuch Migrationsrecht 2009/2010, S. 102.
[64] Zu den strafrechtlichen Folgen → § 95 Rn. 7 ff., 14 ff.

Abschiebung in Fällen zuständig sind, in denen der Ausländer mit einem erschlichenen Visum eingereist ist (§ 71 III Nr. 1–1b). Hierdurch werden die örtlichen Ausländerbehörden entlastet und die ggf. erforderliche Freiheitsentziehung bis zur Aufenthaltsbeendigung verkürzt. Die Zuständigkeit der mit der polizeilichen Kontrolle des grenzüberschreitenden Verkehrs beauftragten Behörde für die Rücknahme oder Annullierung des erschlichenen Visums ergibt sich für diese Fallkonstellation bereits aus § 71 III Nr. 3 lit. a (s. dort). Danach sind die mit der polizeilichen Kontrolle des grenzüberschreitenden Verkehrs beauftragten Behörden für die Rücknahme, den Widerruf, die Annullierung und die Aufhebung eines Visums ua im Fall der Zurückweisung, Zurückschiebung oder Abschiebung an der Grenze zuständig. Die Formulierung „im Fall" in § 71 bedeutet lediglich, dass ein Zusammenhang mit der Zurückweisung, Zurückschiebung oder Abschiebung bestehen muss. Nicht erforderlich ist, dass diese Maßnahmen bereits getroffen wurden. Die **nachträgliche Feststellung der Unerlaubtheit der Einreise** (hierzu schon → Rn. 2) führt durch Annullierung oder Rücknahme zum rückwirkenden Verlust des (vermeintlich rechtmäßig) erworbenen Rechts von Anfang an[65]. Dies entspricht auch der Auffassung der GA in Nr. 51 im Schlussantrag des Verfahrens vor dem EuGH zur Rechtssache C-83/12 (Urt. vom 10.4.2012, BeckRS 2012, 80729 –). Zu Recht weist die GA in ihrer Stellungnahme vom 26.3.2012 darauf hin, dass die in § 95 VI vorgesehene Gleichstellung (oder Legalfiktion) weder die verwaltungsrechtliche Stellung des Visuminhabers noch die ihm gegen eine etwaige Annullierungsentscheidung zur Verfügung stehenden Rechtsschutzmöglichkeiten berührt. Sie betrifft nur das Strafrecht. Ein erteiltes Visum, sofern keine Umstände vorliegen, die nach Art. 32 VK zu seiner Verweigerung geführt hätten, ist bis zu seinem Ablauf oder seiner etwaigen Aufhebung gültig und deckt daher den vorausgegangenen Aufenthalt im Hoheitsgebiet eines oder mehrerer Mitgliedstaaten ab. Dagegen ist das Visum ab dem Zeitpunkt seiner Aufhebung kein gültiger, einen Aufenthalt rechtfertigender Titel mehr (Aufhebung ex nunc). Das entsprach der deutschen Rechtslage[66]. Wird nach der Erteilung des Visums festgestellt, dass diese Umstände bereits zum Zeitpunkt seiner Erteilung vorlagen (aber von den zuständigen Behörden nicht rechtzeitig erkannt wurden), erwächst daraus die gleiche Konsequenz, wie wenn die zuständigen Behörden Art. 32 I lit. b angewendet hätten. Dies bedeutet somit, dass es an der Gültigkeit von Anfang an fehlte (Annullierung ex tunc). Dies wurde nun durch die Einführung der Nr. 2a im deutschen Recht abgebildet. Lediglich die Direkteinreise in das Bundesgebiet mit einem von einem anderen Mitgliedstaat ausgestellten Schengen-Visum darf nicht zur Annullierung führen[67]. Ebenso nicht die Visumbeantragung bei der unzuständigen Vertretung[68]. Ein Ausländer ist zwar im Besitz eines Schengen-Visums, das grundsätzlich auch zur Einreise in die Bundesrepublik Deutschland berechtigt, wenn dieses durch falsche Angaben gegenüber der ausstellenden Behörde erschlichen wurde. Wenn der Antragsteller aber zu keinem Zeitpunkt beabsichtigte, in das im Visumantrag angegebene Land einzureisen, sondern von Anfang an eine Reise in ein anderes Land, hier in die Bundesrepublik Deutschland, plante, reist dieser unerlaubt ein, wenn das Visum deshalb mit Wirkung für die Vergangenheit zurückgenommen oder annulliert wird. Dem Antragsteller ist dann nach Art. 14 I SGK iVm § 15 I (s. dort) zwingend die Einreise zu verweigern[69].

3. Einreiseverbot

25 Das **Einreiseverbot** des § 11 I, VI, VII kann nur durch die Erlaubnis nach § 11 VIII oder die Rechtsverordnung nach § 99 IV durchbrochen werden. Wer im SIS zur Einreiseverweigerung ausgeschrieben ist (ehem. Art. 96 III SDÜ, nunmehr Art. 24 VO (EG) Nr. 1987/2006 vom 20.12.2006 (SIS II-VO)), reist (nur) dann unerlaubt ein, wenn der Ausschreibung eine deutsche Ausweisung, Zurückschiebung oder Abschiebung zugrunde liegt[70]. Ist trotz § 11 I, VI, VII ein Visum erteilt (unter Umständen ein einheitliches Visum durch einen anderen Staat), liegt auch ein Ausweisungsgrund vor, der zur Zurückweisung zwingt (§ 15 II Nr. 3 iVm Art. 14 I SGK). Die Sperrwirkung muss gesondert angeordnet werden und soll gemeinsam mit der Ausweisung oder spätestens mit der Ab- oder Zurückschiebung erlassen werden (§ 11 II 1 f.). **Die Frist beginnt** mit der Ausreise (§ 11 II 3).

26 Bei **Altausweisungen gegenüber EU-Bürgern** war zu differenzieren: Ausweisungen gegen Staatsangehörige der Mitgliedstaaten entfalteten auch nach Inkrafttreten des ZuwG weiterhin Sperrwirkung nach § 8 II AuslG 1990. Denn bei diesen EU-Bürgern mussten über § 12 AufenthG/EWG die Grundsätze des Gemeinschaftsrechts bei der Ausweisung berücksichtigt werden[71]. Altausweisungen gegenüber Staatsangehörigen der **Beitrittsstaaten** entfalteten hingegen keine Sperrwirkung, weil hier zu keinem Zeitpunkt die gemeinschaftsrechtlichen Vorgaben zu beachten gewesen waren[72].

---

[65] BR-Drs. 97/13, 26, Nr. 8 (§ 14).
[66] Vgl. BGH Urt. v. 27.4.2005 – 2 StR 457/04, BeckRS 2005, 5655.
[67] SächsOVG Beschl. v. 18.7.2012 – 3 B 151/12.
[68] So auch *Stahmann* in NK-AuslR AufenthG § 6 Rn. 72.
[69] VG München Beschl. v. 4.12.2014 – M 23 S 13.5250, BeckRS 2014, 47497; zur Annullierung eines Schengen-Visums bei beabsichtigtem Daueraufenthalt VG Dresden Beschl. vom 2.2.2016 – 3 L 49/16.
[70] Das hat sich auch nicht in Bezug auf die Rückführungs-RL geändert.
[71] Ausf. hierzu § 11.
[72] S. § 11.

Außerdem konnte EU-Bürgern die Sperrwirkung von **Abschiebungen** nicht mehr entgegengehalten werden[73].

IV. Ausnahmevisum und Passersatz

Ausnahmesichtvermerke (AV; → § 6 Rn. 50) werden herkömmlicherweise an der Grenze erteilt (Art. 6 V lit. b und c SGK). Das Visum für einen längeren Zeitraum als 90 Tage nach Art. 18 SDÜ ist ein nationales Visum und auf den Ausstellerstaat beschränkt, entfaltet gleichwohl ein Reiserecht nach Art. 21 IIa SDÜ. Auch ein Ausnahmevisum wird nach Art. 35 III VK grundsätzlich als einheitliches Visum (gültig für alle Schengenstaaten) erteilt.

Ein **einheitliches Ausnahmevisum** darf nur erteilt werden, wenn die Voraussetzungen des Art. 6 I SGK (außer Visumbesitz) erfüllt sind. Es ist nicht auf den ausstellenden Staat beschränkt. Ein Ausnahmevisum darf nach Maßgabe von Art. 6 V lit. b und c SGK erteilt werden, auch wenn nicht alle Voraussetzungen des Art. 6 I SGK erfüllt sind (vgl. hierzu schon Nr. 14.2.2–14.2.2.7 VAH zum SDÜ; die Nr. 14.2 f. AVwV-AufenthG geben hierzu ebenfalls nicht mehr die gültige Rechtslage wieder). Nach Art. 4 II VK sind abweichend von der grundsätzlichen Zuständigkeitsbestimmung zugunsten der Konsularbehörden die für die Personenkontrollen zuständigen Behörden ermächtigt, Visa zu erteilen, die ausnahmsweise an der Außengrenze beantragt werden. Die Befugnis besteht daher für die mit der Kontrolle des grenzüberschreitenden Verkehrs beauftragten Behörden **(Grenzbehörde)** nach § 71 III Nr. 2, § 14 II iVm Art. 6 V lit. b SGK und Art. 35, 36 VK an der Außengrenze (in Deutschland an Flughafen- und Seehafendienststellen). Neben den bekannten Voraussetzungen der bisherigen Regelungen bestimmt Art. 35 II VK, dass von der Verpflichtung des Abschlusses einer Reisekrankenversicherung nur abgesehen werden darf, wenn eine solche an der betreffenden Grenzübergangsstelle nicht abgeschlossen werden kann oder wenn humanitäre Gründe vorliegen. Grundsätzlich ist nach den allgemeinen Regeln für die Erteilung nach Art. 10 Abs. 3 lit. c VK ein Lichtbild durch den Antragsteller vorzulegen. Das einheitliche Visum (Typ C) darf höchstens für **15 Tage** Aufenthalt oder für die zur Durchreise notwendigen Tage berechtigen (Typ C „Transit"). An Angehörige konsultationspflichtiger Staaten (Art. 22 VK) wird grundsätzlich kein Visum erteilt. Die Ausstellung eines **räumlich beschränkten Visums** bestimmt sich nach Art. 25 I lit. a VK. Nach Art. 35 VI VK darf ein solches Visum nur für das Hoheitsgebiet des ausstellenden Mitgliedstaates gelten. Die Möglichkeit, ein Visum an der Grenze in solchen Fällen auch gültig für mehrere Staaten auszustellen (so wie grundsätzlich für die Visumerteilung in Art. 25 II VK vorgesehen), lässt der Wortlaut der Art. 35, 36 VK an sich nicht zu. Gleichwohl wird einer Ausstellung gültig für mehrere Staaten analog Art. 25 entsprochen werden können, vorausgesetzt die betreffenden Staaten stimmen zu. Die Ausstellung des Visums wird verweigert, wenn es dem Antragsteller möglich war, im Voraus ein Visum zu beantragen (Art. 35 VI, 1 lit. b VK) oder im Falle der Gründe des Art. 32 VK[74]. Soll eine Erwerbstätigkeit aufgenommen werden, müssen in Deutschland die Grenze von drei Monaten und die Voraussetzungen des § 17 AufenthV eingehalten werden (dazu Nr. 14.2.2 AVwV-AufenthG).

Ein **nationales Ausnahmevisum** darf nur erteilt werden, wenn die Einholung bei der deutschen Auslandsvertretung aus zwingenden Gründen verwehrt war und unvorhergesehen die Einreise notwendig wird (beispielhafte, aber nicht abschließende Fallgruppen in Nr. 14.2.6.2 AVwV-AufenthG).

Außerdem besteht die Möglichkeit der Ausstellung eines **Passersatzes** (vgl. §§ 4 ff. AufenthV). Diese Ausnahmeregelungen dienen der Erleichterung des Grenzverkehrs in Fällen, in denen die Zurückweisung unbillig wäre oder Interessen der Bundesrepublik Deutschland widerspräche. Die Ausstellung des Reiseausweises für Ausländer ist im Inland wie im Ausland nur in bestimmten Notsituationen zulässig (§§ 5–12 AufenthV).

An der **Grenze** kann zur Vermeidung einer unbilligen Härte oder aus besonderem öffentlichem Interesse ein Notreiseausweis für längstens einen Monat ausgestellt werden, wenn der Ausländer keinen Pass oder Passersatz mitführt, aber seine Identität glaubhaft machen kann (§ 13 AufenthV). Diese Möglichkeit ist auf Unionsbürger, EWR-Staater und Schweizer sowie Positivstaater iSd Art. 4 II EU-VisaVO iVm Anhang II oder Negativstaater iSd Art. 3 I EU-VisaVO iVm Anhang I, die zum Aufenthalt oder zur Rückkehr in einen EU-/EWR-Staat oder der Schweiz berechtigt sind, beschränkt. Ausnahmsweise kann der Notreiseausweis auch zivilem Schiffspersonal oder zivilem Flugpersonal für einen Aufenthalt am Flughafen oder in dessen Nähe erteilt werden (§ 13 V iVm § 23 I AufenthV).

V. Verwaltungsverfahren und Rechtsschutz

An der Grenze ist die jeweilige für die Kontrolle des grenzüberschreitenden Verkehrs eingerichtete Grenzbehörde sowohl für die Feststellung einer unerlaubten Einreise als auch für die Ausstellung eines Ausnahmevisums oder eines Passersatzes **zuständig** (§ 71 III Nr. 2). Dabei sind die Zustimmungs-

---

[73] Einzelheiten bei § 11.
[74] Vgl. hierzu Westphal/Brakemeier NVwZ 2010, 621 f.

erfordernisse des § 3 II (BMI), des § 31 I AufenthV (Ausländerbehörde), der §§ 4a II, 18 (BA) zu beachten. In manchen Fällen kann und muss das Visum an der Grenze korrigiert werden, va bei offensichtlichen Schreibfehlern (Art. 28 VK, Nr. 14.2.7 AVwV-AufenthG).

33 Der **Rechtsschutz** an der Grenze ist teilweise noch erheblich eingeschränkt. Die Versagung eines Visums oder Passersatzes an der Grenze bedurfte bislang nicht der Schriftform, Begründung und Rechtsmittelbelehrung und war unanfechtbar (§§ 77 II, 83). Das Verfahren für die Ablehnung eines beantragten Visums (auch an der Grenze) bestimmt sich jedoch nach europarechtlichen Vorgaben, nach Art. 32 II, 3 iVm Anhang VI VK: Im Falle der Visumverweigerung nach Art. 32 VK ist die Anwendung der Abs. 2 und 3 bzw. Art. 35 VII (Standardformular nach Anhang VI und Rechtsmittelregelung) erst seit 5.4.2011 anwendbar (vgl. Art. 58 V VK). Gleiches muss für Art. 36 VK gelten (Visaerteilung an Seeleute), der die Rechtsschutzvorschriften nicht ausdrücklich enthält oder darauf verweist. Ausführlich zum Verwaltungsverfahren und Rechtsschutz → § 6 Rn. 58 ff.

§ 15 Zurückweisung

(1) Ein Ausländer, der unerlaubt einreisen will, wird an der Grenze zurückgewiesen.

(2) Ein Ausländer kann an der Grenze zurückgewiesen werden, wenn
1. ein Ausweisungsinteresse besteht,
2. der begründete Verdacht besteht, dass der Aufenthalt nicht dem angegebenen Zweck dient,
2a. er nur über ein Schengen-Visum verfügt oder für einen kurzfristigen Aufenthalt von der Visumpflicht befreit ist und beabsichtigt, entgegen § 4a Absatz 1 und 2 eine Erwerbstätigkeit auszuüben oder
3. er die Voraussetzungen für die Einreise in das Hoheitsgebiet der Vertragsparteien nach Artikel 6 des Schengener Grenzkodex nicht erfüllt.

(3) Ein Ausländer, der für einen vorübergehenden Aufenthalt im Bundesgebiet vom Erfordernis eines Aufenthaltstitels befreit ist, kann zurückgewiesen werden, wenn er nicht die Voraussetzungen des § 3 Abs. 1 und des § 5 Abs. 1 erfüllt.

(4) [1]§ 60 Abs. 1 bis 3, 5 und 7 bis 9 ist entsprechend anzuwenden. [2]Ein Ausländer, der einen Asylantrag gestellt hat, darf nicht zurückgewiesen werden, solange ihm der Aufenthalt im Bundesgebiet nach den Vorschriften des Asylgesetzes gestattet ist.

(5) [1]Ein Ausländer soll zur Sicherung der Zurückweisung auf richterliche Anordnung in Haft (Zurückweisungshaft) genommen werden, wenn eine Zurückweisungsentscheidung ergangen ist und diese nicht unmittelbar vollzogen werden kann. [2]Im Übrigen ist § 62 Absatz 4 entsprechend anzuwenden. [3]In den Fällen, in denen der Richter die Anordnung oder die Verlängerung der Haft ablehnt, findet Absatz 1 keine Anwendung.

(6) [1]Ist der Ausländer auf dem Luftweg in das Bundesgebiet gelangt und nicht nach § 13 Abs. 2 eingereist, sondern zurückgewiesen worden, ist er in den Transitbereich eines Flughafens oder in eine Unterkunft zu verbringen, von wo aus seine Abreise aus dem Bundesgebiet möglich ist, wenn Zurückweisungshaft nicht beantragt wird. [2]Der Aufenthalt des Ausländers im Transitbereich eines Flughafens oder in einer Unterkunft nach Satz 1 bedarf spätestens 30 Tage nach Ankunft am Flughafen oder, sollte deren Zeitpunkt nicht feststellbar sein, nach Kenntnis der zuständigen Behörden von der Ankunft, der richterlichen Anordnung. [3]Die Anordnung ergeht zur Sicherung der Abreise. [4]Sie ist nur zulässig, wenn die Abreise innerhalb der Anordnungsdauer zu erwarten ist. [5]Absatz 5 ist entsprechend anzuwenden.

Allgemeine Verwaltungsvorschrift
15 Zu § 15 – Zurückweisung
15.0 Allgemeines
15.0.1 Ausländer, die nach Deutschland einreisen wollen, können unter den Voraussetzungen des § 15 an der Grenze zurückgewiesen werden. Für die Zurückweisung sind die mit der polizeilichen Kontrolle des grenzüberschreitenden Verkehrs beauftragten Behörden zuständig (§ 71 Absatz 3 Nummer 1).
15.0.2 Auf Ausländer, die unter den Anwendungsbereich des § 1 FreizügG/EU fallen, ist § 15 nicht anwendbar, solange die Ausländerbehörde das Nichtbestehen oder den Verlust des Rechts nach § 2 Absatz 1 FreizügG/EU nicht festgestellt hat, vgl § 11 Absatz 1 i. V. m. Absatz 2 FreizügG/EU. Zur Frage der Zurückweisung siehe § 6 Absatz 1 Satz 2 FreizügG/EU (vgl Nummer 6.1.2 FreizügG/EU-VwV).
15.0.3 Soweit einem Ausländer aufgrund der §§ 18, 18a bzw. 33 AsylVfG die Einreise verweigert wird, richtet sich die Zurückweisung nach § 15.
15.0.4 Kann über die Zurückweisung trotz der gebotenen zügigen Bearbeitung nicht zeitnah entschieden werden (z. B. weil Behörden für zwingend notwendige Auskünfte vorübergehend nicht erreichbar sind) und ist dem Ausländer aus besonderen Gründen ganz ausnahmsweise nicht zuzumuten, die Entscheidung vor Ort abzuwarten (z. B. wegen einer dringend gebotenen medizinischen Behandlung), ist stets zu prüfen, inwieweit von der Vorschrift des § 13 Absatz 2 Satz 2 Gebrauch gemacht werden kann. Die Anwendung dieser Vorschrift setzt in aller Regel jedoch voraus, dass der Ausländer bei negativer Einreiseentscheidung unverzüglich noch zurückgewiesen werden

kann. Insbesondere bei möglicher Anwendung des ICAO-Übereinkommens ist grundsätzlich eine Zurückweisung zu verfügen oder § 13 Absatz 2 Satz 2 anzuwenden.

15.0.5 Gesetzliche Bestimmungen über das Ziel der Zurückweisung sind in § 15 nicht enthalten. Es gilt Folgendes:

15.0.5.1 Die Zurückweisung erfolgt grundsätzlich in den Staat, aus dem der Ausländer einzureisen versucht. Ein Ausländer kommt in diesem Sinne auch aus einem Staat, in dem er sich lediglich im Flughafentransit oder im Schiffstransit aufgehalten hat und nicht grenzpolizeilich kontrolliert wurde. Die Zurückweisung in einen Transitstaat ist aber zulässig, wenn dieser auf vorherige Nachfrage der Grenzbehörde der Rückübernahme zustimmt.

15.0.5.2 Die Grenzbehörde kann nach pflichtgemäßem Ermessen auch einen anderen Staat als denjenigen Staat, aus dem die Einreise versucht wurde, als Zielstaat bestimmen. Als Zielstaat kommt nur ein Staat in Betracht, der völkerrechtlich zur Aufnahme des Ausländers verpflichtet oder zur Aufnahme bereit ist. Eine völkerrechtliche Verpflichtung ergibt sich aus völkerrechtlichen Verträgen, insbesondere aus den Rückübernahmeabkommen, oder gewohnheitsrechtlich für den Fall einer unverzüglichen Zurückweisung in den Staat, aus dem der Ausländer auszureisen versucht. Abgesehen davon ist jeder Staat zur Rückübernahme eigener Staatsangehöriger verpflichtet. Von einer Aufnahmebereitschaft durch einen anderen als den Herkunftsstaat kann ausgegangen werden, wenn der Staat dem Ausländer einen Aufenthaltstitel oder eine Rückkehrberechtigung ausgestellt hat und diese noch gültig sind.

15.0.5.3 Bei der Ermessensentscheidung, in welches Land der Ausländer zurückgewiesen werden soll, sind in erster Linie die Interessen der Bundesrepublik Deutschland und der Schengen-Staaten zu berücksichtigen. Die Auswahl erfolgt unter dem Gesichtspunkt einer effektiven Zurückweisung. Es sind aber auch die Belange des Ausländers (z. B. Hauptreiseziel) und eines ggf kostenpflichtigen Beförderungsunternehmers (§ 64) zu berücksichtigen.

15.0.5.4 Das Ziel der Zurückweisung ist dem Ausländer zusammen mit der Eröffnung der Zurückweisung bekannt zu geben. Grundsätzlich soll in Fällen, in denen der Zielstaat nicht bereits eindeutig feststeht, Folgendes eröffnet werden:

„Die Zurückweisung erfolgt in den Staat, aus dem Sie einzureisen versuchten. Sie kann auch in den Staat erfolgen, in dem Sie die Reise angetreten haben, in dem Sie Ihren gewöhnlichen Aufenthalt haben, dessen Staatsangehörigkeit Sie besitzen oder der Ihren Pass oder Passersatz ausgestellt hat, oder in einen sonstigen Staat, in den Sie einreisen dürfen."

Im Hinblick auf § 15 Absatz 4 Satz 1 kann der Ausländer somit unmittelbar zielstaatsbezogene Zurückweisungshindernisse geltend machen, ohne dass es wegen der späteren Eröffnung des Zielstaates zu vermeidbaren Verzögerungen kommt. Insbesondere bei Zurückweisungen auf dem Luftwege ist dies zu beachten.

15.0.6 Im Falle der Einreiseverweigerung bringt der Kontrollbeamte in dem Pass einen Einreisestempel an, den er in Form eines Kreuzes (vertikale und horizontale Linie) mit schwarzer, dokumentenechter Tinte durchstreicht; zudem trägt er rechts neben diesem Stempel ebenfalls mit dokumentenechter Tinte den jeweiligen Kennbuchstaben ein, der entsprechend dem in Anhang V, Teil B zum Schengener Grenzkodex enthaltenen Standardformular für die Einreiseverweigerung einen oder mehrere Gründe für die Einreiseverweigerung wiedergibt. Mehrfachnennungen sind hierbei möglich.

15.0.7 Die Zurückweisung ist dem Ausländer auf dem in Anhang V, Teil B zum Schengener Grenzkodex vorgesehenen Vordruck zu bescheinigen.

15.1 Zwingende Zurückweisung

15.1.1 Ausländer, die i. S v § 14 Absatz 1 unerlaubt einreisen wollen, sind zurückzuweisen. Verfügt ein Ausländer nicht über einen erforderlichen Aufenthaltstitel (§ 14 Absatz 1 Nummer 2) oder über einen erforderlichen Pass oder Passersatz (§ 14 Absatz 1 Nummer 1), prüft die Grenzbehörde grundsätzlich auf Antrag, ob dem Ausländer nach Maßgabe des § 14 Absatz 2 ein Ausnahmevisum (siehe Nummer 14.2) bzw. nach Maßgabe des § 14 Absatz 2 i. V. m. § 13 AufenthV ein Notreiseausweis erteilt werden kann. Darf ein Notreiseausweis nicht erteilt werden, kann in begründeten Einzelfällen das Bundesministerium des Innern oder von ihm bestimmte Stelle auf Ersuchen der Grenzbehörde eine Ausnahme von der Passpflicht zulassen (§ 3 Absatz 2). Ein solcher Ausnahmefall kann insbesondere dann vorliegen, wenn der Ausländer über Dokumente verfügt, die von einem anderen Schengen-Staat als für den Grenzübertritt genügend angesehen werden.

15.1.2 Eine unerlaubte Einreise liegt nicht bereits dann vor, wenn ein Ausländer mit einem Visum einreist, das nicht den wahren Aufenthaltszweck abdeckt (z. B. Einreise mit einem Touristenvisum, obwohl ein Erwerbsaufenthalt beabsichtigt ist). In diesem Fall richtet sich die Zurückweisung nach § 15 Absatz 2 Nummer 2. Etwas anderes gilt aber dann, wenn sich ein Ausländer auf eine Befreiung (nur) nach der Verordnung (EG) Nummer 539/2001 des Rates vom 15. März 2001 zur Aufstellung der Liste der Drittländer, deren Staatsangehörige beim Überschreiten der Außengrenzen im Besitz eines Visums sein müssen, sowie der Liste der Drittländer, deren Staatsangehörige von dieser Visumpflicht befreit sind (ABl. L 81 S 1)[1] berufen will, aber erkennbar beabsichtigt, eine nicht durch § 17 Absatz 2 AufenthV freigestellte Erwerbstätigkeit aufzunehmen, so dass § 17 Absatz 1 AufenthV eingreift, siehe Nummer 14.1.2.1.1.7 ff. In diesem Fall ist die Zurückweisung auf § 15 Absatz 1 zu stützen. Zusätzlich kann die Zurückweisung auf § 15 Absatz 2 Nummer 3 und der Widerruf des Visums auf § 52 Absatz 1 Nummer 3 gestützt werden.

15.1.3 Nach § 15 Absatz 1 ist ein Ausländer zurückzuweisen, wenn gegen ihn eine gesetzliche Wiedereinreisesperre gemäß § 11 Absatz 1 besteht und er keine Betretenserlaubnis nebst dem erforderlichen Visum besitzt.

15.2 Zurückweisung im Ermessenswege

15.2.1.0 Für die Zurückweisung im Ermessenswege gemäß § 15 Absatz 2 Nummer 1 genügt es, dass ein Ausweisungsgrund vorliegt. Es kommt nicht darauf an, ob die Ausländerbehörde im Einzelfall eine Ausweisung verfügen könnte.

15.2.1.1 Ist ein Ausländer ausgewiesen, zurückgeschoben oder abgeschoben worden und die Wiedereinreisesperre des 11 Absatz 1 Satz 1 entfallen, sind die dafür maßgebenden Gründe nicht mehr erheblich. Auf Gründe, die vor der Ausweisung, Abschiebung oder Zurückschiebung entstanden sind, kann die Zurückweisung nur dann gestützt werden, wenn sie der Ausländerbehörde bzw. der Grenzbehörde bei der Ausweisung, Abschiebung oder Zurück-

---

[1] Nunmehr Verordnung (EU) 2018/1806 des EU Parlaments und des Rates v. 14.11.2018 zur Aufstellung der Liste der Drittländer, deren Staatsangehörige beim Überschreiten der Außengrenzen im Besitz eines Visums sein müssen, sowie der Liste der Drittländer, deren Staatsangehörige von dieser Visumpflicht befreit sind (Kodifizierter Text), ABl. 2018 L 303, 39.

weisung nicht bekannt waren oder wenn sie in der Gesamtschau mit weiteren Anhaltspunkten Anlass zu der Prognose geben, dass die von dem Ausländer ausgehende Gefährdung fortbesteht. Bei Ausländern, die mit einem Visum einreisen wollen, ist die Entscheidung der Auslandsvertretung zu beachten. Hat die Auslandsvertretung das Visum in Kenntnis des Fehlens einer Regelerteilungsvoraussetzung erteilt, ist die Grenzbehörde grundsätzlich an diese Entscheidung gebunden, sofern ihr dies bekannt ist; im Zweifel soll sich die Grenzbehörde mit der zuständigen Auslandsvertretung in Verbindung setzen.

15.2.1.2 Zur Zurückweisung von Unionsbürgern siehe Nummer 15.0.2 sowie Nummer 6.0.5 und 6.1.2 FreizügG/EU-VwV. Eine Zurückweisung nach § 15 kommt in Betracht, wenn der Verlust des Rechts nach § 2 Absatz 1 FreizügG/EU festgestellt wurde. Für die zugrunde liegenden Feststellungen sind die Grenzbehörden nicht zuständig, in Eilfällen – insbesondere in Fällen, in denen Anhaltspunkte für das Vorliegen der Tatbestandsmerkmale nach § 5 Absatz 4 vorliegen – ist die Ausländerbehörde zu beteiligen.

15.2.1.3 Sieht die Grenzbehörde bei einem Ausländer, gegen den ein Ausweisungsgrund besteht, im Rahmen der Ermessensentscheidung von einer Zurückweisung ab, unterrichtet sie die für den Aufenthaltsort zuständige Ausländerbehörde von ihrer Entscheidung unter Hinweis auf den Ausweisungsgrund (§ 87 Absatz 2 Nummer 3). In nicht eiligen Fällen ist der zuständigen Ausländerbehörde eine Kontrollmitteilung zu übermitteln.

15.2.2.0 Gemäß § 15 Absatz 2 Nummer 2 können Ausländer, die ein Visum besitzen, zurückgewiesen werden, wenn der begründete Verdacht besteht, dass der Aufenthalt nicht dem angegebenen Zweck dient. Der Aufenthaltszweck ist aus der Art des Visums und aus den Eintragungen ersichtlich. Der Verdacht muss durch konkrete Anhaltspunkte begründet sein. Die Zurückweisung ist auch in den Fällen zulässig, in denen der Ausländer den abweichenden Zweck in einem anderen Schengen-Staat verwirklichen will. Dem Auswärtigen Amt ist auf dem Dienstweg eine Kontrollmitteilung zu machen; dies gilt auch, wenn das Visum nicht von einer deutschen Auslandsvertretung erteilt wurde.

15.2.2.1 Die Zurückweisung ist nur geboten, wenn es sich um einen ausländerrechtlich erheblichen Zweckwechsel handelt. Das ist z. B. der Fall, wenn das Visum wegen des beabsichtigten Aufenthaltszwecks der Zustimmung der Ausländerbehörde bedurft hätte, das Visum aber ohne deren Zustimmung erteilt worden ist. Der Tatbestand ist erfüllt, wenn bei einem Ausländer, der mit einem Besuchervisum einreist, der begründete Verdacht besteht, dass der Aufenthalt von Dauer sein oder Erwerbszwecken dienen soll (vgl § 31 Absatz 1 AufenthV). Der Umstand, dass ein Kurzaufenthalt nur der Vorbereitung eines längeren oder zustimmungspflichtigen Aufenthalts dienen soll, der dann selbst erst nach einer Wiederaus- und -einreise mit dem erforderlichen Visum erfolgen würde – z. B. eine bis zu dreimonatige Einreise lediglich zur Führung von Bewerbungsgesprächen ohne Arbeitsaufnahme während dieses Kurzaufenthalts –, rechtfertigt keine Zurückweisung.

15.2.2.2 Der Tatbestand des § 15 Absatz 2 Nummer 2 ist auch erfüllt, wenn konkrete Anhaltspunkte darauf hindeuten, dass der Aufenthalt länger dauern soll als im Visum vorgesehen, oder wenn ein Verstoß gegen Auflagen, Bedingungen oder eine räumliche Beschränkung des Visums zu befürchten ist. Regelmäßig sollen Auflagen, Bedingungen oder räumliche Beschränkungen den angegebenen Aufenthaltszweck sichern. Auch der Missbrauch eines Transitvisums für einen Inlandsaufenthalt erfüllt den Tatbestand des § 15 Absatz 2 Nummer 2.

15.2.2.2a Nach § 15 Absatz 2 Nummer 2a können Ausländer an der Grenze zurückgewiesen werden, die über ein Schengen-Visum verfügen oder für einen kurzfristigen Aufenthalt von der Visumpflicht befreit sind und mit der objektiv feststellbaren Absicht der Aufnahme einer unerlaubten Erwerbstätigkeit einzureisen beabsichtigen. Die Regelung in Nummer 2 deckt diesen Sachverhalt nicht hinreichend ab, weil die unerlaubte Erwerbstätigkeit auch „Nebenzweck" des Aufenthalts sein kann. Bei visumfreien Einreisen ist zudem der Aufenthaltszweck oftmals nicht erkennbar bzw. wird nicht angegeben. Auf Nummer 52.7.1.1.2 bis 52.7.1.3 wird Bezug genommen. Die Regelung in § 17 Absatz 1 AufenthV bleibt unberührt.

15.2.2.3 Durch die Bestimmung des § 15 Absatz 2 Nummer 3 ist nunmehr Artikel 5 Schengener Grenzkodex ausdrücklich in Bezug genommen. Die Einreiseverweigerung aufgrund der Verpflichtungen des Schengener Grenzkodex und die anschließende Zurückweisung erfolgt an der Grenze somit auch nach Maßgabe des § 15.

15.3 Zurückweisung von Ausländern, die vom Erfordernis eines Aufenthaltstitels befreit sind

15.3.1 Von der Regelung erfasst sind Ausländer, die durch die Verordnung (EG) Nummer 539/2001[2] oder gemäß §§ 15 bis 31 AufenthV vom Erfordernis eines Aufenthaltstitels befreit sind.

15.3.2 Ausländer, die nach den §§ 15 bis 31 AufenthV vom Erfordernis eines Aufenthaltstitels befreit sind, können nach § 15 Absatz 2 zurückgewiesen werden, wenn sie zwar nach der Dokumentenlage die Kriterien der Befreiung beim Grenzübertritt erfüllen, aber erkennbar die Absicht haben, einen anderen als den in den §§ 15 bis 31 AufenthV zur Befreiung führenden Aufenthaltszweck anzustreben (z. B. im Falle des § 18 AufenthV einen länger als drei Monate dauernden Aufenthalt in Deutschland anstreben oder eine Beschäftigung ausüben wollen), so dass die Befreiung aus materiellen Gründen nicht eingreift.

15.3.3 Die Vorschrift stellt klar, dass der Ausländer alle Erteilungsvoraussetzungen nach § 3 Absatz 1 und § 5 Absatz 1 erfüllen muss Das Fehlen einer Erteilungsvoraussetzung für einen Aufenthaltstitel im Falle einer Befreiung kann zu einer Zurückweisung führen. Davon unberührt bleibt die Verpflichtung nach Absatz 1 i. V. m. § 14 Absatz 1 Nummer 1, den Ausländer bei Nichterfüllung der Passpflicht zurückzuweisen. Durch § 15 Absatz 3 wird die Anwendung des § 15 Absatz 2 nicht ausgeschlossen.

15.3.4 Für die grenzpolizeiliche Praxis sind in diesem Zusammenhang die Mittellosigkeit gemäß § 5 Absatz 1 Nummer 1 und die Beeinträchtigung oder Gefährdung der Interessen der Bundesrepublik Deutschland gemäß § 5 Absatz 1 Nummer 3 von besonderer Bedeutung. Hinsichtlich des Begriffs der Gefährdung der Interessen der Bundesrepublik Deutschland wird auf Nummer 5.1.3 verwiesen.

15.3.5 Ausländer, die zwar für einen vorübergehenden Aufenthalt von der Visumpflicht befreit, aber im SIS zur Einreiseverweigerung ausgeschrieben sind, sind gemäß § 15 Absatz 3 i. V. m. § 5 Absatz 1 Nummer 3 (Beeinträchtigung der Interessen der Bundesrepublik Deutschland) zurückzuweisen (Artikel 13 Absatz 1 Schengener Grenzkodex); zugleich ist der Tatbestand des § 15 Absatz 2 Nummer 3 i. V. m. Artikel 5 Absatz 1 Buchstabe d) Schengener Grenzkodex erfüllt. Liegt der Ausschreibung eine Wiedereinreisesperre gemäß § 11 Absatz 1 zu Grunde, ist der Ausländer gemäß § 15 Absatz 1 zurückzuweisen.

---

[2] Jetzt Verordnung (EU) 2018/1806.

Zurückweisung § 15 AufenthG 1

15.4 Zurückweisungsverbote und -hindernisse
15.4.0 Der Ausländer darf nicht in einen Staat zurückgewiesen werden, in dem ihm die in § 60 Absatz 1 bis 3, 5, 7 bis 9 genannten Gefahren konkret-individuell drohen.
15.4.1 Kann ein Ausländer, dessen Einreise unerlaubt wäre, aus den in § 60 Absatz 1 bis 3, 5, 7 bis 9 genannten Gründen oder weil tatsächliche Zurückweisungshindernisse bestehen, nicht zurückgewiesen werden, hat die Grenzbehörde zu prüfen,
15.4.1.1 – ob die Zurückweisungshindernisse in absehbarer Zeit entfallen oder beseitigt werden können, insbesondere, ob der Ausländer in absehbarer Zeit in einen Staat zurückgeschoben werden kann, in dem ihm die in § 60 Absatz 1 bis 3, 5 und 7 genannten Gefahren nicht drohen, oder
15.4.1.2 – ob die tatsächlichen Hindernisse (z. B. Passlosigkeit, ungeklärte Identität) beseitigt werden können.
Ist dies der Fall, so beantragt die Grenzbehörde Zurückweisungshaft gemäß § 15 Absatz 5, wenn die weiteren Voraussetzungen für die Haft gegeben sind (z. B. Entziehungsabsicht) und die Haft nach verständiger Würdigung der Umstände des Einzelfalls verhältnismäßig wäre.
15.4.2.1 Ist eine Zurückweisung in absehbarer Zeit nicht möglich, setzt sich die Grenzbehörde frühzeitig mit der für den Ort der Einreise zuständigen Ausländerbehörde ins Benehmen. Muss die Einreise des Ausländers zugelassen werden, weil eine Zurückweisung nicht erfolgen darf oder kann, soll über den aufenthaltsrechtlichen Status von der zuständigen Ausländerbehörde bereits zu dem Zeitpunkt entschieden sein, in dem der Ausländer aus der Obhut der Grenzbehörde entlassen wird. Entsprechendes gilt in diesem Zusammenhang, wenn das Gericht einen Antrag auf Sicherungshaft in Form der Zurückweisungshaft ablehnt. Ein Ausnahmevisum ist grundsätzlich nicht zu erteilen. Ist die Ausländerbehörde nicht erreichbar (z. B. an Wochenenden), ist dem Ausländer eine Bescheinigung über die Gestattung der Einreise und ggf über die Einbehaltung des Passes oder Passersatzes zu erteilen und ihm aufzugeben, sich unverzüglich bei der zuständigen Ausländerbehörde zu melden. Die Grenzbehörde unterrichtet die Ausländerbehörde.
15.4.2.2 Eine Einreise unter diesen Umständen bleibt aufenthaltsrechtlich unerlaubt. Entfallen die Hindernisse und ist die Frist für die Zurückschiebung gemäß § 57 Absatz 1 noch nicht überschritten oder sonst noch möglich, soll der Ausländer aufgrund der unerlaubten Einreise zurückgeschoben werden.
15.4.3.1 Ein Ausländer, dem nach Maßgabe von § 55 Absatz 1 AsylVfG der Aufenthalt in Deutschland gestattet ist, darf, außer in den Fällen des § 33 Absatz 2 und 3 AsylVfG (vgl Nummer 15.4.3.2) und des § 18 Absatz 2, 3 AsylVfG nicht zurückgewiesen werden. Das gilt auch für den Fall, dass der Ausländer ohne Genehmigung der Ausländerbehörde ausgereist ist. Die Grenzbehörde hat zu prüfen, ob der Ausländer einer räumlichen Aufenthaltsbeschränkung zuwidergehandelt hat (§§ 56, 71a Absatz 3 AsylVfG, § 85 Nummer 2 AsylVfG, § 86 Absatz 1 AsylVfG). Ggf sind die erforderlichen Schritte zur Verfolgung der damit verbundenen Straftat oder Ordnungswidrigkeit einzuleiten.
15.4.3.2 Ist die Aufenthaltsgestattung erloschen (§ 67 AsylVfG), genießt der Ausländer nicht mehr den Zurückweisungsschutz gemäß § 15 Absatz 4 Satz 2. Ist er in den Herkunftsstaat gereist, gilt sein Asylantrag als zurückgenommen (§ 33 Absatz 2 AsylVfG). Er wird an der Grenze zurückgewiesen, sofern kein Abschiebungsverbot nach § 60 Absatz 1 bis 3 oder Absatz 5 vorliegt (§ 33 Absatz 3 AsylVfG). Seine Aufenthaltsgestattung erlischt dann mit der Zurückweisung (§ 67 Absatz 1 Nummer 1a AsylVfG).

15.5 Zurückweisungshaft
15.5.0 § 15 Absatz 5 und 6 und § 18a Absatz 6 AsylVfG dienen dazu, die Folgen einer Zurückweisung rechtlich zu regeln. § 15 Absatz 5 ist die allgemeine Regelung, während Absatz 6 eine ergänzende Regelung für Flughäfen mit Transitbereich oder Unterkunft auf dem Flughafengelände (§ 65) enthält. Damit wird einerseits dem Erfordernis nach Rechtsklarheit für die handelnden Grenzbeamten, andererseits dem Spannungsverhältnis zwischen dem Recht des Staates, die Einreise von Ausländern zu verweigern, und den daraus entstehenden faktischen Beschränkung der Bewegungsfreiheit des zurückgewiesenen Ausländers auf den Transitbereich Rechnung getragen. Zurückweisungshaft soll nach § 15 Absatz 5 dann angeordnet werden, wenn eine Zurückweisungsentscheidung ergangen ist und eine Zurückweisung an der Grenze, etwa auf Grund fehlender Heimreisepapiere, nicht unmittelbar vollzogen werden kann.
15.5.1 Aus der in § 15 Absatz 5 Satz 2 erfolgten Verweisung auf § 62 Absatz 3 wird deutlich, dass es neben Haftgrundes nach § 62 Absatz 2 neben den Voraussetzungen des § 15 Absatz 5 bedarf. Die Zurückweisungshaft ist ultima ratio; daher muss eine konkrete Gefahr bestehen, dass der Ausländer entgegen der Zurückweisung den Versuch unternehmen wird, (unerlaubt) einzureisen. Insoweit ist der Rechtsgedanke des § 62 Absatz 2 Satz 3, wonach von der Anordnung der Sicherungshaft ausnahmsweise abgesehen werden kann, wenn der Ausländer glaubhaft macht, dass er sich der Abschiebung nicht entziehen will, entsprechend anzuwenden. Bei tatsächlichen Hinderungsgründen (z. B. Passlosigkeit, ungeklärte Identität) ist der Rechtsgedanke des § 62 Absatz 2 Satz 4 ebenso beachtlich, wonach die Sicherungshaft unzulässig wäre, wenn feststeht, dass aus Gründen, die der Ausländer nicht zu vertreten hat, die Zurückweisung nicht innerhalb der nächsten drei Monate durchgeführt werden kann. Umfangreiche Passbeschaffungsmaßnahmen dürfen nicht in Ermangelung der Anwendung des § 62 Absatz 2 Satz 4 zu der Vorstellung führen, die Sicherungshaft könne jederzeit beantragt werden, auch wenn die Beschaffung von Heimreisedokumenten unübersehbar lange dauern könnte. In diesen Fällen wäre auch bereits die Beantragung unzulässig.
15.5.2 Als Rechtsfolge sieht § 15 Absatz 5 Satz 1 eine Soll-Regelung vor. Bei Vorliegen der tatbestandlichen Voraussetzungen ist der Ausländer daher i. d. R. in Haft zu nehmen. Nur in atypischen Sonderfällen (vgl dazu auch Nummer 15.5.1, 62.0.5) ist von der Zurückweisungshaft abzusehen. Ein solcher Fall liegt auch bei objektiver Unmöglichkeit der Zurückweisung vor (z. B. grundsätzliche Rückübernahmeverweigerung eines Staates).
15.5.3 Die Anordnung der Haft durch den zuständigen Richter setzt einen entsprechenden Antrag voraus In Eilfällen kann dieser gestützt auf den Antrag in der Hauptsache (§ 15 Absatz 5) nach § 427 FamFG gestellt werden. Eine zwischenzeitlich kurzfristig notwendige Freiheitsentziehung kann nur auf die Befugnis zur Ingewahrsamnahme nach ordnungsrechtlichen Vorschriften gestützt werden (vgl für die Bundespolizei § 39 Absatz 1 Nummer 3 BPolG, und für die Landespolizeien, falls diese auf Grundlage einer Vereinbarung nach § 2 Absatz 3 BPolG für die Wahrnehmung grenzpolizeilicher Einzeldienste zuständig sind, das jeweilige Landesrecht, sofern dieses eine entsprechende Befugnis vorsieht); § 62 Absatz 4 ist hier nicht einschlägig.
15.5.4 Der Richter hat über die Anordnung der Haft zu entscheiden, nicht über die Einreise ins Bundesgebiet. Lehnt der Richter die Anordnung oder die Verlängerung der Haft ab, wird der Ausländer aus der Haft bzw. dem

Gewahrsam entlassen. Die Einreise trotz fehlenden Aufenthaltstitels folgt unmittelbar aus § 15 Absatz 5 Satz 3 (zur Einreise nach erfolglos abgeschlossenem Flughafenasylverfahren vgl § 18a Absatz 6 Nummer 4 AsylVfG). Zur Vermeidung unnötiger gerichtlicher Verfahren ist die Einreise auch zu gestatten, wenn von der Beantragung von Zurückweisungshaft abgesehen wird. Im Übrigen richtet sich das Verfahren nach dem Gesetz über das Verfahren in Familiensachen und in Angelegenheiten der freiwilligen Gerichtsbarkeit (§ 106 Absatz 2 Satz 1). Der Aufenthalt des Ausländers im Bundesgebiet ist mangels Vorliegens der erforderlichen ausländerrechtlichen Voraussetzungen unerlaubt. Sofern nach der Einreise die Abschiebung ausgesetzt wird, ist eine Duldung auszustellen (vgl § 60a Absatz 4).

15.5.5 Nach der Einreise wird das von den Grenzbehörden eingeleitete Verfahren zur Passersatzbeschaffung an die zuständige Ausländerbehörde abgegeben.

15.6 Flughafentransitaufenthalt

15.6.0 § 15 Absatz 6 ist eine ergänzende Regelung für die Zurückweisung bei der Einreise auf dem Luftweg. Der Anwendungsbereich des Absatzes 6 bezieht sich insbesondere auf die Fälle, in denen einem Ausländer die Einreise gemäß § 18 Absatz 2 AsylVfG oder nach Durchführung eines Flughafenasylverfahrens (§ 18a AsylVfG), bei dem der Asylantrag als offensichtlich unbegründet abgelehnt wurde, nach § 18a Absatz 3 Satz 1 AsylVfG verweigert wird.

15.6.1 Personen, die auf dem Luftweg nach Deutschland gelangen und denen die deutschen Grenzbehörden die Einreise verweigern, sind – sofern die Zurückweisung nicht sofort vollzogen werden kann und Zurückweisungshaft nicht beantragt wurde – in eine Unterkunft zu verbringen, von wo aus die Abreise möglich ist. Sofern eine derartige Unterkunft nicht besteht, kann die zurückgewiesene Person auch unmittelbar im Transitbereich eines Flughafens untergebracht werden. Diese Regelung gilt unabhängig davon, ob der zurückgewiesene Ausländer ein Asylgesuch bei dem Einreiseversuch geäußert hatte oder nicht. Tatbestandliche Voraussetzung für den Transitaufenthalt des Ausländers ist daher Zweierlei:

15.6.1.1 – Absatz 6 Satz 1 setzt voraus, dass die Einreise nach § 15 verweigert wurde. Hierbei ist § 13 Absatz 2 Satz 1 zu beachten, wonach der Ausländer als noch nicht eingereist gilt, sofern er sich im Transitbereich eines Flughafens aufhält. Damit sind auch diejenigen Ausländer tatbestandlich ausgenommen, die nicht nach Deutschland einreisen wollen.

15.6.1.2 – Es darf keine Zurückweisungshaft nach Absatz 5 beantragt worden sein. Die Beantragung der Zurückweisungshaft ist grundsätzlich erforderlich, wenn die Zurückweisung nicht unverzüglich, aber in absehbarer Zeit erfolgen kann. Im Fall der Zurückweisung gemäß § 15 Absatz 1 kann der Ausländer zur Verhinderung einer unerlaubten Einreise (Straftat) bis zur Entscheidung über die Haft nach ordnungsrechtlichen Vorschriften in Gewahrsam genommen werden (vgl für die Bundespolizei § 39 Absatz 1 Nummer 3 BPolG, und für die Landespolizeien, falls diese auf Grundlage einer Vereinbarung nach § 2 Absatz 3 BPolG für die Wahrnehmung grenzpolizeilicher Einzeldienstes zuständig sind, das jeweilige Landesrecht, sofern dieses eine entsprechende Befugnis vorsieht).

15.6.2 Nach § 15 Absatz 6 Satz 2 bedarf der Transitaufenthalt i. S d. Absatzes 6 Satz 1 spätestens 30 Tage nach der Ankunft des Ausländers am Flughafen bzw. – soweit das Datum der Ankunft nicht feststeht – ab der Kenntnis der Grenzbehörden von der Ankunft einer richterlichen Anordnung. Bei Unmöglichkeit der Abreise z. B. auf Grund fehlender Heimreisepapiere ist unverzüglich Zurückweisungshaft zu beantragen oder die Einreise entsprechend § 15 Absatz 5 Satz 3 zu gestatten.

15.6.3 Jedenfalls spätestens zum Fristende ist die richterliche Anordnung für den Aufenthalt im Transitbereich oder in einer Unterkunft nach § 15 Absatz 6 Satz 1 zwingend durch die Grenzbehörden bei Gericht einzuholen. Sobald absehbar ist, dass die Zurückweisung nicht innerhalb von 30 Tagen vollzogen werden kann, soll die richterliche Anordnung unverzüglich herbeigeführt werden.

15.6.4 Absatz 6 Satz 3 enthält die Aussage zum Regelungszweck: Die Anordnung des Aufenthalts im Transitbereich oder in einer Unterkunft nach § 15 Absatz 6 Satz 1 ergeht zur Sicherung der Abreise.

15.6.5 Nach Absatz 6 Satz 4 ist die Anordnung daher 15 a.o.3 nur zulässig, soweit die Abreise innerhalb der Anordnungsdauer zu erwarten ist.

15.6.6 Absatz 6 Satz 5 regelt die entsprechende Anwendbarkeit von § 15 Absatz 5 (zu den Einzelheiten vgl Nummer 15.5). Soweit die Voraussetzungen vorliegen, kann der Aufenthalt zur Sicherung der Abreise für bis zu sechs Monate angeordnet werden; in Fällen, in denen der Ausländer seine Zurückweisung verhindert, kann die Anordnung um bis zu 12 Monate verlängert werden (§ 15 Absatz 5 und 6 i. V. m. § 62 Absatz 3).

15.6.7 Wenn die Frist von 30 Tagen verstrichen und die richterliche Anordnung nicht ergangen ist, ist dem Ausländer die Einreise nach Deutschland zu gestatten. Dies ergibt sich für die Fälle des Flughafenasylverfahrens aus § 18a Absatz 6 Nummer 4 AsylVfG und im Übrigen aus § 15 Absatz 5 Satz 3.

Übersicht

	Rn.
I. Entstehungsgeschichte	1
II. Anwendungsbereich	2
III. Einreiseverweigerung nach Art. 14 SGK	9
IV. Annullierung und Aufhebung eines Visums nach Art. 34 VK	12
V. Sonstige Vorgaben	13
VI. Zurückweisung wegen Versuchs der unerlaubten Einreise (Abs. 1)	15
VII. Ermessensabhängige Zurückweisung (Abs. 2)	19
1. Ausweisungsgrund	19
2. Verdacht unrichtiger Angaben über den Aufenthaltszweck	21
3. Absicht der Aufnahme einer Erwerbstätigkeit	25
4. Nichterfüllung von Art. 6 I SGK	29
VIII. Einreise ohne Aufenthaltstitel zu längerfristigen Aufenthalten (Abs. 3)	30
IX. Zurückweisungsverbote und -hindernisse sowie Ziel der Zurückweisung (Abs. 4)	34
1. Zurückweisungsverbote und -hindernisse	34
2. Ziel der Zurückweisung	37

	Rn.
X. Zurückweisungshaft (Abs. 5)	40
XI. Flughafentransitaufenthalt (Abs. 6)	52
XII. Verwaltungsverfahren und Rechtsschutz	66

I. Entstehungsgeschichte

Die Vorschrift entsprach in vollem Umfang dem damaligen **Gesetzesentwurf**[3]. Die Vorgängervorschrift des § 60 AuslG 1990 hatte einen ähnlichen Inhalt. Durch Art. 1 AuslRÄndG 2007 erfuhr der Abs. 2 durch die überraschende Ergänzung[4] der Nr. 2a (ermessensabhängige Zurückweisung in Fällen unerlaubter Erwerbstätigkeit) und durch die Einführung einer eigenständigen Norm für die Zurückweisungshaft sowie der speziellen Regelung an Flughäfen mit Transitbereich (Abs. 5 und 6) umfängliche Änderungen. Mit dem **AufenthGÄndG 2015**[5] wurde zudem Abs. 2 Nr. 1 neu gefasst und „Ausweisungsgrund" durch „Ausweisungsinteresse" ersetzt. Es handelt sich um eine Folgeänderung zur Neuordnung des Ausweisungsrechts in den §§ 53 ff. (Interessenabwägungsprinzip). Durch das FEG vom 15.8.2019[6] wurde in Abs. 2 Nr. 2a „§ 4a Absatz 1 und 2" eingefügt, Inkrafttreten am 1.3.2020. Bis dahin galt der Verweis auf § 4 III 1. 1

II. Anwendungsbereich

§ 15 regelt die Zurückweisung von Ausländern (zu Ausnahmen des Adressatenkreises → Rn. 8). Während die Zurückweisung vor beendeter Einreise stattfindet, sind mit vollendeter Einreise nur noch die aufenthaltsbeendenden Maßnahmen der Zurückschiebung (§ 57) und Abschiebung (§ 58) zulässig. Zurückweisung bedeutet **Verweigerung der Einreise**. 2017 wurden insgesamt 12.370 Personen an deutschen Grenzen zurückgewiesen (davon 4.744 an Flughäfen, 122 an der Seegrenze und 7.504 an der Landgrenze)[7]. Im Jahr 2018 wurde in insgesamt 12.079 Fällen Personen die Einreise verweigert. Davon entfielen 5.851 Zurückweisungen auf die Luftgrenzen, 20 auf die Seegrenzen und 6.208 auf die Landgrenzen[8]. Im Jahr 2019 wurden an den deutschen Grenzen 13.689 Zurückweisungen durchgeführt. Davon 7.682 an den Flughäfen, 6.004 an den Landgrenzen und drei an den Seegrenzen[9]. Das Jahr 2020 war von Einreiseverweigerungen im Zuge von Reisebeschränkungen zur Eindämmung der Corona-Pandemie geprägt. An den Landgrenzen wurden aus diesem Grund vorübergehend Grenzkontrollen wiedereingeführt. Im Jahr 2020 wurden 19.690 Zurückweisungen vollzogen. Davon 12.142 an den Landgrenzen, 7.361 im Luftverkehr und 187 an den Seegrenzen[10]. Im Vergleich dazu wurden im Jahr 2014, dem letzten Jahr vor der vorübergehenden Wiedereinführung von Kontrollen an der deutsch-österreichischen Landgrenze, insgesamt 3.612 Personen die Einreise verweigert. Davon 3.609 an den Flughäfen und drei an den Seegrenzen[11]. Die Rückführungs-RL enthält auch Bestimmungen mit Auswirkung auf die Einreiseverweigerung. Art. 2 II Rückführungs-RL sieht **Öffnungsklauseln** vor, die ermöglichen, die RL nicht auf bestimmte Drittstaatsangehörige anzuwenden: 2

„*(2) Die Mitgliedstaaten können beschließen, diese Richtlinie nicht auf Drittstaatsangehörige anzuwenden:*

a) die einem Einreiseverbot nach Artikel 13 des Schengener Grenzkodex unterliegen oder die von den zuständigen Behörden in Verbindung mit dem illegalen Überschreiten der Außengrenze eines Mitgliedstaats auf dem Land-, See- oder Luftwege aufgegriffen bzw. abgefangen werden und die nicht anschließend die Genehmigung oder das Recht erhalten haben, sich in diesem Mitgliedstaat aufzuhalten;
b) die nach einzelstaatlichem Recht aufgrund einer strafrechtlichen Sanktion oder infolge einer strafrechtlichen Sanktion rückkehrpflichtig sind oder gegen die ein Auslieferungsverfahren anhängig ist."

Nach **lit. a** ist nach der 1. Alt. ein optionaler Ausschluss von Fällen möglich, die unter die Zurückweisung nach § 15 fallen. Die Formulierung „die einem **Einreiseverbot** nach Art. 13 [Anm.: heute 14] des Schengener Grenzkodex unterliegen" ist aufgrund eines Übersetzungsfehlers missverständlich. Gemeint ist: „die einer Einreiseverweigerung nach Art. 13 [14] des Schengener Grenzkodex unterliegen")[12]. Damit unterliegen zB Zurückweisungen bei geplantem Kurzaufenthalt sowie Einreiseverwei-

---

[3] BT-Drs. 15/420, 10 f.
[4] Die Gesetzesnovellierung erhielt erst in der letzten Phase Einzug in das Gesetzgebungsverfahren und war in dieser Form zuvor nicht mehr Gegenstand der behördlichen Stellungnahmen oder Gegenstand von Expertenanhörungen. Im Grunde hätte es dieser Neuregelung nicht bedurft (vgl. auch dazu Westphal/Stoppa S. 532); sie ist teilweise – im Vergleich zum alten Recht – kontraproduktiv.
[5] BGBl. 2015 I S. 1386.
[6] BGBl. 2019 I S. 1307.
[7] BT-Drs. 19/800.
[8] BT-Drs. 19/8021.
[9] BT-Drs. 19/18201, 15.
[10] BT-Drs. 19/27007, 14.
[11] BT-Drs. 18/4025.
[12] Vgl. hierzu zB die englische („refusal of entry"), französische („refus d'entrée") und niederländische („toegang is geweigerd") Sprachfassung der Rückführungs-RL.

gerungen nach erfolglosem Abschluss des Asylverfahrens nach § 18a AsylG grundsätzlich der Richtlinie. § 15 ist daher eine mitgliedsstaatliche Vorschrift iSv Art. 2 II lit. a Rückführungs-RL, welche die Anwendung des Art. 15 I Rückführungs-RL auf die Tatbestände des § 15 V und VI AufenthG ausschließt[13]. Insgesamt lässt sich feststellen, dass auch der lediglich **völkerrechtlich** und nicht zugleich nach deutschem Recht ausländerrechtlich Eingereiste iSd Richtlinie „illegal aufhältig"[14] sein kann.

Für die unter **lit. b** genannten Fallgruppen, in denen Ausländer aufgrund einer **strafrechtlichen Verurteilung** ausgewiesen werden, wird eine weite Ausnahmemöglichkeit eröffnet. Der Gesetzgeber entschied sich für die Aufrechterhaltung der Ausnahme zum Fristsetzungserfordernis in § 59 I 2, für die Ausnahme von der regelmäßigen Höchstfrist des Einreise- und Aufenthaltsverbots in § 11 I 4 aF sowie für die Ausnahme von der Notwendigkeit, eine Übersetzung der Rückkehrentscheidung zur Verfügung zu stellen (§ 77 III 4). Das RLUmsG 2011 sah vor, die **Beschränkungsmöglichkeit für die Zurückweisung** zu nutzen („Einreiseverbot" nach Art. 14 SGK iVm § 15 II Nr. 3)[15]. Danach soll das Institut der Zurückweisung im Hinblick auf Art. 2 II lit. a Rückführungs-RL unverändert und europarechtskonform aufrechterhalten werden können. Dies ist nach Auffassung des Verfassers auch grundsätzlich möglich; es bedarf diesbezüglich auch keines ausdrücklichen „Feststellungsbeschlusses", von dieser Option Gebrauch machen zu wollen („die Mitgliedstaaten können beschließen"). Nach dem bisherigen Recht wurde die Nichtanwendung der Richtlinie auch schon faktisch vollzogen. Jedoch wurde versäumt, den **Umfang der Nichtanwendung klar** zu **regeln**. Zu berücksichtigen ist, dass Art. 14 SGK in Bezug auf die Zurückweisungsmöglichkeiten nicht in jedem Fall greift. So fallen Personen, die für einen längerfristigen Aufenthaltszweck in die Mitgliedstaaten reisen wollen, nicht unter die nach Art. 6 SGK zu prüfenden Einreisevoraussetzungen. Dieser Regelungsbereich ist Art. 6 SGK fremd, da hier ausschließlich Voraussetzungen erfasst werden, die der Kontrolle der Einreisen für einen Aufenthalt von bis zu (drei Monaten) 90 Tagen dienen[16]. So knüpfen auch die weiteren Voraussetzungen nach Art. 6 II–V SGK an den beabsichtigten Kurzaufenthalt an, sodass eine Einreiseverweigerung nach Art. 14 I SGK nur erfolgen kann, wenn die betreffende Person nicht alle Einreisevoraussetzungen gem. Art. 6 I erfüllt und auch nicht zu dem nach Art. 6 V SGK genannten Personenkreis gehört[17]. So ist im innerstaatlichen Recht **§ 15 III** auch nur auf solche Fälle anwendbar, in denen Ausländer, die von dem Erfordernis eines Aufenthaltstitels befreit sind (sichtvermerksfreie Drittausländer, sog. „Positivstaater"; vgl. Art. 4 I EU-VisaVO), beabsichtigen, sich länger als 90 Tage im Bundesgebiet aufzuhalten. Andernfalls würde diese Norm keinen Anwendungsfall kennen[18]. Erfasst werden daher Staatsangehörige aus bestimmten Staaten (§ 41 Abs. 1 AufenthV: Australien, Israel, Japan, Kanada, der Republik Korea, Neuseeland, dem Vereinigten Königreich, den USA und § 41 II AufenthV: Andorra, Brasilien, El Salvador, Honduras, Monaco und San Marino). Bei geplanten Aufenthalten von bis zu 90 Tagen innerhalb von 180 Tagen (Kurzaufenthalt iSd Art. 6 I SGK) gelten § 15 I und II (hier insbesondere Abs. 2 Nr. 2a und Nr. 3). Da der (enge) Anwendungsbereich des Abs. 3 nicht von Art. 14 I SGK erfasst wird, bleibt diese im Ermessen stehende Rechtsfolge vom SGK unberührt und fällt daher unter den Anwendungsbereich der Rückführungs-RL. Zugleich wird auch die Zurückweisung von Inhabern eines nationalen Visums (Typ D) bzw. grundsätzlich von Drittstaatern, die für **längerfristige Aufenthalte** (zB Ehegattennachzug, Sprachkurse, Erwerbsaufenthalt etc) einreisen wollen, nicht von der Opt-out-Möglichkeit erfasst.

Schließlich gelten auch bei (ausdrücklicher) Nichtanwendung der Rückführungs-RL bei Zurückweisung die **günstigeren Bestimmungen über Art. 4 IV lit. a Rückführungs-RL**[19].

Insbesondere die **Haftbedingungen** nach Art. 16 und 17 Rückführungs-RL müssen vorrangig bei der Zurückweisungshaft beachtet werden, da der Anwendungsbereich des § 62a auf die Zurückweisungshaft durch Verweis in § 15 V erweitert werden müsste. Der BGH hat klargestellt, dass es sich bei der Regelung zur Zurückweisungshaft gemäß § 15 V um ein abschließendes Sonderregime handelt und weitere Voraussetzungen wie zB aus § 62 III auch mit Blick auf das Verhältnismäßigkeitsprinzip

---

[13] BGH Beschl. v. 10.3.2016 – V ZB 188/14, BeckRS 2016, 7044.

[14] Art. 3 Nr. 2 Rückführungs-RL definiert „illegalen Aufenthalt" als „die Anwesenheit von Drittstaatsangehörigen, die nicht oder nicht mehr die Einreisevoraussetzungen nach Artikel 5 (Anm: nunmehr Art 6) des Schengener Grenzkodex oder andere Voraussetzungen für die Einreise in einen Mitgliedstaat oder den dortigen Aufenthalt erfüllen, im Hoheitsgebiet dieses Mitgliedstaats"; BGH Beschl. v. 12.4.2018 – V ZB 162/17, BeckRS 2018, 11015 Rn. 17.

[15] Vgl. Nr. 30 (zu § 57) auf S. 9 BR-Drs. 210/11 und S. 61 der Begr.

[16] Vgl. Art. 6 I SGK „Für einen geplanten Aufenthalt im Hoheitsgebiet der Mitgliedstaaten von bis zu 90 Tagen je Zeitraum von 180 Tagen…".

[17] Gemeint sind hier die Durchreisefälle nach Abs. 4a (auch die Durchreise mit einem für längerfristige Zwecke dienenden Aufenthaltstitel oder nationalem Visum ist in dem Sinne ein kurzfristiger Aufenthaltszweck im Durchreisestaat) und Fälle der Erteilung von Ausnahmevisa an der Grenze (die Erteilung von nationalen Visa für längerfristige Aufenthaltszwecke fällt nicht unter die dort geregelten Voraussetzungen, sondern unter §§ 14 II, 6 III (neu) & § 31 I Nr. 1 AufenthV.

[18] S. *Winkelmann* in OK–MNet–AufenthG § 15 Rn. 29 f.

[19] Zu der insoweit systemwidrigen Vorgabe der Rückführungs-RL s. zu Recht bei *Franßende la Cerda*, Fn. 45. Insbes. die Vorgabe „nicht eine weniger günstige Behandlung" zu erfahren, ist auslegungsbedürftig und muss am Sinn und Zweck der Rückführungs-RL im Verhältnis zu den Ausnahmen bemessen werden.

für die Anordnung der Zurückweisungshaft nicht vorliegen müssen[20]. Anders verhält es sich bei der Zurückweisungen iRd vorübergehenden Wiedereinführung von Grenzkontrollen an den Binnengrenzen. Durch die Wiedereinführung der Kontrollen werden aus den Binnengrenzen keine Außengrenzen[21]. Hieraus folgt, dass Zurückweisungen an Binnengrenzen bei der Wiedereinführung von Grenzkontrollen nicht nach Art. 2 II Rückführungs-RL vom Anwendungsbereich der RL ausgenommen werden dürfen[22]. Dies führt dazu, dass Zurückweisungshaft in diesen Fällen nach Abs. 5 nur angeordnet werden darf, wenn die Voraussetzungen aus Art. 15 I Rückführungs-RL vorliegen. Diese sind in § 62 IIIa, IIIb definiert.

Weiterhin war bis zum genannten Beschluss des BGH nicht hinreichend klar, ob die bisherige Verfahrensweise in Bezug auf die sog. **„Fiktion der Nichteinreise"** (§ 13 II 2[23]) in der bisherigen Form angewendet werden kann. Fraglich war, ob Ausländer, die unter diese Bestimmung fallen, iSv Art. 2 II lit. a Rückführungs-RL eine Genehmigung bzw. das Recht erhalten, sich in dem Mitgliedstaat aufzuhalten. Damit hätte der zulässige Anwendungsbereich der Öffnungsklausel verlassen sein können und diese Fälle wären RL-konform zu behandeln gewesen (Anwendung von Art. 6, 7 Rückführungs-RL etc). Als Gegenargument hätte angeführt werden können, dass der Betroffene auch in diesen Fällen weiterhin unter der Kontrolle der Behörde steht und sich diese Fälle systematisch kaum von solchen des Transitaufenthalts nach § 15 VI trennen lassen. Dieser Argumentation hatte sich der BGH ausdrücklich angeschlossen, indem er in Bezug auf die Situation an den Landbinnengrenzen, an denen die Kontrollen vorübergehend wiedereingeführt sind, die Anordnung der Zurückweisungshaft für die Fälle, in denen die Zurückweisung nicht unmittelbar vollzogen werden kann, als Regelfall beschreibt, da es dort keine dem Transitbereich eines Flughafens vergleichbare Möglichkeit gibt, den Aufenthalt des Ausländers iSd § 13 II 2 zu kontrollieren. Dieser Auffassung folgt der BGH jedoch nicht mehr, nachdem der EuGH festgestellt hat, dass die Wiedereinführung von Grenzkontrollen an den Binnengrenzen nicht geeignet ist, eine Ausnahme der Nichtanwendung der Rückführungs-RL zu begründen[24]. Daraus folgt, dass § 15 V 1 nur mit der Maßgabe angewendet werden kann, dass für die Anordnung der Haft zur Sicherung der Zurückweisung auch ein Haftgrund vorliegen muss[25]. Sollte es der Grenzbehörde ausnahmsweise möglich sein, den Aufenthalt auch ohne eine Inhaftierung zu kontrollieren, wäre die Anordnung der Zurückweisungshaft unverhältnismäßig[26]. Insgesamt lässt sich feststellen, dass der Richtliniengeber – wenn auch nur unzureichend deutlich gemacht – nach systematischer Auslegung und nach der ratio legis wohl der Auffassung sein dürfte, dass der gesamte Bereich der Fallgestaltungen der Zurückweisung an der Grenze von der Anwendung der Rückführungs-RL ausgenommen werden kann. Sofern jedoch der erstmalige Antrag oder die Verlängerung der **Haft zur Sicherung der Zurückweisung abgelehnt** wird oder der Aufenthalt im Flughafentransit bzw. einer entsprechenden Unterkunft nach § 15 VI durch den Richter abgelehnt wird, ist der Ausländer frei und eine Einreise zu ermöglichen. Die Zurückweisung wird außer Vollzug gesetzt (nach § 15 V 3 findet Abs. 1 keine Anwendung mehr). Die ausländerrechtliche Einreise ist nach § 13 nunmehr vollendet (§ 13 II 2 kann nicht mehr begründet werden)[27]. Zusätzlich zum Eintritt der gesetzlichen Ausreisepflicht ist eine Rückkehrentscheidung zu verfügen. Das Verfahren richtet sich nach der Rückführungs-RL.

An den Schengen-Binnengrenzen findet eine Zurückweisung nicht statt. Die Einreise ist mit Überschreiten der Grenzlinie sowohl völkerrechtlich als auch ausländerrechtlich vollendet (→ § 13). An einer **zugelassenen Grenzübergangsstelle** darf der Ausländer zurückgewiesen werden, solange er die Übergangsstelle nicht tatsächlich passiert hat. Da Zurückweisungen nur an zugelassenen Grenzübergangsstellen zulässig sind, findet an den (Schengen-)Binnengrenzen, an denen keine Kontrollen mehr durchgeführt werden, keine Zurückweisung statt. Denn Art. 22 SGK bestimmt, dass die Binnengrenzen unabhängig von der Staatsangehörigkeit der betroffenen Personen an jeder Stelle ohne Personenkontrollen überschritten werden dürfen. Gleichwohl kann in Fällen der vorübergehenden Wiedereinführung von Grenzkontrollen an den Binnengrenzen (Art. 25 ff. SGK) einzelfallbezogen eine Zurückweisung an hierfür eingerichteten und zugelassenen Grenzübergangsstellen erfolgen[28]. Die Abschaffung der Kontrollen an den Binnengrenzen bedeutet auch die Abschaffung der Grenzüberwachung, diese findet gem. Art. 13 iVm Art. 2 Nr. 12 SGK ausschließlich an den Außengrenzen statt,

---

[20] BGH Beschl. v. 12.4.2018 – V ZB 162/17, BeckRS 2018, 11015 amtlicher LS 1.
[21] EuGH Urt. v. 19.3.2019 – C-444/17, BeckRS 2019, 3617 Rn. 61.
[22] EuGH Urt. v. 19.3.2019 – C-444/17, BeckRS 2019, 3617 Rn. 51.
[23] „Lassen die mit der polizeilichen Kontrolle des grenzüberschreitenden Verkehrs beauftragten Behörden einen Ausländer vor der Entscheidung über die Zurückweisung (§ 15 dieses Gesetzes, §§ 18, 18a des AsylG) oder während der Vorbereitung, Sicherung oder Durchführung dieser Maßnahme die Grenzübergangsstelle zu einem bestimmten vorübergehenden Zweck passieren, so liegt keine Einreise im Sinne des Satzes 1 vor, solange ihnen eine Kontrolle des Aufenthalts des Ausländers möglich bleibt."
[24] EuGH Urt. v. 19.3.2019 – C-444/17, BeckRS 2019, 3617 Rn. 51.
[25] BGH Beschl. v. 15.12.2020 – XIII ZB 133/19, BeckRS 2020, 41382 Rn. 9.
[26] BGH Beschl. v. 12.4.2018 – V ZB 162/17, BeckRS 2018, 11015 Rn. 17.
[27] Zum bisherigen Recht vgl. *Winkelmann* Neue Regelungen zum Haftrecht Nr. 2.3.
[28] VG München Beschl. v. 4.5.2021 – M 22 E 21.30294, BeckRS 2021, 10280 Rn. 56.

um zu verhindern, dass Personen die Grenzübertrittskontrolle umgehen und außerhalb einer zugelassenen Grenzübergangsstelle oder außerhalb der festgesetzten Verkehrsstunden einreisen. Die Verpflichtung von Beförderungsunternehmen zur Rückbeförderung von Drittstaatsangehörigen, die sie auf dem Luft-, See- oder Landweg in die Union verbracht haben, gilt nicht für den Verkehr innerhalb des Schengen-Raums. So die Europäische Kommission in ihrem Bericht an das Europäische Parlament und den Rat über die Anwendung von Titel III (Binnengrenzen) des SGK)[29]:

> „Im Prinzip sollte das Überschreiten einer Binnengrenze zwischen zwei Mitgliedstaaten nicht anders sein als eine Fahrt zwischen zwei Bezirken oder Regionen innerhalb eines Mitgliedstaats. Da aber die Mitgliedstaaten für die Aufrechterhaltung von Recht und Ordnung und für die innere Sicherheit zuständig sind, können sie, wenn dies aufgrund einer Risikoanalyse geraten erscheint, in ihrem gesamten Hoheitsgebiet, auch in Gebieten nahe einer Binnengrenze, Kontrollen vornehmen. Wie häufig solche Kontrollen durchgeführt werden, kann vom jeweiligen Gebiet abhängen. In Ausübung ihrer polizeilichen Befugnisse von den zuständigen Behörden der Mitgliedstaaten nach innerstaatlichem Recht vorgenommene Personenkontrollen sind im gesamten Hoheitsgebiet einschließlich der Grenzregionen erlaubt, sofern damit nicht die gleiche Wirkung erzielt wird wie mit Grenzübertrittskontrollen."

Die Verpflichtung von grenzüberschreitend verkehrenden Beförderungsunternehmen zur Kontrolle, ob Reisende im Besitz der erforderlichen Grenzübertrittsdokumente und ggf. des erforderlichen Aufenthaltstitels sind (vgl. § 63 I), verstößt gegen Unionsrecht, sofern es sich um sog. Schengen-Binnenverkehr handelt. Solche Kontrollen, die zu Beginn der grenzüberschreitenden Reise durchgeführt werden, haben nach Feststellung des EuGH die gleiche Wirkung wie Grenzübertrittskontrollen und sind daher verboten[30].

3 Auf Durchführung und Beendigung der vorgeschriebenen polizeilichen Grenzkontrolle und die Öffnungszeiten der Grenzbehörde (§ 13 I) kommt es nicht an. Die Einreise ist ohne Rücksicht darauf, ob die Übergangsstelle geöffnet oder besetzt ist oder die Kontrolle stattfindet oder unterlassen oder umgangen wird, mit dem tatsächlichen Passieren erfolgt. Liegt die Grenzübergangsstelle auf fremdem Territorium, ist eine Zurückweisung nur bis zum Überschreiten der Grenzlinie zulässig (im Rahmen völkerrechtlicher Verträge über die Einrichtung von Gemeinschaftskontrollstellen an den Außengrenzen oder im Falle der Wiedereinführung solcher Grenzkontrollen, Art. 25 ff. SGK). Dasselbe gilt, wenn der Ausländer an einer anderen Stelle die Grenze überschreitet. Auch wenn eine Grenzkontrolle erfolgt und Zurückweisungsgründe nicht erkannt werden, ist damit die Einreise nicht legalisiert, wenn sie nach § 14 I unerlaubt oder nach § 98 III Nr. 3 unbefugt ist.

4 Gem. Art. 32 SGK finden bei **Wiedereinführung von Grenzkontrollen** an den Binnengrenzen die einschlägigen Bestimmungen des Titels II (Außengrenzen) entsprechende Anwendung. In Ermangelung konkreter Vorgaben können die Mitgliedstaaten selbst bestimmen, inwieweit die Wiedereinführung einer Überwachung der Grenze erforderlich ist. Durch die vorübergehende Wiedereinführung von Grenzkontrollen werden aus den Binnengrenzen nicht wieder Außengrenzen[31], gleichwohl kann einzelfallbezogen eine Zurückweisung an hierfür eingerichteten und zugelassenen Grenzübergangsstellen erfolgen[32]. Diese unterliegen im vollen Umfang der Anwendung der Rückführungs-RL einschließlich der Haftvoraussetzungen[33]. Jedoch werden keine Pässe nach Art. 11 SGK abgestempelt. Die Haftung der Beförderungsunternehmer findet ebenfalls keine Anwendung. Die Öffentlichkeit ist über die geplante Wiedereinführung der Kontrollen zu informieren (Art. 34 SGK). Im Jahr 2016 wurden insgesamt 3.724.910 Personen an deutschen Binnengrenzen iRd Wiedereinführung von Grenzkontrollen kontrolliert. Davon gut die Hälfte an der Grenze zu Österreich. Davon wurden 16.562 Personen zurückgewiesen. Die häufigsten Gründe waren beabsichtigte Einreisen ohne gültiges Reisedokument, ohne gültiges Visum oder ohne gültigen Aufenthaltstitel[34].

5 Der Aufenthalt ist üblicherweise das Verbleiben in Deutschland nach der Einreise und setzt grundsätzlich eine vollendete Einreise iSv § 13 II voraus (→ § 13 Rn. 4). In Flughafentransitbereichen zB ist auch ein ausländerrechtlicher Aufenthalt möglich, der denknotwendig keine vollendete Einreise voraussetzt. Die Besonderheit liegt hier in der bereits völkerrechtlich vollendeten Einreise bei gleichzeitigem fehlendem Einreisewillen (so zB bei dauerhaften Verbleiben eines Ausländers im Transitbereich eines internationalen Großflughafens ohne Einreise- oder Weiterreiseabsicht). In diesen Fällen wäre trotz faktischen Aufenthalts eine Zurückweisung an der Grenze nach Art. 14 I SGK iVm § 15 II, die keinen Einreisewillen voraussetzen, möglich, obgleich sich der Ausländer nach § 95 I Nr. 1 (oder auch Nr. 2) bereits strafbar machen könnte[35].

---

[29] Kommissionsbericht über die Anwendung des SGK (Binnengrenzen) v. 13.10.2010, KOM (2010) 554 endgültig.
[30] EuGH Urt. v. 13.12.2018 – C-412/17 und C-474/17, BeckRS 2018, 31910.
[31] EuGH Urt. v. 19.3.2019 – C-444/17, BeckRS 2019, 3617 Rn. 61.
[32] VG München Beschl. v. 4.5.2021 – M 22 E 21.30294, BeckRS 2021, 10280 Rn. 56.
[33] Hierzu → 2.
[34] BT-Drs. 18/11058.
[35] Vgl. unter § 95; aA *Westphal/Stoppa* S. 698.

Zurückweisung   **§ 15 AufenthG 1**

Betroffen sein kann auch, wer keines Aufenthaltstitels bedarf, weil er sich nur vorübergehend im 6
Bundesgebiet aufhalten will (§ 15 I, II Nr. 2, 2 lit. a, 3 und III). Die Zurückweisung ist zT Pflicht und
zT in das Ermessen der Grenzbehörde (§ 71 III Nr. 1) gestellt. Durch Art. 14 I und Anhang V Teil A
SGK werden die Voraussetzungen für Einreiseverweigerungen (im nationalen Recht Zurückweisungen) von Drittstaatsangehörigen, die zu einem Kurzaufenthalt einreisen wollen, unionsrechtlich geregelt. Der Anwendungsvorrang führt dazu, dass die nationalen Regelungen weitgehend, insbesondere
hinsichtlich der Rechtsfolgen (Ermessen), verdrängt werden. Allerdings lässt auch Art. 14 I SGK durch
den Verweis auf Ausnahmen für den in Art. 6 V SGK genannten Personenkreis zumindest mittelbar
eine Ermessensausübung zu.

Das Verhältnis zwischen zwingender Zurückweisung (Abs. 1) und Zurückweisung nach Ermessen 7
(Abs. 2 und 3) ist einerseits hinsichtlich der Rechtsfolgen klar abgegrenzt, andererseits können bei den
Tatbeständen infolge der Bezugnahme auf §§ 3 I, 5 I, 14 I und Art. 6 SGK Überschneidungen
auftreten. So ist die Passpflicht nach Abs. 1 iVm § 14 I Nr. 1 zu berücksichtigen, aber auch nach
§ 15 I Nr. 3 iVm Art. 6 I lit. a SGK. Zudem kann zB die Absicht, die Bedingungen der visumfreien
Einreise nicht einzuhalten, dazu führen, dass es an dem erforderlichen Aufenthaltstitel fehlt, der
Verdacht der Falschangabe besteht und außerdem ein Ausweisungsinteresse vorliegt, weil damit eine
Straftat begangen wird. Diese mehrfachen Vorkehrungen zur Verhinderung nicht ordnungsgemäßer
Einreisen sind gewollt. Nichts spricht für ein Versehen des Gesetzgebers. Dieser konnte tatbeständliche
Überschneidungen wegen der notwendigerweise abstrakten und pauschalierenden Formulierung nicht
vermeiden. Schließlich unterscheiden sich die Fälle auch dadurch, dass die Zurückweisung zT Pflicht
und zT in das Ermessen gestellt ist. Damit wird den besonderen Verhältnissen an der Grenze Rechnung getragen und ein flexibles und dem jeweiligen Sachverhalt angepasstes Vorgehen ermöglicht.

Für Asylbewerber enthalten §§ 18 II, 18a AsylG Sonderregelungen, die darauf Bedacht nehmen, 8
dass einem Asylbewerber die Einreise auch dann nicht verwehrt werden darf, wenn dieser die formellen
Voraussetzungen für eine rechtmäßige Einreise nicht erfüllt und eigentlich materiell nicht zur Einreise
berechtigt ist. Insoweit ist die Abgrenzung, aber auch das Zusammenspiel der Maßnahme der **Einreiseverweigerung** gem. § 18 II AsylG (→ AsylG § 18 Rn. 13) mit der Zurückweisung unklar. Auf
freizügigkeitsberechtigte Unionsbürger und EWR-Bürger ist § 15 nicht anwendbar (vgl. §§ 6 I 2, 11 I
FreizügG/EU). Wurde der Verlust der Freizügigkeit nach § 6 FreizügG/EU festgestellt, findet § 15
über § 11 XIV 2 FreizügG/EU für Unionsbürger und EWR-Bürger Anwendung. Für Schweizer
Staatsangehörige gilt nicht das FreizügG/EU, sondern das Freizügigkeitsabkommen EG-Schweiz[36].
Die Zurückweisung erfolgt somit bei Schweizer Staatsangehörigen und deren freizügigkeitsberechtigten Familienangehörigen dritter Staaten ausschließlich nach § 15, jedoch unter Maßgabe des Abkommens, solange Freizügigkeit besteht[37]. Gleichwohl ist auch bei freizügigkeitsberechtigten Unionsbürgern eine Zurückweisung nach Art. 6 I 2 FreizügG/EU unter den dort genannten Voraussetzungen
möglich[38]. Für Staatsangehörige des Vereinigten Königreichs und deren drittstaatsangehörige Familienangehörige, die in Deutschland ein Aufenthaltsrecht aus dem Austrittabkommen genießen, richtet sich
die Einreiseverweigerung nach § 6 I 2 FreizügG/EU. Falls kein solches Aufenthaltsrecht besteht, findet
das AufenthG und auch der SGK Anwendung und eine Einreiseverweigerung ist unter denselben
Voraussetzungen möglich wie bei den übrigen Drittstaatsangehörigen. Dies gilt auch, wenn ein Aufenthaltsrecht aus dem Austrittabkommen in einem anderen EU-Staat besteht.

III. Einreiseverweigerung nach Art. 14 SGK

Die nationale Zurückweisungsregelung wird durch **Art. 14 iVm Anhang V Teil A SGK** in Teilen 9
verdrängt. Die unionsrechtliche Zurückweisungsbestimmung genießt gegenüber § 15 **Anwendungsvorrang**. Die Überschneidung mit dem Anwendungsbereich der Fallgruppen des § 15 II wirkt sich va
in den Rechtsfolgeausprüchen aus. Denn das nationale Recht stellt die Zurückweisung in § 15 II in
das Ermessen der Grenzbehörde, während Art. 14 I SGK eine zwingende Zurückweisung („wird die
Einreise verweigert") vorschreibt. Insbesondere § 15 II Nr. 3 wird durch die **ermessenslenkende
Funktion** dahin gehend verändert, dass eine zwingende Zurückweisung erfolgen muss, da der Drittstaatsangehörige nicht alle Einreisevoraussetzungen des Art. 6 I SGK erfüllt und nicht unter Art. 6 V
lit. b, c SGK (Ausnahmevisa an der Grenze) fällt. Ausnahmen können sich insoweit iRd noch verbleibenden Ermessensausübung durch Art. 14 I 2 SGK oder dem jeweiligen nationalen Vorschriften
ergeben. Davon unberührt bleibt nach Art. 14 I 2 SGK die Anwendung besonderer Bestimmungen
zum Asylrecht und zum internationalen Schutz oder zur Ausstellung von Visa für längerfristige Aufenthalte. Nach Art. 14 IV SGK stellen die Grenzschutzbeamten sicher, dass ein Drittstaatsangehöriger,
dem die Einreise verweigert wurde, das Hoheitsgebiet des betreffenden Mitgliedstaats oder der Mitgliedstaaten nicht betritt (**Garantenstellung** an der Außengrenze).

---

[36] Abk. v. 21.6.1999, in Kraft getreten am 1.6.2002 (ABl. 2002 L 114, 6); vgl. auch § 28 AufenthV.
[37] Insoweit nicht diff. *Huber* AuslR-HdB Rn. 54.
[38] So auch *Hailbronner* AufenthG § 15 Rn. 2; aA *Funke-Kaiser* in GK-AufenthG § 15 Rn. 8.

10   Art. 14 SGK regelt die Zurückweisung von Drittstaatsangehörigen, die einen **Aufenthalt von bis zu 90 Tagen** innerhalb von 180 Tagen anstreben. Eine Zurückweisung muss grundsätzlich erfolgen, wenn in der Person des Drittstaatsangehörigen eine der nachfolgenden **Voraussetzungen des Art. 6 I SGK** nicht vorliegt (Ausnahme nur nach § 14 I 1, 2 SGK):
– Er muss im Besitz eines oder mehrerer **gültiger Reisedokumente** sein, die ihn zum Überschreiten der Grenze berechtigen. Hier besteht eine Überschneidung mit § 15 I iVm § 14 I Nr. 1.
– Das Reisedokument muss noch mindestens drei Monate über den geplanten Aufenthalt hinaus gültig sein. Hiervon können die Grenzbehörden in begründeten Notfällen eine Ausnahme zulassen.
– Das Reisedokument darf nicht älter als zehn Jahre sein.
– Er muss im Besitz eines **gültigen Visums** sein, falls dies nach der VO 539/2001/EG[39] (EU-VisaVO) vorgeschrieben ist (oder einer gültigen Reisegenehmigung)[40], außer wenn er Inhaber eines gültigen Aufenthaltstitels oder eines Visums für den längerfristigen Aufenthalt ist[41]. Hier besteht eine Überschneidung mit § 15 I iVm § 14 I Nr. 2 und 3.
– Er muss den Zweck und die Umstände des beabsichtigten Aufenthalts belegen und er muss über ausreichende **Mittel zur Bestreitung des Lebensunterhalts** sowohl für die Dauer des beabsichtigten Aufenthalts als auch für die Rückreise in den Herkunftsstaat oder für die Durchreise in einen Drittstaat, in dem seine Zulassung gewährleistet ist, verfügen oder in der Lage sein, diese Mittel rechtmäßig zu erwerben. Hier besteht eine Überschneidung mit § 15 II Nr. 2 und 2a.
– Er darf nicht im **SIS zur Einreiseverweigerung** ausgeschrieben sein. Hier besteht eine Überschneidung mit § 15 I iVm § 14 I Nr. 3, sofern von Deutschland eine aufenthaltsbeendende Maßnahme verfügt wurde und keine Betretenserlaubnis oder Befristungsregelung dagegen spricht.
– Er darf keine **Gefahr für die öffentliche Ordnung**, die innere Sicherheit, die öffentliche Gesundheit oder die internationalen Beziehungen eines Mitgliedstaats darstellen und darf insbesondere nicht in den nationalen Datenbanken der Mitgliedstaaten zur Einreiseverweigerung aus denselben Gründen ausgeschrieben worden sein. Hier besteht eine Überschneidung mit § 15 I iVm § 14 I Nr. 3 und § 15 II Nr. 1.
– (Er muss seine biometrischen Daten bereitstellen, wenn dies erforderlich ist, um sein persönliches Dossier im Ein- und Ausreisesystem anzulegen oder Grenzübertrittskontrollen durchzuführen)[42].

11   Die Einreiseverweigerung kann nur mittels einer begründeten Entscheidung unter genauer Angabe der Gründe für die Einreiseverweigerung erfolgen. Die Entscheidung ist kraft Unionsrechts nach Art. 14 III 4 SGK sofort vollziehbar. Die begründete Entscheidung mit genauer Angabe der Gründe für die Einreiseverweigerung wird mit dem **Standardformular** nach Anhang V Teil B SGK erteilt. Das ausgefüllte Standardformular wird dem betroffenen Drittstaatsangehörigen ausgehändigt, der den Empfang der Entscheidung über die Einreiseverweigerung auf diesem Standardformular bestätigt. Die unionsrechtlichen Verfahrensregelungen sollen die einheitliche und richtige Verfahrensweise der Zurückweisung sicherstellen. Die Verletzung der Verfahrensregelungen führt zur Rechtswidrigkeit und kann nicht nach § 46 VwVfG geheilt werden, soweit es sich um absolute Verfahrensregelungen handelt. Die **Modalitäten der Einreiseverweigerung** sind in Anhang V Teil A festgelegt. Im Falle einer Einreiseverweigerung füllt der zuständige Grenzschutzbeamte das im SGK vorgesehene Standardformular für die Einreiseverweigerung aus. Der betreffende Drittstaatsangehörige unterschreibt das Formular und erhält eine Kopie des unterschriebenen Formulars. Verweigert der Drittstaatsangehörige die Unterschrift, so vermerkt der Grenzschutzbeamte dies in dem Feld „Bemerkungen" des Formulars. Weiter bringt der zuständige Grenzschutzbeamte in dem Pass einen Einreisestempel an, den er in Form eines Kreuzes mit schwarzer, dokumentenechter Tinte durchstreicht. Zudem trägt er rechts neben diesem Stempel ebenfalls mit dokumentenechter Tinte den oder die Kennbuchstaben ein, die dem Grund oder den Gründen für die Einreiseverweigerung entsprechen und die in dem genannten Standardformular aufgeführt sind. Der Grenzschutzbeamte unterrichtet die zentralen Behörden unverzüglich über diese Entscheidung; erfasst die Einreiseverweigerung akten- oder listenmäßig mit Angabe der Personalien und der Staatsangehörigkeit des betroffenen Drittstaatsangehörigen, des Grenzübertrittspapiers sowie des Einreiseverweigerungsgrundes und -datums. Künftig werden die Informationen, die sich aus dem Einreisestempel und dem Kennbuchstaben für den Grund der Einreiseverweigerung ergeben, in einer europäischen Datenbank, dem Entry-Exit-System (EES), erfasst werden und nicht

---

[39] Nunmehr Verordnung (EU) 2018/1806.
[40] Die Änderung wird erst mit Aufnahme des Wirkbetriebs des Europäischen Reiseinformations- und -genehmigungssystems (ETIAS) wirksam. Vgl. Art. 80 der Verordnung (EU) 2018/1240 des EU Parlaments und des Rates v. 12.9.2018 über die Einrichtung eines Europäischen Reiseinformations- und -genehmigungssystems (ETIAS) und zur Änderung der Verordnungen (EU) Nr. 1077/2011, (EU) Nr. 515/2014, (EU) 2016/399, (EU) 2016/1624 und (EU) 2017/2226, ABl. 2018 L 236, S. 1.
[41] Eingefügt durch VO (EU) Nr. 265/2010 v. 25.3.2010 (ABl. 2010 L 85, S. 1).
[42] Die Änderung wird erst mit Aufnahme des Wirkbetriebs des europäischen Ein- und Ausreiseregisters (Entry-Exit-System – EES) wirksam. Vgl. Art. 2 II der Verordnung (EU) 2017/2225 des EU-Parlaments und des Rates v. 30.11.2017 zur Änderung der Verordnung (EU) 2016/399 in Bezug auf die Nutzung des Ein-/Ausreisesystems, ABl. 2017 L 327, 1.

mehr im Reisedokument des Ausländers dokumentiert. Die Aufnahme des Wirkbetriebs des EES wird die Kommission nach erfolgreich durchgeführten Tests mit den Mitgliedstaaten festlegen[43].

IV. Annullierung und Aufhebung eines Visums nach Art. 34 VK

Annullierung oder Aufhebung eines einheitlichen Visums erfolgt seit 5.4.2010 einheitlich 12 unter Vorrang des Europarechts durch die Bestimmungen des Art. 34 VK[44]. Wird ein Visum annulliert oder aufgehoben, so wird ein Stempel mit den Worten „ANNULLIERT" oder „AUFGEHOBEN" aufgebracht und das optisch variable Merkmal der Visummarke, das Sicherheitsmerkmal „Kippeffekt" sowie der Begriff „Visum" werden durch Durchstreichen ungültig gemacht. Die Entscheidung über die Annullierung oder Aufhebung eines Visums und die entsprechende Begründung werden dem Antragsteller unter Verwendung des **Standardformulars** in Anhang VI mitgeteilt[45]. Einem Visuminhaber, dessen Visum annulliert oder aufgehoben wurde, steht ein **Rechtsmittel** zu, es sei denn, das Visum wurde gem. Abs. 3 auf Ersuchen des Visuminhabers aufgehoben. Die Rechtsmittel sind gegen den Mitgliedstaat, der über die Annullierung oder Aufhebung befunden hat, und in Übereinstimmung mit dem innerstaatlichen Recht dieses Mitgliedstaats zu führen. Die Mitgliedstaaten informieren die Antragsteller über das im Falle der Einlegung eines Rechtsmittels zu befolgende Verfahren nach Anhang VI[46]. Gemäß Art. 13 VIS-VO sind die Daten zu annullierten oder aufgehobenen Visa in das VIS einzugeben.

V. Sonstige Vorgaben

Ist der Drittstaatsangehörige, dem die Einreise verweigert wurde, von einem **Beförderungsunter-** 13 **nehmer** (Art. 2 Nr. 14 SGK) an die Außengrenze verbracht worden, so geht die örtlich zuständige Behörde wie folgt vor: Sie ordnet gegenüber diesem Unternehmer an, den Drittstaatsangehörigen gem. Art. 26 SDÜ und gem. der RL 2001/51/EG zurückzunehmen und ihn umgehend in den Drittstaat, aus dem er befördert wurde, in den Drittstaat, der das Grenzübertrittspapier ausgestellt hat, oder in jeden anderen Drittstaat, in dem seine Zulassung gewährleistet ist, zu befördern oder Mittel für seinen Rücktransport zu finden; sie trifft bis zur Durchführung des Rücktransports unter Berücksichtigung der örtlichen Gegebenheiten nach Maßgabe des nationalen Rechts geeignete Maßnahmen, um die unerlaubte Einreise von Drittstaatsangehörigen, denen die Einreise verweigert wurde, zu verhindern.

Liegen bei einem Drittstaatsangehörigen sowohl Einreiseverweigerungs- als auch **Festnahmegrün-** 14 **de** vor, so stellt der Grenzschutzbeamte Kontakt zu den Behörden her, die für die nach Maßgabe des nationalen Rechts zu treffende Maßnahme zuständig sind.

VI. Zurückweisung wegen Versuchs der unerlaubten Einreise (Abs. 1)

Zwingend vorgeschrieben ist die Zurückweisung nach nationalem Recht in § 15 I für den Fall 15 des Versuchs einer unerlaubten Einreise iSd § 14 I. Hierfür kommt es nur auf die formelle Berechtigung zur Einreise an. Die Zurückweisung nach § 15 I steht in Konkurrenz zu der Zurückweisungsregelung in § 15 II Nr. 2 lit. a und Nr. 3 iVm Art. 14 I SGK iVm Art. 6 I lit. a, b und e SGK. Wird der Aufenthalt zu einem anderen als dem angegebenen Zweck angestrebt, ist die Einreise eines Ausländers mit einem einheitlichen Visum nicht unerlaubt (s. zu § 14), sodass § 15 I nicht anzuwenden ist. Das AufenthG stellt bei dem Grenzübertritt mit der Formulierung „dem nach § 4 **erforderlichen Aufenthaltstitels**" auf den Besitz „eines" Aufenthaltstitels ab, der zur Einreise berechtigt. Hierdurch wird die Grenzbehörde von der Ermittlung des tatsächlich verfolgten Aufenthaltszwecks befreit. Die Frage des Einreisemotivs spielt erst bei § 5 II Nr. 1 eine Rolle, hier ist eine materiell-rechtliche Betrachtung erforderlich, ie, es ist zu prüfen, ob der Ausländer den für den jeweiligen Aufenthaltszweck erforderlichen Aufenthaltstitel besitzt. Eine unerlaubte Einreise liegt daher nicht vor, wenn der Ausländer mit einem einheitlichen Visum Typ C (zB für touristische Zwecke) einreist, das ohne Zustimmung der Ausländerbehörde ausgestellt worden war, obwohl der verfolgten Aufenthaltszweck (zB Familienzusammenführung, Arbeitsaufnahme) eine Zustimmung erforderlich gewesen wäre[47].

Bei einer Einreise eines durch die oder aufgrund der EU-VisaVO befreiten Ausländers liegt hin- 16 gegen eine unerlaubte Einreise vor (s. dort § 14), wenn er sich **länger als 90 Tage** im Bundes- oder

---

[43] Vgl. Verordnung (EU) 2017/2226 des EU-Parlaments und des Rates v. 30.11.2017 über ein Einreise-/Ausreisesystem (EES) zur Erfassung der Ein- und Ausreisedaten sowie der Einreiseverweigerungsdaten von Drittstaatsangehörigen an den Außengrenzen der Mitgliedstaaten und zur Festlegung der Bedingungen für den Zugang zum EES zu Gefahrenabwehr- und Strafverfolgungszwecken und zur Änderung des Übereinkommens zur Durchführung des Übereinkommens von Schengen sowie der Verordnungen (EG) Nr. 767/2008 und (EU) Nr. 1077/2011, ABl. 2017 L 327, 20.
[44] Hierzu auch → § 6 Rn. 58.
[45] Anwendbar seit 5.4.2011, vgl. Art. 58 V VK.
[46] Vgl. Art. 58 V VK.
[47] Ebenso *Westphal/Stoppa* S. 471.

Schengen-Gebiet aufhalten will und nicht über das hierfür erforderliche Visum (nationales Visum, Typ D) verfügt. Die EU-VisaVO beruht auf Art. 77 II lit. a AEUV. Nach dieser Norm beschließt der Rat die Vorschriften für Visa und andere kurzfristige Aufenthalte; es obliegt ihm daher, insbesondere die Liste der Drittländer, deren Staatsangehörige beim Überschreiten der Außengrenzen im Besitz eines Visums sein müssen, sowie die Liste der Drittländer, deren Staatsangehörige von dieser Visumpflicht befreit sind, aufzustellen. Damit kommt es für das Vorliegen der Befreiung auf die subjektive Einstellung des Drittstaatsangehörigen bei Überschreiten der Außengrenzen an[48]. Etwas anderes kann nur für bestimmte Personengruppen gelten, die aufgrund völkerrechtlicher Verträge zu einem längerfristigen Aufenthalt berechtigt sind (zB § 41 AufenthV).

17 Die Grenzbehörde hat nur den **Besitz** eines Aufenthaltstitels und eines Passes sowie einer Betretenserlaubnis und das Bestehen eines **Einreiseverbots** zu prüfen. Erfüllt der Ausländer diese formellen Voraussetzungen nicht, ist der Grenzbehörde nur die Möglichkeit der Ausstellung eines Ausnahmevisums und eines Notreiseausweises (§ 14 II) eröffnet; insoweit ist der Zwang zur Zurückweisung durchbrochen. Darüber hinaus ist sie nicht dazu befugt, ein materielles Recht auf Einreise und Aufenthalt, insbesondere das Vorliegen eines Anspruchs iSd § 5 II zu prüfen und festzustellen. Dementsprechend vermag dem Ausländer auch der Nachweis eines ihm zustehenden Aufenthaltsrechts nichts zu nützen. Der Besitz von Aufenthaltstitel und Pass (§ 14 I Nr. 1 und 2) kann aber auch anders als durch Vorlage der Dokumente an der Grenze nachgewiesen werden, zB durch Bestätigung der zuständigen Ausländerbehörde, wenn der Ausländer den Pass samt darin angebrachtem Aufenthaltstitel vergessen oder verlegt hat. Problematisch ist die **Nichtmitführung trotz Besitz** des Aufenthaltstitels oder des Passes in einem anderen Schengen-Staat. Hier ist der Nachweis oftmals in der Kürze der zur Verfügung stehenden Zeit oder aus tatsächlichen Gründen schwierig. In der Praxis sind solche Fälle an der Außengrenze nicht so häufig, da insbesondere die Fluggesellschaften unzureichend ausgewiesene Passagiere nicht befördern. Die Grenzbehörde ist nicht nur dazu befugt, die Echtheit eines Aufenthaltstitels und eines Passes und die Identität des Ausländers zu prüfen (zu Letzterem vgl. § 49). Da der Ausländer gem. § 14 I Nr. 1 und 2 „den erforderlichen" Aufenthaltstitel und „einen erforderlichen" Pass besitzen muss, obliegt dem Grenzkontrollbeamten vielmehr auch die Feststellung, welche Dokumente im Einzelfall erforderlich sind und ob die vorgelegten Papiere diesen Anforderungen genügen. Die Grenzbehörde hat deshalb zB festzustellen und ggf. zu untersuchen, ob ein vorgelegtes Besuchervisum genügt oder der Ausländer in Wahrheit einen über 90 Tage hinausgehenden Aufenthalt oder eine Erwerbstätigkeit beabsichtigt. Hierbei ist sie allerdings aufgrund der besonderen Verhältnisse an der Grenze auf eine überschlägige und meist nur stichprobenartige Kontrolle beschränkt (vgl. Abs. 2 Nr. 2).

18 Damit sind Ausländer zur Durchsetzung eines Anspruchs oder einer von einer positiven Ermessensentscheidung abhängigen Aussicht auf Zulassung von Einreise und Aufenthalt auf das Visumverfahren verwiesen. Umgekehrt kann aus der Nichtbeanstandung der Einreise durch die Grenzbehörde nicht auf die Rechtmäßigkeit der Einreise geschlossen werden. Insbesondere auch ein **Einreisestempel** (vgl. Art. 11 SGK) erlaubt weder die Einreise, noch dokumentiert er die legale Einreise. So verlangt Art. 9 III SGK, dass der Grenzschutzbeamte auch im Falle von Kontrolllockerungen, also Abweichungen von sich vorgeschriebenen Kontrollumfang, im Reisedokument des Ausländers einen Einreisestempel anzubringen hat. Befindet sich der Ausländer zB bei der Einreise im Besitz eines Visums zum Verwandtenbesuch, beabsichtigt er aber den endgültigen Verbleib bei seinem im Bundesgebiet lebenden Ehegatten, sind Einreise und Aufenthalt materiell von Anfang nicht unerlaubt. Folglich kann sich der Ausländer später zB auch auf den **Fortbestand seines (rechtmäßigen) Aufenthalts** iSd § 81 IV berufen. Auf die Frage, ob eine unerlaubte Einreise nach § 5 II vorliegt, wenn der Ausländer mit einem kurzfristig erteilten Visum einreist, obwohl er einen Daueraufenthalt beabsichtigt, kommt es nicht an, da in § 81 im Unterschied zu § 69 IV Nr. 1 AuslG 1990 keine Regelung enthalten ist, die im Fall einer unerlaubten Einreise bestimmt, dass die Fiktion des Fortbestands des ursprünglichen Aufenthaltstitels nicht eintritt[49].

VII. Ermessensabhängige Zurückweisung (Abs. 2)

1. Ausweisungsgrund

19 Die Zurückweisung nach § 15 II Nr. 1 steht in Konkurrenz zu der Zurückweisungsregelung in Art. 14 I SGK iVm Art. 6 I lit. e SGK und setzt keine vollendete Einreise voraus. Danach ist der Ausländer zwingend zurückzuweisen, wenn er eine Gefahr für die öffentliche Ordnung, die innere Sicherheit, die öffentliche Gesundheit oder der internationalen Beziehungen eines Mitgliedstaats darstellt. Der unionsrechtliche Zurückweisungsgrund überlagert § 15 II Nr. 1 und führt zu einer zwingenden Zurückweisung.

20 Die Zurückweisung ist bei Vorliegen eines **Ausweisungsinteresses** zulässig. Ein Ausweisungsinteresse kann dem Ausländer bei Verwirklichung eines Ausweisungstatbestands nach §§ 53 ff. ent-

---

[48] AA BGH Urt. v. 26.1.2021 – 1 StR 289/20, BeckRS 2021, 5118 Rn. 55.
[49] AA HessVGH Beschl. v. 16.3.2005 – 12 TG 298/05, InfAuslR 2005, 304.

gegengehalten werden. Da es nach § 18 I 2 AuslG 1965 für die Zurückweisung auf das Vorliegen der Voraussetzungen für eine Ausweisung des Ausländers ankam, ist die Rechtslage zulasten der Ausländer verändert (ebenso schon § 60 II Nr. 1 AuslG 1990). Auch wenn die Zurückweisung nach Abs. 2 wegen des Anwendungsvorrangs des Art. 14 I SGK obligatorisch ist und nicht in das pflichtgemäße Ermessen der Grenzbehörde gestellt ist, muss bei der Bewertung des Ausweisungsinteresses ein Verhältnismäßigkeitsprüfung erfolgen, ob nicht die Einreise doch in Anwendung des Art. 6 V lit. c SGK gestattet werden kann[50]. Das Ausweisungsrecht wurde grundlegend neu geregelt. Anstelle des bisherigen dreistufigen Systems von sog. Ist-, Regel- und Ermessensausweisung trat nun eine Ausweisung, die stets auf der umfassenden Abwägung aller Umstände des Einzelfalls beruht. Erforderlich ist daher eine ergebnisoffene Abwägung des Interesses an der Ausreise mit dem Interesse des Ausländers an weiterem Verbleib im Bundesgebiet. Die Ausweisung wird verfügt, wenn die vorzunehmende Abwägung der Interessen an der Ausreise mit den Interessen an einem weiteren Verbleib des Ausländers im Bundesgebiet ergibt, dass das öffentliche Interesse an der Ausreise überwiegt[51].

Außerdem darf nicht automatisch eine Ausschreibung im SIS erfolgen, denn die Ausschreibung nach Art. 24 SIS II-VO setzt mit ihrer auf sämtliche Außengrenzen der Schengen-Staaten bezogenen Wirkung voraus, dass die Entscheidung nicht nur auf eine Interessenbeeinträchtigung, sondern auf „die Gefahr für die öffentliche Sicherheit und Ordnung oder die nationale Sicherheit" gestützt wird[52]. Nicht ausreichend ist der Verdacht einer Straftat. Im Falle der Nicht-Zurückweisung ist die Ausländerbehörde zu benachrichtigen (§ 87 II Nr. 3)[53].

2. Verdacht unrichtiger Angaben über den Aufenthaltszweck

Die Zurückweisung nach § 15 II Nr. 2 ist bei begründetem Verdacht der Falschangabe hinsichtlich 21 des Aufenthaltszwecks wegen des Anwendungsvorrangs des Art. 14 I SGK iVm Art. 6 I lit. c SGK zwingend. Die Zurückweisung knüpft dabei an § 31 I AufenthV an, in der die Zustimmungspflicht für bestimmte Aufenthaltszwecke im Visumverfahren festgelegt wird. Für die Zurückweisung das Auseinanderfallen von Absicht und Angaben hinsichtlich des Aufenthaltszwecks maßgeblich. Der Drittstaatsangehörige muss nach Art. 6 I lit. c, III, 4 iVm Anhang I SGK den Zweck und die Umstände des beabsichtigten Aufenthalts belegen.

Der Zurückweisungsgrund erfasst in erster Linie Ausländer, die mit einem einheitlichen Visum 22 einreisen wollen, aber auch Ausländer, die nach der EU-VisaVO von der Einholung eines Aufenthaltstitels in Form eines Visums befreit sind[54]. Letztere werden zB erfasst, wenn sie einen längerfristigen Aufenthalt von mehr als 90 Tagen innerhalb von 180 Tagen anstreben, ohne aufgrund völkerrechtlicher Verträge zu einem längerfristigen Aufenthalt berechtigt zu sein (Fallgruppen des § 41 AufenthV) oder eine Erwerbstätigkeit aufzunehmen beabsichtigen.

Der **Zweckwechsel** muss konkret und erheblich sein[55]. Da der wirkliche **Zweck** in erster Linie 23 durch den **Willen des Ausländers** bestimmt wird, lässt er sich an der Grenze wegen der dort herrschenden besonderen Verhältnisse (Schnelligkeit des Reiseverkehrs, begrenzte Erkenntnismittel) nicht immer sicher feststellen. Ausreichende Verdachtsmomente können sich aber zB bei einem Touristen aus dem Fehlen eines Rückreisetickets oder genügender Geldmittel ergeben oder bei angeblichen Besuchsreisenden daraus, dass er die Anschrift eines Arbeitgebers, nicht aber die seiner angeblichen Verwandten kennt oder etwa Arbeitsgerätschaften im mitgeführten Fahrzeug gefunden werden. Ein abweichender Zweck wird auch verfolgt, wenn ein Transitvisum (Typ C „Transit"[56]) für den Aufenthalt benutzt oder die erlaubte Aufenthaltsdauer überschritten werden soll.

Ist der Aufenthaltszweck zuvor durch eine deutsche Auslandsvertretung überprüft und ein Visum 24 erteilt, besteht Anlass für Zweifel an der Richtigkeit des angegebenen Aufenthaltszwecks nur bei nachträglich eingetretenen oder zuvor nicht berücksichtigten Umständen. Insoweit besteht **Vertrauensschutz** in eine im Ausland erteilte Verwaltungsentscheidung, der das entsprechende Visumverfahren vorausgegangen war. Eine Erlaubnis zur Einreise liegt indes nicht vor (vgl. Art. 30 VK: „Der

---

[50] Ausf. zur Ermessensausübung *Hailbronner* AufenthG § 15 Rn. 21 f.
[51] Diese Änderung trägt der Entwicklung Rechnung, wonach das bisherige dreistufige Ausweisungsrecht durch die höchstrichterliche Rspr. ohnehin mehr und mehr zu einer Ermessensausweisung mit umfassender Abwägung aller Umstände des Einzelfalls zur Wahrung der Verhältnismäßigkeit modifiziert worden war: Die Rspr. des BVerwG (vgl. nur BVerwG Urt. v. 14.2.2012 – 1 C 7.11 –, Urt. v. 2.9.2009 – 1 C 2.09, Urt. v. 23.10.2007 – 1 C 10.07 – jeweils mwN), auf die entsprechende Entscheidungen des Europäischen EGMR sowie des BVerfG zurückgeht, hatte die Rechtsfolge einer zwingenden oder regelmäßigen Ausweisung erheblichen Einschränkungen mit Blick auf das Recht auf Achtung des Privat- und Familienlebens nach Art. 8 EMRK unterworfen. Mit den vorgesehenen Änderungen soll die Ausweisung von Ausländern an diese Entwicklung in der Rspr. angepasst werden. Die Beseitigung von Rechtsunsicherheiten im Ausweisungsrecht sollte zudem die Arbeit der Ausländerbehörde erleichtern (aus der Begründung zum GesEntw, zu Nummer 29 (§§ 53–56) des AufenthGÄndG.
[52] OVG RhPf Urt. v. 19.4.2007 – 7 A 11437/06, DVBl 2007, 1043.
[53] VG Wiesbaden Beschl. v. 13.2.2009 – 6 L 93/09, BeckRS 2009, 31668.
[54] AA *Westphal/Stoppa* S. 524, die diese Fallgruppe idR dem § 15 II Nr. 3 zuordnen.
[55] Bloße Vermutungen genügen nicht, VG München Urt. v. 8.7.1992 M 7 K 92.1869, InfAuslR 1992, 366 (367).
[56] Ausf. → § 6 Rn. 3, 44.

bloße Besitz eines einheitlichen Visums oder eines Visums mit räumlich beschränkter Gültigkeit berechtigt nicht automatisch zur Einreise."). Bei einem einheitlichen Visum reicht die Absicht aus, den abweichenden Zweck in einem anderen als dem einreisenden Schengen-Staat zu verwirklichen[57] (Nr. 15.2.2.0 AVwV-AufenthG); vgl. Mitteilung der EU-Kommission[58]. Wird der Aufenthalt zu einem anderen als dem angegebenen Zweck angestrebt, ist die Einreise nicht automatisch unerlaubt; sonst wäre § 15 I vorrangig anzuwenden. Die Frage der unerlaubten Einreise ist ausschließlich eine solche des Tatbestands, der in § 14 abschließend festgelegt ist. Die beabsichtigte Aufnahme einer Beschäftigung oder Erwerbstätigkeit unterfällt der Spezialregelung in § 15 II Nr. 2a. Daher muss die für Nr. 2 erforderliche Absicht auf eine längere Dauer des Aufenthalts oder auf einen anderen Aufenthaltszweck, mit Ausnahme der Erwerbstätigkeit, gerichtet sein. Soweit ein Aufenthalt von mehr als 90 Tagen angestrebt wird, wird dieser Sachverhalt für Positivstaater von § 15 I erfasst, sofern nicht ein Fall des § 41 AufenthV vorliegt, der von § 15 III erfasst wird. Der beabsichtigte Zweckwechsel begründet häufig zudem eine Gefahr für die öffentliche Ordnung und wird dann zusätzlich auch von § 15 II Nr. 1 erfasst.

3. Absicht der Aufnahme einer Erwerbstätigkeit

25   § 15 II Nr. 2a wird von Art. 14 I SGK iVm Art. 6 I lit. c SGK überlagert. Danach wird der Ausländer zwingend zurückgewiesen, wenn er nicht über ausreichende Mittel zur Bestreitung des Lebensunterhalts sowohl für die Dauer des beabsichtigten Aufenthalts als auch für die Rückreise in den Herkunftsstaat oder für die Durchreise in einen Drittstaat, in dem seine Zulassung gewährleistet ist, verfügt und nicht in der Lage ist, diese Mittel rechtmäßig zu erwerben. Außerdem darf er nach Art. 6 I lit. e SGK keine Gefahr für die öffentliche Ordnung, die innere Sicherheit, die öffentliche Gesundheit oder die internationalen Beziehungen eines Mitgliedstaats darstellen, was bei einer illegalen Beschäftigung der Fall wäre.

26   Durch die Einfügung des § 15 II Nr. 2a wird klargestellt, dass ein Ausländer an der Grenze zurückgewiesen werden kann (bzw. nach Art. 6 I iVm Art. 14 I SGK zurückgewiesen werden muss), wenn die Einreise mit der objektiv feststellbaren Absicht der Aufnahme einer unerlaubten Erwerbstätigkeit erfolgen soll. Insoweit greift vorrangig § 15 I, da die Absicht, eine unerlaubte Erwerbstätigkeit aufzunehmen, zur **unerlaubten Einreise** führt (vgl. auch § 41 II AufenthV, wenn ein längerfristiger Aufenthalt und eine Erwerbstätigkeit beabsichtigt sind)[59]. Die Absicht, eine Erwerbstätigkeit aufnehmen zu wollen, ist nicht automatisch ein Grund für eine Zurückweisung. Denn Art. 6 I lit. c SGK verdeutlicht, dass es Fälle gibt, in denen der Ausländer in der Lage ist, sich Mittel zum Lebensunterhalt durch Erwerbstätigkeit zu beschaffen. Erforderlich ist eine unerlaubte Erwerbstätigkeit, dh eine Beschäftigung ohne erforderliche Zustimmung (vgl. für befreite Ausländer auch § 17 II AufenthV) oder eine Erwerbstätigkeit ohne die erforderliche Erlaubnis.

27   § 15 II Nr. 2 wird durch die Neuregelung in Nr. 2a als lex specialis verdrängt. Nr. 2 deckt diesen Sachverhalt nach der Gesetzesbegründung nicht hinreichend ab, weil die unerlaubte Erwerbstätigkeit auch „Nebenzweck" des Aufenthalts sein kann und zu keinem erheblichen Zweckwechsel führen könnte; zudem ist bei visumfreien Einreisen oftmals der Aufenthaltszweck nicht erkennbar bzw. wird dieser nicht angegeben. Die Strafbestimmung des **§ 95 Ia** wurde deshalb eingefügt. Ebenso sollte der oft geübten Kritik entsprochen werden, die Diskriminierung von Positivstaatern gegenüber Negativstaatern zu beseitigen, die sich in der Vergangenheit daraus ergab, dass visumpflichtige Ausländer bei erheblichem Zweckwechsel wegen der Absicht der Aufnahme der Erwerbstätigkeit nach Ansicht der überwiegenden Auffassung in Literatur und Rspr. eine unerlaubte Einreise begingen und sich daher iRv § 95 I Nr. 3 strafbar machen konnten (→ § 14 Rn. 18). Insoweit hätte es der Neuregelung in Nr. 2a nicht bedurft. Die Fallgruppen werden danach auch über die bisherigen Regelungen des § 15 erfasst.

28   Die Aufnahme der unerlaubten Beschäftigung stellt mit der damit verbundenen **Gefahr für die öffentliche Ordnung** jedenfalls einen Verstoß gegen Art. 6 I lit. e SGK dar. Die Regelung in § 17 I AufenthV, wonach mit der Ausübung einer Erwerbstätigkeit die Visumfreiheit endet, ist im Kontext der Öffnungsklausel des Art. 6 III EU-VisaVO so zu interpretieren, dass Deutschland von dieser Option Gebrauch gemacht hat und damit den Kurzaufenthalt mit Aufnahme der Erwerbstätigkeit visumpflichtig gestellt hat[60].

4. Nichterfüllung von Art. 6 I SGK

29   § 15 II Nr. 3 steht in Konkurrenz mit anderen Zurückweisungstatbeständen in § 15 und ist wegen des Anwendungsvorrangs des Art. 14 I SGK obsolet. Art. 14 I SGK regelt für die Fälle des Art. 6 I

---

[57] Zum Problem der Visumerschleichung → § 95 Rn. 111 f.
[58] ABl. 2008 C 74, 40 zu den Ausnahmen der Visumbefreiung bei Positivstaatern.
[59] S. auch *Westphal/Stoppa* S. 224 f.; ebenso *Winkelmann*, Ausländerstrafrecht und Nr. 14.1.2.1.1.7.1 und 15.3.2 AVwV-AufenthG; aA bzgl. der Strafbarkeit BGH Beschl. v. 24.3.2021 – 3 StR 22/21, BeckRS 2021, 7962.
[60] → § 6 Rn. 8 f.; BGH Beschl. v. 24.3.2021 – 3 StR 22/21, BeckRS 2021, 7962.

SGK die Voraussetzungen für die Zurückweisung abschließend. So ist gem. Art. 14 I 1 SGK die Zurückweisung zwingend, sofern der Drittausländer nicht alle erforderlichen Einreisevoraussetzungen für einen Kurzaufenthalt (maximal 90 Tage) gemäß Art. 6 I SGK erfüllt.

VIII. Einreise ohne Aufenthaltstitel zu längerfristigen Aufenthalten (Abs. 3)

Der Zurückweisung nach § 15 III unterliegt, wer für Einreise und Aufenthalt vom **Erfordernis des Aufenthaltstitels befreit** ist (also auch sog. „Positivstaater" gem. Art. 4 I iVm Anhang II EU-VisaVO). Jedoch ist zu beachten, dass bei geplantem Aufenthalt von bis zu 90 Tagen (Kurzaufenthalt iSd Art. 6 I SGK) § 15 II gilt. Die Nichterfüllung der Voraussetzungen des Art. 6 SGK ermöglicht die Zurückweisung, wenn nicht Ausnahmen nach Art. 6 V lit. b, c SGK gemacht werden. Ein Entscheidungsspielraum ist der Grenzbehörde damit in der Weise eröffnet, dass sie auch ein auf Deutschland beschränktes Ausnahmevisum erteilen kann (vgl. Art. 35 IV VK). 30

Betroffen sind damit Ausländer, die von dem Erfordernis eines Aufenthaltstitels gänzlich freigestellt sind. Positivstaater bedürfen allein schon wegen ihrer Staatsangehörigkeit für einen vorübergehenden Aufenthalt, der nicht Erwerbszwecken dient, keines Aufenthaltstitels. Ähnlich verhält es sich zB mit den durch §§ 18–30 AufenthV für bestimmte Kurzaufenthalte privilegierte Personen. Erfasst werden insbesondere Staatsangehörige aus bestimmten Staaten (§ 41 I und II AufenthV, → Rn. 2). Sie können an der Grenze zurückgewiesen werden, falls ihnen auch ein Aufenthaltstitel versagt werden könnte. Da sie kein Recht auf Einreise und Aufenthalt besitzen, sondern lediglich aus Gründen der Erleichterung des Reiseverkehrs formell privilegiert sind, sollen sie nicht bessergestellt sein als andere Ausländer; in den meisten Fällen greifen bei ihnen aber vorrangig Abs. 1 und 2 ein. Im Übrigen findet Art. 14 I SGK auch auf Ausländer Anwendung, die einen Aufenthalt beabsichtigen, der die Grenzen eines Kurzaufenthalts überschreitet[61]. 31

Bei der Übernahme der ähnlich lautenden Regelung aus § 60 III AuslG 1990 hätte der Gesetzgeber allerdings die Chance gehabt, die insgesamt komplizierten und ineinander übergehenden Regelungen des § 15 neu zu strukturieren, mithin verständlicher sowie anwenderfreundlicher zu gestalten. Tatsächlich ist Abs. 3 **sprachlich missverständlich**. Der Tatbestand führt auf den ersten Blick aufgrund des Wortes „und" vor „§ 5 I" nach grammatischer Auslegung zu der Lösung, dass auch die Nichterfüllung der Passpflicht (als zusätzliches Erfordernis zu den nicht erfüllten Erteilungsvoraussetzungen nach § 5 I) eine Zurückweisung nach § 15 III – ermessensabhängig – auslösen könnte. Für diese Auffassung würde allerdings kein Anwendungsfall existieren. Bei Nichterfüllung der Passpflicht führt dies auch bei diesem Adressatenkreis zu einer zwingenden Zurückweisung nach Abs. 1[62]. Die Nennung des § 3 I sowie des § 5 I in Abs. 3 sollte daher bedeuten, dass diese Voraussetzungen nicht kumulativ vorliegen müssen. Nach dieser Auslegung ist die Norm nur auf solche Fälle anwendbar, bei denen Ausländer, die vom Erfordernis eines Aufenthaltstitels befreit sind, beabsichtigen, sich **länger als 90** Tage im Bundesgebiet aufzuhalten (zB § 41 AufenthV). Bei geplantem Aufenthalt von bis zu 90 Tagen (Kurzaufenthalt iSd Art. 6 I SGK) gilt § 15 II Nr. 3. 32

Ob die Voraussetzungen des § 3 I bzw. des § 5 I vorliegen, ist im Einzelfall festzustellen. Der Ausländer muss die Passpflicht und die allgemeinen Erfordernisse des § 5 I erfüllen, also die Mindestvoraussetzungen für Einreise und Aufenthalt. Bei Nichterfüllung der Passpflicht besteht die Pflicht zur Zurückweisung wegen unerlaubter Einreise nach § 14 I Nr. 1. Die Wiedereinreisesperre nach § 11 I, VI, VII führt zur **(zwingenden) Zurückweisung** wegen unerlaubter Einreise nach § 14 I Nr. 3, alle anderen Tatbestände wie zB die sonstige Ausschreibung im SIS zur Zurückweisung (§ 5 I Nr. 2), Ausweisung wegen Mittellosigkeit (§ 5 I) oder weiteren Beeinträchtigung deutscher Interessen (§ 5 I Nr. 3) zur zwingenden Einreiseverweigerung (s. o. zu Art. 14 I SGK). Andere spezielle Versagungstatbestände scheiden aus, weil es nur um einen vorübergehenden Aufenthalt ohne Erwerbstätigkeit geht. 33

IX. Zurückweisungsverbote und -hindernisse sowie Ziel der Zurückweisung (Abs. 4)

1. Zurückweisungsverbote und -hindernisse

Die Zurückweisung ähnelt in ihren Wirkungen der Abschiebung oder Zurückschiebung; das **Einreiseverbot** nach § 11 I, 6, 7 **tritt jedoch nicht ein,** da die Zurückweisung dort nicht genannt ist. Deshalb gelten im Wesentlichen dieselben Verbote und Hindernisse (§ 60 I–III, V und VII–IX sind entsprechend anzuwenden). Nur die Sperre während des Auslieferungsverfahrens (§ 60 IV) kann nicht entsprechend angewendet werden. 34

Abschiebungsverbote und -hindernisse gelten überwiegend nur im Verhältnis zu einem bestimmten Staat, in dem die maßgebliche Gefahr politischer Verfolgung, von Todesstrafe oder Folter und Ähnliches droht. Deshalb ist die Zurückweisung (wie die Abschiebung) nur dorthin untersagt. Zulässig bleibt die Zurückweisung in den letzten Aufenthaltsstaat, wenn dieser nicht mit dem Ver- 35

---

[61] EuGH Urt. v. 14.6.2012 – C-606/10, BeckRS 2012, 81230 Rn. 37.
[62] AA HK-AuslR/*Fränkel* § 15 Rn. 12.

folgerstaat usw identisch ist. Zu beachten bleibt nur die Gefahr der Weiterschiebung. So verbietet zB Art. 16a I GG und Art. 33 GFK auch die Überstellung in einen Staat, in dem eine Gefahr der Weiterschiebung in den Verfolgerstaat besteht.

36 Die **Sonderregelung für Asylbewerber** ist wegen § 60 VII erforderlich, wonach ua das Hindernis des § 60 I unter bestimmten Voraussetzungen entfällt. Asylsuchende sind nicht von der Visumpflicht befreit, dürfen aber nicht an der Grenze zurückgewiesen werden (§§ 18, 18a AsylG). Die Aufenthaltsgestattung entsteht mit der Ausstellung des Ankunftsnachweises in der Aufnahmeeinrichtung (§ 55 I 1 AsylG), setzt also keine förmliche Antragstellung nach § 14 AsylG voraus. Nach der förmlichen Asylantragstellung erhält der Asylbewerber eine Bescheinigung über die Aufenthaltsgestattung. Sie erlischt nicht mit der Ausreise. Bei Rückreise in den Verfolgerstaat gilt der Asylantrag zwar als zurückgenommen, die Aufenthaltsgestattung erlischt aber erst mit Zustellung des Einstellungsbescheids des BAMF (§§ 32, 33 II, III, 67 I Nr. 3 AsylG). Nach Abs. 4 S. 2 ist die Zurückweisung eines dann zurückkehrenden Asylsuchenden verboten. Die Prüfung der geltend gemachten Gefahr politischer Verfolgung und auch des § 60 VIII bleibt der Grenzbehörde entzogen[63].

2. Ziel der Zurückweisung

37 Das Gesetz verhält sich nicht über das Ziel der Zurückweisung. In der Regel erfolgt diese entsprechend einer gängigen **völkerrechtlichen Praxis** in den Staat, aus dem der Ausländer einzureisen versucht. Dies beruht auf der Annahme, dass vor einer Einreise in Deutschland die Ausreise aus dem letzten Aufenthaltsstaat noch nicht beendet ist. Bei Einreise auf dem Landweg ist dies der Anrainerstaat, und zwar ohne Rücksicht darauf, ob der Ausländer dort kontrolliert worden ist und sich dort länger aufgehalten hat. Bei Luftverkehrsreisenden kommt in erster Linie der Staat in Betracht, von dem aus der Ausländer gestartet ist[64], bei Zwischenaufenthalten des Ausländers der Aufenthaltsstaat, sofern der Ausländer sich dort nicht nur im Transitgelände aufgehalten hat (zur Rückbeförderung und zu deren Kosten §§ 63, 66 III, IV). **Nr. 15.0.5.2 AVwV-AufenthG** bestimmt daher:

„*Die Grenzbehörde kann nach pflichtgemäßem Ermessen auch einen anderen Staat als denjenigen Staat, aus dem die Einreise versucht wurde, als Zielstaat bestimmen. Als Zielstaat kommt nur ein Staat in Betracht, der völkerrechtlich zur Aufnahme des Ausländers verpflichtet oder zur Aufnahme bereit ist. Eine völkerrechtliche Verpflichtung ergibt sich aus völkerrechtlichen Verträgen, insbesondere aus den Rückübernahmeabkommen, oder gewohnheitsrechtlich für den Fall einer unverzüglichen Zurückweisung in den Staat, aus dem der Ausländer auszureisen versucht. Abgesehen davon ist jeder Staat zur Rückübernahme eigener Staatsangehöriger verpflichtet. Von einer Aufnahmebereitschaft durch einen anderen als den Herkunftsstaat kann ausgegangen werden, wenn der Staat dem Ausländer einen Aufenthaltstitel oder eine Rückkehrberechtigung ausgestellt hat und diese noch gültig sind. Bei der Ermessensentscheidung, in welches Land der Ausländer zurückgewiesen werden soll, sind in erster Linie die Interessen der Bundesrepublik Deutschland und der Schengen-Staaten zu berücksichtigen. Die Auswahl erfolgt unter dem Gesichtspunkt einer effektiven Zurückweisung. Es sind aber auch die Belange des Ausländers (zB Hauptreiseziel) und eines gegebenenfalls kostenpflichtigen Beförderungsunternehmers (§ 64) zu berücksichtigen.* **Das Ziel der Zurückweisung ist dem Ausländer zusammen mit der Eröffnung der Zurückweisung bekannt zu geben.** *Grundsätzlich soll in Fällen, in denen der Zielstaat nicht bereits eindeutig feststeht, Folgendes eröffnet werden:* ‚*Die Zurückweisung erfolgt in den Staat, aus dem Sie einzureisen versuchten. Sie kann auch in den Staat erfolgen, in dem Sie die Reise angetreten haben, in dem Sie Ihren gewöhnlichen Aufenthalt haben, dessen Staatsangehörigkeit Sie besitzen oder der Ihren Pass oder Passersatz ausgestellt hat, oder in einen sonstigen Staat, in den Sie einreisen dürfen.*' *Im Hinblick auf § 15 IV kann der Ausländer somit unmittelbar zielstaatsbezogene Zurückweisungshindernisse geltend machen, ohne dass es wegen der späteren Eröffnung des Zielstaates zu vermeidbaren Verzögerungen kommt. Insbesondere bei Zurückweisungen auf dem Luftwege ist dies zu beachten.*"

Im Einzelfall kann die **Angabe des Zielstaates zu unbestimmt** sein. So im Falle der Verwendung eines Zielstaates, der im Zeitpunkt der Entscheidung ggf. nicht mehr existent ist[65]. Nicht unbestimmt ist hingegen eine Abschiebungsandrohung, die **alternativ zwei Zielstaaten** bezeichnet[66]. Der Staat, in den der Ausländer (in erster Linie) abgeschoben werden soll, ist jedoch regelmäßig namentlich zu bezeichnen. Die Bezeichnung „**Herkunftsstaat**" genügt diesen Anforderungen jedenfalls dann nicht,

---

[63] Zum Asylantrag an der Grenze und zum Dublin-Verfahren ausf. *Winkelmann*, Zur Haft im Asylverfahren.
[64] So auch Ziff. 5.11 des Annex 9 to the Convention on International Civil Aviation, Facilitation, 14th Edition, Oct. 2015: „The aircraft operator shall remove the inadmissible person to: a) the point where he commenced his journey; or b) to any place where he is admissible."
[65] So in der Verwendung des Staates „Jugoslawien" (VGH BW Beschl. v. 19.10.1993 – 11 S. 1183/93,). Nachdem Jugoslawien aufgrund der Unabhängigkeitserklärungen Sloweniens, Kroatiens und Bosnien-Herzegowinas sowie der völkerrechtlichen Anerkennung dieser Teilrepubliken im Zeitpunkt des Erlasses der Abschiebungsandrohung in seiner früheren Form nicht mehr existiert hatte, war die Zielstaatbestimmung zu unbestimmt.
[66] HmbOVG Beschl. v. 3.6.1998 – 4 Bf 210/98, BeckRS 1998, 16730.

wenn sich auch aus den Gründen des Bescheids nicht ergibt, welcher konkrete Staat damit gemeint ist[67].

Die anderen **Alternativen** können va dann in Anspruch genommen werden, wenn die Zurückweisung in den letzten Aufenthalts- oder Durchreisestaat keinen Erfolg verspricht, weil der Ausländer von dort schon einmal oder öfter einzureisen versucht hat. Vorausgesetzt ist immer die Bereitschaft des betroffenen Staates zur Aufnahme. Mit allen Anrainerstaaten bestehen Übernahmeabkommen, in denen ua Einzelheiten der Überstellung geregelt sind. Sie betreffen allgemein die Überstellung von Staatsangehörigen der Vertragsstaaten und von Drittstaatern an der Grenze. Soweit sie die formlose Überstellung von illegal eingereisten Personen innerhalb einer bestimmten Frist ermöglichen, handelt es sich um eine Zurückweisung oder um eine Zurückschiebung. Der EuGH hat entschieden, dass die Dublin III-VO es den Mitgliedstaaten gestattet, eine Person, die um internationalen Schutz nachsucht, in einen sicheren Drittstaat zurück- oder auszuweisen, unabhängig davon, ob es sich um den für die Bearbeitung des Antrags zuständigen Mitgliedstaat oder einen anderen Mitgliedstaat handelt. Dieses Recht könne von einem Mitgliedstaat auch ausgeübt werden, nachdem er im Rahmen eines Wiederaufnahmeverfahrens seine Zuständigkeit nach dieser VO für die Bearbeitung des Antrags bejaht hat, so der EuGH[68]. **38**

Da nach § 15 die Zurückweisung nicht ausdrücklich, aber von der Sache her zeitlich begrenzt ist, kann zum Teil ohne weitere Förmlichkeiten an der Grenze zurückgewiesen werden. Immer aber müssen die Voraussetzungen des § 15 eingehalten werden. Denn die in den Übernahmeabkommen vereinbarten Modalitäten binden lediglich die Vertragspartner völkerrechtlich. Im Verhältnis zu dem betroffenen. Ausländer entfalten sie schon ihrem Inhalt nach keinerlei Wirkung. Zudem **fehlt es an einer Übernahme als Bundesrecht**, da die Übernahmeabkommen nicht durch ZustimmungsG übernommen sind und damit eine vom AufenthG abweichende gesetzliche Regelung iSd § 1 I 5 nicht vorliegt (anders § 57 I 2 für die Zurückschiebung). **39**

X. Zurückweisungshaft (Abs. 5)

Zulässig ist auch Zurückweisungshaft zur Durchsetzung der Zurückweisung, falls diese nicht sofort möglich ist. Die Voraussetzungen ergeben sich seit der Einführung der Bestimmung des Abs. 5 (Zurückweisungshaft) aus dieser selbst und nicht mehr wie bis zum 27.8.2007 aus einer entsprechenden Anwendung von (den heutigen) § 62 II oder III, soweit die Zurückweisung längerer Vorbereitung oder der Sicherung bedurfte. Soweit sich Gründe für ein Zuwarten mit der Zurückweisung aus der Notwendigkeit von Ermittlungen über zB die Illegalität der versuchten Einreise, das mögliche Ausweisungsinteresse oder die Falschangaben zum Aufenthaltszweck sowie über die Identität des Ausländers ergeben und daher ein Vollzug der Zurückweisung noch vorbereitet werden muss, ist anders als bis zum 27.8.2007 **keine Vorbereitungshaft** mehr möglich (§ 15 V verweist anders als die Vorgängervorschrift nicht auf § 62 II). Zum anderen können notwendige Verhandlungen mit dem in Betracht kommenden Aufnahmestaat und die Vorbereitung des Rücktransports längere Zeit beanspruchen, bis die bereits ausgesprochene Zurückweisung vollzogen werden kann. **40**

Die Einführung der **Abs. 5 und 6** diente dazu, die Folgen einer Zurückweisung rechtlich zu regeln[69]. Abs. 5 ist die allgemeine Regelung, während Abs. 6 eine Spezialregelung nur für Flughäfen mit Transitbereich enthält. Bisher wurde die Zurückweisungshaft als Annexregelung zu § 62 (Abschiebungshaft) in analoger Anwendung verstanden. Problematisch erschien bisher in diesem Zusammenhang die mangelnde Bestimmtheit der Norm, da § 62 auf die Abschiebungshaft zugeschnitten war und ist. Wesentliche Normen, die in das Rechtsgut Freiheit der Person eingreifen, sollten eigenständig und klar verständlich geregelt werden, mithin inhaltlich deutlicher bestimmt sein. Dieser Forderung ist der Gesetzgeber mit Abs. 5 grundsätzlich nachgekommen. Auch bisher war die Beantragung von Haft zur Vorbereitung der Zurückweisung nach § 62 I (nun Abs. 2) als nachrangig zu betrachten gewesen, da, wie § 15 V ebenfalls vorsieht, grundsätzlich von einer bereits ergangenen Zurückweisungsentscheidung ausgegangen werden musste. Allerdings war die Zurückweisungshaft in der alten Fassung zur Vorbereitung einer Zurückweisungsentscheidung über § 62 I aF möglich. Das ist nun nicht mehr so. Sofern eine Zurückweisung unter entsprechender Berücksichtigung möglicher Zurückweisungshindernisse iSd § 60 I–III, V und VII–IX rechtmäßig ergangen ist, die Maßnahme aber nicht unmittelbar vollzogen werden kann und die Haft zur Sicherung der Zurückweisung verhältnismäßig wäre, beantragt die Grenzbehörde die **Sicherungshaft gem. § 417 FamFG,** in Eilfällen nach § 427 FamFG[70]. Zu beachten ist, dass ein Hauptsacheantrag nach § 417 FamFG nicht in einen Antrag auf einstweilige Anordnung der Freiheitsentziehung umgedeutet werden darf. Dies würde gegen verfassungsrechtliche Bedeutung der Formvorschriften des Art. 104 I 1 GG verstoßen. Der Erlass einer einstweiligen An- **41**

---

[67] BVerwG Urt. v. 25.7.2000 – 9 C 42.99, BeckRS 2000, 30124091.
[68] EuGH Urt. v. 17.3.2016 – C-695/15 PPU, BeckRS 2016, 80581.
[69] Zur Zurückweisungshaft ausf. *Melchior* Abschiebungshaft 8/2007 Nr. 610; *Winkelmann* ZAR 2007, 268.
[70] S. bei *Winkelmann,* Das neue FamFG und dessen rechtliche Auswirkungen; OK-MNet-FamFG zu §§ 417, 427 und Vor § 62.

1 AufenthG § 15

Erster Teil. Aufenthaltsgesetz

ordnung nach § 427 FamFG bedarf nach § 51 I 1 FamFG eines gerade auf diese Maßnahme gerichteten förmlichen Antrags der zuständigen Behörde[71].

42 Durch die Einführung des **§ 15 V 5** hat der Gesetzgeber die Zurückweisungshaft als neue Haft begründende Norm **spezialgesetzlich** geregelt. Zurückweisungshaft soll nach Abs. 5 dann angeordnet werden, wenn eine Zurückweisungsentscheidung ergangen ist und diese nicht unmittelbar vollzogen werden kann, etwa aufgrund fehlender Heimreisepapiere. Abweichend von der Sicherungshaft werden hier – ohne dass spezifische Haftgründe vorliegen – allein deshalb freiheitsentziehende Maßnahmen durchgeführt, weil eine zuvor ergangene Zurückweisungsentscheidung nicht unmittelbar vollzogen werden kann.

Die Zurückweisungshaft ist an folgende **Voraussetzungen** gebunden:
– rechtmäßig ergangene Zurückweisungsentscheidung,
– Unmöglichkeit der sofortigen Vollziehung der Zurückweisung,
– Verhältnismäßigkeit.

Nicht mehr persönlich vorwerfbares Verhalten, sondern allein das öffentliche Interesse an einem reibungslosen und jederzeit möglichen Vollzug administrativer Maßnahmen stützt danach eine freiheitsentziehende Maßnahme[72]. Anders verhält es sich bei Einreiseverweigerungen im Rahmen der vorübergehenden Wiedereinführung von Kontrollen an den Binnengrenzen. In diesen Fällen sind vollumfänglich die Regelungen der Rückführungs-RL zu beachten, da sich durch die Wiedereinführung der Kontrollen der Status der Grenze nicht ändert. Somit befindet sich der Ausländer unionsrechtlich im Hoheitsgebiet der Mitgliedstaaten und nicht in einer Außengrenzsituation, die nach Art. 2 II Rückführungs-RL eine Ausnahme vom Anwendungsbereich zuließe[73]. Das bedeutet, dass in solchen Fällen Zurückweisungshaft nur zulässig ist, wenn Fluchtgefahr iSd § 62 IIIa, IIIb vorliegt.

43 Nach der Gesetzesänderung 2007 ist **nur noch der Verweis auf die Anwendung des (heutigen) § 62 IV erhalten geblieben** (§ 15 enthält keinen Verweis auf § 62 V. Warum dieses so geregelt wurde, ist diesseits nicht nachvollziehbar). Die damit eröffnete Anordnungsmöglichkeit von sechs Monaten Haft allein zur Erleichterung des Verwaltungsvollzugs, ohne dass diese aufgrund des Verhaltens des Betroffenen erforderlich sein muss, ist wegen der Ausgestaltung der Norm als Soll-Vorschrift mit dem verfassungsrechtlichen **Verhältnismäßigkeitsgrundsatz** vereinbar. So muss bei der Prüfung zB berücksichtigt werden, ob es der Grenzbehörde auch ohne eine Anordnung der Zurückweisungshaft möglich ist, den Aufenthalt des Ausländers zu kontrollieren und so eine Einreise entgegen der Zurückweisungsentscheidung zu verhindern[74]. Zwar ist die Anordnung der Haft hier als Regelfall vorgesehen, dennoch hat das Gericht auch nach der gesetzlichen Neuregelung in jedem Einzelfall bei dem Eingriff in die persönliche Freiheit des Betroffenen immer den rechtsstaatlichen Grundsatz der Verhältnismäßigkeit zu berücksichtigen, und zwar unter Abwägung mit dem Zweck der gesetzlichen Vorschrift, im Allgemeininteresse eine Einreise zu verhindern und die Durchführung der Zurückweisung zu sichern. Es ist in jedem Einzelfall die Erforderlichkeit der Haft zu prüfen. Hierbei ist abzuwägen zwischen dem Sicherheitsbedürfnis der Allgemeinheit und dem Freiheitsanspruch des Betroffenen. Dabei kann das Sicherheitsinteresse der Allgemeinheit nur bei zu erwartenden erheblichen Rechtsverletzungen im Falle einer Einreise Vorrang haben, da die Freiheit der Person (Art. 2 II 2 GG) ein besonders hohes Rechtsgut ist, in das nur aus wichtigen Gründen eingegriffen werden darf. Ist die **Zurückweisungshaft ultima ratio,** so wird man entgegen BGH fordern müssen, dass eine konkrete Gefahr besteht, dass der Ausländer entgegen der Zurückweisung den Versuch unternehmen wird, (unerlaubt) einzureisen. Insoweit ist der Rechtsgedanke des § 62 III 2, wonach von der Anordnung der Sicherungshaft beim Haftgrund der unerlaubten Einreise ausnahmsweise abgesehen werden kann, wenn der Ausländer glaubhaft macht, dass er sich der Abschiebung nicht entziehen will, entsprechend anzuwenden. Die Gründe für die Anordnung der Überstellungshaft im Dublin-Verfahren regelt Art. 28 II Dublin III-VO unmittelbar und abschließend[75]. Zugelassen ist die Haft nach dem eindeutigen Wortlaut der Vorschrift nur, wenn Fluchtgefahr besteht, nicht aus anderen Gründen[76]. Dies gilt auch für die Zurückweisungshaft gemäß § 15 V. Ungeachtet der fehlenden Verweisung in § 15 V auf Haftgründe gem. § 62 III ist daher aus unionsrechtlichen Gründen bei der Frage, ob zwecks Durchführung der Dublin III-VO Abschiebungshaft in welcher Form auch immer angeordnet werden darf, § 2 XIV zu beachten[77].

44 Bei tatsächlich Hinderungsgründen (zB Passlosigkeit, ungeklärte Identität) ist der **Rechtsgedanke des § 62 III 3** weiterhin zu beachten, wonach die Sicherungshaft unverhältnismäßig und damit

---

[71] LG Frankfurt a. M. Beschl. V. 6.9.2019 – 2–29 T 107/19, www.asyl.net/rsdb/M27628.
[72] BGH Beschl. v. 12.4.2018 – V ZB 162/17, BeckRS 2018, 11015.
[73] EuGH Urt. v. 19.3.2019 – C-444/17, BeckRS 2019, 3617 Rn. 51.
[74] BGH Beschl. v. 12.4.2018 – V ZB 162/17, BeckRS 2018, 11015 Rn. 16.
[75] BGH Beschl. v. 6.9.2016 – V ZB 21/16, BeckRS 2016, 17882 amtlicher LS.
[76] BGH Beschl. v. 22.10.2014 – V ZB 124/14, BeckRS 2014, 22754; BGH Beschl. v. 6.9.2016 – V ZB 21/16, BeckRS 2016, 17882 redaktioneller LS.
[77] LG Frankfurt a. M. Beschl. v. 8.1.2016 – 2–29 T 3/16, 2/29 T 3/16, BeckRS 2016, 774 mit Verweis auf *Marx*, Aufenthalts-, Asyl- und Flüchtlingsrecht, 5. Aufl. 2015, § 8 Rn. 34.

unzulässig wäre, wenn feststeht, dass aus Gründen, die der Ausländer nicht zu vertreten hat, die Zurückweisung nicht innerhalb der nächsten **drei Monate** durchgeführt werden kann[78]. In diesen Fällen wäre auch bereits die Beantragung unzulässig. Umfangreiche Passbeschaffungsmaßnahmen dürfen allerdings nicht in Ermangelung der Anwendung des § 62 III 3 zu der Vorstellung führen, die Sicherungshaft könne jederzeit beantragt werden, auch wenn die Beschaffung von Heimreisedokumenten unabsehbar lange dauern könnte. Die Zurückweisungshaft kann nach §§ 15 V 2, 62 IV 1 bis zu sechs Monate angeordnet werden. Sie kann nach §§ 15 V 2, 62 IV 2 in Fällen, in denen der Ausländer seine Abschiebung verhindert, um höchstens zwölf Monate verlängert werden.

Sofern die Vorbereitung der Zurückweisungsentscheidung längere Zeit in Anspruch nimmt und der 45 Ausländer währenddessen festgehalten werden soll, bleibt die Frage der Haft ungeregelt. Die Beantragung kann indes nicht auf Abs. 5 gestützt werden. Ebenso noch *Melchior* Abschiebungshaft 8/2007 Nr. 610:

> „Die Haft zur Sicherung der Zurückweisung bedarf stets einer richterlichen Anordnung und kann nicht von der Grenzbehörde auf eigene Faust angeordnet und/oder vollzogen werden. Die Vorgabe, dass der Betroffene in Haft genommen werden soll, ist allein an den Richter gerichtet."

Gegen einen zu extensiven Gebrauch der Zurückweisungshaft sprechen verfahrensrechtliche Hür- 46 den bei der Vorführung vor den Richter. § 15 V verweist nicht auf § 62 V, sodass **der Grenzbehörde diese Festnahmebefugnis nicht zur Verfügung steht,** um den Ausländer dem Haftrichter vorführen zu können. Die Grenzbehörde kann auf der Grundlage einer polizeilichen Gewahrsamnahme nach § 39 I Nr. 3 BPolG eine Vorführung erreichen. Diese ist aber nur zulässig, wenn dies unerlässlich ist, um die unmittelbar bevorstehende Begehung oder Fortsetzung einer Straftat zu verhindern. Außerdem muss die konkrete Gefahr bestehen, dass der Ausländer die Einreiseverweigerung nicht freiwillig befolgt. Da der Versuch einer unerlaubten Einreise nach § 95 I 3, Ia, II, III strafbar ist, ist eine polizeiliche Gewahrsamnahme grundsätzlich möglich. Voraussetzung ist aber die Verhinderung weiterer Straftaten und nicht nur der Zweck, den Ausländer dem Haftrichter vorführen zu wollen. Demgegenüber ist **in Fällen des § 15 II und III keine polizeiliche Gewahrsamnahme möglich,** da mangels unerlaubter Einreise keine Straftat des Ausländers konkret bevorsteht[79].

Liegen die Voraussetzungen für eine polizeiliche Gewahrsamnahme nach § 39 BPolG nicht vor, so kann nur ein **Antrag auf einstweilige Anordnung nach § 427 FamFG**[80] gestellt werden. Eine Freiheitsentziehung für den Zeitraum bis zur richterlichen Anordnung von Haft ist in diesen Fällen nicht ohne Weiteres möglich. Ggf. wäre hilfsweise ein **Betretensverbot** für an den Kontrollbereich (in den Flughäfen etwa als Transitbereich, Teile eines Terminals) angrenzende Bereiche über einen **Platzverweis** nach § 38 BPolG möglich. Eine Missachtung der Maßnahme könnte durch Beobachtung und notfalls mittels unmittelbaren Zwangs verhindert werden. In besonderen Fällen wäre auch ein **Durchsetzungsgewahrsam** nach § 39 I Nr. 2 BPolG denkbar, wenn die Maßnahme unerlässlich zur Durchsetzung dieses Platzverweises wäre. Bis zum Erlass oder gegebenenfalls bis zur Ablehnung des Antrags nach § 427 FamFG könnte die Maßnahme aus gefahrenabwehrenden Gründen (im Rahmen der gesetzlich maximal zulässigen Frist) als zulässig erachtet werden. Einer unverzüglichen Herbeiführung der richterlichen Entscheidung bedarf es in diesem Fall insofern ausnahmsweise nicht, da mit einer Entscheidung im Eilverfahren nach dem FamFG alsbald zu rechnen ist.

Sofern der erstmalige Antrag oder die Verlängerung der **Haft abgelehnt** wird, ist eine Einreise zu 47 ermöglichen, da die **Zurückweisung nunmehr außer Vollzug** gesetzt wird (nach § 15 V 3 findet Abs. 1 keine Anwendung mehr). In diesen Fällen blieb die Zurückweisungsentscheidung der Behörde weiterhin bestehen. Der Richter hat dabei über die Anordnung der Haft zu entscheiden, nicht über die Einreise ins Bundesgebiet[81]. Die Prüfung der Rechtmäßigkeit der Zurückweisung ist ihm verwehrt; die Haftgerichte sind grundsätzlich an die behördliche Zurückweisungsentscheidung gebunden; die Rechtmäßigkeit der Zurückweisung muss daher vor dem VG geltend gemacht werden. In die Kompetenz des Haftrichters fällt die Prüfung der Anwendbarkeit des § 15 V, dh insbesondere die Frage, ob ein Fall des § 1 II vorliegt (etwa Unionsbürger). Durch eine entsprechende Verfahrensgestaltung hat der Haftrichter – sofern die Gefahr besteht, dass durch die Behörde vollendete rechtswidrige Tatsachen geschaffen werden – dafür Sorge zu tragen, dass effektiver Rechtsschutz gegen die Zurückweisung sichergestellt ist. Schließlich ist auch in dem Haftverfahren dem Schutz besonders schutzbedürftiger Personengruppen (Kinder, Jugendliche, Schwangere, alte Menschen, Kranke usw) Rechnung zu tragen. Unter **Berücksichtigung der Rückführungs-RL** ist der Ausländer frei und eine Einreise zu ermöglichen. Die Zurückweisung wird hierbei außer Vollzug gesetzt (nach § 15 V 3 findet Abs. 1 keine Anwendung mehr, s. o.). Die ausländerrechtliche Einreise ist nach § 13 daher

---

[78] Der Abschiebehaftantrag erfordert die Darlegung von Tatsachen zu der Durchführbarkeit der Zurückweisung innerhalb der beantragten Haftdauer (LG Frankfurt a. M. Beschl. v. 23.9.2014 – 2–29 T 236/14, 2/29 T 236/14, BeckRS 2014, 22864).
[79] So auch *Westphal/Stoppa* S. 581.
[80] Ausf. → § 62 Rn. 396 ff.
[81] So auch *Hailbronner* AufenthG § 15 Rn. 81.

vollendet (§ 13 II 2 kann nicht mehr begründet werden)[82] und die Zurückweisungsentscheidung läuft somit ins Leere, da die Einreise nicht mehr verhindert werden kann. Zusätzlich zum Eintritt der gesetzlichen Ausreisepflicht ist eine Rückkehrentscheidung zu verfügen. Das Verfahren richtet sich nach der Rückführungs-RL.

48 Einreise und Aufenthalt sind **entgegen der Nr. 15.5.4 AVwV-AufenthG** so lange nicht unerlaubt, wie der Betroffene der behördlichen Zurückweisungsentscheidung zu dem vorgesehenen Abflugtermin auch nachkommt. Die aufschiebende Wirkung der Zurückweisung besteht, solange sie nicht vollzogen werden kann, und sollte durch eine Verfügung der Grenzbehörde, die dem Betroffenen auszuhändigen ist, deutlich gemacht werden. In unabsehbar langen Fällen (eine Zurückweisung ist aus rechtlichen oder tatsächlichen Gründen zunächst gar nicht oder jedenfalls nicht innerhalb von drei Monaten (Rechtsgedanke aus § 62 IV 3) möglich), ist Verbindung mit der zuständigen Ausländerbehörde aufzunehmen, um den **faktischen Aufenthalt über eine Duldung** (§ 60a II 1) rechtlich zu ermöglichen. Auch wenn die Einreise des Ausländers von der Grenzpolizei nicht verhindert werden kann, so macht dies die Einreise nicht rechtmäßig. Die Einreise ist vielmehr unerlaubt und eröffnet ggf. die Möglichkeit der Zurückschiebung nach § 57 I.

49 Die Grenzbehörde hat in diesen Fällen **keine Möglichkeit, ein Ausnahmevisum zu erteilen.** Eine Erteilung eines Ausnahmevisums an der Grenze für einen Kurzaufenthalt richtet sich nach § 14 II iVm Art. 6 V lit. b, c SGK und Art. 35, 36 VK. Eine Visumerteilung scheitert hier bereits an der Grundvoraussetzung nach Art. 6 V lit. b SGK, 35 I lit. a VK, da die Person gerade nicht die Einreisevoraussetzungen nach Art. 6 I lit. a, c, d oder e SGK erfüllt. Dies deshalb, weil es dem Ausländer nicht aus zwingenden Gründen verwehrt war, bei der zuständigen deutschen Auslandsvertretung ein Visum einzuholen und er unter Vorlage eines entsprechenden Nachweises einen unvorhersehbaren dringenden Einreisegrund geltend machen müsste.

50 IÜ richtet sich das Verfahren nach dem **FamFG** (§ 106 II 1). Nach § 23a I Nr. 2, II Nr. 6 GVG sind die AG sachlich zuständig. Nach § 106 II 2 kann in Fällen, in denen über die Fortdauer der Zurückweisungshaft zu entscheiden ist, das AG das Verfahren durch unanfechtbaren Beschluss an das Gericht abgeben, in dessen Bezirk die Zurückweisungshaft vollzogen wird. Diese Regelung war mit der Neuerung im FamFG (§ 416 S. 2 FamFG) nach Ansicht des Gesetzgebers zunächst überholt[83], die geplante Streichung des § 106 II 2 wurde aber im weiteren Verlauf auf Anraten des BMJ fallen gelassen. § 416 S. 2 FamFG sieht vor, dass das Gericht für die Entscheidung zuständig ist, in dessen Bezirk sich der Betroffene zum Zeitpunkt der Entscheidung der Haft befindet, ohne dass es einer **Abgabeentscheidung nach § 106 II 2** bedürfte[84]. Zunächst spricht nach dem gegenwärtigen Stand der Betrachtung nach diesseitiger Auffassung vieles dafür, dass die Beibehaltung des § 106 II 2 kein Redaktionsversehen des Gesetzgebers darstellt[85], denn dies lässt sich jedenfalls mit der Gesetzesbegründung zum FamFG nicht vereinbaren. Der Gesetzgeber hat ausweislich der Gesetzesbegründung einen Änderungsbedarf nur im Hinblick auf § 106 II 1 gesehen. Nur insoweit hat der Gesetzgeber eine Folgeänderung wegen der Übernahme des Inhalts des Gesetzes über das gerichtliche Verfahren bei Freiheitsentziehungen im Buch 7 des FamFG gesehen[86].

51 Anzumerken ist, dass die Regelung des **§ 62 III Nr. 5 aF** iRd Zurückweisungshaft keine Anwendung fand. Bei der Rückführung aus der Zurückweisungshaft heraus wurde also die bisherige Haftanordnung bei einem Scheitern der Rückführung stets wirkungslos[87]. Dies ist nun nicht anders, da § 62 Abs. 3 Nr. 5 aF durch das **AufenthGÄndG 2015**[88] aufgehoben und durch Abs. 4a ersetzt wurde. Der **neue Abs. 4a** bestimmt nunmehr, dass, wenn die Abschiebung gescheitert ist, die Anordnung bis zum Ablauf der Anordnungsfrist unberührt bleibt, sofern die Voraussetzungen für die Haftanordnung unverändert fortbestehen. Somit ist jetzt auch der Fall erfasst, dass der gescheiterte Abschiebungsversuch während der in Abs. 2 S. 3 geregelten Fortdauer der Haft zur Sicherung der Abschiebung erfolgt ist. Anders als bisher kommt es nicht mehr darauf an, ob der Ausländer das Scheitern der Abschiebungsmaßnahme zu vertreten hat. § 15 verweist aber nicht auf § 62 IVa, sodass diese Bestimmung nicht für die Zurückweisungshaft greift und es somit nach dem Scheitern einer Zurückweisung eines neuen Haftbeschlusses bedarf.

XI. Flughafentransitaufenthalt (Abs. 6)

52 § 15 VI behandelt als **Spezialnorm** diejenigen Fälle, in denen ein Ausländer auf dem Luftweg zwar völkerrechtlich in das Bundesgebiet eingereist, aber aufgrund der Fiktion der Nichteinreise iSv § 13 II 2 noch nicht ausländerrechtlich eingereist ist. Voraussetzung der Anwendbarkeit der Norm ist

---

[82] Zum bisherigen Recht vgl. *Winkelmann* Neue Regelungen zum HaftR Nr. 2.3.
[83] Mit GesEntw v. 15.9.2010 sollte die Bestimmung gestrichen werden.
[84] S. dazu *Hoppe* ZAR 2009, 209 f.; BGH Beschl. v. 2.3.2017 – V ZB 122/15, BeckRS 2017, 106971.
[85] So aber *Hoppe* ZAR 2009, 209 f.
[86] Vgl. BT-Drs. 16/6308, 317 rechte Spalte; *Fahlbusch* in Winkelmann, Zur Zuständigkeit der Gerichte bei Abgabeentscheidungen; ausf. OK-MNet-AufenthG zu § 416 und unter § 62.
[87] S. dazu unter § 62.
[88] BGBl. 2015 I S. 1386.

Zurückweisung **§ 15 AufenthG 1**

eine auf Basis von § 15 I–III bzw. des Anwendungsvorrang genießenden Art. 14 I SGK **ergangene Zurückweisungsentscheidung** der Grenzbehörde.

Dabei werden zwei Personengruppen erfasst:
- Asylbewerber, deren Flughafenverfahren erfolglos abgeschlossen wurde, und
- Personen, denen – ohne dass sie einen Asylantrag gestellt haben – am Flughafen die Einreise verweigert wurde.

Die Regelung betrifft nicht Asylbewerber, die sich noch im Flughafenasylverfahren befinden, 53 sondern ist erst auf die Fälle anwendbar, in denen einem Ausländer **nach Durchführung eines Asylverfahrens am Flughafen die Einreise nach § 18a III AsylG verweigert** wird[89]. Für diesen Personenkreis hat das BVerfG[90] zum Flughafenverfahren klargestellt, dass die Begrenzung des Aufenthalts von Asylbewerbern während[91] des Verfahrens nach § 18a AsylG auf die für ihre Unterbringung vorgesehenen Räumlichkeiten im Transitbereich des Flughafens keine Freiheitsentziehung oder Freiheitsbeschränkung (Art. 104 GG iVm Art. 2 II 2 GG) darstellt, wenn ihnen das luftseitige Verlassen des Bereichs offenstehe[92]. Der Inanspruchnahme dieser Norm bedarf es allerdings nur, wenn der Zurückgewiesene die Einreiseverweigerung der Behörde akzeptiert und – gleichsam wie jeder andere Reisende – seinen Reisemöglichkeiten bzw. in diesem Fall seiner Abreise-/Weiterreiseverpflichtung aus freien Stücken nachkommen will und kann (**„wenn ihm das luftseitige Verlassen des Bereichs offen steht"**). In diesen Fällen wäre eine Verbringung in den Transitbereich oder in eine Unterkunft möglich, die lediglich eine Freiheitsbeschränkung darstellt. Der weitere Aufenthalt dort stellt sodann keine Freiheitsbeschränkung mehr da = Reisendeneigenschaft. Allerdings: „Das Festhalten von Ausländern im Transitbereich eines Flughafens bringe eine Freiheitsbeschränkung mit sich, die sich nicht übermäßig verlängern dürfe, weil sie sonst Gefahr laufe, sich in eine Freiheitsentziehung zu verwandeln.", EGMR in seinem Urteil vom 25.6.1996[93].

Das OLG München hatte über einen Fall zu entscheiden, in dem der Ausländer ohne richterliche Anordnung für rund dreieinhalb Monate gegen seinen Willen im Transitbereich des Flughafens München von der Bundespolizei festgehalten worden war. Es hat iRe Verfahrens nach § 13 Abs. 2 FEVG festgestellt, dass das Festhalten des Ausländers eine freiheitsentziehende Maßnahme darstellte und mangels einer richterlichen Entscheidung (Art. 104 II GG) rechtswidrig gewesen ist. Das BVerfG befasst sich in seinem Urt. vom 14.5.1996 (2 BvR 1516/93, BVerfGE 94, 166, BeckRS 9998, 170716) nicht mit dieser Frage.

Der BGH hat festgestellt, dass der Aufenthalt im Transitbereich eines Flughafens auch vor Ablauf der in Abs. 6 S. 2 genannten Frist eine Freiheitsentziehung darstellt, wenn das BAMF den Asylantrag als offensichtlich unbegründet abgelehnt und die Grenzbehörde daraufhin die Einreise verweigert hat, das VG einstweiligen Rechtsschutz abgelehnt und diese Entscheidung der Grenzbehörde mitgeteilt hat und wenn die dem Betroffenen eingeräumte Überlegungsfrist von drei Tagen abgelaufen ist[94].

Die auf § 15 VI gestützte Maßnahme (ggf. auch erst im Anschluss an das abgeschlossene Flughafena- 54 sylverfahren) der Grenzbehörde darf gerade **keine Maßnahme der Freiheitsentziehung** darstellen[95]. Daher ist die Verbringung auch nur zulässig, wenn keine Zurückweisungshaft (§ 15 V, → Rn. 40 ff.) beantragt wird. Eine andere Auslegung der Vorschrift wäre iSv Art. 104 GG nicht verfassungskonform, da es nach dem Primat des Richtervorbehalts der Verwaltungsvollzugsbehörde (und auch nicht dem Gesetzgeber) nicht gestattet wäre, eine wie auch immer ausgestaltete Form der Freiheitsentziehung quasi als Sonderform nur für Flughafenfälle außerhalb von Art. 104 GG eigenmächtig zu regeln. Führt die konkrete Anwendung des Abs. 6 zu einer Freiheitsentzug, so unterliegt das Handeln dem Richtervorbehalt[96] und stellt dabei eine **richterlich angeordnete Aufenthaltsbeschränkung** dar[97]. Verfassungskonform kann Abs. 6 daher nur so angewendet werden, dass keine Freiheitsentziehung mit der Maßnahme verbunden ist[98]. So stößt die gesetzliche Formulierung, spätestens 30 Tage nach Ankunft bzw. spätestens 30 Tage nach Kenntnis der Behörde über die Ankunft auf dem Flughafen diesen Fall erst dann zur Sicherung der Abreise mit einer richterlichen Anordnung zu versehen, auf

---

[89] BGH Beschl. v. 30.6.2011 – V ZB 274/10, NVwZ-RR 2011, 875.

[90] BVerfG Urt. v. 14.5.1996 – 2 BvR 1516/93, BVerfGE 94, 166, BeckRS 9998, 170716.

[91] Aber auch nach Einführung des § 15 VI muss weiterhin die Frage geklärt werden, ob bei Ablehnung eines Asylgesuchs die Unterbringung im Transitbereich eine Freiheitsentziehung iSd Art. 2 II 2 GG iVm Art. 104 II 1 GG darstellt (BVerfG Beschl. v. 23.10.2014 – 2 BvR 2566/10, BeckRS 2014, 59300).

[92] Anschluss HessVGH Beschl. v. 17.8.2009 – 3 A 2146/08, BeckRS 2009, 39302; BGH Beschl. v. 16.12.2019 – XIII ZB 136/19, BeckRS 2019, 33156 Rn. 8.

[93] InfAuslR 1997, 49 – Amuur/Frankreich, zit. in Entscheidung des OLG München Beschl. v. 12.12.2005 – 34 Wx 157/05, BeckRS 2006, 549.

[94] BGH Beschl. v. 12.7.2018 – V ZB 98/16, NVwZ 2018, 1742.

[95] HessVGH Beschl. v. 17.8.2009 – 3 A 2146/08, BeckRS 2009, 39302 bei *Winkelmann*.

[96] Ausf. zum Begriff Freiheitsentziehung in § 62 V bei *Winkelmann*, Neue Regelungen zum HaftR, S. 16 f.; Kommentar zum FamFG, S. 5 sowie → § 62 Rn. 7.

[97] Vgl. BGH Beschl. v. 30.6.2011 – V ZB 274/10, FGPrax 2011, 315 Rn. 9; BGH Beschl. v. 10.11.2012 – V ZB 154/11, BeckRS 2012, 24548 bei *Winkelmann*.

[98] Ebenso *Westphal/Stoppa* S. 584.

rechtliche Bedenken[99]. Zu begrüßen ist, dass – anders als noch im Falle der bekannten Entscheidung des OLG München Beschl. v. 12.12.2005 – 34 Wx 157/05, BeckRS 2006, 549, das längerfristige Verbleiben im Transit überhaupt unter eine richterliche Entscheidung gestellt wurde. Daher handelt es sich bei der Unterbringung eines Betroffenen im Transitbereich eines Flughafens nach Abschluss des „Flughafenasylverfahrens" **auch vor Ablauf von 30 Tagen** nach Ankunft des Betroffenen am Flughafen trotz der gesetzlichen Regelung des § 15 VI 2 um eine dem Richtervorbehalt unterliegende **Freiheitsentziehung**[100]. Der nicht auf einer richterlichen Anordnung beruhende Aufenthalt des Ausländers im Transitbereich eines Flughafens ist jedenfalls dann nicht als Freiheitsentziehungssache iSv § 70 III 1 Nr. 3, § 415 I FamFG anzusehen, wenn weder die Frist des § 15 VI 2 abgelaufen noch (im Verfahren nach § 18a AsylG) über einen Asylantrag des Betroffenen entschieden worden ist[101].

55   Abs. 6 sieht vor, dass immer dann, wenn das **luftseitige Verlassen** nicht unmittelbar (dh unter reiseüblichen Bedingungen) möglich ist, neben der gesetzlich bestimmten Höchstanzahl von maximal **30 Tagen** bedarf, bevor der Gesetzgeber offensichtlich der Auffassung ist, nunmehr von einer Freiheitsentziehung auszugehen. Für die Anordnung des weiteren Transitaufenthalts über 30 Tage hinaus gilt demnach die für die Anordnung einer Freiheitsziehung unverzichtbare Voraussetzung rechtsstaatlicher Verfahren, dass Entscheidungen, die den Entzug der persönlichen Freiheit betreffen, auf zureichender richterlicher Sachaufklärung beruhen und eine in tatsächlicher Hinsicht genügende Grundlage haben, auch der Bedeutung der Freiheitsgarantie entspricht[102]. Wie auch immer die Berechnung der 30 Tage zustande gekommen sein mag (maximal 23 Tage Verbleib im Flughafenverfahren nach § 18a AsylG plus maximal sieben Tage, sofern es sich um einen Fall handelt, in dem der Betroffene Asylbewerber war[103]), ist Grundvoraussetzung, dass dem Betroffenen die **Ausreise iSd § 50 tatsächlich und rechtlich** möglich sein muss. Dabei kommt es nicht auf das Verlassen Deutschlands und der EU, sondern auf die Einreise in einen anderen Staat (in erster Linie den Heimatstaat) und die Möglichkeit des dortigen Verbleibs an.

56   **Tatsächlich möglich** ist ihm der Rück- oder Weiterflug nur, wenn er über die erforderlichen Dokumente (insbesondere Pass oder Visum) für die jeweilige Flugverbindung verfügt, nicht andauernd reiseunfähig ist und auch über die notwendigen finanziellen Mittel verfügt, um von einer Fluggesellschaft transportiert zu werden. **Rechtlich möglich** setzt voraus, dass nach Maßgabe der Abschiebungshindernisse der Rück- oder Weiterflug für den Ausländer auch zumutbar ist. Derartige Hindernisse können sich sowohl aus inlandsbezogenen Abschiebungsverboten ergeben, zu denen ua auch diejenigen Verbote zählen, die sich aus Verfassungsrecht (etwa mit Blick auf Art. 6 I GG) oder aus Völkervertragsrecht (etwa aus Art. 8 EMRK) ergeben, als auch aus zielstaatsbezogenen Abschiebungsverboten nach § 60 II, III, V und VII. Der Betroffene muss sich auch wie jeder andere Transitreisende frei in diesem Bereich bewegen dürfen; jegliche Art von Festhalten in geschlossenen Unterkünften wäre unzulässig (der Transitbereich ist daher als Haftraum iSd § 415 II FamFG anzusehen)[104].

57   Die Ausreise ist hingegen möglich, wenn der Ausländer es in der Hand hat, die Hindernisse für die Abreise aus dem Weg zu schaffen. Er ist insoweit verpflichtet, Gelder für den Erwerb eines Flugtickets einzusetzen, Verhalten zu vermeiden, das zum Ausschluss der Beförderung führt, usw. Hat der Ausländer seinen Pass vernichtet, so führt dies zur Unmöglichkeit der Einreise im Heimatstaat und damit zu einem Ausreisehindernis. Dass der Ausländer das Hindernis vorsätzlich geschaffen hat, steht der Annahme einer Freiheitsentziehung nicht entgegen. Ist die **Ausreise objektiv unmöglich oder unzumutbar,** so führt das Festhalten im Transitbereich zu einer **Freiheitsentziehung,** die dem Richtervorbehalt unterliegt. Der BGH wies in seiner Entscheidung vom 14.7.2011[105] darauf hin, dass es sich bei der Anordnung der Unterbringung zur Sicherung der Abreise um eine **Freiheitsentziehung iSd** genannten – bewusst weit gefassten – Regelung handelt, die jede nachhaltige Einschränkung der Bewegungsfreiheit umfasst[106]. Um eine solche handelt es sich jedenfalls dann, wenn die Anordnung über den in S. 2 der Regelung genannten Zeitraum von 30 Tagen hinausreicht. Zu den Belehrungspflichten nach Art. 36 I lit. b WÜK[107] (→ Rn. 73).

58   Sobald für die Grenzbehörde deutlich wird, dass eine Abreise nun nicht mehr freiwillig erfolgen wird oder tatsächlich oder rechtlich nicht mehr möglich oder zumindest sehr fraglich ist, hat diese von einem weiteren Verbleiben des Ausländers auszugehen, das nunmehr einer Freiheitsentziehung gleichsteht (die Freiheitsentziehung entfällt nicht deswegen, weil der Betroffene seine Lage durch sein

---

[99] → Rn. 53.
[100] OLG Frankfurt a. M. Beschl. v. 3.3.2016 – 20 W 9/15, BeckRS 2016, 6412; BGH Beschl. v. 12.7.2018 – V ZB 98/16, NVwZ 2018, 1742; → Rn. 53.
[101] BGH Beschl. v. 16.3.2017 – V ZB 170/16, BeckRS 2017, 108852.
[102] BGH Beschl. v. 30.6.2011 – V ZB 274/10, BeckRS 2011, 20151; Beschl. v. 30.10.2013 – V ZB 90/13, BeckRS 2013, 21524.
[103] *Winkelmann,* Neue Regelungen zum HaftR, S. 20.
[104] Vgl. OLG München Beschl. v. 12.12.2005 – 34 Wx 157/05, NVwZ-RR 2006, 728.
[105] BGH Beschl. v. 14.7.2011 – V ZB 275/10, BeckRS 2011, 21072.
[106] *Wagner/Raasch/Pröpstl* WÜK Art. 36, S. 257.
[107] BGH Beschl. v. 30.3.2017 – V ZB 128/16, FGPrax 2017, 185; BGH Beschl. v. 14.7.2011 – V ZB 275/10, BeckRS 2011, 21072.

Handeln selbst herbeigeführt und somit zu vertreten hatte, OLG München). Es kann **nicht ins Belieben der Grenzbehörde gestellt** sein, selbst unter Beurteilung der Situation etwa nur von einer Freiheitsbeschränkung auszugehen oder aber erst die maximal 30 Tage abzuwarten, bevor eine richterliche Anordnung beantragt wird **(es gibt keine „richterfreie" 30-Tages-Frist).** So sieht auch Ziff. 15.6.2 AVwV-AufenthG vor, dass bei Unmöglichkeit der Abreise zB aufgrund fehlender Heimreisepapiere unverzüglich Zurückweisungshaft zu beantragen oder die Einreise entsprechend § 15 V 3 zu gestatten ist. Durch diese Regelung werden die Befugnisse der Grenzbehörde eingeschränkt und für die Frage des Transits im Einzelnen abschließend festgelegt. Sie steht auch der rechtswidrigen Praxis der sog. **Freiwilligkeitserklärungen,** mit deren Hilfe in der Vergangenheit der Richtervorbehalt faktisch unterlaufen wurde, entgegen. Das in Haftsachen zu beachtende Beschleunigungsgebot gilt auch für den Aufenthalt des Ausländers und den Transitbereich des Flughafens beschränkende Anordnung nach § 15 VI. Auch wenn der Transitaufenthalt wegen der Möglichkeit, auf dem Luftweg abzureisen, keine Freiheitsentziehung iSd Art. 104 II 1 GG, Art. 5 I EMRK darstellt, steht das Festhalten des Ausländers auf dem Flughafen nach einer gewissen Dauer und wegen der damit verbundenen Eingriffsintensität einer Freiheitsentziehung gleich. Der den über 30 Tage hinausgehenden Transitaufenthalt des Ausländers anordnende Haftrichter hat daher von Amts wegen zu prüfen, ob die Grenzbehörde die Zurückweisung ernstlich und gemäß dem Grundsatz der Verhältnismäßigkeit mit der größtmöglichen Beschleunigung betreibt. Das Beschleunigungsgebot gebietet, dass der Betroffene unverzüglich nach seinem Einreiseversuch und nicht ohne nachvollziehbare Gründe erst nach mehreren Tagen – befragt wird und dass die für die Zurückweisung erforderlichen Maßnahmen unverzüglich in die Wege geleitet werden[108]. Ist die **Abreise des Ausländers nicht möglich,** so hat die Grenzbehörde – falls die Einreise nicht gestattet wird – für die Unterbringung im Transit (allgemein Transit oder Transitunterkunft) sofort und nicht erst nach 30 Tagen Haft zur Sicherung der Zurückweisung eine richterliche Anordnung zur Sicherung der Abreise zu beantragen[109]. Die Anordnung zur Sicherung der Abreise folgt den Regeln, die auch für die Zurückweisungshaft gelten, auch wenn die Anordnung selbst keine Zurückweisungshaft darstellt. Die Anordnung muss innerhalb der 30-Tages-Frist ergehen, wobei der Tag der Ankunft bzw. der Kenntniserlangung durch die Grenzbehörde mitzählt.

Der BGH hat bislang offengelassen, ob die auf die Anordnung von Abschiebungs- und Rücküberstellungshaft zugeschnittene Vorschrift des **§ 417 II FamFG auch auf den Antrag auf Verlängerung des Transitaufenthalts nach § 15 VI anzuwenden ist** und ob ein Verfehlen der Anforderungen von § 417 II 2 FamFG ohne Sachprüfung zur Unzulässigkeit der Verlängerung führt. Zur Darlegung des für die Beschaffung der erforderlichen Rückreisepapiere erforderlichen Zeitraums kann die beteiligte Behörde in dem Antrag auf Verlängerung des Transitaufenthalts auf eine entsprechende Auskunft der hierfür zuständigen ausländischen Stelle verweisen (hier Botschaft). Sie muss nicht zusätzlich in Portalen nach Referenzfällen forschen und solche Fälle in dem Antrag auch nicht bezeichnen. Das Haftgericht muss eine zusätzliche Auskunft bei der ausländischen Stelle nur einholen, wenn konkrete Anhaltspunkte dafür bestehen, dass die erteilte Auskunft nicht zutreffen könnte oder jedenfalls durch eine eigene, zusätzliche Nachfrage seinerseits überprüft werden muss[110].

59

Kritisch anzumerken ist in diesem Zusammenhang, dass auch alle anderen Zurückgewiesenen am Flughafen, wenn sie keinen Asylantrag gestellt hatten, ebenfalls unter die 30-Tage-Regelung fallen. Sofern der Gesetzgeber einen Zeitüberschuss von bis zu sieben Tagen im Falle des vorangeschalteten Flughafenasylverfahrens unter dem Aspekt vorgesehen hat, dass reiseübliche Verzögerungen tatsächlich so lange andauern können, darf vor diesem Hintergrund nichts anderes für die übrigen Zurückgewiesenen gelten. Daher wird schon aus diesem Grunde nur eine **maximale Verweildauer von bis zu sieben Tagen** für Zurückgewiesene für vertretbar gehalten, sofern kein Flughafenasylverfahren durchgeführt wird. Ohnehin darf die Frage gestellt werden, ob reiseübliche Verzögerungen von mehreren Tagen bis zu einer Woche überhaupt realistisch sind. Wenn iÜ der These gefolgt würde, dass unter einem „luftseitiges[n] Verlassen" zu verstehen ist, dass nur übliche reisebedingte Verzögerungen diese Abreise nicht infrage stellen, so musste das Ergebnis sein, dass § 15 VI in Gänze verfassungswidrig wäre. Denn in denen im Aufgabenbereich der Grenzbehörde häufig auftretenden Fällen verfügen die Zurückgewiesenen gerade nicht über die erforderlichen Pässe oder Passersatzpapiere, sodass auch in dieser Situation normalen Passagieren das luftseitige Verlassen überhaupt nicht möglich wäre. Die Übergänge zur Freiheitsentziehung sind fließend und im Einzelfall ausschließlich durch den zuständigen Richter zu beurteilen. Daher ist in diesen Fällen **umgehend eine richterliche Anordnung zur Sicherung der Abreise notwendig,** sofern das weitere Verbleiben im Transit/der Unterkunft über-

60

---

[108] BGH Beschl. v. 12.10.2016 – V ZB 28/15, BeckRS 2016, 19361.
[109] So auch in der Beschwerdebegründung zu BVerfG Beschl. v. 23.10.2014 – 2 BvR 2566/10, BeckRS 2014, 59300. Das Festhalten eines asylsuchenden Ausländers auf dem Flughafen steht trotz der Möglichkeit, auf dem Luftweg abzureisen, nach einer gewissen Dauer und wegen der damit verbundenen Eingriffsintensität einer Freiheitsentziehung gleich (Festhaltung BGH Beschl. v. 30.6.2011 – V ZB 274/10, BeckRS 2011, 20151; Beschl. v. 30.10.2013 – V ZB 90/13, BeckRS 2013, 21524).
[110] BGH Beschl. v. 30.6.2016 – V ZB 143/14, BeckRS 2016, 17636.

haupt noch zielführend für die Zurückweisung ist („Sie (die Anordnung) ist nur zulässig, wenn die Abreise innerhalb der Anordnungsdauer zu erwarten ist")[111].

61 Der **EGMR** wendet auf diesen Sachverhalt **Art. 6 EMRK** an, der die physische Freiheit der Person schützt. Art. 6 I EMRK erfasst nicht bloße Einschränkungen der Bewegungsfreiheit; diese werden von Art. 2 S. 4 ZP zur EMRK (Freizügigkeit) erfasst. Um zu bestimmen, ob jemandem die Freiheit entzogen werde, sei von der konkreten Situation auszugehen. Eine ganze Reihe von Kriterien wie zB die Art, Dauer, Auswirkungen und die Art der Durchführung der betreffenden Maßnahmen müssten berücksichtigt werden. Der Unterschied zwischen Entzug und Beschränkung der Freiheit sei lediglich eine Frage des Grades oder der Intensität. Das Festhalten in Transitzonen kann nicht exzessiv verlängert werden, andernfalls besteht das Risiko, eine bloße Freiheitsbeschränkung in eine Freiheitsentziehung zu verwandeln. Die Verlängerung des Transitaufenthalts darf entsprechend der Vorschrift des § 62 I 3 gegenüber Familien mit minderjährigen Kindern nur in Ausnahmefällen und nur so lange angeordnet werden, wie es unter Berücksichtigung des Kindeswohls angemessen ist[112].

62 Sofern die richterliche Anordnung zum Verbleiben des Zurückgewiesenen im Transit/der Unterkunft ergehen sollte, darf der **„Vollzug" nicht in Gewahrsamsräumlichkeiten/Haftzellen** erfolgen, da diese Anordnung nicht mit einer (Zurückweisungs-)Haft vergleichbar ist. Ist eine Haft notwendig, muss diese auch beantragt werden. Hierzu scheiden die Gewahrsamnahme nach § 39 BPolG (nicht einschlägig) ebenso wie die Festnahmebefugnis nach § 62 V (nicht anwendbar) aus, sodass es zwingend eines Antrags nach § 427 FamFG bedarf. Die Bezeichnung **„Transitgewahrsam"**[113] geht fehl und sollte nicht verwendet werden, da diese nur Assoziationen zu einer unzulässigen behördlichen Freiheitsentziehung weckt, die dann schlichtweg verfassungswidrig wäre. Insoweit ist richtigerweise von einem **„Transitaufenthalt"**[114] zu sprechen, um den es sich in aller Regel handelt. Sobald im Falle des § 15 VI von einer Freiheitsentziehung auszugehen ist, ist diese unverzüglich durch den Richter anzuordnen.

63 Dem Ausländer ist die **Einreise zu gestatten,** wenn die Grenzpolizei keinen nach § 15 V erforderlichen Haftantrag stellt, keinen Antrag auf Anordnung des Transitaufenthalts stellt oder der Richter die Anordnung oder die Verlängerung der Haft bzw. der Anordnung ablehnt. Das in Haftsachen zu beachtende Beschleunigungsgebot gilt auch für die den Aufenthalt des Ausländers auf den Transitbereich des Flughafens beschränkende Anordnung nach § 15 VI 2. Es erfordert, dass die Zurückweisung von der Grenzbehörde ernstlich und gemäß dem Grundsatz der Verhältnismäßigkeit mit der größtmöglichen Beschleunigung betrieben wird, und ist bspw. verletzt, wenn der Betroffene ohne nachvollziehbare Gründe erst mehrere Tage nach seinem Einreiseversuch befragt wird oder wenn die für die Zurückweisung erforderlichen Maßnahmen nicht unverzüglich in die Wege geleitet werden[115].

64 Die Anordnung ergeht zur Sicherung der Abreise. Sie ist nur zulässig, wenn die **Abreise innerhalb der Anordnungsdauer** zu erwarten ist. Abs. 5 ist entsprechend anzuwenden. Durch den Verweis auf Abs. 5 wird auch dessen S. 3 umfasst. Zuständig für die Anordnung ist daher das **AG** (§ 106 II). Das Fehlen von Vollzugsvorschriften führt jedoch nicht zur Rechtswidrigkeit der Anordnung des Transitaufenthalts nach § 15 VI 2[116]. Damit kann insgesamt festgestellt werden, dass für die richterliche Anordnung deshalb auch – bezogen auf die Anordnungsvoraussetzungen des § 15 VI 2–5 – die gleichen Grundsätze wie für die Anordnung von Zurückweisungshaft gelten[117].

65 Der erzwungene Aufenthalt von Familien mit Kindern im Transitbereich eines Flughafen ist nicht generell ausgeschlossen[118], jedoch kommt bei der Anordnung von Sicherungshaft gegenüber Minderjährigen dem Verhältnismäßigkeitsgrundsatz wegen der Schwere des Eingriffs besondere Bedeutung zu[119]. Gleiches gilt für eine Anordnung nach § 15 VI, da das Festhalten auf dem Flughafen trotz der Möglichkeit, auf dem Luftweg abzureisen, nach einer gewissen Dauer und wegen der damit verbundenen Eingriffsintensität einer Freiheitsentziehung gleichsteht. Grundsätzlich ist der Haftrichter daher auch bei einer solchen Anordnung gem. § 26 FamFG von Amts wegen verpflichtet zu prüfen, ob eine altersgerechte Unterbringung des Minderjährigen gewährleistet und die über 30 Tage hinausgehende Unterbringung auf dem Flughafen auch im Übrigen noch verhältnismäßig ist. Bestehen

---

[111] Vgl. Ziff. 15.6.2 Verwaltungsvorschrift-AufenthG.
[112] BGH Beschl. v. 11.10.2012 – V ZB 154/11, BeckRS 2012, 24548; BGH Beschl. v. 30.10.2013 – V ZB 90/13, BeckRS 2013, 21524.
[113] So *Kluth* in Kluth/Hund/Maaßen (Hrsg.), ZuwanderungsR, 2. Aufl. 2017, § 3 Rn. 245.
[114] Vgl. in Abgrenzung der Rechtsprechungssammlung (ua des EGMR) zur Problematik der Freiheitsentziehung bei Flughafentransitaufenthalt *Winkelmann* in OK-MNet.
[115] Vgl. BGH Beschl. v. 30.6.2011 – V ZB 274/10, FGPrax 2011, 315 Rn. 23 f.
[116] BGH Beschl. v. 9.10.2014 – V ZB 57/14, BeckRS 2014, 22137; *Fränkel* in NK-AuslR AufenthG § 15 Rn. 32.
[117] Beschleunigungsgebot: BGH Beschl. v. 7.7.2011 – V ZB 116/11, BeckRS 2011, 19731 und v. 30.6.2011 – V ZB 274/10, BeckRS 2011, 20151; Verhältnismäßigkeitsgebot: BGH Beschl. v. 7.7.2011 – V ZB 116/11, BeckRS 2011, 19731 und v. 11.10.2012 – V ZB 154/11, BeckRS 2012, 24548; Anforderung an die Prognose nach § 15 VI 4: BGH Beschl. v. 31.1.2012 – V ZB 117/11, BeckRS 2012, 4656; Belehrung nach Art. 36 WÜK: BGH Beschl. v. 30.6.2016 – V ZB 33/16, BeckRS 2016, 13126.
[118] BGH Beschl. v. 25.8.2020 – XIII ZB 40/19, XIII ZB 41/19, XIII ZB 42/19, BeckRS 2020, 31762 Rn. 9.
[119] BGH Beschl. v. 29.9.2010 – V ZB 233/10, BeckRS 2010, 24657 Rn. 9.

Zweifel an der Volljährigkeit des Betroffenen, hat das Gericht gem. § 26 FamFG den Sachverhalt aufzuklären. Solche Zweifel werden allerdings nicht bereits dadurch begründet, dass der Betroffene angibt, minderjährig zu sein; ist diese Behauptung schon aufgrund des äußeren Erscheinungsbilds des Betroffenen offenkundig falsch – was von dem Haftrichter nachvollziehbar darzulegen ist –, sind weitere Ermittlungen zum Alter des Betroffenen nicht erforderlich. Liegt eine Volljährigkeit des Betroffenen hingegen nicht klar zutage, sind weitere Aufklärungen erforderlich, wobei hohe Anforderungen an die Ausfüllung des Amtsermittlungsgrundsatzes zu stellen sind. Eine Einschätzung des Haftrichters, der Betroffene sei volljährig, reicht in der Regel – selbst wenn sie auf ein großes Erfahrungswissen gestützt ist – nicht aus, um ein sicheres Bild zu gewinnen. Vielmehr sind die nach § 49 III iVm VI AufenthG vorgesehenen Maßnahmen zu ergreifen. Dies gegebenenfalls auch mit Unterstützung des örtlichen Jugendamts[120]. Im Zweifel ist zugunsten des Betroffenen von einer Minderjährigkeit auszugehen[121].

XII. Verwaltungsverfahren und Rechtsschutz

Für die Zurückweisung sind die mit der Personenkontrolle **an der Grenze betrauten Behörden** 66 allein zuständig (§ 71 III Nr. 1). Die Zurückweisung erfordert keinen vorangehenden Verwaltungsakt, insbesondere auch keine Androhung mit Fristsetzung. Sie stellt aber selbst einen Verwaltungsakt dar, wie sie eine Regelung iSd § 35 I VwVfG enthält bzw. voraussetzt, auch wenn sie nicht der Schriftform nach dem nationalen Ausländerrecht bedarf[122]. Nach **Art. 14 iVm Anhang V SGK** wird allerdings – wenn einem Drittstaatsangehörigen die Einreise verweigert wird – zurzeit das einheitliche Standardformular für die Einreiseverweigerung gem. Anhang V Teil B ausgefüllt und eine Kopie ausgehändigt. Der Grund der Maßnahme ist anzugeben. Das Formular ist dem Drittstaatsangehörigen zur Unterschrift vorzulegen. Verweigert der Drittstaatsangehörige die Unterschrift, wird dieses durch den Grenzschutzbeamten auf dem Formblatt unter „Bemerkungen" vermerkt. Der zuständige Grenzschutzbeamte bringt in dem Pass einen Einreisestempel an, der in Form eines Kreuzes mit schwarzer, dokumentenechter Tinte durchstreicht; zudem trägt er rechts neben diesem Stempel ebenfalls mit dokumentenechter Tinte den oder die Kennbuchstaben ein, die dem Grund oder den Gründen für die Einreiseverweigerung entsprechen und die in dem genannten Standardformular aufgeführt sind.

Annullierung oder Aufhebung eines einheitlichen Visums erfolgt seit 5.4.2010 einheitlich unter 67 Vorrang des Europarechts durch die Bestimmungen des Art. 34 VK; dementsprechend erhielt der SGK in Anhang V Teil A eine sprachliche Anpassung. Aufgrund des Anwendungsvorrangs des VK waren entgegenstehende nationale Vorschriften unanwendbar (ausführlich → § 6 Rn. 60 f.). Um den seit 5.4.2011 bestehenden Suspensiveffekt gegebenenfalls wieder herzustellen, war im Einzelfall die sofortige Vollziehung durch die Behörde anzuordnen (§ 80 II 1 Nr. 4 VwGO; dazu → Rn. 12).

Mit ihr ist zwar **kein Einreiseverbot** wie mit der Abschiebung und der Zurückschiebung ver- 68 bunden (§ 11 I, VI, VII), und deshalb entfaltet der Passvermerk „Zurückgewiesen" oder der mit einem vertikal-horizontalen Kreuz ungültig gezeichnete Einreisestempel beim nächsten Einreiseversuch nur eine tatsächliche und keine rechtliche Wirkung. Mit der Zurückweisung wird aber die Einreise verweigert und damit ein Rechtsverhältnis verbindlich geregelt; der dahin gehenden Entscheidung geht die Prüfung der materiellen und formellen Voraussetzungen des § 15 und des Art. 14 I SGK voraus, und zwar einschließlich der Möglichkeiten des § 14 II und der Zurückweisungsverbote und -hindernisse nach Abs. 4. Dem entspricht der Verweis auf Art. 6 V SGK sowie auf die Anwendung besonderer Bestimmungen zum Asylrecht und zum internationalen Schutz in Art. 14 I SGK. An einer derartigen Regelung fehlt es nicht etwa deshalb, weil der Ausländer über ein garantiertes Einreiserecht nicht verfügt und die dem faktischen Vollzug zugrunde liegende Entscheidung über die Zurückweisung idR nicht förmlich verlautbart wird (betreffend Asylbewerber: §§ 18 II, 18a AsylG). In Bezug auf die Zurückweisung, die auf Art. 14 SGK zurückzuführen ist, bestehen – wie oben zum Teil dargestellt – besondere Verfahren- und Rechtsschutzregelungen. Art. 14 III SGK sieht vor, dass Personen, denen die Einreise verweigert wird, ein Rechtsmittel zusteht. Die Verfahren für die Einlegung des Rechtsmittels bestimmen sich nach nationalem Recht.

Dem Drittstaatsangehörigen werden auch schriftliche Angaben zu Kontaktstellen gemacht, die ihn über eine rechtliche Vertretung unterrichten können, die entsprechend dem nationalen Recht in seinem Namen vorgehen kann. Die Einlegung eines solchen Rechtsmittels hat nach Art. 14 III 4 SGK keine aufschiebende Wirkung im Hinblick auf die Entscheidung über die Einreiseverweigerung. Wird im Rechtsmittelverfahren festgestellt, dass die Entscheidung über die Einreiseverweigerung unbegründet war, so hat der betroffene Drittstaatsangehörige unbeschadet einer nach nationalem Recht gewährten Entschädigung einen Anspruch auf Berichtigung des ungültig gemachten Einreisestempels und anderer Streichungen oder Vermerke durch den Mitgliedstaat, der ihm die Einreise verweigert hat.

---

[120] Vgl. § 42f SGB VIII.
[121] BGH Beschl. v. 12.2.2015 – V ZB 185/14, BeckRS 2015, 5563.
[122] Vgl. § 77 I.

Kolber

69 Gegen Zurückweisung bzw. Einreiseverweigerung sind **Widerspruch und -klage** (§§ 42, 68 VwGO) gegeben. In der Regel besteht nur ein Rechtsschutzinteresse an einem Verpflichtungsbegehren, weil der Ausländer letztlich die Einreise verlangt. Den Vorschriften der §§ 77, 83 liegt zwar offenbar die Auffassung zugrunde, ein Rechtsbehelf sei überhaupt nicht gegeben. Dieser Ansicht ist aber angesichts der Generalklauseln des Art. 19 IV GG und der §§ 40, 42 VwGO nicht zu folgen. Der danach garantierte effektive Rechtsschutz kann nicht mit dem Hinweis auf eine fehlende völkerrechtliche Verpflichtung Deutschlands zur Gewährung von Rechtsschutz für zurückgewiesene Ausländer oder auf andersartige internationale Gepflogenheiten ausgeschlossen werden. Für einen Widerspruch und für den Widerspruchsbescheid ist in der Regel kein Raum, weil nach Erledigung der Zurückweisung kein Anlass mehr für einen Widerspruch besteht und für den Erlass des Bescheids keine Ermächtigungsgrundlage mehr besteht. Insoweit ist ein **verwaltungsrechtliches Vorverfahren obsolet** und die Feststellungsklage gem. § 43 I VwGO als Fortsetzungsfeststellungsklage in analoger Anwendung gem. § 113 I 4 VwGO die richtige Klageart. Sinn und Zweck des Vorverfahrens ist die Selbstkontrolle der Verwaltung mit dem Ziel der Selbstkorrektur, nicht aber die nachträgliche Kommentierung des Verwaltungsakts, der keine Wirkung mehr hat. Die Gewährung eines effektiven Rechtsmittels entspricht insoweit auch der Intention von Art. 14 III SGK, der dies europarechtlich vorschreibt und lediglich die nähere Ausgestaltung dem nationalen Gesetzgeber überlässt. Einstweiliger Rechtsschutz ist möglich, aber praktisch schwer durchsetzbar. Der Widerspruch gegen die Zurückweisung entfaltet keinen Suspensiveffekt, weil die Zurückweisung eine **unaufschiebbare Polizeivollzugsmaßnahme** darstellt (§ 80 II 1 Nr. 2 VwGO). Auch Art. 14 III 3 SGK regelt ausdrücklich, dass die Einlegung eines Rechtsmittels keine aufschiebende Wirkung im Hinblick auf die Entscheidung über die Einreise hat. Mit einem Antrag nach § 80 V VwGO kann die gerichtliche Anordnung der aufschiebenden Wirkung und mit einem Antrag nach § 123 VwGO die vorläufige Verpflichtung der Grenzbehörde erreicht werden, von der Zurückweisung abzusehen. Für diese Anträge wird es aber idR an der Grenze an Zeit und Gelegenheit fehlen[123]. Gegen die Zulässigkeit der Anordnung der aufschiebenden Wirkung kann nicht eingewendet werden, der Verwaltungsakt trage hier den Vollzug in sich. Dem liegt die unzutreffende Auffassung zugrunde, die Zurückweisung ergehe als Vollzugsakt ohne vorherige Rechts- und Willensentscheidung.

70 Für die Anordnung der Zurückweisungshaft ist das **AG** als Gericht der freiwilligen Gerichtsbarkeit zuständig (§ 106 II, § 416 FamFG[124]). Die haftantragstellende Behörde muss mit dem Haftantrag die Voraussetzungen des Abs. 5 und dessen für notwendig erachtete Dauer darlegen. Das AG hat die Zulässigkeit des Haftantrags und damit auch die örtliche Zuständigkeit der Behörde in jeder Verfahrenslage von Amts wegen zu prüfen[125].

Der Haftrichter hat auch für die Anordnung nach § 15 VI 2 als Grundlage von der Einreiseverweigerung durch die Grenzbehörde auszugehen. Rechtsschutz gegen die Einreiseverweigerung wird allein durch die Verwaltungsgerichte gewährt[126].

71 Die **Anhörung** des Ausländers ist **zwingend vorgeschrieben**[127]; hierzu kann die Vorführung angeordnet werden (§ 420 FamFG). Erforderlichenfalls ist auch der Ehegatte über das Maß der familiären Bindungen zu hören. Ist der Ausländer anwaltlich vertreten, muss das Gericht dafür Sorge tragen, dass der Rechtsanwalt von dem Termin in Kenntnis gesetzt wird und ihm die Teilnahme ermöglicht wird. Dies setzt eine Terminierung durch das Gericht voraus, die eine realistische Teilnahme oder zumindest die Beantragung einer Terminverlegung durch den Rechtsanwalt ermöglicht[128]. Vereitelt das Gericht durch seine Verfahrensgestaltung eine Teilnahme des Bevollmächtigten an der Anhörung, führt dies ohne Weiteres zur Rechtswidrigkeit der Haft; es kommt in diesem Fall nicht darauf an, ob die Anordnung der Haft auf diesem Fehler beruht[129]. Dies gilt grundsätzlich auch im Beschwerdeverfahren. Eine Anhörung durch das Beschwerdegericht ist zumindest dann notwendig, wenn die Anhörung durch das AG nicht ausreichend war oder auf den persönlichen Eindruck nicht verzichtet werden kann. Durch eine nachträgliche Anhörung kann die Unterlassung der Anhörung

---

[123] Häufig findet aus Zeitgründen und der offenen Erfolgsaussichten eine reine Abwägung der für und gegen den Sofortvollzug sprechenden Interessen statt. Unzureichend Ausgewiesenen ist zumutbar, ihre Urlaubsreise nachzuholen und sich zu diesem Zweck die zur Einreise in die Bundesrepublik Deutschland berechtigende Reisedokumente ausstellen zu lassen. „Das Interesse der Antragsteller, die – nun entgangenen – Urlaubsfreuden, muss hier daher hinter dem Interesse der Bundesrepublik Deutschland an einer geordneten Einreise und Aufenthalt im Bundesgebiet zurückstehen" (VG München Beschl. v. 22.7.2016 – M 10 S 16.3261, BeckRS 2016, 52478).
[124] → § 62 Rn. 259 ff.
[125] Zum alten Recht BayObLG Beschl. v. 7.2.1997 – 3 Z BR 30/97, BeckRS 1997, 20973; OLG Karlsruhe Beschl. v. 27.6.1996 – 4 W 81/96, NVwZ-Beil. 1997, 1; zum neuen Recht BGH Beschl. v. 29.4.2010 – V ZB 218/09, BeckRS 2010, 13799; VG Münster Beschl. v. 5.1.2010 – 8 L 650/09, BeckRS 2010, 45148; ausf. bei *Winkelmann:* Zu den Anforderungen an die örtliche Zuständigkeit haftantragstellender Behörden sowie OK-MNet-AufenthG zu § 416 FamFG, § 62.
[126] Vgl. BGH Beschl. v. 12.4.2018 – V ZB 164/16, NVwZ 2018, 1583; BGH Beschl. v. 30.6.2011 – V ZB 274/10 Rn. 11 und 21, BeckRS 2011, 20151.
[127] S. ausf. *Winkelmann* OK-MNet-AufenthG zu § 62; OK-MNet-FamFG zu § 420, § 62.
[128] BGH Beschl. v. 18.5.2021 – XIII ZB 32/19, BeckRS 2021, 14129.
[129] BGH Beschl. v. 10.11.2020 – XIII ZB 129/19, BeckRS 2020, 37407 Rn. 8.

nicht für die Vergangenheit geheilt werden. Die Anhörung des Ehepartners nach § 5 III FEVG gehörte ebenso wie die Anhörung des Betroffenen selbst nach § 5 I FEVG zu den vorgeschriebenen Verfahrensnormen. Das hat sich in Bezug auf die Ehegatten, Lebenspartner etc geändert, da dieser Personenkreis nach § 418 III FamFG[130] nunmehr nur angehört werden *kann*. Sie sind allerdings dann zwingend anzuhören, wenn sie beteiligt worden sind. Das subjektive Interesse des Betroffenen ist als Obliegenheit mitzuteilen. Ihre Beteiligung wird in aller Regel nur dann in Betracht kommen, wenn von diesem Personenkreis mit einiger Wahrscheinlichkeit eine Verfahrensförderung zu erwarten steht. Von jeder Entscheidung sind ein Angehöriger des Ausländers oder eine Person seines Vertrauens unverzüglich zu benachrichtigen (Art. 104 IV GG; § 432 FamFG[131]). Gegen die Entscheidung des AG steht Ausländer und Behörde das Rechtsmittel der Beschwerde und gegen die Entscheidung des LG die Rechtsbeschwerde beim BGH zu (§§ 58 ff., 64, 70, 72, 75 FamFG). In Abweichung zum bisherigen Recht (§ 9 I FEVG) darf das Gericht eine angeordnete Freiheitsentziehung nicht mehr von Amts wegen verlängern (§ 425 III FamFG[132]). Es gelten die Vorschriften über die erstmalige Anordnung entsprechend.

Nach Haftentlassung oder Fristablauf kann die Beschwerde mit dem Ziel der **Feststellung der** 72 **Rechtswidrigkeit der Haftanordnung** eingelegt oder fortgeführt werden[133]. Eine Freiheitsentziehung durch die Behörde ohne vorherige richterliche Anordnung kann nach § 428 II FamFG[134] angefochten werden. Der Ausländer kann die Verpflichtung der Behörde zur Rücknahme des Haftantrags durch das VG im Wege der Verpflichtungsklage (nach erfolglosem Widerspruch, §§ 42, 68 VwGO) oder der einstweiligen Anordnung (§ 123 VwGO) geltend machen[135].

Nach **Art. 36 I lit. b WÜK**[136] sind notwendige Belehrungen unmittelbar nach der Freiheitsentzie- 73 hung erforderlich[137]. Die völkerrechtliche Verpflichtung sieht vor, dass die zuständigen Behörden des Empfangsstaats die konsularische Vertretung des Entsendestaats auf Verlangen des Betroffenen unverzüglich zu unterrichten haben, wenn in deren Konsularbezirk ein Angehöriger dieses Staates festgenommen, in Straf- oder Untersuchungshaft genommen oder ihm anderweitig die Freiheit entzogen ist. Jede von dem Betroffenen an die konsularische Vertretung gerichtete Mitteilung haben die genannten Behörden ebenfalls unverzüglich weiterzuleiten. Diese Behörden haben den Betroffenen unverzüglich über sein Recht aufgrund dieser Bestimmung zu unterrichten. Die Beachtung der Rechte, die einem Ausländer nach Art. 36 I lit. b WÜK zustehen, muss für das Rechtsbeschwerdegericht nachvollziehbar sein. Die Belehrung des Ausländers über diese Rechte, seine Reaktion hierauf und, sofern verlangt, die unverzügliche Unterrichtung der konsularischen Vertretung von der Inhaftierung sind daher **aktenkundig** zu machen[138]. Das gilt auch im Bereich der **Anordnung des Aufenthalts im Flughafentransitbereich** jedenfalls dann, wenn eine die Verpflichtungen der Behörde aus Art. 36 I lit. b WÜK auslösende Freiheitsentziehung nach § 15 VI vorliegt, weil die Anordnung über den in S. 2 der Regelung genannten Zeitraum von 30 Tagen hinausreicht. Inwieweit bereits mit der Anordnung des Aufenthalts im Transitbereich eine Freiheitsentziehung ausgelöst wird, wenn die Verweildauer unter 30 Tage beträgt, bedurfte keiner Entscheidung und wurde durch den Senat offengelassen. Der BGH wies aber darauf hin, dass es sich bei der Anordnung der Unterbringung zur Sicherung der Abreise um eine Freiheitsentziehung im Sinne der genannten – bewusst weit gefassten – Regelung handelt, die jede nachhaltige Einschränkung der Bewegungsfreiheit umfasst[139]. An seiner früheren Auffassung, eine unterbliebene Belehrung des Ausländers nach Art. 36 I lit. b WÜK führe zur Rechtswidrigkeit der Freiheitsentziehung, hält der BGH ausdrücklich nicht mehr fest. Die versäumte oder fehlerhafte Belehrung führt nur dann zur Rechtswidrigkeit der Haftanordnung, wenn das Verfahren ohne den Fehler zu einem anderen Ergebnis hätte führen können[140].

---

[130] OK-MNet-FamFG zu § 418, § 62.
[131] OK-MNet-FamFG zu § 432, § 62.
[132] OK-MNet-FamFG zu § 425, § 62.
[133] BVerfG Beschl. v. 5.12.2001 – 2 BvR 527/99, BeckRS 2012, 56306; OLG Frankfurt a. M. Beschl. v. 21.11.1997 – 20 W 358/97, NVwZ-Beil. 1998, 22; BayObLG Beschl. v. 8.10.1997 – 3 Z BR 273/97, BeckRS 1997, 22995.
[134] OK-MNet-FamFG zu § 428, § 62.
[135] OVG RhPf Beschl. v. 17.4.1985 – 11 B 64/85, InfAuslR 1985, 162; OVG Saarl Beschl. v. 9.4.1986 – 3 W 794/86, InfAuslR 1986, 211; aA *Kränz* NVwZ 1986, 22.
[136] Ausf. → § 62 Rn. 192 ff.
[137] Vgl. bei *Winkelmann*, Belehrungspflichten bei Festnahme nach Art. 36 I lit. b WÜK; BGH Beschl. v. 6.5.2010 – V ZB 223/09, BeckRS 2010, 13385.
[138] BGH Beschl. v. 18.11.2010 – V ZB 165/10, BeckRS 2010, 31043; Beschl. v. 12.5.2011 – V ZB 23/11, BeckRS 2011, 17013.
[139] *Wagner/Raasch/Pröpstl* Art. 36, S. 257; zur Problematik BGH Beschl. v. 14.7.2011 – V ZB 275/10, BeckRS 2011, 21072.
[140] BGH Beschl. v. 22.10.2015 – V ZB 79/15, NVwZ 2016, 711.

1 AufenthG § 15a

§ 15a Verteilung unerlaubt eingereister Ausländer

(1) ¹Unerlaubt eingereiste Ausländer, die weder um Asyl nachsuchen noch unmittelbar nach der Feststellung der unerlaubten Einreise in Abschiebungshaft genommen und aus der Haft abgeschoben oder zurückgeschoben werden können, werden vor der Entscheidung über die Aussetzung der Abschiebung oder die Erteilung eines Aufenthaltstitels auf die Länder verteilt. ²Sie haben keinen Anspruch darauf, in ein bestimmtes Land oder an einen bestimmten Ort verteilt zu werden. ³Die Verteilung auf die Länder erfolgt durch eine vom Bundesministerium des Innern, für Bau und Heimat bestimmte zentrale Verteilungsstelle. ⁴Solange die Länder für die Verteilung keinen abweichenden Schlüssel vereinbart haben, gilt der für die Verteilung von Asylbewerbern festgelegte Schlüssel. ⁵Jedes Land bestimmt bis zu sieben Behörden, die die Verteilung durch die nach Satz 3 bestimmte Stelle veranlassen und verteilte Ausländer aufnehmen. ⁶Weist der Ausländer vor Veranlassung der Verteilung nach, dass eine Haushaltsgemeinschaft zwischen Ehegatten oder Eltern und ihren minderjährigen Kindern oder sonstige zwingende Gründe bestehen, die der Verteilung an einen bestimmten Ort entgegenstehen, ist dem bei der Verteilung Rechnung zu tragen.

(2) ¹Die Ausländerbehörden können die Ausländer verpflichten, sich zu der Behörde zu begeben, die die Verteilung veranlasst. ²Dies gilt nicht, wenn dem Vorbringen nach Absatz 1 Satz 6 Rechnung zu tragen ist. ³Gegen eine nach Satz 1 getroffene Verpflichtung findet kein Widerspruch statt. ⁴Die Klage hat keine aufschiebende Wirkung.

(3) ¹Die zentrale Verteilungsstelle benennt der Behörde, die die Verteilung veranlasst hat, die nach den Sätzen 2 und 3 zur Aufnahme verpflichtete Aufnahmeeinrichtung. ²Hat das Land, dessen Behörde die Verteilung veranlasst hat, seine Aufnahmequote nicht erfüllt, ist die dieser Behörde nächstgelegene aufnahmefähige Aufnahmeeinrichtung des Landes aufnahmepflichtig. ³Andernfalls ist die von der zentralen Verteilungsstelle auf Grund der Aufnahmequote nach § 45 des Asylgesetzes und der vorhandenen freien Unterbringungsmöglichkeiten bestimmte Aufnahmeeinrichtung zur Aufnahme verpflichtet. ⁴§ 46 Abs. 4 und 5 des Asylgesetzes sind entsprechend anzuwenden.

(4) ¹Die Behörde, die die Verteilung nach Absatz 3 veranlasst hat, ordnet in den Fällen des Absatzes 3 Satz 3 an, dass der Ausländer sich zu der durch die Verteilung festgelegten Aufnahmeeinrichtung zu begeben hat; in den Fällen des Absatzes 3 Satz 2 darf sie dies anordnen. ²Die Ausländerbehörde übermittelt das Ergebnis der Anhörung an die die Verteilung veranlassende Stelle, die die Zahl der Ausländer unter Angabe der Herkunftsländer und das Ergebnis der Anhörung der zentralen Verteilungsstelle mitteilt. ³Ehegatten sowie Eltern und ihre minderjährigen ledigen Kinder sind als Gruppe zu melden und zu verteilen. ⁴Der Ausländer hat in dieser Aufnahmeeinrichtung zu wohnen, bis er innerhalb des Landes weiterverteilt wird, längstens jedoch bis zur Aussetzung der Abschiebung oder bis zur Erteilung eines Aufenthaltstitels; die §§ 12 und 61 Abs. 1 bleiben unberührt. ⁵Die Landesregierungen werden ermächtigt, durch Rechtsverordnung die Verteilung innerhalb des Landes zu regeln, soweit dies nicht auf der Grundlage dieses Gesetzes durch Landesgesetz geregelt wird; § 50 Abs. 4 des Asylgesetzes findet entsprechende Anwendung. ⁶Die Landesregierungen können die Ermächtigung auf andere Stellen des Landes übertragen. ⁷Gegen eine nach Satz 1 getroffene Anordnung findet kein Widerspruch statt. ⁸Die Klage hat keine aufschiebende Wirkung. ⁹Die Sätze 7 und 8 gelten entsprechend, wenn eine Verteilungsanordnung auf Grund eines Landesgesetzes oder einer Rechtsverordnung nach Satz 5 ergeht.

(5) ¹Die zuständigen Behörden können dem Ausländer nach der Verteilung erlauben, seine Wohnung in einem anderen Land zu nehmen. ²Nach erlaubtem Wohnungswechsel wird der Ausländer von der Quote des abgebenden Landes abgezogen und der des aufnehmenden Landes angerechnet.

(6) Die Regelungen der Absätze 1 bis 5 gelten nicht für Personen, die nachweislich vor dem 1. Januar 2005 eingereist sind.

Allgemeine Verwaltungsvorschrift
15a Zu § 15a – Verteilung unerlaubt eingereister Ausländer
15a.0 Allgemeines
Die Vorschrift soll eine gleichmäßige Verteilung unerlaubt eingereister Ausländer, die keinen Asylantrag stellen, gewährleisten. Die Aufnahme unerlaubt eingereister Ausländer ist eine gesamtstaatliche Aufgabe, bei deren Erfüllung auf eine gleichmäßige Verteilung der durch sie entstehenden finanziellen Lasten zu achten ist. Zwischen den Ländern ist diese Lastenverteilung durch eine quotengerechte Verteilung dieser Personen herzustellen.
15a.0.1 Die Vorschrift orientiert sich an den für die Verteilung von Asylbewerbern geltenden Regelungen. Hier kann auf ein funktionierendes System zurückgegriffen werden, das in weiten Teilen auch bei der Verteilung unerlaubt einreisender Ausländer nutzbar ist.
15a.0.2 Die Verteilung nach § 15a verläuft in bis zu drei Schritten:
15a.0.2.1 – Nach Absatz 2 Satz 1 kann der Ausländer von der Ausländerbehörde verpflichtet werden, sich zu der Behörde zu begeben, die die Verteilung bei der zentralen Verteilungsstelle veranlasst.

15a.0.2.2 – Nachdem das Bundesamt für Migration und Flüchtlinge als zentrale Verteilungsstelle die zur Aufnahme verpflichtete Aufnahmeeinrichtung mitgeteilt hat, ordnet die die Verteilung veranlassende Stelle an, dass sich der Ausländer zu dieser Aufnahmeeinrichtung zu begeben hat.

15a.0.2.3 – Von der Aufnahmeeinrichtung kann der Ausländer innerhalb des Landes weiterverteilt werden. Das landesinterne Verteilungsverfahren können die Länder aufgrund von Absatz 4 Satz 5 entweder durch Rechtsverordnung oder ein Landesgesetz regeln.

15a.0.3 Gegen die jeweils durch Verwaltungsakt getroffene Verteilungsentscheidung (vgl. Nummer 15 a.0.2) findet kein Widerspruch statt, Klagen haben keine aufschiebende Wirkung (Absatz 2 Satz 3 und 4).

15a.1 Persönlicher Anwendungsbereich und Verfahren

15a.1.1.1 In Absatz 1 Satz 1 wird der Personenkreis der zu verteilenden Ausländer festgelegt. Wann die Einreise unerlaubt ist, ergibt sich aus § 14. Die Entscheidung über die Aussetzung der Abschiebung oder die Erteilung eines Aufenthaltstitels erfolgt nach der Verteilung durch die Behörde, bei der der Ausländer erstmals vorspricht. Die unmittelbar mögliche Abschiebung oder Zurückschiebung geht der Verteilung nach Absatz 1 Satz 1 vor. Deshalb sind Personen, die unmittelbar nach der Feststellung der unerlaubten Einreise in Abschiebungshaft genommen und unmittelbar aus der Haft abgeschoben werden oder unmittelbar nach der Feststellung der unerlaubten Einreise zurückgeschoben werden können, von der Verteilung ausgenommen. Ebenfalls von der Verteilung ausgenommen sind minderjährige Ausländer vor Vollendung des 16. Lebensjahres (vgl. Nummer 80.1 f.).

15a.1.1.2 Über die Verteilungsentscheidung nach § 15a Absatz 1 Satz 1 erhält der Ausländer für die Weiterreise an den Ort, dem er zugeteilt worden ist, eine Bescheinigung nach einem bundeseinheitlichen Muster. Die Bescheinigung lehnt sich an die im Asylverfahren ausgestellte Bescheinigung über die Meldung als Asylbegehrender an und wird vom Bundesamt für Migration und Flüchtlinge in Abstimmung mit dem Bundesministerium des Innern und den Ländern erarbeitet. Neben dieser Bescheinigung ist dem Ausländer ein schriftlicher Bescheid auszuhändigen. Nach geltender Rechtslage ist für diesen Verteilungsbescheid sowohl eine Begründung als auch eine Anhörung notwendig.

15a.1.1.3 Ein Ausländer gilt als verteilt i. S. d. Absatzes 1 Satz 1, sobald ihm der Bescheid über die Verteilungsentscheidung ausgehändigt wurde.

15a.1.1.4 Vor einer beabsichtigten Verteilung ist die Identität des betreffenden Ausländers gemäß § 49 Absatz 4 durch erkennungsdienstliche Maßnahmen zu sichern und eine Abfrage des Ausländerzentralregisters durchzuführen. Dadurch kann festgestellt werden, ob Gründe vorliegen, die eine Verteilung ausschließen. Zu diesen Gründen können z. B. zählen: Zuständigkeit einer anderen Ausländerbehörde, laufendes oder abgeschlossenes Asylverfahren, Fahndungstreffer. Die Zuständigkeit für die Durchführung der erkennungsdienstlichen Maßnahmen richtet sich nach § 71 Absatz 4 Satz 1 und 2. Vorrangig sollten die erkennungsdienstlichen Maßnahmen durch die Ausländerbehörden durchgeführt werden, da durch deren flächendeckende Präsenz eine schnelle und effiziente Durchführung gewährleistet wird. Soweit Ausländerbehörden nicht über die notwendige technische Ausrüstung verfügen, sollten Polizeibehörden um Amtshilfe ersucht werden. Denkbar sind auch gemeinsame erkennungsdienstliche Maßnahmen von Ausländer- und Polizeibehörden, da im Falle des § 15a regelmäßig auch die strafprozessualen Voraussetzungen für eine erkennungsdienstliche Behandlung gegeben sein dürften.

15a.1.2 Unerlaubt einreisende Ausländer haben keinen Anspruch darauf, sich in einem bestimmten Land oder an einem bestimmten Ort aufzuhalten. Absatz 1 Satz 2 stellt klar, dass kein Anspruch auf Verteilung in ein bestimmtes Land oder an einen bestimmten Ort besteht. Dies entspricht den für Asylbewerber (vgl. § 55 Absatz 1 Satz 2 AsylVfG) und Kriegs- und Bürgerkriegsflüchtlinge (vgl. § 24 Absatz 5 Satz 1) geltenden Bestimmungen. Ausländische Opfer von Menschenhandel und Personen, bei denen zumindest Anhaltspunkte dafür vorliegen, dass sie Opfer von Menschenhandel sind, sollen jedoch grundsätzlich nicht in Sammelunterkünften, sondern an sicheren und ihren Bedürfnissen entsprechenden sonstigen Orten untergebracht werden (vgl. Nummer 15 a.1.5.2).

15a.1.3 Nach Absatz 1 Satz 3 und 5 werden die auf Bundes- und Landesseite bei der Verteilung tätigen Behörden bestimmt, wobei jedes Land bis zu sieben Behörden bestimmen kann, die die Verteilung durch die zuständige Stelle veranlassen und verteilte Ausländer aufnehmen. Die Aufgabe der zentralen Verteilungsstelle übernimmt das Bundesamt für Migration und Flüchtlinge.

15a.1.4 Absatz 1 Satz 4 regelt die Aufnahmequoten. Diese entsprechen den Quoten nach § 45 AsylVfG, wenn für die unerlaubt einreisenden Ausländer kein abweichender Schlüssel festgelegt wird.

15a.1.5.1 Die gemeinsame Verteilung von Ehegatten und von Eltern und ihren minderjährigen ledigen Kindern wird durch die Regelung in Absatz 1 Satz 6 gewährleistet. Darüber hinaus sieht Absatz 1 Satz 6 vor, dass sonstige zwingende Gründe, die der Verteilung an einen bestimmten Ort entgegenstehen, ebenfalls bei der Verteilung zu berücksichtigen sind. Die genannten Gründe führen nicht zu einer Aussetzung der Abschiebung, sondern ermöglichen lediglich einen Wohnsitzwechsel. Im Interesse eines funktionierenden Verteilungsverfahrens – entsprechend den für die Verteilung von Asylbewerbern geltenden Grundsätzen – ist eine Berücksichtigung von Gründen, die einer Verteilung an einen bestimmten Ort entgegenstehen, allerdings nur unter der Voraussetzung möglich, dass der Ausländer sie vor der Entscheidung der Verteilung geltend macht.

Hierbei kommen z. B. in Betracht: Sicherstellung der Betreuung von pflegebedürftigen Verwandten in gerader Linie und von Geschwistern, Sicherstellung von Behandlungsmöglichkeiten für schwer erkrankte Personen und Schutz von Personen, die als Zeugen in einem Strafverfahren benötigt werden und zur Aussage bereit sind.

15a.1.5.2 Sowohl ausländische Opfer von Menschenhandel, insbesondere solche, die eine Aufenthaltserlaubnis nach § 25 Absatz 4a haben, als auch Personen, bei denen zumindest Anhaltspunkte dafür vorliegen, dass sie Opfer von Menschenhandel sind, die aber ihre Entscheidung über ihre Aussagebereitschaft noch nicht getroffen haben (vgl. § 50 Absatz 2a), sind nicht auf Sammelunterkünfte zu verteilen. Um dem Schutzbedürfnis dieser Personen ausreichend Rechnung zu tragen und ihre Bereitschaft zur Kooperation mit den Behörden zu fördern, soll vielmehr die zuständige Leistungsbehörde in Abstimmung mit der Strafverfolgungsbehörde und der betreuenden Fachberatungsstelle für einen geeigneten und sicheren Unterbringungsort wie z. B. eine Schutzwohnung oder eine von einer Fachberatungsstelle betriebene oder betreute Unterbringungseinrichtung sorgen. Entgegen dem Wortlaut des Absatzes 1 Satz 6 soll dies auch dann gelten, wenn diese Personen die Gründe, die einer Unterbringung in einer Sammelunterkunft entgegenstehen, nicht ausdrücklich geltend machen, die Behörden aber Kenntnis von dem besonderen Status der Personen haben.

1 AufenthG § 15a Erster Teil. Aufenthaltsgesetz

15a.2 Verpflichtung, sich zu der Verteilungsstelle zu begeben
Nach Absatz 2 können die Ausländerbehörden den Ausländer verpflichten, sich zu der Behörde zu begeben, die die Verteilung veranlasst.

15a.3 Aufnahmepflicht
Die Bestimmung eines Landes oder eines bestimmten Ortes in dem Land, in dem der Ausländer seinen Wohnsitz und seinen gewöhnlichen Aufenthalt zu nehmen hat, folgt den Regeln des Absatzes 3 Satz 1 bis 4. Falls hiernach eine länderübergreifende Verteilung stattfindet, sichern die Bestimmungen des Absatzes 4 die zügige Umsetzung der getroffenen Verteilungsentscheidung.

15a.4 Modalitäten der landesinternen Verteilung
Die Modalitäten der landesinternen Verteilung können die Länder gemäß Absatz 4 Satz 5 durch Rechtsverordnung oder Landesgesetz bestimmen. Um sicherzustellen, dass die Verteilung schnellstmöglich durchgeführt wird, bestimmen Satz 7 und 8, dass der Widerspruch gegen die Anordnung einer Verteilung nach Satz 1 ausgeschlossen ist (§ 68 Absatz 1 Satz 2, 1. Halbsatz VwGO) und der Klage keine aufschiebende Wirkung zukommt (§ 80 Absatz 2 Nummer 3 VwGO).

15a.5 Erlaubnis zum länderübergreifenden Wohnsitzwechsel
Absatz 5 trägt dem Umstand Rechnung, dass sich nach der Verteilung die Notwendigkeit einer „Umverteilung" ergeben kann. Wenn der Wohnsitz danach in ein anderes Land verlegt werden darf, wird der Ausländer von der Quote des abgebenden Landes abgezogen und der des aufnehmenden Landes angerechnet.

15a.6 Zeitlicher Anwendungsbereich
15a.6.1 Absatz 6 stellt klar, dass die Regelung keine Anwendung auf Personen findet, die sich vor In-Kraft-Treten des Gesetzes bereits in der Bundesrepublik Deutschland aufgehalten haben und nicht nach dem 31. Dezember 2004 wieder eingereist sind. Eine Verteilung findet auch dann nicht statt, wenn ein abgelehnter Asylbewerber, der nach dem 31. Dezember 2004 wieder einreist, einen Asylfolgeantrag stellt. War der Aufenthalt während des Asylverfahrens räumlich beschränkt, gelten nach § 71 Absatz 7 AsylVfG die letzten räumlichen Beschränkungen fort.
15a.6.2 Eine Verteilung nach § 15a erfolgt hingegen in den folgenden Fallkonstellationen:

- Ein illegal eingereister Ausländer reist nach dem 31. Dezember 2004 wieder ein. § 15a Absatz 6 unterscheidet nicht danach, ob der Ausländer erstmalig oder wieder eingereist ist.
- Ein abgelehnter Asylbewerber reist nach dem 31. Dezember 2004 wieder ein und stellt keinen Asylfolgeantrag. Mangels Asylfolgeantrag gelten etwaige räumliche Beschränkungen nicht gemäß § 71 Absatz 7 AsylVfG fort. Auch eine Fortgeltung nach § 51 Absatz 6 kommt nicht in Betracht, da es sich bei etwaigen räumlichen Beschränkungen um Entscheidungen vor Geltung des Aufenthaltsgesetzes gehandelt hat; § 102 Absatz 1 gilt jedoch nur für ausländerrechtliche Maßnahmen, nicht für asylrechtliche.
- Ein Ausländer, der zuvor seiner Ausreisepflicht nachgekommen ist, reist nach dem 31. Dezember 2004 wieder ein. Etwaige räumliche Beschränkungen sind gemäß § 44 Absatz 6 AuslG bzw. § 51 Absatz 6 erloschen.

Übersicht

	Rn.
I. Entstehungsgeschichte	1
II. Allgemeines	4
III. Verteilung	7
1. Personenkreis	7
2. Verteilungsverfahren	15
IV. Rechtsschutz	47

I. Entstehungsgeschichte

1   Die mit dem Zuwanderungsgesetz vom 30.7.2004[1] auf Beschlussempfehlung des Vermittlungsausschusses[2] eingeführte Regelung des § 15a geht auf einen Gesetzesantrag des Landes Nordrhein-Westfalen vom 31.10.2000 zurück[3], der zum Ziel hatte, die bis dahin bestehende Regelungslücke zu schließen, welche für unerlaubt eingereiste Ausländer bestand, die keinen Asylantrag gestellt hatten[4]. Der als § 56 AuslG vorgeschlagene Entwurf orientierte sich ausweislich seiner Begründung[5] an den für die Verteilung von Asylbewerber geltenden Vorschriften. Als Motiv für die Gesetzesänderung wird neben der Schaffung einer quotengerechten Rechtsgrundlage für unerlaubt eingereiste Ausländer, die von der Verteilungsregelung des AsylVfG nicht erfasst würden, die Dringlichkeit des Handlungsbedarfs wegen des erheblichen Finanzvolumens genannt.

2   Die zunächst als § 56a V AuslG geplante Neuregelung sah insoweit vor, dass Ausländer mit Erlaubnis „der zuständigen Behörde" nach der Verteilungsentscheidung Wohnsitz in einem anderen Land nehmen konnten. In der Entwurfsbegründung heißt es hierzu: „Abs 5 trägt dem Umstand Rechnung, dass sich nach der Verteilungsentscheidung die Notwendigkeit einer ‚Umverteilung' ergeben kann. Die möglichen Gründe für die von der zuständigen Behörde des aufnehmenden Landes im Einvernehmen mit der zuständigen Behörde des abgebenden Landes zu treffende Entscheidung sind

---

[1] BGBl. 2004 I S. 1950.
[2] BT-Drs. 15/3479, 3, BR-Drs. 921/01, 21 f.; 22/1/03, 13.
[3] BR Drs. 706/00.
[4] BR-Drs. 706/00, 4.
[5] BR-Drs. 706/00, 5.

in § 51 I AsylVfG benannt"[6]. Ein Verzicht auf eine Verteilungsregelung würde zu deutlich spürbaren Lastenverschiebungen zwischen den Ländern führen[7]. Der vom Bundesrat beschlossene Gesetzesentwurf wurde von diesem im Februar 2001 unverändert in den Bundestag eingebracht[8]. Circa ein Jahr später brachte die Bundesregierung – als Teil des Entwurfs des Zuwanderungsgesetzes – unter Bezugnahme auf § 56a AuslG sowie zwischenzeitlich in die Diskussion eingebrachte Anregungen zu einer Änderung den Entwurf als § 15a in den Bundestag ein[9].

Die Vorschrift wurde während des **Vermittlungsverfahrens** eingefügt[10]. Sie war bereits Gegenstand der Beratungen des Bundestag-Innenausschusses aufgrund eines Gesetzesbeschlusses des Bundesrats[11] gewesen, hatte dort aber keine Mehrheit gefunden[12]. Sie hatte keinen Vorgänger im AuslG. MWv 18.3.2005 wurde Abs. 4a neu gefasst[13]. 3

II. Allgemeines

Ein Verteilungsverfahren für unerlaubt eingereiste Ausländer gab es bis Ende 2004 nicht. Seit langem 4 bestehen Verteilungsverfahren für Asylbewerber (§§ 51, 52 AsylG) und für Spätaussiedler (§§ 8, 28 BVFG). Hinzugekommen ist die Verteilung der nach § 24 aufgenommenen Flüchtlinge. Gegenüber anderen Ausländern als Asylbewerbern gab es früher auch keine sonstigen Möglichkeiten, ihren Wohnort so festzulegen, dass die Bundesländer nur eine ihrer Leistungskraft entsprechend Anzahl aufnehmen mussten[14]. Mit der Verteilung sollen die finanziellen **Belastungen,** die aufgrund des Aufenthalts unerlaubt eingereister Personen entstehen, **gleichmäßig verteilt** werden. Durch das AsylVfBeschlG 2015 wurde in § 15a III 3 und 4, IV 5 das Wort „Asylverfahrensgesetzes" durch „Asylgesetzes" ersetzt.

§ 15a dient der Bestimmung der zuständig Ausländerbehörde[15]. Die Verteilung findet 5 deshalb vor der Entscheidung über die Aussetzung der Abschiebung oder die Erteilung einer Aufenthaltserlaubnis statt (§ 15a I 1)[16].

Es bedarf eines Verteilungsverfahrens auch dann, wenn der Ausländer vor der Verteilung nachweist, 6 dass eine Haushaltsgemeinschaft zwischen Ehegatten oder Eltern und ihren minderjährigen Kindern oder sonstige zwingende Gründe bestehen, die einer Verteilung an einen bestimmten Ort entgegenstehen. Diesen Umständen ist gem. § 15a I 6 bei der Verteilung Rechnung zu tragen. Sie führen jedoch nicht dazu, dass ein Verteilungsverfahren gar nicht durchzuführen wäre[17].

III. Verteilung

1. Personenkreis

Der Personenkreis setzt sich aus den Ausländern zusammen, die iSd § 14 I **unerlaubt eingereist** 7 sind und die weder um Asyl nachsuchen noch unmittelbar nach der Feststellung der unerlaubten Einreise in Abschiebungshaft genommen und aus der Haft abgeschoben oder zurückgeschoben werden können[18]. Ausgenommen sind zunächst Personen, die nachweislich vor Januar 2005 eingereist sind. Nicht betroffen sind außerdem Ausländer, die um Asyl nachsuchen oder unmittelbar in Abschiebungshaft genommen werden. Nicht erfasst sind auch Flüchtlinge nach § 24, denn sie werden aufgenommen und erhalten eine Aufenthaltserlaubnis. Abschiebung und Zurückschiebung gehen vor. Die Ausländerbehörde des Aufenthaltsorts hat zunächst die Identität und den Status (unter Umständen als Asylbewerber oder zur Fahndung ausgeschriebener Ausländer) festzustellen. Sie darf weder einen Aufenthaltstitel erteilen noch die Abschiebung aussetzen. Vor der Verteilung sollen diese Maßnahmen ausdrücklich nicht getroffen werden. Nach Erteilung eines Aufenthaltstitels durch die später zuständige Ausländerbehörde scheiden sie aus dem Verteilungsverfahren aus.

Der klare Wortlaut des § 15a, der der Auslegung Grenzen setzt, schließt eine unmittelbare Anwen- 8 dung der Norm auf Ausländer, die nicht „eingereist" sind, sondern sich seit ihrer **Geburt** durchgängig im Bundesgebiet aufhalten, aus[19]. § 15a kann auch nicht analog auf im Bundesgebiet geborene und

---

[6] BT-Drs. 14/5266, 7.
[7] Vgl. BT-Drs. 14/5266, 6.
[8] BT-Drs. 14/5266.
[9] BT-Drs. 14/7987, 8 f.
[10] BT-Drs. 15/3479, 3.
[11] BR-Drs. 706/00.
[12] BT-Drs. 15/955, 10 f.
[13] Art. 1 Nr. 2 ÄndGes v. 14.3.2005, BGBl. I S. 721.
[14] Zu Verteilungsversuchen vgl. *Müller* ZAR 2001, 166; *Welte* ZAR 2001, 19; BayVGH Beschl. v. 16.2.2000 – 10 CS 99.3290, EZAR 045 Nr. 14; VGH BW Beschl. v. 26.7.2000 – 13 S 3017/00, EZAR 045 Nr. 13; OVG NRW Beschl. v. 26.5.2000 – 18 B 228/00, EZAR 045 Nr. 15.
[15] OVG Brem Beschl. v. 7.6.2018 – 1 B 92/18 Rn. 3.
[16] OVG Brem Beschl. v. 6.4.2018 – 1 B 33/18 Rn. 11; Beschl. v. 2.3.2017 – 1 B 331/16 Rn. 16; OVG NRW Beschl. v. 7.1.2015 – 18 B 76/15; Beschl. v. 25.1.2018 – 18 B 1537/17 Rn. 3.
[17] OVG NRW Beschl. v. 25.1.2018 – 18 B 1537/17 Rn. 4.
[18] OVG Brem Beschl. v. 18.12.2018 – 1 B 148/18 Rn. 9.
[19] OVG Brem Beschl. v. 8.7.2021 – 2 B 174/21 Rn. 11.

sich seither durchgängig hier aufhaltende minderjährige Kinder von Eltern, die der Verteilung unterliegen, angewandt werden[20]. Der Umstand, dass das Kind nicht der Verteilung unterliegt, hindert die Verteilung der übrigen Familienmitglieder in der Regel nicht. Eine nach Art. 6 GG und Art. 8 EMRK unzumutbare Trennung der Familie, die es gebieten würde, von der Verteilung aufgrund eines zwingenden Grundes iSd § 15a 6 abzusehen, droht nicht[21]. Das Kind ist nicht darin gehindert, seinen Eltern an den Zielort der Verteilung zu folgen[22].

9   **Unbegleitete minderjährige Ausländer unterliegen, solange sie von den Jugendämtern (vorläufig) in Obhut genommen werden, nicht der Verteilung nach § 15a I 1,** da für diese im Hinblick auf die Verteilung der Vorrang des Jugendhilferechts und der dort in §§ 42b ff. SGB VIII geregelten Verteilungsvorschriften gelten[23]. Dies ist Folge der Primärzuständigkeit der Kinder- und Jugendhilfe für diese Personengruppe[24].

10 Erfolgt die Inobhutnahme nicht nur – gemäß § 42a SGB VIII – vorläufig, sondern gemäß § 42 SGB VIII, führt dies in Folge der damit regelmäßig verbundenen vorläufigen Unterbringung nach § 42 I 2 SGB VIII für den Ausländer zur Begründung eines gewöhnlichen Aufenthalts, der die örtliche Zuständigkeit der Ausländerbehörde für die Erteilung eines Aufenthaltstitels oder einer Duldung bestimmt[25]. Das Jugendamt hat insoweit das Recht und die Pflicht, den Aufenthalt des Minderjährigen zu bestimmen[26]. Diese am Minderjährigenschutz orientierte Befugnis geht den – ebenfalls der Aufenthaltsbestimmung dienenden – Befugnissen nach § 15a vor[27].

11 **Endet eine Inobhutnahme nach § 42 SGB VIII dadurch, dass der betroffene Jugendliche volljährig wird, auch ohne dass ihm bisher eine Aufenthaltserlaubnis oder eine Duldung erteilt wurde, ist kein Verteilungsverfahren nach § 15a mehr durchzuführen.** Zwar ist die Inobhutnahme nicht als ein die Verteilung nach dieser Vorschrift ausschließendes Tatbestandsmerkmal gesetzlich benannt. Dem mit der Verteilung nach § 15a verfolgten Interesse, eine gleichmäßige Verteilung der aufgrund von unerlaubt eingereisten Ausländern hervorgerufenen Lasten zu erreichen, ist mit dem einer Inobhutnahme regelmäßig vorausgehenden jugendhilferechtlichen Verteilungsverfahren jedoch bereits Genüge getan. Auch dieses sieht eine Verteilung, orientiert am Königsteiner Schlüssel, (§ 42c I SGB VIII) vor.

12 Der Inobhutnahme von unbegleiteten ausländischen Minderjährigen gemäß § 42 I 1 Nr. 3 SGB VIII geht nach der gesetzlichen Konzeption zwingend eine **vorläufige Inobhutnahme gemäß § 42a SGB VIII** voraus, während derer das Jugendamt die Minderjährigkeit des Ausländers in einem Verfahren nach § 42f SGB VIII festzustellen und über die Anmeldung des Kindes oder Jugendlichen zur Verteilung oder den Ausschluss der Verteilung zu entscheiden hat (§ 42a II 2 SGB VIII). Die gesetzliche Regelung geht damit davon aus, dass im Zeitpunkt der Inobhutnahme nach § 42 I 1 Nr. 3 SGB VIII sowohl eine die Minderjährigkeit bestätigende Altersfeststellung nach § 42f SGB VIII getroffen wurde, als auch eine Verteilung entweder bereits vollzogen oder über deren Ausschluss entschieden ist. Dem Interesse an einer gleichmäßigen Lastenverteilung wird auch in denjenigen Fällen Rechnung getragen, in denen im jugendhilferechtlichen Verfahren eine Verteilung ausgeschlossen ist, weil gem. § 42c II SGB VIII auch nichtverteilte Minderjährige auf die Quote angerechnet werden.

13 Wird eine jugendhilferechtliche vorläufige Inobhutnahme nicht durchgeführt, weil das Jugendamt aufgrund der Einsicht in die Ausweispapiere oder nach einer qualifizierten Inaugenscheinnahme nach § 42f SGB VIII nicht von der Volljährigkeit des Ausländers ausging, lebt die vorrangige Zuständigkeit des Jugendhilfeträgers auch nicht mehr nachträglich auf, wenn die Minderjährigkeit nachträglich festgestellt wird[28]. Denn die Zuständigkeit des Jugendamts nach § 88a SGB VIII findet lediglich auf minderjährige Ausländer Anwendung[29].

14 Das Ergebnis einer jugendhilferechtlichen Altersfeststellung nach § 42f SGB VIII bindet die Ausländerbehörde nicht[30]. Eine solche **Tatbestandswirkung** ist in § 42f SGB VIII idF des Gesetzes zur Verbesserung der Unterbringung, Versorgung und Betreuung ausländischer Kinder und Jugendlicher vom 28.10.2015[31] nicht aufgenommen worden, obwohl der Bundesrat dies angeregt hatte[32]. Dies hindert die Ausländerbehörde nicht, die im jugendhilferechtlichen Altersfeststellungsverfahren gewon-

---

[20] OVG Brem Beschl. v. 8.7.2021 – 2 B 174/21 Rn. 12.
[21] OVG Brem Beschl. v. 8.7.2021 – 2 B 174/21 Rn. 13.
[22] OVG Brem Beschl. v. 8.7.2021 – 2 B 174/21 Rn. 13.
[23] OVG Brem Beschl. v. 18.12.2018 – 1 B 148/18 Rn. 9; Beschl. v. 27.7.2018 – 1 B 140/18 und Beschl. v. 7.6.2018 – 1 B 92/18 Rn. 11.
[24] OVG Brem Beschl. v. 7.6.2018 – 1 B 92/18 Rn. 11.
[25] OVG Brem Beschl. v. 18.12.2018 – 1 B 148/18 Rn. 9.
[26] OVG Brem Beschl. v. 18.12.2018 – 1 B 148/18 Rn. 9.
[27] OVG Brem Beschl. v. 18.12.2018 – 1 B 148/18 Rn. 9.
[28] OVG Brem Beschl. v. 7.6.2018 – 1 B 92/18 Rn. 15.
[29] OVG Brem Beschl. v. 7.6.2018 – 1 B 92/18 Rn. 17 f.
[30] OVG Brem Beschl. v. 2.3.2017 – 1 B 331/16, Ls. 1; VG Brem Beschl. v. 19.11.2018 – 4 V 2213/18 Rn. 13.
[31] BGBl. 2015 I S. 1802.
[32] Vgl. hierzu die Beschlussempfehlung und den Bericht des Ausschusses für Familien, Senioren, Frauen und Jugend des Deutschen Bundestags v. 14.10.2015, BT-Drs. 18/6392, 20.

nenen Erkenntnisse jenseits formaler Bindungen auch im aufenthaltsrechtlichen Verfahren zu berücksichtigen.

2. Verteilungsverfahren

Nach § 15a folgt die Verteilung einem komplexen, allein durch die Quotenberechnung der zentralen Verteilungsstelle gesteuerten System[33]. Der Gesetzgeber ist iRd § 15a davon ausgegangen, dass der Erstkontakt des zu verteilenden Ausländers mit der Ausländerbehörde erfolgt. Diese hat den Ausländer anzuhören[34] und das Ergebnis der Anhörung an die die Verteilung veranlassende Stelle zu übermitteln (§ 15a IV 2), deren Bestimmung nach § 15 I 5 durch das jeweilige Bundesland erfolgt. Der **Anhörung** kommt besondere Bedeutung zu, um dem Ausländer effektiv Gelegenheit zu geben, etwaige zwingende Gründe, die gegen eine Verteilung sprechen, vorzubringen[35]. Nach Maßgabe von § 15a II können die Ausländerbehörden die Ausländer verpflichten, sich zu dieser Stelle zu begeben. Der Gesetzeswortlaut räumt für die Verpflichtung nach § 15a II Ermessen ein[36]. 15

Die von der Ausländerbehörde getroffene Feststellung, dass einer Verteilung keine Gründe nach § 15a I 6 entgegenstehen, findet ihre Rechtsgrundlage in § 15a II[37]. Die entsprechende Prüfung ist rechtlich gebunden; das Nichtvorliegen der Ausnahmevoraussetzungen ist tatbestandliche Voraussetzung für das Ergehen einer Vorspracheverpflichtung. Insoweit kommt der Prüfung durch die Ausländerbehörde für das weitere Verteilungsverfahren eine Filterfunktion zu[38]. Die Entscheidung nach § 15a II enthält tatbestandlich die Feststellung, dass die Ausnahmevoraussetzungen des § 15a I 6 nicht vorliegen. Hieran knüpft das Gesetz als Rechtsfolge, dass der Ausländer verpflichtet werden kann, sich zu der Behörde zu begeben, die die Verteilung veranlasst, dh zur zuständigen Landesbehörde[39]. 16

Für die Ausländerbehörde, mit der in der Regel der Erstkontakt des zu verteilenden Ausländers erfolgt, ist das Vorliegen zwingender Gründe iSv § 15a I 6 daher nur insoweit von Bedeutung, als dies deren Befugnis ausschließt, den Ausländer nach § 15a II 1 zu verpflichten, sich zu der Behörde zu begeben, die die Verteilung veranlasst (§ 15a II 2). **Aus dieser Regelung folgt aber nicht, dass die Ausländerbehörde für das weitere Verteilungsverfahren abschließend über das Vorliegen dementsprechender zwingender Gründe zu entscheiden hätte** mit der Folge, dass – bei Vorliegen von Gründen, die einer Verteilung an einen anderen als den bisherigen Aufenthaltsort dauerhaft entgegenstehen – kein (weiteres) Verteilungsverfahren mehr durchzuführen wäre[40]. Vielmehr hat die Ausländerbehörde bei Vorliegen der Voraussetzungen des § 15a I 1 das Ergebnis der durchzuführenden Anhörung des Ausländers in jedem Fall der die Verteilung veranlassenden Stelle zu übermitteln (§ 15a IV 2). 17

Im Verteilungsverfahren des § 15a ist demnach die Ausländerbehörde für die Anhörung des Betreffenden – insbesondere dazu, ob zwingende Gründe im Sinne des § 15a I 6 entgegenstehen – zuständig, ohne dass sie eine abschließende Entscheidung in Form eines selbstständig anfechtbaren Verwaltungsaktes zu treffen hat[41]. Wenn die Ausländerbehörde das Anhörungsergebnis übermittelt, muss sichergestellt sein, dass alle wesentlichen Ergebnisse derart in den Willensbildungs- und Entscheidungsprozess der Verteilungsbehörde einfließen, dass sie adäquate Berücksichtigung finden können[42]. 18

In den Fällen, in denen unerlaubt eingereiste Personen Gründe iSd § 15 I 6 nachweisen können und daher im Bereich der meldenden Ausländerbehörde verbleiben, teilt die von der Ausländerbehörde informierte zentrale Landesbehörde dem Bundesamt die Zahl der Personen und weitere Daten mit, um sie auf die – nach dem „Königsteiner Schlüssel" festgelegte – Quote des aufnehmenden Landes anrechnen zu lassen[43]. **Die Ausländer werden sodann landesintern dem Bezirk der meldenden Ausländerbehörde zugewiesen und auf die Quote der aufnehmenden Gemeinde angerechnet**[44]. 19

Das Land ist zur Aufnahme auch dann verpflichtet, wenn seine Aufnahmequote erschöpft ist[45]. In diesem Fall werden diese Personen auf die Länder- oder Gemeindequote angerechnet, auch wenn dies nicht ausdrücklich gesetzlich bestimmt ist[46]. 20

---

[33] HmbOVG Beschl. v. 10.3.2016 – 4 Bs 3/16, InfAuslR 2016, 287 Rn. 21.
[34] VG Saarl Beschl. v. 1.12.2015 – 6 L 882/15 Rn. 10.
[35] VG Saarl Beschl. v. 1.12.2015 – 6 L 882/15 Rn. 10 zu den Grenzen der Heilung von Anhörungsmängeln.
[36] BVerwG Beschl. v. 22.8.2016 – 1 V 44.16 Rn. 7.
[37] OVG Brem Beschl. v. 28.11.2017 – 181/17 Rn. 5.
[38] OVG Brem Beschl. v. 28.11.2017 – 181/17 Rn. 5, Beschl. v. 25.6.2014 – 1 B 30/14 Rn. 5.
[39] OVG Brem Beschl. v. 28.11.2017 – 1 B 181/17 Rn. 11.
[40] OVG NRW Beschl. v. 25.1.2018 – 18 B 1537/17 Rn. 9; OVG Brem Beschl. v. 23.6.2021 – 2 B 203/21 – Rn. 10 f. unter Aufgabe der bisherigen Rspr. Beschl. v. 25.6.2014 – 1 B 30/14 Rn. 5; Beschl. v. 17.3.2017 – 1 B 33/17 Rn. 8.
[41] OVG Brem Beschl. v. 12.10.2021 – 2 LA 332/21 Rn. 20; Beschl. v. 23.6.2021 – 2 B 203/21 Rn. 16.
[42] OVG Brem Beschl. v. 12.10.2021 – 2 LA 332/21 Rn. 20.
[43] OVG NRW Beschl. v. 25.1.2018 – 18 B 1537/17 Rn. 9.
[44] OVG NRW Beschl. v. 25.1.2018 – 18 B 1537/17 Rn. 9.
[45] OVG Brem Beschl. v. 10.3.2016 – 4 Bs 3/16, InfAuslR 2016, 287 Rn. 23.
[46] HmbOVG Beschl. v. 10.3.2016 – 4 Bs 3/16, InfAuslR 2016, 287 Rn. 23; vgl. BT-Drs. 14/5266, 6: „Buchung über Quote".

21 Dass die für das Verteilungsverfahren maßgebliche Entscheidung über das Vorliegen der Voraussetzungen des § 15a I 6 nicht schon von der Ausländerbehörde getroffen wird, wird durch den Umstand bestätigt, dass den zwingenden Gründen bei der Verteilung Rechnung zu tragen ist, sofern sie vor Veranlassung der Verteilung nachgewiesen werden[47]. Dies spricht dafür, dass die maßgebliche Prüfung der Voraussetzungen des § 15a I 6 jedenfalls nicht durch die Ausländerbehörde zu erfolgen hat, die in diesem Stadium mit dem Verfahren nicht mehr befasst ist. Würde die Entscheidungskompetenz der Ausländerbehörde obliegen, so hätte die die Verteilung veranlassende Stelle das Verfahren an die Ausländerbehörde zurückzureichen, falls zwingende Gründe erst nach der Weiterleitung des Vorgangs geltend gemacht werden[48]. Derartige Verzögerungen widersprechen dem Ziel des Gesetzgebers, das Verteilungsverfahren zu beschleunigen[49].

22 Die in der Rspr. verwendete Formulierung, bei Vorliegen entsprechender Gründe nach § 15a I 6 seien die betreffenden Personen „aus dem Verteilungsverfahren herauszunehmen"[50], ist deshalb idS zutreffend, dass ggf. eine länderübergreifende Verteilung zu unterbleiben hat bzw. nur in einer bestimmten Weise erfolgen darf[51]. Das länderübergreifende Verteilungsverfahren wird aber jedenfalls bis zu dem Zeitpunkt durchgeführt, in dem die Entscheidung getroffen wird, dass der Ausländer in dem Bundesland verbleibt, in dem er sich bislang aufgehalten hat. Bis dahin kommt die Erteilung einer Duldung deshalb für Ausländer, die die Voraussetzungen des § 15a I 1 erfüllen, nicht in Betracht[52].

23 Persönliche Umstände können nur beschränkt berücksichtigt werden. Zwingende Gründe, die für eine anderweitige Verteilung sprechen, sind anders als nach § 46 AsylG zu berücksichtigen, va eine bereits bestehende Haushaltsgemeinschaft mit Ehegatten, minderjährigen Kindern oder Eltern. Der im Vordergrund stehende Gesetzeszweck einer gerechten Verteilung der Lasten auf alle Bundesländer führt dazu, dass persönliche Umstände nur beschränkt berücksichtigt werden können[53].

24 **Zwingende Gründe liegen im Allgemeinen nur dann vor, wenn eine Verteilung nach § 15a zu ähnlich gewichtigen Nachteilen führt, wie sie im Fall eines bei einem in Art. 6 I GG, Art. 8 I EMRK eingreifenden Auseinanderreißens einer ehelichen oder familiären Gemeinschaft entstehen würden**[54].

25 **Ein sonstiger zwingender Grund müsste von seinem Gewicht vergleichbar sein mit dem gesetzlich genannten Grund, dem Zerreißen einer Haushaltsgemeinschaft zwischen Ehegatten oder zwischen Eltern und ihren minderjährigen Kindern**[55].

26 Das Vorliegen eines solchen Grundes ist vom betreffenden Ausländer nachzuweisen[56]. Er hat den maßgeblichen Sachverhalt so zu unterbreiten, dass die zuständige Behörde grundsätzlich keine eigenen Ermittlungen mehr anzustellen braucht[57].

27 Das Verhältnis zwischen Eltern und volljährigen Kindern kann einen zwingenden Grund iSv § 15a I 6 allenfalls dann darstellen, wenn das volljährige Kind oder die Eltern auf die Lebenshilfe des jeweils anderen Familienteils an einem bestimmten Ort angewiesen sind[58].

28 Die Sicherstellung der Betreuung pflegebedürftiger Verwandter ist als zwingender Grund iSd § 15a I 6 anerkannt[59]. Lebt ein illegal eingereister Ausländer mit einem minderjährigen Kind zusammen, das aufgrund der Vaterschaftsanerkennung durch einen deutschen Staatsangehörigen die deutsche Staatsangehörigkeit besitzt, schließt dies die Verteilung nach § 15a I nicht aus, wenn zwischen Vater und Kind keine nennenswerten Kontakte bestehen[60].

29 Dem Umgang von nicht sorgeberechtigten Eltern mit ihren minderjährigen Kindern kommt – jedenfalls im Grundsatz – kein vergleichbares rechtliches Gewicht wie den ausdrücklich normierten Gründen zu[61]. Zwar fällt die Ausübung des Umgangsrechts auch in den Schutzbereich des Art. 6 GG[62]. Insbesondere im Hinblick auf die aufenthaltsrechtlichen Folgen wird dem alleinigen Umgangsrecht im Aufenthaltsrecht ein geringeres Gewicht beigemessen als der Ausübung des Sorgerechts oder gar die bestehende Haushaltsgemeinschaft zwischen Kindern und ihren sorgeberechtigten Eltern[63]. Während § 28 I 1 Nr. 3 und S. 2 dem sorgeberechtigten Elternteil eines minderjährigen

---

[47] OVG NRW Beschl. v. 25.1.2018 – 18 B 1537/17 Rn. 11.
[48] OVG NRW Beschl. v. 25.1.2018 – 18 B 1537/17 Rn. 11.
[49] OVG NRW Beschl. v. 25.1.2018 – 18 B 1537/17 Rn. 11.
[50] BVerwG Beschl. v. 22.8.2016 – 1 V 44.16 Rn. 7.
[51] OVG NRW Beschl. v. 25.1.2018 – 18 B 1537/17 Rn. 15.
[52] OVG NRW Beschl. v. 25.1.2018 – 18 B 1537/17 Rn. 15.
[53] OVG Bln-Bbg Urt. v. 8.12.2015 – OVG 3 B 4.15 Rn. 25.
[54] OVG Bln-Bbg Urt. v. 8.12.2015 – OVG 3 B 4.15 Rn. 25; OVG Brem Beschl. v. 5.12.2017 – 1 B 196/17 Rn. 4; Beschl. v. 6.4.2018 – 1 B 33/18 Rn. 8.
[55] OVG Brem Beschl. v. 5.12.2017 – 1 B 196/17 Rn. 4.
[56] OVG Brem Beschl. v. 5.12.2017 – 1 B 196/17 Rn. 4.
[57] OVG Brem Beschl. v. 5.12.2017 – 1 B 196/17 Rn. 4; OVG NRW Beschl. v. 22.7.2014 – 18 B 695/14 Rn. 13.
[58] OVG Brem Beschl. v. 5.12.2017 – 1 B 196/17 Rn. 4; OVG NRW Beschl. v. 22.7.2014 – 18 B 695/14 Rn. 16.
[59] VG Saarl Beschl. v. 1.12.2015 – 6 L 882/15 Rn. 13.
[60] HmbOVG Beschl. v. 27.8.2015 – 1 Bs 159/15, InfAuslR 2016, 196 Rn. 10.
[61] OVG Brem Beschl. v. 6.4.2018 – 1 B 33/18 Rn. 8.
[62] Vgl. BVerfG Beschl. v. 8.12.2005 – 2 BvR 1001/04, FamRZ 2006, 187.
[63] OVG Brem Beschl. v. 6.4.2018 – 1 B 33/18 Rn. 8.

Deutschen zur Ausübung der Personensorge einen zwingenden Anspruch auf Erteilung einer Aufenthaltserlaubnis auch dann zuspricht, wenn der Lebensunterhalt nicht gesichert ist, steht die Entscheidung über die Erteilung der Aufenthaltserlaubnis an den nicht sorgeberechtigten Elternteil nach § 28 I 4 im Ermessen der Behörde.

Ist ein deutsches Kind von der Verteilung betroffen, so ist zudem die **Freizügigkeit nach Art. 11 GG** zu beachten. Das Grundrecht schützt auch das Recht, an jedem Ort innerhalb des Bundesgebiets Aufenthalt und Wohnsitz zu nehmen[64]. Doch ergeben sich für Minderjährige Beschränkungen aus Art. 6 II GG und dem dort verankerten elterlichen Sorgerecht als kollidierendem Verfassungsrecht[65]. Das elterliche Sorgerecht umfasst als Bestandteil der Personensorge nach §§ 1626 I 2, 1631 I BGB auch das Aufenthaltsbestimmungsrecht für minderjährige Kinder. Muss das Kind einem sorgeberechtigten Elternteil folgen, so liegt daher nur ein faktischer Grundrechtseingriff in Art. 11 GG vor, der bei der Entscheidung über das Vorliegen eines sonstigen zwingenden Grundes zu beachten ist. Erheblich ist dieser Grundrechtseingriff nur, wenn dem Kind ein Leben an dem Zuweisungsort unzumutbar ist[66]. 30

Die einzelfallbezogene Abwägung mit dem durch § 15a I geschützten öffentlichen Interesse an einer gleichmäßigen Verteilung der durch den Aufenthalt unerlaubt eingereister Personen entstehenden finanziellen Lasten kann ausnahmsweise hinter der infolge einer Verteilung drohenden Verschlechterung der psychischen Gesundheit des Ausländers zurücktreten.[67] 31

Integrationsbemühungen wie die Mitgliedschaft in einem Fußballverein sowie der Besuch eines Deutschkurses und eines Berufsbildungsprojekts in Berlin begründen nicht die Annahme eines zwingenden Grundes iSv § 15a I 6[68]. **Zwingende Gründe sind vor der Verteilung geltend zu machen;** danach können sie für die Verteilung nur noch im Rahmen der länderübergreifenden Verteilung nach Abs. 5 berücksichtigt werden. Ist der Ausländer aufgrund Anordnung der aufschiebenden Wirkung nicht verpflichtet, der Verteilung nachzukommen, so hat er auch vor der Verteilung – entgegen der Regelung des § 15a I 1 – Anspruch auf Ausstellung einer Duldung. Die tatsächliche Hinnahme des Aufenthalts außerhalb einer förmlichen Duldung sieht das AufenthG grundsätzlich nicht vor; der in § 15a I 1 angelegte Ausnahmefall gilt nur für kurze Zeiträume. 32

Liegt kein Fall des § 15a I 6 vor, veranlassen die nach Landesrecht bestimmten zentralen Behörden die Verteilung der Ausländer auf die anderen Länder. Sie meldet die von den Ausländerbehörde weitergeleiteten oder gemeldeten Personen unter Berücksichtigung der in § 15a IV 2 und 3 beschriebenen Bedingungen bei der zentralen Verteilungsstelle zur Verteilung an. Von diesen Bestimmungen des Verwaltungsverfahrens nach § 105a kann durch Landesrecht abgewichen werden. 33

Die Verteilung des Ausländers auf eines der Bundesländer erfolgt sodann nach § 15a I 3 durch das Bundesamt für Migration und Flüchtlinge (BAMF) als der vom IM bestimmten **zentralen Verteilungsstelle**[69]. Das BAMF benennt der die Verteilung veranlassenden Stelle gemäß § 15a III 1 die nach Abs. 3 S. 2 und 3 zur Aufnahme verpflichtete Aufnahmeeinrichtung. Insoweit wird danach differenziert, ob das Land, dessen Behörde die Verteilung veranlasst hat, seine Aufnahmequote erfüllt hat oder nicht. Ist diese nach den Feststellungen des BAMF nicht erfüllt, so ist die der die Verteilung veranlassenen Behörde nächstgelegene aufnahmefähige Aufnahmeeinrichtung des Landes aufnahmepflichtig (§ 15a III 2). Hat das Land seine Aufnahmequote bereits erfüllt, ist die vom BAMF aufgrund der Aufnahmequote bestimmte Aufnahmeeinrichtung eines anderen Landes zur Aufnahme verpflichtet (§ 15a III 3). 34

Die Auswahl, welcher Ausländer auf welche Aufnahmeeinrichtung verteilt wird, wird vom BAMF aufgrund eines komplexen, allein durch die Berechnung von Aufnahmequoten für die einzelnen Bundesländer gesteuerten Systems getroffen[70]. Auch insoweit wird kein Ermessen ausgeübt[71]. Die Steuerung der Verteilung unerlaubt eingereister Ausländer nach objektiven, vorbehaltlich des § 15a I 6 von subjektiv rechtlichen Ansprüchen freien (§ 15a I 2) Kriterien (Quoten) und ohne Ausübung von Ermessen dient auch dem gesetzgeberischen Ziel der Herstellung einer gerechten Lastenverteilung unter den Bundesländern[72]. 35

Der **Maßstab** der Verteilung stimmt mit dem für Asylbewerber überein (Königsteiner Schlüssel nach § 45 AsylG), solange die Länder keine anderen Quoten festlegen. Der Ausländer hat kein Recht auf einen bestimmten Aufenthaltsort oder ein bestimmtes Bundesland. Die Einhaltung des Schlüssels 36

---

[64] Vgl. BVerfG Beschl. v. 15.8.1996 – 2 BvR 1075/96 Rn. 16.
[65] Vgl. BVerfG Beschl. v. 15.8.1996 – 2 BvR 1075/96 Rn. 16.
[66] OVG NRW Beschl. v. 17.3.2017 – 18 B 267/17 Rn. 5 ff.; weitergehend wohl OVG Brem Beschl. v. 8.3.2013 – 1 B 13/13 Rn. 5.
[67] OVG Brem Beschl. v. 27.10.2021 – 2 B 322/21 Rn. 10; Beschl. v. 16.11.2020 – 2 B 254/20 Rn. 11; OVG NRW Beschl. v. 10.11.2020 – 18 B 322/20 Rn. 9 ff.
[68] OVG Bln-Bbg Urt. v. 8.12.2015 – OVG 3 B 4.15 Rn. 28.
[69] HmbOVG Beschl. v. 10.3.2016 – 4 Bs 3/16, InfAuslR 2016, 287 Rn. 21.
[70] Hierzu im Einzelnen HmbOVG Beschl. v. 10.3.2016 – 4 Bs 3/16 Rn. 21.
[71] Unzutreffend insoweit HessVGH Beschl. v. 30.3.2006 – 3 TG 556/06, InfAuslR 2006, 362.
[72] Vgl. die Begründung des BT-InnenA v. 7.5.2003, der die Einfügung des § 15a AufenthG vorgeschlagen hat – BT-Drs. 15/955, 10 f.

Dienelt

und der Landesquote geht jedenfalls zunächst persönlichen Belangen grundsätzlich vor. Die Aufnahmepflicht des Landes richtet sich allein nach der Quote.

37 **Die Benennung der zuständigen Aufnahmeeinrichtung durch das BAMF (§ 15a III 1) ist ein Verwaltungsinternum und damit kein dem Ausländer gegenüber bekanntzugebender Verwaltungsakt**[73]. Die Regelung sieht vor, dass die zentrale Verteilungsstelle der Behörde, die die Verteilung veranlasst hat, die nach den S. 2 und 3 zur Aufnahme verpflichtete Aufnahmeeinrichtung benennt. Diese „Benennung" ist ein intrabehördlicher Vorgang, der die adressierte Behörde bindet, jedoch als reines Verwaltungsinternum keine unmittelbare Außenwirkung gegenüber dem Ausländer entfaltet[74]. Diese Benennung ergeht nicht gegenüber dem Ausländer, sondern gegenüber der Landesverteilungsstelle. Auch wenn der Ausländer eine Bescheinigung über die Verteilung erhält, handelt es sich dabei nicht um einen VA, denn die Bescheinigung soll lediglich der Weiterreise an den Verteilungsort dienen. Gegenüber dem Ausländer ergeht seitens des BAMF kein Verteilungsbescheid[75].

38 Dem Ausländer gegenüber wird die **Verteilung** durch den Bescheid der Landesverteilerstelle **umgesetzt,** in dem angeordnet wird, dass sich der Ausländer zu der durch das BAMF festgelegten Aufnahmeeinrichtung zu begeben hat. Dieser Bescheid ist zu begründen; dabei ist auch auf persönliche Interessen an einer anderweitigen Verteilung einzugehen, wenn sie geltend gemacht und nachgewiesen oder bekannt sind.

39 Nach Benennung der zur Aufnahme verpflichteten Aufnahmeeinrichtung durch das BAMF verpflichtet die Verteilerstelle des Landes den Ausländer, sich in diese Einrichtung zu begeben[76]. **Die Verteilungsanordnung nach § 15a IV ist eine gebundene Entscheidung** („Die Behörde ... ordnet ... an")[77]. Aus dem Gesetzeswortlaut und dem gesetzgeberischen Zweck ergeben sich keinerlei Anhaltspunkte dafür, dass die Entscheidung, ob ein vom Gesetz erfasster Ausländer überhaupt verteilt wird und – wenn ja – wohin, eine Ermessensentscheidung darstellen soll. Der Gesetzeswortlaut räumt allenfalls für die Verpflichtung nach § 15a II Ermessen ein. Für alle anderen verwaltungsinternen Maßnahmen zur Vorbereitung der Anordnung nach § 15a IV 1 Alt. 1[78] sowie die Verteilungsanordnung selbst sieht das Gesetz kein Ermessen vor[79]. Das gilt auch für die Entscheidung, ob eine Verteilung vorzunehmen oder von dieser ausnahmsweise wegen der in § 15a I 6 normierten Gründe abzusehen ist. Liegen entsprechende Gründe vor, „ist" dem bei der Verteilung Rechnung zu tragen. Die betreffenden Personen sind dann aus dem Verteilungsverfahren herauszunehmen[80]. Ermessen besteht jedenfalls insoweit nicht.

40 Hat ein unerlaubt eingereister Ausländer in einem Bundesland einen Antrag auf Erteilung eines Aufenthaltstitels gestellt, kann von dessen Verteilung nicht deshalb nach § 15a I 6 abgesehen werden, weil dieser in **einem anderen Bundesland** bestehende familiäre oder sonstige zwingende Gründe iSd Vorschrift nachgewiesen hat. Die Zusammenführung von Familienmitgliedern kann in diesem Fall nur durch eine Umverteilung nach § 15a V 1 erreicht werden[81]. Nach dem Wortlaut des § 15a I 6 kommt es maßgeblich darauf an, ob der Ausländer Gründe geltend macht, die einer Verteilung entgegenstehen. Insoweit ist die Regelung in Bezug auf die Frage offen, an welchem Ort diese Gründe bestehen, da der Gesetzgeber maßgeblich auf einer (Fort-)Verteilung an einen bestimmten Ort entgegenstehende Gründe abstellt. Allerdings dürfte die Erwähnung der Hausgemeinschaft zwischen Ehegatten oder Eltern und ihren minderjährigen Kindern als einen der „Fortverteilung" entgegenstehenden Grund darauf hindeuten, dass die ua nach Art. 6 I GG zu berücksichtigenden, einer **Fortverteilung entgegenstehenden Gründe an dem Ort vorliegen müssen, an dem sich die die Verteilung veranlassende Behörde befindet bzw. an dem sich die Ausländerbehörde befindet,** die die Verpflichtung aussprechen kann, dass der Ausländer sich zu der Behörde zu begeben hat, die die Verteilung veranlasst (§ 15a I 6, II 1 und 2)[82].

41 Aus der Systematik der der Verteilung regelnden Vorschrift des § 15a ergibt sich, dass das Verteilungssystem weder die Möglichkeit einer „gesteuerten" (Erst-)Verteilung durch das BAMF an ein anderes Bundesland als dasjenige vorsieht, das nach dem Verteilungsschlüssel zur Aufnahme verpflichtet ist, noch eine bilaterale Verteilung zwischen Bundesländern ermöglicht. **Daher müssen bei der Erstverteilung familiäre Gründe, die nicht in dem Bundesland bestehen, in dem der Antragsteller seinen Antrag stellt, unberücksichtigt bleiben**[83].

---

[73] HmbOVG Beschl. v. 10.3.2016 – 4 Bs 3/16, InfAuslR 2016, 287 Rn. 21; OVG NRW Beschl. v. 25.11.2016 – 17 A 503/16 Rn. 13; Beschl. v. 4.9.2014 – 18 A 792/14 Rn. 4; aA OVG NRW Beschl. v. 3.9.2010 – 19 B 1847/09 Rn. 9.
[74] OVG NRW Beschl. v. 25.11.2016 – 17 A 503/16 Rn. 13.
[75] OVG NRW Beschl. v. 21.12.2016 – 18 B 1376/16 Rn. 5 mwN.
[76] HmbOVG Beschl. v. 10.3.2016 – 4 Bs 3/16, InfAuslR 2016, 287 Rn. 21.
[77] BVerwG Beschl. v. 22.8.2016 – 1 V 44.16 Rn. 6; OVG Bln-Bbg Urt. v. 8.12.2015 – OVG 3 B 4.15 Rn. 29.
[78] Hierzu im Einzelnen HmbOVG Beschl. v. 10.3.2016 – 4 Bs 3/16, InfAuslR 2016, 287 Rn. 21.
[79] BVerwG Beschl. v. 22.8.2016 – 1 V 44.16 Rn. 7.
[80] So auch OVG Brem Urt. v. 25.6.2014 – 1 B 30.14, InfAuslR 2014, 340 (341).
[81] HmbOVG Beschl. v. 10.3.2016 – 4 Bs 3/16, InfAuslR 2016, 287 Rn. 18, 28.
[82] HmbOVG Beschl. v. 10.3.2016 – 4 Bs 3/16, InfAuslR 2016, 287 Rn. 19.
[83] HmbOVG Beschl. v. 10.3.2016 – 4 Bs 3/16, InfAuslR 2016, 287 Rn. 20; OVG Brem Beschl. v. 6.4.2018 – 1 B 33/18 Rn. 10.

Eine gesetzlich vorgesehene „Korrektur" einer Verteilung erfolgt in dem Fall, in dem die zuständige 42
Behörde des Landes, in dem sich der Ausländer aufzuhalten hat, diesem entsprechend § 15a V 1 nach
der Verteilung erlaubt, seine Wohnung zB aus familiären Gründen in einem anderen Land zu nehmen
(„Umverteilung"). In diesem Fall erfolgt eine Verrechnung dergestalt, dass nach dem erlaubten
Wohnungswechsel der Ausländer von der Quote des abgebenden Landes abgezogen und auf die des
aufnehmenden Landes angerechnet wird (§ 15a V 2). Eine andere Form der Verrechnung oder
Anrechnung von Personen, die der Verteilung nicht unterliegen oder sich aus familiären oder sonstigen
Gründen an einem anderen Ort aufhalten wollen, kennt § 15a nicht.

Diese **Umverteilung** erfolgt durch Bescheid der Verteilungsstelle des Aufenthaltslandes mit der 43
Folge, dass ein entsprechender Quotenausgleich stattfindet. Die zuständig Stelle des aufnehmenden
Landes muss zustimmen; auf diese Weise ist die gemeinsame Zuständigkeit am besten umzusetzen.

Daraus folgt, dass in den Fällen, in denen ein Antragsteller geltend macht, in einem anderen 44
Bundesland befinde sich seine Familie oder bestehe ein wichtiger Grund für seinen Aufenthalt, die
(Erst-)Verteilung nicht dergestalt gesteuert werden kann, dass der Ausländer durch die zur Verteilung
bestimmte Stelle des Bundeslandes, in dem er seinen Antrag gestellt hat, unmittelbar in das Bundesland,
in dem sich seine Familie aufzuhalten hat, verteilt werden kann. Auch kann die Verteilung durch die
zentrale Verteilungsstelle des BAMF nicht dergestalt beeinflusst werden. Da eine Anrechnungsmöglichkeit
im System des § 15a nur für die gesetzlich bestimmten Fälle des § 15a I 6, II 2, V 1 vorgesehen
ist, ist der Ausländer darauf zu verweisen, seine Umverteilung nach § 15 V 1 an das Bundesland bzw.
den Ort zu beantragen, in dem seine Familie lebt oder hinsichtlich dessen er einen zwingenden Grund
nachweisen kann.

Das so beschriebene Verständnis dieser Regelung folgt auch aus Sinn und Zweck der Vorschrift. 45
§ 15a soll eine quotengerechte und genaue Verteilung der unerlaubt eingereisten Ausländer ua auf die
einzelnen Bundesländer ermöglichen. Die Quotierung folgt – vorbehaltlich der Vereinbarung eines
abweichenden Schlüssels durch die Länder – dem für die Verteilung von Asylbewerbern geltenden
(„Königsteiner") Schlüssel (§ 15a I 4, § 45 AsylVfG). § 15a ist allein durch diesen Grundsatz der
Lastenverteilung bestimmt.

§ 15a V 1 ist weder nach seinem Wortlaut noch nach Sinn und Zweck der Regelung allein 46
auf den Fall beschränkt, dass die Gründe für eine Umverteilung, dh familiäre oder sonstige
zwingende Gründe, erst nach der (Erst-)Verteilung entstehen oder vom Ausländer erst
danach nachgewiesen werden. Ausreichend sind Gründe, die gegen den Verbleib in der durch die
Verteilungsentscheidung bestimmten Aufnahmeeinrichtung sprechen[84]. Das allein durch den Grundsatz
der Lastenverteilung bestimmte Verteilungsverfahren ermöglicht in dem Fall, in dem bei der
Erstverteilung ua Ehegatten sowie Eltern und ihre ledigen Kinder nicht nach § 15a IV 3 als Gruppe
gemeldet und verteilt werden können, die Zusammenführung von bereits im Bundesgebiet lebenden
oder verteilten Familienmitgliedern nur über den Antrag auf Umverteilung. Allein diese gesetzlich
vorgesehene „Korrektur" einer erfolgten Verteilung mit der Möglichkeit der Anrechnung auf die
jeweilige Länderquote durch die zentrale Verteilungsstelle gewährleistet die Lastengleichheit aller
Bundesländer[85].

IV. Rechtsschutz

Der Widerspruch gegen den Bescheid, sich zu der Verteilungsstelle zu begeben, ist ausgeschlossen, 47
ebenso die aufschiebende Wirkung der Klage. Dasselbe gilt für die interne Zuweisungsentscheidung
und die Verpflichtung, sich zu der Aufnahmeeinrichtung zu begeben. Damit können sämtliche Verwaltungsakte
gegenüber dem Ausländer nur unmittelbar mit der **Anfechtungsklage** angegriffen
werden (§ 42 I VwGO) und im einstweiligen Rechtsschutzverfahren auf Anordnung der aufschiebenden
Wirkung der Klage mit einem Antrag nach § 80 V VwGO. Im ersten Fall sind die Anträge gegen
die Ausländerbehörde und in den anderen Fällen gegen die Landesverteilungsstelle zu richten bzw.
gegen deren jeweiligen Träger.

Die Entscheidung, ob eine Verteilung vorzunehmen oder von dieser ausnahmsweise wegen der in 48
§ 15a I 6 normierten Gründe abzusehen ist, ist keine Ermessensentscheidung[86]. Erweist sich die Verteilungsentscheidung
aus anderen Rechtsgründen, als sie die Verwaltungsbehörde angegeben hat, als
rechtmäßig, ist er nicht rechtswidrig iSd 113 I 1 VwGO[87].

Erlässt die Ausländerbehörde eine Vorspracheverpflichtung nach § 15a II, beinhaltet dies die Prü- 49
fung, ob die Ausnahmevoraussetzungen des § 15a I 6 vorliegen. Die entsprechende Prüfung ist rechtlich
gebunden; das Nichtvorliegen der Ausnahmevoraussetzungen ist tatbestandliche Voraussetzung für

---

[84] HmbOVG Beschl. v. 10.3.2016 – 4 Bs 3/16, InfAuslR 2016, 287 Rn. 28.
[85] HmbOVG Beschl. v. 10.3.2016 – 4 Bs 3/16, InfAuslR 2016, 287 Rn. 28.
[86] BVerwG Beschl. v. 5.11.2013 – 2 B 60.13 Rn. 7; OVG Brem Beschl. v. 12.11.2021 – 2 B 175/21 Rn. 6.
[87] OVG Brem Beschl. v. 12.11.2021 – 2 B 175/21 Rn. 6.

das Ergehen einer Vorspracheverpflichtung[88]. Der **Rechtsschutz gegen die Vorspracheverpflichtung** ist in § 15a II 3 und 4 ausdrücklich geregelt[89].

50   **Mit Bekanntgabe des Verteilungsbescheids (§ 15a IV 1) der für die der Verteilung zuständigen Landesbehörde erledigt sich die Vorspracheverpflichtung;** sie entfaltet keine belastenden Rechtsfolgen mehr[90]. Ob eine Vorspracheverpflichtung seitens der Ausländerbehörde (§ 15 II) ergangen ist oder nicht und ob sie vollziehbar ist oder nicht, ist für Erlass und Vollziehung des Verteilungsbescheids irrelevant. Die Behörde, die die Verteilung veranlasst, hat vor Erlass des Verteilungsbescheids (§ 15a IV 1) eigenverantwortlich zu prüfen, ob der Betroffene der Verteilung unterliegt und ob zwingende Gründe im Sinne des § 15a I 6 einer Verteilung entgegenstehen[91]. Die Wirkung, das Nichtvorliegen zwingender Gründe gegen die Verteilung (§ 15a I 6) auch im Hinblick auf den Verteilungsbescheid (§ 15a IV 1) festzustellen, kommt der Vorspracheverpflichtung daher nicht zu[92].

51   Wenn feststeht, dass der betroffene Ausländer der Verteilung unterliegt, ist diese von der zuständigen Landesbehörde gegenüber dem BAMF als zentrale Verteilungsstelle zu veranlassen. Hierbei ist auch der Grundsatz der Familieneinheit zu beachten (§ 15a IV 3). Das BAMF benennt der zuständigen Landesbehörde unter Berücksichtigung der Aufnahmequoten der Länder die Aufnahmeeinrichtung, in die der Betroffene sich zu begeben hat (§ 15a III 1). Auf dieser Grundlage erlässt die Landesbehörde gegenüber dem Betroffenen eine Verteilungsanordnung nach § 15a IV 1[93]. Der **Rechtsschutz gegen die Verteilungsanordnung** ist im Gesetz ebenfalls ausdrücklich geregelt (§ 15a IV 7 und 8).[94]

52   **Die Benennung der zuständigen Aufnahmeeinrichtung durch das BAMF (§ 15a III 1) ist ein Verwaltungsinternum und damit kein dem Ausländer gegenüber bekanntzugebender VA**[95]. Dem entspricht es, dass das Gesetz rechtsschutzbezogene Regelungen nur in Bezug auf die Anordnung gem. § 15a IV 1 (vgl. S. 7 und 8), nicht aber in Bezug auf die Verteilungsentscheidung des Bundesamts vorsieht[96]. Die durch Art. 19 IV GG verbürgte Effektivität des Rechtsschutzes steht insoweit nicht infrage. Denn die Wahrung der sich für den Ausländer aus § 15a I 6 ergebenden Rechte ist iRe gerichtlichen Verfahrens gegen die Anordnung nach § 15a IV 1 uneingeschränkt gewährleistet[97].

53   Eine Verteilungsentscheidung nach § 15a erledigt sich „auf andere Weise" (§ 43 I 1 aE VwVfG), wenn der Betroffene später einen **Asylantrag** stellt und dadurch der Verteilung nach Abschnitt 5 des Asylgesetzes unterliegt[98]. Die Verteilungsentscheidung nach § 15a AufenthG entfaltet für einen Antragsteller dann keine Wirkung mehr. Sie hat sich dadurch, dass der Ausländer nun der asylrechtlichen Verteilung unterfällt, „auf andere Weise erledigt" iSd § 43 I 1 VwVfG[99]. Gründe sind im Rahmen der asylrechtlichen Verteilung geltend zu machen. Diese Möglichkeit besteht aus verfassungsrechtlichen Gründen auch in anderen Situationen als denjenigen, für die § 50 IV AsylG und § 51 I AsylG dies einfachgesetzlich ausdrücklich vorsehen[100].

54   Besondere Umstände, die iRe Verteilung nach § 15a **begleitende Maßnahmen** (wie zB Sicherstellung der Weiterführung einer medizinischen Behandlung am Zuweisungsort) erfordern, die also das „Wie" der Verteilung in eine bestimmte Aufnahmeeinrichtung betreffen, können grundsätzlich nur im Rahmen von deren Vollstreckung berücksichtigt werden. Sie stellen aber die Rechtmäßigkeit – das „Ob" – der Verteilung als solcher in die jeweilige Erstaufnahmeeinrichtung nicht infrage. Abweichendes gilt ausnahmsweise dann, wenn hinreichende begleitende Maßnahmen am Zuweisungsort nicht getroffen werden können[101].

55   Die Ausländerbehörde ist grundsätzlich verpflichtet ist, das Verteilverfahren nach § 15a einzuleiten. § 15a AufenthG normiert zwar nicht ausdrücklich, wann bzw. bis wann das Verteilverfahren einzuleiten ist. Aus der Systematik und dem Sinn und Zweck der Vorschrift ergibt sich jedoch, dass dies zügig zu geschehen hat und der Ausländerbehörde zu diesem Zeitpunkt keine umfangreiche Prüfkompetenz zukommt[102]. **Leitet die Ausländerbehörde keine Verteilverfahren ein, so können Betroffene eine Entscheidung über ihre Verteilung oder Nichtverteilung in angemessener**

---

[88] OVG Brem Beschl. v. 28.11.2017 – 1 B 181/17 Rn. 6.
[89] OVG Brem Beschl. v. 28.11.2017 – 1 B 181/17 Rn. 7.
[90] OVG Brem Beschl. v. 13.9.2021 – 2 B 65/21 Rn. 6; Beschl. v. 13.7.2021 – 2 B 212/21 Rn. 10 ff.
[91] OVG Brem Beschl. v. 13.7.2021 – 2 B 212/21 Rn. 12; Beschl. v. 23.6.2021 – 2 B 203/21 Rn. 11 unter Aufgabe der früheren Rspr. des erkennenden Gerichts.
[92] OVG Brem Beschl. v. 13.7.2021 – 2 B 212/21 Rn. 12.
[93] OVG Brem Beschl. v. 28.11.2017 – 1 B 181/17 Rn. 8.
[94] OVG Brem Beschl. v. 28.11.2017 – 1 B 181/17 Rn. 9.
[95] HmbOVG Beschl. v. 10.3.2016 – 4 Bs 3/16, InfAuslR 2016, 287 Rn. 21; OVG NRW Beschl. v. 25.11.2016 – 17 A 503/16 Rn. 13; Beschl. v. 4.9.2014 – 18 A 792/14 Rn. 4; aA OVG NRW Beschl. v. 3.9.2010 – 19 B 1847/09 Rn. 9.
[96] OVG NRW Beschl. v. 25.11.2016 – 17 A 503/16 Rn. 16.
[97] OVG NRW Beschl. v. 25.11.2016 – 17 A 503/16 Rn. 16.
[98] OVG Brem Beschl. v. 4.8.2021 – 2 B 298/21 Rn. 4.
[99] OVG Brem Beschl. v. 4.8.2021 – 2 B 298/21 Rn. 4.
[100] OVG Brem Beschl. v. 4.8.2021 – 2 B 298/21 Rn. 4.
[101] OVG NRW Beschl. v. 21.12.2016 – 18 B 1376/16 Rn. 16.
[102] VG Berlin Beschl. v. 30.4.2021 – 19 L 2/21 Rn. 26.

Zeit erzwingen[103]. Wird der Erlass einer Verteilungsentscheidung von Behördenseite verzögert, kann der Ausländer gegen den Rechtsträger der Verteilungsbehörde einen Antrag nach § 123 VwGO stellen mit dem Ziel, dass die Behörde mittels einstweiliger Anordnung zu einer Entscheidung im Verteilungsverfahren verpflichtet wird[104]. Für die Frage, ab wann ein Rechtsschutzbedürfnis bzw. ein Anordnungsgrund für einen solchen Antrag besteht, bieten die Fristen des Art. 21 I Dublin-III-VO oder auch des § 75 S. 2 VwGO oder des Art. 29 II Dublin-III-VO einen groben Anhaltspunkt[105]. Daher dürfte ab circa drei Monaten nach der erstmaligen Meldung bei der Ausländerbehörde ein Rechtsschutzbedürfnis bestehen.

Der **Streitwert** in Streitigkeiten um die Verteilung nach § 15a I ist regelmäßig mit dem Auffangwert des § 52 II GKG zu bestimmen. Im vorläufigen Rechtsschutzverfahren wird dieser in der Regel halbiert[106]. **56**

Abschnitt 3. Aufenthalt zum Zweck der Ausbildung

§ 16 Grundsatz des Aufenthalts zum Zweck der Ausbildung

¹ **Der Zugang von Ausländern zur Ausbildung dient der allgemeinen Bildung und der internationalen Verständigung ebenso wie der Sicherung des Bedarfs des deutschen Arbeitsmarktes an Fachkräften.** ² **Neben der Stärkung der wissenschaftlichen Beziehungen Deutschlands in der Welt trägt er auch zu internationaler Entwicklung bei.** ³ **Die Ausgestaltung erfolgt so, dass die Interessen der öffentlichen Sicherheit beachtet werden.**

AVwV zu § 16 aF
16.0 Allgemeines
16.0.1 Auf die Erteilung einer Aufenthaltserlaubnis zum Zweck des Studiums besteht kein Rechtsanspruch. Über entsprechende Anträge wird nach § 16 Absatz 1, Absatz 1a oder Absatz 2 im Wege des Ermessens entschieden. Die allgemeinen Erteilungsvoraussetzungen des § 5 Absatz 1 und 2 sowie die Versagungsgründe des § 5 Absatz 4, § 10 und § 11 sind zu beachten.
16.0.2 Bei der Entscheidung über Aufenthaltserlaubnisse zum Zweck der Studienbewerbung und des Studiums soll die Ausländerbehörde in Fragen der Studienvoraussetzungen, des Studienverlaufs, des Studienabschlusses und sonstiger akademischer Belange Stellungnahmen der Hochschule oder sonstiger zur Aus- oder Weiterbildung zugelassenen Einrichtungen einholen und berücksichtigen. § 82 Absatz 1 bleibt unberührt. Die Geltungsdauer der Aufenthaltserlaubnis ist nach Maßgabe des § 16 Absatz 1 in der Weise zu befristen, dass eine ordnungsgemäße Durchführung des Ausbildungsganges einschließlich der Ausbildungsabschnitte gewährleistet ist (siehe Nummer 16.1.1.5). Hierbei ist den besonderen Schwierigkeiten, die Ausländern bei der Aufnahme und Durchführung eines Studiums entstehen können, angemessen Rechnung zu tragen.
16.0.3 Die Aus- oder Fortbildung kann an staatlichen oder staatlich anerkannten Hochschulen (Universitäten, pädagogischen Hochschulen, Kunsthochschulen und Fachhochschulen) oder an vergleichbaren Ausbildungseinrichtungen, an vergleichbaren Berufsakademien sowie an staatlichen oder staatlich anerkannten Studienkollegs durchgeführt werden. Zu vergleichbaren weiteren Ausbildungseinrichtungen sind Einrichtungen zu rechnen, die auf einen Abschluss an einer staatlichen oder staatlich anerkannten Hochschule oder auf die Verleihung eines Grades durch eine staatliche oder staatlich anerkannte Hochschule vorbereiten. Zu vergleichbaren weiteren Ausbildungseinrichtungen sind auch Einrichtungen zu rechnen, die eine staatliche Anerkennung beantragt haben, und Einrichtungen, die einzelne akkreditierte Studiengänge anbieten. Vor Erteilung einer Aufenthaltserlaubnis für ein Studium an den vergleichbaren weiteren Ausbildungseinrichtungen soll eine Stellungnahme der für Hochschulfragen zuständigen obersten Landesbehörde eingeholt werden. Im Fall der Beantragung der staatlichen Anerkennung kommt die Erteilung einer Aufenthaltserlaubnis nur in Betracht, wenn nach Auskunft der für die Anerkennung zuständigen Behörde innerhalb eines überschaubaren Zeitraums (höchstens ein Jahr) mit der Anerkennung zu rechnen ist.
16.0.4 Das Studium muss den Hauptzweck des Aufenthalts darstellen. Diesen Anforderungen genügt beispielsweise ein Abend-, Wochenend- oder Fernstudium nicht. Für den kurzfristigen Aufenthalt zur Durchführung von Prüfungen oder zur Wahrnehmung einer mehrwöchigen Anwesenheitspflicht im Rahmen so genannter Einsemesterstudien wird ein Schengen-Visum (§ 6 Absatz 1 Nummer 2) erteilt. In Ausnahmefällen (z. B. bei Schwangerschaft oder längere Erkrankung) kann auch im Falle der Beurlaubung von der Hochschule eine vorübergehende Fortsetzung des Aufenthalts mit Aufenthaltserlaubnis nach § 16 erlaubt werden. Im Falle einer Beurlaubung für einen mehr als sechsmonatigen Studien- oder Praktikumsaufenthalt im Ausland ist i. d. R. vor Abreise eine verlängerte Frist zur Wiedereinreise und Fortsetzung des Studiums zu vereinbaren.
16.0.5 Der Aufenthaltszweck Studium umfasst sämtliche mit dem Studium verbundenen Ausbildungsphasen. Abhängig vom Einzelfall gehören dazu
– Sprachkurse, insbesondere zur Studienvorbereitung,
– Studienkollegs oder andere Formen staatlich geförderter studienvorbereitender Maßnahmen,
– für das Studium erforderliche oder von der Hochschule empfohlene vorbereitende Praktika,

---

[103] OVG Brem Beschl. v. 3.12.2021 – 2 B 409/21 Rn. 16.
[104] OVG Brem Beschl. v. 3.12.2021 – 2 B 409/21 Rn. 16 unter Hinweis auf Beschl. v. 9.11.2021 – 2 B 372/2; VG Berlin Beschl. v. 30.4.2021 – 19 L 2/21 Rn. 26.
[105] OVG Brem Beschl. v. 3.12.2021 – 2 B 409/21 Rn. 16.
[106] HmbOVG Beschl. v. 27.8.2015 – 1 Bs 159/15 Rn. 13.

- ein Studium bis zu einem ersten berufsqualifizierenden Abschluss bzw. bei konsekutiven und nicht konsekutiven Bachelor-/Master-Studiengängen auch bis zu einem zweiten berufsqualifizierenden Abschluss an einer deutschen Hochschule (Grund- und Hauptstudium einschließlich studienbegleitender Praktika, Zwischen- und Abschlussprüfungen), auch nach einem vorherigen Studium im Ausland,
- nach einem Studium ein Aufbau-, Zusatz- oder Ergänzungsstudium (Postgraduiertenstudium) oder eine Promotion,
- praktische Tätigkeiten, sofern sie zum vorgeschriebenen Ausbildungsgang gehören oder zur umfassenden Erreichung des Ausbildungszieles nachweislich erforderlich sind (§ 2 Absatz 2 Nummer 1 BeschV) und
- Studien, die ein im Ausland begonnenes Studium ergänzen und Studien, die in Deutschland begonnen und im Ausland beendet werden.

Der Zeitpunkt des erfolgreichen Abschlusses eines Studiums richtet sich nach der jeweiligen Studien- und Prüfungsordnung für das Studium, für das die Aufenthaltserlaubnis erteilt wurde. Dieser wird i. d. R. die schriftliche Bekanntgabe des Bestehens der Prüfung und des Prüfungsergebnisses sein. Der Tag der Exmatrikulation ist dabei unerheblich.

16.0.6 Die für die Zulassung zum Studium erforderliche Teilnahme an Deutschsprachkursen (siehe Nummer 16.1.2), Studienkollegs und anderen Formen staatlich geförderter studienvorbereitender Maßnahmen und studienbezogenen vorbereitenden Praktika darf i. d. R. nicht länger als insgesamt zwei Jahre dauern. Die gesetzlich zugelassene Ausübung einer Beschäftigung während der studienvorbereitenden Maßnahmen (siehe Nummer 16.3.10) rechtfertigt kein Abweichen von diesem Regelzeitraum.

16.0.7 Die allgemeinen schulischen Voraussetzungen für die Aufnahme der beabsichtigten Ausbildung können im Bundesgebiet nicht nachgeholt werden (siehe auch Nummer 16.5.2.1 ff.).

16.0.8 Erforderlich ist der Nachweis ausreichender Mittel zur Sicherung des Lebensunterhalts einschließlich ausreichenden Krankenversicherungsschutzes nach Maßgabe des § 2 Absatz 3 Satz 5 (§ 82 Absatz 1), siehe auch Nummer 2.3.6. Ausreichende Mittel stehen dann zur Verfügung, wenn sie dem BAföG-Förderungshöchstsatz (§§ 13 und 13a Absatz 1 BAföG) entsprechen. Dieser wird jährlich zum Jahresende durch das Bundesministerium des Innern im Bundeszeiger veröffentlicht; dieser Betrag ist der für die Berechnung maßgebende. Bei Nachweis einer Unterkunft, deren Miet- und Nebenkosten den in § 13 Absatz 2 Nummer 2 BAföG genannten Betrag unterschreiten, vermindert sich der zu fordernde Betrag entsprechend, höchstens jedoch um den in § 13 Absatz 3 BAföG genannten Betrag.

16.0.8.1 Den Anforderungen genügt insbesondere
- die Darlegung der Einkommens- und Vermögensverhältnisse der Eltern oder
- eine Verpflichtung gemäß § 68 oder
- die Einzahlung einer Sicherheitsleistung auf ein Sperrkonto bei einem Geldinstitut, dem die Vornahme von Bankgeschäften im Bundesgebiet gestattet ist, von dem monatlich nur 1/12 des eingezahlten Betrages ausgezahlt werden darf; das Sperrkonto ist auf den Namen des Studenten einzurichten und der Sperrvermerk ist zugunsten der öffentlich-rechtlichen Gebietskörperschaft, der die zuständige Ausländerbehörde zuzurechnen ist, einzutragen oder
- die Hinterlegung einer jährlich zu erneuernden Bankbürgschaft bei einem Geldinstitut im Bundesgebiet oder einem Geldinstitut, dem die Vornahme von Bankgeschäften im Bundesgebiet gestattet ist, soweit die Bankbürgschaft nicht über eine längere Laufzeit verfügt.

16.0.8.2 Der Umfang der einzuzahlenden Sicherheitsleistung oder der Bankbürgschaft ist nach dem durch das Bundesministerium des Innern im Bundesanzeiger veröffentlichten Monatsbetrag, gerechnet auf ein Jahr, zu bestimmen. Servicepakete der Studentenwerke mindern der einzuzahlenden Betrag um den Preis des Servicepaketes, wenn dieses die Unterkunft umfasst. Der Nachweis ausreichender Mittel gilt auch als geführt, wenn der Aufenthalt in Höhe des nach Nummer 16.0.8 maßgeblichen Betrags finanziert wird durch
- Die Bewilligung von Leistungen nach dem BAföG (siehe Nummer 16.0.11).
- Stipendien aus deutschen öffentlichen Mitteln,
- Stipendien einer in Deutschland anerkannten Förderorganisation oder
- Stipendien aus öffentlichen Mitteln des Herkunftslandes, wenn das Auswärtige Amt, der Deutsche Akademische Austauschdienst (DAAD) oder eine sonstige deutsche stipendiengebende Organisation die Vermittlung an die deutsche Hochschule übernommen hat.

16.0.8.3 Kann der Ausländer die Lebensunterhaltssicherung nur für die Dauer von weniger als einem Jahr nachweisen, hat dies keine Auswirkung auf den Verlängerungszeitraum der Aufenthaltserlaubnis. In diesen Fällen ist die Aufenthaltserlaubnis mit der Auflage zu versehen, vor Ablauf des Zeitraumes, für den die Lebensunterhaltssicherung nachgewiesen wurde, die weitergehende Lebensunterhaltssicherung nachzuweisen.

16.0.9 Darüber hinausgehende Sicherheitsleistungen sind nicht zu erbringen. Ein Nachweis über das Vorhandensein ausreichenden Wohnraums am Studienort ist vor der Einreise nicht zu führen. Der Ausländer hat die entsprechenden Nachweise im Falle der Verlängerung der Aufenthaltserlaubnis vorzulegen (vgl. § 82 Absatz 1). Die Möglichkeit eines zustimmungsfreien Zuverdienstes kann bei der Entscheidung über die Verlängerung mit berücksichtigt werden. Vertraglich nachgewiesene zu erwartende Einkünfte aus einer erlaubten Tätigkeit (z. B. Praktikumsvergütung, Einkünfte als Tutor) werden auf die nachzuweisende Finanzierungshöhe angerechnet.

16.0.10 Die Mittel zur Deckung der Studienkosten, die vom Lebensunterhalt zählen (etwa Studiengebühren), sind nicht nachzuweisen, da die Bildungseinrichtung die Möglichkeit hat, die Zulassung zum Studium, die Voraussetzung für die Erteilung der Aufenthaltserlaubnis ist, von einer entsprechenden Deckung abhängig zu machen.

16.0.11 Erhält der Ausländer Leistungen nach dem BAföG, ist der Lebensunterhalt gesichert, da diese Leistungen der Ermöglichung des Aufenthalts zum Zwecke des Studiums in Deutschland dienen und bedarfsdeckend gewährt werden (siehe Nummer 2.3.4).

16.0.12 Der Familiennachzug bestimmt sich nach Kapitel 2 Abschnitt 6 (siehe auch Nummer 30.1.4.2.3.2). Hinsichtlich des Arbeitsmarktzuganges von Familienangehörigen sind die Bestimmungen des § 29 Absatz 5 zu beachten (Nummer 29.5).

16.0.13 Bei türkischen Staatsangehörigen ist Nummer 27.0.6.8 zu beachten.

Grundsatz des Aufenthalts zum Zweck der Ausbildung § 16 AufenthG 1

16.1 Aufenthaltserlaubnis zum Zweck des Studiums sowie vorbereitender Sprachkurse
16.1.1 Studierende
16.1.1.1 § 16 Absatz 1 regelt Aufenthalte zum Zweck des Studiums. Klarstellend werden studienvorbereitende Maßnahmen (studienvorbereitende Sprachkurse und Studienkollegs) in § 16 Absatz 1 Satz 2 ausdrücklich entsprechend Artikel 2 Buchstabe b) der Richtlinie 2004/114/EG des Rates vom 13. Dezember 2004 über die Bedingungen für die Zulassung von Drittstaatsangehörigen zur Absolvierung eines Studiums oder zur Teilnahme an einem Schüleraustausch, einer unbezahlten Ausbildungsmaßnahme oder einem Freiwilligendienst (ABl. EU Nummer L 375 S. 12, so genannte Studentenrichtlinie) dem Aufenthaltszweck Studium zugerechnet. Die in § 16 Absatz 1 Satz 3 aufgeführte Voraussetzung der Zulassung zum Studium ist auch dann erfüllt, wenn der Ausländer an studienvorbereitenden Maßnahmen teilnimmt. Im Übrigen gelten Ausländer als Studierende, wenn sie für ein Studium an einer der in Nummer 16.0.3 genannten Einrichtungen zugelassen sind. Der Nachweis der Zulassung wird durch die Vorlage des Zulassungsbescheides (im Original) der Bildungseinrichtung geführt. Er kann ersetzt werden durch
16.1.1.1.1 – eine Studienplatzvormerkung einer Hochschule oder einer staatlichen, staatlich geförderten oder staatlich anerkannten Einrichtung zum Erlernen der deutschen Sprache,
16.1.1.1.2 – eine Bescheinigung einer Hochschule oder eines Studienkollegs, aus der sich ergibt, dass für die Entscheidung über den Zulassungsantrag die persönliche Anwesenheit des Ausländers am Hochschulort erforderlich ist oder
16.1.1.1.3 – eine Bestätigung über das Vorliegen einer ordnungsgemäßen Bewerbung zur Zulassung zum Studium (Bewerber-Bestätigung).
16.1.1.2 Das nationale Visum wird erteilt
– mit einer Gültigkeitsdauer von regelmäßig drei Monaten, sofern im Einzelfall nach der Einreise keine frühere Vorsprache bei der Ausländerbehörde erfolgen soll,
– mit einer Gültigkeit von sechs Monaten bei einem Studierendenaustausch für ein Semester im Rahmen von Hochschulkooperationen,
– mit einer Gültigkeitsdauer von einem Jahr, wenn die Ausländerbehörde ausdrücklich zustimmt oder
– gemäß abweichender Bestimmungen der Ausländerbehörde, wenn der Ausländer den Zulassungsbescheid vorlegt,
– mit einer Gültigkeitsdauer bis zum Ablauf der Stipendiendauer, höchstens jedoch von einem Jahr, auch wenn der Aufenthalt zunächst der Studienvorbereitung (§ 16 Absatz 1 Satz 2) dient und über ein Stipendium nach Nummer 16.0.8.2 finanziert wird.
16.1.1.3 Das Visum kann auch erteilt werden, wenn der Zulassungsbescheid von einer anderen Bildungseinrichtung als derjenigen vorgelegt wird, mit deren Bewerberbestätigung das Visumverfahren in Gang gesetzt wurde (Mehrfachbewerbung). Die einmal erteilte Zustimmung der zuständigen Ausländerbehörde umfasst auch dieses Studium an einer entsprechenden Bildungseinrichtung.
16.1.1.4 Die zum Studium erforderlichen Sprachkenntnisse sind i. d. R. nicht durch die Ausländerbehörden zu prüfen, da diese regelmäßig durch die Hochschulen bei der Zulassungsentscheidung berücksichtigt werden. Auch kann die Aufenthaltserlaubnis ohne Prüfung der Sprachkenntnisse erteilt werden, wenn die erforderlichen Sprachkenntnisse in studienvorbereitenden Maßnahmen erworben werden sollen. Besteht nicht die Absicht, die für das Studium erforderlichen Sprachkenntnisse in einer studienvorbereitenden Maßnahme zu erwerben und liegt noch keine förmliche Zulassungsentscheidung einer deutschen Hochschule vor, so hat der Visumantragsteller den Nachweis zu erbringen, dass er über die erforderlichen deutschen Sprachkenntnisse verfügt.
16.1.1.4.1 Dabei können nur Nachweise eines nach dem Gemeinsamen Europäischen Referenzrahmen des Europarats (GER) zertifizierten Sprachkursveranstalters (zurzeit neben dem Goethe-Institut lediglich „The European Language Certificate" – TELC) oder des Österreichischen Sprachdiploms (ÖSD) anerkannt werden. Für das Goethe-Institut sind dies das „Zertifikat Deutsch" sowie das „Zertifikat Deutsch für Jugendliche". Eine Liste der aktuellen TELC-Anbieter im Ausland ist im Internet über den Link http://telc.net/Ausland. 208+M54 a708de802.0.html abrufbar.
16.1.1.4.2 Der Sprachnachweis gilt ferner als erbracht im Fall des Nachweises, dass eine der beiden hochschulspezifischen Zugangsprüfungen
– Deutsche Sprachprüfung für den Hochschulzugang ausländischer Studienbewerber (DSH)
– Test Deutsch als Fremdsprache (TestDaF)
bereits erfolgreich abgelegt wurde oder der Bewerber gemäß Beschlusslage der Ständigen Konferenz der Kultusminister der Länder in der Bundesrepublik Deutschland (KMK) aufgrund seiner schulischen Vorbildung von diesen Zugangsprüfungen befreit ist. Letzteres ist der Fall, wenn (Aufzählung abschließend!)
– das deutsche Abitur,
– das Deutsche Sprachdiplom der Stufe II der KMK (DSD-II),
– die Zentrale Oberstufenprüfung (ZOP) des Goethe-Instituts,
– das Kleine Deutsche Sprachdiplom (KDS) des Goethe-Instituts oder
– das Große Deutsche Sprachdiplom (GDS) des Goethe-Instituts
abgelegt wurde.
16.1.1.5 Nach § 16 Absatz 1 Satz 5, 1. Halbsatz wird die Aufenthaltserlaubnis zum Zweck des Studiums, womit auch studienvorbereitende Maßnahmen umfasst sind, für mindestens ein Jahr erteilt. Diese Regelung gilt jedoch nur, soweit eine studienvorbereitende Maßnahme oder ein Studienprogramm eine Laufzeit von mindestens einem Jahr hat. Das hat zur Folge, dass die Aufenthaltserlaubnis nur in den Fällen für mindestens ein Jahr zu erteilen ist, in denen die Bildungsmaßnahme mindestens ein Jahr andauert. Die Studentenrichtlinie sieht in Artikel 12 Absatz 1 Satz 2 ausdrücklich vor, dass in den Fällen, in denen die Dauer des Studienprogramms weniger als ein Jahr beträgt, die Aufenthaltserlaubnis auf die Dauer des Programms zu befristen. Eine Befristung der Aufenthaltserlaubnis auf weniger als ein Jahr kommt damit insbesondere in der Phase studienvorbereitender Maßnahmen – auch in den Fällen, in denen die Studentenrichtlinie nicht anwendbar ist – in Betracht. Dabei ist die Aufenthaltserlaubnis auf die Dauer der jeweiligen Maßnahme zu beschränken, soweit die Zulassung für eine Anschlussmaßnahme oder die Aufnahme des Studiums noch nicht vorliegt; soweit aus im Verantwortungsbereich der Hochschule liegenden organisatorischen

Gründen die Aufnahme des Studiums erst zu einem späteren Zeitpunkt möglich ist, kann die Aufenthaltserlaubnis bis zu diesem Zeitpunkt verlängert werden. Bei Aufnahme des Studiums wird die Geltungsdauer der Aufenthaltserlaubnis regelmäßig auf zwei Jahre befristet. Zur Begleitung des Aufenthalts durch die Ausländerbehörden sollte aus sicherheitspolitischen Erwägungen die Geltungsdauer einer Aufenthaltserlaubnis zu Studienzwecken bei Ersterteilung an Antragsteller aus konsultationspflichtigen Staaten (Liste konsultationspflichtiger Staaten gemäß § 73 Absatz 4) auf ein Jahr beschränkt werden. Auch bei der Verlängerung der Aufenthaltserlaubnis kann die Verlängerung um jeweils nur ein Jahr geboten sein. Neben einer kürzeren Geltungsdauer der Aufenthaltserlaubnis können im Einzelfall auch andere Nebenbestimmungen zur Wahrung von Sicherheitsbelangen bei Studenten gerechtfertigt sein. Dazu kommt vor allem in Betracht, den Aufenthalt (weiterhin) auf einen bestimmten Studienort oder den Studienzweck auf einen bestimmten Studiengang zu beschränken. Es kann es darüber hinaus geboten sein, dem Ausländer aufzugeben, dass die Inanspruchnahme von Urlaubssemestern der Zustimmung der Ausländerbehörde bedarf. Bei der Bemessung des zeitlichen Rahmens der Verlängerung sind Nachweise über erbrachte Leistungen als Anhaltspunkte für einen ausreichenden Studienfortschritt sowie Abwesenheitszeiten, insbesondere Auslandsaufenthalte, zu berücksichtigen. Grundsätzlich soll die Geltungsdauer bei Erteilung und Verlängerung zwei Jahre nicht überschreiten.

16.1.1.6 Die Aufenthaltserlaubnis ist grundsätzlich um jeweils zwei Jahre zu verlängern, soweit ausreichende Mittel zur Sicherung des Lebensunterhalts nachgewiesen werden und nach der von der Ausländerbehörde zu treffenden Prognoseentscheidung der Abschluss des Studiums in einem angemessenen Zeitraum erreicht werden kann.

16.1.1.6.1 Wird die Sicherung des Lebensunterhalts in Form einer Bankbürgschaft oder einer Sicherheitsleistung nachgewiesen, ist die Aufenthaltserlaubnis für diese Dauer, jedoch höchstens um zwei Jahre zu verlängern. Nummer 16.1.1.2 letzter Spiegelstrich gilt für die Verlängerung der Aufenthaltserlaubnis entsprechend.

16.1.1.6.2 Ein ordnungsgemäßes Studium liegt regelmäßig vor, solange der Ausländer die durchschnittliche Studiendauer an der betreffenden Hochschule in dem jeweiligen Studiengang um nicht mehr als drei Semester überschreitet (siehe auch Nummer 16.1.1.7). Die Hochschule teilt die durchschnittliche Fachstudiendauer in den einzelnen Studiengängen der Ausländerbehörde auf Anfrage mit. Bei der Berechnung der Fachsemesterzahl bleiben Zeiten der Studienvorbereitung (z. B. Sprachkurse, Studienkollegs, Praktika) außer Betracht.

16.1.1.7 Wird die zulässige Studiendauer (Nummer 16.1.1.6.2) überschritten, ist der Ausländer von der Ausländerbehörde schriftlich darauf hinzuweisen, dass eine Verlängerung der Aufenthaltserlaubnis nur erfolgt, wenn die Ausbildungsstelle unter Berücksichtigung der individuellen Situation des ausländischen Studierenden einen ordnungsgemäßen Verlauf des Studiums bescheinigt, die voraussichtliche weitere Dauer des Studiums angibt und zu den Erfolgsaussichten Stellung nimmt. Ergibt sich aus der Mitteilung der Ausbildungsstelle, dass das Studium nicht innerhalb der in Nummer 16.2.7 genannten Frist von zehn Jahren erfolgreich abgeschlossen werden kann, ist die beantragte Verlängerung i. d. R. abzulehnen. Erhält die Ausländerbehörde während der Laufzeit einer Aufenthaltserlaubnis Kenntnis davon, dass die Studienfortschritte des Ausländers nicht im vorgenannten Sinne ausreichend sind, besteht die Möglichkeit, die Aufenthaltserlaubnis zu widerrufen (vgl. Nummer 52.3.2). Zur Beendigung des Aufenthalts von Studierenden, die keine ausreichenden Studienfortschritte nachweisen können, kommt der Möglichkeit des Widerrufs der Aufenthaltserlaubnis bzw. deren Nichtverlängerung eine besonders zu beachtende Bedeutung zu, da für den Erhalt der Niederlassungserlaubnis oder Erlaubnis zum Daueraufenthalt-EG die Studienzeiten auch dann zur Hälfte angerechnet werden, wenn das Studium nicht erfolgreich abgeschlossen wurde (vgl. Nummer 9 b.1.4.1). Ein ordnungsgemäßes Studium kann auch durch Vorlage einer Bewilligung von Leistungen nach dem BAföG belegt werden.

16.1.1.8 Die umfangreichen Beschäftigungsmöglichkeiten nach § 16 Absatz 3 dürfen den Zweck des Studiums und damit auch dessen Erfolg nicht gefährden. Die kraft Gesetzes eröffneten Beschäftigungsmöglichkeiten während des Studiums können nicht eingeschränkt werden. Wird die zulässige Studiendauer überschritten (Nummer 16.1.1.6.2) und wird der Nachweis der Sicherung des Lebensunterhalts im Wesentlichen über Vergütungen aus Beschäftigungen nach § 16 Absatz 3 geführt, ist der Ausländer von der Ausländerbehörde schriftlich darauf hinzuweisen, dass eine Verlängerung der Aufenthaltserlaubnis nur unter der Maßgabe erfolgt, dass das Studium innerhalb der in Nummer 16.2.7 genannten Frist von zehn Jahren erfolgreich abgeschlossen wird und eine weitere Verlängerung über diesen Zeitraum hinaus nicht erfolgen wird.

16.1.2 Studienvorbereitende Sprachkurse

16.1.2.1 Ausländern, die eine Ausbildung an einer deutschen Hochschule anstreben (siehe Nummer 16.0.3 und 16.0.4), soll eine Aufenthaltserlaubnis erteilt werden, wenn die für die Erteilung eines Aufenthaltstitels an ausländische Studienbewerber geltenden Voraussetzungen vorliegen (siehe Nummer 16.1 a.1) und der Intensivsprachkurs zur Vorbereitung auf einen der von der Kultusministerkonferenz anerkannten Nachweise ausreichender deutscher Sprachkenntnisse für den Hochschulbesuch (z. B. DSH, TestDaF, ZOP des Goethe-Instituts) ausgerichtet ist; nach erfolgreichem Abschluss des Sprachkurses kann die Aufenthaltserlaubnis zum Zweck des Besuchs eines Studienkollegs bzw. eines Studiums verlängert werden (siehe Nummer 16.0.6), wenn die weiteren Voraussetzungen erfüllt sind. Das Visum bzw. die Aufenthaltserlaubnis sind mit folgender Nebenbestimmung zu versehen:

„Aufenthalt für einen studienvorbereitenden Sprachkurs in … (Ort)".

16.1.2.2 Ist das Ausbildungsziel des Sprachkurses vor Ablauf der Geltungsdauer der Aufenthaltserlaubnis noch nicht erreicht und besteht aufgrund vorliegender Unterlagen der Bildungseinrichtung die Aussicht, dass es noch erreicht werden kann, soll die Aufenthaltserlaubnis längstens bis zur Gesamtgeltungsdauer von 18 Monaten verlängert werden (siehe Nummer 16.0.4 und 16.0.5).

16.1a Aufenthaltserlaubnis zum Zweck der Studienbewerbung

16.1 a.1 Als Studienbewerber gelten Ausländer, die ein Studium anstreben, aber noch nicht an einer der in Nummer 16.0.3 genannten Einrichtungen zugelassen sind.

16.1 a.2 Im Rahmen des Zustimmungsverfahrens zur Visumerteilung (§ 31 Absatz 1 AufenthV) beschränkt sich die Prüfung der Ausländerbehörde i. d. R. auf die Abfrage beim Ausländerzentralregister. Ob die Voraussetzungen für den Zugang zu einer bestimmten Bildungseinrichtung und der Finanzierungsnachweis bezüglich des Studienaufenthalts vorliegen, wird im Einzelfall nur dann geprüft, wenn aufgrund der Angaben der deutschen Auslandsvertretung eine entsprechende Prüfung im Bundesgebiet für erforderlich gehalten wird.

16.1 a.3 Nach § 31 Absatz 1 Satz 3 AufenthV gilt die Zustimmung der Ausländerbehörde als erteilt, wenn innerhalb der Verschweigensfrist von drei Wochen und zwei Arbeitstagen der deutschen Auslandsvertretung keine gegenteilige Mitteilung vorliegt, und zwar stets mit der Bedingung, dass die Erfordernisse der Zugangsberechtigung, der gesicherten Finanzierung und des Passbesitzes erfüllt sind. Die Verschweigensfrist gilt nicht, wenn von der Ausländerbehörde ergänzende Nachprüfungen vorzunehmen sind. Die Verschweigensfrist hindert die Ausländerbehörde nicht an einer ausdrücklichen Zustimmung vor Fristende, um die Visumerteilung im Einzelfall zu beschleunigen.

16.1 a.4 Das Visum wird als nationales Visum mit einer Gültigkeitsdauer von regelmäßig drei Monaten erteilt, sofern im Einzelfall nach der Einreise keine frühere Vorsprache bei der Auslandsvertretung erfolgen soll. Es kann von der Ausländerbehörde als Aufenthaltserlaubnis um sechs Monate verlängert werden mit der Auflage, dass der Studienbewerber innerhalb dieser Frist die Zulassung zum Studium oder die Aufnahme in einen studienvorbereitenden Deutschkurs oder in ein Studienkolleg nachzuweisen hat (vgl. § 82 Absatz 1). Die Gesamtaufenthaltszeit als Studienbewerber ist nach § 16 Absatz 1a Satz 2 auf höchstens neun Monate beschränkt. Diese Aufenthaltszeit als Studienbewerber vor Aufnahme einer studienvorbereitenden Maßnahme wird nicht auf die Aufenthaltszeit der studienvorbereitenden Maßnahmen wie Sprachkurse, Studienkollegs oder vorbereitende Praktika (siehe Nummer 16.0.5) angerechnet.

16.1 a.5 Die weitere Aufenthaltserlaubnis ist erst zu erteilen, wenn die Zulassung zur Ausbildungsstelle unter genauer Bezeichnung des beabsichtigten Studiums nachgewiesen ist. Hinsichtlich der Geltungsdauer siehe Nummer 16.1.1.5.

16.2 Wechsel des Aufenthaltszweckes

16.2.1 Die Beschränkung des § 16 Absatz 2 gilt nur in Fällen, in denen der Ausländer eine Aufenthaltserlaubnis nach § 16 besitzt. Nach § 16 Absatz 2 ist zu beurteilen, ob ein Regelfall oder ein Ausnahmefall vorliegt, der ein Abweichen von dem Regelversagungsgrund rechtfertigt. Ausnahmefälle sind durch einen außergewöhnlichen Geschehensablauf gekennzeichnet, der so bedeutsam ist, dass er das ansonsten ausschlaggebende Gewicht des gesetzlichen Regelversagungsgrundes beseitigt. Entsprechendes gilt, wenn der Versagung der Aufenthaltserlaubnis höherrangiges Recht entgegensteht, insbesondere die Versagung mit verfassungsrechtlichen Wertentscheidungen nicht vereinbar ist. Der Regelversagungsgrund greift lediglich vor der Ausreise des Ausländers ein.

16.2.2 Ein Zweckwechsel kommt beispielsweise nicht in Betracht, wenn der Ausländer die fachlichen Voraussetzungen für die Zulassung zu einer bestimmten Ausbildung oder einem bestimmten Studium noch nicht erfüllt (siehe auch Nummer 16.0.7). Eine Abweichung von § 16 Absatz 2 kommt in Betracht, wenn dies eine völkerrechtliche Vereinbarung erfordert. In diesem Falle kann die Aufenthaltserlaubnis ohne vorherige Ausreise bis zu der in der zwischenstaatlichen Vereinbarung vorgesehenen Beschäftigungsdauer verlängert werden.

16.2.3 Ist der ursprüngliche Aufenthaltszweck erfüllt oder weggefallen und begehrt der Ausländer die Erteilung einer Aufenthaltserlaubnis für einen anderen als nach § 16 Absatz 4 zugelassenen Aufenthaltszweck, ist die Erteilung einer Aufenthaltserlaubnis erst möglich, nachdem der Ausländer ausgereist ist. Ohne vorherige Ausreise ist ein unmittelbarer Wechsel des Aufenthaltszwecks ohnehin nur möglich, wenn der Ausländer (z. B. durch Eheschließung) einen gesetzlichen Anspruch auf Erteilung der Aufenthaltserlaubnis erworben hat, ihm die Ausreise unzumutbar ist (vgl. auch § 5 Absatz 2 Satz 2) oder er im Rahmen von § 41 AufenthV einen erforderlichen Aufenthaltstitel im Bundesgebiet einholen kann.

16.2.4 Der Inhalt des Aufenthaltszwecks wird grundsätzlich durch die Fachrichtung bestimmt. Der Zweck des Studiums ist in der Aufenthaltserlaubnis durch die Bezeichnung der Fachrichtung (Studiengang und ggf. Studienfächer) anzugeben.

16.2.5 Der Aufenthaltszweck wird bei einem Wechsel des Studienganges (z. B. Germanistik statt Romanistik) oder einem Wechsel des Studienfaches innerhalb desselben Studienganges (z. B. Haupt- oder Nebenfach Italienisch statt Französisch im Studiengang Romanistik) in den ersten 18 Monaten nach Beginn des Studiums nicht berührt. Ein späterer Studiengang- oder Studienfachwechsel kann im Rahmen der zu treffenden Ermessensentscheidung zugelassen werden, wenn das Studium innerhalb einer angemessenen Zeit abgeschlossen werden kann. Ein angemessener Zeitraum ist i. d. R. dann nicht mehr gegeben, wenn das Studium unter Berücksichtigung der bisherigen Studienleistungen und des dafür aufgewendeten Zeitbedarfs innerhalb einer Gesamtaufenthaltsdauer von zehn Jahren nicht abgeschlossen werden kann. Die vorstehenden Regelungen gelten für einen Wechsel zwischen verschiedenen Hochschularten entsprechend (z. B. Wechsel von einem Universitätsstudium zu einem Fachhochschulstudium in derselben Fachrichtung). Der Ausländer ist auf die mit dem Wechsel der Fachrichtung verbundenen Beschränkungen hinzuweisen. Wird ein Studium innerhalb kurzer Frist erfolgreich abgeschlossen, kann für ein weiteres Studium die Aufenthaltserlaubnis verlängert werden, wenn dadurch die Gesamtaufenthaltsdauer von zehn Jahren nicht überschritten wird.

16.2.6 Kein Fachrichtungswechsel, sondern lediglich eine Schwerpunktverlagerung im Rahmen des Studiums liegt vor, wenn

16.2.6.1 – sich aus den entsprechenden Ausbildungsbestimmungen ergibt, dass die betroffenen Studiengänge bis zum Wechsel identisch sind oder darin vorgeschrieben ist, dass die im zunächst durchgeführten Studiengang erbrachten Semester auf den anderen Studiengang voll angerechnet werden,

16.2.6.2 – der Ausländer eine Bescheinigung der zuständigen Stelle vorlegt, in der bestätigt wird, dass die im zunächst durchgeführten Studiengang verbrachten Semester auf den anderen Studiengang überwiegend angerechnet werden, oder

16.2.6.3 – wenn aus organisatorischen, das Studium betreffenden Gründen (z. B. Aufnahme nur zum Wintersemester) nach Ablauf der Studienvorbereitungsphase die Aufnahme des angestrebten Studiums nicht sofort möglich ist und daher die Zeit durch ein Studium in einem anderen Studiengang im Umfang von einem Semester überbrückt wird.

16.2.7 Abgesehen von den in Nummer 16.0.5 genannten Fällen stellt die sonstige Aufnahme einer zweiten Ausbildung oder die berufliche Weiterbildung nach Abschluss der ersten Ausbildung in Deutschland einen Wechsel des Aufenthaltszwecks dar. Soweit für diese zweite Ausbildung eine Aufenthaltserlaubnis nach § 16 Absatz 1 erteilt werden kann, kann auch die bestehende Aufenthaltserlaubnis für die zweite Ausbildung verlängert werden, wenn das Ausbildungsziel innerhalb einer Gesamtaufenthaltsdauer von zehn Jahren erreicht werden kann.

16.2.8 Hat sich der Ausländer bei Stipendienvergabe zur Rückkehr verpflichtet, ist die Aufnahme einer dauerhaften Beschäftigung ausgeschlossen, vgl. Nummer 16.4.5.

16.2.9 Während des Aufenthalts zum Zweck des Studiums (siehe Nummer 16.0.5) ist die Anwendung des § 9 ausgeschlossen.

16.3 Erwerbstätigkeit neben dem Studium

16.3.1 § 16 Absatz 3 regelt den Arbeitsmarktzugang

ausländischer Studenten während des Studiums. Die Erlaubnis zu den in Absatz 3 genannten Tätigkeiten ist kraft Gesetzes von der Aufenthaltserlaubnis mit erfasst. Eine separate Genehmigung der Bundesagentur für Arbeit ist nicht erforderlich. Die Tätigkeiten dürfen jedoch den Zweck „Studium" nicht gefährden.

16.3.2 Die durch den Aufenthaltstitel kraft Gesetzes eröffnete Möglichkeit berechtigt zur Beschäftigung an bis zu 90 Arbeitstagen oder 180 halben Arbeitstagen pro Jahr. Maßgeblich für die Berechnung der Jahresfrist ist das Kalenderjahr. Es ist keine Anteilsberechnung erforderlich, sofern der Aufenthaltstitel nicht das gesamte Kalenderjahr abdeckt. Als Beschäftigungszeiten werden auch im Fall, dass die Beschäftigung nicht über einen längeren Zeitraum verteilt erfolgt, sondern zusammenhängend z. B. in den Semesterferien ausgeübt wird, nur die Arbeitstage oder halben Arbeitstage angerechnet, an denen tatsächlich gearbeitet wurde. Über die Zeiten der erfolgten Beschäftigung ist in geeigneter Weise ein Nachweis zu führen. Berechnungsgrundlage für die Beschäftigung an halben Arbeitstagen ist die regelmäßige Arbeitszeit der weiteren Beschäftigten des Betriebes. Als halber Arbeitstag sind Beschäftigungen bis zu einer Höchstdauer von vier Stunden anzusehen, wenn die regelmäßige Arbeitszeit der weiteren Beschäftigten acht Stunden beträgt. Die Höchstdauer ist fünf Stunden, wenn die regelmäßige Arbeitszeit zehn Stunden beträgt.

16.3.3 Daneben ist ausländischen Studierenden die Möglichkeit eröffnet, ohne zeitliche Beschränkung studentische Nebentätigkeiten an der Hochschule oder an einer anderen wissenschaftlichen Einrichtung auszuüben. Zu den studentischen Nebentätigkeiten sind auch solche Beschäftigungen zu rechnen, die sich auf hochschulbezogene Tätigkeiten im fachlichen Zusammenhang mit dem Studium in hochschulnahen Organisationen (wie z. B. Tutoren in Wohnheimen der Studentenwerke, Tätigkeiten in der Beratungsarbeit der Hochschulgemeinden, der Asten und des World University Service) beschränken. Bei Abgrenzungsschwierigkeiten soll die Hochschule beteiligt werden.

16.3.4 Die zu verfügende Nebenbestimmung lautet:

„*Beschäftigung bis zu 90 Tage oder 180 halbe Tage im Jahr sowie Ausübung studentischer Nebentätigkeit gestattet.*"

16.3.5 Praktika, die vorgeschriebener Bestandteil des Studiums oder zur Erreichung des Ausbildungszieles nachweislich erforderlich sind, sind als zustimmungsfreie Beschäftigungen nach § 2 Absatz 2 Nummer 1 BeschV keine Beschäftigung i. S. v. Nummer 16.3.1 und 16.3.2. Sie werden entsprechend nicht auf die Beschäftigungszeit nach Nummer 16.3.2 angerechnet.

16.3.6 Sonstige empfohlene oder freiwillige Beschäftigungen, die als Praktika bezeichnet werden, kommen als zustimmungspflichtige Beschäftigungen im Rahmen von Nummer 16.3.7 in Betracht. Hospitationen bedürfen nicht der Zustimmung der Bundesagentur für Arbeit. Die Hospitation ist kein Beschäftigungsverhältnis und ist gekennzeichnet durch die Sammlung von Kenntnissen und Erfahrungen in einem Tätigkeitsbereich ohne zeitliche und inhaltliche Festlegung und ohne rechtliche und tatsächliche Eingliederung in den Betrieb. Aufschluss kann der Praktikums-/Hospitationsvertrag geben.

16.3.7 Eine über die gesetzlich bereits vorgesehenen Beschäftigungsmöglichkeiten hinausgehende längerfristige Erwerbstätigkeit (z. B. ganzjährig) kann als Teilzeit nur zugelassen werden, wenn dadurch der auf das Studium beschränkte Aufenthaltszweck nicht verändert und die Erreichung dieses Zwecks nicht gefährdet oder verzögert wird (vgl. § 16 Absatz 1 Satz 5 2. Halbsatz). Dies ist anzunehmen, wenn die Erwerbseinkünfte nach Abzug der Werbungskosten die in § 23 Absatz 1 BAföG genannten Beträge nicht übersteigen. Durch die Zulassung einer Erwerbstätigkeit darf ein Wechsel des Aufenthaltszwecks i. S. v. § 16 Absatz 2 nicht vor Abschluss des Studiums ermöglicht werden. Ansonsten handelt es sich um eine Unterbrechung des Studiums. Die Zulassung dieser Beschäftigung wird durch Nebenbestimmung im Ermessenswege gesteuert und bedarf der Zustimmung der Bundesagentur für Arbeit, soweit sie nicht nach §§ 2 bis 15 BeschV zustimmungsfrei ist.

16.3.8 Die Zulassung einer über die gesetzlich bereits vorgesehenen Beschäftigungsmöglichkeiten hinausgehenden Beschäftigung kommt auch dann in Betracht, wenn die Sicherung des Lebensunterhalts des Ausländers durch Umstände gefährdet ist, die er und seine Unterhalt leistenden oder hierzu rechtlich verpflichteten Angehörigen nicht zu vertreten haben und das Studium unter Berücksichtigung der besonderen Schwierigkeiten, die Ausländern bei der Aufnahme und Durchführung eines Studiums entstehen können, bisher zielstrebig durchgeführt worden ist und nach der Bestätigung der Hochschule daher von einem erfolgreichen Abschluss ausgegangen werden kann. Im Übrigen hat die Ausländerbehörde zu prüfen, ob einer Verlängerung der Aufenthaltserlaubnis das Fehlen der Regelerteilungsvoraussetzung des § 5 Absatz 1 Nummer 1 entgegensteht oder ob eine nachträgliche Befristung der Aufenthaltserlaubnis gemäß § 7 Absatz 2 in Betracht kommt.

16.3.9 Im Hinblick auf die Zweckbindung des Aufenthalts und zur Vermeidung eines Zweckwechsels nach § 16 Absatz 2 ist der Ausländer mit der Änderung der Nebenbestimmung zur Ausübung einer Beschäftigung aktenkundig darauf hinzuweisen, dass die Beschäftigung nur zur Sicherung des Lebensunterhalts bis zur Beendigung des Studiums ermöglicht worden ist.

16.3.10 Eine Beschäftigung während des Aufenthalts zur Studienbewerbung sowie im ersten Jahr des Aufenthalts während vorbereitender Sprachkurse oder Studienkollegs außerhalb der Ferien ist durch Nebenbestimmung auszuschließen. Aufenthaltszeiten der Studienbewerbung werden nicht auf die Jahresfrist angerechnet. Studenten, die ohne studienvorbereitende Maßnahmen unmittelbar nach der Einreise das Studium aufnehmen, unterliegen diesen Beschränkungen nicht.

16.3.11 Im Hinblick auf das Urteil des Europäischen Gerichtshofs vom 24. Januar 2008 (Rs. C-294/06 – Payir u. a.) ist bei türkischen Staatsangehörigen, die auf der Grundlage des § 16 Absatz 3 Satz 1 einer Beschäftigung nachgehen, zu prüfen, ob sie die Voraussetzungen des Artikel 6 ARB 1/80 erfüllen und daher nur den beschäftigungsrechtlichen Beschränkungen des Artikels 6 ARB 1/80 – nicht aber denen des § 16 Absatz 3 – unterliegen. Diese Voraussetzungen können erfüllt sein, wenn

– der Zeitraum der Beschäftigung bei dem gleichen Arbeitgeber sich auf mindestens ein Jahr beläuft,
– das Arbeitsverhältnis nicht nur formal ununterbrochen für die Dauer von mindestens einem Jahr bestand, sondern auch tatsächlich die Arbeitsleistung kontinuierlich erbracht wurde und nicht etwa für drei Monate oder länger unterbrochen war,

Grundsatz des Aufenthalts zum Zweck der Ausbildung § 16 AufenthG 1

– die durch den Ausländer ausgeübte Tätigkeit einen zeitlichen und wirtschaftlichen Umfang hatte, nach dem sie sich nicht als völlig untergeordnet und unwesentlich darstellt und
– nicht bereits die Entscheidung, einen Antrag auf Aufenthalt zum Zweck der Ausbildung zu stellen, von der Überlegung geprägt war, die Rechtsvorschriften des Aufenthalts zum Zweck der Erwerbstätigkeit zu umgehen und schrittweise einen Anspruch auf unbeschränkten Zugang zum deutschen Arbeitsmarkt zu erlangen.

16.3.12 Die Regelungen zur gesetzlich erlaubten Beschäftigung sowie die weiteren beschäftigungsrechtlichen Bestimmungen des Aufenthaltsgesetzes und der BeschV sowie der BeschVerfV werden mit § 52 Absatz 3 Nummer 1 ergänzt die Möglichkeit, die Aufenthaltserlaubnis bei Ausübung einer Erwerbstätigkeit ohne erforderliche Erlaubnis nach Ermessen zu widerrufen (siehe Nummer 52.3.1).

16.4 Arbeitsplatzsuche und Aufnahme einer Erwerbstätigkeit nach Abschluss des Studiums

16.4.1 Absatz 4 eröffnet neben den Möglichkeiten eines sich unmittelbar anschließenden Aufenthalts zum Zweck der Erwerbstätigkeit nach §§ 18 bis 21 die Option, dem Studienabsolventen durch Verlängerung der Aufenthaltserlaubnis ausreichend Zeit für die Suche eines seiner Qualifikation angemessenen Arbeitsplatzes einzuräumen.

16.4.2 Dazu kann nach Abschluss des Studiums die Aufenthaltserlaubnis um bis zu ein Jahr verlängert werden. Zum maßgeblichen Zeitpunkt für die Beendigung des Studiums siehe Nummer 16.0.5. Die allgemeinen Erteilungsvoraussetzungen nach § 5, insbesondere die Sicherung des Lebensunterhalts, müssen vorliegen. Mit der Verlängerung der Aufenthaltserlaubnis tritt ein Aufenthaltszweckwechsel vom Aufenthalt nach § 16 Absatz 1 zum Aufenthalt nach § 16 Absatz 4 ein (siehe auch Nummer 7.1.1.1.1). Zustimmungsfreie Beschäftigungen sind im Jahr der Arbeitsuche im Rahmen des § 16 Absatz 3 erlaubt. Soweit hochschulrechtliche Bestimmungen nicht entgegenstehen, ist die Möglichkeit eröffnet, studentische Nebentätigkeiten an der Hochschule oder einer anderen wissenschaftlichen Einrichtung ohne zeitliche Beschränkung auszuüben. Darüber hinausgehende Beschäftigungen unterliegen der Zustimmungspflicht durch die Bundesagentur für Arbeit. Eine selbständige Tätigkeit kann im Rahmen von § 21 Absatz 6 durch die Ausländerbehörde erlaubt werden. Soweit kein zustimmungspflichtiges Beschäftigungsverhältnis besteht, lautet die Nebenbestimmung:

„*Beschäftigung bis zu 90 Tage oder 180 halbe Tage im Jahr*
sowie Ausübung studentischer Nebentätigkeit gestattet. Weitere
Erwerbstätigkeit nur mit Erlaubnis der Ausländerbehörde."

Bei türkischen Staatsangehörigen sind die Regelungen des Artikels 6 ARB 1/80 zu beachten (vgl. Nummer 16.3.11).

16.4.3 Soweit der Studienabsolvent in dieser Zeit die Aufnahme einer über den gesetzlichen Rahmen von § 16 Absatz 3 hinausgehenden Beschäftigung beabsichtigt, ist dazu die Zustimmung der Bundesagentur für Arbeit erforderlich. Mit der Aufnahme einer Beschäftigung, die lediglich der Sicherung des Lebensunterhalts während des Zeitraumes zur Suche eines der Qualifikation angemessenen Arbeitsplatzes dient, erfolgt kein Aufenthaltszweckwechsel von § 16 Absatz 4 nach § 18. Sie kann ggf. mit Zustimmung der Bundesagentur für Arbeit erlaubt werden. Die mit der Zustimmung der Bundesagentur für Arbeit verbundenen Vorgaben sind als Nebenbestimmung zu übernehmen.

16.4.4 Für die Aufnahme einer selbstständigen Erwerbstätigkeit kann bei Vorliegen der Voraussetzungen des § 21 eine Aufenthaltserlaubnis erteilt werden. Hat der Studienabsolvent einen seiner Qualifikation angemessenen Arbeitsplatz gefunden oder liegen die Voraussetzungen zur Aufnahme einer selbständigen Erwerbstätigkeit vor, so kann eine Aufenthaltserlaubnis nach § 18 i. V. m. beispielsweise § 27 Satz 1 Nummer 3 BeschV oder nach § 21 oder eine Niederlassungserlaubnis nach § 19 erteilt werden, wenn die dazu erforderlichen Voraussetzungen vorliegen. Hiermit ist ein Aufenthaltszweckwechsel verbunden. Der neue Aufenthaltszweck ist in dem erteilten Aufenthaltstitel zu vermerken.

16.4.5 Wurde der Aufenthalt durch Stipendien finanziert und hat sich der Geförderte verpflichtet, nach Abschluss der Ausbildung in seinen Heimatstaat zurückzukehren, soll nach erfolgreichem Abschluss einer Ausbildung in Deutschland keine Aufenthaltserlaubnis nach § 16 Absatz 4 erteilt werden. Eine befristete praktische berufliche Tätigkeit in der erworbenen Qualifikation von höchstens zwei Jahren kann zugelassen werden, um die späteren Einsatzmöglichkeiten im jeweiligen Herkunftsland zu verbessern. Die Verlängerbarkeit der Aufenthaltserlaubnis ist in diesen Fällen nach § 8 Absatz 2 auszuschließen.

16.5 Aufenthaltserlaubnisse zur Teilnahme an Sprachkursen und zum Schulbesuch

16.5.1 Aufenthaltserlaubnisse zur Teilnahme an Sprachkursen

16.5.1.1 Eine Aufenthaltserlaubnis zum Erlernen der deutschen Sprache wird nur für die Teilnahme an einem Intensivsprachkurs erteilt. Ein Intensivsprachkurs setzt voraus, dass seine Dauer von vornherein zeitlich begrenzt ist (vgl. Nummer 7.2.1), i. d. R. täglichen Unterricht (mindestens 18 Unterrichtsstunden pro Woche) umfasst und auf den Erwerb umfassender deutscher Sprachkenntnisse gerichtet ist. Abend- und Wochenendkurse erfüllen diese Voraussetzungen nicht.

16.5.1.2 Eine Aufenthaltserlaubnis zur Teilnahme an einem Intensivsprachkurs soll Ausländern erteilt werden, die lediglich den Erwerb von deutschen Sprachkenntnissen anstreben, wenn sie über ausreichende Mittel für ihren Lebensunterhalt während ihres voraussichtlichen Aufenthalts im Bundesgebiet verfügen (vgl. auch § 5 Absatz 1); eine Verpflichtung nach § 68 reicht aus.

16.5.1.3 Ist das Ausbildungsziel nach Ablauf der Geltungsdauer der Aufenthaltserlaubnis noch nicht erreicht und besteht aufgrund vorliegender Unterlagen der Bildungseinrichtung die Aussicht, dass es noch erreicht werden kann, soll die Aufenthaltserlaubnis längstens bis zur Gesamtgeltungsdauer von zwölf Monaten verlängert werden.

16.5.1.4 § 16 Absatz 3 und 4 finden keine Anwendung. Eine Erwerbstätigkeit während eines Intensivsprachkurses kann während der Ferien nach Zustimmung der Bundesagentur für Arbeit gestattet werden.

16.5.1.5 Das Visum bzw. die Aufenthaltserlaubnis ist mit folgender Nebenbestimmung zu versehen:

„*Aufenthaltserlaubnis berechtigt nur zur Teilnahme an einem Sprachkurs der ....schule. Erwerbstätigkeit nur mit Erlaubnis der Ausländerbehörde.*"

16.5.1.6 § 16 Absatz 2 gilt mit der Wirkung entsprechend, dass nach Beendigung von Sprachkursen, die für die Aufnahme einer Beschäftigung oder anderen, nicht von § 16 Absatz 1 erfassten Aus- oder Weiterbildung erforderlich sind, die zweckentsprechende Aufenthaltserlaubnis ohne vorherige Ausreise erteilt werden kann.

Samel

1 AufenthG § 16   Erster Teil. Aufenthaltsgesetz

16.5.2 Aufenthaltserlaubnisse zum Schulbesuch

16.5.2.1 Im Allgemeinen können Aufenthaltserlaubnisse zum Schulbesuch (z. B. allgemeinbildende Schulen) nicht erlaubt werden. Dies gilt insbesondere, wenn die Einreise zum Zweck des Schulbesuchs erfolgen soll oder wenn nicht die Eltern des ausländischen Schülers, sondern nur Verwandte im Bundesgebiet leben und sich ein Aufenthaltsrecht auch nicht aus einem anderen Rechtsgrund ergibt. Die Teilnahme am Schulunterricht begründet kein Aufenthaltsrecht.

16.5.2.2 Nach Absatz 5 kann eine Aufenthaltserlaubnis zur Teilnahme am Schulbesuch nur in Ausnahmefällen erteilt werden. Wenn der Lebensunterhalt und entstehende Ausbildungskosten des ausländischen Schülers z. B. durch Zahlungen der Eltern gesichert sind und die Rückkehrbereitschaft im Anschluss an die Schulausbildung sichergestellt ist, können Ausnahmen nur in Betracht kommen, wenn

16.5.2.2.1 – es sich um Schüler handelt, die die Staatsangehörigkeit von Andorra, Australien, Israel, Japan, Kanada, der Republik Korea, von Monaco, Neuseeland, San Marino, der Schweiz oder der Vereinigten Staaten von Amerika besitzen (vgl. § 41 AufenthV) oder die als deutsche Volkszugehörige einen Aufnahmebescheid nach dem BVFG besitzen und wenn eine Aufnahmezusage der Schule vorliegt oder

16.5.2.2.2 – im Rahmen eines zeitlich begrenzten Schüleraustausches der Austausch mit einer deutschen Schule oder einer sonstigen öffentlichen Stelle in Zusammenarbeit mit einer Schule oder öffentlichen Stelle in einem anderen Staat oder einer Schüleraustauschorganisation oder einem Träger der freien Jugendhilfe vereinbart worden ist oder

16.5.2.2.3 – es sich bei der Schule um eine öffentliche oder staatlich anerkannte Schule mit internationaler Ausrichtung handelt oder

16.5.2.2.4 – es sich um eine Schule handelt, die nicht oder nicht überwiegend aus öffentlichen Mitteln finanziert wird, die Schüler auf internationale Abschlüsse, Abschlüsse anderer Staaten oder staatlich anerkannte Abschlüsse vorbereitet und insbesondere bei Internatsschulen eine Zusammensetzung aus Schülern verschiedener Staatsangehörigkeiten gewährleistet.

16.5.2.3 Die Erteilung einer Aufenthaltserlaubnis zum Besuch einer Schule nach Nummer 16.5.2.2.3 und 16.5.2.2.4 kommt i. d. R. nur ab der 9. Klassenstufe in Betracht. An Staatsangehörige von Staaten, bei denen die Rückführung eigener Staatsangehöriger auf Schwierigkeiten stößt, kann die Aufenthaltserlaubnis nur erteilt werden, wenn darüber hinaus

16.5.2.3.1 – die Schule die Schüler zur Hochschulreife oder einem vergleichbaren Abschluss führt,

16.5.2.3.2 – die Schüler grundsätzlich in einem zur Schule gehörenden Internat untergebracht werden,

16.5.2.3.3 – der Anteil der ausländischen Schüler je Staatsangehörigkeit der Staaten, mit denen Rückführungsschwierigkeiten bestehen, 20 Prozent je Schulklasse nicht überschreitet und

16.5.2.3.4 – die Schule oder eine andere Person, die im Bundesgebiet lebt, i. d. R. für diese Schüler eine Verpflichtungserklärung nach § 68 abgibt.

16.5.2.4 Schulen i. S. d. Nummer 16.5.2.2.3 sind insbesondere öffentliche Schulen oder staatlich anerkannte Ersatzschulen in privater Trägerschaft, die bilinguale Bildungsgänge oder Bildungsgänge mit einem deutschen und einem ausländischen Abschluss anbieten.

16.5.2.5 Zu den Schulen i. S. d. Nummer 16.5.2.2.4 zählen die in verschiedenen Formen ausgestalteten Ergänzungsschulen, die auf die staatliche Nichtschülerprüfung vorbereiten oder z. B. zum Erwerb des „International General Certificate of Secondary Education" (IGCSE), von High-School-Diplomen (AP-Prüfung) oder des International Baccalaureate führen. Die Schulen müssen grundsätzlich eine Zusammensetzung aus Schülern verschiedener Staatsangehörigkeiten gewährleisten. Ausnahmen kommen bei den so genannten Botschaftsschulen in Betracht. Da die Ergänzungsschulen keiner staatlichen Schulaufsicht unterliegen, die zu einer internationalen Schülerschaft verpflichten könnte, kann eine Steuerung nur über die Erteilung von Aufenthaltserlaubnissen erfolgen.

16.5.2.6 Zu den Aufenthaltszwecken des § 16 Absatz 5 zählen auch berufliche Bildungsmaßnahmen, die nicht einem Studium nach § 16 Absatz 1 oder einer betrieblichen Ausbildung i. S. v. § 17 entsprechen. Zu diesen Maßnahmen sind Ausbildungen in vorwiegend fachtheoretischer Form zu zählen, die nach bundes- oder landesrechtlichen Regelungen zu einem staatlichen Berufsabschluss führen. Die Erteilung der Aufenthaltserlaubnis kommt grundsätzlich nur dann in Betracht, wenn sich der Bildungsgang bei dem Bildungsträger nicht ausschließlich an Staatsangehörige eines Staates richtet. Die Länder können bestimmen, dass Ausnahmen von Satz 2 und 3 der Billigung der obersten Landesbehörde obliegen. Berufliche Praktika, die vorgeschriebener Bestandteil der Ausbildung sind, bedürfen nach § 2 Absatz 2 Nummer 1 BeschV nicht der Zustimmung der Bundesagentur für Arbeit.

16.5.2.7 Von den Regelungen der Nummer 16.5.2.3 bis 16.5.2.6 ausgenommen sind bilaterale oder multilaterale Vereinbarungen der Bundesländer mit einer öffentlichen Stelle in einem anderen Staat über den Besuch ausländischer Schüler an inländischen staatlich öffentlichen Schulen. Aufenthaltserlaubnisse zur Teilnahme am Schulbesuch können aufgrund solcher Vereinbarungen nur erteilt werden, wenn die für das Aufenthaltsrecht zuständige oberste Landesbehörde der Vereinbarung zugestimmt hat. Die Zustimmung der obersten Landesbehörde ist auch erforderlich für außergewöhnliche Einzelfälle, die von Nummer 16.5.2.2 bis 16.5.2.6 nicht erfasst sind.

16.6 Aufenthaltserlaubnis zur Fortsetzung eines in einem anderen EU-Mitgliedstaat begonnenen Studiums

16.6.1 Mit § 16 Absatz 6 werden die Mobilitätsvorschriften des Artikels 8 Studentenrichtlinie umgesetzt. Studenten i. S. d. Richtlinie sind Drittstaatsangehörige, die von einer höheren Bildungseinrichtung angenommen und in das Hoheitsgebiet eines Mitgliedstaats zugelassen wurden, um als Haupttätigkeit ein Vollzeitstudienprogramm zu absolvieren, das zu einem vom Mitgliedstaat anerkannten höheren Abschluss wie einem Diplom, Zertifikat oder Doktorgrad von höheren Bildungseinrichtungen führt, einschließlich Vorbereitungskursen für diese Studien gemäß dem einzelstaatlichen Recht. Studenten mit einem Aufenthaltstitel für einen anderen Zweck (z. B. Familiennachzug) sind demnach ebenso wenig begünstigt wie Ausländer mit einem Aufenthaltstitel zum Zweck des Studiums, der anderweitig genutzt wird. Die Anwendung dieser Mobilitätsregelungen setzt voraus, dass der Student bereits in einem Mitgliedstaat der EU einen Aufenthaltstitel als Student besitzt. Die Mobilitätsregelungen zur Einreise nach Deutschland finden keine Anwendung auf Drittstaatsangehörige, die in Großbritannien, Irland oder Dänemark studieren. Da § 16 Absatz 6 keine spezielle Vorschrift zur Befristung der Aufenthaltserlaubnis und zur Beschäftigung enthält, finden die allgemeinen diesbezüglichen Regelungen Anwendung. Auf die Erteilung der erforderlichen Aufenthaltserlaubnis zum Zweck des Studiums im Rahmen der Mobilitätsregelungen besteht ein Anspruch. Zur Erfüllung des Erteilungsanspruchs sind zwei verschiedene Fallgruppen zu unterscheiden, die in § 16 Absatz 6 Satz 1 Nummer 1 und 2 entsprechend Artikel 8 Studentenrichtlinie benannt sind.

Grundsatz des Aufenthalts zum Zweck der Ausbildung   § 16 AufenthG 1

16.6.2.1 § 16 Absatz 6 Satz 1 Nummer 1 erfasst die Fälle nach Artikel 8 Absatz 2 Studentenrichtlinie. Ist der Studierende verpflichtet, im Rahmen seines Studienprogramms einen Teil seiner Ausbildung an einer Bildungseinrichtung eines anderen Mitgliedstaates der EU durchzuführen, besteht der Anspruch auf Erteilung der Aufenthaltserlaubnis bereits auf Grund dieser Verpflichtung. Nach Artikel 8 Absatz 2 der Studentenrichtlinie sind weitere Erteilungsvoraussetzungen, insbesondere i. S. d. §§ 5, 16 Absatz 1, nicht zu erfüllen. Notwendige Informationen zur Prüfung der Voraussetzungen zur Erteilung einer Aufenthaltserlaubnis nach § 16 Absatz 6 können die Ausländerbehörden und Auslandsvertretungen nach § 91d Absatz 2 auch über die nationale Kontaktstelle im Bundesamt für Migration und Flüchtlinge einholen.

16.6.2.2 Von § 16 Absatz 6 Satz 1 Nummer 2 werden die Fälle nach Artikel 8 Absatz 1 Studentenrichtlinie erfasst. Im Gegensatz zu den Fällen des § 16 Absatz 6 Nummer 1 handelt es sich hier nicht um eine Verpflichtung zur Mobilität, die sich zwingend aus dem Studienprogramm ergibt, sondern um eine freiwillige Mobilität. Zu unterscheiden ist hierbei zwischen der Teilnahme an einem Austauschprogramm zwischen Mitgliedstaaten der EU oder einem Austauschprogramm der EU (§ 16 Absatz 6 Satz 1 Nummer 2 Buchstabe a) und der Fortführung oder Ergänzung des Studiums außerhalb dieser Programme unter der Voraussetzung, dass der Studierende in einem anderen Mitgliedstaat von einer Hochschule oder einer vergleichbaren Ausbildungseinrichtung für die Dauer von mindestens zwei Jahren zum Studium zugelassen wurde (§ 16 Absatz 6 Satz 1 Nummer 2 Buchstabe b). Im Gegensatz zu § 16 Absatz 6 Satz 1 Nummer 1 gelten für den Studierenden auch die allgemeinen Erteilungsvoraussetzungen nach § 5. Ergänzend können nach § 91d Absatz 2 weitere Informationen über die nationale Kontaktstelle im Bundesamt für Migration und Flüchtlinge eingeholt werden.

16.7 Zustimmung der Personensorgeberechtigten

§ 16 Absatz 7 dient der Umsetzung des zwingenden Erfordernisses des Einverständnisses der erziehungsberechtigten Personen mit dem Aufenthalt Minderjähriger, das Artikel 6 Absatz 1 Buchstabe b) der Studentenrichtlinie vorsieht. Eine Erlaubnis der zur Personensorge allein berechtigten Person kann auch durch eine gerichtliche Entscheidung ersetzt werden.

AVwV zu § 17 aF

17.1 Die Vorschrift regelt die Erteilung einer Aufenthaltserlaubnis zum Zweck der betrieblichen Aus- und Weiterbildung. Die Erteilung ist von der Zustimmung der Bundesagentur für Arbeit abhängig (siehe Nummer 39.3), soweit die BeschV nicht die zustimmungsfreie Aufnahme der Ausbildung oder Weiterbildung vorsieht.

17.1.1 Zustimmungspflichtige Ausbildungszwecke

17.1.1.1 Ausländern kann generell nach § 17 zu betrieblichen Erstausbildungen sowie zu Beschäftigungen zur Weiterbildung (Praktika) eine Aufenthaltserlaubnis erteilt werden, wenn die Arbeitsverwaltung nach Prüfung der Auswirkungen auf die Ausbildungs- und Arbeitsmarktsituation im Einzelfall gemäß § 39 zugestimmt hat, soweit die Beschäftigung nicht nach der BeschV zustimmungsfrei ist. Beschränkungen der Zustimmung der Bundesagentur für Arbeit sind in die Aufenthaltserlaubnis zu übernehmen. Wird die Ausbildung im Rahmen eines entwicklungspolitischen Programms finanziell gefördert, ist die Aufenthaltserlaubnis mit einer Nebenbestimmung gemäß § 8 Absatz 2 zu versehen.

17.1.1.2 Die Aufenthaltserlaubnis wird für zwei Jahre erteilt. Beträgt die Aus- oder Weiterbildung weniger als zwei Jahre, wird die Aufenthaltserlaubnis auf die Dauer der Aus- oder Weiterbildung befristet. Die Aufenthaltserlaubnis kann bei Fortbestehen des Ausbildungsverhältnisses bis zum voraussichtlichen Abschluss der Ausbildung verlängert werden.

17.1.1.3 Ein Wechsel des Aufenthaltszwecks ist während der Zeit der Ausbildung außer in den Fällen, in denen ein Anspruch auf Erteilung einer Aufenthaltserlaubnis entstanden ist, nicht zuzulassen. Nach Abschluss der Ausbildung kann eine Aufenthaltserlaubnis für eine Beschäftigung nach § 18 mit Zustimmung der Bundesagentur für Arbeit grundsätzlich nur erteilt werden, soweit die Aufnahme der Beschäftigung nach der BeschV zugelassen ist und die Verlängerung der Aufenthaltserlaubnis nicht nach § 8 Absatz 2 durch Nebenbestimmung ausgeschlossen wurde (Nummer 17.1.1.1 Satz 3). Eine Ausnahme bilden Absolventen deutscher Auslandsschulen, die hier eine Berufsausbildung abgeschlossen haben. Ihnen kann die Aufenthaltserlaubnis nach § 18 i. V. m. § 27 Satz 1 Nummer 4 BeschV erteilt werden.

17.1.2 Zustimmungsfreie Ausbildungszwecke

17.1.2.1 Die Erteilung einer Aufenthaltserlaubnis zum Zweck der Aus- und Weiterbildung ohne Zustimmung der Arbeitsverwaltung ist nach § 2 Absatz 1, Absatz 2 Nummer 2 bis 4 und Absatz 3 BeschV vorgesehen.

17.1.2.1.1 – bei Absolventen deutscher Auslandsschulen zum Zweck einer qualifizierten betrieblichen Ausbildung in einem staatlich anerkannten oder vergleichbar geregelten Ausbildungsberuf i. S. v. § 25 BeschV;

17.1.2.1.2 – im Rahmen eines von der Europäischen Union finanziell geförderten Programms. Dies sind z. B. die Programme im Rahmen des PROGRAMMS FÜR LEBENSLANGES LERNEN wie z. B. ERASMUS MUNDUS und LEONARDO DAVINCI oder die Programme PHARE, TACIS und MARIE CURIE. Der Ausländer hat durch Unterlagen der für das Programm verantwortlichen Stellen nachzuweisen, dass die Beschäftigung auf der Grundlage eines von der Europäischen Union finanziell geförderten Programms erfolgt;

17.1.2.1.3 – bis zu einem Jahr im Rahmen eines nachgewiesenen internationalen Austauschprogramms von Verbänden und öffentlichrechtlichen Einrichtungen oder studentischen Organisationen im Einvernehmen mit der Bundesagentur für Arbeit. Innerhalb der Bundesagentur für Arbeit wird das Einvernehmen von der Zentralen Auslandsund Fachvermittlung (ZAV) erteilt. Die Praktikumsdauer beträgt längstens ein Jahr; das Praktikum kann auch in mehreren Teilen durchgeführt werden, wenn dies von vornherein zur Erreichung des Weiterbildungszieles vorgesehen war und die Gesamtdauer von einem Jahr nicht überschritten wird. Die das Austauschprogramm durchführende Einrichtung muss im Visumverfahren über Art und Umfang des Programms informieren. Insbesondere muss aus dem Programm der Austauschcharakter hervorgehen. Als Verbände, öffentliche Einrichtungen oder studentische Organisationen kommen z. B. in Betracht:

– Deutscher Bauernverband,
– Zentrale für Auslands- und Fachvermittlung (ZAV),
– DAAD, AIESEC, COUNS IL,
– sonstige gemeinnützige Institutionen für internationale Bildungszusammenarbeit, z. B. InWEnt;

17.1.2.1.4 – an Fach- und Führungskräfte, die ein Stipendium aus öffentlichen deutschen Mitteln, Mitteln der Europäischen Union oder Internationaler Organisationen (z. B. WHO, Weltbank) erhalten (Regierungspraktikanten) oder bei im Ausland beschäftigten Fachkräften eines international tätigen Konzern oder Unternehmens, die bis zu drei Monate innerhalb eines Jahres im inländischen Konzern- oder Unternehmensteil weitergebildet werden.
17.1.2.1.4.1 Eine Fachkraft ist ein ausländischer Arbeitnehmer, der über eine abgeschlossene Berufsausbildung oder über eine mindestens sechsjährige einschlägige Berufserfahrung verfügt.
17.1.2.1.4.2 Führungskräfte sind Personen, die über ein abgeschlossenes Hochschulstudium (z. B. Bachelor, Master) oder einen vergleichbaren Abschluss verfügen.
17.1.2.1.4.3 Der Nachweis der öffentlichen Mittel wird über die Stipendienzusage des Geldgebers (Programmträger können sein: Bund, Länder, Kommunen) geführt. Aus dem Bescheid muss erkennbar sein, dass die Zuwendungen zur beruflichen Aus- und Weiterbildung vorgesehen sind. Von einem Stipendium aus öffentlichen Mitteln ist auszugehen, wenn mindestens 25 Prozent der Gesamtförderung von öffentlicher Hand getragen wird.
17.1.2.2 Bei der Erteilung der Aufenthaltserlaubnis ist als Nebenbestimmung der Befreiungstatbestand nach § 2 BeschV zu bezeichnen. Die Nebenbestimmung lautet:
„*Beschäftigung nur gemäß § 2 Absatz ... BeschV gestattet.*
Selbständige Erwerbstätigkeit gestattet/nicht gestattet."
17.1.2.3 Die Befristung der Aufenthaltserlaubnis ergibt sich aus dem zu Grunde liegenden Programm. Die Aufenthaltserlaubnis von Regierungspraktikanten wird auf den Zeitraum des Stipendiums befristet.
17.1.2.4 Die Ausübung einer weiteren zustimmungsfreien Beschäftigung ist ausgeschlossen.
17.2 Eine Verlängerung der Aufenthaltserlaubnis im Rahmen des § 17 über den Zeitraum der Aus- oder Weiterbildung hinaus ist bei der Erteilung bzw. letzten Verlängerung der Aufenthaltserlaubnis auszuschließen (§ 8 Absatz 2).

I. Entstehungsgeschichte

1 Die den Aufenthalt zum Zwecke von Studium, Schule und Ausbildung regelnden Vorschriften des AufenthG haben einen vielfältigen Wandel und Anpassungen erfahren. Nach dem ursprünglichen **Gesetzesentwurf** zum ZuwG[1] wurde die Aufenthaltserlaubnis zu Studienzwecken während des Vermittlungsverfahrens wie folgt geändert[2]: Einfügung von S. 2 in Abs. 2 und Neufassung von Abs. 4. MWv 18.3.2005 wurde der S. 2 in Abs. 4 angefügt[3]. Mit dem **RLUmsG 2007**[4] wurde Abs. 1 ergänzt und in Abs. 1 und 1a aufgeteilt sowie Abs. 3 und 4 geändert. Diese Änderungen, durch die die Anwendung des § 16 restriktiver ausgestaltet wurde, beruhen zT auf – nicht in allen Fällen zwingenden – Regelungen der **Studenten-RL**[5], zT auf dem Erschrecken darüber, dass es zwei libanesische Studenten waren, die am 31.7.2006 in Düsseldorf das „Kofferbombenattentat" versucht hatten. Daraus resultierte die – grundsätzlich richtlinienkonforme – Einführung der Möglichkeit, die Aufenthaltserlaubnis für studienvorbereitende Maßnahmen und auch für das Studium selbst auf ein Jahr zu befristen (vorher in der Regel zwei Jahre für das Studium), die nach der Gesetzesbegründung insbesondere für Staatsangehörige der konsultationspflichtigen Staaten in Betracht kommt. Die bereits erfolgte Zulassung zum Studium als Voraussetzung für die Erteilung der Aufenthaltserlaubnis sowie das Erfordernis ausreichender Sprachkenntnisse waren dagegen der Richtlinie geschuldet. Die Kann-Bestimmung wurde von Deutschland in zwingendes nationales Recht umgesetzt. Eine weitere wichtige Änderung bestand in der Einräumung der Möglichkeit für erfolgreiche Absolventen, in der einjährigen Suchphase nach Abs. 4 ohne Genehmigung arbeiten zu dürfen. Mit den Abs. 6 und 7 wurden zwingende Regelungen der Studenten-RL umgesetzt, wobei der Umstand, dass ein Minderjähriger für ein Studium im Ausland die Zustimmung seiner Eltern benötigt, aufgrund der deutschen Besonderheit, dass bis zum 31.10.2015[6] gemäß § 80 I Ausländer über 16 Jahren aufenthaltsrechtlich als handlungsfähig galten[7], erforderlich war[8]. **Nicht umgesetzt** wurden die nach Art. 3 **fakultativen Regelungen** der Studenten-RL, nach denen die Mitgliedstaaten auch Regelungen für drittstaatsangehörige Schüler, nicht bezahlte Auszubildende und Teilnehmer an Freiwilligendiensten[9] einführen können. Mit dem HQRLUmsG[10] wurden die Beschäftigungsmöglichkeiten für Studierende erweitert, die „Suchphase" nach Abs. 4 von einem auf 18 Monate verlängert sowie die Abs. 5a und 5b eingefügt, um Schüler berufsbildender Schulen hinsichtlich einer Beschäftigung während der Ausbildung sowie der Suche nach einer adäquaten Beschäftigung nach Abschluss der Ausbildung Studierenden gleichzustellen. MWv 6.9.2013 wurde die Teilnahme an einem Schüleraustausch in Abs. 5 aufgenommen[11]. Mit dem

---
[1] BT-Drs. 15/420, 11.
[2] BT-Drs. 15/3479, 3 f.
[3] Art. 1 Nr. 2a ÄndG v. 14.3.2005, BGBl. I S. 721.
[4] Gesetz v. 19.8.2007, BGBl. I S. 1970.
[5] RL 2004/114/EG des Rates v. 13.12.2004, ABl. 2004 L 375, S. 12.
[6] → § 80 Rn. 1.
[7] → § 80 Rn. 2.
[8] BT-Drs. 16/5065, 166; → Rn. 15.
[9] Vgl. nunmehr § 18d.
[10] Gesetz zur Umsetzung der HQRL der EU v. 1.6.2012, BGBl. I S. 1224. GesEntw der Bundesregierung mit Begr. BT-Drs. 17/8682, Beschlussempfehlung und Bericht des Innenausschusses mit erheblichen Änderungen gegenüber RegE, BT-Drs. 17/9436.
[11] Gesetz v. 29.8.2013, BGBl. I S. 3484.

Grundsatz des Aufenthalts zum Zweck der Ausbildung § 16 AufenthG 1

RLUmsG 2017[12] wurde die **REST-RL**[13] (die mWv 24.5.2018[14] die Studenten-RL ersetzt) umgesetzt. Die bisher in § 16 zusammengefassten Regelungen zu Studium, Mobilität, Sprachkurs und Schulbesuch wurden in §§ 16, 16a, 16b getrennt normiert[15]; Versagungsgründe ua nach der REST-RL wurden in § 20c geregelt. Die Aufenthaltserlaubnis für die betriebliche Aus- und Weiterbildung war in § 17aF normiert. Die hier weiterhin abgedruckten AVwV zu §§ 16 und 17 aF haben diese Änderungen und spätere Entwicklungen bisher nicht nachvollzogen. Mit dem **FEG 2019**[16] wurde Abschnitt 3 mWv 1.3.2020 insgesamt neu gefasst und die einzelnen Aufenthaltstitel zur Ausbildung neu geordnet. Den Vorschriften des Abschnitts über Ausbildungs- und Studienzwecke wurde der neue § 16 als Grundsatznorm vorangestellt.

Bereits unter der Geltung des AuslG 1990 konnten Bildungs- und Ausbildungszwecke durch 2 Erteilung einer Aufenthaltsbewilligung berücksichtigt werden, weil sie nur einen **vorübergehenden Aufenthalt** erforderten (§ 28 AuslG). Nach dem AuslG 1990 war die Ausreise nach erfolgreichem Abschluss in der Regel zwingend. Unverändert ist das öffentliche Interesse an der grundsätzlichen Verhinderung eines Wechsels des Aufenthaltszwecks während des Studiums oder der Ausbildung[17]. Die Restriktion auf Zweckwechsel **vor Beendigung** des Studiums bzw. der Ausbildung soll eine ungesteuerte Zuwanderung zu anderen Aufenthaltszwecken vermeiden. Ein Wechsel des Aufenthaltszwecks nach Abschluss einer Ausbildung, eines Ausbildungsabschnitts, nach einem Studium oder im Anschluss an einen Arbeitsaufenthalt nach §§ 18 ff. ist dagegen zulässig und mittlerweile auch erwünscht. Seit dem Inkrafttreten des RLUmsG 2017[18] besteht auch die Möglichkeit, nach Abbruch eines Studiums in eine qualifizierte Berufsausbildung zu wechseln (§ 16 IV 2 aF, § 16b IV).

Mit dem ZuwG wurde die Möglichkeit eingeführt, nach erfolgreichem Abschluss des Studiums 3 einen **Wechsel des Aufenthaltszwecks** zur Arbeitsaufnahme zuzulassen, da mittlerweile ein **staatliches Interesse** daran bestand, erfolgreiche Absolventen aller Fachrichtungen in Deutschland zu halten; insofern wird der Daueraufenthalt nicht mehr als unerwünscht betrachtet. Die Hochschulabsolventen-Zugangsverordnung (HSchulAbsZugV)[19] wurde abgelöst durch die im Kontext des Arbeitsmigrationssteuerungsgesetz (ArbMigStG)[20] erfolgten Änderungen der BeschV(aF)[21], der BeschVerfV und der ArGV[22], ihre Regelungen in § 27 Nr. 3 BeschV (aF), § 12a ArGV integriert. Fanden die Absolventen einen der Ausbildung entsprechenden Arbeitsplatz, führte die Bundesagentur für Arbeit keine Vorrangprüfung, sondern nur eine Prüfung durch, ob die Arbeitsbedingungen gleichwertig denen deutscher Arbeitnehmer waren und ob sich durch die Beschäftigung nachteilige Auswirkungen auf den Arbeitsmarkt ergaben (§ 39 II AufenthG iVm § 27 Nr. 3 BeschV (aF)). Seit Inkrafttreten des AufenthG wurden gemäß § 9 III BeschVerfV Zeiten des Studiums zur Hälfte – maximal zwei Jahre – auf die für den unbeschränkten Arbeitsmarktzugang erforderliche Aufenthaltsdauer angerechnet. Mit dem Inkrafttreten des HQRLUmsG am 1.8.2012 wurde § 3b BeschV (aF) eingefügt und damit die Ausübung einer der Qualifikation angemessenen Beschäftigung zustimmungsfrei gestellt. Ein weiterer Schritt war die am 1.7.2013 in Kraft getretene (neue) BeschV[23], die die alte BeschV und BeschVerfV ersetzt. Sie verfolgt das Ziel, „gut ausgebildeten ausländischen Arbeitnehmerinnen und Arbeitnehmern die Zuwanderung zur Ausübung einer Beschäftigung zu erleichtern"[24]. Weitere Änderungen der BeschV erfolgten mit dem AufenthGÄndG 2015[25]. Erfolgreichen Absolventen wurde gemäß § 16 V idF des RLUmsG 2017 eine maximal 18-monatige „Suchphase" für eine dem Studienabschluss angemessene Erwerbstätigkeit, die sie für eine Aufenthaltserlaubnis nach §§ 18, 19, 19a, 20 und 21 aF qualifiziert, und damit eine dauerhafte Aufenthaltsperspektive eingeräumt. Die Aufenthaltserlaubnis zur Suche nach einer qualifizierten Beschäftigung ist nunmehr in Abschnitt 4 (Aufenthalt zum Zweck der Erwerbstätigkeit) in § 20 normiert.

II. Allgemeines

Nachdem bisher die Einwanderung von akademisch gebildeten Fachkräften im Vordergrund stand, 4 strebt das **FEG 2019** eine **Fachkräfteeinwanderung** mit Schwerpunkt auf bereits beruflich qualifi-

---

[12] Gesetz v. 12.5.2017, BGBl. I S. 1106.
[13] RL (EU) 2016/801 v. 11.5.2016, ABl. 2016 L 132, 21.
[14] Art. 41 I REST-RL.
[15] Zu den Neuregelungen vgl. *v. Diest* ZAR 2017, 251; *Huber* NVwZ 2017, 1160.
[16] Gesetz v. 15.8.2019, BGBl. I S. 1307.
[17] Vgl. BT-Drs. 18/11136, 41.
[18] MWv 1.8.2017, BGBl. I S. 1106.
[19] VO v. 9.10.2007, BGBl. I S. 2337; aufgehoben durch Art. 2 VO v. 19.12.2008, BGBl. I S. 2972.
[20] Gesetz v. 20.12.2008, BGBl. I S. 2846.
[21] Zweite Verordnung zur Änderung der BeschäftigungsVO v. 19.12.2008, BGBl. 2008 I S. 2972 mit Aufhebung der HSchulAbsZugV in Art. 2.
[22] VO zur Änderung der BeschäftigungsverfVO und der ArbeitsgenehmigungsVO v. 10.11.2008, BGBl. S. 2210.
[23] V. 6.6.2013, BGBl. I S. 1499, zuletzt geändert durch Art. II 2 VO v. 6.11.2014, BGBl. I S. 1683.
[24] BR-Drs. 182/13, 1.
[25] Art. 8 des Gesetz zur Neubestimmung des BleibeR und der Aufenthaltsbeendigung v. 27.7.2015 BGBl. I S. 1386 (1398).

zierte bzw. im Inland zu qualifizierende Ausländer an und eröffnet eine dauerhafte Aufenthaltsperspektive für Fachkräfte. Eine gesetzliche Definition der **Fachkraft** enthält § 18 III, der zwischen Fachkräften mit qualifizierter Berufsausbildung und Fachkräften mit akademischer Ausbildung unterscheidet. Die **qualifizierte Berufsausbildung** ist nunmehr in § 2 XIIa definiert, sie erfordert ua eine Ausbildungsdauer von zwei Jahren in einem staatlich anerkannten oder vergleichbar geregelten Ausbildungsberuf; Nr. 17.1.2.1.4.1 AVwV ist damit obsolet. Die Gesetzesbegründung[26] des FEG 2019 formuliert ein vornehmliches arbeitsmarktpolitisches Interesse iSv § 1 I 2 am Zuzug von Ausländern zu (Aus-)Bildungszwecken. Danach bereite die erfolgreiche Ausbildung und Qualifizierung von Ausländern in Deutschland den Weg in die Erwerbstätigkeit und diene damit der Fachkräftesicherung durch Personen, die über einen deutschen Abschluss, vielfach gute Deutschkenntnisse und gesellschaftliche Integration verfügen. Daneben sollen Studium und Ausbildung von Ausländern im Bundesgebiet weiterhin zur internationalen Entwicklung beitragen. Allerdings ist davon auszugehen, dass die Regelungen der §§ 16 ff. eher eine nach dem 12. Erwägungsgrund der REST-RL zu verhindernde Abwanderung qualifizierter Menschen aus Schwellen- und Entwicklungsländern begünstigen.

5 Den Tatbeständen der einzelnen Aufenthaltstitel zum Zweck der Ausbildung vorangestellt, formuliert § 16 die gesetzgeberischen Motive für den Zugang von Ausländern zur Ausbildung. Neben dem individuellen (Aus-)Bildungsinteresse des Ausländers stehen die Interessen der Bundesrepublik Deutschland, insbesondere das Interesse der deutschen Wirtschaft an der Sicherung des Bedarfs an Fachkräften, der Stärkung der wissenschaftlichen Beziehungen in der Welt sowie das Interesse an internationaler Verständigung und Entwicklung unter Beachtung der Interessen der öffentlichen Sicherheit[27]. Als **Grundsatznorm**[28] formuliert § 16 damit die bei der Entscheidung über den Aufenthalt maßgeblichen ermessenslenkenden Gesichtspunkte für die zuständigen Behörden, soweit die Entscheidung über den Aufenthalt in das Ermessen der Behörden gestellt ist (§ 16a I, II).

6 Unter Änderung der bisherigen Ordnung der Anspruchsgrundlagen regelt § 16a zusammenfassend den Aufenthalt für die betriebliche und schulische **Berufsausbildung.** § 16b regelt den Aufenthalt für ein Hochschulstudium und die damit zusammenhängenden Zwecke, insbesondere die **Studienvorbereitung und Pflichtpraktika.** Zur Studienvorbereitung gehören Deutschkurse sowie die Vorbereitung in Studienkollegs oder ähnlichen Einrichtungen. Studienkollegs, die in der Regel an staatlichen Hochschulen angesiedelt sind, vermitteln neben den für ein Studium erforderlichen Sprachkenntnissen ggf. auch die Voraussetzungen für die Erlangung der Hochschulreife, sofern der Schulabschluss eines Ausländers mit dem Abitur oder dem Fachabitur gleichgestellt ist. Aufenthalte im Rahmen der innereuropäischen **studentischen Mobilität** regelt § 16c, **studienbezogene Praktika** nach der REST-RL § 16e. Die Erteilung einer Aufenthaltserlaubnis zur **Studienbewerbung** (bisher § 16 VII) ist in § 17 II geregelt, neu eingeführt wird die Aufenthaltserlaubnis zur **Suche eines Ausbildungsplatzes** gemäß § 17 I. Die Voraussetzungen für die Erteilung einer Aufenthaltserlaubnis für den Besuch eines nicht der Studienvorbereitung dienenden Sprachkurses, für den Besuch einer allgemeinbildenden Schule oder für einen Schüleraustausch sind nunmehr in § 16f geregelt. Den Aufenthalt zur Durchführung von Maßnahmen zur Anerkennung ausländischer Berufsqualifikation regelt § 16d. Die Aufenthaltserlaubnis zur Arbeitssuche nach erfolgreichem Abschluss des Studiums (bisher § 16 V) oder im Anschluss an eine qualifizierte Berufsausbildung ist nunmehr systematisch treffender in § 20 III in Abschnitt 4. geregelt.

7 Berufsbildung und Studium von Ausländern in Deutschland bilden **wichtige Zuzugs- und Aufenthaltsgründe.** Gleichzeitig sind Schulbesuch, Studium und sonstige (Berufs-)Ausbildung mit fortschreitender Einwanderungssituation dadurch geprägt, dass der Anteil der in Deutschland geborenen und/oder aufgewachsenen Schüler und Studierenden an der Gesamtzahl stetig gestiegen ist[29]. Im Studienjahr 2019 studierten 91.699 Bildungsinländer und 319.902 internationale Studierende (Bildungsausländer) an deutschen Hochschulen[30]. Bei der Zulassung junger Ausländer zu Schule, Sprachkurs, Studium und sonstiger Ausbildung ist folglich zwischen denen, die bereits aus anderen Gründen über einen Aufenthaltstitel verfügen, und denen, die neu einreisen, zu unterscheiden. Die Vorschriften des Abschnitts 3 befassen sich grundsätzlich mit Zuwanderern, nicht mit den bereits Zugewanderten. Für schon in Deutschland lebende Ausländer kommen diese Bestimmungen nur ausnahmsweise in Betracht, wenn und insbesondere wenn der bisherige Aufenthaltszweck wechselt, etwa von einem nicht verlängerbaren Arbeitsaufenthalt (zB nach Au-pair-Beschäftigung) zum Studienaufenthalt oder nach Aufhebung der ehelichen Lebensgemeinschaft, wenn noch kein eigenständiges Aufenthaltsrecht nach § 31 entstanden ist[31]. Den in § 19f I[32] genannten Personen, insbesondere den in einem anderen Mitgliedstaat

---

[26] Vgl. BR-Drs. 7/19, 97, BT-Drs. 19/8285, 85.
[27] Vgl. BR-Drs. 7/19, 97, BT-Drs. 19/8285, 85.
[28] Vgl. BR-Drs. 7/19, 97, BT-Drs. 19/8285, 85.
[29] Dazu näher Sachverständigenrat deutscher Stiftungen für Integration und Migration (SVR) Jahresgutachten 2014, S. 107; zuletzt 2019 ist er von 92.508 auf 91.699 Studierenden leicht gesunken, vgl. Expertenkommission Forschung und Innovation, EFI-Gutachten 2021, S. 92.
[30] EFI-Gutachten 2021, S. 92.
[31] AA VG München Beschl. v. 23.1.2012 – M 23 S 11.5463, BeckRS 2012, 49807.
[32] → § 19f Rn. 3.

Berufsausbildung; berufliche Weiterbildung § 16a AufenthG 1

der EU internationalen Schutzsuchenden und Schutzberechtigten wird keine Aufenthaltserlaubnis zum Studium (§ 16b), für ein studienbezogenes Praktikum (§ 16e) oder zur Studienbewerbung (§ 17 II) erteilt; Drittstaatsangehörige, die in einem anderen Mitgliedstaat internationalen Schutz nach der Anerkennungs-RL[33] genießen, kann aber nach Maßgabe von § 16b VII eine Aufenthaltserlaubnis zu Studienzwecken erteilt werden. Von der Erteilung einer Aufenthaltserlaubnis zur Aufnahme einer Berufsausbildung nach § 16a, für die die REST-RL keine Bestimmungen trifft, sind die in § 19f genannten Personen nicht ausgeschlossen. Ausländer, die eine Aufenthaltserlaubnis aus humanitären Gründen oder zum Familiennachzug – auch als eigenständiges Aufenthaltsrecht – besitzen, wechseln mit Aufnahme einer Berufsausbildung oder eines Studiums nicht den Aufenthaltszweck. Die AVwV berücksichtigen nicht den aktuellen Normbestand. Das BMI hat zuletzt am 6.8.2021 Anwendungshinweise zum FEG vorgelegt[34].

Für den Aufenthalt zu Ausbildungs- und Studienzwecke müssen die **allgemeinen Erteilungs- 8 voraussetzungen** des § 5 erfüllt sein. Die Sicherung des Lebensunterhalts eines Auszubildenden kann dann fraglich sein, wenn die Ausbildungsvergütung nicht das gemäß § 2 III erforderliche Niveau erreicht. Gemäß § 2 III 5 ist der Lebensunterhalt für Aufenthaltstitel, die zu Ausbildungszwecken erteilt werden, als gesichert anzusehen, wenn Mittel in Höhe des BAföG-Bedarfs zur Verfügung stehen; für Teilnehmer an nicht studienvorbereitenden Sprachkursen und für die Aufenthaltserlaubnis zur Studienplatz- und Arbeitssuche gilt ein um zehn Prozent erhöhter Bedarf[35]. Die pauschalierte Betrachtung soll die Ermittlung des Unterhaltsbedarfs im Einzelfall entbehrlich machen[36].

Soweit sie die Schwelle eines **Ausweisungsinteresse** iSv §§ 5 I Nr. 2, 53 I, 54 erreicht haben, 9 stehen **Gefahren für die öffentliche Sicherheit** regelmäßig der Erteilung einer Aufenthaltserlaubnis nach §§ 16 ff. entgegen. Unterhalb dieser Schwelle liegende Gefahren für die öffentliche Sicherheit können bei im Ermessen stehenden Aufenthaltstiteln bereits gemäß § 5 I Nr. 3 als Gefährdung sonstiger Interessen der Bundesrepublik Deutschland[37] zur Versagung der Aufenthaltserlaubnis führen. § 16 hebt dies nunmehr hervor. Auch soweit § 16b I einen Anspruch auf Erteilung einer Aufenthaltserlaubnis zu Studienzwecken begründet, ist der Umstand, keine Bedrohung für die öffentliche Sicherheit darzustellen, Tatbestandvoraussetzung[38].

§ 16a Berufsausbildung; berufliche Weiterbildung

(1) ¹Eine Aufenthaltserlaubnis zum Zweck der betrieblichen Aus- und Weiterbildung kann erteilt werden, wenn die Bundesagentur für Arbeit nach § 39 zugestimmt hat oder durch die Beschäftigungsverordnung oder zwischenstaatliche Vereinbarung bestimmt ist, dass die Aus- und Weiterbildung ohne Zustimmung der Bundesagentur für Arbeit zulässig ist. ²Während des Aufenthalts nach Satz 1 darf eine Aufenthaltserlaubnis zu einem anderen Aufenthaltszweck nur zum Zweck einer qualifizierten Berufsausbildung, der Ausübung einer Beschäftigung als Fachkraft, der Ausübung einer Beschäftigung mit ausgeprägten berufspraktischen Kenntnissen nach § 19c Absatz 2 oder in Fällen eines gesetzlichen Anspruchs erteilt werden. ³Der Aufenthaltszweck der betrieblichen qualifizierten Berufsausbildung nach Satz 1 umfasst auch den Besuch eines Deutschsprachkurses zur Vorbereitung auf die Berufsausbildung, insbesondere den Besuch eines berufsbezogenen Deutschsprachkurses nach der Deutschsprachförderverordnung.

(2) ¹Eine Aufenthaltserlaubnis zum Zweck der schulischen Berufsausbildung kann erteilt werden, wenn sie nach bundes- oder landesrechtlichen Regelungen zu einem staatlich anerkannten Berufsabschluss führt und sich der Bildungsgang nicht überwiegend an Staatsangehörige eines Staates richtet. ²Bilaterale oder multilaterale Vereinbarungen der Länder mit öffentlichen Stellen in einem anderen Staat über den Besuch inländischer Schulen durch ausländische Schüler bleiben unberührt. ³Aufenthaltserlaubnisse zur Teilnahme am Schulbesuch können auf Grund solcher Vereinbarungen nur erteilt werden, wenn die für das Aufenthaltsrecht zuständige oberste Landesbehörde der Vereinbarung zugestimmt hat.

(3) ¹Handelt es sich um eine qualifizierte Berufsausbildung, berechtigt die Aufenthaltserlaubnis nur zur Ausübung einer von der Berufsausbildung unabhängigen Beschäftigung bis zu zehn Stunden je Woche; handelt es sich nicht um eine qualifizierte Berufsausbildung, ist eine Erwerbstätigkeit neben der Berufsausbildung oder beruflichen Weiterbildung nicht erlaubt. ²Bei einer qualifizierten Berufsausbildung wird ein Nachweis über ausreichende deutsche Sprachkenntnisse verlangt, wenn die für die konkrete qualifizierte Berufsausbildung erforderlichen Sprachkenntnisse weder durch die Bildungseinrichtung geprüft worden sind noch durch einen vorbereitenden Deutschsprachkurs erworben werden sollen.

---

[33] RL 2011/95/EU v.13.12.2011, ABl. 2011 L 337 S. 9.
[34] Download unter www.bmi.bund.de.
[35] → § 2 Rn. 23.
[36] BR-Drs. 7/19, 92.
[37] → § 5 Rn. 60 ff.
[38] → § 16b Rn. 12.

Samel 415

(4) Bevor die Aufenthaltserlaubnis zum Zweck einer qualifizierten Berufsausbildung aus Gründen, die der Ausländer nicht zu vertreten hat, zurückgenommen, widerrufen oder gemäß § 7 Absatz 2 Satz 2 nachträglich verkürzt wird, ist dem Ausländer für die Dauer von bis zu sechs Monaten die Möglichkeit zu geben, einen anderen Ausbildungsplatz zu suchen.

Allgemeine Verwaltungsvorschrift
Nicht belegt.

Übersicht

	Rn.
I. Entstehungsgeschichte	1
II. Allgemeines	2
III. Aus- und Weiterbildung	12
1. Betriebliche Aus- und Weiterbildung (Abs. 1)	12
2. Schulische Berufsausbildung (Abs. 2)	23
3. Beschäftigung (Abs. 3)	29
4. Ausbildungs- und Arbeitsplatzsuche (Abs. 4)	30
IV. Verwaltungsverfahren und Rechtsschutz	32

I. Entstehungsgeschichte

1   Die Regelung der Aufenthaltserlaubnis zur beruflichen Bildung gemäß § 17 aF entsprach dem **Gesetzesentwurf** zum ZuwG[1]. Im Vermittlungsverfahren wurde die „berufliche" durch die „betriebliche" Bildung ersetzt[2]. § 17 II und III aF wurden mit dem HQRLUmsG 2012[3] angefügt. Mit dem RLUmsG 2017[4] wurde Abs. 1 S. 3 an den neu gefassten § 16 angepasst und die Vorschriften zum Schulbesuch (§ 16 V, Va und Vb aF) in § 16b normiert. Das **FEG**[5] führt die bisher getrennt geregelten Aufenthalte zur schulischen und betrieblichen Berufsausbildung in § 16a zusammen. Abs. 4 beruht auf dem Antrag der Regierungsfraktionen v. 3.6.2019[6]. Zuletzt wurden die Regelungen zur Erwerbstätigkeit in Abs. 3 S. 1 mWv 24.6.2020 ergänzt[7].

II. Allgemeines

2   § 16a regelt die Erteilung einer Aufenthaltserlaubnis, deren Aufenthaltszweck in der Aufnahme einer Ausbildung mit dem Ziel der Erlangung einer **Berufsausbildung** liegt. Abs. 1 betrifft **Ausbildungsaufenthalte** zur betrieblichen Aus- und Weiterbildung. Abs. 2 regelt die Aufenthaltserlaubnis für eine rein schulische Berufsausbildung.

3   Eine **Berufsausbildung** dient gemäß § 1 III 1BBiG der Vermittlung der für die Ausübung einer qualifizierten beruflichen Tätigkeit notwendigen beruflichen Fertigkeiten, Kenntnisse und Fähigkeiten in einem geordneten Ausbildungsgang. § 4 BBiG unterscheidet **anerkannte Ausbildungsberufe** von anderen Ausbildungsberufen. Derzeit gibt es 324 anerkannte Ausbildungsberufe in Industrie und Handwerk, im öffentlichen Dienst, in der Hauswirtschaft, der Landwirtschaft, der Seeschifffahrt und in Freien Berufen[8]. Eine **qualifizierte Berufsausbildung** iSd AufenthG liegt gemäß § 2 XIIa vor, wenn es sich um eine Berufsausbildung in einem staatlich anerkannten oder vergleichbar geregelten Ausbildungsberuf handelt, für den nach bundes- oder landesrechtlichen Vorschriften eine Ausbildungsdauer von mindestens zwei Jahren festgelegt ist.

4   Eine Aufenthaltserlaubnis zur **Weiterbildung** kommt bei einer bereits erlangten Berufsausbildung in Betracht sowie bei Praktika. § 15 Nr. 2 BeschV verdeutlicht, dass bei studentischen Praktika die Aufenthaltserlaubnis nach § 16b AufenthG fortbesteht und es keiner gesonderten Aufenthaltserlaubnis nach § 16a I bedarf. Nicht von § 16a erfasst sind die Erlangung der Berufsausbildungsreife[9]. Einstiegsqualifizierungen oder Maßnahmen der Berufsausbildungsvorbereitung iSv § 1 II BBiG dienen lediglich dazu, die Grundlagen für den Erwerb beruflicher Handlungsfähigkeit zu vermitteln und an eine Berufsausbildung in einem anerkannten Ausbildungsberuf heranzuführen[10].

---

[1] BT-Drs. 15/420, 11.
[2] BT-Drs. 15/3479, 4.
[3] Gesetz v. 1.6.2012, BGBl. I S. 1224.
[4] Gesetz v. 12.5.2017, BGBl. I S. 1106.
[5] Gesetz v. 15.8.2019, BGBl. I S. 1307.
[6] Innenausschuss, A-Drs. 19(4)305.
[7] Gesetz v. 12.6.2020, BGBl. I S. 1248.
[8] Bundesinstitut für Berufsbildung, Verzeichnis der anerkannten Ausbildungsberufe 2021.
[9] Vgl. SächsOVG Beschl. v. 27.10.2021 – 3 B 276/20, BeckRS 2021, 35623 Rn. 33.
[10] VGH BW Beschl. v. 10.3.2020 – 11 S 2335/19, BeckRS 2020, 4583 Rn. 17; *Fleuß* in BeckOK AuslR § 16a AufenthG Rn. 6.

Berufsausbildung; berufliche Weiterbildung **§ 16a AufenthG 1**

§ 16a richtet sich grundsätzlich an **neu einreisende Ausländer,** ist aber ebenfalls anwendbar, wenn 5
nach Abbruch eines Studiums gemäß § 16b IV[11] einem befristetem Arbeitsaufenthalt (zB Au-pair-
Tätigkeit, § 12 BeschV) oder nach einem sonstigen nicht verlängerbaren Aufenthalt[12] ein **Zweckwechsel** und damit ein weiterer Verbleib in Deutschland erlaubt werden soll. Voraussetzung dafür ist,
dass der Abschluss der beabsichtigten Ausbildung zu erwarten ist. § 16a I ist schließlich anzuwenden,
wenn **nach** einem erfolgreichen **Studienaufenthalt** – vorgeschrieben zB durch Ausbildungsordnungen oder AnerkennungsG – eine **Praxisphase** erforderlich ist und die dort geleistete Arbeit vergütet
wird. Gleiches gilt für das im Anschluss an ein Studium zu absolvierende Referendariat, sofern dies
nicht mit der Berufung in ein Beamtenverhältnis verbunden ist. Dann kommt der Erteilung einer
Aufenthaltserlaubnis nach § 19c IV in Betracht[13]. Die Praxis nach dem AuslG, auch in diesen Fällen
eine Aufenthaltsbewilligung zum Zwecke des Studiums zu erteilen, ist nach der durch das AufenthG
vorgenommenen Aufteilung in Studienaufenthalt einerseits, Aus- und Weiterbildungsaufenthalt mit
grundsätzlichem Erfordernis der Zustimmung der Bundesagentur für Arbeit zur Beschäftigung andererseits, obsolet.

Für die Absolvierung eines – wenn auch schlecht bezahlten – Anerkennungsjahres, die Annahme 6
einer bezahlten Doktorandenstelle oder Ähnliches kommt daher die Aufenthaltserlaubnis nach § 16a I
in Betracht. Die Grenzen zur Aufenthaltserlaubnis nach §§ 18 ff. können aber fließend sein. Entscheidend ist, ob die Weiterbildung zentrales Element des Arbeitsvertrags ist oder aber die zu erbringende Arbeitsleistung. Ist dies der Fall, und ist die Möglichkeit zur **Weiterbildung** lediglich zusätzlich
zur Erbringung der arbeitsvertraglichen Hauptpflicht eingeräumt, ist eine Aufenthaltserlaubnis nach
§ 18b erforderlich. In der Regel wird die tarifliche Eingruppierung bzw. das Gehalt im Vergleich zur
ortsüblichen Bezahlung Aufschluss darüber geben, ob eine vollwertige Arbeitskraft beschäftigt wird,
der die Gelegenheit zur Weiterbildung gegeben wird, oder ob eine – geringere – Aus- oder Weiter-
bildungsvergütung gezahlt wird.

Auch für **geduldete Jugendliche** kann die Erteilung einer Aufenthaltserlaubnis nach § 16a in 7
Betracht kommen, wenn sie die Voraussetzungen von § 25 V oder § 25a zB wegen nicht ausreichender Voraufenthaltszeiten nicht erfüllen[14]. Scheitert die Erteilung der Aufenthaltserlaubnis daran, dass
der Ausländer die Erteilungsvoraussetzungen gemäß § 5 I und II nicht erfüllt, kann ihm als Geduldeten
die Erlaubnis zur Ausbildung gemäß § 32 II Nr. 2 BeschV ohne Zustimmung der Bundesagentur für
Arbeit erteilt werden.

Inhaber von Aufenthaltstiteln nach Kapitel 1 Abschnitt 5 und 6 behalten diese, auch wenn sie 8
eine Ausbildung iSd § 16a aufnehmen. Sie sind in der Regel kraft Gesetzes zur Ausübung einer
Erwerbstätigkeit berechtigt oder ihnen ist die Aufnahme einer Ausbildung gemäß § 31 BeschV
zustimmungsfrei erlaubt.

Die Regelerteilungsvoraussetzungen gemäß § 5 I müssen vorliegen. Da die Erteilung der Aufent- 9
haltserlaubnis im **Ermessen** der Auslandsvertretung bzw. der Ausländerbehörde steht, können im
Einzelfall auch Interessen der Bundesrepublik Deutschland nach § 5 I Nr. 3 der Erteilung der Aufenthaltserlaubnis entgegenstehen.

Neben der Berufsausbildungsreife sind für eine betriebliche Ausbildung regelmäßig mindestens 10
hinreichende Sprachkenntnisse (Niveau A 2 – § 2 X) erforderlich; **ausreichende Sprachkenntnisse**
(Niveau B 1 – § 2 XI) sind erforderlich, wenn eine qualifizierte Berufsausbildung angestrebt wird. Ein
Sprachnachweis gemäß § 16a III 2 ist erforderlich, wenn die für die konkrete qualifizierte Berufsausbildung erforderlichen Sprachkenntnisse weder von der Bildungseinrichtung geprüft worden sind
noch durch einen vorbereitenden Sprachkurs nach der DeuFöV erworben werden sollen[15]. Diese
Sprachkurse sollen als Intensivkurse in Vollzeit, dh mit mindestens 18 und höchstens 25 Wochenstunden durchgeführt werden und grundsätzlich nicht länger als ein halbes Jahr dauern[16].

Die Erteilung der Aufenthaltserlaubnis zu Ausbildungszwecken steht im Ermessen („kann erteilt 11
werden"). Für die Ermessensausübung formuliert § 16 als Grundsatznorm ermessenslenkenden Gesichtspunkte. Danach dient die Autenthaltserlaubnis nach § 16a neben dem Zugang von Ausländern
zur Ausbildung ua auch der Sicherung des Bedarfs des deutschen Arbeitsmarkts an Fachkräften. Die
Ablehnungsgründe nach § 19f finden keine Anwendung. Eine Versagung kommt aber insbesondere
dann in Betracht, wenn überwiegende Zweifel an dem Aufenthaltszweck „Ausbildung" bestehen.

---

[11] → § 16b Rn. 35.
[12] AA vgl. VG München Beschl. v. 23.1.2012 – M 23 S 11.5463, BeckRS 2012, 49807.
[13] → § 19c Rn. 17.
[14] Dazu ausf. *Stahmann* in Hoffmann AuslR § 17 Rn. 13.
[15] Vgl. BT-Drs. 19/8285, 90.
[16] Vgl. BT-Drs. 19/8285, 90.

Samel

III. Aus- und Weiterbildung

1. Betriebliche Aus- und Weiterbildung (Abs. 1)

12 Abs. 1 betrifft **Ausbildungsaufenthalte** zur **betrieblichen Aus- und Weiterbildung**, in Abgrenzung zur schulischen (Abs. 2) oder universitären Ausbildung (§ 16b). Die Vorschrift übernimmt damit den Regelungsgehalt von § 17 I aF. Leitbild ist die Ausbildung im sog. Dualen System, also die Ausbildung im Ausbildungsbetrieb und an der Berufsschule[17], insbesondere die Ausbildung nach BBiG und der HandwO. Der Aufenthaltszweck wird regelmäßig durch die Vorlage des Berufsausbildungsvertrags nachgewiesen[18]. Erfasst werden auch Ausbildungsgänge an berufsbildenden Schulen, soweit sie einem Beschäftigungsverhältnis gleichzusetzen sind. Das ist etwa der Fall, wenn der Ausbildungsvertrag Regelungen über eine Ausbildungsvergütung, Urlaub und Kündigung etc enthält (wie zB im Bereich der Gesundheits- und Krankenpflege)[19].

13 Die **betriebliche Weiterbildung** setzt bereits eine Berufsqualifikation des Ausländers voraus. Diese kann aufgrund einer zweijährigen betrieblichen oder schulischen Berufsausbildung, einer Fachhochschul- oder Hochschulausbildung und einer vergleichbaren Qualifikation durch eine mindestens dreijährige aktuelle Berufserfahrung erworben worden sein[20].

14 Die Aufenthaltserlaubnis nach § 16a I erlaubt der Sache nach einen Aufenthalt zur Ausübung einer Beschäftigung, da die Berufsausbildung und die betriebliche Weiterbildung gegen Entgelt Beschäftigungen im aufenthaltsrechtlichen, wie auch im arbeits- und sozialrechtlichen[21] Sinn darstellen. Dementsprechend setzt die Aufenthaltserlaubnis gemäß S. 2 die Zustimmung der Bundesagentur für Arbeit gemäß § 39 voraus, wenn diese nicht nach der BeschV oder zwischenstaatlicher Vereinbarung entbehrlich ist. Die **Zustimmung der Bundesagentur für Arbeit** nach § 39 kann gemäß § 8 I BeschV mit **Vorrangprüfung** (§ 39 III Nr. 3) erteilt werden und beinhaltet die Prüfung der Gleichwertigkeit der Arbeitsbedingungen nach § 39 III Nr. 1. Im Rahmen der Arbeitsmarktprüfung prüft die Bundesagentur für Arbeit neben dem Ausbildungsvertrag auch die Ausbildungsbefugnis des Ausbildungsbetriebs[22]. Die Zustimmung kann als Vorabzustimmung gemäß § 36 III BeschV erteilt werden.

15 **Ohne Zustimmung** der Bundesagentur für Arbeit können gemäß § 15 I Nr. 2–5 BeschV Ausbildungs- und Weiterbildungsziele in folgenden Fällen verfolgt werden: EU-Programme, zB SOCRATES, PHARE, TACIS, LEONARDO und MARIE CURIE; Austauschprogramme zB der DAAD, der ZAV oder des Deutschen Bauernverbands; Stipendien zB der Weltbank, Austauschprogramme für Fach- und Führungskräfte, Regierungspraktikanten[23].

16 Gemäß § 2 III 5 ist der **Lebensunterhalt** für Aufenthaltstitel, die zu Ausbildungszwecken erteilt werden, als gesichert anzusehen, wenn Mittel in Höhe des BAföG-Bedarfs zu Verfügung stehen, da dieser auch die Wohnkosten abdeckt. Die pauschalierte Betrachtung soll die Ermittlung des Unterhaltsbedarfs im Einzelfall entbehrlich machen[24]. Steht aber eine gegenüber dem Betrag nach § 13 II Nr. 2 BAföG günstigere oder kostenlose Wohnung, zB bei Verwandten, zur Verfügung, mindert sich der Betrag entsprechend[25]. Die Sicherung des Lebensunterhalts kann fraglich sein, wenn die Ausbildungsvergütung nicht den Lebensunterhalt deckt. Ausreichender Krankenversicherungsschutz besteht regelmäßig im Rahmen der Pflichtversicherung nach § 5 I Nr. 1 SGB V.

17 Nach Zustimmung der Bundesagentur für Arbeit erfolgt grundsätzlich keine Prüfung des Ausbildungsvertrags oder der Eignung des Ausländers durch die Ausländerbehörde bzw. die Auslandsvertretung. Eine Versagung kommt gleichwohl insbesondere dann in Betracht, wenn offensichtliche Zweifel an der Absicht des Ausländers bestehen, nach Erteilung der Aufenthaltserlaubnis die Ausbildung aufzunehmen.

18 § 16a I enthält keine Vorgaben für die **Befristung** der Aufenthaltserlaubnis. Sie wird bisher regelmäßig auf die Dauer der Ausbildung, höchstens aber auf zwei Jahre (Nr. 17.1.1.2 AVwV) befristet, auch wenn die Aus- oder Weiterbildung länger dauert, wie zB die meisten Ausbildungen nach BBiG oder HandwO. Diese Praxis ist nur dann unbedenklich, wenn bei Fortdauer der Ausbildung und Vorliegen der übrigen Erteilungsvoraussetzungen die Aufenthaltserlaubnis ohne Weiteres verlängert wird.

19 Für die **Verlängerung der Aufenthaltserlaubnis** gilt § 8 I. Ist die regelmäßige Ausbildungsdauer noch nicht erreicht oder dient die Verlängerung dazu, eine Wiederholung nicht bestandener Prüfungen oder Prüfungsteile zu ermöglichen, ist das Ermessen zugunsten der Erreichung des Ausbildungs-

---

[17] Vgl. *Ehrich* in Grobys/Panzer-Heemeier, Stichwort Kommentar Arbeitsrecht, Ausbildung Rn. 1.
[18] Vgl. VG Sigmaringen Beschl. v. 2.2.2021 – 3 K 4481/20, BeckRS 2021, 1786.
[19] Vgl. Bundesagentur für Arbeit, Fachliche Weisung AufenthG/BeschV Berufsbildende Schulen (16a.0.4).
[20] VGH BW Beschl. v. 10.3.2020 – 11 S 2335/19, BeckRS 2020, 4583 Rn. 20.
[21] § 7 II SGB IV.
[22] Vgl. Bundesagentur für Arbeit, Fachliche Weisung AufenthG/BeschV (16a.07–08), Stand 6/2021.
[23] Vgl. Bundesagentur für Arbeit, Fachliche Weisung AufenthG/BeschV (16a.15.2-15.5), Stand 6/2021.
[24] BT-Drs. 19/8285, 85.
[25] Vgl. für Studierende Nr. 16.0.8 AVwV.

erfolgs eingeschränkt. Kommt es während der Berufsausbildung zu Verzögerungen wegen Nichtbestehens einer Prüfung, Krankheit oder Schwangerschaft, kann die Aufenthaltserlaubnis verlängert werden, solange das Ausbildungsverhältnis fortbesteht. Eine Versagung der Verlängerung kommt nur in Betracht, wenn unzweifelhaft feststeht, dass der Ausländer das Ausbildungsziel nicht (mehr) erreichen kann.

Während des Ausbildungsaufenthalts gilt gemäß § 16a I 2 ein eingeschränktes **Zweckwechselverbot**. Erlaubt ist ein **Zweckwechsel** auch ohne Abschlusses der Ausbildung, zur Aufnahme einer **qualifizierten betrieblichen** (§ 16a I) **oder schulischen Berufsausbildung** (§ 16a II) sowie – im Falle entsprechend vorhandener Qualifikation – zur Ausübung einer Beschäftigung als Fachkraft (§§ 18a f.) bzw. einer Beschäftigung mit ausgeprägten berufspraktischen Kenntnissen (§ 19c II). Damit wird Ausländern, die sich nach Aufnahme einer Ausbildung anderweitig als nichtakademische Fachkraft qualifizieren wollen oder bereits über eine Qualifikation verfügen, eine weitere Berufs- und Aufenthaltsperspektive ohne vorherige Ausreise eröffnet. 20

Außerdem erlaubt § 16a I 2 den Wechsel des Aufenthaltszwecks während des Ausbildungsaufenthalts in Fällen eines **gesetzlichen Anspruchs**. Unter einem „Anspruch" iSv § 16a I 2 ist, ebenso wie bei vergleichbaren Formulierungen im AufenthG – etwa in § 10 III 3 –, grundsätzlich nur ein strikter Rechtsanspruch zu verstehen[26]. Ein solcher Rechtsanspruch liegt nur dann vor, wenn alle zwingenden und regelhaften Tatbestandsvoraussetzungen erfüllt sind und die Behörde kein Ermessen mehr auszuüben hat[27], weil nur dann der Gesetzgeber selbst eine Entscheidung über das zu erteilende Aufenthaltsrecht getroffen hat[28]. Eine Ermessenreduzierung auf null reicht nicht aus[29]. Ansprüche auf die Erteilung einer Aufenthaltserlaubnis kommen insbesondere aufgrund Eheschließung/Verpartnerung, Elternschaft oder Flüchtlingsanerkennung in Betracht. Liegt die Zulassung einer Hochschule vor, vermittelt auch § 16b I einen Anspruch auf Erteilung eine Aufenthaltserlaubnis zu Studienzwecken. 21

Für eine qualifizierte Berufsausbildung sind regelmäßig **ausreichende Sprachkenntnisse** (Niveau B 1 – § 2 XI) erforderlich. Diese können iRe berufsbezogenen Deutschsprachkurses nach der **DeuFöV** erworben werden. Insofern kommen die Spezialberufssprachkurse nach § 13 DeuFöV in Betracht. § 16a I 3 stellt klar, dass die zur betrieblichen qualifizierten Berufsausbildung erteilte Aufenthaltserlaubnis auch die Teilnahme an einem berufsbezogenen Sprachkurs mitumfasst. Voraussetzung ist, dass bereits ein Berufsausbildungsvertrag geschlossen wurde. Die für die Teilnahme erforderliche Bescheinigung der Teilnahmeberechtigung wird gemäß § 4 I 6 DeuFöV erteilt. 22

2. Schulische Berufsausbildung (Abs. 2)

Die schulische Berufsausbildung ist in § 16a II nunmehr systematisch treffender als bisher neben der betrieblichen Berufsausbildung geregelt. Die bisherige restriktive Regelung der Zulassung zum berufsbildenden Schulbesuch als Ausnahmefall ist zugunsten einer Ermessensentscheidung über die Erteilung der Aufenthaltserlaubnis entfallen. Wie bisher die AVwV verlangt nunmehr das Gesetz selbst, dass der Schulbesuch zu einem **staatlich anerkannten Berufsabschluss** führt, also zu einem nach bundes- oder landesgesetzlichen Regelungen anerkannten oder vergleichbar geregelten Ausbildungsberuf; nicht erforderlich ist, dass es sich um eine qualifizierte berufliche Ausbildung iSv. § 2 XIIa handelt. Auf die im Gesetzgebungsverfahren[30] vorgeschlagene Bezugnahme auf die vom Bundesinstitut für Berufsbildung (BIBB) jährlich veröffentliche Auflistung anerkannter bzw. als anerkannt geltender Ausbildungsberufe (§ 90 III Nr. 3 BBiG) wurde verzichtet[31]. 23

Schulen iSv § 16a II sind Fachschulen, die Ausbildungsgänge nach bundes- oder landesrechtlichen Regelungen anbieten, zB in den nichtakademischen Heilberufen (Bundesrecht) oder den Sozialberufen (Landesrecht). Auch Weiterbildungsangebote der Wirtschaft, geregelt durch BBiG und HandwO werden zT als schulische Bildungsgänge angeboten (zB Techniker, Meister). Die Schulen können in öffentlicher und privater Trägerschaft sein. Die Ausbildung darf sich nicht lediglich an Staatsangehörige eines Staates richten. Ausnahmen können von der obersten Landesbehörde zugelassen werden. Damit wird die bisher in Nr. 16.5.2.6 AVwV enthaltene Regelung in eine gesetzliche Regelung überführt. 24

---

[26] BVerwG Urt. v. 16.11.2010 – 1 C 17.09, NVwZ 2011, 499 Rn. 60.
[27] BVerwG Urt. v. 17.12.2015 – 1 C 31.14, BVerwGE 143, 353 = NVwZ 2016, 458 Rn. 20 f.; Urt. v. 10.12.2014 – 1 C 15/14, NVwZ-RR 2015, 313 Rn. 15; Urt. v. 16.11.2010 – 1 C 17.09, NVwZ 2011, 499 Rn. 60; OVG NRW Beschl. v. 16.8.2016 – 18 B 754.16, BeckRS 2016, 50359 Rn. 7.
[28] BVerwG Urt. v. 17.12.2015 – 1 C 31.14, BVerwGE 153, 353, NVwZ 2016, 458 Rn. 20; Urt. v. 10.12.2014 – 1 C 15/14, NVwZ-RR 2015, 313 Rn. 19; BVerwG Urt. v. 16.11.2010 – 1 C 17.09, NVwZ 2011, 499; Urt. v. 16.12.2008 – 1 C 37.07, BVerwGE 132, 382 = NVwZ 2009, 789; OVG NRW Beschl. v. 16.8.2016 – 18 B 754.16, BeckRS 2016, 50359 Rn. 7.
[29] VGH BW Beschl. v. 10.3.2009 – 11 S 2990/08, BeckRS 2009, 32462; ebenso OVG LSA Beschl. v. 4.7.2006 – 2 O 210/06, BeckRS 2008, 32762; OVG Bln-Bbg Beschl. v. 6.10.2006 – OVG 7 S 32.06, LSK 2007, 110236; NdsOVG Beschl. v. 18.6.2007 – 10 PA 65/07, BeckRS 2007, 25180; so auch BVerwG Urt. v. 16.12.2008 – 1 C 37.07, BVerwGE 132, 382, NVwZ 2009, 789 zu § 10 III 3; aA VG Freiburg Urt. v. 2.4.2005 – 8 K 1275/03, InfAuslR 2005, 388.
[30] BT-Drs. 19/8285, 143.
[31] Bundesinstitut für Berufsbildung, Verzeichnis der anerkannten Ausbildungsberufe 2021.

Ausnahmen dürften weiter insbesondere dann in Betracht kommen, wenn bilaterale oder multilaterale Vereinbarungen der Bundesländer mit einer öffentlichen Stelle in einem anderen Staat über den Besuch ausländischer Berufsschüler an inländisch staatlichen öffentlichen Schulen bestehen (vgl. Nr. 16.5.2.7 AVwV). Zur Vermeidung von Fehlinterpretationen wurde der Wortlaut von § 16a II 2 und 3 § 16f IV angepasst[32]. Insbesondere im **Pflegebereich** erfolgen Berufsausbildungen vorwiegend in schulischer Form mit Praktikumsphasen (vgl. zB § 4 KrPflG). Für die iRd Ausbildung notwendigen Praktika ist die Aufenthaltserlaubnis nach § 16a II ausreichend, sie bedürfen nach § 15 Nr. 2 BeschV keiner Zustimmung der Bundesagentur für Arbeit.

25 Die Aufenthaltserlaubnis zur schulischen Ausbildung erfordert die Sicherung des Lebensunterhalts einschließlich der Mittel für eine Krankenversicherung (§ 2 III 1) und ein ggf. zu zahlendes Schulgeld. Wie bei Studierenden kann die **Sicherung des Lebensunterhalts** durch Zahlungen (zB der Eltern), ggf. auf ein Sperrkonto, ein Stipendium, eine Verpflichtungserklärung nach § 68 oder durch den Nachweis eigenen Einkommens erbracht werden. Als ausreichend sind nach der ausdrücklichen Regelung von § 2 III 5 Mittel in Höhe des BAföG Bedarfs anzusehen, da dieser auch die Wohnkosten abdeckt. Die pauschalierte Betrachtung soll die Ermittlung des Unterhaltsbedarfs im Einzelfall entbehrlich machen[33]. Steht eine gegenüber dem Betrag nach § 13 II Nr. 2 BAföG günstigere oder kostenlose Wohnung, zB bei Verwandten, zur Verfügung, mindert sich der Betrag entsprechend[34].

26 Die Erteilung von Visum und Aufenthaltserlaubnis steht im Ermessen, das entsprechend den in § 16 genannten Maßstäben wohlwollend auszuüben ist. Die gesetzliche Regelung lässt es jetzt nicht mehr zu, die Aufenthaltserlaubnis für schulische Berufsausbildungen nur im Ausnahmefall zu erteilen. Eine Versagung kommt aber in Betracht, wenn etwa wegen schlechter Schulnoten oder mangelnder Sprachkenntnisse keine hinreichende Aussicht darauf besteht, dass die beabsichtigte qualifizierte Ausbildung erfolgreich abgeschlossen wird oder hinreichende Anhaltspunkte für Zweifel an dem tatsächlichen Aufenthaltszweck bestehen.

27 Vorgaben zur **Befristung** der Aufenthaltserlaubnis enthält § 16a II nicht. Sie wird sich an der Dauer der Ausbildung orientieren, wie sie sich aus der Ausbildungsordnung ergibt. Eine kürzere Geltungsdauer ist nur dann unbedenklich, wenn bei Fortdauer der Ausbildung und Vorliegen der übrigen Erteilungsvoraussetzungen die Aufenthaltserlaubnis ohne Weiteres verlängert wird.

28 Für die **Verlängerung der Aufenthaltserlaubnis** gilt § 8 I. Ist die regelmäßige Ausbildungsdauer noch nicht erreicht oder dient die Verlängerung dazu, eine Wiederholung nicht bestandener Prüfungen oder Prüfungsteile zu ermöglichen, ist das Ermessen zugunsten der Erreichung des Ausbildungserfolgs eingeschränkt. Kommt es während der Berufsausbildung zu Verzögerungen wegen Nichtbestehens einer Prüfung, Krankheit oder Schwangerschaft, kann die Aufenthaltserlaubnis verlängert werden, solange das Ausbildungsverhältnis fortbesteht. Eine Versagung der Verlängerung kommt nur in Betracht, wenn unzweifelhaft feststeht, dass der Ausländer das Ausbildungsziel nicht (mehr) erreichen kann. § 16a II enthält keine Regelung zum Zweckwechsel. Da Gründe dafür, den Zweckwechsel bei einem Aufenthalt für eine schulische Berufsausbildung abweichend von § 16a I 2 zu behandeln, nicht erkennbar sind, liegt eine entsprechende Anwendung nahe.

3. Beschäftigung (Abs. 3)

29 Auch um Ausländern den Besuch von Fachschulen, die zu einem qualifizierten beruflichen Abschluss führen, zu erleichtern, besteht seit dem HQRLUmsG die nunmehr in § 16a III 1[35] geregelte Möglichkeit, unabhängig davon, ob es sich um eine schulische oder betriebliche Ausbildung handelt, bis zu zehn Stunden wöchentlich einer **zusätzlichen Beschäftigung** nachzugehen. Die Nebentätigkeit bedarf keiner Zustimmung der Bundesagentur für Arbeit. Mit der zuletzt[36] erfolgten Einfügung des Wortes „nur" wird klargestellt, dass keine weitergehende Erwerbstätigkeit zulässig ist. Hs. 2 stellt klar, dass in den Fällen, in denen die Aufenthaltserlaubnis nicht zum Zweck der qualifizierten Berufsausbildung erteilt worden ist, keine über die Aus- oder Weiterbildung hinausgehende Erwerbstätigkeit, insbesondere auch keine selbstständige Tätigkeit, erlaubt ist[37].

4. Ausbildungs- und Arbeitsplatzsuche (Abs. 4)

30 § 82 VI 1 verpflichtet den Ausländer der Ausländerbehörde binnen zwei Wochen mitzuteilen, wenn die Ausbildung, für die der Aufenthaltstitel erteilt wurde, vorzeitig beendet wurde. § 16 IV soll indes den Verlust der Aufenthaltserlaubnis verhindern, wenn der erfolgreiche Abschluss der Ausbildung allein aus Gründen, die die Ausbildungseinrichtung (Ausbildungsbetrieb oder Schule) zu vertreten hat, scheitert; dem Ausländer wird die Möglichkeit gegeben, sich um einen anderen Ausbildungsplatz zu

---

[32] Vgl. Innenausschuss, A-Drs. 19(4)305, BT-Drs. 19/8285, 170.
[33] BT-Drs. 19/8285, 85.
[34] Vgl. für Studierende Nr. 16.0.8 AVwV.
[35] Zuvor der durch das HQRLUmsG eingefügte § 16 Va.
[36] Gesetz v. 12.6.2020, BGBl. I S. 1248.
[37] BT-Drs. 19/19037.

bemühen. Wird das Ausbildungsverhältnis (auch) aus Gründen, die der Ausländer zu vertreten hat, beendet, sollen die allgemeinen ausländerrechtlichen Vorschriften Anwendung finden[38]. Bei der Entscheidung über eine nachträgliche Befristung der Aufenthaltserlaubnis gemäß § 7 II 2 ist aber auch in diesen Fällen zu prüfen, ob ein gemäß § 16a I 2 möglicher Zweckwechsel, etwa die Aufnahme einer (anderen) qualifizierte Berufsausbildung oder die Fortsetzung der Ausbildung in einem anderen Betrieb bzw. einer anderen Schule unter Berücksichtigung der in § 16 formulierten Ziele, in Betracht kommt.

Nach erfolgreichem Ausbildungsabschluss kann gemäß **§ 20 III Nr. 3**[39] den Absolventen eine Aufenthaltserlaubnis für eine bis zu zwölf Monate dauernde **„Suchphase"** erteilt werden, um einen dem Abschluss angemessenen Arbeitsplatz, der nach §§ 18, 21 von Ausländern besetzt werden darf, zu finden. Für die dem Ausbildungsaufenthalt vorgelagerte Suche nach einem Ausbildungsbetrieb oder einer Schule (**Ausbildungsplatzsuche**) kommt, wenn dafür nicht ein Kurzaufenthalt mit einem Schengen-Visum ausreichend ist, die Erteilung einer Aufenthaltserlaubnis nach § 17 II in Betracht. 31

IV. Verwaltungsverfahren und Rechtsschutz

Verwaltungsverfahren und Rechtsschutz richten sich nach den allgemeinen Regeln über die Erteilung von Aufenthaltstiteln. Hat der Ausländer seinen gewöhnlichen Aufenthalt im Ausland, benötigt er für die Ersteinreise ein nationales Visum gemäß § 6 III. Für die Erteilung eines Visums gemäß § 16a I zur betrieblichen Ausbildung kommt auch die Durchführung des beschleunigten Fachkräfteverfahrens gemäß § 81a in Betracht. Die Erteilung eines Visums zur Aufnahme einer schulischen Berufsausbildung gemäß § 16a II bedarf der Zustimmung der örtlichen Ausländerbehörde (§ 31 I AufenthV). Die Aufenthaltserlaubnis kann grundsätzlich auch mit **Nebenbestimmungen** gemäß § 12 II 1 verbunden werden. Eine an das vorzeitige Ende der Ausbildung anknüpfende auflösende Bedingung (§ 36 II Nr. 2 VwVfG) dürfte jedoch wegen der Möglichkeit nach Abs. 4, sich nach unverschuldetem Verlust des Ausbildungsplatzes um einen anderen Ausbildungsplatz zu bemühen, regelmäßig ausscheiden. 32

Gegen die Versagung des Visums durch die deutsche Auslandsvertretung kann der Ausländer remonstrieren oder Verpflichtungsklage erheben[40]. 33

§ 16b Studium

(1) ¹Einem Ausländer wird zum Zweck des Vollzeitstudiums an einer staatlichen Hochschule, an einer staatlich anerkannten Hochschule oder an einer vergleichbaren Bildungseinrichtung eine Aufenthaltserlaubnis erteilt, wenn er von der Bildungseinrichtung zugelassen worden ist. ²Der Aufenthaltszweck des Studiums umfasst auch studienvorbereitende Maßnahmen und das Absolvieren eines Pflichtpraktikums. ³Studienvorbereitende Maßnahmen sind

1. der Besuch eines studienvorbereitenden Sprachkurses, wenn der Ausländer zu einem Vollzeitstudium zugelassen worden ist und die Zulassung an den Besuch eines studienvorbereitenden Sprachkurses gebunden ist, und
2. der Besuch eines Studienkollegs oder einer vergleichbaren Einrichtung, wenn die Annahme zu einem Studienkolleg oder einer vergleichbaren Einrichtung nachgewiesen ist.

⁴Ein Nachweis über die für den konkreten Studiengang erforderlichen Kenntnisse der Ausbildungssprache wird nur verlangt, wenn diese Sprachkenntnisse weder bei der Zulassungsentscheidung geprüft worden sind noch durch die studienvorbereitende Maßnahme erworben werden sollen.

(2) ¹Die Geltungsdauer der Aufenthaltserlaubnis beträgt bei der Ersterteilung und bei der Verlängerung mindestens ein Jahr und soll zwei Jahre nicht überschreiten. ²Sie beträgt mindestens zwei Jahre, wenn der Ausländer an einem Unions- oder multilateralen Programm mit Mobilitätsmaßnahmen teilnimmt oder wenn für ihn eine Vereinbarung zwischen zwei oder mehr Hochschuleinrichtungen gilt. ³Dauert das Studium weniger als zwei Jahre, so wird die Aufenthaltserlaubnis nur für die Dauer des Studiums erteilt. ⁴Die Aufenthaltserlaubnis wird verlängert, wenn der Aufenthaltszweck noch nicht erreicht ist und in einem angemessenen Zeitraum noch erreicht werden kann. ⁵Zur Beurteilung der Frage, ob der Aufenthaltszweck noch erreicht werden kann, kann die aufnehmende Bildungseinrichtung beteiligt werden.

(3) ¹Die Aufenthaltserlaubnis berechtigt nicht zur Ausübung einer Beschäftigung, die insgesamt 120 Tage oder 240 halbe Tage im Jahr nicht überschreiten darf, sowie zur Ausübung studentischer Nebentätigkeiten. ²Während des Aufenthalts zu studienvorbereitenden Maßnahmen im ersten Jahr des Aufenthalts berechtigt die Aufenthaltserlaubnis nur zur Beschäftigung in der Ferienzeit.

---

[38] BT-Drs. 19/8285, 90.
[39] Vormals § 16b III bzw. § 17 III (RLUmsG 2017), zuvor der durch das HQRLUmsG eingefügte § 16 Vb.
[40] → § 6 Rn. 76 ff.

(4) ¹Während eines Aufenthalts nach Absatz 1 darf eine Aufenthaltserlaubnis für einen anderen Aufenthaltszweck nur zum Zweck einer qualifizierten Berufsausbildung, der Ausübung einer Beschäftigung als Fachkraft, der Ausübung einer Beschäftigung mit ausgeprägten berufspraktischen Kenntnissen nach § 19c Absatz 2 oder in Fällen eines gesetzlichen Anspruchs erteilt werden. ²§ 9 findet keine Anwendung.

(5) ¹Einem Ausländer kann eine Aufenthaltserlaubnis erteilt werden, wenn
1. er von einer staatlichen Hochschule, einer staatlich anerkannten Hochschule oder einer vergleichbaren Bildungseinrichtung
   a) zum Zweck des Vollzeitstudiums zugelassen worden ist und die Zulassung mit einer Bedingung verbunden ist, die nicht auf den Besuch einer studienvorbereitenden Maßnahme gerichtet ist,
   b) zum Zweck des Vollzeitstudiums zugelassen worden ist und die Zulassung mit der Bedingung des Besuchs eines Studienkollegs oder einer vergleichbaren Einrichtung verbunden ist, der Ausländer aber den Nachweis über die Annahme zu einem Studienkolleg oder einer vergleichbaren Einrichtung nach Absatz 1 Satz 3 Nummer 2 nicht erbringen kann oder
   c) zum Zweck des Teilzeitstudiums zugelassen worden ist,
2. er zur Teilnahme an einem studienvorbereitenden Sprachkurs angenommen worden ist, ohne dass eine Zulassung zum Zweck eines Studiums an einer staatlichen Hochschule, einer staatlich anerkannten Hochschule oder einer vergleichbaren Bildungseinrichtung vorliegt, oder
3. ihm die Zusage eines Betriebs für das Absolvieren eines studienvorbereitenden Praktikums vorliegt.

²In den Fällen des Satzes 1 Nummer 1 sind Absatz 1 Satz 2 bis 4 und die Absätze 2 bis 4 entsprechend anzuwenden. ³In den Fällen des Satzes 1 Nummer 2 und 3 sind die Absätze 2 und 4 entsprechend anzuwenden; die Aufenthaltserlaubnis berechtigt zur Beschäftigung nur in der Ferienzeit sowie zur Ausübung des Praktikums.

(6) Bevor die Aufenthaltserlaubnis nach Absatz 1 oder Absatz 5 aus Gründen, die der Ausländer nicht zu vertreten hat, zurückgenommen, widerrufen oder gemäß § 7 Absatz 2 Satz 2 nachträglich verkürzt wird, ist dem Ausländer für bis zu neun Monate die Möglichkeit zu geben, die Zulassung bei einer anderen Bildungseinrichtung zu beantragen.

(7) ¹Einem Ausländer, der in einem anderen Mitgliedstaat der Europäischen Union international Schutzberechtigter ist, kann eine Aufenthaltserlaubnis zum Zweck des Studiums erteilt werden, wenn der Ausländer in einem anderen Mitgliedstaat der Europäischen Union seit mindestens zwei Jahren ein Studium betrieben hat und die Voraussetzungen des § 16c Absatz 1 Satz 1 Nummer 2 und 3 vorliegen. ²Die Aufenthaltserlaubnis wird für die Dauer des Studienteils, der in Deutschland durchgeführt wird, erteilt. ³Absatz 3 gilt entsprechend. ⁴§ 9 findet keine Anwendung.

(8) Die Absätze 1 bis 4 und 6 dienen der Umsetzung der Richtlinie (EU) 2016/801 des Europäischen Parlaments und des Rates vom 11. Mai 2016 über die Bedingungen für die Einreise und den Aufenthalt von Drittstaatsangehörigen zu Forschungs- oder Studienzwecken, zur Absolvierung eines Praktikums, zur Teilnahme an einem Freiwilligendienst, Schüleraustauschprogrammen oder Bildungsvorhaben und zur Ausübung einer Au-pair-Tätigkeit (ABl. L 132 vom 21.5.2016, S. 21).

Allgemeine Verwaltungsvorschrift
Nicht belegt.

Übersicht

	Rn.
I. Entstehungsgeschichte	1
II. Allgemeines	2
III. Aufenthaltserlaubnis	5
1. Vollzeitstudium (Abs. 1)	5
2. Geltungsdauer und Verlängerung (Abs. 2)	12
3. Sonstige Studienzwecke	25
IV. Erwerbstätigkeit	29
V. Wechsel des Aufenthaltszwecks	35
VI. Verwaltungsverfahren und Rechtsschutz	46

I. Entstehungsgeschichte

1 § 16b entspricht mit einigen Änderungen im Wesentlichen der Regelung des § 16 idF des RLUmsG 2017. In Abs. 1 wurde die Bezugnahme auf die REST-RL gestrichen, nunmehr beschreibt Abs. 8,

inwieweit die Vorschrift der Umsetzung der REST-RL dient. In Abs. 1 S. 4 wurde hinsichtlich der erforderlichen Sprachkenntnisse der Bezug auf den konkreten Studiengang aufgenommen und Abs. 4 neu gefasst. Der bisherige Abs. 6 wurde Abs. 5 und Abs. 9 wurde Abs. 7, die bisherigen Regelungen des Abs. 5 wurden in § 20 überführt. Die vormals in Abs. 7 normierte Aufenthaltserlaubnis zum Zwecke der Studienbewerbung ist nunmehr in § 17 II geregelt. Das vormals in Abs. 10 geregelte Zustimmungserfordernis der Personensorgeberechtigten wurde in § 80 V überführt. Die bisherige Verweisung gemäß Abs. 11 entfällt, die Anwendbarkeit der Versagungsregelungen gemäß § 19f ergibt sich unmittelbar aus diesen. Zuletzt wurden mWv 24.6.2020 die Regelungen zur Erwerbstätigkeit in Abs. 3 S. 1 ergänzt und S. 2 neugefasst[1].

II. Allgemeines

§ 16b regelt den Aufenthalt zum Zwecke des Studium und der für mit einem Studium zusammenhängenden Zwecke. Zum **Studium** gehört die **Studienvorbereitung;** das sind gemäß Abs. 1 S. 3 Deutschkurse sowie die Vorbereitung in Studienkollegs oder ähnlichen Einrichtungen. Unter den Voraussetzungen von Abs. 1 besteht ein **Anspruch auf die Aufenthaltserlaubnis zu Studienzwecken,** unter den Voraussetzungen des Abs. 5 steht die Erteilung einer Aufenthaltserlaubnis im Ermessen. Abs. 3 regelt die studentische Erwerbstätigkeit. Die Aufenthaltserlaubnis zur Studienbewerbung ist nunmehr in § 17 II geregelt. Aufbau- oder Promotionsstudiengänge unterfallen § 16b, während für die Annahme zB einer Stelle als wissenschaftlicher Mitarbeiter an einer Hochschule zum Zwecke der Promotion eine Aufenthaltserlaubnis nach § 18b I oder § 18d erforderlich ist.

Die Unterscheidung, ob gegebenenfalls eine Aufenthaltserlaubnis zur Erwerbstätigkeit erforderlich ist oder ob es sich um eine dem Studium unverzichtbar nachgelagerte Praxisphase handelt, die noch dem Aufenthalt nach § 16b zuzuordnen ist, kann im Einzelfall Schwierigkeiten bereiten. Sofern eine Vergütung gezahlt wird, handelt es sich jedenfalls nicht (mehr) um einen Aufenthalt nach § 16b. Bei **Doktoranden** liegt der Unterschied darin, ob sie ihre Promotion mit einem Stipendium oder aus eigenen Mitteln bestreiten (dann Aufenthaltserlaubnis nach § 16b) oder als bezahlte wissenschaftliche Mitarbeiter einer Universität bzw. eines Instituts (§ 18b I oder § 18d). Bei der Erteilung einer Aufenthaltserlaubnis zur Facharztausbildung handelt es sich jedenfalls um eine Aufenthaltserlaubnis nach § 18b, da hierbei nicht der Ausbildungszweck im Vordergrund steht, sondern – erkennbar in der Regel an der für Assistenzärzte üblichen tariflichen Eingruppierung – die Tätigkeit in Krankenhaus oder Praxis[2]; der Ausländer benötigt hierfür zudem der Berufsausübungserlaubnis nach § 10 BÄO, § 13 ZHG oder § 4 PsychThG. Etwas anderes gilt, wenn der Ausländer die Facharztausbildung im Rahmen eines Stipendienprogramms seines Herkunftslandes absolviert[3] und vom Arbeitgeber nicht oder gering vergütet wird. Auch bei der Juniorprofessur handelt es sich um eine reguläre Beschäftigung, für die die Erteilung einer Aufenthaltserlaubnis nach § 18b I erforderlich ist.

Visa zu Studienzwecken bedürfen der **Zustimmung der Ausländerbehörde des Studienorts,** wobei die Zustimmung bei Untätigkeit der Ausländerbehörde nach drei Wochen und zwei Werktagen als erteilt gilt (§ 31 I 5 AufenthV). Bei Stipendiaten, zB des DAAD, werden die Visa zustimmungsfrei erteilt (§ 34 Nr. 3 AufenthV); Gleiches gilt gemäß § 34 Nr. 5 und 6 AufenthV für bestimmte Absolventen deutscher Auslandsschulen.

III. Aufenthaltserlaubnis

1. Vollzeitstudium (Abs. 1)

Abs. 1 gewährt in Umsetzung von Art. 5 III REST-RL einen **Anspruch** auf Erteilung einer Aufenthaltserlaubnis zum Zweck eines **Studiums in Vollzeit.** Anders als bisher nimmt die Anspruchsgrundlage nach Abs. 1 nicht mehr eindeutig Bezug auf die REST-RL und damit auf die in dieser benannten allgemeinen und besonderen Erteilungsvoraussetzungen (Art. 7, 11 REST-RL). Dass der Anspruch auf Erteilung einer Aufenthaltserlaubnis zum Studium der Umsetzung der REST-RL dient, ergibt sich nunmehr aus Abs. 8. Die vom EuGH für die Anwendung der Studenten-RL verneinte Frage, ob der Auslandsvertretung bei der Erteilung eines Visums zu Studienzwecken das in § 16 I aF eingeräumte Ermessen in studentenrichtlinienkonformer Auslegung noch zusteht, wenn der jeweilige Antragsteller die Bedingungen der Art. 6 und 7 Studenten-RL erfüllt,[4] stellt sich nach dem eindeutigen Wortlaut von § 16b I, nach dem es sich um einen gebundenen Anspruch handelt, nicht mehr. Der Auslandsvertretung und der Ausländerbehörde obliegt jedoch die Prüfung, ob der behaup-

---

[1] Art. 46 des Gesetzes v. 12.6.2020, BGBl. I S. 1248.
[2] AA bzgl. Facharztausbildung VG Hannover Urt. v. 17.6.2010 – 2 A 3924/09, NVwZ-RR 2010, 940.
[3] Zur Kritik an dieser Praxis vgl. 9. Lagebericht der Beauftragten der Bundesregierung für Migration, Flüchtlinge und Integration 2012; → § 94 Rn. 5. Tatsächlich handelt es sich in diesen Fällen um Arbeitsverhältnisse, deren Bestehen von den Arbeitsgerichten festgestellt werden kann.
[4] EuGH Urt. v. 10.9.2014 – C-491/13, NVwZ 2014, 1446 – Alaya.

tete Aufenthaltszweck „Studium" tatsächlich beabsichtigt ist[5]. Die zuständigen Behörden (Auslandsvertretung, Ausländerbehörde) prüfen insbesondere, ob Beweise oder konkrete Anhaltspunkte dafür vorliegen, dass der Ausländer den Aufenthalt nicht zu Studienzwecken, sondern zu anderen Zwecken nutzen wird (§ 19f IV Nr. 6)[6], ob die allgemeinen Erteilungsvoraussetzungen (§ 5) vorliegen und ob der Erteilung der Aufenthaltserlaubnis andere Gründe nach § 19f I, III oder IV entgegenstehen[7].

6 Das Studium kann an einer staatlichen oder staatlich anerkannten **Hochschule** oder einer ähnlichen höheren Bildungseinrichtung stattfinden, also an einer Universität, Hochschule, Kunsthochschule, pädagogischen Hochschule oder Fachhochschule oder an einer Berufsakademie erfolgen[8]. Ein Studium ist auf die **Erlangung eines von dem Mitgliedstaat anerkannten höheren Abschlusses**, wie einem Diplom, Zertifikat oder Doktorgrad[9] bzw. Bachelor und Master gerichtet. Entscheidend ist, die Unterscheidung zwischen beruflicher, auch unbezahlter Ausbildung und tertiärer Bildung[10] sowie das Erfordernis der Vollzeitausbildung[11]. Für die Aufnahme eines Teilzeitstudiums kann gemäß Abs. 5 Nr. 1c eine Aufenthaltserlaubnis erteilt werden. Da der Aufenthalt hauptsächlich dem Studium dienen muss, genügen Abend-, Wochenend- und Fernstudien nicht dem gesetzlichen Aufenthaltszweck.

7 Erforderlich für den Anspruch auf Erteilung der Aufenthaltserlaubnis ist gemäß Abs. 1 S. 1 die bereits erfolgte **Zulassung an der Bildungseinrichtung.** Der Anspruch besteht gemäß Abs. 1 S. 2 auch für Ausländer, die an studienvorbereitenden Maßnahmen teilnehmen oder dies beabsichtigen. Studienvorbereitende Maßnahmen sind gemäß S. 3 der Besuch eines Studienkollegs oder einer vergleichbaren Einrichtung (Nr. 2). Studienkollegs, die in der Regel an staatlichen Hochschulen angesiedelt sind, vermitteln neben den für ein Studium erforderlichen Sprachkenntnissen ggf. auch die Voraussetzungen für die Erlangung der Hochschulreife, sofern der Schulabschluss eines Ausländers nicht dem Abitur oder dem Fachabitur gleichgestellt ist. Eine an den Besuch eines studienvorbereitenden Sprachkurses (Nr. 1) geknüpfte bedingte Zulassung zum Vollzeitstudium ist ausreichend. Für andere als die in S. 2 genannten Formen der Studienvorbereitung kann gemäß Abs. 5 die Aufenthaltserlaubnis nach Ermessen erteilt werden.

8 Die bereits durch das RLUmsG 2007 eingefügten Regelungen zu den erforderlichen **Sprachkenntnissen** verdeutlichen, dass diese elementar für den Studienerfolg sind; daran hat sich durch die Umsetzung der REST-RL nichts geändert. Der Nachweis von Kenntnissen der Ausbildungssprache (des konkreten Studiengangs) wird gemäß Abs. 1 S. 4 aber nur verlangt, wenn diese weder im Rahmen der Studienzulassung durch die Bildungseinrichtung geprüft wurden, noch vor Aufnahme des Studiums zu erwerben sind[12]. Die Regelung ist nach Art. 11 Ic REST-RL zulässig, aber nicht zwingend. Es muss sich dabei nicht unbedingt um Kenntnisse der deutschen Sprache handeln, sondern um die für das Studium verlangte[13]. Die Regelung betrifft damit allein Studierende, die nach Deutschland einreisen, um sofort mit dem Studium zu beginnen, und die von der Hochschule zugelassen worden sind, ohne dass sie ihre Sprachkenntnisse nachweisen mussten. Eine ausdrückliche Regelung darüber, dass für den Studienerfolg ausreichende Sprachkenntnisse bereits zu Beginn des Studiums vorhanden sein müssen, enthält § 16b I 4 nicht. Die Vorschrift verpflichtet aber die Auslandsvertretung oder die Ausländerbehörde, in den genannten Fällen die Sprachkenntnisse zu überprüfen („wird verlangt") und ggf. die Erteilung des Visums oder die Zustimmung zur Erteilung des Visums bzw. die Erteilung der Aufenthaltserlaubnis zu versagen.

9 Von den Regelerteilungsvoraussetzungen für die Aufenthaltserlaubnis ist bei Studierenden die Erfüllung des **Lebensunterhaltserfordernisses** (§ 5 I 1 Nr. 1 und Art. 7 Ie REST-RL) besonders wichtig. In Anwendung des § 2 III 2 Nr. 5 und S. 5[14] genügt ein monatliches Einkommen in Höhe des monatlichen BAföG-Bedarfs für Studierende (§§ 13, 13a BAföG)[15] oder der Bezug von Leistungen nach dem BAföG[16] sowie einer ausreichenden Krankenversicherung als Nachweis der Lebenshaltssicherung. Fallen für das Studium Studiengebühren an, ist gemäß § 5 I 1 Nr. 1 iVm § 2 III und Art. 11d REST-RL auch ein Nachweis über die notwendigen Mittel zu deren Begleichung zu erbringen[17]. Als Nachweis und als Grundlage für die anzustellende Prognose, ob die für den Studienaufenthalt erforderlichen Mittel zur Verfügung stehen, können Belege über die Einkommens- und

---

[5] OVG Bln-Bbg Urt. v. 5.4.2017 – OVG 3 B 20.16, BeckRS 2017, 111235 Rn. 20.
[6] Vgl. OVG Bln-Bbg Urt. v. 7.5.2019 – 3 B 64.18, BeckRS 2019, 12813 Rn. 25 ff.
[7] Vgl. dazu § 19f.
[8] Höhere Bildungseinrichtung iSv Art. 3 Nr. 3 REST-RL; vgl. Hochschuleinrichtung iSv Art. 3 Nr. 13 REST-RL.
[9] Art. 2b Studenten-RL.
[10] Vgl. auch 9. Erwägungsgrund, die entsprechenden Programme (Sokrates, Erasmus).
[11] So auch Art. 3 Nr. 3 REST-RL.
[12] BT-Drs. 18/11136, 39 f.
[13] Art. 11 Ic REST-RL „Sprache, in der das Studienprogramm erteilt wird".
[14] → § 2 Rn. 35.
[15] Vgl. OVG Bln-Bbg Beschl. v. 4.3.2015 – OVG 2 S 8.15, BeckRS 2015, 44032, vgl. auch Nr. 2.36 AVwV.
[16] Ein BAföG-Anspruch dürfte aber praktisch ausgeschlossen sein, da die Aufenthaltserlaubnis nach § 16b gem. § 8 BAföG nicht zum Bezug von BAföG berechtigt.
[17] OVG Bln-Bbg Beschl. v. 4.3.2015 – OVG 2 S 8.15, BeckRS 2015, 44032; Beschl. v. 8.1.2015 – OVG 2 S 87.14.

Vermögensverhältnisse der Eltern, über ein Stipendium oder eine Verpflichtungserklärung nach § 68 dienen. Es genügt auch ein Sperrkonto oder eine Bankbürgschaft in Deutschland über die notwendigen Mittel für wenigstens das nächste Semester. In diesem Fall ist für die Verlängerung der Aufenthaltserlaubnis der Nachweis der Lebensunterhaltssicherung ggf. durch eine Auflage (§ 12 II 2) zu sichern (Nr. 16.0.8.3 AVwV). Auch eigenes Einkommen des Studierenden, das in erlaubten Nebentätigkeiten erzielt wird, dient dem Nachweis der Unterhaltssicherung, ggf. durch Nachweis arbeitsvertraglicher Vereinbarungen für zukünftige Zeiträume.

Das **Nichtvorhandensein** von Umständen, die ein **Ausweisungsinteresse** begründen, ist eine weitere Voraussetzung für Erteilung und Verlängerung der Aufenthaltserlaubnis (§ 5 I 1 Nr. 2 – „in der Regel"). Bei Straftaten bleiben nur vereinzelte und geringfügige Verstöße gegen Rechtsvorschriften außer Betracht (§ 54 II Nr. 9). **10**

Da es sich bei § 16b I um einen gesetzlichen Anspruch handelt, können Gefahren für die öffentliche Sicherheit unterhalb der Schwelle eines Ausweisungsinteresses iSv §§ 5 I Nr. 2, 53 I, 54 nicht gemäß § 5 I Nr. 3 als Gefährdung sonstiger Interessen der Bundesrepublik Deutschland[18] zur Versagung der Aufenthaltserlaubnis führen. Indes ist gemäß Art. 7 VI REST-RL Drittstaatsangehörigen, die als **Bedrohung für die öffentliche Ordnung, Sicherheit oder Gesundheit** angesehen werden, die Zulassung zu verweigern. Der Umstand, nicht als eine Bedrohung für die öffentliche Sicherheit betrachtet zu werden, ist bereits Tatbestandvoraussetzung für die Erteilung der Aufenthaltserlaubnis, ohne dass dies dem innerstaatlichen Recht eindeutig zu entnehmen ist. Dies folgt aber daraus, dass § 16b I die REST-RL umsetzt (Abs. 8). Die Auslandsvertretung und Ausländerbehörde sind europarechtlich auch nicht daran gehindert, einem Drittstaatsangehörigen, die Zulassung in das Hoheitsgebiet des Mitgliedstaats zu Studienzwecken zu verweigern, wenn sie aufgrund der ihnen vorliegenden Informationen Anlass zu der Befürchtung haben, dass die Kenntnisse, die der Ausländer im Rahmen von Studium und Forschung erwirbt, später zu Zwecken verwendet werden können, die der öffentlichen Sicherheit zuwiderlaufen[19]. Diese noch zur Studenten-RL ergangene Rspr. des EuGH ist auf die Anwendung der REST-RL übertragbar (36. Erwägungsgrund, Art. 7 VI REST-RL). Die Auslandsvertretung verfügen bei Einschätzung der negativen Erteilungsvoraussetzung über einen weiten Beurteilungsspielraum. Die gerichtliche Überprüfung ist darauf beschränkt sein, ob dessen Grenzen eingehalten worden sind. Danach wird wie bereits bei der Beurteilung der tatsächlichen Voraussetzungen der Erteilung von Visa nach dem Visakodex nur noch eine eingeschränkte gerichtliche Überprüfung der Versagung von Studienvisa aus Sicherheitsgründen erfolgen können[20]. **11**

2. Geltungsdauer und Verlängerung (Abs. 2)

§ 16b II entspricht dem bisherigen § 16 II und setzt damit Art. 18 II REST-RL um[21]. Die Aufenthaltserlaubnis zu Studienzwecken wird für mindestens ein Jahr und höchstens zwei Jahre erteilt und verlängert. **Studierende** erhalten bei Nachweis der Zulassung ein **Visum** für drei Monate oder bei Zustimmung der Ausländerbehörde für bis zu einem Jahr. Erteilung und Verlängerung erfolgen in der Regel für jeweils zwei Jahre für einen konkreten Studiengang[22]. Nach der Gesetzesbegründung[23] soll auch ohne Änderung des Wortlauts eine stärkere Vereinheitlichung der Geltungsdauern im Gesetzesvollzug erreicht werden und eine Orientierung der an der Höchstgeltungsdauer von zwei Jahren bzw. bei kürzeren Studiendauern an diesen erfolgen. **12**

Mit dem **RLUmsG 2007**[24] wurde die Möglichkeit eingeführt, die Aufenthaltserlaubnis auch für einen kürzeren Zeitraum zu erteilen oder zu verlängern. Gemäß Art. 18 II REST-RL beträgt dieser jedoch **mindestens ein Jahr.** Die Regelung wurde mit sicherheitspolitischen Erwägungen[25] begründet; die Gesetzesbegründung[26] und Nr. 16.115 AVwV legen eine Beschränkung der Geltungsdauer für Studierende aus konsultationspflichtigen Staaten (vgl. § 73 IV) auf ein Jahr nahe. Die Verkürzung der Dauer der Aufenthaltserlaubnis dürfte jedoch ein ungeeignetes Mittel zur Verhinderung von terroristischen Anschlägen durch Studierende darstellen und lediglich den Verwaltungsaufwand – jährliche Sicherheitsabfrage bei Verfassungsschutz und Nachrichtendiensten nach § 73 II – beträchtlich erhöhen. **13**

Die Aufenthaltserlaubnis wird verlängert, wenn das Studienziel noch nicht erreicht, das Studium also noch nicht abgeschlossen ist, ein erfolgreicher Abschluss aber in einem angemessenen Zeitraum zu erwarten ist. Die Verlängerung steht nicht im Ermessen der Ausländerbehörde, sondern ist gemäß **14**

---

[18] → § 5 Rn. 60 ff.
[19] EuGH Urt. v. 4.4.2017 – C-544/15, EuZW 2017, 473 – Fahimian; Vorlage VG Berlin Beschl. v. 14.10.2015 – VG 19 K 355.13 V, BeckRS 2015, 53791.
[20] → Rn. 48 und → § 6 Rn. 104 f.
[21] BT-Drs. 18/11136, 40.
[22] Sehr krit. Stahmann in Hoffmann AuslR § 16 Rn. 20.
[23] BT-Drs. 19/8285, 91.
[24] Gesetz zur Umsetzung auf- und asylrechtlicher RL der EU v. 19.8.2007, BGBl. I S. 1970.
[25] → Rn. 1.
[26] BT-Drs. 16/5065, 165.

§ 16b II 4 an die realistische Möglichkeit, das Studienziel zu erreichen, geknüpft. Ob der dafür erforderliche Zeitraum angemessen ist, hängt auch von den persönlichen Umständen sowie dem Bemühen des Ausländers ab, sein Studienziel zu erreichen. Insofern sind das bisherige Studienverhalten einschließlich bisher erbrachten Zwischenprüfungen und Leistungsnachweise von Bedeutung[27].

15 Aufgrund langjähriger Praxis, der Verwaltungsvorschriften der Länder unter der Geltung des AuslG 1965 und der Verwaltungsvorschrift zum AuslG 1990 hat sich die Annahme verfestigt, die **Gesamtaufenthaltsdauer** für das Studium einschließlich einer evtl. erforderlichen Studienvorbereitung und nachgelagerter Praxisphasen – nicht jedoch der Studienbewerbung iSv § 17 II – dürfe in der Regel nicht länger als zehn Jahre sein; die Rspr. ist dieser Vorgabe im Wesentlichen kritiklos, mit abweichenden Entscheidungen in Einzelfällen, gefolgt[28]. Eine Grundlage im Gesetz fand und findet diese Auffassung jedoch nicht. Gesetzlich gefordert ist für eine Verlängerung der Aufenthaltserlaubnis nach § 16b II 4 lediglich, dass das Studium in einem **angemessenen Zeitraum** erfolgreich beendet werden kann.

16 Bei Bemessung einer erforderlichen **Gesamtaufenthaltsdauer** ist der Gesamtzusammenhang des Studiums in den Blick zu nehmen. Einerseits soll mit dem Studienaufenthalt ein in Deutschland oder im Ausland verwertbarer Bildungsabschluss erreicht, andererseits soll ein unnötig langes Studium vermieden werden. Dies erfordert eine möglichst genaue Festlegung der jeweiligen Studienziels und eine möglichst sichere Prognose des für dessen Erreichung erforderlichen Zeitraums. Sachgerechte Prognosegrundlagen sind ua die üblichen Studien- und Aufenthaltszeiten. Durch eine Beteiligung der Hochschule gemäß § 16b II 5 kann deren Sachverstand fruchtbar gemacht werden.

17 Für das Studienziel sind zunächst der jeweilige Studiengang und die Studienfächer, für die die Aufenthaltserlaubnis erteilt wurde, unter Berücksichtigung des angestrebten Abschlusses und Ausbildungsziels sowie die einschlägigen Studien- und Prüfungsordnungen maßgeblich. Die im Zuge des „**Bologna-Prozesses**" zur europaweiten Harmonisierung von Studiengängen erfolgte Umstellung der Magister- und Diplomstudiengänge sowohl hinsichtlich ihrer Ausbildungsinhalte als auch der akademischen Abschlüsse ist inzwischen abgeschlossen. **Bachelor und Master** sind heute die regelmäßigen Hochschulabschlüsse. Da der Bachelor-Abschluss allein häufig weder im Herkunftsland noch in Deutschland hinreichende Arbeitsmarktperspektiven eröffnet, ist oft ein an den Bachelor anschließendes Master-Studium sinnvoll bzw. erforderlich. Dieses ist nicht – wie nach altem Recht – als Zweitstudium und damit als Zweckwechsel zu werten. Die AVwV lassen daher in Nr. 16.0.5 und Nr. 16.2.5 ausdrücklich ein weiteres Studium nach einem Bachelor-Studium oder nach einem in kurzer Frist erfolgreich abgeschlossenen Bachelor-Studium zu. Dabei kann es sich um ein konsekutives oder ein weiterbildendes **Master-Studium** handeln.

18 Vor diesem Hintergrund ist Aufenthaltszweck nicht immer nur der bestimmte Studiengang. Es können auch mehrere miteinander in Zusammenhang stehende Studiengänge als ein „Studium" in einem weiteren Sinne anzusehen sein[29], ohne dass ein Zweckwechsel[30] vorliegt. Auch eine Promotion kann zum Studium gehören, denkbar ist auch die Erteilung einer Aufenthaltserlaubnis nach § 16b I ausschließlich zum Zwecke eines Promotionsstudiums (Art. 3 Nr. 3 REST-RL). Die Rechtsauffassung, wonach ein im Anschluss an ein Studium erfolgendes **Promotionsstudium** nur dann zulässig sei, wenn die Promotion zum Nachweis der wissenschaftlichen Qualifikation oder für die Berufsausübung üblicherweise verlangt werde und praktisch für einen verwertbaren Studienabschluss unerlässlich sei, ist spätestens damit überholt.

19 Schließt sich ein aussichtsreiches und zur Vervollständigung der Ausbildung übliches bzw. für Chancen am Arbeitsmarkt förderliches Promotionsstudium an erfolgreich abgeschlossene Bachelor- und Masterstudiengänge an, wird ggf. auch eine Überschreitung der **Höchstdauer von zehn Jahren** erforderlich sein, da Sprachkurs, Bachelor, Master und Promotion in zehn Jahren selbst bei ordnungsgemäßem und zielstrebigem Studium unter Berücksichtigung der Schwierigkeiten ausländischer Studierender oft nicht zu bewältigen sein dürften.

20 Für die Bestimmung des erforderlichen **Zeitraums** ist zunächst das normale Curriculum nach den jeweiligen Studien- und Prüfungsordnungen zur Erreichung eines anerkannten Abschlusses zugrunde zu legen (Regelstudienzeit). Richtpunkt für die übliche Dauer des Studiums ist aber die **durchschnittliche Studienzeit**. Weiter sind die besonderen Schwierigkeiten für Ausländer zu berücksichtigen; daher werden nach den AVwV Überschreitungen der Studienzeit von drei Semestern hingenommen[31]. Individuelle Studiengeschwindigkeit oder außerhalb des Studiums liegende private Umstände können zu einer Verlängerung des Studiums führen, ohne dass der mögliche Erfolg des Studiums gefährdet sein muss. Rechtfertigungsgründe für eine zeitliche Verzögerung des Studienfortschritts können sich aus durch ärztliche Atteste nachgewiesenen Erkrankungen ergeben[32]. Ist die

---

[27] BayVGH Beschl. v. 6.12.2018 – 10 CS 18.2271, BeckRS 2018, 35627 Rn. 10.
[28] Vgl. zB OVG LSA Beschl. v. 5.11.2014 – 2 M 109/14, BeckRS 2015, 40794.
[29] So auch BayVGH Urt. v. 26.5.2011 – 19 BV 11.174, BeckRS 2011, 34548; OVG Brem Beschl. v. 8.2.211 – 1 B 322/10, BeckRS 2011, 48006.
[30] → Rn. 38 ff.
[31] Nr. 16.1.1.6.2 AVwV.
[32] BayVGH Urt. v. 5.5.2010 – 19 BV 09.3103, BeckRS 2011, 45620 Rn. 56.

Erkrankung nachgewiesen, kann es auf eine rechtzeitig beantragte Beurlaubung durch die Hochschule nicht ankommen. Gleiches gilt für Verzögerungen aufgrund von Schwangerschaft und Mutterschutz[33].

Ernstliche Zweifel an der tatsächlichen Durchführung eines Studiums bestehen aber, wenn der 21 Ausländer eine Vollzeittätigkeit aufgenommen hat[34]. Eine wesentliche Verzögerung durch Nebentätigkeiten ist nicht hinzunehmen, es sei denn, sie stellen sich als notwendige Begleitung des Studiums dar. Dagegen dürfte ein staatliches Interesse an einer effektiven Entwicklungshilfe[35] spätestens seit dem RLUmsG 2017 nur noch bei ausdrücklich zu diesem Zweck zugelassenen Studienaufenthalt Berücksichtigung finden. Bei der Verlängerung der Aufenthaltserlaubnis prüft die Ausländerbehörde, ob der Aufenthaltszweck „Studium" fortbesteht; es ist aber nicht Aufgabe der Ausländerbehörde, während der zulässigen Studiendauer den Studienfortschritt des Ausländers im Einzelnen zu überwachen.

Eine insgesamt schon überlange Studiendauer schließt regelmäßig die Annahme aus, die Ausbildung 22 werde nunmehr in angemessener Zeit beendet werden können[36]. Bei **Überschreitung der zulässigen Studiendauer**[37] kann die Aufenthaltserlaubnis nur dann noch weiter verlängert werden, wenn ein erfolgreicher Abschluss abzusehen ist[38]. Aus Gründen der Verhältnismäßigkeit kann es jedoch geboten sein, trotz Überschreitung der zu erwartenden Studiendauer einen weiteren Aufenthalt zu ermöglichen, wenn die nachgewiesenen Ursachen der bisherigen Verzögerung weggefallen und etwa aufgrund einer inzwischen eingetretenen Leistungssteigerung weitere Studienverzögerungen nicht zu erwarten sind, dh mit einem erfolgreichen Studienabschluss in absehbarer Zeit gerechnet werden kann[39]. Für diese Prognose können aussagekräftiger Bestätigungen der Hochschule, die gemäß § 16b II 5 beteiligt werden kann[40], angefordert werden.

Bei der Entscheidung über eine weitere Verlängerung der Aufenthaltserlaubnis aus Gründen der 23 Verhältnismäßigkeit ist das bisher erreichte Stadium des Studiums zu berücksichtigen (erreichte Leistungspunkte, Module, Zwischenprüfungen, Examensvorbereitungsphase, Anfertigung der Abschlussarbeit). Mögliche Gesichtspunkte sind, ob der Ausländer überhaupt noch einen **Studienabschluss** erlangen kann, ob für ihn die Möglichkeit besteht, sich auf die Abschlussprüfung ggf. in einem anderen Land vorzubereiten und die Prüfung in Deutschland mit einem Schengen-Visum abzulegen oder ob er den Studienabschluss unter (teilweiser) Anrechnung der in Deutschland erbrachten Studienleistungen in einem anderen Land erreichen kann. Wenn ein mehrjähriges Studium in seine Endphase getreten ist und ein ausländerrechtlich veranlasster Abbruch den unmittelbar bevorstehenden Studienabschluss vereiteln würde, kann es daher die Verhältnismäßigkeit gebieten, die Aufenthaltserlaubnis abermals zu verlängern[41]. Die Verlängerung der Aufenthaltserlaubnis ist dagegen bereits vor Ablauf der Höchstdauer ausgeschlossen, wenn ein erfolgreicher Abschluss nicht mehr erreicht werden kann.

Für den **Entzug** der Aufenthaltserlaubnis nach § 16b I bzw. die **Nichtverlängerung** finden im 24 Übrigen die allgemeinen Vorschriften über Rücknahme, Widerruf und nachträgliche Befristung der Aufenthaltserlaubnis Anwendung; abgesehen von § 19f I, III und IV ist eine besondere Umsetzung der Ablehnungs-, Entziehungs- und Nichtverlängerungsgründe gemäß Art. 20 und 21 REST-RL nicht erfolgt. Nach § 19f IV Nr. 6 kann die Aufenthaltserlaubnis versagt werden, wenn konkrete Anhaltspunkte dafür bestehen, dass der Studienzweck vorgeschoben ist[42]. Die Aufenthaltserlaubnis kann aber auch aus Gründen entzogen werden, die nicht der Ausländer, sondern die Einrichtung, an der er studiert, zu vertreten hat; etwa weil sie ihren Verpflichtungen in Bezug auf Sozialversicherung, Steuern, Arbeitsrecht oder Arbeitsbedingungen nicht nachkommt, Sanktionen wegen nicht angemeldeter Erwerbstätigkeit oder illegaler Beschäftigung verhängt wurden oder die Ausbildungseinrichtung zu dem Zweck gegründet oder betrieben wurde, die Einreise von Ausländern zu erleichtern, oder die Einrichtung abgewickelt wird und bereits abgewickelt wurde. In diesen Fällen soll aber dem studierenden Ausländer gemäß § 16b VI die Möglichkeit geben werden, sich für die Fortsetzung seines Studiums bei einer anderen Ausbildungseinrichtung zu bewerben[43].

3. Sonstige Studienzwecke

Neben dem Anspruch auf Erteilung einer Aufenthaltserlaubnis zu Studienzwecken im Anwendungs- 25 bereich der REST-RL kann unter den **Voraussetzungen von § 16b V** eine Aufenthaltserlaubnis zu

---

[33] Vgl. NdsOVG Beschl. v. 1.12.2010 – 8 ME 292/10, BeckRS 2010, 56417 (zu studienvorbereitenden Maßnahmen).
[34] OVG Bln-Bbg Beschl. v. 26.3.2013 – OVG 7 S 18.13, BeckRS 2013, 50570.
[35] Vgl. SächsOVG Beschl. v. 3.5.2019 – 3 B 96/19, BeckRS 2019, 7937 Rn. 8.
[36] OVG Bln-Bbg Beschl. v. 17.11.2016 – OVG 11 S 56.16, BeckRS 2016, 55335 Rn. 2.
[37] → Rn. 11.
[38] OVG NRW Beschl. v. 21.8.1998 – 17 B 2314/96, BeckRS 1998, 16918 Rn. 10.
[39] OVG LSA Beschl. v. 5.11.2014 – 2 M 109/14, BeckRS 2015, 40794, OVG Brem Urt. v. 1.4.2014 – 1 B 47/14, BeckRS 2014, 49853; Beschl. v. 17.9.2010 – 1 B 169/10, BeckRS 2010, 54974; SächsOVG Beschl. v. 21.1.2011 – 3 B 178/10, BeckRS 2011, 47464.
[40] Vgl. Art. 21 III REST-RL.
[41] OVG Bln-Bbg Beschl. v. 15.12.2016 – OVG 6 S 26.16, BeckRS 2016, 56005 Rn. 3.
[42] → Rn. 47.
[43] BT-Drs. 18/11136, 41.

Studienzwecken im **Ermessen** erteilt werden. Das ist insbesondere bei bedingten Zulassungen der Fall; etwa wenn die Zulassung zum Master-Studium unter der Bedingung der Vorlage der Bachelor-Urkunde steht[44]. Auch für die Aufnahme eines Teilzeitstudiums kann gemäß Abs. 5 Nr. 1c eine Aufenthaltserlaubnis erteilt werden. Daneben kommt die Erteilung einer Aufenthaltserlaubnis zur Teilnahme an einem studienvorbereitenden Sprachkurs gemäß Nr. 2 in Betracht, wenn (noch) keine Zulassung der Hochschule vorliegt oder um ein studienvorbereitendes Praktikum zu absolvieren (Nr. 3).

26 Für studienvorbereitende Maßnahmen – insbesondere vorbereitende **Deutschkurse** und den Besuch von **Studienkollegs** – kann eine auf die jeweilige Dauer bemessene Aufenthaltserlaubnis erteilt und verlängert werden. Die Kurse müssen auf das Große Deutsche Sprachdiplom (GDS) bzw. die Deutsche Sprachprüfung für den Hochschulzugang[45] ausgerichtet sein. Die Zeit der Studienvorbereitung wird nach bisheriger Praxis auf die „Höchstdauer" von zehn Jahren[46] angerechnet. Kurse, mit denen die allgemeinen schulischen Voraussetzungen nachgeholt werden sollen, werden nicht berücksichtigt; die allgemeinen Zulassungsvoraussetzungen müssen als Voraussetzung für die Erteilung des Visums vorliegen. Eine Obergrenze für den Gesamtaufenthaltszeitraum für studienvorbereitende Maßnahmen besteht nicht[47]; die Ausländerbehörde darf aber annehmen, dass studienvorbereitende Maßnahmen regelmäßig innerhalb von zwei Jahren erfolgreich absolviert werden können[48]. Die Aufenthaltserlaubnis ist also nicht zu verlängern, wenn auch nach mehr als zwei Jahren nicht die für die Studierfähigkeit notwendigen guten Sprachkenntnisse B2 (§ 2 XIa) erworben sind[49] oder absehbar nicht ohne erhebliche Überschreitung der regelmäßigen Höchstdauer von zwei Jahren erworben werden können[50].

27 Abs. 7 ermöglicht die Erteilung einer Aufenthaltserlaubnis zu Studienzwecken im Ermessen an **in anderen Mitgliedstaaten der EU anerkannte internationale Schutzberechtigte.** Diese fallen nicht unter den Anwendungsbereich der REST-RL und können daher keine Aufenthaltserlaubnis nach § 16b I erhalten. In Deutschland anerkannte internationale Schutzberechtigte benötigen für die Aufnahme eines Studiums keinen besonderen Aufenthaltstitel. Nach Abs. 7 wird die Aufenthaltserlaubnis nur zeitlich begrenzt erteilt; sie ermöglicht lediglich, einen Teil des in einem anderen Mitgliedstaat begonnenen Studiums in Deutschland zu absolvieren. Dies schließt allerdings nicht aus, dass der Abschluss in Deutschland erreicht wird und sich daran eine Aufenthaltserlaubnis nach § 20 II zur Arbeitsplatzsuche oder § 18b I zur Beschäftigung als akademische Fachkraft anschließt.

28 Für die Erteilung der Aufenthaltserlaubnis gelten die Regelerteilungsvoraussetzungen gemäß § 5 I, während die besonderen Voraussetzungen nach der REST-RL gerade nicht gelten. Im Rahmen der **Ermessensausübung** soll nach der Gesetzesbegründung insbesondere zu berücksichtigen sein, ob offensichtlich Zweifel an der Studierfähigkeit des Ausländers bestehen; dh, ob aufgrund seiner bisherigen Leistungen daran zu zweifeln ist, dass er das angestrebte Studium erfolgreich aufnehmen und abschließen wird[51]. In den Fällen des Abs. 5 Nr. 1 lit. a und b soll insbesondere berücksichtigt werden, ob konkrete Anhaltspunkte dafür bestehen, dass die bedingt zulassende Ausbildungseinrichtung das individuelle Leistungsvermögen des Studienbewerbers für die Durchführung des von ihr angebotenen Bildungsprogramms nicht hinreichend geprüft hat. Die Auslandsvertretung kann in diesem Fall die **Studierfähigkeit des Ausländers** prüfen. Sie stützt sich bei ihrer Prüfung vorrangig auf Unterlagen, die Hinweise auf das Leistungsvermögen des Studienbewerbers zulassen[52]. Bestehen danach begründete Zweifel an dem angestrebten Aufenthaltszweck, kann die Aufenthaltserlaubnis abgelehnt werden, ohne dass Beweise oder konkreten Anhaltspunkte für eine entgegenstehende Aufenthaltsabsicht iSv § 19f IV Nr. 6 vorliegen müssen[53].

IV. Erwerbstätigkeit

29 Die Beschäftigung von Studierenden ist gemäß Abs. 3 beschränkt (§ 4a V 1). Die Vorschrift entspricht im Wesentlichen der bisherigen Regelung zur Beschäftigung von Studierenden. Während ihres gesamten Aufenthalts dürfen Studierende eine **unselbstständige Beschäftigung** in den Grenzen des

---

[44] BT-Drs. 18/11136, 40 f.
[45] Das neue GDS (Goethe-Zertifikat C2) vereint seit dem 1.1.2012 die bisherige Zentrale Oberstufenprüfung (ZOP), das Kleine Deutsche Sprachdiplom (KDS) und das bisherige Große Deutsche Sprachdiplom, vgl. iÜ Rahmenordnung über Deutsche Sprachprüfungen für das Studium an deutschen Hochschulen (RO-DT) (Beschl. der HRK v. 8.6.2004 und der KMK v. 25.6.2004 idF der HRK v. 10.11.2015 und der KMK v. 12.11.2015); die Nr. 16.1.1.4.2 AVwV hat diesen Umstand noch nicht nachvollzogen.
[46] → Rn. 15.
[47] Vgl. zu § 16 I 5 aF: OVG NRW Beschl. v. 5.6.2012 – 18 B 1483/11, BeckRS 2012, 52237.
[48] OVG NRW Beschl. v. 5.6.2012 – 18 B 1483/11, BeckRS 2012, 52237; OVG Bln-Bbg Beschl. v. 12.11.2014 – OVG 3 S 36.14, OVG 3 M 62.14, BeckRS 2014, 58608.
[49] HessVGH Beschl. v. 4.9.1991 – 13 TH 1983/91, EZAR 014 Nr. 2.
[50] BayVGH Beschl. v. 11.1.2012 – 10 CS 11.2487, BeckRS 2012, 52685.
[51] BT-Drs. 18/11136, 41.
[52] BT-Drs. 18/11136, 42.
[53] Vgl. auch VG Berlin Urt. v. 30.11.2018 – VG 26 K 117.16 V, BeckRS 2018, 35733 Rn. 16.

Abs. 3 **ohne Zustimmung** der Bundesagentur für Arbeit ausüben. Die Grenze von **120 Tagen oder 240 halben Tagen** jährlich darf nicht überschritten werden. Durch die Einfügung des Wortes „nur" wollte der Gesetzgeber verdeutlichen, dass keine darüber hinausgehende Erwerbstätigkeit erlaubt ist[54]. Nach Art. 24 III REST-RL müssen die Mitgliedstaaten Studierenden eine Erwerbstätigkeit von mindestens 15 Stunden wöchentlich oder eine entsprechende Anzahl von Tagen oder Monaten erlauben. Da 240 halbe Tage überschlägig eine Wochenarbeitszeit von knapp 20 Stunden ergeben[55], ist diese Anforderung erfüllt. Als halber Tag zählt eine Beschäftigung bis zur Hälfte der tariflichen bzw. betriebsüblichen Tagesarbeitszeit, also idR vier Stunden; bei betriebsüblicher Arbeitszeit von bis zu zehn Stunden entsprechend mehr. Maßgeblicher Berechnungszeitraum für die Anzahl der ganzen oder halben Tage ist nach Nr. 16.3.2 AVwV das Kalenderjahr; bei Kalenderjahren, für die nicht ganzjährig eine Aufenthaltserlaubnis vorlag, wird auf eine Anteilsberechnung verzichtet. Dies ist gegenüber einer Berechnung des Jahreszeitraums anhand des Beginns der Aufenthaltserlaubnis mit ggf. anteiligen Berechnungen für das erste und letzte Jahr des Studienaufenthalts[56] – nur diese sind bei Studierenden die Jahre, für die die Aufenthaltserlaubnis nicht ganzjährig erteilt ist – die pragmatischere Lösung.

Auch **studentische Nebentätigkeiten** sind nach Abs. 3 S. 1 kraft Gesetzes ohne Zustimmung der 30 Bundesagentur für Arbeit erlaubt. Dazu gehören nicht nur Beschäftigungen als wissenschaftliche Hilfskräfte an den betreffenden Hochschulen, sondern auch Tätigkeiten bei anderen Institutionen der Hochschulverwaltung (zB Studentenwerk, Wohnheimverwaltung) oder Nebentätigkeiten bei anderen Arbeitgebern, die in engem Zusammenhang mit dem Studium stehen (zB Nachtwache in einem Krankenhaus durch Medizinstudenten)[57]. Eine zeitliche Grenze für die sonstigen studentischen Nebentätigkeiten ergibt sich aus dem Gesetz unmittelbar nicht; die Nebentätigkeiten dürfen aber aufgrund ihres zeitlichen Umfangs nicht den Zweck des Studiums beeinträchtigen oder den Studienerfolg hinauszögern. Andere bzw. über die Grenzen des Abs. 3 hinausgehende **Nebentätigkeiten** bedürfen der Zustimmung der Bundesagentur für Arbeit. Auch dabei ist zu beachten, dass der Studienerfolg nicht gefährdet oder das Studium nicht verlängert wird[58].

Während der Teilnahme an studienvorbereitenden Maßnahmen im ersten Jahr des Aufenthalts ist 31 gemäß § 16b III 2 eine Beschäftigung nur in der Ferienzeit erlaubt.

Allerdings sieht Art. 24 REST-RL anders als Art. 17 III Studenten-RL eine Beschränkung der Erwerbstätigkeit im ersten Jahr nicht mehr vor. Für das gesetzgeberische Anliegen, die Erwerbstätigkeit des Ausländers in der ersten Phase der Studienvorbereitung bzw. des Spracherwerbs auf die Ferienzeit zu beschränken, sprechen aber gute Gründe. Da die Berechtigung zur Erwerbstätigkeit ohnehin nur außerhalb der Studienzeiten (Art. 24 I REST-RL) besteht, steht die Beschränkung in Einklang mit der RL, solange die nach Art. 24 III REST-RL insgesamt zulässige Mindestarbeitszeit während der Ferienzeit erreicht werden kann.

Die Ausübung **selbstständiger,** auch **freiberuflicher** Tätigkeiten kann von der Ausländerbehörde 32 mit Nebenbestimmung zur Aufenthaltserlaubnis zugelassen werden, ohne dass dadurch der Aufenthaltszweck „Studium" verändert würde (§ 21 VI). Die Klarstellung, dass in Deutschland lebende Ausländer, die einen zu einem anderen Aufenthaltszweck als der selbstständigen Erwerbstätigkeit erteilten Aufenthaltstitel besitzen, nicht die hohen Anforderungen des § 21 erfüllen müssen, erfolgte mit dem RLUmsG 2007. Bei der Ermessensausübung hat die Ausländerbehörde Art und Umfang der beabsichtigten Tätigkeit zu berücksichtigen. Insbesondere bei freiberuflichen Tätigkeiten (zB IT, Übersetzungen, künstlerische Tätigkeiten), die den Umfang nach § 16b III 1 nicht überschreiten, sind kaum Ablehnungsgründe vorstellbar. Anders kann es aussehen, wenn die angestrebte selbstständige Beschäftigung va nach ihrem Umfang, aber auch dem erforderlichen Kapitaleinsatz, nicht der Finanzierung des Studiums dient, sondern selbst Hauptzweck ist oder erkennbar zu werden droht.

Notwendige **Praktika** während eines Studiums gelten als dessen Bestandteil und unterfallen daher 33 der Zustimmungsfreiheit nach § 15 Nr. 2 BeschV. Sie sind auf die zulässige Beschäftigung nach S. 1 nicht anzurechnen.

Grundsätzlich eignet sich die Erwerbstätigkeit **türkischer Studierender** während des Studiums als 34 Grundlage für eine Verfestigung im Stufensystem des Art. 6 ARB 1/80. Auch wenn die Gestattung der Erwerbstätigkeit nicht ihren Hauptaufenthaltszweck darstellt, gehören sie dem regulären Arbeitsmarkt an, sofern ihre Beschäftigung ökonomisch nicht völlig untergeordnet ist[59]. Studierende, die tatsächlich 240 halbe Tage im Jahr arbeiten, überschreiten diese Grenze in jedem Fall. Rechtsfolge ist zum einen, dass die türkischen Studierenden nicht mehr den Beschränkungen des Abs. 3 unterliegen. Zum anderen ergibt sich ein Anspruch auf Verlängerung der Aufenthaltserlaubnis gemäß § 4 II unabhängig von der Fortsetzung des Studiums, es sei denn, dass von vornherein die Ausübung einer

---

[54] BT-Drs. 19/19037, 61.
[55] 240 Tage jährlich = 60 Tage im Quartal = 20 Tage im Monat. Angesichts eines Monatsdurchschnitts von 22 Arbeitstagen (ohne Feiertage) ist damit de facto eine „normale Halbtagsbeschäftigung" zugelassen.
[56] So aber OVG NRW Beschl. v. 17.5.2011 – 17 B 5/11, BeckRS 2011, 51410.
[57] Ebenso Stahmann in Hoffmann AuslR § 16 Rn. 33.
[58] → Rn. 19.
[59] EuGH Urt. v. 24.1.2008 – C-294/06, NVwZ 2008, 404 – Payir; s. dazu ausf. § 4.

Erwerbstätigkeit den eigentlichen Aufenthaltszweck darstellte und der Studienaufenthalt zur Umgehung der ausländerrechtlichen Restriktionen gewählt wurde.

V. Wechsel des Aufenthaltszwecks

35 Während des Studiums gilt gemäß § 16b IV 1 ein eingeschränktes **Zweckwechselverbot** für Inhaber einer Aufenthaltserlaubnis nach § 16b I. Ein **Wechsel** des Aufenthaltszwecks während des Studiums oder nach Abbruch desselben ist aber **nicht mehr** völlig **ausgeschlossen**. Abgesehen von Rechtsansprüchen – denkbar aufgrund Eheschließung/Verpartnerung, Elternschaft oder Flüchtlingsanerkennung – kamen bis zum RLUmsG 2017 Ausnahmen aber nur für Fallkonstellationen in Betracht, die objektiv von dem Normalfall erheblich abweichen und subjektiv nicht vorhersehbar waren. Die Umstände mussten so ungewöhnlich sein, dass das gesetzliche Verbot demgegenüber nicht mehr gerechtfertigt erschien. Ein Zweckwechsel nach einem **abgebrochenen Studium** zu einer Ausbildung war ohne vorherige Ausreise regelmäßig ausgeschlossen[60].

36 § 16b IV 1 erlaubt nunmehr einen **Zweckwechsel** auch ohne Erlangung eines Studienabschlusses zur Aufnahme einer **qualifizierten schulischen** (§ 16a II) oder **betrieblichen Berufsausbildung** (§ 16a I) und im Falle vorhandener Qualifikation zur Ausübung einer Beschäftigung als Fachkraft (§§ 18a f.) bzw. Beschäftigung mit ausgeprägten berufspraktischen Kenntnissen (§ 19c II). Die Beschränkung auf eine Ausbildung in sog. **Engpassberufen** ist entfallen. Damit wird Ausländern, die sich als nichtakademische Fachkraft qualifizieren wollen oder bereits über eine Qualifikation verfügen, auch nach Abbruch des Studiums eine Berufs- und Aufenthaltsperspektive ohne vorherige Ausreise eröffnet. Die Vorschrift ist Ausdruck des gesetzgeberischen Ziels, die Gewinnung ausländischer Auszubildender und Fachkräfte im Interesse der Bekämpfung des Fachkräftemangels zu fördern.

37 Außerdem erlaubt § 16b IV 1 den Wechsel des Aufenthaltszwecks während des Studiums in Fällen eines gesetzlichen Anspruchs. Unter einem „Anspruch" iSv § 16b IV 1 ist, ebenso wie bei vergleichbaren Formulierungen im AufenthG – etwa in § 10 III 3 –, grundsätzlich nur ein strikter Rechtsanspruch zu verstehen[61]. Ein solcher Rechtsanspruch liegt nur dann vor, wenn alle zwingenden und regelhaften Tatbestandsvoraussetzungen erfüllt sind und die Behörde kein Ermessen mehr auszuüben hat[62], weil nur dann der Gesetzgeber selbst eine Entscheidung über das zu erteilende Aufenthaltsrecht getroffen hat[63]. Eine Ermessensreduzierung auf Null reicht nicht aus[64]. Ansprüche auf die Erteilung einer Aufenthaltserlaubnis kommen insbesondere aufgrund Eheschließung/Verpartnerung, Elternschaft oder Flüchtlingsanerkennung in Betracht.

38 Auch der **Wechsel des Studiengangs oder des Studienfachs**, nicht dagegen ein bloßer Schwerpunktwechsel, kann aufenthaltsrechtlich einen Zweckwechsel bedeuten[65]. § 16b I knüpft an das konkret betriebene Vollzeitstudium und nicht etwa an den abstrakten Aufenthaltszweck „Studium" an[66]. Nach der bisherigen Praxis gemäß Nr. 16.2.5 AVwV ist jedoch ein Wechsel des Studiengangs oder des Studienfachs innerhalb desselben Studiengangs während der ersten drei Semester (Orientierungsphase) nicht als Wechsel des Aufenthaltszwecks zu werten[67]. Entsprechendes gilt für den Wechsel der Hochschuleinrichtung, auch wenn dieser mit dem Wechsel des Studienorts verbunden ist. Ein Zweitstudium dürfte regelmäßig eine Änderung des Aufenthaltszwecks darstellen, sofern es sich nicht um einen im Anschluss an eine Bachelor-Abschluss aufgenommenen mit diesem in Zusammenhang stehenden Master-Studiengang handelt oder der Abschluss eines weiteren Studiums für den Erfolg auf dem Arbeitsmarkt erforderlich oder nützlich ist[68].

39 Besitzt der Ausländer eine Zulassung der Hochschule für das neue Studium und liegen die übrigen Erteilungsvoraussetzungen vor, kann der **Wechsel als Anspruchsfall** erfolgen. 16b I vermittelt bei Vorliegen der Tatbestandsvoraussetzungen einen Anspruch auf die Erteilung der Aufenthaltserlaubnis

---

[60] Vgl. VG München Beschl. v. 24.8.2010 – M 10 K 10.3263, BeckRS 2011, 33196 (Wechsel von Medizinstudium zur Ausbildung Physiotherapie).
[61] BVerwG Urt. v. 16.11.2010 – 1 C 17.09, NVwZ 2011, 499 Rn. 60.
[62] BVerwG Urt. v. 17.12.2015 – 1 C 31.14, BVerwGE 143, 353 = NVwZ 2016, 458 Rn. 20 f.; Urt. v. 10.12.2014 – 1 C 15/14, NVwZ-RR 2015, 313 Rn. 15; Urt. v. 16.11.2010 – 1 C 17.09, NVwZ 2011, 499 Rn. 60; OVG NRW Beschl. v. 16.8.2016 – 18 B 754.16, BeckRS 2016, 50359 Rn. 7.
[63] BVerwG Urt. v. 17.12.2015 – 1 C 31.14, BVerwGE 153, 353 = NVwZ 2016, 458Rn. 20; Urt. v. 10.12.2014 – 1 C 15/14, NVwZ-RR 2015, 313 Rn. 15; BVerwG Urt. v. 16.11.2010 – 1 C 17.09, NVwZ 2011, 499; Urt. v. 16.12.2008 – 1 C 37.07, BVerwGE 132, 382 = NVwZ 2009, 789; OVG NRW Beschl. v. 16.8.2016 – 18 B 754.16, BeckRS 2016, 50359 Rn. 7.
[64] VGH BW Beschl. v. 10.3.2009 – 11 S 2990/08, BeckRS 2009, 32462; ebenso OVG LSA Beschl. v. 4.7.2006 – 2 O 210/06, BeckRS 2008, 32762; OVG Bln-Bbg Beschl. v. 6.10.2006 – OVG 7 S 32.06, LSK 2007, 110236; NdsOVG Beschl. v. 18.6.2007 – 10 PA 65/07, BeckRS 2007, 25180; so auch BVerwG Urt. v. 16.12.2008 – 1 C 37.07, BVerwGE 132, 382 = NVwZ 2009, 789 zu § 10 III 3; aA VG Freiburg Urt. v. 2.4.2005 – 8 K 1275/03, InfAuslR 2005, 388.
[65] OVG RhPf Beschl. v. 12.5.2015 – 7 B 10364/15.OVG, BeckRS 2015, 46114 Rn. 5.
[66] Vgl. NdsOVG Beschl. v. 25.4.2019 – 13 ME 86/19, BeckRS 2019, 8013 Rn. 8.
[67] VG Karlsruhe Beschl. v. 10.4.2019 – 7 K 4692/18, BeckRS 2020, 29567 Rn. 29.
[68] → Rn. 17 f.

und setzt insofern die Vorgabe von Art. 5 III REST-RL um. Danach hat der Drittstaatsangehörige einen Anspruch auf einen Aufenthaltstitel, wenn alle allgemeinen (Art. 7 REST-RL) und einschlägigen besonderen Bedingungen (hier Art. 11 REST-RL) erfüllt sind. Nach der Gesetzesbegründung zum FEG soll auch der Wechsel des Studiengangs unter § 16b IV 1 fallen, wenn die Hochschule dem Ausländer bereits zu einem anderen Studiengang zugelassen hat[69].

Gegen die uneingeschränkte Zulassung eines Zweckwechsels wird ua eingewandt, die REST-RL vermittle – was sich ua aus der mit ihr verbundenen Zwecksetzung der Förderung des Wissenschaftsstandort Europa und einem Umkehrschluss aus Art. 21 VI folge – gerade keinen Anspruch darauf, wiederholt für beliebige neue Studiengänge eine Aufenthaltserlaubnis zu erhalten[70]. Insofern wird in der Rechtsprechung teilweise verneint, dass ein das Zweckwechselverbot aufhebender Anspruch lediglich das Vorliegen eines Anspruchs nach § 16b I 1 voraussetze[71]. Der erforderliche gesetzliche Anspruch bestehe vielmehr nur – auch um eine Ungleichbehandlung mit dem Ausländer, der sein begonnenes Studium nur unter den Voraussetzungen des § 16b II 4 fortsetzen dürfe, zu vermeiden – wenn zusätzlich analog § 16b II 4 davon ausgegangen werden könne, dass der erfolgreiche Abschluss des neuen Studiums innerhalb eines angemessen Zeitraums erreicht werden könne[72]. Ob ein solches einschränkendes Verständnis erforderlich ist, um **Missbrauch** zu vermeiden, ist fraglich. Lässt das Studienengagement im Erststudium an der Studienabsicht zweifeln oder bestehen andere konkrete Anhaltspunkte dafür, dass der Ausländer den Aufenthalt zu anderen als Studienzwecken nutzen wird, bietet bereits § 19f IV Nr. 6 die Handhabe, die Aufenthaltserlaubnis für das neue Studium zu versagen. 40

Im Übrigen kann auch nach endgültigem Nichtbestehen des Erststudiums ein Studiengangwechsel unter Billigung eines längeren Aufenthalts im schützenswerten **Interesse des Ausländers** liegen, wenn davon ausgegangen werden kann, dass er in diesem unter Anrechnung von Studienleistungen des Erststudiums einen Abschluss erreicht. In der Praxis wurde bisher ein Zweckwechsel in Fällen zugelassen, in denen ein weiteres Studium oder sonstige Zusatzausbildung auch im **öffentlichen Interesse** als angezeigt erscheinen, etwa bei einem Postgraduiertenstudium oder Zweitstudium zu Erreichung einer Zusatzqualifikation. Bei öffentlicher Förderung werden auf diesem Wege zB auch Promotion und Habilitation zugelassen. 41

Eine an das Studium anschließende **praktische Berufserfahrung**, die nicht zur staatlichen Anerkennung erforderlich ist, wird ermöglicht, wenn sie sich als für die Berufsausübung zumindest förderlich erweist. Soweit diese Tätigkeit als Erwerbstätigkeit anzusehen ist, ist ein Wechsel in die Aufenthaltserlaubnis nach §§ 18a oder 18b I AufenthG erforderlich. Die Tätigkeit bedarf der Zustimmung der Bundesagentur für Arbeit nach § 39 II, sofern sie nicht ohne deren Zustimmung ausgeübt werden darf (§ 2 I Nr. 3 BeschV). 42

Der Übergang vom abgeschlossen Studium zu einer regulären Erwerbstätigkeit stellt einen **Zweckwechsel** dar, der nicht den Beschränkungen von Abs. 4 unterliegt. Eine **Erwerbstätigkeit** im Anschluss an ein erfolgreiches Studium wird nicht mehr als Ausnahme, sondern als **erwünschter Normalfall** ermöglicht. Inzwischen ist anerkannt, dass an der dauerhaften Beschäftigung von ausländischen Hochschulabsolventen im Inland ein **staatliches Interesse** besteht[73]. Gemäß § 20 III Nr. 1 hat der Ausländer nach dem erfolgreichen Abschluss seines Studiums einen Anspruch auf Erteilung einer Aufenthaltserlaubnis zur Suche eines Arbeitsplatzes zu dessen Ausübung ihn seine Qualifikation befähigt[74]. 43

Die Aufnahme einer **Beschäftigung** oder einer **selbstständigen Erwerbstätigkeit** im unmittelbaren Anschluss an den Studienabschluss erfordert aber die Erteilung eines neuen Aufenthaltstitels und gegebenenfalls zusätzlich die Einhaltung der Zulassungsverfahren nach §§ 18–21. Gemäß § 39 Nr. 1 AufenthV kann der Antrag im Inland gestellt werden. Auch wenn ein Rechtsanspruch auf einen Aufenthaltstitel nicht gegeben ist, kann nicht mehr davon ausgegangen werden, dass die Begründung eines Daueraufenthalts aufgrund dieser Vorschriften unerwünscht sei; bei Vorliegen der Erteilungsvoraussetzungen sind kaum noch Ermessensgründe vorstellbar, die angesichts eines bereits langjährigen Aufenthalts, gelungener Integration (Hochschulabschluss) und dem staatlichen Interesse im „Wettbewerb um die besten Köpfe" die Ablehnung der Erteilung einer Aufenthaltserlaubnis rechtfertigen könnten. Anders kann es dagegen liegen, wenn der Ausländer mit einem entwicklungspolitisch begründeten Stipendium in Deutschland studiert und sich zur Rückkehr nach Abschluss des Studiums verpflichtet hat (vgl. Nr. 16.2.8, 16.4.5 AVwV): In diesem Fall überwiegt das entwicklungspolitische 44

---

[69] BT-Drs. 19/8285 S. 91. Dies mit ausführlicher Begründung verneinend ThürOVG Beschl. v. 11.1.2021 – 3 EO 279/19, BeckRS 2021, 7116.
[70] Vgl. dazu *Fleuß* BeckOK AuslR AufenthG § 16b Rn. 65 unter Hinweis auf NdsOVG Beschl. v. 25.4.2019 – 13 ME 86/19, BeckRS 2019, 8013 Rn. 9ff.; VG Braunschweig Beschl. v. 22.2.2018 – 4 B 331/17, BeckRS 2018, 3904 Rn. 24; VG Freiburg Beschl. v. 20.6.2018 – 1 K 3401/18, BeckRS 2018, 14891 Rn, 18ff.; VG Karlsruhe Beschl. v. 10.4.2019 – 7 K 4692/18, BeckRS 2020, 29567 Rn. 40ff.
[71] ThürOVG Beschl. v. 11.1.2021 – 3 EO 279/19, BeckRS 2021, 7116.
[72] ThürOVG Beschl. v. 11.1.2021 – 3 EO 279/19, BeckRS 2021, 7116; VG Karlsruhe Beschl. v. 10.4.2019 – 7 K 4692/18, BeckRS 2020, 29567
[73] → Rn. 2.
[74] → § 20 Rn. 11.

Interesse das Interesse des Ausländers an einer Ausübung seines Berufs im Bundesgebiet; hinzu kommt, dass dem Ausländer das Ziel der Gewährung des Stipendiums von vornherein bewusst war. Nur insoweit hat sich an der früheren Rechtslage[75] nichts Wesentliches geändert.

45 Die direkte Überführung der Aufenthaltserlaubnis nach § 16b in eine Niederlassungserlaubnis ist gemäß Abs. 4 S. 2, ausgeschlossen. Damit soll eine Aufenthaltsverfestigung aus dem zeitlich begrenzten Aufenthaltstitel verhindert werden, sofern nicht in zulässiger Weise in einen den Aufenthalt verfestigenden Aufenthaltstitel übergewechselt wird[76]. Bei der Erteilung der Niederlassungserlaubnis nach § 9 wird gemäß § 9 IV Nr. 3 die Ausbildungszeit zur Hälfte auf die erforderliche Aufenthaltsdauer von fünf Jahren angerechnet. Dasselbe gilt für die Erteilung der Erlaubnis zum Daueraufenthalt – EU nach § 9b I 1 Nr. 4. Hochschulabsolventen können zudem seit dem HQRLUmsG[77] gemäß § 18c I 2 (§ 18b aF) bereits nach zweijähriger Beschäftigung eine Niederlassungserlaubnis erhalten, wenn sie zu diesem Zeitpunkt einen ihrer Qualifikation entsprechenden Arbeitsplatz innehaben.

VI. Verwaltungsverfahren und Rechtsschutz

46 Verwaltungsverfahren und Rechtsschutz richten sich nach den allgemeinen Grundsätzen über die Erteilung eines Visums[78] und einer Aufenthaltserlaubnis. Nach der Rspr. des EuGH ist es den Auslandsvertretungen der Mitgliedstaaten im Anwendungsbereich der Studenten-RL verwehrt, das Visum zu versagen, wenn der Drittstaatsangehörige die in der RL abschließend aufgezählten Zulassungsbedingungen erfüllt[79]. Inzwischen gewährt § 16b I einen **Anspruch auf Erteilung des Visums bzw. der Aufenthaltserlaubnis zum Vollzeitstudium**[80]. Damit darf Studienbewerbern bei erfolgter Zulassung durch die Hochschule insbesondere nicht entgegengehalten werden, sie hätten etwa wegen schlechter Schulnoten oder mangelnder Sprachkenntnisse keine hinreichende Aussicht darauf, das Studium in angemessener Zeit erfolgreich abzuschließen. Eine solche Prüfung bleibt aber möglich, wenn die Aufenthaltserlaubnis zum Studium gemäß Abs. 5 nach Ermessen gewährt wird[81].

47 Durften die zuständigen Behörden nach der Studenten-RL als ungeschriebenes quasi übergeordnetes Tatbestandsmerkmal[82] prüfen, ob der Visumsantrag schlüssig ist, um der missbräuchlichen oder betrügerischen Inanspruchnahme vorzubeugen, ergibt sich diese Prüfkompetenz nunmehr aus § 19f IV Nr. 6 (Art. 20 II f REST-RL). Die Auslandsvertretung und die Ausländerbehörde prüfen, ob Beweise oder konkrete Anhaltspunkte dafür vorliegen, dass der Ausländer den Aufenthalt nicht zu Studienzwecken, sondern zu anderen Zwecken nutzen wird[83]. Den Behörden kommt dabei ein nur eingeschränkt gerichtlich überprüfbarer **Beurteilungsspielraum** zu[84]. Die Beurteilungen der Auslandsvertretung oder Ausländerbehörde können also gerichtlich nur darauf überprüft werden, ob die gültigen Verfahrensbestimmungen eingehalten wurden, von einem richtigen Verständnis des anzuwendenden Gesetzesbegriffs ausgegangen wurde, der erhebliche Sachverhalt vollständig und zutreffend ermittelt und sich bei der eigentlichen Beurteilung an allgemein gültige Wertungsmaßstäbe gehalten wurde, insbesondere das Willkürverbot nicht verletzt wurde[85]. Sind danach die Voraussetzungen des § 19f IV Nr. 6 erfüllt, ist das nach der Vorschrift eröffnete behördliche Ermessen, in Richtung Versagung des Aufenthaltstitels vorgezeichnet[86].

48 Zu den von den Auslandsvertretung iRd Art. 7 und 11 REST-RL zu prüfenden Bedingungen zählt, ob der Zulassung des Drittstaatsangehörigen Gründe entgegenstehen, aus denen sich eine **Bedrohung für die öffentliche Ordnung, Sicherheit oder Gesundheit** ergibt. Die Reichweite und gerichtliche Kontrolle des sog. Sicherheitsvorbehalts nach der Studenten-RL waren Gegenstand eines Vorabentscheidungsersuchens an den EuGH[87]. Nach dessen Entscheidung verfügen die zuständigen nationalen Behörden über einen weiten Beurteilungsspielraum, wenn sie anhand aller die Situation des Drittstaatsangehörigen kennzeichnenden relevanten Umstände prüfen, ob er eine – auch nur potenzielle – Bedrohung für die öffentliche Sicherheit darstellt. So sind die Auslandsvertretung und Ausländerbehörde europarechtlich auch nicht daran gehindert, einem Drittstaatsangehörigen die Zulassung in das Hoheitsgebiet des Mitgliedstaats zu Studienzwecken zu verweigern, wenn sie aufgrund der ihnen

---

[75] Dazu → 7. Aufl. AuslG § 28 Rn. 12.
[76] Vgl. VGH BW Beschl. v. 19.3.2015 – 11 S 334.15, BeckRS 2015, 43757.
[77] Gesetz v. 1.6.2012, BGBl. I S. 1224.
[78] → § 6 Rn. 76 ff.
[79] EuGH Urt. v. 10.9.2014 – C 491/13, NVwZ 2014, 1446 – Alaya.
[80] → Rn. 8.
[81] → Rn. 23.
[82] Vgl. Schlussanträge des Generalanwalts *Mengozzi* v. 12.6.2014 – C-491/13, NVwZ 2014, 1446 – Alaya.
[83] Vgl. OVG Bln-Bbg Urt. v. 7.5.2019 – 3 B 64.18, BeckRS 2019, 12813 Rn. 23 ff.
[84] OVG Bln-Bbg Urt. v. 7.5.2019 – 3 B 64.18 BeckRS 2019, 12813 Rn. 27 f.
[85] EuGH Urt. v. 4.4.2017 – C-544/15 EuZW 2017, 473 – Fahimian Rn. 50; VG Bln Urt. v. 30.1.2015 – 14 K 284.14 V, BeckRS 2015, 41958 unter Hinweis auf BVerwG Urt. v. 2.4.2008; 6 C 15.07, BVerwGE 131, 41, NVwZ 2008, 1359.
[86] OVG Bln-Bbg Urt. v. 7.5.2019 – 3 B 64.18, BeckRS 2019, 12813 Rn. 39.
[87] VG Berlin Beschl. v. 14.10.2015 – VG 19 K 355.13 V, BeckRS 2015, 53791.

vorliegenden Informationen Anlass zu der Befürchtung haben, dass die Kenntnisse, die der Ausländer im Rahmen seines Studiums und Forschung erwirbt, später zu Zwecken verwendet werden könnten, die der öffentlichen Sicherheit zuwiderliefen[88]. Auch insoweit steht ihnen ein gerichtlich nur eingeschränkt überprüfbarer **Beurteilungsspielraum** zu[89]. Diese Rspr. des EuGH ist auf die Anwendung der REST-RL übertragbar (36. Erwägungsgrund, Art. 7 VI REST-RL).

Aufenthaltserlaubnisse zum Studium oder zur Studienvorbereitung werden häufig mit **Nebenbestimmungen** gemäß § 12 II 1 wie „Erlischt mit Abbruch studienvorbereitender Maßnahmen" bzw. „mit Studienabbruch" oder „mit Beendigung des Studiums" versehen. Nach § 51 I Nr. 2 erlischt der Aufenthaltstitel mit Eintritt einer auflösenden Bedingung (§ 36 II Nr. 2 VwVfG). Diese Rechtsfolge tritt kraft Gesetzes ein, ohne dass es eines vorherigen aufenthaltsbeendenden Verwaltungsakts bedarf. Das ist nicht unproblematisch, weil die Feststellung des Eintritts der jeweiligen Bedingung Schwierigkeiten und damit Unklarheiten über den Fortbestand der Aufenthaltserlaubnis bereiten kann. Unter einem Abbruch von studienvorbereitenden Maßnahmen ist nicht schon jede Unterbrechung der Studienvorbereitung zu verstehen. Vielmehr erfordert ein Abbruch, dass die Studienabsicht endgültig aufgegeben wird[90]. Indiz dafür kann der Abbruch des vorbereitenden Deutschkurses sein. Eindeutig beendet ist das Studium mit der Exmatrikulation[91]. Aber auch ein zwischenzeitlicher Fachrichtungsbzw. Studiengangwechsel kann gegebenenfalls das Erlöschen der Aufenthaltserlaubnis herbeiführen und eine Neuerteilung, gegebenenfalls unter Absehen von der Nachholung des Visumsverfahrens, erforderlich machen[92]. Gemäß § 82 VI sind Inhaber einer Aufenthaltserlaubnis zu Studienzwecken verpflichtet, der zuständigen Ausländerbehörde binnen zwei Wochen ab Kenntnis mitzuteilen, dass das Studium, für das der Aufenthaltstitel erteilt wurde, vorzeitig beendet wurde. 49

Besonderheiten ergeben sich aus der Notwendigkeit **sachverständiger Auskünfte** und Beratung der Auslandsvertretung und der Ausländerbehörde durch die Träger der Bildungseinrichtungen, va bei Festlegung des Studienziels, der durchschnittlichen Studiendauer und der Erfolgsaussichten für den angestrebten Studienabschluss sowie für einen Zweckwechsels. Bisher oblag es vor allem dem Ausländer, gemäß § 82 I entsprechende Unterlagen vorzulegen. Um eine sachgerechte Entscheidung sicherzustellen, kann die Ausländerbehörde nunmehr die **Hochschule** beteiligen[93]. Da die rechtlichen Interessen der Hochschule nicht berührt werden, handelt es sich nicht um eine Beteiligung iSv § 13 II VwVfG; die Voraussetzungen für eine Beiladung gemäß § 65 I oder II VwGO liegen ebenso wenig vor. Werden dabei nicht nur abstrakte Angaben zum Curriculum, sondern Auskünfte über den individuellen Studienfortschritt des Ausländers erfragt, muss zuvor das Einverständnis des Ausländers eingeholt werden. 50

Beim Übergang in einen Aufenthaltstitel nach §§ 18b f., 19a, 21 ist die Ausübung der in Aussicht genommenen Erwerbstätigkeit bzw. Forschung konstituierende Voraussetzung für die Erteilung des Aufenthaltstitels. Der Zustimmung der Bundesagentur für Arbeit bedarf es gemäß § 2 I BeschV regelmäßig nicht. Bei der Frage, ob eine der **beruflichen Qualifikation angemessene Beschäftigung,** insbesondere auch eine angemessene Vergütung vorliegt, kann aber auf den Sachverstand der Bundesagentur für Arbeit zurückgegriffen werden. 51

§ 16c Mobilität im Rahmen des Studiums

(1) ¹Für einen Aufenthalt zum Zweck des Studiums, der 360 Tage nicht überschreitet, bedarf ein Ausländer abweichend von § 4 Absatz 1 keines Aufenthaltstitels, wenn die aufnehmende Bildungseinrichtung im Bundesgebiet dem Bundesamt für Migration und Flüchtlinge und der zuständigen Behörde des anderen Mitgliedstaates mitgeteilt hat, dass der Ausländer beabsichtigt, einen Teil seines Studiums im Bundesgebiet durchzuführen, und dem Bundesamt für Migration und Flüchtlinge mit der Mitteilung vorlegt:
1. den Nachweis, dass der Ausländer einen von einem anderen Mitgliedstaat der Europäischen Union für die Dauer des geplanten Aufenthalts gültigen Aufenthaltstitel zum Zweck des Studiums besitzt, der in den Anwendungsbereich der Richtlinie (EU) 2016/801 fällt,
2. den Nachweis, dass der Ausländer einen Teil seines Studiums an einer Bildungseinrichtung im Bundesgebiet durchführen möchte, weil er an einem Unions- oder multilateralen Programm mit Mobilitätsmaßnahmen teilnimmt oder für ihn eine Vereinbarung zwischen zwei oder mehr Hochschulen gilt oder
3. den Nachweis, dass der Ausländer von der aufnehmenden Bildungseinrichtung zugelassen wurde,

---

[88] EuGH Urt. v. 4.4.2017 – C-544/15, EuZW 2017, 473 – Fahimian.
[89] EuGH Urt. v. 4.4.2017 – C-544/15 EuZW 2017, 473 Rn. 41 – Fahimian; VG Berlin Urt. v. 30.1.2015 – 14 K 284.14 V, BeckRS 2015, 41958.
[90] VG Berlin Urt. v. 27.10.2014 – 11 K 331.14, BeckRS 2014, 58811.
[91] Vgl. VG Dresden Beschl. v. 21.4.2015 – 3 L 228/15.
[92] BayVGH Beschl. v. 27.2.2014 – 10 CS 13.2346, BeckRS 2014, 49129 Rn. 5.
[93] BR-Drs. 9/17, 43.

4. die Kopie eines anerkannten und gültigen Passes oder Passersatzes des Ausländers und
5. den Nachweis, dass der Lebensunterhalt des Ausländers gesichert ist.

²Die aufnehmende Bildungseinrichtung hat die Mitteilung zu dem Zeitpunkt zu machen, zu dem der Ausländer in einem anderen Mitgliedstaat der Europäischen Union den Antrag auf Erteilung eines Aufenthaltstitels im Anwendungsbereich der Richtlinie (EU) 2016/801 stellt. ³Ist der aufnehmenden Bildungseinrichtung zu diesem Zeitpunkt die Absicht des Ausländers, einen Teil des Studiums im Bundesgebiet durchzuführen, noch nicht bekannt, so hat sie die Mitteilung zu dem Zeitpunkt zu machen, zu dem ihr die Absicht bekannt wird. ⁴Bei der Erteilung des Aufenthaltstitels nach Satz 1 Nummer 1 durch einen Staat, der nicht Schengen-Staat ist, und bei der Einreise über einen Staat, der nicht Schengen-Staat ist, hat der Ausländer eine Kopie der Mitteilung mitzuführen und den zuständigen Behörden auf deren Verlangen vorzulegen.

(2) ¹Erfolgt die Mitteilung zu dem in Absatz 1 Satz 2 genannten Zeitpunkt und wurden die Einreise und der Aufenthalt nicht nach § 19f Absatz 5 abgelehnt, so darf der Ausländer jederzeit innerhalb der Gültigkeitsdauer des in Absatz 1 Satz 1 Nummer 1 genannten Aufenthaltstitels des anderen Mitgliedstaates in das Bundesgebiet einreisen und sich dort zum Zweck des Studiums aufhalten. ²Erfolgt die Mitteilung zu dem in Absatz 1 Satz 3 genannten Zeitpunkt und wurden die Einreise und der Aufenthalt nicht nach § 19f Absatz 5 abgelehnt, so darf der Ausländer in das Bundesgebiet einreisen und sich dort zum Zweck des Studiums aufhalten. ³Der Ausländer ist nur zur Ausübung einer Beschäftigung, die insgesamt ein Drittel der Aufenthaltsdauer nicht überschreiten darf, sowie zur Ausübung studentischer Nebentätigkeiten berechtigt.

(3) ¹Werden die Einreise und der Aufenthalt nach § 19f Absatz 5 abgelehnt, so hat der Ausländer das Studium unverzüglich einzustellen. ²Die bis dahin nach Absatz 1 Satz 1 bestehende Befreiung vom Erfordernis eines Aufenthaltstitels entfällt.

(4) Sofern innerhalb von 30 Tagen nach Zugang der in Absatz 1 Satz 1 genannten Mitteilung keine Ablehnung der Einreise und des Aufenthalts des Ausländers nach § 19f Absatz 5 erfolgt, ist dem Ausländer durch das Bundesamt für Migration und Flüchtlinge eine Bescheinigung über die Berechtigung zur Einreise und zum Aufenthalt zum Zweck des Studiums im Rahmen der kurzfristigen Mobilität auszustellen.

(5) ¹Nach der Ablehnung gemäß § 19f Absatz 5 oder der Ausstellung der Bescheinigung im Sinne von Absatz 4 durch das Bundesamt für Migration und Flüchtlinge ist die Ausländerbehörde gemäß § 71 Absatz 1 für weitere aufenthaltsrechtliche Maßnahmen und Entscheidungen zuständig. ²Der Ausländer und die aufnehmende Bildungseinrichtung sind verpflichtet, der Ausländerbehörde Änderungen in Bezug auf die in Absatz 1 genannten Voraussetzungen anzuzeigen.

Allgemeine Verwaltungsvorschrift
Nicht belegt.

I. Entstehungsgeschichte

1   Die Neuregelung des § 16a durch das RLUmsG 2017[1] ersetzte den bisherigen § 16 VI und diente der Umsetzung der Mobilitätsregelungen des Art. 31 REST-RL in Bezug auf einen Wechsel des Studienorts innerhalb der EU[2]. Mit dem FEG[3] wurde die Vorschrift neu geordnet und in § 16c umbetitelt. Die Möglichkeit der Arbeitsplatzsuche (§ 16a IV aF) wird nunmehr in § 20 III Nr. 1 geregelt. Zuletzt wurde mit mWv 24.6.2020 die Regelung zur Erwerbstätigkeit in Abs. 2 S. 3 ergänzt und die Bezugnahme in Abs. 5 S. 1 berichtigt[4].

II. Allgemeines

2   Die Vorschrift ermöglicht es ausländischen Studierenden, die bereits einen Aufenthaltstitel zu Studienzwecken iSd REST-RL eines anderen Mitgliedstaates besitzen, **ohne Erteilung eines deutschen Aufenthaltstitels** gemäß § 4 I einen Studienaufenthalt im Bundesgebiet aufzunehmen. Voraussetzung für Einreise und Aufenthalt gemäß § 16c ist, dass der Ausländer an einem EU- oder multilateralen Programm mit Mobilitätsmaßnahmen teilnimmt oder für ihn eine Vereinbarung zwischen zwei oder mehr Hochschulen gilt und er über eine Zulassung verfügt. Der Lebensunterhalt des Ausländers muss nachgewiesen sein[5].

3   Dazu ist das sog. **Mitteilungsverfahren** unter Einbindung der beteiligten Mitgliedstaaten durchzuführen, in dem die in § 16c I Nr. 1–5 benannten Voraussetzungen nachzuweisen sind. Das BAMF

---

[1] Gesetz v. 12.5.2017, BGBl. I S. 1106.
[2] BR-Drs. 9/17, 46.
[3] Gesetz v. 15.8.2019, BGBl. I S. 1307.
[4] Gesetz v. 12.6.2020, BGBl. I S. 1248.
[5] → § 16b Rn. 9.

nimmt dabei gemäß § 75 Nr. 5 die Aufgaben der Kontaktstelle iSv Art. 37 REST-RL wahr[6] und führt das Mitteilungsverfahren durch. Nunmehr trifft das BAMF auch die Entscheidung gemäß § 19f V. Einreise und Aufenthalt des Ausländers sind abzulehnen, wenn die Voraussetzungen nach § 16c I nicht erfüllt sind oder andere Ablehnungsgründe nach § 19f I oder V vorliegen. Ist das nicht der Fall, bescheinigt das BAMF spätestens nach 30 Tagen dem ausländischen Studierenden gemäß Abs. 4 das Aufenthaltsrecht nach § 16c. Die Bescheinigung wirkt lediglich deklaratorisch.

Liegen **Ablehnungsgründe** vor, lehnt das BAMF Einreise und Aufenthalt gemäß § 16c I ab. 4 Gemäß Abs. 3 entfällt damit die Befreiung vom Erfordernis des Aufenthaltstitels. Der Ausländer muss sein ggf. bereits aufgenommenes Studium im Bundesgebiet abbrechen. Soweit er sich nicht gemäß Art. 21 SDÜ im Bundesgebiet aufhalten darf, wird er gemäß § 50 I ausreisepflichtig. Für die weiteren Entscheidungen über seien Aufenthalt ist die Ausländerbehörde zuständig.

Die Aufenthaltsdauer bestimmt sich nach dem Inhalt des **Austauschprogramms** und ist auf 5 maximal 360 Tage beschränkt. Eine Verlängerung ist ausgeschlossen. Beabsichtigt der Ausländer einen längeren Studienaufenthalt im Bundesgebiet, benötigt er eine Aufenthaltserlaubnis nach § 16b I oder V. Dauert sein erlaubter Aufenthalt nach Abs. 1 noch an, kann er gemäß § 39 Nr. 6 AufenthV die Aufenthaltserlaubnis nach § 16b I im Bundesgebiet einholen.

§ 16c V 2 normiert die Pflicht des Ausländers und der Hochschule im Bundesgebiet, Änderungen 6 in Bezug auf die Voraussetzungen von Abs. 1 anzuzeigen. Mit der Pflicht, ggf. auch ungünstige Umstände mitzuteilen, geht diese Pflicht über die Pflichten gemäß § 82 I und VI hinaus. Die Anzeige hat gegenüber der zuständigen Ausländerbehörde zu erfolgen[7]. Diese hat ggf. über den Fortbestand des Aufenthaltsrechts zu entscheiden.

Gemäß § 16c II 3 ist der Ausländer nur zur Ausübung einer **Beschäftigung** einschließlich studen- 7 tischer Nebentätigkeiten berechtigt, die im Umfang ein Drittel der Tage, an denen sich der Betreffende im Inland zum Studium aufhält, nicht überschreiten darf. Die Festlegung der zeitlichen Begrenzung orientiert sich an der Regelung in § 16b III. Von einer vergleichbaren zahlenmäßigen Festlegung wurde mit Blick darauf abgesehen, dass der Aufenthalt nach § 16c I weniger als 360 Tage andauern kann[8]. Selbstständige, insbesondere freiberufliche Tätigkeiten (zB IT, Übersetzungen, künstlerische Tätigkeiten) sind grundsätzlich nicht erlaubt[9], können aber erlaubt werden[10].

Sofern mobile Studenten einen Abschluss an der deutschen Hochschule erwerben, gilt für eine 8 Verlängerung der Aufenthaltserlaubnis zur Arbeitssuche (§ 20 III Nr. 1) und Arbeitsaufnahme das Gleiche wie für Inhaber der Aufenthaltserlaubnis nach § 16b.

Studierende, die außerhalb eines Programms nach Abs. 1 Nr. 2 einen Teil der Ausbildung in 9 Deutschland absolvieren möchten, müssen die Voraussetzungen von § 16b I oder V erfüllen (zumindest bedingte Zulassung zur Ausbildungseinrichtung, Sprachkenntnisse).

§ 16d Maßnahmen zur Anerkennung ausländischer Berufsqualifikationen

(1) [1]Einem Ausländer soll zum Zweck der Anerkennung seiner im Ausland erworbenen Berufsqualifikation eine Aufenthaltserlaubnis für die Durchführung einer Qualifizierungsmaßnahme einschließlich sich daran anschließender Prüfungen erteilt werden, wenn von einer nach den Regelungen des Bundes oder der Länder für die berufliche Anerkennung zuständigen Stelle festgestellt wurde, dass Anpassungs- oder Ausgleichsmaßnahmen oder weitere Qualifikationen
1. für die Feststellung der Gleichwertigkeit der Berufsqualifikation mit einer inländischen Berufsqualifikation oder
2. in einem im Inland reglementierten Beruf für die Erteilung der Berufsausübungserlaubnis erforderlich sind. [2]Die Erteilung der Aufenthaltserlaubnis setzt voraus, dass
1. der Ausländer über der Qualifizierungsmaßnahme entsprechende deutsche Sprachkenntnisse, in der Regel mindestens über hinreichende deutsche Sprachkenntnisse, verfügt,
2. die Qualifizierungsmaßnahme geeignet ist, dem Ausländer die Anerkennung der Berufsqualifikation oder den Berufszugang zu ermöglichen, und
3. bei einer überwiegend betrieblichen Qualifizierungsmaßnahme die Bundesagentur für Arbeit nach § 39 zugestimmt hat oder durch die Beschäftigungsverordnung oder zwischenstaatliche Vereinbarung bestimmt ist, dass die Teilnahme an der Qualifizierungsmaßnahme ohne Zustimmung der Bundesagentur für Arbeit zulässig ist.

[3]Die Aufenthaltserlaubnis wird für bis zu 18 Monate erteilt und um längstens sechs Monate bis zu einer Höchstaufenthaltsdauer von zwei Jahren verlängert. [4]Sie berechtigt nur zur

---

[6] → § 75 Rn. 13.
[7] BR-Drs. 9/17, 46.
[8] BR-Drs. 9/17, 46.
[9] BT-Drs. 19/19037, 63.
[10] Dazu → § 16 Rn. 21.

1 AufenthG § 16d

Ausübung einer von der Qualifizierungsmaßnahme unabhängigen Beschäftigung bis zu zehn Stunden je Woche.

(2) ¹Die Aufenthaltserlaubnis nach Absatz 1 berechtigt zusätzlich zur Ausübung einer zeitlich nicht eingeschränkten Beschäftigung, deren Anforderungen in einem Zusammenhang mit den in der späteren Beschäftigung verlangten berufsfachlichen Kenntnissen stehen, wenn ein konkretes Arbeitsplatzangebot für eine spätere Beschäftigung in dem anzuerkennenden oder von der beantragten Berufsausübungserlaubnis erfassten Beruf vorliegt und die Bundesagentur für Arbeit nach § 39 zugestimmt hat oder durch die Beschäftigungsverordnung bestimmt ist, dass die Beschäftigung ohne Zustimmung der Bundesagentur für Arbeit zulässig ist. ²§ 18 Absatz 2 Nummer 3 gilt entsprechend.

(3) ¹Einem Ausländer soll zum Zweck der Anerkennung seiner im Ausland erworbenen Berufsqualifikation eine Aufenthaltserlaubnis für zwei Jahre erteilt und die Ausübung einer qualifizierten Beschäftigung in einem im Inland nicht reglementierten Beruf, zu dem seine Qualifikation befähigt, erlaubt werden, wenn

1. der Ausländer über der Tätigkeit entsprechende deutsche Sprachkenntnisse, in der Regel mindestens über hinreichende deutsche Sprachkenntnisse, verfügt,
2. von einer nach den Regelungen des Bundes oder der Länder für die berufliche Anerkennung zuständigen Stelle festgestellt wurde, dass schwerpunktmäßig Fertigkeiten, Kenntnisse und Fähigkeiten in der betrieblichen Praxis fehlen,
3. ein konkretes Arbeitsplatzangebot vorliegt,
4. sich der Arbeitgeber verpflichtet hat, den Ausgleich der von der zuständigen Stelle festgestellten Unterschiede innerhalb dieser Zeit zu ermöglichen und
5. die Bundesagentur für Arbeit nach § 39 zugestimmt hat oder durch die Beschäftigungsverordnung oder zwischenstaatliche Vereinbarung bestimmt ist, dass die Beschäftigung ohne Zustimmung der Bundesagentur für Arbeit zulässig ist.

²Der Aufenthaltstitel berechtigt nicht zu einer darüber hinausgehenden Erwerbstätigkeit.

(4) ¹Einem Ausländer kann zum Zweck der Anerkennung seiner im Ausland erworbenen Berufsqualifikation eine Aufenthaltserlaubnis für ein Jahr erteilt und um jeweils ein Jahr bis zu einer Höchstaufenthaltsdauer von drei Jahren verlängert werden, wenn der Ausländer auf Grund einer Absprache der Bundesagentur für Arbeit mit der Arbeitsverwaltung des Herkunftslandes

1. über das Verfahren, die Auswahl, die Vermittlung und die Durchführung des Verfahrens zur Feststellung der Gleichwertigkeit der ausländischen Berufsqualifikation und zur Erteilung der Berufsausübungserlaubnis bei durch Bundes- oder Landesgesetz reglementierten Berufen im Gesundheits- und Pflegebereich oder
2. über das Verfahren, die Auswahl, die Vermittlung und die Durchführung des Verfahrens zur Feststellung der Gleichwertigkeit der ausländischen Berufsqualifikation und, soweit erforderlich, zur Erteilung der Berufsausübungserlaubnis für sonstige ausgewählte Berufsqualifikationen unter Berücksichtigung der Angemessenheit der Ausbildungsstrukturen des Herkunftslandes

in eine Beschäftigung vermittelt worden ist und die Bundesagentur für Arbeit nach § 39 zugestimmt hat oder durch die Beschäftigungsverordnung oder zwischenstaatliche Vereinbarung bestimmt ist, dass die Erteilung der Aufenthaltserlaubnis ohne Zustimmung der Bundesagentur für Arbeit zulässig ist. ²Voraussetzung ist zudem, dass der Ausländer über die in der Absprache festgelegten deutschen Sprachkenntnisse, in der Regel mindestens hinreichende deutsche Sprachkenntnisse, verfügt. ³Die Aufenthaltserlaubnis berechtigt nur zur Ausübung einer von der anzuerkennenden Berufsqualifikation unabhängigen Beschäftigung bis zu zehn Stunden je Woche.

(5) ¹Einem Ausländer kann zum Ablegen von Prüfungen zur Anerkennung seiner ausländischen Berufsqualifikation eine Aufenthaltserlaubnis erteilt werden, wenn er über deutsche Sprachkenntnisse, die der abzulegenden Prüfung entsprechen, in der Regel jedoch mindestens über hinreichende deutsche Sprachkenntnisse, verfügt, sofern diese nicht durch die Prüfung nachgewiesen werden sollen. ²Absatz 1 Satz 4 findet keine Anwendung.

(6) ¹Nach zeitlichem Ablauf des Höchstzeitraumes der Aufenthaltserlaubnis nach den Absätzen 1, 3 und 4 darf eine Aufenthaltserlaubnis für einen anderen Aufenthaltszweck nur nach den §§ 16a, 16b, 18a, 18b oder 19c oder in Fällen eines gesetzlichen Anspruchs erteilt werden. ²§ 20 Absatz 3 Nummer 4 bleibt unberührt.

Allgemeine Verwaltungsvorschrift
Nicht belegt.

Übersicht

	Rn.
I. Entstehungsgeschichte und Änderungshistorie	1
II. Allgemeines	3
III. Novellierung durch das FEG 2019	6
IV. Aufenthaltstitel	18
V. Nebenverdienstmöglichkeit	25
VI. Deutschkenntnisse	26

I. Entstehungsgeschichte und Änderungshistorie

Die Vorschrift wurde ursprünglich durch Art. 1 Nr. 8 des **AufenthÄndG 2015**[1] als § 17a „Anerkennung ausländischer Berufsqualifikationen" mWv 1.8.2015 in das AufenthG eingefügt und mit einer ausführlichen Gesetzesbegründung versehen[2]. § 17a schaffte einen neuen, einheitlichen **Aufenthaltstitel für die Durchführung von Bildungsmaßnahmen**, um fachliche, sprachliche bzw. praktische Defizite auszugleichen, die einer Anerkennung des ausländischen Bildungsabschlusses bzw. dem Berufszugang entgegenstehen. Faktisches Zentralproblem mancher ausländischer Berufsqualifikationen ist, dass sie zwar formal deutschen Abschlüssen entsprechen, was in der Sache aufgrund eines schwächeren Ausbildungsniveaus aber tatsächlich nicht stimmt. Ein Aufenthaltstitel nach § 16d soll deshalb sämtliche Bildungsmaßnahmen im Kontext von Anerkennungsverfahren abdecken und gleichzeitig die Möglichkeit bieten, eine begleitende Beschäftigung in einem mit dem geplanten Beruf zusammenhängenden Bereich auszuüben. Angestrebt war und ist insbesondere ein besseres Ineinandergreifen von Aufenthaltsrecht, Arbeitsmarktzugang und Anerkennungsverfahren, wodurch die Fachkräftegewinnung aus dem Ausland erleichtert werden soll. Ergänzend soll durch die Norm die Arbeitsplatzsuche sowie die Prüfungsvorbereitung erleichtert werden. Mit dem **FachkräfteeinwanderungsG v. 15.8.2019**[3] wurde der alte § 17a in den neuen § 16d überführt und textlich im Wesentlichen neu gefasst.

Durch **Gesetz v. 12.6.2020**[4] wurden Teile des § 16d geändert. Der ursprüngliche Gesetzentwurf der Bundesregierung[5] enthielt noch keine Änderung des § 16d, diese wurde vielmehr im weiteren Gesetzgebungsverfahren auf Empfehlung des Ausschusses für Arbeit und Soziales[6] vorgenommen. Durch die Einfügung des Wortes „nur" in Abs. 1 S. 4 und Abs. 4 S. 3 sollte nach dem Willen des Gesetzgebers verdeutlicht werden, dass keine über die dort genannten Beschäftigungen hinausgehende Erwerbstätigkeiten – insbesondere keine selbständige Tätigkeit – erlaubt sind[7]. In Abs. 2 S. 1 wurde das Wort „zusätzlich" eingefügt, um zu verdeutlichen, dass bei einer Aufenthaltserlaubnis nach Abs. 1 S. 1 zusätzlich eine Beschäftigung nach Abs. 2 S. 1 möglich ist[8]. Darüber hinaus wurde Abs. 2 S. 2 angefügt („Der Aufenthaltstitel berechtigt nicht zu einer darüber hinausgehenden Erwerbstätigkeit"). Damit wurde den Inhabern eines Aufenthaltstitels nach Abs. 3 eine über die nach Abs. 3 S. 1 erlaubte Beschäftigung hinausgehende Erwerbstätigkeit untersagt.

II. Allgemeines

Politischer Hintergrund der Norm war 2015 die Erleichterung der Zuwanderung von Fachkräften va in die sog. **Engpassberufe** nach der Positivliste der BA, etwa in der Kranken- und Altenpflege oder im Baubereich[9]. Hierdurch wurde die Öffnung des deutschen Arbeitsmarkts auch für **nichtakademische Fachkräfte** fortgesetzt, die aufgrund von EU-Vorgaben[10] mit dem am 1.4.2012 in Kraft getretenen **AnerkennungsG**[11] bzw. der Blauen Karte und dem Aufenthaltstitel zur Arbeitsplatzsuche sowie der Reform der Beschäftigungsverordnung mit Gesetz vom 29.7.2015[12] eingeleitet worden war. Vor dem Hintergrund wachsender Zuwanderungs- und Flüchtlingszahlen sollten die Potenziale der nach Deutschland kommenden Menschen für den Arbeitsmarkt erschlossen und ihnen eine Lebens-

---

[1] BGBl. 2015 I S. 1386.
[2] BT-Drs. 18/4097, 39 f.
[3] BGBl. 2019 I S. 1307.
[4] BGBl. 2020 I S. 1248.
[5] BT-Drs. 19/17586.
[6] BT-Drs. 19/19037, 30 f.
[7] BT-Drs. 19/19037, 63.
[8] BT-Drs. 19/19037, 63.
[9] Vgl. die jeweils Positivliste der BA gemäß BeschV und die Broschüren im Download-Center: https://www.arbeitsagentur.de/download-center.
[10] Vgl. nur die EU-Berufsanerkennungs-RL 2005/36/EG oder die BlueCard-RL 2009/50/EG.
[11] Gesetz zur Verbesserung der Feststellung und Anerkennung im Ausland erworbener Berufsqualifikationen v. 6.12.2011, BGBl. I S. 2515.
[12] BGBl. 2015 I S. 1422.

perspektive eröffnet werden[13]. Nach damaligen Studien ging man davon aus, dass die Bundesrepublik bis 2050 die Einwanderung von jährlich durchschnittlich 491.000 Menschen aus Drittstaaten benötigt, um das **Erwerbspersonenpotenzial** konstant zu halten[14]. Deshalb sollte über diesen Weg auch Menschen, die schon lange in Deutschland geduldet sind und sich gut integriert haben, eine dauerhafte Bleibeperspektive eröffnet werden.

4 Auch bei Einführung der Norm im Jahr 2015 war klar, dass das politische Ziel, deutlich mehr Menschen, insbesondere Flüchtlinge, von den Chancen profitieren zu lassen, die seit dem AnerkennungsG 2012 geschaffen wurden, **praktisch nicht einfach** zu realisieren ist. Aus diesem Grund wurde ein umfangreiches **Informations- und Beratungsangebot** aufgebaut, es umfasst insbesondere: „Anerkennung in Deutschland – Das Portal der Bundesregierung" mit einem berufsbezogenen „Anerkennungs-Finder"[15], das „BQ-Portal" des BMWi[16], das Willkommensportal für Fachkräfte „Make it in Germany"[17] sowie die in Deutsch und Englisch arbeitende Telefonhotline „Arbeiten und Leben in Deutschland"[18]. Aus dem Föderalismus resultierende Defizite im bundeseinheitlichen **Verwaltungsvollzug** sollten in den nächsten Jahren abgebaut werden[19]. Die allgemeinen Vorgaben des Gesetzgebers im Jahr 2015 sind weiterhin lesenswert[20].

5 In der **verwaltungsgerichtlichen Praxis** hat der alte § 17a praktisch keine Rolle gespielt. Ausgehend davon wurde in der Literatur von einem **„Schattengewächs der Bleiberechtsreform"** gesprochen[21]. Auch zum neuen § 16d findet sich auf der Plattform juris bislang lediglich eine Entscheidung[22].

III. Novellierung durch das FEG 2019

6 Um der politischen – für den Arbeitsmarkt überaus wichtigen – Regelung weiteres Leben einzuhauchen, hat das FEG 2019 mit dem neu gefassten § 16d **wesentliche Neuerungen** eingeführt. Der Gesetzgeber begründete[23] dies ua wie folgt: Die **Steigerung der Zuwanderung von Fachkräften** in Ausbildungsberufen ist ein Schwerpunktanliegen dieses Gesetzes; gleichzeitig erfüllen ausländische Ausbildungsabschlüsse häufig nicht die für eine Anerkennung erforderlichen Anforderungen. Dieser Zwiespalt wird durch den neuen § 16d aufgelöst, der nach Feststellung der „teilweisen" Gleichwertigkeit eines ausländischen Abschlusses oder der Feststellung von notwendigen Ausgleichsmaßnahmen bei reglementierten Berufen die Möglichkeiten der Einreise und des Aufenthalts zu Qualifizierungsmaßnahmen mit dem Ziel der Feststellung der Gleichwertigkeit oder Erteilung der Berufsausübungserlaubnis erweitert und praxistauglicher gestaltet. Zu den Maßnahmen zählen Anpassungs- und Ausgleichsmaßnahmen in theoretischer und praktischer Form, Vorbereitungskurse auf Prüfungen und Sprachkurse. Qualifizierungsmaßnahmen können dabei auch rein betrieblich durchgeführt werden, wenn bspw. nur noch bestimmte praktische Fertigkeiten, Kenntnisse und Fähigkeiten nachgewiesen werden müssen.

7 Gegenüber dem alten § 17a enthält die Neufassung Änderungen, die die Anwendbarkeit und Nutzung der Norm erhöhen sollen: Für den Aufenthalt iR dieser Regelung sind der Qualifizierungsmaßnahme entsprechende deutsche Sprachkenntnisse erforderlich, idR mindestens **hinreichende deutsche Sprachkenntnisse** (entsprechend **Niveau A2** des Gemeinsamen Europäischen Referenzrahmens, § 2 X). Für Abs. 3 gilt das Sprachniveau entsprechend. Die Sprachkenntnisse werden als erforderlich angesehen, um die Qualifizierungsmaßnahmen neben den erweiterten Beschäftigungsmöglichkeiten in der gebotenen Zeit erfolgreich absolvieren zu können. Niedrigere Sprachkenntnisse können aber nach dem Willen des Gesetzgebers ausdrücklich ausreichend sein, wenn der weitere Spracherwerb Bestandteil der geplanten Maßnahmen ist.

8 **Abs. 1** verdeutlicht, dass vom Aufenthaltszweck der Anerkennung einer im Ausland erworbenen Berufsqualifikation auch die Erteilung der **Berufsausübungserlaubnis bei reglementierten Berufen** erfasst ist. Diese Berufsausübungserlaubnis umfasst die berufsrechtliche Befugnis zur Berufsausübung und die Erteilung der Erlaubnis zum Führen der Berufsbezeichnung. In Abs. 1 S. 3 ist die **Geltungsdauer** bei Erteilung der Aufenthaltserlaubnis von 18 Monaten geregelt. Seit Juni 2015 ist einem Bedürfnis der Praxis folgend eine **Verlängerungsmöglichkeit** um sechs Monate bis zu einem Höchstzeitraum von zwei Jahren eröffnet. Verlängerungen kommen insbesondere in Betracht, wenn

---

[13] Vgl. Wanka, Bericht zum Anerkennungsgesetz 2016, S. 14 ff.
[14] Vgl. IAB-Studie, Zuwanderungsbedarf aus Drittstaaten in Deutschland bis 2050, Bertelsmann-Stiftung 2015.
[15] https://www.anerkennung-in-deutschland.de/html/de.
[16] https://www.bq-portal.de.
[17] http://www.make-it-in-germany.com/de.
[18] Tel.: +49 30 1815 - 1111, vgl. https://www.bamf.de/DE/Service/ServiceCenter/ThemenHotlines/ArbeitenUndLeben/arbeitenundleben.html?nn=282656#:~:text=Die%20Hotline%20Arbeiten%20und%20Leben,Jobsuche%2C%20Arbeit%20und%20Beruf.
[19] Vgl. BMBF, Bericht zum Anerkennungsgesetz 2015, S. 82 ff.
[20] BT-Drs. 18/4097, 39 f.
[21] Harbour ZAR 2015, 343.
[22] VG Schleswig-Holstein Beschl. v. 19.11.2020 – 11 B 95/20.
[23] Vgl. BR-Drs. 7/19, 101 ff.

den Prüfungen lange Wartezeiten vorausgehen und sich diese dadurch verzögern. Durch die Verlängerungsmöglichkeit soll auch ermöglicht werden, dass eine nicht bestandene Prüfung wiederholt werden kann. Die geregelte **Nebenbeschäftigung** von bis zu zehn Stunden je Woche ist als S. 4 angefügt.

In **Abs. 2** ist das noch 2015 striktere Erfordernis eines „engen" Zusammenhangs vom Gesetzgeber gelockert worden, um berufspraktischen Bedürfnissen – insbesondere der medizinischen Berufe – besser entsprechen zu können. Weiter gilt allerdings, dass eine Beschäftigung im berufsfachlichen Zusammenhang nach Abs. 2 keine Qualifizierungsmaßnahme nach Abs. 1 darstellt, sondern nur **ergänzend zur Durchführung einer Qualifizierungsmaßnahme** nach Abs. 1 ausgeübt werden kann. Das Erfordernis des berufsfachlichen Zusammenhangs nach Abs. 2 ist bei nicht reglementierten Berufen auch gegeben, wenn bereits eine qualifizierte Beschäftigung in dem Beruf, für den die Gleichwertigkeit festgestellt werden soll, neben der Qualifizierungsmaßnahme ausgeübt wird.

Der 2019 neu eingefügte **Abs. 3** ermöglicht für **nicht reglementierte Berufe** einen Aufenthalt **zur Feststellung der Gleichwertigkeit** der ausländischen Berufsqualifikation mit **bereits paralleler Beschäftigung** im anzuerkennenden Beruf, wenn die zuständige Stelle als Ergebnis des Anerkennungsverfahrens festgestellt hat, dass schwerpunktmäßig Fertigkeiten, Kenntnisse und Fähigkeiten in der betrieblichen Praxis fehlen, gleichzeitig aber die Befähigung zu einer vergleichbaren beruflichen Tätigkeit wie bei der entsprechenden inländischen Berufsausbildung gegeben ist. Bei dieser „teilweisen" Gleichwertigkeit ist gewährleistet, dass der Ausländer eine hinreichende berufliche Handlungsfähigkeit besitzt.

Voraussetzung ist, dass eine **abgeschlossene ausländische Berufsbildung** mit einer Ausbildungsdauer von üblicherweise mindestens zwei Jahren vorliegt. Damit ist sichergestellt, dass die vorhandenen beruflichen Qualifikationen einen ausreichenden Teil des inländischen Referenzberufs abdecken, sodass die berufliche Tätigkeit von der ausländischen Fachkraft grundsätzlich ausgeübt werden kann. Weitere Voraussetzung ist, dass innerhalb eines Rahmens von bis zu zwei Jahren **ein Ausgleich** der festgestellten wesentlichen Unterschiede angestrebt wird. Hierzu ist die **arbeitsvertragliche Zusicherung** erforderlich, dass der Arbeitgeber dies ermöglichen wird. Förderlich ist in diesem Zusammenhang, wenn auch ein zeitlich und sachlich gegliederter **Weiterbildungsplan** vorgelegt wird, der die einzelnen Schritte, durch die die wesentlichen Unterschiede ausgeglichen werden sollen, enthält und jeweils die für den Weiterbildungsabschnitt verantwortliche Bildungseinrichtung bzw. den Betrieb ausweist. Ausreichend ist jedoch, wie vorstehend dargestellt werden kann, wie beabsichtigt ist, die wesentlichen Unterschiede auszugleichen. Dazu kann auch gehören, dass der Nachweis des Vorhandenseins weiterer maßgeblicher beruflicher Fertigkeiten, Kenntnisse und Fähigkeiten im Rahmen sonstiger Verfahren gem. § 14 BerufsqualifikationsfeststellungsG erfolgt.

Abs. 4 ermöglicht einen Aufenthalt zur Anerkennung von im Ausland erworbenen Berufsqualifikationen im Rahmen von sog. **Vermittlungsabsprachen zwischen der BA und der Arbeitsverwaltung des Herkunftslandes.** Er trägt dem Bedürfnis der Praxis nach Heranführen der ausländischen Fachkräfte an die hiesige Arbeitswelt und parallelem Erwerb weiterer beruflicher Qualifikationen zur Feststellung der Gleichwertigkeit mit dem inländischen Referenzberuf Rechnung.

Abs. 4 S. 1 Nr. 1 bezieht sich auf reglementierte Berufe im **Gesundheits- und Pflegebereich,** in denen ein besonders großer Fachkräftebedarf besteht. Vorbild ist die Vermittlung von Pflegekräften im Rahmen des **Programms „Triple Win"**[24]. Über dieses Programm werden durch die BA gemeinsam mit der Gesellschaft für Internationale Zusammenarbeit und in Kooperation mit den Arbeitsverwaltungen der Herkunftsländer seit 2013 Pflegefachkräfte für den deutschen Arbeitsmarkt gewonnen. In Zusammenhang mit der Neuregelung 2019 der Zuwanderung in Ausbildungsberufe in § 18a und den Folgeänderungen in der **BeschV** erhält insbesondere dieses Programm eine eigene Rechtsgrundlage, die es ermöglichen kann, dass private Arbeitsvermittler im Rahmen der Vermittlungsabsprache der BA mit dieser kooperieren. Während des Anerkennungsverfahrens üben die Ausländer bereits eine Beschäftigung im erstrebten Berufsfeld aus. Die erforderliche Zustimmung der BA wird im 2019 parallel novellierten § 2 BeschV geregelt. Durch die Ausübung der Beschäftigung können die Ausländer bereits ihre Kenntnisse und Fähigkeiten in einem beruflichen Umfeld einsetzen und vertiefen sowie ihren Lebensunterhalt selbst sichern. Die BA schließt Absprachen nach dieser Regelung für ausgewählte Berufsqualifikationen des Herkunftslandes, die sie in Abstimmung mit einer für die berufliche Anerkennung zuständigen Stelle oder den Fachverbänden für geeignet hält. In der Absprache wird das für die Erlangung der Anerkennung erforderliche Verfahren geregelt. Die BA begleitet das Verfahren im Inland, sodass gewährleistet ist, dass die Anerkennung tatsächlich erlangt wird. 2019 bereits bestehende Absprachen der BA mit ausländischen Arbeitsverwaltungen über das Verfahren, die Auswahl und die Vermittlung sollen weiterhin angewendet werden können.

Mit **Abs. 4 S. 1 Nr. 2** wird eine Erleichterung im Rahmen von sog. **Vermittlungsabsprachen auch für sonstige ausgewählte Berufe** unter Berücksichtigung der Angemessenheit der Ausbildungsstrukturen im Herkunftsland geschaffen. Dies soll ergänzend zu den bereits bestehenden Möglichkeiten der Gleichstellung von Prüfungszeugnissen durch Rechtsverordnung aufgrund von § 40 II

---

[24] Vgl. www.arbeitsagentur.de/vor-ort/zav/Triple-Win-Pflegekraefte.

1 AufenthG § 16d

HwO bzw. § 50 II BBiG insbesondere im **Bereich des Handwerks** dazu beitragen, Anerkennungsverfahren zu erleichtern und zu beschleunigen.

15   Nach **Abs. 4 S. 3** gilt die Möglichkeit einer von der anzuerkennenden Berufsqualifikation **unabhängigen Beschäftigung** bis zu zehn Stunden pro Woche auch für die nach Abs. 4 S. 1 erteilte Aufenthaltserlaubnis. Dies entspricht der Regelung des Abs. 1 S. 4.

16   **Abs. 5** wurde durch das FEG 2019 redaktionell gekürzt. Seither wird auf das zuvor erforderliche konkrete Arbeitsplatzangebot für eine spätere Beschäftigung verzichtet. Ein solcher Aufenthaltstitel wird iÜ nach nationalem Recht, nicht nach Schengenrecht erteilt, wenn perspektivisch ein Aufenthalt im Inland angestrebt wird, der eine Dauer von 90 Tagen übersteigt. Bei der Erteilung eines solchen **Visums** ist bereits zu prüfen, ob die Voraussetzungen für die Erteilung des Aufenthaltstitels, in den nach der Erlangung der Anerkennung gewechselt werden soll, erfüllt werden. Dabei kann es sich um einen Aufenthaltstitel zum Zweck der Arbeitssuche nach § 20 III Nr. 4 oder einen Aufenthaltstitel zum Zweck der Beschäftigung handeln. Ist bei einem Aufenthaltstitel zum Zweck der Beschäftigung die Zustimmung der BA erforderlich, ist diese im Rahmen einer Fakultativbeteiligung nach § 72 VII einzuholen.

17   **Abs. 6** enthält eine Regelung zu **Möglichkeiten des Zweckwechsels,** wenn der Höchstzeitraum der Aufenthaltserlaubnis nach den Abs. 1, 3 und 4 abgelaufen ist.

IV. Aufenthaltstitel

18   Die in **Abs. 1** geregelte **Qualifizierungsaufenthaltserlaubnis bei reglementierten Berufen** zum Zweck der Anerkennung einer im Ausland erworbenen Berufsqualifikation muss, wenn keine atypische Situation vorliegt, erteilt werden („soll"). Sie knüpft an eine **Feststellung** der zuständigen Stelle an, verbunden mit der **Geeignetheit** der Bildungsmaßnahme zur Anerkennung oder zum Berufszugang. Die **BA** muss nur bei überwiegend betrieblichen Bildungsmaßnahmen zustimmen und hat hierbei einen gewissen Regelungsspielraum[25]. Die ursprüngliche Gesetzesbegründung[26] im Jahr 2015 erläuterte: „Um die Zuwanderung von Fachkräften in den Engpassberufen, insbesondere in der Krankenpflege, zu erleichtern, wird in Absatz 1 ein neuer, einheitlicher Aufenthaltstitel für die Durchführung von Bildungsmaßnahmen geschaffen, die geeignet sind, fachliche, praktische und/oder sprachliche Defizite, die der Anerkennung des ausländischen Abschlusses bzw. dem Berufszugang entgegenstehen, auszugleichen." **Qualifizierungsmaßnahmen** umfassen also zB berufs- oder fachschulische Angebote, betriebliche oder überbetriebliche Weiterbildungsangebote, die praktische und theoretische Bestandteile enthalten können, Vorbereitungskurse auf Kenntnis- oder Eignungsprüfungen und allgemeine oder berufsorientierte Sprachkurse.

19   Der Aufenthaltstitel nach Abs. 1 berechtigt zu einem Aufenthalt von **bis zu 24 Monaten** und umfasst auch die **Zeiten praktischer Tätigkeit.** Bei Bildungsmaßnahmen in Form eines **Prüfungsvorbereitungskurses** umfasst die Aufenthaltserlaubnis zudem das Ablegen der an den Vorbereitungskurs anschließenden Prüfung bis zur Bekanntgabe des Prüfungsergebnisses. Voraussetzung für die Erteilung des Aufenthaltstitels ist, dass die für die Feststellung der Gleichwertigkeit oder für den Berufszugang zuständige Stelle **fachliche, berufspraktische oder sprachliche Defizite festgestellt hat und** – im Falle eines reglementierten Berufs – die **Erforderlichkeit** von Anpassungs- oder Ausgleichsmaßnahmen oder weiterer Qualifikation wie zB eines Sprachnachweises festgestellt hat. Des Weiteren muss der Antragsteller in der Regel **Deutschkenntnisse** mit mindestens dem Niveau A2 nachweisen und die Bildungsmaßnahme insbesondere **geeignet** sein, dem Ausländer die vollständige Anerkennung zu ermöglichen bzw. die von der zuständigen Stelle festgestellten Defizite auszugleichen. Von einer Eignung ist nicht bei betrieblichen Bildungsmaßnahmen grundsätzlich auszugehen, wenn es sich beim **Bildungsanbieter** um einen staatlichen Bildungsträger handelt, der Bildungsträger staatlich anerkannt oder nach der Anerkennungs- und Zulassungsverordnung Weiterbildung (AZWV) zertifiziert ist oder die Bildungsmaßnahme im Rahmen von Förderprogrammen des Bundes oder der Länder gefördert wird. Ist dies nicht der Fall, scheidet die Erteilung eines Aufenthaltstitels in der Regel aus. Bei einer betrieblichen Bildungsmaßnahme hat die BA die Geeignetheit insbesondere durch Prüfung des vorgelegten Weiterbildungsplans zu prüfen (§ 34 III BeschV)[27].

20   Nur ergänzend zu Qualifizierungsmaßnahmen nach Abs. 1 kann eine **Beschäftigung gem. Abs. 2** aufgenommen werden. Der Verweis in Abs. 2 S. 2 auf **§ 18 II Nr. 3** bedeutet, dass diese Beschäftigung voraussetzt, dass grundsätzlich schon eine Berufsausübungserlaubnis erteilt wurde oder zugesagt ist, soweit sie erforderlich ist.

21   Die in **Abs. 3** geregelte **Qualifizierungsaufenthaltserlaubnis bei nicht reglementierten Berufen** zum Zweck der Anerkennung einer im Ausland erworbenen Berufsqualifikation muss ebenfalls, wenn keine atypische Situation vorliegt, erteilt werden („soll"). Sie folgt der Idee des „Training on the

---

[25] Vgl. hierzu umfassend *Harbou* ZAR 2015, 343 ff.
[26] BT-Drs. 18/4097, 39 f.
[27] *Stahmann* in NK-AuslR § 17a Rn. 14 ff.

job" und muss, jedenfalls bei ua nachgewiesenem A 2-Deutschsprachnivau, in der Regel direkt auf zwei Jahre erteilt werden.

Die in **Abs. 4** geregelte **Vermittlungsaufenthaltserlaubnis** steht im Gegensatz zu den Aufenthaltstiteln in Abs. 1 und 3 im Ermessen der Behörde („kann"), dh, hierauf besteht ein Rechtsanspruch nur über Art. 3 I GG bei entsprechender Verwaltungspraxis. Sie wird zunächst nur für ein Jahr erteilt und kann jeweils um ein Jahr verlängert werden, aber nur bis zu einer Höchstaufenthaltsdauer von drei Jahren. In diesem Bereich hat vor allem die BA die Verfahrensherrschaft (vgl. insbesondere § 2 BeschV) und soll diese nach den konkreten Bedürfnissen des deutschen Arbeitsmarkts ausüben. Nr. 1 zielt auf den Gesundheits- und Pflegebereich, Nr. 2 vor allem auf den Handwerkssektor. 22

Abs. 5 regelt die **Prüfungsaufenthaltserlaubnis,** die ausdrücklich Nebenverdienstmöglichkeiten ausschließt (Abs. 5 S. 2), dafür aber keine zeitliche Höchstgrenze normiert. Die ursprüngliche Gesetzesbegründung[28] erläuterte 2015 dazu ua: „In Abs 5 wird ein neuer Aufenthaltstitel für das Ablegen einer für die Anerkennung als Anpassungsmaßnahme erforderlichen Prüfung (Kenntnis- oder Eignungsprüfung) geschaffen. In diesen Fällen ist bisher die Erteilung eines Schengen-Visums aufgrund der in der Regel fehlenden Rückkehrbereitschaft problematisch. Die Aufenthaltserlaubnis umfasst das Ablegen der Prüfung bis zur Bekanntgabe des Prüfungsergebnisses." Auch hier müssen für die Erteilung eines entsprechenden nationalen Visums jedoch idR A 2-Deutschkenntnisse nachgewiesen werden, wenn diese nicht durch die angestrebte Prüfung selbst nachgewiesen werden können. 23

Die in **Abs. 6** normierten **Möglichkeiten des Zweckwechsels** nach Ablauf der jeweiligen gesetzlichen Höchstzeiträume der Abs. 1, 3 und 4, also nicht zuvor, sind grundsätzlich begrenzt. Nur im Ermessenswege, dh allenfalls bei entsprechender Verwaltungspraxis, gebunden über Art. 3 Abs. 1 GG, kann hernach gewechselt werden in eine Berufsausbildung oder berufliche Weiterbildung (§ 16a), in ein Studium (§ 16b), in eine Berufsausbildung (§ 18a), in eine akademische Fachkraftausbildung (§ 18b) oder in eine sonstige Beschäftigung etwa im öffentlichen Dienst (§ 19c). Die Aufzählung des Gesetzgebers illustriert, dass nur in die ausdrücklich genannten Anschlusstitel gewechselt werden darf, falls kein gesetzlicher Aufenthaltsanspruch (etwa wegen zwischenzeitlicher Deutschverheiratung oder einem deutschen Kind) gegeben ist. Der **Verweis in Abs. 6 S. 2** auf § 20 III Nr. 4 stellt jedoch klar, dass nach Ablauf der jeweiligen Höchstzeiträume der Abs. 1, 3 und 4 durchaus – allerdings wiederum nur im Ermessenswege – für bis zu einem Jahr ein Aufenthaltstitel zur Arbeitsplatzsuche in Betracht kommen soll. 24

V. Nebenverdienstmöglichkeit

Um finanzielle Probleme während der Bildungsmaßnahme bzw. Prüfungsphase überbrücken zu können, ist beim Qualifizierungsaufenthaltstitel (nur) nach Abs. 1 (S. 4), wenn die speziellen Voraussetzungen des Abs. 2 nicht vorliegen, sowie bei Vermittlungsaufenthaltstiteln nach Abs. 4 (S. 3) eine bis zu **zehnwochenstündige Beschäftigung jeglicher Art** ausdrücklich erlaubt. Hierbei dürfte etwa an Kellnern oder ähnliche Jobs gedacht worden sein, die in Deutschland leichter gefunden werden können. Finanzielle Probleme können entstehen, weil auch zur Erteilung einer Aufenthaltserlaubnis nach § 16d die **allgemeinen Erteilungsvoraussetzungen** nach § 5 idR (weiter) erfüllt sein müssen, dh insbesondere idR die Sicherung des Lebensunterhalts nach dessen Abs. 1 Nr. 1. Um der vom Gesetzgeber angestrebten Fachkräfteeinwanderung praktische Wirkung zu verschaffen, ist die Regel des § 5 I Nr. 1 iRe § 16d-Aufenthaltstitels allerdings großzügig auszulegen, jedenfalls wenn der Ausländer bislang keine Sozialleistungen in Anspruch genommen hat. 25

VI. Deutschkenntnisse

Für grundsätzlich alle Aufenthaltstitel des § 16d sind deutsche Sprachkenntnisse erforderlich, in der Regel mindestens hinreichende deutsche Sprachkenntnisse (entsprechend **Niveau A2 des Gemeinsamen Europäischen Referenzrahmens,** vgl. § 2 X), weil davon ausgegangen wird, dass anderenfalls die Qualifizierungsmaßnahmen neben den Beschäftigungsmöglichkeiten nicht in den vorgegebenen Höchstzeiten erfolgreich absolviert werden können. Allerdings können im Einzelfall auch niedrigere Sprachkenntnisse ausreichen, wenn der weitere Spracherwerb Bestandteil der geplanten Maßnahmes ist, was allerdings vom Antragsteller nachzuweisen ist. Das Sprachniveau A2 ist eine **erhebliche Praxishürde,** weil es im Ausland oftmals nur schwer erreicht bzw. nachgewiesen werden kann. Nicht überall ist ein einfacher Zugang etwa zu Sprachkursen der Goethe-Institute möglich und die Angebote im Internet[29] sind nicht immer zielführend. Da Sprache aber der Schlüssel zu erfolgreicher Integration ist, hat der Gesetzgeber, auch zur Vermeidung einer Einwanderung in die Sozialsysteme, diese Hürde bewusst und gewollt aufgebaut, sodass sie bei Anwendung des § 16d ernst genommen werden muss. 26

---

[28] BT-Drs. 18/4097, 39 f.
[29] Vgl. www.goethe.de/de/spr/ueb.html oder etwa www.deutschakademie.de/online-deutschkurs/ oder www.deutsch-lernen.de/d_index.php oder https://deutschtraining.org/deutschkurs-online/.

§ 16e Studienbezogenes Praktikum EU

(1) Einem Ausländer wird eine Aufenthaltserlaubnis zum Zweck eines Praktikums nach der Richtlinie (EU) 2016/801 erteilt, wenn die Bundesagentur für Arbeit nach § 39 zugestimmt hat oder durch die Beschäftigungsverordnung oder durch zwischenstaatliche Vereinbarung bestimmt ist, dass das Praktikum ohne Zustimmung der Bundesagentur für Arbeit zulässig ist, und
1. das Praktikum dazu dient, dass sich der Ausländer Wissen, praktische Kenntnisse und Erfahrungen in einem beruflichen Umfeld aneignet,
2. der Ausländer eine Vereinbarung mit einer aufnehmenden Einrichtung über die Teilnahme an einem Praktikum vorlegt, die theoretische und praktische Schulungsmaßnahmen vorsieht, und Folgendes enthält:
    a) eine Beschreibung des Programms für das Praktikum einschließlich des Bildungsziels oder der Lernkomponenten,
    b) die Angabe der Dauer des Praktikums,
    c) die Bedingungen der Tätigkeit und der Betreuung des Ausländers,
    d) die Arbeitszeiten des Ausländers und
    e) das Rechtsverhältnis zwischen dem Ausländer und der aufnehmenden Einrichtung,
3. der Ausländer nachweist, dass er in den letzten zwei Jahren vor der Antragstellung einen Hochschulabschluss erlangt hat, oder nachweist, dass er ein Studium absolviert, das zu einem Hochschulabschluss führt,
4. das Praktikum fachlich und im Niveau dem in Nummer 3 genannten Hochschulabschluss oder Studium entspricht und
5. die aufnehmende Einrichtung sich schriftlich zur Übernahme der Kosten verpflichtet hat, die öffentlichen Stellen bis zu sechs Monate nach der Beendigung der Praktikumsvereinbarung entstehen für
    a) den Lebensunterhalt des Ausländers während eines unerlaubten Aufenthalts im Bundesgebiet und
    b) eine Abschiebung des Ausländers.

(2) Die Aufenthaltserlaubnis wird für die vereinbarte Dauer des Praktikums, höchstens jedoch für sechs Monate erteilt.

Allgemeine Verwaltungsvorschrift
Nicht belegt.

I. Entstehungsgeschichte

1   Mit dem RLUmsG 2017[1] wurde zur Umsetzung von Art. 13 REST-RL[2] das studienbezogene Praktikum EU gemäß § 17b aF eingeführt. Mit dem FEG[3] wurde die Vorschrift unter geringfügigen Änderungen in § 16e umbenannt. Abs. 1 nimmt nun ausdrücklich auf die BeschV Bezug. Die vormals in Abs. 3 geregelte Zustimmung durch die gesetzlichen Vertreter wurde systematisch treffender in § 80 VI aufgenommen. Die vormals in Abs. 4 enthaltene Verweisung ist entfallen. Ausschlussgründe ergeben sich nunmehr unmittelbar aus § 19f I.

II. Allgemeines

2   Drittstaatsangehörige, die einen längstens vor zwei Jahren erworbenen Hochschulabschluss besitzen oder gegenwärtig ein auf einen solchen Abschluss gerichtetes Hochschulstudium betreiben, erhalten nach dieser Vorschrift die Möglichkeit, ein Praktikum im Bundesgebiet zu absolvieren. Das Praktikum muss fachlich mit ihrem Studium zusammenhängen. Der Praktikumsvertrag muss die in Abs. 1 Nr. 2 genannten inhaltlichen Voraussetzungen erfüllen. Die Erteilung der Aufenthaltserlaubnis bedarf derzeit gemäß § 15 Nr. 1 BeschV nicht der vorherigen Zustimmung der Bundesagentur für Arbeit. Der Adressatenkreis der Vorschrift ist durch § 19f I und III beschränkt.

3   § 16e vermittelt dem Ausländer bei Vorlage der in Abs. 1 genannten Nachweise einen **Anspruch** auf die Erteilung eines **Aufenthaltstitels zum Zweck** eines **Praktikums.** Unabhängig davon kann die Ausländerbehörde eine Aufenthaltserlaubnis gemäß § 16a I zum Zweck eines Praktikums nach Ermessen erteilen[4]. Die Regelerteilungsvoraussetzungen gemäß § 5 I müssen erfüllt sein, insbesondere muss der Lebensunterhalt gesichert sein. Dieser kann durch eigene Mittel einschließlich einer Praktikumsvergütung nachgewiesen werden, eine zusätzliche Erwerbstätigkeit sieht § 16e nicht vor. Sie bleibt verboten, soweit sie nicht ausdrücklich erlaubt wird (§ 4a III 4). Um einer irregulären Einwanderung zu begegnen, muss sich der Praktikumsgeber schriftlich zur Übernahme etwaiger Abschie-

---
[1] Gesetz v. 12.5.2017, BGBl. I S. 1106.
[2] BT-Drs. 18/11136, 44.
[3] Gesetz v. 15.8.2019, BGBl. I S. 1307.
[4] BT-Drs. 18/11136, 44.

bungs- oder Lebensunterhaltskosten während eines unerlaubten Aufenthalts verpflichten, soweit dies nach §§ 66–68 möglich ist.

Unter den Voraussetzungen von § 19f IV kann die Aufenthaltserlaubnis abgelehnt werden[5]. Das ist insbesondere dann der Fall, wenn der Praktikumsgeber aus den dort genannten Gründen (§ 19f IV Nr. 1–5) nicht die Gewähr für ein bestimmungsgemäßes Praktikum bietet oder es konkreten Anlass dafür gibt, dass der Aufenthaltszweck „Praktikum" vorgeschoben ist (§ 19f IV Nr. 6).

Die Aufenthaltserlaubnis wird für maximal sechs Monate erteilt. Sie kann daher, auch ohne, dass dies ausdrücklich geregelt ist, nicht als solche verlängert werden. Bei länger andauernden Praktika kommt jedoch die Erteilung der Aufenthaltserlaubnis zur betrieblichen Weiterbildung gemäß § 16a I 1 in Betracht. Will sich der Ausländer im Anschluss an sein Praktikum auf Arbeitssuche begeben, kommt ggf. die Erteilung einer **Aufenthaltserlaubnis zur Arbeitssuche** nach § 20 I 2 bzw. II für weitere sechs Monate in Betracht, wenn der Ausländer aufgrund seiner Qualifikation als Fachkraft mit Berufsausbildung (§ 18a) oder als Fachkraft mit akademischer Ausbildung (§ 18b) anzusehen ist.

Die Vorschrift richtet sich an Drittstaatsangehörige im Ausland. Die Erteilung des Aufenthaltstitels nach § 16e erfolgt daher regelmäßig als nationales Visum durch die deutsche Auslandsvertretung.

§ 16f Sprachkurse und Schulbesuch

(1) ¹Einem Ausländer kann eine Aufenthaltserlaubnis zur Teilnahme an Sprachkursen, die nicht der Studienvorbereitung dienen, oder zur Teilnahme an einem Schüleraustausch erteilt werden. ²Eine Aufenthaltserlaubnis zur Teilnahme an einem Schüleraustausch kann auch erteilt werden, wenn kein unmittelbarer Austausch erfolgt.

(2) Einem Ausländer kann eine Aufenthaltserlaubnis zum Zweck des Schulbesuchs in der Regel ab der neunten Klassenstufe erteilt werden, wenn in der Schulklasse eine Zusammensetzung aus Schülern verschiedener Staatsangehörigkeiten gewährleistet ist und es sich handelt

1. um eine öffentliche oder staatlich anerkannte Schule mit internationaler Ausrichtung oder

2. um eine Schule, die nicht oder nicht überwiegend aus öffentlichen Mitteln finanziert wird und die Schüler auf internationale Abschlüsse, Abschlüsse anderer Staaten oder staatlich anerkannte Abschlüsse vorbereitet.

(3) ¹Während eines Aufenthalts zur Teilnahme an einem Sprachkurs nach Absatz 1 oder zum Schulbesuch nach Absatz 2 soll in der Regel eine Aufenthaltserlaubnis zu einem anderen Aufenthaltszweck nur in Fällen eines gesetzlichen Anspruchs erteilt werden. ²Im Anschluss an einen Aufenthalt zur Teilnahme an einem Schüleraustausch darf eine Aufenthaltserlaubnis für einen anderen Zweck nur in den Fällen eines gesetzlichen Anspruchs erteilt werden. ³§ 9 findet keine Anwendung. ⁴Die Aufenthaltserlaubnis nach den Absätzen 1 und 2 berechtigt nicht zur Ausübung einer Erwerbstätigkeit.

(4) ¹Bilaterale oder multilaterale Vereinbarungen der Länder mit öffentlichen Stellen in einem anderen Staat über den Besuch inländischer Schulen durch ausländische Schüler bleiben unberührt. ²Aufenthaltserlaubnisse zur Teilnahme am Schulbesuch können auf Grund solcher Vereinbarungen nur erteilt werden, wenn die für das Aufenthaltsrecht zuständige oberste Landesbehörde der Vereinbarung zugestimmt hat.

Allgemeine Verwaltungsvorschrift
Nicht belegt.

I. Entstehungsgeschichte

§ 16f regelt nach der Zusammenführung der betrieblichen und schulischen Berufsausbildung durch das FEG[1] in § 16a die Aufenthalte zum Besuch von Sprachkursen oder allgemeinbildenden Schulen und ersetzt den bisherigen § 16b idF des RLUmsG 2017[2] (vormals § 16 V, Va und Vb). Abs. 4 beruht auf dem Antrag der Regierungsfraktionen vom 3.6.2019[3].

II. Allgemeines

§ 16f ermöglicht den Aufenthalt zur schulischen Bildung. Umfasst sind Sprachkurse, die nicht der Studien- oder Berufsvorbereitung (vgl. § 16b I 2 Nr. 1, § 16a I 3), sondern dem allgemeinen Spracherwerb dienen; außerdem den Aufenthalt zum Besuch allgemeinbildender Schulen und im Rahmen

---

[5] → § 19f Rn. 8.
[1] Gesetz v. 15.8.2019, BGBl. S. 1307.
[2] Gesetz v. 12.5.2017, BGBl. I S. 1106.
[3] Innenausschuss, A-Drs. 19(4)305.

eines Schüleraustauschs. Nicht in den Anwendungsbereich der Vorschrift fällt daher der Besuch einer Fußballschule[4], insofern kommt ggf. die Erteilung einer Aufenthaltserlaubnis nach § 7 I 3 in Betracht. Der Besuch einer Schule zur Erlangung einer qualifizierten Berufsausbildung ist nunmehr in § 16a II geregelt. Auf den in § 19f I beschriebenen Personenkreis findet die Vorschrift keine Anwendung[5].

3   Die Regelerteilungsvoraussetzungen gemäß § 5 I müssen erfüllt, insbesondere muss der **Lebensunterhalt** für die Dauer des geplanten Aufenthalts gesichert sein. Für die Teilnehmer an Sprachkursen gilt gemäß § 2 III 6, dass der Lebensunterhalt gesichert ist, wenn Mittel in Höhe von 110 Prozent des BAföG-Bedarfs zur Verfügung stehen. Für Schüler gilt § 2 III 5, wonach Mittel in Höhe des monatlichen BAföG-Bedarfs ausreichend sind. Eine den Sprachkurs oder den Schulbesuch begleitende Erwerbstätigkeit ist nicht gestattet (§ 16f III 4).

4   Es besteht kein Anspruch auf Erteilung der Aufenthaltserlaubnis, diese steht im **Ermessen** der Auslandsvertretung bzw. Ausländerbehörde. Insbesondere unter den Voraussetzungen von § 19f IV kann die Aufenthaltserlaubnis abgelehnt werden[6]. Nach § 19f IV Nr. 6 zB dann, wenn Grund zu der Annahme besteht, dass der Ausländer den Aufenthalt zu anderen Zwecken nutzen wird als zu jenen, für die er die Erteilung der Aufenthaltserlaubnis beantragt. Bei der Prüfung dieser Voraussetzungen kommt der zuständigen Behörde, soweit § 16f die REST-RL umsetzt (Schüleraustausch), ein unionsrechtlicher Beurteilungsspielraum zu, der nur eingeschränkt der gerichtlichen Überprüfung unterliegt[7].

5   Abs. 3 enthält ein eingeschränktes **Zweckwechselverbot**. Ein Wechsel des Aufenthaltszwecks während der Teilnahme an einem Sprachkurs oder des Schulbesuchs ist gemäß § 16f III 1 nicht mehr völlig ausgeschlossen. Abgesehen von Rechtsansprüchen – denkbar aufgrund von Eheschließung/Verpartnerung, Elternschaft oder Flüchtlingsanerkennung – sind das Ausnahmen in Fallkonstellationen, die objektiv vom Regelfall erheblich abweichen und subjektiv nicht ohne Weiteres vorhersehbar sind. Im Anschluss an den erfolgreichen Besuch eines Sprachkurses, durch den die Aufnahme einer qualifizierten Ausbildung oder eines qualifizierten Berufs möglich wird, kann sich auch ein Aufenthalt zur Suche und Aufnahme einer Berufsausbildung oder zur Erwerbstätigkeit anschließen, wenn nach § 39 AufenthV die Aufenthaltserlaubnis im Inland beantragt werden darf[8]. Im Anschluss an einen Schüleraustausch ist gemäß § 16f III 1der Zweckwechsel auf Fälle eines gesetzlichen Anspruchs beschränkt. Die direkte Überführung der Aufenthaltserlaubnis nach § 16f in eine Niederlassungserlaubnis ist gemäß § 16f III 3, ausgeschlossen.

III. Aufenthaltserlaubnis

1. Sprachkurs

6   Gemäß § 16f werden Aufenthalte für Sprachkurse ermöglicht. Ausdrücklich gemeint sind in Abgrenzung zu Maßnahmen nach § 16b I oder V Nr. 2 bzw. § 16a I 3 Kurse zum Erlernen der **deutschen Sprache**[9] außerhalb der Vorbereitung auf ein Studium oder eine Ausbildung in Deutschland. Ein besonderer Grund zum Erlernen der deutschen Sprache ist nicht notwendig. Da die Teilnahme am Sprachkurs den Hauptzweck des Aufenthalts ausmacht, sollen ausschließlich **Intensivkurse** mit in der Regel täglichem Unterricht und mindestens 18 Wochenstunden (Nr. 16.5.12 AVwV) berücksichtigt werden. Abend- oder Wochenendkurse sind regelmäßig nicht ausreichend. Die Dauer des Kurses bestimmt die Geltungsdauer der Aufenthaltserlaubnis. Eine Verlängerung bis zu einem Jahr ist vorgesehen (Nr. 16.5.13 AVwV).

7   Für die gemäß § 5 I Nr. 1 erforderliche Sicherung des Lebensunterhalts ist § 2 III 6 zu beachten. Danach gilt für Teilnehmer an Sprachkursen, die nicht der Studienvorbereitung dienen, der Lebensunterhalt als gesichert, wenn sie über Mittel in Höhe von 110 Prozent des monatlichen BAföG-Bedarfs verfügen[10].

8   Die Erteilung der Aufenthaltserlaubnis steht im **Ermessen** der Auslandsvertretung oder Ausländerbehörde[11]. Gewichtige Zweifel an der Bereitschaft des Ausländers, nach dem Ende seines Sprachkursaufenthalts in sein Heimatland zurückzukehren, führen regelmäßig zur Versagung des Aufenthaltstitels[12]. Die Auslandsvertretung kann die Berufs- und Lebensplanung des Ausländers, dessen bereits erworbenen Qualifikationen, etwaige Voraufenthalte und bereits absolvierte Sprachkurse berücksichtigen[13]. Auch wenn die Motive für den beabsichtigten Spracherwerb abgefragt werden dürfen, ist es der

---

[4] Vgl. VG Karlsruhe Beschl. v. 30.6.2021 – 9 K 568/21, BeckRS 2021, 20722
[5] → § 19f Rn. 3.
[6] → § 19f Rn. 8.
[7] → § 16b Rn. 47.
[8] Vgl. BR-Drs. 7/19.
[9] Vgl. OVG Bln-Bbg Urt. v. 15.3.2018 – OVG 2 B 6.17, BeckRS 2018, 4956 Rn. 28.
[10] Vgl. → § 2 Rn. 172.
[11] Vgl. für den Fall der Verpflichtung der Auslandsvertretung zur Erteilung eines Visums zum Sprachkurs VG Berlin Urt. v. 28.2.2014 – 4 K 81.13 V, BeckRS 2014, 50965.
[12] OVG Bln-Bbg Beschl. v. 15.3.2018 – OVG 2 B 6.17, BeckRS 2018, 4956.
[13] Vgl. *Fleuß* BeckOK AuslR § 16f AufenthG Rn. 6.

Auslandsvertretung oder Ausländerbehörde jedoch verwehrt, die Motive des Ausländers zu bewerten und eine ablehnende Entscheidung allein auf eine vermeintlich unplausible Motivlage zu stützen[14].

Liegen allerdings Beweise oder konkrete Anhaltspunkte dafür vor, dass der Ausländer den Aufenthalt zu anderen Zwecken als für den Sprachkurs nutzen wird, kann die Erteilung des Visums oder der Aufenthaltserlaubnis gemäß § 19f Abs. 4 Nr. 6 versagt werden[15]. § 19f Abs. 4 Nr. 6 erlaubt es der Auslandsvertretung oder Ausländerbehörde, die erforderlichen Prüfungen durchführen und Nachweise zu verlangen, wenn Zweifel an den Antragsgründen bestehen, um im Einzelfall die Pläne des Ausländers in Bezug auf seinen Aufenthalt zu bewerten und Missbrauch vorzubeugen[16]. Liegen die tatbestandlichen Voraussetzungen § 19f Abs. 4 Nr. 6 vor, hat die Auslandsvertretung eine Ermessensentscheidung zu treffen[17], die regelmäßig in Richtung einer Versagung der Aufenthaltserlaubnis vorgezeichnet sein wird[18]. 9

Bedenken begegnet die Praxis, Ausländern, die den Ehegattennachzug anstreben, wegen Fehlens einfacher deutscher Sprachkenntnisse weder eine Aufenthaltserlaubnis zur **Familienzusammenführung** noch ein Visum nach § 16f I zu erteilen. Jedenfalls in den Fällen, in denen dem Ehepaar das Führen der Ehe im Ausland nicht zugemutet werden kann (Ehegatten von deutschen Staatsangehörigen und ggf. von Ausländern mit Niederlassungserlaubnis, binationale ausländische Familien) und der Erwerb der für den Ehegattennachzug erforderlichen Sprachkenntnisse im Herkunftsland unmöglich oder unzumutbar ist, muss das staatliche Interesse an der Vermeidung von Umgehungen des § 30 I 1 Nr. 2 gegenüber dem grundrechtlich geschützten Interesse der Ehepartner, die Nachzugsvoraussetzungen herzustellen, zurücktreten[19]. 10

2. Schulbesuch

Anders als bisher kann die Aufenthaltserlaubnis für den Schulbesuch gemäß § 16f II nicht nur in Ausnahmefällen erteilt werden. Die Neuregelung soll nach der Gesetzesbegründung mehr Schülern als bisher den Besuch „deutscher Schulen" ermöglichen[20]. Einer Erweiterung der Möglichkeiten des Aufenthalts zum Schulbesuch dürfte allerdings die gesetzliche Normierung der bisher in den AVwV genannten Beschränkung auf bestimmte Schulen entgegenstehen. Über die in den AVwV konkretisierten Ausnahmefälle hinaus lassen sich der Vorschrift und der Gesetzesbegründung auch keine weiteren Maßstäbe für die Ermessensausübung entnehmen. Die bloße bisherige Erfüllung der Schulpflicht in Deutschland dürfte weiterhin nicht zu einer Ermessensreduzierung führen[21]. 11

Als Schüler für allgemeinbildende Schulen kommen besonders in Betracht Staatsangehörige aus **Staaten,** die auch nach § 41 I 1 AufenthV privilegiert sind. Zur Vermeidung von Schulbesuchen, die tatsächlich nicht auf den Erwerb eines Abschlusses gerichtet sind, sehen die Nr. 16.5.2.3.2 ff. AVwV Restriktionen vor, die teilweise in Abs. 2 übernommen wurden. Eine heterogene Zusammensetzung der Schülerschaft muss gewährleistet sei. Die Erteilung der Aufenthaltserlaubnis zum Schulbesuch erfolgt in der Regel erst ab der Klassenstufe 5. 12

Besondere gesetzliche Anforderungen bestehen an die **Schule;** in Betracht kommen nur staatliche oder staatlich **anerkannte Schulen,** die eine **internationale Ausrichtung** verfolgen, oder Privatschulen, die ihre Schüler auf internationale Abschlüsse, Abschlüsse anderer Staaten oder staatlich anerkannte Abschlüsse (etwa das International Baccalaureate [IB]) vorbereiten **(internationale Schulen).** Damit dürfte der Schulbesuch an einer deutschen Regelschule außerhalb eines Schüleraustauschs ausscheiden, wenn nicht gemäß Abs. 4 eine Abweichung zugunsten des Schulbesuchs ausländischer Schüler aufgrund einer bi- oder multilateralen Vereinbarung der Länder mit Zustimmung der zuständigen obersten Landesbehörde zulässig ist[22]. 13

3. Schüleraustausch

Nach § 16f I ist die Aufenthaltserlaubnis zur Teilnahme an einem internationalen **Schüleraustausch** nicht nur in Ausnahmefällen zu erteilen. Ein unmittelbarer Austausch („eins zu eins") ist nicht erforderlich (§ 16f I 2); erfasst sind danach auch Gastschüler, die in Deutschland ein Gastschuljahr absolvieren[23]. Es ist also unerheblich, ob zeitweise mehr ausländische Schüler in das Bundesgebiet einreisen, als deutsche Schüler im Ausland ein Schuljahr absolvieren. Ebenso verhält es sich, wenn aus 14

---

[14] OVG Bln-Bbg Beschl. v. 16.4.2018 – OVG 2 M 3.18; OVG Bln-Bbg Beschl. v. 15.3.2018 – OVG 2 B 6.17, BeckRS 2018, 4956.
[15] § 19f Rn. 8.
[16] OVG Bln-Bbg Urt. v. 7.5.2019 – OVG 3 B 64.18 BeckRS 2019, 12813, Rn 27.
[17] OVG Bln-Bbg Urt. v. 7.5.2019 – OVG 3 B 64.18 BeckRS 2019, 12813, Rn. 40.
[18] VG Berlin Gerichtsbescheid v. 29.1.2021 – VG 12 K 416.19 V, BeckRS 2021, 1866 Rn. 25.
[19] BVerwG Urt. v. 30.3.2010 – 1 C 8.09, BVerwGE 136, 231, NVwZ 2010, 964 Rn. 46; Urt. v. 4.9.2012 – 10 C 12.12, BVerwGE 144, 141 = NVwZ 2013, 515 Rn. 22.
[20] BR-Drs. 7/19, 194.
[21] Vgl. zur alten Rechtslage NdsOVG Beschl. v. 28.5.2010 – 8 ME 95/10, BeckRS 2010, 49797.
[22] Vgl. Innenausschuss, A-Drs. 19(4)305.
[23] BT-Drs. 19/8285, 90.

einigen Staaten mehr Schüler einreisen, als deutsche Schüler in diese Staaten reisen. Für die Verlängerungsmöglichkeit bleibt es in Bezug auf die Teilnahme an einem Schüleraustausch bei der geltenden Rechtslage. Die Erteilung eines Aufenthaltstitels zu einem anderen Zweck (Zweckwechsel) kommt nur im Falle eines gesetzlichen Anspruchs in Betracht. Insofern ist etwa die Erteilung einer Aufenthaltserlaubnis nach § 16b I denkbar, wenn der Gastschüler die Hochschulzugangsberechtigung im Inland erwirbt und von einer Hochschule zugelassen wird.

§ 17 Suche eines Ausbildungs- oder Studienplatzes

(1) ¹Einem Ausländer kann zum Zweck der Suche nach einem Ausbildungsplatz zur Durchführung einer qualifizierten Berufsausbildung eine Aufenthaltserlaubnis erteilt werden, wenn
1. er das 25. Lebensjahr noch nicht vollendet hat,
2. der Lebensunterhalt gesichert ist,
3. er über einen Abschluss einer deutschen Auslandsschule oder über einen Schulabschluss verfügt, der zum Hochschulzugang im Bundesgebiet oder in dem Staat berechtigt, in dem der Schulabschluss erworben wurde, und
4. er über gute deutsche Sprachkenntnisse verfügt.

²Die Aufenthaltserlaubnis wird für bis zu sechs Monate erteilt. ³Sie kann erneut nur erteilt werden, wenn sich der Ausländer nach seiner Ausreise mindestens so lange im Ausland aufgehalten hat, wie er sich zuvor auf der Grundlage einer Aufenthaltserlaubnis nach Satz 1 im Bundesgebiet aufgehalten hat.

(2) ¹Einem Ausländer kann zum Zweck der Studienbewerbung eine Aufenthaltserlaubnis erteilt werden, wenn
1. er über die schulischen und sprachlichen Voraussetzungen zur Aufnahme eines Studiums verfügt oder diese innerhalb der Aufenthaltsdauer nach Satz 2 erworben werden sollen und
2. der Lebensunterhalt gesichert ist.

²Die Aufenthaltserlaubnis wird für bis zu neun Monate erteilt.

(3) ¹Die Aufenthaltserlaubnis nach den Absätzen 1 und 2 berechtigt nicht zur Erwerbstätigkeit und nicht zur Ausübung studentischer Nebentätigkeiten. ²Während des Aufenthalts nach Absatz 1 soll in der Regel eine Aufenthaltserlaubnis zu einem anderen Aufenthaltszweck nur nach den §§ 18a oder 18b oder in Fällen eines gesetzlichen Anspruchs erteilt werden. ³Während des Aufenthalts nach Absatz 2 soll in der Regel eine Aufenthaltserlaubnis zu einem anderen Aufenthaltszweck nur nach den §§ 16a, 16b, 18a oder 18b oder in Fällen eines gesetzlichen Anspruchs erteilt werden.

Allgemeine Verwaltungsvorschrift
Nicht belegt.

I. Entstehungsgeschichte

1   Der Entwurf[1] der Vorschrift wurde im Gesetzgebungsverfahren zuletzt auf Antrag der Regierungsfraktionen[2] ergänzt.

II. Allgemeines

2   In § 17 wird die bisherige Regelung des **Aufenthalts zur Studienbewerbung** (Studienplatzsuche, § 16 VII aF) übernommen und der neu eingeführte Aufenthalt zur Suche eines Ausbildungsplatzes normiert. Die Aufenthaltserlaubnis für den Aufenthalt zur Ausbildungs- oder Studienplatzsuche löst das Problem, dass der Erteilung eines Schengen-Visums möglicherweise eine fehlende Rückkehrbereitschaft (Art. 32 Ib Visakodex) im Fall einer erfolgreichen Suche entgegengehalten werden kann. Die Aufenthaltserlaubnis steht im **Ermessen** der Auslandsvertretung oder Ausländerbehörde. Die Regelerteilungsvoraussetzungen gemäß § 5 I müssen vorliegen; der Lebensunterhalt muss allerdings stets, also nicht nur idR gesichert sein. Das ist der Fall, wenn für die Dauer des Aufenthalts Mittel in Höhe von zehn Prozent über dem BAföG-Satz zur Verfügung stehen (§ 2 III 6). Während der Suche eines Ausbildungs- oder Studienplatzes ist eine **Erwerbstätigkeit nicht gestattet** und kann auch nicht zugelassen werden (Abs. 3 S. 1). Zweckwechsel sind gemäß Abs. 3 S. 2 und 3 beschränkt. Auf den in § 19f I beschriebene Personenkreis findet die Vorschrift keine Anwendung[3].

---

[1] BT-Drs. 19/8285.
[2] A-Drs. 19(4)305.
[3] → § 19f Rn. 3.

1. Ausbildungsplatzsuche (Abs. 1)

Die auf fünf Jahre bis zum 1.3.2025 befristete[4] Regelung des § 17 I erlaubt die Erteilung einer 3 Aufenthaltserlaubnis zum Zweck der Suche nach einem Ausbildungsplatz für eine qualifizierte Berufsausbildung (§ 2 XIIa). Die Vorschrift soll es jungen Ausländern ermöglichen, sich **selbstständig und vor Ort einen Ausbildungsplatz** zu suchen. Der Kreis der Begünstigten dieser Vorschrift ist auf bereits besonders qualifizierte junge Ausländer unter 25 Jahren beschränkt. Die Anforderungen gehen über das hinaus, was für die Erteilung eines Aufenthaltstitels zur Aufnahme einer schulischen oder betrieblichen qualifizierten Ausbildung gemäß § 16a erforderlich ist[5]. In Betracht kommen nach Nr. 3 Absolventen von deutschen Auslandsschulen iSd ASchulG[6] sowie diejenigen Ausländer, die mit ihrem im Ausland erworbenen Schulabschluss über eine Hochschulzugangsberechtigung im Inland verfügen. Ob dies der Fall ist, kann über die von der Zentralstelle der KMK für ausländisches Bildungswesen betriebene ANABIN-Datenbank[7] erfragt werden. Ausreichend ist aber auch ein Schulabschluss, der lediglich im Land seines Erwerbs den Zugang zur Hochschule erlaubt. Verlangt werden weiter gute Sprachkenntnisse (Niveau B2 – § 2 XIa), während für die Aufenthaltserlaubnis zur Aufnahme einer qualifizierten Berufsausbildung gemäß § 16a III 2 lediglich ausreichende Sprachkenntnisse (Niveau B1 – § 2 XI), erforderlich sind.

Die Erteilung der Aufenthaltserlaubnis steht im **Ermessen** und wird für bis zu **sechs Monate** 4 erteilt. Die Aufenthaltserlaubnis kann gemäß § 19f IV versagt werden, insbesondere wenn Beweise oder konkrete Anhaltspunkte dafür bestehen, dass der Ausländer andere Aufenthaltszwecke (Nr. 6) verfolgt.

Ist die Suche nach einem Ausbildungsplatz erfolgreich, kann während des Aufenthalts nach § 17 I 5 eine Aufenthaltserlaubnis nach § 16a I oder II zur Aufnahme einer qualifizierten betrieblichen oder schulischen Ausbildung erteilt werden. Die Erteilung einer Aufenthaltserlaubnis für andere Aufenthaltszwecke (Zweckwechsel) kommt regelmäßig nur in Anspruchsfällen in Betracht. Unter einem „Anspruch" iSv § 17 III 2 ist, ebenso wie bei vergleichbaren Formulierungen im AufenthG – etwa in § 10 III 3 –, grundsätzlich nur ein strikter Rechtsanspruch zu verstehen[8]. Ein solcher Rechtsanspruch liegt nur dann vor, wenn alle zwingenden und regelhaften Tatbestandsvoraussetzungen erfüllt sind und die Behörde kein Ermessen mehr auszuüben hat[9], weil nur dann der Gesetzgeber selbst eine Entscheidung über das zu erteilende Aufenthaltsrecht getroffen hat[10]. Eine Ermessenreduzierung auf null reicht nicht aus[11]. Ansprüche auf die Erteilung einer Aufenthaltserlaubnis kommen insbesondere aufgrund Eheschließung/Verpartnerung, Elternschaft oder Flüchtlingsanerkennung in Betracht. Liegt die Zulassung einer Hochschule vor, vermittelt auch § 16b I einen Anspruch auf Erteilung einer Aufenthaltserlaubnis zu Studienzwecken. Abgesehen davon erlaubt § 17 III 2 den Wechsel in einen Beschäftigungsaufenthalt, wenn der Ausländer bereits über eine Berufsausbildung (§ 18a) oder akademische Ausbildung (§ 18b) verfügt. Andernfalls ist die Ausreise nach Ablauf der Geltungsdauer der Aufenthaltserlaubnis zwingend. Die erneute Erteilung der Aufenthaltserlaubnis nach § 17 I setzt eine Wartezeit in Länge des vorherigen Aufenthalts nach § 17 voraus.

2. Studienplatzsuche (Abs. 2)

§ 17 II übernimmt im Wesentlichen die Vorschrift des § 16a VII aF. Der Studienbewerber muss 6 über eine Hochschulzugangsberechtigung und die für die Aufnahme des Studiums erforderlichen Sprachkenntnisse verfügen. Beide Voraussetzungen können auch noch während des Suchaufenthalts erworben werden. Den in § 19f I und III 1[12] genannten Personen, insbesondere den in einem anderen Mitgliedstaat der EU international Schutzsuchenden und Schutzberechtigten, wird keine Aufenthaltserlaubnis zur Studienbewerbung gemäß § 17 II erteilt. Die Erteilung der Aufenthaltserlaubnis steht im

---

[4] Art. 54 II Ges. v. 15.8.2019, BGBl. I S. 1307.
[5] Vgl. auch BT-Drs. 19/8285, 154 f.
[6] Ges. v. 26.8.2013, BGBl. I S. 3306.
[7] https://anabin.kmk.org/anabin.html.
[8] BVerwG Urt. v. 16.11.2010 – 1 C 17.09, NVwZ 2011, 499 Rn. 60.
[9] BVerwG Urt. v. 17.12.2015 – 1 C 31.14, BVerwGE 143, 353 = NVwZ 2016, 458 Rn. 20 f.; Urt. v. 10.12.2014 – 1 C 15/14, NVwZ-RR 2015, 313 Rn. 15; Urt. v. 16.11.2010 – 1 C 17.09, NVwZ 2011, 499 Rn. 60; OVG NRW Beschl. v. 16.8.2016 – 18 B 754.16, BeckRS 2016, 50359 Rn. 7.
[10] BVerwG Urt. v. 17.12.2015 – 1 C 31.14, BVerwGE 153, 353 = NVwZ 2016, 458 Rn. 20; Urt. v. 10.12.2014 – 1 C 15/14, NVwZ-RR 2015, 313 Rn. 19; BVerwG Urt. v. 16.11.2010 – 1 C 17.09, NVwZ 2011, 499; Urt. v. 16.12.2008 – 1 C 37.07, BVerwGE 132, 382 = NVwZ 2009, 789; OVG NRW Beschl. v. 16.8.2016 – 18 B 754.16, BeckRS 2016, 50359 Rn. 7.
[11] VGH BW Beschl. v. 10.3.2009 – 11 S 2990/08, BeckRS 2009, 32462; ebenso OVG LSA Beschl. v. 4.7.2006 – 2 O 210/06, BeckRS 2008, 32762; OVG Bln-Bbg Beschl. v. 6.10.2006 – OVG 7 S 32.06, LSK 2007, 110236; NdsOVG Beschl. v. 18.6.2007 – 10 PA 65/07, BeckRS 2007, 25180; so auch BVerwG Urt. v. 16.12.2008 – 1 C 37.07, BVerwGE 132, 382 = NVwZ 2009, 789 zu § 10 III 3; aA VG Freiburg Urt. v. 2.4.2005 – 8 K 1275/03, InfAuslR 2005, 388.
[12] → § 19f Rn. 3.

Ermessen der Auslandsvertretung oder Ausländerbehörde. Die Aufenthaltserlaubnis kann gemäß § 19f IV versagt werden, insbesondere wenn Beweise oder konkrete Anhaltspunkte dafür bestehen, dass der Ausländer andere Aufenthaltszwecke verfolgt (Nr. 6)[13].

7 Der Aufenthalt als **Studienbewerber** darf maximal neun Monate betragen, wird aber auf eine mögliche Gesamtaufenthaltsdauer des anschließenden Studienaufenthalts gemäß § 16b nicht angerechnet. Liegt nach Ablauf der Suchphase keine Zulassung oder bedingte Zulassung zu einer anerkannten Ausbildungseinrichtung vor, ist die Ausreise regelmäßig zwingend, wenn kein gesetzlicher Anspruch auf Erteilung einer Aufenthaltserlaubnis zu einem anderen Aufenthaltszweck besteht. § 17 III 2 erlaubt außerdem den Wechsel in einen Ausbildungsaufenthalt nach § 16a oder in einen Beschäftigungsaufenthalt, wenn der Ausländer bereits über eine Berufsausbildung (§ 18a) oder akademische Ausbildung (§ 18b) verfügt.

8 Wie beim Studienaufenthalt bedarf das **Visum** der Zustimmung der Ausländerbehörde des Studienorts, die nach einer Untätigkeit von drei Wochen und zwei Werktagen als erteilt gilt (§ 31 I 3 AufenthV). Das Visum wird als nationales Visum für drei Monate erteilt und dann von der Ausländerbehörde für die bis zur Zulassung zum Studium notwendige Zeit, längstens jedoch bis zu insgesamt neun Monaten, verlängert.

Abschnitt 4. Aufenthalt zum Zweck der Erwerbstätigkeit

§ 18 Grundsatz der Fachkräfteeinwanderung; allgemeine Bestimmungen

(1) [1]Die Zulassung ausländischer Beschäftigter orientiert sich an den Erfordernissen des Wirtschafts- und Wissenschaftsstandortes Deutschland unter Berücksichtigung der Verhältnisse auf dem Arbeitsmarkt. [2]Die besonderen Möglichkeiten für ausländische Fachkräfte dienen der Sicherung der Fachkräftebasis und der Stärkung der sozialen Sicherungssysteme. [3]Sie sind ausgerichtet auf die nachhaltige Integration von Fachkräften in den Arbeitsmarkt und die Gesellschaft unter Beachtung der Interessen der öffentlichen Sicherheit.

(2) Die Erteilung eines Aufenthaltstitels zur Ausübung einer Beschäftigung nach diesem Abschnitt setzt voraus, dass
1. ein konkretes Arbeitsplatzangebot vorliegt,
2. die Bundesagentur für Arbeit nach § 39 zugestimmt hat; dies gilt nicht, wenn durch Gesetz, zwischenstaatliche Vereinbarung oder durch die Beschäftigungsverordnung bestimmt ist, dass die Ausübung der Beschäftigung ohne Zustimmung der Bundesagentur für Arbeit zulässig ist; in diesem Fall kann die Erteilung des Aufenthaltstitels auch versagt werden, wenn einer der Tatbestände des § 40 Absatz 2 oder 3 vorliegt,
3. eine Berufsausübungserlaubnis erteilt wurde oder zugesagt ist, soweit diese erforderlich ist,
4. die Gleichwertigkeit der Qualifikation festgestellt wurde oder ein anerkannter ausländischer oder ein einem deutschen Hochschulabschluss vergleichbarer ausländischer Hochschulabschluss vorliegt, soweit dies eine Voraussetzung für die Erteilung des Aufenthaltstitels ist, und
5. in den Fällen der erstmaligen Erteilung eines Aufenthaltstitels nach § 18a oder § 18b Absatz 1 nach Vollendung des 45. Lebensjahres des Ausländers die Höhe des Gehalts mindestens 55 Prozent der jährlichen Beitragsbemessungsgrenze in der allgemeinen Rentenversicherung entspricht, es sei denn, der Ausländer kann den Nachweis über eine angemessene Altersversorgung erbringen. Von den Voraussetzungen nach Satz 1 kann nur in begründeten Ausnahmefällen, in denen ein öffentliches, insbesondere ein regionales, wirtschaftliches oder arbeitsmarktpolitisches Interesse an der Beschäftigung des Ausländers besteht, abgesehen werden. Das Bundesministerium des Innern, für Bau und Heimat gibt das Mindestgehalt für jedes Kalenderjahr jeweils bis zum 31. Dezember des Vorjahres im Bundesanzeiger bekannt.[1]

(3) Fachkraft im Sinne dieses Gesetzes ist ein Ausländer, der
1. eine inländische qualifizierte Berufsausbildung oder eine mit einer inländischen qualifizierten Berufsausbildung gleichwertige ausländische Berufsqualifikation besitzt (Fachkraft mit Berufsausbildung) oder

---

[13] → § 19f Rn. 8.

[1] Das Bundesministerium des Innern und für Heimat hat gem. § 18 Abs. 2 Nr. 5 des AufenthG und § 1 Abs. 2 Satz 3 der BeschV das folgende Mindestgehalt für die Aufenthaltserlaubnis nach den §§ 18a und 18b Absatz 1 AufenthG sowie für die Aufenthaltserlaubnis nach § 19c Absatz 1 AufenthG iVm den §§ 24a und 26 Absatz 2 BeschV für das Jahr 2022 bekannt gegeben (Bek. v. 13.12.2021, BAnz AT 24.12.2021 B2):
„Das Mindestbruttogehalt für eine Aufenthaltserlaubnis nach den §§ 18a und 18b Absatz 1 sowie § 19c Absatz 1 AufenthG in Verbindung mit den §§ 24a und 26 Absatz 2 BeschV beträgt nach § 18 Absatz 2 Nummer 5 AufenthG und nach § 1 Absatz 2 BeschV 55 Prozent der jährlichen Beitragsbemessungsgrenze in der allgemeinen Rentenversicherung. Daraus ergibt sich ein Mindestbruttogehalt für das Jahr 2022 in Höhe von jährlich 46 530 Euro."

Grundsatz der Fachkräfteeinwanderung; allgemeine Bestimmungen **§ 18 AufenthG 1**

2. einen deutschen, einen anerkannten ausländischen oder einen einem deutschen Hochschulabschluss vergleichbaren ausländischen Hochschulabschluss besitzt (Fachkraft mit akademischer Ausbildung).

(4) ¹Aufenthaltstitel für Fachkräfte gemäß den §§ 18a und 18b werden für die Dauer von vier Jahren oder, wenn das Arbeitsverhältnis oder die Zustimmung der Bundesagentur für Arbeit auf einen kürzeren Zeitraum befristet sind, für diesen kürzeren Zeitraum erteilt. ²Die Blaue Karte EU wird für die Dauer des Arbeitsvertrages zuzüglich dreier Monate ausgestellt oder verlängert, wenn die Dauer des Arbeitsvertrages weniger als vier Jahre beträgt.

Allgemeine Verwaltungsvorschrift
18 Zu § 18 – Beschäftigung
18.1 Grundsätze für die Zulassung ausländischer Beschäftigter
§ 18 bildet die Rechtsgrundlage für die Erteilung der Aufenthaltserlaubnis an neu einreisende ausländische Arbeitnehmer. Die Berücksichtigung der Verhältnisse auf dem Arbeitsmarkt und das Erfordernis, die Arbeitslosigkeit wirksam zu bekämpfen, sowie das Erfordernis, Mangelsituationen am Arbeitsmarkt hinreichend zu begegnen, sind ermessenslenkende Vorgaben für die Erteilung der Zustimmung zur Beschäftigung durch die Bundesagentur für Arbeit und finden ihren Ausdruck in der Ausgestaltung der Bestimmungen der BeschV sowie der BeschVerfV.
18.2 Erteilungsvoraussetzungen
18.2.0 § 18 Absatz 2 ist als Ermessensvorschrift ausgestaltet. Mit der Bezugnahme der Absätze 3 und 4 auf Absatz 2 wird verdeutlicht, dass auf die Erteilung eines Aufenthaltstitels nach § 18 kein Anspruch besteht. Dies gilt auch in den Fällen, in denen die Zustimmung der Bundesagentur für Arbeit vorliegt.
18.2.1 Die Vorschrift gilt für jede Beschäftigung im Bundesgebiet, auch für Aufenthalte unter drei Monaten. Sie schreibt im Grundsatz fest, dass für die Erteilung einer Aufenthaltserlaubnis zur Aufnahme einer Beschäftigung die Zustimmung der Bundesagentur für Arbeit erforderlich ist. Die Beurteilung einer Beschäftigungsmöglichkeit oder -notwendigkeit für einen Ausländer obliegt ausschließlich der Arbeitsverwaltung. Dies wird durch das Erfordernis der Zustimmung sichergestellt. Die Ausländerbehörde hat die allgemeinen ausländerrechtlichen Voraussetzungen zu prüfen und ggf. allgemeine Migrationsgesichtspunkte im Rahmen ihres Ermessens zu bewerten. Ist die Ausländerbehörde nach den allgemeinen ausländerrechtlichen Erwägungen bereit, eine Aufenthaltserlaubnis zu erteilen, hat sie die erforderliche Zustimmung der Bundesagentur für Arbeit einzuholen. Liegt die Zustimmung der Arbeitsverwaltung vor, so sollte die Ausländerbehörde die Erteilung einer Aufenthaltserlaubnis nur dann versagen, wenn zwischenzeitlich eine allgemeine Erteilungsvoraussetzung nach § 5 entfallen ist oder sonst nachträglich Umstände bekannt geworden sind, bei deren früherer Kenntnis die Ausländerbehörde den Antrag von vornherein abgelehnt hätte.
18.2.2 § 18 ist nicht anwendbar auf Ausländer, deren Aufenthaltstitel die Erwerbstätigkeit bereits kraft Gesetzes ausdrücklich erlaubt, also in den Fällen der
18.2.2.1 – Niederlassungserlaubnis,
18.2.2.2 – Erlaubnis zum Daueraufenthalt-EG gemäß § 9a,
18.2.2.3 – Aufenthaltserlaubnis nach Aufnahme aus dem Ausland gemäß § 22 Satz 3,
18.2.2.4 – Aufenthaltserlaubnis nach Anordnung des Bundesministeriums des Innern nach § 23 Absatz 2,
18.2.2.5 – Aufenthaltserlaubnis nach Anerkennung als politisch Verfolgter gemäß § 25 Absatz 1 und Absatz 2,
18.2.2.6 – Aufenthaltserlaubnis zum Zwecke des Familiennachzugs zu Deutschen nach § 28 Absatz 5,
18.2.2.7 – Aufenthaltserlaubnis zum Zwecke des Familiennachzugs zu Ausländern, soweit diese selbst nach § 29 Absatz 5, 2. Alternative zur Ausübung einer Erwerbstätigkeit berechtigt sind (siehe auch Nummer 29.5),
18.2.2.8 – Aufenthaltserlaubnis auf Grund eigenständigen Aufenthaltsrechts nach § 31 Absatz 1,
18.2.2.9 – Aufenthaltserlaubnis im Rahmen der Wiederkehr nach § 37 Absatz 1,
18.2.2.10 – Aufenthaltserlaubnis für ehemalige Deutsche nach § 38 Absatz 4,
18.2.2.11 – Aufenthaltserlaubnis nach der Altfallregelung nach § 104a Absatz 4.
18.2.3 § 18 kann in einem späteren Zeitpunkt nach der Erteilung eines Visums oder einer anderen Aufenthaltserlaubnis erstmals anwendbar sein. Das gilt z. B. für Ausländer,
18.2.3.1 – denen nach den §§ 27 bis 30, 32 bis 34 und 36 eine Aufenthaltserlaubnis erteilt worden ist, wenn die Verlängerung der Aufenthaltserlaubnis nach diesen Vorschriften nicht erfolgen kann, bevor die Voraussetzungen für ein eigenständiges Aufenthaltsrecht vorliegen (vgl. § 28 Absatz 2, §§ 31, 34 Absatz 2 und 3, § 35),
18.2.3.2 – denen eine Aufenthaltserlaubnis nach den §§ 16 oder 17 erteilt worden ist, wenn der ursprüngliche Aufenthaltszweck durch Erreichen des Ausbildungszieles entfallen ist oder eine Ausnahme von dem Regelversagungsgrund des § 16 Absatz 2 zugelassen wird und sie nunmehr eine Beschäftigung im Bundesgebiet anstreben,
18.2.3.3 – denen als Nichterwerbstätige eine Aufenthaltserlaubnis nach § 7 Absatz 1 Satz 3 erteilt worden ist und die nach einem Wechsel des ursprünglichen Aufenthaltszwecks eine Beschäftigung aufnehmen wollen.
18.2.4 Wird eine Beschäftigung angestrebt, ist im Einzelfall zu prüfen, ob im Rahmen der Erteilung der Aufenthaltserlaubnis die angestrebte Beschäftigung erlaubt werden kann. Hierzu ist die gemäß § 39 Absatz 1 erforderliche Zustimmung der Bundesagentur für Arbeit einzuholen, soweit nicht nach §§ 2 bis 15 BeschV die Beschäftigung nicht der Zustimmung der Bundesagentur für Arbeit bedarf. Zum Verfahren siehe Nummer 39.1.1 ff.
18.2.5 Durch das Zustimmungserfordernis wird das Verfahren bei einer Behörde konzentriert. Die Zustimmung der Bundesagentur für Arbeit ist in einem verwaltungsinternen Verfahren einzuholen – vergleichbar der ausländerbehördlichen Zustimmung zur Visumerteilung nach § 31 AufenthV. Das Vorliegen der beschäftigungsrechtlichen Voraussetzungen für die Ausübung einer Beschäftigung sowie die Einhaltung der beschäftigungsrechtlichen Bestimmungen (vgl. § 39 Absatz 2 bis 4, § 40) sind im Rahmen dieses Zustimmungsverfahrens von der Arbeitsverwaltung zu prüfen.
18.2.6 Nach Satz 2 ist die Ausländerbehörde bei der Erteilung der Aufenthaltserlaubnis an die mit der Zustimmung verbundenen Vorgaben der Bundesagentur für Arbeit gebunden. Die Vorgaben sind in den Aufenthaltstitel zu übernehmen. Gleiches gilt für die Erteilung eines Visums. Hinsichtlich der Besonderheiten des Verfahrens bei Werkvertragsarbeitnehmern siehe Nummer 39.1.1.
18.2.7 In den Fällen des § 105 erfolgt keine Beteiligung der Bundesagentur für Arbeit.

18.2.8 Die Erteilung eines Aufenthaltstitels kann ohne die Zustimmung der Bundesagentur für Arbeit erfolgen, sofern dies durch Rechtsverordnung (Nummer 42.1) oder zwischenstaatliche Vereinbarung bestimmt ist. In diesen Fällen bedarf die Erteilung der Aufenthaltserlaubnis, die die Ausübung einer entsprechenden Beschäftigung zulässt, keiner förmlichen Beteiligung der Arbeitsverwaltung. Bei Zweifeln an der Zustimmungsfreiheit der Beschäftigung kann die Bundesagentur für Arbeit beteiligt werden. Die Nebenbestimmung lautet:
„Beschäftigung nur gemäß § … BeschV gestattet. Selbständige Erwerbstätigkeit gestattet/nicht gestattet."
Die Art der zustimmungsfreien Beschäftigung ist ggf. mit weiteren Beschränkungen in den Nebenbestimmungen zur Aufenthaltserlaubnis (z. B. zum Arbeitgeber) aufzunehmen.

18.2.9 Versagt die Bundesagentur für Arbeit im Rahmen der Beteiligung in einem Visumverfahren zu einem Beschäftigungsaufenthalt die Zustimmung, ist das Visum abzulehnen. Wird die Zustimmung der Bundesagentur für Arbeit vor Erteilung der Aufenthaltserlaubnis widerrufen, ist die Erteilung der Aufenthaltserlaubnis durch die Ausländerbehörde abzulehnen und das ggf. bestehende Visum zum Beschäftigungsaufenthalt zu widerrufen; erfolgt der Widerruf der Zustimmung nach Erteilung der Aufenthaltserlaubnis, ist die Aufenthaltserlaubnis zu widerrufen (vgl. Nummer 52.2). Besitzt der Ausländer eine Aufenthaltserlaubnis, die nicht zum Zweck der Beschäftigung erteilt wurde, ist die Versagung der Zustimmung durch die Bundesagentur für Arbeit dem Ausländer bekannt zu geben.

18.2.9.1 Wurde die Zustimmung zur Beschäftigung im Rahmen eines Visumverfahrens versagt oder eine erteilte Zustimmung widerrufen, bevor das Visum erteilt wurde, ist die Zustimmung zur Visumerteilung ebenfalls zu versagen. Die Begründung der Versagung oder des Widerrufs der Zustimmung zur Beschäftigung ist der Auslandsvertretung mitzuteilen.

18.2.9.2 Wurde die Zustimmung zur Beschäftigung für einen Ausländer versagt, der sich bereits im Bundesgebiet aufhält und der erstmals oder erneut die Erlaubnis zur Beschäftigung beantragt hat, so ist dem Ausländer oder seinem gesetzlichen Vertreter unter Bezugnahme auf die Begründung der Bundesagentur für Arbeit durch die Ausländerbehörde bekannt zu geben. In dem Aufenthaltstitel ist zu vermerken:
„Erwerbstätigkeit nicht gestattet."
oder:
„Erwerbstätigkeit nur mit Erlaubnis der Ausländerbehörde gestattet."
Wird eine selbständige Erwerbstätigkeit gestattet, lautet die Nebenbestimmung:
„Beschäftigung nicht gestattet."; es folgt die entsprechende Bestimmung zur selbständigen Erwerbstätigkeit.

18.2.9.3 Die Zustimmung bzw. die Versagung und der Widerruf einer Zustimmung zur Beschäftigung sind kein selbständiger Verwaltungsakt. Widerspruch und Klage richten sich gegen die ausländerbehördliche Versagung der Erlaubnis zur Beschäftigung. Damit ist nicht der Rechtsweg zu den Sozialgerichten, sondern zu den Verwaltungsgerichten gegeben. Die Belange der Arbeitsverwaltung sind durch die notwendige Beteiligung im Widerspruchsverfahren bzw. Beiladung im Verfahren vor dem Verwaltungsgericht gewahrt.

18.3 Aufenthaltserlaubnis für Beschäftigung ohne qualifizierte Berufsausbildung
Die Erteilung einer Aufenthaltserlaubnis zur Ausübung einer Beschäftigung, die keine qualifizierte Berufsausbildung voraussetzt, kann nur mit Zustimmung der Bundesagentur für Arbeit für die Beschäftigungen erfolgen, die in der BeschV vorgesehen sind, es sei denn, die Beschäftigung basiert auf einer zwischenstaatlichen Vereinbarung, die die Beschäftigung ohne Zustimmung der Bundesagentur für Arbeit (ohne Arbeitserlaubnis) vorsieht oder die Beschäftigung bedarf nicht der Zustimmung der Bundesagentur für Arbeit. Bedarf eine Beschäftigung auf Grund einer Verordnung des Bundesministeriums für Arbeit und Soziales nicht der Zustimmung der Bundesagentur für Arbeit, ist in dem Verzicht auf das Zustimmungsverfahren die pauschale Zustimmung zur Beschäftigung zu sehen, da arbeitsmarktpolitische Gesichtspunkte einer solchen Beschäftigung nicht entgegenstehen. In diesen Fällen ergeben sich wegen der Eigenart der Tätigkeiten im Allgemeinen keine nachteiligen Auswirkungen auf den Arbeitsmarkt und auf die Beschäftigungsmöglichkeiten bevorrechtigter Arbeitsuchender.

18.4 Aufenthaltserlaubnis für Beschäftigung mit qualifizierter Berufsausbildung
18.4.0 § 18 Absatz 4 regelt zwei unterschiedliche Sachverhalte, wobei Satz 2 eine Ergänzung zu den in der Rechtsverordnung nach § 42 geregelten Sachverhalten, die eine qualifizierte Berufsausbildung voraussetzen, darstellt.

18.4.1 Für Beschäftigungen, die eine qualifizierte Berufsausbildung voraussetzen, gilt ebenfalls das Verbot mit Erlaubnisvorbehalt durch Rechtsverordnung. Für diese Beschäftigungen ist ebenfalls die Zustimmung der Bundesagentur für Arbeit erforderlich, soweit die Beschäftigung nicht ohne Zustimmung zur Beschäftigung ausgeübt werden darf.

18.4.2 Abweichend von den durch die BeschV vorgegebenen Berufsgruppen wird mit Satz 2 eine begründete Einzelfälle die Möglichkeit der Erteilung der Aufenthaltserlaubnis zur Beschäftigung eröffnet. Voraussetzung ist, dass an der Beschäftigung des Ausländers ein öffentliches, insbesondere ein regionales, wirtschaftliches oder arbeitsmarktpolitisches Interesse besteht. Da Satz 2 als eine Ergänzung zu Satz 1 ausgestaltet ist, beschränken sich die Beschäftigungsmöglichkeiten jedoch auf solche, die eine qualifizierte Berufsausbildung voraussetzen. Die Bestimmung ist als Ausnahmevorschrift ausgestaltet. Damit gilt auch für die Erteilung der Aufenthaltserlaubnis nach Satz 2 das zwingende Erfordernis der Zustimmung durch die Bundesagentur für Arbeit. Die Regelung kann darüber hinaus nur einzelfallbezogen auf die Person eines bestimmten Ausländers Anwendung finden. Sie dient nicht dazu, die Einschränkungen der BeschV auf bestimmte Berufe beliebig zu erweitern. Soweit in der BeschV für einzelne Berufsgruppen zeitliche Beschränkungen der Beschäftigung vorgesehen sind, kann sich in der Fortsetzung der Beschäftigung über den in der BeschV festgelegten Zeitraum hinaus kein öffentliches Interesse begründen, denn diese zeitlichen Beschränkungen basieren auf arbeitsmarktpolitischen Entscheidungen zur Beschäftigung von Ausländern.

18.4.3 Das geforderte öffentliche Interesse muss zwingend über das privatwirtschaftliche, betriebliche Interesse des Arbeitgebers hinausgehen. Die Tatsache, dass ein Vermittlungsauftrag über einen längeren Zeitraum nicht erledigt werden konnte, reicht zur Begründung des öffentlichen Interesses nicht aus. Ein öffentliches Interesse für die Zustimmung kann z. B. vorliegen, wenn durch die Beschäftigung eines Ausländers Arbeitsplätze erhalten oder geschaffen werden. Zuständig für die Beurteilung des arbeitsmarktpolitischen Interesses ist die Bundesagentur für Arbeit.

18.5 Erfordernis des Vorliegens eines konkreten Arbeitsplatzangebots
Absatz 5 ist für die Ausländerbehörden für solche Beschäftigungen von besonderer Bedeutung, die ohne Zustimmung der Bundesagentur für Arbeit ausgeübt werden können, da in diesen Fällen i. d. R. die Bundesagentur für Arbeit nicht beteiligt wird (siehe Nummer 18.2.8). Der Ausländer hat das Bestehen des Beschäftigungsverhältnisses gegenüber der Ausländerbehörde durch entsprechende Unterlagen (z. B. Arbeitsvertrag) nachzuweisen.

Übersicht

	Rn.
I. Entstehungsgeschichte	1
II. Allgemeines	2
III. Einzelkommentierung	3
1. Grundsatz	3
2. Voraussetzungen	6
a) Konkretes Arbeitsplatzangebot	7
b) Zustimmung der Bundesagentur	8
c) Berufsausübungserlaubnis	13
d) Gleichwertigkeit	14
e) Schutz vor Altersarmut und der Sozialsysteme	17
f) Ausnahmen	18
3. Definition der Fachkraft	19
4. Erteilungsdauer	22

I. Entstehungsgeschichte

Die Vorschrift wurde durch das **FEG 2019**[2] eingeführt. Sie führt teils bereits zuvor vorhandene Regelungen zusammen, modifiziert diese und strukturiert sie dabei insgesamt neu (zB § 18 V aF in Abs. 2 Nr. 1 und 3; § 18 II aF in Abs. 2 Nr. 2; außerdem §§ 2 und 6 BeschV aF).   **1**

II. Allgemeines

Bei § 18 handelt es sich um die **Grundsatznorm zu Aufenthalt zu Zwecken der Beschäftigung,** wie sie in den §§ 18 ff. geregelt sind[3]. Sie enthält demnach grundlegende Vorgaben, Definitionen und Erteilungsvoraussetzungen für Aufenthaltstitel zum Zweck der Beschäftigung. Gleichzeitig überträgt sie eine bereits zuvor vollzogene Liberalisierung der Erwerbstätigkeit von ausländischen Fachkräften mit Hochschulabschluss gemeinsam mit § 18a auf die Erwerbstätigkeit von Fachkräften ohne Hochschulabschluss. Sie versucht damit der „akademischen Arroganz"[4] des deutschen Erwerbsmigrationsrechts ein Ende zu bereiten[5].   **2**

III. Einzelkommentierung

1. Grundsatz

Nach Abs. 1, der in Teilen mit der Regelung in § 18 I aF übereinstimmt, orientiert sich die **Zulassung ausländischer Beschäftigter an den Erfordernissen des Wirtschafts- und Wissenschaftsstandorts Deutschland** unter Berücksichtigung der **Verhältnisse auf dem Arbeitsmarkt.** Die „besonderen Möglichkeiten" für ausländische Fachkräfte dienen der Sicherung der Fachkräftebasis und der Stärkung der sozialen Sicherungssysteme. Ausgerichtet sind sie auf die nachhaltige Integration von Fachkräften in den Arbeitsmarkt und die Gesellschaft unter Beachtung der Interessen der öffentlichen Sicherheit.   **3**

Die in Abs. 1 damit zum Ausdruck kommenden Erwägungen liegen § 18 insgesamt zugrunde[6]. Sie spiegeln sich im Kern in den **gesetzlichen Voraussetzungen für die Erteilung von Aufenthaltstiteln zu Zwecken der Erwerbstätigkeit** wider. Wenn etwa in Abs. 2 Nr. 1 ein konkretes Arbeitsplatzangebot verlangt wird, dann dürfte hierin ein Indikator für ein Erfordernis des Wirtschafts- und Wissenschaftsstandorts Deutschland unter Berücksichtigung der Verhältnisse auf dem Arbeitsmarkt zu erkennen sein. Wenn nach Abs. 2 Nr. 4 die Gleichwertigkeit der Qualifikation festgestellt worden sein muss, dann dient dies der „Sicherung der Fachkräftebasis" – denn nur bei gleichwertiger Qualifikation, so die zugrunde liegende Annahme, dürfte langfristig ein entsprechender Beitrag geleistet werden. Insoweit kommt Abs. 1 kein konkreter Mehrwert zu. Die Interessen der öffentlichen Sicherheit werden durch die allgemeinen Erteilungsvoraussetzungen nach § 5 geschützt.   **4**

Darüber hinaus wird in Abs. 1 aber auch eine **normative Grundlage** dafür geschaffen, den darin zum Ausdruck kommenden Erwägungen im konkreten Einzelfall ermessenslenkende Wirkung zu verschaffen[7]. Nach der Gesetzesbegründung soll im Rahmen des Ermessens insbesondere zu berücksichtigen sein, ob trotz der angestrebten sozialversicherungsrechtlichen Beschäftigung offensichtlich eine den erarbeiteten Rentenanspruch übersteigende Belastung der sozialen Sicherungssysteme zu   **5**

---

[2] BGBl. 2019 I S. 1307.
[3] Vgl. BT-Drs. 19/8285, 96.
[4] SVR, Unter Einwanderungsländern, Jahresgutachten 2015, S. 42.
[5] So auch *Thym,* Vortrag auf dem 19. Deutschen Verwaltungsgerichtstag am 15.5.2019 in Darmstadt, bisher unveröffentlicht.
[6] Vgl. BT-Drs. 19/8285, 71 f.
[7] Vgl. BT-Drs. 19/8285, 96 f.

befürchten ist. Dabei solle berücksichtigt werden, ob ein Ausländer durch seine Beschäftigung seine bisherigen inländischen und ausländischen Alterssicherungsansprüche sowie sein Vermögen eine Alterssicherung oberhalb des Grundsicherungsniveaus erwerben kann. Allerdings dürfte dieser Ermessenserwägung durch die im Gesetzgebungsverfahren[8] vorgenommene Ergänzung von § 18 II um eine Nr. 5 teilweise die Grundlage entzogen sein. Denn darin hat der Gesetzgeber gerade feste Grenzen für die Sicherung der Sozialsysteme bei Aufenthaltserlaubnis nach §§ 18a, 18b für über 45-Jährige geschaffen, in dem er die Höhe des Gehalts auf 55 Prozent der jährlichen Bemessungsgrenze in der allgemeinen Rentenversicherung festgelegt hat. Außerhalb dieser Grenzen können Überlegungen zur Sicherung der Sozialsysteme der Ermessensausübung weiterhin zugrunde gelegt werden. Die vorstehenden Ermessensdirektiven gelten selbstverständlich nicht, soweit – worauf die Gesetzesbegründung zutreffend hinweist – ein gesetzlicher Anspruch besteht (Blaue Karte EU sowie Aufenthalt zum Zwecke der Forschung)[9].

2. Voraussetzungen

6   In Abs. 2 werden mit dem konkreten Arbeitsplatzangebot (Nr. 1), der Zustimmung der Bundesagentur für Arbeit nach § 39 (Nr. 2), der Erteilung bzw. Zusage der Berufsausübungserlaubnis (Nr. 3) und der Feststellung der Gleichwertigkeit der Qualifikation (Nr. 4) weitere allgemeine, also die in § 5 genannten allgemeinen, für den Fall der Erwerbsmigration flankierende **Erteilungsvoraussetzungen** aufgestellt. Schließlich wird in der im Gesetzgebungsverfahren ergänzten weiteren Nummer (Nr. 5), bezogen auf die Aufenthaltstitel nach §§ 18a, 18b, verlangt, dass ein Ausländer, der das 45. Lebensjahr vollendet hat, ein bestimmtes Einkommen erwirtschaften muss.[10]

7   **a) Konkretes Arbeitsplatzangebot.** Das **konkrete Arbeitsplatzangebot** (Nr. 1) liegt vor, wenn der Arbeitgeber den verbindlichen Willen erkennen lässt, eine – räumlich und zeitlich – bestimmte Stelle mit dem – antragstellenden – Ausländer besetzen zu wollen. Dies ist der Fall, wenn der Abschluss des Arbeitsvertrags nicht von der Erteilung des Aufenthaltstitels abhängig ist oder im Arbeitsvertrag eine entsprechende auflösende Bedingung vereinbart wurde[11]. Allgemeine Bekundungen eines Arbeitgebers, etwaige Stellen mit einem bestimmten Ausländer oder konkrete Stellen mit irgendeinem Ausländer besetzen zu wollen, dürften nicht ausreichen. Den entsprechenden Nachweis gegenüber der – entsprechend der durch § 82 durch Mitwirkungspflichten überlagerten Amtsermittlungspflicht[12] – Ausländerbehörde und der BA wird der Ausländer durch Vorlage entsprechender Dokumente zu erbringen haben. Diese Dokumente müssen auch eine hinreichend konkrete Beschreibung der Tätigkeit enthalten, sodass Ausländerbehörde bzw. BA die Zustimmungsbedürftigkeit prüfen können. Sie sollte die Behörde auch dazu in die Lage versetzen, die Erfordernisse des Wirtschafts- und Wissenschaftsstandorts Deutschland und die Verhältnisse auf dem Arbeitsmarkt zu prüfen.

8   **b) Zustimmung der Bundesagentur.** Es bedarf der **Zustimmung** der BA nach § 39 (Nr. 2). Diese ist nicht erforderlich, wenn durch Gesetz, zwischenstaatliche Vereinbarung oder durch die Beschäftigungsverordnung bestimmt ist, dass die Ausübung der Beschäftigung ohne eine solche Zustimmung zulässig ist.

9   **Ohne Zustimmung der BA** wird der Aufenthaltstitel zu Zwecken der Beschäftigung in folgenden Fällen erlaubt: § 18b II (Blaue Karte EU), § 18c I (Niederlassungserlaubnis für Fachkräfte), § 18c II (Niederlassungserlaubnis für Inhaber einer Blauen Karte EU), § 18c III (hoch qualifizierte Fachkraft mit akademischer Ausbildung), § 18d (Aufenthaltserlaubnis zu Zwecken der Forschung), § 18f (Aufenthaltserlaubnis für mobile Forscher), § 19c IV (Beamter).

10 **Ist eine Zustimmung der BA erforderlich**, so richtet sie sich in den Fällen der Ausübung einer Beschäftigung durch eine Fachkraft gemäß §§ 18a, 18b nach der privilegierenden Regelung **in § 39 II**. Sie setzt voraus, dass die Fachkraft nicht zu ungünstigeren Arbeitsbedingungen beschäftigt wird als eine vergleichbare inländische Fachkraft (Nr. 1), dass die nach §§ 18a und 18b jeweils erforderliche Konvergenz zwischen angestrebter Beschäftigung und (Hochschul-)Ausbildung besteht (Nr. 2), dass ein inländisches Beschäftigungsverhältnis vorliegt (Nr. 3) sowie dass weitere Voraussetzungen vorliegen, sofern solche sich aus der BeschV ergeben (Nr. 4). Der Durchführung einer Vorrangprüfung bedarf es nicht, es sei denn, was derzeit nicht der Fall ist, die BeschV bestimmt etwas anderes[13].

11 Ist eine Zustimmung der BA erforderlich, liegt aber kein Fall der Ausübung einer Beschäftigung durch eine Fachkraft gemäß §§ 18a, 18b vor, so richtet sich die Zustimmung nach **§ 39 III**. Die Arbeitsbedingungen dürfen nicht ungünstiger sein als bei vergleichbaren inländischen Arbeitnehmern (Nr. 1), die in den §§ 19, 19b, 19c III oder 19d I Nr. 1 oder durch die BeschV geregelten Voraus-

---

[8] BT-Drs. 278/19, 2.
[9] Vgl. BT-Drs. 19/8285, 97.
[10] Vgl. BT-Drs. 278/19, 2.
[11] Vgl. BT-Drs. 19/8285, 97.
[12] Vgl. VGH BW Beschl. v. 6.2.2008 – 11 S 2439/07, InfAuslR 2008, 213; NdsOVG Urt. v. 15.3.2011 – 11 LB 199/10, EzAR-NF 34 Nr. 30.
[13] BT-Drs. 19/8285, 108; vgl. mit weiteren Einzelheiten die Kommentierung zu → § 39.

setzungen müssen vorliegen (Nr. 2), gegebenenfalls ist zudem eine Vorrangprüfung durchzuführen (Nr. 3)[14].

Auch wenn keine Zustimmung der BA erforderlich ist, kann – so die ausdrückliche Regelung in Abs. 2 Nr. 2 – eine Versagung des Aufenthaltstitels durch die Ausländerbehörde erfolgen, wenn Anhaltspunkte dafür vorliegen, dass einer der Tatbestände des § 40 II oder III vorliegt. Danach steht es im Ermessen der Ausländerbehörde, die Erteilung oder Verlängerung eines Aufenthaltstitels im Rahmen des Ermessens abzulehnen, wenn gegen den Arbeitgeber Sanktionen wegen illegaler Beschäftigung verhängt worden sind. Der Anwendungsbereich von § 40 II und III, der sich ausschließlich auf **zustimmungspflichtige Beschäftigungen** bezieht, wird dadurch auf **zustimmungsfreie Beschäftigung** erweitert. Hierdurch sollen Wertungswidersprüche vermieden werden[15]. 12

c) Berufsausübungserlaubnis. Der Weiteren setzt ein Aufenthaltstitel zum Zwecke der Beschäftigung eine Berufsausübungserlaubnis erteilt wurde oder zugesagt ist, soweit sie erforderlich ist (Nr. 3). Die Berufsausübungserlaubnis meint die berufsrechtliche Befugnis zur Berufsausübung sowie die Erteilung der Erlaubnis zum Führen der Berufsbezeichnung. 13

d) Gleichwertigkeit. Zudem wird, soweit dies eine Voraussetzung für die Erteilung des Aufenthaltstitels ist, verlangt, dass die **Gleichwertigkeit der Qualifikation** festgestellt wurde oder ein **anerkannter ausländischer** oder ein **einem deutschem Hochschulabschluss vergleichbarer ausländischer Hochschulabschluss** vorliegt (Nr. 4). Entsprechende Formulierungen fanden sich im Übrigen zuletzt in § 2 III und § 6 II BeschV aF. Der Aufenthaltstitel hat die genannten Voraussetzungen in Konstellationen, in denen eine Fachkraft mit Berufsausbildung (§ 18a) keine inländische qualifizierte Berufsausbildung absolviert hat, sondern sich auf eine mit einer inländischen Berufsausbildung vergleichbare ausländische Berufsausbildung bezieht (§ 18 III Nr. 1 Alt. 2), oder in denen eine Fachkraft mit akademischer Ausbildung (§ 18b) keinen deutschen Hochschulabschluss besitzt, sondern sich auf einen anerkannten ausländischen oder einen deutschen Hochschulabschluss vergleichbaren ausländischen Hochschulabschluss bezieht (§ 18 III Nr. 2 Alt. 2 und 3). In diesen Fällen, so ergibt sich aus § 18 II Nr. 4, muss die die Gleichwertigkeit der Qualifikation im Anerkennungsverfahren nach den Regelungen des Bundes oder der Länder für berufliche Anerkennung zuständige Stelle festgestellt worden sein bzw. ein anerkannter ausländischer oder ein einem deutschem vergleichbarer ausländischer Hochschulabschluss vorliegen[16]. 14

Das als erwerbsmigrationspolitisches „Grunddilemma im Bereich der qualifizierten Fachkräfte" bezeichnete Problem[17], dass die deutsche Wirtschafts- und Berufsordnung zwar stark auf staatlich zertifizierten Qualifikationen basiert, den deutschen Strukturen ähnliche Formen der Ausbildung in den zentralen Herkunftsländern von Zuwanderern aber nicht oder jedenfalls kaum sind[18], wird damit ganz grundsätzlich zugunsten des nationalen Qualifikationssystems und zulasten der Zuwanderung entschieden. Es wird in diesem Zusammenhang allerdings zutreffend darauf hingewiesen, dass die Vorschrift durch eine Vielzahl von temporalen und substanziellen Flexibilisierungen überlagert wird[19], die die insoweit in Nr. 4 tendenziell zum Ausdruck kommende Einseitigkeit durchaus relativieren.

Damit verweist § 18 II Nr. 4 auf ein gesondertes Verfahren, in dem die Gleichwertigkeit der Berufsqualifikation festzustellen ist. Maßgeblich sind hierfür das Gesetz über die Feststellung der Gleichwertigkeit von Berufsqualifikationen vom 6.12.2011 (BGBl. I S. 2515) in der Fassung des FEG 2019 und entsprechenden Landesanerkennungsgesetze.[20] 15

Mit dem Gesetz zur Verbesserung der Feststellung und Anerkennung im Ausland erworbener Berufsqualifikationen und entsprechenden Landesanerkennungsgesetzen haben Ausländer die Möglichkeit, bereits vor der Einreise nach Deutschland ihre Qualifikation anerkennen zu lassen. Die Beurteilung wird sich in der Praxis auf die Bewertungsvorschläge der Zentralstelle für Ausländisches Bildungswesen bei der Kultusministerkonferenz stützen müssen; diese erstellt Gutachten zu einzelnen Abschlüssen und verfügt über eine Datenbank, die auch öffentlich zugänglich ist[21]. Allerdings enthält die Datenbank nicht für alle Abschlüsse Bewertungsvorschläge, für etliche Länder enthält sie nur

---

[14] Vgl. mit weiteren Einzelheiten die Kommentierung zu → § 39.
[15] Vgl. *Breidenbach* in BeckOK AuslR AufenthG § 18 Rn. 19.
[16] BT-Drs. 19/8285, 97.
[17] *Thym* ZAR 2017, 361 (364).
[18] *Kolb* ZAR 2019, 169 (170) mwN.
[19] *Kolb* ZAR 2019, 169 (171 ff.).
[20] Baden-Württemberg BQFG-BW v. 19.12.2013 (BW GBl. 1); Bayern BayBQFG v. 23.7.2013 (Bay GVBl. 439); Berlin BQFG Bln v. 7.2.2014 (Bln GVBl. 39); Brandenburg BbgBQFG v. 5.12.2013 (Bbg GVBl. I 1); Bremen BremBQFG v. 28.1.2014 (Brem GBl. 2014, 74); Hamburg HmbBQFG v. 19.6.2012 (Hmb GVBl. I 254); Hessen HBQFG v. 12.12.2012 (Hess GVBl. 581); Mecklenburg-Vorpommern BQFG M-V v. 10.12.2012 (M-V GVOBl. 537); Niedersachsen NBQFG v. 12.12.2012 (Nds GVBl. 591); Nordrhein-Westfalen BQFG NRW v. 28.5.2013 (GV. NRW. 272); Rheinland-Pfalz BQFGRP v. 8.10.2013 (RhPf GVBl. 359); Saarland BQFG-SL v. 16.10.2012 (Saarl ABl. I 437); Sachsen SächsBQFG v. 17.12.2013 (Sächs GVBl. 874); Sachsen-Anhalt BQFG LSA v. 24.6.2014 (LSA GVBl. 350); Schleswig-Holstein BQFG-SH v. 1.6.2014 (SchlH GVOBl. 92); Thüringen ThürBQFG v. 16.4.2014 (Thür GVBl. 139).
[21] www.anabin.de.

Hochschulzugangsinformationen (Bewertung der Äquivalenz von Schulabschlüssen), darunter zB für das in Deutschland recht wichtige Herkunftsland Irak. Gutachten und Datenbank haben rechtlich die Bedeutung von **Sachverständigengutachten,** die nicht in jedem Fall zutreffend sein müssen[22]. Zu bedenken ist bei der Bewertung va, dass die Bewertungen der ZAB nicht vorrangig auf die Verwertbarkeit von Abschlüssen in der Berufspraxis, sondern im akademischen Raum bzw. hinsichtlich des Hochschulzugangs zielen und die Äquivalenz eines Abschlusses an der Gleichwertigkeit der Summe der Studieninhalte misst.

16 Vom Begriff des **Hochschulabschlusses** sind neben universitären Abschlüssen auch Fachhochschulabschlüsse und Ausbildungen erfasst, deren Abschlüsse durch das Landesrecht einem Hochschulabschluss gleichgestellt sind[23].

Durch die dritte Alternative **„einem deutschen vergleichbaren Hochschulabschluss"** kann auf ein aufwendiges Anerkennungsverfahren verzichtet werden[24]. Über eine Online-Datenbank der Zentralstelle für ausländisches Bildungswesen (ZAB)[25] kann schnell und einfach die Wertigkeit einer ausländischen Hochschulqualifikation festgestellt werden. Die Dokumentation bietet eine formale Beschreibung des Abschlusses sowie Informationen zu seiner Bewertung. Sofern die Datenbank keine Information enthält, können Antragsteller bei der ZAB eine individuelle, gebührenpflichtige Bewertung ihres Abschlusses beantragen und diese der Ausländerbehörde vorlegen.

17 **e) Schutz vor Altersarmut und der Sozialsysteme.** Abs. 2 stellt nunmehr, abweichend vom ursprünglichen Gesetzentwurf[26], bezogen auf §§ 18a und 18b in Nr. 5 die Voraussetzung auf, dass, in den Fällen der erstmaligen Erteilung eines Aufenthaltstitels nach den genannten Normen nach der Vollendung seines 45. Lebensjahres des Ausländers die Höhe des Gehalts mindestens 55 Prozent der jährlichen Bemessungsgrenze in der gesetzlichen Rentenversicherung entspricht, es sei denn, der Ausländer kann den Nachweis über eine angemessene Altersvorsorge erbringen. Nach S. 3 gibt das BMI das Mindestgehalt für jedes Kalenderjahr jeweils bis zum 31.12. des Vorjahres im Bundesanzeiger bekannt. Die im ursprünglich von der Regierung vorgelegten Entwurf zu § 18 nicht enthaltene Regelung dient wohl dem Schutz der Ausländer vor Altersarmut und der Schonung der Sozialsysteme.

18 **f) Ausnahmen.** Schließlich ermöglicht es S. 2, von den Anforderungen nach S. 1 in begründeten Ausnahmefällen, in denen ein öffentliches, insbesondere ein regionales, wirtschaftliches oder arbeitsmarktpolitisches, Interesse an der Beschäftigung des Ausländers besteht, abzusehen. **Die Entscheidung über das Absehen von den Anforderungen ist ins Ermessen der Ausländerbehörde gestellt.** Soweit es hingegen um die Voraussetzungen für die Zustimmung der BA nach § 39 II und III geht, wird diese zur Ermessensausübung berufen sein. Die Bestimmung bezieht sich dabei ausdrücklich auf den gesamten Satz 1, also nicht nur auf die im Gesetzgebungsverfahren neu eingefügte Nr. 5, sondern eben auch auf die Voraussetzungen nach Nr. 1–4. Ihrem Wortlaut nach hat die Regelung weitreichende Konsequenzen, weil sie ein Absehen von allen Anforderungen des Abs. 2 im Ermessenswege zu erlauben scheint, ua auch von dem recht strengen Fachkrafterfordernis. Sie würde die Behörde dann regelmäßig zu einer entsprechenden Ermessensentscheidung zwingen. Insoweit erschiene zweifelhaft, dass der Gesetzgeber sich der rechtlichen Implikationen und des damit verbundenen praktischen Aufwands tatsächlich bewusst gewesen wäre. Es dürfte daher davon auszugehen sein, dass er im Gesetzgebungsverfahren irrig S. 1 geschrieben hat, tatsächlich aber Nr. 5 meinte. Die Regelung war im ursprünglichen Gesetzesentwurf[27] nicht enthalten und beruht auf einer Beschlussempfehlung des Ausschusses für Inneres und Heimat[28]. Das Mindestgehalt soll sicherstellen, dass der Lebensunterhalt auch nach Erreichen der rentenversicherungsrechtlichen Regelaltersgrenze gesichert ist[29]. Die Erläuterung des Ausschusses, es könne „im Einzelfall von der Erfüllung der Gehaltsgrenze abgesehen werden, wenn an der Beschäftigung ein öffentliches Interesse besteht", bezieht sich unzweideutig auf das zusätzliche Erfordernis in § 18 II Nr. 5 S. 1 AufenthG nF. Sie spricht dafür, dass gerade keine Ausnahmemöglichkeit hinsichtlich der übrigen in § 18 II AufenthG nF geregelten Voraussetzungen geschaffen werden sollte.[30]

---

[22] So für die Ausbildung von Ärzten in der ehemaligen Sowjetunion BVerwG Urt. v. 11.12.2008 – 3 C 33.07, NJW 2009, 867.
[23] Vgl. *Fehrenbacher* in HTK-AuslR § 2 BeschV, zu Abs. 3, Rn. 2, Stand 03/2018.
[24] *Bünte/Knödler* NZA 2012, 1256.
[25] www.anabin.de.
[26] Vgl. BT-Drs. 278/19, 2.
[27] BR-Drs. 7/19, 13.
[28] BT-Drs. 19/10714, 9.
[29] BT-Drs. 19/10714, 22
[30] Vgl. BayVGH Beschl. v. 8.4.2020 – 10 CS 20.675, BeckRS 2020, 14527 Rn. 5 mwN; insoweit zutreffend auch *Hänsle* in BeckOK MigR AufenthG § 18 Rn. 37.1; noch stärker auf den Wortlaut abstellend die Kommentierung in der Vorauflage.

3. Definition der Fachkraft

In Abs. 3 wird der Begriff der **Fachkraft** iSd AufenthG – zu unterscheiden vom Fachkräftebegriff unter § 17 BeschV[31] – definiert, der sowohl Kräfte mit Berufsausbildung als auch Kräfte mit akademischer Ausbildung erfasst; rein praktisch erlangte Qualifikation reicht nicht aus[32].

Nach Nr. 1 ist Fachkraft, wer eine inländische qualifizierte Berufsausbildung oder eine mit einer inländischen qualifizierten Berufsausbildung gleichwertige ausländische Berufsausbildung besitzt (sog. **Fachkraft mit Berufsausbildung**). Der Begriff der qualifizierten Berufsausbildung ist in § 2 XIIa legal definiert. Eine qualifizierte Berufsausbildung liegt danach vor, wenn es sich um eine Berufsausbildung in einem staatlich anerkannten oder vergleichbar geregelten Ausbildungsberuf handelt, für den nach bundes- oder landesrechtlichen Vorschriften eine Ausbildungsdauer von mindestens zwei Jahren festgelegt ist. Durchaus erstaunlich ist, dass der Fachkraftbegriff, bezogen auf die mit einer inländischen qualifizierten Berufsausbildung gleichwertige ausländische Berufsqualifikation, jedenfalls nicht ausdrücklich von der Feststellung in einem gesonderten Verfahren abhängig gemacht wird. Das Erfordernis einer entsprechenden Feststellung ergibt sich ausdrücklich erst aus Abs. 2 Nr. 4. Ob deshalb aus der bloßen Eigenschaft als Fachkraft – ohne Feststellung – Rechtspositionen entstehen sollen oder können, erscheint zweifelhaft. Vielmehr dürften systematische Erwägungen dafürsprechen, dass insoweit von einer einheitlichen, durch Feststellung vermittelten Fachkrafteigenschaft unter § 18 II Nr. 4 und III Nr. 1 auszugehen ist.

Nach Nr. 2 ist Fachkraft, wer einen deutschen, einen anerkannten ausländischen oder einen einem deutschen Hochschulabschluss vergleichbaren ausländischen Hochschulabschluss besitzt (**Fachkraft mit akademischer Ausbildung**).

4. Erteilungsdauer

Abs. 4 trifft eine allgemeine Regelung zur Erteilungsdauer: Aufenthaltstitel nach §§ 18a und 18b, dh solche für Fachkräfte mit Berufsausbildung und solche für Fachkräfte mit akademischer Ausbildung, darunter die Blaue Karte EU, werden für die **Dauer von vier Jahren** erteilt, es sei denn, das Arbeitsverhältnis oder die Zustimmung der BA ist auf einen kürzeren Zeitraum befristet.

Die **Blaue Karte EU** wird für die Dauer des Arbeitsvertrags zuzüglich von drei Monaten ausgestellt oder verlängert, wenn die Dauer des Arbeitsvertrags weniger als vier Jahre beträgt. Dies entspricht grundsätzlich der früheren Regelung in § 19a III aF und der Vorgabe in Art. 7 II BlueCard-RL. Es ist allerdings zu beachten, dass die Blaue Karte EU nach der genannten Richtlinienvorgabe nicht für einen Zeitraum unter einem Jahr ausgestellt werden darf.

§ 18a Fachkräfte mit Berufsausbildung

Einer Fachkraft mit Berufsausbildung kann eine Aufenthaltserlaubnis zur Ausübung einer qualifizierten Beschäftigung erteilt werden, zu der ihre erworbene Qualifikation sie befähigt.

Allgemeine Verwaltungsvorschrift
Nicht belegt.

I. Entstehungsgeschichte

Die Norm wurde durch das **FEG 2019**[1] neu gefasst. Zuvor hatte (§ 18 IV aF iVm) § 6 BeschV aF eine Regelung über Ausbildungsberufe enthalten. Diese war für Ausländer, die im Inland eine qualifizierte Berufsausbildung abgeschlossen hatten, bereits im Ansatz vergleichbar liberal (§ 6 I BeschV aF). Bezogen auf Ausländer, die ihre Berufsqualifikation im Ausland erworben hatten, war sie allerdings deutlich restriktiver (vgl. § 6 II BeschV aF).

II. Berechtigter Personenkreis

§ 18a berechtigt **Fachkräfte mit Berufsausbildung.** Damit verweist § 18a auf die Definition in § 18 II Nr. 4 und III Nr. 1.

Nach § 18 II Nr. 1 ist Fachkraft, wer eine inländische qualifizierte Berufsausbildung oder eine mit einer inländischen qualifizierten Berufsausbildung gleichwertige ausländische Berufsausbildung besitzt (sog. **Fachkraft mit Berufsausbildung**)[2]. Der Begriff der qualifizierten Berufsausbildung ist in § 2

---

[31] *Hammer/Klaus* ZAR 2019, 137 (139).
[32] Vgl. BT-Drs. 19/8285, 93.
[1] BGBl. 2019 I S. 1307.
[2] Zu den Unstimmigkeiten im Verhältnis zwischen § 18 II Nr. 4 und III Nr. 1 vgl. die Kommentierung zu § 18.

XIIa legal definiert. Eine qualifizierte Berufsausbildung liegt demnach vor, wenn es sich um eine Berufsausbildung in einem staatlich anerkannten oder vergleichbaren geregelten Ausbildungsberuf handelt, für den nach bundes- oder landesrechtlichen Vorschriften eine Ausbildungsdauer von mindestens zwei Jahren festgelegt ist.

4   Zudem verlangt § 18 II Nr. 4, dass, wenn keine inländische qualifizierte, sondern nur eine mit einer inländischen qualifizierten Berufsausbildung gleichwertige ausländische Berufsausbildung vorliegt, dass diese **Gleichwertigkeit der Qualifikation** auch festgestellt wurde. Damit verweist § 18 II Nr. 4 auf ein gesondertes Verfahren, in dem die Gleichwertigkeit der Berufsqualifikation festzustellen ist. Maßgeblich sind hierfür das Gesetz über die Feststellung der Gleichwertigkeit von Berufsqualifikationen v. 6.12.2011 (BGBl. I S. 2515) idF des FEG 2019 und entsprechenden Landesanerkennungsgesetzen.

Mit dem Gesetz zur Verbesserung der Feststellung und Anerkennung im Ausland erworbener Berufsqualifikationen und entsprechenden Landesanerkennungsgesetzen haben Ausländer die Möglichkeit, bereits vor der Einreise nach Deutschland ihre Qualifikation anerkennen zu lassen. Die Beurteilung wird sich in der Praxis auf die Bewertungsvorschläge der Zentralstelle für Ausländisches Bildungswesen bei der Kultusministerkonferenz stützen müssen; diese erstellt Gutachten zu einzelnen Abschlüssen und verfügt über eine Datenbank, die auch öffentlich zugänglich ist[3]. Allerdings enthält die Datenbank nicht für alle Abschlüsse Bewertungsvorschläge; für etliche Länder enthält sie nur Hochschulzugangsinformationen (Bewertung der Äquivalenz von Schulabschlüssen), darunter zB für das in Deutschland recht wichtige Herkunftsland Irak. Gutachten und Datenbank haben rechtlich die Bedeutung von **Sachverständigengutachten,** die nicht in jedem Fall zutreffend sein müssen[4]. Zu bedenken ist bei der Bewertung va, dass die Bewertungen der ZAB nicht vorrangig auf die Verwertbarkeit von Abschlüssen in der Berufspraxis, sondern im akademischen Raum bzw. hinsichtlich des Hochschulzugangs zielen und die Äquivalenz eines Abschlusses an der Gleichwertigkeit der Summe der Studieninhalte misst.

III. Aufenthaltserlaubnis

5   Die Erteilung einer Aufenthaltserlaubnis nach § 18a setzt das **Vorliegen der allgemeinen Erteilungsvoraussetzungen** nach § 18 (wie auch der noch allgemeineren nach § 5) voraus. Die Fachkraft mit Berufsausbildung wird in § 18 II Nr. 4, III Nr. 1 legal definiert. Voraussetzung ist danach insbesondere, dass der Ausländer eine inländische qualifizierte Berufsausbildung oder eine mit einer inländischen qualifizierten Berufsausbildung gleichwertige ausländische Berufsqualifikation besitzt.

6   § 18a stellt die zusätzliche besondere Voraussetzung auf, dass die konkret angestrebte qualifizierte Beschäftigung gerade in dem Bereich liegt, für den die (qualifizierte) Berufsausbildung erworben worden ist (**„zu der ihre erworbene Qualifikation sie befähigt"**). Hinsichtlich des Begriffs der qualifizierten Beschäftigung ist § 2 XIIb zu beachten, wonach eine solche vorliegt, wenn zu ihrer Ausübung Fertigkeiten, Kenntnisse und Fähigkeiten erforderlich sind, die in einem Studium oder einer qualifizierten Berufsausbildung erworben werden. Die berufliche Qualifikation muss der Beschäftigung anders als nach § 6 BeschV aF nicht entsprechen und anders als nach § 18b II nicht für sie angemessen sein; ausreichend ist, dass sie zu der qualifizierten Beschäftigung befähigt. Wann die Qualifikation zu der Beschäftigung befähigt, muss nach der Gesetzesbegründung im Einzelfall unter Berücksichtigung aller tatsächlichen und rechtlichen Umstände bewertet werden. Maßgeblich sei, dass die Fachkraft durch ihre Qualifikation in der Lage sei, den Beruf auszuüben. Dies könne auch der Fall sein, wenn es sich um eine Tätigkeit handele, die nicht exakt der Qualifikation entspreche. Zudem könne dies auch bei Beschäftigungen in einer anderen Branche oder unterhalb der Qualifikation möglich sein. Allerdings sei darauf zu achten, dass der Ausländer als Fachkraft für eine qualifizierte Beschäftigung iSd § 2 XIIb eingesetzt werde; eine Tätigkeit in einer Beschäftigung, die auch ohne Qualifikation ausgeübt werden könne, sei nicht möglich[5]. Hierin liege, so die Gesetzesbegründung sinngemäß, eine Aufweichung der Anforderungen[6]. Über diese Regelung soll dennoch gesichert werden, dass die Fachkraft mit Berufsausbildung auch tatsächlich als Fachkraft eingesetzt wird.

7   Die verbindliche Prüfung der Frage, ob der Ausländer eine Beschäftigung als Fachkraft ausüben wird, zu der ihre Qualifikation sie befähigt, obliegt gemäß § 39 II Nr. 2 der **BA** im Rahmen der Erteilung ihrer Zustimmung zur Beschäftigung, wenn eine solche erforderlich ist. Andernfalls wird sie von der **Ausländerbehörde** vorgenommen werden müssen.

8   Die Erteilung der Aufenthaltserlaubnis steht bei Vorliegen der gesetzlichen Voraussetzungen im **Ermessen** der Behörde, das sie unter Berücksichtigung der Vorgaben in § 18 I ausüben sollte. Vieles spricht dafür, dass bei Vorliegen der Voraussetzungen eine Aufenthaltserlaubnis regelmäßig zu erteilen ist.[7]

---

[3] www.anabin.de.
[4] So für die Ausbildung von Ärzten in der ehemaligen Sowjetunion BVerwG Urt. v. 11.12.2008 – 3 C 33.07, NJW 2009, 867.
[5] Vgl. BT-Drs. 19/8285, 108.
[6] Vgl. BT-Drs. 19/8285, 98.
[7] *Breidenbach* in BeckOK AuslR AufenthG § 18a Rn. 8.

Die Aufenthaltserlaubnis wird gemäß § 18 IV in der Regel für vier Jahre erteilt, es sei denn, der Arbeitsvertrag oder die Zustimmung der BA ist kürzer befristet. **9**

IV. Verfahren

Die Erteilung der Aufenthaltserlaubnis kann, auf Antrag des Arbeitgebers bei der zuständigen Ausländerbehörde in Vollmacht des Ausländers, im beschleunigten Verfahren nach § 81a erfolgen. **10**

§ 18b Fachkräfte mit akademischer Ausbildung

(1) Einer Fachkraft mit akademischer Ausbildung kann eine Aufenthaltserlaubnis zur Ausübung einer qualifizierten Beschäftigung erteilt werden, zu der ihre Qualifikation sie befähigt.

(2) ¹Einer Fachkraft mit akademischer Ausbildung wird ohne Zustimmung der Bundesagentur für Arbeit eine Blaue Karte EU zum Zweck einer ihrer Qualifikation angemessenen Beschäftigung erteilt, wenn sie ein Gehalt in Höhe von mindestens zwei Dritteln der jährlichen Beitragsbemessungsgrenze in der allgemeinen Rentenversicherung erhält und keiner der in § 19f Absatz 1 und 2 geregelten Ablehnungsgründe vorliegt. ²Fachkräften mit akademischer Ausbildung, die einen Beruf ausüben, der zu den Gruppen 21, 221 oder 25 nach der Empfehlung der Kommission vom 29. Oktober 2009 über die Verwendung der Internationalen Standardklassifikation der Berufe (ISCO-08) (ABl. L 292 vom 10.11.2009, S. 31) gehört, wird die Blaue Karte EU abweichend von Satz 1 mit Zustimmung der Bundesagentur für Arbeit erteilt, wenn die Höhe des Gehalts mindestens 52 Prozent der jährlichen Beitragsbemessungsgrenze in der allgemeinen Rentenversicherung beträgt. ³Das Bundesministerium des Innern gibt die Mindestgehälter für jedes Kalenderjahr jeweils bis zum 31. Dezember des Vorjahres im Bundesanzeiger bekannt.[1] ⁴Abweichend von § 4a Absatz 3 Satz 3 ist bei einem Arbeitsplatzwechsel eines Inhabers einer Blauen Karte EU nur in den ersten zwei Jahren der Beschäftigung die Erlaubnis durch die Ausländerbehörde erforderlich; sie wird erteilt, wenn die Voraussetzungen der Erteilung einer Blauen Karte EU vorliegen.

Allgemeine Verwaltungsvorschrift
Nicht belegt.

Übersicht

	Rn.
I. Entstehungsgeschichte	1
II. Berechtigter Personenkreis	2
III. Aufenthaltserlaubnis	5
IV. Blaue Karte EU	10
1. Hintergrund	10
2. Allgemeines	14
3. Blaue Karte EU	17
4. Berechtigter Personenkreis	19
5. Abs. 2 S. 1	21
6. Abs. 2 S. 2	29
7. Abs. 2 S. 4	34
8. Gültigkeitsdauer, Verlängerung, Niederlassungserlaubnis	35
9. Mobilität von im Ausland ausgestellten Inhabern von Blauen Karten EU	38
10. Familiennachzug	39
V. Verfahren	44

---

[1] Das Bundesministerium des Innern und für Heimat hat gem. § 18b Abs. 2 Satz 3 des AufenthG folgende Mindestgehälter für die Blaue Karte EU nach § 18b Abs. 2 Sätze 1 und 2 AufenthG für das Jahr 2022 bekannt gegeben (Bek. v. 13.12.2021 (BAnz AT 24.12.2021 B1):
„Das Mindestbruttogehalt für die Blaue Karte EU beträgt nach § 18b Absatz 2 Satz 1 AufenthG zwei Drittel der jährlichen Beitragsbemessungsgrenze in der allgemeinen Rentenversicherung. Daraus ergibt sich ein Mindestbruttogehalt für das Jahr 2022 in Höhe von jährlich 56 400 Euro. Das Mindestbruttogehalt für die Blaue Karte EU für Mangelberufe beträgt nach § 18b Absatz 2 Satz 2 AufenthG 52 Prozent der jährlichen Beitragsbemessungsgrenze in der allgemeinen Rentenversicherung. Daraus ergibt sich ein Mindestbruttogehalt für das Jahr 2022 in Höhe von jährlich 43 992 Euro."

I. Entstehungsgeschichte

1 Die durch das **FEG 2019**[2] neu gefasste Norm regelt in Abs. 1 die Erteilung einer Aufenthaltserlaubnis für Fachkräfte mit akademischer Ausbildung sowie in Abs. 2 die Erteilung einer Blauen Karte EU für Fachkräfte mit akademischer Ausbildung. Die Blaue Karte EU war zuvor in § 19a aF und § 2 I Nr. 2 BeschV aF geregelt. Aufgrund der allgemeineren Regelung in § 18 konnte der Umfang der Vorschrift zur Blauen Karte EU in § 18 II nunmehr erheblich reduziert werden.

II. Berechtigter Personenkreis

2 Die Vorschrift berechtigt **Fachkräfte mit akademischer Ausbildung.** Damit verweist die Vorschrift auf die Definition in § 18 II Nr. 4, III Nr. 2.

3 Nach § 18 II Nr. 4, III Nr. 2 ist Fachkraft mit akademischer Ausbildung, wer einen deutschen, einen anerkannten ausländischen oder einen einem deutschen Hochschulabschluss vergleichbaren ausländischen Hochschulabschluss besitzt.

4 Vom Begriff des **Hochschulabschlusses** sind neben universitären Abschlüssen auch Fachhochschulabschlüsse und Ausbildungen erfasst, deren Abschlüsse durch das Landesrecht einem Hochschulabschluss gleichgestellt sind[3]. Durch die dritte Alternative **„einem deutschen vergleichbaren Hochschulabschluss"** kann auf ein aufwendiges Anerkennungsverfahren verzichtet werden[4]. Über eine Online-Datenbank der Zentralstelle für ausländisches Bildungswesen (ZAB)[5] kann schnell und einfach die Wertigkeit einer ausländischen Hochschulqualifikation festgestellt werden. Die Dokumentation bietet eine formale Beschreibung des Abschlusses sowie Informationen zu seiner Bewertung. Sofern die Datenbank keine Information enthält, können Antragsteller bei der ZAB eine individuelle, gebührenpflichtige Bewertung ihres Abschlusses beantragen und diese der Ausländerbehörde vorlegen.

III. Aufenthaltserlaubnis

5 Die Erteilung einer Aufenthaltserlaubnis nach § 18b setzt das Vorliegen der **allgemeinen Erteilungsvoraussetzungen** nach § 18 (wie auch der noch allgemeineren nach § 5) voraus. Die Fachkraft mit akademischer Ausbildung wird in § 18 II Nr. 4, III Nr. 2 legal definiert. Voraussetzung ist danach insbesondere, dass wenn die akademische Ausbildung im Ausland erworben wurde, die Person einen anerkannten ausländischen Hochschulabschluss oder einen einem deutschen Hochschulabschluss vergleichbaren ausländischen Hochschulabschluss besitzt.

6 § 18b I stellt die zusätzliche besondere Voraussetzung auf, dass die konkret angestrebte qualifizierte Beschäftigung gerade in dem Bereich liegt, für den die akademische Ausbildung erworben worden ist (**„zu der ihre erworbene Qualifikation sie befähigt"**). Hinsichtlich des Begriffs der qualifizierten Beschäftigung ist § 2 XIIb zu beachten, wonach eine solche vorliegt, wenn zu ihrer Ausübung Fertigkeiten, Kenntnisse und Fähigkeiten erforderlich sind, die in einem Studium oder einer qualifizierten Berufsausbildung erworben werden. Die Qualifikation muss der Beschäftigung anders als nach § 6 BeschV nicht entsprechen und anders als nach § 18b II nicht für sie angemessen sein; ausreichend ist vielmehr, dass sie zu der qualifizierten Beschäftigung befähigt. Wann die Qualifikation zu der Beschäftigung befähigt, muss nach der Gesetzesbegründung im Einzelfall unter Berücksichtigung aller tatsächlichen und rechtlichen Umstände bewertet werden. Maßgeblich ist, dass die Fachkraft durch ihre Qualifikation in der Lage sei, den Beruf auszuüben. Dies könne auch der Fall sein, wenn es sich um eine Tätigkeit handele, die nicht exakt der Qualifikation entspreche. Zudem könne dies auch bei Beschäftigungen in einer anderen Branche oder unterhalb der Qualifikation möglich sein. Allerdings sei darauf zu achten, dass der Ausländer als Fachkraft für eine qualifizierte Beschäftigung iSd § 2 XIIb eingesetzt werde; eine Tätigkeit in einer Beschäftigung, die auch ohne Qualifikation ausgeübt werden könne, sei nicht möglich.[6] Dies meint, dass bei Vorliegen der Voraussetzungen des § 18 die Beschäftigung nicht nur in Berufen ausgeübt wird, die einen Hochschulabschluss voraussetzt, sondern auch in Berufen, die im bestehenden fachlichen Kontext üblicherweise Fertigkeiten, Kenntnisse und Fähigkeiten voraussetzen, die in der Regel in einer qualifizierten Berufsausbildung erworben werden[7]. Damit wird, so meint der Gesetzgeber, Fachkräften der Berufseinstieg auch unterhalb ihrer Qualifikation ermöglicht, was nichts an dem grundsätzlichen Ziel ändere, dass akademische Fachkräfte langfristig einen der Qualifikation angemessenen Arbeitsplatz hätten[8].

---

[2] BGBl. 2019 I S. 1307, in Kraft getreten am 1.3.2020.
[3] Vgl. *Fehrenbacher* in HTK-AuslR § 2 BeschV, zu Abs. 3 Rn. 2 (Stand 3/2018).
[4] *Bünte/Knödler* NZA 2012, 1256.
[5] www.anabin.de.
[6] Vgl. BT-Drs. 19/8285, 108.
[7] Vgl. BT-Drs. 19/8285, 98.
[8] BT-Drs. 19/8285, 98.

Fachkräfte mit akademischer Ausbildung § 18b AufenthG 1

Die Prüfung der Frage, ob der Ausländer eine Beschäftigung als Fachkraft ausüben wird, zu der ihre 7
Qualifikation sie befähigt, obliegt gemäß § 39 II Nr. 2 der **BA** im Rahmen der Erteilung ihrer
Zustimmung zur Beschäftigung, wenn eine solche erforderlich ist. Andernfalls wird sie von der
Ausländerbehörde vorgenommen werden müssen.

Die Erteilung der Aufenthaltserlaubnis steht, bei Vorliegen der gesetzlichen Voraussetzungen im 8
Ermessen der Behörde, das sie unter Berücksichtigung der Vorgaben in § 18 I ausüben sollte.

Die Aufenthaltserlaubnis wird gemäß § 18 III in der Regel für vier Jahre erteilt, es sei denn, der 9
Arbeitsvertrag oder die Zustimmung der BA ist kürzer befristet.

IV. Blaue Karte EU

1. Hintergrund

Am 1.8.2012 trat das Gesetz[9] zur Umsetzung der **BlueCard-RL**[10] v. 1.6.2012 in Kraft. Die 10
BlueCard-RL will die Attraktivität des Wirtschaftsraums der EU steigern, dem Mangel an qualifizierten Fachkräften entgegenwirken und die verschiedenen nationalstaatlichen Zulassungsbedingungen harmonisieren[11]. Sie enthält ua Festlegungen über den Anwendungsbereich, die Erteilungs-, Verlängerungs-, Ablehnungs- und Entzugsvoraussetzungen der Blauen Karte EU, Regelungen zum Verfahrensrecht sowie den Zugang zum Arbeitsmarkt einschließlich der Folgen eintretender Arbeitslosigkeit[12].

Die Umsetzung der RL war anfangs im Gesetzesentwurf des RLUmsetzungsG 2011 vorgesehen. 11
Vor dem Hintergrund der sich intensivierenden Diskussion über Maßnahmen, mit denen dem Fachkräftemangel entgegengewirkt werden kann, kam es zu einem eigenständigen Gesetzesentwurf. Das Gesetz führte entsprechend den Vorgaben der RL die Blaue Karte EU als neuen Aufenthaltstitel (§ 4 I Nr. 2a) in das AufenthG ein, enthielt **Regelungen zur Erleichterung der Zuwanderung von Fachkräften und ihren Angehörigen aus Staaten, die nicht Mitgliedstaaten der EU, des EWR oder der Schweiz sind, sowie zur Privilegierung ihres dauerhaften Verbleibs in Deutschland.** Der Fokus richtet sich insbesondere auf bereits in Deutschland lebende qualifizierte ausländische Fachkräfte, deren Integrationsprozess über Studium und Arbeitsplatz bereits eingesetzt hat[13].

Die gesetzliche Umsetzung der RL ging – getragen von der anhaltenden Fachkräftediskussion[14] – 12
von Anfang an über die Vorgaben der RL hinsichtlich der Erwerbsmigration hinaus[15]. Wenngleich im AufenthG kein Paradigmenwechsel eintrat[16], da weiterhin ein nachfrageorientiertes Zuwanderungssystem bestand, wurde das seit 1973 geltende Prinzip des Anwerbestopps für ausländische Arbeitnehmer aus Staaten, die nicht Mitgliedstaaten der EU, des EWR oder der Schweiz sind, modifiziert[17]. Zugleich trug es den Vorgaben der Europäischen Dienstleistungs-RL[18] Rechnung, die das Prinzip des „One-Stop-Government" für die öffentliche Verwaltung vorgibt. Berechtigte Ausländer können über die Blaue Karte EU Aufenthaltstitel und Arbeitsgenehmigung in einem Schritt beantragen. Dieser Verfahrensbeschleunigung diente auch die Änderung des § 14a BeschVerfV aF, nunmehr § 36 II BeschV, wonach die Zustimmung der BA als erteilt gilt, wenn das Zustimmungsverfahren nicht binnen zwei Wochen nach Vorliegen sämtlicher Unterlagen abgeschlossen wird (Zustimmungsfiktion).

Durch das **FEG 2019** wurde die Regelung zur Blauen Karte EU aus § 19a aF in § 18 II überführt 13
und – aufgrund der allgemeinen Bestimmung in § 18 – erheblich gekürzt[19].

---

[9] Art. 1 Nr. 10 G v. 1.6.2012, BGBl. 2012 I S. 1224. S. hierzu auch *Dörig* NVwZ 2016, 1033 ff.
[10] RL 2009/50/EG des Rates v. 25.5.2009 über die Bedingungen für die Einreise und den Aufenthalt von Drittstaatsangehörigen zur Ausübung einer hochqualifizierten Beschäftigung (ABl. 2009 L 155, 17).
[11] Pressemitteilung Rat der EU Nr. 10266/09 (Presse 151) v. 25.5.2009. Art. 1 Nr. 10 G v. 1.6.2012, BGBl. 2012 I S. 1224. RL 2009/50/EG des Rates v. 25.5.2009 über die Bedingungen für die Einreise und den Aufenthalt von Drittstaatsangehörigen zur Ausübung einer hochqualifizierten Beschäftigung (ABl. 2009 L 155, 17).
[12] *Strunden/Schubert* ZAR 2012, 270 (272).
[13] *Strunden/Schubert* ZAR 2012, 270 (272).
[14] Eine Übersicht über die Materialien im Gesetzgebungsverfahren findet sich bei *Bünte/Knödler* NZA 2012, 1255 Fn. 11.
[15] So sieht die RL das Recht auf Entstehen eines unbefristeten Daueraufenthaltstitels erst nach fünf Jahren vor (Art. 4 II RL 2009/50/EG). Die Mindestaufenthaltszeiten für die Erteilung einer Niederlassungserlaubnis in Deutschland betrugen dagegen von Anfang an drei und bei entsprechenden Sprachkenntnissen zwei Jahre. Das Gehalt soll nach der RL 1,5 des Durchschnittseinkommens betragen. Der Gesetzgeber legte dagegen von Anfang an eine sehr niedrige Einkommensgrenze fest, indem er das Durchschnittsgehalt aus einem prozentualen Anteil der jährlichen Beitragsbemessungsgrenze berechnete. Zur Berechnungsart des Durchschnittseinkommens enthält die RL keine Vorgabe.
[16] Vgl. hierzu die Forderung im Abschlussbericht der unabhängigen und parteiübergreifenden Konsensgruppe Fachkräftebedarf und Zuwanderung (www.konsensgruppe.de).
[17] Vgl. *Fehrenbacher* in HTK-AuslR AufenthG § 18, zu Abs. 1, Rn. 1 ff. (Stand 9/2018).
[18] RL 2006/123/EG.
[19] Vgl. BT-Drs. 19/8285, 99.

J. Nusser 459

2. Allgemeines

14 Mit der Blauen Karte EU – auch Blue Card, Blue Card EU oder Blue Card Germany genannt – wird ein **Rechtsanspruch auf Erteilung eines Aufenthaltstitels** zum Zwecke der nichtselbstständigen Erwerbstätigkeit begründet. Sie ist ein Nachweis(dokument) über den legalen Aufenthalt eines Angehörigen eines Drittstaates in einem EU-Mitgliedstaat zum Zwecke der Erwerbstätigkeit. Damit stellt sie einen Schritt in Richtung europäischer Aufenthaltstitel dar[20]. Von ihr umfasst sind die Einreise, der Aufenthalt von Nicht-EU-Angehörigen sowie deren Zugang zur Erwerbstätigkeit. Angelegt ist sie auf eine Dauer von maximal vier Jahren. Der Inhaber erwirbt ein Recht auf verbesserte EU-Binnenmigration und erhält eine Option auf Erteilung eines Daueraufenthaltsrechts in Form der Niederlassungserlaubnis[21].

15 Im Jahr 2017 sind 9.652 Drittstaatsangehörige nach Deutschland eingereist, denen eine Blaue Karte EU erteilt wurde. Dies bedeutet einen Anstieg um rund 20 Prozent im Vergleich zum Vorjahr (2015: 6.792)[22]. Insgesamt lebten am 31.12.2017 40.942 Inhaber einer Blauen Karte EU in Deutschland (Ende 2016: 32.933, Ende 2015: 26.791). Zusätzlich hatten im Jahr 2017 insgesamt 20.043 ausländische Staatsangehörige im Anschluss an eine Blaue Karte EU eine Niederlassungserlaubnis (2016: 13.769, 2015: 8174)[23].

16 Mit der durch das FEG 2019 in § 18b I vorgenommenen Ausweitung der Einwanderungsmöglichkeiten für Fachkräfte kann ein Bedeutungsverlust für die Blaue Karte EU einhergehen[24].

3. Blaue Karte EU

17 Die Blaue Karte EU stellt einen eigenständigen Aufenthaltstitel (§ 4 I Nr. 2a) dar, der mit einigen Modifikationen einer Aufenthaltserlaubnis gleichkommt. § 4 I 3 erklärt die für die Aufenthaltserlaubnis geltenden Rechtsvorschriften explizit auch für die Blaue Karte EU für anwendbar, sofern durch Gesetz oder Rechtsverordnung nichts anderes bestimmt ist.

18 Sämtliche Vorschriften[25], die allgemein im Zusammenhang mit der Erteilung oder Verlängerung einer Aufenthaltserlaubnis einhergehen, **finden auf die Blaue Karte EU Anwendung**[26]. In den Fällen, in denen das AufenthG für spezifische Aufenthaltstitel bestimmte Rechtsfolgen normiert, greift § 4 I 3 hingegen nicht. Neben den speziellen Erteilungsvoraussetzungen müssen zusätzlich die allgemeinen Erteilungsvoraussetzungen des § 5 bzw. des § 18 vorliegen. Die Verlängerung der Blauen Karte EU richtet sich nach § 8. Zusätzlich sind die Verfahrensvorschriften nach §§ 77 ff. heranzuziehen. Der Inhaber einer Blauen Karte EU ist nach § 82 VI 1 verpflichtet, die Ausländerbehörde über die vorzeitige Beendigung der Beschäftigung zu informieren, für die die Blaue Karte EU erteilt wurde. Die Gebühren für die Erteilung einer Blauen Karte richten sich nach § 45 AufenthV und entsprechen denen einer Aufenthaltserlaubnis.

4. Berechtigter Personenkreis

19 Die Vorschrift berechtigt die Fachkraft mit akademischer Ausbildung, wie sie § 18 III grundsätzlich legal definiert und wie § 18 II Nr. 4 die Anforderungen weiter spezifiziert. Voraussetzung ist danach insbesondere, dass der Ausländer einen **deutschen,** einen **anerkannten ausländischen** oder einen **einem deutschen vergleichbaren** Hochschulabschluss besitzt.

20 Im Anwendungsbereich von § 18b II ist bei der Auslegung von § 18 III, II Nr. 4 die BlueCard-RL zu berücksichtigen. Art. 5 BlueCard-RL normiert einen **höheren beruflichen Bildungsabschluss** als zwingende Erteilungsvoraussetzung für die Blaue Karte EU. Insoweit dürften die genannten Regelungen der RL-Vorgabe grundsätzlich Rechnung tragen. Art. 2 lit. g der BlueCard-RL sieht allerdings auch vor, dass ein „höherer beruflicher Bildungsabschluss" nicht nur durch ein Hochschul-

---

[20] *Strunden/Schubert* ZAR 2012, 270 (274). Da die BlueCard-RL in Großbritannien, Irland und Dänemark nicht umgesetzt wurde, können in diesen Staaten weder Blaue Karten EU auf der Grundlage der BlueCard-RL erteilt werden, noch finden die Mobilitätsregelungen aus diesen Staaten heraus sowie auch in die Staaten hinein keine Anwendung.
[21] *Strunden/Schubert* ZAR 2012, 270 (274).
[22] 59,3 Prozent der 2017 eingereisten Inhaber einer Blauen Karte EU arbeiten (2016: 58,8 Prozent). 40,7 Prozent erhielten die Blaue Karte EU für die Beschäftigung in einem Engpassberuf (2016: 41,2 Prozent). Die meisten Blauen Karten EU wurden an Staatsangehörige aus Indien (24,2 Prozent) erteilt. Weitere Hauptherkunftsländer waren China (8,4 Prozent), die Russische Föderation (8,2 Prozent), die Türkei (6,9 Prozent), die Vereinigten Staaten (5,5 Prozent) sowie die Ukraine (5,1 Prozent), vgl. Migrationsbericht der Bundesregierung 2016/2017, S. 96.
[23] Migrationsbericht der Bundesregierung 2016/2017, S. 96, mit zahlreichen weiteren Informationen.
[24] *Hammer/Klaus* ZAR 2019, 137 (139).
[25] Ua kann sie nach § 7 II 2 nachträglich befristet werden, wenn eine für die Erteilung, Verlängerung oder Bestimmung der Geltungsdauer wesentliche Voraussetzung entfallen ist, vgl. VG Oldenburg Beschl. v. 20.10.2014 – 11 B 2932/14, BeckRS 2014, 57745.
[26] Vgl. *Fehrenbacher* in HTK-AuslR AufenthG § 19a, zu Abs. 1, Rn. 5 (Stand 4/2019); vgl. zur nachträglichen Befristung VG Oldenburg Beschl. v. 20.10.2014 – 11 B 2932/14, BeckRS 2014, 57745.

abschlusszeugnis nachgewiesen werden kann, sondern auch durch eine mindestens fünfjährige einschlägige Berufserfahrung. Insoweit greift die Richtlinien-Umsetzung ggf. zu kurz, weil in § 18 II Nr. 4, III neben dem deutschen Hochschulabschluss nur der anerkannte ausländische oder ein dem deutschen vergleichbarer ausländischer Hochschulabschluss genannt werden. Die Altregelung trug Art. 2 lit. g der BlueCard-RL zwar im Ansatz Rechnung, war aber auch nicht konsequent genug und begegnete deshalb iE den gleichen Bedenken: Nach § 19a I Nr. 1b erhielt eine Blaue Karte EU auch, wer eine durch **mindestens fünfjährige Berufserfahrung nachgewiesene, einem Hochschulabschluss vergleichbare Qualifikation besaß.** Diese Regelung erstreckte sich indes nur auf Berufe, die in einer Rechtsverordnung nach Abs. 2 aufgeführt waren. Von seiner durch Abs. 2 S. 1 Nr. 2 eingeräumten VO-Ermächtigung hatte das BMAS indes keinen Gebrauch gemacht, sodass Abs. 1 Nr. 1b nicht anwendbar war.

5. Abs. 2 S. 1

Die Erteilung einer Blauen Karte EU nach § 18b II setzt das **Vorliegen der allgemeinen Erteilungsvoraussetzungen nach §§ 5, 18** voraus. Es bedarf eines gesicherten Lebensunterhalts (§ 5 I Nr. 1), des Besitzes eines gültigen und anerkannten Passes oder Passersatzes (§ 5 I Nr. 4), einer geklärten Identität (§ 5 I Nr. 1a), des Fehlens eines Ausweisungsgrunds (§ 5 I Nr. 2) sowie keiner Beeinträchtigung der Interessen der Bundesrepublik Deutschland durch den Aufenthalt (§ 5 I Nr. 3). Darüber hinaus bedarf es insbesondere eines konkreten Arbeitsplatzangebots (§ 18 II Nr. 1). Anders als nach der Altregelung in § 19a aF, die allerdings bereits vor Inkrafttreten des FEG 2019 von § 2 I Nr. 2 BeschV aF überlagert war, bedarf es nach Abs. 2 S. 1 **ausdrücklich nicht der Zustimmung der BA.** Dementsprechend können gemäß § 18 II Nr. 2 Hs. 3 einem auf Erteilung eine Blaue Karte EU gerichteten Begehren nur die Tatbestände des § 40 II oder III entgegengehalten werden.

Da die örtliche Ausländerbehörde nur ausländische Staatsangehörige mit angemeldetem Wohnsitz in ihrem Zuständigkeitsbereich einen Aufenthaltstitel erteilen kann, muss entweder bereits ein Aufenthaltsrecht aus anderen Gründen (zB Aufenthaltserlaubnis zu Studienzwecken nach § 16) bestehen oder für die Einreise ein Visum zum Zweck der Erwerbstätigkeit bei der Deutschen Auslandsvertretung (Botschaft oder Konsulat) beantragt werden[27]. Staatsangehörige der Länder Australien, Israel, Japan, Kanada, Neuseeland sowie der Vereinigten Staaten von Amerika und der Republik Korea können visumfrei einreisen (§ 41 I AufenthV).

Abs. 2 S. 1 verlangt zusätzlich, dass **eine der Qualifikation angemessene Beschäftigung angestrebt wird.** Anders als bei § 18a und Abs. 1 reicht eine qualifizierte Beschäftigung, zu der die erworbene Qualifikation befähigt, also nicht aus. Hiermit werden die Beschäftigungsmöglichkeiten eingeschränkt. Als der beruflichen Qualifikation angemessene Beschäftigung sind allerdings auch solche Tätigkeiten zu verstehen, die üblicherweise einen akademischen Abschluss voraussetzen und bei denen die mit der Hochschulabschlussausbildung erworbenen Kenntnisse zumindest teilweise oder mittelbar benötigt werden[28]. Die Anforderungen dürfen allerdings nicht so gering sein, dass die beabsichtigte Tätigkeit auch ohne jegliche Ausbildung oder auch mit einer weniger qualifizierten Ausbildung ausgeübt werden kann; maßgeblich ist hierfür in erster Linie die Stellenausschreibung des Arbeitgebers, wobei die gestellten Anforderungen einer Plausibilitätskontrolle unterliegen.[29] Das BVerwG hat in diesem Zusammenhang jüngst die Revision bezüglich der Frage zugelassen, ob bzw. in welchem Umfang nach § 18b II 1 ein fachlicher Zusammenhang zwischen der durch eine akademische Ausbildung erworbenen Qualifikation und einer nachfolgenden fachfremden Beschäftigung bestehen muss.[30]

Außerdem verlangt Abs. 2 S. 1, dass die Fachkraft ein **(Brutto-)Gehalt** in Höhe von mindestens zwei Dritteln der jährlichen Bemessungsgrenze in der allgemeinen Rentenversicherung erhält. Bezogen auf 2022 muss eine qualifizierte Beschäftigung mit einem Mindestgehalt von jährlich 56.400 EUR nachgewiesen werden[31]. Bezogen auf 2019 hätte eine qualifizierte Beschäftigung mit einem Mindestgehalt von jährlich 53.600 EUR nachgewiesen werden müssen. Bezogen auf 2018 hätte eine qualifizierte Beschäftigung mit einem Mindestgehalt von jährlich 52.000 EUR nachgewiesen werden müssen. Im Jahr 2017 wären es noch 50.800 EUR gewesen (2016: 49.600 EUR). Nach Abs. 2 S. 3 gibt das BMI die Mindestgehälter für jedes Kalenderjahr jeweils bis zum 31.12. des Vorjahres im Bundesanzeiger bekannt.

---

[27] www.bluecard-eu.de.
[28] So BT-Drs. 19/8285, 99 mit dem Beispiel, dass ein Arzt in einem Pharmaunternehmen eingesetzt wird; SächOVG Urt. v. 11.2.2021 – 3 A 973/19, BeckRS 2021, 2919 Rn. 28; unter Bezugnahme auf die zur Vorgängerregelung ergangene Rechtsprechung OVG Bln-Bbg Beschl. v. 12.1.2018 – OVG 2 S 47.17, BeckRS 2018, 112 Rn. 4; SächsOVG Beschl. v. 29.4.2016 – 3 B 53/16, BeckRS 2016, 45645 Rn. 5 mwN; Beschl. v. 18.10.2019 – 3 B 326/18, BeckRS 2018, 44221 Rn. 8 f.
[29] SächsOVG Beschl. v. 29.4.2016 – 3 B 53/16, BeckRS 2016, 45645 Rn. 5.
[30] BVerwG Beschl. v. 29.6.2021 – 1 B 25.21, BeckRS 2021, 22494.
[31] S. Bekanntmachung im BAnz. AT v. 24.12.2021.

25 Das dargestellte Verdiensterfordernis entspricht in der Sache, mit formalen Unterschieden, der alten Rechtslage. Nach 19a II Nr. 3 aF durfte das BMAS das Mindestgehalt festlegen, was es in § 2 I Nr. 2a BeschV getan hatte. Das Mindestgehalt berechnet sich gemäß § 2 I Nr. 2a BeschV aus einem prozentualen Anteil der jährlichen Beitragsbemessungsgrenze in der allgemeinen Rentenversicherung. Das Mindestgehalt betrug nach § 2 I Nr. 2a BeschV mindestens zwei Drittel der jährlichen Beitragsbemessungsgrenze in der allgemeinen Rentenversicherung. Das **Mindestgehalt** gab das BMI jährlich im Bundesanzeiger bekannt (§ 2 IV BeschV).

26 Der Arbeitsplatz bzw. das konkrete Arbeitsplatzangebot muss zum Mindestgehalt konkrete Informationen enthalten. Insbesondere bei arbeitsvertraglich variablen Vergütungen muss sichergestellt sein, dass die garantierte Vergütung die Mindestgehaltgrenze erreicht[32] und der Arbeitnehmer tatsächlich über das Geld verfügen kann. So können zB vermögenswirksame Leistungen nicht zur Bestimmung der Mindestgehaltsgrenzen herangezogen werden, da dem Arbeitnehmer diese nicht zur freien Verfügung stehen[33]. Die Mindestgehaltgehaltsgrenze muss entweder durch eine Voll- oder Teilzeittätigkeit erreicht werden[34]. Eine Absenkung der maßgeblichen Mindestgehaltgehaltsgrenze aufgrund einer Teilzeitbeschäftigung ist nicht zulässig. Die **Anhebung der Gehaltsgrenzen** zu Beginn eines Jahres wirkt sich auf den Bestand einer bereits erteilten Blauen Karte EU nicht aus. Sie bleibt gültig, auch wenn das Jahresgehalt nicht (mehr) der neuen Gehaltsgrenze entspricht. Im Rahmen einer **Verlängerung der Blauen Karte EU** sind die neuen Gehaltsgrenzen maßgebend[35].

27 Schließlich darf keiner der in § 19f I und II geregelten Ablehnungsgründe vorliegen, die früher in § 19a V aF geregelt waren. Sie erstrecken sich ua auf Daueraufenthaltsberechtigte, Asylbewerber, Ausländer mit Flüchtlings- oder Duldungsstatus, entsandte Arbeitnehmer und Staatsangehörige von Staaten, die aufgrund von Übereinkommen ein Recht auf freien Personenverkehr genießen, das dem der Unionsbürgerschaft gleichwertig ist, zB Schweizer Staatsangehörige und Staatsangehörige der EWR-Staaten (Island, Liechtenstein, Norwegen).

28 Bei Vorliegen der Voraussetzungen für die Erteilung einer Blauen Karte EU ist diese zu erteilen. Es besteht kein Ermessen; die Fachkraft hat vielmehr einen Anspruch auf Erteilung.

6. Abs. 2 S. 2

29 In Abs. 2 S. 2 werden die Anforderungen für Berufe modifiziert, die zu den **Gruppen 21, 221 oder 25 nach der Empfehlung der Kommission vom 29.10.2009 über die Verwendung der internationalen Standardklassifikation der Berufe** (ABl. 2009 L 292, S. 31) gehören. Dabei handelt es sich um sog. Mangelberufe. Hierzu gehören konkret Ingenieure, Akademiker und vergleichbare Fachkräfte der Informations- und Kommunikationstechnologie sowie Ärzte[36].

30 Die Anforderungen werden insoweit abgesenkt, als die Höhe des Gehalts lediglich mindestens 52 Prozent der jährlichen Beitragsbemessungsgrenze in der allgemeinen Rentenversicherung betragen muss. Der Hochqualifizierte muss in einem Mangelberuf also im Jahr 2022 jährlich mindestens 43.992 EUR verdienen[37]; im Jahr 2015 waren es jährlich noch mindestens 37.752 EUR, im Jahr 2016 mindestens 38.688 EUR, 2017 mindestens 39.624 EUR, 2018 mindestens 40.560 EUR und in 2019 mindestens 41.808 EUR.

31 Allerdings bedarf es in diesen Fällen abweichend von S. 1 der **Zustimmung der BA,** die diese nach Maßgabe von § 39 II erteilt.

32 Im ursprünglichen Regierungsentwurf war die Entscheidung noch in das Ermessen der Ausländerbehörde gestellt. Im Gesetzgebungsverfahren hat man sich allerdings auf einen **gebundenen Anspruch** geeinigt.

33 Schon nach der alten Rechtslage galten für Berufe der genannten Gruppen vergleichbar modifizierte Anforderungen. Die Gehaltsgrenze betrug nach § 2 II BeschV 52 Prozent der jährlichen Beitragsbemessungsgrenze.

7. Abs. 2 S. 4

34 Nach Erteilung der Blauen Karte EU ist deren Inhaber bzgl. der **Wahl seines Arbeitsplatzes** nicht vollkommen frei. Gemäß der allgemeinen Regelung in § 4a III 3 ist vor einem Arbeitsplatzwechsel eine Erlaubnis einzuholen. Abweichend davon ist bei einem Arbeitsplatzwechsel eines Inhabers einer Blauen Karte EU nach Abs. 2 S. 4 allerdings nur in den ersten zwei Jahren der Beschäftigung die Erlaubnis durch die Ausländerbehörde erforderlich; sie wird erteilt, wenn die Voraussetzungen der

---

[32] Das BAG hat zur Frage des Mindestlohns bei Gebäudereinigern entschieden, dass es, unabhängig von der Zusammensetzung, auf die jährlich garantierte Vergütung ankommt, BAG Urt. v. 18.4.2012 – 4 AZR 139/10, NZA 2013, 392; *Kowanz* PersF 2012, 88 f.
[33] BAG EuGH-Vorlage v. 18.4.2012 – 4 AZR 168/10 (A), NZA 2013, 386; *Kowanz* PersF 2012, 88 f.
[34] So auch *Fehrenbacher* in HTK-AuslR AufenthG § 19a, zu Abs. 1, Rn. 22 (Stand 4/2019).
[35] Vgl. *Fehrenbacher* in HTK-AuslR AufenthG § 19a, zu Abs. 1, Rn. 21 (Stand 4/2019).
[36] ABl. 2009 L 292, 31.
[37] S. Bekanntmachung im BAnz. v. 15.1.2019 AT v. 24.12.2021.

Blauen Karte EU vorliegen. In der rechtstechnischen Umsetzung geschieht dies durch die Änderung der Nebenbestimmungen, die auf dem Aufenthaltstitel verfügt sind und wo der Arbeitgeber aufgeführt ist[38]. Damit wird, bezogen auf die Zeit nach Ablauf von zwei Jahren, ganz ausdrücklich von den Anforderungen des § 4a III 3 abgewichen. Eine entsprechende Regelung, die Art. 12 II BlueCard-RL Rechnung trägt, fand sich bereits in § 19a IV aF.

8. Gültigkeitsdauer, Verlängerung, Niederlassungserlaubnis

Die **Gültigkeitsdauer** ist in § 18 IV 2 geregelt. Danach richtet sie sich nach der Dauer des Arbeitsvertrags zuzüglich dreier Monate, wenn die Dauer des Arbeitsvertrags weniger als vier Jahre beträgt. Dies entspricht der Vorgabe von Art. 7 BlueCard-RL, wonach die Mitgliedstaaten eine Standard-Gültigkeitsdauer der Blauen Karte EU festlegen, die zwischen ein und vier Jahren liegt. Beträgt die Dauer des Arbeitsvertrags weniger als diese Dauer, so wird die Blaue Karte EU für die Dauer des Arbeitsvertrags plus drei Monate ausgestellt und verlängert.   35

Im Anschluss an den Ablauf einer Blauen Karte EU besteht die Möglichkeit der **Verlängerung** unter den allgemeinen Voraussetzungen des § 8. Ein Verbot, eine Blaue Karte EU über die Dauer von vier Jahren hinaus zu verlängern, lässt sich der Vorschrift nicht entnehmen und ist auch nicht gewollt.[39]   36

Außerdem besteht nach § 18c I, II bei Vorliegen der dort genannten Voraussetzungen die Möglichkeit, eine NL zu erhalten. Die Regelung entspricht jener in § 19a VI aF.   37

9. Mobilität von im Ausland ausgestellten Inhabern von Blauen Karten EU

Gemäß § 39 Nr. 7 AufenthV kann der Inhaber einer Blauen Karte EU eines anderen Mitgliedstaats und seine Familienangehörigen nach der Einreise in Deutschland ohne das Visumverfahren eine Blaue Karte EU beantragen oder verlängern. Zeiten des Besitzes einer Blauen Karte EU, die von einem anderen Mitgliedstaat erteilt wurde, werden auf die erforderliche Mindestaufenthaltszeiten für die Erteilung einer Daueraufenthaltserlaubnis-EU (§ 9a) angerechnet, wenn sich der Ausländer in diesem anderen Mitgliedstaat der EU mit der Blauen Karte EU mindestens 18 Monate aufgehalten hat (§ 9b II Nr. 1) und er sich bei Antragstellung mindestens zwei Jahre als Inhaber der Blauen Karte EU im Bundesgebiet aufhält (§ 9b II Nr. 2). Hierdurch wird die Privilegierung von Inhabern der Blauen Karte EU entsprechend der BlueCard-RL umgesetzt[40].   38

10. Familiennachzug

Familienangehörige, Ehegatten und Kinder von Inhaber der Blauen Karte EU werden ebenfalls privilegiert und erhalten unter **erleichterten Voraussetzungen** einen Anspruch auf Erteilung einer Aufenthaltserlaubnis.   39

Familienangehörige erhalten nach § 27 IV 2 eine Aufenthaltserlaubnis zur Herstellung und Wahrung der familiären Lebensgemeinschaft im Bundesgebiet. Der Aufenthaltstitel der Familienangehörigen hat die gleiche Gültigkeitsdauer wie die des Stammberechtigten.   40

Ehegatten erhalten unter erleichterten Voraussetzungen eine Aufenthaltserlaubnis nach § 30 I Nr. 3g: Sprachkenntnisse des Ehegatten vor der Einreise sind nicht erforderlich (§ 30 I Nr. 3g und S. 3 Nr. 5), die in § 30 I Nr. 1 genannte Altersgrenze von 18 Jahren wird nach § 30 I 2 Nr. 1 abgesenkt, wenn die Ehe zum Zeitpunkt der Einreise des Inhabers der Blauen Karte EU in das Bundesgebiet bereits bestand.   41

Kinder erhalten nach § 32 I eine Aufenthaltserlaubnis, wenn der allein personensorgeberechtigte Elternteil eine Blaue Karte EU besitzt oder die Eltern ihren gewöhnlichen Aufenthalt im Bundesgebiet haben und mindestens ein Elternteil eine Blaue Karte EU besitzt.   42

Gemäß § 27 V haben Familienangehörige von Inhabern einer Blauen Karte das Recht auf eine unbeschränkte Ausübung einer **Erwerbstätigkeit**. Im Aufenthaltstitel ist eine entsprechende Nebenbestimmung aufzunehmen[41].   43

V. Verfahren

Die Erteilung der Aufenthaltserlaubnis kann auf Antrag des Arbeitgebers bei der zuständigen Ausländerbehörde in Vollmacht des Ausländers im beschleunigten Verfahren nach § 81a erfolgen.   44

---

[38] Vgl. *Bünte/Knödler* NZA 2012, 1258; zur Nebenbestimmung *Bünte/Knödler* NVwZ 2010, 1328.
[39] VG Dresden Urt. v. 19.11.2020 – 3 K 1477/18.
[40] Vgl. *Hoppe* in HTK-AuslR AufenthG § 9b (Stand 11/2016).
[41] Vgl. *Fehrenbacher* in HTK-AuslR AufenthG § 19a, zu Abs. 1, Nr. 7 (Stand 4/2019); *Stiegeler* in Hofmann AuslR § 19a Rn. 42.

§ 18c Niederlassungserlaubnis für Fachkräfte

(1) ¹Einer Fachkraft ist ohne Zustimmung der Bundesagentur für Arbeit eine Niederlassungserlaubnis zu erteilen, wenn
1. sie seit vier Jahren im Besitz eines Aufenthaltstitels nach den §§ 18a, 18b oder 18d ist,
2. sie einen Arbeitsplatz innehat, der nach den Voraussetzungen der §§ 18a, 18b oder § 18d von ihr besetzt werden darf,
3. sie mindestens 48 Monate Pflichtbeiträge oder freiwillige Beiträge zur gesetzlichen Rentenversicherung geleistet hat oder Aufwendungen für einen Anspruch auf vergleichbare Leistungen einer Versicherungs- oder Versorgungseinrichtung oder eines Versicherungsunternehmens nachweist,
4. sie über ausreichende Kenntnisse der deutschen Sprache verfügt und
5. die Voraussetzungen des § 9 Absatz 2 Satz 1 Nummer 2 und 4 bis 6, 8 und 9 vorliegen; § 9 Absatz 2 Satz 2 bis 4 und 6 gilt entsprechend.

²Die Frist nach Satz 1 Nummer 1 verkürzt sich auf zwei Jahre und die Frist nach Satz 1 Nummer 3 verkürzt sich auf 24 Monate, wenn die Fachkraft eine inländische Berufsausbildung oder ein inländisches Studium erfolgreich abgeschlossen hat.

(2) ¹Abweichend von Absatz 1 ist dem Inhaber einer Blauen Karte EU eine Niederlassungserlaubnis zu erteilen, wenn er mindestens 33 Monate eine Beschäftigung nach § 18b Absatz 2 ausgeübt hat und für diesen Zeitraum Pflichtbeiträge oder freiwillige Beiträge zur gesetzlichen Rentenversicherung geleistet hat oder Aufwendungen für einen Anspruch auf vergleichbare Leistungen einer Versicherungs- oder Versorgungseinrichtung oder eines Versicherungsunternehmens nachweist und die Voraussetzungen des § 9 Absatz 2 Satz 1 Nummer 2 und 4 bis 6, 8 und 9 vorliegen und er über einfache Kenntnisse der deutschen Sprache verfügt. ²§ 9 Absatz 2 Satz 2 bis 4 und 6 gilt entsprechend. ³Die Frist nach Satz 1 verkürzt sich auf 21 Monate, wenn der Ausländer über ausreichende Kenntnisse der deutschen Sprache verfügt.

(3) ¹Einer hoch qualifizierten Fachkraft mit akademischer Ausbildung kann ohne Zustimmung der Bundesagentur für Arbeit in besonderen Fällen eine Niederlassungserlaubnis erteilt werden, wenn die Annahme gerechtfertigt ist, dass die Integration in die Lebensverhältnisse der Bundesrepublik Deutschland und die Sicherung des Lebensunterhalts ohne staatliche Hilfe gewährleistet sind sowie die Voraussetzung des § 9 Absatz 2 Satz 1 Nummer 4 vorliegt. ²Die Landesregierung kann bestimmen, dass die Erteilung der Niederlassungserlaubnis nach Satz 1 der Zustimmung der obersten Landesbehörde oder einer von ihr bestimmten Stelle bedarf. ³Hoch qualifiziert nach Satz 1 sind bei mehrjähriger Berufserfahrung insbesondere
1. Wissenschaftler mit besonderen fachlichen Kenntnissen oder
2. Lehrpersonen in herausgehobener Funktion oder wissenschaftliche Mitarbeiter in herausgehobener Funktion.

Allgemeine Verwaltungsvorschrift
19 Zu § 19 – Niederlassungserlaubnis für Hochqualifizierte
19.1 Voraussetzungen
19.1.1 Nach Absatz 1 kann hoch qualifizierten Arbeitskräften, an deren Aufenthalt im Bundesgebiet ein besonderes Interesse besteht, von Anfang an ein Daueraufenthaltstitel in Form der Niederlassungserlaubnis erteilt werden. Damit wird den hoch qualifizierten Fachkräften die für ihre Aufenthaltsentscheidung notwendige Planungssicherheit geboten. Die Vorschrift zielt auf Spitzenkräfte der Wirtschaft, Wissenschaft und Forschung mit einer herausragenden beruflichen Qualifikation. Die Erteilung erfolgt nach Ermessen und ist damit hinreichend flexibel. Die Erteilung der Niederlassungserlaubnis bedarf der Zustimmung der Bundesagentur für Arbeit, soweit nicht nach § 3 BeschV die Erteilung der Niederlassungserlaubnis keiner Zustimmung bedarf. Nach § 3 BeschV bedarf die Erteilung der Niederlassungserlaubnis dann nicht der Zustimmung der Bundesagentur für Arbeit, wenn eine Beschäftigung aufgenommen wird, die den Regelbeispielen des Absatzes 2 entspricht.
19.1.2 Die Formulierung, einem hoch qualifizierten Ausländer könne in besonderen Fällen eine Niederlassungserlaubnis erteilt werden, kann nicht dahingehend ausgelegt werden, dass auch die Erteilung einer Aufenthaltserlaubnis möglich ist. Der nach § 19 zu erteilende Aufenthaltstitel ist stets die Niederlassungserlaubnis. Die Erteilung einer Aufenthaltserlaubnis zum Zweck der Beschäftigung bestimmt sich ausschließlich nach § 18, wenn der Tatbestand des § 19 nicht erfüllt ist.
19.1.3 Die Landesregierungen werden mit Satz 2 ermächtigt, zu bestimmen, dass die Erteilung der Niederlassungserlaubnis der Zustimmung der obersten Landesbehörde oder einer von ihr bestimmten Stelle bedarf. Damit kann eine dieser Regelung gerecht werdende und einheitliche Entscheidungspraxis herbeigeführt werden.
19.2 Regelbeispiele für das Merkmal „hochqualifiziert"
19.2.0 Zur besseren Eingrenzung, welche Personen insbesondere als hoch qualifizierte Arbeitskräfte einzuordnen sind, enthält Absatz 2 Regelbeispiele, in denen die Voraussetzungen zur Erteilung der Niederlassungserlaubnis vorliegen. Soweit die beabsichtigte Beschäftigung einem dieser Regelbeispiele entspricht, bedarf die Erteilung der Niederlassungserlaubnis gemäß § 3 BeschV nicht der Zustimmung der Bundesagentur für Arbeit. Für die Beurteilung der Frage, ob die beabsichtigte Beschäftigung der Zustimmung der Bundesagentur für Arbeit bedarf, ist der Katalog der Regelbeispiele als abschließend zu betrachten. Bei Abgrenzungsschwierigkeiten in Einzelfällen kann die Bundesagentur für Arbeit beteiligt werden.

19.2.1 Die besonderen fachlichen Kenntnisse von Wissenschaftlern nach Nummer 1 liegen vor, wenn der Wissenschaftler über eine besondere Qualifikation oder über Kenntnisse von überdurchschnittlich hoher Bedeutung in einem speziellen Fachgebiet verfügt. Dies ist regelmäßig der Fall, wenn ein Forschungsgebiet identifiziert werden kann, in dem der Wissenschaftler sich eine besondere Expertise angeeignet hat. In Zweifelsfällen soll eine Stellungnahme fachkundiger wissenschaftlicher Einrichtungen oder Organisationen eingeholt werden.

19.2.2 Die herausragende Funktion bei Lehrpersonen nach Nummer 2 ist bei Lehrstuhlinhabern und Institutsdirektoren gegeben. Die herausgehobene Funktion bei wissenschaftlichen Mitarbeitern ist gegeben, wenn sie eigenständig und verantwortlich Abteilungen, wissenschaftliche Projekt- oder Arbeitsgruppen leiten oder leiten sollen.

19.2.3 Bei dem Personenkreis nach Nummer 3[1] ist die Annahme der „Hochqualifikation" durch ihre Berufserfahrung und berufliche Stellung gerechtfertigt. Um eine missbräuchliche Anwendung und Auslegung zu verhindern, wird zusätzlich eine Mindestgehaltsgrenze in der Höhe der Beitragsbemessungsgrenze der allgemeinen Rentenversicherung gefordert, die regelmäßig ein Indiz für die herausragende berufliche Stellung und Fähigkeit darstellt. Diese bundeseinheitliche Mindestgehaltsgrenze gilt ausschließlich für den Personenkreis der Nummer 3. Die Beitragsbemessungsgrenze wird jährlich zum Ende des Kalenderjahres an die künftige Entwicklung angepasst. Sie findet sich in der Verordnung über maßgebende Rechengrößen der Sozialversicherung, die im BGBl. I veröffentlicht wird.

Übersicht

	Rn.
I. Entstehungsgeschichte	1
II. Allgemeines	2
III. Erteilungstatbestände	3
1. Allgemeine Regelung in Abs. 1	3
2. Privilegierung von Inhabern einer Blauen Karte EU	10
3. Privilegierung von qualifizierten Fachkräften mit akademischer Ausbildung	15
a) Allgemeines und Hintergründe	16
b) Berechtigter Personenkreis	18
c) Weitere Voraussetzungen	23
d) Rechtsfolge	31
e) Familiennachzug, Sonstiges	33

I. Entstehungsgeschichte

Die Vorschrift ist durch das **FEG 2019**[2] neu gefasst worden. Sie fasst die Regelungen betreffend die Erteilung einer Niederlassungserlaubnis an Fachkräfte zusammen, wie sie sich bereits zuvor in Teilen aus § 19a VI aF und § 19 aF ergaben. Der neu geschaffene Abs. 1, der in Teilbereichen Regelungen aus § 18b aF aufgreift, sieht für Fachkräfte einen gegenüber der allgemeinen Regelung in § 9 erleichterten Zugang zur Niederlassungserlaubnis vor[3]. 1

II. Allgemeines

Die Regelung zeigt den Inhabern einer Fachkräfte-Aufenthaltserlaubnis nach § 18 iVm § 18a, § 18b I, § 18b II und § 18d eine **Perspektive**. Sie überführt den befristeten und bedingten Aufenthaltserlaubnis- bzw. Blaue Karte EU-Status vergleichsweise kurzfristig in den prinzipiell dauerhaften und damit auch voraussetzungslosen Niederlassungserlaubnis-Aufenthalt. Es handelt sich insoweit um eine Regelung, die die allgemeinen Anforderungen aus § 9 bezogen auf Fachkräfte (privilegierend) modifiziert[4]. 2

III. Erteilungstatbestände

1. Allgemeine Regelung in Abs. 1

Abs. 1 enthält eine **allgemeine und einheitliche Regelung für die Erteilung einer Niederlassungserlaubnis an Fachkräfte.** Für Fachkräfte mit Berufsausbildung (§ 18 III Nr. 1) wird insoweit nur die Möglichkeit geschaffen, abweichend von § 9 eine Niederlassungserlaubnis zu erhalten[5]. Auch bei Fachkräften mit akademischer Ausbildung, die diese an ausländischen Hochschulen erworben haben, sowie Forscher erhalten hier erstmals die Gelegenheit, abweichend von § 9 eine Niederlassungserlaubnis zu erhalten[6]. 3

Voraussetzung für die Erteilung ist – abgesehen von den allgemeinen Voraussetzungen in § 18 II und § 5 –, dass die Fachkraft seit **vier Jahren im Besitz eines Aufenthaltstitels** nach den §§ 18a, 4

---

[1] Abs. 2 Nr. 3 wurde mWv 1.8.2012 aufgehoben.
[2] BGBl. 2019 I S. 1307, in Kraft getreten am 1.3.2020.
[3] Vgl. BT-Drs. 19/8285, 99.
[4] Vgl. BT-Drs. 19/8285, 95.
[5] BT-Drs. 19/8285, 99.
[6] BT-Drs. 19/8285, 99.

18b oder 18d ist (Abs. 1 Nr. 1). Im Schrifttum wird allerdings einschränkend die Auffassung vertreten, dass der Besitz einer Blauen Karte EU nach § 18b II wegen der abweichenden Regelung in Abs. 2 nicht zu einer Niederlassungserlaubnis nach Abs. 1 berechtigt[7]. Eine Privilegierung, die § 18b aF übernimmt und auf Absolventen einer inländischen Ausbildung erstreckt, sieht Abs. 1 S. 2 für den Fall vor, dass die Fachkraft eine inländische Berufsausbildung oder ein inländisches Studium erfolgreich abgeschlossen hat. Hiermit dürfte nicht irgendeine inländische Berufsausbildung und nicht irgendein inländisches Studium gemeint sein, sondern jene, die der Erteilung der Aufenthaltserlaubnis ursprünglich zugrunde lagen. In diesen Fällen verkürzt sich die Frist auf zwei Jahre.

5   Voraussetzung ist des Weiteren, dass die Fachkraft einen Arbeitsplatz innehat, der nach den Voraussetzungen der §§ 18a, 18b oder 18d von ihr besetzt werden darf (Abs. 1 Nr. 2). Dies meint, dass die Fachkraft auch weiterhin als Fachkraft tätig sein muss, und zwar in Einklang mit dem Aufenthaltstitel.

6   Außerdem verlangt die Erteilung der Niederlassungserlaubnis, dass die **Fachkraft mindestens 48 Monate Pflichtbeiträge oder freiwillige Beiträge zur gesetzlichen Rentenversicherung geleistet hat** oder **Aufwendungen für einen Anspruch auf vergleichbare Leistungen nachweist** (Abs. 1 Nr. 3). Eine Privilegierung, die ebenfalls § 18b aF übernimmt und auf Absolventen einer inländischen Ausbildung erstreckt, sieht Abs. 1 S. 2 für den Fall vor, dass die Fachkraft eine inländische Berufsausbildung oder ein inländisches Studium erfolgreich abgeschlossen hat. Hiermit dürfte nicht irgendeine inländische Berufsausbildung und nicht irgendein inländisches Studium gemeint sein, sondern jene, die der Erteilung der Aufenthaltserlaubnis ursprünglich zugrunde lagen. In diesen Fällen verkürzt sich die Frist auf zwei Jahre.

7   Zudem muss die Fachkraft über **ausreichende Kenntnisse der deutschen Sprache verfügen** (Abs. 1 Nr. 4). In der Gesetzesbegründung wird dieses Erfordernis dahin gehend konkretisiert, dass das Sprachniveau B1 beherrscht werden muss[8]. Nach dem Gemeinsamen Europäischen Referenzrahmen für Sprachen[9] setzt eine deutsche Sprachkenntnis der Stufe B1 voraus, dass das Wesentliche von Unterhaltungen und Nachrichten verstanden wird, wenn langsam gesprochen wird (Hören), in einfachen und zusammenhängenden Sätzen Erfahrungen und Ergebnisse beschrieben sowie Meinungen wiedergegeben (Sprechen) und Texte aus der Alltags- und Berufswelt (Lesen) verstanden werden können.

8   Zuletzt müssen die Voraussetzungen des § 9 II 1 Nr. 2 und 4–6, 8 und 9 vorliegen; § 9 II 2–4 und 6 gilt entsprechend (Abs. 1 Nr. 5).

9   Unter den genannten Voraussetzungen hat die Fachkraft einen Anspruch auf Erteilung einer Niederlassungserlaubnis; ein Ermessen wird der Ausländerbehörde nicht eingeräumt.

2. Privilegierung von Inhabern einer Blauen Karte EU

10 In der Blauen Karte EU ist durch Abs. 2, wie bereits zuvor in § 19a VI aF, eine **Option auf eine Niederlassungserlaubnis angelegt.** Aus dem befristeten Aufenthaltstitel Blaue Karte EU kann somit in vergleichsweise kurzer Zeit ein unbefristeter Aufenthaltstitel entstehen[10]. Die Niederlassungserlaubnis „ist" bereits nach **33 Monate** Beschäftigung und Pflichtbeiträgen oder freiwilligen Beiträgen zur gesetzlichen Rentenversicherung respektive entsprechenden Aufwendungen für einen Anspruch auf vergleichbare Leistungen zu erteilen, wenn die Voraussetzungen des § 9 II 1 Nr. 2 und 4–6, 8 und 9 vorliegen und die Fachkraft über **einfache Kenntnisse** der deutschen Sprache verfügt. Der zeitliche Unterschied zu § 18c I beruht darauf, dass nach der BlueCard-RL eine Dauer von drei Monaten Arbeitslosigkeit unschädlich ist[11]. Die Anwendung von § 9 II 2–4 und 6 wird angeordnet, woraus sich Nachweiserleichterungen in Bezug auf die Voraussetzungen des § 9 II 1 Nr. 2 und 4–6, 8 und 9 ergeben können. Abweichend von der Vorgängerregelung in § 19a VI 2 erstreckt sich diese Anordnung nunmehr aber nicht mehr auf § 9 II 5. Hierin ist eine wesentliche Einschränkung gesehen worden, weil künftig die Voraussetzungen des § 9 II 1 Nr. 8 nicht mehr dann entfallen, wenn aufgrund des Hochschulabschlusses sowie der ausgeübten Erwerbstätigkeit ein geringer Integrationsbedarf iSd § 4 II IntV iVm § 44 III Nr. 2 angenommen werden kann und die Fähigkeit nachgewiesen wird, sich auf einfache Art in deutscher Sprache mündlich verständigen zu können[12].

11 Bei **ausreichenden deutschen Sprachkenntnissen** der Stufe B1 kann die Niederlassungserlaubnis gemäß Abs. 2 S. 2 bereits nach **21 Monaten** erteilt werden[13]. Nach dem Gemeinsamen Europäischen Referenzrahmen für Sprachen[14] setzt eine deutsche Sprachkenntnis der Stufe B1 voraus, dass das Wesentliche von Unterhaltungen und Nachrichten verstanden wird, wenn langsam gesprochen wird (Hören), in einfachen und zusammenhängenden Sätzen Erfahrungen und Ergebnisse beschrieben

---

[7] *Hammer/Klaus* ZAR 2019, 137 (141).
[8] BT-Drs. 19/8285, 99.
[9] Abrufbar unter HTK-AuslR, dort: Verwaltungsvorschrift/Informationen/Dokumente.
[10] Vgl. *Strunden/Schubert* ZAR 2012, 270 (274); *Bünte/Knödler* NZA 2012, 1257.
[11] Art. 7 RL 2009/50/EG.
[12] *Hammer/Klaus* ZAR 2019, 137 (141).
[13] www.bluecard-eu.de.
[14] Abrufbar unter HTK-AuslR, dort: Verwaltungsvorschrift/Informationen/Dokumente.

sowie Meinungen wiedergegeben (Sprechen) und Texte aus der Alltags- und Berufswelt (Lesen) verstanden werden können.

Der **gesetzgeberisch gesetzte Anreiz zum Spracherwerb** folgt der Argumentation des BVerwG[15] zum Spracherwerb im Herkunftsland beim Familiennachzug und betont das öffentliche Interesse an einer gelungenen Integration auch im Bereich der Arbeitsmigration. 12

Der Gesetzgeber gestaltete Abs. 2 als gebundenen Anspruch auf Erteilung einer Niederlassungserlaubnis aus. Konsequenterweise müsste die Verwaltungspraxis ein Wiedervorlagesystem und eine Prüfung von Amts wegen einführen[16]. 13

Die Frage, ob die Erteilung der Niederlassungserlaubnis nach bereits zwei (bei entsprechenden Sprachkenntnissen) oder drei Jahren ihn in seiner Mobilität in den anderen Mitgliedstaaten einschränkt[17], ist nach einer Entscheidung des BVerwG aus dem Jahr 2013 klar zu verneinen: Einem Ausländer, der einen Anspruch auf Erteilung von mehreren Aufenthaltstiteln nebeneinander hat, können mehrere Titel erteilt werden. Sind die Voraussetzungen für die Erteilung einer Erlaubnis zum Daueraufenthalt – EU erfüllt, kann die Niederlassungserlaubnis zusätzlich zur Erlaubnis zum Daueraufenthalt – EU erteilt werden[18]. Der gleichzeitige Besitz einer Niederlassungserlaubnis und einer Erlaubnis zum Daueraufenthalt – EU sind möglich[19]. 14

3. Privilegierung von qualifizierten Fachkräften mit akademischer Ausbildung

Abs. 3 entspricht im Wesentlichen § 19 aF. Die Vorschrift wurde durch das **FEG 2019** entsprechend verschoben und inhaltlich modifiziert. Sie entspricht damit weiterhin im Wesentlichen dem **Gesetzesentwurf** zum ZuwG[20]. Aufgrund des Vermittlungsverfahrens wurden in Abs. 1 S. 1 die „Sicherung des Lebensunterhalts" eingefügt und S. 2 angefügt[21]. Mit dem ArbMigSteuerG[22] wurde die Einkommensgrenze des – in der Ursprungsfassung der Vorschrift vorhandenen – weiteren Regelbeispiels des Abs. 2 Nr. 3 („Spezialisten und leitende Angestellte mit besonderer Berufserfahrung, die ein Gehalt in Höhe von mindestens dem Doppelten der Beitragsbemessungsgrenze der gesetzlichen Krankenversicherung erhalten.") auf ein Einkommen in Höhe der Beitragsbemessungsgrenze zur allgemeinen Rentenversicherung reduziert. Mit dem HQRLUmsG 2012[23] wurde das Regelbeispiel vollständig gestrichen, da mit Einführung der Blauen Karte EU zwei neue Einkommensgrenzen für befristete Aufenthaltstitel eingeführt wurden.[24] 15

a) Allgemeines und Hintergründe. Für Hochqualifizierte wurde durch die Vorgängerregelung in § 19 aF erstmals eine eigene Vorschrift im Gesetz aufgenommen[25]. Damit sollte das Programm zur Verbesserung der Stellung Deutschlands im „Kampf um die besten Köpfe", das mit der „Green-Card"-Aktion begonnen wurde, in verbesserter Form fortgesetzt werden[26]. Ein besonderes Interesse der deutschen Wirtschaft an der Gewinnung besonders **gut qualifizierter Arbeitskräfte** besteht seit langem. Diese Personen füllen nicht nur eine wichtige Position aus, sondern schaffen damit idR auch neue Arbeitsplätze bzw. tragen zur Erhaltung bestehender Arbeitsplätze bei. Seit dem Anwerbestopp im Herbst 1973 sind aber ganz überwiegend weniger gut qualifizierte Ausländer zum Arbeitsmarkt zugelassen worden. In den Jahren 2001–2003 wurden auf der Grundlage der ASAV im Großen und Ganzen nur Personen angeworben, die für ihre Beschäftigung keine oder keine besondere qualifizierte Ausbildung benötigten; als Hochqualifizierte konnten nur durchschnittlich 2 Prozent bezeichnet werden[27]. Ungeachtet des besonderen ökonomischen Interesses an besonders befähigten Arbeits- 16

---

[15] BVerwG Urt. v. 30.3.2010 – 1 C 8.09, EZAR NF 34 Nr. 25; BVerfG Beschl. v. 23.3.2011 – 2 BvR 1413/10, NVwZ 2011, 870 f.
[16] *Strunden/Schubert* ZAR 2012, 270 (274).
[17] Vgl. *Strunden/Schubert* ZAR 2012, 270 (274 f.).
[18] Vgl. BVerwG Urt. v. 19.3.2013 – 1 C 12.12, ZAR 2013, 385.
[19] Vgl. *Fehrenbacher* in HTK-AuslR AufenthG § 19a, zu Abs. 6, Rn. 20 (Stand 9/2018).
[20] BT-Drs. 15/420, 11.
[21] BT-Drs. 15/3479, 4.
[22] BGBl. 2012 I S. 2846.
[23] Gesetz zur Umsetzung der Hochqualifizierten-RL der EU v. 1.6.2012 (BGBl. I S. 1224). Gesetzesentwurf der Bundesregierung mit Begründung BT-Drs. 17/8682, Beschlussempfehlung und Bericht des Innenausschusses mit erheblichen Änderungen gegenüber RegE BT-Drs. 17/9436.
[24] S. § 19a aF bzw. § 18 nF.
[25] Insgesamt besaßen zum 31.12.2015 2.837 Ausländer eine Niederlassungserlaubnis als Hochqualifizierte nach § 19 (Ende 2014: 3.001, Ende 2013 3.182). Der Rückgang im Vergleich zum Vorjahr ist insbesondere darauf zurückzuführen, dass viele Hochqualifizierte nun eine Blaue Karte EU und bei Erfüllung der Voraussetzungen eine Niederlassungserlaubnis nach § 19a VI erhalten. Im Jahr 2015 sind, wie auch im Vorjahr, 31 Hochqualifizierte nach Deutschland eingereist, die eine Niederlassungserlaubnis nach § 19 bekommen haben. Damit ist die Zahl der neu eingereisten Hochqualifizierten mit einer solchen Niederlassungserlaubnis seit 2012 deutlich gesunken. S. hierzu auch *Dörig* NVwZ 2016, 1033 ff.
[26] Vgl. BT-Drs. 15/402, 75.
[27] Jahresgutachten 2004, S. 129 ff.

1 AufenthG § 18c

Erster Teil. Aufenthaltsgesetz

kräften besteht an diesen Personen auch ein gesteigertes staatliches und gesellschaftliches Interesse, das nicht zuletzt aus den demografischen Defiziten in Deutschland erwächst.

17 Mit dieser Vorschrift wurden und werden nicht die Green-Card-Regelungen (IT-AV und IT-ArGV) fortgeschrieben, es bestehen vielmehr strukturelle **Unterschiede**. Der Kreis der Hochqualifizierten ist über einzelne Segmente der IT-Branche hinaus erweitert, und gleichzeitig ist der Qualifikationsmaßstab verändert. IT-Fachkräfte ohne besondere zusätzliche Qualifikation wie auch andere im allgemeinen Sprachgebrauch „Hochqualifizierte", insbesondere Akademiker, können die Aufenthaltserlaubnis nach § 18b AufenthG erhalten. Besonders Hochqualifizierte iSd § 18c III dagegen zeichnen sich durch noch darüber hinausgehende Qualifikationen oder Berufserfahrung aus. Als Anreiz für diese Personen, in Deutschland tätig zu werden, erhalten sie anders als Fachkräfte iSd § 18 III und der Abs. 1 und 2 sofort die Niederlassungserlaubnis.

18 **b) Berechtigter Personenkreis.** Zum berechtigten Personenkreis gehören **hochqualifizierte Fachkräfte mit akademischer Ausbildung.** Nach S. 3 sind hochqualifiziert in diesem Sinne insbesondere Wissenschaftler mit besonderen fachlichen Kenntnissen (Nr. 1) oder Lehrpersonen mit herausgehobener Funktion oder wissenschaftliche Mitarbeiter in herausgehobener Funktion (Nr. 2). Anders als nach § 19 aF setzt die Hochqualifizierung eine mehrjährige Berufserfahrung voraus, die in dem Bereich der Hochqualifizierung liegen muss.

19 Die in S. 3 Nr. 1 und 2 genannten Gruppen Hochqualifizierter bilden **Regelbeispiele,** es handelt sich also um keinen abschließenden Katalog. **§ 18c III 1** stellt als „Auffangtatbestand" einen **eigenständigen** Erteilungsgrund jenseits der Regelbeispiele dar, der allerdings durch diese konturiert wird[28]. Auslandsvertretung wie Ausländerbehörde haben eigenständig zu beurteilen, wer außer den genannten Personen zu der Kategorie der Hochqualifizierten zu rechnen ist. Die Personengruppen bilden indes Rahmen und Eckpunkte für diese Einordnung.

20 **Wissenschaftler** verfügen dann über besondere fachliche Kenntnisse, wenn sie überdurchschnittliche Fachkenntnisse besitzen; dies kann auch Erfahrungswissen für die praktische Umsetzung von Wissenschaft sein. Das besondere Niveau kann anhand der Laufbahn oder von erfolgreichen Projekten, Forschungsvorhaben oder Veröffentlichungen festgestellt werden, ggf. unter Beteiligung von wissenschaftlichen Einrichtungen oder Verbänden. Auf das Fachgebiet kommt es bei der Anwendung der Nr. 1 nicht an, insbesondere kann hieraus kein Vorzug der Natur- und Ingenieurswissenschaften abgeleitet werden.

21 **Lehrpersonen** bekleiden eine herausgehobene Funktion zB als Inhaber eines Lehrstuhls, als Leiter eines Hochschulinstituts oder einer Forschungsinstitution. **Wissenschaftliche Mitarbeiter** sind dann hervorgehoben tätig, wenn sie über die üblichen Aufgaben hinaus zB eigenständig Projekte entwickeln und durchführen, Arbeitsgruppen leiten oder neue Methoden oder Inhalte für Forschung und Lehre entwerfen. Auf die Höhe des Gehalts kommt es hierbei nicht an; dies ist deshalb von erheblicher Bedeutung, weil wissenschaftliche Mitarbeiter va an öffentlichen Universitäten und Instituten in der Regel die Einkommensgrenzen des gestrichenen Regelbeispiels (Nr. 3 aF) nicht annähernd erreichen[29].

22 **Spezialisten und leitende Angestellte** mit besonderer Berufserfahrung[30] (2012 gestrichenes Regelbeispiel Abs. 2 Nr. 3) mussten sich durch die Höhe ihres Gehalts auszeichnen. Bei leitenden Angestellten indiziert schon die Funktion ihre besondere Qualifikation. Der Begriff setzte nach arbeitsrechtlichen Verständnis Personalverantwortung und/oder unternehmerische Entscheidungskompetenz voraus und knüpfte an § 5 III BetrVG an. **Spezialisten** sind Fachleute, die überdurchschnittliche Kenntnisse und Fähigkeiten auf einem Gebiet besitzen; es war nicht erforderlich, dass sie gleichzeitig auch eine leitende Funktion innehaben[31]. Das **Gehalt** musste die Beitragsbemessungsgrenze der Rentenversicherung erreichen oder überschreiten. Ursprünglich war das Doppelte der Beitragsbemessungsgrenze der gesetzlichen Krankenversicherung erforderlich. Bei der Verabschiedung des RLUmsG 2007[32] hatte der Gesetzgeber noch davon abgesehen, die Einkommensgrenzen der Nr. 3 abzusenken. Dies war aufgrund der niedrigen Zahl der nach § 19 aF erteilten Niederlassungserlaubnissen vielfach gefordert worden[33]. Erst mit dem ArbMigStG wurde die Einkommensgrenze reduziert, um im „Wettbewerb um die Besten" mehr Erteilung von Niederlassungserlaubnissen nach § 19 aF zu ermöglichen[34]. Da das erforderliche Einkommen nur bei der Anwendung der Nr. 3 von Bedeutung war, es bei Anwendung der Nr. 1 und 2 und des Auffangtatbestands auf das erzielte Einkommen jedoch nicht ankommt, war diese Maßnahme daher kaum geeignet, die Zahl der Niederlassungserlaubnisse nach § 19 aF deutlich zu erhöhen. Nunmehr, nach Inkrafttreten des FEG 2019, findet eine über Gehalts-

---

[28] Vgl. VGH BW Urt. v. 27.6.2006 – 13 S 1663/06, InfAuslR 2007, 376.
[29] Vgl. VG Stuttgart Urt. v. 8.11.2006 – 17 K 2196/05, BeckRS 2006, 27378.
[30] Vgl. OVG NRW Beschl. v. 13.11.2012 – 17 B 1099/12, BeckRS 2012, 59763.
[31] VG Stuttgart Urt. v. 9.6.2006 – 1 K 2150/05, BeckRS 2007, 26134.
[32] AuslRÄndG 2007 v. 19.8.2007, BGBl. I S. 1970.
[33] Vgl. schon *Feldgen* ZAR 2006, 168 (173).
[34] BT-Drs. 16/10288, 10.

grenzen gesteuerte Zuwanderung in § 18 II Nr. 5 und im Zusammenhang mit der Blauen Karte EU nach § 18b II statt[35].

c) Weitere Voraussetzungen. Die allgemeinen Voraussetzungen aus § 18 II ebenso wie jene aus 23 § 5 müssen grundsätzlich, dh insoweit erfüllt sein, als nicht in § 18c III selbst auf ihr Vorliegen verzichtet wird. Insbesondere bedarf es eines konkreten Arbeitsplatzangebots (§ 18 II Nr. 1).

Nach Abs. 3 S. 1 bedarf die Erteilung einer Niederlassungserlaubnis an Hochqualifizierte – abwei- 24 chend von § 18 II Nr. 2 – **nicht der Zustimmung durch die BA nach § 39.** In § 19 I 1 aF war noch die Zustimmung durch die BA nach § 39 verlangt; allerdings war bereits da in einer Öffnungsklausel vorgesehen, dass durch Rechtsverordnung nach § 42 oder einer zwischenstaatlichen Vereinbarung bestimmt werden kann, dass die Niederlassungserlaubnis ohne Zustimmung der BA nach § 39 erteilt werden kann. Von dieser Möglichkeit war auch Gebrauch gemacht worden. Nach § 2 I Nr. 1 BeschV war eine Zustimmung der BA nicht erforderlich, da nachteilige Auswirkungen auf den Arbeitsmarkt und die Beschäftigungsmöglichkeit für bevorrechtigte Arbeitnehmer nicht zu befürchten waren. Damit entspricht die neue Rechtslage im Wesentlichen der alten – ein Unterschied dürfte darin bestehen, dass nach alter Rechtslage der Verzicht auf die Zustimmung der BA nach § 39 auf die in § 19 II genannten Hochqualifizierten beschränkt war, wohingegen er sich heute auf alle Hochqualifizierten und damit auch auf solche bezieht, die keines der Regelbeispiele erfüllen. Mit dem Verzicht auf das Zustimmungsverfahren des § 39 hat nunmehr der Gesetzgeber und hatte bereits zuvor der Verordnungsgeber die Prozedur für diese Fälle erheblich vereinfacht, andererseits aber Aufgaben der BA zusätzlich auf Auslandsvertretung und Ausländerbehörde verlagert[36]. Diese haben und hatten bereits zuvor – gegebenenfalls trotz großer Sachferne – eigenständig auch über die berufliche Qualifikation und im Rahmen des Ermessens auch über Arbeitsmarktverhältnisse zu befinden. Um einer möglichst großen Einheitlichkeit bei der Anwendung der Vorschrift willen kann die Landesregierung nach Abs. 3 S. 2 – auch insoweit entsprechend der alten Rechtslage nach § 19 I 3 aF – die Zulassung von der Zustimmung der obersten Landesbehörde oder einer von ihr bestimmten Stelle abhängig machen.

Erforderlich für die Erteilung der Niederlassungserlaubnis ist außerdem das Vorliegen eines **beson-** 25 **deren Falls** iSd Abs. 3 S. 1[37]. Hochqualifizierte sollen nicht losgelöst vom Anwerbestopp eine freie Arbeitsstelle besetzen dürfen. Daher soll mit ihrer Zulassung nicht einem allgemeinen Arbeitskräftebedarf auf dieser Qualitätsstufe abgeholfen werden, sondern lediglich in **besonders gelagerten Einzelfällen**[38]. Die Voraussetzung „**in besonderen Fällen**" soll nicht bedeuten, dass im Normalfall eine Aufenthaltserlaubnis und nur im Sonderfall eine Niederlassungserlaubnis erteilt werden kann. Sie knüpft vielmehr die Erteilung der Niederlassungserlaubnis an die Feststellung einer besonderen Situation. Es darf sich also nicht um den Normalfall des Bedarfs an einer qualifizierten Arbeitskraft handeln, sondern es müssen bei der zu besetzenden Stelle besondere Umstände vorliegen, die eine Zulassung rechtfertigen – ein Tatbestand also, der schwer abzugrenzen ist. Es handelt sich hierbei um einen gerichtlich voll nachprüfbaren unbestimmten Rechtsbegriff. Das ohnehin schwer einzugrenzende Tatbestandsmerkmal ist nicht zu eng auszulegen[39].

Besondere Umstände können zB darin bestehen, dass ein bereits ausfinanziertes Forschungsprojekt 26 nur durch den betroffenen Ausländer durchgeführt werden kann oder darf[40] oder dass die Stelle trotz mehrfacher Ausschreibung nicht anderweitig besetzt werden konnte[41]. Auch eine besonders lange Vakanz der Stelle oder das Fehlen von Ersatzpersonal können einen besonderen Fall begründen. Zu eng wäre eine Auslegung, die zB nur die Schaffung von Arbeitsplätzen oder die wirtschaftliche Bedeutung, nicht aber die gesellschaftliche und soziale Bedeutung oder das Interesse am Wissenschaftsstandort Deutschland berücksichtigt; dies gilt va, weil Zweifel am Vorliegen eines besonderen Falls noch im Rahmen der Ermessensausübung berücksichtigt werden können[42].

Neben dem im Abs. 3 S. 3 Nr. 1 und 2 nicht abschließend aufgezählten Personenkreis (Wissen- 27 schaftler, Lehrperson) ist das Tatbestandsmerkmal der besonderen Fälle in Abs. 3 S. 1 wegen der schwereren Eingrenzbarkeit weit auszulegen. Die Feststellung darüber, ob ein besonderer Fall vorliegt, ist nicht Teil der Ermessenserwägungen der Ausländerbehörde, sondern stellt einen voll nachprüfbaren unbestimmten Rechtsbegriff dar.

Die Eingliederung des Ausländers in die hiesigen Lebensverhältnisse muss zu erwarten und der 28 Unterhalt ohne staatliche Hilfe (iSd § 2 III) gesichert sein. Hinsichtlich der **Integrationserwartungen**

---

[35] *Breidenbach/Neundorf* ZAR 2014, 227 (235).
[36] Anders noch ohne Kenntnis der späteren Rechtsverordnung BT-Drs. 15/420, 74.
[37] VG Stuttgart Urt. v. 8.11.2006 – 17 K 2196/05, BeckRS 2006, 27378; aA wohl *Feldgen* ZAR 2006, 168 (174), die den besonderen Fall ausschließlich bei der Erteilung der Niederlassungserlaubnis nach § 19 I 1 aF berücksichtigt wissen will.
[38] Vgl. VG Stuttgart Urt. v. 8.11.2006 – 17 K 2196/05, BeckRS 2006, 27378.
[39] Vgl. VGH BW Urt. v. 27.6.2007 – 13 S 1663/06, ZAR 2007, 329; *Fehrenbacher* in HTK-AuslR AufenthG § 19, zu Abs. 1, Rn. 4 (Stand 11/2016).
[40] Vgl. VG Stuttgart Urt. v. 8.11.2006 – 17 K 2196/05, BeckRS 2006, 27378.
[41] Vgl. VGH BW Urt. v. 27.6.2007 – 13 S 1663/06, ZAR 2007, 329.
[42] Vgl. VGH BW Urt. v. 27.6.2007 – 13 S 1663/06, ZAR 2007, 329.

ist zu beachten, dass – anders als nach alter Rechtslage – ein Anspruch auf Teilnahme an einem Integrationskurs besteht (§ 44 I). Kriterien für die zu erwartende erfolgreiche Integration können außerdem vorhandene Deutschkenntnisse oder überhaupt Fremdsprachenkenntnisse als Indiz für die Fähigkeit und Bereitschaft zum Erlernen einer neuen Sprache, Voraufenthalt in Deutschland, die Qualifikation, internationaler Erfahrungen etc sein. Auf das Vorhandensein ausreichender Deutschkenntnisse und von Kenntnissen der Rechts- und Gesellschaftsordnung kommt es als Erteilungsvoraussetzung nicht an, da Abs. 1 S. 1 mit dem Erfordernis der Erwartung einer erfolgreichen Integration im Gegensatz zu den konkreten Anforderungen des § 9 II Nr. 7 und 8 ein eigenes Integrationsmerkmal verlangt.

29   Schließlich müssen – diese Voraussetzung wurde abweichend von der Vorgängerreglung in § 19 aF durch das **FEG 2019** eingeführt – die Voraussetzungen des § 9 II 1 Nr. 4 vorliegen. Danach dürfen Gründe der öffentlichen Sicherheit oder Ordnung unter Berücksichtigung der Schwere oder der Art des Verstoßes gegen die öffentliche Sicherheit oder Ordnung oder der vom Ausländer ausgehenden Gefahr unter Berücksichtigung der Dauer des bisherigen Aufenthalts und dem Bestehen von Bindung in das Bundesgebiet nicht entgegenstehen. Allerdings stand die Erteilung der Niederlassungserlaubnis bereits zuvor, also nach § 19 aF im Ermessen der Ausländerbehörde. Es dürfte also bereits in der Vergangenheit ohne Weiteres möglich gewesen sein, einen Antrag auf Erteilung einer Niederlassungserlaubnis bei Vorliegen der Voraussetzungen des § 9 II 1 Nr. 4 in ermessensfehlerfreier Weise abzulehnen. Die Gesetzesbegründung geht dementsprechend von einer „Klarstellung" aus[43].

30   Die Niederlassungserlaubnis kann nach § 18c III sowohl an Neuzuwanderer als auch an schon in Deutschland lebende Ausländer erteilt werden (zB erfolgreiche Studienabsolventen). Tatsächlich scheint dies gegenüber der Außenzuwanderung der größere Anwendungsbereich zu sein.

31   **d) Rechtsfolge.** Die Erteilung der Niederlassungserlaubnis steht im Ermessen der zuständigen Ausländerbehörde. Das nach Erfüllung aller sonstigen Erfordernisse auszuübende **Ermessen** ist einerseits an dem Ausnahmecharakter der Vorschrift auszurichten, muss andererseits das gestiegene öffentliche Interesse an ausländischen Hochqualifizierten beachten und schließlich auch die Interessen des Ausländers an der Erteilung der Niederlassungserlaubnis, insbesondere wenn er schon länger in Deutschland lebt bzw. studiert hat und berufliche und soziale Beziehungen aufgebaut hat. Dabei kann das Arbeitsplatzangebot nicht losgelöst vom übrigen Arbeitsmarkt betrachtet werden. Auslandsvertretung und Ausländerbehörde müssen also neben den ihnen ohnehin obliegenden aufenthaltsrechtlichen Erwägungen in den Fällen des Abs. 3 auch Feststellungen zu den arbeitsmarktlichen Auswirkungen der Stellenbesetzung treffen und diese in ihre Abwägung einbeziehen. Auch insoweit können sie sich intern der Hilfe durch die BA bedienen. Da selbst in den zustimmungspflichtigen Fällen eine Vorrangprüfung nicht stattfindet, kann es in Fällen der Regelbeispiele ebenfalls nicht auf ein evtl. Vorhandensein bevorrechtigter Arbeitnehmer ankommen.

32   Die **Rechtsfolge** der Zulassung besteht in der Erteilung einer Niederlassungserlaubnis. Eine Aufenthaltserlaubnis kommt nicht in Betracht. Mit dieser von Anfang an verliehenen hervorgehobenen Rechtsstellung ist die Berechtigung zur Ausübung jeder Erwerbstätigkeit verbunden. Der Hochqualifizierte kann also die Stelle wechseln und sich auch selbstständig machen.

33   **e) Familiennachzug, Sonstiges.** Der Zuzug der Familie richtet sich nach §§ 30, 32, wobei der Ehegatte gemäß § 30 I 2 Nr. 1 keine Deutschkenntnisse als Nachzugsvoraussetzung nachweisen muss, wenn die Ehe schon zum Zeitpunkt der Erteilung der Niederlassungserlaubnis bestand. Es besteht grundsätzlich ein Anspruch auf Einbürgerung nach einem Aufenthalt von acht Jahren (§ 10 I 1 Nr. 2 StAG). Die Erteilung der Aufenthaltserlaubnis kann auf Antrag des Arbeitgebers bei der zuständigen Ausländerbehörde in Vollmacht des Ausländers im beschleunigten Verfahren nach § 81a erfolgen.

§ 18d Forschung

(1) [1]Einem Ausländer wird ohne Zustimmung der Bundesagentur für Arbeit eine Aufenthaltserlaubnis nach der Richtlinie (EU) 2016/801 zum Zweck der Forschung erteilt, wenn
1. er
    a) eine wirksame Aufnahmevereinbarung oder einen entsprechenden Vertrag zur Durchführung eines Forschungsvorhabens mit einer Forschungseinrichtung abgeschlossen hat, die für die Durchführung des besonderen Zulassungsverfahrens für Forscher im Bundesgebiet anerkannt ist, oder
    b) eine wirksame Aufnahmevereinbarung oder einen entsprechenden Vertrag mit einer Forschungseinrichtung abgeschlossen hat, die Forschung betreibt, und
2. die Forschungseinrichtung sich schriftlich zur Übernahme der Kosten verpflichtet hat, die öffentlichen Stellen bis zu sechs Monate nach der Beendigung der Aufnahmevereinbarung entstehen für

---

[43] BT-Drs. 19/8285, 99.

Forschung § 18d AufenthG 1

a) den Lebensunterhalt des Ausländers während eines unerlaubten Aufenthalts in einem Mitgliedstaat der Europäischen Union und
b) eine Abschiebung des Ausländers.

²In den Fällen des Satzes 1 Nummer 1 Buchstabe a ist die Aufenthaltserlaubnis innerhalb von 60 Tagen nach Antragstellung zu erteilen.

(2) ¹Von dem Erfordernis des Absatzes 1 Satz 1 Nummer 2 soll abgesehen werden, wenn die Tätigkeit der Forschungseinrichtung überwiegend aus öffentlichen Mitteln finanziert wird. ²Es kann davon abgesehen werden, wenn an dem Forschungsvorhaben ein besonderes öffentliches Interesse besteht. ³Auf die nach Absatz 1 Satz 1 Nummer 2 abgegebenen Erklärungen sind § 66 Absatz 5, § 67 Absatz 3 sowie § 68 Absatz 2 Satz 2 und 3 und Absatz 4 entsprechend anzuwenden.

(3) Die Forschungseinrichtung kann die Erklärung nach Absatz 1 Satz 1 Nummer 2 auch gegenüber der für ihre Anerkennung zuständigen Stelle allgemein für sämtliche Ausländer abgeben, denen auf Grund einer mit ihr geschlossenen Aufnahmevereinbarung eine Aufenthaltserlaubnis erteilt wird.

(4) ¹Die Aufenthaltserlaubnis wird für mindestens ein Jahr erteilt. ²Nimmt der Ausländer an einem Unions- oder multilateralen Programm mit Mobilitätsmaßnahmen teil, so wird die Aufenthaltserlaubnis für mindestens zwei Jahre erteilt. ³Wenn das Forschungsvorhaben in einem kürzeren Zeitraum durchgeführt wird, wird die Aufenthaltserlaubnis abweichend von den Sätzen 1 und 2 auf die Dauer des Forschungsvorhabens befristet; die Frist beträgt in den Fällen des Satzes 2 mindestens ein Jahr.

(5) ¹Eine Aufenthaltserlaubnis nach Absatz 1 berechtigt zur Aufnahme der Forschungstätigkeit bei der in der Aufnahmevereinbarung bezeichneten Forschungseinrichtung und zur Aufnahme von Tätigkeiten in der Lehre. ²Änderungen des Forschungsvorhabens während des Aufenthalts führen nicht zum Wegfall dieser Berechtigung.

(6) ¹Einem Ausländer, der in einem Mitgliedstaat der Europäischen Union international Schutzberechtigter ist, kann eine Aufenthaltserlaubnis zum Zweck der Forschung erteilt werden, wenn die Voraussetzungen des Absatzes 1 erfüllt sind und er sich mindestens zwei Jahre nach Erteilung der Schutzberechtigung in diesem Mitgliedstaat aufgehalten hat. ²Absatz 5 gilt entsprechend.

Allgemeine Verwaltungsvorschrift
20 Zu § 20 – Forschung¹
20.0 Allgemeines
§ 20 enthält Regelungen zur Erteilung der Aufenthaltserlaubnis für Forscher nach der Richtlinie 2005/71/EG des Rates vom 12. Oktober 2005 über ein besonderes Zulassungsverfahren für Drittstaatsangehörige zum Zweck der wissenschaftlichen Forschung (ABl. EU Nummer L 289 S. 15, so genannte Forscherrichtlinie). Die Regelungen zur Erteilung der Aufenthaltserlaubnis werden durch besondere, nur für diesen Aufenthaltstitel geltende Bestimmungen begleitet. Dies sind Regelungen zum Mindestbetrag zum Lebensunterhalt (§ 2 Absatz 3 Satz 6) und zum Widerruf der Aufenthaltserlaubnis (§ 52 Absatz 4). Die Regelungen der §§ 18 und 19 bleiben von § 20 unberührt.
20.1 Erteilungsvoraussetzungen
20.1.0 Drittstaatsangehörige Forscher haben einen Anspruch auf Erteilung einer Aufenthaltserlaubnis, wenn sie eine wirksame Aufnahmevereinbarung zur Durchführung eines bestimmten wissenschaftlichen Forschungsvorhabens mit einer nach § 20 Absatz 1 Nummer 1 i. V. m. § 38a AufenthV anerkannten Forschungseinrichtung in Deutschland abgeschlossen haben (§ 20 Absatz 1) und die Forschungseinrichtung sich zur Übernahme der Kosten verpflichtet hat, die öffentlichen Stellen bis zu sechs Monaten nach der Beendigung der Aufnahmevereinbarung für Lebensunterhalt während eines unerlaubten Aufenthalts und durch eine Abschiebung des Ausländers entstehen, und die allgemeinen Erteilungsvoraussetzungen nach § 5 vorliegen. Zur Sicherung des Lebensunterhalts siehe Nummer 2.3.7.
20.1.1 Ein einheitliches Formular für die Aufnahmevereinbarung zwischen Forscher und Forschungseinrichtung ist nicht vorgesehen, sie muss jedoch nach § 38f AufenthV über folgende Mindestinhalte verfügen:
20.1.1.1 – genaue Bezeichnung des Forschungsvorhabens,
20.1.1.2 – die Verpflichtung des drittstaatsangehörigen Forschers, das Forschungsvorhaben durchzuführen,
20.1.1.3 – die Verpflichtung der Forschungseinrichtung, den drittstaatsangehörigen Forscher zur Durchführung des Forschungsvorhabens aufzunehmen,
20.1.1.4 – Angaben zum wesentlichen Inhalt des Rechtsverhältnisses zwischen der Forschungseinrichtung und dem drittstaatsangehörigen Forscher und, insbesondere in den Fällen, in denen der Forschungstätigkeit ein Beschäftigungsverhältnis zugrunde liegt, zum Umfang seiner Tätigkeit sowie zu Gehalt, Urlaub, Arbeitszeit und Versicherung, sowie
20.1.1.5 – eine Unwirksamkeitsklausel für den Fall, dass keine Aufenthaltserlaubnis nach § 20 erteilt wird.
20.1.1.6 – Unerheblich ist, ob die Aufnahmevereinbarung in einem Dokument oder in Form zweier getrennter, jedoch inhaltsgleicher Willenserklärungen der Forschungseinrichtung und des Forschers geschlossen wird.
20.1.2 Die Ausländerbehörden und Auslandsvertretungen haben zu prüfen, ob die Aufnahmevereinbarung die o. g. Voraussetzungen enthält, da diese Mindestangaben Voraussetzung für die Wirksamkeit der Aufnahmevereinbarung sind. Sie haben die o. g. Angaben nicht auf ihre inhaltliche Richtigkeit hin zu überprüfen.

---

¹ Noch nicht an § 20 bzw. jetzt § 18d in der aktuellen Fassung angepasst.

1 AufenthG § 18d

20.1.3 Im Visumverfahren ist bei der Erteilung der Zustimmung zur Visumerteilung zu beachten, dass nach § 31 Absatz 1 Satz 3 AufenthV das Schweigefristverfahren angewendet wird. Eine Zustimmung ist ausnahmsweise nicht erforderlich, soweit zugleich die Voraussetzungen nach § 34 Nummer 1 oder Nummer 2 AufenthV vorliegen.

20.1.4 Das Anerkennungsverfahren für Forschungseinrichtungen wird vom Bundesamt für Migration und Flüchtlinge durchgeführt. Dieses veröffentlicht im Internet auf *www.bamf.de* eine aktuelle Liste der Bezeichnungen und Anschriften der anerkannten Forschungseinrichtungen. Die Liste enthält auch die Dauer der Gültigkeit der Anerkennung, die auf mindestens fünf Jahre befristet werden soll. Die Anerkennung einer Forschungseinrichtung ist Grundvoraussetzung für das erleichterte aufenthaltsrechtliche Verfahren zur Erlangung einer Aufenthaltserlaubnis zum Zweck der Forschung nach § 20. § 38b Absatz 1 AufenthV nennt Gründe, bei denen die Anerkennung zu widerrufen ist. Nach § 38b Absatz 4 AufenthV haben die Ausländerbehörden und die Auslandsvertretungen dem Bundesamt für Migration und Flüchtlinge alle ihnen bekannten Tatsachen mitzuteilen, die Anlass für die Aufhebung der Anerkennung einer Forschungseinrichtung geben können. Darüber hinaus bestehen auch für die Forschungseinrichtungen Mitteilungspflichten an die Ausländerbehörden. So haben diese nach § 38c AufenthV der zuständigen Ausländerbehörde schriftlich mitzuteilen, wenn die Aufnahmevereinbarung nicht erfüllt werden kann oder wenn die Voraussetzungen zur Wirksamkeit der Aufnahmevereinbarung (§ 38f Absatz 2 AufenthV), die bei Abschluss vorgelegen haben, entfallen sind. Die Forschungseinrichtung ist auch zur Mitteilung darüber verpflichtet, dass ein Ausländer die Tätigkeit nach der Aufnahmevereinbarung beendet hat.

20.1.5 Eine Kostenübernahmeerklärung der Forschungseinrichtung bezieht sich nur auf die Zeit nach Beendigung der Forschertätigkeit nach § 20 Absatz 1 Nummer 2 im Rahmen der Aufnahmevereinbarung. Sie dient nicht zum Nachweis der Sicherung des Lebensunterhalts.

20.2 Verzicht auf die Vorlage der Kostenübernahmeerklärung

Wenn die Tätigkeit der Forschungseinrichtung überwiegend aus öffentlichen Mitteln finanziert wird, soll auf die Vorlage der Kostenübernahmeerklärung verzichtet werden. Wenn die Durchführung eines bestimmten Forschungsprojekts im öffentlichen Interesse liegt, kann darauf verzichtet werden. Eine Liste der diesbezüglich wirksamen Feststellungen wird durch das Bundesamt für Migration und Flüchtlinge im Internet veröffentlicht.

20.3 Abgabe einer allgemeinen Übernahmeerklärung

Anerkannte Forschungseinrichtungen können sich einzelfallbezogen (§ 20 Absatz 1 Nummer 2) oder allgemein (§ 20 Absatz 3) zur Übernahme der Kosten für den Lebensunterhalt für den Fall eines unerlaubten Aufenthalts im Bundesgebiet und der Abschiebung verpflichten. Allgemeine Übernahmeerklärungen werden tagesaktuell im Internet durch das Bundesamt für Migration und Flüchtlinge veröffentlicht.

20.4 Geltungsdauer der Aufenthaltserlaubnis

Die Aufenthaltserlaubnis wird für mindestens ein Jahr erteilt. Ist das Forschungsvorhaben von vornherein auf einen kürzeren Zeitraum beschränkt, so wird die Aufenthaltserlaubnis für diesen Zeitraum erteilt. Die Aufenthaltserlaubnis kann während der Gültigkeitsdauer aus § 52 Absatz 4 Gründen widerrufen werden (siehe Nummer 52.4 ff.).

20.5 Inhaber eines Aufenthaltstitels eines anderen Mitgliedstaats

20.5.0 Bei der Einreise eines Forschers ist zu unterscheiden zwischen der unmittelbaren Einreise aus einem Drittstaat (§ 20 Absatz 1) und Einreisen von Forschern, die als solche mit einem auf der Forscherrichtlinie basierenden Aufenthaltstitel bereits in einem anderen EU-Mitgliedstaat tätig sind und die Forschungstätigkeit in Deutschland fortsetzen (§ 20 Absatz 5).

20.5.1 Mit § 20 Absatz 5 wird Artikel 13 der Forscherrichtlinie umgesetzt. Forscher, die in einem anderen EU-Mitgliedstaat einen Aufenthaltstitel in Anwendung der Forscherrichtlinie erhalten haben, haben danach einen Anspruch auf Erteilung eines Visums bzw. einer Aufenthaltserlaubnis, wenn ein Teil des Forschungsvorhabens in Deutschland durchgeführt wird. Ist für die Ausländerbehörde nicht eindeutig feststellbar, ob es sich bei dem vorgelegten Aufenthaltstitel eines anderen EU-Mitgliedstaates um einen Titel in Anwendung der Forscherrichtlinie handelt, können diesbezügliche Fragen über das Bundesamt für Migration und Flüchtlinge abgeklärt werden. Für Aufenthalte bis zu drei Monaten ist keine Aufnahmevereinbarung mit der in Deutschland ansässigen Forschungseinrichtung erforderlich. Für Aufenthalte über drei Monaten müssen die Voraussetzungen von § 20 Absatz 1 erfüllt sein.

20.5.2 Da das Vereinigte Königreich und Dänemark die Forscherrichtlinie nicht anwenden, fallen in diesen Staaten erteilte Aufenthaltstitel nicht in die Anwendbarkeit von § 20 Absatz 5.

20.5.3 Beim grenzüberschreitenden Aufenthalt von Forschern im Bundesgebiet sind die folgenden Konstellationen denkbar:

20.5.3.1 Der Forscher besitzt einen Aufenthaltstitel für Forscher in einem anderen Mitgliedstaat, der Schengen-Staat ist, und möchte seine Forschung im Bundesgebiet nur für höchstens drei Monate betreiben:

Nach Artikel 21 SDÜ ist der Forscher – bei Erfüllung der in diesem Artikel genannten allgemeinen Voraussetzungen – berechtigt, mit diesem Aufenthaltstitel sich bis zu drei Monate im Bundesgebiet aufzuhalten. Er benötigt dann einen deutschen Aufenthaltstitel auch nicht für die Ausübung seiner Erwerbstätigkeit als Forscher, weil diese Erwerbstätigkeit nach § 20 Absatz 6 Satz 3 ohne besondere Erlaubnis ausgeübt werden darf. Dies gilt nicht, soweit das durch § 20 Absatz 6 Satz 3 eingeräumte Recht zur Ausübung der Erwerbstätigkeit ganz oder teilweise verbraucht ist, weil es bereits innerhalb der letzten zwölf Monate in Anspruch genommen worden ist. In diesem Fall ist für den beabsichtigten Kurzaufenthalt zu Forschungszwecken für die Einreise ein Visum zu erteilen, das die Tätigkeit als Forscher ausdrücklich erlaubt (vgl. § 4 Absatz 2 Satz 1 und 2).

20.5.3.2 Der Forscher besitzt einen Aufenthaltstitel für Forscher in einem anderen Mitgliedstaat, der Schengen-Staat ist, und möchte seine Forschung im Bundesgebiet für mehr als drei Monate betreiben:

Der Forscher benötigt einen deutschen Aufenthaltstitel. Für die Erteilung wird durch § 20 Absatz 5 Satz 2 entsprechend Artikel 13 Absatz 3 der Forscherrichtlinie gefordert, dass die Zulassungsvoraussetzungen auch im Hinblick auf Deutschland erfüllt sind. Ein Visum wird nicht benötigt, weil § 39 Nummer 6 AufenthV bestimmt, dass bei dem vorhandenen Anspruch auf den Aufenthaltstitel eines Ausländers, der entsprechend nach Artikel 21 SDÜ in Anspruch nehmen kann, der Aufenthaltstitel im Bundesgebiet eingeholt werden kann. Nach dem durch § 39 Nummer 6 AufenthV für anwendbar erklärten § 41 Absatz 3 AufenthV ist die Aufenthaltserlaubnis innerhalb von drei Monaten nach der Einreise einzuholen; § 81 Absatz 2 Satz 1 findet Anwendung. Bis zur Einholung des Aufenthaltstitels ist der Aufenthalt erlaubt. Wegen § 20 Absatz 6 Satz 3 kann der Ausländer in diesen ersten drei Monaten seit der Einreise auch ohne die später erforderliche Erlaubnis seiner Erwerbstätigkeit als Forscher nachgehen und somit nahtlos nach der Einreise die Forschung fortsetzen; dies gilt nicht, soweit das durch § 20 Absatz 6 Satz 3 eingeräumte Recht zur Ausübung der Erwerbstätigkeit ganz oder teilweise verbraucht ist, weil es bereits innerhalb der letzten zwölf Monate in Anspruch genommen worden ist. Soll die Tätigkeit als Forscher in diesen Fällen unmittelbar nach Einreise aufgenommen werden, ist vor Einreise ein nationales Visum zu beantragen, das die Tätigkeit als Forscher ausdrücklich erlaubt (vgl. § 4 Absatz 2 Satz 1 und 2).

20.5.3.3 Der Forscher besitzt einen Aufenthaltstitel für Forscher in einem anderen Mitgliedstaat, der nicht Schengen-Staat ist:

Hier kann der Forscher nicht das Reiserecht aus Artikel 21 SDÜ in Anspruch nehmen, er kann allerdings in dem in § 20 Absatz 6 Satz 3 genannten Zeitrahmen Tätigkeiten als Forscher ausüben, ohne deswegen einen Aufenthaltstitel zu benötigen, der ihm dies ausdrücklich gestattet. Gehört er also einem Staat an, der in Anhang II der Verordnung (EG) Nummer 539/2001 des Rates vom 15. März 2001 zur Aufstellung der Liste der Drittländer, deren Staatsangehörige beim Überschreiten der Außengrenzen im Besitz eines Visums sein müssen, sowie der Liste der Drittländer, deren Staatsangehörige von der Visumpflicht befreit sind (ABl. EG Nummer L 81 S. 1) aufgeführt ist, kann er ohne Visum einreisen und bis zu drei Monate in einem Zeitraum von zwölf Monaten einer Tätigkeit als Forscher nachgehen, ohne deshalb einen Aufenthaltstitel zu benötigen. Er benötigt hingegen auch für Tätigkeiten von bis zu drei Monaten einen Aufenthaltstitel, ggf. in der Form eines Visums, wenn er einem Staat angehört, der der in Anhang I zur Verordnung (EG) Nummer 539/2001 aufgeführt ist und keine Ausnahme nach §§ 16 bis 21 AufenthV vorliegt. Für Forschungsaufenthalte in Deutschland von über drei Monaten in einem Zeitraum von zwölf Monaten benötigt er – unabhängig davon, ob er für Kurzaufenthalte visumfrei einreisen darf – stets einen Aufenthaltstitel. Das Erfordernis eines Visums kann nach Artikel 13 Absatz 4 der Forscherrichtlinie auch verlangt werden. Das Visum wird abhängig von der beabsichtigten Aufenthaltsdauer als Schengen-Visum oder als nationales Visum erteilt und muss die Tätigkeit als Forscher ausdrücklich erlauben (vgl. § 4 Absatz 2 Satz 1 und 2).

20.6 Berechtigung zur Ausübung einer Erwerbstätigkeit

20.6.1 Nach § 4 Absatz 2 Satz 2 muss jeder Aufenthaltstitel erkennen lassen, ob die Ausübung einer Erwerbstätigkeit erlaubt ist. Wesentliche Gründe dafür sind, dass potenzielle Arbeitgeber dem Aufenthaltstitel die Berechtigung zur Erwerbstätigkeit entnehmen können und bei Kontrollen an Arbeitsplätzen bereits auf Grund des Aufenthaltstitels die Erlaubnis zur ausgeübten Tätigkeit zu erkennen ist. Da die Tätigkeit des Forschers nach § 20 auf der Aufnahmevereinbarung beruht, damit nur bei einem konkreten Arbeitgeber erfolgen kann und die typischen Arbeitsstellen dieser Forscher nicht häufig von Kontrollbehörden geprüft werden, ist es nicht erforderlich, Einzelheiten zum Forschungsprojekt oder dem beschäftigenden Arbeitgeber aufzunehmen. In diesen Fällen ist ein Verweis auf die Rechtsnorm ausreichend. In der Aufenthaltserlaubnis ist daher folgende Nebenbestimmung zu vermerken:

„Forscher, Beschäftigung nur gemäß § 20 Absatz 6 gestattet."

Soll auch zusätzlich die selbständige Erwerbstätigkeit nach § 21 Absatz 6 erlaubt werden, ist dies entsprechend in die Nebenbestimmungen aufzunehmen.

20.6.2 Ein Aufenthaltstitel nach § 20 Absatz 1 und 5 Satz 2 berechtigt zur Ausübung der Erwerbstätigkeit für das in der Aufnahmevereinbarung bezeichnete Forschungsvorhaben und zur Ausübung von – auch selbstständigen – Tätigkeiten in der Lehre. Eine Zustimmung der Bundesagentur für Arbeit ist damit für die Erteilung der Aufenthaltserlaubnis nach § 20 nicht erforderlich. Ein Wechsel des Forschungsvorhabens führt nicht zum Wegfall des Beschäftigungsrechts. Eine Veränderung von Projektinhalten ohne die Änderung der Zielrichtung eines Forschungsprojektes soll nicht zum Verlust der Aufenthaltserlaubnis nach § 20 oder dazu führen, dass stets neue Aufnahmevereinbarungen mit demselben Forscher abgeschlossen werden müssen, sofern die dann zugrunde liegende Tätigkeit dem in der Forscherrichtlinie und in der AufenthV definierten Begriff der Forschung entspricht. Die selbständige Erwerbstätigkeit kann außerhalb der Lehre nach § 21 Absatz 6 erlaubt werden.

20.6.3 Durch § 20 Absatz 6 Satz 3 wird das bereits im Zusammenhang mit § 20 Absatz 5 dargestellte Recht zur Ausübung der Erwerbstätigkeit für einen Zeitraum von drei Monaten innerhalb von zwölf Monaten eingeräumt. Die Frist und die Bezugsfrist folgen den Vorbildern in § 17 Absatz 2 AufenthV sowie in der BeschV. Die selbständige Erwerbstätigkeit auch außerhalb der Lehre kann nach § 21 Absatz 6 erlaubt werden.

20.7 Ausschlussgründe

Keine Anwendung findet § 20 auf Ausländer mit Asylbewerber-, Flüchtlings- bzw. Duldungsstatus, Ausländer, deren Forschungstätigkeit Bestandteil eines Promotionsstudiums als Vollzeitstudienprogramm ist, und Ausländer, die von einer Forschungseinrichtung in einem anderen EU-Mitgliedstaat als Arbeitnehmer entsandt werden. Personen, die ihre Promotions- oder Habilitationsleistung im Rahmen einer Forschungstätigkeit erbringen, für die mit einer Forschungseinrichtung eine Aufnahmevereinbarung abgeschlossen wurde, fallen hingegen in den Anwendungsbereich der Forscherrichtlinie und können eine Aufenthaltserlaubnis nach § 20 erhalten.

I. Entstehungsgeschichte

Die Vorschrift wurde als § 20 aF mit dem **RLUmsG 2007**[2] eingefügt. Sie diente ursprünglich der 1 Umsetzung der „Forscher-RL"[3] und dient jetzt – wie sich bereits Abs. 1 S. 1 entnehmen lässt – der Umsetzung der RL (EU) 2016/801 des Europäischen Parlaments und des Rates vom 11.5.2016 über die Bedingungen für die Einreise und den Aufenthalt von Drittstaatsangehörigen zu Forschungs- und Studienzwecken, zur Absolvierung eines Praktikums, zur Teilnahme an einem Freiwilligendienst, Schüleraustauschprogrammen oder Bildungsvorhaben und zur Ausübung einer Au-pair-Tätigkeit (REST-RL)[4], insbesondere deren Art. 8. Zwischenzeitlich wurde § 20 mit Art. 1 Nr. 4 des ArbMig-

---

[2] Gesetz zur Umsetzung aufenthaltsrechtlicher und asylrechtlicher RL der EU v. 19.8.2007, BGBl. I S. 1970.
[3] RL 2005/71/EG des Rates v. 12.10.2005 über ein besonderes Zulassungsverfahren für Drittstaatsangehörige zum Zweck der wissenschaftlichen Forschung, ABl. L 289 v. 3.11.2005, S. 15.
[4] ABl. 2016 L 132, 21.

Dienelt

1 AufenthG § 18d

SteuerG[5], Art. 1 Nr. 11 des HQRLUmsG[6], Art. 2 Nr. 1 des Gesetz zur Umsetzung der RL 2011/95/EU (Qualifikations-RL)[7] und Art. 1 Nr. 9 des AufenthÄndG[8] geändert.

2 **Mit dem FEG**[9] **wurde der bisherige § 20 aF zum neuen § 18d** und damit systematisch den Regelungen zu Fachkräften zugeordnet. Im Rahmen der Umstrukturierung der Titel zum Zwecke der Beschäftigung durch das FEG wurden die Abs. 6 und 7 gestrichen. Die Ablehnungsgründe in Abs. 6 wurden entbehrlich, da diese in § 19f, wo diejenigen Ablehnungsgründe für die Aufenthaltstitel, die auf europäischen RL beruhen, zusammengefasst geregelt werden. Die Regelung des bisherigen Abs. 7 zur Arbeitsplatzsuche findet sich nunmehr in § 20 III Nr. 2. Durch Streichung der Abs. 6 und 7 wurde der bisherige Abs. 8 zum Abs. 6. Außerdem wurde in Abs. 1 klargestellt, dass die Aufenthaltserlaubnis ohne Zustimmung der BA erteilt werden kann.

II. Allgemeines

3 Ein Aufenthalt zum Zweck der Forschung kann seit Inkrafttreten des RLUmsG 2017 nur noch nach § 18d erfolgen.[10] Dementsprechend ist die bisherige Beschränkung des Anwendungsbereichs des § 18d auf Forscher in „anerkannten Forschungseinrichtungen" entfallen.

4 Mit dem RLUmSG 2017 wurde der bisherige S. 6 des § 2 II aufgehoben. Für Forscher gilt damit die allgemeine Erteilungsvoraussetzung der **Lebensunterhaltssicherung** in § 5 I Nr. 1 iVm § 2 III.[11] Der Nachweis der Sicherung des Lebensunterhalts kann dabei sowohl über eine mit dem Forschungsvorhaben einhergehende Beschäftigung als auch durch Stipendien oder sonstige Fördermittel erfolgen, die auf den Lebensunterhalt des Forschers bezogen sind[12]. Die Möglichkeit, auf Antrag des Ausländers eine kürzere Befristung vorzunehmen und die Lebensunterhaltssicherung für einen längeren Zeitraum im Rahmen einer Verlängerung zu prüfen, bleibt unberührt[13].

5 Besondere Fälle der **Mobilität von Forschern** regeln die §§ 18e und 18 f. Verfahrensrechtlich wird die Vorschrift über den § 91d V verstärkt, der eine Mitteilungspflicht für den Fall regelt, dass ein Aufenthaltstitel nach § 18d widerrufen, zurückgenommen, nicht verlängert wird oder nach einer Verkürzung der Frist gem. § 7 II 2 abläuft. Das BAMF hat unverzüglich die zuständige Behörde des anderen Mitgliedstaates hiervon zu unterrichten, sofern sich der Ausländer dort im Rahmen des Anwendungsbereichs der REST-RL aufhält und dies dem BAMF bekannt ist.

III. Aufenthaltserlaubnis zum Zweck der Forschung (Abs. 1–3)

6 Abs. 1 sieht bei Vorliegen der Voraussetzungen einen gesetzlichen Anspruch auf Erteilung einer Aufenthaltserlaubnis zum Zweck der Forschung vor.

1. Aufnahmevereinbarung oder Forschungsvertrag

7 In Abs. 1 wird – abweichend von der allgemeinen Erteilungsvoraussetzung in § 18 – klargestellt, dass die **Aufenthaltserlaubnis ohne Zustimmung der BA** erteilt wird. Die Vorschrift findet wie bislang auch in den Fällen Anwendung, in denen kein Beschäftigungsverhältnis begründet wird (zB Forschungsaufenthalt von Stipendiaten). Der nach § 18 II Nr. 1 erforderliche Nachweis eines konkreten Arbeitsplatzangebots kann insbesondere durch die Aufnahmevereinbarung oder den entsprechenden Vertrag zur Durchführung des Forschungsvorhabens nach § 18d I Nr. 1 erbracht werden.

8 Voraussetzung für die Erteilung der Aufenthaltserlaubnis ist – in Umsetzung von Art. 8 I REST-RL[14] – entweder der Abschluss einer **Aufnahmevereinbarung** zwischen Forscher und Forschungseinrichtung oder eines **Forschungsvertrags** (Abs. 1 S. 1 Nr. 1). Den notwendigen Inhalt der Aufnahmevereinbarung oder des Forschungsvertrags legt **§ 38f I AufenthV**[15] fest. Sie bzw. er muss enthalten

– die Verpflichtung des Ausländers, sich darum zu bemühen, das Forschungsvorhaben abzuschließen[16] (Nr. 1),

---

[5] Gesetz zur arbeitsmarktadäquaten Steuerung der Zuwanderung Hochqualifizierter und zur Änderung weiterer aufenthaltsrechtlicher Regelungen v. 20.12.2008, BGBl. I S. 2846.
[6] Gesetz zur Umsetzung der Hochqualifizierten-RL der EU v. 1.6.2012, BGBl. I S. 1224.
[7] V. 28.8.2013, BGBl. I S. 3474.
[8] Gesetz zur Neubestimmung des Bleiberechts und der Aufenthaltsbeendigung v. 27.7.2015, BGBl. I S. 1386.
[9] BGBl. 2019 I S. 1307, in Kraft getreten am 1.3.2020.
[10] Vgl. BR-Drs. 9/17, 55.
[11] Vgl. BR-Drs. 9/17, 41.
[12] BR-Drs. 7/19, 110.
[13] BR-Drs. 7/19, 110.
[14] Vgl. BR-Drs. 9/17, 54.
[15] IdF aufgrund der VO zur Umsetzung aufenthaltsrechtlicher RL der EU zur Arbeitsmigration v. 1.8.2017, BGBl. I S. 3066.
[16] Vgl. Art. 10 II lit. b REST-RL.

– die Verpflichtung der Forschungseinrichtung, den Ausländer zur Durchführung des Forschungsvorhabens aufzunehmen (Nr. 2),
– die Angaben zum wesentlichen Inhalt des Rechtsverhältnisses, das zwischen der Forschungseinrichtung und dem Ausländer begründet werden soll, wenn ihm eine Aufenthaltserlaubnis nach § 18d erteilt wird, insbesondere zum Umfang der Tätigkeit des Ausländers und zum Gehalt (Nr. 3),
– eine Bestimmung, wonach die Aufnahmevereinbarung oder der Forschungsvertrag unwirksam wird, wenn dem Ausländer keine Aufenthaltserlaubnis nach § 18d erteilt wird (Nr. 4),
– Beginn und voraussichtlichen Abschluss des Forschungsvorhaben (Nr. 5) sowie
– Angaben zum beabsichtigten Aufenthalt zum Zweck der Forschung in einem oder mehreren weiteren Mitgliedstaaten der EU im Anwendungsbereich der REST-RL, soweit diese Absicht bereits zum Zeitpunkt der Antragstellung besteht (Nr. 6).

Bis zum Inkrafttreten des HQRLUmsG (→ Rn. 1) waren auch die genaue Bezeichnung des Forschungsvorhabens sowie Angaben zum Urlaub, zur Arbeitszeit und zur Versicherung erforderlich. Die genaue Angabe des Forschungsvorhabens hat wegen der erforderlichen Preisgabe von Unternehmensinterna möglicherweise Forschungsunternehmen davon abgehalten, die Möglichkeit des (damaligen) § 20 aF zu nutzen.[17] 9

Voraussetzungen für den wirksamen Abschluss einer Aufnahmevereinbarung oder eines Forschungsvertrags durch eine Forschungseinrichtung[18] sind nach **§ 38f II AufenthV:** 10
– Es muss feststehen, dass das Forschungsvorhaben durchgeführt wird, insbesondere dass über seine Durchführung von den zuständigen Stellen innerhalb der Forschungseinrichtung nach Prüfung seines Zwecks, seiner Dauer und seiner Finanzierung abschließend entschieden worden ist (Nr. 1).
– Der Ausländer, der das Forschungsvorhaben durchführen soll, muss dafür geeignet und befähigt sein sowie über den in der Regel hierfür notwendigen Hochschulabschluss verfügen, der Zugang zu Doktoratsprogrammen ermöglicht (Nr. 2).
– Der Lebensunterhalt des Ausländers muss gesichert sein (Nr. 3).

In den Fällen des § 18d I 1 Nr. 1 lit. a, d-h, wenn die Forschungseinrichtung eine anerkannte ist, ist die Aufenthaltserlaubnis innerhalb von 60 Tagen nach Antragstellung zu erteilen (Abs. 1 S. 2). 11

2. Forschungseinrichtungen

Die Forschungseinrichtung kann eine solche sein, die für die Durchführung des besonderen Zulassungsverfahrens für Forscher im Bundesgebiet anerkannt ist (anerkannte Forschungseinrichtung), muss es aber seit Inkrafttreten des RLUmsG 2017 nicht mehr. 12

Zur **Anerkennung** von Forschungseinrichtungen verhalten sich die **§§ 38a ff. AufenthV.** Zuständig für die Anerkennung ist das BAMF. Anerkannt werden können sowohl öffentliche als auch private Einrichtungen; sie müssen im Inland Forschung betreiben (§ 38a I 1 AufenthV). Forschung ist jede systematisch betriebene und rechtlich zulässige Tätigkeit, die den Zweck verfolgt, den Wissensstand zu erweitern, einschließlich der Erkenntnisse über den Menschen, die Kultur und die Gesellschaft, oder solches Wissen einzusetzen, um neue Anwendungsmöglichkeiten zu finden (§ 38a I 2 AufenthV). Eine Forschungseinrichtung kann auch ein privates Unternehmen sein, das Forschung nicht als Hauptzweck betreibt[19]. 13

Nach dem neuen § 38a IVa AufenthV gelten die Abs. 1–4 des § 38a AufenthV weder für staatliche noch staatlich anerkannte Hochschulen noch für andere Forschungseinrichtungen, deren Tätigkeit überwiegend aus öffentlichen Mitteln finanziert wird; diese Hochschulen und Forschungseinrichtungen gelten als anerkannte Forschungseinrichtungen. 14

3. Verpflichtungserklärung (Nr. 2 sowie Abs. 2 und 3)

Weitere Voraussetzung für die Erteilung der Aufenthaltserlaubnis ist die Abgabe einer schriftlichen Verpflichtungserklärung durch die Forschungseinrichtung (**Abs. 1 S. 1 Nr. 2**). Die Verpflichtung muss sich auf die Übernahme der Kosten beziehen, die öffentlichen Stellen bis zu sechs Monaten nach der Beendigung der Aufnahmevereinbarung für den Lebensunterhalt des Ausländers während eines unerlaubten Aufenthalts in einem Mitgliedstaat der EU und einer Abschiebung des Ausländers entstehen. Die Einrichtung kann die Erklärung auch generell für sämtliche Ausländer abgeben, denen aufgrund einer mit ihr geschlossenen Aufnahmevereinbarung eine Aufenthaltserlaubnis erteilt wird (**Abs. 3**). Bei überwiegend aus öffentlichen Mitteln finanzierten Einrichtungen (zB staatliche Hochschulen) soll, bei Bestehen eines besonderen öffentlichen Interesses an dem Forschungsvorhaben kann auf die Erklärung verzichtet werden (**Abs. 2**). 15

---

[17] BT-Drs. 17/8682, 20.
[18] Die Beschränkung auf anerkannte Forschungseinrichtungen ist mit der VO v. 1.8.2017 (BR-Drs. 7/19, 110) entfallen.
[19] BT-Drs. 16/5065, 166.

IV. Aufenthaltsdauer (Abs. 4)

16   In § 18d IV wird die Regelung zur Geltungsdauer vereinheitlicht. Die Aufenthaltserlaubnis wird mit Inkrafttreten des FEG einheitlich für zwei Jahre oder bei kürzerer Dauer des Forschungsvorhabens für seine Dauer erteilt, unabhängig davon, ob der Ausländer an einem Programm mit Mobilitätsmaßnahmen teilnimmt. Dies soll die Handhabung für die zuständige Behörde erleichtern und Rechtssicherheit für die Betroffenen bieten[20]. Zudem ist eine solche Vereinheitlichung konform mit Art. 18 I REST-RL, der eine Geltungsdauer von mindestens einem Jahr bei Forschern, die nicht an einem Programm mit Mobilitätsmaßnahmen teilnehmen, vorgibt.

17   Aufgrund der nunmehr längeren Erteilungsdauer muss künftig die Lebensunterhaltssicherung nach § 5 I 1 für den Zeitraum von zwei Jahren nachgewiesen werden. Aufgrund der europarechtlichen Vorgaben kommt die Erteilung der Aufenthaltserlaubnis nach § 18d für einen Zeitraum von weniger als 90 Tagen nicht in Betracht (vgl. Art. 18 I UAbs. 2 REST-RL).

V. Inhalt der Aufenthaltserlaubnis (Abs. 5)

18   Abs. 5 S. 1 stellt klar, dass die Aufenthaltserlaubnis nach Abs. 1 zur Aufnahme der Forschungstätigkeit und darüber hinaus zur Aufnahme von Lehrtätigkeiten berechtigt (vgl. Art. 23 REST-RL), Abs. 5 S. 2, dass Änderungen des Forschungsvorhabens während des Aufenthalts nicht zum Wegfall der Berechtigung führen.

VI. Aufenthaltserlaubnis bei Genuss internationalen Schutzes (Abs. 6)

19   Der ursprüngliche Abs. 8 wurde mit dem RLUmsG 2017 eingefügt. Nach Streichung der vormaligen Abs. 6 und 7 wurde aus dem Abs. 8 der heutige Abs. 6. Danach kann eine Aufenthaltserlaubnis nach Abs. 1 auch Personen erteilt werden, die in einem Mitgliedstaat internationalen Schutz iSd Qualifikations-RL genießen. Abs. 6 verweist zum einen auf die Voraussetzungen des Abs. 1 und verlangt zum anderen, dass sich der Ausländer mindestens zwei Jahre nach Erteilung der Schutzberechtigung in dem – dem Schutzstatus zuerkennenden – Mitgliedstaat aufgehalten hat. Hinsichtlich des Umfangs der Berechtigung aufgrund der Aufenthaltserlaubnis verweist S. 2 auf Abs. 5 S. 1; der Ausländer ist mithin auch zur Aufnahme einer Lehrtätigkeit berechtigt. Auch Abs. 5 S. 2 findet entsprechend Anwendung.

§ 18e Kurzfristige Mobilität für Forscher

(1) ¹Für einen Aufenthalt zum Zweck der Forschung, der eine Dauer von 180 Tagen innerhalb eines Zeitraums von 360 Tagen nicht überschreitet, bedarf ein Ausländer abweichend von § 4 Absatz 1 keines Aufenthaltstitels, wenn die aufnehmende Forschungseinrichtung im Bundesgebiet dem Bundesamt für Migration und Flüchtlinge und der zuständigen Behörde des anderen Mitgliedstaates mitgeteilt hat, dass der Ausländer beabsichtigt, einen Teil seiner Forschungstätigkeit im Bundesgebiet durchzuführen, und dem Bundesamt für Migration und Flüchtlinge mit der Mitteilung vorlegt
1. den Nachweis, dass der Ausländer einen gültigen nach der Richtlinie (EU) 2016/801 erteilten Aufenthaltstitel eines anderen Mitgliedstaates zum Zweck der Forschung besitzt,
2. die Aufnahmevereinbarung oder den entsprechenden Vertrag, die oder der mit der aufnehmenden Forschungseinrichtung im Bundesgebiet geschlossen wurde,
3. die Kopie eines anerkannten und gültigen Passes oder Passersatzes des Ausländers und
4. den Nachweis, dass der Lebensunterhalt des Ausländers gesichert ist.
²Die aufnehmende Forschungseinrichtung hat die Mitteilung zu dem Zeitpunkt zu machen, zu dem der Ausländer in einem anderen Mitgliedstaat der Europäischen Union den Antrag auf Erteilung eines Aufenthaltstitels im Anwendungsbereich der Richtlinie (EU) 2016/801 stellt. ³Ist der aufnehmenden Forschungseinrichtung zu diesem Zeitpunkt die Absicht des Ausländers, einen Teil der Forschungstätigkeit im Bundesgebiet durchzuführen, noch nicht bekannt, so hat sie die Mitteilung zu dem Zeitpunkt zu machen, zu dem ihr die Absicht bekannt wird. ⁴Bei der Erteilung des Aufenthaltstitels nach Satz 1 Nummer 1 durch einen Staat, der nicht Schengen-Staat ist, und bei der Einreise über einen Staat, der nicht Schengen-Staat ist, hat der Ausländer eine Kopie der Mitteilung mitzuführen und den zuständigen Behörden auf deren Verlangen vorzulegen.

(2) ¹Erfolgt die Mitteilung zu dem in Absatz 1 Satz 2 genannten Zeitpunkt und wurden die Einreise und der Aufenthalt nicht nach § 19f Absatz 5 abgelehnt, so darf der Ausländer jederzeit innerhalb der Gültigkeitsdauer des Aufenthaltstitels in das Bundesgebiet einreisen

---

[20] BR-Drs. 7/19, 110.

und sich dort zum Zweck der Forschung aufhalten. ²Erfolgt die Mitteilung zu dem in Absatz 1 Satz 3 genannten Zeitpunkt, so darf der Ausländer nach Zugang der Mitteilung innerhalb der Gültigkeitsdauer des in Absatz 1 Satz 1 Nummer 1 genannten Aufenthaltstitels des anderen Mitgliedstaates in das Bundesgebiet einreisen und sich dort zum Zweck der Forschung aufhalten.

(3) Ein Ausländer, der die Voraussetzungen nach Absatz 1 erfüllt, ist berechtigt, in der aufnehmenden Forschungseinrichtung die Forschungstätigkeit aufzunehmen und Tätigkeiten in der Lehre aufzunehmen.

(4) ¹Werden die Einreise und der Aufenthalt nach § 19f Absatz 5 abgelehnt, so hat der Ausländer die Forschungstätigkeit unverzüglich einzustellen. ²Die bis dahin nach Absatz 1 Satz 1 bestehende Befreiung vom Erfordernis eines Aufenthaltstitels entfällt.

(5) Sofern keine Ablehnung der Einreise und des Aufenthalts nach § 19f Absatz 5 erfolgt, wird dem Ausländer durch das Bundesamt für Migration und Flüchtlinge eine Bescheinigung über die Berechtigung zur Einreise und zum Aufenthalt zum Zweck der Forschung im Rahmen der kurzfristigen Mobilität ausgestellt.

(6) ¹Nach der Ablehnung gemäß § 19f Absatz 5 oder der Ausstellung der Bescheinigung im Sinne von Absatz 5 durch das Bundesamt für Migration und Flüchtlinge ist die Ausländerbehörde gemäß § 71 Absatz 1 für weitere aufenthaltsrechtliche Maßnahmen und Entscheidungen zuständig. ²Der Ausländer und die aufnehmende Forschungseinrichtung sind verpflichtet, der Ausländerbehörde Änderungen in Bezug auf die in Absatz 1 genannten Voraussetzungen anzuzeigen.

Allgemeine Verwaltungsvorschrift
Nicht belegt.

Übersicht

	Rn.
I. Entstehungsgeschichte	1
II. Allgemeines	3
III. Entbehrlichkeit eines nationalen Aufenthaltstitels (Abs. 1)	7
IV. Einreise- und Aufenthaltsrecht (Abs. 2)	13
V. Recht zu Forschung und Lehre (Abs. 3)	16
VI. Folgen der Ablehnung der Einreise und des Aufenthalts nach § 19f V (Abs. 4)	17
VII. Bescheinigung über das Einreise- und Aufenthaltsrecht (Abs. 5)	18
VIII. Zuständigkeit der Ausländerbehörde (Abs. 6)	21

I. Entstehungsgeschichte

Die Vorschrift wurde mit dem RLUmsG 2017[1] eingefügt. Sie dient heute – wie sich nicht zuletzt aus Abs. 1 S. 1 Nr. 1 ergibt – der Umsetzung der REST-RL (→ § 18d Rn. 1), insbesondere deren Art. 28. 1

Der bisherige § 20a aF wurde mit dem FEG[2] zu § 18e und damit systematisch den Regelungen zu Fachkräften zugeordnet. **Das Mitteilungsverfahren zur kurzfristigen Mobilität wurde dem BAMF mit Inkrafttreten des FEG vollständig übertragen,** um eine Handhabung innerhalb der kurzen Ablehnungsfrist (30 Tage) zu gewährleisten. Der neue Abs. 6 regelt deshalb, dass nach Ablehnung der Mobilität oder Ausstellung der Bescheinigung durch das BAMF die Zuständigkeit auf die Ausländerbehörde übergeht (Satz 1). Die Ergänzung von Abs. 1 S. 1 dahin gehend, dass eine Mitteilung an den zweiten Mitgliedstaat, der den Aufenthaltstitel ausgestellt hat, erfolgen muss, dient der vollständigen Umsetzung des Art. 28 II 1 REST-RL. Dieser sieht neben der Mitteilung an den zweiten Mitgliedstaat, in welchen die Mobilität erfolgt, auch die Mitteilung an den ersten Mitgliedstaat, der den Aufenthaltstitel ausgestellt hat, vor. Die Pflicht, auch den ersten Mitgliedstaat über die Mobilität zu informieren, fehlte im bisherigen § 20a I aF. So hatte der jeweils erste Mitgliedstaat keine Möglichkeit, von der Mobilität des Ausländers Kenntnis zu erlangen. 2

II. Allgemeines

§ 18e betrifft den Fall der kurzfristigen Mobilität von Forschern, konkreter: von Forschern, denen ein anderer Mitgliedstaat einen Aufenthaltstitel nach der REST-RL zum Zweck der Forschung erteilt hat (vgl. Abs. 1 Nr. 1). In welchem Fall von einer kurzfristigen Mobilität auszugehen ist, ist zu Beginn von Abs. 1 geregelt. Auf den Fall einer nicht mehr kurzfristigen Mobilität bezieht sich § 18f. Die Regelung des § 18e I sieht unter bestimmten Voraussetzungen die Entbehrlichkeit eines nationalen 3

---

[1] Gesetz zur Umsetzung aufenthaltsrechtlicher RL der EU zur Arbeitsmigration v. 12.5.2017, BGBl. I S. 1106.
[2] BGBl. 2019 I S. 1307, in Kraft getreten am 1.3.2020.

Aufenthaltstitels vor. An die Stelle des auf die Erteilung eines Aufenthaltstitels gerichteten Verfahrens tritt ein – von Art. 28 II und VI REST-RL ermöglichtes – Mitteilungsverfahren[3]. Abs. 2 verhält sich zum Einreise- und Aufenthaltsrecht des Ausländers. Abs. 3 äußert sich zum Umfang der Berechtigung des Ausländers. § 18e wird ergänzt um § 19f V, der ua die Ablehnung der Einreise und des Aufenthalts nach § 18e regelt. Die Ausstellung einer Bescheinigung über das Einreise- und Aufenthaltsrecht sieht schließlich Abs. 5 vor.

4 Als verfahrensrechtliche Ergänzung des § 18e wurde § 91d V ins Gesetz aufgenommen.
5 Auf den Fall einer nicht mehr kurzfristigen Mobilität (mehr als 180 Tage innerhalb eines Zeitraums von 360 Tagen) bezieht sich § 18f I.
6 **Der Antrag für die Befreiung ist beim BAMF zu stellen.** Dieses ist nach § 75 Nr. 5a nicht nur für die Prüfung des Vorliegens der Befreiungsvoraussetzungen im Mitteilungsverfahren zuständig, sondern auch für die Ausstellung der Bescheinigungen nach § 18e V oder die Ablehnung der Einreise und des Aufenthalts nach § 19f V.

III. Entbehrlichkeit eines nationalen Aufenthaltstitels (Abs. 1)

7 S. 1 stellt zunächst klar, dass von einer **kurzfristigen Mobilität** bei einem Aufenthalt auszugehen ist, der eine Dauer von 180 Tagen innerhalb eines Zeitraums von 360 Tagen nicht überschreitet. Voraussetzung für die Entbehrlichkeit eines nationalen Aufenthaltstitels ist sodann die Erfüllung einer **Mitteilungs- und Vorlagepflicht** durch die aufnehmende Forschungseinrichtung im Bundesgebiet. Mitzuteilen ist dem BAMF (vgl. § 18e I 1), dass der Ausländer beabsichtigt, einen Teil seiner Forschungstätigkeit im Bundesgebiet durchzuführen.
8 Vorzulegen ist insbesondere der Nachweis, dass der Ausländer einen gültigen, durch einen anderen Mitgliedstaat erteilten Aufenthaltstitel nach der REST-RL zum Zweck der Forschung besitzt (S. 1 Nr. 1), des Weiteren die Aufnahmevereinbarung oder den entsprechenden Vertrag, die oder der mit der aufnehmenden Forschungseinrichtung im Bundesgebiet geschlossen wurde (S. 1 Nr. 2, vgl. Art. 28 VI UAbs. 1 lit. a REST-RL). Zu den Begriffen Pass bzw. Passersatz (S. 1 Nr. 3) vgl. § 2. In Umsetzung der Möglichkeit des Art. 28 VI UAbs. 1 lit. d REST-RL muss schließlich nachgewiesen werden, dass der **Lebensunterhalt** des Ausländers gesichert ist (S. 1 Nr. 4).
9 § 18e I normiert die Erteilungsvoraussetzungen für die Befreiung abschließend. Da es sich nicht um einen Aufenthaltstitel handelt, findet die allgemeine Erteilungsvoraussetzung des § 5 keine Anwendung. Denn diese gelten ausschließlich für die Erteilung eines Aufenthaltstitels iSd § 4 I 2.
10 Zum Zeitpunkt der Mitteilung nach S. 1 äußern sich in Umsetzung von Art. 28 II UAbs. 2 REST-RL S. 2 und 3. Sie hat grundsätzlich zeitgleich mit dem Antrag des Ausländers auf Erteilung eines Aufenthaltstitels nach der REST-RL in dem anderen Mitgliedstaat zu erfolgen (S. 2). Ist der aufnehmenden Forschungseinrichtung zu diesem Zeitpunkt die Absicht des Ausländers, einen Teil der Forschungstätigkeit im Bundesgebiet durchzuführen, noch nicht bekannt, so ist der Zeitpunkt des Bekanntwerdens der Absicht der maßgebliche (S. 3).
11 Mit **S. 4** macht der Gesetzgeber von der ihm durch Art. 32 I lit. a REST-RL eingeräumten Möglichkeit Gebrauch. Zu den Schengen-Staaten s. § 2.
12 Reist der Ausländer in das Bundesgebiet ein, obwohl die Mitteilungs- und Vorlagepflicht nicht erfüllt worden ist, so ist er häufig vom Erfordernis eines nationalen Aufenthaltstitels befreit. Die Befreiung beruht in diesem Fall in der Regel unmittelbar auf Art. 21 SDÜ, sofern der Ausländer sich nur für einen Kurzaufenthalt von maximal 90 Tagen im Bundesgebiet aufhalten will.

IV. Einreise- und Aufenthaltsrecht (Abs. 2)

13 S. 1 knüpft an Abs. 1 S. 2 an. Erfolgt die Mitteilung nach Abs. 1 S. 1 zeitgleich mit dem Antrag des Ausländers auf Erteilung eines Aufenthaltstitels nach der REST-RL in dem anderen Mitgliedstaat, so darf der Ausländer innerhalb der Gültigkeitsdauer des (erteilten) Aufenthaltstitels jederzeit in das Bundesgebiet einreisen und sich hier zum Zweck der Forschung aufhalten. Dies gilt allerdings nicht, wenn die Einreise und der Aufenthalt nach § 19f V abgelehnt worden sind; die Einreise ist deshalb erst nach (durch die Behörde ungenutztem) Ablauf der Ablehnungsfrist des § 19f V 2 zulässig.
14 S. 2 knüpft an Abs. 1 S. 3 an. Erfolgt die Mitteilung nach Abs. 1 S. 1 mit dem Zeitpunkt des Bekanntwerdens, dass der Ausländer beabsichtigt, einen Teil seiner Forschungstätigkeit im Bundesgebiet durchzuführen, so darf der Ausländer innerhalb der Gültigkeitsdauer des Aufenthaltstitels ab Zugang der Mitteilung in das Bundesgebiet einreisen und sich hier zum Zweck der Forschung aufhalten. Die Ablehnungsfrist des § 19f V 2 muss im Fall des Abs. 1 S. 3 nicht abgewartet werden.[4]
15 Die Besonderheit der Einreise- und Aufenthaltsrechte nach Abs. 2 gegenüber den Rechten aus Art. 21 SDÜ besteht darin, dass diese **Aufenthaltszeiten nicht auf die Schengen-Zeiten ange-**

---

[3] Vgl. BR-Drs. 9/17, 57.
[4] BR-Drs. 9/17, 57.

rechnet werden, da die Regelungen der REST-RL – wie auch der ICT-RL – lex specialis gegenüber den Schengen-Acquis sind[5].

V. Recht zu Forschung und Lehre (Abs. 3)

Abs. 3 stellt zum einen klar, dass der Ausländer im Bundesgebiet seine Forschungstätigkeit in der aufnehmenden Forschungseinrichtung durchführen darf. Weniger selbstverständlich ist, dass der Ausländer zum anderen auch eine Lehrtätigkeit dort aufnehmen darf. 16

VI. Folgen der Ablehnung der Einreise und des Aufenthalts nach § 19f V (Abs. 4)

Zur Ablehnung der Einreise und des Aufenthalts nach § 18e äußert sich § 19f V. Welche Folge eine Ablehnung hat, ist Gegenstand der Regelung des Abs. 4. Der Ausländer hat seine Forschungstätigkeit unverzüglich (dh ohne schuldhaftes Zögern, vgl. § 121 I 1 BGB) einzustellen **(S. 1)** und das Erfordernis eines Aufenthaltstitels lebt (wieder) auf **(S. 2).** 17

VII. Bescheinigung über das Einreise- und Aufenthaltsrecht (Abs. 5)

Abs. 5 sieht für den Fall, dass keine (fristgerechte) Ablehnung nach § 19f V erfolgt, vor, dass das BAMF eine **Bescheinigung** über die Berechtigung zur Einreise und zum Aufenthalt zum Zweck der Forschung im Rahmen der kurzfristigen Mobilität ausstellt (vgl. Art. 28 X REST-RL). Die Ausstellung hat lediglich deklaratorische Bedeutung.[6] 18

Die formlose Bescheinigung über die Mobilität ist zu befristen, um sicherzustellen, dass sie nach Ablauf des Zeitraums von 180 Tagen nicht mehr im Rechtsverkehr verwendet werden kann. 19

Wird die Befreiung von der Ausländerbehörde nach § 12 IV zeitlich beschränkt oder nach § 19f V nachträglich abgelehnt, so ist die **Bescheinigung anlog § 52 VwVfG einzuziehen.** 20

VIII. Zuständigkeit der Ausländerbehörde (Abs. 6)

Der durch das FEG neu aufgenommene § 18e VI regelt, dass nach Ablehnung der Mobilität oder Ausstellung der Bescheinigung durch das BAMF die Zuständigkeit auf die Ausländerbehörde übergeht **(S. 1).** Hierbei handelt es sich um eine rein deklaratorische Regelung, welche die Zuständigkeitsverteilung nach geltendem Recht (§ 71) aus Klarstellungsgründen erwähnt; eine neue Aufgabenzuweisung an die Ausländerbehörde ist damit nicht verbunden. Die Ausländerbehörde ist nach Durchführung des Mitteilungsverfahrens für alle weiteren aufenthaltsrechtlichen Maßnahmen und Entscheidungen in Bezug auf den Ausländer zuständig. 21

Als Maßnahmen kommen insbesondere die **nachträgliche zeitliche Beschränkung der Befreiung nach § 12 IV** oder eine **nachträgliche Ablehnung** bei Vorliegen eines Ausweisungsinteresses nach § 19f V 3 in Betracht. Die Befugnis des § 12 IV bleibt neben der speziellen Befugnis nach § 19f V 3, die ausschließlich an § 19f V 1 Nr. 4 anknüpft, anwendbar und wird nicht durch die Sonderregelung gesperrt. Denn die Ablehnung in den Fällen des § 19a V 1 Nr. 1–3 obliegt dem BAMF im Rahmen der anzustellenden Prüfung innerhalb der 30-Tages-Frist. Entfallen die Voraussetzungen nach Ablauf von 30 Tagen, so kann die Ausländerbehörde eine eigenständige Prüfung auf Grundlage des § 12 IV vornehmen, da § 19a V 3 hier keine Anwendung findet. 22

Kommt es zu einer nachträglichen Ablehnung oder nachträglichen Einziehung der Befreiung, so ist die Bescheinigung analog § 52 VwVfG einzuziehen. 23

Bei nachträglicher Ablehnung der Befreiung hat der Ausländer nach § 18e IV die Erwerbstätigkeit unverzüglich einzustellen, da die bis dahin nach § 18e I 1 bestehende Befreiung vom Erfordernis eines Aufenthaltstitels entfällt. 24

§ 19f V 4 verpflichtet die Ausländerbehörde, die Ablehnung neben dem Ausländer auch der zuständigen Behörde des anderen Mitgliedstaates und der mitteilenden Einrichtung bekannt zu geben. 25

---

[5] Für die ICT-RL wurde dies ausdrücklich in einer interinstitutionellen Erklärung des Rates, des Parlaments und der Kommission v. 5.5.2014 (9346/14 ADD 1) festgestellt: „Mit dieser Richtlinie wird eine eigenständige Mobilitätsregelung festgelegt, in der auf der Grundlage von Art 79 Abs 2 lit a und b AEUV erlassene spezifische Vorschriften über die Bedingungen für die Einreise, den Aufenthalt und die Freizügigkeit eines Drittstaatenangehörigen vorgesehen sind, der konzernintern zu Arbeitszwecken in andere Mitgliedstaaten als den Mitgliedstaat entsandt wird, der den Aufenthaltstitel für konzernintern entsandte Arbeitnehmer ausgestellt hat, wobei diese Vorschriften als ‚lex specialis' gegenüber dem Schengen-Besitzstand anzusehen sind."

[6] Vgl. BR-Drs. 9/17, 58.

§ 18f Aufenthaltserlaubnis für mobile Forscher

(1) Für einen Aufenthalt zum Zweck der Forschung, der mehr als 180 Tage und höchstens ein Jahr dauert, wird einem Ausländer ohne Zustimmung der Bundesagentur für Arbeit eine Aufenthaltserlaubnis erteilt, wenn

1. er einen für die Dauer des Verfahrens gültigen nach der Richtlinie (EU) 2016/801 erteilten Aufenthaltstitel eines anderen Mitgliedstaates besitzt,
2. die Kopie eines anerkannten und gültigen Passes oder Passersatzes vorgelegt wird und
3. die Aufnahmevereinbarung oder der entsprechende Vertrag, die oder der mit der aufnehmenden Forschungseinrichtung im Bundesgebiet geschlossen wurde, vorgelegt wird.

(2) Wird der Antrag auf Erteilung der Aufenthaltserlaubnis mindestens 30 Tage vor Beginn des Aufenthalts im Bundesgebiet gestellt und ist der Aufenthaltstitel des anderen Mitgliedstaates weiterhin gültig, so gelten, bevor über den Antrag entschieden wird, der Aufenthalt und die Erwerbstätigkeit des Ausländers für bis zu 180 Tage innerhalb eines Zeitraums von 360 Tagen als erlaubt.

(3) Für die Berechtigung zur Ausübung der Forschungstätigkeit und einer Tätigkeit in der Lehre gilt § 18d Absatz 5 entsprechend.

(4) Der Ausländer und die aufnehmende Forschungseinrichtung sind verpflichtet, der Ausländerbehörde Änderungen in Bezug auf die in Absatz 1 genannten Voraussetzungen anzuzeigen.

(5) [1]Der Antrag wird abgelehnt, wenn er parallel zu einer Mitteilung nach § 18e Absatz 1 Satz 1 gestellt wurde. [2]Abgelehnt wird ein Antrag auch, wenn er zwar während eines Aufenthalts nach § 18e Absatz 1, aber nicht mindestens 30 Tage vor Ablauf dieses Aufenthalts vollständig gestellt wurde.

Allgemeine Verwaltungsvorschrift
Nicht belegt.

I. Entstehungsgeschichte

1 Die Vorschrift wurde ursprünglich als § 20b mit dem RLUmsG 2017[1] eingefügt. Mit ihr soll insbesondere Art. 29 REST-RL (→ § 18d Rn. 1) umgesetzt werden. Die als § 20b aF aufgenommene Vorschrift wurde mit dem FEG[2] zum heutigen § 18f und damit systematisch den Regelungen zu Fachkräften zugeordnet. Abs. 5, der die Verlängerung der Aufenthaltserlaubnis regelte, wurde mit dem FEG aufgehoben. Außerdem wurde in Abs. 1 klargestellt, dass die Aufenthaltserlaubnis ohne Zustimmung der BfA erteilt werden kann.

II. Allgemeines

2 § 18f zielt wie § 18e auf Fälle, in denen der Drittstaatsangehörige über einen durch einen anderen Mitgliedstaat erteilten Aufenthaltstitel nach der REST-RL verfügt. § 18f regelt nun den Fall der nicht mehr kurzfristigen Mobilität („langfristige Mobilität", vgl. die Überschrift zu Art. 29 REST-RL).

III. Aufenthaltserlaubnis für mobile Forscher (Abs. 1)

3 Abs. 1 stellt einleitend klar, dass von einer nicht mehr kurzfristigen Mobilität zum Zweck der Forschung im Fall eines Aufenthalts von mehr als 180 Tagen bis zu einem Jahr auszugehen ist. Für einen solchen wird eine Aufenthaltserlaubnis bei Vorliegen der Voraussetzungen der Nr. 1–3 (vgl. Art. 29 II UAbs. 1 REST-RL) erteilt. Der Ausländer muss insbesondere im Besitz eines für die Dauer des Verfahrens gültigen, von einem anderen Mitgliedstaat erteilten Aufenthaltstitels nach der REST-RL sein (Nr. 1). Die Nr. 2 und 3 entsprechen den Voraussetzungen des § 18e I Nr. 2 und 3.

4 In Abs. 1 wird – abweichend von der allgemeinen Erteilungsvoraussetzung in § 18 – klargestellt, dass die **Aufenthaltserlaubnis ohne Zustimmung der BA** erteilt wird. Die Vorschrift findet wie bislang auch in den Fällen Anwendung, in denen kein Beschäftigungsverhältnis begründet wird (zB Forschungsaufenthalt von Stipendiaten). Der nach § 18 II Nr. 1 erforderliche Nachweis eines konkreten Arbeitsplatzangebots kann insbesondere durch die Aufnahmevereinbarung oder den entsprechenden Vertrag zur Durchführung des Forschungsvorhabens nach § 18d I Nr. 1 erbracht werden.

5 Das BAMF nimmt nach § 91d I 1 Anträge nach § 18f entgegen und leitet diese Anträge an die zuständige Ausländerbehörde weiter. Es teilt dem Antragsteller die zuständige Ausländerbehörde mit (§ 91d I 2).

---

[1] Gesetz zur Umsetzung aufenthaltsrechtlicher RL der EU zur Arbeitsmigration v. 12.5.2017, BGBl. I S. 1106.
[2] BGBl. 2019 I S. 1307, in Kraft getreten am 1.3.2020.

IV. Erlaubnisfiktion (Abs. 2)

Mit Abs. 2 setzt der Gesetzgeber Art. 29 II lit. d REST-RL um. Die Vorschrift normiert die 6 Fiktion eines erlaubten Aufenthalts und einer erlaubten Beschäftigung. Der in Abs. 2 genannte Aufenthalts- und Beschäftigungszeitraum entspricht demjenigen einer kurzfristigen Mobilität (vgl. § 18e I 1). Als Voraussetzung für die Erlaubnisfiktion nennt Abs. 3 zweierlei: Zum einen muss der Antrag auf Erteilung der Aufenthaltserlaubnis mindestens 30 Tage vor Beginn des Aufenthalts gestellt worden sein. Zum anderen muss der Aufenthaltstitel des anderen Mitgliedstaats weiterhin gültig sein.

V. Entsprechende Anwendung des § 18d V (Abs. 3)

Die in Abs. 3 angeordnete entsprechende Anwendung des § 18d V bedeutet, dass die Aufenthalts- 7 erlaubnis den Ausländer zur Aufnahme der Forschungstätigkeit bei der in der Aufnahmevereinbarung bezeichneten Forschungseinrichtung und zur Aufnahme von Tätigkeiten in der Lehre berechtigt.

VI. Anzeigepflichten (Abs. 4)

Abs. 4 verpflichtet den Ausländer und die aufnehmende Forschungseinrichtung, Änderungen in 8 Bezug auf die Erteilungsvoraussetzungen des Abs. 1 anzuzeigen.

VII. Ablehnung des Antrags (Abs. 5)

Mit Abs. 5 setzt der Gesetzgeber Art. 29 II lit. e REST-RL um. Die Vorschrift dient der Klar- 9 stellung der Trennung zwischen kurzfristiger und langfristiger Mobilität.[3] Der Antrag auf Erteilung einer Aufenthaltserlaubnis nach Abs. 1 ist nach S. 1 abzulehnen, wenn die aufnehmende Forschungseinrichtung auch eine Mitteilung an das BAMF nach § 18e I 1 gemacht hat; eine kurzfristige Mobilität (§ 18e) und eine längerfristige Mobilität (§ 18f) schließen sich aus. S. 2 betrifft den Fall eines Übergangs von einer kurzfristigen zu einer längerfristigen Mobilität. In einem solchen muss der Ausländer den Antrag auf Erteilung einer Aufenthaltserlaubnis nach Abs. 1 mindestens 30 Tage vor Ablauf des kurzfristigen Aufenthalts stellen.

§ 19 ICT-Karte für unternehmensintern transferierte Arbeitnehmer

(1) [1] Eine ICT-Karte ist ein Aufenthaltstitel zum Zweck eines unternehmensinternen Transfers eines Ausländers. [2] Ein unternehmensinterner Transfer ist die vorübergehende Abordnung eines Ausländers
1. in eine inländische Niederlassung des Unternehmens, dem der Ausländer angehört, wenn das Unternehmen seinen Sitz außerhalb der Europäischen Union hat, oder
2. in eine inländische Niederlassung eines anderen Unternehmens der Unternehmensgruppe, zu der auch dasjenige Unternehmen mit Sitz außerhalb der Europäischen Union gehört, dem der Ausländer angehört.

(2) [1] Einem Ausländer wird die ICT-Karte erteilt, wenn
1. er in der aufnehmenden Niederlassung als Führungskraft oder Spezialist tätig wird,
2. er dem Unternehmen oder der Unternehmensgruppe unmittelbar vor Beginn des unternehmensinternen Transfers seit mindestens sechs Monaten und für die Zeit des Transfers ununterbrochen angehört,
3. der unternehmensinterne Transfer mehr als 90 Tage dauert,
4. der Ausländer einen für die Dauer des unternehmensinternen Transfers gültigen Arbeitsvertrag und erforderlichenfalls ein Abordnungsschreiben vorweist, worin enthalten sind:
    a) Einzelheiten zu Ort, Art, Entgelt und zu sonstigen Arbeitsbedingungen für die Dauer des unternehmensinternen Transfers sowie
    b) der Nachweis, dass der Ausländer nach Beendigung des unternehmensinternen Transfers in eine außerhalb der Europäischen Union ansässige Niederlassung des gleichen Unternehmens oder der gleichen Unternehmensgruppe zurückkehren kann, und
5. er seine berufliche Qualifikation nachweist.

[2] Führungskraft im Sinne dieses Gesetzes ist eine in einer Schlüsselposition beschäftigte Person, die in erster Linie die aufnehmende Niederlassung leitet und die hauptsächlich unter der allgemeinen Aufsicht des Leitungsorgans oder der Anteilseigner oder gleichwertiger Personen steht oder von ihnen allgemeine Weisungen erhält. [3] Diese Position schließt die Leitung der aufnehmenden Niederlassung oder einer Abteilung oder Unterabteilung der aufnehmenden Niederlassung, die Überwachung und Kontrolle der Arbeit des sonstigen Aufsicht führenden Personals und der Fach- und Führungskräfte sowie die Befugnis zur

---

[3] BR-Drs. 9/17, 59.

Empfehlung einer Anstellung, Entlassung oder sonstigen personellen Maßnahme ein. ⁴Spezialist im Sinne dieses Gesetzes ist, wer über unerlässliche Spezialkenntnisse über die Tätigkeitsbereiche, die Verfahren oder die Verwaltung der aufnehmenden Niederlassung, ein hohes Qualifikationsniveau sowie angemessene Berufserfahrung verfügt.

(3) ¹Die ICT-Karte wird einem Ausländer auch erteilt, wenn
1. er als Trainee im Rahmen eines unternehmensinternen Transfers tätig wird und
2. die in Absatz 2 Satz 1 Nummer 2 bis 4 genannten Voraussetzungen vorliegen.

²Trainee im Sinne dieses Gesetzes ist, wer über einen Hochschulabschluss verfügt, ein Traineeprogramm absolviert, das der beruflichen Entwicklung oder der Fortbildung in Bezug auf Geschäftstechniken und -methoden dient, und entlohnt wird.

(4) ¹Die ICT-Karte wird erteilt
1. bei Führungskräften und bei Spezialisten für die Dauer des Transfers, höchstens jedoch für drei Jahre und
2. bei Trainees für die Dauer des Transfers, höchstens jedoch für ein Jahr.

²Durch eine Verlängerung der ICT-Karte dürfen die in Satz 1 genannten Höchstfristen nicht überschritten werden.

(5) Die ICT-Karte wird nicht erteilt, wenn der Ausländer
1. auf Grund von Übereinkommen zwischen der Europäischen Union und ihren Mitgliedstaaten einerseits und Drittstaaten andererseits ein Recht auf freien Personenverkehr genießt, das dem der Unionsbürger gleichwertig ist,
2. in einem Unternehmen mit Sitz in einem dieser Drittstaaten beschäftigt ist oder
3. im Rahmen seines Studiums ein Praktikum absolviert.

(6) Die ICT-Karte wird darüber hinaus nicht erteilt, wenn
1. die aufnehmende Niederlassung hauptsächlich zu dem Zweck gegründet wurde, die Einreise von unternehmensintern transferierten Arbeitnehmern zu erleichtern,
2. sich der Ausländer im Rahmen der Möglichkeiten der Einreise und des Aufenthalts in mehreren Mitgliedstaaten der Europäischen Union zu Zwecken des unternehmensinternen Transfers im Rahmen des Transfers länger in einem anderen Mitgliedstaat aufhalten wird als im Bundesgebiet oder
3. der Antrag vor Ablauf von sechs Monaten seit dem Ende des letzten Aufenthalts des Ausländers zum Zweck des unternehmensinternen Transfers im Bundesgebiet gestellt wird.

(7) Diese Vorschrift dient der Umsetzung der Richtlinie 2014/66/EU des Europäischen Parlaments und des Rates vom 15. Mai 2014 über die Bedingungen für die Einreise und den Aufenthalt von Drittstaatsangehörigen im Rahmen eines unternehmensinternen Transfers (ABl. L 157 vom 27.5.2014, S. 1).

Allgemeine Verwaltungsvorschrift
Nicht belegt.

Übersicht

	Rn.
I. Entstehungsgeschichte	1
II. Allgemeines	4
III. Unternehmensinterner Transfer (Abs. 1)	17
IV. Erteilung an Führungskräfte und Spezialisten (Abs. 2)	24
1. Führungskräfte (S. 1 Nr. 1, S. 2 und 3)	25
2. Spezialisten (S. 4)	26
3. (Weitere) Erteilungsvoraussetzungen (Abs. 2)	28
V. Erteilung an Trainees (Abs. 3)	32
VI. Aufenthaltsdauer (Abs. 4)	34
VII. Negative Erteilungsvoraussetzungen (Abs. 5 und 6)	36

I. Entstehungsgeschichte

1   Die Vorschrift wurde mit dem RLUmsG 2017[1] eingefügt. Dass die Vorschrift der Umsetzung der RL 2014/66/EU des Europäischen Parlaments und des Rates vom 15.5.2014 über die Bedingungen für die Einreise und den Aufenthalt von Drittstaatsangehörigen im Rahmen eines unternehmensinternen Transfers (ICT-RL[2]) dient, ergibt sich bereits aus ihrem Abs. 7.

---
[1] Gesetz zur Umsetzung aufenthaltsrechtlicher RL der EU zur Arbeitsmigration v. 12.5.2017, BGBl. I S. 1106.
[2] ABl. 2014 L 157, 1.

ICT-Karte für unternehmensintern transferierte Arbeitnehmer **§ 19 AufenthG 1**

Mit dem FEG[3] wurde der bisherige § 19 aF zum neuen § 19 und damit systematisch von den Regelungen zu Fachkräften in §§ 18–18f abgesetzt. Dies erfolgt vor dem Hintergrund, dass die ICT-Karte an Ausländer mit unterschiedlichen Qualifikationen erteilt werden kann (Führungskräfte, Spezialisten, Trainees). Die bisherige Regelung, in dem die Zustimmung der BfA geregelt war, wurde gestrichen, da nach § 18 II Nr. 2 die Zustimmung der BfA künftig allgemeine Voraussetzung für die Erteilung von Aufenthaltstiteln nach Abschnitt 4 ist. Des Weiteren wurde der Verweis auf den vollständigen Namen der RL (EU) 2014/66 von Abs. 1 S. 1 in Abs. 7 verschoben. 2

Durch Art. 3 des Gesetzes über die Errichtung eines Bundesamts für Auswärtige Angelegenheiten und zur Änderung des Gesetzes über den Auswärtigen Dienst, des Aufenthaltsgesetzes und zur Anpassung anderer Gesetze an die Errichtung des Bundesamts[4] wurde in Abs. 6 die Nr. 1 aufgenommen. Die bisherigen Nr. 1 und 2 wurden die Nr. 2 und 3. Es handelt sich um eine Korrektur des FEG[5], da die bis zum 29.2.2020 geltenden Fassung des AufenthG in § 19b VI Nr. 1 vorsah, die Erteilung einer ICT-Karte für unternehmensintern transferierte Arbeitnehmer abzulehnen, wenn die aufnehmende Niederlassung hauptsächlich zu dem Zweck gegründet wurde, die Einreise von unternehmensintern transferierten Arbeitnehmern zu erleichtern. Dieser Ablehnungsgrund, der versehentlich im FEG nicht aufgenommen worden war, wurde mit Wirkung zum 1.3.2020 in leicht modifizierter Form in § 19 VI in das Gesetz aufgenommen. 3

II. Allgemeines

Die Vorschriften über die ICT-Karte (§ 19), die Mobiler-ICT-Karte (§ 19b) und die ICT-Befreiung (§ 19a) dienen der Umsetzung der ICT-RL[6], wie Abs. 7 ausdrücklich klarstellt. Die Umsetzungsfrist der ICT-RL lief nach Art. 27 I ICT-RL am 29.11.2016 ab. 4

Nach Art. 2 I ICT-RL gilt die RL für Drittstaatsangehörige, „die zum Zeitpunkt der Antragstellung ihren **Aufenthalt außerhalb des Hoheitsgebiets der Mitgliedstaaten** haben". Zu den Mitgliedstaaten gehören auch **Irland und Dänemark,** auch wenn diese Staaten – Erwägungsgründe 47 und 48 – zur Umsetzung der ICT-RL nicht verpflichtet sind. 5

Da aufgrund des Art. 2 II lit. b die ICT-RL keine Anwendung auf Drittstaatsangehörige findet, „denen aufgrund von Abkommen zwischen der Union und ihren Mitgliedstaaten einerseits und Drittstaaten andererseits Freizügigkeitsrechte gewährt werden, die denen der Unionsbürger entsprechen oder die in einem Unternehmen mit Sitz in einem dieser Drittstaaten beschäftigt sind", sind die Regelungen über die ICT-Karte weder auf **Staatsangehörige der Schweiz noch der EWR-Staaten** anwendbar. Entsprechendes gilt für Drittstaatsangehörige, die bei Unternehmen in diesen Ländern beschäftigt sind[7]. 6

ICT steht für „intra-corporate transferees". Die amtliche Überschrift des § 19 ist deshalb wenig glücklich gewählt, stellt sie doch gleich zweimal auf „unternehmensintern transferierte Arbeitnehmer" ab. § 19 betrifft auch den Fall, dass sich der Ausländer im Rahmen des Transfers in mehreren Mitgliedstaaten aufhalten möchte, wobei der Aufenthalt in der Bundesrepublik Deutschland der längste sein soll (vgl. Art. 11 III 2 ICT-RL). Ist der Ausländer bereits durch einen anderen Mitgliedstaat ein Aufenthaltstitel nach der ICT-RL erteilt worden, greifen § 19a oder § 19b. Abs. 1 stellt die ICT-Karte als Aufenthaltstitel vor und führt aus, was unter einem unternehmensinternen Transfer zu verstehen ist. Mit der Erteilung einer ICT-Karte an Führungskräfte und Spezialisten beschäftigt sich Abs. 2, mit der Erteilung an Trainees Abs. 3. Eine Regelung zur Aufenthaltsdauer enthält Abs. 4. Abs. 5 und 6 bestimmen, in welchen Fällen eine ICT-Karte nicht erteilt werden kann. 7

Mit dem RLUmsG 2017 wurden in § 4 2 Nr. 2b die Bestimmungen aufgenommen, dass ein Aufenthaltstitel als ICT-Karte erteilt werden kann und auf eine solche nach § 4 I 3 grundsätzlich die für die Aufenthaltserlaubnis geltenden Rechtsvorschriften gelten. Durch diese Regelungen wird zugleich klargestellt, dass auch die **allgemeinen Erteilungsvoraussetzungen des § 5 I, insbesondere die Lebensunterhaltssicherung,** vorliegen müssen. Um zu verhindern, dass ein Ausländer im Bundesgebiet über § 39 S. 1 Nr. 1 AufenthV iVm § 4 I 3 auf eine ICT-Karte umsteigt und damit das Visumverfahren umgeht, hat der Gesetzgeber in den §§ 39 S. 2, 41 IV AufenthV und § 5 II 3 Regelungen aufgenommen, die den **Umstieg von einem anderen Aufenthaltstitel zu einer ICT-Karte unmöglich machen.** Damit wird Art. 11 II ICT-RL umgesetzt, der bestimmt, dass der Aufenthaltstitel von einem Drittstaat aus beantragt werden muss. 8

ICT-Karte und Mobiler-ICT-Karte können dadurch unterschieden werden, dass die ICT-Karte nur einem Ausländer außerhalb des Gebiets der Mitgliedstaaten (nicht nur Deutschland) erteilt werden 9

---

[3] BGBl. 2019 I S. 1307, in Kraft getreten am 1.3.2020.
[4] G. v. 12.6.2020 BGBl. I S. 1241, in Kraft getreten am 24.6.2020.
[5] BGBl. 2019 I S. 1307, in Kraft getreten am 1.3.2019.
[6] RL (EU) 2014/66 des Europäischen Parlaments und des Rates v. 15.5.2014 über die Bedingungen für die Einreise und den Aufenthalt von Drittstaatsangehörigen im Rahmen eines unternehmensinternen Transfers (ABl. 2014 L 157, 1).
[7] Zutreffend *Klaus,* Mobilisierte Fachkräfte: Die Umsetzung der ICT-RL, ZAR 2017, 257 (261).

darf, während die Mobilitätsrechte nach § 19b einem Ausländer zuteilwerden, der über ein Visumverfahren bereits in das Gebiet der EU transferiert wurde.

10 Mit dem **Begriff „Karte"** knüpft das deutsche Recht an einen deklaratorischen Aufenthaltstitel an, ähnlich der Aufenthaltskarte für drittstaatsangehörige Familienangehörige eines EU-Bürgers nach § 5 I FreizügG. Dies ist insoweit missverständlich, weil die ICT-Karte wie auch die Mobiler-ICT-Karte **konstitutive Aufenthaltstitel** sind und damit gerade nicht deklaratorisch wirken.

11 **Als Aufenthaltstitel nach § 4 I 2 Nr. 2b gelten die allgemeinen Regelerteilungsvoraussetzungen des § 5 I, II.** Dass § 5 II 1 ausdrücklich die ICT-Karte erwähnt, führt dazu, dass das Visumverfahren nicht für die Mobiler-ICT-Karte gilt. Denn andernfalls hätte der Gesetzgeber den Begriff der Aufenthaltserlaubnis ausreichen lassen können, der über § 4 I 3 auch die ICT-Karte und die Mobiler-ICT-Karte erfasst hätte. Wird in § 5 II 1 aber ausdrücklich nur die ICT-Karte erwähnt, so kann dies nur bedeuten, dass die Regelung ausnahmsweise nicht auf die Mobiler-ICT-Karte Anwendung finden soll.

12 Weiterhin wurde die ICT-Karte in § 6 III 2 als weiterer Aufenthaltstitel aufgenommen. Liegen die Voraussetzungen des § 5 I, II sowie § 19 vor, so handelt es sich um eine **gebundene Entscheidung**.

13 Erhält der Ausländer ein nationales Visum (Typ D) für die ICT-Karte, so könnte dieses wegen § 39 S. 2 AufenthV bei strikter Auslegung nicht als ICT-Karte umgeschrieben werden. Denn bei der ICT-Karte handelt es sich um einen anderen Aufenthaltstitel als das nationale Visum, sodass ein Fall der erstmaligen Erteilung eines Aufenthaltstitels vorliegt (vgl. § 81 IV 1). Dieses sinnwidrige Ergebnis muss durch eine **teleologische Reduktion des § 39 S. 2 AufenthV** vermieden werden, da diese Vorschrift nur den Umstieg auf eine ICT-Karte ohne vorheriges Visumverfahren verhindern soll, nicht aber der Umsetzung eines nationalen Visums entgegensteht, das gerade zum Zwecke der Erteilung einer ICT-Karte ausgestellt wurde.

14 Die Sonderregelung des § 39 S. 1 Nr. 8 betrifft die **Verlängerung der ICT-Karte,** nicht deren erstmalige Erteilung. Hier steht S. 2 des § 39 AufenthV nicht entgegen, da dieser nur die erstmalige Beantragung, nicht aber die Verlängerung der ICT-Karte erfasst.

15 Im Visumverfahren kann die ICT-Karte nach Art. 18 SDÜ ausschließlich als nationales Visum (Typ D) erteilt werden[8]. Einem Schengen-Visum (Typ C) steht die Regelung des § 19 II 1 Nr. 3 entgegen, wonach die ICT-Karte nur für unternehmensinterne Transfers von mehr als 90 Tagen erteilt werden darf.

16 **Antragsteller der ICT-Karte ist der Ausländer** nach § 81 I. Nach Art. 11 I ICT-RL wäre auch eine Antragstellung durch die aufnehmende Niederlassung in Deutschland möglich gewesen. Diese Option ist aber nicht in nationales Recht umgesetzt worden.

III. Unternehmensinterner Transfer (Abs. 1)

17 Abs. 1 stellt in S. 1 zunächst klar, dass die ICT-Karte ein Aufenthaltstitel nach der ICT-RL zum Zweck eines unternehmensinternen Transfers eines Ausländers ist. Eine **Legaldefinition** des unternehmensinternen Transfers enthält sodann S. 2 in Anlehnung an Art. 3 lit. b ICT-RL. Unterschieden wird zwischen den Fällen einer Abordnung in eine inländische Niederlassung eines Unternehmens, das seinen Sitz außerhalb der EU hat (S. 2 Nr. 1), und derjenigen in eine inländische Niederlassung eines Unternehmens derselben Unternehmensgruppe (S. 2 Nr. 2).

18 Der **Begriff der Unternehmensgruppe** ist anhand der in Art. 3 lit. l ICT-RL enthaltenen Definition auszulegen: „zwei oder mehr Unternehmen, die nach nationalem Recht insofern als miteinander verbunden gelten,
– als ein Unternehmen in Bezug auf ein anderes Unternehmen direkt oder indirekt die Mehrheit des gezeichneten Kapitals dieses Unternehmens besitzt oder
– über die Mehrheit der mit den Anteilen am anderen Unternehmen verbundenen Stimmrechte verfügt oder
– befugt ist, mehr als die Hälfte der Mitglieder des Verwaltungs-, Leitungs- oder Aufsichtsorgans des anderen Unternehmens zu bestellen, oder
– die Unternehmen unter einheitlicher Leitung des Mutterunternehmens stehen".

19 Der **Begriff der Niederlassung** wird im AufenthG nicht definiert, sodass insoweit auf die Definition in Art. 3 lit. d ICT-RL zurückzugreifen ist. Danach bezeichnet der Ausdruck „aufnehmende Niederlassung" die Niederlassung, in die der unternehmensintern transferierte Arbeitnehmer transferiert wird – ungeachtet ihrer Rechtsform – und die im Hoheitsgebiet eines Mitgliedstaats nach nationalem Recht ansässig ist. Der Definition kann entnommen werden, dass die Rechtsform ohne Bedeutung ist und die Niederlassung in Deutschland ansässig sein muss. Die 5. Begründungserwägung der ICT-RL beschreibt die aufnehmenden Unternehmensteile mit den Worten „Zweigniederlassungen und Tochtergesellschaften multinationaler Konzerne".

---

[8] *Klaus,* Mobilisierte Fachkräfte: Die Umsetzung der ICT-RL, ZAR 2017, 257 (259).

Der **Begriff Zweigniederlassung** wird im Unionsrecht etwa in der Zweigniederlassungs-RL[9] 20
verwendet. Der EuGH definiert eine Zweigniederlassung wie folgt[10]: „... der Begriff ‚Zweigniederlassung' [setzt] einen Mittelpunkt geschäftlicher Tätigkeit voraus, der auf Dauer als Außenstelle eines
Stammhauses hervortritt. Dieser Mittelpunkt muss eine Geschäftsführung haben und sachlich so ausgestattet sein, dass er in der Weise Geschäfte mit Dritten betreiben kann, dass diese sich nicht unmittelbar an das Stammhaus zu wenden brauchen." Der Unterschied der Niederlassung zur Unternehmensgruppe liegt darin, dass Letztere gesellschaftsrechtlich verselbstständigt ist[11].

Zur Prüfung der Unternehmensstruktur kann etwa auf Registerauszüge oder vorgelegte Gesell- 21
schaftsverträge abgestellt werden.[12]

Dass der unternehmensinterne Transfer nur einen **vorübergehenden Aufenthalt** betrifft, kommt 22
in Abs. 4, der die zeitliche Höchstdauer des Aufenthalt festlegt, aber auch in Abs. 1 S. 2 („vorübergehende Abordnung") und Abs. 2 S. 1 Nr. 4 lit. b („nach Beendigung ... zurückkehren kann") zum
Ausdruck. Deutschland hat sich bei den zeitlichen Höchstgrenzen an Art. 12 I ICT-RL orientiert und
die Transferdauer von Führungskräften und Spezialisten auf drei Jahre (§ 19 IV 1 Nr. 1) und von
Trainees auf ein Jahr (§ 19 IV 1 Nr. 2) festgelegt. Die Höchstdauer des Aufenthalts von drei Jahren
greift auch ein, wenn der Spezialist zur Führungskraft wird[13]. Für diese Auslegung spricht § 19 IV 2,
der ein Überschreiten der Höchstfristen verhindern will.

Schwierig wird die Prüfung, weil nach Art. 5 lit. c i ICT-RL auch ein Einsatz bei mehr als einer 23
Niederlassung in Deutschland möglich ist („Niederlassung bzw. Niederlassungen").

IV. Erteilung an Führungskräfte und Spezialisten (Abs. 2)

Abs. 2 S. 1 enthält Erteilungsvoraussetzungen für den Fall, dass in der aufnehmenden Niederlassung 24
eine Tätigkeit als Führungskraft oder Spezialist beabsichtigt ist (vgl. Nr. 1).

1. Führungskräfte (S. 1 Nr. 1, S. 2 und 3)

Die **Legaldefinition** des Begriffs der Führungskraft enthält in nahezu wörtlicher Übernahme von 25
Art. 3 lit. e ICT-RL die S. 2 und 3 des Abs. 2. Unproblematisch ist die Situation, dass der Ausländer
die Niederlassung leiten soll. Ansonsten muss dem Ausländer eine Leitungsfunktion übertragen sein,
die eine gewisse Personalverantwortung beinhaltet („Befugnis zur Empfehlung einer Anstellung,
Entlassung oder sonstigen personellen Maßnahme"). Im Einzelfall wird anhand der Beschreibung der
beabsichtigten Position im Unternehmen festzustellen sein, ob der Ausländer (schon) eine Führungskraft sein wird.

2. Spezialisten (S. 4)

§ 19 II 4 enthält die **Legaldefinition** des Begriffs des Spezialisten in Anlehnung an Art. 3 lit. f 26
ICT-RL. In Abgrenzung zur Führungskraft kommt es beim Spezialisten nicht auf die Befugnisse,
sondern auf die vom Ausländer einzubringenden Kenntnisse an. Anders als in S. 4, in dem das hohe
Qualifikationsniveau und die angemessene Berufserfahrung als eigenständige Kriterien genannt sind,
stellt die RL einen Zusammenhang zwischen der Kenntnis einerseits und dem Qualifikationsniveau
und der Berufserfahrung andererseits her. Dort heißt es nämlich, bei der Bewertung der Kenntnisse
werde „auch berücksichtigt, ob die Person über ein hohes Qualifikationsniveau, einschließlich einer
angemessenen Berufserfahrung, für bestimmte Arbeiten oder Tätigkeiten verfügt, die spezifische technische Kenntnisse – einschließlich der etwaigen Zugehörigkeit zu einem zulassungspflichtigen Beruf –
erfordern". In der Sache dürfte sich daraus kein Unterschied ergeben.

Nach Auffassung der Kommission steht die Definition von „Spezialist" in Art. 3 lit. f ICT-RL in 27
Einklang mit der entsprechenden Definition („Person, die über unerlässliche Spezialkenntnisse verfügt"), die in den spezifischen Verpflichtungen der EU im Rahmen des Allgemeinen. Übereinkommens über den Handel mit Dienstleistungen der WTO (GATS) verwendet wird[14]. Die Verwendung
des Begriffs „Spezial-", anstelle von „außergewöhnlich" beinhaltet keine Änderung oder Erweiterung
der GATS-Definition, sondern ist lediglich an den aktuellen Sprachgebrauch angepasst[15].

---

[9] 11. RL des Rates v. 21.12.1989 über die Offenlegung von Zweigniederlassungen, die in einem Mitgliedstaat von Gesellschaften bestimmter Rechtsformen errichtet wurden, die dem Recht eines anderen Staates unterliegen (89/666/EWG – ABl. 1989 L 395, 36). Aufgehoben durch Art. 166 RL (EU) 2017/1132 des EU-Parlaments und des Rates v. 14.6.2017 über bestimmte Aspekte des Gesellschaftsrechts (ABl. 2017 L 169, 46).
[10] EuGH Urt. v. 11.4.2019 – C-464/18 Rn. 33 – Raynair DAC.
[11] Hierzu *Klaus* ZAR 2017, 257 (260).
[12] Vgl. BR-Drs. 9/17, 49.
[13] So auch *Klaus* ZAR 2017, 257 (259).
[14] Erklärung der Kommission v. 5.5.2014 (9346/14 ADD 1).
[15] Erklärung der Kommission v. 5.5.2014 (9346/14 ADD 1).

3. (Weitere) Erteilungsvoraussetzungen (Abs. 2)

28   S. 1 Nr. 2 enthält Maßgaben hinsichtlich der zeitlichen Angehörigkeit des Ausländers zu dem Unternehmen bzw. der Unternehmensgruppe. Hinsichtlich der **Vorbeschäftigungszeit** hat sich der Gesetzgeber für einen Mindestzeitraum von sechs Monaten entschieden; die ICT-RL gibt den Mitgliedstaaten einen Zeitraum von „mindestens drei bis zwölf Monate" vor (Art. 5 I lit. b Alt. 1).

29   In **S. 1 Nr. 3** ist bestimmt, dass der unternehmensinterne Transfer **mehr als 90 Tage** dauern muss (vgl. Art. 1 lit. a ICT-RL).

30   Nach **S. 1 Nr. 4** muss der Ausländer einen für die Dauer des unternehmensinternen Transfers gültigen **Arbeitsvertrag** und erforderlichenfalls ein **Abordnungsschreiben** vorweisen. Letzteres ist dann der Fall, wenn nicht bereits der Arbeitsvertrag die in den lit. a und b der Nr. 4 genannten Angaben enthält.[16] Während sich die Angaben des lit. a auf die Zeit während des unternehmensinternen Transfers beziehen, zielt lit. b auf die Zeit nach dessen Beendigung; der Ausländer muss über eine **Rückkehrmöglichkeit** in eine außerhalb der EU ansässige Niederlassung des gleichen Unternehmens oder der gleichen Unternehmensgruppe verfügen.

31   Schließlich muss der Ausländer nach **S. 1 Nr. 5** seine **berufliche Qualifikation** nachweisen (vgl. Art. 5 I lit. d ICT-RL); gemeint ist die berufliche Qualifikation, die für ein Tätigwerden in der aufnehmenden Niederlassung erforderlich ist. Nach Erwägungsgrund 14 zur ICT-RL sollen die Mitgliedstaaten zur Beurteilung der Qualifikation von unternehmensintern transferierten Arbeitnehmern „gegebenenfalls den Europäischen Qualifikationsrahmen (EQR[17]) heranziehen, damit die Qualifikation auf vergleichbare und transparente Art und Weise bewertet wird. Die nationalen EQR-Koordinierungsstellen können bei der Einordnung der nationalen Qualifikationsebenen in den Europäischen Qualifikationsrahmen Information und Orientierung bieten."

V. Erteilung an Trainees (Abs. 3)

32   Die **Legaldefinition** des Begriffs des Trainees enthält § 19 III 2 in enger Anlehnung an Art. 3 lit. g ICT-RL. Wenig glücklich ist, dass der Gesetzgeber in ihr – anders als der Richtliniengeber – den Begriff „Traineeprogramm" (vgl. Art. 5 VI ICT-RL) verwendet. Der transferierte Trainee muss über einen Hochschulabschluss verfügen und – auch während der Zeit des Transfers – entlohnt werden. Darzulegen und ggf. nachzuweisen, dass die Station in der aufnehmenden Niederlassung der beruflichen Entwicklung oder Fortbildung dient – und nicht ein Einsatz als „normaler Mitarbeiter" geplant ist –, obliegt dem Ausländer (vgl. Erwägungsgrund 20 ICT-RL).

33   Hinsichtlich der (weiteren) **Erteilungsvoraussetzungen** nimmt S. 1 Nr. 2 auf Abs. 2 S. 1 Nr. 2–4 Bezug. Auch bei einem Trainee ist somit eine Vorbeschäftigungszeit von mindestens sechs Monaten erforderlich; insoweit schöpft der Gesetzgeber den in Art. 5 I lit. b Alt. 2 ICT-RL vorgegebenen Rahmen voll aus. Dem Zweck des unternehmensinternen Transfers eines Trainees entsprechend ist ein Nachweis der beruflichen Qualifikation (Abs. 2 S. 1 Nr. 5) nicht erforderlich.

VI. Aufenthaltsdauer (Abs. 4)

34   Während Abs. 2 S. 1 Nr. 3 – bei Trainees iVm Abs. 3 S. 1 Nr. 2 – die Mindestdauer des unternehmensinternen Transfers betrifft, enthält Abs. 4 Regelungen zur Gültigkeit der ICT-Karte. Sie wird für die Dauer des Transfers erteilt. In Umsetzung von Art. 12 I Hs. 1 ICT-RL werden als Höchstdauer bei Führungskräften und Spezialisten drei Jahre und bei Trainees ein Jahr festgesetzt. S. 2 bestimmt ausdrücklich, dass die Höchstdauer durch eine Verlängerung der ICT-Karte nicht überschritten werden darf. Die Festsetzung einer Höchstdauer ist Folge davon, dass ein unternehmensinterner Transfer definitionsgemäß (vgl. Abs. 1 S. 2) auf eine *vorübergehende* Abordnung gerichtet ist.

35   Ist der Aufenthalt einer Führungskraft oder eines Spezialisten über die zeitliche Höchstdauer hinweg im Bundesgebiet erforderlich, so kann der Ausländer einen nationalen Aufenthaltstitel zum Zwecke einer qualifizierten Beschäftigung iVm §§ 3, 4 BeschV beantragen. Dieser nationale Aufenthaltstitel wird durch die Höchstdauer nicht ausgeschlossen.

VII. Negative Erteilungsvoraussetzungen (Abs. 5 und 6)

36   Abs. 5 und 6 enthalten zwingende Versagungsgründe („wird nicht erteilt"). Mit den Nr. 1 und 2 des **Abs. 5** wird Art. 2 II lit. b ICT-RL umgesetzt. Entbehrlich erscheint der Ausschlussgrund des Absolvierens eines Praktikums im Rahmen eines Studiums (Abs. 5 Nr. 3, vgl. Art. 5 II lit. f ICT-RL); wer studiert, kann nicht Trainee und erst recht nicht Führungskraft oder Spezialist sein.

37   **Abs. 6 Nr. 1** bezieht sich auf den Fall, dass die aufnehmende Niederlassung hauptsächlich zu dem Zweck gegründet wurde, die Einreise von unternehmensintern transferierten Arbeitnehmern zu

---

[16] Vgl. BR-Drs. 9/17, 49.
[17] Vgl. die Empfehlung des Europäischen Parlaments und des Rates v. 23.4.2008 zur Einrichtung des Europäischen Qualifikationsrahmens für lebenslanges Lernen (ABl. 2008 C 111, 1).

erleichtern. Die Regelung wurde erst wieder mit Wirkung zum 1.3.2020 eingeführt, nachdem der Ablehnungsgrund durch die Änderung im Rahmen des FEG[18] versehentlich nicht übernommen wurde. Denn in der bis zum 29.2.2020 geltenden Fassung des AufenthG war nach § 19b VI Nr. 1 die Erteilung einer ICT-Karte für unternehmensintern transferierte Arbeitnehmer abzulehnen, wenn die aufnehmende Niederlassung hauptsächlich zu dem Zweck gegründet wurde, die Einreise von unternehmensintern transferierten Arbeitnehmern zu erleichtern.

Abs. 6 Nr. 2 bezieht sich auf den Fall, dass der Ausländer nur einen Teil seines unternehmensinternen Transfers in einer Niederlassung in der EU in einer solchen in der Bundesrepublik Deutschland verbringt und der Aufenthalt in einem anderen Mitgliedstaat länger ist. Auch wenn Deutschland der erste Mitgliedstaat ist, in dem sich der Ausländer aufhalten wird, scheidet die Erteilung einer deutschen ICT-Karte aus (vgl. Art. 11 III 2 ICT-RL); zuständig für die Erteilung des Aufenthaltstitels ist der andere Mitgliedstaat. 38

Mit **Abs. 6 Nr. 3** macht der Gesetzgeber von Art. 7 IV und Art. 12 II ICT-RL Gebrauch. Die „Karenzzeit"-Regelung soll sicherstellen, dass es sich bei den unternehmensinternen Transfers um vorübergehende Abordnungen handelt.[19] Das Ende des letzten Aufenthalts des Ausländers ist seine Ausreise aus dem Bundesgebiet und nicht etwa das vertraglich vereinbarte Transferende. 39

§ 19a Kurzfristige Mobilität für unternehmensintern transferierte Arbeitnehmer

(1) ¹Für einen Aufenthalt zum Zweck eines unternehmensinternen Transfers, der eine Dauer von bis zu 90 Tagen innerhalb eines Zeitraums von 180 Tagen nicht überschreitet, bedarf ein Ausländer abweichend von § 4 Absatz 1 keines Aufenthaltstitels, wenn die ihn aufnehmende Niederlassung in dem anderen Mitgliedstaat dem Bundesamt für Migration und Flüchtlinge und der zuständigen Behörde des anderen Mitgliedstaates mitgeteilt hat, dass der Ausländer die Ausübung einer Beschäftigung im Bundesgebiet beabsichtigt, und dem Bundesamt für Migration und Flüchtlinge mit der Mitteilung vorlegt:
1. den Nachweis, dass der Ausländer einen gültigen nach der Richtlinie (EU) 2014/66 erteilten Aufenthaltstitel eines anderen Mitgliedstaates der Europäischen Union besitzt,
2. den Nachweis, dass die inländische aufnehmende Niederlassung demselben Unternehmen oder derselben Unternehmensgruppe angehört wie dasjenige Unternehmen mit Sitz außerhalb der Europäischen Union, dem der Ausländer angehört,
3. einen Arbeitsvertrag und erforderlichenfalls ein Abordnungsschreiben gemäß den Vorgaben in § 19 Absatz 2 Satz 1 Nummer 4, der oder das bereits den zuständigen Behörden des anderen Mitgliedstaates vorgelegt wurde,
4. die Kopie eines anerkannten und gültigen Passes oder Passersatzes des Ausländers,
5. den Nachweis, dass eine Berufsausübungserlaubnis erteilt wurde oder ihre Erteilung zugesagt ist, soweit diese erforderlich ist.

²Die aufnehmende Niederlassung in dem anderen Mitgliedstaat hat die Mitteilung zu dem Zeitpunkt zu machen, zu dem der Ausländer in dem anderen Mitgliedstaat der Europäischen Union den Antrag auf Erteilung eines Aufenthaltstitels im Anwendungsbereich der Richtlinie (EU) 2014/66 stellt. ³Ist der aufnehmenden Niederlassung in dem anderen Mitgliedstaat zu diesem Zeitpunkt die Absicht des Transfers in eine Niederlassung im Bundesgebiet noch nicht bekannt, so hat sie die Mitteilung zu dem Zeitpunkt zu machen, in dem ihr die Absicht bekannt wird. ⁴Bei der Erteilung des Aufenthaltstitels nach Satz 1 Nummer 1 durch einen Staat, der nicht Schengen-Staat ist, und bei der Einreise über einen Staat, der nicht Schengen-Staat ist, hat der Ausländer eine Kopie der Mitteilung mitzuführen und den zuständigen Behörden auf deren Verlangen vorzulegen.

(2) ¹Erfolgt die Mitteilung zu dem in Absatz 1 Satz 2 genannten Zeitpunkt und wurden die Einreise und der Aufenthalt nicht nach Absatz 4 abgelehnt, so darf der Ausländer jederzeit innerhalb der Gültigkeitsdauer des in Absatz 1 Satz 1 Nummer 1 genannten Aufenthaltstitels des anderen Mitgliedstaates in das Bundesgebiet einreisen und sich dort zum Zweck des unternehmensinternen Transfers aufhalten. ²Erfolgt die Mitteilung zu dem in Absatz 1 Satz 3 genannten Zeitpunkt, so darf der Ausländer nach Zugang der Mitteilung innerhalb der Gültigkeitsdauer des in Absatz 1 Satz 1 Nummer 1 genannten Aufenthaltstitels des anderen Mitgliedstaates in das Bundesgebiet einreisen und sich dort zum Zweck des unternehmensinternen Transfers aufhalten.

(3) ¹Die Einreise und der Aufenthalt werden durch das Bundesamt für Migration und Flüchtlinge abgelehnt, wenn
1. das Arbeitsentgelt, das dem Ausländer während des unternehmensinternen Transfers im Bundesgebiet gewährt wird, ungünstiger ist als das Arbeitsentgelt vergleichbarer deutscher Arbeitnehmer,

---

[18] BGBl. 2019 I S. 1307, in Kraft getreten am 1.3.2019.
[19] BR-Drs. 9/17, 50.

2. die Voraussetzungen des Absatzes 1 Satz 1 Nummer 1, 2, 4 und 5 nicht vorliegen,
3. die nach Absatz 1 vorgelegten Unterlagen in betrügerischer Weise erworben oder gefälscht oder manipuliert wurden,
4. der Ausländer sich schon länger als drei Jahre in der Europäischen Union aufhält oder, falls es sich um einen Trainee handelt, länger als ein Jahr in der Europäischen Union aufhält oder
5. ein Ausweisungsinteresse besteht.

²Eine Ablehnung hat in den Fällen des Satzes 1 Nummer 1 bis 4 spätestens 20 Tage nach Zugang der vollständigen Mitteilung nach Absatz 1 Satz 1 beim Bundesamt für Migration und Flüchtlinge zu erfolgen. ³Im Fall des Satzes 1 Nummer 5 ist eine Ablehnung durch die Ausländerbehörde jederzeit während des Aufenthalts des Ausländers möglich; § 73 Absatz 3c ist entsprechend anwendbar. ⁴Die Ablehnung ist neben dem Ausländer auch der zuständigen Behörde des anderen Mitgliedstaates sowie der Aufnehmenden Niederlassung in dem anderen Mitgliedstaat bekannt zu geben. ⁵Bei fristgerechter Ablehnung hat der Ausländer die Erwerbstätigkeit unverzüglich einzustellen; die bis dahin nach Absatz 1 Satz 1 bestehende Befreiung vom Erfordernis eines Aufenthaltstitels entfällt.

(4) Sofern innerhalb von 20 Tagen nach Zugang der in Absatz 1 Satz 1 genannten Mitteilung keine Ablehnung der Einreise und des Aufenthalts des Ausländers nach Absatz 3 erfolgt, ist dem Ausländer durch das Bundesamt für Migration und Flüchtlinge eine Bescheinigung über die Berechtigung zur Einreise und zum Aufenthalt zum Zweck des unternehmensinternen Transfers im Rahmen der kurzfristigen Mobilität auszustellen.

(5) ¹Nach der Ablehnung gemäß Absatz 3 oder der Ausstellung der Bescheinigung im Sinne von Absatz 4 durch das Bundesamt für Migration und Flüchtlinge ist die Ausländerbehörde gemäß § 71 Absatz 1 für weitere aufenthaltsrechtliche Maßnahmen und Entscheidungen zuständig. ²Der Ausländer hat der Ausländerbehörde unverzüglich mitzuteilen, wenn der Aufenthaltstitel nach Absatz 1 Satz 1 Nummer 1 durch den anderen Mitgliedstaat verlängert wurde.

Allgemeine Verwaltungsvorschrift
Nicht belegt.

Übersicht

	Rn.
I. Entstehungsgeschichte	1
II. Allgemeines	3
III. Entbehrlichkeit eines nationalen Aufenthaltstitels (Abs. 1)	7
IV. Einreise- und Aufenthaltsrecht (Abs. 2)	13
V. Ablehnung der Einreise und des Aufenthalts (Abs. 3)	16
VI. Bescheinigung über das Einreise- und Aufenthaltsrecht (Abs. 4)	20
VII. Zuständigkeit der Ausländerbehörde (Abs. 5)	23

I. Entstehungsgeschichte

1 Die Vorschrift wurde wie § 19 mit dem RLUmsG 2017[1] eingefügt. Sie dient ebenfalls der Umsetzung der ICT-RL (→ § 19 Rn. 1), insbesondere deren Art. 21.

2 Mit dem FEG[2] wurde der frühere § 19c zum neuen § 19a. Außerdem wurde Abs. 1 S. 1 um eine neue Nr. 5 ergänzt, die regelt, dass eine Berufsausübungserlaubnis vorliegen oder ihre Erteilung zugesagt sein muss, sofern eine solche erforderlich ist. **Das Mitteilungsverfahren zur kurzfristigen Mobilität wurde mit dem FEG vollständig auf das BAMF übertragen.** Erst nach Ablehnung der Mobilität oder Ausstellung der Bescheinigung durch das BAMF geht die Zuständigkeit auf die Ausländerbehörde über. Diese ist für alle weiteren aufenthaltsrechtlichen Maßnahmen und Entscheidungen in Bezug auf den Ausländer, mithin auch für eine Ablehnung nach Ablauf der 20-Tages-Frist aus Gründen eines Ausweisungsinteresses, zuständig. Abs. 3 wurde gestrichen und als S. 2 in den neu aufgenommenen Abs. 5 überführt.

II. Allgemeines

3 § 19a betrifft die kurzfristige Mobilität für unternehmensintern transferierte Arbeitnehmer. In welchem Fall von einer solchen auszugehen ist, ist zu Beginn von Abs. 1 geregelt. § 19a ist ein **Befreiungstatbestand** (vgl. § 19a III 5 Hs. 2), da der Aufenthalt für die Dauer von bis zu 90 Tagen ohne Aufenthaltstitel im Bundesgebiet rechtlich zulässig ist.

---
[1] Gesetz zur Umsetzung aufenthaltsrechtlicher RL der EU zur Arbeitsmigration v. 12.5.2017, BGBl. I S. 1106.
[2] BGBl. 2019 I S. 1307, in Kraft getreten am 1.3.2020.

An die Stelle des auf die Erteilung eines Aufenthaltstitels gerichteten Verfahrens tritt ein – von 4
Art. 21 II und III ICT-RL ermöglichtes – Mitteilungsverfahren[3]. Abs. 2 verhält sich zum Einreise-
und Aufenthaltsrecht des Ausländers. Die Ablehnung der Einreise und des Aufenthalts ist in Abs. 3
geregelt. Die Ausstellung einer Bescheinigung über das Einreise- und Aufenthaltsrecht sieht schließlich
Abs. 4 vor. Abs. 5 enthält die Abgrenzung der Zuständigkeiten des BAMF und der Ausländerbehörde.
Als verfahrensrechtliche Ergänzung des § 19a wurde mit dem RLUmsG 2017 § 91g III, IV ins Gesetz
aufgenommen.

Auf den Fall einer nicht mehr kurzfristigen Mobilität (mehr als 90 Tage innerhalb eines Zeitraums 5
von 180 Tagen) bezieht sich § 19b I.

Der Antrag für die Befreiung ist beim BAMF zu stellen. Dieses ist nach § 75 Nr. 5a nicht nur 6
für die Prüfung des Vorliegens der Befreiungsvoraussetzungen im Mitteilungsverfahren zuständig,
sondern auch für die Ausstellung der Bescheinigungen nach § 19a IV oder Ablehnung der Einreise
und des Aufenthalts nach § 19a III.

III. Entbehrlichkeit eines nationalen Aufenthaltstitels (Abs. 1)

S. 1 stellt zunächst klar, dass von einer **kurzfristigen Mobilität** auszugehen ist bei einem Auf- 7
enthalt, der eine Dauer von bis zu 90 Tagen innerhalb eines Zeitraums von 180 Tagen nicht überschreitet. Voraussetzung für die Entbehrlichkeit eines nationalen Aufenthaltstitels ist sodann die
Erfüllung einer **Mitteilungs- und Vorlagepflicht** durch die aufnehmende Niederlassung in dem
anderen Mitgliedstaat. Mitzuteilen ist dem BAMF (vgl. § 19a I 1), dass der Ausländer die Ausübung
einer Beschäftigung im Bundesgebiet beabsichtigt. Vorzulegen ist insbesondere der Nachweis, dass der
Ausländer einen gültigen durch einen anderen Mitgliedstaat erteilten Aufenthaltstitel nach der ICT-
RL besitzt (S. 1 Nr. 1). Mit dem in S. 1 Nr. 3 unter Bezugnahme auf § 19 II 1 Nr. 4 genannten
Arbeitsvertrag bzw. Abordnungsschreiben ist das Dokument gemeint, mit welchem die ICT-Karte des
anderen Mitgliedstaats erlangt wurde.[4] Zu den Begriffen Pass bzw. Passersatz (S. 1 Nr. 4) vgl. § 2.

Mit dem FEG wurde Abs. 1 S. 1 um eine neue Nr. 5 ergänzt, die regelt, dass eine **Berufsaus-** 8
übungserlaubnis vorliegen oder ihre Erteilung zugesagt sein muss, sofern eine solche erforderlich ist.
Dies entspricht Erwägungsgrund 22 der ICT-RL, der davon ausgeht, dass die Regelungen zur kurzfristigen Mobilität (§ 19a) die Voraussetzungen, die bei einer vorübergehenden Tätigkeit in einem
reglementierten Beruf aus berufsrechtlicher Sicht erforderlich sind, unberührt lassen. Dieses Verständnis kam in der bisherigen Fassung von § 19c aF nicht zum Ausdruck, da § 18 V aF mangels Erteilung
eines deutschen Aufenthaltstitels in diesen Fällen nicht galt. Um zu vermeiden, dass deshalb ein
Umkehrschluss gezogen und angenommen wird, dass die berufsrechtlichen Voraussetzungen bei einem
vorübergehenden Aufenthalt unbeachtlich sind, wurde § 19a ergänzt.

§ 19a I normiert die Erteilungsvoraussetzungen für die Befreiung abschließend. Da es sich 9
nicht um einen Aufenthaltstitel handelt, findet die allgemeine Erteilungsvoraussetzung des
§ 5 keine Anwendung[5]. Denn diese gilt ausschließlich für die Erteilung eines Aufenthaltstitels iSd
§ 4 I 2. Mithin findet weder eine Prüfung der Lebensunterhaltssicherung nach § 5 I Nr. 2 noch die
Prüfung der Einhaltung des Visumverfahrens nach § 5 II 1 statt.

Zum Zeitpunkt der Mitteilung nach S. 1 äußern sich in Umsetzung von Art. 21 II ICT-RL **S. 2** 10
und 3. Sie hat grundsätzlich zeitgleich mit dem Antrag des Ausländers auf Erteilung der ICT-Karte in
dem anderen Mitgliedstaat zu erfolgen (S. 2). Ist der aufnehmenden Niederlassung zu diesem Zeitpunkt die Absicht des Transfers in eine hiesige Niederlassung nicht bekannt, so ist der Zeitpunkt des
Bekanntwerdens der Absicht der maßgebliche (S. 3).

Mit **S. 4** macht der Gesetzgeber von der ihm durch Art. 23 I lit. a ICT-RL eingeräumten Möglich- 11
keit Gebrauch. Zu den Schengen-Staaten s. § 2.

Reist der Ausländer in das Bundesgebiet ein, obwohl die Mitteilungs- und Vorlagepflicht nicht 12
erfüllt worden ist, so ist er häufig vom Erfordernis eines nationalen Aufenthaltstitels befreit. Die
Befreiung beruht in diesem Fall in der Regel unmittelbar auf **Art. 21 SDÜ**, sofern der Ausländer sich
nur für einen Kurzaufenthalt von maximal 90 Tagen im Bundesgebiet aufhalten will.

IV. Einreise- und Aufenthaltsrecht (Abs. 2)

S. 1 knüpft an Abs. 1 S. 2 an. Erfolgt die Mitteilung nach Abs. 1 S. 1 zeitgleich mit dem Antrag des 13
Ausländers auf Erteilung eines Aufenthaltstitels nach der ICT-RL in dem anderen Mitgliedstaat, so darf
der Ausländer innerhalb der Gültigkeitsdauer des (erteilten) Aufenthaltstitels jederzeit in das Bundesgebiet einreisen und sich hier zum Zweck des unternehmensinternen Transfers aufhalten. Dies gilt
allerdings nicht, wenn die Einreise und der Aufenthalt nach Abs. 3 abgelehnt worden sind; die Einreise
ist deshalb erst nach (durch die Behörde ungenutztem) Ablauf der Ablehnungsfrist des Abs. 4 zulässig.

---

[3] Vgl. BR-Drs. 9/17, 51.
[4] BR-Drs. 9/17, 52.
[5] So auch *Klaus* ZAR 2017, 257 (267).

1 AufenthG § 19a

14 S. 2 knüpft an Abs. 1 S. 3 an. Erfolgt die Mitteilung nach Abs. 1 S. 1 mit dem Zeitpunkt des Bekanntwerdens, dass ein unternehmensinterner Transfer in die hiesige Niederlassung erfolgen soll, so darf der Ausländer innerhalb der Gültigkeitsdauer des Aufenthaltstitels ab Zugang der Mitteilung in das Bundesgebiet einreisen und sich hier zum Zweck des unternehmensinternen Transfers aufhalten. Die 20-Tages-Frist des Abs. 4 muss im Fall des Abs. 1 S. 3 nicht abgewartet werden[6].

15 **Die Besonderheit der Einreise- und Aufenthaltsrechte nach Abs. 2 gegenüber den Rechten aus Art. 21 SDÜ besteht darin, dass diese Aufenthaltszeiten nicht auf die Schengen-Zeiten angerechnet werden.** Im Rahmen des europäischen Rechtsetzungsverfahrens wurde davon ausgegangen, dass die Regelungen der ICT-RL lex specialis gegenüber den Schengen-Acquis sind[7]. Aufenthaltszeiten nach der ICT-RL, die bereits während der Prüfphase der Befreiung anfallen, sind ebenso wenig auf die Schengen-Zeiten nach Art. 21 SDÜ anzurechnen wie Aufenthaltszeiten, die unmittelbar auf der Befreiung beruhen.

V. Ablehnung der Einreise und des Aufenthalts (Abs. 3)

16 Das Mitteilungsverfahren zur kurzfristigen Mobilität wurde mit dem FEG vollständig auf das BAMF übertragen, um eine Handhabung innerhalb der kurzen Ablehnungsfrist (20 Tage) zu gewährleisten. Nach Ablehnung der Mobilität oder Ausstellung der Bescheinigung durch das BAMF geht die Zuständigkeit auf die Ausländerbehörde über. Diese ist für alle weiteren aufenthaltsrechtlichen Maßnahmen und Entscheidungen in Bezug auf den Ausländer, mithin auch für eine Ablehnung nach Ablauf der 20-Tages-Frist aus Gründen eines Ausweisungsinteresses, zuständig.

17 S. 1 enthält die Gründe, die zwingend zur Ablehnung der Einreise und des Aufenthalts des Ausländers durch die Ausländerbehörde führen. Mit S. 1 **Nr. 1** setzt der Gesetzgeber Art. 21 VI UAbs. 1 lit. a iVm Art. 5 IV ICT-RL um. Der Ausländer soll vor einer Ausbeutung im Hinblick auf das ihm gewährte Arbeitsentgelt geschützt werden[8]. S. 1 **Nr. 2** nimmt Bezug auf die Gründe, die bereits dafür vorliegen müssen, dass ein nationaler Aufenthaltstitel entbehrlich ist (durch einen anderen Mitgliedstaat erteilter Aufenthaltstitel nach der ICT-RL [Abs. 1 S. 1 Nr. 1], Nachweis hinsichtlich der Angehörigkeit der aufnehmenden Niederlassung [Abs. 1 S. 1 Nr. 2] und Vorlage eines Passes oder Passersatzes [Abs. 1 S. 1 Nr. 4]). Nach der Vorstellung des Gesetzgebers greift der Ablehnungsgrund des S. 1 Nr. 2 auch, wenn die Mitteilung nach Abs. 1 S. 1 über die geplante Mobilität nicht erfolgt ist[9]. Außerdem wird auf den Nachweis, dass eine Berufsausübungserlaubnis erteilt wurde oder ihre Erteilung zugesagt ist, soweit diese erforderlich ist, verwiesen (Abs. 1 S. 1 Nr. 5).

18 Mit S. 1 **Nr. 3** setzt der Gesetzgeber Art. 21 VI UAbs. 1 lit. b ICT-RL um, mit S. 1 **Nr. 4** Art. 21 VI UAbs. 1 lit. c Alt. 1 ICT-RL. Ablehnungsgrund ist darüber hinaus nach S. 1 **Nr. 5** ein bestehendes Ausweisungsinteresse (vgl. § 53 I); die Vorschrift ist im Licht des Art. 21 IX ICT-RL auszulegen, wonach der unternehmensintern transferierte Arbeitnehmer dann nicht in das Hoheitsgebiet des zweiten Mitgliedstaats einreisen und sich nicht dort aufhalten darf, wenn er als Bedrohung für die öffentliche Ordnung, Sicherheit oder Gesundheit betrachtet werden darf.

19 Die Modalitäten der Ablehnung der Mobilität regeln die S. 2–4 des Abs. 4. **S. 2** bestimmt zunächst in Umsetzung von Art. 21 VI UAbs. 1 ICT-RL, dass die Ablehnungsgründe der Nr. 1–5 des S. 1 innerhalb von 20 Tagen nach **Zugang der vollständigen Mitteilung beim BAMF** geltend gemacht werden dürfen. Für eine Ablehnung nach S. 1 Nr. 5 ist eine zeitliche Einschränkung nicht vorgesehen; sie ist vielmehr jederzeit während des Aufenthalts des Ausländers durch die Ausländerbehörde möglich (**S. 3**). Dass die Ablehnung dem Ausländer bekannt zu geben ist, ergibt sich bereits aus den Bekanntgabevorschriften des § 41 I VwVfG. **S. 4** bestimmt darüber hinausgehend, dass die Ablehnung der zuständigen Behörde des anderen Mitgliedstaats (dh der dortigen Kontaktstelle nach Art. 26 ICT-RL) und der aufnehmenden Niederlassung des anderen Mitgliedstaats bekannt zu geben ist. Bei fristgerechter Ablehnung hat der Ausländer die Erwerbstätigkeit unverzüglich einzustellen und das Erfordernis eines Aufenthaltstitels lebt (wieder) auf.

VI. Bescheinigung über das Einreise- und Aufenthaltsrecht (Abs. 4)

20 Abs. 4 sieht für den Fall, dass keine (fristgerechte) Ablehnung nach Abs. 3 erfolgt, vor, dass das BAMF eine **Bescheinigung** über die Berechtigung zur Einreise und zum Aufenthalt zum Zweck des unternehmensinternen Transfers im Rahmen der kurzfristigen Mobilität ausstellt. Die Ausstellung hat

---

[6] BR-Drs. 9/17, 52.
[7] Interinstitutionelle Erklärung des Rates, des Parlaments und der Kommission v. 5.5.2014 (9346/14 ADD 1): „Mit dieser Richtlinie wird eine eigenständige Mobilitätsregelung festgelegt, in der auf der Grundlage von Art 79 Abs 2 lit a und b AEUV erlassene spezifische Vorschriften über die Bedingungen für die Einreise, den Aufenthalt und die Freizügigkeit eines Drittstaatsangehörigen vorgesehen sind, der konzernintern zu Arbeitszwecken in andere Mitgliedstaaten als den Mitgliedstaat entsandt wird, der den Aufenthaltstitel für konzernintern entsandte Arbeitnehmer ausgestellt hat, womit diese Vorschriften als ‚lex specialis' gegenüber dem Schengen-Besitzstand anzusehen sind."
[8] Vgl. BR-Drs. 9/17, 51.
[9] Vgl. BR-Drs. 9/17, 52.

lediglich deklaratorische Bedeutung.[10] Die formlose Bescheinigung über die Mobilität ist zu befristen, um sicherzustellen, dass sie nach Ablauf des Zeitraums von 90 Tagen nicht mehr im Rechtsverkehr verwendet werden kann.

Wird die Befreiung nach § 12 IV zeitlich beschränkt oder nach § 19a III 2 oder 3 abgelehnt, so ist die **Bescheinigung analog § 52 VwVfG einzuziehen.** 21

Bei fristgerechter **Ablehnung** hat der Ausländer nach § 19a III 5 die Erwerbstätigkeit unverzüglich einzustellen, da die bis dahin nach § 19a I 1 bestehende Befreiung vom Erfordernis eines Aufenthaltstitels entfällt. 22

VII. Zuständigkeit der Ausländerbehörde (Abs. 5)

Der durch das FEG neu aufgenommene Abs. 5 regelt, dass nach Ablehnung der Mobilität oder Ausstellung der Bescheinigung durch das BAMF die Zuständigkeit auf die Ausländerbehörde übergeht (S. 1). Hierbei handelt es sich um eine rein deklaratorische Regelung, welche die Zuständigkeitsverteilung nach geltendem Recht (§ 71) aus Klarstellungsgründen erwähnt; eine neue Aufgabenzuweisung an die Ausländerbehörde ist damit nicht verbunden. Die Ausländerbehörde ist nach Durchführung des Mitteilungsverfahrens für alle weiteren aufenthaltsrechtlichen Maßnahmen und Entscheidungen in Bezug auf den Ausländer zuständig. 23

Als Maßnahmen kommen insbesondere die **nachträgliche zeitliche Beschränkung der Befreiung nach § 12 IV** oder eine **nachträgliche Ablehnung** bei Vorliegen eines Ausweisungsinteresses nach § 19a III 3 in Betracht. Die Befugnis des § 12 IV bleibt neben der speziellen Befugnis nach § 19a III 3, die ausschließlich an § 19 III 1 Nr. 5 anknüpft, anwendbar und wird nicht durch die Sonderregelung gesperrt. Denn die Ablehnung in den Fällen des § 19a III 1 Nr. 1–4 obliegt dem BAMF im Rahmen der anzustellenden Prüfung innerhalb der 20-Tages-Frist. Entfallen die Voraussetzungen nach Ablauf von 20 Tagen, so kann die Ausländerbehörde eine eigenständige Prüfung auf Grundlage des § 12 IV vornehmen, da § 19a III 3 hier keine Anwendung findet. 24

§ 19a III 3 regelt eine besondere Zuständigkeit der Ausländerbehörde. Danach ist (nur) für eine Ablehnung nach S. 1 Nr. 5, dh bei Annahme eines **Ausweisungsinteresses,** eine zeitliche Einschränkung nicht vorgesehen; sie ist aus politisch-rechtlicher Sicht naturgemäß jederzeit während des Aufenthalts des Ausländers möglich. Diese Zuständigkeitsregelung wirft die Frage zu der allgemeinen Zuständigkeitsabgrenzung in § 19a V 1 auf. Denn die Ausländerbehörde ist aufgrund dieser Regelungen nach Ausstellung der Bescheinigung über die Mobilität durch das BAMF gem. § 71 I für weitere aufenthaltsrechtliche Maßnahmen und Entscheidungen zuständig. Hätte der Gesetzgeber darauf verzichtet, § 19a III 3 einzufügen, so würde sich die Zuständigkeit der Ausländerbehörde für ein nachträgliches Eingreifen unmittelbar auf den § 19a V 1 ergeben. Rechtsgrundlage für den Entzug der Mobilität bei Vorliegen eines Ausweisungsinteresses wäre § 12 IV. **Die Befugnisnorm der nachträglichen Befristung der Befreiung nach § 12 IV wird durch § 19a III 3 als lex specialis verdrängt.** Nicht die nachträgliche Befristung der Mobilität, sondern deren nachträgliche Ablehnung nach § 19a III 3 ist die anzuwendende Rechtsgrundlage bei Vorliegen eines Ausweisungsinteresses. Dies gilt unabhängig davon, wann das Ausweisungsinteresse aufgetreten ist. Auch in Fällen, in denen das Ausweisungsinteresse bereits vor Ausstellung der Bescheinigung vorlag, ist § 19a III 3 anwendbar. 25

Auswirkungen hat die Aufnahme des § 19a III 3 im Hinblick auf die allgemeine Zuständigkeit der Ausländerbehörde, wenn nachträglich festgestellt wird, dass die Erteilungsvoraussetzungen oder Ablehnungsgründe bereits **vor Ausstellung der Bescheinigung durch das BAMF** vorlagen. Da der Gesetzgeber der Ausländerbehörde nur in Bezug auf das Ausweisungsinteresse die Kompetenz eröffnet hat, auch nachträglich die Einschätzung des BAMF infrage zu stellen, gilt dies nicht in Bezug auf die sonstigen Erteilungsvoraussetzungen oder Ablehnungsgründe. **Die Ausländerbehörde ist daher – mit Ausnahme des S. 1 Nr. 5 – an die erfolgte Prüfung des BAMF gebunden, dass die Voraussetzungen für eine Mobilität vorlagen.** Ein nachträglicher Entzug der Mobilität ist in diesen Fällen nicht möglich. 26

Durch Einführung des § 19a III 3 wird die allgemeine Zuständigkeit der Ausländerbehörde aber weder in Bezug auf die Kontrolle des Vorliegens der Erteilungsvoraussetzungen der Mobilität noch der Versagungsgründe eingeschränkt, sollte die Erteilungsvoraussetzungen **nachträglich** entfallen oder Versagungsgründe **nachträglich** entstehen. Die Ausländerbehörde ist in diesen Fällen daher nach Ausstellung der Bescheinigung durch das BAMF weiterhin berechtigt, auf Grundlage des § 12 IV die Befreiung nachträglich zu beschränken und damit dem Ausländer die Mobilität zu entziehen. 27

Kommt es zu einer nachträglichen Ablehnung oder nachträglichen Einziehung der Befreiung, so ist die Bescheinigung analog § 52 VwVfG einzuziehen. 28

Bei nachträglicher Ablehnung der Befreiung hat der Ausländer nach § 19a III 5 die Erwerbstätigkeit unverzüglich einzustellen, da die bis dahin nach § 19a I 1 bestehende Befreiung vom Erfordernis eines Aufenthaltstitels entfällt. Dem Merkmal „fristgerecht" kommt hier keine Bedeutung zu, da die Aus- 29

---

[10] Vgl. BR-Drs. 9/17, 53.

länderbehörde jederzeit bei Vorliegen eines Ausweisungsinteresses die Ablehnung verfügen kann. Gleiches gilt bei einer nachträglichen zeitlichen Beschränkung der Befreiung.

30 Abs. 5 S. 2 verpflichtet den Ausländer, der Ausländerbehörde unverzüglich (dh ohne schuldhaftes Zögern, vgl. § 121 I BGB) mitzuteilen, dass der ihm durch einen anderen Mitgliedstaat erteilte Aufenthaltstitel nach der ICT-RL verlängert worden ist. Mit Abs. 3 setzt der Gesetzgeber Art. 21 III ICT-RL um, wonach im Fall der Verlängerung des Aufenthaltstitels durch den anderen Mitgliedstaat dessen Inhaber weiterhin befugt ist, in dem zweiten Mitgliedstaat (der Bundesrepublik Deutschland) vorbehaltlich der Höchstdauer der kurzfristigen Mobilität (Abs. 1 S. 1) zu arbeiten, wenn er die Verlängerung dem zweiten Mitgliedstaat mitteilt.

§ 19b Mobiler-ICT-Karte

(1) Eine Mobiler-ICT-Karte ist ein Aufenthaltstitel nach der Richtlinie (EU) 2014/66 zum Zweck eines unternehmensinternen Transfers im Sinne des § 19 Absatz 1 Satz 2, wenn der Ausländer für die Dauer des Antragsverfahrens gültigen nach der Richtlinie (EU) 2014/66 erteilten Aufenthaltstitel eines anderen Mitgliedstaates besitzt.

(2) Einem Ausländer wird die Mobiler-ICT-Karte erteilt, wenn
1. er als Führungskraft, Spezialist oder Trainee tätig wird,
2. der unternehmensinterne Transfer mehr als 90 Tage dauert und
3. er einen für die Dauer des Transfers gültigen Arbeitsvertrag und erforderlichenfalls ein Abordnungsschreiben vorweist, worin enthalten sind:
   a) Einzelheiten zu Ort, Art, Entgelt und zu sonstigen Arbeitsbedingungen für die Dauer des Transfers sowie
   b) der Nachweis, dass der Ausländer nach Beendigung des Transfers in eine außerhalb der Europäischen Union ansässige Niederlassung des gleichen Unternehmens oder der gleichen Unternehmensgruppe zurückkehren kann.

(3) Wird der Antrag auf Erteilung der Mobiler-ICT-Karte mindestens 20 Tage vor Beginn des Aufenthalts im Bundesgebiet gestellt und ist der Aufenthaltstitel des anderen Mitgliedstaates weiterhin gültig, so gelten bis zur Entscheidung der Ausländerbehörde der Aufenthalt und die Beschäftigung des Ausländers für bis zu 90 Tage innerhalb eines Zeitraums von 180 Tagen als erlaubt.

(4) [1]Der Antrag wird abgelehnt, wenn er parallel zu einer Mitteilung nach § 19a Absatz 1 Satz 1 gestellt wurde. [2]Abgelehnt wird ein Antrag auch, wenn er zwar während des Aufenthalts nach § 19a, aber nicht mindestens 20 Tage vor Ablauf dieses Aufenthalts vollständig gestellt wurde.

(5) Die Mobiler-ICT-Karte wird nicht erteilt, wenn sich der Ausländer im Rahmen des unternehmensinternen Transfers im Bundesgebiet länger aufhalten wird als in anderen Mitgliedstaaten.

(6) Der Antrag kann abgelehnt werden, wenn
1. die Höchstdauer des unternehmensinternen Transfers nach § 19 Absatz 4 erreicht wurde oder
2. der in § 19 Absatz 6 Nummer 3 genannte Ablehnungsgrund vorliegt.

(7) Die inländische aufnehmende Niederlassung ist verpflichtet, der zuständigen Ausländerbehörde Änderungen in Bezug auf die in Absatz 2 genannten Voraussetzungen unverzüglich, in der Regel innerhalb einer Woche, anzuzeigen.

Allgemeine Verwaltungsvorschrift
Nicht belegt.

Übersicht

	Rn.
I. Entstehungsgeschichte	1
II. Allgemeines	3
III. Mobiler-ICT-Karte als weiterer Aufenthaltstitel (Abs. 1)	13
IV. Erteilungsvoraussetzungen (Abs. 2)	14
V. Erlaubnisfiktion (Abs. 3)	17
VI. Ablehnung des Antrags (Abs. 4)	21
VII. Negative Erteilungsvoraussetzung (Abs. 5)	22
VIII. Ablehnungsgründe (Abs. 6)	23
IX. Anzeigepflicht der aufnehmenden Niederlassung (Abs. 7)	24

I. Entstehungsgeschichte

Die Vorschrift wurde als § 19d aF mit dem RLUmsG 2017[1] eingefügt. Mit ihr soll insbesondere Art. 22 der ICT-RL (→ § 19 Rn. 1) umgesetzt werden. 1

Mit dem FEG[2] wurde der bisherige § 19d aF zum neuen § 19b und damit systematisch von den Regelungen zu Fachkräften in §§ 18–18f abgesetzt. Dies erfolgte vor dem Hintergrund, dass die ICT-Karte an Ausländer mit unterschiedlichen Qualifikationen erteilt werden kann (Führungskräfte, Spezialisten, Trainees). Der bisherige Abs. 2 Nr. 4, in dem die Zustimmung der BfA geregelt war, wurde gestrichen, da nach § 18 II Nr. 2 die Zustimmung der BfA künftig allgemeine Voraussetzung für die Erteilung von Aufenthaltstiteln nach Abschnitt 4 ist. 2

II. Allgemeines

§ 19b zielt wie § 19a auf Fälle, in denen der Drittstaatsangehörige über einen durch einen anderen Mitgliedstaat erteilten Aufenthaltstitel nach der ICT-RL verfügt. § 19b regelt nun den Fall der nicht mehr kurzfristigen Mobilität („langfristige Mobilität", vgl. die Überschrift zu Art. 22 ICT-RL). 3

Die Bezeichnung des Aufenthaltstitels, die aus der Fassung des Art. 3 lit. j der ICT-RL entnommen wurde, müsste richtigerweise **Mobile-ICT-Karte** lauten. Denn die ursprüngliche unionsrechtliche **Bezeichnung mobiler ICT wurde nachträglich in mobile ICT geändert**[3]. 4

Bei einer Mobilität über 90 Tage innerhalb eines Bezugszeitraums von 180 Tagen ist ein Aufenthaltstitel in Gestalt einer Mobiler-ICT-Karte (vgl. Abs. 1) einzuholen. Abs. 2 listet Erteilungsvoraussetzungen auf; insbesondere ist in Nr. 2 klargestellt, dass von einer nicht mehr kurzfristigen Mobilität im Fall eines unternehmensinternen Transfers mit einer Dauer von mehr als 90 Tagen auszugehen ist. Eine Fiktion der Erlaubnis des Aufenthalts und der Beschäftigung enthält Abs. 3. Abs. 4, 5 und 6 nennen Gründe dafür, dass eine Mobiler-ICT-Karte nicht erteilt werden darf bzw. kann. Abs. 7 enthält eine Anzeigepflicht der aufnehmenden Niederlassung. 5

Mit dem RLUmsG 2017 wurden in § 4 I 2 Nr. 2c die Bestimmungen aufgenommen, dass ein Aufenthaltstitel als Mobiler-ICT-Karte erteilt werden kann und auf eine solche nach § 4 I 3 grundsätzlich die für die Aufenthaltserlaubnis geltenden Rechtsvorschriften gelten. Durch diese Regelungen wird zugleich klargestellt, dass auch die **allgemeinen Erteilungsvoraussetzungen des § 5 I, insbesondere die Lebensunterhaltssicherung,** vorliegen müssen. 6

ICT-Karte und Mobiler-ICT-Karte können dadurch unterschieden werden, dass die ICT-Karte nur einem Ausländer außerhalb des Gebiets der Mitgliedstaaten (nicht nur Deutschland) erteilt werden darf, während die Mobilitätsrechte nach § 19b einem Ausländer zuteilwerden, der über ein Visumverfahren bereits in das Gebiet der EU transferiert wurde. 7

Mit dem **Begriff „Karte"** knüpft das deutsche Recht an einen deklaratorischen Aufenthaltstitel an, ähnlich der Aufenthaltskarte für drittstaatsangehörige Familienangehörige eines EU-Bürgers nach § 5 I FreizügG. Dies ist insoweit missverständlich, weil die ICT-Karte, wie auch die Mobiler-ICT-Karte **konstitutive Aufenthaltstitel** sind und damit gerade nicht deklaratorisch wirken. 8

Als Aufenthaltstitel nach § 4 I 2 Nr. 2c gelten die allgemeinen Regelerteilungsvoraussetzungen des § 5 I. Dass § 5 II 1 ausdrücklich nur die ICT-Karte erwähnt, führt dazu, dass das Visumverfahren nicht für die Mobiler-ICT-Karte gilt. Denn andernfalls hätte der Gesetzgeber den Begriff der Aufenthaltserlaubnis ausreichen lassen können, der über § 4 I 3 auch die ICT-Karte und die Mobiler-ICT-Karte erfasst hätte. Wird in § 5 II 1 aber ausdrücklich nur die ICT-Karte erwähnt, so kann dies nur bedeuten, dass die Regelung ausnahmsweise nicht auf die Mobiler-ICT-Karte Anwendung finden soll. 9

Anders als die ICT-Karte kann die Mobiler-ICT-Karte auch im Inland ohne Durchführung eines Visumverfahrens beantragt werden. Denn weder die §§ 39 S. 2, § 41 IV AufenthV noch § 5 II 3 finden auf die Mobiler-ICT-Karte Anwendung. 10

Das BAMF nimmt nach § 91g I 1 Anträge nach § 19b entgegen und leitet diese Anträge an die zuständige Ausländerbehörde weiter. Es teilt dem Antragsteller die zuständige Ausländerbehörde mit (§ 93g I 2). 11

Wird eine Mobile-ICT-Karte nach § 19b widerrufen, zurückgenommen oder nicht verlängert oder läuft sie nach einer Verkürzung der Frist gemäß § 7 II 2 ab, so unterrichtet das BAMF nach § 93g IV 2 unverzüglich die Behörde des anderen Mitgliedstaates, in dem der Ausländer von der in der ICT-RL vorgesehenen Möglichkeit, einen Teil des unternehmensinternen Transfers in einem anderen Mitgliedstaat der EU durchzuführen, Gebrauch gemacht hat, sofern dies der Ausländerbehörde bekannt ist. 12

---

[1] Gesetz zur Umsetzung aufenthaltsrechtlicher RL der EU zur Arbeitsmigration v. 12.5.2017, BGBl. I S. 1106.
[2] BGBl. 2019 I S. 1307, in Kraft getreten am 1.3.2020.
[3] j) „Aufenthaltstitel für langfristige Mobilität" eine Genehmigung mit dem Eintrag des Begriffs „mobile ICT", die den Inhaber eines Aufenthaltstitels für unternehmensintern transferierte Arbeitnehmer berechtigt, gem. den Bestimmungen (Berichtigung ABl. 2017 L 80, 46).

III. Mobiler-ICT-Karte als weiterer Aufenthaltstitel (Abs. 1)

13 Abs. 1 betont zunächst, dass die Mobiler-ICT-Karte ein Aufenthaltstitel nach der ICT-RL ist. Hinsichtlich des Begriffs des unternehmensinternen Transfers wird auf § 19 I 2 verwiesen (vgl. dazu § 19). Mit dem Erfordernis, dass der Ausländer über einen (gültigen) durch einen anderen Mitgliedstaat erteilten Aufenthaltstitel nach der ICT-RL verfügen muss, normiert Abs. 1 bereits eine (erste) Erteilungsvoraussetzung.

IV. Erteilungsvoraussetzungen (Abs. 2)

14 Abs. 2 nennt zwingende Voraussetzungen für die Erteilung einer Mobiler-ICT-Karte. **Abs. 2 Nr. 1** stellt zunächst klar, dass Inhaber eines solchen Aufenthaltstitels (nur) als Führungskraft, Spezialist oder Trainee (vgl. dazu § 19) tätige Personen sein können. Der unternehmensinterne Transfer muss nach **Abs. 2 Nr. 2** mehr als 90 Tage dauern. Damit wird die Mobile-ICT-Karte von der Befreiung nach § 19a abgegrenzt. Die Voraussetzungen des Abs. 2 Nr. 3 entsprechen weitgehend denjenigen des § 19 II 1 Nr. 3.

15 § 19b II erfordert nicht, dass der Ausländer unmittelbar vor Beginn des unternehmensinternen Transfers seit mindestens sechs Monaten dem Unternehmen oder der Unternehmensgruppe angehört, wie dies § 19 II Nr. 2 vorsieht.

16 Die Mobile-ICT-Karte bedarf nach § 18 II Nr. 2 der Zustimmung der Bundesagentur für Arbeit.

V. Erlaubnisfiktion (Abs. 3)

17 Mit Abs. 3 setzt der Gesetzgeber Art. 22 II lit. d ICT-RL um. Die Vorschrift normiert die Fiktion eines erlaubten Aufenthalts und einer erlaubten Beschäftigung. Der in Abs. 3 genannte Aufenthalts- und Beschäftigungszeitraum entspricht demjenigen einer kurzfristigen Mobilität (vgl. § 19a I). Als Voraussetzungen für die Erlaubnisfiktion nennt Abs. 3 zweierlei: Zum einen muss der Antrag auf Erteilung der Mobiler-ICT-Karte mindestens 20 Tage vor Beginn des Aufenthalts gestellt worden sein. Zum anderen muss der Aufenthaltstitel des anderen Mitgliedstaats weiterhin gültig sein.

18 Es besteht ein Nachweisproblem, wenn der Ausländer keinen Nachweis über die Antragstellung und den erforderlichen Ablauf der 20-Tages-Frist vor der Einreise in das Bundesgebiet führen kann. Da der Ausländer sich auf die Befreiung beruft, muss er den Nachweis gegenüber der Ausländerbehörde führen.

19 Die Fiktion geht über die Rechte nach den Art. 20 bzw. Art. 21 SDÜ hinaus, da diese Normen nur den rechtmäßigen Aufenthalt vermitteln können, nicht aber das Recht auf Ausübung einer Beschäftigung, sofern es sich nicht ausnahmsweise um einen Fall der sog. Nichtbeschäftigung nach § 30 BeschV handelt.

20 Da dem Ausländer unmittelbar mit der Einreise ins Bundesgebiet die Rechte aus der Fiktionswirkung zukommen, werden Aufenthaltszeiten, die während der Fiktionsdauer entstehen, auf den Gesamtaufenthaltszeitraum angerechnet[4].

VI. Ablehnung des Antrags (Abs. 4)

21 Mit Abs. 4 setzt der Gesetzgeber Art. 22 II lit. e ICT-RL um. Ein Antrag auf Erteilung einer ICT-Karte ist nach **S. 1** abzulehnen, wenn die den Ausländer aufnehmende Niederlassung auch eine Mitteilung an das BAMF nach § 19a I 1 gemacht hat; eine kurzfristige Mobilität (§ 19a) und längerfristige Mobilität (§ 19b) schließen sich aus. **S. 2** betrifft den Fall eines Übergangs von einer kurzfristigen zu einer längerfristigen Mobilität. In einem solchen muss der Ausländer den Antrag auf Erteilung einer Mobiler-ICT-Karte mindestens 20 Tage vor Ablauf des kurzfristigen Aufenthalts stellen. Die Regelungen dienen der Trennung der Zulassung zum Zwecke des kurzfristigen (§ 19a) und des langfristigen (§ 19b) unternehmensinternen Transfers.

VII. Negative Erteilungsvoraussetzung (Abs. 5)

22 Mit Abs. 5 setzt der Gesetzgeber Art. 11 III 2 ICT-RL um. Soll vom dem Aufenthalt des Ausländers in der EU derjenige in der Bundesrepublik Deutschland länger sein als in anderen Mitgliedstaaten, so muss ihm eine ICT-Karte nach § 19 erteilt werden. Die Erteilung einer Mobilen-ICT-Karte ist zwingend ausgeschlossen.

---

[4] AA *Marx*, Das neue Fachkräfteeinwanderungsgesetz, Rn. 139.

VIII. Ablehnungsgründe (Abs. 6)

Abs. 6 enthält Gründe, bei deren Vorliegen die zuständige Behörde die Erteilung einer Mobiler-ICT-Karte aufgrund einer Ermessensentscheidung ablehnen kann. Die Höchstdauer des unternehmensinternen Transfers nach § 19 IV (vgl. Nr. 1) beträgt bei Führungskräften und Spezialisten drei Jahre und bei Trainees ein Jahr. Der Ablehnungsgrund des § 19 VI Nr. 3 (vgl. Nr. 2) betrifft den Fall eines wiederholten unternehmensinternen Transfers. 23

IX. Anzeigepflicht der aufnehmenden Niederlassung (Abs. 7)

In Umsetzung von Art. 23 III ICT-RL enthält Abs. 7 eine Verpflichtung der aufnehmenden Niederlassung, Änderungen anzuzeigen, die die Voraussetzungen für die Erteilung der Mobiler-ICT-Karte betreffen.[5] 24

§ 19c Sonstige Beschäftigungszwecke; Beamte

(1) Einem Ausländer kann unabhängig von einer Qualifikation als Fachkraft eine Aufenthaltserlaubnis zur Ausübung einer Beschäftigung erteilt werden, wenn die Beschäftigungsverordnung oder eine zwischenstaatliche Vereinbarung bestimmt, dass der Ausländer zur Ausübung dieser Beschäftigung zugelassen werden kann.

(2) Einem Ausländer mit ausgeprägten berufspraktischen Kenntnissen kann eine Aufenthaltserlaubnis zur Ausübung einer qualifizierten Beschäftigung erteilt werden, wenn die Beschäftigungsverordnung bestimmt, dass der Ausländer zur Ausübung dieser Beschäftigung zugelassen werden kann.

(3) Einem Ausländer kann im begründeten Einzelfall eine Aufenthaltserlaubnis erteilt werden, wenn an seiner Beschäftigung ein öffentliches, insbesondere ein regionales, wirtschaftliches oder arbeitsmarktpolitisches Interesse besteht.

(4) [1] Einem Ausländer, der in einem Beamtenverhältnis zu einem deutschen Dienstherrn steht, wird ohne Zustimmung der Bundesagentur für Arbeit eine Aufenthaltserlaubnis zur Erfüllung seiner Dienstpflichten im Bundesgebiet erteilt. [2] Die Aufenthaltserlaubnis wird für die Dauer von drei Jahren erteilt, wenn das Dienstverhältnis nicht auf einen kürzeren Zeitraum befristet ist. [3] Nach drei Jahren wird eine Niederlassungserlaubnis abweichend von § 9 Absatz 2 Satz 1 Nummer 1 und 3 erteilt.

Allgemeine Verwaltungsvorschrift
18 Zu § 18 aF – Beschäftigung (Auszug)
18.1 Grundsätze für die Zulassung ausländischer Beschäftigter
§ 18 bildet die Rechtsgrundlage für die Erteilung der Aufenthaltserlaubnis an neu einreisende ausländische Arbeitnehmer. Die Berücksichtigung der Verhältnisse auf dem Arbeitsmarkt und das Erfordernis, die Arbeitslosigkeit wirksam zu bekämpfen, sowie das Erfordernis, Mangelsituationen am Arbeitsmarkt hinreichend zu begegnen, sind ermessenslenkende Vorgaben für die Erteilung der Zustimmung zur Beschäftigung durch die Bundesagentur für Arbeit und finden ihren Ausdruck in der Ausgestaltung der Bestimmungen der BeschV sowie der BeschVerfV.
18.2 Erteilungsvoraussetzungen
18.2.0 § 18 Absatz 2 ist als Ermessensvorschrift ausgestaltet. Mit der Bezugnahme der Absätze 3 und 4 auf Absatz 2 wird verdeutlicht, dass auf die Erteilung eines Aufenthaltstitels nach § 18 kein Anspruch besteht. Dies gilt auch in den Fällen, in denen die Zustimmung der Bundesagentur für Arbeit vorliegt.
18.2.1 Die Vorschrift gilt für jede Beschäftigung im Bundesgebiet, auch für Aufenthalte unter drei Monaten. Sie schreibt im Grundsatz fest, dass für die Erteilung einer Aufenthaltserlaubnis zur Aufnahme einer Beschäftigung die Zustimmung der Bundesagentur für Arbeit erforderlich ist. Die Beurteilung einer Beschäftigungsmöglichkeit oder -notwendigkeit für einen Ausländer obliegt ausschließlich der Arbeitsverwaltung. Dies wird durch das Erfordernis der Zustimmung sichergestellt. Die Ausländerbehörde hat die allgemeinen ausländerrechtlichen Voraussetzungen zu prüfen und ggf. allgemeine Migrationsgesichtspunkte im Rahmen ihres Ermessens zu bewerten. Ist die Ausländerbehörde nach den allgemeinen ausländerrechtlichen Erwägungen bereit, eine Aufenthaltserlaubnis zu erteilen, hat sie die erforderliche Zustimmung der Bundesagentur für Arbeit einzuholen. Liegt die Zustimmung der Arbeitsverwaltung vor, so sollte die Ausländerbehörde die Erteilung einer Aufenthaltserlaubnis nur dann versagen, wenn zwischenzeitlich eine allgemeine Erteilungsvoraussetzung nach § 5 entfallen ist oder sonst nachträglich Umstände bekannt geworden sind, bei deren früherer Kenntnis die Ausländerbehörde den Antrag von vornherein abgelehnt hätte.
18.2.2 § 18 ist nicht anwendbar auf Ausländer, deren Aufenthaltstitel die Erwerbstätigkeit bereits kraft Gesetzes ausdrücklich erlaubt, ...
18.2.3 § 18 kann zu einem späteren Zeitpunkt nach der Erteilung eines Visums oder einer anderen Aufenthaltserlaubnis erstmals anwendbar sein. Das gilt z. B. für Ausländer,
18.2.3.1 – denen nach den §§ 27 bis 30, 32 bis 34 und 36 eine Aufenthaltserlaubnis erteilt worden ist, wenn die Verlängerung der Aufenthaltserlaubnis nach diesen Vorschriften nicht erfolgen kann, bevor die Voraussetzungen für ein eigenständiges Aufenthaltsrecht vorliegen (vgl. § 28 Absatz 2, §§ 31, 34 Absatz 2 und 3, § 35),

---

[5] Vgl. BR-Drs. 9/17, 54.

18.2.3.2 – denen eine Aufenthaltserlaubnis nach den §§ 16 oder 17 erteilt worden ist, wenn der ursprüngliche Aufenthaltszweck durch Erreichen des Ausbildungszieles entfallen ist oder eine Ausnahme von dem Regelversagungsgrund des § 16 Absatz 2 zugelassen wird und sie nunmehr eine Beschäftigung im Bundesgebiet anstreben,

18.2.3.3 – denen als Nichterwerbstätige eine Aufenthaltserlaubnis nach § 7 Absatz 1 Satz 3 erteilt worden ist und die nach einem Wechsel des ursprünglichen Aufenthaltszwecks eine Beschäftigung aufnehmen wollen.

18.2.4 Wird eine Beschäftigung angestrebt, ist im Einzelfall zu prüfen, ob im Rahmen der Erteilung der Aufenthaltserlaubnis die angestrebte Beschäftigung erlaubt werden kann. Hierzu ist die gemäß § 39 Absatz 1 erforderliche Zustimmung der Bundesagentur für Arbeit einzuholen, soweit nicht nach §§ 2 bis 15 BeschV die Beschäftigung nicht der Zustimmung der Bundesagentur für Arbeit bedarf. Zum Verfahren siehe Nummer 39.1.1 ff.

18.2.5 Durch das Zustimmungserfordernis wird das Verfahren bei einer Behörde konzentriert. Die Zustimmung der Bundesagentur für Arbeit ist in einem verwaltungsinternen Verfahren einzuholen – vergleichbar der ausländerbehördlichen Zustimmung zur Visumerteilung nach § 31 AufenthV. Das Vorliegen der beschäftigungsrechtlichen Voraussetzungen für die Ausübung einer Beschäftigung sowie die Einhaltung der beschäftigungsrechtlichen Bestimmungen (vgl. § 39 Absatz 2 bis 4, § 40) sind im Rahmen dieses Zustimmungsverfahrens von der Arbeitsverwaltung zu prüfen.

18.2.6 Nach Satz 2 ist die Ausländerbehörde bei der Erteilung der Aufenthaltserlaubnis an die mit der Zustimmung verbundenen Vorgaben der Bundesagentur für Arbeit gebunden. Die Vorgaben sind in den Aufenthaltstitel zu übernehmen. Gleiches gilt für die Erteilung eines Visums. Hinsichtlich der Besonderheiten des Verfahrens bei Werkvertragsarbeitnehmern siehe Nummer 39.1.1.

18.2.7 In den Fällen des § 105 erfolgt keine Beteiligung der Bundesagentur für Arbeit.

18.2.8 Die Erteilung eines Aufenthaltstitels kann ohne die Zustimmung der Bundesagentur für Arbeit erfolgen, sofern dies durch Rechtsverordnung (Nummer 42.1) oder zwischenstaatliche Vereinbarung bestimmt ist. In diesen Fällen bedarf die Erteilung der Aufenthaltserlaubnis, die die Ausübung einer entsprechenden Beschäftigung zulässt, keiner förmlichen Beteiligung der Arbeitsverwaltung. Bei Zweifeln an der Zustimmungsfreiheit der Beschäftigung kann die Bundesagentur für Arbeit beteiligt werden. Die Nebenbestimmung lautet:

„*Beschäftigung nur gemäß § … BeschV gestattet. Selbständige Erwerbstätigkeit gestattet/nicht gestattet.*"

Die Art der zustimmungsfreien Beschäftigung ist ggf. mit weiteren Beschränkungen in den Nebenbestimmungen zur Aufenthaltserlaubnis (z. B. zum Arbeitgeber) aufzunehmen.

18.2.9 Versagt die Bundesagentur für Arbeit im Rahmen der Beteiligung in einem Visumverfahren zu einem Beschäftigungsaufenthalt der Zustimmung, ist das Visum abzulehnen. Wird die Zustimmung der Bundesagentur für Arbeit vor Erteilung der Aufenthaltserlaubnis widerrufen, ist die Erteilung der Aufenthaltserlaubnis durch die Ausländerbehörde abzulehnen und das ggf. bestehende Visum zum Beschäftigungsaufenthalt zu widerrufen; erfolgt der Widerruf der Zustimmung nach Erteilung der Aufenthaltserlaubnis, ist die Aufenthaltserlaubnis zu widerrufen (vgl. Nummer 52.2). Besitzt der Ausländer eine Aufenthaltserlaubnis, die nicht zum Zweck der Beschäftigung erteilt wurde, ist die Versagung der Zustimmung durch die Bundesagentur für Arbeit dem Ausländer bekannt zu geben.

18.2.9.1 Wurde die Zustimmung zur Beschäftigung im Rahmen eines Visumverfahrens versagt oder eine erteilte Zustimmung widerrufen, bevor das Visum erteilt wurde, ist die Zustimmung zur Visumerteilung ebenfalls zu versagen. Die Begründung der Versagung oder des Widerrufs der Zustimmung zur Beschäftigung ist der Auslandsvertretung mitzuteilen.

18.2.9.2 Wurde die Zustimmung zur Beschäftigung für einen Ausländer versagt, der sich bereits im Bundesgebiet aufhält und der erstmals oder erneut die Erlaubnis zur Beschäftigung beantragt hat, so ist dem Ausländer oder seinem gesetzlichen Vertreter die Versagung unter Bezugnahme auf die Begründung der Bundesagentur für Arbeit durch die Ausländerbehörde bekannt zu geben. In dem Aufenthaltstitel ist zu vermerken:

„*Erwerbstätigkeit nicht gestattet.*"

oder:

„*Erwerbstätigkeit nur mit Erlaubnis der Ausländerbehörde gestattet.*"

Wird eine selbständige Erwerbstätigkeit gestattet, lautet die Nebenbestimmung:

„*Beschäftigung nicht gestattet.*"; es folgt die entsprechende Bestimmung zur selbständigen Erwerbstätigkeit.

18.2.9.3 Die Zustimmung bzw. die Versagung und der Widerruf einer Zustimmung zur Beschäftigung sind kein selbständiger Verwaltungsakt. Widerspruch und Klage richten sich gegen die ausländerbehördliche Versagung der Erlaubnis zur Beschäftigung. Damit ist nicht der Rechtsweg zu den Sozialgerichten, sondern zu den Verwaltungsgerichten gegeben. Die Belange der Arbeitsverwaltung sind durch die notwendige Beteiligung im Widerspruchsverfahren bzw. Beiladung im Verfahren vor dem Verwaltungsgericht gewahrt. (…)

I. Entstehungsgeschichte

1   Die Vorschrift wurde durch das **FEG 2019** v. 15.8.2019[1] vollständig novelliert. Damit hat der Gesetzgeber verschiedene Aufenthalte zum Zweck der **nicht selbstständigen Erwerbstätigkeit** zusammengefasst. Die Abs. 1 und 2 sind neue Sonderregelungen. Abs. 3 übernimmt im Wesentlichen die frühere Regelung des **§ 18 IV 2 aF**, der auf die ursprüngliche Fassung des § 18 vom 25.2.2008 mit den Änderungen des Gesetzes[2] zur Umsetzung der BlueCard-RL[3] der EU vom 1.6.2012, das am 1.8.2012 in Kraft trat, zurückgeht. Abs. 4 übernimmt im Wesentlichen die frühere Regelung aus **§ 18**

---

[1] BGBl. 2019 I S. 1307.
[2] Art. 1 Nr. 7 Gesetz v. 1.6.2012, BGBl. I S. 1224.
[3] RL 2009/50/EG des Rates v. 25.5.2009 über die Bedingungen für die Einreise und den Aufenthalt von Drittstaatsangehörige zur Ausübung einer hochqualifizierten Beschäftigung (ABl. 2009 L 155, S. 17). Die BlueCard-RL enthält Vorgaben zur Angleichung der Einreise- und Aufenthaltsbedingungen, um hochqualifizierten Drittstaatsangehörigen den Aufenthalt in der gesamten EU zu erleichtern. Nähere Einzelheiten finden sich in den Kommentierungen zu → § 19a und → § 91 f.

IVa aF, die durch das das RLUmsG 2017 in den alten § 18 eingefügt worden war. Der Gesetzgeber begründete den neuen § 19c im FEG nur kursorisch[4].

II. Allgemeines

Mit der partiellen Vorgängernorm des § 18 wurde ursprünglich der **Anwerbestopp** aus dem Jahr 1973 festgeschrieben. Die Zulassung zum Arbeitsmarkt sollte „erwerbspolitisch neutral" gesteuert werden[5] und es wurde erwogen, dass durch das „Punktesystem" des § 20-E-ZuwG qualifizierte Arbeitskräfte „im Interesse der Bundesrepublik Deutschland" ohne einen bereits vorhandenen Arbeitsplatz einwandern und zum Arbeitsmarkt zugelassen werden[6]. Mit der Streichung des § 20-E-ZuwG hatte der damalige Vermittlungsausschuss dieser Politik jedoch eine Absage erteilt[7]. Wichtig für den früheren § 18 war vor allem das von der EU-Dienstleistungs-RL[8] angestrebte „One-Stop-Government", also die Erteilung der Aufenthaltserlaubnis einschließlich der Arbeitsmarktzulassung durch die Ausländerbehörde, ggf. nach interner Zustimmung der BA. 2

Durch das am 1.8.2012 in Kraft getretene Gesetz wurde das Prinzip des Anwerbestopps für ausländische Arbeitnehmer aus Staaten, die nicht Mitgliedstaaten der EU, des EWR oder der Schweiz sind, modifiziert[9]. Wenngleich hierdurch kein Paradigmenwechsel eintrat – im Kern lag weiterhin ein **nachfrageorientiertes Zuwanderungssystem** vor –, so führte es doch zu erheblichen Erleichterungen der Fachkräftezuwanderung, reduzierte materiellrechtliche Hürden und trug zur Entbürokratisierung bei[10]. Flankierend wurde mit der Blauen Karte EU ein Rechtsanspruch auf Erteilung eines Aufenthaltstitels zum Zwecke der nichtselbständigen Erwerbstätigkeit begründet. Mit der durch das RLUmsG 2017 in das AufenthG eingefügten ICT-Karte und mobilen ICT-Karte wurde zudem ein Rechtsanspruch auf einen Aufenthaltstitel zum Zweck des unternehmerischen Transfers geschaffen. 3

Ansonsten bestand und besteht hinsichtlich der Aufenthalte (anders als bei Beamten gemäß Abs. 4) nach den Abs. 1–3 **grundsätzlich kein Rechtsanspruch** auf Erteilung einer Aufenthaltserlaubnis zum Zwecke der nichtselbständigen Erwerbstätigkeit. Selbst wenn eine Rechtsverordnung die Beschäftigung ermöglicht und die BA zugestimmt hat, liegt die Erteilung eines erwerbstätigkeitsbezogenen Aufenthaltstitels im **Ermessen** der Auslandsvertretung oder der Ausländerbehörde („kann"), wobei allerdings eine über Art. 3 I GG bindende Verwaltungspraxis entstehen kann, auf die sich der Ausländer berufen darf. 4

Wie schon der alte § 18 richtet sich auch § 19c an **Neuzuwanderer**. Die Vorschrift ist grundsätzlich nicht anwendbar auf Ausländer, die eine Aufenthaltserlaubnis zu einem **anderen Aufenthaltszweck** bereits besitzen. Sofern sie nicht ohnehin kraft Gesetzes erwerbstätig sein dürfen, wird ihnen – ebenfalls im Zustimmungsverfahren – die Ausübung einer Beschäftigung nach den Regelungen der aufgrund § 42 erlassenen BeschV durch die Ausländerbehörde erlaubt. Gemäß dem ebenfalls durch das FEG 2019 **neu eingefügten § 4a** dürfen Ausländer, die einen Aufenthaltstitel besitzen, immer eine **Erwerbstätigkeit** ausüben, es sei denn, ein Gesetz bestimmt ein Verbot. Die Erwerbstätigkeit kann also durch Gesetze beschränkt und die Ausübung einer über das Verbot oder die Beschränkung hinausgehenden Erwerbstätigkeit bedarf der Erlaubnis. Jeder Aufenthaltstitel muss erkennen lassen, ob die Ausübung einer Erwerbstätigkeit erlaubt ist und ob sie Beschränkungen unterliegt. Zudem müssen Beschränkungen seitens der BA für die Ausübung der Beschäftigung in den Aufenthaltstitel übernommen werden. Für die Änderung einer Beschränkung im Aufenthaltstitel ist eine Erlaubnis erforderlich. Wurde ein Aufenthaltstitel zum Zweck der Ausübung einer bestimmten Beschäftigung erteilt, ist die Ausübung einer anderen Erwerbstätigkeit verboten, solange und soweit die zuständige Behörde die Ausübung der anderen Erwerbstätigkeit nicht erlaubt hat[11]. 5

Das BVerwG hat bereits 2018 entschieden, dass die in § 19c I unter anderem in Bezug genommene Zustimmungsfreiheit des **§ 9 BeschV** jedenfalls nicht für Inhaber einer Aufenthaltserlaubnis gilt, die (allein) kraft Gesetzes zur Ausübung einer Beschäftigung berechtigt sind[12]. An dieser Lesart hat sich auch mit dem **FEG 2019** vom 15.8.2019[13] nicht geändert[14] 6

Für **türkische Staatsangehörige** richtet sich der Anspruch auf Verlängerung einer Aufenthaltserlaubnis auch gemäß § 19c – und weiterer Zustimmung der BA nach einjähriger Beschäftigung bei demselben Arbeitgeber – vor allem nach dem anwendungsvorrangigen Stufensystem des Art. 6 ARB 7

---

[4] Vgl. BR-Drs. 7/19, 113.
[5] BT-Drs. 15/420, 74.
[6] BT-Drs. 15/420, 75.
[7] Vgl. auch die §§ 1 und 4.
[8] RL 2006/123/EG.
[9] Vgl. *Fehrenbacher* in HTK-AuslR AufenthG § 18, zu Abs. 1 Nr. 1.
[10] *Bünte/Knödler* NZA 2012, 1259.
[11] Vgl. hierzu die Kommentierung zu → § 4a.
[12] BVerwG Urt. v. 21.8.2018 – 1 C 22/17.
[13] BGBl. 2019 I S. 1307.
[14] SächsOVG Beschl. v. 3.3.2021 – 3 B 20/21; VG Bremen Urt. v. 4.11.2021 – 4 K 2794/19; VG Gelsenkirchen Beschl. v. 23.8.2021 – 11 L 609/21; VG Leipzig Beschl. v. 13.1.2021 – 3 L 581/20; VG München Beschl. v. 19.5.2020 – M 25 S 20.1456 ua; ausf. dazu VGH BW Beschl. v. 31.1.2022 – 11 S 1085/21 auch mit Nw. für die aA.

1/80. Dies ist insbesondere für türkische Studierende relevant, die mit einer Aufenthaltserlaubnis einer zulässigen Beschäftigung im Umfang typischerweise von 240 halben Tagen im Jahr nachgehen[15]. Auch für türkische Au-pair-Kräfte oder Spezialitätenköche gilt, dass sie sich nach einjährigem Aufenthalt und Beschäftigung bei demselben Arbeitgeber auf Art. 6 ARB 1/80 berufen und die Verlängerung der Aufenthaltserlaubnis sowie der Zustimmung zur Ausübung der Beschäftigung verlangen können[16].

III. BeschV und zwischenstaatliche Vereinbarungen (Abs. 1)

8   **Abs. 1** umfasst die Beschäftigungsaufenthalte, die sich aus den Bestimmungen der BeschV oder zwischenstaatlichen Vereinbarungen ergeben. Bezüglich der Frage, ob und gegebenenfalls welche Qualifikationen erforderlich sind, muss auf die dort geregelten Spezialnormen abgestellt werden.

9   Der **Aufbau der BeschV** ist daran ausgerichtet, ob die Zuwanderung auf eine **dauerhafte** Beschäftigung in Deutschland oder nur **vorübergehend** angelegt ist. Damit orientiert sich die Verordnung stärker an den Bedürfnissen der zuwanderungsinteressierten ausländischen Fachkräfte. Diese erhalten dadurch die Möglichkeit, einfacher zu erkennen, unter welchen Voraussetzungen sie zuwandern können[17]. Für Fachkräfte, die ihre Berufsqualifikation für die Beschäftigung in Ausbildungsberufen im Ausland erworben haben, wurde die Zulassung zum Arbeitsmarkt ermöglicht. Voraussetzung hierfür ist die Feststellung der Gleichwertigkeit der ausländischen Ausbildungsabschlusses nach dem Anerkennungsgesetz und ein entsprechender Engpass auf dem Arbeitsmarkt. Im Allgemeinen Teil wurde der Anwendungsbereich beschrieben und die – zwischenzeitlich durch das FEG 2019 relativierte – **Vorrangprüfung** definiert. Gleichzeitig erhalten alle Ausländer, die eine Aufenthaltserlaubnis aus völkerrechtlichen, humanitären oder politischen Gründen erhalten haben, einen grundsätzlich freien Zugang zu jeder Beschäftigung, sofern sie dieses Recht nicht aufgrund des AufenthG ohnehin bereits haben[18].

10   Auch **zwischenstaatliche Vereinbarungen** sollen nach der Intention des Gesetzgebers die Ausübung einer Beschäftigung begründen können. Die von Deutschland geschlossenen Freundschafts-, Handels-, Niederlassungs- oder Schifffahrtsabkommen räumen den Staatsangehörigen der jeweils anderen Signatarstaaten jedoch weder einen Anspruch auf dauerhafte Gebietszulassung noch auf Inländerbehandlung beim Arbeitsmarktzugang ein, sondern enthalten lediglich Wohlwollens-, bestenfalls Meistbegünstigungsklauseln. Das führt dazu, dass trotz dieser Abkommen das Ausländerrecht auf die Staatsangehörigen der Signatarstaaten anzuwenden ist und eine Zustimmung der BA zur Ausübung der gewünschten Beschäftigung Voraussetzung für die Erteilung der Aufenthaltserlaubnis ist[19]; die Abkommen sind allerdings ggf. im Rahmen der Ermessensausübung zu berücksichtigen.

11   Die wichtigsten **Abkommen** sind derzeit: **Dominikanische Republik:** Freundschafts-, Handels- und Schifffahrtsvertrag vom 23.12.1957 (BGBl. 1959 II S. 1468); **Indonesien:** Handelsabkommen vom 22.4.1953 nebst Briefwechsel (BAnz. Nr. 163); Briefe Nr. 7 und 8; **Iran:** Niederlassungsabkommen vom 17.2.1929 (RGBl. 1930 II S. 1002); **Japan:** Handels- und Schifffahrtsvertrag vom 20.7.1927 (RGBl. II S. 1087; **Philippinen:** Übereinkunft über Einwanderungs- und Visafragen vom 3.3.1964 (BAnz. Nr. 89); **Sri Lanka:** Protokoll über den Handel betreffende allgemeine Fragen – HVCeylon – vom 22.11.1952 (BGBl. 1955 II S. 897); **Türkei:** Niederlassungsabkommen vom 12.1.1927 (RGBl. II S. 76; BGBl. 1952 S. 608); **USA**[20]: Freundschafts-, Handels- und Schifffahrtsabkommen vom 29.10.1954 (BGBl. II S. 487), Art. 2 Abs. 1 (Meistbegünstigungsklausel).

IV. Ausgeprägte berufspraktische Kenntnisse (Abs. 2)

12   Abs. 2 schafft die Möglichkeit, Fachkräften mit ausgeprägten berufspraktischen Kenntnissen auch unabhängig von einer formalen Qualifikation als Fachkraft eine Aufenthaltserlaubnis zu erteilen. Zur inhaltlichen Bestimmung solcher Kenntnisse verweist die Norm wiederum auf die BeschV. Insbesondere ist insoweit auf § 6 BeschV hinzuweisen für die Berufe im Bereich der **Informations- und Kommunikationstechnologie**. Dies soll in diesem Beschäftigungsbereich helfen, den hohen Bedarf an qualifizierten Beschäftigten zu decken. Die näheren Voraussetzungen für die Zustimmung der BA ergeben sich aus § 6 BeschV.

---

[15] Ergebnis des Urt. des EuGH v. 18.7.2007 – C-294/06 – Payir; EuGH Urt. v. 4.2.2010 – C-14/09 – Genc.
[16] → ARB 1/80 Art. 6 Rn. 1 ff.
[17] Vgl. VOBegr v. 1.3.2013, BR-Drs. 182/13, 28 f.
[18] Vgl. VOBegr v. 1.3.2013, BR-Drs. 182/13, 28 f.
[19] Vgl. zum FreundsVtr USA VGH BW Beschl. v. 23.10.2006 – 13 S 1943/06 und OVG RhPf Beschl. v. 4.6.2007 – 7 B 10 282/07; HessVGH Beschl. v. 28.10.2009 – 9 A 2134/08.
[20] Ein Drittstaatsangehöriger kann aus einem zweiseitigen völkerrechtlichen Vertrag kein unionsrechtliches Freizügigkeitsrecht für sich herleiten, vgl. BayVGH Beschl. v. 8.11.2011 – 10 ZB 11/1419.

V. Öffentliches Einzelfallinteresse (Abs. 3)

Abs. 3 übernimmt im Wesentlichen die Vorgängerregelung aus § 18 IV 2 aF. Hierdurch ist die Möglichkeit einer Aufenthaltserlaubnis zur Beschäftigung in **begründeten Einzelfällen** eröffnet, wenn an der Beschäftigung ein öffentliches, insbesondere ein regionales, wirtschaftliches oder arbeitsmarktpolitisches Interesse besteht und die Erteilung einer Aufenthaltserlaubnis gem. der BeschV nicht möglich ist. Dies kommt va in Betracht, wenn es sich bei dem angebotenen Arbeitsplatz nicht um einen solchen mit nach dem Katalog einschlägiger Beschäftigung handelt, da andernfalls das Regelinstrumentarium der BeschV greift[21]. Das beschriebene öffentliche Interesse wie auch der begründete Einzelfall stellen gerichtlich voll überprüfbare **unbestimmte Rechtsbegriffe** dar. 13

Diese **eigenständige Zulassungsnorm** darf nicht dazu genutzt werden, den allgemeinen Anwerbestopp zu umgehen. Sie ist vielmehr strikt auf besondere Einzelfälle zugeschnitten, die nicht (allein) durch individuelle Härten oder besondere subjektive Bedürfnisse eines Ausländers oder eines Unternehmens gekennzeichnet sind, sondern durch das beschriebene öffentliche Interesse. Soweit die Aufenthaltserlaubnis nur in einem **begründeten Einzelfall** erteilt werden darf, muss sich dieser Fall hinsichtlich der Arbeitsmarktsituation von anderen Fällen unterscheiden. Das Zulassungssystem einschließlich der Zustimmung der BA ist auf die Bedürfnisse und die Aufnahmefähigkeit des deutschen Arbeitsmarkts ausgerichtet. Nur dann, wenn auf dieser Grundlage die Beschäftigung im Einzelfall nicht zugelassen werden kann, kann die Sonderregelung greifen. 14

Der Bedarf darf nicht allgemeiner Natur sein, sondern nur in einer **singulären Konstellation** auftreten und anderweitig nicht gedeckt werden können. Nicht ausreichend wäre zB die Feststellung eines jahrelangen Engpasses in einem bestimmten Beruf[22]. Der Bedarf muss vereinzelt, nicht flächendeckend in einer Branche, einem Beruf oder einer ganzen Wirtschaftsregion auftreten. 15

Die im Gesetz besonders erwähnten öffentlichen Interessen müssen eine **atypische Arbeitsmarktsituation** widerspiegeln. Es muss ein regionales, wirtschaftliches oder arbeitsmarktpolitisches Interesse an der Beschäftigung bestehen, das mit den sonst zur Verfügung stehenden Mitteln nicht befriedigt werden kann. Das öffentliche Interesse an der Beschäftigung des konkreten Ausländers kann zB darin bestehen, dass sie in dem Unternehmen zur Schaffung von Arbeitsplätzen beiträgt oder den Abbau von Arbeitsplätzen verhindert[23]. Das (rein privatwirtschaftliche) Einstellungsinteresse des Arbeitgebers allein begründet jedenfalls kein öffentliches Interesse[24]. 16

VI. Beamte (Abs. 4)

Abs. 4 übernimmt im Wesentlichen die Vorgängerregelung aus § 18 IV aF. Hiernach kann einem Ausländer, der in einem Beamtenverhältnis zu einem deutschen Dienstherrn steht, eine Aufenthaltserlaubnis zur Erfüllung seiner Dienstpflichten im Bundesgebiet erteilt werden. Anders als bei den übrigen Tatbeständen des § 19c gibt es hier kein Ermessen, dh, es liegt eine **gebundene Entscheidung** vor, auf die ein Anspruch besteht. 17

Die Spezialregelung in Abs. 4 für Beamte ist notwendig, weil die Tätigkeit von Beamten keine Beschäftigung iSv § 7 SGB IV darstellt[25]. Vor allem zielt sie ab auf Hochschullehrer und weitere Mitarbeiter des **wissenschaftlichen und künstlerischen Personals**, die in ein Beamtenverhältnis berufen werden können. Die Aufenthaltserlaubnis wird für **drei Jahre** erteilt, sofern das Dienstverhältnis nicht auf einen kürzeren Zeitraum befristet ist. Nach Abs. 4 S. 3 ist abweichend von § 9 II Nr. 1 (fünf Jahre Aufenthaltserlaubnis-Voraufenthalt) sowie Nr. 3 (60 Monate Pflichtrentenbeiträge) **eine Niederlassungserlaubnis** zu erteilen. Auch insoweit besteht ein durchsetzbarer Rechtsanspruch, dh, die Behörde hat kein Ermessen. 18

§ 19d Aufenthaltserlaubnis für qualifizierte Geduldete zum Zweck der Beschäftigung

(1) Einem geduldeten Ausländer kann eine Aufenthaltserlaubnis zur Ausübung einer der beruflichen Qualifikation entsprechenden Beschäftigung erteilt werden, wenn der Ausländer

---

[21] Vgl. *Feldgen* ZAR 2006, 168; nach der Rspr. des BVerwG reicht das Einstellungsinteresse eines privaten Unternehmers nicht aus, vgl. BVerwG Beschl. v. 1.12.1981 – 1 B 156.81.
[22] Dazu Jahresgutachten 2004, S. 220 ff.; bei Branchen- oder berufsspezifischem Arbeitskräftebedarf wäre die BeschV zu ergänzen bzw. eigenständige RVO zu erlassen wie zB die HSchulAbsZugV zur Linderung des Mangels an Ingenieuren.
[23] S. hierzu auch DA AufenthG 1.18.413.
[24] OVG NRW Beschl. v. 17.11.2006 – 8 B 613/06, InfAuslR 2007, 71.
[25] § 7 I SGB IV: Beschäftigung ist die nichtselbstständige Arbeit, insbesondere in einem Arbeitsverhältnis. Anhaltspunkte für eine Beschäftigung sind eine Tätigkeit nach Weisungen und eine Eingliederung in die Arbeitsorganisation des Weisungsgebers.

1. im Bundesgebiet
   a) eine qualifizierte Berufsausbildung in einem staatlich anerkannten oder vergleichbar geregelten Ausbildungsberuf oder ein Hochschulstudium abgeschlossen hat, oder
   b) mit einem anerkannten oder einem deutschen Hochschulabschluss vergleichbaren ausländischen Hochschulabschluss seit zwei Jahren ununterbrochen eine dem Abschluss angemessene Beschäftigung ausgeübt hat, oder
   c) seit drei Jahren ununterbrochen eine qualifizierte Beschäftigung ausgeübt hat und innerhalb des letzten Jahres vor Beantragung der Aufenthaltserlaubnis für seinen Lebensunterhalt und den seiner Familienangehörigen oder anderen Haushaltsangehörigen nicht auf öffentliche Mittel mit Ausnahme von Leistungen zur Deckung der notwendigen Kosten für Unterkunft und Heizung angewiesen war, und
2. über ausreichenden Wohnraum verfügt,
3. über ausreichende Kenntnisse der deutschen Sprache verfügt,
4. die Ausländerbehörde nicht vorsätzlich über aufenthaltsrechtlich relevante Umstände getäuscht hat,
5. behördliche Maßnahmen zur Aufenthaltsbeendigung nicht vorsätzlich hinausgezögert oder behindert hat,
6. keine Bezüge zu extremistischen oder terroristischen Organisationen hat und diese auch nicht unterstützt und
7. nicht wegen einer im Bundesgebiet begangenen vorsätzlichen Straftat verurteilt wurde, wobei Geldstrafen von insgesamt bis zu 50 Tagessätzen oder bis zu 90 Tagessätzen wegen Straftaten, die nach dem Aufenthaltsgesetz oder dem Asylgesetz nur von Ausländern begangen werden können, grundsätzlich außer Betracht bleiben.

(1a) Wurde die Duldung nach § 60a Absatz 2 Satz 3 in Verbindung mit § 60c erteilt, ist nach erfolgreichem Abschluss dieser Berufsausbildung für eine der erworbenen beruflichen Qualifikation entsprechenden Beschäftigung eine Aufenthaltserlaubnis für die Dauer von zwei Jahren zu erteilen, wenn die Voraussetzungen des Absatzes 1 Nummer 2 bis 3 und 6 bis 7 vorliegen.

(1b) Eine Aufenthaltserlaubnis nach Absatz 1a wird widerrufen, wenn das der Erteilung dieser Aufenthaltserlaubnis zugrunde liegende Arbeitsverhältnis aus Gründen, die in der Person des Ausländers liegen, aufgelöst wird oder der Ausländer wegen einer im Bundesgebiet begangenen vorsätzlichen Straftat verurteilt wurde, wobei Geldstrafen von insgesamt bis zu 50 Tagessätzen oder bis zu 90 Tagessätzen wegen Straftaten, die nach dem Aufenthaltsgesetz oder dem Asylgesetz nur von Ausländern begangen werden können, grundsätzlich außer Betracht bleiben.

(2) Die Aufenthaltserlaubnis berechtigt nach Ausübung einer zweijährigen der beruflichen Qualifikation entsprechenden Beschäftigung zu jeder Beschäftigung.

(3) Die Aufenthaltserlaubnis kann abweichend von § 5 Absatz 2 und § 10 Absatz 3 Satz 1 erteilt werden.

Allgemeine Verwaltungsvorschrift
18a Zu § 18a – Aufenthaltserlaubnis für qualifizierte Geduldete zum Zweck der Beschäftigung (zu dem am 1.3.2020 in Kraft getretenen FEG 2019: im Wesentlichen inhaltsgleich § 19d)
18a.0 Allgemeines
Mit der Regelung von § 18a soll beruflich qualifizierten Geduldeten die Gelegenheit gegeben werden, in einen rechtmäßigen Aufenthalt mit Aufenthaltserlaubnis zu wechseln. Es wird dabei hinsichtlich der beruflichen Tätigkeit nicht allein darauf abgestellt, dass der Ausländer daraus seinen Lebensunterhalt bestreiten kann, sondern auch auf ein Qualifikationsprofil des Ausländers, mit dem das Ziel unterstützt wird, den steigenden Bedarf an gut ausgebildeten Fachkräften, insbesondere durch Nutzung inländischer Potenziale, zu befriedigen. Da die berufliche Qualifikation und die in einem gewissen Umfang erfolgte Integration in den Arbeitsmarkt somit die hauptsächliche Intention zur Erteilung der Aufenthaltserlaubnis ist, handelt es sich nicht um einen Aufenthaltstitel aus humanitären Gründen nach Abschnitt 5, sondern um einen Aufenthaltstitel zum Zweck der Erwerbstätigkeit nach Abschnitt 4. Auf Grund dessen finden die Vorschriften des Abschnitts 1 uneingeschränkt – soweit deren Anwendung nicht explizit ausgenommen wird – bei der Erteilung und Verlängerung der Aufenthaltserlaubnis nach § 18a Anwendung. Der Familiennachzug richtet sich nach den allgemeinen Vorschriften.

18a.1 Erteilungsvoraussetzungen
18a.1.0 § 18a Absatz 1 sieht vor, dass die Erteilung der Aufenthaltserlaubnis der Zustimmung durch die Bundesagentur für Arbeit bedarf. Im Gegensatz zu den Regelungen nach § 18 erfolgt keine Beschränkung auf die Berufsgruppen der BeschV. Darüber hinaus wird in den Einzelregelungen der Nummer 1 Buchstaben a) bis c) nicht auf eine bestimmte Aufenthaltszeit, sondern auf die durch Ausbildung erworbene berufliche Qualifikation oder die bisherige Beschäftigung als Fachkraft abgestellt. Voraussetzung ist weiterhin, dass der Geduldete nicht nur über ein beliebiges Arbeitsplatzangebot verfügt oder eine beliebige Beschäftigung fortsetzt. Die vorgesehene Beschäftigung muss der Qualifikation des Ausländers entsprechen. Als der beruflichen Qualifikation entsprechende Beschäftigungen sind auch solche Tätigkeiten zu verstehen, die üblicherweise eine der jeweils in der Nummer 1 Buchstaben a) bis c) genannten Qualifikationen voraussetzen und bei denen die mit der Ausbildung erworbenen Kenntnisse zumindest teilweise oder mittelbar benötigt werden.

18a.1.1.1 § 18a Absatz 1 Nummer 1 Buchstabe a) ist die Grundlage für die Erteilung der Aufenthaltserlaubnis an Geduldete, die im Bundesgebiet eine qualifizierte Berufsausbildung in einem staatlich anerkannten oder vergleichbar geregelten Ausbildungsberuf oder ein Hochschulstudium abgeschlossen haben. Mit der Bezugnahme auf eine „qualifizierte Berufsausbildung" wird der Terminologie des Aufenthaltsgesetzes gefolgt, das auch in § 18 Absatz 4 und § 39 Absatz 6 diese Begrifflichkeit verwendet. Konkretisiert wird der Begriff der „qualifizierten Berufsausbildung" durch § 25 BeschV. Die danach geforderte Dauer der Ausbildung bezieht sich auf die generelle Dauer der Ausbildung und nicht auf die individuelle Ausbildungsdauer des betroffenen Ausländers. Die Voraussetzungen für die Erteilung einer Aufenthaltserlaubnis sind daher auch in den Fällen erfüllt, in denen die Ausbildung durch vorzeitige Zulassung zur Abschlussprüfung im Einzelfall vor Ablauf der Regelausbildungsdauer erfolgreich abgeschlossen worden ist.

18a.1.1.2 § 18a Absatz 1 Nummer 1 Buchstabe b) gilt für Geduldete, die ihr Studium im Ausland abgeschlossen haben. Erforderlich ist, dass die Studienabschlüsse, die im Ausland erworben wurden, in Deutschland rechtlich anerkannt oder einem deutschen Hochschulabschluss vergleichbar sind. Soweit für einen im Ausland erworbenen Studienabschluss eine formale Anerkennung nicht vorgesehen oder nicht erforderlich ist, ist für die Frage, ob es sich um einen mit einem deutschen Studienabschluss vergleichbaren Abschluss handelt, auf die Bewertungsvorschläge der Zentralstelle für ausländisches Bildungswesens bei der Kultusministerkonferenz abzustellen, die im Internet unter *www.anabin.de* öffentlich zugänglich sind. Als faktisch anerkannt gilt ein Studienabschluss, wenn er dort als einem deutschen Hochschulabschluss „gleichwertig" oder „entsprechend" („entspricht") eingestuft ist. In den mithilfe von *anabin* nicht zu entscheidenden Fällen bildet die tatbestandlich erforderliche zweijährige angemessene Beschäftigung ein im Regelfall gewichtiges Indiz für die vom Gesetz geforderte Vergleichbarkeit. Des Weiteren muss der Ausländer bei Antragstellung bereits seit zwei Jahren ohne Unterbrechung eine dem Studienabschluss angemessene Beschäftigung ausgeübt haben. Angemessen ist die Beschäftigung, wenn sie üblicherweise einen akademischen Abschluss voraussetzt und die mit der Hochschulausbildung erworbenen Kenntnisse zumindest teilweise oder mittelbar benötigt werden. Kürzere Unterbrechungen der Beschäftigung, die im Regelfall eine Gesamtdauer von drei Monaten nicht übersteigen sollten, sind unschädlich; sie werden aber nicht auf die erforderliche Beschäftigungsdauer von zwei Jahren angerechnet.

18a.1.1.3 § 18a Absatz 1 Nummer 1 Buchstabe c) erfasst die geduldeten Fachkräfte, die ihre berufliche Qualifikation vor der Einreise nach Deutschland im Herkunftsland erworben haben. Bei diesen Fachkräften muss bei Antragstellung eine dreijährige Vorbeschäftigungszeit im Bundesgebiet vorliegen, in der eine Beschäftigung ausgeübt wurde, die eine qualifizierte Berufsausbildung (vgl. 18 a.1.1.1) voraussetzt. Wie in § 18a Absatz 1 Nummer 1 Buchstabe b) ist es nicht erforderlich, dass eine neue Beschäftigung aufgenommen wird; § 18a ist auch anzuwenden, wenn die Beschäftigung, die die Voraussetzungen erfüllt, fortgesetzt wird. Die geforderte Vorbeschäftigungszeit soll grundsätzlich ununterbrochen vorliegen. Kürzere Unterbrechungen des Beschäftigungsverhältnisses, die im Regelfall eine Gesamtdauer von drei Monaten nicht übersteigen sollten, sind unschädlich; sie werden aber nicht auf die erforderliche Beschäftigungsdauer von drei Jahren angerechnet. Während der Vorbeschäftigungszeit darf der Ausländer und seine Familienangehörigen nicht auf öffentliche Leistungen zur Deckung des Lebensunterhalts angewiesen gewesen sein (siehe dazu Nummer 27.3.1 und Nummer 2.3.1). Der Bezug von Leistungen zur Deckung der notwendigen Kosten für Unterkunft und Heizung im Bemessungszeitraum ist bei dieser Fallgruppe unschädlich.

18a.1.2 Die Kriterien der Nummern 2 bis 7 entsprechen inhaltlich § 104a Absatz 1 Satz 1 Nummer 1 und 4 bis 6. Die Ausführungen zu § 104a Absatz 1 Satz 1 Nummer 1 und 4 bis 6 gelten entsprechend.

18a.1.3 Nach Nummer 3 werden von den Geduldeten mit dem Qualifikationsprofil des § 18a ausreichende Deutschkenntnisse erwartet. Dies entspricht dem Niveau B 1 des Gemeinsamen Europäischen Referenzrahmens für Sprachen (GER; vgl. Nummer 44 a.1.2.2).

18a.2 Zustimmungserfordernis der Bundesagentur für Arbeit

18a.2.1 Das Zustimmungserfordernis durch die Bundesagentur für Arbeit begründet sich insbesondere darin, dass die Ausländerbehörden nicht über die fachliche Kompetenz verfügen zu beurteilen, ob die Ausbildung zu der geforderten Qualifikation geführt hat oder ob die nach § 18a Absatz 1 Nummer 1 Buchstaben b) und c) vorausgesetzten Vorbeschäftigungszeiten als Fachkräfte erfüllt sind und weiter eine entsprechend qualifizierte Tätigkeit ausgeübt werden soll. Darüber hinaus ist durch die Bundesagentur für Arbeit zu prüfen, dass die Arbeitsbedingungen denen vergleichbarer deutscher Fachkräfte entsprechen. Dagegen wird auf die Vorrangprüfung nach § 39 Absatz 2 Satz 1 Nummer 1 verzichtet, da sich insbesondere der Personenkreis nach Satz 1 Nummer 1 Buchstaben a) und c) bereits über einen längeren Zeitraum in Deutschland aufgehalten hat und dadurch i. d. R über eine unbeschränkte Zustimmung der Bundesagentur für Arbeit nach § 10 Absatz 2 Nummer 2 BeschVerfV verfügen dürfte. Durch dieses gesetzliche Erfordernis der Zustimmung der Bundesagentur für Arbeit finden aber die §§ 9 und 10 BeschVerfV bei der Erteilung der Aufenthaltserlaubnis nach § 18a keine Anwendung. Das hat zur Folge, dass auch eine bereits erteilte Zustimmung der Bundesagentur für Arbeit nach § 10 Absatz 2 Satz 1 BeschVerfV bei der Erteilung der Aufenthaltserlaubnis nach § 18a keine Beachtung findet.

18a.2.2 Mit Satz 2 wird die entsprechende Anwendung von § 18 Absatzes 2 Satz 2 und Absatz 5 bestimmt. Da § 18a Absatz 2 Satz 1 ausdrücklich das Zustimmungserfordernis der Bundesagentur für Arbeit vorsieht, ist eine zustimmungsfreie Beschäftigung nicht möglich. Soweit die beabsichtigte oder bereits ausgeübte und fortgesetzte Beschäftigung einem Sachverhalt entspricht, der nach der BeschV oder BeschVerfV zustimmungsfrei ist, unterliegt wegen der Nichtanwendbarkeit von § 18 Absatz 2 Satz 1 auch diese Beschäftigung der Zustimmungspflicht.

18a.2.3 Nach Satz 3 berechtigt die Aufenthaltserlaubnis nach zweijähriger Beschäftigung als Fachkraft entsprechend den beschäftigungsrechtlichen Erleichterungen nach § 9 BeschVerfV dazu, jede Beschäftigung auszuüben. Satz 3 macht gleichzeitig deutlich, dass die Beschäftigung in den auf die Erteilung der Aufenthaltserlaubnis folgenden zwei Jahren auf eine der beruflichen Qualifikation entsprechende Beschäftigung (vgl. Nummer 18 a.1.0) beschränkt ist. Damit ist die Erteilung der unbeschränkten Zustimmung durch die Bundesagentur für Arbeit nach § 9 BeschVerfV innerhalb dieses Zeitraum ausgeschlossen. Für jedes weitere Beschäftigungsverhältnis innerhalb des Zweijahreszeitraumes, das jeweils die Anforderungen des Erteilungsgrundes nach Absatz 1 Buchstabe a) bis c) erfüllen muss, ist die Zustimmung nach Satz 1 erforderlich.

18a.3 Von den allgemeinen Erteilungsvoraussetzungen werden nur die des § 5 Absatz 2 ausgenommen, da diese regelmäßig von Geduldeten nicht erfüllt werden können. Hinsichtlich der Sicherung des Lebensunterhalts ist

1 AufenthG § 19d

Nummer 18 a.1.1.3 (letzter Satz) zu beachten. Die Sperrwirkung des § 10 Absatz 3 Satz 2 entfällt bei denjenigen Geduldeten, bei denen die Offensichtlichkeitsentscheidung des Bundesamts für Migration und Flüchtlinge auf § 30 Absatz 3 Nummer 7 AsylVfG beruht, weil diese Gruppe die Ablehnung des Asylantrags als offensichtlich unbegründet nicht persönlich zu vertreten hat.

Übersicht

	Rn.
I. Entstehungsgeschichte	1
II. Allgemeines	2
III. Ausländer mit in Deutschland erworbener Qualifikation	6
IV. Ausländer mit im Ausland erworbener Qualifikation	9
V. Sonstige Voraussetzungen	17
VI. Zustimmung der Bundesagentur	32
VII. Aufenthaltserlaubnis nach Ausbildungsduldung	35
VIII. Widerruf der Aufenthaltserlaubnis nach Ausbildungsduldung	37
IX. Keine Sperrwirkung	38
X. Verwaltungsverfahren und Rechtsschutz	40

I. Entstehungsgeschichte

1 Die Vorschrift wurde im Jahr 2008 mit dem **ArbMigStG**[1] als § 18a neu eingefügt. Das Gesetz enthielt ua Änderungen des AufenthG, des BAföG und des SGB III[2] und entfristete die Härtefallregelung des § 23a[3]. Sachlich gehörten auch Änderungen der BeschV[4] sowie der BeschVerfV und der ArGV[5] dazu. Die HochschulabsolventenzugangsVO wurde aufgehoben, an ihre Stelle treten die entsprechend modifizierten Vorschriften des § 27 BeschV und § 12a ArGV. Abs. 3 wurde mit dem **RLUmsG 2011**[6] dahin gehend geändert, als der Hinweis auf die Unschädlichkeit der Sperrwirkung in den Fällen des § 30 III Nr. 7 AsylG iVm § 10 III 2 gestrichen wurde. Hierbei handelte es sich um eine Folgeänderung zur Neufassung des § 10 III 2[7].

Infolge des am 15.8.2019 verkündeten **FEG**[8] wurde aus dem § 18a mit Wirkung ab dem 1.3.2020 der **§ 19d**. Die in der Norm erfolgten geringfügigen Änderungen waren Folge der begrifflichen Neuordnung, insbesondere der neuen Definition der Fachkraft in § 18 III und der neuen gesetzlichen Systematik.

II. Allgemeines

2 Das ArbMigStG und die begleitenden VO-Änderungen resultieren aus dem „Aktionsprogramm der Bundesregierung – Beitrag der Arbeitsmigration zur Sicherung der Fachkräftebasis in Deutschland", das vom Bundeskabinett am 16.7.2008 beschlossen wurde. Sie dienen dem Zweck, eine bessere Befriedigung des Fachkräftebedarfs in Deutschland durch erleichterte Beschäftigung von Ausländern zu ermöglichen. Die Vorschriften enthalten daher **Erleichterungen** sowohl für im Inland bereits lebende Ausländer als auch für im Ausland lebende **Fachkräfte**[9].

3 § 19d richtet sich an in Deutschland lebende qualifizierte Ausländer, die keinen Aufenthaltstitel, sondern lediglich eine **Duldung** besitzen[10]. Asylbewerber müssen angesichts des klaren Wortlauts ihren Asylantrag zurücknehmen, um eine Aufenthaltserlaubnis nach § 19d bekommen zu können. Erforderlich ist, dass die Beschäftigung, für deren Ausübung die Aufenthaltserlaubnis erteilt wird, eine qualifizierte iSv § 2 XIIb ist[11] (Erfordernis einer mindestens zweijährigen Ausbildung, § 6 I 2 BeschV). Ausnahmen sind seit 1.3.2020 für die Beschäftigung in ausgewählten Berufen der Informations- und Kommunikationstechnologie möglich (§ 6 S. 1 BeschV 2020). Wie bei der Erteilung einer Aufenthaltserlaubnis nach § 18 II Nr. 1 ist weiter erforderlich, dass der Ausländer einen **Arbeitsvertrag** oder eine **verbindliche Einstellungszusage** vorlegt.

---

[1] Gesetz zur arbeitsmarktadäquaten Steuerung der Zuwanderung Hochqualifizierter und zur Änderung weiterer aufenthaltsrechtlicher Regelungen (ArbeitsmigrationssteuerungsG), BGBl. 2008 I S. 2846.
[2] Mit Art. 2a und 2b wird Geduldeten mit vierjährigem Aufenthalt ein Anspruch auf BAföG (§ 8 IIa) bzw. Ausbildungsförderung nach dem SGB III (§ 63 IIa) eingeräumt; vgl. § 4.
[3] Art. 2.
[4] Zweite VO zur Änderung der BeschV v. 19.12.2008, BGBl. 2008 I S. 2972.
[5] VO zur Änderung der BeschäftigungsverfV und der AGV v. 10.11.2008, BGBl. 2008 I S. 2210.
[6] Art. 1 Nr. 12 Gesetz v. 22.11.2011(BGBl. I S. 2258) mWv 26.11.2011.
[7] BT-Drs. 17/5470, 21.
[8] BGBl. 2019 I S. 1307.
[9] BT-Drs. 16/10288, 1.
[10] Zu einer umfassenden Auslegung des Begriffs Duldung s. die Kommentierung zu § 60a.
[11] VG Schleswig Beschl. v. 2.2.2021 – 11 B 105/20, BeckRS 2021, 1138; OVG Lüneburg Beschl. v. 22.2.2022 – 13 LA 10/22, AuAS 2022, 74 Rn. 12.

Die Vorschrift benennt ähnliche Voraussetzungen hinsichtlich des in der Vergangenheit liegenden 4
Verhaltens des Ausländers auf § 104a, stellt aber in puncto Qualifikation und Beschäftigung partiell höhere Anforderungen. Die Erteilung einer Aufenthaltserlaubnis nach § 19d ermöglicht es schon in Anbetracht der zeitlichen Entfernung vom Stichtag des § 104a (sechs bzw. acht Jahre Aufenthalt am 1.7.2007), dass **gut integrierte geduldete** Ausländer ein Bleiberecht erhalten, an deren Beschäftigung ein öffentliches Interesse besteht, die lange in Deutschland gelebt haben, mit der deutschen Kultur vertraut sind und deren Aufenthaltsbeendigung ansonsten nicht vermittelbar wäre[12]. In jedem Fall ist faktisch für die Erteilung der Aufenthaltserlaubnis nach § 19d ein mehrjähriger Voraufenthalt in Deutschland über die gesetzlichen Fristen bzw. die Dauer einer Ausbildung oder eines Studiums hinaus erforderlich.

Mit der Regelung von § 19d soll der Gesetzesbegründung[13] zu ihrer inhaltsgleichen Vorgänger- 5
regelung in § 18a den **Geduldeten, die entweder in Deutschland eine Berufsausbildung zum Facharbeiter bzw. zur Facharbeiterin oder ein Studium erfolgreich absolviert haben oder bereits mit einer entsprechenden Qualifikation nach Deutschland eingereist sind oder die sich im Rahmen ihrer bisherigen Tätigkeit im Bundesgebiet qualifiziert haben** und die über ein Arbeitsplatzangebot für eine ihrer beruflichen Qualifikation entsprechenden Beschäftigung verfügen, die Gelegenheit gegeben werden, in einen **rechtmäßigen Aufenthalt mit Aufenthaltserlaubnis** zu wechseln. Der Familiennachzug richtet sich nach den allgemeinen Vorschriften.

III. Ausländer mit in Deutschland erworbener Qualifikation

§ 19d I Nr. 1 lit. a regelt Fälle von im Bundesgebiet erworbenem Berufsabschluss oder Hochschul- 6
studium. Handelt es sich um einen Berufsabschluss, muss dieser staatlich anerkannt oder vergleichbar geregelt sein. Gemeint ist damit, dass die Ausbildung nach einer **Ausbildungsordnung** absolviert wird und mit einer **Prüfung** endet. Es muss sich dabei nicht um eine staatliche Prüfung handeln. Alle Ausbildungen nach dem **BBiG**, der **HwO**, den Gesetzen über die **nichtärztlichen Heilberufe,** den **Sozialberufsgesetzen** der Länder etc sind erfasst. Eine qualifizierte Berufsausbildung liegt dann vor, wenn es sich um eine Berufsausbildung mit einer mindestens zweijährigen Ausbildungsdauer handelt (§ 6 I BeschV). Die geforderte Dauer der Ausbildung bezieht sich auf die generelle Dauer der Ausbildung und nicht auf die individuelle Ausbildungsdauer des betroffenen Ausländers. Die Voraussetzungen für die Erteilung der Aufenthaltserlaubnis sind daher auch in den Fällen erfüllt, in denen regulär eine zweijährige Ausbildungszeit zu absolvieren ist, im Einzelfall jedoch der Berufsabschluss nach einer verkürzten Ausbildungszeit zugelassen wurde. Individuelle Verkürzungen der tatsächlichen Ausbildung, wie sie zB bei Abiturienten regelmäßig vorgenommen werden, sind in der Regel nicht von Bedeutung[14].

Unter in Deutschland erworbenen **Hochschulabschlüssen** nach § 19d I Nr. 1 lit. a sind nicht nur 7
Staatsexamen, Diplom, Magister, Bachelor und Master zu verstehen, sondern auch Berufsabschlüsse, die durch Landesrecht Hochschulabschlüssen gleichgestellt sind wie zB die an Berufsakademien[15]. Da die Vorschrift lediglich an den in Deutschland erworbenen Abschluss anknüpft, ist es unschädlich, wenn ein Teil des Studiums im Ausland absolviert und in Deutschland auf die erforderlichen Studienleistungen angerechnet wurde. Für Ausländer mit im Bundesgebiet erworbenen Abschlüssen nach Abs. 1 Nr. 1 lit. a sind Zeiten der **Arbeitslosigkeit** oder der unterqualifizierten Beschäftigung zwischen Ausbildungsende oder Studienabschluss und der Antragstellung **unschädlich.**

Ausländer mit ausländischer Qualifikation nach § 19d I Nr. 1 lit. b müssen demgegenüber 8
zusätzlich eine ununterbrochene qualifizierte Beschäftigung unmittelbar vor Erteilung der Aufenthaltserlaubnis nachweisen. Die ausländische Qualifikation muss in einem anerkannten oder einem deutschen Hochschulabschluss vergleichbaren Hochschulabschluss bestehen.

IV. Ausländer mit im Ausland erworbener Qualifikation

§ 19d I Nr. 1 lit. b und c regeln die Voraussetzungen für die Erteilung der Aufenthaltserlaubnis im 9
Falle einer **im Ausland erworbenen Qualifikation.** Sie unterscheiden sich danach, ob der Ausländer Hochschulabsolvent ist und dieses Studium in Deutschland anerkannt oder zumindest bekannt und vergleichbar ist (lit. b) oder ob er über andere Qualifikationen verfügt, die ihn befähigen, einer qualifizierten Beschäftigung nachzugehen (lit. c).

Die formale **Anerkennung** von im **Ausland** erworbenen vergleichbaren **Hochschulabschlüssen** 10
nach **lit. b** begegnet in Deutschland erheblichen Schwierigkeiten und ist rechtlich eher die Ausnahme als die Regel[16]. Daher genügt es für die Erteilung der Aufenthaltserlaubnis nach § 19d I Nr. 1 lit. b, wenn der Abschluss faktisch anerkannt ist. Die Beurteilung wird sich in der Praxis auf die Bewertungs-

---

[12] BT-Drs. 16/10288, 8.
[13] BT-Drs. 16/10288, 9.
[14] BT-Drs. 16/10288, 9.
[15] BT-Drs. 16/10288, 9.
[16] Vgl. dazu *Englmann/Müller,* Brain Waste, 2007, www.berufliche-anerkennung.de/brain-waste.html.

vorschläge der Zentralstelle für Ausländisches Bildungswesen bei der Kultusministerkonferenz[17] stützen müssen. Allerdings enthält die Liste nicht für alle Abschlüsse Bewertungsvorschläge; für etliche Länder enthält sie nur Hochschulzugangsinformationen (Bewertung der Äquivalenz von Schulabschlüssen), darunter zB für das in Deutschland recht wichtige Herkunftsland Irak. Die Liste hat rechtlich die Bedeutung eines Sachverständigengutachtens. Zu bedenken ist bei der Bewertung va, dass die Bewertungen der ZAB nicht vorrangig auf die Verwertbarkeit von Abschlüssen in der Berufspraxis, sondern im akademischen Raum hinsichtlich des Hochschulzugangs zielen und die Äquivalenz eines Abschlusses an der Äquivalenz der Summe der Studieninhalte misst.

11   Das Tatbestandsmerkmal der **Vergleichbarkeit der ausländischen Hochschulabschlüsse** mit solchen in Deutschland nach **lit. b** zielt vor dem Hintergrund des Normzwecks auf die Vergleichbarkeit des Abschlusses im Hinblick auf die Beschäftigung und die Arbeitsmarktchancen. Welche Abschlüsse unter Verwertbarkeitsaspekten tatsächlich vergleichbar sind, wird häufig einer anderen Logik als die Liste folgen, da naturgemäß vieles, was im Studium gelehrt wird, am Arbeitsplatz eines Akademikers keine Relevanz hat. Wenn ein Ausländer mit ausländischem Abschluss einen Arbeitsplatz besetzen kann, der **typischerweise** von **Hochschulabsolventen** besetzt wird, muss davon ausgegangen werden, dass dieser Abschluss gleichwertig im Sinne der Zielrichtung der Norm ist. Sofern Arbeitgeber und Ausländer der Auffassung sind, dass ein Abschluss zu Unrecht nicht oder als nicht vergleichbar gelistet ist, muss sich die Ausländerbehörde der fachlichen Auseinandersetzung stellen. Dies gilt ohnehin in den Fällen, in denen ein ausländischer Abschluss nicht gelistet ist. Das gegenüber § 27 BeschV aF – in der nF jetzt auch enthaltene – Erfordernis des anerkannten oder vergleichbaren Abschlusses ist in der Praxis schwer zu handhaben und kann trotz anders lautender Absicht zu zusätzlichen Restriktionen statt zu mehr Offenheit führen.

12   Ausländische Absolventen mit anerkanntem oder vergleichbarem Abschluss nach **lit. b** müssen eine ihrer Qualifikation **angemessene Beschäftigung** seit **zwei Jahren** ununterbrochen ausüben. **Angemessen ist** die Beschäftigung, wenn sie üblicherweise einen akademischen Abschluss voraussetzt und die mit der Hochschulausbildung erworbenen Kenntnisse zumindest teilweise oder mittelbar benötigt werden. Kürzere **Unterbrechungen der Beschäftigung,** die im Regelfall eine Gesamtdauer von drei Monaten nicht übersteigen dürfen, sind unschädlich; sie werden aber nicht auf die erforderliche Beschäftigungsdauer von zwei Jahren angerechnet. Es muss sich nicht um eine Beschäftigung bei demselben Arbeitgeber handeln, da der Wortlaut an die Beschäftigung an sich und nicht an ein (konkretes) Beschäftigungsverhältnis anknüpft. Zwischenzeitliche **Arbeitslosigkeit vernichtet** die Möglichkeit der Erteilung einer Aufenthaltserlaubnis. Anders liegt es beim Bezug von **Krankengeld** nach dem SGB V, der ein bestehendes Arbeitsverhältnis unberührt lässt, sodass weiterhin eine Beschäftigung vorliegt. Die weitere Voraussetzung der fast **vollständigen Lebensunterhaltssicherung** in der Vergangenheit muss der Antragsteller nach lit. b **nicht** erfüllen, da dieses Tatbestandsmerkmal ausschließlich in lit. c erwähnt wird. Eine (Teilzeit-)Beschäftigung in der Vergangenheit mit **ergänzendem Bezug** von Grundsicherungsleistungen für sich selbst oder Mitglieder der Bedarfsgemeinschaft ist daher **unschädlich.**

13   Geduldete Ausländer mit einem **nicht anerkannten oder vergleichbaren Hochschulabschluss** sowie Ausländer, die über eine im Ausland erworbene formale oder **informelle Berufsausbildung** verfügen, können eine Aufenthaltserlaubnis nach **§ 19d I Nr. 1 lit. c** bekommen. Voraussetzung ist in diesen Fällen eine unmittelbar vor der Antragstellung liegende ununterbrochene dreijährige qualifizierte Beschäftigung „als **Fachkraft**" gemäß § 18 III. Für den Personenkreis ist ausschlaggebend, dass der Ausländer unmittelbar vor Erteilung der Aufenthaltserlaubnis mindestens drei Jahre ununterbrochen in einer seiner beruflichen Qualifikation entsprechenden Beschäftigung tätig war[18] oder ist und diese Beschäftigung eine qualifizierte Berufsausbildung iSv § 6 I BeschV voraussetzt.

14   Zum **Zeitpunkt der Antragstellung** muss das **Beschäftigungsverhältnis** nach **lit. c fortbestehen** oder ein Arbeitsplatzangebot für eine weitere entsprechende Beschäftigung vorliegen. Die geforderte Vorbeschäftigungszeit muss grundsätzlich ununterbrochen vorliegen. Kürzere Unterbrechungen des Beschäftigungsverhältnisses innerhalb des dreijährigen Bemessungszeitraums, die im Regelfall eine Gesamtdauer von drei Monaten nicht übersteigen, sind unschädlich; sie werden aber nicht auf die erforderliche Beschäftigungsdauer von drei Jahren angerechnet.

15   Die **Anerkennung ausländischer beruflicher Abschlüsse (lit. c)** begegnet in Deutschland noch größeren Schwierigkeiten als die von Hochschulabschlüssen; manche Kammern stellen zumindest informelle Bescheinigungen über die Vergleichbarkeit einer Qualifikation aus. Für **informelle Ausbildungen,** die in weiten Teilen der Welt üblich sind, bestehen in Deutschland keine Möglichkeiten der Bewertung. Aus diesem Grund knüpft die Norm daran an, dass die Beschäftigung eine qualifizierte Berufsausbildung voraussetzt und nicht daran, dass der Ausländer eine solche vorweisen kann. Die Tatsache der erfolgreichen, da mehrjährigen Beschäftigung auf einem entsprechenden Arbeitsplatz impliziert denknotwendig das Vorhandensein der dafür erforderlichen Qualifikationen. Ausbildungsnachweise müssen daher nicht erbracht werden.

---

[17] www.anabin.de.
[18] VG Schleswig Beschl. v. 17.12.2020 – 11 B 103/20, BeckRS 2020, 38778.

In den Fällen des § 19d I Nr. 1 **lit. c** muss zudem der **Lebensunterhalt** des Ausländers, seiner 16
Familienangehörigen und anderer Haushaltsangehörigen **im letzten Jahr** vor der Antragstellung ohne
Inanspruchnahme öffentlicher Mittel **gesichert gewesen** sein[19]. Der Begriff „ohne Inanspruchnahme
öffentlicher Mittel" wird in § 2 III definiert. Das Einkommen muss nicht allein vom Antragsteller
aufgebracht worden sein, da es auf die Lebensunterhaltssicherung der Bedarfsgemeinschaft ankommt.
Andere Einkünfte der Mitglieder der Bedarfsgemeinschaft wie zB Arbeitseinkommen, Leistungen der
Sozialversicherung, Elterngeld oder Kindergeld können zur Lebensunterhaltssicherung beigetragen
haben. **Unschädlich** ist der Bezug von Leistungen zur Deckung der notwendigen Kosten für
Unterkunft und Heizung. Die Vorschrift knüpft erkennbar an § 3 I AsylbLG an. Der Bezug von
Wohngeld ist aber ebenfalls unschädlich, da das Wohngeld als Zuschuss zum einen regelmäßig eine
niedrigere staatliche Leistung darstellt, zum anderen ebenfalls auf die Deckung der Unterkunfts- und
Heizkosten gerichtet ist (§ 12 WoGG).

V. Sonstige Voraussetzungen

Für die Erteilung einer Aufenthaltserlaubnis nach § 19d müssen über die **speziellen Vorausset-** 17
zungen nach Abs. 1 hinaus auch **die allgemeinen Erteilungsvoraussetzungen des § 5 I** erfüllt
sein[20]. Die Voraussetzung des ausreichenden **Wohnraums** kann abweichend von der üblichen Handhabung
der Anforderung des § 2 IV[21] zumindest bei der erstmaligen Erteilung einer Aufenthaltserlaubnis
auch bei Unterbringung in einer Gemeinschaftsunterkunft erfüllt sein oder wenn die
Wohnungsgröße kleiner ist als an sich erforderlich. Die Erlasse der meisten Bundesländer zur Altfallregelung
der IMK und zu § 104a I 1 Nr. 1 interpretieren die Wohnraumanforderung in dieser
Weise[22]. Die abweichende Auslegung ist deshalb erforderlich, weil der für die Aufenthaltserlaubnis in
Betracht kommende Personenkreis der Geduldeten immer durch Wohnsitzauflagen nach § 61 I an der
freien Wohnungssuche beschränkt ist. In vielen Ländern sind die Betroffenen durch die Landesaufnahme-
oder Unterbringungsgesetze zum Wohnen in Gemeinschaftsunterkünften verpflichtet. Die
Anforderungen, vor erstmaliger Erteilung der Aufenthaltserlaubnis bereits über ausreichenden Wohnraum
zu verfügen, würde daher die Vorschrift für den größten Teil der Adressaten ins Leere laufen
lassen und den Normzweck konterkarieren[23].

Abweichend von den Anforderungen des § 104a I 1 Nr. 2 und des § 60d I Nr. 6 benötigt der 18
Ausländer für die Erteilung der Aufenthaltserlaubnis nach § 19d I Nr. 3 nicht nur mündliche
Deutschkenntnisse der Stufe A2 des GER (§ 2 X), sondern **ausreichende mündliche und
schriftliche Kenntnisse auf dem Niveau B1 (§ 2 XI)**[24]. Dieses Kriterium wird in den Antragstellern
in der Regel ohne Weiteres erfüllt werden, da die Ausübung einer qualifizierten Tätigkeit mit
Sprachkenntnissen auf einem niedrigeren Niveau nur in seltenen Ausnahmen denkbar ist, zB in
Unternehmen mit einer anderen Verkehrssprache als Deutsch. Die Härtefallregelung des § 9 II 4 ist als
Ausnahmeregelung eng auszulegen und nicht analog anwendbar.

Nicht übernommen wurde die Voraussetzung des § 104a I 1 Nr. 3 und des § 60d I Nr. 10, wonach 19
die schulpflichtigen Kinder des eine Aufenthaltserlaubnis nach § 19d beantragenden Ausländers den
tatsächlichen **Schulbesuch** nachweisen müssen. Eine auch kontinuierliche Verletzung der Schulpflicht
eines Kindes kann also einem Ausländer, der die Erteilung einer Aufenthaltserlaubnis nach § 19d
beantragt, nicht entgegengehalten werden.

Die Erteilung der Aufenthaltserlaubnis nach **§ 19d I Nr. 4** ist ausgeschlossen, wenn der Ausländer 20
die Ausländerbehörde über **aufenthaltsrechtlich relevante** Tatsachen **getäuscht** hat, also zB eine
falsche Identität angegeben oder Passlosigkeit nur vorgetäuscht hat. Es muss sich um eine aktive,
vorsätzliche Täuschung handeln, wobei sich der Vorsatz auf die aufenthaltsrechtlichen Auswirkungen
der Täuschung erstrecken und die Täuschung kausal gewesen sein muss. In der Vergangenheit
liegende relevante Täuschungen, die nicht vom seinerzeit **minderjährigen Antragsteller** selbst,
sondern von seinen **Eltern** oder anderen Personensorgeberechtigten begangen wurden, sind diesem
nicht zuzurechnen, da § 19d auf eigenes Handeln des Ausländers abstellt. Auch der Normzweck,
jungen, gut integrierten Ausländern, die unter Umständen auch wegen des Verhaltens ihrer Eltern
nicht in den Genuss des Bleiberechts nach § 104a kommen konnten, die Möglichkeit der Erteilung

---

[19] S. dazu § 2.
[20] VG Potsdam Beschl. v. 13.12.2011 – 8 L 669/11, BeckRS 2012, 45073.
[21] → § 2 Rn. 173 ff.
[22] Vollständige Übersicht über die Länderlasse unter www.fluechtlingsrat-berlin.de/bleiberecht.php.
[23] Ebenso für *Fränkel* in HK-AuslR AufenthG § 104a Rn. 10; aA GK AufenthG/*Funke-Kaiser* § 104a Rn. 31,
allerdings ohne Berücksichtigung der spezifischen, aufenthaltsrechtlich begründeten Wohnsituation Geduldeter und
unter Verkennung, dass die erwähnte bay. Erlassregelung der Tatsache Rechnung trägt, dass in Bayern für Geduldete
eine strikte Pflicht zum Wohnen in Gemeinschaftsunterkünften normiert ist – bei Wortlautinterpretation hätten
allenfalls Geduldete aus Bayern eine Aufenthaltserlaubnis nach § 104a bekommen dürfen, die einen unterschriebenen
Mietvertrag hätten vorlegen können.
[24] S. § 9 I Nr. 7.

einer Aufenthaltserlaubnis zu verschaffen[25], schließt die Zurechnung von Täuschungshandlungen der Eltern aus.

21 Angesichts des klaren Wortlauts des **Abs. 1 Nr. 4** sind nur **Täuschungen** der **Ausländerbehörde,** nicht aber des BAMF oder anderer staatlichen Stellen von Bedeutung. Täuscht also zB ein junger Asylsuchender dem BAMF gegenüber ein Alter unter 16 Jahren vor, um der Verteilung in ein anderes Bundesland nach § 46 II AsylG zu entgehen oder um nicht in einer Gemeinschaftsunterkunft untergebracht zu werden, ist dies für die Erteilung der Aufenthaltserlaubnis unerheblich. Es ist die „falsche" Behörde ohne unmittelbare aufenthaltsrechtliche Relevanz getäuscht worden.

22 Die **Täuschung** nach **Abs. 1 Nr. 4** muss **kausal** dafür sein, dass der Aufenthalt nicht beendet werden konnte[26]. Dies ergibt sich nur mittelbar aus dem Gesetzeswortlaut, der auf die aufenthaltsrechtliche Relevanz, aber nicht direkt auf deren Kausalität für eine Aufenthaltsverlängerung abstellt. Der aufenthaltsrechtlichen Relevanz ist aber die Kausalität immanent: Eine Täuschung ohne aufenthaltsrechtliche Relevanz kann nie kausal für eine Aufenthaltsverlängerung sein; umgekehrt setzt jede erfolgreiche aufenthaltsrechtlich relevante Täuschung zwingend eine (Mit-)Ursache für einen weiteren unberechtigten Verbleib in Deutschland – sonst wäre die Täuschung nicht relevant. Auch aus der Systematik der Vorschrift und aus ihrem Zweck wird das Erfordernis der Kausalität deutlich: Wie in § 104a wird die Täuschung in einer Nr. mit der aktiven, vorsätzlichen Behinderung oder Verzögerung einer aufenthaltsbeendenden Maßnahme behandelt. Daraus wird der Zweck deutlich, das für ungerechtfertigte Aufenthaltsverlängerungen ursächliche Verhalten zu sanktionieren, nicht zuletzt auch, um keine Anreize für mutwillige Aufenthaltsverlängerungen von anderen Ausländern zu geben. Täuschungen, die nicht kausal für die Nichtbeendigung des Aufenthalts sind oder lange zurückliegen, längst aufgedeckt sind und aktuell keine aufenthaltsrechtliche Relevanz mehr besitzen[27], stehen daher der Erteilung der Aufenthaltserlaubnis nicht entgegen.

23 Eine in der Vergangenheit liegende **Behinderung oder Verzögerung einer aufenthaltsbeendenden Maßnahme** gemäß **Abs. 1 Nr. 5** schließt die Erteilung der Aufenthaltserlaubnis nach § 19d ebenfalls aus. Erfasst sind aktive Handlungen, die allein ursächlich für die Erfolglosigkeit einer bereits eingeleiteten aufenthaltsbeendenden Maßnahme gewesen sein müssen. Das sanktionierte Verhalten kann zB darin bestehen, dass die Aufforderung zur Vorsprache bei der Vertretung des Herkunftslandes im Zusammenhang mit der Passbeschaffung zu einem konkreten Termin ohne triftigen Grund missachtet wurde, dass der Ausländer sich durch Untertauchen einer rechtmäßigen Abschiebung entzogen oder Urkunden vernichtet hat oder durch sein persönliches Verhalten einen Abschiebungsversuch vereitelt hat.

24 Das **Einlegen von Rechtsmitteln**, auch wenn sie vorrangig das Ziel des Zeitgewinns verfolgen, fällt **nicht** unter den Tatbestand des Verzögerns oder Behinderns der Aufenthaltsbeendigung nach **Abs. 1 Nr. 5**[28]. Eine fehlende Mitwirkung bei der Herstellung der Voraussetzung für die Aufenthaltsbeendigung, die der Ausländer aus eigener Initiative hätte vornehmen müssen, erfüllt den Tatbestand der Verzögerung aufenthaltsbeendender Maßnahmen nicht[29]. Etwas anderes kann gelten, wenn der Ausländer von der Ausländerbehörde zu konkreten Schritten aufgefordert wurde und dieser Aufforderung nicht nachgekommen ist[30].

25 Gemäß **§ 19d I Nr. 6** stehen „Bezüge" des Ausländers zu **extremistischen** oder **terroristischen Organisationen** oder die Unterstützung dieser Organisationen der Erteilung der Aufenthaltserlaubnis entgegen. Unter dem unbestimmten Rechtsbegriff des **Extremismus** wird „die prinzipielle, unversöhnliche Gegnerschaft gegenüber Ordnungen, Regeln und Normen des demokratischen Verfassungsstaates sowie die fundamentale Ablehnung der mit ihm verbundenen gesellschaftlichen und ökonomischen Gegebenheiten"[31], eine fundamentale Ablehnung des Verfassungsstaats also[32], verstanden. Insofern kann der rechtlich unscharfe Begriff des Extremismus durch die Definitionen des § 4 BVerfSchG präzisiert werden.

26 Der Begriff des **Terrorismus** iSv § 19d I Nr. 6 dagegen ist va durch internationale Rechtsakte etwas klarer definiert[33]. Terroristische Taten richten sich danach gegen Leib, Leben und Freiheit von Zivilpersonen und verfolgen das Ziel, die Bevölkerung einzuschüchtern oder Regierungen oder internationale Organisationen zu einem bestimmten Verhalten (Tun oder Unterlassen) zu nötigen.

---

[25] BT-Drs. 16/10288, 8.
[26] Ebenso für *Fränkel* in HK-AuslR AufenthG § 104a Rn. 12; vgl. auch die Erlasse der Länder insbes. zur IMK-Regelung www.fluechtlingsrat-berlin.de/bleiberecht sowie die VAH-BMI Rn. 331: „großzügiger Maßstab".
[27] Zu § 104 NdsOVG Beschl. v. 24.5.2007 – 8 ME 41/07, BeckRS 2007, 25220.
[28] Ausf. Kommentar zu § 104a; vgl. auch VAF-BMI Rn. 333.
[29] So auch zu *Fränkel* in HK-AuslR AufenthG § 104a Rn. 13; vgl. zu § 104a zB auch OVG NRW Beschl. v. 12.2.2008 – 18 B 230/08, AuAS 2008, 112.
[30] Vgl. BayVGH Beschl. v. 28.9.2007 – 24 CE 07.1347, BeckRS 2007, 30532; NdsOVG Beschl. v. 28.1.2008 – 12 ME 23/08, BeckRS 2008, 32928.
[31] Lexikon der Bundeszentrale für politische Bildung, www.bpb.de/popup/popup_lemmata.html?guid=9JJRRK.
[32] *Pfahl-Traughber*, Politischer Extremismus – was ist das überhaupt? in Bundesamt für Verfassungsschutz (Hrsg.), Bundesamt für Verfassungsschutz. 50 Jahre im Dienst der inneren Sicherheit, 2000, S. 213.
[33] Art. 2b Internat Abk. zur Bekämpfung der Finanzierung des Terrorismus, BGBl. 2003 II S. 1923; Rahmenbeschluss des Rates zur Terrorismusbekämpfung v. 13.6.2002, ABl. 2002 L 164, 3; näher → § 58a Rn. 24–26.

Eine **Organisation** ist dann eine extremistische oder terroristische, wenn sie die genannten Ziele und Mittel als Organisation insgesamt verfolgt und anzuwenden bereit ist. Nach der Rspr. des BVerwG liegt eine völkerrechtlich geächtete Verfolgung politischer Ziele mit terroristischen Mitteln jedenfalls dann vor, wenn politische Ziele unter Einsatz gemeingefährlicher Waffen oder durch Angriffe auf das Leben Unbeteiligter verfolgt werden[34]. Eine **Vereinigung unterstützt den Terrorismus,** wenn sie sich selbst terroristisch betätigt oder wenn sie die Begehung terroristischer Taten durch Dritte veranlasst, fördert oder befürwortet. Die Schwelle der Strafbarkeit muss dabei nicht überschritten sein, da die Vorschrift der **präventiven Gefahrenabwehr** dient und auch die Vorfeldunterstützung durch sog. Sympathiewerbung erfasst[35].

Die **Unterstützung** einer solchen **Organisation durch den Ausländer** ist gegeben, wenn ihm 27 persönliche Unterstützungshandlungen nachweisbar sind. Es kann sich dabei um eine Mitgliedschaft, aber auch um die Teilnahme an Werbeaktionen, Spenden oder andere logistische Unterstützungen oder die sog. Vorfeldunterstützung handeln[36].

Erheblich unbestimmt und damit auslegungsbedürftig[37] ist dagegen das in § 19d I Nr. 6 enthaltene 28 Tatbestandsmerkmal der **„Bezüge"** zu einer solchen Organisation. „Bezüge" sind Kontakte, persönliche Beziehungen oder gar persönliche Einstellungen; sie enthalten aber nicht das aktive Element, das der „Unterstützung" innewohnt[38]. Soweit „Bezüge" in Form von Verwandtschaftsverhältnissen, persönlichen Freundschaften oder Bekanntschaften zu einzelnen Mitgliedern der extremistischen oder terroristischen Organisationen bestehen, kann daraus nicht jedenfalls nicht automatisch der Schluss auf „Bezüge" zu diesen Organisationen selbst gezogen werden, da es ja schon bei der Unterstützung auf die Organisation insgesamt und deren Ziele ankommt. Gemeint ist wohl, dass **Sicherheitsbedenken iSd § 73 II** die Versagung der Erteilung der Aufenthaltserlaubnis rechtfertigen sollen[39]. Bei den „sonstigen Sicherheitsbedenken" gemäß § 73 II muss es sich um konkrete und ernsthafte Umstände handeln. Sie müssen tatsachenbasiert sein. **Verdächtigungen ohne Tatsachenunterlegung reichen dazu nicht** aus. Für das Nichtvorliegen von Bezügen oder Sicherheitsbedenken liegt die Beweislast nicht bei dem Ausländer. In der Anwendungspraxis wird es auf die umfassende Würdigung der Persönlichkeit des als gefährlich eingestuften Ausländers gehen, deren Ergebnis in hohem Maße einzelfallabhängig ist. Es ist zu erwarten, dass die Rspr. den Begriff der „Bezüge" – vergleichbar zur Rspr. zu § 58a[40] – eng auslegt und insbesondere darauf beschränkt, dass nachgewiesene Tatsachen auf ein extremistisches oder terroristisches **Verhalten** schließen lassen.

Verurteilungen wegen vorsätzlich begangener **Straftaten** stehen der Erteilung der Aufenthalts- 29 erlaubnis gemäß § 19d I Nr. 7 dann entgegen, wenn sie 50 Tagessätze überschreiten[41]. Für Straftaten, die nur von Ausländern begangen werden können, also Delikten nach § 95 AufenthG oder § 85 AsylG, liegt die Grenze bei 90 Tagessätzen. Relevant sind nur Straftaten, die im Bundesgebiet begangen wurden und **im Bundeszentralregister noch nicht getilgt** sind. Hat die Ausländerbehörde einen Antrag auf Erteilung einer Aufenthaltserlaubnis nach § 19d aufgrund einer beachtlichen Eintragung im Bundeszentralregister abgelehnt und hat der Ausländer sodann einen Antrag auf vorzeitige Tilgung der Eintragung bei der Registerbehörde gestellt, liegen grundsätzlich nicht dringende persönlichen Gründe iSd § 60a II 3 für einen Verbleib des Ausländers im Bundesgebiet bis zur Entscheidung der Registerbehörde vor, wenn dieser auch nach seiner freiwilligen Ausreise aus dem Bundesgebiet eine reelle Chance hat, sein Aufenthaltsbegehren – zB nach § 18 II – weiter zu verfolgen[42]. Gegebenenfalls kann aber, um die Erteilung einer Aufenthaltserlaubnis zu ermöglichen, ein im besonderen Fall – zB aus Härtegründen – nach Erledigung der Vollstreckung möglicher Anspruch auf vorzeitige Tilgung nach § 49 I BZRG bestehen[43].

Verurteilungen von weniger als 90 Tagessätzen nach **§ 95** bleiben auch dann **außer Betracht,** 30 wenn sie noch nicht getilgt sind. Der Gesetzeswortlaut stellt auf Straftaten nach dem AufenthG ab. Eine Erweiterung über den Wortlaut hinaus ist ausgeschlossen, weil eine zulasten des Ausländers gehende Füllung einer möglicherweise bestehenden Regelungslücke durch analoge Anwendung erheblichen Bedenken begegnet[44].

---

[34] BVerwG Urt. v. 25.10.2011 – 1 C 13.10, BVerwGE 141, 100 Rn. 9 und Urt. v. 21.8.2018 – 1 A 16.17, BeckRS 2018, 23003.
[35] BVerwG Urt. v. 27.7.2017 – 1 C 28.16, BVerwGE 159, 270.
[36] → § 54 Rn. 32 ff. und → § 58a.
[37] Ebenso zu § 104a *Funke-Kaiser* in GK AufenthG § 104a Rn. 45; Definition der „Bezüge" offengelassen bei HK-AuslR/*Fränkel* § 104a Rn. 14.
[38] So auch VAH-BMI § 104a 2.8., wonach die Regelung eine strengere als die des § 5 iVm § 54 darstelle.
[39] VAH-BMI § 104a 2.8.
[40] Vgl. BVerwG Urt. v. 13.7.2017 – 1 VR 3.17, EZAR NF 53, Nr. 3 und Urt. v. 22.8.2017 – 1 A 3.17, BVerwGE 159, 296 Rn. 27 sowie Urt. v. 21.8.2018 – 1 A 16.17, BeckRS 2018, 23003; näher → § 58a Rn. 32–36.
[41] Dazu anschaulich BayVGH Beschl. v. 29.10.2020 – 10 CE 20.2240, BeckRS 2020, 30373.
[42] Vgl. VG Mainz Beschl. v. 6.9.2018 – 4 L 737/18.MZ, BeckRS 2018, 23696.
[43] Vgl. OVG NRW Beschl. v. 27.11.2007 – 17 B 1779/07, NVwZ-RR 2008, 493; dort wird ausgeführt, das Bundesamt für Justiz habe mitgeteilt, dass Härten, die eine vorzeitige Tilgung erlauben, im Zusammenhang mit der Bleiberechtsregelung bejaht worden seien.
[44] IE ebenso zu § 104a *Funke-Kaiser* in GK AufenthG § 104a Rn. 54.

31 Sofern bei Verurteilungen wegen mehrerer Delikte eine **Gesamtstrafe** gebildet wurde, müssen die fahrlässig begangenen Delikte herausgerechnet werden. Im **Jugendstrafrecht** ist eine Geldstrafe nicht vorgesehen. Daraus kann jedoch nicht geschlossen werden, dass Jugendstrafen generell nicht als Ausschlussgrund heranzuziehen wären[45]. Da Freiheitsstrafen immer der Erteilung einer Aufenthaltserlaubnis entgegenstehen, gilt dies auch für Jugendstrafen, die die schwerste Sanktion nach dem JGG darstellen[46]. Die Verhängung von Erziehungsmaßnahmen nach §§ 9–12 JGG oder von Zuchtmitteln einschließlich des Jugendarrests nach §§ 13–16 JGG bleiben dagegen außer Betracht[47].

VI. Zustimmung der Bundesagentur

32 Nach § 19d I iVm § 18 II Nr. 1 und Nr. 2 in der ab dem 1.3.2020 geltenden Gesetzesfassung darf die Aufenthaltserlaubnis nur erteilt werden, wenn dem Geduldeten ein **konkretes Arbeitsplatzangebot** vorliegt und die **Bundesagentur für Arbeit** nach § 39 dem **zugestimmt hat**[48]. Voraussetzung für die Zulassung ist, dass die mit dem Arbeitsplatzangebot vorgesehene Beschäftigung der Qualifikation des Ausländers entspricht. Da § 18 II Nr. 2 Hs. 1 ausdrücklich das Zustimmungserfordernis der Bundesagentur für Arbeit vorsieht, ist eine zustimmungsfreie Beschäftigung grundsätzlich nicht möglich. Etwas anderes gilt nur für die in § 18 II Nr. 2 Hs. 2 geregelten Ausnahmetatbestände zustimmungsfreier Beschäftigungen aufgrund

– Gesetzes,
– zwischenstaatlicher Vereinbarung oder
– der Beschäftigungsverordnung (BeschV).

Für diese in Hs. 2 benannten Ausnahmetatbestände kann die Erteilung eines Aufenthaltstitels durch die Ausländerbehörde allerdings auch versagt werden, wenn einer der Tatbestände des § 40 II oder III vorliegt. Auch in Fällen, in denen bereits eine Zustimmung zu einer Beschäftigung nach § 32 BeschV erteilt wurde bzw. es sich um eine zustimmungsfreie Beschäftigung handelte, ist eine erneute Zustimmung der Bundesagentur für Arbeit nach § 18 II Nr. 3 erforderlich.

33 Sowohl für die erstmalige Erteilung der Aufenthaltserlaubnis als auch beim **Wechsel des Arbeitgebers** führt die Bundesagentur für Arbeit eine Arbeitsmarktprüfung durch. Allerdings wird auf die Vorrangprüfung verzichtet[49]. Jedoch sind noch die Beschäftigungsbedingungen gem. § 39 II 1 Nr. 1 und Nr. 2 zu prüfen. Die Bundesagentur für Arbeit prüft daher die Vergleichbarkeit der Arbeitsbedingungen, insbesondere der Löhne[50]. Sie überprüft außerdem, ob der zu besetzende Arbeitsplatz eine qualifizierte Berufsausbildung erfordert. Tatsächlich behindert diese Regelung va die Mobilität auf dem Arbeitsmarkt, da es jeder Lebenserfahrung widerspricht, dass ein qualifizierter Arbeitnehmer freiwillig gar nicht oder unqualifiziert arbeitet.

34 Erst nach zweijährigem Besitz der Aufenthaltserlaubnis nach § 19d ist der **unbeschränkte Arbeitsmarktzugang** erreicht[51], sofern während dieser Zeit eine der beruflichen Qualifikation entsprechende Beschäftigung ausgeübt wurde. § 9 BeschV findet in diesem Zeitraum keine Anwendung. Nach Ablauf der zwei Jahre sieht § 19d II uneingeschränkten Arbeitsmarktzugang vor, sodass auch hier für § 9 kein Anwendungsbereich besteht.

VII. Aufenthaltserlaubnis nach Ausbildungsduldung

35 Die **Aufenthaltserlaubnis** nach § 19d I ist gemäß **Abs. 1a** der Vorschrift für Inhaber von **Ausbildungsduldungen** nach dem am 1.1.2020 in Kraft getretenen § 60c unter **erleichterten Voraussetzungen** zu erteilen. Nach erfolgreichem Abschluss der Berufsausbildung – egal ob in einer qualifizierten Berufsausbildung (§ 60c I 1 Nr. 1a) oder in einer kürzeren Assistenz- oder Helferausbildung (§ 60c I 1 Nr. 1b) – ist dem Ausbildungsgeduldeten für eine der erworbenen beruflichen Qualifikation entsprechende Beschäftigung eine Aufenthaltserlaubnis für die Dauer von zwei Jahren zu erteilen. Dem Ausländer, der diese Voraussetzungen erfüllt, steht ein **individueller Rechtsanspruch auf Erteilung der Aufenthaltserlaubnis** zu. Die Ausländerbehörde muss die Aufenthaltserlaubnis erteilen, **es sei denn**, es liegt einer der **Ausnahmetatbestände nach Abs. 1 Nr. 2–3 und 6–7** vor. Ausgeschlossen ist die Erteilung einer Aufenthaltserlaubnis nach Abs. 1a bei

– fehlendem ausreichendem Wohnraum,
– mangelnden Kenntnissen der deutschen Sprache,
– extremistischem oder terroristischem Hintergrund des Ausländers oder
– wegen vom Ausländer begangener erheblicher Straftaten.

---

[45] So aber *Marx* ZAR 2007, 52.
[46] Vgl. OVG RhPf Beschl. v. 22.2.2008 – 7 B 10027/08, 7 D, BeckRS 2008, 33623.
[47] Ebenso zu § 104a *Funke-Kaiser* in GK AufenthG § 104a Rn. 52; HK-AuslR/*Fränkel* Rn. 15.
[48] OVG Lüneburg Beschl. v. 22.2.2022 – 13 LA 10/22, AuAS 2022, 74 Rn. 14.
[49] VG München Urt. v. 4.5.2012 – M 24 K 11.4303, BeckRS 2012, 53315.
[50] VG München Urt. v. 4.5.2012 – M 24 K 11.4303, BeckRS 2012, 53315.
[51] BayVGH Beschl. v. 24.5.2016 – 10 C 15.1125, BeckRS 2016, 54877.

Aufgrund einer **Beschäftigungsduldung gemäß § 60d I** darf eine **Aufenthaltserlaubnis** für 36
qualifiziert Geduldete zum Zweck der Beschäftigung **nach § 19d nicht erteilt** werden. Geduldeten
Beschäftigten nach § 60d I steht bei erfolgreicher Bewährung nach 30 Monaten ein **„Soll"-Anspruch
auf Erteilung einer Aufenthaltserlaubnis** bei nachhaltiger Bewährung **gemäß § 25b VI** zu.

VIII. Widerruf der Aufenthaltserlaubnis nach Ausbildungsduldung

Die dem Ausländer aufgrund einer Ausbildungsduldung nach Abs. 1a erteilte Aufenthaltserlaubnis 37
ist von der Ausländerbehörde unter den in **Abs. 1b** genannten Voraussetzungen zu widerrufen. Das
Gesetz unterscheidet zwei Fallgruppen. Der **Widerruf der Aufenthaltserlaubnis** erfolgt, wenn

– dass der Erteilung der Aufenthaltserlaubnis zugrunde liegende **Arbeitsverhältnis aus Gründen, die in der Person des Ausländers liegen, aufgelöst** wird (arbeitsrechtlich also eine personen- oder verhaltensbedingte Kündigung oder Vertragsaufhebung vorliegt) oder
– der Ausländer wegen einer im Bundesgebiet begangenen **vorsätzlichen Straftat** verurteilt wurde.

Bei strafgerichtlichen Verurteilungen bleiben solche außer Betracht, die nur zu einer Geldstrafe von
insgesamt bis zu 50 Tagessätzen oder bis zu 90 Tagessätzen wegen Straftaten verhängt worden sind, die
nach dem AufenthG oder dem AsylG nur von Ausländern begangen werden können.

IX. Keine Sperrwirkung

Die **Sperrwirkung** des § 5 II – keine Erteilung eines Aufenthaltstitesl, wenn die Einreise nicht mit 38
dem für den beabsichtigten Aufenthaltszweck erteilten Visum erfolgt ist – **entfällt** in den Anwendungsfällen des § 19d gemäß **Abs. 3** der Vorschrift. Dasselbe gilt für die Sperrwirkung des § 10 III 1 –
keine Erteilung von Aufenthaltstiteln an Ausländer, deren Asylanträge als „unbegründet" abgelehnt
worden sind. Die Privilegierung im Hinblick auf § 30 III Nr. 7 AsylG iVm § 10 III 2 – für als
„offensichtlich unbegründet" abgelehnte Asylsuchende, wenn der Asylantrag für einen unter 16 Jahre
alten Minderjährigen gestellt wurde und die Asylanträge der Eltern bereits abgelehnt waren – ist mit
dem RLUmsG 2011 entfallen, nachdem § 10 III 2 neu gefasst wurde.

Bei Ausländern, deren Asylanträge aus den anderen Gründen des § 30 III Nr. 1–6 als offensichtlich 39
unbegründet abgelehnt worden sind, gilt dagegen die Sperrwirkung des § 10 III 2 auch für die
Erteilung einer Aufenthaltserlaubnis nach § 19d.

X. Verwaltungsverfahren und Rechtsschutz

Zuständig für die Erteilung der Aufenthaltserlaubnis nach § 19d sind die **Ausländerbehörden**. Die 40
Aufenthaltserlaubnis darf von der Ausländerbehörde erst **nach Zustimmung der Bundesagentur
für Arbeit** erteilt werden (§ 18 II Nr. 2 iVm § 39). Die örtliche Zuständigkeit richtet sich nach dem
jeweiligen Landesrecht. Die Aufenthaltserlaubnis nach § 19d wird dem Ausländer – anders als die
allgemeine Duldung nach § 60a II – gemäß § 81 I **nur auf Antrag** des Ausländers erteilt; sie bedarf
der Schriftform.

Die Aufenthaltserlaubnis nach § 19d ist angesichts ihrer regelnden Wirkung (vgl. § 35 VwVfG) 41
ebenso ein Verwaltungsakt wie ihre Ablehnung. Das **Vorverfahren** nach §§ 68 ff. VwGO **ist durchzuführen**; Widerspruch und Klage gegen die Ablehnung einer Aufenthaltserlaubnis haben aber kraft
Gesetzes keine aufschiebende Wirkung (§ 84 I 1 Nr. 1). Statthafte **Klageart** ist die auf Erteilung der
begehrten Aufenthaltserlaubnis gerichteten **Verpflichtungsklage** (§ 42 I Var. 2 VwGO). Der vorläufige Rechtsschutz richtet sich nach **§ 123 I 1 VwGO**. Der vollziehbar ausreisepflichtige Ausländer
beantragt eine einstweilige Sicherungsanordnung, die die Abschiebung bis zur Klärung der Rechtmäßigkeit der Ablehnung seines Antrags vorläufig untersagt.

Maßgebend für die Beurteilung der **Sach- und Rechtslage** ist bei einer Verpflichtungsklage nach 42
§ 19d der **Zeitpunkt der letzten mündlichen Verhandlung** oder Entscheidung in der Tatsacheninstanz. Für die Entscheidung über das vorläufige Rechtsschutzverfahren kommt es demnach grundsätzlich auf die Sach- und Rechtslage im Zeitpunkt der gerichtlichen Entscheidung an.

§ 19e Teilnahme am europäischen Freiwilligendienst

(1) Einem Ausländer wird eine Aufenthaltserlaubnis zum Zweck der Teilnahme an einem
europäischen Freiwilligendienst nach der Richtlinie (EU) 2016/801 erteilt, wenn die Bundesagentur für Arbeit nach § 39 zugestimmt hat oder durch die Beschäftigungsverordnung oder durch zwischenstaatliche Vereinbarung bestimmt ist, dass die Teilnahme an
einem europäischen Freiwilligendienst ohne Zustimmung der Bundesagentur für Arbeit
zulässig ist und der Ausländer eine Vereinbarung mit der aufnehmenden Einrichtung vorlegt, die Folgendes enthält:
1. eine Beschreibung des Freiwilligendienstes,

2. Angaben über die Dauer des Freiwilligendienstes und über die Dienstzeiten des Ausländers,
3. Angaben über die Bedingungen der Tätigkeit und der Betreuung des Ausländers,
4. Angaben über die dem Ausländer zur Verfügung stehenden Mittel für Lebensunterhalt und Unterkunft sowie Angaben über Taschengeld, das ihm für die Dauer des Aufenthalts mindestens zur Verfügung steht, und
5. Angaben über die Ausbildung, die der Ausländer gegebenenfalls erhält, damit er die Aufgaben des Freiwilligendienstes ordnungsgemäß durchführen kann.

(2) Der Aufenthaltstitel für den Ausländer wird für die vereinbarte Dauer der Teilnahme am europäischen Freiwilligendienst, höchstens jedoch für ein Jahr erteilt.

Allgemeine Verwaltungsvorschrift
Nicht belegt.

I. Entstehungsgeschichte

1   Die mit der durch das FEG[1] umbenannte Vorschrift entspricht dem durch das RLUmsG 2017[2] eingefügten § 18d I und dient der Umsetzung von Art. 14 REST-RL[3].

II. Allgemeines

2   Mit Art. 14 REST-RL soll der Zugang zur Teilnahme am **Europäischen Freiwilligendienst in der EU** in einheitlicher Weise gewährleistet werden (20. Erwägungsgrund). Drittstaatsangehörige erhalten gemäß § 19e eine Aufenthaltserlaubnis für die Teilnahme an einer Tätigkeit im Rahmen des Europäischen Freiwilligendienstes.

3   Den Begriff des Freiwilligendienstes definiert Art. 3 Nr. 7 REST-RL als ein Programm praktischer solidarischer Tätigkeit, das sich auf eine von dem betreffenden Mitgliedstaat oder der EU anerkannte Regelung stützt, Ziele von allgemeinem Interesse ohne Gewinnabsicht verfolgt und bei dem die Tätigkeiten nicht vergütet werden, mit Ausnahme der Erstattung von Auslagen und/oder eines Taschengelds. Die REST-RL unterscheidet zwischen einem Freiwilligendienst und dem Europäischen Freiwilligendienst[4]. Der Europäische Freiwilligendienst (**EFD** bzw. **European Voluntary Service – EVS**) ist ein Programm der EU-Kommission für Jugendliche zwischen 18 und 30 Jahren. Diese Unterscheidung wird mit § 19e, der von einem Europäischen Freiwilligendienst spricht, nicht eindeutig umgesetzt. Ob damit auch der Bundesfreiwilligendienst nach dem BFDG[5], der ebenfalls Ausländern offensteht, mit umfasst werden soll, ist zwar nach dem Wortlaut unklar aber zu verneinen[6]. Für die Teilnahme an anderen Freiwilligendiensten, zB am Bundesfreiwilligendienst, kommt nur die Erteilung einer Aufenthaltserlaubnis nach § 19c I iVm § 14 Abs. 1 Nr. 1, 1. Alt. BeschV in Betracht[7].

III. Aufenthaltserlaubnis

4   Für die Erteilung einer Aufenthaltserlaubnis gemäß § 19e müssen die Regelerteilungsvoraussetzungen gemäß § 5 I erfüllt sein, wobei der Lebensunterhalt einschließlich Krankenversicherung vom Programm getragen wird. Um den **Aufenthaltszweck** zu belegen, ist die mit der aufnehmenden Einrichtung geschlossen Vereinbarung vorzulegen. Diese muss Angaben zu den in Abs. 1 Nr. 1–5 genannten Inhalten und Bedingungen des Dienstes sowie zur Betreuung, Versorgung und Ausbildung des Freiwilligen usw. enthalten. Ein Nachweis von Sprachkenntnissen muss nicht erbracht werden. Dies ergibt sich aus Art. 14 III REST-RL. Der Europäische Freiwilligendienst beinhaltet Sprachkurse in der Landessprache. Eine Zustimmung der Bundesagentur für Arbeit ist gemäß § 14 I 1 BeschV nicht erforderlich. § 19e I begründet einen Anspruch auf Erteilung einer Aufenthaltserlaubnis. Daneben bleibt die Möglichkeit bestehen, unter den Voraussetzungen von § 19c I eine Aufenthaltserlaubnis zum Zweck einer Beschäftigung (Teilnahme an einem Freiwilligendienst) im Ermessen zu erteilen.

5   Die Aufenthaltserlaubnis ist bei der deutschen Auslandsvertretung als **Visum** zu beantragen. Üblicherweise werden die Entsendeorganisationen dabei Hilfestellung geben. Positivstaater können die Aufenthaltserlaubnis im Inland beantragen. Die Aufenthaltserlaubnis wird für die Dauer des Programms erteilt, die Geltungsdauer ist höchstens auf ein Jahr beschränkt. Eine Verlängerung iSv § 8 I ist danach

---

[1] Gesetz v. 15.8.2019, BGBl. I S. 1307.
[2] Gesetz v. 12.5.2017, BGBl. I S. 1106.
[3] BR Drs. 9/17, 47.
[4] Vgl. 20. Erwägungsgrund, Art. 3 Nr. 7, Art. 14 I einerseits, Art. 14 II, III andererseits.
[5] Bundesfreiwilligendienstgesetz v. 28.4.2011, BGBl. I S. 687, zuletzt geändert durch Art. 15 V d. Gesetz v. 20.10.2015, I S. 1722.
[6] VG Berlin Urt. v. 6.10.2021 – VG 29 K 184/20 V, BeckRS 2021, 34046 Rn. 16; Urt. v. 17.8.2018 – 2 K 39.18 V, BeckRS 2018, 34875 Rn. 16.
[7] VG Berlin Urt. v. 6.10.2021 – VG 29 K 184/20 V, BeckRS 2021, 34046 Rn. 15.

ausgeschlossen, ein Zweckwechsel aber denkbar. Die Aufenthaltserlaubnis kann unter den Voraussetzungen von § 19f IV versagt werden. Die Aufnahme einer weiteren Erwerbstätigkeit wird durch § 19e nicht ausgeschlossen. Die Anwendungshinweise des BMI sehen insofern aber eine Beschränkung gemäß § 12 II auf die Tätigkeit im Rahmen des Freiwilligendienstes vor[8].

Ausgeschlossen von der Erteilung einer Aufenthaltserlaubnis zur Teilnahme an einem Europäischen Freiwilligendienst sind gemäß § 19e iVm § 19f I Nr. 1–3 Personen, die internationalen Schutz genießen, die die Zuerkennung internationalen Schutzes beantragt haben, deren Abschiebung vorübergehend ausgesetzt ist, und Personen, denen vorübergehend Schutz gewährt wurde. Für Deutschland sind dies Inhaber von Gestattungen (§ 55 AsylG), Geduldete und die Inhaber von Aufenthaltserlaubnissen nach § 25 I–III[9]. Für Letztere besteht kein Bedürfnis für eine Aufenthaltserlaubnis nach § 19e; Asylbewerber mit guter Bleibeperspektive können gemäß § 18 I 1 Alt. 2 BFDG auch ohne Aufenthaltstitel zB an einem Bundesfreiwilligendienst mit Flüchtlingsbezug teilnehmen. 6

Der gemäß § 19f I Nr. 4 und 5 **ausgeschlossene Personenkreis** entspricht Art. 2 II lit. d, e und g REST-RL. Ein Bedürfnis der Inhaber der genannten Aufenthaltsrechte an einer Aufenthaltserlaubnis zum Zweck der Teilnahme an einem Europäischen Freiwilligendienst ist nicht erkennbar. 7

§ 19f Ablehnungsgründe bei Aufenthaltstiteln nach den §§ 16b, 16c, 16e, 16f, 17, 18b Absatz 2, den §§ 18d, 18e, 18f und 19e

(1) Ein Aufenthaltstitel nach § 16b Absatz 1 und 5, den §§ 16e, 17 Absatz 2, § 18b Absatz 2, den §§ 18d und 19e wird nicht erteilt an Ausländer,
1. die sich in einem Mitgliedstaat der Europäischen Union aufhalten, weil sie einen Antrag auf Zuerkennung der Flüchtlingseigenschaft oder auf Gewährung subsidiären Schutzes im Sinne der Richtlinie (EG) 2004/83 oder auf Zuerkennung internationalen Schutzes im Sinne der Richtlinie (EU) 2011/95 gestellt haben, oder die in einem Mitgliedstaat internationalen Schutz im Sinne der Richtlinie (EU) 2011/95 genießen,
2. die sich im Rahmen einer Regelung zum vorübergehenden Schutz in einem Mitgliedstaat der Europäischen Union aufhalten oder in einem Mitgliedstaat einen Antrag auf Zuerkennung vorübergehenden Schutzes gestellt haben,
3. deren Abschiebung in einem Mitgliedstaat der Europäischen Union aus tatsächlichen oder rechtlichen Gründen ausgesetzt wurde,
4. die eine Erlaubnis zum Daueraufenthalt – EU oder einen Aufenthaltstitel, der durch einen anderen Mitgliedstaat der Europäischen Union auf der Grundlage der Richtlinie (EG) 2003/109 erteilt wurde, besitzen,
5. die auf Grund von Übereinkommen zwischen der Europäischen Union und ihren Mitgliedstaaten einerseits und Drittstaaten andererseits ein Recht auf freien Personenverkehr genießen, das dem der Unionsbürger gleichwertig ist.

(2) Eine Blaue Karte EU nach § 18b Absatz 2 wird über die in Absatz 1 genannten Ausschlussgründe hinaus nicht erteilt an Ausländer,
1. die einen Aufenthaltstitel nach Abschnitt 5 besitzen, der nicht auf Grund des § 23 Absatz 2 oder 4 erteilt wurde, oder eine vergleichbare Rechtsstellung in einem anderen Mitgliedstaat der Europäischen Union innehaben; Gleiches gilt, wenn sie einen solchen Titel oder eine solche Rechtsstellung beantragt haben und über den Antrag noch nicht abschließend entschieden worden ist,
2. deren Einreise in einen Mitgliedstaat der Europäischen Union Verpflichtungen unterliegt, die sich aus internationalen Abkommen zur Erleichterung der Einreise und des vorübergehenden Aufenthalts bestimmter Kategorien von natürlichen Personen, die handels- und investitionsbezogene Tätigkeiten ausüben, herleiten,
3. die in einem Mitgliedstaat der Europäischen Union als Saisonarbeitnehmer zugelassen wurden, oder
4. die unter die Richtlinie 96/71/EG des Europäischen Parlaments und des Rates vom 16. Dezember 1996 über die Entsendung von Arbeitnehmern im Rahmen der Erbringung von Dienstleistungen (ABl. L 18 vom 21.1.1997, S. 1) in der Fassung der Richtlinie (EU) 2018/957 des Europäischen Parlaments und des Rates vom 28. Juni 2018 zur Änderung der Richtlinie 96/71/EG über die Entsendung von Arbeitnehmern im Rahmen der Erbringung von Dienstleistungen (ABl. L 173 vom 9.7.2018, S. 16) fallen, für die Dauer ihrer Entsendung nach Deutschland.

(3) ¹Eine Aufenthaltserlaubnis nach den §§ 16b, 16e, 17 Absatz 2, den §§ 18d und 19e wird über die in Absatz 1 genannten Ausschlussgründe hinaus nicht erteilt an Ausländer, die eine Blaue Karte EU nach § 18b Absatz 2 oder einen Aufenthaltstitel, der durch einen anderen Mitgliedstaat der Europäischen Union auf Grundlage der Richtlinie 2009/50/EG des Rates vom 25. Mai 2009 über die Bedingungen für die Einreise und den Aufenthalt von Dritt-

---

[8] Nr. 19.1.4 Anwendungshinweise des BMI v. 6.8.2021.
[9] → § 20 Rn. 15 ff.

staatsangehörigen zur Ausübung einer hochqualifizierten Beschäftigung (ABl. L 155 vom 18.6.2009, S. 17) erteilt wurde, besitzen. ²Eine Aufenthaltserlaubnis nach § 18d wird darüber hinaus nicht erteilt, wenn die Forschungstätigkeit Bestandteil eines Promotionsstudiums als Vollzeitstudienprogramm ist.

(4) Der Antrag auf Erteilung einer Aufenthaltserlaubnis nach den §§ 16b, 16e, 16f, 17, 18d, 18f und 19e kann abgelehnt werden, wenn

1. die aufnehmende Einrichtung hauptsächlich zu dem Zweck gegründet wurde, die Einreise und den Aufenthalt von Ausländern zu dem in der jeweiligen Vorschrift genannten Zweck zu erleichtern,
2. über das Vermögen der aufnehmenden Einrichtung ein Insolvenzverfahren eröffnet wurde, das auf Auflösung der Einrichtung und Abwicklung des Geschäftsbetriebs gerichtet ist,
3. die aufnehmende Einrichtung im Rahmen der Durchführung eines Insolvenzverfahrens aufgelöst wurde und der Geschäftsbetrieb abgewickelt wurde,
4. die Eröffnung eines Insolvenzverfahrens über das Vermögen der aufnehmenden Einrichtung mangels Masse abgelehnt wurde und der Geschäftsbetrieb eingestellt wurde,
5. die aufnehmende Einrichtung keine Geschäftstätigkeit ausübt oder
6. Beweise oder konkrete Anhaltspunkte dafür bestehen, dass der Ausländer den Aufenthalt zu anderen Zwecken nutzen wird als zu jenen, für die er die Erteilung der Aufenthaltserlaubnis beantragt.

(5) ¹Die Einreise und der Aufenthalt nach § 16c oder § 18e werden durch das Bundesamt für Migration und Flüchtlinge abgelehnt, wenn

1. die jeweiligen Voraussetzungen von § 16c Absatz 1 oder § 18e Absatz 1 nicht vorliegen,
2. die nach § 16c Absatz 1 oder § 18e Absatz 1 vorgelegten Unterlagen in betrügerischer Weise erworben, gefälscht oder manipuliert wurden,
3. einer der Ablehnungsgründe des Absatzes 4 vorliegt oder
4. ein Ausweisungsinteresse besteht.

²Eine Ablehnung nach Satz 1 Nummer 1 und 2 hat innerhalb von 30 Tagen nach Zugang der vollständigen Mitteilung nach § 16c Absatz 1 Satz 1 oder § 18e Absatz 1 Satz 1 beim Bundesamt für Migration und Flüchtlinge zu erfolgen. ³Im Fall des Satzes 1 Nummer 4 ist eine Ablehnung durch die Ausländerbehörde jederzeit während des Aufenthalts des Ausländers möglich; § 73 Absatz 3c ist entsprechend anwendbar. ⁴Die Ablehnung ist neben dem Ausländer auch der zuständigen Behörde des anderen Mitgliedstaates und der mitteilenden Einrichtung schriftlich bekannt zu geben.

Allgemeine Verwaltungsvorschrift
Nicht belegt.

I. Entstehungsgeschichte

1 Die Vorschrift wurde durch das **FEG 2019 v. 15.8.2019**[1] vollständig neu konstruiert in das AufenthG eingefügt und vom Gesetzgeber nur kursorisch begründet[2]. Sie setzt vor allem die Ablehnungsgründe bzw. (Ausschluss-)Regelungen zum Anwendungsbereich aus den unionsrechtlichen RL 2009/50/EG sowie 2016/801/EU um. Die sog. **Hochqualifizierten-RL** 2009/50/EG enthält in Art. 3 II genaue Regelungen, für welche Drittstaatsangehörige sie nicht gilt. Die sog. **REST-RL** 2016/801/EU[3] enthält insbesondere in Art. 2 II ebenfalls solche Regelungen zum Ausschluss von Personenkreisen.

II. Ablehnung bei Studium, Forschung, Freiwilligendienst, Blaue Karte

2 **Abs. 1** gilt für die verschiedenen Aufenthaltstitel nach den §§ 16b, 16e, 17 II, 18b II, 18d und 19e, dh für einen **Aufenthalt** zum Zweck des Studiums, der Studienbewerbung, des studienbezogenen Praktikums EU, der Forschung und der Teilnahme am europäischen Freiwilligendienst sowie für die Blaue Karte EU. Ohne wesentliche inhaltliche Änderungen fasst er die Ablehnungsgründe zusammen, die bis zum FEG 2019 in den früheren § 20 VI bzw. VII aF und § 19a V aF und seit 2017 in § 20c aF geregelt waren.

3 Die Norm enthält eine **Liste von Personen**, denen eine Aufenthaltserlaubnis nicht erteilt werden kann. Die Nr. 1–3 betreffen Ausländer, die sich aus bestimmten Gründen in einem Mitgliedstaat der EU aufhalten. **Nr. 1** nennt zunächst Ausländer, die einen Antrag auf Zuerkennung der Flüchtlingseigenschaft oder auf Gewährung subsidiären Schutzes iSd Qualifikations-RL aF oder auf Zuerkennung

---
[1] BGBl. 2019 I S. 1307, in Kraft getreten am 1.3.2020.
[2] BR-Drs. 7/19, 114.
[3] Vgl. hierzu BAMF, REST-Information v. 28.6.2018 – https://eu.daad.de/medien/eu.daad.de.2016/dokumente/service/bamf_rest.pdf.

Ablehnungsgründe   **§ 19f AufenthG 1**

internationalen Schutzes iSd Anerkennungs-RL gestellt haben. Mit Inkrafttreten des RLUmsG 2017 wurde Nr. 1 in Umsetzung von Art. 2 II lit. a REST-RL auch auf Ausländer erstreckt, die internationalen Schutz iSd Anerkennungs-RL genießen. Mit dem Wort „weil" stellt Nr. 1 zwar auf den Asylgrund des Aufenthalts ab; der Ausschluss greift nach seiner Ratio dennoch, wenn ein zusätzlicher anderer Bleibegrund wie zB Familienzusammenführung besteht, denn Flüchtlinge sollen hier generell ausgeschlossen sein. Der Ausschlussgrund endet deshalb auch nicht nach Zuerkennung der Flüchtlingseigenschaft oder von subsidiärem Schutz, wie Nr. 1 nun ausdrücklich klarstellt. Die Norm will wohl verhindern, dass auf dem „visarechtlich einfachen Umweg" des Asyls zu anderen Zwecken eingereist wird. **Nr. 2** betrifft Personen, deren Aufenthalt auf einer Regelung zum vorübergehenden Schutz beruht. Angesprochen ist damit die Schutzgewährungs-RL[4], die va **Flüchtlinge aus Kriegs- und Bürgerkriegsgebieten** betrifft, in der Praxis von den Mitgliedstaaten allerdings selten aktiviert wird. **Nr. 3** schließt Ausländer aus, deren **Abschiebung** aus rechtlichen oder tatsächlichen Gründen in Deutschland bzw. einem anderen EU-Mitgliedstaat **ausgesetzt** ist, womit der Ausschluss weiter greift als Art. 3 II Forscher-RL, die auf eine Aussetzung im Aufenthaltserlaubnis-Antragsstaat begrenzt ist. Der Gesetzgeber war durch die Forscher-RL aber nicht daran gehindert, diesen erweiterten Ausschluss zu regeln, denn es darf der offene Schengen-Raum insgesamt in den Blick genommen werden. Auf die formelle Erteilung eines Duldungspapiers (iSv § 60a) kommt es nicht an. Nr. 3 bestätigt das Wesen der Duldung, die die Ausreisepflicht fortbestehen lässt und nur deren Vollziehung hemmt.

Von der Erteilung einer Aufenthaltserlaubnis sind gemäß **Nr. 4** auch Ausländer ausgeschlossen, 4 denen eine Erlaubnis zum **Daueraufenthalt – EU** auch durch einen Mitgliedstaat ein Aufenthaltstitel auf der Grundlage der Daueraufenthalts-RL[5] erteilt wurde (vgl. Art. 2 II lit. d REST-RL). Mit **Nr. 5** wurde Art. 2 II lit. e REST-RL ins nationale Recht übernommen. Diese Personengruppe bedarf meist ohnehin nicht der hier ausgeschlossenen Aufenthaltserlaubnis, weil sie in der Regel aufgrund des jeweiligen Abkommens arbeiten dürfen. Derzeit betrifft das insbesondere die Abkommen zur Personenfreizügigkeit mit der **Schweiz**[6] sowie den **EWR-Staaten** Island, Liechtenstein und Norwegen.

III. Zusätzliche Ablehnung Blaue Karte

Abs. 2 gilt nur für die Blaue Karte EU und enthält die bis zum FEG 2019 in § 19a V Nr. 1, 3, 4 5 normierten Ablehnungsgründe. Die in § 19f II geregelten Ablehnungsgründe sind abschließend[7]. **Nr. 1** schließt die Blaue Karte grundsätzlich für Ausländer mit **humanitärem Aufenthaltstitel** (oder vergleichbarer Rechtsstellung in einem anderen Mitgliedstaat) aus, wenn der Ausländer nicht vom BMI gem. § 23 II oder im Wege des Resettlements nach § 23 IV nach Deutschland gekommen ist. Der Ausschluss gilt selbst dann, wenn ein humanitärer Aufenthaltstitel erst beantragt wurde und bis zur bestandskräftigen Ablehnung desselben. **Nr. 2** betrifft Ausländer, deren Einreise in einen EU-Mitgliedstaat Verpflichtungen unterliegen aus internationalen Abkommen zur Erleichterung **handels- und investitionsbezogener Tätigkeiten**. **Nr. 3** schließt zugelassene **Saisonarbeiter** aus, was der Ratio ihres Aufenthalts entspricht, der nur vorübergehend sein soll ohne die Möglichkeit der Aufenthaltsverfestigung bzw. Integration in die deutsche Gesellschaft. **Nr. 4** schließt entsandte Arbeitnehmer im Anwendungsbereich der Entsende-RL 96/71/EG idF der RL 2018/957/EU aus, jedoch ausschließlich für die Dauer ihrer **Entsendung** nach Deutschland. Der Ausschluss entspricht der Idee der Entsendung, die zu dem temporären Zweck der Dienstleistungserbringung erfolgt und keine Aufenthaltsverfestigung oder Integration in die deutsche Gesellschaft bezweckt.

IV. Zusätzliche Ablehnung Studium, Forschung, Freiwilligendienst

Abs. 3 greift ausdrücklich nur für den Aufenthalt nach den §§ 16b, 16e, 17 II, 18d und 19e, dh für 6 den Aufenthalt zum Zweck des Studiums, der Studienbewerbung, des studienbezogenen Praktikums EU, der Forschung und der Teilnahme am Europäischen Freiwilligendienst. Hier sind seit dem FEG 2019 va die früher in § 20 VI Nr. 4 und 8 enthaltenen Ablehnungsgründe geregelt.

Der Ablehnungsgrund des **Promotionsstudiums** gilt nach dem Willen des Gesetzgebers[8] nur für 7 den Aufenthalt nach § 18d und greift außerdem nur, wenn es sich dabei um ein Vollzeitstudienprogramm handelt. Damit dient er der Abgrenzung zu § 16b. Maßgeblich für die Abgrenzung des Aufenthalts zum Zweck des Studiums einerseits und des Aufenthalts zum Zweck der Forschung andererseits ist im Falle einer Promotion, ob der Ausländer im Inland eingeschrieben ist und ein **Vollzeitstudienprogramm** absolviert (dann Aufenthalt zum Zweck des Studiums) oder sich im Wesentlichen der **Forschung** im Rahmen des Promotionsvorhabens widmet (dann Aufenthalt zum

---

[4] RL 2001/55/EG v. 20.7.2001, ABl. L 212, 12.
[5] RL 2003/109/EG v. 25.11.1993, ABl. 2004 L 16, 44.
[6] Vgl. hierzu: www.personenfreizuegigkeit.admin.ch/fza/de/home.html.
[7] VG Dresden Urt. v. 19.11.2020 – 3 K 1477/18 Rn. 42.
[8] Vgl. BR-Drs. 7/19, 114.

Zweck der Forschung). Letzteres ist etwa der Fall, wenn die Dissertation im Rahmen eines Arbeitsvertrags erstellt wird. Abs. 3 steht damit der Erteilung eines Aufenthaltstitels zum Zweck der Forschung nicht entgegen, wenn der **Schwerpunkt** der Promotion auf der Forschung liegt oder keine Einschreibung als Student im Inland erfolgen soll. Liegt der Schwerpunkt nachweisbar auf der Forschung, schadet eine gleichzeitige Immatrikulation nicht.

V. Ablehnungsgründe nach Ermessen

8   **Abs. 4** gilt nur für den Aufenthalt nach §§ 16b, 16e, 16f, 17, 18d, 18f und 19e, dh für den Aufenthalt zum Zweck des **Studiums,** der **Ausbildungsplatzsuche und Studienbewerbung,** des **studienbezogenen Praktikums EU,** der **Forschung** (inkl. Mobilität) und der **Teilnahme am Europäischen Freiwilligendienst.** Seit dem FEG 2019 sind hier va die früher in § 20c I und II aF geregelten Ablehnungsgründe normiert. Diese stehen **im Ermessen** der zuständigen Behörde, sodass das VG den Vorgang ggf. auf Ermessensfehler zu überprüfen hat. **Nr. 1** dient der Verhinderung von **Missbrauch,** wenn die aufnehmende Einrichtung insbesondere zum Zweck der entsprechenden Einreise- und Aufenthaltserleichterung gegründet wurde. Bestehen hierfür erhebliche Indizien, kann von der Einrichtung die Offenlegung ihrer Geschäftspraktiken verlangt werden; wird dies verweigert, darf der Ausschlussgrund unterstellt werden. **Die Nr. 2–4** umfassen verschiedene **Insolvenztatbestände.** Zur Verringerung von Verwaltungsaufwand sind sie nur dann weiter zu prüfen, wenn hinreichende Anhaltspunkte dafür vorliegen, dass sie verwirklicht sein könnten. **Nr. 5** deckt darüber hinaus auch Fälle ab, in denen lediglich die Verwaltung der eigenen Tätigkeit erfolgt, gemeint sind sog. „Briefkastenfirmen"[9].

9   Bezüglich einer Ablehnung nach **Nr. 6** bedarf es mindestens konkreter Anhaltspunkte für die Vermutung, dass der Ausländer mit seinem Aufenthalt tatsächlich **andere Zwecke** als die angegebenen verfolgt. Hierfür ist gegebenenfalls eine Prognose anzustellen, ob der Ausländer etwa den Zweck „Studium mit Studienabschluss" überhaupt (noch) erfüllen kann. Bei „Bummelstudenten" kann zB die Vorlage bisher erworbener Scheine bzw. ECTS-Punkte verlangt werden oder eine Bestätigung des Studienganleiters oder eines Professors, dass das Studium voraussichtlich erfolgreich abgeschlossen werden kann. Eine Überschreitung der Regelstudienzeit allein kann in der Regel aber keine Ablehnung begründen, denn diese kann plausible und hinnehmbare Gründe haben (insbesondere Sprachschwierigkeiten).

10   Bei der Prüfung Voraussetzungen der Ablehnungsgründe kommt der zuständigen Behörde ein **Beurteilungsspielraum** zu, der nur eingeschränkt der gerichtlichen Überprüfung unterliegt[10]. Danach ist die Ausübung des Beurteilungsspielraums durch die Behörde nur daraufhin zu überprüfen, ob sie die gültigen Verfahrensbestimmungen eingehalten hat, von einem richtigen Verständnis des anzuwendenden Gesetzesbegriffs ausgegangen ist, den erheblichen Sachverhalt vollständig und zutreffend ermittelt hat und sich bei der eigentlichen Beurteilung an allgemeingültige Bewertungsmaßstäbe gehalten, insbesondere das Willkürverbot nicht verletzt hat[11].

VI. Ablehnung bei Mobilität

11   **Abs. 5** gilt für den Aufenthalt im Rahmen der Mobilität nach § 16c (Mobilität im Rahmen des Studiums) oder § 18e (Kurzfristige Mobilität für Forscher). Bis zum FEG 2019 waren diese Ablehnungsgründe im Wesentlichen in § 20c III aF geregelt. § 19f V 4 verpflichtet die Ausländerbehörde, die Ablehnung neben dem Ausländer auch der zuständigen Behörde des anderen Mitgliedstaates und der mitteilenden Einrichtung schriftlich mitzuteilen.

12   Der Ablehnungsgrund des **S. 1 Nr. 1** ist letztlich eine **Selbstverständlichkeit.** Liegen die Voraussetzungen des jeweiligen Abs. 1 von § 16c und § 18e nicht vor, greift die Befreiung von der Notwendigkeit einer Aufenthaltserlaubnis bereits nicht. **S. 1 Nr. 2** sanktioniert in Umsetzung von Art. 20 I b REST-RL 2016/801/EU einen **Unterlagenbetrug,** der allerdings nachgewiesen sein muss oder sich zumindest aufgrund starker Indizien aufdrängt. **S. 1 Nr. 3** verweist auf die gesamten **Ablehnungsgründe des Abs. 4,** wobei diese im Rahmen des Abs. 5 nicht Ermessen eröffnen, sondern zwingend zur Ablehnung durch das BAMF führen. **S. 1 Nr. 4** stellt auf ein **Ausweisungsinteresse** ab, dh auf eine Gefahr für die öffentliche Sicherheit und Ordnung iSd §§ 53, 54. Auch dies ist europarechtskonform, weil insbesondere die Art. 28 und 31 VIII REST-RL regeln, dass Studenten sowie Forscher, die als Bedrohung für die öffentliche Ordnung, Sicherheit oder Gesundheit betrachtet werden, nicht in das Hoheitsgebiet des zweiten Mitgliedstaats einreisen oder sich dort aufhalten dürfen.

13   Die spezifischen **Modalitäten der Ablehnung** regeln die S. 2–4 des Abs. 5. **S. 2** bestimmt zunächst in Umsetzung von Art. 28 VII bzw. Art. 31 VII REST-RL, dass die Ablehnungsgründe **spätestens 30 Tage** nach Zugang der vollständigen Mitteilung beim BAMF geltend gemacht werden

---

[9] Vgl. BR-Drs. 7/19, 114.
[10] Vgl. zu § 20c II Nr. 5 aF: OVG Bln-Bbg Urt. v. 7.5.2019 – OVG 3 B 64.18 Rn. 26 ff.; VG Berlin, Urt. v. 29.1.2021 – 12 K 416.19 V Rn. 21.
[11] Vgl. zu § 20c II Nr. 5 aF: OVG Bln-Bbg Urt. v. 7.5.2019 – OVG 3 B 64.18 Rn. 30; VG Berlin, Urt. v. 29.1.2021 – 12 K 416.19 V Rn. 21.

Arbeitsplatzsuche für Fachkräfte § 20 AufenthG 1

müssen. Das BAMF hat die Mitteilung unverzüglich an die zuständige Ausländerbehörde weiterzuleiten.

S. 3 regelt eine besondere Zuständigkeit der Ausländerbehörde. Danach ist (nur) für eine Ablehnung 14
nach S. 1 Nr. 4, dh bei Annahme eines **Ausweisungsinteresses,** eine zeitliche Einschränkung nicht vorgesehen; sie ist aus politisch-rechtlicher Sicht naturgemäß jederzeit während des Aufenthalts des Ausländers möglich. Diese Zuständigkeitsregelung wirft die Frage zu der allgemeinen Zuständigkeitsabgrenzung in den §§ 16f V, 18e VI auf. Denn die Ausländerbehörde ist aufgrund dieser Regelungen nach Ausstellung der Bescheinigung über die Mobilität durch das BAMF gemäß § 71 I für weitere aufenthaltsrechtliche Maßnahmen und Entscheidungen zuständig. Hätte der Gesetzgeber darauf verzichtet, S. 3 einzufügen, so würde sich die Zuständigkeit der Ausländerbehörde für ein nachträgliches Eingreifen unmittelbar aus den §§ 16f V, 18e VI ergeben. Rechtsgrundlage für den Entzug der Mobilität bei Vorliegen eines Ausweisungsinteresses wäre § 12 IV. **Die Befugnisnorm der nachträglichen Befristung der Befreiung nach § 12 IV wird durch § 19f V 3 als lex specialis verdrängt.** Nicht die nachträgliche Befristung der Mobilität, sondern deren nachträgliche Ablehnung nach § 19f V 3 ist die anzuwendende Rechtsgrundlage bei dem Vorliegen eines Ausweisungsinteresses. Dies gilt unabhängig davon, wann das Ausweisungsinteresse aufgetreten ist. Auch in Fällen, in denen das Ausweisungsinteresse bereits vor Ausstellung der Bescheinigung vorlag, ist § 19f V 3 anwendbar.

Auswirkungen hat die Aufnahme des S. 3 im Hinblick auf die allgemeine Zuständigkeit der 15
Ausländerbehörde, wenn nachträglich festgestellt wird, dass die Erteilungsvoraussetzungen oder Ablehnungsgründe bereits **vor Ausstellung der Bescheinigung durch das BAMF** vorlagen. Da der Gesetzgeber der Ausländerbehörde nur in Bezug auf das Ausweisungsinteresse die Kompetenz eröffnet hat, auch nachträglich die Einschätzung des BAMF infrage zu stellen, gilt dies nicht in Bezug auf die sonstigen Erteilungsvoraussetzungen oder Ablehnungsgründe. **Die Ausländerbehörde ist daher – mit Ausnahme des S. 1 Nr. 4 – an die erfolgte Prüfung des BAMF gebunden, dass die Voraussetzungen für eine Mobilität vorlagen.** Ein nachträglicher Entzug der Mobilität ist in diesen Fällen nicht möglich.

Durch Einführung des S. 3 wird die allgemeine Zuständigkeit der Ausländerbehörde aber weder in 16
Bezug auf die Kontrolle des Vorliegens der Erteilungsvoraussetzungen der Mobilität noch der Versagungsgründe eingeschränkt, soweit die Erteilungsvoraussetzungen **nachträglich** entfallen oder Versagungsgründe **nachträglich** entstehen. Die Ausländerbehörde ist in diesen Fällen daher nach Ausstellung der Bescheinigung durch das BAMF weiterhin berechtigt, auf Grundlage des § 12 IV die Befreiung nachträglich zu beschränken und damit dem Ausländer die Mobilität zu entziehen.

Der Verweis auf § 73 IIIc bedeutet, dass das BAMF zur Feststellung von Ausweisungsinteresse oder 17
Sicherheitsbedenken die bei ihm gespeicherten personenbezogenen Daten **über das BVA an die Sicherheitsbehörden** übermitteln kann (dh gemäß § 73 II an BND, BA für Verfassungsschutz, MAD, BKA, BPol, ZollKA, LAfVerfassungsschutz, LKA und andere zuständige Polizeibehörden), die dem BVA dann unmittelbar Rückmeldung geben müssen. Die in **S. 4** geregelte **Mitteilungspflicht** ergibt sich bzgl. des abgelehnten Ausländers selbst schon aus den Bekanntgabevorschriften des Verwaltungsverfassungsrechts (vgl. § 41 I VwVfG). Zusätzlich muss die Ablehnung aber auch der zuständigen Behörde des anderen Mitgliedstaats (dh der dortigen Kontaktstelle nach Art. 37 REST-RL) und der mitteilenden Einrichtung schriftlich bekannt gegeben werden. Soweit elektronischer Rechtsverkehr freigegeben ist, kann die Schriftform hierdurch ersetzt werden.

§ 20 Arbeitsplatzsuche für Fachkräfte

(1) ¹Einer Fachkraft mit Berufsausbildung kann eine Aufenthaltserlaubnis für bis zu sechs Monate zur Suche nach einem Arbeitsplatz, zu dessen Ausübung ihre Qualifikation befähigt, erteilt werden, wenn die Fachkraft über der angestrebten Tätigkeit entsprechende deutsche Sprachkenntnisse verfügt. ²Auf Ausländer, die sich bereits im Bundesgebiet aufhalten, findet Satz 1 nur Anwendung, wenn diese unmittelbar vor der Erteilung der Aufenthaltserlaubnis nach Satz 1 im Besitz eines Aufenthaltstitels zum Zweck der Erwerbstätigkeit oder nach § 16e waren. ³Das Bundesministerium für Arbeit und Soziales kann durch Rechtsverordnung mit Zustimmung des Bundesrates Berufsgruppen bestimmen, in denen Fachkräften keine Aufenthaltserlaubnis nach Satz 1 erteilt werden darf. ⁴Die Aufenthaltserlaubnis berechtigt nur zur Ausübung von Probebeschäftigungen bis zu zehn Stunden je Woche, zu deren Ausübung die erworbene Qualifikation die Fachkraft befähigt.

(2) ¹Einer Fachkraft mit akademischer Ausbildung kann eine Aufenthaltserlaubnis für bis zu sechs Monate zur Suche nach einem Arbeitsplatz, zu dessen Ausübung ihre Qualifikation befähigt, erteilt werden. ²Absatz 1 Satz 2 und 4 gilt entsprechend.

(3) Zur Suche nach einem Arbeitsplatz, zu dessen Ausübung seine Qualifikation befähigt,
1. wird einem Ausländer nach erfolgreichem Abschluss eines Studiums im Bundesgebiet im Rahmen eines Aufenthalts nach § 16b oder § 16c eine Aufenthaltserlaubnis für bis zu 18 Monate erteilt,

Samel

2. wird einem Ausländer nach Abschluss der Forschungstätigkeit im Rahmen eines Aufenthalts nach § 18d oder § 18f eine Aufenthaltserlaubnis für bis zu neun Monate erteilt,
3. kann einem Ausländer nach erfolgreichem Abschluss einer qualifizierten Berufsausbildung im Bundesgebiet im Rahmen eines Aufenthalts nach § 16a eine Aufenthaltserlaubnis für bis zu zwölf Monate erteilt werden, oder
4. kann einem Ausländer nach der Feststellung der Gleichwertigkeit der Berufsqualifikation oder der Erteilung der Berufsausübungserlaubnis im Bundesgebiet im Rahmen eines Aufenthalts nach § 16d eine Aufenthaltserlaubnis für bis zu zwölf Monate erteilt werden,

sofern der Arbeitsplatz nach den Bestimmungen der §§ 18a, 18b, 18d, 19c und 21 von Ausländern besetzt werden darf.

(4) [1]Die Erteilung der Aufenthaltserlaubnis nach den Absätzen 1 bis 3 setzt die Lebensunterhaltssicherung voraus. [2]Die Verlängerung der Aufenthaltserlaubnis über die in den Absätzen 1 bis 3 genannten Höchstzeiträume hinaus ist ausgeschlossen. [3]Eine Aufenthaltserlaubnis nach den Absätzen 1 und 2 kann erneut nur erteilt werden, wenn sich der Ausländer nach seiner Ausreise mindestens so lange im Ausland aufgehalten hat, wie er sich zuvor auf der Grundlage einer Aufenthaltserlaubnis nach Absatz 1 oder 2 im Bundesgebiet aufgehalten hat. [4]§ 9 findet keine Anwendung.

Allgemeine Verwaltungsvorschrift
Nicht belegt.

I. Entstehungsgeschichte

1   Der Entwurf[1] der Vorschrift wurde im Gesetzgebungsverfahren zuletzt auf Antrag der Regierungsfraktionen[2] ergänzt.

II. Allgemeines

2   § 20 ermöglicht die bisher an verschiedenen Stellen geregelte Erteilung der Aufenthaltserlaubnis zur Suche nach einem qualifizierten **Arbeitsplatz.** Die Vorschrift übernimmt damit die Formulierung des bisherigen § 18c I. Dem Gesetzeswortlaut und der Gesetzesbegründung lässt sich nicht mit Sicherheit entnehmen, ob die Aufenthaltserlaubnis gemäß § 20 I und II neben der Suche nach einem **Arbeitsplatz** auch zur Sondierung der Voraussetzungen für die Begründung einer **selbstständigen Tätigkeit** iSv § 21 erteilt werden darf. Eindeutig zu bejahen ist dies nur für die Aufenthaltserlaubnis nach § 20 III. Für eine Erstreckung über den eine abhängige Beschäftigung indizierenden Wortlaut hinaus spricht allerdings, dass der zeitgleich mit § 18c aF eingefügte § 18b aF wie auch § 16 Vb aF davon ausgingen, dass ein angemessener Arbeitsplatz auch bei der Ausübung selbstständiger Tätigkeiten iSv § 21 bestehen kann.

3   Während sich Abs. 1 und 2 grundsätzlich an neu einreisende Arbeitsplatzsuchende richten, erlaubt Abs. 3 die Erteilung einer Aufenthaltserlaubnis im **Anschluss** an einen Studien- oder Forschungsaufenthalt bzw. im Anschluss an eine im Inland erworbene berufliche Qualifizierung. Die Regelerteilungsvoraussetzungen gemäß § 5 I müssen vorliegen. Der Lebensunterhalt muss aber stets, nicht nur in der Regel, gesichert sein (Abs. 4 S. 1). Die Aufenthaltserlaubnis dient nur dem **vorübergehenden und regelmäßig einmaligen Zweck der Arbeitsplatzsuche,** sie kann daher nicht über die jeweils genannten Höchstdauern verlängert werden. Schon aus verwaltungsökonomischen Gründen wird sie daher regelmäßig für den vollen Zeitraum zu erteilen sein. Scheitert die Suche nach einem qualifizierten Beschäftigungsverhältnis oder die Begründung einer Selbstständigkeit iSv § 21, muss der Ausländer ausreisen. Die Erteilung einer weiteren Aufenthaltserlaubnis zur Arbeitsplatzsuche darf erst nach Ablauf einer Wartezeit in Länge des vorherigen Suchaufenthalts erfolgen. Die Erteilung einer Niederlassungserlaubnis nach § 9 ist in der Suchphase gemäß § 20 IV 4 ausgeschlossen.

III. Arbeitsplatzsuche
1. Fachkräfte mit Berufsausbildung (Abs. 1)

4   § 20 I eröffnet – befristet auf fünf Jahre[3] – nach dem Vorbild von § 18c aF auch **nichtakademischen Fachkräften mit Berufsausbildung** (vgl. § 18 III Nr. 1) einen Aufenthalt zur Suche nach einem Arbeitsplatz. Die Vorschrift richtet sich grundsätzlich an neu einreisende Fachkräfte. Mit der Ermöglichung eines **Suchaufenthalts** von bis zu sechs Monaten soll den tatsächlichen Schwierigkeiten von Fachkräften aus Drittstaaten, potenzielle Arbeitgeber in Deutschland vom Ausland aus anzusprechen, Rechnung getragen werden. Umgekehrt soll jenen die Einschätzung der notwendigen Qualifi-

---

[1] BT-Drs. 19/8285.
[2] A-Drs. 19(4)305.
[3] Art. 54 II des Gesetzes v. 15.8.2019, BGBl. S. 1307.

kationen des Bewerbers im Inland ermöglicht werden[4]. Der in Aussicht genommene Arbeitsplatz muss einen anschließenden Aufenthalt gemäß § 18a zur Beschäftigung als Fachkraft erlauben. Es muss sich also um eine qualifizierte Beschäftigung (§ 2 XIIb) handeln. Wann eine Qualifikation zu der angestrebten Beschäftigung befähigt, muss wie bei der Prüfung nach § 39 II im Einzelfall unter Berücksichtigung aller tatsächlichen und rechtlichen Umstände beurteilt werden[5]. Von der erforderlichen Qualifikation des Ausländers ist auszugehen, wenn die nach den Regelungen des Bundes oder der Länder für die berufliche Anerkennung zuständige Stelle die Gleichwertigkeit der Berufsqualifikation mit einer inländischen qualifizierten Berufsausbildung festgestellt hat[6]. Erforderlich sind außerdem mindestens ausreichende Sprachkenntnisse (B1 – § 2 XI), wenn nicht der angestrebte Beruf ein höheres Sprachniveau verlangt.

Die Erteilung der Aufenthaltserlaubnis steht im **Ermessen**. Die Aufenthaltserlaubnis kann auch im Anschluss an ein studienbezogenes Praktikum (§ 16e) oder eine Beschäftigung nach §§ 18a ff. erteilt werden. In diesem Fall ist eine vorherige Ausreise nicht erforderlich. Für die Suchphase im Anschluss an einen erfolgreichen Ausbildungsaufenthalt nach § 16a gilt § 20 III Nr. 3. 5

Gemäß § 20 I 3 kann durch Rechtsverordnung des BMAS mit Zustimmung des Bundesrats (BeschV) der Suchaufenthalt für einzelne Berufsgruppen ausgeschlossen werden. Damit soll auf Veränderung der Konjunktur und des Arbeitsmarktes reagiert werden können[7]. 6

Während der Suchphase ist eine **Erwerbstätigkeit grundsätzlich nicht gestattet** (§ 20 I 4). Eine Ausnahme gilt lediglich für Probebeschäftigungen, die im Umfang von bis zu zehn Wochenstunden zulässig sind, wenn sie im Rahmen der Qualifikation des Ausländers erfolgen. Die Aufnahme einer regulären Beschäftigung setzt die Erteilung der Aufenthaltserlaubnis voraus, die Fiktionswirkung der Antragstellung (§ 81 IV 1) reicht insoweit nicht aus. 7

2. Fachkräfte mit akademischer Ausbildung (Abs. 2)

Mit Abs. 2 wird die bisherige Regelung des § 18c I aF zur Arbeitsplatzsuche von Fachkräften mit akademischer Ausbildung (vgl. § 18 III Nr. 2 aF) übernommen. Die Vorschrift erlaubt einen Aufenthalt zur **Suche nach einem Arbeitsplatz**, der einen anschließenden Aufenthalt gemäß § 18b zur Beschäftigung als Fachkraft mit akademischer Ausbildung erlaubt. Wie die Aufenthaltserlaubnis nach § 20 I richtet sich Abs. 2 grundsätzlich an **neu einreisende Fachkräfte**. Mit der Ermöglichung eines **Suchaufenthalts** von bis zu sechs Monaten soll den tatsächlichen Schwierigkeiten von Fachkräften aus Drittstaaten, potenzielle Arbeitgeber in Deutschland vom Ausland aus anzusprechen, Rechnung getragen werden. Umgekehrt soll jenen die Einschätzung der notwendigen Qualifikationen des Bewerbers im Inland ermöglicht werden[8]. Insofern steht die Vorschrift im Kontext der Maßnahmen, um „kluge Köpfe"[9] aus dem Ausland anzuziehen[10]. 8

Die Erteilung der Aufenthaltserlaubnis steht im **Ermessen**. Die Aufenthaltserlaubnis kann gemäß S. 2 auch im Anschluss an ein studienbezogenes Praktikum (§ 16e) oder eine Beschäftigung nach §§ 18a ff. erteilt werden. In diesem Fall ist eine vorherige Ausreise nicht erforderlich. Für die Suchphase im Anschluss an einen erfolgreichen Studienabschluss gilt § 20 III Nr. 1. 9

Während der Suchphase ist eine **Erwerbstätigkeit grundsätzlich nicht gestattet** (§ 20 II 2 iVm I 4). Eine Ausnahme gilt lediglich für Probebeschäftigungen, die im Umfang von bis zu zehn Wochenstunden zulässig sind, wenn sie im Rahmen der Qualifikation des Ausländers erfolgen. Die Aufnahme einer regulären Beschäftigung setzt die Erteilung der Aufenthaltserlaubnis voraus, die Fiktionswirkung der Antragstellung (§ 81 IV 1) reicht insoweit nicht aus. 10

3. Erwerbstätigkeit nach Qualifikation im Inland (Abs. 3)

§ 20 III Nr. 1 und 2 setzen Art. 25 I REST-RL um, der Studierenden und Forschern nach Abschluss ihres Studiums bzw. Forschungstätigkeit die begrenzte Möglichkeit einräumt, sich einen Arbeitsplatz zu suchen oder ein Unternehmen zu gründen. Eine **Erwerbstätigkeit** (§ 2 II) im Anschluss an ein im Bundesgebiet absolviertes erfolgreiches Studium oder eine Forschungstätigkeit wird damit nicht als Ausnahme, sondern als erwünschter Normalfall ermöglicht. Die Erleichterung besteht in der Möglichkeit, **ohne vorherige Ausreise** im Inland eine angemessene berufliche Tätigkeit zu suchen. Für die Aufenthaltserlaubnis zur Arbeitsplatzsuche für Fachkräfte mit einer im Ausland erworbenen akademischen Ausbildung gilt Abs. 2. 11

---

[4] Vgl. zu § 18c aF: BT-Drs. 17/9436, 15.
[5] Vgl. BT-Drs. 19/8285, 104.
[6] Vgl. BT-Drs. 19/8285, 99.
[7] BT-Drs. 19/8285, 99.
[8] Vgl. zu § 18c I aF BT-Drs. 17/9436, 15.
[9] Vgl. § 18c I aF BT-Drs. 17/9436, 12.
[10] Vgl. *Steller* ZAR 2013, 1, die insoweit von einem ersten Schritt zu einem Paradigmenwechsel im Recht der Zuwanderungssteuerung spricht.

1 AufenthG § 21

12 Die Formulierung „Suche nach einem Arbeitsplatz" schließt iRv Abs. 3 auch die Suche nach einer **selbstständigen Erwerbstätigkeit** ein. Dies folgt aus der Bezugnahme auf § 21. Der mit dem HQRLUmsG eingefügte § 21 IIa sieht nunmehr ausdrücklich die Erteilung einer Aufenthaltserlaubnis nach § 21 an Absolventen deutscher Hochschulen, unabhängig von den hohen Voraussetzungen des § 21 I vor, wenn die angestrebte selbständige Tätigkeit einen Zusammenhang mit den im Studium erworbenen Kenntnissen erkennen lässt. Eine Einschränkung der bisherigen Regelung gemäß § 16 V aF liegt somit nicht vor und würde auch den Anforderungen von Art. 25 I REST-RL nicht gerecht.

13 Nr. 1 erlaubt Hochschulabsolventen im Anschluss an ihren Aufenthalt nach § 16b oder § 16c einen weiteren Aufenthalt von bis zu 18 Monaten zur Suche eines **Arbeitsplatzes** oder zur **Begründung einer selbstständigen Tätigkeit**. Die Vorschrift geht damit über die in Art. 25 I REST-RL genannte Mindestfrist von neun Monaten hinaus. Die Suchphase beginnt mit dem letzten Studienabschluss[11]. Die Frist wird daher ggf. von einem nicht erfolgreich beendeten Folgestudium konsumiert.

14 Nr. 2 räumt Forschern im Anschluss an einen Forschungsaufenthalt nach § 18d und § 18f einen weiteren Aufenthalt von bis zu neun Monaten zur Suche eines **Arbeitsplatzes** oder zur **Begründung einer selbstständigen Tätigkeit** ein.

15 Nach Nr. 3 kann auch Ausländern im Anschluss an den erfolgreichen Abschluss einer Berufsausbildung im Inland nach **Ermessen** der Ausländerbehörde eine Aufenthaltserlaubnis zur Arbeitsplatzsuche von bis zu zwölf Monaten erteilt werden. Gleiches gilt gemäß Nr. 4 für Ausländer nach einem Aufenthalt gemäß § 16d zur Anerkennung ihrer im Ausland erworbenen Berufsqualifikation.

16 An die jeweilige „Suchphase" soll sich die Erteilung einer Aufenthaltserlaubnis zur Beschäftigung als Fachkraft gemäß §§ 18a, 18b, zur Forschung gemäß § 18d, zu sonstigen Beschäftigungszwecken gemäß § 19c oder für eine selbstständige Tätigkeit gemäß § 21 anschließen, wenn der Arbeitsplatz von Ausländer besetzt werden darf.

17 In der „**Suchphase**" nach Abs. 3 ist die **Erwerbstätigkeit grundsätzlich gestattet** (§ 4a I 1). Damit bedarf auch die Ausübung einer selbstständigen oder freiberuflichen Tätigkeit keiner Erlaubnis der Ausländerbehörde.

§ 20a *(aufgehoben)*

§ 20b *(aufgehoben)*

§ 20c *(aufgehoben)*

§ 21 Selbständige Tätigkeit

(1) ¹Einem Ausländer kann eine Aufenthaltserlaubnis zur Ausübung einer selbständigen Tätigkeit erteilt werden, wenn
1. ein wirtschaftliches Interesse oder ein regionales Bedürfnis besteht,
2. die Tätigkeit positive Auswirkungen auf die Wirtschaft erwarten lässt und
3. die Finanzierung der Umsetzung durch Eigenkapital oder durch eine Kreditzusage gesichert ist.

²Die Beurteilung der Voraussetzungen nach Satz 1 richtet sich insbesondere nach der Tragfähigkeit der zu Grunde liegenden Geschäftsidee, den unternehmerischen Erfahrungen des Ausländers, der Höhe des Kapitaleinsatzes, den Auswirkungen auf die Beschäftigungs- und Ausbildungssituation und dem Beitrag für Innovation und Forschung. ³Bei der Prüfung sind die für den Ort der geplanten Tätigkeit fachkundigen Körperschaften, die zuständigen Gewerbebehörden, die öffentlich-rechtlichen Berufsvertretungen und die für die Berufszulassung zuständigen Behörden zu beteiligen.

(2) Eine Aufenthaltserlaubnis zur Ausübung einer selbständigen Tätigkeit kann auch erteilt werden, wenn völkerrechtliche Vergünstigungen auf der Grundlage der Gegenseitigkeit bestehen.

(2a) ¹Einem Ausländer, der sein Studium an einer staatlichen oder staatlich anerkannten Hochschule oder vergleichbaren Ausbildungseinrichtung im Bundesgebiet erfolgreich abgeschlossen hat oder der als Forscher oder Wissenschaftler eine Aufenthaltserlaubnis nach den §§ 18b, 18d oder § 19c Absatz 1 besitzt, kann eine Aufenthaltserlaubnis zur Ausübung einer selbständigen Tätigkeit abweichend von Absatz 1 erteilt werden. ²Die beabsichtigte selbständige Tätigkeit muss einen Zusammenhang mit den in der Hochschulausbildung erworbenen Kenntnissen oder der Tätigkeit als Forscher oder Wissenschaftler erkennen lassen.

---
[11] OVG RhPf Beschl. v. 6.6.2018 – 7 B 10332/18.OVG, BeckRS 2018, 11475.

Selbständige Tätigkeit
§ 21 AufenthG 1

(3) Ausländern, die älter sind als 45 Jahre, soll die Aufenthaltserlaubnis nur erteilt werden, wenn sie über eine angemessene Altersversorgung verfügen.

(4) [1]Die Aufenthaltserlaubnis wird auf längstens drei Jahre befristet. [2]Nach drei Jahren kann abweichend von § 9 Abs. 2 eine Niederlassungserlaubnis erteilt werden, wenn der Ausländer die geplante Tätigkeit erfolgreich verwirklicht hat und der Lebensunterhalt des Ausländers und seiner mit ihm in familiärer Gemeinschaft lebenden Angehörigen, denen er Unterhalt zu leisten hat, durch ausreichende Einkünfte gesichert ist und die Voraussetzung des § 9 Absatz 2 Satz 1 Nummer 4 vorliegt.

(5) [1]Einem Ausländer kann eine Aufenthaltserlaubnis zur Ausübung einer freiberuflichen Tätigkeit abweichend von Absatz 1 erteilt werden. [2]Eine erforderliche Erlaubnis zur Ausübung des freien Berufes muss erteilt worden oder ihre Erteilung zugesagt sein. [3]Absatz 1 Satz 3 ist entsprechend anzuwenden. [4]Absatz 4 ist nicht anzuwenden.

(6) Einem Ausländer, dem eine Aufenthaltserlaubnis zu einem anderen Zweck erteilt wird oder erteilt worden ist, kann unter Beibehaltung dieses Aufenthaltszwecks die Ausübung einer selbständigen Tätigkeit erlaubt werden, wenn die nach sonstigen Vorschriften erforderlichen Erlaubnisse erteilt wurden oder ihre Erteilung zugesagt ist.

Allgemeine Verwaltungsvorschrift
21 Zu § 21 – Selbständige Erwerbstätigkeit
21.0 Allgemeines
21.0.1 Mit § 21 wurde erstmals eine eigenständige Rechtsgrundlage geschaffen, die der Bedeutung des Zuwanderungstatbestandes der selbständigen Erwerbstätigkeit angemessen Rechnung trägt. Mit der Vorschrift soll insbesondere die dauerhafte Investition ausländischer Unternehmer mit einer tragfähigen Geschäftsidee und gesicherter Finanzierung im Bundesgebiet erleichtert werden.
21.0.2 § 21 findet keine Anwendung auf die Fälle, in denen bereits von Gesetzes wegen die Ausübung einer Erwerbstätigkeit und damit auch eine selbständige Tätigkeit (Nummer 2.2) gestattet ist, also in den Fällen der Nummer 18.2.2.1 bis 18.2.2.11 und des § 24 Absatz 6.
21.0.3 Eine Beteiligung der Kammern und sonstigen Stellen findet in diesen Fällen nicht statt.
21.0.4 § 21 findet mit Ausnahme der Regelung in Absatz 6 keine Anwendung in Fällen, in denen ein anderer Aufenthaltszweck verfolgt wird und die Aufenthaltserlaubnis für einen anderen Zweck erteilt wird.
21.0.5 Zur Lösung von Abgrenzungsproblemen im Einzelfall zwischen selbständiger Erwerbstätigkeit und Beschäftigung kann die Agentur für Arbeit beteiligt werden.
21.1 Erteilungsvoraussetzungen
21.1.0 § 21 Absatz 1 ist eine Ermessensnorm, die gleichermaßen für Ausländer, die im Ausland bereits ein Unternehmen betreiben und nach Deutschland übersiedeln wollen, wie auch für Existenzgründer gilt, die aus dem Ausland zu diesem Zweck einreisen wollen oder sich bereits mit einem Aufenthaltstitel in Deutschland aufhalten (Ausnahmen in Nummer 21.0.1 und bei Ausschluss des Zweckwechsels). Begünstigt sind nicht nur Unternehmensgründer oder Einzelunternehmer, sondern auch Geschäftsführer und gesetzliche Vertreter von Personen- und Kapitalgesellschaften, soweit sie nicht als Beschäftigte nach § 18 i. V. m. § 4 BeschV gelten.
21.1.1 Die Erteilungsnorm des Satzes 1 ist als Ermessensnorm grundsätzlich flexibel ausgestaltet. Eine Aufenthaltserlaubnis zur Ausübung einer selbständigen Erwerbstätigkeit kann danach erteilt werden, wenn
21.1.1.1 – ein übergeordnetes wirtschaftliches Interesse oder
21.1.1.2 – ein besonderes regionales Bedürfnis besteht und
21.1.1.3 – die Tätigkeit positive Auswirkungen auf die Wirtschaft erwarten lässt und
21.1.1.4 – die Finanzierung der Umsetzung durch Eigenkapital oder durch eine Kreditzusage gesichert ist.
21.1.2 Ein übergeordnetes wirtschaftliches Interesse kann insbesondere dann vorliegen, wenn erhebliche Investitionen und/oder eine nennenswerte Zahl von Arbeitsplätzen geschaffen oder gesichert werden, wenn mit der Unternehmensgründung eine nachhaltige Verbesserung der Absatz- oder Marktchancen inländischer Unternehmen verbunden ist oder es sich um die Errichtung eines Fertigungsbetriebes für technisch hochwertige (zukunftssichere) und/oder besonders umweltverträgliche Produkte handelt. Hingegen wird bei reinen, am privaten Verbrauch orientierten Einzelhandelsunternehmen wegen deren insgesamt geringerer wirtschaftlicher Bedeutung überwiegend die Annahme eines übergeordneten wirtschaftlichen Interesses zu verneinen sein. Hier wird alternativ geprüft werden müssen, ob ein besonderes örtliches Bedürfnis vorliegt.
21.1.3 Ein besonderes regionales Bedürfnis liegt z. B. vor, wenn durch Analyse der Gewerbestruktur in der unmittelbaren Umgebung des geplanten Standortes eine Unterversorgung mit bestimmten Gütern oder Dienstleistungen festgestellt wurde. Versorgungs- oder sonstige kommunalpolitische Gründe können hierbei mit in die Entscheidung einfließen. Das private Unternehmerinteresse an einer Geschäftstätigkeit im Bundesgebiet begründet für sich kein besonderes regionales Interesse.
21.1.4 Als Regelannahme für das Vorliegen eines übergeordneten wirtschaftlichen Interesses oder eines besonderen regionalen Bedürfnisses gilt die Investition von mindestens 250 000 Euro verbunden mit der Schaffung von mindestens fünf Vollzeitarbeitsplätzen. Diese Regelannahme entbindet die Ausländerbehörde nicht von dem Beteiligungserfordernis nach Satz 4.
21.1.5 Mit Satz 3 wird die Möglichkeit eröffnet, auch dann eine Aufenthaltserlaubnis zum Zweck der selbständigen Erwerbstätigkeit zu erteilen, wenn die Voraussetzungen der Regelannahme nicht erfüllt sind. Dies bedeutet jedoch nicht, dass zu jeder selbständigen Erwerbstätigkeit eine Aufenthaltserlaubnis erteilt werden kann. Vielmehr muss die Prüfung des Einzelfalls ergeben, dass die in § 21 Absatz 1 Satz 1 Nummer 1 bis 3 genannten Voraussetzungen erfüllt sind. Die Beurteilung dieser Voraussetzungen richtet sich vor allem nach den in Satz 2 genannten Kriterien. Das übergeordnete wirtschaftliche Interesse oder das besondere regionale Bedürfnis an der selbständigen Erwerbstätigkeit des Ausländers sollte umso klarer durch andere Faktoren begründet sein, je geringer die Investitionssumme ist und je weniger Arbeitsplätze geschaffen werden. Die unternehmerischen Interessen des Ausländers

1 AufenthG § 21

Erster Teil. Aufenthaltsgesetz

begründen für sich genommen noch kein übergeordnetes wirtschaftliches Interesse. Vielmehr sind regelmäßig zu berücksichtigen.

21.1.5.1 – die Tragfähigkeit der zugrunde liegenden Geschäftsidee,
21.1.5.2 – die unternehmerischen Erfahrungen des Ausländers,
21.1.5.3 – die Höhe des Kapitaleinsatzes,
21.1.5.4 – die Auswirkungen auf die Ausbildungs- und Beschäftigungssituation und
21.1.5.5 – der Beitrag für Innovation und Forschung.

21.1.6 Zur Beurteilung der Tatbestandvoraussetzungen hat die Ausländerbehörde nach Satz 4 die regionalen Gewerbebehörden, die öffentlichrechtlichen Berufsvertretungen, die Industrie- und Handelskammer oder Handwerkskammer sowie im Bedarfsfall auch die für die Berufszulassung zuständigen Behörden zu beteiligen. Die Beteiligung der Gewerbebehörde ersetzt dabei nicht die Anzeigepflicht nach § 14 GewO.

21.2 Erteilung aufgrund besonderer völkerrechtlicher Vereinbarungen

21.2.0 Als Ausnahme von den Voraussetzungen des Absatzes 1 trägt Absatz 2 den besonderen völkerrechtlichen Vereinbarungen Rechnung.

21.2.1 Zu berücksichtigende völkerrechtliche Vereinbarungen sind insbesondere die bestehenden Freundschafts-, Handels- und Niederlassungsverträge mit Meistbegünstigungs- oder Wohlwollensklauseln mit folgenden Staaten:

Dominikanische Republik	Freundschafts-, Handels- und Niederlassungsvertrag vom 23. Dezember 1957 (BGBl. 1959 II S. 1468; Artikel 2 Absatz 1 [Wohlwollensklausel]),
Indonesien	Handelsabkommen vom 22. April 1953 nebst Briefwechsel (BAnz. Nummer 163); Briefe Nummer 7 und 8 (Meistbegünstigungsklausel); die Meistbegünstigung bezieht sich nur auf Aktivitäten, deren Zweck die Förderung des Handels zwischen den Vertragsstaaten ist,
Iran	Niederlassungsabkommen vom 17. Februar 1929 (RGBl. 1930 II S. 1002); Artikel 1 (Meistbegünstigungsklausel)
Japan	Handels- und Schifffahrtsvertrag vom 20. Juli 1927 (RGBl. II S. 1087), Artikel 1 Absatz 2 Nummer 1 (Meistbegünstigungsklausel),
Philippinen	Übereinkunft über Einwanderungs- und Visafragen vom 3. März 1964 (BAnz. Nummer 89), Nummer 1, 2 und 4 (Wohlwollensklausel),
Sri Lanka	Protokoll über den Handel betreffende allgemeine Fragen vom 22. November 1972 (BGBl. 1955 II S. 189); Artikel 1 (Meistbegünstigungsklausel),
Türkei	Niederlassungsabkommen vom 12. Januar 1927 (RGBl. II S. 76; BGBl. 1952 S. 608), Artikel 2 Sätze 3 und 4 (Meistbegünstigungsklausel),
Vereinigte Staaten von Amerika	Freundschafts-, Handels- und Schifffahrtsvertrag vom 29. Oktober 1954 (BGBl. II S. 487), Artikel II Absatz 1 (Meistbegünstigungsklausel).

21.2.2 Soweit Ausländern aus den in § 41 AufenthV genannten Staaten nicht bereits auf Grund einer völkerrechtlichen Vereinbarung nach Nummer 21.2.1 unter erleichterten Bedingungen eine Aufenthaltserlaubnis erteilt werden kann, kann auch ihnen für die Niederlassung von Gesellschaften und Staatsangehörigen dieser Staaten eine Behandlung gewährt werden, die nicht weniger günstig ist als die Behandlung deutscher Gesellschaften und Staatsangehöriger. Sie unterliegen damit nur noch berufs- oder gewerberechtlichen Beschränkungen.

21.3 Erfordernis angemessener Altersversorgung bei Personen über 45 Jahren

Absatz 3 verlangt bei Personen über 45 Jahren im öffentlichen Interesse grundsätzlich eine angemessene Alterssicherung. Dazu ist durch die Ausländerbehörde eine Prognoseentscheidung zu treffen. Grundlagen für diese Prognoseentscheidung können sein:

– eigenes Vermögen in jeglicher Form,
– im Aus- und/oder Inland erworbene Rentenanwartschaften,
– Betriebsvermögen/Investitionssumme.

Absatz 3 findet keine Anwendung auf Personen nach Nummer 21.2.1.

21.4 Geltungsdauer

Die Zuwanderung Selbständiger ist grundsätzlich auf Dauer angelegt. Dennoch erhalten Selbständige die Niederlassungserlaubnis nicht sofort, sondern erst nach drei Jahren, da die Niederlassungserlaubnis auch zur Aufnahme einer unselbständigen Tätigkeit berechtigen würde. Nach drei Jahren kann abweichend von § 9 Absatz 2 die Niederlassungserlaubnis erteilt werden, wenn der Ausländer seine Geschäftsidee erfolgreich verwirklicht hat und der Lebensunterhalt weiterhin gesichert ist. Die Sicherung des Lebensunterhalts ist auch für Personen nach Nummer 21.2.1 Voraussetzung für die Erteilung der Niederlassungserlaubnis. Dabei ist zu berücksichtigen, dass nicht nur der Lebensunterhalt des Selbständigen selbst gesichert ist, sondern dass dies auch für die Familienangehörigen sichergestellt sein muss. Der Kreis der Familienangehörigen, auf die abzustellen ist, wird durch das Merkmal der familiären Gemeinschaft und die Unterhaltspflicht definiert. Hiermit wird dem Umstand Rechnung getragen, dass bei der Lebensunterhaltssicherung im Hinblick auf einen dauerhaften Aufenthalt gegenüber der Lebensunterhaltssicherung für zeitlich beschränkte Aufenthalte andere Erfordernisse aufzustellen sind. Es ist vor allem auf die Nachhaltigkeit der finanziellen Absicherung abzustellen. Bei Prüfung der Erteilung einer Niederlassungserlaubnis an erfolgreiche Selbständige wird auf das Ausreichen der Einkünfte abgestellt. Hierbei ist zu berücksichtigen, dass bei Selbständigen auf Grund der Besonderheiten unternehmerischen Handelns größere Einkommensschwankungen denkbar sind als bei Arbeitnehmern. Auf Grund der bisherigen durchschnittlichen Einkünfte ist bei Fortführung der bisherigen geschäftlichen Tätigkeit eine Prognoseentscheidung zu den zukünftigen Einkünften zu treffen. Zur Beurteilung, ob der Ausländer die geplante Tätigkeit erfolgreich verwirklicht hat, können die in Absatz 1 genannten Behörden erneut beteiligt werden. Anstelle der erneuten Beteiligung der in Absatz 1 genannten Behörden kann in Abhängigkeit vom Einzelfall der Selbständige aufgefordert werden, konkrete Unterlagen einzureichen, die eine nachvollziehbare Beurteilung des bisherigen Geschäftsergebnisses erlauben. Von einer erfolgreichen Verwirklichung der unternehmerischen Tätigkeit

Selbständige Tätigkeit **§ 21 AufenthG 1**

kann danach auch ohne erneute Beteiligung der in § 21 Absatz 1 Satz 4 genannten Behörden ausgegangen werden, wenn das Unternehmen zusätzliche Arbeitsplätze geschaffen hat und Gewinne erwirtschaftet.

21.5 Erteilung einer Aufenthaltserlaubnis an Freiberufler

Mit § 21 Absatz 5 wird die Erteilung einer Aufenthaltserlaubnis an Freiberufler ermöglicht. Für sie gelten die engen Voraussetzungen des § 21 Absatz 1 nicht. Der Personenkreis der Freiberufler orientiert sich an den Katalogberufen von § 18 Absatz 1 Nummer 1 Satz 2 EStG, zu denen z.B. Künstler, Schriftsteller, Wirtschaftsprüfer, Steuerberater, Dolmetscher oder Architekten zählen. Durch die entsprechende Anwendbarkeit von § 21 Absatz 1 Satz 4 ist die Beteiligung fachkundiger Stellen zwingend vorgeschrieben. Bei der Ermessensausübung kommt den Stellungnahmen der nach Absatz 5 Satz 3 i. V. m. Absatz 1 Satz 4 zu beteiligenden Institutionen maßgebende Bedeutung zu. Aufgrund der systematischen Stellung des Absatzes 5 in § 21 kann eine Aufenthaltserlaubnis zur Ausübung einer freiberuflichen Tätigkeit nur erteilt werden, wenn die freiberufliche Tätigkeit auch tatsächlich selbständig ausgeübt wird. Auch darf die Regelung in Absatz 5 nicht zu einer Umgehung der Regelungen über die Zulassung ausländischer Beschäftigter in den §§ 18f., 39ff. i. V. m. der BeschV und der BeschVerfV führen. Zur Abgrenzung zwischen einer selbständigen Erwerbstätigkeit und einer Beschäftigung als Arbeitnehmer wird auf Nummer 2.2.3 hingewiesen. In Zweifelsfällen ist die Bundesagentur für Arbeit zu beteiligen. Fachkundige Körperschaften können insofern neben den Industrie- und Handelskammern auch die Agenturen für Arbeit sein, die beurteilen können, ob der Freiberufler in einem Bereich tätig wird, in dem vergleichbare Arbeitnehmer in größerem Umfang zur Vermittlung zur Verfügung stehen. Die selbständige Erwerbstätigkeit in Form der Ausübung freiberuflicher Nebentätigkeiten (etwa nebenberufliche Dozenturen oder schriftstellerische oder wissenschaftliche Tätigkeiten im Nebenerwerb) ist i. d. R. zuzulassen. Die in Absatz 4 vorgesehene privilegierte Erteilung einer Niederlassungserlaubnis ist für diesen Personenkreis kraft Gesetzes ausgeschlossen.

21.6 Erlaubnis der selbständigen Tätigkeit an Inhaber anderer Aufenthaltserlaubnisse

Nach § 21 Absatz 6 kann Ausländern, denen eine Aufenthaltserlaubnis zu einem anderen Zweck als der selbständigen Tätigkeit erteilt worden ist, die selbständige Tätigkeit erlaubt werden. Damit wird klargestellt, dass die Voraussetzungen des § 21 Absatz 1 bis 3 und 5 als solche nur dann Anwendung finden, wenn ein Ausländer gerade aus dem Grund einreist, um in Deutschland selbständig tätig zu werden. Die Erlaubniserteilung zur selbständigen Tätigkeit im Rahmen von Absatz 6 führt nicht zu einem Wechsel des Aufenthaltszwecks, weshalb Absatz 4 mit der Möglichkeit der Erteilung der Niederlassungserlaubnis bereits nach dreijährigem Aufenthalt keine Anwendung findet. § 21 Absatz 6 findet aufgrund der ausdrücklichen Voraussetzung einer Aufenthaltserlaubnis keine Anwendung auf Ausländer mit einer Duldung. Studierenden mit Aufenthaltserlaubnis nach § 16 Absatz 1 darf eine Erlaubnis zur selbständigen Tätigkeit nur erteilt werden, wenn dadurch der Abschluss des Studiums nicht gefährdet wird. Da die gesetzlichen Beschäftigungsmöglichkeiten nach § 16 Absatz 3 nicht eingeschränkt werden können, kommt die Erlaubnis zu einer darüber hinausgehenden selbständigen Tätigkeit i. d. R. nur dann in Betracht, wenn es sich um Tätigkeiten in geringem zeitlichem Umfang handelt, wie z.B. bei Dolmetschertätigkeiten. Bei der Ermessensentscheidung, ob eine selbstständige Tätigkeit zugelassen werden kann, sollten folgende Gesichtspunkte berücksichtigt werden:

– die Passpflicht wird erfüllt,
– es liegt kein Ausweisungsgrund vor,
– ausreichende Kenntnisse der deutschen Sprache sowie Grundkenntnisse der Rechtsund Gesellschaftsordnung sowie der Lebensverhältnisse werden nachgewiesen,
– unternehmerische Fähigkeiten wurden durch eine frühere Beschäftigung in Deutschland nachgewiesen,
– die fachkundigen Körperschaften (etwa Handwerkskammer, Industrie- und Handelskammer) haben keine gravierenden Bedenken geäußert,
– durch die angestrebte selbständige Tätigkeit kann der Lebensunterhalt voraussichtlich gesichert werden und
– eine Änderung der Wohnsitzauflage ist nicht erforderlich.

Entscheidend sind jedoch die Gesamtumstände des jeweiligen Einzelfalles.

Die Richtlinie 2004/83/EG des Rates vom 29. April 2004 über Mindestnormen für die Anerkennung und den Status von Drittstaatsangehörigen oder Staatenlosen als Flüchtlinge oder als Personen, die anderweitig internationalen Schutz benötigen, und über den Inhalt des zu gewährenden Schutzes (ABl. EU Nummer L 304 S. 12, so genannte Qualifikationsrichtlinie) sieht in Artikel 26 Absatz 3 für ausländische Staatsangehörige nach der Zuerkennung des subsidiären Schutzstatus (Abschiebungsverbot nach § 60 Absatz 2, 3, 5 oder 7) vor, die Aufnahme einer unselbständigen oder selbständigen Erwerbstätigkeit nach den Vorschriften, die für den betreffenden Beruf oder für die öffentliche Verwaltung allgemein gelten, zu gestatten. Das durch die Ausländerbehörde zu prüfende Ermessen ist in diesen Fällen auf die Prüfung reduziert, ob die gegebenenfalls erforderlichen Berufszugangsvoraussetzungen (z. B. Approbation) vorliegen.

Übersicht

	Rn.
I. Entstehungsgeschichte	1
II. Allgemeines	2
III. Zulassung Selbstständiger	9
1. Personenkreis	9
2. Anforderungen an Unternehmen und Person des Ausländers	11
3. Rechtsstatus	18

J. Nusser

	Rn.
4. Freiberufler	22
5. Selbstständigkeit von Inhabern anderer Aufenthaltstitel	24
6. Selbstständigkeit von Akademikern	26
IV. Verwaltungsverfahren und Rechtsschutz	27

I. Entstehungsgeschichte

1   Die Vorschrift entspricht im Wesentlichen dem **Gesetzesentwurf zum** ZuwG[1]. Aufgrund des Vermittlungsverfahrens wurden in Abs. 1 die S. 1 und 2 neu gefasst und Abs. 4 S. 2 von einer Ist- in eine Kann-Bestimmung geändert[2]. Mit dem 1. RLUmsG 2007[3] wurde die Regelvermutung des Abs. 1 S. 2 verändert (Investition von 500.000 statt 1 Mio. EUR, Schaffung von fünf Arbeitsplätzen statt zehn) und das Erfordernis der Lebensunterhaltssicherung nach Abs. 4 auf die unterhaltsberechtigten Familienangehörigen ausgeweitet. Abs. 5 und 6 wurden angefügt. Mit dem ArbMigStG[4] wurde – nach Anrufung des Vermittlungsausschusses durch den Bundesrat – der Betrag für die Regelvermutung weiter auf 250.000 EUR abgesenkt. Mit HQRLUmsG 2012[5] wurde die Regelvermutung dann vollständig gestrichen und die Anforderungen des Abs. 1 Nr. 1 gesenkt. Abs. 2a wurde eingefügt, um Akademikern mit einer Aufenthaltserlaubnis nach §§ 16 IV, 18 oder 20 den Schritt in die Selbstständigkeit zu erleichtern. § 21 V 3 wurde mWv 6.9.2013 neu gefasst[6]. Durch die entsprechende Anwendbarkeit von Abs. 1 S. 3 ist die **Beteiligung fachkundiger Stellen** zwingend vorgeschrieben[7]. Durch das **FEG 2019**[8] sind redaktionelle Anpassungen in Abs. 2a vorgenommen worden. Darüber hinaus ist mit dem Verweis auf die Voraussetzung des § 9 II 1 Nr. 2 klargestellt worden, dass die Niederlassungserlaubnis nach Abs. 4 bei entgegenstehenden Gründen der öffentlichen Sicherheit und Ordnung nicht erteilt wird.

II. Allgemeines

2   Mit dieser Vorschrift wurde erstmals eine **eigenständige Grundlage** für die Neuzuwanderung von Ausländern geschaffen, die sich als Einzelperson selbstständig machen wollen. Wegen des Vorrangs des Unionsrechts unterfallen Staatsangehörige der EU-Mitgliedstaaten nicht dem Anwendungsbereich des § 21 I, sondern genießen Niederlassungsfreiheit nach Art. 49 AEUV[9], national umgesetzt in § 2 II FreizügG/EU. Nach früherem Recht konnte ihnen eine Aufenthaltserlaubnis aufgrund der Bestimmungen der §§ 7, 15 AuslG nach Ermessen verliehen werden, das durch Verwaltungsvorschriften gesteuert wurde (vgl. Nr. 15.0.2.1 AuslG-Verwaltungsvorschrift). Über die Zulässigkeit der Ausübung einer selbstständigen Tätigkeit von bereits in Deutschland lebenden Ausländern entschied die Ausländerbehörde nach Ermessen, solange noch keine unbefristete Aufenthaltserlaubnis oder -berechtigung vorlag.

3   Daneben und zT vorrangig und seit längerer Zeit galten und gelten bei Einschlägigkeit **bilaterale Abkommen** der Bundesrepublik Deutschland und des Deutschen Reichs mit verschiedenen Staaten (Handels-, Schifffahrts- und Niederlassungsabkommen) fort, die für ansässige Ausländer zT Wohlwollensklauseln, zT Meistbegünstigungsklauseln enthalten. Sie räumen keine Ansprüche auf Zuwanderung ein, sondern setzen einen rechtmäßigen Aufenthalt voraus[10]. Staatsangehörige der Signatarstaaten müssen jedoch, wenn die Voraussetzungen einer völkerrechtlichen Vereinbarung nicht vorliegen, gleichwohl **die Voraussetzungen des Abs. 1** erfüllen, um eine Aufenthaltserlaubnis zur Ausübung der selbstständigen Tätigkeit zu erhalten[11]. Die mit den Mittel- und Osteuropa-Staaten

---

[1] BT-Drs. 15/420, 12.
[2] BT-Drs. 15/3479, 4.
[3] RLUmsG 2007 v. 19.8.2007, BGBl. I S. 1970.
[4] Gesetz zur arbeitsmarktadäquaten Steuerung der Zuwanderung von Hochqualifizierten und zur Änderung weiterer aufenthaltsrechtlicher Regelungen (ArbMigSteuerG), BGBl. 2008 I S. 2846.
[5] HQRLUmsG v. 1.6.2012, BGBl. I S. 1224; GesEntw der Bundesregierung mit Begr. BT-Drs. 17/8682, Beschlussempfehlung und Bericht des Innenausschusses mit erheblichen Änderungen gegenüber RegE BT-Drs. 17/9436.
[6] IdF des Art. 1 Nr. 12 Ges. v. 29.8.2013, BGBl. I S. 3484.
[7] *Fehrenbacher* in HTK-AuslR AufenthaltG § 21, zu Abs. 5, Rn. 17, Stand 11/2016.
[8] BGBl. 2019 I S. 1307, in Kraft getreten am 1.3.2020.
[9] Zur Niederlassungserlaubnis nach Unionsrecht vgl. HessVGH Beschl. v. 4.2.2014 – 7 B 39/14, NVwZ-RR 2014, 698; *Stiegeler* in NK-AuslR, 2. Aufl., § 21 Rn. 1.
[10] Vgl. zum Deutsch-Amerikanischen Freundschafts-, Handels- und Schifffahrtsvertrag OVG RhPf Beschl. v. 4.6.2007 – 7 B 10282/07.
[11] Die in der früheren Fassung vertretene Auffassung, wonach § 21 II eine Spezialvorschrift zu § 21 I darstellt, mit der Folge, dass bei Staaten, mit denen eine Vereinbarung iSd Abs. 2 besteht, kein Rückgriff auf die Tatbestandsvoraussetzungen des Abs. 1 möglich ist, wird aufgegeben. Der Gesetzgeber hat mit § 21 II die Möglichkeit geschaffen, den eingegangenen völkerrechtlichen Verpflichtungen auch nachkommen zu können, soweit diese aufenthaltsrechtliche Konsequenzen haben. Dass alle Staatsangehörigen der Staaten, mit denen ein völkerrechtliche Vereinbarung abgeschlossen worden ist, ohne Berücksichtigung der Vereinbarung generell unter erleichterten Bedingungen eine Aufenthaltserlaubnis zwecks selbstständiger Erwerbstätigkeit erhalten sollten, kann wohl nicht Intention des Gesetzgebers gewesen sein, so auch *Fehrenbacher* in HTK-AuslR AufenthaltG § 21 zu Abs. 2, Rn. 1 ff., Stand 10/2018.

abgeschlossenen EG-Abkommen sahen das Niederlassungsrecht der Selbstständigen – anders als die Arbeitnehmerfreizügigkeit – vor; sie sind jedoch seit dem Beitritt aller Vertragsstaaten zur EU insoweit nicht mehr von Bedeutung, da die Niederlassungsfreiheit aufgrund der Beitrittsverträge uneingeschränkt gilt. Als Unionsbürger genießen die Staatsangehörigen dieser Staaten mittlerweile Freizügigkeit, wobei es aufgrund von Übergangsregelungen für Arbeitnehmer und bestimmte Dienstleistungserbringer zunächst noch Einschränkungen gab[12].

Die Erteilung von Aufenthaltstiteln an **angestellte gesetzliche Vertreter und Geschäftsführer** von Personen- und Kapitalgesellschaften sowie an Führungskräfte richtet sich dagegen nach § 18 f. iVm § 3 BeschV (leitende Angestellte mit Generalvollmacht oder Prokura, keine Zustimmung der BA erforderlich) oder § 4 BeschV (leitende Angestellte ohne Prokura, Zustimmung der BA erforderlich).

Die Einführung eines eigenen Aufenthaltstitels für Selbstständige beruht va auf den **Empfehlungen** der Zuwanderungskommission aus dem Jahre 2001. Diese hatte auf den Trend zu mehr Selbstständigkeit aufmerksam gemacht und empfohlen, die Zuwanderung von Existenzgründern ua durch Verleihung eines Daueraufenthaltsrechts zu fördern und zu erleichtern[13]. Der Zuwanderungsrat hat diese Empfehlungen bekräftigt und auf die steigende Zahl von Selbstständigen hingewiesen[14].

Die Vorschrift war in der Praxis für die Zuwanderung von Existenzgründern bedeutungslos. Sie erschwerte den Gang in die Selbstständigkeit für in Deutschland lebende Ausländer mit Aufenthaltserlaubnis, die nicht kraft Gesetzes selbstständig tätig sein durften: Aufgrund der Vorläufigen Anwendungshinweise des BMI wurde auch von ihnen verlangt, die Voraussetzung des § 21 I aF zu erfüllen. Die Eröffnung von Klein- und Kleinstbetrieben, wie sie in der Anfangsphase einer Selbstständigkeit nicht nur in der ethnischen Ökonomie typisch ist[15], schied damit aus. Mit Abs. 6 ist nunmehr klargestellt, dass über die selbstständige Erwerbstätigkeit von in Deutschland lebenden Ausländern mit einem anderen Aufenthaltszweck – insbesondere Aufenthaltstitel aus humanitären Gründen – die Ausländerbehörde wieder nach Ermessen zu entscheiden hat, ohne dass die Voraussetzungen des Abs. 1 vorliegen müssen. Dasselbe gilt für Freiberufler, denen in der Regel die Erfüllung der Voraussetzungen nach Abs. 1 nicht möglich ist[16].

Ein großer Teil der in **Deutschland lebenden Ausländer** darf ohnehin kraft Gesetzes selbstständig erwerbstätig sein. Dies gilt erst recht seit Inkrafttreten des FEG 2019, das in § 4a I 1 die grundsätzliche Zulässigkeit der Erwerbstätigkeit postuliert. Dieses Recht ist durch behördliche Entscheidung nicht einschränkbar.

Die Auswirkungen des FEG 2019 auf § 21 sind im Übrigen begrenzt. Insbesondere finden die allgemein für Aufenthaltserlaubnisse zum Zwecke der Beschäftigung normierten Erteilungsvoraussetzungen aus § 18 keine Anwendung, weil diese nur für die Beschäftigung, also die abhängige Erwerbstätigkeit (vgl. § 2 II) gelten, nicht aber für die in § 21 geregelte selbstständige Erwerbstätigkeit.

III. Zulassung Selbstständiger

1. Personenkreis

Der **Personenkreis** ist in Abgrenzung zu den nichtselbstständig Beschäftigten zu bestimmen. Der Begriff des Selbstständigen ist in § 2 ebenso wenig definiert wie der des Arbeitnehmers. Beide Begriffe sind daher eigenständig voneinander abzugrenzen. Selbstständige Erwerbstätigkeit ist im Unterschied zur Arbeitnehmertätigkeit geprägt durch eine unabhängige Stellung gegenüber den Auftraggebern, eine selbstständige Organisation im Betrieb und im Verhältnis zu den Kunden sowie durch Eigenverantwortlichkeit hinsichtlich der Tätigkeit und deren Ergebnissen. Auch Unternehmer unterliegen vertraglichen Verpflichtungen und sind deshalb hinsichtlich der Auftragsausführung und va des Ergebnisses an Weisungen des Auftraggebers gebunden. Sie sind nicht in dessen Betriebsorganisation eingegliedert und an deren Direktiven bei Zeiteinteilung und allen Arbeitsabläufen gebunden.

---

[12] *Fehrenbacher* in HTK-AuslR AufenthaltG § 21, zu Abs. 2, Nr. 2, Stand 10/2018.
[13] Zuwanderungsbericht 2001, S. 47 f., 97 f.
[14] Insgesamt besaßen Ende 2017 11.001 Drittstaatsangehörige eine Aufenthaltserlaubnis als Selbstständige nach § 21 I, II, IIa und V AufenthG (Ende 2016: 10.291). Zusätzlich verfügten 1.719 Personen (Ende 2016 1.529) über eine Niederlassungserlaubnis nach § 21 IV AufenthG. Im Jahr 2017 sind 1.788 Selbstständige aus Drittstaaten neu eingereist, im Jahr 2016 waren es 1.733 (2015 1.782). 33,4 Prozent der 2017 zugewanderten Selbstständigen stammten aus den Vereinigten Staaten, 11,4 Prozent aus China, jeweils 6,3 Prozent aus Kanada und der Türkei. Der Frauenanteil an den neu eingereisten Selbstständigen betrug etwa zwei Fünftel (43,8 Prozent). Etwa zwei Drittel (67,1 Prozent) der Selbstständigen, die im Jahr 2017 eingereist sind, wurde eine Aufenthaltserlaubnis zur Ausübung einer freiberuflichen Tätigkeit nach § 21 V erteilt (2016 66,6 Prozent). Bei Selbstständigen aus den Vereinigten Staaten, Kanada, Australien, Japan und Israel war der Anteil der Freiberufler mit jeweils über 90 Prozent überproportional hoch. S. Migrationsbericht der Bundesregierung 2016/2017, der am 23.1.2019 gemeinsam für beide Jahre veröffentlicht worden ist.
[15] Dazu zB *Sen*, Türkische Selbstständige in Nordrhein-Westfalen, 2000; *Leicht* ua, Die Bedeutung der ethnischen Ökonomie in Deutschland, Mannheim 2006.
[16] Vgl. hierzu *Stiegeler* in NK-AuslR, 2. Aufl., AufenthG § 21 Rn. 21.

10 **Geschäftsführende Gesellschafter** von Personengesellschaften können nur dann als Selbstständige angesehen werden, wenn sie tatsächlich Leitungsfunktionen wahrzunehmen haben und kraft Gesetzes, Satzung oder Gesellschaftsvertrag zur Vertretung oder Geschäftsführung berufen sind[17]. Daran fehlt es, wenn sie alle anfallenden Arbeiten selbst erledigen, ohne eigene Arbeitnehmer einzusetzen[18]. Eine Umgehung stellt es auch dar, wenn der Ausländer in den Mantel einer von ihm beherrschten GmbH schlüpft[19].

2. Anforderungen an Unternehmen und Person des Ausländers

11 Die Zulassung zur selbstständigen Erwerbstätigkeit nach Ermessen war nach alter Rechtslage nur bei Erfüllung von drei grundlegenden **Voraussetzungen** möglich: (1) übergeordnetes wirtschaftliches Bedürfnis oder besonderes regionales Bedürfnis, (2) Aussicht auf positive Auswirkungen auf die Wirtschaft und (3) gesicherte Finanzierung. Diese Anforderungen galten kumulativ. Die Regelvermutung des § 21 I 2 mit Investitionssumme und Arbeitsplätzen stellte eine widerlegbare gesetzliche Fiktion für das Vorliegen der ersten beiden Voraussetzungen dar, ohne dass dies den Ausschluss der Zulassung bei niedrigerer Investitionssumme oder der Schaffung von weniger als fünf Arbeitsplätzen nach sich hätte ziehen müssen. Die Regelvermutung setzte jedoch den Maßstab auch für Gründungen mit geringeren Investitionen und/oder weniger Arbeitsplätzen. Die Absenkung der Grenzen des Regelbeispiels durch AuslRÄnG 2007 und ArbMigStG führte daher nicht zu einer deutlich vermehrten Einwanderung von gründungswilligen Ausländern. Die in Abs. 1 S. 3 genannten örtlichen Stellen sind in jedem Fall zu beteiligen.

12 Wurden die Voraussetzungen der Regelvermutung nicht erreicht, musste die Ausländerbehörde prüfen, ob das konkret geplante Unternehmen die Voraussetzungen des Abs. 1 S. 1 Nr. 1–3 erfüllt. Bei der Orientierung an der Regelvermutung war zu beachten, dass sie weder abschließend wirken noch Mindest- oder Durchschnittsanforderungen demonstrieren sollten. Andererseits prägten die beiden Mindestwerte das Bild des Selbstständigen, der nach den Vorstellungen des Gesetzgebers in idealer Weise ein übergeordnetes **wirtschaftliches oder besonderes regionales Bedürfnis** erfüllt und dessen Einsatz sich wirtschaftlich positiv auswirkt. Mit diesem hohen Niveau markierte der Gesetzgeber nicht nur seine Idealvorstellungen, sondern ließ auch deutlich erkennen, dass nicht jedes förderungswürdige Vorhaben die Zuwanderung von Selbstständigen rechtfertigen kann. Erwünscht waren nur Betriebe und Unternehmen, die durch Investitionen und zusätzliche Arbeitsplätze ein übergeordnetes Interesse befriedigten und darüber hinaus der deutschen Wirtschaft nützten. Die Befriedigung **besonderer regionaler Bedürfnisse** konnte auch bei erheblichen Abweichungen vom Regelbeispielen anzunehmen sein, hier war insbesondere an die Schließung von Lücken in der Infrastruktur einer Region oder an die Deckung von Konsumbedürfnissen zu denken, die in der Region bis dahin nicht oder nur unzureichend befriedigt werden konnten. Vorteilhafte Auswirkungen auf die Versorgung der Bevölkerung allein genügten dagegen nicht[20]. **Vorhaben** von Selbstständigen, die die Regelvermutung nicht erfüllten, konnten nur dann anerkannt werden, wenn sie in ähnlicher Weise wie das Regelbeispiel – wenn auch nicht in diesem Umfang – den Grundanforderungen an Investitionen und neuen Arbeitsplätze sowie gesamtwirtschaftlichen Auswirkungen gerecht werden[21]. Dadurch konnten Kleinstbetriebe den gesetzlichen Anforderungen wohl nur in seltenen Fällen einer schwachen oder besonders gefährdeten regionalen Infrastruktur gerecht werden.

13 Mit den Änderungen des HQRLUmsG 2012[22] wurden diese Voraussetzungen deutlich abgesenkt. Nunmehr reicht ein **einfaches wirtschaftliches Interesse oder regionales Bedürfnis** aus, auch die Finanzierung des Unternehmens muss nicht mehr gesichert sein[23]. Ausschlaggebend für die Erteilung der Aufenthaltserlaubnis ist nunmehr nach Abs. 1 S. 2 allein die Beurteilung der Tragfähigkeit der Geschäftsidee[24], der unternehmerischen Erfahrungen des Ausländers, der Höhe des Kapitaleinsatzes, der Auswirkungen auf die Beschäftigungs- und Ausbildungssituation und der Beitrag für Innovation und Forschung. Die Streichung der Regelvermutung führt dazu, dass der vormalige Maßstab von Investitionssumme und geschaffenen Arbeitsplätzen auch nicht mehr zur Orientierung herangezogen

---

[17] Vgl. auch 2.4.112 DA BeschV.
[18] VG Köln Beschl. v. 14.8.2003 – 12 K 3760/99, EZAR 029 Nr. 26.
[19] BVerwG Beschl. v. 25.5.1978 – 1 B 83.77, EZAR 103 Nr. 2.
[20] Vgl. HmbOVG Beschl. v. 29.1.2008 – 3 Bs 196/07, BeckRS 2008, 33588.
[21] Vgl. hierzu auch VG Berlin Urt. v. 28.9.2016 – 8 K 100/16, BeckRS 2016, 54989.
[22] HQRLUmsG v. 1.6.2012, BGBl. I S. 1224; GesEntw der Bundesregierung mit Begr. BT-Drs. 17/8682, Beschlussempfehlung und Bericht des Innenausschusses mit erheblichen Änderungen gegenüber RegE, BT-Drs. 17/9436.
[23] Es handelt sich hierbei um unbestimmte Rechtsbegriffe, die gerichtlich voll überprüfbar sind, VGH BW Beschl. v. 17.3.2009 – 11 S 448/09, InfAuslR 2009, 277.
[24] Zur Darlegungspflicht der vom Kläger beabsichtigten selbstständigen Tätigkeit vgl. OVG Bln-Bbg Beschl. v. 5.1.2017 – OVG 11 N 34.14, BeckRS 2017, 100121.

werden kann[25]. Der Gesetzgeber wollte dadurch erreichen, dass sich mehr Ausländer als Selbstständige in Deutschland ansiedeln.[26]

In Abs. 1 S. 2 sind die wichtigsten Prüfkriterien für eine positive Unternehmensprognose und die erforderlichen, zu erwartenden **positiven Auswirkungen auf die Wirtschaft** aufgeführt. Damit werden unverzichtbare Beurteilungsgrundlagen und auch die Indikatoren benannt, die in die Entscheidung der Ausländerbehörde einzufließen haben. Zu erwartende positive Auswirkungen auf die Wirtschaft und damit die Voraussetzungen des Abs. 1 S. 1 liegen vor, wenn alle oder auch nur einige Kriterien erfüllt sind. So kann es zB genügen, dass ein Einzelunternehmer mit – zunächst – nur geringem Umsatz mit einer besonders innovativen Geschäftsidee für die Zukunft höhere Umsätze und die Schaffung von Arbeitsplätzen erwarten lässt. Zur Beurteilung der Frage, ob und wieweit das geplante Unternehmen den Kriterien des Abs. 1 S. 2 genügt, haben sich die Ausländerbehörden des Fachverstandes der einschlägigen Körperschaften und Behörden zu bedienen. 14

Die **Finanzierung** muss durch Eigenkapital oder solide Kreditzusagen gesichert sein. Eigenes wie geliehenes Kapital muss für den beabsichtigten Einsatz in der erforderlichen Höhe und rechtzeitig zur Verfügung stehen. Die positiven Auswirkungen brauchen erst in absehbarer Zeit einzutreten. Die finanziellen Grundlagen müssen aber schon zu Beginn vorhanden sein. 15

Bei einem Alter über 45 Jahren muss der Bewerber gem. Abs. 3 über eine angemessene **Altersversorgung** verfügen[27]. Dieses Erfordernis beruht auf dem öffentlichen Interesse daran, dass der Unternehmer nicht der öffentlichen Hand zur Last fallen soll, wenn er die reguläre Altersgrenze von 65 bzw. 67 Jahren erreicht. Für einen Selbstständigen als angemessen muss daher ein Alterseinkommen angesehen werden, das den Bedarfssatz für die Grundsicherung im Alter nach § 42 SGB XII übersteigt. Da ein Selbstständiger über Anwartschaften in der gesetzlichen Rentenversicherung meist nicht verfügt, müssen andere Arten der Altersvorsorge wie Immobilien, Aktien, Sparvermögen nachgewiesen werden, die mit ihren Erträgen oder ggf. mit ihrem Verkauf die Versorgung im Alter sicherstellen können. Auch der Verkauf des Unternehmens selbst kann eine angemessene Altersversorgung sicherstellen. Spätestens vor dem Hintergrund der Finanzkrise ist deutlich geworden, dass die erwartbaren Alterseinkünfte von Selbstständigen selten als sicher zu bewerten sind, dies gilt va für Geld- oder Aktienvermögen, aber auch für Immobilien- und Unternehmenswerte. Die Tatbestandsvoraussetzung ist daher schwierig zu handhaben; bei der Prognose kann nur auf unter normalen Umständen erwartbare Alterseinkünfte abgestellt werden. Nicht zulässig wäre es, das allgemeine Marktrisiko in der Form auf den Ausländer abzuwälzen, dass der Abschluss einer privaten Rentenversicherung verlangt wird (deren Auszahlungshöhe in einer ferneren Zukunft ebenso ungewiss ist wie Investitionen in Rentenfonds uA). 16

Auf **türkische Staatsangehörige**, die zum Zwecke der Unternehmensgründung nach Deutschland einreisen wollen, ist § 21 aufgrund des Verschlechterungsverbots des Art. 41 ZP nicht anwendbar, da die Norm gegenüber der Rechtslage von 1973 eine Verschlechterung im Bereich der Niederlassungsfreiheit[28] darstellt: Soweit schon damals im Rahmen der Ermessensausübung nach § 2 AuslG 1965 ein übergeordnetes wirtschaftliches Interesse oder ein besonderes regionales Bedürfnis für erforderlich gehalten, eine gesicherte Finanzierung erwartet wurde oder positive Auswirkungen auf die Wirtschaft verlangt waren, geschah dies iRd Ermessensausübung; es fehlte der strenge Maßstab des § 21 I und II[29]. Auch die in Abs. 3 verankerte Pflicht der angemessenen Altersversorgung bei Erteilung der Aufenthaltserlaubnis an Ausländer, die das 45. Lebensjahr vollendet haben, bestand 1973 nicht und ist daher nicht auf türkische Staatsangehörige anzuwenden. 17

3. Rechtsstatus

Über die Zulassung als Selbstständiger entscheiden Auslandsvertretung/Ausländerbehörde nach Ermessen, wenn die Voraussetzungen des Abs. 1 vorliegen. Die Ermessensausübung hat sich am Vorliegen der Tatbestandsmerkmale zu orientieren, sodass bei deren Vorliegen – das ja ein hohes staatliches Interesse an der Tätigkeit impliziert – kaum eine ablehnende Entscheidung denkbar ist[30]. Die Rechts- 18

---

[25] AA VG Berlin Urt. v. 28.9.2016 – 8 K 100/16, BeckRS 2016, 54989.
[26] BT-Drs. 17/9436, 28, wobei die Regelvermutung unzutreffend als „Regelvoraussetzung" bezeichnet wird.
[27] Eine angemessene Alterssicherung liegt dann vor, wenn der Ausländer beim Zuzug Rentenanwartschaften in Höhe der sog. Standardaltersrente hat. Das ist die fiktive Rente eines deutschen „Muster-Rentenzahlers", der 45 Arbeitsjahre als Durchschnittsverdiener gearbeitet und damit Rentenbeiträge gezahlt hat. Hierzu umfassend *Fehrenbacher* in HTK-AuslR AufenthaltG § 21, zu Abs. 3, Stand 07/2018.
[28] Vgl. dazu EuGH Urt. v. 20.9.2007 – C-16/05, NVwZ 2008, 61 – Tum und Dari.
[29] Ebenso *Stiegeler* in NK-AuslR AufenthaltG § 21 Rn. 4; aA NdsOVG Beschl. v. 14.12.2006 – 11 ME 342/06, NVwZ-RR 2007, 279; Verschärfung gegenüber Rechtslage nach AuslG 1990 unbestritten durch HmbOVG Beschl. v. 29.1.2008 – 3 Bs 196/07, BeckRS 2008, 33588.
[30] Für eine einheitliche Ermessensentscheidung, da Tatbestand und Ermessen untrennbar verknüpft seien NdsOVG Beschl. v. 14.12.2006 – 11 ME 342/06, NVwZ-RR 2007, 279. Für voll überprüfbare unbestimmte Rechtsbegriffe mit anschließendem Ermessen hingegen HmbOVG Beschl. v. 29.1.2008 – 3 Bs 196/07, BeckRS 2008, 33588 – für die Entscheidung kam es darauf allerdings nicht an, weil die Voraussetzungen erkennbar nicht vorlagen.

folge der Zulassung als Selbstständiger besteht zunächst in der **Erteilung einer Aufenthaltserlaubnis** für höchstens drei Jahre. Die **daran anschließende Niederlassungserlaubnis** wird nach Abs. 4 S. 2 **ohne die in § 9 II verlangten Voraussetzungen** (ua ausreichende Deutschkenntnisse und Kenntnisse der Rechts- und Gesellschaftsordnung) erteilt. Es ist nur verlangt, dass die Erwerbstätigkeit Erfolg hatte und der Lebensunterhalt gesichert ist. Allerdings ist nicht nur die Sicherung des eigenen Lebensunterhalts einschließlich des erforderlichen Krankenversicherungsschutzes erforderlich, sondern auch die aller mit dem Ausländer in familiärer Lebensgemeinschaft lebenden unterhaltsberechtigten Angehörigen. Auch wenn mit der Abweichung von § 9 II auf das Erfordernis der Straffreiheit verzichtet wird, wird jedenfalls zu prüfen sein, ob wegen der strafrechtlichen Verurteilung das Vorhandensein eines Ausweisungsgrundes der Erteilung der Niederlassungserlaubnis entgegensteht. Dasselbe gilt für das (Fort-)Bestehen der für die selbstständige Tätigkeit ggf. erforderlichen berufsrechtlichen Erlaubnisse – liegen sie nicht (mehr) vor und ist dadurch die Existenz des Unternehmens bedroht, entfällt der Grund für die Erteilung der Niederlassungserlaubnis.

19 Den Erfolg eines Unternehmens zu bemessen kann schwierige Abgrenzungsprobleme aufwerfen. Vor dem Hintergrund, dass der Ausländer in der Regel erhebliche Summen investiert hat, dürfen die Anforderungen nicht überspannt werden, zumal ein dauerhaftes Aufenthaltsrecht des Betriebsinhabers für diesen ein entscheidender Faktor für die Tätigung weiterer Investitionen sein dürfte. Die erfolgreiche Verwirklichung der Geschäftsidee kann am besten mithilfe der Stellen beurteilt werden, die bereits bei der Betriebsgründung gehört wurden. Vornehmlich kommt es dabei auf den wirtschaftlichen Erfolg an, wobei konjunkturbedingte Verluste, sofern sie nicht den Bestand des Unternehmens gefährden oder die in Abs. 1 normierten Erwartungen des Gesetzgebers sehr deutlich enttäuschen, nicht schädlich sind. Als Erfolg ist es auch anzusehen, wenn nicht alle Pläne verwirklicht werden konnten. Die bei Beginn maßgeblichen Kriterien müssen aber im Wesentlichen weitergegeben sein.

20 Durch das **FEG 2019** eingefügt wurde das zusätzliche Erfordernis, dass die Voraussetzung des § 9 II 1 Nr. 4 vorliegen muss, dass also nicht **Gründe der öffentlichen Sicherheit oder Ordnung** unter Berücksichtigung der Schwere oder der Art des Verstoßes gegen die öffentliche Sicherheit oder Ordnung oder der vom Ausländer ausgehenden Gefahr unter Berücksichtigung der Dauer des bisherigen Aufenthalts und dem Bestehen von Bindungen im Bundesgebiet der Erteilung der Aufenthaltserlaubnis entgegenstehen dürfen. Angesichts der Tatsache, dass die Erteilung der Aufenthaltserlaubnis bereits zuvor im Ermessen der Ausländerbehörde stand, dürfte es bereits in der Vergangenheit ohne Weiteres möglich gewesen sein, einen Antrag auf Erteilung einer Aufenthaltserlaubnis bei Vorliegen der Voraussetzungen des § 9 II 1 Nr. 4 in ermessensfehlerfreier Weise abzulehnen. Die Gesetzesbegründung geht hier dementsprechend von einer „Klarstellung" aus[31].

21 Die Erteilung der Niederlassungserlaubnis steht im **Ermessen** der Ausländerbehörde. Ist das Unternehmen erfolgreich und liegen iÜ die allgemeinen Erteilungsvoraussetzungen nach § 5 weiterhin vor, ist kaum ein Ermessensgesichtspunkt denkbar, der vor dem Hintergrund des staatlichen Interesses an einem funktionierenden Unternehmen einerseits, am Interesse des Ausländers an der für weitere Investitionen benötigten Rechtssicherheit andererseits die Nichterteilung der Niederlassungserlaubnis rechtfertigen könnte.

4. Freiberufler

22 Der mit RLUmsG 2007 eingefügte Abs. 5 ermöglicht ausdrücklich die Erteilung einer Aufenthaltserlaubnis auch an Freiberufler, unabhängig vom Vorliegen der Voraussetzungen nach Abs. 1, die für Freiberufler in aller Regel nicht erfüllbar ist. Der Personenkreis der Freiberufler orientiert sich dabei an den nicht abschließend aufgezählten Katalogberufen von § 18 I Nr. 1 S. 2 Einkommensteuergesetz (EStG)[32]. Nach alter Rechtslage konnten Freiberufler daher meist keine Aufenthaltserlaubnis bekommen. Voraussetzung für die Erteilung der Aufenthaltserlaubnis ist, dass die berufsrechtlichen Zulassungen vorliegen, soweit welche erforderlich sind. Im Übrigen steht die Erteilung im Ermessen der Ausländerbehörde. Die fachkundigen Körperschaften, ggf. die zuständigen Gewerbebehörden, Berufsvertretungen und für die Berufszulassung zuständigen Behörden, sind bei der Erteilung der Aufenthaltserlaubnis an Freiberufler zu beteiligen. Der frühere Verweis des Abs. 5 S. 3 auf Abs. 1 S. 4 war insoweit irreführend. Der Gesetzgeber des HQRLUmsG 2012 hatte eine wegen der Kürzung des Abs. 1 notwendig gewordene Folgeänderung vergessen. § 21 V 3 wurde deshalb mWv 6.9.2013 entsprechend angepasst und verweist nunmehr auf Abs. 1 S. 3[33].

23 Anders als die Aufenthaltserlaubnis für gewerblich tätige Selbstständige ist die für Freiberufler hinsichtlich des ersten Erteilungszeitraums und des schnellen Erwerbs der Niederlassungserlaubnis nicht privilegiert. Ihre Aufenthaltserlaubnis wird daher in der Regel auf zwei Jahre befristet erteilt. Die Erteilung der Niederlassungserlaubnis richtet sich nach § 9.

---

[31] BT-Drs. 19/8285, 100.
[32] Es handelt sich hierbei insbes. um Heilberufe, rechts-, steuer- und wirtschaftsberatende Berufe, naturwissenschaftliche/technische Berufe, informationsvermittelnde Berufe/Kulturberufe oder ähnliche Berufe.
[33] Art. 1 Nr. 12 Ges. v. 29.8.2013, BGBl. I S. 3484 ff.

5. Selbstständigkeit von Inhabern anderer Aufenthaltstitel

Der durch das RLUmsG 2007 eingefügte Abs. 6 sieht ausdrücklich die Zulassung einer selbstständigen Erwerbstätigkeit durch Ausländer mit anderen Aufenthaltstiteln als nach § 21 vor. Nach alter Rechtslage war die Zulassung in allen Fällen erforderlich, in denen nicht kraft Gesetzes eine Erwerbstätigkeit erlaubt war, da nach § 4 III 1 aF auch die selbständige Tätigkeit einem Verbot mit Erlaubnisvorbehalt unterlag. Dies hat allerdings das Inkrafttreten des FEG 2019 geändert, weil nach § 4a I 1 nunmehr die Erwerbstätigkeit grundsätzlich erlaubt ist. Eine Erlaubnis nach Abs. 6 ist demnach nur noch dann erforderlich, wenn die Aufenthaltserlaubnis Erwerbstätigkeit entgegen § 4a I 1 im konkreten Fall nicht erlaubt. Vor diesem Hintergrund ist der Anwendungsbereich von Abs. 6 durch das FEG 2019 reduziert worden. Ausländer mit einem anderen Aufenthaltstitel als nach § 21 brauchen die **Voraussetzungen des § 21 I nicht** zu erfüllen. Über die Zulassung einer selbständigen Tätigkeit entscheidet die Ausländerbehörde in diesen Fällen nach **Ermessen**, wobei sie das wirtschaftliche Interesse des Ausländers an der Tätigkeit, Aufenthaltsdauer und Eingliederung in das wirtschaftliche Leben, Erfolgsaussichten des Unternehmens, Vermeidung des Bezugs von Sozialleistungen etc zu berücksichtigen hat. Ggf. erforderliche Berufserlaubnisse müssen vorhanden bzw. zugesagt sein. Für Inhaber von Aufenthaltserlaubnis nach § 25 III **(subsidiärer Schutz)** gilt, dass aufgrund Art. 26 III der „Qualifikationsrichtlinie"[34] hinsichtlich der behördlichen Entscheidung über die selbständige Tätigkeit eine Ermessensreduzierung auf null eintritt; die Ausländerbehörde hat also nur zu prüfen, ob die bei reglementierten Berufen ggf. erforderlichen Berufszugangsvoraussetzungen vorliegen[35]. Bei **türkischen Staatsangehörigen** ist bei der Ermessensausübung Art. 10 ENA[36] zu beachten, der die Signatarstaaten verpflichtet, nach fünfjähriger Beschäftigung oder zehnjährigem rechtmäßigem Aufenthalt jede auf Erwerb gerichtete Tätigkeit wie bei eigenen Staatsangehörigen zuzulassen, sofern nicht soziale oder wirtschaftliche Gründe entgegenstehen. Dies wird bei der Gründung eines noch so kleinen Unternehmens idR gerade nicht anzunehmen sein, da jedes Unternehmen die Wirtschaft insgesamt stärkt und nicht schwächt und da keine Ausschließungs- oder Verdrängungskonkurrenz zwischen Ausländern und eigenen Staatsangehörigen besteht, sondern lediglich üblicher – und allgemein als förderlich empfundener – Wettbewerb. **Asylsuchenden** und **Geduldeten** kann eine Zulassung der selbständigen Tätigkeit nicht erlaubt werden, da das Vorhandensein eines Aufenthaltstitels – dazu zählen Duldung und asylrechtliche Aufenthaltsgestattung nicht – nach §§ 4a I 1, 21 VI zwingende Voraussetzung dafür ist.

Von **weitreichender Bedeutung** ist § 20 VI va für in Deutschland lebende Ausländer mit einem Aufenthaltstitel zu einem **anderen Aufenthaltszweck,** insbesondere für Studierende und Inhaber von Aufenthaltserlaubnissen aus humanitären Gründen: Eine freiberufliche Tätigkeit, zB als Übersetzer oder im IT-Bereich, ist nunmehr (wieder) erlaubnisfähig, nachdem die vorläufigen Anwendungshinweise des BMI und in deren Folge die meisten Ländererlasse dies faktisch ausgeschlossen hatten. Bei der Ermessensausübung sind va das mit wachsender Aufenthaltsdauer steigende Gewicht der persönlichen Interessen des Ausländers und das öffentliche Interesse an der Vermeidung des Sozialleistungsbezugs zu berücksichtigen.

6. Selbstständigkeit von Akademikern

Mit dem durch HQRLUmsG 2012 eingefügten Abs. 2a wird Akademikern die Möglichkeit eingeräumt, eine Aufenthaltserlaubnis für eine selbständige Tätigkeit zu erhalten, ohne dass die Voraussetzungen des Abs. 1 erfüllt sein müssen.[37] Begünstigt sind Absolventen deutscher Hochschulen sowie Inhaber von Aufenthaltserlaubnissen nach §§ 18, 20 (Aufenthaltserlaubnis für Arbeitsaufenthalt und für Forscher nach der EU-Forscher-Richtlinie). Erforderlich ist allein, dass die Tätigkeit in Zusammenhang mit den durch den Hochschulabschluss erworbenen Fähigkeiten oder der Tätigkeit als Wissenschaftler/Forscher steht[38]. So kann ein Erzieher mit Fachhochschulabschluss eine Kindertageseinrichtung gründen oder eine Biochemikerin ein High-Tech-Unternehmen. Es reicht dagegen nicht aus, wenn allein die „soft skills" oder vorhandene Mehrsprachigkeit in ein ansonsten fachfremdes Unternehmen einfließen und Konkurrenzvorteile begründen sollen wie zB bei einer Import-/Export-Firma. Anders als Freiberufler können die Akademiker die Niederlassungserlaubnis nach dreijähriger Selbständigkeit erhalten, da Abs. 2a die Anwendung des Abs. 4 nicht ausnimmt.

---

[34] Die Neufassung der sog. Qualifikations-RL (RL 2011/95/EU v. 13.12.2011) ist am 20.12.2011 im Amtsblatt der Europäischen Union erschienen. Mit der Neufassung wurde die alte Fassung der Qualifikations-RL (RL 2004/83/EG v. 29.4.2004) mWv 21.12.2013 aufgehoben (Art. 40 RL 2011/95/EU).
[35] BT-Drs. 16/5065, 168.
[36] Europäisches Niederlassungsabkommen v. 13.12.1955, BGBl. 1959 II S. 997. Die Türkei ist der einzige Signatarstaat, der nicht mittlerweile Mitglied der EU oder des EWR ist. Liste der Signatarstaaten mit Datum der Ratifikationen unter https://conventions.coe.int.
[37] BT-Drs. 17/9426, 28. Die Änderung geht auf die Stellungnahme des Bundesrats zum GesEntw der Bundesregierung zurück.
[38] Vgl. hierzu VG Berlin Urt. v. 19.11.2013 – 11 K 391.13, BeckRS 2013, 59624.

IV. Verwaltungsverfahren und Rechtsschutz

27 Das **Verwaltungsverfahren** vor Auslandsvertretung oder Ausländerbehörde wird ohne formelle Mitwirkung der BA geführt. Diese kann jedoch zB bei der Abgrenzung zwischen selbstständiger und nichtselbstständiger Erwerbstätigkeit im Wege der Amtshilfe zurate gezogen werden. Die in Abs. 1 S. 4 genannten Stellen sind vor Erteilung der Aufenthaltserlaubnis und der Niederlassungserlaubnis zu hören. Gegen die Versagung der Aufenthaltserlaubnis oder der Niederlassungserlaubnis für Selbstständige sind Verpflichtungswiderspruch und -klage zulässig. Bei Vorhandensein einer Aufenthaltserlaubnis zu einem anderen Aufenthaltszweck als dem der selbstständigen Erwerbstätigkeit kann die Erlaubnis zur selbstständigen Tätigkeit nach erfolglosem Antrag eigenständig im Wege von Verpflichtungswiderspruch und -klage, ggf. im Verfahren des einstweiligen Rechtsschutzes nach § 123 VwGO, verfolgt werden, da es sich um eine Nebenbestimmung handelt, die nicht untrennbar mit der Aufenthaltserlaubnis verbunden ist.

Abschnitt 5. Aufenthalt aus völkerrechtlichen, humanitären oder politischen Gründen

§ 22 Aufnahme aus dem Ausland

¹Einem Ausländer kann für die Aufnahme aus dem Ausland aus völkerrechtlichen oder dringenden humanitären Gründen eine Aufenthaltserlaubnis erteilt werden. ²Eine Aufenthaltserlaubnis ist zu erteilen, wenn das Bundesministerium des Innern, für Bau und Heimat oder die von ihm bestimmte Stelle zur Wahrung politischer Interessen der Bundesrepublik Deutschland die Aufnahme erklärt hat.

Allgemeine Verwaltungsvorschrift
22 Zu § 22 – Aufnahme aus dem Ausland
22.0 Allgemeines
22.0.1.1 Für die Erteilung einer Aufenthaltserlaubnis nach § 22 Satz 1 sind folgende Gründe maßgebend:
– völkerrechtliche Gründe, nicht jedoch vertragliche Verpflichtungen aus einem zwischenstaatlichen Übernahmeabkommen,
– dringende humanitäre Gründe (z. B. humanitäre Hilfeleistungen in einer Notsituation).
22.0.1.2 Für die Erteilung einer Aufenthaltserlaubnis nach § 22 Satz 2 ist ausschließlich die Wahrung politischer Interessen der Bundesrepublik Deutschland (innen- und außenpolitischen Interessen), über deren Vorliegen das Bundesministerium des Innern oder die von ihm bestimmte Stelle entscheidet, maßgeblich. Die Vorschrift gewährt Ausländern keinen Rechtsanspruch auf Aufenthaltsgewährung oder auf Entscheidung über die Aufnahme. Sie stellt hinsichtlich der übrigen gesetzlichen Aufenthaltszwecke keine allgemeine Härtefallregelung dar.
22.0.2 § 22 ist anwendbar, wenn der Ausländer sich im Zeitpunkt der ersten Entscheidung über die Erteilung einer Aufenthaltserlaubnis noch nicht im Bundesgebiet aufhält und die Erteilung einer anderen Aufenthaltserlaubnis ausgeschlossen ist. Die Übernahme von Ausländern findet grundsätzlich im Visumverfahren statt. § 22 findet auch auf Ausländer Anwendung, die von der allgemeinen Visumpflicht befreit sind; es ist dabei erforderlich, dass diese bei der deutschen Auslandsvertretung ein Visum beantragen.
22.0.2.1 Soweit das Auswärtige Amt zu dem Ergebnis kommt, dass im Einzelfall Gründe für eine Aufnahme nach Satz 2 vorliegen könnten, wird das Bundesministerium des Innern aufgrund der vom Auswärtigen Amt übermittelten Informationen den Fall prüfen. Gibt das Bundesministerium des Innern eine entsprechende Übernahmeerklärung ab, wird das Auswärtige Amt im Hinblick auf das anstehende Visumverfahren in Kenntnis gesetzt. Das Auswärtige Amt ist an die Entscheidung des Bundesministeriums des Innern gebunden, die zuständige Auslandsvertretung erteilt dem Ausländer ein nationales Visum. Die Übernahmeentscheidung erfolgt ungeachtet dessen, ob in einem früheren Visumverfahren die Zustimmung der Ausländerbehörde verweigert wurde.
22.0.2.2 Das Auswärtige Amt bittet das Bundesministerium des Innern insbesondere in folgenden Fällen um Prüfung einer Übernahme:
22.0.2.2.1 – in Einzelfällen, in denen kein Anknüpfungspunkt zum Bundesgebiet besteht,
22.0.2.2.2 – in Einzelfällen, in denen ein bundespolitisches Interesse an der Übernahme vorhanden ist,
22.0.2.2.3 – bei der Aufnahme mehrerer Personen (z. B. Familien und nahe Verwandte), bei denen sich eine länderübergreifende Verteilungsfrage stellt. Das Bundesministerium des Innern konsultiert in diesen Fällen die betreffenden obersten Landesbehörden.
22.0.3 § 22 ist nur auf die Aufnahme einzelner Personen anwendbar, wobei es sich nicht zwingend um Einzelreisende, sondern auch um Familien handeln kann. Die Aufnahme von Ausländergruppen ist in erster Linie einer Anordnung der obersten Landesbehörde oder des Bundesministeriums des Innern nach § 23 unter den dort genannten Voraussetzungen vorbehalten.
22.0.4 Die allgemeinen Regelungen für Einreise und Aufenthalt sind zu beachten, d. h. insbesondere §§ 5 und 11. Nach § 5 Absatz 3 Satz 2 kann im Ermessenswege von den Regelerteilungsvoraussetzungen unter Berücksichtigung des im Einzelfall gegebenen Aufnahmegrundes insgesamt oder im Einzelnen abgesehen werden.
22.0.5 Die Dauer der Erteilung und die Verlängerung der Aufenthaltserlaubnis sowie die Erteilung einer Niederlassungserlaubnis richten sich nach § 26 Absatz 1 Satz 1, Absatz 2 und 4. Entfällt der für die Erteilung einer Aufenthaltserlaubnis maßgebliche Grund, darf sie nicht verlängert werden.

22.0.6.1 Die Zweckbindung gemäß § 22 Satz 1 schließt es aus, dass eine Aufenthaltserlaubnis zu Erwerbszwecken erteilt wird.
22.0.6.2 Eine nach § 22 Satz 2 erteilte Aufenthaltserlaubnis berechtigt kraft Gesetzes zur Ausübung einer Erwerbstätigkeit (...).

22.1 Erteilung aus völkerrechtlichen oder dringenden humanitären Gründen

22.1.1 § 22 betrifft ausschließlich Ausländer, die sich im Zeitpunkt der ersten Entscheidung über die Erteilung einer Aufenthaltserlaubnis noch nicht im Bundesgebiet aufhalten und denen ein anderweitiges Einreiserecht nicht eingeräumt ist. § 22 findet daher auf Ausländer, die von der Visumpflicht allgemein befreit sind, nur dann Anwendung, wenn diese bei der deutschen Auslandsvertretung ein Visum beantragen. Die Auslandsvertretungen entscheiden, ob im Einzelfall völkerrechtliche oder dringende humanitäre Erteilungsgründe vorliegen könnten, die die Weiterleitung an die zuständigen Innenbehörden der Länder und eine weitere Prüfung rechtfertigen.
22.1.1.1 Völkerrechtliche Gründe (§ 22 Satz 1, 1. Alternative)
Die Bundesrepublik Deutschland kann eine völkerrechtliche Aufnahmeverpflichtung aus allgemeinem Völkerrecht oder aus Völkervertragsrecht haben. Eine Aufnahme nach § 22 Satz 1 aus völkerrechtlichen Gründen kommt nur in Betracht, wenn nach dem Aufenthaltsgesetz bzw. nach ausländerrechtlichen Spezialgesetzen die Erteilung einer Aufenthaltserlaubnis nicht möglich ist. Insofern ist diese Tatbestandsalternative ein Auffangtatbestand.
22.1.1.2 Dringende humanitäre Gründe (§ 22 Satz 1, 2. Alternative)
Eine Aufnahme aus dringenden humanitären Gründen setzt voraus, dass sich der Ausländer in einer besonders gelagerten Notsituation befindet. Aufgrund des Ausnahmecharakters der Vorschrift ist weiter Voraussetzung, dass sich der Schutzsuchende in einer Sondersituation befindet, die ein Eingreifen zwingend erfordert und es rechtfertigt, ihn – im Gegensatz zu anderen Ausländern in vergleichbarer Lage – aufzunehmen. Dabei muss die Aufnahme des Schutzsuchenden im konkreten Einzelfall ein Gebot der Menschlichkeit sein. Zur Beurteilung, ob dem Schutzsuchenden die Aufnahme gewährt werden soll, sind alle Gesichtspunkte, die für oder gegen eine Aufnahme sprechen, zu berücksichtigen:
– Bestehen einer erheblichen und unausweichlichen Gefahr für Leib und Leben des Schutzsuchenden,
– enger Bezug zu Deutschland (frühere Aufenthalte, Familienangehörige in Deutschland u. ä.),
– besondere Anknüpfungspunkte an ein bestimmtes Bundesland in Deutschland,
– Kontakte in Deutschland zu Personen/Organisationen, die ggf. bereit wären, Kosten für Aufenthalt/Transport zu übernehmen,
– möglicherweise bereits bestehende Kontakte zu anderen Staaten, für die eine Übernahme in Betracht kommen könnte.
22.1.2 Vor der Entscheidung der deutschen Auslandsvertretung über den Antrag auf Erteilung einer Aufenthaltserlaubnis nach § 22 Satz 1 ist die Ausländerbehörde im Visumverfahren gemäß § 31 Absatz 1 AufenthV zu beteiligen. Die Auslandsvertretung erteilt das nationale Visum, das im Inland in einen Aufenthaltstitel umgewandelt wird. Für die Erteilung und Verlängerung des Aufenthaltstitels ist die Ausländerbehörde zuständig. Liegen konkrete Anhaltspunkte dafür vor, dass die für die Erteilung eines Visums maßgebenden Gründe entfallen sind, hat sie vor der Verlängerung der Aufenthaltserlaubnis eine entsprechende Auskunft bei der deutschen Auslandsvertretung einzuholen.
22.1.3 Die für eine entsprechende Entscheidung zuständige deutsche Auslandsvertretung hat im Zustimmungsverfahren nach § 31 Absatz 1 AufenthV die völkerrechtlichen oder dringenden humanitären Gründe darzustellen, die nach ihrer Auffassung für das Vorliegen der Erteilungsvoraussetzungen sprechen. Soweit die dringenden humanitären Gründe auf Umständen im Bundesgebiet beruhen, obliegt deren Nachprüfung der Ausländerbehörde, die die für die Entscheidung erforderlichen Nachweise vom Ausländer verlangen kann.
22.1.4 Aus § 22 Satz 1 lässt sich kein Rechtsanspruch auf Erteilung einer Aufenthaltserlaubnis herleiten. Bei der Ermessensentscheidung über die Visumerteilung können auch nach den Regelerteilungsvoraussetzungen des § 5 Absatz 1 und 2 maßgebliche Gesichtspunkte berücksichtigt werden. Im Allgemeinen kommt den Erteilungsgründen ein besonderes Gewicht zu. Dies gilt insbesondere auch für eine wirtschaftliche Unterstützungsbedürftigkeit des Ausländers als Versagungsgrund. In Fällen des § 5 Absatz 3 ist keine Aufenthaltserlaubnis zu erteilen. Soweit im Fall des Familiennachzugs nach § 29 Absatz 3 vorliegt und aufgrund der fehlenden Lebensunterhaltssicherung nicht in Betracht kommt, ist dies auch bei der Entscheidung über eine eigenständige Aufnahme nach § 22 Satz 1 zu berücksichtigen.
22.1.5 Der Umstand, dass der Ausländer im Bundesgebiet arbeiten will, und die Gründe, auf denen dieses Begehren beruht (z. B. die Unmöglichkeit, im Ausland eine zur Bestreitung des Lebensunterhalts erforderliche Arbeit zu finden), sind keine dringenden humanitären Gründe i. S. d. § 22 Satz 1. Im Anwendungsbereich dieser Vorschrift kann auch der Hinweis auf die allgemeinen Verhältnisse im Heimatstaat nicht als dringender humanitärer Grund eingestuft werden.

22.2 Erklärung der Aufnahme durch das Bundesministerium des Innern zur Wahrung politischer Interessen der Bundesrepublik Deutschland

22.2.0.1 Vom Bundesministerium des Innern in das Bundesgebiet übernommene Ausländer haben einen Rechtsanspruch auf Erteilung einer Aufenthaltserlaubnis nach § 22 Satz 2, es besteht jedoch kein Anspruch auf eine Übernahmeentscheidung des Bundesministeriums des Innern.
22.2.0.2 Bei einer Aufnahme zur Wahrung der politischen Interessen des Bundes ersetzt eine Entscheidung des Bundesministeriums des Innern die Zustimmung der Ausländerbehörde im Visumverfahren nach § 31 Absatz 1 AufenthV.
22.2.1 Die Ausländerbehörde hat bei der Anwendung des § 22 Satz 2 nur zu prüfen:
22.2.1.1 – ob der Ausländer aufgrund einer Übernahmeerklärung des Bundesministeriums des Innern eingereist ist und
22.2.1.2 – ob die Passpflicht nach § 5 Absatz 1 Nummer 4 i. V. m. § 3 erfüllt ist, die Erteilungsvoraussetzungen des § 5 Absatz 1 Nummer 1a und Versagungsgründe nach § 5 Absatz 4 vorliegen und ob ein Einreiseverbot gemäß § 11 Absatz 1 besteht.
22.2.2 Hinsichtlich der Ausstellung eines Reisedokuments vor der Einreise finden die §§ 5 und 7 AufenthV Anwendung.

22.2.3.1 Satz 2 verpflichtet die zuständige Ausländerbehörde ohne die Möglichkeit einer eigenen Prüfung zur Erteilung einer Aufenthaltserlaubnis, wenn das Bundesministerium des Innern oder die von ihm bestimmte Stelle die Aufnahme zur Wahrung politischer Interessen der Bundesrepublik Deutschland erklärt hat. Die Entscheidung über das Vorliegen politischer Interessen dient vor allem der Wahrung des außen- und innenpolitischen Handlungsspielraums und ist deshalb ausschließlich dem Bund vorbehalten. Ungeachtet dessen wird das Bundesministerium des Innern sich in bestimmten Fällen, in denen Landesinteressen in besonderer Weise berührt sind, vor einer Entscheidung mit dem betroffenen Bundesland ins Benehmen setzen.

22.2.3.2 Das Bundesministerium des Innern teilt der Ausländerbehörde den Übernahmegrund mit. Sofern sich diese Mitteilung nicht in der Ausländerakte befindet, fragt die Ausländerbehörde über die oberste Landesbehörde beim Bundesministerium des Innern an. Sofern sich aus der Übernahmeerklärung nicht ergibt, nach welchen Voraussetzungen sich die Verlängerung der Aufenthaltserlaubnis richtet, hat die Ausländerbehörde vor der Verlängerung der Aufenthaltserlaubnis eine entsprechende Auskunft über die oberste Landesbehörde beim Bundesministerium des Innern einzuholen, ob der Übernahmegrund noch vorliegt.

22.2.4 Will die Ausländerbehörde gegen einen im Einzelfall übernommenen Ausländer ausländerrechtliche Maßnahmen ergreifen, so hat sie der obersten Landesbehörde zu berichten.

I. Entstehungsgeschichte

1 Die Vorschrift entspricht im Wesentlichen dem **Gesetzesentwurf zum ZuwG**[1]. Aufgrund des Vermittlungsverfahrens wurde nur in S. 1 das Wort „dringenden" eingefügt[2]. Damit wurde eine Empfehlung des Innenausschusses[3] aufgenommen, der eine Angleichung an die Regelung des § 30 I AuslG 1990 anstrebte. Das AufenthGÄndG 2015 und das Integrationsgesetz 2016 (IntG) haben keine Änderungen vorgenommen. Das FEG 2019 v. 15.8.2019[4] strich die Berechtigung zur Ausübung einer Erwerbstätigkeit (nur) im Falle einer Aufnahme durch das BMI, weil die Erwerbstätigkeit durch das FEG 2019 allen Inhabern einer Aufenthaltserlaubnis nach § 22 kraft Gesetzes gestattet wurde (vgl. § 4a I).

II. Allgemeines

2 Die Norm fasst die früheren Aufnahmemöglichkeiten nach §§ 30 I, 33 AuslG 1990 für Ausländer, die sich noch nicht im Bundesgebiet aufhalten, zusammen. Es handelt sich um eine im öffentlichen Interesse determinierte Befugnisnorm, die in der konkreten Fassung darauf ausgerichtet ist, irgendwie geartete Individualrechtspositionen auszuschließen[5]. Sie gilt nur für **Einzelfälle**.

3 **Jüdischen Emigranten** sollte mit der Aufnahme entsprechend dem KontingentflüchtlingsG nach Maßgabe von § 33 AuslG 1990 aufgrund der besonderen historischen und politischen Verantwortung Deutschlands wegen der im Dritten Reich begangenen Gräueltaten an der jüdischen Bevölkerung ein Sonderstatus eingeräumt werden. Dieser Sonderstatus sollte die jüdischen Migranten den unter die GFK fallenden Flüchtlingen weitestgehend gleichstellen und ihnen einen Status „entsprechend den Vorschriften des KontingentflüchtlingsG" einräumen, ohne dass es sich bei diesem Personenkreis tatsächlich um Flüchtlinge im eigentlichen Sinne handeln musste[6].

4 Mit Inkrafttreten des ZuwanderungsG ist das KontingentflüchtlingsG aufgehoben worden und in § 22 aufgegangen. Durch diese Überleitung sollten die einmal nach den Vorschriften des KontingentflüchtlingsG oder seiner entsprechenden Anwendung erworbenen Rechtspositionen nicht verlustig gehen, allenfalls wirken die veränderten rechtlichen Vorgaben in die Zukunft, wobei § 23 II an die Stelle der Regelungen des KontingentflüchtlingsG tritt – allerdings ohne Bezugnahme auf die GFK[7]. Der **Rechtsstatus** jüdischer Zuwanderer aus der ehemaligen Sowjetunion entsprechen den Vorschriften des KontingentflüchtlingsG und erlischt nicht automatisch mit Erlöschen des Aufenthaltstitels[8].

---

[1] BT-Drs. 15/420, 12.
[2] BT-Drs. 15/3479, 4.
[3] BT-Drs. 15/955.
[4] BGBl. 2019 I S. 1307, in Kraft getreten am 1.3.2020.
[5] *Renner*, Diss., 1. Aufl. 1996, S. 270. Dass der Gesetzgeber § 22 als eine im öffentlichen Interesse determinierte Befugnisnorm verstanden haben will, ergibt sich aus den Gesetzesmaterialien zu der Vorgängerregelung des § 30 I AuslG 1990. In der Begründung zu Abs. 1 (BT-Drs. 11/6321, 66 f.) finden sich dazu folgende Ausführungen: „§ 30 gewährt Ausländern keinen Rechtsanspruch auf Entscheidung über die Aufenthaltsgewährung aus humanitären oder politischen Gründen. Die Entscheidung ist vielmehr grundsätzlich dem Bereich autonomer Ausübung staatlicher Souveränität zuzurechnen. Wie jede staatliche Tätigkeit ist diese zwar an das Rechtsstaatsprinzip gebunden. Aber es besteht keine Verpflichtung von Verfassungs wegen, die staatliche Entscheidungsfreiheit durch Schaffung gesetzlich individualrechtlicher Rechtspositionen, dh durch die Schaffung eines Rechts i. S. d. Artikel 19 Abs 4 GG, einzuschränken. Die Vorschrift hat deshalb für Ausländer keine rechtsbegründende Funktion, sondern nur die mit der Ausführung des Gesetzes betrauten Behörden die klarstellende und ermächtigende Bedeutung, dass auch aus rein humanitären Gründen Aufenthalt gewährt werden darf."
[6] HessVGH Urt. v. 29.8.2011 – 3 A 210/11, InfAuslR 2012, 16; BayVGH Beschl. v. 22.12.2010 – 19 B 09.824, BeckRS 2012, 50237; entgegen OVG Bln Beschl. v. 15.11.2002 – 8 SN 258.00, BeckRS 2014, 49800; BayVGH Urt. v. 29.7.2009 – 10 B 08.2447, InfAuslR 2010, 26.
[7] HessVGH Urt. v. 29.8.2011 – 3 A 210/11, InfAuslR 2012, 16.
[8] HessVGH Urt. v. 29.8.2011 – 3 A 210/11, InfAuslR 2012, 16.

Personengruppen werden nach §§ 23, 23a, 24 berücksichtigt. Die Aufnahme durch die Auslandsvertretung nach Satz 1 erfordert „dringende humanitäre" Gründe (ebenso § 30 I AuslG 1990), während für die Landesregierung „humanitäre" Gründe (§ 23 I AuslG 1990) genügen (ebenso § 32 AuslG 1990). Während über die Aufenthaltserlaubnis nach S. 1 nach Ermessen entschieden wird, besteht nach S. 2 ein Anspruch auf die Aufenthaltserlaubnis im Anschluss an eine Aufnahme durch das BMI.

III. Aufnahme

1. Aufnahmegründe

Dem Wortlaut lässt sich entnehmen, dass der Anwendungsbereich der Bestimmung räumlich beschränkt ist. Denn es werden nur Ausländer erfasst, die sich im Zeitpunkt der erstmaligen Entscheidung über die Erteilung der Aufenthaltserlaubnis noch nicht im Bundesgebiet aufhalten[9]. Die Erteilung der Aufenthaltserlaubnis nach S. 1 setzt voraus, dass ein die Aufenthaltsgewährung rechtfertigender völkerrechtlicher oder dringender humanitärer Grund vorliegt oder die Aufenthaltsgewährung der Wahrung politischer Interessen der Bundesrepublik Deutschland dient. Die Norm vermittelt keinen Rechtsanspruch auf die Aufenthaltserlaubnis, sondern eröffnet Ermessen. Das AufenthG gewährt mithin **keinen gesetzlichen Rechtsanspruch** auf Aufnahme aus dem Ausland[10]. Die Entscheidung über eine Aufnahme ist Ausdruck autonomer Ausübung staatlicher Souveränität. Die Norm ist keine allgemeine Härtefallregelung, die Ausländern, welche die Voraussetzungen für die Einreise nach anderen Vorschriften nicht erfüllen, die Aufnahme ermöglichen soll bzw. kann[11]. Allenfalls im Falle einer zunächst durch das BMI erklärten Aufnahme, die jedoch vor erstmaliger Erteilung einer Aufenthaltserlaubnis wieder zurückgenommen wird, könnte ggf. ein Anspruch auf Erteilung einer Aufenthaltserlaubnis aus Vertrauensgesichtspunkten bestehen[12].

Unter **völkerrechtlichen Gründen** sind nicht solche aufgrund von Abkommen oder anderen völkerrechtlichen Vereinbarungen zu verstehen. Die Übernahme von Ausländern, die von Deutschland aus illegal in einen anderen Staat eingereist sind, aufgrund von Übernahmeabkommen richtet sich ausschließlich nach deren Bestimmungen. Völkerrechtliche Gründe können sich aus Interessen anderer Staaten oder internationalen Organisationen ergeben, denen die Bundesrepublik Deutschland mit Rücksicht auf verbindliche Regeln oder andere Bestimmungen des Völkerrechts entgegenzukommen bereit ist. Sie brauchen selbst nicht unmittelbar zugunsten der Ausländer zu wirken; entscheidend ist nur, ob die Bundesrepublik Deutschland rechtlich zur Beachtung angehalten ist. Aus dem SDÜ ergeben sich derartige Pflichten zur Erteilung einer Aufenthaltserlaubnis nicht. Sie können durch eine Einigung über die temporäre Aufnahme von Gewaltflüchtlingen auf europäischer Ebene begründet werden, werden dann aber nach § 24 berücksichtigt.

Dringende humanitäre Gründe können nur in besonders gelagerten Ausnahmefällen bejaht werden. Diese liegen zum einen dann vor, wenn sich der Ausländer aufgrund besonderer Umstände in einer auf seine Person bezogenen Sondersituation befindet, sich diese Sondersituation deutlich von der Lage vergleichbarer Ausländer unterscheidet, der Ausländer spezifisch auf die Hilfe der Bundesrepublik Deutschland angewiesen ist oder eine besondere Beziehung des Ausländers zur Bundesrepublik Deutschland besteht und die Umstände so gestaltet sind, dass eine baldige Ausreise und Aufnahme unerlässlich sind[13]. Sie sind aber zum anderen auch dann gegeben, wenn besondere Umstände des Einzelfalls eine Fortdauer der räumlichen Trennung der Angehörigen von Kernfamilien mit Art. 6 I und II 1 GG nicht länger vereinbar erscheinen lassen[14]. Die Schwelle, bei deren Erreichen die Versagung einer Familienzusammenführung im Bundesgebiet mit Art. 6 I und II 1 GG schlechthin unvereinbar ist, aus humanitären Gründen mithin ein Aufenthaltstitel nach § 22 S. 1 zu gewähren ist, liegt höher als jene, die durch Annahme eines Ausnahmefalls in den Fällen des § 36a III Nr. 1 den Zugang zu einer (kontingentgebundenen) Auswahlentscheidung eröffnet[15]. In erster Linie werden damit humanitäre Aufnahme- und Bleibegründe nach den §§ 23 ff. und Familienzusammenführungen gemäß §§ 27 ff. berücksichtigt. Wenn diese Rechtsgrundlagen ausfallen und eine vorübergehende Aufnahme mit Aufenthaltserlaubnis aus dringenden humanitären Gründen erforderlich erscheint,

---

[9] Ebenso zum alten § 30 I AuslG VGH BW Urt. v. 27.1.1992 – 13 S 1585/90, NVwZ-RR 1992, 511; Urt. v. 9.9.1992 – 11 S 1532/91, InfAuslR 1993, 62 (63); Beschl. v. 27.7.1995 – 13 S 3358/94, EZAR 632 Nr. 24 S. 6.
[10] BVerwG Urt. v. 15.11.2011 – 1 C 21.10, BVerwGE 141, 151.
[11] OVG Bln-Bbg Beschl. v. 19.9.2017 – 3 S 52.17, BeckRS 2017, 127669 Rn. 11 f.; NdsOVG Beschl. v. 14.6.2018 – 13 ME 208/18, BeckRS 2018, 12878 Rn. 13.
[12] So jedenfalls das OVG Brem Beschl. v. 13.2.2018 – 1 B 268/17, InfAuslR 2018, 210.
[13] BT-Drs. 15/420 S. 77; Nr. 22.1.1.2. der Allgemeinen Verwaltungsvorschrift.
[14] BVerwG Urt. v. 17.12.2020 – 1 C 30.19, NVwZ 2021, 1370 unter Verweis auf BVerfG Kammerbeschl. v. 20.3.2018 – 2 BvR 1266/17, BeckRS 2018, 4786 Rn. 15; BVerwG Beschl. v. 4.7.2019 – 1 B 26.19, Buchholz 402.242 § 36 AufenthG Nr. 6 Rn. 13; *Thym* NVwZ 2018, 1340, 1343; krit. gegenüber § 22 S. 1 als ergänzende einzelfallbezogene Härtefallklausel gegenüber § 36a *Gutmann* NVwZ 2019, 277, 280.
[15] BVerwG Urt. v. 17.12.2020 – 1 C 30.19, NVwZ 2021, 1370; Urt. v. 27.4.2021 – 1 C 45.20, NVwZ-RR 2021, 777.

kommt eine Aufenthaltserlaubnis **nach Ermessen** in Betracht[16]. Dabei können grundsätzlich dringende humanitäre Gründe weder aus den allgemeinen Verhältnissen in dem Heimatstaat noch aus der Dauer eines früheren Aufenthalts des Ausländers oder seiner Familienangehörigen abgeleitet werden.

9 **Politische** Interessen der Bundesrepublik Deutschland iSv S. 2 können die auswärtigen Beziehungen des Bundes einschließlich völkerrechtlicher Vereinbarungen (auch solcher nicht rechtsverbindlicher Art) betreffen, aber auch mit Belangen der Bundesländer begründet werden. Die beinahe grenzenlose Weite des Begriffs der „Politik" ermöglicht praktisch jedes politisch motivierte Handeln, entzieht dieses zugleich natürlich weitgehend der Kontrolle. Denn in S. 2 ist die Befugnis des Bundes zur Aufnahme aufgrund politischer Interessen zugrunde gelegt, ohne dass diese autonome Entscheidung des BMI oder der von ihm bestimmten Stelle von der Auslandsvertretung, der Ausländerbehörde oder dem Ausländer in Zweifel gezogen werden kann. Der Ausländer hat keinen **Anspruch** auf Aufnahme, sondern nur auf die Aufenthaltserlaubnis nach erklärter Aufnahme.

10 Auch der Rechtsanspruch auf Aufenthaltserlaubnis nach S. 2 erfordert eine ausdrückliche **Aufnahmeerklärung** des BMI oder der von ihm bestimmten Stelle aus politischen Interessen. Eine solche liegt beispielsweise im Rahmen des 2013 etablierten sog. **Ortskräfteverfahrens** für Personen, die auf der Grundlage eines Arbeitsvertrags für ein Ressort, eine Institution der bilateralen deutschen Entwicklungszusammenarbeit oder eine politische Stiftung in **Afghanistan** tätig waren oder sind[17], vor. Unterfällt eine Person diesem Kreis, besteht ein Anspruch auf Visumteilung nach § 22 S. 2 iVm der Selbstbindung der Verwaltung gemäß Art. 3 I GG[18].

11 Der gemäß § 26 I befristet zu erteilende Aufenthaltstitel berechtigt zur **Erwerbstätigkeit** (vgl. § 4a I). Die Verlängerung setzt das Fortbestehen des Aufnahmegrundes voraus (§ 26 II). **Familiennachzug** richtet sich nach § 29 III 1.

2. Versagungsgründe und Erteilungsvoraussetzungen

12 Die Erteilung einer Aufenthaltserlaubnis scheidet aus, wenn ein **Ausweisungsinteresse** iSv § 54 I Nr. 2 oder Nr. 4 besteht oder eine Abschiebungsanordnung nach § 58a erlassen wurde, wie § 5 IV ausdrücklich regelt. Auch die **Sperrwirkung** nach § 11 I kann dem Aufenthaltstitel entgegenstehen, allerdings soll bei Vorliegen der Voraussetzungen des § 22 ein entsprechendes Einreise- und Aufenthaltsverbot idR nach § 11 IV 2 aufgehoben werden. Im Einzelnen Vergleichbares gilt bei Stellung eines **Asylantrags** gemäß § 10. Die **allgemeinen Erteilungsvoraussetzungen** des § 5 I und II sind einzuhalten; Ausnahmen sind nach § 5 III 2 im Ermessenswege zulässig.

3. Verwaltungsverfahren und Rechtsstellung

13 **Gemäß S. 1** kann eine Aufenthaltserlaubnis nach Feststellung eines völkerrechtlichen oder eines dringenden humanitären Grundes[19] nach Ermessen erteilt werden. Gegenläufige öffentliche Interessen müssen in die Abwägung einbezogen werden[20]. Vor allem dürfen der Anwerbestopp und die sonstigen Regeln über temporäre Aufenthalte nicht umgangen werden. Daher ist der Wunsch, in Deutschland zu arbeiten und sich auch so eine prekäre Situation zu beenden, nicht ausreichend. Die Anforderungen der §§ 5, 10, 11 müssen erfüllt werden (Ausnahme nach § 5 III 2 möglich). Der Aufenthaltstitel berechtigt zur **Erwerbstätigkeit** (vgl. § 4a I). Eine Verlängerung (§ 8 I) ist nur zulässig, solange der Aufnahmegrund fortbesteht. Eine Verfestigung kann nur nach § 26 erfolgen.

14 Der Rechtsstatus des **nach S. 2** Aufgenommenen ergibt sich ohne weitere behördliche Entscheidung aus dem Gesetz, weil die Aufenthaltserlaubnis zu erteilen ist und die Berechtigung zu jeder Art von Erwerbstätigkeit von Gesetzes wegen umfasst (§ 4a I). Die allgemeinen Voraussetzungen der §§ 5, 10, 11 sind zu beachten (Ausnahme nach § 5 III 2 möglich), → Rn. 12). Eine Verfestigung richtet sich angesichts des temporären Charakters der Aufnahme nach § 26.

15 Für die Ersterteilung ist die **Auslandsvertretung zuständig**. Sie erteilt ein nationales **Visum**, das in beiden Fällen schon wegen der beabsichtigten Aufenthaltsdauer der Zustimmung der Ausländerbehörde bedarf[21]. Nach einer Aufnahmeerklärung des BMI brauchen Auslandsvertretung und Ausländerbehörde Aufnahmegründe nicht zu prüfen, sondern nur die sonstigen Voraussetzungen[22]. Im Falle des S. 1 müssen beide Behörden auch feststellen, ob völkerrechtliche oder dringende humanitäre Gründe vorliegen. Die Norm ermächtigt nur zur Erteilung einer Aufenthaltserlaubnis; daran hat auch die

---

[16] Zum Verhältnis von § 22 S. 1 zum allg. Familiennachzug BVerwG Beschl. v. 4.7.2019 – 1 B 26/19, 1 PKH 12/19, 1 B 26/19, 1 PKH 12/19, InfAuslR 2019, 379.
[17] Vgl. BT-Drs. 19/31896, 9.
[18] VG Berlin Beschl. v. 26.8.2021 – 6 L 295/21, InfAuslR 2021, 455 und Beschl. v. 25.8.2021 – VG 10 L 285/21 V, nv.
[19] → Rn. 3–5.
[20] Vgl. auch OVG LSA Beschl. v. 21.1.2013 – 2 L 118/10, BeckRS 2013, 46800 Rn. 44: „Bei der nach § 22 S. 1 Alt. 2 AufenthG zu treffenden Ermessensentscheidung sind die persönlichen Interessen des Ausländers an einer Aufnahme im Bundesgebiet mit den öffentlichen Interessen an einer Zuzugsbeschränkung abzuwägen."
[21] Vgl. die Kommentierung zu § 6.
[22] Dazu → Rn. 6 f.

Ausländerbehörde ihre Zustimmung auszurichten. Sie ist nicht an die von der Auslandsvertretung genannten Gründe gebunden; dieser steht aber die Letztentscheidung über das Visum zu, falls die Zustimmung erteilt ist. Nach § 77 II kann der Antrag ohne Begründung und Rechtsmittelbelehrung abgelehnt werden. Dabei findet auf die Entscheidungen der Auslandsvertretung auch das VwVfG keine Anwendung (§ 2 III Nr. 3 VwVfG).

IV. Rechtsschutz

Die Nichterteilung des Visums unterliegt der üblichen Kontrolle auf Widerspruch und Klage hin[23]. 16 Denn die Entscheidung über die Erteilung einer Aufenthaltserlaubnis nach § 22 ist kein justizfreier Regierungsakt, der einer gerichtlichen Kontrolle prinzipiell entzogen ist[24]. Vielmehr schließt die Auslegung der Bestimmung als im öffentlichen Interesse determinierte Befugnisnorm nicht aus, dass die Ermessensausübung einer rechtlichen Kontrolle unterworfen ist und in extremen Ausnahmefällen ausschließlich die Erteilung einer Aufenthaltserlaubnis rechtmäßig sein kann[25]. Grundsätzlich anfechtbar ist auch die Ablehnung der Aufnahme durch das BMI, dessen positiver wie negativer Bescheid ungeachtet des äußerst weiten Ermessens einen Verwaltungsakt (§ 35 VwVfG) darstellt. Die Erfolgsaussichten erscheinen jedoch gering; allenfalls könnten etwa Ermessensfehler mit Erfolg beanstandet werden.

§ 23 Aufenthaltsgewährung durch die obersten Landesbehörden; Aufnahme bei besonders gelagerten politischen Interessen; Neuansiedlung von Schutzsuchenden

(1) ¹Die oberste Landesbehörde kann aus völkerrechtlichen oder humanitären Gründen oder zur Wahrung politischer Interessen der Bundesrepublik Deutschland anordnen, dass Ausländern aus bestimmten Staaten oder in sonstiger Weise bestimmten Ausländergruppen eine Aufenthaltserlaubnis erteilt wird. ²Die Anordnung kann unter der Maßgabe erfolgen, dass eine Verpflichtungserklärung nach § 68 abgegeben wird. ³Zur Wahrung der Bundeseinheitlichkeit bedarf die Anordnung des Einvernehmens mit dem Bundesministerium des Innern, für Bau und Heimat. ⁴Die Aufenthaltserlaubnis berechtigt nicht zur Erwerbstätigkeit; die Anordnung kann vorsehen, dass die zu erteilende Aufenthaltserlaubnis die Erwerbstätigkeit erlaubt oder diese nach § 4a Absatz 1 erlaubt werden kann.

(2) ¹Das Bundesministerium des Innern, für Bau und Heimat kann zur Wahrung besonders gelagerter politischer Interessen der Bundesrepublik Deutschland im Benehmen mit den obersten Landesbehörden anordnen, dass das Bundesamt für Migration und Flüchtlinge Ausländern aus bestimmten Staaten oder in sonstiger Weise bestimmten Ausländergruppen eine Aufnahmezusage erteilt. ²Ein Vorverfahren nach § 68 der Verwaltungsgerichtsordnung findet nicht statt. ³Den betroffenen Ausländern ist entsprechend der Aufnahmezusage eine Aufenthaltserlaubnis oder Niederlassungserlaubnis zu erteilen. ⁴Die Niederlassungserlaubnis kann mit einer wohnsitzbeschränkenden Auflage versehen werden.

(3) Die Anordnung kann vorsehen, dass § 24 ganz oder teilweise entsprechende Anwendung findet.

(4) ¹Das Bundesministerium des Innern, für Bau und Heimat kann im Rahmen der Neuansiedlung von Schutzsuchenden im Benehmen mit den obersten Landesbehörden anordnen, dass das Bundesamt für Migration und Flüchtlinge bestimmten, für eine Neuansiedlung ausgewählten Schutzsuchenden (Resettlement-Flüchtlinge) eine Aufnahmezusage erteilt. ²Absatz 2 Satz 2 bis 4 und § 24 Absatz 3 bis 5 gelten entsprechend.

Allgemeine Verwaltungsvorschrift
23 Zu § 23 – Aufenthaltsgewährung durch die obersten Landesbehörden; Aufnahme bei besonders gelagerten politischen Interessen
23.0 Allgemeines
§ 23 gibt den obersten Landesbehörden die Möglichkeit, für bestimmte Ausländergruppen aus völkerrechtlichen oder humanitären Gründen oder zur Wahrung politischer Interessen der Bundesrepublik Deutschland eine Aufenthaltserlaubnis anzuordnen. Das Bundesministerium des Innern kann darüber hinaus zur Wahrung besonders gelagerter politischer Interessen der Bundesrepublik Deutschland im Benehmen mit den Ländern anordnen, dass das Bundesamt für Migration und Flüchtlinge Ausländern eine Aufnahmezusage erteilt. Die jeweilige Maßnahme kann sich auf die Aufnahme von Personen aus bestimmten Staaten oder in sonstiger Weise bestimmten Ausländergruppen

---

[23] S. hierzu bei § 6.
[24] Vgl. OVG LSA Beschl. v. 21.1.2013 – 2 L 118/10, BeckRS 2013, 46800.
[25] Ebenso *Renner*, Diss., 1. Aufl. 1996, S. 272. Dieser sich aus der besonderen Sachlage ergebende Anspruch ist jedoch nicht der gesetzliche Anspruch iSv § 11 I; BVerwG Beschl. v. 17.3.1993 – 1 B 27.93, InfAuslR 1993, 278 (279); Urt. v. 24.1.1995 – 1 C 2.94, BVerwGE 97, 301 (312); HmbOVG Beschl. v. 7.9.1994 – V 212/94, AuAS 1994, 254 (255).

(z. B. Personen aus Kriegs- oder Bürgerkriegsgebieten) durch eine rein nationale Entscheidung beziehen. Im Falle des § 23 Absatz 1 ist sie unabhängig davon, ob sich die betroffenen Personen bereits im Bundesgebiet aufhalten. Die Gewährung von vorübergehendem Schutz durch eine vorhergehende Entscheidung auf EU-Ebene richtet sich dagegen nach § 24.

23.1 Aufenthaltsgewährung durch die obersten Landesbehörden

23.1.1.1 Bei Anordnungen nach § 23 Absatz 1 handelt es sich um verbindliche Regelungen. Erfüllt der Ausländer die Erteilungsvoraussetzungen der getroffenen Anordnung, ist ihm die Aufenthaltserlaubnis zu erteilen, soweit die Entscheidung nicht aufgrund der Anordnung in das Ermessen der Behörden gestellt ist. Soweit die Anordnung vorliegt, prüft die Ausländerbehörde nicht mehr, ob die allgemeinen Tatbestandsvoraussetzungen für die Erteilung der Aufenthaltserlaubnis vorliegen. Die aufgrund von § 23 Absatz 1 erlassenen Anordnungen der obersten Landesbehörden werden von der Ausländerbehörde durch Verwaltungsakt auf Antrag umgesetzt.

23.1.1.2 Der Vorrang der Anordnung nach § 23 Absatz 1 erstreckt sich auch auf die Erteilung einer Aufenthaltserlaubnis im Visumverfahren. Das Auswärtige Amt ist an die Anordnung gebunden. Soweit Ausländern aufgrund der Anordnung eine Aufenthaltserlaubnis zu erteilen ist, bleibt für eine von dieser Anordnung abweichende anderweitige Ermessensentscheidung kein Raum. Hinsichtlich der Ausstellung eines Reisedokuments vor der Einreise finden die §§ 5 und 7 AufenthV Anwendung.

23.1.1.3 Eine gesonderte Regelung der Verlängerung ist in § 23 Absatz 1 nicht vorgesehen; dem entsprechend finden nach § 8 Absatz 1 auf die Verlängerung der Aufenthaltserlaubnis dieselben Vorschriften Anwendung wie auf deren Erteilung. Die Wahrung der Bundesinteressen erfolgt durch die Einholung des Einvernehmens des Bundesministeriums des Innern. Keines Einvernehmens des Bundesministeriums des Innern bedarf dagegen die von der obersten Landesbehörde verfügte Aussetzung der Abschiebung von bestimmten Ausländergruppen von bis zu sechs Monaten (§ 60a Absatz 1).

23.1.2 Durch die in Satz 2 aufgenommene Möglichkeit, die Anordnung von der Übernahme der mit der Aufnahme verbundenen Kosten nach § 68 abhängig zu machen, kann besonders den humanitären Interessen international tätiger Körperschaften, beispielsweise der Kirchen, Rechnung getragen werden (so genanntes „Kirchenkontingent"). Gleichwohl handelt es sich um eine staatliche Entscheidung über die Aufenthaltsgewährung. § 23 Absatz 1 Satz 2 weist nur auf die nach § 68 bestehende Möglichkeit hin, dass Private wie auch Kirchen gerade in Fällen, in denen sie ausländerrechtliche Maßnahmen des Staates im Einzelfall für fehlerhaft halten, durch Abgabe einer Verpflichtungserklärung Verantwortung übernehmen können für die von ihnen geforderte Aufnahme bestimmter Ausländer nach § 23 Absatz 1 Satz 1.

23.2 Aufnahmezusage durch das Bundesamt für Migration und Flüchtlinge

23.2.0.1 § 23 Absatz 2 ersetzt das HumHAG. Die Vorschrift war bislang zum einen Rechtsgrundlage für die Aufnahme jüdischer Zuwanderer, die bisher nur in dessen analoger Anwendung auf der Basis einer Übereinkunft zwischen dem Bundeskanzler und den Regierungschefs der Länder vom 9. Januar 1991 vorgenommen wurde. Zum anderen kam § 23 Absatz 2 im Falle der Aufnahme von 2.500 irakischen Flüchtlingen aus Syrien und Jordanien zur Anwendung.

23.2.0.2 Die aufenthaltsgesetzliche Rechtsstellung und daran anknüpfende Ansprüche werden für den betroffenen Personenkreis u. a. durch § 44 Absatz 1 Satz 1 Nummer 2, § 75 Nummer 8, § 101 Absatz 1, § 104 Absatz 6 geregelt. Ansprüche dieses Personenkreises auf Leistungen nach SGB II, III, XII, BAföG und ähnlichen Leistungsgesetzen bestehen auch weiterhin.

23.2.1 Mit der Neufassung des § 23 Absatz 2 durch das 7. Gesetz zur Änderung des Bundesvertriebenengesetzes vom 16. Mai 2007 (BGBl. I S. 748) wird für den Bund eine dem § 23 Absatz 1 nachgebildete Rechtsgrundlage (Anordnungsbefugnis) zur Aufenthaltsgewährung bei besonders gelagerten politischen Interessen geschaffen (Bundesvollzug beim Bundesamt für Migration und Flüchtlinge). Die Anordnung des Bundesministeriums des Innern gegenüber dem Bundesamt, Aufnahmezusagen an Ausländer aus bestimmten Staaten zu erteilen, erfolgt im Benehmen mit den Ländern. Die Länder vollziehen die Aufnahmeentscheidung des Bundesamtes durch Erteilung des Aufenthaltstitels (Niederlassungserlaubnis bzw. Aufenthaltserlaubnis) entsprechend der Aufnahmezusage durch die zuständige Behörde. Die Aufnahmeentscheidung des Bundesamtes ist für die Erteilung des Aufenthaltstitels durch die Ausländerbehörde und das Auswärtige Amt im Visumverfahren verbindlich; Versagungsgründe nach § 5 Absatz 4 sind zu beachten.

23.2.2.1.1 Im Hinblick auf die jüdische Zuwanderung aus der ehemaligen Sowjetunion mit Ausnahme der baltischen Staaten ist das Benehmen auf der Basis der Beschlusslage der Innenministerkonferenz vom Juni und November 2005 hergestellt.

23.2.2.1.2 Die Anordnung des Bundesministeriums des Innern gemäß § 23 Absatz 2 betreffend die Neuregelung der jüdischen Zuwanderung ist mit Schreiben vom 24. Mai 2007 – Az. M I 1–125 225-3/6 zeitgleich mit Inkrafttreten des 7. Gesetzes zur Änderung des Bundesvertriebenengesetzes an das Bundesamt ergangen. Die Anordnung regelt die Voraussetzungen für die Erteilung von Aufnahmezusagen an jüdische Zuwanderer aus der ehemaligen Sowjetunion. Die Aufnahmezusage wird vom Bundesamt in bundeseigener Verwaltung erteilt.

23.2.2.2 Die Innenministerkonferenz hat sich am 20./21. November 2008 im Vorgriff auf die Sitzung des Rats der Europäischen Union vom 27. November 2008 darauf verständigt, dass Deutschland sich an einer europäischen Aufnahmeaktion beteiligt und insgesamt 2.500 besonders schutzbedürftige irakische Flüchtlinge aus Syrien und Jordanien aufnimmt. Das Bundesministerium des Innern hat daraufhin am 5. Dezember 2008 die Anordnung nach § 23 Absatz 2 zur Aufnahme bestimmter Flüchtlinge aus dem Irak an das Bundesamt erlassen. In dieser sind die Eckdaten des nationalen Aufnahmeverfahrens, insbesondere die Voraussetzungen für das Aufnahme rechtfertigende besondere Schutzbedürfnis festgelegt.

23.2.3 § 75 Nummer 8 enthält die mit § 23 Absatz 2 korrespondierende Aufgabenzuweisungsnorm an das Bundesamt für Migration und Flüchtlinge. Er weist dem Bundesamt zugleich die Zuständigkeit für die Verteilung der nach § 23 und der nach § 22 Satz 2 aufgenommenen Ausländer auf die Länder zu.

23.2.4 Die nach Satz 4 vorgesehene Möglichkeit der Erteilung einer wohnsitzbeschränkenden Auflage entspricht der bisherigen Praxis (vgl. Nummer 12.2.5.2.1 ff.) und ist auch weiterhin bei Bezug von Leistungen nach dem SGB II oder XII für die gerechte Lastenverteilung auf die Länder erforderlich. Zum Zweck der Aufnahme und Durchführung einer Ausbildung oder eines Studiums wird die wohnsitzbeschränkende Auflage aufgehoben, wenn am neuen Wohnort Ausbildungsförderung (Leistungen nach dem BAföG oder SGB III) bezogen wird und damit der Lebensunterhalt gesichert ist (vgl. Nummer 2.3.1.4). Die wohnsitzbeschränkende Auflage wird mit der Maßgabe aufgehoben, dass der Wohnsitz wieder im Aufnahmeland zu nehmen ist, wenn die Ausbildung oder das Studium abgebrochen wird oder nach erfolgreichem Abschluss der Ausbildung oder des Studiums mehr als drei Monate Leistungen nach dem SGB II oder dem SGB XII bezogen werden.

23.3 Entsprechende Anwendung von § 24

Absatz 3 trägt Artikel 7 Absatz 1 der Richtlinie 2001/55/EG des Rates vom 20. Juli 2001 über Mindestnormen für die Gewährung vorübergehenden Schutzes im Falle eines Massenzustroms von Vertriebenen und Maßnahmen zur Förderung einer ausgewogenen Verteilung der Belastungen, die mit der Aufnahme dieser Personen und den Folgen dieser Aufnahme verbunden sind, auf die Mitgliedstaaten (ABl. EG Nummer L 212 S. 12, so genannte Richtlinie zum vorübergehenden Schutz) Rechnung, wonach es den Mitgliedstaaten unbenommen bleibt, vorübergehenden Schutz gemäß der Richtlinie weiteren Gruppen von Vertriebenen zu gewähren. Darüber hinaus enthält Absatz 3 einen klarstellenden Hinweis, dass auf die Aufnahmebedingungen nach § 24 ganz oder teilweise verwiesen werden kann, wenn auf nationaler Ebene ohne eine Aufnahmeaktion aufgrund eines EU-Ratsbeschlusses Ausländer nach § 23 aufgenommen werden.

Übersicht

	Rn.
I. Entstehungsgeschichte	1
II. Allgemeines	2
III. Aufnahmebefugnis	4
1. Aufnahme	4
a) § 23 Abs. 1	5
b) § 23 Abs. 2	14
2. Verwaltungsverfahren und Rechtsstellung	26
IV. Resettlement	30
V. Bisherige Anordnungen	34

I. Entstehungsgeschichte

Die Vorschrift stimmt in ihren Abs. 1–3 in vollem Umfang mit dem **Gesetzesentwurf zum ZuwG** überein[1]. Sie hat einen Vorgänger in § 32 AuslG. Das **AufenthGÄndG 2015** hat mWz 1.8.2015 durch seinen Art. 1 Nr. 10 die Überschrift um den Zusatz „Neuansiedlung von Schutzsuchenden" ergänzt und den diesbezüglichen neuen **Abs. 4** zum Instrumentarium des sog. Resettlement an die im Übrigen unveränderte Vorschrift angehängt. Das Integrationsgesetz 2016 führte zu keiner Änderung der Vorschrift. Das **FEG 2019** v. 15.8.2019[2] führte zu Änderungen hinsichtlich der Berechtigungen zur Ausübung einer Erwerbstätigkeit in Abs. 1 und 2 im Hinblick auf den ebenfalls durch das FEG 2019 eingeführten § 4a I (Berechtigung zur Erwerbstätigkeit als gesetzlicher Regelfall). 1

II. Allgemeines

Mit § 23 I wird den Länderbehörden eine eigene **Aufnahmebefugnis** verliehen. Diese steht neben Ermächtigungen des BMI und ist anders als nach § 23a unabhängig von der Bindung an eine andere Stelle. Sie bleibt auch unberührt von der Aufenthaltsgewährung durch den EU-Rat (§ 24); die Mitgliedstaaten sind nach Art. 7 I Schutzgewährungs-RL befugt, vorübergehenden Schutz auch weiteren Gruppen von Vertriebenen zu gewähren (vgl. auch Abs. 3). 2

Der **Familiennachzug** richtet sich nach § 29 III. Die Einschränkung des Familiennachzugs ist mit der Familienzusammenführungs-RL[3] und der Qualifikations-RL[4] im Einklang. Gemäß Art. 3 IIc Familienzusammenführungs-RL ist die Anwendung der RL ausgeschlossen. Zwar bestimmt die Art. 23 Qualifikations-RL, dass die Mitgliedstaaten für eine Aufrechterhaltung des Familienverbands Sorge tragen. Doch ist hier der Sache nach auch geregelt, dass die Mitgliedstaaten die Bedingungen festlegen können, unter denen Familienangehörige von Personen, denen intern Schutz zuerkannt worden ist, diese Vergünstigungen erhalten[5]. 3

---

[1] BT-Drs. 15/420, 12.
[2] BGBl. 2019 I S. 1307, in Kraft getreten am 1.3.2020.
[3] Richtlinie 2003/86/EG des Rates vom 22.9.2003 betreffend das Recht auf Familienzusammenführung.
[4] Richtlinie 2011/95/EU des Europäischen Parlaments und des Rates vom 13.12.2011 über Normen für die Anerkennung von Drittstaatsangehörigen oder Staatenlosen als Personen mit Anspruch auf internationalen Schutz, für einen einheitlichen Status für Flüchtlinge oder für Personen mit Anrecht auf subsidiären Schutz und für den Inhalt des zu gewährenden Schutzes.
[5] Vgl. auch OVG Bln-Bbg Beschl. v. 14.3.2011 – OVG 12 M 40.10, BeckRS 2011, 49054, aA VG Frankfurt a. M. Urt. v. 30.5.2007 – 7 E 801/07 A (V), ZAR 2007, 331 f., zust. *Hoffmann* in Hofmann/Hoffmann AuslR AufenthG § 29 Rn. 18 ff.

III. Aufnahmebefugnis

1. Aufnahme

4   Der **Zweck** der Möglichkeit einer ministeriellen Anordnung ist darin zu sehen, dass eine allgemeine und bundeseinheitliche Behandlung bestimmter Personengruppen erreicht wird. Die begünstigten Personen können sich noch im Ausland aufhalten oder bereits eingereist sein. Trotz der Anknüpfung an eine derartige Anordnung bleiben die allgemeinen Regeln über die Erteilung eines Aufenthaltstitels als Grundlage erhalten. Verfahren und Zuständigkeit sind verändert. Auf die Anordnung besteht kein Rechtsanspruch Einzelner; ihr Erlass ist vielmehr in das weite politische **Ermessen** der Landes- bzw. Bundesregierung gestellt.

5   **a) § 23 Abs. 1.** Die **Grundlage** nach Abs. 1 ist ähnlich gestaltet wie die für die Aufnahme durch BMI oder Auslandsvertretung nach § 22. Sowohl völkerrechtliche oder humanitäre Gründe oder aber allgemein die Wahrung politischer Interessen der Bundesrepublik Deutschland[6] können zum Anlass für eine Allgemeinanordnung genommen werden. Die humanitären Gründe müssen nur dringend sein, also nachdringlich für eine Aufnahme sprechen. Der Landesregierung ist hier ein nicht weiter begrenztes Handlungsermessen eingeräumt. Eine Anordnung der Landesregierung kann also auf besonders gelagerte politische Interessen gestützt werden. Sie muss nach § 23 I 3 mit Zustimmung des BMI ergehen.

6   Insbesondere durch die **Altfallregelung in §§ 104a und 104b** werden Ansprüche auf Aufenthaltserlaubnis aufgrund der Anordnungen der Bundesländer nach § 23 I nicht verdrängt. Dies ergibt sich bereits daraus, dass die Anordnungen gegenüber den Altfallregelungen abweichende Tatbestandsvoraussetzungen haben. Die Erlasse bleiben zudem für die Verlängerung bereits erteilter Aufenthaltserlaubnisse nach § 23 I relevant.

7   Ihrem **Rechtscharakter** nach ist die Anordnung keine Rechtsnorm, sondern eine Verwaltungsvorschrift[7]. Auch der zugrunde liegende Bleiberechtsbeschluss der Innenminister selbst stellt keine Rechtsgrundlage, sondern eine Absprache unter den Bundesländern dar, wie das Bleiberecht bundeseinheitlich geregelt werden kann. Die Bundesländer selbst erlassen nach § 23 I die Anordnung, auf deren Grundlage anschließend die Aufenthaltserlaubnis erteilt wird.

8   Der Sinn der Anordnung besteht darin, dass die Ausländerbehörde nicht mehr selbst zu prüfen hat, ob die Erteilungsvoraussetzungen erfüllt sind und wie das Ermessen grundsätzlich auszuüben ist. Eine politische Entscheidung unterliegt grundsätzlich keiner gerichtlichen Überprüfung. Die oberste Landesbehörde kann den von der Anordnung erfassten Personenkreis bestimmen und dabei positive Kriterien (Erteilungsvoraussetzungen) und negative Kriterien (Ausschlussgründe) aufstellen. Ein Anspruch des einzelnen Ausländers, von der Regelung erfasst zu werden, besteht nicht.[8] Darüber hinaus enthält die Anordnung grundsätzlich die an die Ausländerbehörde gerichtete Weisung, bei Erfüllung der Voraussetzungen eine Aufenthaltserlaubnis zu erteilen. Dadurch wird das der Ausländerbehörde zustehende Ermessen bei der Erteilung der Aufenthaltserlaubnis intern gebunden. Die Anordnung kann deshalb nicht wie eine Rechtsvorschrift aus sich heraus, sondern nur als Willenserklärung der obersten Landesbehörde unter Berücksichtigung des wirklichen Willens und ihrer tatsächlichen Handhabung, d h der vom Urheber gebilligten oder geduldeten **tatsächlich Verwaltungspraxis** ausgelegt und angewendet werden. Im Zweifel hat die Behörde den wirklichen Willen der obersten Landesbehörde – erforderlichenfalls durch Rückfrage – zu ermitteln.[9]

9   Eine Mitteilung vermag aber die tatsächliche Verwaltungspraxis nicht zu verdrängen, sofern diese von der Mitteilung abweicht. Gegenüber dem Ausländer bleibt die behördliche Entscheidung auf der Grundlage der Anordnung nach § 23 I eine **Ermessensentscheidung,** sodass der Einzelne aus einer Anordnung nach § 23 I keinen Rechtsanspruch ableiten kann. Weicht die Ausländerbehörde freilich von der landeseinheitlichen Handhabung der Anordnung ab, erwächst dem Ausländer aus Art. 3 I GG ein gerichtlich durchsetzbarer **Anspruch auf Gleichbehandlung** nach Maßgabe der Anordnung. Es ist gerade Sinn der Anordnung, eine einheitliche Anwendung innerhalb eines Bundeslands zu erreichen. Die Gerichte haben deshalb nachzuprüfen, ob der Gleichheitssatz bei der Anwendung innerhalb

---

[6] Dazu § 22.

[7] Das BVerwG hat zum früheren Recht entschieden, dass es sich bei der Bleiberechtsregelung des einzelnen Bundeslands um eine Anordnung nach § 32 AuslG 1990, jetzt § 23 I, und damit nicht um eine Rechtsnorm, sondern um eine Regelung handelt, die wie eine Verwaltungsvorschrift wirkt und auszulegen ist, BVerwG Urt. v. 19.9.2000 – 1 C 19.99, BVerwGE 112, 63 (68 f.) = EZAR 029 Nr. 14 = NVwZ 2001, 333; ebenso HmbOVG Beschl. v. 28.8.1996 – Bs VI 153/96, NVwZ-Beil. 1997, 26 (27) = InfAuslR 1997, 72. Die Gegenmeinung, dass durch die Anordnung ein unmittelbarer gesetzlicher Anspruch auf Erteilung der Aufenthaltserlaubnis für den begünstigten Personenkreis besteht, hat sich damit nicht durchsetzen können, so HessVGH Beschl. v. 27.7.1995 – 12 TG 2342/95, NVwZ-Beil. 1995, 67 (69) = InfAuslR 1996, 116.

[8] BVerwG Urt. v. 19.9.2000 – 1 C 19.99, BVerwGE 112, 63 (65 f.) = EZAR 029 Nr. 14 = NVwZ 2001, 333.

[9] BVerwG Urt. v. 19.9.2000 – 1 C 19.99, BVerwGE 112, 63 (66 f.) = EZAR 029 Nr. 14 = NVwZ 2001, 333; VGH BW Urt. v. 11.12.2003 – 13 S 42/03, BeckRS 2004, 22171; Beschl. v. 1.3.2017 – 11 S 48/17, DVBl 2017, 580.

des Geltungsbereichs der Anordnung gewahrt worden ist.[10] Dabei kann allerdings nicht mit Erfolg geltend gemacht werden, die Anordnung verstoße gleichheitswidrig gegen die Praxis anderer Bundesländer[11]. § 23 I betrifft Anordnungen des einzelnen Bundeslands und setzt keine bundeseinheitliche Regelung voraus. Das Erfordernis des Einvernehmens mit dem BMI dient danach zwar der Bundeseinheitlichkeit, soll aber lediglich verhindern, dass einzelne Bundesländer sich durch entsprechende Anordnungen zu weit von einer bundeseinheitlichen Rechtsanwendung entfernen.[12] Der obersten Landesbehörde bleibt es unbenommen, für die Zukunft die **Verwaltungspraxis** zu **ändern.** Ein Anspruch auf Beibehaltung der ursprünglichen Praxis besteht nicht.

§ 23 I 3 legt als Wirksamkeitsvoraussetzung das **Einvernehmen des BMI** fest. Soweit einzelne Länder hinter den Vorgaben des Bleiberechtsbeschlusses zurückbleiben, dh eine restriktivere Umsetzung wählen, bleibt eine erteilte Zustimmung wirksam, solange die Basis gleicher Grundsätze nicht verlassen wird[13]. Fraglich ist, ob das BMI auf der anderen Seite **verpflichtet** sein kann, sein Einvernehmen zu erteilen, wenn einzelne Länder entgegen dem Willen des BMI nach § 23 I 1 vorgehen wollen. Diese Frage wurde seit 2020 im Hinblick auf Schutzsuchende in griechischen Aufnahmeeinrichtungen verstärkt diskutiert[14], weil die Länder Berlin, Bremen und Thüringen deren Aufnahme entgegen dem Willen des BMI beabsichtigten[15]. Das BVerwG hat mit Urteil v. 15.3.2022[16] diesbezüglich entschieden, dass die Versagung des Einvernehmens des BMI rechtmäßig war: Die Entscheidung über das Einvernehmen dient der Wahrung der Bundeseinheitlichkeit und ist an diesem Zweck auszurichten. Bundeseinheitlichkeit bezieht sich auf eine im Grundsatz einheitliche Behandlung der fraglichen Personengruppe im Bundesgebiet und zielt unter anderem auf die Verhinderung negativer Auswirkungen auf die anderen Länder oder den Bund. Dies berechtigt das BMI im Grundsatz auch, ein koordiniertes Vorgehen aller oder mehrerer durch das Gemeinsame Europäische Asylsystem zusammengeschlossenen Mitgliedstaaten durch eine kohärente und einheitliche Vertretung der Bundesrepublik Deutschland zu befördern. Hat der Bund in eigener Zuständigkeit Ausländer aus der fraglichen Gruppe aus denselben humanitären Gründen aufgenommen, darf er einem Landesaufnahmeprogramm zudem bei fehlender Kohärenz mit den eigenen, auf dieselbe Personengruppe bezogenen Maßnahmen das Einvernehmen verweigern. Bei der Bewertung der Erheblichkeit von Uneinheitlichkeiten im Einzelfall hat das BMI einen Beurteilungsspielraum. Im konkreten Fall der länderseits beabsichtigten Aufnahme zusätzlicher „Moria-Flüchtlinge" war die Versagung des Einvernehmens nach Auffassung des BVerwG rechtmäßig: Das BMI hat rechtsfehlerfrei darauf abgestellt, dass die Aufnahmeanordnung Berlins zu einer – grundlegend – unterschiedlichen Rechtsstellung von Personen aus demselben griechischen Flüchtlingslager im Bundesgebiet geführt hätte.

Den **Inhalt** der Anordnung kann die oberste Landesbehörde frei bestimmen. Sie kann insbesondere die zu begünstigenden Gruppen nach ihr als sachgerecht erscheinenden Kriterien auswählen. Eine **Willkürkontrolle**[17] führt nicht zur Erweiterung des festgelegten begünstigten Personenkreises und ist daher in der Regel ohne praktische Bedeutung. Die oberste Landesbehörde hat einen weiten Gestaltungsspielraum, der es nicht zulässt, dass der Gruppenzuschnitt zwingend in eine Richtung festzulegen wäre. Kommt es zu einer verfassungsrechtlich unzulässigen Ungleichbehandlung, so könnte die oberste Landesbehörde die Vergleichsgruppe aus dem Anwendungsbereich der Erlassregelung herausnehmen.

Begünstigt sein können auch **Kriegs- oder Bürgerkriegsflüchtlinge;** durch § 24 und die zugrunde liegende Schutzgewährungs-RL ist dies nicht ausgeschlossen (s. Abs. 3). Die Landesregierung kann ganz oder zT die entsprechende Anwendung des § 24 vorsehen und auch andere Voraussetzungen für die Erteilung der Aufenthaltserlaubnis festlegen, zB Aufenthaltsdauer, Alter, Familienstand, Sicherung von Wohnung und Lebensunterhalt sowie kraft ausdrücklicher gesetzlicher Bestimmung auch die Notwendigkeit einer Verpflichtungserklärung nach § 68. Die politische Idee, damit ein „Kirchenkontingent" einzurichten, ist für die Anwendung nicht maßgeblich[18]. Die Verpflichtungserklärung kann von jeder natürlichen oder juristischen Person abgegeben werden[19].

---

[10] BVerwG Urt. v. 19.9.2000 – 1 C 19.99, BVerwGE 112, 63 (66 f.) – NVwZ 2001, 333; VGH BW Beschl. v. 1.3.2017 – 11 S 48/17, DVBl. 2017, 580.
[11] VGH BW Urt. v. 20.4.2002 – 13 S 314/02, EZAR 015 Nr. 29.
[12] BVerwG Urt. v. 19.9.2000 – 1 C 19.99, BVerwGE 112, 63 (69) = NVwZ 2001, 333.
[13] AA VGH BW Beschl. v. 13.9.1994 – 11 S 3155/93, VGHBW-Ls 1994, Beilage 11, B4; offengelassen BVerwG Beschl. v. 14.3.1997 – 1 B 66.97, InfAuslR 1997, 302.
[14] Vgl. dazu die Rechtsgutachten von *Karpenstein/Sangi,* Aufnahme von Flüchtenden aus den Lagern auf den griechischen Inseln durch die deutschen Bundesländer – Rechtliche Voraussetzungen und Grenzen – Rechtliche Stellungnahme, 5.3.2020 sowie von *Heuser,* Rechtsgutachten zur Zulässigkeit der Aufnahme von Schutzsuchenden durch die Bundesländer aus EU-Mitgliedstaaten, 15.1.2020.
[15] Aktuell erstrebt das Land Berlin Medienberichten zufolge vor dem BVerwG die Erteilung des entsprechenden Einvernehmens von der Bundesrepublik.
[16] 1 A 1.21.
[17] S. hierzu HessVGH Beschl. v. 20.9.1994 – 13 TG 2354/94, EZAR 015 Nr. 4; Beschl. v. 27.7.1995 – 12 TG 2342/95, InfAuslR 1996, 116; BayVGH Beschl. v. 13.1.1999 – 10 ZB 98.3537, AuAS 1999, 74; ThürOVG Beschl. v. 16.5.1995 – 3 KO 774/94, ThürVBl 1995, 257; *Schenk* VBlBW 1995, 457; *Jannasch* VBlBW 1991, 45.
[18] Krit. *Groß* ZAR 2005, 61; zum Unterschied zwischen Kirchenasyl und Kirchenkontingent *Babo* ZAR 2001, 269.
[19] Zum Inhalt auch → § 60a Rn. 5 f.

1 AufenthG § 23

13   Die Aufenthaltserlaubnis wird **befristet** erteilt (§ 26 I). Die Verlängerung richtet sich nach § 26 II oder speziellen Vorgaben der Anordnung.

14   **b) § 23 Abs. 2.** Die **Anordnung nach Abs. 2** unterscheidet sich von der nach Abs. 1 dadurch, dass sie besonders gelagerte politische Interessen[20] der Bundesrepublik Deutschland voraussetzt und die Erteilung einer Niederlassungserlaubnis vorsehen kann (s. Abs. 2 S. 3). Sinn und Zweck der Regelung in § 23 II besteht darin, einen gesetzlichen Rahmen und das Verfahren zu schaffen, um bestimmten Gruppen von noch nicht eingereisten Ausländern zur Wahrung besonders gelagerter politischer Interessen der Bundesrepublik einen rechtmäßigen Aufenthalt im Bundesgebiet zu ermöglichen[21]. Hierdurch kann bei Aufnahmeentscheidungen, die typischerweise eine größere Zahl von Ausländern in gleicher oder vergleichbarer Weise betreffen, ein gleichmäßiger **Verwaltungsvollzug** sichergestellt werden. Nach den Gesetzesmaterialien enthält § 23 II daher eine der Anordnungsbefugnis der Länder nach § 23 I nachgebildete Anordnungsbefugnis des Bundes, derer es wegen der gleichzeitigen Verlagerung der Zuständigkeit für das Aufnahmeverfahren von den Ländern auf den Bund (vgl. § 75 Nr. 8) bedurfte, da Anordnungen der Länder als Rechtsgrundlage für den Bundesvollzug nicht in Betracht kommen[22].

15   Das Verfahren ist **vierstufig** aufgebaut:
– Anordnung des BMI
– Benehmen aller obersten Landesbehörde
– konkrete Aufnahmezusage durch das BAMF und
– Erteilung des Aufenthaltstitels durch die Ausländerbehörde

16   Mit der Neufassung des § 23 II durch das 7. Gesetz zur Änderung des BVG vom 16.5.2007 (BGBl. I S. 748) wurde für den Bund eine dem § 23 I nachgebildete Rechtsgrundlage (**Anordnungsbefugnis**) zur Aufenthaltsgewährung bei besonders gelagerten politischen Interessen geschaffen (Bundesvollzug beim BAMF). Die Anordnung des **BMI**, gegenüber dem **BAMF** Aufnahmezusagen an Ausländer aus bestimmten Staaten zu erteilen, erfolgt im Benehmen mit den Ländern. Eine Zustimmung ist – anders als bei Abs. 1 – nicht erforderlich. Die Länder vollziehen die Aufnahmeentscheidung des BAMF durch Erteilung des Aufenthaltstitels (Niederlassungserlaubnis oder Aufenthaltserlaubnis) entsprechend der Aufnahmezusage.

17   Ob das BMI nach § 23 II eine Anordnung erlässt, steht in seinem **Ermessen** („kann"). Dieses Ermessen ist lediglich durch das im Gesetz genannte Motiv („zur Wahrung besonders gelagerter politischer Interessen der Bundesrepublik Deutschland") dahingehend begrenzt, dass eine Anordnung nicht aus anderen Gründen erlassen werden darf. Dabei ergibt sich aus der Natur der Sache, dass das BMI bei der Definition der besonders gelagerten politischen Interessen der Bundesrepublik und der Festlegung der Aufnahmekriterien weitgehend frei ist. Es handelt sich hierbei um eine politische Leitentscheidung, die grundsätzlich keiner gerichtlichen Überprüfung unterliegt. Das BMI kann im Rahmen seines Entschließungs- und Auswahlermessens den von einer Anordnung erfassten Personenkreis bestimmen. Es kann dabei positive Kriterien (Erteilungsvoraussetzungen) und negative Kriterien (Ausschlussgründe) aufstellen. Ein **Anspruch** des einzelnen Ausländers, von einer Anordnung nach § 23 II erfasst zu werden, besteht nicht[23].

18   Bei der Anordnung über die Aufnahme jüdischer Zuwanderer handelt es sich um eine **innerdienstliche RL.** Diese unterliegt nicht wie eine Rechtsnorm einer eigenständigen richterlichen Auslegung[24]. Außenwirkung kommt der Anordnung nur mittelbar zu über die Verpflichtung der Behörde und Gerichte zur Beachtung von **Art. 3 I GG,** wenn und soweit sich eine der RL entsprechende **Behördliche Praxis** tatsächlich herausgebildet hat (sog. Selbstbindung der Verwaltung)[25]. Weicht das BAMF im Einzelfall von der konkreten Handhabung der Anordnung ab, erwächst dem Ausländer aus Art. 3 I GG ein gerichtlich durchsetzbarer Anspruch auf Gleichbehandlung nach Maßgabe der tatsächlichen Anwendung der Anordnung. Denn der Sinn der Regelung besteht gerade darin, eine einheitliche Aufnahmepraxis zu erreichen. Die Gerichte haben daher nachzuprüfen, ob der Gleichheitssatz bei der Anwendung der Anordnung durch das BAMF gewahrt worden ist[26].

19   Eingeschränkt besteht aber insoweit eine Rechtskontrolle, als auch die auf der Grundlage von § 23 II festgelegten Aufnahmevoraussetzungen als solche in ihrer konkreten Anwendung einer ver-

---

[20] S. § 22.
[21] BVerwG Urt. v. 15.11.2011 – 1 C 21.10, InfAuslR 2012, 129 Rn. 11.
[22] BVerwG Urt. v. 15.11.2011 – 1 C 21.10, InfAuslR 2012, 129 Rn. 11 unter Hinweis auf Beschlussempfehlung und Bericht des Innenausschusses, BT-Drs. 16/4444, 6.
[23] BVerwG Urt. v. 15.11.2011 – 1 C 21.10, InfAuslR 2012, 129 Rn. 13; sich dem anschließende BayVGH Beschl. v. 27.10.2021 – 19 ZB 19.300, BeckRS 2021, 33528.
[24] BVerwG Urt. v. 15.11.2011 – 1 C 21.10, InfAuslR 2012, 129 Rn. 14; OVG Bln-Bbg Beschl. v. 18.5.2012 – OVG 2 N 106.10, BeckRS 2012, 52909 Rn. 4.
[25] BVerwG Urt. v. 15.11.2011 – 1 C 21.10, InfAuslR 2012, 129 Rn. 14; OVG Bln-Bbg Beschl. v. 18.5.2012 – OVG 2 N 106.10, BeckRS 2012, 52909 Rn. 4.
[26] BVerwG Urt. v. 15.11.2011 – 1 C 21.10, InfAuslR 2012, 129 Rn. 15.

waltungsgerichtliche **Willkürkontrolle** unterliegen[27]. Allenfalls in besonders gelagerten Ausnahmefällen kann die Beschränkung der Aufnahme auf Ausländer, die bestimmte Aufnahmekriterien erfüllen, und der damit verbundene Ausschluss von Ausländern, die diese Kriterien nicht erfüllen, willkürlich sein, wenn für die vorgenommene Differenzierung keinerlei nachvollziehbare Gründe ersichtlich sind[28].

Im Hinblick auf den Anwendungsfall des § 23 II, die **jüdische Zuwanderung** aus der ehemaligen Sowjetunion mit Ausnahme der baltischen Staaten, ist das Benehmen auf Basis der Beschlusslage der Innenministerkonferenz vom Juni und November 2005 hergestellt. Die Anordnung des BMI gemäß § 23 II betrifft die Neuregelung der jüdischen Zuwanderung[29] und ist zeitgleich mit Inkrafttreten des 7. Gesetzes zur Änderung des BVG an das BAMF ergangen. Die Anordnung regelt die Voraussetzungen für die Erteilung von Aufnahmezusagen an jüdische Zuwanderer aus der ehemaligen Sowjetunion. Die Aufnahmezusage wird vom BAMF in bundeseigener Verwaltung erteilt. 20

Nach dieser Anordnung des BMI über die **Aufnahme jüdischer Zuwanderer** können als jüdische Zuwanderer nur Personen aufgenommen werden, die nach staatlichen, vor 1990 ausgestellten Personenstandsurkunden selbst jüdischer Nationalität sind oder von mindestens einem Elternteil jüdischer Nationalität abstammen (I 2. lit. a der Anordnung). Der dabei verwendete Begriff der „jüdischen Nationalität" beruht auf einer Besonderheit in der ehemaligen Sowjetunion und ihren Nachfolgestaaten. Diese unterscheiden zwischen der Staatsangehörigkeit und der Nationalität. Das Judentum wird der Nationalität zugerechnet, die in staatlichen Personenstandsurkunden angegeben ist[30]. 21

Der Aufenthaltstitel erfordert nicht völkerrechtliche oder humanitäre Gründe, die anderen Voraussetzungen müssen auch eingehalten sein. Mit Aufnahme dieser Regelung wurde das Kontingentflüchtlingsgesetz (HumAG) abgelöst. Die seit 1991 praktizierte **Aufnahme von Juden** aus den Nachfolgestaaten der Sowjetunion (bis 2004 über 150.000 Personen) beruht auf einer Besprechung des Bundeskanzlers mit den Regierungschefs der Länder[31]. Sie stößt aus mehreren Gründen auf politische wie rechtliche Bedenken. Die berufliche Integration ist trotz hoher Qualifikation mit erheblichen Schwierigkeiten verbunden[32]. Die früher vertretene entsprechende Anwendung des HumAG erscheint rechtlich nicht haltbar, weil eine analoge Anwendung des HumAG nicht gerechtfertigt und eine andere gesetzliche Grundlage nicht ersichtlich ist[33]. Für die Aufnahme dieses Personenkreises sprechen triftige Gründe der humanitären Hilfe und der Unterstützung des Wiederaufbaus jüdischer Gemeinden in Deutschland. 22

Seit dem Inkrafttreten der Regelung des § 23 II können sich jüdische Zuwanderer, die noch in entsprechender Anwendung des HumHAG aufgenommen wurden, nicht mehr auf das **Abschiebungsverbot aus § 60 I 2 iVm § 1 I HumHAG und Art. 33 GFK** berufen[34]. Nach § 101 I 2 werden Kontingentflüchtlinge und Personen, auf die das KontingentflüchtlingsG von der Verwaltung nur entsprechend angewendet worden ist, aufenthaltsrechtlich gleichbehandelt; ihr bestehendes Daueraufenthaltsrecht wird fortgeschrieben[35]. Aus der Zusammenschau der Regelungen in den §§ 101 und 103 wird hingegen deutlich, dass nur ein gesetzlich erworbener Kontingentflüchtlingsstatus über den 1.1.2005 hinaus fortbesteht. 23

Dieser systematische Befund wird durch die **Gesetzesmaterialien** bestätigt. Denn nur in der Begründung zu § 101 I 2 wird die Gruppe der jüdischen Emigranten genannt; an dieser Stelle wird die Neuregelung des § 23 II ausdrücklich auch auf Aufnahmefälle aus der Vergangenheit erstreckt: „Für jüdische Immigranten, die in entsprechender Anwendung des HumHAG aufgenommen wurden, gilt § 23 Abs 2, …"[36]. Diesen Regelungen ist der hinreichend deutliche Wille des Gesetzgebers zu entnehmen, mit der abschließenden aufenthaltsrechtlichen Neuregelung in § 23 II auch die Fälle der vor dem 1.1.2005 aufgenommenen jüdischen Emigranten zu erfassen, um die bisherige, aus der entsprechenden Anwendung des KontingentflüchtlingsG resultierende unklare Rechtslage für die Zukunft zu bereinigen[37]. Die darin liegende unechte Rückwirkung ist mit Blick auf die bisherigen rechtlichen Unsicherheiten verfassungsrechtlich unbedenklich. Denn die Betroffenen behalten ihr Daueraufenthaltsrecht und haben die Möglichkeit, bei Furcht vor Verfolgung einen Asylantrag zu 24

---

[27] So wohl BVerwG Urt. v. 15.11.2011 – 1 C 21.10, BVerwGE 141, 151.
[28] Vgl. BVerwG Urt. v. 15.11.2011 – 1 C 21.10, BVerwGE 141, 151; OVG Bln-Bbg Beschl. v. 18.5.2012 – OVG 2 N 106.10, BeckRS 2012, 52909 Rn. 4.
[29] Schreiben v. 24.5.2007 – MI1-125 225-3/6, nunmehr idF v. 22.4.2020 – Anordnung BMI.
[30] BVerwG Urt. v. 15.11.2011 – 1 C 21.10, InfAuslR 2012, 129 Rn. 12.
[31] Dazu *Hochreuther* NVwZ 2000, 1376; *Weizsäcker* ZAR 2004, 93; Bericht in ZAR 1999, 239; zu Grundlagen, Entwicklung und Empfehlungen vgl. Zuwanderungsbericht 2001, S. 185 ff.; Jahresgutachten 2004, S. 151 ff.
[32] Dazu *Gruber/Rüßler* ZAR 2002, 94; *Rüßler* ZAR 2000, 268.
[33] *Raabe* ZAR 2004, 410; OVG Bln Beschl. v. 12.4.2002 – 8 S 41.02, EZAR 240 Nr. 10.
[34] BVerwG Urt. v. 22.3.2012 – 1 C 3.11, InfAuslR 2012, 261 Rn. 27 ff.; BayVGH Beschl. v. 20.11.2012 – 19 CS 12.1978, BeckRS 2012, 59853.
[35] BVerwG Urt. v. 22.3.2012 – 1 C 3/11, InfAuslR 2012, 261 Rn. 31.
[36] BT-Drs. 15/420, 100.
[37] BVerwG Urt. v. 22.3.2012 – 1 C 3/11, InfAuslR 2012, 261 Rn. 31; aA VGH BW Urt. v. 13.7.2011 – 11 S 1413/10, InfAuslR 2011, 383 (389).

stellen. Schließlich ist bei dem Personenkreis der jüdischen Emigranten, die nicht wegen eines Verfolgungsschicksals aufgenommen worden sind, auch kein schutzwürdiges Vertrauen auf den Fortbestand eines ihnen möglicherweise in der Vergangenheit gewährten flüchtlingsrechtlichen Abschiebungsschutzes ersichtlich[38].

25 Abs. 2 regelt ausdrücklich die Möglichkeit, der Niederlassungserlaubnis eine **wohnsitzbeschränkende Auflage** beizufügen[39]. Aufenthaltserlaubnis berechtigt kraft Gesetzes zur Ausübung einer **Erwerbstätigkeit** (vgl. § 4a I).

2. Verwaltungsverfahren und Rechtsstellung

26 Je nach der Ausgestaltung der Bedingungen erwächst dem Betroffenen aufgrund der Anordnung ein **Rechtsanspruch** auf Erteilung oder nur auf ermessensfehlerfreie Bescheidung[40]. Hieran sind insgesamt auch Auslandsvertretung und Ausländerbehörden gebunden.

27 Im Unterschied zu den Möglichkeiten des § 24 IV und V kommt der Befugnis nach § 23 weitreichende Bedeutung zu, und zwar über das betreffende Land hinaus. Deshalb ist das **Einvernehmen** des BMI iRv Abs. 1 vorgeschrieben (anders § 60a II für die Aussetzung von Abschiebungen bis zu sechs Monaten). Das Einvernehmen ist zweckgebunden; es soll (nur) die Bundeseinheitlichkeit sicherstellen[41].

28 Bei der Erteilung der Aufenthaltserlaubnis oder Niederlassungserlaubnis sind die jeweiligen **allgemeinen Voraussetzungen** zu beachten (§§ 5, 10, 11). Die Niederlassungserlaubnis nach § 23 II 3 kann entgegen § 9 I räumlich beschränkt werden, um die Verteilung der nach Abs. 2 aufgenommenen Personen auf die Länder zu ermöglichen. Die Verlängerung der Aufenthaltserlaubnis erfolgt nach Maßgabe von § 8 I.

29 Grenzt eine Anordnung eine Personengruppe willkürlich aus, so kann der Ausländer **Feststellungsklage** nach § 43 VwGO erheben, dass er unter Verstoß gegen Art. 3 I GG nicht von dem Anwendungsbereich erfasst wird. Das Feststellungsinteresse leitet sich aus der Möglichkeit ab, dass die oberste Landesbehörde ggf. die Anordnung zugunsten des Ausländers ändert, was sie aber wegen des weiten Gestaltungsspielraums nicht muss, weshalb eine Verpflichtungsklage mangels Klagebefugnis unzulässig ist. Um die Rechtskraft des Feststellungsurteils auf das Land zu erstrecken, sollte eine Beiladung nach § 65 I VwGO erfolgen.

IV. Resettlement

30 Mit dem 2015 angefügten Abs. 4 wird das Instrumentarium des sog. Resettlements ausdrücklich in das deutsche Asylrecht integriert. Unter „Resettlement" versteht man die **dauerhafte Neuansiedlung von besonders schutzbedürftigen Flüchtlingen** in einem zur Aufnahme bereiten Drittstaat, der ihnen intern Schutz gewährt und die Möglichkeit bietet, sich im Land zu integrieren. Der UNHCR schreibt hierzu illustrativ[42]:

> „Kriege, politische Unruhen, Krisen – Menschen müssen aus den verschiedensten Gründen aus ihren Heimatländern fliehen. In erster Linie sind es die Nachbarstaaten solcher Krisenregionen, oft selbst arme Länder, die dann in kurzer Zeit die Aufnahme vieler tausender Flüchtlinge organisieren müssen und damit häufig strukturell überfordert sind. Flüchtlinge möchten so schnell wie möglich in ihre Heimat zurückkehren, doch oft lassen die Verhältnisse im Herkunftsland eine baldige Rückkehr nicht zu. Wenn für ein Erstzufluchtsland der Flüchtlingsstrom zu groß ist oder es die Sicherheit für eine dauerhafte Integration der Flüchtlinge nicht bieten kann, ist die Neuansiedlung in einem Drittland, das sog. Resettlement, oft die einzig mögliche Lösung. Resettlement ist neben freiwilliger Rückkehr, Asyl und Integration eine von drei dauerhaften Lösungen um Flüchtlinge zu unterstützen, sich ein neues Leben in Frieden und Würde aufzubauen."

31 In der **Gesetzesbegründung**[43] heißt es zu Abs. 4 ua:

> „Das deutsche Programm zur ,Neuansiedlung von Schutzsuchenden' (sog. Resettlement) wurde auf der Ständigen Konferenz der Innenminister und -senatoren der Länder im Herbst 2011 zunächst für drei Jahre – beginnend ab 2012 – als Pilotprojekt beschlossen. (...) Das deutsche Resettlement-Programm, in dessen Rahmen seit 2012 jährlich 300 Flüchtlinge nach Deutschland kommen, wird nach einem Beschluss der Herbstkonferenz der Innenminister und -senatoren der Länder aus dem Jahr 2013 ab 2015 – im Anschluss an das erfolgreiche Pilotverfahren – fortgesetzt und verstetigt werden. Da es somit künftig ein **fest institutionalisiertes Programm zur Neuansiedlung von Schutzsuchenden** in Deutschland geben wird, soll eine

---

[38] BVerwG Urt. v. 22.3.2012 – 1 C 3/11, InfAuslR 2012, 261 Rn. 32.
[39] OVG LSA Urt. v. 12.1.2012 – 2 L 104/10, BeckRS 2012, 47796 geht davon aus, dass jüdischen Emigranten aus der ehemaligen Sowjetunion, denen in entsprechender Anwendung von § 1 III HumHAG unbefristete Aufenthaltserlaubnisse erteilt wurden, keine wohnsitzbeschränkenden Auflagen erteilt werden können.
[40] → § 60a Rn. 7.
[41] Näher Renner AiD Rn. 6/497; → § 60a Rn. 8 f.
[42] www.unhcr.de/mandat/dauerhafte-loesungen/resettlement.html.
[43] BT-Drs. 18/4097, 40 f.

speziell auf diese Form der Zuwanderung aus humanitären Gründen zugeschnittene Regelung die Voraussetzungen und Folgen sowie Privilegierungen – etwa beim Familiennachzug – normieren."

Weiter führt der Gesetzgeber aus: **32**

*„Nach dem neuen § 23 Abs. 4 ordnet das BMI im Benehmen mit den obersten Landesbehörden gegenüber dem BAMF an, dass eine bestimmte Zahl von Resettlement-Flüchtlingen im Rahmen der Kontingentaufnahme aus bestimmten Erstaufnahmeländern aufgenommen werden soll. In der jeweiligen **Aufnahmeanordnung des BMI** werden zugleich weitere Details festgelegt, zB zur Staatsangehörigkeit der Aufzunehmenden und zu den weiteren Kriterien, die sie erfüllen müssen (zB humanitäre Kriterien, Einheit der Familie). **Auf dieser Grundlage erteilt das BAMF** anschließend in Fortführung der bisherigen, bewährten Praxis bestimmten Personen, die zB vom UNHCR als besonders schutzbedürftig befunden und für ein Resettlement ausgewählt wurden, im Anschluss an individuelle Interviews **eine konkrete Aufnahmezusage**. Nach Durchführung des **Visumverfahrens** werden die Schutzsuchenden nach Deutschland gebracht. Die Länder vollziehen die Aufnahmeentscheidung des BAMF durch Erteilung des entsprechenden Aufenthaltstitels Ein **Rechtsanspruch** eines einzelnen Ausländers auf Aufnahme in das Resettlement-Programm besteht nicht."*

Die Aufnahme ist mithin eine politisch motivierte **Ermessensentscheidung** und damit gerichtlich **33** nur sehr eingeschränkt überprüfbar (→ Rn. 18). Nach Abs. 4 S. 2 gilt Abs. 2 S. 2–5 entsprechend, dh, es findet kein **Vorverfahren** statt. Entsprechend der **Aufnahmezusage** ist eine Aufenthaltserlaubnis oder (ggf. eine wohnsitzbeschränkte) Niederlassungserlaubnis zu erteilen; die Aufenthaltserlaubnis berechtigt kraft Gesetzes ohne behördliche Erlaubnis zu jeder selbstständigen oder unselbstständigen **Arbeit**. Des Weiteren gelten die Abs. 3–5 des § 24 entsprechend, dh, die Aufgenommenen werden auf die Länder **verteilt und zugewiesen und** müssen dort Wohnung und gewöhnlichen Aufenthalt nehmen. Auch hiergegen findet kein **Vorverfahren** statt und die Klage hat keine **aufschiebende Wirkung**.

V. Bisherige Anordnungen

In der Praxis waren bzw. sind folgende **Anordnungen** rechtlich bedeutsam: **34**
– Anordnung nach § 32 AuslG über die Bleiberechtsregelung für Yeziden aus der Türkei idF v. 2.1.1995
– Anordnung nach § 32 AuslG über die ausländerrechtliche Behandlung vor dem 1.7.1990 eingereister abgelehnter Vertriebenenausweisbewerberinnen und -bewerber v. 4.9.1995
– Anordnung nach § 32 AuslG über die Härtefallregelung für ausländische Familien mit langjährigem Aufenthalt v. 15.5.1996
– Anordnung nach § 32 AuslG über die ausländische Behandlung ehemaliger DDR-Vertragsarbeitnehmer aus Angola, Mozambique und Vietnam idF v. 10.8.1998
– Anordnung über den aufenthaltsrechtlichen Status von Christen aus der Türkei idF v. 1.9.1998
– Anordnung zur rechtlichen Behandlung abgelehnter Asylbewerber nach §§ 32, 54 des AuslG idF v. 20.1.1999
– Anordnung über die ausländerrechtliche Behandlung von Staatsangehörign des ehemaligen Ostblocks nach §§ 32 und 54 AuslG idF v. 20.1.1999
– Anordnung nach § 32 AuslG über die Härtefallregelung für ausländische Familien mit langjährigem Aufenthalt v. 12.1.2000
– Anordnung nach § 32 AuslG über Regelungen für Bürgerkriegsflüchtlinge aus Bosnien-Herzegowina und Kosovo, insbesondere für schwer Traumatisierte aus Bosnien-Herzegowina v. 31.1.2001
– Anordnung nach § 32 AuslG über Regelungen für erwerbstätige Flüchtlinge aus Bosnien-Herzegowina und der Bundesrepublik Jugoslawien v. 15.6.2001
– Anordnung nach § 32 AuslG über die ausländerrechtliche Behandlung von abgelehnten Bewerbern um eine Spätaussiedlerbescheinigung v. 28.5.2002
– Anordnung nach § 23 AufenthG über die Aufnahme jüdischer Zuwanderer und ihren Familienangehörigen aus der ehemaligen Sowjetunion – mit Ausnahme der baltischen Staaten – v. 10.2.2006
– Aufnahme jüdischer Zuwanderer und ihren Familienangehörigen aus der ehemaligen Sowjetunion – mit Ausnahme der baltischen Staaten – wohnsitzbeschränkende Auflage bei studienwilligen jüdischen Zuwanderern
– Aufnahme jüdischer Zuwanderer und ihren Familienangehörigen aus der ehemaligen Sowjetunion – mit Ausnahme der baltischen Staaten – Anordnung des BMI gegenüber dem BMF v. 24.5.2007 gemäß § 23 II AufenthG idF des 7. Gesetzes zur Änderung des BVG
– Anordnung nach § 23 AufenthG für afghanische Staatsangehörige v. 1.8.2005
– Anordnung des Innenministeriums nach § 23 AufenthG über ein Bleiberecht für im Bundesgebiet wirtschaftlich und sozial integrierte ausländischer Staatsangehöriger v. 20.11.2006
– Anordnung des Innenministeriums nach § 23 AufenthG über ein Bleiberecht für im Bundesgebiet wirtschaftlich und sozial integrierte ausländischer Staatsangehöriger v. 20.11.2006; Verzicht auf die vorherige Beteiligung der BA

- Anordnung des BMI gemäß § 23 II, III iVm § 24 AufenthG zur vorübergehenden Aufnahme von Schutzbedürftigen aus Syrien und Anrainerstaaten Syriens v. 30.5.2013
- Anordnung des BMI gemäß § 23 II, III iVm § 24 AufenthG zur vorübergehenden Aufnahme von Schutzbedürftigen aus Syrien und Anrainerstaaten Syrien sowie Ägypten v. 23.12.2013
- Anordnung des BMI gemäß § 23 II, III iVm § 24 AufenthG zur vorübergehenden Aufnahme von Schutzbedürftigen aus Syrien und Anrainerstaaten Syriens sowie Ägypten und Libyen v. 18.7.2014
- Anordnung des BMI gemäß § 23 I AufenthG über die Aufnahme jüdischer Zuwanderer aus der ehemaligen Sowjetunion mit Ausnahme der Baltischen Staaten idF v. 21.5.2015
- Anordnung des BMI gemäß § 23 II AufenthG zur Aufnahme von in der Türkei lebenden syrischen Staatsangehöriger oder Staatenloser, die zuvor in Syrien lebten, sowie deren Angehörigen v. 11.1.2017
- Anordnung des BMI gemäß § 23 II AufenthG zur Aufnahme von Schutzbedürftigen aus der Türkei v. 15.1.2021 (=Fortsetzung der Anordnung des MBI v. 13.1.2019, die am 31.12.2020 auslief)

§ 23a Aufenthaltsgewährung in Härtefällen

(1) ¹Die oberste Landesbehörde darf anordnen, dass einem Ausländer, der vollziehbar ausreisepflichtig ist, abweichend von den in diesem Gesetz festgelegten Erteilungs- und Verlängerungsvoraussetzungen für einen Aufenthaltstitel sowie von den §§ 10 und 11 eine Aufenthaltserlaubnis erteilt wird, wenn eine von der Landesregierung durch Rechtsverordnung eingerichtete Härtefallkommission darum ersucht (Härtefallersuchen). ²Die Anordnung kann im Einzelfall unter Berücksichtigung des Umstandes erfolgen, ob der Lebensunterhalt des Ausländers gesichert ist oder eine Verpflichtungserklärung nach § 68 abgegeben wird. ³Die Annahme eines Härtefalls ist in der Regel ausgeschlossen, wenn der Ausländer Straftaten von erheblichem Gewicht begangen hat oder wenn ein Rückführungstermin bereits konkret feststeht. ⁴Die Befugnis zur Aufenthaltsgewährung steht ausschließlich im öffentlichen Interesse und begründet keine eigenen Rechte des Ausländers.

(2) ¹Die Landesregierungen werden ermächtigt, durch Rechtsverordnung eine Härtefallkommission nach Absatz 1 einzurichten, das Verfahren, Ausschlussgründe und qualifizierte Anforderungen an eine Verpflichtungserklärung nach Absatz 1 Satz 2 einschließlich vom Verpflichtungsgeber zu erfüllender Voraussetzungen zu bestimmen sowie die Anordnungsbefugnis nach Absatz 1 Satz 1 auf andere Stellen zu übertragen. ²Die Härtefallkommissionen werden ausschließlich im Wege der Selbstbefassung tätig. ³Dritte können nicht verlangen, dass eine Härtefallkommission sich mit einem bestimmten Einzelfall befasst oder eine bestimmte Entscheidung trifft. ⁴Die Entscheidung für ein Härtefallersuchen setzt voraus, dass nach den Feststellungen der Härtefallkommission dringende humanitäre oder persönliche Gründe die weitere Anwesenheit des Ausländers im Bundesgebiet rechtfertigen.

(3) ¹Verzieht ein sozialhilfebedürftiger Ausländer, dem eine Aufenthaltserlaubnis nach Absatz 1 erteilt wurde, in den Zuständigkeitsbereich eines anderen Leistungsträgers, ist der Träger der Sozialhilfe, in dessen Zuständigkeitsbereich eine Ausländerbehörde die Aufenthaltserlaubnis erteilt hat, längstens für die Dauer von drei Jahren ab Erteilung der Aufenthaltserlaubnis dem nunmehr zuständigen örtlichen Träger der Sozialhilfe zur Kostenerstattung verpflichtet. ²Dies gilt entsprechend für die in § 6 Abs. 1 Satz 1 Nr. 2 des Zweiten Buches Sozialgesetzbuch genannten Leistungen zur Sicherung des Lebensunterhalts.

Allgemeine Verwaltungsvorschrift
23a Zu § 23a – Aufenthaltsgewährung in Härtefällen
23a.0 Allgemeines
23a.0.1 Die Regelung bietet die Grundlage für die Erteilung einer Aufenthaltserlaubnis an vollziehbar ausreisepflichtige Ausländer in besonders gelagerten Härtefällen, in denen nach den allgemeinen Erteilungs- und Verlängerungsvoraussetzungen für einen Aufenthaltstitel keine Aufenthaltserlaubnis erteilt werden kann. Begünstigt werden kann nur ein Ausländer, der sich bereits im Bundesgebiet aufhält. Seine weitere Anwesenheit im Bundesgebiet muss durch dringende humanitäre oder persönliche Gründe gerechtfertigt sein. Ziel dieser Regelung ist es, einen Einzelfall humanitär zu lösen, der bei Anwendung der allgemeinen Bestimmungen des Aufenthaltsgesetzes nicht sachgerecht hätte gelöst werden können. Die Tatsache, dass diese Vorschrift nur für vollziehbar ausreisepflichtige Ausländer und nur bei besonders gelagerten Härtefällen zur Anwendung kommt, unterstreicht den Ausnahmecharakter der Vorschrift. Die Erteilung einer Aufenthaltserlaubnis nach § 23a ist insbesondere nicht als Ersatz für eine Bleiberechtsregelung zugunsten einer großen Anzahl von Ausländern vorgesehen, sondern als Abhilfemöglichkeit in besonders gelagerten, humanitären Fallgestaltungen, beispielsweise – je nach den Umständen des Einzelfalls – bei Ausländern oder Ausländerinnen, die in Fällen schwerer häuslicher Gewalt oder im Zusammenhang mit einer drohenden bzw. durchgeführten Zwangsverheiratung suizidgefährdet oder traumatisiert sein können.
Die Anwendbarkeit der Vorschrift setzt voraus, dass die jeweilige Landesregierung durch Rechtsverordnung die in § 23a Absatz 1 genannte Stelle (Härtefallkommission) bestimmt. Hierzu sind die Landesregierungen nach § 23a Absatz 2 ermächtigt; eine Verpflichtung zur Einrichtung einer Härtefallkommission besteht nicht.
23a.0.2 Ausländern, die nicht vollziehbar ausreisepflichtig sind, kann bei Vorliegen der tatbestandlichen Voraussetzungen nach § 25 Absatz 4 Satz 1 eine Aufenthaltserlaubnis für einen vorübergehenden Aufenthalt erteilt werden.

Aufenthaltsgewährung in Härtefällen § 23a AufenthG 1

23a.1 Voraussetzungen
23a.1.1.1 Die Härtefallregelung setzt vor die Erteilung einer Aufenthaltserlaubnis ein mehrstufiges Verfahren. Die von der Landesregierung eingerichtete Härtefallkommission richtet zunächst ein entsprechendes Ersuchen an die oberste Landesbehörde oder die durch Rechtsverordnung bestimmte Stelle. Diese entscheidet auf der Grundlage des Härtefallersuchens, ob sie anordnet, dass einem Ausländer eine Aufenthaltserlaubnis erteilt wird. Wenn eine Anordnung vorliegt, erteilt die Ausländerbehörde dem Ausländer eine Aufenthaltserlaubnis nach § 23a Absatz 1. Die Vorschrift vermittelt dem Ausländer selbst keinen subjektiven Anspruch auf das Stellen eines Ersuchens durch die Härtefallkommission, auf die Anordnung der obersten Landesbehörde oder die durch Rechtsverordnung bestimmte Stelle sowie auf die Erteilung der Aufenthaltserlaubnis. Das Härtefallverfahren steht ausschließlich im öffentlichen Interesse und ist nicht mit dem Ausländer gerichtlich nicht überprüfbares, rein humanitär ausgestaltetes Entscheidungsverfahren.
23a.1.1.2 Voraussetzung für ein Härtefallersuchen ist, dass der Ausländer vollziehbar ausreisepflichtig ist und ein Härtefall vorliegt. Bei dem Härtefallersuchen handelt es sich um eine Empfehlung wertender Art durch ein weisungsfreies Gremium. Die Härtefallkommission wird ausschließlich im Wege der Selbstbefassung tätig. Ist die Härtefallkommission der Auffassung, dass bei Anlegung eines strengen Maßstabes dringende humanitäre oder persönliche Gründe die weitere Anwesenheit eines Ausländers in Deutschland rechtfertigen, kann sie ein Härtefallersuchen stellen.
23a.1.1.3 Die oberste Landesbehörde oder die durch Rechtsverordnung bestimmte Stelle entscheidet nach Ermessen, ob auf Grund des Härtefallersuchens die Erteilung einer Aufenthaltserlaubnis angeordnet wird. Sie wird insbesondere dann nicht dem Ersuchen folgen, wenn dieses auf eine fehlerhafte Tatsachengrundlage gestützt, der strenge Maßstab für ein Härtefallersuchen nicht eingehalten wird, der Ausländer Straftaten von erheblichem Gewicht begangen hat oder ein in der Rechtsverordnung der Landesregierung vorgesehener Ausschlussgrund vorliegt. Ausschlussgründe können insbesondere vorliegen, wenn
– der Ausländer zum Zweck der Aufenthaltsbeendigung, zur Aufenthaltsermittlung oder Festnahme ausgeschrieben ist,
– der Ausländer rechtskräftig wegen einer Straftat verurteilt worden ist, es sei denn, er darf sich als nicht vorbestraft bezeichnen,
– eine Ausweisungsverfügung nach § 53, § 54 Nummer 5, 5a, 7, § 55 Absatz 2 Nummer 8 oder eine Abschiebungsanordnung nach § 58a erlassen worden ist,
– nicht zu erwarten ist, dass der Ausländer seinen Lebensunterhalt zukünftig ohne Inanspruchnahme öffentlicher Mittel bestreiten kann,
– der Ausländer seinen Lebensunterhalt in der Vergangenheit überwiegend durch öffentliche Mittel bestritten hat, obwohl er zur Aufnahme einer Beschäftigung berechtigt und zumutbar in der Lage war.

Für die Erteilung einer Aufenthaltserlaubnis kann von den im Aufenthaltsgesetz festgelegten allgemeinen Erteilungs- und Verlängerungsvoraussetzungen für einen Aufenthaltstitel abgewichen werden. Ein Abweichen von den Versagungsgründen des § 5 Absatz 4 ist hingegen nicht zulässig.
23a.1.2 Sofern die oberste Landesbehörde oder die durch Rechtsverordnung bestimmte Stelle dem Härtefallersuchen entsprechen will, hat sie zu entscheiden, ob die Anordnung der Aufenthaltsgewährung von der Sicherung des Lebensunterhalts oder der Abgabe einer Verpflichtungserklärung abhängig gemacht wird oder ob die Inanspruchnahme öffentlicher Mittel unschädlich sein soll. Dabei wird zu berücksichtigen sein, ob der Ausländer in der Vergangenheit auf zumutbare Weise zum eigenen Lebensunterhalt beigetragen hatte und ob zu erwarten ist, dass er auch in Zukunft seinen Lebensunterhalt durch eigene Erwerbstätigkeit sichern kann. Ordnet sie die Erteilung einer Aufenthaltserlaubnis an, ist diese von der zuständigen Ausländerbehörde zu erteilen.
23a.1.3 Die Durchführung des Verfahrens nach § 23a soll – insbesondere bei offensichtlich unbegründeten Eingaben – nicht zu einer Verzögerung von aufenthaltsbeendenden Maßnahmen führen. Die Befassung der Härtefallkommission oder das Vorliegen eines Härtefallersuchens begründen kein Abschiebungshindernis und auch keinen Anspruch auf Aussetzung der Abschiebung nach § 60 a. Die Regelung des § 60a Absatz 2 Satz 3 bleibt hiervon unberührt.
23a.1.4 Durch § 23a Absatz 1 Satz 4 wird klargestellt, dass die Härtefallregelung keine subjektiven Rechte des Ausländers begründet. Das Härtefallverfahren begründet lediglich eine faktische Begünstigung, nicht aber eine rechtliche Begünstigung für Personen, die alle in Betracht kommenden Möglichkeiten, ein Aufenthaltsrecht für die Bundesrepublik Deutschland zu erhalten, in der Vergangenheit bereits genutzt hatten.
23a.2 Verfahren
Die Landesregierungen können durch Rechtsverordnung bestimmen, dass andere als oberste Landesbehörden die Anordnung über die Aufenthaltsgewährung in Härtefällen treffen. Durch Rechtsverordnung wird auch die Zusammensetzung der Härtefallkommission bestimmt. Dabei kann die Aufgabe der Härtefallkommission auch auf bestehende Einrichtungen übertragen werden.
23a.3 Kostenerstattung bei Umzug
§ 23a Absatz 3 verbindet mit der Anordnung der Aufenthaltsgewährung in Härtefällen eine finanzielle Verantwortung für den Bereich der Sozialhilfegewährung bzw. der Leistungen zur Sicherung des Lebensunterhalts nach § 6 Absatz 1 Satz 1 Nummer 2 SGB II.

Übersicht

	Rn.
I. Entstehungsgeschichte	1
II. Allgemeines	2
III. Anwendungsbereich	5
IV. Härtefallkommission	7
V. Härtefälle	11
VI. Härtefallersuchen	14
VII. Härtefallanordnung	20
VIII. Kostenerstattung	22
IX. Rechtsschutz	23

1 AufenthG § 23a

I. Entstehungsgeschichte

1   Die Vorschrift war im **Gesetzesentwurf zum ZuwG**[1] nicht enthalten und hat auch keinen Vorgänger im AuslG. Sie wurde aufgrund des Vermittlungsverfahrens eingefügt[2] und sollte am 31.12.2009 außer Kraft treten[3]. Die Vorschrift über das Außerkrafttreten von § 23a wurde durch Gesetz v. 20.12.2008 mWz 1.1.2009 aufgehoben[4]. § 23a gilt somit unbefristet weiter. Aufgrund von Art. 1 Nr. 3 des Gesetzes zur Änderung des AufenthG und weiterer Gesetze vom 14.3.2005 wurde Abs. 3 S. 2 redaktionell angepasst. Nr. 13 des Gesetzes v. 22.11.2011 (BGBl. I S. 2259) fügte mWz 26.11.2011 die Wörter „sowie von den §§ 10 und 11" in Abs. 1 S. 1 ein. Das AufenthGÄndG 2015 hat keine Änderungen vorgenommen, wohl aber das **AsylVfBeschlG 2015,** das in Abs. 1 S. 3 folgenden Halbsatz anfügte: „oder wenn ein Rückführungstermin bereits konkret feststeht". Hierzu führte der Gesetzgeber aus: „Die Erweiterung der Ausschlussgründe ist ausländerrechtlich geboten, um eine missbräuchliche Befassung der Härtefallkommissionen zu vermeiden, wenn der Rückführungstermin bereits konkret feststeht. Davon unbenommen bleibt, dass die Befassung der Härtefallkommission nicht die Rückführung hindert."

II. Allgemeines

2   Härtefallkommissionen existierten in vier Bundesländern schon unter der Geltung des AuslG; in anderen Ländern hatten die Petitionsausschüsse ähnliche Aufgaben übernommen[5]. Sie überprüften in der Regel die Entscheidungen in abgeschlossenen Fällen und regten ggf. eine erneute Prüfung auf der Grundlage des geltenden Rechts an. Nunmehr ist eine **formalisierte Empfehlung** für eine Lösung abweichend von den gesetzlichen Bestimmungen vorgesehen.

3   Die Länder sind zur Einrichtung von Härtefallkommissionen durch Rechtsverordnung der Landesregierung ermächtigt, sie sind aber **nicht** dazu **verpflichtet.** Weder der Wortlaut des Gesetzes noch allgemeine Prinzipien, wie etwa die Bundestreue, zwingen die Länder zur Inanspruchnahme der ihnen eröffneten Möglichkeit, eine solche Institution zu schaffen[6]. Wenn sie davon Gebrauch machen, sind sie an den vorgegebenen Rahmen hinsichtlich Verfahren und Kompetenzen gebunden.

4   Zwischenzeitlich haben alle Bundesländer Härtefallkommissionen **eingerichtet:** Baden-Württemberg[7], Bayern[8], Berlin[9], Brandenburg[10], Bremen[11], Hamburg[12], Hessen[13]; Mecklenburg-Vorpommern[14]; Niedersachsen[15], Nordrhein-Westfalen[16]; Rheinland-Pfalz[17]; Saarland[18], Sachsen[19], Sachsen-Anhalt[20]; Schleswig-Holstein[21] und Thüringen[22].

III. Anwendungsbereich

5   Eine Beschränkung des persönlichen Anwendungsbereichs der Härtefallregelung ergibt sich aus § 23a I 1: Danach ist sie nur in Bezug auf solche Ausländer anwendbar, die **vollziehbar ausreisepflichtig** sind. Vollziehbar ausreisepflichtig ist im Prinzip jeder Ausländer, der keinen Aufenthaltstitel (mehr) hat (§§ 58 II iVm § 50 I), wobei die Duldung kein Aufenthaltstitel ist (vgl. § 60a IV). Allerdings ist § 23a I 1 insofern nicht frei von Widersprüchen, als er nicht nur ein Abweichen von den Voraussetzungen für die Erteilung eines Aufenthaltstitels zulässt, sondern auch ein Abweichen von den

---

[1] BT-Drs. 15/420.
[2] BT-Drs. 15/3479, 4.
[3] Art. 15 IV ZuwG.
[4] BGBl. 2008 I S. 2846.
[5] Zuwanderungsbericht 2001, S. 170 f.
[6] AA *Groß* ZAR 2005, 61.
[7] VO v. 28.6.2005, GBl. 2005 S. 455 geändert durch VO v. 17.4.2012, BW GBl. S. 212.
[8] VO v. 8.8.2006, GVBl. 2006 S. 455.
[9] VO v. 3.1.2005, GVBl. 2005 S. 11.
[10] VO v. 17.12.2005, GVBl. II 2005 S. 46, geändert durch Art. 1 der VO v. 5.10.2006, GVBl. II 2006 S. 446.
[11] VO v. 12.12.2005, GBl. 2006 S. 29, geändert 13.12.2007, GBl. 2007 Nr. 52 und durch Art. 2 XXV des Gesetzes v. 22.12.2011, BGBl. I S. 3044.
[12] Gesetz v. 4.5.2005, GVBl. 2005 S. 190.
[13] VO v. 23.2.2005, GVBl. I 2005 S. 105, geändert durch Gesetz zur Einrichtung einer Härtefallkommission (Härtefallkommissionsgesetz – HFKG), GVBl. I 2008 S. 842.
[14] VO v. 25.2.2005, GVBl. 2005 S. 84.
[15] VO v. 6.8.2006, GVBl. 2006 S. 426, geändert durch VO v. 10.9.2008, GVBl. 2008 S. 279, und v. 9.12.2009, GVBl. 2009 S. 448, und v. 3.7.2012, NdsGVBl. S. 214.
[16] VO v. 14.12.2004, GVBl. 2004 S. 820; s. auch *Weber* ZAR 2005, 203 ff.
[17] VO v. 18.3.2005, GVBl. 2005 S. 92.
[18] VO v. 14.12.2004, ABl. 2004 S. 2659.
[19] VO v. 11.7.2005, GBl. 2005 S. 184.
[20] VO v. 9.3.2005, GVBl. 2005 S. 136.
[21] VO v. 19.1.2000, GVOBl. 2000 S. 101, zuletzt geändert durch VO v. 11.1.2005, GVOBl. 2005 S. 9.
[22] VO v. 5.1.2005, GVBl. 2005 S. 1.

Voraussetzungen für dessen Verlängerung. Letzteres kann wiederum nur sinnvoll sein, wenn (noch) ein Aufenthaltstitel vorhanden ist[23]. § 23a kann nicht angewendet werden, wenn ein Ausländer zwar vollziehbar ausreisepflichtig ist, aber sicher oder möglicherweise nach anderen Bestimmungen des AufenthG ein Aufenthaltsrecht oder die Aussetzung der Abschiebung erreichen könnte. Im Wortlaut des § 23a deutet sich eine **Subsidiarität** dieser Vorschrift gegenüber anderen Bestimmungen des AufenthG in der Formulierung „abweichend von" an. Außerdem liegt kein Härtefall vor, wenn der Ausländer die Ausreisepflicht auch ohne die Anwendung der Härtefallregelung abwenden könnte und nur in dem Zeitpunkt, in dem er sich an eine Härtefallkommission wendet, vollziehbar ausreisepflichtig ist. Insbesondere die Altfallregelung in §§ 104a und b, die Aufenthaltstitel nach § 25a und b sowie die großzügigere Auslegung des Art. 8 I EMRK iRd § 25 V werden zu einer Reduzierung der Härtefälle führen. § 23a begründet ein eigenständiges Aufenthaltsrecht, das insbesondere nicht an die Herstellung und Wahrung der familiären Lebensgemeinschaft anknüpft[24].

Die Bestimmungen des § 23a sollte nicht unbefristet gelten. Nach Art. 15 IV ZuwG sollten sowohl 6 § 23a als auch die auf ihm beruhenden landesrechtlichen VO und Gesetze am 31.12.2009 außer Kraft treten. Die Vorschrift über das Außerkrafttreten des § 23a wurde mWz 1.1.2009 aufgehoben[25], sodass **die Härtefallregelung unbefristet gilt.** Der Übergangscharakter, den § 23a ursprünglich aufwies, deutet darauf hin, dass er nur der Abwicklung von Altfällen dienen sollte[26]. Da aber das AuslRÄndG 2007 keinen grundsätzlichen Wechsel in der Ausgestaltung des deutschen Ausländerrechts brachte, sondern mit der Altfallregelung in §§ 104a und 104b nur eine Stichtagsregelung eingeführt hat und auch das AufenthGÄndG 2015 insoweit keine wesentlichen Änderungen einführte, dürften weiterhin neue Härtefälle auftreten, die wiederum mit den allgemeinen Vorschriften des Ausländerrechts nicht befriedigend gelöst werden können.

IV. Härtefallkommission

Die **Einrichtung** der Kommission obliegt der Landesregierung. Es besteht keine Verpflichtung, 7 eine Härtefallkommission einzurichten. § 23a II 1 spricht nur von einer Ermächtigung, sodass die Einrichtung einer Kommission im politischen Ermessen der Landesregierung liegt. Der Inhalt der Rechtsverordnung ist nur zum Teil vorgegeben. Zu bestimmen sind Verfahren, Ausschlussgründe und qualifizierte Anforderungen an die Verpflichtungserklärung. Zu dem Verfahren gehört auch die Zusammensetzung der Kommission, die das Gesetz nicht vorgibt. Gesetzliche Vorgaben für eine **Verfahrensordnung** werden nicht aufgestellt; die LandesVwVfG sind nicht anwendbar, da keine Verwaltungstätigkeit einer Verwaltungsbehörde vorliegt. Die Möglichkeit der Exekutive, auf Ersuchen einer Härtefallkommission eine Aufenthaltserlaubnis zu erteilen, obwohl die gesetzlichen Voraussetzungen für die Erteilung einer Aufenthaltserlaubnis „an sich" nicht vorliegen, bedarf einer parlamentsgesetzlichen Regelung, die mit § 23a vorliegt[27].

Die **personelle Zusammensetzung** kann frei gestaltet werden. Der Kommission können auch 8 Personen angehören, die kein kommunales oder staatliches Amt bekleiden und auch kein Mitglied einer Vertretungskörperschaft auf kommunaler oder Landesebene sind. Auch sonst ist die Mitgliedschaft in der Kommission Beschränkungen aufgrund des Gesetzes oder der Funktion der Kommission nicht unterworfen. Vor allem kann nicht mit Blick auf die Kompetenzen eine parlamentarische Verantwortlichkeit aller Mitglieder verlangt werden.

Nicht unwesentlich für die Praxis ist die Frage, wie Härtefallkommissionen von möglichen Härtefäl- 9 len Kenntnis erlangen und wer verlangen kann, dass sich eine Härtefallkommission mit einem möglichen Härtefall befasst. § 23a II 2 legt fest, dass eine Härtefallkommission „ausschließlich" im Wege der **Selbstbefassung** tätig wird. § 23a II 3 ergänzt, dass Dritte die Befassung einer Kommission mit einem bestimmten Einzelfall nicht verlangen können. Die Härtefallkommission bestimmt selbst, ob sie einen bestimmten Einzelfall im Hinblick auf das Vorliegen eines Härtefalls untersucht. Das **Verfahren ist rein verwaltungsinterner Natur**[28], dh, es entfaltet gegenüber dem Ausländer keine Außenwirkung. Ihre Entscheidungen bewegen sich mithin außerhalb des abschließenden gesetzlichen Rahmens, in dem Aufenthaltsrecht gewährt wird, und auch außerhalb der gesetzlichen vorgesehen Rechtsschutzmöglichkeiten[29]. Dabei ist unerheblich, ob es um eine inhaltliche Entscheidung der Härtefallkommission geht oder um eine vorgeschaltete Verhandlung der Vorsitzenden dieses Gremiums. Damit ergibt sich im Umkehrschluss, dass sämtliche außenstehenden Personen und Institu-

---

[23] *Schröder* Asylmagazin 2004/10.
[24] OVG Bln-Bbg Beschl. v. 5.5.2017 – OVG 11 S 14.17, OVG 11 M 5.17, BeckRS 2017, 110282 Rn. 11.
[25] Gesetz v. 20.12.2008, BGBl. I S. 2846.
[26] *Schröder* Asylmagazin 2004/10.
[27] ThürVerfGH, Urt. v. 16.12.2020 – 14/18, NVwZ-RR 2021, 513.
[28] VG Schleswig Beschl. v. 21.6.2005 – 2 B 68/05, BeckRS 2006, 25951.
[29] Vgl. VG Oldenburg Beschl. v. 22.11.2010 – 11 B 3094/10, NVwZ-RR 2011, 260; VG Schleswig Beschl. v. 21.6.2005 – 2 B 68/05, InfAuslR 2005, 466; *Burr* in GK-AufenthG § 23a Rn. 11; *Storr* in Storr ua, Zuwanderungsrecht, AufenthG § 23a Rn. 10.

tionen eine Härtefallkommission nicht dazu anhalten können, sich mit einem Einzelfall zu beschäftigen.

10 Ob das einzelne Mitglied einer Härtefallkommission die Befassung mit einem Einzelfall verlangen kann oder nur eine Gruppe von Mitgliedern, entscheiden die Landesregierungen ebenso wie gegebenenfalls die an diese Gruppe zu stellenden Anforderungen (etwa Mindestquorum, Einrichtung eines Vorprüfungsausschusses etc). Dies hat in den Ländern zu **unterschiedlichen Modellen** geführt; so erfolgt eine Befassung etwa aufgrund Eingaben des Ausländers oder seines Bevollmächtigten, eines Eingabe- oder Vorprüfungsausschusses, einzelner Mitglieder der Kommission oder einer Geschäftsstelle.

V. Härtefälle

11 Ein Härtefallersuchen wird eine Härtefallkommission nur abgeben, wenn sie zuvor Tatsachen festgestellt hat, nach denen der untersuchte Einzelfall einen Härtefall darstellt. Dies soll der Fall sein, wenn dringende humanitäre oder persönliche Gründe die weitere Anwesenheit des Ausländers im Bundesgebiet rechtfertigen. § 23a II 4 unterscheidet zwischen **humanitären und persönlichen Gründen.** Dabei reicht nach dem Wortlaut der Vorschrift aus, dass nur einer der beiden Gründe vorliegt. Der Begriff des humanitären Grundes wird im AufenthG nicht definiert, obwohl er auch an anderen Stellen verwendet wird (§§ 6 I, 22, 23 I, 25 IV, 29 III, 60a I). Der Begriff des persönlichen Grundes findet sich in § 25 IV. Humanitäre und persönliche Gründe sind nur verschiedene Aspekte einer Bewertung des Einzelfalls, die im Wege einer Gesamtbetrachtung ermittelt und berücksichtigt werden sollen. Ein Härtefall wird nur aus Gründen angenommen werden können, die sich gerade auf den betreffenden Ausländer beziehen. Eine Differenzierung zwischen inlandsbezogenen und zielstaatsbezogenen Gründen nimmt § 23a nicht vor. Dringende humanitäre Gründe können auch eine Aufnahme aus dem Ausland durch Auslandsvertretung und Ausländerbehörde rechtfertigen[30]. Die außerdem in Betracht kommenden dringenden persönlichen Gründe sind nicht weiter umrissen oder erläutert. Daher bildet dieses Begriffspaar einen selbstständigen Auffangtatbestand, dessen Reichweite wie etwa auch im Falle des § 7 I 2[31] durch Abgrenzung gegenüber den sonstigen gesetzlichen geregelten Fällen bestimmt werden kann. Dazu bedarf es keiner weiteren abstrakten Kriterien, sondern lediglich noch der Beurteilung der Umstände des Einzelfalls. Die zentrale Aufgabe bei Bestimmung des Härtefalls liegt nämlich bei den Besonderheiten des Einzelfalls und nicht bei der Bildung und Bewertung von Personengruppen.

12 Nach § 23a II 4 müssen die humanitären oder persönlichen Gründe auch dringend sein. Der Ausländer muss bei einer Aufenthaltsbeendigung besonders schwerwiegende Nachteile zu befürchten haben. Dies allein begründet keine **Dringlichkeit,** wenn dem Ausländer noch andere rechtliche Wege als die Anrufung einer Härtefallkommission offenstehen. Hier kommt ein Antrag auf Erteilung einer Duldung ebenso in Betracht wie ein Antrag nach § 25 V oder die Stellung eines Asyl- bzw. Folgeantrags. Fraglich ist auch, ob humanitäre oder persönliche Gründe auch dann gerade als dringende Gründe berücksichtigt werden können, wenn sie zB im Rahmen eines Asylverfahrens entweder bereits von einer Behörde oder einem Gericht inhaltlich geprüft wurden oder zwar vorgetragen wurden, aber wegen verspäteter Beibringung nicht geprüft, sondern präkludiert wurden. Hier ist zu berücksichtigen, dass im Rahmen der Härtefallregelung von den allgemeinen Voraussetzungen für die Erteilung eines Aufenthaltstitels gerade abgewichen werden darf. Ein Härtefallersuchen ist also weder durch andere rechtliche Möglichkeiten des Ausländers noch durch vorhergehende asyl- oder ausländerrechtliche Entscheidungen ausgeschlossen[32].

13 § 23a I 3 enthält einen **Ausschlussgrund** für die Anwendung der Härtefallregelung. Die erfassten Fälle dürfen daher in der Härtefallkommission nicht behandelt werden. Danach soll die Annahme eines Härtefalls zur Vermeidung von missbräuchlicher Befassung der Härtefallkommission, die ohnehin nicht die Rückführung hindert (→ Rn. 1), in der Regel ausgeschlossen sein, wenn ein Rückführungstermin bereits konkret feststeht, dh vor Härtefallersuchen dem Betroffenen schon mitgeteilt worden ist, oder der Ausländer „Straftaten von erheblichem Gewicht" begangen hat. Es werden nur **rechtskräftige Verurteilungen** erfasst. Entgegen dem Wortlaut, der von „Straftaten" spricht, erfasst der Ausschlusstatbestand nach Sinn und Zweck auch eine einzelne Straftat[33]. Die geforderte **Erheblichkeit der Straftat** wird bei Einschlägigkeit eines schweren oder besonders schweren Ausweisungsinteresses nach § 54 oder einer Abschiebungsanordnung nach § 58a vorliegen. Da die Annahme eines Härtefalls nur „in der Regel" ausgeschlossen ist, kann in Ausnahmefällen trotz erheblicher Straftaten ein Verfahren vor der Härtefallkommission durchgeführt werden.

---

[30] Dazu näher → § 22 Rn. 4.
[31] Dazu dort → § 7 Rn. 12 ff.
[32] Ausf. *Schröder* Asylmagazin 2004/10.
[33] AA *Schröder* Asylmagazin 2004/10.

VI. Härtefallersuchen

Die **Aufgabe** der Härtefallkommission besteht in der Prüfung von Einzelfällen ausreisepflichtiger 14
Ausländer mit dem Ziel eines Härtefallersuchens. Die Kommission wird nur im Wege der Selbstbefassung tätig und kann nicht von Dritten dazu veranlasst werden, sich mit einem Fall zu befassen oder eine bestimmte Entscheidung zu treffen. Da Rechte des Ausländers nicht begründet werden sollen, ist ihm auch selbst kein Antragsrecht verliehen. Schließlich ist **keine förmliche Ablehnung eines Ersuchens vorgesehen,** sondern nur ein positives Ersuchen.

Die **Rechtsgrundlage** für das Ersuchen ist nicht eine bestimmte Norm für eine an anderer Stelle 15
vorgesehene Aufenthaltserlaubnis aus humanitären Gründen, sondern Abs. 1 S. 1 und Abs. 2 S. 4. Da das Härtefallersuchen auf eine Anordnung der Landesregierung gerichtet ist, teilt es deren Rechtsgrundlage, nämlich eine Abweichung von den im Gesetz festgelegten Erteilung- und Verlängerungsvoraussetzungen. Außerdem sind für das Ersuchen selbst dringende humanitäre oder persönliche Gründe vorausgesetzt, die den weiteren Aufenthalt im Bundesgebiet rechtfertigen. Es ist also nicht zu überprüfen, ob die bereits zum Aufenthalt getroffenen Entscheidungen unter Umständen nach geltendem Recht auch anders hätten getroffen werden können und nochmals bedacht werden sollen. Das Gesetz stellt der Kommission vielmehr eine eigene Grundlage für die Bestimmung eines Härtefalls zur Verfügung. Damit wird die praktische Unzulänglichkeit des sonstigen Systems bestätigt und gleichzeitig Abhilfe ermöglicht. Eine solche Gesetzestechnik ist nicht ungewöhnlich und bei komplexen Sachverhalten nicht unsachgerecht[34].

Aus diesem Gesamtzusammenhang lässt sich die Entscheidungsgrundlage **hinreichend sicher** be- 16
stimmen; damit werden Kommission und Behörde auch nicht von gesetzlichen Tatbeständen freigestellt[35]. Rechtsgrund für die Erteilung der Aufenthaltserlaubnis soll nicht eine der sonstigen Normen sein, sondern außerhalb des Systems des humanitären Aufenthaltsrechts dringende humanitäre oder persönliche Gründe.

Zusammengefasst ist das Härtefallersuchen wie die anschließende Entscheidung der obersten Landes- 17
behörde darauf gerichtet, einen **Einzelfall humanitär zu lösen,** der bei der Anwendung des Gesetzes sonst nicht gerecht behandelt werden kann. Es sollen keine gesetzlichen Lücken gefüllt oder das Gesetz ergänzt oder verbessert werden. Dringende humanitäre oder persönliche Gründe für einen Verbleib in Deutschland können sich aus einer unglücklichen Konstellation oder Entwicklung des persönlichen Schicksals ergeben, die unter andere Vorschriften nicht subsumiert werden können, weil sie von den dort erfassten Sachverhalten abweichen. Sie können durch eine ungewöhnlich lange Aufenthaltsdauer ohne gesicherten Status noch verstärkt werden. Schließlich können sie auf einem ungünstigen Zusammenwirken von persönlichen und wirtschaftlichen Faktoren beruhen, die trotz langem Aufenthalt eine Inanspruchnahme ministerieller Altfallregelungen nach § 60a I unmöglich gemacht haben.

Das Härtefallersuchen enthält eine mit den Einzelfallerwägungen begründete **Empfehlung** für die 18
Erteilung einer Aufenthaltserlaubnis. Es stellt dringende humanitäre oder persönliche Gründe fest und stellt Ermessenserwägungen an. Das Ersuchen schließt die erste Stufe des Härtefallverfahrens ab und richtet sich **ausschließlich an die oberste Landesbehörde,** nicht an die Ausländerbehörde oder den Ausländer selbst. Eine aussagekräftige Begründung ist nicht nur zweckmäßig, sondern angezeigt, weil die Entscheidung über die Aufenthaltserlaubnis durch die oberste Landesbehörde getroffen wird und das Ersuchen ohne eine auf die Person bezogene Begründung kaum nachvollziehbar ist.

§ 23a regelt nicht, ob für die Dauer des Verfahrens von einer Abschiebung abzusehen ist. Grund- 19
sätzlich muss vermieden werden, dass die Durchführung des Verfahrens – insbesondere bei offensichtlich unbegründetem Ersuchen – zur Verzögerung von aufenthaltsbeendenden Maßnahmen führt. Die Befassung der Härtefallkommission oder das Vorliegen eines Härtefallersuchens begründe kein **Abschiebungshindernis.** Dieser Auffassung ist zuzustimmen, soweit es Fälle betrifft, in denen § 23a I 3 eine Befassung der Härtefallkommission ausschließt. Außerdem führt allein ein Antrag an die Härtefallkommission noch nicht dazu, dass diese sich mit dem Vorgang befasst, sodass bis zur Einleitung des Verfahrens kein Abschiebungshindernis angenommen werden kann. In sonstigen Fällen ist hingegen von einem Abschiebungshindernis auszugehen. Befasst sich die Härtefallkommission mit einem Fall, so muss der Aufenthalt des Ausländers bis zum Abschluss des Verfahrens sichergestellt bleiben, da andernfalls das Verfahren leerlaufen würde.

VII. Härtefallanordnung

Die oberste Landesbehörde trifft eine **eigene Ermessensentscheidung.** Sie ist an das Ersuchen, das 20
den Charakter einer Empfehlung hat, nicht gebunden, sondern hat selbst dringende humanitäre oder persönliche Gründe festzustellen und die widerstreitenden Interessen abzuwägen. Obwohl ein faktischer Zwang von der politischen Erwartung ausgehen kann, dem Ersuchen zu entsprechen, ist die Behörde frei. Sie kann von einer Anordnung Abstand nehmen, weil sie die Feststellungen oder die

---

[34] Ebenso *Groß* ZAR 2005, 61.
[35] AA *Schönenbroicher* ZAR 2004, 353.

Beurteilung durch die Kommission nicht teilt oder aus anderen Gründen eine Aufenthaltserlaubnis zum weiteren Verbleib nicht für gerechtfertigt hält. Gefahren für die öffentliche Sicherheit werden nur dann eine Rolle spielen, wenn sie unterhalb der Schwelle des § 23a I 3 liegen, da Straftaten von erheblichem Gewicht in der Regel schon das Vorliegen eines Härtefalls ausschließen. Ein möglicherweise entgegenstehendes öffentliches Interesse nennt § 23a I 2 in Form der Unterhaltssicherung. Der Empfänger einer solchen Anordnung wird im Gesetz nicht genannt, es dürfte sich dabei aber um die zuständige Ausländerbehörde handeln. Diese hat keinerlei Prüfungsspielraum, sondern muss der Anordnung Folge leisten.

21   Die **Anordnung** kann von Erteilungs- und Verlängerungsvoraussetzungen abweichen, nicht aber von Versagungsgründen (§ 5 IV) oder Erteilungsverboten (§§ 10 III 2, 11 I, 29 III)[36]. Sie kann die Sicherung des Lebensunterhalts oder die Abgabe einer Verpflichtungserklärung nach § 68 verlangen. Die Ausländerbehörde ist an die Anordnung gebunden und hat keinen eigenen Spielraum bei Erteilung der Aufenthaltserlaubnis.

VIII. Kostenerstattung

22   Abs. 3 enthält eine Regelung, nach der im Falle des Umzugs eines **sozialhilfebedürftigen Ausländers,** dem nach § 23a eine Aufenthaltserlaubnis erteilt wurde, der Sozialhilfeträger des ursprünglichen Wohnorts des Ausländers für die Dauer von drei Jahren ab Erteilung der Aufenthaltserlaubnis gegenüber dem neuen Sozialhilfeträger zur Kostenerstattung verpflichtet bleibt. Entsprechendes gilt, wenn Leistungen zur Sicherung des Lebensunterhalts nach § 6 I 1 Nr. 2 SGB II gewährt werden.

IX. Rechtsschutz

23   Bei den Rechtsschutzfragen sind drei Problemkreise zu unterscheiden:
– die Weigerung der Härtefallkommission, sich mit dem Fall zu befassen,
– die Weigerung der obersten Landesbehörde, nach Ergehen eines Härtefallersuchens eine Anordnung zu erlassen und
– die Weigerung der Ausländerbehörde, einer Anordnung der obersten Landesbehörde nachzukommen.

24   § 23a II 3 bestimmt, dass Dritte keine Befassung mit einem bestimmten Einzelfall und auch keine bestimmte Entscheidung der Härtefallkommission verlangen können. Hieraus ergibt sich für die **Weigerung der Härtefallkommission, sich mit einem Fall zu befassen**, ein Ausschluss subjektiver Rechte, der einer Klage entgegensteht[37]. Etwas anderes gilt nur für den Fall, dass sich die Härtefallkommission durch § 23a I 3 gehindert sieht, in eine Prüfung einzutreten. Hier muss der Ausländer die Möglichkeit haben, mit einer Feststellungsklage nach § 43 VwGO eine Klärung der Rechtslage herbeizuführen.

25   Erlässt die Härtefallkommission ein Härtefallersuchen und lehnt die für die Anordnung zuständige Stelle den **Erlass einer Anordnung** ab, so ist eine gerichtliche Überprüfung und Korrektur dieses Ergebnisses möglich. Nach § 23a I 4 steht die Befugnis (der zuständigen Stelle) zur Aufenthaltsgewährung ausschließlich im öffentlichen Interesse und begründet keine eigenen Rechte des Ausländers. Als problematisch erweist sich, ob der Ausschluss jeglichen Rechtsschutzes mit **Art. 19 IV GG vereinbar** ist[38]. Zwar ist der Gesetzgeber frei in der Einräumung subjektiver Rechte und hat hier bestimmt, dass eigene Rechte des Ausländers nicht begründet werden, sondern die Befugnis zur Aufenthaltsgewährung ausschließlich im öffentlichen Interesse steht. Hiergegen müssen aber deswegen Bedenken angemeldet werden, weil die Feststellungen an den Tatsachen vorbeigehen und deshalb reine Fiktionen darstellen. Die Aufenthaltsgewährung dient nicht einem öffentlichen Interesse an der Vervollständigung des Systems von Schutzrecht oder an der Verhinderung von Unrecht oder einem Schaden für das Rechtsbewusstsein der Bevölkerung aufgrund einer unbilligen Härte in einem Einzelfall. Sie soll einzig und allein eine Einzelfallgerechtigkeit ermöglichen, wo andere abstrakte Normen versagen. Damit wird nicht einem öffentlichen Bedürfnis Rechnung getragen, sondern der Not im Einzelfall. Nicht Staat, Gesellschaft und Bürger sind begünstigt, sondern der einzelne Ausländer, dem sonst die Abschiebung bevorsteht. Begründet somit § 23a – entgegen seinem Wortlaut – ein subjektives Recht, ist auch der Rechtsschutz gegen die zuständige Stelle möglich[39]. Die Erfolgsaussichten sind allerdings gering; wegen des weiten Ermessensspielraums – wie bei § 22 – kommt nur eine **Leistungsklage auf**

---

[36] AA *Schröder* Asylmagazin 2004/10, der die Ausschluss- und Versagungsgründe als negative Erteilungsvoraussetzungen einstuft.
[37] NdsOVG Beschl. v. 21.2.2018 – 13 ME 56/18, NordÖR 2018, 186; aA *Schröder* Asylmagazin 2004/10.
[38] Bejahend wohl OVG Bln-Bbg Urt. v. 27.2.2018 – OVG 3 B 11.16, BeckRS 2018, 4782; VG Münster Beschl. v. 18.8.2005 – 8 L 683/05, BeckRS 2005, 30854 und VG Oldenburg Beschl. v. 22.11.2010 – 11 B 3094/10, NVwZ-RR 2011, 260; dagegen *Schönenbroicher* ZAR 2004, 351; ebenso *Schröder* Asylmagazin 2004/10.
[39] VG Schleswig Beschl. v. 21.6.2005 – 2 B 68/05, BeckRS 2006, 25951; VG Münster Beschl. v. 18.8.2005 – 8 L 683/05, BeckRS 2005, 30854.

Bescheidung in Betracht, weil die Entscheidung der obersten Landesbehörde ein Verwaltungsinternum[40] ist.

Weigert sich die Ausländerbehörde, eine Anordnung der obersten Landesbehörde umzusetzen, so kann der Kläger eine Rechtsverletzung geltend machen. Da die Ausländerbehörde keinen eigenen Prüfungsspielraum hat, ist die **Klage** unmittelbar auf Verpflichtung zum Erlass einer Aufenthaltserlaubnis zu richten.

§ 24 Aufenthaltsgewährung zum vorübergehenden Schutz

(1) Einem Ausländer, dem auf Grund eines Beschlusses des Rates der Europäischen Union gemäß der Richtlinie 2001/55/EG vorübergehender Schutz gewährt wird und der seine Bereitschaft erklärt hat, im Bundesgebiet aufgenommen zu werden, wird für die nach den Artikeln 4 und 6 der Richtlinie bemessene Dauer des vorübergehenden Schutzes eine Aufenthaltserlaubnis erteilt.

(2) Die Gewährung von vorübergehendem Schutz ist ausgeschlossen, wenn die Voraussetzungen des § 3 Abs. 2 des Asylgesetzes oder des § 60 Abs. 8 Satz 1 vorliegen; die Aufenthaltserlaubnis ist zu versagen.

(3) ¹Die Ausländer im Sinne des Absatzes 1 werden auf die Länder verteilt. ²Die Länder können Kontingente für die Aufnahme zum vorübergehenden Schutz und die Verteilung vereinbaren. ³Die Verteilung auf die Länder erfolgt durch das Bundesamt für Migration und Flüchtlinge. ⁴Solange die Länder für die Verteilung keinen abweichenden Schlüssel vereinbart haben, gilt der für die Verteilung von Asylbewerbern festgelegte Schlüssel.

(4) ¹Die oberste Landesbehörde des Landes, in das der Ausländer nach Absatz 3 verteilt wurde, oder die von ihr bestimmte Stelle kann eine Zuweisungsentscheidung erlassen. ²Die Landesregierungen werden ermächtigt, die Verteilung innerhalb der Länder durch Rechtsverordnung zu regeln, sie können die Ermächtigung durch Rechtsverordnung auf andere Stellen übertragen; § 50 Abs. 4 des Asylgesetzes findet entsprechende Anwendung. ³Ein Widerspruch gegen die Zuweisungsentscheidung findet nicht statt. ⁴Die Klage hat keine aufschiebende Wirkung. ⁵Die Zuweisungsentscheidung erlischt mit Erteilung einer Aufenthaltserlaubnis nach Absatz 1.

(5) ¹Der Ausländer hat keinen Anspruch darauf, sich in einem bestimmten Land oder an einem bestimmten Ort aufzuhalten. ²Er hat seine Wohnung und seinen gewöhnlichen Aufenthalt an dem Ort zu nehmen, dem er nach den Absätzen 3 und 4 zugewiesen wurde.

(6) *(aufgehoben)*

(7) Der Ausländer wird über die mit dem vorübergehenden Schutz verbundenen Rechte und Pflichten schriftlich in einer ihm verständlichen Sprache unterrichtet.

Allgemeine Verwaltungsvorschrift
24 Zu § 24 – Aufenthaltsgewährung zum vorübergehenden Schutz
24.0 Allgemeines
24.0.1 § 24 setzt die Richtlinie 2001/55/EG des Rates vom 20. Juli 2001 über Mindestnormen für die Gewährung vorübergehenden Schutzes im Falle eines Massenzustroms von Vertriebenen und Maßnahmen zur Förderung einer ausgewogenen Verteilung der Belastungen, die mit der Aufnahme dieser Personen und den Folgen dieser Aufnahme verbunden sind, auf die Mitgliedstaaten (ABl. EG Nummer L 212 S. 12, so genannte Richtlinie zum vorübergehenden Schutz) in nationales Recht um.
24.0.2 Artikel 2 Buchstabe a) der Richtlinie definiert vorübergehenden Schutz als ein ausnahmsweise durchzuführendes Verfahren, das im Falle eines aktuellen oder bevorstehenden Massenzustroms von Vertriebenen aus Drittländern, die nicht in ihr Herkunftsland zurückkehren können, diesen sofortigen, vorübergehenden Schutz garantiert, insbesondere wenn auch die Gefahr besteht, dass das Asylsystem diesen Zustrom nicht ohne Beeinträchtigung seiner Funktionsweise und ohne Nachteile für die betroffenen Personen oder andere um Schutz nachsuchende Personen auffangen kann.
24.0.3 Vertriebene i. S. d. Richtlinie sind Drittstaatsangehörige oder Staatenlose, die ihr Herkunftsland oder ihre Herkunftsregion haben verlassen müssen oder evakuiert wurden (etwa nach einem Aufruf internationaler Organisationen) und wegen der in diesem Land herrschenden Lage nicht sicher und dauerhaft zurückkehren können und die möglicherweise Flüchtlinge i. S. d. Genfer Flüchtlingskonvention sind oder in den Anwendungsbereich von internationalen oder nationalen Schutzinstrumenten fallen. Erfasst werden insbesondere Personen, die aus Gebieten geflohen sind, in denen ein bewaffneter Konflikt oder dauernde Gewalt herrscht oder die ernsthaft von systematischen oder weit verbreiteten Menschenrechtsverletzungen bedroht waren oder Opfer solcher Menschenrechtsverletzungen sind (vgl. Artikel 2 Buchstabe c) der Richtlinie).
24.0.4 Unter Massenzustrom ist ein Zustrom einer großen Zahl Vertriebener zu verstehen, der aus einem bestimmten Land oder einem bestimmten Gebiet kommt, unabhängig davon, ob der Zustrom in die Gemeinschaft

---

[40] VG Schleswig Beschl. v. 21.6.2005 – 2 B 68/05, BeckRS 2006, 25951; VG Münster Beschl. v. 18.8.2005 – 8 L 683/05, BeckRS 2005, 30854, die zu Recht darauf abstellen, dass die Entscheidung erst durch Umsetzung durch die Ausländerbehörde Außenwirkung erlangt.

spontan erfolgte oder beispielsweise durch ein Evakuierungsprogramm unterstützt wurde (vgl. Artikel 2 Buchstabe d) der Richtlinie).

24.0.5 Das Bestehen eines Massenzustroms von Vertriebenen wird auf Vorschlag der Kommission, der auch von jedem Mitgliedstaat angeregt werden kann, vom Rat mit qualifizierter Mehrheit per Beschluss festgelegt. Dabei prüft der Rat die Lage und den Umfang der Wanderungsbewegungen von Vertriebenen und bewertet die Zweckmäßigkeit der Einleitung des vorübergehenden Schutzes. Der Ratsbeschluss enthält mindestens (vgl. Artikel 5 Absatz 3 der Richtlinie):

24.0.5.1 – Eine Beschreibung der spezifischen Personengruppen, denen vorübergehender Schutz gewährt wird. Die Mitgliedstaaten können den vorübergehenden Schutz weitergehenden Gruppen von Personen gewähren, die aus den gleichen Gründen vertrieben wurden und aus demselben Herkunftsland oder derselben Herkunftsregion stammen (vgl. Artikel 7 Absatz 1 der Richtlinie).

24.0.5.2 – Den Zeitpunkt des Wirksamwerdens des vorübergehenden Schutzes. Die Dauer des vorübergehenden Schutzes beträgt ein Jahr. Wird die Dauer nicht durch einen Beschluss des Rates beendet, kann sie sich automatisch um jeweils sechs Monate, höchstens jedoch um ein Jahr verlängern. Weitere Verlängerungen bis zu einem Jahr können bei Fortbestehen der Gründe für den vorübergehenden Schutz vom Rat beschlossen werden (vgl. Artikel 4 der Richtlinie). Die maximale Aufenthaltsdauer beträgt hiernach drei Jahre. Ein längerer Aufenthalt ist nur auf einer anderen aufenthaltsrechtlichen Grundlage oder zur Durchführung eines Asylverfahrens möglich.

24.0.5.3 – Informationen der Mitgliedstaaten über ihre Aufnahmekapazität; dem entsprechend erfolgt die Festlegung der Aufnahmequoten auf freiwilliger Basis durch die Mitgliedstaaten (vgl. Artikel 25 Absatz 1 der Richtlinie).

24.0.5.4 – Informationen der Kommission, des UNHCR und anderer einschlägiger Organisationen.

24.0.6 Das Bundesamt für Migration und Flüchtlinge führt nach §§ 91a und 91b ein Register zum vorübergehenden Schutz und darf diese Daten als nationale Kontaktstelle nach Artikel 27 Absatz 1 der Richtlinie zum vorübergehenden Schutz an die in § 91b genannten Stellen übermitteln (näheres hierzu siehe Nummer 91a und 91b).

24.0.7 Erhält ein Asylbewerber vorübergehenden Schutz, ruht das Asylverfahren für die Dauer der vorübergehenden Schutzgewährung. Die Rechtsstellung des Asylbewerbers richtet sich nach § 24 (§ 32a Absatz 1 AsylVfG).

24.0.8 Beantragt ein von Deutschland aufgenommener Ausländer die Verlegung seines Wohnsitzes in einen anderen Mitgliedstaat der Europäischen Union, richtet sich das Verfahren nach §§ 42 und 43 AufenthV.

24.1 Erteilungsvoraussetzungen

Die Erteilung einer Aufenthaltserlaubnis nach § 24 Absatz 1 setzt einen vorangehenden Beschluss des Rates der Europäischen Union voraus, mit dem das Bestehen eines Massenzustroms von Flüchtlingen festgestellt wird, ferner die Erklärung, dass einer Personengruppe vorübergehender Schutz gewährt wird, der der Ausländer zugehört. Erforderlich ist darüber hinaus eine Erklärung des Schutzsuchenden, mit der Aufnahme im Bundesgebiet einverstanden zu sein.

24.2 Ausschlussgründe

Von der Gewährung vorübergehenden Schutzes werden Personen ausgeschlossen, die i. S. v. § 60 Absatz 8 Satz 1 oder des § 3 Absatz 2 AsylVfG eine schwere Straftat verübt haben oder eine Gefahr für die Sicherheit darstellen.

24.3 Verteilung auf die Länder

Das Bundesamt für Migration und Flüchtlinge verteilt die Flüchtlinge auf die Bundesländer (§ 24 Absatz 3 Satz 3). Solange die Länder für die Verteilung keinen abweichenden Schlüssel vereinbart haben, gilt der für die Verteilung von Asylbewerbern festgelegte Schlüssel (§ 24 Absatz 3 Satz 4).

24.4 Zuweisungsentscheidung

Für die Zuweisung des Flüchtlings in den Zuständigkeitsbereich einer bestimmten Ausländerbehörde ist das jeweilige Land zuständig (§ 24 Absatz 4 Satz 1). Die Zuweisungsentscheidung der Länder kommt, im Gegensatz zur Verteilung durch das Bundesamt, Verwaltungsaktqualität zu. Die landesinterne Verteilung können die Länder durch Rechtsverordnung regeln (§ 24 Absatz 4 Satz 2).

24.5 Örtliche Aufenthaltsbeschränkung

Der Ausländer hat Wohnung und gewöhnlichen Aufenthalt an dem Ort zu nehmen, dem er nach Absatz 3 und Absatz 4 zugewiesen wurde. Durch diese kraft Gesetzes vorgesehene örtliche Aufenthaltsbeschränkung soll verzögernden Rechtsstreitigkeiten mit aufschiebender Wirkung von Widerspruch und Klage gegenüber einer isoliert anfechtbaren ausländerbehördlichen Auflage entgegengewirkt werden. Weitergehende Modifizierungen der Aufenthaltserlaubnis (z. B. durch Auflagen nach § 12 Absatz 2) sind möglich, soweit diese nicht mit Bestimmungen der Richtlinie kollidieren.

24.6 Ausübung einer Erwerbstätigkeit

Die Aufenthaltserlaubnis nach § 24 berechtigt nicht bereits bei Erteilung zur Ausübung einer Erwerbstätigkeit, wie dies z. B. in § 22 Satz 3 der Fall ist. Nach Artikel 12 der Richtlinie gestatten die Mitgliedstaaten Personen, die vorübergehenden Schutz genießen, die Ausübung einer abhängigen oder selbständigen Erwerbstätigkeit nach für den jeweiligen Berufsstand geltenden Regeln und können aus Gründen der Arbeitsmarktpolitik EU-/EWR-Bürgern und anderen Bevorrechtigten Vorrang einräumen. Die selbständige Erwerbstätigkeit ist damit auf Antrag zu erlauben; ggf. erforderliche Berufszugangsvoraussetzungen (z. B. Approbation) müssen vorliegen. Hinsichtlich der Ausübung einer Beschäftigung verweist Absatz 6 Satz 2 auf § 4 Absatz 2, was zur Folge hat, dass § 39 Anwendung findet. Soweit nicht die Aufnahme einer nach der BeschV oder BeschVerfV zustimmungsfreien Beschäftigung beabsichtigt ist, ist die Zustimmung der Bundesagentur für Arbeit erforderlich.

I. Entstehungsgeschichte

1   Die Vorschrift entspricht im Wesentlichen dem **Gesetzesentwurf zum ZuwG**[1]; aufgrund des Vermittlungsverfahrens wurde S. 2 in Abs. 1 gestrichen, der das Register beim BAMF (vgl. §§ 91a, 91b) betraf[2]. Der 2. Hs. in Abs. 4 S. 2 wurde mit Wirkung vom **18.3.2005** eingefügt[3]. Durch das

---

[1] BT-Drs. 15/420, 12 f.
[2] BT-Drs. 15/3479, 5.
[3] Art. 1 Nr. 3 ÄndGes v. 14.3.2005, BGBl. I S. 721.

Aufenthaltsgewährung zum vorübergehenden Schutz § 24 AufenthG 1

AuslRÄndG 2007 erfolgte eine redaktionelle Änderung in Abs. 2 als Folge der Übernahme des § 60 VIII 2 in § 3 II AsylG. Abs. 3 erfuhr eine redaktionelle Korrektur. Das AufenthGÄndG 2015 und das Integrationsgesetz 2016 haben keine Änderungen vorgenommen. Das **FEG v. 15.8.2019**[4] führte zu einer Änderung hinsichtlich der Berechtigung zur Ausübung einer Erwerbstätigkeit in Abs. 6 S. 2 im Hinblick auf den ebenfalls durch das FEG 2019 eingeführten § 4a I (Berechtigung zur Erwerbstätigkeit als gesetzlicher Regelfall). Die durch Gesetz vom 23.5.2022 mit Wirkung vom 1.6.2022 erfolgten Änderungen in Abs. 4 S. 1 und S. 5 sowie in Abs. 6 konnten in der vorliegenden Kommentierung noch nicht berücksichtigt werden.

II. Allgemeines

Mit dieser Vorschrift wurde die Schutzgewährungs-RL des Rates über Mindestnormen für die Gewährung vorübergehenden Schutzes im Falle eines Massenzustroms von Vertriebenen und Maßnahmen zur Förderung einer ausgewogenen Verteilung der Belastungen, die mit der Aufnahme dieser Personen und den Folgen dieser Aufnahme verbunden sind, auf die Mitgliedstaaten vom 20.7.2001[5] – nach Ablauf der Umsetzungsfrist – in innerstaatliches Recht **umgesetzt**. 2

Die RL zielt darauf ab, die EU im Falle eines **Massenzustroms von Vertriebenen** handlungsfähig zu machen, indem ein Mechanismus des sofortigen Schutzes ausgelöst wird. Nach Art. 2 lit. d Schutzgewährungs-RL beschreibt der Begriff „Massenzustrom" den Zustrom einer großen Zahl Vertriebener, die aus einem bestimmten Land oder einem bestimmten Gebiet kommen, unabhängig davon, ob der Zustrom in die Gemeinschaft spontan erfolgte oder bspw. durch ein Evakuierungsprogramm unterstützt wurde. Dieser Begriff beschreibt das Zusammentreffen zweier Umstände[6]: 3

Erstens eine **Zustrom aus ein und demselben Land oder ein und demselben Gebiet.** Der zeitweilig erhöhte Zustrom von Asylbewerbern aus unterschiedlichen Drittländern gilt demnach nicht als Massenzustrom, für den der in dieser RL behandelte vorübergehende Schutz gewährt wird. Auch die schrittweise Ankunft von Asylbewerbern, Flüchtlingen oder Vertriebenen aus einem Herkunftsland oder einem Herkunftsgebiet rechtfertigt an sich noch nicht die Gewährung dieses vorübergehenden Schutzes. Allerdings kann ein anfänglich schrittweise verlaufender Zustrom sich zu einem Massenzustrom entwickeln, der vom normalen Asylsystem nicht aufgefangen werden kann. 4

Zweitens muss es sich um eine **große Anzahl von Personen** handeln; vorab lässt sich zahlenmäßig nicht festlegen, was genau einen Massenzustrom ausmacht. Es ist Aufgabe des Rates, das Vorliegen eines Massenzustroms festzustellen. 5

Die RL stellt **Mindestnormen** auf, um eine Ausgewogenheit der Bemühungen der Mitgliedstaaten bei der Aufnahme von Flüchtlingen und Vertriebenen sicherzustellen. Sie legt für die Regelungen über den **vorübergehenden Schutz** eine Dauer von einem Jahr fest, die zweimal automatisch um jeweils sechs Monate verlängert werden kann. Bei Fortbestehen von Gründen für den vorübergehenden Schutz kann der Rat eine weitere Verlängerung um bis zu einem Jahr beschließen. Ferner regelt die RL die **Pflichten der Mitgliedstaaten in Bezug auf die Rechte,** die den unter vorübergehendem Schutz stehenden Personen zu gewähren sind, die Bedingungen für den Zugang zum Asylverfahren und Maßnahmen betreffend die Rückkehr nach Ablauf der Geltungsdauer des vorläufigen Schutzes und schafft einen **Solidaritätsmechanismus,** der den Zugang zu den finanziellen Ressourcen des Europäischen Flüchtlingsfonds ermöglicht und auf dem Grundsatz der doppelten Freiwilligkeit beruht (hierzu ist die Zustimmung sowohl der Person, die des vorübergehenden Schutzes bedarf, als auch des Aufnahmestaats erforderlich), damit die Aufnahme in die Mitgliedstaaten erfolgen kann. Art. 1 Schutzgewährungs-RL legt als Ziel auch eine ausgewogene Verteilung der Belastungen, die mit der Aufnahme dieser Personen und den Folgen dieser Aufnahme verbunden sind, fest. 6

Infolgedessen werden nur die dem deutschen Gesetzgeber obliegenden Aufgaben geregelt. Hinsichtlich des Aufnahmegrunds und des Aufenthaltstitels ist lediglich auf die RL Bezug genommen. Dort sind neben den Definitionen auch die Dauer und Durchführung des vorübergehenden Schutzes und die Pflichten der Mitgliedstaaten gegenüber den aufgenommenen Flüchtlingen näher bestimmt. Über die Aufnahme führt das BAMF ein eigenes **Register** (§§ 91a, 91b). 7

III. Aufnahme

1. Allgemeines

Die formelle Aufnahme erfolgt durch einen **EU-Ratsbeschluss,** der neben der Beschreibung der aufgenommenen Personengruppen und der Bestimmung des Beginns des vorübergehenden Schutzes auch Informationen über den Umfang der Wanderbewegungen enthält (Art. 5 I und II Schutzgewäh- 8

---

[4] BGBl. 2019 I S. 1307, in Kraft getreten am 1.3.2020.
[5] ABl. 2001 L 212, 12.
[6] *Skordas* in Thym/Heilbronner, EU Immigration and Asylum Law, 3. Aufl. 2022, Chap. 19, Art. 2 Rn. 21 erkennt drei Voraussetzungen.

rungs-RL). Diese Kapazitäten bestimmen die **Verteilung auf die Mitgliedstaaten** (vgl. Art. 25 Schutzgewährungs-RL). Die daraus folgenden Verpflichtungen der Mitgliedstaaten ergeben sich aus der RL. Diese sind gehalten, erforderlichenfalls jede Hilfe zur Erlangung notwendiger **Visa** zu leisten (Art. 8 III Schutzgewährungs-RL) und den Flüchtlingen ein **Dokument** über die für sie bedeutsamen Fragen in einer Sprache zu überreichen, von der angenommen werden kann, dass sie sie verstehen (Abs. 7, Art. 9 Schutzgewährungs-RL).

9   Die RL beinhaltet **kein Recht auf Familienzusammenführung** entsprechend der Familienzusammenführungs-RL (Art. 15 Familienzusammenführungs-RL). Es besteht die Auffassung, dass die Befristung des vorübergehenden Schutzes die Ausübung dieses Rechts nach der genannten Regelung nicht zulässt. Diese Bestimmung gründet auf einem humanitären Konzept, das sich aus den Fluchtursachen ergibt. In Fällen, in denen die getrennten Familienangehörigen in verschiedenen Mitgliedstaaten vorübergehenden Schutz genießen, führen die Mitgliedstaaten die Ehegatten und minderjährigen ledigen Kinder zusammen, wobei der Wunsch der Familienangehörigen berücksichtigt wird. Diese Regelung wird in **§ 29 IV** umgesetzt, danach wird dem Ehegatten und dem minderjährigen ledigen Kind eines Ausländers oder dem minderjährigen ledigen Kind seines Ehegatten abweichend von § 5 I und § 27 III eine Aufenthaltserlaubnis erteilt, wenn dem Ausländer vorübergehender Schutz nach § 24 I gewährt wurde und die familiäre Lebensgemeinschaft im Herkunftsland durch die Fluchtsituation aufgehoben wurde und der Familienangehörige aus einem anderen Mitgliedstaat der EU übernommen wird oder sich außerhalb der EU befindet und schutzbedürftig ist. Die Erteilung einer Aufenthaltserlaubnis an sonstige Familienangehörige richtet sich nach **§ 36**. Die Zusammenführung eines Familienmitglieds, das sich rechtmäßig in einem Drittland (das nicht das Herkunftsdrittland ist) aufhält, mit Angehörigen, die in einem Mitgliedstaat durch den vorübergehenden Schutz begünstigt sind, ist ebenfalls ausgeschlossen. Den zusammengeführten Personen wird ein **Aufenthaltstitel** iRd vorübergehenden Schutzes nach § 24 iVm § 29 IV 3 erteilt.

2. Rechtsstellung

10   Wem danach vorübergehender Schutz gewährt wird, erhält nach einer Aufnahme in Deutschland, mit der er einverstanden sein muss, auf Antrag eine **Aufenthaltserlaubnis** für die Dauer von **längstens einem Jahr;** nach Maßgabe eines Ratsbeschlusses endet dieser Zeitraum auch schon früher (Art. 4, 6 Schutzgewährungs-RL). Die Länge der Aufenthaltsdauer ist nach Art. 4 Schutzgewährungs-RL auf maximal drei Jahre festgelegt. Auf die Erteilung der Aufenthaltserlaubnis besteht ein Rechtsanspruch. Von den **allgemeinen Erteilungsvoraussetzungen** des § 5 I und II ist nach § 5 III 1 abzusehen; § 5 IV findet Anwendung. Bis zur Entscheidung der Ausländerbehörde ist eine Fiktionsbescheinigung auszustellen (§ 81 III 1, V).

11   Die Mindestbedingungen sind in Art. 9–16 Schutzgewährungs-RL festgelegt. Eine selbstständige **Erwerbstätigkeit** darf entsprechend Art. 12 Schutzgewährungs-RL nicht ausgeschlossen werden, sondern sie ist ungeachtet der befristeten Aufnahme wie anderen Ausländern zugänglich (§ 24 VI 1). Eine Beschäftigung richtet sich gemäß § 24 VI 2 nach § 4a II; dabei ist jedoch zu berücksichtigen, dass Art. 12 Schutzgewährungs-RL grundsätzlich eine abhängige Erwerbstätigkeit ermöglicht und allenfalls eine Vorrangprüfung für einen konkreten Arbeitsplatz zulässt. Der Zugang zu Bildung und Ausbildung ist beschränkbar (Art. 14 Schutzgewährungs-RL).

12   **Sozialhilfe** und Unterhaltsleistungen sowie Krankenversorgung sind gewährleistet, Letztere aber unter Umständen nur im Notfall und beschränkt auf das unbedingt Erforderliche (Art. 13 I–III Schutzgewährungs-RL). **Unbegleiteten Minderjährigen und Traumatisierten** ist die erforderliche medizinische oder sonstige Hilfe garantiert (Art. 13 IV Schutzgewährungs-RL)[7]. Unbegleitete Minderjährige müssen so bald wie möglich einen Vertreter erhalten und untergebracht werden (Art. 16 Schutzgewährungs-RL)[8].

13   Die **Beendigung** des vorübergehenden Schutzes tritt nach Zeitablauf oder aufgrund eines Ratsbeschlusses ein (Art. 6 Schutzgewährungs-RL). Der anschließende Aufenthalt richtet sich dem AufenthG (Art. 20 Schutzgewährungs-RL). Die freiwillige **Rückkehr** wird gefördert (Art. 21 Schutzgewährungs-RL). Vor einer zwangsweisen Rückkehr muss geprüft werden, ob die Rückkehr in besonderen Fällen aus zwingenden humanitären Gründen unzumutbar ist (Art. 22 II Schutzgewährungs-RL). In der Regel ist die Rückkehr nach Beendigung der Gefahrensituation zumutbar, bei den Feststellungen in dem Ratsbeschluss ist aber die Achtung der Menschenwürde unterstellt (Art. 6 II Schutzgewährungs-RL). Wenn die Rückreise aus Gesundheitsgründen vernünftigerweise nicht zugemutet werden kann, ist die **Abschiebung** ausgeschlossen (Art. 23 I Schutzgewährungs-RL).

---

[7] Dazu *Peter* ZAR 2005, 11.
[8] Dazu ebenfalls *Peter* ZAR 2005, 11.

3. Verteilung

Die interne Verteilung erfolgt mangels eines anderweitigen **Beschlusses der Länder nach dem Schlüssel des § 45 AsylG**. Auch die Verteilung in den Ländern folgt im Wesentlichen den Regeln für Asylbewerber (vgl. § 50 AsylG). 14

4. Schutzverfahren

Durch den vorübergehenden Schutz wird eine GK-Anerkennung nicht berührt und ein **Asylgesuch** nicht ausgeschlossen (Art. 3 I, 17, 19 Schutzgewährungs-RL). Nach Art. 19 I Schutzgewährungs-RL können die Mitgliedstaaten vorsehen, dass sich die aus dem vorübergehenden Schutz ergebenden Rechte nicht mit dem Status eines Asylbewerbers kumuliert werden. Dieses wurde in § 32a I AsylG umgesetzt, der bestimmt, dass das Asylverfahren solange ruht, wie dem Ausländer vorübergehender Schutz nach § 24 gewährt wird. 15

IV. Erstmalige Anwendung auf Ukraine-Vertriebene

Erstmals aktiviert wurde die Schutzgewährungs- bzw. Massenzustrom-RL 2001/55/EG im März 2022 im Hinblick auf die vor dem seit dem 24.2.2022 erfolgenden **Angriff Russlands** auf die Ukraine Fliehenden; folglich erlangte § 24 auch erstmalig in diesem Zusammenhang praktische Bedeutung. Von der Vorgängervorschrift des § 32a AuslG wurde mit der Aufnahme von nach Mazedonien geflüchteten Kosovaren nur einmal Gebrauch gemacht. 16

Die Innenminister der EU-Staaten beschlossen am 3.3.2022, die RL 2001/55/EG für die aus der Ukraine Vertriebenen zu aktivieren. Der entsprechende **Durchführungsbeschluss** (EU) 2022/382 des Rates vom 4. März 2022 zur Feststellung des Bestehens eines Massenzustroms von Vertriebenen aus der Ukraine im Sinne des Artikels 5 der Richtlinie 2001/55/EG des Rates vom 20. Juli 2001 und zur Einführung eines vorübergehenden Schutzes[9] regelt die Einzelheiten. Insbesondere sieht er die Aufnahme nicht nur von Menschen mit ukrainischer Staatsangehörigkeit und deren Familienangehörigen, sondern auch von Staatenlosen bzw. Drittstaatsangehörigen, die in der Ukraine international oder einen gleichwertigen nationalen Schutz genossen haben oder sich aus anderen Gründen rechtmäßig dort aufgehalten haben, wie zB Studierende, vor (s. Art. 2 des Durchführungsbeschlusses). Höchstgrenzen enthält der Durchführungsbeschluss ebenso wenig wie Quoten oder Verteilungsschlüssel auf einzelne Mitgliedstaaten. Das BMI reagierte darauf mit Hinweisen zur Umsetzung des Durchführungsbeschlusses vom 14.3.2022. Die Verordnung zur vorübergehenden Befreiung vom Erfordernis eines Aufenthaltstitels von anlässlich des Krieges in der Ukraine eingereisten Personen[10] sieht – befristet bislang bis 31.8.2022 – Erleichterungen bei Einreise und Aufenthalt vor. 17

§ 25 Aufenthalt aus humanitären Gründen

(1) ¹Einem Ausländer ist eine Aufenthaltserlaubnis zu erteilen, wenn er als Asylberechtigter anerkannt ist. ²Dies gilt nicht, wenn der Ausländer auf Grund eines besonders schwerwiegenden Ausweisungsinteresses nach § 54 Absatz 1 ausgewiesen worden ist. ³Bis zur Erteilung der Aufenthaltserlaubnis gilt der Aufenthalt als erlaubt.

(2) ¹Einem Ausländer ist eine Aufenthaltserlaubnis zu erteilen, wenn das Bundesamt für Migration und Flüchtlinge die Flüchtlingseigenschaft im Sinne des § 3 Absatz 1 des Asylgesetzes oder subsidiären Schutz im Sinne des § 4 Absatz 1 des Asylgesetzes zuerkannt hat. ²Absatz 1 Satz 2 bis 3 gilt entsprechend.

(3) ¹Einem Ausländer soll eine Aufenthaltserlaubnis erteilt werden, wenn ein Abschiebungsverbot nach § 60 Absatz 5 oder 7 vorliegt. ²Die Aufenthaltserlaubnis wird nicht erteilt, wenn die Ausreise in einen anderen Staat möglich und zumutbar ist oder der Ausländer wiederholt oder gröblich gegen entsprechende Mitwirkungspflichten verstößt. ³Sie wird ferner nicht erteilt, wenn schwerwiegende Gründe die Annahme rechtfertigen, dass der Ausländer

1. ein Verbrechen gegen den Frieden, ein Kriegsverbrechen oder ein Verbrechen gegen die Menschlichkeit im Sinne der internationalen Vertragswerke begangen hat, die ausgearbeitet worden sind, um Bestimmungen bezüglich dieser Verbrechen festzulegen,
2. eine Straftat von erheblicher Bedeutung begangen hat,
3. sich Handlungen zuschulden kommen ließ, die den Zielen und Grundsätzen der Vereinten Nationen, wie sie in der Präambel und den Artikeln 1 und 2 der Charta der Vereinten Nationen verankert sind, zuwiderlaufen, oder

---

[9] ABl. 2002 L 71, 1.
[10] Ukraine-Aufenthalts-Übergangsverordnung v. 7.3.2022, BAnzAT 8.3.2022V1, geändert durch Art. 1 der VO v. 26.4.2022, BAnzAT 3.5.2022V1.

4. eine Gefahr für die Allgemeinheit oder eine Gefahr für die Sicherheit der Bundesrepublik Deutschland darstellt.

(4) ¹Einem nicht vollziehbar ausreisepflichtigen Ausländer kann für einen vorübergehenden Aufenthalt eine Aufenthaltserlaubnis erteilt werden, solange dringende humanitäre oder persönliche Gründe oder erhebliche öffentliche Interessen seine vorübergehende weitere Anwesenheit im Bundesgebiet erfordern. ²Eine Aufenthaltserlaubnis kann abweichend von § 8 Abs. 1 und 2 verlängert werden, wenn auf Grund besonderer Umstände des Einzelfalls das Verlassen des Bundesgebiets für den Ausländer eine außergewöhnliche Härte bedeuten würde. ³Die Aufenthaltserlaubnis berechtigt nicht zur Ausübung einer Erwerbstätigkeit; sie kann nach § 4a Absatz 1 erlaubt werden.

(4a) ¹Einem Ausländer, der Opfer einer Straftat nach den §§ 232 bis 233a des Strafgesetzbuches wurde, soll, auch wenn er vollziehbar ausreisepflichtig ist, für einen Aufenthalt eine Aufenthaltserlaubnis erteilt werden. ²Die Aufenthaltserlaubnis darf nur erteilt werden, wenn
1. seine Anwesenheit im Bundesgebiet für ein Strafverfahren wegen dieser Straftat von der Staatsanwaltschaft oder dem Strafgericht für sachgerecht erachtet wird, weil ohne seine Angaben die Erforschung des Sachverhalts erschwert wäre,
2. er jede Verbindung zu den Personen, die beschuldigt werden, die Straftat begangen zu haben, abgebrochen hat und
3. er seine Bereitschaft erklärt hat, in dem Strafverfahren wegen der Straftat als Zeuge auszusagen.

³Nach Beendigung des Strafverfahrens soll die Aufenthaltserlaubnis verlängert werden, wenn humanitäre oder persönliche Gründe oder öffentliche Interessen die weitere Anwesenheit des Ausländers im Bundesgebiet erfordern. ⁴Die Aufenthaltserlaubnis berechtigt nicht zur Ausübung einer Erwerbstätigkeit; sie kann nach § 4a Absatz 1 erlaubt werden.

(4b) ¹Einem Ausländer, der Opfer einer Straftat nach § 10 Absatz 1 oder § 11 Absatz 1 Nummer 3 des Schwarzarbeitsbekämpfungsgesetzes oder nach § 15a des Arbeitnehmerüberlassungsgesetzes wurde, kann, auch wenn er vollziehbar ausreisepflichtig ist, für einen vorübergehenden Aufenthalt eine Aufenthaltserlaubnis erteilt werden. ²Die Aufenthaltserlaubnis darf nur erteilt werden, wenn
1. die vorübergehende Anwesenheit des Ausländers im Bundesgebiet für ein Strafverfahren wegen dieser Straftat von der Staatsanwaltschaft oder dem Strafgericht für sachgerecht erachtet wird, weil ohne seine Angaben die Erforschung des Sachverhalts erschwert wäre, und
2. der Ausländer seine Bereitschaft erklärt hat, in dem Strafverfahren wegen der Straftat als Zeuge auszusagen.

³Die Aufenthaltserlaubnis kann verlängert werden, wenn dem Ausländer von Seiten des Arbeitgebers die zustehende Vergütung noch nicht vollständig geleistet wurde und es für den Ausländer eine besondere Härte darstellen würde, seinen Vergütungsanspruch aus dem Ausland zu verfolgen. ⁴Die Aufenthaltserlaubnis berechtigt nicht zur Ausübung einer Erwerbstätigkeit; sie kann nach § 4a Absatz 1 erlaubt werden.

(5) ¹Einem Ausländer, der vollziehbar ausreisepflichtig ist, kann eine Aufenthaltserlaubnis erteilt werden, wenn seine Ausreise aus rechtlichen oder tatsächlichen Gründen unmöglich ist und mit dem Wegfall der Ausreisehindernisse in absehbarer Zeit nicht zu rechnen ist. ²Die Aufenthaltserlaubnis soll erteilt werden, wenn die Abschiebung seit 18 Monaten ausgesetzt ist. ³Eine Aufenthaltserlaubnis darf nur erteilt werden, wenn der Ausländer unverschuldet an der Ausreise gehindert ist. ⁴Ein Verschulden des Ausländers liegt insbesondere vor, wenn er falsche Angaben macht oder über seine Identität oder Staatsangehörigkeit täuscht oder zumutbare Anforderungen zur Beseitigung der Ausreisehindernisse nicht erfüllt.

Allgemeine Verwaltungsvorschrift
25 Zu § 25 – Aufenthalt aus humanitären Gründen
25.1 Aufenthaltserlaubnis für Asylberechtigte
25.1.1 § 25 Absatz 1 regelt die Erteilung einer Aufenthaltserlaubnis für Asylberechtigte nach Artikel 16a GG. (...).
25.1.2 Die Ausländerbehörden sind an die Entscheidung des Bundesamtes für Migration und Flüchtlinge gebunden (§ 4 AsylVfG) und nicht berechtigt, im Rahmen der Entscheidung über die Erteilung der Aufenthaltserlaubnis die Anerkennungsentscheidung des Bundesamtes auf ihre Richtigkeit hin zu überprüfen.
25.1.3 Vom Vorliegen der Erteilungsvoraussetzungen nach § 5 Absatz 1 und Absatz 2 ist abzusehen (§ 5 Absatz 3 Satz 1); von § 5 Absatz 4 darf hingegen nicht abgewichen werden (siehe hierzu Nummer 5.4.2). Liegen die Voraussetzungen vor, hat der Ausländer einen Rechtsanspruch auf Erteilung einer Aufenthaltserlaubnis; es verbleibt kein Entscheidungsermessen.
25.1.4 Nach Anerkennung als Asylberechtigter ist zunächst eine Aufenthaltserlaubnis für drei Jahre zu erteilen (§ 26 Absatz 1 Satz 2). Erst danach kann, außer in den Fällen der Nummer 26.4.2, der Asylberechtigte eine Niederlassungserlaubnis erhalten. Zu den Voraussetzungen der Niederlassungserlaubnis siehe Nummer 26.3. Es ist hingegen gesetzlich ausgeschlossen, dem Asylberechtigten eine Erlaubnis zum Daueraufenthalt-EG zu erteilen (§ 9a Absatz 3 Nummer 1, siehe Nummer 9 a.3.1.1).

Aufenthalt aus humanitären Gründen § 25 AufenthG 1

25.1.5 Zur Verlängerung der nach § 25 Absatz 1 erteilten Aufenthaltserlaubnis siehe Nummer 25.2.4.
25.1.6 (...)
25.1.7 Nach § 25 Absatz 1 Satz 3 tritt bis zur Entscheidung über die Aufenthaltserlaubnis die Erlaubnisfiktion ein. Der Aufenthalt gilt danach abweichend von der allgemeinen Fiktionsregelung des § 81 Absatz 3 Satz 1 nicht ab der Beantragung einer Aufenthaltserlaubnis, sondern bereits für die Zeit zwischen der unanfechtbaren Anerkennung als Asylberechtigter nach Artikel 16a Absatz 1 GG und der Entscheidung über die Aufenthaltserlaubnis nach § 25 Absatz 1 Satz 1 als erlaubt.
25.1.8 Asylberechtigte sind ebenfalls die Ausländer, denen Familienasyl nach § 26 Absatz 1 und 2 AsylVfG gewährt worden ist.
25.1.9 (...)
25.1.10 Die Aufenthaltserlaubnis nach § 25 Absatz 1 kann grundsätzlich nach den allgemeinen Vorschriften (vgl. § 12) mit einer Nebenbestimmung, insbesondere mit Bedingungen und Auflagen versehen werden, soweit sie mit der Rechtsstellung des Asylberechtigten vereinbar sind und nicht den garantierten Rechten des Asylberechtigten zuwiderlaufen. Zu Einschränkungen bei der Verfügung wohnsitzbeschränkender Auflagen an Inhaber von Aufenthaltstiteln nach § 25 Absatz 1 vgl. Nummer 12.2.5.2.3.
25.1.11 Hinsichtlich des Widerrufs des Aufenthaltstitels eines Asylberechtigten siehe Nummer 52.1.4.
25.2 Aufenthaltserlaubnis für Konventionsflüchtlinge
25.2.1 § 25 Absatz 2 regelt die Aufenthaltsgewährung für Flüchtlinge nach der Genfer Flüchtlingskonvention. Voraussetzung für die Erteilung einer Aufenthaltserlaubnis nach § 25 Absatz 2 Satz 1 ist, dass
– dem Ausländer nach § 3 Absatz 4 AsylVfG die Flüchtlingseigenschaft unanfechtbar zuerkannt wurde und
– der Ausländer nicht aus schwerwiegenden Gründen der öffentlichen Sicherheit und Ordnung ausgewiesen worden ist (§ 25 Absatz 2 Satz 2 i. V. m. § 25 Absatz 1 Satz 2, siehe Nummer 25.1.1).
25.2.2 Die Ausländerbehörden sind an die Entscheidung des Bundesamtes für Migration und Flüchtlinge gebunden (§ 4 AsylVfG) und nicht berechtigt, im Rahmen der Entscheidung über die Erteilung der Aufenthaltserlaubnis die Anerkennungsentscheidung des Bundesamtes für Migration und Flüchtlinge auf ihre Richtigkeit hin zu überprüfen. Von den Erteilungsvoraussetzungen nach § 5 Absatz 1 und Absatz 2 ist abzusehen (§ 5 Absatz 3 Satz 1); von § 5 Absatz 4 darf hingegen nicht abgewichen werden.
25.2.3 (...). Ebenso wie bei anerkannten Asylberechtigten wird auch bei anerkannten Flüchtlingen die Aufenthaltserlaubnis auf drei Jahre befristet erteilt (§ 26 Absatz 1 Satz 2). Erst danach – außer in den Fällen der Nummer 26.4.2 – kann der Ausländer eine Niederlassungserlaubnis erhalten. Zu den Voraussetzungen siehe Nummer 26.3.
25.2.4 Nach Artikel 24 Absatz 1 der Richtlinie 2004/83/EG des Rates vom 29. April 2004 über Mindestnormen für die Anerkennung und den Status von Drittstaatsangehörigen oder Staatenlosen als Flüchtlinge oder als Personen, die anderweitig internationalen Schutz benötigen, und über den Inhalt des zu gewährenden Schutzes (ABl. EU Nummer L 304 S. 12, so genannte Qualifikationsrichtlinie) sind die Mitgliedstaaten verpflichtet, Personen, denen die Flüchtlingseigenschaft zuerkannt worden ist, einen Aufenthaltstitel auszustellen, der mindestens drei Jahre gültig und verlängerbar sein muss. Nach richtlinienkonformer Auslegung des § 26 Absatz 1 Satz 1 und 2 muss daher ein nach § 25 Absatz 2 erteilter Aufenthaltstitel verlängerbar sein. Dabei gilt die Gültigkeitsdauer von drei Jahren nach § 26 Absatz 1 Satz 2 jedoch entsprechend dem ausdrücklichen Wortlaut nur für die Ersterteilung. Die Verlängerung richtet sich nach § 26 Absatz 1 Satz 1 und kann für eine kürzere Geltungsdauer erfolgen. Eine Fiktionsbescheinigung nach § 81 Absatz 4 anstelle der Verlängerung der Aufenthaltserlaubnis kommt in Betracht, wenn die Mitteilung des Bundesamts für Migration und Flüchtlinge nach § 73 Absatz 2a AsylVfG unmittelbar bevorsteht.
25.2.5 Es ist gesetzlich ausgeschlossen, anerkannten Flüchtlingen eine Erlaubnis zum Daueraufenthalt-EG zu erteilen (§ 9a Absatz 3 Nummer 1, siehe Nummer 9 a.3.1.1).
25.2.6 Anerkannten Flüchtlingen gleichgestellt sind Ausländer, denen Familienflüchtlingsschutz nach § 26 Absatz 4 AsylVfG gewährt worden ist. Volljährige ledige Kinder eines Ausländers, der vor Inkrafttreten des Zuwanderungsgesetzes als Flüchtling anerkannt wurde, und die zum Zeitpunkt der Asylantragstellung minderjährig waren, können keinen Familienflüchtlingsschutz nach § 26 Absatz 4 AsylVfG erhalten. Für sie sieht die Übergangsregelung in § 104 Absatz 4 eine entsprechende Anwendung von § 25 Absatz 2 vor (siehe Nummer 104.4).
25.2.7 Hinsichtlich des Widerrufs des Aufenthaltstitels eines anerkannten Flüchtlings siehe Nummer 52.1.4.
25.3 Aufenthaltserlaubnis bei Abschiebungsverbot nach § 60 Absatz 2 bis 7
25.3.1 Nach § 25 Absatz 3 soll einem Ausländer eine Aufenthaltserlaubnis erteilt werden, wenn ein Abschiebungsverbot nach § 60 Absatz 2, 3, 5 oder Absatz 7 vorliegt. Die Regelung dient auch der Umsetzung der Qualifikationsrichtlinie. Die Erteilung einer Aufenthaltserlaubnis nach § 25 Absatz 3 setzt voraus, dass
– ein Abschiebungsverbot nach § 60 Absatz 2, 3, 5 oder Absatz 7 vorliegt und
– keine schwerwiegenden Gründe die Annahme rechtfertigen, dass der Ausländer eine der Voraussetzungen des § 25 Absatz 3 Satz 2 Buchstabe a) bis d) verwirklicht.
Für die Erteilung einer Aufenthaltserlaubnis bei Abschiebungsverboten nach § 60 Absatz 5 und 7 Satz 1 ist ferner erforderlich, dass nach § 25 Absatz 3 Satz 2
– die Ausreise in einen anderen Staat nicht möglich und nicht zumutbar ist (vgl. Nummer 25.3.5) und
– kein wiederholter oder gröblicher Verstoß gegen entsprechende Mitwirkungspflichten vorliegt.
In den Fällen des § 60 Absatz 2, 3 und 7 Satz 2 wird eine Aufenthaltserlaubnis auch dann erteilt, wenn die Ausreise in einen anderen Staat möglich und zumutbar ist oder aber wiederholt oder gröblich gegen Mitwirkungspflichten verstoßen wurde. Mit § 60 Absatz 2, 3 und 7 Satz 2 wird der subsidiäre Schutz nach Artikel 15 der Qualifikationsrichtlinie in das deutsche Recht übertragen. Da die Richtlinie nur die Ausschlussklauseln nach § 25 Absatz 3 Satz 2 Buchstabe a) bis d) vorsieht, ist – bei richtlinienkonformer Auslegung – eine Ausdehnung auf die weiteren in § 25 Absatz 3 Satz 2 genannten Ausschlussgründe nicht möglich.
25.3.2 Vom Vorliegen der allgemeinen Erteilungsvoraussetzungen nach § 5 Absatz 1 und 2 ist abzusehen (§ 5 Absatz 3 Satz 1); von § 5 Absatz 4 darf hingegen nicht abgewichen werden (siehe hierzu Nummer 5.4.2). Zwar ist nach § 5 Absatz 3 Satz 1 auch von der Erfüllung der Passpflicht abzusehen; wirkt der Ausländer jedoch an der

1 AufenthG § 25

Passbeschaffung nicht mit oder verstößt er gegen seine Pflichten bei der Feststellung und Sicherung der Identität und der Beschaffung gültiger Reisepapiere, kann dies einen gröblichen Verstoß gegen Mitwirkungspflichten i. S. d. § 25 Absatz 3 Satz 2 darstellen (zu den Folgen siehe unten Nummer 25.3.6.1 f.); in Bezug auf den Verfolgerstaat ist der Ausländer nicht zu Mitwirkungshandlungen verpflichtet. Die Ablehnung des Asylantrags als offensichtlich unbegründet steht nach § 10 Absatz 3 Satz 3, 2. Halbsatz (siehe Nummer 10.3.3.2) der Erteilung einer Aufenthaltserlaubnis nach § 25 Absatz 3 nicht entgegen. Liegen die Voraussetzungen für die Erteilung nach § 25 Absatz 3 vor, hat die Ausländerbehörde grundsätzlich keinen Ermessensspielraum. In den Fällen des § 60 Absatz 2, 3 und 7 Satz 2 gilt dieser Grundsatz – bei richtlinienkonformer Auslegung des § 25 Absatz 3 im Hinblick auf Artikel 24 Absatz 2 der Qualifikationsrichtlinie – ausnahmslos (soweit zwingende Gründe der öffentlichen Sicherheit und Ordnung i. S. v. Artikel 24 Absatz 2 der Qualifikationsrichtlinie vorliegen, steht allerdings ein auf solchen Gründen fußendes Einreise- und Aufenthaltsverbot gemäß § 11 Absatz 1 der Titelerteilung entgegen, wobei in diesen Fällen in aller Regel bereits der Tatbestandsausschluss nach § 25 Absatz 3 Satz 2 Buchstaben a) bis d) greifen dürfte). In den Fällen des § 60 Absatz 5 und 7 Satz 1 steht in atypischen Fallgestaltungen die Erteilung im Ermessen (siehe Beispiele hierzu unter Nummer 25.3.3.3). In allen Fällen des § 60 Absatz 5 und Absatz 7 Satz 1 steht ein bestehendes Einreise- und Aufenthaltsverbot nach § 11 Absatz 1 der Erteilung eines Aufenthaltstitels entgegen.

25.3.3.1 Hat der Ausländer einen Asylantrag gestellt, entscheidet nach § 24 Absatz 2, § 31 Absatz 3 AsylVfG das Bundesamt für Migration und Flüchtlinge über das Vorliegen von Abschiebungsverboten. An die Entscheidung des Bundesamtes für Migration und Flüchtlinge ist die Ausländerbehörde gebunden (§ 42 AsylVfG). Grundsätzlich setzt die Erteilung der Aufenthaltserlaubnis die Unanfechtbarkeit der positiven Entscheidung voraus. Diese Voraussetzungen liegen für positive Entscheidungen des Bundesamtes, die nach dem 1. Januar 2005 erlassen wurden, immer vor, da sie unmittelbar in Bestandskraft erwachsen. Die Voraussetzungen liegen nicht vor bei positiven Entscheidungen, die vor dem 1. Januar 2005 erlassen wurden und noch rechtshängig sind. Hier kann erst nach rechtskräftiger positiver Entscheidung eine Aufenthaltserlaubnis erteilt werden. Das Bundesamt unterrichtet die Ausländerbehörde unverzüglich über die getroffene Entscheidung sowie über Erkenntnisse, die der Erteilung einer Aufenthaltserlaubnis entgegenstehen können (§ 24 Absatz 3 AsylVfG).

25.3.3.2 Die Ausländerbehörde ist nur dann für die Feststellung von Abschiebungsverboten nach § 60 Absatz 2, 3, 5 oder Absatz 7 zuständig, wenn der Ausländer keinen Asylantrag gestellt hat. In diesem Fall darf die Ausländerbehörde gemäß § 72 Absatz 2 nur nach vorheriger Beteiligung des Bundesamtes eine Entscheidung über das Vorliegen eines Abschiebungsverbotes treffen.

25.3.3.3 Für die Fälle des § 60 Absatz 5 und Absatz 7 Satz 1, in denen – anders als in den Fällen des § 60 Absatz 2, 3 oder Absatz 7 Satz 2 – in atypischen Fällen die Aufenthaltserlaubnis versagt werden kann, gilt Folgendes: Hat das Bundesamt für Migration und Flüchtlinge in den Fällen des § 60 Absatz 5 oder Absatz 7 Satz 1 ein Widerrufsverfahren eingeleitet, ändert dies nichts an der Bindungswirkung nach § 42 AsylVfG. Für einen Widerruf der Aufenthaltserlaubnis ist notwendig, dass der Widerruf des Abschiebungsverbots unanfechtbar oder sofort vollziehbar ist (§ 52 Absatz 1 Satz 1 Nummer 5 Buchstabe c); siehe Nummer 52.1.5.1.3). Die Erteilung bzw. Verlängerung der Aufenthaltserlaubnis steht dann jedoch im Ermessen der Ausländerbehörde, da die Einleitung eines Widerrufsverfahrens durch das Bundesamt wegen einer Änderung der Verhältnisse im Zielstaat der Abschiebung einen atypischen Ausnahmefall begründet. Das gleiche gilt, wenn offenkundig ist, dass die Gefährdungslage im Heimatstaat nicht mehr besteht oder aus anderen Gründen mit dem Widerruf der anerkennenden Entscheidung des Bundesamtes zu rechnen ist. Die Ausländerbehörde hat in diesem Fall bei der Entscheidung über die Erteilung einer Aufenthaltserlaubnis nach § 25 Absatz 3 unter Berücksichtigung aller Umstände des Einzelfalles und nach Würdigung des in Frage stehenden Widerrufsgrundes eine Prognose darüber zu treffen, ob und wann ein Widerruf des Abschiebungsverbots zu erwarten ist. Je weniger absehbar eine Beendigung des Aufenthalts erscheint, desto näher liegt es, das Ermessen dahin gehend auszuüben, eine Aufenthaltserlaubnis zu erteilen. Hinsichtlich der voraussichtlichen Dauer des Verfahrens kann das Bundesamt beteiligt werden. Die Ausländerbehörden haben bei der Prüfung von Sicherheitsbedenken die Möglichkeit, nach § 73 Absatz 2 die dort genannten Sicherheitsbehörden zu beteiligen.

25.3.4 Die Aufenthaltserlaubnis ist für mindestens ein Jahr zu erteilen (§ 26 Absatz 1 Satz 2). Sie kann mit Auflagen und Bedingungen verbunden (§ 12 Absatz 2) und ggf. nachträglich zeitlich verkürzt werden (§ 7 Absatz 2 Satz 2).

25.3.5.1 § 25 Absatz 3 Satz 2 stellt sicher, dass kein Aufenthaltstitel erteilt wird, wenn die Ausreise in einen anderen Staat möglich und zumutbar ist. In diesen Fällen bleibt es bei der Duldung nach § 60a, es wird eine Bescheinigung über die Aussetzung der Abschiebung (§ 60a Absatz 4) erteilt. Der Ausschlussgrund ist jedoch nicht anwendbar in den Fällen des § 60 Absatz 2, 3 und 7 Satz 2. Die Bestimmungen beruhen auf der Qualifikationsrichtlinie, nach der die Möglichkeit der Ausreise in einen Drittstaat keinen Grund für die Versagung der Aufenthaltserlaubnis darstellt.

25.3.5.2 Der Begriff der Ausreise umfasst sowohl die zwangsweise Rückführung als auch die freiwillige Ausreise. Es ist daher unerheblich, ob eine zwangsweise Rückführung unmöglich ist, z. B. weil eine Begleitung durch Sicherheitsbeamte nicht durchgeführt werden kann, wenn der Ausländer freiwillig in den Herkunftsstaat oder in einen anderen aufnahmebereiten Staat ausreisen könnte. Dabei ist nicht auf das bloße Verlassen des Bundesgebiets abzustellen, sondern auch darauf, ob es dem Ausländer möglich ist, in einen anderen Staat einzureisen und sich dort aufzuhalten.

25.3.5.3 Ein anderer Staat ist ein Drittstaat, in dem der betroffenen Person die in § 60 Absatz 5 oder Absatz 7 Satz 1 genannten Gefahren nicht drohen.

25.3.5.4 Möglich ist die Ausreise, wenn die betroffene Person in den Drittstaat einreisen und sich dort zumindest für die Zeit ihrer Schutzbedürftigkeit aufhalten darf. Eine kurzfristige Möglichkeit zum Aufenthalt in einem anderen Staat genügt hierfür nicht. Die Ausreise ist zumutbar, wenn die mit dem Aufenthalt im Drittstaat verbundenen Folgen die betroffene Person nicht stärker treffen als die Bevölkerung des Drittstaates oder die Bevölkerungsgruppe, der der Betroffene angehört. Dies ist z. B. bei gemischt nationalen Ehen der Fall, wenn dem Ehepartner die Einreise und der Aufenthalt im Heimatstaat des anderen Ehepartners erlaubt wird oder wenn der betroffenen Person aufgrund ihrer ethnischen Zugehörigkeit Einreise und Aufenthalt in einem Drittstaat gestattet wird.

25.3.5.5 Die Darlegung, in welchen Staat eine Ausreise möglich ist, obliegt der Ausländerbehörde. Sie hat sich dabei an konkreten Anhaltspunkten zu orientieren. Maßgeblich für die Auswahl ist die Beziehung der betroffenen Person zum Drittstaat (Beispiele: Ausländer hat einen Aufenthaltstitel für einen Drittstaat oder hat lange dort gelebt;

Ehepartner oder nahe Verwandte sind Drittstaatsangehörige; Ausländer gehört einer Volksgruppe an, der im Drittstaat regelmäßig Einreise und Aufenthalt ermöglicht wird) und die Aufnahmebereitschaft des Drittstaates. Der Ausländer kann hiergegen Einwendungen geltend machen.

25.3.5.6 Die Zumutbarkeit der Ausreise wird vermutet, sofern der Ausländerbehörde keine gegenteiligen Hinweise vorliegen. Unzumutbar ist die Ausreise in den Drittstaat insbesondere dann, wenn dem Ausländer dort die „Kettenabschiebung" in den Verfolgerstaat droht oder ihn dort ähnlich unzumutbare Lebensbedingungen erwarten. Demnach ist die Ausreise in einen Staat unzumutbar, wenn der Ausländer dort keine Lebensgrundlage nach Maßgabe der dort bestehenden Verhältnisse finden kann.

25.3.6.1 Eine Aufenthaltserlaubnis darf auch nicht erteilt werden, wenn der Ausländer wiederholt oder gröblich gegen „entsprechende Mitwirkungspflichten" (zu dem Begriff sogleich) verstößt. Auch dieser Ausschlussgrund ist nicht anwendbar bei Abschiebungsverboten nach § 60 Absatz 2, 3 und 7 Satz 2, da es sich hierbei um subsidiäre Schutztatbestände nach der Qualifikationsrichtlinie handelt, die derartige Ausschlussgründe nicht vorsieht. Stellt das Bundesamt für Migration und Flüchtlinge ein Abschiebungsverbot in diesem Sinne fest, enthält der Bescheid einen entsprechenden Hinweis. Die Vorschrift sanktioniert nicht die wiederholte oder gröbliche Verletzung aller, sondern nur „entsprechender" Mitwirkungspflichten (vgl. Nummer 25.3.2). Der Ausländer muss hierzu eine gesetzliche Mitwirkungspflicht nach dem Aufenthaltsgesetz oder dem AsylVfG verletzt haben, wodurch die Ausreise in einen anderen Staat gegenwärtig nicht möglich oder zumutbar ist. Hierzu zählen insbesondere die ausweisrechtlichen Mitwirkungspflichten sowie die Pflichten bei der Feststellung und Sicherung der Identität und der Beschaffung gültiger Reisepapiere (§§ 48, 49, 82 Absatz 4, §§ 15, 16 AsylVfG). Ein Bezug auf einen konkreten Zielstaat muss nicht vorliegen. Auch wenn nach § 5 Absatz 3 Satz 1 bei Vorliegen der besonderen Erteilungsvoraussetzungen auf das Vorliegen von § 5 Absatz 1 Nummer 1a und Nummer 4 verzichtet wird, bedeutet dies nicht, dass der Ausländer keine Mitwirkungspflichten bei der Identitätsfeststellung und der Beschaffung von Reisedokumenten treffen. Ein Verstoß gegen andere gesetzliche Mitwirkungspflichten, die sich nicht auf das Ausländerrecht beziehen (z. B. AsylbLG oder SGB II), genügt dagegen nicht.

25.3.6.2 Der einfache Verstoß gegen die unter Nummer 25.3.6.1 genannten Mitwirkungspflichten reicht nicht aus. Erforderlich ist, dass der Ausländer mehr als einmal gegen entsprechende Mitwirkungspflichten verstoßen hat, wobei der Verstoß gegen unterschiedliche Mitwirkungspflichten genügt. Ein wiederholter Verstoß setzt allerdings voraus, dass der Ausländer in unterschiedlichen Situationen und nicht im Rahmen eines einheitlichen Lebenssachverhalts gegen die Mitwirkungspflichten verstößt. Eine einmalige Verletzung der Mitwirkungspflichten ist jedoch dann ausreichend, wenn es sich um einen gröblichen Verstoß handelt. Ein gröblicher Verstoß gegen eine Mitwirkungspflicht liegt dann vor, wenn der Ausländer durch aktives Tun hiergegen verstößt. Die Begehung strafbarer Handlungen, wie z. B. die Vorlage gefälschter Unterlagen, im Zusammenhang mit der Erfüllung von Mitwirkungspflichten begründet in jedem Fall einen gröblichen Verstoß.

Die Formulierung „verstößt" bedeutet nicht, dass der Verstoß erst noch stattfinden muss oder unmittelbar bevorsteht; es genügt, dass ein bereits eingetretener Verstoß Auswirkungen auf die Gegenwart hat und nicht gänzlich ohne Wirkung geblieben ist.

25.3.7 Versagung der Aufenthaltserlaubnis bei Schutzunwürdigkeit und gegenüber Gefährdern

25.3.7.1 Eine Aufenthaltserlaubnis darf nach § 25 Absatz 3 Satz 2 Buchstabe a) bis d) nicht erteilt werden, wenn schwerwiegende Gründe die Annahme rechtfertigen, dass der Ausländer schwere Menschenrechtsverletzungen oder andere Straftaten von erheblicher Bedeutung begangen hat oder er eine Gefahr für die Allgemeinheit oder die Sicherheit des Landes darstellt. Die Vorschrift setzt Artikel 17 Absatz 1 der Qualifikationsrichtlinie in das deutsche Recht um. Die Ausschlusstatbestände kommen – bei Vorliegen der Voraussetzungen – in allen Fällen der Aufenthaltserteilung aufgrund von Abschiebungsverboten nach § 60 Absatz 2, 3, 5 und 7 in Betracht. Die vorliegenden Ausschlussgründe sind den Ausschlussklauseln im Flüchtlingsrecht (vgl. § 3 Absatz 2 AsylVfG, § 60 Absatz 8) ähnlich, aber weiter gefasst als diese. Mit der Vorschrift soll verhindert werden, dass schwere Straftäter und Gefährder, deren Aufenthalt nicht beendet werden kann, einen rechtmäßigen Aufenthalt in Deutschland erhalten.

25.3.7.2 Bei Vorliegen der Voraussetzungen ist der Ausschluss der Aufenthaltserlaubnis zwingend.

25.3.7.3 Es ist unerheblich, wo die Taten und Handlungen nach § 25 Absatz 3 Satz 2 Buchstabe a) bis d) begangen wurden. Zum Ausschluss der Aufenthaltserlaubnis führt eine Tatbegehung im Herkunftsland, in einem Drittstaat oder in Deutschland.

25.3.7.4 Für die Anwendung der Ausschlussklauseln ist eine strafrechtliche Verurteilung des Ausländers nicht erforderlich. Umgekehrt schließt die Verbüßung einer Strafe die Anwendung der Ausschlussklauseln nicht aus.

25.3.7.5 Die Ausschlusstatbestände nach § 25 Absatz 3 Satz 2 Buchstabe a) bis d) kommen nicht nur in Betracht, wenn die Tat eigenhändig begangen wurde, sondern auch dann, wenn ein Ausländer einen anderen zu einer schweren Straftat anstiftet oder diesen dabei in irgendeiner Weise fördert oder unterstützt. Der Tatbeitrag kann z. B. in Hilfeleistungen bei der Durchführung der Tat, in verbaler Ermutigung oder öffentlicher Befürwortung der Tat bestehen. Für die Beurteilung, ob ein Ausschlusstatbestand vorliegt, muss die konkrete Tat und der Tatbeitrag des Ausländers benannt werden können. Die bloße Mitgliedschaft in einer Organisation, die für Straftaten verantwortlich ist, reicht i. d. R. noch nicht für einen Ausschluss aus. Besteht allerdings ein erheblicher Teil der Aktivitäten der Organisation in der Begehung von schweren Straftaten, steht die Mitgliedschaft einer aktiven Beteiligung an den Taten i. d. R. gleich. In diesen Fällen ist die Aufenthaltserlaubnis zu versagen, sofern der Ausländer Kenntnis von den Aktivitäten hat und der Organisation freiwillig angehört.

25.3.7.6 Für die Anwendung der Ausschlussklauseln ist nur in den Fällen von § 25 Absatz 3 Satz 2 Buchstabe d) erforderlich, dass der Ausländer eine Gefahr für die Sicherheit Deutschlands oder für die Allgemeinheit darstellt. In den anderen Tatbestandsvarianten (Buchstabe a) bis c)) kommt es hierauf nicht an. Hier ist die Schutzunwürdigkeit des Betroffenen maßgeblich für die Versagung der Aufenthaltserlaubnis.

25.3.7.7 Es müssen schwerwiegende Gründe die Annahme rechtfertigen, dass Ausschlusstaten begangen wurden. Dafür sind mehr als bloße Verdachtsmomente erforderlich. Andererseits sind die Beweisanforderungen geringer als die für eine strafrechtliche Verurteilung geltenden Maßstäbe. Zum Nachweis können u. a. Aussagen des Antragstellers in seiner Anhörung vor der Ausländerbehörde oder dem Bundesamt für Migration und Flüchtlinge, Zeugenaussagen, Urkunden, Auskünfte des Auswärtigen Amtes oder anderer Stellen, aber auch Zeitungsartikel, Urteile oder Anklageschriften herangezogen werden.

25.3.7.8 Die Ausländerbehörde darf eine Entscheidung über das Vorliegen von Ausschlussgründen nur nach vorheriger Beteiligung des Bundesamtes für Migration und Flüchtlinge treffen (vgl. § 72 Absatz 2). Damit wird das Einfließen der besonderen Sach- und Rechtskunde des Bundesamtes in diesen Bereichen sichergestellt. Es handelt sich jeweils um nicht selbständig anfechtbare verwaltungsinterne Stellungnahmen.

25.3.7.9 Aufgrund der Wortgleichheit der Vorschriften können Sachverhalte, die Ausschlussgründe nach § 3 Absatz 2 AsylVfG begründen oder nach § 60 Absatz 8 zur Versagung der Flüchtlingsanerkennung oder der Asylberechtigung geführt haben (vgl. § 30 Absatz 4 AsylVfG), auch im Hinblick auf eine Versagung gemäß § 25 Absatz 3 Satz 2 Buchstabe a) bis c) bzw. d) von Relevanz sein. Das Bundesamt unterrichtet die Ausländerbehörde über die im Asylverfahren zu Tage getretenen Ausschlussgründe (§ 24 Absatz 3 Nummer 2 Buchstabe b) AsylVfG).

25.3.7.10 Wird die Erteilung der Aufenthaltserlaubnis nach dieser Vorschrift ausgeschlossen, erhält der Ausländer nach § 60a Absatz 2 und 4 eine Bescheinigung über die Aussetzung der Abschiebung.

25.3.7.11 Der Ausschluss der Aufenthaltserlaubnis nach § 25 Absatz 3 Satz 2 Buchstabe a) bis d) schließt die Erteilung oder Beibehaltung einer Aufenthaltserlaubnis aus anderen Gründen nicht aus (z. B. wenn die Voraussetzungen für den Familiennachzug vorliegen); allerdings dürften in diesen Fällen regelmäßig die Erteilungsvoraussetzung nach § 5 Absatz 1 Nummer 2 oder 3 nicht erfüllt sein oder ein Versagungsgrund nach § 5 Absatz 4 vorliegen. Bei abgelehnten Asylbewerbern ist allerdings zu beachten, dass Ausländern, deren Asylantrag als offensichtlich unbegründet abgelehnt worden ist, gemäß § 10 Absatz 3 vor ihrer Ausreise eine Aufenthaltserlaubnis nur erteilt werden darf, wenn ein Anspruch besteht. Die Ausnahmeregelung in § 10 Absatz 3, 2. Halbsatz greift nicht, wenn ein Ausschlussgrund nach § 25 Absatz 3 Satz 2 Buchstabe a) bis d) vorliegt.

25.3.8 Die einzelnen Ausschlussgründe

§ 25 Absatz 3 Satz 2 Buchstabe a) bis d) überträgt die Ausschlussklauseln nach Artikel 17 der Qualifikationsrichtlinie in das deutsche Recht. Zwischen den einzelnen Tatbeständen der Vorschrift sind Überschneidungen möglich, so dass mehr als nur eine Tatbestandsalternative zur Anwendung kommen kann.

25.3.8.1 Ausschlussgründe in Anlehnung an das humanitäre Völkerrecht

25.3.8.1.0 Die Ausschlussgründe des § 25 Absatz 3 Satz 2 Buchstabe a) sind dem humanitären Völkerrecht entlehnt. Die Auslegung der Tatbestände bestimmt sich daher vorrangig nach Maßgabe völkerrechtlicher Bestimmungen und nicht nach nationalen (strafrechtlichen) Vorschriften. Bislang gibt es keine allgemein gültige Definition der Begriffe „Verbrechen gegen den Frieden", „Kriegsverbrechen" und „Verbrechen gegen die Menschlichkeit". Wesentliche Orientierungshilfe bei der Auslegung bieten aber das Römische Statut des Internationalen Strafgerichtshofs vom 17. Juli 1998 (BGBl. 2000 II S. 1393) sowie das VStGB, welches die Regelungen des Römischen Statuts in das deutsche Recht überträgt. Das Römische Statut enthält eine aktuelle und umfassende Kodifizierung von Straftaten, die nach § 25 Absatz 3 Satz 2 Buchstabe a) zur Versagung der Aufenthaltserlaubnis führen (vgl. §§ 7 ff. VStGB sowie Artikel 7 und 8 des Römischen Statuts). Auch hinsichtlich der weiteren allgemeinen Tatbestandselemente, wie etwa Tatbeteiligungsfragen, sind die beiden Regelungswerke heranzuziehen (vgl. etwa §§ 3, 4 VStGB, Artikel 25, 27, 28 des Römischen Statuts). Darüber hinaus sollten die weiteren geschriebenen wie ungeschriebenen Regeln des humanitären Völkerrechts herangezogen werden.

25.3.8.1.1 Verbrechen gegen den Frieden

Die Tatbestandsalternative „Verbrechen gegen den Frieden" umfasst Angriffskriege (bewaffnete Angriffe) und vergleichbare Aggressionen. Im Völkerrecht gibt es bisher keine allgemein anerkannte Definition für den Begriff Angriffskrieg. Der Begriff wird bislang weder im Römischen Statut noch im VStGB näher erläutert. Soweit diese Tatbestandsalternative in Betracht gezogen wird, kann auf die in der Entschließung 3314 der Generalversammlung der Vereinten Nationen vom 14. Dezember 1974 enthaltenen Hinweise zurückgegriffen werden. Danach ist eine Angriffshandlung im obigen Sinne die Anwendung von Waffengewalt durch einen Staat gegen die Souveränität, die territoriale Unversehrtheit oder politische Unabhängigkeit eines anderen Staates. Als Angriffshandlungen kommen in Betracht: Invasion oder Angriff durch die Streitkräfte eines Staates, militärische Besetzung, Beschießung oder Bombardierung, Blockade der Häfen und Küsten, Entsendung unterhalb bewaffneter Banden, Gruppen, Freischärler oder Söldner und die wesentliche Beteiligung an solchen Aktionen. Grundsätzlich müssen die Angriffe aber nachhaltig sein und einen gewissen Schweregrad erreicht haben, um die Voraussetzungen für einen Angriffskrieg zu erfüllen. Da sich Verbrechen gegen den Frieden gegen die territoriale Integrität eines Staates richten, kommen grundsätzlich nur führende Vertreter von Staaten oder mit vergleichbarer Macht ausgestattete Personen als Täter in Betracht (z. B. Rebellenführer, die eine Sezession vom Staatsgebiet anstreben).

25.3.8.1.2 Kriegsverbrechen

Kriegsverbrechen sind schwere Verstöße gegen das humanitäre Völkerrecht im Rahmen bewaffneter internationaler und nicht-internationaler Konflikte. Dazu zählen Verstöße gegen Regelungen zum Schutz von Personen, die nicht oder nicht mehr an bewaffneten Kämpfen teilnehmen sowie Verstöße gegen Regelungen über die Mittel und Methoden der Kriegsführung (z. B. Einsatz verbotener Waffen). Kriegsverbrechen können von Zivilpersonen und Soldaten begangen werden. Umgekehrt können Zivilpersonen und Soldaten Opfer von Kriegsverbrechen werden.

25.3.8.1.2.1 Kriegsverbrechen setzen immer eine internationalen oder nicht-internationalen bewaffneten Konflikten voraus. Mit dem Begriff internationaler Konflikt wird eine bewaffnete Auseinandersetzung zwischen zwei oder mehreren Staaten bezeichnet. Auch die Besetzung eines Staates durch einen anderen Staat fällt darunter. Eine förmliche Kriegserklärung ist nicht erforderlich. Unter einem nicht-internationalen Konflikt ist eine bewaffnete Auseinandersetzung zu verstehen, an der die Regierung und bewaffnete Gruppen beteiligt sind oder bewaffnete Gruppen gegeneinander kämpfen. Im Falle nicht-internationaler bewaffneter Konflikte müssen die Auseinandersetzungen eine gewisse Größenordnung erreicht haben. Bürgerkriege können darunter fallen, nicht jedoch gelegentliche bewaffnete Kämpfe, allgemeine Spannungen, kleinere Grenzverletzungen und Unruhen (vgl. Zusatzprotokoll II vom 8. Juni 1977 zu den Genfer Abkommen vom 12. August 1949 über den Schutz der Opfer nicht-internationaler bewaffneter Konflikte). Der nicht-internationale Konflikt muss seiner Art und Intensität mit zwischenstaatlichen kriegerischen Auseinandersetzungen zumindest annähernd vergleichbar sein. Die Auseinandersetzungen müssen sich nicht auf das gesamte Staatsgebiet erstrecken. Es reicht aus, wenn nur in einem Teil davon Kampfhandlungen stattfinden. Die Auseinandersetzungen müssen auch nicht notwendigerweise auf das Gebiet eines Staates beschränkt sein. Die bewaffneten Gruppen müssen einen bestimmten Organisationsgrad aufweisen, der innerhalb der Gruppe eine Befehlsstruktur ähnlich wie in regulären Streitkräften erlaubt (vgl. Artikel 1 des Zusatzprotokolls II vom 8. Juni

Aufenthalt aus humanitären Gründen **§ 25 AufenthG 1**

1977). Bewaffnete Banden, die nur einen losen Zusammenhang haben, fallen nicht darunter. Ein Hinweis darauf, dass es sich um einen nicht-internationalen bewaffneten Konflikt im völkerrechtlichen Sinne handelt, kann sich daraus ergeben, dass sich der Sicherheitsrat der Vereinten Nationen oder das Internationale Komitee des Roten Kreuzes mit dem Konflikt befasst.

25.3.8.1.2.2 Artikel 8 des Römischen Statuts (vgl. auch § 8 VStGB) enthält eine nicht abschließende Liste der Handlungen, die als Kriegsverbrechen in Betracht kommen. Dazu zählen u. a.:
– vorsätzliche Tötung einer nach dem humanitären Völkerrecht zu schützenden Person, z. B. Angehörige der Zivilbevölkerung,
– Angriffe auf Personen, die nicht mehr an den Feindseligkeiten teilnehmen, z. B. Verwundete, Kriegsgefangene,
– Zwangsumsiedlung geschützter Personen aus den besetzten Gebieten in das Territorium der Besatzungsmacht,
– Plünderungen,
– umfangreiche Zerstörungen und Aneignungen von zivilen Objekten, ohne dass hierfür eine militärische Notwendigkeit gegeben ist,
– Zwangsrekrutierung von unter 15-jährigen Kindern in die Streitkräfte,
– Anordnung, kein Pardon zu geben,
– Anwendung verbotener Mittel der Kriegsführung, z. B. biologischer und chemischer Waffen.

25.3.8.1.2.3 Für die Beurteilung, ob eine Handlung ein Kriegsverbrechen im Rahmen eines internationalen Konflikts darstellt, sind neben dem Römischen Statut die Rechtsinstrumente des Kriegsvölkerrechts zu beachten, insbesondere die Genfer Konventionen vom 12. August 1949 (BGBl. 1954 II S. 781, 783, 813, 838, 917; 1956 II S. 1586) und das Zusatzprotokoll I vom 8. Juni 1977 (BGBl. 1990 II S. 1550, 1637). Während für die unter Artikel 8 des Römischen Statuts fallenden Taten feststeht, dass es sich jeweils um Kriegsverbrechen handelt, kann dies für Verstöße gegen die in den Genfer Konventionen und anderen Vertragswerken genannte Verstöße nicht ohne weiteres angenommen werden. Da nicht alle, sondern nur schwere Verstöße gegen das humanitäre Völkerrecht Kriegsverbrechen sind, muss im Einzelfall geprüft werden, ob der jeweilige Verstoß hinreichend schwerwiegend ist. Ein schwerer Verstoß in diesem Sinne ist anhand der Gesamtumstände des Einzelfalls zu beurteilen. Er liegt dann vor, wenn grundlegende Prinzipien der Menschlichkeit missachtet wurden (vgl. gemeinsamer Artikel 3 der Genfer Konventionen).

25.3.8.1.2.4 Für Taten, die im Rahmen von nicht-internationalen bewaffneten Konflikten verübt werden, findet das Römische Statut ebenfalls Anwendung. Allerdings kann hier nur eingeschränkt auf geschriebenes Völkerrecht zurückgegriffen werden. Eine unmittelbare Anwendung der Genfer Konventionen ist nicht möglich, da die darin enthaltenen Regelungen grundsätzlich nur für internationale Konflikte gelten. Grundlegend für die Beurteilung von Taten im Zusammenhang mit nicht-internationalen bewaffneten Konflikten sind der gemeinsame Artikel 3 der Genfer Konventionen, das Zusatzprotokoll II vom 8. Juni 1977 und das (übrige) Völkergewohnheitsrecht. Große Teile der Genfer Konventionen gehören inzwischen zum Völkergewohnheitsrecht und sind daher auch im Rahmen bewaffneter Konflikte anzuwenden.

25.3.8.1.3 Verbrechen gegen die Menschlichkeit Verbrechen gegen die Menschlichkeit sind schwere Menschenrechtsverletzungen, die im Rahmen ausgedehnter oder systematischer Angriffe gegen die Zivilbevölkerung verübt werden (vgl. Artikel 7 des Römischen Statuts, § 7 VStGB). Von isolierten Taten unterscheiden sich Verbrechen gegen die Menschlichkeit dadurch, dass sie Teil eines bestimmten Verhaltensmusters sind, das i. d. R. auf einer ablehnenden Haltung gegenüber bestimmten nationalen, ethnischen, religiösen oder anderweitig charakterisierten Gruppen beruht. Es ist nicht erforderlich, dass mehrere Personen von dem Angriff betroffen sind. Vielmehr genügt auch eine gegen einen Einzelnen gerichtete Tat, wenn diese im Zusammenhang mit dem diskriminierenden Verhaltensmuster steht. Verbrechen gegen die Menschlichkeit können sowohl im Zusammenhang mit bewaffneten Konflikten als auch in Friedenszeiten begangen werden. Im Rahmen von bewaffneten Konflikten begangene Taten sollten jedoch unter dem spezielleren Tatbestandsmerkmal „Kriegsverbrechen" geprüft werden.

25.3.8.1.3.1 Eine nicht abschließende Liste der Verbrechen gegen die Menschlichkeit ist in Artikel 7 des Römischen Statuts (vgl. § 7 VStGB) enthalten. Dazu zählen u. a. folgende Handlungen (sofern sie Teil eines ausgedehnten oder systematischen Angriffs gegen die Zivilbevölkerung sind):
– Tötung eines Menschen,
– Menschenhandel,
– Vertreibung einer rechtmäßig aufhältigen Person in einen anderen Staat oder ein anderes Gebiet unter Verstoß gegen eine allgemeine Regel des Völkerrechts,
– Folterungen von Personen, die in Gewahrsam genommen wurden oder sich in sonstiger Weise unter der Kontrolle der Gewahrsamsperson befinden,
– Sexuelle Nötigung, Vergewaltigung und Zwangsprostitution,
– Verschwindenlassen von Personen im Auftrag oder mit Billigung eines Staates oder einer politischen Organisation.

25.3.8.1.3.2 Völkermord zählt ebenfalls zu den Verbrechen gegen die Menschlichkeit. Völkermord verübt, wer in der Absicht, eine nationale, rassische, religiöse Gruppe als solche ganz oder teilweise zu zerstören, schwere Menschenrechtsverletzungen begeht (vgl. Artikel 6 Römisches Statut, § 6 VStGB).

25.3.8.2 Straftat von erheblicher Bedeutung
§ 25 Absatz 3 Satz 2 Buchstabe b) bestimmt, dass Personen, die Straftaten von erheblicher Bedeutung begangen haben, keine Aufenthaltserlaubnis erhalten. Die Vorschrift eröffnet die Möglichkeit, auch bei Straftaten von erheblicher Bedeutung nach dem allgemeinen Strafrecht die Aufenthaltserlaubnis und die damit verbundenen weiteren Vorteile zu versagen.

25.3.8.2.1 Eine Straftat von erheblicher Bedeutung liegt vor, wenn die Straftat mindestens dem Bereich der mittleren Kriminalität angehört, den Rechtsfrieden empfindlich stört und geeignet ist, das Gefühl der Rechtssicherheit der Bevölkerung erheblich zu beeinträchtigen. Zur Bewertung der konkreten Tat können als Anhaltspunkte auf die Tatausführung, das verletzte Rechtsgut, die Schwere des eingetretenen Schadens sowie die von dem Straftatbestand vorgesehene Strafandrohung abgestellt werden.

25.3.8.2.2 Die Voraussetzungen für eine Straftat von erheblicher Bedeutung liegen regelmäßig bei Kapitalverbrechen wie Mord und Totschlag vor, daneben auch bei Raub, Kindesmissbrauch, Entführung, schwerer Körperverletzung, Brandstiftung und Drogenhandel. Dagegen scheiden Bagatelldelikte als Straftaten von erheblicher Bedeutung aus, z. B. Diebstahl geringwertiger Sachen und geringfügige Sachbeschädigungen.

25.3.8.3 Verstöße gegen die Ziele und Grundsätze der Vereinten Nationen

25.3.8.3.1 Nach § 25 Absatz 3 Satz 2 Buchstabe c) ist Personen die Aufenthaltserlaubnis zu verwehren, wenn sie den Zielen und Grundsätzen der Vereinten Nationen, wie sie in der Präambel und in Artikel 1 und 2 der Charta der Vereinten Nationen niedergelegt sind, zuwider handeln. Die ausdrückliche Bezugnahme auf die Präambel sowie Artikel 1 und 2 der Charta soll verdeutlichen, dass nur fundamentale Verstöße als Ausschlussgründe in Betracht kommen. Dazu zählen Handlungen, die geeignet sind, den internationalen Frieden, die internationale Sicherheit oder die friedliche Koexistenz der Staaten zu gefährden sowie schwere und anhaltende Menschenrechtsverletzungen.

25.3.8.3.2 Ein Verstoß gegen die Ziele und Grundsätze der Vereinten Nationen kann auf zweierlei Weise festgestellt werden: Zum einen, indem die fragliche Handlung ausdrücklich als Handlung, die gegen die Ziele und Grundsätze der Vereinten Nationen verstößt, eingestuft wird, etwa im Rahmen einer Resolution des Sicherheitsrates der Vereinten Nationen; zum anderen, wenn die Handlung auf der Grundlage von Völkerrechtsinstrumenten als schwerwiegende Verletzung grundlegender Menschenrechte angesehen wird.

25.3.8.3.3 Da Artikel 1 und 2 der Charta der Vereinten Nationen im Wesentlichen das Verhältnis zwischen Staaten festlegen, kommt die Anwendung der Ausschlussklausel i. d. R. nur bei Personen mit entsprechender Machtposition in Betracht. Dazu gehören in erster Linie Regierungsmitglieder, führende Angehörige des Staatsapparats, hochrangige Militärangehörige und Guerillaführer. Im Einzelfall kann aber auch ein Einzelner, der nicht in einen Staatsapparat oder eine nichtstaatliche Organisation eingebunden ist, die Voraussetzungen des § 25 Absatz 3 Satz 2 Buchstabe c) erfüllen, wenn er Mittel und Methoden einsetzt, die zu kriegsgleichen Zerstörungen führen oder die die friedliche Koexistenz der Staatengemeinschaft in sonstiger Weise beeinträchtigten. Die Vorschrift ist jedoch nicht anwendbar auf Straftäter, deren Wirken diesen Schweregrad nicht erreicht, selbst wenn sie Kapitalverbrechen begehen. In diesen Fällen liegen i. d. R. die Ausschlussklauseln „Verbrechen gegen die Menschlichkeit" oder „Straftat von erheblicher Bedeutung" vor.

25.3.8.3.4 Die Ausschlussklausel ist unter den oben genannten Voraussetzungen auch bei Begehen terroristischer Handlungen anwendbar. Allerdings fallen nur Handlungen darunter, die in ihren Dimensionen potenziell friedensgefährdend sind oder massivste Menschenrechtsverletzungen nach sich ziehen (vgl. auch ausschließlich auf den internationalen Terrorismus bezogene Resolutionen des Sicherheitsrats der Vereinten Nationen, z. B. Resolutionen 1373 (2001), 1377 [2001]). Terroristische Taten, die die Voraussetzungen von §§ 129a und 129b StGB erfüllen, erreichen die vorgenannten Dimensionen i. d. R. nicht. Sie sollten daher bei der Beurteilung, ob eine Handlung i. S. d. von § 25 Absatz 3 Satz 2 Buchstabe c) auszuschließen ist, nicht herangezogen werden. Als Ausschlusstatbestände kommen hier aber regelmäßig § 25 Absatz 3 Satz 2 Buchstabe a) (Verbrechen gegen die Menschlichkeit) oder § 25 Absatz 3 Satz 2 Buchstabe b) (Straftat von erheblicher Bedeutung) in Betracht.

25.3.8.4 Gefährder

§ 25 Absatz 3 Satz 2 Buchstabe d) schließt Personen, die ein Sicherheitsrisiko darstellen, von der Gewährung einer Aufenthaltserlaubnis aus. Darunter fallen Personen, die die Allgemeinheit gefährden, insbesondere durch erhebliche Straftaten. Eine strafrechtliche Verurteilung ist nicht erforderlich. Allerdings ist im Falle einer Verurteilung zu einer mindestens dreijährigen Haftstrafe in Anlehnung an die entsprechenden flüchtlingsrechtlichen Regelungen des § 60 Absatz 8 die Aufenthaltserlaubnis regelmäßig zu versagen. In den übrigen Fällen kommt es auf den Einzelfall an. Bei Personen, die die Sicherheit des Landes gefährden, ist erforderlich, dass die von ihnen ausgehende Gefahr sich gegen das Staatsgefüge richtet. Dies ist etwa bei terroristischen Aktivitäten der Fall (vgl. im Einzelnen Nummer 54.2.2.2 bis 54.2.2.2.2). Im Unterschied zu den anderen Ausschlussgründen in § 25 Absatz 3 Satz 2 Buchstabe a) bis c) reicht für die Anwendung des Buchstaben d) die bloße Feststellung einer in der Vergangenheit begangenen Straftat oder Gefährdung nicht aus. Vielmehr muss zusätzlich immer eine vom Betreffenden weiterhin ausgehende Gefahr festgestellt werden. Bei Straftätern ist anhand der Gesamtumstände des Einzelfalles zu prüfen, ob die Gefahr besteht, dass auch in Zukunft Straftaten begangen werden. Die bloße Aussetzung einer Strafvollbüßung zur Bewährung ist alleine noch nicht ausreichend für die Annahme, dass der Betreffende künftig ein straffreies Leben führen wird.

25.4 Vorübergehender Aufenthalt und Verlängerung

25.4.1 Aufenthaltserlaubnis für vorübergehenden Aufenthalt aus dringenden humanitären oder politischen Gründen

25.4.1.1 Die Regelung bietet die Möglichkeit der Erteilung einer befristeten Aufenthaltserlaubnis für einen vorübergehenden Aufenthalt. Ein Daueraufenthalt soll über diese Vorschrift nicht eröffnet werden. Der Ausländer muss sich bereits im Bundesgebiet befinden und darf nicht vollziehbar ausreisepflichtig sein. In Fällen, in denen der Ausländer vollziehbar ausreisepflichtig ist, kann bei Vorliegen der weiteren Voraussetzungen eine Aufenthaltserlaubnis nur nach § 23 Absatz 1, 23a, § 25 Absatz 4a, § 25 Absatz 5, § 104a oder § 104b erteilt werden. Darüber hinaus kann die Erteilung einer Duldung nach § 60a Absatz 2 Satz 3 in Betracht kommen (siehe Nummer 60 a.2.3).

Die Erteilung einer Aufenthaltserlaubnis nach § 25 Absatz 4 Satz 1 setzt voraus, dass der Ausländer
– nicht vollziehbar ausreisepflichtig ist,
– einen nur vorübergehenden Aufenthalt beabsichtigt und
– dringende humanitäre oder persönliche Gründe oder
– erhebliche öffentliche Interessen seine vorübergehende Anwesenheit in Deutschland erfordern.

25.4.1.2 Zudem müssen die allgemeinen Erteilungsvoraussetzungen nach § 5 vorliegen; die Ausländerbehörde kann nach Ermessen von § 5 Absatz 1 und 2 abweichen (§ 5 Absatz 3 Satz 2, siehe aber bezüglich des Abweichens vom Erfordernis der Lebensunterhaltssicherung Nummer 5.3.2.1); von § 5 Absatz 4 darf nicht abgewichen werden (dazu siehe Nummer 5.4). Im Rahmen des Ermessens sind insbesondere der geltend gemachte Aufenthaltszweck, die Länge des angestrebten vorübergehenden Aufenthalts, die bisherigen rechtmäßigen Aufenthalte im Bundesgebiet und die öffentlichen Interessen an der Anwesenheit im Bundesgebiet zu berücksichtigen.

25.4.1.3 Darüber hinaus entscheidet die Ausländerbehörde über die Erteilung der Aufenthaltserlaubnis nach pflichtgemäßem Ermessen (siehe dazu Nummer 25.4.1.6 f.); es besteht kein Rechtsanspruch auf Erteilung der Aufenthaltserlaubnis. Anders als bei § 25 Absatz 4a und § 25 Absatz 5 ist bei § 25 Absatz 4 das Einreise- und Aufenthaltsverbot nach § 11 Absatz 1 zwingend zu berücksichtigen.

Aufenthalt aus humanitären Gründen § 25 AufenthG 1

25.4.1.4 Bei der Prüfung, ob dringende humanitäre Gründe vorliegen, ist auf die individuell-konkreten Umstände des Einzelfalls abzustellen. Es kommen nur inlandsbezogene Gründe in Frage, nicht erheblich i. S. d. § 25 Absatz 4 Satz 1 sind zielstaatsbezogene Gründe, insbesondere das Vorliegen von Abschiebungshindernissen oder Gefahren für den Ausländer, die im Falle seiner Rückkehr im Heimatstaat auftreten können. Nicht berücksichtigt werden kann damit insbesondere die Unmöglichkeit, im Ausland eine zur Bestreitung des Lebensunterhalts erforderliche Arbeit zu finden. Der Ausländer muss sich aufgrund besonderer Umstände in einer auf seine Person bezogenen Sondersituation befinden, die sich deutlich von der Lage vergleichbarer Ausländer unterscheidet. Das Verlassen des Bundesgebiets in einen Staat, in dem keine entsprechenden Ausbildungs- und Berufsmöglichkeiten bestehen, ist kein dringender humanitärer Grund i. S. d. § 25 Absatz 4 Satz 1.

25.4.1.5 Nach § 25 Absatz 4 Satz 1 kommt die Erteilung einer Aufenthaltserlaubnis nur in Betracht, wenn ein vorübergehender, also ein zeitlich begrenzter Aufenthalt angestrebt wird; begehrt der Ausländer einen Daueraufenthalt oder einen zeitlich nicht absehbaren Aufenthalt im Bundesgebiet, so kommt eine Aufenthaltserlaubnis nach § 25 Absatz 4 Satz 1 nicht in Betracht.

25.4.1.6 Bei der Ermessensentscheidung sind daher nur solche Umstände zu berücksichtigen, die ihrer Natur nach einen vorübergehenden Aufenthalt notwendig machen; Umstände, die auf einen Daueraufenthalt abzielen, sind grundsätzlich nicht berücksichtigungsfähig. Im Rahmen der Ermessensentscheidung sind die privaten Interessen des Ausländers und die öffentlichen Interessen abzuwägen. Als Gesichtspunkte können die Dauer des Voraufenthalts, der Grund für die Ausreisepflicht und die Folgen einer alsbaldigen Abschiebung für den Ausländer herangezogen werden.

25.4.1.6.1 Dringende humanitäre oder persönliche Gründe können z. B. in folgenden Fällen angenommen werden:
– Durchführung einer medizinischen Operation oder Abschluss einer ärztlichen Behandlung, die im Herkunftsland nicht oder nicht in ausreichendem Maße gewährleistet ist,
– vorübergehende Betreuung erkrankter Familienangehöriger,
– die Regelung gewichtiger persönlicher Angelegenheiten, wie z. B. die Teilnahme an einer Beisetzung oder dringende Regelungen im Zusammenhang mit dem Todesfall eines Angehörigen oder die Teilnahme an einer Gerichtsverhandlung als Zeuge; bei der Teilnahme an Gerichtsverhandlungen als Verfahrenspartei kommt es auf die Umstände des Einzelfalles an,
– Abschluss einer Schul- oder Berufsausbildung, sofern sich der Schüler oder Auszubildende bereits kurz vor dem angestrebten Abschluss, i. d. R. also zumindest im letzten Schul- bzw. Ausbildungsjahr befindet.

25.4.1.6.2 Dringende humanitäre oder persönliche Gründe wird man z. B. regelmäßig nicht annehmen können
– allein wegen der Integration in die deutschen Lebensverhältnisse, wie etwa bei Vorliegen von guten deutschen Sprachkenntnissen,
– beim Erlöschen der Aufenthaltserlaubnis zu einem anderen Aufenthaltszweck, weil die Voraussetzungen nicht mehr vorliegen, insbesondere bei Verlust des Arbeitsplatzes oder der Wohnung,
– wenn der Ausländer die Absicht hat, eine Aufenthaltserlaubnis zu einem anderen Aufenthaltszweck zu beantragen, er die Voraussetzungen hierfür gegenwärtig aber noch nicht erfüllt,
– allein wegen der gerichtlichen Durchsetzung von Ansprüchen oder der Durchführung eines Vaterschaftsanfechtungsprozesses (siehe aber Nummer 25.4.1.6.1),
– bei einem Petitionsverfahren, das die Fortsetzung des Aufenthalts zum Gegenstand hat.

25.4.1.6.3 Erhebliche öffentliche Interessen können vorliegen, wenn
– der Ausländer als Zeuge in einem Gerichts- oder Verwaltungsverfahren benötigt wird,
– der Ausländer mit deutschen Behörden bei der Ermittlung von Straftaten vorübergehend zusammenarbeitet, sich insbesondere in einem Zeugenschutzprogramm befindet; zu beachten ist insoweit auch § 25 Absatz 4a, der eine Sonderregelung für die Erteilung einer vorübergehenden Aufenthaltserlaubnis für Opfer von Menschenhandel enthält,
– der Aufenthalt des Ausländers zur Wahrung politischer Interessen der Bundesrepublik Deutschland fortgesetzt werden soll, wie z. B. aufgrund sicherheitspolitischer Interessen deutscher Sicherheitsbehörden, außenpolitischer oder sportpolitischer Interessen, etwa wenn es um die Fortsetzung des Aufenthalts eines sportpolitisch bedeutenden ausländischen Sportlers geht.

25.4.1.7 Dringende humanitäre oder persönliche Gründe oder erhebliche öffentliche Interessen erfordern den weiteren Aufenthalt nur, wenn das mit dem weiteren Aufenthalt des Ausländers angestrebte Ziel nicht auch in zumutbarer Weise im Ausland erreicht werden kann.

25.4.1.8 Die Aufenthaltserlaubnis wird grundsätzlich für den Zeitraum erteilt, der für die Erreichung des Aufenthaltszwecks erforderlich ist (§ 7 Absatz 2 Satz 1), längstens für sechs Monate, solange sich der Ausländer noch nicht mindestens 18 Monate rechtmäßig im Bundesgebiet aufgehalten hat (§ 26 Absatz 1 Satz 1).

25.4.1.9 Eine Verlängerung der Aufenthaltserlaubnis kommt nur ausnahmsweise in Betracht, wenn wider Erwarten der Aufenthaltszweck noch nicht erreicht werden konnte. Eine Verfestigung des Aufenthalts nach § 26 Absatz 4 Satz 1 ist nicht zuzulassen (§ 8 Absatz 2), da es sich nach der Zweckbestimmung um einen nur vorübergehenden Aufenthalt handelt. Wenn die Voraussetzungen vorliegen, ist die Verlängerung der Aufenthaltserlaubnis nach § 25 Absatz 4 Satz 2 möglich, ebenso die Erteilung einer Aufenthaltserlaubnis zu einem anderen Aufenthaltszweck.

25.4.1.10 Die Aufenthaltserlaubnis erlischt nach den allgemeinen Vorschriften (§§ 51 ff., siehe Nummer 51.1), insbesondere wenn der Ausländer einen Asylantrag stellt (§ 51 Absatz 1 Nummer 8).

25.4.1.11 Ein Familiennachzug zu Ausländern, die im Besitz einer Aufenthaltserlaubnis nach § 25 Absatz 4 Satz 1 sind, wird nicht gewährt (§ 29 Absatz 3 Satz 3, siehe hierzu Nummer 29.3.3), da sich der Ausländer nur vorübergehend im Bundesgebiet aufhalten wird.

25.4.1.12 Die Aufnahme einer Erwerbstätigkeit bestimmt sich nach § 21 Absatz 6 bzw. nach § 39 Absatz 3.

25.4.2.1 § 25 Absatz 4 Satz 2 schafft eine Ausnahmemöglichkeit für die Verlängerung einer Aufenthaltserlaubnis in Fällen, in denen bereits ein rechtmäßiger Aufenthalt besteht und das Verlassen des Bundesgebietes für den Ausländer eine außergewöhnliche Härte bedeuten würde. Es handelt sich hierbei um eine eigenständige Möglichkeit der Verlängerung, unabhängig von den Voraussetzungen des § 25 Absatz 4 Satz 1. Die Verlängerung darf daher

1 AufenthG § 25

unabhängig von der Grundlage des ursprünglichen Aufenthaltstitels und abweichend von den Bestimmungen nach § 8 Absatz 1 und 2 erteilt werden. Verlängerungen sind in diesen Fällen somit auch dann möglich, wenn der Ausländer z. B. im Besitz einer Aufenthaltserlaubnis aus humanitären Gründen ist, deren Voraussetzungen nicht mehr vorliegen, oder wenn die zuständige Behörde die Verlängerung ursprünglich durch Nebenstimmung ausdrücklich ausgeschlossen hat. Die Ausländerbehörde hat sich mit einer anderen Ausländerbehörde ins Benehmen zu setzen, die zuvor die Verlängerung ausgeschlossen hatte.

25.4.2.2 Die Verlängerung der Aufenthaltserlaubnis nach § 25 Absatz 4 Satz 2 setzt voraus, dass
– der Ausländer im Besitz einer Aufenthaltserlaubnis oder Fiktionsbescheinigung (§ 81 Absatz 4) ist,
– sich im Bundesgebiet aufhält und
– das Verlassen des Bundesgebiets aufgrund besonderer Umstände des Einzelfalles eine außergewöhnliche Härte bedeuten würde.

25.4.2.3 Grundsätzlich müssen die allgemeinen Erteilungsvoraussetzungen nach § 5 erfüllt sein. Zwingende Versagungsgründe oder Erteilungsverbote sind grundsätzlich anzuwenden; die Ausländerbehörde kann nach Ermessen von § 5 Absatz 1 und 2 abweichen (siehe Nummer 5.3.2), von § 5 Absatz 4 darf hingegen nicht abgewichen werden (siehe Nummer 5.4). Es besteht kein Anspruch auf Verlängerung einer Aufenthaltserlaubnis nach § 25 Absatz 4 Satz 2; die Ausländerbehörde entscheidet vielmehr nach pflichtgemäßem Ermessen. Dabei ist zu berücksichtigen, dass die Vorschrift für Ausnahmefälle reserviert ist. Bei Ausländern, deren Asylantrag als offensichtlich unbegründet abgelehnt worden ist, darf gemäß § 10 Absatz 3 vor der Ausreise eine Aufenthaltserlaubnis grundsätzlich nicht erteilt werden; ebenso ist das Einreise- und Aufenthaltsverbot nach § 11 anwendbar.

25.4.2.4.1 Eine außergewöhnliche Härte setzt voraus, dass der Ausländer sich in einer individuellen Sondersituation befindet, aufgrund derer ihn die Aufenthaltsbeendigung nach Art und Schwere des Eingriffs wesentlich härter treffen würde als andere Ausländer, deren Aufenthalt ebenfalls zu beenden wäre. Dies kommt z. B. in Betracht, wenn den Ausländer im Falle der Ausreise ein außergewöhnlich schweres Schicksal trifft, das sich von gewöhnlichen Schwierigkeiten unterscheidet, denen andere Ausländer im Falle der Ausreise ausgesetzt wären. Eine außergewöhnliche Härte kann sich für den Ausländer auch aus besonderen Verpflichtungen ergeben, die für ihn im Verhältnis zu dritten im Bundesgebiet lebenden Personen bestehen, z. B. wenn die dauerhafte Betreuung eines plötzlich pflegebedürftigen Angehörigen notwendig ist, der Deutscher ist oder sich als Ausländer im Bundesgebiet dauerhaft rechtmäßig aufhält. Eine Aufenthaltserlaubnis kann nach § 25 Absatz 4 Satz 2 nur verlängert werden, wenn die Aufenthaltsbeendigung als regelmäßige Folge des Ablaufs bisheriger anderer Aufenthaltstitel unvertretbar wäre und dadurch konkret-individuelle Belange des Ausländers in erheblicher Weise beeinträchtigt würden. Bei der Beurteilung, ob die Beendigung des Aufenthalts eines in Deutschland aufgewachsenen Ausländers eine außergewöhnliche Härte darstellt, kann nach der Rechtsprechung des Bundesverwaltungsgerichts auch dem Umstand Bedeutung zukommen, inwieweit der Ausländer in Deutschland verwurzelt ist. Das Ausmaß der Verwurzelung bzw. die für den Ausländer mit einer „Entwurzelung" verbundenen Folgen seien unter Berücksichtigung der verfassungsrechtlichen Vorgaben der Artikel 2 Absatz 1 und Artikel 6 Absatz 1 GG sowie der Regelung des Artikels 8 EMRK zu ermitteln, zu gewichten und mit den Gründen, die für eine Aufenthaltsbeendigung sprechen, abzuwägen. Dabei sei der Grundsatz der Verhältnismäßigkeit zu beachten. Die Rechtsprechung des Bundesverwaltungsgerichts gibt verschiedene Kriterien vor, die bei der Prüfung der Verwurzelung eingrenzend zu berücksichtigen sind und die es nahe legen, die Annahme einer außergewöhnlichen Härte aufgrund von Verwurzelung restriktiv zu handhaben:
– Der Aufenthaltsdauer kommt erhebliches Gewicht zu, es sei denn, die Legitimität des Aufenthalts war belastet, z. B. durch Täuschungen der Ausländerbehörde über die Staatsangehörigkeit.
– Im Rahmen der Prüfung der beruflichen Verwurzelung ist zu prüfen, inwieweit der Ausländer durch seine Berufstätigkeit in der Lage ist, den Lebensunterhalt für sich und seine Familie dauerhaft zu sichern, wobei auch ein in der Vergangenheit liegender, lang anhaltender Bezug öffentlicher Sozialleistungen zu berücksichtigen ist. Von Belang ist außerdem, ob der Ausländer eine Berufsausbildung absolviert hat und ihn diese Ausbildung ggf. für eine Berufstätigkeit qualifiziert, die nur oder bevorzugt in Deutschland ausgeübt werden kann.

Bei der sozialen Integration sind unter anderem die Bindungen bzw. Kontakte des Ausländers außerhalb der Kernfamilie zu berücksichtigen. Falls Familienmitglieder des Ausländers bereits ausgereist sind, ist hier die Frage zu klären, ob ein Zusammenleben mit ihnen im Herkunftsland möglich und zumutbar ist.

25.4.2.4.2 Die Annahme einer außergewöhnlichen Härte kann nicht darauf gestützt werden, dass der Ausländer eine Arbeitsstelle in Aussicht hat. Ebenso wenig gehören politische Verfolgungsgründe (§ 60 Absatz 1 Satz 1) und Abschiebungsverbote i. S. v. § 60 Absatz 2 bis 7 zum Prüfungsrahmen des § 25 Absatz 4 Satz 2 (keine die außergewöhnliche Härte bestimmenden persönlichen Merkmale). Gleiches gilt für Gesichtspunkte, die zu Aufenthaltsrechten nach anderen Härtefallklauseln führen, wie § 31 Absatz 2 oder § 25 Absatz 4 Satz 1 (z. B. Ausbildungsaufenthalte zur Absolvierung einer Prüfung).

25.4.2.4.3 Das Nichtvorliegen der tatbestandlichen Voraussetzungen anderer aufenthaltsrechtlicher Vorschriften rechtfertigt die Annahme einer außergewöhnlichen Härte nicht. Beruft sich beispielsweise ein Ausländer auf allgemeine Verhältnisse im Heimatstaat (z. B. Katastrophen- oder Kriegssituation), ist nur auf die Lage vergleichbarer Fälle aus oder in diesem Staat abzustellen. Allgemeine Verhältnisse im Heimatstaat, die unter Umständen der Ausreise des Ausländers aus dem Bundesgebiet vorübergehend entgegenstehen, fallen unter die Regelungsbereiche der §§ 23, 24 oder 60a Absatz 1.

25.4.2.4.4 Eine außergewöhnliche Härte wird z. B. regelmäßig in den folgenden Fällen nicht anzunehmen sein:
– nur weil der Ausländer eine Arbeitsstelle in Aussicht hat,
– bei Beendigung eines Ausbildungsaufenthalts vor Abschluss der Prüfung,
– im Falle fehlender Erwerbsmöglichkeiten im Zielstaat.

25.4.2.5 Sind die Voraussetzungen für das Vorliegen einer außergewöhnlichen Härte nicht gegeben, kann unter Umständen die Erteilung einer Aufenthaltserlaubnis nach § 25 Absatz 4 Satz 1 für einen vorübergehenden Aufenthalt oder die Erteilung einer Duldung nach § 60a Absatz 2 Satz 3 in Frage kommen.

25.4.2.6 Die Aufenthaltserlaubnis wird nur für den Zeitraum erteilt, der für die Erreichung des Aufenthaltszwecks erforderlich ist (§ 7 Absatz 2 Satz 1) und längstens für jeweils drei Jahre verlängert (§ 26 Absatz 1 Satz 1). Eine

Aufenthalt aus humanitären Gründen § 25 AufenthG 1

Aufenthaltsverfestigung ist unter den Voraussetzungen des § 26 Absatz 4 möglich. Die Aufenthaltserlaubnis erlischt nach den allgemeinen Vorschriften (§§ 51 ff., siehe Nummer 51.1), insbesondere wenn der Ausländer einen Asylantrag stellt (§ 51 Absatz 1 Nummer 8).

25.4.2.7 Ein Familiennachzug zu Ausländern, die im Besitz einer Aufenthaltserlaubnis nach § 25 Absatz 4 Satz 2 sind, wird nicht gewährt (§ 29 Absatz 3 Satz 3). Familienangehörige, die bereits eine im Bundesgebiet bestehende familiäre Lebensgemeinschaft mit dem betreffenden Ausländer führen, können – sofern sie die Voraussetzungen des § 25 Absatz 4 Satz 2 in eigener Person erfüllen – ebenfalls eine solche Aufenthaltserlaubnis erhalten.

25.4.2.8 Die Aufnahme einer Erwerbstätigkeit bestimmt sich nach § 21 Absatz 6 bzw. nach § 39 Absatz 3.

25.4a Aufenthaltserlaubnis für Opfer von Menschenhandel

25.4 a.0.1 Nach dieser Regelung kann Opfern von Menschenhandel eine befristete Aufenthaltserlaubnis erteilt werden. Sie dient der Umsetzung der Richtlinie 2004/81/EG des Rates vom 29. April 2004 über die Erteilung von Aufenthaltstiteln für Drittstaatsangehörige, die Opfer des Menschenhandels sind oder denen Beihilfe zur illegalen Einwanderung geleistet wurde und die mit den zuständigen Behörden kooperieren (ABl. EU Nummer L 261 S. 19, so genannte Opferschutzrichtlinie) und steht in engem Zusammenhang mit weiteren Regelungen des Aufenthaltsgesetzes (§ 5 Absatz 3 Satz 1, § 26 Absatz 1 Satz 3, § 50 Absatz 2a, § 52 Absatz 5, § 72 Absatz 6, § 87 Absatz 5 und § 90 Absatz 4), des AsylbLG (§ 1 Absatz 1 Nummer 3 AsylbLG) und der BeschVerfV (§ 6a BeschVerfV). Es handelt sich hierbei um eine humanitäre Sonderregelung, da sie wie § 23a sowie § 25 Absatz 5 gerade auf vollziehbar ausreisepflichtige Ausländer Anwendung findet. Ausländer, die sich rechtmäßig im Bundesgebiet aufhalten, benötigen diesen Aufenthaltstitel regelmäßig nicht.

Die Wahrung der Sicherheitsinteressen der Opferzeugen bzw. -innen von Menschenhandel sowie deren angemessene Unterstützung bilden eine wichtige Voraussetzung für eine erfolgreiche Verfolgung der Täter und damit für die Erreichung des mit § 25 Absatz 4a sowie der zugrunde liegenden Richtlinie verfolgten gesetzgeberischen Zieles. Im Zuge der Anwendung des § 25 Absatz 4a sowie der damit zusammenhängenden weiteren Regelungen ist daher grundsätzlich immer darauf zu achten, dass Ausländer, die als potenzielle Zeugen anzusehen sind, nicht durch eine Offenlegung dieser Eigenschaft zusätzlichen Gefährdungen oder Stigmatisierungen ausgesetzt werden.

25.4 a.0.2 Zur Frage der Anwendbarkeit von § 25 Absatz 4a in Bezug auf Freizügigkeitsberechtigte siehe Nummer 2.2, 2.3 sowie Nummer 13.2.2.1 FreizügG/EU-VwV.

25.4 a.1 Der Ausländer muss die folgenden Tatbestandsvoraussetzungen erfüllen:

25.4 a.1.1 Nach § 25 Absatz 4a Satz 1 muss der Ausländer Opfer einer Straftat nach den §§ 232, 233 oder § 233a StGB sein. Opfer einer solchen Straftat ist nur die „andere Person" i. S. v. §§ 232 und 233 StGB. Die Art der Begehung der Straftat ist unerheblich, Versuch und Teilnahme sind daher auch erfasst. Dabei setzt § 25 Absatz 4a jedoch nicht voraus, dass der Täter bereits rechtskräftig verurteilt wurde. Vielmehr reicht es aus, dass die Staatsanwaltschaft oder ihre Ermittlungspersonen wegen zureichender tatsächlicher Anhaltspunkte für eine solche Straftat, die auf konkreten Tatsachen beruhen (Anfangsverdacht gemäß § 152 Absatz 2 StPO), ermitteln (vgl. Nummer 50.2 a.1.1). Um dem gesetzgeberischen Ziel dieser Regelung gerecht zu werden, die neben dem Schutz der Opfer von Menschenhandel auch der Erleichterung des Strafverfahrens gegen die Täter dient, muss während des Ermittlungsverfahrens die Möglichkeit bestehen, den Zeugen einen Aufenthaltstitel nach § 25 Absatz 4a zu erteilen.

25.4 a.1.2 § 25 Absatz 4a Satz 1 enthält eine Ausnahme von § 11 Absatz 1 Satz 2 a, d. h. eine Aufenthaltserlaubnis nach § 25 Absatz 4a kann auch im Falle eines Einreise- und Aufenthaltsverbotes sowie dann erteilt werden, wenn der Ausländer vollziehbar ausreisepflichtig ist.

25.4 a.2.0 Weitere, kumulativ zu erfüllende Tatbestandsmerkmale sind in § 25 Absatz 4a Satz 2 enthalten. Dabei ist die Ausländerbehörde an die tatbestandlichen Feststellungen der Staatsanwaltschaft und des Gerichtes gebunden.

25.4 a.2.1 Nach § 25 Absatz 4a Satz 2 Nummer 1 darf die Aufenthaltserlaubnis nur erteilt werden, wenn die vorübergehende Anwesenheit des Ausländers im Bundesgebiet für ein Strafverfahren wegen dieser Straftat von der Staatsanwaltschaft oder dem Strafgericht für sachgerecht erachtet wird, weil ohne seine Angaben die Erforschung des Sachverhalts erschwert wäre.

25.4 a.2.2 Nach § 25 Absatz 4a Satz 2 Nummer 2 darf die Aufenthaltserlaubnis nur erteilt werden, wenn der Ausländer jede Verbindung zu den Personen, die beschuldigt werden, die Straftat begangen zu haben, abgebrochen hat. Wie aus § 52 Absatz 5 Nummer 3 deutlich wird, kommt es darauf an, dass das Opfer den Kontakt abgebrochen hat. Eine weiterhin bestehende Verbindung auf Veranlassung der Täter kann unerheblich sein. Bei der Beurteilung ist insbesondere zu beachten, ob das Opfer sich auf Grund bestehender Zwänge zur Aufrechterhaltung des Kontaktes genötigt sieht und dabei versucht, diesen auf ein Minimum zu beschränken. Ein Kontakt, der nur durch die Täter initiiert oder aufrechterhalten wird, z. B. durch Telefonanrufe, ist unerheblich; zu berücksichtigen ist insbesondere, ob der Täter den Kontakt zum Opfer aufnimmt, um eine Einbeziehung des Opfers als Zeuge im Strafverfahren zu behindern. Zu berücksichtigen ist auch, dass nicht selten Personen des näheren sozialen Umfelds des Ausländers im Herkunftsland in die Tat involviert sind, von denen eine vollständige Distanzierung z. B. mit Rücksicht auf eventuelle Repressalien gegenüber Angehörigen des Opfers nur schwer möglich ist.

25.4 a.2.3 Nach § 25 Absatz 4a Satz 2 Nummer 3 darf die Aufenthaltserlaubnis nur erteilt werden, wenn der Ausländer seine Bereitschaft erklärt hat, in dem Strafverfahren wegen der Straftat als Zeuge auszusagen. Zu berücksichtigen ist aber, dass nach den Regeln des Strafprozessrechts ein Zeuge, wenn er von der Staatsanwaltschaft oder dem Gericht geladen wird, eine Erscheinens- und Aussagepflicht hat, die auch erzwungen werden kann (vgl. §§ 51, 70 und § 161a StPO). Nur in den Fällen, in denen ein Zeuge die Aussage aufgrund einer gesetzlichen Regelung verweigern darf, kann er entscheiden, ob er von diesem Recht Gebrauch machen oder dennoch aussagen möchte. In Betracht kommen hierfür das in § 52 StPO geregelte Zeugnisverweigerungsrecht, wenn der Zeuge in einem nahen persönlichen Verhältnis zum Beschuldigten steht, und das Auskunftsverweigerungsrecht nach § 55 StPO, wenn er sich durch seine Aussage der Gefahr aussetzen würde, selbst strafrechtlich verfolgt zu werden. Beide Rechte verhindern aber nicht, dass der Zeuge vor Gericht oder der Staatsanwaltschaft auf deren Ladung zu erscheinen hat. Hierauf soll hingewiesen werden, um Missverständnisse zu vermeiden. Durch die Bezugnahme auf die konkrete Straftat und das konkrete Strafverfahren wird deutlich, dass eine Aufenthaltserlaubnis nach § 25 Absatz 4a nur auf Grund eines Strafverfahrens erteilt werden darf, das zumindest eine der aufgeführten Straftaten zum Gegenstand hat. Auf Strafverfahren mit ausschließlich anderem Verfahrensgegenstand gegen dieselben Täter ist § 25 Absatz 4a nicht anwendbar. Siehe hierzu jedoch die Duldungsregelung des § 60a Absatz 2 Satz 2 (vgl. Nummer 60 a.2.2).

25.4 a.3 Die Prüfung der allgemeinen Erteilungsvoraussetzung nach § 5 Absatz 1 und 2 ist durch § 5 Absatz 3 Satz 1 weitgehend eingeschränkt (vgl. Nummer 5.3.1.2). Neben § 5 Absatz 4 findet lediglich die allgemeine Regelerteilungsvoraussetzung des § 5 Absatz 1 Nummer 3 Anwendung, wonach der Aufenthalt des Ausländers nicht aus einem sonstigen Grund die Interessen der Bundesrepublik Deutschland beeinträchtigen oder gefährden darf. Ungeachtet seiner Funktion als Generalklausel sind die in Nummer 1 bis 2 und 4 genannten – isolierten – Gründe in Nummer 3 auf Tatbestandsebene nicht erfasst; ansonsten liefe die Einschränkung des § 5 Absatz 3 Satz 1 leer.

25.4 a.4 Auf die Erteilung einer Aufenthaltserlaubnis nach § 25 Absatz 4a besteht kein Anspruch. Vielmehr sieht § 25 Absatz 4a ein Ermessen der Ausländerbehörde vor.

25.4 a.4.1 In die Interessenabwägung ist einerseits das Interesse der Strafverfolgungsbehörden an dem für das Strafverfahren notwendigen Aufenthalt des Ausländers einzubeziehen. Andererseits ist dies mit der Gefährdung der Interessen der Bundesrepublik Deutschland nach § 5 Absatz 1 Nummer 3 abzuwägen. Überwiegen die Interessen der Strafverfolgungsbehörden am Aufenthalt des Ausländers, wird die Aufenthaltserlaubnis erteilt.

25.4 a.4.2 Im Rahmen dieser Interessenabwägung nur nachrangig zu berücksichtigen sind die persönlichen Interessen des Ausländers, da es sich bei § 25 Absatz 4a um einen Spezialtatbestand handelt, der primär die Erleichterung der Durchführung des gegen den Täter gerichteten Strafverfahrens beinhaltet. Darüber hinausgehende Fragen des Opferschutzes werden nicht im Verfahren der Erteilung eines Aufenthaltstitels nach § 25 Absatz 4a abgehandelt, sondern werden im Rahmen der Prüfung der Erteilung eines anderen Aufenthaltstitels (z. B. nach § 25 Absatz 5 oder § 25 Absatz 3 aufgrund eines Abschiebungsverbotes nach § 60 Absatz 2 und 7 Satz 1) bzw. einer Duldung nach § 60a Absatz 2 Satz 1, 2 oder 3 berücksichtigt. Der häufig erheblichen Gefährdung von Menschenhandelsopfern, die mit den Strafverfolgungsbehörden kooperieren, ist im Rahmen dieser Vorschriften auch nach Abschluss des Strafverfahrens bzw. nach deren Ausscheiden aus der Rolle des Opferzeugen Rechnung zu tragen. Einer Rückkehr dieser Personen in das Herkunftsland stehen häufig erhebliche Gefährdungen für Leib, Leben oder Freiheit durch das im Herkunftsland verbliebene Umfeld der Täter entgegen. Zudem trifft dieser Personenkreis bei Bekannt werden der (erzwungenen) Tätigkeit in der Prostitution und anderer Umstände, die die Ausländer zu Zeugen im Menschenhandelsverfahren machen, im Herkunftsland häufig auf eine schwerwiegende soziale Ausgrenzung und Stigmatisierung. Dieser Sondersituation, die sich im kausalen Zusammenhang mit der Kooperation mit den Strafverfolgungsbehörden ergibt, soll im Rahmen der Prüfung der sonstigen in Betracht kommenden Rechtsgrundlagen, soweit dies dort möglich ist, Rechnung getragen werden.

25.4 a.5 Die Aufenthaltserlaubnis wird nach § 26 Absatz 1 Satz 3 für jeweils sechs Monate erteilt und verlängert; in begründeten Fällen ist eine längere Geltungsdauer zulässig (vgl. Nummer 26.1.3.1 f.).

25.5 Aufenthaltserlaubnis in Fällen, in denen die Ausreise aus rechtlichen oder tatsächlichen Gründen unmöglich ist

25.5.0 Die Erteilung einer Aufenthaltserlaubnis nach Ermessen gemäß § 25 Absatz 5 Satz 1 setzt voraus, dass

– der Ausländer vollziehbar ausreisepflichtig i. S. d. § 58 Absatz 2 ist und sich noch im Bundesgebiet aufhält,
– seine Ausreise aus rechtlichen oder tatsächlichen Gründen unmöglich ist,
– mit dem Wegfall der Ausreisehindernisse in absehbarer Zeit nicht zu rechnen ist und
– der Ausländer unverschuldet an der Ausreise gehindert ist.

Darüber hinaus müssen die allgemeinen Erteilungsvoraussetzungen grundsätzlich erfüllt sein; die Ausländerbehörde kann nach Ermessen von § 5 Absatz 1 und 2 abweichen (Nummer 5.3.2). Von § 5 Absatz 4 darf hingegen nicht abgewichen werden (siehe Nummer 5.4). Der Ausländer hat keinen Rechtsanspruch auf Erteilung der Aufenthaltserlaubnis; die Ausländerbehörde entscheidet nach pflichtgemäßem Ermessen (siehe hierzu Nummer 25.5.6). Bei Vorliegen eines Einreise- oder Aufenthaltsverbots kann abweichend von § 11 Absatz 1 eine Aufenthaltserlaubnis erteilt werden. Die Ausländerbehörde, die über die Erteilung der Aufenthaltserlaubnis nach § 25 Absatz 5 entscheidet, hat zu prüfen, ob die mit Ausweisung, Zurückschiebung oder Abschiebung verbundenen Zwecke bereits erreicht worden sind. Handelt es sich um eine andere Ausländerbehörde als diejenige, die die aufenthaltsbeendenden Maßnahmen verfügt hat, ist in sinngemäßer Anwendung von § 72 Absatz 3 Einvernehmen mit der Ursprungsbehörde herzustellen (vgl. Nummer 11.1.3.2.1). Ist die Zweckerreichung nicht eingetreten, ist zu prüfen, ob die Interessen des Ausländers die öffentlichen Interessen an der Erreichung des mit der den Aufenthalt beendenden Verfügung angestrebten Zwecks erheblich überwiegen. Bei Ausländern, deren Asylantrag gemäß § 30 Absatz 3 AsylG als offensichtlich unbegründet abgelehnt worden ist, darf gemäß § 10 Absatz 3 vor der Ausreise eine Aufenthaltserlaubnis nicht erteilt werden.

25.5.1.1 Die Erteilung der Aufenthaltserlaubnis kommt nur in Betracht, wenn der Ausländer nicht ausreisen kann. Der Begriff der Ausreise entspricht dem in § 25 Absatz 3 verwendeten Begriff, vgl. Nummer 25.3.5.2.

25.5.1.2 Die Unmöglichkeit aus tatsächlichen Gründen betrifft z. B. Fälle der Reiseunfähigkeit, unverschuldeter Passlosigkeit und unterbrochener oder fehlender Verkehrsverbindungen, sofern mit dem Wegfall der Hindernisse in absehbarer Zeit nicht zu rechnen ist.

25.5.1.3.1 Die Unmöglichkeit der Ausreise aus rechtlichen Gründen umfasst inlandsbezogene Ausreisehindernisse, beispielsweise bei Vorliegen einer körperlichen oder psychischen Erkrankung, wenn die ernsthafte Gefahr besteht, dass sich der Gesundheitszustand des Ausländers durch die Ausreise als solche, also unabhängig von den spezifischen Verhältnissen im Abschiebestaat, erheblich verschlechtert. Da es im Rahmen des § 25 Absatz 5 auf die Unmöglichkeit nicht nur der Abschiebung, sondern auch der freiwilligen Ausreise ankommt, sind Gesundheitsverschlechterungen, die lediglich im Fall der zwangsweisen Rückführung drohen, nicht ausreichend für die Erteilung eines Titels. Eine dem Ausländer wegen der spezifischen Verhältnisse im Herkunftsland drohende Gefahr einer wesentlichen Gesundheitsverschlechterung, der nicht durch eine geeignete Behandlung begegnet werden kann, fällt i. d. R. nicht in den Anwendungsbereich des § 25 Absatz 5, sondern ist bei der Prüfung zielstaatsbezogener Abschiebungsverbote nach § 60 Absatz 2, 3, 5 oder 7 zu berücksichtigen und kann zur Erteilung einer Aufenthaltserlaubnis nach § 25 Absatz 3 führen.

25.5.1.3.2 Nur wenn die Erteilung einer Aufenthaltserlaubnis nach § 25 Absatz 3 i. V. m. § 60 Absatz 5, Absatz 7 Satz 1 wegen Vorliegens eines Einreise- und Aufenthaltsverbots nach § 11 Absatz 1 nicht möglich ist, verbleibt ein Anwendungsbereich für zielstaatsbezogene Abschiebungsverbote im Rahmen des § 25 Absatz 5. Die Ausländerbehörden sind jedoch an die unanfechtbare Feststellung des Bundesamtes für Migration und Flüchtlinge über das Vorliegen von Abschiebungsverboten nach § 60 Absatz 2, 3, 5 und 7 gebunden. Im Rahmen der Prüfung, ob eine

Aufenthalt aus humanitären Gründen § 25 AufenthG 1

Unmöglichkeit vorliegt, sind deshalb grundsätzlich nur solche Gefahren zu berücksichtigen, die sich allein als Folge der Abschiebung bzw. der freiwilligen Reise und nicht wegen der spezifischen Verhältnisse im Zielstaat ergeben.

25.5.1.3.3 Selbst wenn die oberste Landesbehörde einen allgemeinen Abschiebestopp nach § 60a Absatz 1 verfügt hat, lässt dies noch keinen Schluss auf die Unmöglichkeit auch einer freiwilligen Ausreise zu. Die oberste Landesbehörde kann sich aus unterschiedlichen Gründen veranlasst sehen, einen Abschiebestopp zu verfügen (vgl. Nummer 60 a.1).

25.5.1.4 Ist in absehbarer Zeit mit dem Wegfall des Ausreisehindernisses zu rechnen, darf keine Aufenthaltserlaubnis erteilt werden. Bei der Entscheidung über die Erteilung eines Aufenthaltstitels ist zu prognostizieren, ob das Ausreisehindernis auch in absehbarer Zeit bestehen wird. Dies würde beispielsweise dann gegeben sein, wenn das Ausreisehindernis seiner Natur nach nicht nur ein vorübergehendes ist. Ist auf Grund der Umstände des Falles erkennbar, dass das Ausreisehindernis für länger als sechs Monate (vgl. § 26 Absatz 1) bzw. für einen unbegrenzten Zeitraum bestehen wird, kann eine Aufenthaltserlaubnis erteilt werden.

25.5.2 I. d. R. soll bei Vorliegen der Voraussetzungen nach § 25 Absatz 5 Satz 1 eine Aufenthaltserlaubnis erteilt werden, wenn die Abschiebung seit 18 Monaten ausgesetzt ist. Diese Regelung findet auch Anwendung auf Fälle, in denen nach dem Ausländergesetz die Abschiebung seit 18 Monaten ausgesetzt worden ist (vgl. § 102 Absatz 1). Die Aufenthaltserlaubnis ist allerdings nicht schon allein aufgrund Ablaufs der 18-Monats-Frist zu erteilen. Zusätzlich müssen vielmehr die Voraussetzungen nach § 25 Absatz 5 Satz 1 erfüllt sein, insbesondere darf mit dem Wegfall der Ausreisehindernisse in absehbarer Zeit nicht zu rechnen sein (siehe Nummer 25.5.1.4). Die Soll-Regelung bedeutet, dass grundsätzlich eine Aufenthaltserlaubnis zu erteilen ist, sofern nicht ein atypischer Ausnahmefall vorliegt. Auf die 18-Monats-Frist sind nur Aufenthaltszeiten anzurechnen, in denen der Ausländer geduldet wurde, nicht aber Zeiten, in denen er über einen Aufenthaltstitel oder eine Aufenthaltsgestattung verfügte.

Bei der Beurteilung der Frage, ob von der „Soll"-Regelung des § 25 Absatz 5 Satz 2 abgewichen werden kann, kann die Gewichtigkeit des vom Ausländer ggf. verwirklichten Ausweisungsgrundes und der mit der Ausweisung verfolgte generalpräventive Zweck in der Weise berücksichtigt werden, dass trotz Ablaufs der 18-Monats-Frist die Aufenthaltserlaubnis (noch) nicht erteilt wird, weil auch die Voraussetzungen für die Befristung der Wirkungen der Ausweisung (noch) nicht gegeben wären.

25.5.3 § 25 Absatz 5 Satz 3 und 4 stellen sicher, dass eine Aufenthaltserlaubnis nur erteilt wird, wenn positiv festgestellt ist, dass der Ausländer unverschuldet an der Ausreise gehindert ist. Verschulden erfordert ein zurechenbares Verhalten des Ausländers. Der Begriff des Verschuldens ist in einem umfassenden Sinn Personen von der Gewährung des Aufenthaltsrechts ausschließen, wenn diese die Gründe für den fortdauernden Aufenthalt selbst zu vertreten haben.

25.5.4 § 25 Absatz 5 Satz 4 nennt beispielhaft Fälle, in denen von einem Verschulden des Ausländers stets auszugehen ist. Dies trifft bei Täuschung über seine Identität oder Nationalität zu oder wenn er zumutbare Anforderungen zur Beseitigung der Ausreisehindernisse, beispielsweise die Mitwirkung bei der Beschaffung von Heimreisedokumenten z. B. durch Zeichnung einer so genannten Freiwilligkeitserklärung oder durch Vorlage der für das Heimreisedokument erforderlichen Fotos, nicht erfüllt. Auch soweit das Ausreisehindernis darauf beruht, dass der Ausländer erforderliche Angaben verweigert hat, ist dies von ihm zu vertreten und schließt die Erteilung einer Aufenthaltserlaubnis aus. Aus den Beispielen wird deutlich, dass eine schuldhafte Verhinderung oder Verzögerung der Ausreise sowohl in aktivem Tun als auch in Unterlassen bestehen kann. Der Ausländer kann sich danach nicht auf eine passive Rolle zurückziehen, sondern muss im Rahmen des Zumutbaren aktiv tätig werden, um Ausreisehindernisse zu beseitigen. Zumutbar sind dem Ausländer grundsätzlich alle Handlungen, die zur Beschaffung von Heimreisepapieren erforderlich sind und von ihm persönlich vorgenommen werden können. Offensichtlich aussichtslose Anstrengungen zur Beschaffung von Heimreisepapieren sind hingegen unzumutbar. So ist einem Ausländer eine erneute Vorsprache bei der Botschaft seines Heimatlandes nicht zuzumuten, wenn feststeht, dass diese ergebnislos sein würde, nachdem er in der Vergangenheit wiederholt dort erfolglos vorgesprochen hatte und dabei seinen Verpflichtungen ordnungsgemäß nachgekommen war. Eine Unzumutbarkeit ergibt sich nicht aus der Dauer des bisherigen Aufenthalts.

25.5.4.1 Ein Verschulden durch aktives Tun ist z. B. in den folgenden Fällen anzunehmen:
– Täuschung über Identität oder Staatsangehörigkeit,
– Angabe falscher Tatsachen, Missbrauch, Vernichtung oder Unterschlagung von Urkunden oder Beweismitteln,
– Untertauchen zur Verhinderung der aufenthaltsbeendenden Maßnahme, aktiver oder passiver körperlicher Widerstand gegen Vollzugsmaßnahmen zur Aufenthaltsbeendigung,
– Zusammenwirken mit der Botschaft oder Behörden des Herkunftsstaates, um eine Rückübernahme zu verhindern,
– Verstreichenlassen der Rückkehrberechtigung,
– Entlassung aus der bisherigen Staatsangehörigkeit auf Antrag, ohne gleichzeitig eine neue Staatsangehörigkeit anzunehmen.

25.5.4.2 Ein Verschulden durch Nichtvornahme von zumutbaren Handlungen kann z. B. anzunehmen sein, wenn der Ausländer:
– die für die Ausreise notwendigen ihm bekannten Angaben nicht macht oder verweigert,
– relevante Dokumente oder Beweismittel, über die er verfügt, nicht vorlegt,
– nicht mitwirkt an der Feststellung der Identität und der Beschaffung von Heimreisepapieren,
– kraft Gesetzes aus der bisherigen Staatsangehörigkeit entlassen wurde (z. B. wegen Nichtableistung des Wehrdienstes) und keinen Wiedererwerb beantragt,
– eine von der Botschaft seines Herkunftsstaates geforderte „Freiwilligkeitserklärung" nicht abgibt.

25.5.5 Durch das dem Ausländer zurechenbare Handeln oder Unterlassen muss die Ausreise verhindert oder wesentlich verzögert worden sein. Das Verhalten des Ausländers muss damit für die Schaffung oder Aufrechterhaltung eines aktuell bestehenden Ausreisehindernisses zumindest mitursächlich sein.

25.5.6 Die Ausländerbehörde hat bei der Ausübung des Ermessens ausgehend von der Zielvorgabe des § 1 Absatz 1 u. a. folgende Kriterien heranzuziehen:

– die Dauer des Aufenthalts in Deutschland,
– die Integration des Ausländers in den Arbeitsmarkt durch den Nachweis eines Beschäftigungsverhältnisses oder einer selbständigen Arbeit,

– die Integration in die Lebensverhältnisse der Bundesrepublik Deutschland, wobei abhängig von der Dauer des Aufenthalts in Deutschland zumindest einfache Deutschkenntnisse vorausgesetzt werden können.

25.5.7 Die Aufenthaltserlaubnis wird nur für den Zeitraum, der für die Erreichung des Aufenthaltszwecks erforderlich ist (§ 7 Absatz 2 Satz 1), erteilt. Auf § 26 Absatz 1 Satz 1 wird hingewiesen. Eine Aufenthaltsverfestigung ist unter den Voraussetzungen des § 26 Absatz 4 möglich.

25.5.8 Der Familiennachzug zu einem Ausländer, der eine Aufenthaltserlaubnis nach § 25 Absatz 5 besitzt, wird nicht gewährt (§ 29 Absatz 3 Satz 3).

25.5.9 Die Aufnahme einer Erwerbstätigkeit bestimmt sich nach § 21 Absatz 6 bzw. nach § 39 Absatz 3.

Übersicht

	Rn.
I. Entstehungsgeschichte	1
II. Allgemeines	2
III. Asylberechtigung	9
IV. Internationaler Schutz	21
V. Komplementärer Schutz	25
VI. Vorübergehende Aufenthaltsgründe	59
VII. Verlängerung bei außergewöhnlicher Härte	67
VIII. Opferschutz	79
IX. Schutz illegal Beschäftigter	89
X. Unmöglichkeit der Ausreise	102

I. Entstehungsgeschichte

1 Die Vorschrift wurde gegenüber dem **Gesetzesentwurf zum ZuwG**[1] während des Vermittlungsverfahrens an mehreren Stellen verändert[2]. Außer der Änderung von Bezugnahmen in Abs. 3 S. 1 wurde dort in S. 2 die gesamte Passage ab „zumutbar ist" eingefügt und die Abs. 5 und 6 des Entwurfs durch den neuen Abs. 5 ersetzt, wobei Abs. 5 des Entwurfs in die Regelung des § 23a übernommen wurde. Wesentliche Änderungen erfolgten durch das **RLUmsG 2007**. Neben der Aufnahme des Abs. 4a wurde Abs. 2 und 3 an die Vorgaben des AsylG angepasst und Abs. 4 S. 1 ausdrücklich auf nicht vollziehbar ausreisepflichtige Ausländer beschränkt. Abs. 4b wurde durch das **RLUmsG 2011**[3] mWz 26.11.2011 eingeführt und diente der Umsetzung der Sanktions-RL[4]. Das **AufenthGÄndG 2015** hat mWz 1.8.2015 durch seinen Art. 1 Nr. 11 in **Abs. 4a** den bisherigen S. 1 geändert, der lautete: „Einem Ausländer, der Opfer einer Straftat nach den §§ 232, 233 oder § 233a des Strafgesetzbuches wurde, *kann abweichend von § 11 Abs 1*, auch wenn er vollziehbar ausreisepflichtig ist, für einen *vorübergehenden* Aufenthalt eine AE erteilt werden.", dh aus dem „kann abweichend von § 11 Abs 1" wurde ein „soll" und das „vorübergehend" vor Aufenthalt wurde gestrichen, ebenso das „vorübergehend", das in Nr. 1 des Abs. vor „Anwesenheit" stand. Zudem wurde der komplett neue S. 3 angefügt. Das AufenthGÄndG 2015 strich weiter in **Abs. 4b** S. 1 ersatzlos den Passus „abweichend von § 11 Abs 1" bzgl. der Erteilung einer Aufenthaltserlaubnis, ebenso wie in S. 1 von **Abs. 5**. Das **AsylVfBeschlG 2015** hat lediglich S. 2 des Abs. 3 in zwei Sätze aufgeteilt mit der Gesetzesbegründung, dies diene der „besseren Lesbarkeit". Das IntG 2016 ließ die Vorschrift unverändert. Das **2. RückkehrG v. 15.8.2019**[5] brachte **Abs. 1 S. 2** in Einklang mit dem neu kodifizierten Ausweisungsrecht. Das ebenfalls iRd Migrationspakets 2019 verabschiedete **FEG vom 15.8.2019**[6] passte § 25 hinsichtlich der Berechtigung zur Ausübung einer Erwerbstätigkeit an den ebenfalls durch das FEG 2019 eingeführten § 4a I (Berechtigung zur Erwerbstätigkeit als gesetzlicher Regelfall) an. Die mit dem 1. Migrationspaket 2022 beabsichtigte Änderung in Abs. 1 S. 2 konnte nicht mehr berücksichtigt werden. Es handelt sich um eine Folgeänderung zur Absenkung des Ausweisungsschutzes in § 53 IIIa. Die Änderung passt den Maßstab von „schwerwiegenden Ausweisungsinteressen nach § 54 Absatz 1" an, indem auf die Voraussetzungen des § 53 IIIa abgestellt wird. Der Ausschlusstatbestand gilt für Asylberechtigte sowie über § 25 II 2 für anerkannte Flüchtlinge und subsidiär Schutzberechtigte. Dadurch wird verhindert, dass ein ausgewiesener Ausländer in bestimmten Fällen trotz Ausweisung einen Anspruch auf Erteilung einer Aufenthaltserlaubnis behalten würde, so dass die Ausweisung ins Leere laufen und rechtfolgenlos bleiben würde.

---

[1] BT-Drs. 15/420, 5.
[2] BT-Drs. 15/3479, 5.
[3] Gesetz zur Umsetzung aufenthaltsrechtlicher RL der EU und zur Anpassung nationaler Rechtsvorschriften an den EU-Visakodex v. 22.11.2011 (BGBl. 2011 I S. 2258).
[4] RL 2009/52/EG des EU Parlaments und des Rates v. 18.6.2009 über Mindeststandards für Sanktionen und Maßnahmen gegen Arbeitgeber, die Drittstaatsangehörige ohne rechtmäßigen Aufenthalt beschäftigen (ABl. 2009 L 168, 24).
[5] BGBl. 2019 I S. 1294, in Kraft getreten am 21.8.2019.
[6] BGBl. 2019 I S. 1307, in Kraft getreten am 1.3.2020.

II. Allgemeines

In dieser Vorschrift sind die wichtigsten Bestimmungen zum Schutz von Flüchtlingen aus rechtlichen und tatsächlichen Gründen aufgrund von **Einzelfallprüfungen** zusammengefasst. Früher waren sie außer in §§ 30, 31 AuslG 1990 auch in §§ 68, 70 AsylVfG zu finden. Während spezielle Formen der Aufenthaltsgewährung zu humanitären Aufenthaltszwecken auch an anderer Stelle geregelt sind (§§ 22–24), betreffen die Bestimmungen des § 25 eher die Gruppen mit größeren Fallzahlen und mit einem breiteren Anwendungsbereich.

Das Begehren auf Erteilung einer **Aufenthaltserlaubnis nach § 104a I 1** stellt gegenüber sonstigen Ansprüchen auf Erteilung einer Aufenthaltserlaubnis nach Kap. 2 Abschnitt 5 des AufenthG einen abtrennbaren eigenständigen Streitgegenstand dar[7]. Denn die Aufenthaltserlaubnis auf Probe wurde nur für einen begrenzten Zeitraum (Stichtag nach Abs. 5: 31.12.2009) erteilt und kann nicht zu einer Aufenthaltsverfestigung in Gestalt einer Niederlassungserlaubnis führen (§ 104a I 3). Bei dem Begehren auf Erteilung solcher Aufenthaltserlaubnisse handelt es sich deshalb nicht lediglich um einen weiteren Rechtsgrund für ein einheitliches prozessuales Begehren, sondern um einen selbstständigen prozessualen Anspruch. Eine solche Beurteilung ist schon aus Gründen des effektiven Rechtsschutzes erforderlich. Denn andernfalls könnte der Ausländer im Falle der Zuerkennung eines Anspruchs auf eine Aufenthaltserlaubnis auf Probe einen Anspruch auf Erteilung einer für ihn günstigeren Aufenthaltserlaubnis etwa nach § 25 oder § 23 I nicht weiterverfolgen, obwohl er hieran ein rechtliches Interesse haben kann. Daraus folgt umgekehrt aber auch, dass ein nur gegen die Versagung einer Aufenthaltserlaubnis auf Probe eingelegtes Rechtsmittel auf diesen Streitgegenstand **beschränkt** ist und sich nicht automatisch auf sämtliche vom ursprünglichen Begehren umfassten und von der Vorinstanz geprüften anderweitigen Ansprüche erstreckt[8].

Sofern das Begehren auf Erteilung einer Aufenthaltserlaubnis auf Probe mit dem Begehren auf Erteilung einer anderweitigen Aufenthaltserlaubnis nach Kap. 2 Abschnitt 5 des AufenthG verbunden wird, wird es in aller Regel nur **hilfsweise** für den Fall, dass solche anderweitigen Ansprüche nicht bestehen, geltend gemacht. Dem entspricht im Übrigen auch die materiell-rechtliche Ausgestaltung des Anspruchs nach § 104a I 1, der voraussetzt, dass der Ausländer „nur" geduldet ist und eben keinen Anspruch auf eine Aufenthaltserlaubnis aus humanitären Gründen (mehr) hat[9].

Die Bestimmungen sind zwar durch humanitäre Motive beeinflusst und zT sind davon Personen erfasst, die als **De-facto-Flüchtlinge** bezeichnet werden[10]. Dabei darf aber nicht außer Acht gelassen werden, dass früher unter diesem Begriff zT alle diejenigen Flüchtlinge versammelt wurden, die über keinen formalisierten Rechtsstatus verfügten, obwohl sie sich für ihren weiteren Verbleib auf Rechtsgründe berufen konnten. So stand Flüchtlingen, die in Deutschland nicht die Voraussetzungen der Art. 16 II 2 GG aF erfüllten, zunächst keine Aufenthaltserlaubnis zu, sondern lediglich ein nicht formalisierter Abschiebungsschutz nach § 14 AuslG 1965, was dazu führte, dass damals vom „Kleinen Asyl" gesprochen wurde. Erst mit der Konzentration der Entscheidungen über Asyl- und Flüchtlingsanerkennung beim BAFl (heute BAMF) und dem Anspruch auf eine Aufenthaltsbefugnis nach § 70 I AsylVfG aF wurde für GK-Flüchtlinge ein ordentlicher Aufenthaltsstatus zur Verfügung gestellt.

Mit der **Neuordnung** ist eine wesentliche Verbesserung hinsichtlich der Tatbestände und der Rechtsfolgen für die unterschiedlichen Flüchtlingsgruppen erreicht. Nüchtern betrachtet ist hierin der Fortschritt zu sehen, den das ZuwG für den Flüchtlingsschutz schuf. Mit den Definitionen des § 60 I sowie § 4 AsylG ist klargestellt, dass einige Personengruppen unter den Schutz der GK fallen, denen früher nur de facto ein unzulänglicher Schutz über § 53 VI AuslG zur Verfügung stand. Außerdem **ist GK-Flüchtlingen** nunmehr in Abs. 2 ein Rechtsanspruch auf eine Aufenthaltserlaubnis verliehen, ohne dass wie früher nach § 70 I AsylVfG aF noch die Möglichkeit einer Abschiebung in Drittstaaten zu prüfen ist. Schließlich ist die Bedeutung der völkerrechtlichen Verpflichtungen aus der GK zusätzlich durch die aufenthaltsrechtliche Gleichstellung mit Asylberechtigten hervorgehoben. Nunmehr ist nämlich die rechtliche Stellung der GK-Flüchtlinge denen der Asylberechtigten insgesamt angeglichen, weil die beiden Gruppen zustehende Aufenthaltserlaubnis mittelbar eine Gleichbehandlung auch für sozialrechtliche Leistungen bewirkt. Letztendlich sind Verbesserungen auch für weitere Flüchtlingsgruppen erreicht, weil einigen von ihnen in Abs. 3 ebenfalls Aufenthaltsansprüche eingeräumt sind (anders noch § 30 II AuslG 1990).

Geblieben sind einmal Abweichungen bei der Feststellung politischer Verfolgung; denn die Klarstellungen in § 60 I und § 3 AsylG hinsichtlich nichtstaatlicher und geschlechtsbezogener Verfolgungsmaßnahmen gelten nicht (unmittelbar) für das Asylrecht aufgrund Art. 16a GG. Außerdem gehen nach

---

[7] BVerwG Urt. v. 11.1.2011 – 1 C 22.09, BVerwGE 138, 336 Rn. 19.
[8] BVerwG Urt. v. 11.1.2011 – 1 C 22.09, BVerwGE 138, 336 Rn. 19.
[9] BVerwG Urt. v. 11.1.2011 – 1 C 22.09, BVerwGE 138, 336 Rn. 20.
[10] Zu diesem Personenkreis *Fastenau* ZAR 1990, 36; *Folz/Krämer* ZAR 1990, 167; *Gusy* ZAR 1988, 158; *Hailbronner* ZAR 1987, 3 und 1993, 3 und 1995, 3; *Hofmann* ZAR 1990, 11; *Karnetzki/Thomä-Venske*, Schutz für De-facto-Flüchtlinge, 1988; *Otto-Benecke-Stiftung* (Hrsg.), Asylnovelle 1987 und Schutz der De-facto-Flüchtlinge, 1987; *Rothkegel* ZAR 1988, 99.

wie vor die nicht anerkannten Flüchtlinge leer aus, wenn sie sich hinsichtlich ihrer Ausreisepflicht nicht kooperationswillig zeigen. **Dauer-** bzw. **Kettenduldungen** sollen vermieden werden, sind aber nicht ausnahmslos zu verhindern. Die Erteilung einer Aufenthaltserlaubnis ist einerseits durch Abs. 4 und 5 in geringem Umfang gegenüber § 30 III und IV AuslG 1990 erleichtert. Andererseits ist jetzt durchgehend auf die Unmöglichkeit der Ausreise und nicht nur auf Hindernisse für die Abschiebung abgestellt.

8 Die in Betracht kommenden **Personengruppen** sind lückenlos erfasst. Nach Art. 16a GG können Asylberechtigte aufgrund ihrer Anerkennung nach Abs. 1 eine Aufenthaltserlaubnis verlangen. Anerkannten GK-Flüchtlingen steht nach Abs. 2 derselbe Rechtsanspruch zu. Wegen der Bezugnahme auf §§ 3 und 4 AsylG und der dortigen Erwähnung des Begriffs des Flüchtlings neben dem Abschiebungsschutz erscheint es angebracht, in diesem Zusammenhang ausschließlich die Begriffe Konventionsflüchtling und Flüchtlingsanerkennung zu verwenden. Der Begriff des Abschiebungsschutzes sollte dagegen auf die Fälle des Abs. 3 beschränkt werden. Damit wird auch deutlicher, dass mit Abs. 4 nicht rechtlichen Gründen und Hindernissen Rechnung getragen werden soll, sondern andersartigen Interessen und Belangen. Die Betonung des vorübergehenden Charakters des Aufenthalts nach Abs. 4 könnte insofern missverständlich wirken, als auch die Aufenthaltsrechte nach Abs. 1 und 2 vorübergehend gelten, weil sie im Grundsatz auf die Dauer der Verfolgungsgefahr ausgerichtet und durch sie begrenzt sind. Auf einen anderen Zeitrahmen stellt Abs. 5 ab, weil dort ausdrücklich eine Unmöglichkeit der Ausreise auf absehbare Zeit unterstellt wird.

III. Asylberechtigung

9 Nach Abs. 1 begünstigt sind nur als **Asylberechtigte** anerkannte Personen; insofern deckt sich der Personenkreis mit dem des § 2 AsylG. Eine Flüchtlingsanerkennung zählt insoweit nicht; wer seinen Asylantrag auf die Flüchtlingsanerkennung beschränkt, erlangt die Rechtsstellung nach der GK und Abs. 2. Wem Familienasyl gewährt ist (§ 26), steht aufgrund seiner (abgeleiteten) Asylanerkennung gleich. Ehegatten und minderjährige ledige Kinder iSd § 26 sind damit nicht unbedingt auf den Erwerb einer Aufenthaltserlaubnis nach den allgemein für Ehegatten und minderjährige Kinder von Asylberechtigten geltenden Bestimmungen (§§ 27, 29 I, II, 30 I Nr. 2, 32 I Nr. 1) angewiesen.

10 Die Aufenthaltserlaubnis entspricht im Grundsatz dem **Verfassungsauftrag**, den anerkannten politisch Verfolgten nicht nur Aufenthalt zu gewähren[11], sondern auch die Grundlagen eines menschenwürdigen Daseins bereitzustellen[12], was auch bzgl. Sozialleistungen gilt[13]. Art. 16a gewährleistet zwar kein Daueraufenthaltsrecht, sondern nur Schutz während der Dauer der Verfolgung, dieser muss aber der Menschenwürde entsprechend ausgestaltet sein. Auch wenn eine Aufenthaltserlaubnis befristet ist, bietet sie doch eine geeignete und **sichere Grundlage**, zumal sie mit der Berechtigung zur Ausübung einer (jeden) Erwerbstätigkeit verbunden ist und damit ein eigenverantwortlich geführtes Leben ermöglicht.

11 Für die Aufenthaltserlaubnis gelten die allgemeinen **Erteilungsvoraussetzungen** des § 5, allerdings mit den Modifikationen nach § 5 III. § 5 IV, der auf alle Aufenthaltstitel Anwendung findet, wird auch nicht durch 25 I 2 verdrängt[14]. Gemäß § 5 IV ist die Erteilung eines Aufenthaltstitels zu versagen, wenn ein Ausweisungsinteresse nach § 54 I Nr. 2 oder 4 vorliegt oder eine Abschiebungsanordnung nach § 58a erlassen wurde.

12 Die Aufenthaltserlaubnis darf von einer **Bedingung** (§ 12 II 1) abhängig gemacht werden, **Auflagen** (§ 12 II 2) sind ebenfalls zulässig, soweit sie nicht dem Zweck der Asylanerkennung oder den Asylberechtigten garantierten Rechten zuwiderlaufen[15]. Insbesondere darf die Freizügigkeit (Art. 26 GK) unter Beachtung des Verhältnismäßigkeitsgrundsatzes nur bei vom Asylberechtigten ausgehenden konkreten Gefährdungen durch Auflagen eingeschränkt werden[16]. Eine Verteilung auf die Bundesländer (wie nach § 42 AuslG 1965) ist nicht mehr zulässig; sie darf auch nicht durch Auflagen ohne weitere gesetzliche Grundlage mittelbar wieder eingeführt werden.

13 Gegenüber § 68 AsylVfG aF (Anspruch auf unbefristete Aufenthaltserlaubnis) ist allerdings nunmehr der **vorübergehende Charakter** des Schutzes vor politischer Verfolgung stärker hervorgehoben. Der Aufenthaltstitel ist nicht mehr unbefristet wie nach § 68 AsylVfG aF, und vor Erteilung der Niederlassungserlaubnis hat das BAMF zu überprüfen, ob die Anerkennung zu **widerrufen** ist (§§ 26 III AufenthG iVm § 73 IIa AsylG). Damit ist praktisch eine gewisse Verunsicherung verbunden, rechtlich bestand aber die Verpflichtung zum unverzüglichen Widerruf nach § 73 AsylG schon immer.

14 Die Aufenthaltserlaubnis (oder Niederlassungserlaubnis) **erlischt** bei Ausweisung, Ausreise aus nicht nur vorübergehendem Grunde oder nicht rechtzeitiger Rückkehr (§ 51 I Nr. 5 und 7). Außerdem wird auch bei einem längeren Aufenthalt im Ausland nicht ohne Weiteres einer der Beendigungs-

---

[11] BVerfG Beschl. v. 26.9.1978 – 1 BvR 525/77, BVerfGE 49, 168.
[12] Vgl. BVerwG Urt. v. 7.10.1975 – 1 C 46.69, BVerwGE 49, 202.
[13] Vgl. BVerfG Urt. v. 18.7.2012 – 1 BvL 10/10 und 1 BvL 2/11, NVwZ 2012, 1024.
[14] BVerwG Urt. v. 22.5.2012 – 1 C 8.11, InfAuslR 2012, 380; → Rn. 19, zu § 25 II und den Besonderheiten für Flüchtlinge.
[15] BVerwG Urt. v. 15.12.1981 – 1 C 145/80, BVerwGE 64, 285; vgl. auch Art. 2 III des 4. ZusatzProt zur EMRK.
[16] *Leitenberger* in Beitz/Wollenschläger S. 586, 588 f.

tatbestände der §§ 72, 73 AsylG verwirklicht, die Asylanerkennung bleibt also als Grundlage des Aufenthaltserlaubnis-Anspruchs erhalten mit der Folge, dass nach der Rückkehr (erneut) eine Aufenthaltserlaubnis zu erteilen ist. Das Erlöschen der Aufenthaltserlaubnis in den Fällen des § 51 I Nr. 5 und 7 ist zwar nicht im Hinblick auf die fortbestehende Asylberechtigung ausgeschlossen, aber von nur geringer praktischer Bedeutung.

Sofern die Aufenthaltserlaubnis zu Unrecht erteilt worden ist, etwa aufgrund noch nicht bestandskräftig gewordener Anerkennung durch das BAMF oder gerichtlicher Verpflichtung zur Anerkennung, kann sie zumindest mit Wirkung für die Zukunft zurückgenommen werden (§ 48 I VwVfG bzw. LandesVwVfG). Selbst eine rückwirkende **Rücknahme** könnte bedenkenfrei erfolgen, da der Asylbewerber in jedem Fall über die gesetzliche Aufenthaltsgestattung – wenn auch nicht über eine entsprechende Bescheinigung – verfügte und dadurch hinreichend geschützt war (und bleibt). Eine nachträgliche **Befristung** erscheint in diesem Fall kaum sachgerecht[17]. Sie kommt nur bei Wegfall der Asylanerkennung als einer wesentlichen Voraussetzung für die Erteilung (§ 7 II 2) in Betracht, falls kein Widerruf erfolgt[18]. 15

Die (befristete) Aufenthaltserlaubnis (oder die Niederlassungserlaubnis) kann nur **widerrufen** werden, wenn die Asylanerkennung bzw. der internationale Flüchtlingsschutz erlischt oder unwirksam wird (§ 52 I 1 Nr. 4). **Nichtbesitz eines Passes** oder Passersatzes (§ 52 I 1 Nr. 1) genügt bei Asylberechtigten nicht für den Widerruf der Aufenthaltserlaubnis oder Niederlassungserlaubnis; denn über einen gültigen Pass des Heimatstaats verfügt der Asylberechtigte in der Regel nicht. Die vorübergehende **Ungültigkeit des GK-Reiseausweises** beeinträchtigt ebenfalls die Gültigkeit der Aufenthaltserlaubnis oder Niederlassungserlaubnis nicht; sie berührt nicht einmal den Bestand der Asylanerkennung. Der **Wechsel der Staatsangehörigkeit** (§ 52 I 1 Nr. 2) kann nicht unmittelbar, sondern nur mittelbar über das (festgestellte) Erlöschen der Asylanerkennung (§ 72 I Nr. 3 AsylG) zum Widerruf der Aufenthaltserlaubnis oder Niederlassungserlaubnis führen. Der **Verlust der bisherigen Staatsangehörigkeit** allein lässt die Asylanerkennung noch nicht entfallen (vgl. § 72 I Nr. 2 und 3) und berechtigt deswegen auch nicht schon zum Widerruf der Aufenthaltserlaubnis oder Niederlassungserlaubnis nach § 52 I 1 Nr. 2. 16

Nach Abs. 1 S. 3 gilt der Aufenthalt bis zur Aufenthaltserlaubnis-Erteilung als erlaubt (anders noch § 29 I AsylVfG 1982). Diese **Überbrückung** durch ein **gesetzliches Aufenthaltsrecht** ist geboten und angebracht. Die Fiktion geht der des § 81 III vor. Vor Abschluss des Asylverfahrens kann ein etwaiges Aufenthaltsrecht jedoch grundsätzlich nicht fingiert werden[19]. 17

Der Ausschluss des Anspruchs auf eine Aufenthaltserlaubnis bei vorheriger Ausweisung[20] nach Abs. 1 S. 2 wegen eines besonders schwerwiegenden Ausweisungsinteresses nach § 54 I knüpft an die Möglichkeit der Ausweisung und Abschiebung der Asylberechtigten an.[21] Sie ist für sich genommen **verfassungsrechtlich nicht zu beanstanden,** bleibt doch dem Asylberechtigten zumindest die Möglichkeit der Duldung (§ 60a II) und Aufenthaltserlaubnis (Abs. 4). Bedenken bestehen freilich insoweit, als in Ausnahmefällen selbst die Abschiebung des Asylberechtigten nach Maßgabe des § 60 VIII nicht ausgeschlossen ist. 18

Die Ausweisung muss **verfügt** sein; sie braucht nicht bestandskräftig oder sofort vollziehbar zu sein. Während nach § 29 II AsylVfG 1982 die Bestandskraft der Ausweisung vorausgesetzt war, wollte der Gesetzgeber für die Neuregelung in § 68 AsylG davon abgehen[22]. Nach der Asylanerkennung greift der Ausweisungsschutz nach § 55 ein. 19

Die Vorschrift geht als **spezielle Regelung** den §§ 7 I, 11 I 1 vor. Dies schließt die **nachträgliche Befristung** der Ausweisungswirkungen (§ 11 IV) nicht aus. Um den Ausländer von der Ausreisepflicht freizustellen, müsste die Frist allerdings auf null verkürzt bzw. das Einreise- und Aufenthaltsverbot aufgehoben werden, was ohne vorherige Ausreise eigentlich nicht zulässig sein soll (§ 11 II 2)[23]. Ein gewisser Schutz ergibt sich im Übrigen aus § 11 IV 2. 20

IV. Internationaler Schutz

Der **Personenkreis** des Abs. 2 bestimmt sich zunächst nach § 60 I bzw. § 3 AsylG (Zuerkennung der Flüchtlingseigenschaft) sowie § 4 AsylG (subsidiärer Schutzstatus). Begünstigt sind also Verfolgte, die eine förmliche Asylanerkennung nicht beantragen oder aus den Gründen der §§ 27–28 AsylG nicht erhalten. Die Entscheidung des BAMF oder des Gerichts muss unanfechtbar sein. Es besteht derselbe 21

---

[17] AA zu § 7 IV AuslG 1965 in einem derartigen Fall wohl HessVGH Beschl. v. 7.12.1988 – 10 TH 4228/88, InfAuslR 1989, 86.
[18] Zum Widerruf → Rn. 13.
[19] OVG Bln-Bbg Beschl. v. 22.12.2016 – OVG 3 S 98.16, BeckRS 2016, 111065.
[20] Der seit dem AufenthGÄndG 2015 im Wesentlichen mit dem Ausschluss bei Titeln nach Abs. 4a, 4b und 5 korreliert; → Rn. 82, 85, 98, 134.
[21] Vgl. zur Kritik an der Neuregelung von § 54 I → Rn. 8 ff.
[22] Vgl. BT-Drs. 12/2062, 38 zu § 66 AsylVfG-E: „Abs 2 entspricht inhaltlich § 29 II des geltenden AsylVfG. Auf die Bestandskraft der Ausweisung kommt es zunächst nicht an (vgl § 72 II AuslG)."
[23] Vgl. hierzu die in der Kommentierung zu § 11 erläuterte Rspr.

Rechtsanspruch auf eine **Aufenthaltserlaubnis** wie bei dem Asylberechtigten nach Abs. 1 S. 1. Zuvor gilt die Erlaubnisfiktion des Abs. 1 S. 3 entsprechend[24]. Es ist nicht mehr wie nach § 70 I AsylVfG aF zu prüfen, ob die Abschiebung rechtlich oder tatsächlich nicht nur vorübergehend unmöglich ist. Die Aufenthaltserlaubnis ist ebenso im Bestand gesichert wie bei Asylberechtigten[25]. Entsprechend anzuwenden ist aber auch der Ausschluss der Erteilung wegen zuvor verfügter Ausweisung[26]. §§ 25 II, 26 I 1 gelten analog im Falle des Übergangs der Zuständigkeit für die Ausstellung eines Reiseausweises auf Deutschland gemäß FlüVÜbk für einen von einem anderen Staat anerkannten Flüchtling[27].

22 Außerdem gelten die allgemeinen Erteilungsvoraussetzungen des § 5 mit den Besonderheiten für anerkannte Flüchtlinge[28]. Der **Versagungsgrund des § 5 IV** gilt auch bei Erteilung einer humanitären Aufenthaltserlaubnis gemäß § 25 II[29]. Der Anwendungsvorrang des Unionsrechts gebietet jedoch eine Einschränkung auf Fälle, in denen der anerkannte Flüchtling aus schwerwiegenden Gründen als Gefahr für die Sicherheit Deutschlands anzusehen ist[30]. Ein Mitgliedstaat darf, wenn er von der durch Art. 21 III Qualifikations-RL 2011/95/EG eröffneten Option Gebrauch macht, einem Flüchtling den befristeten Aufenthaltstitel nur dann versagen, wenn dieser aus schwerwiegenden Gründen als eine Gefahr für die Sicherheit des Mitgliedstaats anzusehen ist. Mit diesen Vorgaben ist der Versagungsgrund des § 5 IV vereinbar. Denn nach der Qualifikations-RL gilt der Begriff der öffentlichen Sicherheit und Ordnung auch für die Fälle, in denen ein Drittstaatsangehöriger einer Vereinigung angehört, die den internationalen Terrorismus unterstützt, oder er eine derartige Vereinigung unterstützt. Damit ist unionsrechtlich klargestellt, dass die mit § 5 IV beabsichtigte effektive Bekämpfung der Vorfeldunterstützung des internationalen Terrorismus durch Absenkung der Eingriffsschwelle[31] auch bei Anwendung auf anerkannte Flüchtlinge rechtlich gedeckt ist[32].

23 Ebenso wenig wie bei dem anerkannten Asylberechtigten kann bei dem Konventionsflüchtling das **befristete Aufenthaltsrecht** beanstandet werden. Die Aufenthaltserlaubnis wird dem für die GK notwendigen Schutz gerecht[33], da dieser auch nach der GK im Grundsatz nur für die Dauer der Verfolgungsgefahr gewährleistet ist. Im Vergleich zu der Aufenthaltsbefugnis nach § 70 I AsylVfG aF ist ohnehin eine spürbare Verbesserung eingetreten[34]. Dazu gehört auch der garantierte **Zugang zu jeder Art von Erwerbstätigkeit** ohne die Notwendigkeit der Zustimmung der BA, der nach Art. 26 I Qualifikations-RL zwingend zu gewährleisten ist. Die Mitgliedstaaten haben nach Art. 26 II Qualifikations-RL zudem dafür zu sorgen, dass Personen, denen die Flüchtlingseigenschaft zuerkannt worden ist, beschäftigungsbezogene Bildungsangebote für Erwachsene, berufsbildende Maßnahmen und praktische Berufserfahrung am Arbeitsplatz zu gleichwertigen Bedingungen wie eigenen Staatsangehörigen angeboten werden.

24 Der Rechtsstatus kann durch einen längeren **Auslandsaufenthalt** anders beeinflusst werden als bei Asylberechtigten[35]. Die Aufenthaltserlaubnis kann ebenso erlöschen wie bei einem Asylberechtigten. Damit ist zwar noch kein Beendigungstatbestand für die Flüchtlingsanerkennung nach §§ 72, 73 AsylG eingetreten. Die Bundesrepublik Deutschland ist aber von der Pflicht zur (erneuten) Erteilung der Aufenthaltserlaubnis befreit, wenn ein anderer GK-Staat für die Ausstellung des GK-Reiseausweises zuständig geworden ist.

V. Komplementärer Schutz

25 Der **Personenkreis**, dem nach Abs. 3 eine Aufenthaltserlaubnis erteilt werden soll, unterscheidet sich von Asylberechtigten und GK-Flüchtlingen durch die Art der Grundlage für das Aufenthaltsbegehren. Es handelt sich aber in allen Fällen um Rechtsgründe und nicht lediglich um tatsächliche Abschiebungshindernisse oder politische Gründe. Grundlage ist nämlich zum einen die EMRK (§ 60 V) und zum anderen Art. 1, 2 GG (§ 60 VII)[36].

26 Die vom komplementären Schutz Begünstigten sind also **De-iure-Flüchtlinge** und nicht De-facto-Flüchtlinge. Schwere und Wahrscheinlichkeit der drohenden Rechtsverletzungen sind verschieden, die Gefahr kann sich aber als ebenso vorübergehend darstellen wie bei Verfolgten nach Abs. 1

---

[24] → Rn. 14.
[25] → Rn. 9–13.
[26] → Rn. 15 ff.
[27] VG Wiesbaden Urt. v. 15.10.2021 – 4 K 810/21.WI, BeckRS 2021, 33937.
[28] → Rn. 9.
[29] BVerwG Urt. v. 22.5.2012 – 1 C 8.11, InfAuslR 2012, 380 Rn. 14; aA OVG RhPf Urt. v. 24.3.2011 – 7 A 11435/10, InfAuslR 2011, 257 Rn. 22.
[30] BVerwG Urt. v. 22.5.2012 – 1 C 8.11, InfAuslR 2012, 380 Rn. 19.
[31] Hierzu BVerwG Urt. v. 15.3.2005 – 1 C 26.03, BVerwGE 123, 114 (126 ff.).
[32] BVerwG Urt. v. 22.5.2012 – 1 C 8.11, InfAuslR 2012, 380 Rn. 22.
[33] Vgl. dazu auch § 2 AsylG.
[34] Zu den Besonderheiten bei Erlöschen, Rücknahme und Widerruf vgl. §§ 72, 73 AsylG.
[35] Dazu → Rn. 11.
[36] Vgl. zur alten Rechtslage OVG RhPf Beschl. v. 24.2.2006 – 7 B 10 020/06, InfAuslR 2007, 274; HessVGH Beschl. v. 15.2.2006 – 7 TG 106/06, InfAuslR 2006, 217; aA VG Darmstadt Beschl. v. 21.12.2005 – 8 G 2120/05, BeckRS 2006, 26286.

oder 2. Da es sich zT um relative Gefahren handelt, die nur in einem bestimmten Staat zu erwarten sind, bleibt unter Umständen die Möglichkeit der gefahrlosen Einreise in andere Staaten. Mit Abs. 3 sind die Folgen daraus gezogen, dass eine Duldung kurzfristig behebbare Hindernisse voraussetzt (§ 60a II), in den hier betroffenen Fallgruppen aus humanitärer Sicht aber zumindest ein vorübergehender Aufenthalt ermöglicht werden muss[37].

Das für diese Flüchtlinge vorgesehene **Aufenthaltsrecht** erschöpft sich daher nicht in einem bloßen Abschiebungsschutz. Auch insoweit ist eine teilweise Verbesserung gegenüber dem früheren Rechtszustand zu verzeichnen, als in einigen Fallgruppen tatsächlich von der Möglichkeit der Erteilung einer Aufenthaltsbefugnis nach § 30 III oder IV AuslG nur zurückhaltend Gebrauch gemacht wurde und die Betroffenen im Stand der bloßen (Ketten-)Duldung verblieben, obwohl diese nur kurzfristig behebbare Hindernisse betraf[38]. 27

Die Ausländerbehörde ist bei ehemaligen Asylbewerbern nicht zu einer eigenen inhaltlichen Prüfung von Abschiebungsverboten nach § 60 V und VII berechtigt, sondern bleibt gemäß § 42 S. 1 AsylG an die diesbezügliche (positive oder negative) Feststellung des BAMF gebunden[39]. Eine eigene Prüfungskompetenz der Ausländerbehörde – gegebenenfalls unter Beteiligung des BAMF gemäß § 72 II – kommt vielmehr nur bei Ausländern in Betracht, die zuvor kein Asylverfahren betrieben haben[40]. Durch die Neufassung der Voraussetzungen des § 24 II AsylG ist beim BAMF die Kompetenz zur Prüfung des Vorliegens eines Abschiebungsverbots nach § 60 VII auch hinsichtlich der Ausnahmeprüfung („soll") angewachsen. Der Ausländerbehörde verbleibt keine eigenständige Prüfungskompetenz mehr; sie ist an die Entscheidung des BAMF gebunden[41]. Die **Bindungswirkung** entfällt grundsätzlich erst, wenn eine Aufenthaltserlaubnis – mit Ausnahme einer Aufenthaltserlaubnis nach § 25 III, für die die Bindungswirkung fortbesteht, wie § 52 I Nr. 5c zeigt – erteilt wird. Auch wenn die Bindungswirkung entfällt, so berührt dies nicht den (regelmäßig) bestands- bzw. rechtskräftigen Bescheid des BAMF. Diesen kann – mit Ausnahme der Feststellung zu § 60 II – die Ausländerbehörde, die nach Erteilung einer Aufenthaltserlaubnis für die Prüfung von Abschiebungsverboten zuständig ist, nach allgemeinen Grundsätzen des (L)VwVfG aufheben. 28

Der **Soll-Anspruch** begründet keinen gesetzlichen Anspruch[42]. Denn ein gesetzlicher Anspruch muss sich unmittelbar aus dem Gesetz ergeben. Ein derart strikter Rechtsanspruch setzt voraus, dass alle zwingenden und regelhaften Tatbestandsvoraussetzungen erfüllt sind, weil nur dann der Gesetzgeber selbst eine Entscheidung über das zu erteilende Aufenthaltsrecht getroffen hat. Bei einer Soll-Regelung wie 25 III 1 AufenthG fehlt es an einer abschließenden abstrakt-generellen, die Verwaltung bindenden Entscheidung des Gesetzgebers. Bei der Soll-Regelung ist die Entscheidung der Verwaltung insoweit gebunden, als bei Vorliegen der gesetzlichen Tatbestandsvoraussetzungen die Rechtsfolge regelmäßig vorgezeichnet ist. 29

Bei **atypischen Sachverhalten** ist der Ausländerbehörde jedoch ein Ermessen eingeräumt; das Vorliegen eines atypischen Falls unterliegt in vollem Umfang der gerichtlichen Überprüfung[43]. Ein atypischer Fall kann vorliegen, wenn das BAMF ein Verfahren auf Widerruf der Feststellung eines Abschiebungsverbots eingeleitet hat. Dies bedeutet nicht, dass die Erteilung einer Aufenthaltserlaubnis ausscheidet. Vielmehr hat die Ausländerbehörde unter Berücksichtigung der Umstände des Einzelfalls über die Erteilung dann nach pflichtgemäßem Ermessen zu entscheiden[44]. Gegenüber dem strikten Anspruch besteht nur die Besonderheit, dass die Verpflichtung zur Erteilung nicht besteht, wenn der Einzelfall so sehr von der vom Gesetz vorausgesetzten typischen Konstellation abweicht, dass die Erteilung der Aufenthaltserlaubnis eindeutig ungerechtfertigt erschiene. Sollbestimmungen sind allgemein dann nicht anzuwenden, wenn aus besonderen Gründen der gesetzliche Regelungszweck nicht erfüllt würde. Nur bei einer atypischen Fallgestaltung ist also der Rechtsanspruch nicht gegeben und nach Ermessen zu entscheiden. 30

Wie auch im Wesentlichen die novellierte Qualifikations-RL (vgl. Art. 20 II, 24) unterscheidet § 25 hinsichtlich der **Gewährung der Rechte und Vergünstigungen** kaum zwischen Flüchtlingsanerkennung und subsidiärem Schutzstatus. Dies gilt in § 25 im Wesentlichen auch für den komplementären Schutz. 31

Ergeben sich im Verfahren vor dem BAMF Anhaltspunkte für das Vorliegen eines **Ausschlussgrundes** nach Abs. 3 S. 2 Nr. 1–4 hat das BAMF die Ausländerbehörde hierüber nach § 24 III Nr. 2b AsylG unverzüglich zu unterrichten. 32

---

[37] Zur früheren Rechtslage ausf. *Heinhold* ZAR 2004, 27.
[38] § 55 II AuslG; dazu *Heinhold* ZAR 2004, 27.
[39] BVerwG Urt. v. 27.6.2006 – 1 C 14.05, BVerwGE 126, 192; VG Saarl. Urt. v. 30.11.2006 – 10 K 31/06.
[40] BVerwG Urt. v. 27.6.2006 – 1 C 14.05, BVerwGE 126, 192.
[41] BVerwGE Urt. v. 22.11.2005 – 1 C 18.04, BVerwGE 124, 326, Urt. v. 27.6.2006 – 1 C 14.05, BVerwGE 126, 192; Beschl. v. 8.2.2007 – 1 B 62.06, juris.
[42] BVerwG Urt. v. 17.12.2015 – 1 C 31.14, NVwZ 2016, 458 Rn. 19 ff.; bestätigt durch BVerwG Urt. v. 12.7.2016 – 1 C 23.15, NVwZ 2016, 1498 Rn. 21 ff.; noch offengelassen durch BVerwG Urt. v. 16.12.2008 – 1 C 37.07, BVerwGE 132, 382 Rn. 24.
[43] StRspr, zB BVerwG Urt. v. 22.11.2005 – 1 C 18.04, BVerwGE 124, 326.
[44] BVerwG Urt. v. 22.11.2005 – 1 C 18.04, BVerwGE 124, 326.

33 Auch darf die **Ausländerbehörde** nach § 72 II über das Vorliegen eines zielstaatsbezogenen Abschiebungsverbots nach § 60 V oder VII und das Vorliegen eines Ausschlusstatbestands nach Abs. 3 S. 2 Nr. 1–4 nur nach vorheriger Beteiligung des BAMF entscheiden. Die endgültige Entscheidung trifft in dieser Konstellation dann jedoch die Ausländerbehörde.

34 Stellt der Ausländer keinen Asylantrag, sondern begehrt er **nur komplementären Schutz** nach § 60 V oder VII, ist das BAMF nicht zuständig; dies fällt dann in den Zuständigkeitsbereich der Ausländerbehörde.

35 Nach § 25 III 1 soll die Ausländerbehörde unabhängig von der vorherigen Durchführung eines Asylverfahrens bei Vorliegen eines Abschiebungsverbots nach § 60 V oder VII eine Aufenthaltserlaubnis erteilen. Dies gilt auch in Fällen, in denen das BAMF den Asylantrag als **offensichtlich unbegründet** abgelehnt hat (vgl. § 10 III 2 und 3). § 25 III 1 dürfte nicht im Rahmen eines **Dublin- oder Drittstaatenverfahrens** anwendbar sein, bei dem das eigentliche Asylbegehren noch nicht inhaltlich geprüft worden ist; insoweit könnte eine teleologische Reduktion des Tatbestands oder jedenfalls ein atypischer Ausnahmefall („soll") anzunehmen sein[45].

36 Die Erteilung einer Aufenthaltserlaubnis ist ausgeschlossen, wenn eine der in § 25 III 3 Nr. 1–4 aufgeführten Ausnahmen vorliegt. Dies entspricht im Wesentlichen der **Ausschlussgründe** nach Art. 17 Qualifikations-RL[46].

37 § 25 III 3 betrifft die Frage der **Legalisierung des Aufenthalts** eines Ausländers bei einem bestehenden absoluten Abschiebungsverbot. Der Gesetzgeber hat mit der Einführung des Ausschlussgrundes und der Umsetzung des Art. 17 Qualifikations-RL beabsichtigt, insbesondere bestimmten Straftätern grundsätzlich kein Aufenthaltsrecht mangels Schutzwürdigkeit zu gewähren. So soll entsprechend den Überlegungen im internationalen Flüchtlingsschutz verhindert werden, dass schwere Straftäter und Gefährder, deren Aufenthalt nicht beendet werden kann, einen rechtmäßigen Aufenthalt in Deutschland erhalten[47].

38 Diese Ausschlussklauseln sind **zwingend** und belassen den zuständigen Behörden keinen Ermessensspielraum[48]. Wesentlich dabei ist, dass es sich bei den Ausschlussgründen des § 25 III 2 nicht um den Ausschluss des Abschiebungsschutzes schlechthin, sondern um die Versagung einer Aufenthaltserlaubnis aus humanitären Gründen handelt.

39 Rechtsgrundsätzliche Bedenken dagegen, dass die Ausschlussgründe weiter gefasst sind als insbesondere in Art. 1 F GFK, bestehen nicht. Steht der Ausschlussgrund der Erteilung einer Aufenthaltserlaubnis entgegen, ist eine **Duldung** nach § 60a II zu erteilen[49].

40 Die von den Ausschlussklauseln erfassten Personen sollen nicht mit einer Legalisierung ihres Aufenthalts und den daran anknüpfenden Folgewirkungen belohnt werden, da sie einer Aufenthaltsgewährung für „unwürdig" angesehen werden. Für diese Sondersituation der Unwürdigkeit der Gewährung eines rechtmäßigen Aufenthalts nimmt der Gesetzgeber die Erteilung von **„Kettenduldungen"** in Kauf, die mit der Schaffung des AufenthG im Grundsatz vermieden werden sollten.

41 § 25 III 3 dient dem Ausgleich unterschiedlicher Interessen, einmal der Legalisierung des Aufenthalts einerseits und dem **Gerechtigkeitsempfinden** bzw. dem Vertrauen in die Rechtsordnung andererseits[50].

42 Die Ausschlussklauseln dienen dazu, eine **Abwägung** zwischen diesen beiden Zielen umzusetzen. Insofern ist ihnen bereits eine abstrakte Verhältnismäßigkeitsprüfung dahin gehend immanent, dass das Gerechtigkeitsempfinden das Legalisierungsinteresse des Ausländers bei Vorliegen der Ausschlussgründe übersteigt. Dies gilt gerade auch angesichts des Umstands, dass bei Vorliegen eines ausländerrechtlichen Abschiebungsverbots eine Abschiebung in das Herkunftsland trotz Vorliegens von Ausschlussgründen nicht in Betracht kommt, vielmehr die Betroffenen geduldet werden und einer Erwerbstätigkeit nachgehen können.

43 Diese Auslegung entspricht auch dem Geist von Art. 17 **Qualifikations-RL**[51]. Die Gründe für einen Ausschluss vom subsidiären Schutzstatus entsprechen im Wesentlichen den Ausschlussgründen des § 25 III 2. Wesentliche Verschiedenheiten bestehen auch nicht hinsichtlich Art. 33 II GK.

44 Gemäß § 25 III 3 Nr. 2 wird die Aufenthaltserlaubnis dann nicht erteilt, wenn schwerwiegende Gründe die Annahme rechtfertigen, dass der Ausländer eine **Straftat von erheblicher Bedeutung** begangen hat. Soweit auf eine „Straftat von erheblicher Bedeutung" abgestellt wird, während Art. 17

---

[45] VGH BW Beschl. V. 28.2.2020 – A 4 S 611/20, BeckRS 2020, 3155.
[46] Vgl. BayVGH Urt. v. 15.6.2011 – 19 B 10.2539, BeckRS 2011, 55430; OVG Brem Urt. v. 10.5.2011 – 1 A 306/10, 1 A 307/10, InfAuslR 2011, 34 Rn. 111 f.
[47] BayVGH Urt. v. 15.6.2011 – 19 B 10.2539, BeckRS 2011, 55430.
[48] BayVGH Urt. v. 15.6.2011 – 19 B 10.2539, BeckRS 2011, 55430 unter Hinweis auf VGH BW Urt. v. 22.7.2009 – 11 S 1622/07, BeckRS 2009, 38005; EuGH-Vorlage BVerwG Urt. v. 14.10.2008 – 10 C 48/07, BVerwG 132, 79 Rn. 32; bestätigt v. EuGH Urt. v. 9.11.2010 – C-57/09 und C-101/09, InfAuslR 2011, 40 – zu den Ausschlussgründen des Art. 12 IIb und c RL 2004/38/EG.
[49] BayVGH Urt. v. 15.6.2011 – 19 B 10.2539, BeckRS 2011, 55430.
[50] VG Münster Urt. v. 21.5.2008 – 8 K 137/06, BeckRS 2008, 36391.
[51] BayVGH Urt. v. 15.6.2011 – 19 B 10.2539, BeckRS 2011, 55430; OVG Brem Urt. v. 10.5.2011 – 1 A 306/10, 1 A 307/10, InfAuslR 2011, 34 Rn. 112.

Ib Qualifikations-RL das Begehen einer schweren Straftat fordert, handelt es sich lediglich um eine redaktionelle Abweichung[52].

Nach dem Wortlaut der Regelung reicht die Begehung einer Straftat von erheblicher Bedeutung für die Erfüllung des Tatbestands des § 25 III 3 Nr. 2 und 3 aus. Die aufgeführten Ausschlussgründe knüpfen mit der Formulierung „begangen hat" bzw. „zuschulden kommen ließ" ausschließlich an ein in der **Vergangenheit liegendes Verhalten** an. 45

Hätte der Gesetzgeber unter dem Aspekt der **Verhältnismäßigkeit** eine zeitliche Grenze der Vorhaltbarkeit festlegen wollen, wäre es naheliegend gewesen, in den Ausschlusstatbeständen Nr. 1–3 die Notwendigkeit einer Wiederholungsgefahr ausdrücklich zu erwähnen bzw. die Erforderlichkeit einer Verhältnismäßigkeitsprüfung über die tatbestandlichen Voraussetzungen deutlich zu machen. Dies ist jedoch nicht geschehen. 46

Die in Umsetzung des Art. 17 Qualifikations-RL in § 25 AufenthG eingefügten Ausschlussklauseln knüpfen an ein in der Vergangenheit liegendes Handeln an und beruhen auf der Überlegung, dass bestimmte Personen keinen Schutz **verdienen**[53]. 47

Sie verfolgen zwei **Zwecke**: Sie sollen den Flüchtlingsstatus vor Missbrauch schützen, indem eine Gewährung an „unwürdige" Antragsteller vermieden wird. Außerdem sollen sie sicherstellen, dass diese Personen sich ihrer strafrechtlichen Verfolgung nicht entziehen[54]. 48

Wegen der im Tatbestand bereits angelegten abstrakten Verhältnismäßigkeitsprüfung und wegen des Abschiebungsschutzes kann der Ausschluss allenfalls in besonders gelagerten Ausnahmefällen **unverhältnismäßig** sein, etwa wenn sich der Betroffene von seinen Taten nicht nur distanziert, sondern aktiv der Verhinderung weiterer Terrorakte mitwirkt oder es sich um Jahrzehnte zurückliegende „Jugendsünden" handelt. 49

Nicht ausreichend hierfür ist jedenfalls, dass vom Ausländer keine Gefahr mehr ausgeht und dass er sich von seinen früheren Taten distanziert hat[55]. 50

Darüber hinaus darf trotz Vorliegens eines Abschiebungsverbots eine Aufenthaltserlaubnis nach § 25 III 2 auch dann nicht erteilt werden, wenn die Ausreise in einen **anderen Staat möglich oder zumutbar** ist oder der Ausländer **wiederholt oder gröblich gegen entsprechende Mitwirkungspflichten verstößt**. Diese weiteren Ausschlussgründe folgen nicht aus der Qualifikations-RL. 51

Eine Berechtigung zur Ausübung einer **Erwerbstätigkeit** besteht nun auch beim komplementären Schutz nach Abs. 3 (vgl. § 4a I). 52

Die Beibehaltung der **Arbeitsmarktprüfung** im Rahmen des komplementären Schutzes ist sowohl europa- als auch völkerrechtlich unproblematisch. 53

Selbst für **subsidiär** Schutzberechtigte entfiel die Beschränkung hinsichtlich des Arbeitsmarktzugangs erst zum 21.12.2013 (vgl. Art. 26, 41 Qualifikations-RL). 54

Für die Aufenthaltserlaubnis nach § 25 gelten die allgemeinen **Erteilungsvoraussetzungen** des § 5 mit den Besonderheiten für Flüchtlinge[56]. Die Ablehnung des Asylantrags ist nicht hinderlich, es sei denn, der Antrag ist als offensichtlich unbegründet abgelehnt (vgl. § 10 III). Bis zur Erteilung gilt kein besonderes **fiktives Aufenthaltsrecht** wie nach Abs. 1 S. 3. 55

Ausgeschlossen ist die Erteilung einer Aufenthaltserlaubnis in drei Fällen: zumutbare Ausreise in einen Drittstaat; wiederholte oder gröbliche Verstöße gegen entsprechende Mitwirkungspflichten; schwerwiegende Gründe für schwere Verstöße in Anlehnung an Art. 1 F lit. a und c und Art. 33 II GK. Von der Aufenthaltserlaubnis ausgeschlossen ist, wer **zumutbarerweise** in einen anderen Staat **ausreisen** kann. Die Ausreise in einen Drittstaat führt nur dann zum Ausschluss des Aufenthaltsrechts in Deutschland, wenn dort Einreise und ein nicht ganz kurzfristiger Aufenthalt gestattet sind. Ein vorübergehender Aufenthalt genügt; auch die Aufenthaltserlaubnis in Deutschland vermittelt noch keinen Daueraufenthalt. Grundsätzlich muss der Aufenthalt in dem Drittstaat dazu geeignet und dieser dazu bereit sein, eine Rückkehr des Ausländers in den Heimatstaat und die dort drohenden Gefahren auszuschließen. Das ist anzunehmen, wenn der Ausländer in dem Drittstaat, zB als Ehegatte eines dortigen Staatsangehörigen oder als Angehöriger einer dort willkommenen Personengruppe, ein Aufenthaltsrecht besitzt oder erlangen kann. Gemeint ist jedenfalls nicht eine vorübergehende Ausreise, zB zum Zwecke einer Besuchsreise in andere Staaten. Zumutbar ist die Ausreise in den Drittstaat, wenn dort weder die Abschiebung in den Heimatstaat noch ähnlich unzumutbare Lebensbedingungen zu erwarten sind. Der Ausländer muss dort ähnlich sicher sein wie ein nach § 27 I AsylG politisch Verfolgter in einem Drittstaat[57]. 56

---

[52] BayVGH Urt. v. 15.6.2011 – 19 B 10.2539, BeckRS 2011, 55430; Beschl. v. 13.4.2010 – 19 BV 09.1370, BeckRS 2011, 45622.
[53] Vgl. BayVGH Urt. v. 15.6.2011 – 19 B 10.2539, BeckRS 2011, 55430 unter Hinweis auf EuGH-Vorlage BVerwG Urt. v. 14.10.2008 – 10 C 48/07, BVerwGE 132, 79 Rn. 32; bestätigt v. EuGH Urt. v. 9.11.2010 – C-57/09 und C-101/09, InfAuslR 2011, 40 – zu den Ausschlussgründen der Art. 12 IIb und c Freizügigkeits-RL.
[54] Vgl. BayVGH Urt. v. 15.6.2011 – 19 B 10.2539, BeckRS 2011, 55430.
[55] Vgl. BayVGH Urt. v. 15.6.2011 – 19 B 10.2539, BeckRS 2011, 55430.
[56] Dazu → Rn. 9 ff.
[57] Vgl. dazu § 27 AsylG.

57 Nicht der **Verstoß** gegen irgendwelche **Mitwirkungspflichten** genügt zum Ausschluss, sondern nur die Verletzung „entsprechender" Pflichten. Es muss sich also um Pflichtverletzungen handeln, die zur Unmöglichkeit der Ausreise beigetragen haben. In Betracht kommen Pflichten im Zusammenhang mit der Feststellung der Identität und der Beschaffung gültiger Heimreisedokumente (zB nach §§ 48, 49, 82 IV; §§ 15, 16 AsylG). Die Pflichtverstöße müssen entweder wiederholt oder in grober Weise begangen sein. Unzureichend ist also eine einmalige Missachtung einfacher Mitwirkungspflichten.

58 Der weitere Ausschlussgrund ist in Anlehnung an **völkerrechtliche Normen**, nämlich an die Gründe des Art. 1 F und 33 II GK, formuliert.

VI. Vorübergehende Aufenthaltsgründe

59 Für vorübergehenden Aufenthalt kann nach Abs. 4 S. 1 eine **Aufenthaltserlaubnis nach Ermessen** aus denselben Gründen erteilt werden, die früher eine Duldung nach § 55 III aF ermöglichten[58]. Seitdem mit § 60a II 3 durch das AuslRÄndG 2007 die Duldung aus dringenden humanitären oder persönlichen Gründen oder erheblichen öffentlichen Interessen wieder in das Gesetz aufgenommen wurde, hat die Regelung an Bedeutung verloren. Gerade bei kurzfristigen Aufenthalten wird eine Aufenthaltserlaubnis häufig nicht erteilt, weil sie zur Gegenstandslosigkeit der Abschiebungsandrohung führt.

60 Durch die Rechtsänderung des AuslRÄndG 2007 wurde klargestellt, dass der Ausländer nicht vollziehbar ausreisepflichtig sein darf. Der Ausländer muss sich nicht rechtmäßig im Bundesgebiet aufhalten, ausreichend ist, dass die Ausreisepflicht nicht vollziehbar ist, § 58 II.

61 Der Aufenthaltszweck muss immer **kurzfristig** angelegt sein, er darf keinen länger dauernden Aufenthalt erfordern[59]. Die **Grenze** ist nicht leicht zu bestimmen, sie dürfte aber bei sechs Monaten liegen. Anhaltspunkte dafür bieten die Erteilungsfrist von längstens sechs Monaten nach § 26 I, die grundsätzliche Frist von maximal sechs Monaten für die Abschiebungshaft (§ 62 IV 1), die Jahresgrenze nach § 60a V 3. Im Rahmen des Ermessens kann auch darauf Rücksicht genommen werden, ob der Zweck des begehrten weiteren Aufenthalts auch im Ausland oder während eines später ohnehin nach einer erneuten Einreise geplanten Aufenthalts erreicht werden kann.

62 **Dringend** ist ein persönlicher oder humanitärer Grund iSd § 25 IV 1 nur, wenn aufgrund einer umfassenden Würdigung aller Umstände des Einzelfalls dem privaten Interesse des Ausländers an der sofortigen vorübergehenden Legalisierung seines Aufenthalts ein deutlich höheres Gewicht zukommt als dem widerstreitenden öffentlichen Interesse an der Durchsetzung der Ausreisepflicht[60].

63 Als **dringende humanitäre oder persönliche Gründe** kommen

– die Durchführung einer medizinischen Operation oder
– der Abschluss einer ärztlichen Behandlung, die im Herkunftsland nicht oder nicht in ausreichendem Maße gewährleistet ist,
– die vorübergehende Betreuung erkrankter Familienangehöriger,
– der Abschluss einer Schulausbildung,
– die Regelung gewichtiger persönlicher Angelegenheiten, wie etwa die Teilnahme an einer Beisetzung oder dringende Regelungen im Zusammenhang mit dem Todesfall eines Angehörigen oder
– die Eheschließung

in Betracht[61]. Dringende humanitäre Gründe können sich auch aus der Situation im Heimatstaat ergeben, dort allgemein herrschende schwierige Lebensverhältnisse reichen jedoch nicht aus.

64 Erhebliche öffentliche Interessen können vorliegen, wenn der Ausländer als Zeuge in einem Gerichtsverfahren benötigt wird oder mit deutschen Behörden bei der Ermittlung von Straftaten vorübergehend zusammenarbeitet[62].

65 Das Tatbestandsmerkmal **„für einen vorübergehenden Aufenthalt"** impliziert eine Ex-ante-Prognose, die zum Zeitpunkt der Erteilung der Aufenthaltserlaubnis den späteren Wegfall des vorübergehenden Ausreisehindernisses erwarten lässt. Der Ausländer hat deshalb auch gegenüber der Ausländerbehörde nachzuweisen, dass er nach Ablauf der Aufenthaltserlaubnis freiwillig ausreisen wird[63].

66 Die Aufenthaltserlaubnis darf nur **erteilt** werden, wenn die allgemeinen Voraussetzungen des § 5 erfüllt sind. Ausnahmen von § 5 I und II können, müssen aber nicht gemacht werden (§ 5 III). Die Ablehnung des Asylantrags ist nicht hinderlich, es sei denn, sie ist in der qualifizierten Form des § 30 III AsylG erfolgt (§ 10 III).

---

[58] Dazu *Heinhold* ZAR 2004, 27.
[59] Vgl. NdsOVG Beschl. v. 27.6.2005 – 11 ME 96/05, NVwZ-RR 2006, 572; Beschl. v. 22.5.2006 – 8 LA 60/06, NordÖR 2007, 91; VGH BW Urt. v. 6.4.2005 – 11 S 2779/04, VBlBW 2005, 356; HessVGH Urt. v. 7.7.2006 – 7 UE 509/06, BeckRS 2007, 20233.
[60] NdsOVG Beschl. v. 12.7.2012 – 8 ME 94/12, BeckRS 2012, 53608.
[61] Vgl. NdsOVG Beschl. v. 12.7.2012 – 8 ME 94/12, BeckRS 2012, 53608.
[62] NdsOVG Beschl. v. 12.7.2012 – 8 ME 94/12, BeckRS 2012, 53608.
[63] NdsOVG Beschl. v. 12.7.2012 – 8 ME 94/12, BeckRS 2012, 53608; Beschl. v. 27.6.2005 – 11 ME 96/05, NVwZ-RR 2006, 572 (574); *Benassi* InfAuslR 2005, 357 (359).

VII. Verlängerung bei außergewöhnlicher Härte

Mit Abs. 4 S. 2 wurde ein **eigenständiger Verlängerungstatbestand** geschaffen, der sich nicht nur auf S. 1 bezieht, sondern der Vorgängervorschrift des § 30 II AuslG nachgebildet ist[64]. Anders als S. 1 erfasst er daher nicht nur vorübergehende Gründe, sondern kann auch auf einen Daueraufenthalt gerichtet sein. 67

Voraussetzung ist aber ein **rechtmäßiger Aufenthalt zum Zeitpunkt der Antragstellung**. Würde hinsichtlich der Rechtmäßigkeit des Aufenthalts auf einen späteren Zeitpunkt abgestellt, hätte dies zur Konsequenz, dass der Ausländer die Voraussetzung rechtmäßigen Aufenthalts bereits deshalb nicht erfüllen könnte, weil er sich nach Ablauf der Geltungsdauer seines bisherigen Aufenthaltstitels und nach Ablehnung des Verlängerungsantrags nicht mehr rechtmäßig im Bundesgebiet aufhält[65]. 68

Die Norm setzt voraus, dass der Ausländer im **Besitz einer Aufenthaltserlaubnis** ist. Ein nach § 81 IV als fortbestehend geltendes Schengen-Visum ist keine Aufenthaltserlaubnis iSd Vorschrift[66]. Aufenthaltserlaubnis und Visum sind nach der Konzeption des AufenthG jeweils eigenständige Aufenthaltstitel. Dies folgt aus § 4 I 2. Unter Umständen kann die Verlängerung eines Aufenthaltsrechts auf Dauer in Betracht kommen[67]. 69

Verlängert werden kann die Aufenthaltserlaubnis nur im Falle einer **außergewöhnlichen Härte**, wobei von § 8 I und II abgewichen wird. Die von der Rspr. zu § 30 II AuslG 1990 entwickelten Anforderungen an das Vorliegen einer außergewöhnlichen Härte gelten auch für den Anspruch auf Verlängerung einer Aufenthaltserlaubnis nach § 25 IV 2[68]. Eine außergewöhnliche persönliche Härte setzt eine individuelle Sondersituation voraus, aufgrund derer die Aufenthaltsbeendigung den Ausländer nach Art und Schwere des Eingriffs wesentlich härter treffen würde als andere Ausländer, die nach denselben Vorschriften ausreisepflichtig sind[69]. Die Beurteilung, ob die Beendigung des Aufenthalts eine außergewöhnliche Härte darstellt, ist in erster Linie eine tatrichterliche Aufgabe. Dabei sind das Ausmaß der Verwurzelung bzw. die für den Ausländer mit einer „Entwurzelung" verbundenen Folgen unter Berücksichtigung der verfassungsrechtlichen Vorgaben des Art. 2 I und Art. 6 I GG sowie der Regelung des Art. 8 EMRK zu ermitteln sowie unter Berücksichtigung des Grundsatzes der Verhältnismäßigkeit zu gewichten und mit den Gründen, die für eine Aufenthaltsbeendigung sprechen, abzuwägen[70]. 70

Bei Anwendung der allgemeinen Härtefallklausel ist zu beachten, dass die speziellen Härtefallregelungen des AufenthG nicht unterlaufen werden dürfen. Scheidet die Erteilung einer Aufenthaltserlaubnis zum Zwecke der Wiederkehr oder des Familiennachzugs aus, weil in der Person des Ausländers kein Härtefall angenommen werden kann, so führt § 25 IV 2 nicht zu einer Erweiterung der Wiederkehr- oder Familiennachzugsmöglichkeiten. Kommt daher die Erteilung einer Aufenthaltserlaubnis nicht in Betracht, obwohl ihre Erteilung in Härtefällen möglich ist, so kann sich der Ausländer nicht darauf berufen, dass gleichwohl in seiner Person im Hinblick auf den beabsichtigten Aufenthaltszweck eine außergewöhnliche Härte vorliegt. 71

Als außergewöhnliche Härte kann nach den konkreten Umständen des Einzelfalls ua die **Betreuungsbedürftigkeit** eines im Bundesgebiet lebenden Familienangehörigen in Betracht kommen. Dies setzt allerdings voraus, dass der Familienangehörige des Ausländers in besonderer Weise auf dessen Pflege angewiesen ist und dem Ausländer nicht zuzumuten ist, den der Betreuung bedürftigen Angehörigen ohne den erforderlichen Beistand in Deutschland zurückzulassen[71]. Dagegen ist die Annahme einer außergewöhnlichen Härte dann nicht gerechtfertigt, wenn auf die Auswirkungen der Erkrankung des betroffenen Familienangehörigen auch auf andere Weise mit vielfältigen Unterstützungsmaßnahmen ausreichend reagiert werden kann[72]. 72

Bei der Beurteilung, ob die Beendigung des Aufenthalts eines in Deutschland aufgewachsenen Ausländers eine außergewöhnliche Härte darstellt, kommt auch dem Umstand Bedeutung zu, inwieweit der Ausländer in Deutschland verwurzelt ist[73]. Das Ausmaß der Verwurzelung bzw. die für den Ausländer mit einer „Entwurzelung" verbundenen Folgen sind unter Berücksichtigung der verfas- 73

---

[64] BVerwG Beschl. v. 8.2.2007 – 1 B 69.06, NVwZ 2007, 844.
[65] S. hierzu VGH BW Urt. v. 9.9.1992 – 11 S 1532/91, InfAuslR 1993, 62 (63 f.).
[66] HessVGH Urt. v. 25.2.2011 – 7 B 139/11, InfAuslR 2011, 247 Rn. 16.
[67] BayVGH Beschl. v. 16.5.2018 – 10 CS 18.616, BeckRS 2018, 10048.
[68] BVerwG Beschl. v. 8.2.2007 – 1 B 69.06, 1 B 69.06 (1 PKH 24.06), Buchholz 402.242 § 25 AufenthG Nr. 7. HessVGH Urt. v. 25.2.2011 – 7 B 139/11, InfAuslR 2011, 247 Rn. 19.
[69] BVerwG Beschl. v. 8.2.2007 – 1 B 69.06, 1 B 69.06 (1 PKH 24.06), Buchholz 402.242 § 25 AufenthG Nr. 7; OVG Bln-Bbg Beschl. v. 19.10.2011 – OVG 2 S 37.11 BeckRS 2011, 55551; BayVGH Beschl. v. 28.6.2011 – 10 ZB 10.705, BeckRS 2011, 33310; VGH BW Beschl. v. 3.11.1993 – 11 S 881/93, VGHBW-Ls 1994, Beilage 1, B6-7; HessVGH Beschl. v. 26.1.1994 – 13 TH 1373/93, InfAuslR 1994, 225 (229).
[70] BVerwG Beschl. v. 19.1.2010 – 1 B 25/09, NVwZ 2010, 707.
[71] HessVGH Urt. v. 25.2.2011 – 7 B 139/11, InfAuslR 2011, 247 Rn. 20; OVG Brem Beschl. v. 25.6.1998 – 1 BB 183/98, BeckRS 2014, 46666 zu § 30 II Nr. 2 AuslG 1990.
[72] HessVGH Urt. v. 25.2.2011 – 7 B 139/11, InfAuslR 2011, 247 Rn. 20.
[73] OVG Saarl Beschl. v. 3.9.2012 – 2 B 199/12, BeckRS 2012, 56825.

sungsrechtlichen Vorgaben der Art. 2 I und Art. 6 I GG sowie der Regelung des Art. 8 EMRK zu ermitteln, zu gewichten und mit den Gründen, die für eine Aufenthaltsbeendigung sprechen, abzuwägen[74]. Das **Recht auf Privatleben** umfasst, auch soweit es keinen familiären Bezug hat, die Summe der persönlichen, gesellschaftlichen und wirtschaftlichen Beziehungen, die für das Privatleben eines jeden Menschen konstitutiv sind und denen – angesichts der zentralen Bedeutung dieser Bindungen für die Entfaltung der Persönlichkeit eines Menschen – bei fortschreitender Dauer des Aufenthalts wachsende Bedeutung zukommt[75].

74 Bei der Abwägung ist der Grundsatz der **Verhältnismäßigkeit** zu beachten, wobei nicht nur die Dauer des Aufenthalts in Deutschland, sondern auch die Legitimität des Aufenthalts zu würdigen ist[76]. So muss sich ein Ausländer entgegenhalten lassen, dass sein Aufenthaltsrecht in Deutschland durch eine bewusste Täuschung seiner Eltern begründet worden ist[77]. Weiterhin ist einzustellen das Ausmaß sozialer Bindungen bzw. Kontakte des Klägers außerhalb der Kernfamilie sowie eine etwaige Strafbarkeit[78].

75 Die Voraussetzungen, unter denen nach Beendigung der **ehelichen Lebensgemeinschaft** mit einem oder einer deutschen Staatsangehörigen für den ausländischen Ehegatten ein vom Bestand der Ehe unabhängiges Aufenthaltsrecht entsteht, ist vom Gesetzgeber in § 31 erschöpfend geregelt worden. Durch diese abschließende Regelung hat der Gesetzgeber zugleich zum Ausdruck gebracht, dass das Vertrauen von Ausländern, nach der Beendigung oder Aufhebung der ehelichen Lebensgemeinschaft weiter im Bundesgebiet bleiben zu können, grundsätzlich dann nicht schutzwürdig ist, wenn sie die in § 31 genannten Voraussetzungen nicht erfüllen, insbesondere mit dem deutschen Ehepartner nicht zumindest zwei Jahre rechtmäßig in ehelicher Gemeinschaft zusammengelebt haben. Diese eindeutige Festlegung des Gesetzgebers kann nicht dadurch unterlaufen werden, dass außerhalb der gesetzlichen Voraussetzungen des § 31, der zudem eine eigene Härteklausel vorsieht, bei einem Ausländer nach Aufhebung der ehelichen Gemeinschaft mit einer oder einem deutschen Staatsangehörigen eine außergewöhnliche Härte angenommen wird[79].

76 Eine außergewöhnliche Härte liegt nicht in **wirtschaftlichen Nachteilen,** die ein Ausländer bei seiner Rückkehr in sein Heimatland hinzunehmen hat. Dies gilt auch, wenn ein Ausländer den Unterhalt seiner Familie im Heimatland wegen des mit der Beendigung des Aufenthalts verbundenen Wegfalls der Verdienstmöglichkeiten nicht mehr sichern kann[80]. Gleiches gilt für den in seinem Heimatland bestehenden niedrigeren **Lebensstandard,** da § 25 IV 2 nicht die Funktion hat, den Ausländer vor den Folgen wirtschaftlich schlechterer Lebensverhältnisse in seiner Heimat zu schützen, soweit jedenfalls dort die Sicherung des Existenzminimums grundsätzlich möglich ist[81].

77 Bei der Beurteilung des Vorliegens eines Härtefalls darf – anders als bei § 30 II AuslG 1990 – die **Dauer des bisherigen Aufenthalts** des Ausländers und seiner Familienangehörigen berücksichtigt werden. Dies gilt aber nicht für Ausländer, bei denen die erteilten Aufenthaltstitel von vornherein wegen des zugrunde liegenden Zwecks zeitlich beschränkt waren.

78 **Familiäre Gründe** vermögen in Ausnahmefällen eine außergewöhnliche Härte zu begründen. Dies kann der Fall sein, wenn ein geistig behindertes Kind zu betreuen ist[82] oder die Pflegebedürftigkeit eines Familienangehörigen vorliegt[83]. Das Verlassen des Bundesgebiets kann für einen Ausländer, der einem todkranken nahen Angehörigen beistehen möchte, eine außergewöhnliche Härte darstellen[84]. Eine außergewöhnliche Härte kann zudem vorliegen, wenn die Trennung von nahen Familienangehörigen nicht mit Art. 8 I EMRK vereinbar ist.

VIII. Opferschutz

79 Der mit dem AuslRÄndG 2007 eingefügte Abs. 4a diente der Umsetzung der RL 2004/81/EG des Rates vom 29.4.2004 über die Erteilung von Aufenthaltstiteln für Drittstaatsangehörige, die Opfer des Menschenhandels sind oder denen Beihilfe zur illegalen Einwanderung geleistet wurde und die mit den zuständigen Behörden kooperieren **(Opferschutz-RL)**[85]. Die RL verlangt die Schaffung eines Aufenthaltsrechts mit vorläufigem Rechtscharakter für Opfer des Menschenhandels, um Anreize für eine Kooperation mit den zuständigen Strafverfolgungs- und Gerichtsbehörden in Strafverfahren im

---

[74] BVerwG Urt. v. 27.1.2009 – 1 C 40.07, BVerwGE 133, 73.
[75] BVerwG Urt. v. 27.1.2009 – 1 C 40.07, BVerwGE 133, 73; BVerfG Beschl. v. 10.5.2007 – 2 BvR 304/07, InfAuslR 2007, 275 (277) und Beschl. v. 10.8.2007 – 2 BvR 535/06, InfAuslR 2007, 443 (446) mwN.
[76] BVerwG Urt. v. 27.1.2009 – 1 C 40.07, BVerwGE 133, 73.
[77] BVerwG Urt. v. 27.1.2009 – 1 C 40.07, BVerwGE 133, 73.
[78] BVerwG Urt. v. 27.1.2009 – 1 C 40.07, BVerwGE 133, 73.
[79] Zum alten § 30 HessVGH Beschl. v. 24.8.1992 – 13 TH 533/92, InfAuslR 1993, 126 (127).
[80] HessVGH Beschl. v. 21.9.1994 – 10 TH 2172/94 – (8), nv.
[81] HessVGH Beschl. v. 21.9.1994 – 10 TH 2172/94 – (8), nv.
[82] VGH BW Urt. v. 27.1.1992 – 13 S 1585/90, EZAR 015 Nr. 2; HmbOVG Beschl. v. 3.11.1992 – Bs V 89/92, EZAR 015 Nr. 3; vgl. auch OVG NRW Beschl. v. 20.5.2005 – 18 B 1207/04, EZAR NF 23 Nr. 2.
[83] OVG Brem Beschl. v. 25.6.1998 – 1 BB 183/98, BeckRS 2014, 46666.
[84] VG Aachen Urt. v. 15.10.1993 – 8 K 3954/93, InfAuslR 1994, 56 (57).
[85] ABl. 2004 L 261, 19 ff.

Zusammenhang mit Menschenhandel zu geben. Nach Art. 1 Opferschutz-RL ist hierzu ein befristeter Aufenthaltstitel vorzusehen, der an die Dauer des maßgeblichen innerstaatlichen Strafverfahrens gekoppelt ist. Diese Vorgabe wird in Abs. 4a S. 1 dergestalt umgesetzt, dass die Aufenthaltserlaubnis erteilt werden soll, wenn und solange die zeugenschaftliche Mitwirkung in einem entsprechenden Strafverfahren die vorübergehende weitere Anwesenheit im Bundesgebiet erfordert. Art. 8 Opferschutz-RL regelt die Voraussetzungen, unter denen der befristete Aufenthaltstitel erteilt werden kann. Diese sind in S. 2 entsprechend übernommen worden. Ein Anspruch auf einen derartigen Aufenthaltstitel bestand zum Inkrafttreten des AufenthGÄndG 2015 am 1.8.2015 nicht; die Erteilung stand im pflichtgemäßen Ermessen der zuständigen Behörde („kann").

Das **AufenthGÄndG 2015** machte aus dem 1.8.2015 geltenden „kann abweichend von § 11 Abs 1" wurde ein **„soll",** sodass nunmehr diese Aufenthaltserlaubnis nur bei atypischen Sachverhalten ausscheidet (→ Rn. 29). Der Gesetzgeber strich zudem das **„vorübergehend"** vor Aufenthalt, ebenso das „vorübergehend", das in Nr. 1 des Absatzes vor „Anwesenheit" stand. Zudem wurde der komplett S. 3 angefügt. In der Gesetzesbegründung[86] heißt es dazu:

80

*„Bereits heute enthält das AufenthG in § 25 Abs. 4a eine humanitäre Sonderregelung für die Erteilung einer Aufenthaltserlaubnis an Opfer von Menschenhandel. Die Regelung in ihrer geltenden Fassung diente vorrangig dem Ziel, die Durchführung eines Strafverfahrens gegen die Täter zu erleichtern. Nach der bisherigen Regelung darf die Aufenthaltserlaubnis daher nur dann vorübergehenden Aufenthalt erteilt werden, wenn die vorübergehende Anwesenheit des Ausländers im Bundesgebiet für ein Strafverfahren wegen eines Menschenhandelsdelikts erforderlich ist. Durch die Änderung in Satz 1 und die Ergänzung um einen Satz 3 werden die **Interessen des Opfers stärker in den Fokus** gerückt. Die Änderungen in Satz 1 verdeutlichen, dass Betroffene von Menschenhandel von Anfang an eine **dauerhafte aufenthaltsrechtliche Perspektive** im Bundesgebiet haben. Solange die Bereitschaft, im Strafverfahren zu kooperieren, besteht, soll künftig eine Aufenthaltserlaubnis erteilt und verlängert werden. Lediglich in **atypischen** Fällen kann davon abgewichen werden. Der Aufenthalt wird zudem in der Neufassung nicht vorübergehend qualifiziert. Opfern von Menschenhandel kann ein Aufenthaltstitel auch **nach anderen Vorschriften** unabhängig von deren Mitwirkung an einem Strafverfahren erteilt werden. Insbesondere für minderjährige Menschenhandelsopfer kommt ein Titel z. B. nach §§ 23a, 25 Abs. 4 oder Abs. 5 in Betracht."*

Weiter erläutert der Gesetzgeber:

81

*„Die bisherige Formulierung ,abweichend von § 11 Abs. 1' wird aufgehoben. Denn aufgrund der Überarbeitung von § 11 Abs. 4 S. 1 ist es fortan möglich, ein bestehendes Einreise- und Aufenthaltsverbot zur Wahrung schutzwürdiger Belange des Ausländers oder soweit es der Zweck des Verbots nicht mehr erfordert, nachträglich zu verkürzen oder aufzuheben[87]. Eine Aufhebung oder Verkürzung des Einreise- und Aufenthaltsverbots ist regelmäßig vorzunehmen, wenn die Voraussetzungen für die Erteilung einer Aufenthaltserlaubnis nach § 25 Abs. 4a vorliegen (vgl. die Begründung zu § 11 Abs. 4). Die Streichung in § 25 Absatz 4a Satz 1 gilt **ex nunc**. Wenn einem Ausländer vor Inkrafttreten dieses Gesetzes eine Aufenthaltserlaubnis nach § 25 Abs. 4a, abweichend von § 11 Abs. 1' erteilt worden ist, steht das ursprüngliche Einreise- und Aufenthaltsverbot einer Verlängerung der Aufenthaltserlaubnis und jedenfalls der Erteilung eines Aufenthaltstitels nach Kap. 2 Abschn. 5 nicht entgegen (vgl. im Einzelnen die Begründung zu § 11 Abs. 4)."*

Zum neuen **S. 3** führt der Gesetzgeber aus:

82

*„Mit dem neuen Satz 3 wird eine **sichere Perspektive für einen Daueraufenthalt** für die Zeit nach Beendigung des Strafverfahrens geschaffen. Für die Verlängerung der Aufenthaltserlaubnis kommt es danach nicht mehr darauf an, ob die weitere Anwesenheit des Ausländers für die Durchführung eines Strafverfahrens erforderlich ist. Die Aufenthaltserlaubnis soll vielmehr auch aus rein humanitären oder persönlichen Gründen verlängert werden. Dabei ist unter Beendigung des Strafverfahrens nicht nur eine Verurteilung unter Mitwirkung der Betroffenen zu verstehen, sondern es sollen auch solche Konstellationen erfasst werden, in denen ein Strafverfahren ohne Verschulden der betroffenen und aussagebereiten Zeugen aus anderen Gründen nicht durchgeführt wird (beispielsweise durch die Einstellung des Verfahrens)."*

Für einen Titel nach Abs. 4a muss der Ausländer **Opfer einer Straftat** nach den §§ 232 (Menschenhandel zum Zwecke der sexuellen Ausbeutung), 233 (Menschenhandel zum Zwecke der Ausbeutung der Arbeitskraft) oder 233a StGB (Förderung des Menschenhandels) sein[88]. Die Ausreisepflicht kann vollziehbar sein. Die **Opferschutz-RL** gilt verpflichtend nur für Opfer des Menschenhandels, die nach dem Recht des jeweiligen Mitgliedstaates volljährig sind (Art. 3 III). Die Mitgliedstaaten können den Anwendungsbereich jedoch auf Minderjährige ausdehnen. Insbesondere in Fällen von Frauenhandel ist von einer beachtlichen Zahl Minderjähriger auszugehen, die durch in Aussicht gestellte Arbeitsstellen oder unter Vorspiegelung anderer falscher Tatsachen angeworben und nach ihrer Ankunft in Deutschland zur Prostitution gezwungen werden. Der Tatbestand des Abs. 4a

83

---

[86] BT-Drs. 18/4097, 41.
[87] S. hierzu die Kommentierung bei § 11.
[88] OVG Brem Beschl. v. 1.8.2017 – 1 B 109/17, EzAR-NF 37 Nr. 5.

sieht daher **keine altersbezogene Einschränkung** vor, sodass auch minderjährigen Opfern von Menschenhandel ein vorübergehendes Aufenthaltsrecht eingeräumt werden kann, sofern es die zuständigen Strafverfolgungsbehörden oder Strafgerichte zur Sicherung des Strafverfahrens für erforderlich erachten, minderjährige Zeugen einzubeziehen. Die Aufenthaltserlaubnis wird zunächst **befristet** für ein bzw. zwei Jahre erteilt (vgl. § 26 I 4); nach S. 3 existiert nun jedoch eine spezialrechtliche geregelte Dauer auf Perspektive (→ Rn. 83), die neben allgemeinen Regelungen wie Abs. 4 S. 2 zur Anwendung gelangt.

84 Von den **allgemeinen Erteilungsvoraussetzungen** des § 5 I Nr. 1, 2, 4 sowie II kann nach § 5 III 1 abgesehen werden. Die Erteilung einer humanitären Aufenthaltserlaubnis nach § 25 IVa kann die **Sperrwirkung einer Ausweisung** seit dem AufenthGÄndG 2015 nicht mehr beseitigen, auch nicht insoweit, als es um die Erteilung weiterer Aufenthaltstitel aus humanitären, völkerrechtlichen oder politischen Gründen geht (§§ 22–26 sowie 104a)[89]. Da die Neuregelung **ex nunc** gelten soll, gilt die Sperrwirkung bzgl. vor dem 1.8.2015 erteilter Aufenthaltserlaubnis als aufgehoben und keiner Verlängerung entgegenstehend (→ Rn. 82). Ansonsten kann eine Beseitigung der Sperrwirkung vor Ablauf der Sperrfrist ausschließlich in einem **Befristungsverfahren** gemäß § 11 IV erreicht werden. Die Sperrwirkung erlischt allerdings, wenn die Ausländerbehörde irrtümlich eine Aufenthaltserlaubnis erteilt[90].

85 Nach § 25 IVa 4 kann ein **Zugang zum Arbeitsmarkt** gewährt werden. Da mit der Ausübung einer Erwerbstätigkeit eine faktische Aufenthaltsverfestigung einhergeht, soll den Ausländerbehörden die Möglichkeit gegeben werden, unter Berücksichtigung der Gegebenheiten des Einzelfalls die **Erwerbstätigkeit** zu erlauben[91]. Dabei ist stets der Charakter der Aufenthaltserlaubnis zum vorübergehenden Aufenthalt im Blick zu behalten. Gleichzeitig findet eine Berücksichtigung von Art. 11 iVm Erwägungsgrund 16 der Opferschutz-RL statt, wonach bei Opfern des Menschenhandels für die Geltungsdauer des Aufenthaltstitels Zugang zum Arbeitsmarkt gestattet werden soll, um sie vom kriminellen Netz der Menschenhändler abzukoppeln und unabhängig zu stellen.

86 Vor einer Entscheidung über die Erteilung, die Verlängerung oder den Widerruf eines Aufenthaltstitels nach § 25 IVa und die Festlegung, Aufhebung oder Verkürzung einer Ausreisefrist nach **§ 59 VII** ist die für das Strafverfahren zuständige Staatsanwaltschaft oder das mit diesem befassten Strafgericht zu beteiligen, es sei denn, es liegt ein Fall des **§ 87 V Nr. 1** vor. Sofern der Ausländerbehörde die zuständige Staatsanwaltschaft noch nicht bekannt ist, beteiligt sie die für den Aufenthaltsort zuständige Polizeibehörde. Opfern von Menschenhandel ist nach Art. 6 I Opferschutz-RL eine **angemessene Bedenkzeit** zu gewähren, innerhalb derer sie sich erholen und dem Einfluss der Täter entziehen können, um eine fundierte Entscheidung über ihre Zusammenarbeit mit den deutschen Behörden treffen zu können. Dabei müssen sie auch das Risiko von Rache- und Vergeltungsaktionen der Täter nach Rückkehr in ihr Herkunftsland bedenken.

87 Liegen der Ausländerbehörde konkrete Anhaltspunkte dafür vor, dass der Ausländer Opfer einer in § 25 IVa 1 genannten Straftat wurde, setzt sie gemäß § 59 VII eine **Ausreisefrist,** die so zu bemessen ist, dass er eine Aussagebereitschaft nach § 25 IVa 2 Nr. 3 treffen kann. Die Ausreisefrist beträgt **mindestens drei Monate**. Die Ausländerbehörde kann von der Festsetzung einer Ausreisefrist absehen, diese aufheben oder verkürzen, wenn

1. der Aufenthalt des Ausländers die öffentliche Sicherheit und Ordnung oder sonstige erhebliche Interessen der Bundesrepublik Deutschland beeinträchtigt oder
2. der Ausländer freiwillig nach der Unterrichtung nach S. 4 wieder Verbindung zu den Personen nach § 25 IVa 2 Nr. 2 aufgenommen hat.

88 Die Ausländerbehörde oder eine durch sie beauftragte Stelle **unterrichtet den Ausländer** über die geltenden Regelungen, Programme und Maßnahmen für Opfer von in § 25 IVa 1 genannten Straftaten.

IX. Schutz illegal Beschäftigter

89 Mit Abs. 4b wurde die **Sanktions-RL**[92] umgesetzt. Diese RL verbietet nach Art. 1 die Beschäftigung von Drittstaatsangehörigen ohne rechtmäßigen Aufenthalt, um die rechtswidrige Einwanderung zu bekämpfen. Zu diesem Zweck sieht sie gemeinsame Mindeststandards für Sanktionen und Maßnahmen vor, die in den Mitgliedstaaten gegen Arbeitgeber zu verhängen bzw. zu treffen sind, die gegen dieses Verbot verstoßen. Die Sanktions-RL sollte nach der 5. Begründungserwägung nicht für Drittstaatsangehörige gelten, die sich rechtmäßig in einem Mitgliedstaat aufhalten, unabhängig davon, ob sie in dessen Hoheitsgebiet über eine Arbeitsgenehmigung verfügen oder nicht.

---

[89] Zur alten Rechtslage vgl. BVerwG Urt. v. 13.4.2010 – 1 C 5.09, BVerwGE 136, 284 Rn. 12.
[90] Vgl. hierzu die Kommentierung bei § 11.
[91] BT-Drs. 19/8285, 173.
[92] RL 2009/52/EG des EU Parlaments und des Rates v. 18.6.2009 über Mindeststandards für Sanktionen und Maßnahmen gegen Arbeitgeber, die Drittstaatsangehörige ohne rechtmäßigen Aufenthalt beschäftigen (ABl. 2009 L 168, S. 24).

Die Sanktions-RL regelt in Art. 13 IV die Möglichkeit der Erteilung eines Aufenthaltstitels und in 90
Art. 6 V dessen Verlängerung. Nach Art. 13 legen die Mitgliedstaaten die Bedingungen fest, unter
denen sie illegal beschäftigten Drittstaatsangehörigen, deren Beschäftigung mit besonders ausbeuterischen Arbeitsbedingungen verbunden war, oder die minderjährig gewesen sind, befristete Aufenthaltstitel gewährt werden können. Dabei sollen vergleichbare Bedingungen gelten wie im Rahmen der
Erteilung einer Aufenthaltserlaubnis nach Abs. 4a.

Art. 6 V Sanktions-RL sieht vor, dass befristete Aufenthaltstitel verlängert werden können, bis der 91
Drittstaatsangehörige vom Arbeitgeber seine Vergütung erhalten hat.

§ 25 IVb setzt diese Richtlinienvorgaben um. **Die Erteilung einer Aufenthaltserlaubnis setzt** 92
voraus, dass

– der Ausländer Opfer einer Straftat nach §§ 10 I, 11 I Nr. 3 SchwarzArbG oder § 15a AÜG
  geworden ist,
– die vorübergehende Anwesenheit des Ausländers im Bundesgebiet für ein Strafverfahren wegen
  dieser Straftat von der Staatsanwaltschaft oder dem Strafgericht für sachgerecht erachtet wird, weil
  ohne seine Angaben die Erforschung des Sachverhalts erschwert wäre, und
– der Ausländer seine Bereitschaft erklärt hat, in dem Strafverfahren wegen der Straftat als Zeuge
  auszusagen.

§ 10 I SchwarzArbG erfasst als Straftatbestand die Beschäftigung von Ausländern ohne Genehmi- 93
gung oder ohne Aufenthaltstitel und Arbeitsbedingungen, die in einem auffälligen Missverhältnis zu
den Arbeitsbedingungen deutscher Arbeitnehmer und Arbeitnehmerinnen stehen.

§ 11 I Nr. 3 SchwarzArbG stellt die Beschäftigung eines Ausländers unter 18 Jahren entgegen 94
§ 4 III 2 unter Strafe.

§ 15a AÜG erfasst den Entleiher von Ausländern ohne Genehmigung. § 15a I AÜG regelt die 95
Bestrafung eines Entleihers, der einen ihm überlassenen Ausländer, der einen erforderlichen Aufenthaltstitel nach § 4 III, eine Aufenthaltsgestattung oder eine Duldung, die zur Ausübung der Beschäftigung berechtigen, oder eine Genehmigung nach § 284 SGB III nicht besitzt, zu Arbeitsbedingungen
des Leiharbeitsverhältnisses tätig werden lässt, die in einem auffälligen Missverhältnis zu den Arbeitsbedingungen deutscher Leiharbeitnehmer stehen.

Die Voraussetzungen nach Nr. 1 und 2 entsprechen den Vorgaben der Aufenthaltserlaubnis für 96
Opfer einer Straftat. Diese Vorgaben beruhen auf der in Art. 13 IV Sanktions-RL geregelten Vorgabe,
dass für die Erteilung der Aufenthaltserlaubnis vergleichbare Bedingungen gelten sollen, wie im
Rahmen der Erteilung einer Aufenthaltserlaubnis nach 4a. Auf die Voraussetzung nach Abs. 4
Nr. 2 wurde bewusst verzichtet, da der Kontakt zum Arbeitgeber zur Geltendmachung ausstehender
Vergütungsansprüche aus dem illegalen Beschäftigungsverhältnis vielfach erforderlich sein wird[93].

Die Aufenthaltserlaubnis wird **befristet** für ein Jahr (§ 26 I 5) erteilt; der alte Passus „abweichend 97
von § 11 I" wurde durch das AufenthGÄndG 2015 zum 1.8.2015 gestrichen (→ Rn. 82). Von den
allgemeinen Erteilungsvoraussetzungen des § 5 I Nr. 1, 2, 4 sowie II kann nach § 5 III 1 abgesehen werden. Die Erteilung einer humanitären Aufenthaltserlaubnis nach § 25 IVb kann die **Sperrwirkung einer Ausweisung** seit dem AufenthGÄndG 2015 nicht mehr beseitigen, auch nicht
insoweit, als es um die Erteilung weiterer Aufenthaltstitel aus humanitären, völkerrechtlichen oder
politischen Gründen geht (§§ 22–26 sowie 104a)[94]. Da die Neuregelung **ex nunc** gelten soll, gilt die
Sperrwirkung bezüglich vor dem 1.8.2015 erteilter Aufenthaltserlaubnis als aufgehoben und keiner
Verlängerung entgegenstehend (→ Rn. 82). Ansonsten kann eine Beseitigung der Sperrwirkung vor
Ablauf der Sperrfrist ausschließlich in einem **Befristungsverfahren** gemäß § 11 IV erreicht werden.
Die Sperrwirkung erlischt allerdings, wenn die Ausländerbehörde irrtümlich eine Aufenthaltserlaubnis
erteilt[95].

§ 25 IVb 2 enthält eine **spezielle Verlängerungsmöglichkeit**, die neben allgemeinen Regelun- 98
gen wie Abs. 4 S. 2 zur Anwendung gelangt. Diese setzt Art. 6 V Sanktions-RL um und steht in
keinem Zusammenhang mit dem Strafverfahren. Die Verlängerung der Aufenthaltserlaubnis dient der
Durchsetzung des Vergütungsanspruchs gegenüber dem Arbeitgeber. Voraussetzung ist eine besondere
Härte in Bezug auf die Verfolgung des Vergütungsanspruchs. Auch bei Vorliegen einer besonderen
Härte verbleibt der Ausländerbehörde ein **Ermessensspielraum.**

Vor einer Entscheidung über die Erteilung, die Verlängerung oder den Widerruf eines Aufenthalts- 99
titels nach § 25 IVb und die Festlegung, Aufhebung oder Verkürzung einer Ausreisefrist nach **§ 59 VII**
ist die für das Strafverfahren zuständige Staatsanwaltschaft oder das mit diesem befasste Strafgericht zu
beteiligen, es sei denn, es liegt ein Fall des **§ 87 V Nr. 1** vor. Sofern der Ausländerbehörde die
zuständige Staatsanwaltschaft noch nicht bekannt ist, beteiligt sie die für den Aufenthaltsort zuständige
Polizeibehörde.

Nach § 25 IVb 4 kann ein **Zugang zum Arbeitsmarkt** gewährt werden. Da mit der Ausübung 100
einer Erwerbstätigkeit eine faktische Aufenthaltsverfestigung einhergeht, soll den Ausländerbehörden

---

[93] Hierzu BT-Drs. 17/5470, 21.
[94] Zur alten Rechtslage vgl. BVerwG Urt. v. 13.4.2010 – 1 C 5.09, BVerwGE 136, 284 Rn. 12.
[95] Vgl. hierzu die Kommentierung bei § 11.

die Möglichkeit gegeben werden, unter Berücksichtigung der Gegebenheiten des Einzelfalls die **Erwerbstätigkeit** zu erlauben[96]. Dabei ist stets der Charakter der Aufenthaltserlaubnis zum vorübergehenden Aufenthalt im Blick zu behalten. § 31 BeschV und § 39 III normieren, dass die Erteilung der Erlaubnis zur Beschäftigung an Ausländerinnen und Ausländer mit einer Aufenthaltserlaubnis, die nach Abschnitt 5 erteilt worden ist, keiner Zustimmung der BA bedarf.

101   Liegen der Ausländerbehörde konkrete Anhaltspunkte dafür vor, dass der Ausländer Opfer einer in § 25 IVb 1 genannten Straftat wurde, setzt sie gemäß § 59 VII eine **Ausreisefrist**, die so zu bemessen ist, dass er eine Entscheidung über seine Aussagebereitschaft nach § 25 IVb 2 Nr. 2 treffen kann. Die Ausreisefrist beträgt **mindestens drei Monate**. Die Ausländerbehörde kann von der Festsetzung einer Ausreisefrist in den Fällen des § 59 VII absehen, diese aufheben oder verkürzen.

X. Unmöglichkeit der Ausreise

102   Mit Abs. 5 sollen diejenigen Fälle erfasst werden, in denen die Abschiebung nicht aus den in Abs. 3 genannten Rechtsgründen ausgesetzt ist (§ 60a II; früher § 55 II AuslG 1990), sondern aus anderen **rechtlichen oder tatsächlichen Gründen** (§ 60a II; früher § 55 IV AuslG 1990). Wie dort darf es sich aber nicht um Hindernisse handeln, die in absehbarer Zeit beseitigt werden oder sonst wegfallen können. Die Ausreisepflicht muss vollziehbar sein, nicht unbedingt unanfechtbar (vgl. § 58 II). Anders als zT nach § 30 IV AuslG 1990 kommt es nunmehr ausschließlich darauf an, ob die Ausreise und nicht nur die Abschiebung unmöglich ist. Nach 18 Monaten soll die Aufenthaltserlaubnis erteilt werden, während früher die Aufenthaltsbefugnis nach zwei Jahren möglich war (§ 30 IV AuslG 1990). Damit sollte die Praxis der „Kettenduldungen" beendet werden, wie auch der letzte Satzteil in § 60a II deutlich macht[97]. Für die Erteilung einer Aufenthaltserlaubnis nach § 25 V ist es grundsätzlich erforderlich, dass die allgemeinen Erteilungsvoraussetzungen des § 5 vorliegen[98].

103   Nach Abs. 5 kann einem Ausländer, der vollziehbar ausreisepflichtig ist, eine Aufenthaltserlaubnis erteilt werden, wenn seine Ausreise aus rechtlichen oder tatsächlichen Gründen unmöglich ist und mit dem Wegfall der Ausreisehindernisse in absehbarer Zeit nicht zu rechnen ist. Der alte Passus „abweichend von § 11 I" wurde durch das AufenthGÄndG 2015 zum 1.8.2015 gestrichen (→ Rn. 82,134). Das Ausreisehindernis darf nicht nur in einem überschaubaren Zeitraum bestehen, sondern muss absehbar dauerhaft sein[99]. Unter „Ausreise" im Sinne dieser Vorschrift ist sowohl die zwangsweise Abschiebung als auch die freiwillige Ausreise zu verstehen.[100]

104   Nur wenn sowohl die Abschiebung als auch die freiwillige Ausreise unmöglich sind, kommt die Erteilung einer Aufenthaltserlaubnis nach dieser Vorschrift in Betracht. Die **Ausreise** iSd § 50 muss **unmöglich** sein, wobei es letztlich wie nach Abs. 3 nicht auf das Verlassen Deutschlands und der EU, sondern auf die Einreise in einen anderen Staat (in erster Linie den Heimatstaat) und die Möglichkeit des dortigen Verbleibs ankommt[101]. Eine freiwillige Ausreise ist aus rechtlichen Gründen unmöglich, wenn ihr **rechtliche Hindernisse** in der Person des Ausländers (zB länger andauernde Reiseunfähigkeit, Staatenlosigkeit[102], nicht jedoch die Aufnahme einer Berufsausbildung[103]), für die Reise (zB unterbrochene Transitwege oder länger andauernde Passlosigkeit) oder im Zielstaat (zB Bürgerkrieg) entgegenstehen, welche die Ausreise ausschließen oder als **unzumutbar** erscheinen lassen.

105   Für die nach § 25 V bedeutsame Frage, ob eine freiwillige Ausreise möglich ist, kommt es auf die **Überzeugungsbildung des Tatsachengerichts** an und nicht auf die Auffassung einer bestimmten Behörde[104].

106   Ein Ausreisehindernis iSv § 25 V kann auch darin bestehen, dass dem Ausländer die Ausreise aus rechtlichen Gründen unmöglich ist. Die Unmöglichkeit kann ua darin liegen, dass ihr rechtliche Hindernisse entgegenstehen, welche die Ausreise ausschließen oder als unzumutbar erscheinen lassen[105].

107   Ausreisehindernisse können sich sowohl aus inlandsbezogenen Abschiebungsverboten ergeben, zu denen ua auch diejenigen Verbote zählen, die aus Verfassungsrecht (etwa mit Blick auf Art. 6 I GG) oder aus Völkervertragsrecht (etwa aus Art. 8 EMRK) in Bezug auf das Inland herzuleiten sind[106] als auch aus zielstaatsbezogenen Abschiebungsverboten nach § 60 V und VII. Allerdings wird bei Vor-

---

[96] BT-Drs. 19/8285, 173.
[97] So auch *Marx* ZAR 2004, 403.
[98] Vgl. BVerwG Urt. v. 19.4.2011 – 1 C 3.10, NVwZ 2011, 1277.
[99] OVG Saarl Beschl. v. 21.9.2011 – 2 A 3/11, BeckRS 2011, 54669.
[100] BVerwG Urt. v. 27.6.2006 – 1 C 14.05, BVerwGE 126, 192; vgl. BT-Drs. 15/420, 80 zu § 25 VI (dem jetzigen Abs. 5) unter Hinweis auf die Ausführungen zu § 25 III auf S. 79; ebenso die Vorl. Anwendungshinweise des Bundesministeriums des Innern zum AufG und zum FreizügG/EU v. 22.9.2004 (Nr. 25.5.1.2 iVm Nr. 25.3.2.1).
[101] → Rn. 25.
[102] SächsOVG Beschl. v. 29.6.2018 – 3 B 57/17, BeckRS 2018, 28059.
[103] OVG NRW Beschl. v. 19.6.2017 – 18 B 336/17, BeckRS 2017, 126414.
[104] BVerwG Urt. v. 5.7.2011 – 1 B 16.11, Buchholz 402.242 § 25 AufenthG Nr. 17 Rn. 2.
[105] BVerwG Beschl. v. 14.12.2010 – 1 B 30.10, Buchholz 402.242 § 60a AufenthG Nr. 6 Rn. 3.
[106] BVerwG Beschl. v. 14.12.2010 – 1 B 30.10, Buchholz 402.242 § 60a AufenthG Nr. 6 Rn. 3 zu Art. 8 EMRK.

liegen eines zielstaatsbezogenen Abschiebungsverbots nach § 60 V und VII in der Regel eine Aufenthaltserlaubnis nach § 25 III zu erteilen sein[107]. Bei Bestehen solcher Abschiebungsverbote hat nach dem Gesetzeskonzept die zwangsweise Rückführung des betroffenen Ausländers zu unterbleiben. Dann aber ist ihm in aller Regel auch eine freiwillige Rückkehr in sein Heimatland aus denselben rechtlichen Gründen nicht zuzumuten und damit unmöglich.[108]

Auch bei der Entscheidung über eine Aufenthaltserlaubnis nach § 25 V ist die Ausländerbehörde **108** indes nicht ehemaligen Asylbewerbern nicht zu einer eigenen inhaltlichen Prüfung von Abschiebungsverboten nach § 60 V und VII berechtigt, sondern bleibt gemäß § 42 S. 1 AsylG an die diesbezügliche (positive oder negative) Feststellung des BAMF gebunden[109]. Durch die Neufassung der Voraussetzungen des § 24 II AsylG ist beim BAMF die Kompetenz zur Prüfung des Vorliegens eines Abschiebungsverbots nach § 60 VII auch hinsichtlich der Ausnahmeprüfung angewachsen. Der Ausländerbehörde verbleibt keine eigenständige Prüfungskompetenz mehr; sie ist an die Entscheidung des BAMF gebunden. Die **Bindungswirkung** entfällt erst, wenn eine Aufenthaltserlaubnis – mit Ausnahme einer Aufenthaltserlaubnis nach § 25 III, für den die Bindungswirkung fortbesteht, wie § 52 I Nr. 5c zeigt – erteilt wird. Auch wenn die Bindungswirkung entfällt, so berührt dies nicht den (regelmäßig) bestandsbzw. rechtskräftigen Bescheid des BAMF. Diesen kann die Ausländerbehörde, soweit sie nach Erteilung einer Aufenthaltserlaubnis für die Prüfung von Abschiebungsverboten zuständig ist, nach allgemeinen Grundsätzen des (L) VwVfG aufheben.

Mit Blick auf § 60 VII hat das BVerwG[110] die Frage aufgeworfen, ob bei der Anwendung des **109** § 25 V **ausnahmsweise eine eigene Prüfungszuständigkeit der Ausländerbehörde** hinsichtlich eines Abschiebungsverbots nach § 60 VII im Falle einer extrem allgemeinen Gefahrenlage bei Bestehen eines Abschiebungsstopp-Erlasses oder eines vergleichbaren Schutzes in Betracht zu ziehen ist. Hintergrund dieser Frage dürfte die Vermeidung eines Wertungswiderspruchs zu dem Aufenthaltsrecht nach § 25 III bei sonstigen Abschiebungsverboten sein. Zwar soll eine verfassungskonforme Auslegung bei einem Abschiebungsstopp-Erlass ausscheiden, was dazu führt, dass ein Aufenthaltstitel nach Abs. 3 nicht erteilt werden kann, jedoch soll ggf. die Verschlechterung des Status durch § 25 V aufgefangen werden. Dies gilt wohl nicht für jeden **Abschiebungsstopp-Erlass,** sondern nur unter der Voraussetzung, dass der Erlass aus humanitären Gründen erlassen wurde und über eine längerfristige Dauer bestehen wird. Gegen ein Schließen der Statuslücke – nicht Schutzlücke – spricht § 60a I 2. Hier hat der Gesetzgeber den Fall klar geregelt: Die Duldung darf nur für einen Zeitraum von längstens sechs Monaten erteilt werden, anschließend gilt § 23 I, der eine Legalisierung, wenn auch nur als Ermessensvorschrift, ermöglicht. Außerdem stellt § 60 VII 2 fest, dass allgemeine Gefahren bei Anordnungen bei § 60a I zu berücksichtigen sind, dh nur zu einer Duldung führen. Die vom BVerwG angedachte Lösungsalternative hat auch den Nachteil, dass sich in jedem Einzelfall die Frage nach der Reichweite des Abschiebungserlasses stellt, da die Feststellung des BAMF gegenüber der Ausländerbehörde nach § 41 AsylG Bindungswirkung entfaltet. Die Ausländerbehörde muss daher die Feststellung im Einzelfall darauf überprüfen, ob sie sich nicht auch auf eine Verneinung einer allgemeinen Gefahr erstreckt.

Als inlandsbezogenes Abschiebungsverbot kommt bei Ausländern, die sich langjährig im Bundes- **110** gebiet aufhalten und in die hiesigen Lebensverhältnisse **verwurzelt sind, zentral Art. 8 I EMRK** in Betracht[111]. Die Altfallregelungen der §§ 104a und 104b sperren die Anwendbarkeit des Abs. 5 nicht; vielmehr stehen die Altfallregelungen neben § 25 V[112]. Der Gesetzgeber hat mit der Altfallregelung eine Privilegierung insbesondere mit Blick auf die Lebensunterhaltssicherung geschaffen, ohne die Fallgruppen verwurzelter Ausländer abschließend erfassen zu wollen. § 25 V bleibt daher immer neben § 104a anwendbar. Führt die Ermessensentscheidung nach § 5 III zu dem Ergebnis, dass dem Ausländer eine Aufenthaltserlaubnis nach § 25 V erteilt werden kann, so geht dieser Aufenthaltstitel dem § 104a vor, da er einer Verfestigung nach § 26 IV zugänglich ist. Fraglich ist, ob es grundsätzlich ausgeschlossen ist, einem Ausländer, der dem Anwendungsbereich der §§ 25a, 25b unterfällt, aber die

---

[107] Zum alten Recht vor dem AufenthGÄndG 2015 vgl. BVerwG Urt. v. 27.6.2006 – 1 C 14.05, BVerwGE 126, 192.
[108] BVerwG Urt. v. 27.6.2006 – 1 C 14.05, BVerwGE 126, 192; vgl. so auch schon Urt. v. 4.6.1997 – BVerwG 1 C 9.95, NVwZ 1997, 1114 zu den Vorgängerbestimmungen in § 30 III und IV AuslG; vgl. ferner ebenso die Gesetzesbegründung, die darauf abstellen, dass bei § 25 V AufenthG „implizit auch die Zumutbarkeit" zu prüfen sei (vgl. BT-Drs. 15/420, 80 und 14/8414, 75) und der Vorl. Anwendungshinweise des Bundesministeriums des Innern zum AufenthG und zum FreizügigkeitsG/EU v. 22.9.2004, die davon sprechen, dass „eine freiwillige Ausreise jedoch möglich u. zumutbar" sein muss (Nr. 25.5.1.2 S. 2).
[109] BVerwG Urt. v. 27.6.2006 – 1 C 14.05, BVerwGE 126, 192; VG Saarlouis Urt. v. 30.11.2006 – 10 K 31/06, juris.
[110] BVerwG Urt. v. 27.6.2006 – 1 C 14.05, BVerwGE 126, 192.
[111] OVG Brem Beschl. v. 23.2.2012 – 1 B 17/12, InfAuslR 2012, 211; Urt. v. 28.6.2011 – 1 A 141/11, InfAuslR 2011, 432; Urt. v. 5.7.2011 – 1 A 184/10, InfAuslR 2011, 379 Rn. 25; NdsOVG Urt. v. 19.3.2012 – 8 LB 5/11, AuAS 2012, 131; OVG RhPf Urt. v. 15.3.2012 – 7 A 11268/11, BeckRS 2012, 214984; OVG Bln-Bbg Beschl. v. 23.11.2009 – OVG 2 S 86.11, BeckRS 2011, 56877; OVG Saarl Beschl. v. 20.4.2011 – 2 B 208/11, NVwZ-RR 2011, 660 Rn. 15.
[112] VGH BW Urt. v. 13.12.2010 – 11 S 2359/10, NJOZ 2011, 1537 mwN.

dort formulierten Voraussetzungen nicht erfüllt, unter Rückgriff auf das in Art. 8 I EMRK allgemein verbürgte Recht auf Achtung des Privatlebens ein Aufenthaltsrecht nach § 25 V zu gewähren[113]. Gleiches gilt für Ausländer, die die Voraussetzungen des § 30 nicht erfüllen[114]. In der Regel kann durchaus davon ausgegangen werden, dass die Erteilungsvoraussetzungen der §§ 25a und 25b die Integrationsleistungen eines Ausländers, der diesen Vorschriften unterfällt, hinreichend abbilden und dem Recht auf Achtung des Privatlebens aus Art. 8 EMRK mit Blick auf den Aspekt der Verwurzelung bei konventionsfreundlicher Auslegung der Vorschriften damit Genüge getan wird. In Ausnahmefällen ist ein Rückgriff auf § 25 V gleichwohl nicht schon aus systematischen Gründen ausgeschlossen, sofern die fallprägenden Gesamtumstände mit Blick auf das Recht auf Achtung des Privatlebens aus Art. 8 EMRK dies gebieten[115].

111 Das Begehren auf Erteilung einer Aufenthaltserlaubnis auf Probe nach **§ 104a I 1** stellt gegenüber sonstigen Ansprüchen auf Erteilung einer Aufenthaltserlaubnis nach Kap. 2 Abschnitt 5 des AufenthG einen abtrennbaren eigenständigen Streitgegenstand dar[116].

112 Die EMRK und damit auch die Garantien des Art. 8 I EMRK enthalten nicht das Recht eines Ausländers, in einen bestimmten Staat einzureisen oder sich dort aufzuhalten und nicht ausgewiesen zu werden.[117] Über die Einreise, den Aufenthalt und die Abschiebung fremder Staatsangehöriger zu entscheiden, ist nach allgemeinen anerkannten völkerrechtlichen Grundsätzen vielmehr das Recht der Vertragsstaaten.[118] Ein Eingriff in das Recht auf Achtung des Familien- und Privatlebens lässt sich angesichts dieser Regelungskompetenz der Vertragsstaaten nicht schon allein mit dem Argument bejahen, ein Ausländer halte sich bereits seit geraumer Zeit im Vertragsstaat auf und wolle dort sein Leben führen.[119] Eingriffsqualität in Bezug auf Art. 8 I EMRK kommt einer aufenthaltsrechtlichen Entscheidung grundsätzlich vielmehr nur dann zu, wenn der Ausländer ein Privatleben hat, das durch persönliche, soziale und wirtschaftliche Beziehungen charakterisiert ist, er faktisch so stark in die hiesigen Lebensverhältnisse integriert ist, dass ihm das Verlassen des Bundesgebiets nicht zumutbar ist (sog. **faktischer Inländer**)[120]. Damit setzt ein Eingriff in Art. 8 I EMRK voraus, dass das Privat- oder Familienleben des Ausländers im Bundesgebiet fest verankert ist und sich nicht auf eine lose Verbindung beschränkt.[121]

113 Ob eine solche Fallkonstellation für einen Ausländer in Deutschland vorliegt, hängt zum einen von der Integration des Ausländers in Deutschland **(Verwurzelung),** zum anderen von seiner Möglichkeit zur (Re-)Integration in seinem Heimatland ab **(Entwurzelung)**. Gesichtspunkte für die Integration des Ausländers in Deutschland sind dabei eine zumindest mehrjährige Dauer des Aufenthalts in Deutschland, gute deutsche Sprachkenntnisse und eine soziale Eingebundenheit in die hiesigen Lebensverhältnisse, wie sie etwa in der Innehabung eines Ausbildungs- oder Arbeitsplatzes, in einem festen Wohnsitz, einer Sicherstellung des ausreichenden Lebensunterhalts einschließlich ausreichenden Krankenversicherungsschutzes ohne Inanspruchnahme öffentlicher Mittel und dem Fehlen von Straffälligkeit zum Ausdruck kommt.

114 Nicht schon beim Schutzbereich von Art. 8 EMRK, wohl aber bei der Abwägung im Rahmen der Schrankenprüfung ist auch die **Rechtmäßigkeit des bisherigen Aufenthalts** zu berücksichtigen, die mithin insoweit keine zwingende Voraussetzung für Abs. 5 ist. Ein Privatleben iSd Art. 8 I EMRK, das den Schutzbereich der Vorschrift eröffnet und eine Verwurzelung iSd Rspr. des EGMR begründet, kommt allerdings dem Grundsatz nach regelmäßig und vor allem auf der Grundlage eines rechtmäßigen Aufenthalts und eines schutzwürdigen Vertrauens auf den Fortbestand des Aufenthalts in Betracht[122]. Dennoch ist der **Schutz des Privatlebens** nicht von einem rechtmäßigen Aufenthalt

---

[113] Dagegen NdsOVG Urt. v. 8.2.2018 – 13 LB 43/17, ZAR 2018, 176.
[114] OVG Brem Beschl. v. 16.3.2017 – 1 B 21/17, BeckRS 2017, 105559.
[115] So VGH BW Beschl. v. 4.3.2019 – 11 S 459/19, ZAR 2019, 437.
[116] BVerwG Urt. v. 11.1.2011 – 1 C 22.09, BVerwGE 138, 336 Rn. 19; hierzu → Rn. 2 ff.
[117] EGMR Urt. v. 16.9.2004 – 11103/03, NVwZ 2005, 1046 (1047) – Ghiban/Deutschland und Urt. v. 16.6.2005 – 60654/00, InfAuslR 2005, 349 – Sisojeva/Lettland.
[118] EGMR Urt. v. 16.9.2004 – 11103/03, NVwZ 2005, 1046 (1047) – Ghiban/Deutschland und Urt. v. 7.10.2004 – 33743/03, NVwZ 2005, 1043 (1044) – Dragan ua/Deutschland.
[119] EGMR Urt. v. 7.10.2004 – 33743/03, NVwZ 2005, 1043 (1044) – Dragan ua/Deutschland das eine Familie betraf, die seit 14 Jahren ihren Aufenthalt im Bundesgebiet hatte.
[120] Den Begriff des „faktischen Inländers" hat das BVerwG auch im Verfahren auf Aufenthaltsbeendigung zur Konkretisierung von „im Bundesgebiet geborenen u. aufgewachsenen Kindern, deren Eltern sich hier erlaubt aufhalten", verwendet, Urt. v. 16.7.2002 – 1 C 8.02, BVerwGE 116, 378 (387).
[121] BVerwG Urt. v. 26.3.1982 – 1 C 29.81, BVerwGE 65, 188 (195); Urt. v. 30.11.1982 – 1 C 25.78, BVerwGE 66, 268 (273); Urt. v. 29.3.1996 – 1 C 28.94, Buchholz 402.240 § 20 AuslG 1990 Nr. 2; Urt. v. 18.11.1997 – 1 C 22.96, Buchholz 402.240 § 20 AuslG; NdsOVG Urt. v. 19.3.2012 – 8 LB 5/11, AuAS 2012, 131; Beschl. v. 27.1.2010 – 8 ME 2/10, BeckRS 2010, 46305; HessVGH Beschl. v. 15.2.2006 – 7 TG 106/06, NVwZ-RR 2006, 826.
[122] Vgl. BVerwG Urt. v. 26.10.2010 – 1 C 18.09, InfAuslR 2011, 92 Rn. 14; offengelassen in EGMR Urt. v. 16.9.2004 – 11103/03, NVwZ 2005, 1046 – Ghiban und Urt. v. 8.4.2008 – 21878/06, ZAR 2010, 189 (190 f.) – Nnyanzi.

zwingend abhängig[123]. Ausreichend ist zB auch, dass der Aufenthalt hingenommen wurde bzw. aufgrund einer Erlasslage über mehrere Jahre geduldet gewesen ist. Damit werden insbesondere die Fälle aus dem Schutzbereich ausgegrenzt, bei denen der Ausländer eine Aufenthaltsbeendigung durch Nichtmitwirkung bei der Passbeschaffung, Ausbürgerungsanträgen usw verhindert hat.

Führt der Grad der Verwurzelung dazu, dass der Schutzbereich des Art. 8 I EMRK – Schutz des Privatlebens – betroffen ist, so kann allein die Möglichkeit, sich in die Lebensverhältnisse des Heimatlandes (ggf. mit Hilfe Dritter oder der Eltern) zu reintegrieren nicht zum Wegfall des Abschiebungsverbots führen. Vielmehr ist iRd Prüfung der Verhältnismäßigkeit der Schutz des Privatlebens mit den Schranken des Art. 8 II EMRK umfassend abzuwägen. Hier kann auch der **Bezug von Sozialleistungen** weiterer Familienmitglieder berücksichtigt werden, deren Aufenthalt über den Schutz des Familienlebens gewährleistet ist, sobald ein Familienmitglied infolge der Verwurzelung ein Aufenthaltsrecht erhalten würde[124]. Ferner müssen sich Kinder unter 14 Jahren das Verhalten ihrer sorgeberechtigten Eltern(teile) zurechnen lassen, weil sie als Kinder deren aufenthaltsrechtliches Schicksal teilen und im Hinblick auf die Sicherung ihres Lebensunterhalts auf die Unterstützung ihrer Familie angewiesen sind.[125] Die Altersgrenze von 14 Jahren lässt sich der Neuregelung des Bleiberechts in § 104b entnehmen, in der Kindern ab dem 14. Lebensjahr ein eigenständiges Aufenthaltsrecht zugebilligt wird, das letztlich Ausfluss des Schutzes des Privatlebens infolge Verwurzelung ist.

In Ausnahmefällen kann Art. 8 I EMRK bei der **Trennung von Eltern und minderjährigen Kindern** betroffen sein, soweit sie nicht von § 25a erfasst werden oder spezielleren Regelungen wie § 28 I 1 Nr. 3 AufenthG unterliegen[126]. Im Rahmen der Abwägung ist aber zu berücksichtigen, dass bei Minderjährigen das Aufenthaltsbestimmungsrecht der Eltern im Vordergrund steht[127]. Die von Art. 6 II GG und Art. 8 I EMRK geschützte Beziehung zwischen Eltern und Kindern führt dazu, dass Kinder in der familiären Gemeinschaft grundsätzlich das aufenthaltsrechtliche Schicksal ihrer Erziehungsberechtigten teilen[128]. In aller Regel erscheint es selbst einem in Deutschland geborenen ausländischen Kind zumutbar, nach mehrjährigem asylverfahrensbedingtem Aufenthalt das Land zusammen mit seinen Eltern bzw. einem Elternteil wieder zu verlassen und sich in dem Land seiner Staatsangehörigkeit zu integrieren[129].

Bei der im Rahmen des Art. 8 I EMRK vorzunehmenden Abwägung der verschiedenen zu berücksichtigenden Interessen ist nach Ansicht des EGMR das **Wohl des Kindes** entscheidend[130]. Das Wohl des Kindes verlangt, dass die Bindungen zwischen ihm und seiner Familie erhalten blieben. Grundsätzlich könnten nur außergewöhnliche Umstände zu einem Zerbrechen der familiären Bindung führen, und es müsse alles unternommen werden, um die persönlichen Beziehungen und die Familiengemeinschaft aufrechtzuerhalten oder die Familie wiederherzustellen[131].

Das Ausmaß der Verpflichtung eines Staates, Angehörige von Einwanderern den Aufenthalt zu gestatten, hängt von der Situation der Personen wie auch vom Allgemeininteresse ab[132]. Entsprechend einem allgemeinen anerkannten völkerrechtlichen Grundsatz und vorbehaltlich seiner vertraglichen Verpflichtungen hat ein Staat das Recht, die Einreise von Nichtstaatsangehörigen in sein Gebiet einer Kontrolle zu unterwerfen. Für die Verpflichtung eines Staates, mit Blick auf Art. 8 I EMRK den Aufenthalt eines Kindes zu legalisieren, hat der **EGMR** in der Rechtssache Sen folgende Kriterien angelegt: das Alter der betroffenen Kinder, die Situation in ihrer Heimat und die Abhängigkeit von ihren Eltern. In der Rechtssache Neulinger und Shuruk berücksichtigt der EGMR einige auf das Kind bezogene individuelle Umstände, um das Wohl des Kindes bestmöglich zu bestimmen und sein Wohlbefinden sicherzustellen. Er berücksichtigt ua das Alter und den Reifegrad des Kindes sowie dessen Grad an Abhängigkeit von seinen Eltern und inwieweit deren An- und Abwesenheit. Er stellt auch auf das Umfeld ab, in dem das Kind lebt, und auf die Situation im Herkunftsstaat des betroffenen Elternteils ab, um die Schwierigkeiten zu beurteilen, denen das Kind dort möglicherweise ausgesetzt sein wird[133].

Im Rahmen des Abs. 5 kommt es nicht darauf an, ob die **Abschiebung unmöglich** ist. Damit werden auch Fälle erfasst, in denen der Ausländer weder rechtlich noch tatsächlich an der Ausreise aus Deutschland und der Rückkehr in den Heimatstaat gehindert ist, in denen aber die zwangsweise

---

[123] AA *Fritzsch,* Der Schutz sozialer Bindungen von Ausländern, 2009.
[124] *Bergmann* ZAR 2007, 128 (132).
[125] Vgl. HessVGH Urt. v. 7.7.2006 – 7 UE 509/06, BeckRS 2007, 20233; OVG NRW Beschl. v. 11.1.2006 – 18 B 44/06, ZAR 2006, 291; VGH BW Beschl. v. 10.5.2006 – 11 S 2354/05, VwBlBW 2006, 438; *Benassi* InfAuslR 2006, 397 (404).
[126] Zu Letzterem OVG Saarl Beschl. v. 18.12.2008 – 2 A 317/08, BeckRS 2009, 30102; VG Saarl., Urt. v. 25.2.2016 – 6 K 1697/14, BeckRS 2016, 44653.
[127] BVerwG Urt. v. 26.10.2010 – 1 C 18.09, InfAuslR 2011, 92 Rn. 15.
[128] BVerwG Urt. v. 26.10.2010 – 1 C 18.09, InfAuslR 2011, 92 Rn. 15.
[129] BVerwG Urt. v. 26.10.2010 – 1 C 18.09, InfAuslR 2011, 92 Rn. 15.
[130] Schutz des Familienlebens nach Kindesentführung EGMR Urt. v. 6.7.2010 – 41.615/07 – Neulinger und Shuruk/Schweiz.
[131] EGMR Urt. v. 6.7.2010 – 41615/07 – Neulinger und Shuruk/Schweiz.
[132] EGMR Urt. v. 21.12.2001 – 31465/96 – Sen/Niederlande.
[133] EGMR Urt. v. 6.7.2010 – 41615/07 – Neulinger und Shuruk/Schweiz.

Rückführung an eben solchen Hindernissen scheitert. So kann die selbst organisierte Reise durchführbar sein, nicht aber eine Begleitung trotz Überwachungsbedürftigkeit der Ausreise. Transitwege und Flugtransporte können für eine amtliche Abschiebung verschlossen sein, aber sonst offenstehen. Die Wiedereinreise in den Heimatstaat kann unter Umständen nur zugelassen werden, wenn sie freiwillig erfolgt, nicht aber zwangsweise.

120 **Sonstige Gefahren** im Zielstaat, die kein Abschiebungsverbot nach § 60 V und VII begründen, führen dagegen grundsätzlich nicht zu einer Unmöglichkeit der freiwilligen Ausreise. Der Ausländer kann sich nicht auf sonstige allgemeine Zumutbarkeitserwägungen berufen; sie entsprechen nicht der tatbestandlich vorausgesetzten rechtlichen Unmöglichkeit der Ausreise iSv § 25 V. Dem Ausländer ist die freiwillige Ausreise aus Rechtsgründen nur unzumutbar, wenn sie ihm wegen zielstaats- oder inlandsbezogener Abschiebungsverbote nicht zugemutet wird. Weitergehende allgemeine Zumutbarkeitserwägungen, wie sie etwa im Rahmen einer Härtefallklausel angestellt werden können, sind vom Begriff der Unmöglichkeit der Ausreise nicht erfasst.[134]

121 Das Hindernis muss **auf unabsehbare Zeit** bestehen. Es muss also eine Prognose darüber angestellt werden, ob mit einem Wegfall in absehbarer Zeit zu rechnen ist. Dabei müssen zuverlässig ermittelte Tatsachen berücksichtigt werden, weder ein vager Verdacht noch Ermessensüberlegungen reichen aus. Die mögliche Beseitigung einer Reiseunfähigkeit, einer Passlosigkeit oder der Verweigerung der Rücknahme durch den Heimatstaat lassen sich anhand objektiver Anhaltspunkte ermitteln, wenn auch unter Umständen mit einem typischen Rest an Ungewissheit wie bei jeder Wahrscheinlichkeitsberechnung oder Vorhersage.

122 Schließlich ist noch eine entscheidende Einschränkung zu beachten: Der Ausländer muss **unverschuldet** an der Ausreise gehindert sein. Damit ist kein Ausschlussgrund statuiert, den die Ausländerbehörde darzutun und ggf. nachzuweisen hat, sondern eine Voraussetzung für die Erteilung, für die der Ausländer darlegungs- und beweispflichtig ist (vgl. § 82 I). Insoweit handelt es sich wie bei § 5 um eine **Erteilungsvoraussetzung und nicht um anspruchsvernichtende Voraussetzungen**, für die die Ausländerbehörde grundsätzlich die Feststellungslast trägt[135]. Dies hat zur Folge, dass die Ausländerbehörde dem Ausländer die Täuschung über seine Identität oder Staatsangehörigkeit in jedem Fall nicht nachweisen muss. Bestehen nachvollziehbare Zweifel an der **Identität oder Staatsangehörigkeit** des Ausländers, muss er an deren Klärung in zumutbarer Weise mitwirken. Der Nachweis seiner Identität bzw. Staatsangehörigkeit liegt grundsätzlich im Einflussbereich des Ausländers und er ist deshalb dafür darlegungs- und beweispflichtig[136]. Denn die Ausländerbehörde kann aus rein tatsächlichen Gründen keinen Nachweis für Informationen oder Tatsachen einholen, die allein im Einflussbereich des Ausländers liegen.

123 Ein Ausreisehindernis ist auch dann iSv § 25 V 3 und 4 vom Ausländer verschuldet, wenn es auf einem in der **Vergangenheit** liegenden Fehlverhalten beruht[137]. Es widerspricht Sinn und Zweck einer humanitären Aufenthaltserlaubnis gemäß § 25 V, einen Ausländer, der sich den Aufenthalt in Deutschland von vornherein erschlichen und durch Täuschung weiter langfristig gesichert hat, dadurch zu privilegieren, dass man nach Aufdeckung der Täuschung seinen Aufenthalt erneut legalisiert und ihm damit die Perspektive eines Daueraufenthalts und ggf. einer erneuten Einbürgerung eröffnet[138]. Die Täuschungshandlung, auch wenn diese Jahre zurückliegt, bleibt für die Beurteilung des Verschuldens beachtlich, solange das Ausreisehindernis auf ihr kausal beruht.

124 Nach § 25 V 4 obliegt es dem ausreisepflichtigen Ausländer, alles in seiner Kraft Stehende und ihm Zumutbare dazu beizutragen, damit etwaige Ausreisehindernisse überwunden werden[139]. Welche Bemühungen ihm hierbei zumutbar sind, ist unter Berücksichtigung aller Umstände und **Besonderheiten des Einzelfalls** zu entscheiden[140]. Mit dem bereits in § 30 IV AuslG 1990 verwendeten Begriff der „zumutbaren Anforderungen" will das Gesetz es gerade ermöglichen, den Eigenheiten des Einzelfalls Rechnung zu tragen[141]. Das gilt auch für die Beurteilung der Erfolgsaussichten einer bestimmten Mitwirkungshandlung.

125 Die Beispiele für Verschulden in § 25 V 4 sind nicht abschließend. Dem Ausländer ist es allgemein vorwerfbar, wenn er die Ausreise durch ein in seinem freien Willen stehendes Verhalten verhindert oder wesentlich verzögert[142]. Das Verhalten des Ausländers muss ursächlich sein für die Unmöglichkeit der Ausreise[143]; es ist insoweit – wie auch bei § 104a I 1 Nr. 4 – eine **tatsächliche Kausalitäts-**

---

[134] BVerwG Urt. v. 27.6.2006 – 1 C 14.05, BVerwGE 126, 192.
[135] AA BayVGH Urt. v. 4.10.2012 – 10 B 12.235, BeckRS 2012, 58235; *Göbel-Zimmermann* in Huber, AufenthG, 2010, § 25 Rn. 39.
[136] Ebenso BayVGH Urt. v. 4.10.2012 – 10 B 12.235, BeckRS 2012, 58235; Urt. v. 5.7.2007 – 19 C 07.1081, BeckRS 2007, 30046; Beschl. v. 18.11.2010 – 19 B 08.3154, BeckRS 2012, 58235.
[137] BVerwG Urt. v. 19.4.2011 – 1 C 3.10, AuAS 2011, 182 Rn. 19.
[138] BVerwG Urt. v. 19.4.2011 – 1 C 3.10, NVwZ 2011, 1277 Rn. 19.
[139] BVerwG Beschl. v. 10.3.2009 – 1 B 4.09, Buchholz 402.242 § 25 AufenthG Nr. 11.
[140] BVerwG Beschl. v. 10.3.2009 – 1 B 4.09, Buchholz 402.242 § 25 AufenthG Nr. 11.
[141] BVerwG Beschl. v. 10.3.2009 – 1 B 4.09, Buchholz 402.242 § 25 AufenthG Nr. 11.
[142] BVerwG Urt. v. 24.11.1998 – 1 C 8/98, BVerwGE 108, 21.
[143] Ausf. mit Bsp. *Marx* ZAR 2004, 403.

Aufenthalt aus humanitären Gründen § 25 AufenthG 1

vermutung[144]. Einem Ausländer darf die Verweigerung solcher Mitwirkungshandlungen nicht vorgehalten werden, die erkennbar ohne Einfluss auf die Möglichkeit der Ausreise sind[145]. So kann er sich einerseits nicht damit exkulpieren, dass er nach Vernichtung des Passes von seinem Konsulat keinen neuen erhält, andererseits kann ihm die Passlosigkeit nicht vorgehalten werden, wenn er gleichzeitig schwer erkrankt[146]. **Minderjährigen** ist das Verhalten ihrer gesetzlichen Vertreter **zuzurechnen**[147].

Problematisch sind Fälle, in denen der Ausländer die Ursache für das Ausreisehindernis gesetzt hat, 126 aber mittlerweile alle Pflichten erfüllt. Die Fassung im Präsens spricht dafür, dass früheres Verhalten dem Ausländer nicht dauerhaft entgegengehalten werden kann. Ein lediglich in der **Vergangenheit liegendes Mitwirkungsfehlverhalten** kann dem Ausländer jedenfalls dann nicht dauerhaft entgegengehalten werden, wenn er seit längerer Zeit wieder vollumfänglich an der Beseitigung des Ausreisehindernisses, zB durch Klärung seiner Identität und Staatsangehörigkeit, mitwirkt und sich aus der früheren Mitwirkungspflichtverletzung keine wesentliche Verzögerung seiner Ausreise mehr ergibt[148].

Die Verschuldensregelung ist dahingehend zu verstehen, dass wechselseitige Pflichten zwischen dem 127 Ausländer und der Ausländerbehörde bestehen[149]. Es besteht eine **Mitwirkungs- und Initiativpflicht des Ausländers.** Er ist zu einer zeitnahen Mitwirkung an Handlungen, die die Ausländerbehörde verlangt, zB Anträge ausfüllen, Vorsprache bei Vertretungen des Heimatlandes, Beschaffung von Dokumenten im Heimatland, verpflichtet. Außerdem muss der Ausländer nach Möglichkeiten suchen, wie das bestehende Ausreisehindernis beseitigt werden kann, zB Klärung der Identität, Passbeschaffung, Benennung von Zeugen, Angabe des vormaligen Arbeitgebers im Heimatland bzw. der Militärzeiten. Die Obliegenheit des Ausländers umfasst auch das Ergreifen aller zumutbaren Anstrengungen zur Erlangung einer Finanzierung der notwendigen Maßnahmen (zB für eine Passbeschaffung), ggf. durch ein Bemühen um Übernahme durch einen Sozialleistungsträger[150]. Die allgemeine Regelung des § 26 II (L)VwVfG wird dabei von den speziellen Regelungen des AufenthG (§§ 3, 48 III, 82 I 1) überlagert.

Es bestehen **Grenzen** der Mitwirkungs- und Initiativpflicht, wenn dem Ausländer unmögliche, 128 unzumutbare, unverhältnismäßige oder von vornherein aussichtslose Handlungen (zB grundsätzliche Verweigerungshaltung bestimmter Herkunftsstaaten, akute Gefährdung von Familienangehörigen) aufgegeben werden. Insoweit dürfen dem Ausländer keine Handlungen abverlangt werden, die von vornherein ohne Einfluss auf die Möglichkeit der Ausreise oder erkennbar aussichtslos sind[151]. Unterhalb dieser Schwelle besteht hinsichtlich des Zusammenhangs zwischen einer Verletzung von Mitwirkungspflichten und der Erfolgslosigkeit aufenthaltsbeendender Maßnahmen, der immer nur hypothetisch beurteilt werden kann, eine tatsächlich widerlegbare Vermutung zulasten des Ausländers[152]. Dem ausreispflichtigen Ausländer obliegt es auch dann, alles in seiner Kraft Stehende und ihm Zumutbare dazu beizutragen, damit etwaige Ausreisehindernisse überwunden werden, wenn die Erfolgsaussichten einer bestimmten Mitwirkungshandlung unklar sind[153]. Nur offensichtlich aussichtslose Versuche muss der Ausländer nicht unternehmen, wohl aber Versuche, deren Erfolgsaussichten offen sind. Bei unklaren Erfolgsaussichten ist eine Mitwirkungshandlung aber nicht erkennbar aussichtslos, sodass der Ausländer von ihr nicht befreit ist; ist es demnach unklar, ob eine vom Ausländer bislang unterlassene Mitwirkungshandlung zur Beseitigung eines Ausreisehindernisses Erfolg haben kann, ist sie nicht von vornherein erkennbar aussichtslos und damit nicht unzumutbar iSd § 25 V 4[154].

Auf Seiten der Ausländerbehörde besteht eine **Hinweis- und Anstoßpflicht.** Sie muss konkrete 129 und nachvollziehbare Hinweise an den Ausländer richten, aus denen sich ergibt, dass und in welchem Umfang er zur Erbringung von Leistungen verpflichtet ist. Außerdem muss sie ggf. Anstoß zur Ergreifung weiterer, dem Ausländer noch unbekannter Möglichkeiten geben, zB Einschaltung eines bestimmten Vertrauensanwalts oder staatlicher Organisationen und Informationsquellen wie dem Suchdienst des Deutschen Roten Kreuzes oder kirchlicher Organisationen.[155] Die allgemeine Regelung des § 25 (L)VwVfG wird durch § 82 III 1 überlagert.

---

[144] BVerwG Urt. v. 26.10.2010 – 1 C 18.09, InfAuslR 2011, 92 Rn. 21, 26.
[145] BVerwG Beschl. v. 10.3.2009 – 1 B 4.09, Buchholz 402.242 § 25 AufenthG Nr. 11.
[146] Vgl. *Heinhold* ZAR 2003, 218 und 2004, 27.
[147] BVerwG Beschl. v. 30.4.1997 – 1 B 74.97, BeckRS 1997, 31222339; Urt. v. 26.10.2010 – 1 C 18.09, InfAuslR 2011, 92.
[148] SchlHOVG Urt. v. 23.6.2011 – 4 LB 10/10, BeckRS 2012, 53526.
[149] BayVGH Beschl. v. 19.12.2005 – 24 V 05.2856, InfAuslR 2006, 189; Urt. v. 15.11.2006 – 24 B 06.1700, BeckRS 2009, 41052; Urt. v. 11.12.2006 – 24 B 06.2158, Asylmagazin 2007, 44, Beschl. v. 8.1.2018 – 19 C 16.670, NVwZ-RR 2018, 502.
[150] VG Aachen Urt. v. 25.10.2016 – 8 K 745/14, BeckRS 2016, 56105.
[151] BVerwG Urt. v. 26.10.2010 – 1 C 18.09, InfAuslR 2011, 92 Rn. 20, 26; Beschl. v. 3.6.2006 – 1 B 132.05 – und Beschl. v. 10.3.2009 – 1 B 4.09, Buchholz 402.242 § 25 AufenthG Nr. 3 und 11.
[152] BVerwG Urt. v. 26.10.2010 – 1 C 18.09, InfAuslR 2011, 92 Rn. 20, 26.
[153] BVerwG Beschl. v. 3.2.2016- 1 B 79.15, BeckRS 2016, 42760.
[154] VGH Bad.-Württ., Beschl. v. 27.9.2019 – 11 S 1026/19, AuAS 2019, 257.
[155] Zu den Grenzen der Anstoßpflicht (Klagemöglichkeit gegen den Heimatstaat) s. BayVGH Urt. v. 11.12.2006 – 24 B 06.2158, Asylmagazin 2007, 44.

130 Zwischen den Obliegenheiten der Ausländerbehörde und des Ausländers besteht eine Wechselseitigkeit. Jede Seite hat die Erfüllung der ihr obliegenden Pflichten nachzuweisen; wenn beide Seiten ihre Obliegenheiten erfüllt haben und das Ausreisehindernis gleichwohl nicht beseitigt werden konnte, dann kann dies nicht zulasten des Ausländers gehen.

131 Sind alle diese Voraussetzungen erfüllt und Hindernisse ausgeräumt, kann die Ausländerbehörde nach **Ermessen** die Aufenthaltserlaubnis erteilen und dabei von den Voraussetzungen und Hindernissen der §§ 5 I und II absehen, wobei aber das absolute Verbot des **§ 10 III 2** zu beachten ist.

132 Nur wenn die Aussetzung der Abschiebung bereits 18 Monate seit Vollziehbarkeit der Abschiebungsandrohung und nicht erst seit Erteilung der Duldung[156] andauert, soll die Aufenthaltserlaubnis erteilt werden. Mit dieser Soll-Vorschrift ist ein **Rechtsanspruch** begründet, sofern nicht atypische Verhältnisse im Einzelfall gegeben sind[157]. Diese Regelung stellt keine in allen Fällen der sog. Kettenduldung anzuwendende selbstständige Anspruchsgrundlage dar. Die Systematik des § 25 V spricht dafür, dass die Regelung in S. 2 – wie dann auch die Regelungen in den S. 3 und 4 – an die tatbestandlichen Voraussetzungen des § 25 V 1 anknüpft. Nur wenn diese vorliegen und zusätzlich die Voraussetzungen des S. 2 hinzutreten, „soll" die Ausländerbehörde – in Fortführung und Ergänzung der Kann-Regelung des S. 1, die eine humanitäre Aufenthaltserlaubnis nur bei Fällen einer Duldung von weniger als 18 Monaten in das uneingeschränkte Ermessen der Ausländerbehörde stellt – eine Aufenthaltserlaubnis erteilen.[158] Zudem müssen stets die allgemeinen Erteilungsvoraussetzungen nach § 5 I und I AufenthG bei einem Regelanspruch nach § 25 V 2 AufenthG grundsätzlich erfüllt sein[159].

133 Die Erteilung einer humanitären Aufenthaltserlaubnis nach § 25 V kann die **Sperrwirkung einer Ausweisung** seit dem AufenthGÄndG 2015 nicht mehr beseitigen, auch nicht insoweit, als es um die Erteilung weiterer Aufenthaltstitel aus humanitären, völkerrechtlichen oder politischen Gründen geht (§§ 22–26 sowie 104a)[160]. Da die Neuregelung **ex nunc** gelten soll, gilt die Sperrwirkung bzgl. vor dem 1.8.2015 erteilter Aufenthaltserlaubnis als aufgehoben und keiner Verlängerung entgegenstehend (→ Rn. 82). Ansonsten kann eine Beseitigung der Sperrwirkung vor Ablauf der Sperrfrist ausschließlich in einem **Befristungsverfahren** gemäß § 11 IV erreicht werden. Die Sperrwirkung erlischt allerdings, wenn die Ausländerbehörde irrtümlich eine Aufenthaltserlaubnis erteilt[161].

§ 25a Aufenthaltsgewährung bei gut integrierten Jugendlichen und Heranwachsenden

(1) ¹Einem jugendlichen oder heranwachsenden geduldeten Ausländer soll eine Aufenthaltserlaubnis erteilt werden, wenn
1. er sich seit vier Jahren ununterbrochen erlaubt, geduldet oder mit einer Aufenthaltsgestattung im Bundesgebiet aufhält,
2. er im Bundesgebiet in der Regel seit vier Jahren erfolgreich eine Schule besucht oder einen anerkannten Schul- oder Berufsabschluss erworben hat,
3. der Antrag auf Erteilung der Aufenthaltserlaubnis vor Vollendung des 21. Lebensjahres gestellt wird,
4. es gewährleistet erscheint, dass er sich auf Grund seiner bisherigen Ausbildung und Lebensverhältnisse in die Lebensverhältnisse der Bundesrepublik Deutschland einfügen kann und
5. keine konkreten Anhaltspunkte dafür bestehen, dass der Ausländer sich nicht zur freiheitlichen demokratischen Grundordnung der Bundesrepublik Deutschland bekennt.

²Solange sich der Jugendliche oder der Heranwachsende in einer schulischen oder beruflichen Ausbildung oder einem Hochschulstudium befindet, schließt die Inanspruchnahme öffentlicher Leistungen zur Sicherstellung des eigenen Lebensunterhalts die Erteilung der Aufenthaltserlaubnis nicht aus. ³Die Erteilung einer Aufenthaltserlaubnis ist zu versagen, wenn die Abschiebung aufgrund eigener falscher Angaben des Ausländers oder aufgrund seiner Täuschung über seine Identität oder Staatsangehörigkeit ausgesetzt ist.

(2) ¹Den Eltern oder einem personensorgeberechtigten Elternteil eines minderjährigen Ausländers, der eine Aufenthaltserlaubnis nach Absatz 1 besitzt, kann eine Aufenthaltserlaubnis erteilt werden, wenn
1. die Abschiebung nicht aufgrund falscher Angaben oder aufgrund von Täuschungen über die Identität oder Staatsangehörigkeit oder mangels Erfüllung zumutbarer Anforderungen an die Beseitigung von Ausreisehindernissen verhindert oder verzögert wird und
2. der Lebensunterhalt eigenständig durch Erwerbstätigkeit gesichert ist.

---

[156] *Marx* ZAR 2004, 403.
[157] Dazu → Rn. 25.
[158] BVerwG Urt. v. 27.6.2006 – 1 C 14.05, BVerwGE 126, 192.
[159] BVerwG Urt. v. 19.4.2011 – 1 C 3.10, Buchholz 402.242 § 25 AufenthG Nr. 16.
[160] Zur alten Rechtslage vgl. BVerwG Urt. v. 13.4.2010 – 1 C 5.09, BVerwGE 136, 284 Rn. 12.
[161] Vgl. hierzu die Kommentierung bei § 11.

² Minderjährigen Kindern eines Ausländers, der eine Aufenthaltserlaubnis nach Satz 1 besitzt, kann eine Aufenthaltserlaubnis erteilt werden, wenn sie mit ihm in familiärer Lebensgemeinschaft leben. ³ Dem Ehegatten oder Lebenspartner, der mit einem Begünstigten nach Absatz 1 in familiärer Lebensgemeinschaft lebt, soll unter den Voraussetzungen nach Satz 1 eine Aufenthaltserlaubnis erteilt werden. ⁴ § 31 gilt entsprechend. ⁵ Dem minderjährigen ledigen Kind, das mit einem Begünstigten nach Absatz 1 in familiärer Lebensgemeinschaft lebt, soll eine Aufenthaltserlaubnis erteilt werden.

(3) Die Erteilung einer Aufenthaltserlaubnis nach Absatz 2 ist ausgeschlossen, wenn der Ausländer wegen einer im Bundesgebiet begangenen vorsätzlichen Straftat verurteilt wurde, wobei Geldstrafen von insgesamt bis zu 50 Tagessätzen oder bis zu 90 Tagessätzen wegen Straftaten, die nach diesem Gesetz oder dem Asylgesetz nur von Ausländern begangen werden können, grundsätzlich außer Betracht bleiben.

(4) Die Aufenthaltserlaubnis kann abweichend von § 10 Absatz 3 Satz 2 erteilt werden.

Allgemeine Verwaltungsvorschrift
Nicht belegt.

Übersicht

	Rn.
I. Entstehungsgeschichte	1
II. Allgemeines	2
III. Aufenthaltserlaubnis für Jugendliche und Heranwachsende	7
1. Allgemeines	7
2. Erteilungsvoraussetzungen	11
3. Versagungsgründe	19
IV. Aufenthaltserlaubnis für Familienangehörige	22
1. Allgemeines	22
2. Aufenthaltserlaubnis der Eltern	27
3. Aufenthaltserlaubnis der Geschwister	32
4. Aufenthaltserlaubnis der Ehegatten, Lebenspartner und Kinder	33
5. Ausschlussgründe	34
6. Antragstellung nach Asylablehnung	35

I. Entstehungsgeschichte

Die Vorschrift ist durch das Gesetz zur Bekämpfung der Zwangsheirat und zum besseren Schutz der Opfer von Zwangsheirat sowie zur Änderung weiterer auf- und asylrechtlicher Vorschriften vom 23.6.2011 (BGBl. I S. 1266) in Kap. 2 Abschnitt 5 des AufenthG eingefügt worden und am **1.7.2011 in Kraft** getreten[1]. Nach ersten praktischen Erfahrungen wurden mit dem AufenthGÄndG 2015[2] verschiedene inhaltliche Erweiterungen der Regelung vorgenommen, um hierdurch anerkennenswerten Integrationsleitungen besser Rechnung tragen zu können. Das **FEG vom 15.8.2019**[3] passte § 25a IV an den neu eingeführten § 4a I (Berechtigung zur Erwerbstätigkeit als gesetzlicher Regelfall) an. Die mit dem 1. Migrationspaket 2022 beabsichtigten umfangreichen Änderungen von § 25a konnten nicht mehr berücksichtigt werden. Geplant ist, dass Menschen, die am 1.1.2022 seit fünf Jahren geduldet sind, gestattet oder mit einer Aufenthaltserlaubnis in Deutschland leben, eine auf ein Jahr befristete Aufenthaltserlaubnis erhalten (§ 104c; „Chancen-Aufenthaltsrecht"), um ihnen die Chance einzuräumen, in dieser Zeit die Voraussetzungen für eine Aufenthaltserlaubnis nach den §§ 25a und 25b zu erfüllen (insbesondere Lebensunterhaltssicherung, Kenntnisse der deutschen Sprache und Identitätsnachweis). Zudem sollen gut integrierte Jugendliche und junge Volljährige schon nach drei Jahren Aufenthalt sowie bis zur Vollendung des 27. Lebensjahres eine Aufenthaltserlaubnis nach § 25a erhalten können.

1

II. Allgemeines

In Abgrenzung zu den Bleiberecht- oder Altfallregelungen, insbesondere den §§ 104a und 104b, ist mit § 25a eine **stichtagsfreie und zukunftsoffene Bleiberechtsregelung** für gut integrierte Jugendliche und Heranwachsende geschaffen worden. Die Vorschrift verkörpert einen **aufenthaltsrechtlichen Integrationshebel**[4], der für in Deutschland herangewachsene Kinder mit günstiger Integrationsprognose eine gesicherte Aufenthaltsperspektive eröffnet und eine rechtliche Verfestigung in Deutschland im schutzwürdigen Kreis der Familie ermöglicht.

2

---

[1] Näher zur Entstehungsgeschichte *Burr* in GK-AufenthG § 25a Rn. 1; *Zühlcke* in HTK-AuslR AufenthG § 25a/Allgemein, Stand: 24.6.2015, Nr. 1.
[2] BGBl. 2015 I S. 1386.
[3] BGBl. 2019 I S. 1307, in Kraft getreten am 1.3.2020.
[4] So die zusammenfassende Begrifflichkeit bei *Welte* SächsVBl 2011, 249 (255).

3 Die Vorschrift begünstigt in erster Linie die in Deutschland aufgewachsenen und **gut integrierten Jugendlichen und Heranwachsenden**. Für diese sind in **Abs. 1** die Erteilungsvoraussetzungen und Versagungsgründe für ein eigenständiges und von der aufenthaltsrechtlichen Stellung ihrer Eltern unabhängiges Aufenthaltsrecht normiert. Darüber hinaus werden durch die Regelung des **Abs. 2** auch die **Eltern bzw. ein personensorgeberechtigter Elternteil** eines minderjährigen Ausländers, der eine Aufenthaltserlaubnis nach Abs. 1 besitzt (Abs. 2 S. 1), **deren weitere minderjährige Kinder** (Abs. 2 S. 2) sowie die **Ehegatten, Lebenspartner und minderjährigen ledigen Kinder** eines nach Abs. 1 begünstigten Ausländers (Abs. 2 S. 3–5) begünstigt, indem sie von diesem ein eigenes Aufenthaltsrecht ableiten können, sofern die in Abs. 2 genannten Voraussetzungen erfüllt sind. **Abs. 3** normiert einen **speziellen Versagungsgrund** im Fall begangener Straftaten, der ausschließlich auf die **Fälle des Abs. 2** bezogen ist. Mit dem 2015 neu eingefügten **Abs. 4** wird klargestellt, dass die Aufenthaltserlaubnis abweichend von § 10 III 2 erteilt werden kann und zur **Ausübung einer Beschäftigung** berechtigt.

4 Neben den in § 25a im Einzelnen aufgeführten besonderen Erteilungsvoraussetzungen müssen für die Erteilung der Aufenthaltserlaubnis **grundsätzlich** auch die **allgemeinen Erteilungsvoraussetzungen des § 5 I und II** erfüllt sein[5]. Dabei enthält § 25a hinsichtlich der Erteilungsvoraussetzungen des § 5 I einige Sonderregelungen, die im Einzelnen bei der jeweiligen Erteilungsgrundlage dargestellt sind (→ Rn. 8 und 22); § 5 II findet demgegenüber uneingeschränkt Anwendung. Im Fall des § 25a kann von den allgemeinen Erteilungsvoraussetzungen, sofern sie nicht bereits wegen Vorliegens eines atypischen Falls entbehrlich sind, auch im Rahmen des Ermessens gemäß § 5 III 2 abgesehen werden[6].

5 Die Aufenthaltserlaubnis kann nach § 26 I 1 für jeweils **längstens drei Jahre** erteilt und verlängert werden. Die **Verlängerung** richtet sich nach § 8[7]; eine **Aufenthaltsverfestigung** durch Erteilung einer Niederlassungserlaubnis nach **§ 26 IV**. Für den **Familiennachzug** zu Ausländern, die eine Aufenthaltserlaubnis nach § 25a besitzen, ist **§ 29 III** zu beachten. Nach § 4a I berechtigt die Aufenthaltserlaubnis kraft Gesetzes zur **Ausübung einer Erwerbstätigkeit**.

6 Auch wenn § 25a einen speziellen humanitären Aufenthaltstitel für die Sonderkonstellation gut integrierter Jugendlicher und Heranwachsender darstellt, schließt diese Vorschrift grundsätzlich die **Anwendung anderer Regelungen über die Erteilung einer Aufenthaltserlaubnis aus humanitären Gründen** weder aus noch verdrängt sie diese. Dies gilt insbesondere auch für die Regelung des § 25 V[8]. In der Regel kann zwar davon ausgegangen werden, dass die Erteilungsvoraussetzungen der §§ 25a und 25b Aufenthalt die Integrationsleistungen eines Ausländers, der diesen Vorschriften unterfällt, hinreichend abbilden und dem Recht auf Achtung des Privatlebens aus Art. 8 EMRK mit Blick auf den Aspekt der Verwurzelung bei konventionsfreundlicher Auslegung der Vorschriften damit Genüge getan wird. In Ausnahmefällen ist ein Rückgriff auf § 25 V gleichwohl nicht schon aus systematischen Gründen ausgeschlossen, sofern die fallprägenden Gesamtumstände mit Blick auf das Recht auf Achtung des Privatlebens aus Art. 8 EMRK dies gebieten[9]. Besitzt jedoch ein minderjähriger Ausländer eine Aufenthaltserlaubnis nach § 25a I, können dessen Eltern ein Aufenthaltsrecht nur nach § 25a II, nicht aber nach § 25 V 1 ableiten[10]. Ein lediglich auf eine Rechtsgrundlage beschränkter Antrag auf Erteilung einer Aufenthaltserlaubnis ist bei sachdienlicher Auslegung in der Regel als umfassend zu verstehen und erstreckt sich regelmäßig auf die Erteilung aller nach Lage der Dinge in Betracht kommenden Rechtsgrundlagen[11]. Die Anträge sind in einem Haupt- und Hilfsverhältnis zu stellen, denn die denkbaren Anspruchsgrundlagen (insbesondere § 25a, § 25b und § 25 V) führen zu unterschiedlichen Streitgegenständen und stehen nicht etwa in Anspruchsnormenkonkurrenz[12].

---

[5] Vgl. BVerwG Urt. v. 14.5.2013 – 1 C 17.12, ZAR 2013, 439; OVG LSA Beschl. v. 11.10.2011 – 2 M 92/11, AuAS 2012, 5; *Burr* in GK-AufenthG § 25a Rn. 31, 56; *Zühlcke* in HTK-AuslR AufenthG § 25a/zu Abs. 1, Stand: 14.7.2015, Nr. 2; zu Abs. 2, Stand: 18.7.2015, Nr. 2.

[6] BVerwG Urt. v. 14.5.2013 – 1 C 17/12, ZAR 2013, 439; SächsOVG Beschl. v. 29.6.2018 – 3 B 57/17, BeckRS 2018, 28059; BayVGH Beschl. v. 9.3.2016 – 19 CS 14.1902, BeckRS 2016, 44856 Rn. 12; NdsOVG Urt. v. 19.3.2012 – 8 LB 5/11, EzAR-NF 33 Nr 38; OVG LSA Beschl. v. 11.10.2011 – 2 M 92/11, AuAS 2012, 50.

[7] Die Einhaltung der Altersgrenze ist dabei nach Sinn und Zweck der Regelung nur für die erstmalige Erteilung, nicht jedoch für die Verlängerung der Aufenthaltserlaubnis maßgeblich; allerdings müssen abgesehen von der Altersgrenze die weiteren Voraussetzungen des Abs. 1 bzw. Abs. 2 weiterhin erfüllt sein, vgl. *Burr* in GK-AufenthG § 25a Rn. 35, 58.

[8] So auch *Welte* SächsVBl 2011, 249 (250) sowie weiter differenzierend hinsichtlich der Erteilungsgrundlagen des Abs. 1 und Abs. 2 *Burr* in GK-AufenthG § 25a Rn. 36, 61; spezifisch zu Abs. 1 vgl. *Deibel* ZAR 2011, 214 (244); vgl. hierzu auch OVG LSA Beschl. v. 16.9.2014 – 2 O 81/14, EzAR-NF 33 Nr 44; VG Hamburg Urt. v. 19.6.2014 – 15 K 596/10, BeckRS 2014, 59204 mwN; aA NdsOVG Beschl. v. 12.3.2013 – 8 LA 13/13, BeckRS 2013, 48289.

[9] So VGH BW Urt. v. 4.3.2019 – 11 S 459/19, VBlBW 2019, 385; anders NdsOVG Urt. v. 8.2.2018 – 13 LB 43/17, ZAR 2018, 176.

[10] OVG NRW Beschl. v. 8.9.2021 – 18 A 1945/21, BeckRS 2021, 26207.

[11] Dies gilt insbes. auch dann, wenn zum Zeitpunkt der Antragstellung die Vorschrift des § 25a noch nicht existierte; vgl. ausf. zur sachdienlichen Auslegung von Anträgen mwN *Zühlcke* in HTK-AuslR AufenthG § 25a/zu Abs. 1, Stand: 14.7.2015, Nr. 2. 5 sowie BVerwG Urt. v. 14.5.2013 – 1 C 17/12, ZAR 2013, 439; SchlHOVG Urt. v. 27.3.2012 – 4 LB 12/11, juris; OVG LSA Beschl. v. 11.10.2011 – 2 M 92/11, AuAS 2012, 50.

[12] VGH BW Beschl. v. 5.9.2016 – 11 S 1512/16, InfAuslR 2016, 417.

III. Aufenthaltserlaubnis für Jugendliche und Heranwachsende
1. Allgemeines

Abs. 1 regelt die **Voraussetzungen für die Erteilung der Aufenthaltserlaubnis für gut integrierte Jugendliche und Heranwachsende**[13]. Dabei enthalten Abs. 1 S. 1 und S. 2 die erforderlichen besonderen Erteilungsvoraussetzungen und S. 3 spezifische Versagungsgründe[14].

Neben den in Abs. 1 normierten Voraussetzungen müssen für die Erteilung einer Aufenthaltserlaubnis grundsätzlich die **allgemeinen Erteilungsvoraussetzungen des § 5** erfüllt sein, wobei im Anwendungsbereich des Abs. 1 folgende Besonderheiten zu berücksichtigen sind: **§ 5 I Nr. 1 (Sicherung des Lebensunterhalts)** wird für die Dauer einer schulischen oder beruflichen Ausbildung **durch die – den Ausländer begünstigende – Sonderregelung des Abs. 1 S. 2 verdrängt,** wonach die Inanspruchnahme öffentlicher Leistungen zur Sicherstellung des eigenen Lebensunterhalts des Ausländers für die Dauer der Ausbildung die Erteilung der Aufenthaltserlaubnis nicht ausschließt[15]. Die Regelerteilungsvoraussetzung des **§ 5 I Nr. 1a (Klärung der Identität und Staatsangehörigkeit)** findet auch bei der Erteilung einer Aufenthaltserlaubnis nach § 25a I Anwendung. Allerdings führt § 25a I 3 gegenüber § 5 I Nr. 1 insofern zu einer Verschärfung, als in Fällen, in denen die Abschiebung aufgrund eigener Falschangaben oder Täuschungshandlungen des Ausländers ausgesetzt ist, die Erteilung einer Aufenthaltserlaubnis nach § 25a I AufenthG zwingend zu versagen ist. Daraus kann jedoch nicht gefolgert werden, dass in allen anderen Fällen, in denen die Identität oder Staatsangehörigkeit des Jugendlichen oder Heranwachsenden ungeklärt ist, § 5 I Nr. 1a keine Anwendung finden soll[16].

Maßgeblicher Zeitpunkt für das Vorliegen der Anspruchsvoraussetzungen ist grundsätzlich die Sach- und Rechtslage im Zeitpunkt der letzten mündlichen Verhandlung[17]. Da § 25a I jedoch eine strikte Altersgrenze enthält, ist für den Fall, dass der Betroffene im maßgeblichen Entscheidungszeitpunkt diese Altersgrenze bereits überschritten hat, zusätzlich zu prüfen, ob sämtliche Erteilungsvoraussetzungen auch im Zeitpunkt der Vollendung des 21. Lebensjahres vorgelegen haben, um sicherzustellen, dass die von Gesetzes wegen vorgesehene Antragsfrist nicht durch eine lang andauernde Rechtsverfolgung umgangen wird[18].

Der **Koalitionsvertrag der sog. Ampel-Koalition** sieht vor, die Voraussetzungen des § 25a I zu ändern und den Erhalt eines Aufenthaltstitels auf dieser Grundlage zu vereinfachen: So sollen gut integrierte Jugendliche bereits nach drei Jahren Aufenthalt in Deutschland und bis zum 27. Lebensjahr die Möglichkeit für ein Bleiberecht bekommen. Daneben sollen Menschen, die am 1.1.2022 seit fünf Jahren in Deutschland leben, nicht straffällig geworden sind und sich zur freiheitlichen demokratischen Grundordnung bekennen, eine einjährige Aufenthaltserlaubnis auf Probe erhalten können, um in dieser Zeit die übrigen Voraussetzungen für ein Bleiberecht (insbesondere Lebensunterhaltssicherung und Identitätsnachweis gemäß §§ 25a und b AufenthG) zu erfüllen (vgl. Koalitionsvertrag 2021–2025 zwischen SPD, BÜNDNIS90/DIE GRÜNEN und FDP, S. 138).

2. Erteilungsvoraussetzungen

Der von Abs. 1 S. 1 begünstigte Personenkreis erstreckt sich auf jugendliche und heranwachsende geduldete Ausländer. Jugendlicher ist man nach § 1 II JGG[19] mit 14 Jahren; Heranwachsender ist nach § 1 II JGG wer 18, aber noch nicht 21 Jahre alt ist. Für in Deutschland gut integrierte Kinder besteht keine gesetzliche Regelung; sie teilen grundsätzlich das aufenthaltsrechtliche Schicksal ihrer Eltern. Erforderlich ist darüber hinaus die Rechtsstellung als geduldeter Ausländer. Ein Ausländer ist geduldet, wenn ihm eine rechtswirksame Duldung gleich welcher Art erteilt worden ist oder er einen Rechtsanspruch auf Duldung hat[20]. Dass keine bestimmte „Qualität" der Duldung zu fordern ist, damit auch eine rein verfahrensbezogene Duldung, die lediglich zur Absicherung des Verfahrens über den Antrag

---

[13] Abs. 1 ist an die Regelung des Wiederkehrrechts in § 37 angelehnt, mit den dortigen Voraussetzungen jedoch nicht identisch, vgl. BT-Drs. 17/5093, 15.

[14] Die in der ursprünglichen Gesetzesfassung in Abs. 1 S. 4 vorgesehene Abweichungsvorschrift bei offensichtlich unbegründeten Asylanträgen wurde durch Art. 1 Nr. 13 Gesetz v. 29.8.2013 (BGBl. I S. 3484) mWv 6.9.2013 aufgehoben.

[15] BT-Drs. 17/5093, 15; vgl. auch BVerwG Urt. v. 14.5.2013 – 1 C 17/12, ZAR 2013, 439; außerhalb der von § 25a I 2 erfassten Sachverhaltskonstellation verbleibt es iÜ bei der allgemeinen Regelung in § 5 I Nr. 1.

[16] BVerwG Urt. v. 14.5.2013 – 1 C 17/12, ZAR 2013, 439; mwN *Zühlcke*, HTK-AuslR, § 25a/zu Abs. 1, Stand: 14.7.2015, Nr. 2. Zu eventuellen Problemen bei der Erfüllung der Passpflicht (§ 5 I Nr. 4) vgl. mwN *Zühlcke* in HTK-AuslR AufenthG § 25a/zu Abs. 1, Stand: 14.7.2015, Nr. 2; *Burr* in GK-AufenthG § 25a Rn. 31.

[17] BVerwG Urt. v. 18.12.2019 – 1 C 34.18, BVerwGE 167, 211 zu § 25b I; ebenso zu § 25a VGH BW Urt. v. 23.9.2021 – 11 S 1966/19, BeckRS 2021, 37546; BayVGH Beschl. v. 18.3.2021 – 19 CE 20.14, BeckRS 2021, 6098.

[18] So zu § 32 III BVerwG Urt. v. 1.12.2009 – 1 C 32.08, Buchholz 402.242 § 32 AufenthG Nr 5 mwN.

[19] OVG Saarl Beschl. v. 27.3.2018 – 2 A 267/16, BeckRS 2018, 4634.

[20] BVerwG Urt. v. 18.12.2019 – 1 C 34.18, BVerwGE 167, 211 zu § 25b.

auf Erteilung einer Aufenthaltserlaubnis erteilt worden ist, als Duldung iSd § 25a I 1 anzusehen ist, dürfte inzwischen zu bejahen[21] sein[22]. Nicht maßgeblich ist, ob der Ausländer auch im Besitz einer förmlichen Duldungsbescheinigung nach § 60a IV ist[23]. Da sich der Gesetzeswortlaut ausdrücklich auf „geduldete Ausländer" bezieht, sind Ausländer, die bereits im Besitz einer Aufenthaltserlaubnis sind, nicht von dem nach Abs. 1 S. 1 begünstigten Personenkreis umfasst[24]. Das in der ursprünglichen Gesetzesfassung vorgesehene weitere Erfordernis, dass der geduldete Ausländer im Bundesgebiet geboren oder vor Vollendung des 14. Lebensjahres in das Bundesgebiet eingereist sein muss, ist im Zuge der mit dem AufenthGÄndG 2015 vorgenommenen Erweiterung der Vorschrift entfallen. Seit dem AufenthGÄndG 2015 ist zudem die Entscheidung über die Erteilung der Aufenthaltserlaubnis nach Abs. 1 nicht mehr in das pflichtgemäße Ermessen („kann") der Ausländerbehörde gestellt, sondern nunmehr als gesetzlicher Regelfall („soll") vorgesehen. Dies hat zur Folge, dass die Aufenthaltserlaubnis bei Vorliegen der Voraussetzungen des Abs. 1 regelmäßig zu erteilen ist und der Behörde nur im Ausnahmefall, nämlich bei einer atypischen Fallgestaltung oder besonderen Umständen, ein Ermessen eingeräumt ist.

12 Nach **Abs. 1 S. 1 Nr. 1** in der durch das AufenthGÄndG 2015 vorgesehenen Fassung ist für die Erteilung der Aufenthaltserlaubnis des Weiteren erforderlich, dass sich der Ausländer seit **vier** – und nicht mehr wie zuvor seit sechs – **Jahren ununterbrochen erlaubt, geduldet oder mit einer Aufenthaltsgestattung im Bundesgebiet aufhält**[25]. Für den vierjährigen ununterbrochenen Aufenthalt auf der Grundlage eines Aufenthaltstitels (§ 4 I), einer Duldung (§ 60a) oder einer Aufenthaltsgestattung (§ 55 AsylG) genügt angesichts der Gesetzesformulierung („seit ... aufhält") nicht der Nachweis über einen entsprechend in der Vergangenheit abgeschlossenen Zeitraum, vielmehr muss es sich um einen fortdauernden Aufenthalt handeln, wobei der vierjährige Zeitraum spätestens im Zeitpunkt der Behördenentscheidung erfüllt sein muss[26]. In Anbetracht des gesetzlichen Erfordernisses eines **ununterbrochenen Aufenthalts** ist ein **Verlassen des Bundesgebiets grundsätzlich schädlich** und hat zur Folge, dass die Vier-Jahres-Frist mit der Wiedereinreise in das Bundesgebiet neu zu laufen beginnt. **Kurzzeitige Lücken** in den berücksichtigungsfähigen Voraufenthaltszeiten können jedoch durch andere Integrationsindizien aufgewogen werden oder – bei lediglich wenigen Tagen – bereits wegen Bagatellcharakters unschädlich sein[27]. Eine Unterbrechung kann nicht nach § 85 außer Betracht bleiben, da diese Vorschrift nicht die Unterbrechung des Aufenthalts als solches betrifft, sondern nur die Unterbrechung der Rechtmäßigkeit des Aufenthalts sowie nach Sinn und Zweck auch die Unterbrechung von Zeiten eines Titelbesitzes[28]. Eine **Ausnahme** von der grundsätzlichen Schädlichkeit des Verlassens des Bundesgebiets wird – wie bei § 104a – für den Fall anerkannt, dass es sich nur um eine **kurzfristige erlaubte Auslandsreise**[29] handelt. Damit von einer Unschädlichkeit ausgegangen werden kann, ist allerdings Voraussetzung, dass der vorübergehende Auslandsaufenthalt erkennbar nicht auf die endgültige Aufgabe des Lebensmittelpunkts im Bundesgebiet gerichtet war[30]. Auf den nach Abs. 1 S. 1 Nr. 1 erforderlichen vierjährigen ununterbrochenen Aufenthalt sind Zeiten eines erlaubnisfreien Aufenthalts (§§ 15 ff. AufenthV) ebenso wie Fiktionszeiten nach § 81 III 1 und IV, jedenfalls soweit sie zur Erteilung des Aufenthaltstitels geführt haben, anrechenbar[31]. Auch Zeiträume, in denen dem Ausländer eine Duldung zwar nicht förmlich erteilt wurde, er aber einen Anspruch auf Duldungserteilung hatte[32], oder in denen er zwar keinen Aufenthaltstitel, aber einen Rechts-

---

[21] BVerwG Urt. v. 18.12.2019 – 1 C 34.18, BVerwGE 167, 211 zu § 25b.; zu § 25a VGH BW Beschl. v. 3.6.2020 – 11 S 427/20, VBlBW 2021, 66.
[22] AA: BayVGH Beschl. v. 13.5.2019 – 10 CE 19.811, BeckRS 2019, 13692; NdsOVG Beschl. v. 28.5.2018 – 8 ME 31/18, BeckRS 2018, 12980; OVG Bln-Bbg Beschl. v. 11.1.2018 – OVG 11 S 98.17, BeckRS 2018, 101; OVG NRW Beschl. vom 19.10.2017 – 18 B 1197/17, BeckRS 2017, 129853.
[23] Vgl. zu § 25b I VGH BW Urt. v. 18.5.2018 – 11 S 1810/16, BeckRS 2018, 13536 Rn. 57.
[24] Vgl. mwN *Welte* SächsVBl 2011, 249 (251) sowie zu § 104a mwN VGH BW Beschl. v. 30.9.2008 – 11 S 2088/08, AuAS 2009.
[25] Maßgeblich ist insoweit allein, ob sich der Ausländer *tatsächlich* ununterbrochen erlaubt, geduldet oder mit einer Aufenthaltsgestattung im Bundesgebiet aufgehalten hat; ist es hingegen zu einer Ausreise gekommen, kommt es nach Abs. 1 S. 1 Nr. 1 nicht auf die Frage an, ob der Ausländer die Ausreise auch selbst zu vertreten hat oder ob sie etwa von den Eltern bestimmt war, NdsOVG Beschl. v. 29.3.2012 – 8 LA 26/12, InfAuslR 2012, 213.
[26] Dabei kann sich die Gesamtdauer aus Aufenthaltsphasen aufgrund unterschiedlicher Rechtsgrundlagen zusammensetzen.
[27] BVerwG Urt. v. 18.12.2019 – 1 C 34.18, BVerwGE 167, 211.
[28] BVerwG Urt. v. 18.12.2019 – 1 C 34.18, BVerwGE 167, 211 und Urt. v. 10.11.2009 – 1 C 24.08, NVwZ 2010, 914; VGH BW Urt. v. 9.12.2009 – 13 S 2092/09, BeckRS 2010, 45236; NdsOVG Beschl. v. 29.3.2012 – 8 LA 26/12, InfAuslR 2012, 213.
[29] Der Auslandsaufenthalt muss mithin sowohl *kurzfristig* als auch *erlaubt* sein, wobei von einer erlaubten Auslandsreise nur ausgegangen werden kann, wenn sie in Kenntnis und mit Billigung der Ausländerbehörde erfolgt ist, VGH BW Urt. v. 9.12.2009 – 13 S 2092/09, BeckRS 2010, 45236 zu § 104a.
[30] NdsOVG Beschl. v. 21.2.2018 – 13 ME 56/18, BeckRS 2018, 2243; NdsOVG Beschl. v. 29.3.2012 – 8 LA 26/12, InfAuslR 2012, 213; zu § 104a: VGH BW Urt. v. 9.12.2009 – 13 S 2092/09, BeckRS 2010, 45236.
[31] BVerwG Urt. v. 30.3.2010 – 1 C 6.09, InfAuslR 2010, 343.
[32] Vgl. *Hailbronner* AufenthG § 25a Rn. 2; *Burr* in GK-AufenthG § 25a Rn. 11; so auch VG Darmstadt Urt. v. 31.8.2012 – 6 K 1808/11.DA, InfAuslR 2013, 108.

anspruch auf einen Aufenthaltstitel gehabt hatte[33], sind grundsätzlich anzurechnen. Dementsprechend kann auch dann, wenn eine Aufenthaltserlaubnis zurückgenommen wurde, der von ihr umfasste Zeitraum jedenfalls insoweit rückwirkend als geduldet iSv Abs. 1 S. 1 Nr. 1 berücksichtigt werden, als während dieses Zeitraums ein Anspruch auf Duldung bestand[34]. Darüber hinaus können Unterbrechungen in Zeiten des Besitzes einer Aufenthaltserlaubnis bis zur Dauer eines Jahres nach § 85 unerheblich bleiben[35]. Weitere Voraussetzung ist jedoch, dass der Ausländer nicht „untergetaucht" war oder sich in anderer Weise dem ausländerrechtlichen Verfahren entzogen hat[36].

Als bildungsbezogenes Integrationskriterium wird seit dem AufentGÄndG 2015 in **Abs. 1 S. 1 Nr. 2** ein erfolgreicher in der Regel vierjähriger Schulbesuch oder alternativ der Erwerb eines anerkannten Schul- oder Berufsabschlusses verlangt. Unter den Begriff der „Schule" sind alle staatlichen oder staatlich anerkannten privaten allgemeinbildenden, berufsbildenden und vergleichbar berufsqualifizierenden Bildungseinrichtungen zu verstehen; nur spezifisch zweckgebundene Schulbesuche, die dem Erwerb ganz spezifischer Kenntnisse und Fähigkeiten dienen, sind ausgenommen[37]. Ein in der Regel **vierjähriger erfolgreicher Schulbesuch** setzt nicht nur voraus, dass der Ausländer die Bildungseinrichtung derzeit noch[38] regelmäßig besucht[39]; zum **regelmäßigen Schulbesuch** muss hinzukommen, dass dieser auch erfolgreich ist. Ob es sich um einen **erfolgreichen Schulbesuch** handelt, erfordert eine objektiv[40] inhaltliche Überprüfung der schulischen Leistung des Ausländers und ist grundsätzlich zu bejahen, wenn eine Versetzung in die nächste Klassenstufe erfolgt oder zumindest wahrscheinlich ist[41]. Die einmalige Wiederholung einer Klassenstufe steht der Annahme eines erfolgreichen Schulbesuchs nicht per se entgegen[42]. Maßgeblich für eine entsprechende Prognoseentscheidung sind die bisherigen schulischen Leistungen, die Regelmäßigkeit des Schulbesuchs sowie des Arbeits- und Sozialverhaltens[43], wobei die Entscheidung stets einer **wertenden Gesamtschau aller Umstände des Einzelfalls** bedarf. Hierfür hat der Ausländer im Rahmen seiner Mitwirkungspflicht gemäß § 82 I insbesondere Schulzeugnisse oder auch fachkundige Stellungnahmen der Schule vorzulegen. Alternativ zum vierjährigen erfolgreichen Schulbesuch genügt als integrative Vorleistung des Ausländers auch der **Erwerb eines anerkannten Schul- oder Berufsabschlusses**, worunter alle im öffentlichen Schulwesen anerkannten förmlichen Schulabschlüsse (**mindestens Hauptschulabschluss**[44] sowie Mittlere Reife oder Abitur) ebenso wie anerkannte Abschlüsse von Abend- oder Volkshochschulen zu verstehen sind. Zu den anerkannten Berufsabschlüssen zählen insbesondere die Gesellenprüfung sowie der Erwerb sonstiger staatlich anerkannter Ausbildungsdiplome. Ist in Deutschland ein entsprechender Abschluss erworben worden, kommt es nicht mehr darauf an, ob auch der Besuch einer weiterführenden Bildungseinrichtung erfolgreich ist oder nicht[45].

Fraglich ist, ob eine sog. **Vorbereitungsklasse** zu den vier Jahren erfolgreichen Schulbesuchs hinzuzählt. Vorbereitungsklassen werden für Schülerinnen und Schüler eingerichtet, die erst vor Kurzem nach Deutschland gekommen sind und nicht über keine oder kaum Deutschkenntnisse verfügen. Ziel der Vorbereitungsklasse ist es, innerhalb eines Jahres die deutsche Sprache zu erlernen, um an der an Leistungen und Fähigkeiten entsprechenden Schulart in einer altersgemäßen Klasse am Regelunterricht teilzunehmen. Der Besuch einer Vorbereitungsklasse an einer allgemeinbildenden Schule erfüllt die Tatbestandsvoraussetzung des „Schulbesuchs". Fraglich ist jedoch, wann dieser **„erfolgreich"** ist. Die Vorbereitungsklasse kennt jedenfalls kein Versetzen. Erfolgreich ist der Besuch der Vorbereitungsklasse, wenn der Wechsel in die Regelklasse möglich ist. Erst in der Regelklasse aber stellt sich die Frage der Erreichung der in der jeweiligen Schulart vorgesehenen Lernziele bzw. der

---

[33] Vgl. *Zühlcke* in HTK-AuslR, AufenthG § 25a/zu Abs. 1, Stand: 14.7.2015, Nr. 2.3 mit Verweis auf BVerwG Urt. v. 10.11.2009 – 1 C 24/08, NVwZ 2010, 914.
[34] AA *Burr* in GK-AufenthG § 25a Rn. 10; *Zühlcke*, HTK-AuslR, § 25a/zu Abs. 1, Stand: 14.7.2015, Nr. 2.3.
[35] So auch *Burr* in GK-AufenthG § 25a Rn. 11; *Zühlcke*, HTK-AuslR, § 25a/zu Abs. 1, Stand: 14.7.2015, Nr. 2.3.
[36] BVerwG Urt. v. 25.3.2014 – 5 C 13.13, NVwZ-RR 2014, 601 Rn. 20; SchlHOVG Beschl. v. 14.1.2019 – 4 MB 126/18, AuAS 2019, 50 Rn. 6.
[37] So etwa der Besuch von Musik- oder Sprachschulen.
[38] OVG LSA Beschl. v. 18.5.2017 – 2 M 34/17, EzAR-NF 33 Nr 48 Rn. 10 mwN; VG Stuttgart Urt. v. 10.1.2017 – 11 K 2461/16, BeckRS 2017, 102150 Rn. 21.
[39] Ein regelmäßiger Schulbesuch erfordert, dass der Unterricht während des Schuljahrs allenfalls vereinzelt unentschuldigt versäumt wird. Zu berücksichtigen ist dabei zudem, dass der vierjährige Schulbesuch nicht zwingend einen zusammenhängenden Schulbesuch erfordert, sondern auch eine Zusammenrechnung von einzelnen Schul(halb)jahren möglich ist, sofern nicht die Unterbrechungen ihrerseits aufgrund Art und Ausmaß der Annahme eines erfolgreichen Schulbesuchs entgegenstehen.
[40] Vgl. hierzu auch BayVGH Beschl. v. 12.3.2013 – 10 CE 12.2697/10 C 12.2700, BeckRS 2013, 4913, wonach unerheblich ist, ob die Erfolglosigkeit des Schulbesuchs verschuldet oder unverschuldet war, zB auf fehlender Förderung durch das Elternhaus beruhte.
[41] Auch eine lediglich einmalige Wiederholung einer Klassenstufe kann der Annahme eines erfolgreichen Schulbesuchs grundsätzlich nicht entgegenstehen, vgl. *Burr* in GK-AufenthG § 25a Rn. 15.
[42] VGH BW Beschl. v. 3.6.2020 – 11 S 427/20, VBlBW 2021, 66.
[43] NdsOVG Urt. v. 19.3.2012 – 8 LB 5/11, EzAR-NF 33 Nr 38.
[44] NdsOVG Urt. v. 8.2.2018 – 13 LB 43/17, EzAR-NF 33 Nr 49.
[45] Vgl. SchlHOVG Urt. v. 18.8.2011 – 4 LB 12/11.

Versetzung. Würde man den Zweck der Vorbereitungsklasse betonen, nämlich erst die Grundlagen für die Teilnahme am regulären Schulunterricht zu schaffen, zählten die in der Vorbereitungsklasse verbrachten Zeiten wohl nicht bei der in Abs. 1 S. 1 Nr. 2 normierten Voraussetzung des vierjährigen erfolgreichen Schulbesuchs mit. Allerdings musste der Gesetzgeber davon ausgehen, dass Jugendliche, die nach Deutschland kommen, erst einmal die deutsche Sprache erlernen müssen. Sowohl beim Voraufenthalt (§ 25a I 1 Nr. 1) als auch beim Schulbesuch (§ 25a I 1 Nr. 2) erachtet der Gesetzgeber vier Jahre für den maßgeblichen Zeitraum. Um bei der Parallelität der Zeiträume nicht „ins Straucheln" zu geraten, wird man es wohl genügen lassen müssen, dass der Schulbesuch den Betroffenen „weitergebracht" hat, was anhand von Schulzeugnissen oder durch eine Stellungnahme der besuchten Schule belegt werden kann. Auch in der Vorbereitungsklasse erfolgt – zB in Baden-Württemberg – eine Art Leistungsbeurteilung, die Grundlage für die Aufnahme oder Nicht-Aufnahme in die Regelklasse ist.

15   **Abs. 1 S. 1 Nr. 3** sieht als **zeitliche Altersgrenze** vor, dass der Antrag auf Erteilung der Aufenthaltserlaubnis **vor Vollendung des 21. Lebensjahrs** gestellt werden muss[46]. Maßgeblich für die Wahrung der Altersgrenze ist allein der **Zeitpunkt der Antragstellung,** nicht hingegen der Zeitpunkt der Erteilung der Aufenthaltserlaubnis[47].

16   Des Weiteren muss nach **Abs. 1 S. 1 Nr. 4** gewährleistet erscheinen, dass sich der Ausländer aufgrund seiner bisherigen Ausbildung und Lebensverhältnisse in die deutschen Lebensverhältnisse einfügen kann. Erforderlich ist mithin eine **positive Integrationsprognose**[48], die auf der Grundlage einer **wertenden Gesamtbetrachtung** aller bisherigen Integrationsleistungen und der konkreten individuellen Lebensverhältnisse des Ausländers vorzunehmen ist[49]. Zu berücksichtigen sind dabei insbesondere die Kenntnisse der deutschen Sprache, das soziale Umfeld, das Vorhandensein eines festen Wohnsitzes und enger persönlicher Beziehungen zu dritten Personen außerhalb der eigenen Familie, die Schul- und Berufsausbildung, die Ausübung von Erwerbstätigkeiten, das soziale und bürgerschaftliche Engagement, die Akzeptanz der hiesigen Rechts- und Gesellschaftsordnung, die Dauer des Aufenthalts, das Lebensalter im Zeitpunkt der Einreise sowie die Rechtstreue, insbesondere das Fehlen strafgerichtlicher Verurteilungen[50]. Es obliegt dem Ausländer im Rahmen seiner Mitwirkungspflicht (§ 82 I), für ihn günstige Umstände vorzutragen und nachzuweisen. Da es nach dem Gesetzeswortlaut ausreicht, dass es gewährleistet „erscheint", dass sich der Ausländer künftig in die deutschen Lebensverhältnisse einfügen „kann", sind an den Prognosemaßstab jedoch keine zu hohen Anforderungen zu stellen[51]. Im Fall **straffällig gewordener Jugendlicher und Heranwachsender** kann nach der Gesetzesbegründung (BT-Drs. 17/5093, 15) in der Regel nicht von einer positiven Integrationsprognose ausgegangen werden. Insoweit erscheint jedoch eine **differenzierte Betrachtung** angezeigt. Auch wenn strafrechtliche Verfehlungen unabhängig vom Vorliegen einer strafgerichtlichen Verurteilung auf eine mangelhafte Akzeptanz der hiesigen Rechts- oder Gesellschaftsordnung hindeuten, so ist es doch geboten, jeweils anhand der Erkenntnisse im konkreten Einzelfall zu überprüfen, ob die strafrechtliche Verfehlung eine positive Integrationsprognose ausschließt, wobei insbesondere die Tatumstände, die bewirkte Rechtsgutsbeeinträchtigung, das Alter des Ausländers bei der Tatbegehung und seine Bereitschaft, das verwirklichte Unrecht einzusehen, aufzuarbeiten und sein Leben entsprechend zu ändern, zu berücksichtigen sind[52]. Nach verbreiteter Auffassung wird eine positive Integrationsprognose regelmäßig zumindest bei einer strafgerichtlichen Verurteilung, die doppelt so hoch ist wie die in Abs. 3 angeführten Tagessatzgrenzen und insbesondere dann, wenn eine Wiederholungsgefahr nicht auszuschließen ist, ausscheiden[53]. Auch hiervon sind jedoch im Einzelfall Aus-

---

[46] Vor dem AufenthGÄndG 2015 war die Altersgrenze auf den Zeitraum nach Vollendung des 15. und vor Vollendung des 21. Lebensjahrs bezogen.

[47] Vgl. zu 32: BVerwG Urt. v. 26.8.2008 – 1 C 32.07, NVwZ 2009, 248; Urt. v. 7.4.2009 – 1 C 17.08, NVwZ 2010, 262. Um eine Umgehung der gesetzlichen Antragsfrist zu vermeiden, ist ferner erforderlich, dass sämtliche Erteilungsvoraussetzungen jedenfalls auch im Zeitpunkt der Vollendung des 21. Lebensjahrs vorgelegen haben, vgl. mwN *Zühlcke*, HTK-AuslR, § 25a/zu Abs. 1, Stand: 14.7.2015, Nr. 5.

[48] Der Gesetzgeber hat insoweit die in § 32 II und § 104a II verwendete Formulierung zur Konkretisierung der positiven Integrationsprognose übernommen.

[49] Vgl. BVerwG Urt. v. 27.1.2009 – 1 C 40.07, ZAR 2009, 193 zu § 104a II; NdsOVG Urt. v. 8.2.2018 – 13 LB 43/17, EzAR-NF 33 Nr 49.

[50] Vgl. NdsOVG Urt. v. 19.3.2012 – 8 LB 5/11, EzAR-NF 33 Nr 38; OVG LSA Beschl. v. 11.10.2011 – 2 M 92/11, AuAS 2012, 50 zu der früheren wortlautidentischen Regelung des § 25a I 1 aE idF vor dem AufenthGÄndG 2015.

[51] Demnach muss nicht mit weitgehender Sicherheit feststehen, dass die Integration gelingen wird, sondern es genügt, wenn aufgrund der Gesamtumstände deutlich mehr für eine gelungene Integration als dagegen spricht, vgl. *Zühlcke* in HTK-AuslR, AufenthG § 25a/zu Abs. 1, Stand: 14.7.2015, Nr. 2.6.

[52] NdsOVG Urt. v. 19.3.2012 – 8 LB 5/11, EzAR-NF 33 Nr. 38 zu der früheren wortlautidentischen Regelung des § 25a I 1 aE idF vor dem AufenthGÄndG 2015.

[53] Vgl. BVerwG Urt. v. 27.1.2009 – 1 C 40.07, DVBl 2009, 650 zu § 104a; *Welte* SächsVBl 2011, 249 (252); *Burr* in GK-AufenthG § 25a Rn. 21; *Zühlcke* in HTK-AuslR, AufenthG § 25a/zu Abs. 1, Stand: 14.7.2015, Nr. 2.6; zu weitgehend erscheinen hingegen die Auffassung von *Deibel* ZAR 2011, 241 (242), wonach sich jede Straftat – ungeachtet des konkreten Strafmaßes – idR zu Lasten des Ausländers auswirkt.

nahmen denkbar, wenn aufgrund anderer Umstände eine gelungene Integration anzunehmen oder aufgrund der Gesamtumstände der Tat davon auszugehen ist, dass es sich lediglich um eine typische einmalige Jugendverfehlung gehandelt hat[54].

Schließlich ist nach **Abs. 1 S. 1 Nr. 5** erforderlich, dass keine konkreten Anhaltspunkte dafür 17 vorliegen, dass sich der Ausländer nicht **zur freiheitlichen demokratischen Grundordnung bekennt.** Diese durch das AufenthGÄndG 2015 neu eingeführte Voraussetzung lehnt sich an die ebenfalls neue Bestimmung in § 25b I Nr. 2 an.

Abs. 1 S. 2 sieht vor, dass eine eigenständige Sicherung des Lebensunterhalts während der Zeit 18 einer schulischen oder beruflichen Ausbildung oder eines Hochschulstudiums nicht erforderlich ist und demnach die **Inanspruchnahme öffentlicher Leistungen** während dieser Zeitdauer die Erteilung einer Aufenthaltserlaubnis abweichend zu § 5 I Nr. 1 (→ Rn. 8) nicht ausschließt. Die Vergünstigung des Abs. 1 S. 2 ist dabei ausschließlich auf die Sicherstellung des *eigenen* Lebensunterhalts des jungen Ausländers bezogen. Nach dem Ende der Ausbildungszeit findet § 5 I Nr. 1 wieder reguläre Anwendung.

3. Versagungsgründe

Abs. 1 S. 3 normiert **zwingende Versagungsgründe.** Nach dieser Vorschrift ist die Aufenthalts- 19 erlaubnis zu versagen, wenn die Abschiebung aufgrund eigener falscher Angaben des Ausländers oder aufgrund seiner Täuschung über seine Identität oder Staatsangehörigkeit ausgesetzt ist. Mit der Falschangabe und der Täuschungshandlung bestehen **zwei alternative Versagungsgründe,** die jedes Verhalten des Ausländers erfassen, mit dem er bei der zuständigen Stelle[55] wissentlich und willentlich eine Fehlvorstellung über seine Identität oder Staatsangehörigkeit herbeiführt. Die Vorschrift setzt damit ein schuldhaftes Verhalten des Ausländers voraus[56].

Voraussetzung für beide Versagungsgründe ist nach dem Gesetzeswortlaut das Vorliegen eines 20 **eigenen Fehlverhaltens des Ausländers** („eigener falscher Angaben", „seiner Täuschung"). Damit stellt die Vorschrift klar, dass **Fehlverhalten Dritter,** insbesondere der Eltern – und dies selbst dann, wenn sie als gesetzlicher Vertreter gehandelt haben[57] –, dem jungen Ausländer grundsätzlich **nicht zugerechnet werden dürfen**[58]. Ein eigenverantwortliches Verhalten des Ausländers liegt allerdings auch dann vor, wenn er Falschangaben oder Täuschungen Dritter gegenüber der zuständigen Behörde ausdrücklich bestätigt. Da Abs. 1 S. 3 jedoch keine Verpflichtung des Ausländers zur aktiven Berichtigung eventueller Fehlangaben Dritter normiert, begründet demgegenüber das bloße passive Fortwirkenlassen früherer Fehlangaben Dritter oder eine Verletzung gesetzlicher Mitwirkungspflichten kein eigenes vorwerfbares Verhalten des Ausländers[59]; der Versagungsgrund des Abs. 1 S. 3 kann mithin nicht durch Unterlassen, sondern nur durch aktives Handeln verwirklicht werden[60].

Das Eingreifen des Versagungsgrunds setzt nach der gesetzlichen Formulierung („aufgrund") zudem 21 eine **strenge Kausalität zwischen dem Fehlverhalten des Ausländers und der Aussetzung der Abschiebung** voraus; das Verhalten des Ausländers muss mithin alleinige Ursache für die Unmöglichkeit der Abschiebung sein[61]. Sofern auch andere Ursachen für das Abschiebungshindernis existieren und diese fortbestehen, greift der Versagungsgrund des Abs. 1 S. 3 nicht ein[62].

IV. Aufenthaltserlaubnis für Familienangehörige

1. Allgemeines

Abs. 2 ermöglicht es den **Eltern** bzw. einem **personensorgeberechtigten Elternteil** (Abs. 2 S. 1) 22 und den **minderjährigen Geschwistern** (Abs. 2 S. 2) eines minderjährigen Ausländers, der eine

---

[54] Vgl. *Burr* in GK-AufenthG § 25a Rn. 21; *Zühlcke* in HTK-AuslR, AufenthG § 25a/zu Abs. 1, Stand: 14.7.2015, Nr. 2 6; *Hailbronner* AufenthG § 25a Rn. 7; NdsOVG Urt. v. 19.3.2012 – 8 LB 5/11, EzAR-NF 33 Nr 38.

[55] Das Fehlverhalten muss nicht zwingend ggü. der Ausländerbehörde erfolgen, sondern kann auch ggü. dem VG o. AG (hinsichtlich Abschiebehaft) oder gegenüber dem BAMF stattgefunden haben, muss jedoch zwingend kausal zur Aussetzung der Abschiebung geführt haben.

[56] Vgl. *Deibel* ZAR 2011, 241 (243); *Burr* in GK-AufenthG § 25a Rn. 28.

[57] OVG LSA Beschl. v. 11.10.2011 – 2 M 92/11, AuAS 2012, 50.

[58] BT-Drs. 17/5093, 15; BVerwG Urt. v. 14.5.2013 – 1 C 17/12, BVerwGE 146, 281; SchlHOVG Urt. v. 27.3.2012 – 4 LB 12/11; so ausdrücklich auch *Hailbronner* AufenthG § 25a Rn. 10; *Burr* in GK-AufenthG § 25a Rn. 23.

[59] BVerwG Urt. v. 14.5.2013 – 1 C 17/12, ZAR 2013, 439; VG Lüneburg Urt. v. 12.8.2011 – 3 A 45/10, BeckRS 2011, 56022.

[60] OVG LSA Beschl. v. 11.10.2011 – 2 M 92/11, AuAS 2012, 50. Dass der junge Ausländer zum Zeitpunkt seines aktiven Fehlverhaltens ggf. noch nicht handlungsfähig iSv § 80 I war, steht der Annahme des Versagungsgrunds grundsätzlich nicht entgegen, da andernfalls der Anwendungsbereich des Versagungsgrunds erheblich eingeschränkt wäre.

[61] OVG LSA Beschl. v. 11.10.2011 – 2 M 92/11, AuAS 2012, 50; *Burr* in GK-AufenthG § 25a Rn. 24.

[62] Vgl. mwN *Burr* in GK-AufenthG § 25a Rn. 25.

Aufenthaltserlaubnis nach Abs. 1 besitzt, ebenso wie den **Ehegatten, Lebenspartnern und minderjährigen ledigen Kindern** eines nach Abs. 1 begünstigten Ausländers (Abs. 2 S. 3–5) unter bestimmten Voraussetzungen ebenfalls eine Aufenthaltserlaubnis zu erhalten. Die Vorschrift trägt nach ihrem Sinn und Zweck ersichtlich den sich aus Art. 6 GG und Art. 8 EMRK ergebenden staatlichen Schutzpflichten zum Schutz der familiären Lebensgemeinschaft Rechnung[63]. Bei erheblichen Straffälligkeiten ist nach Abs. 3 die Ableitung eines Aufenthaltstitels von dem nach Abs. 1 begünstigten minderjährigen Ausländer ausgeschlossen.

23   Abs. 2 begünstigt nur Familienmitglieder eines noch **minderjährigen Ausländers,** der eine Aufenthaltserlaubnis nach Abs. 1 besitzt[64]. Im Rahmen von § 25a II 1 ist zwar grundsätzlich auf die Sach- und Rechtslage im Zeitpunkt der letzten mündlichen Verhandlung in der Tatsacheninstanz abzustellen; etwas anderes gilt in Bezug auf die Minderjährigkeit der Bezugsperson, wenn der Ausländer den Antrag auf Erteilung einer Aufenthaltserlaubnis vor Vollendung des 18. Lebensjahrs der Bezugsperson gestellt hat, diese aber zum Zeitpunkt der letzten mündlichen Verhandlung in der Tatsacheninstanz bereits volljährig ist. In diesem Fall ist darauf abzustellen, ob sämtliche Voraussetzungen für die Erteilung einer Aufenthaltserlaubnis unmittelbar vor Vollendung des 18. Lebensjahrs der Bezugsperson vorlagen. Kann hiervon ausgegangen werden, steht der Umstand, dass die Bezugsperson nicht mehr minderjährig ist, der Erteilung einer Aufenthaltserlaubnis nach § 25a II 1 nicht entgegen[65].

24   An die Stelle des Titels der Bezugsperson nach § 25a I kann auch inzwischen eine Niederlassungserlaubnis gemäß § 26 IV 1 getreten sein[66]. In Abgrenzung zu Abs. 1 ist es für die von Abs. 2 begünstigten Personen unerheblich, ob sie die Rechtsstellung eines geduldeten Ausländers aufweisen. Aus dem systematischen Gesamtzusammenhang der Norm, insbesondere der Regelung des Abs. 2 S. 1 Nr. 1 sowie des Abs. 3, ergibt sich jedoch, dass sich die **Familienangehörigen bereits bzw. noch im Bundesgebiet aufhalten müssen;** ein Nachzug vom Herkunftsstaat ist von Abs. 2 nicht gedeckt[67]. Ausreichend für die Erteilung der Aufenthaltserlaubnis an den Familienangehörigen ist, wenn die **Aufenthaltserlaubnis** an den minderjährigen Ausländer nach Abs. 1 und an das Familienmitglied nach Abs. 2 **gleichzeitig erteilt werden;** ein Erfordernis einer zeitlich zwingend vorgeschalteten Aufenthaltserteilung nach Abs. 1 kann dem Gesetzeswortlaut des Abs. 2 nicht entnommen werden[68].

25   Neben den in Abs. 2 normierten besonderen Voraussetzungen für die Erteilung einer Aufenthaltserlaubnis müssen grundsätzlich auch die **allgemeinen Erteilungsvoraussetzungen des § 5** erfüllt sein, wobei im Anwendungsbereich des Abs. 2 folgende Besonderheiten gelten: **§ 5 I Nr. 1 (Sicherung des Lebensunterhalts)** wird durch die Regelung des **Abs. 2 S. 1 Nr. 2** derart **verdrängt,** dass der Lebensunterhalt nicht nur in der Regel, sondern vielmehr zwingend und zudem eigenständig durch Erwerbstätigkeit gesichert sein muss[69]. Auch die Regelerteilungsvoraussetzung des **§ 5 I Nr. 1a (Klärung der Identität und Staatsangehörigkeit)** wird **durch die speziellere Regelung des Abs. 2 S. 1 Nr. 1 verdrängt,** da die Aufenthaltserlaubnis bei ungeklärter Identität bzw. Staatsangehörigkeit infolge eines Fehlverhaltens des Ausländers ebenfalls zwingend und nicht nur (wie im Rahmen des § 5 I Nr. 1a) in der Regel versagt werden muss[70]. Auch **§ 5 I Nr. 2 (Bestehen eines Ausweisungsinteresses)** wird durch Abs. 2 in verschiedener Weise **modifiziert.** Zum einen kann ein Fehlverhalten dem Ausländer dann nicht als Ausweisungsgrund nach § 5 I Nr. 2 iVm § 54 II Nr. 8 entgegengehalten werden, wenn das Verhalten des Ausländers keinen Versagungsgrund nach Abs. 2 S. 1 Nr. 1 begründet[71]. Zum anderen können auch Straffälligkeiten, die die Grenzen des Ausschlussgrunds des § 25a III nicht übersteigen, dem Ausländer nicht über § 5 I Nr. 2 entgegengehalten werden[72].

---

[63] Insbes. die aufenthaltsrechtliche Berücksichtigung der familiären Bindungen zwischen einem minderjährigen Kind und einem sorge- oder umgangsberechtigten Elternteil entspricht der Rspr. des BVerfG und des EGMR zum Schutz des familiären Zusammenlebens, BVerfG Beschl. v. 8.12.2005 – 2 BvR 1001/04, DVBl 2006, 247; Beschl. v. 23.1.2006 – 2 BvR 1935/05, NVwZ 2006, 682; EGMR Urt. v. 31.1.2006 – 50435/99, InfAuslR 2006, 298.

[64] Dieses Erfordernis gilt jedoch nur für die erstmalige Erteilung der Aufenthaltserlaubnis; eine Verlängerung einer Aufenthaltserlaubnis nach Abs. 2 über § 8 ist hingegen auch dann möglich, wenn das Kind, von dem die Familienangehörigen ihre Aufenthaltserlaubnis ableiten, mittlerweile volljährig ist, vgl. BT-Drs. 17/5093, 16.

[65] VGH BW Urt. v. 23.9.2021 – 11 S 1966/19, BeckRS 2021, 37546.

[66] VGH BW Urt. v. 23.9.2021 – 11 S 1966/19, BeckRS 2021, 37546.

[67] So auch *Welte* SächsVBl 2011, 249 (253); *Hailbronner* AufenthG § 25a Rn. 22; *Burr* in GK-AufenthG § 25a Rn. 37. Der Ausschluss eines Familiennachzugs in den Fällen des Abs. 2 ergibt sich seit dem AufenthGÄndG 2015 auch unmittelbar aus § 29 III 3.

[68] So auch *Burr* in GK-AufenthG § 25a Rn. 38; aA *Welte* SächsVBl 2011, 249 (253).

[69] Es bestehen mithin keine Möglichkeiten, von der besonderen Erteilungsvoraussetzung des § 25a II 1 Nr. 2 abzusehen; die Bestimmung des § 5 III 2 gilt insoweit nicht, denn sie gestattet lediglich ein Absehen vom Erfordernis der allgemeinen Erteilungsvoraussetzungen des § 5, nicht aber ein Absehen vom Erfordernis besonderer, wenn auch inhaltsgleicher Erteilungsvoraussetzungen in speziellen Rechtsgrundlagen; vgl. BVerwG Urt. v. 14.5.2013 – 1 C 17/12, ZAR 2013, 439; NdsOVG Beschl. v. 24.7.2012 – 2 LB 278/11, BeckRS 2012, 54137; Urt. v. 19.3.2012 – 8 LB 5/11, EzAR-NF 33 Nr 38.

[70] Vgl. *Zühlcke* in HTK-AuslR, AufenthG § 25a/zu Abs. 2, Stand: 18.7.2015, Nr. 2.

[71] Vgl. *Burr* in GK-AufenthG § 25a Rn. 56.

[72] Vgl. *Welte* SächsVBl 2011, 249 (255).

Liegen die Voraussetzungen für die Erteilung einer Aufenthaltserlaubnis nach § 25a II nicht vor, 26
kommt für die Eltern, den personensorgeberechtigten Elternteil oder die Geschwister die Erteilung
einer **Duldung nach § 60a IIb** in Betracht[73].

2. Aufenthaltserlaubnis der Eltern

Der von **Abs. 2 S. 1** begünstigte Personenkreis erstreckt sich nach dem Gesetzeswortlaut zum einen 27
auf die **Eltern,** zum anderen auf den **personensorgeberechtigten Elternteil** des im Besitz einer
Aufenthaltserlaubnis nach Abs. 1 befindlichen minderjährigen Ausländers. Darüber hinaus kann nach
den Gesetzesmaterialien über den Wortlaut hinaus auch dem nicht personensorgeberechtigten Elternteil, der aber **umgangsberechtigt** ist, eine Aufenthaltserlaubnis erteilt werden, soweit eine schutzwürdige tatsächliche familiäre Gemeinschaft besteht.[74]

Das Tatbestandsmerkmal „**Eltern**" setzt voraus, dass beide Elternteile im Bundesgebiet leben. Dass 28
die Elternteile miteinander verheiratet sind, gemeinsam in familiärer Lebensgemeinschaft leben und
dass sie personensorgeberechtigt sind, ist vom Gesetzeswortlaut nicht vorgesehen worden und daher
nicht zwingend erforderlich[75]. Vor dem Schutzgedanken des Art. 6 GG ist jedoch erforderlich, dass
jedenfalls zwischen dem minderjährigen Ausländer und den Eltern bzw. – bei getrennt lebenden Eltern
– dem Elternteil, der eine Aufenthaltserlaubnis begehrt, eine **familiäre Lebensgemeinschaft** besteht[76]. Eine schutzwürdige familiäre Lebensgemeinschaft erfordert eine tatsächliche Anteilnahme am
Leben und Aufwachsen des Kindes; sie setzt nicht zwingend zugleich eine häusliche Gemeinschaft
voraus, sondern kann auch bei einem regelmäßigen Umgang des Elternteils mit seinem Kind angenommen werden[77].

Sofern nur ein **Elternteil** im Bundesgebiet lebt, so ist für die Erteilung einer Aufenthaltserlaubnis 29
erforderlich, dass dieser für den nach Abs. 1 begünstigten minderjährigen Ausländer **personensorgeberechtigt** ist. Das in der ursprünglichen Gesetzesfassung noch enthaltene Kriterium des alleinigen
Personensorgerechts ist mit dem AufenthGÄndG 2015 gestrichen und damit eine zu § 32 III korrespondierende Regelung geschaffen worden. Voraussetzung ist jedoch auch in dieser Tatbestandsalternative, dass zwischen dem personensorgeberechtigten Elternteil und dem Kind eine familiäre
Lebensgemeinschaft besteht (→ Rn. 25).

Die Erteilung einer Aufenthaltserlaubnis setzt nach **Abs. 2 S. 1 Nr. 1** des Weiteren voraus, dass die 30
Abschiebung nicht aufgrund falscher Angaben oder aufgrund von Täuschungen über die Identität oder
Staatsangehörigkeit oder mangels Erfüllung zumutbarer Anforderungen an die Beseitigung von Ausreisehindernissen verhindert oder verzögert wird. Es handelt sich hierbei um eine **negative Erteilungsvoraussetzung.** Wenn beide Eltern in Deutschland leben, steht der Erteilung der Aufenthaltserlaubnis bereits entgegen, wenn einer von beiden diese Voraussetzung nicht erfüllt[78]. Inhaltlich gelten
hinsichtlich der **Falschangaben und Täuschungen** dieselben **Anforderungen wie bei Abs. 1 S. 3**
(→ Rn. 18 ff.). Hinsichtlich der Verhinderung oder Verzögerung der Abschiebung **mangels Erfüllung zumutbarer Anforderungen an die Beseitigung von Ausreisehindernissen** orientiert sich
der Wortlaut an der Regelung des § 25 V 4, sodass auf die dortige Kommentierung verwiesen werden
kann. Welche Anforderungen dem Ausländer in diesem Zusammenhang zumutbar sind, richtet sich
nach den Mitwirkungspflichten des § 82 und § 15 AsylG und ist unter Berücksichtigung aller
Umstände und Besonderheiten des Einzelfalls zu entscheiden.

Die Erteilung einer Aufenthaltserlaubnis setzt nach **Abs. 2 S. 1 Nr. 2** tatbestandlich zudem voraus, 31
dass der **Lebensunterhalt eigenständig durch Erwerbstätigkeit** gesichert ist. Zur Sicherung des
Lebensunterhalts im Allgemeinen und der dafür erforderlichen prognostischen Beurteilung → § 2
Rn. 34 ff. zu Abs. 3. Die – § 5 I Nr. 1 verdrängende (→ Rn. 22) – Tatbestandsvoraussetzung des
Abs. 2 S. 1 Nr. 2 erfordert dabei ausdrücklich, dass der Lebensunterhalt durch eine **eigene**[79] **Erwerbstätigkeit,** dh durch eine selbstständige Tätigkeit oder abhängige Beschäftigung (§ 2 II), und
nicht durch andere Mittel gesichert wird. Die Fähigkeit zur Lebensunterhaltssicherung muss sich auf
die **gesamte familiäre Bedarfsgemeinschaft,** also auch auf den Lebensunterhalt des Ehegatten und

---

[73] So auch OVG NRW Beschl. V. 8.9.2021 – 18 A 1945/21, BeckRS 2021, 26227; vertiefend zur DuldungsErt nach § 60a IIb vgl. *Deibel* ZAR 2011, 241 (246 f.).
[74] BT-Drs. 17/5093, 16.
[75] So auch *Burr* in GK-AufenthG § 25a Rn. 40; aA *Deibel* ZAR 2011, 241 (244).
[76] So auch *Welte* SächsVBl 2011, 249 (254); *Burr* in GK-AufenthG § 25a Rn. 40.
[77] Vgl. BVerfG Beschl. v. 9.1.2009 – 2 BvR 1064/08, NVwZ 2009, 387; Beschl. v. 1.12.2008 – 2 BvR 1830/08, BVerfGK 14, 458; BVerwG Urt. v. 27.1.1998 – 1 C 28/96, NVwZ 1998, 745.
[78] So auch *Deibel* ZAR 2011, 241 (245) mit der Begründung, dass nur die Eltern begünstigt werden sollen, die sich bislang aufenthaltsrechtlich beanstandungsfrei im Bundesgebiet aufgehalten haben; ebenso *Burr* in GK-AufenthG § 25a Rn. 43.
[79] Im Fall von Ehegatten ist zu berücksichtigen, dass der Wortlaut des Abs. 2 S. 1 nicht auf den einzelnen Ehepartner, sondern auf die „Eltern" abstellt, sodass es genügt, wenn ein Ehegatte durch eigene Erwerbstätigkeit den Lebensunterhalt der Eltern als Gemeinschaft sichern kann, *Zühlcke* HTK-AuslR, AufenthG § 25a/zu Abs. 2, Stand: 18.7.2015, Nr. 2.3.

der in der familiären Lebensgemeinschaft lebenden Kinder, beziehen[80]. Nach der Gesetzessystematik steht dabei jedoch der Bezug öffentlicher Leistungen durch den minderjährigen Ausländer während seiner Ausbildungszeiten (Abs. 1 S. 2) der Erteilung einer Aufenthaltserlaubnis an die Eltern bzw. den allein personensorgeberechtigten Elternteil nicht entgegen[81].

3. Aufenthaltserlaubnis der Geschwister

32   Der von Abs. 2 S. 2 begünstigte Personenkreis erstreckt sich auf die minderjährigen Kinder eines Ausländers, der als Elternteil eine Aufenthaltserlaubnis nach Abs. 2 S. 1 erlangt hat, sofern sie mit diesem in familiärer Lebensgemeinschaft leben. Erfasst werden damit sowohl die **minderjährigen Geschwister** als auch die minderjährigen **Halbgeschwister des nach Abs. 1 begünstigten Ausländers**. Zum Erfordernis der familiären Lebensgemeinschaft → Rn. 22.

4. Aufenthaltserlaubnis der Ehegatten, Lebenspartner und Kinder

33   Der durch Abs. 2 begünstigte Personenkreis an Familienangehörigen wurde durch das AufenthGÄndG 2015 weiter ausgeweitet. Die neu eingeführten Regelungen des Abs. 2 S. 3–5 ermöglichen die Erteilung einer Aufenthaltserlaubnis nunmehr auch an die **Ehegatten, Lebenspartner und minderjährigen ledigen Kinder** eines nach Abs. 1 begünstigten Ausländers. Erforderlich hierfür ist jedoch – wie auch in den anderen Fällen des Abs. 2 –, dass diese Personen in **familiärer Lebensgemeinschaft** mit dem nach Abs. 1 Begünstigten leben[82]. Anders als im Fall der minderjährigen ledigen Kinder müssen bei den Ehegatten und Lebenspartnern zusätzlich die Voraussetzungen des Abs. 2 S. 1 erfüllt sein (Abs. 2 S. 3). Zudem ist zu berücksichtigen, dass hinsichtlich der Verselbstständigung des Aufenthaltsrechts § 31 für Ehegatten und Lebenspartner jeweils entsprechend gilt (Abs. 2 S. 4)[83]. Liegen die tatbestandlichen Voraussetzungen vor, ist die Erteilung der Aufenthaltserlaubnis als gesetzlicher Regelfall („soll") vorgesehen. Der Ausländerbehörde ist damit nur ausnahmsweise, nämlich bei einer atypischen Fallgestaltung oder besonderen Umständen, ein Ermessen eingeräumt. Die Regelung des Abs. 2 S. 3–5 korrespondiert weitgehend mit der in § 25b IV ebenfalls vorgesehenen Neuregelung.

5. Ausschlussgründe

34   **Abs. 3** enthält einen **zwingenden Ausschlussgrund**[84] für die Erteilung einer abgeleiteten Aufenthaltserlaubnis nach Abs. 2, der der Bestimmung des § 104a I 1 Nr. 6 entspricht. Danach ist die Erteilung einer Aufenthaltserlaubnis nach Abs. 2 bei der Begehung vorsätzlicher Straftaten[85] ausgeschlossen, wobei geringfügige Straftaten unterhalb der in Abs. 3 normierten Schwellen unberücksichtigt bleiben[86]. Zum Verhältnis zu § 5 I Nr. 2 vgl. → Rn. 22. Der Versagungsgrund kann durch eine oder mehrere **Geldstrafen** erfüllt sein, sofern sie – im Falle mehrerer Geldstrafen in ihrer Summe – die angeführten **Tagessatzgrenzen übersteigen**. Verurteilungen zu **Freiheits- oder Jugendstrafen** erfüllen grundsätzlich **stets** den Versagungsgrund. Dabei können strafrechtliche Verurteilungen dem Ausländer grundsätzlich nur solange entgegengehalten werden, bis sie nach dem **BZRG** getilgt oder tilgungsreif sind und damit einem Verwertungsverbot (§ 51 I BZRG) unterliegen. In Anbetracht des Gesetzeswortlauts ist bei **Auslandsstraftaten** der Ausschlussgrund nie gegeben; diese können jedoch iRd § 5 I Nr. 2 berücksichtigt werden. Eine **Zurechenbarkeit von Straftaten** eines Familienangehörigen, mit der Folge, dass (auch) dem anderen die Erteilung einer Aufenthaltserlaubnis nach § 25a II 1 zu versagen wäre, ist **nicht zulässig**.[87] Obwohl der Gesetzgeber in § 104a III eine

---

[80] BT-Drs. 17/5093, 16.
[81] So iE NdsOVG Beschl. v. 24.7.2012 – 2 LB 278/11, BeckRS 2012, 54137; *Hailbronner* AufenthG § 25a Rn. 20; *Deibel* ZAR 2011, 241 (246); *Burr* in GK-AufenthG § 25a Rn. 48; aA *Zühlcke* in HTK-AuslR, AufenthG § 25a/zu Abs. 2, Stand: 18.7.2015, Nr. 2.3.
[82] Hierzu → Rn. 27.
[83] BT-Drs. 18/4097, 42.
[84] Der kategorische Ausschluss der Erteilung einer Aufenthaltserlaubnis in den in Abs. 3 normierten Grenzen ist auch aus verfassungsrechtlicher Sicht nicht zu beanstanden, vgl. dazu ausf. *Burr* in GK-AufenthG § 25a Rn. 52.
[85] Die Verurteilung muss nicht rechtskräftig sein; bei laufenden Ermittlungen ist eine Aussetzung des Verfahrens nach § 79 II zu erwägen.
[86] In Abgrenzung dazu werden in den Fällen des Abs. 1 Straftaten im Rahmen der dort zu treffenden Integrationsprognose gewürdigt. Wird die Erheblichkeitsschwelle unterschritten, besteht gleichwohl die Möglichkeit, strafrechtliche Verurteilungen im Rahmen der Ermessensentscheidung nach Abs. 2 zulasten des Ausländers zu berücksichtigen, vgl. *Welte* SächsVBl 2011, 249 (254); *Deibel* ZAR 2011, 241 (246).
[87] Nach VGH BW Urt. v. 23.9.2021 – 11 S 1966/19, BeckRS 2021, 37546; *Burr* in GK-AufenthG § 25a Rn. 55 lässt Abs. 3 keinen Raum für eine Zurechnung von Straftaten; ebenso: *Röder* in BeckOK, MigR, § 25a AufenthG Rn. 67; *Göbel-Zimmermann/Hupke* in Huber/Mantel, AufenthG/AsylG, AufenthG § 25a Rn. 27; *Hailbronner* AuslR, AufenthG § 25a Rn. 58; *Fränkel* in Hofmann, AuslR, § 25a AufenthG, Rn. 18; *Deibel* ZAR 2011, 241 (246) dagegen vertritt eine umfassende gegenseitige Zurechnung unter Familienmitgliedern; *Zühlcke* in HTK-AuslR, AufenthG § 25a, Stand: 27.8.2019, Rn. 8 f. spricht sich für eine beschränkte Zurechnung ausschließlich unter Eheleuten aus.

ausdrückliche Zurechnungsregelung geschaffen hat, hat er eine entsprechende Regelung in Abs. 3 nicht übernommen, sondern vielmehr durch die Formulierung „der Ausländer" eine Individualisierung der vom Ausschlussgrund betroffenen Person vorgenommen. Mithin sprechen insbesondere sowohl der Wortlaut der Norm als auch die Gesetzessystematik vor dem Hintergrund der Regelung des § 104a III gegen eine ehe- bzw. familieninterne Zurechnung von Straftaten.

6. Antragstellung nach Asylablehnung

Mit der im Zuge des AufenthGÄndG 2015 neu aufgenommenen Regelung des **Abs. 4** soll 35 ermöglicht werden, dass im Falle einer vorausgegangenen Asylablehnung als offensichtlich unbegründet nach § 30 III Nr. 1–6 AsylG eine Aufenthaltserlaubnis nach § 25a ausnahmsweise auch **ohne vorherige Ausreise** aus dem Bundesgebiet erteilt werden kann.

§ 25b Aufenthaltsgewährung bei nachhaltiger Integration

(1) ¹Einem geduldeten Ausländer soll abweichend von § 5 Absatz 1 Nummer 1 und Absatz 2 eine Aufenthaltserlaubnis erteilt werden, wenn er sich nachhaltig in die Lebensverhältnisse der Bundesrepublik Deutschland integriert hat. ²Dies setzt regelmäßig voraus, dass der Ausländer
1. sich seit mindestens acht Jahren oder, falls er zusammen mit einem minderjährigen ledigen Kind in häuslicher Gemeinschaft lebt, seit mindestens sechs Jahren ununterbrochen geduldet, gestattet oder mit einer Aufenthaltserlaubnis im Bundesgebiet aufgehalten hat,
2. sich zur freiheitlichen demokratischen Grundordnung der Bundesrepublik Deutschland bekennt und über Grundkenntnisse der Rechts- und Gesellschaftsordnung und der Lebensverhältnisse im Bundesgebiet verfügt,
3. seinen Lebensunterhalt überwiegend durch Erwerbstätigkeit sichert oder bei der Betrachtung der bisherigen Schul-, Ausbildungs-, Einkommens- sowie der familiären Lebenssituation zu erwarten ist, dass er seinen Lebensunterhalt im Sinne von § 2 Absatz 3 sichern wird, wobei der Bezug von Wohngeld unschädlich ist,
4. über hinreichende mündliche Deutschkenntnisse im Sinne des Niveaus A2 des Gemeinsamen Europäischen Referenzrahmens für Sprachen verfügt und
5. bei Kindern im schulpflichtigen Alter deren tatsächlichen Schulbesuch nachweist.

³Ein vorübergehender Bezug von Sozialleistungen ist für die Lebensunterhaltssicherung in der Regel unschädlich bei
1. Studierenden an einer staatlichen oder staatlich anerkannten Hochschule sowie Auszubildenden in anerkannten Lehrberufen oder in staatlich geförderten Berufsvorbereitungsmaßnahmen,
2. Familien mit minderjährigen Kindern, die vorübergehend auf ergänzende Sozialleistungen angewiesen sind,
3. Alleinerziehenden mit minderjährigen Kindern, denen eine Arbeitsaufnahme nach § 10 Absatz 1 Nummer 3 des Zweiten Buches Sozialgesetzbuch nicht zumutbar ist oder
4. Ausländern, die pflegebedürftige nahe Angehörige pflegen.

(2) Die Erteilung einer Aufenthaltserlaubnis nach Absatz 1 ist zu versagen, wenn
1. der Ausländer die Aufenthaltsbeendigung durch vorsätzlich falsche Angaben, durch Täuschung über die Identität oder Staatsangehörigkeit oder Nichterfüllung zumutbarer Anforderungen an die Mitwirkung bei der Beseitigung von Ausreisehindernissen verhindert oder verzögert oder
2. ein Ausweisungsinteresse im Sinne von § 54 Absatz 1 oder Absatz 2 Nummer 1 und 2 besteht.

(3) Von den Voraussetzungen des Absatzes 1 Satz 2 Nummer 3 und 4 wird abgesehen, wenn der Ausländer sie wegen einer körperlichen, geistigen oder seelischen Krankheit oder Behinderung oder aus Altersgründen nicht erfüllen kann.

(4) ¹Dem Ehegatten, dem Lebenspartner und minderjährigen ledigen Kindern, die mit einem Begünstigten nach Absatz 1 in familiärer Lebensgemeinschaft leben, soll unter den Voraussetzungen des Absatzes 1 Satz 2 Nummer 2 bis 5 eine Aufenthaltserlaubnis erteilt werden. ²Die Absätze 2, 3 und 5 finden Anwendung. ³§ 31 gilt entsprechend.

(5) ¹Die Aufenthaltserlaubnis wird abweichend von § 26 Absatz 1 Satz 1 längstens für zwei Jahre erteilt und verlängert. ²Sie kann abweichend von § 10 Absatz 3 Satz 2 erteilt werden. ³§ 25a bleibt unberührt.

(6) Einem Ausländer, seinem Ehegatten oder seinem Lebenspartner und in familiärer Lebensgemeinschaft lebenden minderjährigen ledigen Kindern, die seit 30 Monaten im Besitz einer Duldung nach § 60d sind, soll eine Aufenthaltserlaubnis nach Absatz 1 abweichend von der in Absatz 1 Satz 2 Nummer 1 genannten Frist erteilt werden, wenn die

Voraussetzungen nach § 60d erfüllt sind und der Ausländer über hinreichende mündliche deutsche Sprachkenntnisse verfügt; bestand die Möglichkeit des Besuchs eines Integrationskurses, setzt die Erteilung der Aufenthaltserlaubnis zudem voraus, dass der Ausländer, sein Ehegatte oder sein Lebenspartner über hinreichende schriftliche Kenntnisse der deutschen Sprache verfügt.

Allgemeine Verwaltungsvorschrift
Nicht belegt.

Übersicht

	Rn.
I. Entstehungsgeschichte	1
II. Allgemeines	2
III. Aufenthaltserlaubnis (Abs. 1)	4
1. Allgemeines	4
2. Erteilungsvoraussetzungen	10
3. Versagungsgründe (Abs. 2)	31
IV. Aufenthaltserlaubnis für Familienangehörige (Abs. 4)	37
V. Übergang von der Beschäftigungsduldung („Spurwechsel"; Abs. 6)	41

I. Entstehungsgeschichte

1 § 25b I–V wurde mit dem AufenthGÄndG 2015[1] eingefügt. § 25b VI wurde im Wege des DuldG vom 8.7.2019[2] eingefügt und trägt der Forderung nach einem „Spurwechsel" gut integrierter Ausländer aus der Beschäftigungsduldung in eine eigenständige Aufenthaltserlaubnis Rechnung. Das ebenfalls im Rahmen des Migrationspakets 2019 erlassene **FEG vom 15.8.2019**[3] passte § 25b V an den damals neu eingeführten § 4a I (Berechtigung zur Erwerbstätigkeit als gesetzlicher Regelfall) an. Die mit dem 1. Migrationspaket 2022 beabsichtigte Änderungen von § 25b I, VII und VIII konnten nicht mehr berücksichtigt werden. Künftig soll für den Erhalt der Aufenthaltserlaubnis ausreichen, dass sich Ausländer seit sechs Jahren bzw. mit minderjährigen ledigen Kindern in häuslicher Gemeinschaft seit vier Jahren ununterbrochen geduldet, gestattet oder mit einer Aufenthaltserlaubnis im Bundesgebiet aufgehalten haben. Zudem wird die Vorschrift an die Einführung von § 104c („Chancen-Aufenthaltsrecht") angepasst.

II. Allgemeines

2 Das Bedürfnis nach einer über die sich durch §§ 18a und 25a bietenden Möglichkeiten hinausgehenden Bleiberechtsregelung haben im Bundesrat zu diversen Bleiberechtsinitiativen der Länder geführt[4]. Mit § 25b wurde eine **stichtagsunabhängige** Bleiberechtsregelung für langjährig geduldete Ausländer eingeführt. Nach der Gesetzesbegründung sollen damit **Integrationsleistungen,** die trotz des fehlenden rechtmäßigen Aufenthalts erbracht wurden und die nicht in den engen Anwendungsbereich von §§ 18a oder 25a fallen[5], durch Erteilung eines gesicherten Aufenthalts honoriert werden[6]; „Kettenduldungen" sollen durch die Möglichkeit der Erteilung einer Aufenthaltserlaubnis nach § 25b vermieden werden. Die auf Erteilung von humanitären Aufenthaltserlaubnissen nach den §§ 25a, 25b und 25 V gerichteten Begehren führen auf drei Streitgegenstände; die Anspruchsgrundlagen stehen nicht in Anspruchsnormenkonkurrenz zueinander[7]. Gleiches gilt für den 2019 neu eingeführten § 25b VI. In der Regel kann zwar davon ausgegangen werden, dass die Erteilungsvoraussetzungen der §§ 25a und 25b Aufenthalt die Integrationsleistungen eines Ausländers, der diesen Vorschriften unterfällt, hinreichend abbilden und dem Recht auf Achtung des Privatlebens aus Art. 8 EMRK mit Blick auf den Aspekt der Verwurzelung bei konventionsfreundlicher Auslegung der Vorschriften damit Genüge getan wird. In Ausnahmefällen ist ein **Rückgriff auf § 25 V** gleichwohl nicht schon aus systematischen Gründen ausgeschlossen, sofern die fallprägenden Gesamtumstände mit Blick auf das Recht auf Achtung des Privatlebens aus Art. 8 EMRK dies gebieten[8].

3 Die Bleiberechtsregelung begünstigt potenziell rund ein Viertel der derzeit geduldeten Ausländer. Von den zum Stichtag 31.12.2014 113.221 als Person mit Duldung im AZR erfassten Ausländern lebten 31.245 Personen mehr als sechs Jahre und 27.310 Personen länger als acht Jahre in der Bundes-

---

[1] Gesetz v. 27.7.2015, BGBl. I S. 1386.
[2] BGBl. 2019 I S. 1021, in Kraft getreten am 1.1.2020.
[3] BGBl. 2019 I S. 1307, in Kraft getreten am 1.3.2020.
[4] Ua Gesetzesanträge des Landes Niedersachsens BR-Drs. 333/12, der Freien und Hansestadt Hamburg BR-Drs. 505/12; vgl. Bundesrat Beschl. v. 23.3.2013 (BR-Drs. 505/12).
[5] Vgl. Antwort der Bundesregierung auf die Kleine Anfrage der Fraktion DIE LINKE (BT-Drs. 18/3987).
[6] BT-Drs. 18/4097, 23; vgl. *Huber* NVwZ 2015, 1178 f.
[7] VGH BW Beschl. v. 5.9.2016 – 11 S 1512/16, InfAuslR 2016, 417.
[8] So VGH BW Urt. v. 4.3.2019 – 11 S 459/19, VBlBW 2019, 385; anders NdsOVG Urt. v. 8.2.2018 – 13 LB 43/17, ZAR 2018, 176.

republik[9]. Neben der Dauer des geduldeten Aufenthalts ist eine **nachhaltige Integration** in die Lebensverhältnisse der Bundesrepublik Deutschland erforderlich. Diese ist bei Vorliegen der Voraussetzungen nach Abs. 1 S. 2 regelmäßig anzunehmen[10]. Daneben werden **Ehegatten, Lebenspartner** sowie **minderjährige Kinder** des nach Abs. 1 berechtigten Ausländers unter den Voraussetzungen des Abs. 3 begünstigt. Abs. 2 normiert **Versagungsgründe** im Fall der Täuschung über Identität und/oder Staatsangehörigkeit, fehlender Mitwirkung oder bei Bestehen eines Ausweisungsinteresses. Abs. 6 eröffnet die Möglichkeit der Erteilung einer Aufenthaltserlaubnis unabhängig von der Frist aus Abs. 1 S. 2 Nr. 2 für gut integrierte Ausländer mit Beschäftigungsduldung.

III. Aufenthaltserlaubnis (Abs. 1)

1. Allgemeines

Auf die Erteilung der Aufenthaltserlaubnis nach § 25b I besteht in der Regel ein Anspruch: Die Aufenthaltserlaubnis „**soll**" erteilt werden, wenn von einer nachhaltigen Integration in die Lebensverhältnisse der Bundesrepublik Deutschland auszugehen ist. Das ist der Fall, wenn die in S. 2 genannten Voraussetzungen vorliegen. Daneben sollen aber auch andere Integrationsleistungen von vergleichbarem Gewicht zu einer Aufenthaltserlaubnis nach § 25b führen können[11]. Nur wenn ein **atypischer Fall** vorliegt, kann trotz Vorliegens der Voraussetzungen ausnahmsweise von der Erteilung der Aufenthaltserlaubnis abgesehen werden. Mitwirkungspflichtverletzungen oder Täuschungshandlungen, die nicht mehr fortwirken, können einen Ausnahmefall begründen, der die regelmäßig vorgegebene Rechtsfolge („soll erteilt werden") zu einer Ermessensregelung herabstuft[12]. Ein atypischer Fall liegt nicht schon vor, wenn Antragsteller erwerbsunfähig, behindert oder im Rentenalter sind. Für diese Personengruppen wird gemäß Abs. 3 von den Voraussetzungen des Abs. 1 S. 2 Nr. 3 (Lebensunterhalt) und Nr. 4 (Deutschkenntnisse) abgesehen. Ein atypischer Fall kann vorliegen, wenn schon zum Zeitpunkt der erstmaligen Beantragung mit hinreichender Sicherheit davon ausgegangen werden kann, dass die Lebensunterhaltssicherung auch zukünftig nicht möglich sein wird[13]. Ebenso ist von einem typischen Fall auszugehen, wenn der Ausländer in der Vergangenheit über seine Identität getäuscht hat[14]; denn § 25b II Nr. 1 schließt die Erteilung einer Aufenthaltserlaubnis nur für den Fall zwingend aus, dass der Ausländer (noch) aktuell die Aufenthaltsbeendigung ua durch Täuschung über seine Identität oder Staatsangehörigkeit oder durch Nichterfüllung zumutbarer Anforderungen an die Mitwirkung bei der Beseitigung von Ausreisehindernissen verhindert oder verzögert[15]. 4

Neben den in Abs. 1 genannten Erteilungsvoraussetzungen gelten auch die allgemeinen Erteilungsvoraussetzungen nach § 5. Soweit die Vorschrift nichts Abweichendes regelt oder ein atypischer Fall vorliegt, kann gemäß § 5 III 2 im Wege des Ermessens von der Anwendung von Abs. 1 abgesehen werden[16]. 5

Die Aufenthaltserlaubnis berechtigt gemäß § 4a I zur Ausübung einer Erwerbstätigkeit, dh jeder selbstständigen oder unselbstständigen Tätigkeit unabhängig von einer Genehmigung durch Ausländerbehörde oder BA; damit stehen den Inhaber dieser Aufenthaltserlaubnis regelmäßig auch die an dieses Merkmal anknüpfenden Leistungen offen. 6

Die Aufenthaltserlaubnis kann gemäß Abs. 5 abweichend von § 10 III 2 erteilt werden. Dh, ein zuvor nach § 30 III AsylG als offensichtlich unbegründet abgelehnter Asylantrag steht der Erteilung der Aufenthaltserlaubnis nach § 25b nicht entgegen. Die Aufenthaltserlaubnis wird abweichend von § 26 I (drei Jahre) für zwei Jahre erteilt. Die Verlängerung richtet sich nach § 8. Eine Niederlassungserlaubnis kann unter den Voraussetzungen des § 26 IV erteilt werden[17]. Wie bei §§ 104a, 104b und 25a ist der Familiennachzug zu Ausländern, die eine Aufenthaltserlaubnis nach § 25b besitzen, gemäß § 29 III 2 ausgeschlossen. 7

Maßgeblicher Zeitpunkt für das Vorliegen der Anspruchsvoraussetzungen ist grundsätzlich die Sach- und Rechtslage im Zeitpunkt der letzten mündlichen Verhandlung[18]. 8

Die Vorschrift schließt die Anwendung anderer Regelungen über die Erteilung einer Aufenthaltserlaubnis aus humanitären Gründen nicht aus. Dies gilt insbesondere für die Regelung des § 25 V[19]. Für die Aufenthaltserlaubnis nach § 25a stellt dies Abs. 5 S. 3 ausdrücklich klar. 9

---

[9] Vgl. Antwort der Bundesregierung auf die Kleine Anfrage der Fraktion DIE LINKE (BT-Drs. 18/3987).
[10] OVG NRW Beschl. v. 21.7.2015 – 18 B 486/14, BeckRS 2015, 49235.
[11] BT-Drs. 18/4097, 42; NdsOVG Beschl. v. 8.2.2018 – 13 LB 43/17, EzAR-NF 33 Nr 49.
[12] BVerwG Urt. v. 18.12.2019 – 1 C 34.18, NVwZ 2020, 1044.
[13] Zu § 104a BT-Drs. 16/5065, 203; vgl. auch NdsOVG Beschl. v. 31.3.2009 – 10 LA 411/08, BeckRS 2009, 32908.
[14] VG Stuttgart Urt. v. 10.10.2017 – 11 K 7156/17, BeckRS 2017, 135611.
[15] → Rn. 31; HmbOVG Beschl. v. 19.5.2017 – 1 Bs 207/16, AuAS 2017, 159 mwN.
[16] *Zühlcke* in HTK-AuslR, AufenthG § 25b Abs. 1, Stand: 1.8.2015.
[17] *Zühlcke* in HTK-AuslR, AufenthG § 25b Abs. 5, Stand: 1.8.2015.
[18] BVerwG Urt. v. 18.12.2019 – 1 C 34.18, BVerwGE 167, 211; zu § 25a BayVGH Beschl. v. 18.3.2021– 19 CE 20.14, BeckRS 2021, 6098.
[19] Vgl. zu § 104a zB BVerwG Urt. v. 11.1.2011 – 1 C 22./09, BVerwGE 138, 336.

2. Erteilungsvoraussetzungen

10 Voraussetzung für die Erteilung der Aufenthaltserlaubnis nach § 25b ist die Rechtsstellung als geduldeter Ausländer. Der Ausländer muss volljährig sein, wie sich aus S. 2 und 3 ergibt[20]. Die Rechtsstellung als geduldeter Ausländer setzt voraus, dass der Ausländer entweder im Besitz einer Duldung ist oder aber Duldungsgründe iSv § 60a II vorliegen[21], also ein Anspruch auf Duldung gegeben ist[22]. Dass keine bestimmte „Qualität" der Duldung zu fordern ist, damit auch eine rein verfahrensbezogene Duldung, die lediglich zur Absicherung des Verfahrens über den Antrag auf Erteilung einer Aufenthaltserlaubnis erteilt worden ist, als Duldung anzusehen ist, dürfte inzwischen zu bejahen[23] sein[24]. Nicht maßgeblich ist, ob der Ausländer auch im Besitz einer Duldungsbescheinigung nach § 60a IV ist. In laufenden Verfahren, auch Gerichtsverfahren, auf Erteilung einer Aufenthaltserlaubnis aus humanitären Gründen ist ggf. hilfsweise auch die Möglichkeit der Erteilung einer Aufenthaltserlaubnis nach § 25b zu prüfen[25]. Eine Aufenthaltsgestattung steht insoweit der Duldung nicht gleich, sodass der Asylantragsteller nach Rücknahme seines Asylerst- oder Folgeantrags – Duldungsgründe vorausgesetzt – in den Genuss der Regelung kommen kann[26]. Auch Inhaber einer Aufenthaltserlaubnis sind von dem durch die Vorschrift begünstigten Personenkreis nicht erfasst[27].

11 Erforderlich gemäß Nr. 1 ist eine **Mindestaufenthaltsdauer von acht Jahren,** die sich auf sechs Jahre verkürzt, wenn der Ausländer mit **minderjährigen ledigen Kindern in einem Haushalt** lebt. Der achtjährige Zeitraum muss mindestens zum Zeitpunkt der behördlichen oder gerichtlichen Entscheidung erfüllt sein. Die Verkürzung auf sechs Jahre kommt nur in Betracht, wenn die Kinder zum Zeitpunkt der Antragstellung noch minderjährig waren. Sind sie zwischenzeitlich volljährig geworden, so ist das unschädlich[28]. Nicht unter § 25b I 2 Nr. 1 fällt ein Großelternteil, der mit einem minderjährigen ledigen Enkelkind und dessen sorgeberechtigtem Elternteil (nur) in tatsächlicher häuslicher Gemeinschaft lebt[29].

12 Der Aufenthalt muss in der Vergangenheit ununterbrochen erlaubt, geduldet oder gestattet gewesen sein. Der Ausländer kann also in der Vergangenheit auch in Besitz einer **Aufenthaltserlaubnis zu einem anderen Aufenthaltszweck** als nach Kap. 2 Abschnitt 5 (zB Studienaufenthalt, Familiennachzug), gewesen sein[30]. In Anbetracht des gesonderten Erfordernisses eines ununterbrochenen Aufenthalts ist zwar jedes Verlassen des Bundesgebiets grundsätzlich schädlich und hat zur Folge, dass die Frist mit der Wiedereinreise wieder neu zu laufen beginnt. **Kurzzeitige Lücken** in den berücksichtigungsfähigen Voraufenthaltszeiten können jedoch durch andere Integrationsindizien aufgewogen werden oder – bei lediglich wenigen Tagen – bereits wegen Bagatellcharakters unschädlich sein[31]. Eine Unterbrechung kann auch nicht nach § 85 außer Betracht bleiben, da diese Vorschrift nicht die Unterbrechung des Aufenthalts als solches betrifft, sondern nur die Unterbrechung der Rechtmäßigkeit des Aufenthalts sowie nach Sinn und Zweck auch die Unterbrechung von Zeiten eines Titelbesitzes[32].

13 Eine **Ausnahme** von der grundsätzlichen Schädlichkeit des Verlassens des Bundesgebiets ist – wie bei § 104a – für den Fall anzuerkennen, dass es sich nur um eine **kurzfristige erlaubte Auslandsreise** handelt[33]; solche Reisen sind aber nur Inhabern von Aufenthaltserlaubnissen möglich, da eine Duldung mit der Ausreise erlischt (§ 60a V 1). Bei einem erfolglosen Versuch eines Geduldeten zur Ausreise in einen anderen Staat, der in einer Zurückschiebung endet, erlischt die Duldung dagegen nicht[34], sodass in diesen Fällen keine Unterbrechung des Voraufenthalts vorliegt. Eine Unterbrechung kann der Erteilung einer Aufenthaltserlaubnis ebenfalls nicht entgegenstehen, wenn sie die Folge einer behörd-

---

[20] OVG NRW Beschl. v. 17.8.2016 – 18 B 696/16, BeckRS 2016, 50358; NdsOVG Beschl. v. 8.2.2018 – 13 LB 43/17, EzAR-NF 33 Nr 49.
[21] Vgl. zu § 104a BayVGH Beschl. v. 28.6.2011 – 10 ZB 10.705 BeckRS 2011, 33310.
[22] BVerwG Urt. v. 18.12.2019 – 1 C 34.18, BVerwGE 167, 211.
[23] BVerwG Urt. v. 18.12.2019 – 1 C 34.18, BVerwGE 167, 211; zu § 25a VGH BW Beschl. v. 3.6.2020 – 11 S 427/20, VBlBW 2021, 66.
[24] AA noch BayVGH Beschl. v. 13.5.2019 – 10 CE 19.811, BeckRS 2019, 13692; NdsOVG Beschl. v. 28.5.2018 – 8 ME 31/18 BeckRS 2018, 12980; OVG Bln-Bbg Beschl. v. 11.1.2018 – OVG 11 S 98.17, BeckRS 2018, 101; OVG NRW Beschl. vom 19.10.2017 – 18 B 1197/17, BeckRS 2017, 129853.
[25] Vgl. zu § 104a zB BVerwG Urt. v. 27.1.2009 – 1 C 40/07, BVerwGE 133, 72 und Urt. v. 11.1.2011 – 1 C 22.09, BVerwGE 138, 336.
[26] Vgl. zu § 104a *Funcke-Kaiser* in GK-AufenthG § 104a Rn. 19.
[27] *Zühlcke* in HTK-AuslR, AufenthG § 25b Abs. 1, Stand: 1.8.2015.
[28] Vgl. zu § 104a BVerwG Beschl. v. 25.8.2009 – 1 C 20.08, NVwZ-RR 2010, 286.
[29] VGH BW Beschl. v. 16.7.2020 – 12 S 1432/20, Asylmagazin 2020, 384.
[30] Anders → § 104a Rn. 11.
[31] BVerwG Urt. v. 18.12.2019 – 1 C 34.18, BVerwGE 167, 211.
[32] BVerwG Urt. v. 18.12.2019 – 1 C 34.18, BVerwGE 167, 211 und Urt. v. 10.11.2009 – 1 C 24.08, NVwZ 2010, 914; VGH BW Urt. v. 9.12.2009 – 13 S 2092/09, BeckRS 2010, 45236; NdsOVG Beschl. v. 29.3.2012 – 8 LA 26/12, InfAuslR 2012, 213.
[33] Vgl. VGH BW Urt. v. 9.12.2009 – 13 S 2092/09, BeckRS 2010, 45236s.
[34] *Fränkel* in HK-AuslR AufenthG § 57 Rn. 15.

lichen Pflichtverletzung, zB einer rechtswidrigen Abschiebung mit anschließend zugelassener Wiedereinreise oder der Verweigerung der Ausstellung einer Duldung ist.

Damit von einer Unschädlichkeit ausgegangen werden kann, ist allerdings Voraussetzung, dass der 14 vorübergehende Auslandsaufenthalt erkennbar nicht auf die endgültige Aufgabe des Lebensmittelpunkts im Bundesgebiet gerichtet war[35]. Auf den erforderlichen ununterbrochenen Aufenthalt sind Zeiten eines erlaubnisfreien Aufenthalts (§§ 15 ff. AufenthV) ebenso wie Fiktionszeiten nach § 81 III 1 und IV, jedenfalls soweit sie zur Erteilung des Aufenthaltstitels geführt haben, anrechenbar[36]. Auch Zeiträume, in denen dem Ausländer eine Duldung zwar nicht förmlich erteilt wurde, er aber einen Anspruch auf Duldungserteilung hatte oder in denen er zwar keinen Aufenthaltstitel, aber einen Rechtsanspruch auf einen Aufenthaltstitel gehabt hatte[37], sind grundsätzlich anzurechnen. Dementsprechend kann auch dann, wenn eine Aufenthaltserlaubnis zurückgenommen wurde, der von ihr umfasste Zeitraum jedenfalls insoweit rückwirkend als geduldet iSv Abs. 1 S. 1 Nr. 1 berücksichtigt werden, als während dieses Zeitraums ein Anspruch auf Duldung bestand[38]. Darüber hinaus können Unterbrechungen in Zeiten des Besitzes einer Aufenthaltserlaubnis bis zur Dauer eines Jahres iSv § 85 unerheblich bleiben[39].

Auf die Übernahme des Tatbestandsmerkmals der fehlenden Bezüge zu oder Unterstützung von 15 extremistischen oder terroristischen Organisationen gemäß 104a I Nr. 5[40] wurde verzichtet. Stattdessen gehört jetzt zu den Integrationsvoraussetzungen nach Nr. 2, dass sich der Ausländer zur **freiheitlichen demokratischen Grundordnung bekennt.** Welches Verhalten damit genau von dem Ausländer abverlangt werden soll, ist unklar. Während die Einbürgerung nach § 10 I Nr. 1 StAG ein Bekenntnis zur freiheitlich demokratischen Grundordnung voraussetzt, erfordert die Erteilung eines Aufenthaltstitels bisher kein solches Bekenntnis[41]. Wegen des unterschiedlichen Regelungsbereichs könnte fraglich sein, ob dem Ausländer nach Nr. 2 ein aktives persönliches Bekenntnis und die Bestätigung eines nicht verfassungsgefährdenden Verhaltens in der Vergangenheit und Gegenwart abverlangt werden soll[42]. Daher erscheint der gemäß § 25a I Nr. 5 gewählte Weg der negativen Bestimmung („keine konkreten Anhaltspunkte dafür bestehen, dass Ausländer sich nicht zur freiheitlichen Demokratischen Grundordnung bekennt") der in § 25b I Nr. 2 getroffenen Regelung vorzugswürdig. Allerdings dürfte ein freiwilliges und ernsthaftes Bekenntnis zur freiheitlichen demokratischen Grundordnung ein Integrationsindikator sein. Von der Regelanforderung für eine nachhaltige Integration aus Nr. 2 kann weder in direkter noch in entsprechender Anwendung des § 25b III abgesehen werden[43].

Sofern die Vorschrift **Grundkenntnisse der Rechts- und Gesellschaftsordnung und der** 16 **Lebensverhältnisse im Bundesgebiet** verlangt, entspricht dieses Erfordernis den Integrationsnachweisen, die gemäß § 9 II Nr. 7 für die Erteilung einer Niederlassungserlaubnis[44] bzw. nach § 9a II Nr. 4 für die Erteilung einer Erlaubnis zum Daueraufenthalt – EU[45] erforderlich sind. Insofern kann der Nachweis durch die erfolgreiche Teilnahme an einem Integrationskurs nachgewiesen werden. Für die Erteilung der Aufenthaltserlaubnis gemäß § 25b ist aber zu bedenken, dass der geduldete Ausländer in der Vergangenheit regelmäßig nicht zum Kreis der Berechtigten nach § 44 gehört hat. Erst mit der Erteilung der Aufenthaltserlaubnis gemäß § 25b erwirbt er den Anspruch auf Teilnahme an einem Integrationskurs. Insofern müssen dem Ausländer andere Möglichkeiten eingeräumt werden, seine Grundkenntnisse der Rechts- und Gesellschaftsordnung und der Lebensverhältnisse im Bundesgebiet nachzuweisen. Geeignet dafür erscheinen zB im Bundesgebiet erworbene Schul- oder berufliche Abschlüsse. Die Erteilungsvoraussetzung der Grundkenntnisse der Rechts- und Gesellschaftsordnung und der Lebensverhältnisse müssen auch Ausländer erfüllen, die nicht handlungsfähig nach Maßgabe des § 80 I sind; denn eine dem § 10 I 2 StAG entsprechende Regelung fehlt in § 25b[46].

Voraussetzung für die Erteilung der Aufenthaltserlaubnis ist (Nr. 3), dass der **Lebensunterhalt** 17 überwiegend durch eigene Erwerbstätigkeit gesichert ist. Die Gesetzesbegründung unterstreicht, dass die eigenverantwortliche Sicherung des Lebensunterhalts zu den Grundvoraussetzungen für eine nachhaltige Integration gehört[47]. Anders als nach § 104a I 2 reicht die „überwiegende" Sicherung des

---

[35] NdsOVG Beschl. v. 29.3.2012 – 8 LA 26/12, InfAuslR 2012, 213; zu § 104a VGH BW Urt. v. 9.12.2009 – 13 S 2092/09, BeckRS 2010, 45236.
[36] BVerwG Urt. v. 30.3.2010 – 1 C 6.09, NVwZ 2010, 1106.
[37] Vgl. *Zühlcke* in HTK-AuslR AufenthG, § 25a zu Abs. 1, Stand: 14.7.2015, Nr. 2.3 mit Verweis auf BVerwG Urt. v. 10.11.2009 – 1 C 24/08, NVwZ 2010, 914.
[38] AA *Zühlcke*, HTK-AuslR, § 25b zu Abs. 1, Stand: 1.8.2015, Nr. 2.2.
[39] *Zühlcke* in HTK-AuslR AufenthG, § 25b zu Abs. 1, Stand: 1.8.2015, Nr. 2.2.
[40] Dazu → § 104a Rn. 26 ff.
[41] Vgl. nunmehr aber § 25a I 1 Nr. 5.
[42] So aber wohl *Zühlcke* in HTK-AuslR, AufenthG § 25b zu Abs. 1, Stand: 1.8.2015, Nr. 2.3 und VG Stuttgart Urt. v. 10.10.2017 – 11 K 7156/17, BeckRS 2017, 135611.
[43] OVG NRW Beschl. v. 29.12.2020 – 18 B 1843/20, 18 E 884/20, BeckRS 2020, 39050; NdsOVG Beschl. v. 13.7.2018 – 13 ME 373/17, ZAR 2019, 41.
[44] → § 9 Rn. 58.
[45] → § 9 Rn. 39.
[46] VG Stuttgart Urt. v. 10.1.2017 – 11 K 2461/16, BeckRS 2017, 135611.
[47] BT-Drs. 18/4097, 42.

Lebensunterhalts. Eine Aufenthaltserlaubnis „auf Probe" (§ 104a I 1) ist nicht mehr vorgesehen. Von einer überwiegenden Sicherung des Lebensunterhalts ist auszugehen, wenn trotz des Bezugs öffentlicher Mittel jedenfalls das Einkommen aus Erwerbstätigkeit insgesamt überwiegt[48]. Die Abweichung von der Regelerteilungsvoraussetzung des § 5 I Nr. 1 soll dem Umstand Rechnung tragen, dass es für Geduldete aufgrund ihres ungesicherten aufenthaltsrechtlichen Status häufig schwieriger ist, einen Arbeitsplatz zu finden[49].

18 Der Lebensunterhalt wird nach den allgemeinen Regeln berechnet (§ 2 III). Unschädlich ist insbesondere der Bezug öffentlicher Mittel, die auf eigenen Leistungen des Ausländers beruhen (ALG I, Leistungen der Kranken- und Rentenversicherung). Klargestellt wird außerdem, dass der Bezug von Wohngeld der Sicherung des Lebensunterhalts nach § 2 III nicht entgegensteht.

19 Ist der **Lebensunterhalt noch nicht überwiegend durch eigene Erwerbstätigkeit** gesichert, ist es auch ausreichend, wenn aufgrund der bisherigen Schulausbildung-, Einkommens- sowie der familiären Situation zu erwarten ist, dass der Ausländer zukünftig den Lebensunterhalt sichern können wird. Oftmals eröffnet erst die Aufenthaltserlaubnis nach § 25b, die Möglichkeiten einen Arbeitsplatz zur Sicherung des Lebensunterhalts zu finden. Sichert ein Ausländer seinen Lebensunterhalt überwiegend durch Erwerbstätigkeit, kommt es auf die gesetzliche Alternative einer positiven Prognose künftiger Lebensunterhaltssicherung aufgrund der bisherigen Schul-, Ausbildungs-, Einkommens- sowie der familiären Lebenssituation nicht an[50].

20 Unschädlich ist in der Regel ein **vorübergehender Bezug** von Sozialleistungen bei den in § 25b I 3 Nr. 1–4 genannten Personengruppen. Diesen ist gemeinsam, dass sie wegen ihrer Ausbildung, der Kinderbetreuung oder der Pflege von Angehörigen nicht oder nur zeitweise einer Erwerbstätigkeit nachgehen können. Dem will das Gesetz mit der Ausnahme von der Lebensunterhaltssicherung im Regelfall Rechnung tragen. In atypischen Fällen kann der vorübergehende Bezug von Sozialleistungen aber auch für diese Personen der Erteilung der Aufenthaltserlaubnis entgegenstehen. Der Begriff „vorübergehend" kann zwar nicht auf eine feste zeitliche Grenze festgelegt werden. Diese ist nach den Umständen zu bestimmen, die den Ausländer an der eigenständigen Sicherung des Lebensunterhalts hindern. Es müssen jedoch Anhaltspunkte dafür vorliegen, dass der Bezug von Sozialleistungen nicht dauerhaft oder auf unabsehbare Zeit erfolgen wird[51].

21 Privilegiert sind danach Studierende an staatlichen oder staatlich anerkannten Hochschulen, Auszubildende in anerkannten Lehrberufen oder sich in staatlich geförderten Berufsbildungsmaßnahmen befindliche Ausländer. Honoriert wird, dass diese Personen die Voraussetzungen für eine **zukünftige eigenständige Sicherung ihres Lebensunterhalt** erwerben. Dies erlaubt die Annahme, dass der Bezug von Sozialleistungen zukünftig entfallen wird. Die zeitliche Grenze des Merkmals „vorübergehend" ist insofern anhand der voraussichtlichen Dauer der jeweiligen Ausbildung zu bestimmen.

22 Auch bei Alleinerziehenden mit minderjährigen Kindern, denen die Aufnahme einer Erwerbstätigkeit nach § 10 I Nr. 3 SGB II nicht zugemutet werden kann, ist der vorübergehende Sozialleistungsbezug regelmäßig unschädlich. Dies betrifft in der Regel Elternteile von Kindern, die das dritte Lebensjahr noch nicht vollendet haben (vgl. § 10 I Nr. 2 Hs. 2 SGB II). Auch hier kann davon ausgegangen werden, dass eine Erwerbstätigkeit jedenfalls dann möglich sein wird, wenn die Betreuung von Kindern, die das dritte Lebensjahr vollendet haben, in einer Tageseinrichtung, in der Tagespflege oder auf sonstige Weise sichergestellt werden kann.

23 Ebenso soll der vorübergehende Bezug von Sozialleistungen für geduldete Ausländer, die nahe Angehörige pflegen (vgl. § 10 I Nr. 4 SGB II), möglich sein. Nach der gesetzlichen Definition gemäß § 7 III PflegeZG sind dies Großeltern, Eltern, Schwiegereltern, Stiefeltern, Ehegatten, Lebenspartner, Partner einer eheähnlichen oder lebenspartnerschaftsähnlichen Gemeinschaft, Geschwister, Schwägerinnen und Schwäger, Kinder, Adoptiv- oder Pflegekinder, Adoptiv- oder Pflegekinder des Ehegatten oder Lebenspartners, Schwiegerkinder und Enkelkinder. Die Gesetzesbegründung scheint das berücksichtigungsfähige Näheverhältnis hier abhängig von der konkreten familiären Situation bestimmen zu wollen[52]. Wegen der Unvorhersehbarkeit der Dauer der Pflegebedürftigkeit von nahen Angehörigen ist eine zeitliche Eingrenzung des Merkmals „vorübergehend" nicht möglich. Insofern ist ein Sozialleistungsbezug wegen der Pflege naher Verwandter grundsätzlich als „vorübergehend" zu werten, wenn zu erwarten ist, dass der Ausländer ohne die Pflegetätigkeit einer Erwerbstätigkeit zur Sicherung des Lebensunterhalts nachgehen würde.

24 Die eigenständige Sicherung des Lebensunterhalts ist nach Abs. 3 ausnahmsweise nicht erforderlich, wenn der Ausländer wegen einer körperlichen, geistigen oder seelischen Krankheit oder Behinderung oder aus Altersgründen nicht erfüllen kann. Insofern wird die Aufenthaltserlaubnis abweichend von § 5 I Nr. 1 erteilt.

---

[48] Vgl. OVG Brem Beschl. v. 22.11.2010 – 1 B 154/10, ZAR 2011, 38 mwN; BayVGH Beschl. v. 4.11.2010 – 19 C 10.2546, BeckRS 2010, 31852 (unter Bezugnahme auf AVV Nr. 104a 5.3).
[49] BT-Drs. 18/4097, 43.
[50] HmbOVG Beschl. v. 19.5.2017 – 1 Bs 207/16, DÖV 2017, 787.
[51] Vgl. AVV Nr. 104a 6.2.
[52] BT-Drs. 18/4097, 43.

Der geduldete Ausländer muss über **hinreichende mündliche Deutschkenntnisse**, also Deutsch- 25
kenntnisse auf dem Niveau A2 des Gemeinsamen Europäischen Referenzrahmens (vgl. § 2 X) verfügen[53]. Die geforderten Sprachkenntnisse liegen damit unterhalb des für eine Niederlassungserlaubnis nach § 9 II Nr. 7 bzw. für die Erlaubnis zum Daueraufenthalt – EU nach § 9a II Nr. 3 geforderten Sprachniveaus. Anerkannt ist der Nachweis durch ein geeignetes und zuverlässiges Sprachstandszeugnis der Stufe A2 (zB „Deutsch-Test für Zuwanderer" – Kompetenzstufe A2)[54]. Derzeit bieten drei deutsche und ein österreichisches Institut die erforderliche standardisierte Deutschprüfung an: Goethe-Institut, TestDaF-Institut, telcGmbH (DVV) und das Österreichische Sprachdiplom Deutsch (ÖSD)[55].

Nachdem keine gesetzliche Pflicht zur Vorlage eines standardisierten Prüfungszeugnisses besteht, 26
können die geforderten mündlichen Sprachkenntnisse auch anderweitig nachgewiesen werden. Die erforderlichen mündlichen Deutschkenntnisse müssen nicht schriftlich belegt werden, sondern können sich auch aus den Umständen ergeben[56]. Der Nachweis soll ohne gesonderte Vorsprache bei der Ausländerbehörde als erbracht gelten, wenn bislang einfache Gespräche bei der Ausländerbehörde ohne Zuhilfenahme eines Dolmetschers auf Deutsch geführt werden konnten[57]. Gleiches gilt bei einem mindestens vierjährigen erfolgreichen Schulbesuch einer deutschsprachigen Schule, dem Erwerb eines Hauptschul- oder gleichwertigen deutschen Schulabschlusses und im Falle der Versetzung in die zehnte Klasse einer weiterführenden deutschsprachigen Schule[58].

Keines weiteren Nachweises bedarf es auch, wenn sich aus den Umständen ergibt, dass die 27
erforderlichen Sprachkenntnisse bestehen. So erfordert das Studium an einer deutschsprachigen Hochschule oder Fachhochschule regelmäßig das Deutsche Sprachdiplom Stufe 2 (Stufe GER B2/C1)[59]. Für deutschsprachige Berufsausbildungen ist regelmäßig die Fähigkeit zur selbstständigen Sprachverwendung in Alltagsgesprächen und im Beruf (B1) Voraussetzung. Insofern kann der Nachweis für das Erreichen des Niveaus A2 nicht von dem erfolgreichen Abschluss von Studium oder Berufsausbildung abhängig gemacht werden[60].

Bei Kindern und Jugendlichen bis zum vollendeten 16. Lebensjahr ist kein Nachweis der Deutsch- 28
kenntnisse erforderlich. Hier genügt die Vorlage des letzten Zeugnisses oder der Nachweis des Kindertagesstättenbesuchs[61].

Der Nachweis hinreichender mündlicher Deutschkenntnisse ist nach Abs. 3 ausnahmsweise nicht 29
erforderlich, wenn der Ausländer wegen einer körperlichen, geistigen oder seelischen Krankheit oder Behinderung oder aus Altersgründen nicht erfüllen kann. Bei lebensälteren Personen ist gemäß Abs. 3 zu berücksichtigen, ob ihnen ihre persönliche Lebenssituation erlaubt, den Sprachnachweis zu erbringen.

Soweit Ausländer mit minderjährigen schulpflichtigen Kindern in häuslicher Gemeinschaft leben, ist 30
der Nachweis des tatsächlichen – nicht des erfolgreichen[62] – **Schulbesuchs** Erteilungsvoraussetzung (Abs. 1 S. 1 Nr. 5) und durch geeignete Bescheinigungen der Schule nachzuweisen[63]. Erhebliche unentschuldigte Fehlzeiten können zur Versagung der Aufenthaltserlaubnis führen[64].

3. Versagungsgründe (Abs. 2)

Abs. 2 formuliert Versagungsgründe, die der Erteilung der Aufenthaltserlaubnis zwingend („ist zu 31
versagen") entgegenstehen. Der Wortlaut der Vorschrift bietet keinen Raum für Ausnahmen in atypischen Fällen, der Ausländerbehörde steht auch kein Ermessen zu.

Gemäß Nr. 1 scheidet die Erteilung einer Aufenthaltserlaubnis aus, wenn der Ausländer die Ab- 32
schiebung durch vorsätzlich falsche Angaben, durch Täuschung über die Identität oder die Staatsangehörigkeit oder Nichterfüllung zumutbarer Anforderungen an die Mitwirkung bei der Beseitigung von Ausreisehindernissen verhindert oder verzögert. Von der Vergünstigung der Legalisierung des Aufenthalts soll derjenige ausgeschlossen sein, der seinen geduldeten Aufenthalt seinem gesetzeswidrigen Verhalten verdankt[65]. Es muss sich um eine aktive, vorsätzliche und kausale Täuschung handeln[66]. Anders als § 104a I Nr. 4 knüpft die Vorschrift aber nicht an früheres Fehlverhalten, sondern nur an aktuelle Mitwirkungsverpflichtungen an. Daher kann ein früheres Täuschen über die Staatsangehörig-

---

[53] → § 2 Rn. 42 f. und AVV Nr. 104a 1.2.
[54] BT-Drs. 18/4097, 43.
[55] Vgl. Association of Language Testers in Europe (ALTE), www.alte.org.
[56] SchlHOVG Beschl. v. 29.10.2021 – 4 MB 52/21, BeckRS 2021, 34235.
[57] BT-Drs. 18/4097, 43.
[58] BT-Drs. 18/4097, 43.
[59] Vgl. www.europaeischer-referenzrahmen.de/deutsch-sprachzertifikate.php.
[60] So aber wohl BT-Drs. 18/4097, 43.
[61] BT-Drs. 18/4097, 43 f.
[62] Wie § 25a I 1 Nr. 2 verlangt.
[63] NdsOVG Beschl. v. 3.2.2010 – 8 PA 17/10, BeckRS 2010, 47440.
[64] NdsOVG Beschl. v. 24.3.2009 – 10 LA 377/08, BeckRS 2009, 32907 und Beschl. v. 8.2.2018 – 13 LB 43/17, ZAR 2018, 176.
[65] Vgl. *Zühlcke* in HTK-AuslR, AufenthG § 25b zu Abs. 1, Stand: 1.8.2015, Nr. 2.
[66] → § 104a Rn. 24; → § 25 Rn. 18 f.

keit oder Identität unbeachtlich sein, wenn es **nicht allein ursächlich** für die langjährige Duldung gewesen ist[67]. Mitwirkungspflichtverletzungen oder Täuschungshandlungen, die nicht mehr fortwirken, können jedoch einen Ausnahmefall begründen, der die regelmäßig vorgegebene Rechtsfolge des I 1 („soll erteilt werden") zu einer Ermessensregelung herabstuft[68], oder im Rahmen des § 25b I 2 und damit innerhalb des Tatbestandsmerkmals der „nachhaltigen Integration" zu berücksichtigen sein[69].

33 Da der Wortlaut von Abs. 2 keine § 104a I 1 Nr. 4[70] entsprechende Einschränkung enthält, können grundsätzlich aber Täuschungen der Ausländerbehörde, des BAMF oder sonstiger staatlicher Stellen von Bedeutung sein.

34 Die Erteilung der Aufenthaltserlaubnis steht zwingend entgegen, wenn ein besonders schwerwiegendes oder ein schwerwiegendes Ausweisungsinteresse iSv § 54 I oder II Nr. 1 und 2 besteht. Die Vorschrift verschärft damit partiell § 5 I Nr. 2, wonach das Nichtvorliegen eines Ausweisungsinteresses Regelerteilungsvoraussetzung ist[71]. Nach § 5 IV 1 stehen nur besonders schwerwiegende Ausweisungsinteressen nach § 54 I Nr. 2 oder 4 zwingend der Erteilung der Aufenthaltserlaubnis entgegen. Die Gesetzesbegründung rechtfertigt dies damit, dass mit § 25b nur Ausländer, die sich an Recht und Gesetz halten, wegen ihrer vorbildlichen Integration begünstigt werden sollen[72]. Im Übrigen stehen die Ausweisungsinteressen gemäß § 54 II Nr. 3–9 gemäß § 5 I Nr. 2 regelmäßig der Erteilung der Aufenthaltserlaubnis entgegen, von denen allerdings gemäß § 5 III 2 abgesehen werden kann.

35 Personen mit Bezügen zu verfassungsfeindlichen, extremistischen und terroristischen Organisationen oder Ausländer, die wegen einer oder mehrerer vorsätzlicher Straftaten zu einer Freiheitsstrafe von mindestens einem Jahr (§ 54 II Nr. 1) oder Jugendstrafe von mindestens einem Jahr verurteilt worden sind und die Vollstreckung nicht zur Bewährung ausgesetzt worden ist, ist danach die Aufenthaltserlaubnis zu versagen.

36 Geldstrafen von insgesamt bis zu 50 Tagessätzen oder bis zu 90 Tagessätzen wegen Straftaten, die nach dem AufenthG oder dem AsylG nur von Ausländern begangen werden können, werden anders als in § 104a I Nr. 6 und § 25a III nicht mehr ausdrücklich als unerheblich erwähnt werden. Ob Strafen in diesem Umfang ein Ausweisungsinteresse gemäß § 54 II Nr. 9 wegen eines nur vereinzelten oder geringfügigen Verstoßes gegen Rechtsvorschriften begründen können, hängt von dem jeweiligen Einzelfall ab[73]. Die Ermessensausübung nach 5 III 2 über ein Absehen von entgegenstehenden Ausweisungsinteressen muss sich jedoch an den Parallelvorschriften orientieren.

IV. Aufenthaltserlaubnis für Familienangehörige (Abs. 4)

37 **Abs. 4** ermöglicht es den **Ehegatten, Lebenspartnern und minderjährigen ledigen Kindern, des nach Abs. 1** begünstigten Ausländers, unter den gleichen Voraussetzungen ebenfalls eine Aufenthaltserlaubnis zu erhalten. Ausreichend ist aber, wenn ein Familienmitglied die erforderlichen Duldungsdauer von acht bzw. sechs Jahren erfüllt. Die Vorschrift trägt nach ihrem Sinn und Zweck ersichtlich den sich aus Art. 6 GG und Art. 8 EMRK ergebenden staatlichen Schutzpflichten zum Schutz der familiären Lebensgemeinschaft Rechnung[74]. Die Regelung entspricht weitgehend der in § 25a II 2 und 3[75].

38 Erforderlich ist, dass den genannten Familienangehörigen gemeinsam in **familiärer Lebensgemeinschaft** leben. Für die Verselbstständigung des Aufenthaltsrechts gilt § 31 für Ehegatten und Lebenspartner entsprechend. Liegen die Erteilungsvoraussetzungen nach Abs. 1 Nr. 2–5 vor und stehen **keine Versagungsgründe** nach Abs. 2 entgegen, ist die Erteilung der Aufenthaltserlaubnis als gesetzlicher Regelfall („soll") vorgesehen. Der Ausländerbehörde ist damit nur ausnahmsweise, nämlich bei einer atypischen Fallgestaltung oder besonderen Umständen, ein Ermessen eingeräumt.

39 Voraussetzung für die Erteilung der Aufenthaltserlaubnis an Familienangehörige ist, dass der **Lebensunterhalt** überwiegend durch eigene Erwerbstätigkeit gesichert ist. Insofern ergeben sich keine Besonderheiten, weil der Bezugspunkt für die Berechnung des Lebensunterhalts die Bedarfsgemeinschaft ist. Der Lebensunterhalt der in Abs. 4 bezeichneten Familienangehörigen gilt grundsätzlich auch als gesichert bzw. überwiegend gesichert iSv Abs. 1 S. 2 Nr. 3, wenn nur ein Mitglied der Bedarfsgemein-

---

[67] Vgl. BT-Drs. 18/4097, 44; SächsOVG Beschl. v. 2.9.2016 – 3 B 168/16, BeckRS 2016, 53660.
[68] BVerwG Urt. v. 18.12.2019 – 1 C 34.18, NVwZ 2020, 1044.
[69] NdsOVG Beschl. v. 3.6.2021 – 8 ME 39/21, BeckRS 2021, 14284; BayVGH Beschl. v. 15.10.2019 – 19 CS 18.164 –, BeckRS 2019, 25274; OVG NRW Beschl. v. 21.7.2015 – 18 B 486/14, BeckRS 2015, 49235.
[70] → § 104a Rn. 25.
[71] VGH BW Beschl. v. 23.11.2020 – 11 S 3717/20, AuAS 2021, 35.
[72] Vgl. BT-Drs. 18/4097, 44.
[73] Dazu → § 54 Rn. 76 ff.
[74] Insbes. die aufenthaltsrechtliche Berücksichtigung der familiären Bindungen zwischen einem minderjährigen Kind und einem sorge- oder umgangsberechtigten Elternteil entspricht der Rspr. des BVerfG und des EGMR zum Schutz des familiären Zusammenlebens, BVerfG Beschl. v. 8.12.2005 – 2 BvR 1001/04, DVBl 2006, 247; Beschl. v. 23.1.2006 – 2 BvR 1935/05, NVwZ 2006, 682; EGMR Urt. v. 31.1.2006 – 50435/999, InfAuslR 2006, 298.
[75] → § 25a Rn. 31.

schaft ein entsprechendes Einkommen aus Erwerbstätigkeit erzielt[76]. Die übrigen Erteilungsvoraussetzungen nach Abs. 4 iVm Abs. 2 Nr. 2, 4 und 5, Ausnahmen nach Abs. 4 iVm Abs. 3 und Versagungsgründe nach Abs. 4 iVm Abs. 2 sind für das jeweilige Familienmitglied individuell zu prüfen.

Der **Koalitionsvertrag der sog. Ampel-Koalition** sieht vor, die Voraussetzungen des § 25b zu ändern und den Erhalt eines Aufenthaltstitels auf dieser Grundlage zu vereinfachen: So sollen besondere Integrationsleistungen von Geduldeten gewürdigt werden, indem bereits nach sechs bzw. vier Jahren für Familien ein Bleiberecht eröffnet wird. Daneben sollen Menschen, die am 1.1.2022 seit fünf Jahren in Deutschland leben, nicht straffällig geworden sind und sich zur freiheitlichen demokratischen Grundordnung bekennen, eine einjährige Aufenthaltserlaubnis auf Probe erhalten können, um in dieser Zeit die übrigen Voraussetzungen für ein Bleiberecht (insbesondere Lebensunterhaltssicherung und Identitätsnachweis gemäß §§ 25a und 25b) zu erfüllen (vgl. Koalitionsvertrag 2021–2025 zwischen SPD, BÜNDNIS90/DIE GRÜNEN und FDP, S. 138). **40**

V. Übergang von der Beschäftigungsduldung („Spurwechsel"; Abs. 6)

Abs. 6 bildet eine gegenüber Abs. 1 **eigenständige Anspruchsgrundlage** auf Erteilung einer Aufenthaltserlaubnis. Abs. 6 ermöglicht es auch den Ehegatten, Lebenspartnern und in familiärer Lebensgemeinschaft lebenden – insoweit besteht ein Unterschied zu Abs. 4 – minderjährigen ledigen Kindern, ebenfalls eine Aufenthaltserlaubnis zu erhalten. Durch das DuldG vom 8.7.2019[77] werden klare Kriterien für einen verlässlichen Status Geduldeter definiert, die durch ihre Erwerbstätigkeit ihren Lebensunterhalt sichern und gut integriert sind, und mit der Beschäftigungsduldung wird eine weitere langfristige Duldung als Unterfall der Duldung aus persönlichen Gründen iSd § 60a II 3 geschaffen. Mit der 30-monatigen Beschäftigungsduldung erhalten die Arbeitgeber sowie die Geduldeten und ihre Familien **Rechtsklarheit und Rechtssicherheit** und mit der anschließenden Möglichkeit des Übergangs in eine Aufenthaltserlaubnis nach § 25b oder nach § 18a eine Bleibeperspektive[78]. **41**

Nach der Gesetzesbegründung[79] soll der neue Abs. 6 den Übergang von der Beschäftigungsduldung zu einer Aufenthaltserlaubnis nach § 25b regeln. Hierfür müssten die Voraussetzungen des § 60c zum Zeitpunkt der erstmaligen Beantragung der Aufenthaltserlaubnis weiterhin erfüllt sein. Mit der Erteilung einer Aufenthaltserlaubnis nach § 25b bzw. bei der Verlängerung einer solchen gelte dann nur noch § 25b. Hinzu kommen weitergehende Anforderungen an das Vorliegen deutscher Sprachkenntnisse: Wenn die Möglichkeit zum Besuch eines Integrationskurses bestanden hat, muss der Ausländer über die für die Erteilung der Beschäftigungsduldung erforderlichen hinreichenden mündlichen deutschen Sprachkenntnisse hinausgehend für die Aufenthaltserlaubnis nach § 25b mindestens über hinreichende mündliche und schriftliche deutsche Sprachkenntnisse verfügen. Sofern der Ausländer verheiratet oder verpartnert sei, reiche es aus, wenn einer der beiden Ehepartner über die geforderten hinreichenden schriftlichen deutschen Sprachkenntnisse verfüge. Die Möglichkeit zum Besuch eines Integrationskurses besteht dann, wenn der Ausländer von der zuständigen Behörde im Rahmen des § 44a I Nr. 4 zur Teilnahme verpflichtet wurde und der Besuch eines Integrationskurses im Rahmen verfügbarer Kursplätze (§ 44 IV 2 Nr. 2) tatsächlich möglich war. Bei Asylbewerbern, bei denen ein rechtmäßiger und dauerhafter Aufenthalt zu erwarten ist, ist die Möglichkeit zur Verpflichtung zur Teilnahme an einem Integrationskurs im Rahmen verfügbarer Kursplätze bereits während des Asylverfahrens gegeben (§ 44 IV 2 Nr. 1)[80]. **42**

Nach dem eindeutigen Wortlaut des Abs. 6 „soll" die Aufenthaltserlaubnis bei Vorliegen der genannten Voraussetzungen erteilt werden. Damit besteht in der Regel ein **Anspruch** auf Erteilung, es sei denn, es liegt ein atypischer Fall vor. Ein ausdrücklicher Rückgriff auf Abs. 2 scheidet mangels Verweises aus; jedoch dürfte das Vorliegen einer Fallgestaltung des Abs. 2 regelmäßig die Annahme eines atypischen Falls und damit die Versagung der Aufenthaltserlaubnis rechtfertigen. **43**

§ 26 Dauer des Aufenthalts

(1) ¹Die Aufenthaltserlaubnis nach diesem Abschnitt kann für jeweils längstens drei Jahre erteilt und verlängert werden, in den Fällen des § 25 Abs. 4 Satz 1 und Abs. 5 jedoch für längstens sechs Monate, solange sich der Ausländer noch nicht mindestens 18 Monate rechtmäßig im Bundesgebiet aufgehalten hat. ²Asylberechtigten und Ausländern, denen die Flüchtlingseigenschaft im Sinne des § 3 Absatz 1 des Asylgesetzes zuerkannt worden ist, wird die Aufenthaltserlaubnis für drei Jahre erteilt. ³Subsidiär Schutzberechtigten im Sinne des § 4 Absatz 1 des Asylgesetzes wird die Aufenthaltserlaubnis für ein Jahr erteilt, bei Verlängerung für zwei weitere Jahre. ⁴Ausländern, die die Voraussetzungen des § 25 Ab-

---

[76] Vgl. BT-Drs. 18/4097, 45.
[77] BGBl. 2019 I S. 1021, in Kraft getreten am 1.1.2020.
[78] BT-Drs. 19/8286, 1.
[79] BT-Drs. 19/8286, 13.
[80] BT-Drs. 19/8286, 14.

satz 3 erfüllen, wird die Aufenthaltserlaubnis für mindestens ein Jahr erteilt. ⁵Die Aufenthaltserlaubnisse nach § 25 Absatz 4a Satz 1 und Absatz 4b werden jeweils für ein Jahr, Aufenthaltserlaubnisse nach § 25 Absatz 4a Satz 3 jeweils für zwei Jahre erteilt und verlängert; in begründeten Einzelfällen ist eine längere Geltungsdauer zulässig.

(2) Die Aufenthaltserlaubnis darf nicht verlängert werden, wenn das Ausreisehindernis oder die sonstigen einer Aufenthaltsbeendigung entgegenstehenden Gründe entfallen sind.

(3) ¹Einem Ausländer, der eine Aufenthaltserlaubnis nach § 25 Absatz 1 oder 2 Satz 1 erste Alternative besitzt, ist eine Niederlassungserlaubnis zu erteilen, wenn
1. er die Aufenthaltserlaubnis seit fünf Jahren besitzt, wobei die Aufenthaltszeit des der Erteilung der Aufenthaltserlaubnis vorangegangenen Asylverfahrens abweichend von § 55 Absatz 3 des Asylgesetzes auf die für die Erteilung der Niederlassungserlaubnis erforderliche Zeit des Besitzes einer Aufenthaltserlaubnis angerechnet wird,
2. das Bundesamt für Migration und Flüchtlinge nicht nach § 73 Absatz 2a des Asylgesetzes mitgeteilt hat, dass die Voraussetzungen für den Widerruf oder die Rücknahme vorliegen; ist der Erteilung der Aufenthaltserlaubnis eine Entscheidung des Bundesamtes vorausgegangen, die im Jahr 2015, 2016 oder 2017 unanfechtbar geworden ist, muss das Bundesamt mitgeteilt haben, dass die Voraussetzungen für den Widerruf oder die Rücknahme nicht vorliegen,
3. sein Lebensunterhalt überwiegend gesichert ist,
4. er über hinreichende Kenntnisse der deutschen Sprache verfügt und
5. die Voraussetzungen des § 9 Absatz 2 Satz 1 Nummer 4 bis 6, 8 und 9 vorliegen.

²§ 9 Absatz 2 Satz 2 bis 6, § 9 Absatz 3 Satz 1 und § 9 Absatz 4 finden entsprechend Anwendung; von der Voraussetzung in Satz 1 Nummer 3 wird auch abgesehen, wenn der Ausländer die Regelaltersgrenze nach § 35 Satz 2 oder § 235 Absatz 2 des Sechsten Buches Sozialgesetzbuch erreicht hat. ³Abweichend von Satz 1 und 2 ist einem Ausländer, der eine Aufenthaltserlaubnis nach § 25 Absatz 1 oder 2 Satz 1 erste Alternative besitzt, eine Niederlassungserlaubnis zu erteilen, wenn
1. er die Aufenthaltserlaubnis seit drei Jahren besitzt, wobei die Aufenthaltszeit des der Erteilung der Aufenthaltserlaubnis vorangegangenen Asylverfahrens abweichend von § 55 Absatz 3 des Asylgesetzes auf die für die Erteilung der Niederlassungserlaubnis erforderliche Zeit des Besitzes einer Aufenthaltserlaubnis angerechnet wird,
2. das Bundesamt für Migration und Flüchtlinge nicht nach § 73 Absatz 2a des Asylgesetzes mitgeteilt hat, dass die Voraussetzungen für den Widerruf oder die Rücknahme vorliegen; ist der Erteilung der Aufenthaltserlaubnis eine Entscheidung des Bundesamtes vorausgegangen, die im Jahr 2015, 2016 oder 2017 unanfechtbar geworden ist, muss das Bundesamt mitgeteilt haben, dass die Voraussetzungen für den Widerruf oder die Rücknahme nicht vorliegen,
3. er die deutsche Sprache beherrscht,
4. sein Lebensunterhalt weit überwiegend gesichert ist und
5. die Voraussetzungen des § 9 Absatz 2 Satz 1 Nummer 4 bis 6, 8 und 9 vorliegen.

⁴In den Fällen des Satzes 3 finden § 9 Absatz 3 Satz 1 und § 9 Absatz 4 entsprechend Anwendung. ⁵Für Kinder, die vor Vollendung des 18. Lebensjahres nach Deutschland eingereist sind, kann § 35 entsprechend angewandt werden. ⁶Die Sätze 1 bis 5 gelten auch für einen Ausländer, der eine Aufenthaltserlaubnis nach § 23 Absatz 4 besitzt, es sei denn, es liegen die Voraussetzungen für eine Rücknahme vor.

(4) ¹Im Übrigen kann einem Ausländer, der eine Aufenthaltserlaubnis nach diesem Abschnitt besitzt, eine Niederlassungserlaubnis erteilt werden, wenn die in § 9 Abs. 2 Satz 1 bezeichneten Voraussetzungen vorliegen. ²§ 9 Abs. 2 Satz 2 bis 6 gilt entsprechend. ³Die Aufenthaltszeit des der Erteilung der Aufenthaltserlaubnis vorangegangenen Asylverfahrens wird abweichend von § 55 Abs. 3 des Asylgesetzes auf die Frist angerechnet. ⁴Für Kinder, die vor Vollendung des 18. Lebensjahres nach Deutschland eingereist sind, kann § 35 entsprechend angewandt werden.

Allgemeine Verwaltungsvorschrift
26 Zu § 26 – Dauer des Aufenthalts
26.1 Höchstgeltungsdauer der Aufenthaltserlaubnisse nach Kapitel 2 Abschnitt 5
26.1.1 § 26 Absatz 1 sieht eine Höchstgeltungsdauer der Aufenthaltserlaubnis von grundsätzlich drei Jahren vor. In den Fällen, in denen der Ausländer eine Aufenthaltserlaubnis nach § 25 Absatz 4 Satz 1 oder § 25 Absatz 5 besitzt und sich noch nicht seit mindestens 18 Monaten rechtmäßig in Deutschland aufhält, ist die Höchstgeltungsdauer der Aufenthaltserlaubnis auf sechs Monate beschränkt. Zu erwarten ist ein ununterbrochener rechtmäßiger Aufenthalt von mindestens 18 Monaten; Duldungszeiten können nicht angerechnet werden. Soweit absehbar ist, dass der Schutzzweck früher enden wird oder ein Abschiebungshindernis in nächster Zeit entfallen könnte, sollte die Frist entsprechend kürzer bemessen werden. So kann die Aufenthaltserlaubnis auch auf Tage, Wochen oder Monate befristet werden. Dies sollte insbesondere in den Fällen der §§ 23a, 25 Absatz 4 und 5 berücksichtigt werden.

26.1.2 In den Fällen des § 25 Absatz 1 und 2 ist die Aufenthaltserlaubnis für drei Jahre zu erteilen. Die Geltungsdauer von drei Jahren entspricht der in § 73 Absatz 2a AsylVfG geregelten Frist zur Überprüfung der Voraussetzungen der Anerkennungsentscheidung.

Dauer des Aufenthalts   § 26 AufenthG 1

Die Geltungsdauer der Aufenthaltserlaubnis nach § 25 Absatz 3 beträgt mindestens ein Jahr. Die Ausländerbehörde kann die Geltungsdauer der Aufenthaltserlaubnis für diesen Personenkreis im Rahmen ihrer Ermessensentscheidung danach jeweils auf einen Zeitraum zwischen einem Jahr und drei Jahren befristen.

26.1.3. § 26 Absatz 1 Satz 3 regelt die Erteilungsdauer der Aufenthaltserlaubnis nach § 25 Absatz 4 a. Diese beträgt grundsätzlich sechs Monate, sie kann jedoch in begründeten Fällen auch länger erteilt werden. Auch wenn damit die Aufenthaltserlaubnis regelmäßig für sechs Monate zu erteilen ist, so handelt es sich bei der Möglichkeit der längeren Erteilung nicht um eine Ausnahmeregelung im eigentlichen Sinn, da diese nicht auf atypische Sonderfälle beschränkt ist. Die Regelbefristung trägt dem Umstand Rechnung, dass die Aufenthaltserlaubnis nach § 25 Absatz 4a als Aufenthaltsrecht für einen vorübergehenden Aufenthalt ausgestaltet ist. In begründeten Fällen kann die Ausländerbehörde die Aufenthaltserlaubnis für eine längere Geltungsdauer erteilen. Ein solcher Fall liegt insbesondere dann vor, wenn von vornherein absehbar ist, dass die Notwendigkeit der Anwesenheit des Ausländers als Zeuge auf Grund der Ermittlungen der Strafverfolgungsbehörden oder/und der gerichtlichen Verhandlungen länger als sechs Monate bestehen wird. Zur Realisierung des mit § 25 Absatz 4a verfolgten Zwecks – der Gewinnung von verwertbaren Aussagen der Opfer im Interesse der Strafverfolgung von Menschenhandelsdelikten – ist es in diesen Fällen zweckmäßig, die Aufenthaltserlaubnis von vornherein für einen längeren, im Hinblick auf den Abschluss des Strafverfahrens realistischen Zeitraum zu erteilen. Hierdurch kann ein erheblicher Beitrag zur persönlichen Stabilisierung der Opferzeugen geleistet werden.

26.2 Ausschluss der Verlängerung
Absatz 2 verdeutlicht, dass der Aufenthalt aus humanitären Gründen vom Grundsatz des temporären Schutzes geprägt ist. Wie in § 25 Absatz 5 Satz 3 wird nicht mehr auf das Vorliegen von Abschiebungshindernissen, sondern auf das Vorliegen von Ausreisehindernissen abgestellt. Auch bei der Entscheidung über die Verlängerung der Aufenthaltserlaubnis ist auf das Fortbestehen der Erteilungsvoraussetzungen zu achten.

26.3 Erteilung einer Niederlassungserlaubnis an Inhaber einer Aufenthaltserlaubnis nach § 25 Absatz 1 oder 2
26.3.1 § 26 Absatz 3 sieht vor, dass Asylberechtigte und Konventionsflüchtlinge einen Rechtsanspruch auf Erteilung einer Niederlassungserlaubnis haben, wenn

– sie seit drei Jahren eine Aufenthaltserlaubnis nach § 25 Absatz 1 oder Absatz 2 besitzen und
– das Bundesamt für Migration und Flüchtlinge gemäß § 73 Absatz 2a AsylVfG mitgeteilt hat, dass die Voraussetzungen für den Widerruf und die Rücknahme der Asyl- oder Flüchtlingsanerkennung nicht vorliegen.

26.3.2 Das Bundesamt für Migration und Flüchtlinge überprüft die Situation nach der Drei-Jahres-Frist von Amts wegen und teilt der Ausländerbehörde das Ergebnis mit. Die Vorschrift setzt für die Erteilung der Niederlassungserlaubnis ein aktives Handeln des Bundesamtes für Migration und Flüchtlinge in Form einer Mitteilung voraus, die beinhaltet, dass die Voraussetzungen für einen Widerruf und eine Rücknahme nach § 73 AsylVfG bzw. eine Rücknahme nach § 48 VwVfG nicht vorliegen. Die Vorschrift erfasst auch Rücknahmen auf Grundlage von § 48 VwVfG in den Fällen, in denen die Asylanerkennung oder die Zuerkennung der Flüchtlingseigenschaft von Anfang an rechtswidrig war, für die jedoch kein Widerrufs- und Rücknahmegrund nach § 73 AsylVfG vorliegt.

26.3.3 Für die Berechnung der Drei-Jahres-Frist kommt es darauf an, dass der Ausländer während des gesamten Zeitraums im Besitz einer Aufenthaltserlaubnis nach § 25 Absatz 1 oder Absatz 2 war. Die Fiktion der Fortgeltung einer Aufenthaltserlaubnis nach § 81 Absatz 4 reicht aus, wenn dem Ausländer nach § 25 Absatz 1 oder Absatz 2 ein Anspruch auf Verlängerung zusteht. Bagatellunterbrechungen, die der Ausländer nicht zu vertreten hat, sollte die Ausländerbehörde im Rahmen der Ermessensentscheidung nach § 85 unberücksichtigt lassen; sie sind jedoch nicht anrechenbar. Eine Anrechnung von Zeiten des Besitzes einer Aufenthaltsbefugnis nach dem AuslG ist im Rahmen der Erteilung einer Niederlassungserlaubnis nach § 26 Absatz 3 nicht vorgesehen. Der Gesetzgeber hat in § 102 Absatz 2 eine Anrechnung nur im Fall der Erteilung einer Niederlassungserlaubnis nach § 26 Absatz 4 angeordnet (vgl. hierzu Nummer 26.4.8 und 102.2). Aus der dort vorgenommenen ausdrücklichen Beschränkung der Anrechnung von Zeiten des Besitzes einer Aufenthaltsbefugnis auf den Anwendungsbereich des § 26 Absatz 4 folgt im Umkehrschluss, dass eine Anrechnung in anderen Fällen nicht in Betracht kommt (siehe aber Nummer 26.4.2).

26.4 Erteilung einer Niederlassungserlaubnis an andere Inhaber einer Aufenthaltserlaubnis aus humanitären Gründen
26.4.1 Die Niederlassungserlaubnis nach § 26 Absatz 4 im Ermessenswege erteilt werden, wenn der Ausländer seit sieben Jahren eine Aufenthaltserlaubnis aus humanitären Gründen besitzt und die Voraussetzungen des § 9 Absatz 2 Satz 1 Nummer 2 bis 9 erfüllt. Bei Ehegatten genügt es, wenn die Voraussetzungen nach § 9 Absatz 2 Satz 1 Nummer 3, 5 und 6 durch einen Ehegatten erfüllt werden (§ 9 Absatz 3 Satz 3).

26.4.2 Die Vorschrift ist auch auf Asylberechtigte und anerkannte Flüchtlinge anwendbar, für die jedoch i. d. R. § 26 Absatz 2 günstiger sein wird, es sei denn, sie können sich z. B. Aufenthaltszeiten nach § 102 Absatz 2 oder nach § 55 Absatz 3 AsylVfG anrechnen lassen.

26.4.3 § 26 Absatz 4 findet keine Anwendung auf Ausländer nach § 24, da für diesen Personenkreis nach § 24 Absatz 1 die Verlängerungsregelung nach Artikel 4 der Richtlinie 2001/55/EG des Rates vom 20. Juli 2001 über Mindestnormen für die Gewährung vorübergehenden Schutzes im Falle eines Massenzustroms von Vertriebenen und Maßnahmen zur Förderung einer ausgewogenen Verteilung der Belastungen, die mit der Aufnahme dieser Personen und den Folgen dieser Aufnahme verbunden sind, auf die Mitgliedstaaten (ABl. EG Nummer L 212 S. 12, so genannte Richtlinie zum vorübergehenden Schutz) gilt, sowie auf Ausländer, die im Besitz einer Aufenthaltserlaubnis nach § 25 Absatz 4 Satz 1 oder Absatz 4a sind, da diese Vorschriften ausdrücklich den vorübergehenden Aufenthalt in Deutschland regeln. Auch auf Ausländer, die eine Aufenthaltserlaubnis auf Probe (§ 104a Absatz 1 Satz 1) besitzen, findet § 26 Absatz 4 keine Anwendung (§ 104a Absatz 1 Satz 3). Erst, wenn sich der weitere Aufenthalt aufgrund der Verlängerung gemäß § 104a Absatz 5 Satz 2, 3 nach § 23 Absatz 1 richtet, ist § 26 Absatz 4 auch bei einer ursprünglichen Aufenthaltserlaubnis auf Probe anwendbar. Im Falle des § 104b findet § 26 Absatz 4 durch den Verweis auf § 23 Absatz 1 Anwendung.

26.4.4 Voraussetzung für die Erteilung einer Niederlassungserlaubnis nach § 26 Absatz 4 Satz 1 ist, dass der Ausländer

– bereits seit sieben Jahren eine Aufenthaltserlaubnis nach §§ 22 bis 25 besitzt und
– die Voraussetzungen für die Erteilung einer Niederlassungserlaubnis nach § 9 Absatz 2 Satz 1 Nummer 2 bis 9 erfüllt.

26.4.5 Nicht erforderlich ist, dass die materiell-rechtlichen Voraussetzungen für die Erteilung oder Verlängerung der Aufenthaltserlaubnis noch erfüllt sind, solange der Ausländer noch im Besitz einer Aufenthaltserlaubnis nach den §§ 22 ff. ist. § 26 Absatz 2 findet keine Anwendung.

26.4.6 Vom Vorliegen der allgemeinen Erteilungsvoraussetzungen kann nach § 5 Absatz 3 Satz 2 abgesehen werden; § 5 Absatz 4 ist zu beachten.

26.4.7 Die Ausländerbehörde kann bei der Ausübung des Ermessens ausgehend von der Zielvorgabe des § 1 Absatz 1 u. a. folgende Kriterien heranziehen:
– Dauer des Aufenthalts in Deutschland,
– Integration in die Lebensverhältnisse der Bundesrepublik Deutschland,
– Fortdauer des Aufenthaltszwecks bzw. der Schutzgründe, die die Erteilung der Aufenthaltserlaubnis rechtfertigen.

26.4.8 Die Wartezeit beträgt sieben Jahre. Bei der Fristberechnung werden angerechnet:
– Zeiten des Besitzes einer Aufenthaltserlaubnis nach den §§ 22 bis 25, 104a und 104b,
– Zeiten des Besitzes einer Fiktionsbescheinigung nach § 81 Absatz 4 zu einer Aufenthaltserlaubnis aus humanitären Gründen,
– Zeiten des Besitzes einer Aufenthaltserlaubnis, wenn während dieser Zeit zugleich die Voraussetzungen für die Verlängerung einer Aufenthaltsbefugnis oder Duldung vor dem 1. Januar 2005 oder einer Aufenthaltserlaubnis nach Kapitel 2 Abschnitt 5 nach dem 1. Januar 2005 vorlagen,
– Zeiten des Besitzes einer Aufenthaltsbefugnis oder Duldung vor dem 1. Januar 2005 (§ 102 Absatz 2) sowie Zeiten einer Duldung nach altem Recht über den 1. Januar 2005 hinaus, wenn sich an sie „nahtlos" die Erteilung einer Aufenthaltserlaubnis aus humanitären Gründen nach neuem Recht angeschlossen hat,
– Zeiten des Besitzes der Aufenthaltsgestattung während des Asylverfahrens, das der Erteilung der Aufenthaltserlaubnis vorangegangen ist (§ 26 Absatz 4 Satz 3). Aufenthaltszeiten von früheren, erfolglos betriebenen Asylverfahren können bei der Berechnung des anrechenbaren Zeitraums nicht berücksichtigt werden. Zeiten eines Asylfolgeverfahrens – unter Ausschluss der Zeiten des diesen vorangegangenen Asylverfahrens – sind anzurechnen, wenn der Aufenthalt wegen Vorliegens der Voraussetzungen nach § 71 Absatz 1 AsylVfG gestattet war.

Der Ausländer muss grundsätzlich ununterbrochen im Besitz eines anrechenbaren humanitären Aufenthaltstitels gewesen sein. Zeiten des Besitzes einer Duldung nach § 60a sind nicht anrechenbar und führen darüber hinaus dazu, dass die vor der Erteilung dieser Duldung erreichten anrechenbaren Zeiten nicht mehr angerechnet werden können („schädliche Unterbrechung"). Unterbrechungen des rechtmäßigen Aufenthaltes, die der Ausländer nicht zu vertreten hat, sollen nach Maßgabe des § 85 außer Betracht bleiben, sie sind damit unschädlich, aber nicht anrechenbar.

In den Fällen, in denen kraft Gesetzes die Anrechnung von Besitzzeiten einer Aufenthaltsbefugnis oder Duldung vor dem 1. Januar 2005 (§ 102 Absatz 2) oder einer Aufenthaltsgestattung (§ 26 Absatz 4 Satz 3), auf die Sieben-Jahres-Frist angeordnet wird, ist dieser Zeitraum unabhängig von einer zwischenzeitigen Unterbrechung beispielsweise durch den Besitz einer Duldung nach § 60a anzurechnen („unschädliche Unterbrechung").

26.4.9 Mit § 26 Absatz 4 Satz 2 wird klargestellt, dass auch bei Ausländern mit einem humanitären Aufenthaltsrecht in Ausnahmefällen eine Aufenthaltsverfestigung möglich ist, wenn die für einen unbefristeten Aufenthaltstitel erforderlichen Kenntnisse nicht erreicht werden können (vgl. § 9 Absatz 2 Satz 2 bis 6). Bei Ausländern, die vor dem 1. Januar 2005 im Besitz einer Aufenthaltserlaubnis waren, ist zu beachten, dass hinsichtlich der Voraussetzungen des § 9 Absatz 2 Satz 1 Nummer 3, 7 und 8 die Übergangsregelung des § 104 Absatz 2 anwendbar ist.

26.4.10 Nach § 26 Absatz 4 Satz 4 i. V. m. § 35 kann Kindern mit einem humanitären Aufenthaltsrecht, also meist als unbegleitete Minderjährige Eingereiste, im Ermessenswege unter den gleichen Voraussetzungen die Aufenthaltsverfestigung ermöglicht werden, wie sie bei Kindern gelten, die eine zum Zwecke der Familienzusammenführung erteilte Aufenthaltserlaubnis besitzen (siehe hierzu Nummer 35). § 26 Absatz 4 Satz 4 bewirkt Folgendes:
– Das Kind muss nicht die Voraussetzungen des § 9 Absatz 2 Satz 1 Nummer 2 bis 9 erfüllen, sondern die des § 35 (je nach Alter die Voraussetzungen nach § 35 Absatz 1 Satz 1 (bei 16- und 17-Jährigen) oder Satz 2 (bei Antragstellung nach Volljährigkeit);
– fünf Jahre anrechenbaren Voraufenthaltes sind ausreichend.

§ 26 Absatz 4 Satz 4 gilt auch (i. V. m. § 35 Absatz 1 Satz 2) für inzwischen Volljährige, die vor Vollendung des 18. Lebensjahres nach Deutschland eingereist sind. Für in Deutschland geborene Kinder ist § 26 Absatz 4 Satz 4 analog anzuwenden (Erst-Recht-Schluss).

26.4.2011 Nach § 104 Absatz 7 besteht i. V. m. § 26 Absatz 4 die Möglichkeit für den Ehegatten, Lebenspartner und die minderjährigen ledigen Kinder eines Ausländers, der im Besitz einer Aufenthaltsbefugnis war, eine Niederlassungserlaubnis zu erhalten. Diesen Personen, die vor dem 1. Januar 2005 im Besitz einer Aufenthaltsbefugnis nach § 31 Absatz 1 oder § 35 Absatz 2 waren und denen nach fünf bzw. acht Jahren gemäß § 35 Absatz 1 AuslG eine unbefristete Aufenthaltserlaubnis hätte erteilt werden können, kann unter Anrechnung der Aufenthaltsbefugniszeiten eine Niederlassungserlaubnis erteilt werden, wenn die Voraussetzungen des § 26 Absatz 4 vorliegen und der Rechtsgrund für die Erteilung der Aufenthaltsbefugnis nach § 31 Absatz 1 bzw. § 35 Absatz 2 weiterhin besteht. Zum Zeitpunkt der Erteilung der Niederlassungserlaubnis nach § 26 Absatz 4 i. V. m. § 104 Absatz 7 und § 31 Absatz 1 muss das Kind insbesondere noch minderjährig und ledig sein. Die Anrechnung der Aufenthaltsbefugniszeiten erfolgt nach § 102 Absatz 2.

Übersicht

	Rn.
I. Entstehungsgeschichte	1
II. Allgemeines	4
III. Erteilung und Verlängerung der Aufenthaltserlaubnis	6
IV. Niederlassungserlaubnis	12
1. Allgemeines	12

	Rn.
2. Voraussetzungen der Erteilung einer Niederlassungserlaubnis nach Abs. 3	19
a) Nach fünfjähriger Aufenthaltserlaubnis	21
b) Nach dreijähriger Aufenthaltserlaubnis	31
3. Voraussetzungen der Erteilung einer Niederlassungserlaubnis nach Abs. 4	35
V. Verwaltungsverfahren und Rechtsschutz	64

I. Entstehungsgeschichte

Die Vorschrift entspricht im Wesentlichen dem **Gesetzesentwurf**[1]. Aufgrund des Vermittlungsverfahrens wurden in Abs. 1 die Wörter nach dem Komma eingefügt und in Abs. 4 die Bezugnahmen angepasst[2]. 1

Eine wesentliche Änderung der Vorschrift erfolgte durch das **AufenthÄndG 2015**[3]. Abs. 1 S. 5 wurde neu gefasst. Die Geltungsdauer der Aufenthaltserlaubnis nach § 25 IVa und IVb in S. 5 des Abs. 1 wurde von jeweils sechs Monaten auf ein Jahr verlängert und die Regelung bezüglich der Aufenthaltserlaubnis nach § 25 IVa S. 3 aufgenommen. Außerdem wurde der bisherige Abs. 3 S. 1 dahin gehend geändert, dass die Formulierung „wenn das BAMF gemäß § 73 IIa des AsylG mitgeteilt hat" durch die Formulierung „es sei denn das BAMF hat nach § 73 IIa des AsylG" ersetzt. Des Weiteren wurde in der Regelung zur privilegierten Erteilung der Niederlassungserlaubnis nach Abs. 3 auch die sog. Resettlement-Flüchtlinge nach § 23 IV aufgenommen. In Abs. 4 S. 1 werden die Wörter „seit sieben Jahren" und die Angabe „Nr 2 bis 9" gestrichen. Durch das AsylVfBeschlG 2015 wurde in Abs. 1 S. 2 und 3, Abs. 3 S. 1, Abs. 4 S. 3 das Wort „Asylverfahrensgesetzes" durch „Asylgesetzes" ersetzt. 2

Das am 31.7.2016 verkündete und am 6.8.2016 in Kraft getretene **Integrationsgesetz (IntG)**[4] führte zu einer umfangreichen Änderung von Abs. 3. Die Voraussetzungen für die Erteilung einer Niederlassungserlaubnis an Asylberechtigte und GFK-Flüchtlinge wurden verschärft und insbesondere an Integrationsleistungen geknüpft. Während vor Inkrafttreten des IntG die Erteilung einer Niederlassungserlaubnis unter der Rechtslage des AufenthÄndG 2015 lediglich davon abhing, dass der Betroffene seit drei Jahren eine Aufenthaltserlaubnis nach § 25 I oder II 1 erste Alt. besaß und das BAMF nach § 73 IIa AsylG nicht mitgeteilt hatte, dass die Voraussetzungen für Widerruf und Rücknahme im konkreten Einzelfall gegeben seien, enthält die Neuregelung deutlich differenzierte Voraussetzungen. Das **2. RückkehrG v. 15.8.2019**[5] führte zu einer Änderung von Abs. 3 S. 1 Nr. 2 und S. 3 Nr. 2 und damit der Voraussetzungen der Erteilung einer Niederlassungserlaubnis. 3

II. Allgemeines

Die Aufenthaltsrechte nach §§ 22–25 zeichnen sich dadurch aus, dass sie grundsätzlich **vorübergehenden** Aufenthaltszwecken zu dienen bestimmt sind. Verfassungsrechtliche, humanitäre und politische Gründe rechtfertigen auf je unterschiedlichen rechtlichen und tatsächlichen Grundlagen eine zeitlich begrenzte Aufenthaltsgewährung. Die Spannweite reicht von dem verfassungsrechtlichen Asylanspruch über außenpolitische Erwägungen bis hin zu tatsächlichen Vollzugsdefiziten. Diese Vielfalt kommt auch darin zum Ausdruck, dass die Rechtsfolgen ebenfalls die ganze Breite der Aufenthaltspositionen wiedergeben: von der Aufenthaltserlaubnis aufgrund Anspruchs mit vollem Recht zu jeder Erwerbstätigkeit bis zur kurzfristigen Aufenthaltserlaubnis nach Ermessen und ohne Zugang zum Arbeitsmarkt. 4

Trotz prinzipiell strenger Befristung ist aber ein Teil dieser Aufenthaltserlaubnis ebenso für eine **Verfestigung** geeignet, wie die Aufenthaltsbefugnis nach § 30 AuslG 1990 in eine unbefristete Aufenthaltserlaubnis übergehen konnte (vgl. § 35 AuslG 1990). Dabei muss aber trotz des einheitlichen Aufenthaltstitels der Aufenthaltserlaubnis ganz erheblich nach den jeweiligen Erteilungsgründen unterschieden werden. Insoweit gibt der Titel allein keine Auskunft darüber, ob er zwangsläufig nach sehr kurzer Zeit endet (zB bei Operation) oder über die Niederlassungserlaubnis schon einige Jahre später in der Einbürgerung mündet. Aus eben diesen Gründen hat der Gesetzgeber in § 26 für die Titel des 5. Abschnitts eigene Verlängerungsregeln geschaffen, die zum Teil von denen der §§ 8, 9 abweichen und diesen vorgehen. 5

III. Erteilung und Verlängerung der Aufenthaltserlaubnis

Abs. 1 ist mit den Vorgaben der **Qualifikations-RL** vereinbar. Nach Art. 24 I Qualifikations-RL ist einem Flüchtling ein Aufenthaltstitel von mindestens drei Jahren und einem Ausländer, dem subsidiärer Schutz nach Art. 15 Qualifikations-RL zuerkannt und der eine Aufenthaltserlaubnis nach 6

---

[1] BT-Drs. 15/420, 13.
[2] BT-Drs. 15/3479, 5.
[3] Gesetz v. 27.7.2015, in Kraft getreten am 1.8.2015.
[4] BGBl. 2016 I S. 1939.
[5] BGBl. 2019 I S. 1294, in Kraft getreten am 21.8.2019.

§ 25 III erteilt wurde, nach Art. 24 II Qualifikations-RL ein Aufenthaltstitel von mindestens einem Jahr zu erteilen. Nach Art. 24 III Qualifikations-RL muss seit 22.12.2012 (Art. 41 Qualifikations-RL) der Aufenthaltstitel subsidiär Schutzberechtigter im Fall der Verlängerung mindestens zwei Jahre gültig sein, es sei denn, dass zwingende Gründe der nationalen Sicherheit oder der öffentlichen Ordnung dem entgegenstehen. Der Verlängerungsausschluss des § 8 II findet auf diese Aufenthaltstitel keine Anwendung.

7 Die **Frist** von drei Jahren für Erteilung und Verlängerung ist als Höchstmaß zu verstehen. Sie kehrt wieder in § 73 IIa AsylG (obligatorische Widerrufsprüfung). Die Geltungsdauer ist an dem jeweiligen Aufenthaltszweck auszurichten und darf die dafür notwendige Aufenthaltsdauer nicht überschreiten. Dies kommt auch darin zum Ausdruck, dass die Frist in den Fällen des § 25 IV 1 und V auf sechs Monate beschränkt ist, also der Grenze zwischen kurzfristigem und länger andauerndem vorübergehendem Zweck[6]. Erst wenn die Grenze von 18 Monaten rechtmäßigen Aufenthalts erreicht ist, kann die Aufenthaltserlaubnis für längere Zeit verlängert werden, weil sich dann herausgestellt hat, dass der vorübergehende Zeitraum jedenfalls mehr als nur kurzfristig dauert. Bei der Berechnung der 18-Monats-Frist sind alle Aufenthaltstitel anzurechnen sowie Zeiten mit Aufenthalt- oder Titelfiktion und Befreiungen. Zeiten mit Aufenthaltsgestattung sind nach § 55 III AsylG nur berücksichtigungsfähig, wenn der Ausländer als Asylberechtigter oder Flüchtling anerkannt wurde.

8 Bei der Bemessung der Geltungsdauer ist auch die gesetzliche Wertung in § 5 III zu berücksichtigen. Der Bezug von Sozialleistungen ist iRd § 5 III 2 grundsätzlich ein Kriterium für die Bemessung der Dauer einer Aufenthaltserlaubnis. Etwas anderes gilt in Fällen, in denen nach § 5 III 1 der Bezug von Sozialleistungen für die Erteilung der Aufenthaltserlaubnis ohne Bedeutung ist.

9 Die Erwägungen der Ausländerbehörde bei der nach § 26 I 1 zu treffenden Ermessensentscheidung über die Bestimmung der Geltungsdauer einer Aufenthaltserlaubnis nach § 25 V erschöpfen sich nicht allein in der Prognose über die voraussichtliche Dauer des Vorliegens des Ausreisehindernisses. Vielmehr handelt die Ausländerbehörde dann, wenn die Sicherung des Lebensunterhalts des Ausländers nur für einen kurzen Zeitraum gewährleistet ist, in der Regel nicht ermessensfehlerhaft, wenn sie aus diesem Grund die Geltungsdauer der Aufenthaltserlaubnis nur auf einen dementsprechend kurzen Zeitraum befristet[7].

10 Die Dauer der Aufenthaltserlaubnis, die an Betroffene von Menschenhandel oder von ausbeuterischer illegaler Beschäftigung nach § 25 IVa 1 und IVb erteilt werden, wurde durch das AufenthÄndG 2015 auf ein Jahr verlängert. Dadurch soll die Rechtssicherheit für die Betroffenen vergrößert und die Bereitschaft, im Strafverfahren zu kooperieren, erhöht werden. Die Aufenthaltserlaubnis für die Opfer von Menschenhandel nach der Beendigung des Strafverfahrens nach § 25 IVa 3 wird jeweils für zwei Jahre erteilt bzw. verlängert.

11 Entsprechend streng ist die Möglichkeit der **Verlängerung** reguliert. Es versteht sich eigentlich von selbst, dass die Verlängerung nach Wegfall der Erteilungsgründe ausgeschlossen ist. Wenn dies in Abs. 2 ausdrücklich hervorgehoben ist, dann soll dies offenbar der Berufung auf Vertrauensschutz oder Ähnlichem vorbeugen. Unabhängig davon kann sich auch bei mehrfacher Verlängerung um kürzere Zeiten ein Vertrauen auf ständige Wiederholung nicht bilden. Der Gesetzgeber hat nämlich durch die Schaffung mehrerer Möglichkeiten der Überleitung in eine Niederlassungserlaubnis nach drei oder fünf Jahren bei teilweiser Anrechung von Aufenthaltszeiten während des Asylverfahrens deutlich erkennen lassen, dass schon auf mittlere Sicht grundsätzlich nur zwei Möglichkeiten eröffnet sind: entweder Niederlassungserlaubnis oder Ausreise.

IV. Niederlassungserlaubnis

1. Allgemeines

12 Abs. 3 und 4 regeln die Erteilung einer Niederlassungserlaubnis für Personen mit humanitärer Aufenthaltserlaubnis. Abs. 3 beinhaltet einen Rechtsanspruch auf Erteilung einer Niederlassungserlaubnis zugunsten von Asylberechtigten und GK-Flüchtlingen, wenn die dort genannten Voraussetzungen vorliegen. Abs. 4 stellt die Erteilung einer Niederlassungserlaubnis für alle Ausländer, die eine Aufenthaltserlaubnis aus humanitären Gründen (§§ 22–25) besitzen, in das Ermessen der Behörde.

13 Die Möglichkeit der antragsgemäßen **Überleitung** der Aufenthaltserlaubnis von Asylberechtigten und GK-Flüchtlingen **in eine Niederlassungserlaubnis** nach Abs. 3 entspricht der Verpflichtung, diesen Personen zwar auf die Dauer der Verfolgungsgefahr beschränkt Schutz zu bieten, aber eben auch die Grundlagen für ein menschenwürdiges Dasein. Die Niederlassungserlaubnis eröffnet die Chance einer dauerhaften Lebensplanung. Mit dem Erlöschen der Flüchtlingsstellung ist nicht zugleich auch der Verlust der nach § 26 III erteilten Niederlassungserlaubnis verbunden; diese kann aber nach § 52 I 1 Nr. 4 widerrufen werden[8].

---

[6] Vgl. auch § 25.
[7] VG Freiburg Beschl. v. 13.5.2011 – 4 K 664/11, BeckRS 2011, 51907, hier sechs Monate.
[8] OVG Bln-Bbg Beschl. v. 5.12.2013 – OVG 7 S 106.13, BeckRS 2014, 45754.

Falls das BAMF die Anerkennung nicht widerruft oder zurücknimmt und diese auch nicht erloschen 14
ist, besteht ein Rechtsanspruch auf eine Niederlassungserlaubnis. Diese ist zu erteilen, wenn der
anerkannte Asylberechtigte oder Konventionsflüchtling sie beantragt. Schließt das BAMF die Überprüfung nicht vor Ablauf der Aufenthaltserlaubnis ab, gilt diese einschließlich Erlaubnis zur Erwerbstätigkeit bis zum Abschluss des Verfahrens vor der Ausländerbehörde fort (§ 81 IV)[9]. Dies gilt auch,
falls der Ausländer aus welchen Gründen auch immer (nur) die Verlängerung der Aufenthaltserlaubnis
beantragt.

Die Voraussetzungen für die Erteilung einer Niederlassungserlaubnis für Asylberechtigte und GK- 15
Flüchtlinge wurden durch das IntG deutlich modifiziert. Bislang bestand zugunsten dieses Personenkreises eine deutliche Privilegierung gegenüber anderen, der allgemeinen Regelung des § 9 unterfallenden Ausländern; denn die Erteilung der Niederlassungserlaubnis war bislang drei Jahre nach Erteilung der Aufenthaltserlaubnis möglich, soweit das BAMF keine Positivmeldung an die Ausländerbehörde nach § 73 IIa 2 AsylG vorgenommen hat. Diese deutliche Besserstellung des unter § 26 III
fallenden Personenkreises hat das Integrationsgesetz nun deutlich zurückgenommen. Nach der Gesetzesbegründung soll ein zusätzlicher Integrationsanreiz geschaffen werden, indem die Erteilung der
Niederlassungserlaubnis nunmehr an **Integrationsleistungen** der Asylberechtigten und GK-Flüchtlinge geknüpft werden[10]. Die Voraussetzungen sind jedoch auch weiterhin gegenüber den allgemeinen
Erteilungsvoraussetzungen einer Niederlassungserlaubnis in § 9 erkennbar abgesenkt (insbesondere
bzgl. der Lebensunterhaltssicherung und der erforderlichen Sprachkenntnissen). Mit dem Abstellen auf
Integrationsleistungen der Asylberechtigten und GK-Flüchtlingen greift der Gesetzgeber einen Gedanken auf, den das IntG auch bei der Schaffung der neuen Wohnsitzregelung des § 12a verfolgt; denn
auch dieser Regelung liegt der Gedanke einer Sondersituation anerkannter Flüchtlinge zugrunde, die
auf einen erhöhten Integrationsbedarf schließen ließ[11].

Die allgemeinen Erteilungsvoraussetzungen in **§ 5**, insbesondere § 5 IV 1[12], gelten grundsätzlich 16
auch iRv § 26 III und IV, sofern keine Sonderregelung besteht. **Abs. 3 und 4 sperren nicht den
Rückgriff auf § 9a**. Es handelt sich um Privilegierungen, die es nicht ausschließen, dass der Ausländer
zugleich auch die Voraussetzungen einer Erlaubnis zum Daueraufenthalt – EU erfüllt.

War bereits vor der Änderung durch das AufenthÄndG 2015 davon auszugehen, dass Abs. 3 und 4 17
gegenüber § 9 spezieller sind, wenn der Ausländer einen Aufenthaltstitel aus humanitären Gründen
besessen hat, gilt diese Annahme auch nach Inkrafttreten des IntG 2016. Denn nunmehr enthält Abs. 3
differenzierte Voraussetzungen für die Erteilung einer Niederlassungserlaubnis für Asylberechtigte und
GK-Flüchtlinge, die teilweise durch Verweise auf § 9 ergänzt werden. Dieses ausdifferenzierte System
würde durch einen generellen Rückgriff auf § 9 unterlaufen. Auch die Tatsache, dass der Gesetzgeber
die Erteilung der Niederlassungserlaubnis nach Abs. 4 weiterhin ausdrücklich in das Ermessen der
Ausländerbehörde gestellt hat, verdeutlicht, dass der Ausländerbehörde ein Ermessensspielraum verbleiben muss, der nicht durch einen Rückgriff auf § 9 umgangen werden darf[13].

In **Übergangsfällen** sind die Bestimmungen der §§ 101, 102 zu beachten. Anerkannte Asylberech- 18
tigte mit einer unbefristeten Aufenthaltserlaubnis oder Aufenthaltsberechtigung besitzen sofort eine
Niederlassungserlaubnis, weil ihre Titel kraft Gesetzes übergeleitet werden (§ 101 I). Die Aufenthaltsbefugnis der GK-Flüchtlinge ist mit Inkrafttreten des AufenthG in eine Aufenthaltserlaubnis nach
§ 25 II übergeleitet (§ 101 II). Ihnen kann die Zeit des Besitzes der Aufenthaltsbefugnis vor 2005 für
Abs. 3 nicht angerechnet werden, weil deren Anrechnung ausdrücklich auf die Ermessenserteilung nach
Abs. 4 beschränkt ist (§ 102 II)[14]. Bei ihnen kann auch nicht auf die Überprüfung durch das BAMF
nach § 73 IIa AsylG verzichtet werden. Eine Gesetzesänderung, die Flüchtlinge von der Überprüfung
freistellen sollte, die vor 2005 bereits drei Jahre die Aufenthaltsbefugnis besessen hatten[15], ist nicht
zustande gekommen[16].

2. Voraussetzungen der Erteilung einer Niederlassungserlaubnis nach Abs. 3

Abs. 3 bietet **zwei Möglichkeiten** für die Erlangung einer Niederlassungserlaubnis zugunsten von 19
Asylberechtigten und GK-Flüchtlingen. So kann die Erteilung auf das Vorliegen der Voraussetzungen
in Abs. 3 S. 1 und 2 einerseits oder der Voraussetzungen in Abs. 3 S. 3 und 4 andererseits gestützt
werden. Die erste Alternative knüpft an den fünfjährigen Besitz einer Aufenthaltserlaubnis nach § 25 I
oder II 1 Alt. 1 an, die zweite Alternative an einen dreijährigen Besitz einer solchen Aufenthalts-

---

[9] Zur Verspätung des Antrags → § 81 Rn. 18 ff.
[10] BT-Drs. 18/8615, 47.
[11] → § 12a Rn. 4.
[12] Vgl. zB VG Schleswig Urt. v. 9.1.2016 – 8 A 54/14, BeckRS 2016, 46033.
[13] So bereits zur alten Rechtslage NdsOVG Beschl. v. 29.7.2009 – 8 PA 116/09, BeckRS 2009, 36646; OVG NRW Beschl. v. 4.4.2008 – 18 E 1140/07, BeckRS 2008, 34981.
[14] AA *Marx* ZAR 2004, 403 und BT-Drs. 15/4173, 27 jeweils ohne Beachtung des Wortlauts.
[15] BT-Drs. 15/4491, 4; 15/4173, 11, 27.
[16] Vgl. BT-Drs. 15/4870, 2.

erlaubnis. Die Voraussetzungen für die Erteilung einer Niederlassungserlaubnis nach nur drei Jahren des Besitzes sind gegenüber denjenigen nach fünf Jahren verschärft.

20 Abs. 3 S. 5 befasst sich mit den Voraussetzungen für eine Niederlassungserlaubnis zugunsten von **Kindern;** auf diese kann § 35 entsprechend angewendet werden, wenn sie vor Vollendung des 18. Lebensjahres nach Deutschland eingereist sind. S. 6 führt zu einem wesentlichen Gleichlauf der Erteilungsvoraussetzungen für **Resettlement-Flüchtlinge** (§ 23 IV), wenn nicht die Voraussetzungen für eine Rücknahme der Aufenthaltserlaubnis vorliegen.

21 **a) Nach fünfjähriger Aufenthaltserlaubnis.** Besitzt ein Asylberechtigter oder GK-Flüchtling bereits seit fünf Jahren seine Aufenthaltserlaubnis, so besteht ein Anspruch auf Erteilung einer Niederlassungserlaubnis, wenn die Voraussetzungen des Abs. 3 S. 1 iVm S. 2 kumulativ vorliegen.

22 Grundvoraussetzung ist zunächst der **fünfjährige Besitz der Aufenthaltserlaubnis.** Die Aufenthaltserlaubnis muss wegen der Anerkennung als Asylberechtigter oder als Konventionsflüchtling erteilt sein. Eine neue Privilegierung, die der derzeit langen Dauer des Anerkennungsverfahrens Rechnung trägt, enthält Abs. 3 S. 1 Nr. 1, wonach die Aufenthaltszeit des der Erteilung der Aufenthaltserlaubnis vorangegangenen Asylverfahrens abweichend von § 55 III AsylG auf die für die Erteilung der Niederlassungserlaubnis erforderliche Zeit des Besitzes einer Aufenthaltserlaubnis angerechnet wird. Damit kann es tatsächlich trotz der Ausweitung der (Regel-)Wartezeit von drei auf fünf Jahre zu keinen umfassenden zeitlichen Aufschüben kommen; denn unter der Vorgängerregelung war zwar eine nur dreijährige Wartezeit vorgesehen, die jedoch erst ab Erteilung der Aufenthaltserlaubnis ohne Anrechnung der Dauer des Asylverfahrens zu laufen begann.

23 Die Frist von fünf Jahren für den Rechtsanspruch auf eine Niederlassungserlaubnis ist in der Weise zu berechnen, dass im Übrigen auf den ununterbrochenen Besitz der Aufenthaltserlaubnis nach § 25 I oder II abgestellt wird. Eine Unterbrechung der Zeiten des Besitzes einer Aufenthaltserlaubnis um wenige Tage kann gemäß § 85 unerheblich sein[17]. Im Übrigen ermöglicht der Verweis in Abs. 3 S. 2 auf § 9 IV weitere Anrechnungen auf die Frist.

24 Die Erteilung einer Niederlassungserlaubnis ist nach Abs. 3 S. 1 Nr. 2 heute nicht möglich, wenn das **BAMF positiv** mitteilt, dass die Voraussetzungen für Widerruf und Rücknahme im konkreten Einzelfall gegeben sind. Die Änderung diente der Verwaltungsvereinfachung und entlastet das BAMF. Bei Resettlement-Flüchtlingen kommt es insoweit darauf an, ob die Voraussetzungen für eine Rücknahme vorliegen (Abs. 3 S. 6).

25 Hat das BAMF innerhalb der Fünf-Jahres-Frist keine **Positivmitteilung** an die Ausländerbehörde vorgenommen, kann der Betroffene bei der Ausländerbehörde eine Niederlassungserlaubnis gemäß Abs. 3 beantragen. Insoweit bildet das Fehlen der Mitteilung des BAMF an die Ausländerbehörde gemäß § 73 IIa 2 AsylG, die Voraussetzungen für den Widerruf oder die Rücknahme lägen vor, eine Tatbestandsvoraussetzung für einen Anspruch auf Erteilung einer Niederlassungserlaubnis.

26 Das BAMF muss nur mitteilen, dass die Voraussetzungen für den Widerruf oder die Rücknahme vorliegen. Hingegen ist nicht erforderlich, dass die Entscheidung selbst innerhalb der Fünf-Jahres-Frist ergeht. Ergeht die Mitteilung nach Ablauf der Fünf-Jahres-Frist aber noch vor Erteilung der Niederlassungserlaubnis, so ist sie zu berücksichtigen und steht der Erteilung der Niederlassungserlaubnis entgegen.

27 Ist der Erteilung der Aufenthaltserlaubnis eine Entscheidung des BAMF vorausgegangen, die im Jahr 2015, 2016 oder 2017 unanfechtbar geworden ist, muss das BAMF zudem mitgeteilt haben, dass die Voraussetzungen für den Widerruf oder die Rücknahme nicht vorliegen (Abs. 3 S. 1 Nr. 2 Hs. 2). Da die Frist zur Regelüberprüfung nach § 73 IIa AsylG durch das **2. RückkehrG v. 15.8.2019** für die positiven Asylentscheidungen der Jahre 2015, 2016 und 2017 auf mindestens vier Jahre erhöht wurde, passte der Gesetzgeber Abs. 3 S. 1 und S. 3 Nr. 2 an, da wegen der Fristverlängerung eine Mitteilung des BAMF nach drei Jahren – und im Einzelfall auch nach fünf Jahren – regelmäßig nicht erwartet wurde. Daher ist künftig eine Niederlassungserlaubnis nach § 26 an Schutzberechtigte, über deren Asylanträge in den Jahren 2015, 2016 oder 2017 entschieden worden ist, erst zu erteilen, wenn das BAMF **explizit** mitgeteilt hat, dass die Voraussetzungen für einen Widerruf oder eine Rücknahme nicht vorliegen[18].

28 Weitere Voraussetzung ist die **„überwiegende" Sicherung des Lebensunterhalts.** Damit besteht eine Besserstellung gegenüber § 9 II 1 Nr. 2, der als Regelfall für die Erteilung einer Niederlassungserlaubnis die Sicherung des Lebensunterhalts erfordert. Eine Ausnahme vom Erfordernis besteht nach Abs. 3 S. 2 Hs. 2 für Personen im Rentenalter. Von einer überwiegenden Sicherung des Lebensunterhalts ist auszugehen, solange das Einkommen aus Erwerbstätigkeit insgesamt überwiegt, also nur teilweise Sozialleistungen bezogen werden. Anzulegen ist eine zukunftsgerichtete Prognose[19]. Der Lebensunterhalt wird nach allgemeinen Regeln berechnet (§ 2 III), sodass insbesondere der Bezug

---

[17] OVG Saarl Urt. v. 24.9.2009 – 2 A 287/08, BeckRS 2009, 39628; ebenso BVerwG Urt. v. 10.11.2009 – 1 C 24.08, BVerwGE 135, 225 zu § 26 IV.
[18] BT-Drs. 19/10047, 33.
[19] BVerwG Urt. v. 16.11.2010 – 1 C 21.09, BVerwGE 138, 148.

öffentlicher Mittel, die auf eigenen Leistungen beruhen (zB ALG I, Kranken- und Rentenversicherung), unschädlich ist. Das Erfordernis entspricht demjenigen in § 25b I 2 Nr. 3 AufenthG[20].

Weitere Voraussetzung sind **hinreichende Kenntnisse der deutschen Sprache**. Auch hier privilegiert Abs. 3 S. 1 Nr. 3 Asylberechtigte und GK-Flüchtlinge gegenüber sonstigen Ausländern, die nach § 9 II 1 Nr. 7 über ausreichende Sprachkenntnisse verfügen müssen. Während hinreichende Kenntnisse nach § 2 X dem Sprachniveau A2 entspricht, setzen ausreichende Sprachkenntnisse ein Niveau von B1 voraus (§ 2 XI). Eine Ausnahme besteht über den Rückverweis in Abs. 3 S. 2 auf § 9 II 3–5, sofern die dort genannten Voraussetzungen vorliegen. 29

Schließlich müssen nach Abs. 3 S. 1 Nr. 5 die **Voraussetzungen des § 9 II 1 Nr. 4–6, 8 und 9** vorliegen. Dies gilt nicht bei Eingreifen der über Abs. 3 S. 2 anwendbaren Ausnahmen in § 9 II 2–6. Schließlich lässt es Abs. 3 S. 2 iVm § 9 III 1 ausreichen, wenn bei Ehegatten, die in ehelicher Lebensgemeinschaft leben, die Voraussetzungen nach Abs. 2 S. 1 Nr. 3, 5 und 6 durch einen Ehegatten erfüllt werden. 30

b) Nach dreijähriger Aufenthaltserlaubnis. Abs. 3 S. 3 und 4 sollen nach dem Willen des Gesetzgebers einen besonderen Integrationsanreiz schaffen und für Fälle „**herausragender Integration**" eine Erteilung einer Niederlassungserlaubnis nach nur drei Jahren ermöglichen[21]. Die Voraussetzungen für die Erteilung einer Niederlassungserlaubnis nach nur drei Jahren des Besitzes einer Aufenthaltserlaubnis sind deutlich strenger gegenüber einer Erteilung nach fünf Jahren. 31

Abs. 3 S. 2 Nr. 1, 2 und 5 sind Parallelregelungen zu Abs. 3 S. 1 Nr. 1 und 2. Erforderlich ist der Besitz einer Aufenthaltserlaubnis seit drei Jahren, wobei nun die Zeit des Asylverfahrens angerechnet wird (Nr. 1); über Abs. 3 S. 4 finden die Anrechnungsmöglichkeiten in § 9 IV Anwendung. Zudem ist das Fehlen einer Positivmeldung des BAMF – bzw. eine Positivmeldung für bestimmte Fälle – nach § 73 IIa AsylG erforderlich (Nr. 2). Schließlich müssen die Voraussetzungen des § 9 II 1 Nr. 4–6, 8–9 vorliegen (Nr. 5). 32

Die Erteilung einer Niederlassungserlaubnis nach nur dreijährigem Besitz einer Aufenthaltserlaubnis erfordert nach Abs. 3 S. 3 Nr. 3 jedoch das **Beherrschen der deutschen Sprache** und damit ein Sprachniveau C1 (§ 2 XII). Weiter fordert Abs. 3 S. 3 Nr. 4, dass der **Lebensunterhalt weit überwiegend gesichert** ist. Auch diese Wendung dürfte den Bezug von Sozialleistungen nicht gänzlich ausschließen, aber umfangreichere Eigeneinkünfte des Ausländers erfordern als Abs. 3 S. 1 Nr. 3. 33

Im Gegensatz zu Abs. 3 S. 1 und 2 ermöglicht Abs. 3 S. 4 keine Erleichterung hinsichtlich der Voraussetzungen für die Erteilung einer Niederlassungserlaubnis nach drei Jahren, denn ein Verweis auf § 9 II 2–6 fehlt. Dagegen findet sich ein Verweis auf § 9 III 1, wonach es bei Ehegatten, die in ehelicher Lebensgemeinschaft leben, ausreicht, dass die Voraussetzungen nach Abs. 2 S. 1 Nr. 3, 5 und 6 durch einen Ehegatten erfüllt werden. 34

3. Voraussetzungen der Erteilung einer Niederlassungserlaubnis nach Abs. 4

Nach einer Frist von **fünf Jahren** kann eine Niederlassungserlaubnis nach Ermessen allen Personen erteilt werden, die eine Aufenthaltserlaubnis nach §§ 22–25 besitzen (§ 26 IV 1 iVm § 9 II 1 Nr. 1). Nach Abs. 4 begünstigt sind also nicht nur anerkannte Asylberechtigte und GK-Flüchtlinge. Die Regelung verlangt nicht, dass die Voraussetzungen für die Erteilung oder Verlängerung einer Aufenthaltserlaubnis nach dem 5. Abschnitt des AufenthG erfüllt sind, sondern der Ausländer muss nur derzeit im **Besitz eines Aufenthaltstitels nach dem 5. Abschnitt** sein[22]. Der Wegfall einer Erteilungsvoraussetzung nach den §§ 22–25 steht der Erteilung einer Niederlassungserlaubnis nach Abs. 4 daher nicht von vornherein entgegen, solange der Ausländer noch im Besitz der Aufenthaltserlaubnis nach dem 5. Abschnitt des AufenthG ist[23]. Er kann allerdings ein Gesichtspunkt bei der Ausübung des nach dieser Vorschrift eröffneten Ermessens sein. 35

Wurde eine Aufenthaltserlaubnis zunächst aus einem humanitären Grund erteilt, dann aber wegen eines anderen Aufenthaltszwecks, zB Eheschließung, aus einem anderen Rechtsgrund verlängert, ohne dass die humanitären Erteilungsvoraussetzungen fortbestehen, ist Abs. 4 nicht mehr anwendbar. Hier finden §§ 9, 9a Anwendung. 36

Etwas anderes gilt aber dann, wenn die ursprünglichen Erteilungsvoraussetzungen weiterhin vorliegen. Allein dadurch, dass ein Ausländer, der zB im Besitz eines Aufenthaltstitels nach § 25 V ist, durch Eheschließung zusätzlich ein höherwertiges Aufenthaltsrecht erwirbt, kann nicht dazu führen, dass er seine zeitliche Anwartschaft auf eine Niederlassungserlaubnis nach Abs. 4 verliert. Andernfalls hätte er einen Anspruch auf Ausstellung beider Aufenthaltstitel. 37

Die Formulierung „seit sieben Jahren" in Abs. 4 S. 1 aF erforderte grundsätzlich einen **ununterbrochenen Besitz des Aufenthaltstitels** während des gesamten Zeitraums, wobei zur Berechnung 38

---

[20] Vgl. die Ausführungen unter → § 25b Rn. 16 ff.
[21] BT-Drs. 18/8615, 47.
[22] VGH BW Beschl. v. 8.10.2008 – 13 S 709/07, InfAuslR 2009, 343.
[23] VGH BW Beschl. v. 29.5.2007 – 11 S 2093/06, EzAR-NF 24 Nr 5.

der Sieben-Jahres-Frist auf den Zeitpunkt des Ablaufs der letzten Aufenthaltserlaubnis abzustellen war[24]. Das Erfordernis eines grundsätzlich durchgehenden Titelbesitzes gilt auch im Rahmen der Anrechnung der Zeiten des Besitzes einer Aufenthaltsbefugnis oder Duldung vor dem 1.1.2005 gemäß § 102 II[25].

39 Eine **Unterbrechung** der Zeiten des Besitzes einer Aufenthaltserlaubnis um wenige Tage kann gemäß § 85 unerheblich sein[26]. Angerechnet werden Aufenthaltserlaubnisse „nach diesem Abschnitt", unabhängig aufgrund welcher Rechtsgrundlage sie erteilt wurden. Erfasst wird auch die Aufenthaltserlaubnis nach § 104a I 2 iVm § 23 I 1 sowie nach § 104b I iVm § 23 I 1. Nicht berücksichtigt wird hingegen eine Aufenthaltserlaubnis nach § 104a I 3, da diese nicht auf dem 5. Abschnitt beruht. Berücksichtigung finden auch **Aufenthaltszeiten, die auf einem anderen Aufenthaltstitel beruhen,** sofern die Erteilungsvoraussetzungen der ursprünglichen Aufenthaltserlaubnis nach dem 5. Abschnitt weiterhin vorliegen.

40 **Abs. 4 setzt ein unbestrittenes, gesichertes Aufenthaltsrecht voraus**[27]. Die Zeiten des **Titelfiktion nach § 81 IV sind nicht anrechenbar,** wenn der Aufenthaltstitel abgelehnt wird[28]. Während des Verfahrens der behördlichen Prüfung des Verlängerungsantrags hat der Ausländer kein unbestrittenes Aufenthaltsrecht im Bundesgebiet, weil die Frage des Fortbestehens eines Aufenthaltsrechts gerade erst geklärt werden soll. Auch wenn man davon ausgehen wollte, dass der Gesetzgeber mit § 81 IV ein „neues Rechtsinstitut"[29] bzw. „einen völlig neuen aufenthaltsrechtlichen Status"[30] geschaffen hat, gilt nach dem ausdrücklichen Wortlaut des § 81 IV der bisherige Aufenthaltstitel (lediglich) „bis zur Entscheidung der Ausländerbehörde als fortbestehend". Dies schließt es aus, hierin ein unbestrittenes Aufenthaltsrecht zu sehen. Mit der neuen Regelung in § 81 IV wollte der Gesetzgeber nicht bewirken, dass während der behördlichen Prüfung eines Verlängerungsantrags noch weitere Stufen einer Aufenthaltsverfestigung entstehen. Vielmehr sollte sichergestellt werden, dass auch die mit dem Aufenthaltstitel verbundene Berechtigung zur Ausübung einer Erwerbstätigkeit bis zur Bescheidung des Antrags fortgilt[31], es sollte also der Eintritt von Nachteilen für den Ausländer im Zeitraum der behördlichen Prüfung vermieden werden.

41 Endlich zwingt auch die **ratio legis des § 81 IV** nicht zur Anrechnung des Fiktionszeitraums. Die Fortgeltungsfiktion in § 81 IV bezweckt, dass der Ausländer nach Stellung eines Verlängerungsantrags von den Rechtswirkungen seiner seitherigen Aufenthaltserlaubnis weiterhin Gebrauch machen können soll. Hierdurch kann die Ausländerbehörde das Vorliegen der Voraussetzungen der Verlängerung des Aufenthaltstitels umfassend prüfen, ohne dass der Ausländer hierdurch einen Rechtsnachteil, insbesondere in Bezug auf die Ausübung einer Erwerbstätigkeit, erleiden würde. Wären die Zeiten des fiktiven Aufenthalts unabhängig von der späteren Entscheidung über den Antrag auf Erteilung eines Aufenthaltstitels anrechnungsfähig, so wäre die Ausländerbehörde allein aufgrund des drohenden Zeitablaufs gezwungen, eine ablehnende Entscheidung zu treffen, um ein Hereinwachsen in den Aufenthaltszeitraum von sieben Jahren nach § 26 IV zu verhindern.

42 Etwas anderes gilt hingegen dann, wenn dem Antrag auf Verlängerung oder Erteilung einer Aufenthaltserlaubnis nachträglich entsprochen wird. In diesem Fall ist davon auszugehen, dass das gesicherte Aufenthaltsrecht bereits im Zeitpunkt der Antragstellung vorlag[32]. Erwirbt der Ausländer während des Verfahrens einen Anspruch auf Erteilung der beantragten Niederlassungserlaubnis, steht dies dem Erfordernis des fortbestehenden Besitzes einer humanitären Aufenthaltserlaubnis iSd Abs. 4 S. 1 bis zum Zeitpunkt der gerichtlichen Entscheidung gleich[33].

43 Hätte der Ausländer einen Anspruch auf Verlängerung seiner Aufenthaltserlaubnis, so kann direkt die Niederlassungserlaubnis erteilt werden, ohne dass zunächst die ursprüngliche Aufenthaltserlaubnis verlängert werden muss. Hierdurch kann vermieden werden, dass durch Ablehnung der Niederlassungserlaubnis eine Unterbrechung des rechtmäßigen Aufenthalts eintritt. In dem Antrag auf Erteilung einer Niederlassungserlaubnis nach Abs. 4 steckt in der Regel zugleich hilfsweise ein Antrag auf Verlängerung der bisherigen Aufenthaltserlaubnis, sofern nicht ausnahmsweise etwas anderes ausdrücklich beantragt wird.

---

[24] BVerwG Urt. v. 10.11.2009 – 1 C 24.08, BVerwGE 135, 225 Rn. 15; VGH BW Beschl. v. 29.5.2007 – 11 S 2093/06, EzAR-NF 24 Nr 5.
[25] BVerwG Urt. v. 10.11.2009 – 1 C 24.08, BVerwGE 135, 225 Rn. 16.
[26] BVerwG Urt. v. 10.11.2009 – 1 C 24.08, BVerwGE 135, 225 Rn. 18; OVG Saarl Urt. v. 24.9.2009 – 2 A 287/08, BeckRS 2009, 39628.
[27] BVerwG Beschl. v. 6.3.2014 – 1 B 17.13, AuAS 2014, 86 Rn. 6; Urt. v. 30.3.2010 – 1 C 6.09, BVerwGE 136, 211 Rn. 21; Aufhebung der Entscheidung BayVGH Urt. v. 4.2.2007 – 19 B 08.2774, ZAR 2009, 280.
[28] BVerwG Beschl. v. 6.3.2014 – 1 B 17.13, AuAS 2014, 86 Rn. 6; Urt. v. 30.3.2010 – 1 C 6.09, BVerwGE 136, 211 Rn. 18 ff.; BayVGH Beschl. v. 16.3.2012 – 10 ZB 11.1396, BeckRS 2012, 25804.
[29] S. *Hailbronner* AuslR AufenthG § 81 Rn. 23.
[30] *Funke-Kaiser* in GK-AufenthG § 81 Rn. 38 sowie *Pfaff* ZAR 2007, 415.
[31] BVerwG Urt. v. 30.3.2010 – 1 C 6.09, BVerwGE 136, 211 Rn. 21; s. BT-Drs. 15/420, 96.
[32] BVerwG Urt. v. 30.3.2010 – 1 C 6.09, BVerwGE 136, 211 Rn. 19; NdsOVG Urt. v. 8.11.2017 – 8 LB 59/17, BeckRS 2017, 132270.
[33] VGH BW Beschl. v. 7.11.2018 – 11 S 2018/18, EzAR-NF 24 Nr 18.

Zeiten des Besitzes einer Aufenthaltsbefugnis oder einer Duldung vor 2005 sind anzurech- 44
nen (§ 102 II). Auch eine Anrechnung von Duldungszeiten nach dem 1.1.2005 ist in analoger Anwendung des § 102 II möglich. Forderte man für die Anrechnung von Duldungszeiten vor dem 1.1.2005 einen nahtlosen Übergang von Duldung zu Aufenthaltserlaubnis[34], bliebe der Anwendungsbereich der Anrechnungsvorschrift im Hinblick auf Duldungen gering. Da ein nahtloser Übergang von Duldungszeiten vor dem 1.1.2005 zur Erteilung einer Aufenthaltserlaubnis nach dem 5. Abschnitt in der Regel nicht erfolgt ist, weil es sich bei dem 1.1.2005 um einen gesetzlichen Feiertag handelte, werden auch die Duldungszeiten angerechnet, bei denen ein Zusammenhang zu der späteren Erteilung der Aufenthaltserlaubnis nach dem 5. Abschnitt des AufenthG bestand.

Dies erfordert, dass bereits am 1.1.2005 die Voraussetzungen für die Erteilung einer Aufenthalts- 45
erlaubnis nach dem 5. Abschnitt gegeben waren und diese bis zur Erteilung ununterbrochen vorgelegen haben[35]. Hierfür spricht, dass § 102 II eine Übergangsvorschrift darstellt, die dementsprechend Übergangsfälle regelt und insoweit eine Kontinuität des Duldungszustands vor dem 1.1.2005 und der Erteilung der Aufenthaltserlaubnis nach dem 1.1.2005 voraussetzt. Die Regelung soll diejenigen Ausländer begünstigen, denen vor Geltung des AufenthG lediglich Duldungen erteilt werden konnten, die aber unter Geltung des AufenthG mit dem Ziel der Vermeidung von Kettenduldungen im Hinblick auf humanitäre Aufenthaltserlaubnis anspruchsberechtigt sind[36].

Der erforderliche Zusammenhang ist zerrissen, wenn zwischenzeitlich in der Zeit ab dem 1.1.2005 46
ein Antrag des Ausländers auf Erteilung einer solchen Aufenthaltserlaubnis bestandskräftig abgelehnt worden ist. Wird später aufgrund eines anderen Lebenssachverhalts ein humanitäres Aufenthaltsrecht erteilt, so gibt es keinen Grund, die Duldungszeiten nach dem 1.1.2005 zu berücksichtigen. Es entspricht nicht dem Gesetzeszweck des § 102 II, Ausländer zu privilegieren, die nicht mit Inkrafttreten des Gesetzes am 1.1.2005, sondern zu einem späteren Zeitpunkt bzw. aus einem anderen Rechtsgrund einen Anspruch auf Erteilung einer Aufenthaltserlaubnis nach dem 5. Abschnitt erworben haben[37].

Nach § 102 II sind Zeiten des Besitzes einer Duldung ohne Rücksicht auf den Duldungsgrund und 47
darauf, ob der Ausländer ihn verschuldet hat, und unabhängig davon, ob sie nach dem AufenthG für die Erteilung einer Aufenthaltserlaubnis qualifizieren, anzurechnen[38]. **Die anrechenbaren Zeiten müssen nahtlos in den Besitz einer Aufenthaltserlaubnis aus humanitären Gründen übergehen**[39]. **Unterbrechungen können aber über § 85 geheilt werden**[40].

§ 102 II ändert nichts an dem in Abs. 4 S. 1 geregelten Erfordernis, wonach derjenige, der eine 48
Niederlassungserlaubnis beantragt, aktuell, dh seit dem 1.1.2005, im Besitz einer Aufenthaltserlaubnis sein muss. Den Zeiten des Titelbesitzes stehen Zeiten gleich, in denen der Ausländer zwar keinen Aufenthaltstitel besessen hat, er aber nach der vom Gericht inzident vorzunehmenden Prüfung einen Rechtsanspruch auf den Aufenthaltstitel gehabt hat[41]. Das Erfordernis eines grundsätzlich durchgehenden Titelbesitzes gilt auch im Rahmen der Anrechnung der Zeiten des Besitzes einer Aufenthaltsbefugnis oder einer Duldung vor dem 1.1.2005 gemäß § 102 II[42]. Diese Anrechnungsvorschrift ist im Lichte der von Abs. 4 S. 1 geforderten qualifizierten Aufenthaltszeit – in Gestalt eines ununterbrochen legalen Aufenthalts, dokumentiert durch den Besitz eines Aufenthaltstitels – und deren Sinn und Zweck auszulegen. Ausweislich der Begründung des Gesetzesentwurfs des ZuwanderungsG[43] ging es dem Gesetzgeber mit der Übergangsregelung darum, „die Ausländer nicht zu benachteiligen, die nach dem AufenthG eine AE bekommen, jedoch nach dem AuslG – zum Teil seit vielen Jahren – lediglich eine Duldung erhielten". Der Gesetzgeber wollte also sowohl die Duldungs- als auch die Aufenthaltsbefreiungszeiten vor dem 1.1.2005 den Zeiten des Besitzes einer Aufenthaltserlaubnis nach neuem Recht gleichstellen[44]. **Duldungszeiten nach dem 1.1.2005 sind dagegen nicht auf den Zeitraum anzurechnen**[45].

Lediglich im Hinblick auf die ursprüngliche Frist des Abs. 4 S. 1, dh im Hinblick auf das ununter- 49
brochene, bis zur Gegenwart reichende Innehaben einer Aufenthaltserlaubnis, lässt es § 102 II für die

---

[34] So VGH BW Beschl. v. 19.5.2008 – 1 S 942/08, AuAS 2008, 134; wohl auch BayVGH Beschl. v. 7.12.2015 – 10 C 15.1129, BeckRS 2015, 56396.
[35] OVG NRW Beschl. v. 4.9.2008 – 18 E 428/08, EzAR-NF 24 Nr. 8.
[36] OVG NRW Beschl. v. 4.9.2008 – 18 E 428/08, EzAR-NF 24 Nr. 8 unter Hinweis auf BT-Drs. 15/420, 100.
[37] OVG NRW Beschl. v. 4.9.2008 – 18 E 428/08, EzAR-NF 24 Nr. 8.
[38] VGH BW Beschl. v. 29.5.2007 – 11 S 2093/06, EzAR-NF 24 Nr 5.
[39] BVerwG Urt. v. 13.9.2011 – 1 C 17.10, BVerwGE 140, 332 Rn. 16.
[40] BVerwG Urt. v. 13.9.2011 – 1 C 17.10, BVerwGE 140, 332 Rn. 16; Urt. v. 10.11.2009 – 1 C 24.08, BVerwGE 135, 225 Rn. 18.
[41] BVerwG Urt. v. 13.9.2011 – 1 C 17.10, BVerwGE 140, 332 Rn. 13; Urt. v. 10.11.2009 – 1 C 24.08, BVerwGE 135, 225 Rn. 15.
[42] BVerwG Urt. v. 13.9.2011 – 1 C 17.10, BVerwGE 140, 332 Rn. 13.
[43] BT-Drs. 15/420, 100.
[44] BVerwG Urt. v. 13.9.2011 – 1 C 17.10, BVerwGE 140, 332 Rn. 13; Urt. v. 10.11.2009 – 1 C 24.08, BVerwGE 135, 225 Rn. 16.
[45] BVerwG Urt. v. 13.9.2011 – 1 C 17.10, BVerwGE 140, 332 Rn. 13.

Zeit vor dem 1.1.2005 zu, auch den Besitz einer Aufenthaltsbefugnis oder einer Duldung zu berücksichtigen[46].

50 Angerechnet wird abweichend von § 55 III AsylG die Dauer des der Aufenthaltserlaubniserteilung vorangegangenen Asylverfahrens, nicht jedoch früherer Asylverfahren. Die **Aufenthaltszeit des Asylverfahrens ist auch dann anzurechnen, wenn zwischen dem Abschluss des Asylverfahrens und der ersten Erteilung der Aufenthaltserlaubnis der Aufenthalt des Ausländers über einen längeren Zeitraum nur geduldet war**[47]. Die Anrechnung der Aufenthaltszeit des der Erteilung der Aufenthaltserlaubnis vorangegangenen Asylverfahrens nach Abs. 4 S. 3 setzt daher keinen unmittelbaren zeitlichen Zusammenhang zwischen dem Abschluss des Asylverfahrens und der Erteilung der Aufenthaltserlaubnis voraus[48].

51 Maßgeblich ist die Zeit ab Stellung des Asylgesuchs[49], nicht die Zeit des Besitzes der (später ausgestellten) Aufenthaltsgestattung. Nach Abs. 4 S. 3 ist die Aufenthaltszeit des der Erteilung der Aufenthaltserlaubnis vorangegangenen Asylfolgeantragsverfahrens anrechenbar, wenn der Aufenthalt wegen Vorliegens der Voraussetzungen nach § 71 I AsylG zur Durchführung eines weiteren Asylverfahrens nach § 55 I AsylG gestattet war.[50]

52 Außerdem müssen die **allgemeinen Voraussetzungen** des § 9 II 1 Nr. 1–9 erfüllt sein. Die bisherige Regelung in Abs. 4, wonach die Inhaber sonstiger humanitärer Titel erst nach sieben Jahren eine Niederlassungserlaubnis erteilt bekommen können, wurde mit Wirkung zum 1.8.2015 durch das AufenthÄndG 2015 aufgehoben. Es gelten künftig die allgemeinen Voraussetzungen nach § 9. Auch diese Personengruppe muss demnach in Zukunft nur noch fünf Jahre eine Aufenthaltserlaubnis besitzen, sofern die weiteren Voraussetzungen von § 9, insbesondere die Lebensunterhaltssicherung, vorliegen.

53 Dabei kommen den Flüchtlingen aber auch die Erleichterungen des § 9 II 3–6 zugute. Bei Ehegatten muss nur einer von ihnen die Anforderungen des § 9 II Nr. 3, 5 und 6 erfüllen. Wer schon vor 2005 eine Aufenthaltserlaubnis oder Aufenthaltsbefugnis besaß, braucht nur über Deutschkenntnisse einfacher Art zu verfügen und ist auch von dem Nachweis von 60 Monatsbeiträgen zur Rentenversicherung und von Grundkenntnissen der Rechts- und Gesellschaftsordnung (§ 9 II Nr. 3 und 8) befreit (§ 104 II).

54 Von der **Sicherung des Lebensunterhalts** ist – abgesehen von der in S. 4 getroffenen Sonderregelung – nur in den in § 9 II 6 genannten Fällen abzusehen. Ein Rückgriff auf die allgemeine Ausnahmeregelung des § 5 III 2 ist nicht möglich[51].

55 Bei der Beurteilung, ob der Lebensunterhalt eines erwerbsfähigen Ausländers iSv § 9 II 1 Nr. 2 gesichert ist, ist darauf abzustellen, ob der Ausländer nach Erteilung der Niederlassungserlaubnis seinen Lebensunterhalt voraussichtlich ohne Inanspruchnahme öffentlicher Mittel iSv § 2 III, dh insbesondere ohne Inanspruchnahme von Leistungen zur Sicherung des Lebensunterhalts nach dem SGB II, bestreiten kann. Für die Berechnung, ob er voraussichtlich einen Anspruch auf derartige Leistungen hat, gelten grundsätzlich die sozialrechtlichen Regelungen über die Bedarfsgemeinschaft[52].

56 Nach § 9 II 6 ist von der Voraussetzung der Sicherung des Lebensunterhalts nur zugunsten eines Ausländers abzusehen, der diese selbst aus den in § 9 II 3 genannten Gründen – dh wegen einer körperlichen, geistigen oder seelischen Krankheit oder Behinderung – nicht erfüllen kann, nicht aber zugunsten eines den Kranken oder Behinderten pflegenden Dritten[53]. Auf den Ausnahmetatbestand kann sich auch der noch eingeschränkt erwerbsfähige Ausländer berufen, wenn er wegen einer körperlichen, geistigen oder seelischen Krankheit oder Behinderung nicht in der Lage ist, seinen Lebensunterhalt zu sichern[54]. Dem Wortlaut der Vorschrift und der Gesetzesbegründung lassen sich keine zwingenden Anhaltspunkte für eine Begrenzung auf die Fälle vollständiger Erwerbsunfähigkeit entnehmen. Der Gesetzgeber verfolgte mit Blick auf Art. 3 III 2 GG vielmehr das Ziel, auch behinderten Ausländern eine Aufenthaltsverfestigung zu ermöglichen und sie nicht zu benachteiligen, wenn sie wegen ihrer Behinderung nicht arbeiten können[55]. Er wollte damit erkennbar den aus Krankheit oder Behinderung folgenden Beschränkungen im Arbeitsleben Rechnung tragen. Da die Nichterfüllbarkeit der Lebensunterhaltssicherung aber auch dem nur eingeschränkt Erwerbsfähigen krankheits- oder behinderungsbedingt unmöglich sein kann, widerspräche dessen Nichtberücksichtigung im

---

[46] OVG LSA Beschl. v. 21.6.2006 – 2 M 167/06, BeckRS 2008, 32702.
[47] BVerwG Urt. v. 13.9.2011 – 1 C 17.10, BVerwGE 140, 332 Rn. 14.
[48] BVerwG Urt. v. 13.9.2011 – 1 C 17.10, BVerwGE 140, 332 Rn. 14.
[49] → AsylG § 14 Rn. 9.
[50] VGH BW Beschl. v. 29.5.2007 – 11 S 2093/06, EzAR-NF 24 Nr 5.
[51] BVerwG Urt. v. 28.10.2008 – 1 C 34.07, InfAuslR 2009, 62; Urt. v. 30.3.2010 – 1 C 6.09, BVerwGE 136, 211 Rn. 30.
[52] BVerwG Urt. v. 16.8.2011 – 1 C 4.10, NVwZ-RR 2012, 333 Rn. 14 im Anschluss an Urt. v. 16.11.2012 – 1 C 21.09, BVerwGE 138, 148 Rn. 14.
[53] BVerwG Urt. v. 28.10.2008 – 1 C 34.07, InfAuslR 2009, 62.
[54] OVG Bln-Bbg Urt. v. 13.12.2011 – OVG 12 B 24.11, InfAuslR 2012, 177 Rn. 21.
[55] OVG Bln-Bbg Urt. v. 13.12.2011 – OVG 12 B 24.11, InfAuslR 2012, 177 Rn. 22 unter Hinweis auf BT-Drs. 15/420, 72.

Rahmen der Privilegierung dem erklärten Willen des Gesetzgebers[56]. Die Regelung enthält weder eine Verpflichtung zur beruflichen Weiterqualifizierung, noch wird der Nachweis krankheitsbedingter Unmöglichkeit einer Weiterqualifizierung gefordert[57].

Grundsätzlich sind – soweit keine Sonderregelungen (etwa Lebensunterhaltssicherung) anwendbar sind – die allgemeinen Erteilungsvoraussetzungen des § 5 I zu beachten. Von der Erfüllung der **Passpflicht** nach § 5 I Nr. 4 kann nach § 5 III 2 nach Ermessen absehen werden[58]. 57

Schließlich sind Personen privilegiert, die als **Minderjährige** eingereist sind und eine humanitäre Aufenthaltserlaubnis nach dem 5. Abschnitt besitzen. Ihnen kann eine Niederlassungserlaubnis in analoger Anwendung von § 35 erteilt werden. Sie (oftmals unbegleitet eingereiste Minderjährige) werden damit so behandelt, als seien sie zur Familienzusammenführung nachgezogen. Sie müssen in Abweichung von § 9 II nur nachweisen, dass sie bei Vollendung des 16. Lebensjahres seit fünf Jahren eine Aufenthaltserlaubnis besessen haben[59]. 58

Die Erteilung einer Niederlassungserlaubnis nach Abs. 4 liegt im **Ermessen** der Ausländerbehörde. Der Ausländer hat bei Vorliegen der tatbestandlichen Voraussetzungen daher nur einen Anspruch auf ermessensfehlerfreie Entscheidung[60]. Die Ausländerbehörde kann im Rahmen des ihr bei der Erteilung einer Niederlassungserlaubnis nach Abs. 4 eröffneten Ermessens mit Blick auf die Gesamtumstände des Falles eine gewisse **Mindestzeit des Besitzes eines Aufenthaltstitels** verlangen und die Gründe für eine Unterbrechung der Rechtmäßigkeit des Aufenthalts nach Abschluss des Asylverfahrens berücksichtigen[61]. Denn der während eines Asylverfahrens lediglich gestattete (§ 55 I 1 AsylG) und in Sonderfällen (etwa bei Stellung eines Folgeantrags) nur geduldete Aufenthalt stellt nicht in jedem Fall eine vollwertige Grundlage für eine Integration in die hiesigen Verhältnisse dar. Ist es nach Abschluss des Asylverfahrens zu einer Unterbrechung der Rechtmäßigkeit des Aufenthalts gekommen, etwa weil der weitere Aufenthalt des Ausländers infolge Passlosigkeit zunächst nur geduldet wurde, kann die Ausländerbehörde auch die Gründe dieser Unterbrechung berücksichtigen, soweit sich hieraus Rückschlüsse auf die Integration des Ausländers ergeben[62]. 59

Für eine entsprechende Anwendung des § 35 I 2 genügt nicht, wenn der Ausländer als Minderjähriger eingereist war und sich bei Eintritt der Volljährigkeit in einem laufenden Asylverfahren befand[63]. Denn über die Regelung in Abs. 4 S. 4 sollten Kinder, die im Besitz eines humanitären Aufenthaltstitels sind, unter den gleichen Bedingungen wie Kinder, die im Besitz eines Aufenthaltstitels aus familiären Gründen sind, eine Niederlassungserlaubnis erhalten können. Soweit § 35 I 2 auch für inzwischen volljährig gewordene Kinder Erleichterungen bei der Aufenthaltsverfestigung vorsieht, ist es allerdings erforderlich, dass die rechtliche Grundlage für die Aufenthaltsverfestigung vor Vollendung der Volljährigkeit geschaffen wurde und seit mindestens fünf Jahren ununterbrochen fortbesteht[64]. 60

Außerdem können auf die Fünf-Jahres-Frist des § 35 I 2 nicht die Zeiten des vorangegangenen Asylverfahrens angerechnet werden[65]. Insoweit bedarf die Verweisungsregelung des Abs. 4 S. 4 der Auslegung, denn der Wortlaut ist nicht eindeutig. Die Verweisungsnorm regelt jedenfalls nicht ausdrücklich, ob Zeiten des Asylverfahrens angerechnet werden können. Der Hinweis auf die entsprechende Anwendung von § 35 hilft insofern nicht weiter, als § 35 eine Anrechnung von Zeiten des Asylverfahrens nicht vorsieht. Ein systematischer Textvergleich spricht gegen eine Anrechnung der Zeit des Asylverfahrens[66]. Innerhalb des Abs. 4 AufenthG findet sich die Anrechnungsregelung in S. 3, also vor der Verweisung in S. 4. S. 3 bezieht sich unmittelbar auf die vorangegangenen Sätze und den Regelfall der Fristberechnung bezogen auf den siebenjährigen Besitz einer Aufenthaltserlaubnis. Erst danach folgt in S. 4 eine Sonderregelung für Kinder, ohne dass auf die Regelungen von S. 1–3 Bezug genommen wird; die Sonderregelung verweist allein auf § 35. 61

Zudem sprechen Sinn und Zweck der Regelung gegen eine Anrechnung der Zeiten eines Asylverfahrens. Absicht des Gesetzgebers war es, mit S. 4 Kindern mit einem humanitären Aufenthaltsrecht unter den gleichen Voraussetzungen die Aufenthaltsverfestigung zu ermöglichen, wie sie bei Kindern gelten, die eine zum Zwecke der Familienzusammenführung erteilte Aufenthaltserlaubnis besitzen. Die Regelung sollte aus integrationspolitischen Gründen und zur Wahrung des Kindeswohls zwingend 62

---

[56] OVG Bln-Bbg Urt. v. 13.12.2011 – OVG 12 B 24.11, InfAuslR 2012, 177 Rn. 22.
[57] OVG Bln-Bbg Urt. v. 13.12.2011 – OVG 12 B 24.11, InfAuslR 2012, 177 Rn. 23.
[58] BVerwG Urt. v. 30.3.2010 – 1 C 6.09, BVerwGE 136, 211 Rn. 30.
[59] Zu unbegleiteten Minderjährigen allgemein *Peter* ZAR 2005, 11.
[60] BVerwG Urt. v. 13.4.2010 – 1 C 10.09, InfAuslR 2010, 346 Rn. 18.
[61] BVerwG Urt. v. 13.9.2011 – 1 C 17.10, BVerwGE 140, 332 Rn. 18.
[62] BVerwG Urt. v. 13.9.2011 – 1 C 17.10, BVerwGE 140, 332 Rn. 18.
[63] BVerwG Urt. v. 13.9.2011 – 1 C 17.10, BVerwGE 140, 332 Rn. 22; BayVGH Beschl. v. 26.5.2015 – 2 L 18/14, AuAS 2015, 170 Rn. 8.
[64] BVerwG Urt. v. 13.9.2011 – 1 C 17.10, BVerwGE 140, 332 Rn. 23.
[65] VG Gießen Urt. v. 10.6.2013 – 7 K 3180/12 GI, BeckRS 2013, 52679; aA BayVGH Beschl. v. 17.12.2008 – 19 Cs 08.2655, BeckRS 2008, 28710; SächsOVG Beschl. v. 29.3.2007 – 3 Bs 113/06, EZAR NF 24 Nr. 1; VG Hamburg Urt. v. 28.5.2009 – 10 K 1335/07, BeckRS 2009, 35388.
[66] VG Gießen Urt. v. 10.6.2013 – 7 K 3180/12 GI, BeckRS 2013, 52679.

erforderlich sein, da diese Kinder ansonsten eine Aufenthaltsverfestigung in vielen Fällen nicht hätten erreichen können[67]. Würde nunmehr bei Kindern mit humanitärem Aufenthaltsrecht zusätzlich die Zeit eines vorangegangenen Asylverfahrens angerechnet werden, würden diese Kinder besser stehen als Kinder mit einem familiären Aufenthaltstitel, bei denen eine solche Anrechnung gerade nicht vorgesehen ist. Damit wären Kinder mit humanitären Titeln privilegiert. Dies wollte die Verweisungsregelung in Abs. 4 S. 4 aber nicht erreichen[68].

63 Für die Erteilung einer Niederlassungserlaubnis nach den erleichterten Voraussetzungen des §§ 26 IV 4, 35 I 2 reicht es nicht aus, wenn der **minderjährige Ausländer vor Vollendung des 18. Lebensjahres lediglich über einen längeren Zeitraum geduldet** und damit nicht rechtmäßig gewesen ist[69].

V. Verwaltungsverfahren und Rechtsschutz

64 Im **Verwaltungsverfahren** sind bei Anträgen auf Verlängerung der Aufenthaltserlaubnis und auf Erteilung einer Niederlassungserlaubnis die Bestimmungen über den Verfahrensaufenthalt in § 81 III und IV zu beachten.

65 Die Voraussetzungen für die Erteilung einer Niederlassungserlaubnis nach dieser Bestimmung müssen grundsätzlich im Zeitpunkt der letzten mündlichen Verhandlung oder Entscheidung der Tatsacheninstanz erfüllt sein[70].

Abschnitt 6. Aufenthalt aus familiären Gründen

§ 27 Grundsatz des Familiennachzugs

(1) Die Aufenthaltserlaubnis zur Herstellung und Wahrung der familiären Lebensgemeinschaft im Bundesgebiet für ausländische Familienangehörige (Familiennachzug) wird zum Schutz von Ehe und Familie gemäß Artikel 6 des Grundgesetzes erteilt und verlängert.

(1a) Ein Familiennachzug wird nicht zugelassen, wenn

1. feststeht, dass die Ehe oder das Verwandtschaftsverhältnis ausschließlich zu dem Zweck geschlossen oder begründet wurde, dem Nachziehenden die Einreise in das und den Aufenthalt im Bundesgebiet zu ermöglichen, oder
2. tatsächliche Anhaltspunkte die Annahme begründen, dass einer der Ehegatten zur Eingehung der Ehe genötigt wurde.

(2) Für die Herstellung und Wahrung einer lebenspartnerschaftlichen Gemeinschaft im Bundesgebiet finden die Absätze 1a und 3, § 9 Abs. 3, § 9c Satz 2, die die[1] §§ 28 bis 31, 36a, 51 Absatz 2 und 10 Satz 2 entsprechende Anwendung.

(3) [1]Die Erteilung der Aufenthaltserlaubnis zum Zweck des Familiennachzugs kann versagt werden, wenn derjenige, zu dem der Familiennachzug stattfindet, für den Unterhalt von anderen Familienangehörigen oder anderen Haushaltsangehörigen auf Leistungen nach dem Zweiten oder Zwölften Buch Sozialgesetzbuch angewiesen ist. [2]Von § 5 Abs. 1 Nr. 2 kann abgesehen werden.

(3a) Die Erteilung der Aufenthaltserlaubnis zum Zweck des Familiennachzugs ist zu versagen, wenn derjenige, zu dem der Familiennachzug stattfinden soll,

1. die freiheitliche demokratische Grundordnung oder die Sicherheit der Bundesrepublik Deutschland gefährdet; hiervon ist auszugehen, wenn Tatsachen die Schlussfolgerung rechtfertigen, dass er einer Vereinigung angehört oder angehört hat, die den Terrorismus unterstützt oder er eine derartige Vereinigung unterstützt oder unterstützt hat oder eine in § 89a Absatz 1 des Strafgesetzbuches bezeichnete schwere staatsgefährdende Gewalttat nach § 89a Absatz 2 des Strafgesetzbuches vorbereitet oder vorbereitet hat,
2. zu den Leitern eines Vereins gehörte, der unanfechtbar verboten wurde, weil seine Zwecke oder seine Tätigkeit den Strafgesetzen zuwiderlaufen oder er sich gegen die verfassungsmäßige Ordnung oder den Gedanken der Völkerverständigung richtet,
3. sich zur Verfolgung politischer oder religiöser Ziele an Gewalttätigkeiten beteiligt oder öffentlich zur Gewaltanwendung aufruft oder mit Gewaltanwendung droht oder
4. zu Hass gegen Teile der Bevölkerung aufruft; hiervon ist auszugehen, wenn er auf eine andere Person gezielt und andauernd einwirkt, um Hass auf Angehörige bestimmter ethnischer Gruppen oder Religionen zu erzeugen oder zu verstärken oder öffentlich, in

---

[67] So BT-Drs. 15/420, 80.
[68] So wohl auch BVerwG Urt. v. 13.9.2011 – 1 C 17.10, BVerwGE 140, 332 Rn. 23.
[69] BVerwG Urt. v. 13.9.2011 – 1 C 17.10, BVerwGE 140, 332 Rn. 23.
[70] BVerwG Urt. v. 30.3.2010 – 1 C 6.09, BVerwGE 136, 211 Rn. 17; Urt. v. 10.11.2009 – 1 C 24.08, BVerwGE 135, 225; im Anschluss an das Urt. v. 22.1.2002 – 1 C 6.01, BVerwGE 115, 352 (355).

[1] Doppelter Artikel amtlich.

einer Versammlung oder durch Verbreiten von Schriften in einer Weise, die geeignet ist, die öffentliche Sicherheit und Ordnung zu stören,
a) gegen Teile der Bevölkerung zu Willkürmaßnahmen aufstachelt,
b) Teile der Bevölkerung böswillig verächtlich macht und dadurch die Menschenwürde anderer angreift oder
c) Verbrechen gegen den Frieden, gegen die Menschlichkeit, ein Kriegsverbrechen oder terroristische Taten von vergleichbarem Gewicht billigt oder dafür wirbt.

(4) ¹Eine Aufenthaltserlaubnis zum Zweck des Familiennachzugs darf längstens für den Gültigkeitszeitraum der Aufenthaltserlaubnis des Ausländers erteilt werden, zu dem der Familiennachzug stattfindet. ²Sie ist für diesen Zeitraum zu erteilen, wenn der Ausländer, zu dem der Familiennachzug stattfindet, eine Aufenthaltserlaubnis nach den §§ 18d, 18f oder § 38a besitzt, eine Blaue Karte EU, eine ICT-Karte oder eine Mobiler-ICT-Karte besitzt oder sich gemäß § 18e berechtigt im Bundesgebiet aufhält. ³Im Übrigen ist die Aufenthaltserlaubnis erstmals für mindestens ein Jahr zu erteilen.

Allgemeine Verwaltungsvorschrift
27 Zu § 27 – Grundsatz des Familiennachzugs
27.0 Allgemeines
27.0.1 § 27 enthält allgemeine Regelungen zum Familiennachzug von Ausländern zu Deutschen oder Ausländern. Die Vorschrift vermittelt für sich genommen keinen Anspruch und beinhaltet keine Ermächtigung zur Erteilung von Aufenthaltstiteln. Die in § 27 geregelten Voraussetzungen bzw. Ausschlussgründe gelten zusätzlich zu den Voraussetzungen der jeweiligen Ermächtigungsgrundlage für die Erteilung eines Aufenthaltstitels aus familiären Gründen.
27.0.2 Die Vorschriften des Aufenthaltsgesetzes zum Familiennachzug werden in dessen Anwendungsbereich durch das FreizügG/EU verdrängt. Wenn also ein Ausländer einer der in § 3 FreizügG/EU genannten Familienangehörigen eines Unionsbürgers oder EWR-Staatsangehörigen ist, finden die §§ 27 ff. grundsätzlich keine Anwendung (vgl. § 1 Absatz 2 Nummer 1). Vor einer Prüfung nach den §§ 27 ff. ist daher stets zu untersuchen, ob der sachliche Anwendungsbereich des FreizügG/EU eröffnet ist (siehe Nummer 3 f. FreizügG/EU – VwV). Nur wenn sich nach dem FreizügG/EU ergeben sollte, dass ein Familienangehöriger kein Recht auf Einreise und Aufenthalt hat, ihm jedoch nach den §§ 27 ff. ein Aufenthaltstitel erteilt werden müsste oder nach Ermessen erteilt werden könnte, sind die §§ 27 ff. gemäß § 1 Absatz 2 Nummer 1 anwendbar.
27.0.3 Der Anwendungsbereich des FreizügG/EU ist auch eröffnet, wenn ein Deutscher von seinem Freizügigkeitsrecht nach Europäischem Recht in einem anderen Mitgliedstaat der Europäischen Union Gebrauch macht und er mit seinen drittstaatsangehörigen Familienangehörigen von diesem Mitgliedstaat aus vorübergehend oder dauerhaft nach Deutschland zurückreist (so genannter „Rückkehrer-Fall"). (siehe hierzu Nummer 1.3 und 3.0.2 FreizügG/EU – VwV).
27.0.4 Beruht ein Antrag auf Erteilung eines Aufenthaltstitels darauf, dass familienrechtliche Beziehungen zwischen Personen bestehen, so sind diese Beziehungen grundsätzlich durch öffentliche Urkunden, vorzugsweise Personenstandsurkunden, nachzuweisen (siehe auch Nummer 82.1.2). Ausländische Urkunden haben nach § 438 ZPO Beweiswert, sofern ihre Echtheit und inhaltliche Richtigkeit festgestellt wird, nicht hinsichtlich der darin angegebenen Tatsachen, nicht hinsichtlich der sich aus diesen Tatsachen ergebenden Rechtsfolgen. Alle entscheidungserheblichen Gesichtspunkte, die einer rechtlichen Prüfung zugänglich sind (z. B. Wirksamkeit einer Eheschließung, Abstammung, Annahme als Kind, Namensführung), sind ausgehend von den einschlägigen kollisionsrechtlichen Normen des EGBGB selbständig zu prüfen. Ausgenommen hiervon sind unter Berücksichtigung von § 328 ZPO und § 109 Absatz 1 FamFG anerkennungsfähige ausländische, gerichtliche und behördliche Entscheidungen. In welcher Form der Nachweis im Einzelfall zu führen ist, liegt im Ermessen der Behörde. Bei fremdsprachigen Urkunden kann die Vorlage einer Übersetzung durch eine geeignete Person verlangt werden. Grundsätzlich kann der Antragsteller zum Nachweis der Echtheit einer ausländischen Urkunde auf die Legalisation durch die zuständige deutsche Auslandsvertretung hingewiesen werden. Soweit das Auswärtige Amt für Urkunden aus bestimmten Staaten keine Legalisation durchführt, kommt eine Überprüfung der Echtheit und der inhaltlichen Richtigkeit der vorgelegten Urkunden durch ein Sachverständigengutachten eines Vertrauensanwalts der zuständigen Auslandsvertretung in Betracht. Die Identität des Vertrauensanwalts wird aus Sicherheitsgründen bei der Übersendung des Gutachtens an die Ausländerbehörde im Zustimmungsverfahren nach § 31 AufenthV nicht offen gelegt. Bei Urkunden aus Staaten, die Vertragsstaaten des Haager Übereinkommens zur Befreiung ausländischer öffentlicher Urkunden von der Legalisation vom 5. Oktober 1961 (BGBl. 1965 II 875) sind, und gegen deren Beitritt die Bundesrepublik Deutschland keinen Einspruch eingelegt hat, kann eine Legalisation nicht erfolgen. An die Stelle der Legalisation tritt ein als „Apostille" bezeichneter Vermerk einer Behörde des Ausstellerstaates. Mit einigen Staaten bestehen zudem Abkommen, wonach einfach- bzw. mehrsprachige Urkunden ohne weitere Förmlichkeit (Legalisation oder Apostille) anzuerkennen sind. Aktuelle Informationen zum internationalen Urkundenverkehr finden sich auf der Internetseite des Auswärtigen Amtes.
27.0.5 In den Fällen, in denen ein entscheidungserheblicher Nachweis der Abstammung nicht durch verlässliche Urkunden erbracht werden kann und begründete Zweifel an der Identität, Abstammung oder Familienzugehörigkeit nicht auf andere Weise ausgeräumt werden können, kann der Antragsteller darauf hingewiesen werden, dass er die weitere Möglichkeit hat, mittels eines freiwilligen DNS-Abstammungsgutachtens die Voraussetzungen für die Erteilung einer Aufenthaltserlaubnis zur Familienzusammenführung nachzuweisen. Der Nachweis ist in Fällen der rechtlich begründeten Verwandtschaft ungeeignet, z. B. nach BGB im Fall der so genannten ehelichen Geburt oder bei einer Vaterschaftsanerkennung, der die Kindesmutter zugestimmt hat. Die Vaterschaftsanerkennung kann auch später wirksam werden, wenn die Zustimmung der Mutter zur Anerkennung erst später vorliegt. In diesen Fällen kommt es auf die biologische Abstammung nicht an, dies kann anders sein, wenn der Verdacht einer so genannten Scheinvaterschaft zur Verschaffung eines Aufenthaltsrechts besteht und die Vaterschaft angefochten wird (siehe hierzu Nummer 27.1 a.1.3 und 90.5). Im Übrigen können im Ausland erfolgte Vaterschaftsanerkennungen dann rechtlich

unbeachtlich sein, wenn sie nach Kollisionsrecht gegen den deutschen ordre public verstoßen. Insbesondere beim Verdacht einer Vaterschaftsanerkennung zwecks Umgehung von Adoptionsvorschriften, die rechtlich missbilligt wird (Fall des ausdrücklichen Adoptionsvermittlungsverbots nach § 5 Absatz 4 AdVermiG), kann ggf. ein freiwilliges Abstammungsgutachten zum Nachweis biologischer Vaterschaft angezeigt sein.

27.0.6 Bei der erstmaligen Gestattung des Nachzugs zu türkischen Staatsangehörigen gilt ausschließlich das innerstaatliche Recht. Auf folgende Gesichtspunkte wird hingewiesen:

27.0.6.1 Nach Artikel 7 ARB 1/80 erwirbt der Familienangehörige eines türkischen Arbeitnehmers, der „die Genehmigung erhalten hat, zu ihm zu ziehen", unter bestimmten Voraussetzungen ein besonderes, kraft Gesetzes bestehendes Aufenthaltsrecht, das mit einem erhöhten Ausweisungsschutz verbunden ist. Eine entsprechende Genehmigung, als Angehöriger zu einem türkischen Arbeitnehmer zu ziehen, liegt vor, wenn ein Aufenthaltstitel nach Kapitel 2 Abschnitt 6 erteilt wurde. Im Einzelnen wird auf die Allgemeinen Anwendungshinweise des Bundesministeriums des Innern zum ARB 1/80 in der jeweiligen Fassung verwiesen.

27.0.6.2 Die erstmalige Gestattung des Nachzuges bestimmt sich allein nach nationalem Recht, ist aber tatbestandliche Voraussetzung des späteren, auf Assoziationsrecht beruhenden Anspruches. Dabei kann maßgeblich sein, zu welchem Angehörigen genau der Nachzug gestattet wurde.

27.0.6.3 Die Person, zu der der Nachzug stattfindet, ist daher in einer dem Antragsteller zusammen mit der Erteilung zu überreichenden, in Durchschrift zur Akte zu nehmenden Erläuterung genau zu bezeichnen, sofern diese die türkische Staatsangehörigkeit besitzt. Das Zusammenleben mit anderen Personen türkischer oder anderer Staatsangehörigkeit wird durch den Aufenthaltstitel nicht untersagt. Es muss aber aus der Entscheidung über die Gewährung des Aufenthaltstitels – auch für den Antragsteller – ggf. deutlich werden, dass sich die Entscheidung nicht auf eine etwaige Lebensgemeinschaft mit weiteren Personen bezieht. Wird die Form einer gesonderten Erläuterung gewählt, ist deren Bekanntgabe an den Antragsteller in geeigneter Weise aktenkundig zu machen. Die Auslandsvertretung übersendet eine Ausfertigung der Erläuterung an die nach § 31 Absatz 1 AufenthV beteiligte Ausländerbehörde.

27.0.6.4 Besteht ein Nachzug hinsichtlich mehrerer Personen, die türkische Staatsangehörige sind und mit denen der nachziehende Familienangehörige auch zusammenleben wird, sind diese Personen in der Erläuterung sämtlich aufzuführen.

27.0.6.5 Auch in Ermessensfällen sind in der Erläuterung sämtliche Personen türkischer Staatsangehörigkeit aufzuführen, mit denen der Nachziehende zusammenleben wird und deren Aufenthalt im Bundesgebiet bei der Ermessensentscheidung berücksichtigt wurde.

27.0.6.6 Ebenfalls in der Erläuterung aufzunehmen sind unter den vorstehend genannten Voraussetzungen türkische Angehörige, die noch im Ausland leben, mit denen der Nachziehende aber im Bundesgebiet zusammenleben wird, weil diesen Angehörigen gleichzeitig ein Aufenthaltstitel erteilt wird (etwa im Falle der gleichzeitigen Erteilung eines nationalen Visums).

27.0.6.7 Die Bestimmung des oder der Angehörigen, zu denen der Nachzug gestattet wird, ist in der Erläuterung zu vermerken nach folgendem Muster:

„*Aufenthaltszweck ist die Herstellung und Wahrung der familiären Lebensgemeinschaft mit …(Name/-n) …; die Herstellung oder Wahrung einer ehelichen oder familiären Lebensgemeinschaft mit anderen türkischen Staatsangehörigen ist nicht Gegenstand der Entscheidung.*"

27.0.6.8 Wird einem Familienangehörigen eines türkischen Staatsangehörigen zu einem anderen Zweck als dem Familiennachzug ein Aufenthaltstitel erteilt und ist bekannt oder nicht auszuschließen, dass der türkische Staatsangehörige bei in Deutschland lebenden Angehörigen wohnen wird, obwohl ein Nachzug anderer türkischer Staatsangehöriger bei der Erteilung der Aufenthaltserlaubnis nicht vorgesehen ist, ist in der Erläuterung der Vermerk anzubringen:

„*Die Herstellung oder Wahrung einer ehelichen oder familiären Lebensgemeinschaft mit türkischen Staatsangehörigen ist nicht Gegenstand der Entscheidung.*"

Dieser Vermerk schließt einen späteren Familiennachzug nicht aus, sondern gibt nur die Entscheidungsgrundlage des betreffenden Aufenthaltstitels wieder.

27.0.6.9 Bei der erstmaligen Gewährung des Familiennachzugs, vor allem bei einer Einreise aus dem Ausland, ist der Aufenthaltszweck nicht durch Artikel 7 ARB 1/80 bestimmt, da dieser Artikel nicht bei der erstmaligen Zulassung, sondern erst danach und bei Erfüllung der in Artikel 7 Satz 1 oder 2 ARB 1/80 genannten Voraussetzungen eingreift. Somit ist bei der erstmaligen Gewährung des Familiennachzugs als gesetzliche Grundlage stets allein die angewandte Rechtsvorschrift des Aufenthaltsgesetzes anzugeben.

27.1 Erforderlicher Aufenthaltszweck

27.1.1 In § 27 Absatz 1 wird die Herstellung und Wahrung der familiären Lebensgemeinschaft im Bundesgebiet als bindender Aufenthaltszweck festgeschrieben. Trotz des Begriffs „Nachzug" wird nicht vorausgesetzt, dass der Zuzug der Familienangehörigen vom Ausland aus betrieben wird.

27.1.2 Es handelt sich um eine Zweckbindung des Aufenthaltes, die erst mit der Erlangung eines eigenständigen Aufenthaltsrechts (§ 31, § 34 Absatz 2 und 35, auch i. V. m. § 36 Absatz 2 Satz 2) oder der Erteilung einer Aufenthaltserlaubnis zu einem anderen Zweck entfällt. Sind die Voraussetzungen für die Erteilung einer Aufenthaltserlaubnis zu einem anderen Zweck erfüllt, steht die vorherige Erteilung einer Aufenthaltserlaubnis zum Zwecke des Familiennachzugs der Erteilung einer solchen Aufenthaltserlaubnis zu dem anderen Zweck nicht entgegen.

27.1.3 Das Aufenthaltsrecht des nachgezogenen Familienangehörigen ist nicht nur zweckgebunden, sondern auch akzessorisch zum Aufenthaltsrecht des Stammberechtigten. Dies bedeutet, dass das Aufenthaltsrecht des Familienangehörigen als abgeleitetes Recht dem Aufenthaltsrecht des Stammberechtigten grundsätzlich nachfolgt. Die Aufenthaltserlaubnis des Familienangehörigen darf längstens für den Zeitraum erteilt werden, für den auch der Stammberechtigte über einen gültigen Aufenthaltstitel verfügt (§ 27 Absatz 4, siehe hierzu Nummer 27.4). Des Weiteren darf die Aufenthaltserlaubnis des Familienangehörigen nur verlängert werden, wenn der Stammberechtigte weiterhin eine Niederlassungserlaubnis, Aufenthaltserlaubnis oder Erlaubnis zum Daueraufenthalt-EG besitzt (vgl. § 29 Absatz 1 Nummer 1, § 8 Absatz 1) und auch nur längstens für deren Geltungszeitraum (vgl. § 27 Absatz 4, Nummer 27.4). Ist die Aufenthaltserlaubnis des Stammberechtigten nach § 8 Absatz 2 von vornherein ohne Verlängerungsmöglichkeit zeitlich befristet, so ist auch die Aufenthaltserlaubnis des Familienangehörigen entsprechend auszugestalten. Verliert der Stammberechtigte sein Aufenthaltsrecht, etwa weil ein zwingender Ausweisungsgrund erfüllt wird, so entfällt auch der Grund für das Aufenthaltsrecht des Familienangehörigen, soweit noch nicht die Voraussetzungen für ein eigenständiges Aufenthaltsrecht bestehen (vgl. hierzu Nummer 31.1 und 34.2) oder bereits eine aufenthaltsrechtliche Verfestigung eingetreten ist (vgl. hierzu Nummer 9). Es kann nämlich die Geltungsdauer der Aufenthaltserlaubnis nachträglich verkürzt werden (§ 7 Absatz 2 Satz 2). In jedem Fall ist die Verlängerung der Aufenthaltserlaubnis abzulehnen (§ 8 Absatz 1). Der akzessorische Konnex kommt auch beim Arbeitsmarktzugang zum Tragen. Nach § 29 Absatz 5 berechtigt die dem Familienangehörigen erteilte Aufenthaltserlaubnis in gleicher Weise zur Ausübung einer Erwerbstätigkeit wie sie dem Stammberechtigten – sowohl im positiven (Zugang zum Arbeitsmarkt) als auch im negativen Sinne (Beschränkungen) – gestattet ist (klarstellend siehe Nummer 29.5.2.6 und 29.5.2.7).

27.1.4 § 27 Absatz 1 fordert als grundlegenden Aufenthaltszweck die (beabsichtigte) Herstellung und Wahrung der familiären Lebensgemeinschaft, wobei grundsätzlich ein Lebensmittelpunkt der Familienmitglieder in der Form einer gemeinsamen Wohnung nachgewiesen sein muss (zur ehelichen Lebensgemeinschaft siehe Nummer 27.1 a.1.0). Fehlt es an einer derartigen häuslichen Gemeinschaft, kann im Allgemeinen eine familiäre Lebensgemeinschaft nur dann bejaht werden, wenn die einer solchen Lebensgemeinschaft entsprechende Beistands- oder Betreuungsgemeinschaft auf andere Weise verwirklicht wird. Dies kann z. B. bei einer notwendigen Unterbringung in einem Behinderten- oder Pflegeheim oder einer berufs- und ausbildungsbedingten Trennung der Fall sein. In diesen Fällen liegt eine familiäre Lebensgemeinschaft erst dann vor, wenn die Angehörigen regelmäßigen Kontakt zueinander pflegen, der über ein bloßes Besuchen hinausgeht. Ein überwiegendes Getrenntleben der Familienangehörigen, insbesondere wenn einzelne Mitglieder ohne Notwendigkeit über eine eigene Wohnung verfügen, deutet eher auf das Vorliegen einer nach Artikel 6 GG und daher auch aufenthaltsrechtlich nicht besonders schutzwürdigen Begegnungsgemeinschaft hin. Allerdings verbietet sich eine schematische Betrachtungsweise. Entscheidend für die ausländerrechtlichen Schutzwirkungen aus Artikel 6 GG ist die tatsächliche Verbundenheit zwischen den Familienmitgliedern, wobei grundsätzlich eine Betrachtung des Einzelfalles geboten ist. Eine im Bundesgebiet hergestellte familiäre Lebensgemeinschaft wird im Allgemeinen nicht allein dadurch aufgehoben, dass ein Familienmitglied in öffentlichen Gewahrsam genommen wird oder sich in Haft befindet, wenn Anhaltspunkte dafür vorliegen, dass die familiäre Lebensgemeinschaft nach Beendigung der Haft fortgesetzt wird. Der erstmalige Zuzug ins Bundesgebiet zu einem in Haft (ohne offenen Vollzug) befindlichen Familienmitglied kann während der Dauer der Inhaftierung jedoch nicht zur Herstellung der familiären Lebensgemeinschaft führen.

27.1.5 Die Aufenthaltserlaubnis darf vorbehaltlich Absatz 2 nur für eine dem Schutz des Artikels 6 GG unterfallende familiäre Lebensgemeinschaft erteilt werden. Besonders geschützt, und damit grundsätzlich einem Familiennachzug zugänglich, ist die Gemeinschaft von Ehegatten sowie von Eltern mit ihren minderjährigen Kindern (zu Adoptivkindern vgl. auch Nummer 28.1.2.1 ff.). Der Nachzug von Stiefkindern bemisst sich grundsätzlich nach § 32 Absatz 1 Nummer 2 als Nachzug zu bzw. – i. S. v. Zuzug – mit dem leiblichen Elternteil aufgrund dessen Aufenthaltsrechts (vgl. Nummer 32.0.5); nur in besonderen Konstellationen kommt ein Nachzug zu dem Stiefelternteil aufgrund von § 36 Absatz 2 in Frage (vgl. Nummer 36.2.1.2). Bei Pflegekindern ist der Nachzug jedoch auf § 36 Absatz 2 beschränkt (vgl. Nummer 36.2.1.2). Dort finden im Rahmen der Prüfung der außergewöhnlichen Härte auch die Rechte der leiblichen Eltern Berücksichtigung (vgl. Nummer 36.2.2.4). Zusätzlich ist das Einverständnis der Behörden des Heimatstaates des Kindes zur Ausreise herzustellen. Ein Nachzug von volljährigen Kindern zu den im Bundesgebiet lebenden Eltern ist grundsätzlich nicht von §§ 27 ff. gedeckt. Sind diese Kinder jedoch aufgrund besonderer Lebensumstände auf die Betreuung der Eltern angewiesen, können sie unter den Voraussetzungen des § 36 Absatz 2 Satz 1 nachziehen.

27.1.6 Ein mit einem Ausländer in Mehrehe verbundener Ehegatte gehört nicht zu dem nach Artikel 6 GG schutzwürdigen Personenkreis, wenn sich bereits ein Ehegatte beim Ausländer im Bundesgebiet aufhält. Ebenso wenig fällt der Nachzug zur Herstellung einer nichtehelichen Lebensgemeinschaft oder einer Zwangsehe unter die Schutzwirkung des Artikels 6 GG (siehe hierzu auch Nummer 27.1 a.2.1 f.). Eine Zwangsverheiratung liegt vor, wenn mindestens einer der zukünftigen Ehepartner mit Gewalt oder durch Drohung zur Eingehung der Ehe genötigt wird (besonders schwerer Fall der Nötigung nach § 240 Absatz 4 Satz 2 Nummer 1, 2. Alternative StGB). Von der Zwangsverheiratung abzugrenzen ist die arrangierte Ehe. Arrangierte Ehen unterscheiden sich dadurch von Zwangs-verheiratungen, dass sie nicht erzwungen sind, sondern letztlich auf dem freien Willen beider Ehepartner beruhen. Der Übergang zwischen arrangierten und erzwungenen Ehen kann fließend sein, die Abgrenzung in der Praxis daher schwierig sein (siehe hierzu Nummer 27.1 a.2.1 f.). Zur lebens-partnerschaftlichen Gemeinschaft vgl. Nummer 27.2.

27.1.7 Ein Familiennachzug zu Seeleuten nach § 27 Absatz 1 ist ausgeschlossen, wenn diese nur deshalb einen deutschen Aufenthaltstitel besitzen, weil sie ihn nach § 4 Absatz 4 benötigen und soweit deren Visum gemäß § 35 Nummer 3 AufenthV nicht der Zustimmung der Ausländerbehörde bedarf. Da diese Seeleute im Bundesgebiet keinen Wohnsitz nehmen dürfen, kann die familiäre Lebensgemeinschaft nicht im Bundesgebiet hergestellt werden.

27.1.8 Wegen des Phänomens der Scheinehen, bei denen das Bestehen einer familiären Lebensgemeinschaft nur zur Erlangung eines Aufenthaltsstatus vorgegeben wird, kann es in einzelnen Fällen erforderlich sein, eine Sachverhaltsermittlung durchzuführen (siehe hierzu Nummer 27.1 a.1.1.2 ff.). Nach den allgemeinen Grundsätzen ist nicht die Ausländerbehörde, sondern der Antragsteller für seine Absicht, eine eheliche Lebensgemeinschaft aufzunehmen, materiell beweisbelastet. Der Ausländer ist nach § 82 Absatz 1 Satz 1 auch in Bezug auf die Voraussetzung des Vorliegens einer ehelichen Lebensgemeinschaft verpflichtet, seine Belange und für ihn günstige Umstände, soweit sie nicht offenkundig sind, geltend zu machen und die erforderlichen Nachweise über seine persönlichen Verhältnisse etc. unverzüglich beizubringen (vgl. hierzu auch Nummer 82). Das bedeutet, dass eine trotz aller Bemühungen ggf. verbleibende Unerweislichkeit von Tatsachen zu Lasten des Antragstellers geht.

27.1.9 Die §§ 27 ff. entfalten keine Sperrwirkung mit Bezug auf die Erteilung von Aufenthaltstiteln zu anderen Zwecken. Werden die Herstellung oder Wahrung einer familiären Lebensgemeinschaft nicht angestrebt, ist also zu prüfen, ob ein Aufenthaltstitel für einen anderen Zweck erteilt werden kann. Dasselbe gilt, wenn von vornherein ausdrücklich ein Aufenthaltstitel zu einem anderen Zweck beantragt wird. Es greifen in diesen Fällen nicht die in den §§ 27 ff. genannten Einschränkungen ein, sondern nur die Voraussetzungen, die an die Erteilung des Aufenthaltstitels zu dem anderen Zweck geknüpft sind. Wird der Aufenthaltstitel für den anderen Zweck erteilt, ist der Familiennachzug als Zweck nicht anzugeben und im Aufenthaltstitel auch nicht zu vermerken. Die tatsächliche Herstellung einer familiären Lebensgemeinschaft ist hierdurch nicht unzulässig.

27.1a Ausdrücklicher Ausschlussgrund bei Scheinehe, Scheinverwandtschaftsverhältnissen und Zwangsverheiratung

27.1 a.1 § 27 Absatz 1a Nummer 1 normiert einen ausdrücklichen Ausschlussgrund für den Ehegattennachzug im Falle einer Scheinehe oder von Scheinverwandtschaftsverhältnissen, um den Anreiz hierfür zu mindern.

27.1 a.1.1.0 Die formal wirksam geschlossene Ehe berechtigt für sich allein nicht zum Ehegattennachzug. Erforderlich ist vielmehr das Vorliegen einer ehelichen Lebensgemeinschaft. Eine eheliche Lebensgemeinschaft ist dann anzunehmen, wenn die Ehepartner erkennbar in einer dauerhaften, durch enge Verbundenheit und gegenseitigen Beistand geprägten Beziehung zusammenleben oder zusammenleben wollen. Vorausgesetzt ist somit eine Verbindung zwischen den Eheleuten, deren Intensität über die einer Beziehung zwischen Freunden in einer reinen Begegnungsgemeinschaft hinausgeht. Daneben vorliegende Motive bei der Eheschließung stellen jedenfalls dann keine missbräuchliche Ehe i. S. d. § 27 Absatz 1a Nummer 1 dar, wenn gleichzeitig der Wille zu einer ehelichen Lebensgemeinschaft im o. g. Sinn besteht.

27.1 a.1.1.1 Zur Beweislastverteilung siehe Nummer 27.1.8. Die Vorschrift des § 27 Absatz 1a Nummer 1 ändert hieran nichts.

27.1 a.1.1.2 Die Ausländerbehörde bzw. Auslandsvertretung kann weitere Ermittlungen anstellen, wenn im konkreten Einzelfall tatsächliche Anhaltspunkte dafür bekannt sind, dass zumindest ein Ehegatte – entgegen seiner Aussage – keine eheliche Gemeinschaft herstellen will. Solche Anhaltspunkte können sich z. B. aus widersprüchlichen bzw. unschlüssigen Angaben bei der Antragstellung ergeben oder aus Erkenntnissen, die bei der Behörde vorliegen (weitere Beispiele siehe unter Nummer 27.1 a.1.1.7). Verdachtsunabhängige durchgängige bzw. pauschale Ermittlungen und „Stichproben" sind nicht zulässig.

Die Ausländerbehörden können dabei gemäß § 86 – auch ohne Mitwirkung der Betroffenen (§ 3 BDSG) – im geeigneten und erforderlichen Umfang personenbezogene Daten erheben und den Ehepartnern die Beibringung geeigneter Nachweise aufgeben, die ihre Absicht belegen, eine familiäre Lebensgemeinschaft in Deutschland herzustellen. Die Sachverhaltsermittlung beschränkt sich nicht nur auf die Feststellung der familienrechtlichen Beziehung und das Vorhandensein einer gemeinsamen Meldeanschrift. Umgekehrt ist vorrangig unter Berücksichtigung der Verdachtsmomente im Einzelfall nach Umständen außerhalb der engsten Privatsphäre der Ehegatten zu fragen (z. B. Umstände des persönlichen Kennenlernens, Umstände der Hochzeit, Kenntnis über Familienverhältnisse der Ehegatten, gemeinsame Lebensplanung in Deutschland etc.). Unzulässig sind Fragen bzw. Ermittlungen zur Intimsphäre der Ehegatten. Insgesamt ist zu berücksichtigen, dass die konkrete Ausgestaltung einer Beistands- und Betreuungsgemeinschaft im Einzelfall Angelegenheit der Familienmitglieder ist; bei der Prüfung ist die Vielgestaltigkeit der Lebenssachverhalte zu berücksichtigen. Ob eine familiäre Lebensgemeinschaft im Sinne einer Beistands- und Betreuungsgemeinschaft vorliegt, kann nicht nur anhand der tatsächlichen Kontakte, sondern auch anhand der wirtschaftlichen Gestaltung des Zusammenlebens der Familienmitglieder festgestellt werden. Hierbei kann eine Sachverhaltsermittlung insbesondere auch anhand von Bankunterlagen (etwa gegenseitige Bevollmächtigung zum Zugang zu Konten oder gemeinsame Kreditaufnahme bei Ehegatten), sonstiger Vertragsunterlagen (bei gemeinsamem Bezug von Wasser, Strom, Telekommunikationsdienstleistungen etc. durch Ehegatten), Anhaltspunkten für die geteilte Übernahme gemeinsamer Kosten (etwa Übernahme der Wohnkosten durch den einen Ehegatten und der Kosten für ein Auto oder der Kinderbetreuung durch den anderen Ehegatten) oder durch der Feststellung einer anderen Kosten- und Aufgabenverteilung innerhalb der Familie erfolgen. Aufgrund der vielfältigen Gestaltungsmöglichkeiten der ehelichen Lebensführung ist eine Beibehaltung der Trennung wirtschaftlicher Belange für sich genommen noch kein zwingender Beleg für eine Scheinehe; umgekehrt ist aber die gemeinsame Wirtschaftsführung ein Indiz, das zugunsten der Antragsteller für das Vorliegen einer ehelichen Lebensgemeinschaft zu werten ist.

27.1 a.1.1.3 Wird auf der Grundlage einer Scheinehe die Aufenthaltserlaubnis zum Familiennachzug beantragt, ist der Straftatbestand des § 95 Absatz 2 Nummer 2 erfüllt, so dass die Ausländerbehörde ggf. eine entsprechende Strafanzeige stellen kann, die weitere Ermittlungen der zuständigen Behörden nach sich zieht.

27.1 a.1.1.4 Im Rahmen des Visumverfahrens erfolgt die Entscheidungsfindung im Regelfall in enger Abstimmung mit der zuständigen Auslandsvertretung. Das gilt insbesondere für die Prognose über die Absicht der Ehepartner, eine familiäre Lebensgemeinschaft im Bundesgebiet herstellen zu wollen. In diese Prognose sind sowohl die (im Ausland) gewonnenen Erkenntnisse der Auslandsvertretung als auch die (im Inland) gewonnenen Erkenntnisse der Ausländerbehörde einzubeziehen. Dies kann insbesondere in Form einer zeitgleichen (ggf. schriftlichen), getrennten Befragung des Stammberechtigten und des Ehegatten in der Ausländerbehörde bzw. der Auslandsvertretung, ggf. unter Beiziehung eines Dolmetschers, erfolgen.

27.1 a.1.1.5 Nach Abschluss der Sachverhaltsermittlungen bzw. Befragungen ist im Rahmen einer Gesamtwürdigung aller Umstände des Einzelfalls zu prüfen, ob die Herstellung einer ehelichen Lebensgemeinschaft in Deutschland beabsichtigt ist, oder ob feststeht, dass es sich ausschließlich um eine missbräuchliche Eheschließung nach § 27 Absatz 1a handelt.

27.1 a.1.1.6 Umstände, die u. a. für die beabsichtigte Herstellung einer ehelichen Lebensgemeinschaft sprechen können:

– gemeinsame Wohnung steht zur Verfügung und soll bewohnt werden,
– Ehepartner kennen sich bereits länger und machen hinsichtlich ihrer Personalien und sonstiger für die Herstellung der ehelichen Lebensgemeinschaft entscheidender sowie beide Partner betreffender persönlicher Umstände im Wesentlichen übereinstimmende Angaben,
– Ehepartner haben bereits vor der Eheschließung zusammengelebt,
– gegenseitige Besuche und andere nachweisbare Kontakte, während ein Ehegatte im Inland, der andere im Ausland wohnt, angemessene Beiträge der Ehepartner zu den Verpflichtungen aus der Ehe sind geplant (z. B. Betreuung von Kindern, des Haushalts, Sicherung der finanziellen Grundlage der Ehe durch Arbeitsverhältnis eines oder beider Ehepartner/s),
– sonstige gemeinsame Lebensplanung ist erkennbar,
– Zahlung von Unterhaltsleistungen eines Ehepartners an den anderen.

27.1 a.1.1.7 Umstände, die u. a. vermuten lassen, dass trotz formal geschlossener Ehe keine Herstellung einer familiären Lebensgemeinschaft in Deutschland beabsichtigt ist:

– Ehepartner sind sich vor ihrer Ehe nie oder nur auffallend kurz begegnet,

Grundsatz des Familiennachzugs **§ 27 AufenthG 1**

– Ehepartner machen widersprüchliche Angaben zu ihren jeweiligen Personalien (Name, Adresse, Staatsangehörigkeit, Beruf), den (objektivierbaren) Umständen ihres Kennenlernens oder sonstigen sie betreffenden wichtigen persönlichen Informationen. (Hinweis: Unter „wichtigen persönlichen Informationen" sind nur Angaben außerhalb der Intimsphäre zu verstehen, die für beide Ehepartner und die geplante Herstellung einer Lebensgemeinschaft von wesentlicher Bedeutung sind. Gemeint sind nicht Gewohnheiten der Lebensführung eines Ehepartners, die für die Herstellung einer Lebensgemeinschaft ohne ausschlaggebende Relevanz sind oder deren Kenntnis erst bei Bestehen einer langjährigen ehelichen Lebensgemeinschaft vernünftigerweise erwartet werden kann);
– Ehepartner sprechen keine für beide verständliche Sprache und es gibt auch keine erkennbaren Bemühungen zur Herstellung einer gemeinsamen Kommunikationsbasis,
– für das Eingehen der Ehe wird ein Geldbetrag an den Ehegatten übergeben (abgesehen von im Rahmen einer Mitgift übergebenen Beträgen bei Angehörigen von Drittländern, in denen das Einbringen einer Mitgift in die Ehe oder das Übergeben eines Geldbetrages an die Eltern gängige Praxis ist),
– Fehlen einer Planung über eine angemessene Verteilung der Beiträge der Ehepartner zu den Verpflichtungen aus der Ehe,
– Fehlen einer sonstigen gemeinsamen Lebensplanung oder erhebliche Abweichungen in diesem Punkt (möglicher Rückschluss auf mangelnde Kommunikation und persönlichen Austausch zwischen den Eheleuten),
– es gibt konkrete Anhaltspunkte dafür, dass ein oder beide Ehegatte/n schon früher Scheinehen eingegangen ist/sind oder sich unbefugt bzw. im Rahmen eines Asylantrags in einem EU-Mitgliedstaat aufgehalten hat/ haben (erkennbare Absicht, einen Aufenthalt zu begründen, auch unabhängig vom Ehepartner).

27.1 a.1.1.8 Die Beurteilung richtet sich nach den Umständen des Einzelfalls und dem ortsüblichen Verständnis von der Ehe. Hieraus kann sich auch ergeben, dass einer der genannten Umstände für die Prognose nicht erheblich ist oder nur eine untergeordnete Rolle spielt. Gleichzeitig können sich aus kulturellen Besonderheiten weitere Kriterien schlussfolgern lassen, die für die Prognoseentscheidung im Einzelfall herangezogen werden können. In Bezug auf die in verschiedenen Herkunftsländern vorkommenden so genannten „arrangierten Eheschließungen" (zum Begriff vgl. Nummer 27.1 a.2.1) ist zu berücksichtigen, dass bei der persönlichen Vorsprache des Antragstellers insoweit Fragen nach näherer Kenntnis der jeweiligen familiären und sozialen Lebensumstände naturgemäß für sich kaum geeignet sind, um das Vorliegen einer aufenthaltsrechtlichen Scheinehe zu begründen. In diesen Fällen ist stattdessen abzustellen auf Anhaltspunkte für eine Absicht, sich ein Daueraufenthaltsrecht in Deutschland zu verschaffen (beispielsweise mehrere Vorehen oder unerlaubte Aufenthalte im Schengen-Gebiet des in Deutschland lebenden Ehegatten), Fragen nach Einzelheiten des persönlichen bzw. Familientreffens zur Vermittlung der Ehe bzw. zur Kenntnis über die Familie des Ehepartners, Fragen zu Vorkehrungen für die tatsächliche Herstellung der ehelichen Lebensgemeinschaft nach Zuzug ins Bundesgebiet, Fragen zur persönlichen Lebensplanung in Bezug auf das eheliche Zusammenleben nach der Eheschließung und Fragen zu Vereinbarungen der Familien bei der Ehevermittlung, welche als auf die erfolgreiche Herstellung der Lebensgemeinschaft gerichtet erscheinen.

27.1 a.1.1.9 Ggf. kann die Ausländerbehörde bei verbleibenden Zweifeln, die (noch) nicht die Versagung des Aufenthaltstitels rechtfertigen, nach dem Zuzug zunächst eine kurz befristete Aufenthaltserlaubnis erteilen, um anlässlich der Verlängerung das tatsächliche Bestehen der ehelichen Lebensgemeinschaft in Deutschland festzustellen (siehe zur Dauer der Aufenthaltserlaubnis Nummer 28.1.6 und 30.0.11).

27.1 a.1.2 § 27 Absatz 1a Nummer 1, 2. Alternative stellt klar, dass ein Recht auf Kindernachzug von vornherein nicht besteht, wenn das zugrunde liegende Verwandtschafts- bzw. Kindschaftsverhältnis einem anderen Zweck dient, als dem Kind zu einem Aufenthaltsrecht in Deutschland zu verhelfen. Damit soll Formen des „Handelns" mit Kindern aus so genannten Armutsregionen entgegengewirkt werden. In Fällen von Visumanträgen zum Nachzug von im Ausland adoptierten (ausländischen) Kindern ist zunächst die zivilrechtliche Vorfrage zu prüfen, ob die Auslandsadoption anerkennungsfähig ist (vgl. hierzu Nummer 28.1.2.1). Im Fall der Anerkennung ist anschließend zu prüfen, ob ausnahmsweise eine den Nachzug ausschließende so genannte Scheinadoption i. S. d. § 27 Absatz 1a gegeben ist. Dies ist nicht der Fall, wenn das Ziel der Adoption die Begründung einer Eltern-Kind-Beziehung und das Zusammenleben in einer Familie ist, und der Umstand, dass die Lebensverhältnisse im Bundesgebiet günstiger sind als im Herkunftsland, unter Umständen eines der Motive, aber nicht das alleinige Motiv der konkreten Adoption darstellt.

27.1 a.1.3 Auf ein durch missbräuchliche Vaterschaftsanerkennung begründetes Kindschaftsverhältnis ist § 27 Absatz 1a Nummer 1 ebenfalls anwendbar. Allerdings ist grundsätzlich das Verfahren der behördlichen Anfechtung nach § 1600 Absatz 1 Nummer 5 BGB zu beachten, welches durch die ausländerrechtlichen Regelungen der §§ 79 Absatz 2, 87 Absatz 6 und 90 Absatz 5 flankiert wird (vgl. Nummer 79.2, 87.6 sowie 90.5). Danach besteht für den Ländern zu bestimmende – Behörden ein Recht zur Anfechtung einer Vaterschaftsanerkennung vor dem Familiengericht, wenn sie den begründeten Anfangsverdacht haben, dass der Anerkennende nicht der biologische Vater ist und zwischen ihm und dem Kind keine sozialfamiliäre Beziehung (Verantwortungsgemeinschaft) besteht oder im Zeitpunkt der Anerkennung oder des Todes des Anerkennenden bestanden hat, und durch die Anerkennung rechtliche Voraussetzungen für die erlaubte Einreise oder den erlaubten Aufenthalt des Kindes oder eines Elternteils geschaffen werden (§ 1600 Absatz 1 Nummer 5, Absatz 3 BGB). Das Anfechtungsrecht gilt auch für die im Ausland erfolgte Anerkennung von Vaterschaften ohne sozial-familiären Bezug. Anhängige Verfahren auf Erteilung oder Verlängerung eines Aufenthaltstitels hat die Ausländerbehörde bzw. Auslandsvertretung ab Eingang einer Mitteilung nach § 87 Absatz 6 oder ab Abgabe ihrer Mitteilung nach § 90 Absatz 5 bis zur Entscheidung der anfechtungsberechtigten Behörde bzw. im Fall der Klageerhebung bis zur Rechtskraft der familiengerichtlichen Entscheidung über die Anfechtung grundsätzlich auszusetzen (§ 79 Absatz 2 Nummer 2, siehe hierzu Nummer 79.2). Die von dem Familiengericht im Anfechtungsverfahren nach § 1600 Absatz 3 BGB getroffene Entscheidung über das Bestehen der Vaterschaft ist für die aufenthaltsrechtliche Entscheidung maßgeblich. Eine hiervon abweichende Entscheidung nach § 27 Absatz 1a Nummer 1 ist nicht zulässig. Teilt die anfechtungsberechtigte Behörde hingegen mit, keine Anfechtungsklage zu erheben, und hält die Ausländerbehörde bzw. Auslandsvertretung ihre Bedenken weiter aufrecht, so bleibt – im Hinblick auf die Einheit der Rechtsordnung – bei ernsthaften Zweifeln eine Gegenvorstellung bei der anfechtungsberechtigten Behörde und in eng gelagerten Ausnahmefällen eine Entscheidung nach § 27 Absatz 1a Nummer 1 möglich. Dies kommt insbesondere in Betracht, falls die Mitteilung der anfechtungsberechtigten Behörde keine sachliche Begründung bzw. Auseinandersetzung mit dem Anlassfall erkennen lässt. Dann kann beispielsweise

Dienelt

trotz der Tatsache, dass das Kind aufgrund der missbräuchlichen Vaterschaftsanerkennung die deutsche Staatsangehörigkeit erworben hat, der Mutter, die mit dem anerkennenden Mann kollusiv zusammengearbeitet hat, um sich und dem Kind den Aufenthalt im Bundesgebiet zu ermöglichen, die Aufenthaltserlaubnis versagt werden.

27.1 a.2.1 Nach § 27 Absatz 1a Nummer 2 ist ein Familiennachzug auch dann nicht zuzulassen, wenn tatsächliche Anhaltspunkte für die Annahme einer Zwangsverheiratung vorliegen (siehe hierzu, insbesondere auch zum Begriff der Zwangsverheiratung Nummer 27.1.6). Keine Zwangsverheiratung i. S. v. § 27 Absatz 1a Nummer 2 liegt im Fall so genannter arrangierter Ehen vor, welche als traditionelle soziale Form von Eheschließungen in verschiedenen Herkunftsländern vorkommen. Bei diesen ist in Abgrenzung von der Zwangsehe wesentlich, dass trotz der vorherigen familiären Absprachen und meist nur kurzer vorheriger Begegnung der Verlobten (oft im Beisein der Familie) die Betroffenen den empfohlenen Ehegatten letztlich auch „ablehnen" können, d. h. es wird eine freiwillige Entscheidung zur Eheschließung getroffen. Diese Form von arrangierter Eheschließung ist damit ungeachtet ihres vermittelten Zustandekommens und unter Umständen überwiegend anderer Motive auch auf die freiwillige Herstellung einer ehelichen Lebensgemeinschaft gerichtet und somit aufenthaltsrechtlich schutzwürdig. Insbesondere die Abgrenzung zwischen arrangierter Eheschließung und Zwangsehe kann im Einzelfall schwierig sein und verlangt eine sorgfältige Ermittlung und Bewertung aller gegebenen Umstände. Bei den (getrennten) Befragungen, die durchgeführt werden sollten, ist stets darauf zu achten, dass auf Opfer von Zwangsehen kein physischer und/oder psychischer Druck durch das familiäre Umfeld ausgeübt wird, und daher insbesondere keine weiteren Personen aus dem familiären Umfeld der Betroffenen anwesend sein dürfen. Erfahrungsgemäß wird es häufig zu widersprüchlichen Aussagen der Betroffenen bei der Frage kommen, ob sie zur Eingehung der Ehe gezwungen wurden. Dies kann einerseits auf eine Verunsicherung der Betroffenen über ihre eigenen Gefühle, andererseits auch darauf zurückzuführen sein, dass Opfer von Zwangsverheiratungen unter Druck gesetzt werden.

27.1 a.2.2 Nach § 27 Absatz 1a Nummer 2 genügen für die Versagung des Aufenthaltstitels tatsächliche Anhaltspunkte für eine Zwangsverheiratung. Damit wird auch der menschenrechtliche Schutz der Betroffenen berücksichtigt. Das Erfordernis tatsächlicher Anhaltspunkte im Einzelfall schließt jedoch aus, das Vorliegen des Versagungsgrundes aufgrund bloßer Vermutungen oder Hypothesen oder in systematischer Weise auf Verdacht zu prüfen.

27.2 Herstellung und Wahrung einer lebenspartnerschaftlichen Gemeinschaft

27.2.1 Unter dem Begriff der lebenspartnerschaftlichen Gemeinschaft sind Gemeinschaften zu verstehen, die von zwei gleichgeschlechtlichen Lebenspartnern i. S. d. LPartG gebildet werden.

27.2.2 Nach ausländischem Recht geschlossene gleichgeschlechtliche Partnerschaften fallen unter den Begriff der „Lebenspartnerschaft", wenn die Partnerschaft staatlich anerkannt ist und sie in ihrer Ausgestaltung der deutschen Lebenspartnerschaft im Wesentlichen entspricht. Eine wesentliche Entsprechung liegt vor, wenn das ausländische Recht von einer Lebensgemeinschaft der Partner ausgeht und insbesondere wechselseitige Unterhaltspflichten der Lebenspartner und die Möglichkeit der Entstehung nachwirkender Pflichten bei der Auflösung der Partnerschaft vorsieht.

27.2.3 Die Lebenspartnerschaft endet außer durch Tod und Aufhebung auch mit der Eheschließung einer der Lebenspartner.

27.2.4 Für die Herstellung und Wahrung einer lebenspartnerschaftlichen Gemeinschaft im Bundesgebiet finden § 27 Absatz 1a und 3, § 9 Absatz 3, § 9c Satz 2, §§ 28 bis 31 sowie § 51 Absatz 2 entsprechende Anwendung.

27.3 Absehen von der Erteilung der Aufenthaltserlaubnis in Fällen des Angewiesenseins auf Leistungen nach dem SGB II oder XII

27.3.1 Selbst wenn die Voraussetzungen eines gesetzlichen Anspruchs auf Erteilung oder Verlängerung des Aufenthaltstitels vorliegen, kann dieser im Ermessenswege versagt werden, wenn die Person, zu der der Nachzug stattfindet, unabhängig von deren Staatsangehörigkeit für den Unterhalt

– von mindestens einem ausländischen oder deutschen Familienangehörigen, selbst wenn diese nicht im selben Haushalt leben, oder

– von mindestens einem anderen Haushaltsangehörigen, unabhängig von dessen Staatsangehörigkeit oder dessen familienrechtlicher Stellung gegenüber der Person, zu der ein Nachzug stattfinden soll,

auf Leistungen nach dem SGB II oder XII angewiesen ist. Ob tatsächlich Leistungen nach dem SGB II oder XII bezogen werden oder beantragt worden sind, ist unerheblich; es kommt nur darauf an, ob ein Anspruch besteht. Im Fall der Erwerbstätigkeit sind bei der Berechnung des verfügbaren Einkommens die so genannten Erwerbstätigenfreibeträge nach § 11 i. V. m. § 30 SGB II abzuziehen, da diese sozialhilferechtlich nicht zur Deckung des Bedarfs herangezogen werden dürfen. Durch den Zuzug von Familienangehörigen darf die Sicherung des Lebensunterhalts auch für die Personen nicht in Frage gestellt werden, denen der Unterhaltsverpflichtete, zu der die Familiennachzug stattfindet, bisher Unterhalt geleistet hat. Dies gilt z. B., soweit beim Nachzug von Familienangehörigen aus einer späteren Ehe die aus einer früheren Ehe unterhaltsberechtigten Personen nicht mehr ohne Inanspruchnahme von Leistungen nach dem SGB II oder XII mit ausreichendem Unterhalt rechnen können, weil der Unterhalt vorrangig den hinzukommenden Familienangehörigen gewährt wird.

27.3.2 Die Voraussetzungen des Absatzes 3 sind erfüllt, wenn infolge des Nachzuges ein Anspruch auf Leistungen nach dem SGB II oder XII entstehen würde, aber auch dann, wenn ein solcher Anspruch bereits ohne den Nachzug besteht. Der Versagungsgrund kann insbesondere entstehen, wenn die Person, zu der der Nachzug stattfindet, geschieden ist und sie dem früheren Ehegatten oder Kindern aus früherer Ehe zum Unterhalt verpflichtet ist. Die Feststellung des Angewiesenseins i. S. d. § 27 Absatz 3 Satz 1 entfällt in diesem Fall nicht dadurch, dass trotz der Unterhaltsverpflichtung der Unterhalt bislang nicht geleistet wird.

27.3.3 Bei der Interessenabwägung ist maßgeblich zu berücksichtigen, in welchem Umfang der Nachzug voraussichtlich zu einer Erhöhung solcher öffentlichen Leistungen führt; unerheblich sind dabei die in § 2 Absatz 3 Satz 2 genannten Leistungen. Es spricht für eine Erteilung des Aufenthaltstitels, wenn nachweislich (z. B. Beschäftigungszusage oder -vertrag) in Aussicht steht, dass der nachziehende Ausländer in Deutschland ein ausreichendes Einkommen erzielen wird oder über Vermögen verfügt, aus dem dauerhaft sein Lebensunterhalt gesichert sein wird. Bei der Prognose sind auch Unterhaltsleistungen des nachziehenden Familienangehörigen zu berücksichtigen, die er aufgrund einer rechtlichen Verpflichtung übernehmen muss oder voraussichtlich, auch ohne eine solche Verpflichtung, übernehmen wird.

Grundsatz des Familiennachzugs § 27 AufenthG 1

27.3.4 Ein Aufenthaltstitel zum Familiennachzug ist bei Vorliegen der übrigen Voraussetzungen regelmäßig zu erteilen, wenn nachweislich in Aussicht steht, dass der nachziehende Ausländer nachhaltig imstande und bereit sein wird, in Deutschland lebende Personen, die bislang ihren Lebensunterhalt aus öffentlichen Leistungen bestritten haben, nach seinem Nachzug zu unterstützen und so die Gesamthöhe öffentlicher Leistungen zu verringern.

27.3.5 Nummer 27.3.4 gilt entsprechend in Fällen der Verlängerung einer Aufenthaltserlaubnis, wenn andernfalls das Einkommen oder das Vermögen des nachgezogenen Ausländers als Mittel zum Lebensunterhalt für andere im Bundesgebiet wohnhafte Personen wegfallen würde. Gleiches gilt, wenn wegen einer Ausreise ins Ausland Unterhaltsansprüche nicht oder schwerer durchsetzbar sind und daher wahrscheinlich ist, dass aufgrund der Ausreise des nachgezogenen Ausländers öffentliche Leistungen in größerem Umfang von anderen Personen in Anspruch genommen werden.

27.3.6 § 27 Absatz 3 wird nicht dadurch verdrängt, dass die Lebensunterhaltssicherung des Nachziehenden selbst in einigen in §§ 28 und 29 geregelten Fällen nicht erforderlich ist. Diese Anspruchstatbestände wandeln sich bei Vorliegen der Voraussetzungen des § 27 Absatz 3 in Ermessenstatbestände um.

27.3.7 Neben der Regelung des § 27 Absatz 3 ist, wo dies nicht gesetzlich ausgeschlossen ist, auch die allgemeine Erteilungsvoraussetzung des § 5 Absatz 1 Nummer 1 zu beachten. Ist der Lebensunterhalt auch des nachziehenden Ausländers nicht gesichert i. S. d. § 5 Absatz 1 Nummer 1 i. V. m. § 2 Absatz 3, kommt die Erteilung eines Aufenthaltstitels regelmäßig nicht in Betracht. Dies gilt nicht in den Fällen nach § 28 Absatz 1 Satz 2, § 29 Absatz 2 Satz 2, § 29 Absatz 4, § 33 Satz 2 und § 34 Absatz 1 und § 36 Absatz 1, in denen die Anwendung des § 5 Absatz 1 Nummer 1 ausgeschlossen ist. Bei jüdischen Zuwanderern, die nicht die deutsche Staatsangehörigkeit haben, ist für nicht von der Aufnahmezusage umfasste Ehegatten und minderjährige ledige Kinder der Nachzug i. d. R. ebenfalls von der Sicherung des Lebensunterhalts abhängig (anders bei jüdischen Zuwanderern mit deutscher Staatsangehörigkeit).

Sofern in den Fällen des § 28 Absatz 1 Satz 4, § 29 Absatz 2 Satz 1, § 30 Absatz 3 und § 33 Satz 1 von § 5 Absatz 1 Nummer 1 abgewichen werden kann, hat dies zur Folge, dass die mangelnde Sicherung des Lebensunterhaltes nicht regelmäßig zur Versagung des Aufenthaltstitels führt. Jedoch ist sie bei der Ermessensentscheidung über die Erteilung oder Verlängerung des Aufenthaltstitels als Abwägungskriterium heranzuziehen.

Zur Berücksichtigung der Lebensunterhaltssicherung in den Fällen des § 28 Absatz 1 Satz 3 vgl. Nummer 28.1.1.0.

27.3.8 Bei der Interessenabwägung sind zudem neben dem aufenthaltsrechtlichen Status und der Dauer des bisherigen Aufenthaltes der Person, zu der der Nachzug stattfindet, die in § 55 Absatz 3 und § 56 genannten Gesichtspunkte in Bezug auf den nachziehenden Ausländer zu berücksichtigen.

27.3.9 Die Regelung nach § 27 Absatz 3 Satz 2, wonach bei der Erteilung einer Aufenthaltserlaubnis zum Familiennachzug von § 5 Absatz 1 Nummer 2 abgesehen werden kann, bezieht sich nicht nur auf den Ausweisungsgrund „Inanspruchnahme von Sozialhilfe", sondern auf alle Ausweisungsgründe.

27.4 Grundsatz der Zweckbindung und Akzessorietät

§ 27 Absatz 4 schreibt den dem deutschen Aufenthaltsrecht zugrunde liegenden Grundsatz der Zweckbindung und akzessorischen Verknüpfung zum Aufenthaltsrecht des Stammberechtigten fest (siehe Nummer 27.1.3). Danach darf die Aufenthaltserlaubnis des nachziehenden Familienangehörigen nur für den Zeitraum erteilt und verlängert werden, für den auch der Stammberechtigte über einen gültigen Aufenthaltstitel verfügt. Nach Artikel 13 Absatz 2 der Richtlinie 2003/86/EG des Rates vom 22. September 2003 betreffend das Recht auf Familienzusammenführung (ABl. EU Nummer L 251 S. 12, so genannte Familiennachzugrichtlinie) besteht die grundsätzliche Verpflichtung, die erstmalige Aufenthaltserlaubnis zur Herstellung der familiären Lebensgemeinschaft in den von der Richtlinie erfassten Fällen mit einer Geltungsdauer von mindestens einem Jahr zu erteilen. In Fällen, in denen nach der bisherigen Verwaltungspraxis eine längere Regelbefristung gehandhabt wird (siehe Nummer 28.1.6), kann dies auch weiterhin erfolgen, da Satz 4 nur eine Grenze vorgibt, die nicht unterschritten werden darf. Eine kürzere Befristung ist jedoch in Fällen des Satzes 1 vorzusehen, wenn die Aufenthaltserlaubnis des Stammberechtigten, zu dem der Nachzug erfolgt, eine Geltungsdauer von einem Jahr nicht mehr aufweist. Durch die Regelung in den Sätzen 2 und 3 werden Artikel 19 Absatz 3 der Richtlinie 2003/109/EG des Rates vom 25. November 2003 betreffend die Rechtsstellung der langfristig Aufenthaltsberechtigten Drittstaatsangehörigen (ABl. EU 2004 Nummer L 16 S. 44; so genannte Daueraufenthalt-Richtlinie) und Artikel 9 Absatz 1 der Richtlinie 2005/71/EG des Rates vom 12. Oktober 2005 über ein besonderes Zulassungsverfahren für Drittstaatsangehörige zum Zweck der wissenschaftlichen Forschung (ABl. EU Nummer L 289 S. 15, so genannte Forscherrichtlinie) umgesetzt. Die vorgeschriebene Gültigkeitsdauer entspricht der bisherigen Erteilungspraxis, musste aber zur Umsetzung der genannten Vorgaben der Richtlinien ausdrücklich geregelt werden.

Übersicht

	Rn.
I. Entstehungsgeschichte	1
II. Allgemeines	2
III. Anwendungsbereich der Familienzusammenführungs-RL	9
1. Räumlicher Anwendungsbereich	9
2. Personeller Anwendungsbereich	13
3. Ausnahmen für besondere Fallgruppen	20
4. Status des Zusammenführenden	27
IV. Privilegierungen	33
V. Familienzuzug	46
1. Ehe und Familie	46
2. Familiäre Lebensgemeinschaft	56
VI. Lebenspartnerschaft	64

Dienelt

		Rn.
	VII. Schein- und Zwangsehe	67
	1. Darlegungs- und Beweislast	67
	2. Mitwirkungsverbot für den Standesbeamten	81
	VIII. Versagungsgründe	84
	1. Spezielle Versagungsgründe	84
	2. Allgemeine Versagungsgründe	90
	IX. Rechtsschutzfragen	117

I. Entstehungsgeschichte

1   Die Vorschrift geht auf das AufenthG zurück[2]. Sie hat Vorgänger in §§ 17, 27a AuslG 1990. Mit Wirkung vom 18.3.2005 wurde in Abs. 3 „Sozialhilfe" durch „Leistungen ..." ersetzt[3]. Mit dem AuslRÄndG 2007[4] wurden Abs. 1a und 4 in das Gesetz aufgenommen und die Verweisungen bei Lebenspartnerschaften an die aktuelle Rechtslage angepasst. Mit dem **RLUmsG 2012**[5] wurde § 27 IV 2 an den neuen Aufenthaltstitel, die Blaue Karte EU, angepasst. Abs. 5 wurde durch Gesetz vom 29.8.2013 angefügt[6]. Mit dem **RLUmsG 2017**[7] wurde § 27 IV 2 neu gefasst und die beiden neuen ICT-Aufenthaltstitel sowie §§ 20a und 20b aufgenommen. Durch das **FamiliennachzugsneuregelungsG** vom 12.7.2018[8] wurde § 36a in Abs. 2 aufgenommen und der neue Abs. 3a eingefügt. Mit dem **FEG**[9] wurde neben der Anpassung an die neuen Aufenthaltstitel die Verknüpfung des Gültigkeitszeitraums der Aufenthaltserlaubnis mit der Gültigkeitsdauer des Passes oder Passersatzes aufgehoben. Außerdem wurde die Regelung zur Ausübung einer Beschäftigung in Abs. 5 aufgehoben. Diese Änderung war durch die Änderung des Regel-Ausnahme-Verhältnisses bezüglich der Gestattung der Erwerbstätigkeit in § 4a geboten.

II. Allgemeines

2   Der **Begriff** des Familiennachzugs hat sich in Deutschland eingebürgert und wird deshalb auch von AufenthG fortgeführt. Er verkürzt allerdings die aufenthaltsrechtlichen Fragen streng genommen auf die Herstellung der Familieneinheit nach Trennung. Der Sache nach ist von dem Begriff auch der gemeinsame **Zuzug** mit umfasst, den das Gesetz sogar in gewissem Sinne als die Regel ansieht, obwohl die Migration von Arbeitnehmerfamilien meist schon deshalb notgedrungen sukzessive vonstattengeht, weil Probezeiten und Wohnungssuche einem sofortigen gemeinsamen Umzug über Grenzen entgegenstehen. Schließlich ist unter Nachzug auch die Begründung einer Lebensgemeinschaft durch Zuzug zum Zwecke der Eheschließung zu verstehen. Nicht wesentlich genauer ist der Begriff der Familienzusammenführung in der Familienzusammenführungs-RL, der die Aufrechterhaltung der Familiengemeinschaft unabhängig davon umfasst, ob die familiären Bindungen vor oder nach der Einreise des Zusammenführenden entstanden sind. Auch er bezieht trotz dieser Formulierung die erstmalige Begründung der Gemeinschaft wie den gemeinsamen Wohnortwechsel der Familie mit ein. Schließlich ist auch der nicht seltene Fall des „Nachzugs" durch Geburt im Inland erfasst, obwohl hier die staatlichen Regulierungsmöglichkeiten gegen null tendieren und va dadurch eingeschränkt sind, dass zT mit der Geburt iure soli die deutsche Staatsangehörigkeit erworben wird (§ 4 III StAG).

3   § 27 I erfasst die Erteilung einer Aufenthaltserlaubnis zur Herstellung der familiären Lebensgemeinschaft, aber nicht bereits zur **Eingehung der Ehe**. Zwar kann nach § 7 I 3 eine Aufenthaltserlaubnis für einen von AufenthG nicht vorgesehenen Aufenthaltszweck erteilt werden, dh, wenn der Ausländer den Aufenthalt zu einem bestimmten Zweck erstrebt, der von den einzelnen gesetzlichen Bestimmungen über die Erteilung einer Aufenthaltserlaubnis nicht erfasst wird und dessen Bereich gesetzlich nicht bereits abschließend geregelt worden ist. Zur Eingehung der Ehe ist ein Besuchsvisum nach § 6 I ausreichend; anschließend kann unter den Voraussetzungen von § 39 I Nr. 3 AufenthV ein Aufenthaltstitel eingeholt werden[10].

4   Das **AuslG 1990** erleichterte den Familienzuzug durch Gewährung von Rechtsansprüchen und durch Verzicht auf allgemeine Wartefristen und Ehebestandszeiten[11]. Es stellte allgemeine Voraussetzungen (für den Nachzug zu Ausländern) in § 17 auf und unterschied sodann zwischen Ehegatten (§ 18), Kindern (§ 20) und sonstigen Personen (§ 22). Daneben verlieh es Ehegatten wie Kindern ein

---

[2] BT-Drs. 15/420, 13.
[3] Art. 1 Nr. 4 ÄndGes v. 14.3.2005, BGBl. I S. 721.
[4] Art. 1 Gesetz zur Umsetzung auf- und asylrechtliche RL der EU v. 19.8.2007, BGBl. I S. 1970.
[5] Gesetz zur Umsetzung der Hochqualifizierten-RL der EU v. 1.6.2012, BGBl. I S. 1224 (1227).
[6] BGBl. 2013 I S. 3483, in Kraft getreten am 6.9.2013.
[7] BGBl. 2017 I S. 1106, in Kraft getreten am 1.8.2017.
[8] BGBl. 2018 I S. 1147, in Kraft getreten am 1.8.2018.
[9] BGBl. 2019 I S. 1307, in Kraft getreten am 1.3.2020.
[10] OVG Bln-Bbg Beschl. v. 17.12.2009 – OVG 11 N 62.08 Rn. 7; aA OVG Bln-Bbg Urt. v. 10.11.2011 – OVG 2 B 11.10 Rn. 21.
[11] BT-Drs. 11/6321, 45.

eigenständiges Aufenthaltsrecht (§§ 19, 21). Für ausländische Familienangehörige von Deutschen galten – neben § 17 – noch besondere Regeln (§ 23). Für EG-Staaten kamen die Sonderregeln des § 1 II AufenthG/EWG und für Türken zT die des Art. 7 ARB 1/80 zur Anwendung. Der besondere Nachzugsanspruch zu Aussiedlern nach § 94 BVFG aF entfiel mit Ablauf des Jahres 1992.

Mit dem **ZuwanderungsG** haben sich die Bedingungen für die Familienzusammenführung nicht 5 grundlegend verändert[12]. Das familiäre Zusammenleben bildet als besonderen Aufenthaltszweck einen eigenen Abschnitt im Gesetz und unterscheidet wie schon früher zwischen dem Nachzug zu Deutschen und zu Ausländern sowie zwischen Ehegatten, Kindern und sonstigen Angehörigen. Es kennt akzessorische wie eigenständige Aufenthaltsrechte und besondere Regeln für in Deutschland geborene Kinder. Aufgegeben ist die Unterscheidung zwischen Ehepartner der ersten und der zweiten Generation; auf das Alter bei der Einreise des Stammberechtigten kommt es nicht mehr an. Die Grundvoraussetzungen für jede Art familiären Zuzugs sind in § 27 normiert. Während der Zuzug zu Deutschen dann zusammengefasst in § 28 geregelt ist (früher § 23 AuslG 1990), sind für den Zuzug zu Ausländern zunächst in § 29 allgemeine Voraussetzungen genannt und anschließend die einzelnen Personengruppen behandelt (früher §§ 17–22 AuslG 1990).

Das Familienzuzugsrecht muss nicht nur verfassungsrechtliche Anforderungen aus **Art. 6 GG** 6 gerecht werden. Es steht auch im Lichte des Art. 8 EMRK[13] und wird durch die Familienzusammenführungs-RL beeinflusst. Besondere Fragen werfen die Rechte drittstaatsangehöriger Ehegatten wandernder Unionsbürger[14] und die Freizügigkeit für Familienangehörige nach der EU-Erweiterung im Verhältnis zu den neuen Mitgliedstaaten auf[15]. Einreise und Aufenthalt von drittstaatsangehörigen Familienmitgliedern von Unionsbürgern sowie ihnen Gleichgestellten sind nicht im AufenthG geregelt, sondern im FreizügG/EU[16].

Die **Bedeutung** des Familiennachzugs für die Zuwanderung und für die gesellschaftliche und 7 demografische Entwicklung insgesamt hat nicht nachgelassen. Genaue Werte sind nicht bekannt, weil es an belastbaren Statistiken hierzu fehlt. Bekannt sind die Zahlen der Visa zum Zwecke des Familiennachzugs. Sie sind von 1996 bis 2002 angestiegen und seitdem im Sinken begriffen[17]. Zuverlässige Vorhersagen erscheinen kaum möglich[18].

Die Aufenthaltserlaubnis zum Zweck des Familiennachzugs ist nach den zwingenden Vorgaben des 8 § 27 IV 1 und 4 für mindestens ein Jahr und längstens für den Gültigkeitszeitraum der Aufenthaltserlaubnis des Ausländers, zu dem der Zuzug erfolgt, zu befristen. Durch die Regelungen in § 27 IV 1 und 4 werden die unionsrechtlichen Vorgaben des Art. 13 II und III Familienzusammenführungs-RL umgesetzt.

III. Anwendungsbereich der Familienzusammenführungs-RL

1. Räumlicher Anwendungsbereich

Da die Familienzusammenführungs-RL das AufenthG an vielen Stellen überlagert, stellt sich häufig 9 die Frage, ob unmittelbar aus der RL weitergehende Rechte abgeleitet werden können. Hierbei ist deren **Anwendungsbereich** zu beachten. Soweit unmittelbar aus der Familienzusammenführungs-RL – sei es im Wege des Anwendungsvorrangs, sei es im Wege richtlinienkonformer Auslegung – Rechte abgeleitet werden sollen, muss zunächst geprüft werden, ob der zugrunde liegende Fall materiellrechtlich von der RL erfasst wird.

Die RL gelten in den Hoheitsgebieten der Mitgliedstaaten. Die uneingeschränkte Anwendbarkeit 10 des EU-Rechts in den französischen überseeischen Departements (Guadeloupe, Guyana, Martinique und Réunion, St. Pierre und Miquelon) sowie in den autonomen Regionen Azoren, Madeira (portugiesisches Hoheitsgebiet) und den Kanarischen Inseln (spanisches Hoheitsgebiet) wird in Art. 355 II AEUV nochmals ausdrücklich hervorgehoben.

Durch Sonderregelungen in Art. 355 II AEUV wurden Gibraltar und die Åland-Inseln in den EG- 11 Vertrag einbezogen. Darüber hinaus enthält Art. 355 AEUV eine Reihe von Ausnahmen von der Anwendbarkeit des EU-Vertrags. Diese betreffen im Wesentlichen die Überseeischen Länder und Hoheitsgebiete von Belgien, Dänemark, Frankreich, Italien, den Niederlanden und dem Vereinigten Königreich; diese befinden sich im Verhältnis zur Gemeinschaft in der Situation von Drittländern. Nicht zur Gemeinschaft gehören außerdem die souveränen europäischen Zwergstaaten Andorra, Liechtenstein, Monaco, San Marino und der Vatikanstaat.

Soweit die RL-Bestimmung des Art. 1 Familienzusammenführungs-RL mit der Formulierung „im 12 Gebiet der Mitgliedstaaten" scheinbar die ganze EU erfasst, gilt dies indes wegen der **Vorbehalte**

---

[12] Vgl. *Renner* ZAR 2004, 266.
[13] Dazu → Rn. 10.
[14] Dazu *Borrmann* ZAR 2004, 61.
[15] Dazu *Dienelt* ZAR 2004, 393.
[16] S. Zweiter Teil.
[17] BMI, Migrationsbericht, 2004, S. 24.
[18] Dazu auch Zuwanderungsrat, Jahresgutachten 2004, S. 153 ff.

Großbritanniens, Irlands und Dänemarks nicht für diese drei Mitgliedstaaten. Gemäß dem bis zum 1.12.2009 geltenden Art. 69 EG galten für das Vereinigte Königreich, Irland und Dänemark besondere Regelungen im Hinblick auf die Anwendbarkeit des Titels IV des vormaligen EG-Vertrags. Die Bestimmung des Art. 69 EG regelte das Verhältnis zwischen dem Titel IV des EG-Vertrags und den einschlägigen Protokollen zwischen dem Vereinigten Königreich, Irland sowie Dänemark. Durch die Aufhebung des Art. 69 EG hat sich die Rechtslage nicht verändert. Denn nach Art. 51 EUV sind die Protokolle und Anhänge Bestandteil der Verträge. Nach dem Protokoll Nr. 21 beteiligen sich das Vereinigte Königreich und Irland nicht an der Annahme von Maßnahmen durch den Rat, die nach Titel V (Der Raum der Freiheit, der Sicherheit und des Rechts) des AEUV vorgeschlagen werden. Das Vereinigte Königreich und Irland haben sich nach Art. 3 des Protokoll Nr. 21 (früher Protokoll Nr. 3) die Möglichkeit vorbehalten, dass sie sich an der Annahme und Anwendung von getroffenen Maßnahmen beteiligen möchten. Diese Möglichkeit eines „Opt-in" haben die beiden Staaten im Hinblick auf die Familienzusammenführungs-RL bislang nicht ausgeübt. Für Dänemark ergibt sich die Unanwendbarkeit der Familienzusammenführungs-RL aus dem Protokoll Nr. 22.

2. Personeller Anwendungsbereich

13   Die Familienzusammenführungs-RL erfasst – anders als der Kommissionsentwurf[19] – nach Art. 1 **ausschließlich Drittstaatsangehörige.** Nach Art. 2a Familienzusammenführungs-RL bezeichnet der Ausdruck Drittstaatsangehörige jede Person, die nicht Unionsbürger iSd Art. 20 I AEUV (früher Art. 17 I EG) ist. Zur Bestimmung der Unionsbürgerschaft (Art. 20 I 2 AEUV) ist auf die Staatsangehörigkeit eines Mitgliedstaats und damit auf die nationalen Rechtsordnungen der Mitgliedstaaten über den Erwerb bzw. den Verlust der nationalen Staatsbürgerschaft abzustellen. Auch wenn diese RL nur die Familienzusammenführung durch Drittstaatsangehörige regelt (Art. 1 Familienzusammenführungs-RL) und deshalb im Falle eines mit einem Deutschen verheirateten Ausländers nicht unmittelbar anwendbar ist, kann sie sich mittelbar auch auf seinen Fall auswirken[20]. Denn durch die Verweisung des § 28 III auf § 31, der seinerseits der Umsetzung von Art. 15 Familienzusammenführungs-RL dient, hat der Gesetzgeber diese für Ehegatten von Drittstaatsangehörigen geltende Regelung auch auf Ehegatten von Deutschen erstreckt, sodass aufgrund nationalen Rechts auch für diesen Personenkreis die Vorgaben der RL zu beachten sind[21].

14   Soweit ein Ausländer neben der Staatsangehörigkeit eines Drittstaats über die eines Mitgliedstaats der EU verfügt, enthält die RL keine klare Aussage. Zum einen bestimmt Art. 1 Familienzusammenführungs-RL ausdrücklich, dass Ziel der RL die Festlegung der Bedingungen für die Ausübung des Rechts auf Familienzusammenführung durch „Drittstaatsangehörige" sei. Zum anderen werden durch Art. 3 III Familienzusammenführungs-RL Unionsbürger ausdrücklich vom Anwendungsbereich der RL ausgenommen.

15   Besitzt ein Drittstaatsangehöriger neben seiner Staatsangehörigkeit eines EU-Staates, dann kann er sich immer auf diese Unionsbürgerschaft berufen. Denn der EuGH hat in der Rechtssache Micheletti[22] klargestellt, dass es unzulässig sei, wenn ein Mitgliedstaat versuchen würde, die Wirkungen der Staatsangehörigkeit, die ein anderer Mitgliedstaat dem Ausländer verliehen hat, dadurch zu beschränken, dass er eine zusätzliche Voraussetzung für die Anerkennung dieser Staatsangehörigkeit im Hinblick auf die Ausübung der im Vertrag vorgesehenen Grundfreiheiten verlangt. Damit werden die EU-Staaten letztlich verpflichtet, die Staatsangehörigkeiten anderer Mitgliedstaaten zu akzeptieren; sie dürfen einen EU-Bürger nicht wegen seiner weiteren Staatsangehörigkeit ausgrenzen. **Maßgebliche Staatsangehörigkeit ist damit stets die eines anderen Mitgliedstaats der EU,** mag effektive Staatsangehörigkeit im Einzelfall auch die eines Drittstaats sein. Denn die Unionsbürgerschaft knüpft für die Zwecke des Gemeinschaftsrechts nicht an die „effektive" Staatsangehörigkeit eines anderen Mitgliedstaats an, sondern an nur an die Staatsangehörigkeit eines Mitgliedstaats.[23] Den Mitgliedstaaten ist es insoweit verwehrt, bei Vorliegen weiterer Staatsangehörigkeiten Untersuchungen darüber anzustellen, ob die des Drittstaats die effektivere Staatsangehörigkeit ist.[24]

16   Nachdem Unionsbürger aber von der Anwendung der Familienzusammenführungs-RL ausgenommen sind, führt diese Rspr. nicht zu einer Erweiterung der Rechte in Bezug auf **Doppelstaater.** Denn iRd Familienzusammenführungs-RL wird sich der EU-Bürger nicht auf die Unionsbürgerschaft, sondern auf seine Staatsangehörigkeit als Drittstaatsangehöriger berufen, um in den Genuss der in der

---

[19] Die ursprüngliche Fassung des Art. 1 im Vorschlag für eine RL des Rates betr. das Recht auf Familienzusammenführung (KOM(1999) 638 endg. v. 1.12.1999) sah folgende Regelung vor: „Ziel dieser Richtlinie ist die Begründung eines Rechts auf Familienzusammenführung für Drittstaatsangehörige, die sich rechtmäßig im Gebiet der Mitgliedstaaten aufhalten, sowie für Unionsbürger, die ihr Recht auf Freizügigkeit nicht in Anspruch nehmen. Dieses Recht wird nach Maßgabe der in dieser Richtlinie festgelegten Modalitäten ausgeübt."
[20] Zutreffend BVerwG Urt. v. 9.6.2009 – 1 C 11.09, ZAR 2009, 349.
[21] So BVerwG Urt. v. 9.6.2009 – 1 C 11.09, ZAR 2009, 349.
[22] EuGH Urt. v. 7.7.1992 – C-369/90, Slg. 1992, I-04239 – Micheletti.
[23] *Schönberger,* Unionsbürger, 2005, S. 290.
[24] *Schönberger,* Unionsbürger, 2005, S. 290.

RL verankerten Rechte zu gelangen. Daher stellt sich die Frage, inwieweit ein Doppelstaater in der Lage ist, sich auf seine Staatsangehörigkeit in einem Drittstaat zu berufen. Weder Art. 18 AEUV (früher Art. 12 EG) noch die Rspr. in der Rechtssache Micheletti führen hier weiter. Denn der Mitgliedstaat, in dem sich der Betreffende aufhält, behandelt ihn ja gerade wie einen Unionsbürger, mit der Folge, dass eine Diskriminierung wegen der Staatsangehörigkeit ausscheidet. Auf diese Besonderheit hat auch der EuGH in der Rechtssache Mesbah[25] hingewiesen. In der Entscheidung in der Rechtssache Mesbah kam er zu dem Ergebnis, dass die Mutter eines marokkanischen Staatsangehörigen, der die belgische Staatsangehörigkeit erworben hat, sich gegenüber dem belgischen Staat nicht auf die auf die Drittstaatsangehörigkeit ihres Sohnes berufen kann[26].

Überträgt man diese Rspr. auf die Familienzusammenführungs-RL, so bedeutet dies für einen 17 Drittstaatsangehörigen, der zugleich die deutsche Staatsangehörigkeit besitzt, dass er im Inland als Deutscher gilt und damit als Unionsbürger vom Anwendungsbereich der RL ausgegrenzt ist. Dieses Ergebnis steht auch im Einklang mit der Entstehungsgeschichte der RL. Denn diese sah ursprünglich eine Regelung vor, die die **Inländerdiskriminierung** ausdrücklich verbot.

Auch wenn die Regelung über das Verbot der Inländerdiskriminierung gestrichen wurde, wird sich 18 die Frage stellen, ob nicht Art. 3 I GG eine Gleichbehandlung von Ehegatten deutscher Staatsangehöriger erfordert. Die durch die Herausnahme deutscher Staatsangehöriger bewirkte Ungleichbehandlung betrifft keinen grenzüberschreitenden Sachverhalt. Vielmehr wird ein rein inlandsbezogener Sachverhalt ungleich behandelt, ohne dass ein die Ungleichbehandlung rechtfertigender Grund ersichtlich ist.

Dabei kann sich der Gesetzgeber auch nicht darauf berufen, dass die Umsetzung einer RL keine 19 eigene Rechtsausübung sei, sondern den europäischen Rechtsetzungsorganen zuzurechnen sei. Insoweit hat der österreichische Verfassungsgerichtshof[27] zu Recht darauf hingewiesen, dass ein nationales Gesetz, das eine gemeinschaftsrechtliche Vorschrift umsetzt, „rechtlich doppelt bedingt" ist: Der Gesetzgeber unterliegt nicht nur einer Bindung an das EG-Recht, sondern auch einer Bindung an das nationale Verfassungsrecht, die – jedenfalls solange die ordnungsgemäße Umsetzung der RL nicht infrage gestellt wird – zwingend zu beachten ist.

3. Ausnahmen für besondere Fallgruppen

Art. 3 II Familienzusammenführungs-RL behandelt die Fälle, in denen die RL wegen der Rechts- 20 stellung des Ausländers, zu dem die Familienzusammenführung erfolgen soll, den sog. Zusammenführenden, keine Anwendung findet. Art. 3 IIa Familienzusammenführungs-RL erklärt die Familienzusammenführungs-RL für unanwendbar, wenn der Zusammenführende um die **Anerkennung als Flüchtling** nachsucht und über seinen Antrag noch nicht abschließend entschieden wurde. Zur Konkretisierung dieser Regelung kann auf § 13 AsylG zurückgegriffen werden. Indem die RL die Familienzusammenführung zu Personen ausschließt, die um die Anerkennung als Flüchtling nachgesucht haben, tritt die Sperrwirkung bereits mit dem nichtförmlichen Äußeren eines Asylbegehrens in Form eines Asylgesuchs ein. Mit dem Nachsuchen um Asyl entsteht bereits die gesetzliche Aufenthaltsgenehmigung (§ 55 I 1 AsylG), es sei denn, der Ausländer ist aus einem sicheren Drittstaat unerlaubt eingereist (§ 26a AsylG) oder es handelt sich um einen Folgeantrag, der nicht zur Durchführung eines weiteren Asylverfahrens führt.

Soweit die RL ausschließlich darauf abstellt, dass die Anerkennung als Flüchtling begehrt wird, ist 21 dieses folgerichtig, da ein Rechtsstatus, der über die Flüchtlingseigenschaft hinausgeht, außer in Deutschland mit dem Art. 16a I GG nur in Frankreich bekannt ist. Insoweit regelt Art. 13 II AsylG jedoch, dass jedes Gesuch um Anerkennung als Asylberechtigter zugleich auch das Begehren enthält, die Flüchtlingseigenschaft gem. Art. 60 I zuerkannt zu erhalten.

Auch ein erneutes Schutzbegehren nach Ablehnung des ersten Asylantrags stellt ein Asylgesuch iSd 22 RL dar, die nicht nach der Anzahl der zuvor abschlägig beschiedenen Asylanträge differenziert. Kein Asylgesuch liegt hingegen vor, wenn der Ausländer ausschließlich um subsidiären Schutz bzw. Abschiebungsschutz nach § 60 II–VII nachsucht.

Die Sperrwirkung endet mit der abschließenden Entscheidung über das Asylgesuch. Damit findet 23 die RL zum einen wieder Anwendung, wenn über den Asylantrag unanfechtbar entschieden wurde. Zum anderen in Fällen, in denen der Asylantrag zurückgenommen wird oder nach § 33 AsylG als zurückgenommen gilt.

Nach Art. 3 IIb Familienzusammenführungs-RL erfasst die Familienzusammenführungs-RL nicht 24 die Familienzusammenführung zu einem Zusammenführenden, der **vorübergehenden Schutz** ge-

---

[25] EuGH Urt. v. 11.11.1999 – C-179/98 Rn. 35 f. – Mesbah.
[26] EuGH Urt. v. 11.11.1999 – C-179/98 Rn. 36 – Mesbah: „Dem Aufnahmemitgliedstaat ist es mithin nach dem Gemeinschaftsrecht nicht verwehrt, einem Familienangehörigen eines belgischen Arbeitnehmers, der nach marokkanischem Recht die marokkanische Staatsangehörigkeit behalten hat, nur deshalb, weil der Arbeitnehmer nach dem Recht dieses Mitgliedstaats ausschließlich als eigener Staatsangehöriger gilt, daran zu hindern, sich auf die marokkanische Staatsangehörigkeit des Arbeitnehmers zu berufen, um in den Genuss des in Art. 41 I des Abkommens vorgesehenen Grundsatzes der Gleichbehandlung im Bereich der sozialen Sicherheit zu kommen."
[27] ÖstVerfGH Urt. v. 9.12.1999 – G 42/99 u. G 135/99, EuZW 2001, 219 (222 f.).

nießt oder beantragt hat, ihm diesen Status zu gewähren. Der Familiennachzug für diese Personengruppe wird von der RL 2001/55/EG[28] des Rates vom 20.7.2001 über Mindestnormen für die Gewährung vorübergehenden Schutzes im Falle eines Massenzustroms von Vertriebenen und Maßnahmen zur Förderung einer ausgewogenen Verteilung der Belastungen, die mit der Aufnahme dieser Personen und den Folgen dieser Aufnahme verbunden sind, abschließend geregelt. Gem. Art. 2a Schutzgewährungs-RL bezeichnet der Ausdruck „vorübergehender Schutz" „ein ausnahmehalber durchzuführendes Verfahren, das im Falle eines Massenzustroms oder eines bevorstehenden Massenzustroms von Vertriebenen aus Drittländern, die nicht in ihr Herkunftsland zurückkehren können, diesen Personen sofortigen, vorübergehenden Schutz garantiert, insbesondere wenn auch die Gefahr besteht, dass das Asylsystem diesen Zustrom nicht ohne Beeinträchtigung seiner Funktionsweise und ohne Nachteile für die betroffenen Personen oder andere um Schutz nachsuchende Personen auffangen kann".

25 Mit der Ausnahmeregelung in Art. 3 II b Familienzusammenführungs-RL wird der Anwendungsbereich der Familienzusammenführungs-RL von der Schutzgewährungs-RL abgegrenzt. Soweit der Zusammenführende einen Rechtsstatus nach § 24 verliehen erhielt oder er um eine Genehmigung des Aufenthalts aus diesem Grunde nachsucht und über den Status noch nicht entschieden wurde, ist kein Familiennachzug aufgrund der Familienzusammenführungs-RL möglich. Für diesen Personenkreis regelt Art. 15 Schutzgewährungs-RL die eingeschränkte Möglichkeit der Familienzusammenführung.

26 Nach Art. 3 II c Familienzusammenführungs-RL findet die RL darüber hinaus keine Anwendung, wenn dem Zusammenführenden der Aufenthalt in einem Mitgliedstaat aufgrund **subsidiärer Schutzformen** gemäß
– internationaler Verpflichtungen,
– einzelstaatlicher Rechtsvorschriften oder
– Praktiken der Mitgliedstaaten

genehmigt wurde oder er um die Genehmigung des Aufenthalts aus diesem Grunde nachsucht und über seinen Status noch nicht entschieden wurde. Hierzu kann auf den Anwendungsbereich der Daueraufenthalts-RL verwiesen werden (§ 9b).

4. Status des Zusammenführenden

27 Art. 3 I Familienzusammenführungs-RL regelt den personellen Anwendungsbereich der RL in Bezug auf den **Status der Person, zu der der Familiennachzug erfolgen soll,** dem sog. Zusammenführende. Der Zusammenführende muss die nach Art. 3 I Familienzusammenführungs-RL genannten Voraussetzungen erfüllen, um eine Familienzusammenführung zu ermöglichen. Sonderregelungen finden sich im Kap. V der RL für die Familienzusammenführung von Flüchtlingen. Insoweit setzt Art. 3 I Familienzusammenführungs-RL voraus, dass der Zusammenführende im **Besitz eines Aufenthaltstitels** sein muss. Dieser Begriff wird in Art. 2f Familienzusammenführungs-RL weit definiert, um alle Gruppen von Zusammenführenden erfassen zu können. Die RL gilt für alle sich im Hoheitsgebiet eines Mitgliedstaats aufhaltenden Drittstaatsangehörigen, unabhängig von den Gründen ihres Aufenthalts; ebenso erfasst der Begriff Aufenthaltstitel alle von den Mitgliedstaaten ausgestellten Aufenthaltstitel, wobei die Gründe für die Erteilung des Aufenthaltstitels und dessen Form ohne Belang sind.

28 Die **Definition** wird in der RL selbst nicht vorgenommen, sondern sie verweist auf **Art. 1 IIa VO 1030/2002/EG** des Rates vom 13.6.2002 zur einheitlichen Gestaltung des Aufenthaltstitels für Drittstaatsangehörige[29]. Im Sinne dieser VO bezeichnet der Ausdruck Aufenthaltstitel „jede von den Behörden eines Mitgliedstaats ausgestellte Erlaubnis, die einen Drittstaatsangehörigen zum rechtmäßigen Aufenthalt im Hoheitsgebiet des jeweiligen Mitgliedstaats berechtigt, mit Ausnahme von

– Visa,
– Titeln, die für die Dauer der Prüfung eines Antrags auf Erteilung eines Aufenthaltstitels oder die Gewährung von Asyl ausgestellt worden sind,
– Genehmigungen für einen Aufenthalt von bis zu sechs Monaten, die von den Mitgliedstaaten ausgestellt werden, die Art 21 des Übereinkommens zur Durchführung des Übereinkommens von Schengen vom 14.6.1985 zwischen den Regierungen der Staaten der Benelux-Wirtschaftsunion, der Bunderepublik Deutschland und der Französischen Republik betreffend den schrittweisen Abbau der Kontrollen an den gemeinsamen Grenzen nicht anwenden".

29 Mit dem Abstellen auf einen Aufenthaltstitel nach Art. 1 IIa VO 1030/2002/EG werden Aufenthalte, die sich im Inland als rechtmäßiger Aufenthalt darstellen, bei der Berechnung der Voraufenthaltszeit ausgegrenzt. Dies gilt insbesondere für Zeiträume des Besitzes eines Visums oder fiktive Aufenthaltstitel nach § 81 IV bzw. Zeiten des fiktiv erlaubten Aufenthalts nach § 81 III 1. Auch Befugniszeiten sind im Hinblick auf den klaren Wortlaut des Art. 1 IIa VO 1030/2002/EG – unabhängig von der Regelung des § 55 AsylG – nicht berücksichtigungsfähig.

---

[28] ABl. 2001 L 212, 12.
[29] ABl. 2002 L 157, 1.

Die RL gilt nicht für sich im Hoheitsgebiet eines Mitgliedstaates aufhaltende Drittstaatsangehörige, 30
deren **Aufenthaltstitel eine Gültigkeit von weniger als einem Jahr** hat, wie dies bspw. bei
Zeitarbeitnehmern der Fall sein kann oder bei Personen, denen zur Aufnahme einer saisonalen
Beschäftigung ein Aufenthaltstitel ausgestellt wurde. In diesen Fällen wird die Familienzusammenführung nach dem innerstaatlichen Recht geregelt.

Darüber hinaus enthält Art. 3 I Familienzusammenführungs-RL eine Zusatzbedingung, die besagt, 31
dass **begründete Aussicht auf Erlangung eines dauerhaften Aufenthaltsrechts** bestehen muss.
Diese Einschränkung erhielt die RL aufgrund des geänderten Vorschlages der Kommission vom
2.5.2002 (KOM(2002) 225 endg.). Mit dem geänderten RL-Vorschlag wurde der ursprüngliche Art. 3
Ia Familienzusammenführungs-RL dahin gehend verändert, dass der Zusammenführende nach Art. 3 I
Familienzusammenführungs-RL begründete Aussicht darauf haben musste, ein ständiges Aufenthaltsrecht zu erlangen. Diese Fassung wurde letztlich durch die in Kraft getretene RL redaktionell dahingehend präzisiert, dass der Zusammenführende nicht die begründete Aussicht darauf haben muss, ein
„ständiges", sondern ein „dauerhaftes" Aufenthaltsrecht zu erlangen.

Mit dieser Zusatzbedingung soll erreicht werden, dass Personen, die sich nur vorübergehend oder 32
ohne Aussicht auf eine befristete Verlängerung der Aufenthaltserlaubnis in einem Mitgliedstaat aufhalten, keinen Anspruch auf Familienzusammenführung haben. Zur Konkretisierung der Personengruppe kann auf Art. 3 IIe Daueraufenthalts-RL[30] zurückgegriffen werden. Danach findet die Daueraufenthalts-RL keine Anwendung auf Drittausländer, die sich ausschließlich vorübergehend im Bundesgebiet aufhalten, wie etwa

– als Au-pair oder Saisonarbeitnehmer,
– als von einem Dienstleistungserbringer im Rahmen der grenzüberschreitenden Erbringung von Dienstleistungen entsendete Arbeitnehmer,
– als Erbringer grenzüberschreitender Dienstleistungen oder
– als Ausländer, deren Aufenthaltstitel förmlich begrenzt wurden (§ 8 II).

IV. Privilegierungen

Die Vorschriften des Kapitels über den Familiennachzug gelten nur für die Lebensgemeinschaften 33
von Deutschen mit Drittstaatern und von Drittstaatern unter sich. Sofern ein Unionsbürger beteiligt
ist, greifen die EU-Freizügigkeitsregeln unmittelbar ein. Dies gilt auch, wenn ein Deutscher von
seinem Freizügigkeitsrecht Gebrauch gemacht hat und dann einen Familienangehörigen nach
Deutschland nachziehen lassen will. In engen Grenzen begünstigt sind nachziehende Familienangehörige aufgrund **Unionsrecht** und **völkerrechtlicher Verträge**[31]. Sonderregelungen gelten aufgrund
der Europaabkommen auch für die Angehörigen von Mittel- und Osteuropa-Staaten. Diesen ist,
soweit sie sich bereits rechtmäßig in einem Mitgliedstaat aufhalten, der Zugang zum Arbeitsmarkt
während der Geltungsdauer der Zulassung des Stammberechtigten gewährleistet[32].

Keine Besonderheiten hinsichtlich des Zuzugs ergeben sich für **türkische Staatsangehörige**. Diese 34
genießen als Familienangehörige von Arbeitnehmern ein eigenständiges Aufenthaltsrecht kraft Assoziationsrecht[33]. Über den Familiennachzug entscheiden die Mitgliedstaaten souverän, sofern der EuGH
seine Rspr. zu der Stillhalteklausel des Art. 13 ARB 1/80 nicht auf den Zuzug von Familienangehörigen erstreckt. Um aber die Grundlagen für das spätere Entstehen eines Rechts auf Zulassung zur
Beschäftigung zu sichern, sollen in der Praxis im Aufenthaltstitel oder in der Akte alle diejenigen
Personen bezeichnet werden, zu denen der Nachzug stattfindet oder die gleichzeitig zuziehen, und
außerdem soll ausdrücklich vermerkt werden, wenn ein Aufenthaltstitel nicht zu Nachzugszwecken
erteilt wird.

Der EGMR erkennt an, dass es Aufgabe der Mitgliedstaaten ist, die Einreise und den Aufenthalt von 35
Ausländern zu kontrollieren und zu regeln. Er hat wiederholt entschieden, dass Art. 8 EMRK nicht so
ausgelegt werden kann, dass sich aus Art. 8 EMRK im Bereich der Einwanderung eine generelle
Verpflichtung eines Staates ergibt, die Wahl des ehelichen Wohnsitzes eines verheirateten Paares zu
respektieren oder eine Familienzusammenführung auf seinem Gebiet zu gestatten[34]. Aus der EMRK
kann daher kein Recht abgeleitet werden, sein Familienleben in einem Staat nach freier Wahl herzustellen[35]. Die Verpflichtungen eines Staates, Angehörige auf seinem Gebiet aufzunehmen, setzt eine
umfassende Einzelfallentscheidung voraus, bei der folgende Faktoren zu berücksichtigen sind[36]:

---

[30] RL betr. die Rechtsstellung der langfristig aufenthaltsberechtigten Drittstaatsangehörigen (ABl. 2003 L 16, 44).
[31] Allg. dazu *Frings*, Frauen und Ausländerrecht, 1997, S. 153 ff.; *Oeter* in Hailbronner/Klein, Einwanderungskontrolle und Menschenrechte, 1999, S. 129 ff.; *Renner* NVwZ 2004, 792 mwN; *Scheer*, Der Ehegatten- und Familiennachzug zu Ausländern, 1994.
[32] Dazu *Peters* ZAR 2005, 87; betr. Bulgarien *Draganova* ZAR 2004, 168.
[33] Dazu Art. 7 ARB 1/80.
[34] EGMR Urt. v. 3.10.2014 – 12738/10 Rn. 107 – Jeunesse/Niederlande.
[35] EGMR Urt. v. 28.5.1985 – 9214/80 ua – Abdulaziz ua/UK; Urt. v. 19.2.1996 – 23218/94 – Gül/Schweiz.
[36] EGMR Urt. v. 3.10.2014 – 12738/10 Rn. 107 – Jeunesse/Niederlande.

Dienelt

- das Ausmaß, in dem Familienleben tatsächlich unterbrochen würde,
- das Ausmaß der Bindungen im Konventionsstaat,
- das Bestehen unüberwindbarer Hindernisse für ein Leben der Familie im Herkunftsland des betroffenen Fremden und
- ob Faktoren der Einwanderungskontrolle (bspw. vorangegangene Verstöße gegen Einwanderungsgesetze) oder Überlegungen der öffentlichen Ordnung für den Ausschluss sprechen.

36 Eine weitere wichtige Überlegung ist, ob der Grund für den Familiennachzug (Eheschließung, Geburt eines Kindes) in einem Zeitpunkt entstanden ist, zu dem den beteiligten Personen bekannt war, dass das Fortbestehen des Familienlebens in Deutschland wegen des Aufenthaltsstatus des im Bundesgebiet lebenden Familienangehörigen von Beginn an unsicher war[37]. Besondere Berücksichtigung findet nach der Rspr. des EGMR das Kindeswohl[38].

37 Der EGMR hat bislang nur ausnahmsweise ein Recht auf Einreise für einzelne Familienangehörige angenommen, um das Zusammenleben der Familie gerade im betroffenen Mitgliedstaat zu ermöglichen[39]. In der Rechtssache Jeunesse gegen die Niederlande folgerte der EGMR aus Art. 8 EMRK einen Anspruch auf Familiennachzug aufgrund außergewöhnlicher Faktoren. So hielt sich die Klägerin, die ursprünglich einmal die niederländische Staatsangehörigkeit besaß, über einen Zeitraum von 16 Jahren in den Niederlanden auf und bekam dort mit einem niederländischen Staatsangehörigen drei Kinder, die gleichfalls die niederländische Staatsangehörigkeit besaßen. Die Klägerin kümmerte sich um die Kinder, während der Ehemann und Vater im Schichtbetrieb arbeiten ging. Aber auch in Anbetracht dieser außergewöhnlichen Umstände forderte der EGMR im Hinblick auf den Ermessensspielraum in Einwanderungsangelegenheiten eine umfassende Abwägung der persönlichen Interessen der Klägerin mit dem öffentlichen Interesse der niederländischen Regierung an einer Einwanderungskontrolle[40].

38 In der Rechtssache Sen[41] gegen die Niederlande bejahte der EGMR eine Verletzung des Art. 8 EMRK im Hinblick auf den Nachzug eines Kindes, das bei einer Tante in der Türkei lebte. Die beiden in den Niederlanden rechtmäßig lebenden türkischen Eltern hatten zwei weitere Kinder, die in den Niederlanden geboren und aufgewachsen sind. Der Gerichtshof betonte auch in dieser Rechtssache, dass aus Art. 8 EMRK kein Recht auf die Wahl des Aufenthaltsortes zur Ermöglichung des Familienlebens folgt. Aufgrund des Umstandes, dass die beiden Geschwister der Klägerin in den Niederlanden aufgewachsen waren, dort die Schule besuchten und keine Bindungen in die Türkei hatten, sah der Gerichtshof allein die Begründung der Familieneinheit in den Niederlanden als verhältnismäßig an.

39 Dass eine Familie auch dauerhaft getrennt werden kann, hat der EGMR in der Rechtssache Gül gegen die Schweiz entschieden[42]. Das Ehepaar Gül, das in der Türkei zwei Söhne zurückgelassen hatte, bekam aufgrund der Erkrankung der Mutter und des langen Aufenthalts des Vaters sowie des Umstands, dass ein weiteres Kind in der Schweiz geboren worden war, einen humanitären Aufenthaltstitel. Der Nachzug der beiden in der Türkei verbliebenen Kinder wurde von den Schweizer Behörden abgelehnt. In der Entscheidung des EGMR ging es um die Frage, ob der jüngere Sohn, der bei Stellung des Nachzugsantrags sechs Jahre alt war, einen Anspruch auf Familiennachzug hat. Auch in dieser Entscheidung betont der Gerichtshof zunächst das Recht der Staaten auf Einwanderungskontrolle[43]. Aus Art. 8 EMRK könne keine Verpflichtung eines Staates abgeleitet werden, die Entscheidung von Ausländern über den Ort des Familienlebens akzeptieren zu müssen.

40 Der EGMR verwies die Eltern auf eine Rückkehr in die Türkei, sofern sie die Familieneinheit mit ihrem dort lebenden minderjährigen Sohn herstellen wollten[44]. In seine Abwägung stellt der EGMR folgende Gesichtspunkte ein:
- der minderjährige Sohn sei in der Türkei aufgewachsen,
- der Krankheitszustand der Mutter habe sich gebessert,
- die in der Schweiz geborene Tochter sei in einer Pflegestelle untergebracht worden und
- der Status der Eltern in der Schweiz beruhe nur auf einem humanitären Aufenthaltsrecht.

41 Besteht zwar kein Anspruch auf Familiennachzug aus Art. 8 EMRK, so muss das nationale Recht aber eine Güterabwägung ermöglichen, die in Einzelfällen den Familiennachzug zulässt. Die erforderliche menschenrechtliche Abwägungsentscheidung orientiert sich zwar an abstrakten Kriterien, deren Gewichtung aber immer einzelfallbezogen erfolgt, sodass eine Prognose über den Ausgang der Abwägungsentscheidung kaum möglich ist[45].

---

[37] EGMR Urt. v. 3.10.2014 – 12738/10 Rn. 108 – Jeunesse/Niederlande.
[38] EGMR Urt. v. 3.10.2014 – 12738/10 Rn. 108 – Jeunesse/Niederlande.
[39] EGMR Urt. v. 3.10.2014 – 12738/10 – Jeunesse/Niederlande; Urt. v. 21.12.2001 – 31465/96, InfAuslR 2002, 334 – Sen/Niederlande.
[40] EGMR Urt. v. 3.10.2014 – 12738/10 Rn. 121 – Jeunesse/Niederlande.
[41] EGMR Urt. v. 21.12.2001 – 31465/96, InfAuslR 2002, 334 – Sen/Niederlande.
[42] EGMR Urt. v. 19.2.1996 – 23218/94, InfAuslR 1996, 245 – Gül/Schweiz.
[43] EGMR Urt. v. 19.2.1996 – 23218/94, InfAuslR 1996, 245 Rn. 38 – Gül/Schweiz.
[44] EGMR Urt. v. 19.2.1996 – 23218/94, InfAuslR 1996, 245 Rn. 41 – Gül/Schweiz.
[45] So auch *Thym* NVwZ 2018, 1340 (1342).

Ein gänzlicher Ausschluss des Familiennachzugs wäre mit der EMRK unvereinbar. 42

Das BVerfG hat bisher nur wenige Entscheidungen zum Familiennachzug getroffen, die zum einen 43 Wartezeiten, zum anderen Integrationsanforderungen betrafen. Im Hinblick auf Art. 6 I GG als wertentscheidender Grundsatznorm hat das BVerfG eine Ehebestandszeit von drei Jahren für den Nachzug des Ehepartners zu einem seit mehr als acht Jahren rechtmäßig in Deutschland lebenden Ausländer als unverhältnismäßig eingestuft[46]. In weiteren Entscheidungen wurden **Wartezeiten** von bis zu zwei Jahren für verhältnismäßig angesehen[47]. Es gibt aber bislang keine etablierte Rspr., die sich zur Festsetzung von Kontingenten bei der Erteilung von Familiennachzugsgenehmigungen äußert.

Aus **völkerrechtlichen Abkommen** ergeben sich unmittelbar verbindliche Regeln, die über die 44 Gewährleistungen des Art. 6 GG und des Art. 8 EMRK hinausgehen, wenn überhaupt, dann nur in geringem Umfang. Aus Art. 17 iVm Art. 23 I des Internationalen Pakts über bürgerliche und politische Rechte[48] können bestimmte Anforderungen an die Gestattung von Einreise und Aufenthalt nicht abgeleitet werden[49]. Die UN-Kinderrechtskonvention[50] enthält zwar konkrete Aussagen über Familienzusammenführung und Kindeswohl (Art. 3 I, 9 I, 10 I), die Bundesregierung hat aber deren Bedeutung in einer Protokollerklärung auf reine Staatenverpflichtungen beschränkt und außerdem gehen sie nicht über den Schutz durch Art. 6 GG für Ehegatten, Eltern und Kinder hinaus[51]. Konkrete Verpflichtungen bestehen zugunsten der Angehörigen von Wanderarbeitnehmern nach Art. 8 ESC[52]. Aber auch diese enthalten nur rechtliche Verpflichtungen internationalen Charakters, und dies auch nur „so weit wie möglich"[53].

Das ENA und das EFA beschränken zum Teil die Rechte der Vertragsstaaten zur Ausweisung, 45 verhalten sich aber nicht zur Begründung des Aufenthalts. Von den zahlreichen Abkommen mit anderen Staaten enthält nur der deutsch-amerikanische FHSV eine konkrete Vergünstigung für Familien. Danach dürfen nämlich Ehegatten und unverheiratete minderjährige Kinder von in Deutschland niedergelassenen US-Amerikanern gemeinsam zuziehen oder auch nachziehen (Nr. 1 Protokoll zum FHSV).

V. Familienzuzug

1. Ehe und Familie

Die in Abs. 1 normierte **Grundvoraussetzung** jeden Familienzuzugs umreißt dessen Zweck unter 46 Bezugnahme auf den nach Art. 6 GG gebotenen Schutz von Ehe und Familie. Gemeint ist damit der staatliche Schutz für Ehe und Familie (Art. 6 I GG), Kindererziehung (Art. 6 II GG) und nichteheliche Kinder (Art. 6 V GG). Der grundgesetzliche Schutz kann nicht allgemein für alle Lebensbereiche bestimmt werden; für den Familiennachzug ist nur der aufenthaltsrechtliche Schutzbereich von Interesse, der keinen unmittelbaren Anspruch auf Familienzusammenführung im Bundesgebiet verleiht, wohl aber die staatliche Verpflichtung enthält, eheliche und familiäre Bindungen an im Bundesgebiet lebende Angehörige möglichst zu berücksichtigen[54].

Die aufenthaltsrechtliche Bedeutung von Ehe und Familie ist durch Art. 6 GG nicht in Einzelheiten 47 und zwingend festgelegt. Dem **Gesetzgeber** steht es in den durch Art. 6 GG gezogenen Grenzen frei, Zuzug und Aufenthalt von Ausländern im Hinblick auf familiäre Bindungen zu gestalten. Er darf dabei Aufnahme- und Integrationskapazitäten ebenso berücksichtigen wie demografische und ökonomische Erwägungen. Gebunden ist er zusätzlich durch die gemeinsame europäische Migrationspolitik, die ihren Niederschlag in den Regeln über die Freizügigkeit der Unionsbürger und ihrer Familien aus EU-Staaten wie aus Drittstaaten und in der Familienzusammenführungs-RL hinsichtlich der Familienzusammenführung mit Drittstaatsangehörigen gefunden hat. Ein Vergleich der jeweils zuzugsberechtigten Familienmitglieder zeigt die unterschiedliche Gewichtung der Interessen an der Herstellung der Familieneinheit einerseits und der Begrenzung der Zuwanderung andererseits. Während bei Unionsbürgern grundsätzlich die Mitglieder der Großfamilie berechtigt sind, wird bei Drittstaatern grundsätzlich auf die Kernfamilie der Ehegatten mit minderjährigen Kindern abgestellt. Die noch bestehenden Unterschiede in der Bewertung von Ehe und Familie im Rahmen der Migration werden deutlich

---

[46] BVerfG Urt. v. 12.5.1987 – 2 BvR 1226/83 ua, NJW 1988, 626.
[47] BVerfG Beschl. v. 25.3.2011 – 2 BvR 1413/10, NVwZ 2011, 870; Beschl. v. 11.10.2017 – 2 BvR 1758/17 Rn. 12; Beschl. v. 20.3.2018 – 2 BvR 1266/17 Rn. 17 ff.
[48] BGBl. 1973 II S. 1534.
[49] *Frings,* Frauen und Ausländerrecht, 1997, S. 160 f.; *Scheer,* Der Ehegatten- und Familiennachzug zu Ausländern, 1994, S. 10 ff.
[50] BGBl. 1992 II S. 121 und 990.
[51] *Langenfeld/Mohsen* ZAR 2003, 398; *Renner* in 6. Familienbericht, Materialien III, S. 95, 101 f.
[52] BGBl. 1964 II S. 1261, 1965 II S. 1122; krit. zu deutscher Praxis *Lörcher* in Barwig ua, Vom Ausländer zum Bürger, 1994, S. 498 ff.; vgl. dazu auch Art. 3 IV lit. b FamZu-RL.
[53] BGBl. 1964 II S. 1261, 1965 II S. 1122, Anhang zu Teil III.
[54] Dazu näher BVerfG Beschl. v. 12.5.1987 – 2 BvR 1226/83 ua, BVerfGE 76, 1; dazu *Kimminich* JZ 1988, 355; krit. *Zuleeg* DÖV 1988, 587.

in den Spielräumen, die den Mitgliedstaaten bei der Gestaltung im Einzelnen belassen sind (vgl. nur Art. 3 IV und V, 4 I UAbs. 3, III, IV UAbs. 2, VI, 6 II, 7, 8, 12 FamZu-RL).

48 Unter **Ehe** ist grundsätzlich die bürgerlich-rechtliche Einehe zu verstehen[55], nicht dagegen die nichteheliche oder eheähnliche Lebensgemeinschaft[56]. Der Begriff „Ehe" wird in Art. 6 GG nicht definiert. Daher kann der Begriff im Wege der Auslegung auch auf gleichgeschlechtliche Paare erstreckt werden[57]. Auch eine zur Erlangung aufenthaltsrechtlicher Vorteile geschlossene „Scheinehe" ist eine Ehe; sie verleiht aber nicht den „Schutz" des Art. 6 I GG und führt auch nicht zu einer ehelichen „Lebensgemeinschaft"[58]. Sie konnte früher gem. § 13 II EheG nur unter engen Voraussetzungen (mangelnder Eheschließungswille) verhindert[59] und später von der Ausländerbehörde festgestellt werden[60]. Seit 1.7.1998 bestehen erweiterte Möglichkeiten der Prüfung durch den Standesbeamten (§ 1310 I 2 Hs. 2 BGB) und der späteren Aufhebung der Ehe (§ 1314 II Nr. 5 BGB), falls die Ehepartner die ehelichen Pflichten aus § 1353 I BGB nicht zu übernehmen beabsichtigen[61].

49 **Familie** ist zwar nach deutschem Verständnis nicht (mehr) die Generationen-Großfamilie[62], wohl aber die Gemeinschaft von Eltern und Kindern ohne Rücksicht darauf, ob diese volljährig und schon aus dem Haushalt ausgeschieden sind[63]. Kinder iSd Art. 6 GG sind minderjährige wie volljährige, eheliche wie nichteheliche, Adoptiv-, Stief- und Pflegekinder[64]; ob sie aufenthaltsrechtlich in jeder Beziehung miteinander gleichgestellt werden müssen, ist damit aber nicht gesagt. Auch ein nichtehelicher Vater kann sich auf Art. 6 I, II GG berufen, wenn er mit der (deutschen) Mutter und dem Kind zusammenlebt[65].

50 Auch wenn eine **Mehrehe** nicht „ohne Weiteres" unter den Schutz des Art. 6 I GG fällt[66], ist sie dadurch auch aufenthaltsrechtlich geschützt, dass sie eine Familie darstellt, deren Bestand zu bewahren und zu fördern der deutschen Staatsgewalt obliegt[67]. Dem Gesetzgeber hätte unter Umständen eine Begrenzung der aufenthaltsrechtlichen Positionen auf die auf Einehe beruhende Familie freigestanden; nachdem er dies aber – in Kenntnis der Rspr. des BVerwG[68] – unterlassen hat, ist eine andere Auslegung kaum vertretbar[69]; zumindest können Rechtsansprüche auf Nachzug dadurch nicht von vornherein ausgeschlossen werden[70]. Auch die Familienzusammenführungs-RL spricht der Mehrehe nicht gänzlich den aufenthaltsrechtlichen Schutz ab, sondern beschränkt ihn nur auf den zuerst im Inland lebenden Ehegatten und lässt Beschränkungen für gemeinsame Kinder des Zusammenführenden und des weiteren Ehegatten durch die Mitgliedstaaten zu (Art. 4 III).

51 Das **Verlöbnis** ist nur geschützt, soweit es die Eheschließungsfreiheit angeht; es verleiht noch weniger ein Aufenthaltsrecht als die Ehe selbst. Deshalb genügt bei ernsthafter Eheschließungsabsicht und entsprechenden Vorbereitungen die Genehmigung zum kurzfristigen Aufenthalt zwecks Eheschließung[71].

52 Die **Adoption** begründet grundsätzlich ein unter dem Schutz von Art. 6 GG stehendes familiäres Verhältnis[72]. Ob volljährige Ausländer (minderjährige erwerben durch Adoption die deutsche Staatsangehörigkeit, § 6 StAG) mit ihrer Adoptionsfamilie zusammenleben, hängt von deren Selbstverständnis ab[73]. Nach der Rspr. genießen sie aber aufenthaltsrechtlichen Schutz nur, soweit sie oder ihre

---

[55] BVerfG Urt. v. 17.11.1992 – 1 BvL 8/87, BVerfGE 87, 234; Beschl. v. 30.11.1982 – 1 BvR 818/81, BVerfGE 62, 323; näher *Renner* AiD Rn. 6/174–179.

[56] *Göbel-Zimmermann* ZAR 1995, 170; *Zimmermann* DÖV 1991, 401; BVerwG Urt. v. 26.2.1980 – I C 90.78, BVerwGE 60, 75; HessVGH Beschl. v. 4.5.1993 – 13 TH 163/93, EZAR 023 Nr. 5; s. aber Abs. 2; zur zweigeschlechtlichen Lebensgemeinschaft → § 7 Rn. 14.

[57] Entwurf des Gesetzes zur Einführung des Rechts auf Eheschließung für Personen gleichen Geschlechts, BT-Drs. 18/6665.

[58] Betr. Scheinehe vgl. BVerfG Beschl. v. 12.5.1987 – 2 BvR 1226/83 ua, BVerfGE 76, 1; HmbOVG Urt. v. 26.1.1981 – Bf IV 24/80, EZAR 100 Nr. 15; Urt. v. 23.11.1990 – Bf IV 114/89, FamRZ 1991, 1433.

[59] Vgl. zB OLG Hamburg Beschl. v. 25.11.1982 – 2 W 25/82, NVwZ 1983, 242.

[60] Vgl. dazu BVerwG Urt. v. 3.6.1982 – 1 C 241.79, EZAR 125 Nr. 3.

[61] Dazu Glosse von *anonymos Tacudromos* ZAR 1999, 46.

[62] BVerfG Beschl. v. 31.5.1978 – 1 BvR 683/77, BVerfGE 48, 327.

[63] BVerfG Beschl. v. 5.2.1981 – 2 BvR 646/80, BVerfGE 57, 170.

[64] *Jarass/Pieroth* Art. 6 Rn. 2.

[65] BVerfG-K Beschl. v. 10.8.1994 – 2 BvR 1542/94, InfAuslR 1994, 394; Beschl. v. 1.10.1992 – 2 BvR 1365/92, InfAuslR 1993, 10.

[66] So BVerfG Beschl. v. 12.5.1987 – 2 BvR 1226/83 ua, BVerfGE 76, 1.

[67] BVerwG Urt. v. 30.4.1985 – 1 C 33.81, BVerwGE 71, 228.

[68] BVerwG Urt. v. 30.4.1985 – 1 C 33.81, BVerwGE 71, 228.

[69] AA wohl Bundesregierung, BT-Drs. 11/6321, 60; *Fraenkel* S. 75; NdsOVG Urt. v. 6.7.1992 – 7 L 3634/91, InfAuslR 1992, 364.

[70] Vgl. OVG RhPf Urt. v. 12.3.2004 – 10 A 11 717/03, EZAR 021 Nr. 8; Nr. 27.1.6 VAH.

[71] → § 7 Rn. 19; BVerwG Beschl. v. 2.10.1984 – 1 B 114.84, InfAuslR 1985, 130.

[72] BVerfG Beschl. v. 18.4.1989 – 2 BvR 1169/84, BVerfGE 80, 81 und Anm. *Renner* ZAR 1989, 132; *Renner* ZAR 1981, 128 mwN.

[73] Vgl. *Renner* AiD Rn. 6/174–179.

Angehörigen auf die Lebenshilfe des anderen angewiesen sind[74]. Eine entsprechende Anwendung von § 28 I erscheint danach nicht geboten[75].

Die Kafala begründet – anders als die Adoption – kein Verwandtschaftsverhältnis[76]. Diese **53** Ansicht hat auch der EGMR, der sich in zwei Urteilen mit den Problemen der Kafala im Verhältnis zur Adoption aus dem Blickwinkel der EMRK beschäftigt hat, bestätigt. In der Rechtssache Harroudi wies er auf der Grundlage einer rechtsvergleichenden Studie darauf hin, dass „kein Staat die Kafala mit einer Adoption gleichstellt, sie aber in diesem Staat [Frankreich] und in anderen eine mit einer Vormundschaft, einer Pflegschaft oder einer Unterbringung im Hinblick auf eine Adoption vergleichbare Wirkungen entfaltet"[77]. In der Rechtssache Chbihi hat der EGMR erneut das Recht auf Familienleben gem. Art. 8 der EGMR geprüft und seine Feststellung wiederholt, dass das Vorhandensein von „faktischen familiären Beziehungen" für die Anwendbarkeit dieser Bestimmung kennzeichnend sei[78]. Dieser Einschätzung hat sich auch der EuGH in der Rechtssache SM angeschlossen und darauf hingewiesen, dass die Kafala anders als eine Adoption dem Kind nicht die Stellung eines Erbens vermittle und mit Volljährigkeit ende. Es fehle an einem Abstammungsverhältnis biologischer oder rechtlicher Art[79].

Im Ausland begründete familienrechtliche Verhältnisse sind im Inland als solche anzuerkennen, **54** sofern sie nicht dem deutschen „ordre public" zuwiderlaufen (Art. 6 EGBGB). Dies kann und muss vor allem dann angenommen werden, wenn sie mit dem Verständnis von Ehe und Familie nach Art. 6 GG offensichtlich nicht zu vereinbaren sind. So ist zB eine im Ausland vorgenommene Adoption im Inland grundsätzlich als wirksam anzusehen und zu beachten, es sei denn, sie verstößt wegen ihres Zustandekommens oder ihrer Rechtsfolgen gegen den „ordre public" (vgl. § 16a FGG)[80]. Die „Scheinadoption" vermag ebenso wenig einen strikten Anspruch auf Aufenthalt zu vermitteln wie die „Scheinehe". Ihr kann aber infolge der Mitwirkung des Vormundschaftsrichters eher entgegengewirkt werden (§ 1767 I BGB: Prüfung der sittlichen Rechtfertigung).

Der **Nachweis** familienrechtlicher wie sonstiger Rechtsverhältnisse geschieht ohne Rücksicht auf **55** den Ort ihrer Entstehung idR durch öffentliche Urkunden, am besten durch Personenstandsurkunden. Bei ausländischen Urkunden bedarf es einer qualifizierten Übersetzung. Grundsätzlich erfolgt die Legalisation durch die deutsche Auslandsvertretung, bei Vertragsstaaten des Haager Übereinkommens vom 5.10.1961 durch eine Apostille einer Behörde dieses Staats. Sofern wegen der besonderen Verhältnisse in einem anderen Staat Legalisationen nicht erfolgen, kann ein Gutachten eines Vertrauensanwalts der deutschen Auslandsvertretung eingeholt werden. Übersichten über die jeweiligen Verhältnisse bietet das Auswärtige Amt unter www.auswaertiges-amt.de.

2. Familiäre Lebensgemeinschaft

Nicht Ehe oder Kindschaft oder Verwandtschaft vermitteln ein unbedingtes Aufenthaltsrecht, **56** sondern die **familiäre Lebensgemeinschaft**[81]. Der Begriff der „familiären Lebensgemeinschaft" ist nach Maßgabe der in der verfassungsgerichtlichen Rspr. entwickelten Grundsätze zum Begriff der „Familie" iSv Art. 6 I GG zu bestimmen[82]. Zentral für die Feststellung einer familiären Lebensgemeinschaft ist der bei beiden Eheleuten bestehende Wille, die eheliche Lebensgemeinschaft im Bundesgebiet tatsächlich herzustellen oder aufrechtzuerhalten, die **Beweislast** für das Bestehen dieses Herstellungswillens als einer inneren Tatsache trägt der Ausländer[83]. Prägendes Element der Lebensgemeinschaft ist die wechselseitige innere Bindung der Ehegatten[84]. Bei der vorzunehmenden Bewertung der familiären Beziehungen verbietet sich eine schematische Einordnung und Qualifizierung als entweder aufenthaltsrechtlich grundsätzlich schutzwürdige Lebens- und Beistandsgemeinschaft oder aber als bloße Begegnungsgemeinschaft ohne aufenthaltsrechtliche Schutzwirkungen[85]. Denn die

---

[74] BVerfG Beschl. v. 18.4.1989 – z BvR 1169/84, BVerfGE 80, 81; BVerfG-K Beschl. v. 14.12.1989 – 2 BvR 377/88, EZAR 105 Nr. 27; BVerwG Urt. v. 10.7.1984 – 1 C 52.81, BVerwGE 69, 359; VGH BW Urt. v. 1.4.1992 – 13 S 385/91, EZAR 020 Nr. 1.
[75] AA betr. § 23 I AuslG VGH BW Urt. v. 1.4.1992 – 13 S 385/91, EZAR 020 Nr. 1.
[76] BVerwG Urt. v. 26.10.2010 – 1 C 16.09, BVerwGE 138, 77 Rn. 8.
[77] EGMR Urt. v. 4.10.2012 – 43631/09 Rn. 48 – Harroudj/Frankreich.
[78] EGMR Urt. v. 16.12.2014 – 52265/10 Rn. 78 f. – Chbihi Loudoudi/Belgien.
[79] EuGH Urt. v. 26.3.2019 – C-129/18 Rn. 44 ff. – SM.
[80] HessVGH Urt. v. 5.7.1993 – 12 UE 2361/92, EZAR 103 Nr. 18.
[81] BVerwG Urt. v. 30.3.2010 – 1 C 7.09; Urt. v. 23.3.1982 – 1 C 20.81, BVerwGE 65, 174 (179 f.) mwN; ebenso BVerfG Beschl. v. 12.5.1987 – 2 BvR 1226/83, BVerfGE 76, 1 (42 f.).
[82] BVerfG Beschl. v. 18.4.1989 – 2 BvR 1169/84, BVerfGE 80, 81; BayVGH Beschl. v. 14.6.2016 – 10 CS 16.638 Rn. 8.
[83] OVG Saarl Beschl. v. 21.12.2021 – 2 B 257/21 Rn. 9; VGH BW Beschl. v. 12.11.2020 – 11 S 2512/19 Rn. 11.
[84] VGH BW Beschl. v. 12.11.2020 – 11 S 2512/19 Rn. 11; BGH Urt. v. 7.11.2001 – XII ZR 247/00, BGHZ 149, 140 (142).
[85] VGH BW Beschl. v. 12.11.2020 – 11 S 2512/19 Rn. 11 mwN; BVerfG Beschl. v. 30.1.2002 – 2 BvR 321/00, NVwZ 2002, 849 (850).

Vielfalt der von Art. 6 I GG geschützten Ausgestaltungsmöglichkeiten der familiären Lebensgemeinschaft lässt es nicht zu, schematische oder allzu enge Mindestvoraussetzungen für das Vorliegen einer ehelichen Lebensgemeinschaft zu formulieren[86].

57 Dafür gefordert sind die Herstellung oder die Wahrung der familiären Lebensgemeinschaft, nicht der **häuslichen Gemeinschaft**[87]. Das Bestehen einer häuslichen Gemeinschaft ist daher weder eine notwendige noch eine hinreichende Voraussetzung für die Feststellung einer ehelichen Lebensgemeinschaft[88]. Der vorübergehende oder auch dauerhafte Verzicht auf die häusliche Gemeinschaft wie etwa bei Ehen von zwei an weit entfernten Orten beschäftigten Ehegatten, bei der Inhaftierung eines Ehegatten oder bei der dauerhaften stationären Unterbringung eines schwerst erkrankten oder pflegebedürftigen Ehegatten muss also kein Indiz für das Nichtvorliegen der erforderlichen familiären Lebensgemeinschaft sein[89]. Ein **gemeinsamer Lebensmittelpunkt** muss bestehen, wenn auch nicht in demselben Haus oder in derselben Wohnung. Bei einem Elternteil, der nicht mit seinem Kind zusammenwohnt, wird eine familiäre Lebensgemeinschaft anzunehmen sein, wenn der getrennt lebende Elternteil die Entwicklung des Kindes durch quantifizierbare Betreuungsbeiträge und durch die geistige und emotionale Auseinandersetzung (mit)prägt. Es kommt darauf an, ob die vorhandenen Kontakte in ihrer Bedeutung für das Verhältnis zum Kind dem auch sonst Üblichen entsprechen und auf diese Weise die **Vater-Kind-Beziehung** gelebt wird. Erforderlich ist daher, dass nach außen erkennbar in ausreichendem Maß Verantwortung für die Betreuung und Erziehung des Kindes übernommen wird. Maßgeblich ist, ob zwischen dem Ausländer und seinem Kind aufgrund des gepflegten persönlichen Umgangs ein Eltern-Kind-Verhältnis besteht, das von der nach außen manifestierten Verantwortung für die leibliche und seelische Entwicklung des Kindes geprägt ist[90]. Soweit ausländische Seeleute im Bundesgebiet keinen Wohnsitz nicht begründen dürfen, kommt zu ihnen ein Nachzug schon mangels inländischen Lebensmittelpunkts nicht in Betracht[91]. Diese Grundsätze schließen eine **zusätzliche Wohnung** einzelner Familienangehöriger nicht aus, wenn diese etwa aus Berufs- oder Ausbildungs- oder Gesundheitsgründen notwendig ist (zB auswärtige Arbeitsstelle, wohnortferner Ausbildungs- oder Studienplatz, Unterbringung in Pflegeheim). Die Lebensgemeinschaft wird grundsätzlich auch durch Haft oder Unterbringung nicht unterbrochen, falls sie danach fortgesetzt wird.

58 Die Familiengemeinschaft wird dagegen aufgelöst durch den zB endgültigen beruflich oder familiär bedingten Auszug des Kindes oder auf Dauer angelegte Trennung der Ehegatten. Der Wille eines der Ehegatten, an der familiären Lebensgemeinschaft festzuhalten, genügt nicht. Denn der Wille zur Herstellung bzw. Fortführung der ehelichen Lebensgemeinschaft im Bundesgebiet muss, wie sich aus dem Wesen der Ehe als Lebensgemeinschaft von Mann und Frau ergibt, bei beiden Eheleuten bestehen[92]. Kurzfristige **Trennungszeiten** können vernachlässigt werden, auch wenn sie anfänglich als endgültig angesehen wurden; ebenso kurze Trennungen „auf Probe". Nicht jeder Familienkrach mit anschließendem „Auszug" eines Partners beseitigt die familiäre Lebensgemeinschaft in tatsächlicher wie rechtlicher Hinsicht. Auf Trennungszeiten nach Scheidungsrecht kommt es nicht an[93]. Nicht ausgeschlossen ist auch die Anerkennung mehrerer Familienwohnungen, die jeweils gemeinsam genutzt werden; dagegen entspricht es nicht dem grundgesetzlichen Bild von Ehe und Familie, wenn getrennte Wohnungen unterhalten werden und nur gelegentliche gegenseitige Besuche stattfinden[94].

59 Die **Überprüfung** des Bestehens einer ehelichen oder sonstigen familiären Lebensgemeinschaft hat Bedacht zu nehmen auf den grundgesetzlichen Schutz vor Eingriffen in die persönliche und eheliche Intimsphäre. Da den Ehegatten sowohl die Freiheit, ihr eheliches Zusammenleben souverän zu gestalten, als auch der Schutz vor staatlichen Eingriffen durch Art. 6 GG gewährleistet ist, bei einer wirksam geschlossenen Ehe grundsätzlich anzunehmen, dass die Ehepartner auch bereit und willens sind, die eheliche Lebensgemeinschaft herzustellen. Eine behördliche Prüfung des Einzelfalls auf das Vorliegen einer Zweckehe, die häufig nur bei Kenntnis von Umständen aus dem höchstpersönlichen Bereich der Betroffenen aufgedeckt werden können, ist daher nur ausnahmsweise bei begründetem Verdacht zulässig. Ein Ausländer ist daher bei einer wirksam geschlossenen Ehe zu einer näheren Darlegung hinsichtlich seines Willens, eine eheliche Lebensgemeinschaft zu führen, nur verpflichtet,

---

[86] BVerwG Beschl. v. 22.5.2013 – 1 B 25.12 Rn. 3; VGH BW Beschl. v. 12.11.2020 – 11 S 2512/19 Rn. 11.
[87] VGH BW Beschl. v. 12.11.2020 – 11 S 2512/19 Rn. 11.
[88] VGH BW Beschl. v. 12.11.2020 – 11 S 2512/19 Rn. 11.
[89] VGH BW Beschl. v. 12.11.2020 – 11 S 2512/19 Rn. 11.
[90] SächsOVG Beschl. v. 13.9.2021 – 3 D 34/21 Rn. 11; Beschl. v. 7.12.2020 2021 - 3 B 242/20 Rn. 16.
[91] → § 4 Rn. 27.
[92] BVerwG Urt. v. 30.3.2010 – 1 C 7.09; Beschl. v. 25.6.1984 – 1 B 41.84, InfAuslR 1984, 267 f.
[93] BVerwG Beschl. v. 12.6.1992 – 1 B 48.92, InfAuslR 1992, 305.
[94] Betr. Getrenntleben auf Dauer BVerwG Beschl. v. 12.6.1992 – 1 B 48.92, InfAuslR 1992, 305; zu Scheidungsfristen VGH BW Urt. v. 19.12.1984 – 11 S 1645/83, EZAR 103 Nr. 7; zu Gewalttätigkeiten und Getrenntleben HessVGH Beschl. v. 2.9.1988 – 12 TH 3533/87, EZAR 622 Nr. 5; zu gelegentlichen Besuchen bis zur Ehescheidung VGH BW Urt. v. 6.5.1991 – 1 S 2084/90, EZAR 023 Nr. 1; zu getrennten Wohnungen OVG MV Beschl. v. 22.6.2000 – 3 M 35/00, EZAR 023 Nr. 21; OVG NRW Beschl. v. 1.8.2002 – 18 B 1063/00, EZAR 023 Nr. 27.

wenn Umstände vorliegen, die berechtigten Anlass zu einer Prüfung geben[95]. Es wäre mit Art. 1 I GG iVm Art. 2 I GG nicht vereinbar, wenn die Verwaltung es unternähme, sich diese Kenntnis von Amts wegen zu verschaffen, und wenn den Betroffenen vorbehaltlos die Last auferlegt würde, darzutun, dass es sich bei ihrer Ehe nicht um eine Zweckehe handelt[96]. Hieraus folgt allerdings nicht, dass bei begründetem Verdacht behördliche und gerichtliche Ermittlungen und Feststellungen zur Klärung, ob eine Zweckehe vorliegt, ausgeschlossen sind. Dies gilt insbesondere, wenn Anhaltspunkte außerhalb der Intimsphäre der Ehegatten vorhanden sind, die gegen einen Herstellungswillen sprechen[97].

Auch das Gemeinschaftsrecht überlässt den Mitgliedstaaten die Befugnis zu **punktuellen Kontrollen** bei Vorliegen eines begründeten Verdachts auf eine Zweckehe (Art. 16 IV 1 Familienzusammenführungs-RL). Es regelt dabei auch, dass einem Antrag auf Familienzusammenführung Unterlagen beizufügen sind, anhand derer die familiären Bindungen nachgewiesen werden. Zum Nachweis des Bestehens der Bindung kann insbesondere die Befragung der Ehegatten vorgenommen werden (Art. 5 II 1 und 2 Familienzusammenführungs-RL)[98]. 60

Nachprüfungen finden ihre Berechtigung va in dem staatlichen Interesse an der Verhinderung von bloßen Scheinverhältnissen und sind entsprechend zurückhaltend und unter Wahrung der Persönlichkeitsrechte der Betroffenen vorzunehmen[99]. Grundsätzlich fällt die Gestaltung der familiären Beziehungen in den alleinigen Verantwortungsbereich der Familie, vor allem der Ehepartner und Eltern. Hieran haben sich Kontrollen der Ausländerbehörde, falls dafür überhaupt ein triftiger Anlass besteht, auszurichten und nicht an dem Bild einer „schützenswerten Ehe"[100]. Erlaubt sind daher zB auf äußerliche Indizien bezogene Fragen nach dem Entstehen der persönlichen Beziehungen sowie der Begründung und Führung einer Haushaltsgemeinschaft, soweit die tatsächlichen Verhältnisse über das Bestehen einer Art. 6 GG entsprechenden Lebensgemeinschaft eine annähernd verlässliche Auskunft geben können[101]. 61

Bei freizügigkeitsberechtigten **Unionsbürgern** (und ihren nicht notwendig einem EU-Staat angehörenden Familienmitgliedern) bleibt die aufenthaltsrechtliche Rechtsstellung des Ehegatten trotz Trennung erhalten, auch wenn diese auf Dauer erfolgt[102]. Ein ständiges Zusammenleben ist insoweit nicht verlangt. Die Gründe für das Getrenntleben sind nicht maßgeblich. Eine „Scheinehe" verdient auch insoweit keinen Schutz, eine entsprechende Feststellung der Ausländerbehörde ist aber im Hinblick auf das Erlaubtsein ständiger Trennung schwierig[103]. 62

Angesichts dieser und anderer Unterschiede in der Stellung der Familie von Unionsbürgern einerseits und Drittstaatern andererseits stellt sich die Frage nach der Gleichbehandlung oder der **Inländerdiskriminierung**. Letztere kann rechtlich nur deshalb ausgeschlossen werden, weil es sich um zwei unterschiedliche Rechtsordnungen handelt, deren Gestaltungsakte nicht miteinander verglichen werden können. Tatsächlich kann sie dadurch umgangen werden, dass der Deutsche zunächst einmal von der Freizügigkeit in einem anderen EU-Staat zB als Arbeitnehmer, Selbstständiger oder Dienstleistungserbringer Gebrauch macht. Wenn er dann nach Deutschland zurückkehrt, kann er sich auch als Deutscher in Deutschland auf die EU-Freizügigkeitsrechte berufen[104]. 63

VI. Lebenspartnerschaft

Die Lebenspartnerschaft gehört nach allgemeiner Auffassung nicht zu den nach Art. 6 GG geschützten und besonders zu fördernden Lebensgemeinschaften[105], sie steht aber als Lebensgemeinschaft unter dem Schutz des Art. 8 EMRK. Daher verleiht der Gesetzgeber der Herstellung und Wahrung einer lebenspartnerschaftlichen Gemeinschaft wie schon nach § 27a AuslG dieselbe aufenthaltsrechtliche Wirkung wie der Ehe. Der Bundestag hat am 30.6.2017 das „Gesetz zur Einführung des Rechts auf Eheschließung für Personen gleichen Geschlechts"[106] verabschiedet. Danach können in der Zukunft in Deutschland auch gleichgeschlechtliche Paare eine Ehe eingehen. Bestehende Lebenspartnerschaften werden in Ehen umgewandelt, wenn die Lebenspartner gegenseitig persönlich und bei gleichzeitiger 64

---

[95] OVG Bln-Bbg Urt. v. 29.1.2009 – 2 B 11.08 unter Hinweis auf BVerfG Beschl. v. 5.5.2003 – 2 BvR 2042/02, DVBl 2003, 1260.
[96] BVerfG Beschl. v. 12.5.1987 – 2 BvR 1226/83 ua, BVerfGE 76, 1 (61).
[97] OVG Bln-Bbg Urt. v. 29.1.2009 – 2 B 11.08; Urt. v. 15.9.2005 – 7 B 6.05, OVGE 26, 164 (165).
[98] OVG Bln-Bbg Urt. v. 29.1.2009 – 2 B 11.08.
[99] Vgl. BVerfG Beschl. v. 12.5.1987 – 2 BvR 1226/83 ua, BVerfGE 76, 1.
[100] Dazu HessVGH Beschl. v. 21.3.2000 – 12 TG 2545/99, EZAR 023 Nr. 20; Beschl. v. 19.1.2001 – 9 TG 3767/00, EZAR 023 Nr. 22.
[101] Dazu HessVGH Beschl. v. 14.1.2002 – 12 TG 724/01, EZAR 023 Nr. 25.
[102] Näher dazu → FreizügG/EU § 3; betr. Art. 10 VO/EWG 1612/68 EuGH Urt. v. 13.2.1985 – 267/83, EZAR 811 Nr. 5.
[103] Offengelassen von BVerwG Urt. v. 21.5.1985 – 1 C 36.82, EZAR 106 Nr. 3.
[104] Vgl. EuGH Urt. v. 7.7.1992 – C-370/90, EZAR 814 Nr. 3; vgl. auch → FreizügG/EU § 12a.
[105] BVerfG Beschl. v. 20.9.2007 – 2 BvR 885/06, EuGRZ 2007, 609 (612) unter Hinweis auf BVerfGE 105, 313 (348).
[106] BT-Drs. 18/6665.

Anwesenheit beim Standesamt erklären, miteinander eine Ehe auf Lebenszeit führen zu wollen (§ 20 PstG).

65 Die Gleichbehandlung von Ehe und Lebenspartnerschaft ist zulässig. Maßgeblich ist insoweit darauf abzustellen, ob die Vorschrift primär der Förderung der Ehe als rechtsverbindlicher Verantwortungsgemeinschaft oder als potenzieller Familie dient[107]. Das aus **Art. 6 I GG abzuleitende Differenzierungsgebot** ist nur dann einschlägig, wenn die Ehe vorrangig als potenzielle Familie gefördert wird[108]. Trotz der Betonung der Familie im Wortlaut des § 27 dient der Familiennachzug nicht primär familiären Belangen, sondern schützt die Ehe als Solidargemeinschaft. Denn auch Ehepartner ohne Kinder bilden eine „familiäre Lebensgemeinschaft". Die verfahrensrechtliche Förderverpflichtung der Ehe entfaltet deshalb gegenüber der in § 27 II verankerten Gleichstellung des lebenspartnerschaftlichen Nachzugsrechts keine Sperrwirkung[109].

66 Begünstigt sind die ausländischen Partner einer **eingetragenen Lebenspartnerschaft**[110]. Diese braucht nicht in Deutschland begründet zu sein. Gleichgestellt sind Partner von Einrichtungen im Ausland, die nach ähnlichen Grundsätzen mit ähnlichen Wirkungen geschlossen werden. Deren Anerkennung und Nachweis folgen denselben Regeln wie bei der Ehe. Soweit ein Unionsbürger beteiligt ist, folgt die Anerkennung zwingend aus dem Verbot der Nichtdiskriminierung[111]. Es muss sich um gleichgeschlechtliche Partnerschaften handeln. Nichteheliche Gemeinschaften von Heterosexuellen stehen nicht gleich. Den EU-Mitgliedstaaten steht zwar deren Einbeziehung in die Familienzusammenführung frei (Art. 4 III Familienzusammenführungs-RL), Deutschland hat hiervon aber keinen Gebrauch gemacht. Deshalb kann nichtehelichen Partnern auch nach § 7 I 2 keine Aufenthaltserlaubnis erteilt werden[112]. Auch bei der Partnerschaft genügen für ein Aufenthaltsrecht nicht deren Begründung und rechtlicher Bestand. Erforderlich ist vielmehr die Führung einer lebenspartnerschaftlichen **Gemeinschaft** im Inland. Es müssen über die Eintragung hinaus ernsthafte Beziehungen gepflegt werden, die auch in der alltäglichen Lebensgestaltung zum Ausdruck gelangen. Hinsichtlich des Zusammenlebens und Nachprüfungsmöglichkeiten gelten dieselben Grundsätze wie bei der Ehe.

VII. Schein- und Zwangsehe

1. Darlegungs- und Beweislast

67 Nach § 27 Ia Nr. 1 wird der Familiennachzug nicht zugelassen, wenn feststeht, dass die Ehe oder das Verwandtschaftsverhältnis ausschließlich zu dem Zweck geschlossen oder begründet wurde, dem Nachziehenden die Einreise in das und den Aufenthalt im Bundesgebiet zu ermöglichen. Gleiches gilt, wenn tatsächlich Anhaltspunkte die Annahme begründen, dass einer der Ehegatten zur Eingehung der Ehe genötigt wurde. Die Regelung gilt auch für die Familienzusammenführung zu Deutschen. Die Bestimmung geht auf Vorgaben der Familienzusammenführungs-RL (Art. 16) zurück. Die Norm kann daher als besondere Kodifikation eines Missbrauchsgedankens verstanden werden, der sich iÜ unmittelbar aus § 27 I herleiten ließe. Der Einführung des § 27 Ia Nr. 1 ist eine Signalfunktion beigemessen worden, um das Unrechtsbewusstsein der Betroffenen und das Problembewusstsein der Rechtsanwender zu erhöhen sowie den Anreiz zu verringern, Scheinehen zu schließen oder Scheinverwandtschaftsverhältnisse zu begründen[113].

68 Von der Vorschrift des § 27 Ia Nr. 1 werden nicht nur sog. Scheinehen und Zweckadoptionen erfasst, sondern auch **Scheinvaterschaften,** bei denen der ausschließliche Zweck der Vaterschaftsanerkennung[114] nach § 1592 Nr. 2 BGB darin besteht, dem Ausländer einen Aufenthaltstitel zu verschaffen. **Die Vorschrift knüpft an eine bereits erfolgte Vaterschaftsanerkennung an.** Sie stellt nicht auf die Wirksamkeit oder Anfechtbarkeit der begründeten familiären Beziehung ab; sie geht vielmehr von deren Wirksamkeit aus bzw. lässt diese dahinstehen und macht lediglich die Erteilung des diesbezüglichen Aufenthaltstitels zum Familiennachzug davon abhängig, dass die familiäre Beziehung nicht oder nicht ausschließlich zu dem in der Missbrauchsvorschrift genannten Zweck begründet worden ist[115]. **Demgegenüber dient die Regelung des § 85a der Verhinderung der Beurkundung einer missbräuchlichen Vaterschaftsanerkennung.** Nach § 85a I hat die Ausländerbehörde die Feststellung der Missbräuchlichkeit einer – noch nicht wirksam gewordenen – Anerkennung einer Vaterschaft zu treffen, wenn diese iSd § 1597a I BGB „missbräuchlich" ist. Diese Feststellung hindert

---

[107] *Schüffner*, Eheschutz und Lebenspartnerschaft, S. 700.
[108] *Schüffner*, Eheschutz und Lebenspartnerschaft, S. 707.
[109] Ebenso *Schüffner*, Eheschutz und Lebenspartnerschaft, S. 703.
[110] Gesetz v. 16.2.2001, BGBl. I S. 266.
[111] EuGH Urt. v. 17.4.1986 – 59/85, EZAR 810 Nr. 4.
[112] S. § 7.
[113] VGH BW Beschl. v. 4.11.2014 – 11 S 1886/14, InfAuslR 2015, 45 Rn. 19.
[114] VGH BW Beschl. v. 4.11.2014 – 11 S 1886/14, InfAuslR 2015, 45 Rn. 7; OVG RhPf Urt. v. 6.3.2008 – 7 A 11276/07; aA OVG NRW Urt. v. 23.8.2012 – 18 A 537/11, InfAuslR 2013, 23 Rn. 49; BayVGH Urt. v. 20.10.2015 – 19 C 15.820 Rn. 3.
[115] BayVGH Urt. v. 11.3.2019 – 19 BV 16.937 Rn. 28.

durch das Beurkundungsverbot des § 1597a III BGB das Entstehen einer zivilrechtlich wirksamen Vaterschaftsanerkennung. Dieser präventive Ansatz ersetzt die behördliche Vaterschaftsanfechtung, für die es nach der Nichtigerklärung des § 1600 I Nr. 5 BGB (aF) durch das BVerfG[116] an einer wirksamen Ermächtigungsgrundlage fehlt. Nach der grundsätzlich zweistufigen Konzeption des § 1597a BGB iVm § 85a ist diese Feststellung dem zivilrechtlichen Wirksamwerden der Vaterschaftsanerkennung vorgelagert, im Beurkundungsverfahren erkannten konkreten Anhaltspunkten für eine Missbräuchlichkeit der Anerkennung jedoch nachgelagert[117]. Solche Zweifel können so lange erkannt werden und zu der Prüfung durch die Ausländerbehörde führen, wie noch nicht sämtliche für die Wirksamkeit der Vaterschaftsanerkennung erforderlichen Erklärungen beurkundet sind[118].

Kommt es zur Beurkundung der Vaterschaftsanerkennung, so ist diese auch dann wirksam, wenn eine **69** Scheinvaterschaft begründet wurde. Denn durch eine wirksame Anerkennung der Vaterschaft wird ein Verwandtschaftsverhältnis zwischen dem Vater und dem Kind begründet, auch wenn dieses Verwandtschaftsverhältnis ausschließlich zu dem Zweck begründet wurde, dem Nachziehenden – so bspw. im Fall des Nachzugs einer unverheirateten ausländischen Mutter ohne gesicherten Aufenthalt zu ihrem Kind, das aufgrund der Vaterschaftsanerkennung die deutsche Staatsangehörigkeit erworben hat – den Aufenthalt im Bundesgebiet zu ermöglichen. Auch wenn das Vaterschaftsverhältnis begründet wurde, bestehen Zweifel an der Anwendbarkeit der Nachzugsvorschriften der §§ 27 ff. **Das BVerwG erachtet es als schon fraglich, ob durch eine Vaterschaftsanerkennung, welche im Sinne des § 1597a I BGB gezielt gerade zu dem Zweck erfolgt, die rechtlichen Voraussetzungen für die erlaubte Einreise oder den erlaubten Aufenthalt zu schaffen (missbräuchliche Anerkennung der Vaterschaft), ein Verwandtschaftsverhältnis iSd § 27 Ia Nr. 1 Alt. 2 begründet wird**[119]. Zwar steht der Wortlaut der Vorschrift mit seiner zweiten Alternative einer Anwendung des Ausschlusstatbestandes auf missbräuchliche Vaterschaftsanerkennungen – sogenannte Zweckvaterschaften – bei isolierter Betrachtung nicht entgegen. In der Begründung des Gesetzentwurfs werden jedoch ausschließlich die Fälle der Zweckehe oder Zweckadoption angesprochen[120]. Jedenfalls unterfällt dem Ausschlussgrund des § 27 Ia Nr. 1 Alt. 2 nicht die Fallgestaltung der Begründung eines Verwandtschaftsverhältnisses zwischen einem seine Vaterschaft ohne genetische Abstammung anerkennenden deutschen Staatsangehörigen und einem minderjährigen ledigen Kind mit dem Ziel, dessen ausländischer Mutter ein Aufenthaltsrecht zur Wahrung der familiären Lebensgemeinschaft im Bundesgebiet zu ermöglichen. Die Norm findet insoweit weder unmittelbar noch analog Anwendung[121].

Die Regelung des § 27 Ia Nr. 1 steht einer Aufenthaltserlaubnis nur dann entgegen, wenn tatsächlich auch Scheinvaterschaft im maßgeblichen Zeitpunkt der gerichtlichen Entscheidung vorliegt. **Der** **70** **Vorschrift ist kein aufenthaltsrechtlicher Sanktionscharakter beizumessen,** der den „Scheinvater" dauerhaft von einem Titel ausschließt, wenn dieser sich tatsächlich um das Kind kümmert und eine Vater-Kind-Beziehung aufgebaut hat. Denn die Vaterschaftsanerkennung – wenn sie nicht an dem Verfahren nach § 85a gescheitert ist – begründet unabhängig von der biologischen Erzeugerschaft oder der tatsächlichen familiären Lebenssituation die rechtliche Vaterschaft[122]. Die Aufzählung der Gründe für die Unwirksamkeit einer Vaterschaftsanerkennung nach § 1598 I BGB iVm §§ 1594 ff. BGB sind abschließend, sodass sogar die bewusst wahrheitswidrige Anerkennung der Vaterschaft nicht zu deren Unwirksamkeit führt[123]. Dies gilt selbst dann, wenn mit der Anerkennung der Vaterschaft ausschließlich aufenthaltsrechtliche Zwecke verfolgt werden[124]. Ist der „Scheinvater" aber rechtlich der Vater des Kindes, ist auch die Beziehung zwischen ihm und dem Kind selbst dann schützenswert, wenn sie erst nachträglich entstanden ist.

Die Regelung verschiebt die bisher geltenden Grundsätze der **Darlegungs- und Beweislast** in **71** Bezug auf die Herstellung der familiären Lebensgemeinschaft nicht zuungunsten der Behörde[125].

---

[116] BVerfG Beschl. v. 17.12.2013 – 1 BvL 6/10, BVerfGE 135, 48.
[117] BVerwG Urt. v. 24.6.2021 – 1 C 30.20 Rn. 15.
[118] BVerwG Urt. v. 24.6.2021 – 1 C 30.20 Rn. 15.
[119] BVerwG Urt. v. 24.6.2021 – 1 C 30.20 Rn. 126 mwN. Die Anwendbarkeit der Norm dem Grunde nach verneinend BayVGH Beschl. v. 20.10.2015 – 19 C 15.820 Rn. 3; OVG NRW Urt. v. 23.8.2012 – 18 A 537/11, FamRZ 2013, 1338, 1339 f.; aA VGH BW Beschl. v. 4.11.2014 – 11 S 1886/14, InfAuslR 2015, 45; NdsOVG Urt. v. 6.3.2008 – 7 A 11276/07, FamRZ 2009, 511, 512.
[120] BT-Drs. 16/5065, 170.
[121] BVerwG Urt. v. 24.6.2021 – 1 C 30.20 Rn. 28 ff.; BayVGH Urt. v. 11.3.2019 – 19 BV 16.937 Rn. 27.
[122] *Pelzer*, Keine Vaterschaftsanfechtung mehr durch Behörden, NVwZ 2014, 700.
[123] *Palandt*, BGB, 73. Aufl. 2014, § 1598 Rn. 2; VGH BW Beschl. v. 4.11.2014 – 11 S 1886/14, InfAuslR 2015, 45 Rn. 8; OVG LSA Beschl. v. 25.8.2006 – 2 M 228/06; OLG Hamm Urt. v. 20.11.2007 – 1 Ss 58/07.
[124] VGH BW Beschl. v. 4.11.2014 – 11 S 1886/14, InfAuslR 2015, 45 Rn. 8 unter Hinweis auf BVerfG Beschl. v. 17.12.2013 – 1 BvL 6/10 Rn. 10, 15; HmbOVG Beschl. v. 24.10.2008 – 5 Bs 196/08, InfAuslR 2009, 19.
[125] So BVerwG Urt. v. 30.3.2010 – 1 C 7.09, BVerwGE 136, 222 Rn. 18 zu OVG Bln-Bbg Urt. v. 29.1.2009 – 2 B 11.08; OVG LSA Beschl. v. 27.5.2015 – 2 M 21/15 Rn. 12; aA *Oestmann* InfAuslR 2008, 17 (21); *Göbel-Zimmermann* ZAR 2008, 169 (170); vgl. auch Begründung, Sachverständigenanhörung des Innenausschusses v. 21.3.2007 – Innenausschuss A-Drs. 16(4)209 H, S. 2 f.: „Durch die Neuregelung wird – jedenfalls besteht eine entsprechende Gefahr – die Darlegungslast, die nach allgemeinem Grundsatz beim Ausländer liegt, auf die Ausländerbehörde verlagert, da der Nachzug nicht zugelassen werden darf, wenn feststeht, dass eine Zweckehe vorliegt."

Durch die Formulierung „wird nicht zugelassen, wenn feststeht" wird für den Nachzugsfall die Darlegungslast nur für den Versagungsgrund auf die Behörde verlagert, da für Versagungsgründe – anders als für Erteilungsvoraussetzungen – die Behörde darlegungspflichtig ist, auch wenn sie die Mitwirkung des Ausländers verlangen kann.

72 Die Auslegung des § 27 Ia Nr. 1 führt aber nicht zu der Annahme, die Ausländerbehörde trage die materielle Beweislast auch für das Fehlen des Herstellungswillens für die eheliche Gemeinschaft oder für das Vorliegen einer Zweckehe[126]. Der Regelung kommt daher in der Praxis nur geringe Bedeutung zu, dass die Familiennachzug bereits dann abgelehnt werden kann, wenn der begründete Verdacht einer Schein- oder Zweckehe besteht.

73 Mit der Formulierung „feststehen" setzt der Versagungsgrund einen erhöhten **Überzeugungsmaßstab** voraus, denn er verlangt, dass eine Tatsache sicher, gewiss und unumstößlich sein muss. Gewinnt die Ausländerbehörde oder das Gericht diese hohe Sicherheit der Überzeugung nicht, kommt es hinsichtlich dieses Tatbestandsmerkmals nicht zu einer Beweislastfrage. Vielmehr ist der Tatbestand des Versagungsgrundes nicht erfüllt. Gleichzeitig kann aber die Erteilungsvoraussetzung des Bestehens einer familiären Lebensgemeinschaft fehlen mit der Folge, dass der Aufenthaltserlaubnis-Antrag abzulehnen ist.

74 Es darf nämlich nicht verkannt werden, dass die Führung einer ehelichen Lebensgemeinschaft nach dem geltenden AufenthG zu den für den Ausländer günstigen Umständen gehört, die er im Nachzugsverfahren unter Angabe nachprüfbarer Umstände unverzüglich geltend zu machen und mit Nachweis zu belegen hat (§ 82 I 1)[127]. Bei der Feststellung des Vorliegens einer familiären Lebensgemeinschaft iSd § 27 I besteht keine „Beweislast" der Ausländerbehörde, vielmehr setzt das Bestehen eines Anspruchs auf Erteilung einer Aufenthaltserlaubnis voraus, dass die dafür erforderlichen Voraussetzungen nachweisbar vorliegen. Diese Zuweisung der Last des non liquet hat das BVerfG mit Blick auf Art. 6 I nicht beanstandet[128].

75 § 27 Ia Nr. 1 stellt damit einen weiteren, nicht abschließenden Ausschlusstatbestand dar, der neben die allgemeinen Beweislastregelungen tritt[129]. Eine historische Auslegung der eingefügten Vorschrift unter Berücksichtigung des gemeinschaftsrechtlichen Hintergrunds des RLUmsG 2007 bestätigt dieses Ergebnis. Die Neufassung des AufenthG erfolgte zur Umsetzung der Familienzusammenführungs-RL[130]. Diese dient jedoch ebenfalls (wie § 27 I) der Herstellung und Wahrung des Familienlebens auf der Grundlage tatsächlicher Bindungen zwischen den Ehepartnern. Dies ergibt sich sowohl aus der Definition des Ausdrucks „Familienzusammenführung" in Art. 2d RL 2004/86/EG als auch aus den Erwägungsgründen 4 und 6 und aus den in Art. 16 RL 2004/86/EG getroffenen Regelungen. Danach können die Mitgliedstaaten einen Antrag auf Einreise und Aufenthalt zum Zweck der Familienzusammenführung bspw. dann ablehnen, wenn zwischen dem Zusammenführenden und dem Familienangehörigen keine tatsächlichen ehelichen oder familiären Bindungen bestehen (Art. 16 I b RL 2004/86/EG) oder („auch") wenn feststeht, dass die Ehe oder Lebenspartnerschaft nur zu dem Zweck geschlossen wurde, um der betroffenen Person die Einreise in einen Mitgliedstaat oder den Aufenthalt in einem Mitgliedstaat zu ermöglichen (Art. 16 II b RL 2004/86/EG).

76 Diesen Vorgaben ist § 27 I, Ia Nr. 1 schon seinem Wortlaut nach erkennbar nachgebildet[131]. Mithin eröffnet auch die – das Vorbild für die hier in Rede stehende Vorschrift bildende – RL die Möglichkeit, einen Familiennachzug in beiden Fällen (kein Herstellungswille, Feststehen einer Zweckehe) zu verweigern. Nach § 27 Ia Nr. 2, der der Bekämpfung von Zwangsehe dient, hat die Ausländerbehörde den Nachweis zu erbringen, dass **tatsächliche Anhaltspunkte** vorliegen, die für eine **Zwangsehe** sprechen. Die für die rechtliche und inhaltliche Zuordnung wichtige Unterscheidung von und Abstufungen zwischen freiwilliger arrangierter Ehe und Zwangsverheiratung ist in der Praxis nicht immer trennscharf zu bestimmen, da die unterschiedlichen Grade von Zustimmung und Ablehnung, Zwang und Freiwilligkeit der Eheschließung nur schwer zu erfassen sind.

77 Der **Umfang der Darlegungsobliegenheit** für das Bestehen einer familiären Lebensgemeinschaft richtet sich nach den jeweiligen individuellen Verhältnissen, insbesondere nach den Wohnverhältnissen und den beruflichen Tätigkeiten der Ehepartner. Zu einer näheren Darlegung ihrer innerfamiliären Lebensumstände sind sie nur dann verpflichtet, wenn die Ausländerbehörde begründete Zweifel am Bestehen der ehelichen Lebensgemeinschaft hegt und diese gegenüber dem ausländischen Ehegatten äußert. Die Ausländerbehörde kann ihm für Darlegungen und Nachweise eine angemessene Frist setzen (§ 84 I 2). Grundsätzlich kann von ihm auch die Beantwortung mündlicher oder schriftlicher Fragen über Einzelheiten aus dem persönlichen Lebensbereich verlangt werden, soweit diese tauglich Anhaltspunkte für die von Gesetz vorgeschriebene rechtliche Prüfung liefern können und die Intim-

---

[126] So HessVGH Beschl. v. 3.9.2008 – 11 B 1690/08; OVG Bln-Bbg Urt. v. 29.1.2009 – 2 B 11.08.
[127] BVerwG Urt. v. 30.3.2010 – 1 C 7.09; Beschl. v. 22.12.2004 – 1 B 111.04, Buchholz 402.240 § 23 AuslG Nr. 10.
[128] BVerfG Beschl. v. 5.5.2003 – 2 BvR 2042/02, DVBl 2003, 1160.
[129] BVerwG Urt. v. 30.3.2010 – 1 C 7.09, BVerwGE 136, 222; aA Oestmann InfAuslR 2008, 17 (21).
[130] BVerwG Urt. v. 24.6.2021 – 1 C 30.20 Rn. 32.
[131] Zum Ganzen OVG Bln-Bbg Urt. v. 29.1.2009 – 2 B 11.08; HessVGH Beschl. v. 3.9.2008 – 11 B 1690/08; VG Darmstadt Beschl. v. 28.3.2008 – 7 G 1447/07.

sphäre der Ehepartner nicht tangieren. Soweit behördlicherseits Wohnungsbesichtigungen vorgenommen oder andere Ermittlungsmaßnahmen ergriffen werden, die nicht ohne Zuständigkeit der Betroffenen erfolgen können, sind diese grundsätzlich nicht erzwingbar. Der das Aufenthaltsrecht begehrende ausländische Ehegatte hat jedoch den Nachteil zu tragen, wenn es ihm nach Verweigerung der Mitwirkung an derartigen Ermittlungsmaßnahmen nicht gelingt, begründete Zweifel der Ausländerbehörde an dem Bestehen einer ehelichen Lebensgemeinschaft zu zerstreuen.

Konkrete **Anhaltspunkte für eine beabsichtigte Scheinehe** können sich aus den Motiven für die Eheschließung selbst, aus der ausländischen Vorgeschichte oder aus dem Verwaltungsverfahren ergeben[132]. Folgende Aspekte deuten auf das Vorliegen einer Scheinehe hin: 78
- Die äußeren Voraussetzungen für eine eheliche Lebensgemeinschaft fehlen (zB kein gemeinsamer Hausstand vorhanden und auch nicht beabsichtigt oder möglich).
- Die Verlobten sind sich vor der Anmeldung der Eheschließung nie begegnet.
- Die Verlobten machen widersprüchliche Angaben zu ihren jeweiligen Personalien (Name, Adresse, Staatsangehörigkeit, Beruf), zu ihrem Familienstand, zu den Umständen ihres Kennenlernens oder sonstigen sie betreffenden wichtigen persönlichen Lebenssachverhalten.
- Die Verlobten sprechen keine für beide verständliche Sprache.
- Die Verlobten sind nicht miteinander vertraut (zB keine persönliche Anrede, offensichtliche Distanz).
- Für das Eingehen der Ehe wird ein Geldbetrag übergeben (abgesehen von den im Rahmen einer Mitgift übergebenen Beträgen bei Angehörigen von Staaten, in denen das Einbringen einer Mitgift in die Ehe gängige Praxis ist).
- Es gibt Anhaltspunkte dafür, dass ein Verlobter oder beide Verlobten schon früher Scheinehen eingegangen sind.
- Nach der Scheidung eines ausländischen Ehepaares wollen beide Beteiligte deutsche Partner heiraten mit der Folge eines Aufenthaltsrechts.
- Einer der Verlobten hat sich wiederholt über die Voraussetzungen zur Eheschließung mit einem jeweils anderen Partner informiert.
- Ein Verlobter wurde in Abschiebungshaft genommen oder über die Zulässigkeit seiner Abschiebung wurde bereits bestands- oder rechtskräftig entschieden.
- Der Asylantrag eines Verlobten wurde abgelehnt und die Entscheidung ist vollziehbar.
- Einer der Verlobten ist Asylbewerber oder abgelehnter Asylbewerber und legt Unterlagen vor, die der Ausländerbehörde vorenthalten wurden. Hiervon kann insbesondere dann ausgegangen werden, wenn neben einer Aufenthaltsgestattung oder Duldung ein Reisepass vorgelegt wird, denn in diesen Fällen müsste sich der Reisepass grundsätzlich bei der Ausländerbehörde befinden.
- Ein Verlobter unterliegt der Visum- und Aufenthaltsgenehmigungspflicht und besitzt einen Reisepass ohne eine entsprechende ausländerrechtliche Genehmigung.
- Ein Verlobter legt vollständige Unterlagen ohne vorherige Anfrage beim Standesamt vor oder Urkunden des Heimatstaats, die kurz vor der Einreise nach Deutschland ausgestellt wurden.
- Einer der Verlobten legt oder beide Verlobten legen widersprüchliche oder gefälschte Unterlagen vor.
- Der aufenthaltsberechtigte Verlobte kommt aus einem Umfeld, in dem die Führung einer ehelichen Lebensgemeinschaft eher die Ausnahme bildet (zB Nichtsesshafte, Prostituierte).
- Zwischen den Verlobten besteht ein ungewöhnlicher Altersunterschied, der zusammen mit anderen Begleitumständen die Annahme einer rechtsmissbräuchlichen Eheschließung nahelegt; dies gilt sowohl für den Fall einer wesentlich älteren Frau als auch für den Fall eines wesentlich älteren Mannes. Dabei sind die ausländischen Verlobten auch die Gepflogenheiten des Heimatlands zu berücksichtigen.
- Bei persönlichen Vorsprachen sind mehrere (häufig männliche) ausländische Personen anwesend, unseriöse Sprachmittler übernehmen die Wortführung, Gebühren werden von Dritten entrichtet, alle Fragen beantwortet der ausländische Verlobte.

Gegen die Annahme einer beabsichtigten Scheinehe können folgende Anhaltspunkte sprechen: 79
- Die Verlobten haben oder erwarten ein gemeinsames Kind;
- längere und intensive Kontakte vor der Heirat;
- gemeinsame Sprache;
- gemeinsame Freunde und Bekannte;
- Kenntnis von den persönlichen, familiären und beruflichen Lebensumständen des Partners;
- Besuche im Ausland;
- die Verlobten leben bereits seit längerer Zeit zusammen;
- die örtliche Trennung ist beruflich oder rechtlich (räumliche Aufenthaltsbeschränkung bei Asylbewerbern) bedingt;

---

[132] *Oestmann* InfAuslR 2008, 17 (19).

— ein Verlobter ist mit einem entsprechenden Sichtvermerk der deutschen Auslandsvertretung zum Zweck der Eheschließung eingereist.

80 Die Regelung birgt zudem die Gefahr, dass die Ausländerbehörden in jedem Einzelfall prüfen, ob eine Scheinehe vorliegt und dabei die verfassungs- und gemeinschaftsrechtlichen Grenzen überschreiten. Art. 16 IV Familienzusammenführungs-RL enthält lediglich die Berechtigung der Mitgliedstaaten, bei Vorliegen eines begründeten Verdachts auf Täuschung oder Scheinehe, Scheinpartnerschaft oder Scheinadoption **„punktuelle Kontrollen"** durchzuführen[133]. Die neue Regelung führt aber eine allgemeine Prüfpflicht ein, da es sich um einen von Amts wegen zu prüfenden Versagungsgrund handelt; sie geht damit über die gemeinschaftsrechtlichen Vorgaben hinaus. Es ist zudem mit Art. 1 I 1 GG iVm Art. 2 I 1 GG schwerlich vereinbar, wenn die Verwaltung die Regelung zum Anlass nähme, sich ohne konkreten Anlass von Amts wegen Kenntnis intimer Details der Ehe zu verschaffen. Bereits in seiner Grundsatzentscheidung vom 12.5.1987 hat das BVerfG darauf hingewiesen, dass es mit Art. 6 GG unvereinbar wäre, wenn den Betroffenen vorbehaltlos die Last auferlegt würde, darzutun, dass es sich bei ihrer Ehe nicht um eine „Scheinehe" handele[134].

2. Mitwirkungsverbot für den Standesbeamten

81 Nach § 1310 I 2 BGB in der Fassung des EheschließungsrechtsG vom 4.5.1998 (BGBl. I S. 833), in Kraft getreten am 1.7.1998, darf der Standesbeamte seine Mitwirkung an der Eheschließung nicht verweigern, wenn die Voraussetzungen der Eheschließung vorliegen. Er muss seine Mitwirkung aber dann verweigern, wenn offenkundig ist, dass die Ehe nach § 1314 II BGB aufhebbar wäre. Die in § 1314 II Nr. 1–4 BGB genannten Voraussetzungen für die Aufhebung einer Ehe enthalten im Wesentlichen schon bisher in dem zum 1.7.1998 aufgehobenen Ehegesetz (EheG) geregelte Tatbestände, deren Vorliegen entweder zur Nichtigkeit (§ 18 EheG) oder zur Aufhebbarkeit der Ehe (§§ 31, 33 und 34 EheG) führte. Neu ist dagegen die Regelung in § 1314 II Nr. 5 BGB, wonach eine Ehe dann aufgehoben werden kann, wenn sich beide Ehegatten darüber einig waren, dass sie sich nicht zur ehelichen Lebensgemeinschaft verpflichten und keine Verantwortung füreinander tragen werden (§ 1353 I 2 BGB). Der Rechtsausschuss des Deutschen Bundestags hat in seinem Beschlussvorschlag vom 10.12.1997[135] hierzu erläutert, dass offenkundig rechtsmissbräuchliche Eheschließungen gemeint sind.

82 Der Wille, eine eheliche Lebensgemeinschaft zu begründen, gehört nicht zum Tatbestand der Eheschließungserklärung; sein Fehlen hindert daher nicht das Zustandekommen der Ehe. Eine Ehe, die zu einem anderen Zweck geschlossen wird, etwa um dem ausländischen Verlobten ein Aufenthaltsrecht in Deutschland zu verschaffen, missbraucht jedoch die Eheschließungsform und verstößt wegen ihrer inhaltlichen und zeitlichen Bedingtheiten gegen das dem Wesen der Ehe immanente Bedingungsverbot (bisher § 13 II EheG, nunmehr § 1311 S. 2 BGB). Die Standesbeamten konnten deshalb schon bisher die Mitwirkung an Eheschließungen verweigern, die sie für rechtsmissbräuchlich halten mussten[136]. Nunmehr ist es ihnen verwehrt, an einer Eheschließung mitzuwirken, wenn die Voraussetzungen des § 1310 I 2 Hs. 2 BGB vorliegen. Der neu geschaffene Aufhebungsgrund des § 1314 II Nr. 5 BGB (Scheinehe) hat damit die Wirkung eines Eheschließungshindernisses.

83 Das Verbot der Mitwirkung an Scheinehen ist auf die Vornahme der Eheschließung vor einem deutschen Standesbeamten beschränkt. Es bezieht sich allerdings auch auf eine Hilfestellung bei der Beschaffung einer Befreiung von der Beibringung eines Ehefähigkeitszeugnisses. Jedoch gilt das Verbot der Mitwirkung nicht auch in Verfahren auf Erteilung von Ehefähigkeitszeugnissen für eine Eheschließung im Ausland (vgl. § 69b PStG). Insoweit können §§ 1310 I 2, 1314 II Nr. 5 BGB und § 5 IV PStG nicht analog angewendet werden[137].

VIII. Versagungsgründe

1. Spezielle Versagungsgründe

84 Mit dem FamiliennachzugsneuregelungsG vom 12.7.2018 wurden neben den allgemeinen Versagungsgründen in Abs. 3a **spezielle Versagungsgründe** aufgenommen. Die Regelung ermöglicht es, den Nachzug von Familienangehörigen zu terroristischen Gefährdern, Hasspredigern und Leitern verbotener Vereine zu versagen. Personen, die sich im unmittelbaren Umfeld jihadistischer oder sonstiger terroristischer oder extremistischer Gruppierungen im Ausland aufgehalten haben und nach Deutschland zurückkehren, stellen grundsätzlich ein erhöhtes Gefährdungspotenzial dar, da diese in

---

[133] BVerwG Urt. v. 30.3.2010 – 1 C 7.09 unter Hinweis auf die Notwendigkeit, bei Nachprüfungen die Menschenwürde und die Intimsphäre der Betroffenen zu achten und zu schützen; vgl. auch BVerwG Urt. v. 9.9.2003 – 1 C 6.03, BVerwGE 119, 17 (19) und BVerfG Beschl. v. 12.5.1987 – 2 BvR 1226/83 ua, BVerfGE 76, 1 (61).
[134] BVerfG Urt. v. 12.5.1987 – 2 BvR 1226/83 ua, BVerfGE 76, 1.
[135] BT-Drs. 13/9416.
[136] OLG Karlsruhe FamRZ 1982, 1210; OLG Stuttgart StAZ 1984, 99; BayObLG FamRZ 1985, 475.
[137] Vgl. AG Heilbronn Beschl. v. 24.6.1999 – GR 110/99.

besonderer Weise mit verfassungsfeindlichen Ideologien indoktriniert sind. Ziel ist es, vor dem Hintergrund einer anhaltend hohen Bedrohungslage zu verhindern, dass sich durch den Nachzug von Familienangehörigen bspw. zu zurückgekehrten Jihadreisenden und terroristischen Gefährdern eine verfassungsfeindliche Grundhaltung perpetuiert und in Familienverbünden verfestigt[138]. Die in Abs. 3a aufgeführten Verhaltensweisen sind typischerweise Ausdruck einer ideologisch oder religiös fest verankerten Grundhaltung, bei denen nicht davon ausgegangen werden kann, dass positive Integrationswirkungen von nachziehenden Familienangehörigen ausgehen[139].

Der Wortlaut des § 27 IIIa Nr. 1 stimmt mit dem Wortlaut des § 54 I Nr. 2 überein, sodass es naheliegt, die hierzu entwickelten Maßstäbe in gleicher Weise anwenden[140]. Da der Zweck der Regelung lediglich darin besteht, eine Verfestigung des Aufenthalts solcher Personen durch Familiennachzug zu vermeiden und mittelbar ihre Abschiebung zu erleichtern, können jedenfalls an den Familiennachzug keine geringeren Anforderungen an die Gefahrenprognose gestellt werden als an die Erteilung der Aufenthaltserlaubnis für die Person, zu der der Nachzug stattfinden soll[141]. Die **individuelle Unterstützung einer terroristischen Vereinigung** oder einer Vereinigung, die eine terroristische Vereinigung iSd § 27 IIIa Nr. 1 unterstützt, erfasst alle Verhaltensweisen, die sich in irgendeiner Weise positiv auf die Aktionsmöglichkeiten der Vereinigung auswirken[142]. Darunter kann die Mitgliedschaft in der terroristischen oder in der unterstützenden Vereinigung ebenso zu verstehen sein wie eine Tätigkeit für eine solche Vereinigung ohne Mitgliedschaft. Auch die bloße Teilnahme an Demonstrationen oder anderen Veranstaltungen kann eine Unterstützung in diesem Sinne darstellen, wenn sie geeignet ist, eine positive Außenwirkung im Hinblick auf die missbilligten Ziele zu entfalten. Weiterhin gilt für die Fälle des Unterstützens einer terroristischen Vereinigung ein abgesenkter Gefahrenmaßstab, der auch die Vorfeldunterstützung des Terrorismus erfasst und keine von der Person ausgehende konkrete und gegenwärtige Gefahr erfordert[143]. Nach der Rechtsprechung des BVerwG ist der Unterstützerbegriff weit auszulegen und anzuwenden, um damit auch der völkerrechtlich begründeten Zwecksetzung des Gesetzes gerecht zu werden, dem Terrorismus schon im Vorfeld die logistische Basis zu entziehen[144]. Maßgeblich ist, inwieweit das festgestellte Verhalten des Einzelnen zu den latenten Gefahren der Vorfeldunterstützung des Terrorismus nicht nur ganz unwesentlich oder geringfügig beiträgt und deshalb selbst potenziell als gefährlich erscheint. In subjektiver Hinsicht muss für den Ausländer die eine Unterstützung der Vereinigung, ihrer Bestrebungen oder ihrer Tätigkeit bezweckende Zielrichtung seines Handelns erkennbar und ihm deshalb zurechenbar sein. Auf eine darüber hinausgehende innere Einstellung kommt es nicht an[145].

Während § 27 IIIa sich auf die Person des „Sponsors" des Familiennachzugs bezieht, also etwa einen subsidiär Schutzberechtigten, wird ein Gefährdungspotenzial seitens der nachziehenden Familienmitglieder durch die allgemeine Ausschlussregelung des § 5 IV 1 abgedeckt[146].

Der neu eingeführte § 27 IIIa erfasst den Familiennachzug insgesamt, also auch den Familiennachzug zu Deutschen[147].

Die Grundtatbestände der § 27 IIIa sowie § 5 IV verweisen auf ein gegenwartsbezogenes Verhalten, wenn in der grammatikalischen Gegenwartsform verlangt wird, dass jemand die freiheitliche demokratische Grundordnung „gefährdet" (Nr. 1), sich an Gewalttätigkeiten „beteiligt" bzw. öffentlich dazu „aufruft" oder „droht" (Nr. 3) oder zum Hass gegen Teile der Bevölkerung „aufruft" (Nr. 4). Muss ein aktueller Bezug vorliegen, so werden von den Tatbeständen Personen nicht erfasst, die sich glaubhaft von ihrem Tun distanziert haben.

Einer **Ausnahmeregelung,** wie sie ursprünglich in § 27 IIIa 2 und 3 des Gesetzesentwurfs vorgesehen war, um den besonderen Belangen des Schutzes von Ehe und Familie aus Art. 6 GG und Art. 8 EMRK im Einzelfall gerecht zu werden[148], bedarf es daher nicht[149]. Zumal in der EGMR-Judikatur fest verankert ist, dass Straftaten und andere Sicherheitsgefährdungen unter Einschluss des Terrorismus(verdachts) bei der Güterabwägung zulasten der betroffenen Personen zu berücksichtigen sind[150].

---

[138] So ausdrücklich BR-Drs. 175/18, 13.
[139] *Hailbronner,* Stellungnahme zum FamiliennachzugsneuregelungsG, Ausschussdrs. 19(4)57 C, S. 10 f.
[140] NdsOVG Beschl. v. 14.10.2020 – 13 ME 278/20 Rn. 4; VG Berlin Urt. v. 23.10.2019 – 28 K 252.19 V Rn. 23.
[141] VG Berlin Urt. v. 23.10.2019 – 28 K 252.19 V Rn. 23.
[142] NdsOVG Beschl. v. 14.10.2020 – 13 ME 278/20 Rn. 4.
[143] NdsOVG Beschl. v. 14.10.2020 – 13 ME 278/20 Rn. 4.
[144] NdsOVG Beschl. v. 14.10.2020 – 13 ME 278/20 Rn. 4.
[145] NdsOVG Beschl. v. 14.10.2020 – 13 ME 278/20 Rn. 4 unter Hinweis auf BVerwG Urt. v. 27.7.2017 – 1 C 28.16 Rn. 21 f. zum inhaltsgleichen § 54 I Nr. 2.
[146] *Thym,* Stellungnahme zum FamiliennachzugsneuregelungsG, Ausschussdrs 19(4)57 H, S. 8.
[147] *Thym,* Stellungnahme zum FamiliennachzugsneuregelungsG, Ausschussdrs 19(4)57 H, S. 9; s. auch BR-Drs. 175/18, 13.
[148] So ausdrücklich BR-Drs. 175/18, 13.
[149] *Thym,* Stellungnahme zum FamiliennachzugsneuregelungsG, Ausschussdrs 19(4)57 H, S. 9.
[150] *Thym,* Stellungnahme zum FamiliennachzugsneuregelungsG, Ausschussdrs 19(4)57 H, S. 8 unter Hinweis auf EGMR Urt. v. 28.6.2011 – 55597/09 Rn. 70 – Nunez/Norwegen.

2. Allgemeine Versagungsgründe

90 Der Schutz von Ehe und Familie iSv Art. 6 I GG und Art. 8 EMRK gebietet nicht ein Absehen von dem Regelerfordernis der Lebensunterhaltssicherung[151]. Der Schutz des Art. 6 I GG umfasst zwar namentlich die Freiheit der Eheschließung und Familiengründung sowie das Recht auf ein eheliches und familiäres Zusammenleben[152]. Jedoch gewährt Art. 6 GG grundsätzlich keinen unmittelbaren Anspruch auf Aufenthalt. Das GG überantwortet die Entscheidung, in welcher Zahl und unter welchen Voraussetzungen der Zugang zum Bundesgebiet ermöglicht werden soll, weitgehend der gesetzgebenden und der vollziehenden Gewalt[153].

91 Die in Art. 6 GG enthaltene wertentscheidende Grundsatznorm verpflichtet Ausländerbehörde und Gerichte jedoch, die familiäre Bindung des den Aufenthalt begehrenden Ausländers an Personen, die sich berechtigterweise im Bundesgebiet aufhalten, pflichtgemäß, dh entsprechend dem Gewicht dieser Bindungen, in ihren Erwägungen zur Geltung zu bringen. Für die Verhältnismäßigkeit eines Eingriffs in den Schutzbereich des Art. 6 I GG ist die Frage, ob es dem in Deutschland lebenden Ehegatten zumutbar ist, die eheliche Lebensgemeinschaft im Ausland zu führen, von erheblicher Bedeutung. Denn wenn die familiäre Lebensgemeinschaft nur in Deutschland gelebt werden kann, weil einem beteiligten Familienmitglied ein Verlassen der Bundesrepublik nicht zumutbar ist – etwa weil ihm dort flüchtlingsrechtlich relevante Verfolgung droht –, drängt die Pflicht des Staates, die Familie zu schützen, regelmäßig einwanderungspolitische Belange zurück[154]. Eine Verletzung von Art. 6 I GG liegt dagegen fern, wenn die Lebensgemeinschaft zumutbar auch im gemeinsamen Herkunftsland geführt werden kann[155]. Auch für die Verhältnismäßigkeit eines Eingriffs nach Art. 8 EMRK kommt nach der Rspr. des EGMR der Frage erhebliche Bedeutung zu, ob das Familienleben ohne Hindernisse auch im Herkunftsland möglich ist[156] oder ob der Nachzug das einzige adäquate Mittel darstellt, in familiärer Gemeinschaft zu leben[157].

92 Die Erteilung der familienbezogenen Aufenthaltserlaubnis kann selbst bei Bestehen eines Anspruchs versagt werden, wenn der Zusammenführende auf **öffentliche Leistungen** der genannten Art bereits für andere ausländische Angehörige angewiesen ist. Danach kann die Erteilung der Aufenthaltserlaubnis zum Zwecke des Familiennachzugs versagt werden, wenn derjenige, zu dem der Familiennachzug stattfindet, für den Unterhalt von anderen Familienangehörigen oder anderen Haushaltsangehörigen auf Leistungen nach dem Zweiten oder Zwölften Buch Sozialgesetzbuch angewiesen ist. Sinn der Regelung von § 27 III 1 ist es, dass durch den Zuzug die Sicherung des Lebensunterhalts auch für die Personen nicht infrage gestellt werden soll, denen der Unterhaltsverpflichtete, zu dem der Familiennachzug stattfindet, bisher Unterhalt geleistet hat[158]. Damit soll ausgeschlossen werden, dass infolge des Nachzugs unterhaltsrechtlich Bevorrechtigter (zB Ehegatte aus zweiter Ehe) die Leistungen an die bisher unterstützten anderen Angehörigen gekürzt werden und diese dann Sozialleistungen in Anspruch nehmen müssen[159]. Unabhängig davon bleibt die Unterhaltsfähigkeit des Zusammenführenden, des Nachziehenden und der anderen Verwandten je für deren Person zu prüfen (§ 5 I 1 Nr. 1)[160].

93 Nicht der tatsächliche Leistungsbezug ist ausschlaggebend, sondern das abstrakte **Angewiesensein**. Die Voraussetzungen für Leistungen nach SGB II oder XII bestimmen den Minimalstandard in Deutschland. Wessen Familienangehörige unter diesen Werten leben, soll von Nachholen weiterer Angehöriger unabhängig davon ausgeschlossen sein, ob ein Anspruch auf solche Leistungen besteht und ob diese tatsächlich in Anspruch genommen werden. Auf individuelle Lebensverhältnisse und Fähigkeiten, unterhalb dieser objektiven Grenze zu leben, kommt es nicht an. Ebenso unerheblich ist, ob der Zusammenführende oder die anderen Familienmitglieder den Ausweisungstatbestand des § 55 II Nr. 6 verwirklichen, der auf den Leistungsbezug abstellt. Wenn sie trotz Ausweisungsgrundes nicht ausgewiesen werden können, darf und muss dieser Umstand iRd Ermessens berücksichtigt werden[161].

---

[151] OVG Bln-Bbg Urt. v. 21.5.2012 – OVG 2 B 8.11 Rn. 25.
[152] BVerfG Beschl. v. 12.5.1987 – 2 BvR 1226/83 ua, BVerfGE 76, 1 (42).
[153] Vgl. BVerfG Beschl. v. 4.12.2007 – 2 BvR 2341/06, InfAuslR 2008, 239 (240).
[154] BVerfG Beschl. v. 18.4.1989 – 2 BvR 1169/84, BVerfGE 80, 81 (95); OVG Bln-Bbg Urt. v. 21.5.2012 – OVG 2 B 8.11 Rn. 25.
[155] BVerwG Urt. v. 26.8.2008 – 1 C 32.07, BVerwGE 131, 370 ff.; OVG Bln-Bbg Urt. v. 21.5.2012 – OVG 2 B 8.11 Rn. 25.
[156] EGMR Urt. v. 19.2.1996 – 53/1995/559/645, InfAuslR 1996, 245 – Gül; Urt. v. 28.11.1996 – 73/1995/579/665, InfAuslR 1997, 141 – Ahmut.
[157] EGMR Urt. v. 21.12.2001 – 31465/96, InfAuslR 2002, 334 – Sen.
[158] Vgl. Begründung BT-Drs. 15/420 zu § 27 III 81; OVG Bln-Bbg Urt. v. 27.8.2009 – 11 B 1.09, InfAuslR 2009, 448.
[159] BT-Drs. 15/420, 81.
[160] Zum Zuzug zu Deutschen → § 28 Rn. 5; zur Berechnung des Bedarfs OVG Bln Urt. v. 24.9.2002 – 8 B 3.02, EZAR 020 Nr. 20; Beschl. v. 4.3.2004 – 2 S 14.04, EZAR 020 Nr. 22.
[161] → Rn. 31 f.

Für die Bemessung des **Unterhaltsbedarfs** werden nur die bereits in Deutschland lebenden Angehörigen angesetzt. Der Ausländer muss für den Unterhalt von „anderen" Angehörigen bereits in der Gegenwart auf öffentliche Sozialleistungen angewiesen sein („angewiesen ist"). Es genügt also nicht, wenn durch den Zuzug ein erhöhter Bedarf entsteht, die Abhängigkeit von öffentlichen Leistungen also erst in Zukunft und infolge des Zuzugs eintreten wird. Kann der Nachzugswillige seinen Unterhaltsbedarf nicht selbst decken, steht § 5 I 1 Nr. 1 dem Nachzug ohnehin entgegen (mit Ausnahmen oder Ausnahmemöglichkeiten nach §§ 5 I 2 und II, 28 I 1, 29 IV, 33, 34 I, 36). 94

Selbst wenn der Zusammenführende auf Sozialleistungen der genannten Art angewiesen ist, ist der Nachzug nicht zwingend oder in der Regel abzulehnen. Die Versagung ist vielmehr in das pflichtgemäße **Ermessen** der Behörde gestellt, damit die Schutzwirkungen der Art. 8 EMRK und 6 GG unter keinen Umständen zu kurz kommen. Der Familiennachzug unterliegt zwar als Teil der Migrationsregie der souveränen Entscheidung der Staaten, dabei dürfen aber völkerrechtliche und grundgesetzliche Verpflichtungen weder im System noch im Einzelfall außer Acht gelassen werden. Vor allem vermag eine finanzielle Belastung der öffentlichen Kassen allein eine absolute Sperre der Familienzusammenführung nicht zu rechtfertigen. Da § 27 allgemeine Grundbedingungen für jede Art von Familienzusammenführung formuliert, ist es sachgerecht, hinsichtlich der finanziellen Auswirkungen ebenfalls eine pauschale Entscheidungsgrundlage zur Verfügung zu stellen, die eine interessengerechte Einzelfallbeurteilung erlaubt. 95

In diesem Rahmen haben Auslandsvertretung und Ausländerbehörde alle widerstreitenden öffentlichen und privaten **Werte und Interessen** festzustellen und abzuwägen, vor allem Status und Dauer des Aufenthalts des Zusammenführenden. Dabei müssen sie auch berücksichtigen, ob der Nachziehende zum gemeinsamen Unterhalt beitragen und über seinen eigenen Bedarf hinaus auch den der anderen Angehörigen zumindest zum Teil decken kann und wird. Wenn öffentliche Aufwendungen mit dem Nachzug erspart werden können, spricht dies für ihn, va in Anspruchsfällen. Ob die Unterhaltsbeiträge des Nachziehenden auf gesetzlichen Verpflichtungen beruhen, ist nicht entscheidend. Sie müssen nur hinreichend sicher zu erwarten sein. 96

Soweit der **Bereich der Familienzusammenführungs-RL** betroffen ist, ergeben sich Besonderheiten, da die Systematik der Familienzusammenführungs-RL nicht von einer automatischen Sperre bei dem Nichtvorliegen der Erteilungsvoraussetzungen (zB Lebensunterhalt, Pass, Sicherheit und Ordnung) ausgeht. **Die Familienzusammenführungs-RL verlangt eine individuelle Prüfung jedes einzelnen Antrags und schließt eine Regel-Ausnahme-Prüfung, die eine umfassende Bewertung des Sachverhalts ausschließlich mit Blick auf das Vorliegen einer Atypik ermöglicht, aus.** Diese veränderte Konzeption führt im Wege richtlinienkonformer Auslegung zu einem veränderten Prüfungsmaßstab. Denn nicht das Überschreiten der Regel-Ausnahme-Grenze ist maßgeblich, sondern eine Einzelfallwürdigung unter Berücksichtigung der Gesamtumstände des Falls. Der Maßstab ist damit nicht ergebnisbezogen[162]. Der Unterschied wirkt sich immer da aus, wo keine Atypik angenommen wird. In diesem Fall ist der Antrag abzulehnen. Eine ergebnisoffene Prüfung, ob unter Berücksichtigung des Grundsatzes der Verhältnismäßigkeit ein Aufenthaltstitel erteilt werden kann, erfolgt nicht. **Das Unionsrecht fordert hingegen eine Ermessensentscheidung, wobei der Ausländerbehörde aber kein Ermessensspielraum im Hinblick auf die Abwägungsentscheidung nach Art. 17 Familienzusammenführungs-RL verbleibt.** 97

Außerdem muss bei der Berechnung des Einkommens berücksichtigt werden, dass einkommenserhöhende Freibeträge zu berücksichtigen sind. Im Anwendungsbereich der Familienzusammenführungs-RL darf daher bei der Bemessung des Unterhaltsbedarfs iSv § 2 III der **Freibetrag für Erwerbstätigkeit** nach § 11 II 1 Nr. 6 iVm § 30 SGB II nicht zulasten des nachzugswilligen Ausländers angerechnet werden[163]. Der EuGH hat in der Rechtssache Chakroun für den Anwendungsbereich der Familienzusammenführungs-RL entschieden, dass der Begriff der „Sozialhilfeleistungen des ... Mitgliedstaats" ein autonomer Begriff des Unionsrechts ist, der nicht anhand von Begriffen des nationalen Rechts ausgelegt werden kann[164]. Nach dem Unionsrecht bezieht sich der Begriff „Sozialhilfe" in Art. 7 I lit. c der RL auf Unterstützungsleistungen, die einen Mangel an ausreichenden festen und regelmäßigen Einkünften ausgleichen[165]. Unter diesen unionsrechtlichen Begriff der Sozialhilfe fällt aber nicht der Freibetrag für Erwerbstätigkeit nach § 11 II 1 Nr. 6 iVm § 30 SGB II, der in erster Linie aus arbeitsmarkt- bzw. beschäftigungspolitischen Gründen gewährt wird und eine Anreizfunktion zur Aufnahme bzw. Beibehaltung einer Erwerbstätigkeit haben soll[166], nicht aber einen Mangel an ausreichenden festen und regelmäßigen Einkünften iSd Rspr. des EuGH ausgleicht. Dieser Freibetrag darf daher bei der Bemessung des Unterhaltsbedarfs im Anwendungsbereich der Familienzusammenführungs-RL nicht zulasten des nachzugswilligen Ausländers angerechnet werden. 98

---

[162] Dies ist auch im Bereich des Ausweisungsrechts anerkannt BVerwG Urt. v. 23.10.2007 – 1 C 10.07, InfAuslR 2008, 116.
[163] BVerwG Urt. v. 16.11.2010 – 1 C 20.09, BVerwGE 138, 135 Rn. 33.
[164] EuGH Urt. v. 4.3.2010 – C-578/08 Rn. 45 – Chakroun.
[165] EuGH Urt. v. 4.3.2010 – C-578/08 Rn. 49 – Chakroun.
[166] BVerwG Urt. v. 16.11.2010 – 1 C 20.09, BVerwGE 138, 135 Rn. 33; Urt. v. 26.8.2008 – 1 C 32.07, BVerwGE 131, 380 Rn. 22.

99 Die in § 11 II 2 SGB II pauschaliert erfassten **Werbungskosten** stellen hingegen im Grundsatz Aufwendungen dar, die die tatsächlichen verfügbaren Einkünfte eines Erwerbstätigen reduzieren, sodass ihrer Berücksichtigung bei der Bemessung des Unterhaltsbedarfs die Rspr. des EuGH nicht entgegensteht[167]. Allerdings ist dem Gebot der individualisierten Prüfung jedes einzelnen Antrags auf Familienzusammenführung gem. Art. 17 Familienzusammenführungs-RL dadurch Rechnung zu tragen, dass der Ausländer einen geringeren Bedarf als die gesetzlich veranschlagten 100 EUR nachweisen kann. Bei den in § 11 II 2 SGB II pauschaliert erfassten Werbungskosten hat der Ausländer daher die Möglichkeit, geringere Aufwendungen als die gesetzlich veranschlagten 100 EUR nachzuweisen[168].

100 Die allgemeinen Voraussetzungen des § 5 müssen erfüllt sein, von dem Hindernis eines **Ausweisungsinteresses** in der Person des Nachziehenden kann aber abgesehen werden. Damit wird in einem weiteren Schritt verhindert, dass infolge einer abstrakten gesetzlichen Bewertung die letztlich entscheidenden individuellen Verhältnisse vernachlässigt werden. Das Fehlen von Ausweisungsgründen gehört zwar zu den grundlegenden Bedingungen für jede Zulassung zum Staatsgebiet, gerade weil hierfür aber die objektive Erfüllung eines Ausweisungstatbestands genügt[169], hat der Gesetzgeber bereits in § 5 III für humanitäre Aufenthalte Abweichungen angeordnet oder zugelassen. Mit Abs. 3 S. 2 wird für familiäre Aufenthalte die notwendige Berücksichtigung der Bedeutung von Art. 6 GG und 8 EMRK im Einzelfall ermöglicht[170].

101 **Die Regelerteilungsvoraussetzung des § 5 I Nr. 2 findet im Rahmen des eigenständigen Aufenthaltsrechts nach § 31 keine Anwendung**[171]. § 27, der keine eigenständige Rechtsgrundlage für die Erteilung einer Aufenthaltserlaubnis enthält, sondern für die Auslegung und Anwendung des 6. Abschnitts („Aufenthalt aus familiären Gründen") zu berücksichtigende Grundzüge bezeichnet, erstreckt sich hinsichtlich der Sonderregelung in Abs. 3 S. 2 nur auf Aufenthaltstitel, die der Familienzusammenführung dienen. Nach seinem Wortlaut erstreckt sich Abs. 3 ausdrücklich auf den Familiennachzug, nicht aber auf davon unabhängige eigenständige Aufenthaltsrechte. Verstärkt wird diese Auffassung durch eine Formulierung in den Gesetzesmaterialien, derzufolge sich nach Ablauf der erstmalig eigenständig erteilten Aufenthaltserlaubnis deren Verlängerung nach den allgemeinen Voraussetzungen zu richten hat[172]. Für diese Sicht der Dinge sprechen zudem, dass für die erste Verlängerung des nach § 31 I verlängerten Titels der § 31 IV 1 eine Sonderregelung zu § 5 I Nr. 1 und § 27 III 1 enthält[173]. Schließlich verweist § 31 IV 2 zudem gerade auf die allgemeinen Bestimmungen und damit auch auf § 5 I Nr. 2, was eine Anwendbarkeit von § 27 III 2 nicht nahelegt.

102 Nach § 27 III 2 kann von der Regelerteilungsvoraussetzung des § 5 I Nr. 2 abgesehen werden. Die Vorschrift soll den Ausländer iRd Familiennachzugs privilegieren[174]. Ob § 27 III 2 Anwendung findet, hängt von Verhältnis dieser Vorschrift zu § 5 I Nr. 2 ab. Hierzu gilt Folgendes:

103 Für die in § 5 I genannten Tatbestandsvoraussetzungen, die für die Erteilung einer Aufenthaltserlaubnis „in der Regel" vorliegen müssen, wird – falls sie nicht vorliegen, aber eine atypische Lage anzunehmen ist – keine Ermessensentscheidung in der herkömmlichen Form eröffnet. Die Bejahung der Atypik einer der in § 5 I genannten Voraussetzungen ersetzt in ihren Wirkungen die nicht erfüllte Voraussetzung; der Betroffene ist dann auf der Tatbestandsseite so zu stellen, als läge die regelhaft geforderte Voraussetzung vor. Eine Ermessensausübung findet nicht zusätzlich statt[175]. Im Falle einer Atypik ist § 27 III 2 daher nicht anzuwenden. In einem atypischen Fall gilt die Voraussetzung des § 5 I Nr. 2 vielmehr als erfüllt.

104 **Lediglich in den Fällen, in denen eine Atypik nicht festgestellt werden kann, erfährt § 27 III 2 eine zusätzliche Bedeutung für den Familiennachzug**[176]: Liegt nämlich ein Ausweisungsinteresse vor und kann die fehlende Erteilungsvoraussetzung auch durch die Bejahung einer atypischen Situation in Bezug auf das Ausweisungsinteresse nicht kompensiert werden, ist die Behörde verpflichtet, im Rahmen einer dann nach § 27 III 2 eröffneten Ermessensentscheidung zu prüfen, ob das bestehende Ausweisungsinteresse außer Betracht bleiben kann[177].

105 Nach § 27 III 2 ist im **Einzelfall** zu prüfen, ob die Verwirklichung eines Ausweisungstatbestands nach dessen Art, Aktualität und Gewicht die Versagung der Familienzusammenführung bzw. der

---

[167] BVerwG Urt. v. 16.11.2010 – 1 C 20.09, BVerwGE 138, 135 Rn. 34.
[168] BVerwG Urt. v. 16.11.2010 – 1 C 20.09, BVerwGE 138, 135 Rn. 33.
[169] → § 5 Rn. 20–24.
[170] Zur Anwendung beim Zuzug zu Deutschen → § 28 Rn. 5.
[171] VGH BW Urt. v. 26.2.2014 – 11 S 2534/13, InfAuslR 2014, 183 Rn. 30; BayVGH Beschl. v. 17.11.2009 – 10 ZB 09.1415 Rn. 6; OVG Bln-Bbg Beschl. v. 4.2.2010 – OVG 3 S 120.09; HmbOVG Beschl. v. 21.7.2010 – 3 Bs 58/10, AuAS 2010, 256 Rn. 12; NdsOVG Beschl. v. 31.1.2008 – 10 ME 274/07 Rn. 12; offen OVG NRW Beschl. v. 14.9.2007 – 18 E 881/07; aA NdsOVG Urt. v. 27.4.2006 – 5 LC 110/05 Rn. 50; OVG LSA Beschl. v. 9.2.2009 – 2 M 276/08 Rn. 25.
[172] BT-Drs. 15/420, 83.
[173] VGH BW Urt. v. 26.2.2014 – 11 S 2534/13, InfAuslR 2014, 183 Rn. 30.
[174] SächsOVG Urt. v. 7.3.2013 – 3 A 132/12 Rn. 55.
[175] BVerwG Urt. v. 30.4.2009 – 1 C 3.08, NVwZ 2009, 1239 Rn. 15.
[176] VG Darmstadt Urt. v. 2.5.2013 – 5 K 1633/11.DA, InfAuslR 2013 Rn. 28 f.; SächsOVG Urt. v. 7.3.2013 – 3 A 132/12 Rn. 47 ff.; offen OVG Bln-Bbg Beschl. v. 3.9.2013 – OVG 7 M 36.13 Rn. 8.
[177] VG Darmstadt Urt. v. 2.5.2013 – 5 K 1633/11.DA, InfAuslR 2013 Rn. 28 f.

weiteren Wahrung der ehelichen Lebensgemeinschaft zu rechtfertigen vermag[178]. Bei der nach § 27 III 2 zu treffenden Ermessensentscheidung kommt dem besonderen Bleibeinteresse des § 55 I 1 Nr. 4 für Ausländer, die mit einem deutschen Familienangehörigen in familiärer oder lebenspartnerschaftlicher Gemeinschaft leben, zum Tragen[179].

Bei der behördlichen **Ermessensausübung** ist das durch die Verwirklichung des Ausweisungstatbestandes hervorgerufene öffentliche Interesse an einer Aufenthaltsversagung mit dem individuellen, grundrechtlich geschützten Interesse des den Nachzug begehrenden Angehörigen in Verbindung mit dem ebenfalls grundrechtlich geschützten Interesse des Stammberechtigten abzuwägen. Die Behörde hat hierbei das besondere Gewicht, das Ehe und Familie verfassungsrechtlich wie auch konventionsrechtlich beizumessen ist, zu beachten und die Folgen der Versagung des Aufenthalts für den Nachziehenden, insbesondere aber für seine von ihm abhängigen Familienangehörigen, in die Ermessensabwägung einzustellen[180]. Ob diesen die mit der Trennung verbundenen Folgen zuzumuten sind, beurteilt sich nicht allein nach dem Grad der dadurch verursachten Härten, sondern wesentlich auch nach dem Gewicht des öffentlichen Interesses an der Ausreise des Ausländers[181]. Je gewichtiger dieses öffentliche Interesse ist, umso eher dürfen dem Ausländer und seiner Familie auch schwerwiegende Folgen zugemutet werden[182]. Ob die Versagung des weiteren Aufenthalts eines Ausländers und die sich daraus ergebenden Belastungen für Ehe und Familie eine angemessene oder unverhältnismäßige Folge im Hinblick auf die von ihm begangenen Straftaten darstellen, hängt vor allem von Präventionsgesichtspunkten ab[183]. 106

Die Beantwortung der Frage, ob einem Ausländer der von ihm beantragte weitere Aufenthalt aus spezialpräventiven Gründen versagt werden darf, erfordert im Hinblick auf den Grundsatz der Verhältnismäßigkeit auch eine an Art und Ausmaß der möglichen Schäden ausgerichtete Differenzierung nach dem Grad der Wahrscheinlichkeit neuer Verfehlungen[184]. 107

Auch **generalpräventive Erwägungen** können es rechtfertigen, Eheleuten die mit einer Nichtverlängerung der Aufenthaltserlaubnis verbundene zeitweilige Trennung zuzumuten[185]. Bei generalpräventiv motivierten Ausweisungen muss mit Blick auf Art. 6 I GG von einem grundsätzlichen Übergewicht des verfassungsrechtlich abgesicherten Interesses am Erhalt der Ehe mit einem deutschen Staatsbürger gegenüber dem Abschreckungsinteresse ausgegangen werden; nur wenn die Straftat besonders schwer wiegt und deshalb ein dringendes Bedürfnis dafür besteht, sie über die strafrechtliche Sanktion hinaus zum Anlass für eine Ausweisung zu nehmen, um andere Ausländer von der Begehung von Straftaten ähnlicher Art und Schwere abzuschrecken, kann die staatliche Schutzpflicht zugunsten des Fortbestands der Ehe eines deutschen Staatsangehörigen zurückstehen, wie etwa bei Rauschgiftdelikten, die zu den gefährlichen und schwer zu bekämpfenden Straftaten gehören. Aber auch bei generalpräventiv motivierten Ausweisungen, die ihren Anlass im Bereich der Drogenkriminalität finden, gilt, dass die Umstände der begangenen Straftat, wie sie sich aus dem Strafurteil und dem vorangegangenen Strafverfahren ergeben, individuell zu würdigen sind[186]. Aus Gründen der Verhältnismäßigkeit muss eine allein generalpräventiv begründete Ausweisung in ihren Wirkungen **von Amts wegen befristet** werden[187]. 108

Für Nachzugsfälle, die unter die **Familienzusammenführungs-RL** fallen (s. o. Abschnitt III.), ist zu beachten, dass der Ausweisungsgrund die unionsrechtlichen Anforderungen des Art. 6 und 17 RL 2003/86/EG erfüllen muss. Art. 6 I Familienzusammenführungs-RL enthält eine Regelung, nach der die Mitgliedstaaten einen Antrag auf Einreise und Aufenthalt eines Familienangehörigen aus Gründen der öffentlichen Ordnung, der öffentlichen Sicherheit oder der öffentlichen Gesundheit ablehnen können. Abs. 2 der Bestimmung sieht unter den gleichen Voraussetzungen die Möglichkeit der Mitgliedstaaten vor, den Aufenthaltstitel eines Familienangehörigen zu entziehen oder dessen Verlängerung abzulehnen. Bei dieser Bestimmung handelt es sich selbst nicht um eine Rechtsgrundlage, auf die eine Ablehnungsentscheidung gestützt werden kann, sondern um die Konkretisierung der Eingriffsvoraussetzungen für eine im nationalen Recht des jeweiligen Mitgliedstaates enthaltene Ermächtigungsnorm. Insoweit ist aufgrund des Gesetzesvorbehalts das nationale Recht bei der Entscheidung über die Ablehnung, die Entziehung oder Ablehnung der Verlängerung eines Aufenthaltstitels heranzuziehen und zu beachten. 109

Für Familienangehörige, die sich auf die Familienzusammenführungs-RL berufen können, werden durch Art. 6 die Eingriffsvoraussetzungen näher konkretisiert. Diese sind im Rahmen der nationalen 110

---

[178] OVG Bln-Bbg Urt. v. 27.8.2009 – 11 B 1.09, InfAuslR 2009, 448.
[179] OVG LSA Beschl. v. 5.9.2012 – 2 M 92/12 Rn. 9.
[180] OVG Bln-Bbg Urt. v. 27.8.2009 – 11 B 1.09, InfAuslR 2009, 448.
[181] OVG LSA Beschl. v. 5.9.2012 – 2 M 92/12 Rn. 10.
[182] OVG LSA Beschl. v. 5.9.2012 – 2 M 92/12 Rn. 10.
[183] OVG LSA Beschl. v. 5.9.2012 – 2 M 92/12 Rn. 10 unter Hinweis auf BVerwG Urt. v. 27.8.1996 – 1 C 8.94, BVerwGE 102, 12.
[184] OVG LSA Beschl. v. 5.9.2012 – 2 M 92/12 Rn. 11 unter Hinweis auf BVerwG Urt. v. 27.8.1996 – 1 C 8.94, BVerwGE 102, 12.
[185] OVG LSA Beschl. v. 5.9.2012 – 2 M 92/12 Rn. 12.
[186] OVG LSA Beschl. v. 5.9.2012 – 2 M 92/12 Rn. 12.
[187] BVerwG Urt. v. 14.2.2012 – 1 C 7.11, InfAuslR 2012, 255.

Entscheidungen zu beachten und gehen, wenn das nationale Recht sie nicht zutreffend und vollständig umsetzt, im Wege des Anwendungsvorrangs auch die einschlägigen Bestimmungen des AufenthG vor.

111 Die in Bezug genommene Bestimmung des Art. 17 Familienzusammenführungs-RL wiederum konkretisiert im Hinblick auf Art. 8 EMRK die vom Mitgliedstaat zu berücksichtigenden Einzelfallumstände in folgender Weise:

> *„Im Fall der Ablehnung eines Antrags, dem Entzug oder der Nichtverlängerung der Verlängerung des Aufenthaltstitel sowie der Rückführung des Zusammenführenden oder seiner Familienangehörigen berücksichtigen die Mitgliedstaaten in gebührender Weise die Art und die Stärke der familiären Bindungen der betroffenen Person und die Dauer ihres Aufenthalts in dem Mitgliedstaat sowie das Vorliegen familiärer, kultureller oder sozialer Bindungen zu ihrem Herkunftsland."*

112 Insbesondere der den Mitgliedstaaten durch Art. 17 Familienzusammenführungs-RL auferlegte Prüfrahmen deutet auf eine spezialpräventive Auslegung des Ordre-public-Vorbehaltes in Art. 6 I, II Familienzusammenführungs-RL hin. Die durch Art. 17 Familienzusammenführungs-RL näher beschriebenen zu beachtenden Gesichtspunkte wurden im Wesentlichen durch den EGMR im Hinblick auf die Bestimmung des Art. 8 I EMRK entwickelt. Die verlangte Berücksichtigung der familiären Bindungen der betroffenen Person und die Dauer ihres Aufenthalts im Mitgliedstaat sowie das Vorliegen familiärer, kultureller oder sozialer Bindungen zum Heimatland sind einzelfallbezogen und einer generalpräventiven Beurteilung nicht zugänglich.

113 **Art. 6 Familienzusammenführungs-RL vermittelt aber keinen Schutz, der dem der EU-Bürger oder türkischen Staatsangehörigen gleichwertig wäre.** Betrachtet man die ursprüngliche Fassung des Vorschlags der Kommission vom 1.12.1999[188] so wird deutlich, dass die Fassung des Ordre-public-Vorbehalts ursprünglich an dem Recht der EU-Bürger angelehnt war. Denn sie lautete: „Die Gründe der öffentlichen Ordnung und der inneren Sicherheit müssen ausschließlich auf der persönlichen Verhaltensweise des Familienangehörigen beruhen."

114 Zur Begründung dieser Regelung fanden sich auf S. 19 des Vorschlags der Kommission folgende Ausführungen:

> *„Gründe der öffentlichen Ordnung und der inneren Sicherheit, die für eine Verweigerung der Einreiseerlaubnis sprechen können, müssen auf dem Verhalten des betreffenden Familienangehörigen [beruhen]. Dabei handelt es sich um ein Kriterium, das bereits in ähnlicher Form im Gemeinschaftsrecht besteht (RL 64/221/EWG vom 25.2.1964 zur Koordinierung der Sondervorschriften für die Einreise und den Aufenthalt von Ausländern soweit sie aus Gründen der öffentlichen Ordnung, Sicherheit oder Gesundheit gerechtfertigt sind). Bei der Anwendung dieser Norm müssen die Staaten jedoch die Verhältnismäßigkeit der Schwere der angelasteten Handlungen und der Verpflichtung zur Wahrung des Rechts auf Familienzusammenführung prüfen."*

115 Die ursprüngliche Regelung des besonderen Ordre-public-Vorbehalts war damit eindeutig von dem Gedanken getragen, dass Maßnahmen aufgrund der öffentlichen Ordnung, Sicherheit oder Gesundheit ausschließlich aus spezialpräventiven Gründen ergriffen werden dürfen. Dabei bezog sich die Kommission in ihrem ursprünglichen Vorschlag für die Familienzusammenführungs-RL ausdrücklich auf die damals noch geltende RL 64/221/EWG, die mit Wirkung zum 1.5.2004 von der Freizügigkeits-RL aufgehoben worden ist.

116 Diese weitgehende Fassung konnte sich nicht durchsetzen. Die Streichung erfolgte nach der Stellungnahme des Ausschusses für Recht und Binnenmarkt zum geänderten Vorschlag für die RL des Rates betreffend das Recht auf Familienzusammenführung, unter Hinweis darauf, dass die Kohärenz mit den mitgliedstaatlichen Vorschriften hergestellt werden sollte. Dies bedeutet aber, dass die RL an den Rechtszustand in den jeweiligen Mitgliedstaaten angepasst werden sollte mit der Folge, dass das strikte Festhalten an ausschließlich spezialpräventiven Gründen für ein Einschreiten aufgrund des Ordre-public-Vorbehalts aufgegeben wurde[189]. Dieses Ergebnis wird durch die 14. Begründungserwägung zur RL gestützt, die ausdrücklich feststellt, dass der Begriff der öffentlichen Ordnung auch „die Verurteilung wegen der Begehung einer schwerwiegenden Straftat umfassen [kann]".

IX. Rechtsschutzfragen

117 Der Anspruch auf Erteilung eines Aufenthaltstitels zum Zwecke der Familienzusammenführung (Visum oder Aufenthaltserlaubnis) ist im Wege der Verpflichtungsklage geltend zu machen. Eine einstweilige Anordnung nach § 123 I VwGO kommt wegen des Verbots der Vorwegnahme der Hauptsache nur in besonderen Ausnahmefällen (zB konkrete Gefährdung des Bestands der Ehe) in Betracht[190].

---

[188] KOM(1999) 638 endg.
[189] *Dienelt*, E-Book zur FamZu-RL, S. 114 ff., www.migrationsrecht.net.
[190] *Oestmann* InfAuslR 2008, 17 (18); OVG Bln-Bbg Beschl. v. 20.11.2006 – OVG 8 S 111.06 und Beschl. v. 6.12.2006 – OVG 3 S 56.6.

Familiennachzug zu Deutschen § 28 AufenthG 1

Sofern die Auslandsvertretung die **Erteilung des Visums ablehnt,** kann der Ausländer unmittelbar 118 Verpflichtungsklage auf Erteilung des versagten Visums erheben. Ein Vorverfahren findet nach § 68 I 2 Nr. 1 VwGO nicht statt, da es sich bei der Ablehnung um einen Verwaltungsakt einer obersten Bundesbehörde handelt. Die Verpflichtungsklage ist gegen die Bundesrepublik Deutschland zu richten und nach § 52 Nr. 2 S. 4 VwGO bei dem VG zu erheben, in dessen Bezirk die Bundesregierung ihren Sitz hat. Mit der Bekanntmachung über die Sitzentscheidung der Bundesregierung vom 22.7.1999[191] ist das VG Berlin mWz 1.9.1999 örtlich zuständig geworden.

Die Klage ist selbst in Fällen, in denen die Auslandsvertretung das Visum zwingend versagen musste, 119 weil die zuständige Ausländerbehörde ihre Zustimmung versagt hatte, gegen die Auslandsvertretung zu richten. Die Zustimmungsverweigerung ist, obwohl sie gegenüber der Auslandsvertretung Bindungswirkung entfaltet, kein selbstständig anfechtbarer VA, sondern ein innerbehördlicher Mitwirkungsakt, der im Klageverfahren gegen die Bundesrepublik Deutschland gerichtlich überprüft werden kann[192]. Im Verwaltungsstreitverfahren ist die Körperschaft der Ausländerbehörde, die ihre Zustimmung versagt hat, nach § 65 II VwGO notwendig beizuladen[193].

Der in der Bundesrepublik Deutschland lebende **Ehegatte** ist im Hinblick auf Art. 6 GG selbst 120 **klagebefugt**[194]. Er kann auch unmittelbar die Inländerdiskriminierung geltend machen, da die Verletzung des Art. 3 I GG an seine Rechtsstellung (Ehegatte eines Deutschen wird schlechter behandelt als der Ehegatte eines Drittstaatsausländers) anknüpft.

Sofern der Ehegatte nicht klagt, kann er nach § 65 I VwGO beigeladen werden. Eine notwendige 121 Beiladung nach § 65 II VwGO erfolgt nicht[195]. Wird der Ehegatte beigeladen, so kann sein persönliches Erscheinen nach § 95 VwGO angeordnet werden.

§ 28 Familiennachzug zu Deutschen

(1) ¹**Die Aufenthaltserlaubnis ist dem ausländischen**
1. Ehegatten eines Deutschen,
2. minderjährigen ledigen Kind eines Deutschen,
3. Elternteil eines minderjährigen ledigen Deutschen zur Ausübung der Personensorge
zu erteilen, wenn der Deutsche seinen gewöhnlichen Aufenthalt im Bundesgebiet hat. ²**Sie ist abweichend von § 5 Abs. 1 Nr. 1 in den Fällen des Satzes 1 Nr. 2 und 3 zu erteilen.** ³**Sie soll in der Regel abweichend von § 5 Abs. 1 Nr. 1 in den Fällen des Satzes 1 Nr. 1 erteilt werden.** ⁴**Sie kann abweichend von § 5 Abs. 1 Nr. 1 dem nicht personensorgeberechtigten Elternteil eines minderjährigen ledigen Deutschen erteilt werden, wenn die familiäre Gemeinschaft schon im Bundesgebiet gelebt wird.** ⁵**§ 30 Abs. 1 Satz 1 Nr. 1 und 2, Satz 3 und Abs. 2 Satz 1 ist in den Fällen des Satzes 1 Nr. 1 entsprechend anzuwenden.**

(2) ¹**Dem Ausländer ist in der Regel eine Niederlassungserlaubnis zu erteilen, wenn er drei Jahre im Besitz einer Aufenthaltserlaubnis ist, die familiäre Lebensgemeinschaft mit dem Deutschen im Bundesgebiet fortbesteht, kein Ausweisungsinteresse besteht und er über ausreichende Kenntnisse der deutschen Sprache verfügt.** ²**§ 9 Absatz 2 Satz 2 bis 5 gilt entsprechend.** ³**Im Übrigen wird die Aufenthaltserlaubnis verlängert, solange die familiäre Lebensgemeinschaft fortbesteht.**

(3) ¹**Die §§ 31 und 34 finden mit der Maßgabe Anwendung, dass an die Stelle des Aufenthaltstitels des Ausländers der gewöhnliche Aufenthalt des Deutschen im Bundesgebiet tritt.** ²**Die einem Elternteil eines minderjährigen ledigen Deutschen zur Ausübung der Personensorge erteilte Aufenthaltserlaubnis ist auch nach Eintritt der Volljährigkeit des Kindes zu verlängern, solange das Kind mit ihm in familiärer Lebensgemeinschaft lebt und das Kind sich in einer Ausbildung befindet, die zu einem anerkannten schulischen oder beruflichen Bildungsabschluss oder Hochschulabschluss führt.**

(4) Auf sonstige Familienangehörige findet § 36 entsprechende Anwendung.

Allgemeine Verwaltungsvorschrift
28 Zu § 28 – Familiennachzug zu Deutschen
28.1 Voraussetzungen der erstmaligen Erteilung
28.1.1.0 Ist einer der Ehepartner Deutscher (vgl. Nummer 2.1.1), so ist zu beachten, dass Artikel 6 GG gegenüber dem deutschen Staatsangehörigen eine besondere Wirkung entfaltet. Ihm soll es grundsätzlich nicht verwehrt werden, seine Ehe- und Familiengemeinschaft in Deutschland zu führen. Daher besteht für den nachziehenden Ausländer ein gesetzlicher Anspruch auf Erteilung einer Aufenthaltserlaubnis, sofern der deutsche Ehegatte seinen gewöhnlichen Aufenthalt im Bundesgebiet hat und die weiteren Zuzugsvoraussetzungen vorliegen. Bei Personen, die als Spät-

---
[191] BGBl. 1999 I S. 1725.
[192] BVerwG Urt. v. 18.9.1984 – 1 A 4.83, BVerwGE 70, 127 (129).
[193] BVerwG Urt. v. 18.9.1984 – 1 A 4.83, BVerwGE 70, 127 (129); unter Bezugnahme auf BVerwG Urt. v. 16.5.1983 – 1 C 56.79, BVerwGE 67, 173 (174).
[194] *Oestmann* InfAuslR 2008, 17 (18); BVerwG Urt. v. 27.8.1996 – 1 C 8.94, InfAuslR 1997, 16.
[195] *Oestmann* InfAuslR 2008, 17 (18); BVerwG Beschl. v. 28.4.1981 – 1 B 44.81, DÖV 1981, 716.

aussiedler oder Einbezogene in einen Aufnahmebescheid eingetragen sind, richtet sich der Familiennachzug weiterer Angehöriger nach den Vorschriften des Familiennachzugs zu Deutschen, auch wenn Spätaussiedler oder Einbezogener sich zur Zeit der Entscheidung über den Familiennachzug noch in den Herkunftsgebieten aufhalten. Beim gewöhnlichen Aufenthalt ist darauf abzustellen, ob eine Person an dem Ort nicht nur vorübergehend verweilt. Die Sicherung des Lebensunterhaltes (§ 5 Absatz 1 Nummer 1, § 2 Absatz 3) ist wegen des uneingeschränkten Aufenthaltsrechts von Deutschen im Bundesgebiet gemäß § 28 Absatz 1 Satz 3 im Regelfall keine Voraussetzung für den Ehegattennachzug zu Deutschen und nicht durchgängig zu prüfen. Bei Vorliegen besonderer Umstände kann jedoch auch der Ehegattennachzug zu Deutschen von dieser Voraussetzung abhängig gemacht werden. Besondere Umstände können bei Personen vorliegen, denen die Herstellung der ehelichen Lebensgemeinschaft im Ausland zumutbar ist. Dies kann in Einzelfällen in Betracht kommen bei Doppelstaatern in Bezug auf den Staat, dessen Staatsangehörigkeit sie neben der deutschen besitzen, oder bei Deutschen, die geraume Zeit im Herkunftsland des Ehegatten gelebt und gearbeitet haben und die Sprache dieses Staates sprechen. Darüber hinaus kann unter den Voraussetzungen des § 27 Absatz 3 trotz des grundsätzlich bestehenden Anspruchs die Aufenthaltserlaubnis verweigert werden; vgl. näher Nummer 27.3. Im Rahmen der nach § 27 Absatz 3 erforderlichen Ermessensabwägung ist maßgeblich darauf abzustellen, dass dem Deutschen regelmäßig nicht zugemutet werden kann, die familiäre Lebensgemeinschaft im Ausland zu leben, und dass der besondere grundrechtliche Schutz aus Artikel 6 GG eingreift.

28.1.1.1 Bei Ehegatten von Spätaussiedlern und von in den Aufnahmebescheid einbezogenen Abkömmlingen liegt kein atypischer Fall vor, der es rechtfertigen würde, den Nachzug von der Lebensunterhaltssicherung abhängig zu machen. Nach der vertriebenenrechtlichen Grundentscheidung, dass Spätaussiedler und ihre Familienangehörigen auf Grund ihres besonderen Kriegsfolgenschicksals in Deutschland Aufnahme finden sollen, ist für Spätaussiedler und ihre Ehegatten die Wahrung der ehelichen Lebensgemeinschaft im jeweiligen Aussiedlungsgebiet nicht zumutbar. Diese Grundentscheidung würde unterlaufen, wenn der Ehegattennachzug zu den deutschen Spätaussiedlern mit der Begründung versagt würde, die eheliche Lebensgemeinschaft sei im Herkunftsstaat zumutbar, da die Eheleute dort geraume Zeit gelebt und gearbeitet haben und die Sprache dieses Staates sprechen oder der Spätaussiedler eine doppelte Staatsangehörigkeit besitzt. Entsprechendes gilt für jüdische Zuwanderer, die (mittlerweile) die deutsche Staatsangehörigkeit besitzen (vgl. aber zu jüdischen Zuwanderern ohne deutsche Staatsangehörigkeit Nummer 27.3.7).

28.1.1.2 Bei Anwendung des Absatzes 1 Satz 1 Nummer 1 kommt es nicht darauf an, ob die Ehe in Deutschland oder im Ausland geschlossen wurde. Nach Artikel 13 Absatz 1 EGBGB wird für die materiellen Voraussetzungen der Eheschließung auf das Recht des jeweiligen Heimatstaats der Verlobten verwiesen. Bei jeder Eheschließung muss hinsichtlich der Form der Eheschließung zudem das Geschäftsrecht oder das Ortsrecht beachtet worden sein. Das Geschäftsrecht ist gewahrt, wenn die Form der Eheschließung den Formvorschriften der Heimatrechte beider Eheschließender genügt. Das Ortsrecht ist gewahrt, wenn die am Ort der Eheschließung geltenden Formvorschriften beachtet worden sind. Religiöse Ehen stehen den vor staatlichen Stellen geschlossenen Ehen gleich, wenn sie am Ort der Eheschließung in der konkret vollzogenen Weise staatlich anerkannt sind; Gleiches gilt für Nottrauungen. Ehen, die durch Stellvertreter im Willen geschlossen werden, d. h. bei denen die Auswahl des Partners und Entscheidung über die Eheschließung im Rahmen der Vertretungsmacht liegt, verstoßen gegen den deutschen ordre public (Artikel 6 EGBGB) und sind daher in Deutschland unwirksam; hiervon zu unterscheiden sind Ehen, bei denen ein oder beide Partner die Konsenserklärung vor dem Trauungsorgan durch eine Mittelsperson (Boten) abgeben, die ohne eigene Entscheidungsfreiheit in der Trauungszeremonie für den abwesenden Verlobten auftritt. Die Zulässigkeit des Auftretens eines solchen Boten bei der Eheschließung ist nach dem für die Form maßgeblichen Recht zu beurteilen. Die so genannte Handschuhehe durch Boten kann daher nach Artikel 11 Absatz 1, 2. Alternative EGBGB ohne Rücksicht auf die Heimatrechte der Verlobten in der Ortsform gültig geschlossen werden. Das bedeutet, die Eheschließung ist wirksam, wenn nach dem Ortsrecht eine Ehe durch Boten zulässig ist. Der Ort der Eheschließung liegt in dem Staat, in dem die Trauungszeremonie stattfindet, also dort, wo das Trauungsorgan die Ehewillenserklärungen unter Einhaltung der vorgeschriebenen Förmlichkeiten mit eheschließender Wirkung zur Kenntnis nimmt. Wird eine Konsenserklärung in Deutschland durch einen Dritten abgegeben, scheitert die wirksame Eheschließung bereits an Artikel 13 Absatz 3 Satz 1 EGBGB, soweit keine Ausnahme nach Artikel 13 Absatz 3 Satz 2 EGBGB vorliegt. Ferntrauungen sind allenfalls in Notsituationen anzuerkennen. Zur Erteilung von Visa und Aufenthaltserlaubnissen vor der Eheschließung vgl. Nummer 30.0.

28.1.2 Ein Kind eines Deutschen, das einen Nachzugsanspruch nach Absatz 1 Satz 1 Nummer 2 geltend macht, darf nicht verheiratet, geschieden oder verwitwet sein und darf das 18. Lebensjahr noch nicht vollendet haben.

28.1.2.1 Vorrangig ist zu prüfen, ob das Kind durch Geburt, Legitimation oder Adoption (§§ 4 und 6 StAG sowie bis zum 30. Juni 1998 § 5 RuS-tAG) die deutsche Staatsangehörigkeit besitzt und daher die Ausstellung eines deutschen Reisepasses in Betracht kommt.

Im Fall der Auslandsadoption kann der Nachweis des Erwerbs der deutschen Staatsangehörigkeit mittels eines Staatsangehörigkeitsausweises geführt werden. Die Anerkennungsfähigkeit eines ausländischen Adoptionsdekrets sowie deren Wirkungen können durch einen Feststellungsbeschluss gemäß § 2 Absatz 2 Nummer 1 AdWirkG („starke" Adoption oder ggf. Volladoption) bzw. Umwandlungsausspruch gemäß § 3 AdWirkG des deutschen Vormundschaftsgerichts nachgewiesen werden. Die für den Staatsangehörigkeitserwerb erforderliche annähernde Gleichstellung der rechtlichen Wirkungen der ausländischen Adoption mit denen des deutschen Rechts liegt in aller Regel auch bei den „starken" Adoptionen vor.

Ist die Anerkennungsfähigkeit eines ausländischen Adoptionsdekrets offenkundig (vgl. zu Anerkennungshindernissen § 109 Absatz 1 FamFG) und bestehen keine Zweifel hinsichtlich der „starken" Wirkungen des ausländischen Adoptionsrechts, kann auf die vorgenannten Nachweise verzichtet werden und die Feststellung des Erwerbs der deutschen Staatsangehörigkeit aufgrund der betreffenden Auslandsadoption inzidenter getroffen werden.

Dabei ist für die Anerkennungsfähigkeit maßgeblich auch den Anforderungen des deutschen Rechts genügende Kindeswohlprüfung abzustellen. Diese setzt voraus, dass der Adoptionsentscheidung eine fachliche Begutachtung der Adoptionsbewerber vorausgegangen ist, die deren Lebensumstände annähernd vollständig erfassen muss (vgl. Begründung des Gesetzes zur Regelung von Rechtsfragen auf dem Gebiet der internationalen Adoption und zur Weiterentwicklung des Adoptionsvermittlungsgesetzes, BT-Drs. 14/6011, S. 29). Dies kann regelmäßig nur durch die Fachstelle des Landes erfolgen, in dem der Adoptionsbewerber seinen gewöhnlichen Aufenthalt hat (positives Eltern-

Eignungsgutachten). Weiteres Prüfkriterium ist die Auslandsadoptionsbedürftigkeit des Kindes (vgl. Kinderrechtskonvention der Vereinten Nationen v. 20. November 1989 bzw. Haager Adoptionsübereinkommen (HAÜ) v. 29. Mai 1993).

In Anwendungsfällen des HAÜ dient die Vorlage einer Bescheinigung gemäß Artikel 23 Absatz 1 HAÜ als Nachweis, dass die Adoption gemäß dem Übereinkommen zustande gekommen ist und somit in den anderen Vertragsstaaten kraft Gesetz regelmäßig anerkannt wird.

Ist die Anerkennungsfähigkeit der Auslandsadoption und deren Wirkung als „starke" oder als Volladoption nicht offenkundig, kommt eine inzidente Feststellung des Erwerbs der deutschen Staatsangehörigkeit nicht in Betracht. In diesem Fall soll – wie in anderen Zweifelsfällen – auf ein Verfahren zur Feststellung der Staatsangehörigkeit nach § 30 StAG bei der zuständigen Staatsangehörigkeitsbehörde verwiesen werden; bei dauerndem Aufenthalt des Kindes im Ausland ist das Bundesverwaltungsamt zuständig. Weitere Erläuterungen zur Wirkung von Auslandsadoptionen und deren staatsangehörigkeitsrechtliche Folgen enthält die Broschüre „Internationale Adoption" des Bundesamts für Justiz (verfügbar im Internet unter *www.bundesjustizamt.de*).

28.1.2.2 Für den Einreise- und Aufenthaltszweck der Herstellung einer familiären Lebensgemeinschaft zwischen Adoptionsbewerbern und dem aufzunehmenden Kind (Adoptionspflege) enthält § 6 AdÜbAG eine besondere Rechtsgrundlage. Handelt es sich dabei um einen Fall der Adoption eines Kindes aus einem Nichtvertragsstaat des Haager Übereinkommens zum Schutz von Kindern und die Zusammenarbeit auf dem Gebiet der internationalen Adoption, kann § 6 AdÜbAG dann analoge Anwendung finden, wenn ein Adoptionsvermittlungsvorschlag der Behörden des Herkunftsstaates vorliegt (nicht aber, wenn seitens des Herkunftsstaates lediglich ein Pflegeverhältnis oder eine Vormundschaft vermittelt werden soll, vgl. hierzu auch Nummer 36.2.1.2).

28.1.2.3 Außer im Fall des Geburtserwerbs ist unerheblich, ob der betreffende Elternteil auch bei der Geburt des Kindes die deutsche Staatsangehörigkeit besaß. Ist nur der Vater Deutscher, muss eine nach deutschem Recht als wirksam zu wertende Vaterschaftsanerkennung vorliegen. Diese muss nicht notwendigerweise nach den Vorschriften der §§ 1592, 1594 BGB zustande gekommen sein. Denkbar ist auch eine wirksame Vaterschaftsanerkennung, die nach fremdem Recht zustande gekommen ist (vgl. Artikel 19 I EGBGB i. V. m. mit dem maßgeblichen Zivilrecht). Erlangt die Ausländerbehörde oder die Auslandsvertretung Kenntnis von konkreten Tatsachen, die die Annahme rechtfertigen, dass die Vaterschaftsanerkennung ausschließlich zur Erlangung eines Aufenthaltsrechts ohne Bestehen einer sozial-familiären Verantwortungsgemeinschaft erfolgt ist, sind diese der zur Anfechtung einer Vaterschaftsanerkennung berechtigten Landesbehörde mitzuteilen (§ 90 Absatz 5, siehe hierzu Nummer 90.5). Im Fall einer Mitteilung ist das ausländerrechtliche Verfahren über die Erteilung oder Verlängerung der Aufenthaltserlaubnis bis zur Entscheidung der anfechtungsberechtigten Behörde bzw. im Fall der Klageerhebung bis zur Rechtskraft der familiengerichtlichen Entscheidung über die Anfechtung grundsätzlich auszusetzen (§ 79 Absatz 2, siehe Nummer 79.2).

28.1.2.4 Bei Stief- und Pflegekindern besteht kein Nachzugsanspruch nach § 28 Absatz 1 Satz 1 Nummer 2. Möglich ist aber die Erteilung einer Aufenthaltserlaubnis auf Grundlage von § 32 (Stiefkinder) und § 36 Absatz 2 (vgl. auch Nummer 27.1.5, Nummer 32.0.5 und Nummer 36.2.1.2).

28.1.2.5 Für den Nachzug eines minderjährigen Deutschen nach Absatz 1 Satz 1 Nummer 2 ist es nicht erforderlich, dass der Deutsche zur Ausübung der Personensorge berechtigt ist. Die Herstellung einer familiären Lebensgemeinschaft zwischen dem Deutschen und dem Kind ist jedoch Voraussetzung und muss beabsichtigt und rechtlich sowie tatsächlich möglich und zu erwarten sein. Hat der deutsche Elternteil das Personensorgerecht, so kann von der Absicht und Möglichkeit der Herstellung der familiären Lebensgemeinschaft i. d. R. ausgegangen werden. In Fällen der Anerkennung oder Feststellung der Vaterschaft durch einen Deutschen erwirbt das Kind bereits mit Geburt die deutsche Staatsangehörigkeit (§ 4 Absatz 1 Satz 2 StAG), so dass regelmäßig kein Nachzug eines minderjährigen ausländischen Kindes i. S. d. Absatzes 1 Nummer 2 vorliegt (Ausnahme: ist das Kind vor dem 1. Juli 1993 geboren, gilt dies nicht. Zum Erwerb der deutschen Staatsangehörigkeit in diesem Fall vgl. § 5 StAG). Die Mutter erwirbt in diesen Fällen durch die Vaterschaftsanerkennung einen Anspruch auf Erteilung einer Aufenthaltserlaubnis nach § 28 Absatz 1 Nummer 3. Diese Fallkonstellation steht daher im Mittelpunkt missbräuchlicher Vaterschaftsanerkennungen (siehe hierzu Nummer 27.0.5, 27.1 a.1.3, 79.2, 87.2.4 und 90.5).

28.1.3 Der ausländische Elternteil eines minderjährigen ledigen Deutschen hat den Nachzugsanspruch hingegen nur, wenn ihm das Personensorgerecht für das deutsche Kind zusteht und er auf Grund dessen beabsichtigt, die Personensorge auszuüben. Beim nichtsorgeberechtigten Elternteil eines deutschen Kindes steht die Erteilung der Aufenthaltserlaubnis im Ermessen (siehe hierzu Nummer 28.1.5). Für das Sorgerecht ist auf den familienrechtlichen Sorgerechtsbegriff des § 1626 Absatz 1 BGB abzustellen. Unter den Begriff des Sorgerechts ist danach nicht nur die alleinige, sondern auch die gemeinsame Sorgeberechtigung zu fassen, die nach der Änderung des Kindschaftsrechts der Regelfall ist. Allein v. formellen Bestehen des Sorgerechts gehen keine aufenthaltsrechtlichen Schutzwirkungen aus. Für den Nachzugsanspruch kommt es vielmehr auf die tatsächliche Ausübung des Sorgerechts an. Besteht ein gemeinsames Sorgerecht beider Elternteile, so reicht dies für den Nachzugsanspruch aus, sofern eine familiäre Gemeinschaft tatsächlich beabsichtigt ist. Erforderlich ist daher, dass der Sorgeberechtigte nach außen erkennbar in ausreichendem Maße Verantwortung für die Betreuung und Erziehung seines minderjährigen Kindes übernimmt. Beruht das Sorgerecht auf der Entscheidung einer ausländischen Behörde oder eines ausländischen Gerichts, ist vorauszusetzen, dass sie im Bundesgebiet unter Berücksichtigung der Anerkennungshindernisse nach § 109 Absatz 1 FamFG anzuerkennen ist (z. B. nach dem Haager Minderjährigenschutzübereinkommen). Der Umfang des Sorgerechts bemisst sich nach Anerkennung nur nach dem der ausländischen Entscheidung zugrunde liegenden Sachverhalt. Dem Aufenthaltsanspruch steht nicht entgegen, dass auch der andere Elternteil das Sorgerecht besitzt.

Erforderlich ist jedoch, dass die Personensorge im Rahmen einer familiären Lebensgemeinschaft ausgeübt wird. Im begründeten Ausnahmefall kann es auch ausreichen, wenn die Personensorge im Rahmen einer Betreuungs- und Beistandsgemeinschaft tatsächlich ausgeübt wird. Zur Scheinvaterschaft siehe Nummer 27.0.5, 27.1 a.1.3, 79.2, 87.2.4 und 90.5.

Unter Berücksichtigung des grundrechtlichen Schutzgebots des Artikels 6 GG kann dem Elternteil eines minderjährigen ledigen Deutschen im Einzelfall der Aufenthaltstitel nach § 28 Absatz 1 Nummer 3 auch bei einem beabsichtigten gemeinsamen Zuzug erteilt werden, sofern glaubhaft gemacht wird, dass der bisherige gewöhnliche

Aufenthalt des minderjährigen Deutschen im Herkunftsstaat aufgegeben und im Bundesgebiet unmittelbar nach Einreise neu begründet wird.

28.1.4 Aufgrund der aufenthaltsrechtlichen Vorwirkung des Schutzgebots des Artikels 6 GG kann werdenden Eltern von Kindern, die aufgrund ihrer Abstammung von einem deutschen Elternteil die deutsche Staatsangehörigkeit besitzen werden (§ 4 Absatz 1 StAG), ein mit Blick auf den voraussichtlichen Geburtszeitpunkt entsprechend langfristig berechnetes Visum zur Einreise auf Grundlage des künftigen Anspruchs nach § 28 Absatz 1 Satz 1 Nummer 3 erteilt werden. Gleiches gilt für werdende Väter von Kindern, die aufgrund des gewöhnlichen Aufenthalts der Mutter in Deutschland nach § 4 Absatz 3 StAG durch Geburt im Inland die deutsche Staatsangehörigkeit erwerben werden. Die Einreise ist der Schwangeren zu ermöglichen, sobald die Geburt mit hinreichender Wahrscheinlichkeit zu erwarten ist. Die Reisefähigkeit der Schwangeren – insbesondere im Zusammenhang mit möglichen Gesundheitsrisiken – und die Reisemöglichkeiten sind dabei zu berücksichtigen. I. d. R. wird daher die Einreise zwischen dem vierten und dem Ende des siebenten Schwangerschaftsmonats ermöglicht werden. Dem Vater ist die Einreise zu ermöglichen, wenn die Schwangere – z. B. wegen der Vorliegens einer Risikoschwangerschaft – auf seinen Beistand angewiesen ist. Liegen keine solchen Gründe vor, ist dem Vater die Einreise so rechtzeitig zu ermöglichen, dass er bei der Geburt anwesend sein kann. Es ist eine geeignete ärztliche Bescheinigung beizubringen. Außerdem ist Voraussetzung für die Ermöglichung der Einreise, dass das Elternteil nicht nur formal, etwa durch Abgabe der Vaterschaftsanerkennung, eine Sorgerechtserklärung, eine Beziehung zu dem Kind entstehen lässt, sondern auch tatsächlich den Willen hat, die Elternrolle auszufüllen und elterliche Verantwortung zu übernehmen. In Fällen des begründeten Verdachts einer missbräuchlichen Vaterschaftsanerkennung in diesem Zusammenhang vgl. Nummer 27.1 a.1.3. Die Aufenthaltserlaubnis selbst wird nach der Geburt erteilt. Werdende Eltern, die sich bereits im Bundesgebiet befinden, haben lediglich Anspruch auf Erteilung einer Duldung gemäß § 60a Absatz 2 Satz 1.

28.1.5 Der Nachzug eines nicht sorgeberechtigten Elternteils eines minderjährigen ledigen Deutschen kann nach Absatz 1 Satz 4 im Ermessenswege, auch abweichend von § 5 Absatz 1 Nummer 1, gestattet werden. Die Ermessensausübung wird durch § 5 Absatz 2 und 4, § 11 und § 27 Absatz 3 begrenzt. Familie als verantwortliche Elternschaft wird von der prinzipiellen Schutzbedürftigkeit des heranwachsenden Kindes bestimmt. Bei der Ermessensentscheidung ist daher zu berücksichtigen, ob eine solche Lebens- und Erziehungsgemeinschaft zwischen dem Ausländer und seinem Kind besteht und ob diese Gemeinschaft nur im Bundesgebiet verwirklicht werden kann, etwa weil das Kind deutscher Staatsangehöriger ist und ihm wegen der Beziehung zu seiner Mutter das Verlassen der Bundesrepublik nicht zumutbar ist. Der Nachzug kommt nur in Betracht, wenn eine Beistands- und Betreuungsgemeinschaft im Bundesgebiet schon besteht. Zwar genügt allein die rechtliche Vaterschaft, um dem Schutzzweck des Artikels 6 GG zu entsprechen, aufenthaltsrechtlich bedarf es jedoch einer verantwortlich gelebten Eltern-Kind-Gemeinschaft. Hierfür kommt es auf die Umstände des Einzelfalles an. Voraussetzung ist i. d. R. ein Zusammenleben mit dem Kind, wenn auch eine häusliche Gemeinschaft nicht in jedem Fall verlangt werden kann. Leben die Familienmitglieder getrennt, müssen zusätzliche Anhaltspunkte vorhanden sein, um eine familiäre Gemeinschaft annehmen zu können. Solche können in intensiven Kontakten, gemeinsam verbrachten Urlauben, in der Übernahme eines nicht unerheblichen Anteils der Betreuung und Versorgung des Kindes, z. B. auch im Krankheitsfall, oder in sonstigen Beistandsleistungen bestehen. Auch Unterhaltsleistungen sind in diesem Zusammenhang ein Zeichen für die Wahrnehmung elterlicher Verantwortung. Die §§ 1626 ff. BGB stellen seit ihrer Neufassung durch das Kindschaftsrechtsreformgesetz das Kindeswohl in den Mittelpunkt. Bei aufenthaltsrechtlichen Entscheidungen, die den Umgang mit einem Kind berühren, ist daher maßgeblich auf die Sicht des Kindes abzustellen und im Einzelfall zu untersuchen, ob tatsächlich eine persönliche Verbundenheit besteht, auf deren Aufrechterhaltung das Kind zu seinem Wohl angewiesen ist. Die familiäre Gemeinschaft zwischen einem Elternteil und seinem minderjährigen Kind ist getragen von tatsächlicher Anteilnahme am Leben und Aufwachsen des Kindes. Während lediglich lose und seltene Kontakte nicht als ausreichend anzusehen sind, kann im Falle eines regelmäßigen Umgangs von einer familiären Gemeinschaft ausgegangen werden. Mit der Kindschaftsrechtsreform hat der Gesetzgeber deutlich gemacht, dass sich auch neben der persönlichen Begegnung Umgang ereignen kann und soll, etwa durch Brief- und Telefonkontakte, die Teil der Wahrnehmung des Umgangs und insoweit – zumal bei getrennten Wohnsitzen – u. a. Element familiärer Gemeinschaft sind. Erforderlich ist ein flexibler und den Umständen des Einzelfalles gerecht werdender Maßstab, der die Zumutbarkeit einer Trennung sowie der Möglichkeit, über Briefe, Telefonate und Besuche auch aus dem Ausland Kontakt zu halten, mit einbezieht.

Bei der Ermessensausübung ist insbesondere zu berücksichtigen, ob

28.1.5.1 – das deutsche Kind in seiner Entwicklung auf den ausländischen Elternteil angewiesen ist (die Ausländerbehörde soll in geeigneten Fällen prüfen, ob das Jugendamt einbezogen werden kann),

28.1.5.2 – der nichtsorgeberechtigte Elternteil seit der Geburt des Kindes seinen Unterhaltsverpflichtungen regelmäßig nachgekommen ist und

28.1.5.3 – das Kindeswohl einen auf Dauer angelegten Aufenthalt des nicht-sorgeberechtigten Elternteils im Bundesgebiet erfordert.

28.1.6 Die Aufenthaltserlaubnis ist bei der Erteilung i. d. R. auf drei Jahre zu befristen. Hiervon abweichend ist eine Befristung auf nur ein Jahr angezeigt, wenn Restzweifel bestehen (unterhalb der eine Ablehnung des Antrags rechtfertigenden Schwelle), ob die Eheschließung nur zum Zweck der Aufenthaltssicherung des ausländischen Ehegatten geschlossen wurde (so genannte Scheinehe, siehe hierzu Nummer 27.1 a.1.1.2 f.). Soweit entsprechende Zweifel am Vorliegen einer allgemeinen Erteilungsvoraussetzung bestehen oder Obdachlosigkeit droht, ist die Aufenthaltserlaubnis ebenfalls zunächst nur für ein Jahr zu erteilen.

28.1.7 Nach § 28 Absatz 1 Satz 5, der auf die entsprechenden Regelungen des Ehegattennachzugs zu Ausländern in § 30 Absatz 1 Satz 1 Nummer 1 und 2, Satz 3 (nicht § 30 Absatz 1 Satz 2) und § 30 Absatz 2 Satz 1 verweist, sind auch für den Ehegattenzuzug zu Deutschen das Mindestalter von 18 Jahren und der Nachweis von zumindest einfachen Deutschkenntnissen des zuziehenden Ehegatten grundsätzlich Voraussetzungen (siehe hierzu Nummer 30.1.1 f.).

28.1.8 Der Rechtsgrund des Ehegattennachzugs nach §§ 28 Absatz 1 Satz 1 Nummer 1, 30 und des Nachzugs zum deutschen Kind nach § 28 Absatz 1 Satz 1 Nummer 3 können zur Herstellung der familiären Lebensgemeinschaft ggf. unabhängig von einander geltend gemacht werden, wenn sich sowohl der Ehegatte als auch das minderjährige ledige Kind im Bundesgebiet aufhalten. Beide Nachzugstatbestände verwirklichen eigenständige grundrechtliche

Schutzgebote des Artikels 6 GG. Die Beantragung des Familiennachzugs zum deutschen Kind bedeutet in diesem Fall keine unzulässige Umgehung der Voraussetzungen des Ehegattennachzugs, insbesondere des Nachweises einfacher Deutschkenntnisse.

28.2 Erteilung einer Niederlassungserlaubnis und Verlängerung der Aufenthaltserlaubnis
28.2.1 Die Erteilung einer Niederlassungserlaubnis nach Absatz 2 Satz 1 setzt das Fortbestehen der familiären Lebensgemeinschaft voraus. Sie ist ausgeschlossen, wenn einer der zwingenden Versagungsgründe nach § 5 Absatz 4 vorliegt. Liegt ein Regelversagungsgrund nach § 5 Absatz 1 vor, hat diese Regel Vorrang vor § 28 Absatz 2 mit der Folge, dass die Erteilung einer Niederlassungserlaubnis i. d. R. zu versagen ist. Dies schließt die Erteilung einer weiteren befristeten Aufenthaltserlaubnis nicht aus; vgl. Nummer 28.2.5. Hinsichtlich der Erteilung der Niederlassungserlaubnis nach Absatz 2 Satz 1 findet § 9 keine Anwendung.
28.2.2 Nach Beendigung der familiären Lebensgemeinschaft kann eine Niederlassungserlaubnis nur nach den allgemeinen Vorschriften, nicht aber nach Absatz 2 Satz 1 erteilt werden, sofern dann ein Aufenthaltsrecht auf einer anderen Grundlage und zu einem anderen Zweck bestehen sollte.
28.2.3 Die dreijährige Frist beginnt mit der erstmaligen Erteilung einer Aufenthaltserlaubnis zur Herstellung der familiären Lebensgemeinschaft. Grund der Privilegierung nach Absatz 2 Satz 1 ist die Annahme des Gesetzgebers, dass durch die familiäre Lebensgemeinschaft mit einem Deutschen eine positive Integrationsprognose antizipiert und die soziale und wirtschaftliche Integration daher zu einem früheren Zeitpunkt als nach den Regelvoraussetzungen nach § 9 angenommen werden kann. Zeiten des Besitzes einer Aufenthaltserlaubnis zu anderen Zwecken können daher nicht berücksichtigt werden, da sie dieser immanenten Zweckausrichtung nicht entsprechen. Die Zeit des Besitzes eines nationalen Visums zum Familiennachzug ist nach § 6 Absatz 4 Satz 3 anzurechnen, soweit sich der Inhaber währenddessen im Bundesgebiet aufgehalten hat.
28.2.4 Die Anforderung, wonach der Nachziehende in der Lage sein muss, sich auf einfache Art in deutscher Sprache zu verständigen, ist weniger weit gehend als das in § 9 Absatz 2 Nummer 7 genannte Merkmal. Zur Feststellung, ob sich der Ausländer in deutscher Sprache verständigen kann, ist grundsätzlich das persönliche Erscheinen des Ausländers erforderlich (§ 82 Absatz 4), soweit diesbezügliche Erkenntnisse nicht bereits vorliegen. Zum Sprachniveau A 1 des Gemeinsamen Europäischen Referenzrahmens (GER) siehe Nummer 30.1.2.1. Ein entsprechendes Sprachniveau kann nicht angenommen werden, wenn der Ausländer sich bei der persönlichen Vorsprache nicht einmal auf einfache Art ohne die Hilfe Dritter verständlich machen kann. Anhaltspunkte, ob die Voraussetzungen erfüllt sind, können sich auch aus Schul- oder Sprachzeugnissen oder Nachweisen über Berufstätigkeiten ergeben. § 44a bleibt unberührt.
28.2.5 Auf die Verlängerung der Aufenthaltserlaubnis besteht nach Absatz 2 Satz 2 grundsätzlich ein Anspruch, sofern die familiäre Lebensgemeinschaft fortbesteht. Hinsichtlich der Auswirkungen des Bezugs von Leistungen nach dem SGB II oder XII und des Vorliegens von Regelversagungsgründen gelten die Regelungen zur erstmaligen Erteilung der Aufenthaltserlaubnis; vgl. Nummer 27.3 und 28.1.1.0 f.

28.3 Eigenständiges Aufenthaltsrecht
28.3.1 Durch die Vorschrift soll eine Gleichstellung, nicht aber eine Besserstellung der Familienangehörigen von Deutschen gegenüber denen der im Bundesgebiet lebenden Ausländer hinsichtlich des eigenständigen Aufenthaltsrechts bewirkt werden.
28.3.2 Für ausländische Ehegatten Deutscher gilt mit der in der Vorschrift genannten Maßgabe § 31 und für die minderjährigen ledigen Kinder eines Deutschen § 35 entsprechend.
28.3.3 Ein eigenständiges Aufenthaltsrecht von Elternteilen minderjähriger lediger Deutscher entsteht hingegen bei Auflösung der familiären Lebensgemeinschaft – unbeschadet der gegebenenfalls nach den allgemeinen Regeln gegebenen Möglichkeit der Erteilung einer Niederlassungserlaubnis – nicht. Bei Vorliegen einer außergewöhnlichen Härte kommt die Verlängerung nach § 25 Absatz 4 Satz 2 in Betracht.

28.4 Sonstige Familienangehörige Deutscher
28.4.1 Zu den sonstigen Familienangehörigen i. S. d. § 36 gehören auch
– ausländische Elternteile minderjähriger Deutscher, die nicht personensorgeberechtigt sind, soweit auf sie nicht § 28 Absatz 1 Satz 2 Anwendung findet,
– volljährige Ausländer, die von einem Deutschen adoptiert wurden; sie erwerben mit der Adoption nicht die deutsche Staatsangehörigkeit (vgl. § 6 StAG) und können daher nur zur Vermeidung einer außergewöhnlichen Härte i. S. v. § 36 Absatz 2 Satz 1 nachziehen,
– der ausländische Elternteil eines volljährigen oder nicht mehr ledigen Deutschen, der keine Aufenthaltserlaubnis nach § 28 Absatz 1 Nummer 3 erhalten kann.

28.4.2 Die Vorschriften zu § 36 sind zu beachten. Die Geltungsdauer des erteilten Aufenthaltstitels richtet sich nach den allgemeinen Regeln.

28.5 Ausübung einer Erwerbstätigkeit
Die Ausübung einer Erwerbstätigkeit ist kraft Gesetzes uneingeschränkt gestattet. Eine Zustimmung der Bundesagentur für Arbeit ist für die Erteilung nicht erforderlich.

Übersicht

	Rn.
I. Entstehungsgeschichte	1
II. Allgemeines	3
III. Zuzug zu Deutschen	6
1. Allgemeines	6
2. Ehegatten und Lebenspartner sowie Kinder	17
3. Elternteil	27
4. Sonstige Familienangehörige	41
5. Niederlassungserlaubnis	42
6. Eigenständiges Aufenthaltsrecht	61

I. Entstehungsgeschichte

1 Die Vorschrift entspricht dem **Gesetzesentwurf**[1]. Sie hat einen Vorgänger in § 23 AuslG. Mit dem RLUmsG 2007 wurde Abs. 1 geändert: In S. 1 wurden die Wörter „abweichend von § 5 I Nr 1" gestrichen und der S. 2 wurde neu gefasst[2]. In Abs. 2 S. 1 wurde das Wort „mündlich" im Hinblick auf die für die Niederlassungserlaubnis geforderten Sprachanforderungen gestrichen[3]. Mit dem RLUmsG 2011[4] wurde in § 28 I 4 das Wort „nichtsorgeberechtigten" durch die Wörter „nicht personensorgeberechtigten" ersetzt.

2 In § 28 II 1 wurden mit Wirkung zum 6.9.2013 die Wörter „sich auf einfache Art in deutscher Sprache verständigen kann" durch die Worte „über ausreichende Kenntnisse der deutschen Sprache verfügt" ersetzt[5]. Außerdem wurde nach S. 1 ein neuer S. 2 eingefügt und in Abs. 3 die Angabe „35" durch die Angabe „34" ersetzt[6]. Des Weiteren wurde Abs. 5, mit dem ursprünglich die Erwerbstätigkeit gestattet wurde, aufgehoben, da die Regelung systematisch in § 27 V aufgenommen wurde.

II. Allgemeines

3 Der Familienzuzug zu Deutschen unterscheidet sich dadurch erheblich von dem Zuzug zu im Bundesgebiet lebenden Ausländern, dass Ersteren ein **uneingeschränktes Recht** auf Einreise und Aufenthalt in dem Staat ihrer Staatsangehörigkeit zusteht (vgl. Art. 11, 16 II GG) und der ausländische Familienangehörige mittelbar über Art. 6 I, II GG hieran teilnimmt. Dem Ehegatten und dem Kind eines Deutschen ist daher grundsätzlich der Aufenthalt im Bundesgebiet zu gestatten[7]. Insoweit sind die ausländischen Angehörigen von Deutschen gegenüber denen von Ausländern privilegiert, ebenso heimatlose Ausländer nach § 12 HAG. An die Stelle des Aufenthaltsrechts des Ausländers (nach § 29 I Nr. 1 ua) tritt deshalb hier der gewöhnliche Aufenthalt im Bundesgebiet. Auf diese besonderen tatsächlichen und rechtlichen Verhältnisse nimmt die gesetzliche Bezeichnung als „Familiennachzug" zu Deutschen keine Rücksicht. Dieser Begriff trifft idR nicht zu, weil der Ausländer zuzieht, in aller Regel aber nicht nachzieht. Daher ist gerade hier der auch von der Familienzusammenführungs-RL benutzte Begriff der Familienzusammenführung zu bevorzugen.

4 Hinsichtlich der **deutschen Staatsangehörigkeit** gelten Besonderheiten für nichteheliche Kinder mit deutschem Vater und ausländischer Mutter (§ 5 StAG) und für vor 1977 geborene Kinder mit deutscher Mutter und ausländischem Vater (Art. 3 RuStAÄndG 1974). Vor Wirksamkeit der Adoption eines minderjährigen Ausländers durch einen Deutschen, mit der die deutsche Staatsangehörigkeit erworben wird (§ 6 StAG), fehlt es an dem notwendigen Rechtsverhältnis für den Zuzugsanspruch[8]. Eine entsprechende Anwendung von Abs. 1 auf von Deutschen adoptierte erwachsene Ausländer erscheint nicht gerechtfertigt[9]. Die deutsche Rechtsordnung insgesamt (Familien-, Staatsangehörigkeits- und Aufenthaltsrecht) unterscheidet bewusst zwischen Minderjährigen- und Erwachsenenadoption, ohne dass dies als willkürlich anzusehen wäre. Daher besteht keine unbewusste Lücke, die im Interesse eines gerecht erscheinenden Ergebnisses durch eine Analogie geschlossen werden kann.

5 **Sonderregelungen** für Familien mit deutscher Beteiligung gelten nicht nur hinsichtlich des Personenkreises und für die erstmalige Erteilung. Auch Verlängerung, Erteilung der Niederlassungserlaubnis und eigenständiges Aufenthaltsrecht folgen eigenen Regeln. Schließlich sind Voraussetzungen und Rechtsfolgen dadurch gekennzeichnet, dass die Aufenthaltserlaubnis zum Teil ohne Rücksicht auf die Sicherung des Lebensunterhalts erteilt wird und immer die Berechtigung zur Ausübung einer jedweden Erwerbstätigkeit einschließt. Auf die Eigenschaft als Unionsbürger kann sich der deutsche Stammberechtigte nicht mit Erfolg berufen, um sich auf die in mancher Hinsicht günstigeren Vorschriften über die aufenthaltsrechtliche Familieneinheit von Unionsbürgern und ihren drittstaatsangehörigen Familienmitgliedern stützen zu können. Diese Schlechterstellung gegenüber anderen Unionsbürgern kann der Deutsche nur überwinden, wenn er zuvor die EU-Freizügigkeit in Anspruch genommen hat[10].

---

[1] BT-Drs. 15/420, 14.
[2] BT-Drs. 16/5065, 17 f.
[3] BT-Drs. 16/5065, 18.
[4] Gesetz zur Umsetzung aufenthaltsrechtlicher RL der EU und zur Anpassung nationaler Rechtsvorschriften an den EU-Visakodex v. 22.11.2011, BGBl. I S. 2258 (2260); in Kraft getreten am 26.11.2011.
[5] Gesetz v. 29.8.2013 (BGBl. I S. 3484); in Kraft getreten am 6.9.2013.
[6] Gesetz v. 29.8.2013 (BGBl. I S. 3484); in Kraft getreten am 6.9.2013.
[7] BVerfG Beschl. v. 18.7.1979 – 1 BvR 650/77, BVerfGE 51, 386; *Renner* NVwZ 1983, 649 mwN.
[8] Dazu *Baer* ZAR 1991, 135.
[9] AA VGH BW Urt. v. 1.4.1992 – 13 S 385/91, EZAR 020 Nr. 1.
[10] Zu dieser Inländerdiskriminierung → § 27 Rn. 25.

III. Zuzug zu Deutschen

1. Allgemeines

§ 28 I 1 vermittelt einen Rechtsanspruch auf Familiennachzug, sofern alle Erteilungsvoraussetzungen erfüllt sind. Wird die Ehe im Bundesgebiet geschlossen oder ein deutsches Kind nach der Einreise geboren, so kann dem Ausländer über § 39 AufenthV ohne Einhaltung des **Visumverfahrens** eine Aufenthaltserlaubnis erteilt werden. Auch sonstige Sperrwirkungen, die durch einen Rechtsanspruch überwunden werden, stehen der Erteilung eines Aufenthaltstitels zur Familienzusammenführung nicht entgegen. Der Zuzugsanspruch ist nur zum Zwecke der Herstellung und Wahrung der familiären Lebensgemeinschaft mit dem deutschen Familienangehörigen gewährleistet (§ 27 I)[11]. Ein vorübergehendes **Getrenntleben** ist freilich va bei Eheleuten unschädlich[12]. Auf ein nach Unionsrecht unschädliches Getrenntleben[13] kann sich der ausländische Ehegatte nur berufen, wenn der Deutsche von seinem Freizügigkeitsrecht bereits Gebrauch gemacht hat und mit dem Ehegatten nach Deutschland zurückkehrt[14]. Auf ausreichenden Wohnraum und Unterhaltssicherung kommt es bei Angehörigen von Deutschen nicht an, weil dem deutschen Familienmitglied das Zusammenleben in Deutschland unabhängig von diesen Voraussetzungen nicht beschnitten werden soll. Für Ehegatten, Kinder und zum Teil auch für Eltern ist der Zuzug durch Rechtsansprüche gewährleistet, sonst nach Ermessen. In jedem Fall ist der zu einem Deutschen zuziehende Angehörige zur Aufnahme einer Erwerbstätigkeit berechtigt.

Der deutsche Teil der Familie muss einen gewöhnlichen Aufenthalt in Deutschland haben. Dies ist zwar für den Zuzug des nicht sorgeberechtigten Elternteils eines deutschen Kindes nicht ausdrücklich bestimmt, aber auch insoweit vorauszusetzen, weil es sonst an den rechtlichen Anhaltspunkt für einen Aufenthalt in Deutschland fehlt. Dieses Erfordernis entspricht dem Besitz eines Aufenthaltstitels, sofern der Stammberechtigte Ausländer ist. Unter **gewöhnlichem Aufenthalt** ist der auf Dauer angelegte Aufenthalt zu verstehen; er unterscheidet sich vom Wohnsitz nur dadurch, dass er keinen rechtsgeschäftlichen Willen voraussetzt, sondern allein auf tatsächliche Umstände abstellt (§ 30 III SGB I). Verlässt der deutsche Staatsangehörige das Bundesgebiet, so ist durch eine einzelfallbezogene Bewertung zu ermitteln, ob er (noch) einen faktischen Lebensmittelpunkt in Deutschland hat. Unter dem gewöhnlichen Aufenthalt ist nämlich der räumliche Mittelpunkt zu verstehen. Er besteht an dem Ort, an dem sich der Betreffende unter Umständen aufhält, die erkennen lassen, dass er an diesem Ort nicht nur vorübergehend verweilt. **Die Feststellung des gewöhnlichen Aufenthalts bestimmt sich dabei nicht nach dem inneren Willen des Betroffenen, sondern setzt eine aufgrund der tatsächlichen Verhältnisse zutreffende Prognose voraus**[15]. Geschäfts- und Urlaubsreisen ins Ausland sind ebenso unschädlich wie eine befristete berufliche Tätigkeit im Ausland für eine kurze Zeit; entscheidend ist dafür immer die tatsächliche Beibehaltung des inländischen gewöhnlichen Aufenthalts (Wohnung, Arbeitsverhältnis ua). Arbeitet der deutsche Ehegatte im Ausland, weil seine Firma ihn dorthin entsandt hat, und zahlt er weiterhin seine Steuern in Deutschland, so liegt daher der faktische Lebensmittelpunkt gleichwohl weiterhin im Bundesgebiet.

Auch bei deutschen Staatsangehörigen soll seit Inkrafttreten des RLUmsG 2007 geprüft werden, ob für ein gemeinsames Familienleben mit dem ausländischen Ehegatten bzw. Lebenspartner in Deutschland die finanziellen Mittel ausreichen. Damit wird die bisherige Regelung zurückgenommen, die den Rechtsanspruch auf Aufenthalt für den Ehegatten unabhängig des **finanziellen Nachweises des Lebensunterhalts** gesetzlich normierte. Die Novellierung begünstigt Deutsche, die im Erwerbsleben stehen und über entsprechende Einkünfte verfügen. Andere, die aufgrund der angespannten Lage auf dem Arbeitsmarkt herausfallen, werden zusätzlich sanktioniert, indem sie ihre ausländischen Ehegatten nicht nach Deutschland holen können. Die Einführung des finanziellen Nachweises führt – im Zusammenspiel mit der Gesetzesbegründung der Bundesregierung vom 23.4.2007 zu § 28 AufenthG[16] – zu einer Verschärfung des Nachzugs, da deutsche Staatsangehörige zum Führen ihrer Ehe auf das Ausland verwiesen werden sollen.

Die unterschiedliche Behandlung von deutschen Staatsangehörigen nach Herkunft und vorhergehendem Wohnsitz ist mit Art. 6 I GG und dem **Grundrecht auf Freizügigkeit nach Art. 11 GG** nicht vereinbar. Der deutsche Ehepartner hat ein uneingeschränktes Aufenthaltsrecht in Deutschland. Denn die weitere Staatsangehörigkeit führt nicht zu einer Beschränkung der Rechtswirkungen der

---

[11] Zum Zuzug zum Zwecke der Eheschließung → § 30 Rn. 5.
[12] Dazu → § 27 Rn. 22.
[13] Dazu EuGH Urt. v. 13.2.1985 – 267/83, EZAR 811 Nr. 5; BVerwG Urt. v. 21.5.1985 – 1 C 36.82, EZAR 106 Nr. 3.
[14] → § 27 Rn. 25.
[15] Hierzu BVerwG Urt. v. 4.6.1997 – 1 C 25.96 Rn. 16 zu § 30 III 2 SGB I.
[16] „Besondere Umstände liegen bei Personen vor, denen die Begründung der ehelichen Lebensgemeinschaft im Ausland zumutbar ist. Dies kommt insbesondere bei Doppelstaatlern in Bezug auf das Land in Betracht, dessen Staatsangehörigkeit sie neben der deutschen besitzen, oder bei Deutschen, die geraume Zeit im Herkunftsland des Ehegatten gelebt und gearbeitet haben und die Sprache dieses Staates sprechen."

deutschen, insbesondere des Rechts auf Aufenthalt in Deutschland nach Art. 11 GG. Das BVerwG hat darauf hingewiesen, dass die doppelte Staatsangehörigkeit eines deutschen Stammberechtigten – entgegen der Gesetzesbegründung[17] – auch keine besonderen Umstände begründet, um entgegen der gesetzlichen Regel den Ehegattennachzug von einer Sicherung des Lebensunterhalts abhängig zu machen[18]. Art. 6 I GG gebietet es regelmäßig, den Nachzug des ausländischen Ehegatten zu erlauben.

10 Im Regelfall kommt es bei der Erteilung einer Aufenthaltserlaubnis für den ausländischen Ehegatten eines Deutschen auf die Sicherung des Lebensunterhalts nicht an. Lediglich in atypischen Fällen liegt es im Ermessen der Ausländerbehörde, ob sie für die Erteilung der Aufenthaltserlaubnis einen gesicherten Lebensunterhalt voraussetzt[19].

11 Außerdem ist zu beachten, dass Ehegatten bei der Berechnung des Lebensunterhalts nicht schlechter gestellt werden, als sie stünden, wenn sie getrennt lebten. Da das Aufenthaltsrecht eines Deutschen unabhängig vom Bezug von Sozialleistungen ist, kann von nachziehenden ausländischen Ehegatten nur verlangt werden, dass sie ihren eigenen Lebensunterhalt sichern können[20].

12 Der Normzweck des § 5 I Nr. 1 besteht darin, neue Belastungen für die öffentlichen Haushalte durch die Erteilung von Aufenthaltstiteln zu vermeiden[21]. Dabei handelt es sich um eine Erteilungsvoraussetzung von grundlegendem staatlichem Interesse[22]. Diese gilt aber nur in der Regel.

13 Eine Ausnahme von Regelfall des § 5 I Nr. 1 AufenthG ist aufgrund atypischer Umstände dann anzunehmen, wenn die Kernfamilie des Ausländers, zu dem der Nachzug erfolgen soll, bereits ihren rechtmäßigen Aufenthalt in Deutschland hat und deutsche Staatsangehörige umfasst. Diese Umstände sind so bedeutsam, dass sie das sonst ausschlaggebende Gewicht der gesetzlichen Regelung beseitigen[23].

14 **Den Nachzugsvorschriften zu deutschen Staatsangehörigen (zB § 28 I 2 und 3) kann der allgemeine Rechtsgedanke entnommen werden, dass beim Nachzug in die Familie, der ein deutscher Staatsangehöriger angehört, dem fiskalischen Interesse ein geringeres Gewicht zukommt als beim Nachzug in eine rein ausländische Familie.** Diese Wertung ist auch bei der Frage, ob im vorliegenden Fall besondere atypische Umstände eine Ausnahme von der Regelerteilungsvoraussetzung des § 5 I Nr. 1 rechtfertigen, zu berücksichtigen. Dies führt allerdings nicht dazu, dass allein die Tatsache, dass einer Kernfamilie ein oder mehrere minderjährige deutsche Kinder angehören, bereits ein Absehen vom Erfordernis der Lebensunterhaltssicherung rechtfertigt[24]. Hierzu bedarf es vielmehr des Hinzutretens weiterer Umstände, die bei der werdenden Gesamtschau das ausschlaggebende Gewicht der gesetzlichen Regelung in § 5 I Nr. 1 beseitigen[25]. Bis zu einem Lebensalter von zwölf Jahren besteht ein gesteigerter Schutz- und Betreuungsbedarf und die Kinder sind in besonderem Maße auf ein Aufwachsen in der Kernfamilie angewiesen, sodass ein Zusammenleben regelmäßig dem Wohl des nachzugswilligen Kindes entspricht.

15 Ein Regelfall, der zur Versagung des Nachzugs führt, kann aber dann vorliegen, wenn die Eltern eines nachzugswilligen Kindes keine hinreichenden Bemühungen entfaltet haben, um den Lebensunterhalt der Familie aus eigenen Kräften zu sichern, und deshalb gegen sie Sanktionen wegen Verletzung ihrer sozialrechtlichen Verpflichtungen nach §§ 31 ff. SGB II verhängt worden sind[26].

16 Eine Ausnahme von der Regelerteilungsvoraussetzung der Sicherung des Lebensunterhalts nach § 5 I Nr. 1 liegt beim Nachzug eines minderjährigen Kindes in eine Kernfamilie, der mindestens ein minderjähriges deutsches Kind angehört, jedenfalls dann vor, wenn
– die Kernfamilie ihren Schwerpunkt in Deutschland hat und mit dem Nachzug vervollständigt wird,
– das nachziehende Kind das 13. Lebensjahr noch nicht vollendet hat und
– gegen die Eltern keine Sanktionen wegen Verletzung ihrer sozialrechtlichen Verpflichtungen nach §§ 31 ff. SGB II verhängt worden sind[27].

2. Ehegatten und Lebenspartner sowie Kinder

17 Die Erteilung der Aufenthaltserlaubnis nach § 28 I 1 Nr. 1 dient gemäß § 27 II der Herstellung und Wahrung der lebenspartnerschaftlichen Gemeinschaft im Bundesgebiet. Die Erteilung der Aufenthaltserlaubnis voraus, dass beide Lebenspartner die Absicht haben, einander Fürsorge und Unterstützung zu leisten, ihr Leben gemeinsam zu gestalten und füreinander Verantwortung zu tragen (§ 2 LPartG)[28]. Bei einer formal wirksam geschlossenen Lebenspartnerschaft ist zwar – wie bei einer Ehe –

---

[17] BT-Drs. 16/5065, 171.
[18] BVerwG Urt. v. 4.9.2012 – 10 C 12.12 Rn. 30.
[19] OVG Saarl Beschl. v. 15.12.2014 – 2 B 374/14 Rn. 12.
[20] BVerfG Beschl. v. 11.5.2007 – 2 BvR 2483/06, InfAuslR 2007, 336 (338) zu § 5 I 1 Nr. 1.
[21] BVerwG Urt. v. 13.6.2013 – 10 C 16.12, InfAuslR 2013, 364 Rn. 30.
[22] BT-Drs. 15/420, 70.
[23] BVerwG Urt. v. 13.6.2013 – 10 C 16.12, InfAuslR 2013, 364 Rn. 29; Urt. v. 16.8.2011 – 1 C 12.10, Buchholz 402.242 § 28 AufenthG Nr. 2 Rn. 17.
[24] BVerwG Urt. v. 13.6.2013 – 10 C 16.12, InfAuslR 2013, 364 Rn. 30.
[25] BVerwG Urt. v. 13.6.2013 – 10 C 16.12, InfAuslR 2013, 364 Rn. 30.
[26] BVerwG Urt. v. 13.6.2013 – 10 C 16.12, InfAuslR 2013, 364 Rn. 33.
[27] BVerwG Urt. v. 13.6.2013 – 10 C 16.12, InfAuslR 2013, 364, Ls.
[28] OVG Bln-Bbg Beschl. v. 28.6.2021 – OVG 11 S 52/21 Rn. 6.

grundsätzlich davon auszugehen, dass die Lebenspartner die Herstellung einer lebenspartnerschaftlichen Gemeinschaft beabsichtigen[29]. Ergeben sich aber aufgrund konkreter Anhaltspunkte – zum Beispiel aus den tatsächlichen Umständen oder den Angaben der Lebenspartner selbst – Zweifel, ist eine Überprüfung des Einzelfalls, ob eine nur zur Erlangung eines Aufenthaltsrechts geschlossene Lebenspartnerschaft vorliegt, zulässig[30]. Die Absicht, im Bundesgebiet eine Lebenspartnerschaft führen zu wollen, ist eine innere Tatsache, auf deren Existenz nur durch äußere Anzeichen geschlossen werden kann[31]. Besteht berechtigter Anlass zu einer näheren Prüfung, so ist der Ausländer hierfür darlegungs- und beweisbelastet, weil es sich um eine ihm günstige Tatsache handelt[32].

Anspruchsberechtigt sind zunächst außer dem **Ehegatten** eines Deutschen, ohne Rücksicht auf den 18 Ort der Eheschließung[33], dessen eingetragener Lebenspartner (vgl. § 27 II)[34]. Die im Bundesgebiet von einem katholischen Priester vorgenommene römisch-katholische Trauung zweier ausländischer Staatsangehöriger ist von der Rechtsordnung der Bundesrepublik Deutschland nicht als Ehe (im zivilrechtlichen Sinne) anerkannt und vermittelt somit auch keinen Anspruch auf Ehegattennachzug[35]. Nach Art. 13 III 1 EGBGB kann eine Ehe im Inland grundsätzlich nur in der hier vorgeschriebenen Form geschlossen werden. Dies geschieht nach § 1310 I 1 BGB durch Erklärung vor dem Standesbeamten. Hat keiner der Verlobten die deutsche Staatsangehörigkeit, so kann die Ehe im Inland gemäß Art. 13 III 2 EGBGB ferner vor einer von der Regierung des Staates, dem einer der Verlobten angehört, ordnungsgemäß ermächtigten Person in der nach dem Recht dieses Staates vorgeschriebenen Form geschlossen werden.

Eine erweiternde, dem Willen des Gesetzgebers offensichtlich entgegenstehende und in systemati- 19 scher Hinsicht nicht überzeugende Auslegung des § 30 I normierten Ehebegriffs in dem Sinne, dass auch im Bundesgebiet vorgenommene römisch-katholische Trauung einen Anspruch auf Ehegattennachzug begründet, obwohl an diese Trauung keine bürgerlich-rechtlichen Folgen geknüpft sind, ist weder im Hinblick auf Art. 6 I GG noch im Hinblick auf Art. 8 I EMRK geboten[36]. Über § 27 II gilt dies auch für Lebenspartner.

Die Gesichtspunkte, die für eine Vereinbarkeit des in § 30 I 1 Nr. 2 geregelten Spracher- 20 **fordernisses mit Art. 6 I GG beim Ehegattennachzug zu Ausländern sprechen, sind nur eingeschränkt auf den Nachzug zu Deutschen übertragbar.** Soweit der Grundsatz der Verhältnismäßigkeit beim Nachzug zum deutschen Ehepartner Einschränkungen gebietet, ist dem durch eine verfassungskonforme Auslegung des § 28 I 5 Rechnung zu tragen, der nur eine entsprechende Anwendung von § 30 I 1 Nr. 2 anordnet[37]. Zwar stellt es auch beim Ehegattennachzug zu Deutschen ein legitimes gesetzgeberisches Ziel dar, durch frühzeitigen Nachweis von Sprachkenntnissen die Integration des nachziehenden Ausländers in die deutsche Gesellschaft zu erleichtern und der Gefahr von Zwangsverheiratungen entgegenzuwirken.

An der Geeignetheit der Regelung bestehen aber gerade bei dem Zuzug zu Deutschen erhebliche 21 Zweifel[38]. Bei der Abwägung der gegenläufigen öffentlichen und privaten Belange ist zu berücksichtigen, dass ein Deutscher – anders als ein im Bundesgebiet lebender Ausländer – grundsätzlich nicht darauf verwiesen werden darf, seine Ehe im Ausland zu führen oder auf ein eheliches Zusammenleben zu verzichten[39]. Denn das Grundrecht des Art. 11 GG gewährt ihm – anders als einem Ausländer – das Recht zum Aufenthalt in Deutschland und erhöht deutlich das Gewicht der privaten Interessen am Ehegattennachzug zur Führung der ehelichen Gemeinschaft im Bundesgebiet. **Einem deutschen Staatsangehörigen kann nur bei gewichtigen öffentlichen Belangen zugemutet werden, die Ehe für einige Zeit gar nicht oder nur im Ausland führen zu können. Sie dauerhaft im Ausland führen zu müssen ist für ihn in jedem Fall unangemessen und unzumutbar**[40].

Überschreitet das Spracherfordernis als Nachzugsvoraussetzung im Einzelfall das zumutbare Ausmaß 22 der Beeinträchtigung der durch Art. 6 I GG qualifiziert geschützten Belange des ausländischen und deutschen Ehegatten, ist es geboten, gem. § 28 I 5 von der Anwendung des § 30 I 1 Nr. 2 vor der Einreise des ausländischen Ehegatten abzusehen[41]. Die Unzumutbarkeit kann sich ua daraus ergeben, dass es dem ausländischen Ehegatten aus besonderen persönlichen Gründen oder wegen der besonderen Umstände in seinem Heimatland nicht möglich oder nicht zumutbar ist, die deutsche Sprache

---

[29] OVG Bln-Bbg Beschl. v. 28.6.2021 – OVG 11 S 52/21 Rn. 6.
[30] OVG Bln-Bbg Beschl. v. 28.6.2021 – OVG 11 S 52/21 Rn. 6; BVerfG Beschl. v. 5.5.2003 – 2 BvR 2042/02 Rn. 4.
[31] OVG Bln-Bbg Beschl. v. 28.6.2021 – OVG 11 S 52/21 Rn. 6.
[32] OVG Bln-Bbg Beschl. v. 28.6.2021 – OVG 11 S 52/21 Rn. 6.
[33] Dazu → § 27 Rn. 19 f.
[34] Näher zu der entsprechenden Anwendung → § 27 Rn. 26 f.
[35] OVG Bln-Bbg Beschl. v. 20.5.2014 – OVG 3 M 7.14, NJW 2014, 2665 Rn. 5.
[36] OVG Bln-Bbg Beschl. v. 20.5.2014 – OVG 3 M 7.14, NJW 2014, 2665 Rn. 7.
[37] BVerwG Urt. v. 4.9.2012 – 10 C 12.12 Rn. 25.
[38] S. Kommentierung unter § 30.
[39] BVerwG Urt. v. 4.9.2012 – 10 C 12.12 Rn. 25; Urt. v. 20.5.1980 – 1 C 55.75, BVerwGE 60, 126 (130).
[40] BVerwG Urt. v. 4.9.2012 – 10 C 12.12 Rn. 26.
[41] BVerwG Urt. v. 4.9.2012 – 10 C 12.12 Rn. 28.

innerhalb angemessener Zeit zu erlernen[42]. In einem solchen Fall schlägt die grundsätzlich verhältnismäßige Nachzugsvoraussetzung in ein unverhältnismäßiges dauerhaftes Nachzugshindernis um.

23   Die Grenze zwischen Regel- und Ausnahmefall ist nach der Rspr. des BVerwG bei einer Nachzugsverzögerung von einem Jahr zu ziehen. **Sind zumutbare Bemühungen zum Erwerb der Sprachkenntnisse ein Jahr lang erfolglos geblieben, darf dem Visumbegehren des Ehegatten eines Deutschen das Spracherfordernis nicht mehr entgegengehalten werden**[43]. Entsprechendes gilt, wenn dem ausländischen Ehepartner Bemühungen zum Spracherwerb von vornherein nicht zumutbar sind, etwa weil Sprachkurse in dem betreffenden Land nicht angeboten werden oder deren Besuch mit einem hohen Sicherheitsrisiko verbunden ist und auch sonstige Erfolg versprechende Alternativen zum Spracherwerb nicht bestehen; in diesem Fall braucht die Jahresfrist nicht abgewartet zu werden[44].

24   **Bei der Zumutbarkeitsprüfung sind insbesondere die Verfügbarkeit von Lernangeboten, deren Kosten, ihre Erreichbarkeit sowie persönliche Umstände zu berücksichtigen, die der Wahrnehmung von Lernangeboten entgegenstehen können, etwa Krankheit oder Unabkömmlichkeit**[45]. Das erforderliche Bemühen zum Spracherwerb kann auch darin zum Ausdruck kommen, dass der Ausländer zwar die schriftlichen Anforderungen nicht erfüllt, wohl aber die mündlichen[46].

25   Führt die Verhältnismäßigkeitsprüfung im Einzelfall zu dem Ergebnis, dass von Nachweisen des Spracherfordernisses nach § 30 I 1 Nr. 2 vor der Einreise abzusehen ist, ist bei Erfüllung der sonstigen Voraussetzungen das Visum zum Ehegattennachzug nach § 6 III iVm § 28 I 1 Nr. 1 zu erteilen. Dies enthebt den ausländischen Ehepartner nach der Rspr. des BVerwG allerdings nicht von Bemühungen, die gesetzlich geforderten Sprachkenntnisse dann nach der Einreise zu erwerben, um eine Aufenthaltserlaubnis nach § 28 I 1 Nr. 1 zu erhalten[47]. Der Verzicht auf den Spracherwerbsnachweis vor der Einreise lässt das öffentliche Interesse an Mindestsprachkenntnissen als Integrationsvoraussetzung nicht endgültig entfallen (s. auch den Rechtsgedanken des § 41 III AufenthV). Gelingt dem ausländischen Ehegatten der Spracherwerb nicht, ist der Aufenthalt jedenfalls auf andere Weise, etwa durch eine Aufenthaltserlaubnis nach § 25 IV, zu ermöglichen, um die Ehe im Bundesgebiet führen zu können[48].

26   Das **Kind** muss bei Antragstellung[49] noch minderjährig und darf weder verheiratet noch geschieden noch verwitwet sein. Das von einem Deutschen abstammende Kind besitzt nur dann nicht (auch) die deutsche Staatsangehörigkeit, wenn es sie nicht durch Geburt, Erklärung oder Adoption erworben (§§ 4–6 StAG) oder wenn es sie nach §§ 18, 19, 25, 26 StAG wieder verloren hat. Der Geburtserwerb kann auf der Abstammung von einer deutschen Mutter oder der Vaterschaftsanerkennung eines Deutschen oder auf ius soli beruhen (§ 4 I und III StAG). Während Vater- oder Mutterschaft feststehen müssen, bedarf es nicht unbedingt auch des Personensorgerechts des deutschen Elternteils. Dieser muss nur seinen gewöhnlichen Aufenthalt in Deutschland haben und zur Herstellung der familiären Lebensgemeinschaft mit dem zuziehenden Kind rechtlich und tatsächlich in der Lage und bereit sein.

3. Elternteil

27   Einen Zuzugsanspruch besitzt außerdem der ausländische **Elternteil** eines minderjährigen ledigen Deutschen, sofern er das Personensorgerecht besitzt und es auszuüben gedenkt (§ 28 I 1 Nr. 2). Seit Änderung des deutschen Kindschaftsrechts im Jahr 1998 besteht in der Regel das gemeinsame Sorgerecht, und zwar unabhängig davon, ob das Kind von einer verheirateten oder einer nichtverheirateten Frau geboren wurde. Sofern eine ausländische Sorgerechtsentscheidung vorliegt, ist diese grundsätzlich anzuerkennen und zu berücksichtigen[50]. Dem Nachzugsanspruch steht nicht entgegen, dass auch der andere Elternteil das Sorgerecht innehat.

28   Der Nachzugswillige muss aber die **Personensorge** tatsächlich iSv § 1626 BGB **ausüben**. [51]. Voraussetzungen für die Erteilung einer Aufenthaltserlaubnis gemäß § 28 I 1 Nr. 2 ist, dass der Ausländer entweder mit dem Kind zusammenlebt[52] oder mit ihm eine familiäre Lebensgemeinschaft iSv § 27 I führt[53], dh die vorhandenen Kontakte mit dem Kind in ihrer Bedeutung für das Verhältnis zum Kind dem auch sonst Üblichen entsprechen und auf diese Weise die Vater-Kind-Beziehung gelebt wird. Erforderlich ist daher, dass nach außen erkennbar in einem Maß Verantwortung für die

---

[42] BVerwG Urt. v. 4.9.2012 – 10 C 12.12 Rn. 28.
[43] BVerwG Urt. v. 4.9.2012 – 10 C 12.12 Rn. 28.
[44] BVerwG Urt. v. 4.9.2012 – 10 C 12.12 Rn. 28.
[45] BVerwG Urt. v. 4.9.2012 – 10 C 12.12 Rn. 28.
[46] BVerwG Urt. v. 4.9.2012 – 10 C 12.12 Rn. 28.
[47] BVerwG Urt. v. 4.9.2012 – 10 C 12.12 Rn. 29.
[48] BVerwG Urt. v. 4.9.2012 – 10 C 12.12 Rn. 29.
[49] So BVerwG Urt. v. 30.4.1998 – 1 C 12.96, EZAR 022 Nr. 8.
[50] → § 27 Rn. 19 f.
[51] BVerwG Beschl. v. 22.4.1997 – 1 B 82.97, EZAR 020 Nr. 6.
[52] BVerwG Beschl. v. 22.4.1997 – 1 B 82.97, EZAR 020 Nr. 6.
[53] SächsOVG Beschl. v. 13.9.2021 – 3 D 34/21 Rn. 11.

Betreuung und Erziehung des Kindes übernommen wird, das von der nach außen manifestierten Verantwortung für die leibliche und seelische Entwicklung des Kindes geprägt ist[54]. Die Ausübung der Personensorge scheidet beim **ungeborenen Kind** aus[55]. Die aufenthaltsrechtliche Sonderstellung der familiären Gemeinschaft durch § 28 beruht unter Berücksichtigung des Schutzgedankens von Ehe und Familie des Art. 6 I GG auf dem bisherigen Zusammenleben mit einem Kind und der Ausübung der Personensorge durch tatsächliche Betreuung, Versorgung und Erziehung. Die elterliche Sorge beginnt mit der Geburt des Kindes, wie sich auch aus der Anknüpfung an den Geburtszeitpunkt in den Regelungen der §§ 1626a I, 1626b II BGB ergibt[56].

Sofern er noch nicht mit Mutter und Kind zusammenlebt, genügt seine ernsthafte Absicht zur 29 Ausübung der Personensorge durch tatsächliche Betreuung, Versorgung und Erziehung. Auch eine nur zeitweilige Trennung von Eltern und Kind durch Versagung des Aufenthaltsrechts gefährdet das Kindeswohl und ist gerade bei Kleinkindern nicht hinzunehmen[57]. Da die Art und Weise, wie Eltern ihren Pflichten gegenüber ihren Kindern nachkommen, von diesen selbst bestimmt werden und nicht vom Staat (bis zur Grenze der Entziehung des Sorgerechts), können sie dies auch so organisieren, dass der ausländische Elternteil nicht ständig bei dem Kind lebt. Der Ausländer kann sich in anderer Weise Betreuung und Erziehung mit dem deutschen Elternteil teilen. Insgesamt darf dessen Anteil aber nicht so gestaltet sein, dass dafür ein ständiger Aufenthalt in Deutschland nicht notwendig ist, sondern je nach Alter des Kindes außer Unterhaltszahlungen gelegentliche Besuche oder schriftliche oder fernmündliche Kontakte genügen.

In diesem Zusammenhang ist ebenso wie bei dem Zuzug eines Kindes oder eines nicht sorgeberech- 30 tigten Elternteils das **Kindeswohl** als verfassungsrechtlich vorgegebenen Richtpunkt auch für das gesamte Aufenthaltsrecht zu achten. Bei aufenthaltsrechtlichen Entscheidungen, die den Umgang mit einem Kind berühren, ist maßgeblich auf die Sicht des Kindes abzustellen und im Einzelfall zu untersuchen, ob tatsächlich eine persönliche Verbundenheit besteht, auf deren Aufrechterhaltung das Kind zu seinem Wohl angewiesen ist[58]. Dabei kann auch der persönliche Kontakt mit dem Kind in Ausübung eines Umgangsrechts unabhängig vom Sorgerecht Ausdruck und Folge des natürlichen Elternrechts und der damit verbundenen Elternverantwortung sein.

Der Annahme einer familiären Lebensgemeinschaft steht auch nicht entgegen, dass ein Elternteil nur 31 ausschnittsweise am Leben teilnimmt und keine alltäglichen Erziehungsentscheidungen trifft[59]. Die Entwicklung eines Kindes wird nicht nur durch quantifizierbare Betreuungsbeiträge der Eltern, sondern auch durch die geistige und emotionale Auseinandersetzung geprägt. Es kommt jedoch darauf an, ob die vorhandenen Kontakte in ihrer Bedeutung für das Verhältnis zum Kind dem auch sonst Üblichen entsprechen und auf diese Weise die Vater-Kind-Beziehung gelebt wird[60]. Erforderlich ist daher, dass nach außen erkennbar in ausreichendem Maß Verantwortung für die Betreuung und Erziehung des Kindes übernommen wird[61].

Maßgeblich ist, ob zwischen dem Ausländer und seinem Kind auf Grund des gepflegten persönli- 32 chen Umgangs ein **Eltern-Kind-Verhältnis** besteht, das von der nach außen manifestierten Verantwortung für die leibliche und seelische Entwicklung des Kindes geprägt ist[62]. Ferner ist zu berücksichtigen, welche Folgen eine endgültige oder vorübergehende Trennung für die gelebte Eltern-Kind-Beziehung und das Kindeswohl hätte. In diesem Zusammenhang ist davon auszugehen, dass der persönliche Kontakt des Kindes zu seinen Eltern und der damit verbundene Aufbau und die Kontinuität emotionaler Bindungen zu Vater und Mutter in der Regel der Persönlichkeitsentwicklung des Kindes dienen. Eine auch nur **vorübergehende Trennung** kann nicht als zumutbar angesehen werden, wenn das Gericht keine Vorstellung davon entwickelt, welchen Trennungszeitraum es für zumutbar erachtet[63]. Ein hohes, gegen die Aufenthaltsbeendigung sprechendes Gewicht haben die Folgen einer vorübergehenden Trennung insbesondere, wenn ein noch sehr kleines Kind betroffen ist, das den nur vorübergehenden Charakter einer räumlichen Trennung möglicherweise nicht begreifen kann und diese rasch als endgültigen Verlust erfährt[64].

Ist der ausländische Elternteil (nach neuem Kindschaftsrecht ausnahmsweise) **nicht sorgeberech-** 33 **tigt,** kann ihm nach § 28 I 4 im Wege des Ermessens eine Aufenthaltserlaubnis erteilt werden, falls die familiäre Gemeinschaft schon im Bundesgebiet gelebt wird. Aufgrund der Rspr. des EGMR[65] wurde

---

[54] SächsOVG Beschl. v. 13.9.2021 – 3 D 34/21 Rn. 11; Beschl. v. 7.12.2020 – 3 B 242/20 Rn. 16.
[55] OVG MV Beschl. v. 26.7.2012 – 2 M 111/12 Rn. 9.
[56] OVG MV Beschl. v. 26.7.2012 – 2 M 111/12 Rn. 9.
[57] BVerfG-K Beschl. v. 30.1.2002 – 2 BvR 231/00, EZAR 020 Nr. 18.
[58] SächsOVG Beschl. v. 7.12.2020 – 3 B 242/20 Rn. 17.
[59] SächsOVG Beschl. v. 7.12.2020 – 3 B 242/20 Rn. 17.
[60] SächsOVG Beschl. v. 7.12.2020 – 3 B 242/20 Rn. 17.
[61] SächsOVG Beschl. v. 7.12.2020 – 3 B 242/20 Rn. 17. BayVGH Beschl. v. 7.6.2019 – 19 CE 18.1597 Rn. 22.
[62] SächsOVG Beschl. v. 7.12.2020 – 3 B 242/20 Rn. 17.
[63] SächsOVG Beschl. v. 7.12.2020 – 3 B 242/20 Rn. 17.
[64] BVerfG Beschl. v. 5.6.2013 – 2 BvR 586/13 Rn. 12 ff. mwN; SächsOVG Beschl. v. 7.12.2020 – 3 B 242/20 Rn. 17.
[65] EGMR Urt. v. 3.12.2009 – 22028/04 – Z/D.

die Rechtsstellung von Vätern außerehelich geborener Kinder im Hinblick auf ein Sorgerecht gestärkt. Die nach Abs. 1 Hs. 2 wie nach § 27 I erforderliche Gemeinschaft braucht nicht in einer ständigen Hausgemeinschaft gelebt zu werden, muss aber über eine bloße Begegnungsgemeinschaft hinausgehen. Von Sorgerechten abgesehen muss ein gemeinsames Leben ähnlich wie in einer Familie mit gemeinsamem Sorgerecht der Eltern geführt werden. Es braucht nicht unbedingt eine häusliche Gemeinschaft gelebt zu werden; regelmäßige Besuche, Gespräche und Betreuungsleistungen können ausreichen[66]. Nach der Reform des Kindschaftsrechts haben sich die Anforderungen an eine Beistandsgemeinschaft verändert[67].

34   Für die Annahme einer familiären Lebensgemeinschaft spricht, wenn der Ausländer regelmäßigen Umgang mit seinem deutschen Kind pflegt, indem Wochenenden gemeinsam verbracht werden und Unterhalt gezahlt wird[68]. Dass der Umgangsberechtigte nur ausschnittsweise am Leben des Kindes Anteil nehmen kann und keine alltäglichen Erziehungsentscheidungen trifft, steht der Annahme einer familiären Lebensgemeinschaft auch nicht grundsätzlich entgegen[69]. Dass der Umgangskontakt abgebrochen ist, ist unschädlich, wenn und solange es sich um einen vorübergehenden Zustand handelt[70]. Bei aufenthaltsrechtlichen Entscheidungen, die den Umgang mit einem Kind berühren, ist maßgeblich auch auf die Sicht des Kindes abzustellen und im Einzelfall zu untersuchen, ob tatsächlich eine persönliche Verbundenheit besteht, auf deren Aufrechterhaltung das Kind zu seinem Wohl angewiesen ist. Dabei sind die Belange des Kindes und des Elternteils im Einzelfall umfassend zu berücksichtigen[71].

35   **Einer erweiternden Auslegung des Begriffs der familiären Gemeinschaft iSd § 28 I 4 aufgrund der Entscheidung des EGMR**[72] **bedarf es nicht**[73]. Nach Auffassung des EGMR kann die Versagung des Umgangs des leiblichen Vaters mit seinem Kind einen Eingriff in das gem. Art. 8 EMRK gewährleistete Recht auf Achtung des Familienlebens oder zumindest des Privatlebens darstellen, auch wenn der leibliche Vater noch keine sozial-familiäre Beziehung zu seinem Kind aufbauen konnte. Zwar kann nach dieser Rspr. der biologische Vater aus Art. 8 EMRK grundsätzlich ein Recht auf Umgang mit seinem Kind ableiten, selbst wenn noch kein Eltern-Kind-Verhältnis besteht, jedoch hat dies nicht zur Folge, dass dem durch die Erteilung einer Aufenthaltserlaubnis nach § 28 I 4 Rechnung getragen werden muss, solange die familiäre Gemeinschaft noch nicht gelebt wird. **Sicherzustellen ist aufenthaltsrechtlich allenfalls, dass der Vater die Möglichkeit erhält, eine solche geschützte familiäre Beziehung aufzubauen, wenn dies dem Kindeswohl dient**[74].

36   Macht der nicht sorgeberechtigte ausländische Elternteil glaubhaft, dass er sich gegenüber dem das Umgangsrecht vereitelnden anderen Elternteil nachhaltig und ernsthaft um die Ausübung des Umgangsrechts mit dem Kind, etwa durch Einschaltung des zuständigen Jugendamts, bemüht hat, kann ein beabsichtigtes Familienleben ausnahmsweise unter den Schutz des Art. 8 EMRK fallen. Wird die Herstellung einer beabsichtigten familiären Gemeinschaft verhindert, weil die Ausländerbehörde den ausländischen Vater zur Ausreise auffordert, stellt dies eine Verletzung von Art. 8 EMRK dar, es sei denn, dieser Eingriff ist „gesetzlich vorgesehen", verfolgt ein oder mehrere Ziele, die nach Art. 8 II EMRK legitim sind, und kann als „in einer demokratischen Gesellschaft notwendig angesehen werden"[75]. Es ist zu prüfen, ob die zur Rechtfertigung des Eingriffs vorgebrachten Gründe iSv Art. 8 II EMRK zutreffend und ausreichend sind. Von entscheidender Bedeutung ist, ob der Umgang mit dem leiblichen Vater dem Wohl des Kindes dient. Je nach seiner Art und Bedeutung kann das Kindeswohl den Interessen des Elternteils vorgehen[76].

37   **Der Zuzug aus dem Ausland zur Ausübung des Umgangsrechts** nach § 28 I 4 ist damit ebenso wenig gestattet wie der Aufenthalt für ein erst künftig beabsichtigtes Zusammenleben[77]. Denn die familiäre Lebensgemeinschaft muss nach S. 4 schon im Bundesgebiet gelebt werden. Insoweit ist nicht ausreichend, dass der Ausländer eine familiäre Lebensgemeinschaft im Sinne eines Umgangs mit dem Kind durch Besuchsreisen, Telefon-, Skype- oder SMS-Kontakte gepflegt hat. Es fehlt an einem Lebensmittelpunkt im Bundesgebiet.

---

[66] BVerwG Urt. v. 9.12.1997 – 1 C 16.96, EZAR 020 Nr. 10; VGH BW Beschl. v. 30.11.2001 – 11 S 1700/01, EZAR 020 Nr. 17; Urt. v. 5.8.2002 – 1 S 1381/01, EZAR 020 Nr. 19; Beschl. v. 8.7.1993 – 11 S 855/93, NVwZ 1994, 605; OVG Bbg Beschl. v. 13.8.2001 – 4 B 261/01.Z, EZAR 020 Nr. 16; OVG NRW Beschl. v. 23.5.1996 – 18 B 339/95, NVwZ-RR 1997, 69; BayVGH Urt. v. 26.9.2016 – 10 B 13.1318 Rn. 32.
[67] Vgl. VGH BW Beschl. v. 30.11.2001 – 11 S 1700/01, EZAR 020 Nr. 17; Urt. v. 5.8.2002 – 1 S 1381/01, EZAR 020 Nr. 19; VerfGH Bln Beschl. v. 22.2.2001 – 103 A/00, 103/00, EZAR 020 Nr. 15; HmbOVG Beschl. v. 28.4.1999 – 4 Bs 92/99, EZAR 020 Nr. 13.
[68] NdsOVG Beschl. v. 28.11.2013 – 8 ME 157/13, InfAuslR 2014, 48 Rn. 9.
[69] NdsOVG Beschl. v. 28.11.2013 – 8 ME 157/13, InfAuslR 2014, 48 Rn. 9.
[70] NdsOVG Beschl. v. 28.11.2013 – 8 ME 157/13, InfAuslR 2014, 48 Rn. 10.
[71] BayVGH Urt. v. 26.9.2016 – 10 B 13.1318 Rn. 32; BVerfG Beschl. v. 1.12.2008 – 2 BvR 1830/08 Rn. 31.
[72] EGMR Urt. v. 21.12.2010 – 20578/07.
[73] BayVGH Urt. v. 26.9.2016 – 10 B 13.1318 Rn. 35; vgl. hierzu *Oberhäuser* in Hofmann, AuslR, 2. Aufl. 2016, § 28 Rn. 34.
[74] BayVGH Urt. v. 26.9.2016 – 10 B 13.1318 Rn. 35.
[75] BayVGH Urt. v. 26.9.2016 – 10 B 13.1318 Rn. 35; EGMR Urt. v. 2.10.2010 – 20578/07 Rn. 63.
[76] BayVGH Urt. v. 26.9.2016 – 10 B 13.1318 Rn. 35.
[77] OVG Bln-Bbg Beschl. v. 9.4.2015 – OVG 11 M 39.14 Rn. 3.

§ 28 I 4 ist auch nicht entsprechend anwendbar[78], etwa weil Art. 6 GG eine Auslegung des Gesetzeswortlauts dahin gehend gebieten würde, dass bereits die Absicht, die familiäre Lebensgemeinschaft zukünftig im Bundesgebiet herzustellen, zu genügen habe. Der Gesetzgeber hat in § 28 I Nr. 3 die verfassungsmäßig nicht zu beanstandende Grundsatzentscheidung getroffen, dass ein Nachzug eines Elternteils zu seinem deutschen Kind nur zur Wahrnehmung der Personensorge, nicht zur Wahrnehmung des bloßen Umgangsrechts möglich sein soll. Eine planwidrige Regelungslücke besteht gleichfalls nicht, da sich das Nachzugsbegehren nach § 28 IV iVm § 36 richtet. Insoweit ist aber nicht ausreichend, dass die Versagung der Aufenthaltserlaubnis zu einer Erschwerung des Umgangsrechts führt, um eine außergewöhnliche Härte zu begründen[79]. 38

Die Begrenzung auf sorgeberechtigte oder ohne Sorgerecht bereits mit dem Kind zusammenlebende Eltern begegnet erheblichen **Bedenken**. Auch wer als Elternteil aus welchen Gründen auch immer noch keine Lebensgemeinschaft mit dem Kind aufgenommen hat, kann nicht aufenthaltsrechtlich auf Dauer davon ausgeschlossen werden. Falls der Elternteil nicht aufgrund familienrechtlicher Vorschriften oder Entscheidungen von der Beteiligung an der tatsächlichen Sorge für das Kind ausgeschlossen ist, darf er über reine Besuche oder Begegnungen hinaus von dem Kern des Elternrechts Gebrauch machen, der ihm auch ohne Sorgerecht zusteht. Falls ständige oder regelmäßige Kontakte gar durch Gerichtsentscheidungen oder Absprachen mit dem Sorgeberechtigten abgesichert sind, wäre es kaum zu rechtfertigen, sie entgegen dem Wohl des Kindes aufenthaltsrechtlich zu verhindern. Daher kann trotz fehlender familiärer Gemeinschaft im Bundesgebiet die Erteilung einer Aufenthaltserlaubnis in Betracht kommen, falls die Anwesenheit des nicht sorgeberechtigten Elternteils im Interesse des Kindeswohls geboten ist[80]. 39

Bei der Ausübung des **Ermessens** ist bei sorgeberechtigten wie bei anderen Elternteilen die Wahrnehmung des Umgangsrechts ebenso zu berücksichtigen wie die Erfüllung der Unterhaltspflicht. Ob das Kindeswohl überhaupt die Beteiligung des ausländischen Elternteils an der Erziehungsverantwortung verlangt, unterliegt nicht der Prüfung durch die Auslandsvertretung oder Auslandsbehörde und deren Bewertung. Für das Ermessen fällt aber ins Gewicht, ob im Einzelfall ein besonderes Betreuungsbedürfnis besteht. Ist eine vorübergehende Betreuung (zB im Hinblick auf das fortgeschrittene Alter des Kindes) ausreichend, kann die Aufenthaltserlaubnis entsprechend befristet werden. 40

4. Sonstige Familienangehörige

Außer Ehegatten, Kindern und Eltern ist auch sonstigen Angehörigen von Deutschen der Zuzug gestattet. In Betracht kommen va von Deutschen adoptierte volljährige Ausländer, der ausländische Elternteil eines volljährigen Deutschen und der ausländische Elternteil eines minderjährigen Deutschen, der die Voraussetzungen des Abs. 1 S. 1 Nr. 3 und S. 2 nicht erfüllt. Allerdings kann der Zuzug wie bei Ausländern nur zur Vermeidung außergewöhnlicher **Härten** und im Wege des **Ermessens** gestattet werden. Für Angehörige von Deutschen stellt das Gesetz keine eigenen Voraussetzungen auf, sondern verweist in vollem Umfang auf § 36. Bei der entsprechenden Anwendung ist immer das besondere Gewicht des Grundrechtsschutzes aus Art. 6 I und II GG für Deutsche und ihre Familienangehörigen zu beachten. Der Schutzbereich dieser Normen ist nicht auf die sog. Kleinfamilie von Ehegatten und minderjährigen ledigen Kindern beschränkt[81]. 41

5. Niederlassungserlaubnis

§ 28 I 1 verdrängt als lex specialis für den Familiennachzug zu Deutschen die Vorschriften über die Erteilung von Aufenthaltserlaubnissen zum Familiennachzug zu Ausländern[82]. Denn § 28 I 2 ff. enthält eine Reihe von Privilegierungen für den Familiennachzug von Ausländern zu deutschen Staatsangehörigen. 42

Erteilung und **Verlängerung** der Aufenthaltserlaubnis erfolgen unter Beachtung von §§ 5, 27 grundsätzlich bis zu insgesamt drei Jahren, weil dann bereits der Regelanspruch auf eine Niederlassungserlaubnis entsteht. Schon die erste Aufenthaltserlaubnis wird in der Regel für drei Jahre erteilt, es sei denn, es ergeben sich zB begründete Zweifel an der Ernsthaftigkeit der Absicht zur Führung einer familiären Lebensgemeinschaft. Falls sich die Eheschließung nur als Mittel zur Erlangung eines Aufenthaltsrecht darstellt, kann die Aufenthaltserlaubnis mit Hinweis auf § 27 I (wegen fehlender Lebensgemeinschaft) gänzlich abgelehnt werden. Bestehen insoweit lediglich Bedenken, ist eine von 43

---

[78] OVG Bln-Bbg Beschl. v. 9.4.2015 – OVG 11 M 39.14 Rn. 3.
[79] OVG Bln-Bbg Beschl. v. 9.4.2015 – OVG 11 M 39.14 Rn. 4.
[80] BVerwG Beschl. v. 22.6.1992 – 1 B 70.92, InfAuslR 1992, 308; Urt. v. 27.9.1988 – 1 C 41.87, InfAuslR 1989, 56; für den Fall des bereits praktizierten UmgangsR vgl. HmbOVG Beschl. v. 14.2.1992 – Bs VII 127/91, EZAR 020 Nr. 2.
[81] BVerfG-A Beschl. v. 1.9.1982 – 1 BvR 748/82, EZAR 105 Nr. 5; BVerwG Urt. v. 26.3.1982 – 1 C 29.81, BVerwGE 65, 188; Urt. v. 10.7.1984 – 1 C 52.81, EZAR 105 Nr. 4 und 7; HmbOVG Urt. v. 21.7.1980 – Bf V 15/80, EZAR 105 Nr. 1.
[82] BayVGH Urt. v. 5.8.2015 – 10 B 15.429 Rn. 22.

der Regel abweichende kürzere Geltungsdauer angebracht. Die Verlängerung der Aufenthaltserlaubnis erfolgt dann bei gleichbleibenden Verhältnissen (§ 8 I) regelmäßig bis zu insgesamt drei Jahren.

44 Die **Verfestigung** durch Erteilung einer Niederlassungserlaubnis ist in der Regel nach drei Jahren vorgesehen, wobei nur die Anforderungen des Abs. 2 S. 1 erfüllt sein müssen, nicht diejenigen des § 9. Fehlt es an einem dieser Erfordernisse, ist die Aufenthaltserlaubnis weiter zu verlängern. Vorausgesetzt ist immer das Fortbestehen der familiären Lebensgemeinschaft. Der **Rechtsanspruch** besteht nur in atypischen Fallgestaltungen nicht, in denen die Erteilung der Niederlassungserlaubnis aufgrund wesentlicher Abweichungen von Normbild des Ausländers mit deutscher Familie als eindeutig ungerechtfertigt erscheint.

45 Die **Drei-Jahres-Frist** beginnt mit Erteilung der ersten Aufenthaltserlaubnis zum Zwecke der Familienzusammenführung zu laufen. Reist der Ausländer mit einem nationalen Visum zu diesem Zweck ein, zählt die Dauer des rechtmäßigen Aufenthalts bereits als Besitzzeit (§ 6 IV 3). Hat der Ausländer zuvor eine Aufenthaltserlaubnis zu anderen Zwecken besessen, wird diese Zeit nicht berücksichtigt, weil die Verkürzung der Frist gegenüber § 9 II 1 Nr. 1 auf der Annahme beruht, die Integration werde durch das Zusammenleben mit einem Deutschen begünstigt und beschleunigt.

46 **Anspruch auf Erteilung einer Niederlassungserlaubnis nach § 28 II 1 hat der Ehegatte eines Deutschen nur dann, wenn er zuvor im Besitz einer Aufenthaltserlaubnis nach § 28 I 1 gewesen ist**[83]. Auch wenn § 28 II 1 nur vom Besitz einer Aufenthaltserlaubnis spricht, so lässt schon der weitere Wortlaut der Vorschrift den Rückschluss darauf zu, dass die Aufenthaltserlaubnis iSd § 28 II 1 zum Familiennachzug zu einem Deutschen erteilt worden sein muss. Denn § 28 II 1 setzt neben dem dreijährigen Besitz einer Aufenthaltserlaubnis voraus, dass die familiäre Lebensgemeinschaft mit dem Deutschen im Bundesgebiet fortbesteht. Aus dem Wort „fortbesteht" ergibt sich, dass in dem Zeitraum, in dem der Ausländer eine Aufenthaltserlaubnis besessen hat, auch schon eine familiäre Lebensgemeinschaft mit einem Deutschen bestanden haben muss. Wird jedoch einem Ausländer eine Aufenthaltserlaubnis erteilt, um mit einem Deutschen in familiärer Lebensgemeinschaft zu leben, so erfolgt dies grundsätzlich nach § 28 I 1.

47 § 28 II ist Bestandteil der (Sonder-)Vorschrift, die ausschließlich den Zweck einer Aufenthaltserlaubnis zum Familiennachzug zu Deutschen regelt. Die systematische Stellung des § 28 II spricht somit dafür, dass sich diese Vorschrift nur auf die in § 28 I 1 geregelten Aufenthaltserlaubnissen zum Familiennachzug zu Deutschen bezieht und nicht etwa für alle im Abschnitt 6 des AufenthG angeführten Familiennachzugsvorschriften gilt[84].

48 Die Regelversagungsgründe des § 5 I finden bei der Niederlassungserlaubnis Anwendung[85]. Der Gesetzgeber hat nach der Konzeption des AufenthG die Fälle, in denen er von der Erfüllung bestimmter allgemeiner Erteilungsvoraussetzungen abweichen wollte, ausdrücklich im Wortlaut der jeweiligen Vorschrift kenntlich gemacht (vgl. § 29 IV, § 30 III, § 34 I und § 36 I). Eine entsprechende Regelung hat er auch in § 28 I für die Erteilung einer an das Zusammenleben mit einem Deutschen anknüpfenden Aufenthaltserlaubnis getroffen. Im Gegensatz dazu fehlt in § 28 II für den Anspruch auf Erteilung einer Niederlassungserlaubnis eine entsprechende Formulierung. Aus der Sonderregelung zu § 5 I Nr. 2 kann nicht auf eine Absicht des Gesetzgebers geschlossen werden, er habe zugleich auf die Erfüllung der übrigen Regelerteilungsvoraussetzungen verzichten wollen[86]. Daraus folgt, dass neben den in § 28 II 1 genannten Tatbestandsmerkmalen die allgemeinen Erteilungsvoraussetzungen des § 5 – insbesondere die Regelerteilungsvoraussetzung der Sicherung des Lebensunterhalts gem. § 5 I Nr. 1 – erfüllt sein müssen.

49 Soweit § 28 II 1 ausdrücklich das **Fehlen eines Ausweisungsgrundes (nunmehr Ausweisungsinteresses)** als Erteilungsvoraussetzung erwähnt, die anderen Voraussetzungen des § 5 I jedoch unerwähnt lässt, wird hierdurch die Regelerteilungsvoraussetzung des § 5 I Nr. 2 verschärft, weil von einem Ausweisungsinteresse auch bei einer atypischen Fallgestaltung nicht mehr abgesehen werden kann[87].

50 Der Gesetzgeber hat allerdings die Niederlassungserlaubnis bei familiärer Lebensgemeinschaft mit Deutschen insofern gegenüber einer solchen mit Ausländern privilegiert, als für die Unterhaltssicherung § 5 I Nr. 1 und nicht § 9 II 1 Nr. 2 maßgeblich ist. Das hat zur Folge, dass für die Familienangehörigen von Deutschen die Sicherung des Lebensunterhalts nur eine Regelerteilungsvoraussetzung darstellt und nicht wie für die Familienangehörigen von Ausländern eine zwingende Voraussetzung[88].

---

[83] BayVGH Urt. v. 5.8.2015 – 10 B 15.429 Rn. 22 ff.; HessVGH Beschl. v. 24.5.2016 – 6 A 2732/15, InfAuslR 2016, 372 Rn. 24.
[84] BayVGH Urt. v. 5.8.2015 – 10 B 15.429 Rn. 24.
[85] Vgl. BVerwG Urt. v. 16.1.2012 – 1 C 12.10, DVBl 2011, 1565 (Ls.) Rn. 13; OVG NRW Beschl. v. 6.7.2006 – 18 E 1500/05, InfAuslR 2006, 407; OVG Brem Beschl. v. 13.8.2009 – 1 S 223/09, InfAuslR 2010, 25; SächsOVG Beschl. v. 3.2.2010 – 3 D 70/09; OVG Bln-Bbg Urt. v. 22.2.2011 – 12 B 20.08; *Huber* AufG § 28 Rn. 10 f.
[86] BVerwG Urt. v. 16.1.2012 – 1 C 12.10, DVBl 2011, 1565 (Ls.) Rn. 13.
[87] BVerwG Urt. v. 16.1.2012 – 1 C 12.10, DVBl 2011, 1565 (Ls.) Rn. 13; Urt. v. 16.8.2011 – 1 C 12.10, InfAuslR 2012, 53.
[88] BVerwG Urt. v. 16.1.2012 – 1 C 12.10, DVBl 2011, 1565 (Ls.) Rn. 13.

Familiennachzug zu Deutschen § 28 AufenthG 1

Gesetzessystematik sowie Sinn und Zweck der Norm sprechen dafür, dass für die Erteilung einer 51
Niederlassungserlaubnis nach § 28 II 1 auch das in § 5 I Nr. 1 geregelte Erfordernis der Sicherung des
Lebensunterhalts erfüllt sein muss[89]. Regelmäßig ist aber eine Atypik gegeben, die ein Abweichen von
der Regelerteilungsvoraussetzung ermöglicht.

Der Gesetzgeber hat nach der Konzeption des AufenthG die Fälle, in denen er von der Erfüllung 52
bestimmter allgemeiner Erteilungsvoraussetzungen abweichen wollte, ausdrücklich im Wortlaut der
jeweiligen Vorschrift kenntlich gemacht (bspw. in §§ 29 IV, 30 III, 34 I und 36 I). Eine entsprechende
Regelung hat er auch in § 28 I für die Erteilung einer Aufenthaltserlaubnis an den Ehegatten eines
Deutschen, das minderjährige ledige Kind eines Deutschen bzw. den Elternteil eines minderjährigen
ledigen Deutschen zur Ausübung der Personensorge getroffen. Im Gegensatz dazu fehlt in § 28 II für
den Anspruch auf Erteilung einer Niederlassungserlaubnis eine entsprechende Formulierung. Daraus
folgt, dass neben den in § 28 II 1 genannten Tatbestandsmerkmalen die allgemeinen Erteilungsvoraussetzungen des § 5 – insbesondere die Regelerteilungsvoraussetzung der Sicherung des Lebensunterhalts
– erfüllt sein müssen[90].

Dem steht nicht entgegen, dass § 28 II 1 ausdrücklich das Fehlen eines Ausweisungsinteresses als 53
Erteilungsvoraussetzung erwähnt, die anderen Voraussetzungen des § 5 I Nr. 1 jedoch unerwähnt lässt.
Vielmehr wird durch diese Formulierung die Regelerteilungsvoraussetzung des § 5 I Nr. 2 verschärft,
weil von einem Ausweisungsinteresse auch bei einer atypischen Fallgestaltung nicht mehr abgesehen
werden kann[91]. Daraus kann nicht auf eine Absicht des Gesetzgebers geschlossen werden, er habe
durch die Verschärfung einer Regelerteilungsvoraussetzung auf die Erfüllung der übrigen Regelerteilungsvoraussetzungen verzichten wollen.

Für das Erfordernis der Sicherung des Lebensunterhalts als Voraussetzung für die Erteilung einer 54
Niederlassungserlaubnis nach § 28 II 1 spricht auch die Bedeutung, die der Gesetzgeber der Unterhaltssicherung generell beimisst. Er sieht hierin eine Erteilungsvoraussetzung von grundlegendem
staatlichem Interesse und zugleich die wichtigste Voraussetzung, um die Inanspruchnahme öffentlicher
Mittel zu verhindern[92]. Angesichts dieser gesetzgeberischen Wertung kann nicht angenommen werden,
dass von der Unterhaltssicherung bei Erteilung einer Erlaubnis zum Daueraufenthalt nach § 28 II
abgesehen werden sollte. **Der Gesetzgeber hat allerdings die Niederlassungserlaubnis bei familiärer Lebensgemeinschaft mit Deutschen insofern gegenüber einer solchen mit Ausländern
privilegiert, als für die Unterhaltssicherung § 5 I Nr. 1 und nicht § 9 II 1 Nr. 2 maßgeblich
ist. Das hat zur Folge, dass für die Familienangehörigen von Deutschen die Sicherung des
Lebensunterhalts nur eine Regelerteilungsvoraussetzung darstellt und nicht wie für die
Familienangehörigen von Ausländern eine zwingende Voraussetzung**[93].

Für die Sicherung des Lebensunterhalts iSv § 5 I Nr. 1 ist auf den Gesamtbedarf der Bedarfs- 55
gemeinschaft abzustellen[94]. Insofern sind für die Berechnung, ob ein Anspruch auf öffentliche Leistungen besteht, grundsätzlich die sozialrechtlichen Regelungen über die Bedarfsgemeinschaft nach
§ 9 II SGB II maßgeblich.

Bei einer familiären Lebensgemeinschaft mit einem deutschen Ehegatten ist aber von 56
einer Ausnahme von Regelfall des § 5 I Nr. 1 auszugehen[95]. Von einer solchen Ausnahme ist bei
besonderen atypischen Umständen auszugehen, die so bedeutsam sind, dass sie das sonst ausschlaggebende Gewicht der gesetzlichen Regelung beseitigen.

Ein wesentlicher Grund für das Abstellen auf die Bedarfsgemeinschaft besteht in der Vermeidung 57
zusätzlicher Belastungen der öffentlichen Haushalte. Dieser Grund für das Abstellen auf die familiäre
Bedarfsgemeinschaft liegt bei deutschen Familienangehörigen nicht vor. Das Aufenthaltsrecht eines
Deutschen im Land seiner Staatsangehörigkeit kann nicht weiter verfestigt werden. Deutsche sind auch
dann nicht zur Ausreise verpflichtet, wenn sie Sozialleistungen beziehen. Daher führt die mit einer
Niederlassungserlaubnis verbundene Verfestigung des Aufenthalts des ausländischen Ehegatten eines
Deutschen nicht zu einer Verstetigung der Belastung öffentlicher Haushalte durch die Verpflichtung
zur Gewährung von Sozialleistungen[96]. In diesem Fall greift die allgemeine Regel nicht, dass die
Verfestigung des Aufenthalts eines Mitglieds der auf Sozialleistungen angewiesenen Bedarfsgemeinschaft zu einer zusätzlichen Belastung der öffentlichen Haushalte führt und daher der Erteilung einer
Niederlassungserlaubnis entgegensteht[97]. Der Verweis auf § 5 I Nr. 1 verliert durch die vorstehend
näher beschriebene Ausnahme im Fall einer durch deutsche Familienangehörige entstehenden Bedarfslücke nicht seine Bedeutung, da weiterhin der Lebensunterhalt des die Niederlassungserlaubnis begeh-

---

[89] BVerwG Urt. v. 16.8.2011 – 1 C 12.10, InfAuslR 2012, 55 Rn. 12.
[90] BVerwG Urt. v. 16.8.2011 – 1 C 12.10, InfAuslR 2012, 55 Rn. 13 mwN.
[91] Zum Ausweisungsgrund BVerwG Urt. v. 16.8.2011 – 1 C 12.10, InfAuslR 2012, 55 Rn. 13.
[92] BVerwG Urt. v. 16.8.2011 – 1 C 12.10, InfAuslR 2012, 55 Rn. 13.
[93] BVerwG Urt. v. 16.8.2011 – 1 C 12.10, InfAuslR 2012, 55 Rn. 13.
[94] BVerwG Urt. v. 16.8.2011 – 1 C 12.10, InfAuslR 2012, 55 Rn. 14.
[95] BVerwG Urt. v. 16.8.2011 – 1 C 12.10, InfAuslR 2012, 55 Rn. 19.
[96] BVerwG Urt. v. 16.8.2011 – 1 C 12.10, InfAuslR 2012, 55 Rn. 19.
[97] BVerwG Urt. v. 16.8.2011 – 1 C 12.10, InfAuslR 2012, 55 Rn. 19.

Dienelt

renden Ausländers selbst – sowie ggf. weiterer in die Bedarfsgemeinschaft einbezogener ausländischer Familienangehöriger – gesichert sein muss[98].

58 Der besonders verfassungsrechtliche Schutz von Ehe und Familie erfordert es nicht, dass das Aufenthaltsrecht des mit einem Deutschen verheirateten Ausländers – trotz fehlender Sicherung des Lebensunterhalts – durch Erteilung einer Niederlassungserlaubnis verfestigt wird. Dem Schutz der Lebensgemeinschaft gem. Art. 6 I GG wird vielmehr ohne Weiteres Genüge getan, wenn der Aufenthalt des Ausländers erlaubt bleibt, dh eine Aufenthaltserlaubnis gem. § 28 I verlängert wird[99]. Bei der fehlenden Lebensunterhaltsdeckung ist zu beachten, dass es nicht zu einer Diskriminierung des Ausländers wegen der Ehe kommen darf[100]. Hätte der Ausländer aufgrund eigenen Einkommens die Möglichkeit, eine Niederlassungserlaubnis nach § 9 zu erlangen, so kann ihm die Unterhaltsleistungen an seinen deutschen Ehepartner nicht entgegengehalten werden. Dies bedeutet aber auch, dass der Ausländer sämtliche Anforderungen an eine Niederlassungserlaubnis nach § 9 erfüllen muss, dh auch den längeren Zeitraum von fünf Jahren rechtmäßigen Aufenthalts.

59 Die Anforderungen an die **Deutschkenntnisse** sind mit Wirkung zum 6.9.2013 deutlich erhöht worden. Nunmehr werden statt einfacher deutscher Sprachkenntnisse wie auch bei der Niederlassungserlaubnis nach § 9 II 1 Nr. 7 ausreichende Kenntnisse der deutschen Sprache verlangt. Ausreichende Kenntnisse der deutschen Sprache entsprechen nach der Begriffsbestimmung in § 2 XI dem Niveau B1 des Gemeinsamen Europäischen Referenzrahmens für Sprachen. Wegen Einzelheiten wird auf die Kommentierungen zu § 2 XI und § 9 II 2 verwiesen.

60 Der Ausländer braucht zwar keine ausreichenden Deutschkenntnisse aufzuweisen und schon gar nicht die deutsche Sprache zu beherrschen; er muss sich aber wenigstens im Alltagsleben ohne nennenswerte Schwierigkeiten verständigen können[101]. Die Kenntnisse und Fähigkeiten sind regelmäßig aufgrund einer Probe durch die Ausländerbehörde festzustellen, zu der das persönliche Erscheinen angeordnet werden kann (§ 82 IV). Diese gesonderte Überprüfung erübrigt sich, wenn die Sprachkenntnisse aus anderem Zusammenhang bekannt sind, zB aufgrund früherer Vorsprachen oder aus entsprechend qualifizierten Schulzeugnissen oder Arbeitsbescheinigungen.

6. Eigenständiges Aufenthaltsrecht

61 Das eigenständige Aufenthaltsrecht des ausländischen Familienangehörigen eines Deutschen richtet sich nach denselben Vorschriften wie bei Mitgliedern einer rein ausländischen Familie, nämlich bei Ehegatten nach § 31 und bei minderjährigen ledigen Kindern nach § 35. § 28 II enthält eine **Rechtsgrundverweisung**[102] auf § 31 mit der Maßgabe, dass an die Stelle des Aufenthaltstitels des Ausländers, zu dem der Nachzug erfolgte, der gewöhnliche Aufenthalt des Deutschen im Bundesgebiet tritt.

62 Die in Bezug genommene Vorschrift des § 31 betrifft zwar das eigenständige Aufenthaltsrecht von Ehegatten und würde deswegen eine dreijährige im Bundesgebiet gelebte eheliche Lebensgemeinschaft voraussetzen. Sowohl dem allgemeinen, von anderen Stellen des Gesetzes zum Ausdruck gekommenen Integrationsgedanken, nach dreijähriger Anwesenheit im Bundesgebiet ein eigenständiges, von der familiären Bezugsperson unabhängiges Aufenthaltsrecht anzuerkennen, als auch dem Wortlaut der Vorschrift widerspricht es aber nicht, auch eine **dreijährige Personensorge für ein deutsches Kind** ausreichend sein zu lassen[103]. Daher kann auch einem ehemals personensorgeberechtigten Elternteil eines Kindes deutscher Staatsangehörigkeit, der im Besitz eines Aufenthaltstitels nach § 28 I 1 Nr. 3 war, nach dem Eintritt der Volljährigkeit des Kindes in entsprechender Anwendung des § 31 ein Aufenthaltstitel nach § 31 erteilt werden kann[104]. Nur durch Anwendung des § 31 in Fällen des § 28 I 1 Nr. 3 kann zudem ein Wertungswiderspruch zu § 36 II 2 vermieden werden[105]. Denn nach dieser Vorschrift würden dann die Familienangehörigen von Ausländern, die gerade nicht Ehegatten oder Lebenspartner sein können, besser behandelt. Zudem ist mittlerweile auch in § 25b IV 3 durch den Verweis auf § 31 für andere Personen als den Ehegatten bzw. den Lebenspartner ein eigenständiges Aufenthaltsrecht geregelt, was den Wertungswiderspruch vertiefen würde[106].

63 Gem. § 28 III finden die §§ 31 und 34 mit der Maßgabe Anwendung, dass an die Stelle des Aufenthaltstitels des Ausländers der gewöhnliche Aufenthalt des Deutschen im Bundesgebiet tritt. Während sich die §§ 31 und 34 auf die Person beziehen, die das eigenständige Aufenthaltsrecht begehrt

---

[98] BVerwG Urt. v. 16.8.2011 – 1 C 12.10, InfAuslR 2012, 55 Rn. 19.
[99] VG Stuttgart Urt. v. 24.5.2006 – 12 K 1834/06.
[100] BVerfG Beschl. v. 11.5.2007 – 2 BvR 2483/06, InfAuslR 2007, 336 (338) zu § 5 I Nr. 1.
[101] Zu § 9 I Nr. 2 RuStAG ähnlich BVerwG Urt. v. 8.3.1988 – 1 C 55.86, BVerwGE 79, 94.
[102] OVG NRW Beschl. v. 19.11.2018 – 18 B 1520/18 Rn. 8.
[103] VG Darmstadt Beschl. v. 4.4.2014 – 5 L 1905/13.DA, InfAuslR 2014 Rn. 31; bestätigt durch HessVGH Beschl. v. 10.7.2014 – 3 B 730/14 Rn. 3; VGH BW Beschl. v. 2.12.2015 – 11 S 2155/15, InfAuslR 2016, 96 Rn. 5; offengelassen durch BayVGH Urt. v. 26.9.2016 – 10 B 13.1318 Rn. 38, aA HessVG Beschl. v. 19.10.2021 – 6 A 1527/19 Rn. 24.
[104] Hierzu VGH BW Beschl. v. 2.12.2015 – 11 S 2155/15, InfAuslR 2016, 96 Rn. 3.
[105] VGH BW Beschl. v. 2.12.2015 – 11 S 2155/15, InfAuslR 2016, 96 Rn. 5.
[106] VGH BW Beschl. v. 2.12.2015 – 11 S 2155/15, InfAuslR 2016, 96 Rn. 5.

und für die Frage der Anwendung der genannten Vorschriften offenkundig auf das Lebensalter dieser Person abgestellt wird (§ 31 für Volljährige, § 34 für nichtvolljährige Personen), muss die Bezugsperson, von der ein eigenständiges Aufenthaltsrecht abgeleitet wird, nicht notwendigerweise der Ehepartner iSd § 28 I 1 Nr. 1 sein. Es heißt in der Vorschrift nur: „... eines Deutschen ...". **Das kann auch das Kind iSv § 28 I 1 Nr. 3 sein**[107].

Gesetzessystematisch führt eine Auslegung, die nur auf Ehegatten abstellt, zudem zu einem Wertungswiderspruch[108]. Der Gesetzgeber bedient sich auch an anderer Stelle zur Begründung eines eigenständigen Aufenthaltsrechst des Verweises auf § 31. Gem. § 36 II 2 erwirbt der sonstige Familienangehörige ein eigenständiges Aufenthaltsrecht: der Volljährige nach § 30 III und § 31 – also regelmäßig nach dreijährigem Aufenthalt –, der minderjährige Familienangehörige nach § 34 mit dem Eintritt in die Volljährigkeit. Der Verweis auf § 31 bei Volljährigen kann sich hier nicht auf den Ehepartner beziehen, da als „sonstiger Familienangehöriger" iSv § 36 vor allem die außerhalb der engen Kernfamilie von Eltern und Kindern stehenden Angehörigen wie Onkel, Tanten, Brüder, Schwestern und Großeltern gemeint sind. Da diese mit der Bezugsperson keine Ehe geführt haben können, kann die gebotene entsprechende Anwendung nur bedeuten, dass Volljährige eine dreijährige Lebensgemeinschaft mit der Bezugsperson geführt haben müssen, um ein hiervon losgelöstes eigenes Aufenthaltsrecht zu erlangen. Aber auch der Elternteil eines ausländischen Kindes, wenn das ausländische Kind ursprünglich Bezugsperson für das dem Elternteil zuerkannte Aufenthaltsrecht war, stünde sich besser als der Elternteil eines deutschen Kindes. Alle erhielten nach dieser Vorschrift bereits nach dreijähriger gemeinsamer Lebensgemeinschaft ein eigenständiges Aufenthaltsrecht. 64

Letztlich dürften die in der Begründung zum ZuwG angeführten Erwägungen die hier vertretene Auffassung historisch-genetisch, aber auch teleologisch stützen. Zu § 28 III heißt es dort[109]: 65

> „Die Verweisung auf die §§ 31 und 35 stellt die Familienangehörigen von Deutschen denen der im Bundesgebiet lebenden Ausländer hinsichtlich des eigenständigen Aufenthaltsrechts gleich. Wenn ein Aufenthaltsrecht nicht länger vom Bestand der familiären Lebensgemeinschaft mit einem Deutschen abhängt, sondern zu einem eigenständigen und verfestigten Aufenthaltsrecht wird, besteht kein Bedarf einer Differenzierung danach, ob der Familiennachzug zu einem Deutschen oder zu einem aufenthaltsberechtigten Ausländer stattgefunden hatte."

Auch hier werden „Familienangehörige" umfassend („von Deutschen", „zu einem Deutschen") verstanden, mithin nicht nur der deutsche Ehepartner. Die ausdrücklich gewünschte Gleichstellung mit Familienangehörigen von Ausländern nimmt Bezug auf die bereits oben erwähnte Regelung des § 36, der hinsichtlich des von Familienangehörigen losgelösten eigenständigen Aufenthaltsrechts für Volljährige auf § 31 verweist und ua dem ausländischen Elternteil eines ausländischen Kindes nach dreijähriger Lebensgemeinschaft ein eigenständiges Aufenthaltsrecht verleiht. 66

Über die Verweisung in § 28 IV auf eine entsprechende Anwendbarkeit des § 36 findet auch das eigenständige Aufenthaltsrecht nach § 31 iVm § 36 II 2 Anwendung. § 28 IV unterfallen andere als die in § 28 I 1 Nr. 1–3 genannten Familienangehörigen, also zB volljährige Kinder, Großeltern, Onkel und Tanten und auch Eltern volljähriger deutscher Kinder[110]. 67

§ 29 Familiennachzug zu Ausländern

(1) Für den Familiennachzug zu einem Ausländer muss
1. der Ausländer eine Niederlassungserlaubnis, Erlaubnis zum Daueraufenthalt – EU, Aufenthaltserlaubnis, eine Blaue Karte EU, eine ICT-Karte oder eine Mobiler-ICT-Karte besitzen oder sich gemäß § 18e berechtigt im Bundesgebiet aufhalten und
2. ausreichender Wohnraum zur Verfügung stehen.

(2) ¹Bei dem Ehegatten und dem minderjährigen ledigen Kind eines Ausländers, der eine Aufenthaltserlaubnis nach § 23 Absatz 4, § 25 Absatz 1 oder 2, eine Niederlassungserlaubnis nach § 26 Absatz 3 oder nach Erteilung einer Aufenthaltserlaubnis nach § 25 Absatz 2 Satz 1 zweite Alternative eine Niederlassungserlaubnis nach § 26 Absatz 4 besitzt, kann von den Voraussetzungen des § 5 Absatz 1 Nummer 1 und des Absatzes 1 Nummer 2 abgesehen werden. ²In den Fällen des Satzes 1 ist von diesen Voraussetzungen abzusehen, wenn

---

[107] Nach Auffassung des BVerfG eine ungeklärte Frage von grundsätzlicher Bedeutung: BVerfG Beschl. v. 7.10.2020 – BvR 2426/17 Rn. 37; bejahend: VG Darmstadt Beschl. v. 4.4.2014 – 5 L 1905/13.DA, InfAuslR 2014 Rn. 31; bestätigt durch HessVGH Beschl. v. 10.7.2014 – 3 B 730/14 Rn. 3; aA OVG NRW Beschl. v. 19.11.2018 – 18 B 1520/18 Rn. 8, OVG Bln-Bbg Beschl. v. 25.9.2017 – OVG 12 N 46.17 Rn. 5; offengelassen BayVGH Beschl. v. 17.5.2017 – 19 CS 17.37 Rn. 9.
[108] VG Darmstadt Beschl. v. 4.4.2014 – 5 L 1905/13.DA, InfAuslR 2014 Rn. 31; bestätigt durch HessVGH Beschl. v. 10.7.2014 – 3 B 730/14 Rn. 3.
[109] BT-Drs. 15/420, 81.
[110] OVG NRW Beschl. v. 19.11.2018 – 18 B 1520/18, AuAS 2019, 2 Rn. 15.

1. der im Zuge des Familiennachzugs erforderliche Antrag auf Erteilung eines Aufenthaltstitels innerhalb von drei Monaten nach unanfechtbarer Anerkennung als Asylberechtigter oder unanfechtbarer Zuerkennung der Flüchtlingseigenschaft oder subsidiären Schutzes oder nach Erteilung einer Aufenthaltserlaubnis nach § 23 Absatz 4 gestellt wird und
2. die Herstellung der familiären Lebensgemeinschaft in einem Staat, der nicht Mitgliedstaat der Europäischen Union ist und zu dem der Ausländer oder seine Familienangehörigen eine besondere Bindung haben, nicht möglich ist.

³Die in Satz 2 Nr. 1 genannte Frist wird auch durch die rechtzeitige Antragstellung des Ausländers gewahrt.

(3) ¹Die Aufenthaltserlaubnis darf dem Ehegatten und dem minderjährigen Kind eines Ausländers, der eine Aufenthaltserlaubnis nach den §§ 22, 23 Absatz 1 oder Absatz 2 oder § 25 Absatz 3 oder Absatz 4a Satz 1, § 25a Absatz 1 oder § 25b Absatz 1 besitzt, nur aus völkerrechtlichen oder humanitären Gründen oder zur Wahrung politischer Interessen der Bundesrepublik Deutschland erteilt werden. ² § 26 Abs. 4 gilt entsprechend. ³Ein Familiennachzug wird in den Fällen des § 25 Absatz 3, 4b und 5, § 25a Absatz 2, § 25b Absatz 4, § 104a Abs. 1 Satz 1 und § 104b nicht gewährt.

(4) ¹Die Aufenthaltserlaubnis wird dem Ehegatten und dem minderjährigen ledigen Kind eines Ausländers oder dem minderjährigen ledigen Kind seines Ehegatten abweichend von § 5 Abs. 1 und § 27 Abs. 3 erteilt, wenn dem Ausländer vorübergehender Schutz nach § 24 Abs. 1 gewährt wurde und
1. die familiäre Lebensgemeinschaft im Herkunftsland durch die Fluchtsituation aufgehoben wurde und
2. der Familienangehörige aus einem anderen Mitgliedstaat der Europäischen Union übernommen wird oder sich außerhalb der Europäischen Union befindet und schutzbedürftig ist.

²Die Erteilung einer Aufenthaltserlaubnis an sonstige Familienangehörige eines Ausländers, dem vorübergehender Schutz nach § 24 Abs. 1 gewährt wurde, richtet sich nach § 36. ³Auf die nach diesem Absatz aufgenommenen Familienangehörigen findet § 24 Anwendung.

Allgemeine Verwaltungsvorschrift
29 Zu § 29 – Familiennachzug zu Ausländern
29.1 Aufenthaltsstatus; Wohnraumerfordernis
29.1.1 Die in § 29 genannten Voraussetzungen gelten zusätzlich zu denen der §§ 5 und 27, soweit sie nicht besonders ausgeschlossen sind.
29.1.2 Der im Bundesgebiet lebende Ausländer (Stammberechtigter) muss im Zeitpunkt der Erteilung der Aufenthaltserlaubnis an den Familienangehörigen im Besitz einer Niederlassungserlaubnis, Erlaubnis zum Daueraufenthalt-EG oder Aufenthaltserlaubnis sein.
29.1.2.1 Diese Voraussetzung ist nicht erfüllt, wenn der geforderte Aufenthaltstitel ungültig geworden oder aus anderen Gründen erloschen ist. Beruht das Erlöschen auf einem Verwaltungsakt (z. B. Widerruf, Rücknahme, Ausweisung, nachträgliche Befristung), kommt es auf dessen Unanfechtbarkeit nicht an (§ 84 Absatz 2 Satz 1). Dies ist insbesondere auch zu bedenken, wenn die Anerkennung als Asylberechtigter oder die Rechtsstellung als Flüchtling nach § 73 AsylVfG widerrufen wird und nachfolgend ein Widerruf des Aufenthaltstitels erfolgt (§ 52 Absatz 1 Satz 1 Nummer 4). In diesem Fall kommt aufgrund der akzessorischen Verknüpfung zum Aufenthaltsrecht des Stammberechtigten (vgl. hierzu Nummer 27.1.3) ein Familiennachzug nicht in Betracht.
29.1.2.2 Wenn der Ausländer, zu dem der Nachzug stattfindet, im Besitz eines nationalen Visums ist und in Aussicht steht, dass ihm auf seinen Antrag hin eine Aufenthaltserlaubnis, Erlaubnis zum Daueraufenthalt-EG oder Niederlassungserlaubnis erteilt werden wird, kann auch dem Nachziehenden bereits ein Visum erteilt werden. Die Voraussetzung des Absatzes 1 Nummer 1 ist auch erfüllt, wenn dem Ausländer, zu dem der Nachzug stattfindet, gleichzeitig mit dem nachziehenden Ausländer ein solcher Aufenthaltstitel erteilt wird. Ein Voraufenthalt des Ausländers, zu dem der Nachzug stattfindet, im Bundesgebiet ist dabei nicht erforderlich, sofern beide Ausländer, die sich noch im Ausland befinden, beabsichtigen, künftig die familiäre Lebensgemeinschaft im Bundesgebiet zu leben. Dies können sie i. d. R. nur dadurch dokumentieren, dass sie beide einen Aufenthaltstitel beantragen.
29.1.3 Die Voraussetzung ausreichenden Wohnraums richtet sich nach § 2 Absatz 4 (vgl. Nummer 2.4).
29.2 Abweichungen bei anerkannten Flüchtlingen
29.2.1 Nach Absatz 2 Satz 1 kann von den Voraussetzungen des § 5 Absatz 1 Nummer 1 und des Absatzes 1 Nummer 2 im Ermessenswege abgewichen werden. Bei der Zulassung einer Ausnahme nach Absatz 2 ist dem Umstand, dass dem Asylberechtigten oder Konventionsflüchtling eine Familienzusammenführung in einem Verfolgerstaat nicht zugemutet werden kann, besondere Bedeutung beizumessen.
29.2.2.1 Leben die nachzugswilligen Familienangehörigen noch im Verfolgerstaat oder halten sich diese bereits im Bundesgebiet etwa als Asylbewerber auf, kommt eine Ausnahme nach § 29 Absatz 2 Satz 1 grundsätzlich in Betracht, wenn sich der Asylberechtigte oder Konventionsflüchtling nach der Asylanerkennung oder der Anerkennung des Flüchtlingsstatus nachhaltig um die Aufnahme einer Erwerbstätigkeit (z. B. Vorlage einer Bescheinigung der Arbeitsagentur) sowie um die Bereitstellung von Wohnraum außerhalb der öffentlichen Einrichtung bemüht hat. Leben nachzugswillige Familienangehörige mit einem Daueraufenthaltsrecht oder als anerkannte Flüchtlinge in einem Drittstaat, ist auch zu prüfen, ob dem Asylberechtigten oder Konventionsflüchtling die Herstellung der familiären Lebensgemeinschaft im Drittstaat zuzumuten ist. Lässt die Ausländerbehörde eine Ausnahme zu, haben die Familienangehörigen des Asylberechtigten oder Konventionsflüchtlings einen Rechtsanspruch auf Erteilung einer Aufenthaltserlaubnis (vgl. § 30 Absatz 1 Satz 1 Nummer 3 Buchstabe c), § 32 Absatz 1 Nummer 1).

Familiennachzug zu Ausländern **§ 29 AufenthG 1**

29.2.2.2 Sofern die in § 29 Absatz 2 Satz 2 Nummer 1 und Nummer 2 genannten Voraussetzungen vorliegen (Unmöglichkeit der Familienzusammenführung in einem Drittstaat, zu dem eine besondere Bindung des Zusammenführenden oder von Familienangehörigen besteht und Antragstellung auf Familienzusammenführung innerhalb der Dreimonatsfrist), ist beim Nachzug des Ehegatten oder des minderjährigen ledigen Kindes stets von den Voraussetzungen des § 5 Absatz 1 Nummer 1 (gesicherter Lebensunterhalt) und des § 29 Absatz 1 Nummer 2 (ausreichender Wohnraum) abzusehen. Als erforderlicher Antrag auf Erteilung eines Aufenthaltstitels zum Zwecke des Familiennachzugs kommt ein Antrag auf Erteilung eines Visums oder – bei Staatsangehörigen eines in Anhang II der Verordnung (EG) Nummer 539/ 2001 des Rates zur Aufstellung der Liste der Drittländer, deren Staatsangehörige beim Überschreiten der Außengrenzen im Besitz eines Visums sein müsse, sowie der Liste der Drittländer, deren Staatsangehörige von dieser Visumpflicht befreit sind, vom 15. März 2001 (ABl. EG Nummer L 81 S. 1) aufgeführten Staates, denen nach § 39 AufenthV die Einholung eines Aufenthaltstitels für einen längerfristigen Aufenthalt im Bundesgebiet gestattet ist – auch einer Aufenthaltserlaubnis in Betracht. § 29 Absatz 2 Satz 3 führt dazu, dass sowohl der Antrag des Familienangehörigen als auch der des zusammenführenden Ausländers (der hierzu keine schriftliche Vollmacht vorlegen muss) fristwahrend sind. Die Regelung soll dem Umstand Rechnung tragen, dass dem Familienangehörigen eines Flüchtlings auf Grund besonderer Umstände im Aufenthaltsstaat eine fristgerechte Antragstellung nicht oder nur unter erschwerten Bedingungen möglich ist. Sinn und Zweck der Regelung ist die Erleichterung eines zeitlich unmittelbaren Nachzugs auch der Familienangehörigen eines anerkannten Flüchtlings. Von den genannten Regelerteilungsvoraussetzungen ist daher bei der Entscheidung über denjenigen Aufenthaltstitel abzusehen, der fristwahrend beantragt worden ist. Bei einem nach Ablauf der Frist gestellten Antrag ist eine Ermessensentscheidung nach § 29 Absatz 2 Satz 1 zu treffen.

29.3 Beschränkung des Familiennachzugs bei humanitären Aufnahmen

29.3.1.0 Die allgemeinen Bestimmungen, insbesondere die Vorschriften der §§ 5, 11, 27 und des § 29 Absatz 1, finden in den Fällen des Absatzes 3 Satz 1 uneingeschränkt Anwendung.

29.3.1.1 Das Begehren nach Herstellung der familiären Lebensgemeinschaft mit einem Ausländer, der eine Aufenthaltserlaubnis nach den §§ 22, 23 Absatz 1 oder § 25 Absatz 3 besitzt, ist allein noch kein hinreichender Grund für die Erteilung der Aufenthaltserlaubnis an den Ehegatten und die minderjährigen ledigen Kinder. Es müssen also weitere (völkerrechtliche oder humanitäre) Gründe (oder das politische Interesse der Bundesrepublik Deutschland) hinzutreten, wenn der Nachzug bereits vor Erteilung einer Niederlassungserlaubnis des Stammberechtigten zugelassen werden soll. Die grundgesetzliche Wertentscheidung des Artikels 6 GG erfordert es regelmäßig nicht, dem Begehren eines Ausländers nach familiärem Zusammenleben im Bundesgebiet schon dann zu entsprechen, wenn der Aufenthalt des Angehörigen im Bundesgebiet nicht auf Dauer gesichert ist. Im Anwendungsbereich des § 29 Absatz 3 Satz 1 bestimmt sich nach den Umständen des Einzelfalles, ob Familienangehörigen zum Schutz von Ehe und Familie eine Aufenthaltserlaubnis erteilt werden kann. Im Hinblick auf Artikel 6 GG sind allerdings bei der Entscheidung über die Aufenthaltserlaubnis für den Ehegatten und die minderjährigen ledigen Kinder an das Vorliegen eines humanitären Grundes geringere Anforderungen zu stellen; insbesondere, wenn die familiäre Lebensgemeinschaft bereits in Deutschland geführt wird. Sowohl im Interesse des Schutzes von Ehe und Familie als auch des Wohles des Kindes sollen Anträge des Kindes oder seiner Eltern auf Herstellung der familiären Lebensgemeinschaft vorrangig und beschleunigt bearbeitet werden. Ist in absehbarer Zeit mit dem Wegfall des Schutzzwecks zu rechnen, der zur Erteilung der Aufenthaltserlaubnis an den im Bundesgebiet lebenden Ausländer geführt hat, kommt ein Nachzug nicht in Betracht. Sofern die Herstellung der Familieneinheit im Ausland aus zwingenden persönlichen Gründen unmöglich ist, ist stets ein dringender humanitärer Grund i. S. d. Vorschrift anzunehmen. Bei Ausländern, die eine Aufenthaltserlaubnis nach § 25 Absatz 1 bis 3 besitzen, ist – außer in den Fällen des § 60 Absatz 4 – anzunehmen, dass die Herstellung der familiären Einheit im Herkunftsstaat unmöglich ist. Ob die Herstellung in einem anderen als dem Herkunftsstaat möglich ist, bedarf nur der Prüfung, sofern ein Ehegatte oder ein Kind in einem Drittland ein Daueraufenthaltsrecht besitzt.

29.3.1.2 Solange ein Asylverfahren der Familienangehörigen noch nicht bestandskräftig abgeschlossen ist, findet § 10 Absatz 1 Anwendung.

29.3.2 Die Voraussetzungen für die Aufenthaltserlaubnis von Ehegatten und minderjährigen Kindern eines Ausländers, die eine Aufenthaltserlaubnis nach §§ 22, 23 Absatz 1 oder § 25 Absatz 3 besitzen, sind zwar in Kapitel 2 Abschnitt 6 des Aufenthaltsgesetzes geregelt, der Ehegatte und das minderjährige Kind dürfen jedoch nicht besser gestellt werden als der Stammberechtigte. Daher stellt § 29 Absatz 3 Satz 2 klar, dass auch die Niederlassungserlaubnis der Familienangehörigen ein humanitärer Aufenthaltstitel nach Abschnitt 5 ist und sich die Voraussetzungen für deren Niederlassungserlaubnis entsprechend dem Stammberechtigten nach § 26 Absatz 4 und nicht nach § 9 richten. Hintergrund der für Ehegatten im Vergleich zu § 9 um zwei Jahre längere Frist des § 26 Absatz 4 ist der Umstand, dass es sich bei den humanitären Aufenthaltstiteln um prinzipiell als vorübergehend konzipierte Aufenthaltsrechte handelt und damit auch nicht die Voraussetzungen für eine Erlaubnis zum Daueraufenthalt EG erfüllt werden können.

Die Aufenthaltserlaubnis zum Familiennachzug wird nach §§ 30 ff. i. V. m. § 29 Absatz 3 erteilt. Auch die §§ 31 und 34 Absatz 2 sind grundsätzlich anwendbar. Um Ehegatten und Kind nicht besser zu stellen als den Stammberechtigten, bedarf es aber der erneuten Prüfung, ob die humanitären Gründe, auf denen der Titel des Stammberechtigten beruht, noch bestehen.

29.3.3 In den Fällen des Absatz 3 Satz 3 ist ein Familiennachzug absolut ausgeschlossen. Der Erteilung eines Aufenthaltstitels zu einem anderen Zweck als dem Familiennachzug nach allgemeinen Vorschriften steht die Regelung jedoch nicht entgegen.

29.3.4 Die Beschränkungen des § 29 Absatz 3 gelten nicht in Fällen des § 23a; hier kommen die allgemeinen Regelungen zum Familiennachzug zur Anwendung, da der Aufenthalt in Härtefallentscheidungen grundsätzlich auf Dauer angelegt ist.

29.4 Familiennachzug bei Gewährung vorübergehenden Schutzes

29.4.1 § 29 Absatz 4 dient der Umsetzung der Richtlinie 2001/55/EG des Rates vom 20. Juli 2001 über Mindestnormen für die Gewährung vorübergehenden Schutzes im Falle eines Massenzustroms von Vertriebenen und Maßnahmen zur Förderung einer ausgewogenen Verteilung der Belastungen, die mit der Aufnahme dieser Personen und den Folgen dieser Aufnahme verbunden sind, auf die Mitgliedstaaten (ABl. EG Nummer L 212 S. 12, so genannte

Richtlinie zum vorübergehenden Schutz). Die Richtlinie und die zu ihr ergehende Rechtsprechung des Europäischen Gerichtshofs sind bei der Anwendung der Vorschrift zu beachten.

29.4.2 Bei Erfüllung der Tatbestandsvoraussetzungen besteht ein Anspruch auf Familiennachzug, auch wenn die Voraussetzungen des § 5 Absatz 1 oder § 27 Absatz 3 nicht erfüllt sind. Da nach Absatz 4 Satz 3 die Vorschrift des § 24 entsprechende Anwendung findet, gilt zudem § 5 Absatz 3, weshalb auch die Voraussetzungen des § 5 Absatz 2 Satz 1 keine Anwendung finden, soweit dies ausnahmsweise nicht auf Grund des Sachzusammenhangs ohnehin ausgeschlossen ist.

29.4.3 In den Fällen des Absatzes 4 sind die §§ 30 und 32 unanwendbar. Hingegen finden die §§ 31, 33, 34 und 35 hinsichtlich der Verlängerung, der Entstehung eines eigenständigen Aufenthaltsrechts und der Erteilung einer Niederlassungserlaubnis unmittelbar Anwendung.

29.4.4 Tatbestandsvoraussetzung nach Absatz 4 Satz 1 Nummer 1 ist, dass eine familiäre Lebensgemeinschaft bereits im Herkunftsland bestand und dass diese Lebensgemeinschaft durch die Fluchtsituation selbst und nicht aus anderen Gründen aufgehoben wurde. Die Trennung muss nicht im Herkunftsland stattgefunden haben. Es genügt, wenn die Trennung auf dem Fluchtweg erfolgte. Eine Trennung aufgrund der Fluchtsituation liegt nicht nur in Fällen gewaltsamer Trennung vor, sondern auch dann, wenn etwa die Trennung aufgrund eines eigenen Entschlusses der Familienangehörigen erfolgte und vor dem Hintergrund der konkreten Fluchtsituation und der damit verbundenen Belastungen nachvollziehbar ist.

29.4.5 In Fällen, in denen der Familienangehörige nach der genannten Richtlinie von einem anderen Mitgliedstaat der Europäischen Union übernommen wird, ist die Schutzbedürftigkeit nicht besonders zu prüfen. Erfolgt hingegen eine Aufnahme aus einem Gebiet außerhalb der Europäischen Union, muss auch in der Person des Nachziehenden das erforderliche Schutzbedürfnis gegeben sein.

29.4.6 Auch die in Absatz 4 Satz 3 enthaltene Verweisung auf § 36 dient der Umsetzung der genannten Richtlinie. Daher sind die Richtlinie und die zu ihr etwa ergehende Rechtsprechung des Europäischen Gerichtshofs bei der Anwendung dieser Vorschrift zu beachten.

29.5 Ausübung einer Erwerbstätigkeit

29.5.1 Die Berechtigung zur Ausübung einer Erwerbstätigkeit besteht, wenn der Ausländer, zu dem der Nachzug stattfindet, zur Ausübung einer Erwerbstätigkeit berechtigt ist (Nummer 1) oder die eheliche Lebensgemeinschaft seit mindestens zwei Jahren rechtmäßig im Bundesgebiet bestanden hat und die Aufenthaltserlaubnis des Ausländers, zu dem der Familiennachzug erfolgt, nicht mit einer Nebenbestimmung nach § 8 Absatz 2 versehen ist oder dessen Aufenthalt nicht bereits durch Gesetz oder Verordnung von einer Verlängerung ausgeschlossen ist (Nummer 2).

29.5.2.1 Maßgeblich für die Beurteilung der Voraussetzungen der Nummer 1 ist der Zeitpunkt der Erteilung des Aufenthaltstitels an den nachziehenden Ausländer. Es genügt, wenn beiden Ausländern gleichzeitig ein Aufenthaltstitel mit einer bestimmten Berechtigung erteilt wird. Der Aufenthaltstitel, der tatsächlich dem Ausländer erteilt wurde oder wird, zu dem der Nachzug stattfindet, stellt die alleinige Grundlage für die Entscheidung über die Berechtigung des nachziehenden Ausländers über die Erwerbstätigkeit dar. Der Umstand, dass dem Ausländer, zu dem der Nachzug stattfindet, ein Aufenthaltstitel mit einer weiter gehenden Berechtigung zur Ausübung einer Erwerbstätigkeit erteilt werden könnte oder sogar müsste, ist unerheblich, solange dieser Ausländer einen solchen Aufenthaltstitel nicht beantragt. Umgekehrt ist es unerheblich, ob dem Ausländer, zu dem der Nachzug stattfindet, im Wege der Rücknahme oder des Widerrufs seines Aufenthaltstitels oder durch Ausweisung die Berechtigung zur Ausübung der Erwerbstätigkeit entzogen werden dürfte, solange die Behörde nicht tatsächlich eine derartige Entscheidung trifft.

29.5.2.2 Die Berechtigung zur Ausübung einer selbständigen Erwerbstätigkeit kann nach § 21 Absatz 6 auch dann erteilt werden, wenn der Ausländer, zu dem der Nachzug stattfindet, nicht zur Ausübung einer selbständigen Erwerbstätigkeit, aber zur Ausübung einer Beschäftigung berechtigt ist.

29.5.2.3 Dem nachziehenden Familienangehörigen ist die Ausübung der Beschäftigung uneingeschränkt zu erlauben, wenn der Ausländer, zu dem der Nachzug stattfindet, selber einen uneingeschränkten Arbeitsmarktzugang hat. Dies ist der Fall, wenn der Ausländer auf Grund einer gesetzlichen Regelung, z. B. nach § 9 oder § 25 Absatz 1, auf Grund einer ihm ohne Beschränkungen nach § 13 BeschVerfV erteilten Zustimmung der Bundesagentur für Arbeit oder gemäß § 3a BeschVerfVohne Zustimmung der Bundesagentur für Arbeit jede Beschäftigung am Arbeitsmarkt ausüben darf.

Solange der stammberechtigte Ausländer keinen uneingeschränkten Zugang zu jeder Beschäftigung hat und bei dem Familienangehörigen noch nicht die Voraussetzungen des Absatzes 5 Nummer 2 vorliegen (vgl. Nummer 29.5.3), kann dem nachziehenden Familienangehörigen die Aufnahme einer Beschäftigung nur mit Zustimmung der Bundesagentur für Arbeit erlaubt werden (§ 4 Absatz 2 Satz 3 i. V. m. § 39 Absatz 2 und 3), sofern die Beschäftigung nicht nach §§ 2 bis 15 BeschV zustimmungsfrei ausgeübt werden kann.

29.5.2.4 Ist der Ausländer, zu dem der Nachzug stattfindet, selbständig tätig und ist daher die Ausübung einer Beschäftigung im Aufenthaltstitel nicht erlaubt worden, richtet sich das Erfordernis der Zustimmung der Bundesagentur für Arbeit für die Gestattung einer Beschäftigung des nachziehenden Ausländers danach, ob eine Zustimmung auch bei der Aufnahme einer Beschäftigung durch den Ausländer, zu dem der Nachzug stattfindet, erforderlich wäre. Für eine Beschäftigung des nachgezogenen Familienangehörigen im Betrieb des Familienangehörigen ist keine Zustimmung der Bundesagentur für Arbeit erforderlich (§ 3 BeschVerfV).

29.5.2.5 Die Prüfung der Bundesagentur für Arbeit, ob der Ausübung einer Beschäftigung durch den nachziehenden Ausländer zugestimmt wird, ist eine eigenständige und richtet sich nach den Vorschriften der §§ 39 bis 41. Es ist daher möglich, dass die Zustimmung zur Ausübung der Beschäftigung des nachziehenden Ausländers versagt wird, obwohl dem Ausländer, zu dem der Nachzug stattfindet, die Ausübung einer Beschäftigung erlaubt ist.

29.5.2.6 Familienangehörige von Personen, die im Besitz einer Aufenthaltserlaubnis nach § 16 Absatz 1 sind, benötigen für die Ausübung einer Beschäftigung immer die Zustimmung der Bundesagentur für Arbeit, soweit die Beschäftigung nicht nach §§ 2 bis 15 BeschV zustimmungsfrei ist. Die Regelung des § 16 Absatz 3, die sich ausschließlich auf Studenten während des Studiums bezieht, ist ihrer Natur nach auf Familienangehörige nicht anwendbar.

29.5.2.7 Familienangehörigen von Personen, die im Besitz einer Aufenthaltserlaubnis nach § 20 sind oder die nach den §§ 4, 5, 27, 28 und 31 Satz 1 Nummer 1 BeschV eine Beschäftigung ausüben dürfen, wird die Zustimmung zur Ausübung einer Beschäftigung ohne Prüfung nach § 39 Absatz 2 Satz 1 Nummer 1 (Vorrangprüfung) erteilt.

29.5.3 Absatz 5 Nummer 2 korrespondiert mit den Bestimmungen zur Gewährung des eigenständigen Aufenthaltsrechts des Ehegatten nach § 31 Absatz 1 Nummer 1 und verfolgt den Zweck, den Ehegatten, dem im Falle der Aufhebung der ehelichen Lebensgemeinschaft eine Aufenthaltserlaubnis erteilt wird, die zur Ausübung einer Erwerbstätigkeit berechtigt, nicht besser zu stellen, als den Ehegatten, dessen eheliche Lebensgemeinschaft fortgeführt wird. Der Aufenthaltstitel des nachgezogenen Familienangehörigen berechtigt deshalb nach zwei Jahren rechtmäßig im Bundesgebiet bestehender Ehe nicht zur Ausübung einer Erwerbstätigkeit, wenn der Ausländer, zu dem der Familiennachzug erfolgt ist, selbst nur über ein befristetes Aufenthaltsrecht verfügt und dessen Aufenthaltserlaubnis auf der Grundlage eines Gesetzes, einer Verordnung oder einer Nebenbestimmung zur Aufenthaltserlaubnis nach § 8 Absatz 2 nicht verlängert werden kann oder die Erteilung einer Niederlassungserlaubnis ausgeschlossen ist. In den übrigen Fällen ist der Ehegatte nach zwei Jahren rechtmäßig im Bundesgebiet bestehender Ehe uneingeschränkt zur Ausübung einer Erwerbstätigkeit berechtigt und zwar unabhängig davon, ob die Ehe dann weiter besteht (§ 30) oder ob die Eheleute sich getrennt haben (§ 31).

29.5.4 Absatz 5 hat nicht zur Folge, dass Beschränkungen hinsichtlich der beruflichen Tätigkeit, des Arbeitgebers, eines Ortes oder eines Bezirkes der Arbeitsagentur oder der Lage und Verteilung der Arbeitszeit, die für den Ausländer gelten, zu dem der Nachzug stattfindet, bei dem nachziehenden Ausländer zu übernehmen sind.

Übersicht

	Rn.
I. Entstehungsgeschichte	1
II. Allgemeines	4
III. Zuzug zu Ausländern	6
1. Allgemeines	6
2. Besitz eines Aufenthaltstitels	10
3. Ausreichender Wohnraum	12
4. Abweichungen zugunsten international Schutzberechtigter und Resettlement-Flüchtlingen	13
5. Familienzuzug bei humanitärem Schutz	27
6. Familienzuzug bei vorübergehendem Schutz	42

I. Entstehungsgeschichte

Die Vorschrift entspricht im Wesentlichen dem **Gesetzesentwurf**[1]. Aufgrund des Vermittlungsverfahrens wurde in Abs. 5 die letzte Alternative eingefügt[2]. Durch das AuslRÄndG 2007[3] wurden in Abs. 1 Nr. 1 neben der Niederlassungserlaubnis die Erlaubnis zum Daueraufenthalt – EG aufgenommen. In den Abs. 2 wurden die S. 2 und 3 und in den Abs. 3 wurde S. 2 neu eingefügt. Der bisherige S. 2 wird zu S. 3 und berücksichtigt nun die Aufnahme eines neuen Abs. 4a in den § 25 sowie der neuen §§ 104a und 104b. Die bisherige Fassung des Abs. 5 „Unbeschadet des § 4 Abs 2 S. 3 berechtigt die Aufenthaltsgenehmigung zur Ausübung einer Erwerbstätigkeit, soweit der Ausländer zu dem der Familiennachzug erfolgt, zur Ausübung einer Erwerbstätigkeit berechtigt ist oder wenn die eheliche Lebensgemeinschaft seit mindestens zwei Jahren rechtmäßig im Bundesgebiet bestanden hat." wurde neu gefasst. 1

Durch RLUmsG 2011[4] wurde die Nr. 2 in Abs. 5 aufgenommen. Mit Gesetz zur Bekämpfung der Zwangsheirat[5] wurde in § 29 III 3 nach der Angabe „§ 25 IV bis V" die Angabe „25a I und II" eingefügt. § 29 I wurde durch das RLUmsG 2012[6] um die Blaue Karte EU erweitert und in Abs. 5 Nr. 2 der Verweis auf § 20 durch den Verweis auf die §§ 19a oder 20 ersetzt. § 29 V wurde durch Gesetz vom 29.8.2013 aufgehoben[7]; die Ausübung einer Erwerbstätigkeit wurde in § 27 V neu geregelt. 2

Durch das AufenthÄndG 2015[8] wurde der Nachzug zu Resettlement-Flüchtlingen in § 29 II durch Aufnahme der Vorschrift des § 23 IV geregelt. Weiterhin wurde die Beschränkung des Nachzugs zu subsidiar Schutzberechtigten nach § 25 II 1 Alt. 2 aufgehoben. Der § 29 III 1 wurde auf die Aufenthaltstitel der §§ 22, 23 I und II, 25 III und IVa, 25a I oder 25b I beschränkt. Der Ausschluss des Nachzugs betrifft nun neben § 25 IV und V und § 25a II auch die §§ 25 IVb, 25b IV. Soweit der Ausschluss zuvor auch § 25 IVa und § 25a I erfasste, ist eine Erleichterung des Familiennachzugs durch Aufnahme dieser Regelungen in § 29 II 1 erfolgt. Mit dem RLUmsG 2017 wurde § 29 I Nr. 1 um die beiden neuen ICT-Aufenthaltstitel sowie den Titel nach § 20a ergänzt. Durch das FEG[9] wurde Folgeänderung erforderlich; die ursprüngliche Bezugnahme auf § 20a wurde durch § 18e ersetzt. 3

---

[1] BT-Drs. 15/420, 14.
[2] BT-Drs. 15/3479, 5.
[3] BT-Drs. 16/5065, 18.
[4] BGBl. 2011 I S. 2258 (2260).
[5] BGBl. 2011 I S. 1266 (1267).
[6] BGBl. 2012 I S. 1224 (1227).
[7] BGBl. 2013 I S. 3484, ber. S. 3899, in Kraft getreten am 6.9.2013.
[8] BGBl. 2015 I S. 1386.
[9] BGBl. 2019 I S. 1307, in Kraft getreten am 1.3.2020.

II. Allgemeines

4 Der Familienzuzug zu Ausländern ist wesentlich **differenzierter** geregelt als der zu Deutschen. Wichtige persönliche Kriterien bilden der Aufenthaltsstatus, die Aufenthaltsdauer und der Integrationsstand des Zusammenführenden sowie Familienstand und Alter des Zuzugsbewerbers. Bei den objektiven Verhältnissen steht die Unterhaltssicherung im Vordergrund. Es gelten die Grundvoraussetzungen des § 27 und die allgemeinen des § 5, soweit hierzu jeweils keine besondere Bestimmung getroffen ist. Darin kommt zum Ausdruck, dass dem ausländischen Stammberechtigten anders als dem deutschen kein absolutes Aufenthaltsrecht in Deutschland zusteht und auch keine grundsätzlich unbeschränkt garantierte materielle Hilfestellung in allgemeinen Notlagen.

5 **Systematisch** ist das Regelwerk so aufgebaut, dass in § 29 Grundvoraussetzungen aufgestellt sind und sodann Zuzug, Verfestigung und Verselbstständigung für Ehegatten, Kinder und sonstige Familienmitglieder jeweils getrennt behandelt sind (§§ 30 und 31, §§ 32, 34 und 35 sowie § 36), wobei das in Deutschland geborene Kind eine eigenständige Regelung erfährt (§ 33). Dabei ist die Berechtigung zur Ausübung einer Erwerbstätigkeit ebenso wie der Übergang zur Niederlassungserlaubnis jeweils gesondert behandelt.

III. Zuzug zu Ausländern

1. Allgemeines

6 Das **Grundprogramm** des § 29 mit seinen zunächst kompliziert anmutenden Einzelregelungen gilt für den gesamten Zuzug von Ehegatten und minderjährigen ledigen Kindern, aber auch von sonstigen Familienangehörigen. Innerhalb der Besitzer einer Aufenthaltserlaubnis unterscheidet es zT sehr eingehend nach dem konkreten Zweck des Aufenthalts des bereits in Deutschland lebenden Familienmitglieds. Das Erwerbstätigkeitsrecht wird gleichzeitig mitgeregelt. Nur das in Deutschland geborene Kind (§ 33) fällt mit eigenen Voraussetzungen und Rechtsfolgen aus diesem Programm heraus. Auf eingetragene Lebenspartner sind die Vorschriften entsprechend anzuwenden (§ 27 II)[10].

7 Nach § 29 II 1 kann von der Regelerteilungsvoraussetzung des § 5 I Nr. 1 und dem Wohnraumerfordernis des Abs. 1 Nr. 2 abgesehen werden. Die Vorschrift soll den Ausländer iRd Familiennachzugs privilegieren.

8 Ob § 29 II 1 im Hinblick auf die fehlende Lebensunterhaltssicherung Anwendung findet, hängt vom Verhältnis dieser Vorschrift zu § 5 I Nr. 1 ab. Hierzu gilt Folgendes: Für die in § 5 I genannten Tatbestandsvoraussetzungen, die für die Erteilung einer Aufenthaltserlaubnis „in der Regel" vorliegen müssen, wird – falls sie nicht vorliegen, aber eine atypische Lage anzunehmen ist – keine Ermessensentscheidung in der herkömmlichen Form eröffnet. Die Bejahung der Atypik einer der in § 5 I genannten Voraussetzungen ersetzt in ihren Wirkungen die nicht erfüllte Voraussetzung; der Betroffene ist dann auf der Tatbestandsseite so zu stellen, als läge die regelhaft geforderte Voraussetzung vor. Eine Ermessensausübung findet nicht zusätzlich statt[11]. Im Falle einer Atypik ist § 29 II 1 nicht anzuwenden[12]. In einem atypischen Fall gilt die Voraussetzung des § 5 I Nr. 1 vielmehr als erfüllt.

9 **Lediglich in den Fällen, in denen eine Atypik nicht festgestellt werden kann, erfährt § 29 II 1 eine zusätzliche Bedeutung für den Familiennachzug:** Kann die fehlende Erteilungsvoraussetzung auch durch die Bejahung einer atypischen Situation nicht kompensiert werden, ist die Behörde verpflichtet, iRe dann nach § 27 II 1 eröffneten Ermessensentscheidung zu prüfen, ob die fehlende Lebensunterhaltssicherung außer Betracht bleiben kann.

2. Besitz eines Aufenthaltstitels

10 Der bereits im Bundesgebiet lebende Ausländer muss eine Aufenthaltserlaubnis, Erlaubnis zum Daueraufenthalt – EU, Blaue Karte EU, ICT-Karte, Mobiler-ICT-Karte oder Niederlassungserlaubnis **besitzen.** Ein Anspruch auf einen der Aufenthaltstitel genügt nicht. Ein Erteilungs- oder Verlängerungsantrag kann ausreichen, sofern dieser Antrag den Aufenthalt nicht nur legalisiert (§ 81 III 1), sondern auch den Besitz der Aufenthaltserlaubnis während des Verwaltungsverfahrens verlängert (§ 81 IV). Damit wird der Familiennachzug uU verzögert, aber nicht auf Dauer ausgeschlossen. Außerdem reicht nach § 20a ein berechtigter, befreiter Aufenthalt ohne Aufenthaltstitel iRd kurzfristigen Mobilität für Forscher aus. Dieser liegt vor, wenn das BAMF dem Forscher eine entsprechende Bescheinigung ausgestellt hat. In Bezug auf diese Personengruppe wurde der Familiennachzug in §§ 30 V, 32 V speziell geregelt. Mit dem Besitzerfordernis soll nicht die gleichzeitige Erteilung eines Visums an beide Ausländer ausgeschlossen werden. Das **nationale Visum zur Einreise ist keine Aufenthaltserlaub-**

---

[10] Dazu näher → § 27 Rn. 26 f.
[11] BVerwG Urt. v. 30.4.2009 – 1 C 3.08, NVwZ 2009, 1239 Rn. 15.
[12] OVG Bln-Bbg Beschl. v. 15.1.2014 – 3 N 59.13 Rn. 6.

nis iSd § 29 I[13]. Aufenthaltserlaubnis und Visum sind nach der Konzeption des AufenthG jeweils eigenständige Aufenthaltstitel. Nach § 4 I 2 werden die Aufenthaltstitel als Visum (§ 6), Aufenthaltserlaubnis (§ 7), Blaue Karte EU (§ 18b II), ICT-Karte (§ 19), Mobiler-ICT-Karte (§ 19b), Niederlassungserlaubnis (§ 9) oder Erlaubnis zum Daueraufenthalt – EU (§ 9a) erteilt. Vor diesem Hintergrund wäre zu erwarten gewesen, dass der Gesetzgeber das Visum als Tatbestandsvoraussetzung ausdrücklich in § 29 I erwähnt hätte, wenn er die Erteilungsvoraussetzungen auch auf diese Fallgestaltung hätte erstrecken wollen. Angesichts des klaren Wortlauts ist es Aufgabe des Gesetzgebers, hier durch eine Anpassung des Wortlauts Klarheit zu schaffen.

Der Aufenthaltstitel darf nicht abgelaufen oder **erloschen** sein. Bei Ausweisung, Widerruf oder 11 Rücknahme kommt es auf deren Wirksamkeit an (vgl. § 84 II). Duldung oder Aufenthaltsgestattung genügen nicht. Der Ausschluss des Nachzugs zu **Asylbewerbern** ist verfassungsrechtlich bedenklich[14]. Der Familienangehörige kann nur, wenn er keinen eigenen Asylantrag stellt, aus eigenem Recht einen Zuzug nach §§ 22 S. 1 und 2, 23 I anstreben und hierzu ua auf den Asylbewerberstatus des bereits in Deutschland lebenden Familienmitglieds hinweisen. Eine Aufenthaltserlaubnis nach § 7 I 2 kommt nicht in Betracht, weil der Gesetzgeber den Familiennachzug zu Asylbewerbern bewusst nicht allgemein zugelassen hat. Schließlich ist ein solcher Zuzug angesichts der Kürze und Vorläufigkeit des Asylbewerbers auch nicht in der Famzusammenführungs-RL vorgesehen (vgl. dort Art. 3 IIa).

3. Ausreichender Wohnraum

Ausreichender Wohnraum ist iSv § 2 IV zu verstehen[15]. Dieser generelle Maßstab gilt für jede Art 12 von Zuzug zu Ausländern, wenn nichts Abweichendes bestimmt ist wie zB in Abs. 2, §§ 30 III, 33, 34 I, 35 S. 2. Maßgeblicher Zeitpunkt ist der der Erteilung und die jeweilige Verlängerung, es sei denn, bei der Verlängerung kann auf diese Prüfung verzichtet werden, wie zB nach § 30 III.

4. Abweichungen zugunsten international Schutzberechtigter und Resettlement-Flüchtlingen

Zugunsten von anerkannten Asylberechtigten und Personen mit internationalem Schutz mit Auf- 13 enthaltserlaubnis oder Niederlassungserlaubnis und sog. Resettlement-Flüchtlingen nach § 23 IV sind **Abweichungen** von der Sicherung des Lebensunterhalts und des ausreichenden Wohnraums aufgrund Ermessens zulässig[16]. Dieses **Ermessen** ist hier allerdings nicht bereits deshalb auf null reduziert, wenn es sich bei dem Ausländer um den Ehegatten eines „Flüchtlings" handelt. Denn nach § 29 II 1 ist es einer Ausländerbehörde nicht bereits grundsätzlich verwehrt, auch die von Ehegatten eines Flüchtlings beantragte Aufenthaltserlaubnis mit der Begründung abzulehnen, der Lebensunterhalt der Ehegatten sei nicht gesichert[17]. Diesen Personen ist ein Aufenthalt unter menschenwürdigen Umständen gestattet und zu gewährleisten, weil ihnen eine Rückkehr in den Heimatstaat ausnahmslos nicht zuzumuten ist. Deshalb darf bei ihnen das familiäre Zusammenleben grundsätzlich nicht von strengeren Voraussetzungen abhängig gemacht werden als bei Inländern. Denn auch ihnen kann grundsätzlich die Ausreise zum Zweck des familiären Zusammenlebens nicht abverlangt werden. Unverzichtbar ist aber der Besitz eines gültigen Aufenthaltstitels in Form der Aufenthaltserlaubnis oder Niederlassungserlaubnis.

S. 2 und 3 des Abs. 2 dienen ua der Umsetzung der Famzusammenführungs-RL. Nach Art. 12 I 14 UAbs. 1 Familienzusammenführungs-RL dürfen die Mitgliedstaaten im Fall des Familiennachzugs zu einem anerkannten Konventionsflüchtling keinen Nachweis darüber verlangen, dass der Lebensunterhalt gesichert ist und ausreichender Wohnraum zur Verfügung steht. Denn die Mitgliedstaaten können nach Art. 12 I Familienzusammenführungs-RL in Bezug auf Anträge von Familienangehörigen eines Flüchtlings nicht den Nachweis verlangen, dass der im Bundesgebiet lebende Flüchtling (Zusammenführende) über Folgendes verfügt:

– Wohnraum, der für eine vergleichbar große Familie in derselben Region als üblich angesehen wird und der die in dem betreffenden Mitgliedstaat geltende allgemeine Sicherheits- und Gesundheitsnorm erfüllt;
– eine Krankenversicherung für ihn selbst und seine Familienangehörigen, die im betreffenden Mitgliedstaat sämtliche Risiken abdeckt, die in der Regel auch für die eigenen Staatsangehörigen abgedeckt sind;

---

[13] OVG Bln-Bbg Urt. v. 24.11.2011 – OVG 2 B 21.10 Rn. 15; Beschl. v. 18.8.2009 – OVG 11 S 36.09 Rn. 6; offengelassen BayVGH Beschl. v. 14.6.2016 – 10 CS 16.638 Rn. 9; aA HmbOVG Beschl. v. 16.11.2010 – 4 Bs 213/10, InfAuslR 2011, 110 Rn. 11; OVG Bln-Bbg Beschl. v. 22.12.2016 – OVG 3 S 106.16 Rn. 3, die den Besitz eines Aufenthaltstitels als „reinen Formalismus" ansehen; Beschl. v. 21.12.2015 – OVG 3 S 95.15, NVwZ 2016, 471 Rn. 2, das die Aussicht auf einen in § 29 I Nr. 1 genannten Aufenthaltstitel für ausreichend hält.
[14] *Göbel-Zimmermann* ZAR 1995, 170; *Zimmermann* DÖV 1991, 401; näher *Renner* Rn. 5/194–197.
[15] OVG Bln-Bbg Urt. v. 31.7.2015 – OVG 7 B 39.14, InfAuslR 2015, 430 Rn. 23 f.
[16] NdsOVG Urt. v. 15.3.2011 – 11 LB 199/10 Rn. 39.
[17] NdsOVG Urt. v. 15.3.2011 – 11 LB 199/10 Rn. 40.

– feste und regelmäßige Einkünfte, die ohne Inanspruchnahme der Sozialhilfeleistungen des betreffenden Mitgliedstaates für seinen eigenen Lebensunterhalt und den seiner Familienangehörigen ausreicht.

15 Diese Erleichterung greift nach der Regelung des Art. 12 I UAbs. 2 Familienzusammenführungs-RL indes nicht in Fällen, in denen die Familienzusammenführung in einem Drittstaat möglich ist, zu dem eine besondere Bindung des Flüchtlings und/oder Familienangehörigen besteht. In diesen Fällen kann der Nachzug von Familienangehörigen von der Erfüllung der allgemeinen Nachzugsvoraussetzungen abhängig gemacht werden. Diese Ausnahmeregelung wird regelmäßig nur in Betracht kommen, wenn der Ehegatte eine andere Staatsangehörigkeit als der Flüchtling besitzt und damit die gemeinsame Ausreise in einen anderen Drittstaat möglich und zumutbar ist. Dass der Flüchtling selbst die Möglichkeit hat, in einen anderen Drittstaat einzureisen, um dort die Familieneinheit herzustellen, ist ausgeschlossen, da dieser Ausreisemöglichkeit § 60 I regelmäßig entgegenstehen wird.

16 Neben dieser Einschränkungsmöglichkeit sieht Art. 12 I UAbs. 3 Familienzusammenführungs-RL eine weitere Beschränkungsoption vor. Danach können die Mitgliedstaaten von dem Flüchtling die Erfüllung der allgemeinen Nachzugsvoraussetzungen verlangen, wenn der Antrag auf Familienzusammenführung nicht innerhalb einer Frist von drei Monaten nach der Zuerkennung des Flüchtlingsstatus gestellt wurde. Diese Bestimmung wird in § 29 II 2 Nr. 1 aus Gründen der Rechtsklarheit dahin ausgelegt, dass erst **ab bestandskräftiger Zuerkennung der Flüchtlingseigenschaft die Frist zu laufen beginnt.**

17 Die Drei-Monats-Frist des § 29 II 2 Nr. 1 beginnt im Fall eines stattgebenden Verpflichtungsurteils nicht mit der Rechtskraft des Urteils zu laufen, sondern erst mit der Bekanntgabe des entsprechenden Bescheids des Bundesamts gegenüber dem Stammberechtigten[18]. Indem der Wortlaut der Norm für die Antragsfrist an die **„Zuerkennung der Flüchtlingseigenschaft"** anknüpft, fehlt es an einem Anhaltspunkt dafür, dass es im Fall einer erfolgreichen Klage des Stammberechtigten auf die Rechtskraft des entsprechenden Asylurteils ankommen sollte[19]. Denn die Zuerkennung der Flüchtlingseigenschaft erfolgt nicht durch eine die Feststellung des Bundesamts ersetzende verwaltungsgerichtliche Feststellung, die unstatthaft wäre, sondern im Wege des Verpflichtungsurteils[20]. Darin erkennt das VG die Flüchtlingseigenschaft nicht selbst zu, sondern verpflichtet vielmehr die zuständige Behörde, einen entsprechenden feststellenden Verwaltungsakt zu erlassen.

18 Das Abstellen auf die Rechtskraft eines Verpflichtungsurteils verbietet sich auch deshalb, weil hierdurch der Fristbeginn für den Flüchtling nicht feststellbar ist.

19 Dem Adjektiv **„unanfechtbar"** kommt nach Wegfall des Bundesbeauftragten für Asyl keine Bedeutung mehr zu, da seit der seit dem 1.9.2004 geltenden Rechtslage positive Bescheide des Bundesamts allerdings nicht mehr angefochten werden können, sodass stets bereits mit ihrer Bekanntgabe unanfechtbar sind[21]. Dementsprechend wurde durch das RLUmsG 2013[22] das Wort „unanfechtbar" jeweils in den bis dahin geltenden Fassungen von §§ 48 Nr. 2, 55 III AsylG sowie § 25 I 1 und II 1 mWv 1.12.2013 gestrichen. In der Gesetzesbegründung heißt es zu den Streichungen bei § 25 zutreffend, dass es auf die Unanfechtbarkeit der Anerkennung nicht mehr ankomme, weil die Anerkennung als Asylberechtigter bzw. als Flüchtling durch das BAMF immer unanfechtbar sei[23]. Dass der Gesetzgeber es unterlassen hat, auch in § 29 II 2 Nr. 1 AufenthG das Wort „unanfechtbar" zu streichen, beruht somit offensichtlich auf einem redaktionellen Versehen[24].

20 Für alle Personen, die zwischen dem 1.1.2011 und 31.7.2015 die Zuerkennung **subsidiären Schutzes** erhalten haben (bis 1.12.2013 Aufenthaltserlaubnis gem. § 25 III aF iVm § 60 II, III oder VII; seit 1.12.2013 Aufenthaltserlaubnis gem. § 25 II 1 Alt. 2), beginnt die Drei-Monats-Frist nach § 29 II 2 Nr. 1 mit Inkrafttreten der Gesetzesänderung durch das AufenthÄndG zu laufen, dh am 1.8.2015. Damit entfällt beim Antrag auf Ehegatten- oder Kindernachzug die Voraussetzung des gesicherten Lebensunterhalts und des ausreichenden Wohnraums, wenn der Antrag auf Familiennachzug bis zum 2.11.2015 gestellt wird (§ 104 XI).

21 Als erforderlicher **Antrag auf Erteilung eines Aufenthaltstitels** zum Zweck des Familiennachzugs kommt ein Antrag auf Erteilung eines Visums oder – bei Staatsangehörigen eines in Anhang II der EU-VisaVO aufgeführten Staates, denen nach § 39 AufenthV die Einholung eines Aufenthaltstitels für einen längerfristigen Aufenthalt im Bundesgebiet gestattet ist – auch einer Aufenthaltserlaubnis in Betracht. Der eingefügte S. 3 führt dazu, dass sowohl der Antrag des Familienangehörigen als auch der des zusammenführenden Ausländers fristwahrend sind. Die Regelung soll dem Umstand Rechnung tragen, dass dem Familienangehörigen eines Flüchtlings aufgrund besonderer Umstände im Aufnahmestaat eine fristgerechte Antragstellung nicht oder nur unter erschwerten Bedingungen möglich ist.

---

[18] OVG Bln-Bbg Urt. v. 27.2.2015 – OVG 7 B 29.15, InfAuslR 2015, 231 Rn. 24.
[19] OVG Bln-Bbg Urt. v. 27.2.2015 – OVG 7 B 29.15, InfAuslR 2015, 231 Rn. 26.
[20] OVG Bln-Bbg Urt. v. 27.2.2015 – OVG 7 B 29.15, InfAuslR 2015, 231 Rn. 26.
[21] OVG Bln-Bbg Urt. v. 27.2.2015 – OVG 7 B 29.15, InfAuslR 2015, 231 Rn. 29.
[22] BGBl. 2013 I S. 3474.
[23] BT-Drs. 17/13063, 24.
[24] OVG Bln-Bbg Urt. v. 27.2.2015 – OVG 7 B 29.15, InfAuslR 2015, 231 Rn. 29.

Der Antrag kann bereits nach der Entscheidung des Bundesamtes auf Zuerkennung der 22
Flüchtlingseigenschaft gestellt werden. Es ist nicht erforderlich, dass der Flüchtling bereits
im Besitz eines **Aufenthaltstitel** ist. Andernfalls besteht die Gefahr, dass die Antragsfrist bereits
durch den Zeitraum zwischen Anerkennungsentscheidung des Bundesamtes und Erteilung des Aufenthaltstitels durch die Ausländerbehörde abläuft. Art. 9 I Familienzusammenführungs-RL knüpft den
Nachzug zudem nur an die Anerkennungsentscheidung und nicht an die Erteilung des Aufenthaltstitels, der nach Art. 24 I Qualifikations-RL „so bald wie möglich" auszustellen ist.

Eine Ausnahmeregelung findet sich zudem in Art. 10 III Familienzusammenführungs-RL. Danach 23
gestatten die Mitgliedstaaten ungeachtet der allgemeinen Nachzugsvoraussetzungen die Einreise und
den Aufenthalt der Verwandten in gerader aufsteigender Linie ersten Grades zum Zwecke der
Familienzusammenführung, wenn es sich bei dem Flüchtling um einen **unbegleiteten Minderjährigen** handelt. Aufgrund dieser Sonderregelung besteht ein Nachzugsanspruch der Eltern nach § 36 I
zu dem unbegleiteten minderjährigen Flüchtling, ohne dass der Lebensunterhalt gedeckt sein müsste
oder ausreichender Wohnraum zur Verfügung steht.

Neben der Sonderregelung für die Familienzusammenführung zu einem unbegleiteten Minderjäh- 24
rigen, der als Flüchtling anerkannt wurde, finden sich auch für die übrigen Familienangehörigen
Erleichterungen in Bezug auf die Nachzugsvoraussetzungen. So wird durch Art. 11 Familienzusammenführungs-RL die **Antragstellung** erleichtert. Von einem Flüchtling kann nicht verlangt werden,
dass er dem Antrag auf Familienzusammenführung Unterlagen beigefügt, anhand derer die familiären
Bindungen nachgewiesen werden und aus denen ersichtlich ist, dass die sonstigen Nachzugsvoraussetzungen erfüllt sind. Auch beglaubigte Abschriften der Reisedokumente der Familienangehörigen
können nicht verlangt werden. Kann ein Flüchtling seine familiären Bindungen nicht mit amtlichen
Unterlagen belegen, so legt Art. 11 II Familienzusammenführungs-RL dem Mitgliedstaat die Verpflichtung auf, andere Nachweise für das Bestehen dieser Bindungen zu prüfen. Die Ablehnung eines
Antrags darf nach Art. 11 II 2 Familienzusammenführungs-RL nicht ausschließlich mit dem Fehlen
von Belegen begründet werden.

Liegt kein Fall des S. 2 vor, so kann bei Nachzug zu Flüchtlingen von dem Vorliegen der Lebens- 25
unterhaltsdeckung oder des ausreichenden Wohnraums nach Ermessen abgewichen werden. In die
Ermessenserwägungen einzubeziehen sind der Aufenthaltsstatus des Angehörigen, Dauer und Ausmaß der Unterschreitung der Werte für Unterhalt und Wohnraum sowie die hierfür maßgeblichen
Gründe und die Anstrengungen des Flüchtlings, selbst für ausreichenden Unterhalt und Wohnraum zu
sorgen. So kann ein Arbeitsverbot während des Asylverfahrens dazu beigetragen haben, dass der
Flüchtling auch später keine Erwerbstätigkeit gefunden hat. Hinsichtlich des Wohnraums muss zumindest eine ordnungsgemäße Unterbringung gewährleistet sein. UU besteht die zumutbare Möglichkeit der Herstellung der Familieneinheit in einem Drittstaat.

Mit dem AufenthÄndG 2015 wurde ein verbesserter Familiennachzug zu **Resettlement-Flücht-** 26
lingen (§ 23 IV) eingeführt. Ab dem 1.8.2015 erhalten Flüchtlinge, die iRd Resettlement in Deutschland aufgenommen werden, eine Aufenthaltserlaubnis nach dem neuen § 23 IV. Zuvor wurde ihnen
eine Aufenthaltserlaubnis gem. § 23 II erteilt. Resettlement-Flüchtlinge sind ab dem 1.8.2015 in ihren
Rechten Asylberechtigte und anerkannten Flüchtlingen gleichgestellt und können somit auch ihre
Familienangehörigen unter den gleichen Voraussetzungen nachholen. Die Drei-Monats-Antragsfrist
für einen erleichterten Ehegatten- oder Kindernachzug beginnt mit der Erteilung der Aufenthaltserlaubnis nach § 23 IV. Resettlement-Flüchtlinge, die vor dem 1.8.2015 eine Aufenthaltserlaubnis
erhalten haben, sind ebenfalls den Asylberechtigten und anerkannten Flüchtlingen gleichgestellt. Eine
gesetzliche Übergangsregelung, um von den erleichterten Voraussetzungen während der Drei-Monats-Frist gem. § 29 II 2 Nr. 1 zu profitieren, gibt es – anders als bei subsidiär Schutzberechtigten in
§ 104 XI – nicht.

5. Familienzuzug bei humanitärem Schutz

Erheblich eingeschränkt ist nach Abs. 3 der Zuzug von Familienangehörigen mit einer Aufent- 27
haltserlaubnis aufgrund §§ 22, 23 I, II, 25 III, IVa 1, 25a I oder 25b I. Danach darf ua dem Ehegatten
und dem minderjährigen Kind eines Ausländers eine Aufenthaltserlaubnis nur aus völkerrechtlichen
oder humanitären Gründen oder zur Wahrung politischer Interessen Deutschlands erteilt werden.

Mit dem AufenthAndG 2015 wurde die Rechtslage zugunsten von **subsidiär Schutzberechtigten** 28
mit einer Aufenthaltserlaubnis nach § 25 II 1 Alt. 2 insoweit verbessert, als in § 29 III 1 diese Personengruppe herausgestrichen und in den Abs. 2 aufgenommen wurde. Für **Altfälle**, dh alle Personen,
die zwischen dem 1.1.2011 und 31.7.2015 die Zuerkennung subsidiären Schutzes erhalten haben (bis
1.12.2013 Aufenthaltserlaubnis gem. § 25 III aF iVm § 60 II, III oder VII; seit 1.12.2013 Aufenthaltserlaubnis gem. § 25 II 1 Alt. 2), beginnt die Drei-Monats-Frist nach § 29 II 2 Nr. 1 mit Inkrafttreten
der Gesetzesänderung durch das AufenthÄndG 2015 zu laufen, dh am 1.8.2015. Damit entfällt beim
Antrag auf Ehegatten- oder Kindernachzug die Voraussetzung des gesicherten Lebensunterhalts und
des ausreichenden Wohnraums, wenn der Antrag auf Familiennachzug bis zum 2.11.2015 gestellt wird
(§ 104 XI).

1 AufenthG § 29 Erster Teil. Aufenthaltsgesetz

29   Mit dem AufenthÄndG 2015 wurde der **Familiennachzug zu Opfern von Menschenhandel**, die eine Aufenthaltserlaubnis nach § 25 IVa besitzen, gelockert. War der Nachzug zunächst ausgeschlossen, ist er ab dem 1.8.2015 unter den allgemeinen Voraussetzungen des Familiennachzugs aus völkerrechtlichen oder humanitären Gründen oder zur Wahrung politischer Interessen der Bundesrepublik Deutschland erlaubt. Bei Verlängerung der Aufenthaltserlaubnis nach Beendigung des Strafverfahrens gem. § 25 IVa 3 entfällt diese zusätzliche Voraussetzung des Familiennachzugs, da die Beschränkung ausdrücklich nur an den Aufenthaltstitel nach § 25 IVa 1 anknüpft.

30   Auch der **Familiennachzug zu bleibeberechtigten Jugendlichen** nach § 25a I war bislang nicht möglich. Ab dem 1.8.2015 kann der bleibeberechtigte Jugendliche nun seine Familienangehörigen nachholen. Ein Nachzug zu Familienangehörigen, die sich bereits mit dem Jugendlichen in Deutschland aufhalten und eine Aufenthaltserlaubnis nach § 25a II erhalten haben, ist weiterhin ausgeschlossen, § 29 III. Gleiches gilt für Ausländer, die einen Aufenthaltstitel nach § 25b I erhalten haben. Auch hier ist der Familiennachzug von Ehegatten und minderjährigen Kindern nur aus völkerrechtlichen oder humanitären Gründen oder zur Wahrung politischer Interessen der Bundesrepublik Deutschland möglich. Ein Nachzug zu Familienangehörigen, die sich bereits mit dem Bleibeberechtigten in Deutschland aufhalten und eine Aufenthaltserlaubnis gem. § 25b IV erhalten haben, ist gleichfalls nach § 29 III ausgeschlossen.

31   Familiennachzug zu Personen, die im Rahmen eines **Bundesaufnahmeprogramms** aufgenommen wurden und eine Aufenthaltserlaubnis nach § 23 II besitzen, gilt ab dem 1.8.2015 die gleiche Rechtslage wie bei Personen mit einer Aufenthaltserlaubnis nach § 23 I. Auch hier ist der Familiennachzug nur aus völkerrechtlichen oder humanitären Gründen oder zur Wahrung politischer Interessen der Bundesrepublik Deutschland möglich.

32   Der Ausschluss des Familiennachzugs bei Inhabern humanitärer Aufenthaltstitel nach § 29 III 3 greift auch bei im Bundesgebiet geborenen Kindern[25]. Maßgeblich ist der Aufenthaltstitel im Zeitpunkt der Geburt des Kindes[26]. Kinder der Inhaber von den Familiennachzug nicht gestattenden Titel können auf eine Aufenthaltsgewährung aus humanitären Gründen verwiesen werden[27].

33   Der Ehegatte bzw. das minderjährige Kind machen im Nachzugsfall des § 29 III einen Anspruch auf Familiennachzug geltend, der nicht dadurch zu einem Aufenthaltstitel nach dem 5. Abschnitt des AufenthG wird, dass er selbst nur aus völkerrechtlichen oder humanitären Gründen oder zur Wahrung politischer Interessen der Bundesrepublik Deutschland erteilt werden darf. Anderenfalls hätte eine gesetzliche Formulierung nahegelegen, nach der eine Aufenthaltserlaubnis dem Ehegatten und dem minderjährigen Kind eines Ausländers, der eine Aufenthaltserlaubnis nach den §§ 22, 23 I 25 III, IVa, 25a oder 25b besitzt, nur nach § 25 V erteilt werden darf. Diesen Weg ist der Gesetzgeber jedoch nicht gegangen[28].

34   § 29 III 3 ist auch iRv § 34 I anwendbar[29]. Da § 34 die Verlängerung regelt, muss zumindest ein Elternteil zuvor bei Erteilung der Aufenthaltserlaubnis im Besitz eines Aufenthaltstitels gewesen sein, der den Familiennachzug ermöglichte. Eine Verlängerung kann daher nur dann ausgeschlossen sein, wenn der Elternteil, der den ursprünglichen Familiennachzug vermittelte, sich entweder nicht mehr im Bundesgebiet aufhält oder seinen Aufenthaltstitel verloren hat. Für die Anwendbarkeit des § 29 III 3 auch iRv § 34 I spricht, dass letztgenannte Vorschrift bezüglich § 29 eine Abweichung allein in Hinblick auf dessen Abs. 1 Nr. 2 zulässt; hieraus ist zu schließen, dass die sonstigen in § 29 geregelten Vorgaben und Beschränkungen auch für die Verlängerung einer aus familiären Gründen erteilten Aufenthaltserlaubnis gelten sollen[30].

35   Völlig ausgeschlossen ist der Nachzug zu Inhabern einer Aufenthaltserlaubnis nach § 25 IV oder V, es sei denn, diese Personen haben inzwischen eine Niederlassungserlaubnis erhalten. In den betroffenen Fällen ist zwar ausnahmsweise ein Aufenthalt vorübergehend legalisiert, eine Ausreise ist damit aber nicht auf Dauer unmöglich. Daher soll ein Zuzug von Angehörigen vermieden werden, der mit der strikten zeitlichen Begrenzung nicht vereinbar wäre. Eine Aufenthaltserlaubnis kann aber für einen anderen Zweck erteilt werden, wenn die betreffenden Voraussetzungen erfüllt sind. Diese Beschränkungen gelten nicht für die Familie von Personen, die eine Aufenthaltserlaubnis nach §§ 23a, 24 erhalten haben[31].

36   Ob völkerrechtliche oder humanitäre **Gründe** oder politische Interessen eine Aufenthaltserlaubnis rechtfertigen, ist im Grundsatz nach denselben Maßstäben zu beurteilen wie bei der Aufnahme aus dem Ausland oder im Rahmen einer Gruppenregelung (§§ 22, 23); allerdings brauchen die humanitären Gründe nicht wie nach § 22 dringend zu erscheinen. Der Nachzug von Angehörigen ergibt sich als Folge des Schutzes von Ehe und Familie im Anschluss an die völkerrechtlich, humanitär oder

---

[25] OVB Bln-Bbg Beschl. v. 27.1.2014 – OVG 12 S 72.13, OVG 12 M 43.13 Rn. 7.
[26] OVB Bln-Bbg Beschl. v. 27.1.2014 – OVG 12 S 72.13, OVG 12 M 43.13 Rn. 7.
[27] OVB Bln-Bbg Beschl. v. 27.1.2014 – OVG 12 S 72.13, OVG 12 M 43.13 Rn. 7; HmbOVG Beschl. v. 2.6.2008 – 3 Bf 35/05, AuAS 2008, 170 Rn. 14.
[28] HessVGH Beschl. v. 31.10.2013 – 3 A 840/13, InfAuslR 2014, 138 Rn. 17.
[29] OVG NRW Urt. v. 15.10.2014 – 17 A 1150/13 Rn. 41; Beschl. v. 28.8.2013 – 17 A 1150/13 Rn. 13.
[30] OVG NRW Urt. v. 15.10.2014 – 17 A 1150/13 Rn. 41; vgl. VGH BB Beschl. v. 22.10.2006 – 11 S 387/06 Rn. 19; ebenso zu 33: HmbOVG Beschl. v. 2.6.2008 – 3 Bf 35/05, AuAS 2008, 170 Rn. 14.
[31] Zu § 24 → Rn. 13 ff.

politisch motivierte Aufnahme des Stammberechtigten. Demnach kann der Schutz von Ehe und Familie nur berücksichtigt werden, wenn er selbst eine humanitäre Dimension erreicht[32]. Der Nachzug ist nicht zwingend geboten, er kann aber andererseits nicht allein mit der Begründung abgelehnt werden, der Stammberechtigte besitze noch keine Niederlassungserlaubnis.

Sofern die Familieneinheit auf absehbare Zeit nur im Bundesgebiet hergestellt werden könne, ist ein humanitärer Grund anzunehmen[33]. Dementsprechend ist bei Ausländern, die eine Aufenthaltserlaubnis nach § 25 I–III besitzen, außer in den Fällen des § 60 IV, stets anzunehmen, dass die Herstellung der familiären Einheit im gemeinsamen Herkunftsland der Familie unmöglich ist und deshalb ein dringender humanitärer Grund iSd Vorschrift vorliegt[34]. Falls die familiäre Lebensgemeinschaft nicht in einem Drittstaat hergestellt oder wiederhergestellt werden kann, bleibt nur die Zusammenführung in Deutschland. 37

Eine längere Trennung ist nur zumutbar, wenn mit einer anderen Lösung in absehbarer Zeit gerechnet werden kann, zB mit einer gemeinsamen Rückkehr in den Heimatstaat. 38

Bei Ausübung des **Ermessens** müssen Grund, Art und Dauer des Aufenthalts des Stammberechtigten ebenso berücksichtigt werden wie das Schicksal der nachzugswilligen Angehörigen und der sonstigen Familie. Besondere Bedeutung kann dabei dem Umstand zugemessen werden, dass die Familie bereits im Herkunftsland zusammengelebt hat und durch Verfolgung und Flucht auseinandergerissen worden ist. 39

Mit dem AuslRÄndG 2007 wurde für Ehegatten die Erteilung einer Niederlassungserlaubnis neu geregelt. Die **Erteilung einer Niederlassungserlaubnis** richtete sich nach bisheriger Rechtslage beim Stammberechtigten nach § 26 IV, beim Ehegatten hingegen nach den günstigeren Voraussetzungen des § 9. Dies führte dazu, dass der Ehegatte bereits nach fünf Jahren in den Besitz einer Niederlassungserlaubnis kommen kann, während für den Stammberechtigten die Frist des § 26 IV von sieben Jahren gilt. Hintergrund für die längere Frist ist der Umstand, dass es sich bei den humanitären Aufenthaltstiteln, die unter die Vorschrift des § 26 IV fallen, um prinzipiell als vorübergehend konzipierte Aufenthaltsrechte handelt. Die daraus resultierenden Unterschiede bzgl. der zu erfüllenden Voraussetzungen für die Erteilung einer Niederlassungserlaubnis stellten einen Wertungswiderspruch dar, der durch die Verweisung im neuen § 29 III 2 behoben wird. 40

S. 3 berücksichtigt nun die Aufnahme eines neuen Abs. 4a in den § 25 sowie der neuen §§ 104a und 104b. 41

6. Familienzuzug bei vorübergehendem Schutz

Eine besondere Zuzugsregelung für die Familie von Flüchtlingen, die im Verfahren der **Schutzgewährungs-RL** aufgenommen wurden (§ 24), findet sich in Abs. 4. Sie zeichnet sich zunächst dadurch aus, dass sie in Umsetzung der RL einen zwingenden **Anspruch** auf Zuzug für den Ehegatten und die ledigen minderjährigen Kinder des Flüchtlings wie des Ehegatten enthält. Für diese Angehörigen gelten die Bestimmungen des § 24 entsprechend, nicht jedoch §§ 5 I, 27 III, 30, 32 sowie § 5 I 2 (vgl. Abs. 4 S. 3, §§ 5 III, 24). Anzuwenden sind dagegen die §§ 31, 33–35. 42

Der Zuzugsanspruch setzt zunächst die **Aufhebung** der familiären Lebensgemeinschaft im Herkunftsland durch die Fluchtsituation voraus. Die Trennung kann auf einem eigenen Entschluss beruhen, wenn dieser durch die Fluchtsituation bedingt war. Es dürfen aber keine anderen, nämlich fluchtunabhängigen, Gründe für die Trennung ursächlich gewesen sein, vor allem keine innerfamiliären. Ausgeschlossen ist damit grundsätzlich der Zuzug, wenn die Eheschließung erst später (auf der Flucht oder nach deren Beendigung) stattgefunden hat oder das Kind erst später geboren ist. Anders kann es unter Umständen liegen, wenn die Lebensgemeinschaft schon früher bestand und erst später legalisiert wurde oder wenn das Kind zB bereits vor der Flucht gezeugt war und die Mutter es nach der Flucht des Stammberechtigten geboren hat. 43

Der Anspruch verlangt außerdem die **Übernahme** des Angehörigen aus einem anderen EU-Staat oder aus einem dritten Staat. Die Schutzbedürftigkeit des Familienangehörigen wird im ersten Fall unterstellt und muss im letzteren Fall gesondert festgestellt werden. 44

Andere Angehörige als Ehegatten und (nicht notwendig gemeinsame) minderjährige ledige Kinder können nach Ermessen in Fällen außergewöhnlicher Härte nach § 36 aufgenommen werden. Auch insoweit ist für Auslegung und Anwendung die Schutzgewährungs-RL maßgeblich. 45

§ 30 Ehegattennachzug

(1) ¹Dem Ehegatten eines Ausländers ist eine Aufenthaltserlaubnis zu erteilen, wenn
1. beide Ehegatten das 18. Lebensjahr vollendet haben,
2. der Ehegatte sich zumindest auf einfache Art in deutscher Sprache verständigen kann und

---

[32] VG Hannover Beschl. v. 12.7.2021- 12 B 6051/20 Rn. 21.
[33] HessVGH Beschl. v. 5.6.2012 – 3 B 823/12, InfAuslR 2012, 318 Rn. 8.
[34] HessVGH Beschl. v. 5.6.2012 – 3 B 823/12, InfAuslR 2012, 318 Rn. 8.

3. der Ausländer
   a) eine Niederlassungserlaubnis besitzt,
   b) eine Erlaubnis zum Daueraufenthalt – EU besitzt,
   c) eine Aufenthaltserlaubnis nach den §§ 18d, 18f oder § 25 Absatz 1 oder Absatz 2 Satz 1 erste Alternative besitzt,
   d) seit zwei Jahren eine Aufenthaltserlaubnis besitzt und die Aufenthaltserlaubnis nicht mit einer Nebenbestimmung nach § 8 Abs. 2 versehen oder die spätere Erteilung einer Niederlassungserlaubnis nicht auf Grund einer Rechtsnorm ausgeschlossen ist; dies gilt nicht für eine Aufenthaltserlaubnis nach § 25 Absatz 2 Satz 1 zweite Alternative,
   e) eine Aufenthaltserlaubnis nach § 7 Absatz 1 Satz 3 oder nach den Abschnitten 3, 4, 5 oder 6 oder § 37 oder § 38 besitzt, die Ehe bei deren Erteilung bereits bestand und die Dauer seines Aufenthalts im Bundesgebiet voraussichtlich über ein Jahr betragen wird; dies gilt nicht für eine Aufenthaltserlaubnis nach § 25 Absatz 2 Satz 1 zweite Alternative,
   f) eine Aufenthaltserlaubnis nach § 38a besitzt und die eheliche Lebensgemeinschaft bereits in dem Mitgliedstaat der Europäischen Union bestand, in dem der Ausländer die Rechtsstellung eines langfristig Aufenthaltsberechtigten innehat, oder
   g) eine Blaue Karte EU, eine ICT-Karte oder eine Mobiler-ICT-Karte besitzt.

²Satz 1 Nummer 1 und 2 ist für die Erteilung der Aufenthaltserlaubnis unbeachtlich, wenn die Voraussetzungen des Satzes 1 Nummer 3 Buchstabe f vorliegen. ³Satz 1 Nummer 2 ist für die Erteilung der Aufenthaltserlaubnis unbeachtlich, wenn

1. der Ausländer, der einen Aufenthaltstitel nach § 23 Absatz 4, § 25 Absatz 1 oder 2, § 26 Absatz 3 oder nach Erteilung einer Aufenthaltserlaubnis nach § 25 Absatz 2 Satz 1 zweite Alternative eine Niederlassungserlaubnis nach § 26 Absatz 4 besitzt und die Ehe bereits bestand, als der Ausländer seinen Lebensmittelpunkt in das Bundesgebiet verlegt hat,
2. der Ehegatte wegen einer körperlichen, geistigen oder seelischen Krankheit oder Behinderung nicht in der Lage ist, einfache Kenntnisse der deutschen Sprache nachzuweisen,
3. bei dem Ehegatten ein erkennbar geringer Integrationsbedarf im Sinne einer nach § 43 Absatz 4 erlassenen Rechtsverordnung besteht oder dieser aus anderen Gründen nach der Einreise keinen Anspruch nach § 44 auf Teilnahme am Integrationskurs hätte,
4. der Ausländer wegen seiner Staatsangehörigkeit auch für einen Aufenthalt, der kein Kurzaufenthalt ist, visumfrei in das Bundesgebiet einreisen und sich darin aufhalten darf,
5. der Ausländer im Besitz einer Blauen Karte EU, einer ICT-Karte oder einer Mobiler-ICT-Karte oder einer Aufenthaltserlaubnis nach § 18d oder § 18f ist,
6. es dem Ehegatten auf Grund besonderer Umstände des Einzelfalles nicht möglich oder nicht zumutbar ist, vor der Einreise Bemühungen zum Erwerb einfacher Kenntnisse der deutschen Sprache zu unternehmen,
7. der Ausländer einen Aufenthaltstitel nach den §§ 18c Absatz 3 und § 21 besitzt und die Ehe bereits bestand, als er seinen Lebensmittelpunkt in das Bundesgebiet verlegt hat, oder
8. der Ausländer unmittelbar vor der Erteilung einer Niederlassungserlaubnis oder einer Erlaubnis zum Daueraufenthalt – EU Inhaber einer Aufenthaltserlaubnis nach § 18d war.

(2) ¹Die Aufenthaltserlaubnis kann zur Vermeidung einer besonderen Härte abweichend von Absatz 1 Satz 1 Nr. 1 erteilt werden. ²Besitzt der Ausländer eine Aufenthaltserlaubnis, kann von den anderen Voraussetzungen des Absatzes 1 Satz 1 Nr. 3 Buchstabe e abgesehen werden; Gleiches gilt, wenn der Ausländer ein nationales Visum besitzt.

(3) Die Aufenthaltserlaubnis kann abweichend von § 5 Abs. 1 Nr. 1 und § 29 Abs. 1 Nr. 2 verlängert werden, solange die eheliche Lebensgemeinschaft fortbesteht.

(4) Ist ein Ausländer gleichzeitig mit mehreren Ehegatten verheiratet und lebt er gemeinsam mit einem Ehegatten im Bundesgebiet, wird keinem weiteren Ehegatten eine Aufenthaltserlaubnis nach Absatz 1 oder Absatz 3 erteilt.

(5) ¹Hält sich der Ausländer gemäß § 18e berechtigt im Bundesgebiet auf, so bedarf der Ehegatte keines Aufenthaltstitels, wenn nachgewiesen wird, dass sich der Ehegatte in dem anderen Mitgliedstaat der Europäischen Union rechtmäßig als Angehöriger des Ausländers aufgehalten hat. ²Die Voraussetzungen nach § 18e Absatz 1 Satz 1 Nummer 1, 3 und 4 und Absatz 6 Satz 1 und die Ablehnungsgründe nach § 19f gelten für den Ehegatten entsprechend.

Allgemeine Verwaltungsvorschrift
30 Zu § 30 – Ehegattennachzug zu Ausländern
30.0 Allgemeines
30.0.1 § 30 ist erst anwendbar, wenn die Ehe bereits besteht.
30.0.2 Zum Zweck der Eheschließung im Bundesgebiet kann einem Ausländer ein nationales Visum (§ 6 Absatz 4) erteilt werden, wenn auf die anschließende Erteilung einer Aufenthaltserlaubnis nach einer Eheschließung während der Gültigkeit des Visums ein Anspruch besteht (§ 6 Absatz 4 i. V. m. §§ 28 und 30). Zudem sind die unter

Ehegattennachzug **§ 30 AufenthG 1**

Nummer 30.0.6 genannten Voraussetzungen zu erfüllen (dies gilt auch für bezweckte Eheschließungen mit Deutschen, die nach der Heirat einen Titel gemäß § 28 Absatz 1 Nummer 1 begründen). § 31 Absatz 1 AufenthV findet Anwendung.

30.0.3 Nach der Eheschließung kann der nachziehende Ehegatte, der ein nationales Visum besitzt, eine Aufenthaltserlaubnis im Bundesgebiet beantragen (§ 39 Nummer 1 AufenthV).

30.0.4 Zudem kann nach einer Eheschließung im Bundesgebiet oder im Ausland die Aufenthaltserlaubnis zum Ehegattennachzug auch in den übrigen in § 39 AufenthV genannten Fällen, soweit deren Voraussetzungen vorliegen, ohne vorherige Ausreise unmittelbar bei der Ausländerbehörde beantragt werden. Dasselbe gilt in den Fällen des § 5 Absatz 3 Satz 1, 1. Halbsatz.

30.0.5 Ist eine Eheschließung im Bundesgebiet beabsichtigt, und besteht nach der Eheschließung kein Anspruch auf eine Aufenthaltserlaubnis zum Ehegattennachzug, sondern kann die Aufenthaltserlaubnis nur nach Ermessen erteilt werden, liegt kein Anwendungsfall des § 39 Nummer 3 AufenthV vor. Dies gilt auch für die in Anhang II der Verordnung (EG) Nummer 539/2001 genannten Staatsangehörigen.

30.0.6 Das nationale Visum zur Eheschließung ist erst zu erteilen, wenn der Eheschließung keine rechtlichen und tatsächlichen Hindernisse entgegenstehen und sie unmittelbar bevorsteht. Die Eheschließung steht unmittelbar bevor, wenn das – durch die Anmeldung der Eheschließung beim zuständigen Standesamt eingeleitete – Verwaltungsverfahren zur Prüfung der Ehefähigkeit nachweislich abgeschlossen ist und seitdem nicht mehr als sechs Monate vergangen sind. Der Abschluss des Anmeldeverfahrens kann durch eine vom zuständigen Standesamt ausgestellte Bescheinigung nachgewiesen werden.

30.0.7 Ist nur die Eheschließung im Bundesgebiet, nicht aber ein anschließender, längerfristiger Aufenthalt im Bundesgebiet beabsichtigt, ist i. d. R. ein Schengen-Visum für kurzfristige Aufenthalte (§ 6 Absatz 1 Nummer 2) zu erteilen. Bei der Beantragung ist der Ausländer darauf hinzuweisen, dass sein Aufenthalt im Bundesgebiet nach der Eheschließung i. d. R. nicht verlängert werden kann, ohne dass der Ausländer zuvor ausreist (vgl. § 5 Absatz 2 Satz 1), sofern nicht ein Anspruch auf Erteilung einer Aufenthaltserlaubnis nach der Eheschließung besteht (vgl. die in § 39 Nummer 3 AufenthV genannten Voraussetzungen). Ggf. ist er von Amts wegen auf die Möglichkeit zu verweisen, ein nationales Visum (§ 6 Absatz 4) zu beantragen. Ein solcher Hinweis ist aktenkundig zu machen.

30.0.8 In geeigneten Fällen ist besonders zu prüfen, ob auch in Fällen, in denen eine Aufenthaltserlaubnis nur nach Ermessen erteilt wird und kein Fall des § 39 AufenthV oder des § 5 Absatz 3 Satz 1, 1. Halbsatz vorliegt, gemäß § 5 Absatz 2 Satz 2 eine Ausnahme gestattet werden kann. Dies gilt insbesondere in Fällen, in denen eine Ausreise zum Zweck der Beantragung des Visums eine besondere Härte darstellen würde, vgl. näher Nummer 5.2.3. Wurde nachweislich ein Hinweis nach Nummer 30.0.7 gegeben, ist eine Anwendung des § 5 Absatz 2 Satz 2 regelmäßig ausgeschlossen.

30.0.9 Ein Ausländer, der mit einem Schengen-Visum ins Bundesgebiet einreist und nach einer Eheschließung im Schengengebiet (z. B. Dänemark) ins Bundesgebiet zurückreist, reist i. S. d. § 39 Nummer 3 AufenthV ein. Der Einreisebegriff des § 39 Nummer 3 AufenthV ist nicht schengenrechtlich zu verstehen, da es hier um eine Zuständigkeitsfestlegung (auch) für den Bereich nationaler Visa geht. In diesem Bereich gibt es – vorbehaltlich spezifischer Harmonisierungen – kein Gebot gemeinschaftsrechtsfreundlicher Auslegung.

30.0.10 Hinsichtlich des eindeutigen gesetzgeberischen Willens ist die Anwendung des § 39 Nummer 3 AufenthV ausgeschlossen, wenn bei einer begehrten Aufenthaltserlaubnis zum Zweck des Ehegattennachzugs der erforderliche Sprachnachweis erst nach der Einreise ins Bundesgebiet erbracht wird. Der Gesetzgeber hat bei Einführung des Sprachnachweiserfordernisses klargestellt, dass der Sprachnachweis noch vor der Einreise zu erbringen ist (vgl. BT-Drs. 16/5065, S. 173 f.). Die verspätete Erbringung im Inland kann daher nicht die Verwirklichung eines Ausnahmetatbestandes auslösen, der von der bezweckten Integrationsvorleistung entbindet. Sonst würde das mit der Regelung des § 30 Absatz 1 Satz 1 Nummer 2 verfolgte Absicht des Gesetzgebers vollkommen unterwandert. Aus demselben Grund ist in dieser Konstellation auch eine Ausnahme nach § 5 Absatz 2 Satz 2 nicht möglich (vgl. Nummer 5.2.2.1).

30.0.11 Aufgrund der akzessorischen Verknüpfung zum Aufenthaltsrecht des Stammberechtigten (§ 27 Absatz 4, vgl. Nummer 27.1.3 und 27.4) darf die Geltungsdauer der einem Ehegatten erteilten Aufenthaltserlaubnis die Geltungsdauer der Aufenthaltserlaubnis des im Bundesgebiet lebenden Ausländers nicht überschreiten. Die Vorschriften über Geltungsdauer und Verlängerung der Aufenthaltserlaubnis sind zu beachten. Soweit es danach möglich ist, wird die Aufenthaltserlaubnis i. d. R. für ein Jahr erteilt und dann i. d. R. um jeweils zwei Jahre verlängert, bis die Voraussetzungen für die Erteilung einer Niederlassungserlaubnis gemäß § 9 vorliegen. Soweit kein anderer Aufenthaltsgrund besteht, kann die einem Ehegatten erteilte Aufenthaltserlaubnis im Falle der Aufhebung der ehelichen Lebensgemeinschaft nur nach Maßgabe des § 31 verlängert werden (siehe hierzu insbesondere auch Nummer 31.0.1). Bei Ehegatten von türkischen Arbeitnehmern ist zu berücksichtigen, ob sie ein eigenständiges Aufenthaltsrecht nach Artikel 6 oder 7 ARB 1/80 erlangt haben.

30.1 Anspruch auf Ehegattennachzug

30.1.0 In den Fällen, die in Absatz 1 genannt sind, besteht grundsätzlich ein Rechtsanspruch auf Erteilung einer Aufenthaltserlaubnis. Jedoch finden die §§ 5, 11, 27und§ 29Absatz 1 bis 3 und 5 Anwendung, sofern nicht einzelne Vorschriften besonders ausgeschlossen worden sind. Dies bedeutet auch, dass aufgrund der akzessorischen Bindung ein Anspruch nicht geltend gemacht werden kann, wenn der Aufenthaltstitel des Stammberechtigten ungültig geworden oder aus anderen Gründen erloschen ist (vgl. hierzu Nummer 27.1.3 und 29.1.2.1).

30.1.1 Nach § 30 Absatz 1 Satz 1 Nummer 1 und § 28 Absatz 1 Satz 5 ist für den Ehegattennachzug zu Ausländern und zu Deutschen grundsätzlich Voraussetzung, dass beide Ehegatten das 18. Lebensjahr vollendet haben (zu den Ausnahmen siehe Nummer 30.1.4.1 sowie 30.2.1). Die Regelung soll insbesondere Zwangsverheiratungen (siehe hierzu Nummer 27.1.6 und 27.1 a.2.1) von jungen Frauen und Männern mit Auslandsbezug entgegenwirken und allgemein die Integrationsfähigkeit fördern (z. B. Abschluss der Schulbildung im Heimatstaat). Nach anwendbarem Recht wirksame mit deutschem ordre public vereinbare Eheschließungen der Betroffenen in jüngerem Alter sind für den Ehegattennachzug anzuerkennen, können aber vor Erreichen des Mindestalters nicht zu einem Aufenthalt in Deutschland führen. Soweit der Nachweis des Mindestalters nicht durch Geburtsurkunden, Ausweis- und sonstige Dokumente geführt werden kann bzw. im Einzelfall Zweifel an deren Echtheit und inhaltlicher Richtigkeit bestehen, kommen unter Berücksichtigung des Verhältnismäßigkeitsgrundsatzes im Einzelfall auch ergänzende

1 AufenthG § 30

Sachverhaltsermittlungen oder die freiwillige Beibringung eines medizinischen Sachverständigengutachtens durch den Antragsteller (§ 82) in Betracht. Im Übrigen können auch Maßnahmen nach § 49 Absatz 3 Nummer 1 getroffen werden.

30.1.2.0 Nach § 30 Absatz 1 Satz 1 Nummer 2 und § 28 Absatz 1 Satz 5 ist für den Ehegattennachzug zu Ausländern und zu Deutschen grundsätzlich Voraussetzung, dass der zuziehende Ehegatte sich mindestens auf einfache Art in deutscher Sprache verständigen kann (zu den Ausnahmen vom Sprachnachweis siehe Nummer 30.1.4.1 ff.).

30.1.2.1 Die gesetzliche Voraussetzung, sich auf einfache Art in deutscher Sprache verständigen zu können, entspricht der Definition des Sprachniveaus der Stufe A 1 der elementaren Sprachanwendung des Gemeinsamen Europäischen Referenzrahmens des Europarats (GER). Die Stufe A 1 GER (Globalskala) beinhaltet als unterstes Sprachstandsniveau die folgenden sprachlichen Fähigkeiten: „Kann vertraute, alltägliche Ausdrücke und ganz einfache Sätze verstehen und verwenden, die auf die Befriedigung konkreter Bedürfnisse zielen. Kann sich und andere vorstellen und anderen Leuten Fragen zu ihrer Person stellen – z. B. wo sie wohnen, was für Leute sie kennen oder was für Dinge sie haben – und kann auf Fragen dieser Art Antwort geben. Kann sich auf einfache Art verständigen, wenn die Gesprächspartnerinnen oder Gesprächspartner langsam und deutlich sprechen und bereit sind zu helfen."

Das Sprachniveau A 1 GER umfasst alle vier Sprachfertigkeiten (Hören, Sprechen, Lesen, Schreiben). Die schriftlichen Kenntnisse umfassen dabei folgendes: „Kann eine kurze einfache Postkarte schreiben, z. B. Feriengrüße. Kann auf Formularen, z. B. in Hotels, Namen, Adresse, Nationalität usw. eintragen".

30.1.2.2 Es ist im Einklang mit der gesetzlichen Vorgabe darauf zu achten, dass nicht bereits weitergehende Fähigkeiten verlangt werden, etwa nach der höheren Sprachstufe A 2 GER (Globalskala), die folgende Fähigkeiten voraussetzt (siehe hierzu auch Nummer 104 a.1.2): „Kann Sätze und häufig gebrauchte Ausdrücke verstehen, die mit Bereichen von ganz unmittelbarer Bedeutung zusammenhängen (z. B. Informationen zur Person und zur Familie, Einkaufen, Arbeit, nähere Umgebung). Kann sich in einfachen, routinemäßigen Situationen verständigen, in denen es um einen einfachen und direkten Austausch von Informationen über vertraute und geläufige Dinge geht. Kann mit einfachen Mitteln die eigene Herkunft und Ausbildung, die direkte Umgebung und Dinge im Zusammenhang mit unmittelbaren Bedürfnissen beschreiben."

30.1.2.3.1 Deutschkenntnisse mindestens des Sprachstandsniveaus A 1 GER sind vom nachziehenden Ehegatten im Visumverfahren durch ein geeignetes und zuverlässiges Sprachstandszeugnis nachzuweisen. Das Sprachstandszeugnis muss auf einer standardisierten Sprachprüfung beruhen (vgl. hierzu Nummer 30.1.2.3.4.2). Sofern in bestimmten Herkunftsstaaten ein derartiges Sprachzeugnis nicht erlangt werden kann, hat sich die Auslandsvertretung vom Vorliegen der einfachen Deutschkenntnisse (hierzu siehe oben Nummer 30.1.2.1 f.) im Rahmen der persönlichen Vorsprache des Antragstellers in geeigneter Weise zu überzeugen. Ein besonderer Nachweis ist nicht erforderlich, wenn die geforderten Deutschkenntnisse des Antragstellers bei der Antragstellung offenkundig sind (vgl. hierzu Nummer 30.1.2.3.4.4). Soweit der Nachweis einfacher Deutschkenntnisse nicht bereits im Visumverfahren erbracht werden musste, ist er bei der erstmaligen Erteilung einer Aufenthaltserlaubnis zum Ehegattennachzug zu Deutschen oder Ausländern im Bundesgebiet zu erbringen. Dies kommt in den Fällen in Betracht, in denen Visumfreiheit auch für längerfristige Aufenthalte besteht oder ein Aufenthaltszweckwechsel zugelassen ist oder wird. Kann die Aufenthaltserlaubnis in diesen Fällen nur deshalb nicht erteilt werden, weil einfache Deutschkenntnisse noch nicht vorliegen, ist der Antragsteller zum Integrationskurs zu verpflichten und kann das Verfahren ausgesetzt werden, damit der Antragsteller im Rahmen des Integrationskurses – zunächst – das Sprachniveau A 1 erwerben kann. Den für die Verpflichtung erforderlichen gesetzlichen Teilnahmeanspruch nach § 44 (§ 4 Absatz 1 IntV) hat der Antragsteller, da ihm erstmals eine Aufenthaltserlaubnis nach § 28 bzw. § 30 erteilt wird. Diese Voraussetzung (erstmalige Erteilung einer Aufenthaltserlaubnis) ist auch dann gegeben, wenn das Antragsverfahren noch läuft bzw. ausgesetzt ist, weil es lediglich am Sprachnachweis fehlt. Nach dem ausdrücklichen Gesetzeswortlaut ist gerade nicht erforderlich, dass die Aufenthaltserlaubnis bereits erteilt worden ist.

30.1.2.3.2 Die Nachweispflicht gilt nicht für die Verlängerung der Aufenthaltserlaubnis zum Ehegattennachzug, da hier der Ausnahmetatbestand des § 30 Absatz 1 Satz 3 Nummer 3 i. V. m. § 44 Absatz 1 Satz 1 Nummer 1 greift.

30.1.2.3.3 Unerheblich ist, auf welche Weise der Ehegatte die für die Sprachprüfung erforderlichen Deutschkenntnisse erworben hat. Die Kosten der Sprachprüfung und Sprachstandsnachweise hat nach allgemeinen aufenthaltsrechtlichen Grundsätzen (§ 82 Absatz 1) der Antragsteller zu tragen.

30.1.2.3.4.1 Soweit dies aus Kapazitätsgründen möglich ist, kann sich die Ausländerbehörde – wie bereits bisher im Rahmen der Verpflichtung nach § 44a Absatz 1 Nummer 1 – selbst auf geeignete Weise vom Vorliegen der einfachen Deutschkenntnisse des Antragstellers überzeugen. Die Ausländerbehörde kann sich hierbei an der Sprachprüfung „Start Deutsch 1" orientieren. Dabei ist darauf zu achten, dass während des Gesprächs mit dem Ehegatten die akustische Verständnismöglichkeit nicht beeinträchtigt wird.

30.1.2.3.4.2 Die Ausländerbehörden dürfen in Deutschland ausgestellte Sprachnachweise anerkennen, die auf standardisierten Sprachprüfungen beruhen. Es existieren drei Institute, die als deutsche Mitglieder der ALTE Association of Language Testers in Europe derartige standardisierte Deutschprüfungen anbieten: Goethe-Institut, TestDaF-Institut und telc GmbH (DVV). Die Deutschprüfung „Start Deutsch 1" ist die einzige standardisierte Deutschprüfung auf der Kompetenzstufe A 1, die in Deutschland abgelegt werden kann, und wird nur vom GoetheInstitut und der telc GmbH angeboten. Von ALTE-Mitgliedern angebotene höherwertige Prüfungen können ebenfalls anerkannt werden. Nicht anerkannt werden können dagegen informelle Lernzielkontrollen, die von anderen Kursträgern erstellt und durchgeführt werden und ebenfalls den Anspruch erheben, als Sprachnachweis zu bescheinigen, da diese nicht über einen vergleichbaren Standardisierungsgrad bei Durchführung und Auswertung verfügen und auf eine wissenschaftliche Testentwicklung verzichten.

30.1.2.3.4.3 Bei Vorlage von Sprachnachweisen über den niedrigsten Sprachstand A 1 GER, deren Ausstellung mehr als ein Jahr zurück liegt, ist wegen des in diesem Fall raschen Verlusts der Sprachfähigkeit stets die inhaltliche Plausibilität der darin bezeichneten Sprachkenntnis zu überprüfen. Im Übrigen ist aus Gründen der Verhältnismäßigkeit zu beachten, dass der gesetzliche Zweck der Verbesserung der (sprachlichen) Integrationsfähigkeit nach dem Zuzug nach Deutschland grundsätzlich auch durch einen Spracherwerb erreicht wird, der nicht unmittelbar vor der Antragstellung stattgefunden hat.

Ehegattennachzug   § 30 AufenthG 1

30.1.2.3.4.4 Ist im Rahmen der persönlichen Vorsprache des Ehegatten bereits offenkundig, d. h. bestehen keine vernünftigen Zweifel, dass dieser mindestens die erforderlichen einfachen Sprachkenntnisse i. S. d. Sprachniveaus A 1 GER besitzt, so bedarf es eines Sprachstandsnachweises nicht.

30.1.2.3.5 Auch wenn der nachziehende Ehegatte einfache Deutschkenntnisse im Visumverfahren bzw. bei der Erteilung der Aufenthaltserlaubnis zum Ehegattennachzug nachweisen konnte, ist er nach Maßgabe des § 44a Absatz 1 Nummer 1 Buchstabe b) zur Teilnahme am Integrationskurs verpflichtet. Danach besteht eine Teilnahmepflicht, wenn der nachziehende Ehegatte zum Zeitpunkt der Erteilung der Aufenthaltserlaubnis nach § 28 Absatz 1 Satz 1 Nummer 1 oder § 30 Absatz 1 nicht über ausreichende Kenntnisse der deutschen Sprache verfügt (§ 44a Absatz 1 Nummer 1 Buchstabe b), siehe hierzu Nummer 44 a.1.2.2).

30.1.3.1 Weitere Voraussetzung für den Nachzugsanspruch des Ehegatten nach § 30 Absatz 1 ist, dass der stammberechtigte Ausländer über einen der in Satz 1 Nummer 3 genannten Aufenthaltstitel verfügt. Die Buchstaben a) bis d) des Absatzes 1 Nummer 3 erfassen auch Fälle, in denen die Ehe erst während des Aufenthaltes des Ausländers, zu dem der Nachzug stattfindet, geschlossen wurde. Bei Buchstabe d) ist im Einzelfall zu prüfen, ob der Stammberechtigte im Besitz einer Aufenthaltserlaubnis mit einer begründeten Aussicht auf ein dauerhaftes Aufenthaltsrecht in Deutschland ist.

30.1.3.2 Bei Absatz 1 Satz 1 Buchstabe e) muss die Ehe bereits bei der Erteilung der Aufenthaltserlaubnis an den Stammberechtigten bestanden haben, wobei es nicht auch auf die „eheliche Lebensgemeinschaft" ankommt (siehe hierzu auch Nummer 30.1.3.3). Zur Möglichkeit, nach Ermessen von einzelnen Voraussetzungen des Absatzes 1 Satz 1 Buchstabe e) abzuweichen, vgl. Nummer 30.2.2 ff. Im Zusammenhang mit der Beurteilung der Dauer des voraussichtlichen Aufenthaltes des Ausländers, zu dem der Nachzug stattfindet, ist nicht auf die jeweilige Befristung des Aufenthaltstitels abzustellen, sondern auf den Aufenthaltszweck. Ist dieser nicht seiner Natur nach zeitlich begrenzt, ist von einem Aufenthalt auszugehen, dessen Dauer ein Jahr überschreitet. Abweichendes gilt nur, wenn mit überwiegender Wahrscheinlichkeit zu erwarten ist, dass der Aufenthaltstitel des Ausländers, zu dem der Nachzug stattfindet, nicht über die Jahresfrist hinaus verlängert wird oder der Ausländer vor Ablauf der Jahresfrist seinen Aufenthalt im Bundesgebiet dauerhaft beenden wird. Der Jahresfrist in Absatz 1 Satz 3 Buchstabe e) liegt die Überlegung zugrunde, dass Ehegatten, die sich wegen eines auf längere Dauer angelegten rechtmäßigen Aufenthalts eines Ehegatten in Deutschland entschieden haben, eine familiäre Lebensgemeinschaft im Bundesgebiet herzustellen, nicht zugemutet werden soll, noch länger als ein Jahr voneinander getrennt zu leben. Die Jahresfrist des Absatzes 1 Satz 3 Buchstabe e) bezieht sich daher auf die noch verbleibende Aufenthaltsdauer im Zeitpunkt der Entscheidung der Ehegatten, den Nachzug durchzuführen. Diese wird durch die Beantragung des Visums zum Zweck des Ehegattennachzugs dokumentiert. Die Jahresfrist beginnt daher mit der Visumantragstellung und nicht erst mit der Visumerteilung, da das Bestehen eines Nachzugsanspruchs nach Absatz 1 Satz 3 Buchstabe e) ansonsten von der außerhalb der Sphäre der Ehegatten liegenden Bearbeitungsdauer für die Erteilung des Visums abhängig wäre. Ebenso wenig ist auf den späteren Zeitpunkt der Einreise oder Erteilung der Aufenthaltserlaubnis an den nachziehenden Ehegatten abzustellen.

30.1.3.3 In Absatz 1 Satz 1 Nummer 3 Buchstabe e) kommt es auf den Bestand der Ehe an, während in Absatz 1 Satz 1 Nummer 3 Buchstabe f) auf den Bestand der ehelichen Lebensgemeinschaft Bezug genommen wird. Die unterschiedlichen Anknüpfungspunkte haben ihren Grund darin, dass nach Buchstabe e) grundsätzlich auch der Nachzug von Ehegatten möglich sein soll, die nach einer Eheschließung erstmals in Deutschland Gelegenheit haben, die eheliche Lebensgemeinschaft zu leben. Diese Fallgestaltung wird gerade auch bei Ehen zwischen Qualifizierten vorliegen, die bisher auf Grund ihres Arbeitsplatzes nicht an einem Ort leben konnten, also Personen, für die das Bundesgebiet attraktiv sein soll. Absatz 1 Satz 1 Nummer 3 Buchstabe f) beruht hingegen auf einer anderen Fallgestaltung – der innergemeinschaftlichen Mobilität von langfristig Aufenthaltsberechtigten – und ist inhaltlich an die Richtlinie 2003/ 109/EG des Rates vom 25. November 2003 betreffend der Rechtsstellung der langfristig aufenthaltsberechtigten Drittstaatsangehörigen (ABl. EU 2004 Nummer L 16 S. 44; so genannte Daueraufenthalt-Richtlinie) angelehnt (Artikel 16 Absatz 1 der Richtlinie).

30.1.4.1 Ausgenommen vom Mindestalter und Spracherfordernis sind Ehegatten, die zu den in § 30 Absatz 1 Satz 2 Nummer 1 bis 3 genannten Ausländern nachziehen (Hochqualifizierte, Selbständige, Forscher, langfristig Aufenthaltsberechtigte). Soweit darin das Ehebestand im Zeitpunkt des Zuzugs des Ausländers nach Deutschland gefordert wird, genügt das formale Bestehen der Ehe, verbunden mit der Absicht, eine eheliche Lebensgemeinschaft zu begründen oder fortzuführen.

30.1.4.2.1 Vom Sprachnachweis sind ferner die Ehegatten ausgenommen, die zu Asylberechtigten oder anerkannten Flüchtlingen nachziehen und deren Ehe bereits bestand, als sie ihren Lebensmittelpunkt in das Bundesgebiet verlegt haben (Absatz 1 Satz 3 Nummer 1). Soweit der Ehebestand vor Zuzug des Ausländers in das Bundesgebiet gefordert wird, genügt auch hier das formale Bestehen der Ehe im Gegensatz zur ehelichen Lebensgemeinschaft. Die Vorschrift findet unter dieser Voraussetzung entsprechende Anwendung in Fällen, in denen ein vormals Stammberechtigter nach § 25 Absatz 1 oder Absatz 2 oder § 26 Absatz 3 die deutsche Staatsangehörigkeit erworben hat und sein Ehegatte nunmehr den Nachzug nach § 28 Absatz 1 Satz 1 Nummer 1, Satz 5 beantragt.

30.1.4.2.2 Die in § 30 Absatz 1 Satz 3 Nummer 2 vorgesehene Ausnahmeregelung bei Vorliegen von körperlicher, geistiger oder seelischer Krankheit oder Behinderung des nachziehenden Ehegatten erfordert stets eine Betrachtung des Einzelfalls. Das Abstellen auf die fehlende Nachweismöglichkeit bedeutet, dass nicht nur Umstände zu berücksichtigen sind, welche das sprachliche und schriftliche Ausdrucksvermögen unmittelbar beeinträchtigen. Auch eine Krankheit oder Behinderung, die den Antragsteller daran hindert, die geforderten Deutschkenntnisse in zumutbarer Weise zu erlernen (z. B. Art der Behinderung schließt den Besuch von Sprachkursen und eine eigenständige Aneignung der Deutschkenntnisse aus), kann einen Ausnahmefall darstellen. Bei Erkrankungen von vermutlich kurzfristiger Dauer ist in jedem Einzelfall zu prüfen, inwieweit voraussichtlich in absehbarer Zeit ein Spracherwerb wieder möglich und zumutbar sein wird. Das tatsächliche Vorliegen der Krankheit bzw. Behinderung ist ggf. durch aktuelle und zuverlässige ärztliche Bescheinigung o. ä. vom Antragsteller nachzuweisen. Eine Schwangerschaft stellt als solche keine Erkrankung dar, bei Schwangerschaftskomplikationen können jedoch im Einzelfall die Voraussetzungen des § 30 Absatz 1 Satz 3 Nummer 2 gegeben sein.

30.1.4.2.3 Eine Ausnahme vom Spracherfordernis besteht ferner bei erkennbar geringem Integrationsbedarf des nachziehenden Ehegatten bzw. fehlender Berechtigung zur Integrationskursteilnahme aus anderen Gründen (Absatz 1 Satz 3 Nummer 3).

30.1.4.2.3.1 Ein erkennbar geringer Integrationsbedarf ist i. d. R. anzunehmen bei Ehegatten, die einen Hoch- oder Fachhochschulabschluss oder eine entsprechende Qualifikation besitzen oder eine Erwerbstätigkeit ausüben, die regelmäßig eine solche Qualifikation voraussetzt, und wenn im Einzelfall die Annahme gerechtfertigt ist, dass der Ehegatte sich ohne staatliche Hilfe in das wirtschaftliche, gesellschaftliche und kulturelle Leben in Deutschland integrieren wird (vgl. § 4 Absatz 2 IntV). Letztere Voraussetzung schließt die Prüfung ein, ob der Lebensunterhalt des nachziehenden Ehegatten von ihm selbst bzw. durch den Stammberechtigten ohne staatliche Hilfe bestritten werden kann. Nach § 4 Absatz 2 Nummer 1, 2. Halbsatz IntV ist ein erkennbar geringer Integrationsbedarf nicht anzunehmen, wenn der Ausländer „wegen mangelnder Sprachkenntnisse innerhalb eines angemessenen Zeitraums nicht eine seiner Qualifikation entsprechende Erwerbstätigkeit im Bundesgebiet erlaubt aufnehmen" kann. Im Einzelfall kann diese Prognose auch trotz fehlender Deutschkenntnisse, z. B. wegen guter und in der Branche maßgeblicher Englischkenntnisse, positiv sein. Im Falle des Sprachnachweises vor der Einreise in das Bundesgebiet ist die Prüfung des erkennbar geringen Integrationsbedarfs vor allem anhand geeigneter und zuverlässiger Nachweise der Hochschulabschlüsse bzw. entsprechender Qualifikation im jeweiligen Herkunftsstaat zunächst durch die Auslandsvertretung vorzunehmen. Im Zustimmungsverfahren gemäß § 31 AufenthV ist jedoch auch die Ausländerbehörde grundsätzlich zur Prüfung des Ausnahmetatbestands verpflichtet, insbesondere hinsichtlich der Integrations- und der Erwerbstätigkeitsprognose im Inland, wenn sie auf dieser Grundlage die Zustimmung zur Visumerteilung erteilt. Die Zustimmungserklärung muss entsprechende Erwägungen erkennen lassen. Eine positive Erwerbstätigkeitsprognose ist nicht vom Nachweis eines konkreten Beschäftigungsangebots oder -vertrages abhängig. Die Bundesagentur für Arbeit ist nicht zu beteiligen. Regelmäßig wird eine enge Abstimmung zwischen Auslandsvertretung und Ausländerbehörde zur Feststellung des Ausnahmetatbestands im Einzelfall geboten sein. Die geforderte Erwerbstätigkeitsprognose stellt ein Korrektiv dahingehend dar, dass die Inhaber ausländischer Hochschulabschlüsse bzw. vergleichbarer Qualifikation nur dann vom Sprachnachweis befreit werden, wenn sie in Deutschland auch begründete Aussicht auf Aufnahme einer entsprechenden Erwerbstätigkeit haben.

30.1.4.2.3.2 Eine Berechtigung zur Integrationskursteilnahme fehlt zudem in Fällen, in denen sich die Eheleute nicht dauerhaft, sondern nur vorübergehend in Deutschland aufhalten. Dies kommt z. B. bei Geschäftsleuten und deren Ehegatten oder Mitarbeitern international tätiger Wirtschaftsunternehmen in Betracht, die nur für einen bestimmten, absehbaren Zeitraum nach Deutschland entsandt und hier gemäß § 18 tätig werden, oder bei Gastwissenschaftlern mit einem Aufenthaltstitel nach § 17 sowie deren Ehegatten. Die beabsichtigte Aufenthaltsdauer kann auch mehrere Jahre betragen, da es nach § 44 Absatz 1 Satz 2 a. E. maßgeblich darauf ankommt, dass der Aufenthalt vorübergehender Natur ist. Wird die Absicht zu einem Aufenthalt von mehr als fünf Jahren geltend gemacht, so ist dessen vorübergehende Natur vom Ehegatten im Einzelnen nachzuweisen. Nur vorübergehend können sich gemäß bilateraler Vereinbarung auch Religionslehrer hier aufhalten, die für mehrere Jahre nach Deutschland entsandt werden, gleichfalls entsandte Imame. Weitere Personengruppen, die sich i. d. R. nur vorübergehend im Bundesgebiet aufhalten, sind die Ehegatten von Stipendiaten und von Studierenden. Falls nach Studienabschluss des Stammberechtigten die Erlaubnis für einen weiteren Aufenthalt in Deutschland beantragt wird (Fall des Aufenthaltszweckwechsels von § 16 z. B. zu 18), sind vor Verlängerung der Aufenthaltserlaubnis an den Ehegatten die erforderlichen einfachen Deutschkenntnisse zu überprüfen (siehe hierzu auch Nummer 30.1.2.3.1) und die Betroffenen hierauf rechtzeitig hinzuweisen. Dies gilt auch in anderen Fällen des Aufenthaltszweckwechsels eines sich zunächst nur vorübergehend in Deutschland aufhaltenden Ehegatten.

30.1.4.2.3.3 Ein Anspruch zur Integrationskursteilnahme fehlt darüber hinaus jungen Erwachsenen, die z. B. eine schulische Ausbildung aufnehmen oder Ausländern, die bereits über ausreichende Kenntnisse der deutschen Sprache verfügen (§ 44 Absatz 3 Satz 1 Nummer 1 und 3). Zudem besteht der Anspruch auf Integrationskursteilnahme nur bei erstmaliger Erteilung einer Aufenthaltserlaubnis nach den §§ 28 und 30, also nur für Neuzuwanderer, nicht für Bestandsausländer (§ 44 Absatz 1 Satz 1 Nummer 1 Buchstabe b). Danach gilt die Ausnahme vom Sprachnachweis auch im Fall der Visumbeantragung zur Wiedereinreise von Ehegatten, die bereits zuvor Inhaber einer zwischenzeitlich erloschenen Aufenthaltserlaubnis zu einem der in § 44 Absatz 1 Satz 1 Nummer 1 genannten Zwecke gewesen sind oder bereits am 1. Januar 2005 im Besitz eines gemäß § 101 Absatz 2 fortwirkenden Aufenthaltstitels nach dem Ausländergesetz waren, der erst später erlosch. Auf Grund der Ausnahme des § 30 Absatz 1 Satz 3 Nummer 3, 2. Halbsatz sind einfache Deutschkenntnisse daher nicht bei der Verlängerung einer nach dem Aufenthaltsgesetz erteilten Aufenthaltserlaubnis zum Ehegattennachzug nachzuweisen. Eine Ausnahme gilt nur beim Aufenthaltszweckwechsel des Stammberechtigten von einem vorübergehenden zu einem dauerhaften Aufenthalt (siehe Nummer 30.1.4.2.3.2 a. E.).

30.1.4.2.3.4 Eine generelle Ausnahme vom Sprachnachweiserfordernis gilt auch für die Ehegatten derjenigen Ausländer, die aufgrund ihrer Staatsangehörigkeit zu langfristigen Aufenthalten visumfrei nach Deutschland einreisen dürfen, § 30 Absatz 1 Satz 3 Nummer 4. Dies trifft auf die in § 41 Absatz 1 und 2 AufenthV aufgeführten Staatsangehörigkeiten zu. Hintergrund für diese Privilegierung ist die traditionell enge wirtschaftliche Verflechtung der betreffenden Staaten mit Deutschland, die auch beim Ehegattennachzug zu den o. g. begünstigten Ausländern ihren Niederschlag finden soll. Die Angehörigen dieser Staaten können bereits seit längerer Zeit ohne Zuzugsbeschränkung einreisen und aufgrund der insoweit weitestgehend deckungsgleichen Staatenliste im Beschäftigungsrecht (§ 34 BeschV) unter erleichterten Bedingungen eine Beschäftigung aufnehmen. Die Ausnahme vom Spracherfordernis zugunsten von deren Ehegatten lehnt sich u. a. an diese Privilegierungen an, um sie nicht durch die Erhöhung der Voraussetzungen für den Ehegattennachzug zu unterlaufen.

30.2 Ehegattennachzug nach Ermessen

30.2.1 Nach Absatz 2 Satz 1 besteht eine allgemeine Härtefallregelung hinsichtlich des Mindestalters (§ 30 Absatz 1 Satz 1 Nummer 1). Zur Vermeidung einer besonderen Härte soll nach Ermessen ein Ehegattennachzug auch dann zugelassen werden können, wenn der nachziehende Ehegatte und/oder der stammberechtigte Ausländer das Mindestalter von 18 Jahren noch nicht erreicht haben. Die eheliche Lebensgemeinschaft muss das geeignete und notwendige Mittel sein, um die besondere Härte zu vermeiden. Nach Art und Schwere müssen die vorgetragenen besonderen Umstände so deutlich von den sonstigen Fällen des Ehegattennachzugs abweichen, dass das Festhalten am Mindestaltererfordernis im Hinblick auf das geltend gemachte Interesse der Führung der Lebensgemeinschaft in Deutschland – bei Vorliegen aller übrigen Zuzugsvoraussetzungen – unverhältnismäßig wäre (Einzelfallbetrachtung). Dabei ist auch zu berücksichtigen, wie weit das Alter des/der Betroffenen das Mindestaltererfordernis im Zuzugszeitpunkt unterschreitet.

30.2.2 Die in Absatz 2 Satz 2 genannte Abweichung kann sich sowohl beziehen auf das in Absatz 1 Satz 1 Nummer 3 Buchstabe e) genannte Merkmal des Bestands der Ehe vor der Erteilung der Aufenthaltserlaubnis an den Ehegatten, zu dem der Nachzug stattfinden soll, als auch auf das dort aufgestellte Erfordernis der voraussichtlichen Aufenthaltsdauer von über einem Jahr, als auch auf beide Voraussetzungen zugleich. Bei der Ermessensentscheidung nach Absatz 2 Satz 2 kommt es nicht auf das Vorliegen einer besonderen Härte an.

30.2.3 Für die Ermessensentscheidung kann unabhängig von der Fallgestaltung u. a. maßgeblich sein,

30.2.3.1 – wie lange sich der Ehegatte, zu dem der Nachzug stattfindet, bereits im Bundesgebiet aufhält,

30.2.3.2 – insbesondere, ob der Ehegatte, zu dem der Nachzug stattfindet, im Bundesgebiet geboren oder als Minderjähriger eingereist ist, obwohl er keine Niederlassungserlaubnis besitzt,

30.2.3.3 – dass die Ehefrau schwanger ist oder aus der Ehe bereits ein Kind hervorgegangen ist,

30.2.3.4 – dass an dem Aufenthalt einer Person, die sich vorübergehend im Bundesgebiet aufhält, ein öffentliches Interesse besteht; dies gilt insbesondere für die in § 34 AufenthV genannten Personen.

30.3 Verlängerung der Aufenthaltserlaubnis

30.3.1 Die Aufenthaltserlaubnis darf im Wege des Ermessens auch dann verlängert werden, wenn die allgemeinen Erteilungsvoraussetzungen des § 5 Absatz 1 Nummer 1 oder des § 29 Absatz 1 Nummer 2 nicht mehr vorliegen. Von den übrigen in § 5 Absatz 1, Absatz 4 und § 29 Absatz 1 Nummer 1 bezeichneten Voraussetzungen darf – sofern die betreffende Norm eine Regel vorgibt, jedenfalls regelmäßig – nicht abgesehen und muss das Versagungsermessen des § 27 Absatz 3 ausgeübt werden. Zu prüfen ist insbesondere der Fortbestand der ehelichen Lebensgemeinschaft.

30.3.2 Der nach Artikel 6 GG gebotene Schutz von Ehe und Familie während des Fortbestandes der ehelichen Lebensgemeinschaft ist als besonderer Umstand zu werten, der eine Abweichung von Regelerteilungsvoraussetzungen rechtfertigen kann.

30.4 Mehrehe

30.4.1 Der Fall des Ehegattennachzugs in Mehrehe ist in § 30 Absatz 4 geregelt. Dabei ist zunächst die zivilrechtliche Vorfrage zu prüfen, inwieweit nach dem auf beide Ehegatten jeweils anwendbaren Personalstatut eine wirksame Eheschließung stattgefunden hat. Insbesondere nach muslimisch geprägten Rechtsordnungen unterliegt die wirksame Eingehung einer Mehrehe häufig besonderen verfahrens- und materiellrechtlichen Voraussetzungen.

30.4.2 Liegt zwischen den Ehegatten eine wirksame (Mehr-)Eheschließung vor, besteht nach § 30 Absatz 4 nur insoweit ein Nachzugsrecht, als in Deutschland die eheliche Lebensgemeinschaft nicht schon mit einem anderen Ehegatten geführt wird. Sicherzustellen ist zudem, dass der Lebensunterhalt konkret des nachzugswilligen Ehegatten gesichert ist, wozu auch ein ausreichender Krankenversicherungsschutz gehört. Da die gesetzlichen Krankenkassen die Mitversicherung in der Familienversicherung bei Mehrehen derart regeln, dass nicht notwendig der nachziehende Ehegatte mitversichert ist, muss die Behörde im Fall einer Mehrehe stets die Bescheinigung einer Krankenversicherung verlangen, wonach im Fall des Familiennachzugs der konkret genannte Ehegatte entweder in der Familienversicherung mitversichert ist oder beitragspflichtig freiwillig versichert wird. Ersatzweise besteht die Möglichkeit, einen ausreichenden privaten Krankenversicherungsschutz nachzuweisen.

Übersicht

	Rn.
I. Entstehungsgeschichte	1
II. Allgemeines	4
III. Ehegattenzuzug aufgrund Anspruchs	8
IV. Mindestalter	21
V. Sprachanforderung	30
1. Einzelheiten	30
2. Vereinbarkeit mit Verfassungsrecht	38
3. Vereinbarkeit mit Unionsrecht	44
VI. Ausnahmeregelungen	54
1. Mindestalter und Sprachanforderungen	54
2. Nur Sprachanforderung	66
3. Absehen vom Mindestalter in Härtefällen	85
VII. Ehegattenzuzug aufgrund Ermessens	86
VIII. Verlängerung der Zuzugserlaubnis	90
IX. Mehrehe	97
X. Ehegattennachzug zu mobilen Forschern	98

I. Entstehungsgeschichte

Die Vorschrift stimmte mit ihrer Aufnahme in vollem Umfang mit dem **Gesetzesentwurf**[1] überein. Sie wurde durch das AuslRÄndG 2007 nachhaltig verändert. Grundlage der Änderung war insbesondere die Familienzusammenführungs-RL, die die Einführung eines Mindestalters in Abs. 1 S. 1 Nr. 1 (Art. 4 V Familienzusammenführungs-RL), von Sprachanforderungen in Abs. 1 S. 1 Nr. 2 (Art. 7 Familienzusammenführungs-RL) und einer Wartezeit in Abs. 1 S. 1 Nr. 3d (Art. 8 Familienzusammenführungs-RL) mit sich brachte. Die umfangreichen Ausnahmeregelungen waren erforderlich, um zum einen Vorgaben der Familienzusammenführungs-RL (Privilegierung von Flüchtlingen in Abs. 1 S. 3 Nr. 1, Mehrehenregelung in Abs. 4), der Forscher-RL (Privilegierung in Abs. 1 S. 2 Nr. 1 und

1

---

[1] BT-Drs. 15/420, 14.

2) und der Daueraufenthalts-RL (Privilegierung in Abs. 3 S. 2 Nr. 3) Rechnung tragen zu können und zum anderen verfassungsrechtlichen Bedenken zu begegnen.

2 Die Vorschrift wurde durch das **RLUmsG 2012**[2] an die Anforderungen für Inhaber von Blauen Karten EU angepasst: In Abs. 1 S. 1 wurde der lit. g eingefügt und in S. 3 die Nr. 5 angefügt. In Abs. 1 S. 2 wurde aufgrund der Anhörung der Sachverständigen im Innenausschuss die Nr. 3 aufgenommen. Die ursprünglich dem Gesetzesentwurf zugrunde liegende Auffassung, die Nr. 1 umfasse bereits die Privilegierung des Ehegattennachzugs zu Inhabern einer Blauen Karte wurde aufgegeben, da diese Regelung nur Ausländer erfasst, bei denen die Ehe bereits bestand, bevor sie ihren Lebensmittelpunkt in das Bundesgebiet verlegt haben. Wesentliche Änderungen hat die Norm durch das **AufenthGÄndG 2015**[3] in Bezug auf Ausnahmen hinsichtlich des Spracherfordernisses erfahren. Neben einer Erweiterung des § 30 I 3 Nr. 1 um die Aufenthaltstitel der §§ 23 IV, 25 II 1 Alt. 2 und 26 IV wurde in § 30 I 3 die Nr. 6 eine Härtefallregelung eingeführt. Durch das **RLUmsG 2017** wurde in § 30 I 1 Nr. 3 in lit. c der § 20b und in lit. g die Wörter „eine ICT-Karte oder eine Mobiler-ICT-Karte" eingefügt. Eine weitere Änderung erfolgte in § 30 I 3 Nr. 5. Dort wurde neben den beiden ICT-Aufenthaltstiteln auch § 20b in die Aufzählung aufgenommen. Außerdem wurde mit dem RLUmsG 2017[4] Abs. 5 angefügt. Eine Neufassung des § 30 I 2 erfolgte durch das **Gesetz zur Bekämpfung von Kinderehen**[5]. Mit ihr wurden die umfassenden Ausnahmeregelungen zum Nachzugsalter von 18 Jahren aufgehoben.

3 Mit dem **FamiliennachzugsneuregelungsG** vom 12.7.2018[6] wurde in § 30 I 1 Nr. 3 lit. c der Zusatz § 25 I oder II 1 Alt. 1 aufgenommen; in lit. d der Hinweis, dass die Regelung nicht für eine Aufenthaltserlaubnis nach § 25 II 1 Alt. 2 gilt, und in lit. e die Ergänzung um Aufenthaltserlaubnis nach § 7 I 3 oder nach den Abschnitten 3, 4, 5 oder 6 oder § 37 oder § 38. Mit dem **FEG**[7] erfolgten redaktionelle Anpassungen. Außerdem wurde in Abs. 1 S. 3 Nr. 5 neu gefasst. Hierbei erfolgte die Korrektur redaktioneller Versehen durch das RLUmsG 2017[8]; die ICT-Karte und die Mobiler-ICT-Karte sowie die Aufenthaltserlaubnis nach § 18d oder § 18f wurden neben die Blaue Karte EU aufgenommen. Weiterhin wurde Abs. 2 S. 2 ergänzt, um den Familiennachzug zu dem Inhaber des nationalen Visums zu ermöglichen[9]. Weiterhin bewirkte das FachkräfteeinwanderungsG in Abs. 5 redaktionelle Anpassungen. Durch Aufnahme des Verweises auf § 18e VI wurde klargestellt, dass auch der Ehegatte eine Bescheinigung über seine Berechtigung zu Einreise und Aufenthalt erhält[10].

II. Allgemeines

4 Das Nachzugsrecht des Ehegatten ist **zweckgebunden und akzessorisch.** Es wird zunächst nur zu dem in § 27 I genannten Zweck der Familienzusammenführung und nur in Anlehnung an das Aufenthaltsrecht des hier lebenden Ausländers gewährt. Daher darf die Aufenthaltserlaubnis nicht über die Geltungsdauer des Aufenthaltstitels des Stammberechtigten hinaus erteilt oder verlängert werden. Diese Bindungen werden aufgelöst durch Erfüllung der Voraussetzungen für die Niederlassungserlaubnis nach § 9, für die Erlaubnis zum Daueraufenthalt – EG (§ 9a) oder für das eigenständige Aufenthaltsrecht nach § 31. Die gesamte Vorschrift ist zugunsten eingetragener Lebenspartner entsprechend anzuwenden (§ 27 II)[11].

5 Das Verhältnis zu **anderen Aufenthaltszwecken** ist dadurch bestimmt, dass diese nebeneinander bestehen und verfolgt werden können. Es gelten unter Umständen unterschiedliche Voraussetzungen, grundsätzlich schließen sie sich aber nicht gegenseitig aus. Mehrere Zwecke können einem Aufenthalt auch dann zugrunde liegen, wenn sie nicht vollständig aus dem Aufenthaltstitel ersichtlich sind. Es besteht kein unmittelbarer Zwang, einen Aufenthaltstitel für den jeweils „sichersten" Zweck zu beantragen, der zunächst vernachlässigte Aufenthaltszweck geht aber nicht verloren. So benötigt der Inhaber einer Niederlassungserlaubnis nach der Eheschließung keine Aufenthaltserlaubnis nach §§ 27 ff., er kann aber unter Umständen nach Verlust der Niederlassungserlaubnis erstmalig eine ehebezogene Aufenthaltserlaubnis beantragen oder sich auf ein eigenständiges Aufenthaltsrecht nach § 31 berufen. Türkische Staatsangehörige können als Arbeitnehmer oder Familienangehörige ein assoziationsrechtliches Aufenthaltsrecht nach Art. 6 oder 7 ARB 1/80 erwerben und benötigen dann bei Eheschließung nicht zusätzlich eine ehebezogene Aufenthaltserlaubnis. Dennoch geht ihr Anspruch nach § 28 I 1 Nr. 1 oder § 30 I nicht dadurch verloren, dass das Aufenthaltsrecht nach Art. 6 oder 7

---

[2] Gesetz zur Umsetzung der Hochqualifizierten-RL der EU v. 1.6.2012, BGBl. I S. 1224 (1227).
[3] Gesetz v. 27.7.2015, BGBl. I S. 1386, in Kraft getreten am 1.8.2015.
[4] BGBl. I S. 1106, in Kraft getreten am 1.8.2017.
[5] Gesetz v. 21.7.2017, BGBl. I S. 2429, in Kraft getreten am 22.7.2017.
[6] BGBl. 2018 I S. 1147, in Kraft getreten am 1.8.2018.
[7] BGBl. 2019 I S. 1307, in Kraft getreten am 1.3.2020.
[8] BR-Drs. 7/19, 118.
[9] BR-Drs. 7/19, 118.
[10] BR-Drs. 7/19, 119.
[11] Näher dazu § 27.

ARB 1/80 erlischt. Dabei ist zu beachten, dass die Ansprüche aus Art. 6 und 7 ARB 1/80 kein Recht auf Familiennachzug einschließen[12].

Ein Anspruch auf Erteilung einer Aufenthaltserlaubnis zum Familiennachzug zu Verlobten besteht nicht. Die Erlaubnis zum Familiennachzug ist nur dem Ehegatten eines Ausländers zu erteilen[13]. **Zum Zwecke der Eheschließung** (mit einem in Deutschland lebenden Deutschen oder Ausländer) kann ein Schengen-Visum erteilt werden, wenn die Eheschließung ernsthaft beabsichtigt ist, während der Geltungsdauer des Visums erfolgen soll und alle dafür erforderlichen Unterlagen vorliegen oder unmittelbar zu erwarten sind[14]. Beabsichtigt der ausländische Verlobte nach der Eheschließung unmittelbar den weiteren Verbleib im Inland auf Dauer, kann er dagegen nur ein nationales Visum beantragen, kein Schengen-Visum. Stehen der Eheschließung keine rechtlichen oder tatsächlichen Hindernisse entgegen, kann, um die Wiedereinreise nach Ausweisung oder Abschiebung zu ermöglichen, eine Betretenserlaubnis (§ 11 II) erteilt werden.

Um einem ausreisepflichtigen Verlobten die Aus- und Wiedereinreise zu ersparen, kommt eine Duldung (§ 60a II) in Betracht, unter Umständen auch eine Aufenthaltserlaubnis nach § 7 I 2[15]. In allen diesen Fällen ist bei der Ermessensausübung maßgeblich zu berücksichtigen, ob durch die Eheschließung ein Rechtsanspruch auf eine Aufenthaltserlaubnis entsteht (vgl. §§ 28 I 1 Nr. 1, 29, 30 I) und die tatsächlichen Voraussetzungen hierfür jeweils erfüllt sein werden. Nach der Eheschließung können Besitzer eines nationalen oder eines Schengen-Visums oder einer Duldung ebenso wie von der Visumpflicht befreite Ausländer die Aufenthaltserlaubnis ohne vorherige Ausreise im Inland beantragen (§ 39 Nr. 1, 3 und 5 AufenthV).

III. Ehegattenzuzug aufgrund Anspruchs

Ein **Rechtsanspruch** auf Zuzug zu einem Ausländer (betreffend Deutsche vgl. § 28 I 1 Nr. 1) besteht für Ehegatten, wenn die jeweils einschlägigen Voraussetzungen der § 30 und außerdem die der §§ 5, 11 und 29 erfüllt sind, soweit Letztere nach den Regeln des § 29 auf die jeweilige Fallkonstellation anwendbar sind.

Begünstigt ist zunächst der Ehegatte des **Besitzers einer Niederlassungserlaubnis oder einer Erlaubnis zum Daueraufenthalt – EU,** wobei es nicht darauf ankommt, wie lange dieser bereits den Aufenthaltstitel innehat und für welchen Zweck sie erteilt ist oder eine vorausgehende Aufenthaltserlaubnis erteilt war. Allein der Besitz der Niederlassungserlaubnis oder einer Erlaubnis zum Daueraufenthalt – EU löst den Zuzugsanspruch des Ehegatten aus. Wann und wo die Ehe geschlossen ist und ob sich der Ehegatte schon früher in Deutschland aufhielt, ist für den Rechtsanspruch auf Nachzug – nicht aber für die weiteren Nachzugsvoraussetzungen (vgl. Abs. 1 S. 2 Nr. 1–3, S. 3 Nr. 1) – unerheblich.

In derselben Weise begünstigt ist der Ehegatte eines nach Art. 16a GG oder nach § 60 I **anerkannten Flüchtlings,** der eine Aufenthaltserlaubnis nach § 25 I oder II besitzt. Insoweit ist die Dauer des Aufenthalts und des Besitzes der Aufenthaltserlaubnis unerheblich. Es gibt weder eine Wartezeit noch eine Ehebestandszeit. Es ist auch anders als für den Übergang von der Aufenthaltserlaubnis zur Niederlassungserlaubnis (vgl. dazu § 26 III) nicht vorgesehen, dass das BAMF zuvor die Möglichkeit einer Rücknahme oder eines Widerrufs der Anerkennung prüft. Die Einfügung des § 20 dient der Umsetzung des Art. 7 II Forscher-RL. Nach dieser RL-Bestimmung ist es unzulässig, die Erteilung des Aufenthaltstitels zum Familiennachzug von der Dauer des Aufenthalts des Forschers im Bundesgebiet abhängig zu machen.

Berechtigt ist ferner der Ehegatte eines Ausländers, der **seit zwei Jahren eine Aufenthaltserlaubnis besitzt.** Die Regelung kommt zur Anwendung, wenn der Ausländer nachträglich, dh nach Erteilung eines Aufenthaltstitels, die Ehe eingeht. Der Aufenthaltszweck ist (mit Ausnahme der Einschränkungen in § 29 III) unerheblich, auch die restliche Geltungsdauer der Aufenthaltserlaubnis. Der Besitz der Aufenthaltserlaubnis muss nur ununterbrochen seit (mindestens) zwei Jahren andauern und die Verlängerung oder Erteilung eine Niederlassungserlaubnis darf nicht ausgeschlossen sein. Unterbrechungen des Besitzes infolge Erlöschens der Aufenthaltserlaubnis (zB bei längerem Aufenthalt im Ausland nach § 51 I Nr. 6 oder 7) sind schädlich. Selbst wenn Unterbrechungen nach § 85 außer Betracht gelassen worden sind, ist damit die Besitzzeit unterbrochen. Dies wäre nur anders, wenn in einem solchen Fall die Aufenthaltserlaubnis rückwirkend verlängert worden wäre. Als Zeit des Besitzes ist der Verfahrensaufenthalt nach § 81 IV anzurechnen, sofern die Aufenthaltserlaubnis anschließend erteilt oder verlängert wird, nicht jedoch die Zeit des fiktiv erlaubten Aufenthalts nach § 81 III 1. In diesem Fall wird die Lücke in der Zeit des Besitzes nur geschlossen, wenn auf Klage hin die Ausländerbehörde zur Erteilung oder Verlängerung der Aufenthaltserlaubnis von Zeitpunkt des Antrags an verpflichtet wird.

---

[12] Dazu § 3.
[13] BayVGH Beschl. v. 30.11.2012 – 10 CS 12.1563 Rn. 5; Beschl. v. 27.9.2011 – 10 CS 11.2004 Rn. 17.
[14] Zum früheren Recht vgl. HessVGH Beschl. v. 19.11.1993 – 12 TG 2539/93, EZAR 632 Nr. 19.
[15] Vgl. § 7.

12 Eine Aufenthaltserlaubnis des im Bundesgebiet lebenden Ausländers nach § 16 begründet nicht die Voraussetzung des § 30 I 1 Nr. 3d[16]. Die Norm des § 30 I 1 Nr. 3d nimmt nach ihrem Sinn und Zweck eine Verknüpfung des von Stammberechtigten besessenen konkreten Aufenthaltstitels und dessen mögliche Überführung in eine Niederlassungserlaubnis vor. Vor dem Hintergrund der Normierungsstruktur des § 16 II 2 bzw. IV 3 oder des Vb 3 bzw. des VI 3 ist eine unmittelbare Überführung einer Aufenthaltserlaubnis zu Studienzwecken in eine Niederlassungserlaubnis ausgeschlossen. Jede andere Betrachtungsweise würde den Zweck der Vorschrift, eine Aufenthaltsverfestigung aus dem konkreten Titel zu verhindern, solange nicht in zulässiger Weise in einen „verfestigungsfähigen" übergewechselt wurde, verfehlen und sich in beliebigen Wertungen verlieren. Dieser strikte Normierungszweck wird zudem darin deutlich, dass auch im Falle einer Verlängerung nach § 16 IV 1, wenn sich die Betroffenen gewissermaßen einem „verfestigungsfähigen" Titel schon wesentlich stärker angenähert haben, nach Abs. 4 S. 3 eine Verfestigung ausgeschlossen ist, solange sie nicht tatsächlich einen solchen erhalten haben[17].

13 Mit den Vorgaben bleibt der nationale Gesetzgeber hinter den **Nachzugsvoraussetzungen der Familienzusammenführungs-RL** zurück, was aufgrund der Günstigkeitsklausel in Art. 3 V Familienzusammenführungs-RL zulässig ist. Nach Art. 3 I Familienzusammenführungs-RL wird die Anwendbarkeit der Familienzusammenführungs-RL – und damit auch der Nachzugsanspruch zu einem Ausländer – davon abhängig gemacht, dass der Ausländer im Besitz eines von einem Mitgliedstaat ausgestellten Aufenthaltstitels mit mindestens einjähriger Gültigkeit ist und begründete Aussicht darauf hat, ein dauerhaftes Aufenthaltsrecht zu erlangen. Zeiten des Besitzes eines Visums werden nicht als Besitz eines Aufenthaltstitels angesehen. Abzustellen ist nach Art. 2e Familienzusammenführungs-RL auf einen Aufenthaltstitel nach Art. 1 IIa VO 1030/2002/EG des Rates vom 13.6.2002. Danach werden Zeiträume des Besitzes eines Visums oder fiktive Aufenthaltstitel nach § 81 IV bzw. Zeiten des fiktiv erlaubten Aufenthalt nach § 81 III 1 ebenso wenig berücksichtigt wie Befugniszeiten (Art. 1 IIa ii VO 1030/2002/EG – unabhängig von der Regelung des § 55 AsylG).

14 Die Familienzusammenführungs-RL gilt zudem nicht für Drittstaatsangehörige, deren Aufenthaltstitel eine Gültigkeit von weniger als einem Jahr hat, wie dies bspw. bei Zeitarbeitnehmern der Fall sein kann oder bei Personen, denen zur Aufnahme einer saisonalen Beschäftigung ein Aufenthaltstitel ausgestellt wurde. Darüber hinaus enthält Art. 3 I Familienzusammenführungs-RL die Zusatzbedingung, die besagt, dass begründete Aussicht auf Erlangung eines dauerhaften Aufenthaltsrechts bestehen muss[18]. Dies wird in § 30 I 1 Nr. 3d mit dem Hinweis auf § 8 II und dem Nichtvorliegen des Ausschlusses einer Niederlassungserlaubnis umgesetzt.

15 Neben den vorgenannten Voraussetzungen bestimmt Art. 8 Familienzusammenführungs-RL, dass die Mitgliedstaaten verlangen dürfen, dass sich der Ausländer während eines Zeitraums, der zwei Jahre nicht überschreiten darf[19], rechtmäßig auf ihrem Hoheitsgebiet aufgehalten hat, bevor seine Familienangehörigen ihm nachreisen dürfen. Diese Wartezeitregelung, die mit § 30 I 1 Nr. 3d umgesetzt wurde, war im Rechtsetzungsverfahren heftig umstritten und Gegenstand einer Klage des EU-Parlaments gegen die Familienzusammenführungs-RL[20].

16 Die Wartezeitregelung ist gemeinschaftsrechtlich zulässig und steht auch im Einklang mit Art. 8 EMRK[21]. Da Art. 8 EMRK nur **in Ausnahmefällen einen Anspruch auf Familiennachzug** vermittelt, haben die Mitgliedstaaten im Rahmen der Ausgestaltung eines Nachzugsanspruchs durch die Familienzusammenführungs-RL einen weiten Spielraum. Die Wartezeitregelung darf nicht automatisch zum Ausschluss jeder Familienzusammenführung führen. Sonderfälle, in denen Art. 8 EMRK einen Nachzugsanspruch vermittelt, dürfen nicht unzulässig beschränkt werden. Da der Gesetzgeber nur den Normalfall geregelt hat, bleibt im Rahmen der Rechtsanwendung immer zu prüfen, ob ausnahmsweise der Nachzug ohne Einhaltung der Wartefrist gestattet werden muss. Insoweit müssen die Mitgliedstaaten in Ansehung der Wartezeitregelung immer eine Einzelfallprüfung unter Berücksichtigung der grund- und menschenrechtlichen Erwägungen durchführen[22].

---

[16] VGH BW Beschl. v. 19.3.2015 – 11 S 334/15, InfAuslR 2015, 234 Rn. 8.
[17] VGH BW Beschl. v. 19.3.2015 – 11 S 334/15, InfAuslR 2015, 234 Rn. 8.
[18] Diese Einschränkung erhielt die RL aufgrund des geänderten Vorschlages der Kommission v. 2.5.2002 (KOM (2002) 225 endg.). Mit dem geänderten RL-Vorschlag wurde der ursprüngliche Art. 3 I a des RL-Entwurf dahin gehend verändert, dass der Zusammenführende begründete Aussicht darauf haben musste, ein ständiges Aufenthaltsrecht zu erlangen. Diese Fassung wurde letztlich durch die in Kraft getretene RL redaktionell dahin gehend präzisiert, dass der Zusammenführende nicht die begründete Aussicht darauf haben muss, ein „ständiges", sondern ein „dauerhaftes" Aufenthaltsrecht zu erlangen.
[19] Die erste Fassung, die die Kommission vorlegte (KOM(1999) 638 endg.), sah in Art. 10 vor, dass die Mitgliedstaaten berechtigt sein sollten, eine Wartefrist festzulegen, um sich von der Dauerhaftigkeit des Aufenthalts des Zusammenführenden zu überzeugen. Diese Wartezeit sollte nicht mehr als ein Jahr betragen, um die Ausübung des Rechts auf Familienzusammenführung nicht zu untergraben. Die ursprünglich auf ein Jahr befristete Wartezeit wurde bereits mit dem Entwurf der Kommission v. 2.5.2002 (KOM(2002) 225 endg.) auf einen Zeitraum von höchstens zwei Jahren ausgedehnt.
[20] Die Klage wurde vom EuGH abgewiesen, EuGH Urt. v. 27.6.2006 – C 540/03 – EU-Parlament/Rat.
[21] EuGH Urt. v. 27.6.2006 – C 540/03 – EU-Parlament/Rat.
[22] So auch der EuGH Urt. v. 27.6.2006 – C 540/03 – EU-Parlament/Rat, der auf Art. 17 FamZu-RL verweist.

Diese **Einzelfallprüfung ermöglicht Abs. 2 S. 2,** der für den Fall, dass die Ehe erst nach der 17
Einreise des Stammberechtigten geschlossen worden ist und sich dieser noch nicht seit zwei Jahren
rechtmäßig auf Grundlage einer Aufenthaltserlaubnis in Deutschland aufhält, die Erteilung der Aufenthaltserlaubnis in das Ermessen der Ausländerbehörde stellt.

Schließlich genügt nach § 30 I 1 Nr. 3e allgemein der **Besitz einer Aufenthaltserlaubnis** un- 18
abhängig von Aufenthaltszweck und Besitzdauer, wenn die Ehe bei deren Erteilung bereits bestand. In
diesem Fall muss der Aufenthalt aber noch länger als ein Jahr andauern. Dahinter steht die Überlegung,
dass eine Trennungszeit von mehr als einem Jahr nicht hingenommen werden soll. Maßgeblich für die
Berechnung ist daher der Zeitpunkt der Antragstellung, nicht der der Eheschließung oder der Erteilung der Aufenthaltserlaubnis für den Ausländer oder für den Ehegatten. Grundlage für die Prognose
darf nicht allein die formelle Rechtslaufzeit der Aufenthaltserlaubnis sein, entscheidend ist vielmehr, ob
der Aufenthaltszweck voraussichtlich innerhalb von einem Jahr erledigt ist. In der Regel wird dies nicht
anzunehmen sein.

In § 30 I 1 Nr. 3e wird auf den **Bestand der Ehe** Bezug genommen, während es in Nr. 3f auf den 19
Bestand der ehelichen Lebensgemeinschaft ankommt. Die unterschiedlichen Anknüpfungspunkte
haben ihren Grund darin, dass grundsätzlich auch der Nachzug von Ehegatten möglich sein soll, die
nach einer Eheschließung erstmals in Deutschland Gelegenheit haben, die eheliche Lebensgemeinschaft zu leben. Diese Fallgestaltung wird gerade auch bei Ehen zwischen Qualifizierten vorliegen, die
bisher aufgrund ihres Arbeitsplatzes nicht an einem Ort leben konnten, also Personen, für die das
Bundesgebiet attraktiv sein soll.

§ 30 I 1 Nr. 3f beruht hingegen auf einer anderen Fallgestaltung – der innergemeinschaftlichen 20
Mobilität von langfristig Aufenthaltsberechtigten – und ist inhaltlich an die **Daueraufenthalts-RL**
angelehnt (Art. 16 I Daueraufenthalts-RL). Familienangehörige der Kernfamilie iSd Familienzusammenführungs-RL, zu denen auch der Ehegatte gehört, sind grundsätzlich berechtigt., mit dem langfristig Aufenthaltsberechtigten mitzuwandern. Die Daueraufenthalts-RL differenziert zwischen Familien, die bereits vor der Weiterwanderung in dem ersten Mitgliedstaat bestanden und solchen, die erst
nachträglich gegründet wurden. Letztere unterfallen nach Art. 16 V Daueraufenthalts-RL den Nachzugsvoraussetzungen der Familienzusammenführungs-RL. Erstere sollen hingegen privilegiert werden
und müssen nur die in Art. 16 IV Daueraufenthalts-RL enthaltenen speziellen Nachzugsvoraussetzungen erfüllen, zu denen keine Integrationsbedingungen gehören.

IV. Mindestalter

Durch den neu eingefügten Abs. 1 S. 1 Nr. 1 wird von der in Art. 4 V Familienzusammenführ- 21
ungs-RL den Mitgliedstaaten eingeräumten Möglichkeit Gebrauch gemacht, zur **Förderung der
Integration** und zur **Vermeidung von Zwangsverheiratungen** für den Ehegattennachzug ein
Mindestalter vorzusehen. In der Gesetzesbegründung wird hierzu ausgeführt[23]: „Zwangsverheiratungen verletzen auf fundamentale Weise Menschenrechte und stellen eine Form der häuslichen und meist
auch sexualisierten Gewalt dar. Die Regelung dient daher dem Schutz elementarer Rechte wie der
Eheschließungsfreiheit, Menschenwürde, sexuellen Selbstbestimmung, persönlichen Freiheit u. körperlichen Unversehrtheit. Nach der Werteordnung des Grundgesetzes ist der Staat zum Schutz dieser
Rechtsgüter verpflichtet. Für die Eheschließungsfreiheit ergibt sich dieser Schutzauftrag ausdrücklich
aus Art 6 I GG."

Grundlage der Neuregelung war eine Gestaltungsoption der Familienzusammenführungs-RL. Die 22
Mitgliedstaaten waren daher nicht gezwungen, ein Mindestalter einzuführen. Die Regelung nach
Art. 4 V Familienzusammenführungs-RL geht über die erfolgte Umsetzung hinaus, da danach
zur Förderung der Integration und zur Vermeidung von Zwangsehen von den Mitgliedstaaten vorgesehen werden kann, dass der Ausländer und sein Ehegatte ein Mindestalter erreicht haben müssen,
das **höchstens auf 21 Jahre** festgelegt werden darf, bevor der Ehegatte nachreisen darf. Durch die
Festlegung auf das Mindestalter von höchstens 21 Jahren wurde den Mitgliedstaaten die Möglichkeit
eröffnet, über den ursprünglichen RL-Vorschlag der Kommission[24] hinaus auf ein Alter abzustellen,
das über der jeweiligen Volljährigkeitsgrenze lag.

In Anbetracht dieser RL-Vorgaben beabsichtigte der deutsche Gesetzgeber zunächst, den Ehegat- 23
tennachzug zu Ausländern davon abhängig zu machen, dass beide Eheleute „das 21. Lebensjahr vollendet haben"[25]. Dieses Vorhaben dürfte wegen verfassungsrechtlicher Bedenken aufgegeben worden
sein, obwohl weder die Verpflichtung des Staates zum besonderen Schutz von Ehe und Familie
(Art. 6 I GG) noch das damit verbürgte Recht auf eheliches und familiäres Zusammenleben einen

---

[23] BT-Drs. 16/5065, 172.
[24] KOM(2002) 225 endg. Die Kommission nahm mit dem ursprünglichen RL-Vorschlag auf eigene Initiative in Art. 4 V FamZu-RL eine Bestimmung auf, wonach die Mitgliedstaaten für den Ausländer und seinen Ehegatten ein Mindestalter vorschreiben können, das nicht höher als das Alter der gesetzlichen Volljährigkeit sein darf, bevor der Ehegatte nachreisen darf.
[25] Der ReferentenEntw des BMI für ein „Gesetz zur Umsetzung aufenthalts- und asylrechtlicher Richtlinie der Europäischen Union", Stand 3.1.2006.

Dienelt

umfassenden und bedingungslosen grundrechtlichen Anspruch auf gemeinsamen Aufenthalt der Kernfamilie im Bundesgebiet gewähren. Das GG überantwortet es vielmehr weitgehend der gesetzgebenden und der vollziehenden Gewalt, festzulegen, in welcher Zahl und unter welchen Voraussetzungen Ausländern der Zugang zum Bundesgebiet ermöglicht wird.

24 Gleichwohl hatte das **BVerfG** in einer Grundsatzentscheidung zu möglichen Beschränkungen des Familiennachzugs durch Einführung eines Nachzugsalters und/oder Wartezeiten auf die Verfassungswidrigkeit einer **dreijährigen Wartezeitregelung zur Bekämpfung von Scheinehen** hingewiesen.[26] Das BVerfG wies darauf hin, dass es sich bei der weitaus überwiegenden Zahl der Ehen zwischen Ausländern um echte Ehen und nicht um „Scheinehen" handle. Demgemäß sei das vorrangige Ziel der zur Prüfung stehenden Ehebestandszeitregelungen die Begrenzung des Zuzugs ausländischer Ehegatten, die den Wunsch nach einem ehelichen Zusammenleben im Bundesgebiet nicht nur vortäuschten. Die Beurteilung der Angemessenheit der Regelungen sei in erster Linie am Normalfall der dem Verständnis des Art. 6 I und II 1 GG entsprechenden Ehe auszurichten. Die Dauer der Wartefrist für einen Nachzug müsse sich im Rahmen dessen halten, was dem Schutz- und Förderungsgebot des Art. 6 GG noch angemessen sei. Dieser Rahmen würde durch das Erfordernis einer Wartefrist von drei Jahren erheblich überschritten.

25 Diese Ausführungen lassen sich auf die **Verhinderung von Zwangsehen** ohne Weiteres übertragen. Gleichwohl ist die Auferlegung einer ab Eheschließung laufenden Wartefrist für einen Nachzug nicht schlechthin ausgeschlossen. Das BVerfG hat insoweit in der vorstehenden Grundsatzentscheidung klargestellt, dass die zuständigen Organe in Fällen von „Scheinehen" nicht darauf beschränkt sind, nach Einreise der betreffenden Ehegatten mit ordnungsrechtlichen Mitteln tätig zu werden. Gleiches gilt auch für die Verhinderung von Zwangsehen. Da die Zuzugsbegrenzung aber gerade auch im Bereich „regulärer Eheschließungen" Wirkungen entfaltet, hat der Gesetzgeber mit Einführung der Altersgrenze von 18 Jahren eine Regelung gewählt, dass das verfassungsrechtlich geschützte Interesse am Aufenthalt im Bundesgebiet begehrenden Ehegatten aus Art. 6 I und II 1 GG nicht unverhältnismäßig beeinträchtigt.

26 Die **Eheschließungsfreiheit** als solche ist durch die Beschränkung des Nachzugsalters nicht betroffen. Ehen können auch vor Erreichen der Mindestaltersgrenze geschlossen werden, entfalten aber zunächst keine aufenthaltsrechtliche Wirkung. Die Ehe kann auch geführt werden, aber nur zeitweise nicht in Deutschland, was die Intensität des Grundrechtseingriffs ebenfalls mindert. Zum Zeitpunkt des Erlasses des GG bestand vollständige Eheschließungsfreiheit erst ab einem Alter von 21 Jahren, derzeit tritt die Ehemündigkeit mit der Volljährigkeit ein. Eine aufenthaltsrechtliche Beschränkung der Eheführung auf das Mindestalter von 18 Jahren kann daher nicht von vornherein grundgesetzwidrig sein[27].

27 Das Erfordernis eines Mindestalters von 18 Jahren ist daher als ein generelles Mittel vor allem im Hinblick auf das Gewicht der geschützten Rechtsgüter (Eheschließungsfreiheit, sexuelle Selbstbestimmung, persönliche Freiheit, körperliche Unversehrtheit) verfassungsrechtlich nicht zu beanstanden. Es stehen hier – anders als bei der Bekämpfung von Scheinehen – nicht nur ordnungspolitische Gesichtspunkte, sondern der Schutz elementarer Menschenrechte im Raum[28]. Hinzu kommt, dass eine scharfe Trennung zwischen Zwangsverheiratung und arrangierter Ehe nicht möglich ist. Oftmals liegen den zuständigen Behörden widersprüchliche Aussagen der Betroffenen zu der Frage vor, ob sie zur Eingehung der Ehe gezwungen wurden. Eine Untersuchung des Einzelfalls lässt daher vielfach keinen hinreichend zuverlässigen Schluss auf das Vorliegen von Zwangsverheiratung zu und geht zudem mit der Kenntnis von Umständen aus dem höchstpersönlichen Bereich der Betroffenen einher. Es wäre jedoch mit Art. 1 I GG iVm Art. 2 I GG nicht vereinbar, wenn die Verwaltung es unternähme, sich diese Kenntnis im Einzelfall von Amts wegen zu verschaffen[29].

28 Die in Abs. 2 S. 1 eingefügte **Ausnahmeregelung** wurde durch die Neufassung des § 30 I 2 durch das Gesetz zur Bekämpfung von Kinderehen weitgehend aufgehoben[30]. Durch die Änderung wird das Nachzugsalter auch für Ehegatten von Ausländern, die einen Aufenthaltstitel nach den §§ 19–21 als Hochqualifizierter, als Inhaber einer Blauen Karte EU, als Forscher oder als Selbstständiger besitzen, auf das allgemein für den Familiennachzug geltende Nachzugsalter von 18 Jahren angehoben.

29 Die nachzugsrechtliche Privilegierung war nach der Anhebung des Ehemündigkeitsalters im deutschen Recht auf 18 Jahre nicht mehr geboten. Denn mit dem Gesetz zur Bekämpfung von Kinderehen wurde das Ehemündigkeitsalter im deutschen Recht ausnahmslos auf 18 Jahre festgelegt. Eine unter Verstoß gegen die Ehemündigkeitsbestimmungen geschlossene Ehe ist aufhebbar, wenn ein Ehegatte im Zeitpunkt der Eheschließung das 16. Lebensjahr bereits vollendet hatte. Die Aufhebung hat grundsätzlich immer zu erfolgen. Einer Ehe, bei der ein Ehegatte im Zeitpunkt der Eheschließung das 16. Lebensjahr noch nicht vollendet hatte, wird die Wirksamkeit versagt. Diese Grundsätze gelten auch

---

[26] BVerfG Beschl. v. 12.5.1987 – 2 BvR 1226/83, 2 BvR 101/84, 2 BvR 313/84, BVerfGE 76, 1.
[27] BT-Drs. 16/5065, 173.
[28] BT-Drs. 16/5065, 173.
[29] BT-Drs. 16/5065, 173.
[30] Gesetz vom 21.7.2017, BGBl. I S. 2429.

für nach ausländischem Recht wirksam geschlossene Minderjährigenehen. Bei Ausländern, die eine Aufenthaltserlaubnis nach § 38a besitzen, weil sie zuvor in einem anderen Mitgliedstaat der EU die Rechtsstellung eines langfristig Aufenthaltsberechtigten innehatten, ist nach den europarechtlichen Vorgaben von einer Anhebung des Nachzugsalters auf 18 Jahre bei Ehegatten abzusehen, mit denen die Betreffenden bereits in dem anderen Mitgliedstaat der EU eine eheliche Lebensgemeinschaft geführt haben. Die Härtefallregelung in § 30 II blieb unverändert.

V. Sprachanforderung

1. Einzelheiten

Der neu eingefügte Abs. 1 S. 1 Nr. 2 berücksichtigt die in Art. 7 II Familienzusammenführungs- 30
RL vorgesehene Möglichkeit, den Familiennachzug von Drittstaatsangehörigen an die Voraussetzung zu knüpfen, dass sie Integrationsmaßnahmen nachkommen müssen. Durch die Neuregelung sollen die Betroffenen dazu angeregt werden, sich bereits vor ihrer Einreise einfache Deutschkenntnisse anzueignen und dadurch ihre Integration im Bundesgebiet zu erleichtern[31].

Das Erfordernis, sich auf einfache Art in deutscher Sprache verständigen zu können, entspricht gem. 31
§ 2 IX der Definition des Sprachniveaus der Stufe A1 des Gemeinsamen Europäischen Referenzrahmens des Europarates (GER). Dies beinhaltet als unterstes Sprachniveau folgende sprachliche Fähigkeiten: „Kann vertraute, alltägliche Ausdrücke und ganz einfache Sätze verstehen und verwenden, die auf die Befriedigung konkreter Bedürfnisse zielen. Kann sich und andere vorstellen und anderen Leuten Fragen zu ihrer Person stellen – zB wo sie wohnen, was für Leute sie kennen oder was für Dinge sie haben – und kann auf Fragen dieser Art Antwort geben. Kann sich auf einfache Art verständigen, wenn die Gesprächspartnerinnen oder Gesprächspartner langsam und deutlich sprechen und bereit sind zu helfen."

Der nachziehende Ehegatte muss demnach in der Lage sein, sich zumindest auf rudimentäre Weise 32
in Deutsch zu verständigen[32]. Er muss zu geläufigen Alltagsthemen wenigstens Sätze mit Subjekt, Verb und Objekt bilden und entsprechende Sätze anderer mehr als nur selten verstehen können[33]. Die Fähigkeit, sich auf einfache Art in deutscher Sprache verständigen zu können, umfasst auch **Grundkenntnisse der deutschen Schriftsprache**[34].

Der Wortlaut des § 30 I 1 Nr. 2 ist insoweit zwar nicht eindeutig. Denn „Sprache" kann sich als 33
Mittel der Kommunikation auch lediglich auf die gesprochene und gehörte Sprache beziehen. Gleiches gilt für den Begriff „Verständigung". Dass beim Ehegattennachzug auch Grundkenntnisse der Schriftsprache gefordert werden, ergibt sich jedoch aus einem Vergleich der Regelung mit anderen Vorschriften des AufenthG, die bestimmte Kenntnisse der deutschen Sprache verlangen. Dem ist zu entnehmen, dass der Gesetzgeber es klar zum Ausdruck bringt, wenn (ausnahmsweise) mündliche Kenntnisse genügen. So ist etwa für die Erteilung einer Niederlassungserlaubnis nach § 9 II 1 Nr. 7 erforderlich, dass der Ausländer über ausreichende Kenntnisse der deutschen Sprache verfügt. Nur bei Vorliegen bestimmter Voraussetzungen (übergangsweise nach § 104 II oder dauerhaft nach § 9 II 5) reicht es aus, wenn er sich auf einfache Art in deutscher Sprache mündlich verständigen kann. Auch bei der Altfallregelung in § 104a ist ausdrücklich klargestellt, dass der Ausländer nur über mündliche Kenntnisse verfügen muss.

Die Vorschrift wurde ohne **Übergangsregelung** in das Gesetz aufgenommen und kam auch bei 34
bereits vor ihrem Inkrafttreten begonnenen Verfahren zur Anwendung[35]. Das AA wendet in Absprache mit dem BMI eine Übergangsregelung an, um Härten zu vermeiden[36]. Soweit das AA den **Nachweis von Vorhandensein einfacher deutscher Sprachkenntnisse** von der Vorlage eines Sprachzertifikats über das erfolgreiche Bestehen des von Goethe-Institut und dessen Lizenznehmern bzw. Partnerorganisationen durchgeführten Sprachtests „Start Deutsch 1" abhängig macht[37], ist diese Praxis rechtswidrig. § 30 I 1 Nr. 2 setzt keine bestimmte Nachweisform voraus, ein Sprachzertifikat kann daher nicht verlangt werden, da sich das Erfordernis eines in dieser Art spezifizierten Nachweises dem Gesetz nicht entnehmen lässt[38]. Auch durch eine Vorsprache bei der Auslandsvertretung oder durch andere geeignete Unterlagen können die erforderlichen Deutschkenntnisse nachgewiesen werden[39].

Aus § 82 I 1 folgt nichts anderes. Danach sind Ausländer verpflichtet, ihre Belange und für sie 35
günstige Umstände, soweit sie nicht offenkundig oder bekannt sind, unter Angabe nachprüfbarer Umstände unverzüglich geltend zu machen und die erforderlichen Nachweise über ihre persönlichen

---

[31] BT-Drs. 16/5065, 173.
[32] BVerwG Urt. v. 30.3.2010 – 1 C 8/09, BVerwGE 136, 231.
[33] BayVGH Urt. v. 16.4.2008 – 19 B 07.336, InfAuslR 2009, 21.
[34] BVerwG Urt. v. 30.3.2010 – 1 C 8/09, BVerwGE 136, 231 Rn. 14.
[35] VG Oldenburg Urt. v. 7.11.2007 – 11 A 147/06.
[36] Erlass v. 30.8.2004 (Gz.: 508-516.00).
[37] Zu dieser Praxis VG Berlin Urt. v. 19.12.2007 – VG 5 V 22.07.
[38] OVG Bln-Bbg Urt. v. 28.4.2009 – 2 B 6.08; VG Münster Beschl. v. 20.3.2019 – 8 L 1176/18 Rn. 12.
[39] OVG Bln-Bbg Beschl. v. 16.1.2008 – OVG 2 M 1.08 – PKH-Beschluss.

1 AufenthG § 30

Verhältnisse, sonstige erforderliche Bescheinigungen und Erlaubnisse sowie sonstige erforderliche Nachweise, die sie erbringen können, unverzüglich beizubringen. Der Nachweis kann durch die Ausländerbehörde kostengünstig erhoben werden (§ 24 VwVfG). **Jedenfalls für die Feststellung einfacher deutscher Sprachkenntnisse iSd § 2 IX ist die Ausländerbehörde hinreichend sachverständig**[40]. Auch wenn die Vorlage von – oft kostenpflichtigen – Zertifikaten/Zeugnissen in Einzelfällen zweckmäßig sein kann, ist nach § 82 I die Vorlage eines Nachweises selbst dann nicht erforderlich iSd Gesetzes[41].

36 Die Ausländerbehörde ist in Fällen des Ehegattennachzugs vor Erteilung einer Aufenthaltserlaubnis berechtigt. und verpflichtet, das Vorhandensein ausreichender Deutschkenntnisse in ihre Prüfung auch dann einzubeziehen, wenn jene im vorangegangenen Visumverfahren bereits festgestellt worden sind. Insofern dürfte zwar ein im Visumverfahren vorgelegtes und als Nachweis für die erforderlichen Sprachkenntnisse anerkanntes Zeugnis eines Goethe-Instituts auch im anschließenden Verfahren auf Erteilung einer Aufenthaltserlaubnis regelmäßig als Beleg ausreichen.

37 Maßgeblich ist jedoch insofern letztlich nicht die Vorlage eines entsprechenden Zertifikats, sondern die **tatsächlichen Sprachkenntnisse.** Wenn diesbezüglich von der Ausländerbehörde trotz eines vorgelegten Sprachzeugnisses grundlegende Zweifel aufgeworfen und belegt worden sind, begegnet es keinen rechtlichen Bedenken, von Ausländern einen weiteren Nachweis über die Sprachkenntnisse – unter Umständen auch in Form eines weiteren Sprachtestes – zu verlangen und ggf. die Erteilung einer Aufenthaltserlaubnis wegen fehlenden Nachweises der Sprachkenntnisse abzulehnen[42].

2. Vereinbarkeit mit Verfassungsrecht

38 Sprachanforderungen als Visums- und damit Einreiseerfordernis bei Ehegattennachzug zu in Deutschland lebenden Ehegatten sind in der aufenthaltsrechtlichen Literatur teils heftig umstritten[43]. Die verfassungsrechtliche, an Art. 6 GG ansetzende Kritik hat das BVerfG im Anschluss an seine stRspr[44] zurückgewiesen. Aus Art. 6 I GG folge kein Anspruch auf Einreise und aus gewichtigen Gründen des Gemeinwohls sei eine regelmäßig nur zeitweilige Trennung durch das Erfordernis einfacher Sprachkenntnisse gerechtfertigt[45].

39 Diese Regelung unterliegt trotz des Nichtannahmebeschlusses des BVerfG auch in Bezug auf den Nachzug zu Drittstaatsangehörigen[46] gemeinschaftsrechtlichen Bedenken. Die Gesetzesbegründung weist als Grund für die Regelung auf die **Abwehr von Zwangsehen** durch ausreichende Sprachkenntnisse hin[47]: „Schwiegerfamilien, denen die neu einwandernden Opfer von Zwangsverheiratungen nach der Einreise ausgesetzt sind, nutzen die mangelnden deutschen Sprachkenntnisse willentlich oder indirekt aus, um ein eigenständiges Sozialleben der Opfer zu verhindern. Die Verpflichtung zur Teilnahme an Integrationskursen nach der Einreise allein reicht nicht in gleichem Maße aus, um die Verhinderung eines eigenen Soziallebens der Opfer aufzufangen. Bis zum Kursbeginn und zur damit verbundenen Vermittlung von Deutschkenntnissen kann einige Zeit vergehen, während derer das Opfer dem Zwang der Schwiegerfamilie ausgesetzt bleibt. Die Verpflichtung zur Teilnahme am Integrationskurs stellt zudem keinen erfolgreichen Abschluss sicher, während der Nachweispflicht von Deutschkenntnissen vor der Einreise ergebnisorientiert gewährleistet, dass tatsächlich Grundkenntnisse vorliegen. Die Regelung wirkt ferner in weitaus stärkerem Maße als die Teilnahmepflicht nach der Einreise präventiv. Gebildete Männer und Frauen sind nach dem Familienbild der betreffenden Kreise unattraktiver, sie sind schwerer ‚kontrollierbar', worauf es den Zwang ausübenden Personen aber maßgeblich ankommt. Auch einfache Sprachkenntnisse bedeuten eine solche Bildung."

40 Problematisch ist die Bewertung der Frage, ob die Zweck-Mittel-Relation im Hinblick auf den Grundrechtseingriff gewahrt wird, dh, ob die Regelung angemessen ist. Grundsätzlich ist Integration

---

[40] VG Münster Beschl. v. 20.3.2019 – 8 L 1176/18 Rn. 12.
[41] VG Münster Beschl. v. 20.3.2019 – 8 L 1176/18 Rn. 12.
[42] OVG NRW Beschl. v. 3.6.2009 – 18 B 1828/08.
[43] Vgl. *Göbel-Zimmermann* ZAR 2008, 169 (172 f.); *Marx* in GK-AufenthG, Stand 2/2009, § 30 Rn. 65 ff.; *Marx*, Stellungnahme zur Anhörung des Innenausschusses des Deutschen Bundestags zum Entwurf des Richtlinienumsetzungsgesetzes, 16.5.2007, Innenausschuss A-Drs. 16(4)209 D, 4 ff.; *Marx* InfAuslR 2007, 413 (415 ff.); *Dienelt*, Stellungnahme zur Anhörung des Innenausschusses des Deutschen Bundestags zum Entwurf des Richtlinienumsetzungsgesetzes, Innenausschuss A-Drs. 16(4)209 H, 5 f.; *Kingreen* ZAR 2007, 13 (18 f.); *Markard/Truchseß* NVwZ 2007, 1025 (1026 ff.); *Fischer-Lescano* KJ 2006, 236 (241); *Hillgruber* ZAR 2006, 304; *Hailbronner* FamRZ 2008, 1583; *Breitkreutz/Franßen-de la Cerda/Hübner* ZAR 2008, 381 (383 f.); differenzierend *Thomas* SächsVBl. 2009, 56 (60); *Huber* NVwZ 2010, 701; *Marx* ZAR 2011, 15; *Pfaff* FPR 2011, 428; *Bast*, Migrationsrecht, 2011, 247; aA BVerwG Urt. v. 30.3.2010 – 1 C 8.09, BVerwGE 136, 231; vgl. für eine vergleichbare Regelung, die Ende 2010 im Vereinigten Königreich eingeführt worden ist: High Court für England und Wales Urt. v. 16.12.2011 – (2011) EWHC 3370 „Admin".
[44] BVerfG Beschl. v. 12.5.1987 – 2 BvR 1226/83 ua, BVerfGE 76, 1.
[45] BVerfG Beschl. v. 25.3.2011 – 2 BvR 1413/10, NVwZ 2011, 870.
[46] Beim Nachzug zu Deutschen hat das BVerwG § 28 I 5 verfassungskonform ausgelegt, BVerwG Urt. v. 4.9.2012 – 10 C 12.12.
[47] BT-Drs. 16/5065, 173.

und die Abwehr von Zwangsehen ein wichtiges und legitimes staatliches Interesse. Dabei ist auch zu berücksichtigen, dass sich die Integration vieler zugewanderter Ausländer insbesondere aufgrund mangelnder Sprachkenntnisse in der Vergangenheit als problematisch erwiesen hat. Insoweit ist dem Gesetzgeber darin zuzustimmen, dass dem mit der Regelung verfolgten Zweck ein hoher Stellenwert zukommt, zumal die gestellten Anforderungen von einfachen Sprachkenntnissen nicht sehr hoch liegen. Bedenken an der Wahrung der Zweck-Mittel-Relation ergeben sich va aus den erheblichen Konsequenzen, die sich an den Nichtnachweis von Sprachkenntnissen knüpfen: Nach der jetzt geplanten Regelung, die keine Härtefallklausel enthält, führt der Nichtnachweis de facto zu einem längeren oder im Extremfall dauerhaften Nachzugsverbot. Diese gravierenden Folgen stehen im Widerspruch zu der Entscheidung des BVerfG, das bereits bei einem mehrjährigen Nachzugsverbot die Angemessenheit der Maßnahme im Hinblick auf Art. 6 I GG als wertentscheidender Grundsatznorm verneint hat. Soweit das BVerwG die Verfassungsmäßigkeit gewährleistet sieht, weil zur Vermeidung einer unverhältnismäßigen Trennung der Eheleute im Einzelfall auf anderem Weg, etwa durch Erteilung eines Aufenthaltstitels zum Spracherwerb nach § 16b I, Abhilfe geschaffen werden kann[48], erfasst dies nicht alle betroffenen Fallgruppen, insbesondere nicht ältere Menschen und Analphabeten.

Zudem ist im Normalfall von einer gut funktionierenden Förderung der Deutschkenntnisse durch den Ehegatten im Inland sowie die Integrationskurse auszugehen. In den meisten Fällen beherrscht der Ehepartner fließend die deutsche Sprache und wird seinen ausländischen Ehepartner beim Erlernen der Sprache sowie generell bei der Integration im Alltag fördern. Hinzu kommt, dass in vielen Fällen auch im sozialen Umfeld (zumindest überwiegend) Deutsch gesprochen wird, sodass auch hier im Alltag eine weitere Sprachförderung und Integration stattfindet. Damit steht als milderes Mittel die sprachliche Förderung in Deutschland durch den Ehegatten, das Umfeld und den Integrationskurs zur Verfügung, die (mindestens) genauso gut wie die geplante Regelung geeignet sind, dem Nachzugsbegehrenden zeitnah einfache Sprachkenntnisse zu vermitteln. Bei einem grundsätzlichen Nachzugsverbot im Falle unzureichender Sprachkenntnisse liegt ein deutliches Missverhältnis von Mittel und Zweck vor, sodass die Regelung mit Art. 6 GG nicht vereinbar ist. 41

Außerdem hat der Gesetzgeber – anders als bei dem Mindestalter – zunächst keine Härtefallregelung aufgenommen, die Fälle erfasst, in denen der **Spracherwerb im Heimatland objektiv unmöglich oder unzumutbar** ist[49]. Auch werden **familiäre Härten** nicht erfasst: Geht aus der Ehe ein Kind hervor, so kann das Kind im Rahmen der Nachzugsregelungen zu seinem in Deutschland lebenden Vater nachziehen; soll die Mutter tatsächlich von der Familie getrennt werden? Eine Möglichkeit bestünde darin, den Kindernachzug zum Vater zu unterbinden, was aber nicht möglich ist, wenn dieser deutscher Staatsangehöriger ist, da das Kind dann gleichfalls die deutsche Staatsangehörigkeit erwirbt. 42

Verfassungsrechtliche Härten können nur auf die Weise vermieden werden, dass dem Ehegatten, der in seinem Heimatland die Sprachvoraussetzungen nicht erwerben kann oder dem ein Zuwarten nicht zumutbar ist, die Möglichkeit eröffnet wird, im Inland die Sprachkenntnisse zu erlangen. Hierzu kann entweder auf die Sprachanforderung in Abs. 1 Nr. 2 verzichtet werden oder dem Ehegatten nach § 16 V zunächst eine Aufenthaltserlaubnis zum Zwecke der Erlangung der Sprachkenntnisse[50] und anschließend, wenn die Sprachvoraussetzungen vorliegen, unter Verzicht auf das Visumverfahren eine Aufenthaltserlaubnis zum Familiennachzug erteilt werden. 43

3. Vereinbarkeit mit Unionsrecht

Eine weitere Kritikebene[51] betraf die Frage nach der Vereinbarkeit der Sprachanforderung mit dem Unionsrecht, insbesondere Art. 7 II FamZu-RL. Nachdem das BVerwG bereits in einem Beschluss nach § 161 II VwGO[52] angedeutet hatte, dass es mit Blick auf eine Äußerung der EU-Kommission[53] an der Acte-clair-Beurteilung nicht mehr festhalte und die Frage nunmehr als unionsrechtlich offen anzusehen sei, hat inzwischen der EuGH die Frage geklärt, dass Art. 7 II Familienzusammenführungs-RL einer Regelung entgegensteht, die den Familiennachzug zwingend davon abhängig macht, dass der Familienangehörige vor der Einreise nachweist, sich in einfacher Art und Weise in deutscher Sprache verständigen zu können[54]. **Der EuGH hat insoweit festgestellt, dass ein Erfordernis, das zum** 44

---

[48] BVerwG Urt. v. 30.3.2010 – 1 C 8.09.
[49] BVerwG Urt. v. 30.3.2010 – 1 C 8.09, das eine Aufenthaltserlaubnis nach § 16 V zum Spracherwerb im Bundesgebiet als Lösung gibt.
[50] So BVerwG Urt. v. 30.3.2010 – 1 C 8.09.
[51] Vgl. *Groenendijk* European Journal of Migration and Law 2006, 215 (223 f.); *Groenendijk* ZAR 2006, 191 (195 f.); aA BVerwG Urt. v. 30.3.2010 – 1 C 8.09, das ursprünglich von einem „acte clair" ausging, diese Rechtsauffassung aber aufgegeben hat, BVerwG Beschl. v. 28.10.2011 – 1 C 9.10. Zweifel an der Vereinbarkeit auch VGH BW Beschl. v. 20.9.2012 – 11 S 1608/12, AuAS 2012, 258 Rn. 7.
[52] BVerwG Beschl. v. 28.10.2011 – 1 C 9.10.
[53] Stellungnahme Slg. (2011)540657 im Verfahren EuGH C-155/11 PPU – Iman.
[54] EuGH Urt. v. 9.7.2015 – C-153/14 – K und A.

automatischen Ausschluss des Familiennachzugs führt, mit der Familienzusammenführungs-RL nicht vereinbar ist[55]. Dies würde auch Fälle erfassen, in denen Familienangehörige zwar die Sprachprüfung nicht bestanden, aber ihre Bereitschaft zur erfolgreichen Ablegung der Prüfung und ihre dafür unternommenen Anstrengungen nachgewiesen hätten.

45 Art. 7 II Familienzusammenführungs-RL sieht vor, dass die Mitgliedstaaten verlangen können, dass die Drittstaatsangehörigen, die in das Bundesgebiet zuziehen wollen, **„Integrationsmaßnahmen"** nachkommen müssen. Diese Bestimmung lässt unmittelbar aufgrund des Wortlauts nicht den Schluss zu, ob die Integrationsmaßnahmen vor dem Zuzug erfolgen müssen oder ob von den nachziehenden Familienangehörigen verlangt werden kann, dass sie nach dem Zuzug Integrationsmaßnahmen zu erfüllen haben. Die Regelung des Art. 7 II UAbs. 2 Familienzusammenführungs-RL bringt jedoch insoweit Klarheit. Denn dort ist geregelt, dass im Hinblick auf die in Art. 12 genannten Flüchtlinge und/oder Familienangehörigen von Flüchtlingen die im zuvor genannten Unterabschnitt genannten Integrationsmaßnahmen erst Anwendung finden, wenn den betroffenen Personen eine Familienzusammenführung gewährt wurde. Ist eine Ausnahmeregelung für Flüchtlinge dergestalt aufgenommen worden, dass ihnen Integrationsmaßnahmen erst auferlegt werden können, wenn sie im Wege der Familienzusammenführung in das Bundesgebiet eingereist sind, so ergibt sich hieraus unmittelbar, dass die Grundregelung es den Mitgliedstaaten auch ermöglichen soll, den Zuzug davon abhängig zu machen, dass die nachziehenden Familienangehörigen bereits in ihrem Heimatland an Integrationsmaßnahmen teilgenommen haben.

46 Mit den in Art. 7 II UAbs. 1 Familienzusammenführungs-RL genannten Integrationsmaßnahmen darf nicht der Zweck verfolgt werden, die Personen zu ermitteln, die das Recht auf Familienzusammenführung ausüben können, sondern sie haben dem Zweck zu dienen, die Integration dieser Personen in den Mitgliedstaaten zu erleichtern[56].

47 Auch die mit dem AufenthÄndG 2015 in das Gesetz aufgenommene Ausnahmeregelung ist mit Unionsrecht nur dann vereinbar, wenn man die Regelung richtlinienkonform auslegt. **Die in der Ausnahmeregelung genannten besonderen individuellen Umstände dürfen keine Eingangsschwelle bilden, die eine Bewertung der individuellen Lage des betroffenen Familienangehörigen versperrt.** Versteht man die Ausnahmeregelung in der Weise, dass eine individuelle Abwägung, insbesondere der in Art. 17 Familienzusammenführungs-RL genannten Kriterien, in jedem Einzelfall möglich bleibt, so macht das Spracherfordernis die Familienzusammenführung weder unmöglich noch erschwert sie diese übermäßig.

48 Bei der Umsetzung des § 30 I 1 Nr. 2 war vor Aufnahme der Ausnahmeregelung durch das AufenthÄndG 2015 fraglich, ob sie die Einführung des **Erwerbs eines konkreten Sprachniveaus,** „sich auf einfache Art mündlich zu verständigen", deckt. Diese Unklarheit wurde mit der Entscheidung des EuGH in der Rechtssache K und A beseitigt. Danach ist Art. 7 II UAbs. 1 Familienzusammenführungs-RL dahin auszulegen, dass ein Mitgliedstaat von Drittstaatsangehörigen verlangen kann, dass sie eine Integrationsprüfung erfolgreich ablegen, bei der Grundkenntnisse sowohl der Sprache als auch der Gesellschaft des betreffenden Mitgliedstaats beurteilt werden, bevor er ihnen die Einreise in sein Hoheitsgebiet und den Aufenthalt dort iRd Familienzusammenführung erlaubt[57]. Der Ausschluss des Familiennachzugs darf aber nicht die automatische Folge des Nichtbestehens der Sprachprüfung sein; vielmehr ist eine umfassende **Einzelfallabwägung** erforderlich. Außerdem ist zu beachten, dass durch den Nachweis der Sprachkenntnisse aufgrund einer verpflichtenden staatlichen Prüfung **keine finanziell unzumutbare Hürde aufgestellt** wird. Der EuGH hat einen Betrag von 460 EUR für Prüfungs- und andere Kosten im Zusammenhang mit dem Nachweis der Sprachkenntnisse für unzumutbar erachtet und dabei zB auch indirekte Kosten wie Reisekosten zum Ort des Sprachkurses berücksichtigt wissen wollen, die in den reinen Sprachkurskosten nicht enthalten sind. Auch wenn die **Kosten für einen Sprachkurs in der Regel deutlich höher als 460 EUR** liegen[58], so ist zu beachten, dass die Sprachkenntnisse nicht zwingend durch eine staatliche Prüfungsbescheinigung nachgewiesen werden müssen. Sollte faktisch ein Visum von der Auslandsvertretung nur erteilt werden, wenn zuvor eine Bescheinigung eines Sprachinstituts vorgelegt wird, so würde dies in der Regel mit einer unzumutbaren finanziellen Belastung einhergehen.

49 Dass Art. 7 II Familienzusammenführungs-RL die Mitgliedstaaten ermächtigt, den Nachzug von einem Spracherfordernis abhängig zu machen, legt auch die Entstehungsgeschichte der Vorschrift nahe. Die Öffnungsklausel war weder im ursprünglichen Richtlinienvorschlag der Kommission der Europäischen Gemeinschaften vom Dezember 1999[59] noch in ihrem Änderungsvorschlag vom Mai 2002[60] enthalten. Sie wurde während der Beratungen auf Drängen der Niederlande, Deutschlands und Öster-

---

[55] EuGH Urt. v. 9.7.2015 – C-153/14 Rn. 56 – K und A.
[56] EuGH Urt. v. 9.7.2015 – C-153/14 Rn. 57 – K und A.
[57] EuGH Urt. v. 9.7.2015 – C-153/14 Rn. 71 – K und A.
[58] BT-Drs. 18/10596, 17.
[59] KOM(1999) 638 endg.
[60] KOM(2002) 225 endg.

reichs aufgenommen[61]. Dabei gingen die Verhandlungspartner ersichtlich davon aus, dass die Klausel das Verlangen nach angemessenen Sprachkenntnissen abdeckt[62].

Soweit in der Literatur demgegenüber die Auffassung vertreten wird, der Begriff „Integrationsmaßnahmen" beruhe auf einem Kompromiss und erlaube – anders als die Begriffe „Integrationsanforderungen" und „Integrationskriterien" – nur, bestimmte Anstrengungen wie etwa die Teilnahme an Sprach- und Integrationskursen zu verlangen, nicht aber ein bestimmtes Ergebnis[63], hat dies in den Verhandlungsprotokollen zur Familienzusammenführungs-RL keinen Niederschlag gefunden. Indem der EuGH in der Rechtssache K und A klarstellt, dass mit den in Art. 7 II UAbs. 1 Familienzusammenführungs-RL genannten Integrationsmaßnahmen nicht der Zweck verfolgt werden dürfe, die Personen zu ermitteln, die das Recht auf Familienzusammenführung ausüben können, sondern sie dem Zweck dienen, die Integration dieser Personen in den Mitgliedstaaten zu erleichtern, nimmt er diesen Ansatz auf[64]. Gleichwohl hält er eine Sprachprüfung für zulässig, wenn das Nichtbestehen nicht automatisch zum Ausschluss des Familiennachzugs führt. 50

Der EuGH folgt damit nicht den Bedenken, die aus der Entstehungsgeschichte der Art. 5 II und Art. 15 III UAbs. 1 Daueraufenthalts-RL gegen die Einführung eines konkreten Sprachniveaus abgeleitet werden können. Art. 5 II Daueraufenthalt-RL hat folgenden Wortlaut: „Die Mitgliedstaaten können von Drittstaatsangehörigen verlangen, dass sie die Integrationsanforderungen gemäß dem nationalen Recht erfüllen." Dabei wird aufgrund der Entstehungsgeschichte deutlich, dass die Mitgliedstaaten mit dem Begriff der Integrationsanforderungen ein bestimmtes Sprachniveau als Erteilungsvoraussetzung für den Status eines langfristig Aufenthaltsberechtigten verbanden[65]. 51

Art. 15 III UAbs. 1 Daueraufenthalts-RL, der die Frage der Integrationsvoraussetzungen nach der Weiterwanderung eines langfristig Aufenthaltsberechtigten aus dem ersten Mitgliedstaat in einen anderen Mitgliedstaat, zB nach Deutschland, regelt, lautet: „Die Mitgliedstaaten können gemäß dem nationalen Recht von Drittstaatsangehörigen verlangen, dass sie Integrationsmaßnahmen nachkommen müssen. Diese Bedingung gilt nicht, wenn die betreffenden Drittstaatsangehörigen gemäß Art 5 II Integrationsanforderungen erfüllen mussten, um die Rechtsstellung eines langfristig Aufenthaltsberechtigten zu erlangen." Die Bedeutung der Begriffe Integrationsanforderungen und Integrationsmaßnahmen wird aus einem Protokoll vom 14.3.2003[66] zu den Anforderungen an die Voraussetzungen der Weiterwanderung eines langfristig Aufenthaltsberechtigten deutlich. In dem damaligen Art. 16 (heute: Art. 15) sollte das Wort Integrationsmaßnahmen ersetzt werden: „In this context, while welcoming the compromise reached at Council level, D, NL and A considered in the relevant clause the word measures should be replaced by conditions. Such a suggestion has not been supported by most delegations." Die Ablehnung des Änderungsverlangens Deutschlands, der Niederlande und Österreichs durch die Mehrheit der Mitgliedstaaten zeigt, dass die Begriffe Integrationsanforderungen und Integrationsmaßnahmen nicht zufällig gewählt wurden und daher auch nicht gleichgesetzt werden können[67]. 52

Auch wenn die Beratungen zur Daueraufenthalt- und zur Familienzusammenführungs-RL weitgehend parallel liefen, lässt dies nur bedingt Rückschlüsse auf die Auslegung der verwendeten Begriffe zu, da nicht davon ausgegangen werden muss, dass den verschiedenen RL zur Zuwanderung ein übergreifendes, trennscharfes Begriffssystem zugrunde liegt. So spricht die niederländische Fassung des Art. 7 II UAbs. 1 Familienzusammenführungs-RL von „integratievoorwarden", also Integrationsvoraussetzungen. Außerdem findet sich bspw. der Begriff „Integrationsmaßnahmen" auch in Art. 33 Qualifikations-RL aF. Dass der Begriff dort anders zu verstehen ist als in Art. 7 II Familienzusammenführungs-RL ergibt sich allerdings schon daraus, dass sowohl in der englischen als auch in der französischen Fassung andere Begriffe verwendet werden (access to integration facilities bzw. accès aux dispositifs d'integration). 53

---

[61] Vgl. Ratsdokument Nr. 14272/02 v. 26.11.2002 S. 13, Fn. 2.
[62] Vgl. Ratsdokument Nr. 14272/02 S. 12, Fn. 1.
[63] Vgl. *Walter,* Familienzusammenführung in Europa, 2009, S. 179 f.; *Groenendijk* ZAR 2006, 191 (195); *Groenendijk* in Barwig/Beichel-Benedetti/Brinkmann (Hrsg.), Perspektivwechsel im Ausländerrecht? S. 177, 186; *Walter/Clodius* in Barwig ua S. 561 f.; *Marx* InfAuslR 2007, 413 (416).
[64] EuGH Urt. v. 9.7.2015 – C-153/14 Rn. 57 – K und A.
[65] Der Begriff der Integrationsanforderungen fand eine Konkretisierung in dem Protokoll v. 23.9.2002 zu den Anforderungen an den Erwerb des Status einer langfristigen Aufenthaltsberechtigung. Dem Art. 5 Daueraufenth-RL (damals noch Art. 6) sollte ein Abs. 2 beigefügt werden, der folgenden Wortlaut hatte: „Member States may request third country nationals who are long term residents to comply with integration conditions such as a sufficient knowledge of the language and a basic knowledge of the legal, cultural, economic and societal order of the country of residence."
[66] Nr. des Protokolls: 7393/1/03 REV 1.
[67] Ebenso *Dienelt,* Die Auswirkungen der FamZu-RL auf das 2. ÄndG, www.migrationsrecht.net; *Groenendijk* in Barwig ua, Perspektivwechsel im AuslR, S. 185 f.; *Walter/Clodius* in Barwig ua, Perspektivwechsel im AuslR, S. 561 f.; *Marx* InfAuslR 2007, 413 (416); aA *Hailbronner,* ohne weitere Begründung in der Sachverständigenanhörung im Innenausschuss des Deutschen Bundestages am 11.6.2018, Ausschuss-Drs. 19(4)57C, VG Berlin Urt. v. 19.12.2007 – VG 5 V 22.07.

VI. Ausnahmeregelungen
1. Mindestalter und Sprachanforderungen

54 Der Gesetzgeber hat drei unterschiedliche Regelungen vorgesehen, um Ausnahmen zuzulassen:
– In Abs. 1 S. 2 werden Ausnahmen sowohl von dem Mindestalter als auch von den Sprachanforderungen zugelassen;
– in Abs. 1 S. 3 werden Ausnahmen von den Sprachanforderungen zugelassen;
– in Abs. 2 S. 1 werden in Härtefällen Ausnahmen von dem Mindestalter ermöglicht.

55 Die in Abs. 2 S. 1 eingefügte **Ausnahmeregelung** wurde durch die Neufassung des § 30 I 2 durch das Gesetz zur Bekämpfung von Kinderehen weitgehend aufgehoben[68]. Durch die Änderung wird das Nachzugsalter auch für Ehegatten von Ausländern, die einen Aufenthaltstitel nach den §§ 19–21 als Hochqualifizierter, als Inhaber einer Blauen Karte EU, als Forscher oder als Selbständiger besitzen, auf das allgemein für den Familiennachzug geltende Nachzugsalter von 18 Jahren angehoben. Die nachzugsrechtliche Privilegierung war nach der Anhebung des Ehemündigkeitsalters im deutschen Recht auf 18 Jahre nicht mehr geboten. Denn mit dem Gesetz zur Bekämpfung von Kinderehen wurde das Ehemündigkeitsalter im deutschen Recht ausnahmslos auf 18 Jahre festgelegt. Eine unter Verstoß gegen die Ehemündigkeitsbestimmungen geschlossene Ehe ist aufhebbar, wenn ein Ehegatte im Zeitpunkt der Eheschließung das 16. Lebensjahr bereits vollendet hatte. Die Aufhebung hat grundsätzlich immer zu erfolgen. Einer Ehe, bei der ein Ehegatte im Zeitpunkt der Eheschließung das 16. Lebensjahr noch nicht vollendet hatte, wird die Wirksamkeit versagt. Diese Grundsätze gelten auch für nach ausländischem Recht wirksam geschlossene Minderjährigenehen.

56 Bei Ausländern, die eine Aufenthaltserlaubnis nach § 38a besitzen, weil sie zuvor in einem anderen Mitgliedstaat der EU die Rechtsstellung eines langfristig Aufenthaltsberechtigten innehatten, ist nach den europarechtlichen Vorgaben von einer Anhebung des Nachzugsalters auf 18 Jahre bei Ehegatten abzusehen, mit denen die Betreffenden bereits in dem anderen Mitgliedstaat der EU eine eheliche Lebensgemeinschaft geführt haben.

57 Damit trägt die Ausnahmeregelung dem Umstand Rechnung, dass die Integrations- und Altersvoraussetzungen der neuen Nr. 1 und 2 bei Ehegatten von in anderen Mitgliedstaaten **langfristig Aufenthaltsberechtigten** wegen der Verweisung des Art. 16 I Daueraufenthalt-RL nicht aufgestellt werden können. Familienangehörige der Kernfamilie iSd Familienzusammenführungs-RL, zu denen auch der Ehegatte gehört, sind grundsätzlich berechtigt, mit dem langfristig Aufenthaltsberechtigten mitzuwandern. Die **Daueraufenthalts-RL** differenziert zwischen Familien, die bereits vor der Weiterwanderung in dem ersten Mitgliedstaat bestanden und solchen, die erst nachträglich gegründet wurden. Letztere unterfallen nach Art. 16 V Daueraufenthalts-RL den Nachzugsvoraussetzungen der Familienzusammenführungs-RL. Erstere sollen hingegen privilegiert werden und müssen nur die in Art. 16 IV Daueraufenthalts-RL enthaltenen speziellen Nachzugsvoraussetzungen erfüllen, zu denen keine Integrationsbedingungen gehören[69].

58 Die Mindestalteranforderungen können von Flüchtlingen grundsätzlich verlangt werden. Art. 10 I Familienzusammenführungs-RL verweist – mit Ausnahme der Integrationskriterien für Kinder – umfassend auf die Definition der begünstigten Familienangehörigen in Art. 4 Familienzusammenführungs-RL. Damit wird – wie die Ausnahmeregelung in Art. 10 I Familienzusammenführungs-RL zeigt – nicht nur auf die Bestimmung des personellen Personenkreises Bezug genommen, sondern auch auf die hieran anknüpfenden Gestaltungsmöglichkeiten der Mitgliedstaaten, mithin auch auf Art. 4 V Familienzusammenführungs-RL, in dem die Altersbegrenzung als Option der Mitgliedstaaten enthalten ist.

59 Eine Fallgruppe, die in der Praxis insbesondere den Sprachanforderungen unterworfen wird, ist auch von den Integrations- und Altersvoraussetzungen auszunehmen: drittstaatsangehörige **Ehegatten eines EU-Bürgers**. Bei diesen kann im Rahmen des Visumverfahrens weder ein Nachweis des Beherrschens eines bestimmten Sprachniveaus noch ein Mindestalter verlangt werden. Grundsätzlich unterliegen drittstaatsangehörige Familienangehörige eines EU-Bürgers nach § 2 IV 2 FreizügG/EU der Visumpflicht.

60 Das FreizügG/EU transformiert mit dieser Regelung vermeintlich Art. 5 II Freizügigkeits-RL[70]. Nach dieser Norm ist von drittstaatsangehörigen Familienangehörigen nach der VO 539/2001/EG oder ggf. den einzelstaatlichen Rechtsvorschriften ein Einreisevisum zu fordern, sofern der Familien-

---

[68] Gesetz v. 21.7.2017, BGBl. I S. 2429.
[69] Hierzu → Rn. 47 f.
[70] Art. 5 II hat folgenden Wortlaut: „Von Familienangehörigen, die nicht die Staatsangehörigkeit eines Mitgliedstaats besitzen, ist gemäß der VO (EG) Nr. 539/2001 oder ggf. den einzelstaatlichen Rechtsvorschriften lediglich ein Einreisevisum zu fordern. Für die Zwecke dieser Richtlinie entbindet der Besitz einer gültigen Aufenthaltskarte gemäß Art. 10 diese Familienangehörigen von der Visumspflicht. Die Mitgliedstaaten treffen alle erforderlichen Maßnahmen, um diesen Personen die Beschaffung der erforderlichen Visa zu erleichtern. Die Visa werden so bald wie möglich nach einem beschleunigten Verfahren unentgeltlich erteilt."

angehörige keine Aufenthaltskarte nach Art. 10 Freizügigkeits-RL besitzt. Die Regelung des Art. 5 II Freizügigkeits-RL wirft eine Reihe von Fragen auf. So kann die VO 539/2001/EG unmittelbar für freizügigkeitsberechtigte Familienangehörige keine Visumpflicht einführen, da die VO im Verfahren nach Art. 67 EG ergangen ist, in dem das EU-Parlament nur ein Anhörungsrecht hat. Freizügigkeitsbeschränkende Maßnahmen von EU-Bürgern und deren (auch drittstaatsangehörigen) Familienangehörige ergehen aber aufgrund des Art. 251 EG im Mitbestimmungsverfahren[71].

Über den Verweis in Art. 5 II Freizügigkeits-RL können drittstaatsangehörige Familienangehörige 61 der Visumpflicht nach der VO 539/2001/EG unterworfen werden, wobei die in Bezug genommene EU-VisaVO nur entsprechend anzuwenden ist. Denn die EU-VisaVO regelt zum einen nur geplante Kurzaufenthalte von bis zu drei Monaten und zum anderen nur Grenzübertritte über die Schengen-Außengrenzen. Sinnvoll ist der Verweis in Art. 5 II Freizügigkeits-RL auf die VO 539/2001/EG aber nur, wenn er der Konkretisierung des Personenkreises der Drittausländer dient, der verpflichtet sein soll, ein Visum einzuholen. Der Gemeinschaftsgesetzgeber wollte offenkundig drittstaatsangehörige Familienangehörige eines EU-Bürgers, die aufgrund ihrer Staatsangehörigkeit nach der EU-VisaVO von der Visumpflicht befreit sind, von der Visumpflicht befreien. Dieser erkennbare Zweck spricht für eine entsprechende Anwendung der EU-VisaVO.

Unterliegen damit drittstaatsangehörige Familienangehörige eines EU-Bürgers der Visumpflicht, 62 wenn sie weder aufgrund ihrer Staatsangehörigkeit befreit noch im Besitz einer Aufenthaltskarte sind, so sagt dies nichts über die Voraussetzungen aus, die ein Mitgliedstaat an das Visumverfahren stellen darf. Der EuGH hat in der Rechtssache MRAX[72] klargestellt, dass die Mitgliedstaaten im Visumverfahren nur prüfen dürfen, ob die Familienangehörigen freizügigkeitsberechtigt sind. **Die Prüfung im Visumverfahren beschränkt sich daher auf die Frage, ob der Familienangehörige Ehegatte des EU-Bürgers ist und ein abgeleitetes Freizügigkeitsrecht beanspruchen kann**[73]. Steht aufgrund der Prüfung fest, dass der Familienangehörige Freizügigkeit genießt, kann das Visum nicht versagt werden, weil der Ehegatte unzureichende deutsche Sprachkenntnisse hat oder die Eheleute noch keine 18 Jahre alt sind[74].

Sofern diese Ansicht nicht geteilt wird, ergibt sich die Visumfreiheit der Einreise und die Entbehr- 63 lichkeit der Sprachanforderungen unmittelbar aus § 30 I 3 Nr. 4. Danach gelten die Sprachanforderungen nicht, wenn der Ausländer (hier wird nicht auf den nachzugswilligen Ehegatten abgestellt, sondern auf den im Bundesgebiet lebenden Ausländer) wegen seiner Staatsangehörigkeit auch für einen Aufenthalt, der kein Kurzaufenthalt ist, visumfrei in das Bundesgebiet einreisen und sich hier aufhalten darf. Die Norm erfasst unmittelbar den Nachzug zu Ausländern, die von § 41 I und II AufenthV erfasst werden[75], dh Staatsangehörige von Australien, Israel, Japan, Kanada, der Republik Korea, von Neuseeland, den Vereinigten Staaten von Amerika, Andorra, Honduras, Monaco und San Marino. Sie gilt aber auch für EU-Bürger.

Drittstaatsangehörige Ehegatten von EU-Bürgern können zudem über § 11 I 5 FreizügG/EU 64 verlangen, nicht schlechter gestellt zu werden als die Drittstaatsangehörigen, die von § 41 I und II AufenthV erfasst werden. Damit steht aber zugleich fest, dass sie visumfrei einreisen dürfen und ihre Einreise keinen Sprachanforderungen unterworfen werden darf.

Ausnahmen finden über die Stillhalteklauseln der Art. 41 ZP und Art. 13 ARB 1/80 auch 65 **auf türkische Staatsangehörige Anwendung**[76]. Einzelheiten finden sich unter der Kommentierung zu Art. 13 ARB 1/80.

2. Nur Sprachanforderung

Die **Ausnahmen von den Sprachanforderungen** knüpfen zum einen an den Ausländer an, zu 66 dem der Zuzug erfolgen soll, zum anderen an die Person des nachzugswilligen Ehegatten. **Ausnahmeregelungen, die an den im Inland lebenden Ausländer anknüpfen,** finden sich für folgende Fälle:

– Ausländer, die eine Aufnahmezusage als Resettlement-Flüchtlinge erhalten haben;
– Ausländer, die als Flüchtlinge oder Asylberechtigte anerkannt sind, deren Ehe bereits bestand, als sie ihren Lebensmittelpunkt in das Bundesgebiet verlegten;
– Ausländer, die eine Niederlassungserlaubnis nach § 26 III besitzen, deren Ehe bereits bestand, als sie ihren Lebensmittelpunkt in das Bundesgebiet verlegten;
– Ausländer, die nach § 41 AufenthV wegen ihrer Staatsangehörigkeit auch für einen Aufenthalt, der kein Kurzaufenthalt ist, visumfrei in das Bundesgebiet einreisen und sich darin aufhalten dürfen.

---

[71] Auf dieses Problem weisen auch *Westphal/Stoppa* AuslR Polizei-HdB, S. 320, hin.
[72] EuGH Urt. v. 25.7.2002 – C-459/99 – MRAX.
[73] *Westphal/Stoppa* AuslR Polizei-HdB, S. 324.
[74] Zu Einzelheiten s. § 2 IV FreizügG/EU.
[75] So BVerwG Urt. v. 30.3.2010 – 1 C 8.09.
[76] S. etwa VGH BW Beschl. v. 21.7.2014 – 11 S 1008/14, InfAuslR 2014, 361 Rn. 17; OVG Bln-Bbg Urt. v. 30.1.2015 – OVG 7 B 22.14, InfAuslR 2015, 177 Rn. 28.

1 AufenthG § 30

67 **Ausnahmeregelungen, die an den nachzugswilligen Ehegatten anknüpfen,** finden sich für den Fall, dass
- der Ehegatte wegen einer körperlichen, geistigen oder seelischen Krankheit oder Behinderung nicht in der Lage ist, einfache Kenntnisse der deutschen Sprache nachzuweisen;
- bei dem Ehegatten ein erkennbar geringer Integrationsbedarf iSe nach § 43 IV erlassenen Rechtsverordnung besteht oder dieser aus anderen Gründen nach der Einreise keinen Anspruch nach § 44 auf Teilnahme am Integrationskurs hätte.

68 Die **Ausnahmeregelung für Flüchtlinge** in Abs. 1 S. 3 Nr. 1 **ist mit den Vorgaben der Familienzusammenführungs-RL vereinbar.** Mit Abs. 1 S. 3 Nr. 1 wird Art. 12 I, Art. 7 II, Art. 9 II sowie dem Erwägungsgrund 8 der Familienzusammenführungs-RL Rechnung getragen. Nach Art. 12 I iVm Art. 7 II Familienzusammenführungs-RL verlangen die Mitgliedstaaten von einem Flüchtling und seinen Familienangehörigen keinen Nachweis, dass sie Integrationskriterien bereits vor der Gewährung der Familienzusammenführung erfüllen. Ehegatten von Asylberechtigten sowie Flüchtlingen, bei denen das BAMF unanfechtbar das Vorliegen der Voraussetzungen des § 60 I festgestellt hat, sind daher von dem Erfordernis, einfache deutsche Sprachkenntnisse vor der Einreise nachzuweisen, auszunehmen. Dies gilt jedoch nur, wenn die Ehe bereits bestand, als der Ausländer, zu dem der Familiennachzug stattfinden soll, seinen Lebensmittelpunkt in das Bundesgebiet verlegt hat. Mit dieser Regelung wird von der den Mitgliedstaaten in Art. 9 II Familienzusammenführungs-RL eingeräumten Möglichkeit Gebrauch gemacht, die Anwendung der Vorschriften über die Familienzusammenführung von Flüchtlingen auf solche Flüchtlinge zu beschränken, deren familiäre Bindungen bereits vor ihrer Einreise bestanden.

69 Die **Mindestalteranforderungen** können von **Flüchtlingen** grundsätzlich verlangt werden. Art. 10 I Familienzusammenführungs-RL verweist – mit Ausnahme der Integrationskriterien für Kinder – umfassend auf die Definition der begünstigten Familienangehörigen in Art. 4 Familienzusammenführungs-RL. Damit wird – wie die Ausnahmeregelung in Art. 10 I Familienzusammenführungs-RL zeigt – nicht nur auf die Bestimmung des personellen Personenkreises Bezug genommen, sondern auch auf die hieran anknüpfenden Gestaltungsmöglichkeiten der Mitgliedstaaten, mithin auch auf Art. 4 V Familienzusammenführungs-RL, in dem die Altersbegrenzung als Option der Mitgliedstaaten enthalten ist.

70 Problematisch sind die vorgenannten Einschränkungen aber dann, wenn sie dazu führen, dass der Familienverband längerfristig getrennt wird. Dieses wäre mit Art. 23 I Qualifikations-RL aF nicht vereinbar. Nach dieser Regelung tragen die Mitgliedstaaten dafür Sorge, dass der **Familienverband aufrechterhalten werden kann**[77].

71 Abs. 1 S. 3 Nr. 2 liegt der Gedanke zugrunde, dass auch **kranken und behinderten Ausländern** ein Ehegattennachzug möglich sein muss (vgl. auch Art. 3 III 2 GG).

72 Nach Abs. 1 S. 3 Nr. 3 sind Ausländer, bei denen ein erkennbar **geringer Integrationsbedarf** besteht, nicht zum Nachweis von Sprachkenntnissen verpflichtet. Ein erkennbar geringer Integrationsbedarf ist idR anzunehmen bei Personen, die einen Hoch- oder Fachhochschulabschluss oder eine entsprechende Qualifikation besitzen oder eine Erwerbstätigkeit ausüben, die regelmäßig eine solche Qualifikation voraussetzt, und wenn die Annahme gerechtfertigt ist, dass sich der Ausländer ohne staatliche Hilfe in das wirtschaftliche, gesellschaftliche und kulturelle Leben der Bundesrepublik Deutschland integrieren wird (vgl. § 4 II IntV).

73 Von Nachweis einfacher Deutschkenntnisse ausgenommen sind ferner Ausländer, die aus anderen Gründen nach der Einreise keinen Anspruch nach § 44 auf einen Integrationskurs hätten, zB weil sie sich – wie etwa die Ehegatten von Geschäftsleuten, die nur für eine bestimmte Zeit in Deutschland arbeiten und leben – nicht dauerhaft im Bundesgebiet aufhalten (§ 44 I 1 und 2), oder weil bei ihnen von einem geringen Integrationsbedarf auszugehen ist (§ 44 III Nr. 3).

74 Die IntV nennt für einen geringen Integrationsbedarf in ihrem § 4 II 2 Regelbeispiele. Der Umstand, dass ein Ausländer zu einem deutschen Staatsangehörigen ziehen will, bedeutet kein weiteres, in der VO ungeschriebenes Regelbeispiel. Gegen eine solche Auslegung des § 4 II 1 IntV spricht zum einen, dass der Nachzug zum deutschen Ehegatten keine seltene Ausnahme ist, die nur deswegen als Regelbeispiel der VO unerwähnt blieb, weil der Verordnungsgeber die Fallgruppe vergessen haben könnte oder mangels Bedeutung nicht ausdrücklich hätte regeln wollen[78]. Zum anderen wollte der Gesetzgeber gerade auch den Nachzug zu deutschen Staatsangehörigen den Sprachanforderungen unterwerfen.

75 Da **EU-Bürger** und ihre Ehegatten keinen Anspruch auf Teilnahme am Integrationskurs haben, sondern nach § 44 IV nur im Rahmen verfügbarer Kursplätze zur Teilnahme zugelassen werden können, ist der Nachzug der Ehegatten ohne Einhaltung der Sprachanforderungen möglich[79]. Denn durch § 11 I 1 FreizügG/EU wird für diese Personengruppe lediglich § 44 IV für entsprechend anwendbar erklärt, wonach ein Ausländer, der keinen Teilnahmeanspruch besitzt, im Rahmen verfügbarer Kursplätze zur Teilnahme zugelassen werden kann. Somit besteht im Umkehrschluss für

---

[77] *Walter/Clodius* in Barwig ua, Perspektivwechsel im AuslR, S. 561.
[78] So auch VG Berlin Urt. v. 19.12.2007 – VG 5 V 22.07.
[79] AA HessVGH Urt. v. 16.11.2016 – 9 A 242/15 Rn. 34.

Ehegattennachzug **§ 30 AufenthG 1**

Freizügigkeitsberechtigte kein Teilnahmeanspruch, sondern nur ein Anspruch auf fehlerfreie Ermessensausübung bei der Auswahl von Bewerbern für etwaige freie Plätze[80]. Auf § 30 I 3 Nr. 3, der nicht unmittelbar anwendbar ist (§ 1 II Nr. 1), kann sich der drittstaatsangehörige Familienangehörige zum einen über § 11 I 5 FreizügG/EU und zum anderen aufgrund des Diskriminierungsverbots[81], das über § 44 IV 2 Anwendung finden kann, berufen.

Abs. 1 S. 3 Nr. 4 befreit Ehegatten von Ausländern, die nach **§ 41 AufenthV** auch für längere 76 Aufenthalte visumfrei einreisen und einen erforderlichen Aufenthaltstitel auch noch im Bundesgebiet einholen können, von Nachweisen einfacher Deutschkenntnisse. Die Vorschrift des § 41 AufenthV sieht Visumerleichterungen für Staatsangehörige vor, zu denen Deutschland enge wirtschaftliche Beziehungen pflegt. Danach gelten die Sprachanforderungen nicht für Ausländer (hier wird nicht auf den nachzugswilligen Ehegatten abgestellt, sondern auf die im Bundesgebiet lebenden Ausländer), die von § 41 I und II AufenthV erfasst werden, dh für Staatsangehörige von Australien, Israel, Japan, Kanada, der Republik Korea, von Neuseeland, den Vereinigten Staaten von Amerika, Andorra, Honduras, Monaco und San Marino.

Der **Ausnahmetatbestand nach § 30 I 3 Nr. 4 findet über die Stillhalteklauseln der Art. 41** 77 **ZP und Art. 13 ARB 1/80 eingeschränkt auch auf türkische Staatsangehörige Anwendung.** Einzelheiten finden sich unter der Kommentierung zu Art. 13 ARB 1/80.

Soweit die Sprachanforderungen nach Abs. 1 S. 3 Nr. 4 für entbehrlich gehalten werden, wird diese 78 Ausnahmeregelung die Frage der **Inländerdiskriminierung** neu aufwerfen. Weshalb die Ehefrau eines Staatsangehörigen aus Honduras bessergestellt sein soll als die Ehefrau eines deutschen Staatsangehörigen ist sachlich nicht zu begründen[82]. Die erfolgte Ungleichbehandlung betrifft keinen grenzüberschreitenden Sachverhalt, der im Rahmen des Freizügigkeitsrechts eine Ungleichbehandlung zu EU-Bürgern zu rechtfertigen vermag. Vielmehr wird ein rein inlandsbezogener Sachverhalt ungleich behandelt, ohne dass ein die Ungleichbehandlung rechtfertigender Grund ersichtlich ist[83].

Dabei kann sich der Gesetzgeber auch nicht darauf berufen, dass die Umsetzung einer RL keine 79 eigene Rechtsausübung, sondern den europäischen Rechtsetzungsorganen zuzurechnen sei. Der nationale Gesetzgeber ist nämlich nicht zur Umsetzung der Sprachanforderung verpflichtet gewesen und kann damit nicht nur als „verlängerter Arm" des europäischen Gesetzgebers angesehen werden.

Im Übrigen hat der österreichische VGH[84] zu Recht darauf hingewiesen, dass ein nationales Gesetz, 80 das eine gemeinschaftsrechtliche Vorschrift umsetzt, „rechtlich doppelt bedingt" ist: Der Gesetzgeber unterliegt nicht nur einer Bindung an das EG-Recht, sondern auch einer Bindung an das nationale Verfassungsrecht, die – solange die ordnungsgemäße Umsetzung der RL nicht infrage gestellt wird – zwingend zu beachten ist. Im Hinblick auf den **Gestaltungsspielraum des Gesetzgebers** bleibt abzuwarten, ob die Verletzung des Art. 3 I GG durch Streichung der Privilegierung oder Begünstigung von Ehegatten Deutscher beseitigt wird.

Mit der Nr. 5 hat der Gesetzgeber den **Besonderheiten des Unionsrechts** für Drittstaatsangehö- 81 rige Rechnung getragen. Denn Ausländer, die im Besitz einer Blauen Karte EU, einer ICT-Karte oder Mobiler-ICT-Karte sind, sowie Forscher mit einem Aufenthaltstitel nach der REST-RL werden gegenüber dem Spracherfordernis begünstigt. So bestimmen Art. 15 III BlueCard-RL, Art. 26 III REST-RL und Art. 19 III ICT-RL, dass abweichend von Art. 4 I U Abs. 3 und Art. 7 II Familienzusammenführungs-RL Integrationsmaßnahmen durch die Mitgliedstaaten erst angewendet werden dürfen, nachdem den Ehegatten die Familienzusammenführung gewährt wurde. Die mit dem **1. Migrationspaket 2022 (Chancen-Aufenthaltsrecht)** beabsichtigten Änderungen in Abs. 1 S. 3 konnten nicht mehr berücksichtigt werden. Zum einen soll die **Ausnahmeregelung der Nr. 5** auch auf die Aufenthaltstitel der §§ 18a, 18b I, § 18c III und § 19c I anwendbar werden. Zum anderen soll die bisherige **Ausnahmeregelung in Nr. 7** aufgehoben werden, da die dort geregelten Privilegierungen vollständig von der geänderten Nr. 5 umfasst würden. Wegfallen soll das in bislang in Abs. 1 S. 3 Nr. 7 enthaltene zusätzliche Erfordernis, dass die Ehe bereits bestanden haben muss, als der Stammberechtigte seinen Lebensmittelpunkt in das Bundesgebiet verlegt hat.

Mit dem AufenthÄndG 2015 wurde in Nr. 6 eine **Härtefallregelung** aufgenommen. Diese 82 orientiert sich an der Rspr. des BVerwG zu dem Familiennachzug zu deutschen Staatsangehörigen[85]. Die **Unzumutbarkeit** kann sich ua daraus ergeben, dass es dem Ehegatten aus besonderen persönlichen Gründen oder wegen der besonderen Umstände in seinem Heimatland nicht möglich oder nicht zumutbar ist, die deutsche Sprache innerhalb angemessener Zeit zu erlernen. In einem solchen Fall schlägt die grundsätzlich verhältnismäßige Nachzugsvoraussetzung in ein unverhältnismäßiges dauer-

---

[80] BayVGH Beschl. v. 18.1.2007 – 19 C 06.2916 Rn. 6.
[81] S. EuGH Urt. v. 27.9.1988 – 235/87 – Matteucci und Urt. v. 15.1.2000 – C-55/00 – Gottardo.
[82] AA VG Berlin Urt. v. 19.12.2007 – VG 5 V 22.07, das ausführt: Das GG erlaubt es der Bundesrepublik Deutschland, als VR-S Unterschiede zwischen den Staaten zu machen. Außenpolitische Rücksichtnahmen sind geeignet, eine Bevorzugung von Ausländern zu rechtfertigen, auch wenn bei Betrachtung lediglich der einzelnen Personen eine unterschiedliche Handhabung nicht einleuchtend wäre.
[83] AA HessVGH Urt. v. 16.11.2016 – 9 A 242/15 Rn. 35.
[84] ÖstVerfGH Urt. v. 9.12.1999 – G 42/99 u. G 135/99, EuZW 2001, 219 (222 f.).
[85] BVerwG Urt. v. 4.9.2012 – 10 C 12.12, BVerwGE 144, 141.

haftes Nachzugshindernis um[86]. Davon ist nicht auszugehen, wenn während eines fünf Jahre dauernden Visumerteilungsverfahren Bemühungen im Umfang von insgesamt nur viereinhalb Monaten nachgewiesen werden[87]. Das Gesetz stellt bezüglich der Notwendigkeit des Spracherwerbs nur auf die Unzumutbarkeit für den nachziehenden Ehegatten, nicht aber für den Nachzug vermittelnden Ausländer ab[88]. **Die Grenze zwischen Regel- und Ausnahmefall ist bei einer Nachzugsverzögerung von einem Jahr zu ziehen.** Sind zumutbare Bemühungen zum Erwerb der Sprachkenntnisse ein Jahr lang erfolglos geblieben, darf dem Visumbegehren des Ehegatten das Spracherfordernis nicht mehr entgegengehalten werden.

83 Entsprechendes gilt, wenn dem ausländischen Ehepartner Bemühungen zum Spracherwerb von vornherein nicht zumutbar sind, etwa weil Sprachkurse in dem betreffenden Land nicht angeboten werden oder deren Besuch mit einem hohen Sicherheitsrisiko verbunden ist und auch sonstige erfolgversprechende Alternativen zum Spracherwerb nicht bestehen; **in diesem Fall braucht die Jahresfrist nicht abgewartet zu werden**[89]. Bei der Zumutbarkeitsprüfung sind insbesondere die Verfügbarkeit von Lernangeboten, deren Kosten, ihre Erreichbarkeit sowie persönliche Umstände zu berücksichtigen, die der Wahrnehmung von Lernangeboten entgegenstehen können, etwa Krankheit oder Unabkömmlichkeit[90]. Das erforderliche Bemühen zum Spracherwerb kann auch darin zum Ausdruck kommen, dass der Ausländer zwar die schriftlichen Anforderungen nicht erfüllt, wohl aber die mündlichen.

84 Auch die mit dem AufenthÄndG 2015 in das Gesetz aufgenommene Ausnahmeregelung ist mit Unionsrecht nur dann vereinbar, wenn man die Regelung richtlinienkonform auslegt[91]. **Die in der Ausnahmeregelung genannten besonderen individuellen Umstände dürfen keine Eingangsschwelle bilden, die dazu eine Bewertung der individuellen Lage des betroffenen Familienangehörigen versperrt.** Versteht man die Ausnahmeregelung in der Weise, dass eine individuelle Abwägung, insbesondere der in Art. 17 Familienzusammenführungs-RL genannten Kriterien, in jedem Einzelfall möglich bleibt, so macht das Spracherfordernis die Familienzusammenführung weder unmöglich noch erschwert sie diese übermäßig.

3. Absehen vom Mindestalter in Härtefällen

85 In besonderen Härtefällen soll nach Ermessen ein Ehegattennachzug auch dann zugelassen werden können, wenn die Ehegatten das durch Abs. 1 S. 1 Nr. 1 neu eingefügte Mindestalter von 18 Jahren noch nicht erreicht haben. Die eheliche Lebensgemeinschaft muss das geeignete und notwendige Mittel sein, um die besondere Härte zu vermeiden. Mit dieser Ausnahmeregelung kann insbesondere verfassungsrechtlichen Bedenken Rechnung getragen oder Konflikte mit Art. 8 EMRK vermieden werden.

VII. Ehegattenzuzug aufgrund Ermessens

86 Falls die Voraussetzungen für den Rechtsanspruch auf Ehegattenzuzug nicht vorliegen, besteht **keine allgemeine Befugnis** zur Erteilung einer ehebezogenen Aufenthaltserlaubnis aufgrund Ermessens. Weder §§ 30, 36 eröffnen eine solche Möglichkeit noch die Auffangbestimmung des § 7 I 3.

87 Die in Abs. 2 S. 2 zugelassene Abweichung betrifft nur die in Nr. 3d genannten weiteren Voraussetzungen: Besitz eines Aufenthaltstitels seit zwei Jahren und kein Verlängerungsausschluss bzw. Ausschluss einer Niederlassungserlaubnis. Nicht erfasst werden das Mindestalter der Ehegatten und die Integrationsanforderungen (Abs. 1 S. 1 Nr. 1 und 2).

88 Theoretisch kann der Zuzug zu jedem Aufenthaltserlaubnis-Besitzer zugelassen werden. Völlig ausgeschlossen ist die Ehegattenzusammenführung zu Inhabern einer Duldung. Da aus verfahrensökonomischen Gründen bei kurzfristigen Beschäftigungsaufenthalten regelmäßig ein nationales **Visum** mit der beabsichtigten Aufenthaltsdauer (höchstens ein Jahr) erteilt wird, um die Erteilung eines Aufenthaltstitels entbehrlich zumachen, wird durch § 30 II 2 der Familiennachzug zu dem Inhaber eines nationalen Visums ermöglicht[92].

89 Falls der Zusammenführende eine Aufenthaltserlaubnis besitzt und die Voraussetzungen des Abs. 1 S. 1 Nr. 1 und 2 erfüllt werden, kann nach **Ermessen** über den Zuzug entschieden werden. Nähere Grundlagen für das Ermessen sind nicht genannt. Im Hinblick auf den nach Art. 6 I GG und Art. 8 EMRK erforderlichen Schutz von Ehe und Familie sind va zu berücksichtigen: Dauer des bisherigen Inlandsaufenthalts des Zusammenführenden; evtl. Geburt in Deutschland; Bestand der Ehe und damit Dauer der „freiwilligen" Trennungszeit; voreheliches gemeinsames Kind; Schwangerschaft der Ehefrau; öffentliches Interesse am alsbaldigen Zuzug.

---

[86] BVerwG Urt. v. 4.9.2012 – 10 C 12.12, BVerwGE 144, 141 Rn. 28; OVG Bln-Bbg Beschl. v. 20.5.2016 – OVG 11 N 31.14 Rn. 10.
[87] OVG Bln-Bbg Beschl. v. 20.5.2016 – OVG 11 N 31.14 Rn. 10.
[88] OVG Bln-Bbg Beschl. v. 20.7.2016 – OVG 11 S 34.16 Rn. 12.
[89] BVerwG Urt. v. 4.9.2012 – 10 C 12.12, BVerwGE 144, 141 Rn. 28.
[90] BVerwG Urt. v. 4.9.2012 – 10 C 12.12, BVerwGE 144, 141 Rn. 28.
[91] Hierzu → Rn. 44 ff.
[92] BR-Drs. 7/19, 118.

VIII. Verlängerung der Zuzugserlaubnis

Die Verlängerung der Aufenthaltserlaubnis erfolgt (nach der Erteilung für ein Jahr § 27 IV 4) in der Regel **für jeweils zwei Jahre**, längstens jedoch jeweils für die Geltungsdauer der Aufenthaltserlaubnis des Ehegatten (§ 27 IV 1). Insoweit bleibt die Akzessorietät auch für die Verlängerung bestehen. Erforderlich ist, dass die Anspruchs- oder Ermessensvoraussetzungen – va die eheliche Lebensgemeinschaft – weiterhin vorliegen (§ 8 I) oder inzwischen eingetreten sind. Die Verlängerung darf idR nicht abgelehnt werden, wenn ursprünglich nach Abs. 2 von Abs. 1 S. 1 Nr. 1 oder Nr. 3d abgewichen worden ist und die damals angenommenen tatsächlichen Voraussetzungen hierfür noch vorliegen oder inzwischen durch gleichwertige ersetzt sind. 90

Eine Verlängerung der Aufenthaltserlaubnis ist darüber hinaus bei **Fortbestehen** der ehelichen Lebensgemeinschaft im Ermessenswege ohne Rücksicht auf das Unterhalts- und das Wohnraumerfordernis möglich. Die übrigen Voraussetzungen für den Ehegattenzuzug müssen indes weiter vorliegen. Das Ermessen ist am Wert der ehelichen Lebensgemeinschaft und am verfassungsrechtlichen Schutz gerade des bereits im Inland geführten Ehelebens auszurichten. Außerdem ist wichtig, in welchem Umfang, für welche Dauer und aus welchen Gründen der notwendige Unterhalt und der ausreichende Wohnraum nicht zur Verfügung stehen. 91

§ 30 III sieht die Möglichkeit der Ausländerbehörde vor, im Ermessensweg von der Regelerteilungsvoraussetzung des §§ 5 I Nr. 1 und 29 I Nr. 2 abzuweichen. Mit dieser Bestimmung privilegiert der Gesetzgeber den Aufenthalt von Ausländern, denen bereits eine Aufenthaltserlaubnis zur Familienzusammenführung erteilt worden war. Die erstmalige Erteilung einer Aufenthaltserlaubnis unterliegt der Regelerteilungsvoraussetzung des § 5 I Nr. 1[93]. 92

Der Gesetzgeber hat damit der verfassungsrechtlichen Wertentscheidung des Art. 6 I GG Rechnung getragen, wonach Ehe und Familie unter dem besonderen Schutz der staatlichen Ordnung stehen[94]. Daher wird die Möglichkeit der Verlängerung der Aufenthaltserlaubnis eingeräumt, auch soweit die Voraussetzungen ausreichenden Wohnraums oder des gesicherten Lebensunterhalts nicht mehr erfüllt sind[95]. Im Rahmen der Ermessensentscheidung ist zu prüfen, ob die gegen den Aufenthalt sprechenden öffentlichen Interessen so gewichtig sind, dass sie bei der Ablehnung der Verlängerung der Aufenthaltserlaubnis die zu erwartende Beeinträchtigung für Ehe und Familie des Ausländers überwiegen. Auch bei rein ausländischen Ehen und Familien muss die Versagung des weiteren Aufenthalts durch ein entsprechend gewichtiges öffentliches Interesse gerechtfertigt sein, und zwar auch im Hinblick auf die Belange der mit dem Ausländer im Bundesgebiet lebenden Familienangehörigen. Ob diesen die mit der Trennung oder gemeinsamen Rückkehr in ihr Herkunftsland verbundenen Folgen zuzumuten sind, beurteilt sich dabei nicht allein nach dem Grad der dadurch verursachten Härte, sondern wesentlich auch nach dem Gewicht des öffentlichen Interesses an der Ausreise des Ausländers. Je gewichtiger dieses öffentliche Interesse ist, umso eher dürfen dem Ausländer und seiner Familie auch schwerwiegende Folgen zugemutet werden[96]. 93

Die Verlängerung der ehebezogenen Aufenthaltserlaubnis ist nur so lange von Bedeutung, bis der Aufenthalt **aus anderen Gründen gesichert** ist. Bei Aufhebung der ehelichen Lebensgemeinschaft kann die Aufenthaltserlaubnis bereits nach zwei Jahren verselbstständigt und damit von der Aufenthaltserlaubnis des Zusammenführenden abgekoppelt sein (vgl. § 31 I Nr. 1). Ein nicht von der Ehe abhängiges Aufenthaltsrecht kann sich auch auf der Grundlage von Art. 6 oder 7 ARB 1/80 entwickeln, wenn der Ehegatte selbst längere Zeit bei demselben Arbeitgeber beschäftigt ist oder längere Zeit rechtmäßig im Inland lebt. 94

§ 30 III setzt die Verlängerung einer Aufenthaltserlaubnis voraus. Das nationale **Visum nach § 6 IV ist keine Aufenthaltserlaubnis iSd Vorschrift,** die verlängert werden könnte[97]. Aufenthaltserlaubnis und Visum sind nach der Konzeption des AufenthG jeweils eigenständige Aufenthaltstitel. Dies folgt aus § 4 I 2. Danach werden die Aufenthaltstitel als Visum (§ 6), Aufenthaltserlaubnis (§ 7), Niederlassungserlaubnis (§ 9) oder Erlaubnis zum Daueraufenthalt – EG (§ 9a) erteilt. Mit der Neukonzeption des Visaregimes in § 6 ist der Gesetzgeber von der früheren ausländischen Systematik abgerückt, welche das Visum nicht als eigenständigen Aufenthaltstitel, sondern als eine besondere Form der jeweiligen Aufenthaltsgenehmigung ausgestaltet hat, die vor der Einreise einzuholen war, §§ 3 II 1, 4 I AuslG 1990. 95

Hätte der Gesetzgeber die erleichterten Erteilungsvoraussetzungen auch auf den Besitz eines Visums erstrecken wollen, hätte dies als Tatbestandsvoraussetzung in § 30 III erwähnt werden müssen.[98] Das 96

---

[93] BVerwG Urt. v. 16.11.2010 – 1 C 20.09, BVerwGE 138, 135 Rn. 20 f.; OVG Bln-Bbg Urt. v. 21.5.2012 – OVG 2 B 8.11 Rn. 20 ff.
[94] VG Berlin Beschl. v. 14.8.2012 – 19 L 88.12 Rn. 10; VG Bayreuth Beschl. v. 26.3.2010 – VG B 1 S 09.696 Rn. 28.
[95] BT-Drs. 15/420, 82.
[96] VG Berlin Beschl. v. 14.8.2012 – 19 L 88.12 Rn. 11; VG Bayreuth Beschl. v. 26.3.2010 – VG B 1 S 09.696 Rn. 28.
[97] OVG NRW Beschl. v. 7.12.2007 – 17 B 2167/06.
[98] OVG NRW Beschl. v. 7.12.2007 – 17 B 2167/06.

Auslegungsergebnis wird durch Sinn und Zweck der Norm untermauert. Mit § 30 III wollte der Gesetzgeber dem Gesichtspunkt der Aufrechterhaltung der familiären Lebensgemeinschaft, die rechtmäßig im Bundesgebiet geführt wird, ein besonderes Gewicht beimessen[99]. Von dieser die rechtmäßige Führung der familiären Lebensgemeinschaft für einen nicht unerheblichen Zeitraum von mindestens einem Jahr (§ 27 IV 4) voraussetzenden Interessenlage unterscheidet sich grundlegend diejenige eines mit einem Visum eingereisten Familienangehörigen, der nach seiner Einreise die familiäre Lebensgemeinschaft im Bundesgebiet erstmalig aufnehmen will und hierfür die Erteilung einer Aufenthaltserlaubnis begehrt[100].

IX. Mehrehe

97 § 30 IV schließt den Nachzug weiterer Ehegatten aus. Die Regelung setzt Art. 4 IV FamZu-RL um, der die Familienzusammenführung mit mehreren Ehefrauen des Ausländers ausschließt und damit dem Umstand Rechnung trägt, dass sich Mehrehen generell nicht mit den wesentlichen Grundsätzen der Rechtsordnung der Mitgliedstaaten vereinbaren lassen. Sofern sie jedoch in einem Drittstaat rechtsgültig geschlossen wurden, sollen einige ihrer Auswirkungen berücksichtigt werden. So führt das uneingeschränkte Verbot der Familienzusammenführung bei Mehrehen nicht dazu, dass dem in einem Mitgliedstaat ansässigen Ausländer gänzlich die Möglichkeit genommen wird, ein Familienleben zu führen. Deshalb ist nach der Familienzusammenführungs-RL zwar der Nachzug mehrerer Ehefrauen untersagt, der Nachzug einer Ehefrau jedoch grundsätzlich zulässig.

X. Ehegattennachzug zu mobilen Forschern

98 § 30 V regelt, dass sich in Fällen, in denen sich ein Forscher nach § 18e im Rahmen der kurzfristigen Mobilität befreit für maximal 180 Tage innerhalb von 360 Tagen im Bundesgebiet aufhält, auch der Ehegatte keines Aufenthaltstitels bedarf, wenn nachgewiesen wird, dass sich der Ehegatte in dem anderen Mitgliedstaat der EU rechtmäßig als Angehöriger des Ausländers aufgehalten hat.

99 Mit der Regelung wird § 30 REST-RL umgesetzt. Danach sind Familienangehörige von Forschern berechtigt, den Forscher in einen anderen Mitgliedstaat zu begleiten, die über eine vom ersten Mitgliedstaat erteilte Aufenthaltserlaubnis verfügen. Nach Art. 30 II REST-RL kann ein Nachweis verlangt werden, dass der Familienangehörige sich als Angehöriger der Familie des Forschers im ersten Mitgliedstaat aufgehalten hat. § 18e I 1 Nr. 1, 3 und 4 und Abs. 6 S. 1 sowie die Ablehnungsgründe nach § 19f gelten für den Ehegatten entsprechend.

§ 31 Eigenständiges Aufenthaltsrecht der Ehegatten

(1) ¹Die Aufenthaltserlaubnis des Ehegatten wird im Falle der Aufhebung der ehelichen Lebensgemeinschaft als eigenständiges, vom Zweck des Familiennachzugs unabhängiges Aufenthaltsrecht für ein Jahr verlängert, wenn
1. die eheliche Lebensgemeinschaft seit mindestens drei Jahren rechtmäßig im Bundesgebiet bestanden hat oder
2. der Ausländer gestorben ist, während die eheliche Lebensgemeinschaft im Bundesgebiet bestand

und der Ausländer bis dahin im Besitz einer Aufenthaltserlaubnis, Niederlassungserlaubnis oder Erlaubnis zum Daueraufenthalt – EU war, es sei denn, er konnte die Verlängerung aus von ihm nicht zu vertretenden Gründen nicht rechtzeitig beantragen. ²Satz 1 ist nicht anzuwenden, wenn die Aufenthaltserlaubnis des Ausländers nicht verlängert oder dem Ausländer keine Niederlassungserlaubnis oder Erlaubnis zum Daueraufenthalt – EU erteilt werden darf, weil dies durch eine Rechtsnorm wegen des Zwecks des Aufenthalts oder durch eine Nebenbestimmung zur Aufenthaltserlaubnis nach § 8 Abs. 2 ausgeschlossen ist.

(2) ¹Von der Voraussetzung des dreijährigen rechtmäßigen Bestandes der ehelichen Lebensgemeinschaft im Bundesgebiet nach Absatz 1 Satz 1 Nr. 1 ist abzusehen, soweit es zur Vermeidung einer besonderen Härte erforderlich ist, dem Ehegatten den weiteren Aufenthalt zu ermöglichen, es sei denn, für den Ausländer ist die Verlängerung der Aufenthaltserlaubnis ausgeschlossen. ²Eine besondere Härte liegt insbesondere vor, wenn die Ehe nach deutschem Recht wegen Minderjährigkeit des Ehegatten im Zeitpunkt der Eheschließung unwirksam ist oder aufgehoben worden ist, wenn dem Ehegatten wegen der aus der Auflösung der ehelichen Lebensgemeinschaft erwachsenden Rückkehrverpflichtung eine erhebliche Beeinträchtigung seiner schutzwürdigen Belange droht oder wenn dem Ehegatten wegen der Beeinträchtigung seiner schutzwürdigen Belange das weitere Festhalten an der ehelichen Lebensgemeinschaft unzumutbar ist; dies ist insbesondere anzunehmen, wenn der Ehegatte Opfer häuslicher Gewalt ist. ³Zu den schutzwürdigen Belangen zählt auch das

---

[99] Vgl. BT-Drs. 15/420, 82 (zu § 30).
[100] So OVG NRW Beschl. v. 7.12.2007 – 17 B 2167/06.

Wohl eines mit dem Ehegatten in familiärer Lebensgemeinschaft lebenden Kindes. ⁴Zur Vermeidung von Missbrauch kann die Verlängerung der Aufenthaltserlaubnis versagt werden, wenn der Ehegatte aus einem von ihm zu vertretenden Grund auf Leistungen nach dem Zweiten oder Zwölften Buch Sozialgesetzbuch angewiesen ist.

(3) Wenn der Lebensunterhalt des Ehegatten nach Aufhebung der ehelichen Lebensgemeinschaft durch Unterhaltsleistungen aus eigenen Mitteln des Ausländers gesichert ist und dieser eine Niederlassungserlaubnis oder eine Erlaubnis zum Daueraufenthalt – EU besitzt, ist dem Ehegatten abweichend von § 9 Abs. 2 Satz 1 Nr. 3, 5 und 6 ebenfalls eine Niederlassungserlaubnis zu erteilen.

(4) ¹Die Inanspruchnahme von Leistungen nach dem Zweiten oder Zwölften Buch Sozialgesetzbuch steht der Verlängerung der Aufenthaltserlaubnis unbeschadet des Absatzes 2 Satz 4 nicht entgegen. ²Danach kann die Aufenthaltserlaubnis verlängert werden, solange die Voraussetzungen für die Erteilung der Niederlassungserlaubnis oder Erlaubnis zum Daueraufenthalt – EU nicht vorliegen.

Allgemeine Verwaltungsvorschrift
31 Zu § 31 – Eigenständiges Aufenthaltsrecht der Ehegatten
31.0 Allgemeines
31.0.1 Sobald die eheliche Lebensgemeinschaft – auch schon vor Auflösung der Ehe – aufgehoben ist, darf die nach den §§ 27 und 30 erteilte zweckgebundene Aufenthaltserlaubnis des Ehegatten nur unter den Voraussetzungen des § 31 befristet verlängert werden. Eine „Aufenthaltserlaubnis des Ehegatten" i. S.d § 31 Absatz 1 Satz 1 liegt nur dann vor, wenn sie dem Ehegatten nach den Vorschriften des Kapitels 2, Abschnitt 6 zum Zwecke des Ehegattennachzugs erteilt worden ist. Eine Aufenthaltserlaubnis aus humanitären Gründen nach § 25 erfüllt diese Voraussetzung z. B. nicht. Hiervon ist auch dann keine Ausnahme zu machen, wenn sich der Ausländer für die Tatbestandsvoraussetzung der Unmöglichkeit der Ausreise des § 25 Absatz 5 gerade auf den besonderen Schutz der ehelichen Lebensgemeinschaft durch Artikel 6 GG oder Artikel 8 EMRK berufen hat. Eine solche Ausnahme widerspräche insbesondere dem Sinn und Zweck des § 31 Absatz 1, nur das besondere Vertrauensinteresse auf Gewährung eines längerfristigen Aufenthalts in Deutschland zu schützen, das grundsätzlich durch die Erteilung einer Aufenthaltserlaubnis zum Zweck des ehelichen Zusammenlebens begründet wird. Nach dem in §§ 7, 8 verankerten Trennungsprinzip zwischen den in den Abschnitten 3 bis 7 des Aufenthaltsgesetzes näher beschriebenen Aufenthaltszwecken ist ein Ausländer regelmäßig darauf zu verweisen, seine aufenthaltsrechtlichen Ansprüche aus den Rechtsgrundlagen abzuleiten, die der Gesetzgeber für die spezifischen vom Ausländer verfolgten Aufenthaltszwecke geschaffen hat. Nichts anderes ergibt sich aus § 104 Absatz 7 (siehe hierzu Nummer 104.7), der lediglich eine Ausnahme von dem im Aufenthaltsgesetz verankerten Trennungsprinzip normiert.
31.0.2 § 30 Absatz 3 ist im Rahmen des § 31 nicht mehr anwendbar, so dass die allgemeinen Erteilungsvoraussetzungen eingreifen. Ein anhängiges Scheidungsverfahren hindert die Behörde nicht, eine Aufenthaltserlaubnis gemäß Absatz 1 zu versagen und den Aufenthalt zu beenden.
31.0.3 Die eheliche Lebensgemeinschaft ist aufgehoben, wenn die Ehe durch Tod oder Scheidung beendet oder diese Gemeinschaft tatsächlich durch Trennung auf Dauer aufgelöst ist. Ein vorübergehendes Getrenntleben der Ehegatten genügt diesen Anforderungen nicht. Soweit auf eine bestimmte Ehebestandszeit abzustellen ist (Absatz 1 Satz 1 Nummer 1), ist nur die Bestandszeit einer ehelichen Lebensgemeinschaft mit einem Ehegatten gemeint.
31.1 Anspruch auf Verlängerung der Aufenthaltserlaubnis
31.1.1 Regelungsgegenstand des Absatzes 1 ist die Entstehung eines eigenständigen Aufenthaltsrechts. Durch die Verlängerung der Aufenthaltserlaubnis des nachgezogenen Ehegatten unter den Voraussetzungen des Absatzes 1 als selbständige Aufenthaltserlaubnis erfolgt die Umwandlung des ursprünglich akzessorischen Aufenthaltsrechts (vgl. Nummer 27.1.3 und 27.4) in ein hiervon unabhängiges, eigenständiges Aufenthaltsrecht.
31.1.2 Nach Absatz 1 Satz 1 Nummer 1 ist die Dauer der ehelichen Lebensgemeinschaft im Bundesgebiet und nicht die Dauer des bisherigen Aufenthalts des Ehegatten maßgebend. Vorübergehende Trennungen, die den Fortbestand der ehelichen Lebensgemeinschaft nicht berühren, bleiben außer Betracht. Wenn sich die Ehegatten aber vor Ablauf der Zweijahresfrist trennen und diese Trennung nach dem ernsthaften, nach außen verlautbarten Willen beider oder auch nur eines der Ehepartner als dauerhaft betrachtet wird, wird die Zweijahresfrist bei einer späteren Wiederaufnahme der ehelichen Lebensgemeinschaft neu in Lauf gesetzt. Das Merkmal „rechtmäßig" bezieht sich auf den Aufenthalt. Beide Ehegatten müssen sich während der Führung der ehelichen Lebensgemeinschaft rechtmäßig im Bundesgebiet aufgehalten haben. Nicht erforderlich ist, dass während des gesamten Zeitraums der rechtmäßige Aufenthalt des Ehegatten auf einer Aufenthaltserlaubnis nach § 30 beruhte. Eine Aufenthaltserlaubnis nach dem Aufenthaltsgesetz stellt jedoch nur dann eine „Aufenthaltserlaubnis des Ehegatten" i. S. d. § 31 Absatz 1 Satz 1 dar, wenn sie diesem nach den Vorschriften des Kapitels 2 Abschnitt 6 zum Zwecke des Ehegattennachzugs erteilt worden ist.
31.1.3 Die Aufenthaltserlaubnis darf nach Absatz 1 Satz 1 nur verlängert werden, wenn bis zum Eintritt der in Absatz 1 Satz 1 Nummer 1 oder 2 bzw. Absatz 2 bezeichneten Voraussetzungen die Ehegattennachzugsvoraussetzung des § 29 Absatz 1 Nummer 1 erfüllt war. Eine Ausnahme gilt nach Absatz 1 Satz 1 a. E.; insofern kommt es darauf an, ob der stammberechtigte Ausländer die Gründe für die Nichtbeantragung der Verlängerung nicht zu vertreten hat.
31.1.4 Grundlegende Voraussetzung für die Verselbständigung des Aufenthaltsrechts ist, dass der stammberechtigte Ausländer im Zeitpunkt der Beendigung der ehelichen Lebensgemeinschaft im Besitz eines grundsätzlich zur Verfestigung geeigneten Aufenthaltsrechts (Aufenthaltserlaubnis, Niederlassungserlaubnis oder Erlaubnis zum Daueraufenthalt-EG, vgl. § 31 Absatz 1 Satz 1 a. E.) war. In den Anwendungsbereich der Norm gelangen damit nach dem Willen des Gesetzgebers alle Ehegatten, bei denen aufgrund der akzessorischen Verknüpfung zum Aufenthaltsrecht des Stammberechtigten ebenfalls eine dauerhafte Aufenthaltsperspektive bestand (vgl. zum Grundsatz der Akzessorietät auch Nummer 27.1.3 und Nummer 27.4). Bei diesem Personenkreis kann angenommen werden, dass im Ver-

trauen auf die Perspektive eines fortwährenden Aufenthalts in der Bundesrepublik Deutschland eine Eingliederung in die hiesige Gesellschaft erfolgt ist, so dass eine Rückkehr in das Herkunftsland mit erheblichen Belastungen verbunden wäre. Durch das eigenständige Aufenthaltsrecht soll eine schutzwürdige Verfestigung der Lebensumstände des Ehegatten perpetuiert werden, der nur wegen der nicht vorhersehbaren Beendigung der Lebensgemeinschaft die ursprünglich auf Dauer angelegte Aufenthaltsperspektive verlieren würde. Ausgeschlossen ist durch Absatz 1 Satz 2 das eigenständige Aufenthaltsrecht von Ehegatten von Ausländern, die selbst keine Perspektive der Aufenthaltsverfestigung haben. In diesen Fällen kann der Ehegatte nicht darauf vertrauen, dass ihm ein längerfristiges Aufenthaltsrecht im Bundesgebiet gewährt wird. In derartigen Fällen eines nur temporären Aufenthaltsrechts (Beispiel: auf vier Jahre befristeter Arbeitsaufenthalt als Spezialitätenkoch), in denen für den Stammberechtigten und – aufgrund der akzessorischen Verknüpfung – auch für den Ehegatten von Anbeginn eine Rückkehrverpflichtung besteht, kommt ein eigenständiges Aufenthaltsrecht nicht in Betracht. Andernfalls würde sich aus der Auflösung der Ehe eine aufenthaltsrechtliche Besserstellung des nachgezogenen Ehegatten ergeben. Dies wäre mit der Zweckbestimmung des § 31 nicht vereinbar.

31.2 Wegfall der Frist in Fällen besonderer Härte

31.2.1.1 § 31 Absatz 2 verlangt für die Verkürzung der Frist eine besondere Härte. Es handelt sich bei dem Begriff der „besonderen Härte" um einen unbestimmten Rechtsbegriff und nicht um eine Ermächtigung zur Ausübung behördlichen Ermessens. Liegt eine besondere Härte tatbestandlich vor, so ist daher nach Absatz 2 Satz 1 – unbeschadet des Satzes 3 – bei Vorliegen der übrigen Voraussetzungen zwingend auch vor Ablauf der Zweijahresfrist eine Aufenthaltserlaubnis zu erteilen.

31.2.1.2 Nach Absatz 2 Satz 1 2. Halbsatz erwirbt der Ehegatte auch bei Vorliegen eines Härtefalles kein eigenständiges Aufenthaltsrecht, wenn für den Stammberechtigten die Verlängerung der Aufenthaltserlaubnis ausgeschlossen ist (siehe hierzu auch Nummer 31.1.4). Es kann bei Vorliegen der gesetzlichen Voraussetzungen jedoch ein Aufenthaltsrecht für den Ehegatten nach Kapitel 2 Abschnitt 5 in Betracht kommen. Der Versagungstatbestand des § 31 Absatz 2 Satz 1 a. E. erfasst jedoch nicht den Fall, dass die Verlängerung der Aufenthaltserlaubnis des stammberechtigten Ausländers gemäß § 8 Absatz 1, § 5 Absatz 1 Nummer 2 ausscheidet, weil der Ausländer den gesetzlichen Beispielsfall einer besonderen Härte gemäß § 31 Absatz 2 gegenüber seinem Ehegatten in einer Weise verwirklicht hat (z. B. durch Straftaten gegenüber dem Ehegatten), die zugleich einen Ausweisungsgrund darstellt. Ob eine Verlängerung der Aufenthaltserlaubnis des stammberechtigten Ausländers i. S. d. Absatzes 2 Satz 1, 2. Halbsatz ausgeschlossen ist, ist in derartigen Fällen daher unter Ausblendung der Umstände zu beurteilen, die zur Aufhebung der ehelichen Lebensgemeinschaft geführt haben.

31.2.2 Absatz 2 Satz 2 führt beispielhaft Fälle auf, in denen eine besondere Härte i. S. d. Satzes 1 vorliegt. Aus der Regelung ist ersichtlich, dass das Vorliegen einer besonderen Härte anhand von zwei Vergleichen festgestellt werden kann.

31.2.2.1 Zum einen ist die Situation des betroffenen Ehegatten im Falle der Rückkehr in sein Heimatland mit derjenigen zu vergleichen, die bei einem Verbleib in Deutschland besteht. Ergibt sich, dass bei der Rückkehr eine erhebliche Beeinträchtigung schutzwürdiger Belange droht, liegt eine besondere Härte vor. Dabei ist die mit jeder Ausreiseverpflichtung ohne weiteres verbundene Härte unerheblich. Zu berücksichtigen sind nur solche Härten, die sich auf die Auflösung der ehelichen Lebensgemeinschaft zurückführen lassen. Zu berücksichtigen ist nach Absatz 2 Satz 2, 2. Halbsatz auch das Wohl eines Kindes, das mit dem betroffenen Ehegatten in familiärer Lebensgemeinschaft lebt. Schutzwürdig sind somit unter anderem Belange, die verbunden sind mit:

31.2.2.1.1 – dem Interesse an einem weiteren Umgang mit einem eigenen Kind, das im Bundesgebiet verbleibt; insbesondere, wenn die Personensorge beiden Elternteilen zusteht und eine Verlegung des Wohnsitzes in das Ausland durch die gesamte Familie während der nächsten Monate nicht zu erwarten ist, oder wenn ein Kind mit Bleiberecht zurückgelassen würde, das durch den betroffenen Ehegatten versorgt würde,

31.2.2.1.2 – der Tatsache, dass die Betreuung eines behinderten Kindes, das auf Beibehaltung des spezifischen sozialen Umfeldes existentiell angewiesen ist, im Herkunftsland nicht sichergestellt werden kann,

31.2.2.1.3 – Eigenarten des Rechts- oder Kulturkreises im Herkunftsstaat, die zu einer erheblichen rechtlichen oder gesellschaftlichen Diskriminierung des betroffenen Ehegatten wegen der Auflösung der ehelichen Lebensgemeinschaft oder Elternschaft führen können; hierbei sind au h tatsächliche Anhaltspunkte zu berücksichtigen, wonach eine Verfolgung durch im Herkunftsstaat lebende nahe stehende Personen zu erwarten ist. Sonstige zielstaatsbezogene Abschiebungsgründe sind nicht im Rahmen des § 31 Absatz 2, sondern im einem Asylverfahren zu prüfen.

31.2.2.2 Zum anderen ist die Situation bei Weiterbestehen der ehelichen Lebensgemeinschaft mit derjenigen zu vergleichen, die bestehen würde, wenn die Lebensgemeinschaft erst nach Ablauf der Zweijahresfrist aufgehoben worden wäre. Allein die Zerrüttung der ehelichen Lebensgemeinschaft im Sinne eines Zerfalls der Beziehung zwischen den Ehegatten begründet keine Unzumutbarkeit des Festhaltens an der ehelichen Lebensgemeinschaft. Unzumutbar ist das Festhalten an der ehelichen Lebensgemeinschaft u. a., wenn

31.2.2.2.1 – sich der Ehegatte in einer Zwangsehe befindet (siehe hierzu auch Nummer 27.1.6, 27.1 a.2.1); dies gilt auch dann, wenn beide Ehegatten Opfer der Zwangssituation sind,

31.2.2.2.2 – der betroffene Ehegatte oder ein in der Ehelebendes Kind durch den stammberechtigten Ausländer physisch oder psychisch misshand lt oder das Kind in seiner geistigen oder körperlichen Entwicklung erheblich gefährdet wurde, insbesondere wenn bereits Maßnahmen im Rahmen des Gewaltschutzes getroffen worden waren, z. B. wenn die betroffenen Ehegatten aufgrund der Misshandlungen Zuflucht in einer Hilfseinrichtung (z. B. Frauenhaus) suchen mussten oder eine polizeiliche oder gerichtliche Wegweisung des Stammberechtigten aus der ehelichen Wohnung erfolgte,

31.2.2.2.3 – der stammberechtigte Ausländer gegen den betroffenen Ehegatten oder gegen ein in der Ehe lebendes Kind sonstige erhebliche Straftaten begangen hat,

31.2.2.2.4 – der stammberechtigte Ausländer vom betroffenen Ehegatten nachhaltig die Teilnahme an strafbaren Handlungen verlangt hat, wenn der betroffene Ehegatte eine solche Teilnahme in der Vergangenheit stets abgelehnt hatte.

31.2.3 Der Verselbständigung des Aufenthaltsrechts des Ehegatten kann die Inanspruchnahme von Leistungen nach dem SGB II oder SGB XII als Versagungsgrund nach Absatz 2 Satz 3 zur Vermeidung von Missbrauch insbesondere dann entgegenstehen, wenn sich der Ehegatte nicht in zumutbarer Weise auf Arbeitsuche begeben hat, auf eine

Arbeitsvermittlung nicht reagiert hat oder eine ihm zumutbare Arbeit nicht leistet. Bei der Prüfung ist zu berücksichtigen, ob der Ehegatte Kleinkinder oder pflegebedürftige Kinder zu betreuen hat und aus diesem Grund eine Arbeitsaufnahme nicht möglich ist. Darüber hinaus muss auch Umständen Rechnung getragen werden, die die besondere Härte i. S. d. Absatzes 2 Satz 1 und 2 begründet haben und aufgrund derer der Ehegatte nicht in der Lage ist, einer Erwerbstätigkeit nachzugehen (z. B. Traumatisierung in Folge erlittener Misshandlungen). Die Inanspruchnahme von Leistungen nach dem BAföG steht der Verselbständigung des Aufenthaltsrechts des Ehegatten nicht entgegen. Auch in den Fällen des § 31 Absatz 2 berechtigt die Aufenthaltserlaubnis gemäß § 31 Absatz 1 zur Erwerbstätigkeit.

31.2.4 Bei der Prüfung der Voraussetzungen des Absatzes 2 ist sprachlichen, kulturell bedingten oder psychischen Problemen des betroffenen Ehegatten Rechnung zu tragen. Solche Probleme können zu Schwierigkeiten bei der Darstellung der Umstände führen, die eine besondere Härte rechtfertigen können. Insofern genügt es, wenn die Härtegründe durch den betroffenen Ehegatten plausibel dargestellt werden.

31.2.5 Eine Härte ist begrifflich bei einem Einverständnis oder einer Teilnahme des anderen Ehegatten an grundsätzlich härtefallbegründenden Handlungen ausgeschlossen, wie etwa in Fällen der gemeinsamen, nicht gegeneinander gerichteten Begehung von Straftaten oder einvernehmlichen Alkoholmissbrauchs.

31.3 Erleichterte Erteilung einer Niederlassungserlaubnis

31.3.1 Maßgeblicher Zeitpunkt, zu dem die Niederlassungserlaubnis oder die Erlaubnis zum Daueraufenthalt-EG des Ausländers vorliegen muss, ist die Erteilung der Niederlassungserlaubnis oder die Erlaubnis zum Daueraufenthalt-EG an den betroffenen Ehegatten, nicht aber der Tag der Aufhebung der ehelichen Lebensgemeinschaft.

31.3.2 Der Ehegatte muss grundsätzlich die allgemeinen Voraussetzungen für die Erteilung einer Niederlassungserlaubnis oder einer Erlaubnis zum Daueraufenthalt-EG erfüllen. Absatz 3 erlaubt bei Vorliegen der übrigen Voraussetzungen lediglich ein Abweichen von § 9 Absatz 2 Nummer 3, 5 und 6.

31.3.3 Eine Unterhaltssicherung i. S. d. Absatzes 3 liegt vor, wenn der stammberechtigte Ausländer seiner Unterhaltsverpflichtung nachkommt. Voraussetzung ist, dass eine Unterhaltsverpflichtung besteht und diese vom stammberechtigten Ausländer aus eigenen Mitteln erfüllt wird. Eine Unterhaltsverpflichtung, die zwar besteht, aber nicht durchsetzbar ist oder nicht aus eigenen Mitteln des stammberechtigten Ehegatten bestritten wird, ist nicht ausreichend. Eigene Mittel des betroffenen Ehegatten, die zusätzlich zur Unterhaltssicherung eingesetzt werden können, insbesondere ein voraussichtlich auf Dauer erzieltes eigenes Einkommen, sind berücksichtigungsfähig. Zudem findet § 2 Absatz 3 Anwendung. Nicht berücksichtigt werden Unterhaltsleistungen von dritter Seite.

31.3.4 Absatz 3 findet auch dann Anwendung, wenn dem betroffenen Ehegatten bereits nach Entstehung des eigenständigen Aufenthaltsrechts eine Aufenthaltserlaubnis nach § 31 Absatz 1 oder 2 erteilt worden war.

31.4 Bezug von Leistungen nach dem SGB II oder SGB XII und Verlängerung

31.4.1 Die Verlängerung des nach der Entstehung des eigenständigen Aufenthaltsrechts erteilten Aufenthaltstitels richtet sich nach den allgemeinen Vorschriften. Sie erfolgt nach Ermessen. Der Aufenthaltszweck liegt im weiteren Aufenthalt im Bundesgebiet nach Entstehung eines eigenständigen Aufenthaltsrechts. Die §§ 27 bis 30 finden keine Anwendung.

31.4.2 Umstände, die zur Begründung der besonderen Härte beigetragen haben, können weiterhin eine Ausnahme von § 5 Absatz 1 rechtfertigen. Außerdem kann von § 5 Absatz 1 eine Ausnahme gemacht werden, wenn wegen der Erziehung kleiner Kinder die Erwerbstätigkeit unzumutbar ist (vgl. hierzu Nummer 104 a.6.3).

Übersicht

	Rn.
I. Entstehungsgeschichte	1
II. Allgemeines	3
III. Eigenständiges Aufenthaltsrecht	7
1. Allgemeines	7
2. Aufhebung der ehelichen Lebensgemeinschaft	12
3. Dreijähriger Bestand der ehelichen Lebensgemeinschaft	20
4. Rechtmäßiger Aufenthalt	32
5. Tod des Stammberechtigten	46
6. Besondere Härte	47
7 Aufenthaltsstatus des Stammberechtigten	80
8. Regelerteilungsvoraussetzungen	82
IV. Rechtsfolgen	85
1. Verlängerung der Aufenthaltserlaubnis	85
2. Ausschluss der Verlängerung der Aufenthaltserlaubnis	88
3. Versagung der Verlängerung bei Missbrauch	92
4. Verlängerung aufgrund Anspruchs und nach Ermessen	93
5. Erteilung der Niederlassungserlaubnis	103
V. Rechtsschutz	104

I. Entstehungsgeschichte

Die Vorschrift entspricht im Wesentlichen dem **Gesetzesentwurf**[1]. Aufgrund des Vermittlungsverfahrens wurden nur in Abs. 3 und 4 an zwei Stellen Formulierungen ohne sachliche Änderung verbessert[2]. Mit Wirkung vom 18.3.2005 wurde in Abs. 2 und 4 jeweils das Wort „Sozialhilfe" durch

---

[1] BT-Drs. 15/420, 14 f.
[2] BT-Drs. 15/3479, 5.

„Leistungen nach ..." ersetzt[3]. Die Vorschrift hat einen Vorgänger in § 19 AuslG 1990. Zum 1.7.2011 wurde die erforderliche Ehebestandszeit für ein eheunabhängiges Aufenthaltsrecht von zwei auf drei Jahre heraufgesetzt[4].

2   Durch Gesetz vom 29.8.2013 wurde in § 31 I der S. 3 aufgehoben und in Abs. 4 S. 1 die Angabe „S. 3" durch „S. 4" ersetzt[5]. Die Altfassung von Abs. 1 S. 3 lautete: „Die Aufenthaltserlaubnis berechtigt zur Ausübung einer Erwerbstätigkeit." Außerdem wurde in der Norm das Wort „Daueraufenthalt-EG" durch „Daueraufenthalt-EU" ersetzt. Eine Neufassung des § 31 II 2 erfolgte durch das Gesetz zur Bekämpfung von Kinderehen[6]. Mit ihr wurden die Aufhebung oder Unwirksamkeit einer Ehe als besondere Härte eingestuft.

II. Allgemeines

3   Die Verselbstständigung des Aufenthaltsrechts nach **Aufhebung** der ehelichen Gemeinschaft ist eine der wichtigen Neuerungen des AuslG 1990 gegenüber dem früheren Rechtszustand[7]. Sie verschafft dem nachgezogenen Ehegatten einen Rechtsanspruch auf Verlängerung und eine gesicherte Aussicht auf eine ebenso selbstständige Niederlassungserlaubnis. Soweit die Vorschrift in Abs. 1 von dem Ausländer spricht, bezieht sie sich auf den Stammberechtigten, dh auf den Ausländer, zu dem der Zuzug erfolgte (Zusammenführende iSd Familienzusammenführungs-RL). Das eigenständige Aufenthaltsrecht des nachgezogenen Ehegatten beruht auf einem gesetzlich vorgesehenen Zweckwechsel. Während die ursprüngliche Aufenthaltserlaubnis der Führung der ehelichen Gemeinschaft diente, wird der weitere Aufenthalt mit der verlängerten Aufenthaltserlaubnis oder der Niederlassungserlaubnis eheunabhängig und mit vollem Zugang zu jeder Erwerbstätigkeit ermöglicht. Die gesamte Vorschrift ist auf eingetragene Lebenspartner entsprechend anzuwenden (§ 27 II)[8].

4   Sie hält sich iRd **Art. 15 Familienzusammenführungs-RL**, wonach die Bedingungen für die Erteilung und die Dauer eines eigenen Aufenthaltstitels nach Ehescheidung, Trennung oder Tod des Ehepartners im nationalen Recht festgelegt werden. Art. 15 Familienzusammenführungs-RL sieht vor, dass Familienangehörige einen eigenständigen Rechtsstatus erwerben, der es ihnen ermöglicht, nicht mehr von Aufenthaltstiteln des Ehepartners abhängig zu sein und ihm damit Rechtssicherheit gewährt. Wenn der Ehepartner den Aufnahmemitgliedstaat verlässt oder die familiäre Beziehung abgebrochen wird, dürfen die Mitgliedstaaten den Mitgliedern der Kernfamilie den Aufenthaltstitel nicht entziehen (Art. 16 III Familienzusammenführungs-RL). Das eigenständige Aufenthaltsrecht sollte nach dem ursprünglichen Kommissionsentwurf[9] spätestens nach vierjährigem Aufenthalt gewährt werden. Diese Frist wurde nachträglich auf fünf Jahre verlängert.

5   **Wichtige Ausnahmen ergeben sich für türkische Staatsangehörige aus der Stillhalteklausel des Art. 13 ARB 1/80**[10].

6   Die Vermittlung eines eigenständigen Aufenthaltsrechts nach einer bestimmten Frist ist nach Vorlage des letzten Kommissionsentwurfs[11] deutlich abgeschwächt worden. Die Abschwächung erfolgte nicht durch eine Veränderung des Entwurftextes des Art. 15 Familienzusammenführungs-RL selbst, sondern liegt in der Hinzufügung eines eigenständigen Abs. 4 begründet. Durch Art. 15 IV Familienzusammenführungs-RL wird festgelegt, dass die Bedingungen für die Erteilung und die Dauer eines eigenen Aufenthaltstitels im nationalen Recht festgelegt werden. Die Hinzufügung dieses Abs. führt letztlich dazu, dass die Regelung nicht unbedingt ist, weil die Ausgestaltung des eigenständigen Aufenthaltsrechts den einzelnen Mitgliedstaaten überlassen bleibt. Durch diesen Regelungs- und Gestaltungsspielraum wurde der Bestimmung über das eigenständige Aufenthaltsrecht die **Unmittelbarkeit entzogen** und damit eine nachhaltige Schwächung des in der Familienzusammenführung verankerten eigenständigen Aufenthaltsrechts bewirkt.

III. Eigenständiges Aufenthaltsrecht

1. Allgemeines

7   Mit dem eigenständigen Aufenthaltsrecht des Ehegatten in § 31 I 1 will der Gesetzgeber dem Umstand Rechnung tragen, dass nach einer bestimmten Mindestbestandsdauer der gelebten Ehe sich

---

[3] Art. 1 Nr. 5 ÄndGes v. 14.3.2005, BGBl. I S. 721.
[4] Gesetz zur Bekämpfung der Zwangsheirat und zum besseren Schutz der Opfer von Zwangsheirat sowie zur Änderung weiterer aufenthalts- und asylrechtlicher Vorschriften v. 23.6.2011 (BGBl. I S. 1266), in Kraft getreten am 1.7.2011.
[5] BGBl. 2013 I S. 3484, ber. S. 3899, in Kraft getreten am 6.9.2013.
[6] Gesetz vom 21.7.2017, BGBl. I S. 2429.
[7] Näher *Renner* AiD Rn. 6/331–339.
[8] Näher dazu → § 27 Rn. 26 f.
[9] KOM(1999) 638 endg.
[10] S. hierzu Kommentierung zu Art. 13 ARB 1/80.
[11] KOM(2002) 225 endg.

hieraus Verfestigungen der Lebensverhältnisse des nachgezogenen Ausländers in Deutschland ergeben[12].

Die **Besonderheit** des eigenständigen Aufenthaltsrechts des Ehegatten besteht in der Aufhebung der Akzessorietät und der Änderung des Aufenthaltszwecks sowie in der gleichzeitigen Abhängigkeit von dem hypothetischen aufenthaltsrechtlichen Schicksal bei Fortbestand der ehelichen Lebensgemeinschaft. Das eigenständige Aufenthaltsrecht des Kindes ist dagegen anders gestaltet (vgl. §§ 34 II, 35), denn es wird mit Vollendung des 16. oder 18. Lebensjahres unabhängig von der familiären Lebensgemeinschaft und ist in Bestand und Entwicklung auch unabhängig von dem Aufenthaltsrecht des Elternteils, zu dem ursprünglich der Zuzug erfolgte. 8

Der Anspruch nach § 31 I bezieht sich auf den Aufenthalt nur in dem Jahr unmittelbar nach Ablauf der Gültigkeit der ehegattenbezogenen Aufenthaltserlaubnis[13]. Läuft die ehegattenbezogene Aufenthaltserlaubnis aus, so kann das Aufenthaltsrecht aus § 31 I 1 nur in dem sich unmittelbar anschließenden Jahr erteilt werden[14]. Ist das Jahr abgelaufen, so kann die Aufenthaltserlaubnis nur noch als Übergangstitel für den Verlängerungsanspruch nach Abs. 4 erteilt werden. Denn die Aufenthaltserlaubnis nach § 31 I 1 ist Voraussetzung für eine darauf aufbauende Verlängerung im Ermessenswege nach § 31 IV 2[15]. 9

Die gesetzliche **Konstruktion** ist kompliziert. Die eheliche (oder lebenspartnerschaftliche) Lebensgemeinschaft muss zunächst bestehen und dann durch Tod, Scheidung oder Trennung aufgehoben sein[16]. Die Gemeinschaft muss entweder mindestens zwei Jahre bestanden haben[17] oder durch Tod aufgelöst sein[18], oder es muss bei Beendigung des Aufenthalts eine besondere Härte auftreten[19]. Grundsätzlich ist für die Verlängerung der Aufenthaltserlaubnis für den Ehegatten vorausgesetzt: Bestand der Aufenthaltserlaubnis des Ehegatten bei Aufhebung der ehelichen Gemeinschaft und die Möglichkeit der Verlängerung der Aufenthaltserlaubnis für den Ausländer[20]. Leistungsbezug steht der Verlängerung nicht entgegen, unter Umständen aber selbst zu vertretende Hilfebedürftigkeit. Statt der Verlängerung der Aufenthaltserlaubnis kommt auch die Erteilung einer Niederlassungserlaubnis in Betracht[21]. Außerdem knüpft das eigenständige Aufenthaltsrecht an den Besitz einer Aufenthaltserlaubnis des Ehegatten an, die zur Begründung oder Wahrung der ehelichen Lebensgemeinschaft erteilt worden ist. Der Besitz einer humanitären Aufenthaltserlaubnis reicht selbst dann nicht, wenn der Grund der Erteilung eine ehebedingte Härte gewesen ist. 10

Ehegatten deutscher Staatsangehöriger können sich nicht auf eine Verletzung des Gleichheitssatzes des Art. 3 GG (sog. **Inländerdiskriminierung**) berufen, weil Unionsbürger nach § 3 IV FreizügG/EU unter erleichterten Voraussetzungen ein eigenständiges Aufenthaltsrecht erlangen. Ein sachlicher Grund für eine Ungleichbehandlung liegt darin, dass das EU-Recht die Familienangehörigen von freizügigkeitsberechtigten Unionsbürgern privilegiert. Es ist nicht zu beanstanden, dass der Gesetzgeber den Familiennachzug zu deutschen Staatsangehörigen ebenso aber auch zu allen nicht freizügigkeits- oder assoziationsberechtigten Ausländern, mithin in der großen Mehrheit aller Fälle, aus Gründen der Einwanderungsbegrenzung auf das in Abwägung mit dem Schutzgebot von Ehe und Familie zulässige Ausmaß beschränkt, davon aber beim Nachzug zu Ausländern aus EU-Mitgliedstaaten wegen der Pflicht zur Umsetzung bindender EU-rechtlicher Vorgaben abweicht[22]. 11

2. Aufhebung der ehelichen Lebensgemeinschaft

Der § 31 I 1 Nr. 1 knüpft Rechtsfolgen an das Bestehen der ehelichen Lebensgemeinschaft und nicht an die formale rechtliche Existenz der Ehe[23]. Nicht maßgeblich ist in diesem Zusammenhang daher auch, ob die bürgerlich-rechtlichen Voraussetzungen für eine Ehescheidung erfüllt sind (vgl. §§ 1564 f. BGB). Trotz des (formalen) Bestehens einer Ehe ist die eheliche Lebensgemeinschaft beendet, wenn sich die Eheleute endgültig getrennt haben[24]. 12

Das eigenständige Aufenthaltsrecht wird ausgelöst durch Aufhebung der ehelichen **Lebensgemeinschaft**, nicht schon durch Aufgabe der häuslichen Gemeinschaft und nicht erst mit der Ehescheidung. 13

---

[12] VGH BW Beschl. v. 9.10.2012 – 11 S 1843/12 Rn. 17.
[13] BVerwG Urt. v. 22.6.2011 – 1 C 5.10, BVerwGE 140, 64 Rn. 13 unter Hinweis auf Urt. v. 29.7.1993 – 1 C 25.93, BVerwGE 94, 35 (42); Urt. v. 16.6.2004 – 1 C 20.03, BVerwGE 121, 86 (89 f.) zu § 19 AuslG 1990; vgl. auch Urt. v. 9.6.2009 – 1 C 11.08, BVerwGE 134, 124 Rn. 19.
[14] NdsOVG Urt. v. 28.6.2012 – 11 LB 301/11 Rn. 33.
[15] BVerwG Urt. v. 22.6.2011 – 1 C 5.10, BVerwGE 140, 64 Rn. 13.
[16] → Rn. 8 f.
[17] → Rn. 10 ff.
[18] → Rn. 46.
[19] → Rn. 47 ff.
[20] → Rn. 88 ff.
[21] → Rn. 103.
[22] BVerwG Urt. v. 4.8.2007 – 1 C 43.06; HmbOVG Urt. v. 5.9.2006 – OVG 3 Bf 113/06; vgl. VGH BW Beschl. v. 9.3.2004 – 11 S 1518/03.
[23] OVG Saarl Beschl. v. 14.5.2018 Rn. 20.
[24] OVG Saarl Beschl. v. 14.5.2018 Rn. 20.

Maßgeblich für die Feststellung einer ehelichen Lebensgemeinschaft ist der bei beiden Eheleuten bestehende Wille, die eheliche Lebensgemeinschaft im Bundesgebiet tatsächlich herzustellen oder aufrechtzuerhalten. Die **Beweislast** für das Bestehen dieses Herstellungswillens als einer inneren Tatsache trägt der Ausländer[25]. Eine Auflösung der Lebensgemeinschaft kommt ua in folgenden Fällen in Betracht: Auflösung der Ehe durch Tod oder Ehescheidung oder Trennung der Ehegatten auf Dauer. Ob eine dauernde Trennung vorliegt, muss für den Einzelfall nach objektiven Kriterien und Indizien ermittelt werden. Sie liegt nicht vor, wenn außer dem formalen rechtlichen Bestand der Ehe noch eine tatsächliche gelebte eheliche Verbundenheit besteht. Die tatsächliche Verbundenheit wird nach außen regelmäßig in der Pflege der häuslichen Gemeinschaft kundgegeben[26].

14 **Vorübergehendes Getrenntleben** genügt ebenso wenig wie Trennung „auf Probe"[27] oder berufsbedingte Rückkehr des Stammberechtigten[28]. Die Aufhebung der ehelichen Lebensgemeinschaft setzt deren Bestand bis zu dem jeweiligen Zeitpunkt voraus. Insoweit genügt das formale Eheband allein nicht[29].

15 Ob eine Trennung vorliegt und ob sie endgültig ist, muss nach objektiven Kriterien unter Berücksichtigung der bekundeten Absicht der Eheleute beurteilt werden und unterliegt der vollen gerichtlichen Kontrolle; dies ist unter Berücksichtigung aller Umstände im Einzelfall zu prüfen[30].

16 Mit dem **Einreichen des Scheidungsantrags** ist von der Aufhebung der ehelichen Lebensgemeinschaft auszugehen. Denn der Scheidungsantrag beinhaltet nach § 1565 I 1 BGB die Erklärung der Antragsteller, dass die Ehe gescheitert ist. Nach der gesetzlichen Definition des § 1565 I 2 BGB ist die Ehe gescheitert, wenn die Ehe nicht mehr besteht und nicht erwartet werden kann, dass die Ehegatten diese wiederherstellen.

17 Dem **Ablauf des Trennungsjahres** kommt keine Bedeutung zu, da es nicht auf das Vorliegen der Scheidungsvoraussetzungen ankommt[31]. Denn die zivilrechtlichen Regelungen gehen davon aus, dass selbst bei einer Aufgabe der ehelichen Gemeinschaft den Eheleuten grundsätzlich ein Trennungsjahr zuzumuten ist[32]. Das Vorbringen, dass ein Scheidungsantrag bisher nicht gestellt worden sei und es nicht ausgeschlossen werden könne, dass es binnen eines Trennungsjahres gem. § 1566 I BGB zu einer Versöhnung und Wiederaufnahme der ehelichen Lebensgemeinschaft kommen könne, ersetzt daher nicht das Bestehen der Lebensgemeinschaft. Die **Darlegungslast** für das Vorliegen einer ehelichen Lebensgemeinschaft trifft den Ausländer[33].

18 Der **Wille eines der Ehegatten, an der familiären Lebensgemeinschaft festzuhalten,** genügt nicht[34]. Denn der Wille zur Herstellung bzw. Fortführung der ehelichen Lebensgemeinschaft im Bundesgebiet muss, wie sich aus dem Wesen der Ehe als Lebensgemeinschaft von Mann und Frau ergibt, bei beiden Eheleuten bestehen[35].

19 Unter ehelicher Lebensgemeinschaft ist wie nach § 27 I nur das Zusammenleben **mit einem Partner** zu verstehen, mit dem eine Ehe besteht. Soweit es auf die Dauer dieser Lebensgemeinschaft ankommt, können nicht die hintereinanderliegenden Zeiten mit zwei Ehepartnern (nach Ehescheidung oder Tod) zusammengerechnet werden[36]. Aufenthaltszweck ist jeweils nur das Zusammenleben mit einer bestimmten Person, nicht mit (legal) wechselnden. Die Ehebestandszeit soll die Verfestigung im Bundesgebiet belegen; diesem Zweck würde die Berücksichtigung mehrerer kurzfristiger Ehen zuwiderlaufen.

3. Dreijähriger Bestand der ehelichen Lebensgemeinschaft

20 Die Verlängerung der Aufenthaltserlaubnis für den nachgezogenen Ehegatten unabhängig vom ursprünglichen Zweck der Familienzusammenführung erfordert nach Alt. 1 in Abs. 1 S. 1 die rechtmäßige Führung der **ehelichen Lebensgemeinschaft seit mindestens drei Jahren** im Bundesgebiet. Diese Voraussetzung ist erfüllt, wenn der Aufenthalt der Ehegatten bis zur Aufhebung der Ehegemeinschaft rechtmäßig diese Zeit angedauert hat[37]. Kurzzeitige Unterbrechungen außerhalb von

---

[25] OVG Saarl Beschl. v. 21.12.2021 – 2 B 257/21 Rn. 9; VGH BW Beschl. v. 12.11.2020 – 11 S 2512/19 Rn. 11.
[26] BayVGH Beschl. v. 15.7.2014 – 19 CS 14.1199 Rn. 4.
[27] BayVGH Beschl. v. 15.7.2014 – 19 CS 14.1199 Rn. 4.
[28] HessVGH Beschl. v. 25.5.2000 – 12 TG 574/00, EZAR 023 Nr. 19.
[29] OVG NRW Beschl. v. 28.5.1991 – 18 B 615/91, EZAR 023 Nr. 2; zur Überprüfung durch die Ausländerbehörde HessVGH Beschl. v. 21.3.2000 – 12 TG 2545/99, EZAR 023 Nr. 20.
[30] BayVGH Beschl. v. 25.6.2018 – 10 ZB 17.2436 Rn. 20.
[31] BayVGH Beschl. v. 15.7.2014 – 19 CS 14.1199 Rn. 3 f.
[32] BGH Urt. v. 5.11.1980 – IVb ZR 538/80 Rn. 16.
[33] BayVGH Beschl. v. 15.7.2014 – 19 CS 14.1199 Rn. 4.
[34] OVG Saarl Beschl. v. 14.5.2018 – 2 A 382/17 Rn. 20.
[35] BVerwG Urt. v. 30.3.2010 – 1 C 7.09; Beschl. v. 25.6.1984 – 1 B 41.84, InfAuslR 1984, 267 f.; BayVGH Beschl. v. 12.12.2017 – 10 ZB 17.1993 Rn. 6.
[36] OVG NRW Beschl. v. 28.5.1991 – 18 B 615/91, EZAR 023 Nr. 2; HmbOVG Beschl. v. 24.2.1992 – Bs V 10/92, EZAR 023 Nr. 3.
[37] → Rn. 32 ff.

§ 51 I Nr. 6 und 7 sind unschädlich. Die Gesamtzeit von drei Jahren Aufenthalt als Eheleute darf aber nicht aus mehreren Teilzeiten zusammengesetzt sein.

Die Zeiträume des Bestehens einer ehelichen Lebensgemeinschaft nach einer **Trennungsphase** werden nicht addiert. Die Vorschrift des § 31 I 1 Nr. 1 setzt voraus, dass die eheliche Lebensgemeinschaft im Bundesgebiet ununterbrochen für die Dauer von drei Jahren bestanden hat. Eine Aufhebung der ehelichen Lebensgemeinschaft führt danach zum Erlöschen der von dem ausländischen Ehegatten bis dahin erworbenen Anwartschaft auf ein eigenständiges Aufenthaltsrecht, und zwar auch dann, wenn die eheliche Lebensgemeinschaft später wieder begründet wird[38]. In der späteren Wiederaufnahme der ehelichen Lebensgemeinschaft liegt vielmehr deren Neubegründung, sodass die nach § 31 I 1 Nr. 1 erforderliche Mindestbestandszeit der ehelichen Lebensgemeinschaft erneut zu laufen beginnt[39]. 21

Insoweit ist unerheblich, ob während der Trennungsphase ein **Scheidungsantrag** nicht gestellt wurde. Die Auflösung der ehelichen Lebensgemeinschaft liegt ausländerrechtlich nicht erst dann vor, wenn die bürgerlich-rechtlichen Voraussetzungen für eine Ehescheidung erfüllt sind und ein Scheidungsantrag gestellt wird. Es genügt vielmehr, dass die Ehepartner nach außen erkennbar den gemeinsamen Lebensmittelpunkt dauerhaft aufgegeben haben[40]. 22

Kurzfristige **Trennungszeiten** können vernachlässigt werden, auch wenn sie anfänglich als endgültig angesehen wurden, ebenso kurze Trennungen „auf Probe". Nicht jeder Familienkrach mit anschließendem „Auszug" eines Partners beseitigt die familiäre Lebensgemeinschaft in tatsächlicher wie rechtlicher Hinsicht. Auf Trennungszeiten nach Scheidungsrecht kommt es nicht an[41]. Nicht ausgeschlossen ist auch die Anerkennung mehrerer Familienwohnungen, die jeweils gemeinsam genutzt werden; dagegen entspricht es nicht dem grundgesetzlichen Bild von Ehe und Familie, wenn getrennte Wohnungen unterhalten werden und nur gelegentliche gegenseitige Besuche stattfinden[42]. 23

Heiratet ein Ausländer, der aufgrund der ersten Ehe bereits ein eigenständiges Aufenthaltsrecht erlangt hatte, erneut und scheitert die zweite Ehe, bevor die Mindestbestandszeit von drei Jahren erreicht wurde, so ist ihm aufgrund der ersten Ehe eine Aufenthaltserlaubnis nach § 31 zu erteilen, wenn die weiteren Erteilungsvoraussetzungen erfüllt sind. Denn der Ausländer hat grundsätzlich Anspruch auf zwei Aufenthaltstitel: eine Aufenthaltserlaubnis aufgrund der erneuten Eheschließung und eine Aufenthaltserlaubnis aufgrund des eigenständigen Aufenthaltsrechts. Da der Aufenthaltstitel nach § 31 I Voraussetzung für den späteren Verlängerungsanspruch nach § 31 IV 1 ist, kann der Ausländer die Ausstellung dieses Titels auch verlangen, obwohl er gegenüber einem Aufenthaltstitel nach § 28 oder § 30 keine weitergehenden Rechte vermittelt. Durch Ausstellung dieses weiteren Titels kann vermieden werden, dass eine Verschlechterung der aufenthaltsrechtlichen Stellung eintritt, die sich zu einem faktischen Ehehindernis verdichten kann. Denn Ausländer könnten zur Vermeidung des Verlusts des eigenständigen Aufenthaltsrechts davon absehen, erneut die Ehe zu schließen. Beantragt der Ausländer die Erteilung eines eigenständigen Aufenthaltsrechts nach § 31 I oder dessen Verlängerung nach Abs. 4, so besteht der Anspruch auf diese Aufenthaltstitel auch dann noch fort, wenn ihm im Hinblick auf die erfolgte Eheschließung eine ehebezogene Aufenthaltserlaubnis erteilt wurde. 24

Zum 1.7.2011 wurde die erforderliche Ehebestandszeit für ein eheunabhängiges Aufenthaltsrecht von zwei auf drei Jahre heraufgesetzt[43]. Mit der **Anhebung der Dauer der rechtmäßig im Bundesgebiet geführten ehelichen Lebensgemeinschaft von zwei auf drei Jahre** als Voraussetzung für die Erteilung einer Aufenthaltserlaubnis nach § 31 I 1 Nr. 1 verfolgt der Gesetzgeber das Ziel, sog. Scheinehen, dh Ehen, die allein mit dem Ziel geschlossen werden, dem Ehegatten ein Aufenthaltsrecht zu verschaffen, mit ausländerrechtlichen Mitteln zu begegnen[44]. 25

Die gesetzliche Neuregelung sieht eine Übergangsregelung für „Altfälle" nicht vor, sodass diese auch auf Fälle Anwendung findet, in denen der Ausländer bereits vor dem 1.7.2011 die Voraussetzungen für ein eigenständiges Aufenthaltsrecht erfüllte, dieses aber erst nach der Änderung beantragte. Da der Anspruch auf den eheunabhängigen Titel nach § 31 nicht bereits mit der Aufhebung der ehelichen 26

---

[38] OVG Bln-Bbg Beschl. v. 11.9.2007 – 3 S 87.07, AuAS 2007, 218.
[39] OVG Bln-Bbg Beschl. v. 11.9.2007 – 3 S 87.07, AuAS 2007, 218; OVG NRW Beschl. v. 27.7.2006 – 18 A 1151/06 und Beschl. v. 29.11.2000 – 18 B 1627/00, AuAS 2001, 67; NdsOVG Urt. v. 28.6.2012 – 11 LB 301/11 Rn. 44.
[40] OVG Bln-Bbg Beschl. v. 11.9.2007 – 3 S 87.07, AuAS 2007, 218; OVG NRW Beschl. v. 27.7.2006 – 18 A 1151/06.
[41] BVerwG Beschl. v. 12.6.1992 – 1 B 48.92, InfAuslR 1992, 305.
[42] Betr. Getrenntleben auf Dauer BVerwG Beschl. v. 12.6.1992 – 1 B 48.92, InfAuslR 1992, 305; zu Scheidungsfristen VGH BW Urt. v. 19.12.1984 – 11 S 1645/83, EZAR 103 Nr. 7; zu Gewalttätigkeiten und Getrenntleben HessVGH Beschl. v. 2.9.1988 – 12 TH 3533/87, EZAR 622 Nr. 5; zu gelegentlichen Besuchen bis zur Ehescheidung VGH BW Urt. v. 6.5.1991 – 1 S 2084/90, EZAR 023 Nr. 1; zu getrennten Wohnungen OVG MV Beschl. v. 22.6.2000 – 3 M 35/00, EZAR 023 Nr. 21; OVG NRW Beschl. v. 1.8.2002 – 18 B 1063/00, EZAR 023 Nr. 27.
[43] Gesetz zur Bekämpfung der Zwangsheirat und zum besseren Schutz der Opfer von Zwangsheirat sowie zur Änderung weiterer aufenthalts- und asylrechtlicher Vorschriften v. 3.6.2011 (BGBl. I S. 1266).
[44] BT-Drs. 17/4401, 9 f.

1 AufenthG § 31

Lebensgemeinschaft entsteht, sondern frühestens mit dem Ablauf des eheabhängigen Aufenthaltstitels[45], fand die Neuregelung auch auf diese Fälle Anwendung.

27 Die Verlängerung der Frist des § 31 entfaltet zwar unechte Rückwirkung, weil er die tatbestandlichen Voraussetzungen für eine Verlängerung des eheabhängigen Aufenthaltsrechts als eheunabhängiges gegenüber § 31 verschärft. Weder der Grundsatz des Vertrauensschutzes noch das Verhältnismäßigkeitsprinzip stehen dem jedoch entgegen[46]. Ein Ausländer kann nicht davon ausgehen, dass ein nach bisheriger Rechtslage möglicherweise bestehender Anspruch auf ein eheunabhängiges Aufenthaltsrecht keinen nachträglichen gesetzlichen Einschränkungen unterworfen wird[47]. Etwaigen Härten sowie der Gefahr unverhältnismäßiger Ergebnisse in Einzelfällen ist der Gesetzgeber durch die Ausnahmevorschrift des § 31 II begegnet[48].

28 Die Anwendung der Neuregelung hat zur Folge, dass der Ausländer, der die zweijährige Ehebestandszeit erreicht hatte, im Falle der Aufgabe der ehelichen Lebensgemeinschaft vor Inkrafttreten der Neuregelung einen Anspruch auf Erteilung eines eigenständigen Aufenthaltstitels gehabt hätte, der von dem Bestand der ehelichen Lebensgemeinschaft unabhängig gewesen wäre. Er war daher gehalten, bei der Ausländerbehörde eine Befristung zu erwirken, um in den Genuss eines eigenständigen Aufenthaltsrechts nach der alten Regelung zu kommen. Insoweit lag es allein in der Sphäre des Ausländers, sich rechtzeitig die Rechtsstellung in Form des eigenständigen Aufenthaltsrechts zu sichern. Stellte dieser Ausländer verspätet den Verlängerungsantrag, so liegt keine Beeinträchtigung wegen des Bestehens der ehelichen Lebensgemeinschaft vor.

29 Der Anwendung der Neuregelung steht auch das Verbot „echter Rückwirkung" der Anwendbarkeit der Neuregelung nicht entgegen[49]. Denn allein durch das Erreichen der Mindestbestandszeit der ehelichen Lebensgemeinschaft wurde in Altfällen keine Rechtsposition, in die durch die Gesetzesänderung hätte eingegriffen werden können, erlangt. Das Aufenthaltsrecht, das aus der ehelichen Lebensgemeinschaft resultiert, wandelt sich nach der Auflösung der ehelichen Lebensgemeinschaft nicht automatisch in ein eheunabhängiges Aufenthaltsrecht um oder verselbstständigt sich[50]. Die Rechtsposition muss vielmehr von dem Ausländer durch Antragstellung geltend gemacht werden, wodurch der Ausländer auch zum Ausdruck bringt, dass er gewissermaßen auf einen bestehenden ehebezogenen Aufenthaltstitel verzichtet[51]. Fehlt es an einer Rechtsposition, so liegt keine echte Rückwirkung vor, sondern nur eine zulässige unechte Rückwirkung[52].

30 **Von besonderer praktischer Bedeutung ist der Umstand, dass die Anhebung der Ehebestandszeit von zwei auf drei Jahre nicht gegenüber türkischen Staatsangehörigen wirksam ist, die sich auf die Stillhalteklausel des Art. 13 ARB 1/80 berufen können**[53]. Insoweit hat der EuGH in der Rechtssache Toprak[54] klargestellt, dass auch die Veränderung hinsichtlich des eigenständigen Aufenthaltsrechts nach Auflösung der ehelichen Lebensgemeinschaft von der Stillhalteklausel erfasst wird[55]. Der EuGH hat klargestellt, dass das Verschlechterungsverbot nach Art. 13 ARB 1/80 dynamisch auszulegen ist. Das Verschlechterungsverbot gilt mithin nicht nur bezogen auf den 1.12.1980, das Datum des Inkrafttretens des Beschlusses, sondern auch in Bezug auf seitdem erfolgte Begünstigungen. Der türkische Arbeitnehmer muss aber die Voraussetzungen der bis zum 30.6.2011 gültigen Regelung in § 31 I 1 Nr. 1 erfüllen[56].

31 Erteilt die Ausländerbehörde in Verkennung der Rechtslage eine Aufenthaltserlaubnis nach § 31 IV, obwohl es an einer dreijährigen familiären Lebensgemeinschaft fehlte, so kann der Ausländer hieraus keine Rechte aus dem Gesichtspunkt des Vertrauensschutzes ableiten[57]. Der rechtsstaatliche Grundsatz des Vertrauensschutzes gebietet es nicht, über das Fehlen der speziellen gesetzlichen Erteilungsvoraussetzung einer dreijährigen Ehebestandszeit nach § 31 I 1 Nr. 1 nur deshalb hinwegzusehen, weil die

---

[45] BVerwG Urt. v. 10.12.2013 – 1 C 1.13, BVerwGE 148, 297 Rn. 14.
[46] BVerwG Urt. v. 10.12.2013 – 1 C 1.13, BVerwGE 148, 297 Rn. 31.
[47] BVerwG Urt. v. 10.12.2013 – 1 C 1.13, BVerwGE 148, 297 Rn. 31.
[48] BVerwG Urt. v. 10.12.2013 – 1 C 1.13, BVerwGE 148, 297 Rn. 31.
[49] VGH BW Beschl. v. 9.10.2012 – 11 S 1843/12 Rn. 6 ff.; BayVGH Beschl. v. 20.7.2012 – 10 CS 12.917, 10 C 12.919 Rn. 16 f.
[50] VGH BW Beschl. v. 9.10.2012 – 11 S 1843/12 Rn. 8 ff.; BayVGH Beschl. v. 20.7.2012 – 10 CS 12.917, 10 C 12.919 Rn. 17; so auch BVerwG Urt. v. 16.6.2004 – 1 C 20.03, InfAuslR 2004, 427 zu § 19 AuslG 1990.
[51] VGH BW Beschl. v. 9.10.2012 – 11 S 1843/12 Rn. 9; BayVGH Beschl. v. 20.7.2012 – 10 CS 12.917, 10 C 12.919 Rn. 17; vgl. auch SächsOVG Beschl. v. 14.8.2012 – 3 B 156/12.
[52] VGH BW Beschl. v. 9.10.2012 – 11 S 1843/12 Rn. 9; BayVGH Beschl. v. 20.7.2012 – 10 CS 12.917, 10 C 12.919 Rn. 17; vgl. auch SächsOVG Beschl. v. 14.8.2012 – 3 B 156/12; ebenso BayVGH Beschl. v. 18.9.2012 – 19 CS 12.1370; VG Darmstadt Beschl. v. 18.9.2012 – 6 L 935/12.DA; VG Stuttgart Urt. v. 5.6.2012 – 6 K 1144/12; VG München Urt. v. 18.1.2012 – M 25 K 11.5222.
[53] OVG Bln-Bbg Beschl. v. 15.4.2014 – OVG 11 S 26.14 Rn. 4; HessVGH Beschl. v. 10.10.2013 – 9 B 1648/13, AuAS 2013, 266 und BayVGH Beschl. v. 14.9.2017 – 10 ZB 17.925 Rn. 10; Beschl. v. 17.6.2013 – 19 ZB 13.361, InfAuslR 2013, 322; OVG LSA Beschl. v. 7.7.2014 – 2 M 29/14 Rn. 11.
[54] EuGH Urt. v. 9.12.2010 – C-300/09 und C-301/09 – Toprak und Oguz.
[55] Unklar OVG LSA Beschl. v. 13.1.2012 – 2 M 201/11 Rn. 8.
[56] OVG Bln-Bbg Beschl. v. 14.4.2014 – OVG 11 S 26.14 Rn. 5.
[57] OVG Bln-Bbg Beschl. v. 2.3.2015 – OVG 11 S 10.15 Rn. 3.

zuvor erteilte Aufenthaltserlaubnis fälschlich aufgrund einer zwei- aber noch nicht dreijährigen Ehebestandszeit erteilt wurde.

4. Rechtmäßiger Aufenthalt

Die eheliche Lebensgemeinschaft wird rechtmäßig iSd § 31 I 1 Nr. 1 geführt, wenn die Ehe rechtswirksam besteht und der Aufenthalt beider Ehepartner, dh sowohl des Ausländers, der die Erteilung der Aufenthaltserlaubnis nach § 31 I begehrt („Ehegatten"), als auch des Ausländers, zu dem der Ehegattennachzug erfolgt ist („Ausländer"), während der dreijährigen Bestandszeit der ehelichen Lebensgemeinschaft im Bundesgebiet rechtmäßig gewesen ist. 32

Der Ehegatte muss, im Zeitpunkt der Auflösung der ehelichen Gemeinschaft, im Besitz eines verlängerungsfähigen Aufenthaltstitels iSd § 31 I sein. Die **Aufenthaltserlaubnis des Ehegatten muss zum Zweck des Ehegattennachzugs erteilt worden sein**[58]. Eine Aufenthaltserlaubnis aus humanitären Gründen nach § 25 AufenthG erfüllt diese Voraussetzung selbst nicht, wenn die Erteilung auf der Unmöglichkeit der Ausreise wegen des besonderen Schutzes der ehelichen Lebensgemeinschaft durch Art. 6 GG oder Art. 8 EMRK beruhte[59]. 33

Auch ein **fiktives Aufenthaltsrecht nach § 81 III 1 vermittelt dem Ausländer nicht den erforderlichen Aufenthaltstitel,** der bei der Berechnung der Aufenthaltszeiten zu berücksichtigen ist. In allen Fällen eines titelfreien rechtmäßigen Aufenthalts löst allein die rechtzeitige Antragstellung im Inland die Rechtsfolge aus, dass der weitere Aufenthalt bis zur Entscheidung der Ausländerbehörde als erlaubt gilt – und zwar unabhängig davon, für welchen Zweck die Aufenthaltserlaubnis begehrt wird und ob zu diesem Zeitpunkt die allgemeinen oder besonderen Erteilungsvoraussetzungen vorliegen. Mit der erstmaligen Beantragung eines Titels nach § 28 I 1 Nr. 1 ist damit aber gerade keine spezifische Legalisierungswirkung für das Führen einer ehelichen Lebensgemeinschaft im Bundesgebiet verbunden, an die das Erfordernis der Mindestbestandszeit in § 31 I 1 Nr. 1 (sowohl nach alter als auch neuer Rechtlage) jedoch anknüpft[60]. Die Erlaubnis zum Aufenthalt für den besonderen Zweck der Führung der ehelichen Lebensgemeinschaft erfolgt vielmehr erst mit der Erteilung eines entsprechenden Titels[61]. Ist der ehebedingte Aufenthaltszweck einmal tituliert worden, können im Anschluss daran allerdings insbesondere über die Fiktionswirkung des § 81 IV Lücken „überbrückt" werden, die dadurch entstehen, dass die befristeten ehebedingten Aufenthaltstitel zeitlich nicht nahtlos anschließen; damit kann eine durchgängige Rechtmäßigkeit des Aufenthalts erhalten werden[62]. 34

Das **nationale Visum zur Einreise ist keine Aufenthaltserlaubnis** iSd § 31 I, die verlängert werden könnte[63]. Aufenthaltserlaubnis und Visum sind nach der Konzeption des AufenthG jeweils eigenständige Aufenthaltstitel. Nach § 4 I 2 ist das Visum ein eigenständiger Aufenthaltstitel. Die Sonderregelung des § 4 I 3 verdeutlicht zudem, dass die für die Aufenthaltserlaubnis geltenden Rechtsvorschriften auch nicht auf Inhaber von Visa entsprechend anzuwenden sind. Dass es sich bei einem Visum und einer Aufenthaltserlaubnis um zwei unterschiedliche Aufenthaltstitel handelt, verdeutlicht zudem § 39 S. 1 Nr. 1 AufenthV. Vor diesem Hintergrund wäre zu erwarten gewesen, dass der Gesetzgeber das Visum als Tatbestandsvoraussetzung ausdrücklich in § 31 I oder § 4 I 3 erwähnt hätte, wenn er die Erteilungsvoraussetzungen auch auf diese Fallgestaltung hätte erstrecken wollen. 35

In der Gesetzesbegründung[64] zur Aufnahme des Visums als eigenständigen Aufenthaltstitel wird ausdrücklich darauf hingewiesen, dass „die bisherige Umdeutung des Visums in eine entsprechende Aufenthaltsgenehmigung (§ 3 III AuslG 1990) […] den gemeinschaftsrechtlichen Visumsregelungen und der Visumspraxis nicht gerecht [wird]". Insoweit erfolgt der Wechsel von dem Aufenthaltstitel Visum zu dem Aufenthaltstitel Aufenthaltserlaubnis nicht durch Verlängerung des Visums, sondern durch Erteilung einer Aufenthaltserlaubnis[65]. 36

Dieses Verständnis entspricht auch dem Zweck der Norm, nach dem der Gesetzgeber dem Gesichtspunkt der Aufrechterhaltung der familiären Lebensgemeinschaft, die rechtmäßig im Bundesgebiet geführt wird, ein besonderes Gewicht beimessen wollte[66]. So setzt § 31 I einen Aufenthaltstitel voraus, der beim Ehegatten die berechtigte Erwartung einer Aufenthaltsverfestigung zu begründen vermag[67]. Insoweit unterscheiden sich das Visum zum Zweck der Familienzusammenführung und die später 37

---

[58] BVerwG Urt. v. 4.8.2007 – 1 C 43.06.
[59] BVerwG Urt. v. 4.8.2007 – 1 C 43.06; HmbOVG Beschl. v. 9.2.2012 – 3 Bs 126/10, 3 So 93/10, InfAuslR 2012, 216 Rn. 14.
[60] VGH BW Urt. v. 5.9.2012 – 11 S 1639/12 Rn. 6.
[61] VGH LSA Beschl. v. 7.7.2014 – 2 M 29/14 Rn. 12; VGH BW Urt. v. 5.9.2012 – 11 S 1639/12 Rn. 6.
[62] VGH BW Urt. v. 5.9.2012 – 11 S 1639/12 Rn. 6; VGH BW Urt. v. 28.10.1992 – 13 S 714/92 Rn. 20 ff., zur Bedeutung von § 69 III AuslG 1990 bei Verlängerungsanträgen.
[63] OVG Bln-Bbg Urt. v. 24.11.2011 – OVG 2 B 21.10 Rn. 15; Beschl. v. 18.8.2009 – OVG 11 S 36.09 Rn. 6; offengelassen BayVGH Beschl. v. 14.6.2016 – 10 CS 16.638 Rn. 9; aA HmbOVG Beschl. v. 16.11.2010 – 4 Bs 213/10, InfAuslR 2011, 110 Rn. 11.
[64] BT-Drs. 15/420, 68 f. zu § 4 I.
[65] S. hierzu BVerwG Urt. v. 30.4.2009 – 1 C 3.08, InfAuslR 2009, 333.
[66] Vgl. BT-Drs. 15/420, 82 zu § 30.
[67] BVerwG Urt. v. 4.9.2007 – 1 C 43.06, BVerwGE 129, 226.

erteilte Aufenthaltserlaubnis bereits maßgeblich durch ihre Ausstellungsdauer, da die Aufenthaltserlaubnis nach § 27 II 4 für mindestens ein Jahr zu erteilen ist. Mit Blick auf diesen Normzweck kann eine verlängerungsfähige „Aufenthaltserlaubnis des Ehegatten" iSd § 31 I nur eine zum Zwecke des Ehegattennachzugs erteilte Aufenthaltserlaubnis sein.

38 **Nach altem Recht war ein Visum kein eigenständiger Aufenthaltstitel.** Anders als § 4 I sah § 5 I AuslG 1990 das Visum nicht als eine eigene Art des Aufenthaltstitels vor. Dies beruhte auf der systematischen Überlegung, dass die Aufenthaltsgenehmigungs- und Visumpflicht grundsätzlich kongruent sein sollten. Insoweit wurde als Visum eine Aufenthaltsgenehmigung in der Form des Sichtvermerks erteilt[68]. Das Visum ist daher keine eigene Form der Aufenthaltsgenehmigung gewesen, sondern eine der Formen, in denen eine Aufenthaltsgenehmigung iSv § 5 AuslG 1990 erteilt werden konnte[69].

39 Diese Einstufung hat Bedeutung für **türkische Staatsangehörige,** die sich auf die Stillhalteklausel des Art. 13 ARB 1/80 berufen können. Für diese ist ein Visum dann Anknüpfungspunkt für ein eigenständiges Aufenthaltsrecht, wenn es zum Zwecke der Herstellung der familiären Lebensgemeinschaft erteilt wurde.

40 **Das eigenständige Aufenthaltsrecht nach § 31 ist ausgeschlossen, wenn der Verlängerungsantrag erst nach Ablauf der Geltungsdauer der Aufenthaltserlaubnis gestellt worden ist**[70]. Nach dem insoweit eindeutigen Wortlaut der Norm erfasst § 31 nur den Fall, dass der Ausländer sich noch im Besitz einer nicht abgelaufenen Aufenthaltserlaubnis befindet, weil nur eine solche verlängert werden kann[71]. Eine Neuerteilung ist in § 31 nicht vorgesehen[72]. Die Rechtslage unter der Geltung des gem. Art. 13 ARB 1/80 auch materiell anzuwendenden AuslG 1990 und AuslG 1965 war demgegenüber anders gestaltet: Die verspätete Antragstellung stand einer Verlängerung der Aufenthaltserlaubnis nicht entgegen[73]. Im Unterschied zum jetzigen Recht war über eine Verlängerung der Aufenthaltserlaubnis nach Ermessen zu entscheiden, wenn die sog. Negativschranke des § 2 I 2 AuslG 1965 überwunden werden konnte (§ 7 II 2 AuslG 1965 iVm Nr. 7 Verwaltungsvorschrift-AuslG 1965)[74].

41 Die Vorschrift knüpft die **Verlängerungsfähigkeit der erteilten Aufenthaltserlaubnis** daran, dass es sich um die „Aufenthaltserlaubnis des Ehegatten" handelt, und beschreibt den zu erteilenden Aufenthaltstitel als „eigenständiges, vom Zweck des Familiennachzugs unabhängiges Aufenthaltsrecht". Das spricht dafür, dass es sich bei dem zu verlängernden Aufenthaltstitel um einen solchen handeln muss, der dem Ehepartner zum Zweck des Familiennachzugs erteilt wurde. Denn andernfalls wäre schwer verständlich, wieso der neue Aufenthaltstitel unabhängig vom Zweck des Familiennachzugs sein soll, wenn schon der Ausgangstitel unabhängig hiervon erteilt wurde[75]. Diese Auslegung wird durch die Entstehungsgeschichte gestützt[76].

42 Schließlich sprechen auch Sinn und Zweck der Gewährung eines eigenständigen Aufenthaltsrechts nach § 31 dafür, dass sein Anwendungsbereich auf eine Aufenthaltserlaubnis zum Zweck des Ehegattennachzugs begrenzt ist. Dem Ehepartner, dem der Aufenthalt zum Zweck der Führung einer ehelichen Lebensgemeinschaft gestattet wurde, wird nach § 31 die Aufenthaltserlaubnis befristet verlängert, um ihm den Aufbau einer eigenständigen Lebensführung in Deutschland zu ermöglichen, nachdem seine geschützten Erwartungen in den Bestand der Ehe enttäuscht wurden. Diese Voraussetzungen liegen nicht vor, wenn dem Ausländer der Aufenthalt aus anderen Gründen als dem der Führung einer ehelichen Lebensgemeinschaft gestattet wurde. In diesem Fall wurde nicht die spezifische Erwartung enttäuscht, die der Ausländer mit dem ehebezogenen Aufenthaltstitel verband[77].

---

[68] BT-Drs. 11/6321, 54 zu § 3 I–III.
[69] *Renner*, 5. Aufl., AuslG 1990 § 5 Rn. 5; GK-AuslR, Stand: 10/1993, AuslG 1990 § 5 Rn. 21.
[70] BVerwG Urt. v. 22.6.2011 – 1 C 5.10, BVerwGE 140, 64 Rn. 13; BayVGH Beschl. v. 27.9.2012 – 19 CS 12.1647 ua Rn. 8.
[71] BVerwG Urt. v. 22.6.2011 – 1 C 5.10 Rn. 13 und 17.
[72] BVerwG Urt. v. 22.6.2011 – 1 C 5.10 Rn. 13 und 17; OVG NRW Beschl. v. 24.7.2009 – 18 B 1661/08 und Beschl. v. 26.6.2009 – 18 B 1695/08.
[73] Ausf. zum AuslG 1965 VG Darmstadt Beschl. v. 28.9.2011 – 5 L 936/11.DA Rn. 21.
[74] VG Darmstadt Beschl. v. 28.9.2011 – 5 L 936/11.DA Rn. 21.
[75] So ausdrücklich BVerwG Urt. v. 4.8.2007 – 1 C 43.06.
[76] Bereits die GesNegr zu § 19 I AuslG 1990 spricht davon, dass die Vorschrift dem „nachgezogenen Ehegatten" einen aufenthaltsrechtlichen Anspruch gewährt, der zu einer „Verselbständigung des Aufenthaltsrechts" führt (Gesetzesentwurf der Bundesregierung v. 27.1.1990, BT-Drs. 11/6321, 61). IRd Begründung zu § 19 II AuslG 1990 wird ausgeführt: „Aus dem Wegfall der Akzessorietät und dem Erstarken der Aufenthaltserlaubnis des Ehegatten zu einem eigenständigen Aufenthaltsrecht folgt, dass für die Verlängerung nicht mehr die §§ 17 und 18 anwendbar sind." Daraus ergibt sich, dass der Gesetzgeber davon ausging, dass der bisherige zu verlängernde Aufenthaltstitel ein akzessorischer, dh ein vom Stammberechtigten abhängiger und kein eigenständiger (zB humanitärer) ist. Wovon er abhängig sein sollte, ergibt sich daraus, dass die „Aufenthaltserlaubnis des Ehegatten" erstarken sollte und für ihre Verlängerung – anders als für ihre Erteilung – nicht mehr die §§ 17, 18 AuslG anwendbar sein sollten. § 17 AuslG regelte damals den Familiennachzug zu Ausländern allgemein und § 18 AuslG speziell den Ehegattennachzug. An diesem Gesetzeszweck hat sich durch das Inkrafttreten des AufenthG nichts geändert.
[77] BVerwG Urt. v. 4.8.2007 – 1 C 4.06.

Die Auslegung des Schutzbereichs von § 31 I wird bestätigt durch das RLUmsG 2007, mit dem in § 31 I ein neuer S. 2 eingeführt wurde, wonach die Aufenthaltserlaubnis nicht verlängert werden oder dem Ausländer keine Niederlassungserlaubnis oder Erlaubnis zum Daueraufenthalt–EU erteilt werden darf, weil dies durch eine Rechtsnorm wegen des Zwecks des Aufenthalts oder durch eine Nebenbestimmung zur Aufenthaltserlaubnis nach § 8 II ausgeschlossen ist. Die Begründung hierfür im Gesetzesentwurf der Bundesregierung[78] lautet: 43

„*Ausgeschlossen wird mit der Änderung das eigenständige Aufenthaltsrecht von Ehegatten von Ausländern, die selbst keine Perspektive der Aufenthaltsverfestigung haben. In diesen Fällen kann der Ehegatte nicht darauf vertrauen, dass ihm ein längerfristiges Aufenthaltsrecht im Bundesgebiet gewährt wird. Es handelt sich um eine klarstellende Regelung. Liegt ein Härtefall nach (§ 31) Abs. 2 beim Ehegatten vor und ist die Verlängerung des Aufenthaltstitels des Ausländers ausgeschlossen, kommt bei Vorliegen der Voraussetzungen ein Aufenthaltsrecht für den Ehegatten nach Kapitel 2 Abschnitt 5 des AufenthG in Betracht.*"

Der neu eingefügte Anwendungsausschluss stellt klar, dass § 31 ein eigenständiges Aufenthaltsrecht nur den Ehegatten zugesteht, die darauf vertrauen können, dass ihnen ein längerfristiges Aufenthaltsrecht im Bundesgebiet gewährt wird. Ist dies nicht der Fall, bestimmt sich das aufenthaltsrechtliche Schicksal im Falle einer Härte iSv § 31 II nicht nach § 31, sondern nach den Vorschriften des Kap. 2 Abschnitt 5 (Aufenthalt aus völkerrechtlichen, humanitären oder politischen Gründen). Die Regelung stellt klar, dass § 31 I einen Aufenthaltstitel voraussetzt, der beim Ehegatten die berechtigte Erwartung einer Aufenthaltsverfestigung zu begründen vermag. Ist dies nicht der Fall, können beim Ehegatten zwar im Einzelfall Härtegründe vorliegen, eine Verlängerung des Aufenthaltstitels richtet sich dann aber nach den Vorschriften des 5. Abschnitts in Kap. 2 des AufenthG[79]. 44

Für Drittstaatsangehörige sieht **Art. 15 III Familienzusammenführungs-RL** einen eigenständigen Aufenthaltstitel für den überlebenden Ehepartner – entsprechend § 31 I – ebenfalls nur vor, wenn dieser „zum Zweck der Familienzusammenführung eingereist" ist. 45

5. Tod des Stammberechtigten

Die Verselbstständigung des Aufenthaltsrechts ist auch bei Eheauflösung durch Tod des Stammberechtigten vorgesehen. In diesem Fall braucht die eheliche Lebensgemeinschaft über **keine bestimmte Mindestdauer** hin im Inland geführt worden zu sein. Der Aufenthalt beider Partner muss aber, obwohl dies für diese Fallgestaltung nicht ausdrücklich erwähnt ist, rechtmäßig gewesen sein[80]. Letzteres wird bei dem nachgezogenen und überlebenden Ehegatten als gegeben unterstellt, weil er eine nach §§ 27 ff. erteilte Aufenthaltserlaubnis besitzen muss, die zu verselbstständigen und zu verlängern ist. Sofern der verstorbene Ehegatte Deutscher war, muss er bis zum Tod seinen gewöhnlichen Aufenthalt in Deutschland gehabt haben (§ 28 III). 46

6. Besondere Härte

Ungeachtet der Dauer der ehelichen Lebensgemeinschaft im Bundesgebiet genügt (seit 1.6.2000) eine besondere Härte (ab 1.11.1997 außergewöhnliche Härte; davor drei Jahre und besondere Härte). Diese Konstellation ist zwar nicht neben der dreijährigen Eheführung und dem Tod als **weiterer Tatbestand** angeführt. Die Pflicht zum Absehen von der Mindestdauer der ehelichen Lebensgemeinschaft erfüllt aber keine andere Funktion und führt zu keinem anderen Ergebnis, zumal es sich um keine Ermessensentscheidung handelt, sondern um eine zwingende Rechtsfolge aufgrund eines unbestimmten Rechtsbegriffs. Folge der Anerkennung einer besonderen Härte ist auch nicht die Verkürzung der Drei-Jahres-Frist um eine bestimmte Zeit oder auf eine weitere Mindestfrist. 47

Die besondere Härte iSd § 31 II 1 und 2 bezieht sich nicht auf die Umstände der Beendigung der ehelichen Lebensgemeinschaft, also des „Scheiterns" der Ehe, sondern auf die mit dem Ende des Aufenthaltsrechts sich ergebende Folge der Verpflichtung zur Ausreise[81]. 48

Die Ehe muss zumindest eine kurze Zeit im Inland geführt worden sein. Sonst könnte die eheliche Lebensgemeinschaft nicht aufgehoben sein und die Aufenthaltserlaubnis nicht als von dem Familiennachzug unabhängiges Aufenthaltsrecht verlängert werden. Sonst wäre auch nicht die Prüfung möglich, ob das Festhalten an der ehelichen Lebensgemeinschaft unzumutbar war. Nach alledem genügt es, wenn die Lebensgemeinschaft uU nur sehr kurze Zeit bestanden hat. 49

Grundvoraussetzung für die Annahme des Härtegrundes nach § 31 II 2 Alt. 2 ist regelmäßig, dass der zugezogene ausländische Ehegatte die eheliche Lebensgemeinschaft aus eigener Initiative beendet hat[82]. Geht diese Beendigung hingegen von stammberechtigten Ehegat- 50

---

[78] BT-Drs. 16/5065, 175 zu Nr. 23 (§ 31).
[79] BVerwG Urt. v. 4.8.2007 – 1 C 43.06.
[80] Dazu → Rn. 13.
[81] BayVGH Beschl. v. 27.10.2017 – 10 ZB 16.1074 Rn. 8.
[82] Vgl. Entwurf eines Gesetzes zur Änderung des AuslG, BT-Drs. 14/2368, 4; NdsOVG Beschl. v. 4.12.2018 – 13 ME 458/18, AuAS 2019, 14 Rn. 6 und Beschl. v. 29.11.2011 – 8 ME 120/11 Rn. 10 f.; BayVGH Beschl. v.

ten aus, ist dem zugezogenen Ehegatten die Fortführung der ehelichen Lebensgemeinschaft nicht unzumutbar, sondern unmöglich[83]. Die Gefahr einer unzumutbaren Fortsetzung der ehelichen Lebensgemeinschaft besteht aber nicht, wenn der stammberechtigte Ehepartner die eheliche Lebensgemeinschaft beendet. Gleichwohl ist auch in Fällen, in denen der Stammberechtigte die familiäre Lebensgemeinschaft verlässt, einzelfallbezogen zu prüfen, ob die Trennung das Ergebnis einer einvernehmlichen Trennung ist, die auch durch unzumutbare Zustände hervorgerufen worden sein kann. Ein pauschaler Ausschluss des nachgezogenen Ehegatten von Erwerb eines eigenständigen Aufenthaltsrechts, weil er – trotz Vorliegens einer objektiv untragbaren Behandlung durch den Ehepartner – noch in der Ehe ausharrte, als dieser die eheliche Lebensgemeinschaft auflöste, könnte der beabsichtigten Begünstigung des physisch oder psychisch misshandelten Ehegatten zuwiderlaufen[84].

51 Daher ist auch in Fällen, in denen der stammberechtigte Ehegatte die eheliche Lebensgemeinschaft beendet, stets eine Bewertung und **Gesamtabwägung** aller Umstände erforderlich[85]. Denn eine unzumutbare Härte kann auch dann vorliegen, wenn es im Rahmen eines länger andauernden Trennungsprozesses im Wesentlichen eine Frage des Zufalls ist, welcher der Ehegatten den endgültigen Schlussstrich zieht. Die Eingriffe des stammberechtigten Ehepartners müssen auf Seiten des Opfers zu einer Situation geführt haben, die maßgeblich durch Angst vor physischer oder psychischer Gewalt geprägt ist; insoweit kommt es nicht auf die subjektiv empfundene Unzumutbarkeit an, sondern die Beeinträchtigung der schutzwürdigen Belange muss objektiv eine gewisse Intensität erreicht haben. **Bringt der betroffene Ehepartner allerdings zum Ausdruck, dass er trotz allem an der ehelichen Lebensgemeinschaft festhalten will, ist dies ein gewichtiges Indiz dafür, dass ihm das Festhalten an der Lebensgemeinschaft eben nicht unzumutbar ist**[86]. Daher ist eine Kausalität zwischen den Fällen ehelicher Gewalt und der späteren Trennung von dem gewalttätigen Ehepartner zu verlangen[87].

52 **Schutzwürdige Belange iSd § 31 II 2 Alt. 3** sind vor allem die sexuelle und sonstige Selbstbestimmung, die persönliche Freiheit und Ehre sowie die körperliche Unversehrtheit. Diese sind nach der Auffassung des Gesetzgebers jedenfalls dann rechtserheblich verletzt, wenn der nachgezogene Ehegatte wegen physischer oder psychischer Misshandlungen durch den anderen Ehegatten die Lebensgemeinschaft aufgehoben hat oder wenn der andere Ehegatte das in der Ehe lebende Kind sexuell missbraucht oder misshandelt hat[88]. Ausweislich des weiter formulierten Wortlauts der Bestimmung („insbesondere") schließen diese Beispiele das Vorliegen des Härtegrundes in anderen Fällen aber nicht aus.

53 Zu verlangen sind zumindest solche Eingriffe des Ehepartners, die auf Seiten des Opfers zu einer Situation führen, die maßgeblich durch Angst vor psychischer oder physischer Gewalt geprägt ist und die deshalb die Fortsetzung der ehelichen Lebensgemeinschaft als unzumutbar erscheinen lässt[89]. Die Unzumutbarkeit, die eheliche Lebensgemeinschaft fortzuführen, ist jedenfalls dann, wenn es durch den einzelnen Vorfall nicht bereits zu gravierenden Beeinträchtigungen gekommen ist, aufgrund einer **wertenden Gesamtschau** zu beurteilen[90]. Hierbei kann es eine Rolle spielen, innerhalb welchen Zeitrahmens und aus welchen Gründen es zu wiederholten Vorfällen gekommen ist[91].

54 **Lediglich gelegentliche Ehestreitigkeiten, Auseinandersetzungen, Meinungsverschiedenheiten, grundlose Kritik und Kränkungen, die in einer Vielzahl von Fällen trennungsbegründend wirken, können für sich genommen aber noch nicht dazu führen, dass das Festhalten an der ehelichen Lebensgemeinschaft unzumutbar ist**[92]. Auch sonstige, relativ häufig anzutreffende Eheverfehlungen, wie Untreue eines Partners oder gelegentliche leichte körperliche Übergriffe,

---

25.6.2018 – 10 ZB 17.2436 Rn. 12 f. und Beschl. v. 15.3.2007 – 19 ZB 06.3197 Rn. 5; OVG Saarl Beschl. v. 19.4.2018 – 2 B 52/18 Rn. 14 f.; HessVGH Beschl. v. 10.10.2005 – 9 TG 2403/05, DÖV 2006, 177; OVG Bln-Bbg Beschl. v. 2.10.2007 – 3 S 94.07 Rn. 5; aA HessVGH Beschl. v. 22.9.2015 – 6 B 1311/15 Rn. 3.

[83] NdsOVG Beschl. v. 4.12.2018 – 13 ME 458/18, AuAS 2019, 14 Rn. 6.
[84] So HessVGH Beschl. v. 22.9.2015 – 6 B 1311/15 Rn. 3.
[85] BayVGH Beschl. v. 25.6.2018 – 10 ZB 17.2436 Rn. 12.
[86] BayVGH Beschl. v. 25.6.2018 – 10 ZB 17.2436 Rn. 12.
[87] BayVGH Beschl. v. 25.6.2018 – 10 ZB 17.2436 Rn. 12; Beschl. v. 12.12.2017 – 10 ZB 17.1993 Rn. 10 f.; Beschl. v. 23.7.2015 – 10 ZB 15.1026 Rn. 6 f.; Beschl. v. 9.10.2013 – 10 ZB 13.1725 Rn. 7; Beschl. v. 17.1.2008 – 10 ZB 07.2368 Rn. 8.
[88] Vgl. Beschlussempfehlung und Bericht des Innenausschusses zu dem Entwurf eines Gesetzes zur Bekämpfung der Zwangsheirat und zum besseren Schutz der Opfer von Zwangsheirat sowie zur Änderung weiterer aufenthalts- und asylrechtlicher Vorschriften ua, BT-Drs. 17/5093, 16; Entwurf eines Gesetzes zur Änderung des AuslG, BT-Drs. 14/2368, 4; und zur Darlegungs- und Beweislast für das Vorliegen solcher Umstände OVG Bln-Bbg Beschl. v. 6.11.2018 – OVG 11 S 64.18 Rn. 5, NdsOVG Beschl. v. 4.12.2018 – 13 ME 458/18, AuAS 2019, 14 Rn. 8.
[89] SächsOVG Beschl. v. 12.1.2018 – 3 B 325/17 Rn. 22.
[90] SächsOVG Beschl. v. 12.1.2018 – 3 B 325/17 Rn. 22.
[91] SächsOVG Beschl. v. 12.1.2018 – 3 B 325/17 Rn. 22.
[92] NdsOVG Beschl. v. 4.12.2018 – 13 ME 458/18, AuAS 2019, 14 Rn. 8, OVG LSA Beschl. v. 18.10.2018 – 2 M 76/18 Rn. 30; OVG NRW Beschl. v. 24.1.2003 – 18 B 2157/02, NVwZ-RR 2003, 527 (zu § 19 I AuslG); BayVGH Beschl. v. 18.1.2001 – 10 ZS 00.3383, InfAuslR 2001, 277 (278) (zu § 19 I AuslG).

die nicht selten Anlass für Trennungen sind, reichen regelmäßig nicht aus, um eine Unzumutbarkeit des Festhaltens an der ehelichen Lebensgemeinschaft bejahen zu können[93].

Mit der in Abs. 2 S. 2 übernommenen Neufassung des § 19 I 2 AuslG (seit 1.11.1997) ist die besondere Härte im Gesetz anhand zweier **Beispiele definiert** und damit klargestellt, dass die gesetzliche Definition nicht abschließend gelten soll. Außerdem wird zwischen den Fällen der drohenden Beeinträchtigung schutzwürdiger Belange aufgrund der Rückkehrverpflichtung und der Unzumutbarkeit des Festhaltens an der Ehegemeinschaft aufgrund der Beeinträchtigung solcher Belange klar unterschieden. Schließlich wird das Kindeswohl ausdrücklich zu den schutzwürdigen Belangen gezählt. In den früheren Gesetzesbegründungen waren Härtefallgruppen aufgezählt[94], die jetzt nicht wiederholt worden sind[95], aber offenbar weiter gelten sollen. Klargestellt soll sein, dass das eigenständige Aufenthaltsrecht erteilt werden soll, wenn der Ehegatte durch die Rückkehr ins Herkunftsland ungleich härter getroffen werde als andere Ausländer, die nach kurzen Aufenthaltszeiten Deutschland verlassen müssten[96].

Beiden Fallgruppen ist gemeinsam, dass **zur Vermeidung** einer besonderen Härte der weitere Aufenthalt ermöglicht werden muss. Die Verlängerung des Inlandsaufenthalts muss also geeignet und erforderlich sein, die Härtesituation zu vermeiden. Inhaltlich sind die beiden Härtetatbestände vollkommen unterschiedlich angelegt. Während sich der eine auf die Folgen der Rückkehrverpflichtung bezieht, betrifft der zweite die Zumutbarkeit der Fortsetzung der Ehegemeinschaft. Beide beziehen sich auf die Beeinträchtigung schutzwürdiger Belange. Im ersten Fall muss eine erhebliche Beeinträchtigung infolge der Rückkehr drohen, im zweiten muss eine bereits erfolgte (nicht unbedingt erhebliche) Beeinträchtigung die Unzumutbarkeit des Festhaltens an der Ehe begründen.

Die **Rückkehrverpflichtung** nach Auflösung der Ehegemeinschaft kann zu einer erheblichen Beeinträchtigung der schutzwürdigen Belange des Ehegatten führen, falls dieser durch die Ausreisepflicht ungleich härter getroffen wird als andere Ausländer nach einem kurzen Aufenthalt in Deutschland. Die besondere Härte ist in diesem Fall weder durch eine außerordentliche Schwere noch durch eine gesteigerte Seltenheit gekennzeichnet, die drohende Beeinträchtigung muss aber erheblich sein. Maßgeblich ist ein Vergleich mit anderen Ausländern in derselben Situation, weniger ausschlaggebend ist ein Vergleich mit der Situation bei Fortsetzung der ehelichen Lebensgemeinschaft.

Die regelmäßigen wirtschaftlichen, sozialen und gesellschaftlichen Folgen einer Rückkehr stellen noch keine erhebliche Belangbeeinträchtigung dar. **Wirtschaftliche Nachteile bei einer Re-Integration** im Heimatland stellen keine den genannten Beeinträchtigungen vergleichbaren Rückkehrgefahren dar[97]. Jeder Ausländer, der seine wirtschaftliche Existenz aufgibt, um sich in einem anderen Land niederzulassen, muss bei seiner Rückkehr eine neue Lebensgrundlage aufbauen, und zwar unabhängig davon, ob er sein Heimatland ursprünglich wegen einer beabsichtigten Eheschließung verlassen hatte. Das Problem, bei einer Rückkehr in das Heimatland nach längerer Abwesenheit wirtschaftlich wieder Fuß fassen zu müssen, begründet daher keine besondere Härte[98]. Die Dauer des ehelichen Lebens in Deutschland kann zwar bei der Feststellung schutzwürdiger Belange berücksichtigt werden, ihr kommt aber nach Verkürzung der Fristen von vier über drei auf zwei Jahre (in Abs. 1 S. 1 Nr. 1) keine besondere Bedeutung mehr zu.

Eine besondere Härte in Gestalt einer erheblichen Beeinträchtigung schutzwürdiger Belange wegen der aus der Auflösung der ehelichen Lebensgemeinschaft erwachsenden Rückkehrverpflichtung kann sich nur aus solchen Beeinträchtigungen ergeben, die mit der Ehe oder ihrer Auflösung in Zusammenhang stehen[99]; sämtliche sonstigen, unabhängig davon bestehenden Rückkehrbelastungen wie die typischerweise jeden Rückkehrpflichtigen treffenden Beeinträchtigungen fallen nicht unter § 31 II[100]. Die bloße Behauptung, die Familie bedrohe den Ausländer, weil sie nicht mit der Eheschließung einverstanden gewesen sei, genügt nicht, um eine Härte darzutun[101]. Eine Unzumutbarkeit der Rückkehr ergibt sich nicht mit Blick auf die allgemeine Situation in Marokko auch nicht aus dem Umstand, dass speziell geschiedene Frauen in Marokko Übergriffen oder ähnlichen Maßnahmen ausgesetzt wären[102].

Gegen eine Einbeziehung sämtlicher zielstaatsbezogener Gefahren in die Härteregelung des § 31 sprechen der Sinn und Zweck der Regelung sowie systematische Erwägungen. § 31 regelt im Rahmen der Familiennachzugsvorschriften die aufenthaltsrechtlichen Folgen einer gescheiterten Ehe. Das ei-

---

[93] OVG LSA Beschl. v. 18.10.2018 – 2 M 76/18 Rn. 30; OVG NRW Beschl. v. 15.12.2003 – 17 B 1860/02 Rn. 8.
[94] BT-Drs. 13/4948, 8 und 14/2368, 4.
[95] Vgl. BT-Drs. 15/420, 82.
[96] Vgl. BT-Drs. 15/420, 82.
[97] BayVGH Beschl. v. 3.7.2014 – 10 CS 14.687 Rn. 13; BayVGH Beschl. v. 21.9.2016 – 10 ZB 16.1296 Rn. 9.
[98] BayVGH Beschl. v. 21.9.2016 – 10 ZB 16.1296 Rn. 9.
[99] BVerwG Urt. v. 9.6.2009 – 1 C 11.09, ZAR 2009, 349 = InfAuslR 2009, 440; SächsOVG Beschl. v. 1.8.2014 – 3 B 104/14 Rn. 6; BayVGH Beschl. v. 14.6.2016 – 10 CS 16.638 Rn. 10.
[100] SächsOVG Beschl. v. 1.8.2014 – 3 B 104/14 Rn. 6.
[101] OVG Bln-Bbg Beschl. v. 30.7.2012 – OVG 11 S 36.12 Rn. 8.
[102] OVG Saarl Beschl. v. 19.4.2018 – 2 B 52/18 Rn. 12 f.

genständige Aufenthaltsrecht, das die Vorschrift vorsieht, wird mit Rücksicht darauf gewährt, dass in diesen Fällen die spezifische Erwartung enttäuscht wurde, die der Ausländer mit dem ehebezogenen Aufenthaltstitel verband[103]. Es soll denjenigen, der im Besitz einer Aufenthaltserlaubnis zur Führung einer ehelichen Lebensgemeinschaft war, gegenüber anderen Ausländern insoweit privilegieren, als ihm im Hinblick auf seine dem Schutzbereich von Art. 6 GG zuzuordnenden Erwartungen und Dispositionen erhebliche Beeinträchtigungen erwachsen.

61   Dass dieses Privileg auch alle sonstigen, in keinerlei Zusammenhang mit der Ehe stehenden inlands- oder zielstaatsbezogenen Abschiebungsverbote, insbesondere auch die in die alleinige Zuständigkeit des BAMF fallenden asyl- und flüchtlingsrechtlichen Abschiebungsverbote, erfassen sollte, kann nicht angenommen werden. Auch die Tatsache, dass in den Fällen des § 31 eine Verpflichtung der Ausländerbehörde zur Beteiligung des BAMF nicht vorgesehen ist (vgl. § 72 II), spricht dafür, dass die erheblichen Beeinträchtigungen iSv § 31 II 2 auf solche Gefährdungen beschränkt sind, die aus der Auflösung der Ehe folgen oder mit dem vorangegangenen ehe- und familienbedingten Aufenthalt zumindest mittelbar im Zusammenhang stehen[104].

62   Diese Auslegung steht auch nicht in Widerspruch zu Art. 15 III Familienzusammenführungs-RL, die auch auf Familienangehörige von Deutschen anwendbar ist[105]. Nach Art. 15 III 1 Familienzusammenführungs-RL kann im Falle der Scheidung bzw. Trennung Personen, die zum Zweck der Familienzusammenführung eingereist sind, ein eigener Aufenthaltstitel gewährt werden. Nach S. 2 der Vorschrift erlassen die Mitgliedstaaten Bestimmungen, nach denen die Ausstellung eines eigenen Aufenthaltstitels gewährleistet ist, „wenn besonders schwierige Umstände vorliegen". Aus der Begründung des ursprünglichen Vorschlags der Kommission zu der RL vom 1.12.1999[106] geht hervor, dass die Bestimmung dazu dient, der spezifischen Situation von Frauen gerecht zu werden, die Opfer von Gewalt in der Familie geworden sind, oder von Frauen, Witwen, Geschiedenen oder Verstoßenen, die sich in einer besonders schwierigen Lage befinden würden, wenn sie gezwungen wären, in ihre Herkunftsländer zurückzukehren. Diese Begründung, die auch für die spätere Fassung der RL maßgeblich blieb, macht deutlich, dass die Vorschrift – ebenso wie die nationale Regelung in § 31 II – besondere Schwierigkeiten, die die Fortsetzung einer Ehe unzumutbar machen oder die aus der Auflösung einer ehelichen Lebensgemeinschaft resultieren, abfangen soll, nicht aber auch Umstände erfassen soll, die damit nicht in Zusammenhang stehen und für die spezielle Verfahren mit besonderen Zuständigkeiten bestehen[107].

63   Eine besondere Härte ist aber nicht allein deshalb ausgeschlossen, weil die von Ausländern geltend gemachte Gefahr eine vom BAMF zu prüfende **Verfolgungsgefahr iSd § 60 I** darstellt. Denn auch Verfolgungsgefahren, die zugleich als mit der Ehe im Zusammenhang stehende Beeinträchtigungen iSd § 31 II 2 gelten, sind berücksichtigungsfähig[108]. Denn diese Beeinträchtigungen, auch wenn sie erheblich sein müssen, brauchen nicht notwendig die Schwelle einer schwerwiegenden Menschenrechtsverletzung iSd Flüchtlingsrechts bzw. eines asylerheblichen Eingriffs iSv Art. 16a I GG erreichen. Mangels Identität des Prüfungsgegenstandes stellt sich hier nicht die Frage einer Vorgreiflichkeit der Entscheidung des BAMF über die Asyl- oder Flüchtlingsanerkennung.

64   Die **schutzwürdigen Belange** sind nur dahin gehend erläutert, dass hierzu auch das Wohl eines mit dem Ehegatten zusammenlebenden Kindes zählt. Unter diesem Begriff ist mehr zu verstehen als geschützte Rechtsgüter. Es zählen nicht nur straf- oder zivilrechtlich gesicherte Rechte dazu, sondern auch Anwartschaften, Interessen und sonstige Positionen, soweit sie rechtlich schützenswert erscheinen. Angesichts der besonderen Lage von Ehepartnern, die ihre Lebensgemeinschaft aufgegeben haben, kommen als schutzwürdige Belange vor allem in Betracht: sexuelle, gesellschaftliche und wirtschaftliche Selbstbestimmung, persönliche Freiheit, körperliche Unversehrtheit, soziale Achtung. Schutzwürdige Belange sind daher ua in folgenden Fällen als gefährdet anzusehen: außergewöhnliche psychische oder physische Belastungen bei Rückkehr und anschließendem Leben im Herkunftsland wegen der Auflösung der ehelichen Gemeinschaft; schwerwiegende gesellschaftliche Nachteile für Frauen aus Rechts- und Kulturkreisen, in denen die Eheauflösung herkömmlich den Männern vorbehalten ist (zB staatliche Maßnahmen wie Bestrafung wegen Ehescheidung oder private Bedrohungen und Gefährdungen wegen Verletzung der Familienehre, gegen die staatlicher Schutz nicht oder nur schwer zu erreichen ist)[109]; Unmöglichkeit der Führung eines selbstbestimmten Lebens im Heimatstaat; Schwangerschaft, sofern Umzug oder Niederkunft im Heimatstaat aus medizinischen Gründen nicht zumutbar sind oder dort wegen der Schwangerschaft Verfolgung droht.

---

[103] BVerwG Urt. v. 9.6.2009 – 1 C 11.09, ZAR 2009, 349 = InfAuslR 2009, 440; Urt. v. 4.9.2007 – 1 C 43.06, BVerwGE 129, 226 (233).
[104] So BVerwG Urt. v. 9.6.2009 – 1 C 11.09, ZAR 2009, 349 = InfAuslR 2009, 440.
[105] Zutr. BVerwG Urt. v. 9.6.2009 – 1 C 11.09, ZAR 2009, 349 = InfAuslR 2009, 440; Einzelheiten unter Kommentierung zu § 27.
[106] KOM(1999) 638 endg. S. 22.
[107] So BVerwG Urt. v. 9.6.2009 – 1 C 11.09, ZAR 2009, 349 = InfAuslR 2009, 440.
[108] Offengelassen, aber ersichtlich dahin tendierend BVerwG Urt. v. 9.6.2009 – 1 C 11.09, ZAR 2009, 349 = InfAuslR 2009, 440.
[109] BayVGH Beschl. v. 11.11.2014 – 10 ZB 14.2078 Rn. 6.

Für die Auslegung der Vorschrift sind auch die Beispiele, die der Gesetzgeber selbst für eine 65
besondere Härte iSd 1. Alt. gegeben hat, zu berücksichtigen. Diese weisen sämtlich einen Bezug zu
der Ehe oder ihrer Auflösung oder zu sonstigen familiären Belangen auf. So heißt es in der Entwurfsbegründung[110]: „Die Regelung stellt klar, dass eine besondere Härte vorliegt, wenn der Ehegatte die
eheliche Lebensgemeinschaft aufgelöst hat und im Zusammenhang mit der Rückkehrverpflichtung
eine erhebliche Beeinträchtigung seiner schutzwürdigen Belange droht (1. Alt). Das ist insbesondere
der Fall, wenn

– dem Ehegatten im Herkunftsland etwa aufgrund gesellschaftlicher Diskriminierung die Führung
  eines eigenständigen Lebens nicht möglich wäre;
– dem Ehegatten dort eine Zwangsabtreibung droht;
– das Wohl eines in der Ehe lebenden Kindes, etwa wegen einer Behinderung oder der Umstände im
  Herkunftsland, einen weiteren Aufenthalt in Deutschland erfordert oder
– die Gefahr besteht, dass dem Ehegatten im Ausland der Kontakt zu dem Kind oder den Kindern
  willkürlich untersagt wird."

Zu den schutzwürdigen Belangen zählt kraft ausdrücklicher gesetzlicher Bestimmung auch das Wohl 66
eines mit dem Ehegatten in familiärer Gemeinschaft lebenden Kindes. Das **Kindeswohl** weist wegen
der mit dem Elternrecht verbundenen Elternverantwortung einen unmittelbaren Bezug zu dem
Ehegatten auf. Bei dem Kind braucht es sich nicht um ein gemeinsames Kind der Ehegatten zu
handeln. Es braucht auch nicht minderjährig zu sein. Erforderlich ist eine **familiäre Lebensgemeinschaft** mit dem Ehegatten im Zeitpunkt der Aufhebung der ehelichen Lebensgemeinschaft[111]. Eine
familiäre Lebensgemeinschaft ist auch mit einem erwachsenen Kind möglich, idR aber nicht mit einem
verheirateten; denn ein verheiratetes Kind bildet mit seinem Ehegatten eine eigene Familie. Als gefährdete schutzwürdige Belange kommen daher ua in Betracht: Erziehungsverantwortung gegenüber
einem Kind; Sorge für ein eigenes Kind, wenn der Verlegung des gemeinsamen Wohnsitzes ins
Ausland tatsächliche und rechtliche Hindernisse entgegenstehen; Verschlechterung der Erziehungs-
situation oder des Gesundheitszustands eines Kindes, insbesondere eines behinderten Kindes; Nachteile
für die Betreuung eines behinderten Kindes, das auf die Beibehaltung eines bestimmten sozialen
Umfelds existenziell angewiesen ist. Auf **Kinder des Ehegatten, die aus einer anderen Beziehung
stammen**, kann sich der Ausländer zur Begründung einer Härte nicht berufen[112].

Schutzwürdige Belange des Ehegatten brauchen in der ersten Fallkonstellation noch nicht beein- 67
trächtigt zu sein. Es muss dem Ehegatten lediglich wegen der Rückkehrverpflichtung eine erhebliche
Beeinträchtigung solcher Belange drohen. Erforderlich ist daher eine **Prognose** der möglichen Folgen
einer Rückkehr des Ehegatten in die Heimat für dessen individuellen Rechte und Belange. Dazu ist
ebenso wie in anderen Fällen von Gefahrenprognosen[113] eine im Blick auf den Wert des Schutzguts
ausreichende Eintrittswahrscheinlichkeit festzustellen. Behörden und Gerichte müssen die Überzeugung gewinnen, dass die Beeinträchtigung werde eintreten und erheblich sein.

Die Beeinträchtigung muss als **Folge der Aufenthaltsbeendigung** drohen. Der Gesetzeswortlaut 68
ist insoweit unklar und auslegungsbedürftig. Denn aus der Aufhebung der ehelichen Lebensgemeinschaft ergibt sich rechtlich gesehen keine Rückkehrverpflichtung, sondern unmittelbar nur die Nichtverlängerung der Aufenthaltserlaubnis oder deren nachträgliche Befristung und als Folge davon die
Ausreiseverpflichtung. Gemeint sind aber die rechtlichen und tatsächlichen Auswirkungen der Aufenthaltsbeendigung, die in aller Regel mangels anderweitiger Einreise- und Aufenthaltsmöglichkeiten
zur Rückkehr des Ehegatten in den Heimatstaat führt. Es muss sich mithin um Beeinträchtigungen
handeln, die durch die Ausreise aus Deutschland infolge der Beendigung des ehebedingten Aufenthaltsrechts verursacht werden[114]. Nicht zu berücksichtigen sind Schwierigkeiten aufgrund anderer
Umstände, zB im Zusammenhang mit einer Ausweisung nach Aufhebung der ehelichen Lebensgemeinschaft. Nicht unmittelbar relevant sind auch bereits zuvor erlittene Beeinträchtigungen, die für
die 2. Alt. von Bedeutung sind. Sie können allerdings wegen ihrer Fernwirkungen auch für die
Prognose nach der 1. Alt. erheblich werden.

Der **Ort**, an dem die Beeinträchtigung droht, ist im Grunde genommen gleichgültig; jedenfalls 69
enthält die Neufassung keine Beschränkung auf das In- oder das Ausland. Die Beeinträchtigung kann
daher im Inland wie im Herkunftsland drohen. Gewachsene Bindungen und Integrationsleistungen im
Bundesgebiet[115] sind ebenso zu berücksichtigen wie die Folgen der Auflösung der ehelichen Gemeinschaft im Ausland, insbesondere im Heimatstaat[116]. Tatsächlich geht es meist um den Heimatstaat des

---

[110] BT-Drs. 14/2368, 4.
[111] BayVGH Beschl. v. 28.10.2020 – 10 ZB 20.358 Rn. 8; VGH BW Beschl. v. 11.5.2021 – 11 S 2891/20 Rn. 39; Beschl. v. 4.6.2003 – 13 S 2685/02, EZAR 020 Nr. 21, aber zureichende Erwägungen zum Kindeswohl.
[112] VGH BW Beschl. v. 11.5.2021 – 11 S 2891/20 Rn. 38.
[113] Dazu näher *Renner* AiD Rn. 7/458–473, 7/598–605.
[114] OVG NRW Beschl. v. 4.5.2001 – 18 B 1908/00, EZAR 023 Nr. 23.
[115] Dazu VGH BW Beschl. v. 28.7.1998 – 13 S 1588/97, EZAR 023 Nr. 15; BayVGH Beschl. v. 6.3.2003 – 10 ZB 03.199, EZAR 023 Nr. 31.
[116] Zu Letzterem VG München Urt. v. 25.5.1998 – M 8 K 98.1457, EZAR 023 Nr. 14.

Ehegatten. Nach der Aufenthaltsbeendigung bleibt praktisch nur die Rückkehr dorthin. Gleichwohl sind auch inlandsbezogene Belange zu berücksichtigen. Trotz der Kürze des Aufenthalts von weniger als drei Jahren können im Inland ideelle oder materielle Werte oder Bindungen geschaffen sein, die ohne die weitere Anwesenheit des Ehegatten verloren gehen oder sonst erheblich beeinträchtigt werden. Dazu gehören insbesondere[117] feste Beziehungen zu einem minderjährigen Kind, das mit dem Ehegatten zusammenlebt und nach dessen Ausreise aus welchen Gründen auch immer in Deutschland verbleibt. Vor allen Dingen gilt dies für den ausländischen Elternteil eines deutschen Kindes, und zwar unabhängig von dem Sorgerecht des ausländischen Elternteils.

70 Es muss die Gefahr einer **erheblichen Beeinträchtigung** schutzwürdiger Belange bestehen, während bei der 2. Alt. die bereits eingetretene Beeinträchtigung kein besonderes Gewicht aufzuweisen braucht. Es genügen also nicht drohende Schwierigkeiten oder Diskriminierungen beliebiger Art und Schwere, es müssen vielmehr Eingriffe mit einigem Gewicht zu erwarten sein. Für diese Bewertung sind sowohl die Art der schutzwerten Belange als auch die Schwere, Dauer und Folgen der Beeinträchtigungen maßgeblich. Dabei ist auch zu berücksichtigen, ob sich die Auswirkungen der Belangbeeinträchtigung durch Ausgleichsmaßnahmen mildern oder später rückgängig machen lassen. Je unabänderlicher die Folgen wirken, desto mehr spricht für ihre Vermeidung durch Gewährung eines weiteren Aufenthaltsrechts.

71 Die 2. Alt. knüpft an eine **erfolgte Beeinträchtigung** schutzwürdiger Belange des Ehegatten an und gewährt diesem ein eigenständiges Aufenthaltsrecht, wenn ihm infolgedessen das weitere **Festhalten** an der ehelichen Lebensgemeinschaft wegen der Beeinträchtigung schutzwürdiger Belange **unzumutbar** ist. Hierfür bedarf es anders als nach der 1. Alt. nicht der Feststellung einer drohenden Gefahr ausreisebedingter Schwierigkeiten. Bezweckt ist kein Schutz vor den durch die Aufhebung der Ehegemeinschaft verursachten Folgen für die persönliche Lebensführung; der Ehegatte soll vielmehr allein wegen der Gründe für die Auflösung der Ehegemeinschaft vor aufenthaltsrechtlichen Nachteilen bewahrt werden. Er soll grundsätzlich aufenthaltsrechtlich nicht dadurch schlechter gestellt werden, dass ihm die Fortsetzung der ehelichen Gemeinschaft nicht zumutbar ist. Gedacht ist an besondere Umstände während der Ehe in Deutschland, die es dem Ehegatten unzumutbar machen, zum Zwecke der Erlangung eines eigenständigen Aufenthaltsrechts an der ehelichen Lebensgemeinschaft bis zum Erreichen der Drei-Jahres-Frist festzuhalten[118]. **Dabei kommt es nicht auf die subjektiv empfundene Unzumutbarkeit an, sondern die Beeinträchtigung der schutzwürdigen Belange muss objektiv eine gewisse Intensität erreicht haben**[119].

72 Unter **schutzwürdigen Belangen** sind hier andere Rechte und Interessen zu verstehen als nach der 1. Alt., denn hier geht es um bereits verwirklichte Tatbestände in Deutschland und nicht um künftige Ereignisse im Heimatstaat oder in Deutschland. Wie das weitere Erfordernis der Unzumutbarkeit der Fortsetzung der ehelichen Lebensgemeinschaft belegt, muss es sich um Sachbereiche aus dem Bereich der ehelichen Beziehungen handeln. Schutzgüter sind auch hier va die sexuelle und sonstige Selbstbestimmung, die persönliche Freiheit und Ehre sowie die körperliche Unversehrtheit. Grundlage und Maßstab bilden grundsätzlich die in Deutschland geltenden Normen über das Zusammenleben von Eheleuten. Kulturelle oder religiöse Sitten und Gebräuche sind nur zu berücksichtigen, wenn und soweit die zwingenden Vorschriften der deutschen Rechtsordnung einschließlich des IPR hierfür Raum lassen.

73 Eine **Beeinträchtigung** schutzwürdiger Belange ist nicht von der Schwere des Eingriffs abhängig, denn es braucht sich anders als nach der 1. Alt. nicht um eine erhebliche Beeinträchtigung zu handeln[120]. Besondere Anforderungen sind an die Feststellung und Bewertung einer Beeinträchtigung nicht gestellt. Insbesondere braucht kein Strafverfahren gegen den anderen Ehegatten eingeleitet oder durchgeführt zu sein. Da nur die Aufhebung der Lebensgemeinschaft verlangt ist und mögliche Verfehlungen innerhalb der Ehe für die Ehescheidung jedenfalls nach deutschem Recht ohnehin keine entscheidende Bedeutung haben, ist auch nicht vorausgesetzt, dass die Belangbeeinträchtigung formell als Grund für die Trennung oder sonst gerichtlich oder behördlich festgestellt ist.

74 Die für die Aufhebung der ehelichen Lebensgemeinschaft verantwortlichen Umstände und Ereignisse sind maßgeblich für die Prüfung, ob das **Festhalten** an der ehelichen Lebensgemeinschaft **unzumutbar** ist. Die Unzumutbarkeit muss im Blick auf die Drei-Jahres-Frist beurteilt werden. Nicht die Fortsetzung der Ehe auf Dauer ist zum Vergleich heranzuziehen, sondern das Erreichen dieser Frist. Unmittelbar spielt die Zumutbarkeit der Fortführung des Ehelebens für das Aufenthaltsrecht keine Rolle; sie gewinnt aufenthaltsrechtliche Bedeutung nur wegen der rechtlichen Verknüpfung durch §§ 27 I, 28 I, 29 I. Der Ehegatte soll nicht wegen der Gefahr der Beendigung seines akzessorischen Aufenthaltsrechts auf Gedeih und Verderb zur Fortsetzung einer „nicht tragbaren Lebensgemeinschaft"[121] gezwungen sein. Der Staat will nicht „gleichsam zum Kerkermeister mancher Frauen"

---

[117] → Rn. 15.
[118] Zu § 19 AuslG vgl. BT-Drs. 14/2368, 4.
[119] BayVGH Beschl. v. 23.7.2015 – 10 ZB 15.1026 Rn. 6 mwN.
[120] → Rn. 19.
[121] So BT-Drs. 14/2902, 5.

werden[122]. Da die Scheidung der Ehe nicht vorausgesetzt ist, bedarf es in der Regel eigener Ermittlungen der Ausländerbehörde auf der Grundlage des Vorbringens des Ehegatten sowohl über die Beendigung der ehelichen Lebensgemeinschaft als auch über die hierfür ursächlichen Gründe.

Für die Unzumutbarkeit ist ebenso wie für die Frage der Beeinträchtigung schutzwürdiger Belange[123] die **deutsche Rechtsordnung** maßgeblich. Von deren Niveau kann nicht etwa mit dem Hinweis auf die Herkunft des aus dem Ausland zugezogenen Ehegatten und dort üblichen Lebensweisen abgewichen werden. Die Unzumutbarkeit kann sich je nach Art und Schwere schon aus dem erlittenen Eingriff selbst und dessen Umständen ergeben, ohne dass die Gefahr einer Wiederholung festgestellt zu werden braucht. Eine Beeinträchtigung kann auch schon die ernsthafte Drohung zB mit Gewalttätigkeiten darstellen. 75

In Betracht kommen danach ua die folgenden **Sachverhalte**: physische oder psychische Misshandlung des nachgezogenen Ehegatten durch den Ausländer[124]; sexueller Missbrauch oder Verwahrlosung des gemeinsamen Kindes durch den Ausländer; ernsthafte Bedrohung des Ehegatten oder eines gemeinsamen Kindes mit diesen Beeinträchtigungen; Trunksucht oder Drogenabhängigkeit des Ausländers mit gefährlichen Auswirkungen auf Psyche, Gesundheit und Leben des Ehegatten. 76

Eine weitere Konkretisierung der besonderen Härte erfolgte durch das Gesetz zur Bekämpfung von Kinderehen[125], mit dem die **Aufhebung oder Unwirksamkeit einer Ehe nach deutschem Recht wegen Minderjährigkeit eines Ehegatten im Zeitpunkt der Eheschließung** als besondere Härte eingestuft wurde. 77

Nach Art. 13 I EGBGB unterliegen die materiellen **Gültigkeitsvoraussetzungen der Eheschließung** für jeden Verlobten dem Recht des Staates, dem er unmittelbar vor der Eheschließung angehört. Zu den materiellen Eheschließungsvoraussetzungen zählt auch die Ehemündigkeit (einschließlich der Folgen bei Nichteinhaltung der Vorschriften zur Ehemündigkeit). Ist im autonomen deutschen Recht nach diesen Grundsätzen ausländisches Recht anwendbar, so stellt sich in einem zweiten Schritt die Frage, inwieweit der deutsche Staat in eine nach diesem Recht wirksame Ehe im Einzelfall eingreifen darf, indem er ihr die Wirksamkeit versagt. Nach Art. 6 EGBGB wird eine ausländische Rechtsnorm dann nicht angewandt, wenn sie im Einzelfall mit wesentlichen Grundsätzen des deutschen Rechts („ordre public") offensichtlich unvereinbar ist. Dies ist insbesondere dann der Fall, wenn die Anwendung des ausländischen Rechts mit den Grundrechten unvereinbar ist. Im eherechtlichen Kontext hat die Rspr. bei der danach notwendigen Abwägung folgende Maßstäbe entwickelt: Zwangsehen begründen stets einen Verstoß gegen den „ordre public", da sie mit der durch Art. 6 GG geschützten Eheschließungsfreiheit unvereinbar sind. Liegt keine Zwangsehe vor und hat ein Verlobter im Zeitpunkt der Eheschließung das 14. Lebensjahr noch nicht vollendet, wird ebenfalls ein Verstoß gegen den „ordre public" angenommen, ab 16 Jahren hingegen eher nicht. Für Ehen zwischen diesen Altersgrenzen bedarf es in besonderem Maße einer Würdigung aller Umstände des Einzelfalls. 78

Nach dem neuen Art. 13 III Nr. 1 EGBGB ist eine nach ausländischem Recht geschlossene Ehe nach deutschem Recht unwirksam („Nichtehe"), wenn der **Eheschließende im Zeitpunkt der Eheschließung das 16. Lebensjahr noch nicht vollendet hatte** (§ 1303 S. 2 BGB)[126]. Art. 13 III Nr. 2 EGBGB stellt für Eheschließende, die im Zeitpunkt der Eheschließung das 16., aber noch nicht das 18. Lebensjahr vollendet haben, das „Scharnier" zur Anwendung der Aufhebungsvorschriften des deutschen Rechts im Falle fehlender Ehemündigkeit dar[127]. Mit der Neuregelung sollen diese nach ausländischem Recht geschlossenen Ehen nach Maßgabe des deutschen Rechts aufhebbar sein. Das Aufhebungsverfahren ist unabhängig davon einzuleiten und durchzuführen, ob die Minderjährigen an der Seite ihrer Eltern nach Deutschland einreisen. Die Zustimmung der Eltern ist für die Durchführung des Aufhebungsverfahrens nicht erforderlich. Die zuständige Behörde hat das Aufhebungsverfahren auch gegen den Willen der Eltern des Minderjährigen durchzuführen. Art. 13 III EGBGB erfasst nur nach ausländischem Recht wirksame Ehen. Ist die Ehe nach ausländischem Recht unwirksam, besteht schon von vornherein kein Bedürfnis, sie auch noch nach deutschem Recht für unwirksam zu erklären. Eine nach ausländischem Recht unwirksame Ehe bedarf auch keiner Aufhebung. 79

7. Aufenthaltsstatus des Stammberechtigten

An das **Aufenthaltsrecht des Stammberechtigten** stellt das Gesetz keine besonderen Anforderungen. Gleichwohl könnte dem Grundsatz der Akzessorietät der Aufenthaltsrecht von Ehegatten die 80

---

[122] So BT-Drs. 14/2902, 5.
[123] → Rn. 21.
[124] ZB durch Straftaten gegen die sexuelle Selbstbestimmung, Zwangsprostitution oder Zwangsabtreibung; zu entwürdigenden Sexualpraktiken ua vgl. VG München Urt. v. 25.5.1998 – M 8 K 98.1457, EZAR 023 Nr. 14; anders noch OVG RhPf Beschl. v. 3.2.1999 – 11 B 10 100/99, EZAR 023 Nr. 16 zu § 19 AuslG aF.
[125] Gesetz vom 21.7.2017, BGBl. I S. 2429.
[126] Gesetz vom 21.7.2017, BGBl. I S. 2429. VG Berlin Urt. v. 16.11.2018 – 4 K 486.17 V Rn. 17; Urt. v. 28.9.2018 – VG 3 K 349.16 V S. 5.
[127] Gesetz vom 21.7.2017, BGBl. I S. 2429.

Forderung entnommen werden, dass das Aufenthaltsrecht des Ausländers grundsätzlich zur Verfestigung geeignet sein müsse, weil sonst auch für den Ehegatten keine dauerhafte Aufenthaltsperspektive bestanden habe. Diese Überlegung ist nicht von der Hand zu weisen, wenn das selbstständige Aufenthaltsrecht nur als Ersatz für einen sonst akzessorisch gesicherten Daueraufenthalt in ehelicher Lebensgemeinschaft verstanden wird. Der Gesetzgeber verlangt aber eine hypothetische Verlaufsbetrachtung nur insoweit (wie nach § 19 I 1 Nr. 2 AuslG 1990), als die Verlängerung im Härtefall nicht erfolgt, wenn für den Ausländer die Verlängerung der Aufenthaltserlaubnis ausgeschlossen ist. Ansonsten ist die Verselbstständigung nicht in der Weise eingeschränkt, dass trotz Beendigung der Akzessorietät eine gewisse Abhängigkeit erhalten bleibt[128].

81 Nirgends ist im Gesetz zum Ausdruck gelangt, dass dem eigenständigen Aufenthaltsrecht des Ehegatten nur die **Funktion** einer Vertrauensschutzklausel zukommt und es durch den hypothetischen Verlauf des aufenthaltsrechtlichen Schicksals des Ausländers streng begrenzt wird. Nur für den Härtefall ist eine teilweise fortwirkende Abhängigkeit zum Ausdruck gebracht. Dabei hätte es nahe gelegen, bei der Aufenthaltserlaubnis des Ausländers nach dem Aufenthaltszweck zu unterscheiden, wie zB in § 29 II–IV oder den 2. Hs. in S. 1 des Abs. 2 in Abs. 1 einzufügen, um dessen allgemeine Anwendbarkeit zu gewährleisten. Die drei Tatbestände (Drei-Jahres-Frist, Tod des Ausländers und besondere Härte) beschreiben ganz unterschiedliche Fälle von Schutzbedürftigkeit. Der Grad der Integration und die Chance eines Daueraufenthalts sind dafür unerheblich. Daher kann von der Verlängerung nicht diejenige ehebezogene Aufenthaltserlaubnis ausgenommen werden, die auf einer Aufenthaltserlaubnis des Stammberechtigten beruht, die der Verlängerung auf Dauer nicht zugänglich ist.

8. Regelerteilungsvoraussetzungen

82 Die eigenständige eheunabhängige Aufenthaltserlaubnis kann über die Dauer eines Jahres hinaus verlängert werden, solange die Voraussetzungen für die Erteilung der Niederlassungserlaubnis nicht vorliegen. Diese spezielle Regelung für ein weiteres eigenständiges Aufenthaltsrecht setzt gem. § 8 I iVm § 5 für den Regelfall die Erfüllung der allgemeinen Erteilungsvoraussetzungen voraus, wozu anders als bei erstmaliger Verlängerung der Aufenthaltserlaubnis nach § 31 IV 1 gemäß § 5 I Nr. 1 die Sicherung des Lebensunterhalts zählt[129].

83 Auch die Regelerteilungsvoraussetzung des § 5 I Nr. 2 findet iRd § 31 Anwendung[130]. Sie wird nicht durch die Spezialregelung in § 27 III 2 ersetzt, die in Fällen des § 5 I Nr. 2 eine Ermessensentscheidung verlangt. § 27, der keine eigenständige Rechtsgrundlage für die Erteilung einer Aufenthaltserlaubnis enthält, sondern für die Auslegung und Anwendung des 6. Abschnitts („Aufenthalt aus familiären Gründen") zu berücksichtigende Grundzüge bezeichnet, erstreckt sich hinsichtlich der Sonderregelung in Abs. 3 S. 2 nur auf Aufenthaltstitel, die der Familienzusammenführung dienen. Nach seinem Wortlaut erstreckt sich Abs. 3 ausdrücklich auf den Familiennachzug, nicht aber auf davon unabhängige eigenständige Aufenthaltsrechte. Verstärkt wird diese Auffassung durch eine Formulierung in den Gesetzesmaterialien, der zufolge sich nach Ablauf der erstmalig eigenständig erteilten Aufenthaltserlaubnis deren Verlängerung nach den allgemeinen Voraussetzungen zu richten hat[131].

84 Für Nachzugsfälle, die unter die **Familienzusammenführungs-RL** fallen, ist zu beachten, dass der Ausweisungsgrund die gemeinschaftsrechtlichen Anforderungen des Art. 6 und 17 Familienzusammenführungs-RL erfüllen muss[132]. Art. 6 I Familienzusammenführungs-RL enthält eine Regelung, nach der die Mitgliedstaaten einen Antrag auf Einreise und Aufenthalt eines Familienangehörigen aus Gründen der öffentlichen Ordnung, der öffentlichen Sicherheit oder öffentlichen Gesundheit ablehnen können. Abs. 2 der Bestimmung sieht unter den gleichen Voraussetzungen die Möglichkeit für die Mitgliedstaaten vor, den Aufenthaltstitel eines Familienangehörigen zu entziehen oder dessen Verlängerung abzulehnen. Bei dieser Bestimmung handelt es sich selbst nicht um eine Rechtsgrundlage, auf die eine Ablehnungsentscheidung gestützt werden kann, sondern um die Konkretisierung der Eingriffsvoraussetzungen für eine im nationalen Recht des jeweiligen Mitgliedstaates enthaltene Ermächtigungsnorm. Insoweit ist aufgrund des Gesetzesvorbehalts das nationale Recht bei der Entscheidung über die Ablehnung, die Entziehung oder Ablehnung der Verlängerung eines Aufenthaltstitels heranzuziehen und zu beachten.

---

[128] Vgl. auch die ausschließlich auf den Härtefall nach Abs. 2 abzielende Begründung des Gesetzesentwurfs in BT-Drs. 15/420, 82.
[129] Vgl. OVG NRW Beschl. v. 14.9.2007 – 18 E 881/07; OVG Bln-Bbg Beschl. v. 28.2.2006 – 11 S 13.06; sowie NdsOVG Beschl. v. 8.2.2007 – 4 ME 49/07, AuAS 2007, 62; OVG Bln-Bbg Beschl. v. 25.2.2016 – OVG 11 S 8.16 Rn. 4; BT-Drs. 15/420, 83.
[130] Zu dieser Frage OVG NRW Beschl. v. 14.9.2007 – 18 E 881/07.
[131] BT-Drs. 15/420, 83.
[132] Einzelheiten bei § 27.

IV. Rechtsfolgen

1. Verlängerung der Aufenthaltserlaubnis

Grundsätzlich wird die **Verselbstständigung** des Aufenthaltsrechts des Ehegatten durch Verlängerung der Aufenthaltserlaubnis für ein Jahr verwirklicht. Dabei ist zugrunde gelegt, dass die ehebezogene Aufenthaltserlaubnis mit Aufhebung der ehelichen Lebensgemeinschaft ihre materielle Grundlage verliert, aber je nach Ausstellungsmodus formell noch eine gewisse Zeit lang fort gilt. Materiell gesehen kann der weitere Aufenthalt nur mit einer sofortigen Verlängerung nach Aufhebung der ehelichen Lebensgemeinschaft legalisiert werden. Formell genügt die Verlängerung nach Ablauf der ehebezogenen Aufenthaltserlaubnis, falls die Ausländerbehörde nicht deren Geltung nachträglich (kürzer) befristet. Anders stellte sich die Rechtslage nur dann dar, wenn die Verselbstständigung kraft Gesetzes einträte, also ohne Antrag und sofort und damit keine materielle Lücke entstünde. Hierfür könnte der Wortlaut von Abs. 1 S. 1 („wird im Falle der Aufhebung ... als eigenständiges ... verlängert") sprechen. Einen gesetzlichen Übergang hätte der Gesetzgeber aber anders formulieren können wie zB in § 32 II betreffend den Eintritt der Volljährigkeit eines Kindes („wird ... zu einem eigenständigen ... Aufenthaltsrecht").

85

Während bei Erfüllung der ersten beiden Tatbestände keine weitere Prüfung der Notwendigkeit der Verlängerung erfolgt, ist im Härtefall die Feststellung verlangt, dass die Zulassung des weiteren Aufenthalts zur Vermeidung der besonderen Härte erforderlich ist. Das ist nur vorausgesetzt, dass eine andere Entscheidung als die Verlängerung unvertretbar wäre, dass sich also die Verlängerung als die einzige verantwortbare Lösung darstellt. Notwendig bleibt allerdings die Prüfung, ob die zu erwartende besondere Härte **nicht anders zu vermeiden** und die Verlängerung der Aufenthaltserlaubnis für den angestrebten Zweck **geeignet** ist. Zwar sind in diesem Zusammenhang nicht nochmals die Härtegründe auf ihr aufenthaltsrechtliches Gewicht hin zu untersuchen. Zu ermitteln bleibt aber vor allem, ob der festgestellten Härte mit anderen Mitteln begegnet werden kann. Im zweiten Härtefall wird sich diese Prüfung allerdings deswegen erledigen, weil der Verlängerungsanspruch allein auf Beeinträchtigungen in der Vergangenheit beruht. Dagegen können im ersten Härtefall die drohenden Beeinträchtigungen unter Umständen auch auf andere Weise vermieden werden.

86

Da die zu erwartenden Schwierigkeiten die Verlängerung der Aufenthaltserlaubnis erforderlich machen müssen, scheiden **Umstände** aus, die nur **kurzzeitig** wirken und denen zB durch eine Duldung Rechnung getragen werden kann. Dagegen können Abschiebungshindernisse und Duldungsgründe, die wegen der Eheauflösung im Zusammenhang mit der Ausreiseverpflichtung drohen, in diesem Zusammenhang auch dann Beachtung finden, wenn sie auf anderen Umständen beruhen. Falls der Ehegatte die Voraussetzungen für eine andere Aufenthaltserlaubnis erfüllt, ist festzustellen, ob diese der Aufenthaltserlaubnis nach § 31 zumindest gleichwertig ist.

87

2. Ausschluss der Verlängerung der Aufenthaltserlaubnis

Die eigenständige **Verlängerung** der Aufenthaltserlaubnis des Ehegatten ist in Fällen der besonderen Härte dann **unzulässig**, wenn die Verlängerung der Aufenthaltserlaubnis des Ausländers ausgeschlossen ist. Damit ist die eigenständige Aufenthaltsrecht des Ehegatten stärker als in § 19 I 1 Nr. 2 AuslG 1990, wonach für den Ausländer die Erteilung einer unbefristeten Aufenthaltserlaubnis – nicht die Verlängerung der Aufenthaltserlaubnis – ausgeschlossen sein musste, weiter an die Aufenthaltserlaubnis des Stammberechtigten gekoppelt. Diese zum Teil fortwirkende Akzessorietät gilt aufgrund der ausdrücklichen Bestimmung in Abs. 2 S. 1 aE nur für Härtefälle, nicht allgemein auch für die beiden ersten Fallkonstellationen[133]. Die Abhängigkeit besteht nicht, wenn der Zusammenführende die deutsche Staatsangehörigkeit oder eine Niederlassungserlaubnis besitzen sollte.

88

Der Grund für die fortwirkende Abhängigkeit von dem aufenthaltsrechtlichen Schicksal des Zusammenführenden ist darin zu sehen, dass der Ehegatte durch die Auflösung der Ehegemeinschaft **nicht bessergestellt** werden soll als bei fortbestehender Ehe. Andererseits ist § 31 in seiner Funktion nicht auf bloßen Vertrauensschutz beschränkt[134], sondern zieht die Folgerungen aus drohenden oder eingetretenen Schutzgutverletzungen und kann sich daher nicht darauf beschränken, den künftigen Aufenthaltsstatus beider Ehegatten genauso zu gestalten wie bei Fortdauer der ehelichen Beziehungen. Verhindert werden soll nur ein mit der Verselbstständigung ermöglichter Daueraufenthalt, der sonst unter keinen Umständen hätte erreicht werden können[135]. Dabei wird in Kauf genommen, dass der Ehegatte trotz erlittener oder drohender Beeinträchtigungen nur deswegen in die Heimat zurückkehren muss, weil er bei fortbestehender Ehe ebenfalls zur Rückkehr verpflichtet gewesen wäre, allerdings ohne diese Verletzungen oder Gefährdungen seiner schutzwürdigen Belange. Hinzu kommt, dass die Verwirklichung von Ausweisungstatbeständen gerade bei schweren und zur Trennung führen-

89

---
[133] → Rn. 27 f.
[134] Dazu → Rn. 28.
[135] Vgl. dazu HessVGH Beschl. v. 5.4.2000 – 12 TG 43/00, EZAR 023 Nr. 18.

1 AufenthG § 31

den Zerwürfnissen in der Ehe nicht ungewöhnlich ist, dass aber die Verlängerung für den Ausländer in der Regel ausgeschlossen ist, wenn bei ihm ein Ausweisungsgrund vorliegt (§§ 5 I 1 Nr. 2, 8 I). Es ist nicht nur unbefriedigend, sondern **kaum nachvollziehbar,** wenn das selbstständige Aufenthaltsrecht des Ehegatten, der von schweren (strafbaren) Gewalttätigkeiten des Ausländers während der Ehe betroffen ist, nicht gewährleistet ist[136].

90 Welche **ratio legis** der Ausschlussklausel zugrunde liegt, ist nur schwer festzustellen. Sie erschließt sich weder aus dem Gesetzeswortlaut noch aus der Begründung der Gesetzesentwürfe. Zunächst war 1996 ausgeführt, die Einschränkung betreffe nicht den Fall, dass der Ausländer während oder nach Aufhebung der ehelichen Lebensgemeinschaft Straftaten begehe, denn durch solche Taten solle der nachgezogene Ehegatte bei der Entscheidung über sein eigenständiges Aufenthaltsrecht nicht benachteiligt werden[137]. Im Jahre 2003 wurde auf §§ 10 II, 19 I 1 Nr. 2 AuslG Bezug genommen und ausgeführt, an die Stelle des bisher nach § 10 II AuslG vorgesehenen Ausschlusses einer unbefristeten Aufenthaltserlaubnis trete nun nach § 8 II die Möglichkeit, eine Verlängerung der Aufenthaltserlaubnis auszuschließen. Die Härtefallregelung sei an diese Änderung angepasst worden und nehme daher auf die Verlängerbarkeit der Aufenthaltserlaubnis Bezug[138]. Beiden Erklärungen ist die Absicht gemeinsam, das eigenständige Aufenthaltsrecht nur dann zu versagen, wenn die Aufenthaltserlaubnis des Ausländers aufgrund einer normativen zeitlichen Begrenzung oder einer auf den Aufenthaltszweck gestützten Verfügung nicht verlängert werden darf. Vor oder nach der Aufhebung der Ehegemeinschaft entstandene Hinderungsgründe in der Person des Ausländers (ua Ausweisungsgründe) sollen nicht auf den Ehegatten durchschlagen. Wenn der Begriff des Ausschlusses der Verlängerung diesem gesetzgeberischen Willen entsprechend interpretiert wird, können die oben genannten Bedenken[139] zum größten Teil ausgeräumt werden.

91 Ob die Verlängerung der Aufenthaltserlaubnis für den Ausländer **ausgeschlossen** ist, muss nach diesen Vorgaben anhand der Verhältnisse im Einzelfall festgestellt werden. Eigentlich müsste dabei auf den Zeitpunkt der Aufhebung der ehelichen Lebensgemeinschaft abgestellt werden, weil damit die Verselbstständigung eintritt und aus dieser Sicht der hypothetische Verlauf des Aufenthaltsrechts beider Ehegatten prognostiziert werden sollte. Da die Aufenthaltserlaubnis des Stammberechtigten aber durch die Aufhebung der ehelichen Lebensgemeinschaft nicht berührt wird, kommt es auf den Zeitpunkt an, in dem die Geltungsdauer der Aufenthaltserlaubnis des Ausländers – und in der Regel auch des Ehegatten – abläuft. Ausgeschlossen ist die Verlängerung der Aufenthaltserlaubnis des Ausländers, wenn die Aufenthaltserlaubnis entsprechend ihrem vorläufigen Charakter aufgrund einer Anordnung durch die Ausländerbehörde nach § 8 II oder aufgrund einer normativen Bestimmung (zB §§ 18, 26 BeschV) nicht verlängert werden darf. Ausgeschlossen ist die Verlängerung nicht, wenn die Aufenthaltserlaubnis nur wegen der individuellen Verhältnisse des Ausländers nicht verlängert werden kann, weil die allgemeinen Voraussetzungen des § 5, vor allem das Fehlen von Ausweisungsgründen oder die für seinen Aufenthaltszweck geltenden besonderen Voraussetzungen in seiner Person, nicht mehr vorliegen (§ 8 I)[140].

3. Versagung der Verlängerung bei Missbrauch

92 Im Wege des Ermessens kann dem Ehegatten zur Vermeidung von Missbrauch die Aufenthaltserlaubnis bei **Hilfebedürftigkeit** (Leistungen nach SGB II oder XII) versagt werden. Damit ist eine Ausnahme von der Regel zugelassen, dass der Bezug von Leistungen dieser Art im ersten Jahr der Verlängerung nicht entgegensteht (Abs. 4 S. 1). Die Leistungen brauchen nicht bereits in Anspruch genommen zu sein, sie müssen nur zum Lebensunterhalt erforderlich sein. Außerdem muss objektiv ein Missbrauch zu befürchten sein, der subjektiv zu vertreten, also beabsichtigt oder zumindest in Kauf genommen ist. Im Rahmen des Ermessens sind vor allem Art und Schwere der Beeinträchtigungen während der Ehe und der Folgen der Trennung sowie Gründe und voraussichtliche Dauer der Mittellosigkeit mit dem öffentlichen Interesse an der Schonung der Sozialkassen abzuwägen.

4. Verlängerung aufgrund Anspruchs und nach Ermessen

93 Auf die Verlängerung der Aufenthaltserlaubnis als selbstständiges Aufenthaltsrecht nach Scheitern oder Beendigung der Ehe durch Tod für ein Jahr[141] besteht bei Erfüllung der oben genannten Voraussetzungen der Abs. 1 oder 2 ein **Rechtsanspruch.** Das Bestehen einer Aufenthaltserlaubnis nach § 31 I ist Voraussetzung für eine darauf aufbauende **Verlängerung im Ermessenswege** nach § 31 IV 2[142].

---

[136] Dazu HessVGH Beschl. v. 5.4.2000 – 12 TG 43/00, EZAR 023 Nr. 18; *Glosse* ZAR 1999, 46.
[137] BT-Drs. 13/4948, 8.
[138] BT-Drs. 15/420, 82.
[139] → Rn. 33.
[140] Ebenso *Hailbronner* AufenthG § 31 Rn. 32f.
[141] Zum Zeitpunkt der Verlängerung OVG NRW Beschl. v. 1.2.2000 – 18 B 1120/99, EZAR 023 Nr. 17.
[142] BVerwG Urt. v. 22.6.2011 – 1 C 5.10, BVerwGE 140, 64 Rn. 13.

Eigenständiges Aufenthaltsrecht der Ehegatten § 31 AufenthG 1

Nach § 8 I iVm § 31 IV 2 kann eine dem ausländischen Ehegatten eines Deutschen zum Zwecke 94 des Familiennachzugs erteilte Aufenthaltserlaubnis auch nach der erstmaligen, auf ein Jahr befristeten Verlängerung (§ 31 I 1) erneut und ggf. auch mehrfach verlängert werden, wenn die Verlängerung rechtzeitig vor Ablauf der Gültigkeitsdauer der (vorangegangenen) Verlängerung beantragt worden ist[143].

Maßgeblicher Zeitpunkt für die Entscheidung über die Verlängerung einer Aufenthaltserlaubnis 95 gem. § 31 IV 2 ist die Sach- und Rechtslage im Zeitpunkt der letzten mündlichen Verhandlung vor dem Tatsachengericht[144].

Der Ehegatte muss bei der **ersten Verlängerung** nach § 31 IV 1 die Voraussetzungen des § 5 **mit** 96 **Ausnahme der Sicherung des Lebensunterhalts** erfüllen, denn der Bezug von Leistungen nach SGB II oder XII steht der Verlängerung um ein Jahr nicht entgegen, weil der Ehegatte uU während der Ehe auf eine eigene Unterhaltssicherung nicht angewiesen war. Die Verlängerung ist aber in der Regel bei Vorliegen eines Ausweisungsgrunds[145] in der Person des Ehegatten zu versagen (§ 19 III AuslG: nach Ermessen). In aller Regel werden aber die tatsächlichen Umstände, die nach Abs. 1 und 2 ein eigenständiges Aufenthaltsrecht des Ehegatten begründen, auch die Annahme einer atypischen Fallkonstellation rechtfertigen[146]. Dabei ist auch zu ermitteln, ob der Ausweisungsgrund noch aktuell verwertbar ist und welches Gewicht ihm im Vergleich zu den Beeinträchtigungen zukommt, die der Ehegatten entweder erlitten oder bei einer Rückkehr zu befürchten hat.

Nach Ablauf des ersten Verlängerungsjahres muss der Ehegatte eine eigene wirtschaftliche 97 **Existenz gefunden haben**[147]; die weitere Verlängerung steht nämlich im Ermessen der Behörde und unterliegt unbeschränkt den Regelerteilungsgründen des § 5; unter Umständen ist aber eine Ausnahme gerechtfertigt. Sie erfolgt so lange befristet, bis die Voraussetzungen des Abs. 3 für die Niederlassungserlaubnis vorliegen. Nach § 31 IV 2 AufenthG kann die (eigenständige eheunabhängige) Aufenthaltserlaubnis über die Dauer eines Jahres hinaus verlängert werden, solange die Voraussetzungen für die Erteilung der Niederlassungserlaubnis nicht vorliegen. Diese spezielle Regelung für ein weiteres eigenständiges Aufenthaltsrecht setzt gem. § 8 I iVm § 5 für den Regelfall die Erfüllung der allgemeinen Erteilungsvoraussetzungen voraus, wozu anders als bei erstmaliger Verlängerung der Aufenthaltserlaubnis nach § 31 IV 1 gem. § 5 I Nr. 1 die Sicherung des Lebensunterhalts zählt[148].

Kann der Ausländer seinen Lebensunterhalt nur deshalb nicht sichern, weil die Ausländerbehörde 98 ihm die Möglichkeit der Integration in den Arbeitsmarkt erschwert hat, weil sie ihm zB nur eine Fiktionsbescheinigung und keine Aufenthaltserlaubnis nach § 31 IV 1 über die Dauer von einem Jahr erteilt hat, so ist dieser Umstand im Rahmen des Ermessens zu berücksichtigen. Dies gilt insbesondere, wenn der Zugang zum Arbeitsmarkt Beschränkungen unterworfen war, die mit einem Aufenthaltsrecht nach § 31 I 1 nicht bestanden hätten.

Ist ein Ausländer, der nach Aufhebung der ehelichen Lebensgemeinschaft rechtzeitig die Verlänge- 99 rung der Aufenthaltserlaubnis beantragt hat, **aufgrund – rechtswidriger – Ablehnung des Verlängerungsantrags rechtlich gehindert, im Jahr nach Ablauf der ehebezogenen Aufenthaltserlaubnis eine eigenständige wirtschaftliche Existenz zu begründen,** so kann für die Folgezeit ein Ausnahmefall vom Regelerteilungserfordernis, den Lebensunterhalt eigenständig zu sichern, vorliegen[149]. Bei der Prüfung, ob ein Ausnahmefall vorliegt, kann in Anlehnung an § 31 II 4 auch darauf gesehen werden, ob der Ausländer bereits während der Restlaufzeit der ehebezogenen Aufenthaltserlaubnis Bemühungen um eine eigenständige Lebensunterhaltssicherung entfaltet hat[150].

Allerdings kann hierbei nicht schematisch allein auf die Umstände im unmittelbar auf den Ablauf der 100 ursprünglichen Aufenthaltserlaubnis folgenden Jahr abgestellt werden[151]. Eine ehebezogene Aufenthaltserlaubnis wandelt sich weder von sich aus mit dem Ende der ehelichen Lebensgemeinschaft in eine eigenständige Aufenthaltserlaubnis um noch entsteht bereits zu diesem Zeitpunkt der Anspruch nach § 31 I; vielmehr entsteht dieser erst mit dem Ablauf des ehebezogenen Aufenthaltstitels und setzt einen darauf gerichteten Antrag voraus. Die Zeitdauer, in der die ehebezogene Aufenthaltserlaubnis nach endgültiger Trennung der Eheleute noch fortgilt (soweit sie nicht nach § 7 II 2 nachträglich befristet wird), kann somit im Einzelfall durchaus erheblich sein. In dieser „Restlaufzeit" ist der Ehegatte berechtigt, eine Erwerbstätigkeit auszuüben (§ 27 V) und hat somit grundsätzlich die Möglichkeit, sich bereits in dieser Zeit um eine Beschäftigung zu bemühen. Zwar ist der Ehegatte ausländerrechtlich

---

[143] OVG Bln-Bbg Urt. v. 31.5.2018 – OVG 11 B 18.16 Rn. 19.
[144] OVG Bln-Bbg Urt. v. 31.5.2018 – OVG 11 B 18.16 Rn. 22 ff.; aA OVG NRW Beschl. v. 9.12.2013 – 18 B 267/13 Rn. 16.
[145] Dazu → § 5.
[146] Dazu → § 5.
[147] OVG Bln-Bbg Urt. v. 31.5.2018 – OVG 11 B 18.16 Rn. 19; SächsOVG Beschl. v. 18.5.2017 – 3 B 297/16 Rn. 6.
[148] Vgl. OVG NRW Beschl. v. 14.9.2007 – 18 E 881/07; OVG Bln-Bbg Beschl. v. 28.2.2006 – 11 S 13.06; sowie NdsOVG Beschl. v. 8.2.2007 – 4 ME 49/07, AuAS 2007, 62; BT-Drs. 15/420, 83.
[149] HmbOVG Beschl. v. 16.11.2017 – 1 Bs 230/17 Rn. 29.
[150] HmbOVG Beschl. v. 16.11.2017 – 1 Bs 230/17 Rn. 29.
[151] HmbOVG Beschl. v. 16.11.2017 – 1 Bs 230/17 Rn. 29.

hierzu nicht verpflichtet, **doch kann vorwerfbares Verhalten insoweit bereits im ersten Jahr nach dem Ende der ehebezogenen Aufenthaltserlaubnis durch eine Versagung der Verlängerung sanktioniert werden** (§ 31 IV 1 iVm II 4)[152]. Dieser Gedanke kann dementsprechend für die nachfolgende Zeit auf die Prüfung übertragen werden, ob ein Ausnahmefall von der Regel des § 5 I Nr. 1 vorliegt[153].

101 Gemäß § 8 I iVm § 31 IV 2 kann eine dem ausländischen Ehegatten zum Zwecke des Familiennachzugs erteilte Aufenthaltserlaubnis auch nach der erstmaligen, auf ein Jahr befristeten Verlängerung (gem. § 31 I 1) erneut und ggf. auch mehrfach verlängert werden, wenn die Verlängerung rechtzeitig vor Ablauf der Gültigkeitsdauer der (vorangegangenen) Verlängerung beantragt worden ist[154] und die sich aus § 5 ergebenden allgemeinen Erteilungsvoraussetzungen vorliegen. Die Verlängerung eines zum Zweck des Familiennachzugs unabhängigen Aufenthaltsrechts für ein Jahr bei fehlender Lebensunterhaltssicherung ist nur in dem Jahr nach Aufhebung der ehelichen Lebensgemeinschaft möglich[155]. Im Rahmen der Atypikprüfung des § 5 I Nr. 1 ist insbesondere bei alleinerziehenden Müttern mit minderjährigen Kindern zu beachten, dass diese ua über einen Zuschlag für Alleinerziehende nach § 21 III SGB II finanziell begünstigt werden, was faktisch zu einer Verschärfung der Erteilungsvoraussetzung der Lebensunterhaltssicherung führt.

102 Nach § 31 IV 2 kann die Aufenthaltserlaubnis nach § 31 I verlängert werden, solange die Voraussetzungen für die Erteilung der Niederlassungserlaubnis oder Erlaubnis zum Daueraufenthalt-EU nicht vorliegen. Die Erteilung dieser nach Ablauf der erstmalig eigenständig erteilten Aufenthaltserlaubnis erforderlichen Verlängerung unterliegt regelmäßig vorbehaltlich atypischer Fälle den allgemeinen Erteilungsvoraussetzungen des § 5[156]. **Nur wenn auch die allgemeinen Erteilungsvoraussetzungen erfüllt sind, kann eine Ermessensentscheidung der Behörde ergehen**[157].

5. Erteilung der Niederlassungserlaubnis

103 Auf die Erteilung der Niederlassungserlaubnis hat der Ehegatte nach Abs. 3 ebenfalls einen **Rechtsanspruch.** Er soll damit auch insoweit dem Ausländer gleichgestellt werden. Der Ausländer muss eine Niederlassungserlaubnis besitzen und der Unterhalt des Ehegatten durch Eigenmittel des Ausländers gesichert sein, wobei dieser zum Unterhalt nicht nur imstande, sondern auch bereit sein muss[158]. Der Lebensunterhalt muss durch Unterhaltsleistungen aus eigenen Mitteln des Ausländers, also ohne Inanspruchnahme öffentlicher Zahlungen, gedeckt sein. Es läuft scheinbar dem Zweck der Verselbstständigung zuwider, dass die Unterhaltssicherung durch den Ehegatten selbst nicht genügte[159]. Damit soll aber wohl nur die Akzessorietät hypothetisch fortgesetzt und jede Besserstellung nach Eheaufhebung vermieden werden. Die Voraussetzungen des § 9 sind mit Ausnahme von Abs. 2 S. 1 Nr. 3, 5 und 6 einzuhalten. Damit ist dem Umstand Rechnung getragen, dass Ehefrauen oft während der Ehe nicht berufstätig sind.

V. Rechtsschutz

104 Der für die gerichtliche Prüfung des eigenständigen Aufenthaltsrechts **maßgebliche Zeitpunkt** bestimmt sich nach den für Verpflichtungsklagen auf Erteilung oder Verlängerung eines Aufenthaltstitels geltenden Regeln. Danach kommt es grundsätzlich auf die Sach- und Rechtslage zum Zeitpunkt der letzten mündlichen Verhandlung oder Entscheidung der Tatsacheninstanz an, und zwar sowohl hinsichtlich der gesetzlichen Anspruchsvoraussetzungen als auch hinsichtlich einer behördlichen Ermessensentscheidung[160].

105 Etwas anderes gilt allerdings dann, wenn besondere Gründe des anzuwendenden materiellen Rechts es gebieten, auf einen früheren Zeitpunkt abzustellen. Dies ist bei einer eigenständigen Aufenthaltserlaubnis nach § 31 I iVm II der Fall, da diese im Anschluss an die eheabhängige Aufenthaltserlaubnis (nur) für ein Jahr beansprucht werden kann, während danach die Verlängerung der Aufenthaltserlaubnis im Ermessen der Behörde steht (§ 31 IV 2). Da ein eigenständiges Aufenthaltsrecht nach § 31 I iVm II damit allenfalls für einen vergangenen Zeitraum bestehen kann, kommt es insoweit jedenfalls hinsichtlich der Sachlage zwangsläufig auf die damaligen Umstände an.

---

[152] HmbOVG Beschl. v. 16.11.2017 – 1 Bs 230/17 Rn. 29.
[153] HmbOVG Beschl. v. 16.11.2017 – 1 Bs 230/17 Rn. 29.
[154] SächsOVG Beschl. v. 25.9.2021 – 3 A 408/21 Rn. 16; BVerwG Urt. v. 22.6.2011 – 1 C 5.10 Rn. 14.
[155] SächsOVG Beschl. v. 25.9.2021 – 3 A 408/21 Rn. 16, Beschl. v. 18.11.2013 – 3 B 331/13 Rn. 6.
[156] SächsOVG Beschl. v. 25.9.2021 – 3 A 408/21 Rn. 16, Beschl. v. 18.5.2017 – 3 B 297/16 Rn. 5.
[157] SächsOVG Beschl. v. 25.9.2021 – 3 A 408/21 Rn. 16.
[158] HessVGH Urt. v. 16.2.2004 – 12 UE 2675/03, EZAR 023 Nr. 34.
[159] So auch *Hailbronner* AufenthG § 31 Rn. 39.
[160] BVerwG Urt. v. 9.6.2009 – 1 C 11.09, ZAR 2009, 349; Urt. v. 7.4.2009 – 1 C 17.08.

§ 32 Kindernachzug

(1) Dem minderjährigen ledigen Kind eines Ausländers ist eine Aufenthaltserlaubnis zu erteilen, wenn beide Eltern oder der allein personensorgeberechtigte Elternteil einen der folgenden Aufenthaltstitel besitzt:
1. Aufenthaltserlaubnis nach § 7 Absatz 1 Satz 3 oder nach Abschnitt 3 oder 4,
2. Aufenthaltserlaubnis nach § 25 Absatz 1 oder Absatz 2 Satz 1 erste Alternative,
3. Aufenthaltserlaubnis nach § 28, § 30, § 31, § 36 oder § 36a,
4. Aufenthaltserlaubnis nach den übrigen Vorschriften mit Ausnahme einer Aufenthaltserlaubnis nach § 25 Absatz 2 Satz 1 zweite Alternative,
5. Blaue Karte EU, ICT-Karte, Mobiler-ICT-Karte,
6. Niederlassungserlaubnis oder
7. Erlaubnis zum Daueraufenthalt – EU.

(2) ¹Hat das minderjährige ledige Kind bereits das 16. Lebensjahr vollendet und verlegt es seinen Lebensmittelpunkt nicht zusammen mit seinen Eltern oder dem allein personensorgeberechtigten Elternteil in das Bundesgebiet, gilt Absatz 1 nur, wenn es die deutsche Sprache beherrscht oder gewährleistet erscheint, dass es sich auf Grund seiner bisherigen Ausbildung und Lebensverhältnisse in die Lebensverhältnisse in der Bundesrepublik Deutschland einfügen kann. ²Satz 1 gilt nicht, wenn
1. der Ausländer eine Aufenthaltserlaubnis nach § 23 Absatz 4, § 25 Absatz 1 oder 2, eine Niederlassungserlaubnis nach § 26 Absatz 3 oder nach Erteilung einer Aufenthaltserlaubnis nach § 25 Absatz 2 Satz 1 zweite Alternative eine Niederlassungserlaubnis nach § 26 Absatz 4 besitzt oder
2. der Ausländer oder sein mit ihm in familiärer Lebensgemeinschaft lebender Ehegatte eine Niederlassungserlaubnis nach § 18c Absatz 3, eine Blaue Karte EU, eine ICT-Karte oder eine Mobiler-ICT-Karte oder eine Aufenthaltserlaubnis nach § 18d oder § 18f besitzt.

(3) Bei gemeinsamem Sorgerecht soll eine Aufenthaltserlaubnis nach den Absätzen 1 und 2 auch zum Nachzug zu nur einem sorgeberechtigten Elternteil erteilt werden, wenn der andere Elternteil sein Einverständnis mit dem Aufenthalt des Kindes im Bundesgebiet erklärt hat oder eine entsprechende rechtsverbindliche Entscheidung einer zuständigen Stelle vorliegt.

(4) ¹Im Übrigen kann dem minderjährigen ledigen Kind eines Ausländers eine Aufenthaltserlaubnis erteilt werden, wenn es auf Grund der Umstände des Einzelfalls zur Vermeidung einer besonderen Härte erforderlich ist. ²Hierbei sind das Kindeswohl und die familiäre Situation zu berücksichtigen. ³Für minderjährige ledige Kinder von Ausländern, die eine Aufenthaltserlaubnis nach § 25 Absatz 2 Satz 1 zweite Alternative besitzen, gilt § 36a.

(5) ¹Hält sich der Ausländer gemäß § 18e berechtigt im Bundesgebiet auf, so bedarf das minderjährige ledige Kind keines Aufenthaltstitels, wenn nachgewiesen wird, dass sich das Kind in dem anderen Mitgliedstaat der Europäischen Union rechtmäßig als Angehöriger des Ausländers aufgehalten hat. ²Die Voraussetzungen nach § 18e Absatz 1 Satz 1 Nummer 1, 3 und 4 und Absatz 6 Satz 1 und die Ablehnungsgründe nach § 19f gelten für das minderjährige Kind entsprechend.

Allgemeine Verwaltungsvorschrift
32 Zu § 32 – Kindernachzug
32.0 Allgemeines
32.0.1 Der Nachzug setzt in allen Fällen des § 32 voraus, dass das Kind nicht verheiratet, geschieden oder verwitwet ist und das 18. Lebensjahr noch nicht vollendet hat (vgl. § 80 Absatz 3 Satz 1; hiervon abweichende Volljährigkeitsgrenzen nach dem Recht der Herkunftsstaaten sind unerheblich). Darüber hinaus kommt ein Kindernachzug nur nach § 36 Absatz 2 in Fällen einer außergewöhnlichen Härte im Ermessenswege in Betracht. Für die Berechnung der Altersgrenzen maßgeblich ist der Zeitpunkt der Antragstellung, nicht derjenige der Erteilung oder der Möglichkeit einer Erteilung im Falle einer Antragstellung, die tatsächlich nicht erfolgte. Es müssen die Voraussetzungen der für dieses Alter maßgeblichen Rechtsgrundlage geprüft werden. Im Anschluss kann bei mittlerweile eingetretener Volljährigkeit der Titel auch nach Maßgabe des § 34 Absatz 2 verlängert werden.
32.0.2.1 Die Geltungsdauer der Aufenthaltserlaubnis darf die Geltungsdauer der Aufenthaltserlaubnis beider Eltern oder, wenn das Kind nur zu einem Elternteil nachzieht, die Geltungsdauer der Aufenthaltserlaubnis dieses Elternteils nicht überschreiten (siehe Nummer 27.1.3 und 27.4). Besitzt ein Elternteil eine Niederlassungserlaubnis, soll die Aufenthaltserlaubnis für das Kind bis zur Vollendung des 16. Lebensjahres erteilt werden. Anschließend findet § 35 Absatz 1 Satz 1 für die Erteilung einer Niederlassungserlaubnis Anwendung.
32.0.2.2 In den übrigen Fällen ist die Aufenthaltserlaubnis des Kindes in der Weise zu befristen, dass sie gleichzeitig mit der Aufenthaltserlaubnis der Eltern ungültig wird und verlängert werden kann. Hiervon kann abgewichen werden, wenn das Aufenthaltsrecht des Kindes gemäß § 34 ein eigenständiges Recht wird. Diesbezüglich sind auch die Regelungen über die Geltungsdauer und Verlängerung von Aufenthaltserlaubnissen zu beachten (siehe Nummer 27.4).
32.0.3 Der Nachzug zu einem nicht sorgeberechtigten Elternteil, der sich allein in Deutschland aufhält, ist regelmäßig zu versagen, sofern kein Fall des § 32 Absatz 1 Nummer 1 vorliegt. Der nicht sorgeberechtigte Elternteil

ist darauf zu verweisen, dass er zunächst alle geeigneten Möglichkeiten zur Herbeiführung einer alleinigen Personensorgeberechtigung auszuschöpfen hat.

32.0.4 Eine Ausnahme kann in Betracht kommen, wenn eine familiäre Situation vorliegt, in der nach deutschem Kindschaftsrecht eine Personensorgerechtsübertragung möglich wäre (insbes. im Fall des Getrenntlebens bzw. der Scheidung der Eltern), jedoch die Herbeiführung eines alleinigen Personensorgerechts des im Bundesgebiet ansässigen Elternteils entsprechend dem nach § 1626 BGB vorgesehenen Rechteumfang nach der Rechtsordnung oder der Rechtspraxis im Heimatstaat nicht vorgesehen bzw. aussichtslos ist. In diesem Fall ist auf der Rechtsgrundlage des § 32 Absatz 4 im Ermessenswege der Kindernachzug zum nichtsorgeberechtigten Elternteil zulässig, wenn der andere Elternteil dem Kindernachzug zustimmt oder seine Zustimmung nach Nummer 32.4.4.4 entbehrlich ist und nach eingehender Prüfung der Auswirkungen im Herkunftsland und in Deutschland. Maßgeblich sind die im Einzelfall festzustellenden persönlichen und sozialen Beziehungen des Kindes zu den beiden Elternteilen und deren sozialen Umfeld. Zur Kindeswohlprüfung sind geeignete Nachweise zur familiären Kindessituation beizubringen. Die Ausländerbehörde sollte im Zweifel eine Stellungnahme des Jugendamtes einholen.

Liegen diese Voraussetzungen vor, ist bei der Ausübung des Ermessens nach § 32 Absatz 4 auch die in den § 32 Absatz 1 und 2 enthaltene, auf das Kindesalter und die individuelle Integrationsprognose abstellende Gesetzessystematik zu berücksichtigen. Zu beachten ist weiter, dass die geltenden internationalen Kinderschutzabkommen prinzipiell dem Verbleib des Kindes im Herkunftsstaat den Vorzug geben, auch um missbräuchliche Kindesentziehungen zu vermeiden (siehe hierzu auch Nummer 32.4).

32.0.5 Zur Scheinvaterschaft siehe Nummer 27.1 a.1.3 und 79.2. Zu Adoptivkindern siehe die Erläuterungen in Nummer 28.1.2.1 f. Pflegekinder haben kein Nachzugsrecht nach § 32. Möglich ist aber die Erteilung einer Aufenthaltserlaubnis nach Maßgabe des § 36 Absatz 2 (vgl. auch Nummer 27.1.5 und Nummer 36.2.1.2). Bei Stiefkindern, die mit einem leiblichen Elternteil zu dessen Ehegatten nach Deutschland ziehen, ist die Nachzugsmöglichkeit nicht daran geknüpft, dass der Stiefvater/die Stiefmutter das Stiefkind adoptiert. Dies gilt auch, wenn die Stiefkinder erst später nachziehen. Der Nachzug findet nicht zu dem Stiefelternteil, sondern dem leiblichen Elternteil aufgrund von dessen Aufenthaltsrecht statt. Da mit dem Stiefelternteil i. d. R. eine Bedarfsgemeinschaft gebildet werden soll, ist im Hinblick auf die Sicherung des Lebensunterhalts auch nicht erforderlich, dass von dem Stiefelternteil eine Verpflichtungserklärung abgegeben wird. Eine Belastung der Sozialsysteme ist aufgrund der Regelung des § 9 Absatz 2 Satz 2 SGB II nicht zu befürchten.

32.0.6 § 32 ist auch auf Kinder anwendbar, die im Bundesgebiet geboren sind (vgl. Nummer 27.1.1).

32.0.7 Für den Einreise- und Aufenthaltszweck der Herstellung einer familiären Lebensgemeinschaft zwischen Adoptionsbewerbern und dem aufzunehmenden Kind (Adoptionspflege) enthält § 6 AdÜbAG eine besondere Rechtsgrundlage. Handelt es sich dabei um einen Fall der Adoption eines Kindes aus einem Nichtvertragsstaat des Haager Übereinkommens zum Schutz von Kindern und die Zusammenarbeit auf dem Gebiet der internationalen Adoption, kann § 6 AdÜbAG dann analoge Anwendung finden, wenn ein Adoptionsvermittlungsvorschlag der Behörden des Herkunftsstaates vorliegt (nicht aber, wenn von seitens des Herkunftsstaates lediglich ein Pflegeverhältnis oder eine Vormundschaft vermittelt werden soll (vgl. hierzu auch Nummer 36.2.1.2).

32.1 Anspruch auf Nachzug von Kindern bis zum 18. Lebensjahr

32.1.1 § 32 Absatz 1 geht als Spezialregelung den Absätzen 2 und 3 vor. Es ist also in diesen Fällen nicht erforderlich, dass auch die Voraussetzungen der Folgeabsätze erfüllt sind.

Das Gesetz bestimmt unterschiedliche Voraussetzungen einerseits für den gemeinsamen Zuzug von Eltern und Kind nach § 32 Absatz 1 Nummer 2 und andererseits für den getrennten Nachzug des Kindes zu den bereits im Bundesgebiet lebenden Eltern nach § 32 Absatz 2 und Absatz 3. Nur im letztgenannten Fall ist die Altergrenze von 16 Jahren von Bedeutung, mit deren Erreichen an den Nachzug des Kindes die erhöhten Integrationsanforderungen nach § 32 Absatz 2 gestellt werden. Einen eigenständigen Anspruch auf Aufenthalt sieht § 32 Absatz 1 Nummer 1 für das Kind von Eltern bzw. eines Elternteils mit Asyl- bzw. Flüchtlingsstatus vor; das in Absatz 1 Nummer 2 genannte Erfordernis der Personensorgeberechtigung ist nach dem Gesetzeswortlaut keine Voraussetzung für das Aufenthaltsrecht des Kindes nach Absatz 1 Nummer 1.

Die nach § 32 gewährten Ansprüche werden nicht dadurch ausgeschlossen, dass bei Ausstellung des Aufenthaltstitels das Erreichen der Altersgrenze bzw. der Volljährigkeit unmittelbar bevorstehen.

32.1.2 Nach Nummer 1 ist Voraussetzung, dass der Ausländer, zu dem der Nachzug erfolgt, entweder eine Aufenthaltserlaubnis als Asylberechtigter oder anerkannter Flüchtling oder eine Niederlassungserlaubnis nach § 26 Absatz 3 besitzt.

32.1.3.1 Eine gemeinsame Verlegung des Lebensmittelpunktes i. S. d. Absatzes 1 Nummer 2 liegt vor, wenn die Familienangehörigen innerhalb eines überschaubaren Zeitraumes, der i. d. R. drei Monate nicht übersteigen darf, jeweils ihren Lebensmittelpunkt in das Bundesgebiet verlegen.

32.1.3.2 Als Verlegung des Lebensmittelpunktes ist die Verlegung des Schwerpunktes der Lebens und Arbeitsbeziehungen und des damit verbundenen Aufenthaltes anzusehen. Maßgeblich sind bei Erwachsenen insb der Arbeitsorte, bei Kindern, Jugendlichen und Studenten die Orte, an denen die Schul- oder Berufsausbildung stattfindet. Die Niederlassung in Deutschland auf unabsehbare Zeit muss hingegen nicht beabsichtigt werden. Aufenthalte, die ihrem Zweck nach auf einen Aufenthalt von einem Jahr oder weniger hinauslaufen, führen i. d. R. nicht zu einer Verlegung des Lebensmittelpunktes, wenn eine Verlängerung des Aufenthaltes im Bundesgebiet über diese Zeit hinaus ausgeschlossen erscheint. In diesen Fällen kommt aber die Erteilung eines Aufenthaltstitels nach Absatz 2 bis 4 in Betracht, wenn die dortigen Voraussetzungen erfüllt sind. Längere, ihrer Natur nach begrenzte Aufenthalte, wie etwa zur Erfüllung eines mehrjährigen befristeten Arbeitsverhältnisses oder zur Ableistung einer mehrjährigen Ausbildung, führen hingegen i. d. R. zur Verlagerung des Lebensmittelpunktes nach Deutschland. Zur Möglichkeit des Nachzugs, wenn der/die Stammberechtigte(n) erst im Besitz eines nationalen Visums ist/sind bzw. zur gleichzeitigen Titelerteilung siehe Nummer 29.1.2.2.

32.1.3.3 Im Zweifel ist von einem Lebensmittelpunkt im Bundesgebiet auszugehen, wenn sich eine Person für mehr als 180 Tage im Jahr in Deutschland gewöhnlich aufhält.

32.1.3.4 Die Beibehaltung einer Wohnung oder eine nur saisonale Berufstätigkeit am bisherigen Ort sind allein genommen unerheblich.

32.1.3.5 Bereits vor der Verlegung muss ein gemeinsamer Lebensmittelpunkt außerhalb des Bundesgebietes bestanden haben.

32.1.3.6 Voraufenthalte einzelner Familienmitglieder im Bundesgebiet oder in anderen Staaten zu Zwecken, die ihrer Natur nach vorübergehend sind oder der Verlegung des Lebensmittelpunktes in das Bundesgebiet dienen, wie etwa zur Wohnungs- oder Arbeitssuche oder zur vorübergehenden Einarbeitung, sind unerheblich.

32.1.3.7 Wird bei der gemeinsamen Verlegung der Zeitraum von drei Monaten aus nachvollziehbaren Gründen durch einzelne Familienmitglieder überschritten – etwa zur Beendigung eines Schuljahres oder eines Ausbildungsabschnittes im Ausland, zur vorübergehenden Fortsetzung eines im Ausland bestehenden Arbeitsverhältnisses bei langen Kündigungsfristen oder für eine längere Urlaubsreise – ist dies ebenfalls unerheblich, sofern das Gesamtbild eines Umzuges der gesamten Familie vom Ausland in das Bundesgebiet gewahrt bleibt.

32.1.3.8 Bei Verzögerungen, die sechs Monate überschreiten, ist nicht von einer gemeinsamen Verlegung des Lebensmittelpunktes auszugehen.

32.2 Anspruch auf Nachzug von Kindern nach Vollendung des 16. Lebensjahres

32.2.1 Wann die Sprache beherrscht wird, ist entsprechend der Definition der Stufe C 1 der kompetenten Sprachanwendung des Gemeinsamen Europäischen Referenzrahmens für Sprachen (GER) zu bestimmen.

32.2.2 Der Nachweis, dass dieser Sprachstand erreicht ist, wird durch eine Bescheinigung einer geeigneten und zuverlässigen in- oder ausländischen Stelle erbracht, die auf Grund einer Sprachstandsprüfung ausgestellt wurde. Die Bescheinigung darf nicht älter sein als ein Jahr. Inländische Stellen, die eine derartige Bescheinigung ausstellen, sollen durch das Bundesamt für Migration und Flüchtlinge für die Ausführung von Sprachkursen zertifizierte Träger sein. Im Inland sind alternativ die Vorgaben aus Nummer 104 b.3.1 entsprechend anzuwenden.

32.2.3 Eine positive Integrationsprognose hängt maßgeblich – jedoch nicht allein – von den Kenntnissen der deutschen Sprache ab.

32.2.4 Voraussetzung nach § 32 Absatz 2, 2. Alternative ist, dass gewährleistet erscheint, das Kind werde sich aufgrund seiner bisherigen Ausbildung und Lebensverhältnisse in die Lebensverhältnisse in der Bundesrepublik Deutschland einfügen. Dies ist im Allgemeinen bei Kindern anzunehmen, die in einem Mitgliedstaat der Europäischen Union oder des Abkommens über den Europäischen Wirtschaftsraum oder in einem sonstigen in § 41 Absatz 1 Satz 1 AufenthV genannten Staat aufgewachsen sind.

32.2.5 Auch bei Kindern, die nachweislich aus einem deutschsprachigen Elternhaus stammen oder die im Ausland nicht nur kurzzeitig eine deutschsprachige Schule besucht haben, ist davon auszugehen, dass sie sich integrieren werden.

32.2.6 Es ist davon auszugehen, dass einem Kind die Integration umso leichter fallen wird, je jünger es ist.

32.2a Kinder von Ausländern mit einer Erlaubnis zum Daueraufenthalt-EG

32.2 a.1 Der Kindernachzug im Fall der Weiterwanderung von langfristig aufenthaltsberechtigten Drittstaatsangehörigen aus einem EU-Mitgliedstaat nach Deutschland findet unter den erleichterten Voraussetzungen des § 32 Absatz 2a i. V. m. § 38a statt, sofern dadurch die bereits bestehende familiäre Lebensgemeinschaft fortgesetzt wird. Einen Nachzugsanspruch haben danach die minderjährigen ledigen Kinder von Ausländern, die im Besitz einer Erlaubnis zum Daueraufenthalt-EG nach § 38a sind, wenn die familiäre Lebensgemeinschaft bereits in dem Mitgliedstaat der EU bestand, in dem der Stammberechtigte die Rechtsstellung als langfristig Aufenthaltsberechtigter besitzt (§ 32 Absatz 2a Satz 1). Der Erteilungstatbestand dient der Umsetzung des Artikels 16 Absatz 1 der Richtlinie 2003/109/ EG des Rates vom 25. November 2003 betreffend die Rechtsstellung der langfristig aufenthaltsberechtigten Drittstaatsangehörigen (ABl. EU 2004 Nummer L 16 S. 44, so genannte Daueraufenthalt-Richtlinie).

32.2 a.2 Damit eine Aufenthaltsverfestigung dem Ausländer nicht zum Nachteil gereicht wird, sieht § 32 Absatz 2a Satz 2 vor, dass die erleichterte Nachzugsmöglichkeit nach § 32 Absatz 2a Satz 1 auch gilt, wenn der Ausländer unmittelbar vor Erteilung der Niederlassungserlaubnis oder einer Erlaubnis zum Daueraufenthalt-EG eine Aufenthaltserlaubnis nach § 38a besaß.

32.3 Erteilung einer Aufenthaltserlaubnis für Kinder unter 16 Jahren

32.3.1 Auf die Erteilung der Aufenthaltserlaubnis besteht unter den genannten Voraussetzungen und nach Maßgabe der allgemeinen Vorschriften, insbesondere der §§ 5 und 27, ein Anspruch.

32.3.2 Es genügt, wenn die Aufenthaltserlaubnis, Niederlassungserlaubnis oder Erlaubnis zum Daueraufenthalt-EG der genannten Personen gleichzeitig mit derjenigen des Kindes erteilt wird.

32.3.3 Zur Möglichkeit des Nachzugs, wenn der/die Stammberechtigte(n) erst im Besitz eines nationalen Visums ist/sind bzw. zur gleichzeitigen Titelerteilung siehe Nummer 29.1.2.2.

32.3.4 Der Anspruch besteht selbst dann, wenn der Ausländer, zu dem der Nachzug stattfindet, sich nur für einen begrenzten Zeitraum und ggf. ohne Verlegung des Lebensmittelpunktes in Deutschland aufhält, wie dies etwa bei Gastwissenschaftlern oder Studenten der Fall sein kann.

32.3.5 Kein Anspruch besteht bei Erteilung eines Schengen-Visums für einen kurzfristigen Aufenthalt.

32.4 Erteilung einer Aufenthaltserlaubnis nach Ermessen

32.4.1 Die Erteilung der Aufenthaltserlaubnis nach Absatz 4 ist nur dann zu prüfen, wenn die Erteilung gemäß § 32 Absatz 1 bis 3 oder § 33 mangels Erfüllung der Tatbestandsvoraussetzungen nicht möglich ist. Sie kommt nur in Betracht, wenn es unter Berücksichtigung des Kindeswohls oder der familiären Situation zur Vermeidung einer besonderen Härte erforderlich ist. Die Voraussetzungen des § 29 Absatz 1 müssen vorliegen.

32.4.2 Hat das Kind das 18. Lebensjahr vollendet, oder ist es verheiratet, geschieden oder verwitwet, richtet sich der Nachzug ausschließlich nach § 36.

32.4.3.1 Eine besondere Härte i. S. v. § 32 Absatz 4 ist nur anzunehmen, wenn die Versagung der Aufenthaltserlaubnis für ein minderjähriges Kind nachteilige Folgen auslöst, die sich wesentlich von den Folgen unterscheiden, die anderen minderjährigen Ausländern zugemutet werden, die keine Aufenthaltserlaubnis nach § 32 Absatz 1 bis 3 erhalten.

32.4.3.2 Zur Feststellung einer besonderen Härte ist unter Abwägung aller Umstände zu prüfen, ob nach den Umständen des Einzelfalles das Interesse des minderjährigen Kindes und der im Bundesgebiet lebenden Eltern an einem Zusammenleben im Bundesgebiet vorrangig ist. Dies kann der Fall sein, wenn sich die Lebensumstände wesentlich geändert haben, die das Verbleiben des Kindes in der Heimat bisher ermöglichten, und weil den Eltern ein Zusammenleben mit dem Kind im Herkunftsstaat auf Dauer nicht zumutbar ist. Zu berücksichtigen sind hierbei neben dem Kindeswohl und dem elterlichen Erziehungs- und Aufenthaltsbestimmungsrecht, das für sich allein kein Nachzugsrecht schafft, u. a. auch die Integrationschancen des minderjährigen Kindes sowie die allgemeinen integrations- und zuwanderungspolitischen Interessen der Bundesrepublik Deutschland. Danach liegt z. B. keine besondere Härte im Fall vorhersehbarer Änderungen der persönlichen Verhältnisse (z. B. Beendigung der Ausbildung, notwendige Aufnahme einer Erwerbstätigkeit) oder der Änderungen der allgemeinen Verhältnisse im Herkunftsstaat vor (z. B. bessere wirtschaftliche Aussichten im Bundesgebiet).

32.4.3.3 Eine besondere Härte, die den Nachzug auch noch nach Vollendung des 16. Lebensjahres rechtfertigt, kann angenommen werden, wenn das Kind aufgrund eines unvorhersehbaren Ereignisses auf die Pflege der Eltern angewiesen ist (z. B. Betreuungsbedürftigkeit aufgrund einer plötzlich auftretenden Krankheit oder eines Unfalls). Von Bedeutung ist, ob lediglich der im Bundesgebiet lebende Elternteil zur Betreuung des Kindes in der Lage ist.

32.4.3.4 Eine besondere Härte, die den Nachzug eines Kindes aus einer gültigen Mehrehe des im Bundesgebiet lebenden Elternteils rechtfertigt, kann nur angenommen werden, wenn der im Ausland lebende Elternteil nachweislich nicht mehr zur Betreuung des Kindes in der Lage ist.

32.4.3.5 Eine besondere Härte ergibt sich nicht bereits daraus, dass dem im Bundesgebiet lebenden Elternteil das Personensorgerecht übertragen worden ist. Allein die formale Ausübung des elterlichen Aufenthaltsbestimmungsrechts löst noch nicht den besonderen aufenthaltsrechtlichen Schutz des Artikels 6 GG mit der Folge des Kindernachzugs aus Ermessensgründen gemäß § 32 Absatz 4 aus. Dem Umstand einer Sorgerechtsänderung kommt bei der aufenthaltsrechtlichen Entscheidung um so weniger Gewicht zu, je älter der minderjährige Ausländer ist und je weniger er deshalb auf die persönliche Betreuung durch den sorgeberechtigten Elternteil im Bundesgebiet angewiesen ist.

32.4.4 Bei der Ermessensentscheidung sind die familiären Belange, insb das Wohl des Kindes, und die einwanderungs- und integrationspolitischen Belange der Bundesrepublik Deutschland zu berücksichtigen. Für die Frage, welches Gewicht den familiären Belangen des Kindes und den geltend gemachten Gründen für einen Kindernachzug in das Bundesgebiet zukommt, ist die Lebenssituation des Kindes im Heimatstaat von wesentlicher Bedeutung. Zur maßgeblichen Lebenssituation gehört, ob ein Elternteil im Heimatland lebt, inwieweit das Kind eine soziale Prägung im Heimatstaat erfahren hat, inwieweit es noch auf Betreuung und Erziehung angewiesen ist, wer das Kind bislang im Heimatstaat betreut hat und dort weiter betreuen kann und wer das SorgeR für das Kind hat. Bedeutsam ist vor allem auch das Alter des Kindes. I. d. R. wird hierbei gelten: je jünger das Kind ist, in desto höherem Maße ist es betreuungsbedürftig, desto eher wird auch seine Integration in die hiesigen Lebensverhältnisse gelingen.

32.4.4.1 Im Zusammenhang mit dem Kindeswohl und der familiären Situation (§ 32 Absatz 4 Satz 2) ist der Gedanke zu berücksichtigen, dass die Entscheidung der Eltern, nach Deutschland zu ziehen, grundsätzlich eine autonome Entscheidung darstellt. Das elterliche Erziehungs- und Aufenthaltsbestimmungsrecht verschafft an sich kein Nachzugsrecht. Ziehen die Eltern nach Deutschland um und lassen sie ihr Kind im Ausland zurück, obwohl sie nach Absatz 1 Nummer 2 oder Absatz 3 die Möglichkeit gehabt hätten, mit dem Kind nach Deutschland zu ziehen, rechtfertigt allein eine Änderung der Auffassung der Eltern, welche Aufenthaltslösung für das Kind die bessere ist, nicht eine nachträgliche Nachholung eines Kindes gemäß Absatz 4.

32.4.4.2 Wenn ein Kind während eines erheblichen Zeitraums bis zur Vollendung des zwölften Lebensjahres seinen Wohnsitz in Deutschland hatte, dann aufgrund der Entscheidung einer die Personensorge ausübenden Person in einem anderen Land außerhalb des Europäischen Wirtschaftsraums seinen Wohnsitz genommen hat, dort die deutsche Sprache nicht nachweislich erlernt oder gepflegt hat und nach Vollendung des 16. Lebensjahres nach Deutschland nachziehen soll, ist ein Familiennachzug aus migrationspolitischen Gründen regelmäßig zu versagen. In diesen Fällen kann jedoch die Erteilung einer Aufenthaltserlaubnis nach § 37 in Betracht kommen.

32.4.4.3 Berücksichtigungsfähig ist hingegen der nicht unmittelbar vorhersehbar Wegfall von zum Zeitpunkt des Umzugs oder vor Vollendung des 16. Lebensjahres vorhandenen Pflegepersonen im Ausland, insb durch Tod, Krankheit oder nicht vorhersehbare Ungeeignetheit der Pflegeperson. Es ist davon auszugehen, dass Kinder bis zur Vollendung des 16. Lebensjahres zumindest eine erwachsene Bezugsperson benötigen, mit der sie zusammenleben. Zu prüfen ist, ob andere, gleichwertige Pflegepersonen im Ausland vorhanden sind, die zur Aufnahme des Kindes bereit und rechtlich befugt sind.

32.4.4.4 Das Kindeswohl und die familiäre Situation können für sich ebenfalls eine Ausnahme von dem nach Absatz 1 bis 3 bestehenden Erfordernis des Aufenthaltes beider personensorgeberechtigter Eltern oder des allein personensorgeberechtigten Elternteils in Deutschland rechtfertigen, wenn die Herbeiführung eines alleinigen Personensorgerechts des nichtsorgeberechtigten Elternteils insb im Fall des elterlichen Getrenntlebens nach der Rechtsordnung oder Entscheidungspraxis des Herkunftsstaats nicht möglich oder aussichtslos ist (siehe hierzu Nummer 32.0.4). Gleiches gilt für Fälle, in denen eine entsprechende Klärung zum SorgeR nicht möglich bzw. aussichtslos ist, weil der andere, rechtlich weiterhin sorgeberechtigte Elternteil nicht auffindbar ist. Geeignete Bemühungen zur Ermittlung des anderen Elternteils sind nachzuweisen, ggf. sind geeignete Belege, etwa über Nachforschungen bei Melde- oder ähnlichen Behörden, vorzulegen.

32.4.4.5 Bei der Beurteilung des Kindeswohls ist zu berücksichtigen, dass vorhersehbare Integrationsschwierigkeiten die geistige Entwicklung des Kindes erheblich beeinträchtigen können. Je älter und damit selbständiger das Kind ist, desto geringer wiegt das Bedürfnis nach einer gesellschaftlichen Integration gegenüber dem Bedürfnis nach elterlichem Schutz und Beistand.

32.4.4.6 Im Zweifel sollte eine Stellungnahme des Jugendamtes eingeholt werden.

32.4.4.7 Im Zusammenhang mit Maßnahmen deutscher oder ausländischer Gerichte oder Behörden nach § 1666 BGB oder §§ 42 oder 43 SGB VIII bzw. nach entsprechenden ausländischen Vorschriften, die zur Abwehr von

Gefahren für das Kindeswohl eine Unterbringung des Kindes bei einem Elternteil vorsehen, der sich in Deutschland aufhält, ist der Nachzug zum betreffenden Elternteil auch in Abweichung zu Absatz 1 bis 3 regelmäßig zu gestatten. Die Aufenthaltsdauer ist entsprechend dem Zweck der vorgesehenen Maßnahme zu befristen.

32.4.4.8 Im Übrigen kommt dem Umstand einer Sorgerechtsänderung umso weniger Gewicht zu, je älter das Kind ist und je weniger es daher auf die persönliche Betreuung durch den in Deutschland lebenden Elternteil angewiesen ist.

32.4.4.9 Der Umstand, dass die Eltern des Kindes nicht miteinander verheiratet sind oder waren, rechtfertigt es für sich allein nicht, den Kindernachzug an der Entscheidung der Eltern auszurichten, dass das Kind bei dem im Bundesgebiet lebenden Elternteil wohnen soll.

32.4.5 Für die Versagung der Aufenthaltserlaubnis gelten die §§ 5, 8 und § 27 Absatz 3. §§ 10 und 11 sind anwendbar.

Übersicht

	Rn.
I. Entstehungsgeschichte	1
II. Nachzugsberechtigte Kinder	6
III. Bedeutung der KRK und der EMRK	17
IV. Rechtsanspruch auf Kindernachzug und Ermessensfälle	33
1. Kindernachzug zu den Eltern oder zu dem allein sorgeberechtigten Elternteil	33
2. Nachzug minderjähriger lediger Kinder ab dem 16. Lebensjahr	49
3. Ausnahme bei gemeinsamem Sorgerecht	64
4. Härtefallregelung	88
5. Kindernachzug zu mobilen Forschern	104
V. Rechtsschutz	109

I. Entstehungsgeschichte

Die Vorschrift entspricht im Wesentlichen dem **Gesetzesentwurf**[1] wurde aber aufgrund des Vermittlungsverfahrens an mehreren Stellen geändert[2]. In Abs. 1 wurden die ursprünglichen Nr. 1 und 2 zusammengefasst und Nr. 3 gestrichen. In Abs. 2 wurden die ursprüngliche Altersgrenze von zwölf auf 16 Jahre angehoben und der ursprünglich verlangte Besitz ausreichender Kenntnisse der deutschen Sprache durch die Beherrschung der deutschen Sprache und die sonstige Integrationsgewähr ersetzt. In Abs. 3 wurden die Wörter „minderjährigen ledigen" eingefügt und ebenfalls die Altersangabe von zwölf auf 16 Jahre angehoben. Schließlich wurde Abs. 4 neu gefasst und auf besondere Härtefälle beschränkt. Mit dem RLUmsG 2007[3] wurde Abs. 2a eingeführt und Abs. 1 Nr. 2 um die Erlaubnis zum Daueraufenthalt–EU ergänzt. Beide Regelungen dienen der Umsetzung der Daueraufenthalts-RL. Mit dem RLUmsG 2012[4] wurde der Nachzugsanspruch nach Abs. 1 um die Nr. 1a erweitert. 1

§ 32 I–III wurden durch Gesetz vom 29.8.2013[5] vollständig neu gefasst. Durch die Neuregelung wurde die Vorschrift zum einen übersichtlicher gestaltet. Zum anderen wird eine unbeabsichtigte und unerwünschte Benachteiligung von Kindern aus Drittstaaten, deren Rechtsordnungen das alleinige Personensorgerecht nicht kennen, gegenüber Kindern aus Drittstaaten, in denen es die alleinige Personensorge gibt, aufgehoben[6]. 2

Mit dem **AufenthÄndG 2015** wurde § 32 II 2 Nr. 1 neu gefasst und ein verbesserter Kindernachzug zu Resettlement-Flüchtlingen (§ 23 IV) eingeführt[7]. Resettlement-Flüchtlinge sind seit dem 1.8.2015 in ihren Rechten Asylberechtigten und anerkannten Flüchtlingen gleichgestellt und können somit auch ihre Familienangehörigen unter den gleichen Voraussetzungen nach § 32 II 2 Nr. 1 nachholen. Eine weitere Ergänzung des § 32 erfolgte durch das **RLUmsG 2017**[8], mit dem ua auch die ICT-RL[9] umgesetzt wurde. § 32 I wurde um die beiden neu eingefügten Aufenthaltstitel, die ICT Karte und die Mobiler-ICT-Karte ergänzt. In § 32 II 2 Nr. 2 wurde neben den vorgenannten neuen Aufenthaltstiteln die Aufenthaltserlaubnis nach §§ 20 oder 20b aufgenommen. Weiterhin wurde der Abs. 5 angefügt. 3

---
[1] BT-Drs. 15/420, 15.
[2] BT-Drs. 15/3479, 5 f.
[3] Gesetz zur Umsetzung aufenthalts- und asylrechtlicher RL der EU v. 19.8.2007 (BGBl. I S. 1970).
[4] Gesetz zur Umsetzung der Hochqualifizierten-RL der EU v. 1.6.2012 (BGBl. I S. 1224), in Kraft getreten am 1.8.2012.
[5] BGBl. 2013 I S. 3484, ber. S. 3899; in Kraft getreten am 6.9.2013.
[6] Gesetzesbegründung zu § 32, BT-Drs. 17/13022, 21.
[7] Gesetz v. 27.7.2015, BGBl. I S. 1386, in Kraft getreten am 1.8.2015.
[8] Gesetz v. 12.5.2017, BGBl. I S. 1106, in Kraft getreten am 1.8.2017.
[9] RL 2014/66/EU des EU Parlaments und des Rates vom 15.5.2014 über die Bedingungen für die Einreise und den Aufenthalt von Drittstaatsangehörigen im Rahmen eines unternehmensinternen Transfers (ICT-RL); ABl. 2014 L 157, S. 1.

4 Durch das **FamiliennachzugsneuregelungsG** vom 12.7.2018[10] wurde der Abs. 1 umfassend neu gefasst, insbesondere wurde der Kindernachzug zu subsidiär Schutzberechtigten im Hinblick auf die Neuregelung in § 36a ausgeschlossen. Außerdem wurde in Abs. 4 der S. 3 angefügt, um klarzustellen, dass für den Nachzug zu subsidiär Schutzberechtigten § 36a Anwendung findet.

5 Mit dem **FEG**[11] erfolgten redaktionelle Anpassungen. Außerdem wurde durch die Ausweitung des Verweises auf § 18e VI klargestellt, dass auch das minderjährige ledige Kind eine Bescheinigung über seine Berechtigung zu Einreise und Aufenthalt erhält[12].

II. Nachzugsberechtigte Kinder

6 **Der Familiennachzug wird maßgeblich von den Vorgaben der Familienzusammenführungs-RL bestimmt,** da die Kinder eines Zusammenführenden nach Art. 4 I Familienzusammenführungs-RL einen Rechtsanspruch auf Nachzug haben. Die RL hat erhebliche Auswirkungen auf Beschränkungen des Nachzugs, da diese mit den Vorgaben der Familienzusammenführungs-RL in Einklang stehen müssen. Einzelheiten zum Anwendungsbereich und Beschränkungen aufgrund unionsrechtlicher Vorgaben finden sich unter der Kommentierung zu § 27. Die zuständigen staatlichen Stellen sind beim Kindernachzug in den Fällen, in denen die Voraussetzungen für ein Recht auf Einreise und Aufenthalt nach der Familienzusammenführungs-RL nicht vorliegen und den Mitgliedstaaten ein Handlungsspielraum verbleibt, verpflichtet, bei dessen Ausfüllung den Schutz der Familie und das Recht auf Familienleben iSv Art. 6 I GG, Art. 8 I EMRK, Art. 5 V Familienzusammenführungs-RL, Art. 24 II und III GRCh zu achten und dabei insbesondere das Kindeswohl angemessen zu berücksichtigen. Ob bei Berücksichtigung dieser rechtlichen Vorgaben die Verweigerung eines Aufenthaltstitels unverhältnismäßig ist, hängt vor allem davon ab, welche Folgen diese Entscheidung für das Wohl der zur Kernfamilie gehörenden Kinder hat und ob die Familie darauf verwiesen werden kann, die angestrebte familiäre Lebensgemeinschaft in dem gemeinsamen Herkunftsland zu führen, oder ob dem Hindernisse oder sonstige erhebliche Belange der Familie entgegenstehen[13].

7 Bis zur Vollendung des 18. Lebensjahres können ledige Kinder zu den in Deutschland lebenden Eltern nachziehen. **Die Nachzugsregelung erfasst auch Stiefkinder,** da der Rechtsbegriff „Kind" im Hinblick auf die Vorgaben der Familienzusammenführungs-RL unionsrechtskonform auszulegen ist. Art. 4 I lit. b Familienzusammenführungs-RL bestimmt als Anspruchsberechtigte die minderjährigen Kinder des Zusammenführenden und seines Ehegatten, ohne dass es sich hierbei um gemeinsame Kinder handeln muss. Insofern werden auch Kinder aus früheren familiären Beziehungen erfasst, was im Hinblick auf die steigende Anzahl von Patchwork-Familien auch bedeutsam ist. Da § 32 I der Umsetzung des § 4 I Familienzusammenführungs-RL dient, wollte der Gesetzgeber erkennbar alle Kinder begünstigen, die nachzugsberechtigt sind. Andernfalls würde der Nachzugsanspruch auf einer unmittelbaren Anwendung des Art. 4 I Familienzusammenführungs-RL beruhen.

8 Der Zuzug und Nachzug minderjähriger und lediger Kinder zu Ausländern mit Aufenthaltserlaubnis oder Niederlassungserlaubnis wird zum großen Teil auf der Grundlage von **Rechtsansprüchen** und ansonsten im Wege des **Ermessens** zugelassen[14]. Auf Kinder, die nicht mehr minderjährig oder nicht mehr ledig sind, ist nur § 36 anwendbar[15]. Der Kinderzuzug ist gegenüber §§ 20, 21, 29 II, 31 AuslG vor allem dahin geändert worden, dass er ua durch die Reduzierung der Aufenthaltstitel vereinfacht und zu international Schutzberechtigten und Resettlement-Flüchtlingen verbessert wurde.

9 Im Ausland begründete **Sorgerechtsverhältnisse** sind wie andere familienrechtliche Tatbestände grundsätzlich anzuerkennen[16]. Nicht anzuerkennen ist die Übertragung des Sorgerechts nach ausländischem Recht, wenn sie offensichtlich gegen den deutschen „ordre public" verstößt (Art. 6 EGBGB), weil sie nicht am Kindeswohl orientiert ist (§ 16a FGG)[17]. Die Berechnung der **Altersgrenzen** von 16 und 18 Jahren erfolgt zum Zeitpunkt der Antragstellung. Der Zeitpunkt für eine mögliche Antragstellung ist ebenso unerheblich wie der der behördlichen oder gerichtlichen Entscheidung[18]. Es kommt also auf den Zeitpunkt des Visumantrags oder des Antrags nach der Einreise an[19].

---

[10] BGBl. 2018 I S. 1147; in Kraft getreten am 1.8.2018.
[11] BGBl. 2019 I S. 1307; in Kraft getreten am 1.3.2020.
[12] BR-Drs. 7/19, 119.
[13] BVerwG Urt. v. 13.6.2013 – 10 C 16.12 Rn. 24 f.; OVG NRW Beschl. v. 28.9.2016 – OVG 3 S 55.16 und OVG OVG Bln-Bbg Beschl. 28.9.2016 – 3 M 79.16, Rn. 4.
[14] Allg. zum Kindernachzug *Baer* ZAR 1991, 135; zum Nachzug von Ausländern zur zweiten Generation *Igstadt* ZAR 1998, 175.
[15] Zum früheren Recht VGH BW Beschl. v. 27.11.1992 – 1 S 1793/92, EZAR 022 Nr. 1.
[16] Näher dazu → § 27 Rn. 19 f.
[17] Dazu mwN *Bälz/Zumbansen* ZAR 1989, 38; HessVGH Beschl. v. 20.2.1996 – 12 TG 4149/95, EZAR 024 Nr. 6; VGH BW Beschl. v. 14.6.1996 – 13 S 1400/96, EZAR 024 Nr. 7.
[18] AA zum früheren Recht HmbOVG Beschl. v. 1.7.1993 – Bs VII 149/92, EZAR 022 Nr. 3.
[19] Zu § 9 DVAuslG VGH BW Beschl. v. 27.11.1992 – 1 S 1793/92, EZAR 022 Nr. 1; zum früheren Recht vgl. auch BVerwG Urt. v. 18.11.1997 – 1 C 22.96, EZAR 022 Nr. 7.

Adoptionsentscheidungen entfalten auch dann Bindungswirkung, wenn diese fehlerhaft 10
sind. § 4 II 1 AdWirkG ordnet eine Bindung auch von Verwaltungsbehörden und Gerichten an vormundschafts- bzw. familiengerichtliche Entscheidungen in dem besonderen Verfahren über die Feststellung der Wirkungen im Ausland erfolgter Adoptionen an, ohne diese von der Rechtmäßigkeit dieser Entscheidung selbst abhängig zu machen. § 4 II 1 AdWirkG statuiert dem Wortlaut nach eine umfassende Bindungswirkung an diese Entscheidung „für und gegen alle", von der lediglich die bisherigen Eltern ausgenommen sind. Die Bindungswirkung nach § 4 II 1 AdWirkG erstreckt sich auf die von dem Vormundschaftsgericht getroffenen Feststellungen und damit auf die Frage, ob eine Adoption anzuerkennen bzw. wirksam ist[20].

Der Gesetzeswortlaut knüpft diese Bindung gerade nicht an weitere Voraussetzungen, insbesondere 11 nicht an die – dann in weiteren Verfahren inzident zu prüfende – sachliche Richtigkeit oder Rechtmäßigkeit der vormundschafts- bzw. familiengerichtlichen Entscheidung. Diese weitreichende Bindungswirkung entspricht auch dem Sinn und Zweck des Gesetzes, durch ein gesondertes Feststellungsverfahren die verschiedenen öffentlichen und privaten Stellen, bei denen es auf die Wirksamkeit einer Annahme als Kind ankommt, die auf einer ausländischen Entscheidung oder auf ausländischen Sachvorschriften beruht, von der gesonderten Prüfung der Wirksamkeit der Auslandsadoption zu entlasten. Um dies zu erreichen, sollen die Anerkennung und die Wirkungen ausländischer Adoptionsakte (innerhalb wie außerhalb des Anwendungsbereichs der Haager Übereinkunft) allgemein verbindlich geklärt werden können[21].

Die Erteilung einer Aufenthaltserlaubnis aus familiären Gründen kommt nicht in Betracht, wenn zu 12 dem im Bundesgebiet lebenden Ausländer, zu dem der Nachzug erfolgen soll, nur ein durch **Kafala** begründetes Rechtsverhältnis besteht. **Denn die Kafala begründet – anders als die Adoption – kein Verwandtschaftsverhältnis**[22].

Diese Ansicht hat auch der EGMR, der sich in zwei Urteilen mit den Problemen der Kafala im 13 Verhältnis zur Adoption aus dem Blickwinkel der EMRK beschäftigt hat, bestätigt. In der Rechtssache Harroudi wies hat er auf der Grundlage einer rechtsvergleichenden Studie darauf hin, dass „kein Staat die Kafala mit einer Adoption gleichstellt, sie aber in diesem Staat [Frankreich] und in anderen eine mit einer Vormundschaft, einer Pflegschaft oder einer Unterbringung im Hinblick auf eine Adoption vergleichbare Wirkungen entfaltet"[23]. In der Rechtssache Chbihi hat der EGMR erneut das Recht auf Familienleben gem. Art. 8 der EGMR geprüft und seine Feststellung wiederholt, dass das Vorhandensein von „faktischen familiären Beziehungen" für die Anwendbarkeit dieser Bestimmung kennzeichnend sei[24]. Dieser Einschätzung hat sich auch der EuGH in der Rechtssache SM angeschlossen und darauf hingewiesen, dass die Kafala anders als eine Adoption dem Kind nicht die Stellung eines Erbens vermittle und mit Volljährigkeit ende. Es fehle an einem Abstammungsverhältnis biologischer oder rechtlicher Art[25].

Der Gestaltungsspielraum des Gesetzgebers bei der Festlegung von zwingenden **Altersgrenzen** ist 14 weit. Letztlich ist auch für den Gesetzgeber allein das Kindeswohl (Art. 6 I, II, V GG) maßgeblich. Die Altersgrenze von 16 Jahren ist von der Erkenntnis bestimmt, dass die Integration in der Regel bei einem Zuzug im frühen Kindesalter besser gelingt als nach dem regulären Schulpflichtalter. Sie ist verfassungsrechtlich nicht zu beanstanden und hält sich auch iRv Art. 4 Familienzusammenführungs-RL. Auch bei der Auslegung und Anwendung der gesetzlichen Regeln ist immer, auch soweit kein Ermessen auszuüben ist, das Kindeswohl als entscheidendes Kriterium zu beachten.

Minderjährig ist, ohne Rücksicht auf die in dem Heimatstaat geltende Altersgrenze, wer das 15 18. Lebensjahr noch nicht vollendet hat (§ 80 III 1). Diese Regelung ist richtlinienkonform auszulegen. Mit Blick auf die Definition des minderjährigen Kindes in Art. 4 I Familienzusammenführungs-RL ist davon auszugehen, dass minderjährige Kinder iSd Art. das nach den Rechtsvorschriften des betreffenden Mitgliedstaats geltende **Volljährigkeitsalter noch nicht erreicht haben dürfen und ledig** sein müssen. Ledig ist nicht, wer verwitwet oder geschieden ist.

Um den **Zweck** der Herstellung der familiären Lebensgemeinschaft zu sichern, soll die akzessorische 16 Aufenthaltserlaubnis für das hier geborene oder das gemeinsam mit den Eltern zugezogene oder das nachgezogene Kind auf die Geltungsdauer der Aufenthaltserlaubnis der Eltern oder des Elternteils abgestimmt werden. Besitzen die Eltern oder ein Elternteil eine Niederlassungserlaubnis, soll die Aufenthaltserlaubnis zunächst bis zur Vollendung des 16. Lebensjahres erteilt und dann in eine Niederlassungserlaubnis nach § 35 I überführt werden. Beim selbstständigen Aufenthaltsrecht nach § 34 II braucht hierauf nicht mehr geachtet zu werden.

---

[20] BVerwG Beschl. v. 2.7.2012 – 10 B 12.12 Rn. 3; Beschl. v. 10.7.2007 – BVerwG 5 B 4.07, FamRZ 2007, 1550; OVG Bln-Bbg Urt. v. 17.11.2012 – OVG 12 B 2.11.
[21] BVerwG Beschl. v. 2.7.2012 – 10 B 12.12 Rn. 4 unter Hinweis auf BT-Drs. 14/6011, 16.
[22] BVerwG Urt. v. 26.10.2010 – 1 C 16.09, BVerwGE 138, 77 Rn. 8.
[23] EGMR Urt. v. 4.10.2012 – 43631/09 Rn. 48 – Harroudj/Frankreich.
[24] EGMR Urt. v. 16.12.2014 – 52265/10 Rn. 78 f. – Chbihi Loudoudi/Belgien.
[25] EuGH Urt. v. 26.3.2019 – C-129/18 Rn. 44 ff. – SM.

III. Bedeutung der KRK und der EMRK

17 Mit der Nachzugsbestimmung wird den Vorgaben des Übereinkommens der Rechte des Kindes (sog. Kinderrechtskonvention – KRK)[26] Rechnung getragen. Diese verpflichtet Deutschland, das Verfahren für den Familiennachzug zu optimieren[27].

18 **Der KRK lässt sich kein zwingender Vorrang vor anderen Belangen entnehmen.** Denn die KRK nimmt Belange, die einem Nachzug entgegenstehen könnten, nicht in Blick. Sie gibt dem Gesetzgeber aber vor, das Kindeswohl als einen grundlegenden Gesichtspunkt zu berücksichtigen.

19 Die deutsche Diskussion um das Kindeswohl leidet unter einer missverständlichen deutschen Übersetzung, die freilich die völkerrechtliche KRK-Interpretation nicht beeinflusst, weil diese sich gem. Art. 54 KRK einzig nach den authentischen Sprachfassungen richtet. So bezeichnet die informelle deutsche Übersetzung des Art. 3 I KRK[28] das Kindeswohl als einen „Gesichtspunkt, der vorrangig zu berücksichtigen ist". Mit dem Adjektiv vorrangig wird nicht etwa abstrakt ein Vorrang vor allen anderen Belangen postuliert, sondern es wird die Bedeutung des Kindeswohls bei allen Entscheidungen des Gesetzgebers in den Fokus gerückt. So muss das Kindeswohl als ein entscheidender Faktor bei neuen Gesetzen in den Blick genommen werden.

20 Dies lässt auch die Denkschrift zu dem Übereinkommen[29] erkennen. Dort wird zu Art. 3 I KRK ausgeführt: „Das Wohl des Kindes ist dagegen nach Art 3 I „ein Gesichtspunkt, der vorrangig zu berücksichtigen ist." Absoluter Vorrang gegenüber allen anderen Belangen sollte dem Wohl des Kindes nicht eingeräumt sein. Im ursprünglichen polnischen Entwurf war allerdings ein weitergehender Vorschlag enthalten („, … the best interests of the child shall be the paramount consideration"). Angenommen wurde indessen ein Formulierungsvorschlag der Vereinigten Staaten („„… the best interests of the child shall be a primary consideration"), nachdem in der Diskussion geltend gemacht worden war, dass es Fälle geben könne, in denen die Interessen anderer Beteiligter gleichgewichtig oder sogar als vorrangig zu bewerten sind, so zB die Belange der Mutter bei einem während der Geburt eintretenden Notfall[30].

21 Die adjektivische Formulierung „primary/primordiale" bezeichnet einen hohen Stellenwert, ohne notwendig einen hierarchischen Vorrang vorzugeben. Es kann andere „primary/primordiale" Gesichtspunkte geben, die konzeptuell gleichwertig sind. Die Denkschrift zu dem Abkommen lässt unzweifelhaft erkennen, dass die Abschwächung der Bedeutung des Kindeswohls durch die Benutzung der Begriffe „primary consideration" und „considération primordiale" statt der noch in der UN-Erklärung über die Kinderrechte von 1959 benutzten Formulierungen „paramount consideration" und „la considération déterminante" eine bewusste Entscheidung im Rechtsetzungsverfahren der KRK war.

22 Dem kann auch nicht entgegengehalten werden, dass die Begrifflichkeiten im weiteren Abkommen nicht einheitlich verwendet wurden. So benutzt der englische Text der Konvention vom 20.11.1989 in Art. 3 einerseits den Begriff „primary" und in Art. 21 andererseits den Begriff „paramount". Die gleichermaßen authentischen französischen und spanischen Textfassungen dieser Konvention benutzen an beiden Stellen (also sowohl in Art. 3 als auch in Art. 21) den Begriff „considération primordiale" bzw. „consideración primordial". Die Abweichung der englischen von den französischen und spanischen Fassungen des Art. 21 der KRK lässt daher keinen Rückschluss auf die Auslegung von Art. 3 I KRK zu[31].

23 Allein aus der Verwendung des unbestimmten Artikels „ein" in Art. 3 I KRK, die mit den verbindlichen englischen und französischen Sprachfassungen übereinstimmt („shall be a primary consideration" bzw. „doit être une considération primordiale"), lässt sich hingegen keine Relativierung der Schutzwirkung herleiten[32]. Dass das Kindeswohl immer nur einer von mehreren Gesichtspunkten bei der Gesetzgebung sein kann, ist auch anzunehmen, wenn der bestimmte Artikel „der" verwendet worden wäre.

24 Dass keine inhaltliche Beschränkung mit der Verwendung des unbestimmten Artikels verbunden ist, zeigt zum einen der Vergleich mit einer Vorläuferbestimmung, der unverbindlichen UN-Erklärung über die Kinderrechte von 1959, die im Grundsatz 2 den bestimmten Artikel „the" bzw. „la" ver-

---

[26] Am 26.1.1990 von Deutschland unterzeichnet (Zustimmung von Bundestag und Bundesrat durch Gesetz vom 17.2.1992 – BGBl. II S. 121). Am 5.4.1992 mit einem Vorbehalt für Deutschland in Kraft getreten (Bekanntmachung v. 10.7.1992 – BGBl. II S. 990). Rücknahme der Vorbehalte zum Übereinkommen (Beschluss Bundesrat v. 26.3.2010; Kabinettsbeschluss v. 3.5.2010; formale Übergabe des Rücknahmeschreibens an die Vereinten Nationen am 15.7.2010).
[27] *Thym* Ausschuss-Drs. 19(4) 57 H.
[28] Art. 3 I: „Bei allen Maßnahmen, die Kinder betreffen, gleichviel ob sie von öffentlichen oder privaten Einrichtungen der sozialen Fürsorge, Gerichten, Verwaltungsbehörden oder Gesetzgebungsorganen getroffen werden, ist das Wohl des Kindes ein Gesichtspunkt, der vorrangig zu berücksichtigen ist."
[29] BT-Drs. 12/42, 29–53.
[30] Vgl. UNO-Dokument E/CN.4/L.1560/Add. 14 v. 11.3.1981, S. 5 ff.
[31] So aber *Zimmermann* Auschuss-Drs. S. 10 f.
[32] So aber *Thym*, Stellungnahme zum FamiliennachzugsneuregelungsG, Ausschuss-Drs. 19(4)57 H, S. 13.

wendet. Zum anderen aber auch der Vergleich mit der Afrikanischen Kinderrechtscharta von Juli 1990, die kurz nach der KRK verabschiedet wurde. Diese enthält in Art. 4 der verbindlichen englischen[33] und französischen Sprachfassungen gleichfalls einen bestimmten Artikel, ohne dass damit weitergehende Schutzwirkungen verknüpft sein sollten.

Aus dem hohen, aber relativen Schutz des Kindeswohls folgt, dass andere Interessen zu berücksichtigen sind, die sodann im Rahmen der Verhältnismäßigkeit mit dem Kindeswohl abgewogen werden müssen. Dies gilt gerade auch für die Praxis des EGMR, der das Kindeswohl als einen Gesichtspunkt der Güterabwägung darstellt. Auf dieser Grundlage betonen gerade auch jüngere EGMR-Entscheidungen, dass das Kindeswohl mit anderen Gesichtspunkten zu einem angemessenen Ausgleich gebracht werden muss[34]. Dabei ist insbesondere das Alter der Kinder, ihre Situation im Heimatland und die Abhängigkeit von den Eltern zu berücksichtigen. Das Kindeswohl begründet keine „Trumpfkarte", die allen Kindern einen Nachzugsanspruch verschaffen kann, sodass den Gerichten die Aufgabe übertragen wird, eine Abwägungsentscheidung zu treffen[35]. 25

Insgesamt bedeutet dies, dass auch der deutsche Gesetzgeber das vorliegend betroffene Wohl der infrage kommenden Kinder, denen ggf. das Nachzugsrecht zu ihren Eltern oder umgekehrt das Nachzugsrecht ihrer Eltern zu ihnen grundsätzlich verweigert wird, maßgeblich zu berücksichtigen hat und ein Ausschluss dieses Rechts nur dann und nur insoweit in Betracht kommt, wenn und soweit andere Belange des Allgemeinwohls diese „primary consideration" überwiegen. 26

10 I KRK enthält eine eigene Norm zur grenzüberschreitenden Familienzusammenführung und wird damit in besonderem Maße der Tatsache gerecht, dass es Lebenssituationen geben kann, in denen Kinder über Staatsgrenzen hinweg von ihren Eltern getrennt sind; demnach sind Anträge auf Einreise in einen Vertragsstaat oder Ausreise aus einem Vertragsstaat von den Vertragsstaaten „wohlwollend, human und beschleunigt [zu] bearbeite[n]." Die (anders als die amtliche deutsche Übersetzung) authentischen englischen bzw. französischen Sprachfassungen sprechen insoweit von der Verpflichtung der Vertragsparteien, solche Anträge „(…) in a positive, humane and expeditious manner" bzw. „dans un esprit positif, avec humanité et diligence" zu behandeln. Art. 10 KRK enthält damit eine verfahrensbezogene Verpflichtung. So wurde vom EGMR ein Verfahren als menschenrechtswidrig eingestuft, in dem ein Familiennachzug aufgrund von Verzögerungen erst nach dreieinhalb Jahren realisiert werden konnte[36]. 27

Der EGMR hat bislang nur ausnahmsweise ein Recht auf Einreise für einzelne Familienangehörige angenommen, um das Zusammenleben der Familie gerade in dem betroffenen Mitgliedstaat zu ermöglichen[37]. In der Rechtssache Jeunesse gegen die Niederlande folgerte der EGMR aus Art. 8 EMRK einen Anspruch auf Familiennachzug aufgrund außergewöhnlicher Faktoren. So hielt sich die Klägerin, die ursprünglich einmal die niederländische Staatsangehörigkeit besaß, über einen Zeitraum von 16 Jahren in den Niederlanden auf und bekam dort mit einem niederländischen Staatsangehörigen drei Kinder, die gleichfalls die niederländische Staatsangehörigkeit besaßen. Die Klägerin kümmerte sich um die Kinder, während der Ehemann und Vater im Schichtbetrieb arbeiten ging. Aber auch in Anbetracht dieser außergewöhnlichen Umstände forderte der EGMR im Hinblick auf den Ermessensspielraum in Einwanderungsangelegenheiten eine umfassende Abwägung der persönlichen Interessen der Klägerin mit dem öffentlichen Interesse der niederländischen Regierung an einer Einwanderungskontrolle[38]. 28

In der Rechtssache Sen[39] gegen die Niederlande bejahte der EGMR eine Verletzung des Art. 8 EMRK im Hinblick auf den Nachzug eines Kindes, das bei einer Tante in der Türkei lebte. Die beiden in den Niederlanden rechtmäßig lebenden türkischen Eltern hatten zwei weitere Kinder, die in den Niederlanden geboren und aufgewachsen sind. Der Gerichtshof betonte auch in dieser Rechtssache, dass aus Art. 8 EMRK kein Recht auf die Wahl des Aufenthaltsortes zur Ermöglichung des Familienlebens folgt. Aufgrund des Umstands, dass die beiden Geschwister der Klägerin in den Niederlanden aufgewachsen waren, dort die Schule besuchten und keine Bindungen in die Türkei hatten, sah der Gerichtshof allein die Begründung der Familieneinheit in den Niederlanden als verhältnismäßig an. 29

Dass eine Familie auch dauerhaft getrennt werden kann, hat der EGMR in der Rechtssache Gül gegen die Schweiz entschieden[40]. Das Ehepaar Gül, das in der Türkei zwei Söhne zurückgelassen hatte, bekam aufgrund der Erkrankung der Mutter und des langen Aufenthalts des Vaters sowie des 30

---

[33] Art. 4: In all actions concerning the child undertaken by any person or authority the best interests of the child shall be the primary consideration.
[34] EGMR Urt. v. 8.11.2016 – 56971/10 Rn. 46 f., 52 f – El Ghatet/Schweiz, wo es zugleich heißt, dass der Ausgleich vorrangig den nationalen Gerichten obliege.
[35] EGMR Urt. v. 8.11.2016 – 56971/10 Rn. 46 f. – El Ghatet/Schweiz.
[36] Vgl. EGMR Urt. v. 10.7.2014 – 2260/10 Rn. 68 f., 76–81 – Tanda-Muzinga/Frankreich; und das Parallelurteil EGMR Urt. v. 10.7.2014 – 19113/09 – Senigo Longue/Frankreich.
[37] EGMR Urt. v. 3.10.2014 – 12738/10 – Jeunesse/Niederlande; Urt. v. 21.12.2001 – 31465/96, InfAuslR 2002, 334 – Sen/Niederlande.
[38] EGMR Urt. v. 3.10.2014 – 12738/10 Rn. 121 – Jeunesse/Niederlande.
[39] EGMR Urt. v. 21.12.2001 – 31465/96, InfAuslR 2002, 334 – Sen/Niederlande.
[40] EGMR Urt. v. 19.2.1996 – 23218/94, InfAuslR 1996, 245 – Gül/Schweiz.

Umstands, dass ein weiteres Kind in der Schweiz geboren worden war, einen humanitären Aufenthaltstitel. Der Nachzug der beiden in der Türkei verbliebenen Kinder wurde von den Schweizer Behörden abgelehnt. In der Entscheidung des EGMR ging es um die Frage, ob der jüngere Sohn, der bei Stellung des Nachzugsantrags sechs Jahre alt war, einen Anspruch auf Familiennachzug hat. Auch in dieser Entscheidung betont der Gerichthof zunächst das Recht der Staaten auf Einwanderungskontrolle[41]. Aus Art. 8 EMRK könne keine Verpflichtung eines Staates abgeleitet werden, die Entscheidung von Ausländern über den Ort des Familienlebens akzeptieren zu müssen.

31 Der EGMR verwies die Eltern auf eine Rückkehr in die Türkei, sofern sie die Familieneinheit mit ihrem dort lebenden minderjährigen Sohn herstellen wollten[42]. In seine Abwägung stellt der EGMR folgende Gesichtspunkte ein:
– der minderjährige Sohn sei in der Türkei aufgewachsen,
– der Krankheitszustand der Mutter habe sich gebessert,
– die in der Schweiz geborene Tochter sei in einer Pflegestelle untergebracht worden und
– der Status der Eltern in der Schweiz beruhe nur auf einem humanitären Aufenthaltsrecht.

32 Besteht zwar kein Anspruch auf Familiennachzug aus Art. 8 EMRK, so muss das nationale Recht aber eine Güterabwägung ermöglichen, die in Einzelfällen den Familiennachzug zulässt. Die erforderliche menschenrechtliche Abwägungsentscheidung orientiert sich zwar an abstrakten Kriterien, deren Gewichtung aber immer einzelfallbezogen erfolgt, sodass eine Prognose über den Ausgang der Abwägungsentscheidung kaum möglich ist[43].

IV. Rechtsanspruch auf Kindernachzug und Ermessensfälle

1. Kindernachzug zu den Eltern oder zu dem allein sorgeberechtigten Elternteil

33 Der Nachzugsanspruch minderjähriger Kinder beruht auf Art. 4 I Familienzusammenführungs-RL. Daher ist die RL auch für die Auslegung der einzelnen Tatbestandsvoraussetzungen (Kind, alleiniges Sorgerecht usw) von erheblicher Bedeutung. Die Regelungen über den Zu- und Nachzug zur Herstellung oder Wahrung einer familiären Lebensgemeinschaft (§§ 27 ff.) dienen nicht dazu, einem regelmäßig im Ausland verbleibenden Kind erleichterte Besuchsmöglichkeiten zu verschaffen[44]. Auch der § 32 verlangt daher von den minderjährigen Ausländer, die für die Regelungen über den Familiennachzug für sich in Anspruch nehmen möchte, die Verlegung seines Lebensmittelpunkts nach Deutschland, konkret zu den hier bleibeberechtigten Eltern[45]. Das erfordert eine Verlagerung des bisher im Ausland angesiedelten Schwerpunkts der persönlichen Lebens- und Arbeitsbeziehungen ins Inland[46]. Bei in der Schulausbildung befindlichen Kindern und Jugendlichen liegt dieser Schwerpunkt in aller Regel in dem Land, in dem diese Ausbildung absolviert wird.

34 Der **nachträgliche Zuzug** nach § 32 I wird davon abhängig gemacht, dass die Eltern oder der alleinpersonensorgeberechtigte Elternteil einen besonderen Aufenthaltstitel besitzt. Erfolgt der Nachzug zu den im Bundesgebiet lebenden Eltern, so müssen diese im Besitz eines der enumerativ aufgezählten Aufenthaltstitel sein. Das **nationale Visum zur Einreise ist grundsätzlich keine Aufenthaltserlaubnis** iSd § 32 I[47]. Aufenthaltserlaubnis und Visum sind nach der Konzeption des AufenthG jeweils eigenständige Aufenthaltstitel. Nach § 4 I 2 wird das Visum als besonderer Aufenthaltstitel erteilt, was sich auch in § 39 S. 1 Nr. 1 AufenthV, der ausdrücklich an das Visum und alternativ an eine Aufenthaltserlaubnis anknüpft, manifestiert. Vor diesem Hintergrund wäre zu erwarten gewesen, dass der Gesetzgeber, der die Auflistung der zum Nachzug berechtigenden Aufenthaltstitel in Abs. 1 iRd FamiliennachzugsneuregelungsG neu gefasst hat, das Visum als Aufenthaltstitel ausdrücklich in § 32 I erwähnt hätte, wenn er die Erteilungsvoraussetzungen auch auf diese Fallgestaltung hätte erstrecken wollen.

35 **Da der Kindernachzug auch gemeinsam mit den Eltern erfolgen kann, ist in diesem Fall nach Sinn und Zweck ausnahmsweise auch ein nationales Visum nach § 6 III ausreichend, um den Rechtsanspruch auf Familiennachzug zu begründen**[48]. Andernfalls wäre ein gemeinsamer Zuzug in das Bundesgebiet rechtlich nicht möglich.

---

[41] EGMR Urt. v. 19.2.1996 – 23218/94, InfAuslR 1996, 245 Rn. 38 – Gül/Schweiz.
[42] EGMR Urt. v. 19.2.1996 – 23218/94, InfAuslR 1996, 245 Rn. 41 – Gül/Schweiz.
[43] So auch *Thym* NVwZ 2018, 1340 (1342).
[44] OVG Saarl Beschl. v. 9.11.2009 – 2 B 449/09.
[45] OVG Saarl Beschl. v. 9.11.2009 – 2 B 449/09.
[46] OVG Saarl Beschl. v. 9.11.2009 – 2 B 449/09.
[47] AA OVG Bln-Bbg Beschl. v. 18.8.2021 – OVG 3 S 66/21 Rn. 4, Beschl. v. 19.12.2018 – OVG 3 S 98.18 Rn. 12; Beschl. v. 22.12.2016 – OVG 3 S 106.16 Rn. 3, die den Besitz eines Aufenthaltstitels als „reinen Formalismus" ansehen; ebenso Beschl. v. 22.12.2016 – OVG 3 S 98.16 Rn. 3; s. auch Beschl. v. 21.12.2015 – OVG 3 S 95.15, NVwZ 2016, 471 Rn. 2.
[48] Weitergehend OVG Bln-Bbg Beschl. v. 22.12.2016 – OVG 3 S 106.16 Rn. 3, die den Besitz eines Aufenthaltstitels als reinen Formalismus ansehen.

Verlegt das Kind seinen Lebensmittelpunkt zusammen mit beiden Eltern oder mit dem allein **36** personensorgeberechtigten Elternteil nach Deutschland, so besteht unabhängig von der Ausnahmeregelung in § 32 II ein Nachzugsanspruch nach § 32 I. Der allein personensorgeberechtigte Elternteil muss nachweisen, dass er der alleinige Inhaber des Personensorgerechts für das Kind ist[49].

Das minderjährige ledige Kind verlegt seinen Lebensmittelpunkt auch dann „zusammen" mit dem **37** allein sorgeberechtigten Elternteil ins Bundesgebiet, wenn es nicht gleichzeitig mit diesem umzieht, der Umzug aber noch im zeitlichen Zusammenhang mit demjenigen des Elternteils erfolgt[50]. Wann ein solcher zeitlicher Zusammenhang (noch) vorliegt, richtet sich nach den Umständen des Einzelfalls. **Entscheidend ist, dass das Gesamtbild eines Umzugs der gesamten Familie vom Ausland ins Bundesgebiet gewahrt bleibt**[51]. Dies ergibt sich aus der Begründung des Gesetzesentwurfs zu § 32 I Nr. 3 aF[52]. Demnach ist es, wenn die gesamte Familie zusammen zuwandert und damit der Lebensmittelpunkt der Kinder gemeinsam mit den Eltern oder im zeitlichen Zusammenhang mit der Zuwanderung der Eltern ins Bundesgebiet verlagert wird, gerechtfertigt, den Nachzugsanspruch allen minderjährigen Kindern einzuräumen. Für einen Umzug der ganzen Familie bedürfe es oft weitreichender Vorbereitungen (Wohnungssuche, Suche eines Kindergarten- oder Schulplatzes, Auswahl von Betreuungspersonen etc). Es könne sachgerecht sein, dem Kind vor dem Umzug die Beendigung des laufenden Schuljahres zu ermöglichen.

Dabei ist weiterhin zu berücksichtigen, dass die Umzugsvoraussetzungen beim Zuzug aus dem **38** Ausland mehr Zeit als bei Inlandsumzügen erfordern und auch noch darauf Rücksicht genommen werden muss, dass meistens bei einer abhängigen Beschäftigung Probezeiten einzuhalten sind, bis zu deren erfolgreichen Beendigung ein Umzug der gesamten Familie grundsätzlich nicht verantwortet und daher auch nicht verlangt werden kann. Maßgeblich ist das Gesamtbild über einen gewissen Zeitraum, nicht die Einreisezeitpunkte der einzelnen Familienmitglieder[53].

Der **Lebensmittelpunkt** wird dann nach Deutschland verlegt, wenn hier ein gewöhnlicher Auf- **39** enthalt iSd § 30 II 2 SGB I begründet wird. Danach hat jemand seinen gewöhnlichen Aufenthalt dort, wo er sich uU aufhält, die erkennen lassen, dass er an diesem Ort oder in diesem Gebiet nicht nur vorübergehend verweilt. Der Ausländer muss den Schwerpunkt der Bindungen, also den Daseinsmittelpunkt verlegen[54]. Nicht erforderlich ist die Aussicht auf eine dauernde Niederlassung, wenn der Ausländer auf unabsehbare Zeit in Deutschland lebt[55]. Die Zeitspanne muss aber den obwaltenden praktischen Lebensverhältnissen, die mehr und mehr den mobilen Menschen fordern, und dem geltenden Aufenthaltsrecht angepasst sein, wonach zunächst immer nur eine verlängerbare (befristete) Aufenthaltserlaubnis in Betracht kommt. Daher ist der Schwerpunkt der Lebensverhältnisse nicht erst dann ins Inland verlagert, wenn er hier auf unabsehbare Zeit genommen ist.

Anhaltspunkte für den gewöhnlichen Aufenthalt bilden Wohnung und Arbeitsplatz, bei Schülern und **40** Studenten der Ausbildungsort, vor allem aber die voraussichtliche Gesamtaufenthaltsdauer. Die Beibehaltung einer Wohnung im Ausland allein spricht nicht gegen die Verlegung des Lebensmittelpunkts. Nicht ausreichend ist zB ein Aufenthalt von einem Jahr oder weniger, wenn die Verlängerung rechtlich oder faktisch nicht in Betracht kommt. Andererseits kann ein Aufenthalt von mehr als der Hälfte des Jahres genügen, wenn dieses Verhältnis zwischen In- und Auslandsaufenthalt auf Dauer beibehalten werden soll.

Die familiäre **Lebensgemeinschaft** im Bundesgebiet muss durch Zuzug oder Nachzug hergestellt **41** werden. Dagegen ist es nicht erforderlich, die Absicht oder Aussicht, den gemeinsamen Lebensmittelpunkt für längere Zeit in Deutschland zu begründen. Die Familienmitglieder müssen grundsätzlich gemeinsam zusammenleben (vgl. § 27 I). Es genügt aber, wenn die Eltern getrennt leben und das Kind überwiegend oder vollständig bei einem oder beiden lebt, falls das Sorgerecht (noch) nicht einem von ihnen übertragen ist. Es wäre mit dem Kindeswohl nicht zu vereinbaren, wenn in Trennungsfällen der Nachzug versagt würde. Wem die elterliche Sorge während des Getrenntlebens oder nach Ehescheidung übertragen wird, richtet sich nach dem Familienrecht. Für den Nachzug ist allein ausschlaggebend, dass beide Eltern ein Aufenthaltsrecht besitzen und zumindest einer von ihnen mit dem Kind eine familiäre Gemeinschaft iSd § 27 I aufnimmt, um seiner Elternverantwortung nachzukommen.

Die Einfügung des Nachzugsanspruchs in § 32 I zu Eltern bzw. des allein personensorgeberechtigten **42** Elternteils mit einer **Erlaubnis zum Daueraufhalt-EU** dient der Umsetzung des Art. 16 I Familienzusammenführungs-RL, wonach das vorherigen Bestehen der familiären Lebensgemeinschaft im ersten Mitgliedstaat einen Anspruch auf Nachzug der zur Kernfamilie gehörenden minderjährigen ledigen Kinder eines Ausländers gewährt, der in einem anderen Mitgliedstaat langfristig aufenthaltsberechtigt ist und von seinem Mobilitätsrecht Gebrauch macht. Familienangehörige der Kernfamilie iSd Famili-

---

[49] BayVGH Beschl. v. 30.10.2018 – 10 C 18.1782 Rn. 3.
[50] OVG NRW Beschl. v. 3.12.2008 – 19 B 444/08, AuAS 2009, 146.
[51] OVG NRW Beschl. v. 3.12.2008 – 19 B 444/08, AuAS 2009, 146.
[52] BT-Drs. 15/420, 83.
[53] Ähnlich *Hailbronner* AufenthG § 32 Rn. 7 f.
[54] Vgl. *Hailbronner/Renner* StAG § 20 Rn. 20 f.; *Göbel/Zimmermann* ZAR 2003, 65; BGH Urt. v. 5.2.1975 – IV ZR 103/73, NJW 1975, 1068; Beschl. v. 29.10.1980 – IVb ZB 586/80, FamRZ 1981, 135; HessVGH Urt. v. 2.12.2002 – 12 UE 1893/02, EZAR 026 Nr. 5 mwN aus verschiedenen Rechtsgebieten.
[55] BVerwG Beschl. v. 29.9.1995 – 1 B 236.94, EZAR 277 Nr. 5.

enzusammenführungs-RL sind grundsätzlich berechtigt, mit dem langfristig Aufenthaltsberechtigten mitzuwandern[56].

43 Darüber hinaus werden aber auch **minderjährige ledige Kinder** des langfristig Aufenthaltsberechtigten oder seines Ehegatten begünstigt, für die ein **gemeinsames Sorgerecht** besteht, sofern der andere sorgeberechtigte Elternteil seine Zustimmung erteilt. Diese Kinder haben nach Art. 4 Ic Alt. 2 Familienzusammenführungs-RL zwar keinen Anspruch auf Familiennachzug, da die Familienzusammenführungs-RL den Mitgliedstaaten insoweit eine Regelungsoption einräumt („Die Mitgliedstaaten können die Zusammenführung ... gestatten"), aber sie werden als Personengruppe in Art. 4 I Familienzusammenführungs-RL ausdrücklich aufgeführt und damit von dem Verweis in Art. 16 I Daueraufenthalts-RL erfasst. Da der Verweis auf die Familienzusammenführungs-RL nur der Bestimmung des begünstigten Personenkreises dient, ist der begünstigte familiäre Personenkreis, denen ein Rechtsanspruch auf Familiennachzug eingeräumt wird, größer als bei Familien, die erst nach der Weiterwanderung gegründet und von Art. 16 V Daueraufenthalts-RL erfasst werden.

44 Für die Einhaltung der in § 32 festgelegten **Altersgrenzen** ist der **Zeitpunkt der Antragstellung** maßgeblich, weil anderenfalls der damit verfolgte Zweck, minderjährigen Kindern die Herstellung der Familieneinheit im Bundesgebiet zu ermöglichen, vielfach aufgrund Zeitablaufs entfiele[57]. Das Abstellen auf den Zeitpunkt der Antragstellung soll verhindern, dass das nachzugswillige Kind ihm an sich zustehende Rechte wegen der Verfahrensdauer allein durch Zeitablauf verliert. Demgegenüber müssen die übrigen Anspruchsvoraussetzungen spätestens auch im Zeitpunkt des Erreichens der Altersgrenze vorliegen und können nach diesem Zeitpunkt eingetretene Sachverhaltsänderungen zugunsten des Betroffenen grundsätzlich nicht berücksichtigt werden[58]. Im Hinblick auf diese gesetzliche Zielsetzung müssen die für die Erteilung der erforderlichen Aufenthaltserlaubnis weitere tatbestandliche Voraussetzungen (§§ 29, 5) nicht zum Zeitpunkt der gerichtlichen Entscheidung, sondern bereits bei Vollendung des maßgeblichen Nachzugsalters, dh des 18. bzw. 16. Lebensjahres, gegeben sein[59]. Für die Beurteilung der Voraussetzungen des Kindernachzugs nach § 32 bedarf es daher einer auf zwei unterschiedliche Zeitpunkte bezogenen Doppelprüfung[60].

45 Besondere Bedeutung hat die **Übergangsregelung nach § 104 III**[61]. Danach gilt bei Ausländern, die sich vor dem 1.1.2005 rechtmäßig in Deutschland aufgehalten haben, hinsichtlich ihrer vor diesem Zeitpunkt geborenen Kinder für den Nachzug § 20 AuslG 1990 in der zuletzt gültigen Fassung, es sei denn, das AufenthG gewährt eine günstigere Rechtsstellung.

46 Nach § 20 II iVm III 1 AuslG 1990 kann eine Aufenthaltserlaubnis erteilt werden, wenn die **Eltern nicht miteinander verheiratet** sind. Diese Vorschrift ist über § 104 III weiterhin anwendbar. Sie gewährt zwar nur einen Anspruch auf eine ermessensfehlerfreie Entscheidung. Dennoch ist sie gegenüber der Anspruchsregelung in § 32 II zT günstiger, da der Nachzug abgesehen von der Altersgrenze von 16 Jahren (vgl. § 20 II 2 AuslG 1990) von keinen weiteren Tatbestandsvoraussetzungen abhängt[62].

47 Gleiches gilt hinsichtlich eines Anspruchs nach § 20 IV AuslG 1990. Danach kann dem minderjährigen ledigen Kind eines Ausländers eine Aufenthaltserlaubnis erteilt werden, wenn das Kind die deutsche Sprache beherrscht oder gewährleistet erscheint, dass es sich aufgrund seiner bisherigen Ausbildung und Lebensverhältnisse in die Lebensverhältnisse in Deutschland einfügen kann (§ 20 IV Nr. 1 AuslG 1990) oder es aufgrund der Umstände des Einzelfalls zur Vermeidung einer besonderen Härte erforderlich ist (§ 20 IV Nr. 2 AuslG 1990). Auch insoweit enthält das AufenthG keine günstigere Regelung. Denn ein Nachzugsanspruch nach § 32 II setzt voraus, dass beide Eltern oder der allein personensorgeberechtigte Elternteil eine Aufenthaltserlaubnis, Niederlassungserlaubnis oder Erlaubnis zum Daueraufhalt-EG besitzen. Ein Ermessensanspruch nach § 32 IV hängt von den gleichen materiellrechtlichen Voraussetzungen ab wie § 20 IV Nr. 2 AuslG 1990.

48 § 20 IV AuslG 1990 kommt hier gegenüber der Ermessensregelung des § 20 II iVm III 1 AuslG auch eine eigenständige Bedeutung zu, da die Vorschrift auch für **minderjährige Kinder nach Vollendung des 16. Lebensjahres** gilt[63].

2. Nachzug minderjähriger lediger Kinder ab dem 16. Lebensjahr

49 Der Nachzugsanspruch minderjähriger lediger Kinder, die das 16. Lebensjahr vollendet haben und ihren Lebensmittelpunkt nicht zusammen mit ihren Eltern oder dem allein personensorgebe-

---

[56] Einzelheiten unter → § 38a Rn. 46 ff.
[57] BVerwG Urt. v. 18.4.2013 – 10 C 9.12 Rn. 18; Urt. v. 7.4.2009 – 1 C 17.08 Rn. 10, Urt. v. 26.8.2008 – 1 C 32.07 Rn. 17; OVG Bln-Bbg Beschl. v. 18.8.2021 – OVG 3 S 66/21 Rn. 5.
[58] BVerwG Urt. v. 7.4.2009 – 1 C 17.08 Rn. 10; OVG Bln-Bbg Beschl. v. 18.8.2021 – OVG 3 S 66/21 Rn. 5; Beschl. v. 11.8.2021 OVG 3 L 133/20 Rn. 16.
[59] Vgl. OVG Bln-Bbg Urt. v. 25.4.2007 – 12 B 16.07 mwN; Urt. v. 18.8.2005 – 7 B 24.05.
[60] Vgl. OVG Bln-Bbg Urt. v. 11.8.2021 – OVG 3 L 133/20 Rn. 16.
[61] BVerwG Urt. v. 7.4.2009 – 1 C 17.08, InfAuslR 2009, 270.
[62] BVerwG Urt. v. 7.4.2009 – 1 C 17.08, InfAuslR 2009, 270.
[63] BVerwG Urt. v. 7.4.2009 – 1 C 17.08, InfAuslR 2009, 270; OVG Bln-Bbg Urt. v. 9.11.2011 – OVG 3 B 11.09 Rn. 31.

rechtigten Elternteil in das Bundesgebiet verlegen, besteht nach § 32 II 1 iVm I nur, wenn die Kinder besondere Integrationsanforderungen erfüllen. § 32 II bestimmt damit, dass ab dem Zeitpunkt der Vollendung des 16. Lebensjahres andere (strengere) tatbestandliche Voraussetzungen für die Erteilung einer Aufenthaltserlaubnis gelten als für jüngere Kinder, ohne dass es dabei darauf ankommt, wie lange nach diesem Zeitpunkt der Antrag auf Erteilung einer Aufenthaltserlaubnis gestellt wird[64].

Der Gesetzgeber hat seinen Gestaltungsspielraum nicht überschritten, indem er für ältere Kinder, die 16. Lebensjahr bereits vollendet haben, zusätzliche Anforderungen hinsichtlich ihrer Integration stellt, wenn sie nicht gemeinsam mit dem allein sorgeberechtigten Elternteil oder ihren Eltern in das Bundesgebiet einreisen, weil das Elternteil bzw. die Eltern bereits seit Längerem im Bundesgebiet leben[65]. Dem liegt einerseits die typisierende Vorstellung zugrunde, dass die Integrationsfähigkeit jüngerer Kinder, die einen Kindergarten oder eine Schule im Bundesgebiet besuchen werden, größer ist als diejenige eines älteren Kindes, das seine schulische Ausbildung im Herkunftsland (weitgehend) abgeschlossen hat[66]. Außerdem durfte der Gesetzgeber davon ausgehen, dass die verfassungsrechtliche Schutzwürdigkeit einer familiären Lebensgemeinschaft geringer ist, wenn ein bereits 16 bis 18 Jahre altes Kind keine Lebensgemeinschaft mehr mit seinen bereits im Bundesgebiet lebenden Eltern bzw. dem allein sorgeberechtigten Elternteil führt und daher der Lebensmittelpunkt nicht gemeinsam in das Bundesgebiet verlegt wird[67]. Der Nachzug im höheren Alter wird trotz der dann regelmäßig bestehenden Integrationsschwierigkeiten zugelassen, wenn die Eingliederung in deutsche Lebensverhältnisse in anderer Weise als beim Nachzug im jüngeren Alter üblich (zB durch Besuch einer deutschen Schule) gewährleistet ist.

50

Diese Vorgaben sind sowohl mit der Daueraufenthalts-RL als auch der Familienzusammenführungs-RL vereinbar. Der Nachzug von **Kindern über zwölf Jahren, die unabhängig von Rest der Familie nachziehen,** ist nach der Daueraufenthalts-RL nur zulässig, wenn sie die Integrationskriterien erfüllen, die im deutschen Recht zum Zeitpunkt des Ablaufs der Umsetzungsfrist der Familienzusammenführungs-RL enthalten waren. In Art. 4 I UAbs. 3 Familienzusammenführungs-RL wird der Nachzug von Kindern über zwölf Jahren von der Erfüllung eines Integrationskriteriums abhängig gemacht, wenn der Mitgliedstaat von dieser Regelungsoption vor Ablauf der Transformationsfrist der Familienzusammenführungs-RL (3.10.2005) Gebrauch gemacht hat. Da das AufenthG den Nachzug von Kindern, die das 16. Lebensjahr vollendet haben, einem Beherrschen der deutschen Sprache oder der Aussicht der Integration in die hiesigen Lebensverhältnisse abhängig gemacht hat (§ 32 II), müssten Kinder eines langfristig Aufenthaltsberechtigten diese Voraussetzungen erfüllen, wenn sie nicht gemeinsam mit dem Familienverband nachziehen wollen.

51

Der nationale Gesetzgeber hat in § 32 I den Nachzug für Kinder über zwölf Jahren, die unabhängig von Familienverband nachziehen, indes an keine weiteren Voraussetzungen in Bezug auf die Erfüllung von Integrationskriterien geknüpft, wenn die Familie bereit im ersten Mitgliedstaat bestand. Daher müssen diese Kinder, anders als iRd Nachzugs nach § 16 V Daueraufenthalts-RL, kein Integrationskriterium (§ 32 II) bei der Einreise erfüllen.

52

§ 32 II 1 Alt. 1 verlangt die **Beherrschung der deutschen Sprache** (§ 2 XII). Die Kenntnisse müssen etwa so gut sein wie durchschnittlich bei deutschen Kindern in diesem Alter. Das Kind muss die deutsche Sprache in Wort und Schrift beherrschen, besondere Leistungen oder Prädikate im Deutschunterricht sind aber nicht verlangt (die Note „befriedigend" genügt)[68]. Die Deutschkenntnisse müssen über das Niveau der ausreichenden Kenntnisse hinausgehen (dazu § 2 XI) und die Stufe C1 der kompetenten Sprachanwendung des GER erreichen[69]. **Die Sprachkenntnisse müssen bereits zum Zeitpunkt der Visumerteilung vorliegen**[70]. Dass ein höheres Sprachniveau aufgrund von Intelligenz und Fleiß nach der Einreise erreicht werden kann, ist rechtlich unerheblich[71]. Dies erfordert in den einzelnen Bereichen die folgenden Kenntnisse und Fähigkeiten:

53

Sprachverwendung: Kann ein breites Spektrum anspruchsvoller, längerer Texte verstehen und auch implizite Bedeutungen erfassen. Kann sich spontan und fließend ausdrücken, ohne öfter deutlich erkennbar nach Worten suchen zu müssen. Kann die Sprache im gesellschaftlichen und beruflichen Leben oder in der Ausbildung und im Studium wirksam und flexibel gebrauchen. Kann sich klar, strukturiert und ausführlich zu komplexen Sachverhalten äußern und dabei verschiedene Mittel zur Textverknüpfung angemessen verwenden.

54

Lese- und Hörverstehen: Kann längeren Redebeiträgen folgen, auch wenn diese nicht klar strukturiert sind und wenn Zusammenhänge nicht explizit ausgedrückt sind. Kann ohne allzu große Mühe Fernsehsendungen und Spielfilme verstehen. Kann lange, komplexe Sachtexte und literarische

55

---

[64] OVG Bln-Bbg Beschl. v. 11.1.2016 – OVG 11 N 32.14 Rn. 12.
[65] OVG Bln-Bbg Beschl. v. 12.2.2021 – OVG 3 S 8/21 Rn. 6.
[66] OVG Bln-Bbg Beschl. v. 12.2.2021 – OVG 3 S 8/21 Rn. 6.
[67] OVG Bln-Bbg Beschl. v. 12.2.2021 – OVG 3 S 8/21 Rn. 6.
[68] HessVGH Urt. v. 2.12.2002 – 12 UE 1019/02, EZAR 022 Nr. 9.
[69] Unter www.goethe-institut.de oder www.alpha.at; zum Nachweis vgl. § 9.
[70] OVG Bln-Bbg Beschl. v. 11.1.2016 – OVG 11 N 32.14 Rn. 16.
[71] OVG Bln-Bbg Beschl. v. 11.1.2016 – OVG 11 N 32.14 Rn. 16.

Texte verstehen und Stilunterschiede wahrnehmen. Kann Fachartikel und längere technische Anleitungen verstehen, auch wenn sie nicht im eigenen Fachgebiet liegen.

56 **Sprechen:** Kann sich spontan und fließend ausdrücken, ohne öfter deutlich erkennbar nach Worten suchen zu müssen. Kann die Sprache im gesellschaftlichen und beruflichen Leben wirksam und flexibel gebrauchen. Kann eigene Gedanken und Meinungen präzise ausdrücken und eigene Beiträge geschickt mit denen anderer verknüpfen. Kann komplexe Sachverhalte ausführlich darstellen und dabei Themenpunkte miteinander verbinden, bestimmte Aspekte besonders ausführen und den Beitrag angemessen abschließen.

57 **Schreiben:** Kann sich schriftlich klar und gut strukturiert ausdrücken und die eigene Ansicht ausführlich darstellen. Kann in Briefen, Aufsätzen oder Berichten über komplexe Sachverhalte schreiben und die für ihn wesentlichen Aspekte hervorheben. Kann in schriftlichen Texten den Stil wählen, der für die jeweiligen Leser angemessen ist.

58 Während nach der 1. Alt. über die Beherrschung der deutschen Sprache hinaus keine weiteren Anhaltspunkte für eine Integrationsfähigkeit verlangt werden, liegt bei der 2. Alt. der Schwerpunkt auf anderen Bereichen, obwohl die Kenntnisse der deutschen Sprache auch für die hier notwendige Prognose eine gewichtige Rolle spielen. Die **Gewähr für die Integration** kann sich aus einer Gesamtbetrachtung der Ausbildung und der Lebensverhältnisse ergeben. Die Fähigkeit zur Eingliederung in die Lebensverhältnisse in Deutschland wird jedenfalls ohne zeitweiligen Besuch einer Schule mit Deutsch als Unterrichts- oder Fremdsprache und ohne eine andersartige deutschsprachige Erziehung oder Ausbildung in der Regel nicht bestehen. Für die Eingliederungsaussichten sind neben den bisherigen die künftigen Lebensverhältnisse ausschlaggebend, zB bei einem Leben in einer deutschsprachigen Familie.

59 Die **Herkunft** aus einem der EU- oder EWR-Staaten oder der in § 41 AufenthV genannten Staaten soll für die Praxis im Allgemeinen genügen, wobei die Schweiz nicht vergessen werden darf. Aber auch in einem zum Teil industriell geprägten Staat wie der Türkei können die Voraussetzungen für eine Integration in deutsche Lebensverhältnisse erworben werden[72]. Ermessen ist weder hier noch in anderem Zusammenhang auszuüben. Das für den Gesetzgeber als Regelungszweck verbindliche Kindeswohl ist jedoch auch bei der Auslegung und Anwendung des Begriffs der Integrationsgewähr als maßgeblicher Gesetzeszweck im Auge zu behalten[73].

60 **Ausnahmeregelung** finden sich beim Kindernachzug nach § 32 II 2 zu anerkannten Asylberechtigten (§ 25 I) und GK-Flüchtlingen (§ 25 II 1 Alt. 1), subsidiär Schutzberechtigten (§ 25 II 1 Alt. 2), Resettlement-Flüchtlingen (§ 26 IV) und Eltern mit einer Niederlassungserlaubnis nach § 26 III oder IV, wobei eine Niederlassungserlaubnis nach § 26 IV nur ausreicht, wenn sie einem subsidiär Schutzberechtigten erteilt worden ist.

61 Mit dem AufenthÄndG 2015 wurde ein verbesserter Familiennachzug zu Resettlement-Flüchtlingen (§ 23 IV) eingeführt. Ab dem 1.8.2015 erhalten Flüchtlinge, die im Rahmen des Resettlements in Deutschland aufgenommen werden, eine Aufenthaltserlaubnis nach dem neuen § 23 IV. Zuvor wurde ihnen eine Aufenthaltserlaubnis gemäß § 23 II erteilt. Resettlement-Flüchtlinge sind seit dem 1.8.2015 in ihren Rechten Asylberechtigten und anerkannten Flüchtlingen gleichgestellt und können somit auch ihre Familienangehörigen unter den gleichen Voraussetzungen nachholen.

62 Ein Nachzug ist möglich, wenn nur **ein Elternteil** im Bundesgebiet lebt und als internationaler Schutzberechtigter oder Resettlement-Flüchtling anerkannt ist und eine entsprechende Aufenthaltserlaubnis oder Niederlassungserlaubnis besitzt. Auch die Gewährung von Familienasyl oder Familienabschiebungsschutzberechtigung (§ 26 AsylG) führt zur Aufenthaltserlaubnis nach § 25 I oder II oder zur Niederlassungserlaubnis nach § 26 III und steht damit auch für den Kindernachzug der Anerkennung aufgrund des eigenen Verfolgungsschicksals gleich. Der Anspruch entfällt nicht, wenn Familienasyl oder Familienabschiebungsschutz für das Kind nicht beantragt oder der Antrag abgelehnt ist.

63 Das Erfordernis des § 27 I muss erfüllt, die Herstellung oder Erhaltung der Gemeinschaft zwischen Eltern und Kind also bezweckt sein. Grundsätzlich sind die Vorschriften der §§ 5 I, 10, 27 III, 29 I zu beachten (Ausnahmen jeweils dort). Soweit die Familienzusammenführungs-RL Anwendung findet, ist zu beachten, dass die Versagungsgründe und die Erteilungsvoraussetzungen unionsrechtskonform ausgelegt werden müssen[74]. Die mit dem **1. Migrationspaket 2022 (Chancen-Aufenthaltsrecht)** beabsichtigten Änderungen in Abs. 2 konnten nicht mehr berücksichtigt werden. Die beabsichtigten Neuregelungen sollen bewirken, dass minderjährige ledige Kinder, die das 16. Lebensjahr vollendet haben und den Lebensmittelpunkt nicht zusammen mit ihren Eltern oder dem allein personensorgeberechtigten Elternteil in das Bundesgebiet verlegen, die in Abs. 2 S. 1 niedergelegten Voraussetzungen für den Kindernachzug (Beherrschung der deutschen Sprache oder Gewährleistung der Einfügung in die Lebensverhältnisse der Bundesrepublik Deutschland) nicht erfüllen müssen, sofern der Kindernachzug zu bestimmten ausländischen Fachkräften mit einer Aufenthaltserlaubnis nach den §§ 18a, 18b I, 18d, 18f, 19c oder 21 erfolgt.

---

[72] HessVGH Beschl. v. 20.2.1996 – 12 TG 4149/95, EZAR 024 Nr. 6.
[73] Dazu → Rn. 3.
[74] Einzelheiten bei Kommentierung zu § 27.

3. Ausnahme bei gemeinsamem Sorgerecht

§ 32 I–III wurden durch Gesetz vom 29.8.2013[75] vollständig neu gefasst. Die Regelung fand **64** unmittelbar nach ihrem Inkrafttreten auch auf anhängige nicht rechtskräftig beschiedene Altfälle, in denen das Kind die jeweilige maßgebliche Altersgrenze bereits vor Inkrafttreten der geänderten Regelung vollendet hatte, Anwendung, da der Gesetzgeber keine Übergangsregelung getroffen hatte[76]. Durch die Neuregelung wurde eine unbeabsichtigte und unerwünschte Benachteiligung von Kindern aus Drittstaaten, deren Rechtsordnungen das alleinige Personensorgerecht nicht kennen, gegenüber Kindern aus Drittstaaten, in denen es die alleinige Personensorge gibt, aufgehoben[77].

Dass der Zusammenziehende für das nachziehende Kind allein personensorgeberechtigt sein muss, **65** entfiel mWz 6.9.2013 insofern, als nach der Neuregelung auch Kindern von Eltern, die sich das Personensorgerecht teilen, eine Aufenthaltserlaubnis erteilt werden soll, wenn die übrigen Voraussetzungen vorliegen und der im Ausland verbleibende Elternteil zustimmt bzw. eine entsprechende Entscheidung der zuständigen Stelle (zB eines Gerichts) vorliegt. Damit wird von der in der Familienzusammenführungs-RL eröffneten Regelungsmöglichkeit Gebrauch gemacht. Denn Kinder haben nach Art. 4 Ic Alt. 2 Familienzusammenführungs-RL die Möglichkeit des Familiennachzugs, wenn die Mitgliedstaaten die Zusammenführung in Fällen gestatten, in denen ein gemeinsames Sorgerecht besteht und der andere sorgeberechtigte Elternteil seine Zustimmung erteilt.

Einschränkungen erfährt die Sollvorschrift mit Blick auf Art. 16 I Daueraufenthalts-RL. Danach **66** haben auch **minderjährige ledige Kinder** des langfristig Aufenthaltsberechtigten oder seines Ehegatten, für die ein **gemeinsames Sorgerecht** besteht, ein Recht auf Nachzug, sofern der andere sorgeberechtigte Elternteil seine Zustimmung erteilt. Diese Kinder haben zwar unmittelbar nach Art. 4 Ic Alt. 2 Familienzusammenführungs-RL keinen Anspruch auf Familiennachzug, da die Familienzusammenführungs-RL den Mitgliedstaaten insoweit eine Regelungsoption einräumt („Die Mitgliedstaaten können die Zusammenführung ... gestatten"), aber sie werden als Personengruppe in Art. 4 I Familienzusammenführungs-RL ausdrücklich aufgeführt und damit von dem Verweis in Art. 16 I Daueraufenthalts-RL erfasst. Da der Verweis auf die Familienzusammenführungs-RL nur der Bestimmung des begünstigten Personenkreises dient, ist der begünstigte familiäre Personenkreis, denen ein Rechtsanspruch auf Familiennachzug eingeräumt wird, größer als bei Familien, die erst nach der Weiterwanderung gegründet und von Art. 16 V Daueraufenthalts-RL erfasst werden.

Aufgrund der Ausgestaltung der Norm als Soll-Vorschrift besteht – mit Ausnahme der genannten **67** Fallgruppe – nach wie vor die Möglichkeit, den Nachzug des Kindes in Ausnahmefällen zu versagen, insbesondere wenn es konkrete Anhaltspunkte für die missbräuchliche Ausnutzung des Nachzugsrechts gibt. Solche Anhaltspunkte können bspw. darin bestehen, dass der Antrag erst kurz vor Vollendung des 16. Lebensjahres des Kindes gestellt wird und das Kind bis dahin keinerlei Bezug zu Deutschland und dem hier lebenden Elternteil hatte[78].

Die nachweisliche Zuständigkeit insbesondere des Elternteils, der im Ausland verbleibt, oder eine **68** diese Zuständigkeit ersetzende Entscheidung der zuständigen Stelle sind von großer Bedeutung in der praktischen Anwendung der Vorschrift. Wenn aufgrund konkreter Anhaltspunkte Zweifel an der Echtheit und der Rechtsverbindlichkeit solcher Zustimmungserklärungen oder gerichtlicher bzw. behördlicher Entscheidungen bestehen, ist eine gründliche Prüfung erforderlich, da die aufenthaltsrechtliche Entscheidung insbesondere nicht dazu führen darf, dass ein Kind ohne Einverständnis des personensorgeberechtigten Elternteils dessen Einflussbereichs entzogen wird.

Die Regelung in § 32 III geht von einem tatsächlich bestehenden und nicht von einem gleichsam **69** fingierten gemeinsamen Sorgerecht aus[79]. **Grundsätzlich sind Sorgerechtsentscheidungen anderer Gerichte anzuerkennen.** Hier gibt es aber nicht wie bei Adoptionsentscheidungen[80] ein gesondertes Verfahren, bei dem eine getroffene gerichtliche Feststellung „für und gegen alle" (§ 4 II 1 AdWirkG) wirkt[81].

Nach Art. 16 des Haager Minderjährigenschutz-Übereinkommens[82] kann eine von einem ausländischen Gericht getroffene Sorgerechtsentscheidung nur dann unbeachtet bleiben, wenn die Anwendung mit der öffentlichen Ordnung offensichtlich unvereinbar ist[83]. **Dieser Ordre-public-Vorbehalt schließt es grundsätzlich aus, ausländische Entscheidungen auf ihre Richtigkeit hin zu überprüfen.** Von Bedeutung ist bei einer ausländischen Sorgerechtsübertragung nur, ob das Entscheidungsergebnis in einem so starken Widerspruch zu dem Grundgedanken des Kindeswohls steht, dass es

---

[75] BGBl. 2013 I S. 3484, ber. S. 3899, in Kraft getreten am 6.9.2013.
[76] OVG Bln-Bbg Urt. v. 27.2.2014 – OVG 2 B 14.11 Rn. 18.
[77] Gesetzesbegründung zu § 32, BT-Drs. 17/13022, 21.
[78] Gesetzesbegründung zu § 32, BT-Drs. 17/13022, 21.
[79] OVG Bln-Bbg Beschl. v. 2.12.2015 – OVG 11 N 27.14 Rn. 9; Beschl. v. 26.8.2014 – OVG 6 N 48.14 Rn. 10.
[80] Zu Einzelheiten → Rn. 10 ff.
[81] BVerwG Beschl. v. 2.7.2012 – 10 B 12.12 Rn. 7.
[82] Haager Übereinkommen über die Zuständigkeit der Behörden und das anzuwendende Recht auf dem Gebiet des Schutzes von Minderjährigen v. 5.10.1961 (BGBl. II S. 217).
[83] BVerwG Urt. v. 29.11.2012 – 10 C 4.12, 10 C 5.12, 10 C 11.12 und 10 C 14.12.

untragbar erscheint, oder die Entscheidung in einem Verfahren zustande gekommen ist, das grundlegenden rechtsstaatlichen Anforderungen nicht genügt.

71 Soweit nicht das Haager Minderjährigenschutz-Übereinkommen oder das Europäische Übereinkommen über die Anerkennung und Vollstreckung von Entscheidungen über das Sorgerecht für Kinder und die Wiederherstellung des Sorgerechtsverhältnisses[84] Anwendung findet, werden ausländische Sorgerechtsentscheidungen nach § 108 I FamFG anerkannt, ohne dass es hierfür eines besonderen Verfahrens bedarf. Nur wenn einer der in § 109 I FamFG genannten Versagungsgründe eingreift, ist die Anerkennung ausgeschlossen[85]. Dies ist ua der Fall, wenn die Entscheidung zu einem Ergebnis führt, das mit wesentlichen Grundsätzen des deutschen Rechts offensichtlich unvereinbar ist, insbesondere wenn die Anerkennung mit den Grundrechten unvereinbar ist (§ 109 I Nr. 4 FamFG).

72 Diese Vorschrift ist der internationalrechtlichen **Ordre-public-Klausel** des Art. 6 EGBGB nachgebildet. Sie führt zu einer Durchbrechung des Grundsatzes, dass ausländische Entscheidungen nicht auf ihre Rechtmäßigkeit überprüft werden dürfen. Ihre Anwendung ist daher auf Ausnahmesituationen zu begrenzen. Ein Anerkennungshindernis wegen Verstoßes gegen den „ordre public" kann deshalb nicht schon angenommen werden, wenn die ausländische Entscheidung nicht überzeugend erscheint oder ein deutsches Gericht nach deutschem Recht anders entschieden hätte[86]. Ein solches liegt vielmehr erst vor, wenn die ausländische Entscheidung mit den Grundgedanken der deutschen Regelungen und den in ihnen enthaltenen Gerechtigkeitsvorstellungen in einer Weise in Widerspruch steht, dass sie nach inländischen Vorstellungen untragbar erscheint oder sie auf einem Verfahren beruht, das von den Grundprinzipien des deutschen Verfahrensrechts in einem solchen Maße abweicht, dass nach der deutschen Rechtsordnung nicht mehr von einem geordneten rechtsstaatlichen Verfahren ausgegangen werden kann[87].

73 **Ein Verstoß gegen den „ordre public" kommt sowohl in verfahrensrechtlicher als auch in materiell-rechtlicher Hinsicht in Betracht. Dabei ist nicht zu prüfen, ob das ausländische Gericht das dortige Recht fehlerfrei angewandt hat. Abzustellen ist allein auf die Wirkung der ausländischen Sorgerechtsentscheidung, also auf deren Ergebnis**[88].

74 In Bezug auf verfahrensrechtliche Verstöße ist zu berücksichtigen, dass nicht jede Abweichung von zwingenden Vorschriften des deutschen Prozessrechts bereits eine Verletzung des „ordre public" begründen kann. Der Vorbehalt greift vielmehr nur, wenn das Verfahren von den Grundprinzipien des deutschen Verfahrensrechts in einem solchen Maße abweicht, dass nach der deutschen Rechtsordnung nicht mehr von einem geordneten rechtsstaatlichen Verfahren ausgegangen werden kann[89]. Prüfungsmaßstab sind auch insoweit insbesondere die Grundrechte[90]. Nach der deshalb insbesondere zu berücksichtigenden Rspr. des BVerfG[91] verlangen der verfassungsrechtliche Grundrechtsschutz der Kinder und ihr Anspruch auf rechtliches Gehör eine Verfahrensgestaltung, die eine eigenständige Wahrnehmung der Kindesbelange sicherstellt und es den Gerichten ermöglicht, die Grundlagen einer am Kindeswohl orientierten Entscheidung möglichst zuverlässig zu erkennen[92]. Der Wille des Kindes ist zu berücksichtigen, soweit das mit seinem Wohl vereinbar ist.

75 Die **Anhörung des Kindes** stellt einen Verfahrensgrundsatz mit Verfassungsrang dar, der der Absicherung des Kindeswohles dient und die Stellung des Kindes als Subjekt im Verfahren, seine Grundrechte iSv Art. 6 II, Art. 2 I GG sowie seinen verfassungsrechtlich verbürgten Anspruch auf rechtliches Gehör (Art. 103 I GG) schützt[93]. Eine Verletzung von Grundprinzipien des deutschen

---

[84] Europ. Übereinkommen über die Anerkennung und Vollstreckung von Entscheidungen über das Sorgerecht für Kinder und die Wiederherstellung des SorgeRVerhältnisses v. 20.5.1980 (BGBl. 1990 II S. 220).
[85] OVG Bln-Bbg Urt. v. 23.2.2012 – OVG 2 B 6.11 Rn. 25.
[86] OVG Bln-Bbg Urt. v. 23.2.2012 – OVG 2 B 6.11 Rn. 25.
[87] Vgl. OVG Bln-Bbg Urt. v. 23.2.2012 – OVG 2 B 6.11 Rn. 25 ff., Urt. v. 29.9.2010 – OVG 12 B 21.09 Rn. 21 ff. und Urt. v. 7.12.2010 – OVG 12 B 11.08 und OVG 12 B 29.09 Rn. 35 ff. bzw. 43 ff.; BVerwG Beschl. v. 29.5.1986 – 1 B 20.86 Rn. 6 ff.; *Bumiller/Harders*, FamFG, 10. Aufl. 2011, § 109 Rn. 9; *Baetge* in Schulte-Bunert/Weinreich, FamFG, 3. Aufl. 2012, § 109 Rn. 18.
[88] OVG Bln-Bbg Urt. v. 25.10.2011 – OVG 11 B 2.10 Rn. 40.
[89] OVG Bln-Bbg Urt. v. 25.10.2011 – OVG 11 B 23.10 Rn. 36 unter Hinweis auf BVerwG Beschl. v. 29.5.1986 – 1 B 20.86 Rn. 10 mwN = FamRZ 1986, 381.
[90] OVG Bln-Bbg Urt. v. 25.10.2011 – OVG 11 B 23.10 Rn. 36. Vgl. auch § 7 IV des „Deutsches Gesetz zur Ausführung des Haager Übereinkommens vom 25.10.1980 über die zivilrechtlichen Aspekte internationaler Kindesentführung und des Europäischen Übereinkommens vom 20.5.1980 über die Anerkennung und Vollstreckung von Entscheidungen über das Sorgerecht für Kinder und die Wiederherstellung des Sorgerechtsverhältnisses – SorgerechtsÜbk-Ausführungsges – SorgeRÜbkAG" v. 5.4.1990, BGBl. I S. 701 ff. idF der Änderung durch Gesetz v. 19.2.2001, BGBl. I S. 288, wonach die Voraussetzungen des Art. 10 Ia oder b des Übereinkommens insbes. dann vorliegen, „wenn die Wirkungen der Entscheidung mit den Grundrechten des Kindes oder eines Sorgeberechtigten unvereinbar wären"; ebenso § 19 des Gesetzes zum internationalen FamilienR v. 26.1.2005 – BGBl. I S. 1162 idF der Änderung v. 23.5.2011, BGBl. I S. 916.
[91] BVerfG Beschl. v. 23.7.2007 – 1 BvR 156/07 Rn. 10 ff.; Beschl. v. 18.7.2006 – 1 BvR 1465/05 Rn. 29 f.; Beschl. v. 29.10.1998 – 2 BvR 1206/98, BVerfGE 99, 145 ff. Rn. 57 ff., 76 ff.; Beschl. v. 18.2.1993 – 1 BvR 692/92 Rn. 11 f.; Beschl. v. 29.7.1968 – 1 BvL 20/63, 1 BvL 31/66, BVerfGE 24, 119 Rn. 57 ff.
[92] OVG Bln-Bbg Urt. v. 25.10.2011 – OVG 11 B 23.10 Rn. 37.
[93] OVG Bln-Bbg Urt. v. 23.2.2012 – OVG 2 B 6.11 Rn. 30; Beschl. v. 21.12.2011 – OVG 12 M 40.11 Rn. 2; OVG Bln-Bbg Urt. v. 25.10.2011 – OVG 11 B 23.10 Rn. 37.

Kindernachzug § 32 AufenthG 1

Verfahrensrechts liegt daher vor, wenn dem betroffenen Kind, welches das 14. Lebensjahr vollendet hat, nicht die **Gelegenheit zur Äußerung in dem Verfahren,** in dem über das Sorgerecht entschieden wird, eingeräumt wurde[94].

Anhand dieser Maßstäbe wurde etwa die vom Staat Afghanistan per Gesetz getroffene Sorgerechtsregelung, wonach ab einem bestimmten Alter dem Vater das alleinige Sorgerecht zusteht, für unvereinbar mit dem „ordre public" angesehen[95]. Das Sorgerechtsverfahren ist unter Berücksichtigung des Alters des Kindes, des Entwicklungsstandes und seiner seelischen Verfassung so zu gestalten, dass der Entscheidungsträger möglichst zuverlässig die Grundlagen einer am Kindeswohl orientierten Entscheidung erkennen kann. Das erfordert jedenfalls bei Jugendlichen grundsätzlich eine persönliche Anhörung, bei jüngeren Kindern zumindest ein funktionales Äquivalent, durch das ihnen Gelegenheit gegeben wird, ihre Interessen auf altersgerechte Weise zu formulieren und in das Verfahren einzubringen. 76

Eine Sorgerechtsentscheidung, die in einem Verfahren zustande gekommen ist, das den „ordre public" verletzt, kann nur dann ausnahmsweise anerkannt werden, wenn die Nichtanerkennung das Kindeswohl gefährdet[96]. Gerade wenn mit der Sorgerechtsentscheidung zugleich mit in das Leben einschneidende Entscheidungen wie das Verlassen der Heimat und der Umzug zum weniger vertrauten Vater in ein fremdes Land verbunden sind, und auch dann, wenn die Eltern übereinstimmend diese Entscheidung wegen verbesserter Ausbildungsmöglichkeiten oder materieller Lebensumstände als im Interesse des Kindes liegend ansehen, bedarf es der Feststellung der aus Sicht des Kindes selbst in die Entscheidung einzustellenden Gesichtspunkte und Interessen[97]. 77

Wenn eine für die Zukunft des Kindes bedeutsame Entscheidung getroffen wird und wegen eines Interessenkonflikts zwischen Eltern und Kind die Interessen des Kindes nicht hinreichend durch die Eltern wahrgenommen werden können, kann sich daraus bei Kindern, deren Alter und Reife eine eigene Wahrnehmung ihrer Verfahrensrechte nicht erlaubt, auch die Pflicht ergeben, das Kindeswohl verfahrensrechtlich dadurch zu sichern, dass dem Kind bereits im familiengerichtlichen Verfahren ein Pfleger zur Wahrung seiner Interessen zur Seite gestellt wird. Ob darüber hinaus eine weitere Aufklärung durch Einholung eines Sachverständigengutachtens erforderlich ist, bleibt indes grundsätzlich dem zuständigen Fachgericht vorbehalten[98]. 78

Auch bei der Prüfung, ob ein **materiell-rechtlicher Verstoß gegen den „ordre public"** vorliegt, kommt es nicht darauf an, ob die Entscheidung, mit der das Sorgerecht übertragen wurde, fehlerfrei ist, sondern darauf, ob diese in einem so starken Widerspruch zu den Grundgedanken der deutschen Regelungen und den in ihnen enthaltenen Gerechtigkeitsvorstellungen steht, dass es nach inländischen Vorstellungen untragbar erscheint. Es stellt keinen Verstoß gegen den Vorbehalt des „ordre public" dar, wenn eine Sorgerechtsübertragung auf den mit der Kindesmutter nicht verheirateten Vater nach türkischem Recht nicht möglich sein sollte[99]. 79

Auch die einer ausländischen Sorgerechtsübertragung zugrunde liegende „ausländerrechtliche und ökonomische" Motivation, dem Kind durch die Übersiedlung zu seinem in Deutschland lebenden Elternteil eine bessere Förderung seiner schulischen und nachfolgenden beruflichen Ausbildung zu bieten und es ihm zu ermöglichen, unter wirtschaftlich besseren Ausgangsbedingungen Fuß zu fassen, spricht nicht gegen das Kindeswohl[100]. Ein festgestellter Verstoß gegen den „ordre public" führt nicht dazu, dass an dessen Stelle etwa die deutsche Sorgerechtsregelung tritt, wonach grundsätzlich beiden Eltern das Sorgerecht zusteht[101]. 80

Der **Begriff des alleinigen Sorgerechts** ist mit Blick auf Art. 4 Ic Familienzusammenführungs-RL **unionsrechtlich auszulegen**[102]. Bei der Prüfung, ob ein Elternteil allein personensorgeberechtigt ist, kann daher nicht auf das deutsche Familienrecht zurückgegriffen werden. 81

Entscheidendes Anliegen der Kindernachzugsregelung in Art. 4 I Familienzusammenführungs-RL ist das Kindeswohl[103]. Nach Art. 4 Ic Familienzusammenführungs-RL gestatten die Mitgliedstaaten vorbehaltlich der in Kap. IV sowie in Art. 16 genannten Bedingungen den minderjährigen Kindern des Zusammenführenden die Einreise und den Aufenthalt, wenn der Zusammenführende das Sorgerecht besitzt und für den Unterhalt aufkommt; die Mitgliedstaaten können die Zusammenführung in 82

---

[94] BVerwG Urt. v. 19.11.2012 – 10 C 4.12, BVerwGE 145, 153 Rn. 23; OVG Bln-Bbg Beschl. v. 26.8.2014 – OVG 6 N 48.14, NVwZ-RR 2014, 935 Rn. 5; Urt. v. 23.2.2012 – OVG 2 B 6.11 Rn. 30; Beschl. v. 21.12.2011 – OVG 12 M 40.11 Rn. 2.
[95] OVG Bln-Bbg Beschl. v. 26.8.2014 – OVG 6 N 48.14, NVwZ-RR 2014, 935 Rn. 5.
[96] BVerwG Urt. v. 19.11.2012 – 10 C 4.12, BVerwGE 145, 153 Rn. 21 ff.; OVG Bln-Bbg Beschl. v. 2.12.2015 – OVG 11 N 27.14 Rn. 6; Beschl. v. 26.8.2014 – 6 N 48.14 Rn. 4.
[97] OVG Bln-Bbg Beschl. v. 2.12.2015 – OVG 11 N 27.14 Rn. 6.
[98] OVG Bln-Bbg Urt. v. 25.10.2011 – OVG 11 B 23.10 Rn. 37 unter Hinweis auf BVerfG Beschl. v. 5.11.1980 – 1 BvR 349/80 Rn. 25; Beschl. v. 19.12.2007 – 1 BvR 2681/07 Rn. 21.
[99] OVG Bln-Bbg Urt. v. 25.10.2011 – OVG 11 B 23.10 Rn. 44.
[100] OVG Bln-Bbg Urt. v. 25.10.2011 – OVG 11 B 2.10 Rn. 40.
[101] OVG Bln-Bbg Beschl. v. 2.12.2015 – OVG 11 N 27.14 Rn. 9.
[102] BVerwG Urt. v. 7.4.2009 – 1 C 17.08, InfAuslR 2009, 270; Beschl. v. 28.8.2008 – 1 C 31.07, Buchholz 402.242 § 32 AufenthG Nr. 2.
[103] Vgl. EuGH Urt. v. 27.6.2006 – C-540/03, Slg. 2006, I-5769 Rn. 73 – Europäisches Parlament/Rat der EU.

Bezug auf Kinder gestatten, für die ein geteiltes Sorgerecht besteht, sofern der andere Elternteil seine Zustimmung erteilt.

83 Die Familienzusammenführungs-RL differenziert mithin beim Nachzug zu einem Elternteil, anknüpfend an das elterliche Sorgerecht, zwischen einem strikten Nachzugsanspruch und einer im Ermessen der Mitgliedstaaten stehenden Regelungsoption. Im Wege **typisierender Bewertung** geht der RL-Geber davon aus, dass in den Fällen des Art. 4 Ic Familienzusammenführungs-RL ein Nachzug des Kindes zu dem sorgeberechtigten Elternteil ohne weitere Prüfung regelmäßig dem Kindeswohl entspricht[104].

84 Die Familienzusammenführungs-RL enthält keine **Definition des Begriffs „Sorgerecht"**[105]. Anders als etwa bei der Bestimmung der Minderjährigkeit (vgl. Art. 4 I UAbs. 2 Familienzusammenführungs-RL) verweist die Familienzusammenführungs-RL auch nicht auf die Rechtsvorschriften des jeweiligen Mitgliedstaates. Der Begriff ist daher einheitlich auszulegen. Ein Anhaltspunkt[106], wie der Begriff auf Unionsebene zu verstehen ist, findet sich in Art. 2 Nr. 9 VO 2201/2003[107]. Danach bezeichnet der Ausdruck „Sorgerecht" die Rechte und Pflichten, die mit der Sorge für die Person eines Kindes verbunden sind, insbesondere das Recht auf die Bestimmung des Aufenthaltsorts des Kindes, während der Ausdruck „elterliche Verantwortung" nach Art. 2 Nr. 7 VO 2201/2003 die gesamten Rechte und Pflichten bezeichnet, die einer natürlichen oder juristischen Person durch Entscheidung oder kraft Gesetzes oder durch eine rechtlich verbindliche Vereinbarung betreffend die Person oder das Vermögen eines Kindes übertragen wurden und die außer dem Sorgerecht insbesondere auch das Umgangsrecht umfassen.

85 Aus Art. 4 Ic 2 Familienzusammenführungs-RL ergibt sich im Umkehrschluss, dass es für einen unionsrechtlichen Nachzugsanspruch zu einem Elternteil nicht genügt, wenn für das Kind ein „geteiltes", dh gemeinsames Sorgerecht besteht. Steht das Sorgerecht nicht einem Elternteil allein zu, sondern teilen es sich die Eltern, räumt die RL den Mitgliedstaaten einen Spielraum ein, der zudem unter der Prämisse steht, dass der andere Elternteil seine Zustimmung erteilt. Durch das Zustimmungserfordernis soll verhindert werden, dass das Sorgerecht des anderen Elternteils durch die Familienzusammenführung faktisch außer Kraft gesetzt wird[108]. Soweit nach dem RL-Entwurf der Kommission zunächst auch bei geteiltem Sorgerecht ein Nachzugsanspruch bestehen sollte, sofern der andere Elternteil zustimmt[109], fand dieser Vorschlag in den Verhandlungen keine Zustimmung und wurde von der Kommission in dem von ihr am 2.5.2002 vorgelegten geänderten RL-Vorschlag nicht aufrechterhalten[110].

86 ISd Art. 4 Ic Familienzusammenführungs-RL besitzt ein Elternteil das Sorgerecht daher nur, wenn er „allein" sorgeberechtigt ist, dem anderen Elternteil also bei der Ausübung des Sorgerechts keine substanziellen Mitentscheidungsrechte und -pflichten zustehen, etwa in Bezug auf Aufenthalt, Schule und Ausbildung oder Heilbehandlung des Kindes. In diesem Fall ist der RL-Geber davon ausgegangen, dass der Nachzug typischerweise dem Kindeswohl entspricht. Teilen sich die Eltern in für das Kind und seine weitere Entwicklung wesentlichen Angelegenheiten das Sorgerecht, gewährt die RL keinen Anspruch, sondern belässt den Mitgliedstaaten einen Spielraum[111]. Der RL-Geber ist folglich bei seiner typisierenden Betrachtung davon ausgegangen, dass bei geteiltem Sorgerecht der Nachzug zu einem Elternteil auch bei Zustimmung des anderen Elternteils nicht zwangsläufig dem Kindeswohl entspricht. Diese Auslegung ergibt sich unmittelbar aus dem Wortlaut der RL und ihrem Sinn und Zweck[112].

87 **Wem das Sorgerecht für ein Kind zusteht, beurteilt sich gem. Art. 21 EGBGB nach dem Recht des Staates, in dem das Kind seinen gewöhnlichen Aufenthalt hat,** weil das Rechtsverhältnis zwischen einem Kind und seinen Eltern diesem Recht unterliegt[113].

---

[104] BVerwG Urt. v. 7.4.2009 – 1 C 17.08, InfAuslR 2009, 270.
[105] Zum unterschiedlichen Verständnis des Begriffs innerhalb der Mitgliedstaaten vgl. Übersicht über die Sorgerechtsregelungen in den EU-Staaten der EU-Kommission/Europäisches Justizielles Netz für Zivil- und Handelssachen, http://ec.europa.eu/civiljustice/parental_resp/parental_resp_net_de.htm.
[106] BVerwG Urt. v. 7.4.2009 – 1 C 17.08, InfAuslR 2009, 270.
[107] VO (EG) Nr. 2201/2003 des Rates v. 27.11.2003 über die Zuständigkeit und die Anerkennung und Vollstreckung von Entscheidungen in Ehesachen und in Verfahren betr. die elterliche Verantwortung und zur Aufhebung der VO (EG) Nr. 1347/2000 in der durch die VO (EG) Nr. 2116/2004 des Rates v. 2.12.2004 geänderten Fassung (im Folgenden VO 2201/2003).
[108] Vgl. Begründung des ursprünglichen Vorschlags der Kommission der EG für eine RL des Rates betr. das Recht der Familienzusammenführung v. 1.12.1999 (KOM(1999) 638 endg., S. 16).
[109] Vgl. Art. 5 Ic des ursprünglichen Kommissionsvorschlags v. 1.12.1999.
[110] Vgl. Art. 4 Ic des geänderten Vorschlags für eine RL des Rates betr. das Recht auf Familienzusammenführung (KOM(2002) 225 endg.).
[111] BVerwG Urt. v. 7.4.2009 – 1 C 17.08, InfAuslR 2009, 270.
[112] BVerwG Urt. v. 7.4.2009 – 1 C 17.08, InfAuslR 2009, 270 hält diese Auslegung der FamZu-RL um einen „acte clair", sodass es insoweit keiner Vorlage an den EuGH bedarf; OVG Bln-Bbg Beschl. v. 27.7.2011 – OVG 12 S 2.11 Rn. 2.
[113] Vgl. BVerwG Urt. v. 7.4.2009 – 1 C 17.08, InfAuslR 2009, 270 zum kosovarischen Recht; OVG Bln-Bbg Beschl. v. 27.7.2011 – OVG 12 S 2.11 Rn. 2; Urt. v. 25.4.2007 – 12 B 16.07.

4. Härtefallregelung

In sonstigen Fällen kann der Nachzug eines minderjährigen ledigen Kindes nur zur Vermeidung einer **besonderen Härte** zugelassen werden. Bei dieser Einzelfallentscheidung nach Ermessen sind das Kindeswohl und die familiäre Situation zu berücksichtigen. Bei der besonderen Härte handelt es sich um einen der vollen gerichtlichen Nachprüfung unterliegenden **unbestimmten Rechtsbegriff**[114], der ebenso auszulegen ist wie der bereits in § 20 IV Nr. 2 AuslG 1990 verwandte Begriff[115].

Eine **besondere Härte** iSd Vorschrift liegt nur vor, wenn nach den Gegebenheiten des Einzelfalls das Interesse des minderjährigen Kindes und den im Bundesgebiet lebenden Elternteils an dem Zusammenleben im Bundesgebiet deswegen vorrangig ist, weil sich die Lebensumstände wesentlich geändert haben, die das Verbleiben des Kindes im Heimatland ermöglicht haben und weil dem Elternteil eine Rückkehr in das Heimatland gegenwärtig nicht zumutbar ist[116]. Grundvoraussetzung für die Annahme einer besonderen Härte ist demzufolge der Eintritt eines Umstands, den die Eltern bei ihrer früheren Entscheidung, das Kind nicht nach Deutschland nachzuholen, nicht in Rechnung stellen konnten[117]. Die Änderung der Lebensumstände muss danach nicht durch die Ausreise der Eltern (oder des Elternteils), sondern nach ihrer Ausreise eingetreten sein, ohne dass dies zuvor absehbar war[118]. Die Norm hat auch nicht zum Ziel, eine Betreuung hier lebender Eltern durch den Nachzug des Kindes zu sichern[119].

Das Vorliegen einer Härte setzt voraus, dass die Verweigerung der Aufenthaltserlaubnis den minderjährigen Ausländer ungleich schwerer trifft als andere Ausländer in vergleichbarer Lage[120]. Das Schutzgebot des Art. 6 I GG gewährt Ausländern, die Familienangehörige im Bundesgebiet haben, nicht schlechthin einen Anspruch auf Aufenthaltserlaubnis und steht daher der Ablehnung einer Aufenthaltserlaubnis für den sog. Familiennachzug nicht ohne Weiteres entgegen. Vielmehr ist aufgrund einer Abwägung zu entscheiden, ob die gegen den Aufenthalt sprechenden öffentlichen Interessen so gewichtig sind, dass sie die bei der Ablehnung der Erlaubnis zu erwartende Gefahr für die Familie eindeutig überwiegen.

Ist das Kind volljährig, verheiratet, verwitwet oder geschieden, kann es eine Nachzugserlaubnis nur zur Vermeidung einer sonst entstehenden außergewöhnlichen Härte nach § 36 erhalten. Begünstigt sind also die Kinder, denen aus welchen Gründen auch immer keine Aufenthaltserlaubnis nach Abs. 1–3 erteilt werden kann und die davon wesentlich härter betroffen werden als andere erfolglose Bewerber. Dabei zugrunde zu legen ist, dass einerseits allein die Eltern in Ausübung ihrer verfassungsrechtlich begründeten Elternverantwortung für Erziehung und Betreuung der Kinder zu sorgen und diese Aufgabe eigenverantwortlich wahrzunehmen haben, dass andererseits aber gewichtige öffentliche Interessen für das nach Alter gestaffelte Nachzugsprogramm der Abs. 1–3 sprechen.

Eine besondere Härte ist danach nur anzuerkennen, wenn im Einzelfall das Festhalten an diesem Regelwerk zu Ergebnissen führt, die dem Kindeswohl und den familiären Gegebenheiten in keiner Weise gerecht werden. Die Umstände des Einzelfalls müssen so gelagert sein, dass sie aus dem vom Gesetzgeber aufgestellten Programm herausfallen und nach dem gesetzlichen System nicht interessengerecht gelöst werden können. Die Folgen im Einzelfall müssen sich vom Normalfall deutlich abheben, insbesondere deshalb, weil sie nicht vorhersehbar waren; sie brauchen aber nicht außergewöhnlich zu sein wie nach § 36.

Die Entscheidungen des deutschen Gesetzgebers einerseits und der Eltern andererseits können zu **Konfliktlagen** führen, die im Einzelfall nicht zu vertreten sind.

Solange beide Eltern das **Personensorgerecht** gemeinsam innehaben und getrennt im In- und Ausland leben, kann ihr Kind nur dann nach Deutschland zuziehen, wenn der andere Elternteil sein Einverständnis erklärt (§ 30 III). Die Folge ihrer Familienplanung, dass die Personensorge tatsächlich im Wesentlichen nur von dem im Ausland lebenden Elternteil ausgeübt werden kann, ergibt sich aus dem deutschen Ausländerrecht und ist daher als normal hinzunehmen. Als ungewöhnlich kann sich die Lage aber dann darstellen, wenn der im Ausland lebende Elternteil aus gesundheitlichen oder anderen nicht vorhersehbaren Gründen nicht mehr instande ist, sein rechtlich fortbestehendes Sorgerecht wirksam wahrzunehmen und gleichwohl kein Einverständnis erteilt. Ähnlich kann es sich verhalten, wenn das Kind im Heimatstaat von Verwandten betreut worden ist und diese dann plötzlich infolge eigener Krankheit ausfallen oder infolge eines Unfalls des Kindes dessen Betreuung nicht mehr leisten können.

---

[114] OVG Bln-Bbg Urt. v. 16.7.2009 – 2 B 4.09 unter Hinweis auf BVerwG Urt. v. 29.3.1996 – 1 C 28.94, Buchholz 402.240 § 20 AuslG Nr. 2, S. 9.
[115] Vgl. BVerwG Urt. v. 26.8.2008 – 1 C 32.07, BVerwGE 131, 370; OVG Bln-Bbg Urt. v. 16.7.2009 – 2 B 4.09.
[116] OVG Bln-Bbg Beschl. v. 9.2.2015 – OVG 11 N 3.14 Rn. 7; Urt. v. 16.7.2009 – 2 B 4.09; BVerwG Beschl. v. 24.10.1996 – 1 B 180.96 Rn. 5; Beschl. v. 24.1.1994 – 1 B 181/93 Rn. 3 zu § 20 IV Nr. 2 AuslG 1990.
[117] BVerwG Beschl. v. 24.10.1996 – 1 B 180.96; OVG Bln-Bbg Urt. v. 16.7.2009 – 2 B 4.09, Urt. v. 19.3.2012 – OVG 3 B 21.11 Rn. 43; Beschl. v. 6.1.2012 – OVG 11 N 100.11 Rn. 5.
[118] OVG Bln-Bbg Urt. v. 16.7.2009 – 2 B 4.09.
[119] OVG Bln-Bbg Beschl. v. 9.2.2015 – OVG 11 N 3.14 Rn. 7.
[120] VGH BW Urt. v. 18.1.2006 – 13 S 2220/05; OVG Bln-Bbg Urt. v. 16.7.2009 – 2 B 4.09.

95 Allgemein können sich die **maßgeblichen Umstände** für das Getrenntleben der Familie unvorhersehbar **ändern** und zu einer besonders Härte führen, wenn das Kind dann nicht zu seinen Eltern oder einem Elternteil in Deutschland ziehen darf. Dieser Annahme steht es grundsätzlich nicht entgegen, dass das Kind bereits über 15 Jahre alt ist. Sorgerecht und Verantwortung der Eltern sind auch in diesem Alter anders als der tatsächliche Betreuungsbedarf nicht eingeschränkt. Gerade in diesen Altersgruppen gewinnt die Erziehungsverantwortung an Bedeutung, weil oft auch die Gefahr des Scheiterns größer ist als im Kleinkind- oder Schulalter. Andererseits darf der Wert der Kontinuität der Bezugspersonen nicht außer Acht gelassen werden, der im Interesse des Kindeswohls zumal dann gegen einen Wechsel spricht, wenn er mit einem Umzug in eine andere gesellschaftliche und kulturelle Umgebung verbunden ist.

96 Die **Übertragung des alleinigen Sorgerechts** für ein Kind, das bereits das 16. Lebensjahr vollendet hat, auf den in Deutschland lebenden Elternteil allein ist noch keine Grundlage für einen Härtefall. Bei einem Alter unter 16 Jahren ergibt sich dann ohnehin aus Abs. 1 ein Nachzugsanspruch und bei älteren Kindern kommt es entscheidend auf die tatsächlichen Verhältnisse an. Haben sich diese nicht verändert, weil der im Ausland lebende Elternteil weiterhin die bis zur Volljährigkeit noch notwendige Personensorge leisten kann, können die Eltern an ihrer zunächst getroffenen Entscheidung für ein Getrenntleben festgehalten werden. Dies gilt auch für Kinder aus einer gültigen Mehrehe.

97 Die Übertragung des Sorgerechts nach Ehescheidung auf den hier lebenden Elternteil allein genügt nicht[121], kann aber den Nachzug aus dem Heimatstaat rechtfertigen, wenn Betreuung und Erziehung dort nicht mehr gewährleistet sind[122]. Ein Nachzugsrecht entsteht nicht allein wegen der mit der Ausübung des Sorgerechts sonst verbundenen Kosten[123]. Schließlich ist eine besondere Härte auch nicht darin zu sehen, dass ein Kind unter 16 Jahren als Besucher einreist und der spätere Wunsch nach Familiennachzug abgelehnt wird[124].

98 Der Umstand, dass eine Übertragung des alleinigen Personensorgerechts an strengere Voraussetzungen geknüpft ist, kann einen Härtefall begründen.

99 Ist danach eine besondere Härte anzuerkennen und stehen auch die §§ 5, 8, 10, 27 III einer Aufenthaltserlaubnis nicht entgegen, ist nach **Ermessen** zu entscheiden. Dabei sind neben dem Kindeswohl und der familiären Situation auch die sonstigen privaten und öffentlichen Belange, die für oder gegen den Nachzug sprechen, zu berücksichtigen und zu gewichten. Bei der Ermessensentscheidung hat die Behörde die familiären Belange, namentlich das Wohl des nachzugswilligen Kindes, sachgerecht abzuwägen mit den gegenläufigen öffentlichen Interessen, insbesondere den einwanderungs- und integrationspolitischen Belangen der Bundesrepublik Deutschland.

100 Für die Frage, welches Gewicht den familiären Belangen des Kindes und den geltend gemachten Gründen für einen Nachzug in die Bundesrepublik Deutschland zukommt, ist die Lebenssituation des Kindes im Heimatland von wesentlicher Bedeutung. Zur maßgeblichen Lebenssituation gehört ua, ob ein Elternteil im Heimatland lebt, inwieweit das Kind seine soziale Prägung im Heimatland erfahren hat, inwieweit das Kind noch auf Betreuung und Erziehung angewiesen ist, wer das Kind im Heimatland betreut hat und dort weiter betreuen kann und wer das Sorgerecht für das Kind hat. Bedeutsam ist va auch das Alter des Kindes. Für Kinder, die 14 oder 15 Jahre alt sind, hat die elterliche Betreuung typischerweise nicht mehr das gleiche Gewicht wie für jüngere Kinder. Auch integrationspolitisch ist das Alter relevant: Je jünger die Kinder bei ihrem Nachzug sind, desto eher wird eine Integration in die hiesigen Lebensverhältnisse gelingen[125].

101 Steht dem in Deutschland lebenden Elternteil das Personensorgerecht (zusammen mit dem anderen Elternteil gemeinsam) zu, kann eher eine besondere Härte angenommen werden, als wenn der hier lebende Teil nicht sorgeberechtigt ist. Hat das Kind früher schon einmal rechtmäßig im Bundesgebiet gelebt oder gar die Schule erfolgreich besucht, ist seine Integration eher gewährleistet, als wenn es bis zum Nachzug ausschließlich im Heimatland aufgewachsen ist. Eine Betreuung durch Großeltern oder andere Verwandte kann dem Nachzugsbegehren in der Regel nicht entgegengehalten werden, weil sie nicht voll die Sorge durch die Eltern ersetzen kann.

102 Keinen rechtlichen Bedenken unterliegt es, dass das Ermessen nicht unter Zugrundelegung des § 20 II iVm III 1 AuslG 1990, sondern des § 32 IV angestellt wird, denn nach beiden Vorschriften sind bei der Ermessensausübung die Gesichtspunkte des Kindeswohls und der familiären Situation maßgeblich zu berücksichtigen[126].

103 Soweit die Familienzusammenführungs-RL Anwendung findet, ist zu beachten, dass die Versagungsgründe und die Erteilungsvoraussetzungen unionsrechtskonform ausgelegt werden müssen[127].

---

[121] VGH BW Beschl. v. 30.3.1993 – 1 S 2801/92, EZAR 022 Nr. 2.
[122] HessVGH Beschl. v. 31.1.1996 – 13 TG 3227/95, EZAR 022 Nr. 5.
[123] Betr. UmgangsR nach § 1634 I BGB aF BVerwG Beschl. v. 22.6.1992 – 1 B 70.92, InfAuslR 1992, 308.
[124] VGH BW Beschl. v. 27.11.1992 – 1 S 1793/92, EZAR 022 Nr. 1.
[125] OVG Bln-Bbg Urt. v. 9.11.2011 – OVG 3 B 11.09 Rn. 30; BVerwG Urt. v. 18.11.1997 – 1 C 22.96 Rn. 24.
[126] OVG Bln-Bbg Urt. v. 9.11.2011 – OVG 3 B 11.09 Rn. 31.
[127] Einzelheiten bei der Kommentierung zu § 27.

5. Kindernachzug zu mobilen Forschern

§ 32 V regelt, dass sich in Fällen, in denen sich ein Forscher nach § 18e im Rahmen der kurzfristigen Mobilität befreit für maximal 180 Tage innerhalb von 360 Tagen im Bundesgebiet aufhält, auch das minderjährige ledige Kind keines Aufenthaltstitels bedarf, wenn nachgewiesen wird, dass sich das Kind in dem anderen Mitgliedstaat der EU rechtmäßig als Angehöriger des Ausländers aufgehalten hat und im Besitz eines Aufenthaltstitels als Familienangehöriger eines Forschers ist. 104

Mit der Regelung wird § 30 REST-RL umgesetzt. Familienangehörige iSd Art. 3 Nr. 24 REST-RL sind Drittstaatsangehörige iSd Art. 4 I Familienzusammenführungs-RL. In Bezug auf die nachzugsberechtigten Kinder legt Art. 4 I UAbs. 2 Familienzusammenführungs-RL fest, dass die minderjährigen Kinder iSd Norm 105

– das nach den Rechtsvorschriften des betreffenden Mitgliedstaates geltende Volljährigkeitsalter noch nicht erreicht haben und
– nicht verheiratet sein dürfen.

Diese Regelung überrascht im Hinblick auf die unter Art. 2 f. Familienzusammenführungs-RL erfolgte Definition „unbegleiteter Minderjähriger". Denn für diesen Personenkreis wird speziell festgelegt, dass die Minderjährigkeit bei einem Alter unter 18 Jahren anzunehmen ist. Darüber hinaus besteht insoweit eine Besonderheit darin, dass für unbegleitete Minderjährige durch die RL nicht festgelegt wird, dass diese ledig sein müssen. 106

Durch das Abstellen auf das Recht des jeweiligen Mitgliedstaates sollen Unterschiede zwischen dem Volljährigkeitsalter der Staatsangehörigen des jeweiligen Mitgliedstaates und dem Alter vermieden werden, das ein Kind im Falle seines Nachzugs nicht überschritten haben darf. Dies hat zur Folge, dass – je nach Staatenpraxis – die Volljährigkeitsgrenze nicht einheitlich gehandhabt werden muss. 107

Ausgehend von der Definition in der Familienzusammenführungs-RL dürfen ledige Kinder unter 18 Jahren den Forscher in einen anderen Mitgliedstaat begleiten. Nach Art. 30 II REST-RL kann ein Nachweis verlangt werden, dass der Familienangehörige sich als Angehöriger der Familie des Forschers im ersten Mitgliedstaat aufgehalten hat. § 18e I 1 Nr. 1, 3 und 4 und VI 1 und die Ablehnungsgründe nach § 19f gelten für die nachziehenden Kinder entsprechend. 108

V. Rechtsschutz

Bei Verpflichtungsklagen auf Erteilung oder Verlängerung eines Aufenthaltstitels ist bei der Frage, ob eine Aufenthaltserlaubnis aus Rechtsgründen erteilt oder versagt werden muss, auf den Zeitpunkt der letzten mündlich Verhandlung oder Entscheidung in der Tatsacheninstanz abzustellen[128]. Dies gilt im Grundsatz auch für den Nachzugsanspruch von Kindern. Sofern diese Ansprüche allerdings an eine Altersgrenze geknüpft sind, ist für die Einhaltung der Altersgrenze ausnahmsweise auf den Zeitpunkt der Antragstellung abzustellen[129]. Wenn die Altersgrenze im Laufe des Verfahrens überschritten wird, folgt daraus, dass die übrigen Anspruchsvoraussetzungen spätestens auch im Zeitpunkt des Erreichens der Altersgrenze vorgelegen haben müssen. Nach diesem Zeitpunkt eingetretene Sachverhaltsänderungen zugunsten des Betroffenen können grundsätzlich nicht berücksichtigt werden. Insoweit bedarf es mithin bei Anspruchsgrundlagen, die eine Altersgrenze enthalten, die der Betroffene zum maßgeblichen Zeitpunkt der gerichtlichen Verhandlung oder Entscheidung überschritten hat, einer **auf zwei unterschiedliche Zeitpunkte bezogenen Doppelprüfung**[130]. 109

IRd § 32 IV 1 gilt ausnahmsweise etwas anderes, da § 32 IV 2 ausdrücklich der Sicherstellung des Kindeswohls dient[131]. Mit Eintritt der Volljährigkeit besteht aber kein Anlass mehr für die Sicherstellung des Kindeswohls, sodass der Nachzug nach § 36 zu ermöglichen ist. 110

Gilt bei der Verpflichtungsklage auf Erteilung oder Verlängerung eines Aufenthaltstitels für die Beurteilung der Anspruchsvoraussetzungen der Zeitpunkt der letzten mündlichen Verhandlung oder Entscheidung in der Tatsacheninstanz, gilt dieser Zeitpunkt auch für die **Überprüfung der behördlichen Ermessensentscheidung**[132]. 111

Maßgebend für die Verlagerung des Zeitpunkts für die Ermessenskontrolle war nach der Rspr. des 1. Senats des BVerwG va die Erwägung, dass die Ablehnung eines Aufenthaltstitels wie die Ausweisung zu einer Aufenthaltsbeendigung führen kann. Vor allem in diesen Fällen kommt dem Recht auf Achtung des Privat- und Familienlebens aus Art. 8 EMRK und dem Grundrecht aus Art. 2 I GG auf 112

---

[128] BVerwG Urt. v. 7.4.2009 – 1 C 17.08, InfAuslR 2009, 270; Urt. v. 16.6.2004 – 1 C 20.03, BVerwGE 121, 86 (88).
[129] BVerwG Urt. v. 26.8.2008 – 1 C 32.07, NVwZ 2009, 248 mwN; Urt. v. 7.4.2009 – 1 C 17.08, InfAuslR 2009, 270; Urt. v. 7.4.2009 – 1 C 17.08, InfAuslR 2009, 270; Urt. v. 29.11.2012 – 10 C 11.12, BVerwGE 145, 172 Rn. 14; Beschl. v. 2.12.2014 – 1 B 21/14 ua Rn. 6; BVerwG Urt. v. 7.4.2009 – 1 C 17.08, InfAuslR 2009, 270.
[130] BVerwG Urt. v. 26.8.2008 – 1 C 32.07, NVwZ 2009, 248 mwN; Urt. v. 7.4.2009 – 1 C 17.08, InfAuslR 2009, 270; Urt. v. 29.11.2012 – 10 C 11.12, BVerwGE 145, 172 Rn. 14; Beschl. v. 2.12.2014 – 1 B 21/14 ua Rn. 6.
[131] Offengelassen BVerwG Urt. v. 29.11.2012 – 10 C 11.12, Rn. 24; aA BVerwG Urt. v. 18.11.1997 – 1 C 22.96, Buchholz 402.240 § 20 AuslG 1990 Nr. 4 S. 22 zu § 20 IV AuslG 1990.
[132] BVerwG Urt. v. 7.4.2009 – 1 C 17.08, InfAuslR 2009, 270.

freie Entfaltung der Persönlichkeit sowie bei familiären Bindungen dem Grundrecht aus Art. 6 GG eine besondere Bedeutung zu. Diese Rechte gewähren nach der Rspr. des EGMR und des BVerfG materiell zwar keinen unmittelbaren Anspruch auf Aufenthalt, die zuständigen Behörden und Gerichte haben bei ausländerrechtlichen Entscheidungen aber deren Auswirkungen auf das Privatleben des Betroffenen und seine familiären Bindungen an Personen, die sich berechtigterweise im Bundesgebiet aufhalten, zu beachten[133].

113 Hängt die Erteilung des Aufenthaltstitels allerdings von der Einhaltung einer Altersgrenze ab und kommt es deshalb materiell ausnahmsweise nicht allein auf die Sach- und Rechtslage zum Zeitpunkt der letzten mündlichen Verhandlung oder Entscheidung der Tatsachengerichte an, sondern müssen die Anspruchsvoraussetzungen bereits vor Überschreiten der Altersgrenze vorliegen, wirkt sich dies auch auf die gerichtliche Überprüfung der Ermessensentscheidung aus. Dies hat zur Folge, dass eine Ermessensentscheidung, die bezogen auf den Zeitpunkt des Erreichens der jeweiligen Altersgrenze keine Ermessensfehler aufweist, durch eine nachträgliche Änderung der Sachlage zugunsten des Betroffenen nicht fehlerhaft wird. Umgekehrt genügt aber auch, wenn sie jedenfalls bezogen auf den Zeitpunkt der letzten mündlich Verhandlung oder Entscheidung nicht zu beanstanden ist[134].

114 Allein der Umstand, dass zwischen der ablehnenden Behördenentscheidung und dem maßgeblichen Zeitpunkt für ihre Überprüfung ein gewisser Zeitraum verstrichen ist, zwingt die Behörde regelmäßig noch nicht zu einer Aktualisierung der Ermessenserwägungen. Hat sich die Sachlage nach dem Erlass der ablehnenden Entscheidung in entscheidungserheblicher Weise zugunsten des Ausländers geändert, muss die Behörde ihre Ermessenserwägungen entsprechend aktualisieren[135].

115 Dabei ist zu berücksichtigen, dass sich aus der Zeitpunktverlagerung für die Ermessensüberprüfung sowohl für den Ausländer als auch für die Behörde entsprechend **Mitwirkungspflichten** ergeben. Sind im Rahmen des Klagebegehrens während des gerichtlichen Verfahrens neu eingetretene Tatsachen zu berücksichtigen, ist es primär Aufgabe des Ausländers, auf etwaige zu seinen Gunsten eingetretene Tatsachenänderungen hinzuweisen[136]. Sollten vom Ausländer neue zu seinen Gunsten sprechende Tatsachen vorgetragen werden, hat die Ausländerbehörde ihre ablehnende Entscheidung zu überprüfen und gegebenenfalls der neuen Sachlage anzupassen. In diesem Zusammenhang hat sie auch die Möglichkeit, in Erfüllung ihrer Obliegenheit zur ständigen **verfahrensbegleitenden Kontrolle die Ermessenserwägungen** in Anwendung der prozessualen Möglichkeit des § 114 S. 2 VwGO im laufenden Verfahren zu aktualisieren[137].

§ 33 Geburt eines Kindes im Bundesgebiet

¹Einem Kind, das im Bundesgebiet geboren wird, kann abweichend von den §§ 5 und 29 Abs. 1 Nr. 2 von Amts wegen eine Aufenthaltserlaubnis erteilt werden, wenn ein Elternteil eine Aufenthaltserlaubnis, eine Niederlassungserlaubnis oder eine Erlaubnis zum Daueraufenthalt – EU besitzt. ²Wenn zum Zeitpunkt der Geburt beide Elternteile oder der allein personensorgeberechtigte Elternteil eine Aufenthaltserlaubnis, eine Niederlassungserlaubnis oder eine Erlaubnis zum Daueraufenthalt – EU besitzen, wird dem im Bundesgebiet geborenen Kind die Aufenthaltserlaubnis von Amts wegen erteilt. ³Der Aufenthalt eines im Bundesgebiet geborenen Kindes, dessen Mutter oder Vater zum Zeitpunkt der Geburt im Besitz eines Visums ist oder sich visumfrei aufhalten darf, gilt bis zum Ablauf des Visums oder des rechtmäßigen visumfreien Aufenthalts als erlaubt.

Allgemeine Verwaltungsvorschrift
33 Zu § 33 – Geburt eines Kindes im Bundesgebiet
33.0 § 33 regelt die Erteilung einer Aufenthaltserlaubnis an im Bundesgebiet geborene Kinder von Ausländern. Die (Regel-)Voraussetzungen nach §§ 5 und 29 Absatz 1 Nummer 2 greifen nicht ein. Die Erteilungsvoraussetzung des § 29 Absatz 3 Satz 1 ist als erfüllt anzusehen. Für den Fall, dass der Wegfall der Aufenthaltserlaubnis eines Elternteils, oder im Fall des Satzes 2 beider Elternteile, unmittelbar bevorsteht, kann die von Amts wegen vorgesehene Erteilung einer Aufenthaltserlaubnis für bis zu sechs Monate nach der Geburt ausgesetzt werden. In diesem Zeitraum gilt der Aufenthalt als erlaubt (Erst-Recht-Schluss aus § 81 Absatz 2 Satz 2, der eine Erlaubnisfiktion während der Antragsfrist für Kinder enthält, denen eine Aufenthaltserlaubnis nicht von Amts wegen erteilt wird). In den Fällen des § 29 Absatz 3 Satz 3, also bei Aufenthaltstiteln nach §§ 25 Absatz 4 bis 5, 104a Absatz 1 Satz 1 und § 104b ist die Erteilung einer Aufenthaltserlaubnis nach § 33 nicht möglich; in Frage kommt hier nur bei Vorliegen der jeweiligen Voraussetzungen die Erteilung eines humanitären Aufenthaltstitels.
33.1 Satz 1 stellt die Erteilung der Aufenthaltserlaubnis in das Ermessen der Ausländerbehörde, wenn nur ein Elternteil eine Aufenthaltserlaubnis, eine Niederlassungserlaubnis oder eine Erlaubnis zum Daueraufenthalt-EG besitzt. Bei der Ausübung des Ermessens soll der besonderen Beziehung zwischen den Eltern und dem Kleinkind

---

[133] BVerwG Urt. v. 7.4.2009 – 1 C 17.08, InfAuslR 2009, 270 unter Hinweis auf EGMR Urt. v. 18.10.2006 – 46410/99, NVwZ 2007, 1279 – Üner; BVerfG Beschl. v. 4.12.2007 – 2 BvR 2341/06, InfAuslR 2008, 239 mwN.
[134] BVerwG Urt. v. 7.4.2009 – 1 C 17.08, InfAuslR 2009, 270.
[135] BVerwG Urt. v. 7.4.2009 – 1 C 17.08, InfAuslR 2009, 270.
[136] BVerwG Urt. v. 7.4.2009 – 1 C 17.08, InfAuslR 2009, 270.
[137] BVerwG Urt. v. 7.4.2009 – 1 C 17.08, InfAuslR 2009, 270 unter Hinweis auf Urt. v. 13.1.2009 – 1 C 2.08 Rn. 27 mwN zur Aktualisierung der Ermessensentscheidung bei der Anfechtung einer Ausweisung.

Geburt eines Kindes im Bundesgebiet **§ 33 AufenthG 1**

unmittelbar nach der Geburt im Interesse der Gewährung der Familieneinheit und zur Aufrechterhaltung der nach Artikel 6 Absatz 1 GG besonders geschützten familiären Betreuungsgemeinschaft Rechnung getragen werden. Hinsichtlich des Vaters eines nichtehelichen Kindes ist dabei insbesondere zu berücksichtigen, ob ihm ein Sorgerecht zusteht oder er in familiärer Lebensgemeinschaft mit seinem Kind lebt.

33.2 Die Erteilung der Aufenthaltserlaubnis setzt weder im Fall des Satz 1 noch des Satz 2 einen Antrag gemäß § 81 Absatz 1 voraus. Aufgrund einer entsprechenden Mitteilung durch die Meldebehörde (§ 72 Absatz 1 Nummer 7 AufenthV) wird das Verfahren bei der Ausländerbehörde eingeleitet. Stellt die Ausländerbehörde keine Aufenthaltserlaubnis nach Satz 1 von Amts wegen aus, muss für das Kind ein Aufenthaltstitel beantragt werden. Die Ausländerbehörde prüft dann die Erteilung einer Aufenthaltserlaubnis aufgrund anderer Rechtsgrundlage als § 33. Dabei muss die Frist des § 81 Absatz 2 Satz 2 beachtet werden, wonach der Antrag auf Erteilung einer Aufenthaltserlaubnis innerhalb von sechs Monaten nach der Geburt zu stellen ist.

33.3 Nach Satz 2 hat das Kind einen Anspruch auf Erteilung einer Aufenthaltserlaubnis und diese wird von Amts wegen erteilt. Der Anspruch setzt voraus, dass zum Zeitpunkt der Geburt beide Elternteile oder der allein personensorgeberechtigte Elternteil eine Aufenthaltserlaubnis, eine Niederlassungserlaubnis oder eine Erlaubnis zum Daueraufenthalt-EG besitzen.

33.4 Der Rechtsanspruch nach Satz 2 besteht nur, solange die Eltern oder der allein personensorgeberechtigte Elternteil im Besitz der Aufenthaltserlaubnis, Niederlassungserlaubnis oder Erlaubnis zum Daueraufenthalt-EG sind. Wird die Aufenthaltserlaubnis des Kindes der Ausländerbehörde zurückgenommen (§ 48 VwVfG; § 51 Absatz 1 Nummer 4) oder widerrufen (§ 52) oder werden die Eltern oder wird der allein personensorgeberechtigte Elternteil ausgewiesen, kommt eine entsprechende Maßnahme in Bezug auf das Kind in Betracht, wenn die Voraussetzungen der Rücknahme, des Widerrufs oder der Ausweisung des Kindes selbständig vorliegen. Die Geltungsdauer des Titels des Kindes kann außerdem bei Wegfall des Aufenthaltsrechts des Stammberechtigten nachträglich verkürzt werden (§ 7 Absatz 2 Satz 2, vgl. Nummer 27.1.3). Bei Kindern, die vom Erfordernis des Aufenthaltstitels befreit sind, kann der Aufenthalt gemäß § 12 Absatz 4 zeitlich beschränkt werden.

33.5 Aufgrund einer entsprechenden Mitteilung der Geburt des Kindes (§ 72 Absatz 1 Nummer 7 AufenthV) hat die Ausländerbehörde vor der Erteilung einer Aufenthaltserlaubnis zu prüfen, ob das Kind die Passpflicht erfüllt (§ 3). Die gesetzlichen Vertreter sind unter Hinweis auf ihre Verpflichtung nach § 80 Absatz 4 aufzufordern, das Kind entweder im anerkannten Pass oder Passersatz zumindest eines Elternteils eintragen oder für das Kind einen eigenen Pass ausstellen zu lassen oder entsprechend der Verpflichtung nach § 56 Nummer 4 AufenthV i. V. m. § 80 Absatz 4 einen Ausweisersatz für das Kind zu beantragen, sofern sie nicht für das Kind einen eigenen deutschen Passersatz beantragen. Ausländische Kinderausweise gelten im völkerrechtlichen Verkehr unabhängig von ihrer Bezeichnung als Pässe; dasselbe gilt für vorläufige Pässe, die der Ausstellerstaat an eigene Staatsangehörige ausgibt, selbst wenn diese etwa als „Travel Document" bezeichnet sind. Auch Kinderausweise sind nur anerkannt, wenn die Anerkennung durch Entscheidung nach § 3 Absatz 1 i. V. m. § 71 Absatz 6 erfolgt ist. Ein Nationalpass des Kindes ist daher insbesondere dann erforderlich, sofern die Kinderausweise des betreffenden Staates nicht als Pass anerkannt ist, selbst wenn der Herkunftsstaat Kinderausweise ausstellt. Hinsichtlich der Eintragung in den Pass der Eltern vgl. § 2 AufenthV. Sollte es unmöglich bzw. unzumutbar sein, einen Pass für das Kind zu erlangen, kann (in den Fällen des § 33 Satz 1) der Aufenthaltstitel abweichend von § 5 Absatz 1 Nummer 4 dennoch erteilt werden bzw. ist (in den Fällen des § 33 Satz 2) er zu erteilen.

33.6 Besitzt die Mutter oder der Vater ein Visum oder dürfen sie sich – auf Grund einer Befreiung vom Erfordernis eines Aufenthaltstitels auf Grund § 41 AufenthV oder auf Grund der Fiktion nach § 81 Absatz 3 Satz 1 oder § 81 Absatz 4 Satz 1 – ohne Visum im Bundesgebiet aufhalten, ist der Aufenthalt des Kindes nach Satz 3 für den entsprechenden Zeitraum ebenfalls erlaubt. Im Falle des § 81 Absatz 3 Satz 2 findet Satz 3 hingegen keine Anwendung.

33.7 In eine Verlängerung eines Visums der Mutter oder des Vaters nach der Geburt gemäß § 40 AufenthV ist das Kind automatisch einbezogen. Wird das Visum nach der Geburt des Kindes erteilt, ist dies durch den Vermerk:
„Das am .... geborene Kind ist in das Visum mit einbezogen."
klarzustellen.

33.8 Besitzt die Mutter oder der Vater bei der Geburt des Kindes ein nationales Visum, wird das Kind gemäß den Regelungszwecken des Satzes 3 sowie des § 6 Absatz 4 Satz 3 so behandelt, als besäße es selbst ein Visum. Wird dem/den Stammberechtigten im Anschluss daran im Bundesgebiet eine Aufenthaltserlaubnis, Niederlassungserlaubnis oder Erlaubnis zum Daueraufenthalt-EG erteilt, findet hinsichtlich der Erteilung einer Aufenthaltserlaubnis für das Kind § 33 Anwendung.

33.9 Besitzt die Mutter oder der Vater bei der Geburt des Kindes ein Schengen-Visum oder hält sie bzw. er sich erlaubt visumfrei im Bundesgebiet auf, und wird ihr bzw. ihm sodann im Bundesgebiet eine Aufenthaltserlaubnis, Niederlassungserlaubnis oder Erlaubnis zum Daueraufenthalt-EG erteilt, findet hingegen § 32 Anwendung, da aufgrund eines Umkehrschlusses aus § 6 Absatz 4 Satz 3 das SchengenVisum oder der erlaubte visumfreie Aufenthalt dem Besitz eines nationalen Visums (mit der entsprechenden Erstreckung der Wirkung auf das Kind) nicht gleich steht.

Übersicht

	Rn.
I. Entstehungsgeschichte	1
II. Allgemeines	2
III. Im Bundesgebiet geborenes Kind	8

I. Entstehungsgeschichte

Die Vorschrift wurde mit dem AufenthG in das Gesetz aufgenommen; es entsprach damals in vollem 1 Umfang dem **Gesetzesentwurf**[1]. Durch das RLUmsG 2007[2] wurde die Vorschrift wesentlich umge-

---
[1] BT-Drs. 15/420, 15.
[2] Gesetz zur Umsetzung aufenthalts- und asylrechtlicher RL der EU v. 19.8.2007 (BGBl. I S. 1970).

staltet, nachdem das BVerfG[3] einen Gleichheitsverstoß gerügt hatte. Als Reaktion auf die Entscheidung des BVerfG wurde § 33 dahingehend geändert, dass nicht mehr darauf abgestellt wird, ob zum Zeitpunkt der Geburt die Mutter einen Aufenthaltstitel besitzt, sondern darauf, ob dies nur bei einem Elternteil oder bei beiden Elternteilen bzw. dem allein personensorgeberechtigten Elternteil der Fall ist. Zugleich wurde der neue Aufenthaltstitel nach § 9a berücksichtigt.

II. Allgemeines

2   Die Lebenssituation eines im Bundesgebiet geborenen Kindes weist so viele **Besonderheiten** und einen so starken Bezug zu den verfassungsrechtlichen Gewährleistungen des Art. 6 I, II GG auf, dass es besonderer und vereinfachter Regeln bedurfte. Das Aufenthaltsrecht dieser Kinder im Anschluss an die Geburt und beim weiteren Leben in Deutschland[4] ist geprägt durch Rechtsansprüche (zur Verlängerung und Verselbstständigung siehe §§ 34, 35).

3   Die Neufassung des § 33 wurde aufgrund einer Entscheidung des BVerfG[5] erforderlich. Das BVerfG hatte entschieden, dass der bisherige § 33 S. 1 mit Art. 3 III 1 GG unvereinbar ist, soweit danach ein Anspruch auf Erteilung einer Aufenthaltserlaubnis in Anknüpfung an den Vater ausgeschlossen wurde. Der Gesetzgeber ist nach diesem Beschluss gehalten gewesen, den festgestellten Gleichheitsverstoß bis zum 31.12.2006 zu beheben. Mit der Neufassung des S. 1 wird der vom BVerfG festgestellte **Gleichheitsverstoß** in der Weise behoben, dass die Möglichkeit der Erteilung einer Aufenthaltserlaubnis an ein im Bundesgebiet geborenes Kind davon abhängig gemacht wird, dass zumindest ein Elternteil eine Aufenthaltserlaubnis, eine Niederlassungserlaubnis oder eine Erlaubnis zum Daueraufenthalt–EG besitzt.

4   Gleichzeitig wird die bisher als Anspruchsnorm gefasste Vorschrift für Fälle, in denen nicht beide Elternteile eine Aufenthaltserlaubnis, Niederlassungserlaubnis oder Erlaubnis zum Daueraufenthalt–EG besitzen bzw. dies auf einen allein personensorgeberechtigten Elternteil zutrifft, zu einer Ermessensregelung umgestaltet, um den Ausländerbehörden bessere Steuerungsmöglichkeiten zu geben[6]; in anderen Fällen bleibt es auch im Hinblick auf die Anspruchsregelung des § 32 III bei der Anspruchsgewährung, was durch den in § 33 neu eingefügten S. 2 geregelt wird.

5   **Nach § 29 III 3 wird ein Familiennachzug in Fällen des § 25 IV, IVb und V, § 25a II, § 25b IV, § 104a I 1 sowie § 104b nicht gewährt.** Diese allgemein den Familiennachzug zu Ausländern betreffende Bestimmung gilt auch für die Sonderregelung in § 33 hinsichtlich der Geburt eines Kindes im Bundesgebiet[7]. Auch die Wahrung der familiären Lebensgemeinschaft, die mit der Geburt eines Kindes im Bundesgebiet entsteht, unterfällt dem Begriff des Familiennachzugs, wie ihn das AufenthG in § 27 bestimmt hat. Das Gleiche gilt im Hinblick auf den Begriff des Kindernachzugs. Für die Anwendbarkeit des Ausschlusstatbestandes in § 29 III 3 in den Fällen des § 33 spricht schon in systematischer Hinsicht der Umstand, dass § 29 und § 33 S. 1 gleichermaßen im Abschnitt 6 des Kap. 2 des AufenthG („Aufenthalt aus familiären Gründen") geregelt sind. Vor allem stellt das Gesetz selbst den Bezug dieser beiden Vorschriften zueinander ausdrücklich her, indem es in § 33 S. 1 bestimmt, dass einem im Bundesgebiet geborenen Kind eine Aufenthaltserlaubnis abweichend (von § 5) von § 29 I Nr. 2 erteilt werden kann. Daraus, dass § 33 S. 1 bzgl. § 29 eine Abweichung allein im Hinblick auf die dortige Bestimmung in Abs. 1 Nr. 2 zulässt, ist zu schließen, dass die sonstigen in § 29 geregelten Vorgaben und Beschränkungen des Familiennachzugs zu Ausländern auch in den von § 33 erfassten Fällen im Bundesgebiet geborener Kinder gelten sollen[8]. Diese Regelungssystematik bewirkt, dass die mit einer Geburt im Bundesgebiet gem. § 33 verbundene aufenthaltsrechtliche Privilegierung in Gestalt der vollständigen Abweichung von den allgemeinen Erteilungsvoraussetzungen des § 5, abgesehen von § 29 I Nr. 2, nicht auch von den anderweitigen Vorgaben befreit, die in § 29 allgemein für den Familiennachzug zu Ausländern gemacht werden.

6   Der Ausschluss des Familiennachzugs führt dazu, dass in diesen Fällen den Kindern in der Regel eine Aufenthaltserlaubnis nach § 25 V zu erteilen ist, da ein Abschiebungshindernis besteht.

7   Das Aufenthaltsrecht erübrigt sich allerdings, wenn das **Kind mit der Geburt in Deutschland die deutsche Staatsangehörigkeit erwirbt** (ius soli nach § 4 III StAG). Dieser Staatsangehörigkeitserwerb ist (nur) davon abhängig, dass ein Elternteil entweder als Unionsbürger, EWR-Staatler oder Schweizer einen entsprechenden Aufenthaltstitel besitzt oder als sonstiger Ausländer seit acht Jahren rechtmäßig seinen gewöhnlichen Aufenthalt in Deutschland hat. Der Erwerb der deutschen Staatsangehörigkeit wird von dem Standesbeamten vermerkt und ua der Ausländerbehörde mit-

---

[3] BVerfG Beschl. v. 25.10.2005 – 2 BvR 524/01, BVerfGE 114, 357 ff.
[4] Vgl. *Renner* RdJB 1999, 17.
[5] BVerfG Beschl. v. 25.10.2005 – 2 BvR 524/01, NVwZ 2006, 324.
[6] BT-Drs. 16/5065, 176.
[7] OVG Bln-Bbg Urt. v. 21.2.2017 – OVG 3 B 14.16 Rn. 15; HmbOVG Beschl. v. 2.6.2008 – 3 Bf 35/05, AuAS 2008, 170 Rn. 14; VG Düsseldorf Beschl. v. 19.3.2010 – 24 L 29/10 Rn. 13; zu § 34 OVG NRW Urt. v. 7.4.2016 – 17 A 2389/15 Rn. 14; Urt. v. 15.10.2014 – 17 A 1150/13 Rn. 41; VGH BW Beschl. v. 23.10.2006 – 11 S 387/06 Rn. 19; ebenso zu § 33.
[8] VG Düsseldorf Beschl. v. 19.3.2010 – 24 L 29/10 Rn. 13.

geteilt[9]. Falls die deutsche Staatsangehörigkeit im Erklärungsverfahren nach § 29 StAG verloren geht, kann nach Maßgabe von § 38 eine Aufenthaltserlaubnis erteilt werden.

III. Im Bundesgebiet geborenes Kind

S. 1 gewährt dem im Bundesgebiet geborenen Kind – anders als die alte Fassung des § 33 S. 1 – keinen Rechtsanspruch auf Erteilung einer Aufenthaltserlaubnis, sondern stellt die Erteilung der Aufenthaltserlaubnis in das **Ermessen** der Ausländerbehörde. Die Erteilung der Aufenthaltserlaubnis wird lediglich davon abhängig gemacht, dass ein Elternteil eine Aufenthaltserlaubnis, eine Erlaubnis zum Daueraufenthalt-EG oder eine Niederlassungserlaubnis besitzt. Die Erteilung der Aufenthaltserlaubnis setzt voraus, dass ein Elternteil einen der in dieser Bestimmung genannten **Aufenthaltstitel zum Zeitpunkt der Geburt des Kindes** im Bundesgebiet besitzt[10]. 8

Ist der Elternteil im Besitz einer Titelfiktion nach § 81 IV so ist dies ausreichend, wenn später der Aufenthaltstitel erteilt wird[11]. 9

Der Antrag auf Erteilung einer Aufenthaltserlaubnis ist nach § 81 II 2 innerhalb von sechs Monaten nach der Geburt zu stellen. 10

Bei der Entscheidung über die Erteilung einer Aufenthaltserlaubnis nach § 33 S. 1 hat eine umfassende Ermessensabwägung stattzufinden, bei der umfassend die Situation des Kindes in den Blick genommen wird, insbesondere das Kindeswohl, die mit dem Gesetz verfolgte Integrationserleichterung in Deutschland geborener Kinder und die Verwurzelung des Elternteils, von dem der Aufenthalt abgeleitet wird[12]. Die geltende Fassung des § 33 sollte eine gleichberechtigte Berücksichtigung der Beziehung des im Bundesgebiet geborenen Kindes zu beiden Elternteilen herbeiführen[13]. Dem Zweck der Ermächtigungsgrundlage wird es nicht gerecht, wenn die Ermessensabwägung unter der Grundannahme erfolgt, wenn die Mutter ausreise, werde zwingend auch das Kind ausreisen[14]. 11

Bei der **Ausübung des Ermessens** soll in den Fällen des S. 1 der besonderen Beziehung zwischen den Eltern und dem Kleinkind unmittelbar nach der Geburt im Interesse der Gewährung der Familieneinheit und zur Aufrechterhaltung der nach Art. 6 I GG besonders geschützten familiären Betreuungsgemeinschaft Rechnung getragen werden[15]. **Die Erteilung einer Aufenthaltserlaubnis nach § 33 S. 1 setzt daher voraus, dass zwischen dem Kind und dem stammberechtigten Elternteil eine familiäre Lebensgemeinschaft besteht**[16]. Hinsichtlich des Vaters eines nichtehelichen Kindes ist dabei insbesondere zu berücksichtigen, ob ihm ein Sorgerecht zusteht oder er in familiärer Lebensgemeinschaft mit seinem Kind lebt[17]. Bei der Ermessensentscheidung nach § 33 S. 1 darf einbezogen werden, wie sicher und dauerhaft das Aufenthaltsrecht des Elternteils ist, der einen der in dieser Vorschrift genannten Aufenthaltstitel besitzt[18]. 12

Des Weiteren kann im Rahmen der Ermessensausübung das Nichtvorliegen der allgemeinen (Regel-)Erteilungsvoraussetzungen in § 5 I, II berücksichtigt werden[19]. Dem steht § 33 S. 1 nach seinem Wortlaut nicht entgegen. Die dortige Regelung, wonach eine Aufenthaltserlaubnis abweichend von den §§ 5 und 29 I Nr. 2 erteilt werden kann, bedeutet, dass die Ausländerbehörde befugt ist, trotz Fehlens der (Regel-)Erteilungsvoraussetzungen des § 5 I, II und des § 29 I Nr. 2 eine Aufenthaltserlaubnis zu erteilen, was ihr ansonsten – außer im Fall des Vorliegens eines Ausnahmefalls – strikt verwehrt wäre. Diese Regelung bedeutet nicht, dass die Behörde die (Regel-)Erteilungsvoraussetzungen des § 5 I und II nicht auf der Rechtsfolgenseite, dh bei der Ausübung ihres Ermessens, berücksichtigen dürfte[20]. 13

Eine Rücknahme oder ein Widerruf des Aufenthaltstitels sind nur schädlich, wenn sie bereits im Zeitpunkt der Geburt wirksam sind. Es ist keine „materiell-rechtlich gesicherte Aufenthaltsposition" verlangt[21]. Erlischt der Aufenthaltstitel des Elternteils, kann später die Aufenthaltserlaubnis des Kindes widerrufen werden. Der Besitz eines Schengen-Visums genügt nicht. Besitzt der Elternteil bei der Geburt ein nationales Visum und wird ihm später eine Aufenthaltserlaubnis erteilt, so ist das Kind nach dem Regelungszweck von S. 2 und § 6 IV 3 so zu behandeln, als habe der Elternteil die Aufenthaltserlaubnis schon bei der Geburt besessen. Auf die aufenthaltsrechtliche Situation des anderen Elternteils 14

---

[9] Näher dazu *Hailbronner/Renner* StAG § 4 Rn. 68–92.
[10] OVG Bln-Bbg Urt. v. 21.2.2017 – OVG 3 B 14.16 Rn. 16; OVG LSA Beschl. v. 20.6.2011 – 2 O 161/11 Rn. 6; NdsOVG Beschl. v. 18.1.2011 – 8 PA 317/10, DVBl 2011, 289; HessVGH Beschl. v. 8.12.2008 – 3 D 2302/08; HmbOVG Beschl. v. 2.6.2008 – 3 Bf 35/05.
[11] VG München Urt. v. 15.9.2011 – M 10 K 10.6192 Rn. 23.
[12] NdsOVG Beschl. v. 4.2.2021 – 8 ME 2/21 Rn. 16.
[13] NdsOVG Beschl. v. 4.2.2021 – 8 ME 2/21 Rn. 17.
[14] NdsOVG Beschl. v. 4.2.2021 – 8 ME 2/21 Rn. 19.
[15] BT-Drs. 16/5065, 176.
[16] OVG NRW Urt. v. 7.4.2016 – 17 A 2389/15 Rn. 25.
[17] BT-Drs. 16/5065, 176.
[18] VG Freiburg Beschl. v. 14.9.2009 – 4 K 1283/09, AuAs 2010, 34.
[19] VG Freiburg Beschl. v. 14.9.2009 – 4 K 1283/09, AuAs 2010, 34.
[20] VG Freiburg Beschl. v. 14.9.2009 – 4 K 1283/09, AuAs 2010, 34.
[21] So aber BayVGH Urt. v. 1.12.2003 – 24 B 03.833, EZAR 024 Nr. 13.

1 AufenthG § 33

kommt es nicht an; ebenso wenig darauf, ob die Eltern des Kindes verheiratet sind oder nicht (früher: Ehelichkeit oder Nichtehelichkeit des Kindes).

15 Unerheblich ist schließlich die restliche Geltungsdauer der Aufenthaltserlaubnis; denn es ist nur auf den Zeitpunkt der Geburt abzustellen. Das voraussichtliche künftige aufenthaltsrechtliche Schicksal der Mutter bzw. des Vaters ist für das Aufenthaltsrecht des Kindes – zunächst – nicht maßgeblich. Der Aufenthalt des Kindes soll von Geburt an legalisiert werden, wenn ein Elternteil bei der Geburt einen Aufenthaltstitel besitzt. Damit ist die Abstimmung der Geltungsdauern der Aufenthaltserlaubnis des Elternteils und des Kindes aufeinander nicht ausgeschlossen.

16 Die Erteilung der Aufenthaltserlaubnis setzt – anders als bei S. 2 – die Erfüllung der allgemeinen Nachzugsvoraussetzungen der §§ 5, 27 I, 29 I voraus. Soweit das Gesetz der Ausländerbehörde Spielräume einräumt, ist der besonderen Bedeutung des Art. 6 I GG Rechnung zu tragen[22]. Sind die Grundrechte aus Art. 6 GG berührt, ist aufgrund einer Abwägung nach Maßgabe des Grundsatzes der Verhältnismäßigkeit zu entscheiden, ob die gegen den Aufenthalt sprechenden öffentlichen Interessen so gewichtig sind, dass sie die bei Ablehnung der Erteilung der Erlaubnis zu erwartenden Beeinträchtigungen der Familie des Ausländers eindeutig überwiegen.

17 Einen **Rechtsanspruch** auf Erteilung einer Aufenthaltserlaubnis von Amts wegen erwirbt das Kind, wenn zum Zeitpunkt der Geburt **beide Elternteile** eine Aufenthaltserlaubnis, Niederlassungserlaubnis oder Erlaubnis zum Daueraufenthalt–EG besitzen bzw. dies auf einen **allein personensorgeberechtigten Elternteil** zutrifft.

18 Der rechtmäßige Aufenthalt in Fällen der S. 1 und 2 folgt unmittelbar aus einer analogen Anwendung des § 33 S. 3[23]. Denn diese Bestimmung regelt, dass der Aufenthalt eines im Bundesgebiet geborenen Kindes, dessen Mutter oder Vater zum Zeitpunkt der Geburt im Besitz eines Visums ist oder sich visumfrei aufhalten darf, bis zum Ablauf des Visums oder des rechtmäßigen visumfreien Aufenthalts als erlaubt gilt. Wird bereits der befreite Aufenthalt oder der rechtmäßige Aufenthalt, der auf einem Visum beruht, begünstigt, so gilt dies erst recht für den Aufenthalt eines Elternteils, der im Besitz eines Aufenthaltstitels ist oder dessen Aufenthalt aufgrund der Erlaubnis- oder Fortgeltungsfiktion des § 81 III 1 bzw. IV als rechtmäßig gilt[24]. Die bestehende Regelungslücke – das Gesetz regelt ausdrücklich nur die Folgen eines Antrags auf Erteilung einer Aufenthaltserlaubnis in § 81 II 2 – kann durch eine analoge Anwendung des § 33 S. 3 sachgerecht geschlossen werden mit der Folge, dass der Aufenthalt eines Kindes nach der Geburt für die Dauer von sechs Monaten rechtmäßig ist, wenn die Voraussetzungen für ein Aufenthaltsrecht nach § 33 S. 1 oder 2 vorliegen.

19 **Die Beschränkung des rechtmäßigen Aufenthalts auf eine Frist von sechs Monaten ergibt sich aus § 81 II 2**[25]. Danach muss ein im Bundesgebiet geborenes Kind innerhalb der Frist von sechs Monaten einen Antrag auf Erteilung einer Aufenthaltserlaubnis stellen, um seinen weiteren Aufenthalt nach Ablauf der Sechs-Monats-Frist zu legalisieren, sofern die Ausländerbehörde in diesem Zeitraum nicht von Amts wegen eine Aufenthaltserlaubnis erteilt hat[26].

20 Durch den rechtmäßigen Aufenthalt nach der Geburt wollte der Gesetzgeber der besonderen Beziehung zwischen dem Kleinkind und der Mutter unmittelbar nach der Geburt im Interesse der Familieneinheit und zur Aufrechterhaltung der nach Art. 6 I GG besonders geschützten Kind-Eltern-Beziehung Rechnung tragen[27]. Schon bei der Vorgängervorschrift des § 33, dem § 21 I AuslG von 9.7.1990[28], der seinem Wortlaut nach keine wesentlichen Unterschiede zu dem entscheidungserheblichen Inhalt des § 33 enthält, wurde davon ausgegangen, dass durch die Vorschrift der besonderen Schutzbedürftigkeit im Bundesgebiet geborener und aufgewachsener Ausländer Rechnung getragen werden sollte[29]. Diese Rechtslage wurde mit dem § 33 S. 1 idF vom 30.7.2004[30] unverändert fortgeschrieben. Denn in der Gesetzesbegründung zum ZuwG wird ausdrücklich darauf hingewiesen, dass die Vorschrift „dem besonderen Sachverhalt der Geburt im Bundesgebiet Rechnung" trägt[31]. Mit dem RLUmsG 2007 ist eine Änderung der Zielrichtung des mit der Geburt vermittelten rechtmäßigen Aufenthaltsrechts des Kindes nicht erfolgt. Denn auch in der Gesetzesbegründung zu § 33 wurde ausgeführt, dass bei der Ausübung des Ermessens in den Fällen des S. 1 „der besonderen Beziehung zwischen den Eltern und dem Kleinkind unmittelbar nach der Geburt im Interesse der Gewährung der Familieneinheit und zur Aufrechterhaltung der nach Art 6 I GG besonders geschützten familiären Betreuungsgemeinschaft Rechnung getragen werden" soll[32].

---

[22] Vgl. BVerwG Beschl. v. 26.3.1999 – 1 B 18.99, NVwZ-RR 1999, 610 zu § 7 AuslG 1990.
[23] VG Darmstadt Urt. v. 18.12.2013 – 5 K 310/12.DA, InfAuslR 2014, 215 Rn. 40.
[24] VGH BW B. v. 30.6.2008 – 11 S 1268/08 Rn. 4.
[25] VG Darmstadt Urt. v. 18.12.2013 – 5 K 310/12.DA, InfAuslR 2014, 215 Rn. 43.
[26] VG Darmstadt Urt. v. 18.12.2013 – 5 K 310/12.DA, InfAuslR 2014, 215 Rn. 43.
[27] VG Darmstadt Urt. v. 18.12.2013 – 5 K 310/12.DA, InfAuslR 2014, 215 Rn. 45.
[28] BGBl. 1990 I S. 1354.
[29] So ausdrücklich BVerwG Urt. v. 16.7.2002 – 1 C 8.02, BVerwGE 116, 378 Rn. 22.
[30] BGBl. 2004 I S. 1950.
[31] Vgl. BT-Drs. 15/420, 83.
[32] BT-Drs. 16/5065, 176.

Die Erteilung der Aufenthaltserlaubnis setzt nicht die Erfüllung der Voraussetzungen der §§ 5, 27 I, 21
29 I voraus. Sie erfolgt **von Amts wegen,** es bedarf also keines Antrags. Die Ausländerbehörde erfährt
von der Geburt durch eine Mitteilung der Meldebehörde. Bis zur Entscheidung der Ausländerbehörde
gilt der Aufenthalt analog § 81 III 1 als erlaubt. Die Antragsfrist des § 81 I greift nur ein, wenn die
Aufenthaltserlaubnis nicht von Amts wegen zu erteilen ist (§ 33 S. 1).

Da auch für das Kind die **Passpflicht** des § 3 gilt, ist die Beschaffung eines Passes notwendig. In 22
Betracht kommen ein ausländischer Kinderausweis, die Eintragung im Familienpass oder Pass der
Eltern (vgl. § 2 AufenthV), die Eintragung in dem deutschen Reiseausweis für Ausländer, Flüchtlinge
oder Staatenlose oder ein deutscher Ausweisersatz (vgl. §§ 4 I Nr. 1, 4 und 5, 55 AufenthV). Die
Eltern oder der allein personensorgeberechtigte Elternteil sind zur Stellung dahin gehender Anträge
verpflichtet (§ 80 IV; § 56 I Nr. 4 AufenthV).

S. 3 entspricht weitgehend dem bisherigen S. 2. Er wird, auch wenn er nicht Gegenstand der zuvor 23
genannten Entscheidung ist, ebenfalls an die Rspr. des BVerfG angepasst, indem sein Anwendungsbereich auf den Vater ausgedehnt wird. Der **Aufenthalt** des Kindes gilt als **erlaubt,** solange ein
Elternteil ein Visum besitzt oder von der Visumpflicht befreit ist[33].

§ 34 Aufenthaltsrecht der Kinder

(1) Die einem Kind erteilte Aufenthaltserlaubnis ist abweichend von § 5 Abs. 1 Nr. 1 und
§ 29 Abs. 1 Nr. 2 zu verlängern, solange ein personensorgeberechtigter Elternteil eine Aufenthaltserlaubnis, Niederlassungserlaubnis oder eine Erlaubnis zum Daueraufenthalt – EU
besitzt und das Kind mit ihm in familiärer Lebensgemeinschaft lebt oder das Kind im Falle
seiner Ausreise ein Wiederkehrrecht gemäß § 37 hätte.

(2) [1]Mit Eintritt der Volljährigkeit wird die einem Kind erteilte Aufenthaltserlaubnis zu
einem eigenständigen, vom Familiennachzug unabhängigen Aufenthaltsrecht. [2]Das Gleiche
gilt bei Erteilung einer Niederlassungserlaubnis und der Erlaubnis zum Daueraufenthalt –
EU oder wenn die Aufenthaltserlaubnis in entsprechender Anwendung des § 37 verlängert
wird.

(3) Die Aufenthaltserlaubnis kann verlängert werden, solange die Voraussetzungen für die
Erteilung der Niederlassungserlaubnis und der Erlaubnis zum Daueraufenthalt – EU noch
nicht vorliegen.

Allgemeine Verwaltungsvorschrift
34 Zu § 34 – Aufenthaltsrecht der Kinder
34.1 Verlängerung bei Weiterbestehen der familiären Lebensgemeinschaft oder bei Bestehen eines Wiederkehrrechts
34.1.1 Absatz 1 betrifft Kinder, die noch nicht volljährig sind und die bereits eine Aufenthaltserlaubnis zum
Zwecke des Familiennachzuges besitzen. Die Vorschrift vermittelt einen Anspruch, sofern nicht kraft Verweisung auf
Regelungen in § 37, die eine Ermessensausübung vorsehen, eine Aufenthaltserlaubnis nach Ermessen zu erteilen ist.
34.1.2 Die Sicherung des Lebensunterhalts (§ 5 Absatz 1 Nummer 1) und das Wohnraumerfordernis (§ 29
Absatz 1 Nummer 2) sind bei der Verlängerung unbeachtlich.
34.1.3 Wie aus der 2. Alternative des § 34 Absatz 2 Satz 2 ersichtlich ist, bezieht sich das Erfordernis, dass
mindestens noch ein personensorgeberechtigter Elternteil eine Aufenthaltserlaubnis, Niederlassungserlaubnis oder
Erlaubnis zum Daueraufenthalt-EG besitzt und das Kind mit diesem Elternteil in familiärer Lebensgemeinschaft
leben muss, nur auf die 1. Alternative des Absatzes 1 Satz 1, also auf Fälle, in denen im Falle einer Ausreise noch kein
Wiederkehrrecht nach § 37 entstanden wäre.
34.1.4 Alternative 2 des Absatzes 1 Satz 1 – entsprechende Anwendung von § 37 – bezieht sich auch auf § 37
Absatz 2, so dass unter den dort genannten Voraussetzungen von den in § 37 Absatz 1 Nummer 1 und 3 genannten
Voraussetzungen abgewichen werden kann. Umgekehrt findet auch § 37 Absatz 3 Nummer 2 und 3 entsprechende
Anwendung, während § 37 Absatz 3 Nummer 1 nicht entsprechend herangezogen werden kann, da ein hiervon
erfasster Fall in hiesigem Zusammenhang nicht vorliegen kann und das Vorhandensein von Ausweisungsgründen
bereits durch § 37 Absatz 3 Nummer 2 abgedeckt ist.
34.1.5 Für die Anwendung von § 37 Absatz 4 ist wegen des weitergehenden Ausschlusses von § 5 Absatz 1
Nummer 1 durch § 34 Absatz 1 kein Raum.
34.1.6 Wenn ein Kind von einem Träger im Bundesgebiet Rente – etwa Waisenrente – bezieht und sich das Kind
acht Jahre lang rechtmäßig im Bundesgebiet aufgehalten hat, findet § 37 Absatz 5 entsprechende Anwendung. Auch
bei sehr geringen Renten ist die Entscheidung, ob eine Anwendung des Regelfall des § 37 Absatz 5 vorliegt, unter
Berücksichtigung der gesetzlichen Ausschlusses des Merkmals der Lebensunterhaltssicherung (§ 5 Absatz 1 Nummer 1) sowie des langjährigen Aufenthaltes des Ausländers zu treffen. Bei Waisenrenten ist zudem ein besonderes
persönliches Schicksal des Betroffenen bei der Entscheidung zu berücksichtigen.
34.2 Eigenständiges Aufenthaltsrecht bei Erreichen der Volljährigkeit
34.2.1 Nach Satz 1 finden § 27 und § 28 bzw. § 32 keine Anwendung mehr, sobald das Kind das Volljährigkeitsalter erreicht und ihm bislang eine Aufenthaltserlaubnis zur Herstellung und Wahrung einer familiären Lebensgemeinschaft erteilt war.

---

[33] Auch → Rn. 4.

34.2.2 Satz 2 stellt klar, dass die Erteilung einer Niederlassungserlaubnis oder einer Erlaubnis zum Daueraufenthalt-EG oder die Verlängerung der Aufenthaltserlaubnis in entsprechender Anwendung des § 37 (vgl. dazu Nummer 34.1) nicht vom Fortbestehen einer familiären Lebensgemeinschaft abhängig ist.

34.3 Verlängerung der Aufenthaltserlaubnis

34.3.1 Die Aufenthaltserlaubnis, die nach Absatz 2 ein eigenständiges Aufenthaltsrecht vermittelt hat, kann nach Absatz 3 nach Ermessen verlängert werden, wenn die Voraussetzungen für die Erteilung einer Niederlassungserlaubnis (vgl. § 35) noch nicht vorliegen.

34.3.2 Es finden die allgemeinen Voraussetzungen für die Verlängerung einer Aufenthaltserlaubnis Anwendung; vgl. § 8 Absatz 1. Während insbesondere § 5 im vollem Umfang zu berücksichtigen ist, sind die §§ 27 bis 33 nicht einschlägig, da das Aufenthaltsrecht eigenständig und somit vom Zweck des Familiennachzuges abgekoppelt ist.

Übersicht

	Rn.
I. Entstehungsgeschichte	1
II. Allgemeines	2
III. Verlängerung der Aufenthaltserlaubnis	3
1. Minderjährige	3
2. Volljährige	19
3. Verlängerung der Aufenthaltserlaubnis	26

I. Entstehungsgeschichte

1 Die Vorschrift wurde mit dem AufenthG in das Gesetz eingeführt und entsprach in vollem Umfang dem **Gesetzesentwurf**[1]. Mit dem AuslRÄndG 2007[2] wurde Abs. 2 und 3 redaktionell an den neu eingeführten Aufenthaltstitel in § 9a angepasst. Eine redaktionelle Anpassung erfolgte durch das Ersetzen der Wörter „EG" durch „EU" mit Gesetz vom 29.8.2013[3].

II. Allgemeines

2 Während in §§ 32 und 33 und zum Teil auch in § 36 die erstmalige Erteilung einer Aufenthaltserlaubnis für in Deutschland geborene und hierher zu- oder nachgezogene minderjährige Kinder geregelt ist, sind Verlängerung und Verselbstständigung des Aufenthaltsrechts der Kinder Gegenstand der §§ 34 und 35. Die Aufhebung der Abhängigkeit vom Aufenthaltsrecht der Eltern und von der Führung einer familiären Lebensgemeinschaft wird zT von Abs. 2 und hauptsächlich von § 35 erfasst.

III. Verlängerung der Aufenthaltserlaubnis

1. Minderjährige

3 Zu- und nachgezogenen Minderjährigen ist ein **Rechtsanspruch** auf Verlängerung der Aufenthaltserlaubnis unter erleichterten Voraussetzungen eingeräumt, falls sie als Kinder und nicht als Ehegatten eingereist sind. Vorausgesetzt ist nur, dass ein personensorgeberechtigter Elternteil (weiter) eine Aufenthaltserlaubnis oder eine Niederlassungserlaubnis besitzt und mit dem Kind in familiärer Gemeinschaft zusammenlebt oder das Kind im Falle seiner Ausreise ein Wiederkehrrecht gem. § 37 hätte.

4 Die Möglichkeit der Verfestigung des Aufenthaltsrechts nach § 34 II und III sowie § 35 gilt nach dem Wortlaut der Vorschrift gleichermaßen für nach § 32 wie für nach § 36a I 1 Alt. 2 nachziehende Kinder[4].

5 Nach § 29 III 3 wird ein **Familiennachzug in Fällen des § 25 IV, IVb und V, § 25a II, § 25b IV, § 104a I 1 sowie § 104b nicht gewährt.** Diese allgemein den Familiennachzug zu Ausländern betreffende Bestimmung gilt auch für die Sonderregelung in § 34[5]. Da § 34 die Verlängerung regelt, muss zumindest ein Elternteil zuvor bei Erteilung der Aufenthaltserlaubnis im Besitz eines Aufenthaltstitels gewesen sein, der den Familiennachzug ermöglichte. Eine Verlängerung kann daher nur dann ausgeschlossen sein, wenn der Elternteil, der den ursprünglichen Familiennachzug vermittelte, sich entweder nicht mehr im Bundesgebiet aufhält oder seinen Aufenthaltstitel verloren hat. Für die Anwendbarkeit des § 29 III 3 auch iRv § 34 I spricht, dass letztgenannte Vorschrift bzgl. § 29 AufenthG eine Abweichung allein in Hinblick auf dessen Abs. 1 Nr. 2 zulässt; hieraus ist zu schließen, dass

---

[1] BT-Drs. 15/420, 15.
[2] Gesetz zur Umsetzung aufenthalts- und asylrechtlicher RL der EU v. 19.8.2007 (BGBl. I S. 1970).
[3] BGBl. 2013 I S. 3484, ber. S. 3899, in Kraft getreten am 2.12.2013.
[4] VG Berlin Urt. v. 6.11.2020 – 38 K 384.19 V Rn. 28.
[5] OVG NRW Urt. v. 15.10.2014 – 17 A 1150/13 Rn. 41; OVG NRW Beschl. v. 18.8.2013 – 17 A 1150/13 Rn. 13.

die sonstigen in § 29 geregelten Vorgaben und Beschränkungen auch für die Verlängerung einer aus familiären Gründen erteilten Aufenthaltserlaubnis gelten sollen[6].

Das Kind muss im Besitz eines verlängerungsfähigen Aufenthaltstitels iSd § 34 I sein. Die **Auf-** **enthaltserlaubnis des Kindes muss zum Zweck des Familiennachzugs erteilt worden sein**[7]. Denn nach § 34 II ändert sich die Aufenthaltserlaubnis nach Abs. 1 mit Eintritt der Volljährigkeit in ein eigenständiges, von Familiennachzug unabhängiges Aufenthaltsrecht. Diese Regelung spricht dafür, dass es sich bei dem zu verlängernden Aufenthaltstitel nach § 34 III um einen solchen handeln muss, der dem Kind zum Zweck des Familiennachzugs erteilt worden war. Denn andernfalls wäre es schwer verständlich, wieso der Aufenthaltstitel bei Volljährigkeit unabhängig von Zweck des Familiennachzugs sein soll, wenn schon der Ausgangstitel unabhängig hiervon erteilt wurde. Eine Aufenthaltserlaubnis aus humanitären Gründen nach § 25 erfüllt diese Voraussetzung selbst dann nicht, wenn die Erteilung auf der Unmöglichkeit der Ausreise wegen des besonderen Schutzes der familiären Lebensgemeinschaft durch Art. 6 GG oder Art. 8 EMRK beruhte[8]. 6

Auch ein **fiktives Aufenthaltsrecht nach § 81 III 1 vermittelt dem Ausländer nicht den erforderlichen Aufenthaltstitel.** In allen Fällen eines titelfreien rechtmäßigen Aufenthalts löst allein die rechtzeitige Antragstellung im Inland die Rechtsfolge aus, dass der weitere Aufenthalt bis zur Entscheidung der Ausländerbehörde als erlaubt gilt – und zwar unabhängig davon, für welchen Zweck die Aufenthaltserlaubnis begehrt wird und ob zu diesem Zeitpunkt die allgemeinen oder besonderen Erteilungsvoraussetzungen vorliegen[9]. Die Erlaubnis zum Aufenthalt für den besonderen Zweck der Führung der familiären Lebensgemeinschaft mit den Eltern erfolgt vielmehr erst mit der Erteilung eines entsprechenden Titels. Ist der familienbedingte Aufenthaltszweck einmal tituliert worden, können im Anschluss daran allerdings insbesondere über die Fiktionswirkung des § 81 IV 1 Lücken „überbrückt" werden, die dadurch entstehen, dass die befristeten familienbedingten Aufenthaltstitel zeitlich nicht nahtlos anschließen; damit kann eine durchgängige Rechtmäßigkeit des Aufenthalts erhalten werden[10]. 7

Das **nationale Visum zur Einreise ist keine Aufenthaltserlaubnis** iSd § 34 I, die verlängert werden könnte[11]. Aufenthaltserlaubnis und Visum sind nach der Konzeption des AufenthG jeweils eigenständige Aufenthaltstitel. Nach § 4 I 2 werden die Aufenthaltstitel als Visum (§ 6), Aufenthaltserlaubnis (§ 7), Niederlassungserlaubnis (§ 9) oder Erlaubnis zum Daueraufenthalt–EG (§ 9a) erteilt. Vor diesem Hintergrund wäre zu erwarten gewesen, dass der Gesetzgeber das Visum als Tatbestandsvoraussetzung ausdrücklich in § 34 I erwähnt hätte, wenn er die Erteilungsvoraussetzungen auch auf diese Fallgestaltung hätte erstrecken wollen[12]. 8

In der Gesetzesbegründung[13] zur Aufnahme des Visums als eigenständigen Aufenthaltstitels wird ausdrücklich darauf hingewiesen, dass „die bisherige Umdeutung des Visums in eine entsprechende Aufenthaltsgenehmigung (§ 3 III AuslG 1990) [...] den gemeinschaftsrechtlichen Visumsregelungen und der Visumspraxis nicht gerecht [wird]". Insoweit erfolgt der Wechsel von dem Aufenthaltstitel Visum zu dem Aufenthaltstitel Aufenthaltserlaubnis nicht durch Verlängerung des Visums, sondern durch Erteilung einer Aufenthaltserlaubnis[14]. 9

Dieses Verständnis entspricht auch dem Zweck der Norm, nach dem der Gesetzgeber dem Gesichtspunkt der Aufrechterhaltung der familiären Lebensgemeinschaft, die rechtmäßig im Bundesgebiet geführt wird, ein besonderes Gewicht beimessen wollte[15]. So setzt § 34 I, der mit Volljährigkeit in ein eigenständiges Aufenthaltsrecht erstarkt, einen Aufenthaltstitel voraus, der gerade dem Zweck des familiären Zusammenlebens mit den Eltern dient. Insoweit unterscheidet sich das Visum zum Zweck der Familienzusammenführung und die später erteilte Aufenthaltserlaubnis bereits maßgeblich durch ihre Ausstellungsdauer, da die Aufenthaltserlaubnis nach § 27 II 4 grundsätzlich für mindestens ein Jahr zu erteilen ist. Mit Blick auf diesen Normzweck kann eine verlängerungsfähige „Aufenthaltserlaubnis des Kindes" iSd § 34 I nur eine zum Zwecke des Familiennachzug erteilte Aufenthaltserlaubnis sein. 10

Nach altem Recht war ein Visum kein eigenständiger Aufenthaltstitel. Anders als in § 4 I sah § 5 I AuslG 1990 das Visum nicht als eine eigene Art des Aufenthaltstitels vor. Dies beruhte auf der 11

---

[6] OVG NRW Urt. v. 15.10.2014 – 17 A 1150/13 Rn. 41; vgl. VGH BW Beschl. v. 23.10.2006 – 11 S 387/06 Rn. 19; ebenso zu § 33 HmbOVG Beschl. v. 2.6.2008 – 3 Bf 35/05, AuAS 2008, 170 Rn. 14.
[7] Hierzu VG Saarl Beschl. v. 24.11.2015 – 6 L 429/15 Rn. 14.
[8] Zu § 31 s. BVerwG Urt. v. 4.8.2007 – 1 C 43.06; HmbOVG Beschl. v. 9.2.2012 – 3 Bs 126/10, 3 So 93/10, InfAuslR 2012, 216 Rn. 14.
[9] VGH BW Urt. v. 5.9.2012 – 11 S 1639/12 Rn. 6.
[10] VGH BW Urt. v. 5.9.2012 – 11 S 1639/12 Rn. 6 zu § 31.
[11] OVG Bln-Bbg Beschl. v. 18.8.2009 – 11 S 36.09; offengelassen SächsOVG Beschl. v. 15.5.2014 – 3 B 42/14 Rn. 5.
[12] Offengelassen durch OVG NRW Beschl. v. 27.8.2012 – 18 B 169/12 Rn. 9; NdsOVG Beschl. v. 13.3.2006 – 11 ME 313/05, InfAuslR 2006, 328; vgl. auch zur parallelen Problematik bei § 31 I: einerseits HmbOVG Beschl. v. 16.11.2010 – 4 Bs 213/10, InfAuslR 2011, 110; andererseits OVG NRW Beschl. v. 7.12.2007 – 17 B 2167/06 und OVG Bln-Bbg Urt. v. 24.11.2011 – 2 B 21.10.
[13] BT-Drs. 15/420, 68 f. zu § 4 I.
[14] S. hierzu BVerwG Urt. v. 30.4.2009 – 1 C 3.08, InfAuslR 2009, 333.
[15] Vgl. BT-Drs. 15/420, 82 zu § 30.

systematischen Überlegung, dass die Aufenthaltsgenehmigung- und Visumpflicht grundsätzlich kongruent sein sollten. Insoweit wurde als Visum die Aufenthaltsgenehmigung in der Form des Sichtvermerks erteilt[16]. Das Visum ist daher keine eigene Form der Aufenthaltsgenehmigung gewesen, sondern eine der Formen, in denen eine Aufenthaltsgenehmigung iSv § 5 AuslG 1990 erteilt werden konnte[17].

12 Diese Einstufung hat Bedeutung für **türkische Staatsangehörige,** die sich auf die Stillhalteklausel des Art. 13 ARB 1/80 berufen können. Für diese ist ein Visum dann Anknüpfungspunkt für ein eigenständiges Aufenthaltsrecht, wenn es zum Zwecke der Herstellung der familiären Lebensgemeinschaft erteilt wurde.

13 **Die Verlängerung des Aufenthaltsrechts nach § 34 I ist ausgeschlossen, wenn der Verlängerungsantrag erst nach Ablauf der Geltungsdauer der Aufenthaltserlaubnis gestellt worden ist und die Behörde nicht nach § 81 IV 2 verfährt**[18]. Nach dem insoweit eindeutigen Wortlaut der Norm erfasst § 34 I nur den Fall, dass der Ausländer sich noch im Besitz einer nicht abgelaufenen Aufenthaltserlaubnis befindet, weil nur eine solche verlängert werden kann[19]. Eine Neuerteilung ist in § 34 I nicht vorgesehen. Die Rechtslage unter der Geltung des gem. Art. 13 ARB 1/80 auch materiell anzuwendenden AuslG 1990 und AuslG 1965 war demgegenüber anders gestaltet: Die verspätete Antragstellung stand einer Verlängerung der Aufenthaltserlaubnis nicht entgegen[20]. Im Unterschied zum jetzigen Recht war über eine Verlängerung der Aufenthaltserlaubnis nach Ermessen zu entscheiden, wenn die sog. Negativschranke des § 2 I 2 AuslG 1965 überwunden werden konnte (§ 7 II 2 AuslG 1965 iVm Nr. 7 Verwaltungsvorschrift-AuslG 1965)[21].

14 Der Verlängerungsanspruch der Kinder beruht auf dem durch Art. 6 GG geschützten Zusammenleben mit den Eltern[22]. Das Gewicht des Zusammenlebens von Eltern und Kindern ist – anders als bei § 30 III – nicht von einem Zusammenleben über einen nicht unerheblichen Zeitraum abhängig. Abs. 1 macht die Verlängerung der einem Kind erteilten Aufenthaltserlaubnis im Hinblick auf den hohen Stellenwert der familiären Lebensgemeinschaft generell nur von der Fortführung der familiären Lebensgemeinschaft mit mindestens einem sorgeberechtigten Elternteil abhängig, der selbst über eine Aufenthaltserlaubnis, Erlaubnis zum Daueraufenthalt–EG oder Niederlassungserlaubnis verfügt[23].

15 Nach § 34 I ist allerdings im Hinblick auf die weiteren **Erteilungsvoraussetzungen,** die über § 8 I grundsätzlich für die Verlängerung der Aufenthaltserlaubnis vorliegen müssen, nur von § 5 I Nr. 1 und § 29 I Nr. 2 zwingend abzuweichen. Dem ist zu entnehmen, dass die übrigen allgemeinen Erteilungsvoraussetzungen des § 5 weiterhin vorliegen müssen[24]. Dasselbe dürfte auch für die in § 29 III 1 genannten einschränkenden Voraussetzungen gelten, solange der Elternteil, von dem das Aufenthaltsrecht abgeleitet wird, lediglich eine Aufenthaltserlaubnis nach den §§ 22, 23 I oder 25 III besitzt. Einzuhalten sind die Anforderungen der §§ 8, 27 III (vgl. aber § 29 IV).

16 Bei Verwirklichung eines **Ausweisungsgrundes** ist der Schutz des § 56 II 2 in die Ermessenserwägungen nach § 8 I iVm § 5 I 1 Nr. 3 einzubeziehen[25]. Der Ausländerbehörde ist nach § 27 III 2 ein Ermessen eingeräumt, ob es nach diesem Versagungsgrund absehen will. Dieses Ermessen ist durch die im Gesetz zum Ausdruck gebrachte Bedeutung der Familie für minderjährige Straftäter gebunden (§ 56 II 2). Das führt dazu, dass einem im Bundesgebiet aufgewachsenen minderjährigen Ausländer, dessen Eltern sich hier erlaubt aufhalten, die Verlängerung der Aufenthaltserlaubnis nur unter ähnlich strengen Voraussetzungen versagt werden kann, wie sie für die Ausweisung Minderjähriger gelten[26].

17 Begünstigt sind auch Kinder, die im Falle der Ausreise ein **Wiederkehrrecht** nach § 37 hätten. Sie sollen angesichts der Voraussetzungen des § 37 nicht schlechter stehen als Kinder, die lediglich eine Aufenthaltserlaubnis besitzen. Verfügen zB die Mutter oder der Vater eines nachgezogenen Kindes über keine Aufenthaltserlaubnis oder Niederlassungserlaubnis mehr, wird das Kind wie ein Wiederkehrer behandelt. Es müssen nur die Voraussetzungen des § 37 (analog) gegeben sein. Dasselbe gilt nach Eheschließung oder Erreichen der Volljährigkeit. Diese Kinder brauchen nicht mit den Eltern zusammenzuleben, und die Eltern brauchen keinen Aufenthaltstitel zu besitzen, wie sich dem Wortlaut von Abs. 1 und aus Abs. 2 S. 2 Alt. 2 entnehmen lässt.

18 Ihnen ist die Aufenthaltserlaubnis nicht unbedingt zwingend zu verlängern, sondern unter Umständen nur nach **Ermessen.** In Abs. 1 sind die beiden Alt. zwar so aneinandergereiht, dass sich das „ist ... zu verlängern" auch auf die Wiederkehrer bezieht. Die Formulierung ist aber schon deshalb ver-

---

[16] BT-Drs. 11/6321, 54 zu § 3 I–III.
[17] Renner, 5. Aufl. 1990 AuslG § 5 Rn. 5; GK-AuslR, Stand: 10/1993, AuslG 1990 § 5 Rn. 21.
[18] OVG Saarl Beschl. v. 27.8.2014 – 2 D 282/14 Rn. 8.
[19] BVerwG Urt. v. 22.6.2011 – 1 C 5.10 Rn. 13 und 17 zu § 31.
[20] Ausf. zum AuslG 1965 VG Darmstadt Beschl. v. 28.9.2011 – 5 L 936/11.DA Rn. 21.
[21] VG Darmstadt Beschl. v. 28.9.2011 – 5 L 936/11.DA Rn. 21.
[22] VGH BW Beschl. v. 23.10.2006 – 11 S 387/06.
[23] BT-Drs. 15/420, 83.
[24] VGH BW Beschl. v. 23.10.2006 – 11 S 387/06.
[25] Zum früheren Recht BVerwG Urt. v. 16.7.2002 – 1 C 8.02, EZAR 024 Nr. 12.
[26] BayVGH Beschl. v. 5.6.2007 – 24 C 07.1095 unter Hinweis auf BVerwG Urt. v. 16.7.2002 – 1 C 8.02, EZAR 024 Nr. 12 zum alten Recht.

unglückt, weil sich „solange" auch auf die 2. Alt. bezieht und damit keinen vernünftigen Sinn ergibt. Da die Wiederkehr zum Teil in das behördliche Ermessen gestellt ist, steht diesen Kindern nicht in jedem Fall ein Rechtsanspruch auf Verlängerung zu, denn der Wille des Gesetzgebers kommt deutlich in Abs. 2 S. 2 zum Ausdruck, wonach die Aufenthaltserlaubnis in entsprechender Anwendung des § 37 verlängert wird. Damit sind vor einer Entscheidung alle Bestimmungen des § 37 zu prüfen, ausgenommen § 37 III Nr. 1 (hier unanwendbar) und IV (verdrängt durch Abs. 1). Im Falle einer Waisenrente (§ 37 V) ist auch dann nicht von der Regel abzuweichen, wenn der Unterhalt nicht voll gesichert ist (vgl. Abs. 1 iVm § 5 I Nr. 1). Bei analoger Anwendung von § 37 sind weder Aufenthaltserlaubnis noch Niederlassungserlaubnis des Elternteils (noch) erforderlich noch die Minderjährigkeit[27].

2. Volljährige

Volljährigen steht kein Anspruch auf Verlängerung der ihnen als Minderjährigen erteilten (und 19 verlängerten) Aufenthaltserlaubnis zu, sondern die **Aufenthaltserlaubnis verwandelt sich mit Vollendung des 18. Lebensjahres von Gesetzes wegen in eine von der Bindung an die familiäre Lebensgemeinschaft unabhängige Aufenthaltserlaubnis**. Es bedarf also keines Antrags. Der Ausländer muss bei Eintritt der Volljährigkeit noch eine gültige Aufenthaltserlaubnis besitzen[28]. Diese Aufenthaltserlaubnis gilt bis zu ihrem Ablauf, ohne dass die Bestimmungen der §§ 27 I, 28, 32 noch anwendbar sind.

Nach § 34 II 2 iVm § 34 II 1 entsteht mit der Erteilung einer Niederlassungserlaubnis an ein Kind, 20 das sich zum Zweck des Familiennachzugs in Deutschland aufhält, ein eigenständiges, von Familiennachzug unabhängiges Aufenthaltsrecht[29]. Dieses Aufenthaltsrecht dient damit aber unabhängig davon, ob die familiäre Lebensgemeinschaft fortbesteht, nicht mehr dem ursprünglichen Zweck der Wahrung der familiären Lebensgemeinschaft, sondern dem Zweck eines eigenständigen Daueraufenthalts, der vom Zweck der Wahrung der familiären Lebensgemeinschaft unabhängig ist und andere Aufenthaltszwecke mitumfasst[30].

§ 34 II beinhaltet ebenso wie früher § 21 III AuslG 1990[31] selbst **keinen unmittelbaren Rechts-** 21 **anspruch** auf Verlängerung der Aufenthaltserlaubnis[32]. Beide Normen verhelfen lediglich zu einem eigenständigen, von Familiennachzug unabhängigen Aufenthaltsrecht. Ergibt sich ein Anspruch auf Verlängerung der Aufenthaltserlaubnis nicht aus § 34 I iVm § 37 (früher § 21 II iVm § 16 AuslG 1990) oder § 35 (früher § 26 AuslG 1990), so steht die Verlängerung gem. § 34 III (früher: § 21 IV AuslG 1990) im Ermessen der Ausländerbehörde[33].

Das Bestehen eines eigenständigen Aufenthaltsrechts iSd § 34 II ist Voraussetzung für eine Ver- 22 längerung der Aufenthaltserlaubnis im Ermessenswege nach § 34 III[34]. Solange noch keine Niederlassungserlaubnis erteilt werden kann, wird die Aufenthaltserlaubnis in den Fällen des Abs. 2 nach Maßgabe des § 8 I iVm § 5 im Wege des **Ermessens** verlängert. **Die Verlängerung des Aufenthaltsrechts nach § 34 III ist ausgeschlossen, wenn der Verlängerungsantrag erst nach Ablauf der Geltungsdauer der Aufenthaltserlaubnis gestellt worden ist und die Behörde nicht nach § 81 IV 2 verfährt.** Nach dem insoweit eindeutigen Wortlaut der Norm erfasst § 34 III nur den Fall, dass der Ausländer sich noch im Besitz einer nicht abgelaufenen Aufenthaltserlaubnis befindet, weil nur eine solche verlängert werden kann[35]. Eine Neuerteilung ist in § 34 III nicht vorgesehen. Wegen der Besonderheiten für türkische Staatsangehörige, die in den Anwendungsbereich der Stillhalteklauseln fallen, → Art. 13 ARB 1/80.

Bei der Anwendung des § 34 III sind die allgemeinen Vorschriften des AufenthG zu berücksichti- 23 gen, namentlich §§ 8, 5. § 5 ist anzuwenden, da die Privilegierung in § 34 I 1 nur für das akzessorische Aufenthaltsrecht nach § 34 I, nicht aber für das eigenständige Aufenthaltsrecht nach § 34 III gilt[36].

Die Bestimmungen der §§ 27–33 sind nicht anzuwenden, weil die Akzessorietät mit der Volljährig- 24 keit aufgehoben ist.

---

[27] *Hailbronner* AufenthG § 34 Rn. 4 f.; HessVGH Beschl. v. 27.5.1993 – 12 TH 2617/92, EZAR 024 Nr. 2; VGH BW Urt. v. 27.1.1992 – 13 S 1585/90, EZAR 015 Nr. 2.
[28] HessVGH Beschl. v. 28.1.1993 – 12 TH 2385/92, EZAR 024 Nr. 1.
[29] BayVGH Beschl. v. 18.3.2014 – 10 ZB 11.3006 Rn. 13.
[30] BayVGH Beschl. v. 18.3.2014 – 10 ZB 11.3006 Rn. 13; Urt. v. 28.6.2005 – 24 B 04.2951 Rn. 31.
[31] Vgl. BT-Drs. 15/420, 83.
[32] OVG NRW Urt. v. 21.6.2006 – 18 B 1580/05, InfAuslR 2006, 365.
[33] OVG NRW Urt. v. 21.6.2006 – 18 B 1580/05, InfAuslR 2006, 365; für die Rechtslage nach dem AuslG 1990 vgl. BayVGH Beschl. v. 18.3.2002 – 10 CS 01.2823, InfAuslR 2003, 57; zur Ermessensreduktion durch Art. 8 EMRK OVG Bln-Bbg Urt. v. 11.6.2015 – OVG 11 B 26.14 Rn. 30.
[34] OVG NRW Urt. v. 21.6.2006 – 18 B 1580/05, InfAuslR 2006, 365; für die Rechtslage nach dem AuslG 1990 vgl. HessVGH Beschl. v. 27.5.1993 – 12 TH 2617/92, InfAuslR 1993, 323 (326); VGH BW Beschl. v. 2.7.1997 – 13 S 2025/96, InfAuslR 1997, 453 f.
[35] BVerwG Urt. v. 22.6.2011 – 1 C 5.10 Rn. 13 und 17 zu § 31.
[36] VGH BW Beschl. v. 16.2.2021 – 11 S 1547/20 Rn. 29; BayVGH Beschl. v. 15.2.2006 – 24 CS 05.2721 Rn. 3; VG München Urt. v. 7.6.2011 – M 4 K 11.1223 Rn. 33.

25 Abs. 2 S. 2 dient nur der Klarstellung, dass die Akzessorietät auch bei Erteilung der Niederlassungserlaubnis oder der Wiederkehr-Aufenthaltserlaubnis endet.

3. Verlängerung der Aufenthaltserlaubnis

26 Nach § 34 III kann die Aufenthaltserlaubnis verlängert werden, solange die Voraussetzungen für die Erteilung der Niederlassungserlaubnis und der Erlaubnis zum Daueraufenthalt-EU noch nicht vorliegen; die allgemeinen Erteilungsvoraussetzungen des § 5 finden uneingeschränkt Anwendung[37].

§ 35 Eigenständiges, unbefristetes Aufenthaltsrecht der Kinder

(1) [1]Einem minderjährigen Ausländer, der eine Aufenthaltserlaubnis nach diesem Abschnitt besitzt, ist abweichend von § 9 Abs. 2 eine Niederlassungserlaubnis zu erteilen, wenn er im Zeitpunkt der Vollendung seines 16. Lebensjahrs seit fünf Jahren im Besitz der Aufenthaltserlaubnis ist. [2]Das Gleiche gilt, wenn
1. der Ausländer volljährig und seit fünf Jahren im Besitz der Aufenthaltserlaubnis ist,
2. er über ausreichende Kenntnisse der deutschen Sprache verfügt und
3. sein Lebensunterhalt gesichert ist oder er sich in einer Ausbildung befindet, die zu einem anerkannten schulischen oder beruflichen Bildungsabschluss oder einem Hochschulabschluss führt.

(2) Auf die nach Absatz 1 erforderliche Dauer des Besitzes der Aufenthaltserlaubnis werden in der Regel nicht die Zeiten angerechnet, in denen der Ausländer außerhalb des Bundesgebiets die Schule besucht hat.

(3) [1]Ein Anspruch auf Erteilung einer Niederlassungserlaubnis nach Absatz 1 besteht nicht, wenn
1. ein auf dem persönlichen Verhalten des Ausländers beruhendes Ausweisungsinteresse besteht,
2. der Ausländer in den letzten drei Jahren wegen einer vorsätzlichen Straftat zu einer Jugendstrafe von mindestens sechs oder einer Freiheitsstrafe von mindestens drei Monaten oder einer Geldstrafe von mindestens 90 Tagessätzen verurteilt worden oder wenn die Verhängung einer Jugendstrafe ausgesetzt ist oder
3. der Lebensunterhalt nicht ohne Inanspruchnahme von Leistungen nach dem Zweiten oder Zwölften Buch Sozialgesetzbuch oder der Jugendhilfe nach dem Achten Buch Sozialgesetzbuch gesichert ist, es sei denn, der Ausländer befindet sich in einer Ausbildung, die zu einem anerkannten schulischen oder beruflichen Bildungsabschluss führt.

[2]In den Fällen des Satzes 1 kann die Niederlassungserlaubnis erteilt oder die Aufenthaltserlaubnis verlängert werden. [3]Ist im Falle des Satzes 1 Nr. 2 die Jugend- oder Freiheitsstrafe zur Bewährung oder die Verhängung einer Jugendstrafe ausgesetzt, wird die Aufenthaltserlaubnis in der Regel bis zum Ablauf der Bewährungszeit verlängert.

(4) Von den in Absatz 1 Satz 2 Nr. 2 und 3 und Absatz 3 Satz 1 Nr. 3 bezeichneten Voraussetzungen ist abzusehen, wenn sie von dem Ausländer wegen einer körperlichen, geistigen oder seelischen Krankheit oder Behinderung nicht erfüllt werden können.

Allgemeine Verwaltungsvorschrift
35 Zu § 35 – Eigenständiges, unbefristetes Aufenthaltsrecht der Kinder
35.0 Allgemeines
35.0.1 § 35 ist eine begünstigende Sonderregelung für Ausländer, denen als Minderjährige die Aufenthaltserlaubnis nach Kapitel 2 Abschnitt 6 zum Zwecke der Herstellung und Wahrung der familiären Lebensgemeinschaft im Bundesgebiet erteilt worden ist (im Bundesgebiet geborene oder nachgezogene Kinder). Nach § 26 Absatz 4 Satz 4 kann § 35 auch für Kinder, die vor Vollendung des 18. Lebensjahres nach Deutschland eingereist sind und eine Aufenthaltserlaubnis nach Kapitel 2 Abschnitt 5 besitzen, entsprechend angewandt werden. § 34 findet subsidiär Anwendung.

35.0.2.1 Kinder von Unionsbürgern, die nach Europäischem Gemeinschaftsrecht freizügigkeitsberechtigt sind, haben nach Maßgabe von § 4a FreizügG/EU ein Daueraufenthaltsrecht oder nach Maßgabe von § 3 Absatz 3 oder 4 FreizügG/EU ein Verbleiberecht. Diese Rechte vermitteln eine stärkere Position als die Niederlassungserlaubnis nach § 35.

35.0.2.2 Erfüllt das Kind eines Ausländers, der nach Europäischem Gemeinschaftsrecht freizügigkeitsberechtigt ist, die Voraussetzungen für das Daueraufenthaltsrecht oder das Verbleiberecht nicht, hat die Ausländerbehörde zu prüfen, ob eine Niederlassungserlaubnis gemäß § 35 erteilt werden kann, da der Anwendungsbereich des Aufenthaltsgesetzes nach § 1 Absatz 2 eröffnet ist (siehe hierzu auch Nummer 27.0.2 f.). Dies ist nur bei einem nicht unterhaltsberechtigten Kind denkbar.

35.0.3 Ausländische Jugendliche, die voraussichtlich die Voraussetzungen für die Erteilung einer Niederlassungserlaubnis nach § 35 erfüllen werden, sind frühestens vier Wochen und spätestens zwei Wochen vor ihrem 16.

---

[37] BVerwG Urt. v. 15.8.2019 – 1 C 23.18 – Rn. 25.

Eigenständiges, unbefristetes Aufenthaltsrecht der Kinder § 35 AufenthG 1

Geburtstag bzw. vor dem Ablauf der Gültigkeit der maßgebenden Aufenthaltserlaubnis schriftlich über diese Antragsmöglichkeit zu informieren. Die Behörde kann den Hinweis mit einer Einladung zu einem Vorsprache- bzw. Beratungstermin verbinden.

35.1 Anspruchsvoraussetzungen

35.1.0 In Absatz 1 ist der Grundtatbestand für die Erteilung einer Niederlassungserlaubnis wiedergegeben. Sie wird abweichend von § 9 Absatz 2 erteilt. § 9 Absatz 3 findet mangels eines vergleichbaren Regelungszwecks keine Anwendung; es gelten aber § 9 Absatz 1 und 4. Auf die Erteilung einer Niederlassungserlaubnis besteht bei Erfüllung der in Absatz 1 genannten Voraussetzungen ein Anspruch.

35.1.1 Rechtsanspruch nach § 35 Absatz 1 Satz 1

35.1.1.1 Der Ausländer muss zum Zeitpunkt der Vollendung seines 16. Lebensjahres seit fünf Jahren im Besitz einer Aufenthaltserlaubnis sein, die nach den Vorschriften des Kapitels 2 Abschnitt 6 erteilt und verlängert wurde. Auf den Zeitpunkt der Antragstellung kommt es nicht an. Ist die Aufenthaltserlaubnis nicht zum Zweck des Familiennachzugs erteilt worden, ist § 35 nicht unmittelbar anwendbar; ggf. kommt aber eine entsprechende Anwendung in den Fällen des § 26 Absatz 4 Satz 4 in Betracht (siehe Nummer 26.4.10).

35.1.1.2 Die Voraussetzung des fünfjährigen Besitzes der Aufenthaltserlaubnis ist dann nicht erfüllt, wenn die zuletzt erteilte Aufenthaltserlaubnis vor Vollendung des 16. Lebensjahres ungültig geworden ist und der Verlängerungsantrag nicht vor Ablauf der Geltungsdauer gestellt wurde (siehe jedoch Nummer 35.1.1.7 sowie Nummer 81.4.2.3 für Fälle, in denen die verspätete Antragstellung aus bloßer Nachlässigkeit und nur kurzer Zeitüberschreitung erfolgt). Dies gilt nicht für die vom Erfordernis eines Aufenthaltstitels befreiten Ausländer, wenn der Antrag auf Erteilung einer Niederlassungserlaubnis erst nach Vollendung des 16. Lebensjahres gestellt wurde (siehe Nummer 35.1.1.8).

35.1.1.3 Als Zeiten des Besitzes der Aufenthaltserlaubnis sind vorbehaltlich des Absatzes 2 anzurechnen

35.1.1.3.1 – die Geltungsdauer des Visums, mit dem der Ausländer eingereist ist, sofern im Anschluss an das Visum nach Wegfall der Wirkung des § 81 Absatz 3 Satz 1 die Aufenthaltserlaubnis erteilt wurde,

35.1.1.3.2 – die Zeiten eines nach § 81 Absatz 4 rechtmäßigen Aufenthalts,

35.1.1.3.3 – in den Fällen des § 35 Absatz 2 auch die Zeiten eines vorherigen Besitzes einer Aufenthaltserlaubnis,

35.1.1.3.4 – nach § 84 Absatz 2 Satz 3 die Zeit von der Versagung der Aufenthaltserlaubnis bis zu ihrer Erteilung oder Verlängerung aufgrund eines erfolgreichen Rechtsbehelfs,

35.1.1.3.5 – die Zeiten einer Befreiung vom Erfordernis der Aufenthaltsgenehmigung nach Maßgabe der Nummer 35.1.1.4,

35.1.1.3.6 – Auslandsaufenthaltszeiten nach Maßgabe der Nummer 35.1.1.5.0 ff.,

35.1.1.3.7 – für als Minderjährige eingereiste Ausländer Zeiten des der Erteilung der Aufenthaltserlaubnis nach Kapitel 2 Abschnitt 5 vorangegangenen Asylverfahrens (§ 26 Absatz 4 Satz 3 i. V. m. Satz 4) sowie die nach § 102 Absatz 2 anrechenbaren Zeiten. Das anzurechnende Asylverfahren muss der Erteilung der Aufenthaltserlaubnis aus humanitären Gründen zeitlich nicht unmittelbar vorangegangen sein.

35.1.1.4 Soweit ein Ausländer nach § 2 DVAuslG aufgrund seines Alters vor dem 1. Januar 2005 vom Erfordernis der Aufenthaltsgenehmigung befreit war, sind die Zeiten seines rechtmäßigen Aufenthalts ohne Aufenthaltsgenehmigung als Zeiten des Besitzes eines Aufenthaltstitels anzurechnen, soweit der Aufenthalt dem in § 27 Absatz 1 bezeichneten Zweck diente. Ein rechtmäßiger Aufenthalt liegt nicht vor, wenn der Aufenthalt des Ausländers gemäß § 3 Absatz 5 AuslG zeitlich beschränkt wurde. Die aufschiebende Wirkung eines Rechtsbehelfs gegen eine entsprechende Entscheidung bewirkt nicht die Rechtmäßigkeit des Aufenthalts (§ 72 Absatz 2 Satz 1 AuslG/§ 84 Absatz 1 Satz 1).

35.1.1.5.0 Der Ausländer hat den für ihn günstigen Umstand darzulegen, dass er sich während der fünf Jahre im Bundesgebiet aufgehalten hat (§ 82 Absatz 1). Liegt der Nachweis vor, dass er im Bundesgebiet eine Schule oder eine sonstige Bildungseinrichtung besucht, eine Ausbildung oder ein Studium abgeschlossen hat oder in einem Arbeitsverhältnis steht, begründen diese Umstände die widerlegbare Vermutung, dass er sich in dem genannten Zeitraum ununterbrochen im Bundesgebiet aufgehalten hat. Anhaltspunkte, dass sich der vom Erfordernis der Aufenthaltsgenehmigungspflicht befreite Ausländer fünf Jahre im Bundesgebiet aufgehalten hat, ergeben sich aus der Aufenthaltsanzeige (§ 13 DVAuslG) und den Mitteilungen der Meldebehörden (§ 2 AuslDÜV/§ 72 AufenthV). Aufenthaltsunterbrechungen bis zu drei Monaten jährlich sind generell unschädlich. Bei längeren Auslandsaufenthaltszeiten ist zu prüfen, inwieweit sie anrechenbar sind oder eine Unterbrechung des Aufenthalts im Bundesgebiet herbeigeführt haben.

35.1.1.5.1 Unterlag der unter 16 Jahre alte Ausländer dem Erfordernis eines Aufenthaltstitels bzw. der Aufenthaltsgenehmigungspflicht, ist bei der Beurteilung, ob der Ausländer seit fünf Jahren eine Aufenthaltserlaubnis besitzt, § 51 Absatz 1 Nummer 6 und 7 sowie § 9 Absatz 4 Satz 2 Nummer 2 maßgebend. Danach ist der Aufenthalt im Bundesgebiet unterbrochen worden, wenn die Aufenthaltserlaubnis infolge der Ausreise oder während des Auslandsaufenthalts erloschen ist. Die vorherigen Aufenthaltszeiten im Bundesgebiet sind nicht mehr anrechenbar. Ist der Ausländer hingegen während der Auslandsaufenthaltszeit im Besitz der Aufenthaltserlaubnis geblieben, ist diese Zeit bis zu sechs Monaten anrechenbar. Die vorherigen Aufenthaltszeiten im Bundesgebiet sind uneingeschränkt anrechenbar.

35.1.1.5.2 War der Ausländer vom Erfordernis eines Aufenthaltstitels befreit, kommt es hinsichtlich eines Auslandsaufenthalts darauf an, ob durch diesen Aufenthalt der gewöhnliche Aufenthalt im Bundesgebiet weggefallen bzw. unterbrochen worden ist. Im Hinblick auf § 51 Absatz 1 Nummer 7 ist anzunehmen, dass durch einen Auslandsaufenthalt bis zu sechs Monaten der gewöhnliche Aufenthalt im Bundesgebiet grundsätzlich nicht wegfällt. Es müssen jedoch entsprechende Anknüpfungspunkte im Bundesgebiet bestanden haben, die auf den Mittelpunkt der Lebensbeziehungen des Ausländers im Bundesgebiet hindeuten (z. B. Fortbestehen des Arbeitsverhältnisses, familiäre Anknüpfungspunkte).

35.1.1.6 Nicht anrechenbar sind Zeiten einer Strafhaft sowie einer Untersuchungshaft, sofern diese auf eine verhängte Freiheitsstrafe angerechnet wurden. Die Dauer des Besitzes einer Aufenthaltserlaubnis vor der Strafhaft ist nur dann anrechenbar, wenn der Ausländer während der Haft ebenfalls eine Aufenthaltserlaubnis hatte. Zeiten der Aufenthaltsgestattung sind nur nach § 55 Absatz 3 AsylVfG anrechenbar. Die Dauer des Besitzes einer Betretenserlaubnis nach § 11 Absatz 2 ist nicht anrechenbar.

Dienelt

35.1.1.7 Unterbrechungen des Besitzes der Aufenthaltserlaubnis bzw. der Rechtmäßigkeit des Aufenthalts bis zu einem Jahr können nach § 85 außer Betracht bleiben.

35.1.1.8 Eine den Anspruch ausschließende Unterbrechung der Rechtmäßigkeit des Aufenthalts tritt nicht ein, wenn der Ausländer bis zur Vollendung seines 16. Lebensjahres vom Erfordernis eines Aufenthaltstitels befreit war und nach diesem Zeitpunkt die Aufenthaltserlaubnis verspätet beantragt hat. Denn für den Anspruch nach § 35 Absatz 1 Satz 1 ist nicht der Zeitpunkt der Antragstellung maßgebend, sondern der Zeitpunkt, in dem der Ausländer das 16. Lebensjahr vollendet hat.

35.1.2 Rechtsanspruch nach § 35 Absatz 1 Satz 2

35.1.2.1 Auch § 35 Absatz 1 Satz 2 setzt voraus, dass die Aufenthaltserlaubnis des Ausländers zu dem in § 27 Absatz 1 bezeichneten Zweck erteilt wurde.

35.1.2.2 Die unter Nummer 35.1.1.2 bis 35.1.1.8 geschilderten Grundsätze gelten auch für die Anwendung von § 35 Absatz 1 Satz 2. Diese Vorschrift stellt im Vergleich zu § 35 Absatz 1 Satz 1 bei der Beurteilung, ob der Ausländer seit fünf Jahren im Besitz der Aufenthaltserlaubnis ist, auf den Zeitpunkt der Antragstellung ab. Der Ausländer muss im Zeitpunkt der Erteilung der Niederlassungserlaubnis volljährig sein (§ 80 Absatz 3 Satz 1).

35.1.2.3 Zum Begriff der ausreichenden Kenntnisse der deutschen Sprache siehe Nummer 9.2.1.7. Sofern der Ausländer im Bundesgebiet länger als vier Jahre eine deutschsprachige Schule besucht hat, kann davon ausgegangen werden, dass er die erforderlichen Sprachkenntnisse besitzt, wenn im Fach Deutsch mindestens ein „Ausreichend" erzielt worden ist.

35.1.2.4 Zu einem anerkannten schulischen oder beruflichen Bildungsabschluss führt nicht nur der Besuch einer allgemeinbildenden Schule, sondern auch der Besuch von Berufsfachschulen (z. B. Handelsschule), sonstiger öffentlicher oder staatlich anerkannter berufsbildender Schulen. Die Berufsvorbereitung oder berufliche Grundausbildung sowie die Tätigkeit als Praktikant führen nicht zu einem anerkannten beruflichen Bildungsabschluss; dagegen ermöglicht ein Fachhochschulstudium oder Universitätsstudium einen adäquaten beruflichen Bildungsabschluss. Zur Sicherung des Lebensunterhalts bei Empfang von Leistungen nach dem BAföG bzw. dem SGB III vgl. Nummer 2.3.1.4.

35.2 Besuch ausländischer Schulen

35.2.1 Auf die fünfjährige Aufenthaltszeit werden gemäß Absatz 2 regelmäßig Zeiten nicht angerechnet, in denen der Ausländer außerhalb des Bundesgebiets die Schule besucht hat.

35.2.2 Dem Besuch einer Schule im Bundesgebiet und damit dem Aufenthalt im Bundesgebiet wird allerdings der Besuch einer deutschen Auslandsschule angerechnet, die sich unter der Aufsicht einer deutschen Landesbehörde befindet, sofern der Ausländer dort an Unterricht teilnahm, der aufgrund eines deutschen Lehrplanes abgehalten wurde und die Unterrichtssprache Deutsch war.

35.2.3 Ein Schulbesuch von einer Dauer bis zu einem Jahr in einem Staat, der nicht der Herkunftsstaat des Ausländers ist, in dessen Zusammenhang der Ausländer in einer Gastfamilie des Gastlandes lebt und der im Zusammenhang mit einem Programm durchgeführt wird, an dem ebenso deutsche Schüler in vergleichbarer Lebenssituation teilnehmen können, ist i. d. R. auf die Aufenthaltszeit im Bundesgebiet anzurechnen, wenn die Ausländerbehörde die Frist zur Wiedereinreise nach § 51 Absatz 1 Nummer 7 verlängert hatte und die ausländische Schule hinsichtlich Bildungsziel und Leistungsstandard der besuchten deutschen Schule entspricht.

35.3 Ausschluss des Anspruches

35.3.1 Liegen die Voraussetzungen des § 35 Absatz 1 vor, besteht nur dann kein Anspruch auf Erteilung der Niederlassungserlaubnis, wenn einer der in Absatz 3 genannten Ausschlussgründe vorliegt.

35.3.2 Absatz 3 Satz 1 Nummer 1 verweist auf Ausweisungsgründe nach §§ 53 ff., die nur objektiv vorliegen müssen. Der Ausweisungsgrund längerfristiger Obdachlosigkeit (§ 55 Absatz 2 Nummer 5) beruht im Allgemeinen nicht auf einem persönlichen Verhalten des Ausländers.

35.3.3 Die Versagung kann nicht auf die Ausweisungsgründe nach § 55 Absatz 2 Nummer 6 und 7 gestützt werden, da für die Sozial- und Jugendhilfebedürftigkeit § 35 Absatz 3 Satz 1 Nummer 3 eine Sonderregelung trifft. Die Jugendhilfebedürftigkeit kann danach auch dann einen Versagungsgrund darstellen, wenn sie kein Ausweisungsgrund nach § 55 Absatz 2 Nummer 7 ist.

35.3.4 Besteht bei dem Ausländer Wiederholungsgefahr, liegt stets ein auf seinem persönlichen Verhalten beruhender Ausweisungsgrund vor. Dies gilt vor allem für Straftaten, die den Ausweisungsgrund nach § 55 Absatz 2 Nummer 2 oder die Ausweisungsgründe nach § 53 oder 54 erfüllen. Die Ausweisungsgründe nach § 54 Nummer 3 bis 7 und § 55 Absatz 2 setzen nicht voraus, dass der Ausländer wegen einer Straftat verurteilt worden ist.

35.3.5 Absatz 3 Satz 1 Nummer 1 findet auch dann Anwendung, wenn gegen den Ausländer noch ein Strafverfahren anhängig ist und ein Ausweisungsgrund aktuell vorliegt. Nach Abschluss des Strafverfahrens findet Absatz 3 Satz 1 Nummer 2 Anwendung.

35.3.6 Absatz 3 Satz 1 Nummer 2 ermöglicht in dem festgelegten zeitlichen Rahmen die Berücksichtigung einer rechtskräftigen strafgerichtlichen Verurteilung als Versagungsgrund. Im Gegensatz zu Absatz 3 Satz 1 Nummer 1 muss ein auf der Verurteilung beruhender Ausweisungsgrund nicht mehr aktuell vorliegen. Verurteilungen, die länger als drei Jahre zurückliegen, bleiben außer Betracht. Soweit der Ausländer sich in Haft befunden hat, findet § 9 Absatz 4 Satz 1 entsprechende Anwendung.

35.3.7 Mehrere Verurteilungen, die je für sich nicht das in Absatz 3 Satz 1 Nummer 2 vorgesehene Strafmaß erreichen, können nicht zusammengerechnet werden. Soweit das Gericht eine Gesamtstrafe gebildet hat, ist deren Höhe maßgebend. Liegen mehrere strafgerichtliche Verurteilungen vor, ist auch zu prüfen, ob der Versagungsgrund nach Absatz 3 Satz 1 Nummer 1 erfüllt ist (z. B. bei Wiederholungsgefahr). Eine Prüfung, ob der Versagungsgrund nach Absatz 3 Satz 1 Nummer 1 erfüllt ist, kann auch in anderen Fällen erfolgen, wenn strafrechtliche Verurteilungen vorliegen, die das in Absatz 3 Satz 1 Nummer 2 vorgesehene Strafmaß nicht erreichen.

35.3.8 Die Aufenthaltserlaubnis eines Ausländers, der die Voraussetzungen nach Absatz 1 erfüllt, kann nach Absatz 3 Satz 2 trotz Vorliegens eines Versagungsgrundes im Ermessenswege verlängert werden; ebenso ist die Erteilung einer Niederlassungserlaubnis im Ermessenswege möglich. Insoweit verdrängt Absatz 3 Satz 1 als Spezialregelung die Regelgründe des § 5. In den Fällen nach § 5 Absatz 4 Satz 1 kommt hingegen die Erteilung eines Aufenthaltstitels nicht in Betracht, es sei denn, es kann nach § 5 Absatz 4 Satz 2 oder 3 unter den dort genannten Voraussetzungen eine Ausnahme zugelassen werden.

Eigenständiges, unbefristetes Aufenthaltsrecht der Kinder § 35 AufenthG 1

35.3.9 Die Aussetzung der Vollstreckung eines Strafrestes gehört nicht zu den in Absatz 3 Satz 3 genannten Fällen der Strafaussetzung.

35.4 Erteilung einer Niederlassungserlaubnis bei Krankheit oder Behinderung
Nach § 82 Absatz 1 und 2 hat der Ausländer Nachweise für die Prüfung beizubringen (z. B. fachärztliche Stellungnahme, Nachweis über Heimunterbringung), ob die in Absatz 4 Satz 1 genannten Voraussetzungen erfüllt sind. Hinsichtlich der Handlungsfähigkeit ist § 80 Absatz 1 und 4 zu beachten.

Übersicht

	Rn.
I. Entstehungsgeschichte	1
II. Allgemeines	2
III. Rechtsanspruch auf Niederlassungserlaubnis	5
1. Allgemeines	5
2. Jugendliche ab 16 Jahren	6
3. Volljährige	14
4. Versagungsgründe	21
IV. Aufenthaltstitel aufgrund Ermessens	27
V. Entsprechende Anwendung im Rahmen des § 26 IV	35

I. Entstehungsgeschichte

Die Vorschrift entspricht in vollem Umfang dem **Gesetzesentwurf**[1]. Mit Wirkung vom 18.3.2005 **1** wurde in Abs. 3 S. 1 Nr. 3 das Wort „Sozialhilfe" durch „Leistungen nach ..." ersetzt[2]. Mit dem RLUmsG 2007[3] wurden die Strafrahmen in Abs. 3 Nr. 2 von ursprünglich einer Freiheitsstrafe von mindestens sechs Monaten oder einer Geldstrafe von mindestens 180 Tagessätzen jeweils halbiert. In § 35 I 2 Nr. 3 wurde durch Gesetz vom 22.11.2011 nach dem Wort „Bildungsabschluss" die Wörter „oder einem Hochschulabschluss" eingefügt[4]. Mit dem AufenthÄndG 2015 wurde in Abs. 3 die Nr. 1 angepasst, indem das Wort „Ausweisungsgrund" in „Ausweisungsinteresse" geändert wurde.

II. Allgemeines

Die **Verfestigung** des Aufenthaltsrechts von zugezogenen, nachgezogenen oder im Inland geborenen Kindern (vgl. §§ 32, 33) erfolgt durch Verlängerung der Aufenthaltserlaubnis (§§ 34 I und III, 35 III 2) oder durch Gewährung einer Niederlassungserlaubnis (§§ 34 II, 35 I und III 2). § 35 ist also im Zusammenhang mit § 34 zu sehen (früher §§ 21, 26, 27, 35 II AuslG). § 35 beinhaltet eine begünstigende Sonderregelung und schließt eine unmittelbar auf § 9 gestützte Erteilung einer Niederlassungserlaubnis nicht aus[5]. **2**

§ 35 I begünstigt Ausländer, die als Minderjährige eine Aufenthaltserlaubnis zum Familiennachzug **3** erhalten haben. Dies beruht auf der Erwägung, dass bei ausländischen Kindern mit langjährigem Aufenthalt im Bundesgebiet regelmäßig davon auszugehen ist, dass sie sich weitgehend in die rechtliche, wirtschaftliche und soziale Ordnung der Bundesrepublik Deutschland eingefügt haben[6]. Die Niederlassungserlaubnis ist deshalb abweichend von den Erfordernissen des § 9 II maßgeblich an die längere Aufenthaltsdauer im Bundesgebiet geknüpft, die in einem bestimmten Alter zurückgelegt wurde[7].

Nach § 26 IV 4 kann für Kinder, die vor Vollendung des 18. Lebensjahres eingereist sind, § 35 **4** entsprechend angewendet werden. Damit sollte Kindern mit einem humanitären Aufenthaltsrecht unter den gleichen Voraussetzungen die Aufenthaltsverfestigung ermöglicht werden, wie sie bei Kindern gelten, die einen zum Zweck der Familienzusammenführung erteilten Aufenthaltstitel besitzen[8]. Dies bedeutet, dass die Kinder mit humanitärer Aufenthaltserlaubnis die entsprechenden Voraussetzungen für eine Aufenthaltsverfestigung erfüllen müssen, wie sie für Kinder mit einer Aufenthaltserlaubnis aus familiären Gründen in § 35 gefordert werden[9].

---

[1] BT-Drs. 15/40, 15 f.
[2] Art. 1 Nr. 6 ÄndGes v. 14.3.2005, BGBl. I S. 721.
[3] Gesetz zur Umsetzung aufenthalts- und asylrechtlicher RL der EU v. 19.8.2007 (BGBl. I S. 1970).
[4] BGBl. 2011 I S. 2258, in Kraft getreten am 26.11.2011.
[5] BayVGH Urt. v. 5.8.2015 – 10 B 15.429 Rn. 27; OVG NRW Urt. v. 15.10.2014 – 17 A 1150/13 Rn. 54.
[6] VGH BW Beschl. v. 5.2.2019 – 11 S 1646/18 Rn. 8.
[7] VGH BW Beschl. v. 5.2.2019 – 11 S 1646/18 Rn. 8.
[8] BT-Drs. 15/420, 80.
[9] BVerwG Urt. v. 10.11.2009 – 1 C 24.08, BVerwGE 135, 225 Rn. 24.

III. Rechtsanspruch auf Niederlassungserlaubnis

1. Allgemeines

5 In erster Linie sollen im Bundesgebiet geborene und/oder aufgewachsene Kinder spätestens mit Vollendung des 18. Lebensjahres **eine Niederlassungserlaubnis** erhalten. Während § 34 II die Beendigung der Akzessorietät bei Erreichen der Volljährigkeit regelt, betrifft § 35 den Status von Minderjährigen und Volljährigen. Mit Abs. 1 wird ein Rechtsanspruch auf eine Niederlassungserlaubnis verliehen und mit Abs. 3 S. 2 das Ermessen für eine Verlängerung der Aufenthaltserlaubnis oder die Erteilung einer Niederlassungserlaubnis eröffnet. Die besonderen Voraussetzungen der Abs. 1–4 verdrängen die allgemeinen Bestimmungen des § 9 II (nicht aber die des § 9 IV)[10]. Von diesen Privilegierungen kann nur Gebrauch machen, wer als Kind (nicht als Ehegatte) ein Aufenthaltsrecht für einen Aufenthalt aus familiären Gründen nach §§ 27 ff. erworben hat und noch besitzt.

2. Jugendliche ab 16 Jahren

6 Die in § 35 I 2 normierte Erteilung einer Aufenthaltserlaubnis unter den im Vergleich zu § 34 III privilegierten Voraussetzungen setzt im Hinblick auf den gemäß § 35 I 2 Nr. 1 notwendigen Besitz „der" Aufenthaltserlaubnis „seit fünf Jahren" sowie die gesetzliche Systematik voraus, dass die Verlängerung grundsätzlich ununterbrochen an die einem Minderjährigen nach dem den Aufenthalt aus familiären Gründen regelnden Abschnitt 6 des Kapitels 2 des Aufenthaltsgesetzes erteilte Aufenthaltserlaubnis anschließt oder Unterbrechungen aufgrund von gesetzlichen Regelungen hinzunehmen sind[11]. Außer fünf Jahren Besitz der Aufenthaltserlaubnis bei **Vollendung des 16. Lebensjahres** werden keine weiteren Voraussetzungen verlangt. Bei dem geforderten Aufenthalt von fünf Jahren vor Vollendung des 16. Lebensjahres wird eine dauerhafte Einordnung in deutsche Lebensverhältnisse angenommen. Die Aufenthaltserlaubnis muss zum Zwecke des Zu- oder des Nachzugs oder aufgrund der Geburt in Deutschland erteilt oder verlängert sein (nach §§ 27, 28 I 1 Nr. 2, 29, 32, 33, 34). Das Aufenthaltserfordernis muss bei Vollendung des 16. Lebensjahres erfüllt sein; es genügt nicht eine spätere Erfüllung. Andererseits bleibt der Anspruch erhalten und kann auch noch nach Erreichen der Volljährigkeit geltend gemacht werden[12]. Die familiäre Lebensgemeinschaft braucht weder bei Erreichen des 16. Lebensjahres noch bei Antragstellung unbedingt weiter fortzubestehen.

7 Nach dem Regelungskonzept des Gesetzgebers soll bei ausländischen Kindern, die im Zeitpunkt der Vollendung ihres 16. Lebensjahres seit mindestens fünf Jahren im Bundesgebiet leben und über eine Aufenthaltserlaubnis verfügen, regelmäßig davon ausgegangen werden können, dass sie sich bereits sehr weitgehend in die rechtliche, wirtschaftliche und soziale Ordnung der Bundesrepublik Deutschland eingefügt haben[13]. Sie werden deshalb durch § 35 I 1 in besonderer Weise privilegiert. Insbesondere führt eine fehlende Sicherung des Lebensunterhalts bei diesem Personenkreis (nur) dazu, dass an die Stelle des Erteilungsanspruchs ein Ermessen nach dem Regelungsregime des § 35 III 1 Nr. 3 und S. 2 tritt. **An dem genannten Grund für die Privilegierung indes ändert sich nichts dadurch, dass ein Antragsteller – etwa während eines womöglich länger andauernden behördlichen Erteilungsverfahrens – schließlich volljährig wird**[14].

8 Bei einem volljährigen Ausländer, der im Bundesgebiet geboren oder als Kind nachgezogen ist und bei Vollendung des 16. Lebensjahres fünf Jahre im Besitz einer Aufenthaltserlaubnis war, richtet sich die Verlängerung der Aufenthaltserlaubnis so lange nach § 35 I 1 und III, bis eine Niederlassungserlaubnis erteilt ist, die Verlängerung der Aufenthaltserlaubnis bestandskräftig abgelehnt oder der Aufenthaltstitel sonst erloschen ist[15].

9 Ist demzufolge der persönliche Anwendungsbereich des § 35 I 1 einmal eröffnet, geht die einem Ausländer danach erwachsene, verfestigte aufenthaltsrechtliche Rechtsposition nicht dadurch verloren, dass die Ausländerbehörde etwa mangels Sicherung des Lebensunterhalts zunächst (nur) die Aufenthaltserlaubnis nach § 35 III 1 Nr. 3, S. 2 verlängert, oder gar allein dadurch, dass der Ausländer volljährig wird[16].

10 Der Ausländer muss die Aufenthaltserlaubnis bei Vollendung des 16. Lebensjahres (nicht bei Antragstellung oder Verlängerung) seit mindestens fünf Jahren **besitzen.** Die Aufenthaltserlaubnis muss bis dahin ununterbrochen gegolten haben und noch gültig sein. Ununterbrochener rechtmäßiger Aufenthalt genügt nicht. Die Unterbrechensregel des § 85 greift nicht ein, weil sie (nur) die Rechtmäßig-

---

[10] → Rn. 7.
[11] HmbOVG Beschl. v. 11.3.2021 – 6 Bs 224/20 Rn. 16.
[12] VGH BW Beschl. v. 5.2.2019 – 11 S 1646/18 Rn. 8; zum früheren Recht VGH BW Beschl. v. 10.2.1993 – 11 S 2532/92, InfAuslR 1993, 212.
[13] VGH BW Beschl. v. 5.2.2019 – 11 S 1646/18 Rn. 9 unter Hinweis auf BT-Drs. 15/420, 83 f.
[14] VGH BW Beschl. v. 5.2.2019 – 11 S 1646/18 Rn. 9; OVG Bln-Bbg Urt. v. 22.3.2018 – OVG 12 B 11.17 Rn. 22 ff.
[15] OVG Bln-Bbg Urt. v. 22.3.2018 – OVG 12 B 11.17 Rn. 22.
[16] VGH BW Beschl. v. 5.2.2019 – 11 S 1646/18 Rn. 12.

keit des Aufenthalts und nicht den Besitz der Aufenthaltserlaubnis betrifft[17]. § 12b III StAG (früher § 89 III AuslG) ist nicht, auch nicht entsprechend anwendbar, weil er exklusiv nur die Einbürgerung erleichtern soll.

Ob der Zeit des Besitzes der Aufenthaltserlaubnis **Zeiten gleichstehen,** die aufenthaltsrechtlich ebenso zu bewerten sind, ist fraglich; dazu gehört aber keinesfalls jeder rechtmäßige Aufenthalt. Anzurechnen sind jedoch die folgenden Zeiten: Geltungsdauer des Visums, sofern im Anschluss daran die Aufenthaltserlaubnis erteilt wurde (§ 6 IV 3); Fortdauer des Besitzes der Aufenthaltserlaubnis nach § 81 IV; Fortdauer des Besitzes infolge späterer Aufhebung der Nichterteilung, Nichterteilung oder Ausweisung (vgl. § 84 II 3)[18]; Befreiung vom Erfordernis der Aufenthaltsgenehmigung zu dem Zweck des § 17 I AuslG (§ 2 DVAuslG bis Ende 2004). Zeiten des Besitzes der Aufenthaltsgestattung sind nur nach Maßgabe des § 55 III anzurechnen und solche einer Betretenserlaubnis (§ 11 II) überhaupt nicht. 11

Auslandsaufenthalte können nur als Unterbrechungen des Besitzes der Aufenthaltserlaubnis angesehen werden, wenn sie deren Erlöschen bewirkt haben, also nur nach Maßgabe des § 51; aus dem Gesetz ergibt sich keine davon unabhängige Zeitgrenze für den Auslandsaufenthalt. Im Falle des Besitzes einer Aufenthaltserlaubnis gelten die Regeln des § 51 I Nr. 6 und 7, IV im Falle der Befreiung vom Erfordernis des Aufenthaltstitels ist § 51 V 1 maßgeblich. Im Hinblick auf § 27 I ist grundsätzlich die Fortdauer der Familiengemeinschaft im Bundesgebiet zu verlangen; daraus kann aber nicht die Forderung nach ununterbrochenem Bestehen dieser Gemeinschaft und nach ununterbrochenem Inlandsaufenthalt während des Fünf-Jahres-Zeitraums abgeleitet werden. Schließlich sind die Vorschriften des § 9 IV zu beachten, wonach Zeiten der Straf- und Untersuchungshaft nicht anzurechnen sind und die Anrechnung von Auslandsaufenthalten auf höchstens vier Jahre bzw. sechs Monate begrenzt ist. 12

In der Regel nicht anzurechnen sind Zeiten des Auslandsaufenthalts mit gleichzeitigem **Schulbesuch im Ausland;** eine derartige Lebensgestaltung deutet auf den Willen der Eltern hin, die Kinder nicht in deutsche Lebensverhältnisse hineinwachsen zu lassen. Ausnahmen sind denkbar, wenn der Schulbesuch wegen damit verbundenen Deutschunterrichts der Integration ähnlich wie ein fortdauernder Inlandsaufenthalt diente (enger Nr. 35.2.2 Verwaltungsvorschrift: grundsätzlich nur bei deutscher Unterrichtssprache). Diese Gleichwertigkeit kann die Ausländerbehörde bei Bestimmung einer längeren Frist nach § 51 I Nr. 7 prüfen und berücksichtigen. 13

3. Volljährige

Volljährigen steht ein **Anspruch** auf Niederlassungserlaubnis unter zusätzlichen Voraussetzungen, jedoch ohne Rücksicht auf das Einreisealter zu. Zunächst müssen aber die Anforderungen des Abs. 1 S. 1[19] erfüllt sein. Auch die regelmäßige Nichtanrechnung ausländischen Schulbesuchs[20] gilt für Volljährige. 14

§ 35 I 2 Nr. 1 setzt ua voraus, dass der Ausländer volljährig und seit fünf Jahren im Besitz einer Aufenthaltserlaubnis ist. Die Vorschrift erfasst nur diejenigen Fälle, in denen eine schon während der Minderjährigkeit erteilte Aufenthaltserlaubnis wegen Ablaufs des Fünf-Jahres-Zeitraums erst nach Eintritt der Volljährigkeit zu einem Anspruch auf Erteilung einer Niederlassungserlaubnis führt[21]. **Der persönliche Anwendungsbereich dieser Anspruchsgrundlage erstreckt sich demnach auf volljährig gewordene ausländische Kinder, die erst so spät in das Bundesgebiet nachgezogen sind, dass sie bei Vollendung des 16. Lebensjahres noch nicht die erforderliche Aufenthaltsdauer von fünf Jahren erfüllten und bei denen dieser Tatbestand vielmehr erst bis zur Volljährigkeit oder sogar noch später eingetreten ist**[22]. 15

Nur bei diesen Kindern ist die Vermutung einer weitgehenden Eingliederung in die hiesigen Lebensverhältnisse weniger begründet, weil sie einen längeren Teil ihrer jugendlichen Entwicklung im Ausland verbracht haben. An diese Gruppe volljähriger Antragsteller stellt der Gesetzgeber daher typisierend gesteigerte Anforderungen, weil bei ihr die Vermutung einer Eingliederung in die hiesigen Lebensverhältnisse weniger begründet ist, da sie einen längeren Teil ihrer jugendlichen Entwicklung im Ausland verbracht haben und dort stärker geprägt worden sind als die von § 35 I 1 erfasste Gruppe[23]. 16

---

[17] VGH BW Beschl. v. 24.2.1992 – 1 S 7/92, EZAR 017 Nr. 3.
[18] Allerdings ist dann nicht nur die Rechtmäßigkeit unterbrochen, sondern auch der Besitz der Aufenthaltserlaubnis; vgl. zum früheren Recht BVerwG Urt. v. 24.5.1995 – 1 C 7.94, EZAR 012 Nr. 2; Urt. v. 21.1.1992 – 1 C 49.88, EZAR 252 Nr. 6; näher *Renner* AiD Rn. 5/20, 8/226–230.
[19] → Rn. 5 ff.
[20] → Rn. 13.
[21] VGH BW Beschl. v. 5.2.2019 – 11 S 1646/18 Rn. 10.
[22] VGH BW Beschl. v. 5.2.2019 – 11 S 1646/18 Rn. 10; OVG Bln-Bbg Urt. v. 22.3.2018 – OVG 12 B 11.17 Rn. 26.
[23] VGH BW Beschl. v. 5.2.2019 – 11 S 1646/18 Rn. 10; OVG Bln-Bbg Urt. v. 22.3.2018 – OVG 12 B 11.17 Rn. 26.

17 § 35 I 2 Nr. 1 sieht die privilegierte Erteilung einer Niederlassungserlaubnis auch an volljährig gewordene Kinder vor, erfasst aber, wie sich aus einer Zusammenschau mit S. 1 und der Gesamtregelung des Kindernachzugs in diesem Abschnitt ergibt, nach ihrem Sinn und Zweck nur die Fälle, in denen **eine schon während der Minderjährigkeit erteilte Aufenthaltserlaubnis wegen Ablaufs des Fünf-Jahres-Zeitraums erst nach Eintritt der Volljährigkeit zu einem Anspruch auf Erteilung einer Niederlassungserlaubnis führt**[24]. Die Aufenthaltserlaubnis, die die Grundlage für die spätere Verfestigung des Aufenthalts bildet, muss also dem minderjährigen Kind erteilt worden sein, allenfalls der Ablauf des Fünf-Jahres-Zeitraums kann nach Eintritt der Volljährigkeit liegen[25]. Dies entspricht auch dem Sinn und Zweck der privilegierten Aufenthaltsverfestigung für Kinder.

18 Das 18. Lebensjahr muss erst im Zeitpunkt der Verlängerung **vollendet** sein (§ 80 III 1); der Antrag kann aber aus verfahrensökonomischen Gründen zuvor gestellt und auf diesen Termin bezogen werden. Bei verspätetem Antrag fehlt es am Besitz der Aufenthaltserlaubnis[26], in diesem Fall hilft das Abstellen auf den Zeitpunkt der Entscheidung also nicht. Die Fünf-Jahres-Frist braucht nicht schon beim Eintritt der Volljährigkeit erreicht zu sein[27].

19 Als Anzeichen für eine zumindest zum Teil gelungene Integration werden ausreichende Kenntnisse der **deutschen Sprache** verlangt. Diese Anforderung stimmt mit der des § 9 II 1 Nr. 7 voll überein. Grundkenntnisse der Rechts- und Gesellschaftsordnung sowie der Lebensverhältnisse im Bundesgebiet (§ 9 II 1 Nr. 8) werden hier nicht verlangt. Der Volljährige muss die deutsche Sprache in Wort und Schrift in dem betreffenden Lebenskreis beherrschen; eine Verständigung über alltägliche Gesprächsgegenstände genügt nicht, andererseits wird kein fehlerfreier Gebrauch der deutschen Sprache gefordert[28]. In der Praxis wird ein länger als vierjähriger Besuch einer deutschsprachigen Schule als Beleg anerkannt (Nr. 35.1.2.3 Verwaltungsvorschrift). Von dem Spracherfordernis ist ebenso wie nach § 9 II 6 iVm 3 abzusehen, wenn es infolge Erkrankung oder Behinderung nicht erfüllt werden kann.

20 Der **Unterhaltsbedarf** muss aus eigenen Mitteln (dazu § 2 III) gedeckt sein. Zugunsten von Schülern und anderen in einer Ausbildung befindlichen Jugendlichen zählt als Ersatz für die Unterhaltssicherung eine **Ausbildung,** die für die Zukunft allgemein eine ähnliche Unterhaltssicherheit verspricht. Einen anerkannten Bildungsabschluss bieten außer Haupt- und Realschulen auch Berufsfachschulen oder andere öffentliche oder private Bildungseinrichtungen. Bloße Qualifizierungsmaßnahmen[29], Volontärs- oder Praktikantentätigkeiten vermitteln dagegen keinen derartigen (formalisierten) Bildungsabschluss. Von dem Unterhaltserfordernis ist ebenso wie nach § 9 II 6 iVm 3 abzusehen, wenn es infolge Erkrankung oder Behinderung nicht erfüllt werden kann.

4. Versagungsgründe

21 Die **besonderen Versagungsgründe** des Abs. 3 schließen die Anwendung des § 5 aus; nur § 4 IV ist infolge der Bezugnahme in § 54 Nr. 5 anzuwenden. Sie beziehen sich auf den Rechtsanspruch auf Erteilung der Niederlassungserlaubnis, schließen aber die befristete Verlängerung der Aufenthaltserlaubnis und die Erteilung der Niederlassungserlaubnis im Wege des Ermessens nicht aus. Dem Wortlaut nach handelt es sich bei Abs. 3 S. 1 um objektiv zwingende Ausschlussgründe. In Wirklichkeit ist deren Anwendung aber in das behördliche Ermessen gestellt, wie die Möglichkeit der Erteilung der Niederlassungserlaubnis oder der Verlängerung der Aufenthaltserlaubnis nach Abs. 3 zeigt[30].

22 Ziel des § 35 ist es, Ausländern, insbesondere auch Minderjährigen, in bestimmten Fällen einen Anspruch auf eine Niederlassungserlaubnis zu gewähren. Damit stellt diese Regelung eine besondere Privilegierung von Ausländern dar. Eine Voraussetzung hierfür ist der in Abs. 3 S. 1 Nr. 2 geregelte Ausschlusstatbestand, der bei der Überschreitung eines bestimmten Strafmaßes die Privilegierung ausschließt. Die Vorschrift ist insoweit verschärft worden, als nach dem RLUmsG 2007 bereits eine Freiheitsstrafe von drei Monaten oder eine Geldstrafe in Höhe von 90 Tagessätzen (im Gegensatz zu bislang sechs Monaten und 180 Tagessätzen) zum Ausschluss führt. Insoweit bleibt die Parallelität zu dem ebenfalls geänderten § 12a I 1 Nr. 2 und 3 StAG gewahrt. Diese Verschärfung kann in Bezug auf die Jugendstrafe nach § 18 I 1 JGG nicht übertragen werden.

23 Die Versagungsgründe der Nr. 1 und 2 des Abs. 3 S. 1 **überschneiden** sich zum Teil. Während in Nr. 1 auf das gegenwärtige Vorliegen eines Ausweisungsgrunds abgestellt ist, kommt es für Nr. 2 auf eine Bestrafung in der Vergangenheit an. Insoweit erweitert Nr. 2 die Ablehnungsgründe. Hinsichtlich der Ausweisungsgründe des § 55 Nr. 6 und 7 stellt Nr. 3 die speziellere, nämlich zum Teil eingeschränkte Regelung dar und geht deshalb Nr. 1 vor.

---

[24] BVerwG Urt. v. 10.11.2009 – 1 C 24.08, BVerwGE 135, 225 Rn. 24.
[25] BVerwG Urt. v. 13.9.2011 – 1 C 17.10, InfAuslR 2012, 55 Rn. 22; Urt. v. 10.11.2009 – 1 C 24/08, BVerwGE 135, 225 Rn. 24.
[26] VGH BW Beschl. v. 24.2.1992 – 1 S 7/92, EZAR 017 Nr. 3; Nr. 35.1.2.3 VAH.
[27] Zum früheren Recht VGH BW Beschl. v. 24.2.1992 – 1 S 7/92, EZAR 017 Nr. 3; anders bei Minderjährigen → Rn. 10.
[28] Zu Einzelheiten, auch des Nachweises, vgl. § 9.
[29] Hierzu OVG Bln-Bbg Beschl. v. 21.6.2016 – OVG 6 S 13.16 Rn. 4.
[30] Dazu → Rn. 27 ff.

Auf **persönlichem Verhalten** des Ausländers beruhen die Ausweisungstatbestände der §§ 53, 54, 24 55 I und II Nr. 1–8, also insbesondere Straftaten; dabei ist das Vorliegen eines Ausweisungstatbestands maßgeblich, nicht die konkrete Ausweisungsmöglichkeit unter Berücksichtigung von §§ 55 III, 56[31]. Nicht auf ein persönliches Verhalten ist in der Regel Obdachlosigkeit (§ 55 II Nr. 5) zurückzuführen. Die Übereinstimmung mit der Formulierung des § 6 II 2 FreizügG/EU legt zudem die Annahme nahe, generalpräventive Gründe sollten hier ebenfalls außer Betracht bleiben. Obwohl sonst das Vorliegen des Tatbestands genügt, wäre hier demnach zusätzlich zu prüfen, ob eine Ausweisung aus spezialpräventiven Gründen in Betracht käme[32]. Da Straftaten immer auf dem persönlichen Verhalten des Ausländers beruhen – sofern der Täter nicht schuldunfähig ist –, kann der Sinn der Vorschrift danach durchaus apokryphisch erscheinen. Die Ausweisungstatbestände der §§ 54 Nr. 2–6, 55 II Nr. 1 –4 setzen keine rechtskräftige Verurteilung voraus. Ist sie schon erfolgt, braucht sie nicht das Strafmaß nach Nr. 2 zu erreichen.

Für Nr. 2 sind die Verurteilung oder die Aussetzung der Verhängung von Jugendstrafe in den letzten 25 drei Jahren vor der Entscheidung über die Verlängerung maßgeblich. Ein aktueller Ausweisungsgrund nach Nr. 1 braucht nicht mehr vorzuliegen. Ältere Verurteilungen bleiben außer Betracht. Jedes einzelne Urteil muss das festgelegte Strafmaß erreichen, **nicht die Summe** der Bestrafungen. Anders verhält es sich nur bei (auch nachträglicher) Bildung einer Gesamtstrafe. Auf Aussetzung der Strafe zur Bewährung oder zwischenzeitliche Verbüßung der Jugend- oder Freiheitsstrafe oder Bezahlung der Geldstrafe kommt es nicht an. Bei Aussetzung der Strafvollstreckung zur Bewährung oder Aussetzung der Verhängung von Jugendstrafe ist die Aufenthaltserlaubnis in der Regel bis zum Ablauf der Bewährungszeit befristet zu verlängern; anschließend ist (erneut) über die Niederlassungserlaubnis zu befinden. Die der Aussetzung zugrunde liegende positive strafrechtliche Gefahrenprognose schließt eine negative ausländerbehördliche Sicherheits- und Sozialprognose unter geeigneten Umständen nicht von vornherein aus, wird aber nur die Ausnahme bilden. § 79 III 1 Nr. 1 und 2 bestimmt, dass im Fall der Einleitung dort genannter Strafverfahren – Nr. 1 korrespondiert im Wesentlichen mit § 5 IV iVm § 54 I Nr. 2 und 4 und Nr. 2 mit § 36a III Nr. 2 – die Entscheidung über die Visumerteilung grundsätzlich auszusetzen ist.

Inanspruchnahme von **Sozialleistungen oder Jugendhilfe** nach SGB II, VIII oder XII[33] bildet 26 einen Ablehnungsgrund. Dafür brauchen die Voraussetzungen des § 55 II Nr. 6 oder 7 nicht vorzuliegen. Die Einschränkung zugunsten von Schülern, Auszubildenden und Studierenden ist ebenso weit auszulegen wie nach Abs. 1 Nr. 3. Die Ausnahme des § 55 II Nr. 7 Hs. 2 ist hier nicht unmittelbar anwendbar. Im Rahmen des Ermessens ist aber die Art der aufenthaltsrechtlichen Stellung der Eltern oder des sorgeberechtigten Elternteils notwendig zu berücksichtigen. Von dem Unterhaltserfordernis ist ebenso wie nach § 9 II 6 iVm 3 abzusehen, wenn es infolge Erkrankung oder Behinderung nicht erfüllt werden kann[34].

IV. Aufenthaltstitel aufgrund Ermessens

Die Versagungsgründe für die Niederlassungserlaubnis nach Abs. 3 S. 1 führen dazu, dass der 27 Anspruch auf Erteilung der Niederlassungserlaubnis zu einer Ermessensentscheidung herabgestuft wird[35]. Die durch § 35 III 2 in der Sache bewirkte Rückstufung des gebundenen Anspruchs auf Erteilung einer Niederlassungserlaubnis zu einem Anspruch auf fehlerfreie Ermessensentscheidung über die Erteilung einer Niederlassungserlaubnis oder die Verlängerung der Aufenthaltserlaubnis setzt einen sonst gegebenen Anspruch auf Erteilung einer Niederlassungserlaubnis voraus[36].

Nur bei Ausländern, die sämtliche Voraussetzungen für einen Anspruch auf Erteilung 28 **einer Niederlassungserlaubnis nach § 35 I erfüllen, ist der Ausländerbehörde im Falle des Bestehens von Versagungsgründen nach § 35 III 1 Ermessen nach § 35 III 2 eröffnet**[37]. Denn § 35 III 2 hat die Funktion, bei Vorliegen eines Versagungsgrundes nach § 35 III 1 einen ansonsten gegebenen Anspruch nach § 35 I auf Erteilung einer Niederlassungserlaubnis zu einem Anspruch auf ermessensfehlerfreie Entscheidung über die Erteilung einer Niederlassungserlaubnis oder Verlängerung einer Aufenthaltserlaubnis herabzustufen[38]. Mangelt es dagegen bereits an einer Voraussetzung nach § 35 I für die Entstehung eines Anspruchs auf Erteilung einer Niederlassungserlaubnis, ist für eine Ermessensentscheidung nach § 35 III 2 kein Raum[39]. Bei Volljährigen sind dies die Voraussetzungen des § 35 I 2.

---

[31] NdsOVG Beschl. v. 9.1.2006 – 9 ME 372/05.
[32] Dagegen mit guten Gründen *Hailbronner* AufenthG § 35 Rn. 31.
[33] Zum früheren Recht krit. *Philipps* ZAR 1991, 15.
[34] Betr. psychisch schwer krankes Kind VG Frankfurt a. M. Urt. v. 18.3.2004 – 7 E 782/02, EZAR 024 Nr. 14.
[35] VGH BW Beschl. v. 5.2.2019 – 11 S 1646/18 Rn. 5.
[36] HmbOVG Beschl. v. 11.3.2021 – 6 Bs 224/20 Rn. 14.
[37] VGH BW Beschl. v. 22.10.2020 – 11 S 1812/20 Rn. 30.
[38] VGH BW Beschl. v. 22.10.2020 – 11 S 1812/20 Rn. 30.
[39] VGH BW Beschl. v. 22.10.2020 – 11 S 1812/20 Rn. 30.

29 Insoweit verwehren die Versagungsgründe nach S. 1 nicht die Möglichkeit der Verlängerung der Aufenthaltserlaubnis; dies stellt Abs. 3 S. 2 klar. **Daraus ist zu schließen, dass die Versagungsgründe nicht absolut und zwingend wirken und Abs. 3 S. 1 als lex specialis die Bestimmungen des § 5 (ausgenommen § 5 IV) verdrängt**[40].

30 Das grundsätzliche Verhältnis zwischen Ausschluss des Rechtsanspruchs und der Ermessensentscheidung über Verlängerung der Aufenthaltserlaubnis oder Erteilung der Niederlassungserlaubnis ist im Gesetz nicht näher bestimmt. Angesichts der strikten Formulierung des Abs. 3 S. 1 kommt eine Ausnahme vom Ausschluss des Anspruchs auf Niederlassungserlaubnis nur in atypischen Fällen in Betracht, nicht aber allgemein[41]. Bei Vorliegen eines der Ausschlussgründe darf also die Niederlassungserlaubnis nur erteilt werden, wenn die Verhältnisse im Einzelfall so erheblich von der vom Gesetzgeber angenommenen Fallgestaltung abweichen, dass die Nichterteilung der Niederlassungserlaubnis grob ungerecht wäre. Im Regelfall kann also nur die Aufenthaltserlaubnis verlängert werden.

31 Die **Versagung einer befristeten Verlängerung der Aufenthaltserlaubnis allein wegen fehlender Sicherung des Lebensunterhalts** dürfte nach dem gesetzgeberischen Grundkonzept nur als ultima ratio in Betracht kommen, wenn also mit einer Verbesserung der bisherigen individuellen Integrationsbedingungen auch bei einem verlängerten Aufenthalt kaum mehr zu rechnen wäre[42].

32 Ist im Falle des S. 1 Nr. 2 die Jugend- oder Freiheitsstrafe zur Bewährung oder die Verhängung einer Jugendstrafe ausgesetzt, wird das Ermessen nach S. 2 in Bezug auf die Aufenthaltserlaubnis zum Regelfall verdichtet; die Aufenthaltserlaubnis kann in der Regel bis zum Ablauf der Bewährungsfrist verlängert werden.

33 Nach der Gesetzesbegründung[43] sollen durch die Vorschrift Jugendverfehlungen oder vereinzelte leichtere Straftaten, die lediglich mit Jugend- oder Freiheitsstrafe, deren Vollstreckung zur Bewährung ausgesetzt wurde, geahndet wurden, erfasst werden, um die strafrechtlich gewährte Chance zur Bewährung in Deutschland nicht durch ausländerrechtliche Konsequenzen zu konterkarieren. Die Regelerteilung nach Abs. 3 S. 3 ist auf die dort genannten Aussetzungsfälle beschränkt und erfasst insbesondere die Niederlassungserlaubnis nicht.

34 Ein **Ausnahmefall iSd § 35 III 3** liegt dann vor, wenn der Ausländer vor Ablauf der Bewährungszeit die öffentliche Sicherheit und Ordnung gefährdet[44]. Dies ist der Fall, wenn konkrete Anhaltspunkte für eine erneute Straffälligkeit des Ausländers (Wiederholungsgefahr) vorliegen oder andere Ausweisungsgründe der Verlängerung der Aufenthaltserlaubnis entgegenstehen[45]. Eines förmlichen Widerrufs der Strafaussetzung zur Bewährung bedarf es hierfür nicht. Vorausgesetzt wird nur, dass der zugrunde liegende Sachverhalt so erheblich von der vom Gesetzgeber vorausgesetzten Normallage abweicht, dass ungeachtet der Strafaussetzung zur Bewährung ein gewichtiges öffentliches Interesse an der Aufenthaltsbeendigung besteht. Für die Feststellung eines atypischen Ausnahmegeschehens ist stets eine individuelle Prüfung des konkreten Einzelfalls unter Einbeziehung sämtlicher persönlicher, familiärer oder sonstiger Gesichtspunkte erforderlich[46].

V. Entsprechende Anwendung im Rahmen des § 26 IV

35 Nach § 26 IV 4 kann für Kinder, die vor Vollendung des 18. Lebensjahres nach Deutschland eingereist sind, die Vorschrift über das eigenständige unbefristete Aufenthaltsrecht in § 35, die weitgehend § 26 AuslG 1990 entspricht[47], angewandt werden. Nach dieser Vorschrift besteht in den Fällen des § 35 I abweichend von den Voraussetzungen des § 9 II ein Anspruch auf Erteilung einer Niederlassungserlaubnis oder – wenn dieser Anspruch nach § 35 III 1 ausgeschlossen ist – zumindest ein Anspruch auf eine Ermessensentscheidung über die Erteilung einer Niederlassungserlaubnis oder die Verlängerung der vorhandenen Aufenthaltserlaubnis (§ 35 III 2). Mit der Ermächtigung in § 26 IV 4 zur Anwendung des § 35 soll Kindern mit einem humanitären Aufenthaltstitel aus integrationspolitischen Gründen und zur Wahrung des Kindeswohls unter den gleichen Voraussetzungen die Aufenthaltsverfestigung ermöglicht werden, wie sie bei Kindern gelten, die eine im Wege der Familienzusammenführung erteilte Aufenthaltserlaubnis besitzen[48]. Wie sich aus der Verwendung des Wortes „kann" in § 26 IV 4 ergibt, vermittelt die entsprechende Anwendung des § 35 allerdings – insoweit abweichend von § 35 I – keinen gesetzlichen Anspruch auf die Erteilung einer Niederlassungserlaub-

---

[40] VGH BW Beschl. v. 5.2.2019 – 11 S 1646/18 Rn. 17.
[41] NdsOVG Beschl. v. 9.1.2006 – 9 ME 372/05; zum früheren Recht vgl. HmbOVG Beschl. v. 9.11.1992 – Bs V 190/92, EZAR 033 Nr. 2.
[42] VGH BW Beschl. v. 5.2.2019 – 11 S 1646/18 Rn. 16.
[43] BT-Drs. 15/420, 84.
[44] BayVGH Beschl. v. 17.12.2008 – 19 CS 08.2655, 19 C 08.2656, 19 C 08.2657.
[45] VG München Urt. v. 2.6.2010 – M 9 K 08.3767 Rn. 37.
[46] VG München Urt. v. 2.6.2010 – M 9 K 08.3767 Rn. 37.
[47] BT-Drs. 15/420, 83.
[48] BT-Drs. 15/420, 80.

nis, sondern nur einen Anspruch auf eine ermessensfehlerfreie Entscheidung, die freilich dem besonderen Zweck der Ermächtigung in § 26 IV 4 gerecht werden muss[49].

§ 35 I setzt im Rahmen des Verweises **keine Aufenthaltserlaubnis zum Zwecke der Familien- 36 zusammenführung** voraus. Aus der „entsprechenden" Anwendung des § 35 folgt, dass diejenigen Tatbestandsmerkmale, die zwingend mit dem Familiennachzug verknüpft sind, nicht zur Anwendung kommen. Mit § 26 IV 4 soll Kindern mit einem humanitären Aufenthaltsrecht unter den gleichen Voraussetzungen die Aufenthaltsverfestigung ermöglicht werden, wie sie bei Kindern gelten, die eine zum Zwecke der Familienzusammenführung erteilte Aufenthaltserlaubnis besitzen[50]. Eine andere Auslegung führte zu einer weitgehenden Funktionslosigkeit des § 26 IV 4, da Kinder mit einem humanitären Aufenthaltsrecht regelmäßig nicht im Besitz einer Aufenthaltserlaubnis zum Zwecke der Familienzusammenführung sind[51].

Soweit die entsprechende Anwendung des § 35 I 1 den **Besitz der Aufenthaltserlaubnis seit fünf 37 Jahren** voraussetzt, erfordert dies daher keinen Aufenthaltstitel, der zum Zwecke der Familienzusammenführung erteilt wurde. Zwar meint § 35 I 1 mit diesem Erfordernis – wie sich aus dem 1. Hs. dieser Regelung ausdrücklich ergibt – eine nach dem sechsten Abschnitt des AufenthG erteilte Aufenthaltserlaubnis. Da § 26 IV indes die „entsprechende Anwendung" des § 35 anordnet, genügt es, wenn das Kind bei Vollendung seines 16. Lebensjahres im Besitz eines Aufenthaltstitels nach dem fünften Abschnitt des AufenthG ist[52].

Bei der gebotenen entsprechenden Anwendung des § 35 I 1 ist auch die **Anrechnungsregelung 38 in § 102 II** zu beachten, die nicht zwischen § 26 IV 1 und 4 unterscheidet[53]. Dafür spricht nicht zuletzt auch der integrationspolitische Zweck des § 26 IV 4 und die Absicht des Gesetzgebers, Kinder mit einem humanitären Aufenthaltstitel hinsichtlich der Aufenthaltsverfestigung mit Kindern gleichzustellen, die eine zum Zwecke der Familienzusammenführung erteilte Aufenthaltserlaubnis besitzen. Anhaltspunkte dafür, dass diese Zielsetzungen nicht auch umfassend den von der Anrechnungsregelung nach § 102 II begünstigten Kindern zugutekommen sollen, sind nicht erkennbar. Soweit dagegen die Rechtsnatur des § 26 IV 4 als „Rechtsgrundverweisung" eingewendet wird, überzeugt dies im Hinblick auf die genannten Zielsetzungen des Gesetzgebers nicht. Diese legen vielmehr eine Auslegung der Vorschrift in dem Sinne nahe, dass es für die „entsprechende" Anwendung des § 35 I 1 genügt, wenn der danach erforderliche fünfjährige Besitz eines Aufenthaltstitels bei Vollendung des 16. Lebensjahres in den der Erteilung einer Niederlassungserlaubnis eröffnenden siebenjährigen Zeitraum des Besitzes einer Aufenthaltserlaubnis iSd § 26 IV 1 fällt[54]. Dann kommt dem Kind in einem „Altfall" aber mittelbar auch die Anrechnungsregelung nach § 102 II zugute[55].

Soweit ferner eingewandt wird, dieses Ergebnis bewirke eine Schlechterstellung von Ausländer- 39 kindern, deren Eltern eine Aufenthaltserlaubnis nach § 25 III erteilt worden sei und eine nach § 32 erteilte Aufenthaltserlaubnis besäßen, greift dies nach der Neuregelung des § 104 VII nicht mehr durch. Die Neuregelung des § 104 VII dient ua dazu, den minderjährigen ledigen Kindern, die vor dem 1.1.2005 im Besitz einer Aufenthaltsbefugnis nach § 31 iVm AuslG 1990 oder § 35 II AuslG 1990 waren und denen nach fünf bzw. acht Jahren gemäß § 35 I AuslG 1990 eine unbefristete Aufenthaltserlaubnis hätte erteilt werden können, auch nach dem AufenthG eine Verfestigung ihres Aufenthaltsstatus unter Anrechnung ihrer Aufenthaltsbefugniszeiten zu ermöglichen.

§ 36 Nachzug der Eltern und sonstiger Familienangehöriger

(1) Den Eltern eines minderjährigen Ausländers, der eine Aufenthaltserlaubnis nach § 23 Absatz 4, § 25 Absatz 1 oder Absatz 2 Satz 1 erste Alternative, eine Niederlassungserlaubnis nach § 26 Absatz 3 oder nach Erteilung einer Aufenthaltserlaubnis nach § 25 Absatz 2 Satz 1 zweite Alternative eine Niederlassungserlaubnis nach § 26 Absatz 4 besitzt, ist abweichend von § 5 Absatz 1 Nummer 1 und § 29 Absatz 1 Nummer 2 eine Aufenthaltserlaubnis zu erteilen, wenn sich kein personensorgeberechtigter Elternteil im Bundesgebiet aufhält.

(2) ¹Sonstigen Familienangehörigen eines Ausländers kann zum Familiennachzug eine Aufenthaltserlaubnis erteilt werden, wenn es zur Vermeidung einer außergewöhnlichen Härte erforderlich ist. ²Auf volljährige Familienangehörige sind § 30 Abs. 3 und § 31, auf minderjährige Familienangehörige ist § 34 entsprechend anzuwenden.

---

[49] VGH BW Beschl. v. 29.5.2007 – 11 S 2093/06.
[50] OVG NRW Beschl. v. 4.12.2007 – 17 E 47/07.
[51] OVG NRW Beschl. v. 4.12.2007 – 17 E 47/07.
[52] VGH BW Beschl. v. 29.5.2007 – 11 S 2093/06.
[53] VGH BW Beschl. v. 29.5.2007 – 11 S 2093/06.
[54] VGH BW Beschl. v. 29.5.2007 – 11 S 2093/06.
[55] VGH BW Beschl. v. 29.5.2007 – 11 S 2093/06.

1 AufenthG § 36

Erster Teil. Aufenthaltsgesetz

Allgemeine Verwaltungsvorschrift
36 Zu § 36 – Nachzug sonstiger Familienangehöriger
36.1 Nachzugsrecht der Eltern Minderjähriger
36.1.1 Nach § 36 Absatz 1 haben Eltern eines minderjährigen Ausländers mit Asyl- bzw. Flüchtlingsstatus (Aufenthaltserlaubnis nach § 25 Absatz 1 und 2 oder Niederlassungserlaubnis nach § 26 Absatz 3) einen Anspruch auf Familiennachzug, sofern sich in Deutschland nicht bereits ein personensorgeberechtigter Elternteil aufhält. Für diesen Nachzug sind die Sicherung des Lebensunterhalts und ausreichender Wohnraum keine Voraussetzungen. Auf die Erteilung der Aufenthaltserlaubnis besteht ein Anspruch, so dass von § 5 Absatz 2 abgesehen werden kann. Der Titel ist abweichend von § 5 Absatz 1 Nummer 1 zu erteilen; die Voraussetzungen des § 5 Absatz 1 Nummer 1a und 2 müssen jedoch erfüllt sein.

36.1.2 Minderjährige Asylberechtigte und Flüchtlinge i. S. d. Regelung sind Drittstaatsangehörige oder Staatenlose unter 18 Jahren, die sich im Zeitpunkt der Erteilung einer Aufenthaltserlaubnis nach § 25 Absatz 1 bzw. 2 ohne Begleitung eines sorgeberechtigten Elternteils in Deutschland aufhalten. Die Voraussetzung, dass sich kein sorgerechtsberechtigter Elternteil im Bundesgebiet aufhält, ist auch dann erfüllt, wenn ein Elternteil zeitgleich oder in unmittelbarem zeitlichem Zusammenhang mit dem anderen Elternteil den Lebensmittelpunkt ins Bundesgebiet verlagert.

36.2 Erteilung einer Aufenthaltserlaubnis an sonstige Familienangehörige
36.2.0 Die Aufenthaltserlaubnis darf nach Absatz 2 Satz 1 im Wege des Ermessens sonstigen Familienangehörigen, die nicht von §§ 29 bis 33 erfasst werden, nur nach Maßgabe des § 36 Absatz 2 Satz 1 erteilt werden, d. h. die allgemeinen in § 27 und – beim Nachzug zu Ausländern – in § 29 normierten Familiennachzugsvoraussetzungen müssen vorliegen. Die insoweit allgemeine Beschränkung des Familiennachzugs auf Ehegatten und minderjährige Kinder liegt im öffentlichen Interesse (Zuwanderungsbegrenzung). Die Versagungsgründe nach § 27 Absatz 3 sind zu berücksichtigen. Hinsichtlich des Familiennachzugs zu Deutschen findet § 36 entsprechende Anwendung (§ 28 Absatz 4).

36.2.1 Herstellung und Wahrung der familiären Lebensgemeinschaft
36.2.1.1 Nach § 27 Absatz 1 darf die Aufenthaltserlaubnis zur Herstellung und Wahrung der familiären Lebensgemeinschaft erteilt werden, die grundsätzlich auf Dauer angelegt ist (Beistandsoder Betreuungsgemeinschaft). Diese Gemeinschaft erschöpft sich nicht in der Kindererziehung, sondern umfasst den Unterhalt und eine materielle Lebenshilfe.

36.2.1.2 Die familiäre Lebensgemeinschaft muss durch Artikel 6 GG geschützt sein. Besonders geschützt werden Ehegatten und die engere Familie im Sinne einer Eltern-Kind-Beziehung, die nicht nur durch Abstammung, sondern auch rechtlich vermittelt sein kann. Dem Schutz des Artikels 6 GG unterliegt daher auch die familiäre Gemeinschaft mit Adoptiv-, Pflege- und Stiefkindern. Dabei ist nicht auf den formellen Bestand des Rechtsverhältnisses, sondern wie allgemein auf die tatsächliche, über einen längeren Zeitraum gewachsene Bindung und Betreuungsgemeinschaft abzustellen. Bei einem im Ausland begründeten Pflegeverhältnis oder einer Vormundschaft ist das Einverständnis der Behörden des Heimatstaates des Kindes mit der Ausreise herzustellen und nachzuweisen. Wenn die Ausreise zum Zweck der Adoption erfolgt, muss auch die Zustimmung der ausländischen Behörde zur Adoption vorliegen. Bei Stiefkindern vollzieht sich der Nachzug grundsätzlich nach § 36 Absatz 2, sondern als Nachzug zu bzw. mit dem leiblichen Elternteil (vgl. Nummer 27.1.5 und Nummer 32.0.5). Nur in Ausnahmefällen ist die Erteilung der Aufenthaltserlaubnis nach § 36 Absatz 2 denkbar, etwa wenn der personensorgeberechtigte leibliche Elternteil verstirbt oder dessen Aufenthaltsrecht entfällt. Wenn zu dem Stiefelternteil zu diesem Zeitpunkt eine über einen längeren Zeitraum gewachsene Bindung und Betreuungsgemeinschaft besteht, kommt eine Erteilung nach § 36 Absatz 2 in Betracht (zur Lebensunterhaltssicherung vgl. Nummer 32.0.5). Zur Scheinvaterschaft siehe auch Nummer 27.1 a.1.3 und 90.5.

36.2.1.3 Für einen Nachzug nach § 36 kommen in Abgrenzung zu den abschließenden Nachzugsvorschriften der §§ 28 bis 33 insbesondere in Betracht:
– Eltern zu ihren deutschen oder ausländischen volljährigen oder ausländischen minderjährigen Kindern,
– volljährige Kinder zu ihren Eltern oder
– Minderjährige zu engen volljährigen Familienangehörigen, die die alleinige Personensorge in der Weise innehaben, dass eine geschützte Eltern-Kind-Beziehung besteht.

36.2.1.4.1 Ein Nachzug minderjähriger sonstiger Familienangehöriger zu Verwandten in aufsteigender Linie kommt ausnahmsweise nur in Betracht, wenn sie Vollwaise sind (z. B. Enkelkinder zu Großeltern) oder wenn die Eltern nachweislich auf Dauer nicht mehr in der Lage sind, die Personensorge auszuüben (z. B. wegen einer Pflegebedürftigkeit). Dem steht es gleich, wenn zum Schutze des Kindes den Eltern durch eine für deutsche Stellen maßgebliche gerichtliche oder behördliche Entscheidung die Personensorge auf Dauer entzogen wurde und diese Maßnahme nicht nur auf dem Umstand beruht, dass dem Kind ein Aufenthaltsrecht im Bundesgebiet verschafft werden soll. Dem Wohl des Kindes kommt bei der Feststellung, ob eine außergewöhnliche Härte vorliegt, besonderes Gewicht zu. Bei der Ermessensausübung ist Nummer 32.4.4 zu beachten.

36.2.1.4.2 Der Nachzug minderjähriger wie volljähriger nicht mehr lediger Kinder zu ihren Eltern ins Bundesgebiet scheidet grundsätzlich aus, solange die Ehe des Kindes im Ausland noch besteht. Die Möglichkeit der Erteilung eines Aufenthaltstitels aus anderen Gründen bleibt unberührt.

36.2.2 Außergewöhnliche Härte
36.2.2.0 Die Erteilung der Aufenthaltserlaubnis zur Herstellung und Wahrung der familiären Lebensgemeinschaft muss zur Vermeidung einer außergewöhnlichen Härte (unbestimmter Rechtsbegriff) erforderlich sein, d. h. die familiäre Lebensgemeinschaft muss das geeignete und notwendige Mittel sein, um die außergewöhnliche Härte zu vermeiden.

36.2.2.1 Ein Nachzug kommt nur in Betracht, wenn im Fall der Versagung des Nachzugs die Interessen des im Bundesgebiet lebenden Ausländers oder des nachzugswilligen sonstigen Familienangehörigen mindestens genauso stark berührt wären, wie dies im Fall von Ehegatten und minderjährigen ledigen Kindern der Fall sein würde. Nach Art und Schwere müssen so erhebliche Schwierigkeiten für den Erhalt der familiären Lebensgemeinschaft drohen, dass die Versagung der Aufenthaltserlaubnis ausnahmsweise als unvertretbar anzusehen ist. § 36 setzt dabei nicht nur eine besondere, sondern eine außergewöhnliche Härte voraus.

36.2.2.2 Härtefallbegründend sind danach solche Umstände, aus denen sich ergibt, dass entweder der im Bundesgebiet lebende oder der nachzugswillige Familienangehörige auf die familiäre Lebenshilfe angewiesen ist, die sich nur im Bundesgebiet erbringen lässt (z. B. infolge einer besonderen Betreuungsbedürftigkeit). Bei Minderjährigen sind das Wohl des Kindes und dessen Lebensalter vorrangig zu berücksichtigen. Der Verlust eines Anspruchs auf Erteilung einer Aufenthaltserlaubnis zum Kindernachzug infolge einer Überschreitung der Altersgrenze für den Nachzug stellt grundsätzlich keinen Härtefall dar.

36.2.2.3 Umstände, die ein familiäres Angewiesensein begründen, können sich nur aus individuellen Besonderheiten des Einzelfalls ergeben (z. B. Krankheit, Behinderung, Pflegebedürftigkeit, psychische Not). Umstände, die sich aus den allgemeinen Lebensverhältnissen im Herkunftsland der nachziehenden Familienangehörigen ergeben, können insoweit nicht berücksichtigt werden. Keinen Härtefall begründen danach z. B. ungünstige schulische, wirtschaftliche, soziale und sonstige Verhältnisse im Heimatstaat. Ebenso wenig sind politische Verfolgungsgründe maßgebend. Dringende humanitäre Gründe, die nicht auf der Trennung der Familienangehörigen beruhen, sind nur im Rahmen humanitärer Aufenthaltsgewährung zu berücksichtigen (§§ 22 ff.) und begründen keinen Härtefall i. S. d. § 36.

36.2.2.4 Die Herstellung der familiären Lebensgemeinschaft mit einem im Bundesgebiet lebenden Angehörigen ist im Allgemeinen nicht zur Vermeidung einer außergewöhnlichen Härte erforderlich, wenn im Ausland andere Familienangehörige leben, die zur Betreuung und Erziehung in der Lage sind. Dies ist bei einem Nachzug volljähriger Kinder und volljähriger Adoptivkinder zu den Eltern, beim Nachzug von Eltern zu volljährigen Kindern, beim Enkelnachzug und dem Nachzug von Kindern zu Geschwistern besonders zu prüfen.

36.2.2.5 Im Falle einer lediglich vorübergehenden erforderlichen familiären Betreuung kommt nicht der grundsätzlich auf Dauer angelegte Familiennachzug, sondern allenfalls eine Aufenthaltserlaubnis, die unter Ausschluss der Verlängerung erteilt wird (§ 8 Absatz 2), in Betracht. In solchen Fällen hat die Ausländerbehörde vor der Erteilung einer Aufenthaltserlaubnis im Benehmen mit der Arbeitsverwaltung zu prüfen, ob eine familiäre Hilfeleistung oder eine Beschäftigung vorliegt. In diesem Falle findet § 18 vorrangig Anwendung.

36.2.2.6 Die Anwendung von Absatz 2 Satz 1 scheidet auch dann regelmäßig aus, wenn die Eltern eines im Bundesgebiet lebenden Kindes geschieden sind und dem nachzugswilligen geschiedenen ausländischen Elternteil kein Personensorgerecht zusteht. Aufgrund der auch in diesen Fällen schutzwürdigen familiären Beziehung nach Artikel 6 GG zwischen dem nichtsorgeberechtigten Elternteil und dem Kind kann es jedoch im Einzelfall bei der Übernahme tatsächlicher Verantwortung durch den nicht personensorgeberechtigten Elternteil geboten sein, diesem den Aufenthalt in Deutschland zu ermöglichen. Hierfür kommt es auf die Umstände des Einzelfalles an. Voraussetzungen für die Bejahung des Vorliegens einer schutzwürdigen familiären Gemeinschaft sind aber in jedem Fall, dass der Elternteil die Übernahme elterlicher Erziehungs- und Betreuungsverantwortung durch regelmäßige Kontakte zum Ausdruck bringt sowie eine emotionale Verbundenheit. Zu den konkreten Anforderungen an eine geschützte familiäre Gemeinschaft vgl. Nummer 28.1.5).

36.2.2.7 Die Betreuungsbedürftigkeit von minderjährigen Kindern im Bundesgebiet stellt für sich allein keinen außergewöhnlichen Härtefall dar. Ein Zuzug sonstiger Familienangehöriger zur Kinderbetreuung kommt danach grundsätzlich nicht in Betracht, wenn die Eltern die Kinderbetreuung nicht selbst übernehmen können, weil sie beispielsweise beide (ganztägig) erwerbstätig sind. Soweit eine außergewöhnliche Härte angenommen werden kann (z. B. ein Elternteil kann infolge einer schweren Erkrankung die Kinder nicht mehr betreuen, ein Elternteil ist verstorben), ist zu prüfen, ob der Zuzug sonstiger Verwandter zwingend erforderlich ist oder ob nicht, wenn sich der Ausländer bereits in Deutschland aufhält, eine Aufenthaltserlaubnis für einen vorübergehenden Aufenthalt nach § 25 Absatz 4 Satz 1 ausreichend ist.

36.2.2.8 Bei den Ermessenserwägungen nach Absatz 2 Satz 1 ist insbesondere zu berücksichtigen, ob die Betreuung oder Pflege des nachziehenden Familienangehörigen tatsächlich und rechtlich gewährleistet sind (z. B. Verpflichtung nach § 68, Stellung einer Bankbürgschaft).

36.2.2.9 Soweit es sich bei den Betroffenen um einen Familienangehörigen eines freizügigkeitsberechtigten Unionsbürgers handelt, der nicht bereits nach dem FreizügG/EU ein Aufenthaltsrecht hat, ist dies im Rahmen der Ermessensausübung bei Absatz 2 Satz 1 zu berücksichtigen, wenn der Unionsbürger dem Familienangehörigen im Herkunftsmitgliedstaat Unterhalt gewährt hat, Unionsbürger und Familienangehöriger im Herkunftsmitgliedstaat in häuslicher Gemeinschaft gelebt haben oder schwerwiegende gesundheitliche Gründe die persönliche Pflege durch den Unionsbürger zwingend erforderlich machen. Sofern der Stammberechtigte Student ist, gilt dies nur, wenn es sich um Verwandte in gerade aufsteigender Linie handelt, denen Unterhalt gewährt wird. Dies führt nicht zu einer Ausweitung des Anwendungsbereichs, sondern ist lediglich bei der Ausübung des pflichtgemäßen Ermessens zu berücksichtigen.

36.2.3 Verlängerung der Aufenthaltserlaubnis

36.2.3.1 Die Aufenthaltserlaubnis kann verlängert werden, wenn die Voraussetzungen des § 36 weiterhin vorliegen und die familiäre Lebensgemeinschaft weiter fortbesteht. Bei minderjährigen Familienangehörigen schließt der Wegfall der Voraussetzungen, die zur Erteilung der Aufenthaltserlaubnis geführt haben, allerdings nicht notwendig die weitere Verlängerung aus. Nach mehrjährigem Bestehen der familiären Lebensgemeinschaft im Bundesgebiet kann die Nichtverlängerung der Aufenthaltserlaubnis dem Wohl des Kindes in so erheblichem Maße widersprechen, dass sie Artikel 6 GG nicht gerecht und eine außergewöhnliche Härte bedeuten würde.

36.2.3.2 Bei minderjährigen Familienangehörigen muss nach § 36 Absatz 2 Satz 2 i. V. m. § 34 Absatz 1 und bei volljährigen Familienangehörigen nach § 36 Absatz 2 Satz 2 i. V. m. § 30 Absatz 3 bei der Verlängerung der Aufenthaltserlaubnis von den Voraussetzungen des § 5 Absatz 1 Nummer 1 und des § 29 Absatz 1 Nummer 2 abgesehen werden.

36.2.3.3 Die im Zeitpunkt des Nachzugs bereits volljährigen Familienangehörigen erwerben nach § 36 Absatz 2 Satz 2 i. V. m. § 31, Minderjährige nach § 36 Absatz 2 Satz 2 i. V. m. 34 Absatz 2 ein eigenständiges Aufenthaltsrecht.

… **Übersicht**

Rn.
I. Entstehungsgeschichte 1
II. Allgemeines 2
III. Unbegleiteter Minderjähriger 4
IV. Nachzug sonstiger Familienangehöriger 23
  1. Sonstige Familienangehörige 23
  2. Außergewöhnliche Härte 24
  3. Allgemeine Erteilungsvoraussetzungen 55
  4. Ermessen 61
  5. Nachzug zu EU-Bürgern oder ihren drittstaatsangehörigen Familienangehörigen .. 62
  6. Verlängerung 63
  7. Eigenständiges Aufenthaltsrecht 64

I. Entstehungsgeschichte

1   Die Vorschrift entspricht dem **Gesetzesentwurf**[1]. Die Regelung wurde um das RLUmsG 2007 hinsichtlich des Abs. 1 ergänzt. Damit wurde den Vorgaben der Familienzusammenführungs-RL zum Nachzug zu unbegleiteten Minderjährigen Rechnung getragen. Durch das RLUmsG 2011[2] wurde in § 36 I das Wort „sorgeberechtigter" durch das Wort „personensorgeberechtigter" ersetzt. Das AufenthÄndG 2015 erweiterte Abs. 1 um eine Reihe von Aufenthaltstiteln, die geeignet sind, den Eltern minderjähriger Ausländer ein Aufenthaltsrecht zu vermitteln. Aufgenommen wurden folgende Aufenthaltstitel: §§ 23 IV, 25 II 1 Alt. 2 und 26 IV. Durch das **FamiliennachzugsneuregelungsG** vom 12.7.2018[3] wurde in Abs. 1 S. 1 der Hinweis auf § 25 II durch § 25 II 1 Alt. 1 ersetzt.

II. Allgemeines

2   Wie nach früherer Rechtslage (§§ 18–21, 23 AuslG 1990) beschränkt das Gesetz die Familienzusammenführung, nämlich den Familienzuzug von Ausländern und den Nachzug zu Ausländern[4] grundsätzlich auf Ehegatten und minderjährige ledige Kinder und gewährt bei Deutschen zusätzlich Eltern den Zuzug. Diese Beschränkungen stimmen im Ziel mit dem Anwerbestopp für Arbeitnehmer überein: **Begrenzung der Zuwanderung** bei gleichzeitiger Förderung der Integration[5]. Während diesen Personen weitgehend Rechtsansprüche verliehen sind, ist eine Aufenthaltserlaubnis sonst nur für Härtefälle und nach Ermessen vorgesehen (§ 36; früher § 22 AuslG 1990). Damit ist keine allgemeine Auffangvorschrift für Familienangehörige geschaffen, denen sonst keine Zuwanderungsmöglichkeit eröffnet ist[6]. Der besondere Ausnahmecharakter kommt nicht zuletzt darin zum Ausdruck, dass nicht eine allgemeine oder eine besondere Härte genügt, sondern dass bei Versagung des Nachzugs eine außergewöhnliche Härte eintreten muss.

3   Statt besondere Voraussetzungen zu nennen, verweist das Gesetz auf Vorschriften für Ehegatten und Minderjährige sowie das selbstständige Aufenthaltsrecht für Ehegatten (§§ 30 III, 31, 34) und nimmt für Angehörige von Deutschen hierauf Bezug (Abs. 3). Mit der Erweiterung des Personenkreises verändert sich auch die **Bedeutung der familiären Lebensgemeinschaft**. Während die Kernfamilie mit minderjährigen Kindern auch deren Erziehung und Betreuung in enger persönlicher Verbundenheit dient, tritt im Verhältnis zu erwachsenen Kindern und anderen Angehörigen eher das Element der geistigen Begegnung einerseits und der materiellen und psychischen Versorgung andererseits in den Vordergrund.

III. Unbegleiteter Minderjähriger

4   Das Nachzugsrecht des § 36 I dient dem Schutz des unbegleiteten minderjährigen Flüchtlings und seinem Interesse an der Familieneinheit mit seinen Eltern, nicht jedoch eigenständigen Interessen der Eltern am Zusammenleben mit dem Kind[7]. Ein **Nachzugsanspruch für Eltern oder Elternteile unbegleiteter minderjähriger Flüchtlinge** war im AufenthG 2005 nicht vorgesehen. Der Nachzug sonstiger Familienangehöriger kommt bisher generell nur im Ermessenswege und unter restriktiven Voraussetzungen in Betracht. § 36 wurde daher entsprechend ergänzt. Die RL sieht auch vor, dass der Familiennachzug in diesem Fall nicht von der Sicherung des Lebensunterhalts für die nachziehenden Eltern oder Elternteile abhängig gemacht werden darf, sodass zur Verwirklichung des Anspruchs von

---

[1] BT-Drs. 15/420, 16.
[2] Gesetz v. 25.11.2011 (BGBl. I S. 2258), in Kraft getreten am 26.11.2011.
[3] BGBl. 2018 I S. 1147, in Kraft getreten am 1.8.2018.
[4] Zum Unterschied → § 37 Rn. 2.
[5] Zu familienpolitischen und demografischen Bedenken → § 27 Rn. 7.
[6] Vgl. zu § 30 III AuslG BVerwG Urt. v. 4.6.1997 – 1 C 9.95, EZAR 021 Nr. 5; Urt. v. 9.12.1997 – 1 C 20/97, EZAR 021 Nr. 6.
[7] BVerwG Urt. v. 18.4.2013 – 10 C 9.12, BVerwGE 146, 189 Rn. 21.

Nachzug der Eltern und sonstiger Familienangehöriger § 36 AufenthG 1

der allgemeinen Erteilungsvoraussetzung in § 5 I Nr. 1 zu suspendieren ist. Zur Verwirklichung des Anspruchs ist darüber hinaus vom Wohnraumerfordernis nach § 29 I Nr. 2 abzusehen.

Abs. 1 dient der Umsetzung des Art. 9 III Familienzusammenführungs-RL. Dieser bestimmt: Handelt es sich bei einem Flüchtling um einen unbegleiteten Minderjährigen, so   5
a) gestatten die Mitgliedstaaten die Einreise und den Aufenthalt seiner **Verwandten in gerader aufsteigender Linie ersten Grades** zum Zwecke der Familienzusammenführung;
b) können die Mitgliedstaaten die Einreise und den Aufenthalt seines **gesetzlichen Vormunds** oder eines anderen Familienangehörigen zum Zwecke der Familienzusammenführung gestatten, wenn der Flüchtling keine Verwandten in gerader aufsteigender Linie hat oder diese unauffindbar sind.

Die Vorgaben der RL-Bestimmung sind nur hinsichtlich des lit. a umgesetzt worden. Nachzugs-   6
berechtigt sind danach die leiblichen Eltern oder Elternteile des betroffenen Minderjährigen (§ 1589 BGB); in Betracht können stattdessen aber auch **Adoptiveltern** kommen [8]. Nach deutschem Recht führt eine Adoption dazu, dass die Verwandtschaftsverhältnisse zu den leiblichen Eltern erlöschen und ein Verwandtschaftsverhältnis zu den Annehmenden begründet wird (§§ 1754, 1755 BGB). Hierdurch werden die Adoptiveltern zu Verwandten in gerader aufsteigender Linie. Nach § 22 EGBGB unterliegt eine Adoption dem Recht des Staates, dem die Person angehört, die das Kind annehmen will. Es ist daher nach dem jeweiligen Rechtsregime zu beurteilen, ob und wie im deutschen Recht eine Volladoption anzunehmen ist, durch die entsprechende Verwandtschaftsbeziehungen zu den Adoptiveltern begründet werden[9]. Sofern das nicht der Fall ist, kommen trotz Adoption nur leibliche Eltern oder Elternteile für einen Nachzugsanspruch in Betracht.

Die Erteilung einer Aufenthaltserlaubnis aus familiären Gründen kommt nicht in Betracht, wenn zu   7
dem im Bundesgebiet lebenden Ausländer, zu dem der Nachzug erfolgen soll, nur ein durch **Kafala** begründetes Rechtsverhältnis besteht. Denn die Kafala begründet – anders als die Adoption – kein Verwandtschaftsverhältnis[10].

Die Voraussetzung, dass sich kein sorgerechtsberechtigter Elternteil im Bundesgebiet aufhält, ist auch   8
dann erfüllt, wenn ein Elternteil zeitgleich oder in unmittelbarem zeitlichem Zusammenhang mit dem anderen Elternteil den Lebensmittelpunkt ins Bundesgebiet verlagert[11]. Befindet sich bereits ein Elternteil im Bundesgebiet, etwa weil die Flucht gemeinsam mit dem Kind erfolgte, so ist ein Nachzug des im Heimatland verbliebenen Elternteils nicht auf Grundlage des § 36 I möglich[12]. Dies ist auch mit Unionsrecht vereinbar, da Art. 10 III lit. a Familienzusammenführungs-RL voraussetzt, dass es sich bei dem Kind um einen unbegleiteten Minderjährigen handelt. Das ist nicht mehr der Fall, sobald sich der Minderjährige tatsächlich in der Obhut eines nach dem Gesetz oder Gewohnheitsrecht für ihn verantwortlichen Erwachsenen befindet (vgl. Art. 2 lit. f Familienzusammenführungs-RL).

Nicht umgesetzt wurde die Option in Art. 9 IIIb Familienzusammenführungs-RL, auch dem **Vor-**   9
mund einen Nachzugsanspruch einzuräumen.

Nach der **Definition** in Art. 2f Familienzusammenführungs-RL bezeichnet der Ausdruck „unbe-   10
gleiteter Minderjähriger" einen Drittstaatsangehörigen oder Staatenlosen unter 18 Jahren, der ohne Begleitung eines für ihn nach dem Gesetz oder dem Gewohnheitsrecht verantwortlichen Erwachsenen in einen Mitgliedstaat einreist, solange er sich nicht tatsächlich in der Obhut einer solchen Person befindet, oder Minderjährige, die ohne Begleitung im Hoheitsgebiet eines Mitgliedstaats zurückgelassen werden, nachdem sie in diesen Mitgliedstaat eingereist sind.

Bei dieser Definition besteht insoweit eine Besonderheit, als für unbegleitete Minderjährige durch   11
die RL nicht festgelegt wird, dass diese ledig sein müssen. Die **Ledigkeit von Kindern** wird in Art. 4 I UAbs. 2 Familienzusammenführungs-RL festgelegt. Danach sind minderjährige Kinder im Sinne „dieses Artikels", dh des Art. 4 und nicht des Art. 9 Familienzusammenführungs-RL, Kinder,
– die das nach den Rechtsvorschriften des betreffenden Mitgliedstaates geltende Volljährigkeitsalter noch nicht erreicht haben und
– nicht verheiratet sein dürfen.

Der Anspruch auf Nachzug der Eltern zum unbegleiteten minderjährigen Flüchtling nach   12
§ 36 I AufenthG 2004 besteht entgegen der Rspr. des BVerwG[13] **aufgrund einer Entscheidung des EuGH**[14] **auch nach Eintritt der Volljährigkeit**[15]. Ein Drittstaatsangehöriger oder Staatenloser, der zum Zeitpunkt seiner Einreise in das Bundesgebiet und der Stellung seines Asylantrags

---

[8] BT-Drs. 16/5065, 176.
[9] So BT-Drs. 16/5065, 176.
[10] BVerwG Urt. v. 26.10.2010 – 1 C 16.09, BVerwGE 138, 77 Rn. 8.
[11] So BT-Drs. 16/5065, 176.
[12] OVG Bln-Bbg Urt. v. 5.12.2018 – OVG 3 B 8.18 Rn. 21.
[13] BVerwG Urt. v. 18.4.2013 – 10 C 9.12, BVerwGE 146, 189 Rn. 17; Urt. v. 13.6.2013 – 10 C 24.12 Rn. 9; OVG Bln-Bbg Beschl. v. 22.12.2016 – OVG 3 S 98.16 Rn. 5; Beschl. v. 16.9.2016 – OVG 3 S 42.16 Rn. 6; Beschl. v. 28.9.2016 – OVG 3 S 55.16 und OVG 3 M 79.16, AuAS 2016, Rn. 5.
[14] EuGH Urt. v. 12.4.2018 – C-550/16, NVwZ 2018, 1463 – A. und S.
[15] OVG Bln-Bbg Beschl. v. 19.12.2018 – OVG 3 S 98.18 Rn. 12; VG Berlin Urt. v. 1.2.2019 – 15 K 936.17 V Rn. 27; Urt. v. 30.1.2019 – 20 K 538.17 V Rn. 19 ff.

unter 18 Jahre alt war, aber während des Asylverfahrens volljährig wird und dem später die Flüchtlingseigenschaft zuerkannt wird, ist daher im Wege richtlinienkonformer Auslegung als „Minderjähriger" iSd § 36 I anzusehen. Der Anspruch der Eltern zu Flüchtlingskindern nach § 36 I iVm Art. 10 III lit. a Familienzusammenführungs-RL kann daher auch nach Eintritt des der Volljährigkeit im Bundesgebiet geltend gemacht werden[16]

13 **Die Entscheidung des EuGH bietet keinen Anhaltspunkt dafür, dass darin die durch das niederländische Recht eröffnete Möglichkeit eines eigenständigen Aufenthaltsrechts der Flüchtlingseltern zur Grundlage der Beantwortung der Vorlagefrage genommen wurde**[17]. Im Gegenteil beschäftigt sich der EuGH allein und ausschließlich mit dem Recht auf Familienzusammenführung aus Art. 10 III lit. a Familienzusammenführungs-RL, ohne die Folgefrage eines hiervon unabhängigen eigenständigen – nachfolgenden – Aufenthaltsrechts der Eltern auch nur anzusprechen, geschweige denn argumentativ zu verwerten. Der EuGH betont insbesondere, dass die Mitgliedstaaten verpflichtet sind, die Familienzusammenführung nach dieser Bestimmung zu gestatten, ohne dass die Mitgliedstaaten dabei über einen Wertungsspielraum verfügen[18]. Hieraus sowie aus dem Fehlen jedes Verweises in der RL auf das nationale Recht und aus der Zielsetzung der Bestimmung folgert der EuGH, dass die Bestimmung des Zeitpunkts, bis zu welchem ein Flüchtling minderjährig sein muss, um das genannte Recht der Familienzusammenführung in Anspruch nehmen zu können, nicht dem Ermessen der Mitgliedstaaten überlassen bleiben kann (→ Rn. 45). Damit wird unmissverständlich festgestellt, dass die Frage, auf welchen Zeitpunkt zur Beurteilung des Alters eines Flüchtlings iRv Art. 10 III lit. a Familienzusammenführungs-RL abzustellen ist, unionsrechtlich einheitlich für alle Mitgliedstaaten zu bestimmen ist.

14 Als **maßgeblicher Zeitpunkt zur Bestimmung der Altersgrenze** kann nach Ansicht des EuGH grundsätzlich nicht der Zeitpunkt der Einreise in das Hoheitsgebiet eines Mitgliedstaats herangezogen werden[19]. Vielmehr knüpft der Gerichtshof das Nachzugsrecht der Eltern an die Asylantragstellung des Minderjährigen im Bundesgebiet. Dabei ist nicht auf den förmlichen Asylantrag beim Bundesamt nach § 14 AsylG abzustellen, sondern auf das **Nachsuchen um Asyl**, das zur Ausstellung eines Ankunftsnachweises nach § 63a AsylG führt[20].

15 Der EuGH begrenzt den Anspruch dadurch, dass die anspruchsberechtigte Person den Anspruch innerhalb einer „angemessenen Frist" geltend machen muss[21]. Hierdurch wird verhindert, dass sich ein Flüchtling, der zum Zeitpunkt seines Antrags die Eigenschaft eines unbegleiteten Minderjährigen besaß, aber während des Verfahrens volljährig geworden ist, ohne jede zeitliche Begrenzung auf das Nachzugsrecht berufen könnte[22].

16 Zur **Bestimmung einer angemessenen Frist** greift der EuGH in Ermangelung einer gesetzlichen Regelung auf die vom Unionsgesetzgeber in dem ähnlichen Kontext von Art. 12 I UAbs. 3 Familienzusammenführungs-RL gewählte Lösung zurück[23]. Danach sind Anträge auf Familienzusammenführung grundsätzlich innerhalb von drei Monaten ab dem Tag zu stellen, an dem der Minderjährige als Flüchtling anerkannt worden ist. Der EuGH hat in der Rechtssache K. und B. klargestellt, dass die verspätete Stellung des Antrags auf Familienzusammenführung aufgrund besonderer Umstände objektiv entschuldbar sein kann[24].

17 Diese Frist, die in § 29 II Nr. 1 für den Ehegatten- und Kindernachzug normiert wurde, muss nunmehr auch für die Geltendmachung des Elternnachzugs zu minderjährigen ledigen Flüchtlingen herangezogen werden. Da der EuGH diese Frist unter entsprechender Anwendung der für Flüchtlingskinder geltenden Regelung der Familienzusammenführungs-RL hergeleitet hat, bedarf es der Umsetzung durch den nationalen Gesetzgeber. Ohne eine gesetzliche Regelung besteht der Anspruch gegenwärtig ohne zeitliche Beschränkung[25], da eine Anwendung von RL-Bestimmungen zu Lasten von Ausländern nicht möglich ist.

18 Zur Rechtsstellung der Eltern nach Erreichen der Volljährigkeit hat der Gerichtshof keine Ausführungen gemacht. Der Rechtssache A. und S. lag aber ein Fall zugrunde, in dem es gerade um den Nachzug von Eltern einer unbegleiteten Minderjährigen ging, die während des Asylverfahrens volljährig wurde. Würde das Aufenthaltsrecht der Eltern mit der Volljährigkeit erlöschen, müssten die Eltern direkt nach der Einreise wieder ausreisen. Dieses Ergebnis kann schwerlich die Konsequenz der Entscheidung des EuGH sein[26], sodass eine analoge Anwendung des § 36 II in Betracht kommen könnte, da diese Regelung auf § 31 verweist.

---

[16] VG Berlin Urt. v. 1.2.2019 – 15 K 936.17 V Rn. 27 ff.
[17] VG Berlin Urt. v. 1.2.2019 – 15 K 936.17 V Rn. 29.
[18] EuGH Urt. v. 12.4.2018 – C-550/16, NVwZ 2018, 1463 Rn. 43 – A. und S.
[19] EuGH Urt. v. 12.4.2018 – C-550/16, NVwZ 2018, 1463 Rn. 62 – A. und S.
[20] *Hruschka* NVwZ 2018, 1451 (1452).
[21] EuGH Urt. v. 12.4.2018 – C-550/16, NVwZ 2018, 1463 Rn. 61 – A. und S.
[22] EuGH Urt. v. 12.4.2018 – C-550/16, NVwZ 2018, 1463 Rn. 61 – A. und S.
[23] EuGH Urt. v. 12.4.2018 – C-550/16, NVwZ 2018, 1463 Rn. 61 – A. und S.
[24] EuGH Urt. v. 7.11.2018 – C-380/17 Rn. 62 – K. und B.
[25] *Hruschka* NVwZ 2018, 1451 (1452).
[26] *Hruschka* NVwZ 2018, 1451 (1453).

Unionsrechtlich ist der Gesetzgeber zur Ermöglichung einer solchen Aufenthaltsverfestigung nicht verpflichtet. Zwar ist nach Art. 15 I Familienzusammenführungs-RL den Ehegatten, den nichtehelichen Lebenspartnern und den volljährig gewordenen Kindern nach fünfjährigem rechtmäßigem Aufenthalt das Recht auf einen eigenen Aufenthaltstitel einzuräumen, der unabhängig ist von jenem des Zusammenführenden, sofern kein Aufenthaltstitel aus anderen Gründen als denen der Familienzusammenführung erteilt wurde. Die RL erstreckt diese Verpflichtung aber nicht auf Eltern, denen – wie im Fall des unbegleiteten minderjährigen Flüchtlings – ihr Kind den Familiennachzug vermittelt hat. Vielmehr stellt sie es in Art. 15 II Familienzusammenführungs-RL den Mitgliedstaaten frei, ein eigenständiges Aufenthaltsrecht auch für Verwandte in gerader aufsteigender Linie (wie hier die Eltern) vorzusehen. 19

Der Gesetzgeber hat von der Ermächtigung in Art. 15 II Familienzusammenführungs-RL für den hier maßgeblichen Personenkreis der Eltern iSv § 36 I aber keinen Gebrauch gemacht. Nichts anderes ergibt sich aus Art. 23 Qualifikations-RL. Die dort normierte Wahrung des Familienverbands betrifft, wie die Definition des Begriffs „Familienangehöriger" in Art. 2j Qualifikations-RL zeigt, nur solche Familienmitglieder, die sich bereits in dem Mitgliedstaat aufhalten, in dem sich die Person befindet, der internationaler Schutz zuerkannt worden ist. Ein Anspruch auf Familienzusammenführung für weiterhin außerhalb des Bundesgebiets lebende Familienangehörige ergibt sich danach gerade nicht[27]. 20

Die tatbestandliche Voraussetzung des § 36 I, dass sich kein personensorgeberechtigter Elternteil im Bundesgebiet aufhält, muss sowohl in dem Zeitpunkt, als das Kind die Volljährigkeit erreichte, als auch im Zeitpunkt der mündlichen Verhandlung vor dem Tatsachengericht vorliegen[28]. 21

Die negative Tatbestandsvoraussetzung, dass sich kein personensorgeberechtigter Elternteil im Bundesgebiet aufhalten darf, kann nicht mit der Erwägung überwunden werden, dass dem Kind und dem personensorgeberechtigten Elternteil die gleichzeitig beantragten Visa auch gleichzeitig hätten erteilt werden müssen[29]. 22

IV. Nachzug sonstiger Familienangehöriger
1. Sonstige Familienangehörige

Unter sonstige Familienangehörige sind alle außer den Ehegatten und den minderjährigen ledigen Kindern zu verstehen. In Betracht kommen die anderen Mitglieder der **Großfamilie,** vor allem volljährige ledige und verheiratete, geschiedene oder verwitwete Kinder, Pflegekinder, Eltern, Großeltern, Schwager/Schwägerinnen, Onkel/Tanten und Neffen/Nichten. Ehegatten und minderjährige ledige Kinder, die nach §§ 28–35 kein Aufenthaltsrecht erhalten, fallen grundsätzlich nicht in den Anwendungsbereich der Vorschrift. Diese gilt nicht für außergewöhnliche oder andere Härten, die aus der Anwendung der §§ 28–35 resultieren können. Soweit ein nur vorübergehendes Zusammenleben in Deutschland den berechtigten familiären Belangen bereits Genüge tut, ist die Aufenthaltserlaubnis entsprechend kurz zu befristen und eine Verlängerung nach § 8 II auszuschließen. 23

2. Außergewöhnliche Härte

Der unbestimmte Rechtsbegriff der außergewöhnlichen Härte weist im Verhältnis zu demjenigen der besonderen Härte iSv §§ 30 II, 31 II und 32 IV erhöhte Anforderungen auf[30]. Das Merkmal der außergewöhnlichen Härte stellt praktisch die höchste tatbestandliche Hürde dar, die der Gesetzgeber aufstellen kann[31]. Die Besonderheiten des Einzelfalls müssen nach Art und Schwere so ungewöhnlich und groß sein, dass die Folgen der Visumversagung oder Nichterteilung einer Aufenthaltserlaubnis unter Berücksichtigung des Zwecks der Nachzugsvorschriften, die Herstellung und Wahrung der Familieneinheit zu schützen, sowie des Schutzgebots des Art. 6 GG schlechthin unvertretbar sind[32]. 24

Die Annahme einer außergewöhnlichen Härte setzt voraus, dass der schutzbedürftige Familienangehörige ein eigenständiges Leben im Ausland nicht führen kann, sondern auf die Gewährung familiärer Lebenshilfe dringend angewiesen ist, und dass diese Hilfe in zumutbarer Weise nur im Bundesgebiet erbracht werden kann[33]. Der Zweck des Familiennachzugs, die Herstellung und Wahrung der familiären Lebensgemeinschaft (§ 27 I), erfordert in aller Regel nicht den **Nachzug von Volljährigen,** denn sie benötigen grundsätzlich keine familiäre Lebenshilfe[34]. Die Verbindung zu den im Bundesgebiet lebenden Familienangehörigen kann grundsätzlich auch auf andere Weise aufrechterhalten und gepflegt werden. Soweit eine **wirtschaftliche Unterstützung** erforderlich sein sollte, 25

---

[27] OVG Bln-Bbg Beschl. v. 22.12.2016 – OVG 3 S 98.16 Rn. 9.
[28] OVG Bln-Bbg Urt. v. 13.12.2011 – OVG 3 B 22.10 Rn. 20.
[29] OVG Bln-Bbg Urt. v. 13.12.2011 – OVG 3 B 22.10 Rn. 21.
[30] BVerwG Urt. v. 30.7.2013 – 1 C 15.12, BVerwGE 147, 278 Rn. 13.
[31] OVG Bln-Bbg Urt. v. 15.10.2014 – OVG 6 B 1.14 Rn. 13.
[32] So OVG Bln-Bbg Urt. v. 19.12.2011 – OVG 3 B 17.10 Rn. 23; BVerwG Beschl. v. 25.6.1997 – 1 B 236.96, Buchholz 402.240 § 22 AuslG 1990 Nr. 4 zur vergleichbaren Rechtslage nach dem AuslG 1990.
[33] VGH BW Beschl. v. 17.8.2021 – 11 S 42/20 Rn. 37.
[34] VGH BW Beschl. v. 17.8.2021 – 11 S 42/20 Rn. 37.

kann diese in der Regel durch Geldüberweisungen ins Ausland erfolgen. Ein Angewiesensein auf familiäre Lebenshilfe kommt aber auch bei einer volljährigen Person in Betracht, wenn diese aufgrund körperlicher oder geistiger Gebrechen in ihrer Autonomie als Person erheblich eingeschränkt ist[35]. Denn gerade die Pflege und Fürsorge durch enge Verwandte in einem gewachsenen familiären Vertrauensverhältnis, das geeignet ist, den Verlust der Autonomie als Person infolge körperlicher oder geistiger Gebrechen in Würde kompensieren zu können, ist mit Blick auf die in Art. 6 I GG enthaltene wertentscheidende Grundsatznorm aufenthaltsrechtlich schutzwürdig. Zur Klärung der Frage, ob ein Ausländer einer „außergewöhnlichen Härte" im vorgenannten Sinne ausgesetzt wäre, sind alle im Einzelfall relevanten, auf die Notwendigkeit der Herstellung oder Erhaltung der Familiengemeinschaft bezogenen, konkreten Umstände zu berücksichtigen und zu würdigen[36]. Diese Würdigung hat wiederum in Auseinandersetzung mit dem migrationspolitischen Anliegen des Gesetzgebers zu erfolgen, das in der Ausgestaltung des § 36 II 1 als enge Härtefallregelung zum Ausdruck kommt, sowie mit den verfassungs- und konventionsrechtlichen Gewährleistungen, die – abhängig von den konkreten des jeweiligen Einzelfalls – mit sehr unterschiedlichem Gewicht zum Tragen kommen können[37].

26 Überträgt ein deutsches Familiengericht aus Gründen des Kindeswohls für ein im Bundesgebiet geborenes und aufwachsendes ausländisches Kind die elterliche Sorge auf den im Ausland lebenden nichtehelichen Vater, so ist eine außergewöhnliche Härte iSd § 36 II 1 und das Vorliegen einer familiären Lebensgemeinschaft nicht von vornherein zu verneinen, wenn sich das Kind vorübergehend in einer intensiven sozialpädagogischen Einzelbetreuung nach § 35 SGB VIII im Ausland befindet[38].

27 Bei **Pflegebedürftigkeit** kann eine außergewöhnliche Härte vorliegen, wenn der im Ausland lebende Familienangehörige kein eigenständiges Leben mehr führen kann und die von ihm benötigte, tatsächliche und regelmäßig zu erbringende wesentliche familiäre Lebenshilfe in zumutbarer Weise nur in Deutschland durch die Familie erbracht werden kann, die in diesem Fall im Kern die Funktion einer familiären Lebensgemeinschaft ausfüllt[39]. Nur wenn die Zusammenführung gerade in Deutschland zwingend geboten ist, hat der Staat aus dem Schutz- und Förderungsgebot des Art. 6 I GG die Pflicht, die Familie zu schützen und einwanderungspolitische Belange zurückzustellen.

28 Die spezifische Angewiesenheit auf familiäre Hilfe wegen Pflegebedürftigkeit ist nicht bei jedem Betreuungsbedarf gegeben, sondern kann nur dann in Betracht kommen, wenn die geleistete Nachbarschaftshilfe oder im Herkunftsland angebotener professioneller pflegerischer Beistand den Bedürfnissen des Nachzugswilligen qualitativ nicht gerecht werden können[40]. Wenn der alters- oder krankheitsbedingte Autonomieverlust einer Person so weit fortgeschritten ist, dass ihr Wunsch nach objektiven Maßstäben verständlich und nachvollziehbar erscheint, sich in die familiäre Geborgenheit der ihr vertrauten persönlichen Umgebung engster Familienangehöriger zurückziehen zu wollen, spricht es dagegen, sie auf die Hilfeleistungen Dritter verweisen zu können[41]. Denn das humanitäre Anliegen des § 36 II 1 respektiert den in den unterschiedlichen Kulturen verschieden stark ausgeprägten Wunsch nach Pflege vorrangig durch enge Familienangehörige, zu denen typischerweise eine besondere Vertrauensbeziehung besteht[42].

29 Pflege durch enge Verwandte in einem gewachsenen familiären Vertrauensverhältnis, das geeignet ist, den Verlust der Autonomie als Person infolge körperlicher oder geistiger Gebrechen in Würde kompensieren zu können, erweist sich auch mit Blick auf die in Art. 6 GG enthaltene wertentscheidende Grundsatznorm als aufenthaltsrechtlich schutzwürdig[43]. Jedenfalls ist grundsätzlich eine umfassende Betrachtung aller Umstände des Einzelfalls geboten, bei der sowohl der Grad des Autonomieverlusts des nachzugswilligen Ausländers als auch das Gewicht der familiären Bindungen zu den in Deutschland lebenden Familienangehörigen und deren Bereitschaft und Fähigkeit zur Übernahme der familiären Pflege zu berücksichtigen sind[44].

30 Umgekehrt liegt keine außergewöhnliche Härte vor, wenn die benötigte Lebenshilfe auch im Heimatstaat des Ausländers erbracht werden kann[45]. Die mit der Versagung der Aufenthaltserlaubnis

---

[35] VGH BW Beschl. v. 17.8.2021 – 11 S 42/20 Rn. 37.
[36] VGH BW Beschl. v. 17.8.2021 – 11 S 42/20 Rn. 37.
[37] VGH BW Beschl. v. 17.8.2021 – 11 S 42/20 Rn. 37.
[38] VGH BW Beschl. v. 28.10.2016 – 11 S 1460/16 Rn. 13.
[39] BayVGH Beschl. v. 29.6.2015 – 19 ZB 15.558 Rn. 12, Beschl. v. 5.3.2015 – 19 CE 14.1137 Rn. 11; OVG Bln-Bbg Urt. v. 27.2.2014 – OVG 2 B 12.12 Rn. 32, Urt. v. 19.12.2011 – OVG 3 B 17.10 Rn. 23.
[40] BayVGH Beschl. v. 29.6.2015 – 19 ZB 15.558 Rn. 12, Beschl. v. 5.3.2015 – 19 CE 14.1137 Rn. 11; OVG Bln-Bbg Urt. v. 27.2.2014 – OVG 2 B 12.12 Rn. 34.
[41] BayVGH Beschl. v. 29.6.2015 – 19 ZB 15.558 Rn. 12, Beschl. v. 5.3.2015 – 19 CE 14.1137 Rn. 11; OVG Bln-Bbg Urt. v. 27.2.2014 – OVG 2 B 12.12 Rn. 34; OVG LSA Beschl. v. 11.8.2015 – 2 M 91/15 Rn. 4.
[42] BayVGH Beschl. v. 29.6.2015 – 19 ZB 15.558 Rn. 12, Beschl. v. 5.3.2015 – 19 CE 14.1137 Rn. 11, OVG Bln-Bbg Urt. v. 27.2.2014 – OVG 2 B 12.12 Rn. 34.
[43] BayVGH Beschl. v. 29.6.2015 – 19 ZB 15.558 Rn. 12.
[44] BayVGH Beschl. v. 29.6.2015 – 19 ZB 15.558 Rn. 12 unter Hinweis auf OVG Saarl Beschl. v. 23.7.2009 – 2 B 377/09; OVG Bln-Bbg Urt. v. 19.12.2011 – OVG 3 B 17.10.
[45] Vgl. zu allem BVerfG Beschl. v. 14.12.1989 – 2 BvR 377/88, NJW 1990, 895, Abschnitt B. I.3.b; Beschl. v. 25.10.1995 – 2 BvR 901/95, NVwZ 1996, 1099 Nr. 8; BVerwG Beschl. v. 25.6.1997 – 1 B 236.96, Buchholz 402.240 § 22 AuslG 1990 Nr. 4 zur vergleichbaren Rechtslage nach dem AuslG 1990; OVG Bln-Bbg Urt. v.

eintretenden Schwierigkeiten für den Erhalt der Familiengemeinschaft müssen nach ihrer Art und Schwere so ungewöhnlich und groß sein, dass die Versagung der Aufenthaltserlaubnis als schlechthin unvertretbar anzusehen ist. Dies setzt grundsätzlich voraus, dass der im Bundesgebiet oder der im Ausland lebende Familienangehörige kein eigenständiges Leben führen kann, sondern auf die Gewährung familiärer Lebenshilfe angewiesen ist, und dass diese Hilfe in zumutbarer Weise nur in Deutschland erbracht werden kann[46].

Eine außergewöhnliche Härte ist etwa anzunehmen, wenn der Nachzugsbegehrende allein kein eigenständiges Leben mehr führen kann und die von ihm benötigte, tatsächliche und regelmäßig zu erbringende wesentliche familiäre Lebenshilfe in zumutbarer Weise nur in Deutschland erbracht werden kann[47]. Die Erteilung einer Aufenthaltserlaubnis kann zur Vermeidung einer außergewöhnlichen Härte auch erforderlich sein, wenn die Familieneineinheit eines Ausländers mit seiner minderjährigen ausländischen Tochter nur in Deutschland verwirklicht werden kann, weil diese mit ihrer gleichfalls ausländischen Mutter und einem deutschen Kind aus einer früheren Beziehung zusammenlebt[48].

Wenn § 36 II voraussetzt, dass die familiäre Lebenshilfe zumutbarerweise nur in der Bundesrepublik Deutschland erbracht werden kann, bedeutet dies umgekehrt, dass es dem im Bundesgebiet lebenden Familienangehörigen möglich sein muss, die Lebenshilfe zu erbringen[49]. Dies kann etwa bei **Patchwork-Familien** der Fall sein, wenn eines der Kinder die deutsche Staatsangehörigkeit besitzt. Aus der deutschen Staatsangehörigkeit folgt für sich genommen allerdings nicht automatisch, dass dem deutschen Kind eine Fortsetzung der familiären Lebensgemeinschaft im Ausland ohne Hinzutreten besonderer Umstände stets unzumutbar wäre[50]. Ob ein Fall der Unzumutbarkeit vorliegt, hängt vielmehr davon ab, welche Folgen eine – gegebenenfalls bis zur Volljährigkeit andauernde, aber jedenfalls vorübergehende – Fortführung der Familiengemeinschaft mit den Eltern hätte, ob und gegebenenfalls welche Alternativen denkbar wären und wie sich ein derartiger Aufenthalt im Ausland gegebenenfalls auf die – rechtlich gesicherte – Möglichkeit einer späteren Rückkehr und Reintegration in Deutschland auswirken würde[51].

Die Folgen der Versagung der Aufenthaltserlaubnis müssen im Vergleich zu den Fällen der Ehegatten und minderjährigen ledigen Kinder so ungewöhnlich sein, dass die **Versagung nicht vertretbar** erscheint[52]. Da nicht nur eine „besondere" Härte verlangt wird, ist ein erhebliches Abweichen vom Regeltatbestand notwendig, das wegen individueller Besonderheiten nach Art und Schwere ungewöhnliche Schwierigkeiten bereitet.

Immer ist dabei der **Zweck des Familiennachzugs,** nämlich Herstellung und Wahrung der Familiengemeinschaft, im Blick zu behalten. Außerhalb dieses Schutzbereichs liegende Beeinträchtigungen bleiben deshalb in der Regel unbeachtet, insbesondere Schwierigkeiten aufgrund der wirtschaftlichen und sozialen Verhältnisse im Herkunftsstaat. Gleichgültig ist, ob der nachzugswillige oder der bereits im Bundesgebiet lebende Familienangehörige besondere Nachteile der Trennung zu tragen hat. Die Zusammenführung in Deutschland zur Vermeidung der außerordentlichen Härte muss aber immer zwingend geboten sein. Dies ist nicht der Fall, wenn die familiäre Verbundenheit und die gegenseitigen Beziehungen durch gelegentliche Besuche, schriftliche oder fernmündliche Unterhaltung und finanzielle Unterstützungen aufrechterhalten werden können oder wenn im Ausland andere Familienangehörige leben, die zur Betreuung von kranken oder pflegebedürftigen Eltern, volljährigen Kindern, Geschwistern oder sonstigen Verwandten in der Lage sind.

Es entspricht den gesetzlichen Nachzugsregeln und stellt deshalb nicht schon für sich eine außergewöhnliche Härte dar, wenn der Ausländer als **einziges Familienmitglied** noch im Ausland lebt. Insbesondere bei Volljährigen ist es nicht ungewöhnlich, dass sie sich aus der familiären Gemeinschaft lösen. Ebenso wenig fällt besonders ins Gewicht, ob der Ausländer hier allein lebt und alle sonstigen Angehörigen in der gemeinsamen Heimat. Sind die Mitglieder der Familie mehr oder weniger gleichmäßig auf Aus- und Inland verteilt, besitzt die Familienzusammenführung im Bundesgebiet nicht ohne Weiteres Vorrang, auch wenn die Trennung Schwierigkeiten verursacht und hier am einfachsten zu beheben wäre.

15.10.2014 – OVG 6 B 1.14 Rn. 13, Urt. v. 30.3.2007 – 2 B 2.07 Rn. 23; Beschl. v. 23.8.2005 – OVG 12 N 10.05 Rn. 5; OVG Saarl Beschl. v. 23.7.2009 – 2 B 377.09 Rn. 6; OVG NRW Urt. v. 12.2.1992 – 17 A 134.91, InfAuslR 1993, 24 (25).

[46] NdsOVG Beschl. v. 19.5.2010 – 8 ME 88/10 Rn. 3.
[47] BVerwG Urt. v. 13.6.2013 – 10 C 24.12 Rn. 13; Urt. v. 10.3.2011 – 1 C 7.10, NVwZ 2011, 1199; Beschl. v. 25.6.1997 – B 236/96, Buchholz 402.240 § 22 AuslG 1990 Nr. 4; ebenso OVG Saarl Beschl. v. 26.3.2015 – 2 B 19/15, AuAS 2015, 108 Rn. 6; OVG Bln-Bbg Urt. v. 25.1.2012 – OVG 2 B 10.11, Urt. v. 30.3.2007 – OVG 2 B 2.07; vgl. auch BVerfG Beschl. v. 14.12.1989 – 2 BvR 377/88, NJW 1990, 895 (896); BVerfG Beschl. v. 25.10.1995 – 2 BvR 901/95, NVwZ 1996, 1099 (1100).
[48] OVG Brem Beschl. v. 12.9.2011 – 1 B 150/11, InfAuslR 2011, 436 Rn. 9 f.; OVG RhPf Urt. v. 18.4.2012 – 7 A 10112/12, InfAuslR 2012, 266 Rn. 36 ff.
[49] OVG Bln-Bbg Urt. v. 19.12.2011 – OVG 3 B 17.10 Rn. 31.
[50] BVerwG Urt. v. 30.7.2013 – 1 C 15.12, BVerwGE 147, 278 Rn. 17.
[51] BVerwG Urt. v. 30.7.2013 – 1 C 15.12, BVerwGE 147, 278 Rn. 17.
[52] Göbel-Zimmermann ZAR 1995, 170.

36 Bei der Konkretisierung des Begriffs einer außergewöhnlichen Härte sind **zwei Fallgruppen der Familienzusammenführungs-RL** in Blick zu nehmen. Art. 4 II Familienzusammenführungs-RL sieht die Möglichkeit vor, dass die Mitgliedstaaten in ihren nationalen Rechtsvorschriften folgenden Familienangehörigen die Einreise und den Aufenthalt gemäß der Familienzusammenführungs-RL gestatten[53]:

37 a) den **Verwandten in gerader aufsteigender Linie ersten Grades** des Zusammenführenden oder seines Ehegatten, wenn Letztere für ihren Unterhalt aufkommen und Erstere in ihrem Herkunftsland keinerlei sonstigen familiären Bindungen mehr haben;

38 b) den **volljährigen unverheirateten Kindern** des Zusammenführenden oder seines Ehegatten, wenn sie aufgrund ihres Gesundheitszustands nicht selbst für ihren Lebensunterhalt aufkommen können.

39 Dabei wurde der Kreis der begünstigten Personengruppe im Laufe des Rechtsetzungsverfahrens eingeschränkt. Waren nach dem ursprünglichen Kommissionsvorschlag vom 1.12.1999[54] in Anlehnung an die – damals noch geltende – Regelung für EU-Bürger in Art. 10 I VO 1612/68/EWG sämtliche Verwandten aufsteigender Linie nachzugsberechtigt, so wurde der Personenkreis mit dem Vorschlag für die RL vom 2.5.2002[55] auf **Verwandte in gerade aufsteigender Linie ersten Grades** verengt. Direkte Verwandte ersten Grades in aufsteigender Linie sind Vater und Mutter, nicht aber Großeltern oder Onkel und Tanten.

40 Bei Auslegung der vorgenannten beiden Regelungsoptionen, die der Art. 4 IIa und IIb Familienzusammenführungs-RL enthält, stellt sich die Frage, ob die Mitgliedstaaten bei Gebrauchmachen dieser Optionen verpflichtet sind, die darin niedergelegten Voraussetzungen zu beachten. Zwar ist der Art. 4 II Familienzusammenführungs-RL wegen der Bezugnahme auf die Regelungsmöglichkeit im nationalen Recht nicht unmittelbar anwendbar, jedoch wirkt die Norm im Wege **richtlinienkonformer Auslegung** auf das nationale Recht ein. Daraus folgt, dass Behörden und Gerichte bei der Anwendung des nationalen Rechts – gleich, ob es sich um vor oder nach der RL erlassene Vorschriften handelt – die Auslegung soweit wie möglich am Wortlaut und Zweck der RL ausrichten müssen, um das mit der RL verfolgte Ziel zu erreichen.

41 Dabei ging der EuGH in der Rechtssache von Colson und Kamann[56] davon aus, dass die Verpflichtung zu richtlinienkonformer Interpretation des nationalen Rechts auch und gerade in den Fällen zum Tragen kommt, in denen die betreffende RL-Bestimmung keine unmittelbare Wirkung entfaltet. Anders als die unmittelbare Wirkung von RL setzt daher die richtlinienkonforme Auslegung weder die ausreichende Bestimmtheit noch die Unbedingtheit der anzuwendenden Richtlinienbestimmung voraus.

42 Die RL-Bestimmung legt verbindlich fest, in welchen Fallgruppen die Mitgliedstaaten einen erweiterten Familiennachzug **nach Ermessen** zuzulassen haben, sofern sie Bestimmungen im nationalen Recht schaffen, die den Nachzug der Eltern oder volljährigen Kinder ermöglichen. Soweit die RL bestimmte Fallgruppen in Bezug auf die Nachzugsvoraussetzungen näher konkretisiert, ist es den Mitgliedstaaten verwehrt, weitergehende Anforderungen aufzustellen. Hingegen bleibt es den Mitgliedstaaten aufgrund der Günstigkeitsklausel des Art. 3 V Familienzusammenführungs-RL unbenommen, Erleichterungen gegenüber den Tatbestandsvoraussetzungen einzuführen[57] oder ganz auf eine Nachzugsregelung zu verzichten.

43 Nachdem mit § 36 II eine Nachzugsbestimmung im nationalen Recht vorliegt, wirkt Art. 4 II Familienzusammenführungs-RL auf den Begriff der außergewöhnlichen Härte ein und verdichtet ihn für die beiden Fallgruppen[58]. Eine außergewöhnliche Härte ist daher immer in Fällen anzunehmen, in denen der Zusammenführende oder dessen Ehegatte für den Unterhalt des Verwandten in gerader aufsteigender Linie ersten Grades aufkommen und der Nachziehende in seinem Herkunftsland keinerlei sonstigen familiären Bindungen mehr hat.

44 Beim Nachzug volljähriger, unverheirateter Kinder des Zusammenführenden oder des Ehegatten wird man eine außergewöhnliche Härte jedenfalls dann annehmen müssen, wenn die Kinder aufgrund ihres Gesundheitszustands nicht selbst für ihren Lebensunterhalt aufkommen können.

45 **Volljährige** Kinder, die nicht von der Fallgruppe des Art. 4 IIb Familienzusammenführungs-RL erfasst werden, sind grundsätzlich aufenthaltsrechtlich selbstständig zu behandeln. Sie benötigen idR die familiäre Lebenshilfe nicht mehr, auch wenn sie oft aus wirtschaftlichen oder anderen Gründen

---

[53] Hierzu OVG Bln-Bbg Beschl. v. 28.1.2011 – OVG 2 S 100.10 Rn. 3.
[54] KOM(1999) 638 endg.
[55] KOM(2002) 225 endg.
[56] EuGH Urt. v. 10.4.1984 – 14/83 Rn. 26 – von Colson und Kamann.
[57] AA *Heilbronner* FamRZ 2005, 1 ff. (4) zu Art. 4 III 1. Er geht davon aus, dass die Fallgruppen die Gestaltungsspielräume der Mitgliedstaaten derart verengen, dass auch Abweichungen aufgrund des Günstigkeitsprinzips nicht mehr möglich sind.
[58] AA OVG Bln-Bbg Urt. v. 27.2.2014 – OVG 2 B 12.12 Rn. 33 und Urt. v. 5.12.2018 – OVG 3 B 8.18 Rn. 30. Auch das BVerwG geht von einer fehlenden Umsetzung des § 4 II FamZu-RL aus: BVerwG Urt. v. 30.7.2013 – 1 C 15/12 Rn. 29.

noch mit ihren Eltern zusammenwohnen[59]. Eine wirtschaftliche Unterstützung ist den im Bundesgebiet lebenden Eltern zumindest durch Geldüberweisungen leicht möglich. Ob sie familienrechtlich zur Unterhaltsgewährung durch Kost und Logis berechtigt oder verpflichtet sind, spielt für die Frage der außergewöhnlichen Härte zunächst keine Rolle, ebenso wenig die Erschwerung der Kommunikation infolge des Getrenntlebens. Eine andere Beurteilung ist nur bei Angewiesensein auf die Lebenshilfe des Volljährigen oder der Eltern gerechtfertigt[60].

Verheiratete Minderjährige sind aufenthaltsrechtlich aus ihrem ursprünglichen Familienverband 46 ausgeschieden; erst nach Auflösung ihrer Ehe (durch Tod, Ehescheidung oa) kommt ein Nachzug zu ihren Eltern (wieder) infrage. Zumutbar ist zB nach Ehescheidung der Verbleib im Ausland trotz früheren längeren Aufenthalts im Bundesgebiet[61].

Sonstigen minderjährigen ledigen Familienangehörige kann der Nachzug zu (entfernteren) Ver- 47 wandten (Großeltern, Onkel/Tanten ua) nur gestattet werden, wenn sie in besonderer Weise auf familiäre Hilfe im Bundesgebiet angewiesen sind und die Ablehnung sie ganz ungewöhnlich hart träfe. Dies kann bei Vollwaisen und anderen Kindern angenommen werden, deren Betreuung und Erziehung durch personensorgeberechtigte Eltern (rechtlich oder tatsächlich) nicht gewährleistet sind[62]; nicht aber bei einem 17-Jährigen, der bis zum 14. Lebensjahr bei seiner Mutter im Heimatstaat gelebt hat und zu seinem Onkel ziehen will[63].

Eine außergewöhnliche Härte ergibt sich nicht schon daraus, dass die Arbeits- und Ausbildungs- 48 sowie die allgemeinen **Lebensbedingungen** in Deutschland für Kinder und Jugendliche besser sind als im Heimatstaat. Auch dort drohende existenzielle Gefährdungen können für sich allein eine außergewöhnliche Härte nicht begründen, wohl aber evtl. dringende humanitäre Gründe iSd § 25 IV 1[64].

Auch **Nachteile im Heimatland**, die allein wegen der dortigen politischen Verhältnisse drohen, 49 können nicht zur Begründung einer außergewöhnlichen Härte im Zusammenhang mit der Herstellung und Wahrung der familiären Lebensgemeinschaft herangezogen werden[65]. § 36 II 1 bietet keine Rechtsgrundlage für ein Aufenthaltsrecht in Fällen, in denen sich die Rückkehr in das Heimatland nicht wegen einer spezifischen Angewiesenheit auf familiäre Hilfe durch die im Bundesgebiet lebenden Familienangehörigen, sondern wegen eines Krieges oder sonstiger Gefährdungen in der Heimat als schwierig erweist[66].

Volljährige können grundsätzlich eine Nachzugsmöglichkeit zu Kindern oder anderen Angehöri- 50 gen nicht verlangen[67]. Eine außergewöhnliche Härte kann für sie allenfalls entstehen, wenn sie oder die im Bundesgebiet lebenden Familienmitglieder auf ihre Lebenshilfe dringend angewiesen sind[68]. In diesen Fällen kann die Familie nicht ohne Weiteres auf den Arbeitsmarkt für Pflegedienste verwiesen werden. Allgemein spricht gegen einen Zuzug Volljähriger, dass damit in der Regel eine engere familiäre Lebensgemeinschaft im Ausland aufgelöst wird. Dem nicht sorgeberechtigten ausländischen Elternteil eines deutschen Kindes kann der Zuzug nach Maßgabe des § 28 I Hs. 2 gestattet werden, sofern die Lebensgemeinschaft schon im Bundesgebiet praktiziert wird; er scheidet damit insoweit aus dem Anwendungsbereich des § 36 aus.

Die Berufstätigkeit beider Ehegatten und die **Betreuung der Kinder** begründen in der Regel keine 51 Notwendigkeit zur Gestattung des Nachzugs für die Großmutter[69]. Dies gilt selbst dann, wenn die Eltern die Kinderbetreuung nicht übernehmen können, weil sie bspw. beide (ganztätig) erwerbstätig sind[70]. Eine außergewöhnliche Härte kann in derartigen Fällen allerdings angenommen werden, wenn

---

[59] BVerwG Urt. v. 26.3.1982 – 1 C 29.81, BVerwGE 65, 188.
[60] Zum früheren Recht BVerfG-A Beschl. v. 1.9.1982 – 1 BvR 748/82, EZAR 105 Nr. 5; BVerfG-K Beschl. v. 15.3.1985 – 1 A 6/85, EZAR 105 Nr. 17; HessVGH Beschl. v. 14.3.1989 – 12 TH 741/89, EZAR 105 Nr. 23.
[61] Zum früheren Recht BVerwG Beschl. v. 4.10.1982 – 1 B 93.82, EZAR 105 Nr. 4.
[62] Zum früheren Recht HessVGH Beschl. v. 20.7.1989 – 12 TH 3562/87, EZAR 105 Nr. 26.
[63] HessVGH Beschl. v. 8.4.1992 – 12 TH 611/92, EZAR 622 Nr. 16.
[64] Zum früheren Recht VGH BW Beschl. v. 10.10.1996 – 13 S 1226/96, EZAR 015 Nr. 10; HessVGH Beschl. v. 26.1.1994 – 13 TH 1373/93, InfAuslR 1994, 225; OVG NRW Beschl. v. 15.3.1991 – 18 B 3239/90, InfAuslR 1991, 232.
[65] BVerwG Urt. v. 18.4.2013 – 10 C 9.12, BVerwGE 146, 189 Rn. 23 unter Hinweis auf Beschl. v. 25.6.1997 – 1 B 236.96, Buchholz 402.240 zu § 22 AuslG 1990 Nr. 4.
[66] OVG NRW Beschl. v. 8.8.2016 – 18 B 797/16 Rn. 3.
[67] Zum früheren Recht BVerwG Urt. v. 30.11.1982 – 1 C 25.78, BVerwGE 66, 268; Beschl. v. 12.2.1990 – 1 A 133.89, EZAR 105 Nr. 28.
[68] *Göbel-Zimmermann* ZAR 1995, 170; betr. psychisch kranke Tochter deutscher Eltern NdsOVG Urt. v. 19.3.2003 – 4 LC 185/02, EZAR 022 Nr. 10; betr. Eltern eines Gehörlosen OVG NRW Urt. v. 12.2.1992 – 17 A 134/91, InfAuslR 1993, 24; betr. Pflege des mit der ausländischen leiblichen Mutter verheirateten schwerstkranken deutschen Adoptivvaters HessVGH Beschl. v. 27.5.1993 – 12 TH 1109/93, InfAuslR 1993, 369; betr. eine im Haushalt mit einer pflegebedürftigen Großmutter und im Geschäft integrierte Adoptivtochter VGH BW Beschl. v. 15.2.1995 – 11 S 2954/94, NVwZ-RR 1996, 115; betr. gerade volljährig gewordene Tochter, die sonst allein im Bürgerkriegsgebiet leben müsste OVG Brem Urt. v. 28.2.1995 – 1 BA 26/94, InfAuslR 1995, 317.
[69] NdsOVG Beschl. v. 7.4.2011 – 11 ME 72/11, InfAuslR 2011, 249 Rn. 11; zum früheren Recht BVerwG Beschl. v. 11.1.1983 – 1 B 109.82, EZAR 105 Nr. 7; vgl. auch Urt. v. 3.5.1973 – I C 35.72, BVerwGE 42, 148 betr. Sozialstaatsprinzip.
[70] NdsOVG Beschl. v. 7.4.2011 – 11 ME 72/11, InfAuslR 2011, 249 Rn. 11.

ein Elternteil nicht mehr zur Kinderbetreuung in der Lage ist[71]. Für eine zeitweilige Betreuung kann indes ein Visum erteilt werden. In der Regel handelt es sich nicht um eine unselbständige Erwerbstätigkeit, für die die Zulassung, unter Umständen mit Zustimmung der BA, erforderlich ist. Falls keine familiäre Gemeinschaft beabsichtigt ist, sondern lediglich die Kinderbetreuung durch einen Familienangehörigen, scheidet zwar § 36 als mögliche Grundlage aus, es kommt aber eine Aufenthaltserlaubnis nach § 7 I in Betracht[72].

52 Mit der **Reform des Kindschaftsrechts** zum 1.7.1998 haben sich die Rechtsverhältnisse zwischen Eltern und Kindern sowie anderen Personen zum Teil grundlegend geändert, ohne dass der Gesetzgeber aufenthaltsrechtliche Konsequenzen für nötig erachtet hat[73]. Nunmehr steht verheirateten Eltern das gemeinsame Sorgerecht (als Pflicht und Recht nach § 1626 I 1 BGB) auch nach Trennung und Scheidung zu (§ 1671 BGB) und nicht miteinander verheiratete Eltern können es durch einfache Erklärung erwerben (§ 1626a I BGB). Umgangsrechte sind für Eltern die Regel und auch für andere Beziehungspersonen vorgesehen (§ 1623 III BGB).

53 Diese **Neugewichtung** der elterlichen Erziehungsverantwortung durch den einfachen Gesetzgeber stützt sich unmittelbar auf die Garantien des Art. 6 I, II GG und erhält damit zusätzliches Gewicht auch in aufenthaltsrechtlicher Hinsicht[74]. Seither muss die gebotene **Abwägung** privater und öffentlicher Interessen stärker für den Aufenthalt eines Elternteils sprechen, wenn dieser nicht nur ein ihm zustehendes Elternrecht wahrnehmen, sondern der ihm gesetzlich obliegenden Erziehungspflicht nachkommen will. Damit ist der Gesichtspunkt der Lebenshilfe in dem Sinne verstärkt, dass der Gesetzgeber Erziehung und Betreuung durch beide (getrenntlebende oder geschiedene oder nicht verheiratete) Eltern als die rechtlich gebotene allgemeine Regel und nicht mehr als Ausnahme für individuelle Sondersituationen betrachtet. Hieraus ergeben sich einmal **Änderungen** für den Aufenthalt von ausländischen Eltern eines deutschen Kindes. Sodann verdient der Wille zur Ausübung des (gemeinsamen) Sorgerechts im Inland auch für Eltern eines ausländischen Kindes nunmehr eine stärkere Beachtung als früher.

54 Schließlich ist auch die Bewertung der Ausübung des **Umgangsrechts** iRd § 36 insofern zu verändern, als das Kindeswohl die Anwesenheit des ausländischen Elternteils erfordern kann. Die Wahrnehmung des Umgangsrechts durch den ausländischen Elternteil eines ausländischen Kindes allein rechtfertigt zwar kein Aufenthaltsrecht, wenn keine häusliche Gemeinschaft besteht und Besuche und andere Kontakte möglich sind[75]. Auch regelmäßige Besuche allein begründen noch keine familiäre Lebensgemeinschaft; ihr Abbruch führt deshalb noch nicht unbedingt zu einer außergewöhnlichen Härte[76]. Anders verhält es sich jedoch, wenn sich die tatsächlich gelebten Beziehungen nicht in mehr oder weniger regelmäßigen Begegnungen erschöpfen, sondern einer Beistands- und Betreuungsgemeinschaft gleichkommen. Insoweit ist aber die gesetzliche Wertung in § 28 I 1 Nr. 3, S. 4 zu beachten, die den Nachzug des im Ausland befindlichen Elternteils an dessen Sorgerecht knüpft[77].

3. Allgemeine Erteilungsvoraussetzungen

55 Sonstigen Familienangehörigen eines Ausländers kann eine Aufenthaltserlaubnis erteilt werden, wenn neben den speziellen Voraussetzungen des § 36 II 1 auch die allgemeinen Erfordernisse des § 5 erfüllt sind[78]. Insbesondere setzt die Erteilung einer Aufenthaltserlaubnis in der Regel voraus, dass der Lebensunterhalt gesichert ist. Das ist gem. § 2 III 1 der Fall, wenn der Ausländer ihn einschließlich ausreichenden Krankenversicherungsschutzes ohne Inanspruchnahme öffentlicher Mittel bestreiten kann. Dabei bleiben die in § 2 III 2 aufgeführten Mittel außer Betracht. Es bedarf mithin der Prognose, dass der Lebensunterhalt des Ausländers – einschließlich ausreichenden Krankenversicherungsschutzes – in Zukunft auf Dauer ohne Inanspruchnahme öffentlicher Mittel gesichert ist. Hierfür ist ein Vergleich des voraussichtlichen Unterhaltsbedarfs mit den voraussichtlich zur Verfügung stehenden Mitteln anzustellen[79].

56 Beim Nachzug von Eltern zu ihren Kindern ist zu beachten, dass diese altersbedingt häufig nicht erwerbsfähig iSd § 7 I 1 SGB II sind, weil sie die Altersgrenze des § 7a SGB II, die je nach Geburtsjahr zwischen 65 und 67 Jahre beträgt, bereits überschritten haben. Ihnen stünden deshalb von vornherein keine Leistungen zur Sicherung des Lebensunterhalts nach dem SGB II, sondern gegebenenfalls Leistungen der Grundsicherung im Alter und bei Erwerbsminderung nach dem SGB XII zu. Hierbei ist besonders zu prüfen, ob sie Teil einer Bedarfsgemeinschaft sind.

---

[71] NdsOVG Beschl. v. 7.4.2011 – 11 ME 72/11, InfAuslR 2011, 249 Rn. 11.
[72] NdsOVG Beschl. v. 7.4.2011 – 11 ME 72/11, InfAuslR 2011, 249 Rn. 12; *Pfaff* ZAR 2005, 8.
[73] *Hailbronner* AufenthG § 35 Rn. 20 f.; *Laskowski/Albrecht* ZAR 1999, 100.
[74] VGH BW Beschl. v. 28.10.2016 – 11 S 1460/16 Rn. 7.
[75] BVerwG Urt. v. 27.1.1998 – 1 C 28.96, EZAR 023 Nr. 12; zum früheren Recht VGH BW Beschl. v. 21.3.1995 – 1 S 3605/94, InfAuslR 1995, 315 betr. deutsches Kind.
[76] AA HmbOVG Beschl. v. 14.2.1992 – Bs VII 127/91, EZAR 020 Nr. 2.
[77] OVG Bln-Bbg Beschl. v. 9.4.2015 – OVG 11 M 39.14 Rn. 4.
[78] NdsOVG Beschl. v. 7.4.2011 – 11 ME 72/11, InfAuslR 2011, 249 Rn. 5.
[79] Vgl. BVerwG Urt. v. 16.11.2010 – 1 C 20.09, BVerwGE 138, 135 (141).

Nachzug der Eltern und sonstiger Familienangehöriger § 36 AufenthG 1

Die Frage, ob bei der Sicherung des Lebensunterhalts auf den Bedarf und die Mittel des Nachzugs- 57
willigen oder der beabsichtigten häuslichen Gemeinschaft abzustellen ist, beurteilt sich im Grundsatz
nach den Bestimmungen des Sozialrechts[80]. Bei erwerbsfähigen Ausländern, die das Zusammenleben
mit ihren Familienangehörigen in häuslicher Gemeinschaft erstreben, sind deshalb grundsätzlich die
Regeln über die Bedarfsgemeinschaft nach § 9 I und II iVm § 7 III SGB II heranzuziehen; es ist
mithin insoweit auf den Gesamtbedarf der Kernfamilie abzustellen[81].

Für nicht erwerbsfähige Personen richtet sich die sozialrechtliche Berechnung nach den für sie 58
geltenden Bestimmungen. Nach den Vorschriften des SGB XII über die **Grundsicherung im Alter**
und bei Erwerbsminderung kommt es nur auf den Bedarf und das Einkommen und Vermögen des
Ausländers an. Bei Leistungen über die Grundsicherung im Alter und bei Erwerbsminderung wird
gem. § 43 I SGB XII nämlich nur das Einkommen und Vermögen des nicht getrenntlebenden
Ehegatten oder Lebenspartners sowie des Partners einer eheähnlichen oder lebenspartnerschaftsähnlichen Gemeinschaft angerechnet. Nur mit diesen Personen besteht mithin eine Bedarfsgemeinschaft[82].
Die Vorschrift des § 39 S. 1 SGB XII, die die Bedarfsgemeinschaft auf andere Haushaltsangehörige
erweitert, findet gem. § 43 I Hs. 2 SGB XII keine Anwendung.

Das Abstellen auf den eigenen Bedarf des nicht erwerbsfähigen Ausländers in Fällen der vorliegenden 59
Art steht auch mit dem Sinn und Zweck der Erteilungsvoraussetzung der Lebensunterhaltssicherung
im Einklang. Würde der Ausländer nämlich nach einem erfolgten Nachzug einen Antrag auf Grundsicherung im Alter stellen, so könnte dieser nicht im Hinblick auf das Einkommen der übrigen
Haushaltsangehörigen abgelehnt werden. Es drohen mithin Belastungen der öffentlichen Haushalte.
§ 2 III 4, wonach bei der Erteilung einer Aufenthaltserlaubnis zum Familiennachzug Beiträge der Familienangehörigen zum Haushaltseinkommen berücksichtigt werden, ist vor diesem Hintergrund so zu verstehen, dass mit Familienangehörigen nur die zur Bedarfsgemeinschaft gehörenden Familienangehörigen gemeint sind[83].

Für einen Familiennachzug nach § 36 II muss das in § 29 I Nr. 2 statuierte Wohnraumerfordernis 60
erfüllt sein[84]. § 29 I Nr. 2 wird im Anwendungsbereich des § 36 II 1 nicht von Unionsrecht verdrängt[85]. § 29 I Nr. 2 entspricht Art. 7 I lit. a Familienzusammenführungs-RL, wonach der Mitgliedstaat den Nachweis verlangen kann, dass der Zusammenführende über Wohnraum verfügt, der für eine
vergleichbar große Familie in derselben Region als üblich angesehen wird und der die in dem
betreffenden Mitgliedstaat geltenden allgemeinen Sicherheits- und Gesundheitsnormen erfüllt. Zwar
ist hiervon nach Art. 12 I Familienzusammenführungs-RL bei der Familienzusammenführung mit
Flüchtlingen abzusehen, doch allein in Bezug auf die in Art. 4 I Familienzusammenführungs-RL
genannten Familienangehörigen eines Flüchtlings, bei denen es sich einzig um den Ehegatten und die
minderjährigen Kinder des Zusammenführenden handelt, nicht dessen Eltern. Aufgrund des begrenzten Verweises auf Anträge der in Art. 4 I Familienzusammenführungs-RL genannten Angehörigen
kann Art. 12 I Familienzusammenführungs-RL nicht der allgemeine Grundsatz entnommen werden,
dass dann, wenn der Zusammenführende ein Flüchtling ist, dessen Familienangehörigen einschließlich
seiner Eltern ohne Bindung an das Wohnraumerfordernis nachziehen könnten[86].

4. Ermessen

Die Erteilung einer Aufenthaltserlaubnis nach dieser Bestimmung steht im Ermessen der Ausländer- 61
behörde. Die Ermessensausübung ist eröffnet, wenn die allgemeinen Erteilungsvoraussetzungen erfüllt
sind und eine außergewöhnliche Härte festgestellt ist[87]. Im Rahmen des Ermessens sind die widerstreitenden Interessen zu gewichten, die für und gegen eine Aufenthaltserlaubnis wegen einer außergewöhnlichen Härte sprechen. Vor allem ist zu berücksichtigen, ob das Aufenthaltsrecht des sonstigen
Familienangehörigen zur Vermeidung geeignet ist. Hierzu ist zB festzustellen, ob die beabsichtigte
Pflegeleistung von dem Angehörigen zuverlässig und auf eine gewisse Dauer hin erbracht werden kann
oder ob nicht der Einsatz fremden Fachpersonals zweckmäßiger ist.

5. Nachzug zu EU-Bürgern oder ihren drittstaatsangehörigen Familienangehörigen

Der Nachzug von drittstaatsangehörigen Familienangehörigen zu EU-Bürgern, die nicht zu der 62
Gruppe der Familienangehörigen iSd § 1 II Nr. 3 FreizügG zählen, ist mit Wirkung zum 24.11.2020

---

[80] BVerwG Urt. v. 16.11.2010 – 1 C 20.09, BVerwGE 138, 135 (141).
[81] BVerwG Urt. v. 16.11.2010 – 1 C 20.09, BVerwGE 138, 135 (141).
[82] OVG Bln-Bbg Urt. v. 25.1.2012 – OVG 2 B 10.11 Rn. 24.
[83] So OVG Bln-Bbg Urt. v. 25.1.2012 – OVG 2 B 10.11 Rn. 21 ff.
[84] OVG Bln-Bbg Urt. v. 5.12.2018 – OVG 3 B 8.18 Rn. 29 f.
[85] OVG Bln-Bbg Urt. v. 5.12.2018 – OVG 3 B 8.18 Rn. 30.
[86] OVG Bln-Bbg Urt. v. 5.12.2018 – OVG 3 B 8.18 Rn. 30.
[87] NdsOVG Beschl. v. 23.1.2013 – 8 LA 226/12 Rn. 6, Beschl. v. 2.11.2006 – 11 ME 197/06, InfAuslR 2007, 67 (68).

Dienelt

in § 3a FreizügG/EU eingeführt worden. Die neu eingeführte Nachzugsregelung erfasst nahestehende Personen iSd § 1 II Nr. 4 FreizügG/EU. Die speziellen Regelungen gehen nach § 1 II Nr. 1 dem § 36 vor. Wegen der Einzelheiten wird auf die Kommentierung in den §§ 1, 3a FreizügG/EU verwiesen.

6. Verlängerung

63   Bei **Fortbestehen der außergewöhnlichen Härtesituation** kann die Aufenthaltserlaubnis verlängert werden, und zwar unter Berücksichtigung der zwischenzeitlichen Aufenthaltsdauer, aber nur zur Fortführung der familiären Lebensgemeinschaft (§§ 8 I, 27 I). Von Unterhalts- und Wohnraumerfordernis (§§ 5 I Nr. 1, 29 I Nr. 1) können Volljährige befreit werden (§ 30 III), während Minderjährige kraft Gesetzes befreit sind (§ 34 I).

7. Eigenständiges Aufenthaltsrecht

64   Ein eigenständiges Aufenthaltsrecht erwerben Volljährige analog § 31 und Minderjährige analog § 34 II. Für die **Altersgrenze** von 18 Jahren (§ 80 III 1) kommt es auf den Zeitpunkt des Nachzugs an. Das eigenständige Aufenthaltsrecht **entsteht** nicht schon mit Beendigung der Härtesituation, sondern erst bei Aufhebung der familiären Lebensgemeinschaft[88]. Der Fortfall der Härtefallumstände entspricht nicht dem Ende der Familiengemeinschaft und führt zu keiner ähnlichen Interessenlage. Bezugspunkt des § 36 wie des § 31 ist der durch Art. 6 GG geschützte Aufenthaltszweck des familiären Zusammenlebens (§ 27 I). Die entsprechende Anwendung des § 31 setzt daher eine ähnliche Konstellation hinsichtlich des Zusammenlebens voraus wie § 31.

65   Gemäß § 36 II 2 erwirbt der sonstige Familienangehörige ein eigenständiges Aufenthaltsrecht: der Volljährige nach §§ 30 III und 31 – also regelmäßig nach dreijährigem Aufenthalt –, der minderjährige Familienangehörige nach § 34 mit dem Eintritt in die Volljährigkeit. Der Verweis auf § 31 bei Volljährigen kann sich hier nicht auf den Ehepartner beziehen, da als „sonstiger Familienangehöriger" iSv § 36 vor allem die außerhalb der engen Kernfamilie von Eltern und Kindern stehenden Angehörigen wie Onkel, Tanten, Brüder, Schwestern und Großeltern gemeint sind. Da diese mit der Bezugsperson keine Ehe geführt haben können, kann die gebotene entsprechende Anwendung nur bedeuten, dass Volljährige eine dreijährige Lebensgemeinschaft mit der Bezugsperson geführt haben müssen, um ein hiervon losgelöstes eigenes Aufenthaltsrecht zu erlangen[89].

66   Bei dem eigenständigen Aufenthaltsrecht für volljährige und minderjährige Familienangehörige ist Art. 15 Familienzusammenführungs-RL zu beachten. Da die Mitgliedstaaten das Recht haben, die Bedingungen für die Erteilung des eigenständigen Aufenthaltsrechts zu bestimmen, kann vor Erlass entsprechend nationalen Regelungen aus Art. 15 Familienzusammenführungs-RL selbst nicht unmittelbar eine Rechtsposition hergeleitet werden. Über § 36 II 2 hat die Bestimmung aber iR **richtlinienkonformer Auslegung** Ausstrahlungswirkung.

67   Die RL-Bestimmung ist für die Auslegung des § 36 II 2 insoweit von Bedeutung, als Art. 15 III Familienzusammenführungd-RL verbindliche Vorgaben enthält. Im Falle des Todes von Verwandten ersten Grades in gerade aufsteigender Linie oder absteigender Linie kann Personen, die zum Zweck der Familienzusammenführung eingereist sind, ein eigenständiger Aufenthaltstitel erteilt werden. Weiterhin wird durch S. 2 festgelegt, dass die Mitgliedstaaten Bestimmungen erlassen müssen, nach denen die Ausstellung eines eigenen Aufenthaltstitels gewährleistet ist, wenn besonders schwerwiegende Umstände vorliegen.

68   Bei der Auslegung des nationalen Rechts kommt dem **gemeinschaftlich zu konkretisierendem Begriff der „besonders schwierigen Umstände"** besondere Relevanz zu. Besonders schwierige Umstände, die ein eigenständiges Aufenthaltsrecht nach sich ziehen, lagen nach der Begründung des ursprünglichen Kommissionsentwurfs[90] in folgenden Fällen vor: „Damit sollen Frauen geschützt werden, die Opfer von Gewalt in der Familie geworden sind; sie dürfen nicht durch den Entzug ihres Aufenthaltstitels bestraft werden, wenn sie die eheliche Lebensgemeinschaft verlassen möchten. Diese Bestimmung stellt aber auch auf Frauen, Witwen, Geschiedene oder Verstoßene ab, die sich in einer besonders schwierigen Lage befinden würden, wenn sie gezwungen wären, in ihre Herkunftsländer zurückzukehren."

69   Diese Begründung bestimmt das unbestimmte Merkmal besonders schwerwiegender Umstände in ähnlicher Weise wie die Regelung des § 31 II 2, der daher als Maßstab auch zur Konkretisierung der Härte für volljährige und minderjährige Familienangehörige herangezogen werden kann.

---

[88] AA HessVGH Beschl. v. 26.1.1994 – 13 TH 1373/93, InfAuslR 1994, 225.
[89] VG Darmstadt Beschl. v. 4.4.2014 – 5 L 1905/13.DA, InfAuslR 2014, 438 Rn. 36.
[90] KOM(1999) 638 endg.

§ 36a Familiennachzug zu subsidiär Schutzberechtigten

(1) ¹Dem Ehegatten oder dem minderjährigen ledigen Kind eines Ausländers, der eine Aufenthaltserlaubnis nach § 25 Absatz 2 Satz 1 zweite Alternative besitzt, kann aus humanitären Gründen eine Aufenthaltserlaubnis erteilt werden. ²Gleiches gilt für die Eltern eines minderjährigen Ausländers, der eine Aufenthaltserlaubnis nach § 25 Absatz 2 Satz 1 zweite Alternative besitzt, wenn sich kein personensorgeberechtigter Elternteil im Bundesgebiet aufhält; § 5 Absatz 1 Nummer 1 und § 29 Absatz 1 Nummer 2 finden keine Anwendung. ³Ein Anspruch auf Familiennachzug besteht für den genannten Personenkreis nicht. ⁴Die §§ 22, 23 bleiben unberührt.

(2) ¹Humanitäre Gründe im Sinne dieser Vorschrift liegen insbesondere vor, wenn
1. die Herstellung der familiären Lebensgemeinschaft seit langer Zeit nicht möglich ist,
2. ein minderjähriges lediges Kind betroffen ist,
3. Leib, Leben oder Freiheit des Ehegatten, des minderjährigen ledigen Kindes oder der Eltern eines minderjährigen Ausländers im Aufenthaltsstaat ernsthaft gefährdet sind oder
4. der Ausländer, der Ehegatte oder das minderjährige ledige Kind oder ein Elternteil eines minderjährigen Ausländers schwerwiegend erkrankt oder pflegebedürftig im Sinne schwerer Beeinträchtigungen der Selbstständigkeit oder der Fähigkeiten ist oder eine schwere Behinderung hat. Die Erkrankung, die Pflegebedürftigkeit oder die Behinderung sind durch eine qualifizierte Bescheinigung glaubhaft zu machen, es sei denn, beim Familienangehörigen im Ausland liegen anderweitige Anhaltspunkte für das Vorliegen der Erkrankung, der Pflegebedürftigkeit oder der Behinderung vor.

²Monatlich können 1 000 nationale Visa für eine Aufenthaltserlaubnis nach Absatz 1 Satz 1 und 2 erteilt werden. Das Kindeswohl ist besonders zu berücksichtigen. ³Bei Vorliegen von humanitären Gründen sind Integrationsaspekte besonders zu berücksichtigen.

(3) Die Erteilung einer Aufenthaltserlaubnis nach Absatz 1 Satz 1 oder Satz 2 ist in der Regel ausgeschlossen, wenn
1. im Fall einer Aufenthaltserlaubnis nach Absatz 1 Satz 1 erste Alternative die Ehe nicht bereits vor der Flucht geschlossen wurde,
2. der Ausländer, zu dem der Familiennachzug stattfinden soll,
    a) wegen einer oder mehrerer vorsätzlicher Straftaten rechtskräftig zu einer Freiheitsstrafe von mindestens einem Jahr verurteilt worden ist,
    b) wegen einer oder mehrerer vorsätzlicher Straftaten gegen das Leben, die körperliche Unversehrtheit, die sexuelle Selbstbestimmung, das Eigentum oder wegen Widerstands gegen Vollstreckungsbeamte rechtskräftig zu einer Freiheits- oder Jugendstrafe verurteilt worden ist, sofern die Straftat mit Gewalt, unter Anwendung von Drohung mit Gefahr für Leib oder Leben oder mit List begangen worden ist oder eine Straftat nach § 177 des Strafgesetzbuches ist; bei serienmäßiger Begehung von Straftaten gegen das Eigentum gilt dies auch, wenn der Täter keine Gewalt, Drohung oder List angewendet hat,
    c) wegen einer oder mehrerer vorsätzlicher Straftaten rechtskräftig zu einer Jugendstrafe von mindestens einem Jahr verurteilt und die Vollstreckung der Strafe nicht zur Bewährung ausgesetzt worden ist, oder
    d) wegen einer oder mehrerer vorsätzlicher Straftaten nach § 29 Absatz 1 Satz 1 Nummer 1 des Betäubungsmittelgesetzes rechtskräftig verurteilt worden ist,
3. hinsichtlich des Ausländers, zu dem der Familiennachzug stattfinden soll, die Verlängerung der Aufenthaltserlaubnis und die Erteilung eines anderen Aufenthaltstitels nicht zu erwarten ist, oder
4. der Ausländer, zu dem der Familiennachzug stattfinden soll, eine Grenzübertrittsbescheinigung beantragt hat.

(4) § 30 Absatz 1 Satz 1 Nummer 1, Absatz 2 Satz 1 und Absatz 4 sowie § 32 Absatz 3 gelten entsprechend.

(5) § 27 Absatz 3 Satz 2 und § 29 Absatz 2 Satz 2 Nummer 1 finden keine Anwendung.

Allgemeine Verwaltungsvorschrift
Nicht belegt.

Übersicht

	Rn.
I. Entstehungsgeschichte	1
II. Nachzugsberechtigte Familienangehörige	4
III. Allgemeine Erteilungsvoraussetzungen	8
IV. Kein Rechtsanspruch auf Familiennachzug	11
1. Grundsatz	11

	Rn.
2. Art. 8 EMRK	16
3. Art. 6 GG	26
4. Familienzusammenführungs-Richtlinie	34
V. Vorliegen humanitärer Gründe	39
1. Allgemeines	39
2. Trennungsdauer	47
3. Minderjähriges lediges Kind	53
4. Gefährdungen im Aufenthaltsstaat	67
5. Erkrankung, Pflegebedürftigkeit oder Behinderung	72
VI. Regelausschlussgründe	79
VII. Sonstige Erteilungsvoraussetzungen	91
VIII. Ermessensausübung	94

I. Entstehungsgeschichte

1   Mit der Neuregelung des Nachzugs zu minderjährigen ledigen Kindern mit subsidiärem Schutzstatus durch das Familiennachzugsneuregelungsgesetz[1] wird die Suspendierung des Nachzugsrechts teilweise wieder zurückgenommen. Der Gesetzgeber hatte erst mit dem Gesetz zur Neubestimmung des Bleiberechts und der Aufenthaltsbeendigung vom 27.7.2015[2] den Familiennachzug zu subsidiär Schutzberechtigten mit dem Nachzug zu GFK-Flüchtlingen gleichgestellt. Tragender Grund dieser Gleichstellung war der Umstand, dass auch bei subsidiär Schutzberechtigten und ihren Angehörigen „eine Herstellung der Familieneinheit im Herkunftsstaat nicht möglich ist"[3].

2   Durch das am 17.3.2016 in Kraft getretene Gesetz zur Einführung beschleunigter Asylverfahren („Asylpaket II")[4] wurde der Familiennachzug für Familienangehörige von Ausländern im Bundesgebiet, die gemäß § 25 II 1 Alt. 2 subsidiären Schutz nach § 4 I AsylG genießen, ausgesetzt (§ 104 XIII). Die Aussetzung des Familiennachzugs, die am 14.7.2016 endete, wurde nochmals durch Gesetz zur Verlängerung der Aussetzung des Familiennachzugs zu subsidiär Schutzberechtigten[5] vom 16.3.2018 bis zum 1.8.2018 verlängert, um ausreichend Zeit für die gesetzliche Regelung gem. § 36a zu erhalten. Damit kehrte der Gesetzgeber nach Ablauf der zweijährige Wartezeit – entgegen der ursprünglichen Absicht[6] – nicht zur der bis zum 17.3.2016 geltenden großzügigen Nachzugsregelung zurück.

3   Mit dem zum 1.8.2018 in Kraft getretenen Familiennachzugsneuregelungsgesetz wurde § 36a eingeführt, um den Kapazitäten von Aufnahme- und Integrationssystemen bei einer gleichzeitigen angemessenen Berücksichtigung der ehelichen und familiären Bindungen Rechnung zu tragen[7]. Der Gesetzgeber geht davon aus, dass die verfassungsrechtlich geschützten Rechtsgüter von Ehe und Familie auf der einen Seite und die Integrations- und Aufnahmefähigkeit des Staates und der Gesellschaft sowie das daraus folgende legitime Interesse an einem gesteuerten und geordneten Zuzug von Ausländern auf der anderen Seite iRd Entscheidung über den Familiennachzug zu berücksichtigen sind. Der Aufnahmefähigkeit wird dadurch Rechnung getragen, dass der Nachzug nach § 36a II 2 monatlich auf 1.000 Familienangehörige von subsidiär Schutzberechtigten beschränkt wird.

II. Nachzugsberechtigte Familienangehörige

4   Nachzugsberechtigt sind **Ehegatten**. Nach § 36a IV iVm § 30 IV wird, wenn ein Ausländer gleichzeitig mit mehreren Ehegatten verheiratet ist und er gemeinsam mit einem Ehegatten im Bundesgebiet lebt, keinem weiteren Ehegatten eine Aufenthaltserlaubnis bzw. ein Visum erteilt. An der Vereinbarkeit dieser Norm mit dem verfassungs-, konventions- und unionsrechtlichen Schutz von Ehe und Familie bestehen keine Zweifel, da in Sonderfällen ein Anspruch aus § 36 II möglich ist[8]. Im Übrigen ist der Nachzugsausschluss für den Nachzug zu anerkannten Flüchtlingen im Fall der Mehrehe ausdrücklich unionsrechtlich vorgegeben, so lautet Art. 4 IV Familienzusammenführungs-RL: „Lebt im Falle einer Mehrehe bereits ein Ehegatte gemeinsam mit dem Zusammenführenden im Hoheitsgebiet eines Mitgliedstaats, so gestattet der betreffende Mitgliedstaat nicht die Familienzusammenführung eines weiteren Ehegatten."

5   Weiterhin erfasst die Norm die **minderjährigen ledigen Ausländer**. Die Bestimmung der **Minderjährigkeit** richtet sich nach deutschem Recht, § 80 III 1[9]. Ein Ausländer ist minderjährig, solange

---

[1] Gesetz zur Neuregelung des Familiennachzugs zu subsidiär Schutzberechtigten (Familiennachzugsneuregelungsgesetz) v. 12.7.2018 (BGBl. I S. 1147) gültig ab 1.8.2018.
[2] BGBl. 2015 I S. 1386.
[3] BT-Drs. 18/4097, 46.
[4] Gesetz zur Einführung beschleunigter Asylverfahren v. 11.3.2016 (BGBl. I S. 390), gültig bis 14.7.2016.
[5] BGBl. 2018 I S. 242.
[6] BT-Drs. 18/7538, 12 und 20; s. auch *Bartolucci/Pelzer* ZAR 2018, 133 (134).
[7] BT-Drs. 175/18, 15.
[8] So VG Berlin Urt. v. 5.3.3030 – 38 K 2.19 V Rn. 29.
[9] BT-Drs. 175/18, 16.

er das 18. Lebensjahr nicht vollendet hat. Diese Auslegung entspricht auch Art. 1 der Kinderschutzkonvention, die bei der Auslegung des Kindeswohls heranzuziehen ist. § 36a kann nicht auf Kinder angewendet werden, die bereits vor Inkrafttreten dieser Regelung am 1.8.2018 volljährig geworden sind[10]. Für alle anderen Fälle ist für die Einhaltung der Altersgrenze ausnahmsweise auf den **Zeitpunkt der Antragstellung** abzustellen[11]. Wenn die Altersgrenze im Laufe des Verfahrens überschritten wird, folgt daraus, dass die übrigen Anspruchsvoraussetzungen spätestens auch im Zeitpunkt des Erreichens der Altersgrenze vorgelegen haben müssen[12]. Für diese Auslegung spricht zum einen, dass die Formulierungen „dem minderjährigen ledigen Kind eines Ausländers" in § 32 I und in § 36a I 1 Alt. 2 identisch sind. Zum anderen und vor allem gilt die Möglichkeit der Verfestigung des Aufenthaltsrechts nach § 34 II und III sowie § 35 nach dem Wortlaut der Vorschrift gleichermaßen für nach § 32 wie für nach § 36a I 1 Alt. 2 nachziehende Kinder[13].

Außerdem werden die Eltern minderjähriger Ausländer erfasst, wenn sich kein personensorgeberechtigter Elternteil im Bundesgebiet aufhält. Familienangehörige der Seitenlinien (zB Bruder, Schwester, Onkel und Tanten) sind von Nachzug nach § 36a ebenso ausgeschlossen wie die Eltern volljähriger oder verheirateter Ausländer. **6**

Der Kindernachzug zu Asylberechtigten und Flüchtlingen iSd GFK wird von § 32 I Nr. 2 erfasst. Der Ehegattennachzug wird für diese Gruppe durch § 30 I 1 Nr. 3c ermöglicht. Durch die Regelungen in den §§ 32 I Nr. 4, 32 IV 3 wird klargestellt, dass für den Nachzug minderjähriger lediger Kinder von Ausländern, die eine Aufenthaltserlaubnis nach § 25 II 1 Alt. 2 besitzen, ausschließlich § 36a anzuwenden ist. Ist der Elternteil hingegen im Besitz einer Aufenthaltserlaubnis nach § 36a, weil er im Rahmen des Familiennachzugs zu einem im Bundesgebiet minderjährigen ledigen Kind nach § 36a I 2 erfolgt ist, so findet der Nachzug weiterer Kinder (Geschwisternachzug) nach § 32 I Nr. 3 statt. **7**

III. Allgemeine Erteilungsvoraussetzungen

Die allgemein für den Familiennachzug geltenden Vorschriften (§§ 27, 29, 31, 33, 34, 35 und 36 II) finden auf den neuen § 36a Anwendung, sofern sie nicht ausdrücklich ausgenommen wurden (s. § 36a I 2, V). **8**

Die Nichtanwendbarkeit von § 5 I Nr. 1 und § 29 I Nr. 2 beim Nachzug der Eltern zu einem minderjährigen subsidiär Schutzberechtigten entspricht der Regelung in § 36 I, nach der für den Elternnachzug weder der Lebensunterhalt zu sichern ist noch ausreichend Wohnraum zur Verfügung stehen muss. **9**

Für den Ehegatten- und Kindernachzug nach § 36a I 1 bedarf es keiner entsprechenden Regelung, da sich die Unanwendbarkeit von § 5 I Nr. 1 und § 29 I Nr. 2 unmittelbar aus § 29 II ergibt. Es besteht jedoch insoweit ein Unterschied zwischen beiden Nachzugsregelungen, als beim Ehegatten- und Kindernachzug zu subsidiär Schutzberechtigten die zwingende Unanwendbarkeit der Lebensunterhaltsdeckungs- und Wohnraumvoraussetzungen an weitere Vorgaben gebunden ist (vgl. § 29 II 2). **10**

IV. Kein Rechtsanspruch auf Familiennachzug

1. Grundsatz

§ 36a I 3 legt fest, dass für Familienangehörige subsidiär Schutzberechtigter „kein Anspruch auf Familiennachzug besteht". **§ 36a I vermittelt dem Ausländer allein einen Anspruch auf eine ermessensfehlerfreie Auswahlentscheidung**[14]. § 36a I 3 steht der Annahme nicht nur eines individuellen Rechtsanspruchs auf Familiennachzug nach dieser Norm entgegen, sondern soll auch ein „intendiertes Ermessen" oder eine Ermessensreduzierung auf null ausschließen[15]. **11**

§ 36a I 3 schließt zwar einen direkten Anspruch auf Verpflichtung der Beklagten zur Erteilung eines Aufenthaltstitels zum Zwecke des Familiennachzugs aus, schon aus Gründen effektiven Rechtsschutzes in Bezug auf grundrechtlich fundierte Rechtspositionen indes nicht einen **Anspruch auf eine ermessensfehlerfreie Auswahlentscheidung** nach § 36a II[16]. Das BVerwG geht insofern davon aus, dass die Norm subjektive Rechte begründet. Die Formulierung der Norm – wie bei § 23a I 4 („Die Befugnis zur Aufenthaltsgewährung steht ausschließlich im öffentlichen Interesse und begründet keine eigenen Rechte des Ausländers") – hätte auch eine Auslegung dahin gehend eröffnet, dass die Norm keine subjektiven Rechte begründet.[17] **12**

---

[10] OVG Bln-Bbg Urt. v. 23.11.2020 – OVG 6 B 6.19 Rn. 17.
[11] AA OVG Bln-Bbg Urt. v. 22.9.2020 – OVG 3 B 38.19 Rn. 14 ff.
[12] VG Berlin Beschl v. 18.12.2019 – VG 38 L 474.19 V Rn. 19; Urt. v. 6.11.2020 – 38 K 439/20 V.
[13] VG Berlin Beschl v. 18.12.2019 – VG 38 L 474.19 V Rn. 31.
[14] BVerwG Urt. v. 17.12.2020 – 1 C 20.19 Rn. 48.
[15] BVerwG Urt. v. 17.12.2020 – 1 C 20.19 Rn. 48.
[16] BVerwG Urt. v. 17.12.2020 – 1 C 20.19 Rn. 42.
[17] So *Thym*, Ausschuss-Drs. 19(4)57 H, S. 17 f.

13 Daher kann es bei Erfüllung der Voraussetzungen des § 36a I 1 in besonderen Härtefällen, in denen die Verweigerung des Nachzugs grundrechtswidrig wäre, mit Blick auf die in § 36a II 2 vorgesehene Beschränkung der Erteilung von monatlich höchstens 1.000 Visa im Einzelfall geboten sein, für den Fall einer Nichtberücksichtigung bei der Auswahlentscheidung nach § 36a II 2 zugleich eine Verpflichtung zur Erteilung eines Visums gemäß § 6 III 1 zum Zwecke der Aufnahme aus dem Ausland nach § 22 S. 1 auszusprechen[18].

14 Eine solche Begrenzung des Gerichtszugangs wäre mit den Grundrechten vereinbar, da das grund- und völkerrechtlich geschützte Interesse an einem Familiennachzug über die in den §§ 22, 23 verankerten Härtefallklauseln abgedeckt ist. Insbesondere aus dringenden humanitären Gründen kann nach § 36a I 4 im Einzelfall auch Angehörigen subsidiär Schutzberechtigter eine Aufenthaltserlaubnis nach § 22 S. 1 erteilt werden. Dies ist anzunehmen, wenn die Aufnahme des Familienangehörigen sich aufgrund des Gebots der Menschlichkeit aufdrängt und eine Situation vorliegt, die ein Eingreifen zwingend erforderlich macht: Dies gilt zB beim Bestehen einer erheblichen und unausweichlichen Gefahr für Leib und Leben des Familienangehörigen im Ausland[19]. Die dringenden humanitären Gründe iSd § 22 können sowohl beim bereits im Bundesgebiet befindlichen subsidiär Schutzberechtigten als auch beim im Ausland befindlichen Familienangehörigen vorliegen. Subjektive Rechte könnten hiernach iRd § 22 I 1 entstehen, nicht jedoch nach § 36a. Weiterhin bleibt die Möglichkeit einer Aufenthaltsgewährung aufgrund von Programmen des Bundes oder der Länder gem. § 23 bestehen.

15 Die Regelung des § 36a I 3 geht zutreffend davon aus, dass Verfassungs- und Völkerrecht keinen individuellen Anspruch auf Familiennachzug vorsehen und dass dem Gesetzgeber ein weiter Gestaltungsspielraum bei der Regelung des Familiennachzugs zu Personen, denen subsidiärer Schutz zuerkannt worden ist, zukommt. Denn der Schutz des „Familienlebens" beinhaltet keinen individuellen Anspruch, eine „Familienzusammenführung" in einem bestimmten Land zu ermöglichen[20].

2. Art. 8 EMRK

16 Die Regelung ist mit Art. 8 EMRK vereinbar[21]. Der EGMR erkennt an, dass es Aufgabe der Mitgliedstaaten ist, die Einreise und den Aufenthalt von Ausländern zu kontrollieren und zu regeln. Er hat wiederholt entschieden, dass Art. 8 EMRK nicht so ausgelegt werden kann, dass sich aus Art. 8 EMRK im Bereich der Einwanderung eine generelle Verpflichtung eines Staates ergibt, die Wahl des ehelichen Wohnsitzes eines verheirateten Paares zu respektieren oder eine Familienzusammenführung auf seinem Gebiet zu gestatten[22]. Aus der EMRK kann daher kein Recht abgeleitet werden, sein Familienleben in einem Staat nach freier Wahl herzustellen[23].

17 Die Verpflichtungen eines Staates, Angehörige auf seinem Gebiet aufzunehmen, setzt eine umfassende Einzelfallentscheidung voraus, bei der folgende Faktoren zu berücksichtigen sind[24]:
– das Ausmaß, in dem Familienleben tatsächlich unterbrochen würde,
– das Ausmaß der Bindungen im Konventionsstaat,
– das Bestehen unüberwindbarer Hindernisse für ein Leben der Familie im Herkunftsland des betroffenen Fremden und
– ob Faktoren der Einwanderungskontrolle (bspw. vorangegangene Verstöße gegen Einwanderungsgesetze) oder Überlegungen der öffentlichen Ordnung für den Ausschluss sprechen.

18 Eine weitere wichtige Überlegung ist, ob der Grund für den Familiennachzug (Eheschließung, Geburt eines Kindes) in einem Zeitpunkt entstanden ist, zu dem den beteiligten Personen bekannt war, dass das Fortbestehen des Familienlebens in Deutschland wegen des Aufenthaltsstatus des im Bundesgebiet lebenden Familienangehörigen von Beginn an unsicher war[25]. Besondere Berücksichtigung findet nach der Rspr. des EGMR das Kindeswohl[26].

19 Der EGMR hat bislang nur ausnahmsweise ein Recht auf Einreise für einzelne Familienangehörige angenommen, um das Zusammenleben der Familie gerade im betroffenen Mitgliedstaat zu ermöglichen[27]. In der Rechtssache Jeunesse gegen die Niederlande folgerte der EGMR aus Art. 8 EMRK einen Anspruch auf Familiennachzug aufgrund außergewöhnlicher Faktoren. So hielt sich die Klägerin, die ursprünglich einmal die niederländische Staatsangehörigkeit besaß, über einen Zeitraum von 16 Jahren in den Niederlanden auf und bekam dort mit einem niederländischen Staatsangehörigen drei Kinder, die gleichfalls die niederländische Staatsangehörigkeit besaßen. Die Klägerin kümmerte sich

---

[18] BVerwG Urt. v. 17.12.2020 – 1 C 20.19 Rn. 48.
[19] BT-Drs. 175/18, 16.
[20] *Thym* NVwZ 2018, 1340 (1341).
[21] BVerwG Urt. v. 17.12.2020 – 1 C 30.19 Rn. 18.
[22] EGMR Urt. v. 3.10.2014 – 12738/10 Rn. 107 – Jeunesse/Niederlande.
[23] EGMR Urt. v. 28.5.1985 – 9214/80 ua – Abdulaziz ua/UK; Urt. v. 19.2.1996 – 23218/94 – Gül/Schweiz.
[24] EGMR Urt. v. 3.10.2014 – 12738/10 Rn. 107 – Jeunesse/Niederlande.
[25] EGMR Urt. v. 3.10.2014 – 12738/10 Rn. 108 – Jeunesse/Niederlande.
[26] EGMR Urt. v. 3.10.2014 – 12738/10 Rn. 108 – Jeunesse/Niederlande.
[27] EGMR Urt. v. 3.10.2014 – 12738/10 – Jeunesse/Niederlande; Urt. v. 21.12.2001 – 31465/96, InfAuslR 2002, 334 – Sen/Niederlande.

um die Kinder, während der Ehemann und Vater im Schichtbetrieb arbeiten ging. Aber auch in Anbetracht dieser außergewöhnlichen Umstände forderte der EGMR im Hinblick auf den Ermessensspielraum in Einwanderungsangelegenheiten eine umfassende Abwägung der persönlichen Interessen der Klägerin mit dem öffentlichen Interesse der niederländischen Regierung an einer Einwanderungskontrolle[28].

In der Rechtssache Sen[29] gegen die Niederlande bejahte der EGMR eine Verletzung des Art. 8 EMRK im Hinblick auf den Nachzug eines Kindes, das bei einer Tante in der Türkei lebte. Die beiden in den Niederlanden rechtmäßig lebenden türkischen Eltern hatten zwei weitere Kinder, die in den Niederlanden geboren und aufgewachsen sind. Der Gerichtshof betonte auch in dieser Rechtssache, dass aus Art. 8 EMRK kein Recht auf die Wahl des Aufenthaltsorts zur Ermöglichung des Familienlebens folgt. Aufgrund des Umstands, dass die beiden Geschwister der Klägerin in den Niederlanden aufgewachsen waren, dort die Schule besuchten und keine Bindungen in die Türkei hatten, sah der Gerichtshof allein die Begründung der Familieneinheit in den Niederlanden als verhältnismäßig an. 20

Dass eine Familie auch dauerhaft getrennt werden kann, hat der EGMR in der Rechtssache Gül gegen die Schweiz entschieden[30]. Das Ehepaar Gül, das in der Türkei zwei Söhne zurückgelassen hatte, bekam aufgrund der Erkrankung der Mutter und des langen Aufenthalts des Vaters sowie des Umstandes, dass ein weiteres Kind in der Schweiz geboren worden war, einen humanitären Aufenthaltstitel. Der Nachzug der beiden in der Türkei verbliebenen Kinder wurde von den Schweizer Behörden abgelehnt. In der Entscheidung des Gerichtshofs ging es um die Frage, ob der jüngere Sohn, der bei Stellung des Nachzugsantrags sechs Jahre alt war, einen Anspruch auf Familiennachzug hat. Auch in dieser Entscheidung betont der Gerichtshof zunächst das Recht der Staaten auf Einwanderungskontrolle[31]. Aus Art. 8 EMRK könne keine Verpflichtung eines Staates abgeleitet werden, die Entscheidung von Ausländern über den Ort des Familienlebens akzeptieren zu müssen. 21

Der EGMR verwies die Eltern auf eine Rückkehr in die Türkei, sofern sie die Familieneinheit mit ihrem dort lebenden minderjährigen Sohn herstellen wollten[32]. In seine Abwägung stellt der EGMR folgende Gesichtspunkte ein: 22

– der minderjährige Sohn sei in der Türkei aufgewachsen,
– der Krankheitszustand der Mutter habe sich gebessert,
– die in der Schweiz geborene Tochter sei in einer Pflegestelle untergebracht worden und
– der Status der Eltern in der Schweiz beruhe nur auf einem humanitären Aufenthaltsrecht.

Besteht zwar kein Anspruch auf Familiennachzug aus Art. 8 EMRK, so muss das nationale Recht aber eine Güterabwägung ermöglichen, die in Einzelfällen den Familiennachzug zulässt. Die erforderliche menschenrechtliche Abwägungsentscheidung orientiert sich zwar an abstrakten Kriterien, deren Gewichtung aber immer einzelfallbezogen erfolgt, sodass eine Prognose über den Ausgang der Abwägungsentscheidung kaum möglich ist[33]. 23

Besonderheiten bestehen bei der erforderlichen Abwägungsentscheidung aber insoweit, als aufgrund des Asylverfahrens feststeht, dass der subsidiär Schutzberechtigte nicht in sein Heimatland zurückkehren kann, um dort ein gemeinsames Familienleben mit seinen Eltern herstellen zu können. Der sog. **elsewhere approach des EGMR** greift in den Konstellationen des § 36a in der Regel nicht ein, sofern die Eltern nicht bereits in einem anderen Staat Schutz gefunden haben. Eine Prüfung der Rückkehrmöglichkeit wird wegen des Status daher ebenso wenig zu prüfen sein, wie die Frage, ob die Familieneinheit freiwillig aufgegeben wurde, wenn die Familientrennung den Umständen der Flucht geschuldet ist[34]. 24

Ein gänzlicher Ausschluss des Familiennachzugs wäre mit der EMRK unvereinbar. Die Einschätzungen, die zur Einschränkung des Familiennachzugs zu subsidiär Schutzberechtigten geführt haben, müssen vor dem Hintergrund von Art. 8 EMRK periodisch überprüft werden. Dies betrifft auch die in § 36a II 2 vorgesehene zahlenmäßige Begrenzung auf 1.000 nationale Visa im Monat. 25

3. Art. 6 GG

Nichts anderes gilt für das BVerfG, wenn es in einer Grundsatzentscheidung aus dem Jahr 1987 zwar heißt, dass dem „besonderen Schutz", der Ehe und Familie nach Art. 6 I GG zukommt, kein individuelles Nachzugsrecht zu entnehmen sei, aber ein vollständiger Ausschluss des Nachzugs keine alternative Maßnahme sei[35]. Das BVerfG hat die Frage der Vereinbarkeit mit Art. 6 GG bisher offengelassen und in mehreren Kammerentscheidungen die Eilanträge allesamt zurückgewiesen, weil 26

---

[28] EGMR Urt. v. 3.10.2014 – 12738/10 Rn. 121 – Jeunesse/Niederlande.
[29] EGMR Urt. v. 21.12.2001 – 31465/96, InfAuslR 2002, 334 – Sen/Niederlande.
[30] EGMR Urt. v. 19.2.1996 – 23218/94, InfAuslR 1996, 245 – Gül/Schweiz.
[31] EGMR Urt. v. 19.2.1996 – 23218/94, InfAuslR 1996, 245 Rn. 38 – Gül/Schweiz.
[32] EGMR Urt. v. 19.2.1996 – 23218/94, InfAuslR 1996, 245 Rn. 41 – Gül/Schweiz.
[33] So auch *Thym* NVwZ 2018, 1340 (1342).
[34] S. auch *Bartolucci/Peltzer* ZAR 2018, 133 (136).
[35] BVerfG Urt. v. 12.5.1987 – 2 BvR 1226/83 ua, NJW 1988, 626 Rn. 131.

nicht feststehe, dass der ausgesetzte Familiennachzug bei subsidiärem Schutz gegen das GG verstoße[36].

27 Gem. Art. 6 I GG stehen Ehe und Familie unter dem besonderen Schutz der staatlichen Ordnung. Weder Art. 6 I GG noch Art. 6 II 1 GG begründen einen unbedingten, unmittelbaren grundrechtlichen Anspruch ausländischer Ehegatten oder Familienangehöriger auf Nachzug zu ihren berechtigt in der Bundesrepublik Deutschland lebenden ausländischen Ehegatten oder Familienangehörigen[37].

28 Das Grundgesetz überantwortet es vielmehr weitgehend der gesetzgebenden und der vollziehenden Gewalt festzulegen, in welcher Anzahl und unter welchen Voraussetzungen Ausländern der Zugang zum Bundesgebiet ermöglicht wird[38].

29 Allerdings begründet Art. 6 GG in seiner Funktion als „wertentscheidende Grundsatznorm" die Pflicht des Staates, Ehe und Familie zu schützen. Dieser Pflicht entspricht ein Anspruch des Trägers der Grundrechte aus Art. 6 I GG darauf, dass die zuständigen Behörden und Gerichte bei der Entscheidung über ein Aufenthaltsbegehren die bestehenden ehelichen und familiären Bindungen an im Bundesgebiet lebende Personen in einer Weise berücksichtigen, die der großen Bedeutung entspricht, welche das Grundgesetz dem Schutz von Ehe und Familie beimisst[39].

30 Der Betroffene braucht es nicht hinzunehmen, unter unverhältnismäßiger Vernachlässigung dieser Gesichtspunkte daran gehindert zu werden, bei seinen im Bundesgebiet lebenden nahen Angehörigen ständigen Aufenthalt zu nehmen[40].

31 Der personale Bezug, den Ehe und Familie als betroffene Grundrechtsgüter aufweisen, sowie der hohe Rang, der ihnen im Gefüge des Grundgesetzes zukommt, treffen auf einen dem Gesetzgeber auf dem Gebiet des Ausländerrechts zukommenden weiten Gestaltungsspielraum und Einschätzungsvorrang der politischen Organe hinsichtlich künftiger Verhältnisse und Entwicklungen. Diese widerstreitenden öffentlichen und privaten Interessen sind von dem Gesetzgeber mit dem Ziel eines schonenden Ausgleichs gegeneinander abzuwägen. Die betreffenden einfachrechtlichen Normen müssen insbesondere dem Grundsatz der Verhältnismäßigkeit entsprechen. Demgemäß muss die Vorenthaltung des Familiennachzugs zur Erreichung des hiermit verfolgten legitimen Zwecks geeignet und erforderlich sein und in einem vernünftigen Verhältnis zu den der Allgemeinheit erwachsenden Vorteilen stehen[41].

32 Das BVerfG hat bisher nur wenige Entscheidungen zum Familiennachzug getroffen, die zum einen Wartezeiten, zum anderen Integrationsanforderungen betreffen. **Im Hinblick auf Art. 6 I GG als wertentscheidender Grundsatznorm hat das BVerfG eine Ehebestandszeit von drei Jahren für den Nachzug des Ehepartners zu einem seit mehr als acht Jahren rechtmäßig in Deutschland lebenden Ausländer als unverhältnismäßig eingestuft**[42]. In weiteren Entscheidungen wurden **Wartezeiten** von bis zu zwei Jahren für verhältnismäßig angesehen[43]. Es gibt aber bislang keine etablierte Rspr., die sich zur Festsetzung von Kontingenten bei der Erteilung von Familiennachzugsgenehmigungen äußert.

33 § 36a III Nr. 1 begegnet im Lichte des Art. 6 I GG und des Art. 8 EMRK keinen durchgreifenden Bedenken, zumal dem Grundrechtsschutz von Ehe und Familie erforderlichenfalls durch die Annahme eines Ausnahmefalles Rechnung getragen werden kann. Der Gesetzgeber ist grundsätzlich berechtigt, den Ehegattennachzug für subsidiär Schutzberechtigte zur Verhinderung einer Überforderung der Aufnahme und Integrationssysteme von Staat und Gesellschaft auf Ehen zu beschränken, die „vor der Flucht" geschlossen wurden. Ausnahmsweise muss der Ehegattennachzug zu subsidiär Schutzberechtigten gewährt werden. Dies ist etwa dann der Fall, wenn eine Herstellung der Familieneinheit ausschließlich im Aufnahmestaat möglich ist und die Trennung bereits seit vier Jahren besteht. Ist keine Ausnahme gegeben, so beeinträchtigen Wartezeiten von fünf Jahren bis zu einem Nachzug in das Bundesgebiet grundsätzlich nicht das verfassungsrechtlich hinzunehmende Höchstmaß. Denn sowohl die Möglichkeit der Annahme einer Ausnahme von dem Regelausschlussgrund als auch die in § 36a I 4 vorbehaltene Anwendung der §§ 22 und 23 stellen bei einer grundrechtskonformen Auslegung sicher, dass von der Typisierungsbefugnis oder der Einschätzungsprärogative nicht mehr gedeckten und in diesem Sinne atypischen Umständen des Einzelfalles, aber auch den Anforderungen aus Art. 6 GG, Art. 8 EMRK und Art. 7 GRC angemessen Rechnung getragen werden kann[44].

---

[36] BVerfG Beschl. v. 11.10.2017 – 2 BvR 1758/17 Rn. 12; Beschl. v. 1.2.2018 – 2 BvR 1459/17 Rn. 14; Beschl. v. 20.3.2018 – 2 BvR 1266/17 Rn. 15.
[37] BVerwG Urt. v. 17.12.2020 – 1 C 30.19 Rn. 17 mwN.
[38] BVerwG Urt. v. 17.12.2020 – 1 C 30.19 Rn. 17 mwN.
[39] BVerwG Urt. v. 17.12.2020 – 1 C 30.19 Rn. 17 mwN.
[40] BVerwG Urt. v. 17.12.2020 – 1 C 30.19 Rn. 17 mwN.
[41] BVerwG Urt. v. 17.12.2020 – 1 C 30.19 Rn. 17 mwN.
[42] BVerfG Urt. v. 12.5.1987 – 2 BvR 1226/83 ua, NJW 1988, 626.
[43] BVerfG Beschl. v. 25.3.2011 – 2 BvR 1413/10, NVwZ 2011, 870; Beschl. v. 11.10.2017 – 2 BvR 1758/17 Rn. 12; Beschl. v. 20.3.2018 – 2 BvR 1266/17 Rn. 17 ff.
[44] BVerwG Urt. v. 17.12.2020 – 1 C 30.19 Rn. 20.

4. Familienzusammenführungs-Richtlinie

Auch aus europarechtlicher Einschätzung finden sich keine durchgreifenden Beanstandungen des 34 vorgelegten Gesetzesentwurfs zum Familiennachzug. So führt die Vorschrift des Art. 3 II lit. c Familienzusammenführungs-RL – wie in der Begründung der Bundesregierung zum Gesetzesentwurf zutreffend ausgeführt[45] – zur Unanwendbarkeit der Familienzusammenführungs-RL und damit auch nicht zu einem Rechtsanspruch auf Nachzug der Kernfamilie zu dem minderjährigen ledigen Kind[46]. Nach der Ausschlussregelung findet die Familienzusammenführungs-RL keine Anwendung, wenn der Aufenthalt des Zusammenführenden aufgrund „subsidiärer Schutzformen gemäß internationalen Verpflichtungen, einzelstaatlicher Rechtsvorschriften oder Praktiken der Mitgliedstaaten genehmigt wurde".

Der Ausschluss der Personen, die subsidiären Schutz genießen, wurde häufig kritisiert. Im ursprünglichen 35 RL-Entwurf[47] fand Art. 3 noch auf Personen Anwendung, die eine Form subsidiären Schutzes genießen. Diese Personengruppe wurde erst nachträglich durch Einführung des Art. 3 II lit. c aus dem Anwendungsbereich der RL herausgenommen. Diese Regelung ist bis zum Abschluss des Rechtsetzungsverfahrens Gegenstand der RL geblieben.

Im Grünbuch zum Recht auf Familienzusammenführung von in der EU lebenden Drittstaats- 36 angehörigen[48] wird die Forderung einer Gleichstellung subsidiär Schutzberechtigter mit Flüchtlingen gefordert, „da der Schutzbedarf von Flüchtlingen und von Personen mit Anspruch auf subsidiären Schutz identisch ist". Deshalb soll eine stärkere Annäherung der Rechte von Personen mit Anspruch auf subsidiären Schutz und den Rechten, die Flüchtlingen gewährt werden, angestrebt werden.

Außerdem betont die Kommission, dass die fehlende Anwendbarkeit der Familienzusammenfüh- 37 rungs-RL auf subsidiär Schutzberechtigte nicht bedeutet, dass die Mitgliedstaaten gehindert wären, bereits jetzt eine Gleichstellung mit den Nachzugsrechten von Flüchtlingen vorzunehmen[49]. So räumt etwa auch die Schutzgewährungs-RL[50] temporär Schutzberechtigten ausdrücklich das Recht auf Familienzusammenführung ein.

Auch die EU-Grundrechtscharta räumt keine Ansprüche auf Familiennachzug ein. Denn nach der 38 Regelung des Art. 52 II GRCh haben EU-Grundrechte dieselbe Bedeutung und Tragweite wie Gewährleistungen der EMRK, wenn sie ihnen entsprechen. Da Art. 7 GRCh identisch ist mit der Vorschrift des Art. 8 I EMRK, entwickelt er keine darüberhinausgehende Bedeutung und Tragweite. Insofern gelten im Hinblick auf Art. 7 GRCh dieselben Grundsätze, wie sie der EGMR für Art. 8 EMRK entwickelt hat[51].

V. Vorliegen humanitärer Gründe

1. Allgemeines

Der Familiennachzug zu subsidiär Schutzberechtigten setzt **zwingend** das Vorliegen eines humani- 39 tären Grundes voraus. Ob humanitäre Gründe vorliegen, die zur Erteilung einer Aufenthaltserlaubnis nach § 36a führen, stellt das Bundesverwaltungsamt im Rahmen des Visumverfahrens durch Prüfung aller relevanten Aspekte des jeweiligen Einzelfalls als intern rechtlich verbindlich fest. Für die Steuerung der monatlich 1.000 möglichen Einreisen wird auf die durch die Auslandsvertretungen ausgestellten Visa abgestellt[52].

Für die Erteilung einer Aufenthaltserlaubnis zum Familiennachzug relevante humanitäre Aspekte 40 können sowohl in der Person des im Bundesgebiet aufhältigen subsidiär Schutzberechtigten als auch in der Person des im Ausland befindlichen Familienangehörigen vorliegen[53]. Aus Gründen der Rechtssicherheit und Rechtsklarheit werden in Abs. 2 die wichtigsten Fallgruppen im Gesetzestext genannt.

---

[45] BR.-Drs. 175/18, 8.
[46] Ebenso Generalanwalt *Mengozzi* in seinen Schlussanträgen v. 27.6.2018 in der Rechtssache C-380/17 Rn. 29; vgl. idS auch die Mitteilung der Kommission an den Rat und an das Europäische Parlament über die Leitlinien zur Anwendung der RL 2003/86/EG des Rates betreffend das Recht auf Familienzusammenführung vom. 3.4.2014 (KOM[2014] 210 endg., Rn. 6.2, S. 29), die ausdrücklich auf die Anerkennungs-RL Bezug nimmt. *Thym* NVwZ 2018, 1340 (1343); aA *Bartolucci/Pelzer* ZAR 133, 135; *Bast* ZAR 2018, 41 (45).
[47] KOM(1999) 638 endgültig vom 1.12.1999.
[48] KOM(2011) 735 endgültig vom 15.11.2011, S. 6.
[49] Mitteilung der Kommission an den Rat und an das Europäische Parlament über die Leitlinien zur Anwendung der RL 2003/86/EG des Rates betreffend das Recht auf Familienzusammenführung vom. 3.4.2014 (KOM[2014] 210 endg., Rn. 6.2, S. 29).
[50] RL 2001/55/EG des Rates vom 20.7.2001 über Mindestnormen für die Gewährung vorübergehenden Schutzes im Falle eines Massenzustroms von Vertriebenen und Maßnahmen zur Förderung einer ausgewogenen Verteilung der Belastungen, die mit der Aufnahme dieser Personen und den Folgen dieser Aufnahme verbunden sind, auf die Mitgliedstaaten (ABl. 2001 L 212, 12).
[51] BVerwG Urt. v. 17.12.2020 – 1 C 30.19 Rn. 19 mwN.
[52] BT-Drs. 175/18, 17.
[53] BT-Drs. 175/18, 16.

Diese Aufzählung humanitärer Gründe ist nicht abschließend, sondern lediglich eine beispielhafte Darlegung („insbesondere"), die einer weiteren Konkretisierung im Rahmen von Verwaltungsvorschriften zugänglich ist.

41 Die in § 36a vorgenommeine Aufzählung stellt keine Legaldefinition für an anderen Stellen des AufenthG tatbestandsmäßig geforderte „humanitäre Gründe" dar (zB § 22, § 25 IV)[54]. **Da die Aufzählung der humanitären Gründe nicht abschließend ist, können zusätzliche im Hinblick auf die Integration und das individuelle Schutzbedürfnis relevante Erfordernisse im Rahmen einer pflichtgemäßen Ermessensausübung berücksichtigt werden.** § 36a II 4 legt dabei fest, dass Integrationsaspekte besonders zu berücksichtigen sind, ohne erkennen zu lassen, was die besondere Berücksichtigung tatsächlich beinhaltet. Im Hinblick auf das zentrale Anliegen der Gesetzgebung, die Aufnahmefähigkeit der Bundesrepublik Deutschland zu gewährleisten, wird hier darauf abgestellt werden, ob Kriterien, die sich in § 25a und b wiederfinden, vorliegen. Eine gelungene Integration ersetzt aber nicht den für den Nachzug zwingend erforderlichen humanitären Grund.

42 Die unter Nr. 1–4 aufgeführten Fallgruppen stellen im Allgemeinen eine sachgerechte Aufzählung der wichtigsten relevanten Kriterien beim Prozess der Abwägung von privaten Nachzugsinteressen und dem öffentlichen Interesse an der Beschränkung des Familiennachzugs zur Gewährleistung der Aufnahmefähigkeit der Bundesrepublik Deutschland dar. Eine detailliertere gesetzliche Regelung der Gewichtung der abzuwägenden privaten und öffentlichen Interessen im Rahmen einer einheitlichen Ermessensentscheidung ist angesichts der Vielzahl der möglichen Fallkonstellationen nicht möglich.

43 Aus der Reihenfolge kann keine generelle Priorität der Kriterien oder eine Gewichtung innerhalb der vorzunehmenden Interessenabwägung abgeleitet werden. Eine derartige Prioritätensetzung ist grundrechtlich nicht geboten, da es beim Familiennachzug zu subsidiär Schutzberechtigten nicht um eine Verteilung von Grundrechtsansprüchen geht.

44 Die Besonderheit der vorliegenden Regelung besteht aber nicht in der erforderlichen Abwägungsentscheidung, sondern in dem zusätzlichen Erfordernis der Prioritätensetzung und Gewichtung der einschlägigen abzuwägenden Interessen, da hier jeweils monatsbezogen entschieden werden muss, wem bei einer unterstellten Vielzahl ausreichend humanitär begründeter Anträge der Vorzug einzuräumen ist. Die Kriterien einer Priorisierung sind in § 36a nicht festgelegt[55].

45 Gleichzeitig sind verschiedene Behörden in dem Verfahren beteiligt. Das Bundesverwaltungsamt muss verbindlich feststellen, ob humanitäre Gründe vorliegen, „die zur Erteilung einer AE nach § 36a führen können"; soweit es um die Berücksichtigung inlandsbezogener Aspekte geht, ist die Behörde auf die Zuarbeit der Ausländerbehörde angewiesen, die im Rahmen des Visumverfahrens zu beteiligen ist (§ 31 AufenthV).

46 **§ 36a II 4 ermöglicht die Berücksichtigung von Integrationsaspekten.** Weder bei der Umschreibung der Fallgruppen, bei denen humanitäre Gründe vorliegen, noch bei der Regelung der Ausschlussgründe finden Integrationsaspekte Berücksichtigung[56]. Daher kommt der Regelung besondere Bedeutung zu; die Zielsetzung der Regelung ist aber die Gewährleistung der Aufnahme- und Integrationsfähigkeit der Bundesrepublik Deutschland. Integrationsaspekten ist daher besondere Beachtung zu schenken[57].

2. Trennungsdauer

47 Ein humanitärer Grund (Nr. 1) resultiert aus der Dauer der Trennung, da diese im Rahmen des Schutz- und Förderungsgebots des Art. 6 I GG zu berücksichtigen ist. **Anknüpfungspunkt für die Bestimmung der Dauer der Trennungszeit sind Zeiträume, die dem deutschen Staat zurechenbar sein müssen**[58]. Nicht die Ausreise und die möglicherweise jahrelange Flucht sind Anknüpfungspunkte für die Beurteilung des Tatbestandes, sondern der Zeitraum, ab dem sich der Ausländer in Deutschland aufhielt und den deutschen Behörden als Asylsuchender offenbart hat. Damit wird in der Regel das Stellen des Asylantrags durch den im Bundesgebiet lebenden subsidiär Schutzberechtigten der Anknüpfungspunkt für die Beurteilung des Trennungszeitraums sein[59].

48 Die Herstellung der familiären Lebensgemeinschaft ist seit langer Zeit insbesondere dann nicht möglich, wenn die Familienzusammenführung in einem Drittstaat wegen der fehlenden Möglichkeit der legalen Einreise des subsidiär Schutzberechtigten in den Drittstaat nicht möglich oder aus anderen Gründen unzumutbar ist[60].

49 Im Hinblick auf Art. 6 I GG als wertentscheidende Grundsatznorm hat das BVerfG eine Ehebestandszeit von drei Jahren für den Nachzug des Ehepartners zu einem seit mehr als acht Jahren

---

[54] BT-Drs. 175/18, 16.
[55] Hierauf hatte bereits der Bundesrat hingewiesen, BT-Drs. 19/2702, 1.
[56] *Hailbronner*, Stellungnahme zum FamiliennachzugsneuregelungsG, Ausschuss-Drs. 19(4)57 C, S. 12.
[57] *Hailbronner*, Stellungnahme zum FamiliennachzugsneuregelungsG, Ausschuss-Drs. 19(4)57 C, S. 12.
[58] BR-Drs. 175/18, 16.
[59] BT-Drs. 175/18, 16.
[60] BR-Drs. 175/18, 16; vgl. etwa BVerfG Beschl. v. 10.5.2008 – 2 BvR 588/08 Rn. 14.

rechtmäßig in Deutschland lebenden Ausländer als unverhältnismäßig eingestuft[61]. In weiteren Entscheidungen wurden Wartezeiten von bis zu zwei Jahren für verhältnismäßig angesehen[62]. Hinsichtlich der Dauer der Wartezeiten hat das BVerwG die Dauer von ein bis zu zwei Jahren für den Ehegattennachzug als verhältnismäßig angesehen[63]. Der Dänische Oberste Gerichtshof hält eine Wartezeit von drei Jahren für vereinbar mit dem Eheschutz[64]. Ein „verfahrensrechtliche[s] Erfordernis" des Art. 8 EMRK hat der EGMR auch im Hinblick auf eine zeitnahe Entscheidung über die Familienzusammenführung angenommen. Im Hinblick auf den Familiennachzug zu einem anerkannten Flüchtling sah der Gerichtshof eine Dauer von fast dreieinhalb Jahren als übermäßig an[65]. 50

Gründe für die Unzumutbarkeit liegen nach Ansicht des Gesetzgebers[66] zB vor, wenn 51
– die Bleibeperspektive im Drittstaat unsicher ist, bspw. weil zu erwarten ist, dass der Ausländer keine Aufenthaltserlaubnis erhalten wird oder keine Möglichkeit der Erwerbstätigkeit besteht,
– die Lebensumstände im Drittstaat einen weiteren Aufenthalt unzumutbar machen.

Ist die Grenze der zumutbaren Wartezeit erreicht, so stellt sich die Frage, ob der Nachzug gleichwohl im Hinblick auf die Kontingentierung untersagt werden kann. Eine Kontingentierung wirft dann Bedenken im Hinblick auf Art. 6 I GG auf, da das BVerfG diese bereits in seiner Entscheidung 1987 als bedenklich bezeichnete[67]: „Eine ‚Kontingentierung' des Ehegattennachzugs müsste Bedenken im Hinblick auf Art 6 I und II 1 GG begegnen."[68] 52

3. Minderjähriges lediges Kind

Mit der Fallgruppe eines humanitären Grundes, der an die Betroffenheit eines minderjährigen ledigen Kindes anknüpft, wird zugleich den Vorgaben des Übereinkommens der Rechte des Kindes (sog. Kinderrechtskonvention – KRK)[69] Rechnung getragen. 53

Der humanitäre Grund, der grundsätzlich erforderlich ist, um einen Nachzug nach § 36a I 1 zu ermöglichen, wird damit zum Wohl minderjähriger lediger Kinder vorgegeben. Für die notwendige Abwägungsentscheidung sieht § 36a II 3 ergänzend vor, dass das Kindeswohl besonders zu berücksichtigen ist. Mit diesen Vorgaben werden zugleich die Vorgaben der KRK ins deutsche Nachzugsrecht übertragen. Denn auch ohne die Vorgabe eines zwingenden Nachzugsrechts hat die KRK inhaltliche Auswirkungen auf das Aufenthaltsrecht: Sie verpflichtet die Bundesrepublik, das Visumverfahren für den Familiennachzug zu optimieren[70]. 54

Der KRK lässt sich kein zwingender Vorrang vor anderen Belangen entnehmen. Denn die KRK nimmt Belange, die einem Nachzug entgegenstehen könnten, nicht in Blick. Sie gibt dem Gesetzgeber aber vor, das Kindeswohl als einen grundlegenden Gesichtspunkt zu berücksichtigen. 55

Die deutsche Diskussion um das Kindeswohl leidet unter einer missverständlichen deutschen Übersetzung, die freilich die völkerrechtliche KRK-Interpretation nicht beeinflusst, weil diese sich gem. Art. 54 KRK einzig nach den authentischen Sprachfassungen richtet. So bezeichnet die informelle deutsche Übersetzung des Art. 3 I KRK[71] das Kindeswohl als einen „Gesichtspunkt, der vorrangig zu berücksichtigen ist". Mit dem Adjektiv vorrangig wird nicht etwa abstrakt ein Vorrang vor allen anderen Belangen postuliert, sondern es wird die Bedeutung des Kindeswohls bei allen Entscheidungen des Gesetzgebers in den Fokus gerückt. So muss das Kindeswohl als ein entscheidender Faktor bei neuen Gesetzen in den Blick genommen werden. 56

Dies lässt auch die Denkschrift zu dem Übereinkommen[72] erkennen. Dort wird zu Art. 3 I KRK ausgeführt: „Das Wohl des Kindes ist dagegen nach Art 3 I „ein Gesichtspunkt, der vorrangig zu berücksichtigen ist". Absoluter Vorrang gegenüber allen anderen Belangen sollte dem Wohl des Kindes nicht eingeräumt sein. Im ursprünglichen polnischen Entwurf war allerdings ein weitergehender Vor- 57

---

[61] BVerfG Beschl. v. 12.5.1987 – 2 BvR 1226/83 ua, BVerfGE 76, 1.
[62] BVerfG Beschl. v. 25.3.2011 – 2 BvR 1413/10, NVwZ 2011, 870; Beschl. v. 11.10.2017 – 2 BvR 1758/17 Rn. 12; Beschl. v. 20.3.2018 – 2 BvR 1266/17 Rn. 1/ff.
[63] BVerwG Urt. v. 4.9.2012 – 10 C 12.12, NVwZ 2013, 515 Rn. 28 (ein Jahr bei Nachzug zu deutschen Staatsangehörigen); Urt. v. 30.3.2010 – 1 C 8.09, NVwZ 2010, 964 Rn. 50.
[64] Nachgewiesen bei *Dörig*, Handbuch Migrationsrecht, § 4 Rn. 4.
[65] EGMR Urt. v. 10.7.2014 – 2260/10 Rn. 80 – Tanda-Muzinga/Frankreich.
[66] BT-Drs. 175/18, 16.
[67] So *Dörig*, MigrationsR-HdB § 4 Rn. 4.
[68] BVerfG Beschl. v. 12.5.1987 – 2 BvR 1226/83 ua, BVerfGE 76, 1 (65).
[69] Am 26.1.1990 von Deutschland unterzeichnet (Zustimmung von Bundestag und Bundesrat durch Gesetz vom 17.2.1992 – BGBl. II S. 121). Am 5.4.1992 mit einem Vorbehalt für Deutschland in Kraft getreten (Bekanntmachung. v. 10.7.1992 – BGBl. II S. 990). Rücknahme der Vorbehalte zum Übereinkommen (Bundesrat, Beschl. v. 26.3.2010; Kabinettsbeschluss v. 3.5.2010; formale Übergabe des Rücknahmeschreibens an die Vereinten Nationen am 15.7.2010).
[70] *Thym*, Stellungnahme zum FamiliennachzugsneuregelungsG, Ausschuss-Drs. 19(4) 57.
[71] Art. 3 I: „Bei allen Maßnahmen, die Kinder betreffen, gleichviel ob sie von öffentlichen oder privaten Einrichtungen der sozialen Fürsorge, Gerichten, Verwaltungsbehörden oder Gesetzgebungsorganen getroffen werden, ist das Wohl des Kindes ein Gesichtspunkt, der vorrangig zu berücksichtigen ist."
[72] BT-Drs. 12/42, 29–53.

schlag enthalten („... the best interests of the child shall be the paramount consideration"). Angenommen wurde indessen ein Formulierungsvorschlag der Vereinigten Staaten („... the best interests of the childshall be a primary consideration"), nachdem in der Diskussion geltend gemacht worden war, dass es Fälle geben könne, in denen die Interessen anderer Beteiligter gleichgewichtig oder sogar als vorrangig zu bewerten sind, so zB die Belange der Mutter bei einem während der Geburt eintretenden Notfall[73].

58 Die adjektivische Formulierung „primary/primordiale" bezeichnet einen hohen Stellenwert, ohne notwendig einen hierarchischen Vorrang vorzugeben. Es kann andere „primary/ primordiale" Gesichtspunkte geben, die konzeptuell gleichwertig sind. Die Denkschrift zu dem Abkommen lässt unzweifelhaft erkennen, dass die Abschwächung der Bedeutung des Kindeswohls durch die Benutzung der Begriffe „primary consideration" und „considération primordiale" statt der noch in der UN-Erklärung über die Kinderrechte von 1959 benutzten Formulierungen „paramount consideration" und „la considération déterminante" eine bewusste Entscheidung im Rechtsetzungsverfahren der KRK war.

59 Dem kann auch nicht entgegengehalten werden, dass die Begrifflichkeiten im weiteren Abkommen nicht einheitlich verwendet wurden. So benutzt der englische Text der Konvention vom 20.11.1989 in Art. 3 einerseits den Begriff „primary" und in Art. 21 andererseits den Begriff „paramount". Die gleichermaßen authentischen französischen und spanischen Textfassungen dieser Konvention benutzen an beiden Stellen (also sowohl in Art. 3 als auch in Art. 21) den Begriff „considération primordiale" bzw. „consideración primordial". Die Abweichung der englischen von den französischen und spanischen Fassungen des Art. 21 der KRK lässt daher keinen Rückschluss auf die Auslegung von Art. 3 I KRK zu[74].

60 Allein aus der Verwendung des unbestimmten Artikels „ein" in Art. 3 I KRK, die mit den verbindlichen englischen und französischen Sprachfassungen übereinstimmt („shall be a primary consideration" bzw. „doit être une considération primordiale"), lässt sich hingegen keine Relativierung der Schutzwirkung herleiten[75]. Dass das Kindeswohl immer nur einer von mehreren Gesichtspunkten bei der Gesetzgebung sein kann, ist auch anzunehmen, wenn der bestimmte Artikel „der" verwendet worden wäre.

61 Dass keine inhaltliche Beschränkung mit der Verwendung des unbestimmten Artikels verbunden ist, zeigt zum einen der Vergleich mit einer Vorläuferbestimmung, der unverbindlichen UN-Erklärung über die Kinderrechte von 1959, die im Grundsatz 2 den bestimmten Artikel „the" bzw. „la" verwendet. Zum anderen aber auch der Vergleich mit der Afrikanischen Kinderrechtscharta von Juli 1990, die kurz nach der KRK verabschiedet wurde. Diese enthält in Art. 4 der verbindlichen englischen[76] und französischen Sprachfassungen gleichfalls einen bestimmten Artikel, ohne dass damit weitergehende Schutzwirkungen verknüpft sein sollten.

62 Aus dem hohen, aber relativen Schutz des Kindeswohls folgt, dass andere Interessen zu berücksichtigen sind, die sodann im Rahmen der Verhältnismäßigkeit mit dem Kindeswohl abgewogen werden müssen.

63 Dies gilt gerade auch für die Praxis des EGMR, der das Kindeswohl als einen Gesichtspunkt der Güterabwägung darstellt. Auf dieser Grundlage betonen gerade auch jüngere EGMR-Entscheidungen, dass das Kindeswohl mit anderen Gesichtspunkten zu einem angemessenen Ausgleich gebracht werden muss[77]. Dabei ist insbesondere das Alter der Kinder, ihre Situation im Heimatland und die Abhängigkeit von den Eltern zu berücksichtigen. Das Kindeswohl begründet keine „Trumpfkarte", die allen Kindern einen Nachzugsanspruch verschaffen kann, sodass den Gerichten die Aufgabe übertragen wird, eine Abwägungsentscheidung zu treffen[78].

64 Insgesamt bedeutet dies, dass auch der deutsche Gesetzgeber das vorliegend betroffene Wohl der infrage kommenden Kinder, denen ggf. das Nachzugsrecht zu ihren Eltern oder umgekehrt das Nachzugsrecht ihrer Eltern zu ihnen grundsätzlich verweigert wird, maßgeblich zu berücksichtigen hat und ein Ausschluss dieses Rechts nur dann und nur insoweit in Betracht kommt, wenn und soweit andere Belange des Allgemeinwohls diese „primary consideration" überwiegen.

65 10 I KRK enthält eine eigene Norm zur grenzüberschreitenden Familienzusammenführung und wird damit in besonderem Maße der Tatsache gerecht, dass es Lebenssituationen geben kann, in denen Kinder über Staatsgrenzen hinweg von ihren Eltern getrennt sind; demnach sind Anträge auf Einreise in einen Vertragsstaat oder Ausreise aus einem Vertragsstaat von den Vertragsstaaten „wohlwollend, human und beschleunigt [zu] bearbeite[n]." Die (anders als die amtliche deutsche Übersetzung) authentischen englischen bzw. französischen Sprachfassungen sprechen insoweit von der Verpflichtung

---

[73] Vgl. UNO-Dokument E/CN.4/L.1560/Add. 14 v. 11.3.1981, S. 5 ff.
[74] So aber *Zimmermann* Ausschuss-Drs. S. 10 f.
[75] So aber *Thym*, Stellungnahme zum FamiliennachzugsneuregelungsG, Ausschuss-Drs. 19(4)57 H, S. 13.
[76] Art. 4: In all actions concerning the child undertaken by any person or authority the best interests of the child shall be the primary consideration.
[77] EGMR Urt. v. 8.11.2016 – 56971/10 Rn. 46 f., 52 f. – El Ghatet/Schweiz, wo es zugleich heißt, dass der Ausgleich vorrangig den nationalen Gerichten obliege.
[78] EGMR Urt. v. 8.11.2016 – 56971/10 Rn. 46 f. – El Ghatet/Schweiz.

der Vertragsparteien solche Anträge „(...) in a positive, humane and expeditious manner" bzw. „dans un esprit positif, avec humanité et diligence" zu behandeln. Art. 10 KRK enthält damit eine verfahrensbezogene Verpflichtung. So wurde von EGMR ein Verfahren als menschenrechtswidrig eingestuft, in dem ein Familiennachzug aufgrund von Verzögerungen erst nach dreieinhalb Jahren realisiert werden konnte[79].

Die Hervorhebung von kindesbezogenen Kriterien im § 36a II 1 Nr. 2 sowie in II 3 lässt nicht **66** erkennen, welches Gewicht ihnen im Vergleich zu anderen Kriterien, etwa den Integrationsaspekten in § 36 II 4, zukommen soll. Es besteht ein unklares Nebeneinander der Entscheidungskriterien in Bezug auf ihre Vor- oder Nachrangigkeit. Insgesamt bleibt letztlich unklar, welches der unter § 36a II genannten Entscheidungskriterien den für die Gestattung des Familiennachzugs vorrangigen „humanitären Grund" darstellen würde.

4. Gefährdungen im Aufenthaltsstaat

Einige der in Abs. 2 aufgeführten Fallgruppen werfen **Probleme der Sachverhaltsermittlung** auf, **67** die nicht nur die Auslandsvertretungen, sondern auch das Bundesverwaltungsamt vor kaum zu lösende Probleme stellen dürften[80]. Das gilt insbesondere für die in Abs. 2 Nr. 3 erwähnte Fallgruppe der ernsthaften Gefährdung von Leib, Leben oder Freiheit des Ehegatten, des minderjährigen ledigen Kindes oder der Eltern eines minderjährigen Ausländers im Aufenthaltsstaat. Diese Fallgruppe ähnelt in ihren Voraussetzungen der Kategorie, die subsidiären Schutz begründet.

Damit wird eine Art kleines Asylverfahren in die Prüfung einer Aufenthaltserlaubnis zum **68** **Zweck des Familiennachzugs eingeführt,** die angesichts der Komplexität von Asylverfahren und der Feststellung einer Bedrohungssituation kaum ohne eine eingehende und zeitaufwendige Prüfung der allgemeinen und individuellen Situation der betroffenen Familienangehörigen geleistet werden kann[81]. Im Asylrecht wird mit guten Gründen eine Asylantragstellung im Ausland abgelehnt, auch wenn in der Praxis in extremen Fällen ohne Rechtsanspruch ein humanitäres Visum erteilt wird[82].

Die Geltendmachung einer Bedrohungssituation macht eine umfassende und aufwendige Aufklä- **69** rung erforderlich, die Fragen der Beweislast aufwirft, wenn – wie häufig – die konkrete Bedrohungssituation lediglich behauptet, aber nicht nachgewiesen werden kann[83].

Die Aufnahme in den Kriterienkatalog zieht eine umfangreiche Überprüfung bei Geltendmachung **70** zwingend nach sich[84]. Sinnvoller wäre es daher gewesen, bei der Regelung des Familiennachzugs zu subsidiär Schutzberechtigten zwischen typischen Fallgruppen zu unterscheiden und die Regelung atypischer Ausnahmesituationen der Generalklausel des § 22, die eine flexible Handhabung derartiger Fälle ermöglicht, zu überlassen[85].

Leib, Leben oder Freiheit des Familienangehörigen muss im Aufenthaltsstaat ernsthaft gefährdet sein. **71** Eine solche Gefährdung kann sich bspw. aus drohender Gewalt, drohender Rekrutierung als Kindersoldat, drohendem Menschen- oder Kinderhandel oder drohender Zwangsheirat ergeben[86]. Es sollte sich dabei nicht nur um eine rein abstrakte Gefahr handeln[87].

5. Erkrankung, Pflegebedürftigkeit oder Behinderung

Ausgangspunkt für die Entscheidung über die Schwere einer Erkrankung oder Pflegebedürftigkeit **72** muss sein, dass sie jedenfalls **nicht nur vorübergehender Natur und nicht im Staat des gewöhnlichen Aufenthalts im Ausland behandelbar sein darf**[88]. Es geht vielmehr um die Fälle einer gesundheitlichen Einschränkung oder eines pflegerischen Hilfebedarfs, in denen es angesichts der Schwere des Falls geboten erscheint, die Familienangehörigen zusammenzuführen[89].

Eine Krankheit ist schwerwiegend, wenn sie lebensbedrohlich ist oder aufgrund der Schwere der **73** durch sie verursachten Gesundheitsstörung die Lebensqualität auf Dauer nachhaltig beeinträchtigt[90].

Pflegebedürftig im Sinne des deutschen Rechts sind Personen, die auf Dauer, voraussichtlich für **74** mindestens sechs Monate, gesundheitlich bedingte Beeinträchtigungen der Selbstständigkeit oder der Fähigkeiten aufweisen und deshalb der Hilfe durch andere bedürfen[91].

---

[79] Vgl. EGMR Urt. v. 10.7.2014 – 2260/10 Rn. 68 f., 76–81 – Tanda-Muzinga/Frankreich und das Parallelurteil EGMR Urt. v. 10.7.2014 – 19113/09 – Senigo Longue/Frankreich.
[80] *Hailbronner*, Stellungnahme zum FamiliennachzugsneuregelungsG, Ausschuss-Drs. 19(4)57 C, S. 9.
[81] *Hailbronner*, Stellungnahme zum FamiliennachzugsneuregelungsG, Ausschuss-Drs. 19(4)57 C, S. 9.
[82] *Hailbronner*, Stellungnahme zum FamiliennachzugsneuregelungsG, Ausschuss-Drs. 19(4)57 C, S. 9.
[83] *Hailbronner*, Stellungnahme zum FamiliennachzugsneuregelungsG, Ausschuss-Drs. 19(4)57 C, S. 9.
[84] So *Hailbronner*, Stellungnahme zum FamiliennachzugsneuregelungsG, Ausschuss-Drs. 19(4)57 C, S. 10.
[85] *Hailbronner*, Stellungnahme zum FamiliennachzugsneuregelungsG, Ausschuss-Drs. 19(4)57 C, S. 10.
[86] BR-Drs. 175/18, 16.
[87] BR-Drs. 175/18, 17.
[88] BR-Drs. 175/18, 17.
[89] BR-Drs. 175/18, 17.
[90] BR-Drs. 175/18, 17.
[91] BR-Drs. 175/18, 17.

75 Maßgeblich für das Vorliegen von gesundheitlich bedingten Beeinträchtigungen der Selbstständigkeit oder der Fähigkeiten sind die in den Bereichen Mobilität, kognitive und kommunikative Fähigkeiten, Verhaltensweisen und psychische Problemlagen, Selbstversorgung, Bewältigung von und selbstständiger Umgang mit krankheits- oder therapiebedingten Anforderungen und Belastungen sowie Gestaltung des Alltagslebens und soziale Kontakte in § 14 II SGB XI genannten pflegefachlich begründeten Kriterien[92].

76 Mindestens eine schwere Beeinträchtigung der Selbstständigkeit oder der Fähigkeiten (entsprechend dem Pflegegrad 3 oder höher) stellt einen humanitären Grund dar, der den Familiennachzug rechtfertigen kann[93]. Hinsichtlich der **Anforderungen an eine qualifizierte Bescheinigung** wird die Regelung des § 60a IIc 3 entsprechend herangezogen.

77 Für die Einschätzung der Pflegebedürftigkeit sind die Beeinträchtigungen der Selbstständigkeit oder der Fähigkeiten mit Angabe der entsprechenden Schwere anzugeben. Für den im Ausland den Antrag auf Familiennachzug stellenden Familienangehörigen können anderweitige Anhaltspunkte für eine schwerwiegende Erkrankung, eine schwere Beeinträchtigung der Selbstständigkeit oder der Fähigkeiten oder eine schwere Behinderung ausreichen[94]. In diesen Fällen ist durch die Auslandsvertretung eine Bewertung dazu abzugeben, ob aufgrund der Situation vor Ort die Krankheit behandelt oder der notwendige Pflegebedarf gesichert werden kann[95].

78 Eine **schwere Behinderung** liegt vor, wenn aufgrund der Schwere der durch sie verursachten Teilhabestörung die Lebensqualität auf Dauer nachhaltig beeinträchtigt ist[96].

VI. Regelausschlussgründe

79 Abs. 3 bestimmt Regelausschlussgründe für den Familiennachzug aus überwiegenden schutzwürdigen Interessen der Bundesrepublik Deutschland. Danach ist der Familiennachzug zu subsidiär Schutzberechtigten nach Abs. 1 in den nachfolgenden Fällen regelmäßig ausgeschlossen, sofern nicht ausnahmsweise ein atypischer Sachverhalt vorliegt.

80 **Ehe nicht vor Flucht geschlossen:** Gemäß § 36a III Nr. 1 ist die Erteilung einer Aufenthaltserlaubnis nach § 36a I 1 Alt. 1 in der Regel ausgeschlossen, wenn die Ehe nicht bereits vor der Flucht geschlossen wurde. Anderes gilt für nach dem Verlassen des Herkunftslandes geborene Kinder[97]. Eine Ehe ist nicht iSd § 36a III Nr. 1 „vor der Flucht" geschlossen, wenn sie erst nach Verlassen des Herkunftslandes eingegangen wurde[98]. Die Differenzierung zwischen Ehen, die vor, und solchen, die nach dem Verlassen des Herkunftslandes geschlossen wurden, knüpft mit der Unterscheidung nach dem Zeitpunkt der Eheschließung dem Grunde nach an ein taugliches Differenzierungskriterium für die Ausgestaltung des Familiennachzugs zu subsidiär Schutzberechtigten an[99].

81 Spezifisch ehe- und familienbezogene Gesichtspunkte sind nicht erst im Rahmen des gemäß § 36a I 4 unberührt bleibenden § 22 I Alt. 2, sondern zuvörderst innerhalb des § 36a und dort nicht allein bei der Auslegung der humanitären Gründe des § 36a II 1, sondern gerade auch bei der Prüfung einer Ausnahme von dem Regelausschlussgrund des § 36a III Nr. 1 zu berücksichtigen, um die Reichweite dieses Regelausschlussgrundes auch in Umfang und Maß auf ein Maß zu beschränken, das die grundsätzlich gerechtfertigten Beschränkungen angemessen mit Art. 3 I und Art. 6 I GG in Einklang bringt[100]. Allein ein solches Verständnis stellt zudem sicher, dass ein Nachzug der betreffenden Angehörigen grundsätzlich der Kontingentierung des Familiennachzugs zu subsidiär Schutzberechtigten zum Zwecke des § 36a Abs. 2 S. 2 AufenthG unterfällt[101].

82 Eine Ausnahme von dem Regelausschlussgrund ist im Lichte von Art. 6 I GG anzunehmen, wenn die für den Ausschluss von der Erteilung einer Aufenthaltserlaubnis nach § 36a I 1 herangezogenen Gründe einen Ausschluss nach Art und Reichweite nicht (mehr) rechtfertigen.

83 **Für die Annahme einer Ausnahme von dem Regelausschlussgrund des § 36a III Nr. 1 ist von maßgeblicher Bedeutung,**
– ob den Eheleuten erstens eine Fortdauer der räumlichen Trennung zumutbar und
– ob ihnen zweitens eine Wiederaufnahme der familiären Lebensgemeinschaft in dem Aufenthaltsstaat des den Nachzug begehrenden Ehegatten möglich und zumutbar ist[102].

84 Ist den Ehegatten eine (Wieder-)Herstellung der ehelichen Lebensgemeinschaft in dem Aufenthaltsstaat des Nachzugswilligen möglich und zumutbar, so übersteigen Wartezeiten von fünf Jahren bis zu

---

[92] BR-Drs. 175/18, 17.
[93] BR-Drs. 175/18, 17.
[94] BR-Drs. 175/18, 17.
[95] BR-Drs. 175/18, 17.
[96] BR-Drs. 175/18, 17.
[97] BR-Drs. 175/18, 19.
[98] BVerwG Urt. v. 17.12.2020 – 1 C 30.19 Rn. 13.
[99] BVerwG Urt. v. 17.12.2020 – 1 C 30.19 Rn. 15.
[100] BVerwG Urt. v. 17.12.2020 – 1 C 30.19 Rn. 31.
[101] BVerwG Urt. v. 17.12.2020 – 1 C 30.19 Rn. 31.
[102] BVerwG Urt. v. 17.12.2020 – 1 C 30.19 Rn. 32.

einem Nachzug in das Bundesgebiet vorbehaltlich besonderer Umstände des Einzelfalls noch nicht das verfassungsrechtlich hinzunehmende Höchstmaß[103].

Scheidet die **Wiederherstellung der familiären Lebensgemeinschaft in dem Aufenthaltsstaat** des nachzugswilligen Ehegatten demgegenüber auf absehbare Zeit aus, gewinnen die humanitären Belange an der Wiederherstellung der Familieneinheit gerade im Bundesgebiet erhebliches Gewicht[104]. Dies gilt jedenfalls in Fällen, in denen nicht aus den Umständen, etwa der für sich allein nicht ausschlaggebenden Ehebestandsdauer, zu folgern ist, dass eine Ehe ausschließlich zu dem Zweck geschlossen worden ist, etwaige Nachzugsmöglichkeiten zu eröffnen. 85

Fehlt es an solchen besonderen Umständen des Einzelfalls, verringern sich mit zunehmender **Trennungsdauer** auch die Unterschiede zu den vor der Flucht geschlossenen Ehen und wächst das Gewicht der grundrechtlich geschützten Belange an einer – dann objektiv nur im Bundesgebiet möglichen – Familienzusammenführung[105]. Jedenfalls bei Eheschließung vor der Einreise in das Unionsgebiet liegt ohne Hinzutreten besonderer, eine Verkürzung oder Verlängerung der Trennungszeiten bewirkender Umstände dann eine Ausnahme von dem Regelausschluss des § 36a III Nr. 1 regelmäßig bereits bei einer **mehr als vierjährigen Trennung von dem Ehegatten** vor[106]. 86

Sind bereits die im Rahmen einer Ausnahme von dem Regelausschlussgrund des § 36a III Nr. 1 zu beachtenden Wartezeiten nicht erfüllt, so scheidet hier erst Recht ein Anspruch nach § 22 S. 1 aus[107]. Denn die Schwelle, bei deren Erreichen die Versagung einer Familienzusammenführung im Bundesgebiet mit Art. 6 I GG schlechthin unvereinbar ist und ein – vom Kontingent des § 36a II 2 unabhängiger – Aufenthaltstitel nach § 22 S. 1 zu gewähren ist, liegt höher als jene, die durch Annahme eines Ausnahmefalles in den Fällen des § 36a III Nr. 1 den Zugang zu einer (kontingentgebundenen) Auswahlentscheidung (§ 36a II 2) eröffnet[108]. 87

Schwerwiegende Strafen oder Jugendstrafen: Der Familiennachzug ist ausgeschlossen, wenn derjenige, zu dem der Familiennachzug erfolgen soll, wegen einer schwerwiegenden Straftat verurteilt worden ist. Die in dieser Vorschrift genannten Straftaten entsprechen weitgehend denjenigen, die ein schwerwiegendes Ausweisungsinteresse begründen (§ 54 II Nr. 1–3)[109]. Bei Nr. 2d) kommt es darauf an, dass der Betroffene wegen einer oder mehrerer vorsätzlicher Straftaten nach § 29 I 1 Nr. 1 BtMG verurteilt worden ist[110]. Für den Nachzug zu Gefährdern gilt zusätzlich § 27 IIIa, der den Familiennachzug zu solchen Personen umfassend, dh auch zu subsidiär Schutzberechtigten, ausschließt. Ist der nachzugsberechtigte Angehörige ein Gefährder, gilt § 5 IV[111]. 88

Keine hinreichende Bleibeperspektive in Deutschland: Der Familiennachzug ist ausgeschlossen, wenn die Ausreise des subsidiär Schutzberechtigten kurzfristig zu erwarten ist. Dies wird zB der Fall sein, wenn das BAMF die Gewährung des subsidiären Schutzes widerrufen oder die Zuerkennung desselben zurückgenommen hat (vgl. § 73b AsylG), die Ausländerbehörde im Anschluss von einem Widerruf der Aufenthaltserlaubnis zwar absieht, aber zu erwarten ist, dass sie die Aufenthaltserlaubnis nach § 25 II 1 Alt. 2 nicht mehr verlängern wird[112]. Kommt in diesem Fall auch die Erteilung eines anderen Aufenthaltstitels nicht in Betracht (zB die Erteilung einer Niederlassungserlaubnis), ist keine hinreichende Bleibeperspektive in Deutschland als Anknüpfungspunkt für den Familiennachzug gegeben[113]. 89

Grenzübertrittsbescheinigung beantragt: Mit dem Antrag auf Grenzübertrittsbescheinigung dokumentiert der Betroffene, dass er beabsichtigt, das Bundesgebiet zu verlassen. Eine Grenzübertrittsbescheinigung ist bspw. erforderlich für die Teilnahme an einem nach REAG/GARP geförderten Programm zur freiwilligen Rückkehr[114]. 90

VII. Sonstige Erteilungsvoraussetzungen

Die Regelungen der § 30 I 1 Nr. 1, II 1 und IV sowie § 32 III sind auf die Regelung des § 36a entsprechend anzuwenden, da die Regelungsintention der Vorschriften gleichermaßen den nun in § 36a geregelten Familiennachzug zu subsidiär Schutzberechtigten betreffen[115]. 91

§ 27 III 2 wird ausdrücklich ausgeschlossen. Der Regelerteilungsgrund des § 5 I Nr. 2 findet Anwendung: Der Familiennachzug zu subsidiär Schutzberechtigten ist in der Regel ausgeschlossen, wenn ein **Ausweisungsinteresse in der Person des nachziehenden Familienangehörigen** be- 92

---

[103] BVerwG Urt. v. 17.12.2020 – 1 C 30.19 Rn. 32 mwN.
[104] BVerwG Urt. v. 17.12.2020 – 1 C 30.19 Rn. 32.
[105] BVerwG Urt. v. 17.12.2020 – 1 C 30.19 Rn. 32.
[106] BVerwG Urt. v. 17.12.2020 – 1 C 30.19 Rn. 32.
[107] BVerwG Urt. v. 17.12.2020 – 1 C 30.19 Rn. 39.
[108] BVerwG Urt. v. 17.12.2020 – 1 C 30.19 Rn. 38, Urt. v. 17.12.2020 – 1 C 30.19 Rn. 49.
[109] BR-Drs. 175/18, 19.
[110] BR-Drs. 175/18, 19.
[111] BR-Drs. 175/18, 19.
[112] BR-Drs. 175/18, 19.
[113] BR-Drs. 175/18, 19.
[114] BR-Drs. 175/18, 19.
[115] BR-Drs. 175/18, 19.

steht[116]. Über die Prüfung iRd § 5 I Nr. 2 wird ermöglicht, den besonderen Belangen des Schutzes von Ehe und Familie aus Art. 6 I GG und Art. 8 EMRK gerecht zu werden. Die Frist des § 29 II 2 Nr. 1 ist für die Neuregelung des Familiennachzugs zu subsidiär Schutzberechtigten nicht angemessen, da humanitäre Gründe nicht an eine Frist gebunden werden können[117].

93   Zudem erhalten subsidiär Schutzberechtigte zunächst eine auf ein Jahr befristetete Aufenthaltserlaubnis, § 26 I 3. Subsidiär Schutzberechtigte sollen die Möglichkeit der Prüfung haben, ob sie eine über diesen Zeitraum hinausgehende Aufenthaltserlaubnis erhalten, um zu entscheiden, ob der Familiennachzug, der letztlich auch mit einer Aufgabe der bisherigen Lebensumstände für die im Drittstaat verbliebenen Familienangehörigen verbunden ist, beantragt werden soll. Für die Härtefallregelung des § 32 IV besteht neben § 36a kein Bedarf[118].

VIII. Ermessensausübung

94   Soweit die Ausschlussgründe nach Abs. 3 einem Familiennachzug nicht entgegenstehen und das Positivkriterium der humanitären Gründe nach Abs. 2 erfüllt ist, erfolgt in einem dritten Schritt eine Ermessensentscheidung, die nach der gesetzlichen Regelungsstruktur darauf ausgerichtet ist, darüber zu befinden, welche Personen innerhalb des Kontingents ein Nachzugsvisum erhalten. Es geht also um eine **Priorisierung der Nachzugsbegehren,** die nach dem Willen des Gesetzgebers prinzipiell für einen Nachzug in Betracht kommen[119]. § 36a I 1 begründet hierbei ein Verwaltungsermessen („kann"), das nach allgemeinen Regeln gemäß dem Zweck der Ermächtigung und innerhalb der gesetzlichen Grenzen auszuüben (§ 40 VwVfG) und nur begrenzt richterlich überprüfbar ist (§ 114 VwGO).

95   § 36a verpflichtet die Behörde durch **ermessenslenkende Vorgaben,** ihre Entscheidung an drei Gesichtspunkten auszurichten: humanitäre Gesichtspunkte als zentrales Auswahlkriterium, das Kindeswohl nach § 36a II 3 sowie Integrationsaspekte nach § 36a II 4[120].

96   Der unbestimmte Rechtsbegriff der „Integrationsaspekte" wird in Anlehnung an die gesetzlichen Normierungen in den §§ 25a, 25b zu konkretisieren sein. Die **zentralen Integrationsgesichtspunkte** sind[121]
– Sprachkenntnisse,
– Lebensunterhaltssicherung und
– Straffreiheit des Aufenthalts des hier lebenden Familienangehörigen, zu dem der Zuzug erfolgen soll.

97   Eine positive Ermessensentscheidung setzt keinesfalls voraus, dass alle vorgenannten Integrationskriterien erfüllt sein müssen, um einen Nachzug zu ermöglichen. Sie sind aber Anhaltspunkte, die im Rahmen der erforderlichen Priorisierung zu berücksichtigen sind.

98   Bei der Berücksichtigung von Sprachkenntnissen wird man nicht nur auf den in Deutschland lebenden Familienangehörigen abstellen können, sondern auch **Sprachkenntnisse der nachziehenden Familienangehörigen** positiv berücksichtigen können[122].

99   Neben den Sprachkenntnissen kommt der **Sicherung von Lebensunterhalt und Wohnraum als Ausfluss einer gelungenen wirtschaftlichen Integration** besondere Bedeutung zu[123]. Zweifellos umfasst der Begriff „Integrationsaspekte" diesen Gesichtspunkt, zumal § 43 I von der „wirtschaftlichen" Teilhabe spricht und der Gesetzeszweck nach § 1 I 2 die wirtschaftlichen Interessen der Bundesrepublik akzentuiert[124]. Wie auch bei den §§ 25a und b wird man die fehlende Lebensunterhaltssicherung durch schulische Integrationsleistungen oder eine Berufsausbildung ersetzen können.

100   Da bei schweren Straftaten der Versagungsgrund des § 36a III Nr. 2 eingreift und damit ein Familiennachzug in der Regel ausgeschlossen ist, können **Straftaten nur unterhalb der Schwelle des Versagungsgrunds** im Rahmen der Ermessensausübung von Bedeutung sein[125]. Denn unterhalb der Schwelle des Versagungsgrundes ist ein Familiennachzug prinzipiell möglich, soweit das Positivkriterium der humanitären Gründe erfüllt ist – und dennoch können „leichtere" Straftaten bei der Auswahlentscheidung berücksichtigt werden, denn der Begriff der „Integrationsaspekte" umfasst unproblematisch auch strafrechtlich auffälliges Verhalten unterhalb der Schwelle eines generellen Ausschlusses, was insbesondere bei **Intensiv- oder Mehrfachtätern** von Bedeutung sein wird[126].

---

[116] BR-Drs. 175/18, 19.
[117] BR-Drs. 175/18, 19.
[118] BR-Drs. 175/18, 20.
[119] So zutreffend *Thym*, Stellungnahme zum FamiliennachzugsneuregelungsG, Ausschuss-Drs. 19(4)57 H, S. 14.
[120] So zutreffend *Thym*, Stellungnahme zum FamiliennachzugsneuregelungsG, Ausschuss-Drs. 19(4)57 H, S. 14.
[121] BR-Drs. 175/18, 18.
[122] BR-Drs. 175/18, 18; *Thym*, Stellungnahme zum FamiliennachzugsneuregelungsG, Ausschuss-Drs. 19(4)57 H, S. 16.
[123] BR-Drs. 175/18, 18; *Thym*, Stellungnahme zum FamiliennachzugsneuregelungsG, Ausschuss-Drs. 19(4)57 H, S. 17.
[124] So ausdrücklich *Thym*, Stellungnahme zum FamiliennachzugsneuregelungsG, Ausschuss-Drs. 19(4)57 H, S. 17.
[125] BR-Drs. 175/18, 18.
[126] BR-Drs. 175/18, 18; *Thym*, Stellungnahme zum FamiliennachzugsneuregelungsG, Ausschuss-Drs. 19(4)57 H, S. 17.

101 Ergänzend können nach allgemeinen Regeln sonstige sachliche Erwägungen in die Zweckmäßigkeitsentscheidung einfließen, die eine jede Ermessensbetätigung darstellt. Hierzu zählen etwa gesellschaftliches Engagement, ehrenamtliche Tätigkeit, das nachhaltige Bemühen um die Aufnahme einer Erwerbstätigkeit oder die Absolvierung einer Berufsausbildung[127].

102 Aufgrund dieser Kriterien muss die Verwaltung sodann eine inhaltliche Bewertung und Gewichtung vornehmen, welches Nachzugsbegehren ein größeres Gewicht besitzt. **Es geht bei dieser Auswahlentscheidung also darum, eine Priorisierung vorzunehmen, die sich am relativen Gewicht der verschiedenen humanitären Gründe orientiert,** indem man etwa nach Maßgabe der vorstehenden Ausführungen nach dem Alter der betroffenen Kinder oder den Gründen für die Familientrennung abstuft.

103 Entsprechendes gilt für die Integrationsaspekte, die nach Maßgabe der nachfolgenden Gedanken ebenfalls aufgrund einer wertenden Gesamtbetrachtung zu gewichten sind. Verwaltungsrechtlich normiert der Gesetzgeber damit ermessenslenkende Vorgaben an die Verwaltung, die diese eigenständig auszufüllen hat.

104 Für die **Erteilung des Visums ist die Zustimmung der am vorgesehenen Aufenthaltsort zuständige Ausländerbehörde notwendig,** § 31 I 1 Nr. 1 AufenthV. Von der Ausländerbehörde sind insbesondere die inlandsbezogenen Aspekte zu erheben. Eine Globalzustimmung nach § 32 AufenthV kann beim Familiennachzug zu subsidiär Schutzberechtigten nicht erteilt werden, da die Ausländerbehörden stets inlandsbezogene Aspekte der humanitären Gründe und Ausschlussgründe nach Abs. 3 zu prüfen haben[128]. Sofern Familiennachzug gewährt wird, erfolgt dieser an den Wohnort des im Inland befindlichen subsidiär Schutzberechtigten. Eine anderweitige örtliche Verteilung ist aufgrund der Intention der Regelung – die Herstellung der familiären Lebensgemeinschaft – nicht möglich[129].

Abschnitt 7. Besondere Aufenthaltsrechte

§ 37 Recht auf Wiederkehr

(1) Einem Ausländer, der als Minderjähriger rechtmäßig seinen gewöhnlichen Aufenthalt im Bundesgebiet hatte, ist eine Aufenthaltserlaubnis zu erteilen, wenn
1. der Ausländer sich vor seiner Ausreise acht Jahre rechtmäßig im Bundesgebiet aufgehalten und sechs Jahre im Bundesgebiet die Schule besucht hat,
2. sein Lebensunterhalt aus eigener Erwerbstätigkeit oder durch eine Unterhaltsverpflichtung gesichert ist, die ein Dritter für die Dauer von fünf Jahren übernommen hat, und
3. der Antrag auf Erteilung der Aufenthaltserlaubnis nach Vollendung des 15. und vor Vollendung des 21. Lebensjahres sowie vor Ablauf von fünf Jahren seit der Ausreise gestellt wird.

(2) ¹Zur Vermeidung einer besonderen Härte kann von den in Absatz 1 Satz 1 Nr. 1 und 3 bezeichneten Voraussetzungen abgewichen werden. ²Von den in Absatz 1 Satz 1 Nr. 1 bezeichneten Voraussetzungen kann abgesehen werden, wenn der Ausländer im Bundesgebiet einen anerkannten Schulabschluss erworben hat.

(2a) ¹Von den in Absatz 1 Satz 1 Nummer 1 bis 3 bezeichneten Voraussetzungen kann abgewichen werden, wenn der Ausländer rechtswidrig mit Gewalt oder Drohung mit einem empfindlichen Übel zur Eingehung der Ehe genötigt und von der Rückkehr nach Deutschland abgehalten wurde, er den Antrag auf Erteilung einer Aufenthaltserlaubnis innerhalb von drei Monaten nach Wegfall der Zwangslage, spätestens jedoch vor Ablauf von fünf Jahren seit der Ausreise, stellt, und gewährleistet erscheint, dass er sich aufgrund seiner bisherigen Ausbildung und Lebensverhältnisse in die Lebensverhältnisse der Bundesrepublik Deutschland einfügen kann. ²Erfüllt der Ausländer die Voraussetzungen des Absatzes 1 Satz 1 Nummer 1, soll ihm eine Aufenthaltserlaubnis erteilt werden, wenn er rechtswidrig mit Gewalt oder Drohung mit einem empfindlichen Übel zur Eingehung der Ehe genötigt und von der Rückkehr nach Deutschland abgehalten wurde und er den Antrag auf Erteilung einer Aufenthaltserlaubnis innerhalb von drei Monaten nach Wegfall der Zwangslage, spätestens jedoch vor Ablauf von zehn Jahren seit der Ausreise, stellt. ³Absatz 2 bleibt unberührt.

(3) Die Erteilung der Aufenthaltserlaubnis kann versagt werden,
1. wenn der Ausländer ausgewiesen worden war oder ausgewiesen werden konnte, als er das Bundesgebiet verließ,
2. wenn ein Ausweisungsinteresse besteht oder

---

[127] BR-Drs. 175/18, 18.
[128] BR-Drs. 175/18, 18.
[129] BR-Drs. 175/18, 18.

3. solange der Ausländer minderjährig und seine persönliche Betreuung im Bundesgebiet nicht gewährleistet ist.

(4) Der Verlängerung der Aufenthaltserlaubnis steht nicht entgegen, dass der Lebensunterhalt nicht mehr aus eigener Erwerbstätigkeit gesichert oder die Unterhaltsverpflichtung wegen Ablaufs der fünf Jahre entfallen ist.

(5) Einem Ausländer, der von einem Träger im Bundesgebiet Rente bezieht, wird in der Regel eine Aufenthaltserlaubnis erteilt, wenn er sich vor seiner Ausreise mindestens acht Jahre rechtmäßig im Bundesgebiet aufgehalten hat.

Allgemeine Verwaltungsvorschrift
37 Zu § 37 – Recht auf Wiederkehr
37.1 Wiederkehranspruch für junge Ausländer
37.1.0 Allgemeines
37.1.0.1 Absätze 1 und 2 vermitteln jungen Ausländern, die Deutschland nach einem längeren Daueraufenthalt verlassen haben, ein eigenständiges, von anderen Aufenthaltszwecken (insbesondere vom Familiennachzug und den §§ 18 bis 21) unabhängiges Wiederkehr- und Aufenthaltsrecht.

Der Anspruch besteht auch, wenn der Ausländer aufgrund einer ausländerrechtlichen Maßnahme zur Ausreise verpflichtet war (siehe jedoch Absatz 3 Nummer 1). Der Wiederkehranspruch setzt nicht voraus, dass der Ausländer
– im Zeitpunkt der Ausreise minderjährig war,
– familiäre Beziehungen im Bundesgebiet hat oder
– sich vor der Einreise im Heimatstaat aufgehalten hat.

37.1.0.2 Absätze 1 und 2 sollen nur denjenigen Ausländern die Wiederkehr ermöglichen, die aufgrund ihres früheren rechtmäßigen Aufenthalts die Möglichkeit einer aufenthaltsrechtlichen Verfestigung im Bundesgebiet hatten (Daueraufenthalt). Absatz 1 findet daher grundsätzlich keine Anwendung, wenn der Ausländer im Zeitpunkt seiner Ausreise lediglich im Besitz einer nach seiner Zweckbestimmung begrenzten Aufenthaltserlaubnis war, deren Verlängerung nach § 8 Absatz 2 ausgeschlossen war. Bei Aufenthalten vor Inkrafttreten des Aufenthaltsgesetzes sind die in § 102 Absatz 2 genannten Kriterien für die Feststellung maßgebend, ob sich der Aufenthalt des Ausländers rechtlich verfestigt hat; dies ist bei Inhabern bisheriger Aufenthaltsbewilligungen und Aufenthaltsbefugnisse nicht anzunehmen. Hinsichtlich der Aufenthaltszeiten bis zum Inkrafttreten des AuslG aus dem Jahre 1990 ist die Bestimmung des § 94 AuslG zur Beurteilung heranzuziehen.

37.1.1 Anrechenbarer rechtmäßiger Aufenthalt
37.1.1.1 Als Zeiten des rechtmäßigen Aufenthalts nach Absatz 1 Nummer 1 sind anzurechnen die Zeiten:
37.1.1.1.1 – des Besitzes einer Aufenthaltserlaubnis oder Niederlassungserlaubnis,
37.1.1.1.2 – einer Befreiung vom Erfordernis des Aufenthaltstitels, sofern unabhängig während dieses Zeitraums die Voraussetzungen für die Erteilung einer Aufenthaltserlaubnis oder einer Niederlassungserlaubnis vorlagen oder
37.1.1.1.3 – des Besitzes einer Aufenthaltserlaubnis, deren Verlängerung nach § 8 Absatz 2 ausgeschlossen war (bzw. einer Aufenthaltsbewilligung oder Aufenthaltsbefugnis nach dem AuslG), sofern der Ausländer vor seiner Ausreise zuletzt im Besitz einer nicht nach § 8 Absatz 2 beschränkten Aufenthaltserlaubnis oder Niederlassungserlaubnis war.

37.1.1.2 Nicht anrechenbar sind die Zeiten einer Aufenthaltsgestattung im Falle einer unanfechtbaren Ablehnung des Asylantrags (vgl. § 55 Absatz 3 AsylVfG. Am Erfordernis eines rechtmäßigen Aufenthalts fehlt es in den Fällen des § 51 Absatz 1 und 5, insbesondere bei Aufenthaltszeiten zwischen einer Ausweisung und der Ausreise aus dem Bundesgebiet (§ 51 Absatz 1 Nummer 5 i. V. m. § 84 Absatz 2 Satz 1).

37.1.1.3 Verlangt wird ein rechtmäßiger, jedoch nicht ununterbrochener Voraufenthalt von insgesamt acht Jahren.
37.1.1.4 Als Schulbesuch nach § 37 Absatz 1 Nummer 1 kommen sowohl der Besuch allgemeinbildender Schulen als auch der Besuch von berufsbildenden Schulen oder vergleichbarer berufsqualifizierender Bildungseinrichtungen in Betracht. Dagegen sind zweckgebundene Ausbildungsaufenthalte wie z. B. der Besuch einer Sprach- oder Musikschule nicht anrechenbar.

37.1.2 Sicherstellung des Lebensunterhalts
Der Lebensunterhalt ist nach Absatz 1 Nummer 2 aus eigener Erwerbstätigkeit nur gesichert, wenn die Erwerbstätigkeit erlaubt ist. Der Maßstab für die Unterhaltssicherung ergibt sich aus § 2 Absatz 3 (vgl. Nummer 2.3). Das Erwerbsverhältnis muss nicht notwendig bereits unbefristet sein, aber es muss eine dauernde berufliche Eingliederung erwarten lassen. Eine vereinbarte Probezeit steht dem nicht entgegen. Bestehen Zweifel, ob der Lebensunterhalt durch eigene Erwerbstätigkeit gesichert ist, muss eine Unterhaltsverpflichtung gefordert werden. Die Unterhaltsverpflichtung eines Dritten ist nach § 68 abzusichern.

37.1.3 Zeitliche Antragsvoraussetzungen
Die zeitlichen Antragsvoraussetzungen nach Absatz 1 Nummer 3 müssen im Zeitpunkt der Beantragung des Aufenthaltstitels (ggf. bei der Auslandsvertretung) vorliegen; der Tag der Einreise oder der tatsächlichen Erteilung ist nicht maßgeblich. Das gilt auch für den Fall, dass zunächst ein Antrag auf Erteilung eines Aufenthaltstitels nur für einen seiner Natur nach zeitlich begrenzten Zweck (z. B. Studium) gestellt und dem Antrag entsprochen worden ist. Eine solchermaßen erlangte Aufenthaltserlaubnis kann später in eine Aufenthaltserlaubnis nach § 37 umgewandelt werden.

37.1.4 Ausübung einer Erwerbstätigkeit
Die Aufenthaltserlaubnis berechtigt nach Absatz 1 Satz 2 zur Ausübung einer Erwerbstätigkeit.
37.2 Ausnahmen
37.2.1.1 Die Abweichung von den Erteilungsvoraussetzungen nach Absatz 1 im Härtefall ist in Absatz 2 Satz 1 abschließend geregelt. Ob ein besonderer Härtefall vorliegt, ist durch Vergleich des konkreten Einzelfalles mit den in Absatz 1 genannten Anspruchsvoraussetzungen (gesetzlicher Maßstab der Wiederkehrberechtigung) zu ermitteln. Es ist darauf abzustellen, ob der Ausländer von den Lebensverhältnissen im Bundesgebiet so entscheidend geprägt ist, dass

es eine besondere Härte darstellen würde, wenn er keine Möglichkeit hätte, dauerhaft in das Bundesgebiet zurückzukehren.

37.2.1.2 Der Ausschluss von der Wiederkehr kann deshalb eine besondere Härte darstellen, weil die Abweichung von Absatz 1 Nummer 1 und 3 insgesamt geringfügig ist (z. B. wenige Wochen), insbesondere, wenn nur eine einzelne Voraussetzung des Absatzes 1 Nummer 1 und 3 nicht erfüllt ist, der Ausländer sich jedoch während seines früheren Aufenthalts in die sozialen und wirtschaftlichen Lebensverhältnisse der Bundesrepublik Deutschland eingegliedert hatte. Eine besondere Härte kann auch vorliegen, wenn die Nichterfüllung einzelner Voraussetzungen durch eine Übererfüllung anderer mehr als ausgeglichen wird (z. B. wesentlich längere Aufenthaltsdauer im Bundesgebiet, wesentlich längerer Schulbesuch).

In Fällen der Zwangsverheiratung kann je nach Umständen des Einzelfalles eine besondere Härte vorliegen.

37.2.1.3 Ebenso kann eine besondere Härte vorliegen, wenn anstelle eines Schulbesuches in Deutschland ein Schulbesuch an einer deutschen Auslandsschule im Ausland stattfand, an der völlig oder nahezu ausschließlich in deutscher Sprache unterrichtet wird, die unter der Aufsicht einer deutschen Landesbehörde steht und an der nach deutschen Lehrplänen unterrichtet wird. Ebenso kann die Zeit einer Teilnahme an einem Austausch- oder vergleichbaren Programm berücksichtigt werden, in dessen Rahmen der Ausländer in einem Staat, dessen Staatsangehörigkeit er nicht besitzt, für einen Zeitraum von bis zu einem Jahr in einer Gastfamilie gelebt und dabei eine Schule im Aufenthaltsstaat besucht hat, die hinsichtlich der Lehrinhalte und -ziele als mit einer deutschen Schule gleichwertig anzusehen ist, sofern die Ausländerbehörde entsprechend einer Frist zur Wiedereinreise gemäß § 51 Absatz 1 Nummer 7 gesetzt hatte. Für die Beurteilung maßgeblich ist dabei, ob ein deutscher Schüler in vergleichbarer Lebenssituation – etwa bei einer beruflichen Versetzung der Eltern ins Ausland oder bei Interesse an einem „Gastschuljahr" im Ausland – ohne Absicht dauerhafter Auswanderung aus Deutschland, aber mit der Absicht der Beibehaltung der Bindungen zum deutschen Lebens- und Bildungsbereich eine ähnliche Gestaltung seiner Schullaufbahn typischerweise gewählt hätte.

37.2.1.4 Ist nur ein Schulbesuch von fünf Jahren und darunter nachgewiesen, handelt es sich außer in dem in Nummer 37.2.1.3 genannten Fall um eine erhebliche Abweichung von der in Absatz 1 Nummer 1 geforderten Schulzeit von sechs Jahren. Beruhte der Umstand, dass der Ausländer verspätet eingeschult worden ist oder den Schulbesuch vorzeitig beendet hat, jedoch auf zwingenden, von ihm nicht zu vertretenden Gründen (z. B. Erkrankung), kann eine Ausnahme in Betracht gezogen werden.

37.2.1.5 Eine besondere Härte ist regelmäßig anzunehmen, wenn der Ausländer wegen der Leistung des gesetzlich vorgeschriebenen Wehrdienstes die rechtzeitige Antragstellung versäumt hat. Allerdings muss er den Antrag innerhalb von drei Monaten nach Entlassung aus dem Wehrdienst bei der zuständigen Behörde stellen. Eine besondere Härte kann vorliegen, wenn diese Antragsfrist aus zwingenden Gründen, die der Ausländer nicht zu vertreten hat, überschritten wurde. Sachfremde Umstände (z. B. Ausweichen vor Bürgerkriegsfolgen) stellen keine Härte i. S. d. Absatzes 2 Satz 1 dar, die eine Überschreitung der Antragsfrist rechtfertigen können.

37.2.1.6 Ist die Voraufenthaltszeit im Bundesgebiet kürzer als die nachfolgende Aufenthaltszeit im Ausland, ist die Anwendung der Härteklausel grundsätzlich ausgeschlossen. Ein Ausländer, der z. B. aus dem Bundesgebiet ausgereist ist, nach Ablauf des Wehrdienstes im Heimatstaat ein mehrjähriges Studium betrieben hat und erst im Alter von 25 Jahren wieder in das Bundesgebiet einreisen will, weicht regelmäßig erheblich von den Voraussetzungen des Absatzes 1 Nummer 3 ab, mit der Folge, dass der Ausschluss von der Wiederkehr keine besondere Härte darstellt.

37.2.2 Die Ausnahme nach Absatz 2 Satz 2 setzt voraus, dass der Ausländer während seines früheren Aufenthalts im Bundesgebiet den Abschluss einer allgemeinbildenden Schule, also mindestens den Hauptschulabschluss, erreicht hat. Ein beruflicher Bildungsabschluss reicht ebenfalls aus. Die durch Absatz 2 Satz 2 gewährte Ausnahmemöglichkeit steht im Ermessen der Behörde und ist nicht auf besondere Härtefälle beschränkt.

37.3 Versagung der Wiederkehr

37.3.0 Auch wenn im Übrigen nach Absatz 1 ein gesetzlicher Anspruch vorliegt, finden die Regelerteilungsgründe des § 5 Absatz 1 Nummer 1, 1a und 2, des § 5 Absatz 2, die Versagungsgründe des § 5 Absatz 4 und des § 11 Anwendung. Wenn die Wiederkehr nur nach Ermessen (Absatz 2) gestattet wird, sind zudem § 5 Absatz 1 Nummer 3 und § 10 Absatz 1 zu beachten.

37.3.1.1 Solange die Sperrwirkung des § 11 Absatz 1 Satz 2 gilt, steht der sich aus dieser Vorschrift ergebende zwingende Versagungsgrund der Erteilung einer Aufenthaltserlaubnis nach § 37 entgegen. Erst nach Wegfall der Sperrwirkung ist der Ermessensversagungsgrund des Absatzes 3 Nummer 1, erste Alternative erheblich. Bei der Ermessensausübung hat die Ausländerbehörde insbesondere zu prüfen, ob aufgrund des bisherigen Verhaltens des Ausländers, das zu einer Ausweisung geführt hat, begründete Zweifel an einer Eingliederung in die sozialen und wirtschaftlichen Lebensverhältnisse der Bundesrepublik Deutschland bestehen.

37.3.1.2 Die zweite Alternative des Absatzes 3 Nummer 1 setzt nicht nur das frühere Vorliegen eines Ausweisungsgrundes, sondern auch voraus, dass der Ausländer im Zeitpunkt seiner Ausreise unter Beachtung der Ausweisungsbeschränkungen nach § 56 (insbesondere nach § 56 Absatz 2) hätte ausgewiesen werden können. Völkervertragliche Beschränkungen der Ausweisung sowie Beschränkungen nach Artikel 14 ARB 1/80 sowie sonstige Beschränkungen, die sich aus europäischem Recht ergeben, sind ebenfalls zu berücksichtigen (vgl. Nummer Vor 53.5).

37.3.2 Für den Versagungsgrund nach Absatz 3 Nummer 2 genügt das objektive Vorliegen eines Ausweisungsgrundes nach den §§ 53 bis 55. Ausweisungsbeschränkungen nach § 56 oder nach europäischen oder völkerrechtlichen Vorschriften sind unerheblich.

37.3.3 Der Versagungsgrund des Absatzes 3 Nummer 3 ist gegeben, wenn die Betreuung des Minderjährigen durch Privatpersonen ohne öffentliche Mittel nicht gewährleistet ist, d. h., die Betreuung muss insbesondere ohne Inanspruchnahme von Jugendhilfe sichergestellt sein.

37.4 Verlängerung der Aufenthaltserlaubnis für Wiederkehrer

37.4.1 Die Aufenthaltserlaubnis kann auch verlängert werden, wenn der Lebensunterhalt nicht mehr gesichert oder die Unterhaltsverpflichtung entfallen ist. Diese Vorschrift gilt auch, wenn die Aufenthaltserlaubnis in Anwendung von Absatz 2 im Wege des Ermessens oder in Anwendung von § 85 erteilt worden ist. Die Verlängerung darf nur auf der Grundlage von § 5 Absatz 1 Nummer 1 oder 2, Absatz 4 und § 11 sowie nach § 37 Absatz 3 Nummer 2 und 3 versagt werden.

37.4.2 Die Unterhaltsverpflichtung des Dritten muss insgesamt nur fünf Jahre bestehen. War der Lebensunterhalt im Zeitpunkt der Erteilung der Aufenthaltserlaubnis aus eigener Erwerbstätigkeit des Ausländers gesichert, kann bei Entfallen dieser Voraussetzung bei der Verlängerung nicht die Unterhaltsverpflichtung eines Dritten verlangt werden. Im Falle der Sozialhilfebedürftigkeit ist § 37 Absatz 3 Nummer 2 anwendbar. Dadurch wird sichergestellt, dass der Ausländer nicht besser behandelt wird als Ausländer, die das Bundesgebiet nie verlassen haben.

37.5 Wiederkehr von Rentnern

37.5.1 Dem ausländischen Rentner ist nach Absatz 5 i. d. R. die Aufenthaltserlaubnis zu erteilen. Das Recht auf Wiederkehr setzt voraus, dass der Ausländer nach einem rechtmäßigen Aufenthalt von acht Jahren die Voraussetzungen für ein Daueraufenthaltsrecht erfüllte, diesen Status jedoch auf Grund freier Entscheidung mit seiner Ausreise aufgegeben hat. Ein ununterbrochener rechtmäßiger Voraufenthalt ist ebenso wenig erforderlich wie im Vergleich zu Absatz 1 ein gewöhnlicher Aufenthalt vor der Ausreise. Allerdings sind solche Aufenthalte nicht anrechenbar, die keinen Bezug zum Erwerb der Rentenberechtigung aufweisen (z. B. Besuchsaufenthalte, spätere Aufenthalte aus humanitären Gründen).

37.5.2 Ein Regelfall nach Absatz 5 liegt vor, wenn der Ausländer bereits im Ausland eine Rente eines deutschen Trägers bezieht. Der Rentenanspruch darf also nicht erst nach der Wiedereinreise in das Bundesgebiet entstehen. An die Art der Rente (Alter, Unfall, Erwerbsunfähigkeit, Witwen- und Waisenrenten) werden keine besonderen Anforderungen gestellt. Der Rententräger braucht nicht öffentlich-rechtlich organisiert sein. Es kann sich auch um eine private Versicherungsgesellschaft oder eine betriebliche Versorgungseinrichtung handeln, die vergleichbare Leistungen in Form einer regelmäßigen, wiederkehrenden Zahlung, die auf einem Rechtsanspruch beruhen und für einige Dauer geleistet werden, gewähren.

37.5.3 Ein Regelfall liegt grundsätzlich nicht vor, wenn der Ausländer im Zeitpunkt seiner Ausreise nicht die rechtliche Möglichkeit hatte, auf Dauer im Bundesgebiet zu bleiben. Reicht der Rentenbezug nicht zur Bestreitung des Lebensunterhalts aus oder liegen die Voraussetzungen des § 5 Absatz 1 Nummer 1 nicht vor, ist von der Erteilung der Aufenthaltserlaubnis nach Absatz 5 regelmäßig abzusehen. Im Gegensatz zur Aufenthaltserlaubnis nach Absatz 1 berechtigt die Aufenthaltserlaubnis, die nach Absatz 5 erteilt wird, nicht von sich aus zur Ausübung einer Erwerbstätigkeit, so dass die Ausübung einer Beschäftigung nur mit Zustimmung der Bundesagentur für Arbeit erlaubt werden kann. Die Ausübung einer selbständigen Erwerbstätigkeit ist auszuschließen, es sei denn, es besteht ein besonderes öffentliches Interesse an der Ausübung der Erwerbstätigkeit durch den Rentner.

37.5.4 Anwendbar sind die §§ 5, 10 und 11. In den Fällen des § 51 Absatz 2 erübrigt sich eine Entscheidung nach § 37 Absatz 5.

Übersicht

	Rn.
I. Entstehungsgeschichte	1
II. Allgemeines	2
III. Junge Ausländer	5
1. Allgemeine Voraussetzungen	5
2. Rechtmäßiger gewöhnlicher Aufenthalt	6
3. Schulbesuch	11
4. Lebensunterhalt	12
5. Mindestalter	14
6. Antragsfrist	15
7. Ausnahmen	16
8. Versagung der Aufenthaltserlaubnis	27
9. Verlängerung der Aufenthaltserlaubnis	31
IV. Zwangsheirat	33
1. Allgemeines	33
2. Zwangsheirat	40
3. Voraussetzungen des Rechts auf Wiederkehr	44
4. Wegfall der Zwangslage	49
V. Rentner	55

I. Entstehungsgeschichte

1 Die Vorschrift entspricht dem **Gesetzesentwurf**[1]. § 37 IIa wurde durch das Gesetz zur Bekämpfung der Zwangsheirat eingeführt[2].

II. Allgemeines

2 Die Wiederkehroption für Jugendliche wurde seit Mitte der 1980er-Jahre verstärkt gefordert und aufgrund einer IMK-Absprache von Dezember 1988 in allen Bundesländern – zuvor schon in Berlin – eingeführt[3]. In der Folgezeit wurden sehr unterschiedliche Vorschläge erörtert[4]. Es sind **zwei Grup-**

---

[1] BT-Drs. 15/420, 16.
[2] Gesetz zur Bekämpfung der Zwangsheirat und zum besseren Schutz der Opfer von Zwangsheirat sowie zur Änderung weiterer aufenthalts- und asylrechtlicher Vorschriften v. 23.6.2011, BGBl. I S. 1266, in Kraft getreten am 1.7.2011.
[3] Berichte in ZAR Aktuell Nr. 1/1989 und ZAR 1989, 142.
[4] *Sieveking* in Barwig ua AuslR S. 150 ff. mwN.

pen **begünstigt** und mit Rechtsansprüchen versehen: junge Ausländer und Rentner. Die seit 1.1.1991 geltende Regelung des § 16 AuslG hat sich bewährt und wurde deshalb unverändert übernommen.

Durch den 2011 neu eingefügten Abs. 2a S. 1 kann zukünftig auch denjenigen Opfern von Zwangs- 3 verheiratungen, die **als Minderjährige in Deutschland aufhältig waren,** eine Aufenthaltserlaubnis erteilt werden, wenn sie von der Rückkehr nach Deutschland abgehalten wurden, den Antrag innerhalb von drei Monaten nach Wegfall der Zwangslage und vor **Ablauf von fünf Jahren** seit ihrer Ausreise zu stellen[5]. Dieses Wiederkehrrecht ist nicht davon abhängig, dass sie ihren Lebensunterhalt sichern; stattdessen ist Voraussetzung, dass aufgrund ihrer bisherigen Ausbildung und Lebensverhältnisse gewährleistet erscheint, dass sie sich in die deutschen Lebensverhältnisse (wieder) einfügen können.

Durch dieses Erfordernis einer **positiven Integrationsprognose,** dessen Formulierung aus 4 § 104a II (Altfallregelung für langjährig Geduldete) übernommen wurde, wird gewährleistet, dass im Einzelfall nicht auch diejenigen Personen von erweiterten Wiederkehrrechten profitieren, die nicht zur Integration in Deutschland bereit oder in der Lage sind und bei denen deshalb auch ein erhöhtes Risiko besteht, dass sie in Deutschland dauerhaft von Sozialhilfeleistungen abhängig wären. Bei der Integrationsprognose sind ua die Sprachkenntnisse, die Länge des Voraufenthalts sowie die Länge und Regelmäßigkeit des Schulbesuchs zu berücksichtigen. Mit dem FachkräfteeinwanderungsG wurde die Regelung zur Ausübung einer Beschäftigung in Abs. 1 S. 2 aufgehoben. Diese Änderung war durch die Änderung des Regel-Ausnahme-Verhältnisses bzgl. der Gestattung der Erwerbstätigkeit in § 4a geboten.

III. Junge Ausländer

1. Allgemeine Voraussetzungen

Die Anwendbarkeit des § 37 setzt bereits begrifflich (Wiederkehr) und nach dem eindeutigen 5 Wortlaut im Tatbestand eine vorherige Ausreise des Ausländers voraus[6]. Das Wiederkehrrecht setzt dabei voraus, dass die **Ausreise freiwillig** erfolgt ist[7]. Das Wiederkehrrecht für junge Ausländer ist unabhängig vom Alter bei der Ausreise und deren näheren Umständen (freiwillig oder auf Wunsch der Eltern oder aufgrund ausländerbehördlicher Maßnahmen; mit oder ohne Eltern; in die Heimat oder einen anderen ausländischen Staat) sowie von den Motiven für die Wiederkehr (fehlende Re-Integration in der Heimat, Schwierigkeiten mit dortigen Behörden oder Ähnliches). Der Ausländer braucht insbesondere beim Verlassen Deutschlands nicht mehr minderjährig gewesen zu sein und bei der Rückkehr keine verwandtschaftlichen Beziehungen mehr in Deutschland zu besitzen. **Minderjährigkeit** muss nur eine gewisse Zeit während des Aufenthalts im Inland vorgelegen haben, wie schon der notwendige Schulbesuch von mindestens sechs Jahren zeigt. Auch die Inanspruchnahme von Rückkehrhilfe schadet nicht. Zur entsprechenden Anwendung auf hier lebende Ausländer vgl. § 34 I, II.

2. Rechtmäßiger gewöhnlicher Aufenthalt

Ohne Bedeutung ist der **frühere aufenthaltsrechtliche Status;** der Ausländer muss nur (mindes- 6 tens acht Jahre) rechtmäßig den gewöhnlichen Aufenthalt im Inland gehabt haben. Begünstigt werden sollten zwar nach dem Willen der Bundesregierung nur Ausländer, „die vor ihrer Rückkehr bereits die zeitlichen Voraussetzungen für den Rechtsanspruch auf unbefristete Verlängerung erfüllt haben", also „bereits die rechtlich gesicherte Aussicht auf einen Daueraufenthalt hatten"[8]. Im Gesetz ist aber **nicht zum Ausdruck gelangt,** der Ausländer müsse – bei der Ausreise oder zuvor – einen bestimmten Status innegehabt haben[9]. Der Gesetzgeber hat auch bei der Übernahme der Regelung von § 16 AuslG keine Veranlassung für eine Klarstellung gesehen. Daher ist daran festzuhalten, dass das Gesetz an den rechtmäßigen gewöhnlichen Aufenthalt keine besonderen Anforderungen stellt und va nicht den Besitz eines auf Dauer angelegten Aufenthaltstitels verlangt (aA Nr. 37.1.0.2 Verwaltungsvorschrift).

Für die **Rechtmäßigkeit** genügen ein Aufenthaltstitel iSd § 4 I (früher eine Aufenthaltsgenehmi- 7 gung iSd § 5 AuslG), das fiktive Aufenthaltsrecht nach § 81 III 1 und IV und die Befreiung vom Erfordernis des Aufenthaltstitels (früher der Aufenthaltsgenehmigung). Geduldeter Aufenthalt (§ 60a) ist dagegen nicht rechtmäßig. Der Aufenthalt eines später nicht anerkannten Asylbewerbers zählt nicht (§ 55 III AsylG), obwohl der Aufenthalt kraft Art. 16a I GG rechtmäßig und durch die Aufenthaltsgestattung auch förmlich legalisiert ist. Auch Aufenthaltsbewilligung und Aufenthaltsbefugnis führten zum rechtmäßigen Aufenthalt; hieran kann angesichts der §§ 5, 28 I, 30 I AuslG eigentlich kein

---

[5] BT-Drs. 17/4401, 10.
[6] OVG Saarl Beschl. v. 17.10.2006 – 2 Q 25/06.
[7] BVerwG Urt. v. 17.1.2012 – 1 C 1.11, BVerwGE 141, 325 Rn. 8; Urt. v. 6.3.2008 – 1 C 16.06, BVerwGE 130, 284.
[8] BT-Drs. 11/6321, 59.
[9] *Huber* in Barwig ua AuslR S. 101, 119, Fn. 23; aA *Fraenkel* S. 67; *Sieveking* in Barwig ua AuslR S. 149.

1 AufenthG § 37

Zweifel bestehen. Nach neuem Recht ist sowohl die Niederlassungserlaubnis als auch die Aufenthaltserlaubnis ausreichend zur Dokumentation eines rechtmäßigen Aufenthalts. Anders kann es sich allenfalls bei einer Aufenthaltserlaubnis verhalten, deren Verlängerung nach § 8 II ausgeschlossen ist.

8 Nicht in jedem Fall dokumentieren diese Titel aber einen **gewöhnlichen Aufenthalt,** der dadurch gekennzeichnet ist, dass er nicht nur vorübergehender Art sein darf (§ 30 III 2 SGB I)[10]. Deshalb ist im Einzelfall zu untersuchen, ob der Ausländer ungeachtet des Aufenthaltstitels mit einem nicht nur vorübergehenden Verbleib in Deutschland rechnen konnte. Tatsächlich wird dies angesichts der erforderlichen Dauer des Aufenthalts und des Schulbesuchs auch im Falle des Besitzes einer Aufenthaltsbewilligung oder Aufenthaltsbefugnis (ausnahmsweise) festgestellt werden können, zB bei einer noch nicht in eine unbefristete Aufenthaltserlaubnis nach § 35 I AuslG überführten Aufenthaltsbefugnis aufgrund § 70 AsylG oder §§ 30, 31 AuslG. Bei Minderjährigen richtet sich der Charakter des Aufenthaltsrechts grundsätzlich nach dem seiner Eltern[11]. Der wiederkehrwillige Ausländer muss über ein Aufenthaltsrecht verfügt haben, das seiner Art nach zukunftsoffen angelegt war und nach den persönlichen Umständen und den Verhältnissen der Eltern eine geeignete Grundlage für den Minderjährigen bot, seinen Willen, nicht nur vorübergehend in Deutschland zu bleiben, auch verwirklichen zu können[12].

9 Neben der Dauer des rechtmäßigen gewöhnlichen Aufenthalts von mindestens acht Jahren sind für Jugendliche die Verwurzelung in Deutschland und die Unterhaltssicherung maßgeblich und für Rentner der Rentenanspruch aufgrund im Inland erbrachter Beitragsleistungen. Beide Personengruppen verfügten in der Regel allein schon wegen der geforderten Aufenthaltsdauer vor der Rückkehr über eine Niederlassungserlaubnis (früher Aufenthaltserlaubnis oder Aufenthaltsberechtigung) oder einen Anspruch hierauf; die wenigen anderen Fälle fallen kaum ins Gewicht. Va gibt das Gesetz keinen Anhaltspunkt für einen Ausschluss der Wiederkehroption mit der Begründung, Wiederkehrer sollten **nicht bessergestellt** werden als vor der Ausreise[13]. Fälle nicht gesicherten Aufenthalts fallen zudem oft unter Abs. 3.

10 Der Inlandsaufenthalt von acht Jahren braucht **nicht ununterbrochen** angedauert zu haben und fortwährend rechtmäßig gewesen zu sein. Insbesondere kann der Ausländer früher schon zwischenzeitlich in seiner Heimat gelebt haben. War der rechtmäßige Aufenthalt durch illegale Aufenthaltszeiten unterbrochen, werden diese ohne Rücksicht auf die hierfür maßgeblichen Gründe nicht angerechnet; Ausnahmen können jedoch zugelassen werden[14]. Kurzfristige Auslandsaufenthalte sind unschädlich (vgl. § 51 I), aber nicht anrechenbar. Sie können jedoch eine Ausnahme begründen[15].

3. Schulbesuch

11 Der Schulbesuch ist nicht auf bestimmte **Schultypen** oder Organisationsformen beschränkt; außer allgemeinbildenden Schulen kommen Berufs- und Berufsfachschulen in Betracht[16] und neben staatlichen auch private. Auch insoweit kommt es auf die Gesamtzeit von sechs Jahren an. Die Teilabschnitte brauchen weder mit Kalender- noch mit Schuljahren übereinzustimmen. Angerechnet wird nur die Zeit des tatsächlichen Schulbesuchs (Ferien ua eingeschlossen); Nichterfüllung der Schulpflicht schadet also der Wiederkehroption.

4. Lebensunterhalt

12 Die Sicherung des Lebensunterhalts (dazu allgemein § 2 III) durch eigene Erwerbstätigkeit ist dadurch erleichtert, dass die Aufenthaltserlaubnis zur Ausübung einer jeden Erwerbstätigkeit berechtigt. Zur Unterhaltssicherung kann außer einem (legalen) unbefristeten **Arbeitsverhältnis** ein befristeter Vertrag ausreichen, wenn dessen Verlängerung oder Ersatz durch einen anderen Vertrag zu erwarten sind. Maßgeblich ist nur die Absicherung auf absehbare Zeit[17]. Daher genügt auch eine Ausbildungsvergütung[18] und ebenso die Vergütung während einer Probezeit oder aufgrund eines Zeitarbeitsverhältnisses, sofern nur eine Fortsetzung dieser Beschäftigungsverhältnisse wahrscheinlich ist. Die **Unterhaltsverpflichtung** (zu Inhalt, Umfang und Form § 68) kann auf Gesetz beruhen. In der Regel kommt aber eine vertragliche Verpflichtung infrage. Diese braucht nicht in Geld erfüllt zu werden; Naturalunterhalt genügt. Zahlungs- oder sonstige Leistungsfähigkeit des Dritten ist nicht ausdrücklich, aber stillschweigend vorausgesetzt („gesichert") und deshalb im Zweifelsfall zu über-

---

[10] Näher → § 32 Rn. 9; BVerwG Urt. v. 19.3.2002 – 1 C 19.01, EZAR 026 Nr. 4; ausf. HessVGH Urt. v. 28.5.2001 – 12 UE 187/01, EZAR 026 Nr. 3.
[11] BVerwG Urt. v. 19.3.2002 – 1 C 19.01, EZAR 026 Nr. 4.
[12] HessVGH Urt. v. 28.5.2001 – 12 UE 187/01, EZAR 026 Nr. 3; Urt. v. 2.12.2002 – 12 UE 1893/02, EZAR 026 Nr. 5.
[13] So aber *Fraenkel* S. 67.
[14] → Rn. 16 ff.
[15] → Rn. 16 ff.
[16] Betr. Berufsschule offengelassen von BVerwG Urt. v. 22.2.1995 – 1 C 11.94, BVerwGE 98, 31.
[17] Zu einem Vertrag mit Familienangehörigen OVG Bln-Bbg Urt. v. 11.5.2010 – OVG 12 B 26.09 Rn. 23 f.
[18] HmbOVG Beschl. v. 15.7.1993 – Bs VII 109/93, InfAuslR 1993, 342.

prüfen. Die Herkunft der Mittel ist unerheblich, sie müssen ihrerseits gesichert und nicht bloß versprochen sein und dürfen nicht aus öffentlichen Hilfsleistungen stammen[19]. Aufenthalt des Dritten im Bundesgebiet ist nicht verlangt, wenn auch die Anwendung des VwVG (vgl. § 68 II 2) im Ausland Schwierigkeiten bereitet.

Gesichert ist der Lebensunterhalt nur, wenn auf absehbare Zeit öffentliche Hilfsleistungen nicht in Anspruch genommen werden müssen. Das Ziel der **eigenständigen Unterhaltssicherung** des Wiederkehrenden schließt die Einbeziehung von Sozialleistungen nach SGB II oder XII sowohl bei dem Wiederkehrenden selbst als auch bei dem Unterhaltsschuldner aus. Zu berücksichtigen sind dagegen staatliche oder Versicherungsleistungen, denen eine Beitragsleistung zugrunde liegt (zB Rente des Unterhaltsschuldners) oder auf die ein gesetzlicher Anspruch besteht (Kinder- oder Wohngeld). ALG II (des Unterhaltsschuldners) reicht idR nicht, weil es an der Sicherung auf eine gewisse Dauer fehlt. 13

5. Mindestalter

§ 37 I 1 Nr. 3 enthält ein Mindestalter von 15 Jahren und ein Höchstalter von 21 Jahren. Der Gesetzgeber geht mit den in dieser Regelung bezeichneten Altersgrenzen davon aus, dass der Typus des Wiederkehrers Jugendlicher oder Heranwachsender ist[20]. In diesem Altersabschnitt ist die Entwicklung des in Deutschland aufgewachsenen Ausländers idR noch nicht abgeschlossen, häufig aber bereits so weit fortgeschritten, dass er faktisch zu einem Inländer geworden ist und ein Leben im Staat seiner Staatsangehörigkeit, zu dem er keinen Bezug hat, häufig nicht mehr zumutbar erscheint[21]. Damit trägt die Regelung auch dem Schutz des Privatlebens iSd Art. 8 I EMRK in Fällen Rechnung, in denen der Ausländer durch seinen Voraufenthalt in die hiesigen Lebensverhältnisse integriert war und zu einem faktischen Inländer geworden ist. 14

6. Antragsfrist

Unabhängig von dem Alter bei Rückkehr dürfen in keinem Fall seit der Ausreise fünf Jahre vergangen sein. Für den **Fristbeginn** ist auf die Ausreise zur Rückkehr abzustellen. Es kommt also zB auf zwischenzeitliche Aufenthalte zu touristischen oder Besuchszwecken nicht an. Für die Einhaltung der Frist ist der Zeitpunkt der Antragstellung maßgeblich, also der Tag des Eingangs des Antrags bei der zuständigen Ausländerbehörde oder Auslandsvertretung. Zur entsprechenden Anwendung auf hier lebende Ausländer vgl. § 34 I, II. 15

7. Ausnahmen

Die besondere Härte nach § 37 II für die Abweichung von den Aufenthalts-, Schulbesuchs- und Fristerfordernissen ist nicht genauer bestimmt. Es ist daher darauf abzustellen, ob der Einzelfall von dem gesetzlichen Tatbestand nur so **geringfügig abweicht**, dass sich die Nichtgewährung des Wiederkehrrechts nach den individuellen Verhältnissen, gemessen an der gesetzlichen Konzeption, als ungerecht darstellt. Der Einzelfall muss vom gesetzlichen Regelungsziel her den ausdrücklich erfassten Fällen annähernd gleichkommen[22]. Hierfür muss eine umfassende Gesamtbetrachtung angestellt werden[23]. 16

Maßstabsbildend für den **gesetzlichen Typus des Wiederkehrers** ist zum einen eine während des Voraufenthalts in Deutschland erreichte Aufenthaltsverfestigung und zum anderen eine Integration sowie Integrationsfähigkeit[24]; entspricht der Ausländer dem gesetzlichen Leitbild in diesen beiden Beziehungen, wäre es unter Beachtung des Gesetzeszwecks in besonderer Weise unbillig, ihm das Wiederkehrrecht vorzuenthalten[25]. Der danach für die Feststellung einer besonderen Härte geforderte Vergleich mit dem gesetzlichen Typus des Wiederkehrers ist anhand einer **Gesamtbetrachtung** aller hierfür erheblichen Umstände des Einzelfalls durchzuführen[26]. 17

---

[19] Dazu → Rn. 13.
[20] Vgl. VGH BW Urt. v. 30.8.1993 – 1 S 1044/93, VGH BW-Ls 1993, Beil. 11, B5; OVG LSA Beschl. v. 16.11.2006 – 2 M 296/06.
[21] Vgl. hierzu auch BVerwG Urt. v. 29.9.1998 – 1 C 8.96, InfAuslR 1999, 54.
[22] BVerwG Beschl. v. 30.5.1994 – 1 B 207.93, EZAR 026 Nr. 2.
[23] VGH BW Beschl. v. 21.11.1991 – 11 S 2146/91, InfAuslR 1992, 211; Urt. v. 15.7.1993 – 1 S 948/93, InfAuslR 1994, 89; HessVGH Beschl. v. 27.5.1993 – 12 TH 2617/92, EZAR 024 Nr. 2.
[24] OVG Bln-Bbg Beschl. v. 10.3.2017 – OVG 11 N 148.16 Rn. 5; BayVGH Beschl. v. 3.9.2014 – 10 AS 14.1838, 10 AS 14.1837 Rn. 25; OVG LSA Beschl. v. 16.11.2006 – 2 M 296/06 unter Bezugnahme auf BVerwG Urt. v. 19.3.2002 – 1 C 19.01, BVerwGE 116, 128 (134 ff.), zu § 16 AuslG.
[25] OVG LSA Beschl. v. 16.11.2006 – 2 M 296/06 unter Bezugnahme auf BVerwG Urt. v. 19.3.2002 – 1 C 19.01, BVerwGE 116, 128 (134 ff.), zu § 16 AuslG.
[26] BayVGH Beschl. v. 3.9.2014 – 10 AS 14.1838, 10 AS 14.1837 Rn. 25; OVG Bln-Bbg Urt. v. 20.3.2014 – OVG 1 B 16.14 Rn. 55; OVG LSA Beschl. v. 16.11.2006 – 2 M 296/06 unter Bezugnahme auf BVerwG Urt. v. 19.3.2002 – 1 C 19.01, BVerwGE 116, 128 (134 ff.), zu § 16 AuslG.

18 Kennzeichnend für den typischen Wiederkehrer ist zum einen eine durch einen langjährigen rechtmäßigen Aufenthalt und Schulbesuch in Deutschland eingetretene Aufenthaltsverfestigung und zum anderen, dass der Ausländer trotz seines zwischenzeitlichen Aufenthalts die hierdurch bewirkte Integration und seine Integrationsfähigkeit nicht wieder verloren hat[27]. Letzteres drückt sich nicht zuletzt in der gesetzlichen Regelung in § 37 I 1 Nr. 3 aus, dass der Zwischenaufenthalt im Ausland einen Zeitraum von fünf Jahren nicht überschreiten darf. Dem liegt der Gedanke zugrunde, dass die erfolgte Integration in die hiesigen Lebensverhältnisse und eine künftige Re-Integrationsfähigkeit bei relativ langen Auslandsaufenthalten regelmäßig verloren geht. Ferner ist, wofür die weitere zeitliche Eingrenzung in Nr. 3 („nach Vollendung des 15. und vor Vollendung des 21. Lebensjahres") spricht, im Grundsatz davon auszugehen, dass § 37 I 1 AufenthG den Typus des jugendlichen oder heranwachsenden Wiederkehrers im Blick hat, dh einen Rückkehrer in einem Alter, in dem seine Entwicklung noch nicht abgeschlossen ist[28].

19 Eine besondere Härte kann bspw. daraus folgen, dass ein Ausländer, der Defizite bei der Erfüllung einzelner Voraussetzungen nach § 37 I durch eine anderweitige Form der Aufenthaltsverfestigung, Integration oder Integrationsfähigkeit bei der gebotenen Gesamtbetrachtung ausgleichen oder gar übererfüllen kann, aber trotz der sich hieraus ergebenden „Gleichwertigkeit" mit dem Typus des Wiederkehrers von dem Anspruch auf Erteilung einer Wiederkehrerlaubnis ausgeschlossen wäre.

20 Bei der **Gesamtbetrachtung** sind daher die Defizite bei der Erfüllung der Voraussetzungen des § 37 I 1 Nr. 1 und 3 jeweils konkret zu bestimmen und im Rahmen der Gesamtbewertung unter Berücksichtigung des spezifischen Regelungszwecks der jeweiligen nicht erfüllten Voraussetzung ins Verhältnis zu anderen Umständen aus der Biografie des Ausländers zu setzen, die sonst in besonderer Weise für eine Aufenthaltsverfestigung, die erfolgte Integration oder die Integrationsfähigkeit sprechen[29].

21 Dabei kommt es auf das Maß der Nichterfüllung einzelner oder mehrerer Voraussetzungen genauso an wie auf evtl. zusätzliche Integrationsleistungen. So kann der Ausländer Defizite bei der Erfüllung der Merkmale des Abs. 1 Nr. 1 und 3 durch die Übererfüllung eines dieser Merkmale ausgleichen und dadurch dem gesetzlichen Typ des Wiederkehrers entsprechen[30].

22 Eine Unterschreitung der Aufenthaltsdauer kann unter Umständen durch eine längere Schulzeit oder einen besonders qualifizierten Schulabschluss ausgeglichen werden[31]. Der Nichterfüllung auch mehrerer Tatbestandsvoraussetzungen um ein jeweils geringfügiges Maß kann unter Umständen ein Studium der deutschen Sprache im Heimatstaat oder eine Berufstätigkeit in der Auslandsvertretung eines deutschen Unternehmens gegenübergestellt werden. Wenn die Aufenthalts- und Schulbesuchszeiten in geringfügigem Umfang nicht erfüllt sind und auch die fünfjährige Dauer des Auslandsaufenthalts überschritten ist, kann dies durch den erfolgreichen Abschluss einer deutschen Auslandsschule (Abitur) ausgeglichen werden[32].

23 Für die Frage des Härtefalls sind auch die **Umstände der Ausreise** und das **Verhalten im Ausland** von Interesse. War der junge Ausländer gegen seinen Willen in die Heimat (der Eltern) zurückgekehrt, ist die Ausnahmemöglichkeit großzügiger zu handhaben, als wenn er durch aufenthaltsbeendende Maßnahmen zur Ausreise verpflichtet wurde. Hat er sich auf die Wiederkehr vorbereitet und damit die geringfügige Unterschreitung zB der Aufenthaltsvoraussetzungen in integrationsmäßiger Hinsicht ausgeglichen, ist dies positiver zu werten als Untätigkeit und Unschlüssigkeit nach der Rückkehr. Eine besondere Härte ist in der Regel anzunehmen, wenn der Ausländer infolge Erfüllung der gesetzlichen Wehrpflicht an einer rechtzeitigen Antragstellung gehindert war und diese im Anschluss an den Wehrdienst nachholt; insoweit können ähnliche Maßstäbe wie nach § 51 III angewendet werden.

24 Von Aufenthalts- und Schulbesuchserfordernissen gänzlich abgesehen werden kann im Falle eines **anerkannten Schulabschlusses** im Inland. Eine besondere Härte wird nicht vorausgesetzt; der Einzelfall darf aber nicht so signifikant von der Regel abweichen, dass ein Wiederkehrrecht, gemessen an dem gesetzlichen Bild des typischen Wiederkehrers, dessen Leben im Bundesgebiet entscheidend geprägt worden ist, ungerechtfertigt erscheint. Es muss mindestens der Hauptschulabschluss erreicht sein.

25 Für die in § 37 II 1 verlangte besondere **Härte** genügt nicht schon jede Härte, die deshalb entstehen kann, weil die Wiederkehrmöglichkeit nur für einen eingegrenzten Personenkreis geschaffen worden ist; es muss eine Besonderheit hinzukommen, durch die eine über die dem Gesetz immanente allgemeine Härte hinausgehende Härte deswegen begründet wird, weil der Einzelfall vom gesetzlichen

---

[27] OVG Bln-Bbg Urt. v. 20.3.2014 – OVG 1 B 16.14 Rn. 60.
[28] OVG Bln-Bbg Urt. v. 20.3.2014 – OVG 1 B 16.14 Rn. 60; BayVGH Beschl. v. 4.11.2014 – 10 ZB 14.1768 Rn. 7; VGH BW Urt. v. 30.8.1993 – 1 S 1044/93 Rn. 23; OVG Bln-Bbg Urt. v. 30.4.2009 – 12 B 19.07 Rn. 35; OVG LSA Beschl. v. 16.11.2006 – 2 M 296/06 Rn. 7.
[29] BayVGH Beschl. v. 3.9.2014 – 10 AS 14.1838, 10 AS 14.1837 Rn. 25; OVG LSA Beschl. v. 16.11.2006 – 2 M 296/06 unter Bezugnahme auf BVerwG Urt. v. 19.3.2002 – 1 C 19.01, BVerwGE 116, 128 (134 ff.), zu § 16 AuslG.
[30] BVerwG Urt. v. 19.3.2002 – 1 C 19.01, EZAR 026 Nr. 4.
[31] Betr. Unterschreitung der Schulbesuchsdauer vgl. VGH BW Beschl. v. 21.11.1991 – 11 S 2146/91, InfAuslR 1992, 211; SchlHOVG Beschl. v. 12.3.1992 – 4 M 25/92, InfAuslR 1992, 125.
[32] HessVGH Urt. v. 28.5.2001 – 12 UE 187/01, EZAR 026 Nr. 3.

Regelungsziel her den ausdrücklich erfassten Fällen annähernd gleicht[33]. Eine solche besondere Härte kann bspw. daraus folgen, dass ein Ausländer, der Defizite bei der Erfüllung einzelner Voraussetzungen nach Abs. 1 durch eine anderweitige Form der Aufenthaltsverfestigung, Integration oder Integrationsfähigkeit bei der gebotenen Gesamtbetrachtung ausgleichen oder gar übererfüllen kann, trotz der sich hieraus ergebenden „Gleichwertigkeit" mit dem Typus des Wiederkehrers dennoch von dem Anspruch auf Erteilung einer Wiederkehrerlaubnis ausgeschlossen wäre[34]. Maßstabsbildend sind insoweit die frühere Aufenthaltsverfestigung und Integration sowie die Integrationsfähigkeit, wobei die Defizite bei der Erfüllung einzelner Tatbestandsmerkmale des § 37 I 1 Nr. 1 und 3 auch in anderer Weise als durch die Übererfüllung eines der Merkmale des § 37 I kompensiert oder relativiert werden können[35].

Die Annahme einer besonderen Härte oder eines anerkannten Schulabschlusses ist gerichtlich voll überprüfbar, auch wenn insoweit unbestimmte Rechtsbegriffe auszulegen und anzuwenden sind[36]. Die Ausnahmeentscheidung ergeht aufgrund **Ermessens**[37]. 26

8. Versagung der Aufenthaltserlaubnis

Die Versagung der Aufenthaltserlaubnis zur Wiederkehr ist trotz gesetzlichen Anspruchs zugelassen, und zwar **im Ermessenswege** in den Fällen des Abs. 1 wie des Abs. 2. Die fakultativen speziellen Versagungsgründe des Abs. 3 stehen neben den zwingenden allgemeinen Voraussetzungen. Die Regelerteilungsgründe des § 5 I Nr. 1–2, II, die Versagungsgründe der §§ 5 IV, 11 finden Anwendung; in den Ermessensfällen des Abs. 2 sind auch die §§ 5 I Nr. 3, 10 I zu beachten. 27

Abs. 3 Nr. 1 ergänzt zum einen den obligatorischen Ablehnungsgrund des § 11 I 2 für die Zeit nach Ablauf der Frist des § 11 I 2, 3 und führt zum anderen den zusätzlichen Versagungsgrund der **potenziellen Ausweisung** ein. Letzterer ist abgestellt auf den Zeitpunkt der Ausreise und nur gegeben, wenn ein Ausweisungsgrund vorlag und die Ausweisung unter Beachtung ua der §§ 55 III, 56, des Art. 14 ARB 1/80 und völkervertraglicher Beschränkungen ermessensfehlerfrei hätte verfügt werden können. Der Tatbestand allein genügt also nicht. 28

Abs. 3 Nr. 2 hebt dagegen auf den Zeitpunkt der beabsichtigten Wiederkehr ab und lässt wie § 5 I Nr. 2 die Erfüllung eines **Ausweisungstatbestands** der §§ 53–55 genügen[38]. Insbesondere § 56 ist hier nicht anzuwenden. 29

Abs. 3 Nr. 3 dient dem Wohl wiederkehrender Minderjähriger und soll einer Belastung der öffentlichen Hand mit Betreuungskosten vorbeugen. Die **Betreuung** des Minderjährigen muss durch private Kräfte und Mittel gewährleistet sein; die immer garantierte öffentliche Hilfeleistung für Minderjährige nach dem SGB VIII schließt den Versagungsgrund bestimmungsgemäß nicht aus. Dieser wirkt aber nur zeitweilig bis zur Volljährigkeit. 30

9. Verlängerung der Aufenthaltserlaubnis

Die Voraussetzungen für die Wiederkehr nach Abs. 1 Nr. 1 und 3 müssen ihrer Natur nach nur einmal, nämlich bei Erteilung der Aufenthaltserlaubnis vorliegen. Eine irrtümliche Erteilung kann allenfalls durch Rücknahme rückgängig gemacht werden. Ob dies für den rechtmäßigen Voraufenthalt nicht gelten kann, erscheint höchst fraglich; eine derartige Unterscheidung zwischen einzelnen Tatbestandsmerkmalen des Abs. 1 lässt sich weder dem Text noch Sinn und Zweck des Gesetzes entnehmen. Zusätzlich wird in Abs. 4 für die Verlängerung auf die Erfüllung des Abs. 1 Nr. 2 verzichtet. In jedem Fall besteht ein **Anspruch auf Verlängerung,** auch nach einer Erteilung aufgrund Ermessens nach Abs. 2. 31

Die Verlängerung darf nur nach §§ 5 I Nr. 1 oder 2, II oder IV, 11, 37 III Nr. 2 oder 3 abgelehnt werden, wobei letzterer Versagungsgrund in der Regel aufgrund Volljährigkeit alsbald entfällt. Als **Ausweisungsgrund** (Abs. 3 Nr. 2) kommt auch Sozialleistungs- oder Jugendhilfebedürftigkeit iSd § 55 II Nr. 6 oder 7 in Betracht, und zwar ohne Rücksicht auf §§ 55 III, 56. Abs. 4 dispensiert nur von der Unterhaltssicherung, nicht von der Nichterfüllung von Ausweisungstatbeständen[39] und soll hinsichtlich der Sozialleistungsbedürftigkeit auch zu keiner Besserstellung gegenüber Ausländern führen, die in Deutschland verblieben sind. 32

---

[33] OVG LSA Beschl. v. 16.11.2006 – 2 M 296/06 unter Bezugnahme auf BVerwG Urt. v. 19.3.2002 – 1 C 19.01, BVerwGE 116, 128 (134 ff.), zu § 16 AuslG.
[34] OVG LSA Beschl. v. 16.11.2006 – 2 M 296/06.
[35] OVG Bln-Bbg Beschl. v. 30.4.2009 – 12 B 19.07 unter Hinweis auf BVerwG Urt. v. 3.8.2004 – 1 C 29.02, BVerwGE 121, 315.
[36] Betr. Härtefall VGH BW Beschl. v. 21.11.1991 – 11 S 2146/91, InfAuslR 1992, 211.
[37] BVerwG Urt. v. 22.2.1995 – 1 C 11.94, BVerwGE 98, 31; VGH BW Urt. v. 12.12.1995 – 13 S 3327/94, EZAR 011 Nr. 8; Urt. v. 27.1.1992 – 13 S 1585/90, EZAR 015 Nr. 2.
[38] Dazu § 5.
[39] AA *Sieveking* in Barwig ua AuslR S. 149, 155 f.

IV. Zwangsheirat

1. Allgemeines

33 Grund für die Aufnahme des Rückkehrrechts in Abs. 2a ist der Umstand, dass in Fällen der Zwangsverheiratung Aufenthaltstitel in der Regel nach § 51 I Nr. 6 und 7 erlöschen und befristete Aufenthaltstitel zudem durch Zeitablauf nach § 51 I Nr. 1 entfallen.

34 **Eine privat erzwungene Ausreise stellt eine Ausreise iSd § 51 I Nr. 6 und 7 dar und führt unter den in den Vorschriften geregelten Voraussetzungen zu einem Erlöschen des Aufenthaltstitels**[40]. Es scheint auf den ersten Blick zwar nahezuliegen, privat erzwungene Ausreisen rechtlich nicht anders zu behandeln als staatlich erzwungene Ausreisen[41]. Im Hinblick auf den Regelungszweck der beiden Erlöschensvorschriften, Rechtsklarheit darüber zu schaffen, ob ein Aufenthaltstitel fortbesteht oder nicht, ergibt sich aber doch ein erheblicher Unterschied zwischen beiden Fallkonstellationen. Denn bei einer privat erzwungenen Ausreise fehlt es an einer Mitwirkung des Staates. Der Staat hat regelmäßig noch nicht einmal Kenntnis von den Umständen, auf denen die Ausreise und der Auslandsaufenthalt des Ausländers beruhen. Eine privat erzwungene Ausreise stellt daher – anders als eine staatlich erzwungene Ausreise – eine Ausreise iSd § 51 I Nr. 6 und 7 dar und führt demnach unter den in den Vorschriften geregelten Voraussetzungen zu einem Erlöschen des Aufenthaltstitels[42].

35 Zwar erlaubt § 37 II bereits nach derzeitiger Rechtslage in Härtefällen ein Absehen von den Wiederkehrvoraussetzungen in § 37 I 1 Nr. 1 und 3, allerdings befreit § 37 II nicht vom Erfordernis der Lebensunterhaltssicherung nach § 37 I 1 Nr. 2, woran ein Wiederkehrrecht nicht selten scheitert.

36 Durch den neu eingefügten Abs. 2a S. 1 kann zukünftig auch denjenigen Opfern von Zwangsverheiratungen, die **als Minderjährige in Deutschland aufhältig waren,** eine Aufenthaltserlaubnis erteilt werden, wenn sie von der Rückkehr nach Deutschland abgehalten wurden, den Antrag innerhalb von drei Monaten nach Wegfall der Zwangslage und vor **Ablauf von fünf Jahren** seit ihrer Ausreise zu stellen[43]. Dieses Wiederkehrrecht ist nicht davon abhängig, dass sie ihren Lebensunterhalt sichern; stattdessen ist Voraussetzung, dass aufgrund ihrer bisherigen Ausbildung und Lebensverhältnisse gewährleistet erscheint, dass sie sich in die deutschen Lebensverhältnisse (wieder) einfügen können.

37 Durch dieses Erfordernis einer **positiven Integrationsprognose,** dessen Formulierung aus § 104a II (Altfallregelung für langjährig Geduldete) übernommen wurde, wird gewährleistet, dass im Einzelfall nicht auch diejenigen Personen von erweiterten Wiederkehrrechten profitieren, die nicht zur Integration in Deutschland bereit oder in der Lage sind und bei denen deshalb auch ein erhöhtes Risiko besteht, dass sie in Deutschland dauerhaft von Sozialhilfeleistungen abhängig wären. Bei der Integrationsprognose sind ua die Sprachkenntnisse, die Länge des Voraufenthalts sowie die Länge und Regelmäßigkeit des Schulbesuchs zu berücksichtigen.

38 Ein noch weiter gehendes Wiederkehrrecht wird durch Abs. 2a S. 2 denjenigen Opfern von Zwangsverheiratungen gewährt, die sich vor ihrer Ausreise bereits mindestens acht Jahre rechtmäßig in Deutschland aufhielten und sechs Jahre die Schule besuchten. Bei ihnen liegt regelmäßig eine starke Vorintegration in Deutschland vor; ihnen soll deshalb ein Aufenthaltstitel erteilt werden und es kann auf die gesonderte Prüfung einer positiven Integrationsprognose verzichtet werden. Außerdem ist bei starker Vorintegration davon auszugehen, dass eine innere Beziehung zu Deutschland auch bei einer noch längeren Abwesenheit vom Bundesgebiet bestehen bleibt. Opfer von Zwangsverheiratungen, die unter diese Personengruppe fallen, können deshalb den Antrag auf Erteilung einer Aufenthaltserlaubnis noch bis zu **zehn Jahre nach Ausreise** stellen. Die Neuregelung erfasst sowohl Fälle, in denen das Opfer in Deutschland zwangsverheiratet und anschließend ins Ausland verbracht und an der Rückkehr nach Deutschland gehindert wird, als auch Fälle, in denen das Opfer im Ausland zwangsverheiratet und an der Rückkehr nach Deutschland gehindert wird[44].

39 Nicht ausdrücklich geregelt ist das eigenständige Aufenthaltsrecht zugunsten der Frauen, die bereits vor oder nach der Einreise zwangsverheiratet wurden, aber nicht ausgereist sind, sich aber aus ihrer Zwangslage lösen wollen. Hier wird in der Regel eine besondere Härte nach § 31 II 2 anzunehmen sein[45].

---

[40] BVerwG Urt. v. 17.1.2012 – 1 C 1.11, BVerwGE 141, 325 Rn. 12.
[41] Hier finden die Erlöschenstatbestände keine Anwendung, BVerwG Urt. v. 17.1.2012 – 1 C 1.11, BVerwGE 141, 325 Rn. 19.
[42] BVerwG Urt. v. 17.1.2012 – 1 C 1.11, BVerwGE 141, 325 Rn. 12.
[43] BT-Drs. 17/4401, 10.
[44] BT-Drs. 17/4401, 8.
[45] Hierzu der Vorschlag Bündnis 90/Die Grünen, BT-Drs. 17/2491, 2.

2. Zwangsheirat

Eine Zwangsverheiratung liegt dann vor, wenn mindestens einer der Eheleute durch die Ausübung 40 von Gewalt oder durch Drohung zum Eingehen einer Ehe gezwungen wird. Die notwendige Abgrenzung zwischen einer Zwangsverheiratung und einer sog. arrangierten Ehe ist „schwierig"[46].

Es gibt verschiedene Erscheinungsformen von Zwangsheirat. So werden Mädchen und junge Frauen 41 im Herkunftsland genötigt, in Deutschland lebende Migranten zu heiraten und diesen nach Deutschland zu folgen. Hintergrund sind oft Vereinbarungen zwischen den Familien der Eheleute. Junge Mädchen, die in Deutschland aufwachsen, werden aber auch im Herkunftsland ihrer Familien, in dem sie üblicherweise die Ferien verbringen, genötigt, sich zu verloben und zu heiraten, ohne bei Abreise aus Deutschland über diese Absichten informiert worden zu sein[47]. Diese Mädchen bleiben dann häufig gegen ihren Willen im Ausland. Es gibt aber auch Fälle, in denen es darum geht, dass die nachreisende Person ein Aufenthaltsrecht in Deutschland erhält. Schließlich sind Fälle von Zwangsheirat innerhalb einer durch einen gemeinsamen Migrationshintergrund geprägten Gemeinschaft festzustellen.

Die Gründe für das Phänomen Zwangsheirat sind vielfältig. Neben dem Wunsch der Eltern, ihre 42 Töchter „gut zu versorgen", geht es auch um Disziplinierung der Töchter, die in westlichen Gesellschaften aufwachsen und sich nicht mehr in alte Traditionen fügen wollen. Durch Zwangsheirat im Rahmen von Großfamilien werden traditionelle Machtverhältnisse gestärkt und der Einfluss von Familien gesichert. Zum Teil spielen aber auch der finanzielle Aspekt in Form des Brautpreises oder das Aufenthaltsrecht eine Rolle.

Durch Zwangsheirat wird das durch die Verfassung geschützte Recht des Opfers auf selbstbestimmte 43 Heirat verletzt. Denn nach stRspr des BVerfG schützt Art. 6 I GG die Eheschließungsfreiheit, also das Recht jedes Menschen, die Ehe mit einer selbst gewählten Person einzugehen. Darüber hinaus ist Zwangsverheiratung eine schwere Menschenrechtsverletzung. Sie verstößt gegen das Recht auf freie Eheschließung und selbstbestimmte Partnerwahl, das durch Art. 16 der Allgemeinen Erklärung der Menschenrechte der Vereinten Nationen und Art. 12 EMRK garantiert wird[48]. In der Empfehlung Nr. 21 des UN-Komitees zur Abschaffung aller Formen der Diskriminierung von Frauen heißt es: „Das Recht, einen Partner zu wählen und eine Heirat freiwillig einzugehen, ist von zentraler Bedeutung für das Leben einer Frau, für ihre Würde und Gleichberechtigung als menschliches Wesen."

3. Voraussetzungen des Rechts auf Wiederkehr

§ 37 IIa dient dem Ziel, aus Zwangsverheiratungen resultierende aufenthaltsrechtliche Nachteile für 44 die Opfer zu beseitigen. Erfasst werden Fälle, in denen das Opfer im Bundesgebiet zwangsverheiratet und anschließend ins Ausland verbracht und an der Rückkehr ins Bundesgebiet gehindert wird, wie auch Fälle, in denen das Opfer im Ausland zwangsverheiratet und an der Rückkehr ins Bundesgebiet gehindert wird[49].

Während nach § 37 IIa 1 Opfern von Zwangsverheiratungen, die als Minderjährige in Deutschland 45 aufhältig waren, eine Aufenthaltserlaubnis aufgrund einer **Ermessensentscheidung** erteilt werden kann, vermittelt § 37 IIa 2 diesen Personen einen **Regelanspruch,** wenn sie die Voraussetzungen des Rechtsanspruchs nach § 37 I 1 Nr. 1 erfüllen. Damit folgte der Gesetzgeber nicht dem Vorschlag der SPD-Fraktion[50], die für alle Wiederkehrfälle gleichermaßen eine Ermessensregelung vorsah und nicht nach dem Maß der Integration aufgrund des Voraufenthalts des Ausländers differenzierte.

Da weder der Ermessensanspruch nach S. 1 noch der Regelanspruch nach S. 2 von den in § 37 I 1 46 Hs. 1 aufgestellten Voraussetzungen suspendiert, **wird nur privilegiert, wer vor seiner Ausreise aus dem Bundesgebiet als Minderjähriger seinen rechtmäßigen Aufenthalt im Bundesgebiet gehabt hat.** Wer als Volljähriger in das Bundesgebiet eingereist und Opfer einer Zwangsverheiratung geworden ist, kann sich damit nicht auf die Vorschrift berufen[51].

§ 37 IIa 1 befreit von dem Erfordernis des § 37 I 1 Nr. 1. Das betrifft nur die Dauer des Aufenthalts 47 und den Schulbesuch, nicht aber auch die **Rechtmäßigkeit des Aufenthalts,** da diese bereits in S. 1 verankert ist. Wer während des Voraufenthalts geduldet war und von Dritten, etwa Verwandten, zum Zwecke der Zwangsverheiratung ins Ausland verschleppt oder durch Täuschung zur Ausreise veranlasst wurde sowie im Zeitpunkt der Verschleppung die Voraussetzungen der positiven Integrationsprognose erfüllte, wird von der Regelung nicht begünstigt[52].

---

[46] BT-Drs. 17/2491, 5.
[47] BT-Drs. 17/4401, 8.
[48] BT-Drs. 17/4401, 8; BT-Drs. 17/4197, 1.
[49] *Marx,* Stellungnahme im Innenausschuss, 17(4)207 A; BT-Drs. 17/4401, 8 f.
[50] BT-Drs. 17/4197, 3.
[51] *Marx,* Stellungnahme im Innenausschuss, 17(4)207 A; anders noch der Gesetzesentwurf der SPD-Fraktion, BT-Drs. 17/4197, 3.
[52] AA *Marx,* Stellungnahme im Innenausschuss, 17(4)207 A.

48 Ausländer, die nicht zwangsverheiratet wurden, aber mit Gewalt oder Drohung von einer Rückkehr nach Deutschland abgehalten wurden, werden nicht von der Wiederkehrregelung erfasst, da die Voraussetzungen

– rechtswidrig mit Gewalt oder Drohung mit einem empfindlichen Übel zur Eingehung der Ehe genötigt und

– von der Rückkehr nach Deutschland abgehalten wurden

kumulativ vorliegen müssen[53].

4. Wegfall der Zwangslage

49 Opfern von Zwangsverheiratungen wird eine **Überlegungsfrist von drei Monaten** nach Wegfall der Zwangslage zugebilligt.

50 Die Zwangslage bezieht sich auf zwei Umstände: Eheschließung und Verhinderung der Rückkehr. Denn Voraussetzung des Wiederkehrrechts ist neben der Zwangsheirat, also der Nötigung zur Eingehung der Ehe mittels Gewalt oder Drohung mit einem empfindlichen Übel, auch die Verhinderung der Rückkehr nach Deutschland. **Die Nötigung muss sich auch auf die Unmöglichkeit, nach Deutschland zurückzukehren, erstrecken, darf also nicht nach Eingehung der Ehe beendet sein**[54].

51 Von einem Fortbestand der Nötigungssituation ist bei einer Zwangsverheiratung mangels gegenteiliger Anzeichen so lange auszugehen, bis aufgrund äußerer Umstände feststeht, dass die Betroffene tatsächlich in der Lage ist, die eheliche Lebensgemeinschaft aufzugeben. Spätestens mit Aufgabe der ehelichen Lebensgemeinschaft endet die Zwangslage. Anhaltspunkte für den Wegfall der Zwangslage sind Besuchsreisen nach Deutschland, Ausübung einer Erwerbstätigkeit im Heimatland, räumliche Trennung der Ehegatten.

52 Mit dem Wegfall der Zwangslage beginnt die Frist von drei Monaten zu laufen. Die Betroffene muss innerhalb dieser Zeit die zuständige deutsche Auslandsvertretung aufsuchen und den Antrag für sich und ggf. die Kinder stellen. Insbesondere die Sorge der Mutter um die Kinder erfordert einen sensiblen Umgang mit den Fristbestimmungen. Erst wenn es der Mutter gelingt, sich und die Kinder vor dem Ehemann und dessen Familie in Sicherheit zu bringen und für die Sicherheit ihrer Kinder auch während der Dauer des Visumverfahrens wirksam zu sorgen, beginnt die Frist zu laufen[55].

53 Da es um die Geltendmachung eines Anspruchs gegen die Verwaltung geht, trifft den Ausländer die Beweislast, wenn die anspruchsbegründenden Tatsachen – also die Zwangsverheiratung als solche wie auch deren Beendigung – unerweislich sind. Hier ist der **Beweisnot der Opfer von Zwangsverheiratungen** Rechnung zu tragen. Denn gerade die typischen Fälle mit Voraufenthalt zeichnen sich dadurch aus, dass die Zwangsverheiratete auf Hilfe durch die eigene Familie nicht vertrauen kann, da diese in der Regel die Zwangsverheiratung veranlasst hat[56].

54 Neben der Überlegungsfrist sieht die Regelung **Ausschlussfristen** vor: Das Rückkehrrecht aus S. 1 muss vor Ablauf von fünf Jahren seit der Ausreise geltend gemacht werden. Das Recht aus S. 2 sieht eine Ausschlussfrist von zehn Jahren vor.

V. Rentner

55 Nach § 37 V wird einem Ausländer, der von einem Träger im Bundesgebiet Rente bezieht, in der Regel eine Aufenthaltserlaubnis erteilt, wenn er sich vor seiner Ausreise mindestens acht Jahre rechtmäßig im Bundesgebiet aufgehalten hat. Rentner besitzen nach dieser Vorschrift einen **Regelanspruch auf die Aufenthaltserlaubnis,** nicht nur einen Anspruch auf fehlerfreie Ermessensausübung. § 37 V begünstigt die Ausländer, die im Bundesgebiet Rentenansprüche erworben haben. Sie sollen sich frei entscheiden können, wo sie die Zeit ihres Ruhestands verbringen wollen, und eine einmal getroffene Entscheidung auch wieder revidieren können[57].

56 Eine **Ausreise,** die das Recht auf Wiederkehr entstehen lässt, liegt nur dann vor, wenn diese freiwillig erfolgt. **Die Begünstigung aus § 37 V entfällt daher, wenn der Ausländer abgeschoben wurde**[58]. Denn die von § 37 V vorausgesetzte Wahlfreiheit des Ausländers zwischen der Fortsetzung seines Aufenthalts im Bundesgebiet und seiner Ausreise besteht nicht mehr, wenn der Ausländer ausreisepflichtig ist und zwangsweise das Bundesgebiet verlassen muss. Das Recht auf Wiederkehr soll das Erlöschen eines Aufenthaltstitels infolge einer Ausreise kompensieren, die auf freier Disposition des

---

[53] Hierauf wies *Schröder* im Innenausschuss hin, 17(4)207 B.
[54] Ebenso *Marx,* Stellungnahme im Innenausschuss, 17(4)207 A.
[55] *Marx,* Stellungnahme im Innenausschuss, 17(4)207 A.
[56] Dem Vorschlag, eine Beweiserleichterung in das Gesetz aufzunehmen, ist der Gesetzgeber nicht gefolgt, s. *Marx,* Stellungnahme im Innenausschuss, 17(4)207 A.
[57] OVG Bln-Bbg Beschl. v. 23.4.2018 – OVG 11 N 78.16 Rn. 3 unter Hinweis auf Begründung des Regierungsentwurfs vom 27.1.1990 zu § 16 AuslG 1990, BT-Drs. 11/6321, 59.
[58] OVG Bln-Bbg Beschl. v. 23.4.2018 – OVG 11 N 78.16 Rn. 3.

Ausländers beruhte. Es knüpft an den zuvor erreichten aufenthaltsrechtlichen Status an, der entweder bereits verfestigt war oder dessen Verfestigung allein im Belieben des Betroffenen stand[59].

Das Gesetz knüpft das Recht auf Wiederkehr nicht an einen bestimmten Daueraufenthaltstitel. Der Regierungsentwurf des § 16 V AuslG 1990 knüpfte zunächst an den Besitz einer durch die Ausreise erloschenen Aufenthaltsberechtigung[60]. Im Gesetzgebungsverfahren sollte der Adressatenkreis um frühere Inhaber einer unbefristeten Aufenthaltserlaubnis erweitert werden, denn dieser idR gleichermaßen integrierte und verfestigte Personenkreis sollte nicht benachteiligt werden, obwohl er möglicherweise nur aus Kostengründen oder Unwissenheit auf die Beantragung einer Aufenthaltsberechtigung verzichtet hatte[61]. Dieser Gedanke findet sich in der endgültigen Fassung der Vorschrift wieder, in der statt auf den vor der Ausreise besessenen Aufenthaltstitel auf die Dauer des früheren Aufenthalts von mindestens acht Jahren und damit die für eine Aufenthaltsberechtigung gem. § 27 II Nr. 1 lit. a AuslG 1990 notwendige Aufenthaltsdauer abgestellt wurde. Ein bestimmter Aufenthaltstitel während des früheren Aufenthalts war somit nicht erforderlich[62]. 57

Das Gesetz knüpft mit der Forderung nach einem **Aufenthalt von acht Jahren vor der Ausreise** an die Beendigung eines integrationsrelevanten Aufenthalts an, der zumindest einen Zusammenhang mit dem Erwerb der späteren Rentenberechtigung aufweist, die ihrerseits Voraussetzung für den Regelanspruch ist. Ausländer, die nach längerer Aufenthaltsdauer im Bundesgebiet über einen fortgeschrittenen Integrationsstand verfügen und Rentenansprüche erworben haben, sollen sich frei entscheiden können, wo sie die Zeit des Ruhestands verbringen wollen, und sollen eine bereits getroffene und realisierte Entscheidung zugunsten ihres Herkunftslands auch wieder revidieren können[63]. 58

Es bestehen keinerlei Anhaltspunkte dafür, dass es vom Zweck der gesetzlichen Regelung gedeckt sein könnte, Ausländer, die „zu früh", dh vor Ablauf von acht Jahren ohne Wiederkehroption, in ihr Herkunftsland zurückgekehrt sind, denen aber dann später zu einem völlig anderen Aufenthaltszweck als der der Erwerbstätigkeit und der Herstellung der familiären Lebensgemeinschaft mit einem erwerbstätigen Familienangehörigen lediglich vorübergehend – etwa als Bürgerkriegsflüchtling oder auch als Besucher – ein rechtmäßiger Folgeaufenthalt ermöglicht worden ist, im Wege der „Anrechnung" dieses Folgeaufenthalts auf den Acht-Jahres-Zeitraum in den Anwendungsbereich des § 37 V einzubeziehen[64]. 59

Der Normzweck des Rechts auf Wiederkehr gebietet eine teleologische Reduktion der aufenthaltsbezogenen Tatbestandsvoraussetzung des § 37 V: Ein Recht auf Wiederkehr setzt danach voraus, dass der Ausländer nach einem rechtmäßigen Aufenthalt von acht Jahren die Voraussetzungen für ein Daueraufenthaltsrecht erfüllte, diesen Status jedoch aufgrund freier Entscheidung mit seiner Ausreise aufgegeben hat[65]. Das Recht auf Wiederkehr soll das Erlöschen eines Aufenthaltstitels infolge einer Ausreise kompensieren, die auf freier Disposition des Ausländers beruhte. Es knüpft an den zuvor erreichten aufenthaltsrechtlichen Status an, der entweder bereits verfestigt war oder dessen Verfestigung allein in dem Belieben des Betroffenen stand. Es dient aber nicht dazu, dem Ausländer ein Daueraufenthaltsrecht durch unbeschränkte Akkumulation von Zeiten rechtmäßigen Aufenthalts erstmalig zu verschaffen[66]. 60

Die von § 37 V vorausgesetzte Wahlfreiheit des Ausländers zwischen der Fortsetzung seines Aufenthalts im Bundesgebiet und seiner Ausreise ist dem aufenthaltsbezogenen Tatbestandsmerkmal immanent und schränkt dieses ein; die Korrektur erfolgt somit bereits auf der Tatbestands- und nicht erst auf der Rechtsfolgenebene bei der Differenzierung zwischen Regelfall und Ausnahme[67]. 61

Zudem wird hier im Unterschied zu Abs. 1 ein **gewöhnlicher Aufenthalt** vor der Ausreise nicht verlangt; es genügt daher grundsätzlich auch ein Aufenthalt, der keine Aussicht auf einen dauernden Verbleib bot. Der Regelanspruch auf Wiederkehr soll den Rentner dazu befähigen, seinen früheren Aufenthaltsstatus wieder in Anspruch zu nehmen. Der Gesetzgeber hat außer dem rechtmäßigen Voraufenthalt keine zusätzlichen Anforderungen statuiert; notwendige Begrenzungen können ohnehin über die Ausnahme[68] und die Erteilungsvoraussetzungen[69] erfolgen. Auch unter dem Gesichtspunkt eines Bestandsschutzes[70] wird kein Daueraufenthaltsrecht verlangt (zB eine unbefristete Aufenthaltserlaubnis oder Aufenthaltsberechtigung oder jetzt eine Niederlassungserlaubnis, sondern nur acht Jahre rechtmäßiger Voraufenthalt und Rentenbezug). 62

---

[59] LSG BW Beschl. v. 31.7.2017 – L 7 SO 2557/17 ER-B Rn. 31.
[60] BT-Drs. 11/6321, 9.
[61] Empfehlung des Innenausschusses BR-Drs. 11/90, 8.
[62] BT-Drs. 11/6955.
[63] OVG NRW Urt. v. 22.3.2006 – 17 A 716/02.
[64] Ebenso OVG NRW Urt. v. 22.3.2006 – 17 A 716/02.
[65] BVerwG Urt. v. 6.3.2008 – 1 C 16.06, BVerwGE 130, 284.
[66] BVerwG Urt. v. 6.3.2008 – 1 C 16.06, BVerwGE 130, 284.
[67] BVerwG Urt. v. 6.3.2008 – 1 C 16.06, BVerwGE 130, 284.
[68] → Rn. 34 ff.
[69] → Rn. 38.
[70] So aber *Hailbronner* AufenthG § 37 Rn. 45.

1 AufenthG § 37

Erster Teil. Aufenthaltsgesetz

63 Da § 37 V lediglich einen Regelanspruch auf die Erteilung einer Aufenthaltserlaubnis gewährt, muss der wiederkehrende Ausländer nach seinen individuellen Verhältnissen dem von Gesetz zugrunde gelegten Regelfall eines ausländischen Rentners entsprechen[71] bzw. darf sich aufgrund seiner individuellen Verhältnisse nicht so deutlich von dem typischen Erscheinungsbild eines wiederkehrenden Rentners, der seinen Lebensabend in der Bundesrepublik Deutschland verbringen will, unterscheiden, dass die Einräumung eines Rückkehranspruchs ungerechtfertigt erscheinen müsste[72].

64 Der **Regelfall** des wiederkehrwilligen ausländischen Rentners ist dadurch gekennzeichnet, dass dieser einen nicht unerheblichen Teil seines Erwerbslebens in Deutschland verbracht hat und nach dem Eintritt in den Ruhestand seinen Lebensunterhalt im Wesentlichen aus dem erworbenen Rentenanspruch bestreitet[73]. Daher ist er auch anders als der junge Wiederkehrer nicht kraft Gesetzes zur Erwerbstätigkeit zugelassen. Von der gesetzlichen Regel darf nur in **Ausnahmefällen** abgewichen werden. Dazu müssen individuelle Verhältnisse festgestellt werden, die sich deutlich von dem typischen Bild eines wiederkehrenden Rentners unterscheiden und die Einräumung eines Rechtsanspruchs als eindeutig ungerechtfertigt erscheinen lassen.

65 Eine **atypische Fallgestaltung** kann bei der Bezieherin einer „großen Witwenrente" angenommen werden, wenn diese den ganz überwiegenden Teil ihres Einkommens aus der Erwerbstätigkeit erzielt[74]. Daraus lässt sich nämlich folgern, dass sie ins Bundesgebiet zurückkehrt, um hier in erster Linie erwerbstätig zu sein, und dass der erneute Aufenthalt in Deutschland nicht dem Leben als Rentnerin dient, sondern der Erwerbstätigkeit. Von dem typischen Bild eines Wiederkehrers weicht auch ein 35 Jahre alter Erwerbsunfähiger signifikant ab[75].

66 Die **Rente** muss von einem Träger in Deutschland gezahlt werden, und zwar schon im Ausland und nicht erst nach der Wiedereinreise[76]. Grund, Art und Höhe sind nicht entscheidend. Es kommen Alters-, Unfall- oder Erwerbsunfähigkeitsrenten in Betracht. Auch abgeleitete Rentenansprüche, insbesondere Witwen- oder Waisenrenten sind ausreichend[77]. Als Träger kann auch eine private Versicherung in Betracht kommen, wenn sie ähnliche Leistungen bietet. Vertragliche Ansprüche (zB aus einer Lebensversicherung) aufgrund Abtretung genügen nicht.

67 Der ein Wiederkehrrecht begründende Normalfall setzt nicht das Bestehen eines im Bundesgebiet erworbenen Rentenanspruchs voraus, der unabhängig von sonstigen Einkünften und vom Vermögen des ausländischen Rentners einen ausreichenden Lebensunterhalt ermöglicht[78], da die Sicherung des durch die Notwendigkeit des Vorliegens der allgemeinen Erteilungsvoraussetzungen des § 5 I Nr. 1, gewährleistet ist. Außerdem erscheint einen den Lebensunterhalt sichernde Rente von einem deutschen Rententräger nicht kennzeichnend für den vom Gesetzgeber als anspruchsbegründend angesehenen „Normalfall", denn innerhalb der Mindestaufenthaltsdauer von nur acht Jahren dürfte der Erwerb einer allein lebensunterhaltssichernden Rente kaum jemals möglich sein[79].

68 Auf den Regelanspruch sind die **Erteilung- und Versagungsgründe** der §§ 5, 10, 11 anwendbar. Weder die besonderen Erteilungsgründe des Abs. 1 noch die Versagungsgründe des Abs. 3 noch die besonderen Verlängerungsvoraussetzungen des Abs. 4 sind in Abs. 5 in Bezug genommen. Angesichts der systematischen Stellung von Abs. 5 sind Abs. 1 und 3 auf Rentner nicht anzuwenden. Daher gelten für Erteilung und Verlängerung die allgemeinen Bestimmungen der §§ 5, 8 I, 10, 11. Damit sind auf Rentner auch nicht die den Regelerteilungsgrund des § 5 I Nr. 1 modifizierenden Sonderregelung des Abs. 1 Nr. 2 (Unterhalt) und Abs. 3 Nr. 3 (Betreuungsbedürftigkeit) anzuwenden. Infolgedessen genügen Rentner dem Erfordernis der Unterhaltssicherung nach Maßgabe der §§ 2 III, 5 I Nr. 1 und sind nicht beschränkt auf die in Abs. 1 Nr. 2 genannten Mittel. Zudem steht ein Ausweisungsgrund der Aufenthaltserlaubnis für Rentner in der Regel entgegen, während er bei jungen Wiederkehrern nur eine Versagung nach Ermessen ermöglicht.

69 Die gesetzgeberische Motivation, den Rentnern die freie Entscheidung über den Ort ihres Ruhestands zu ermöglichen[80], befreit nicht von der Einhaltung allgemeiner Aufenthaltsvoraussetzungen[81], vor allem der Unterhaltssicherung und der Abwesenheit von Ausweisungsgründen. Ob insoweit eine Privilegierung gegenüber rückkehrwilligen jungen Ausländern als sachgerecht angesehen werden kann,

---

[71] OVG NRW Urt. v. 15.4.2004 – 19 A 2265/02; OVG Bln-Bbg Beschl. v. 7.6.2007 – 11 B 1.06, InfAuslR 2007, 343.

[72] OVG RhPf Beschl. v. 29.11.1992 – 13 B 11 583/92; OVG Bln-Bbg Beschl. v. 7.6.2007 – 11 B 1.06, InfAuslR 2007, 343.

[73] OVG NRW Urt. v. 15.4.2004 – 19 A 2265/02, EZAR 026 Nr. 6.

[74] OVG NRW Urt. v. 15.4.2004 – 19 A 2265/02, EZAR 026 Nr. 6.

[75] Vgl. OVG RhPf Beschl. v. 29.11.1992 – 13 B 11 583/92, InfAuslR 1993, 124.

[76] LSG BW Beschl. v. 31.7.2017 – L 7 SO 2557/17 ER-B Rn. 30.

[77] Ebenso BVerwG Urt. v. 6.3.2008 – 1 C 16.06, BVerwGE 130, 284; OVG NRW Urt. v. 22.3.2006 – 17 A 716/02; OVG Bln-Bbg Beschl. v. 7.6.2007 – 11 B 1.06, InfAuslR 2007, 343; aA HessVGH Beschl. v. 25.2.1993 – 12 TH 2517/92, EZAR 026 Nr. 1.

[78] OVG Bln-Bbg Beschl. v. 7.6.2007 – 11 B 1.06, InfAuslR 2007, 343 unter Hinweis auf die aA des NdsOVG Beschl. v. 20.7.1999 – 11 M 1883/99.

[79] OVG Bln-Bbg Beschl. v. 7.6.2007 – 11 B 1.06, InfAuslR 2007, 343.

[80] BT-Drs. 11/6321, 59 f.

[81] AA *Huber* in Barwig ua AuslR S. 101, 110.

kann hier offenbleiben. Die **unterschiedliche Behandlung** muss im Zusammenhang damit gesehen werden, dass junge Wiederkehrer durch die Zulassung zu jeder Art von Erwerbstätigkeit ihren Unterhaltsbedarf eher selbst decken können als Rentner mit einem idR geringeren Renteneinkommen.

Nach alledem ist zwar Abs. 2 Nr. 2 und 3 auf Rentner nicht anwendbar, bei unzureichenden Unterhaltsmitteln und Pflegebedürftigkeit können aber § 5 Nr. 1 und 2 eingreifen, wobei als Ausweisungsgrund Sozialleistungsbedürftigkeit (§ 55 II Nr. 6) in Betracht kommt. Die Inanspruchnahme von Sozialleistungen gehört nicht zu den Lebenschancen, die wiederkehrenden Rentnern eingeräumt werden sollten. Dagegen geht es nicht an, bei wiederkehrwilligen Rentnern schon die durch private Hilfe aufzufangende Pflegebedürftigkeit als anspruchsvernichtend zu werten[82]. Das Pflegefallrisiko allein rechtfertigt also nicht die Ablehnung der Wiederkehr. **70**

Eine **Verlängerung** kommt immer in Betracht, wenn keine Gründe nach §§ 5, 8 I, 10, 11 gegeben sind. Abs. 3 Nr. 1 und 3 sind auch bei der Verlängerung nicht anwendbar. Ansonsten ist die Verlängerung nur bei Vorliegen einer Ausnahme abzulehnen (vgl. § 8 I). **71**

§ 38 Aufenthaltstitel für ehemalige Deutsche

(1) ¹Einem ehemaligen Deutschen ist
1. eine Niederlassungserlaubnis zu erteilen, wenn er bei Verlust der deutschen Staatsangehörigkeit seit fünf Jahren als Deutscher seinen gewöhnlichen Aufenthalt im Bundesgebiet hatte,
2. eine Aufenthaltserlaubnis zu erteilen, wenn er bei Verlust der deutschen Staatsangehörigkeit seit mindestens einem Jahr seinen gewöhnlichen Aufenthalt im Bundesgebiet hatte.
²Der Antrag auf Erteilung eines Aufenthaltstitels nach Satz 1 ist innerhalb von sechs Monaten nach Kenntnis vom Verlust der deutschen Staatsangehörigkeit zu stellen. ³§ 81 Abs. 3 gilt entsprechend.

(2) Einem ehemaligen Deutschen, der seinen gewöhnlichen Aufenthalt im Ausland hat, kann eine Aufenthaltserlaubnis erteilt werden, wenn er über ausreichende Kenntnisse der deutschen Sprache verfügt.

(3) In besonderen Fällen kann der Aufenthaltstitel nach Absatz 1 oder 2 abweichend von § 5 erteilt werden.

(4) Die Ausübung einer Erwerbstätigkeit ist innerhalb der Antragsfrist des Absatzes 1 Satz 2 und im Falle der Antragstellung bis zur Entscheidung der Ausländerbehörde über den Antrag erlaubt.

(5) Die Absätze 1 bis 4 finden entsprechende Anwendung auf einen Ausländer, der aus einem nicht von ihm zu vertretenden Grund bisher von deutschen Stellen als Deutscher behandelt wurde.

Allgemeine Verwaltungsvorschrift
38 Zu § 38 – Aufenthaltsrecht für ehemalige Deutsche
38.0 Allgemeines
38.0.1 § 38 ist ein Auffangtatbestand, wonach ehemaligen Deutschen (vgl. Nummer 2.1.1) unter erleichterten Voraussetzungen ein Aufenthaltstitel erteilt werden kann. Ein Aufenthaltstitel kann auch nach den allgemeinen Vorschriften des Aufenthaltsgesetzes erteilt werden.
38.0.2 In Zweifelsfällen ist zunächst zu prüfen, ob der Antragsteller noch bzw. auch die deutsche Staatsangehörigkeit besitzt (vgl. Nummer 2.1.1). Besteht die deutsche Staatsangehörigkeit fort, ist von Amts wegen zu empfehlen, die Ausstellung eines deutschen Personalausweises oder Reisepasses zu beantragen. Hierbei ist darauf hinzuweisen, dass Deutsche nach Artikel 11 Absatz 1 GG Freizügigkeit im gesamten Bundesgebiet genießen und allgemein berechtigt sind, eine Erwerbstätigkeit im Bundesgebiet auszuüben, aber auch verpflichtet sind, sich im Bundesgebiet mit deutschen Ausweisdokumenten auszuweisen.
38.0.3 Die Regelung erfasst nur ehemalige Deutsche (vgl. Nummer 2.1.1). Nicht erfasst werden deren Abkömmlinge, sofern diese niemals Deutsche waren.
38.0.4 § 38 greift nicht, wenn eine Einbürgerung mit Wirkung ex tunc zurückgenommen wurde.
38.1 Aufenthaltstitel bei Voraufenthalten in Deutschland
38.1.1 Absatz 1 sieht einen Anspruch auf Erteilung einer Niederlassungserlaubnis bzw. Aufenthaltserlaubnis unter bestimmten Voraussetzungen vor. Für die Erteilung einer Niederlassungserlaubnis nach § 38 Absatz 1 Satz 1 Nummer 1 werden dazu ausschließlich Zeiten des gewöhnlichen Aufenthalts als Deutscher im Bundesgebiet berücksichtigt. Für die Erteilung einer Aufenthaltserlaubnis nach § 38 Absatz 1 Satz 1 Nummer 2 wird dagegen unabhängig von der Staatsangehörigkeit nur auf den gewöhnlichen Aufenthalt abgestellt (Zeiten des gewöhnlichen Aufenthalts als deutscher Staatsangehöriger und ggf. als Ausländer sind zusammenzuzählen).
38.1.2 Vorbehaltlich des Absatzes 3 finden die allgemeinen Erteilungsvoraussetzungen nach § 5 Absatz 1 und 2 sowie die Versagungsgründe nach § 5 Absatz 4 und § 11 Anwendung.
38.1.3 Die Regelung erfasst Personen, die die deutsche Staatsangehörigkeit während ihres gewöhnlichen Aufenthaltes im Bundesgebiet (insbesondere durch Antragserwerb einer ausländischen Staatsangehörigkeit nach § 25

---

[82] Ebenso *Sieveking* in Barwig ua AuslR S. 149.

StAG, durch Erklärung nach § 29 StAG oder nach einer sonstigen Vorschrift) verloren haben (vgl. § 17 StAG) und ihren gewöhnlichen Aufenthalt im Bundesgebiet beibehalten.

38.1.4 Bei Verlust der deutschen Staatsangehörigkeit während des gewöhnlichen Aufenthaltes im Ausland findet nur Absatz 2 Anwendung (vgl. Nummer 38.2.1 f.). Ein gewöhnlicher Aufenthalt im Bundesgebiet wird beendet, wenn der Lebensmittelpunkt dauerhaft ins Ausland verlegt wird.

38.1.5 Bei der Berechnung der Voraufenthaltszeiten werden nur zusammenhängende Zeiten angerechnet, in denen der Antragsteller seinen gewöhnlichen Aufenthalt im Bundesgebiet hatte. Ob der Antragsteller mit Wohnsitz in Deutschland gemeldet war, ist für die Bestimmung des gewöhnlichen Aufenthaltes rechtlich nicht maßgeblich, kann aber als Indiz hierfür gewertet werden. Unerheblich sind nur vorübergehende Unterbrechungen des Aufenthaltes; diese sind in die Zeit des gewöhnlichen Aufenthaltes in Deutschland einzubeziehen.

38.1.6 Die Beibehaltung des gewöhnlichen Aufenthaltes in Deutschland ist bei Unterbrechungen des Aufenthaltes für einen Zeitraum von bis zu sechs Monaten zu unterstellen; das Gleiche gilt bei einem längeren Zeitraum, wenn der ehemalige deutsche Staatsangehörige zur Ableistung der gesetzlichen Wehrpflicht eines anderen Staates das Bundesgebiet verlassen hatte und innerhalb von drei Monaten nach Entlassung aus dem Wehr- oder Ersatzdienst wieder einreist (vgl. § 12b Absatz 1 StAG).

38.1.7 Als Deutscher hatte der Antragsteller seinen Aufenthalt im Bundesgebiet, solange er während des Aufenthalts die deutsche Staatsangehörigkeit oder zuvor den Status eines Deutschen ohne deutsche Staatsangehörigkeit besaß (Artikel 116 Absatz 1 GG).

38.1.8 Satz 1 Nummer 1 ermöglicht einem ehemaligen deutschen Staatsangehörigen den Erwerb einer Niederlassungserlaubnis abweichend von den allgemeinen Voraussetzungen des § 9 Absatz 2.

38.1.9 Die Frist nach Satz 1 beginnt, wenn der Antragsteller von der Rechtsfolge des Verlustes der deutschen Staatsangehörigkeit Kenntnis erlangt, nicht aber bereits mit der Erlangung der Kenntnis von den tatsächlichen Umständen, die zu diesem Verlust führten. Zudem setzt erst die hinreichend sichere Kenntnis von dem Verlust der Staatsangehörigkeit die Frist in Gang. Erforderlich ist i. d. R. die Kenntnisnahme einer verbindlichen Äußerung einer zuständigen Behörde, etwa einer Staatsangehörigkeitsbehörde. Nicht ausreichend für die Kenntnis ist die Äußerung der Behörde vorliegen oder einem Verdacht, sofern sich nicht dem Ausländer daraufhin aufdrängen musste, dass er die deutsche Staatsangehörigkeit verloren hat. Geringere Anforderungen an den Beweis der Kenntnisnahme können gestellt werden, wenn der Ausländer rechtskundig oder rechtlich beraten war.

38.1.10 Wird der Antrag innerhalb der Sechsmonatsfrist gestellt, gilt der Aufenthalt seit dem Eintritt des Verlustes der deutschen Staatsangehörigkeit bis zur Entscheidung der Ausländerbehörde als erlaubt (§ 38 Absatz 1 Satz 3 i. V. m. § 81 Absatz 3 Satz 1). Die Sechsmonatsfrist ist vom Gesetzgeber als materielle Ausschlussfrist angelegt. Der Verweis auf § 81 Absatz 3 kann sich nicht auf den dortigen Satz 2 beziehen, da es keine Fallgestaltungen gibt, in denen der Antrag zulässig verspätet gestellt wird und die Rechtsfolgen von § 81 Absatz 3 Satz 2 auslöst.

Hinsichtlich der Aufnahme oder Ausübung einer Erwerbstätigkeit während des Rechtsmittelverfahrens findet § 84 Absatz 2 Satz 2 Anwendung.

38.2 Aufenthaltstitel bei gewöhnlichem Aufenthalt im Ausland

38.2.0 Die Regelung soll insbesondere ehemaligen Deutschen, die aus beruflichen oder familiären Gründen ins Ausland gegangen sind und wieder in Deutschland leben möchten, die Rückkehr ins Bundesgebiet und eine spätere Wiedereinbürgerung erleichtern. Ehemaligen Deutschen, die ihren gewöhnlichen Aufenthalt ins Bundesgebiet verlegen möchten, ist deshalb i. d. R. zu empfehlen, zunächst eine Aufenthaltserlaubnis zu beantragen.

38.2.1 Absatz 2 betrifft nur ehemalige Deutsche, die ihren gewöhnlichen Aufenthalt im Ausland haben. Hatte der Ausländer bei Verlust der deutschen Staatsangehörigkeit seinen gewöhnlichen Aufenthalt im Bundesgebiet, findet Absatz 1 Anwendung. Bei späterer Verlegung des Wohnsitzes ins Ausland ist allerdings die Anwendung des Absatzes 2 nicht ausgeschlossen.

38.2.2 Hatte der Ausländer bei Verlust der deutschen Staatsangehörigkeit den gewöhnlichen Aufenthalt im Ausland und hat er bei der Antragstellung seinen gewöhnlichen Aufenthalt im Inland, finden weder Absatz 1 noch Absatz 2 Anwendung. Allerdings ist anzunehmen, dass der gewöhnliche Aufenthalt im Ausland fortbesteht, solange eine dauerhafte aufenthaltsrechtliche Position des Ausländers im Inland noch nicht gesichert ist. Absatz 2 kann daher weiterhin angewendet werden, wenn kurz nach der Einreise nach Deutschland, etwa bei der Anmeldung bei der Meldebehörde, festgestellt wird, dass ein Verlust der deutschen Staatsangehörigkeit eingetreten ist. Geht der Ausländer bei der Verlegung seines Wohnsitzes zunächst davon aus, dass er Deutscher ist, ist zu prüfen, ob ein Fall des Absatzes 5 vorliegt.

38.2.3 Frühere deutsche Staatsangehörige, denen zwischen dem 30. Januar 1933 und dem 8. Mai 1945 die Staatsangehörigkeit aus politischen, rassischen oder religiösen Gründen entzogen worden ist, sind darauf hinzuweisen, dass nach Artikel 116 Absatz 2 die deutsche Staatsangehörigkeit durch Wiedereinbürgerung auf Antrag oder durch Wohnsitznahme in Deutschland wiederhergestellt werden kann. Bei Personen, welche die ehemalige Deutsche Demokratische Republik als eigene Staatsbürger in Anspruch genommen hatte, ist vorrangig zu prüfen, ob die deutsche Staatsangehörigkeit fortbesteht. Zu beachten ist, dass nach § 24 StAG eine Entlassung aus der deutschen Staatsangehörigkeit als nicht erfolgt gilt, wenn der Entlassene die ihm zugesicherte ausländische Staatsangehörigkeit nicht innerhalb eines Jahres nach der Aushändigung der Entlassungsurkunde erworben hat. Erscheint es möglich, dass dieser Sachverhalt gegeben ist, ist vorrangig zu prüfen, ob der Antragsteller deutscher Staatsangehöriger ist. Bei einem späteren Erwerb der ausländischen Staatsangehörigkeit kann der Verlust der deutschen Staatsangehörigkeit nach § 25 Absatz 1 StAG eingetreten sein.

38.2.4 Vorbehaltlich des Absatzes 3 finden die Allgemeinen Erteilungsvoraussetzungen nach § 5 Absatz 1 und 2 sowie die Versagungsgründe nach § 5 Absatz 4 und 11 Anwendung.

38.2.5 Hinsichtlich des Merkmals der ausreichenden Kenntnisse der deutschen Sprache wird auf Nummer 9.2.1.7 und 44 a.1.2.2 verwiesen.

38.2.6 Bei der Ermessensausübung sind u. a. die Umstände, die zum Verlust der deutschen Staatsangehörigkeit geführt haben, das Lebensalter, der Gesundheitszustand, die Lebensumstände des Antragstellers im Ausland sowie die Sicherung seines Lebensunterhaltes und ggf. die Erwerbsaussichten in Deutschland angemessen zu berücksichtigen.

38.2.7 Im Wege des Ermessens ist auch zu berücksichtigen, ob der Antragsteller fortbestehende Bindungen an Deutschland glaubhaft machen kann.

38.2.8 Berücksichtigungsfähig ist ferner, wenn der Antragsteller, insbesondere im Zusammenhang mit nationalsozialistischen Verfolgungsmaßnahmen oder mit Kriegsfolgen veranlasst war, eine andere Staatsangehörigkeit zu erwerben.

38.3 Abweichungen von Regelerteilungsvoraussetzungen in besonderen Fällen

38.3.1 Nach Absatz 3 kann von den allgemeinen Erteilungsvoraussetzungen nach § 5 in besonderen Fällen nach Ermessen abgewichen werden. Die Voraussetzungen des § 38 Absatz 1 oder 2 müssen vorliegen. Der Nachweis einer besonderen Härte ist nicht erforderlich.

38.3.2 Bei entsprechenden Entscheidungen ist neben dem Schutzweck der jeweiligen Erteilungsvoraussetzung insbesondere der Regelungszweck von § 38 zu berücksichtigen, ehemaligen deutschen Staatsangehörigen einen gesicherten Aufenthaltsstatus im Bundesgebiet zu eröffnen. Bei einem mehrjährigen Inlandsaufenthalt als Deutscher und/oder als Ausländer ist ein besonderer Fall daher insbesondere dann gegeben, wenn an das Fehlen der entsprechenden allgemeinen Erteilungsvoraussetzung bei einem Ausländer (ohne zwischenzeitlichen Erwerb und Verlust der deutschen Staatsangehörigkeit) keine aufenthaltsrechtlichen Folgen (mehr) geknüpft werden könnten.

38.3.3 Ein besonderer Fall liegt auch vor bei ehemaligen deutschen Staatsangehörigen, die die deutsche Staatsangehörigkeit kraft Gesetzes nach § 29 StAG im Rahmen des Optionsverfahrens verloren haben und keinen Aufenthaltstitel nach den allgemeinen Vorschriften, insbesondere § 9 oder § 4 Absatz 5 i. V. m. Artikel 6, 7 ARB 1/80 erhalten. Im Hinblick auf eine verfassungskonforme Ausgestaltung des Optionsverfahrens sollen sie als besondere Fälle i. S. v. § 38 Absatz 3 behandelt werden. Bei der Ausübung des Ermessens kann aber zu Lasten des Betroffenen z. B. berücksichtigt werden, dass er schwere Straftaten begangen hat.

38.3.4 Aufgrund ihres oftmals langjährigen Aufenthalts als deutsche Staatsangehörige kommen als besondere Fälle weiterhin Personen in Betracht, die unverschuldet ohne Kenntnis der gesetzlich vorgesehenen Folgen (insbesondere in engem zeitlichen Zusammenhang zum Inkrafttreten der Regelung des § 25 StAG am 1. Januar 2000) die deutsche Staatsangehörigkeit durch Erwerb einer ausländischen Staatsangehörigkeit verloren haben. Von § 5 Absatz 1 Nummer 1 kann beispielsweise bereits dann abgewichen werden, wenn der Betroffene die fehlende Sicherung des Lebensunterhalts nicht zu vertreten hat. Im Rahmen der Anwendung von § 5 Absatz 1 Nummer 2 sollte berücksichtigt werden, ob die Betroffene – ohne Verlust der deutschen Staatsangehörigkeit – besonderen Ausweisungsschutz nach § 56 genossen hätte oder es sich um Ausweisungsgründe handelt, die eine Einbürgerung nach §§ 10, 12a StAG nicht verhindern.

38.3.5 Weitere Beispiele für besondere Fälle:
– Antragsteller, die im Zusammenhang mit nationalsozialistischen Verfolgungsmaßnahmen oder mit Kriegsfolgen eine andere Staatsangehörigkeit erworben haben,
– Antragsteller, bei denen absehbar ist, dass die zum Entscheidungszeitpunkt noch nicht vorgegebene Sicherung des Lebensunterhalts voraussichtlich bald erreicht werden kann (auf Grund der vorausgegangenen Tätigkeit, des Zeitraums der Erwerbstätigkeit, den Gründen für die Aufgabe der Erwerbstätigkeit etc.).

38.3.6 Ein Verstoß gegen § 5 Absatz 2 Nummer 1 kann nicht angenommen werden, wenn der Ausländer zum Zeitpunkt des Verlusts der deutschen Staatsangehörigkeit seinen gewöhnlichen Aufenthalt in Deutschland hatte und es bis zur Antragstellung nicht verlassen hat. In diesen Fällen ist nach § 5 Absatz 2 Satz 2 regelmäßig vom Erfordernis der Ausreise zur Visumbeschaffung abzusehen.

38.3.7 Von der Anwendung des § 5 Absatz 4 Satz 1 ist nur unter den Voraussetzungen des § 5 Absatz 4 Satz 2 abzusehen.

38.4 Ausübung einer Erwerbstätigkeit

Neben der Niederlassungserlaubnis nach Absatz 1 Nummer 1 berechtigt jede Aufenthaltserlaubnis nach Absatz 1 Nummer 2 bzw. Absatz 2 kraft Gesetzes zur Ausübung einer Erwerbstätigkeit. Dies gilt bereits während der Antragsfrist nach Absatz 1 Satz 2 und im Fall der Antragstellung bis zur Entscheidung. In die Aufenthaltserlaubnis und auch in die Bescheinigung, die aufgrund der Regelung des § 38 Absatz 4 Satz 2 für die Zeit der Antragsfrist bzw. bis zur Entscheidung der Ausländerbehörde auszustellen ist, ist folgende Nebenbestimmung aufzunehmen:
„Erwerbstätigkeit gestattet".

38.5 Entsprechende Anwendung bei irrtümlicher Behandlung als Deutscher

38.5.0 Die Vorschrift erfasst Fälle, in denen durch deutsche Stellen dadurch ein Vertrauenstatbestand geschaffen wurde, dass diese irrtümlich angenommen hatten, der Ausländer sei Deutscher. In diesen Fällen ist allerdings vorrangig zu prüfen, ob ein Erwerb der Staatsangehörigkeit, ggf. auch als Abkömmling eines langjährig irrtümlich als Deutschen Behandelten, nach 3 Absatz 2 StAG erfolgt ist.

38.5.1 Eine Person wurde von deutschen Stellen irrtümlich als Deutscher behandelt, wenn diese durch Verwaltungshandeln – nicht notwendig in Form eines Verwaltungsaktes – zum Ausdruck gebracht haben, dass sie davon ausgehen, der Betreffende sei Deutscher i. S. d. Artikels 116 Absatz 1 GG. Dabei muss eine Prüfung der Staatsangehörigkeit, wenn auch nur in summarischer Form, vorgenommen worden sein. Nicht erforderlich ist, dass ein Verwaltungsversagen oder sogar ein Verschulden der maßgeblichen Behörde festgestellt werden kann.

38.5.2 Ob es sich bei den deutschen Stellen um eine kommunale, eine Landes- oder eine Bundesbehörde handelt, ist unerheblich. Ebenso ist nicht erforderlich, dass die deutschen Stellen zur Feststellung der Staatsangehörigkeit befugt sind.

38.5.3 Nicht hinreichend ist hingegen eine rein formularmäßige Übernahme der Angabe, der Betroffene sei Deutscher, die mit keiner auch nur summarischen Prüfung verbunden ist. Insbesondere ist es nicht ausreichend, als Deutscher durch Sozialversicherungsträger oder andere Behörden erfasst zu werden, die ohne Prüfung der Staatsangehörigkeitsverhältnisse – etwa durch Vorlage eines Ausweises – erfolgt. Dasselbe gilt, wenn die Staatsangehörigkeit lediglich mündlich angegeben, hingenommen und dann in Schriftstücke aufgenommen wird.

38.5.4 Nicht ausreichend ist des Weiteren, dass eine einzelne Behörde irrtümlich davon ausgegangen ist, der Betreffende sei Deutscher, wenn nicht feststellbar ist, dass deutsche Stellen den Betreffenden als solchen behandelt haben. Insbesondere liegt ein Fall nach Absatz 5 daher nicht vor, wenn eine einzelne Behörde (etwa bei der Bewilligung von Sozialleistungen) irrtümlich davon ausgeht, der Betroffene sei Deutscher.

38.5.5 Wenn eine Stelle, zu deren Kernaufgaben die Prüfung zählt, ob jemand Deutscher ist, dies nach – auch nur summarischer – Prüfung bejaht oder sogar mit öffentlichem Glauben beurkundet, ist davon auszugehen, dass allgemein deutsche Stellen den Betroffenen als Deutschen behandelt haben. Dies gilt insbesondere für das Handeln

38.5.5.1 – der Staatsangehörigkeitsbehörden,
38.5.5.2 – der Pass- und Personalausweisbehörden,
38.5.5.3 – der Auslandsvertretungen im sonstigen konsularischen Aufgabenbereich,
38.5.5.4 – der Meldebehörden,
38.5.5.5 – der Personenstandsbehörden, insbesondere im Zusammenhang mit der Beurkundung von Personenstandsfällen,
38.5.5.6 – bei der Ernennung von Beamten, sofern diese Ernennung auf der Annahme beruhte, der Ernannte sei Deutscher und
38.5.5.7 – bei Berufszulassungen, sofern für sie erheblich ist, dass der Betreffende Deutscher ist, und die Zulassung auf dieser Annahme beruhte.
In diesem Zusammenhang ist eine spätere Rücknahme oder ein späterer Widerruf eines Verwaltungsaktes unerheblich, wenn dieser nicht zeitnah oder nicht deshalb erfolgte, weil der Betroffene kein Deutscher war.
38.5.6 Der Vertrauensschutz entsteht nicht, wenn es der Ausländer zu vertreten hat, dass er irrtümlich als Deutscher behandelt wurde. Die bloße Veranlassung genügt nicht für den Ausschluss. Hinsichtlich des Sorgfaltsmaßstabes ist auf das Urteilsvermögen einer durchschnittlichen Person in der Situation des Betroffenen abzustellen. Kenntnisse des deutschen Staatsangehörigkeitsrechts sind i. d. R. nicht zu erwarten, zumal ein Betroffener grundsätzlich auf die Richtigkeit von Verwaltungshandeln vertrauen darf.
38.5.7 Der Ausländer hat seine fehlerhafte Behandlung als Deutscher insbesondere dann zu vertreten, wenn sie geschehen ist, weil er
38.5.7.1 – bewusst wahrheitswidrig angegeben hat, er sei Deutscher,
38.5.7.2 – Urkunden vorgelegt hat, die nach seiner Kenntnis oder leicht erkennbar gefälscht oder verfälscht sind,
38.5.7.3 – auf die – ggf. auch formularmäßig gestellte – Frage, ob
38.5.7.3.1 – er aus der deutschen Staatsangehörigkeit entlassen worden ist (§§ 18 bis 24 StAG),
38.5.7.3.2 – er ohne eine Beibehaltungsgenehmigung eine andere Staatsangehörigkeit erworben hat (§ 25 Absatz 1 und 2 StAG, Artikel 1 des am 21. Dezember 2002 für Deutschland außer Kraft getretenen Übereinkommens vom 6. Mai 1963 über die Verringerung der Mehrstaatigkeit und über die Wehrpflicht von Mehrstaatern [BGBl. 1969 II S. 1953, 1956]),
38.5.7.3.3 – er auf die deutsche Staatsangehörigkeit verzichtet habe (§ 26 StAG),
38.5.7.3.4 – er durch einen Ausländer als Kind angenommen wurde (§ 27 StAG),
38.5.7.3.5 – er in die Streitkräfte oder einen vergleichbaren bewaffneten Verband eines ausl[]dischen Staates eingetreten sei (§ 28 StAG) und ob hierfür eine Genehmigung des Bundesministeriums der Verteidigung oder der von ihm bezeichneten Stelle vorlag,
38.5.7.3.6 – er eine Erklärung nach § 29 StAG abgegeben habe oder
38.5.7.3.7 – er als Vertriebener, Aussiedler oder Spätaussiedler oder als dessen Ehegatte oder Abkömmling nach Aufnahme in Deutschland ohne vorherige Einbürgerung als Deutscher ohne deutsche Staatsangehörigkeit i. S. d. Artikels 116 Absatz 1 GG vor dem 1. August 1999 seinen dauernden Aufenthalt in einem Aussiedlungsgebiet (vgl. § 1 Absatz 2 Nummer 3 BVFG) genommen hat (§ 7 StAngRegG a. F.), eine bewusst falsche oder unvollständige Angabe gemacht hat,
38.5.7.4 – er sonst an einem Verwaltungsverfahren, in dem geprüft werden sollte, ob er Deutscher ist, nicht ordnungsgemäß mitgewirkt hat und ihm dies vorzuwerfen ist.

Übersicht

	Rn.
I. Entstehungsgeschichte	1
II. Allgemeines	2
III. Aufenthaltstitel für ehemalige Deutsche und Scheindeutsche	4
1. Allgemeines	4
2. Verlust der deutschen Staatsangehörigkeit	11
IV. Gewöhnlicher Aufenthalt im Bundesgebiet	15
V. Antragsfrist	17
VI. Gewöhnlicher Aufenthalt im Ausland	24
VII. Allgemeine Erteilungsvoraussetzungen	29
VIII. Scheindeutscher	31
IX. Fiktionswirkung	37

I. Entstehungsgeschichte

1   Die Vorschrift entspricht im Wesentlichen dem **Gesetzesentwurf**[1]. Aufgrund des Vermittlungsverfahrens wurde in Abs. 4 ein zweiter Satz angefügt[2].

II. Allgemeines

2   Die Vorschrift hat **keinen Vorgänger** in den AuslG 1965 und 1990. Bis Ende 2004 gab es keine spezielle Bestimmung über ein Aufenthaltsrecht für Personen, die früher einmal Deutsche waren. Ehemalige Deutsche können allerdings auch ihre Wiedereinbürgerung nach § 13 StAG betreiben. Die neue Vorschrift hat sich va nach der Einführung von Iussoli-Elementen und des Erklärungsverfahrens

---

[1] BT-Drs. 15/420, 16 f.
[2] BT-Drs. 15/3479, 6.

in das StAG (§§ 4 III, 29, 40b) als notwendig erwiesen. Von 2008 an könnten zahlreiche Fälle auftreten, in denen in Deutschland geborene Kinder nach Erreichen des Volljährigkeitsalters Gefahr laufen, ihre deutsche Staatsangehörigkeit und damit zugleich ihre Inländerrechtspositionen im öffentlichen Recht einschließlich des Aufenthaltsrechts zu verlieren[3].

Ausweislich der Gesetzesmaterialien zum ZuwanderungsG wurde diese Regelung als notwendig angesehen, weil der Verlust der deutschen Staatsangehörigkeit, insbesondere nach dem Wegfall der sog. Inlandsklausel in § 25 StAG durch den Erwerb einer ausländischen Staatsangehörigkeit oder durch die Erklärung zugunsten der ausländischen Staatsangehörigkeit nach § 29 StAG („Optionsmodell"), auch bei gewöhnlichem Aufenthalt im Inland eintreten könne. § 38 I setze im Grundsatz die Aufenthaltszeiten als Deutscher im Inland den Zeiten des rechtmäßigen Aufenthalts als Ausländer gleich[4]. Die Begründung des Gesetzesentwurfs zeigt, dass die Vorschrift für die zum Zeitpunkt ihres Inkrafttretens im StAG geregelten Fälle des Verlusts der deutschen Staatsangehörigkeit konzipiert war[5]. Mit dem **FachkräfteeinwanderungsG** wurde die Regelung zur Ausübung einer Beschäftigung in Abs. 4 S. 1 aufgehoben. Diese Änderung war durch die Änderung des Regel-Ausnahme-Verhältnisses bezüglich der Gestattung der Erwerbstätigkeit in § 4a geboten. 3

III. Aufenthaltstitel für ehemalige Deutsche und Scheindeutsche

1. Allgemeines

Die deutsche Staatsangehörigkeit kann aus **unterschiedlichen Gründen** verloren gehen (vgl. §§ 17 ff. StAG); die Entscheidung gegen die deutsche Staatsangehörigkeit aufgrund des Erklärungszwangs der volljährig gewordenen Iussoli-Deutscher (§ 29 StAG) stellt nur einen dieser Fälle dar. In größerer Anzahl ist nach 1999 ein Verlust der deutschen Staatsangehörigkeit auch dadurch eingetreten, dass in Deutschland lebende Eingebürgerte ihre frühere Staatsangehörigkeit auf ihren Antrag wiedererworben haben, denn die Auslandsklausel im früheren § 25 I RuStAG ist seitdem entfallen (vgl. § 25 I StAG). Seit dem Jahre 2000 gilt zudem die Bestimmung des § 4 IV StAG über den „Generationenschnitt", wonach die deutsche Staatsangehörigkeit bei Auslandsgeburten nicht de iure sanguinis erworben wird, wenn der deutsche Elternteil selbst nach 1999 im Ausland geboren wurde und dort seinen gewöhnlichen Aufenthalt hat. Aufgrund dieser Regelung geht die deutsche Staatsangehörigkeit nicht verloren, sondern wird gar nicht erst erworben. Es ist aber gut vorstellbar, dass der Nichterwerb der deutschen Staatsangehörigkeit nicht bemerkt und nicht festgestellt wird und die im Ausland geborenen Enkel von Deutschen zu Unrecht als Deutsche behandelt werden. Diese Konstellation wird allerdings voraussichtlich erst ab etwa 2020 vermehrt auftreten und zur Anwendung von Abs. 5 führen können. 4

Der Gesetzgeber hat Lösungen für die mit dem Verlust der deutschen Staatsangehörigkeit auftretenden aufenthaltsrechtlichen Fragen **für drei Fallgruppen** gefunden. Für in Deutschland lebende Personen werden Zeiten des gewöhnlichen Aufenthalts als Deutsche in Deutschland mit Zeiten des rechtmäßigen Inlandsaufenthalts als Ausländer für den Erwerb eines Aufenthaltstitels gleichgestellt. Damit findet keine vollständige Gleichbehandlung in dem Sinne statt, dass der frühere Deutsche in jeder Hinsicht so behandelt wird, als sei er schon immer Nichtdeutscher gewesen. Abs. 1 beseitigt nicht die Folgen des Verlusts für Vergangenheit und Zukunft im gesamten öffentlichen Recht, sondern schafft nur einen erleichterten Zugang zum Erwerb einer Aufenthaltserlaubnis oder Aufenthaltserlaubnis für die Zukunft. Mit Abs. 2 werden diejenigen Personen erfasst, die im Ausland leben. Schließlich ist in Abs. 5 die aufenthaltsrechtliche Stellung von Personen geregelt, die zu Unrecht als Deutsche behandelt worden sind („Scheindeutsche"). 5

Mit dem Erwerb der deutschen Staatsangehörigkeit durch Einbürgerung erledigt sich ein dem früheren Ausländer zuvor erteilter unbefristeter Aufenthaltstitel auf sonstige Weise gem. § 43 II (L)VwVfG und lebt auch durch die Rücknahme der Einbürgerung mit Wirkung für die Vergangenheit nicht wieder auf[6]. Gegen ein automatisches Wiederaufleben des früheren Aufenthaltstitels spricht auch § 38, der bei einem Verlust der deutschen Staatsangehörigkeit nicht an einen vor Erwerb der deutschen Staatsangehörigkeit vorhandenen Aufenthaltsstatus der ehemaligen Deutschen anknüpft, sondern nur Ansprüche auf Erteilung von Aufenthaltstitel unter erleichterten Voraussetzungen vorsieht[7]. 6

Nach **Rücknahme der Einbürgerung mit Wirkung für die Vergangenheit** (§ 35 StAG) kann für den Ausländer die Erteilung einer Aufenthaltserlaubnis in entsprechender Anwendung der Regelung für ehemalige Deutsche in § 38 I 1 Nr. 2 in Betracht kommen[8]. Hinsichtlich der aufenthaltsrechtlichen Folgen der Rücknahme der Einbürgerung mit Wirkung für die Vergangenheit besteht 7

---

[3] Näher dazu *Hailbronner/Renner* StAG § 4 Rn. 68 f., StAG § 29 Rn. 2–11, 31.
[4] BVerwG Urt. v. 19.4.2011 – 1 C 16.10, BVerwGE 139, 346 Rn. 14 unter Hinweis auf BT-Drs. 15/420, 84.
[5] BVerwG Urt. v. 19.4.2011 – 1 C 16.10, BVerwGE 139, 346 Rn. 14.
[6] BVerwG Urt. v. 19.4.2011 – 1 C 2.10, BVerwGE 139, 337 Rn. 16.
[7] BVerwG Urt. v. 19.4.2011 – 1 C 2.10, BVerwGE 139, 337 Rn. 20.
[8] BVerwG Urt. v. 19.4.2011 – 1 C 16.10, BVerwGE 139, 346 Rn. 16.

nämlich eine ungewollte **Regelungslücke,** die durch eine analoge Anwendung von § 38 I iVm III und IV auszufüllen ist[9].

8 Der Gesetzgeber hat bei Einführung der Regelung für ehemalige Deutsche in § 38 die aufenthaltsrechtlichen Folgen des Verlusts der deutschen Staatsangehörigkeit mit Wirkung für die Zukunft (ex nunc) regeln wollen und hat die Fälle der rückwirkenden Rücknahme der Einbürgerung dabei nicht in den Blick genommen. In den letztgenannten Fällen besteht hinsichtlich der aufenthaltsrechtlichen Folgen für den Betroffenen eine Regelungslücke. Da sich der Aufenthaltstitel, den er vor der Einbürgerung besessen hat, mit der Einbürgerung erledigt hat und auch nach deren rückwirkender Rücknahme nicht wieder auflebt, könnte sich der Betroffene – ungeachtet der Dauer und Rechtmäßigkeit seines Aufenthalts vor der Einbürgerung und ungeachtet des Gewichts seines konkreten Fehlverhaltens im Einbürgerungsverfahren – nur dann weiter erlaubt im Bundesgebiet aufhalten, wenn er einen Anspruch auf Neuerteilung eines Aufenthaltstitels nach den nunmehr geltenden Bestimmungen des AufenthG hätte.

9 Eine zu weitgehende Begünstigung der Betroffenen in Fällen einer erschlichenen Einbürgerung ist damit nicht verbunden. Insbesondere kommt die Erteilung einer Niederlassungserlaubnis nach § 38 I Nr. 1 von vornherein nicht in Betracht, da hierfür erforderlich ist, dass der Betreffende „seit fünf Jahren als Deutscher seinen gewöhnlichen Aufenthalt im Bundesgebiet hatte". Diese zeitliche Voraussetzung kann in Fällen der Rücknahme der Einbürgerung nach § 35 StAG schon deshalb nicht erfüllt werden, weil die Rücknahme nur bis zum Ablauf von fünf Jahren nach der Einbürgerung erfolgen darf (§ 35 III StAG)[10]. Auch sonst führt die entsprechende Anwendung der Regelung im Einzelnen nicht zu einer ungerechtfertigten Privilegierung von Ausländern, die nicht nur die Einbürgerung, sondern auch den früheren unbefristeten Aufenthaltstitel durch Täuschung erlangt haben. Denn die analoge Anwendung des § 38 I, III, und IV setzt voraus, dass der Ausländer vor seiner Einbürgerung über einen unbefristeten Aufenthaltstitel verfügte, der nicht der Rücknahme unterlag.

10 Aus einem Aufenthaltstitel, bei dem Gründe für eine Rücknahme oder nachträgliche zeitliche Befristung vorlagen, kann der Betroffene nach rückwirkendem Verlust seiner deutschen Staatsangehörigkeit keine weitergehenden aufenthaltsrechtlichen Ansprüche ableiten, als ihm ohne die fehlgeschlagene Einbürgerung zugestanden hätten. Im Übrigen gelten bei Erteilung einer Aufenthaltserlaubnis nach § 38 I 1 Nr. 2 im Grundsatz die allgemeinen Erteilungsvoraussetzungen des § 5 (§ 38 III). Daher steht bei einem von Anfang an durch falsche Angaben erschlichenen Aufenthalt der erneuten Erteilung einer Aufenthaltserlaubnis der **Ausweisungsgrund** nach § 5 I Nr. 2 iVm § 55 II Nr. 1 entgegen. Die Annahme eines besonderen Falls ist bei einem solchen Sachverhalt regelmäßig ausgeschlossen[11]. Bei einem auf die Einbürgerung begrenzten Fehlverhalten des Betroffenen dürfte auch ein Ausweisungsgrund nach § 5 I Nr. 2 iVm § 55 II Nr. 2 bestehen (jedenfalls seit Einführung der Strafvorschrift des § 42 StAG im Jahr 2009). Bei ansonsten erfolgreicher Integration bis zur Erteilung einer rechtmäßigen Niederlassungserlaubnis kann aber je nach den Gesamtumständen des bisherigen Aufenthalts ein besonderer Fall iSd § 38 III vorliegen, der die Erteilung einer Aufenthaltserlaubnis – nach Ermessen – ermöglicht. Bei Würdigung der Gesamtumstände ist allerdings zulasten des Betroffenen zu berücksichtigen, wenn in dem **Erschleichen der Einbürgerung** im konkreten Einzelfall ein besonders schwerwiegendes, eine Ausweisung rechtfertigendes Fehlverhalten lag.

2. Verlust der deutschen Staatsangehörigkeit

11 Wer (für Abs. 1 und 2) als **ehemaliger Deutscher** anzusehen ist, bestimmt das Staatsangehörigkeitsrecht. Im AufenthG ist keine Definition des ehemaligen Deutschen enthalten. Aus der Begriffsbestimmung für den Ausländer in § 2 I folgt, dass das AufenthG unter Deutschen die Personen versteht, die nach Art. 116 I GG Deutsche sind. Dazu gehören außer den deutschen Staatsangehörigen auch die Statusdeutschen, also die in Deutschland aufgenommenen deutschen Volkszugehörigen aus den Vertreibungsgebieten samt ihren nichtdeutschen Ehegatten und Abkömmlingen[12]. Dagegen ist nach § 1 StAG Deutscher nur, wer die deutsche Staatsangehörigkeit besitzt. Ob Bestimmungen des StAG auf Statusdeutsche entsprechend anzuwenden sind, hängt von deren Inhalt und Zweck ab[13]. Nach alledem sind unter ehemaligen Deutschen iSd Abs. 1 Personen zu verstehen, die deutsche Staatsangehörige waren und diesen Status verloren haben. Falls Statusdeutsche ihre Rechtsstellung aufgrund analoger Anwendung einer der Vorschriften der §§ 17 ff. StAG (früher §§ 17 ff. RuStAG) eingebüßt haben, sind sie entsprechend dem verfassungsrechtlichen Gebot des Art. 116 I GG auch aufenthaltsrechtlich gleich zu behandeln mit der Folge, dass auf sie § 38 entsprechend angewandt wird.

12 Mit dem Tatbestandsmerkmal des „ehemaligen Deutschen" in § 38 I hat der Gesetzgeber an den gleichen im StAG verwendeten Begriff anknüpfen wollen (etwa in § 13 StAG – Einbürgerung eines

---

[9] BVerwG Urt. v. 19.4.2011 – 1 C 16.10, BVerwGE 139, 346 Rn. 16.
[10] BVerwG Urt. v. 19.4.2011 – 1 C 16.10, BVerwGE 139, 346 Rn. 21.
[11] BVerwG Urt. v. 19.4.2011 – 1 C 16.10, BVerwGE 139, 346 Rn. 21.
[12] Näher dazu *Hailbronner/Renner* GG Art. 116 Rn. 5 ff.
[13] Dazu *Hailbronner/Renner* StAG § 1 Rn. 6.

ehemaligen Deutschen)[14]. Dass mit diesem Begriff im StAG auch diejenigen Personen erfasst werden sollen, deren Einbürgerung wegen arglistiger Täuschung, Drohung oder Bestechung oder vorsätzlicher unvollständiger oder unrichtiger Angaben mit Wirkung für die Vergangenheit zurückgenommen worden ist (§ 35 StAG), liegt fern[15].

Ob die deutsche Staatsangehörigkeit **verloren** ist, muss anhand der maßgeblichen deutschen Rechtsvorschriften, insbesondere der §§ 4 IV, 17 ff. StAG, festgestellt werden. Wer als DDR-Staatsbürger einen Verlusttatbestand erfüllt hat, hat nicht notwendig (auch) die deutsche Staatsangehörigkeit verloren[16]. Wer die deutsche Staatsangehörigkeit infolge rassischer oder politischer Verfolgung zwischen 1933 und 1945 verloren hat, kann die Ungültigkeit der Ausbürgerung feststellen oder sich wieder einbürgern lassen (Art. 116 II GG)[17] und ist daher auf ein Aufenthaltsrecht nicht angewiesen.

Soweit über den Verlust der deutschen Staatsangehörigkeit keine Urkunden ausgestellt sind oder vorgelegt oder beschafft werden können, kann der Verlust, da ein Negativtest nicht erteilt werden kann, mittelbar dadurch geklärt werden, dass ein Staatsangehörigkeitsausweis, Personalausweis oder ein Reisepass beantragt werden. In diesem Zusammenhang kann sowohl ein Wiedererwerb der deutschen Staatsangehörigkeit nach dem Verlust als auch eine evtl. eintretende **Staatenlosigkeit** festgestellt werden. Soweit Staatenlosigkeit trotz Art. 16 I GG bei einigen Verlusttatbeständen eintreten kann[18], ändert das nichts an den Rechtsansprüchen auf Niederlassungserlaubnis oder Aufenthaltserlaubnis. Staatenlosigkeit muss dann freilich innerhalb von Ermessenstatbeständen berücksichtigt werden (Abs. 2, 3 und 5).

IV. Gewöhnlicher Aufenthalt im Bundesgebiet

Zu dem durch Abs. 1 begünstigten **Personenkreis** gehören nicht alle Deutschen, die ihre Staatsangehörigkeit verloren haben, sondern nur diejenigen, die im Zeitpunkt des Verlusts ihren gewöhnlichen Aufenthalt im Bundesgebiet hatten. Dies folgt aus Abs. 1 S. Nr. 1 und 2, wonach der Betroffene „bei Verlust ... seit mindestens ... seinen gewöhnlichen Aufenthalt im Bundesgebiet hatte". Der ehemalige Deutsche muss also bis zum Verlustzeitpunkt mindestens ein oder fünf Jahre mit gewöhnlichem Aufenthalt hier gelebt haben. Der Aufenthalt muss bei Antragstellung andauern oder wieder begründet sein. „Bundesgebiet" ist ohne Rücksicht auf die Frage der Zugehörigkeit der DDR zu Deutschland wörtlich zu nehmen, weil nur Zeiten des gewöhnlichen Inlandsaufenthalts nach der Wiedervereinigung die Tatbestände des Abs. 1 erfüllen können.

Den **gewöhnlichen Aufenthalt** hat eine Person dort, wo sie nicht nur vorübergehend zu bleiben beabsichtigt (§ 30 III 2 SGB I)[19]. Der gewöhnliche Aufenthalt im Inland ist nicht schon bei kurzfristigen Ausreisen beendet, sondern erst bei Verlegung des Lebensmittelpunkts ins Ausland. Anhaltspunkte für den gewöhnlichen Aufenthalt in Deutschland bieten polizeiliche Anmeldung, Mitgliedschaft in der Sozialversicherung, Arbeitsplatz, Schulbesuch und Wohnung. Der gewöhnliche Aufenthalt muss nun ununterbrochen ein Jahr bzw. fünf Jahre bis zum Verlustzeitpunkt im Inland bestanden haben. Es können nicht mehrere Aufenthaltszeiten zusammengerechnet werden.

V. Antragsfrist

Die Erteilung eines Aufenthaltstitels nach Abs. 1 ist davon abhängig, dass ein Antrag innerhalb von sechs Monaten gestellt wird. Die **Wahrung der Frist ist Erteilungsvoraussetzung,** sodass der Betroffene die Darlegungs- und Beweislast trägt. Auch wenn die negative Tatsache der fehlenden Kenntnis vom Verlust der deutschen Staatsangehörigkeit einem Beweis nicht zugänglich ist, so schränkt dies die allgemeine Beweislast zwar ein, verschiebt sie aber wegen der Mitwirkungsobliegenheit nicht in vollem Umfang auf die Ausländerbehörde.

Bei der Frist handelt es sich um eine **materiellrechtliche Ausschlussfrist,** in die keine Wiedereinsetzung in den vorherigen Stand gewahrt werden kann[20]. Wird der Antrag nicht rechtzeitig gestellt, so gehen die Ansprüche nach § 38 I verloren. Wird der Antrag rechtzeitig gestellt, so besteht ein Anspruch auf Erteilung eines Aufenthaltstitels, wenn die vorausgesetzten Zeiten gewöhnlichen Inlandsaufenthalts vorliegen (ein Jahr = Aufenthaltserlaubnis; fünf Jahre = Niederlassungserlaubnis).

Die Antragsfrist von sechs Monaten beginnt ab **Kenntnis des Verlusts** zu laufen. Dabei kommt es auf die Rechtsfolge an, nicht allein auf die für den Verlust ursächlichen tatsächlichen Umstände und

---

[14] BVerwG Urt. v. 19.4.2011 – 1 C 16.10, BVerwGE 139, 346 Rn. 15.
[15] BVerwG Urt. v. 19.4.2011 – 1 C 16.10, BVerwGE 139, 346 Rn. 15; aA *Huber* AufenthG § 38 Rn. 3; *Berlit* in GK-AufenthG, Stand: 6/2007, § 38 Rn. 9 und 14.
[16] Zur Bedeutung des Erwerbs und des Verlusts der DDR-Staatsbürgerschaft für die deutsche Staatsangehörigkeit ausf. *Hailbronner/Renner* Einl. G Rn. 7–38.
[17] Dazu *Hailbronner/Renner* GG Art. 116 Rn. 90–101.
[18] Dazu *Hailbronner/Renner* GG Art. 16 Rn. 26 ff.
[19] Näher → § 32 Rn. 9, → § 37 Rn. 6.
[20] VG Würzburg Urt. v. 24.6.2013 – W 7 K 12.752 Rn. 19; VG München Urt. v. 16.4.2009 – M 10 K 08.5928 Rn. 47.

Ereignisse. Maßgeblich ist zudem nicht, wann Bedenken aufgetreten sind und eine Prüfung hätte vorgenommen werden können oder sollen. Selbst eine verschuldete Unkenntnis steht nicht der positiven Kenntnis gleich. Ebenso wenig genügen amtlicherseits geäußerte Bedenken oder Vermutungen. Daher führt die allgemeine Debatte um die Wirkungen der **Wiederannahme der türkischen Staatsangehörigkeit** nach deren vorheriger Aufgabe zum Zwecke der Einbürgerung nicht zur Kenntnis von dem Verlust der deutschen Staatsangehörigkeit bei der betroffenen Personengruppe. Auch bei rechtlichen Vorkenntnissen des Betroffenen kann eine fristauslösende Kenntnis erst dann angenommen werden, wenn sie als gesichert anzusehen war. Am ehesten kann von einer Kenntnis ausgegangen werden, wenn eine Behörde den möglichen Verlust wenigstens überschlägig geprüft und als zumindest wahrscheinlich bestätigt hat. Etwas anderes mag in Einzelfällen gelten, wenn die Ausländerbehörde konkret nach einer Einbürgerung anfragt, ob die türkische Staatsangehörigkeit angenommen wurde und dabei in verständlicher Weise auf die sich hieraus ergebenden Rechtsfolgen hinweist. In diesen Fällen wird sich bei einem durchschnittlichen Empfänger die Kenntnis vom Verlust der deutschen Staatsangehörigkeit einstellen.

20   Die Frist beginnt in Fällen der **Rücknahme der Einbürgerung** erst mit der Unanfechtbarkeit der Rücknahmeverfügung[21]. Denn erst dann steht für den Betroffenen fest, dass er vom Verlust seiner deutschen Staatsangehörigkeit ausgehen und sich um die Klärung seiner aufenthaltsrechtlichen Stellung als Ausländer bemühen muss[22]. Die Vollziehbarkeit ist nicht ausreichend, da die Wirkung der Anordnung des Sofortvollzugs von Betroffenen nicht erfasst werden muss, sodass – wenn nicht spezielle individuelle Kenntnisse hinzutreten – es an der Kenntnis vom Verlust der deutschen Staatsangehörigkeit fehlen wird[23]. Etwas anderes gilt, wenn der Ausländer bereits im Verwaltungsverfahren durch einen Anwalt vertreten ist, dessen Kenntnis er sich zurechnen lassen muss[24] oder die Behörde ausdrücklich darauf hinweist, dass im Falle des Sofortvollzugs die Rechtswirkungen und Rechtsfolgen unmittelbar eintreten.

21   Erklärt ein Betroffener nach § 29 StAG, dass er die ausländische Staatsangehörigkeit behalten will, ohne zugleich einen Antrag auf Beibehaltung der deutschen Staatsangehörigkeit zu stellen, so beginnt die Frist mit Eingang des Schreibens bei der Behörde. Wurde eine Beibehaltungsgenehmigung beantragt, beginnt die Frist mit Unanfechtbarkeit der Ablehnungsentscheidung. Wird keine Erklärung nach § 29 StAG abgegeben, so beginnt die Antragsfrist mit Vollendung des 23. Lebensjahres.

22   Niederlassungserlaubnis oder Aufenthaltserlaubnis sind innerhalb der Sechs-Monats-Frist zu beantragen. Der **Aufenthalt** von der Antragstellung bis zur Entscheidung der Ausländerbehörde gilt nach § 81 III 1, der entsprechend angewendet wird, als erlaubt. Bereits vom Zeitpunkt des Verlusts an hält sich der ehemalige Deutsche rechtmäßig ohne Aufenthaltstitel in Deutschland auf. Er ist zwar schon seit Eintritt des Verlusts Ausländer, sein Aufenthalt ist aber bis zum Ende der Antragsfrist rechtmäßig. Die Rechtmäßigkeit des Aufenthalts vom Verlust bis zur Antragstellung ergibt sich nicht aus der entsprechenden Anwendung von § 81 III 1; sie wird aber dabei und in Abs. 4 S. 2 zugrunde gelegt. Sonst entstünde eine nicht zu vertretende Lücke für diesen Zeitraum. Ein später gestellter Antrag löst nur die Aussetzung der Abschiebung ab Antragstellung aus (§ 81 III 2). Die Zeit nach dem Verlust der deutschen Staatsangehörigkeit bis zum Ablauf der Antragsfrist bleibt nach den oben genannten Grundsätzen rechtmäßig.

23   Während der Antragsfrist und von Antragstellung bis zur Entscheidung der Ausländerbehörde ist dem ehemaligen Deutschen außerdem die Ausübung einer **Erwerbstätigkeit** kraft Gesetzes erlaubt. Auch insoweit ist der Gesetzeswortlaut korrigierend auszulegen mit der Folge, dass die Erlaubnis schon vom Verlust bis zur Kenntniserlangung gilt. Wird der Antrag nach Ablauf der Sechs-Monats-Frist gestellt, so bleibt die Erwerbstätigkeit bis zum Ablauf der Frist erlaubt. Abs. 4 S. 2 setzt keinen fristgerechten Antrag voraus. Wird der Antrag abgelehnt, so haben nach den allgemeinen Grundsätzen Widerspruch und Klage nach § 84 I keine aufschiebende Wirkung. Die Erwerbstätigkeit kann nach den Grundsätzen des § 84 II 2 fortgesetzt werden.

VI. Gewöhnlicher Aufenthalt im Ausland

24   Für den im Ausland lebenden ehemaligen Deutschen sind **andere Regeln** geschaffen, weil seine Lebensverhältnisse rechtlich und tatsächlich wesentlich anders gestaltet sind. Er ist nämlich nicht gezwungen, einen bereits bestehenden Inlandsaufenthalt entweder zu legalisieren oder zu beenden. Seine Lage kann ihn aber unter Umständen infolge des Verlusts der deutschen Staatsangehörigkeit dazu veranlassen, den Aufenthaltsstaat zu verlassen, falls er dessen Staatsangehörigkeit nicht besitzt oder staatenlos geworden ist[25].

---

[21] BVerwG Urt. v. 19.4.2011 – 1 C 16.10, BVerwGE 139, 346 Rn. 22.
[22] BVerwG Urt. v. 19.4.2011 – 1 C 16.10, BVerwGE 139, 346 Rn. 22.
[23] AA VG Hamburg Beschl. v. 1.2.2012 – 4 E 3009/11 Rn. 25; wohl auch VG Würzburg Urt. v. 24.6.2013 – W 7 K 12.752 Rn. 18.
[24] VG Würzburg Urt. v. 24.6.2013 – W 7 K 12.752 Rn. 18.
[25] Zu Letzterem → Rn. 11.

Im Ermessensweg kann einer Person eine Aufenthaltserlaubnis erteilt werden, die ihre deutsche 25
Staatsangehörigkeit verloren und ihren gewöhnlichen Aufenthalt[26] bei Antragstellung im **Ausland** hat.
Wo diese Person im Zeitpunkt des Verlusts lebte, ist unerheblich. Nur wer sich sowohl im Zeitpunkt
des Verlusts als auch bei Antragstellung gewöhnlich im Inland aufhält, hat einen Rechtsanspruch nach
Abs. 1. Verlegt er den Lebensmittelpunkt nach dem Verlust während des Inlandsaufenthalts ins Ausland, kann er eine Aufenthaltserlaubnis nur aufgrund Ermessens erhalten. Schließlich kann er sich
weder auf Abs. 1 noch auf Abs. 2 berufen, wenn er die deutsche Staatsangehörigkeit während eines
gewöhnlichen Aufenthalts im Ausland verloren hat und bei Antragstellung in Deutschland lebt. In
diesem Zusammenhang muss jedoch sorgfältig geprüft werden, ob der Lebensmittelpunkt trotz nicht
ausreichender Absicherung bereits nach Deutschland verlegt ist.

Anders als bei dem im Inland Lebenden werden von dem Antragsteller mit gewöhnlichem Auf- 26
enthalt im Ausland **ausreichende Deutschkenntnisse** verlangt, die sonst nur für die Niederlassungserlaubnis erforderlich sind (vgl. § 9 II Nr. 7)[27]. Von den ausreichenden Kenntnissen der deutschen
Sprache kann auch nicht in Härtefällen abgesehen werden. Hinsichtlich der sonstigen Erteilungsvoraussetzungen und der Erwerbstätigkeit gelten dieselben Grundsätze wie für Abs. 1[28]; auch § 5 I
Nr. 3 ist zu beachten. Der Antrag ist nicht an eine bestimmte Frist gebunden. Er ist von Ausland her
zu stellen und vermittelt daher kein fiktives Aufenthaltsrecht in Deutschland.

Das **Ermessen** soll vor allem zugunsten von Personen ausgeübt werden, die aus beruflichen oder 27
familiären Gründen ins Ausland gegangen sind und wieder in Deutschland leben möchten[29]. Im
Rahmen des Ermessens sind ua zu berücksichtigen: evtl. Staatenlosigkeit; Dauer des Besitzes der
deutschen Staatsangehörigkeit; Alter; Gesundheit; Lebensverhältnisse im Ausland; Bindungen an
Deutschland. Hinsichtlich der Unterhaltssicherung ist zu berücksichtigen, dass mit der Aufenthaltserlaubnis die Zulassung zu jeder Art von Erwerbstätigkeit verbunden ist. Wesentliche Bedeutung
kommt zudem den Umständen und Gründen für den Verlust der deutschen Staatsangehörigkeit zu. So
ist ein aus triftigen Gründen geäußerter Zuzugswunsch im Anschluss an den Verlust während des
Zweiten Weltkriegs oder nach einem Verzicht unter Umständen anders zu bewerten als das Zuzugsbegehren nach der Rücknahme einer erschlichenen Einbürgerung oder nach dem schon bei der
Einbürgerung geplanten Wiedererwerb der früheren Staatsangehörigkeit[30]. Die nach Abs. 2 zu treffende Ermessensentscheidung muss von der gegebenenfalls weiteren Ermessensentscheidung nach Abs. 3
getrennt werden, auch wenn gegenüber dem Ausländer nur eine **einheitliche Ermessensentscheidung** ergeht. Einzelne Elemente der Ermessensentscheidung können zwar – wie etwa die Lebensunterhaltsdeckung – bei beiden Ermessensstufen eine Rolle spielen, jedoch ist zu beachten, dass ein
Absehen von den Voraussetzungen des § 5 I und II nur möglich ist, wenn zusätzlich eine besondere
Härte angenommen wird.

Die Aufenthaltserlaubnis nach § 38 IV 1 berechtigt zur Ausübung einer **Erwerbstätigkeit**. Die 28
Privilegierung des § 38 IV 2 für den Zeitraum nach der Antragstellung findet keine Anwendung.

VII. Allgemeine Erteilungsvoraussetzungen

Nach § 38 III kann der Aufenthaltstitel nach Abs. 1 oder 2 in **besonderen Fällen** abweichend von 29
den allgemeinen Erteilungsvoraussetzungen des § 5 erteilt werden. Diese Formulierung setzt die
Beachtung der allgemeinen Erteilungsvoraussetzungen, mithin die Anwendbarkeit des § 5 voraus.
Daher sind grundsätzlich die Bestimmungen des § 5 I Nr. 1, 1a und 2, II und der §§ 9, 10 I, 11 zu
beachten. Von der Einhaltung des Visumverfahrens nach § 5 II und von den Anforderungen
von § 5 insgesamt kann nach Abs. 3 in besonderen Fällen abgesehen werden. Hierzu ist mehr
erforderlich als das Vorliegen der Tatbestandsvoraussetzungen des Abs. 1 und 2, da die Einschränkung
sonst bedeutungslos würde. Erforderlich ist vielmehr eine Abweichung vom Normalfall, die mit Blick
auf die Schutzrichtung der Norm eine Privilegierung rechtfertigt. Ein solcher von dem gesetzlichen
Normalkonzept abweichender Fall kann allgemein bei ehemaligen Deutschen anerkannt werden, wenn
sie staatenlos geworden sein sollten[31].

Bei der Ermessensentscheidung nach § 38 II ist zu beachten, dass der Ausschluss der Verlängerung 30
nach § 8 II keine Anwendung findet. Die Aufenthaltserlaubnis ist auf eine dauerhafte Rückkehr des
Ausländers gerichtet; dies ist auch bei der Bemessung der Dauer der Aufenthaltserlaubnis zu beachten.

VIII. Scheindeutscher

Nach Abs. 5 werden die Abs. 2–4 entsprechend auf „Scheindeutsche" angewendet. Erfasst werden 31
nur Personen, die objektiv nicht die deutsche Staatsangehörigkeit besitzen, von deutschen Stellen aber

---

[26] Dazu → Rn. 15.
[27] Dazu näher § 9.
[28] Dazu → Rn. 10.
[29] BT-Drs. 15/420, 84 f.
[30] Zu Fällen dieser Art *Engst* ZAR 2005, 227; *Uslucan* ZAR 2005, 115.
[31] Dazu → Rn. 11.

irrtümlich als Deutsche behandelt wurden. Da die Norm nicht an einen vorangegangenen Verlust der deutschen Staatsangehörigkeit anknüpft, können auch Personen erfasst werden, die nach Abs. 2 und 3 ehemalige Deutsche sind. Bei Versäumung der Antragsfrist nach Abs. 1 kann Abs. 5 subsidiär herangezogen werden. Unter den **Begriff des sog. Scheindeutschen** fallen insbesondere Personen, welche die deutsche Staatsangehörigkeit nach erfolgreicher Vaterschaftsanfechtung ex tunc, also für die Zeit ab dem Zeitpunkt der Geburt, verloren haben und die deshalb nie Deutsche waren, aber als solche behandelt wurden[32].

32 Die Regelung des Abs. 5 findet keine Anwendung auf Fälle, in denen die Einbürgerung eines Ausländers mit Wirkung für die Vergangenheit zurückgenommen wurde[33]. Abgesehen davon, dass der zunächst wirksam Eingebürgerte bis zur Rücknahme der Einbürgerung ex tunc von deutschen Stellen nicht irrtümlich, sondern zu Recht als Deutscher behandelt worden ist und deshalb kein „Scheindeutscher" im Sinne dieser Vorschrift war, würde die Anwendung der Vorschrift in Fällen der Rücknahme der Einbürgerung im Einzelnen von vornherein zum Ausschluss eines entsprechenden Anspruchs führen. Denn die Behandlung als Deutscher ist von dem Betroffenen zwangsläufig zu vertreten, da dies Voraussetzung für eine Rücknahme der Einbürgerung ist. Es kann deshalb nicht angenommen werden, dass der Gesetzgeber mit dieser Regelung auch die Fälle der Rücknahme der Einbürgerung erfassen und dabei eine automatische Aufenthaltsbeendigung ohne Verhältnismäßigkeitsprüfung im Einzelfall in Kauf nehmen wollte[34].

33 Von **deutschen Stellen irrtümlich** als Deutscher behandelt worden ist eine Person, wenn sie entweder eine Urkunde oder ein sonstiges Schriftstück, nicht notwendigerweise einen Verwaltungsakt, erhalten hat, mit denen die deutsche Staatsangehörigkeit unmittelbar oder mittelbar bestätigt wurde. Es muss sich um eine Behörde oder eine sonstige Stelle gehandelt haben, die entweder für Staatsangehörigkeitsrecht zuständig war oder staatsangehörigkeitsrechtliche Fragen mitzuprüfen oder ihren Entscheidungen zugrunde zu legen hatte. Es muss wenigstens eine summarische Prüfung stattgefunden haben. Die bloße kommentarlose Hinnahme von Erklärungen des Betroffenen genügt nicht.

34 Um von einer **Behandlung** durch deutsche Stellen als Deutscher sprechen zu können, muss der Irrtum über ein Mindestmaß an Zeit vorgelegen haben, auch wenn die Regelung selbst keine bestimmte Mindestdauer festlegt. Orientieren kann man sich an der Jahresfrist des § 38 I 1 Nr. 2. Das Merkmal der Behandlung setzt nicht voraus, dass der Behörde der Fehler subjektiv vorwerfbar sein müsste; es kommt allein auf die objektiv fehlerhafte Annahme des Vorliegens der deutschen Staatsangehörigkeit an. Die Behandlung muss geeignet gewesen sein, bei dem Ausländer einen Vertrauenstatbestand hervorzurufen. Ein dahin gehender Wille der Behörde ist aber nicht erforderlich. Vertrauensschutz in die Richtigkeit staatlichen Handelns ist vor allen Dingen dann eingetreten, wenn sich Behörden auf eine entsprechende durchgängige Verwaltungspraxis gestützt haben. So ist jetzt von dem Besitz der deutschen Staatsangehörigkeit auszugehen, wenn eine Person seit 1950 als deutscher Staatsangehöriger behandelt wird (Nr. 1.3 S. 1 StAR-Verwaltungsvorschrift; früher war die Zeit seit 1914 maßgeblich).

35 Auf die irrtümliche Behandlung als Deutscher kann sich nicht berufen, wer diese selbst zu vertreten hat. Die durch das Vertretenmüssen begründete Verantwortlichkeit knüpft an den Grund für die rechtsirrige Behandlung als Deutscher an und soll alle Fälle ausschließen, in denen diese Behandlung auf ein Handeln oder Unterlassen des Ausländers zurückzuführen ist. Der Begriff des **„Vertretenmüssens" setzt kein schuldhaftes Verhalten** voraus. Das Ergebnis muss lediglich auf Umständen beruhen, die dem Verantwortungsbereich der Person zuzurechnen sind bzw. die Person bei entsprechendem Willen in der Lage und aus Rechtsgründen verpflichtet oder es ihr zuzumuten war, einen Vorgang zu verhindern[35]. Der Ausländer hat eine rechtsirrige Behandlung als deutscher Staatsangehöriger auch ohne aktive Täuschung zu vertreten, wenn er die Anzeige eines auch bei einer Parallelwertung in der Laiensphäre möglicherweise staatsangehörigkeitsrechtlich relevanten Vorgangs unterlassen hat. Dabei erfordert ein Vertretenmüssen durch Unterlassen allerdings ein Mindestmaß an möglicher staatsangehörigkeitsrechtlicher Relevanz der nicht offenbarten Tatsachen[36].

36 Es bedarf bei der Zurechnung eines Unterlassens keiner Verletzung einer Offenbarungspflicht. Der Irrtum über die deutsche Staatsangehörigkeit muss lediglich auf Umständen beruhen, die dem Verantwortungsbereich des Ausländers zuzurechnen sind[37]. Ein Vertretenmüssen ist immer anzunehmen, wenn der Ausländer vorsätzlich oder grob fahrlässig unwahre oder unvollständige Angaben gemacht, falsche oder gefälschte Urkunden vorgelegt hat. Auch der Wiedererwerb der türkischen Staatsangehörigkeit nach der Einbürgerung ist von Ausländern zu vertreten. Minderjährigen Kindern ist das Fehlverhalten der Eltern zuzurechnen.

---

[32] VGH BW Beschl. v 7.7.2020 – 11 S 2426/19 Rn. 16; NdsOVG Beschl v. 12.9.2019 – 8 ME 66/19 – Rn. 62.
[33] BVerwG Urt. v. 19.4.2011 – 1 C 16.10, BVerwGE 139, 346 Rn. 18.
[34] So BVerwG Urt. v. 19.4.2011 – 1 C 16.10, BVerwGE 139, 346 Rn. 18.
[35] VGH BW Beschl. v. 7.7.2020 – 11 S 2426/19 Rn. 19.
[36] VGH BW Beschl. v. 7.7.2020 – 11 S 2426/19 Rn. 19.
[37] BVerwG Urt. v. 12.3.1987 – 2 C 22.85, Buchholz 240 § 63 BBesG Nr. 2, S. 2f.; Urt. v. 30.3.1979 – 5 C 20.76, BVerwGE 55, 288 (293f.) zu § 20 II BAföG aF; OVG NRW Urt. v. 1.7.1997 – 25 A 313/95, InfAuslR 1998, 34 (35).

IX. Fiktionswirkung

Im Anwendungsbereich des § 38 V iVm I 3 genügt es für den Eintritt der Fiktionswirkung nach 37
§ 81 III 1, dass die Erteilung eines Aufenthaltstitels nach § 38 V iVm I 1 ernsthaft in Betracht
kommt[38]. Ob die in der Verweisungsnorm des § 38 V normierten Tatbestandsvoraussetzungen vollumfänglich erfüllt sind, bedarf an dieser Stelle keiner abschließenden Prüfung. Dies gehört vielmehr in
den Bereich der Erteilungsvoraussetzungen, die im Verfahren erst geklärt werden sollen[39].

Die Fiktionswirkung hängt nicht davon ab, ob der Antrag rechtzeitig innerhalb der Frist 38
gemäß § 38 I 2 gestellt wurde[40]. § 81 III sieht eine Fiktionswirkung sowohl für fristgerechte als
auch für verspätete Anträge vor. In dem einen Fall gilt der Aufenthalt als erlaubt (S. 1), in dem anderen
gilt die Abschiebung als ausgesetzt (S. 2). Gemäß § 38 I 3 treten diese Rechtsfolgen auch bei Anträgen
auf Erteilung eines Aufenthaltstitels gemäß § 38 I ein.

§ 81 III 1 macht die Fiktionswirkung bei fehlendem Aufenthaltstitel von einem rechtmäßigen 39
Aufenthalt im Bundesgebiet abhängig. Bei Anträgen auf Erteilung eines Aufenthaltstitels gemäß
§ 38 I gilt dies jedoch nicht, da **§ 38 I 3 keine Rechtsgrund-, sondern eine Rechtsfolgenverweisung** enthält. Die Auslegung als Rechtsgrundverweisung ergäbe keinen Sinn, weil eine solche
Verweisung zu demselben Ergebnis führen würde wie eine direkte Anwendung von § 81 III. Zweck
der Verweisung ist eine Erweiterung des Anwendungsbereichs von § 81 III vor dem Hintergrund,
dass es bei einem ehemaligen Deutschen nach dem Verlust der deutschen Staatsangehörigkeit gerade
an der tatbestandlichen Vorgabe von § 81 III – rechtmäßiger Aufenthalt ohne Aufenthaltstitel –
fehlt[41].

In der Rechtsprechung wird ein **Vertretenmüssen** der Mutter in dem **pflichtwidrigen Unterlas-** 40
sen einer Vaterschaftsanfechtung gesehen[42]. Eine – bei Unterlassen sanktionierte – Pflicht zur
Vaterschaftsanfechtung geht aber weit über die von § 38 V in den Blick genommene Verletzung von
Informations- und Offenbarungsobliegenheiten hinaus. Die Durchführung eines familiengerichtlichen
Anfechtungsverfahrens, in dem die gesamte familiäre Situation einer staatlichen Prüfung unterzogen
und die biologische Vaterschaft in Frage gestellt wird, belastet die soziale Beziehung zwischen den
Betroffenen[43]. Die Belastung ist besonders groß, wenn sich bei der Abstammungsklärung herausstellt,
dass der rechtliche Vater trotz sozial-familiärer Beziehung nicht biologischer Vater des Kindes ist[44].
Eine Pflicht zur Anfechtung, erscheint bereits deshalb zweifelhaft, weil ein Anfechtungsrecht der
Behörden nicht mehr besteht, nachdem das BVerfG die frühere Regelung des § 1600 I Nr. 5 BGB aF
für nichtig erklärt hat[45]. Die Vorschrift ist mit dem Gesetz zur besseren Durchsetzung der Ausreisepflicht vom 20.7.2017[46] aufgehoben worden. Angesichts dieser gesetzgeberischen Entscheidung erscheint es zweifelhaft, ob im Fall einer behördlich nicht unmittelbar anfechtbaren Vaterschaft aus
öffentlichen Interessen mittelbar eine Pflicht gegenüber der Behörde zur Vaterschaftsanfechtung
begründet werden kann[47].

§ 38a Aufenthaltserlaubnis für in anderen Mitgliedstaaten der Europäischen Union langfristig Aufenthaltsberechtigte

(1) ¹Einem Ausländer, der in einem anderen Mitgliedstaat der Europäischen Union die
Rechtsstellung eines langfristig Aufenthaltsberechtigten innehat, wird eine Aufenthaltserlaubnis erteilt, wenn er sich länger als 90 Tage im Bundesgebiet aufhalten will. ²§ 8 Abs. 2
ist nicht anzuwenden.

(2) Absatz 1 ist nicht anzuwenden auf Ausländer, die
1. von einem Dienstleistungserbringer im Rahmen einer grenzüberschreitenden Dienstleistungserbringung entsandt werden,
2. sonst grenzüberschreitende Dienstleistungen erbringen wollen oder
3. sich zur Ausübung einer Beschäftigung als Saisonarbeitnehmer im Bundesgebiet aufhalten oder im Bundesgebiet eine Tätigkeit als Grenzarbeitnehmer aufnehmen wollen.

---

[38] VGH BW Beschl. v 7.7.2020 – 11 S 2426/19 Rn. 15.
[39] VGH BW Beschl. v. 7.7.2020 – 11 S 2426/19 Rn. 15; SchlHOVG Beschl. v. 27.3.2020 – 4 MB 11/20 Rn. 4.
[40] SchlHOVG Beschl. v. 27.3.2020 – 4 MB 11/20 Rn. 3.
[41] SchlHOVG Beschl. v. 27.3.2020 – 4 MB 11/20 Rn. 6.
[42] So VG München Urt. v. 12.12.2006 – M 12 K 06.3641, M 12 K 06.3726 Rn. 43; zu Recht krit. VG München Urt. v. 16.4.2009 – M 10 K 08.5928 Rn. 42 f.
[43] VGH BW Beschl. v. 7.7.2020 – 11 S 2426/19 Rn. 21.
[44] VGH BW Beschl. v. 7.7.2020 – 11 S 2426/19 Rn. 21 unter Hinweis auf BVerfG, Urt. v. 17.12.2013 – 1 BvL 6/10 Rn. 105.
[45] BVerfG, Urt. v. 17.12.2013 – 1 BvL 6/10; vgl. auch BGBl. 2014 I S. 110.
[46] BGBl. 2017 I S. 2780.
[47] VGH BW Beschl. v. 7.7.2020 – 11 S 2426/19 Rn. 21 mwN.

(3) ¹Die Aufenthaltserlaubnis berechtigt zur Ausübung einer Beschäftigung, wenn die Bundesagentur für Arbeit der Ausübung der Beschäftigung nach § 39 Absatz 3 zugestimmt hat; die Zustimmung wird mit Vorrangprüfung erteilt. ²Die Aufenthaltserlaubnis berechtigt zur Ausübung einer selbständigen Tätigkeit, wenn die in § 21 genannten Voraussetzungen erfüllt sind. ³Wird der Aufenthaltstitel nach Absatz 1 für ein Studium oder für sonstige Ausbildungszwecke erteilt, sind die §§ 16a und 16b entsprechend anzuwenden. ⁴In den Fällen des § 16a wird der Aufenthaltstitel ohne Zustimmung der Bundesagentur für Arbeit erteilt.

(4) ¹Eine nach Absatz 1 erteilte Aufenthaltserlaubnis darf nur für höchstens zwölf Monate mit einer Nebenbestimmung nach § 34 der Beschäftigungsverordnung versehen werden. ²Der in Satz 1 genannte Zeitraum beginnt mit der erstmaligen Erlaubnis einer Beschäftigung bei der Erteilung der Aufenthaltserlaubnis nach Absatz 1. ³Nach Ablauf dieses Zeitraums berechtigt die Aufenthaltserlaubnis zur Ausübung einer Erwerbstätigkeit.

Allgemeine Verwaltungsvorschrift
38a Zu § 38a – Aufenthaltserlaubnis für in anderen Mitgliedstaaten der Europäischen Union langfristig Aufenthaltsberechtigte

38a.0 Allgemeines

38a.0.1 § 38a regelt das Aufenthaltsrecht für langfristig aufenthaltsberechtigte Drittstaatsangehörige anderer Mitgliedstaaten in Deutschland und setzt damit die Mobilitätsregelungen des Kapitels III der Richtlinie 2003/109/EG des Rates vom 25. November 2003 betreffend die Rechtsstellung der langfristig aufenthaltsberechtigten Drittstaatsangehörigen (ABl. EU 2004 Nummer L 16 S. 44, so genannte Daueraufenthalt-Richtlinie) um. Es handelt sich damit um Fälle der so genannten Weiterwanderung nach Deutschland von langfristig aufenthaltsberechtigten Drittstaatsangehörigen mit einer Rechtsstellung i. S. d. § 2 Absatz 7.

38a.0.2 Während in § 38a Absatz 1 Erteilungsvoraussetzungen enthalten sind, wird der persönliche Anwendungsbereich durch den Ausschlusstatbestand in § 38a Absatz 2 begrenzt. Die Regelung zur Ausübung einer Erwerbstätigkeit, Ausbildung und eines Studiums in § 38a Absatz 3 und 4 verdeutlicht, dass es sich um einen Sondertatbestand handelt, der anderen Erteilungstatbeständen (z. B. §§ 16, 17) vorgeht.

38a.0.3 Im Gegensatz zur Erlaubnis zum Daueraufenthalt-EG richtet sich die Aufenthaltserlaubnis nach § 38a weitgehend nach den allgemeinen Bestimmungen. Es gibt keine besondere Erlöschensregelung (beachte jedoch die besonderen Konsultations- und Mitteilungspflichten nach § 91c Absatz 2 i. V. m. § 51 Absatz 8 und 91c Absatz 3; vgl. Nummer 91 c.2 und 91 c.3). Für den Widerruf gelten die allgemeinen Widerrufsgründe nach § 52 Absatz 1 sowie die Sonderregelung nach § 52 Absatz 6 (Regelverpflichtung zum Widerruf).

38a.0.4 Da der aufenthaltsrechtliche Status eines Ausländers grundsätzlich eindeutig definiert sein muss, ist eine parallele Erteilung einer Aufenthaltserlaubnis nach § 38a und einer Aufenthaltserlaubnis zu anderen Aufenthaltszwecken (z. B. Familiennachzug) ausgeschlossen, selbst wenn der Ausländer die Voraussetzungen beider Aufenthaltstitel erfüllt. Ob die Aufenthaltserlaubnis nach § 38a oder ein anderer Aufenthaltstitel eine weitergehende Rechtsposition einräumt, ist auf der Grundlage der Einzelfallumstände (z. B. Ausübung einer Erwerbstätigkeit) zu beurteilen.

38a.0.5 Hinsichtlich des Verwaltungsverfahrens sind folgende Besonderheiten zu beachten:

38a0.5.1 Bei Erteilung und Verlängerung der Aufenthaltserlaubnis ist die Bearbeitungsfrist von grundsätzlich vier Monaten nach Artikel 19 Absatz 1 Daueraufenthalt-Richtlinie zu beachten.

38a.0.5.2 Bei Erteilung und Verlängerung der Aufenthaltserlaubnis ist die Mitteilungspflicht nach § 91c Absatz 1 und die damit verbundene Zentralstellenfunktion des Bundesamtes für Migration und Flüchtlinge als nationale Kontaktstelle zu berücksichtigen.

38a.0.5.3 Beim Erlöschen der Aufenthaltserlaubnis, die nach den allgemeinen Voraussetzungen des § 51 Absatz 1 erfolgt, müssen die Konsultationsund Mitteilungspflichten nach § 91c Absatz 2 i. V. m. § 51 Absatz 8 und 91c Absatz 3 beachtet werden.

38a.0.5.4 Die Erteilung eines nationalen Visums nach § 38a für die Einreise in die Bundesrepublik Deutschland ist unter den Voraussetzungen des § 39 Nummer 6 AufenthV entbehrlich. Bei visumfreier Einreise darf der Daueraufenthaltsberechtigte jedoch nicht unmittelbar eine Erwerbstätigkeit aufnehmen. Wegen des Ausdrückichkeitserfordernisses nach § 4 Absatz 3 Satz 1 und 2 ist hierfür zunächst die Ausstellung der Aufenthaltserlaubnis nach § 38a erforderlich.

38a.0.5.5 Familienangehörige von langfristig aufenthaltsberechtigten Drittstaatsangehörigen i. S. d. § 38a haben einen abgeleiteten Anspruch auf Familiennachzug unter den Voraussetzungen der § 30 Absatz 1 Satz 1 Nummer 3 Buchstabe f) und § 32 Absatz 2 a. F. Für den Nachzug des Ehegatten sind einfache Deutschkenntnisse keine Voraussetzung (§ 30 Absatz 1 Satz 2 Nummer 3).

38a.0.5.6 Nach § 77 Absatz 1 Satz 3 ist einem Verwaltungsakt, mit dem eine Aufenthaltserlaubnis, eine Niederlassungserlaubnis oder eine Erlaubnis zum Daueraufenthalt-EG versagt wird, eine Rechtsbehelfsbelehrung beizufügen (vgl. Nummer 77.1.4.2).

38a.1 Erteilungsvoraussetzungen

38a.1.1.1 § 38a findet nur Anwendung auf Drittstaatsangehörige, denen in einem anderen Mitgliedstaat die Rechtsstellung eines langfristig Aufenthaltsberechtigten verliehen wurde. In Umsetzung von Artikel 8 Absatz 3 Daueraufenthalt-Richtlinie müssen die nationalen Aufenthaltstitel grundsätzlich die Bezeichnung „Daueraufenthalt-EG" in ihren jeweiligen Amtssprachen enthalten. Damit wird gewährleistet, dass die Behörden des zweiten Mitgliedstaates die besondere Rechtsstellung des Ausländers erkennen können; zum anderweitigen Nachweis der Rechtsstellung als langfristig Aufenthaltsberechtigter siehe Nummer 2.7.4. Es wird auf die nachfolgend abgebildete Sprachenliste verwiesen, in der die Bezeichnungen der Europäischen Rechtsstellung „Daueraufenthalt-EG" in den Amtssprachen der Europäischen Union aufgeführt sind.

§ 38a AufenthG 1

Aufenthaltserlaubnis für langfristig Aufenthaltsberechtigte

Sprache	Länderab-kürzung	Nationaler Aufenthaltstitel zur Umsetzung des Daueraufenthalt-EG
bulgarisch	BG	„дългосрочно иребиваващ в ЕО"
dänisch	DK★	„Fastboende udlænding -EF"
deutsch	DE, AT, BE	„Daueraufenthalt – EG"
englisch	UK★, IE★	„long-term resident – EC"
estnisch	EE	„pikaajaline elanik – EL"
finnisch	FI	„pitkään oleskelleen kolmannen maan kansalaisen EY-oleskelulupa"
französisch	FR, BE, LU	„résident de longue durée – CE"
griechisch	EL, CY	„π μακρν διαμνν –"
italienisch	IT	„soggiornante di lungo periodo – CE"
lettisch	LV	„pastvgais iedzvotjs – EK"
litauisch	LT	„ilgalaikis gyventojas – EB"
maltesisch	MT	„residenti gat-tul – KE"
niederländisch	NL, BE	„EG-langdurig ingezetene"
polnisch	PL	„rezydent dugoterminowy – WE"
portugiesisch	PT	„residente CE de longa duração"
rumänisch	RO	„rezident pe termen lung – CE"
schwedisch	SE	„varaktigt bosatt inom EG"
slowakisch	SK	„osoba s dlhodobm pobytom – ES"
slowenisch	SI	„rezident za daljši as – ES"
spanisch	ES	„Residente de larga duración – CE"
tschechisch	CZ	„povolení k pobytu pro dlouhodob pobvajícího rezidenta – ES"
ungarisch	HU	„huzamos tartózkodási engedéllyel rendelkez – EK"

★ Der Aufenthaltstitel „Daueraufenthalt-EG" i. S. d. Daueraufenthalt-Richtlinie kann nicht erworben werden, weil die Richtlinie keine Anwendung findet.

38a.1.1.2 Auf andere unbefristete Aufenthaltstitel anderer EU-Mitgliedstaaten findet § 38a keine Anwendung.

38a.1.1.3 Im Vereinigten Königreich, Irland und Dänemark findet die Daueraufenthalt-Richtlinie keine Anwendung. Drittstaatsangehörige mit langfristigen britischen, irischen oder dänischen Aufenthaltstiteln können keine Aufenthaltsansprüche nach der Daueraufenthalt-Richtlinie in Deutschland und den übrigen EU-Mitgliedstaaten geltend machen, da die vorgenannten drei Staaten den zugrunde liegenden Aufenthaltstitel „Daueraufenthalt-EG" nicht ausstellen.

38a.1.2 Eine Aufenthaltserlaubnis wird darüber hinaus nur dann erteilt, wenn der in einem anderen Mitgliedstaat Daueraufenthaltsberechtigte sich länger als drei Monate im Bundesgebiet aufhalten will. Für Kurzaufenthalte unter drei Monaten kommt ein Schengen-Visum nach § 6 Absatz 1 Nummer 2 in Betracht, sofern nicht Artikel 21 SDÜ Anwendung findet.

38a.1.3 Daneben gelten die allgemeinen Erteilungsvoraussetzungen. Daueraufenthaltsberechtigte müssen nach § 38a i. V. m. §§ 3 und 5 bei Antragstellung insbesondere folgende Nachweise zum Aufenthaltsanspruch vorlegen, um der zuständigen Ausländerbehörde die Prüfung und Entscheidung zu ermöglichen:

38a.1.3.1 – Nachweis des Aufenthaltstitels „Daueraufenthalt-EG" des ersten EU-Mitgliedstaats,

38a.1.3.2 – gültiges und von deutschen Behörden anerkanntes Reisedokument (Pass oder Passersatz),

38a.1.3.3 – Nachweis über die Sicherung des Lebensunterhalts, der ohne Inanspruchnahme deutscher Sozialhilfeleistungen für den eigenen Lebensunterhalt und den der Familienangehörigen ausreicht (§ 5 Absatz 1 Nummer 1 i. V. m. § 2 Absatz 3, § 9c findet keine Anwendung),

38a.1.3.4 – Nachweis einer Krankenversicherung, die in Deutschland sämtliche Risiken abdeckt (siehe auch Nummer 2.3.5),

38a.1.3.5 – gegebenenfalls Nachweise zur konkret geplanten Beschäftigung bzw. zur Finanzierung der selbständigen Tätigkeit und behördlicher Erlaubnisse bei erwerbsbezogenen Aufenthalten gemäß §§ 18 bis 21,

38a.1.3.6 – gegebenenfalls Nachweise zur Studieneinschreibung etc. bei geplanten ausbildungsbezogenen Aufenthalten gemäß §§ 16, 17.

38a.1.4 Die Beschränkung nach § 8 Absatz 2 ist ausgeschlossen.

Dienelt

38a.2 Ausschlussgründe

In Umsetzung von Artikel 14 Absatz 5 der Daueraufenthalt-Richtlinie enthält § 38a Absatz 2 den Ausschluss bestimmter Gruppen von Ausländern aus dem Anwendungsbereich dieser Regelung. Ausgeschlossen sind Ausländer, die

38a.2.1 – von einem Dienstleistungserbringer im Rahmen einer grenzüberschreitenden Dienstleistungserbringung entsandt werden,

38a.2.2 – sonst grenzüberschreitende Dienstleistungen erbringen wollen oder

38a.2.3 – sich zur Ausübung einer Beschäftigung als Saisonarbeitnehmer im Bundesgebiet aufhalten oder im Bundesgebiet eine Tätigkeit als Grenzarbeitnehmer aufnehmen wollen.

38a.3 Zusätzliche Voraussetzungen für besondere Aufenthaltszwecke

38a.3.1 Die Aufenthaltserlaubnis nach § 38a berechtigt nur nach den Voraussetzungen der §§ 18 Absatz 2, 19, 20 und 21 zur Aufnahme einer Erwerbstätigkeit. Für die Erteilung eines Aufenthaltstitels zur Beschäftigung ist eine Zustimmung der Bundesagentur für Arbeit nach § 39 Absatz 2 erforderlich.

38a.3.2 Die Aufenthaltserlaubnis nach § 38a berechtigt unter entsprechender Anwendung der §§ 16 und 17 zur Aufnahme eines Studiums oder einer Ausbildung. Dabei richten sich die aufenthaltsrechtlichen Voraussetzungen nach § 38a, die studien- und ausbildungsspezifischen Voraussetzungen nach §§ 16 und 17.

38a.3.3 Eine Zustimmung der Bundesagentur für Arbeit ist für Aufenthalte zum Zwecke der betrieblichen Ausbildung nach § 17 gemäß § 38a Absatz 3 Satz 3 auf Grund der Beschränkungen der Daueraufenthalt-Richtlinie nicht erforderlich: Die Absolvierung einer Berufsausbildung ist in Artikel 14 Absatz 2 Buchstabe b) Daueraufenthalt-Richtlinie geregelt. Eine Arbeitsmarktprüfung ist nach Artikel 14 Absatz 3, Unterabsatz 1 Daueraufenthalt-Richtlinie jedoch nur für Fälle des Artikels 14 Absatz 2 Buchstabe a) (Erwerbstätigkeit) vorgesehen, nicht aber für Fälle des Artikels 14 Absatz 2 Buchstabe b) der Daueraufenthalt-Richtlinie.

38a.4 Höchstdauer einer Nebenbestimmung nach § 38a Absatz 4

38a.4.0 § 38a Absatz 4 ergänzt die in Absatz 3 enthaltenen Regelungen zum Zugang zur Erwerbstätigkeit. Die Regelung betrifft die Nebenbestimmung zur Erwerbstätigkeit, die von der Ausländerbehörde im Aufenthaltstitel eingetragen wird. Dabei wird mit Absatz 4 Artikel 21 Absatz 2, Unterabsatz 2 Daueraufenthalt-Richtlinie umgesetzt.

38a.4.1 § 38a Absatz 4 Satz 1 begrenzt die in § 39 Absatz 4 vorgesehene Möglichkeit auf zwölf Monate, die Aufenthaltserlaubnis mit einer beschränkenden Nebenbestimmung in Bezug auf die Dauer, die berufliche Tätigkeit, auf bestimmte Betriebe oder Bezirke zu verbinden.

38a.4.2 Nach Ablauf der Zwölfmonatsfrist muss kein neuer Aufenthaltstitel erteilt werden, sofern in der betreffenden Nebenbestimmung zur Aufenthaltserlaubnis von vornherein festgelegt wurde, dass die Beschränkung nur zwölf Monate lang Anwendung findet.

Übersicht

	Rn.
I. Entstehungsgeschichte	1
II. Allgemeines	4
III. Erteilungsvoraussetzungen	11
1. Aufenthaltstitel mit der Bezeichnung „Daueraufenthalt-EU"	11
2. Visumverfahren	24
3. Vorzulegende Unterlagen	35
4. Einschränkung des Anwendungsbereichs	42
5. Aufnahme einer Erwerbstätigkeit	49
6. Familiennachzug	58
7. Öffentliche Ordnung und Sicherheit	67
8. Erlöschen	83
IV. Verwaltungsverfahren	88

I. Entstehungsgeschichte

1 Die Vorschrift wurde mit dem **RLUmsG 2007** in das Gesetz aufgenommen. In Abs. 3 wurde durch Gesetz vom 1.6.2012 nach „§§ 19" die Angabe „19a" eingeführt[1]. Mit Gesetz vom 29.8.2013 wurde der S. 1 in Abs. 3 durch die neuen S. 1 und 2 ersetzt[2]. Die bisherigen S. 2 und S. 3 wurden S. 3 und S. 4. Mit dem **AufenthÄndG 2015** wurde in Abs. 1 die Frist von „drei Monaten" durch „90 Tage" ersetzt.

---

[1] BGBl. 2012 I S. 1224, in Kraft getreten am 1.8.2012.
[2] BGBl. 2013 I S. 3484, ber. S. 3899, in Kraft getreten am 6.9.2013.

Mit Gesetz zur Verbesserung der Rechte von international Schutzberechtigten und ausländischen Arbeitnehmern vom 29.8.2013 wurde auch der Verweis auf die Voraussetzungen des **§ 18 II** gestrichen. Dies war erforderlich, da die Daueraufenthalt-RL die Beschränkung des Zugangs zur Beschäftigung nicht an Berufsgruppen, sondern ausschließlich an eine Arbeitsmarktprüfung knüpft[3].

Mit dem **FEG**[4] wurde Abs. 3 an die neuen Aufenthaltstitel (§ 16a und § 16b) sowie die Neufassung des Zustimmungsverfahrens der Bundesagentur zur Ausübung einer Beschäftigung nach § 39 angepasst und klargestellt, dass die Zuständigkeit mit Vorrangprüfung erteilt wird. In Abs. 4 wurde die Angabe „§ 39 Abs 4" durch die Wörter „nach § 34 der Beschäftigungsverordnung" ersetzt.

II. Allgemeines

Die EU führte mit der Daueraufenthalts-RL[5] vom 25.11.2003 betreffend die Rechtsstellung der langfristig Aufenthaltsberechtigten die „kleine Freizügigkeit" für Drittstaatsangehörige, die die Rechtsstellung eines langfristig Aufenthaltsberechtigten (s. § 2 VII) erlangt haben, ein. Die RL musste von den Mitgliedstaaten bis zum 23.1.2006 in nationales Recht umgesetzt werden (Art. 26 Daueraufenthalt-RL).

Grundlage der RL war die Entscheidung des Europäischen Rats in Tampere (15./16.10.1999), dass die Rechtsstellung von Drittstaatsangehörigen der Rechtsstellung von Staatsangehörigen der Mitgliedstaaten angenähert werden müsse. Insbesondere Drittstaatsangehörige, die sich rechtmäßig und dauerhaft in einem Mitgliedstaat aufhalten, müssten denen der Staatsangehörigen der EU-Mitgliedstaaten vergleichbare Rechte genießen können (Punkt 21 der Schlussfolgerungen von Tampere). Mit der RL soll diesen Forderungen Rechnung getragen und der Anwendung von Art. 63 Nr. 4 EG (heute Art. 79 II AEUV) gewährleistet werden. Nach Art. 63 Nr. 4 EG (heute Art. 79 II AEUV) ist festzulegen, unter welchen Bedingungen Drittstaatsangehörige, die iSd RL in einem Mitgliedstaat langfristig aufenthaltsberechtigt sind, sich in anderen Mitgliedstaaten als demjenigen, der ihnen diese Rechtsstellung erstmals zuerkannt hat, aufhalten können.

§ 38a regelt das Aufenthaltsrecht für langfristig aufenthaltsberechtigte Drittstaatsangehörige anderer Mitgliedstaaten in Deutschland und setzt damit die Mobilitätsregelungen des Kap. III Daueraufenthalts-RL um. Es handelt sich damit um **Fälle der sog. Weiterwanderung** von langfristig Aufenthaltsberechtigten nach Deutschland. Mit dem neuen Titel einer „langfristigen Aufenthaltsberechtigung – EG" nach Art. 8 II Daueraufenthalts-RL wird das Recht erworben, sich auch über den nach Art. 21 SDÜ hinausgehenden Zeitraum von drei Monaten hinaus in einem anderen Mitgliedstaat der EU aufzuhalten.

Das Weiterwanderungsrecht ist nach Art. 14 II Daueraufenthalts-RL nicht beschränkt auf Erwerbstätigkeit, sondern erfasst auch Studium oder eine Berufsausbildung oder sonstige nicht wirtschaftliche Zwecke, vorausgesetzt, dass feste und regelmäßige Einkünfte ohne Inanspruchnahme von Sozialhilfeleistungen und eine Krankenversicherung nachgewiesen werden. Ein lange Zeit strittiger Punkt war, ob die Mitgliedstaaten auch im Fall der Weiterwanderung Integrationsvoraussetzungen stellen können. Der erzielte Kompromiss sieht nunmehr in Art. 15 III UAbs. 2 Daueraufenthalts-RL vor, dass weitere **Integrationsvoraussetzungen** dann nicht verlangt werden können, wenn bereits ursprünglich für die Erlangung der Rechtsstellung im ersten Mitgliedstaat bestimmte Integrationsanforderungen erfüllt werden mussten. In derartigen Fällen kann vom zweiten Mitgliedstaat nur noch die Teilnahme an Sprachkursen verlangt werden (UAbs. 3).

Die veränderte Arbeitsmarktlage in den Mitgliedstaaten spiegelt sich deutlich in einer Reihe von Beschränkungsmöglichkeiten der Zuwanderung zum Zweck der Erwerbstätigkeit wider. Grundsätzlich können die Mitgliedstaaten nach Art. 14 III Daueraufenthalts-RL zunächst eine **Arbeitsmarktprüfung** durchführen und hinsichtlich der Anforderungen für die Besetzung einer freien Stelle bzw. hinsichtlich der Ausübung einer selbstständigen Erwerbstätigkeit ihre nationalen Verfahren anwenden. Aus Gründen der Arbeitsmarktpolitik können Unionsbürger, gemeinschaftsrechtlich privilegierte Drittstaatsangehörige (zB türkische Staatsangehörige) sowie Drittstaatsangehörige, die sich in dem betreffenden Mitgliedstaat aufhalten und dort Arbeitslosenunterstützung erhalten, vorrangig berücksichtigt werden (Art. 14 III UAbs. 2 Daueraufenthalts-RL). Schließlich können auch die Mitgliedstaaten Quotenregelungen für die Zulassung von Drittstaatsangehörigen beibehalten, sofern diese bei Annahme der RL bereits im geltenden Recht vorgesehen sind.

Allein ein Anspruch auf die Erteilung des Aufenthaltstitels nach § 38a ist nicht ausreichend, um die mit dem Titel verbundenen Rechte geltend machen zu können. Denn die **Verleihung der Aufenthaltserlaubnis ist für die Rechtsstellung konstitutiv.** Der rechtsbegründende Charakter des Aufenthaltstitels ergibt sich aus Art. 21 I Daueraufenthalts-RL. Dort ist geregelt, dass „sobald" die langfristig Aufenthaltsberechtigten im zweiten Mitgliedstaat, dh in dem Staat der Weiterwanderung,

---

[3] Ebenso VG Aachen Urt. v. 23.4.2014 – 8 K 1515/12 Rn. 62. Zum Streitstand vgl. HessVGH Beschl. v. 13.1.2012 – 3 B 2325/11, InfAuslR 2012, 179 Rn. 14; aA HessVGH Beschl. v. 30.7.2013 – 6 B 1170/13, InfAuslR 2013 Rn. 18; BayVGH Beschl. v. 7.1.2013 – 10 C 12.2399 Rn. 15.
[4] BGBl. 2019 I S. 1307, in Kraft getreten am 1.3.2020.
[5] ABl. 2004 L 16, 44.

den Aufenthaltstitel gem. Art. 19 Daueraufenthalts-RL erhalten haben, ihnen in diesem Mitgliedstaat Gleichbehandlung in den Bereichen und unter den Bedingungen des Art. 11 Daueraufenthalts-RL gewährt wird. Vor der Erteilung der Aufenthaltserlaubnis nach § 38a haben die Drittstaatsangehörigen auch keinen Zugang zum Arbeitsmarkt (vgl. Art. 21 II Daueraufenthalts-RL).

10 Die Erteilung eines Aufenthaltstitels setzt voraus, dass neben den speziellen Tatbestandsvoraussetzungen des § 38 auch die allgemeinen Erteilungsvoraussetzungen des § 5 I, insbesondere die Sicherung des Lebensunterhalts, vorliegen[6].

III. Erteilungsvoraussetzungen

1. Aufenthaltstitel mit der Bezeichnung „Daueraufenthalt-EU"

11 In Abs. 1 wird der Grundsatz des Art. 14 I Daueraufenthalts-RL aufgegriffen, wonach der langfristig Aufenthaltsberechtigte einen **Anspruch auf Erteilung eines Aufenthaltstitels** besitzt. Die in Art. 14 II Daueraufenth-RL genannten Aufenthaltsgründe (Ausübung einer unselbstständigen oder selbstständigen Erwerbstätigkeit, Absolvierung eines Studiums oder einer Berufsausbildung) mussten in § 38a nicht einzeln erwähnt werden, da wegen des Auffangtatbestands in Art. 14 IIc Daueraufenthalts-RL („für sonstige Zwecke") jeder denkbare Aufenthaltszweck erfasst ist.

12 § 38a findet nur Anwendung auf Drittstaatsangehörige, denen die Rechtsstellung eines langfristig Aufenthaltsberechtigten verliehen wurde, da die **erstmalige Verleihung des Titels konstitutiv für die Rechtsstellung** ist[7]. Im Fall des Nachweises der langfristigen Aufenthaltsberechtigung durch eine sonstige Bestätigung des Mitgliedstaats bedarf es allerdings einer sorgfältigen Vergewisserung durch die Ausländerbehörde, dass die Rechtsstellung als langfristig Aufenthaltsberechtigter auch tatsächlich verliehen worden ist[8].

13 Drittstaatsangehörigen, die sich auf einen Anspruch aus § 38a berufen, muss in einem anderen EU-Staat die Rechtsstellung eines langfristig Aufenthaltsberechtigten zuerkannt worden sein[9]. Gem. § 2 VII ist „langfristig aufenthaltsberechtigt" ein Ausländer, dem in einem Mitgliedstaat der EU die Rechtsstellung nach Art. 2b Daueraufenthaltsa-RL verliehen und nicht entzogen wurde. Art. 2b Daueraufenthalts-RL bestimmt wiederum, dass „längerfristig Aufenthaltsberechtigter" jeder Drittstaatsangehörige ist, der die Rechtsstellung eines langfristig Aufenthaltsberechtigter iSd Art. 4–7 Daueraufenthalts-RL besitzt. **Rein nationale Daueraufenthaltsrechte in einem anderen Mitgliedstaat verleihen damit keinen Anspruch nach § 38a I**[10].

14 Damit die Ausländerbehörde in dem EU-Staat, in der der Ausländer weitergewandert ist, ohne große Schwierigkeiten die Berechtigung des Ausländers überprüfen kann, ist dieser daher verpflichtet, seine Berechtigung nachzuweisen. Der Ausländer muss daher Unterlagen vorlegen, aus denen hervorgeht, dass er im Besitz einer langfristigen Aufenthaltsberechtigung ist (Art. 15 IV UAbs. 1 Daueraufenthalts-RL). Dies ist ihm zumutbar, da er für die Weiterwanderung im Besitz einer spezifischen Aufenthaltsbescheinigung sein muss, die für jeweils mindestens fünf Jahre (Art. 8 II 2 Daueraufenthalts-RL) ausgestellt wird. **Kann der Ausländer diese Bescheinigung nicht vorlegen oder ist sie zeitlich abgelaufen, so ist dem Ausländer der Aufenthaltstitel nach § 38a grundsätzlich zu versagen.** Mit dieser Regelung wird den unterschiedlichen Sphären Rechnung getragen:
– Die Wirksamkeit und Rechtmäßigkeit der Erlaubnis zum Daueraufenthalt-EU ist vom Ausstellerstaat zu verantworten und zu prüfen.
– Die Vorlage einer gültigen Bescheinigung über das Daueraufenthaltsrecht-EU ist vom zweiten Mitgliedstaat zu prüfen, in der der Ausländer weitergewandert ist.

Soweit der HessVGH mit seinem Vorabentscheidungsersuchen an den EuGH vom 17.12.2021[11] der Auffassung zuneigt, dass die Rechtsstellung eines langfristig Aufenthaltsberechtigten nicht mehr im Zeitpunkt des Verlängerungsantrags vorliegen muss, ist dieser Ansicht nicht zu folgen. Denn Art. 22 I lit. b Daueraufenth-RL bestimmt, dass der zweite Mitgliedstaat die Verlängerung des Aufenthaltstitels versagen kann, wenn die Voraussetzungen der Art. 14, 15 und 16 nicht mehr vorliegen. Durch die Bezugnahme auf Art. 14 Daueraufenth-RL wird auch für das Verlängerungsverfahren an das Erfordernis des Stauts eines langfristig Aufenthaltsberechtigten angeknüpft. Zudem sieht der Erwägungsgrund Nr. 21 der RL vor, dass der Mitgliedstaat, in dem der langfristig Aufenthaltsberechtigte sein Auf-

---

[6] BayVGH Beschl. v. 6.2.2012 – 19 CS 11.2613 Rn. 5; Beschl. v. 16.11.2012 – 10 CS 12.803 Rn. 5; VG Ansbach Urt. v. 27.2.2014 – AN 5 K 14.00050 Rn. 15; VG München Urt. v. 9.12.2013 – M 24 K 13.1725 Rn. 34.
[7] → § 9a Rn. 12.
[8] BayVGH Beschl. v. 15.11.2012 – 19 CS 12.1851 Rn. 4; Beschl. v. 11.9.2014 – 10 CS 14.1581 Rn. 23.
[9] BayVGH Beschl. v. 8.2.2017 – 10 ZB 16.1049 Rn. 7.
[10] VG Saarland, Beschl. v. 18.3.2021 – 6 L 1592/20 Rn. 8; HmbOVG Beschl. v. 20.12.2010 – 3 Bs 235/10 Rn. 16; VG Gelsenkirchen Beschl. v. 29.5.2012 – 16 L 575/12 Rn. 9 ff.; VG Köln Beschl. v. 11.7.2018 – 5 L 1043/18 S. 9.
[11] Vorabentscheidungsersuchen des HessVGH Beschl. v. 17.12.2021 – 3 A 709/16, Az. beim EuGH noch nicht bekannt.

enthaltsrecht ausüben möchte, überprüfen können soll, ob diese Person die Voraussetzungen erfüllt, um sich in seinem Hoheitsgebiet aufzuhalten.

Nach Art. 8 I und III Daueraufenthalts-RL stellen die Mitgliedstaaten langfristig Aufenthaltsberechtigten eine langfristige Aufenthaltsberechtigung-EU in Form eines Aufklebers oder eines besonderen Dokuments aus, wobei die Maßgaben der VO (EG) Nr. 1030/2002 zur einheitlichen Gestaltung des Aufenthaltstitels für Drittstaatsangehörige zu beachten ist. In Umsetzung des Art. 8 III Daueraufenthalts-RL müssen die nationalen Aufenthaltstitel die Bezeichnung „Daueraufenthalt-EU" in ihren jeweiligen Amtssprachen enthalten, um eine Weiterwanderung in andere Mitgliedstaaten zu ermöglichen. Damit wird gewährleistet, dass die Behörden des zweiten Mitgliedstaates die besondere Rechtsstellung des Ausländers erkennen können. Die zentrale Bedeutung dieser Bescheinigung ergibt sich aus dem Gewicht, das das Unionsrecht ihrer Gestaltung und Fälschungssicherheit beimisst[12], wonach solche Aufenthaltstitel strengen technischen Normen, insbesondere hinsichtlich der Fälschungssicherheit, genügen sollen, um Missbräuchen in dem Mitgliedstaat, in dem diese Rechtsstellung erlangt wurde, und in den Mitgliedstaaten, in denen das Aufenthaltsrecht ausgeübt wird, vorzubeugen[13]. 15

Trägt er diese Bezeichnung nicht, kann der Nachweis der behaupteten Rechtsstellung in einem anderen EU-Staat ausnahmsweise durch eine entsprechende schriftliche Bestätigung einer zuständigen Behörde dieses Mitgliedstaats, ggf. auch der hiesigen Auslandsvertretung, erbracht werden[14]. Eine Rechtsvorschrift, die andere Nachweise ausschließt, existiert nicht[15]. Der Entwurfsbegründung zu § 2 VII zufolge sind auch alternative Nachweise, etwa eine Auskunft der Behörden des Mitgliedstaats, als Nachweis für die Rechtsstellung (oder deren Verlust) denkbar, weil die RL hinsichtlich der Geltendmachung der Rechtsstellung nicht an die Vorlage eines Aufenthaltstitels mit dem Vermerk „Daueraufenthalt-EG" anknüpft[16]. Nach der Allgemeinen Verwaltungsvorschrift zum AufenthG kann der Nachweis der Rechtsstellung als langfristig Aufenthaltsberechtigter auch durch eine schriftliche Bestätigung der Behörde des Mitgliedstaates (in dem das Recht zum Daueraufenthalt – EU entstanden sein soll), gegebenenfalls auch dessen Auslandsvertretung in Deutschland, geführt werden (Nr. 2.7.4). Ein Aufenthaltsrecht nach § 38a kann der Ausländer nicht erhalten, so lange der Status nicht geklärt ist. Er kann sich auch nicht darauf berufen, im Inland zu verbleiben, bis die Klärung abgeschlossen ist, sofern er kein Aufenthaltsrecht mehr besitzt. 16

Es wird auf die nachfolgend abgebildete Sprachenliste verwiesen, in der die Bezeichnungen der Rechtsstellung „Daueraufenthalt – EU" in den Amtssprachen der Union aufgeführt sind. 17

Sprache	Land	Nationaler Aufenthaltstitel zur Umsetzung des Daueraufenthaltsrecht – EU
bulgarisch	BG	„дългосрочно пребиваващ в ЕО"
dänisch	DK	„Fastboende udlænding – EF"
deutsch	DE, AT, BE	„Daueraufenthalt – EU"
englisch	UK, IE	„long-term resident – EC"
estnisch	EE	„pikaajaline elanik – EL"
finnisch	FI	„pitkään oleskelleen kolmannen maan kansalaisen EY-oleskelulupa"
französisch	FR, BE, LU	„résident de longue durée – CE"
griechisch	GR, CY	„Άδεια παραμονής επί μακρόν διαμένοντος EG"
italienisch	IT	„soggiornante di lungo periodo – CE"
lettisch	LV	„pastāvīgais iedzīvotājs – EK"
litauisch	LT	„ilgalaikis gyventojas – EB"
maltesisch	MT	„residenti għat-tul – KE"
niederländisch	NL, BE	„EG-langdurig ingezetene"
polnisch	PL	„rezydent długoterminowy – WE"
portugiesisch	PT	„residente CE de longa duração"
rumänisch	RO	„rezident pe termen lung – CE"
schwedisch	SE	„varaktigt bosatt inom EG"
slowakisch	SK	„osoba s dlhodobým pobytom – ES"
slowenisch	SI	„rezident za daljši čas – ES"
spanisch	ES	„Residente de larga duración – CE"
tschechisch	CZ	„povolení k pobytu pro dlouhodobě pobývajícího rezidenta – ES"
ungarisch	HU	„huzamos tartózkodási engedéllyel rendelkező – EK"

---

[12] BayVGH Urt. v. 24.7.2014 – 19 B 13.1293 Rn. 40; Beschl. v. 15.11.2012 – 19 CS 12.1851 Rn. 4; Erwägungsgrund 11 RL 2003/109/EG.
[13] VG München Urt. v. 29.1.2015 – M 12 K 14.1178 Rn. 28.
[14] BayVGH Beschl. v. 24.7.2014 – 19 B 13.1293; Beschl. v. 15.11.2012 – 19 CS 12.1851 Rn. 4; Beschl. v. 11.8.2014 – 10 CS 14.1581.
[15] BayVGH Beschl. v. 15.11.2012 – 19 CS 12.1851 Rn. 4.
[16] BT-Drs. 16/5065, 158.

18 **Die anderen Mitgliedstaaten sind nicht berechtigt, zu prüfen, ob der ausstellende Mitgliedstaat die Erteilungsvoraussetzungen zu Recht angenommen hat.** Grundsätzlich verlangt das Tatbestandsmerkmal des Innehabens einer Rechtsposition als langfristig Aufenthaltsberechtigter in einem anderen Mitgliedstaat iSv § 38a I über den formalen Nachweis der Rechtsposition hinaus nicht die materiell-rechtliche Prüfung, ob die zuständige Behörde des betreffenden Mitgliedstaats dem Ausländer den Daueraufenthaltstitel-EU nach dem die Daueraufenthalts-RL umsetzenden nationalen Recht überhaupt hätte erteilen dürfen[17]. Eine solche Prüfung widerspräche dem unionsrechtlichen Prinzip der gegenseitigen Anerkennung behördlicher Entscheidungen, die auf harmonisierten Rechtsvorgaben beruhen[18]. Der Grundsatz der gegenseitigen Anerkennung von Aufenthaltstiteln, der die Grundlage des mit der Daueraufenthalts-RL eingeführten Systems darstellt, würde nämlich geradezu negiert, hielte man einen Mitgliedstaat für berechtigt, die Anerkennung eines von einem anderen Mitgliedstaat ausgestellten Daueraufenthaltstitels unter Berufung auf seine nationalen Vorschriften zu verweigern[19].

19 Denn das Unionsrecht beruht auf der grundlegenden Prämisse, dass jeder Mitgliedstaat mit allen anderen Mitgliedstaaten eine Reihe gemeinsamer Werte teilt – und anerkennt, dass sie mit ihm teilen –, auf die sich, wie es in Art. 2 EUV heißt, die Union gründet. Diese Prämisse impliziert und rechtfertigt die **Existenz gegenseitigen Vertrauens** zwischen den Mitgliedstaaten bei der Anerkennung dieser Werte und damit bei der Beachtung des Unionsrechts[20]. Der Grundsatz des gegenseitigen Vertrauens zwischen den Mitgliedstaaten hat im Unionsrecht fundamentale Bedeutung, da er die Schaffung und Aufrechterhaltung eines Raums ohne Binnengrenzen ermöglicht. Konkret verlangt der Grundsatz des gegenseitigen Vertrauens, namentlich in Bezug auf den Raum der Freiheit, der Sicherheit und des Rechts, von jedem Mitgliedstaat, dass er, abgesehen von außergewöhnlichen Umständen, davon ausgeht, dass alle anderen Mitgliedstaaten das Unionsrecht und insbesondere die dort anerkannten Grundrechte beachten[21].

20 Hat ein Aufnahmemitgliedstaat triftige Gründe, die Ordnungsmäßigkeit eines von einem anderen Mitgliedstaat ausgestellten Daueraufenthaltstitel zu bezweifeln, so hat er dies dem anderen Mitgliedstaat im Rahmen der gegenseitigen Unterstützung und des Informationsaustauschs mitzuteilen. Falls der Ausstellermitgliedstaat nicht die geeigneten Maßnahmen ergreift, kann der Aufnahmemitgliedstaat gegen diesen Staat ein Verfahren nach Art. 227 EG einleiten, um durch den EuGH einen Verstoß gegen die Verpflichtungen aus der Daueraufenthalts-RL feststellen zu lassen[22]. **Nur dann, wenn sich die Fehlerhaftigkeit der Ausstellung unmittelbar auf der Grundlage von Angaben im Aufenthaltstitel selbst oder anderen vom Ausstellermitgliedstaat herrührenden unbestreitbaren Informationen feststellen lässt, kann der Aufnahmemitgliedstaat es ablehnen, den Daueraufenthaltstitel anzuerkennen**[23]. Eine Bindungswirkung hinsichtlich der Erteilungsvoraussetzungen ist daher nur dann abzulehnen, wenn sich unmittelbar aus dem Aufenthaltstitel selbst die Fehlerhaftigkeit der Ausstellung ergibt. Dies gilt etwa in Fällen, in denen einem vierjährigen Kind eine Erlaubnis zum Daueraufenthalt – EU ausgestellt wurde, obwohl dieses die erforderliche Aufenthaltszeit von fünf Jahren ersichtlich nicht nachweisen kann.

21 **Von der Überprüfung des Vorliegens der Erteilungsvoraussetzungen ist die Frage zu unterscheiden, ob die Bundesrepublik Deutschland im Rahmen der Verlängerung des Aufenthaltstitels nach § 38a befugt ist, den Verlust der Rechtsstellung eines langfristig Aufenthaltsberechtigten nach Art. 9 Daueraufenth-RL zu prüfen und gegebenenfalls die Verlängerung zu versagen.** Mit der Prüfung, ob die Verlängerung der Aufenthaltserlaubnis nach § 38a versagt werden kann, weil sich der Drittstaatsangehörige zB sechs Jahre lang nicht im Hoheitsgebiet des Mitgliedstaats aufgehalten hat[24], der ihm die Rechtsstellung zuerkannt hat, wird nicht geprüft, ob die langfristige Aufenthaltsberechtigung – EU vom ersten Mitgliedstaat zurecht erteilt wurde, sondern ob die Voraussetzungen nachträglich entfallen sind. Da eine dahin gehende Prüfung seitens des ersten Mitgliedstaats, der die Rechtsstellung verliehen hat, nicht erfolgt ist, würde der zweite Mitgliedstaat nicht in dessen Prüfungskompetenz eingreifen[25]. Das deutsche Recht geht von einer Prüfungskom-

---

[17] VG Köln Beschl. v. 11.7.2018 – 5 L 1043/18 S. 10.
[18] VG Köln Beschl. v. 11.7.2018 – 5 L 1043/18 S. 10.
[19] So zum Führerscheinrecht EuGH Urt. v. 26.6.2008 – C- 334/06 ua Rn. 52 – Zerche.
[20] 17. Begründungserwägung der Daueraufenth-RL; s. auch EuGH Urt. v. 19.3.2019 – C-297/17 ua Rn. 83 – Ibrahim.
[21] EuGH Urt. v. 19.3.2019 – C-297/17 ua Rn. 84 – Ibrahim unter Hinweis auf EuGH Urt. v. 19.3.2019 – C-163/17 Rn. 81 – Jawo mwN.
[22] So zum Führerscheinrecht EuGH Urt. v. 26.6.2008 – C- 334/06 ua Rn. 54 – Zerche.
[23] So zum Führerscheinrecht EuGH Urt. v. 26.6.2008 – C- 334/06 ua Rn. 69 – Zerche.
[24] Art 9 IV UAbs. 2 DaueraufenthRL, bestimmt: „Auf jeden Fall verliert die betreffende Person, die sich sechs Jahre lang nicht im Hoheitsgebiet des Mitgliedstaats aufgehalten hat, der ihr die Rechtsstellung eines langfristig Aufenthaltsberechtigten zuerkannt hat, in diesem Mitgliedstaat die Rechtsstellung eines langfristig Aufenthaltsberechtigten."
[25] Zur Zulässigkeit einer derartigen Prüfung s. Vorabentscheidungsersuchen des VG Darmstadt Beschl. v. 7.2.2022 – 5 K 888/21.DA, anhängig beim EuGH unter C-129/22.

petenz aus. § 52 VI sieht vor, dass die Aufenthaltserlaubnis nach § 38a „widerrufen" werden soll, wenn der Ausländer seine Rechtsstellung als langfristig Aufenthaltsberechtigter in einem anderen Mitgliedstaat der Europäischen Union verliert. Soll eine bereits erteilte Aufenthaltserlaubnis nach § 38a widerrufen werden, so ist diese Regelung über ihren Wortlaut hinaus zugleich auch als Versagungsgrund anzusehen, da es sinnwidrig wäre, zunächst eine Aufenthaltserlaubnis nach § 38a zu verlängern, um diese sogleich wieder zu widerrufen. Im Rahmen des § 52 VI wird nicht geprüft, ob die langfristige Aufenthaltsberechtigung-EU vom ersten Mitgliedstaat zu Recht erteilt wurde, sondern ob die Voraussetzungen nachträglich während des Zeitraums der Abwesenheit aus dem ersten Mitgliedstaat entfallen sind. Mit der Prüfung, ob die Verlängerung der Aufenthaltserlaubnis nach § 38a versagt werden kann, weil der Drittstaatsangehörige die Rechtsstellung als langfristig Aufenthaltsberechtigter in einem anderen Mitgliedstaat der Europäischen Union verloren hat, wird – wie aus der Begründung zu dieser Regelung aus den nationalen Gesetzesmaterialien hervorgeht[26] – an die **Verlustgründe der Daueraufenth-RL** angeknüpft. Sofern Deutschland befugt ist, den Verlust der Rechtsstellung eines langfristig Aufenthaltsberechtigten in dem ersten Mitgliedstaat zu prüfen, stellt sich die Frage, ob die Bestimmungen der Daueraufenth-RL für eine solche Prüfung hinreichend umgesetzt wurden[27]. Soweit es sich um eine Erlaubnis zum Daueraufenthalt-EU nach § 9a handelt, hat Deutschland mit § 51 IV 1 Nr. 4 die Regelung des Art. 9 IV UAbs. 2 der Daueraufenth-RL umgesetzt. Soweit es sich um eine von einem anderen Mitgliedstaat ausgestellte langfristige Aufenthaltsberechtigung-EU handelt, hat Deutschland mit § 52 VI eine Vorschrift erlassen, die bestimmt, dass eine Aufenthaltserlaubnis nach § 38a widerrufen werden soll und deshalb auch nicht verlängert werden kann, wenn der Ausländer seine Rechtsstellung als langfristig Aufenthaltsberechtigter in einem anderen Mitgliedstaat der EU verliert. Die Norm legt aber weder die Verlustgründe fest, noch enthält sie einen konkreten Verweis auf die Verlustgründe der Daueraufenth-RL. Es stellt sich daher die Frage, ob die Prüfung der Verlustgründe des Art. 9 Daueraufenth-RL eine Umsetzung in nationales Recht erfordert, bei der die Tatbestände, die zum Verlust der Rechtsstellung des langfristig Aufenthaltsberechtigten im ersten Mitgliedstaat führen, konkretisiert werden, oder ob es ausreichend ist, wenn im nationalen Recht ohne konkrete Bezugnahme auf die Richtlinie geregelt wird, dass der Aufenthaltstitel versagen darf, „wenn der Ausländer seine Rechtsstellung als langfristig Aufenthaltsberechtigter in einem anderen Mitgliedstaat der Europäischen Union verliert"[28].

Auf das **Vereinigte Königreich** (auch vor dem Austritt aus der EU), **Irland und Dänemark** findet die Daueraufenthalts-RL **keine Anwendung**. Drittstaatsangehörige mit langfristigen britischen, irischen oder dänischen Aufenthaltstiteln können keine Aufenthaltsansprüche nach der Daueraufenthalts-RL in Deutschland und den übrigen EU-Mitgliedstaaten geltend machen, da die vorgenannten drei Staaten den zugrunde liegenden Aufenthaltstitel „Daueraufenthalt-EU" nicht ausstellen. Denn für das Vereinigte Königreich, Irland und Dänemark gelten besondere Regelungen im Hinblick auf die Anwendbarkeit des Titels V Kap. 2 AEUV[29].

Eine formale **Einschränkung der Verlängerbarkeit** nach § 8 II ist vor dem Hintergrund des Art. 19 II Daueraufenthalts-RL unzulässig; dort wird ausdrücklich die Ausstellung eines verlängerbaren Aufenthaltstitels verlangt. Dies hat insbesondere in Fällen Bedeutung, in denen ansonsten im Hinblick auf zeitliche Beschränkungen für einzelne Tätigkeiten nach der BeschV solche Beschränkungen regelmäßig erfolgen.

2. Visumverfahren

In Art. 14 I Daueraufenthalts-RL, der zum Kap. III Daueraufenthalts-RL gehört, wird ein Aufenthaltsrecht in einem anderen Mitgliedstaat der EU als demjenigen, in dem der Ausländer daueraufenthaltsberechtigt ist, begründet. Grundlage dieser Regelung ist Art. 63 IV EG (heute Art. 79 IIb AEUV). Danach beschließt der Rat Maßnahmen zur Festlegung der Rechte und Bedingungen, aufgrund derer sich Drittstaatsangehörige, die sich rechtmäßig in einem Mitgliedstaat aufhalten, in anderen Mitgliedstaaten aufhalten dürfen. Aufenthalt in Art. 14 Daueraufenthalts-RL bedeutet jeden Aufenthalt in einem anderen Mitgliedstaat, der drei Monate überschreitet: Die Daueraufenthalts-RL betrifft nicht die **Einreisebedingungen für Drittstaatsangehörige, die sich weniger als drei Monate in einem Mitgliedstaat aufhalten wollen**. Diese Bedingungen fallen unter Art. 62 III EG (heute Art. 77 II a AEUV). Sie werden durch die einschlägigen Bestimmungen des SDÜ und des SGK geregelt[30].

---

[26] BT-Drs. 16/5056, 181.
[27] Hierzu das Vorabentscheidungsersuchen VG Darmstadt Beschl. v. 7.2.2022 – 5 K 888/21.DA, anhängig beim EuGH unter C-129/22.
[28] Vorabentscheidungsersuchen VG Darmstadt Beschl. v. 7.2.2022 – 5 K 888/21.DA, anhängig beim EuGH unter C-129/22.
[29] Einzelheiten unter → § 9a Rn. 24 f.
[30] KommissionsEntw KOM(2001)127 endg. S. 24; Bericht des EU-Parlaments vom 30.11.2001, A5–0436/2001, S. 37.

Dienelt

25 Der Daueraufenthalts-RL ist nicht zu entnehmen, inwiefern dieser Personenkreis sich für kürzere Aufenthalte in einem anderen Mitgliedstaat der EU aufhalten darf. Soweit es sich um einen Drittstaatsangehörigen handelt, der einen Aufenthaltstitel eines Mitgliedstaates besitzt, der das SDÜ vollständig anwendet, deckte das Recht aus Art. 21 SDÜ die Einreise nach Deutschland zum Zwecke eines kurzfristigen Aufenthalts bis zur Änderung des Art. 5 SGK zum 19.7.2013 ab[31]. **Erst durch Aufnahme des Adjektivs „geplant" in den neuen Art. 5 I SGK (heute Art. 6 I SGK), ist der Befreiungstatbestand des Art. 21 SDÜ entfallen.** Denn die Auslegung des Art. 21 I SDÜ ergibt, dass die Einreise nach dieser Vorschrift bereits dann nicht mehr visumfrei möglich ist, wenn der Drittstaatsausländer zum Zeitpunkt dieser Einreise die Absicht hatte, sich dauerhaft und nicht nur für maximal 90 Tage in einem Zeitraum von 180 Tagen im Bundesgebiet aufzuhalten[32]. Dies folgt aus einer systematischen Betrachtung der Vorschrift, insbesondere unter Heranziehung der Verweisung auf Art. 5 I (heute Art. 6) SGK, der von einem „geplanten Aufenthalt" spricht. Art. 6 I lit. c SGK bestätigt dies durch Verwendung der Formulierung „beabsichtigten Aufenthalts". Beide Wortlaute legen ein subjektives Element zum Einreisezeitpunkt nahe.

26 Art. 21 SDÜ iVm Art. 6 I SGK schreibt zudem dem Regelungsgehalt nach vor, dass bei der Einreise in einen anderen Mitgliedstaat ausreichende Mittel zur Bestreitung des Lebensunterhalts sowohl „für die Dauer des beabsichtigten Aufenthalts als auch für die Rückreise in den Herkunftsstaat oder für die Durchreise in einen Drittstaat" vorliegen müssen. Schon diese Voraussetzung ist tatbestandlich denklogisch nur dann überprüfbar, wenn die Aufenthaltsdauer bereits bei der Einreise feststeht, der Aufenthalt jedenfalls nicht über die 90 Tage hinaus eine unbestimmte Dauer haben soll. Nach Art. 6 IV SGK werden nämlich die Mittel zur Bestreitung des Lebensunterhalts unter Rückgriff auf die Dauer und den Zweck des Aufenthalts bewertet. Nach Art. 6 III SGK enthält der Anhang I des SGK eine Liste von Belegen, die sich der Grenzschutzbeamte von dem Drittstaatsangehörigen vorlegen lassen kann, um zu prüfen, ob die Voraussetzungen des Abs. 1 lit. c erfüllt sind. Bei einem Aufenthalt von unbestimmter Dauer können all diese Vorschriften faktisch gar nicht angewendet werden, laufen mithin leer.

27 Im systematischen Zusammenhang steht Art. 21 SDÜ auch mit dem vorangehenden Art. 20 SDÜ. Danach können sich Staatsangehörige bestimmter aus Art. 4 I EU-VisumVO folgender Drittstaaten visumfrei für 90 Tage innerhalb eines 180-Tage-Zeitraums im Hoheitsgebiet, mithin auch im Bundesgebiet, bewegen. Diese Visumfreiheit entfällt aber etwa, wenn der Aufenthalt etwa von Anfang an dazu dient, einen Aufenthaltstitel für den Familiennachzug zu beantragen und so von vornherein ein Daueraufenthalt im Bundesgebiet bezweckt ist[33]. Auch hier folgt die Unzulässigkeit eines längerfristigen Aufenthalts nicht aus der EU-VisumVO, sondern aus den erforderlichen Erteilungsvoraussetzungen des Art. 6 I SGK.

28 Dies wird gestützt durch die kompetenzielle Grundlage der VO, welche in Art. 77 II lit. a AEUV zu sehen ist. Danach sollen das Europäische Parlament und der Rat Maßnahmen für die gemeinsame Visa-Politik und „andere kurzfristige Aufenthaltstitel" erlassen.

29 Dieser Auslegung steht § 39 Nr. 6 AufenthV nicht entgegen, der auch längerfristige Aufenthalte ermöglichen will. Dies folgt schon allein daraus, dass eine nationale Vorschrift aus kompetenzrechtlichen Gründen gar nicht in der Lage ist, den Anwendungsbereich einer Vorschrift des SDÜ, die zum unionsrechtlich inkorporierten Schengen-Besitzstand gehört, zu bestimmen.

30 **Eine Visumfreiheit für die ersten drei Monate kann auch nicht der Daueraufenthalts-RL entnommen werden.** Nach Art. 15 I Daueraufenthalts-RL beantragt der langfristig Aufenthaltsberechtigte unverzüglich, spätestens jedoch drei Monate nach seiner Einreise in den zweiten Mitgliedstaat, einen Aufenthaltstitel bei den zuständigen Behörden jenes Mitgliedstaats, wobei die Mitgliedstaaten akzeptieren können, dass der langfristig Aufenthaltsberechtigte den Antrag auf Erteilung eines Aufenthaltstitels noch während seines Aufenthalts im Hoheitsgebiet des ersten Mitgliedstaats bei den zuständigen Behörden des zweiten Mitgliedstaats einreicht.

31 Zwar geht die Daueraufenthalts-RL offenbar von einer visumfreien Einreise zum Zwecke der Beantragung des Aufenthaltstitels für den Daueraufenthalt in dem anderen Mitgliedstaat (in diesem Fall Deutschland) aus, wenn sie einen Antrag nach Einreise für möglich hält. Visumfreiheit wird dadurch aber nicht begründet. Vielmehr knüpft die Daueraufenthalts-RL an die alte Fassung der Erteilungsvoraussetzungen des Art. 21 SDÜ an, die nach Art. 5 I SDÜ und Art. 5 SGK aF nicht an einen geplanten Aufenthalt anknüpften und damit auch eine Einreise zum Zwecke des dauerhaften Aufenthalts ermöglichten.

32 Die Vorschrift des Art. 15 I Daueraufenthalts-RL richtet sich schon ihrem Zweck nach nur darauf, den Mitgliedstaaten zu erlauben, an die langfristig Aufenthaltsberechtigten bestimmte Anforderungen

---

[31] VO (EU) Nr. 610/2013 vom 26.6.2013 (ABl. 2013 L 182, 1), in Kraft getreten am 19.7.2013: Mit dieser Änderung wurde erstmals das Adjektiv „geplant" in den Text aufgenommen.
[32] Vgl. OVG Bln-Bbg Beschl. v. 28.2.2019 – OVG 11 S 21.18 Rn. 8 f.; HmbOVG Beschl. v. 1.6.2018 – 1 Bs 126/17 Rn. 15; HessVGH Beschl. v. 4.6.2014 – 3 B 785/14 Rn. 7; BayVGH Beschl. v. 14.2.2018 – 10 CS 18.350 Rn. 26; VG Stuttgart Beschl. v. 7.5.2014 – 5 K 4470/13 Rn. 5.
[33] HmbOVG Beschl. v. 23.9.2013 – 3 Bs 131/12; VGH BW Beschl. v. 14.9.2011 – 11 S 2438/11.

Aufenthaltserlaubnis für langfristig Aufenthaltsberechtigte　　　**§ 38a AufenthG 1**

zu stellen, namentlich hier die rechtzeitige Stellung eines Antrags. Das ergibt sich insbesondere aus der Formulierung, dass die Mitgliedstaaten eine frühere Antragstellung „akzeptieren" können. Auch der systematische Bezug zu Art. 15 II Daueraufenthalts-RL, wonach die Mitgliedstaaten von den Personen bestimmte Nachweise verlangen können, bestätigt dies.

Auch der Zweck der Daueraufenthalts-RL, langfristig Aufenthaltsberechtigten die Weiterwanderung 33 zu ermöglichen, wird durch diese Auslegung nicht vereitelt. Denn die Durchführung eines Visumverfahrens hindert die Weiterwanderung nicht, sondern modifiziert nur das Verfahren. Denn bei beabsichtigtem Daueraufenthalt in einem anderen Mitgliedstaat stellt es keinen materiellen Nachteil dar, zunächst ein Visum und erst nach der damit vorgenommenen Einreise eine Aufenthaltserlaubnis zu beantragen. Vielmehr kann der Mitgliedstaat durch die mit dem Visumverfahren ermöglichte präventive Einreisekontrolle die von der RL selbst vorgesehenen Anforderungen besonders effektiv gewährleisten. Nach Erwägungsgrund Nr. 21 sollten die Mitgliedstaaten, in denen ein Aufenthaltsrecht ausgeübt wird, „überprüfen können, ob diese Person die Voraussetzungen erfüllt, um sich in seinem Hoheitsgebiet aufzuhalten". Die hier vorgesehene Kontrolle zur Überprüfung der Voraussetzungen, insbesondere zwecks Gewährleistung der öffentlichen Sicherheit, der finanziellen Absicherung des Ausländers sowie einer etwaigen Überprüfung des Aufenthaltszwecks, durch den Mitgliedstaat wird durch ein Visumverfahren gerade erst sichergestellt. Ein solches verhilft damit der Konzeption des Weiterwanderungsanspruchs vielmehr zur effektiven Wirksamkeit.

Die Visumpflicht ergibt sich ausdrücklich für Familienangehörige, wenn die Familie noch nicht im 34 ersten Mitgliedstaat bestand, da in diesem Fall über Art. 16 V Daueraufenthalts-RL die Visumregelung in Art. 5 III Familienzusammenführungs-RL eingreift.

3. Vorzulegende Unterlagen

Neben den Erteilungsvoraussetzungen in § 38a I gelten die allgemeinen Erteilungsvoraussetzungen. 35 Langfristig Aufenthaltsberechtigte müssen nach § 38a iVm § 3 und § 5 bei Antragstellung insbesondere folgende Nachweise **zum Aufenthaltsanspruch** vorlegen, um der zuständigen Ausländerbehörde die Prüfung und Entscheidung zu ermöglichen:
- Nachweis des Aufenthaltstitels „Daueraufenthalt-EU" des ersten EU-Mitgliedstaats,
- gültiges und von deutscher Behörde anerkanntes Reisedokument (Pass- oder Passersatz),
- Nachweis über feste und regelmäßige Einkünfte, die ohne Inanspruchnahme deutscher Sozialhilfeleistungen für den eigenen Lebensunterhalt und den der Familienangehörigen ausreichen,
- Nachweis einer Krankenversicherung, welche in Deutschland sämtliche Risiken abdeckt (s. auch § 2 III),
- gegebenenfalls Nachweis zur konkret geplanten Beschäftigung bzw. zur Finanzierung der selbstständigen Tätigkeit und behördliche Erlaubnis bei erwerbsbezogenem Aufenthalt gemäß §§ 18–21,
- gegebenenfalls Nachweis zur Studieneinschreibung etc bei geplanten ausbildungsbezogenen Aufenthalten gemäß §§ 16, 17 und
- Verpflichtung zur Teilnahme an einem Integrationskurs – § 44a IIa ist zu beachten.

Die nationalen Anforderungen stehen mit den **Vorgaben der Daueraufenthalts-RL** im Einklang. 36 In Art. 15 II–IV Daueraufenthalts-RL wird abschließend[34] präzisiert, welche Dokumente vorzulegen sind, um das Recht auf Aufenthalt in einem anderen Mitgliedstaat zu begründen, und nach welchem Verfahren vorzugehen ist, um in diesem zweiten Mitgliedstaat einen Aufenthaltstitel zu erlangen. Der Antrag auf Ausstellung eines Aufenthaltstitels im Mitgliedstaat des zweiten Aufenthalts muss nach Art. 15 I Daueraufenthalts-RL spätestens drei Monate nach der Einreise in dessen Hoheitsgebiet gestellt werden. Ihm sind Belege beigefügt, aus denen hervorgeht, dass der Betreffende die Voraussetzungen für das Aufenthaltsrecht erfüllt.

Die Mitgliedstaaten können danach von den betroffenen Personen verlangen, Folgendes nachzuwei- 37 sen:
- Unterlagen, aus denen hervorgeht, dass die betroffenen Personen die einschlägigen Bedingungen erfüllen, sowie ihre langfristige Aufenthaltsberechtigung und ein gültiges Reisedokument oder beglaubigte Abschriften davon (Art. 15 IV UAbs. 1 Daueraufenthalts-RL).
- feste und regelmäßige Einkünfte, die ohne Inanspruchnahme der Sozialhilfeleistungen des betreffenden Mitgliedstaats für ihren eigenen Lebensunterhalt und den ihrer Familienangehörigen ausreichen. Für jede der in Art. 14 II Daueraufenthalts-RL genannten Kategorien beurteilen die Mitgliedstaaten diese Einkünfte anhand ihrer Art und Regelmäßigkeit und können die Höhe der Mindestlöhne und -renten berücksichtigen (Art. 15 II a Daueraufenthalts-RL).
- eine Krankenversicherung, die im zweiten Mitgliedstaat sämtliche Risiken abdeckt, die in der Regel auch für die eigenen Staatsangehörigen im betreffenden Mitgliedstaat abgedeckt sind (Art. 15 IIb Daueraufenthalts-RL).
- Unterlagen in Bezug auf ausreichenden Wohnraum (Art. 15 IV UAbs. 2 Daueraufenthalts-RL).

---

[34] Entwurf der RL v. 13.3.2001 (KOM(2001) 127 endg.) S. 25.

Dienelt

38 **Bei der Prüfung des Vorliegens der Lebensunterhaltssicherung sind unionsrechtliche Vorgaben zu beachten.** Ebenso wie die Familienzusammenführungs-RL lässt auch die Daueraufenthalts-RL nicht zu, dass bei der Bemessung des Unterhaltsbedarfs eines langfristig aufenthaltsberechtigten Drittstaatsangehörigen der **Freibetrag für Erwerbstätige** nach § 11b I 1 Nr. 6, III SGB II in Abzug gebracht wird[35]. Im Rahmen der Erteilung oder Verlängerung eines Aufenthaltstitels nach § 38a wird die Regelerteilungsvoraussetzung des § 5 I Nr. 1 iVm § 2 III 1 durch Art 15 II lit. a Daueraufenthalts-RL unionsrechtlich überformt[36]. Dieser schließt es aus, bei der Ermittlung des einzusetzenden Einkommens wie bei inländischen Arbeitsuchenden mit Grundsicherungsanspruch Freibeträge für Erwerbstätige gemäß § 11b I 1 Nr. 6, III SGB II (sog. „Erwerbstätigenbedarfspauschalen") mit bedarfsdeckungsmindernder Wirkung abzutragen[37].

39 Die Daueraufenthalts-RL sieht in Art. 15 II lit. a als Bedingung für den Aufenthalt eines langfristig Aufenthaltsberechtigung in einem zweiten Mitgliedstaat vor, dass die betreffende Person „feste und regelmäßige Einkünfte" nachweist, „die ohne Inanspruchnahme der Sozialhilfeleistungen des betreffenden Mitgliedstaats für ihren eigenen Lebensunterhalt und den ihrer Familienangehörigen ausreichen" und entspricht damit dem Wortlaut der Anspruchsvoraussetzung in Art. 7 I lit. c Familienzusammenführungs-RL. Dass es sich bei dem Begriff der „Sozialhilfeleistungen des ... Mitgliedstaats" in Art. 15 II lit. a Daueraufenthalts-RL um denselben „autonomen Begriff des Unionsrechts" handelt, „der nicht anhand von Begriffen des nationalen Rechts ausgelegt werden kann"[38], zeigt im Übrigen auch der Vergleich mit dem Wortlaut des Art. 11 I lit. d derselben RL. Anders als in der Formulierung der Anspruchsvoraussetzung des Art. 15 II lit. a Daueraufenthalts-RL wird in Art. 11 I lit. b Daueraufenthalts-RL explizit auf das nationale Recht verwiesen und damit verdeutlicht, dass der Begriff der Sozialhilfe – nur – an dieser Stelle nicht einheitlich unionsrechtlich gelten soll, wenn es dort heißt, dass langfristig Aufenthaltsberechtigte auch auf dem Gebiet der Sozialhilfe „im Sinn des nationalen Rechts" wie eigene Staatsangehörige zu behandeln sind[39].

40 – Im Fall der Ausübung einer Erwerbstätigkeit:
   a) sofern sie einer unselbstständigen Erwerbstätigkeit nachgehen, dass sie im Besitz eines Beschäftigungsvertrags, einer Einstellungserklärung des Arbeitgebers oder eines Beschäftigungsvertragsangebots gemäß den im nationalen Recht vorgesehenen Bedingungen sind. Die Mitgliedstaaten legen fest, welche der genannten Arten von Nachweis erbracht werden müssen, oder
   b) sofern sie einer selbstständigen Erwerbstätigkeit nachgehen, dass sie über angemessene Mittel verfügen, die gemäß dem nationalen Recht für die Ausübung einer derartigen Erwerbstätigkeit vorgeschrieben sind, wobei die erforderlichen Unterlagen und Genehmigungen vorzulegen sind.

41 – Im Fall eines Studiums oder einer Berufsausbildung, dass sie zu Studien- oder Berufsbildungszwecken in einer zugelassenen Einrichtung eingeschrieben sind.
   – Unterlagen, aus denen hervorgeht, dass die betroffenen Personen Integrationsanforderungen erfüllen mussten, um die Rechtsstellung eines langfristig Aufenthaltsberechtigten zu erlangen (Art. 15 III UAbs. 2 Daueraufenthalts-RL).

4. Einschränkung des Anwendungsbereichs

42 Mit Abs. 2 werden spezielle Gruppen von langfristig Aufenthaltsberechtigten vom Anwendungsbereich ausgenommen, die sich im Bundesgebiet aufhalten. In dieser Regelung wird nicht der allgemeine Anwendungsausschluss der Daueraufenthalts-RL definiert (Art. 3 Daueraufenthalts-RL), da die Antragsteller bereits die Rechtsstellung eines langfristig Aufenthaltsberechtigten erlangt haben müssen. Regelungsgegenstand ist daher der Ausschluss von Personengruppen, die sich nur vorübergehend im Bundesgebiet aufhalten wollen.

43 Die Regelung dient der Umsetzung des Art. 14 V Daueraufenthalts-RL. Danach werden von dem Kapitel über die Weiterwanderung keine langfristig Aufenthaltsberechtigten erfasst, die
   – von einem **Dienstleistungserbringer** im Rahmen einer grenzüberschreitenden Dienstleistungserbringung entsendet sind oder
   – Erbringer grenzüberschreitender Dienstleistungen sind.

44 Die Mitgliedstaaten können nach Art. 14 V 2 im Einklang mit dem nationalen Recht festlegen, unter welchen Bedingungen sich langfristig Aufenthaltsberechtigte, die sich zur Ausübung einer Erwerbstätigkeit als **Saisonarbeitnehmer** in einen anderen Mitgliedstaat begeben möchten, in jenem Mitgliedstaat aufhalten dürfen. Auch auf **Grenzarbeitnehmer** können besondere Bestimmungen des nationalen Rechts angewendet werden.

---

[35] Einzelheiten → § 2; so auch VG Hannover Beschl. v. 27.3.2017 – 12 B 472/17 Rn. 35; VG Aachen Urt. v. 23.4.2014 – 8 K 1515/12 Rn. 84 ff.; VG Hannover Beschl. v. 28.1.2016 – 10 B 119/16.
[36] NdsOVG Beschl. v. 24.6.2021 – 13 ME 527/20 Rn. 11.
[37] NdsOVG Beschl. v. 24.6.2021 – 13 ME 527/20 Rn. 11.
[38] → § 2.
[39] VG Hannover Beschl. v. 27.3.2017 – 12 B 472/17 Rn. 35.

Die Herausnahme der Dienstleistungserbringer und der Erbringer grenzüberschreitender Dienstleistungen ist darauf zurückzuführen[40], dass diese dem **Bereich der Dienstleistungsfreiheit** zuzuordnen sind, für den die Kommission zwei RL-Vorschläge unterbreitet hatte, nämlich den Vorschlag für eine RL des Rates und des Parlaments über die Bedingungen für die Entsendung von Arbeitnehmern mit Staatsangehörigkeit eines dritten Landes im Rahmen der grenzüberschreitenden Erbringung von Dienstleistungen[41] sowie den Vorschlag für eine RL des Rates und des Parlaments zur Ausdehnung der grenzüberschreitenden Dienstleistungsfreiheit auf in der Gemeinschaft niedergelassene Staatsangehörige dritter Länder[42]. 45

Am 4.4.2006 verabschiedete die Kommission die Mitteilung „Leitlinien für die Entsendung von Arbeitnehmern im Rahmen der Erbringung von Dienstleistungen"[43] sowie ein Arbeitspapier der Kommissionsdienststellen[44] über die Anwendung der RL 96/71/EG über die Entsendung von Arbeitnehmern im Rahmen der Erbringung von Dienstleistungen[45]. Ziel der Mitteilung war es, den Mitgliedstaaten aufzuzeigen, wie sie die von der **Entsende-RL** verlangten Ergebnisse (insbesondere hinsichtlich Informationszugang und Verwaltungszusammenarbeit) auf effizientere Weise erreichen und die uneingeschränkte Beachtung des geltenden EU-Rechts, insbesondere des Art. 49 EG (jetzt Art. 56 AEUV) über den freien Dienstleistungsverkehr in der Auslegung des EuGH, bei Verwaltungsauflagen und Kontrollmaßnahmen gegenüber Dienstleistern sicherstellen können. 46

Für den Bereich der grenzüberschreitenden Dienstleistungen ist zwischenzeitlich die RL 2006/123/EG des EU-Parlaments und des Rates vom 12.12.2006 über Dienstleistungen im Binnenmarkt **(Dienstleistungs-RL)** verabschiedet worden[46]. Um ab dem Jahr 2010 einen echten Binnenmarkt für Dienstleistungen zu schaffen, soll die Dienstleistungs-RL den Dienstleistern die Wahrnehmung ihrer Niederlassungsfreiheit erleichtern und den freien Dienstleistungsverkehr zwischen den Mitgliedstaaten einfacher machen. Die Dienstleistungs-RL soll im Interesse der Verbraucher und der Unternehmen, die die Dienstleistungen in Anspruch nehmen, die Auswahl und die Qualität der Dienstleistungen verbessern. 47

Die Dienstleistungs-RL ist politisch stark umstritten gewesen und vielerlei Änderungen unterworfen worden: Am 13.1.2004 hat die Kommission einen „Vorschlag für eine Richtlinie über Dienstleistungen im Binnenmarkt"[47] angenommen. Das EU-Parlament hat am 16.2.2006 in erster Lesung mit großer Mehrheit eine Reihe von Vorschlagsänderungen gebilligt. Die Kommission hat an dem im Parlament erreichten Kompromiss übernommen und am 4.4.2006 einen entsprechend geänderten Vorschlag vorgelegt[48]. Dieser von Parlament erarbeitete Kompromiss bildete auch die Grundlage für den am 24.7.2006 verabschiedeten gemeinsamen Standpunkt des Rates. Das EU-Parlament hat dem Vorschlag am 15.11.2006 in zweiter Lesung ohne wesentliche Änderungen zugestimmt und der Rat hat die RL am 12.12.2006 endgültig beschlossen. Sie musste von den Mitgliedstaaten bis Ende 2009 umgesetzt werden. 48

5. Aufnahme einer Erwerbstätigkeit

In Abs. 3 werden für Erwerbstätigkeits-, Studien- und Ausbildungsaufenthalt die in Art. 14 III, IV und 21 II Daueraufenthalts-RL vorgesehenen Beschränkungen derart umgesetzt, dass die allgemeinen Zulassungskriterien für die entsprechenden Aufenthaltszwecke Anwendung finden, die das AufenthG vorsieht. 49

Nach § 38a III 1 berechtigt die Aufenthaltserlaubnis nach § 38a I nur zur Ausübung einer Erwerbstätigkeit, wenn die BA der Beschäftigung nach § 39 III zugestimmt hat oder durch Rechtsverordnung nach § 42 oder durch zwischenstaatliche Vereinbarung bestimmt ist, dass die Ausübung der Beschäftigung ohne Zustimmung der BA zulässig ist. Dies ist mit der Daueraufenthalts-RL vereinbar. Denn nach Art. 14 III Daueraufenthalts-RL können die Mitgliedstaaten in Fällen der Ausübung einer unselbstständigen oder selbstständigen Erwerbstätigkeit eine **Arbeitsmarktprüfung** durchführen, und hinsichtlich der Anforderungen für die Besetzung einer freien Stelle bzw. hinsichtlich der Ausübung einer solchen Tätigkeit ihre nationalen Verfahren anwenden. 50

Aus Gründen der Arbeitsmarktpolitik können die Mitgliedstaaten EU-Bürger, Drittstaatsangehörige, wenn dies im Unionsrecht vorgesehen ist, sowie Drittstaatsangehörige, die sich rechtmäßig in dem betreffenden Mitgliedstaat aufhalten und dort Arbeitslosenunterstützung erhalten, vorrangig berück- 51

---

[40] KommissionsEntw KOM(2001)127 endg. S. 25.
[41] ABl. 1999 C 67, S. 17; geänderter Vorschlag, ABl. 2000 C 311 E, S. 197.
[42] ABl. 1999 C 67, S. 12; geänderter Vorschlag, ABl. 2000 C 311 E, S. 187.
[43] KOM(2006) 159.
[44] SEK(2006) 439.
[45] RL 96/71/EG des EU-Parlaments und des Rates v. 16.12.1996 über die Entsendung von Arbeitnehmern im Rahmen der Erbringung von Dienstleistungen (ABl. 1997 L 18, 1).
[46] ABl. 2006 L 376, 36.
[47] KOM(2004) 2.
[48] KOM(2006) 160 endg.

sichtigen. Dies wird durch den Hinweis, dass die Zuständigkeit mit Vorrangprüfung erteilt wird, hinreichend klargestellt.

52   Ein Zustimmungserfordernis der BA kann für Aufenthalte für die in § 16a beschriebenen Zwecke nicht auf der Grundlage des Art. 14 III Daueraufenthalts-RL eingeführt oder beibehalten werden, da die Absolvierung einer **Berufsausbildung** in Art. 14 IIb Daueraufenthalts-RL aufgeführt ist, eine Arbeitsmarktprüfung aber durch Art. 14 III UAbs. 1 Daueraufenthalts-RL nur für Fälle des Art. 14 IIa Daueraufenthalts-RL zulässig ist. Die Mitgliedstaaten können nach Art. 21 II Daueraufenthalts-RL aber gemäß dem nationalen Recht festlegen, unter welchen Bedingungen andere Personen, dh auch Studenten oder Personen, die eine Berufsausbildung aufnehmen, als Arbeitnehmer Zugang zu einer unselbstständigen oder selbstständigen Erwerbstätigkeit haben.

53   Mit Abs. 4 wird die in Art. 21 II UAbs. 2 Daueraufenthalts-RL vorgesehene Regelung[49] umgesetzt. Die Vorschrift ist unübersichtlich gestaltet. Nach S. 1 entfällt nach zwölf Monaten nicht die Arbeitsmarktprüfung, sondern der langfristig Aufenthaltsberechtigte wird von den **Beschränkungen nach § 39 IV** befreit, dh, die der Zustimmung beigefügten Beschränkungen in Bezug auf die Beschäftigung in bestimmten Betrieben oder Bezirken sowie im Hinblick auf die Dauer und die berufliche Tätigkeit müssen nach Ablauf von zwölf Monaten aufgehoben werden. Nach Ablauf der Zwölf-Monats-Frist muss kein neuer Aufenthaltstitel erteilt werden, sofern in der betreffenden Nebenbestimmung zur Aufenthaltserlaubnis nach § 38a von vornherein festgelegt wurde, dass die Beschränkung nur zwölf Monate lang Anwendung findet.

54   Diese Regelung ist überflüssig, da S. 3 bestimmt, dass nach Ablauf von zwölf Monaten die **Erwerbstätigkeit gestattet** ist. Damit ist die Arbeitsverwaltung ohnehin nicht mehr einzuschalten, sodass auch Beschränkungen nach § 39 IV entfallen. Mit der Aufnahme des S. 3 wird ein **Wertungswiderspruch zur Familienzusammenführungs-RL vermieden,** da Familienangehörige von langfristig Aufenthaltsberechtigten ohne diese Regelung beschäftigungsrechtlich besser gestellt wären als die langfristig Aufenthaltsberechtigten selbst, von denen das Aufenthaltsrecht abgeleitet wird.

55   Nach Art. 21 III Daueraufenthalts-RL genießen die Familienangehörigen des langfristig Aufenthaltsberechtigten, die im zweiten Mitgliedstaat einen Aufenthaltstitel erhalten haben, die Zugangsrechte zum Arbeitsmarkt, die die Familienzusammenführungs-RL in Art. 14 aufführt. Nach Art. 14 II Familienzusammenführungs-RL können die Mitgliedstaaten gemäß dem nationalen Recht zwar beschließen, unter welchen Bedingungen die nachziehenden Familienangehörigen eine unselbstständige oder selbstständige Erwerbstätigkeit ausüben können. Diese Bedingungen sehen jedoch eine Frist von maximal zwölf Monaten vor, in der die Mitgliedstaaten eine Arbeitsmarktprüfung durchführen können, bevor sie den Familienangehörigen gestatten, eine unselbstständige oder eine selbstständige Erwerbstätigkeit auszuüben. Art. 14 II Familienzusammenführungs-RL ist hinreichend bestimmt und unbedingt, sodass er unmittelbar anwendbar ist. Findet die Familienzusammenführungs-RL auf den Ehegatten Anwendung[50], **kann eine Arbeitsmarktprüfung längstens für zwölf Monate beibehalten werden**[51].

56   Da langfristig Aufenthaltsberechtigte ihrerseits über § 29 V von ihren Ehegatten den Umfang der Erwerbstätigkeit ableiten können, führt der Wegfall der Arbeitsmarktprüfung bei dem Ehegatten zu einer entsprechenden Berechtigung bei dem langfristig Aufenthaltsberechtigten.

57   Der damit verbundene **Wertungswiderspruch – Besserstellung von Familienangehörigen mit akzessorischem Aufenthaltsrecht** – könnte nur dadurch aufgelöst werden, dass über den Wortlaut des Art. 21 II Daueraufenthalts-RL hinaus die Arbeitsmarktprüfung insgesamt für langfristig Aufenthaltsberechtigte nach Ablauf von zwölf Monaten entfällt.

6. Familiennachzug

58   Der Familiennachzug zu Ausländern mit einer Aufenthaltserlaubnis nach § 38a I richtet sich nach § 30 I 1 Nr. 3f und § 32 IIa. Werden die Voraussetzungen des §§ 38a, 30 I 1 Nr. 3f nicht erfüllt, finden die allgemeinen Voraussetzungen für den Familiennachzug Anwendung.

59   Die Umsetzung steht im Einklang mit den Vorgaben der Daueraufenthalts-RL. Familienangehörige der Kernfamilie iSd Familienzusammenführungs-RL sind grundsätzlich berechtigt, mit dem langfristig Aufenthaltsberechtigten mitzuwandern. Art. 16 I Daueraufenthalts-RL regelt insoweit etwas unklar: Übt der langfristig Aufenthaltsberechtigte sein Aufenthaltsrecht in einem zweiten Mitgliedstaat aus und bestand die Familie bereits im ersten Mitgliedstaat, so wird den Angehörigen seiner Familie, „die die Bedingungen des Art 4 I der RL 2003/86/EG erfüllen", gestattet, den langfristig Aufenthaltsberechtigten zu begleiten oder ihm nachzureisen. Durch die Formulierung, „die die Bedingungen des Art 4 I RL 2003/86/EG erfüllen", wird der in dieser Norm enthaltene Verweis auf die Nachzugs-

---

[49] Art. 21 II UAbs. 2 Daueraufenth-RL: „Die Mitgliedstaaten können für die in Art. 14 Abs. 2 Buchst. a genannten Personen nach den im nationalen Recht vorgesehenen Bedingungen für einen Zeitraum von höchstens zwölf Monaten beschränkten Zugang zu anderen unselbstständigen Erwerbstätigkeiten als denjenigen, für die ihnen ein Aufenthaltstitel erteilt wurde, vorsehen."
[50] Zum Anwendungsbereich der Familienzusammenführungs-RL → § 27.
[51] *Dienelt*, ebook zur Familienzusammenführungs-RL, www.migrationsrecht.net.

Aufenthaltserlaubnis für langfristig Aufenthaltsberechtigte   § 38a AufenthG 1

voraussetzungen – „Vorbehaltlich der in Kapitel IV sowie in Art 16 genannten Bedingungen …" – nicht mit umfasst. Art. 16 I kann nicht dahin gehend ausgelegt werden, dass Familienangehörige, die bereits im ersten Mitgliedstaat mit dem langfristig Aufenthaltsberechtigten zusammengelebt haben, diesen nur dann begleiten oder zu ihm nachziehen dürfen, wenn sie die allgemeinen Nachzugsvoraussetzungen der Familienzusammenführungs-RL (Kap. IV sowie in Art. 16) erfüllen. Denn in diesem Fall wäre die spezielle Regelung der Nachzugsvoraussetzungen in Art. 16 IV Daueraufenthalts-RL sinnlos.

Die Daueraufenthalts-RL differenziert zwischen Familien, die bereits vor der Weiterwanderung in **60** dem ersten Mitgliedstaat bestanden, und solchen, die erst nachträglich gegründet wurden. Letztere unterfallen nach Art. 16 V Daueraufenthalts-RL den Nachzugsvoraussetzungen der Familienzusammenführungs-RL. Erstere sollen hingegen privilegiert werden und müssen nur die in Art. 16 IV Daueraufenthalts-RL enthaltenen speziellen Nachzugsvoraussetzungen erfüllen; insbesondere kann der Ehegattennachzug nicht von einer Sprachprüfung oder einem Visum abhängig gemacht werden.

Der Verweis auf Art. 4 I Daueraufenthalts-RL in Art. 16 I Daueraufenthalts-RL dient daher aus- **61** schließlich dem Zweck, den personell begünstigen Personenkreis, dem der Familiennachzug unter erleichterten Voraussetzungen ermöglicht wird, zu umschreiben. Der **Familiennachzug wird folgenden Familienangehörigen,** die von Art. 4 I Familienzusammenführungs-RL erfasst werden, **ermöglicht:**
– dem Ehegatten;
– den minderjährigen ledigen Kindern des langfristig Aufenthaltsberechtigten und seines Ehegatten einschließlich der Kinder, die gemäß einem Beschluss der zuständigen Behörde des betreffenden Mitgliedstaats oder einem aufgrund der internationalen Verpflichtungen dieses Mitgliedstaats automatisch vollstreckbaren oder anzuerkennenden Beschluss adoptiert wurden;
– den minderjährigen ledigen Kindern einschließlich der adoptierten Kinder des langfristig Aufenthaltsberechtigten oder seines Ehegatten, wenn einer von beiden das alleinige Sorgerecht besitzt und für den Unterhalt der Kinder aufkommt.

Darüber hinaus werden aber auch **minderjährige ledige Kinder** des langfristig Aufenthaltsberech- **62** tigten oder seines Ehegatten begünstigt, für die ein **gemeinsames Sorgerecht** besteht, sofern der andere sorgeberechtigte Elternteil seine Zuständigkeit erteilt. Diese Kinder haben nach Art. 4 Ic Alt. 2 Familienzusammenführungs-RL zwar keinen Anspruch auf Familiennachzug, da die Familienzusammenführungs-RL den Mitgliedstaaten insoweit eine Regelungsoption einräumt („Die Mitgliedstaaten können die Zusammenführung … gestatten"), aber sie werden als Personengruppe in Art. 4 I Familienzusammenführungs-RL ausdrücklich aufgeführt und damit von dem Verweis in Art. 16 I Daueraufenthalts-RL erfasst. Da der Verweis auf die Familienzusammenführungs-RL nur der Bestimmung des begünstigten Personenkreises dient, ist der begünstigte familiäre Personenkreis, denen ein Rechtsanspruch auf Familiennachzug eingeräumt wird, größer als bei Familien, die erst nach der Weiterwanderung gegründet und von Art. 16 V Daueraufenthalts-RL erfasst werden.

Die minderjährigen Kinder dürfen nach Art. 4 I UAbs. 2 Familienzusammenführungs-RL das nach **63** den Rechtsvorschriften des betreffenden Mitgliedstaats geltende Volljährigkeitsalter noch nicht erreicht haben und nicht verheiratet sein.

Der Nachzug von **Kindern über zwölf Jahren, die unabhängig von Rest der Familie nach- 64 ziehen,** ist nach der Daueraufenthalts-RL nur zulässig, wenn sie die Integrationskriterien erfüllen, die im deutschen Recht im Zeitpunkt des Ablaufs der Umsetzungsfrist der Familienzusammenführungs-RL enthalten waren. Die in der Familienzusammenführungs-RL enthaltene Option der Mitgliedstaaten, den Nachzug nur zu gestatten, wenn ein zum Zeitpunkt der Umsetzung der Familienzusammenführungs-RL in den nationalen Rechtsvorschriften vorgesehenes Integrationskriterium erfüllt ist, gilt als „Bedingung iSd Art 4 I RL 2003/86/EG". Denn in Art. 4 I UAbs. 3 Familienzusammenführungs-RL wird der Nachzug von der Erfüllung eines Integrationskriteriums abhängig gemacht, das damit zur Bestimmung des begünstigten Personenkreises gehört, wenn der Mitgliedstaat von dieser Regelungsoption vor Ablauf der Transformationsfrist der Familienzusammenführungs-RL (3.10.2005) Gebrauch gemacht hat. Da das AufenthG den Nachzug von Kindern, die das 16. Lebensjahr vollendet haben, von einem Beherrschen der deutschen Sprache oder der Aussicht der Integration in die hiesigen Lebensverhältnisse abhängig gemacht hat (§ 32 II), müssen Kinder eines langfristig Aufenthaltsberechtigten diese Voraussetzungen erfüllen, wenn sie nicht gemeinsam mit dem Familienverband nachziehen wollen.

Der nationale Gesetzgeber hat in **§ 32 IIa aF** den Nachzug für Kinder über zwölf Jahren, die **65** unabhängig von Familienverband nachziehen, an keine weiteren Voraussetzungen in Bezug auf die Erfüllung von Integrationskriterien geknüpft, wenn die Familie bereits im ersten Mitgliedstaat bestand. Daher müssen diese Kinder, anders als iRd Nachzugs nach § 16 V, kein Integrationskriterium (§ 32 II) bei der Einreise erfüllen.

Alle weiteren Nachzugsvoraussetzungen sind für Kinder aus Familien, die bereits im ersten Mitglied- **66** staat bestanden, speziell in Art. 16 IV Daueraufenthalts-RL geregelt. Von Familienangehörigen, die bereits im ersten Mitgliedstaat mit dem langfristig Aufenthaltsberechtigten eine Familie gebildet haben,

Dienelt

1 AufenthG § 38a

Erster Teil. Aufenthaltsgesetz

kann gem. Art. 16 IV Daueraufenthalts-RL verlangt werden, ihrem Antrag auf Erteilung eines Aufenthaltstitels Folgendes beizufügen:

- ihre langfristige Aufenthaltsberechtigung – EU oder ihren Aufenthaltstitel und ein gültiges Reisedokument oder beglaubigte Abschriften davon;
- den Nachweis, dass sie sich als Familienangehörige des langfristig Aufenthaltsberechtigten im ersten Mitgliedstaat aufgehalten haben;
- den Nachweis, dass sie über feste und regelmäßige Einkünfte, die ohne Inanspruchnahme der Sozialhilfeleistungen des betreffenden Mitgliedstaats für ihren eigenen Lebensunterhalt ausreichen, sowie über eine Krankenversicherung verfügen, die im zweiten Mitgliedstaat sämtliche Risiken abdeckt, oder den Nachweis, dass der langfristig Aufenthaltsberechtigte für sie über solche Einkünfte und eine solche Versicherung verfügt. Die Mitgliedstaaten beurteilen diese Einkünfte anhand ihrer Art und Regelmäßigkeit und können die Höhe der Mindestlöhne und -renten berücksichtigen.

7. Öffentliche Ordnung und Sicherheit

67   Geht von dem langfristig Aufenthaltsberechtigten oder einem seiner Familienangehörigen eine Gefahr für die öffentliche Ordnung und Sicherheit aus, so wird dieser Sachverhalt im nationalen Recht über die Erteilungsvoraussetzung des § 5 I Nr. 2 erfasst. Diese Umsetzung ist insoweit fehlerhaft, als die Daueraufenthalts-RL die Gründe der öffentlichen Ordnung und Sicherheit in den Art. 15 und 16 Daueraufenthalts-RL nicht als Erteilungsvoraussetzung, sondern als **Versagungsgrund** ausgestaltet hat. Die Mitgliedstaaten können nach Art. 17 I Daueraufenthalts-RL einem langfristig Aufenthaltsberechtigten oder seinen Familienangehörigen den Aufenthalt versagen, wenn die betreffende Person eine Gefahr für die öffentliche Ordnung oder die öffentliche Sicherheit darstellt.

68   Der Unterschied liegt in der Verlagerung der **Beweislast** auf den Ausländer, die mit der Einordnung als Erteilungsvoraussetzung einhergeht. Für die Beeinträchtigung der öffentlichen Ordnung oder Sicherheit ist aber die Behörde darlegungs- und beweispflichtig.

69   Kommt dem besonderen Ausweisungsschutz für Drittstaatsangehörige, die den Status eines langfristig Aufenthaltsberechtigten erlangt haben, in dem ersten Mitgliedstaat, der diese Rechtsstellung verliehen hat, besondere Bedeutung zu[52], so gilt Gleiches nicht ohne Weiteres für das Recht anderer Mitgliedstaaten, den Zuzug derartiger Personen aus Gründen der öffentlichen Sicherheit und Ordnung zu untersagen. Ausländer, die eine Aufenthaltserlaubnis nach § 38a besitzen, unterfallen nicht dem erhöhten Ausweisungsschutz nach § 53 III[53]. Einen erhöhten Ausweisungsschutz nach Art. 12 Daueraufenthalts-RL hat der langfristig Aufenthaltsberechtigte nur in dem Mitgliedstaat, in dem er diese Berechtigung erworben hat[54].

70   Der im Hinblick auf Ausländer, die eine Aufenthaltserlaubnis für eine in anderen Mitgliedstaaten der EU langfristige Aufenthaltsberechtigung gem. § 38a besitzen, bei der Ausweisung anzulegende Maßstab ergibt sich aus Art. 17 Daueraufenthalts-RL[55]. Mit der Norm des Art. 17 Daueraufenthalts-RL enthält die Daueraufenthalts-RL einen entsprechenden Beschränkungsvorbehalt. Trifft ein Mitgliedstaat eine entsprechende Entscheidung, so berücksichtigt er nach Art. 17 I UAbs. 2 Daueraufenthalts-RL die Schwere oder die Art des von dem langfristig Aufenthaltsberechtigten oder seinem bzw. seinen Familienangehörigen begangenen Verstoßes gegen die öffentliche Ordnung oder die öffentliche Sicherheit bzw. die von der betreffenden Person ausgehende Gefahr. Nach Art. 17 II Daueraufenthalts-RL darf die Entscheidung nicht aus wirtschaftlichen Gründen getroffen werden.

71   Nach Art. 22 I lit. a Daueraufenthalts-RL darf der zweite Mitgliedstaat die Verlängerung des Aufenthaltstitels versagen oder den Aufenthaltstitel entziehen, wenn Gründe der öffentlichen Ordnung oder der öffentlichen Sicherheit iSd Art. 17 Daueraufenthalts-RL vorliegen. **Eine vorsätzlich begangene Straftat ist grundsätzlich geeignet, eine Gefahr für die öffentliche Ordnung zu begründen.**

72   Neben dem Vorbehalt der öffentlichen Ordnung und öffentlichen Sicherheit sieht Art. 18 Daueraufenthalts-RL eine Regelung für eine Einreiseverweigerung vor, wenn die betreffende Person eine **Gefahr für die öffentliche Gesundheit** darstellt. Art. 18 II Daueraufenthalts-RL konkretisiert die Krankheiten, die die Versagung der Einreise oder des Aufenthalts im Hoheitsgebiet eines zweiten Mitgliedstaates rechtfertigen. Danach gelten als Krankheiten nur die in den einschlägigen anwendbaren Regeln und Vorschriften der von der Weltgesundheitsorganisation definierten Krankheiten oder sonstige übertragbare, durch Infektionserreger oder Parasiten verursachte Krankheiten, sofern im Aufnahmestaat Maßnahmen zum Schutz der eigenen Staatsangehörigen gegen diese Krankheiten getroffen werden.

73   Der Eingriffsvorbehalt des Art. 17 Daueraufenthalts-RL konkretisiert den Ordre-public-Vorbehalt in ähnlicher Weise wie Art. 6 Daueraufenthalts-RL, der die Versagung der Rechtsstellung des

---

[52] → § 56.
[53] VG München Urt. v. 24.10.2018 – M 25 K 18.1917 Rn. 33.
[54] VG Darmstadt Beschl. v. 14.11.2013 – 5 L 604/13.DA Rn. 17.
[55] VG München Urt. v. 24.10.2018 – M 25 K 18.1917 Rn. 34.

langfristig Aufenthaltsberechtigten regelt[56]. Ein Unterschied besteht nur insoweit, als Art. 17 I UAbs. 2 Daueraufenthalts-RL nicht die ausdrückliche Vorgabe enthält, dass die Mitgliedstaaten bei entsprechenden Entscheidungen der Dauer des Aufenthalts und dem Bestehen von Bindungen im Aufenthaltsstaat angemessen Rechnung tragen müssen. Diese Abweichung ergibt sich aus der Natur der zugrunde liegenden Verwaltungsentscheidung. Denn bei der Maßnahme nach Art. 17 Daueraufenthalts-RL wird dem Drittstaatsangehörigen der Zugang zu einem weiteren Mitgliedstaat verwehrt, ohne dass er dadurch den Status des langfristig Aufenthaltsberechtigten in dem Mitgliedstaat verliert.

Geht es aber im Kern um eine **Verweigerung des über drei Monate hinausgehenden Aufenthalts,** so können regelmäßig weder die Dauer des Aufenthalts noch die Bindungen im Aufnahmestaat berücksichtigt werden. Derartige Rechtspositionen entstehen nämlich erst, wenn dem Drittstaatsangehörigen, der den Status eines langfristig Aufenthaltsberechtigten besitzt, die Einreise und der Aufenthalt in einem anderen Mitgliedstaat über einen längeren Zeitraum gestattet wurde. 74

In Bezug auf die Beschränkungsmöglichkeit des Art. 17 Daueraufenthalts-RL führte das EU-Parlament mit dem 50. Änderungsantrag zu Art. 19 I des Kommissionsentwurfs aus, dass die Reduzierung der Versagungsgründe auf die für freizügigkeitsberechtigte EU-Angehörige geltende RL 64/221/EWG nicht akzeptabel erscheine[57]. Bereits bei der Gewährung dieser Rechtsposition weitgehend auf die Wahrung von Sicherheitsaspekten zu verzichten, die sich insbesondere aus der Begehung von Straftaten ableiten, erschien dem EU-Parlament unangebracht. Insbesondere könne nicht darauf verzichtet werden, aus generalpräventiven Gründen die Einreise bzw. den weiteren Aufenthalt zu versagen, wenn es zu Rechtsverstößen etwa im Bereich des Drogenhandels oder der organisierten Kriminalität gekommen sei. 75

Das EU-Parlament schlug eine Ergänzung des Art. 19 I des Kommissionsentwurfs (heute Art. 17 Daueraufenthalts-RL) vor, der folgenden Inhalt haben sollte: „Von einer Gefahr für die öffentliche Sicherheit ist regelmäßig bei Personen auszugehen, die sich bei der Verfolgung politischer Ziele an Gewalttätigkeiten beteiligen oder öffentlich zur Gewaltanwendung aufrufen oder mit Gewaltanwendung drohen oder bei denen Tatsachen die Annahme rechtfertigen, dass sie einer Vereinigung angehören, die den internationalen Terrorismus unterstützt." Mit dieser Begründung werden die bereits zu Art. 7 des Kommissionsentwurfs (heute Art. 6 Daueraufenthalts-RL) mit den 23. Änderungsantrag vorgebrachten Argumente wiederholt. Es ist erkennbar, dass das EU-Parlament sowohl den Erwerb des Rechtsstatus eines langfristig Aufenthaltsberechtigten als auch die Möglichkeit, von dem erlangten Rechtsstatus eines langfristig Aufenthaltsberechtigten Gebrauch machen zu können, erleichterten Beschränkungen gegenüber dem Schutz von EU-Bürgern unterwerfen wollte. 76

Dies hat zur Folge, dass die Versagung der Aufenthalte nach Ablauf der Befreiung aus Art. 21 SDÜ auch auf generalpräventive Gesichtspunkte gestützt werden kann. **Als Maßstab wird man sich an § 9a II Nr. 5 orientieren müssen,** da beide Versagungsschranken (Art. 6 Daueraufenthalts-RL für die Erlangung des Status eines langfristig Aufenthaltsberechtigten einerseits und Art. 17 Daueraufenthalts-RL zur Erlangung einer Aufenthaltserlaubnis nach § 38a andererseits) nach der Entstehungsgeschichte der Daueraufenthalts-RL weitgehend gleich auszulegen sind. Bei der Anwendung des § 5 I Nr. 2 sind daher gewichtige Gründe der öffentlichen Ordnung oder Sicherheit erforderlich, um die Versagung der Erteilung des Aufenthaltstitels nach § 38a rechtfertigen zu können. 77

Spricht die Entstehungsgeschichte dafür, dass auch **generalpräventive Maßnahmen** aufgrund des Ordre-public-Vorbehalts möglich sind, so ergibt sich aus dem Art. 64 EG (jetzt Art. 72 AEUV) eine Schranke hinsichtlich der Übertragbarkeit des für EU-Bürger entwickelten spezialpräventiven Ordre-public-Vorbehalts. Art. 64 EG (jetzt Art. 72 AEUV) bestimmt ausdrücklich, dass der Titel IV des EGV, auf dem auch die Daueraufenthalts-RL beruht, „nicht die Wahrnehmung der Zuständigkeiten der Mitgliedstaaten für die Aufrechterhaltung der öffentlichen Ordnung und den Schutz der inneren Sicherheit berührt". 78

Die Norm beinhaltet eine **Kompetenzschranke** zugunsten der Mitgliedstaaten, die einer abschließenden Regelung des Ordre-public-Vorbehalts entgegensteht. Soll die Konkretisierung der Begriffe öffentliche Ordnung und innere Sicherheit den Mitgliedstaaten nicht vollends entzogen werden, so ist die Reichweite des Vorbehalts des Art. 64 I EG (jetzt Art. 72 AEUV) gleichwohl unklar. Es widerspräche dem supranationalen und vorrangigen Rechtscharakter des Gemeinschaftsrechts, wenn sich die Mitgliedstaaten durch diesen Vorbehalt die vollständige Rechtssetzungs- und Vollzugszuständigkeit neben der Gemeinschaft eröffnet hätten. Eine derartige Auslegung hätte zur Folge, dass die Mitgliedstaaten den Ordre-public-Vorbehalt eigenständig interpretieren könnten, ohne an gemeinschaftsrechtliche Vorgaben gebunden zu sein. Gegen diese Ausdehnung spricht der Umstand, dass es sich bei den Begriffen der öffentlichen Ordnung und des Schutzes der inneren Sicherheit um gemeinschaftsrecht- 79

---

[56] S. Kommentierung zu § 9a.
[57] Bericht des EU-Parlaments v. 30.11.2001 (A5–0436/2001), S. 30. Die Kommission ging in ihrem Entwurf (KOM(2001)127 endg. S. 26) davon aus, dass Art. 19 mit Blick auf die den Ordre-public-Vorbehalt von Unionsbürgern regelnde RL 64/221/EWG auszulegen sei.

liche Begriffe handelt, die der autonomen Auslegung und Anwendung durch die Mitgliedstaaten entzogen sind.[58]

80   Für die Richtigkeit dieser Auslegung spricht, dass die Regelungskompetenz nach Art. 63 UAbs. 1 Nr. 3a EG (jetzt Art. 79 IIb AEUV), auf der die Daueraufenthalts-RL beruht, damals nur einstimmig ausgeübt werden konnte. Würde ein Mitgliedstaat zunächst einem auf diese Rechtsgrundlagen gestützten Rechtsakt zustimmen, dann aber ihm widersprechende innerstaatliche Vorschriften beibehalten oder einführen, so verhielte er sich treuwidrig (venire contra factum proprium).

81   Ist der Vorbehalt des Art. 64 I EG (jetzt Art. 72 AEUV) daher nicht im Sinne eines eigenständigen Rechtsetzungs- und Vollzugszuständigkeit der Mitgliedstaaten zu verstehen, so bedeutet dies aber nicht, dass damit die restriktive Rspr. des EuGH zu den Ordre-public-Vorbehalten der Art. 39 III EG (jetzt Art. 45 III AEUV) und Art. 46 I EG (jetzt Art. 52 I AEUV) auf Art. 64 I EG (jetzt Art. 72 AEUV) übertragen werden kann. Das folgt nicht nur aus dem abweichenden Wortlaut, sondern auch vor allem aus dem unterschiedlichen Sachzusammenhang: Die restriktive Auslegung dieser Begrifflichkeiten durch den EuGH rechtfertigt sich aufgrund der Tatsache, dass es sich um Ausnahmetatbestände der vertraglichen Grundfreiheiten handelt[59]. Im Gegensatz dazu zählen die Kompetenzen der Gemeinschaft für die Bereiche der Asyl-, Visa- und Einwanderungspolitik zu den klassischen Hoheitsaufgaben der Mitgliedstaaten, die nur sukzessive auf die Gemeinschaft übertragen werden und bei denen sich die Mitgliedstaaten einen Handlungsspielraum haben einräumen lassen.

82   Dies führt zu dem Ergebnis, dass die Vorbehaltsklausel des Art. 64 I EG (jetzt Art. 72 AEUV) zwar unionsrechtlich auszulegen ist, den Mitgliedstaaten aber bei der Anwendung ein Beurteilungsspielraum zuzubilligen ist, der iRd Art. 17 Daueraufenthalts-RL einen weniger strengen Maßstab des Ordrepublic-Vorbehalts – als den zu EU-Bürgern entwickelten – nach sich zieht.

8. Erlöschen

83   Die Aufenthaltserlaubnis **erlischt nach den allgemeinen Voraussetzungen** des § 51 IX (s. jedoch Mitteilungspflicht nach § 51 VIII). Bei der Anwendung der Erlöschenstatbestände des § 51 IX ist zu beachten, dass diese von der Daueraufenthalts-RL überlagert werden. Erlöschenstatbestände sind als Ausnahmeregelungen grundsätzlich eng auszulegen[60]. Die Richtlinie harmonisiert die Voraussetzungen für die Erlangung und den Verlust der Rechtsstellung eines langfristig Aufenthaltsberechtigten abschließend[61]. Folglich können die Mitgliedstaaten keine zusätzlichen Verlusttatbestände einführen oder die Erlöschenstatbestände weit auslegen[62]. Soweit **§ 51 IX Nr. 3** ein Erlöschen für den Fall der Abwesenheit für einen Zeitraum von 12 Monaten außerhalb des Gebiets, „in dem die Rechtsstellung eines langfristig Aufenthaltsberechtigten erworben werden kann", vorsieht, ist Art. 9 I lit. c Daueraufenthalts-RL zu beachten. Dieser bestimmt, dass die Rechtsstellung erlischt, wenn der Drittausländer „sich während eines Zeitraums von 12 aufeinander folgenden Monaten nicht im Gebiet der [Union] aufgehalten hat". Damit kommt ein Erlöschen nicht in Betracht, sofern sich der Ausländer in Dänemark oder Irland aufhält. Diese Staaten wenden die Daueraufenthalts-RL zwar nicht an, sind aber Unionsstaaten.

84   Der Aufenthalt im EU-Gebiet besteht nicht mehr, wenn der Ausländer seinen **gewöhnlichen Aufenthalt** nicht mehr im Unionsgebiet hat[63]. Eine solche Rechtsfolge ist nicht unverhältnismäßig, weil sich aus Art. 9 V Daueraufenthalts-RL ergibt, dass die Mitgliedstaaten, die die Rechtsstellung eines langfristig Aufenthaltsberechtigten zuerkannt haben, ein „vereinfachtes Verfahren" für die Wiedererlangung dieser Rechtsstellung vorsehen müssen. Daher besteht für die betreffende Person stets die Möglichkeit, die Verbindung zum Aufnahmemitgliedstaat wiederherzustellen.

85   **Kurzzeitige Aufenthalte sind nicht ausreichend, um den Verlust des Daueraufenthaltsrechts nach § 51 IX Nr. 3 zu hindern, es sei denn, dass der Ausländer weiterhin im Bundesgebiet verwurzelt ist**[64]. Es muss ein hinreichend enges „Band der Integration" zwischen dem Ausländer und dem Aufnahmemitgliedstaat besteht[65]. Zu prüfen ist insoweit, ob die Abwesenheiten darauf hindeuten, dass sich der Mittelpunkt der persönlichen, familiären oder beruflichen Interessen des Betroffenen in einen anderen Staat verlagert hat. Um das Bestehen einer echten Bindung zur Union festzustellen, sind alle relevanten Aspekte der konkreten Situation des Drittstaatsangehörigen zu berücksichtigen, insbesondere die Gesamtdauer und Häufigkeit seiner Abwesenheiten, die Gründe, die ihn zum Verlassen des Aufnahmemitgliedstaats veranlasst haben, das Vorhandensein von Vermögen sowie das Bestehen familiärer Bindungen, beruflicher Beziehungen, sozialen Engagements und steuer-

---

[58] *Brechmann* in Calliess/Ruffert, EUV/EGV, 2. Aufl., Art. 64 Rn. 2.
[59] *Brechmann* in Calliess/Ruffert, EUV/EGV, 2. Aufl., EG Art. 64 Rn. 3; *Schmahl* in v. der Groeben/Schwarze, 6. Aufl., EG Art. 64 Rn. 3.
[60] So auch Generalanwalt *Pikamäe* in den Schlussanträgen v. 21.10.2021 – C-432/2021 – ZK, Rn. 33.
[61] Generalanwalt *Pikamäe* in den Schlussanträgen v. 21.10.2021 – C-432/2021 – ZK, Rn. 34.
[62] So auch Generalanwalt *Pikamäe* in den Schlussanträgen v. 21.10.2021 – C-432/2021 – ZK, Rn. 34.
[63] So auch Generalanwalt *Pikamäe* in den Schlussanträgen v. 21.10.2021 – C-432/2021 – ZK, Rn. 45.
[64] So auch Generalanwalt *Pikamäe* in den Schlussanträgen v. 21.10.2021 – C-432/2021 – ZK, Rn. 53.
[65] Generalanwalt *Pikamäe* in den Schlussanträgen v. 21.10.2021 – C-432/2021 – ZK, Rn. 53.

licher Verpflichtungen in diesem Mitgliedstaat. Gründe für Aufenthalte im Ausland, die zeitlich begrenzter Natur sind, können zB Urlaubsreisen oder Geschäftsreisen von ähnlicher Dauer sein sowie Aufenthalte zur vorübergehenden Betreuung von Verwandten, zur Ableistung des Wehrdiensts oder zeitlich begrenzte Aufenthalte während der Schul- oder Berufsausbildung, aber gewiss nicht solche, die die Ausbildung insgesamt ins Ausland verlagern[66]. Generalanwalt Pikamäe will nationalen Behörden die **Beweislast** dafür auferlegen, dass im konkreten Fall tatsächliche Umstände vorliegen, die den Rückgriff auf Art. 9 I lit. c Daueraufenthalts-RL rechtfertigen können[67].

Neben den in das nationale Recht umgesetzten Erlöschengründen der Daueraufenthalts-RL stellt sich die Frage, ob auch auf Erlöschenstatbestände zurückgegriffen werden darf, die mit § 52 VI nur ansatzweise in das nationale Recht transformiert wurden[68]. Diese Frage stellt sich insbesondere im Hinblick auf die Regelung in Art. 9 IV UAbs. 2 Daueraufenthalts-RL, die bestimmt: „Auf jeden Fall verliert die betreffende Person, die sich sechs Jahre lang nicht im Hoheitsgebiet des Mitgliedstaats aufgehalten hat, der ihr die Rechtsstellung eines langfristig Aufenthaltsberechtigten zuerkannt hat, in diesem Mitgliedstaat die Rechtsstellung eines langfristig Aufenthaltsberechtigten." Der Anwendbarkeit dieser Regelung steht zum einen der Umstand entgegen, dass Richtlinien nicht zulasten des Bürgers angewendet werden dürfen[69]. Zum anderen ist fraglich, ob Deutschland berechtigt ist, diesen Erlöschenstatbestand verbindlich festzustellen. Denn Art. 9 IV UAbs. 3 Daueraufenthalts-RL sieht vor, dass abweichend von UAbs. 2 der betreffende Mitgliedstaat vorsehen kann, „dass der langfristig Aufenthaltsberechtigte aus besonderen Gründen seine Rechtsstellung in diesem Mitgliedstaat behält, wenn der Zeitraum, in dem er sich nicht im Hoheitsgebiet des Mitgliedstaats aufgehalten hat, sechs Jahre überschreitet". Wegen des Grundsatzes des gegenseitigen Vertrauens zwischen den Mitgliedstaaten (so III.1.) dürfte die Ausnahme nur von dem Mitgliedstaat, der die Erlaubnis zum Daueraufenthalt-EU erteilt hat, zu prüfen sein[70]. 86

Nach § 52 VI soll eine Aufenthaltserlaubnis nach § 38a widerrufen werden, wenn der Ausländer seine Rechtsstellung als langfristig Aufenthaltsberechtigter in einem anderen Mitgliedstaat verliert. Der Ausnahmefall, der ein Abweichen vom Regelfall des Widerrufs rechtfertigt, liegt vor, wenn der Ausländer ohne Verschulden nur deshalb keine Erlaubnis zum Daueraufenthalt – EU im Bundesgebiet erwerben kann, weil die daran geknüpften Voraussetzungen (zB bei der Altersvorsorge) in Deutschland enger sind als in anderen Mitgliedstaaten. 87

IV. Verwaltungsverfahren

Bei der **Erteilung und Verlängerung der Aufenthaltserlaubnis** ist die Mitteilungspflicht nach § 91c I und die damit verbundene Zentralstellenfunktion des BAMF als nationale Kontaktstelle zu berücksichtigen. Beim **Erlöschen der Aufenthaltserlaubnis,** die nach den allgemeinen Voraussetzungen des § 51 I erfolgt, müssen die Mitteilungspflichten nach § 51 VIII iVm § 91c III beachtet werden. 88

Nach § 77 I 3 ist einem Verwaltungsakt, mit dem eine Aufenthaltserlaubnis nach § 38a versagt wird, eine **Rechtsbehelfsbelehrung** beizufügen. Die Regelung dient der Umsetzung des Art. 20 I 2 Daueraufenthalts-RL. 89

Die Versagung der Aufenthaltserlaubnis unterliegt zudem nach Art. 20 I 1 Daueraufenthalts-RL der **Begründungspflicht.** Ein Begründungsmangel kann nach § 46 (L)VwVfG unbeachtlich sein, obwohl es sich um eine gemeinschaftsrechtliche Verfahrensregelung handelt[71]. Die Wesentlichkeit einer Verletzung einer Form- oder Verfahrensbestimmung, auf die für die Frage der Anwendbarkeit der Heilungs- und Unbeachtlichkeitsregelungen des nationalen (L)VwVfG ankommt, beurteilt sich daran, ob die Nichtbeachtung der im Gemeinschaftsrecht verankerten Verfahrensbestimmung Einfluss auf die inhaltliche Gestaltung des Rechtsakts gehabt haben könnte[72]. Da das Begründungserfordernis erst an die Ablehnungsentscheidung selbst anknüpft und keine Verfahrensregelung darstellt, die die Richtigkeit des Ergebnisses sicherstellen will, ist sie nicht wesentlich, sodass eine Unbeachtlichkeit des Fehlers nach § 46 (L)VwVfG bei Verletzung der Begründungspflicht möglich ist. 90

Soll der Aufenthalt eines langfristig Aufenthaltsberechtigten oder seiner drittstaatsangehörigen Familienangehörigen beendet werden, so ist im Rahmen der **Abschiebungsandrohng** darauf zu achten, 91

---

[66] Zu weiteren Kriterien siehe Generalanwalt *Pikamäe* in den Schlussanträgen v. 21.10.2021 – C-432/2021 – ZK, Rn. 63.
[67] Generalanwalt *Pikamäe* in den Schlussanträgen v. 21.10.2021 – C-432/2021 – ZK, Rn. 54.
[68] Zur Prüfungskompetenz → Rn. 21.
[69] Hierzu VG Lüneburg Beschl. v. 11.10.2020 – 4 B 52/20.
[70] Zur Prüfungskompetenz → Rn. 21.
[71] Ausf. hierzu § 77.
[72] *Kahl* VerwArch Bd. 95, 2004, 1 (22); *Gaitanides* in v. der Groeben/Schwarze EG Art. 230 Rn. 124 zu Beteiligungs- und Anhörungsrechten; *Schwarze* EG Art. 230 Rn. 60 zum Grundsatz der Wahrung rechtlichen Gehörs wurde vom EuGH entschieden, dass die Nichtbeachtung einer Verfahrensvorschrift einen Verfahrensfehler darstellt, der aber nur dann als wesentlich zu bewerten ist und zur Aufhebung der Sachentscheidung zwingt, „wenn das Verfahren ohne die Verletzung zu einem anderen Ergebnis hätte führen können", EuGH Urt. v. 14.2.1990 – C-301/87 – Frankreich/Kommission, Ls. 3.

dass die Abschiebung der gesamten Familie in den Staat angekündigt wird, der die Aufenthaltsberechtigung – EU ausgestellt hat. Eine gemeinsame Rückführung der Familie in einen einheitlichen Zielstaat entspricht dem Rechtsgedanken des Art. 22 Daueraufenthalts-RL. Denn der Daueraufenthalts-RL lässt sich in besonderer Weise der Schutz der Familieneinheit entnehmen, der auch iRd Rückführungs-RL nach Art. 5b Rückführungs-RL zu beachten ist. Denn die Daueraufenthalts-RL unterscheidet zwischen Rückführung und Rückübernahme[73]. Unter Rückübernahme versteht die Daueraufenthalts-RL die Gestattung der Wiedereinreise in den ersten Mitgliedstaat. Rückführung ist demgegenüber die Rückkehr in das Heimatland. Eine Rückführung in das Heimatland ist nur aus schwerwiegenden Gründen der öffentlichen Ordnung oder der öffentlichen Sicherheit unter Beachtung der Garantien des Art. 12 Daueraufenthalts-RL aus dem Gebiet der Union möglich (Art. 22 III Daueraufenthalts-RL). Sie steht unter dem Vorbehalt, dass dem Betroffenen der Aufenthalt im gesamten Gebiet der Union nicht mehr gestattet werden kann.

92   Eine **Ausreiseaufforderung** gemäß § 50 III 2 setzt voraus, dass der Ausländer verbindlich aufgefordert wird, sich in das Hoheitsgebiet des EU-Mitgliedstaats zu begeben, in dem er aufenthaltsberechtigt ist; die Rückkehr in diesen Staat ist für ihn nicht optional, sondern obligatorisch. Dieser Befehl ist zudem mit einer zeitlichen Voraussetzung zu verknüpfen: Der Ausreiseaufforderung ist „unverzüglich" Folge zu leisten[74].

Abschnitt 8. Beteiligung der Bundesagentur für Arbeit

§ 39 Zustimmung zur Beschäftigung

(1) ¹Die Erteilung eines Aufenthaltstitels zur Ausübung einer Beschäftigung setzt die Zustimmung der Bundesagentur für Arbeit voraus, es sei denn, die Zustimmung ist kraft Gesetzes, auf Grund der Beschäftigungsverordnung oder Bestimmung in einer zwischenstaatlichen Vereinbarung nicht erforderlich. ²Die Zustimmung kann erteilt werden, wenn dies durch ein Gesetz, die Beschäftigungsverordnung oder zwischenstaatliche Vereinbarung bestimmt ist.

(2) ¹Die Bundesagentur für Arbeit kann der Ausübung einer Beschäftigung durch eine Fachkraft gemäß den §§ 18a oder 18b zustimmen, wenn
1. sie nicht zu ungünstigeren Arbeitsbedingungen als vergleichbare inländische Arbeitnehmer beschäftigt wird,
2. sie
   a) gemäß § 18a oder § 18b Absatz 1 eine Beschäftigung als Fachkraft ausüben wird, zu der ihre Qualifikation sie befähigt, oder
   b) gemäß § 18b Absatz 2 Satz 2 eine ihrer Qualifikation angemessene Beschäftigung ausüben wird,
3. ein inländisches Beschäftigungsverhältnis vorliegt und,
4. sofern die Beschäftigungsverordnung nähere Voraussetzungen in Bezug auf die Ausübung der Beschäftigung vorsieht, diese vorliegen.

²Die Zustimmung wird ohne Vorrangprüfung im Sinne des Absatzes 3 Nummer 3 erteilt, es sei denn, in der Beschäftigungsverordnung ist etwas anderes bestimmt.

(3) Die Bundesagentur für Arbeit kann der Ausübung einer Beschäftigung durch einen Ausländer unabhängig von einer Qualifikation als Fachkraft zustimmen, wenn
1. der Ausländer nicht zu ungünstigeren Arbeitsbedingungen als vergleichbare inländische Arbeitnehmer beschäftigt wird,
2. die in den §§ 19, 19b, 19c Absatz 3 oder § 19d Absatz 1 Nummer 1 oder durch die Beschäftigungsverordnung geregelten Voraussetzungen für die Zustimmung in Bezug auf die Ausübung der Beschäftigung vorliegen und
3. für die Beschäftigung deutsche Arbeitnehmer sowie Ausländer, die diesen hinsichtlich der Arbeitsaufnahme rechtlich gleichgestellt sind, oder andere Ausländer, die nach dem Recht der Europäischen Union einen Anspruch auf vorrangigen Zugang zum Arbeitsmarkt haben, nicht zur Verfügung stehen (Vorrangprüfung), soweit diese Prüfung durch die Beschäftigungsverordnung oder Gesetz vorgesehen ist.

(4) ¹Für die Erteilung der Zustimmung hat der Arbeitgeber der Bundesagentur für Arbeit Auskunft über Arbeitsentgelt, Arbeitszeiten und sonstige Arbeitsbedingungen zu erteilen. ²Auf Aufforderung durch die Bundesagentur für Arbeit hat ein Arbeitgeber, der einen Ausländer beschäftigt oder beschäftigt hat, eine Auskunft nach Satz 1 innerhalb eines Monats zu erteilen.

---

[73] Ausf. hierzu bereits VG Darmstadt Beschl. v. 14.11.2013 – 5 L 604/13.DA, InfAuslR 2014, 146.
[74] VG Berlin Beschl. v. 30.1.2014 – 19 L 395.13 Rn. 19; VG Düsseldorf Beschl. v. 18.12.2013 – 8 L 1881/13 Rn. 9.

(5) Die Absätze 1, 3 und 4 gelten auch, wenn bei Aufenthalten zu anderen Zwecken nach den Abschnitten 3, 5 oder 7 eine Zustimmung der Bundesagentur für Arbeit zur Ausübung einer Beschäftigung erforderlich ist.

(6) ¹Absatz 3 gilt für die Erteilung einer Arbeitserlaubnis zum Zweck der Saisonbeschäftigung entsprechend. ²Im Übrigen sind die für die Zustimmung der Bundesagentur für Arbeit geltenden Rechtsvorschriften auf die Arbeitserlaubnis anzuwenden, soweit durch Gesetz oder Rechtsverordnung nichts anderes bestimmt ist. ³Die Bundesagentur für Arbeit kann für die Zustimmung zur Erteilung eines Aufenthaltstitels zum Zweck der Saisonbeschäftigung und für die Erteilung einer Arbeitserlaubnis zum Zweck der Saisonbeschäftigung am Bedarf orientierte Zulassungszahlen festlegen.

Allgemeine Verwaltungsvorschrift
39 Zu § 39 – Zustimmung zur Ausländerbeschäftigung
39.0 Allgemeines
Die Vorschrift regelt die Voraussetzungen für die Erteilung von Zustimmungen für die Beschäftigung ausländischer Arbeitnehmer durch die Bundesagentur für Arbeit mit den in § 18 Absatz 1 festgelegten Zielen, die Zulassung ausländischer Arbeitnehmer unter Berücksichtigung der am Arbeitsmarkt bestehenden Bedarfe und einer wirksamen Bekämpfung der Arbeitslosigkeit gerecht zu steuern.
39.1 Zustimmungsbedürftigkeit des Aufenthaltstitels
39.1.0 § 39 Absatz 1 bestätigt den Grundsatz, dass einem Ausländer ein Aufenthaltstitel für eine Beschäftigung im Bundesgebiet nur mit Zustimmung der Bundesagentur für Arbeit erteilt werden kann. Satz 2 bestimmt, dass die Zustimmung zur Ausübung einer Beschäftigung nur nach Maßgabe gesetzlicher Bestimmungen, auf Grund zwischenstaatlicher Vereinbarungen oder nach Maßgabe einer Rechtsverordnung durch die Bundesagentur für Arbeit erteilt werden kann. Maßgebliche Rechtsverordnung in diesem Sinn ist die BeschV (Nummer 42.1).
39.1.1 Die Zustimmung der Bundesagentur für Arbeit wird durch die Ausländerbehörde eingeholt. Für die Zustimmung zur Beschäftigung ist i. d. R. die örtliche Agentur für Arbeit zuständig, in deren Bereich die Beschäftigung ausgeübt werden soll. Für verschiedene Beschäftigungen hat die Bundesagentur für Arbeit bestimmte Dienststellen zentral mit der Aufgabe der Erteilung der Zustimmung beauftragt. Diese besonderen Zuständigkeiten ergeben sich aus den Durchführungsanweisungen der Bundesagentur für Arbeit, sie betreffen Künstler, Artisten und deren Hilfspersonal (§ 23 Nummer 1 BeschV), ausländische Zirkusartisten (§ 23 Nummer 2 BeschV), Personen im internationalen Personalaustausch (§ 31 BeschV), Gastarbeitnehmer (§ 40 BeschV), Fertighausaufsteller (§ 35 BeschV) und Werkvertragsarbeitnehmer (§ 39 BeschV).
39.1.2 In Deutschland ansässige Großunternehmen verfügen meist über zentrale Personalabteilungen am Hauptsitz des Unternehmens. Für ausländische Beschäftigungen dieser Unternehmen bestehen teilweise gesonderte Absprachen über die örtliche Zuständigkeit der Agentur für Arbeit. In diesen Fällen sind meist die Agenturen für Arbeit am Hauptsitz zuständig, auch wenn das Personal in Unternehmensteilen in anderen Orten beschäftigt wird. Soweit vom Unternehmen auf eine solche gesonderte Zuständigkeit hingewiesen wird, bleiben diese abgesprochenen Zuständigkeiten der Agenturen für Arbeit bestehen.
39.1.3 Wird die Zustimmung zur Beschäftigung im Rahmen einer Zustimmungsanfrage einer Auslandsvertretung erforderlich, so sind die die Beschäftigung betreffenden Unterlagen an die örtlich zuständige Agentur für Arbeit weiterzuleiten. Diese teilt nach Abschluss ihrer Prüfung das Ergebnis mit. Die sich aus der Zustimmung ergebenden Beschränkungen der Beschäftigung sind der Auslandsvertretung zusammen mit der Zustimmung zur Visumerteilung mitzuteilen. Wird die Zustimmung zur Beschäftigung nicht erteilt, so sind die Versagungsgründe der Auslandsvertretung als Begründung zur Verweigerung der Zustimmung zur Visumerteilung zu übermitteln.
39.1.4 Beantragt ein Ausländer, der sich im Inland aufhält und dem nicht bereits kraft Gesetzes die Erwerbstätigkeit erlaubt ist, die Erlaubnis einer Beschäftigung, so leitet die Ausländerbehörde die antragsbegründenden Unterlagen mit bundeseinheitlichem Formblatt an die für die Arbeitsplatz örtlich zuständige Agentur für Arbeit weiter. Erteilt die Agentur für Arbeit die Zustimmung zur Beschäftigung, sind die mit der Zustimmung versehenen Beschränkungen in die Aufenthaltserlaubnis zu übernehmen. Soweit bei der Ausländerbehörde die technischen Voraussetzungen für die Nutzung des onlinebasierten Zustimmungsverfahrens durch Nutzung des AZR/VISA-online-Portals vorhanden sind, soll die Zustimmungsanfrage online an die Bundesagentur für Arbeit übermittelt werden.
39.2 Zustimmungsvoraussetzungen
39.2.0 Absatz 2 benennt die von der Bundesagentur für Arbeit zu prüfenden Voraussetzungen, unter denen die Zustimmung zur Erlaubnis einer Beschäftigung für einen Aufenthaltstitel nach § 18 erteilt werden kann.
39.2.1.1 Absatz 2 Satz 1 Nummer 1 Buchstabe a) sieht vor, dass die Auswirkungen der Beschäftigung von Ausländern auf den Arbeitsmarkt, insbesondere hinsichtlich der Beschäftigungsstruktur, Regionen sowie Wirtschaftszweige durch die Bundesagentur für Arbeit im Verfahren der Zustimmungserteilung zu prüfen sind.
39.2.1.2 Absatz 2 Satz 1 Nummer 1 Buchstabe b) bestimmt, dass die bundesweite Vermittlung deutscher und ihnen beim Arbeitsmarktzugang rechtlich gleichgestellter ausländischer Arbeitsuchender (z. B. Unionsbürger aus den „alten" EU-Mitgliedstaaten) auch weiterhin Vorrang bei der Zulassung drittstaatsangehöriger ausländischer Arbeitskräfte zur Beschäftigung hat. Die Staatsangehörigen der neuen EU-Mitgliedstaaten, die nach dem Beitritt zwar Unionsbürger geworden sind, aber denen auf Grund des EU-Beitrittsvertrags noch keine vollständige Arbeitnehmerfreizügigkeit eingeräumt ist, haben ebenfalls Vorrang vor der Zulassung von Drittstaatsangehörigen (siehe auch Nummer 39.6).
39.2.2 Absatz 2 Satz 1 Nummer 2 räumt der Bundesagentur für Arbeit die Möglichkeit ein, die Arbeitsmarktprüfung für einzelne Berufsgruppen und Wirtschaftszweige vorwegzunehmen und allgemein festzustellen, dass die Besetzung offener Stellen in diesen Berufsgruppen mit ausländischen Bewerbern arbeitsmarkt- und integrationspolitisch verantwortbar ist. Auch wenn die Bundesagentur für Arbeit solche generelle Regelungen treffen sollte, bleibt eine Zustimmung im Einzelfall erforderlich, da die Agentur für Arbeit noch zu prüfen hat, ob der Ausländer nicht zu ungünstigeren Arbeitsbedingungen als vergleichbare deutsche Arbeitnehmer beschäftigt wird (Absatz 2 Satz 1 a. E.).

39.3 Anwendbarkeit des Zustimmungsverfahrens auf andere Aufenthaltszwecke
Das Zustimmungsverfahren nach Absatz 2 gilt nach Absatz 3 auch, wenn ein Ausländer zu anderen Zwecken nach Deutschland einreist oder sich zu anderen Zwecken in Deutschland aufhält und eine Beschäftigung nicht bereits kraft Gesetzes erlaubt ist (vgl. Nummer 4.2.3.2 und 4.3.2). Neben den Aufenthaltszwecken der Abschnitte 5, 6 oder 7 betrifft dies auch zustimmungspflichtige Beschäftigungen im Rahmen der §§ 16 oder 17.
39.4 Beschränkung der Zustimmung
Absatz 4 regelt, mit welchen Beschränkungen die Zustimmung erteilt werden kann (siehe dazu Nummer 4.2.4).
39.5 Zustimmungsbedürftigkeit der Niederlassungserlaubnis nach § 19
Nach Absatz 5 kann die Bundesagentur für Arbeit der Erteilung einer Niederlassungserlaubnis nach § 19 unter bestimmten Voraussetzungen zustimmen. Der Verordnungsgeber hat von der Ermächtigung nach § 42 Absatz 1 Nummer 1 Gebrauch gemacht und durch § 3 BeschV die Beschäftigung nach § 19 Absatz 2 zustimmungsfrei gestellt. Zur Erteilung einer Niederlassungserlaubnis nach § 19 siehe Nummer 19.1.1.
39.6 Sonderregeln über Staatsangehörige der neu beigetretenen EU-Staaten
Nach Absatz 6 kann neu einreisenden Staatsangehörigen der neuen EU-Mitgliedstaaten, für die die Arbeitnehmerfreizügigkeit noch nicht uneingeschränkt gilt, jede Beschäftigung im Bundesgebiet, die eine qualifizierte Berufsausbildung voraussetzt, erlaubt werden. Dies erfolgt durch Erteilung der Arbeitserlaubnis-EU durch die Agenturen für Arbeit (vgl. § 284 SGB III). Hinsichtlich der Beschäftigungen, die keine qualifizierte Berufsausbildung voraussetzen, sind für die Staatsangehörigen der zum 1. Mai 2004 und zum 1. Januar 2007 beigetretenen Staaten – soweit sie den Übergangsregelungen unterliegen – ArGV und ASAV weiter anzuwenden, soweit die auf der Grundlage von § 42 erlassenen Verordnungen keine günstigeren Regelungen vorsehen. Für die Erteilung der Arbeitsberechtigung-EU gilt § 12a ArGV. Ob ggf. die Voraussetzungen für eine arbeitsgenehmigungsfreie Beschäftigung vorliegen, ist ebenfalls von den Agenturen für Arbeit zu prüfen. Die Bescheinigung über das Aufenthaltsrecht nach § 5 FreizügG/EU wird für Arbeitnehmer erst nach Erteilung der Arbeitsgenehmigung-EU bzw. Vorlage der Bestätigung, dass es sich um eine arbeitsgenehmigungsfreie Tätigkeit handelt, ausgestellt (siehe auch Nummer 13.2 ff. FreizügG/EU – VwV). Satz 2 regelt den Vorrang der Neuunionsbürger von zum Zweck der Beschäftigung einreisenden drittstaatsangehörigen Ausländern, der von der Bundesagentur für Arbeit bei der Prüfung zur Erteilung der Zustimmung zur Beschäftigung neu einreisender drittstaatsangehöriger Arbeitnehmer zu berücksichtigen ist.

Übersicht

	Rn.
I. Entstehungsgeschichte	1
II. Allgemeines	3
III. Grundsatz	7
1. Zustimmungserfordernis	7
2. Ausnahmen vom Zustimmungserfordernis	10
IV. Voraussetzungen der Zustimmung	22
1. Alte Rechtslage	23
a) Arbeitsmarktprüfung	24
b) Vorrangprüfung	25
c) Prüfung der Arbeitsbedingungen	28
d) Abweichende Regelungen	29
2. Neuregelung nach dem FEG 2019	30
a) Fachkräfte	31
b) Zustimmung unabhängig von der Qualifikation als Fachkraft	39
V. Beschränkung der Zustimmung	47
VI. Pflichten des Arbeitgebers	48
VII. Zustimmung für die Erteilung einer Arbeitserlaubnis zum Zwecke der Saisonbeschäftigung	49
VIII. Verfahren	52

I. Entstehungsgeschichte

1 Die ursprüngliche Vorschrift stimmte mit dem **Gesetzesentwurf**[1] im Wesentlichen überein. Aufgrund des Vermittlungsverfahrens[2] wurde jeweils der Begriff der „Bundesanstalt" durch „Bundesagentur" ersetzt und in Abs. 2 S. 1 Nr. 1a aF die Wörter „insbesondere hinsichtlich der Beschäftigungsstruktur, der Regionen und der Wirtschaftszweige" eingefügt. Abs. 4 des Gesetzesentwurf über die Zustimmung bei nichtqualifizierter Beschäftigung wurde gestrichen und ein neuer Abs. eingefügt. Abs. 6 S. 1 aF wurde im Jahr 2011 an die durch den Vertrag von Lissabon maßgebende Begrifflichkeit neu angepasst und das Wort „Gemeinschaft" durch das Wort „Union" ersetzt[3]. Da Staatsangehörige Polens, Ungarns, Tschechiens, der Slowakei, Sloweniens, Estlands, Lettlands sowie Litauens seit Mai 2011 keine Genehmigung mehr für die Beschäftigungsaufnahme in Deutschland benötigen, wurde Abs. 6 aF neu gefasst[4] und an den Ablauf der Übergangsregelungen zur Arbeitnehmerfreizügigkeit angepasst. Zum 1.8.2012 wurde aufgrund der Einführung eines neuen Aufenthaltstitels (§ 4 I Nr. 2a)

---
[1] BT-Drs. 15/420, 17.
[2] BT-Drs. 15/3479, 6.
[3] Art. 1 Nr. 20 Ges. v. 22.11.2011 BGBl. I S. 2258–2271.
[4] Ges. zur Verbesserung der Eingliederungschancen am Arbeitsmarkt v. 20.12.2011, BGBl. I S. 2854–2926.

§ 39 II um die Blaue Karte EU[5] ergänzt[6]. In Abs. 3 aF[7] wurde durch das Gesetz zur Verbesserung der Rechte von international Schutzbedürftigen und ausländischen Arbeitnehmern mWv 6.9.2013 als Folgeänderung von § 29 V der Verweis auf Abschnitt 6 gestrichen. Die Einschränkung der Arbeitnehmerfreizügigkeit für Staatsangehörige Bulgariens und Rumäniens ist mit Ablauf des Jahres 2013 entfallen. Gleiches gilt seit Juli 2015 für die Einschränkung der Arbeitnehmerfreizügigkeit für Staatsangehörige Kroatiens. Die ursprünglich für kroatische Staatsangehörige geltende Übergangsbestimmung in Abs. 6 aF wurde mit Gesetz vom 21.12.2015 aufgehoben[8]. Mit RLUmsG 2017 wurde die BA in Abs. 2 S. 3 aF legitimiert, auch in Fällen, in denen die Zustimmung bereits erteilt wurde und der Ausländer bereits beschäftigt ist, Auskünfte des Arbeitgebers über Arbeitsentgelt, Arbeitszeiten oder sonstige Arbeitsbedingungen einzuholen. Ferner wurde ein neuer Abs. 6 angefügt. Die Regelung diente der Umsetzung von Art. 12 I lit. c und Art. 7 der Saisonarbeitnehmer-RL. Die Vorschrift stellte klar, dass für eine Beschäftigung als Saisonarbeitnehmer die Zustimmung der BA erforderlich ist.

Durch das **FEG 2019**[9] ist die Vorschrift insgesamt **neu gefasst** worden; die vorstehend noch wiedergegebene Verwaltungsvorschrift kann spätestens seit dessen Inkrafttreten in ihrer konkreten Gestalt keine vollständige Geltung mehr beanspruchen. Abs. 1 regelt weiterhin – in modifizierter Form – den Grundsatz der Zustimmungsbedürftigkeit. Die Voraussetzungen, unter denen die BA zustimmen kann und die zuvor in Abs. 2 aF geregelt waren, werden nunmehr in Abs. 2 und 3 ausdifferenziert. Abs. 4 hat die Regelung des Abs. 2 S. 3 aF übernommen. Die zuvor in Abs. 4 aF ausdrücklich vorgesehene Möglichkeit der Beschränkung der Zustimmung ist durch die Neufassung entfallen, weil § 34 BeschV auf Grundlage von § 42 II Nr. 2 hinreichende entsprechende Möglichkeiten vorsieht. Abs. 5 übernimmt Abs. 3 aF. Zudem bleibt Abs. 6 aF – mit redaktioneller Änderung – im Kern als solcher erhalten. 2

II. Allgemeines

Die Vorschrift enthält zusammen mit § 4a das wesentliche – und durch zahlreiche Einzelvorschriften im AufenthG und der BeschV ergänzte – **Programm** der Steuerung der Ausländerbeschäftigung, das durch eine besondere Form der Zusammenarbeit von Ausländerbehörde und Auslandsvertretung auf der aufenthaltsrechtlichen und der BA auf der beschäftigungsrechtlichen Seite gekennzeichnet ist[10]. Die BA wirkt in einem internen Zustimmungsverfahren an der Zulassung eines Ausländers zum Arbeitsmarkt mit, nach außen wird die Entscheidung allein in dem ausländerrechtlichen Bescheid getroffen und verantwortet. Dies trägt den Vorgaben der Europäischen Dienstleistungs-RL[11] Rechnung, die das Prinzip des „One-Stop-Government" für die öffentliche Verwaltung vorgibt, und baut bürokratische Hemmnisse ab[12]. Gleichwohl ist die BA nach verweigerter Zustimmung im Rechtsstreit über die Rechtmäßigkeit der ausländerbehördlichen Entscheidung gem. § 65 II VwGO grundsätzlich zum Verfahren notwendig beizuladen[13]. Das Zustimmungsverfahren entfällt, wenn die Beschäftigung durch Gesetz zugelassen oder die Zustimmung aufgrund einer Verordnung nicht erforderlich ist (vgl. § 42 I Nr. 1)[14]. 3

Eine gegenüber früheren Vorgängerregelungen vereinfachte[15] **Vorrangprüfung** wird nach Inkrafttreten des **FEG 2019** grundsätzlich nur noch in den Fällen des Abs. 3 durchgeführt, auch dann aber nur, soweit diese Prüfung durch BeschV oder Gesetz vorgesehen ist (vgl. Abs. 3 Nr. 3). Allerdings sieht Abs. 2 S. 3 gleichfalls die Möglichkeit vor, in der BeschV eine Vorrangprüfung für die Fälle des Abs. 2 einzuführen. Bezogen auf die Vorrangprüfung erscheint der rechtstechnische Unterschied zwischen Abs. 2 und Abs. 3 daher nicht als erheblich. Grundlage für entsprechende Regelungen in der BeschV ist § 42 II Nr. 3, wonach in der BeschV Fälle nach § 39 III bestimmt werden können, in denen für eine Zustimmung eine Vorrangprüfung durchgeführt wird, bspw. für die Beschäftigung von Fachkräften in zu bestimmenden Bezirken der BA sowie in bestimmten Berufen. Darüber hinaus ermöglicht § 42 II Nr. 3 in der Konsequenz von § 39 II 2 außerdem, eine Vorrangprüfung auch für Fälle des § 39 II zu bestimmen. Auch bezüglich Geduldeter kann – und wird in § 32 I BeschV – über § 42 II Nr. 4 eine Vorrangprüfung angeordnet werden. 4

Die Regelungen über das Zustimmungsverfahren sind anzuwenden auf **Neuzuwanderer,** die einen Aufenthaltstitel zum Zwecke der Ausübung einer Erwerbstätigkeit begehren (§§ 18 ff.), bzw. wenn bei 5

---

[5] S. dazu § 19a aF bzw. § 18b II nF.
[6] Art. 1 Nr. 17 Ges. v. 1.6.2012, BGBl. I S. 1224–1234.
[7] Art. 1 Nr. 20 Ges. v. 29.8.2013, BGBl. I S. 3484.
[8] BGBl. 2015 I S. 2557.
[9] BGBl. 2019 I S. 1307, in Kraft getreten am 1.3.2020.
[10] Vgl. Zusammenfassungen von *Feldgen* ZAR 2006, 168; *Marschner* DB 2005, 499.
[11] RL 2006/123/EG.
[12] Vgl. *Hänsle* BeckOK MigR AufenthG § 39 Rn. 1 ff.
[13] Vgl. HessVGH Beschl. v. 25.7.2006 – 3 TG 1114/06; vgl. *Dippe* in Huber/Mantel AufenthG § 39 Rn. 6; BayVGH Beschl. v. 28.9.2005 – 24 CE 05.1737; mit weiteren Einzelheiten vgl. *Funke-Kaiser* GK-AufenthG § 4 Rn. 180. Mit der Beiladung wird die Bindung der BA an eine gerichtliche Entscheidung ermöglicht.
[14] S. dazu § 4.
[15] *Feldgen* ZAR 2003, 132.

1 AufenthG § 39

Aufenthalten zu anderen Zwecken nach den Abschnitten 3, 5 oder 7 eine Zustimmung der BA erforderlich ist (Abs. 5), sowie auf Saisonarbeitnehmer (Abs. 6). Schließlich kommt es auch auf evtl. abweichende Bestimmungen in der BeschV auf Grundlage von § 42 I Nr. 1 an, wonach in dieser auch über die Voraussetzungen der Zustimmung entschieden werden kann. Auch kann die BeschV ein Zustimmungserfordernis konstitutiv begründen.

6   Die Regelungen beziehen sich darüber hinaus auch auf die große Anzahl **Geduldeter** sowie auf andere Ausländer, die keinen Aufenthaltstitel besitzen; dies ergibt sich aus § 32 I 2 BeschV. Geduldete und Asylsuchende unterliegen allerdings in den ersten drei Monaten ihres Aufenthalts in Deutschland einem **Beschäftigungsverbot** (§ 32 I BeschV, § 61 AsylG). Bei Geduldeten kann der Zustimmung zudem ein Beschäftigungsverbot nach § 60 VI entgegenstehen, wenn sie ihr Ausreisehindernis selbst zu vertreten haben. Die Regelung in Abs. 6 wurde durch das AsylVFBeschlG 2015[16] eingeführt und löste die frühere Regelung des Beschäftigungsverbots für Geduldete, die ihr Ausreisehindernis selbst zu vertreten haben (§ 33 BeschV), ab[17].

III. Grundsatz

1. Zustimmungserfordernis

7   Nach § 39 I setzt die Erteilung eines Aufenthaltstitels zur Ausübung einer Beschäftigung die **Zustimmung der BA** grundsätzlich voraus. Damit stellt § 39 **nach Inkrafttreten des FEG 2019** zunächst nur noch auf Aufenthaltstitel zur Ausübung einer Beschäftigung ab. In der Vorgängerfassung war noch weitergehend von einem Aufenthaltstitel die Rede, der einem Ausländer die Ausübung einer Beschäftigung erlaubt. Mit dieser Änderung dürfte allerdings wegen der Umkehr des Grundsatzes in § 4a keine substanzielle Einschränkung des Zustimmungserfordernisses einhergehen. Danach dürfen Ausländer, die einen Aufenthaltstitel besitzen, eben anders als nach alter Rechtslage eine Erwerbstätigkeit grundsätzlich ausüben. Hätte man am alten Wortlaut festgehalten, wäre damit eher eine substanzielle Ausweitung des grundsätzlichen Zustimmungserfordernisses einhergegangen.

8   Weitere Zustimmungserfordernisse ergeben sich aus Abs. 5, der Abs. 3 aF entspricht. Danach gilt ua Abs. 1 auch, wenn bei Aufenthalt zu anderen Zwecken nach den Abschnitten 3, 5 und 7 eine Zustimmung der BA zur Ausübung einer Beschäftigung erforderlich ist. Zustimmungspflichtigkeit ist derzeit im vierten Abschnitt vorgesehen, und zwar in §§ 16a I, 16d II, III, IV, 16e I.

9   Außerdem sieht die BeschV Zustimmungserfordernisse vor, so etwa für Geduldete und Ausländer mit Aufenthaltsgestattung in § 32 I 2 BeschV.

2. Ausnahmen vom Zustimmungserfordernis

10   Das **AufenthG selbst** sieht die Zustimmungsfreiheit verschiedener Aufenthaltstitel vor. Ohne Zustimmung der BA wird danach der Aufenthalt in folgenden Fällen erlaubt: § 18b II (Blaue Karte EU), § 18c I (Niederlassungserlaubnis für Fachkräfte), § 18c II (Niederlassungserlaubnis für Inhaber einer Blauen Karte EU), § 18c III (hochqualifizierte Fachkraft mit akademischer Ausbildung), § 18d (Aufenthaltserlaubnis zu Zwecken der Forschung), § 18f (Aufenthaltserlaubnis für mobile Forscher), § 19c IV (Beamter).

11   Die Zustimmungsfreiheit kann sich zudem aus der **BeschV** ergeben. Nach § 1 I 2 Nr. 1 BeschV regelt die BeschV, in welchen Fällen ein Aufenthaltstitel, der einem Ausländer die Ausübung einer Beschäftigung erlaubt, nach § 39 I 1 **ohne Zustimmung** der BA erteilt werden kann. Nach § 1 I S. 2 Nr. 3 BeschV wird durch die BeschV zudem geregelt, in welchen Fällen einem Ausländer, der im Besitz einer Duldung ist oder der keinen Aufenthaltstitel besitzt, nach § 4a IV die Ausübung einer Beschäftigung mit – **oder ohne** – Zustimmung der BA erlaubt werden kann.

12   Zustimmungsfreie **dauerhafte** Beschäftigungen sind nunmehr ua in §§ 3, 5 und 9 BeschV geregelt. Zustimmungsfreie **vorübergehende** Beschäftigungen finden sich ua in §§ 14, 15 BeschV. Zustimmungsfreie Beschäftigungen für **entsandte** Arbeitnehmer sind in §§ 16 (Geschäftsreisende), 17 (Betriebliche Weiterbildungen), 18 (Journalisten), 20 (Internationaler Straßen- und Schienenverkehr) und 21 (Dienstleistungserbringung) BeschV geregelt. Zustimmungsfreie Beschäftigungen für **besondere Berufs- und Personengruppen** finden sich in §§ 22, 23 BeschV (Internationale Sportveranstaltungen) und § 24 BeschV (Schifffahrts- und Luftverkehr). Die praxisrelevanteste Regelung stellt § 31 BeschV dar. Danach kann allen Ausländern, die aus **völkerrechtlichen, humanitären oder politischen Gründen** eine Aufenthaltserlaubnis besitzen, die Erlaubnis zur Beschäftigung ohne Zustimmung der BA erteilt werden. Personen mit **Duldung und Aufenthaltsgestattung** kann durch die BeschV (§ 1 S. 2 Nr. 3 BeschV) nach § 4a IV die Ausübung einer Beschäftigung ohne Zustimmung der BA erlaubt werden. Von dieser Möglichkeit ist in § 32 II BeschV in engen Grenzen Gebrauch gemacht worden.

---

[16] Vgl. die Begr. BT-Drs. 18/6185, 50 f.
[17] Hierzu → § 60a Rn. 54.

Zustimmungsfreie Beschäftigungen für **Fachkräfte** sind nunmehr nicht mehr vorrangig in der BeschV, nämlich in §§ 2, 3, 5, 7 und 9 BeschV aF, geregelt. Sie ergeben sich jetzt vielmehr sowohl aus dem AufenthG als auch aus der BeschV. So bedarf nach § 18b II 1 AufenthG (vgl. § 2 I Nr. 2 BeschV aF) die **Erteilung einer Blauen Karte EU** keiner Zustimmung, wenn diese zum Zwecke einer der Qualifikation angemessenen Beschäftigung erteilt wird und der Ausländer ein bestimmtes Jahresgehalt erzielt und außerdem keiner der in § 19f I, II genannten Ablehnungsgründe vorliegt. Die nach alter Rechtslage geltende Zustimmungsfreiheit für Mangelberufe (vgl. § 2 I Nr. 2b) BeschV aF ist durch das FEG 2019 allerdings aufgehoben worden (vgl. § 18b II 2). Nach § 18c I ist einer Fachkraft ohne Zustimmung der BA eine Niederlassungserlaubnis zu erteilen, wenn sie seit vier Jahren im Besitz eines Aufenthaltstitels ist, wenn sie einen bestimmten Arbeitsplatz innehat, wenn sie mindestens 48 Monate Pflichtbeiträge oder freiwillige Beiträge zur gesetzlichen Rentenversicherung geleistet hat, wenn sie über ausreichende Deutschkenntnisse verfügt und die Voraussetzungen des § 9 II 1 Nr. 2 und 4–6, 8 und 9 vorliegen. Ebenfalls ohne Zustimmung der BA kann – unter weiteren Voraussetzungen – eine Niederlassungserlaubnis an Inhaber einer Blauen Karte EU (§ 18c II) und an hochqualifizierte Fachkräfte mit akademischer Ausbildung (§ 18c III) erteilt werden.

Ausnahmen vom Zustimmungserfordernis ergeben sich für Fachkräfte weiterhin auch aus §§ 3, 5 und 9 BeschV. § 3 knüpft an die Führungskrafteigenschaft an, § 5 gilt für wissenschaftliches Personal von Hochschulen und von Forschungs- und Entwicklungseinrichtungen; beide knüpfen damit an eine bestimmte Beschäftigung an, § 9 hingegen an Vorbeschäftigungszeiten.

Das FEG 2019 hat **§ 7 BeschV aF** entfallen lassen. Danach bedurfte die Erteilung eines Aufenthaltstitels an Absolventen deutscher Auslandsschulen unter weiteren Voraussetzungen keiner Zustimmung. Die Vorschrift ist teilweise in § 17 I Nr. 3 aufgegangen.

Die praxisrelevanteste Regelung stellt **§ 31 BeschV** dar. Allen Ausländern, die aus **völkerrechtlichen, humanitären oder politischen Gründen** eine Aufenthaltserlaubnis besitzen, kann die Erlaubnis zur Beschäftigung ohne Zustimmung der BA erteilt werden. Diese Personengruppe hatte bereits nach der Rechtslage vor Inkrafttreten des FEG 2019 freien Zugang zum Arbeitsmarkt. Vor diesem Hintergrund erfüllte und erfüllt § 31 BeschV weiterhin das durch die BeschV ausgegebene Ziel der Rechtsklarheit und Rechtsvereinfachung.

Nach **§ 32 II BeschV** bedürfen Geduldete und Personen ohne Aufenthaltstitel **keiner Zustimmung**, wenn einer der dort genannten Fälle vorliegt (ua Berufsausbildung in staatlich anerkanntem Ausbildungsberuf, Mangelberuf, Beschäftigung von Ehegatten und Angehörigen bei häuslicher Gemeinschaft). Nach § 32 III BeschV darf die Zustimmung für ein Tätigwerden als Leiharbeitnehmer iSd § 1 I AÜG nur in den Fällen des Abs. 5 erteilt werden. Nach 15 Monaten ununterbrochenem erlaubtem, geduldetem oder gestattetem Aufenthalt **entfällt die Vorrangprüfung nach § 32 V Nr. 2 BeschV.** Gleiches gilt, wenn eine Beschäftigung nach § 18b I (Fachkraft mit akademischer Ausbildung) und § 18b II 2 (Mangelberuf), 18a (Ausbildungsberuf) oder 8 BeschV (Praktische Tätigkeit als Voraussetzung für die Anerkennung ausländischer Berufsausbildung) aufgenommen werden soll. Erleichterungen ergaben sich nach der Altregelung in § 39 II Nr. 2 aF für eine betrieblich durchgeführte Einstiegsqualifizierung nach § 54a SGB III. Hierbei handelt es sich zunächst um eine zustimmungspflichtige Beschäftigung (§ 32 I BeschV) iSd § 7 II SGB IV. Durch eine sog. **Globalzustimmung** der BA nach § 39 II Nr. 2 für eine Einstiegsqualifizierung nach § 54a SGB III konnte auf individuelle Zustimmungsanfragen der Ausländerbehörde für Einstiegsqualifizierungen nach § 54a SGB III verzichtet werden[18]. Die Möglichkeit einer solchen Globalzustimmung ist nach Inkrafttreten des **FEG 2019** nicht mehr vorgesehen, sodass sie ihre erleichternde Wirkung verlieren dürfte. In 133 von insgesamt 156 Agenturbezirken der BA wurde die Vorrangprüfung gem. § 32 V Nr. 3 BeschV bei der Beschäftigung von **Asylbewerbern und Geduldeten** vom 16.8.2016 an für die Dauer von drei Jahren ausgesetzt.

Ausländer, die bereits länger im Bundesgebiet arbeiten oder sich aufhalten, bedürfen nach § 9 BeschV (§ 3b BeschVerfV aF) unter den genannten Voraussetzungen ebenfalls keiner Zustimmung zur Aufnahme einer Beschäftigung.[19] Die Aufhebung der Zustimmungspflicht dient der Verwaltungsvereinfachung[20], weil die BA in diesen Fällen weder eine Arbeitsmarktprüfung noch eine Prüfung der Vergleichbarkeit der Arbeitsbedingungen mit denen deutscher Beschäftigter durchgeführt hat. Ferner war sie längst überfällig, denn die rein formale Beteiligung der BA ergab insoweit keinen Sinn, als die Tatbestandsvoraussetzungen – Aufenthaltsdauer, ggf. Beschäftigungsdauer – besser bzw. ebenso gut von der Ausländerbehörde geprüft werden können.

Ausländer haben nach § 9 BeschV das Recht auf freien Zugang zum Arbeitsmarkt, wenn sie im Besitz einer **Blauen Karte EU** oder einer **Aufenthaltserlaubnis** sind und **zwei Jahre** rechtmäßig **versicherungspflichtig beschäftigt** waren (Abs. 1 Nr. 1) oder mindestens **drei Jahre** ununterbro-

---

[18] Diese wurde im Juni 2015 erteilt.
[19] Die Voraussetzungen des § 17 I 1 iVm § 9 I Nr. 2 BeschV liegen nicht vor, wenn die Ausbildung erst nach der Stellung eines Verlängerungsantrags aufgenommen wurde, vgl. OVG Bln-Bbg Beschl. v. 5.1.2015 – OVG 3 82.14, BeckRS 2015, 40488.
[20] BT-Drs. 17/5470.

chen rechtmäßig, gestattet oder geduldet in Deutschland **gelebt** haben (Abs. 1 Nr. 2). **Unterbrechungen** der Zeiten nach Abs. 1 Nr. 2 sind unschädlich, wenn durch sie die Aufenthaltserlaubnis nicht nach § 51 I Nr. 7 erloschen ist (§ 9 I Nr. 2 BeschV); in der Regel handelt es sich also um Abwesenheiten von bis zu einem halben Jahr. Zeitliche Unterbrechungen während eines **geduldeten Aufenthalts** durch die zwischenzeitliche Ausstellung eines anderen Dokuments (zB Grenzübertrittsbescheinigung) oder gar keines Dokuments trotz Antrags bleiben ebenfalls außer Betracht.

19 Die Privilegierung der Beschäftigungsaufnahme ohne vorherige Zustimmung nach zweijähriger Beschäftigung setzt eine **versicherungspflichtige** Beschäftigung voraus. In allen Zweigen der Sozialversicherung sind nach Maßgabe der besonderen Vorschriften für die einzelnen Versicherungszweige versichert: 1. Personen, die gegen Arbeitsentgelt oder zu ihrer Berufsausbildung beschäftigt sind, 2. behinderte Menschen, die in geschützten Einrichtungen beschäftigt werden, und 3. Landwirte (§ 2 II SGB IV). Eine Definition der Beschäftigung findet sich in § 7 I SGB IV. Es handelt sich hierbei um die **nichtselbstständige** Arbeit, insbesondere in einem Arbeitsverhältnis. Anhaltspunkte für eine Beschäftigung sind eine Tätigkeit nach Weisungen und eine Eingliederung in die Arbeitsorganisation des Weisungsgebers. Von der Vorschrift nicht erfasst ist eine geringfügige Beschäftigung, deren Ertrag regelmäßig **450 EUR brutto**[21] nicht übersteigt (§ 8 I SGB IV), gleichwohl es sich dabei seit dem 1.1.2013 um eine grundsätzlich versicherungspflichtige Beschäftigung handelt[22]. Denn von diesem Grundsatz sind in den einzelnen Versicherungszweigen weitreichende Ausnahmen vorgesehen. Ggf. ist zu prüfen, ob Versicherungsfreiheit nach §§ 27, 28 SGB III vorgelegen hat (zB Studierende, Gastarbeitnehmer, Personen, die die Regelaltersgrenze erreicht haben oder voll erwerbsgemindert sind).

20 Nach § 9 II Nr. 1 BeschV werden Zeiten einer Beschäftigung, die vor einer Ausreise liegen, wenn damit der gewöhnliche Aufenthalt in Deutschland aufgegeben worden war, **nicht angerechnet**. Gem. § 9 II Nr. 2 und Nr. 3 BeschV werden Beschäftigungen nicht berücksichtigt, die nach dem AufenthG (§ 8 II) oder der BeschV **zeitlich begrenzt oder zustimmungsfrei** sind. Hierzu zählen zB Saisonbeschäftigte, Schaustellergehilfen, Haushaltshilfen, Spezialitätenköche, Au-pair-Beschäftigte etc.

21 Bei **ehemaligen Inhabern** einer **Aufenthaltserlaubnis** nach **§ 16b** wird die Hälfte der Studienzeit gemäß § 9 III BeschV auf die Aufenthaltsdauer angerechnet, maximal jedoch zwei Jahre. Dies entspricht der durch die Daueraufenthalts-RL vorgegebenen Mindestanrechnung, wie sie in § 9b I Nr. 4 AufenthG umgesetzt ist.

IV. Voraussetzungen der Zustimmung

22 Die Voraussetzungen der Zustimmung zur Beschäftigung sind durch das **FEG 2019** verändert worden.

1. Alte Rechtslage

23 Die **Zustimmung zur Erteilung eines Aufenthaltstitels zur Ausübung einer Beschäftigung** nach § 18 aF oder nach § 19a aF – bzw. wenn sonst die Zustimmung erforderlich war (Abs. 3 aF) – durfte durch die BA erteilt werden, wenn keine **nachteiligen** Auswirkungen auf den Arbeitsmarkt durch die Beschäftigung von Ausländern zu erwarten waren und im konkreten Fall **bevorrechtigte Arbeitnehmer** nicht zur Verfügung standen (§ 39 II 1 Nr. 1). Alternativ konnte die Zustimmung erteilt werden, wenn die BA für bestimmte Berufsgruppen und Wirtschaftszweige festgestellt hatte, dass die Besetzung offener Stellen mit Ausländern arbeitsmarkt- und integrationspolitisch verantwortbar ist (§ 39 II 1 Nr. 2). In beiden Alternativen durften die Arbeitsbedingungen im Einzelfall nicht ungünstiger sein als die für vergleichbare Arbeitnehmer. Diese Prüfung sollte sicherstellen, Ausländer nur im Einklang mit den Erfordernissen des Wirtschaftsstandorts Deutschland und den Verhältnissen am Arbeitsmarkt zur Beschäftigung zuzulassen (§ 18 I).

24 **a) Arbeitsmarktprüfung.** Anhand dieser Vorgaben musste die BA im **Einzelfall** positiv feststellen, dass sich keine nachteiligen Auswirkungen auf den Arbeitsmarkt, insbesondere auf die Beschäftigungsstruktur, die Regionen und die Wirtschaftszweige ergeben. Diese Aufgabe gehörte zu den überkommenen Prüfschritten (vgl. § 285 I 1 Nr. 1 SGB III aF) und zielte darauf ab, die abstrakt durch Rechtsverordnung vorgenommene Arbeitsmarktverträglichkeit anhand des konkreten Falls in struktureller, regionaler und branchenbezogener Hinsicht zu überprüfen. §§ 1 und 2 SGB III konnten Anknüpfungspunkte hinsichtlich der Ausgestaltung der Arbeitsförderung entnommen werden. So zielten diese auf den Ausgleich von Angebot und Nachfrage an dem Ausbildungs- und Beschäftigungsmarkt ab; auf die zeitnahe Besetzung offener Stellen, den Ausbau und Erhalt der individuellen Beschäftigungsfähigkeit und der Reduzierung unterwertiger Beschäftigung sowie Weiterentwicklung der regionalen Beschäftigungs- und Infrastruktur[23]. In der Praxis spielte die Arbeitsmarktprüfung insoweit eine Rolle,

---

[21] Zum 1.1.2013 ist die Grenze von geringfügigen Beschäftigungen von 400 auf 450 EUR angehoben worden, vgl. § 8 I Nr. 1 und 2 idF des Art. 1 Nr. 2 Ges. v. 5.12.2012.
[22] *Offer/Mävers* BeschV § 9 Rn. 7.
[23] Vgl. *Breidenbach* BeckOK AuslR AufenthG § 39 Rn. 4 ff.

dass – schon unter Geltung der ArGV – regionalspezifisch die BA Listen von Tätigkeiten, Berufen oder Wirtschaftszweigen erstellte, in denen aufgrund der Arbeitsmarktlage eine Beschäftigung von Ausländern nicht zulässig sein sollte. Eine einzelfallbezogene Arbeitsmarktprüfung für Beschäftigungen jenseits dieser Listen fand in der Regel dagegen tatsächlich nicht statt.

b) Vorrangprüfung. Mit der **Vorrangprüfung** wurde – und wird in dem ihr verbleibenden Anwendungsbereich weiterhin[24] – dem Erfordernis der Bekämpfung der Arbeitslosigkeit und gleichzeitig den Interessen der zur Vermittlung zur Verfügung stehenden Bevorrechtigten Rechnung getragen. Das waren Deutsche sowie Ausländer mit Aufenthaltstitel[25], jedenfalls aber auch Staatsangehörige der der EU beigetretenen Staaten mit Wohnsitz in Deutschland[26]. Hinzu kamen ua Schweizer nach dem Freizügigkeitsabkommen EU-Schweiz oder im Inland lebende oder neu einreisende türkische Arbeitnehmer[27]. 25

Es bedurfte der Ermittlung des bevorrechtigten Personenkreises über eine gewisse Zeitspanne[28]. Bei einem deutlichen Überhang von geeigneten Arbeitslosen im Verhältnis zu offenen Stellen konnte generell davon ausgegangen werden, dass Bevorrechtigte zur Verfügung stehen. War dies nicht der Fall, prüfte die BA konkret, welche Arbeitslosen für eine Stellenbesetzung tatsächlich in Betracht kamen[29]. Zu berücksichtigen waren auch solche Bevorrechtigte, die nur mit Fördermaßnahmen der BA (zB einem Eingliederungszuschuss) vermittelt werden konnten. Dem Arbeitgeber unzumutbar hingegen war die Vermittlung von Personen, deren Einstellung zunächst einer langwierigen Qualifizierungsmaßnahme bedurfte oder denen die Teilnahme an einer Maßnahme noch nicht bewilligt war, da in diesem Fall die offene Stelle über einen langen Zeitraum – mit offenem Ergebnis – nicht möglich gewesen wäre[30]. Hatte der Arbeitgeber ein berechtigtes Interesse an der Einstellung eines Beschäftigten mit bestimmten (Zusatz-)Kompetenzen, über die nur der ausländische Bewerber verfügt (zB verhandlungssichere Fremdsprachenkenntnisse in einem Unternehmen mit Auslandsaktivitäten), durfte die BA die Zustimmung nicht unter Hinweis auf das Vorhandensein Bevorrechtigter ohne diese Kompetenzen verweigern[31]. 26

Die **Vorrangprüfung** konnte durch eine Feststellung der BA nach Abs. 2 S. 1 Nr. 2 für einzelne Berufsgruppen oder Wirtschaftszweige (sog. **Gruppenzulassung**), in denen eine ausreichende Zahl offener Stellen zu verzeichnen war, allgemein vorgenommen und damit das Zustimmungsverfahren vereinfacht und beschleunigt werden. Das war zB bei einem längerfristigen Arbeitskräftemangel in bestimmten Berufsgruppen oder Wirtschaftszweigen der Fall. Die Entscheidung der BA war regelmäßig zu überprüfen und anzupassen (vgl. Nr. 1.39.219 DVO). 27

In 133 von insgesamt 156 Agenturbezirken der BA wurde die Vorrangprüfung bei der Beschäftigung von **Asylbewerbern und Geduldeten** vom 16.8.2016 an für die Dauer von drei Jahren ausgesetzt.[32]

c) Prüfung der Arbeitsbedingungen. Durch einen – auch nach neuer Rechtslage sowohl bei Abs. 2 als auch bei Abs. 3 weiterhin anzustellenden[33] – Vergleich mit den bei deutschen Arbeitnehmern **üblichen Arbeitsbedingungen** musste die BA weiterhin Ungleichbehandlungen ausschließen. Bevorrechtigte Arbeitnehmer sollten nicht dadurch benachteiligt werden, dass mit den neu zugewanderten oder noch nicht lange in Deutschland lebenden ausländischen Bewerbern ungünstigere Arbeitsbedingungen vereinbart werden; diese wiederum sollten vor Ausbeutung geschützt werden. Den Vergleichsmaßstab hinsichtlich Arbeitszeit, Lohn, Lohnfortzahlung, Urlaub und Versicherungen bildeten die in Deutschland geltenden **gesetzlichen und tarifvertraglichen Regelungen.** Bei Lohn- und Arbeitszeitgestaltung konnten angesichts drastisch gesunkener Tarifbindung und bei einem nicht tarifgebundenen Arbeitgeber die für die jeweilige Berufsgruppe und/oder den jeweiligen Wirtschaftszweig üblichen Standards, bei großen Unternehmen auch die unternehmensinternen Standards zum Vergleich herangezogen werden. Der Vergleich musste bezogen werden auf Beschäftigungen mit den für die offene Stelle charakteristischen Anforderungen an Funktion, Ausbildung, Arbeitsleistung und Arbeitsergebnis. 28

---

[24] Dazu → Rn. 30 ff.
[25] Hierunter fallen zB auch arbeitslose Ausländer mit einer Arbeitsberechtigung, einer Niederlassungserlaubnis oder einer Aufenthaltserlaubnis, die eine Arbeitsaufnahme erlaubt.
[26] Daueraufenthaltsberechtigte nach der RL 2003/109/EG sind nicht vorrangig bei der Arbeitsmarktprüfung zu berücksichtigen, vgl. BayVGH Beschl. v. 7.1.2013 – 10 C 12.2399, BeckRS 2013, 46114.
[27] Vgl. hierzu umfassend *Breidenbach* BeckOK AuslR AufenthG § 39 Rn. 7 ff.
[28] In der Vergangenheit hat sich eine Zeitspanne von ca. vier Wochen durchgesetzt.
[29] So auch *Stiegeler* in HK-AuslR AufenthG § 39 Rn. 14 f.
[30] So auch *Stiegeler* in HK-AuslR AufenthG § 39 Rn. 33 ff.
[31] Seit Inkrafttreten des AufenthG hat die Zahl der versagten Zustimmungen stark zugenommen. Die Zustimmung nach einer Vorrangprüfung stellt somit mehr die Ausnahme als die Regel dar, vgl. hierzu auch *Feldgen* ZAR 2006, 168 (174).
[32] Aufgrund des § 42 II Nr. 3 AufenthG idF der Bekanntmachung v. 25.2.2008 (BGBl. I S. 162) iVm § 61 II AsylG, der zuletzt durch Art. 1 Nr. 20 des Ges. v. 20.10.2015 (BGBl. I S. 1722) geändert worden war, verordnet das BMAS die Aussetzung der Vorrangprüfung.
[33] Dazu → Rn. 30 ff.

29 **d) Abweichende Regelungen.** Darüber hinaus sah die BeschV in einer Reihe von Fällen vor, dass auf die Prüfung vollständig verzichtet bzw. dass eine Zustimmung unter Verzicht auf die Vorrangprüfung erteilt werden könne.[34]

2. Neuregelung nach dem FEG 2019

30 Die durch das **FEG 2019** neu geregelten Abs. 2 und 3 sehen nunmehr keine Arbeitsmarktprüfung mehr vor. Die Vorrangprüfung ist für Fachkräfte im Grundsatz abgeschafft worden, könnte aber wieder eingeführt werden. Im Übrigen findet sie nur noch dann Anwendung, wenn dies ausdrücklich in der BeschV oder im AufenthG vorgesehen ist. An der Prüfung der Arbeitsbedingungen wird sowohl iRd Abs. 2 als auch des Abs. 3 festgehalten.

31 **a) Fachkräfte.** Abs. 2 regelt die Voraussetzungen der Zustimmung zur Ausübung einer Beschäftigung durch eine Fachkraft gemäß § 18a oder 18b. Danach wird verlangt, dass die Fachkraft nicht zu ungünstigeren Arbeitsbedingungen als vergleichbare inländische Arbeitnehmer beschäftigt wird, dass gem. §§ 18a oder 18b I eine Beschäftigung als Fachkraft ausgeübt wird, zu der ihre Qualifikation sie befähigt oder gem. § 18b II 2 eine ihrer Qualifikation angemessene Beschäftigung ausgeübt wird, dass ein inländisches Beschäftigungsverhältnis vorliegt und dass, sofern die BeschV solche vorsieht, nähere Voraussetzungen in Bezug auf die Ausübung der Beschäftigung vorliegen. Die Zustimmung wird ohne Vorrangprüfung erteilt, es sei denn, in der BeschV ist etwas anderes vorgesehen.

32 Durch den Vergleich mit den bei inländischen Arbeitnehmern **üblichen Arbeitsbedingungen** muss die BA Ungleichbehandlungen ausschließen. Bezugspunkt ist mit Inkrafttreten des FEG 2019 nicht mehr der deutsche, sondern der vergleichbare inländische Arbeitnehmer. Mit dieser sprachlichen Öffnung, die auch an anderer Stelle vollzogen worden ist (vgl. etwa § 41), dürfte kaum eine substanzielle Änderung einhergehen, da es schon zuvor auf übliche Bedingungen in Deutschland und nicht auf übliche Bedingungen deutscher Arbeitnehmer ankam. Bevorrechtigte Arbeitnehmer sollen nicht dadurch benachteiligt werden, dass mit den neu zugewanderten oder noch nicht lange in Deutschland lebenden ausländischen Bewerbern ungünstigere Arbeitsbedingungen vereinbart werden; diese wiederum sollen vor Ausbeutung geschützt werden. Den Vergleichsmaßstab hinsichtlich Arbeitszeit, Lohn, Lohnfortzahlung, Urlaub und Versicherungen bilden die im Inland geltenden **gesetzlichen und tarifvertraglichen Regelungen.** Bei Lohn- und Arbeitszeitgestaltung konnten und können angesichts drastisch gesunkener Tarifbindung und bei einem nichttarifgebundenen Arbeitgeber die für die jeweilige Berufsgruppe und/oder den jeweiligen Wirtschaftszweig üblichen Standards, bei großen Unternehmen auch die unternehmensinternen Standards, zum Vergleich herangezogen werden[35]. Der Vergleich muss bezogen werden auf Beschäftigungen mit den für die offene Stelle charakteristischen Anforderungen an Funktion, Ausbildung, Arbeitsleistung und Arbeitsergebnis.

33 Bezogen auf § 18a hat die BA außerdem zu prüfen, dass die konkret angestrebte qualifizierte Beschäftigung gerade in dem Bereich liegt, für den die (qualifizierte) Berufsausbildung erworben worden ist (**„zu der ihre erworbene Qualifikation sie befähigt"**). Hinsichtlich des Begriffs der qualifizierten Beschäftigung ist § 2 XIIb zu beachten, wonach eine solche vorliegt, wenn zu ihrer Ausübung Fertigkeiten, Kenntnisse und Fähigkeiten erforderlich sind, die in einem Studium oder einer qualifizierten Berufsausbildung erworben werden. Die berufliche Qualifikation muss der Beschäftigung anders als nach § 6 BeschV nicht entsprechen und anders als nach § 18b II nicht für sie angemessen sein; ausreichend ist, dass sie zu der qualifizierten Beschäftigung befähigt. Wann die Qualifikation zu der Beschäftigung befähigt, muss nach der Gesetzesbegründung im Einzelfall unter Berücksichtigung aller tatsächlichen und rechtlichen Umstände bewertet werden. Maßgeblich sei, dass die Fachkraft durch ihre Qualifikation in der Lage ist, den Beruf auszuüben. Dies könne auch der Fall sein, wenn es sich um eine Tätigkeit handelt, die nicht exakt der Qualifikation entspricht. Zudem könne dies auch bei Beschäftigungen in einer anderen Branche oder unterhalb der Qualifikation möglich sein. Allerdings sei darauf zu achten, dass der Ausländer als Fachkraft für eine qualifizierte Beschäftigung iSd § 2 XIIb eingesetzt werde; eine Tätigkeit in einer Beschäftigung, die auch ohne Qualifikation ausgeübt werden könne, sei nicht möglich.[36] Hierin liege, so die Gesetzesbegründung sinngemäß, eine Aufweichung der Anforderungen[37]. Über diese Regelung soll dennoch gesichert werden, dass die Fachkraft mit Berufsausbildung auch tatsächlich als Fachkraft eingesetzt wird.

34 Hinsichtlich des § 18b I hat die BA ebenfalls zu prüfen, dass die konkret angestrebte qualifizierte Beschäftigung gerade in dem Bereich liegt, für den die akademische Ausbildung erworben worden ist (**„zu der ihre erworbene Qualifikation sie befähigt"**). Hinsichtlich des Begriffs der qualifizierten Beschäftigung ist § 2 XIIb zu beachten, wonach eine solche vorliegt, wenn zu ihrer Ausübung Fertigkeiten, Kenntnisse und Fähigkeiten erforderlich sind, die in einem Studium oder einer qualifi-

---

[34] → 12. Aufl., AufenthG § 39 Rn. 28–35.
[35] Auf Probleme bei der Bestimmung des zu vergleichenden Lohnes im Allgemeinen und bei Entsendesachverhalten im Besonderen weist *Offer* ZAR 2019, 147 hin.
[36] Vgl. BT-Drs. 19/8285, 108.
[37] Vgl. BT-Drs. 19/8285, 98.

Zustimmung zur Beschäftigung § 39 AufenthG 1

zierten Berufsausbildung erworben worden sind. Die Qualifikation muss der Beschäftigung anders als nach § 6 BeschV nicht entsprechen und anders als nach § 18b II nicht für sie angemessen sein; ausreichend ist vielmehr, dass sie zu der qualifizierten Beschäftigung befähigt. Wann die Qualifikation zu der Beschäftigung befähigt, muss nach der Gesetzesbegründung im Einzelfall unter Berücksichtigung aller tatsächlichen und rechtlichen Umstände bewertet werden. Maßgeblich sei, dass die Fachkraft durch ihre Qualifikation in der Lage ist, den Beruf auszuüben. Dies könne auch der Fall sein, wenn es sich um eine Tätigkeit handelt, die nicht exakt der Qualifikation entspricht. Zudem könne dies auch bei Beschäftigungen in einer anderen Branche oder unterhalb der Qualifikation möglich sein. Allerdings sei darauf zu achten, dass der Ausländer als Fachkraft für eine qualifizierte Beschäftigung iSd § 2 XIIb eingesetzt werde; eine Tätigkeit in einer Beschäftigung, die auch ohne Qualifikation ausgeübt werden könne, ist nicht möglich[38]. Dies meint, dass bei Vorliegen der Voraussetzungen des § 18 die Beschäftigung nicht nur in Berufen ausgeübt wird, die einen Hochschulabschluss voraussetzen, sondern auch in Berufen, die im bestehenden fachlichen Kontext üblicherweise Fertigkeiten, Kenntnisse und Fähigkeiten voraussetzen, die in der Regel in einer qualifizierten Berufsausbildung erworben werden[39]. Damit wird, so meint der Gesetzgeber, Fachkräften der Berufseinstieg auch unterhalb ihrer Qualifikation ermöglicht, was nichts an dem grundsätzlichen Ziel ändere, dass akademische Fachkräfte langfristig einen der Qualifikation angemessenen Arbeitsplatz hätten[40].

Bezogen auf § 18b II muss die BA prüfen, dass **eine der Qualifikation angemessene Beschäf-** 35 **tigung angestrebt wird.** Anders als hinsichtlich § 18a und § 18 I reicht eine qualifizierte Beschäftigung, zu der die erworbene Qualifikation befähigt, also nicht aus. Hiermit werden die Beschäftigungsmöglichkeiten eingeschränkt. Als der beruflichen Qualifikation angemessene Beschäftigung sind allerdings auch solche Tätigkeiten zu verstehen, die üblicherweise einen akademischen Abschluss voraussetzen und bei denen die mit der Hochschulabschlussausbildung erworbenen Kenntnisse zumindest teilweise oder mittelbar benötigt werden[41].

Die Zustimmung setzt des Weiteren ein inländisches Beschäftigungsverhältnis voraus. Ein solches 36 liege, so die Gesetzesbegründung, nicht bei Entsendungen vor[42].

Schließlich müssen die näheren Voraussetzungen in Bezug auf die Ausübung einer Beschäftigung 37 vorliegen, soweit die BeschV solche vorsieht. Die BeschV könnte auf Grundlage von § 42 I Nr. 3 entsprechende Voraussetzungen vorsehen. Derzeit ist dies nicht der Fall[43].

Die Zustimmung wird ohne Vorausprüfung erteilt. § 39 II 2 belässt die Möglichkeit der Wieder- 38 einführung. Nach der Gesetzesbegründung soll dies ermöglichen, zB konjunkturellen Entwicklungen oder solchen auf dem Arbeitsmarkt zu begegnen[44].

b) Zustimmung unabhängig von der Qualifikation als Fachkraft. Nach Abs. 3 kann die BA 39 der Ausübung einer Beschäftigung unabhängig von einer Qualifikation als Fachkraft zustimmen, wenn der Ausländer nicht zu ungünstigeren Arbeitsbedingungen als vergleichbare inländische Arbeitnehmer beschäftigt wird, in den §§ 19, 19b, 19c III oder § 19d I Nr. 1 oder durch die BeschV geregelten Voraussetzungen für die Zustimmung in Bezug auf die Ausübung der Beschäftigung vorliegen und für die Beschäftigung deutscher Arbeitnehmer sowie von Ausländern, die diesen hinsichtlich der Arbeitsaufnahme rechtlich gleichgestellt sind, oder anderen Ausländern, die nach dem Recht der Europäischen Union einen Anspruch auf vorrangigen Zugang zum Arbeitsmarkt haben, nicht zur Verfügung stehen **(Vorrangprüfung)**, soweit diese Prüfung durch die BeschV oder Gesetz vorgesehen ist.

Durch den Vergleich mit den bei inländischen Arbeitnehmern **üblichen Arbeitsbedingungen** 40 muss die BA Ungleichbehandlungen ausschließen. Bezugspunkt ist nach Inkrafttreten des **FEG 2019** nicht mehr der deutsche, sondern der vergleichbare inländische Arbeitnehmer. Mit dieser sprachlichen Öffnung, die auch an anderer Stelle vollzogen worden ist (vgl. etwa § 41), dürfte kaum eine substanzielle Änderung einhergehen, da es schon zuvor auf übliche Bedingungen in Deutschland und nicht auf übliche Bedingungen deutscher Arbeitnehmer ankam. Bevorrechtigte Arbeitnehmer sollen nicht dadurch benachteiligt werden, dass mit dem neu zugewanderten oder noch nicht lange in Deutschland lebenden ausländischen Bewerbern ungünstigere Arbeitsbedingungen vereinbart werden; diese wiederum sollen vor Ausbeutung geschützt werden. Den Vergleichsmaßstab hinsichtlich Arbeitszeit, Lohn, Lohnfortzahlung, Urlaub und Versicherungen bilden die im Inland geltenden **gesetzlichen und tarifvertraglichen Regelungen.** Bei Lohn- und Arbeitszeitgestaltung konnten und können angesichts drastisch gesunkener Tarifbindung und bei einem nicht tarifgebundenen Arbeitgeber die für die jeweilige Berufsgruppe und/oder den jeweiligen Wirtschaftszweig üblichen Standards, bei großen Unternehmen auch die unternehmensinternen Standards zum Vergleich heran-

---

[38] Vgl. BT-Drs. 19/8285, 108.
[39] Vgl. BT-Drs. 19/8285, 98.
[40] BT-Drs. 19/8285, 98.
[41] So BT-Drs. 19/8285, 99 mit dem Bsp., dass ein Arzt in einem Pharmaunternehmen eingesetzt wird.
[42] BT-Drs. 19/8285, 108.
[43] BT-Drs. 19/8285, 108.
[44] BT-Drs. 19/8285, 108.

gezogen werden⁴⁵. Der Vergleich muss bezogen werden auf Beschäftigungen mit den für die offene Stelle charakteristischen Anforderungen an Funktion, Ausbildung, Arbeitsleistung und Arbeitsergebnis.

41 Der BA wird zudem die verbindliche Prüfung der in den in Nr. 2 genannten Bestimmungen oder in der BeschV geregelten Voraussetzungen für die Zustimmung in Bezug auf die Ausübung der Beschäftigung überantwortet. Die Gesetzesbegründung zählt hierzu bspw. bei § 19d das Kriterium der qualifikationsentsprechenden Beschäftigung⁴⁶. Bei Anwendung der Vorschrift könnten sich Probleme hinsichtlich der Abgrenzung des Prüfungsumfangs insoweit ergeben, als den genannten Bestimmungen und der BeschV nicht ohne Weiteres zu entnehmen ist, welche Voraussetzungen für die Zustimmung in Bezug auf die Ausübung der Beschäftigung gelten – und welche gewissermaßen allgemein für die Erteilung des Aufenthaltstitels. Insoweit spricht insbesondere bei Aufenthaltstiteln zum Zwecke der Erwerbstätigkeit vieles dafür, alle Voraussetzungen des Titels als solche zu verstehen, die für die Zustimmung in Bezug auf die Ausübung der Beschäftigung gelten.

42 Schließlich bedarf es der Durchführung einer **Vorrangprüfung**, wenn dies in der BeschV oder durch Gesetz vorgesehen ist. Dies ist nach Inkrafttreten des **FEG 2019** an zahlreichen Stellen ausdrücklich der Fall: § 38a III (Zustimmung für Erteilung einer Aufenthaltserlaubnis für in anderen Mitgliedstaaten der Europäischen Union langfristig Aufenthaltsberechtigte), § 8 I BeschV (Zustimmung für die Erteilung eines Aufenthaltstitels nach § 16a I AufenthG), § 11 II 1 BeschV (Zustimmung für Spezialitätenköchinnen und -köche für die Ausübung einer Vollzeitbeschäftigung in Spezialitätenrestaurants); § 15a I 1 Nr. 1 und Nr. 2 (Zustimmung zu saisonabhängiger Beschäftigung); § 15b (Zustimmung für Schaustellergehilfen); § 15c 1 (Zustimmung zur Beschäftigung als Haushaltshilfen); § 25 BeschV (Zustimmung zu künstlerischer oder artistischer Beschäftigung); § 26 I und II BeschV (Zustimmung zur Beschäftigung bestimmter Staatsangehöriger, nämlich solcher aus Andorra, Australien, Israel, Japan, Kanada, der Republik Korea, von Monaco, Neuseeland, San Marino sowie den Vereinigten Staaten von Amerika, außerdem von Albanien, Bosnien und Herzegowina, Kosovo, Mazedonien, Montenegro und Serbien); §§ 27, 28, und 29 IV (Grenzgängerbeschäftigung, deutsche Volkszugehörige, Weltausstellung); § 32 I (Personen mit Duldung oder Aufenthaltsgestattung).

43 In der Sache hat sich an der in diesen Fällen durchzuführenden Vorrangprüfung gegenüber der Prüfung nach § 39 II Nr. 1b) aF nichts geändert. Mit der **Vorrangprüfung** wird dem Erfordernis der Bekämpfung der Arbeitslosigkeit und gleichzeitig den Interessen der zur Vermittlung zur Verfügung stehenden Bevorrechtigten Rechnung getragen. Das sind Deutsche sowie Ausländer mit Aufenthaltstiteln⁴⁷, jedenfalls aber auch Staatsangehörige der der EU beigetretenen Staaten mit Wohnsitz in Deutschland⁴⁸. Hinzu kommen ua Schweizer nach dem Freizügigkeitsabkommen EU-Schweiz oder im Inland lebende oder neu einreisende türkische Arbeitnehmer⁴⁹.

44 Es bedarf der Ermittlung des bevorrechtigten Personenkreises über eine gewisse Zeitspanne⁵⁰. Bei einem deutlichen Überhang von geeigneten Arbeitslosen im Verhältnis zu offenen Stellen kann generell davon ausgegangen werden, dass Bevorrechtigte zur Verfügung stehen. Ist dies nicht der Fall, prüft die BA konkret, welche Arbeitslosen für eine Stellenbesetzung tatsächlich in Betracht kommen⁵¹. Zu berücksichtigen sind auch solche Bevorrechtigte, die nur mit Fördermaßnahmen der BA (zB einem Eingliederungszuschuss) vermittelt werden können. Dem Arbeitgeber unzumutbar hingegen ist die Vermittlung von Personen, deren Einstellung zunächst einer langwierigen Qualifizierungsmaßnahme bedarf oder denen die Teilnahme an einer Maßnahme noch nicht bewilligt worden ist, da in diesem Fall die offene Stelle über einen langen Zeitraum – mit offenem Ergebnis – nicht möglich ist⁵². Hat der Arbeitgeber ein berechtigtes Interesse an der Einstellung eines Beschäftigten mit bestimmten (Zusatz-) Kompetenzen, über die nur der ausländische Bewerber verfügt (zB verhandlungssichere Fremdsprachenkenntnisse in einem Unternehmen mit Auslandsaktivitäten), darf die BA die Zustimmung nicht unter Hinweis auf das Vorhandensein Bevorrechtigter ohne diese Kompetenzen verweigern⁵³.

45 Durch das FEG 2019 ist die Möglichkeit geändert worden, die **Vorrangprüfung** durch eine Feststellung der BA nach Abs. 2 S. 1 Nr. 2 für einzelne Berufsgruppen oder Wirtschaftszweige (sog. **Gruppenzulassung**), in denen eine ausreichende Zahl offener Stellen zu verzeichnen war, allgemein

---

⁴⁵ Auf Probleme bei der Bestimmung des zu vergleichenden Lohnes im Allg. und bei Entsendesachverhalten im Besonderen weist *Offer* ZAR 2019, 147 hin.
⁴⁶ BT-Drs. 19/8285, 108.
⁴⁷ Hierunter fallen zB auch arbeitslose Ausländer mit einer Arbeitsberechtigung, einer Niederlassungserlaubnis oder einer Aufenthaltserlaubnis, die eine Arbeitsaufnahme erlaubt.
⁴⁸ Daueraufenthaltsberechtigte nach der RL 2003/109/EG sind nicht vorrangig bei der Arbeitsmarktprüfung zu berücksichtigen, vgl. BayVGH Beschl. v. 7.1.2013 – 10 C 12.2399, BeckRS 2013, 46114.
⁴⁹ Vgl. hierzu umfassend *Breidenbach* in BeckOK AuslR AufenthG § 39 Rn. 7 ff.
⁵⁰ In der Vergangenheit hat sich eine Zeitspanne von ca. vier Wochen durchgesetzt.
⁵¹ So auch *Stiegeler* in HK-AuslR AufenthG § 39 Rn. 14 f.
⁵² So auch *Stiegeler* in HK-AuslR AufenthG § 39 Rn. 33 f.
⁵³ Seit Inkrafttreten des AufenthG hat die Zahl der versagten Zustimmungen stark zugenommen. Die Zustimmung nach einer Vorrangprüfung stellt somit mehr die Ausnahme als die Regel dar, vgl. hierzu auch *Feldgen* ZAR 2006, 168 (174).

vorzunehmen und damit das Zustimmungsverfahren zu vereinfachen und zu beschleunigen. Diese sog. Globalzustimmungen sind nach der neuen Rechtslage nicht mehr vorgesehen.

Gem. § 37 BeschV kann die Zustimmung im Einzelfall auch **ohne Vorrangprüfung** erteilt werden, wenn die Versagung der Zustimmung unter Berücksichtigung der besonderen Verhältnisse des Einzelfalls eine **besondere Härte** bedeuten würde. Der Zweck der Härtefallklausel besteht darin, aus besonderen sozialen Gründen eine Beschäftigung zu ermöglichen, obwohl dies dem Vorrang der Deutschen und der ihnen gleichgestellten ausländischen Arbeitnehmern widerspricht[54]. Dementsprechend können die für ausländische Arbeitnehmer allgemein gültigen Verhältnisse einen Härtefall nicht begründen und besondere Verhältnisse nur, wenn sie ein stärkeres Gewicht haben als bevorrechtigte Arbeitnehmer. Härten, die aufgrund von Umständen bestehen, wie sie bei einer Vielzahl von ausländischen Arbeitnehmern auftreten können, begründen keine besondere Härte[55]. Notwendig ist vielmehr eine besondere Härte infolge Versagung der Zustimmung aufgrund besonderer persönlicher Verhältnisse, gemessen am Vorrang Bevorrechtigter und den übrigen Tatbeständen[56]. Bei Abwägung sind die Grundrechte und die in ihnen zum Ausdruck gelangte Wertordnung besonders zu beachten[57]. Als nicht ausreichend für die Anerkennung als Härtefall wurde nach der Rspr. zum AEVO und ArgV angesehen: langjähriger Aufenthalt im Bundesgebiet[58]; Verlust des Arbeitsplatzes[59]; schlechte wirtschaftliche Verhältnisse im Heimatstaat[60]; Belastung; Abwesenheit infolge Ausweisung und darauf beruhende Nichterfüllung der Mindestaufenthaltsdauer[61]. Als ausreichend wurde dagegen angesehen: Unterhaltspflichten für mehrere kleine Kinder im Bundesgebiet[62]; Minderung der Erwerbsfähigkeit, auch wenn vorübergehend und nicht auf Arbeitsunfall im Bundesgebiet beruhend[63]; kurze Unterbrechung der Rechtmäßigkeit der Beschäftigung infolge Arbeitgeberverschuldens[64]; Verwirklichung der Familieneinheit im Einzelfall infolge Verwurzelung und Integration im Bundesgebiet[65]. 46

V. Beschränkung der Zustimmung

Die Rechtslage vor Inkrafttreten des FEG 2019 sah in § 39 IV vor, dass die BA die Zustimmung je nach dem bei Arbeitsmarkt- und Vorrangprüfung gefundenen Ergebnis gegenständlich, räumlich und zeitlich **beschränken konnte:** hinsichtlich der beruflichen Tätigkeit und des Arbeitgebers sowie der Lage und Verteilung der Arbeitszeit und va auch auf BA-Bezirke und eine bestimmte Dauer. Die Beschränkung auf eine berufliche Tätigkeit und einen bestimmten Arbeitgeber ist die Regel; eine Beschränkung von Lage und Dauer der Arbeitszeit kommt in Betracht, wenn zB ausschließlich eine ungünstige Arbeitszeit der Grund dafür ist, dass ansonsten vorhandene Bevorrechtigte für eine konkrete Stelle nicht zur Verfügung stehen[66]. Nach Inkrafttreten des FEG 2019 wird diese Möglichkeit an dieser Stelle nicht mehr ausdrücklich vorgesehen. Stattdessen findet sich eine vergleichbare Regelung nunmehr in § 4a II 2. Schließlich regeln §§ 34 f. BeschV weiterhin weitere Einzelheiten zur Möglichkeit der Beschränkung. 47

VI. Pflichten des Arbeitgebers

Bereits vor Inkrafttreten des **FEG 2019** sah § 39 II 3 vor, dass der Arbeitgeber, bei dem ein Ausländer beschäftigt werden soll oder beschäftigt ist, der dafür eine Zustimmung benötigt oder erhalten hat, der BA Auskunft über Arbeitsentgelt, Arbeitszeiten und sonstige Arbeitsbedingungen zu erteilen hat. Diese **Auskunftspflicht** ist jetzt eigenständig in **Abs. 4** geregelt und auf zustimmungsfreie Beschäftigungen erstreckt worden. Von der Auskunftspflicht umfasst ist nach der Gesetzesbegründung auch die Offenlegung detaillierter Informationen über die auszuübenden Tätigkeiten. Denn nur so kann die BA prüfen, ob die Fachkraft zur Ausübung der Beschäftigung befähigt ist[67]. Sie ist außerdem dahin gehend verschärft worden, dass auf Aufforderung der BA eine Auskunft innerhalb eines Monats zu erteilen ist. Sanktionsmöglichkeiten bei Verletzung der Pflicht ergeben sich aus § 404 SGB III. 48

---

[54] Vgl. VG Köln Beschl. v. 17.6.2014 – 12 L 586/14, BeckRS 2014, 56316 mwN.
[55] BSG Urt. v. 11.2.1988 – 7 RAr 72/86, BeckRS 1980, 44367 Rn. 26 mwN.
[56] BSG Urt. v. 23.6.1982 – 7 RAr 106/81, BeckRS 1982, 4181 Rn. 32.
[57] Vgl. VG Köln Beschl. v. 17.6.2014 – 12 L 586/14, BeckRS 2014, 56316.
[58] BSG Urt. v. 23.6.1982 – 7 RAr 106/81, BeckRS 1982, 4181 Rn. 33; Urt. v. 11.2.1988 – 7 RAr 72/86, BeckRS 1980, 44367 Rn. 26.
[59] BSG Urt. v. 17.7.1980 – 7 RAr 20/79.
[60] BSG Urt. v. 8.10.1981 – 7 RAr 23/80, BeckRS 1981, 05429 Rn. 31.
[61] BSG Urt. v. 23.6.1982 – 7 RAr 106/81, BeckRS 1982, 4181 Rn. 33.
[62] BSG Urt. v. 21.3.1978 – 7 RAr 48/76, BeckRS 1978, 572 Rn. 30.
[63] BSG Urt. v. 8.10.1981 – 7 RAr 23/80, BeckRS 1981, 05429; Urt. v. 19.6.1979 – 7 RAr 49/78, BeckRS 1979, 00738 Rn. 20 f.
[64] BSG Urt. v. 27.1.1977 – 12 RAr 83/76, NJW 1978, 1125.
[65] BSG Urt. v. 23.6.1982 – 7 RAr 106/81, BeckRS 1982, 4181 Rn. 40.
[66] Vgl. § 13 DA-BeschVerfV aF, dessen Regelungsgehalt sich im Wesentlichen inhaltsgleich in § 34 BeschV findet.
[67] Vgl. BT-Drs. 19/8285, 108.

VII. Zustimmung für die Erteilung einer Arbeitserlaubnis zum Zwecke der Saisonbeschäftigung

49 In dem durch das RLUmsG neu eingefügten und durch das **FEG 2019** lediglich redaktionell geänderten Abs. 6 wird klargestellt, dass Abs. 3 für die Erteilung einer Arbeitserlaubnis zum Zweck der Saisonbeschäftigung entsprechende Anwendung findet. Im Übrigen sind die für die Zustimmung BA geltenden Rechtsvorschriften auf die Arbeitserlaubnis anzuwenden, soweit durch Gesetz oder VO nichts anderes bestimmt ist. Die BA kann für die Zustimmung zur Erteilung eines Aufenthaltstitels zum Zweck der Saisonbeschäftigung und für die Erteilung einer Arbeitserlaubnis zum Zweck der Saisonbeschäftigung am Bedarf orientierte Zulassungszahlen festlegen. Die Regelung dient der Umsetzung von Art. 12 I lit. c und Art. 7 Saisonarbeitnehmer-RL. Die Vorschrift stellt klar, dass für eine Beschäftigung als Saisonarbeitnehmer die Zustimmung der BA erforderlich ist. Sie ermächtigt die BA, am Bedarf für Saisonarbeitnehmer orientierte Zahlen festzulegen. Hat die BA eine am Bedarf orientierte Zulassungszahl festgelegt, erfolgt die Erteilung einer Arbeitserlaubnis bzw. die Zustimmung zur Erteilung eines Aufenthaltstitels zum Zweck der Saisonbeschäftigung nach § 15a VI BeschV **ohne Vorrangprüfung**.

Nach § 15a BeschV kann die BA Ausländern, die aufgrund einer Absprache der BA mit der Arbeitsverwaltung des Herkunftslandes über das Verfahren und die Auswahl zum Zweck der Saisonbeschäftigung nach der RL 2014/36/EU vermittelt worden sind, zur Ausübung einer saisonabhängigen Beschäftigung von regelmäßig mindestens 30 Stunden wöchentlich in der Land- und Forstwirtschaft, im Gartenbau, im Hotel- und Gaststättengewerbe, in der Obst- und Gemüseverarbeitung sowie in Sägewerken – je mit Vorrangprüfung – eine Arbeitserlaubnis für die Dauer von bis zu 90 Tagen je Zeitraum von 180 Tagen erteilen, wenn es sich um Staatsangehörige eines in Anhang II VO (EG) Nr. 539/2001 genannten Staates handelt, oder eine Zustimmung erteilen, wenn die Aufenthaltsdauer mehr als 90 Tage je Zeitraum von 180 Tagen beträgt oder es sich um Staatsangehörige eines in Anhang I der VO (EG) Nr. 539/2001 handelt.

Die saisonabhängige Beschäftigung eines Ausländers darf sechs Monate innerhalb eines **Zeitraums** von zwölf Monaten nicht überschreiten. Die Dauer der saisonabhängigen Beschäftigung darf den Gültigkeitszeitraum des Reisedokuments nicht überschreiten. Im Fall des § 39 Nr. 10 AufenthVO gilt die Zustimmung als erteilt, bis über sie entschieden ist. Ausländer, die in den letzten fünf Jahren mindestens einmal als Saisonbeschäftigte im Bundesgebiet tätig waren, sind im Rahmen der durch die BA festgelegten Zahl der Arbeitserlaubnisse und Zustimmungen bevorrechtigt zu berücksichtigen. Der Zeitraum für die Beschäftigung von Saisonbeschäftigten ist für einen Betrieb auf acht Monate innerhalb eines Zeitraums von zwölf Monaten begrenzt. S. 5 gilt nicht für Betriebe des Obst-, Gemüse-, Wein-, Hopfen- und Tabakanbaus.

Die Erteilung einer Arbeitserlaubnis oder der Zustimmung setzt voraus, dass der **Nachweis über ausreichenden Krankenversicherungsschutz erbracht wird**, dem Saisonbeschäftigten eine **angemessene Unterkunft** zur Verfügung steht und ein **konkretes Arbeitsplatzangebot** oder ein **gültiger Arbeitsvertrag** vorliegt, in dem insbesondere festgelegt sind: Ort und Art der Arbeit, Dauer der Beschäftigung, Vergütung, Arbeitszeit pro Woche oder Monat, Dauer des bezahlten Urlaubs, gegebenenfalls andere einschlägige Arbeitsbedingungen und, falls möglich, Zeitpunkt des Beginns der Beschäftigung.

Abs. 3 regelt die Fallgruppen, in denen die Arbeitserlaubnis oder die Zustimmung zu versagen oder zu entziehen ist. Die Arbeitserlaubnis und die Zustimmung werden ohne Vorrangprüfung erteilt, soweit die BA eine am Bedarf orientierte Zulassungszahl nach § 39 IV 3 festgelegt hat.

50 § 39 VI privilegierte zuzugswillige Beitrittsstaater gegenüber Drittstaatern insoweit, als er die Zustimmung zu **jeder qualifizierten** Beschäftigung und damit die Erteilung der Arbeitserlaubnis-EU nach § 284 III SGB III ermöglichte[68], sodass der Katalog der §§ 25 ff. BeschV nicht anwendbar war und die in den Beitrittsakten vorgeschriebene Unionspräferenz (Vorrang und va keine Schlechterstellung neuer Unionsbürger gegenüber Drittstaatern)[69] umsetzte. § 39 VI war unionsrechtskonform dahin erweitert auszulegen, dass auch der Aufnahme einer **unqualifizierten Beschäftigung** durch einen zuzugswilligen oder neu eingereisten Unionsbürger zugestimmt werden konnte.

51 Seit 1.1.2011 benötigen Staatsangehörige aus den zum 1.5.2004 beigetretenen Staaten keine Aufenthaltserlaubnis-EU mehr[70], seit 1.1.2012 sind auch Saisonarbeitnehmer aus Bulgarien und Rumänien von der Arbeitserlaubnispflicht befreit. Seit dem 1.7.2013 sind zudem kroatische Saisonarbeitskräfte für eine Beschäftigung von bis zu sechs Monaten im Kalenderjahr von der Arbeitserlaubnispflicht befreit und benötigen seit dem 1.7.2015 keine Arbeitserlaubnis mehr. Die Bundesregierung machte von der Möglichkeit, die Beschränkungen für drei Jahre und dann nochmals für zwei Jahre zu verlängern[71],

---

[68] Vgl. auch *Renner* ZAR 2005, 203.
[69] Beitrittsakten unter http://ec.europa.eu.
[70] Vgl. Dritte VO zur Änderung der ArGV v. 8.11.2010, BGBl. I S. 1536.
[71] Maximal können die Übergangsregelungen für sieben Jahre aufrechterhalten werden, wie es bei Bulgarien und Rumänien der Fall war. Im Jahr 2014 waren etwa 93.000 Kroaten in Deutschland sozialversicherungspflichtig

keinen Gebrauch. Das Bundeskabinett begründete seine Entscheidung mit der guten Integration kroatischer Staatsbürger und des Arbeitskräftemangels im verarbeitenden und im Baugewerbe sowie im Gesundheits- und Sozialwesen.

VIII. Verfahren

Das Zustimmungsverfahren bei der BA wird **von Amts wegen** von der Auslandsvertretung oder der Ausländerbehörde in Gang gesetzt. Anträge auf Zulassung einer Beschäftigung sind an die Ausländerbehörde zu richten. Diese leitet die nötigen Unterlagen an die zuständige BA[72]. **Örtlich zuständig** ist die BA, in deren Bezirk die Beschäftigung ausgeübt werden soll. **Intern** sind für einige Branchen und Beschäftigungsarten besondere Zuständigkeiten bestimmt[73]. 52

Die Zustimmung der BA setzt wie der Aufenthaltstitel (§ 18 II Nr. 1) ein **konkretes Arbeitsplatzangebot** voraus. Die vorgeschriebenen bundesweiten und zum Teil regionalen Prüfungen beziehen sich dagegen auf die Verhältnisse in dem jeweiligen Wirtschaftszweig oder Berufsfeld. 53

Grundsätzlich ist die Zustimmung zur Beschäftigung an einen **bestimmten Aufenthaltstitel** gebunden (§ 35 I, II BeschV). Nicht zulässig ist demnach eine allgemeine Zustimmung zu einem Aufenthaltstitel, dessen Art und Rechtsnatur noch nicht bestimmt ist. Im Rahmen der Anfrage hat die Ausländerbehörde zugleich klarzustellen, für welche Art von Aufenthaltstiteln die Zustimmung erteilt werden soll[74]. Um unnötigen Aufwand und ständige Erneuerungen des Aufenthaltstitels zu vermeiden, gilt die Zustimmung aber innerhalb der zeitlichen Geltungsdauer für jeden weiteren Aufenthaltstitel fort (§ 35 II BeschV). Dabei ist es gleichgültig, ob der Titel unmittelbar verlängert wird oder in einen anderen übergeht oder ob ein neuer (gleicher oder anderer) Titel erteilt wird. Dies gilt auch für Zustimmungen zur Beschäftigung auf der Grundlage einer Aufenthaltsgestattung oder einer Duldung (§ 35 III BeschV). Ausgenommen waren früher nur Aufenthaltstitel aufgrund §§ 22–26, soweit mit die Änderung des Aufenthaltszwecks (Aufenthaltserlaubnis nach § 18 aF) ging (§ 14 II 2 BeschVerfV aF). Mit dem Entfallen der Zustimmungspflicht für die Erteilung der Beschäftigungserlaubnis in diesen Fällen (§ 31 BeschV) ist diese Regelung zwischenzeitlich hinfällig geworden[75]. 54

Wenn die Zustimmung zu einem **bestimmten Beschäftigungsverhältnis** erteilt wurde, endet sie nach § 35 IV mit dessen Beendigung. Dies gilt seit Inkrafttreten des FEG 2019 gem. dem neu angefügten S. 2 nicht, wenn sich der Arbeitgeber aufgrund eines Betriebsübergangs nach § 613a BGB ändert oder aufgrund eines Formwechsels eine andere Rechtsform erhält. 55

§ 36 BeschV begründet eine Zustimmungsfiktion für den Fall, dass die BA der zuständigen Stelle nicht innerhalb von zwei Wochen nach Übermittlung der Zustimmungsanfrage mitteilt, dass die übermittelten Informationen für die Entscheidung über die Zustimmung nicht ausreichen oder dass der Arbeitgeber die erforderlichen Auskünfte nicht oder nicht rechtzeitig erteilt hat. Das FEG 2019 hat die Vorschrift um eine dahin gehende Regelung ergänzt, dass sich die Frist im Fall des § 81a AufenthG auf eine Woche verkürzt. 56

Unzulässig ist eine Beschäftigung aufgrund unerlaubter Arbeitsvermittlung oder Anwerbung. Grundsätzlich **ausgeschlossen** („ist zu versagen", § 40 I) ist auch die Zulassung als Leiharbeitnehmer. Eine Arbeitsmarktprüfung kann hier nicht durchgeführt werden, da bei Leiharbeitern nicht feststeht, für welche Tätigkeit der Beschäftigte ausgeliehen werden soll. Die Zustimmung **kann** ua bei bestimmten schuldhaften Verstößen des Ausländers (§ 40 II Nr. 1) oder dessen potenziellen Arbeitgebers (§ 40 II Nr. 3) gegen das SGB III, das SchwarzArbG oder AÜG versagt werden. 57

Rechtsschutz gegen die Versagung der Zustimmung ist ausschließlich in Form einer gerichtlichen Überprüfung der ausländerbehördlichen Entscheidung möglich. Die Zustimmung der BA zur Erteilung eines Aufenthaltstitels gegenüber der zuständigen Ausländerbehörde stellt ein Verwaltungsinternum dar. Der Zustimmung fehlt es an einer Regelungswirkung im Außenverhältnis (§ 35 S. 1 VwVfG).[76] Gleichwohl ist die BA nach verweigerter Zustimmung im Rechtsstreit über die Rechtmäßigkeit der ausländerbehördlichen Entscheidung gemäß § 65 II VwGO grundsätzlich zum Verfahren notwendig beizuladen. Denn ihr obliegt die Entscheidungskompetenz über den Arbeitsmarktzugang[77]. Aus der verwaltungsinternen Zustimmung der BA kann der Besitzer einer befristeten Aufenthaltserlaubnis keine weitergehenden Rechte als sein Aufenthaltstitel in Bezug auf seinen Aufenthalt herleiten[78]. 58

---

beschäftigt. Die Bundesregierung rechnet mit der Arbeitsmarktöffnung ab Juli damit, dass jährlich etwa 10.000 weitere kroatische Arbeitskräfte nach Deutschland kommen.
[72] Vgl. *Hailbronner* AuslR AufenthG § 39 A1 Rn. 5.
[73] Vgl. Nr. 39.1.1. AVwV und Durchführungsanweisungen der BA – insbes. DA-BeschV v. August 2013; umfassend hierzu *Hailbronner* AuslR AufenthG § 39 A1 Rn. 6.
[74] Vgl. *Hailbronner* AuslR AufenthG § 39 A1 Rn. 8.
[75] S. hierzu auch *Hailbronner* AuslR AufenthG § 39 A1 Rn. 9.
[76] Vgl. BVerwG, Urt. v. 19.11.2019 – 1 C 41.18, BVerwGE 167, 98 mwN.
[77] Vgl. hierzu auch *Dippe* in Huber/Mantel AufenthG § 39 Rn. 6.
[78] Vgl. BVerwG Urt. v. 8.12.2009 – 1 C 14.08, BVerwGE 135, 325.

§ 40 Versagungsgründe

(1) Die Zustimmung nach § 39 ist zu versagen, wenn

1. das Arbeitsverhältnis auf Grund einer unerlaubten Arbeitsvermittlung oder Anwerbung zustande gekommen ist oder
2. der Ausländer als Leiharbeitnehmer (§ 1 Abs. 1 des Arbeitnehmerüberlassungsgesetzes) tätig werden will.

(2) Die Zustimmung kann versagt werden, wenn

1. der Ausländer gegen § 404 Abs. 1 oder 2 Nr. 2 bis 13 des Dritten Buches Sozialgesetzbuch, §§ 10, 10a oder § 11 des Schwarzarbeitsbekämpfungsgesetzes oder gegen die §§ 15, 15a oder § 16 Abs. 1 Nr. 2 des Arbeitnehmerüberlassungsgesetzes schuldhaft verstoßen hat,
2. wichtige Gründe in der Person des Ausländers vorliegen oder
3. die Beschäftigung bei einem Arbeitgeber erfolgen soll, der oder dessen nach Satzung oder Gesetz Vertretungsberechtigter innerhalb der letzten fünf Jahre wegen eines Verstoßes gegen § 404 Absatz 1 oder Absatz 2 Nummer 3 des Dritten Buches Sozialgesetzbuch rechtskräftig mit einer Geldbuße belegt oder wegen eines Verstoßes gegen die §§ 10, 10a oder 11 des Schwarzarbeitsbekämpfungsgesetzes oder gegen die §§ 15, 15a oder 16 Absatz 1 Nummer 2 des Arbeitnehmerüberlassungsgesetzes rechtskräftig zu einer Geld- oder Freiheitsstrafe verurteilt worden ist; dies gilt bei einem unternehmensinternen Transfer gemäß § 19 oder § 19b entsprechend für die aufnehmende Niederlassung.

(3) Die Zustimmung kann darüber hinaus versagt werden, wenn

1. der Arbeitgeber oder die aufnehmende Niederlassung seinen oder ihren sozialversicherungsrechtlichen, steuerrechtlichen oder arbeitsrechtlichen Pflichten nicht nachgekommen ist,
2. über das Vermögen des Arbeitgebers oder über das Vermögen der aufnehmenden Niederlassung ein Insolvenzverfahren eröffnet wurde, das auf Auflösung des Arbeitgebers oder der Niederlassung und Abwicklung des Geschäftsbetriebs gerichtet ist,
3. der Arbeitgeber oder die aufnehmende Niederlassung im Rahmen der Durchführung eines Insolvenzverfahrens aufgelöst wurde und der Geschäftsbetrieb abgewickelt wurde,
4. die Eröffnung eines Insolvenzverfahrens über das Vermögen des Arbeitgebers oder über das Vermögen der aufnehmenden Niederlassung mangels Masse abgelehnt wurde und der Geschäftsbetrieb eingestellt wurde,
5. der Arbeitgeber oder die aufnehmende Niederlassung keine Geschäftstätigkeit ausübt,
6. durch die Präsenz des Ausländers eine Einflussnahme auf arbeitsrechtliche oder betriebliche Auseinandersetzungen oder Verhandlungen bezweckt oder bewirkt wird oder
7. der Arbeitgeber oder die aufnehmende Niederlassung hauptsächlich zu dem Zweck gegründet wurde, die Einreise und den Aufenthalt von Ausländern zum Zweck der Beschäftigung zu erleichtern; das Gleiche gilt, wenn das Arbeitsverhältnis hauptsächlich zu diesem Zweck begründet wurde.

Allgemeine Verwaltungsvorschrift
40 Zu § 40 – Versagungsgründe

40.1 Die Vorschrift regelt, in welchen Fällen die Zustimmung zur Beschäftigung nach § 39 zu versagen ist (Absatz 1) oder versagt werden kann (Absatz 2). Die Zuständigkeit für die Versagung der Zustimmung zur Beschäftigung liegt ausschließlich bei der Bundesagentur für Arbeit. Die Versagungsgründe werden im Rahmen der Erteilung der Zustimmung nach § 39 Absatz 2 geprüft. Die Versagung der Erlaubnis zur Beschäftigung im Rahmen von § 11 BeschVerfV fällt nicht unter den Regelungsbereich des § 40.

40.2 Versagt die Arbeitsverwaltung bei Ausländern, die einen Aufenthaltstitel nach den Abschnitten 5, 6 oder 7 haben, die erforderliche Zustimmung, ist in der Aufenthaltserlaubnis die Auflage
„*Erwerbstätigkeit nicht gestattet*"
zu verfügen.

40.3 Zur Versagung der Zustimmung siehe im Übrigen Nummer 18.2.9.1 ff.

I. Entstehungsgeschichte

1   Die Vorschrift stimmte ursprünglich mit dem **Gesetzesentwurf** zum ZuwG[1] überein und entspricht – dem am 30.6.2015 außer Kraft getretenen[2] – § 6 I und II Nr. 1 und 3 ArGV[3]. Die Bezugnahmen in Abs. 2 Nr. 1 wurden mit Wirkung vom 18.3.2005 aktualisiert[4]. Die Ergänzung des Abs. 2 Nr. 1 um § 10a SchwarzArbG wurde mit den 2. RLUmsG 2011[5] eingeführt. Abs. 2 Nr. 3

---

[1] BT-Drs. 15/420, 17.
[2] Art. 9 des Ges. v. 21.12.2015, BGBl. I S. 2557.
[3] ArGV v. 17.9.1998, BGBl. I S. 2899, für die Auslegung der Vorschrift kann im Wesentlichen auf die Rspr. zu § 6 ArGV, zuletzt in der Fassung des 2. RLUmsG 2011 vom 22.11.2011, BGBl. I S. 2258, zurückgegriffen werden.
[4] Art. 1 Nr. 7 1. ÄndG v. 14.3.2005, BGBl. I S. 721.
[5] Ges. zur Umsetzung aufenthaltsrechtlicher RL der EU und zur Anpassung nationaler Rechtsvorschriften an den EU-Visakodex v. 22.11.2012, BGBl. I S. 2258.

Versagungsgründe **§ 40 AufenthG 1**

wurde mit dem HQRLUmsG 2012[6] angefügt. Durch das RLUmsG werden die in Abs. 1 aufgezählten Versagungsgründe in Abs. 2 Nr. 3 erweitert um den unternehmensinternen Transfer gem. § 19b oder § 19d. In Abs. 3 werden Versagungsgründe für die Zustimmung zur Erteilung einer ICT-Karte nach § 19b oder einer Mobiler-ICT-Karte nach § 19d aufgezählt[7]. Durch das **FEG 2019**[8] wurde Abs. 2 Nr. 3 redaktionell angepasst, außerdem wurde der Anwendungsbereich von Abs. 3 ausgeweitet, sprachliche Änderungen vorgenommen und der Versagungsgrund Nr. 7 ergänzt.

II. Versagung der Zustimmung

Die Zustimmung der BA nach § 39 darf nicht für Arbeitsverhältnisse erteilt werden, die aufgrund einer **unerlaubten Vermittlung**[9] **oder Anwerbung (Nr. 1)** zustande gekommen sind. Die Vorschrift kann von vornherein grundsätzlich nur unter der Voraussetzung Anwendung finden, dass ein Fall der Zustimmungspflichtigkeit gegeben ist. Sie ist darüber hinaus deshalb nur noch von eingeschränkter Bedeutung, weil die ausschließliche Befugnis der BA zur Vermittlung und Anwerbung von internationalen Arbeitskräften, gegen die zu verstoßen eine unerlaubte Vermittlung oder Anwerbung iSv Nr. 1 begründet, bereits im März 2002 (vgl. § 292 SGB III aF) weitgehend aufgehoben wurde.[10] Allerdings hat das BMAS aufgrund der Ermächtigung in § 292 SGB III nF die Arbeitsvermittlung von Ausländern aus den in der Anlage zur BeschV genannten Staaten, in denen kein Mangel an Gesundheitsfachkräften herrscht[11], nur noch für eine Beschäftigung in Gesundheits- und Pflegeberufen (§ 38 BeschV), wozu auch Ausbildungen gehören sollen[12], der BA vorbehalten. Bei der Vermittlung von Haushaltshilfen in Haushalte mit Pflegebedürftigen (§ 15c) und von Saisonbeschäftigten (§ 15a) setzt die BeschV eine Verwaltungsvereinbarung zwischen BA und Arbeitsverwaltung des Herkunftslandes voraus. In diesem Rahmen kommt Nr. 1 noch eine Bedeutung zu. Mit der Begrenzung der ausschließlichen Befugnis der BA zur Vermittlung und Anwerbung von internationalen Arbeitskräften einhergegangen ist die Ausweitung des Wirkungskreises privater Vermittler. Sie müssen zugelassen werden und haben va die §§ 296 ff. SGB III und §§ 1, 15, 15a, 16 AÜG zu beachten. Verstöße gegen die genannten Vorschriften können ebenfalls einen Fall der unerlaubten Vermittlung und Anwerbung iSv Nr. 1 begründen.

Die Zustimmung nach § 39 ist ebenfalls zu versagen, wenn der Ausländer als **Leiharbeitnehmer (Nr. 2)** tätig werden will[13]. Das Gesetz selbst verweist auf § 1 I AÜG, in dem der Leiharbeitnehmer legal definiert wird. Die Zustimmungsversagung dient verschiedenen Zwecken. So ist sie einerseits auf Stabilität und Kontrolle des Arbeitsmarkts gerichtet, andererseits auf den sozialen Schutz des ausländischen Arbeitnehmers[14]. Auch dient sie – soweit eine solche erforderlich ist – der Sicherstellung der Durchführung der Vorrangprüfung für einen bestimmten Arbeitsplatz, die bei einem Einsatz des Ausländers als Leiharbeiter an wechselnden Arbeitsplätzen nicht möglich ist. Die aktuelle Formulierung der Vorschrift würde bei reiner Wortlautinterpretation dazu führen, dass Ausländer, denen die Erwerbstätigkeit oder Beschäftigung unmittelbar durch Gesetz oder VO erlaubt ist, als Leiharbeitnehmer tätig werden dürfen, da sie keine Zustimmung nach § 39 benötigen. Ausländer mit einer **unbeschränkten Zustimmung** zur Ausübung einer Beschäftigung dürften dagegen nach dem Wortlaut nicht als Leiharbeitnehmer tätig werden, da auch die unbeschränkte Zustimmung eine Zustimmung darstellt. Dies wäre jedoch einerseits für die BA objektiv nicht prüfbar, da für die unbeschränkte Zustimmung ein konkreter Arbeitsplatz gerade nicht vorhanden sein muss. Andererseits erscheint es nicht sinnvoll, Ausländern mit unbeschränktem Arbeitsmarktzugang ein gerade für Ungelernte durchaus wichtiges Arbeitsmarktsegment mit Chancen auf dauerhafte Arbeitsmarktintegration („Klebeeffekt") zu verschließen und sie damit ggf. auf die Inanspruchnahme von Leistungen nach dem AsylbLG, SGB III oder II zu verweisen. Vor allem aber unter Berücksichtigung der denkbaren Zwecke der Regelung, Lohndumping zu vermeiden und gleiche Arbeitsbedingungen von Ausländern und im Normalarbeitsverhältnis beschäftigten Inländern zu garantieren, wäre eine Anwendung auf Fälle der unbeschränkten Zustimmung **nicht geeignet** und damit **unverhältnismäßig**, da die Kontrolle der Arbeitsbedingungen ohnehin unterbleibt und andere prekäre Formen der Beschäftigung einschließlich der Zahlung von Niedriglöhnen keine Rolle spielen. Die Vorschrift ist daher in dem Sinne **ein-**

---

[6] HQRLUmsG v. 1.6.2012, BGBl. I S. 1224. GesEntw der Bundesregierung mit Begr. BT-Drs. 17/8682, Beschlussempfehlung und Bericht des Innenausschusses mit erheblichen Änderungen gegenüber, RegE BT-Drs. 17/9436.
[7] Vgl. BGBl. 2017 I S. 1106.
[8] BGBl. 2019 I S. 1307, in Kraft getreten am 1.3.2020.
[9] Hierfür kann auf die Legaldefinition des § 35 I 2 SGB III zurückgegriffen werden.
[10] *Breidenbach* in BeckOK AuslR AufenthG § 40 Rn. 1.
[11] *Stiegeler* in NK-AuslR AufenthG § 40 Rn. 3 mwN.
[12] OVG Bln-Bbg Urt. v. 30.5.2018 – OVG 3 B 25.17, BeckRS 2018, 16345 unter Verweis auf eine entsprechende Praxis der BA.
[13] OVG NRW Beschl. v. 24.7.2013 – 18 B 313/12, BeckRS 2014, 45982; VG Bayreuth Urt. v. 28.1.2015 – B 4 K 14.794, BeckRS 2015, 43566.
[14] *Stiegeler* in NK-AuslR AufenthG § 40 Rn. 3 mwN.

schränkend auszulegen, dass bei unbeschränkter Zustimmung zur Ausübung einer Beschäftigung Leiharbeit zulässig ist[15].

4 Abs. 2 und Abs. 3 enthalten anders als Abs. 1 Gründe, weshalb die Zustimmung versagt werden kann – und nicht muss. Sie stellen die Verweigerung der Zustimmung daher ins Ermessen der BA. Der Anwendungsbereich von Abs. 2 und Abs. 3 ist zudem nicht auf die Versagung der Zustimmung begrenzt. Vielmehr wird er in **§ 18 II Nr. 2** dahin gehend ausgedehnt, dass einer der von der Vorschrift betroffenen Aufenthaltstitel auch bei Entfallen des Zustimmungserfordernisses der BA nach § 39 dann versagt werden kann, wenn einer der Tatbestände des § 40 II oder III vorliegt – dann hat allerdings die Ausländerbehörde selbst die Prüfung durchzuführen. Schon vor Inkrafttreten des FEG 2019 sah § 18 VI aF eine gewisse Erstreckung des Anwendungsbereichs von § 40 II Nr. 3 und III aF vor. Die Versagungsgründe wurden bereits damals auf vermeintlich alle zustimmungsfreien und zustimmungspflichtigen Beschäftigungen im Interesse der Vermeidung von Wertungswidersprüchen erstreckt.

5 In das **Ermessen** ist die **Versagung nach Abs. 2 Nr. 1** bei schuldhaften Verstößen des Ausländers gegen Ordnungsvorschriften (§ 404 I oder II Nr. 2–13 SGB III, §§ 10, 10a oder 11 SchwarzArbG, §§ 15, 15a oder 16 I Nr. 2 AÜG) über den unerlaubten Einsatz von ausländischen Arbeitnehmern und Leiharbeitnehmern gestellt. Abs. 2 Nr. 1 sanktioniert einzig mit dem Verweis auf § 404 II Nr. 4 ein Verhalten des die Zustimmung **begehrenden Ausländers selbst,** nämlich eine vormalige Beschäftigung, die ihm nicht erlaubt war. Die Vorschriften der §§ 15, 15a und 16 I Nr. 2 AÜG sanktionieren rechtswidriges Verhalten von Verleihern und Entleihern, also von Arbeitgebern von Arbeitskräften; die Vorschriften des SchwarzArbG sanktionieren das Verhalten von Arbeitgebern bzw. von Auftraggebern von Dienst- und Werkverträgen; die Vorschriften des § 404 I und II Nr. 3–5 und § 9 SGB III sanktionieren ebenfalls rechtswidriges Verhalten von Arbeitgebern. Einer strafrechtlichen Verurteilung des Ausländers bedarf es nicht, schon weil sich – wie dargestellt – der Vorwurf nicht immer gegen den Ausländer richtet. Die Feststellung, insbesondere auch der Schuld, obliegt damit in der Regel der BA[16]. Ob von der Möglichkeit der Versagung nach Abs. 2 Nr. 1 Gebrauch gemacht werden soll, hängt vor allem vom Gewicht der Regelverstöße und der in der Person liegenden Gründe ab. Dabei ist zu berücksichtigen, dass die genannten Vorschriften bereits Sanktionen nach sich ziehen und Verstöße gegen diese Regelungen zudem einen Ausweisungsgrund darstellen können und damit schon bei einer Verlängerung der Aufenthaltserlaubnis zu berücksichtigen sind. Vor dem Hintergrund der vorrangigen Sanktionsmöglichkeiten ist die Versagung einer Zustimmung im Hinblick auf die **Verhältnismäßigkeit** sorgfältig abzuwägen, weil sie dem Ausländer zusätzlich die Möglichkeit der Existenzsicherung aus eigener Kraft verwehrt und ihn ggf. auf den Bezug von Sozialleistungen verweist.

6 Ferner steht die Versagung im Ermessen, wenn wichtige Gründe in der Person des Ausländers vorliegen **(Abs. 2 Nr. 2).** Persönliche Verhältnisse des Ausländers darf die BA dabei nur berücksichtigen, soweit es sich um arbeitsmarkt- oder beschäftigungsbezogene handelt; die Berücksichtigung aufenthaltsrechtlich relevanter Umstände und Eigenschaften sind der Ausländerbehörde vorbehalten. Auch insoweit gilt, dass die Versagung einer Zustimmung aus Verhältnismäßigkeitsgründen sorgfältig abzuwägen ist, weil sie dem Ausländer zusätzlich die Möglichkeit der Existenzsicherung aus eigener Kraft verwehrt.

7 Die Zustimmung kann schließlich **nach Abs. 2 Nr. 3** im Ermessenswege versagt werden für die Beschäftigung bei einem **Arbeitgeber,** gegen den selbst oder gegen dessen Vertretungsberechtigten wegen illegaler Beschäftigung ein **Bußgeld** nach dem SGB III, eine **Geld- oder Freiheitsstrafe** nach dem SchwarzArbG oder eine Geld- oder Freiheitsstrafe wegen unerlaubter Arbeitnehmerüberlassung rechtskräftig verhängt wurde. Berücksichtigungsfähig sind Bußgelder und Strafen der letzten fünf Jahre. Die Einführung dieser Regelung macht Gebrauch von der Ermächtigung – nicht Verpflichtung – nach Art. 8 V BlueCard-RL[17]. Sie dient der Sanktionierung des vormals nicht rechtstreuen Arbeitgebers und der Vermeidung von zukünftiger illegaler Beschäftigung und illegaler Arbeitnehmerüberlassung durch diesen, trifft aber den Arbeitnehmer. Dass bei der Ausübung des Versagungsermessens der **Verhältnismäßigkeitsgrundsatz** zu wahren ist, versteht sich von selbst[18]. Zu berücksichtigen sind dabei zB die Schwere des sanktionierten Verstoßes/der Verstöße und der dazwischenliegende Zeitraum des rechtstreuen Verhaltens. Dies gilt nunmehr in Umsetzung von **Art. 7 II und Art. 22 IIIb ICT-RL** auch in den Fällen, in denen **Sanktionen** gegen die **aufnehmende Niederlassung** verhängt wurden.

8 Bei **Inhabern von Aufenthaltserlaubnissen** mit einem anderen Aufenthaltszweck als dem der Erwerbstätigkeit handelt es sich bei der Versagung der Zustimmung nicht um die grundsätzliche Verhängung eines Arbeitsverbots und damit nicht um einen Verwaltungsakt mit Dauerwirkung. Dies ergibt sich daraus, dass die Bezugsnorm § 39 wie das alte Arbeitserlaubnisrecht jeweils Einzelfall-

---

[15] So für die frühere Rechtslage (Inhaber von Aufenthaltstiteln) DA BeschVerfV 3.8.118 und 3.9.118.
[16] Vgl. Göbel-Zimmermann/Huber in Huber, AufenthG, 2. Aufl., § 40 Rn. 5; aA in der Neuauflage Dippe in Huber/Mantel, AufenthG, 3. Aufl., § 40 Rn. 9 mwN.
[17] BlueCard-RL, ABl. 2009 L 152, 17.
[18] So ausdrücklich die GesBegr, BT-Drs. 17/8682, 21.

prüfungen, bezogen auf einen konkreten Antrag auf Zustimmung zur Ausübung einer bestimmten Beschäftigung, vorsehen. Die Ausübung einer Beschäftigung ist damit auch bei Ablehnung einer Zustimmung grundsätzlich für die Zukunft – und ggf. einen anderen Arbeitsplatz – nicht ausgeschlossen. Dies gilt auch für die Versagung der Zustimmung nach Abs. 2 Nr. 1. Je nach Schwere und Häufigkeit der Verstöße kann auch die mehrfache Versagung der Zustimmung in Betracht kommen, wobei der seit den Verstößen oder dem Verstoß vergangene Zeitraum zu berücksichtigen ist.

Durch das RLUmsG 2017, modifiziert durch das FEG 2019, wurden in **Abs. 3** nunmehr weitere Versagungsgründe für die Zustimmung eingeführt. Nach § 40 III aF waren diese beschränkt auf die Erteilung einer ICT-Karte nach § 19b aF oder einer Mobiler-ICT-Karte nach § 19d aF. Durch das FEG 2019 wurde diese Beschränkung im Dienste einer Kohärenz der Ablehnungsgründe gestrichen. So sollten Missbräuche im Bereich der Erwerbsmigration vermieden werden, was die Seriosität des Arbeitgebers einschließe[19]. Insofern dient die Regelung auch, aber eben nicht mehr nur, der Umsetzung von Art. 7 IIIa-c ICT-RL. Dort ist vorgesehen, dass ein Antrag auf Erteilung eines Aufenthaltstitels zum Zweck des unternehmensinternen Transfers abgelehnt werden kann, wenn bestimmte Gründe in der Person des Arbeitgebers oder der aufnehmenden Niederlassung gegeben sind, die eine ordnungsgemäße Durchführung des Transfers als zweifelhaft erscheinen lassen. Dies bezieht sich auf die Einhaltung von sozialversicherungs-, steuer- und arbeitsrechtlichen Pflichten, das Nichtvorliegen bestimmter insolvenzrechtlicher Tatbestände sowie die Gefahr der Einflussnahme auf arbeitsrechtliche oder betriebliche Auseinandersetzungen oder Verhandlungen[20].

9

Durch das FEG 2019 wurden in Abs. 3 sprachliche Anpassungen dergestalt vorgenommen, dass nunmehr nicht mehr von dem „Unternehmen, dem der Ausländer angehört" und dem „unternehmensintern transferierten Arbeitnehmer", sondern von „Arbeitgeber" und „Ausländer" die Rede ist.

10

Durch das FEG 2019 wurde zudem der Versagungsgrund Nr. 7 ergänzt, der zuvor bereits in ähnlicher Form in § 20c I aF für Forscher galt. Danach kann die Zustimmung auch dann versagt werden, wenn der Arbeitgeber oder die aufnehmende Niederlassung hauptsächlich zu dem Zweck gegründet wurde, die Einreise und den Aufenthalt von Ausländern zum Zweck der Beschäftigung zu erleichtern; das Gleiche gilt danach, wenn das Arbeitsverhältnis hauptsächlich zu diesem Zweck begründet wurde. Dem ersten Teil dieses Versagungsgrundes liegt das mit Blick auf die durch das FEG 2019 vollzogene Öffnung für Erwerbsmigration nachvollziehbare Interesse zugrunde, die Gründung von Unternehmen gerade zum Zwecke der Beschäftigung von Ausländern zu unterbinden. Der Hintergrund für die Einschränkung im zweiten Teil erschließt sich hingegen nicht sofort. Der Ausländer, der eine Aufenthaltserlaubnis zum Zwecke der Beschäftigung begehrt, dürfte sein Arbeitsverhältnis in aller Regel zum Zwecke der Erleichterung der Einreise und des Aufenthalts begründen. Vor dem Hintergrund des Zusammenhangs zum ersten Satzteil dürfte wohl gemeint sein, dass ein Arbeitsvertrag mit einem Arbeitgeber oder einer aufnehmenden Niederlassung geschlossen wurde, die hauptsächlich zu dem Zweck gegründet wurde, die Einreise und den Aufenthalt von Ausländern zum Zwecke der Beschäftigung zu erleichtern. Allerdings stellt sich dann die Frage, welcher zusätzliche Regelungsgehalt dem zweiten Satzteil dann noch zukommen soll.

11

III. Rechtsschutz

Wird einem Ausländer, der die Erteilung eines Aufenthaltstitels beantragt, die Zustimmung zur Ausübung dieser Beschäftigung versagt, darf dieser Aufenthaltstitel nicht erteilt werden. Gegen die Versagung des Aufenthaltstitels ist **Verpflichtungsklage** zulässig. Richtet sich die Klage bei vorhandener Aufenthaltserlaubnis oder bestehender Duldung gegen die Verweigerung der Zustimmung zur Ausübung der Beschäftigung, ist ebenfalls Verpflichtungsklage geboten, allerdings in diesen Fällen allein gerichtet auf die Erwerbstätigkeit. Gegner ist die Ausländerbehörde[21].

12

§ 41 Widerruf der Zustimmung und Entzug der Arbeitserlaubnis

Die Zustimmung kann widerrufen und die Arbeitserlaubnis zum Zweck der Saisonbeschäftigung kann entzogen werden, wenn der Ausländer zu ungünstigeren Arbeitsbedingungen als vergleichbare inländische Arbeitnehmer beschäftigt wird oder der Tatbestand des § 40 erfüllt ist.

Allgemeine Verwaltungsvorschrift
41 Zu § 41 – Widerruf
41.1 Die Vorschrift ermächtigt die Arbeitsverwaltung, eine erteilte Zustimmung zur Beschäftigung gegenüber der zuständigen Ausländerbehörde zu widerrufen. Die Zuständigkeit für den Widerruf einer Zustimmung liegt wie bei deren Erteilung ausschließlich bei der Bundesagentur für Arbeit. Grundsätzlich ist die Dienststelle der Bundesagentur

---
[19] Vgl. BT-Drs. 19/8285, 109 f.
[20] Vgl. GesBegr BR-Drs. 9/17.
[21] Vgl. *Göbel-Zimmermann/Huber* in Huber, AufenthG, 2. Aufl., § 40 Rn. 8.

für Arbeit für den Widerruf zuständig, die die Zustimmung erteilt hat. Der Widerruf der Zustimmung ist kein eigenständiger Verwaltungsakt, sondern ein verwaltungsinterner Mitwirkungsakt gegenüber der für die Entscheidung über den Aufenthaltstitel zuständigen Ausländerbehörde.

41.2 Die Bundesagentur für Arbeit ist verpflichtet, den Widerruf der Zustimmung der Ausländerbehörde mitzuteilen. In der Aufenthaltserlaubnis ist die Auflage
„*Erwerbstätigkeit nicht gestattet*"
zu verfügen.

41.3 Zum Widerruf der Zustimmung siehe im Übrigen Nummer 18.2.9.1 ff.

41.4 Wird eine Zustimmung zur Beschäftigung widerrufen, die Grundlage für die Erteilung eines Visums oder einer Aufenthaltserlaubnis nach § 18 ist, ist § 52 Absatz 2 Satz 1 zu beachten, in den übrigen Fällen § 52 Absatz 2 Satz 2.

I. Entstehungsgeschichte

1 Die Vorschrift stimmt mit dem **Gesetzesentwurf** zum ZuwG[1] überein und entspricht § 7 I 1 ArGV[2]. Mit RLUmsG 2017 wurde die Vorschrift um den Widerruf zum Zwecke der Saisonbeschäftigung erweitert. Es handelt sich hier um eine Folgeänderung zur Möglichkeit der Erteilung neuer Aufenthaltstitel zur Beschäftigung in §§ 17b I, § 18d I, 19b II und 19d II ohne Zustimmung der BA[3]. Durch das FEG 2019[4] ist lediglich das Wort „deutsche" Arbeitnehmer durch das Wort „inländische" Arbeitnehmer ersetzt worden.

II. Widerruf der Zustimmung

2 Der Widerruf der (verwaltungsinternen) Zustimmung[5] und die Entziehung der Arbeitserlaubnis zum Zwecke der Saisonbeschäftigung sind aus zwei Gründen **zulässig**[6]: Beschäftigung zu ungünstigeren Bedingungen als bei inländischen Arbeitnehmern üblich und bei Erfüllung der Versagungstatbestände des § 40. Ein Widerruf kommt dann nicht in Betracht, wenn die Beschäftigung zustimmungsfrei ist oder eine unbeschränkte Zustimmung vorliegt und der Ausländer als Leiharbeiter oder sonst zu ungünstigeren Bedingungen als inländische Arbeitnehmer beschäftigt ist. Das FEG 2019 hat den Bezugspunkt des deutschen Arbeitnehmers durch den des inländischen Arbeitnehmers ersetzt. Damit wird sprachlich den Entwicklungen auf dem Arbeitsmarkt, insbesondere seiner Öffnung, Rechnung getragen.

3 Der Widerruf steht im **Ermessen** der BA, das nach denselben Grundsätzen auszuüben ist wie bei der Versagung nach § 40. Die existenzielle Bedeutung, die der Widerruf haben kann, ist zu berücksichtigen. § 41 hat nicht die Regelung des § 7 I 2 ArGV übernommen, wonach der Widerruf nur innerhalb eines Monats nach Kenntniserlangung der für die Entscheidung erheblichen Tatsachen und nur nach Anhörung des Ausländers zulässig war. Stattdessen gilt nunmehr die Jahresfrist des § 49 I iVm § 48 IV VwVfG bzw. der entsprechenden Länder-VwVfG. Die Tatsache, dass damit auch länger zurückliegende Verstöße mit existenziellen Folgen für die Betroffenen sanktioniert werden können, ist bei der Ermessensausübung zu berücksichtigen. Insbesondere in Fällen, in denen Ausländer unverschuldet, weil in schwacher Arbeitsmarktposition, zu schlechteren Bedingungen als vergleichbare deutsche Arbeitnehmer beschäftigt werden, kann der Widerruf unverhältnismäßig sein[7].

4 Bei Ausländern, die eine Aufenthaltserlaubnis zu einem anderen Aufenthaltszweck als dem der Erwerbstätigkeit besitzen, lässt der Widerruf der Zustimmung die Aufenthaltserlaubnis unberührt. Zwingend ist allerdings gem. § 52 II 2 der Widerruf des die Ausübung der Beschäftigung betreffenden Teils der Aufenthaltserlaubnis. Bei Ausländern, denen ein nationales Visum, eine Aufenthaltserlaubnis oder eine Blaue Karte EU zum Zweck der Beschäftigung erteilt wurden, müssen nach Wirksamwerden des Widerrufs Aufenthaltstitel nach § 52 II 1 widerrufen werden.

5 Der Widerruf der Zustimmung durch die BA ergeht nicht als Verwaltungsakt gegenüber dem Ausländer, sondern wird der Ausländerbehörde mitgeteilt. Diese ist an den Widerruf gebunden und erlässt daraufhin selbst den Verwaltungsakt, gegen den Anfechtungswiderspruch und -klage zulässig ist. Das gilt auch, wenn zugleich der Aufenthaltstitel widerrufen wird.

6 Im Rahmen des Rechtsschutzes gegen die Widerrufsentscheidung der Ausländerbehörde wird die Rechtmäßigkeit des internen Verfahrens vollständig überprüft[8]. Zu Recht wird – auch für die Voraussetzungen des Widerrufs nach § 41 – auf den Zeitpunkt der mündlichen Verhandlung abgestellt[9].

---

[1] BT-Drs. 15/420, 17.
[2] ArGV v. 17.9.1998 (BGBl. I S. 2899), zuletzt geändert durch Art. 7 III des Ges. v. 21.12.2008 (BGBl. I S. 2917).
[3] GesBegrBR-Drs. 9/17.
[4] BGBl. 2019 I S. 1307, in Kraft getreten am 1.3.2020.
[5] *Dippe* in Huber/Mantel, AufenthG, 3. Aufl., § 41 Rn. 2; vgl. VG Karlsruhe Beschl. v. 2.1.2021 – 6 K 5229/20, BeckRS 2021, 4054 Rn. 15.
[6] Vgl. hierzu umfassend *Bünte/Knödler* NZA 2008, 743 ff.
[7] Ebenso *Stiegeler* in HK-AuslR AufenthG § 41 Rn. 4.
[8] Vgl. VG Karlsruhe Beschl. v. 2.1.2021 – 6 K 5229/20, BeckRS 4054 Rn. 15.
[9] Vgl. VG Karlsruhe Beschl. v. 2.1.2021 – 6 K 5229/20, BeckRS 4054 Rn. 16 mit überzeugender Begründung.

Verordnungsermächtigung und Weisungsrecht § 42 AufenthG 1

§ 42 Verordnungsermächtigung und Weisungsrecht

(1) Das Bundesministerium für Arbeit und Soziales kann durch Rechtsverordnung (Beschäftigungsverordnung) mit Zustimmung des Bundesrates Folgendes bestimmen:
1. Beschäftigungen, für die Ausländer nach § 4a Absatz 2 Satz 1, § 16a Absatz 1 Satz 1, den §§ 16d, 16e Absatz 1 Satz 1, den §§ 19, 19b, 19c Absatz 1 und 2 sowie § 19e mit oder ohne Zustimmung der Bundesagentur für Arbeit zugelassen werden können, und ihre Voraussetzungen,
2. Beschäftigungen und Bedingungen, zu denen eine Zustimmung der Bundesagentur für Arbeit für eine qualifizierte Beschäftigung nach § 19c Absatz 2 unabhängig von der Qualifikation als Fachkraft erteilt werden kann und
3. nähere Voraussetzungen in Bezug auf die Ausübung einer Beschäftigung als Fachkraft nach den §§ 18a und 18b,
4. Ausnahmen für Angehörige bestimmter Staaten,
5. Tätigkeiten, die für die Durchführung dieses Gesetzes stets oder unter bestimmten Voraussetzungen nicht als Beschäftigung anzusehen sind.

(2) Das Bundesministerium für Arbeit und Soziales kann durch die Beschäftigungsverordnung ohne Zustimmung des Bundesrates Folgendes bestimmen:
1. die Voraussetzungen und das Verfahren zur Erteilung der Zustimmung der Bundesagentur für Arbeit; dabei kann auch ein alternatives Verfahren zur Vorrangprüfung geregelt werden,
2. Einzelheiten über die zeitliche, betriebliche, berufliche und regionale Beschränkung der Zustimmung,
3. Fälle nach § 39 Absatz 2 und 3, in denen für eine Zustimmung eine Vorrangprüfung durchgeführt wird, beispielsweise für die Beschäftigung von Fachkräften in zu bestimmenden Bezirken der Bundesagentur für Arbeit sowie in bestimmten Berufen,
4. Fälle, in denen Ausländern, die im Besitz einer Duldung sind, oder anderen Ausländern, die keinen Aufenthaltstitel besitzen, nach § 4a Absatz 4 eine Beschäftigung erlaubt werden kann,
5. die Voraussetzungen und das Verfahren zur Erteilung einer Arbeitserlaubnis zum Zweck der Saisonbeschäftigung an Staatsangehörige der in Anhang II zu der Verordnung (EG) Nr. 539/2001 des Rates vom 15. März 2001 zur Aufstellung der Liste der Drittländer, deren Staatsangehörige beim Überschreiten der Außengrenzen im Besitz eines Visums sein müssen, sowie der Liste der Drittländer, deren Staatsangehörige von dieser Visumpflicht befreit sind (ABl. L 81 vom 21.3.2001, S. 1), genannten Staaten,
6. Berufe, in denen für Angehörige bestimmter Staaten die Erteilung einer Blauen Karte EU zu versagen ist, weil im Herkunftsland ein Mangel an qualifizierten Arbeitnehmern in diesen Berufsgruppen besteht.

(3) Das Bundesministerium für Arbeit und Soziales kann der Bundesagentur für Arbeit zur Durchführung der Bestimmungen dieses Gesetzes und der hierzu erlassenen Rechtsverordnungen sowie der von der Europäischen Union erlassenen Bestimmungen über den Zugang zum Arbeitsmarkt und der zwischenstaatlichen Vereinbarungen über die Beschäftigung von Arbeitnehmern Weisungen erteilen.

Allgemeine Verwaltungsvorschrift
42 Zu § 42 – Verordnungsermächtigung und Weisungsrecht[1]
42.0 Allgemeines
Die Absätze 1 und 2 dieser Vorschrift ermächtigen das Bundesministerium für Arbeit und Soziales zum Erlass von Verordnungen zur Beschäftigung von Ausländern, die zum Zweck der Beschäftigung einreisen. Absatz 3 enthält ein Weisungsrecht des Bundesministeriums für Arbeit und Soziales gegenüber der Bundesagentur für Arbeit bei der Durchführung der Regelungen des Ausländerbeschäftigungsrechts.
42.1 Verordnungsermächtigung nach Absatz 1
Auf Grund der Ermächtigung in Absatz 1 wurde die BeschV mit Zustimmung des Bundesrates erlassen. Die Verordnung regelt, für welche Tätigkeiten Ausländer einen Aufenthaltstitel zur Beschäftigung nach § 18 erhalten können. Näheres zu einzelnen Regelungen der Verordnung, insbesondere auch zu besonderen Zuständigkeiten (Nummer 39.1.1) wird in den Durchführungsanweisungen der Bundesagentur für Arbeit erläutert.
42.2 Verordnungsermächtigung nach Absatz 2
42.2.0 Auf der Ermächtigungsgrundlage von § 42 Absatz 2 wurde die BeschVerfV erlassen. Sie regelt, welche Beschäftigungen von den Ausländern, die sich zu einem anderen Zweck als der Beschäftigung (§§ 17, 18, 19) in Deutschland aufhalten und die nicht schon kraft Gesetzes uneingeschränkt zur Erwerbstätigkeit berechtigt sind, abweichend von dem Grundprinzip des Zustimmungserfordernisses (§ 4 Absatz 2 Satz 3 i. V. m. § 39 Absatz 2 und 3) ohne Zustimmung der Bundesagentur für Arbeit aufgenommen werden können. Die Verordnung regelt außerdem für alle sich im Bundesgebiet erlaubt aufhaltenden Ausländer, einschließlich der Inhaber von Aufenthaltserlaubnissen zum Zweck der Beschäftigung, in welchen Fällen die Zustimmung zur Beschäftigung unter Verzicht auf die Arbeits-

---

[1] Die AVwV verweist noch auf die BeschVerfV, welche durch Art. 2 der VO zur Änderung des Ausländer-Beschäftigungsrechts v. 6.6.2013 (BGBl. I S. 1499) mWv 30.6.2013 aufgehoben worden ist.

marktprüfung nach § 39 Absatz 2 erteilt werden kann. In den Fällen der zustimmungspflichtigen Beschäftigungen sehen die Regelungen keine Differenzierung nach Berufen oder Qualifikationen vor. Damit stehen den im Inland erlaubt lebenden Ausländern grundsätzlich alle Beschäftigungen im Rahmen des Zustimmungsverfahrens nach § 39 Absatz 2 vorbehaltlich des Vorrangs von bevorrechtigten Arbeitsuchenden offen. Näheres zu einzelnen Regelungen der Verordnung wird in der Dienstanweisung der Bundesagentur für Arbeit erläutert.

42.2.1 Von besonderer Bedeutung für die ausländerbehördliche Praxis sind die Bestimmungen der §§ 10 und 11 BeschVerfV, die die Zulassung von geduldeten Ausländern (§ 60a) zur Ausübung einer Beschäftigung bzw. deren Versagung regeln.

42.2.1.1 § 10 BeschVerfV regelt die Erteilung der Erlaubnis zur Beschäftigung an Geduldete. Die Regelung ist insbesondere vor dem Hintergrund von § 11 BeschVerfV nicht nur für die Bundesagentur für Arbeit im Zusammenhang mit der Erteilung der Zustimmung, sondern auch für die Ausländerbehörden von Bedeutung, da diese vor einer Zustimmungsanfrage zu prüfen haben, ob Versagungsgründe nach § 11 BeschVerfV vorliegen (siehe dazu auch Nummer 42.2.1.2.1 bis 42.2.1.2.3).

42.2.1.1.1 § 10 Absatz 1 BeschVerfV schreibt eine Wartezeit von einem Jahr vor erstmaliger Erteilung der Zustimmung an einen Geduldeten vor. Der mindestens einjährige Aufenthalt im Bundesgebiet muss ununterbrochen vorliegen. Zeiten des erlaubten Aufenthalts mit einer Aufenthaltserlaubnis oder Aufenthaltsgestattung vor Erteilung der Duldung werden angerechnet. Erfüllt der geduldete Ausländer nicht die Wartezeit oder liegt ein Versagungskriterium nach § 11 BeschVerfV vor, wird der Antrag des Ausländers, die Beschäftigung zu erlauben, ohne Beteiligung der Agentur für Arbeit abgelehnt. Das Zustimmungsverfahren entspricht dem Verfahren nach § 39 Absatz 3.

42.2.1.1.2 Nach § 10 Absatz 2 BeschVerfV wird Geduldeten in bestimmten Fallgestaltungen die Zustimmung zur Beschäftigung ohne Arbeitsmarktprüfung nach § 39 Absatz 2 erteilt. Dies gilt für Geduldete, die eine betriebliche Berufsausbildung in einem staatlich anerkannten oder vergleichbar geregelten Ausbildungsberuf aufnehmen wollen. Für sie gilt aber ebenfalls die einjährige Wartezeit aus § 10 Absatz 1 BeschVerfV. Hält sich der geduldete Ausländer bereits vier Jahre im Bundesgebiet auf, wird die Zustimmung von der Bundesagentur für Arbeit für eine Beschäftigung als Arbeitnehmer ebenfalls ohne Prüfung nach § 39 Absatz 2 erteilt. Diese Zustimmung für Geduldete, die sich bereits seit vier Jahren ununterbrochen im Bundesgebiet aufgehalten haben, wird wie die Zustimmung nach § 9 BeschVerfV ohne Beschränkungen nach § 13 BeschVerfV erteilt.

42.2.1.2.1 § 11 BeschVerfV sieht die Versagung der Erlaubnis zur Beschäftigung an Geduldete vor, wenn diese sich in das Inland begeben haben, um Leistungen nach dem AsylbLG zu erlangen oder wenn bei diesen Ausländern aus von ihnen zu vertretenden Gründen aufenthaltsbeendende Maßnahmen nicht vollzogen werden können. Zur näheren Bestimmung des Verschuldens wurden die Kriterien des § 25 Absatz 5 Satz 4 übernommen. Die Versagungsgründe von § 25 Absatz 5 Satz 3, 4 unterscheiden sich jedoch in Folgendem von denen nach § 11 BeschVerfV: Die Erteilung einer Aufenthaltserlaubnis nach § 25 Absatz 5 kommt nicht in Betracht, wenn dem Ausländer eine freiwillige Ausreise möglich ist. Nach § 25 Absatz 5 Satz 3, 4 darf eine Aufenthaltserlaubnis auch dann nicht erteilt werden, wenn aus vom Ausländer zu vertretenden Gründen eine Ausreise nicht möglich ist. Dies gilt sowohl für die zwangsweise Rückführung als auch für die freiwillige Ausreise. Im Gegensatz dazu erfordert der Versagungsgrund nach § 11 BeschVerfV, dass bei dem Ausländer aufenthaltsbeendende Maßnahmen aus von ihm zu vertretenden Gründen nicht vollzogen werden können. Das bedeutet, dass Ausländern, denen zwar die Aufenthaltserlaubnis nach § 25 Absatz 5 wegen eines Versagungsgrundes nach § 25 Absatz 5 Satz 3, 4 nicht erteilt werden kann und die deshalb weiterhin im Besitz einer Duldung sein werden, dennoch die Aufnahme einer Beschäftigung erlaubt werden kann, wenn nicht auch gleichzeitig die Unmöglichkeit der zwangsweisen Aufenthaltsbeendigung von ihnen verschuldet wird.

42.2.1.2.2 Der Wortlaut des § 11 Satz 1, 2. Alternative BeschVerfV macht deutlich, dass dieser Versagungsgrund nur dann zu bejahen ist, wenn ein Verhalten des Ausländers für die fehlende Möglichkeit der Aufenthaltsbeendigung kausal ist. In § 11 Satz 2 BeschVerfV wird beispielhaft hervorgehoben, in welchen – schwerwiegenden – Fallgestaltungen ein Vertretenmüssen „insbesondere" gegeben ist. Das schließt nicht aus, dass auch in anderen Fällen, in denen die Verhaltensweisen möglicherweise von geringerem Unwertgehalt sind, ein Vertretenmüssen angenommen werden kann. Neben den in § 11 Satz 2 BeschVerfV genannten Fällen kann u. a. auch davon ausgegangen werden, dass bei einem Antragsteller aus von ihm zu vertretenden Gründen aufenthaltsbeendende Maßnahmen nicht vollzogen werden können, wenn er seinen Mitwirkungspflichten bei der Beschaffung von Reisepapieren nur unzureichend nachkommt oder wegen der Angabe einer falschen Anschrift aufenthaltsbeendende Maßnahmen nicht vollzogen werden können.

42.2.1.2.3 In den Fällen, in denen eine fehlende Mitwirkung bei der Passbeschaffung zwar nicht ursächlich für die Unmöglichkeit der Aufenthaltsbeendigung ist, weil auch andere Gründe, wie z. B. eine fehlende Flugverbindung oder eine vorübergehende Erkrankung eine zwangsweise Aufenthaltsbeendigung ausschließen können, kann und muss eine solche Unterlassung im Rahmen der Ermessensausübung von § 10 Satz 1 BeschVerfV berücksichtigt werden. Bei Wegfall des vom Ausländer nicht zu vertretenden Abschiebungshindernisses erfüllt der fehlende Passbesitz aufgrund fehlender Mitwirkung einen Versagungsgrund nach § 11 BeschVerfV.

42.3 Weisungsrecht des Bundesministeriums für Arbeit und Soziales
Nicht belegt.

I. Entstehungsgeschichte

1   Die Vorschrift stimmte im Wesentlichen mit dem **Gesetzesentwurf** zum ZuwG[2] überein. Sie war aufgrund des Vermittlungsverfahrens neu gefasst worden[3], indem für die die Zustimmung zur Ausübung einer Beschäftigung von Neuzuwanderern regelnden Rechtsverordnung die Zustimmung des Bundesrats vorgesehen und die Inhalte der RVO näher bestimmt wurden. Mit 2. RLUmsG war die Begrifflichkeit des Abs. 3 an die Entwicklung des Unionsrechts angepasst worden („Europäische

---

[2] BT-Drs. 15/420, 17 f.
[3] BT-Drs. 15/3479, 6.

Union" statt „Europäische Gemeinschaften"). Mit RLUmsG 2017 war in **Abs. 1** Nr. 1 die Angabe § 17a I 3, § 17b I und § 18d I und § 19b II, § 19d II eingefügt worden. In **Abs. 2** war eine neue **Nr. 6** angefügt worden, welche die VO-Ermächtigung auf die Voraussetzungen und das Verfahren zur Erteilung einer Arbeitserlaubnis zum Zweck der Saisonbeschäftigung an Staatsangehörige der in Anhang II der VO (EG) Nr. 539/2001 genannten Staaten erstreckte. Die Einfügung des § 17a in Abs. 1 Nr. 1 beseitigte dabei ein Redaktionsversehen bei Einführung dieser Vorschrift durch das Gesetz zur Neubestimmung des Bleiberechts und der Aufenthaltsbeendigung[4]. Durch das **FEG 2019**[5] ist die Vorschrift neu gefasst, in ihren Grundstrukturen aber erhalten geblieben und im Kern um weitere Verordnungsermächtigungen ergänzt worden.

II. Verordnungsermächtigungen

Von den Ermächtigungen in Abs. 1 und 2 hat das BMAS wie folgt **Gebrauch gemacht:** Mit Zustimmung des Bundesrats (Abs. 1) wurde die BeschV aF erlassen und ohne Zustimmung des Bundesrats (Abs. 2) die BeschVerfV aF sowie die mWz 1.1.2009[6] wieder aufgehobene HSchul-AbsZugV. Die BeschV aF und die BeschVerfV aF wurden durch Art. 2 der Verordnung zur Änderung des Ausländerbeschäftigungsrechts vom 6.6.2013 mWv 30.6.2013 aufgehoben und durch eine neu gegliederte BeschV abgelöst,[7] deren letzte Fassung[8] durch das FEG 2019 wiederum erheblich modifiziert worden ist.

Die mit der – auch nach Inkrafttreten des FEG 2019 grundsätzlich beibehaltenen – Neugliederung der BeschV im Jahr 2013 vorgenommenen Änderungen dienten dem Ziel, gut ausgebildeten Arbeitnehmern die Zuwanderung zur Ausübung der Beschäftigung zu erleichtern[9]. Der Aufbau richtet sich nunmehr danach, ob die Zuwanderung **dauerhaft** oder nur **vorübergehend** angelegt ist. Im allgemeinen Teil war – und ist weiterhin – der Anwendungsbereich beschrieben (§ 1 I aF, § 1 nF) und die Vorrangprüfung als die Prüfung nach § 39 II 1 Nr. 1 aF (§ 1 II aF) definiert. Hierdurch werden nunmehr Verweise auf das AufenthG entbehrlich. Regelungen über den Zugang weniger Qualifizierter wurden gestrichen. Alle Ausländerinnen und Ausländer, die eine Aufenthaltserlaubnis aus völkerrechtlichen, humanitären oder politischen Gründen erhalten haben, erhielten einen uneingeschränkten Zugang zum Arbeitsmarkt, sofern sie dieses Recht nicht aufgrund des AufenthG ohnehin bereits haben. Die durch das FEG 2019 an der BeschV vorgenommenen Änderungen stellen sich in vielen Bereichen als notwendige Folge der Änderungen des AufenthG dar.

Die durch das **FEG 2019** eingefügte neue Verordnungsermächtigung in Abs. 1 Nr. 2 gewährt dem BMAS mit Zustimmung des Bundesrats die Möglichkeit, Beschäftigungen und Bedingungen zu bestimmen, zu denen eine Zustimmung der BA für eine qualifizierte Beschäftigung nach § 19c II unabhängig von der Qualifikation als Fachkraft erteilt werden kann. Damit werde, so die Gesetzesbegründung, entsprechend § 19c II das Ziel verfolgt, beruflich qualifizierte Ausländer zur Beschäftigung zuzulassen, wenn sie zwar eine qualifizierte Berufsausbildung oder ein Studium nicht abgeschlossen haben, jedoch eine langjährige Berufspraxis in Berufen vorweisen können, die eine entsprechende Qualifikation erfordern. Als Beispiel werden IT-Spezialisten genannt, die oftmals auch ohne förmliche Berufsausbildung oder Studium über ihre Tätigkeit eine vergleichbare Qualifikation erworben haben[10]. Die BeschV ist durch das FEG 2019 entsprechend modifiziert worden: Mit § 6 BeschV wird – vor dem Hintergrund von § 19c II AufenthG – eine neue Grundlage für Beschäftigungseinwanderung in Berufen auf dem Gebiet der Informations- und Kommunikationstechnologie für den Fall geschaffen, dass eine Fachkraft ausgeprägte berufspraktische Erfahrung nachweisen kann.

Abs. 1 Nr. 3 enthält entsprechend der Regelung in § 39 II 1 Nr. 4 eine Verordnungsermächtigung in Bezug auf die Regelung von näheren Voraussetzungen für die Ausübung einer Beschäftigung als Fachkraft gem. §§ 18a und 18b. Von der Verordnungsermächtigung wird derzeit kein Gebrauch gemacht.

Von der Ermächtigung, ein **alternatives Verfahren zur Vorrangprüfung vorzusehen (§ 42 II Nr. 1),** hat das BMAS keinen Gebrauch gemacht. Diesen Weg hatte der Zuwanderungsrat für gangbar erachtet, um seinen Vorschlag eines indikatorengestützten Systems der Zulassung Qualifizierter zur Besetzung freier Stellen in Engpässen auf Teilarbeitsmärkten zu verwirklichen[11].

---

[4] BGBl. 2015 I S. 1386.
[5] BGBl. 2019 I S. 1307, in Kraft getreten am 1.3.2020.
[6] Zweite VO zur Änderung der BeschV v. 19.12.2008, BGBl. I S. 2972, Aufhebung der HSchulAbsZugV in Art. 2.
[7] BGBl. 2013 I S. 1499.
[8] Zuletzt geändert durch Art. 2 der Verordnung vom 1.8.2017, BGBl. S. 3066.
[9] Zu den aufenthaltsrechtlichen Aspekten der nichtselbstständigen Beschäftigung ausländischer Fachkräfte aus Drittstaaten in Deutschland s. *Rahne* DB 2012, 2281 und *Bünte/Knödler* NZA 2008, 743.
[10] Vgl. BT-Drs. 19/8285, 105, die unzutreffend auf eine „neue Verordnungsermächtigung von Absatz 2 Nummer 2" verweist – gemeint ist wohl Abs. 1 Nr. 2, wie sich auch aus dem Zusammenhang mit § 19c II ergibt.
[11] Jahresgutachten 2004, S. 218 ff.

1 AufenthG § 43

7 Aufgrund des § 42 II Nr. 3 aF AufenthG verordnete das BMAS die Aussetzung der Vorrangprüfung in 133 von 156 Bezirken der Bundesagentur für Arbeit (BA) ab dem 6.8.2016 für drei Jahre. In seiner Neufassung sieht Abs. 2 Nr. 3 die bereits in § 39 II 2 Hs. 2 und § 39 III Nr. 3 aE angedeutete Möglichkeit vor, die Vorrangprüfung in bestimmten Fällen wieder einzuführen. Beispielhaft nennt das Gesetz selbst die Beschäftigung von Fachkräften in zu bestimmenden Bezirken der BA sowie in bestimmten Berufen. Die Gesetzesbegründung spezifiziert insoweit, dass Fachkräften nach § 39 II 2 Hs. 1 grundsätzlich ein Aufenthaltstitel ohne Vorrangprüfung erteilt werden kann; bei ihnen könne in Arbeitsmarktregionen oder in Berufen mit überdurchschnittlich hoher Arbeitslosigkeit die Vorrangprüfung beibehalten bzw. kurzfristig wieder eingeführt werden[12].

8 Die Verordnungsermächtigung, bezogen auf die Berufe, in denen für Angehörige bestimmter Staaten die Erteilung einer Blauen Karte EU zu versagen ist, weil im Herkunftsland ein Mangel an qualifizierten Arbeitnehmern in diesen Berufsgruppen besteht, ist von § 19a II Nr. 3 aF in der Sache unverändert in Abs. 2 Nr. 6 überführt worden.

III. Weisungsbefugnis

9 Die Weisungsbefugnis des BMAS[13] aufgrund von Abs. 3 entspricht der des alten § 288 SGB III; sie ist auch durch das FEG 2019 unberührt geblieben. Sie stellt ein Instrument der Rechts- und Fachaufsicht gegenüber der Selbstverwaltungsbehörde BA hinsichtlich der Auslegung des AufenthG und der VO dar. Das Weisungsrecht erstreckt sich sowohl auf das „ob" des Erlasses von **Durchführungsanweisungen** als auch auf deren Korrektur. Durchführungsanweisungen der BA existieren zu allen wichtigen Regelungsfeldern[14], ua Durchführungsanweisungen zum AufenthG – DA AufenthG mit Hinweis zu §§ 2, 4, 8, 16, 17, 18, 19, 19a, 39, 40, 41, 42, 104, 105 AufenthG[15]; Durchführungsanweisungen zur Beschäftigungsverordnung – DA BeschV mit Hinweis zur BeschV[16].

Kapitel 3. Integration

§ 43 Integrationskurs

(1) Die Integration von rechtmäßig auf Dauer im Bundesgebiet lebenden Ausländern in das wirtschaftliche, kulturelle und gesellschaftliche Leben in der Bundesrepublik Deutschland wird gefördert und gefordert.

(2) ¹Eingliederungsbemühungen von Ausländern werden durch ein Grundangebot zur Integration (Integrationskurs) unterstützt. ²Ziel des Integrationskurses ist, den Ausländern die Sprache, die Rechtsordnung, die Kultur und die Geschichte in Deutschland erfolgreich zu vermitteln. ³Ausländer sollen dadurch mit den Lebensverhältnissen im Bundesgebiet so weit vertraut werden, dass sie ohne die Hilfe oder Vermittlung Dritter in allen Angelegenheiten des täglichen Lebens selbständig handeln können.

(3) ¹Der Integrationskurs umfasst einen Basis- und einen Aufbausprachkurs von jeweils gleicher Dauer zur Erlangung ausreichender Sprachkenntnisse sowie einen Orientierungskurs zur Vermittlung von Kenntnissen der Rechtsordnung, der Kultur und der Geschichte in Deutschland. ²Der Integrationskurs wird vom Bundesamt für Migration und Flüchtlinge koordiniert und durchgeführt, das sich hierzu privater oder öffentlicher Träger bedienen kann. ³Für die Teilnahme am Integrationskurs sollen Kosten in angemessenem Umfang unter Berücksichtigung der Leistungsfähigkeit erhoben werden. ⁴Zur Zahlung ist auch derjenige verpflichtet, der dem Ausländer zur Gewährung des Lebensunterhalts verpflichtet ist.

(4) ¹Die Bundesregierung wird ermächtigt, nähere Einzelheiten des Integrationskurses, insbesondere die Grundstruktur, die Dauer, die Lerninhalte und die Durchführung der Kurse, die Vorgaben bezüglich der Auswahl und Zulassung der Kursträger sowie die Voraussetzungen und die Rahmenbedingungen für die ordnungsgemäße und erfolgreiche Teilnahme und ihre Bescheinigung einschließlich der Kostentragung, sowie die Datenverarbeitung nach § 88a Absatz 1 und 1a durch eine Rechtsverordnung ohne Zustimmung des Bundesrates zu regeln. ²Hiervon ausgenommen sind die Prüfungs- und Nachweismodalitäten der Abschlusstests zu den Integrationskursen, die das Bundesministerium des Innern, für Bau und Heimat durch Rechtsverordnung ohne Zustimmung des Bundesrates regelt.

---

[12] Vgl. BT-Drs. 19/8285, 110, die unzutreffend auf Abs. 3 Nr. 3 verweist – gemeint ist wohl Abs. 2 Nr. 3.
[13] *Breidenbach* BeckOK AuslR § 42 Rn. 4.
[14] Alle relevanten Durchführungsanweisungen, Rundschreiben etc abrufbar unter: www.arbeitsagentur.de.
[15] www.arbeitsagentur.de.
[16] www.arbeitsagentur.de.

Integrationskurs § 43 AufenthG 1

Allgemeine Verwaltungsvorschrift
43 Zu § 43 – Integrationskurs
43.0 Allgemeines
Der Integrationskurs ist ein staatliches Grundangebot zur Integration. Er richtet sich an neu nach Deutschland kommende Zuwanderer mit dauerhafter Aufenthaltsperspektive sowie im Wege der nachholenden Integration an Ausländer, die schon länger rechtmäßig in Deutschland leben. Darüber hinaus können integrationsbedürftige Unionsbürger und deutsche Staatsangehörige zur Teilnahme an einem Integrationskurs zugelassen werden. Der Anspruch von Spätaussiedlern und der in deren Aufnahmebescheid einbezogenen Familienangehörigen auf Teilnahme an einem Integrationskurs sowie die Inhalte entsprechender Integrationskurse sind in § 9 Absatz 1 BVFG geregelt. Der Schwerpunkt der Integrationsbemühungen wird auf den Erwerb der deutschen Sprache gelegt, da deutsche Sprachkenntnisse Voraussetzung für eine erfolgreiche Integration sind. Darüber hinaus werden Kurse zur Einführung in die Rechtsordnung, die Kultur und die Geschichte in Deutschland angeboten. Sie sollen den Zuwanderern helfen, sich in der deutschen Gesellschaft zu orientieren und im alltäglichen Leben selbständig handeln zu können.

43.1 Förderung der Integration
43.1.1 § 43 Absatz 1 bestimmt, dass die Integration von rechtmäßig auf Dauer in Deutschland lebenden Ausländern staatliche Aufgabe ist. Integration wird nicht nur gefördert, sondern auch gefordert. Dies dient umgekehrt der Klarstellung, dass Integration nicht nur gefördert wird, sondern dass von Ausländern Integrationsbemühungen auch gefordert werden. Der Umfang der Förderung richtet sich nach den folgenden Bestimmungen und der auf der Grundlage des § 43 Absatz 4 erlassenen IntV. Die Integration ist auf die Eingliederung in das wirtschaftliche, kulturelle und gesellschaftliche Leben in Deutschland gerichtet.
43.1.2 Gefördert wird nach § 43 Absatz 1 die Integration von rechtmäßig auf Dauer in Deutschland lebenden Ausländern. Ausländer, die sich nicht rechtmäßig oder nicht dauerhaft in Deutschland aufhalten, erhalten keine Förderung nach den §§ 43 bis 45. Zur Frage der Dauer des Aufenthaltes siehe Nummer 44.1.1.

43.2 Grundangebot zur Integration
43.2.1 Nach § 43 Absatz 2 wird das Angebot der gezielten Förderung durch ein staatliches Grundangebot zur Integration realisiert, den Integrationskurs. Die Integrationskurse sollen als staatliches Grundangebot ein Minimum an erforderlicher Integration gewährleisten. Die staatliche Förderung soll die Integrationsbemühungen der Ausländer unterstützen, nicht aber ersetzen. Ohne eigenständige Integrationsbemühungen ist eine erfolgreiche Integration nicht zu erwarten.
43.2.2 Neben der bisherigen Verpflichtung zur ordnungsgemäßen Teilnahme ist das Ziel der erfolgreichen Vermittlung der Sprache, Rechtsordnung und Kultur und Geschichte in Deutschland durch das Richtlinienumsetzungsgesetz neu aufgenommen worden. Noch immer erreichen zu wenige Teilnehmer der Integrationskurse das vorgesehene Sprachniveau B 1 des Gemeinsamen europäischen Referenzrahmens für Sprachen (Empfehlungen des Ministerkomitees des Europarates an die Mitgliedsaaten Nummer R (98) 6 vom 17. März 1998 zum Gemeinsamen europäischen Referenzrahmen für Sprachen – GER). Die Prüfungsteilnahme wird deshalb als generelles Ziel für die Kursteilnahme vorgesehen. Über das Prüfergebnis wird eine entsprechende Bescheinigung ausgestellt (siehe Nummer 43.3.2).
In der Evaluation der Kurse konnte festgestellt werden, dass eine gezielte Prüfungsvorbereitung unabhängig von der Vorqualifikation der Ausländer zu höheren Erfolgsquoten im Vergleich zu denjenigen Sprachkursen führt, bei denen keine Prüfungsvorbereitung erfolgt. Mit der gesetzlichen Zielbestimmung der erfolgreichen Vermittlung wird das Ziel verfolgt, dass in der Kurspraxis durchgehend eine Prüfungsvorbereitung erfolgen wird, damit die Erfolgsquoten beim Erreichen des Kursziels erhöht werden können.
43.2.3 In Satz 3 wird das gesetzgeberische Ziel der erfolgreichen Vermittlung veranschaulicht: Der Integrationskurs fördert vor allem den zur Kommunikation und zur täglichen Verständigung unverzichtbaren Erwerb deutscher Sprachkenntnisse sowie den Erwerb von Grundkenntnissen der Rechts- und Wirtschaftsordnung, der Kultur, der Geschichte und der Lebensverhältnisse in Deutschland. Wesentlich ist auch die Vermittlung von Rechten und Pflichten, die den Umgang mit Behörden und anderen Verwaltungseinrichtungen erleichtern und jedem Ausländer die eigenständige Orientierung in allen Lebensbereichen ermöglichen sollen.

43.3 Inhalte der Integrationskurse, Rahmenbedingungen
43.3.1 Nach § 43 Absatz 3 Satz 1 setzt sich der Integrationskurs zusammen aus einem Basis- und einem Aufbausprachkurs sowie einem Orientierungskurs, der die wesentlichen Kenntnisse über die Lebensverhältnisse in Deutschland, der Rechtsordnung, der Kultur und der Geschichte Deutschlands, insbesondere auch die Werte des demokratischen Staatswesens der Bundesrepublik Deutschland und der Prinzipien der Rechtsstaatlichkeit, Gleichberechtigung, Toleranz und Religionsfreiheit vermitteln soll. Die abschließende Aufzählung der Kurselemente lässt für eine Erweiterung des Kursangebotes selbst keinen Spielraum.
Das gesetzliche Sprachkursziel ist die Erlangung ausreichender deutscher Sprachkenntnisse (§ 43 Absatz 3 Satz 1, § 9 Absatz 2 Satz 1 Nummer 7 i. V. m. Satz 2). Über ausreichende Kenntnisse der deutschen Sprache verfügt, wer sich im täglichen Leben in seiner Umgebung selbständig sprachlich zurechtfinden und entsprechend seinem Alter und Bildungsstand ein Gespräch führen und sich schriftlich ausdrücken kann (Niveau B 1 des GER), vgl. § 3 Absatz 2 IntV (siehe Nummer 43.4.3.2).
43.3.2 Nach § 17 Absatz 4 IntV bescheinigt das Bundesamt für Migration und Flüchtlinge die erfolgreiche Teilnahme am Integrationskurs mit dem „Zertifikat Integrationskurs". Eine erfolgreiche Teilnahme ist nach § 17 Absatz 2 IntV bei Bestehen des Sprachtests für das Sprachniveau B 1 sowie des Tests zum Orientierungskurs gegeben. War die Teilnahme am Integrationskurs nicht erfolgreich, wird das tatsächlich erreichte Ergebnis des Abschlusstests durch eine Bescheinigung bestätigt.
43.3.3 Der Integrationskurs wird als einheitliches Grundangebot des Bundes durch das Bundesamt für Migration und Flüchtlinge durchgeführt, das sich dazu der jeweils geeigneten privaten oder öffentlichen Träger bedienen kann (siehe Nummer 43.4.1). Der Bund bringt durch Organisation und Finanzierung des Integrationskurses den hohen politischen und gesellschaftlichen Stellenwert zum Ausdruck, den er der Integration beimisst.
43.3.4 § 43 Absatz 3 Satz 3 stellt den Grundsatz der angemessenen Kostenbeteiligung für die Teilnahme am Integrationskurs klar (Soll-Regelung) und bildet die Rechtsgrundlage für die Kostenerhebung (vgl. dazu § 9 Absatz 1

IntV), wobei nach § 43 Absatz 3 Satz 4 auch auf die Leistungsfähigkeit von unterhaltsverpflichteten Personen abgestellt wird (siehe Nummer 43.4.9.1).

43.4 Rechtsverordnungsermächtigung; Hinweise zur IntV

43.4.0 Die Bundesregierung hat aufgrund der Ermächtigung aus § 43 Absatz 4 die Verordnung über die Durchführung von Integrationskursen für Ausländer und Spätaussiedler (Integrationskursverordnung – IntV) vom 13. Dezember 2004 (BGBl. I S. 3370) erlassen, die mit der Änderungsverordnung vom 5. Dezember 2007 (BGBl. I S. 2787) an die neuen gesetzlichen Bestimmungen in Folge des Richtlinienumsetzungsgesetzes angepasst wurde.

43.4.1 Zu § 1 – IntV – Durchführung der Integrationskurse

Mit § 1 IntV wird klargestellt, dass der Bund die Durchführung der Kurse grundsätzlich nicht selbst vornimmt. In tatsächlicher Hinsicht werden Integrationskurse von qualifizierten Kursträgern durchgeführt (vgl. § 43 Absatz 3 Satz 2). Das Bundesamt für Migration und Flüchtlinge nimmt seine Koordinierungs- und Steuerungsfunktion insbesondere auf regionaler und örtlicher Ebene wahr.

43.4.2 Zu § 2 – IntV – Anwendungsbereich der Verordnung

§ 2 IntV bestimmt, dass die Verordnung auch für Unionsbürger und ihre Familienangehörigen gilt, die nach § 11 Absatz 1 Satz 1 FreizügG/EU i. V. m. § 44 Absatz 4 zum Integrationskurs zugelassen werden können. Hierdurch wird sichergestellt, dass die aus dem Anwendungsbereich des Aufenthaltsgesetzes herausfallenden Unionsbürger, deren Einreise- und Aufenthaltsrecht in der spezialgesetzlichen Regelung des FreizügG/EU niedergelegt sind, auf Antrag an Integrationskursen nach § 44 Absatz 4 teilnehmen können. Einen Anspruch auf Teilnahme haben Unionsbürger und ihre Familienangehörigen dabei ebenso wenig wie bereits im Bundesgebiet vor dem 1. Januar 2005 aufhältige Ausländer (vgl. § 44 Absatz 4 i. V. m. § 5 IntV).

43.4.3 Zu § 3 – IntV – Ziel des Integrationskurses

43.4.3.1 Ziele des Integrationskurses sind die erfolgreiche Vermittlung ausreichender Kenntnisse der deutschen Sprache sowie die Vermittlung von Grundkenntnissen der Rechts- und Wirtschaftsordnung, der Kultur, der Geschichte und der Lebensverhältnisse in Deutschland. Der Integrationskurs soll dem Teilnehmer zum selbständigen Handeln in allen Angelegenheiten des täglichen Lebens verhelfen.

43.4.3.2 § 3 Absatz 2 IntV definiert unter Bezugnahme auf das Sprachniveau B 1 GER den Begriff der ausreichenden deutschen Sprachkenntnisse. Das Niveau B 1 GER setzt folgende sprachliche Fähigkeiten bei allen Sprachkompetenzen (Hören, Sprechen, Lesen und Schreiben) voraus: Kann die Hauptpunkte verstehen, wenn klare Standardsprache verwendet wird und wenn es um vertraute Dinge aus Arbeit, Schule, Freizeit usw. geht. Kann die meisten Situationen bewältigen, denen man auf Reisen im Sprachgebiet begegnet. Kann sich einfach und zusammenhängend über vertraute Themen und persönliche Interessengebiete äußern. Kann über Erfahrungen und Ereignisse berichten, Träume, Hoffnungen und Ziele beschreiben und zu Plänen und Ansichten kurze Begründungen oder Erklärungen geben.

43.4.4 Zu § 4 – IntV – Teilnahmeberechtigung

43.4.4.1 § 4 Absatz 1 IntV enthält die Definition der Teilnahmeberechtigung und umschreibt den Umfang des mit der Teilnahmeberechtigung verbundenen Rechts auf einmalige Teilnahme am Integrationskurs. Zum Erlöschen bzw. Nichtbestehen des Teilnahmeanspruchs siehe Nummer 44.2 und Nummer 44.3.

43.4.4.2 Mit § 4 Absatz 2 IntV wird definiert, wann i. d. R. von einem erkennbar geringen Integrationsbedarf i. S. v. § 44 Absatz 3 Satz 1 Nummer 2 auszugehen ist (vgl. Nummer 30.1.4.2.3.1).

43.4.4.3 § 4 Absatz 3 IntV beschreibt einen nicht abschließenden Regelfall der besonderen Integrationsbedürftigkeit i. S. v. § 44a Absatz 1 Satz 1 Nummer 3. Maßstab für die besondere Integrationsbedürftigkeit sind soziale Problemlagen im unmittelbaren Lebens- und Arbeitsumfeld aufgrund von Integrationsdefiziten, die auf fehlende Sprachkenntnisse zurückzuführen sind.

43.4.4.4 Teilnahmeverpflichteten Beziehern von Leistungen nach dem SGB II sowie Teilnahmeberechtigten, die von der Kostenbeitragspflicht nach § 9 Absatz 2 IntV befreit wurden, erstattet das Bundesamt gemäß § 4 Absatz 4 IntV die notwendigen Fahrtkosten. Anderen Teilnahmeverpflichteten kann das Bundesamt einen Fahrtkostenzuschuss gewähren. Damit trägt § 4 Absatz 4 IntV dem Wegfall des Kriteriums der zumutbaren Erreichbarkeit von Kursplätzen Rechnung. An die Stelle der Zumutbarkeit tritt die Erstattung der notwendigen Fahrtkosten bzw. die Gewährung eines Fahrtkostenzuschusses für Teilnahmeverpflichtete. Sie sollen Teilnahmeverpflichteten die tatsächliche Teilnahme am Integrationskurs ermöglichen. Das Nähere wird in einer Verwaltungsvorschrift des Bundesamtes geregelt, die auch die Umsetzung der Regelung in § 9 Absatz 1 Satz 5 BVFG zur Fahrtkostenerstattung der Spätaussiedler einbeziehen wird.

43.4.5 Zu § 5 – IntV – Zulassung zum Integrationskurs

43.4.5.1 § 5 Absatz 1 IntV regelt das Verfahren zur Umsetzung der Teilnahmeberechtigung nach § 44 Absatz 4.

43.4.5.2 Der Ausländer braucht für die Zulassung zur Kursteilnahme nicht persönlich beim Bundesamt vorstellig zu werden. Die Zulassung zur Kursteilnahme erfolgt auf schriftlichen Antrag und kann schriftlich durch das Bundesamt erledigt werden. Der Antrag soll zur Vereinfachung auch über einen Kursträger erfolgen können. Durch die Befristung der Zulassung in § 5 Absatz 2 Satz 1 IntV soll die Anmeldung des Zugelassenen innerhalb von zwei Jahren sichergestellt werden.

43.4.5.3 Bei der Verteilung verfügbarer Kursplätze im Rahmen der Ermessensentscheidung nach § 44 Absatz 4 ist insbesondere die individuelle Integrationsbedürftigkeit sowie die Angewiesenheit auf finanzielle Unterstützung zu berücksichtigen. Die in § 5 Absatz 3 Satz 2 Nummer 1 bis 4 IntV genannten Fallgruppen sind hierbei vorrangig zu berücksichtigen. § 5 Absatz 3 Satz 2 Nummer 4 IntV konkretisiert den Begriff der besonderen Integrationsbedürftigkeit deutscher Staatsangehöriger gemäß § 44 Absatz 4.

43.4.5.4 Absatz 4 dient der Umsetzung der neuen Zielbestimmung der erfolgreichen Vermittlung der Sprache, Rechtsordnung, Kultur und Geschichte in Deutschland in § 43 Absatz 2. Wer gemäß einer Verpflichtung am Integrationskurs teilgenommen hat, aber das Kursziel im Sprachtest – Nachweis von Sprachkenntnissen des Niveaus B 1 GER – nicht erreicht, kann unter Inanspruchnahme der staatlichen Förderung einmalig zur Wiederholung des Aufbausprachkurses (300 Unterrichtsstunden) und der Abschlussprüfung durch das Bundesamt zugelassen werden (vgl. Nummer 43.4.17.3).

43.4.6 Zu § 6 – IntV – Bestätigung der Teilnahmeberechtigung
43.4.6.1 § 6 Absatz 1 IntV sieht die Aushändigung einer Bestätigung über die Teilnahmeberechtigung nach § 44 an den Ausländer durch die Ausländerbehörde bzw. den Träger der Grundsicherung für Arbeitsuchende mit den erforderlichen Angaben vor.
43.4.6.2.1 Nach § 6 Absatz 2 IntV soll Personen, die gemäß § 8 Absatz 1 BVFG als (voraussichtliche) Spätaussiedler oder deren Ehegatten oder Abkömmlinge registriert werden, zusammen mit dem Registrierschein vom Bundesverwaltungsamt die Bestätigung der Teilnahmeberechtigung am Integrationskurs ausgehändigt werden. Eine endgültige, für die Leistungsbehörden bindende Feststellung der Anspruchsberechtigung erfolgt jedoch erst mit der Entscheidung über die Ausstellung der Bescheinigung nach § 15 Absatz 1 oder 2 BVFG. Bei negativer Entscheidung durch das Bundesverwaltungsamt wird die Teilnahmeberechtigung aufgehoben. Auch Personen, die vor dem 1. Januar 2005 registriert worden sind, erhalten auf formlosen Antrag vom Bundesverwaltungsamt eine Bestätigung der Teilnahmeberechtigung. In diesen Fällen sind gemäß § 100b Absatz 2 BVFG noch die Länder für die Durchführung des Bescheinigungsverfahrens zuständig. Das Bundesverwaltungsamt erlangt in diesen Fällen von einem eventuellen negativen Ausgang des Bescheinigungsverfahrens keine Kenntnis. Deshalb zeigt es grundsätzlich für die Durchführung des Bescheinigungsverfahrens zuständigen Landesbehörde an, dass die Teilnahmeberechtigung bestätigt wurde, um ggf. eine Aufhebung der Teilnahmeberechtigung zu ermöglichen. Eine Anzeige ist nicht erforderlich, wenn das Bundesverwaltungsamt durch Vorlage einer Bescheinigung Kenntnis von einem positiven Ausgang des Bescheinigungsverfahrens erlangt hat.
43.4.6.2.2 Für Familienangehörige von Spätaussiedlern, die nicht in den Aufnahmebescheid einbezogen wurden und damit nicht teilnahmeberechtigt i. S. d. § 4 Absatz 1 Satz 1 Nummer 2 IntV sind, richtet sich die Bestätigung der Teilnahmeberechtigung nach § 6 Absatz 1 IntV. Eine Bestätigung durch das Bundesverwaltungsamt erfolgt auch dann nicht, wenn die Betreffenden in das Verteilerverfahren einbezogen wurden.
43.4.6.3 Mit einheitlichen Vordrucken für die Bestätigung soll ein bundeseinheitliches Verfahren bei der Ausstellung von Teilnahmebestätigungen gewährleistet werden.
43.4.6.4 Für den Teilnehmer sind das Integrationskursangebot und dessen integrationspolitische Ziele transparent zu machen und durch ein Merkblatt zu erläutern. Dieses Merkblatt ist in den Hauptherkunftssprachen der Zuwanderer zu erstellen. Neben dem Anmeldeverfahren und den Kursinhalten (einschließlich Abschlusstest) sind auch die rechtlichen Aspekte (u. a. Auswirkungen auf die Erteilung einer Niederlassungserlaubnis und auf die Einbürgerung) sowie die sich aus der Teilnahme ergebenden Pflichten, insbesondere die Mitwirkungspflichten in § 7 Absatz 2 IntV (Nachweis der Kursanmeldung) und in § 14 Absatz 5 Satz 3 IntV (Nachweis der ordnungsgemäßen Teilnahme am Integrationskurs) in einer für den Zuwanderer verständlichen Form darzustellen.
43.4.7 Zu § 7 – IntV – Anmeldung zum Integrationskurs
43.4.7.1 Mit § 7 Absatz 1 IntV wird darauf verwiesen, dass die Anmeldung zum Integrationskurs durch den Teilnahmeberechtigten bei einem zugelassenen Kursträger seiner Wahl selbst erfolgt. Weiterhin regelt er die in dem Anmeldeformular aufzunehmenden Informationen. Diese Daten sollen einerseits der Identifizierung der Teilnehmer (Name, Vorname, Geburtsdatum, Geburtsort) dienen und darüber hinaus eine sinnvolle Zusammensetzung der Kurse sowie insbesondere die Einrichtung von Kursen für spezielle Zielgruppen (insbesondere Jugendintegrations-, Eltern-/Frauen-, Alphabetisierungs- und Förderkurs) gewährleisten. Die Identifizierung der Teilnehmer ist sowohl für die spätere Abrechnung der Kurse zwischen Bundesamt und Kursträger als auch zur Vermeidung von Missbrauch notwendig (durch mehrfache Inanspruchnahme von Kursen durch denselben Kursteilnehmer. Aufgrund der Angaben zu Nationalität und Bildungsstand ist es möglich, die Kurse einerseits homogen in Bezug auf die erwartete Lernübtheit, andererseits aber mit Teilnehmern verschiedener Nationalitäten zusammenzusetzen, um für die einzelnen Teilnehmer einen hohen Lernerfolg zu erreichen. Die Angaben zur Schreibkundigkeit und zum Geschlecht ermöglichen eine Kursbildung für spezifische Zielgruppen.
43.4.7.2 § 7 Absatz 2 IntV regelt im Fall der Teilnahmepflicht an einem Integrationskurs die Auferlegung einer entsprechenden Mitwirkungspflicht des Ausländers. Die Anmeldung zum Kurs hat unverzüglich zu erfolgen. Zum Zwecke der Kurskontrolle kann die verpflichtende Stelle den Ausländer auffordern, den Nachweis der Anmeldung zu erbringen.
43.4.7.3 Um nach Ausstellung einer Berechtigung oder Verpflichtung eine schnelle Aufnahme des Integrationskurses zu gewährleisten, werden die Kursträger gehalten, die Kurse zeitnah nach der Anmeldung zu beginnen.
43.4.8 Zu § 8 – IntV – Datenübermittlung
43.4.8.0 Nach der Anmeldung des Teilnahmeberechtigten bei einem Kursträger übermittelt dieser die Anmeldedaten an das Bundesamt (§ 8 Absatz 2). Dort werden die Daten zentral gespeichert. Zum Zwecke der Kurskontrolle kann die verpflichtende Stelle zum einen den Ausländer auffordern, den Nachweis der Anmeldung zu erbringen (siehe § 7 Absatz 2 IntV) oder zum anderen die Daten beim Bundesamt erfragen (siehe § 8 Absatz 3 Satz 2 IntV). Ausländerbehörden und Träger der Grundsicherung für Arbeitsuchende haben die Möglichkeit, über das Bundesamt den Kursverlauf verpflichteter Ausländer zu erfragen (siehe § 8 Absatz 3 Satz 2 IntV). Für teilnahmeverpflichtete Ausländer teilt der Kursträger der zuständigen Ausländerbehörde oder dem zuständigen Träger der Grundsicherung für Arbeitsuchende Verletzungen der Teilnahmepflicht mit (siehe § 8 Absatz 3 Satz 1 IntV). Die Ausländerbehörden und die Träger der Grundsicherung für Arbeitsuchende können auch nach Abschluss des Integrationskurses den zur Teilnahme verpflichteten Ausländer auffordern, die ordnungsgemäße Teilnahme nachzuweisen. Der Kursträger hat dem Ausländer auf Verlangen eine Bescheinigung über die ordnungsgemäße Teilnahme auszustellen (siehe § 14 Absatz 5 IntV).
43.4.8.1 § 8 Absatz 1 IntV regelt die Zusammenarbeit und die Datenübermittlung zwischen den Ausländerbehörden, den Trägern der Grundsicherung für Arbeitsuchende, dem Bundesverwaltungsamt und dem Bundesamt. Zur Vermeidung von Verwaltungsaufwand laufen die Meldewege zentral über das Bundesamt. Ausländerbehörde, Träger der Grundsicherung für Arbeitsuchende und Bundesverwaltungsamt übermitteln dem Bundesamt die Daten der von ihnen nach § 6 Absatz 1 oder 2 IntV ausgestellten Bestätigungen (Verpflichtung oder Berechtigung zur Kursteilnahme). Das Bundesamt fasst diese Informationen gebündelt zusammen. Um Doppelverpflichtungen oder das Nebeneinander von Berechtigung und Verpflichtung zu vermeiden, haben die Ausländerbehörde oder der Träger der Grundsicherung für Arbeitsuchende die Möglichkeit des Datenabgleichs über das koordinierende Bundesamt.

43.4.8.2 § 8 Absatz 2 IntV beinhaltet die Übermittlung der Anmeldedaten an das Bundesamt. Hierdurch soll die Wahrnehmung der Koordinierungs- und Durchführungsfunktion durch das Bundesamt gewährleistet werden. Absatz 2 Satz 2 sieht die Übermittlung von Daten des Kursträgers an das Bundesamt zu Zwecken der Abrechnung und Teilnahmeförderung vor. Es handelt sich um Daten, die für die Steuerung und Koordinierung des bundesweiten Kursangebotes für das Bundesamt erforderlich sind. Das Bundesamt ist aufgrund der Übermittlung der Testergebnisse des Einstufungstests in der Lage, den Bedarf an Integrationskursen für spezielle Zielgruppen festzustellen und kann ggf. den Besuch eines spezifischen Integrationskurses beim Teilnehmer direkt anregen und auf diese Weise das Zustandekommen solcher Kurse für Interessierte ermöglichen, ohne durch eine verbindliche Zuweisung in die Entscheidungsfreiheit der Teilnehmer einzugreifen.

43.4.8.3 Im Hinblick auf die Sanktionsregelungen ist der Kursträger nach Absatz 3 Satz 1 verpflichtet, der zuständigen Ausländerbehörde bzw. dem zuständigen Träger der Grundsicherung für Arbeitsuchende Verletzungen der Teilnahmepflicht mitzuteilen (verletzt ein Kursträger wiederholt diese Mitwirkungspflicht, kann das Bundesamt die Zulassung als Kursträger widerrufen, § 20 Absatz 5 Satz 7 IntV). In engem Zusammenhang mit der Regelung in Absatz 3 Satz 1 steht die Regelung in § 14 Absatz 5 Satz 3 IntV, wonach der zur Teilnahme verpflichtete Ausländer jederzeit von der zuständigen Stelle aufgefordert werden kann, die bis dahin ordnungsgemäße Teilnahme nachzuweisen. Die in Absatz 3 Satz 2 geregelte Übermittlung der Daten zur Kursteilnahme des zur Teilnahme verpflichteten Ausländers durch das Bundesamt an die zuständige Ausländerbehörde bzw. den zuständigen Träger der Grundsicherung für Arbeitsuchende soll nur dann erfolgen, wenn der Kursträger seiner Verpflichtung zur Datenübermittlung nach Absatz 3 Satz 1 nicht nachkommt.

43.4.8.4 Die teilnehmerbezogenen Daten dürfen nur zurbedarfsgerechten Durchführung und Koordination des Kursangebotes, zur Umsetzung und Kontrolle der Teilnahmeverpflichtung und zur Auswertung des Kursangebotes gespeichert und verwendet werden.

Durch § 8 Absatz 4 IntV wird sichergestellt, dass die Erhebung personenbezogener Daten allein der Durchführung und Abrechnung der Kurse dient. Die Speicherung des Namens und Geburtsdatums für einen Zeitraum von bis zu zehn Jahren ist dabei zur Vermeidung von Missbrauch erforderlich. Diese Daten sollen auch nach Kursabschluss die Identifizierung der Teilnehmer ermöglichen, um zu verhindern, dass Integrationskurse mehrmals auf Staatskosten von demselben Teilnehmer besucht werden.

43.4.8.5 Die Datenübermittlung insbesondere zwischen dem Bundesamt und der Ausländerbehörde bzw. den Trägern der Grundsicherung für Arbeitsuchende soll möglichst auf elektronischer Basis erfolgen.

43.4.9 Zu § 9 – IntV – Kostenbeitrag

43.4.9.0 § 9 IntV regelt die Eigenbeteiligung des Teilnehmers an den Kurskosten. Es ist sowohl im Hinblick auf das mit der Zuwanderung verfolgte Eigeninteresse verhältnismäßig als auch zur Motivation zur tatsächlichen Teilnahme am Integrationskurs sinnvoll, den Teilnehmer an den Kurskosten in angemessenem Umfang zu beteiligen.

43.4.9.1 § 9 Absatz 1 IntV legt die Höhe des Kostenbeitrages auf 1,00 Euro pro Unterrichtsstunde fest. Nicht nur der Teilnehmer selbst ist verpflichtet, den Kostenbeitrag zu erbringen, sondern bei dessen Mittellosigkeit auch der zum Lebensunterhalt Verpflichtete. Dies ist insbesondere beim Familiennachzug von Belang. In Höhe des Kostenbeitrags wird die Zahlungspflicht des Bundesamtes gegenüber dem Kursträger im Rahmen des Abrechnungsverfahrens vermindert.

43.4.9.2 Mit der Möglichkeit der vollständigen Befreiung von der Zuzahlung nach § 9 Absatz 2 IntV wird dem Auftrag des Gesetzgebers Rechnung getragen, die Kosten unter Berücksichtigung der Leistungsfähigkeit zu erheben (§ 43 Absatz 3 Satz 3). Das Bundesamt kann in besonderen Fällen auf Antrag einen Ausländer von seiner Kostenbeitragspflicht befreien, soweit die Übernahme des vollen Kostenbeitrags durch den Ausländer unter Berücksichtigung seiner persönlichen Umstände und wirtschaftlichen Situation eine unzumutbare Härte ergeben würde.

43.4.9.3 Mit der in § 9 Absatz 3 IntV geregelten Kostenbeitragsvorauszahlung wird das finanzielle Risiko des Kursträgers verringert. Der Kursträger erhält eine gewisse Planungssicherheit, welcher angemeldete Teilnehmer auch tatsächlich am Integrationskurs teilnehmen wird. Für den Teilnehmer wird überdies eine zusätzliche Motivation zur Kursteilnahme geschaffen.

43.4.9.4 § 9 Absatz 4 IntV sanktioniert den vom Kursteilnehmer zu vertretenden Kursabbruch des Teilnehmers, indem ihm grundsätzlich die Erstattung des vollen Stundensatzes für den jeweiligen Kursabschnitt auferlegt wird. Um den jeweiligen Kurs auch im Interesse der anderen Teilnehmer zu Ende führen zu können, soll das durch den Kursabbruch verursachte finanzielle Risiko des Kursträgers abgefangen werden.

43.4.9.5 Spätaussiedler können aufgrund ihres Anspruchs nach § 9 Absatz 1 Satz 1 BVFG einmalig kostenlos am Integrationskurs teilnehmen.

43.4.9.6 Absatz 6 trägt der gesetzlichen Zielbestimmung der erfolgreichen Teilnahme Rechnung, indem finanzielle Anreize geschaffen werden, sich zügig bei einem Kursträger anzumelden und den Integrationskurs in angemessener Zeit erfolgreich abzuschließen.

43.4.10 Zu § 10 – IntV – Grundstruktur des Integrationskurses

43.4.10.1 Nach der gesetzlichen Regelung in § 43 Absatz 3 und in § 9 Absatz 1 und 5 BVFG ist der Integrationskurs in einen Sprach- und Orientierungskurs gegliedert. Die abschließende Aufzählung der Kurselemente lässt für eine Erweiterung des Kursangebotes selbst keinen Spielraum.

43.4.10.2 § 10 Absatz 2 IntV verweist darauf, dass das Bundesamt die inhaltliche Ausgestaltung des Sprachkurses sowie des Orientierungskurses festlegt. Das Bundesamt legt hierfür ein entsprechendes Konzept mit dem Ziel vor, dass damit ein möglichst hoher Anteil der Teilnehmer das Kursziel Sprachniveau B 1 innerhalb des GER erreicht. Das Konzept verfolgt den Grundsatz der individuellen Förderung zur Erreichung des Kursziels. Danach kann auch vorgesehen werden, dass der Kursträger mit dem einzelnen Teilnehmer einen individuellen Lehrplan auf der Grundlage einer Sprachstandsprüfung entwickelt, in dem die einzelnen Lernabschnitte, Etappen und Maßnahmen vereinbart und schriftlich festgehalten werden.

43.4.11 Zu § 11 – IntV – Grundstruktur des Sprachkurses

43.4.11.1 Der Sprachkurs gliedert sich in einen Basis- und in einen Aufbausprachkurs. Um eine an den Vorkenntnissen der Teilnehmer orientierte Gestaltung der Kurse zu ermöglichen, ist ein differenzierter und modularer Aufbau in jeweils drei Kursabschnitte vorgesehen. Dies stellt gleichzeitig die Abrechnungsgröße für den Kursträger gegenüber dem Bundesamt dar. Ist eine Differenzierung der Teilnehmer nach Progressionsstufen auf

Grund geringer Teilnehmerzahlen nicht möglich, soll der Kurs in einer Lerngruppe durchgeführt werden. In diesen Fällen muss mit einer Binnendifferenzierung gearbeitet werden. Der modulare Aufbau bleibt davon unberührt.

Der modulare Aufbau folgt dem Grundsatz der individuellen Förderung. In Abhängigkeit vom erreichten Sprachstand und dem Lernfortschritt ist ein Wechsel und Überspringen einzelner Module möglich. Hierzu ist im Einzelfall die Zustimmung des Kursträgers erforderlich, der seine Entscheidung am Stand der Deutschkenntnisse, der Bildungsvoraussetzung und Lerngeschwindigkeit des Teilnehmers sowie an einer Prognose zum – schnelleren – Erreichen des Kursziels ausrichtet. Auch ein Überspringen des Basissprachkurses ist möglich. So ist eine Teilnahme am Basissprachkurs nicht mehr sinnvoll, wenn das durchschnittlich im Basissprachkurs zu erreichende Sprachstandsniveau bereits erreicht ist oder nicht mehr wesentlich gefördert werden kann. In Zweifelsfällen bringt der Sprachtest am Ende des Basissprachkurses auch ohne die vorherige Teilnahme Sicherheit.

43.4.11.2 Der Einstufungstest ist verpflichtend; er gibt Aufschluss über bereits vorhandene deutsche Sprachkenntnisse. Dadurch soll sichergestellt werden, dass die unterschiedlichen Voraussetzungen, die die Teilnehmenden mitbringen, bei der Kurszusammensetzung angemessen berücksichtigt werden sowie die Einordnung in das richtige Modul des Integrationskurses gewährleistet wird.

43.4.11.3 Um den aktiven Gebrauch der deutschen Sprache zu fördern und die Erprobung im alltäglichen Leben zu ermöglichen, kann der Aufbausprachkurs zum Zweck eines Praktikums unterbrochen werden. Ein Praktikum zusätzlich zu den 600 Sprach-Unterrichtsstunden kann jedoch nicht über die für die Durchführung des Integrationskurses zur Verfügung stehenden Mittel finanziert werden.

43.4.12 Zu § 12 – IntV – Grundstruktur des Orientierungskurses

Der Orientierungskurs ergänzt das Sprachkursangebot und soll den Integrationsprozess beschleunigen. Die Durchführung des Orientierungskurses erfolgt im Anschluss an den Sprachkurs und in deutscher Sprache (vgl. § 10 Absatz 1 IntV). Er bietet neben der reinen Wissensvermittlung auch Anwendungs- und Weiterentwicklungsmöglichkeiten der erreichten Sprachkenntnisse und führt insoweit zu einem Synergieeffekt. Der Integrationskurs sollte möglichst in einer Hand bleiben, da die Lehrkraft die Teilnehmer bereits kennt und die individuellen Lernfähigkeiten und Lernvoraussetzungen einschätzen kann. In Ausnahmefällen, und zwar dann, wenn sich die Fachkompetenz der Lehrkraft ausschließlich auf den Sprachkurs bezieht, kann der Kursträger im Wege einer Trägergemeinschaft die Durchführung des Orientierungskurses einem anderen zugelassenen Kursträger überlassen.

43.4.13 Zu § 13 – IntV – Integrationskurse für spezielle Zielgruppen, Intensivkurs

43.4.13.1 Mit der Einrichtung spezieller Integrationskurse werden Erfahrungen der Praxis berücksichtigt. Um dem erhöhten Förderbedarf dieser speziellen Zielgruppen gerecht zu werden, umfassen diese Kurse ein Stundenkontingent von bis zu 900 Unterrichtsstunden im Sprachkurs. Mit spezifischen Inhalten, insbesondere bei den Jugendintegrationskursen und den Förderkursen für Teilnahmeberechtigte, deren Sprachgebrauch massiv von der Sprachnorm abweicht (so genannter fossilierter Sprachgebrauch), soll die Grundlage für einen möglichst hohen Lernerfolg gelegt werden. Die speziellen Zulassungskriterien werden vom Bundesamt entwickelt und veröffentlicht. Für Eltern- bzw. Frauenintegrationskurse kann nach Bedarf und mit vorheriger Zustimmung des Bundesamtes eine Kinderbetreuung organisiert werden. Die Aufzählung der speziellen Kurstypen ist nicht abschließend.

43.4.13.2 Für Teilnehmende, die das Kursziel des Sprachkurses in weniger als 600 Unterrichtsstunden erreichen können, sieht § 13 Absatz 2 IntV vor, den Sprach- und Orientierungskurs als Intensivkurs in 430 Stunden zu absolvieren.

43.4.14 Zu § 14 – IntV – Organisation der Integrationskurse, Ordnungsmäßigkeit der Teilnahme

43.4.14.1 § 14 Absatz 1 bis 4 IntV legt die Rahmenbedingungen der Durchführung des Integrationskurse fest. Im Hinblick auf den Lernerfolg wird in § 14 Absatz 2 IntV eine Höchstzahl von 20 Teilnehmern pro Kurs festgesetzt. Die Höchstzahl von 20 Teilnehmern pro Kurs und eine bezüglich der Muttersprachen möglichst heterogene Kurszusammensetzung soll die Durchführbarkeit des Kurses realisierbar halten und daneben den deutschen Sprachgebrauch innerhalb der Gruppe fördern. Das Bundesamt kann bei nur geringer Überschreitung der Teilnehmerzahl Ausnahmen zulassen, um dadurch z. B. sehr lange Wartezeiten von einzelnen Teilnehmern für einen Kursbeginn zu vermeiden.

43.4.14.2 Die Ausländerbehörden und die Träger der Grundsicherung für Arbeitsuchende können den zur Teilnahme verpflichteten Ausländer jederzeit auffordern, die bis dahin ordnungsgemäße Teilnahme am Integrationskurs nachzuweisen. § 14 Absatz 5 IntV enthält eine Definition der ordnungsgemäßen Teilnahme, über die der Kursträger auf Verlangen eine Bescheinigung auszustellen hat. Zur ordnungsgemäßen Teilnahme gehört zusätzlich zum regelmäßigen Kursbesuch auch die Teilnahme an den Abschlusstests.

43.4.15 Zu § 15 – IntV – Lehrkräfte

In § 15 Absatz 1 und 2 IntV wird das Niveau der Mindestqualifikation für Lehrkräfte für den Sprachkurs festgelegt. Nach Absatz 3 können hiervon abweichend bis zum 31. Dezember 2009 durch das Bundesamt auf Antrag des Kursträgers im Einzelfall Lehrkräfte anerkannt und zugelassen werden.

43.4.16 Zu § 16 – IntV – Zulassung der Lehr- und Lernmittel

Zur bundeseinheitlichen Durchführung der Integrationskurse können vom Bundesamt die Lehr- und Lernmittel entwickelt oder zugelassen werden. Die Lehr- und Lernmittel für die Kurse werden im Benehmen mit der Bewertungskommission (§ 21 IntV) zugelassen.

43.4.17 Zu § 17 – IntV – Abschlusstest, Zertifikat Integrationskurs

43.4.17.1 Die erfolgreiche Teilnahme wird durch das Bestehen des Abschlusstests nachgewiesen. Dieser setzt sich zusammen aus dem skalierten Sprachtest „Deutsch-Test für Zuwanderer" und dem bundeseinheitlichen Test zum Orientierungskurs. Der skalierte Sprachtest dient der Feststellung der Sprachniveaus A 2 und B 1 des GER. Ein bestandener Abschlusstest gilt als Nachweis für ausreichende Deutschkenntnisse und Grundkenntnisse der Rechts- und Gesellschaftsordnung und des Lebensverhältnisse im Bundesgebiet, die für die Erteilung einer Niederlassungserlaubnis erforderlich sind und die Frist für einen Anspruch auf Einbürgerung um ein Jahr auf sieben Jahre verkürzen.

43.4.17.2 § 17 Absatz 2 IntV definiert den Begriff der erfolgreichen Teilnahme. Im Sprachtest ist hierfür der Nachweis von Kenntnissen, die dem Niveau B 1 GER entsprechen, erforderlich.

43.4.17.3 Das Bundesamt trägt die Kosten für die einmalige Teilnahme am Abschlusstest. Auch die Kosten für die einmalige Wiederholung des Sprachtests gemäß § 5 Absatz 4 IntV trägt das Bundesamt. Die Kostenübernahme gilt für alle Teilnahmeberechtigten, ungeachtet der Frage einer Verpflichtung oder Berechtigung. Dem Kursteilnehmer bleibt es unbenommen, den Abschlusstest jederzeit auf eigene Kosten zu wiederholen.

43.4.17.4 Die erfolgreiche Teilnahme am Sprachtest und am Test zum Orientierungskurs wird durch das Bundesamt mit der Bescheinigung „Zertifikat Integrationskurs" bestätigt. Das Zertifikat dient auch dazu, die in § 9 Absatz 2 Satz 1 Nummer 7 und 8 für ein Niederlassungserlaubnis und in § 10 Absatz 3 StAG für die Einbürgerung genannten Erteilungsvoraussetzungen nachzuweisen. Um diesen Nachweis vor Fälschungen zu sichern, enthält das Zertifikat die Angabe der Passnummer oder eines vergleichbaren Identitätsdokuments des Kursabsolventen. Wenn das für eine erfolgreiche Teilnahme erforderliche Sprachniveau nicht nachgewiesen wird, erhalten die Teilnehmenden vom Bundesamt eine Bescheinigung über den erreichten Leistungsstand und über bestandene Teilprüfungen.

43.4.18 Zu § 18 – IntV-Zulassung der Kursträger

§ 18 IntV legt fest, dass die Zulassung der Kursträger im Wege eines öffentlich-rechtlichen Zulassungsverfahrens erfolgt. Die Zulassung für die Kursträger aller vom Bundesamt durchgeführten Integrationskurse nimmt das Bundesamt in alleiniger Zuständigkeit vor.

43.4.19 Zu § 19 – IntV – Anforderungen an den Zulassungsantrag

Ausgehend von der Möglichkeit der Teilnahmeberechtigten, den Kursträger frei zu wählen, sind Qualitätskriterien erforderlich, die eine bundesweit einheitliche Trägerlandschaft gewährleisten. Zur Erfüllung des gesetzlichen Auftrages kommt dem Zulassungsverfahren daher eine entscheidende Bedeutung zu. Das Verfahren soll Qualität, Wettbewerb und Transparenz schaffen. Um hierbei auch bundeseinheitlich Anforderungskriterien an die Maßnahmenträger zur Anwendung zu bringen, lehnen sich die Zulassungskriterien an die Anerkennungs- und Zulassungsverordnung Weiterbildung (AZWV) an.

43.4.20 Zu § 20 – IntV – Prüfung und Entscheidung des Bundesamtes

43.4.20.1 Der Prüfung zugrunde liegen der Antrag und die Antragsunterlagen des Kursträgers. Absatz 1 verweist darauf, dass die Zertifizierung für die Kursträger aller vom Bundesamt durchgeführten Kurse das Bundesamt in alleiniger Zuständigkeit vornimmt. Verfügt der Kursträger über verschiedene Standorte, an denen er Integrationskurse anbieten möchte, ist die örtliche Prüfung i. d. R. auf alle Standorte zu erstrecken. Mit einer örtlichen Prüfung ist eine Entscheidung nach Aktenlage ausgeschlossen. Die Zulassung darf erst erteilt werden, wenn die notwendigen Anforderungen und Kriterien erfüllt bzw. Abweichungen von den Anforderungen korrigiert und die Korrekturmaßnahmen überprüft worden sind. Die Kriterien, nach denen die Kursträger begutachtet werden, müssen den Anforderungen der IntV entsprechen.

43.4.20.2 Das Bundesamt hat die Entscheidung über die Zulassung auf solche Inhalte zu beschränken, die sich ausdrücklich auf den Geltungsbereich der Zulassung beziehen. Bei Vorliegen sämtlicher Voraussetzungen und insbesondere der Übereinstimmung von Antragsunterlagen und den Ergebnissen der örtlichen Prüfung kann die Zulassung sofort erteilt werden. Bei nicht erfüllten Voraussetzungen kann die Zulassung zur Nachbesserung einmalig für längstens drei Monate ausgesetzt werden. Das Bundesamt hat in gesamten Zulassungsverfahrens bis zur Entscheidung die Vertraulichkeit, die Unabhängigkeit und die Objektivität zu wahren. § 20 Absatz 2 IntV verweist darauf, dass als Nachweis für eine erfolgte Zulassung das Bundesamt ein Zertifikat ausstellt.

43.4.20.3 Aus Gründen der Verwaltungsvereinfachung kann das Bundesamt von den Anforderungen an den Zulassungsantrag absehen, wenn der Kursträger eine gleichwertige Zertifizierung, z. B. eine Zulassung nach Landesweiterbildungsgesetzen, nachweist, die nicht älter als drei Jahre ist. Auch bei Wiederholungsanträgen kann das Bundesamt im Interesse eines vereinfachten Verfahrens in eigenem Ermessen auf den Nachweis bestimmter Zulassungskriterien verzichten.

43.4.20.4 § 20 Absatz 4 IntV greift die Regelung der speziellen Integrationskurse nach § 13 IntVauf und bestimmt, dass die Zulassung für spezielle Kurse im Zertifikat gesondert zu vermerken ist. Das gleiche gilt für die Zulassung zur Abnahme der Prüfung.

43.4.20.5.1 Die Zertifizierung ist zeitlich begrenzt. Eine erneute Zulassung kann jederzeit auf der Grundlage dieser Verordnung beantragt werden. Die Zulassung kann zudem mit Auflagen erteilt werden, die Aufzählung in § 20 Absatz 5 Satz 2 IntV ist nicht abschließend. Die Möglichkeit, die Zulassung mit Auflagen, insbesondere zum Honorar der Lehrkräfte, zu erteilen dient der Qualitätssicherung der Kurse. Zusammen mit der Ausgestaltung einer Anzeigepflicht des Kursträgers bei Veränderungen in Bezug auf einzelne oder mehrere Qualifikationsmerkmale, der Berechtigung des Bundesamtes zur Kontrolle der Kursträger und dem Verfahren zur Qualitätsprüfung soll sichergestellt werden, dass die staatlich finanzierten Integrationsmaßnahmen durch geeignete Träger wahrgenommen werden.

43.4.20.5.2 § 20 Absatz 5 Satz 7 IntV sanktioniert die Verletzung der in § 8 Absatz 3 und § 14 Absatz 5 Satz 4 IntV genannten Mitwirkungspflichten der Kursträger bei Feststellung der ordnungsgemäßen Teilnahme von teilnahmeverpflichteten Ausländern. Die Möglichkeit der Teilnahmeverpflichtung ist ein Hauptelement der mit dem Zuwanderungsgesetz eingeführten Reformen. Für eine effektive Umsetzung bedarf es der Mitwirkung der Kursträger. Vor dem Hintergrund der gesetzgeberischen Ziele ist daher ein angemessener Sanktionsmechanismus gegenüber Kursträgern, die ihre Mitwirkungspflichten wiederholt verletzen, erforderlich.

43.4.21 Zu § 21 – IntV-Bewertungskommission

Durch die Einrichtung einer Kommission wird eine fachliche Begleitung und Bewertung der Kursdurchführung ermöglicht. Mit der Einbeziehung von Vertretern der Länder und eines Vertreters der kommunalen Spitzenverbände wird sichergestellt, dass das Bundesangebot in Abstimmung mit anderen öffentlichen Angeboten erfolgt. Es sind sowohl wissenschaftlich ausgewiesene Experten als auch Experten mit Praxisbezug zu benennen. Die Kommission soll neben den anderen Aufgaben insbesondere ein Verfahren zur Qualitätskontrolle der Kursträger entwickeln und festlegen. Zur Transparenz der Arbeit der Bewertungskommission werden die Ergebnisse der Beratungen veröffentlicht. Die Mitglieder werden für drei Jahre vom Bundesministerium des Innern berufen.

43.4.22 Zu § 22 – IntV – Übergangsregelung

Die Übergangsregelung ist erforderlich, da der skalierte Sprachtest „Deutsch-Test für Zuwanderer" sowie der bundeseinheitliche Test zum Orientierungskurs erst ab dem 1. Januar 2009 eingeführt wurden. Der bundeseinheitliche Test zum Orientierungskurs kommt in allen Orientierungskursen zur Anwendung, die nach dem 1. Januar 2009 begonnen haben. Der skalierte Sprachtest „Deutsch-Test für Zuwanderer" kommt ab dem 1. Juli 2009 bundesweit in allen Integrationskursen zur Anwendung. § 22 Absatz 2 IntV stellt sicher, dass auch diejenigen, die am Tag des Inkrafttretens der Neufassung der IntV (8. Dezember 2007) den Integrationskurs noch nicht erfolgreich abgeschlossen hatten, unter Inanspruchnahme der staatlichen Förderung zur Wiederholung des Aufbausprachkurses und der Abschlussprüfung zugelassen werden können, auch dann, wenn sie noch an keiner Prüfung teilgenommen hatten.

43.5 Erfahrungsbericht
Die Bundesregierung hat dem Deutschen Bundestag zum 1. Juli 2007 einen Erfahrungsbericht zu Durchführung und Finanzierung der Integrationskurse vorgelegt (Drucksache 16/6043).

I. Entstehungsgeschichte

Die Vorschrift stimmt im Wesentlichen mit dem **Gesetzesentwurf** zum ZuwG[1] überein. Aufgrund des Vermittlungsverfahrens[2] wurden in der Überschrift der Zusatz „und -programm" gestrichen, in Abs. 2 die S. 2–7 durch die S. 2–4 ersetzt und Abs. 4 und 5 neu gefasst. Mit dem **1. RLUmsG 2007**[3] wurden Änderungen in den Abs. 1, 2 und 3 vorgenommen, die redaktioneller Natur sind: In Abs. 1 wird nun ausdrücklich der Grundsatz des Forderns erwähnt, der seit Inkrafttreten des ZuwG seinen Niederschlag in der Möglichkeit findet, Ausländer nach § 44a zur Teilnahme am Integrationskurs zu verpflichten und den Erwerb der Niederlassungserlaubnis und die Einbürgerung vom Vorhandensein ausreichender Sprachkenntnisse abhängig macht. Abs. 2 benennt nunmehr ausdrücklich das Ziel der Integrationskurse, die genannten Inhalte **erfolgreich** zu vermitteln. Abs. 4 wurde mit dem Gesetz zur Bekämpfung von Zwangsheirat[4] und mit FreizügAndG[5] ergänzt und durch Bezugnahme auf § 88a Ia an die Änderungen des AsylVfBeschlG angepasst, wonach eine Nutzung von Daten aus dem Asylverfahren beim BAMF zulässig ist. Das **Integrationsgesetz (IntG)** vom 31.7.2016[6] führte zu Änderungen in § 44 II AufenthG und § 44a I AufenthG; gleichzeitig hat die Bundesregierung auf Grundlage von § 43 IV eine Verordnung zum IntG[7] erlassen, die ua Änderungen der Integrationskursverordnung (IntV) enthält. Durch das 2. DSAnpUG EU vom 20.11.2019[8] erfolgten kleine Folgeanpassungen in Abs. 4. 1

II. Allgemeines

Die Vorschrift enthält im Aufenthaltsrecht den Grundsatz der **Integration**[9] und soll damit dem Umstand Rechnung tragen, dass in den letzten Jahrzehnten viele Ausländer rechtmäßig ihren Lebensmittelpunkt auf Dauer in Deutschland gefunden haben. In erster Linie soll mit §§ 43 ff. jedoch ein umfassendes Kursangebot für Neuzuwanderer bereitgestellt werden, um qualifizierte Zuwanderer und ihre Familien darin zu unterstützen, in Deutschland eine dauerhafte wirtschaftliche Existenz aufzubauen[10]. Mit dieser Gesetzesbegründung wird die Erkenntnis der Zuwanderungskommission wiedergegeben, dass Deutschland zum **Einwanderungsland** geworden ist und weitere Zuwanderung benötigt und dass Zuwanderung und Integration eine unlösbare Einheit bilden[11]. Nach den Vorschlägen der Kommission sollte im Rahmen einer neuen Integrationspolitik[12] eine Gesamtstrategie für Zuwanderung und Integration entwickelt werden[13], bei der Bund und Länder sowie Kommunen und Wohlfahrtsverbände zusammenwirken sollten. 2

Integration soll durch die Integrationskurse gefördert und gefordert, nicht etwa vollständig organisiert und bewerkstelligt werden. Dies ergibt sich schon daraus, dass der Integrationsbegriff des AufenthG im Wesentlichen den Erwerb der deutschen Sprache umfasst. Gem. Abs. 2 S. 3 sollen Ausländer in ihren Integrationsbemühungen soweit unterstützt werden, dass sie „ohne die Hilfe oder Vermittlung Dritter in allen Angelegenheiten des täglichen Lebens selbstständig handeln können". Die Eingliederung in die hiesigen Lebensverhältnisse ist zuvörderst eine **gesamtgesellschaftliche Aufgabe,** an der Zuwanderer wie Einheimische mitwirken müssen. Soll dieses Vorhaben gelingen und nicht in einem erfolglosen Versuch der Assimilation enden, dann sind nicht nur Anstrengungen und Bemühungen von beiden Seiten verlangt, sondern auch aktive Beteiligung und Bereitschaft zur Anerkennung des jeweils anderen. Bei den verantwortlichen Akteuren steht nicht der Bund an erster Stelle, sondern bei Bildung und Kultur die Länder, bei Kinderbetreuung und sonstigen sozialen Hilfen und Angeboten die Kommunen[14] sowie Kirchen, Gewerkschaften, Vereine und Wohlfahrtsverbände, ohne deren engagierte Beiträge die Integrationserfolge der letzten fünf Jahrzehnte nicht erzielt worden wären. 3

---

[1] BT-Drs. 15/420, 18.
[2] BT-Drs. 15/3479, 7.
[3] RLUmsG 2007 (BGBl. I S. 1970).
[4] BGBl. 2011 I S. 1266.
[5] BGBl. 2013 I S. 86.
[6] BGBl. 2016 I S. 1939.
[7] Ges. v. 31.7.2016 (BGBl. I S. 1950).
[8] BGBl. 2019 I S. 1626.
[9] Vgl. umfassend zur Integration als Verwaltungsaufgabe *Eichenhofer* DÖV 2014, 776 ff.
[10] So die Begr. des GesEntw der Bundesregierung (BT-Drs. 15/420, 86).
[11] Zuwanderungsbericht, S. 11 f.
[12] Zuwanderungsbericht, S. 199 ff.
[13] Zuwanderungsbericht, S. 268 ff.
[14] Zu den Kommunen *Schliesky* ZAR 2005, 106.

Auch in Zukunft wird der wesentliche Teil der Integrationsaufgaben von den nichtstaatlichen Organisationen zu tragen sein, wie nicht zuletzt das in § 45 vorgestellte Integrationsprogramm deutlich macht[15].

4   Die **Neuerung des ZuwG**, die in den Bestimmungen der §§ 43–45 und der IntV ihren Niederschlag gefunden hat, besteht darin, dass der Bund innerhalb seiner Zuständigkeit bestehende Integrationsmaßnahmen gebündelt, neue Ansätze geschaffen und eine bessere Koordinierung in Angriff genommen hat. Konkret gestaltet und in das Aufenthaltsrecht eingebunden sind die Integrationskurse mit dem Schwergewicht auf der Sprachvermittlung. Zu diesem Zweck sind Planung und Organisation der Sprachkurse sowie die dazu notwendigen finanziellen Mittel im Wesentlichen beim BAMF konzentriert. Die bis 2004 für jeweils unterschiedliche Personengruppen nach SGB III, durch Garantiefonds und Sprachverband durchgeführten Kurse wurden zusammengeführt[16]. Die Kursangebote sollen breit gefächert und auf unterschiedliche Bedürfnisse und Niveaus zugeschnitten sein (§§ 1, 13 IntV)[17]. Schließlich sind ungeachtet ihres Deutsch-Status auch Spätaussiedler mit einbezogen, weil sie und ihre mitreisenden nichtdeutschen Familienangehörigen ähnliche Schwierigkeiten beim Spracherwerb haben wie Ausländer; ihr Anspruch auf **kostenlose Teilnahme** ergibt sich aus § 9 BVFG iVm § 9 V IntV. Ausländer und Spätaussiedler sollen gemeinsam die Integrationskurse besuchen (§ 4 IntV). Die IntV wurde durch eine VO zum AsylVfBeschlG neu gefasst. Das am 6.8.2016 in Kraft getretene **IntG**[18] führte zu einer Erweiterung des verpflichteten Personenkreises, indem es in Abs. 1 S. 1 Nr. 4 und S. 7 neu einfügte. Der neu eingeführte **§ 44a I Nr. 4** AufenthG erweitert den Kreis der Teilnahmepflichtigen und greift damit die mit dem AsylVfBeschlG geschaffene Teilnahmemöglichkeit von Asylbewerbern mit guter Bleibeperspektive, bestimmten Geduldeten und Personen mit humanitärer Aufenthaltserlaubnis nach § 25 V AufenthG (§ 44 IV 2 Nr. 1–3 AufenthG) auf. Zudem schafft der neue **§ 44a I 7 AufenthG** unter bestimmten Voraussetzungen eine Teilnahmepflicht für Asylberechtigte, GK-Flüchtlinge und subsidiär Schutzberechtigte.

5   Die Förderung erfolgt durch das „Grundangebot" von Integrationskursen für **rechtmäßig dauerhaft in Deutschland** lebende Ausländer, die zum Teil zur Teilnahme berechtigt sind (§ 44) und zum Teil auch verpflichtet (§ 44a) werden. Die Ausländerbehörden sollen bei der Erteilung der Aufenthaltserlaubnis von Amts wegen feststellen, ob eine Teilnahmeberechtigung nach § 4 I 1 IntV besteht[19]. Die Ausländerbehörde stellt abschließend dem Sozialleistungsträger oder dem BVA eine Bestätigung der Teilnahmeberechtigung aus (vgl. § 6 I, II IntV). Eine Ausnahme gilt für Ausländer, die nur nach Maßgabe von § 44 IV zum Integrationskurs zugelassen werden können (§ 4 IV 1 Nr. 3 IntV). Diese müssen ihre Zulassung, die als Bestätigung (§ 6 IntV) gilt, schriftlich beim BAMF beantragen (§ 5 I IntV).

Der erfolgreiche Kursbesuch ist sowohl Voraussetzung für den Erwerb der Niederlassungserlaubnis (vgl. § 9 II Nr. 7) als auch in vielen Fällen für die Erteilung einer Aufenthaltserlaubnis mit mehr als einjähriger Laufzeit (§ 8 III) und beschleunigt die Einbürgerung (vgl. § 10 III StAG). Die nicht ordnungsgemäße Teilnahme an einem verpflichtenden Integrationskurs kann bei der Verlängerung der Aufenthaltserlaubnis berücksichtigt werden (vgl. § 8 III). Keinen Teilnahmeanspruch haben in der Regel Ausländer, die entweder nur kurzfristig oder rechtswidrig in Deutschland aufhalten oder einen humanitären Aufenthaltstitel haben, ohne anerkannte Flüchtlinge, Asylberechtigte, Opfer einer Straftat oder nachhaltig integriert zu sein. Das Gleiche gilt für Ausländer, die schon länger rechtmäßig hier leben, Gestattete, Geduldete oder die einen Aufenthaltstitel nach § 25 V besitzen; sie können aber an einem Integrationskurs teilnehmen, wenn freie Plätze vorhanden sind. Vorausgesetzt ist bei den letzten drei Genannten, dass eine gute Bleibeperspektive besteht.

6   Abs. 4 ermächtigt die Bundesregierung, ohne Zustimmung des Bundesrats nähere Einzelheiten des Integrationskurses zu regeln. Dies bezieht sich zum einen auf Grundstruktur, Lerninhalte, Dauer und Durchführung der Kurse. Zum anderen können Rahmenbedingungen für erfolgreiche und ordnungsgemäße Teilnahme näher definiert werden, schließlich auch Kostenübernahme, Datenübermittlung zwischen den beteiligten Stellen und Auswahl und Zulassung der Kursträger. Auch stellt Abs. 4 eine hinreichende Ermächtigungsgrundlage zur Regelung von Qualifikationsanforderungen an Lehrpersonen von Integrationskursen dar[20]. Die Verordnungsermächtigung wird durch die IntV ausgefüllt[21]. Die Prüfungs- und Nachweismodalitäten werden dagegen durch VO des BMI geregelt (Abs. 4 S. 2). Diese Ermächtigung wurde mit Art. 4 FreizügÄndG aus der IntV in das AufenthG übertragen, um Art. 80 GG zu genügen[22].

---

[15] Zu Geschichte und Aufgaben der Integration vgl. zB Deutsche Bischofskonferenz, Integration fördern – Zusammenleben gestalten, 2004.
[16] Dazu *Griesbeck* ZAR 2002, 303; *Hauschild* ZAR 2005, 56.
[17] *Schindler/Ryfisch* ZAR 2004, 318.
[18] BGBl. 2016 I S. 1939.
[19] *Breidenbach* in BeckOK AuslR AufenthG § 42 Rn. 6.
[20] BayVGH Beschl. v. 9.10.2018 – 19 ZB 18.356, BeckRS 2018, 26776.
[21] IntV v. 13.12.2004 (BGBl. I S. 3370), zuletzt geändert durch Art. 6 III Ges. v. 29.8.2013 (BGBl. I S. 3484) und Art. 4 f. Ges. v. 31.7.2016 (BGBl. I S. 1950).
[22] Vgl. BT-Drs. 17/10746.

III. Integrationskurse

1. Struktur der Kurse

Ziel des Sprachkurses ist die **erfolgreiche Vermittlung** von Kenntnissen der deutschen Sprache auf dem Niveau B1 des GER. Dies erfordert einen mittleren Standard an Kenntnissen und Fähigkeiten zum Gespräch, zum Lesen und Schreiben auch eigener Gedanken in deutscher Sprache[23]. Ausreichende Deutschkenntnisse liegen vor, wenn sich der Ausländer im täglichen Leben in seiner Umgebung selbstständig sprachlich zurechtfinden und entsprechend seinem Alter und Bildungsstand ein Gespräch führen und sich schriftlich ausdrücken kann (§ 3 II IntV). 7

Der **Integrationskurs** besteht aus einem Basis- und einem Aufbausprachkurs sowie einem Orientierungskurs über Rechtsordnung, Kultur und Geschichte in Deutschland. Für Basis- und Aufbausprachkurs ist jeweils die gleiche Stundenzahl vorgeschrieben. Diese Struktur ist, da gesetzlich vorgegeben, nicht durch VO oder Erlass abänderbar. Der Sprachkurs umfasst in der Regel 600 Stunden. Basis- und Aufbausprachkurs gliedern sich nach § 11 IntV in jeweils drei Kursabschnitte von jeweils 100 Stunden. Nach § 13 I IntV können für besondere Personengruppen Kurse mit bis zu 900 Stunden vorgesehen werden (Kurse für junge Erwachsene unter 27 Jahren, Eltern- und Frauenkurse, Alphabetisierungskurse, Kurse für Personen mit besonderem sprachpädagogischem Förderbedarf – „Langsamlerner"). Andere Teilnahmeberechtigte können gem. § 5 IV IntV zu einer Wiederholung des Aufbausprachkurses zugelassen werden, wenn sie nach 600 Stunden nicht das erforderliche Sprachniveau erreicht haben. 8

Mit dem **Orientierungskurs** sollen Alltagswissen und vor allem auch Kenntnisse des demokratischen Staatswesens sowie der Prinzipien der Rechtsstaatlichkeit, Gleichberechtigung, Toleranz und Religionsfreiheit vermittelt werden (§ 3 I Nr. 2 IntV). Der Orientierungskurs schließt sich an den Sprachkurs an und umfasst seit der Änderung der IntV im Jahr 2016 100 Stunden statt der bis dahin vorgesehenen 60 und davor 45 Stunden (§ 12 IntV). 9

Der **Abschlusstest** schließt sich an den Kurs an. Er besteht aus zwei Prüfungsteilen (vgl. § 17 I IntV): dem skalierten Sprachtest, der die erforderlichen Kenntnisse auf den Stufen A2-B1 nachweist, und dem bundeseinheitlichen Test zum Orientierungskurs. Der skalierte Sprachtest wird zu den Fertigkeiten Hören, Lesen, Schreiben und Sprechen durchgeführt. In einem austarierten Bewertungssystem wird das Gesamtergebnis ermittelt, wobei die Kompetenzen Hören und Lesen zusammengefasst werden. In der Fertigkeit Sprechen muss zum erfolgreichen Abschluss immer das Niveau B1 erreicht werden, ein schlechteres Ergebnis in einem der anderen beiden Blöcke kann je nach Schwierigkeitsgrad der bewältigten Aufgaben trotzdem zum Gesamtergebnis B1 führen. Bei nicht erfolgreicher Teilnahme am Sprachkurs, wenn also das Niveau B1 GER nicht erreicht wird, wird dem Teilnehmer das tatsächlich erreichte Ergebnis des Abschlusstests bescheinigt. 10

2. Angebot

Die Integrationskurse werden vom BAMF vorbereitet und begleitet. Die Durchführung wird von **Sprachkursträgern** übernommen (§ 1 IntV)[24], die vom BAMF durch Verwaltungsakte zugelassen werden (§ 18 IntV). 11

Voraussetzungen für die Zulassung, die im Ermessen des BAMF steht, sind danach Zuverlässigkeit, fachliche Leistungsfähigkeit und die Gewährleistung eines Qualitätssicherungsverfahrens.[25] Die Anforderungen an die Zuverlässigkeit sind die in öffentlichen Vergabeverfahren üblichen (vgl. § 19 I IntV). Die Anforderungen an Fachkompetenz umfassen qualifiziertes Lehrpersonal (Deutsch als Zweitsprache, § 15 IntV), geeignete Unterrichtsräume, Methoden, Materialien und Lehrpläne (§ 19 II IntV). Qualitätssicherung verlangt von den Trägern ua, dass sie Methoden zur Förderung individueller Lernprozesse dokumentieren und ihre Maßnahmen nach anerkannten Methoden evaluieren (§ 19 III IntV). Bei der Entscheidung ist ua zu berücksichtigen, ob Träger bereits für vergleichbare Maßnahmen zugelassen sind und mit Trägern von Sozialleistungen nach SGB II, III oder VIII zusammenarbeiten (§ 20 I IntV). Zugelassene Träger werden zertifiziert (§ 20 II IntV). Rechtliches Neuland wird betreten, wenn von Trägern erwartet wird, dass sie mit anderen Anbietern von Bildungs- und Integrationsangeboten „vor Ort", „vernetzt" sind. Inwieweit dieser politik- bzw. sozialwissenschaftliche Begriff geeignet ist, Entscheidungen (positiv, aber vor allem negativ) zu begründen, die gravierende Auswirkungen auf die Berufsfreiheit nach Art. 12 GG haben, wird sich erweisen müssen. 12

Das BAMF lässt darüber hinaus auch die Lehr- und Lernmittel zu (§ 16 IntV). Mithilfe einer Bewertungskommission beurteilt das BAMF Organisation und Durchführung der Kurse und entwickelt diese fort (§ 21 IntV). 13

---

[23] Zu den Anforderungen und deren Nachweis iE → § 9 Rn. 58 ff.
[24] Dazu *Hauschild* ZAR 2005, 56.
[25] Dazu eingehend BayVGH Beschl. v. 19.12.2017 – 19 CE 17.1823, BeckRS 2017, 137067.

3. Kosten

14 Nach Abs. 3 S. 3 können für die Teilnahme an den Integrationskursen Kosten in **angemessenem Umfang** erhoben werden, die sich an der wirtschaftlichen Leistungsfähigkeit der Teilnehmer zu orientieren haben. Der Kostenbeitrag der Teilnehmer beträgt 1,20 EUR pro Stunde. Zur Zahlung des Kostenbeitrags ist gem. Abs. 3 S. 4 auch verpflichtet, wer dem Ausländer Unterhalt schuldet, sei es aufgrund zivilrechtlicher Unterhaltspflichten oder der Abgabe einer Verpflichtungserklärung nach § 68. Teilnehmer, die den Kurs innerhalb von zwei Jahren nach Ausstellung der „Teilnahmeberechtigung" erfolgreich abschließen, kann das BAMF die Hälfte der Kosten erlassen. **Spätaussiedler** und ihre in den Aufnahmebescheid einbezogenen Ehegatten und Abkömmlinge sind von den Kosten **generell befreit** (§ 9 V iVm § 4 I 1 Nr. 2 IntV). Ebenfalls befreit sind Bezieher von Leistungen nach **SGB II und SGB XII;** sie müssen allerdings einen Antrag stellen und die Voraussetzungen nachweisen (§ 9 II 1). Mit der Änderung der IntV im Dezember 2007[26] wurde dem Gesetzestext (und der VO-Ermächtigung des Abs. 3) Rechnung getragen, indem nun auch **andere Teilnehmer** von der Kostenpflicht befreit werden **können,** wenn die Kosten „unter Berücksichtigung (der) persönlichen Umstände und wirtschaftlichen Situation eine unzumutbare Härte darstellen" würden (§ 9 II 2 IntV). Soweit Teilnehmer über ein Einkommen aus eigener Erwerbstätigkeit verfügen oder auch Versicherungsleistungen (zB Renten) beziehen, die die Grenzen des SGB II einschließlich der Erwerbstätigenfreibeträge nach §§ 11, 30 SGB II nicht übersteigen, ist angesichts des klaren Gesetzeswortlauts und unter Berücksichtigung von Art. 3 GG von einer Ermessensreduzierung auf null auszugehen. Das gilt auch, wenn Einkommensbezieher allein durch die Kosten des Integrationskurses unter die Einkommensgrenzen nach dem SGB II geraten. Eine Schlechterstellung von Ausländern oder ihrer deutschen Familienangehörigen, die ihr eigenes Einkommen erwirtschaften, gegenüber Beziehern von Transferleistungen ist nicht beabsichtigt gewesen: „Arbeit soll sich lohnen" ist auch der Grundgedanke der Grundsicherung für Arbeitssuchende. Eine Verpflichtung des VO-Gebers, gestaffelte Beiträge je nach Leistungsfähigkeit vorzusehen, wird man der Vorschrift dagegen nicht entnehmen können.

15 Die Erstattung von **Fahrtkosten** kann Voraussetzung dafür sein, dass eine Kursteilnahme überhaupt zumutbar iSd § 44a II Nr. 3 ist. § 4a IntV in der seit 1.3.2012 geltenden Fassung regelt daher, dass das BAMF bei Beziehern von Leistungen nach dem SGB II die nach § 44a I 1 Nr. 2 durch die ABH oder nach § 44a I 3 oder anderweitig durch eine Eingliederungsvereinbarung durch den Träger der Grundsicherung zur Teilnahme verpflichtet wurden, die Fahrtkosten übernimmt. Bei Personen, die von der Kostenpflicht befreit sind und bei Ausländern, die nach § 44a I Nr. 1 oder 3 verpflichtet wurden, „soll" das BAMF „bei Bedarf" einen Fahrtkostenzuschuss gewähren, der nicht die vollen Fahrtkosten decken muss. Bei der Bedarfsfeststellung ist die Einkommenssituation des Ausländers zu berücksichtigen sowie die Möglichkeit der Teilnahme an einem wohnortnahen Kurs, der zu Fuß oder mit dem Fahrrad erreicht werden kann[27]. Ist entweder aus Einkommensgründen oder wegen der Entfernung des Kursortes vom Wohnort ein Bedarf festgestellt, kann der Fahrtkostenzuschuss nur in atypischen Fällen versagt werden. Nach der bis zum 29.2.2012 gelten Rechtslage war die Übernahme der Fahrtkosten auch für Teilnehmer zwingend vorgeschrieben, die von den Kurskosten befreit waren, bei anderen Verpflichteten stand sie im Ermessen des BAMF. Sowohl die aF als auch die geltende Vorschrift begünstigen „Bestandsausländer" im Vergleich zu Neuzuwanderern, die zur Kursteilnahme gesetzlich verpflichtet sind.[28]

16 Die Kosten des **Abschlusstests** trägt das BAMF (§ 17 III IntV). Bei Personen, die zur Wiederholung des Aufbausprachkurses zugelassen worden sind, trägt es auch die Kosten des zweiten Versuchs.

4. Datenverarbeitung

17 Nach den Maßstäben der Wesentlichkeitstheorie ist die VO-Ermächtigung zumindest hinsichtlich der Datenübermittlung und der Speicherung (Art. 2 GG – Recht auf informationelle Selbstbestimmung) nicht ausreichend gewesen, da die Norm hierzu keine Vorgaben enthielt, die eine VO hätte ausfüllen können. Die Lücke wurde mit der Einfügung des § 88a durch das Gesetz zur Bekämpfung der Zwangsheirat und zum besseren Schutz der Opfer von Zwangsheirat sowie zur Änderung weiterer aufenthalts- und asylrechtlicher Vorschriften[29] geschlossen.

IV. Rechtsschutz

18 Die Zulassung eines Unternehmens oder Verbandes oder einer Organisation als **Kursträger** erteilt das BAMF durch VA (§§ 18–20 IntV). Die Ablehnung kann mit Verpflichtungswiderspruch und

---

[26] BGBl. 2007 I S. 2787.
[27] Vgl. VG Ansbach Urt. v. 8.9.2011 – AN 14 K 10.02559, BeckRS 2011, 33995: 3 km sind zumutbar zu Fuß zurückzulegen.
[28] Fahrtkostenerstattung können nur die Teilnehmer beanspruchen, die zur Teilnahme an einem Integrationskurs verpflichtet worden sind, vgl. VG Ansbach Urt. v. 30.10.2014 – AN 6 K 12.00632, BeckRS 2015, 40074.
[29] GesEntw BT-Drs. 17/4401; BGBl. 2011 I S. 1266.

-klage angefochten werden (§§ 42 II, 68 VwGO). Das Gleiche gilt für die Ablehnung einer begehrten Zertifizierung oder die Ablehnung von Lehr- und Lernmitteln. Auch die Ablehnung eines Antrags auf Kostenbefreiung oder Übernahme der Fahrtkosten kann mit Verpflichtungswiderspruch und -klage angegriffen werden.

§ 44 Berechtigung zur Teilnahme an einem Integrationskurs

(1) ¹Einen Anspruch auf die einmalige Teilnahme an einem Integrationskurs hat ein Ausländer, der sich dauerhaft im Bundesgebiet aufhält, wenn ihm
1. erstmals eine Aufenthaltserlaubnis
   a) zu Erwerbszwecken (§§ 18a bis 18d, 19c und 21),
   b) zum Zweck des Familiennachzugs (§§ 28, 29, 30, 32, 36, 36a),
   c) aus humanitären Gründen nach § 25 Absatz 1, 2, 4a Satz 3 oder § 25b,
   d) als langfristig Aufenthaltsberechtigter nach § 38a oder
2. ein Aufenthaltstitel nach § 23 Abs. 2 oder Absatz 4

erteilt wird. ²Von einem dauerhaften Aufenthalt ist in der Regel auszugehen, wenn der Ausländer eine Aufenthaltserlaubnis von mindestens einem Jahr erhält oder seit über 18 Monaten eine Aufenthaltserlaubnis besitzt, es sei denn, der Aufenthalt ist vorübergehender Natur.

(2) ¹Der Teilnahmeanspruch nach Absatz 1 erlischt ein Jahr nach Erteilung des den Anspruch begründenden Aufenthaltstitels oder bei dessen Wegfall. ²Dies gilt nicht, wenn sich der Ausländer bis zu diesem Zeitpunkt aus von ihm nicht zu vertretenden Gründen nicht zu einem Integrationskurs anmelden konnte.

(3) ¹Der Anspruch auf Teilnahme am Integrationskurs besteht nicht
1. bei Kindern, Jugendlichen und jungen Erwachsenen, die eine schulische Ausbildung aufnehmen oder ihre bisherige Schullaufbahn in der Bundesrepublik Deutschland fortsetzen,
2. bei erkennbar geringem Integrationsbedarf oder
3. wenn der Ausländer bereits über ausreichende Kenntnisse der deutschen Sprache verfügt.

²Die Berechtigung zur Teilnahme am Orientierungskurs bleibt im Falle des Satzes 1 Nr. 3 hiervon unberührt.

(4) ¹Ein Ausländer, der einen Teilnahmeanspruch nicht oder nicht mehr besitzt, kann im Rahmen verfügbarer Kursplätze zur Teilnahme zugelassen werden. ²Diese Regelung findet entsprechend auf deutsche Staatsangehörige Anwendung, wenn sie nicht über ausreichende Kenntnisse der deutschen Sprache verfügen und in besonderer Weise integrationsbedürftig sind, sowie auf Ausländer, die
1. eine Aufenthaltsgestattung besitzen und
   a) bei denen ein rechtmäßiger und dauerhafter Aufenthalt zu erwarten ist oder
   b) die vor dem 1. August 2019 in das Bundesgebiet eingereist sind, sich seit mindestens drei Monaten gestattet im Bundesgebiet aufhalten, nicht aus einem sicheren Herkunftsstaat nach § 29a des Asylgesetzes stammen und bei der Agentur für Arbeit ausbildungsuchend, arbeitsuchend oder arbeitslos gemeldet sind oder beschäftigt sind oder in einer Berufsausbildung im Sinne von § 57 Absatz 1 des Dritten Buches Sozialgesetzbuch stehen oder in Maßnahmen nach dem Zweiten Unterabschnitt des Dritten Abschnitts des Dritten Kapitels oder § 74 Absatz 1 Satz 2 des Dritten Buches Sozialgesetzbuch gefördert werden oder bei denen die Voraussetzungen des § 11 Absatz 4 Satz 2 und 3 des Zwölften Buches Sozialgesetzbuch vorliegen oder
2. eine Duldung nach § 60a Absatz 2 Satz 3 besitzen oder
3. eine Aufenthaltserlaubnis nach § 25 Absatz 5 besitzen.

³Bei einem Asylbewerber, der aus einem sicheren Herkunftsstaat nach § 29a des Asylgesetzes stammt, wird vermutet, dass ein rechtmäßiger und dauerhafter Aufenthalt nicht zu erwarten ist.

Allgemeine Verwaltungsvorschrift
44 Zu § 44 – Berechtigung zur Teilnahme an einem Integrationskurs
44.1 Teilnahmeanspruch
44.1.0 Der Anspruch auf Teilnahme am Integrationskurs nach § 44 Absatz 1 ist an die Erteilung eines Aufenthaltstitels für die genannten Aufenthaltszwecke gebunden und setzt einen dauerhaften Aufenthalt im Bundesgebiet voraus.
44.1.1 Von Dauerhaftigkeit des rechtmäßigen Aufenthalts kann regelmäßig ausgegangen werden, wenn der Ausländer eine Aufenthaltserlaubnis von mehr als einem Jahr oder seit über 18 Monaten eine Aufenthaltserlaubnis besitzt. Eine Aufenthaltserlaubnis mit einer kürzeren Gültigkeitsdauer ist ausnahmsweise und auch nur dann ausreichend, wenn hinreichend sicher ist, dass der Aufenthalt trotz dieses kurzzeitigen ersten Erteilungszeitraums dennoch auf Dauer angelegt ist. Soweit das Ende eines Aufenthaltes von mehr als 18 Monaten bereits abzusehen ist, würden Integrationsmaßnahmen ihren auf das künftige Zusammenleben im Bundesgebiet gerichteten Zweck ver-

fehlen, so dass in diesem Fall kein Anspruch besteht. Die enumerative Aufzählung der Aufenthaltstitel in § 44 Absatz 1 Nummer 1 und Nummer 2 ist für die Feststellung eines Anspruchs auf Teilnahme an einem Integrationskurs abschließend.

44.1.2.1 § 44 Absatz 1 Satz 1 Nummer 1 erfasst Neuzuwanderer, denen nach dem Aufenthaltsgesetz überhaupt erstmals eine Aufenthaltserlaubnis erteilt wird. Dabei ist nicht die Bezeichnung des Aufenthaltstitels als Aufenthaltserlaubnis ausschlaggebend, sondern der Umstand, dass der anspruchsbegründende Daueraufenthalt erst unter der Geltung des Aufenthaltsgesetzes zustande kommt.

44.1.2.2 Anspruchsberechtigt sind ferner Ausländer, die einen Aufenthaltstitel nach § 23 Absatz 2 besitzen. Damit besteht nicht nur für Inhaber einer Niederlassungserlaubnis, sondern auch für diejenigen nach § 23 Absatz 2 aufgenommenen Ausländer ein einmaliger Teilnahmeanspruch an einem Integrationskurs, denen nach der Einreise eine Aufenthaltserlaubnis erteilt wird. Dies trägt insbesondere der Neuregelung der jüdischen Zuwanderung aus der ehemaligen Sowjetunion aus dem Jahre 2007 Rechnung, wonach mitreisenden nicht selbst antragsberechtigten Familienangehörigen jüdischer Zuwanderer eine Aufenthaltserlaubnis zu erteilen ist.

44.2 Erlöschen des Teilnahmeanspruchs

Die Nichtinanspruchnahme über einen Zeitraum von zwei Jahren rechtfertigt es, den Teilnahmeanspruch entfallen zu lassen und wie bei anderen Antragstellern, die nicht über einen Anspruch verfügen, die Einräumung einer Teilnahmemöglichkeit von vorhandenen Kurskapazitäten abhängig zu machen. Mit Erlöschen des Teilnahmeanspruchs nach § 44 Absatz 2 entfällt auch die Möglichkeit zur Teilnahmeverpflichtung nach § 44a Absatz 1 Satz 1 Nummer 1. Die Teilnahmepflicht nach § 44a Absatz 1 Satz 1 Nummer 2 und 3 bleibt hiervon unberührt (siehe Nummer 44 a.1.1).

44.3 Nicht anspruchsberechtigte Ausländer

44.3.1.1 Keinen Anspruch auf Teilnahme an einem Integrationskurs besitzen nach § 44 Absatz 3 Satz 1 Nummer 1 Kinder, Jugendliche und junge Erwachsene, die die schulische Ausbildung auch über ihre bisherige Schullaufbahn in der Bundesrepublik Deutschland fortsetzen. Bildungsmaßnahmen für schulpflichtige Kinder und Jugendliche unterliegen der ausschließlichen Kompetenz der Länder; eine Regelförderung des Bundes für diesen Personenkreis ist daher unzulässig.

44.3.1.2 Nach § 44 Absatz 3 Satz 1 Nummer 2 haben auch Ausländer mit erkennbar geringem Integrationsbedarf (vgl. Nummer 30.1.4.2.3.1) keinen Anspruch auf Teilnahme am Integrationskurs. Ein geringer Integrationsbedarf liegt i. d. R. dann vor, wenn der Ausländer einen Hochschul- oder Fachhochschulabschluss oder eine andere entsprechende Qualifikation besitzt. Von einem geringen Integrationsbedarf ist auch dann auszugehen, wenn die Annahme gerechtfertigt ist, dass die Integration des Ausländers in die Lebensverhältnisse der Bundesrepublik Deutschland und die Sicherung des Lebensunterhaltes ohne staatliche Hilfe gewährleistet ist (siehe Nummer 43.4.4.2). Nicht anspruchsberechtigt sind auch Ausländer, deren Aufenthalt regelmäßig deutsche Sprachkenntnisse voraussetzt.

44.3.1.3 Ausländer, die bereits über ausreichende deutsche Sprachkenntnisse verfügen, haben nach § 44 Absatz 3 Satz 1 Nummer 3 ebenfalls keinen Anspruch auf Teilnahme an Integrationskursen. Die Ausländerbehörde darf daher für Ausländer, die über ausreichende Sprachkenntnisse verfügen, keine Teilnahmeberechtigungen nach § 6 Absatz 1 IntV bestätigen. Die Feststellung des Sprachstandes obliegt der Ausländerbehörde.

44.3.2 Absatz 3 Satz 2 stellt klar, dass die Teilnahme am Orientierungskurs im Falle des Satzes 1 Nummer 3 unberührt bleibt.

44.4 Nachholende Integration

Nach § 44 Absatz 4 Satz 1 können im Rahmen der verfügbaren Kursplätze auch andere Ausländer, die nicht oder nicht mehr teilnahmeberechtigt sind, zugelassen werden (vgl. § 5 IntV). Ein Rechtsanspruch auf Teilnahme besteht nicht. Grundsätzlich kommen alle Ausländer für eine Zulassung zur Kursteilnahme in Betracht, sofern sie die Voraussetzungen eines rechtmäßigen und dauerhaften Aufenthaltes erfüllen und ihre eigenen Integrationsbemühungen daher gefördert werden sollen. Dies gilt auch für freizügigkeitsberechtigte Unionsbürger und ihre Familienangehörigen (§ 11 Absatz 1 Satz 1 FreizügG/EU). Nach § 44 Absatz 4 Satz 2 findet die Regelung entsprechende Anwendung auf deutsche Staatsangehörige, wenn sie nicht über ausreichende deutsche Sprachkenntnisse (Niveau B 1 GER) verfügen und in besonderer Weise integrationsbedürftig sind. Eine besondere Integrationsbedürftigkeit ist anzunehmen, wenn es dem deutschen Staatsangehörigen bisher nicht gelungen ist, sich ohne staatliche Hilfe in das wirtschaftliche, kulturelle und gesellschaftliche Leben im Bundesgebiet zu integrieren, § 5 Absatz 3 Nummer 4 IntV. Über die Zulassung zum Integrationskurs entscheidet das Bundesamt (§ 5 IntV).

I. Entstehungsgeschichte

1   Die Vorschrift stimmt im Wesentlichen mit dem **Gesetzesentwurf** zum ZuwG[1] überein. Aufgrund des Vermittlungsverfahrens[2] wurde Abs. 3 eingefügt und in Abs. 1 die Teilnahmeberechtigung im Falle des § 7 I 2 gestrichen. Mit dem **1. RLUmsG 2007**[3] wurde Abs. 3 ergänzt und der Anwendungsbereich auf deutsche Staatsangehörige erstreckt. Durch das RLUmsG neu eingefügt wurde auch die Aufnahme von Ausländern, die sich als langfristige Aufenthaltsberechtigte nach § 38a im Bundesgebiet aufhalten, sofern sie nicht nachweisen, dass sie bereits in einem anderen EU-Mitgliedstaat an Integrationsmaßnahmen teilgenommen haben[4]. Abs. 1 S. 2 wurde mWv 6.9.2013 durch Art. 1 Nr. 21 Gesetz v. 29.8.2013 dahin gehend geändert, dass ein dauerhafter Aufenthalt nach mindestens einem Jahr vorliegt. Mit AufenthÄndG 2015[5] wurde die Gruppe der Integrationsberechtigten auf Personen erweitert, welche eine Aufenthaltserlaubnis nach §§ 23 IV (Resettlement-Flüchtlinge), 25 IV 3 (Opfer einer Straftat) oder § 25b (langjährig Geduldete) haben. Mit dem AsylVfBeschlG wird der Kreis der

---

[1] BT-Drs. 15/420, 18.
[2] BT-Drs. 15/3479, 7.
[3] RLUmsG 2007 v. 19.8.2007 (BGBl. I S. 1970).
[4] Vgl. *Hailbronner* AuslR AufenthG § 44 Rn. 1.
[5] BT-Drs. 18/4097; BGBl. I S. 1386.

Berechtigung zur Teilnahme an einem Integrationskurs **§ 44 AufenthG 1**

Berechtigten auf Asylbewerber, Geduldete und Personen, die eine Aufenthaltserlaubnis nach § 25 V besitzen, erweitert. Voraussetzung ist eine gute Bleibeperspektive. Das am 31.7.2016 verkündete und am 6.8.2016 in Kraft getretene **Integrationsgesetz (IntG)**[6] änderte den in Abs. 3 S. 1 genannten Zeitraum („ein Jahr" statt „zwei Jahre") und fügte Abs. 3 S. 2 neu ein. Das **FEG vom 15.8.2019**[7] nahm in § 44 I 1 Nr. 1a eine Folgeänderung vor. Abs. 4 S. 2 wurde durch das – ebenfalls im Rahmen des Migrationspakets 2019 verabschiedete – **Ausländerbeschäftigungsförderungs**G[8] geändert. Die mit dem 1. Migrationspaket 2022 beabsichtigten Änderungen von § 44 I und IV konnten nicht mehr berücksichtigt werden. Künftig sollen alle Inhaber einer Aufenthaltserlaubnis unabhängig vom Datum ihrer Einreise und ihrem Herkunftsland zur Teilnahme am Integrationskurs zugelassen werden können; zudem soll dies auch für Asylbewerber während des laufenden Asylverfahrens sowie für Inhaber einer Aufenthaltserlaubnis nach § 24 möglich sein.

II. Teilnahmeanspruch

Die Vorschrift[9] legt den **Personenkreis** der Ausländer fest, die einen Anspruch auf Teilnahme an der in § 43 vorgesehenen und inhaltlich beschriebenen Integrationsförderung besitzen (Abs. 1–3) oder nach Ermessen zugelassen werden können (Abs. 4). Dagegen ist in § 44a der Kreis der Teilnahmepflichtigen bestimmt, der über die Teilnahmeberechtigten hinausreicht (vgl. auch § 4 IntV). Die Begünstigten sind allgemein bereits in § 43 I dahin gehend beschrieben, dass sie rechtmäßig auf Dauer in Deutschland leben müssen. In Abs. 2 ist die Abgrenzung nach der Art der Aufenthaltstitel und ihrer Geltungsdauer vorgenommen. 2

Der Anspruch setzt die **erstmalige** Erteilung einer Aufenthaltserlaubnis voraus und der Aufenthalt muss von **Dauer** sein. Mit der Beschränkung auf die **erstmalige Erteilung**[10] einer Aufenthaltserlaubnis zu bestimmten Zwecken und einer Niederlassungserlaubnis nach § 23 II wird die Beschränkung des Teilnahmeanspruchs auf Neuzuwanderer bzw. nunmehr auch langjährig Geduldeter vorgenommen. Mit der Regelannahme bei einer einjährigen Aufenthaltserlaubnis bzw. einer tatsächlichen Aufenthaltsdauer von bereits 18 Monaten wird die Dauerhaftigkeit des Aufenthalts zusätzlich definiert. Eine Ausnahme stellen Asylberechtigte und Flüchtlinge iSd GFK dar, deren Anspruch erst mit der Anerkennung bzw. der Erteilung der Aufenthaltserlaubnis nach §§ 25 I, II, 4a 3 oder 25 V besteht. Inhaber anderer Aufenthaltstitel aus humanitären Gründen haben keinen Teilnahmeanspruch, können aber nach § 44a verpflichtet werden oder freiwillig teilnehmen, soweit freie Kursplätze vorhanden sind (§ 44 IV). 3

Der Aufenthalt aus Gründen des Familienzuzugs oder -nachzugs, der Aufnahme anerkannter Flüchtlinge und der Aufnahme aufgrund besonderer politischer Interessen sind **auf Dauer** angelegt. Kurzfristige Aufenthaltsperspektiven stellen bei diesen Personen die absolute Ausnahme dar. Anders kann es sich bei Erwerbstätigen verhalten. Bei ihnen sprechen aber eine Geltungsdauer der Aufenthaltserlaubnis von mindestens einem Jahr oder eine Besitzdauer von 18 Monaten ebenfalls für einen Daueraufenthalt, wenn nicht ungewöhnliche Einzelfallverhältnisse vorliegen. Die Frage der Dauerhaftigkeit ist auch unter dem Gesichtspunkt der Zweckmäßigkeit des Besuchs eines Integrationskurses zu beantworten. Der **Widerruf der Flüchtlingseigenschaft** oder des Abschiebungsschutzes nach § 25 III steht einem Teilnahmeanspruch oder auch der Teilnahme im Rahmen freier Kursplätze grundsätzlich nicht entgegen[11], da er den Aufenthaltstitel unberührt lässt; dessen Widerruf steht gemäß § 52 I im Ermessen der Ausländerbehörde[12]. Nicht die Flüchtlingseigenschaft, sondern die Aufenthaltsperspektive begründet die Teilnahmemöglichkeit[13]. Dies gilt erst recht, wenn der Widerruf noch nicht bestandskräftig und ein Gerichtsverfahren anhängig ist, da Widerspruch und Klage gegen den Widerruf aufschiebende Wirkung haben (§ 80 VwGO, § 75 AsylG) und die Flüchtlingseigenschaft zumindest bis zur endgültigen Entscheidung bestehen bleibt. Ist dagegen auch der Aufenthaltstitel widerrufen und liegt lediglich noch eine Duldung vor, kann von einem dauerhaften Aufenthalt zunächst nicht mehr ausgegangen werden – es sei denn die Voraussetzungen des § 25b (AufGew bei nachhaltiger Integration) sind erfüllt. Dies kann auch schon dann der Fall sein, wenn der Widerruf des Aufenthaltstitels noch nicht bestandskräftig ist, im Rahmen einer Prognoseentscheidung eine Aufenthaltsbeendigung aber mit einiger Wahrscheinlichkeit zu erwarten ist, zB weil der Ausländer Ausweisungsgründe erfüllt oder seinen Lebensunterhalt dauerhaft nicht selbst sichern kann[14]. 4

Freizügigkeitsberechtigte **Unionsbürger,** EWR-Staatsangehörige und Schweizer sowie deren Familienangehörige haben nach dem Gesetzeswortlaut **keinen Teilnahmeanspruch:** Sie verfügen über keine der genannten Aufenthaltstitel, sondern über eine Freizügigkeitsbescheinigung bzw. die Auf- 5

---

[6] BGBl. 2016 I S. 1939.
[7] BGBl. 2019 I S. 1307, in Kraft getreten am 1.3.2020.
[8] BGBl. 2019 I S. 1029, in Kraft getreten am 1.8.2019.
[9] Ausf. dazu *Hauschild* ZAR 2005, 56.
[10] Vgl. *Hailbronner* AuslR AufenthG § 44 Rn. 2.
[11] AA zumindest im Einzelfall BayVGH Urt. v. 19.9.2007 – 19 BV 07.575, BeckRS 2007, 26655.
[12] Vgl. zum Verhältnis von Widerruf und Aufenthaltstitel vgl. BVerwG Beschl. v. 27.11.2007 – 10 B 86.07, BeckRS 2008, 30148.
[13] Vgl. BayVGH Beschl. v. 6.10.2006 – 19 C 06.1355, BeckRS 2009, 40218.
[14] Vgl. zur Aufenthaltsbeendigung BVerwG Urt. v. 1.11.2005 – 1 C 21.04, NVwZ 2006, 707.

enthaltskarte. Auch § 11 FreizügG/EU enthält keinen ausdrücklichen Verweis auf § 44 AufenthG. Allerdings wird durch § 11 I 1 FreizügG/EU § 44 IV AufenthG für entsprechend anwendbar erklärt, wonach ein Ausländer, der keinen Teilnahmeanspruch besitzt, im Rahmen verfügbarer Kursplätze zur Teilnahme zugelassen werden kann. Somit besteht im Umkehrschluss für Freizügigkeitsberechtigte kein Teilnahmeanspruch, sondern nur ein Anspruch auf fehlerfreie Ermessensausübung bei der Auswahl von Bewerbern für etwaige freie Plätze[15]. Darüber hinaus ergibt sich ein Teilnahmeanspruch aus dem Verbot der Diskriminierung wegen der Staatsangehörigkeit des Art. 18 AEUV[16]. Einen Gleichbehandlungsanspruch mit Spätaussiedlern und ihren Familienangehörigen und damit einen Anspruch auf kostenlose Kursteilnahme analog § 9 I 1 BVFG haben freizügigkeitsberechtigte Arbeitnehmer außerdem aus Art. 7 II VO (EU) 492/2011[17], der die Gleichbehandlung mit eigenen Staatsangehörigen hinsichtlich sozialer und „sonstiger" Vergünstigungen vorschreibt – ein staatlich subventionierter Sprachkurs stellt zweifellos eine solche Vergünstigung dar. Die Ansicht, man könne Unionsbürgern keinen Teilnahmeanspruch einräumen, weil man sie nicht verpflichten könne, geht an der Sache vorbei. Eine Teilnahmeverpflichtung wäre mit dem Freizügigkeitsrecht in der Tat nicht vereinbar; dies schließt einen Anspruch auf **freiwillige Teilnahme** aber gerade nicht aus. **Türkische Staatsangehörige**, die eine Nachzugserlaubnis als Ehegatten erhalten, haben einen Teilnahmeanspruch, da sie über eine Aufenthaltserlaubnis nach § 30 verfügen. Keinen Anspruch haben hingegen Personen, denen aufgrund einer Härtefallentscheidung eine Aufenthaltserlaubnis (§ 23a) erteilt wurde[18].

6 Einige Personengruppen sind von dem Rechtsanspruch **ausgenommen,** weil sie der Förderung durch Integrationskurse nicht bedürfen. Kinder, Jugendliche und junge Erwachsene, die eine schulische Ausbildung in Deutschland durchlaufen, benötigen keinen Integrationskurs (Abs. 3 S. 1 Nr. 1).

7 Auch bei erkennbar **geringem Integrationsbedarf** besteht kein Teilnahmeanspruch (Abs. 3 S. 1 Nr. 2). Nach § 4 II 2 IntV ist dies in der Regel anzunehmen, wenn der Ausländer über einen Hochschul- oder Fachhochschulabschluss oder eine entsprechende Qualifikation verfügt oder aber eine Erwerbstätigkeit ausübt, die diese Qualifikation erfordert, **und** davon ausgegangen werden kann, dass der Ausländer sich ohne staatliche Hilfe in das Leben in Deutschland integrieren kann. Die Kumulation der Voraussetzungen trägt dem Umstand Rechnung, dass der erkennbar geringe Integrationsbedarf anspruchsvernichtend wirkt und das Wort „erkennbar" hohe Hürden aufrichtet. Dies geschieht vor allem auch mit Blick auf die nicht vorhandene Möglichkeit, den Ausländer nach § 44a zur Teilnahme zu verpflichten, wenn ein erkennbar geringer Integrationsbedarf angenommen wird.

8 Schließlich ist auch ausgenommen, wer bereits ausreichende **Deutschkenntnisse** besitzt (Abs. 3 S. 1 Nr. 3). Die Ausländerbehörde kann sich diese Kenntnisse durch Vorlage entsprechender Urkunden über Schulabschlüsse, Schulbesuch, Sprachkursteilnahme nachweisen lassen (zum Nachweis vgl. auch Nr. 8.1.2.1.2 StAR-Verwaltungsvorschrift). Stellt sie bei einer Vorsprache fest, dass der Ausländer sich nicht ohne die Hilfe Dritter verständlich machen kann, dann können ausreichende Kenntnisse von vornherein nicht angenommen werden. Der Anspruch auf Teilnahme an dem Orientierungskurs bleibt auch bei ausreichenden Deutschkenntnissen erhalten.

9 Der Teilnahmeanspruch **erlischt** ein Jahr nach Erteilung der in Abs. 1 genannten Aufenthaltserlaubnis oder Niederlassungserlaubnis (Abs. 2 S. 1); vor Inkrafttreten des IntG belief sich diese Frist noch auf zwei Jahre. Nach dem Willen des Gesetzgebers soll damit ein frühzeitiger Spracherwerb gefördert werden und erreicht werden, dass sich die Zielgruppe früher bei einem Integrationsträger zum Integrationskurs anmelden muss[19]. Neu durch das IntG eingeführt wurde die **Rückausnahme** des Erlöschenstatbestands in S. 2. Danach erlischt der Teilnahmeanspruch nach einem Jahr nicht, wenn sich der Ausländer innerhalb der Jahresfrist aus nicht von ihm zu vertretenden Gründen nicht zu einem Integrationskurs anmelden konnte. Die Darlegungslast hierfür trägt die berechtigte Person[20]. Bestehen bleibt nach Erlöschen des Teilnahmeanspruchs auch weiterhin die Möglichkeit der Zulassung bei vorhandenen freien Plätzen nach Abs. 4[21].

III. Sonstige Kursteilnahme

10 Zusätzlich zu Teilnahmeansprüchen und -verpflichtungen besteht auch die Möglichkeit der Zulassung von anderen Ausländern nach **Ermessen**[22]. Grundvoraussetzung ist das Vorhandensein freier Plätze über die hinaus, die von Verpflichteten nach § 44a belegt werden **(Abs. 4).** In Betracht kommen in

---

[15] BayVGH Beschl. v. 18.1.2007 – 19 C 06.2916, BeckRS 2007, 28996; HessVGH Urt. v. 16.11.2016 – 9 A 242/15, EZAR NF 14 Nr. 45.
[16] Vgl. *Gutmann* InfAuslR 2005, 45; zum Anspruch auf fehlerfreie Ausübung von Ermessen vgl. VG Ansbach Urt. v. 8.3.2013 – 14 K 12.02227, BeckRS 2013, 48469.
[17] FreizügV/EU Nr. 492/2011 (ABl. 2011 L 141, S. 1).
[18] Vgl. *Hailbronner* AuslR AufenthG § 44 Rn. 6a.
[19] BT-Drs. 18/8615, 47.
[20] BT-Drs. 18/8615, 47.
[21] BT-Drs. 18/8615, 47. Dies führt nicht zum Verlust der Eigenschaft eines Teilnahmeberechtigten iSv § 9 VI IntV, vgl. hierzu VG Ansbach Urt. v. 24.2.2011 – AN 14 K 10.01208.
[22] Dazu näher *Hauschild* ZAR 2005, 56.

erster Linie Personen, die rechtmäßig mit einem Aufenthaltstitel in Deutschland leben („Bestandsausländer") und eine Niederlassungserlaubnis, Daueraufenthaltserlaubnis-EU oder eine Einbürgerung anstreben und Asylbewerber, Geduldete oder Personen, die eine Aufenthaltserlaubnis nach § 25 V besitzen und eine gute Bleibeperspektive aufweisen. § 5 IV 2 IntV nennt als vorrangig zu berücksichtigende Personengruppen außerdem Ausländer, deren Teilnahmeberechtigung unverschuldet abgelaufen ist (zB keine Teilnahmemöglichkeit innerhalb der zwei Jahre wegen Krankheit, Schwangerschaft, Kleinkindbetreuung), deutsche Staatsangehörige und Unionsbürger und diesen Gleichgestellte, denen es aufgrund fehlender Sprachkenntnisse nicht gelungen ist, sich wirtschaftlich und sozial zu integrieren, sowie Inhaber einiger humanitärer Aufenthaltstitel (ua §§ 23a, 25 III, 25 Va, 104a). Alle diese Gruppen sind bei freien Kapazitäten je nach Bedürftigkeit, Dringlichkeit und Zumutbarkeit sowie Erfolgsaussichten zu berücksichtigen. Andere Ausländer können nur dann teilnehmen, wenn nach Berücksichtigung der in der IntV genannten Gruppen noch freie Plätze verfügbar sind. Voraussetzung für die Zulassung ist immer die Perspektive eines rechtmäßigen und dauerhaften Aufenthalts. Von einem gemäß Abs. 4 S. 2 Nr. 1a zu erwartendem rechtmäßigen und dauerhaften Aufenthalt ist bei Asylbewerbern im Falle einer guten Bleibeperspektive auszugehen[23]. Dabei ist die die Entwicklung des konkreten Asylverfahrens in den Blick zu nehmen; unmittelbar nach der Asylantragstellung kann die Bleibeperspektive nur anhand der Gesamtschutzquote des jeweiligen Landes beurteilt werden; eine inhaltliche Prüfung der Erfolgsaussichten des Asylverfahrens findet in Verfahren über die Zulassung zum Integrationskurs jedoch nicht statt[24]. Für die Entscheidung über den Zulassungsantrag eines Asylbewerbers zum Integrationskurs ist eine Abfrage zum Status des Asylbewerbers aus dem Asylbereich des BAMF notwendig[25].

Der 2019 im Rahmen des Migrationspakets eingefügte **Abs. 4 S. 2 Nr. 1b** erweitert die Möglichkeit einer Teilnahme deutlich. Der Zugang zu den Integrationskursen wird für Gestattete mit **unklarer Bleibeperspektive**, die vor dem 1.8.2019 in das Bundesgebiet eingereist sind, geöffnet. Ziel ist, ihnen durch den frühzeitigen Erwerb deutscher Sprachkenntnisse die Aufnahme einer Beschäftigung zu erleichtern[26]. Diese können künftig an einem Integrationskurs teilnehmen, wenn sie sich seit mindestens drei Monaten gestattet im Bundesgebiet aufhalten und zum Zeitpunkt der Zulassung zur Teilnahme bei der Agentur für Arbeit ausbildungssuchend, arbeitssuchend oder arbeitslos gemeldet oder beschäftigt sind oder in einer Berufsausbildung iSv § 57 I SGB III stehen oder in Maßnahmen nach dem Zweiten Unterabschnitt des Dritten Abschnitts des Dritten Kapitels oder § 130 I 2 SGB III gefördert werden oder bei denen die Voraussetzungen des § 11 IV 2 und 3 SGB XII vorliegen. Wenn das Einreisedatum nicht dokumentiert ist, gilt der früheste Eintrag im Ausländerzentralregister, der regelmäßig dem Datum der Ausstellung des Ankunftsnachweises entspricht. Ist dazu kein Eintrag vorhanden, kann dies auch das Datum der Asylantragstellung sein. Mit der Stichtagsregelung wird auf etwaige lang andauernde Altverfahren Rücksicht genommen. Aufgrund der schnellen Bearbeitung der neuen Asylanträge ist eine vergleichbare Öffnung für die Zukunft nicht erforderlich. Durch die stichtagsbezogene Öffnung werden die Betroffenen dabei unterstützt, eine möglichst bedarfsdeckende Beschäftigung aufzunehmen, um ihre Abhängigkeit von Sozialleistungen zu reduzieren oder zu vermeiden[27]. Auch den Asylbewerbern, denen aus den in § 11 IV 2 und 3 SGB XII vorliegenden Gründen der Kinderziehung die Ausübung einer Erwerbstätigkeit nicht zumutbar ist, und die deswegen bei der Agentur für Arbeit nicht als arbeitssuchend gemeldet sind, soll die Teilnahme an einer Sprachfördermaßnahme ermöglicht werden[28].

Das **Auswahlermessen** des BAMF wird durch § 5 IV IntV nicht auf eine feste **Reihenfolge** festgelegt, auch weil die Zahl freier Kursplätze wie auch die Anzahl potenziell zu berücksichtigender Ausländer regional differiert. Innerhalb dieser Gruppen sind spezielle persönliche Verhältnisse zu berücksichtigen. So werden im Zweifel zunächst diejenigen Ausländer zu berücksichtigen sein, für die die Teilnahme Voraussetzung für die Verbesserung ihres Rechtsstatus, insbesondere für einen Verbleib in Deutschland, ist. In der Praxis werden auch Unionsbürger bevorzugt zugelassen, was allerdings nicht den Umstand heilt, dass der Anspruchsausschluss unionsrechtswidrig ist.

IV. Verwaltungsverfahren und Rechtsschutz

Die **Zulassung** zu einem **Integrationskurs** erfolgt ebenso wie deren Ablehnung durch einen VA (zu der Verpflichtung nach § 44a I 1 Nr. 2 s. dort). Die Teilnahmeberechtigung nach § 44 I wird gemäß § 6 I IntV durch die Ausländerbehörde verfügt. Für die Zulassung im Rahmen freier Kursplätze nach § 44 IV ist gemäß § 5 I IntV das BAMF zuständig. Der Antrag kann auch über den Kursträger gestellt werden[29]. In den Bescheiden ist gleichzeitig über den Kostenbeitrag und eine Befreiung von den Kosten (§ 43 III 4 und 5; § 9 IntV) zu entscheiden. Wie sich aus § 44a III 3 schließen lässt,

---

[23] Vgl. BT-Drs. 18/6185, 1 und 48.
[24] BayVGH Beschl. v. 31.1.2018 – 19 CE 18.11, BeckRS 2018, 3072.
[25] BayVGH Beschl. v. 10.1.2018 – 19 BV 17.1968, BeckRS 2018, 184.
[26] BT-Drs. 19/10053, 29.
[27] BT-Drs. 19/10692, 11 f.
[28] BT-Drs. 19/10692, 11 f.
[29] Dazu *Hauschild* ZAR 2005, 56.

werden die Kosten durch Gebührenbescheid erhoben. Die Kostenbeiträge sind über den Kursträger bei Kursbeginn jeweils für einen Kursabschnitt zu entrichten (§ 9 III IntV). Das Ergebnis des Abschlusstests wird durch eine Bescheinigung des Kursträgers bestätigt (§ 43 III 2; § 17 IV IntV). Diese Bescheinigung enthält eine Regelung iSd § 35 VwVfG, weil sie verbindlich über das Bestehen oder Nichtbestehen entscheidet und für andere Behördenentscheidungen verbindlich wirkt (vgl. zB §§ 8 III, 9 II 2; § 10 III StAG). Unabhängig von dem Rechtsstatus des Kursträgers handelt es sich um eine Entscheidung, die für das BAMF getroffen wird. Das BAMF setzt die Kursträger zur Erfüllung seiner hoheitlichen Aufgaben ein (§ 43 III 3) und „lässt" die Kurse von privaten oder öffentlichen Trägern „durchführen" (so ausdrücklich § 1 S. 2 IntV).

14   Die Ablehnung der Teilnahmeberechtigung oder der Kurszulassung kann mit **Verpflichtungswiderspruch und -klage** angegriffen werden (§§ 42, 68 VwGO). Gegen eine Verpflichtung zur Kursteilnahme, den Kostenbescheid und die Integrationskursbescheinigung ist Widerspruch und Anfechtungsklage zulässig. Hinsichtlich des Kostenbeitrags entfalten die Rechtsbehelfe keine aufschiebende Wirkung, da es sich um öffentliche Kosten iSd § 80 II 1 Nr. 1 VwGO handelt[30]. Örtlich zuständig ist das VG, in dessen Bezirk die zuständige Bundesbehörde ihren Sitz hat (§ 52 Nr. 2 VwGO), oder in dessen Bezirk der Verwaltungsakt der Ausländerbehörde erlassen wurde (§ 52 Nr. 3 VwGO).

§ 44a Verpflichtung zur Teilnahme an einem Integrationskurs

(1) ¹Ein Ausländer ist zur Teilnahme an einem Integrationskurs verpflichtet, wenn
1. er nach § 44 einen Anspruch auf Teilnahme hat und
    a) sich nicht zumindest auf einfache Art in deutscher Sprache verständigen kann oder
    b) zum Zeitpunkt der Erteilung eines Aufenthaltstitels nach § 23 Abs. 2, § 28 Abs. 1 Satz 1 Nr. 1, § 30 oder § 36a Absatz 1 Satz 1 erste Alternative nicht über ausreichende Kenntnisse der deutschen Sprache verfügt oder
2. er Leistungen nach dem Zweiten Buch Sozialgesetzbuch bezieht und die Teilnahme am Integrationskurs in einer Eingliederungsvereinbarung nach dem Zweiten Buch Sozialgesetzbuch vorgesehen ist,
3. er in besonderer Weise integrationsbedürftig ist und die Ausländerbehörde ihn zur Teilnahme am Integrationskurs auffordert oder
4. er zu dem in § 44 Absatz 4 Satz 2 Nummer 1 bis 3 genannten Personenkreis gehört, Leistungen nach dem Asylbewerberleistungsgesetz bezieht und die zuständige Leistungsbehörde ihn zur Teilnahme an einem Integrationskurs auffordert.

²In den Fällen des Satzes 1 Nr. 1 stellt die Ausländerbehörde bei der Erteilung des Aufenthaltstitels fest, dass der Ausländer zur Teilnahme verpflichtet ist. ³In den Fällen des Satzes 1 Nr. 2 ist der Ausländer auch zur Teilnahme verpflichtet, wenn der Träger der Grundsicherung für Arbeitsuchende ihn zur Teilnahme auffordert. ⁴Der Träger der Grundsicherung für Arbeitsuchende soll in den Fällen des Satzes 1 Nr. 1 und 3 beim Bezug von Leistungen nach dem Zweiten Buch Sozialgesetzbuch für die Maßnahmen nach § 15 des Zweiten Buches Sozialgesetzbuch der Verpflichtung durch die Ausländerbehörde im Regelfall folgen. ⁵Sofern der Träger der Grundsicherung für Arbeitsuchende im Einzelfall eine abweichende Entscheidung trifft, hat er dies der Ausländerbehörde mitzuteilen, die die Verpflichtung widerruft. ⁶Die Verpflichtung ist zu widerrufen, wenn einem Ausländer neben seiner Erwerbstätigkeit eine Teilnahme auch an einem Teilzeitkurs nicht zuzumuten ist. ⁷Darüber hinaus können die Ausländerbehörden einen Ausländer bei der Erteilung eines Aufenthaltstitels nach § 25 Absatz 1 oder 2 zur Teilnahme an einem Integrationskurs verpflichten, wenn er sich lediglich auf einfache Art in deutscher Sprache verständigen kann.

(1a) Die Teilnahmeverpflichtung nach Absatz 1 Satz 1 Nummer 1 erlischt außer durch Rücknahme oder Widerruf nur, wenn der Ausländer ordnungsgemäß am Integrationskurs teilgenommen hat.

(2) Von der Teilnahmeverpflichtung ausgenommen sind Ausländer,
1. die sich im Bundesgebiet in einer beruflichen oder sonstigen Ausbildung befinden,
2. die die Teilnahme an vergleichbaren Bildungsangeboten im Bundesgebiet nachweisen oder
3. deren Teilnahme auf Dauer unmöglich oder unzumutbar ist.

(2a) Von der Verpflichtung zur Teilnahme am Orientierungskurs sind Ausländer ausgenommen, die eine Aufenthaltserlaubnis nach § 38a besitzen, wenn sie nachweisen, dass sie bereits in einem anderen Mitgliedstaat der Europäischen Union zur Erlangung ihrer Rechtsstellung als langfristig Aufenthaltsberechtigte an Integrationsmaßnahmen teilgenommen haben.

(3) ¹Kommt ein Ausländer seiner Teilnahmepflicht aus von ihm zu vertretenden Gründen nicht nach oder legt er den Abschlusstest nicht erfolgreich ab, weist ihn die zuständige Ausländerbehörde vor der Verlängerung seiner Aufenthaltserlaubnis auf die möglichen Aus-

---

[30] Zu der gängigen weiten Auslegung dieses Begriffs vgl. *Redeker/von Oertzen* VwGO § 80 Rn. 16a.

Verpflichtung zur Teilnahme an einem Integrationskurs   § 44a AufenthG 1

wirkungen seines Handelns (§ 8 Abs. 3, § 9 Abs. 2 Satz 1 Nr. 7 und 8, § 9a Absatz 2 Satz 1 Nummer 3 und 4 dieses Gesetzes, § 10 Abs. 3 des Staatsangehörigkeitsgesetzes) hin. ²Die Ausländerbehörde kann den Ausländer mit Mitteln des Verwaltungszwangs zur Erfüllung seiner Teilnahmepflicht anhalten. ³Bei Verletzung der Teilnahmepflicht kann der voraussichtliche Kostenbeitrag auch vorab in einer Summe durch Gebührenbescheid erhoben werden.

Allgemeine Verwaltungsvorschrift
44a Zu § 44a – Verpflichtung zur Teilnahme an einem Integrationskurs
44a.1 Begründung der Teilnahmeverpflichtung
   44a.1.1 Der Vermittlung von Kenntnissen der deutschen Sprache kommt in der Integrationsförderung eine hohe Bedeutung zu. Dies rechtfertigt in den Fällen, in denen die Möglichkeit der sprachlichen Verständigung noch nicht in ausreichendem Maße besteht, die Begründung einer Verpflichtung zur Teilnahme am Integrationskurs. § 44a Absatz 1 Satz 1 zählt die unterschiedlichen Verpflichtungsarten auf. Die Verpflichtungen nach Nummer 1 und Nummer 3 liegen in der Zuständigkeit der Ausländerbehörde, die Verpflichtung nach Nummer 2 hingegen in der Zuständigkeit des Trägers der Grundsicherung für Arbeitsuchende. Die Möglichkeit zur Verpflichtung nach Nummer 1 besteht nur, solange gemäß § 44 Absatz 2 ein Teilnahmeanspruch besteht; die Verpflichtungsmöglichkeiten nach Nummer 2 und Nummer 3 gelten hiervon unberührt (vgl. Nummer 44.2).
   44a.1.2 Dem Anspruch des Ausländers, dem erstmals eine Aufenthaltserlaubnis erteilt wird, auf Teilnahme am Integrationskurs entspricht die Teilnahmeverpflichtung nach § 44a Absatz 1 Satz 1 Nummer 1, wenn die Mindestvoraussetzungen für eine erfolgreiche Integration nicht vorliegen; in den Fällen des Absatzes 1 Satz 1 Nummer 1 Buchstabe a) ist dies die mangelnde Fähigkeit, sich mündlich und schriftlich auf einfache Art in deutscher Sprache verständigen zu können (Niveau A 1 GER) bzw. in den Fällen des Absatzes 1 Satz 1 Nummer 1 Buchstabe b) das Nichtvorliegen ausreichender mündlicher und schriftlicher Kenntnisse der deutschen Sprache (Niveau B 1 GER). Die Möglichkeit, Ausländer zur Teilnahme am Integrationskurs zu verpflichten, hat sich in der Anwendungspraxis bewährt: So können z.B. Frauen, die häuslich isoliert sind, über dieses Instrument erreicht und an die deutsche Gesellschaft herangeführt werden. Das im Herkunftsland nachzuweisende Niveau „einfache Sprachkenntnisse" reicht aber nicht aus, um das gesetzliche Ziel, selbständig – d. h. ohne die Unterstützung durch einen Dritten – im deutschen Alltag kommunizieren zu können (§ 43 Absatz 2 Satz 3), zu erreichen. Für alle zum Integrationskurs verpflichteten Teilnehmer gilt daher ohne Ausnahme, dass ihnen im Integrationskurs erfolgreich ausreichende Sprachkenntnisse vermittelt werden sollen. Insofern sind auch diejenigen Ausländer, die einfache Sprachkenntnisse im Herkunftsland nachgewiesen haben, aber noch nicht über ausreichende Sprachkenntnisse verfügen, in den Fällen eines Aufenthaltstitels nach §§ 23 Absatz 2, 28 Absatz 1 Satz 1 Nummer 1 und § 30 zur Teilnahme am Integrationskurs zu verpflichten, da sie noch nicht über die erforderlichen Mindestkenntnisse der deutschen Sprache verfügen.
      44a.1.2.1 Die Fähigkeit, sich auf einfache Art in deutscher Sprache verständigen zu können (§ 44a Absatz 1 Satz 1 Nummer 1a), entspricht der Definition des Sprachniveaus A 1 GER (siehe hierzu Nummer 30.1.2.1).
      44a.1.2.2 Ausreichende Deutschkenntnisse (§ 44a Absatz 1 Satz 1 Nummer 1b) entsprechen der Definition des Sprachniveaus B 1 GER (siehe hierzu Nummer 43.4.3.2). Die Stufe B 1 GER setzt folgende sprachliche Fähigkeiten bei allen Sprachkompetenzen (Hören, Sprechen, Lesen und Schreiben) voraus: Kann die Hauptpunkte verstehen, wenn klare Standardsprache verwendet wird und wenn es um vertraute Dinge aus Arbeit, Schule, Freizeit usw. geht. Kann die meisten Situationen bewältigen, denen man auf Reisen im Sprachgebiet begegnet. Kann sich einfach und zusammenhängend über vertraute Themen und persönliche Interessengebiete äußern. Kann über Erfahrungen und Ereignisse berichten, Träume, Hoffnungen und Ziele beschreiben und zu Plänen und Ansichten kurze Begründungen oder Erklärungen geben. Das Fehlen ausreichender Kenntnisse der deutschen Sprache ist anzunehmen, wenn der Ausländer sich nicht einfach und zusammenhängend über vertraute Themen und persönliche Interessengebiete äußern kann. Ausreichende schriftliche Kenntnisse erfordern, dass der Ausländer einfache zusammenhängende Texte über Themen, die ihm vertraut sind, schreiben kann.
      44a.1.2.3 Die Feststellung des Sprachstandes obliegt der Ausländerbehörde. Die Ausländerbehörde muss sich selbst davon überzeugen, dass die gesetzlich geforderten Mindestsprachkenntnisse tatsächlich beim Ausländer vorliegen. Grundsätzlich ist daher das persönliche Erscheinen des Ausländers erforderlich. Die Ausländerbehörde kann einen Sprachnachweis fordern und dem Ausländer aufgeben, sich einer Prüfung zu unterziehen. Auch die Anerkennung von Bescheinigungen über das erfolgreiche Absolvieren einer Sprachprüfung liegt im Ermessen der Ausländerbehörde. Das Sprachniveau A 1 wird durch die Sprachprüfung „StartDeutsch 1" nachgewiesen; das Sprachniveau B 1 wird nachgewiesen durch das „Zertifikat Deutsch" oder durch den „Deutsch-Test für Zuwanderer". Die Ausländerbehörde muss das Ergebnis der Sprachstandsfeststellung aktenmäßig festhalten und auf Verlangen dem Bundesamt mitteilen.
   44a.1.3 Auch Ausländer, die sich bereits länger und rechtmäßig im Bundesgebiet aufhalten, können zur Teilnahme am Integrationskurs verpflichtet werden:
      44a.1.3.1 Die Verpflichtung des Ausländers nach § 44a Absatz 1 Satz 1 Nummer 2 setzt den Bezug von Leistungen nach dem SGB II und die entsprechende Regelung in einer Eingliederungsvereinbarung voraus. Die Verpflichtung zur Teilnahme am Integrationskurs wird in diesen Fällen vom Träger der Grundsicherung für Arbeitsuchende ausgesprochen. Dies geschieht grundsätzlich durch einen öffentlichrechtlichen Vertrag in Form der Eingliederungsvereinbarung nach § 15 SGB II. Weigert sich der Ausländer, eine Eingliederungsvereinbarung zu unterzeichnen, kann ihn der Träger der Grundsicherung für Arbeitsuchende auch nach § 44a Absatz 1 Satz 3 durch Verwaltungsakt verpflichten.
      44a.1.3.2 Die Verpflichtung nach § 44a Absatz 1 Satz 1 Nummer 3 setzt das Vorliegen einer besonderen Integrationsbedürftigkeit voraus. Diese ist insbesondere dann gegeben, wenn sich der Ausländer als Inhaber der Personensorge für ein in Deutschland lebendes Kind nicht auf einfache Art in deutscher Sprache verständigen kann und ihm deshalb bisher nicht gelungen ist, sich ohne staatliche Hilfe in das wirtschaftliche, kulturelle und gesellschaftliche Leben der Bundesrepublik Deutschland zu integrieren (siehe § 4 Absatz 3 IntV).
   44a.1.4 Die Ausländerbehörde stellt bei der Ausstellung des Aufenthaltstitels fest, ob der Ausländer zur Teilnahme verpflichtet ist. Der Ausländer ist über seine Teilnahmeverpflichtung am Integrationskurs, die damit verbundenen

1 AufenthG § 44a

Konsequenzen und über seinen Anspruch auf Integrationsförderung aufzuklären. In den Fällen des § 44a Absatz 1 Satz 1 Nummer 1 ist die Regelung des § 44a Absatz 1 Satz 2 zu beachten, wonach es zur Begründung der Teilnahmepflicht nach Satz 1 Nummer 1 eines feststellenden Verwaltungsakts der Ausländerbehörde bedarf. Dieser ergeht mit der Erteilung des Aufenthaltstitels. In den Fällen des § 44a Absatz 1 Satz 1 Nummer 1 und 3 bestätigt zudem die Ausländerbehörde und in den Fällen des § 44a Absatz 1 Satz 1 Nummer 2 der Träger der Grundsicherung für Arbeitsuchende dem Ausländer das Recht auf Teilnahme gesondert und übermittelt dem Bundesamt die Daten der ausgestellten Bestätigung (siehe § 6 Absatz 1 und § 8 Absatz 1 IntV).

44a.1.5 § 44a Absatz 1 Satz 4 bis 6 regelt die Zuständigkeit zur Teilnahmeverpflichtung in den Fällen, in denen aufenthaltsrechtliche und sozialrechtliche Verpflichtungsregelungen konkurrieren.

44a.1.5.1 Um Doppelverpflichtungen bzw. das Nebeneinander von Berechtigung und Verpflichtung zur Kursteilnahme zu vermeiden, haben die zuständigen Stellen die Möglichkeit des Datenabgleichs über das koordinierende Bundesamt, bei dem die Informationen gebündelt erfasst werden. Das Bundesamt erteilt auf Nachfrage die entsprechende Auskunft (siehe Nummer 43.4.8). Bevor die Ausländerbehörde oder der Träger der Grundsicherung für Arbeitsuchende eine Verpflichtung zur Teilnahme am Integrationskurs begründet, ist beim Bundesamt die entsprechende Auskunft einzuholen.

44a.1.5.2 Sofern die Ausländerbehörde den Ausländer bereits zur Teilnahme verpflichtet hat, kann auch der Träger der Grundsicherung für Arbeitsuchende eine Eingliederungsvereinbarung mit ihm abschließen. Die Verpflichtung durch die Ausländerbehörde, die sich allein auf den aufenthaltsrechtlichen Status bezieht, und der Abschluss einer Eingliederungsvereinbarung, der sich ausschließlich auf den Leistungsbezug bezieht, schließen sich nicht gegenseitig aus. Ausnahmsweise kann der Träger der Grundsicherung im Einzelfall eine abweichende Entscheidung zur Verpflichtung durch die Ausländerbehörde treffen. Dies ist insbesondere dann der Fall, wenn der Ausländer unmittelbar in eine Erwerbstätigkeit vermittelt werden kann und ihm eine Teilnahme an einem Integrationskurs (auch Teilzeitkurs) daneben nicht zumutbar ist. Im Fall einer abweichenden Entscheidung hat der Träger der Grundsicherung für Arbeitsuchende dies der Ausländerbehörde unverzüglich mitzuteilen, die die Verpflichtung widerruft.

44a.1.6 Die Verpflichtung zur Teilnahme am Integrationskurs gemäß § 44a Absatz 1 Satz 1 ist gegenüber der Zulassung zum Integrationskurs gemäß § 44 Absatz 4 die weitergehende Maßnahme (vgl. auch Nummer 44.4). Anders als bei der Zulassung haben verpflichtete Ausländer sich unverzüglich zu einem Integrationskurs anzumelden (§ 7 Absatz 2 IntV). Sofern ein Ausländer der Verpflichtung nicht nachkommt, können nach § 44a Absatz 3 (vgl. auch Nummer 44 a.3) Sanktionen eintreten. In der Aufforderung zur Teilnahme an einem Integrationskurs sollen die Betroffenen auf die Folgen einer Pflichtverletzung hingewiesen werden.

Ein Ausländer, der nach § 44 Absatz 4 i. V. m. § 5 Absatz 1 IntV zur Teilnahme am Integrationskurs zugelassen wurde, kann – sofern er damit nicht Pflichten aus der Eingliederungsvereinbarung verletzt – ohne irgendwelche Sanktionen befürchten zu müssen, völlig frei entscheiden, ob er überhaupt und in welchem Umfang er von der Zulassung Gebrauch macht. Beide Möglichkeiten stehen daher nicht gleichberechtigt nebeneinander. Vielmehr gilt vom Sinn und Zweck der gesetzlichen Regelungen her gesehen ein Vorrang für die Verpflichtungsmöglichkeit nach § 44a Absatz 1 Nummer 2.

44a.2 Befreiung von der Teilnahmepflicht

§ 44a Absatz 2 regelt die Befreiungstatbestände von der Verpflichtung zur Kursteilnahme nach § 44a Absatz 1. In den Fällen, in denen vergleichbare Qualifikationen durch Angebote anderer Bildungseinrichtungen, z. B. öffentliche oder private Schulen, Berufsschulen oder private Kursangebote der Arbeitgeber oder anderer Träger, erworben werden, bedarf es keiner Verpflichtung zur Teilnahme am Integrationskurs. Zudem ist der besonderen Situation von Ausländern Rechnung zu tragen, denen etwa aufgrund besonderer familiärer oder persönlicher Umstände eine Teilnahme auf Dauer nicht zumutbar ist, etwa bei eigener Behinderung oder der Pflege behinderter Familienangehöriger. Die Erziehung eigener Kinder führt dagegen nicht ohne weiteres zur Unzumutbarkeit der Kursteilnahme, dies gilt insbesondere bei der Möglichkeit kursergänzender Kinderbetreuung.

44a.2a Befreiung von der Teilnahmepflicht am Orientierungskurs

Durch die Einfügung von Absatz 2a in § 44a wird der Vorgabe des Artikels 15 Absatz 3 der Richtlinie 2003/109/EG des Rates vom 25. November 2003 betreffend die Rechtsstellung der langfristig aufenthaltsberechtigten Drittstaatsangehörigen (ABl. EU 2004 Nummer L 16 S. 44, so genannte Daueraufenthalt-Richtlinie) Rechnung getragen. Ein langfristig Aufenthaltsberechtigter darf nicht zur Teilnahme am Orientierungskurs verpflichtet werden, wenn er bereits in einem anderen Mitgliedstaat an Integrationsmaßnahmen teilgenommen hat und dies der Erlangung der langfristigen Aufenthaltsberechtigung i. S. d. Daueraufenthalt-Richtlinie diente.

44a.3 Auswirkung der Pflichtverletzung

44a.3.1 Das hohe Interesse an der Integration der im Bundesgebiet lebenden Ausländer rechtfertigt es, sie im Falle einer Pflichtverletzung und Nichtteilnahme am Integrationskurs auf deren Auswirkungen mit Nachdruck hinzuweisen. Hervorzuheben ist dabei, dass im Falle des Bestehens des Abschlusstests ausreichende Deutschkenntnisse (§ 9 Absatz 2 Satz 1 Nummer 7) und die Grundkenntnisse der Rechts- und Gesellschaftsordnung und der Lebensverhältnisse im Bundesgebiet (§ 9 Absatz 2 Satz 1 Nummer 8), die für die Erteilung einer Niederlassungserlaubnis erforderlich sind, als nachgewiesen gelten (§ 9 Absatz 2 Satz 2) und die Frist für einen Anspruch auf Einbürgerung um ein Jahr auf sieben Jahre verkürzt wird (§ 10 Absatz 3 StAG). Hiermit erfolgt eine stärkere Ausrichtung auf eine erfolgreiche Teilnahme am Integrationskurs.

44a.3.2 Korrespondierend zum Prinzip des Förderns und Forderns in § 43 Absatz 1 und zu der gesetzlichen Zielbestimmung der erfolgreichen Teilnahme am Integrationskurs wurde ein nach Eingriffsintensität abgestuftes System von Sanktionen eingeführt, um auf die Verletzung der Pflicht zur Teilnahme am Integrationskurs reagieren zu können:

44a.3.2.1 Sanktionen nach dem SGB II: Ist der Ausländer Bezieher von Arbeitslosengeld II und verletzt er durch die Nichtteilnahme am Integrationskurs eine Pflicht aus der Eingliederungsvereinbarung, wird ihm dieses nach § 44a Absatz 1 Satz 1 Nummer 2 i. V. m. §§ 15 und 31 Absatz 1 Satz 1 Nummer 1 Buchstabe b) SGB II um 30 Prozent, bei wiederholten Verletzungen der Teilnahmepflicht auch darüber hinaus, gekürzt.

44a.3.2.2 Auferlegung von Kosten für den Integrationskurs (§ 44a Absatz 3 Satz 3): Anstatt den Kostenbeitrag nur für den jeweils anstehenden Kursabschnitt vorab entrichten zu lassen (vgl. § 9 Absatz 3 IntV), kann der voraussichtliche Kursbeitrag bei der Verletzung der Teilnahmepflicht auch vorab in einer Summe erhoben werden.

Verpflichtung zur Teilnahme an einem Integrationskurs **§ 44a AufenthG 1**

44a.3.2.3 Verhängung eines Bußgeldes nach § 98 Absatz 2 Nummer 4 (siehe Nummer 98.2.4).
44a.3.2.4 Verwaltungszwang (§ 44a Absatz 3 Satz 2): Die Regelung des Verwaltungszwangs nach § 44a Absatz 3 Satz 2 hat lediglich klarstellenden Charakter. Aus dieser kann nicht der Umkehrschluss gezogen werden, dass nach den anderen Vorschriften dieses Gesetzes erlassene Verwaltungsakte nicht mit den Mitteln des Verwaltungszwangs vollstreckt werden können, sofern die Voraussetzungen vorliegen.
44a.3.2.5 Nichtverlängerung der Aufenthaltserlaubnis (§ 8 Absatz 3) (siehe Nummer 8.3).
44a.3.2.6 Darüber hinaus besteht die Möglichkeit, mit einer Ermessensausweisung nach § 55 Absatz 2 Nummer 2 auf eine Verletzung der Teilnahmepflicht zu reagieren.
44a.3.3 Die gesetzlich vorgesehenen Sanktionen bei Verletzung der Pflicht zur ordnungsgemäßen Teilnahme an Integrationskursen können auch gegenüber türkischen Arbeitnehmern und deren Familienangehörigen angewendet werden. Insbesondere berühren die Versagung einer Einbürgerung sowie die Kürzung von Sozialleistungen keine „Standstill-Klauseln" des Assoziationsrechts: Einbürgerungen sind überhaupt nicht Regelungsgegenstand des Assoziationsrechts. Im Zusammenhang mit der „Standstill-Klausel" des Artikels 13 ARB 1/80 ist zu beachten, dass diese nur eine Erschwerung des Arbeitsmarktzuganges und der damit verbundenen Aufenthaltsmöglichkeit untersagt, nicht aber die Anordnung zur Teilnahme an Maßnahmen, die auf eine Verbesserung des Zuganges zum Arbeitsmarkt gerichtet sind (wie nicht nur der Teilnahme an Integrationskursen, sondern etwa auch an Umschulungen und anderen Arbeitsförderungsmaßnahmen, die die Bundesagentur für Arbeit anordnet). Der Gleichbehandlungsgrundsatz des Artikels 3 Absatz 1 ARB 1/80 ist allein deshalb nicht berührt, weil jener Assoziationsratsbeschluss gemäß seinem Artikel 4 Absatz 4 nicht für die Sozialhilfe gilt, zu der – anders als die Leistungen aus der Arbeitslosenversicherung – nach der Systematik des Beschlusses auch das nicht durch Beiträge finanzierte Arbeitslosengeld II zu rechnen ist. Die Nichtteilnahme an einem Integrationskurs ist allerdings kein Umstand, der bei der Entscheidung über die Beendigung des Aufenthaltes eines türkischen Staatsangehörigen in Betracht gezogen werden kann, der einem Tatbestand des Artikels 6 oder 7 ARB 1/80 unterfällt. Mangelnde Integration stellt nämlich für sich genommen keinen Grund für Aufenthaltsbeendigung dar, die i. S. d. Artikels 14 Absatz 1 ARB 1/80 aus Gründen der öffentlichen Ordnung, Sicherheit oder Gesundheit erfolgen würde; hierzu ist zu beachten, dass der Europäische Gerichtshof diese Merkmale entsprechend der zur Beendigung des Aufenthalts freizügigkeitsberechtigter Unionsbürger und deren Familienangehörigen ergangenen Rechtsprechung auslegt.

Übersicht

	Rn.
I. Entstehungsgeschichte	1
II. Allgemeines	2
III. Teilnahmeverpflichtung	4
IV. Ausnahmen von der Teilnahmeverpflichtung und Beendigung	10
V. Anreize und Sanktionen	16
VI. Verwaltungsverfahren und Rechtsschutz	23

I. Entstehungsgeschichte

Die Vorschrift war in dem **Gesetzesentwurf** zum ZuwG[1] in der Weise enthalten, dass dort die **1** Teilnahmeverpflichtung in § 45 geregelt war. Aufgrund des Vermittlungsverfahrens[2] wurde § 45 durch §§ 44a und 45 ersetzt und seine Bestimmungen neu gefasst. Erheblich verschärft worden sind auch die Sanktionsregelungen in Abs. 3 durch die Ermöglichung der Kürzung von Leistungen nach dem SGB II[3]. Mit dem RLUmsG 2007[4] wurden umfangreiche Änderungen vorgenommen, unter anderem wurden die Verpflichtungen für nachziehende Ehegatten von Deutschen und von Ausländern sowie für Inhaber von Niederlassungserlaubnissen nach § 23 I ausgeweitet. Mit dem ZwangsverhBekämpfG[5] wurde Abs. 1a neu eingefügt. Abs. 3 S. 1 wurde mit Wirkung vom 6.9.2013 durch das Gesetz zur Verbesserung der Rechte von international Schutzberechtigten und ausländischen Arbeitnehmern um einen zusätzlichen Verweis auf § 9a II 1 Nr. 3 und 4 ergänzt[6]. Das am 31.7.2016 verkündete und am 6.8.2016 in Kraft getretene **Integrationsgesetz (IntG)**[7] führte zu einer Erweiterung des verpflichteten Personenkreises, indem es in Abs. 1 S. 1 Nr. 4 und S. 7 neu einfügte.

II. Allgemeines

Die Vorschrift muss im Zusammenhang mit den §§ 43, 44 und 45 über Inhalt und Organisation der **2** Integrationskurse und die Teilnahmeberechtigung sowie die Ergänzung durch andere Integrationsangebote gesehen werden. Sie nimmt hinsichtlich der Teilnahmepflicht einerseits auf die Berechtigung nach § 44 für Neuzuwanderer Bezug und begründet andererseits Teilnahmepflichten für „Bestandsausländer", die keinen Teilnahmeanspruch haben. **Ziel** der Regelung ist vor allem die **wirtschaftliche**

---
[1] BT-Drs. 15/420, 18 f.
[2] BT-Drs. 15/3479, 7.
[3] *Hailbronner* AuslR AufenthG § 44a Rn. 2.
[4] RLUmsG 2007.
[5] Ges. zur Bekämpfung der Zwangsheirat und zum besseren Schutz der Opfer von Zwangsheirat sowie zur Änderung weiterer aufenthaltsrechtlicher und asylrechtlicher Vorschriften v. 23.6.2011 (BGBl. I S. 1266).
[6] Vgl. Art. 1 Nr. 22 Gesetz v. 29.8.2013, BGBl. I S. 3484; *Hailbronner* AuslR AufenthG § 44a Rn. 5b.
[7] BGBl. 2016 I S. 1939.

1 AufenthG § 44a

Integration von Ausländern, wofür Sprachkompetenz unverzichtbare Voraussetzung ist, was sich ua an der Verpflichtung von Leistungsbeziehern nach dem SGB II, vor allem aber an dem Vorrang eines Beschäftigungsverhältnisses vor der Teilnahme am Integrationskurs festmacht (Abs. 1 S. 6). Die Wortwahl der IntV ist insoweit verwirrend, als häufig von „Berechtigten" die Rede ist; dies ändert nichts daran, dass es sich bei der Verpflichtung um einen Verwaltungsakt iSd § 35 VwVfG handelt, der von der Ausländerbehörde erlassen wird[8]. Träger der Grundsicherung für Arbeitsuchende (SGB II) müssen sich der Eingliederungsvereinbarung nach § 15 SGB II bedienen, die einen öffentlich-rechtlichen Vertrag darstellt[9].

3 **Unionsbürger** können nicht zur Teilnahme an einem Integrationskurs verpflichtet werden, da ihr Freizügigkeitsrecht unabhängig von Sprachkenntnissen und von den im Orientierungskurs zu vermittelnden Kenntnissen besteht. Dies lässt ihren aus § 11 FreizügG/EU, Art. 12 EGV und gegebenenfalls Art. 7 II VO (EWG) 1612/68 resultierenden **Teilnahmeanspruch** unberührt[10]. **Deutsche**, die eine Teilnahmemöglichkeit im Rahmen freier Kursplätze haben, können ebenfalls nicht verpflichtet werden, da § 44a I 1 die Verpflichtung nur von Ausländern zulässt. Bei **türkischen Staatsangehörigen**, die als Arbeitnehmer oder deren Familienangehörige Rechtspositionen nach Art. 6, 7 ARB innehaben oder die sich als Selbstständige auf das Verschlechterungsverbot des Art. 41 ZP berufen können, stößt eine Verpflichtung dort an ihre Grenzen, wo sie die Ausübung dieser Rechte unmöglich macht oder auch nur erschwert[11]. Das Recht auf den Arbeitsmarktzugang und die Ausübung der abhängigen oder selbstständigen Erwerbstätigkeit darf durch eine Teilnahmepflicht nicht beeinträchtigt werden, eine Verpflichtung ist in solchen Fällen nach § 44a I 6 zu widerrufen. Die Versagung der Verlängerung einer Aufenthaltserlaubnis ist bei Verletzung der Teilnahmepflicht nicht zulässig[12].

III. Teilnahmeverpflichtung

4 **Abs. 1 S. 1 Nr. 1** knüpft die Teilnahmeverpflichtung an den Teilnahmeanspruch nach § 44 I an unzureichende Sprachkenntnisse an. Hierfür wird grundsätzlich das persönliche Erscheinen für erforderlich gehalten[13]. Bei fehlendem Teilnahmeanspruch zB wegen erkennbar geringen Integrationsbedarfs oder nur vorübergehenden Aufenthalts kommt eine Verpflichtung nach Nr. 1 nicht in Betracht. Mit ZuwG eingeführt wurde die Regelung des **lit. a,** wonach teilnahmeberechtigte Ausländer zur Teilnahme verpflichtet sind, wenn sie sich nicht zumindest auf einfache Art in deutscher Sprache mündlich verständigen können. Das Wort „mündlich" wurde mit 1. RLUmsG 2007 gestrichen, sodass nunmehr eine Teilnahmeverpflichtung besteht, wenn der Ausländer sich zwar mündlich, aber nicht schriftlich verständigen kann, mithin das Niveau A1 des GER nicht erreicht. **Lit. b** wurde durch das 1. RLUmsG 2007 neu eingefügt. Danach sind nachziehende Ehegatten von Deutschen und von Ausländern sowie Inhaber einer Niederlassungserlaubnis nach § 23 I (jüdische Emigranten aus den Nachfolgestaaten der ehemaligen Sowjetunion) zur Teilnahme am Integrationskurs verpflichtet, wenn sie zum Zeitpunkt der Einreise nicht über ausreichende deutsche Sprachkenntnisse (Niveau B1 des GER) verfügen. Der Anwendungsbereich von **lit. a** dürfte somit sehr klein geworden sein, da außerhalb des Familiennachzugs auf Dauer angelegte Zuwanderung nach Deutschland in nennenswertem Umfang nicht erfolgt.

5 Die Ausländerbehörde stellt die Teilnahmeverpflichtung bei der Erteilung des Aufenthaltstitels fest. Diese Regelung des ZuwG ist unverändert geblieben. Nach alter Rechtslage konnte die Ausländerbehörde das Vorhandensein einfacher mündlicher Sprachkenntnisse bei der Vorsprache des Ausländers häufig ohne Weiteres selbst erkennen (vgl. § 4 I 4 IntV aF). Nunmehr ist für die Feststellung einfacher wie auch ausreichender Sprachkenntnis ein standardisierter Test erforderlich, den die Ausländerbehörde selbst durchführen kann, der aber in der Regel durch einen zugelassenen Kursträger durchgeführt wird. Zur richtigen Einstufung der Teilnehmenden in für sie geeignete Kurse sind die Träger zudem verpflichtet, den Sprachtest festzustellen (§ 11 IntV). Die Regelung des § 4 I 5 IntV aF, wonach das BAMF den Ausländerbehörden einen kostenlosen Test zur Verfügung stellte, ist ersatzlos gestrichen worden. Maßgeblicher Zeitpunkt für die Feststellung der nicht ausreichenden Sprachkenntnisse iRv § 44a I 1 Nr. 1b AufenthG ist derjenige der Erteilung des Aufenthaltstitels; dies folgt aus der ausdrücklichen Bezugnahme auf diesen Zeitpunkt in Nr. 1b[14].

---

[8] BT-Drs. 16/5065, 178.
[9] Zur Systematik, zum erforderlichen Verfahren beim Abschluss der Eingliederungsvereinbarung und zu den Sanktionsmöglichkeiten ausführlich BayLSG Beschl. v. 1.8.2007 – L 7 B 366/07 AS ER, BeckRS 2009, 65228.
[10] → § 44 Rn. 5.
[11] Vgl. für Arbeitnehmer und ihre Familienangehörigen das Verschlechterungsverbot nach Art. 13 ARB; ausf. dazu s. § 4. Teilweise wird eine Verpflichtung von assoziationsrechtlich Begünstigten insg. für unzulässig gehalten, zB *Clodius* in NK-AuslR AufenthG § 44a Rn. 15; Art. 6, 7 ARB, 41 ZP schließen bei assoziationsbegünstigten türkischen Staatsangehörigen die Nichtverlängerung der Aufenthaltserlaubnis wegen nicht ordnungsgemäßer Teilnahme aus; dazu → § 8 Rn. 29.
[12] → § 8 Rn. 31.
[13] *Hailbronner* AuslR AufenthG § 44a Rn. 6; Nr. 44a 1.2.3 AVwV AufenthG.
[14] So zu Recht VG Düsseldorf Urt. v. 27.4.2016 – 22 K 6221/14.

Abs. 1 S. 1 Nr. 2 ist durch das 1. RLUmsG 2007 neu gefasst worden. Er sieht eine Teilnahmepflicht für „Bestandsausländer" vor, die **Leistungen nach SGB II** beziehen. Sie sind nunmehr zur Teilnahme verpflichtet, wenn die Teilnahme an einem Integrationskurs Bestandteil einer **Eingliederungsvereinbarung** nach § 15 SGB II ist. Bei der Eingliederungsvereinbarung handelt es sich um einen öffentlich-rechtlichen Vertrag, aus dem Leistungsbezieher und Leistungsträger Rechte und Pflichten erwachsen und dessen Inhalt vom Träger nicht einseitig diktiert werden darf. Die Begründung einer Teilnahmeverpflichtung durch einen die Eingliederungsvereinbarung **ersetzenden Verwaltungsakt** des Leistungsträgers **scheidet** nach dem klaren Gesetzeswortlaut daher **aus**[15]. Datenübermittlungen oder Nachforschungen seitens der Ausländerbehörde hinsichtlich eines der Verpflichtung begründenden eventuellen Leistungsbezugs entfallen mit der Neufassung. Die Ausländerbehörde hat allerdings auch keine Handhabe mehr, Leistungsbezieher ohne Eingliederungsvereinbarung zu verpflichten, es sei denn wegen besonderer Integrationsbedürftigkeit (dazu → Rn. 7). Die Neufassung trägt vor allem der Erfahrung Rechnung, dass bei Leistungsbezug der Leistungsträger besser beurteilen kann, welche Maßnahmen für die Integration in den Arbeitsmarkt erforderlich sind. So kann statt des Integrationskurses die Teilnahme an einem berufsbezogenen Sprachkurs erfolgversprechender sein, insbesondere wenn der Ausländer sich in „ungesteuertem" Spracherwerb (schlechte) Kenntnisse der deutschen Sprache selbst angeeignet hat.

Nach **Abs. 1 S. 1 Nr. 3** kann die Ausländerbehörde „Bestandsausländer" zur Teilnahme an einem Integrationskurs verpflichten, die besonders integrationsbedürftig sind. Ob die Ausländerbehörde nach Abs. 1 S. 1 Nr. 3 AufenthG einen Ausländer zur Teilnahme an einem Integrationskurs verpflichtet, steht in ihrem Ermessen[16]. Die **Legaldefinition** der besonderen Integrationsbedürftigkeit findet sich in **§ 4 III IntV**. Danach ist besondere Integrationsbedürftigkeit insbesondere dann anzunehmen, wenn ein Ausländer die Personensorge für ein in Deutschland aufwachsendes Kind hat, sich nicht auf einfache Art in deutscher Sprache verständigen kann **und deshalb** die Integration in das wirtschaftliche, kulturelle und gesellschaftliche Leben ohne staatliche Hilfe bisher nicht gelungen ist. Stellte die aF des § 4 IV IntV noch ausdrücklich auf die Integrationsperspektiven des Kindes und damit auf das Kindeswohl ab, ist das Ziel der aktuellen Regelung unklarer, der Anwendungsbereich wohl kleiner geworden[17]. Da alle Tatbestände **kumulativ** vorliegen müssen, ist davon auszugehen, dass das Kindeswohl auch weiterhin tragender, aber nicht mehr alleiniger Grund für eine Teilnahmeverpflichtung ist. Die anderen Merkmale müssen hinzukommen, die fehlenden Sprachkenntnisse **kausal** für die nicht erfolgte Integration sein. Unproblematisch ist daher die Verpflichtung von Eltern oder Elternteilen minderjähriger Kinder, die das Sprachniveau A1 nicht erreichen und Leistungen nach dem SGB II beziehen. Die Beschreibung des § 4 III IntV ist **nicht abschließend,** wie das Wort „insbesondere" illustriert. Eine Verpflichtung von Ausländern wegen besonderer Integrationsbedürftigkeit, die nicht alle Voraussetzungen erfüllen, kommt jedoch nur in Betracht, wenn vergleichbar schwerwiegende Gründe vorliegen wie fehlender Kontakt in das soziale Umfeld und Bezug von Sozialleistungen, beides kausal aufgrund mangelnder Sprachkenntnis[18]. Der Bezug von Leistungen nach dem SGB II allein erfüllt das Kriterium der „besonderen" Integrationsbedürftigkeit nicht, da dies bereits im Nr. 2 abgedeckt ist. Auf die ausdrückliche Verpflichtung von Leistungsbeziehern nach dem SGB XII (dauerhaft Erwerbsunfähige und Rentner) ist bereits beim Gesetzgebungsverfahren zum ZuwG bewusst verzichtet worden, da diese Personengruppe keinen Arbeitsmarktbezug (mehr) hat. Bei einem Rentner der ersten Gastarbeitergeneration zB wird kaum besondere Integrationsbedürftigkeit angenommen werden können, selbst wenn er ergänzende Leistungen nach dem SGB XII bezieht. Leistungsbezug nach dem SGB II setzt hingegen Erwerbsfähigkeit voraus.

Für die Beurteilung der Rechtmäßigkeit der Verpflichtung zur Teilnahme am Integrationskurs nach Abs. 1 S. 1 Nr. 3 ist die Sach- und Rechtslage im Zeitpunkt der letzten mündlichen Verhandlung oder Entscheidung des Tatsachengerichts maßgebend[19].

Angesichts des erheblichen tatsächlichen und rechtlichen Auslegungsbedarfs bei der Feststellung einer besonderen Integrationsbedürftigkeit dürfte die mit 1. RLUmsG 2007 eingeführte **Datenübermittlungsvorschrift** des § 87 II 2 schwierig umzusetzen sein, die öffentliche Stellen (zB Schulen, Jugendämter, Sozialleistungsträger) in der Regel („soll") verpflichtet, ihre Kenntnisse hinsichtlich besonderer Integrationsbedürftigkeit iSd § 4 III IntV an die Ausländerbehörde zu übermitteln.

Der durch das Integrationsgesetz 2016 neu eingeführte **§ 44a I Nr. 4** erweitert den Kreis der Teilnahmepflichtigen und greift damit die mit dem AsylVfBeschlG geschaffene Teilnahmemöglichkeit von Asylbewerbern mit guter Bleibeperspektive, bestimmten Geduldeten und Personen mit humanitärer Aufenthaltserlaubnis nach § 25 V AufenthG (§ 44 IV 2 Nr. 1–3 AufentG) auf. Nunmehr ist ein

---

[15] Kommt eine Eingliederungsvereinbarung nicht zustande, kann der Leistungsträger gem. § 15 I 6 SGB II stattdessen einen VA erlassen; LSG LSA Beschl. v. 31.3.2012 – L 5 AS 509/11 B ER; *Kador* in Eicher SGB II § 15 Rn. 62.
[16] Vgl. VGH BW Urt. v. 12.6.2013 – 11 S 208/13, VBlBW 2014, 111.
[17] Zu den Schwierigkeiten, schon nach alter Rechtslage die besondere Integrationsbedürftigkeit festzustellen, vgl. BMI (Hrsg.), Evaluation der Integrationskurse nach dem Zuwanderungsgesetz 2006, S. 67.
[18] BT-Drs. 16/5065, 195.
[19] Vgl. VGH BW Urt. v. 12.6.2013 – 11 S 208/13, VBlBW 2014, 111.

Ausländer auch dann zur Teilnahme an einem Integrationskurs verpflichtet, wenn er zu dem in § 44 IV 2 Nr. 1–3 genannten Personenkreis gehört, Leistungen nach dem AsylbLG bezieht und die zuständige Leistungsbehörde ihn zur Teilnahme an einem Integrationskurs auffordert. Dabei handelt es sich um die aufenthaltsrechtliche Ausgestaltung der neuen Verpflichtungsmöglichkeit in § 5b I AsylbLG.

Der durch das IntG neu eingeführte und zum 1.1.2017 in Kraft getretene **§ 5b AsylbLG** (vgl. Art. 4 Nr. 4 IntG) führt für bestimmte Leistungsberechtigte zu einer sanktionsbewerten Verpflichtung zur Teilnahme an Integrationskursen. Nach § 5b I AsylbLG können arbeitsfähige, nicht erwerbstätige Leistungsberechtigte, die das 18. Lebensjahr vollendet haben und der Vollzeitschulpflicht nicht mehr unterliegen und zu dem in § 44 IV 2 Nr. 1–3 AufenthG genannten Personenkreis gehören, schriftlich verpflichtet werden, an einem Integrationskurs nach § 43 AufenthG teilzunehmen. Im Falle einer Weigerung an einer Teilnahme besteht nach § 5b II 1 AsylbLG grundsätzlich kein Anspruch auf Leistungen nach diesem Gesetz. Nach dem Willen des Gesetzgebers soll mit dem vom Staat unterbreiteten Angebot zur Integration eine Verpflichtung zur eigenen Anstrengung verbunden werden, an die im Falle ihrer Verletzung Leistungseinschränkungen geknüpft werden[20]. Das iRv § 5b I AsylbLG auszuübende Ermessen hat sich an den in § 43 AufenthG beschriebenen Zielen des Integrationskurses auszurichten. Im Hinblick auf die ggf. eintretende Leistungseinschränkung muss die Verpflichtung die für die Sicherstellung einer ordnungsgemäßen Kursteilnahme erforderlichen Schritte (zB Anmeldefrist, Konkretisierung des Kurses) konkret bezeichnen; dem trägt das Schriftformerfordernis in § 5b I AsylbLG Rechnung[21].

9 Neu eingeführt durch das Integrationsgesetz wurde zudem **§ 44a I 7**, wonach die Ausländerbehörden einen Ausländer bei der Erteilung eines Aufenthaltstitels nach § 25 I oder II AufenthG zur Teilnahme an einem Integrationskurs verpflichten können, wenn er Leistungen nach dem AsylbLG bezieht und sich lediglich auf einfache Art in der deutschen Sprache verständigen kann. Die Stellung der Regelung am Ende von Abs. 1 erscheint systemwidrig; näher hätte die Ergänzung von S. 1 um eine weitere Nr. 5 gelegen. Damit wird eine Teilnahmepflicht für Asylberechtigte, GK-Flüchtlinge und subsidiär Schutzberechtigte geschaffen. Voraussetzung ist das Vorliegen einfacher deutscher Sprachkenntnisse. Nach dem Willen des Gesetzgebers sind solche einfachen Sprachkenntnisse nicht ausreichend für eine nachhaltige Integration in die Gesellschaft und einen qualifizierten Zugang zum Arbeitsmarkt[22]. Zudem erfasst die Regelung nur solche Personen, die Leistungen nach dem AsylbLG beziehen, also keine Leistungen nach dem SGB II.

Im Gegensatz zu den Verpflichteten nach Abs. 1 S. 1 steht die Teilnahmepflicht nach Abs. 2 S. 7 im **Ermessen** der Behörde. Dieses ist insbesondere mit Blick auf die Unterhaltssicherung durch eigene Erwerbstätigkeit auszuüben. Die Teilnahme an den Integrationskursen soll eine solche Erwerbstätigkeit nicht erschweren oder dieser gar entgegenstehen.

IV. Ausnahmen von der Teilnahmeverpflichtung und Beendigung

10 Nach § 44 II sind von der Teilnahmepflicht Personen **ausgenommen,** bei denen die Teilnahme entweder überflüssig oder dauerhaft nicht zumutbar ist. Befreit ist, wer sich in einer sonstigen Ausbildung in Deutschland befindet oder die Teilnahme an ähnlichen Bildungsangeboten in Deutschland nachweist. Dies können nichtzertifizierte Kursträger, Arbeitgeber oder Verbände sein, wenn sie ähnliche Ergebnisse hinsichtlich Sprach- und Allgemeinbildung wie das Grundangebot nach § 43 II gewährleisten.

11 Auf Dauer aufgrund der persönlichen Umstände **unmöglich oder unzumutbar**[23] kann die Kursteilnahme für Betreuer von Pflegebedürftigen sein. Das Gleiche gilt für Eltern – insbesondere Mütter von Kleinkindern – wenn kein Betreuungsangebot für das Kind oder die Kinder vorhanden ist. Aber die bloße Erziehung führt indes nicht zur Unzumutbarkeit[24]. Eine nur vorübergehende Unzumutbarkeit kann bei stillenden Müttern vorliegen oder bei Müttern von unter dreijährigen Kindern, wenn kein spezieller Mütterkurs mit Kinderbetreuung verfügbar ist. Die Durchsetzung der Teilnahmepflicht in diesen Fällen kann mit dem Elternrecht nach Art. 6 GG unvereinbar sein[25]. Dauerhafte Unzumutbarkeit kann auch anzunehmen sein, wenn in **räumlich** zumutbarer Entfernung des Ausländers keine Kurse angeboten werden, sodass der Zeitaufwand für die Fahrten in einem völlig unangemessenen Verhältnis zur Kursdauer stünde. Die ausdrückliche Regelung des § 44a I aF, wonach Verpflichtungen nur ausgesprochen werden durften, wenn Kurse **zumutbar erreichbar** waren, ist zwar gestrichen worden. Im Rahmen der voll nachprüfbaren Auslegung des unbestimmten

---

[20] BT-Drs. 18/8615, 39.
[21] BT-Drs. 18/8615, 39.
[22] BT-Drs. 18/8615, 48.
[23] Eine Verpflichtung zur Teilnahme an einem Integrationskurs ist auf Dauer unzumutbar, wenn sie unverhältnismäßig ist (hier 62-jährige türkische Analphabetin), vgl. VGH BW Urt. v. 12.6.2013 – 11 S 208/13, VBlBW 2014, 111.
[24] *Hailbronner* AuslR AufenthG § 44a Rn. 14.
[25] BayVGH Beschl. v. 21.5.2008 – 19 C 07.3398, BeckRS 2008, 27949.

Rechtsbegriffs der Zumutbarkeit nach § 44a II Nr. 3 ist die Frage, ob ein geeigneter Kurs zumutbar erreicht werden kann, jedoch weiterhin zu berücksichtigen. Dies kann vor allem im ländlichen Raum eine relevante Frage sein. Als Maßstab für die zeitliche Zumutbarkeit bietet sich § 121 IV 2 SGB III an, wonach Fahrtzeiten insgesamt nicht mehr als zweieinhalb Stunden bei einer Arbeitszeit (dh Kurszeit) von sechs Stunden oder mehr betragen dürfen. Der **finanziellen Zumutbarkeit** trägt § 4a IntV Rechnung, indem das BAMF bei Bedarf Fahrtkostenzuschüsse gewähren soll, wenn nicht ein Anspruch auf Fahrtkostenerstattung besteht[26]. Ab welcher Dauer der Verhinderung von einer dauerhaft unmöglichen oder unzumutbaren Teilnahme auszugehen ist, ergibt sich aus Nr. 3 nicht unmittelbar.

Eine **Verpflichtung** nach Abs. 1 S. 1 Nr. 1 und 3 ist von der Ausländerbehörde zu **widerrufen,** 12 wenn bei Ausländern der **Träger der Grundsicherung** nach dem SGB II den Ausländer zB zu einer anderen Maßnahme oder zur Aufnahme einer Erwerbstätigkeit verpflichtet und dies der Ausländerbehörde mitteilt (Abs. 1 S. 5). Grundsätzlich soll zwar der Leistungsträger den Entscheidungen der Ausländerbehörde folgen, die eine Verpflichtung ausgesprochen hat (Abs. 1 S. 4). Aufgrund der besseren Einschätzungsmöglichkeiten des Leistungsträgers hinsichtlich der Chancen zur Arbeitsmarktintegration gebührt seiner Entscheidung jedoch der Vorrang.

Eine **Verpflichtung** ist auch zu **widerrufen,** wenn der Ausländer eine **Erwerbstätigkeit** ausübt 13 und ihm daneben die Teilnahme an einem Integrationskurs nicht zuzumuten ist (Abs. 1 S. 6). Bei einer Vollzeiterwerbstätigkeit, die regelmäßig in den Tagesstunden ausgeübt wird, sind damit nur Abendkurse zumutbar, die mit den Arbeitszeiten vereinbar sind und in angemessener Zeit erreicht werden können. Arbeitet der Ausländer im Schichtbetrieb oder regelmäßig in Abend- oder Nachtarbeit, bedarf es spezieller Angebote. Für türkische Staatsangehörige, die dem Assoziationsrecht unterfallen, ist auch die Verpflichtung zur Teilnahme an einem Teilzeitkurs unzulässig, weil sie die Ausübung einer Beschäftigung oder einer selbstständigen Tätigkeit erschwert und damit gegen das assoziationsrechtliche Verschlechterungsverbot verstieße.

Der mit dem ZwangsverhBekämpfG eingefügte Abs. 1a stellt klar, dass eine Teilnahmeverpflichtung 14 außer durch Rücknahme und Widerruf bei nachgezogenen Ehegatten und Inhabern einer Niederlassungserlaubnis nach § 23 nur durch **ordnungsgemäße Teilnahme** erlischt. Soweit im Einzelfall ein Teilnahmeanspruch nach § 44 II erloschen ist, muss also ein weiterhin verpflichteter Ausländer gleichwohl zu einem Kurs zugelassen werden. Nach § 14 VI 2 IntV ist die ordnungsgemäße Teilnahme gegeben, wenn der Kurs so regelmäßig besucht wird, dass der Kurserfolg möglich ist. Außerdem ist eine Teilnahme am Abschlusstest erforderlich, nicht aber das Bestehen desselben auf dem Niveau B1 („erfolgreiche Teilnahme"). Zweifelhaft ist allerdings, ob diese durch die VO vorgenommene Verpflichtung zur Teilnahme am Abschlusstest – auch bei absehbarem Misserfolg – von der VO-Ermächtigung des § 43 IV gedeckt ist, die sich auf die Festlegung der Rahmenbedingungen einer ordnungsgemäßen Teilnahme sowie deren Bescheinigung beschränkt.

Nach Abs. 2a sind Drittstaatsangehörige, die in einem **anderen Mitgliedstaat** der EU ein **Dauer-** 15 **aufenthaltsrecht** erworben und dort an Integrationsmaßnahmen teilgenommen haben und eine Aufenthaltserlaubnis nach § 38a besitzen, von der Pflicht zur Teilnahme am Orientierungskurs, nicht aber vom Sprachkurs befreit. Diese Regelung setzt Art. 15 III Daueraufenthalts-RL[27] um, wonach die Mitgliedstaaten nur die Teilnahme an einem Sprachkurs verlangen dürfen, wenn der Ausländer bereits im ersten Mitgliedstaat an Integrationsmaßnahmen teilgenommen hat, um den Status des Daueraufenthaltsberechtigten zu erwerben.

V. Anreize und Sanktionen

AufenthG und StAG verwenden Anreize und Sanktionen, um den erfolgreichen Erwerb der 16 deutschen Sprache und der im Orientierungskurs zu vermittelnden Kenntnisse zu fördern und zu fordern[28]. Der erfolgreich absolvierte Integrationskurs enthindet den Ausländer von weiteren Nachweisen hinsichtlich seiner Sprachkompetenz und der erforderlichen Grundkenntnisse der Rechts- und Gesellschaftsordnung und der Lebensverhältnisse in Deutschland, die für die **Erteilung der Niederlassungserlaubnis** in der Regel erforderlich sind; diese gelten als nachgewiesen (§ 9 II 2). Die **Anspruchseinbürgerung** erfolgt nach erfolgreich absolviertem Integrationskurs bereits nach **sieben** statt nach acht **Jahren** rechtmäßigen Aufenthalts (§ 10 III 1 StAG). Im Rahmen des Einbürgerungsverfahrens kommt der Verletzung der Pflicht zur Teilnahme an einem Integrationskurs keine sanktionierende Wirkung zu[29].

---

[26] Dazu → § 43 Rn. 15.
[27] ABl. 2004 L 16, 44.
[28] Krit. zur Wirksamkeit der Sanktionen Evaluationsbericht des BMI (Hrsg.), Evaluation der Integrationskurse nach dem Zuwanderungsgesetz; *Kau* ZAR 2007, 185. Sanktionen dürften aber va deshalb noch eine untergeordnete Rolle spielen, weil bisher die meisten Ausländer die Kurse ohnehin freiwillig besuchen und so Verpflichtete das Angebot idR dankbar annehmen.
[29] Vgl. *Hailbronner* AuslR AufenthG § 44a Rn. 20.

17 Die nicht ordnungsgemäße Teilnahme am Integrationskurs, zu dem der Ausländer verpflichtet worden ist, kann in bestimmten Fällen Auswirkungen auf die **Verlängerung der Aufenthaltserlaubnis** haben[30].

18 Klarstellend wurde mit 1. RLUmsG 2007 deutlich gemacht, dass die Teilnahmepflicht wie jeder Verwaltungsakt mit Mitteln des **Verwaltungszwangs** durchgesetzt werden kann. Zwangsmittel sind nach § 9 VwVG die Ersatzvornahme, das Zwangsgeld und der unmittelbare Zwang. Die ausdrückliche Erwähnung der Zwangsmittel nur in § 44a bedeutet nicht, dass sie nicht auch bei anderen vollziehbaren Verwaltungsakten nach dem AufenthG grundsätzlich anwendbar sind[31].

19 Zusätzlich wurde ein **Bußgeldtatbestand** eingeführt, der die Teilnahmeverweigerung sanktioniert (§ 98 II Nr. 4, der Teilnahmeverpflichtete handelt einer vollziehbaren Anordnung in den Fällen einer Verpflichtung nach § 44a zuwider). Die Verhängung von **Zwangsgeld** und Bußgeld gleichzeitig ist nicht zulässig. Die Verhängung eines Bußgeldes kommt erst in Betracht, wenn andere vorgesehene Maßnahmen, die auf eine Verhaltensänderung zielen, erfolglos geblieben sind. Gegenüber der Nichtverlängerung der Aufenthaltserlaubnis wegen nicht ordnungsgemäßer Teilnahme kann die Verhängung eines Bußgeldes jedoch das mildere Mittel sein[32].

20 Nach Abs. 3 S. 3 kann zudem bei einer Verletzung der Teilnahmepflicht der gesamte **Kostenbeitrag** durch Gebührenbescheid erhoben werden. Ohnehin ist jedoch die Vorabentrichtung des Beitrags jeweils für einen Kursabschnitt vorgesehen, eine Erstattung bei Abbruch des Kurses dagegen nicht (§ 9 III und IV IntV). Da § 44a III die Kostentragungspflicht trotz Nichtteilnahme ausdrücklich als Sanktion für nicht ordnungsgemäße Teilnahme vorsieht und damit den Rahmen für die VO-Ermächtigung nach § 43 IV vorgibt, ist § 9 IntV einschränkend dahin gehend auszulegen, dass bei unverschuldetem Abbruch oder Versäumnis (Schwangerschaft, Geburt, Krankheit) die entrichteten Beiträge zu erstatten sind, wie dies auch in § 9 IV 2 IntV aF vorgesehen war.

21 Bezieher von Leistungen nach dem SGB II, die im Rahmen einer Eingliederungsvereinbarung zur Kursteilnahme verpflichtet sind, müssen im Falle der Nichtteilnahme mit **Leistungskürzungen** gem. § 31 SGB II in einer ersten Stufe um 30 Prozent rechnen. Das Gleiche gilt im Falle der Verweigerung der Unterzeichnung einer Eingliederungsvereinbarung, sofern der Leistungsträger bei der Vorbereitung der Vereinbarung die an ihn gestellten Anforderungen erfüllt hat und es für die Weigerung keinen sachlichen Grund gibt[33]. Die ausländerrechtliche Kürzungsvorschrift des ursprünglichen § 44a III, wonach die Leistungen nach dem SGB II bei nicht ordnungsgemäßer Teilnahme um zehn Prozent gekürzt werden konnten, ist wegen des ungeklärten Verhältnisses von ausländerrechtlicher und sozialrechtlicher Norm in der Neufassung der Vorschrift durch das EU-RLUmsG gestrichen worden – nach den allgemeinen Kollisionsregeln hätte wohl die lediglich zehnprozentige Kürzung als Spezialnorm die 30-prozentige Kürzung nach dem SGB II verdrängt.

22 Kommt der in Abs. 1 S. 1 Nr. 4 genannte Personenkreis seiner Verpflichtung zur Teilnahme an einem Integrationskurs nicht nach, greift die Sanktionsmöglichkeit in **§ 5b II 2 AsylbLG** ein (→ Rn. 8).

VI. Verwaltungsverfahren und Rechtsschutz

23 Die **Belehrung** über die Rechtsfolgen einer nicht ordnungsgemäßen Teilnahme an einem Integrationskurs trotz Teilnahmepflicht[34] ist nach Abs. 1 für den Fall vorgeschrieben, dass der Ausländer die Pflichtverletzung zu vertreten hat. Irreführend ist Abs. 3 S. 1 Hs. 1 Alt. 2 insoweit, als das Nichterreichen des Kursziels nach ordnungsgemäßer Teilnahme keine Pflichtverletzung darstellt und eine Belehrung nach nicht bestandener Prüfung über die ausbleibenden Vergünstigungen (Niederlassungserlaubnis, Daueraufenthaltserlaubnis EU, Einbürgerung) obsolet ist. Die Ausländerbehörde hat zunächst die schuldhafte Pflichtverletzung festzustellen und den Ausländer sodann über die Folgen im Aufenthaltsrecht und Staatsangehörigkeitsrecht zu belehren. Wird in Betracht gezogen, eine Aufenthaltserlaubnis gem. § 8 III nicht zu verlängern, ist wegen der einschneidenden Folgen die **rechtzeitige Belehrung** dafür Voraussetzung, damit der Ausländer sein Verhalten darauf einstellen kann. Unter Umständen muss die Belehrung schon dann erfolgen, wenn eine Gefährdung des Kurserfolgs zB aufgrund häufiger Fehlzeiten zu befürchten ist. Nach § 6 IV IntV erhalten die Teilnehmer bei der Anmeldung zudem ein **Merkblatt** in einer für sie verständlichen Sprache über die Ziele und Inhalte des Integrationskurses, die Kursangebote der zugelassenen Träger, über die Modalitäten der Anmeldung und Teilnahme sowie über mögliche Folgen der Nichtteilnahme. Dies genügt grundsätzlich den Anforderungen einer ersten Belehrung, sofern die Hinweise auf die Rechtsfolgen nicht ordnungsgemäßer Teilnahme deutlich hervorgehoben sind und das Merkblatt tatsächlich in einer verständlichen Sprache ausgehändigt wird. Im Zweifel ist ein (dokumentiertes) Beratungsgespräch in der Ausländerbehörde erforderlich.

---

[30] Dazu → § 8 Rn. 30 ff.
[31] BT-Drs. 16/5065, 179.
[32] BT-Drs. 16/5065, 200.
[33] S. zum Zustandekommen BayLSG Beschl. v. 1.8.2007 – L 7 B 366/07 AS ER, BeckRS 2009, 65228.
[34] Zu verfassungsrechtlichen Bedenken und Einschränkungen bei EU-Bürgern vgl. *Huber* ZAR 2014, 86 ff.; die Bedenken zutreffend ausräumend *Hailbronner* AuslR AufenthG § 44a Rn. 24 ff.

Integrationsprogramm   **§ 45 AufenthG 1**

Bei Abschluss einer **Eingliederungsvereinbarung** nach § 15 SGB II bzw. bei einer Verweigerung 24
des Abschlusses ist die Belehrung über die möglichen Sanktionen nach § 31 SGB II Voraussetzung für deren Verhängung.

Für die Verpflichtung zur Teilnahme nach Abs. 1 S. 1 Nr. 2 und zur sofortigen Kostenerhebung 25
nach Abs. 3 S. 3 ist allein die Ausländerbehörde **zuständig**, nicht das BAMF oder der Sozialleistungsträger. In beiden Fällen sind als **Rechtsbehelfe** Widerspruch und Klage gegeben, die aufschiebende Wirkung entfalten (§ 80 I VwGO).

§ 45 Integrationsprogramm

¹Der Integrationskurs soll durch weitere Integrationsangebote des Bundes und der Länder, insbesondere sozialpädagogische und migrationsspezifische Beratungsangebote, ergänzt werden. ²Das Bundesministerium des Innern, für Bau und Heimat oder die von ihm bestimmte Stelle entwickelt ein bundesweites Integrationsprogramm, in dem insbesondere die bestehenden Integrationsangebote von Bund, Ländern, Kommunen und privaten Trägern für Ausländer und Spätaussiedler festgestellt und Empfehlungen zur Weiterentwicklung der Integrationsangebote vorgelegt werden. ³Bei der Entwicklung des bundesweiten Integrationsprogramms sowie der Erstellung von Informationsmaterialien über bestehende Integrationsangebote werden die Länder, die Kommunen und die Ausländerbeauftragten von Bund, Ländern und Kommunen sowie der Beauftragte der Bundesregierung für Aussiedlerfragen beteiligt. ⁴Darüber hinaus sollen Religionsgemeinschaften, Gewerkschaften, Arbeitgeberverbände, die Träger der freien Wohlfahrtspflege sowie sonstige gesellschaftliche Interessenverbände beteiligt werden.

Allgemeine Verwaltungsvorschrift
45 Zu § 45 – Integrationsprogramm
45.1 § 45 stellt klar, dass die im Aufenthaltsgesetz vorgesehenen Integrationskurse kein abschließendes Integrationsangebot darstellen. Bund und Länder sollen integrationskursbegleitende Angebote machen, damit die Förderung zum Spracherwerb zu einer nachhaltigen Eingliederung in das gesellschaftliche und wirtschaftliche Leben beiträgt. Hierzu zählt insbesondere eine migrationsspezifische Beratung, wie sie z. B. bundesweit von den Migrationsberatungsstellen für Erwachsene (MBE) und von den Jugendmigrationsdiensten (JMD) für junge Zuwanderinnen und Zuwanderer angeboten wird. Die Jugendmigrationsdienste begleiten die jungen Zuwanderinnen und Zuwanderer vor, während und nach dem Integrationskurs. Bei Bedarf sollte die Ausländerbehörden frühzeitig den Kontakt zu den Migrationsberatungsstellen suchen und mit diesen zusammenarbeiten.
45.2 In der Bundesrepublik Deutschland besteht seit Jahren auf den Ebenen des Bundes, der Länder und der Kommunen ein breites Angebot zur Förderung der verschiedenen Aspekte der Integration. Die einzelnen Förderangebote der verschiedenen staatlichen Einrichtungen und der freien Träger sind dabei allenfalls in Teilbereichen aufeinander abgestimmt. Das Bundesamt für Migration und Flüchtlinge soll deshalb im Auftrag des Bundesministeriums des Innern in Form eines Integrationsprogramms und unter Nutzung bereits bestehender Konzepte Vorschläge zur konkreten Gestaltung und Koordinierung der bestehenden Integrationsangebote der unterschiedlichen Träger vorlegen. Dabei sollen im Interesse einer breiten Nutzungsmöglichkeit auch die Voraussetzungen für die Angleichung der Integrationsangebote für Ausländer und Aussiedler geschaffen werden. Die bei Ländern und Kommunen sowie bei den Ausländerbeauftragten bestehenden Erfahrungen im Bereich der Integrationsförderung sollen in dieses Integrationsprogramm ebenso einfließen wie die umfangreichen Erfahrungen der sonstigen gesellschaftlichen und privaten Träger.

I. Entstehungsgeschichte

Die Vorschrift wurde aufgrund des **Vermittlungsverfahrens**[1] zum ZuwG eingefügt. Mit dem 1
RLUmsG 2007[2] wurde S. 1 neu gefasst. Sie hat keine Vorgängerreglung im AuslG 1990[3].

II. Integrationsprogramm

§ 45 ergänzt die in §§ 43–44a geregelten Integrationskurse durch migrationsspezifische Beratungs- 2
angebote und ein bundesweites Integrationsprogramm. Darüber hinaus bildet die Vorschrift auch eine Rechtsgrundlage für die Entwicklung weiterer Integrationsangebote[4] und bildet den **Rahmen** für weitere Maßnahmen zur Förderung der Integration[5] auf allen staatlichen und gesellschaftlichen Ebenen[6]. Sie ermöglicht va ein migrationsspezifisches Beratungsangebot und verpflichtet zur Entwicklung eines bundesweiten Integrationsprogramms. Unter „Programm" ist nicht wie sonst im Verwaltungssprach-

---
[1] BT-Drs. 15/3470, 8.
[2] RLUmsG 2007, BGBl. I S. 1970.
[3] Vgl. *Eichenhofer* in BeckOK AuslR AufenthG § 45 Rn. 1.
[4] Vgl. *Eichenhofer* in BeckOK AuslR AufenthG § 45 Rn. 1.
[5] Instruktiv zum Begriff der Integration, einem geschichtlichen Überblick sowie der für Ausländer bestehenden Rechte in Deutschland vgl. *Groß* DVBl. 2014, 1217.
[6] Dazu auch → § 43 Rn. 2 ff.

gebrauch üblich ein Förderprogramm zu verstehen, sondern die Ermittlung und Zusammenfassung vorhandener Integrationsmaßnahmen aller staatlichen und nichtstaatlichen Akteure sowie die Abgabe von Empfehlungen zur Weiterentwicklung der Maßnahmen und Angebote. Das vom BMI damit beauftragte BAMF hat bei der Entwicklung des Programms die genannten Akteure einbezogen; das Integrationsprogramm wurde am 8.9.2010 vom Bundeskabinett zur Kenntnis genommen[7]. S. 2–5 sind daher gegenstandslos.

III. Ergänzende Maßnahmen

3   Das BAMF ist verantwortlich[8] für die inhaltliche und organisatorische Neuausrichtung einer einheitlichen **Migrationserstberatung** für alle erwachsenen Neuzuwanderer. Das BAMF hat mit der Durchführung der sog. „Migrationsberatung für erwachsene Zuwanderer (MBE)" die Spitzenverbände der Freien Wohlfahrtspflege und den Bund der Vertriebenen beauftragt. Dagegen werden Jugendliche und junge Erwachsene im Alter von bis zu 27 Jahren durch sog. „Jugendmigrationsdienste (JMD)" betreut. Deren Träger[9] sind die Bundesarbeitsgemeinschaft Evangelische Jugendsozialarbeit, die Bundesarbeitsgemeinschaft Katholische Jugendsozialarbeit, die Arbeiterwohlfahrt und der Internationale Bund (inklusive Deutschem Paritätischem Wohlfahrtsverband und Deutschem Roten Kreuz)[10]. Es soll eine individuelle, unmittelbar nach dem Zeitpunkt der erstmaligen Einreise des Zuwanderers in das Bundesgebiet einsetzende, zeitlich befristete Beratung und Begleitung mit dem Ziel einer aktiven Integrationsförderung geben.

4   **Ziel** der Migrationserstberatung soll es sein, den Integrationsprozess bei Neuzuwanderern zu initiieren, zu steuern und zu begleiten. Durch das befristete, bedarfsorientierte und individuelle Erstberatungsangebot für Migranten unmittelbar nach erfolgter Einreise soll ein qualitativer Beitrag zur Integration geleistet werden. Im Blickpunkt stehen dabei die mit dem Integrationskurs beginnende Integrationsförderung und die Befähigung der Neuzuwanderer zu selbstständigem Handeln in allen Bereichen des täglichen Lebens. Das BAMF stellt – als nachgeordnete Behörde im Geschäftsbereich des BMI – in jedem Bundesland ein Grundberatungsangebot für alle erwachsenen Neuzuwanderer (Migrationserstberatung) bereit[11]. Das BMFSFJ bietet darüber hinaus einen speziellen Beratungsdienst für junge Ausländer und Spätaussiedler – **Jugendmigrationsdienst** – an. Die enge Abstimmung zwischen den beteiligten Bundesressorts, die Kooperation mit den Bundesländern und den Trägern der Beratungsstrukturen (insbesondere den Spitzenverbänden der Freien Wohlfahrtspflege) sollen zu einer engen Verzahnung der regionalen Beratungsstrukturen und damit zu einer optimalen Nutzung der vorhandenen Ressourcen führen[12].

5   Die Neufassung des S. 1 verdeutlicht, dass für die Durchführung von Integrationsmaßnahmen über die Integrationskurse hinaus und für die Kurse flankierende Maßnahmen nicht nur der Bund, sondern gleichermaßen die Länder zuständig sind[13]. Ein Anspruch von Teilnehmenden oder auch des Bundes gegenüber den Ländern erwächst aus dieser Regelung schon deshalb nicht, weil es ihr an hinreichender Präzision fehlt; es handelt sich um einen Programmsatz[14]. Die **sozialpädagogische** Begleitung von Integrationskursen kann vor allem bei Jugendlichen und jungen Erwachsenen, aber auch bei anderen Ausländern Voraussetzung dafür sein, dass ein Kurserfolg überhaupt erst möglich wird[15]. Diese Begleitung zu organisieren und zu finanzieren liegt in der Zuständigkeit der Länder. Das Gleiche gilt für die **Kinderbetreuung,** die unter Umständen erforderlich sein kann, um Frauen die Teilnahme an Kursen zu ermöglichen. Der Bund ist gesetzlich lediglich verpflichtet, Kinderbetreuung für Spätaussiedler zu gewährleisten (§ 9 I) und sorgt für Kinderbetreuung für die Teilnehmerinnen an speziellen Frauenkursen nach § 13 IntV, sodass die Betreuung der Kinder von anderen ausländischen Teilnehmerinnen an sich Sache der Länder ist[16]. Gleichwohl trägt der Bund mittlerweile die Kosten für die Betreuung von Kindern unter drei Jahren auch von anderen Teilnehmenden, wenn mindestens drei Kinder von

---

[7] Das Programm kann unter www.bamf.de und www.integration-in-deutschland.de bezogen werden.
[8] Diese Aufgabe ist ihm nach § 75 Nr. 9 AufenthG übertragen worden. Es kann sich zur Aufgabenwahrnehmung privater und öffentlicher Träger bedienen.
[9] Eine Liste der Träger kann unter www.bamf.de abgerufen werden.
[10] Vgl. *Eichenhofer* in BeckOK AuslR AufenthG § 45 Rn. 3.
[11] www.integration-in-deutschland.de.
[12] www.bmfsfj.de.
[13] BT-Drs. 16/5065, 179; vgl. hierzu auch *Schliesky* ZAR 2005, 106 ff.
[14] Für eine verbindliche Regelung, die zudem die Länder finanziell belastete, fehlte eine Gesetzgebungskompetenz des Bundes, da Integrationsmaßnahmen iSd § 45 weder der ausschließlichen Gesetzgebung des Bundes noch der konkurrierenden Gesetzgebung zuzurechnen sind. Hätte der Bund sozialpädagogische Betreuung in bestimmten Fällen verbindlich vorschreiben wollen, hätte er dies in § 43 geregelt (und vom Bund finanziert) oder durch FörderRL des Bundes festlegen müssen.
[15] BT-Drs. 16/5065, 179.
[16] Es gab schon früher – ohne Rechtsgrundlage – eine Absprache, dass der Bund Kinderbetreuung immer dann finanziert, wenn zumindest drei Spätaussiedlerkinder oder Kinder von Teilnehmern an Kursen nach § 13 IntV betreut werden.

Spätaussiedlern oder Teilnehmern an Eltern-, Frauenintegrations- oder Alphabetisierungskursen der Betreuung bedürfen und für diese Kinder kein örtliches Betreuungsangebot besteht (§ 4a IntV).

§ 45a Berufsbezogene Deutschsprachförderung; Verordnungsermächtigung

(1) ¹Die Integration in den Arbeitsmarkt kann durch Maßnahmen der berufsbezogenen Deutschsprachförderung unterstützt werden. ²Diese Maßnahmen bauen in der Regel auf der allgemeinen Sprachförderung der Integrationskurse auf. ³Die berufsbezogene Deutschsprachförderung wird vom Bundesamt für Migration und Flüchtlinge koordiniert und durchgeführt. ⁴Das Bundesamt für Migration und Flüchtlinge bedient sich zur Durchführung der Maßnahmen privater oder öffentlicher Träger.

(2) ¹Ein Ausländer ist zur Teilnahme an einer Maßnahme der berufsbezogenen Deutschsprachförderung verpflichtet, wenn er Leistungen nach dem Zweiten Buch Sozialgesetzbuch bezieht und die Teilnahme an der Maßnahme in einer Eingliederungsvereinbarung nach dem Zweiten Buch Sozialgesetzbuch vorgesehen ist. ²Leistungen zur Eingliederung in Arbeit nach dem Zweiten Buch Sozialgesetzbuch und Leistungen der aktiven Arbeitsförderung nach dem Dritten Buch Sozialgesetzbuch bleiben unberührt. ³Die Teilnahme an der berufsbezogenen Deutschsprachförderung setzt für Ausländer mit einer Aufenthaltsgestattung nach dem Asylgesetz voraus, dass
1. bei dem Ausländer ein rechtmäßiger und dauerhafter Aufenthalt zu erwarten ist oder
2. der Ausländer vor dem 1. August 2019 in das Bundesgebiet eingereist ist, er sich seit mindestens drei Monaten gestattet im Bundesgebiet aufhält, nicht aus einem sicheren Herkunftsstaat nach § 29a des Asylgesetzes stammt und bei der Agentur für Arbeit ausbildungsuchend, arbeitsuchend oder arbeitslos gemeldet ist oder beschäftigt ist oder in einer Berufsausbildung im Sinne von § 57 Absatz 1 des Dritten Buches Sozialgesetzbuch steht oder in Maßnahmen nach dem Zweiten Unterabschnitt des Dritten Abschnitts des Dritten Kapitels oder § 74 Absatz 1 Satz 2 des Dritten Buches Sozialgesetzbuch gefördert wird oder bei dem die Voraussetzungen des § 11 Absatz 4 Satz 2 und 3 des Zwölften Buches Sozialgesetzbuch vorliegen.

⁴Bei einem Asylbewerber, der aus einem sicheren Herkunftsstaat nach § 29a des Asylgesetzes stammt, wird vermutet, dass ein rechtmäßiger und dauerhafter Aufenthalt nicht zu erwarten ist.

(3) Das Bundesministerium für Arbeit und Soziales wird ermächtigt, durch Rechtsverordnung ohne Zustimmung des Bundesrates im Einvernehmen mit dem Bundesministerium des Innern, für Bau und Heimat nähere Einzelheiten der berufsbezogenen Deutschsprachförderung, insbesondere die Grundstruktur, die Zielgruppen, die Dauer, die Lerninhalte und die Durchführung der Kurse, die Vorgaben bezüglich der Auswahl und Zulassung der Kursträger sowie die Voraussetzungen und die Rahmenbedingungen für den Zugang und die ordnungsgemäße und erfolgreiche Teilnahme einschließlich ihrer Abschlusszertifikate und der Kostentragung, sowie die Datenverarbeitung nach § 88a Absatz 3 zu regeln.

Allgemeine Verwaltungsvorschrift
Nicht belegt.

I. Entstehungsgeschichte

Mit dem **AsylRÄndG 2015**[1] wurden die Zuständigkeiten des BAMF um die berufsbezogene Deutschsprachförderung nach § 45a ergänzt. Die Regelung knüpft an das bisher aus Mitteln des Europäischen Sozialfonds finanzierte Programm der berufsbezogenen Sprachförderung für Menschen mit Migrationshintergrund (ESF-BAMF-Programm), das 2017 auslief[2]. Abs. 2 S. 3 wurde durch das – ebenfalls im Rahmen des Migrationspakets 2019 verabschiedete – **AusländerbeschäftigungsförderungsG**[3] geändert. Die mit dem 1. Migrationspaket 2022 beabsichtigten Änderungen von § 44 I und IV konnten nicht mehr berücksichtigt werden. Geplant ist, analog zur Änderung von § 44 die bisher bestehende Einschränkung der Teilnahmeberechtigung in § 44 II 3 und 4 zu streichen und die Teilnahmeberechtigung damit auszuweiten. 1

II. Allgemeines

Die Vorschrift bezweckt die Förderung eines schnellen und bedarfsgerechten Erwerbs der deutschen (Berufs-)Sprache als Grundvoraussetzung der Integration in den ersten Arbeitsmarkt. Die Kurse sollen 2

---
[1] Art. 2 Nr. 11 Ges. v. 28.10.2015 BGBl. I S. 1802.
[2] BT-Drs. 18/6185, 67.
[3] BGBl. 2019 S. 1029, in Kraft getreten am 1.8.2019.

auf die auf den allgemeinen Spracherwerb ausgerichteten Integrationskurse aufbauen. Um eine systematische und kohärente Sprachförderung zu ermöglichen, sollen die berufsbezogene Sprachförderung und die Integrationskurse in ein offenes, modularisiertes Gesamtprogramm Sprache in der Verantwortung des BAMF überführt werden[4]. Die Durchführung wird von Sprachkursträgern nach Maßgabe der gem. Abs. 3 zu erlassenen VO übernommen.

3   Abs. 2 S. 1 ermöglicht es, Ausländer, die Leistungen nach dem SGB II beziehen, im Rahmen einer Eingliederungsvereinbarung zur Teilnahme an einer beruflichen Sprachförderung zu verpflichten. Zugang zu den Sprachförderkursen haben inzwischen auch Asylbewerber. Der 2019 im Rahmen des Migrationspakets geänderte **§ 45a II 3** erweitert die Teilnahmepflicht hinsichtlich Asylbewerbern deutlich. Der Zugang zur berufsbezogenen Sprachförderung wird für Gestattete mit unklarer Bleibeperspektive, die vor dem 1.8.2019 in das Bundesgebiet eingereist sind, geöffnet. Ziel ist es, ihnen durch den frühzeitigen Erwerb deutscher Sprachkenntnisse die Aufnahme einer Beschäftigung zu erleichtern[5]. Diese können künftig an einem Kurs teilnehmen, wenn sie sich seit mindestens drei Monaten gestattet im Bundesgebiet aufhalten und zum Zeitpunkt der Zulassung zur Teilnahme bei der Agentur für Arbeit ausbildungssuchend, arbeitsuchend oder arbeitslos gemeldet oder beschäftigt sind oder in einer Berufsausbildung iSv § 57 I SGB III stehen oder in Maßnahmen nach dem Zweiten Unterabschnitt des Dritten Abschnitts des Dritten Kapitels oder § 130 I 2 SGB III gefördert werden oder bei denen die Voraussetzungen des § 11 IV 2 und 3 SGB XII vorliegen. Wenn das Einreisedatum nicht dokumentiert ist, gilt der früheste Eintrag im Ausländerzentralregister, der regelmäßig dem Datum der Ausstellung des Ankunftsnachweises entspricht. Ist dazu kein Eintrag vorhanden, kann dies auch das Datum der Asylantragstellung sein. Mit der Stichtagsregelung wird auf etwaige lang andauernde Altverfahren Rücksicht genommen. Aufgrund der schnellen Bearbeitung der neuen Asylanträge ist eine vergleichbare Öffnung für die Zukunft nicht erforderlich. Durch die stichtagsbezogene Öffnung werden die Betroffenen dabei unterstützt, eine möglichst bedarfsdeckende Beschäftigung aufzunehmen, um ihre Abhängigkeit von Sozialleistungen zu reduzieren oder zu vermeiden[6]. Auch den Asylbewerbern, denen aus den in § 11 IV 2 und 3 SGB XII vorliegenden Gründen der Kinderziehung die Ausübung einer Erwerbstätigkeit nicht zumutbar ist und die deswegen bei der Agentur für Arbeit nicht als arbeitsuchend gemeldet sind, soll die Teilnahme an einer Sprachfördermaßnahme ermöglicht werden[7].

4   Abs. 3 enthält eine Verordnungsermächtigung des BMAS zur Regelung von Einzelheiten der berufsbezogenen Sprachförderung. Davon wurde mit der Verordnung über die berufsbezogene Deutschsprachförderung (**Deutschsprachförderverordnung** – DeuFöV) vom 4.5.2016 Gebrauch gemacht[8]. Diese enthält (in den §§ 19 ff.) insbesondere detaillierte Vorschriften zur Zulassung der Kursträger durch das Bundesamt für Migration und Flüchtlinge. Die Entscheidung des Bundesamtes, wer nach Prüfung der eingereichten Unterlagen und im Regelfall nach örtlicher Prüfung unter Berücksichtigung der bisherigen Kooperation als Träger zugelassen wird, setzt eine Gesamtbeurteilung voraus, in deren Rahmen zur Beurteilung der Leistungsfähigkeit die in § 20 Abs 2 DeuFöV aufgelisteten Bewertungskriterien zu gewichten hat, um eine Vergleichbarkeit zwischen den Antragstellern herzustellen[9].

5   Die zur Umsetzung und Durchführung der berufsbezogenen Sprachförderung erforderlichen Regelungen hinsichtlich Datenübermittlung und Speicherung werden in § 88a I geregelt.

Kapitel 4. Ordnungsrechtliche Vorschriften

§ 46 Ordnungsverfügungen

(1) Die Ausländerbehörde kann gegenüber einem vollziehbar ausreisepflichtigen Ausländer Maßnahmen zur Förderung der Ausreise treffen, insbesondere kann sie den Ausländer verpflichten, den Wohnsitz an einem von ihr bestimmten Ort zu nehmen.

(2) ¹Einem Ausländer kann die Ausreise in entsprechender Anwendung des § 10 Abs. 1 und 2 des Passgesetzes untersagt werden. ²Im Übrigen kann einem Ausländer die Ausreise aus dem Bundesgebiet nur untersagt werden, wenn er in einen anderen Staat einreisen will, ohne im Besitz der dafür erforderlichen Dokumente und Erlaubnisse zu sein. ³Das Ausreiseverbot ist aufzuheben, sobald der Grund seines Erlasses entfällt.

---

[4] BT-Drs. 18/6185, 67.
[5] BT-Drs. 19/10053, 29.
[6] BT-Drs. 19/10692, 11 f.
[7] BT-Drs. 19/10692, 11 f.
[8] Zuletzt geändert durch Art. 17 G v. 20.5.2020 (BGBl. I S. 1044).
[9] BayVGH Beschl. v. 9.3.2021 – 19 ZB 20.1174, BeckRS 2021, 4206.

Ordnungsverfügungen § 46 AufenthG 1

Allgemeine Verwaltungsvorschrift
46 Zu § 46 – Ordnungsverfügungen
46.0 Allgemeines
46.0.1 Ordnungsverfügungen nach § 46 sind selbständige Verwaltungsakte i. S. d. Verwaltungsverfahrensrechts, selbst wenn sie gleichzeitig mit einer anderen ausländerbehördlichen Entscheidung erlassen werden. Sie unterliegen daher selbständig den gegen Verwaltungsakte zulässigen Rechtsbehelfen. Eine nach verwaltungsverfahrensrechtlichen Regeln erforderliche Anhörung muss sich in jedem Fall auf eine vorgesehene, auf § 46 gestützte Entscheidung beziehen, selbst wenn diese Entscheidung mit einer anderen Entscheidung verbunden werden soll.
46.0.2 Widerspruch und Klage gegen eine Ordnungsverfügung nach § 46 haben aufschiebende Wirkung. Ordnungsverfügungen nach § 46 fallen insbesondere nicht in den Anwendungsbereich von § 84 Absatz 2 Satz 1, selbst wenn sie gleichzeitig mit einem anderen Verwaltungsakt ergehen, der die Rechtmäßigkeit des Aufenthalts beendet.
46.0.3.1 Die Ordnungsverfügung kann mit Zwang nur durchgesetzt werden, wenn sie unanfechtbar ist oder der Sofortvollzug gemäß § 80 Absatz 2 Satz 1 Nummer 4 VwGO angeordnet worden ist. Soll die Ordnungsverfügung sofort vollziehbar sein, ist daher die sofortige Vollziehbarkeit gemäß § 80 Absatz 2 Satz 1 Nummer 4 VwGO besonders anzuordnen. Als Anordnungsgrund kommt ein öffentliches Interesse am Sofortvollzug in Betracht. Dieses muss im Einzelfall begründbar sein, und zwar nicht im Hinblick auf die Ordnungsverfügung selbst, sondern gerade mit Blick auf die sofortige Vollziehbarkeit. Eine schriftliche Begründung des besonderen Interesses an der sofortigen Vollziehbarkeit ist nach § 80 Absatz 3 Satz 1 VwGO erforderlich.
46.0.3.2 Die Anordnung des Sofortvollzuges einer auf Grund § 46 erlassenen Ordnungsverfügung gemäß § 80 Absatz 2 Satz 1 Nummer 4 VwGO ist i. d. R. erforderlich. Dies gilt zumindest dann, wenn die Ausreise nur unter erschwerten Bedingungen bzw. zum vorgesehenen Zeitpunkt unter unverhältnismäßigem Aufwand durchgesetzt werden könnte, wenn mit ausreisefördernden Maßnahmen zugewartet würde.
46.1 Ordnungsverfügungen zur Förderung der Ausreise
46.1.1 Ordnungsverfügungen nach Absatz 1 können gegenüber einem vollziehbar ausreisepflichtigen Ausländer getroffen werden.
46.1.2 Zuständig sind nach § 71 Absatz 1 die Ausländerbehörden; gemäß § 71 Absatz 3 Nummer 6 können Ordnungsverfügungen nach Absatz 1 mit Ermächtigung des Bundesministeriums des Innern auch durch die mit der polizeilichen Kontrolle des grenzüberschreitenden Verkehrs beauftragten Behörden erlassen werden.
46.1.3 Die Ordnungsverfügung muss der Förderung der Ausreise dienen. Ihr Erlass muss nicht zwingend erforderlich sein, damit der Ausländer überhaupt ausreist. Sie müssen lediglich erforderlich in dem Sinne sein, dass eine Förderung der Ausreise nicht durch ein milderes Mittel erfolgen kann, das eine ebenso starke Sicherung oder Förderung der Ausreise des Ausländers gewährleistet. Zudem muss die Ordnungsverfügung angemessen, also verhältnismäßig i. e. S. sein; dabei sind etwa bei Bestimmungen zur Wohnsitznahme Interessen der möglichen Wahrung einer familiären Lebensgemeinschaften mit Mitgliedern der Kernfamilie, die sich bereits im Bundesgebiet aufhalten, zu berücksichtigen.
46.1.4 Der Förderung der Ausreise können beispielsweise dienen:
46.1.4.1 – die Verpflichtung, sich zur Aufenthaltsüberwachung regelmäßig bei der Ausländerbehörde zu melden,
46.1.4.2 – die Verpflichtung, eine Rückkehrberatung in Anspruch zu nehmen,
46.1.4.3 – die Verpflichtung, betragsmäßig zu bezeichnende Mittel, die nicht für die Sicherung des absoluten Existenzminimums erforderlich sind, für die Finanzierung der Rückkehr anzusparen und hierzu auf ein von der Ausländerbehörde eingerichtetes Sperrkonto einzuzahlen,
46.1.4.4 – die Verpflichtung zur Wohnsitznahme an einem bestimmten Ort oder in einer bestimmten Unterkunft (vgl. Nummer 61.2.1),
46.1.4.5 – die Verpflichtung, einen bestimmten räumlichen Bereich nicht zu verlassen (vgl. auch § 61),
46.1.4.6 – die Verpflichtung, Papiere der Ausländerbehörde auszuhändigen, die bei Kontrollen zu dem falschen Eindruck führen können, der Ausländer sei zum Aufenthalt berechtigt bzw. nicht ausreisepflichtig; dies gilt insbesondere für Fiktionsbescheinigungen nach Ablehnung eines Antrags auf eine Aufenthaltserlaubnis.
46.1.5 Ein Verstoß gegen eine vollziehbare Ordnungsverfügung nach § 46 Absatz 1 ist gemäß § 98 Absatz 3 Nummer 4 als Ordnungswidrigkeit sanktioniert. Darüber hinaus lässt sich die Ordnungsverfügung im Wege des Verwaltungszwangs, auch durch Androhung und Erhebung eines Zwangsgeldes, durchsetzen.
46.1.6 Sofern die Ordnungsverfügung aufenthaltsbeschränkenden Charakter besitzt (Nummer 46.1.4.4 und 46.1.4.5) und sobald sie vollziehbar ist, ist ihr Inhalt in einen Pass oder Passersatz des Ausländers aufzunehmen. Der Ausländer ist nach § 56 Nummer 8 AufenthV zur Vorlage des Passes oder Passersatzes zu diesem Zwecke verpflichtet und muss dementsprechend die Eintragung dulden. Die Eintragung lautet:
„*Während des Aufenthalts im Bundesgebiet zur Wohnsitznahme in … verpflichtet. Die sofortige Vollziehung ist gemäß § 80 Absatz 2 Satz 1 Nummer 4 der Verwaltungsgerichtsordnung (VwGO) angeordnet.*"
bzw.
„*Der räumliche Bereich von/des (Ort, Landkreis etc.) darf außer zur sofortigen Ausreise nicht verlassen werden. Die sofortige Vollziehung ist gemäß § 80 Absatz 2 Satz 1 Nummer 4 der Verwaltungsgerichtsordnung (VwGO) angeordnet.*"
46.2 Untersagung der Ausreise
46.2.0 Die Anwendung ist auch für Freizügigkeitsberechtigte gemäß § 11 Absatz 1 FreizügG/EU eröffnet.
46.2.1 Einem Ausländer kann nach § 46 Absatz 2 Satz 1 die Ausreise in entsprechender Anwendung von § 10 Absatz 1 und 2 PassG untersagt werden. Die Untersagung ist möglich, wenn Tatsachen die Annahme rechtfertigen, dass bei ihm die Voraussetzungen nach § 7 Absatz 1 PassG vorliegen oder wenn er keinen zum Grenzübertritt gültigen Pass oder Passersatz mitführt.
46.2.2 Die Ausreiseuntersagung gegenüber Ausländern kommt insbesondere in Betracht, wenn der Ausländer
46.2.2.1 – durch die Ausreise die innere oder äußere Sicherheit oder sonstige erhebliche Belange der Bundesrepublik Deutschland gefährdet (§ 7 Absatz 1 Nummer 1 PassG),
46.2.2.2 – sich einer Strafverfolgung oder Strafvollstreckung oder der Anordnung oder der Vollstreckung einer mit Freiheitsentziehung verbundenen Maßregel der Besserung und Sicherung entziehen will (§ 7 Absatz 1 Nummer 2 PassG),

46.2.2.3 – einer Vorschrift des BtMG über die Einfuhr, Ausfuhr, Durchfuhr oder das Inverkehrbringen von Betäubungsmitteln zuwiderhandeln will (§ 7 Absatz 1 Nummer 3 PassG),

46.2.2.4 – sich seinen steuerlichen Verpflichtungen entziehen will (§ 7 Absatz 1 Nummer 4 PassG) oder

46.2.2.5 – sich einer gesetzlichen Unterhaltspflicht entziehen will (§ 7 Absatz 1 Nummer 5 PassG).

46.2.3.1 Die Untersagung der Ausreise ist nach § 46 Absatz 2 Satz 2 außerdem zulässig, wenn der Ausländer in einen Staat einreisen will, ohne im Besitz der dafür erforderlichen Dokumente und Erlaubnisse zu sein.

46.2.3.2 So kann die Ausreise untersagt werden, wenn der Ausländer in einen Mitgliedstaat der Europäischen Union oder einen Mitgliedstaat des Abkommens über den Europäischen Wirtschaftsraum einreisen will und nicht im Besitz der dafür erforderlichen Dokumente und Erlaubnisse ist. Das gleiche gilt für eine illegale Einreise in einen Staat, mit dem Deutschland ein Rückübernahmeabkommen geschlossen hat und aufgrund dieses Abkommens zur Rückübernahme illegal eingereister Ausländer verpflichtet ist.

46.2.4 Für die Ausreiseuntersagung ist die Ausländerbehörde zuständig (§ 71 Absatz 1) oder die Grenzbehörde (§ 71 Absatz 3 Nummer 4), soweit die Entscheidung an der Grenze zu treffen ist. Ausreiseuntersagungen der Grenzbehörden sind als unaufschiebbare Anordnungen und Maßnahmen von Polizeivollzugsbeamten zu werten. Eine aufschiebende Wirkung entfällt nach § 80 Absatz 2 Nummer 2 VwGO.

46.2.5 Die Untersagung der Ausreise nach § 46 Absatz 2 Satz 1 und 2 steht im Ermessen der zuständigen Behörden. Maßstab für ausländerrechtlich begründete Ausreiseuntersagungen sind in entsprechender Anwendung die einschlägigen pass- und personalausweisrechtlichen Verwaltungsvorschriften, weil sich der Prüfungsrahmen der nach Ausländerrecht zuständigen Behörden nicht wesentlich von dem der nach Pass- bzw. Ausweisrecht zuständigen Behörden unterscheidet. In die Entscheidung sind aber ergänzend die spezifisch aufenthaltsrechtlichen Belange einzustellen. Für die Anwendbarkeit von § 46 Absatz 2 ist im Übrigen der aufenthaltsrechtliche Status des Ausländers ohne Relevanz.

46.2.6 Die Ausreiseuntersagung ist bei Vollziehbarkeit in sämtlichen Pässen und Passersatzpapieren des Ausländers wie folgt zu vermerken:

„Ausreise aus der Bundesrepublik Deutschland nicht gestattet."

Sofern die Ausreiseuntersagung von der Ausländerbehörde verfügt wird, ist der Vermerk wie folgt zu ergänzen:

„Die sofortige Vollziehung ist gemäß § 80 Absatz 2 Satz 1 Nummer 4 der Verwaltungsgerichtsordnung (VwGO) angeordnet."

Das besondere Interesse für die Anordnung des Sofortvollzugs liegt darin, dass die Gefahrenabwehr im Falle der Ausreise nicht mehr möglich wäre. Der Ausländer ist nach § 56 Nummer 8 AufenthV zur Vorlage des Passes oder Passersatzes zu diesem Zwecke verpflichtet und muss dementsprechend die Eintragung dulden.

46.2.7 Ein Verstoß gegen das vollziehbare Ausreiseverbot ist nach § 95 Absatz 1 Nummer 4 strafbar, nicht aber der Versuch.

Übersicht

	Rn.
I. Entstehungsgeschichte	1
II. Ausreisefreiheit	2
III. Ausreiseförderung	3
IV. Ausreiseverbot	9
V. Verwaltungsverfahren und Rechtsschutz	21

I. Entstehungsgeschichte

1   Die Vorschrift stimmt in vollem Umfang mit dem damaligen **Gesetzesentwurf** überein[1] und ist in weiteren Gesetzgebungsverfahren, insbesondere durch das RLUmsG 2007, nicht geändert worden.

II. Ausreisefreiheit

2   Ausreisefreiheit ist nicht durch Art. 11 GG gewährleistet[2]. Sie gehört vielmehr zur allgemeinen **Handlungsfreiheit** des Art. 2 I GG, die für Deutsche wie für Ausländer gleichermaßen gilt und den dort genannten Beschränkungen unterliegt. Ausreisefreiheit ist außerdem unter ähnlichen Einschränkungen garantiert durch Art. 13 II UN-Menschenrechts-Deklaration, Art. 12 II IPbpR und Art. 2 III Zusatzprotokoll Nr. 4 zur EMRK. Im Einklang hiermit stehen grundsätzlich die Förderung der Ausreise nach Abs. 1 und das Ausreiseverbot nach Abs. 2.

III. Ausreiseförderung

3   **Abs. 1** ermächtigt die Ausländerbehörde, gegenüber einer vollziehbar ausreisepflichtigen Person Maßnahmen zu treffen, die der Förderung der Ausreise dienen. Hierzu zählen nicht nur Maßnahmen, die eine Förderung der freiwilligen Ausreise bezwecken, sondern auch Maßnahmen, die im Falle einer nicht freiwilligen Ausreise die Durchführung der Abschiebung erleichtern sollen[3]. Anderen Zwecken,

---

[1] BT-Drs. 15/420, 19.
[2] BVerfG Urt. v. 16.1.1957 – 1 BvR 253/56, BVerfGE 6, 32.
[3] Vgl. OVG Lüneburg Beschl. v. 13.3.2018 – 13 ME 38/18, BeckRS 2018, 3801.

Ordnungsverfügungen § 46 AufenthG 1

etwa der Bestrafung, der Schikane oder der Vermeidung von Obdachlosigkeit[4], dürfen die Maßnahmen hingegen nicht dienen.

Abs. 1 soll dabei für alle Maßnahmen zur Förderung der Ausreise eine **gemeinsame Grundlage** 4 darstellen, wobei es nicht darauf ankommt, ob die Maßnahme selbstständig oder zusammen mit einem anderen Verwaltungsakt ergeht. Die Bestimmung ist im Zusammenhang mit der gesetzlichen Beschränkung und den weiteren Beschränkungsmöglichkeiten des § 61 zu sehen. Dem Gesetzesentwurf 2004 zufolge sollte sie die Möglichkeit der Beschränkung einer Duldung (§ 56 III AuslG) ersetzen[5]. Sie hat trotz Aufrechterhaltung des Instituts der Duldung (vgl. § 60a) ihre Funktion nicht eingebüßt. Für die Duldung ist weder in § 60a noch in § 12 die Zulässigkeit von Auflagen oder anderen Nebenbestimmungen vorgesehen, wohl aber in § 61 I 2, 3, Ia–Ie. Die nach § 46 I möglichen Maßnahmen, Bedingungen und Auflagen müssen aufenthaltsrechtlich erheblichen Zwecken dienen und dürfen nicht in Widerspruch zum Zweck einer Duldung stehen[6].

Bei einer Maßnahme zur Förderung der Ausreise muss es sich um eine **konkrete Regelung** eines 5 Einzelfalls iSd § 35 VwVfG handeln. Keine Ordnungsverfügung mit Regelungsgehalt ist zB in dem rechtlichen Hinweis auf eine Ausreiseverpflichtung und die Folgen einer Nichterfüllung oder in einer Ausreiseaufforderung zu sehen, mit der keine konkreten Anordnungen verbunden sind. Diese Maßnahmen sind nicht identisch mit der Abschiebung und deren Androhung, sondern sollen diese möglichst erübrigen.

Eine Verfügung zur Förderung der Ausreise kann nur gegenüber einem **vollziehbar ausreise-** 6 **pflichtigen** Ausländer (vgl. § 58 II) getroffen werden. Die Maßnahme soll dazu dienen, den Ausländer zur Ausreise zu veranlassen und damit eine Abschiebung (§ 58 I) zu vermeiden.

Dabei kommen grundsätzlich nur **Maßnahmen** in Betracht, die nicht bereits nach §§ 61 I 2, 3, Ia– 7 Ie getroffen werden können und die sich nicht schon aufgrund der räumlichen Beschränkung des Aufenthalts vollziehbar ausreisepflichtiger Ausländer nach § 61 I 1 erübrigen[7]. Es können zB Anordnungen getroffen werden, sich regelmäßig bei der Ausländerbehörde zu melden[8], sich zu bestimmten Tageszeiten in der Unterkunft bereitzuhalten[9], Aufenthalte außerhalb der Wohnung der Ausländerbehörde anzuzeigen[10], angekündigte eigene Vorbereitungen nachzuweisen (zB Erwerb von Flugscheinen), ungültig gewordene Bescheinigungen (zB nach § 81 V) bei der Ausländerbehörde abzugeben, auf einem Sperrkonto der Ausländerbehörde ratenweise Abschiebungskosten anzusparen oder eine Rückkehrberatung in Anspruch zu nehmen, Wechsel des Aufenthaltsorts oder Beschäftigung mitzuteilen oder etwa auch die Untersagung der Erwerbstätigkeit[11] oder die Aufforderung, sich im Vorfeld einer Abschiebung einem Corona-Test zu unterziehen[12] (vgl. zu den Maßnahmen zur Ausreiseförderung auch Nr. 46.1.4 AVwV).

Eine Anordnung muss stets einen sinnvollen Bezug zu dem zulässigen Verfahrenszweck aufweisen und 8 darf **nicht** in Schikane mit strafähnlichem Charakter ausarten, auf eine unzulässige Beugung des Willens hinauslaufen oder den Betreffenden **im Einzelfall unverhältnismäßig** treffen[13]. Dabei müssen die Maßnahmen stets mit der für den Ausländer geltenden verfassungsrechtlichen und europarechtlichen Gewährleistungen im Einklang stehen, so auch mit der Garantie eines ehelichen und familiären Zusammenlebens (Art. 6 I und II GG) und der Achtung des Privat- und Familienlebens (Art. 8 EMRK).

IV. Ausreiseverbot

Ein Ausreiseverbot nach **Abs. 2** kann gegen Ausländer entsprechend den **Bestimmungen für** 9 **Deutsche** erlassen werden. Ein Eingriff ist nach Art. 19 I 2 GG aufgrund eines grundrechtseinschrän-

---

[4] Vgl. OVG LSA Beschl. v. 11.3.2013 – 2 M 168/12, BeckRS 2013, 50684.
[5] BT-Drs. 15/420, 88.
[6] VG Stuttgart Urt. v. 21.10.2009 – 11 K 3204/09, BeckRS 2009, 41837.
[7] Hierzu VG Münster Beschl. v. 1.3.2010 – 8 K 2134/08, BeckRS 2010, 47114, das die Frage, ob die Ermächtigung (allein) auf § 46 I oder (auch) auf § 61 I 2 beruht oder der Anwendungsbereich einer der beiden Vorschriften nach dem Grundsatz der Spezialität oder Subsidiarität zurücktritt, offenlässt; vgl. dazu zB *Funke-Kaiser* in GK-AufenthG II-§ 61 Rn. 13 f.; *Hailbronner* AuslR AufenthG § 46 Rn. 2 f.
[8] Sinn und Zweck einer auf §§ 46 I, 61 I 2 gestützten Meldeauflage kann nur sein, die Sicherstellung der räumlichen Aufenthaltsbeschränkung und der Wohnsitzauflage zu erreichen. Fehlende Bemühungen um Identitätspapiere oder Rückreisedokumente rechtfertigen den Erlass und die Aufrechterhaltung einer Meldeauflage nicht, VG Stuttgart Urt. v. 21.10.2009 – 11 K 3204/09, BeckRS 2009, 41837.
[9] Überzeugend VG Hamburg Beschl. v. 16.11.2018 – 7 E 4941/18; VG Freiburg Beschl. v. 22.11.2018 – 4 K 6442/18, BeckRS 2018, 32542; aA etwa NdsOVG Beschl. v. 22.1.2018 – 13 ME 442/17, BeckRS 2018, 600 und VG Hamburg Beschluss vom 6.3.2019 – 19 E 792/19, BeckRS 2019, 9271.
[10] VG Hannover Urt. v. 6.9.2018 – 19 B 2430/18, BeckRS 2018, 36720; VG Saarland Urt. v. 3.1.2019 – 6 L 1943/18, BeckRS 2019, 304.
[11] BayVGH Beschl. v. 21.12.2006 – 24 CS 06.2958, BeckRS 2007, 20247 Rn. 26 und Beschl. v. 5.6.2007 – 24 CS 07.1014, BeckRS 2007, 29865; VG Ansbach Beschl. v. 30.7.2007 – AN 19 S 07.01438, BeckRS 2007, 34207; VG München Beschl. v. 12.3.2007 – M 4 S 07.557, BeckRS 2007, 35849 Rn. 26.
[12] VG Neustadt Beschl. v. 1.12.20 – 2 L 875/20.NW, BeckRS 2020, 34196.
[13] OVG LSA Beschl. v. 11.3.2013 – 2 M 168/12, BeckRS 2013, 50684.

1 AufenthG § 46

kenden Gesetzes – unter Berücksichtigung der europarechtlichen Dimension – möglich. Dieses Gesetz stellt für Deutsche das PassG (§ 10 I PassG) dar. Für Drittausländer und für Freizügigkeitsberechtigte (s. § 11 I FreizügG/EU) gilt § 46 II iVm § 10 I PassG analog. Art. 4 I Freizügigkeits-RL lässt die für die Kontrollen von Reisedokumenten an den nationalen Grenzen geltenden Vorschriften unbeschadet. Daher steht das grundsätzliche Ausreiserecht von Freizügigkeitsberechtigten der Ausreiseuntersagung nicht entgegen[14].

10 § 10 I 1 PassG schreibt ein Ausreiseverbot zwingend in den Fällen der Passversagung (§ 7 I PassG), des Passentzugs (§ 8 PassG) und der Einschränkung der Berechtigung zum Verlassen des Bundesgebiets mit Personalausweis (§ 2 VII PAuswG) vor. Die tatsächlichen Voraussetzungen für diese Maßnahmen sind im Katalog des § 7 I PassG aufgezählt. § 10 I 2 PassG ermöglicht ein Ausreiseverbot, wenn Tatsachen die Annahme rechtfertigen, dass die Voraussetzungen für die Passversagung vorliegen, oder wenn ein zum Grenzübertritt gültiger Pass oder Passersatz fehlt. Eine entsprechende Anwendung dieser Bestimmungen hat zur Folge, dass dem Ausländer die Ausreise bei Erfüllung der Voraussetzungen der §§ 7 I, 8 PassG und § 6 VII PAuswG untersagt werden kann, aber nicht muss, denn Abs. 1 S. 2 ermöglicht lediglich eine Entscheidung nach Ermessen, obwohl sie zum Teil (§ 7 I PassG) an Tatbestände anknüpft, die zwingend Maßnahmen vorschreiben[15].

11 Ein Ausreiseverbot kann danach bei **Gefährdung der inneren oder äußeren Sicherheit** oder sonstiger erheblicher Belange[16] der Bundesrepublik Deutschland erlassen werden (§ 7 I Nr. 1 PassG). Die Gefährdung der Sicherheit oder anderer erheblicher deutscher Interessen muss durch die Ausreise (nicht durch den Verbleib im Bundesgebiet) eintreten. Passentziehung und Ausreiseverbot können bei Verdacht der beabsichtigten Teilnahme am bewaffneten Dschihad nach Besuch eines terroristischen Ausbildungslagers in Betracht kommen[17]. Der Maßstab für eine Ausreiseuntersagung aufgrund des § 7 I Nr. 1 („sonstige erhebliche Belange") ist eng[18] auszulegen und an den Nr. 1–9 auszurichten. Dabei ist aber zu berücksichtigen, dass im Hinblick auf das belastete historische Erbe der Bundesrepublik Deutschland radikalen Umtrieben von Personen, die im Bundesgebiet leben, im Ausland ein besonderes Gewicht beigemessen wird[19]. Eine **erhebliche Beeinträchtigung** der auswärtigen Beziehungen ist in Nr. 7.4.3 der VwVPassG[20] gefordert. Zu diesen Belangen zählt jedenfalls das Interesse der Bundesrepublik Deutschland, ihre Staatsangehörigen an der Begehung strafbarer Handlungen im Ausland zu hindern[21]. Das Vorliegen eines ein Ausreiseverbot nach § 46 II 1 rechtfertigenden Passversagungsgrundes setzt daher voraus, dass der Ausländerbehörde konkrete und belegbare Tatsachen zur Verfügung stehen, die ihre Gefahreneinschätzung nachvollziehbar rechtfertigen. Die Anknüpfungstatsachen für die Gefahrenprognose müssen nach Zeit, Ort und Inhalt so konkret gefasst sein, dass sie einer Überprüfung im gerichtlichen Verfahren zugänglich sind. Dies schließt die bloße Möglichkeit, die Vermutung oder den durch konkrete Tatsachen nicht belegbaren Verdacht zur ausreichenden Begründung der Annahme einer Gefahrenlage aus[22]. Eindeutige Beweise für die Gefahreneinschätzung sind nicht erforderlich. Ausreichend ist eine auf Tatsachen gestützte positive Gefahrenprognose[23]. Das Gesetz zur Änderung des PAuswG zur Einführung eines Ersatz-Personalausweises und zur Änderung des PassG[24] vom 20.6.2015 schuf eine gesetzliche Möglichkeit, deutschen Staatsangehörigen neben dem Reisepass auch den Personalausweis zu entziehen bzw. die Ausstellung zu versagen (§ 6a PersAuswG). Als Motiv wurde vor allem das Ziel genannt, Islamisten, die sich der Terrororganisation „Islamischer Staat (IS)" anschließen wollen, an der Ausreise zu hindern und den Betroffenen kostenpflichtige Ersatzdokumente auszuhändigen, die nicht zur Ausreise aus dem Bundesgebiet berechtigen. Damit soll vor allem verhindert werden, dass die mutmaßlichen Dschihadisten zunächst in Drittländer wie etwa die Türkei

---

[14] AA *Möller* in NK-AuslR AufenthG § 46 Rn. 2.
[15] Ebenso *Hailbronner* AuslR AufenthR § 46 Rn. 11.
[16] Als eine Gefährdung erheblicher Belange der Bundesrepublik Deutschland können unter besonderen Umständen auch Handlungen gewertet werden, die geeignet sind, dem internationalen Ansehen Deutschlands zu schaden, VG Stuttgart Beschl. v. 4.4.2009 – 11 K 1297/09, BeckRS 2011, 55312; VG Arnsberg Urt. v. 27.7.2015 – 12 K 658/14, BeckRS 2015, 53154.
[17] OVG Bln-Bbg Beschl. v. 7.3.2011 – OVG 5 S 22.10, OVG 5 M 34.10, BeckRS 2011, 49645; VG Arnsberg Urt. v. 27.7.2015 – 12 K 658/14, BeckRS 2015, 53154.
[18] Vgl. BVerwG Urt. v. 29.8.1968 – I C 67.67, DÖV 1969, 74 und Beschl. v. 17.9.1998, „es müsse sich um Belange handeln, die so erheblich seien, dass sie der freiheitlichen Entwicklung in der Bundesrepublik aus zwingenden staatspolitischen Gründen vorangestellt werden müssten".
[19] Vgl. VG Ansbach Beschl. v. 7.6.2004 – AN 5 S 04.00980, BeckRS 2004, 31368949, das insofern der dahin gehenden Argumentation der Ausländerbehörde folgte.
[20] „Sonstige erhebliche Belange" sind nach der Rspr. des BVerfG (Urt. v. 16.1.1957) Belange, die in ihrer Erheblichkeit den beiden anderen Tatbeständen wenn auch nicht gleich, so doch nahekommen müssen. Darunter fallen auch die Gefahr einer erheblichen Beeinträchtigung der auswärtigen Beziehungen sowie ein das Ansehen der Bundesrepublik Deutschland schädigendes Verhalten im Ausland.
[21] VGH BW Beschl. v. 4.4.2009 – 1 S 808/09.
[22] VG Aachen Beschl. v. 14.4.2009 – 8 L 164/09, NVwZ-RR 2009, 781 und Beschl. v. 31.3.2016 – 8 L 1094/15, BeckRS 2016, 45695; OVG Brem Urt. v. 2.9.2008 – 1 A 161/06, DÖV 2009, 86.
[23] Vgl. OVG NRW Beschl. v. 16.4.2014 – 19 B 59/14, NVwZ-RR 2014, 593.
[24] BGBl. 2015 I S. 970.

reisen, für die kein Reisepass erforderlich ist, und von dort aus zum IS stoßen. Die Ungültigkeitserklärung des Personalausweises, die gegebenenfalls per öffentliche Zustellung erfolgen soll, kann dann in das Schengener Informationssystem eingestellt werden. Damit können auch Grenzbehörden der EU erkennen, dass die betreffende Person nicht über ein gültiges Dokument zur Ausreise verfügt.

Eine Ausreiseuntersagung gegen EU-Bürger hält im Falle der Wiedereinführung von Grenzkontrollen eines Nachbarlands zur Bundesrepublik Deutschland nicht schon deshalb rechtlich Stand, wenn damit allein verhindert werden soll, dass das Ansehen der Bundesrepublik Deutschland im Ausland beschädigt und damit erhebliche Belange der Bundesrepublik Deutschland gefährdet werden. Eine solche Maßnahme dient nicht der **Abwehr einer schwerwiegenden Bedrohung der öffentlichen Ordnung oder inneren Sicherheit** der Bundesrepublik Deutschland (insoweit muss es sich um eine im Inland wirksam werdende Bedrohung handeln). Ihre Anordnung im Rahmen der vorübergehend wieder eingeführten Grenzkontrollen an einer Binnengrenze verstößt daher gegen die Bestimmungen der Art. 25f SGK[25]. Gegenüber **Freizügigkeitsberechtigten** läuft bei Ausreiseabsicht in einen Staat der EU, des EWR oder in die Schweiz Abs. 2 S. 2 weitestgehend leer, da im Rahmen des europäischen Freizügigkeitsrechts ein Einreise- und Aufenthaltsrecht jedenfalls für bis zu drei Monate besteht, das für den berechtigten Personenkreis die visumfreie Einreise mit einem gültigen Personalausweis vorsieht. **12**

Die erforderliche **Wahrscheinlichkeit einer Gefährdung** bestimmt sich nach Art und Schwere der zu erwartenden Beeinträchtigung[26]. Die Behörden haben unter Berücksichtigung des Interventionsminimums diejenige Maßnahme zu wählen, die als zwecktaugliche Maßnahme den Betroffenen am geringsten beeinträchtigt. Daher sind vor einer Ausreiseuntersagung Maßnahmen wie sog. Gefährderanschreiben oder -ansprache sowie **Meldeauflage** zu prüfen[27]. Im Rahmen der Ermessensausübung bei der Prüfung einer Ausreiseuntersagung von gewaltbereiten Fußballfans sind für die Gefahrenprognose hinreichend konkrete Anhaltspunkte, insbesondere aus der jüngeren Vergangenheit[28] (zB aktuelle vergangenheitsbezogene Eintragungen aus der **Datei „Gewalttäter Sport",** Aussagen der Fanbetreuer oder fankundigen Beamten etc), erforderlich. **13**

Zusätzlich muss eine **aktuelle Gefährdungslage**[29] feststellbar sein (zB alkoholisiertes, aggressives Auftreten, Mitführen gefährlicher oder verbotener Gegenstände etc). Angesichts des hohen Rangs der grundgesetzlich garantierten Reisefreiheit können szenetypische Kleidungsstücke (dunkle Kleidung mit Kapuze oder Schal) eine Ausreiseuntersagung allein nicht rechtfertigen[30]. Aus der bloßen Teilnahme an einer Fahrt zu einer Demonstration können keine Tatsachen im hier geforderten Sinne geschlossen werden[31]. Abschließend muss eine positive Gefahrenprognose unter Prüfung der Verhältnismäßigkeit zu dem Ergebnis führen, dass das Ausmaß der zu erwartenden Schäden in Bezug auf die Bedeutung des stattfindenden Ereignisses (zB Welt- oder Europameisterschaft) im Verhältnis zu den persönlichen Nachteilen durch die Reisebeschränkung überwiegt. Ein mehr als ein Jahr zurückliegender Verdacht auf Landfriedensbruch (§§ 125, 125a StGB) reicht, wenn das Verfahren nach § 170 II StPO mangels hinreichenden Nachweises für die Täterschaft eingestellt worden war, für die Prognose nach § 10 I 2 PassG nicht aus[32]. Eine „bestimmte Tatsache" iSd § 7 I 1 PassG kann nicht schon darin gesehen werden, dass der Betreffende im Datenbestand INPOL als „Gewalttäter links" ausgeschrieben ist. Ohne genaue Kenntnis des der Eintragung des Betroffenen in dem Datenbestand INPOL zugrunde liegenden Geschehens ist eine realistische Gefahrenprognose nicht möglich[33]. **14**

Ob sich ein Ausländer der **Strafverfolgung** oder -vollstreckung oder Maßregeln der Besserung und Sicherung in Deutschland durch Ausreise entziehen will (§ 7 I Nr. 2 PassG), muss ebenfalls mit hinreichender Sicherheit festgestellt werden. Bloße Vermutungen können schon vom Tatbestand her eine Ausreisesperre nicht rechtfertigen. Der Wille muss ausdrücklich oder stillschweigend geäußert sein oder sich aus dem Verhalten des Ausländers sicher ergeben[34].

Der Wille zur Zuwiderhandlung gegen Vorschriften des BtMG über Einfuhr, Ausfuhr, Durchfuhr oder Inverkehrbringen von **Betäubungsmitteln** (§ 7 I Nr. 3 PassG) braucht nicht auf eine entgeltli- **15**

---

[25] VG Stuttgart Beschl. v. 4.4.2009 – 11 K 1297/09,BeckRS 2011, 55312.
[26] Vgl. OVG Brem Beschl. v. 28.6.2000 – 1 B 240/00, NordÖR 2001, 107; VGH BW Beschl. v. 14.6.2000 – 1 S 1271/00, NJW 2000, 3658.
[27] Zu den Anforderungen polizeilicher Gefährderanschreiben NdsOVG Urt. v. 22.9.2005 – 11 LC 51/04, NJW 2006, 391 und polizeilichen Meldeauflagen OVG Bln-Bbg Urt. v. 21.3.2006 – OVG 1 B 7.04, BeckRS 2006, 12241; NdsOVG Beschl. v. 14.6.2006 – 11 ME 174/06, NVwZ-RR 2006, 613; zur Einschränkung des Geltungsbereichs des Reisepasses und Personalausweises VG Stuttgart Beschl. v. 28.9.2005 – 11 K 3162/05 sowie 11 K 3167/05, NJW 2006, 1017 und VGH Brem. Urt. v. 2.9.2009 – 1 A 161/06, NordÖR 2009, 42; krit. *Schucht* zur Meldeauflage, NVwZ 2011, 709 ff.
[28] VGH BW Urt. v. 7.12.2004 – 1 S 2218/03, BeckRS 2005, 20576.
[29] Maßgeblich ist die Erkenntnismöglichkeit des konkret handelnden Beamten zum Zeitpunkt des Einschreitens, VG Stuttgart Beschl. v. 4.4.2009 – 11 K 1296/09, BeckRS 2009, 34118 Rn. 8.
[30] VG Stuttgart Beschl. v. 4.4.2009 – 11 K 1296/09, BeckRS 2009, 34118 Rn. 12.
[31] VG Stuttgart Beschl. v. 31.3.2009 – 11 K 1182/09, BeckRS 2009, 34151 Rn. 27.
[32] VG Stuttgart Urt. v. 17.8.2009 – 11 K 237/09, BeckRS 2009, 38126 Rn. 18, 30.
[33] VG Stuttgart Beschl. v. 4.4.2009 – 11 K 1293/09, NVwZ-RR 2009, 679.
[34] OVG NRW Beschl. v. 26.8.1993 – 25 A 1200/93, BeckRS 1993, 10037.

che oder gewerbsmäßige Begehung gerichtet zu sein. Der bloße Verbrauch genügt nicht; er kann aber zB auf eine eigene Einfuhr zurückgehen und deshalb, wenn er gewollt ist, zum Ausreiseverbot führen. Es kann sich auch um andere als die in § 54 II Nr. 4 erfassten harten Drogen handeln.

16 Der Wille zur Entziehung von **steuerlichen Verpflichtungen** zu zoll-, monopol- oder außenwirtschaftsrechtlichen Zuwiderhandlungen oder schwerwiegenden Verstößen gegen Einfuhr-, Ausfuhr- oder Durchfuhrverbote oder -beschränkungen (§ 7 I Nr. 4 PassG) kann nach dem Verhältnismäßigkeitsgrundsatz (vgl. auch § 7 II 1 PassG) ein Ausreiseverbot nur rechtfertigen, wenn es den bevorstehenden Schaden verhindern kann. Dasselbe gilt für den Willen, sich einer gesetzlichen (nicht einer sonstigen) Unterhaltspflicht zu entziehen (§ 7 I Nr. 5 PassG).

17 Der Wille zur Begehung bestimmter Gesetzesverstöße als **Wehr- oder Zivildienstpflichtiger,** nämlich das Verlassen Deutschlands ohne Erlaubnis nach WPflG oder ZDG (§ 7 I Nr. 6–9 PassG), taugt als Anlass für ein Ausreiseverbot.

18 Auch bei Vorliegen der Voraussetzungen ist das Ausreiseverbot nicht zwingend vorgeschrieben, sondern in das **Ermessen** der Ausländer- oder Grenzbehörde gestellt (§ 40 VwVG). Dabei ist vor allem festzustellen, ob es im Einzelfall öffentlichen Interessen zu dienen geeignet ist und gewichtige private Interessen nicht entgegenstehen. Die freiheitsbeschränkenden Folgen für den Ausländer müssen sorgfältig mit dem Vorteil für die Bundesrepublik Deutschland abgewogen werden, damit das Verbot nicht unverhältnismäßig wirkt[35]. Soweit zugleich eine Ausweisung oder sonst eine Beendigung des Aufenthalts infrage kommt, gebührt dieser Möglichkeit unter Umständen im öffentlichen Interesse der Vorrang. Vorrang genießt auch das deutsche Interesse daran, dass ein Ausländer ohne ausreichende Dokumente und Erlaubnisse nicht in einen anderen EU- oder EWR-Staat oder in einen Staat, mit dem ein zur Rücknahme unerlaubt eingereister Ausländer verpflichtendes Rückübernahmeabkommen besteht, einreist.

19 Mit der gegenüber Deutschen fehlenden Möglichkeit des Ausreiseverbots wegen Nichtbesitzes der erforderlichen Papiere (in der Regel gültiger und anerkannter Pass und erforderliches Visum) für die Einreise in einen anderen Staat soll im außenpolitischen Interesse der Bundesrepublik Deutschland der **unerlaubten Einreise in andere Staaten** vorgebeugt werden. Das Bestreben, auf diese Weise ausländische Staaten zu einer ähnlichen Verfahrensweise anzuregen, ist gewichtig, kann aber im Einzelfall hinter andere Überlegungen zurückgestellt werden, wenn der weitere Aufenthalt des Ausländers im Bundesgebiet deutschen Interessen noch stärker zuwiderläuft. Dabei ist sowohl auf die Gründe und die Verantwortung für den Nichtbesitz von Einreisedokumenten und -erlaubnissen abzustellen als auch auf die voraussichtliche Dauer bis zur Beschaffung entsprechender Papiere.

20 Pass- und personalausweisrechtliche Anordnungen nach § 7 I oder II oder § 8 PassG und § 6 VII des PAuswG dürfen auf Mitteilung bzw. Veranlassung der Pass- bzw. Personalausweisbehörde in der für die Grenzfahndung national geführten Datei nach § 30 BPolG gespeichert werden. Eine Ausreiseuntersagung nach Abs. 2 kann ebenfalls auf Mitteilung bzw. Veranlassung einer Ausländerbehörde in der für die Grenzfahndung national geführten Datei nach § 30 II Nr. 3 und Abs. 3 BPolG gespeichert werden. Nach § 30 IV BPolG sind zum Abruf von Daten im automatisierten Verfahren aus der für die Grenzfahndung geführten Datei nur die mit der Wahrnehmung der polizeilichen Kontrollen des grenzüberschreitenden Verkehrs beauftragten nationalen Behörden berechtigt. Soweit es sich um einen Ausländer handelt, besteht für Ausländerbehörden und mit der Durchführung ausländerrechtlicher Vorschriften betraute öffentliche Stellen die Möglichkeit, ein Ausreiseverbot im AZR zu speichern. Der Kreis der abrufberechtigten Stellen ist unterschiedlich geregelt und richtet sich danach, ob es sich bei dem Betroffenen um einen Drittstaater oder Unionsbürger, bei dem eine Feststellung des Nichtbestehens oder des Verlusts des Freizügigkeitsrechts vorliegt, einerseits oder um einen Unionsbürger, bei dem eine Feststellung des Nichtbestehens oder des Verlusts des Freizügigkeitsrechts nicht vorliegt, andererseits handelt. Im letzten Fall ist der Kreis der abrufberechtigten Stellen eingeschränkt; Einzelheiten ergeben sich aus dem AZRG und der AZRG-DV[36].

V. Verwaltungsverfahren und Rechtsschutz

21 **Zuständig** für die Anordnung einer Maßnahme zur Förderung der Ausreise und für den Erlass eines Ausreiseverbots sind die Ausländerbehörde (§ 71 I 1) oder die Grenzbehörde, falls das Ausreiseverbot an der Grenze zu erlassen ist (§ 71 III Nr. 4). Eine Schriftform ist nach § 77 nicht zwingend vorgeschrieben.

22 Nach Wegfall der Gründe für den Erlass ist das Ausreiseverbot **aufzuheben**. Bei der Beurteilung der Frage, ob ein Ausreiseverbot rechtmäßig ist, ist auf die Sach- und Rechtslage im **Zeitpunkt der mündlichen Verhandlung** abzustellen.[37] § 46 II 3 ist gegenüber § 49 I VwVfG lex specialis.

---

[35] *Hailbronner* AuslR AufenthG § 46 Rn. 12.
[36] Aus der Antwort der Bundesregierung v. 2.1.2015, BT-Drs. 18/3673.
[37] VG Aachen Urt. v. 26.8.2009 – 8 K 637/09, BeckRS 2009, 38910; VG Freiburg Urt. v. 19.6.2008 – 1 K 2155/07, BeckRS 2008, 37778 Rn. 19.

Verbot und Beschränkung der politischen Betätigung **§ 47 AufenthG 1**

Gegen die Förderungsverfügung und das Ausreiseverbot kann in der Hauptsache **Anfechtungs-** 23
widerspruch und -klage erhoben werden (§§ 42 Abs. 1 1. Alt., 68 Abs. 1 VwGO). Diese haben
aufschiebende Wirkung (§ 80 I VwGO), sofern nicht die Anordnung durch die Grenzbehörde erfolgt
(§ 80 II 1 Nr. 2 VwGO) oder Sofortvollzug, zB im Hinblick auf die fehlende Durchsetzbarkeit des
Ausreiseverbots nach erfolgter Ausreise, behördlich angeordnet wurde (§ 80 II 1 Nr. 4 VwGO). Bei
den Maßnahmen nach § 46 I handelt es sich nicht um Verwaltungsvollstreckungsmaßnahmen
(§ 80 II 2 VwGO). Die Begründung einer etwaigen Strafvollzugsanordnung darf sich nicht in allgemeinen Wendungen erschöpfen, sondern muss auf den Einzelfall eingehen (vgl. § 80 III VwGO).
Die konkrete Begründungspflicht ist va deswegen genau zu beachten, da gewichtige Gründe für den
Sofortvollzug aller Verfügungen nach § 46 sprechen, gleichwohl der Gesetzgeber aber von dem
Ausschluss des Suspensiveffekts abgesehen hat (vgl. § 84 I). Im vorläufigen Rechtsschutz kann zum
Zwecke der Anordnung oder Wiederherstellung der aufschiebenden Wirkung ein **Antrag nach
§ 80 V VwGO** gestellt werden.

§ 47 Verbot und Beschränkung der politischen Betätigung

(1) ¹Ausländer dürfen sich im Rahmen der allgemeinen Rechtsvorschriften politisch betätigen. ²Die politische Betätigung eines Ausländers kann beschränkt oder untersagt werden, soweit sie
1. die politische Willensbildung in der Bundesrepublik Deutschland oder das friedliche
   Zusammenleben von Deutschen und Ausländern oder von verschiedenen Ausländergruppen im Bundesgebiet, die öffentliche Sicherheit und Ordnung oder sonstige erhebliche
   Interessen der Bundesrepublik Deutschland beeinträchtigt oder gefährdet,
2. den außenpolitischen Interessen oder den völkerrechtlichen Verpflichtungen der Bundesrepublik Deutschland zuwiderlaufen kann,
3. gegen die Rechtsordnung der Bundesrepublik Deutschland, insbesondere unter Anwendung von Gewalt, verstößt oder
4. bestimmt ist, Parteien, andere Vereinigungen, Einrichtungen oder Bestrebungen außerhalb des Bundesgebiets zu fördern, deren Ziele oder Mittel mit den Grundwerten einer
   die Würde des Menschen achtenden staatlichen Ordnung unvereinbar sind.

(2) Die politische Betätigung eines Ausländers wird untersagt, soweit sie
1. die freiheitliche demokratische Grundordnung oder die Sicherheit der Bundesrepublik
   Deutschland gefährdet oder den kodifizierten Normen des Völkerrechts widerspricht,
2. Gewaltanwendung als Mittel zur Durchsetzung politischer, religiöser oder sonstiger Belange öffentlich unterstützt, befürwortet oder hervorzurufen bezweckt oder geeignet ist
   oder
3. Vereinigungen, politische Bewegungen oder Gruppen innerhalb oder außerhalb des
   Bundesgebiets unterstützt, die im Bundesgebiet Anschläge gegen Personen oder Sachen
   oder außerhalb des Bundesgebiets Anschläge gegen Deutsche oder deutsche Einrichtungen veranlasst, befürwortet oder angedroht haben.

Allgemeine Verwaltungsvorschrift
47 Zu § 47 – Verbot und Beschränkung der politischen Betätigung
47.0 Allgemeines
47.0.1 Die Beschränkung und die Untersagung der politischen Betätigung sind belastende Verwaltungsakte, die
nur unter den Voraussetzungen des Absatzes 1 Satz 2 und Absatz 2 und unter Beachtung des Verhältnismäßigkeitsgrundsatzes erlassen werden dürfen.
47.0.2 § 47 erlaubt, wie sich aus der Formulierung „... soweit ..." in Absatz 1 Satz 2 und Absatz 2 ergibt, keine
umfassende Beschränkung oder Untersagung jeder politischen Betätigung. In der Verfügung ist anzugeben, welche
konkrete politische Betätigung (Zielsetzung, Mittel, Erscheinungsform) in welcher Weise beschränkt oder untersagt
wird. In Betracht kommen insbesondere
– das Verbot der Teilnahme an öffentlichen politischen Versammlungen und Aufzügen,
– die Untersagung politischer Reden, Pressekonferenzen und Veröffentlichungen sowie
– das Verbot der Übernahme und Ausübung von Ämtern.
47.0.3 Das Verbot und die Beschränkung der politischen Betätigung gelten unabhängig vom Aufenthaltsstatus des
Ausländers. Die Einschränkung oder Untersagung ist nicht durch Bedingung oder Auflage zum Aufenthaltstitel,
sondern durch selbständige Verfügung anzuordnen. Die Verfügung kann – auch ergänzend für bestimmte Zeiträume
– mit dem Verbot des Aufenthalts an bestimmten Orten oder in bestimmten Gebieten verknüpft werden (vgl. § 12
Absatz 2 Satz 2, § 6 Absatz 1 Satz 3).
47.0.4 Von der Ausländerbehörde erlassene Maßnahmen werden i. d. R. nicht im Pass oder Passersatz eingetragen.
47.0.5 Es wird i. d. R. angebracht sein, die sofortige Vollziehung anzuordnen (§ 80 Absatz 2 Satz 1 Nummer 4
VwGO) und für den Fall der Zuwiderhandlung die Erhebung eines Zwangsgeldes anzudrohen. Ausländer, denen die
politische Betätigung beschränkt oder untersagt wird, sind darauf hinzuweisen, dass ein Verstoß gegen die vollziehbare
Anordnung eine Straftat nach § 95 Absatz 1 Nummer 4 darstellt.
47.0.6 Der Verstoß gegen die Anordnung kann einen Ausweisungsgrund darstellen (§ 55 Absatz 2 Nummer 2).
Auch eine nicht untersagte politische Betätigung, die nach Absatz 1 Satz 2 oder Absatz 2 untersagt werden könnte,
kann ein Ausweisungsgrund nach § 55 Absatz 2 Nummer 2 oder 8 sein. Im Einzelfall ist daher insbesondere nach

dem Grundsatz der Verhältnismäßigkeit zu prüfen, ob eine Verfügung nach § 47 nicht ausreichend und daher eine Ausweisung geboten ist. Sofern eine sofortige Abschiebung nicht möglich ist und eine entsprechende Gefahr fortbesteht, ist neben einer Ausweisung eine Verfügung nach § 47 zulässig.

47.1 Beschränkung und Untersagung nach Ermessen
47.1.1 Absatz 1 Satz 1 stellt ausdrücklich klar, dass sich Ausländer im Rahmen der allgemeinen Rechtsvorschriften grundsätzlich politisch betätigen dürfen.
47.1.2 Absatz 1 Satz 2 Nummer 1 bis 4 bezeichnet die Voraussetzungen und Grenzen für die Beschränkung oder Untersagung der politischen Betätigung im Ermessenswege.
47.1.2.1.1 Eine Beeinträchtigung der politischen Willensbildung in Deutschland ist insbesondere die Einwirkung auf politische Parteien, politische Wahlen oder Abstimmungen, Parlamente, Regierungen oder andere zur politischen Willensbildung berufene staatliche oder kommunale Organe oder die in solchen Organen mitwirkenden Personen oder Gruppen mit Mitteln oder in Formen, die nach allgemeiner Auffassung zur Verfolgung politischer Ziele unangemessen sind.
47.1.2.1.2 Das friedliche Zusammenleben kann durch aggressive Beeinflussung, insbesondere unter Ausnutzung von bestehenden Fehlinformationen oder bei deren gleichzeitiger Verbreitung, beeinträchtigt oder gefährdet werden.
47.1.2.1.3 Der Begriff der öffentlichen Sicherheit und Ordnung ist i. S. d. allgemeinen Polizei- und Ordnungsrechts zu verstehen. Als sonstige erhebliche Interessen i. S. v. Absatz 1 Satz 2 Nummer 1 geschützt sind nur erhebliche öffentliche Interessen, die ihrem Gewicht nach den vorgenannten Gütern vergleichbar sind.
47.1.2.2 Ob die Voraussetzungen der Nummer 2 vorliegen, ist über die oberste Landesbehörde mit dem Bundesministerium des Innern abzustimmen. Aus Gründen der Verhältnismäßigkeit kommt eine Beschränkung oder Untersagung der politischen Betätigung nur dann in Betracht, wenn die Betätigung des Ausländers geeignet ist, den außenpolitischen Interessen in erheblichem Maße zuwiderzulaufen.
47.1.2.3 Konkrete Tatsachen, z. B. ein früheres Verhalten oder eine Ankündigung des Ausländers, müssen die Annahme rechtfertigen, dass das beabsichtigte politische Verhalten gegen die Rechtsordnung verstoßen wird. In Betracht kommen z. B. Verstöße gegen das Versammlungsrecht.

47.2 Zwingende Untersagung
47.2.1 In den Fällen des Absatz 2 ist die politische Betätigung zu untersagen. Ein Ermessen besteht insoweit nicht.
47.2.1.1 Die freiheitliche demokratische Grundordnung i. S. d. Absatzes 2 Nummer 1 ist entsprechend der Definition des Bundesverfassungsgerichts eine Ordnung, die unter Ausschluss von jeglicher Gewalt- und Willkürherrschaft eine rechtsstaatliche Herrschaftsordnung auf der Grundlage der Selbstbestimmung des Volkes nach dem Willen der jeweiligen Mehrheit und der Freiheit und Gleichheit darstellt. Zu den grundlegenden Prinzipien dieser Ordnung sind mindestens zu rechnen: die Achtung vor den im GG konkretisierten Menschenrechten, vor allem vor dem R auf Leben und freie Entfaltung der Persönlichkeit, die Volkssouveränität, die Gewaltenteilung, die Verantwortlichkeit der Regierung, die Gesetzmäßigkeit der Verwaltung, die Unabhängigkeit der Gerichte, das Mehrparteienprinzip und die Chancengleichheit für alle politischen Parteien mit dem R auf verfassungsmäßige Bildung und Ausübung einer Opposition. Auf Nummer 54.2.2.1 wird Bezug genommen.
47.2.1.2 Zum Begriff „Gefährdung der Sicherheit der Bundesrepublik Deutschland" wird auf Nummer 54.2.2.2 bis 54.2.2.2.2 Bezug genommen.
54.2.2.2 Der Ausweisungsgrund der „Gefährdung der Sicherheit der Bundesrepublik Deutschland" umfasst sowohl die innere als auch die äußere Sicherheit des Staates. Zur Wahrung der Sicherheit der Bundesrepublik Deutschland ist es erforderlich, dass sich der Staat nach innen und außen gegen Angriffe und Störungen zur Wehr setzen kann. So gefährdet etwa die Anwesenheit terroristischer Gewalttäter und ihrer Helfer die Sicherheit der Bundesrepublik Deutschland; gleiches gilt für die dauerhafte und nachhaltige Unterstützung einer Vereinigung, die den Terrorismus unterstützt. Der Begriff der Sicherheit der Bundesrepublik Deutschland ist enger zu verstehen als der Begriff der öffentlichen Sicherheit i. S. v. § 55 Absatz 1. Nicht jede durch eine Gesetzesverletzung verursachte Beeinträchtigung der öffentlichen Sicherheit stellt dabei gleichzeitig eine Gefährdung der „inneren Sicherheit" des Staates dar.
54.2.2.2.1 Nur wenn die innere oder äußere Sicherheit des Bundes und der Länder selbst, d. h. die Sicherheit ihrer Einrichtungen, der Amtsführung ihrer Organe und des friedlichen und freien Zusammenlebens der Bewohner, ferner die Sicherheit lebenswichtiger Verkehrs- und Versorgungseinrichtungen gefährdet ist und diese Gefährdung die bloße Beeinträchtigung der öffentlichen Sicherheit in beachtlichem Maße übersteigt, liegt eine Gefährdung der Sicherheit der Bundesrepublik Deutschland vor. Die Sicherheit der Bundesrepublik Deutschland kann auch gefährdet sein, wenn ihre Bevölkerung bzw. nichtstaatliche Einrichtungen, deren Beeinträchtigung erhebliche Schadensfolgen nach sich ziehen würde, durch Terrorakte oder andere erhebliche Straftaten bedroht werden (so genannte „weiche Ziele", vgl. Nummer 58 a.1.2.1). Es ist nicht erforderlich, dass das Sicherheitsgefüge des Bundes oder Landes an sich umfassend beeinträchtigt wird. Es genügen auch erhebliche, sich aber überwiegend lokal auswirkende Beeinträchtigungen, wie sie etwa durch das Bestreben entstehen können, durch Gewalttaten oder erhebliche Sachbeschädigungen, wie etwa Brandstiftungen, Angehörige einzelner Bevölkerungsgruppen in ihrem Sicherheitsgefühl und Vertrauen in die staatliche Gewährleistung ihrer Sicherheit erheblich zu verunsichern und so zum Fortzug aus bestimmten Gegenden oder Stadtteilen zu bewegen.
54.2.2.2.2 Bestand und Funktionsfähigkeit des Staates werden vor allem durch die organisierte Kriminalität sowie durch extremistisch oder terroristisch motivierte Anschläge auf Staatsorgane gefährdet. Auch Vorbereitungs- und Unterstützungstätigkeiten, die ihrerseits noch nicht die Schwelle zur Strafbarkeit überschritten haben, können den Tatbestand der Gefährdung erfüllen. Die objektive Gefährdung durch den Ausländer und seine Anwesenheit im Bundesgebiet genügen. Die Ausländerbehörde hat eine auf Tatsachen gestützte Prognose zu treffen, nach der ein bloßer Schadenseintritt nicht bloß entfernt möglich erscheint. Bloße Vermutungen genügen nicht. Zur Gefahrenprognose vgl. näher Nummer Vor 53.3.1.6.
47.2.2 Nach Nummer 2 ist die politische Betätigung zu untersagen, die Gewaltanwendung als Mittel zur Durchsetzung politischer, religiöser oder sonstiger Belange öffentlich unterstützt, befürwortet oder hervorzurufen bezweckt oder geeignet ist. Betroffen ist – anders als in § 14 Absatz 2 Nummer 4 VereinsG – nur das öffentliche Verhalten. Durch diesen Untersagungsgrund soll u. a. das Spendensammeln für Terrorgruppen oder das Rekrutieren von Kämpfern erfasst werden. Auch das Verhalten fundamental ausgerichteter religiöser Prediger, welche zum Mord an religiösen Gruppen oder Angehöriger einzelner Staaten aufrufen, diesen gutheißen, das Existenzrecht von Staaten, die

Verbot und Beschränkung der politischen Betätigung § 47 AufenthG 1

von der Bundesrepublik Deutschland völkerrechtlich anerkannt sind, bestreiten oder zur Teilnahme am gewaltsamen Kämpfen gegen anerkannte Staaten aufrufen, ist danach zu untersagen.

47.2.3 Nummer 3 sieht die Untersagung der politischen Betätigung bei Unterstützung von inländischen oder ausländischen Gruppierungen mit terroristischem Hintergrund vor. Ob die unterstützte Organisation ihren Sitz im In- oder Ausland hat, ist unerheblich. Erforderlich ist allerdings, dass sie Anschläge in Deutschland oder gegenüber Deutschen oder deutschen Einrichtungen veranlasst, befürwortet oder angedroht hat.

Übersicht

	Rn.
I. Entstehungsgeschichte	1
II. Allgemeines	2
III. Beschränkungen des Rechts auf politische Betätigung	5
1. Recht auf politische Betätigung	5
2. Beschränkungen und Verbote nach Ermessen (Abs. 1)	10
3. Zwingende Verbote (Abs. 2)	17
IV. Verwaltungsverfahren und Rechtsschutz	22

I. Entstehungsgeschichte

Die Vorschrift entspricht dem **Gesetzentwurf**[1] und der Vorgängervorschrift des § 37 AuslG und ist seither nicht geändert worden. 1

II. Allgemeines

Die Norm stellt klar, dass sich Ausländer im Rahmen der allgemeinen Gesetze grundsätzlich politisch betätigen dürfen. Dieses Recht folgt aus den Grundrechten, soweit sie nicht Deutschen vorbehalten sind wie zB Versammlungsfreiheit (Art. 8 GG), Vereinsfreiheit (Art. 9 I GG), Freizügigkeit (Art. 11 GG), Berufs- und Arbeitsplatzwahl (Art. 12 I GG), Auslieferungsschutz (Art. 16 II GG). Versammlungs- und Vereinsfreiheit sind indes einfachgesetzlich für Ausländer und Deutsche gleich geregelt (Versammlungsgesetze, VereinsG). Einschränkungen und Verbote für Ausländervereine und ausländische Vereine sind nach §§ 14, 15 VereinsG möglich. Die politische Betätigung kann eine oder mehrere dieser Rechtsbereiche berühren[2]. 2

Die Vorschrift bestimmt nicht Bestand und Umfang der auch Ausländern zustehenden Rechte. Sie verzichtet auf eine allgemeine Aussage über auch Ausländern zustehende Grundrechte (anders noch § 6 I AuslG 1965) und ist grundsätzlich ungeachtet des aufenthaltsrechtlichen Status anwendbar. Die Vorschrift setzt eine grundsätzliche politische Betätigungsfreiheit des Ausländers voraus und begründet die Befugnis für die möglichen Beschränkungen und Verbote aus aufenthaltsrechtlichen und allgemeinen polizeirechtlichen Gründen. Verstöße gegen ein Verbot der politischen Betätigung können ein Ausweisungsinteresse iSv § 54 II Nr. 9 oder eine Strafbarkeit nach § 95 I Nr. 4 begründen. 3

Verbote und Beschränkungen sind möglich, weil das auch für Ausländer geltende Grundrecht der Meinungsfreiheit aus Art. 5 I GG kein Recht auf uneingeschränkte **politische Betätigung** gewährt[3]. Die politische Betätigung von Unions- und EWR-Bürgern kann durch § 47 nicht beschränkt werden, (§ 11 I FreizügG/EU). 4

III. Beschränkungen des Rechts auf politische Betätigung

1. Recht auf politische Betätigung

Das Recht auf politische Betätigung ist Ausländern verfassungsrechtlich und einfachgesetzlich gewährleistet[4]; einzelne Betätigungsformen sind auch aufgrund völkerrechtlicher Vereinbarungen geschützt (zB durch Art. 10, 11, 14 EMRK; Art. 19, 21, 22 IPbpR). Einschränkungen einfachgesetzlicher Rechte sind grundsätzlich möglich (Art. 16 EMRK[5]). Die Meinungsfreiheit darf aber (nur) durch 5

---

[1] BT-Drs. 15/420, 19.
[2] Näher *Renner* AiD Rn. 6/610–621.
[3] Zum KommunalwahlR BVerfG Urt. v. 31.10.1990 – 2 BvF 2 6/89, BVerfGE 83, 37; Urt. v. 31.10.1990 – 2 BvF 3/89, BVerfGE 83, 60 mAnm *Franz* ZAR 1991, 40; allg. zur politischen Betätigung *Dolde*, Die politischen Rechte der Ausländer in der Bundesrepublik Deutschland, 1972; *Gusy* in OBS, Politische Betätigung von Ausländern in der Bundesrepublik Deutschland, 1987, S. 15; *Grüning/Nieding* VR 1989, 217; *Heldmann*, AuslR – Disziplinarordnung für die Minderheit, 1974; *Heuer*, Politische Betätigung von Ausländern, 1970; *Jörg* DVBl. 1965, 471; *Kanein* NJW 1973, 729; *Klinkhardt* DVBl. 1965, 467; *Rittstieg* in Schult, Einwanderungsland BR Deutschland?, 1982, S. 171; *Zuleeg* JZ 1980, 425; betr. Schweiz *Thürer* ZAR 1990, 26.
[4] → Rn. 2.
[5] Nach der Rspr. des EGMR ([Große Kammer] Urt. v. 15.10.2015 – 27510/08, NJW 2016, 3353 ff. – Perinçek/Schweiz mwN) muss Art. 16 EMRK so ausgelegt werden, dass er nur zulässt, Tätigkeiten einzuschränken, die sich direkt auf politische Vorgänge beziehen; vgl. dazu *Vašek* DÖV 2016, 429.

Samel 891

allgemeine Gesetze eingeschränkt werden, die sich nicht gegen eine bestimmte Meinung als solche richten[6]. § 47 ist ein solches allgemeines Gesetz iSv Art. 5 II GG[7]. Angesichts der in Rede stehenden Rechtsgüter, insbesondere Sicherheit des Staats, Freiheit der politischen Willensbildung, völkerrechtliche Verpflichtungen und außenpolitische Interessen, bestehen gegen die vorgesehenen Beschränkungen grundsätzlich weder völkerrechtliche noch verfassungsrechtliche Bedenken.

6 Soweit ersichtlich ist die Vorschrift bisher nur in einem Fall[8] zur Untersagung von zu Wahlkampfzwecken nach Deutschland eingereisten ausländischen Politikern aktiviert worden. Ausländische Hoheitsträger sind als solche auch keine Träger der genannten Grundrechte[9]. Es ist Sache der Bundesregierung im Rahmen der Gestaltung der Außenpolitik des Bundes (Art. 32 I GG) zu entscheiden, ob und unter welchen Bedingungen sich ausländische Staatsoberhäupter und Regierungsmitglieder im Bundesgebiet im öffentlichen Raum in amtlicher Eigenschaft politisch betätigen dürfen[10].

7 Politische Betätigung bedeutet jedes Tun und Handeln, das auf die Erringung, Änderung oder Bewahrung von Macht und Einfluss auf die Gestaltung staatlicher oder gesellschaftlicher Einrichtungen und Daseinsformen gerichtet ist[11]. Unter politischer Betätigung ist deshalb jede Handlung **im weitesten Sinne** zu verstehen, die auf die politische Willensbildung des Einzelnen wie in Staat und Gesellschaft Einfluss nehmen soll; sie kann in politischen Diskussionen und Streitgesprächen bestehen, aber auch in gewaltsamen Auseinandersetzungen und Angriffen mit politischer Zielsetzung[12]. Umfasst ist auch die exilpolitische Betätigung, die ggf. mit den auswärtigen Interessen der Deutschen in Konflikt geraten kann[13]. Mittelbar wird die politische Betätigungsfreiheit des Ausländers durch das Verbot eines Ausländervereins (§ 14 I VereinsG)[14] betroffen; anfechtungsberechtigt ist das einzelne Mitglied dennoch nicht[15].

8 Maßnahmen nach § 47 können sich grundsätzlich nur gegen denjenigen richten, der durch sein Verhalten die Gefahr, um deren Abwehr es geht, (mit) verursacht, der also Störer im allgemeinen polizeirechtlichen Sinne ist. Eine Maßnahme gegen den Nichtstörer erscheint nur im Falle eines polizeilichen Notstands[16] denkbar. Eine **konkrete Gefahr** in diesem Sinn liegt dann vor, wenn in naher Zukunft eine Störung der geschützten Rechtsgüter zu befürchten ist. Die nach Abs. 1 im Ermessenswege möglichen Beschränkungen und Untersagungen knüpfen mit Ausnahme von Nr. 3 zwar bereits an Verhaltensweisen und Handlungen an, die **Rechtsgüter** noch nicht beeinträchtigen, sondern nur **gefährden** oder hierzu geeignet sind. Unter ordnungs- und polizeirechtlichen Gesichtspunkten erscheint dies aber grundsätzlich zulässig. Eine lediglich auf Vermutungen (etwa der Verfassungsschutzbehörde) beruhende Prognose ohne Tatsachenbasis (sog. Gefahrenverdacht) reicht dagegen nicht aus. Gemäß § 51 I BZRG getilgte oder zu tilgenden Verurteilungen können nicht verwertet werden[17].

9 Beachtet werden muss stets der verfassungsrechtlich verankerte **Grundsatz der Verhältnismäßigkeit**[18]. Er verlangt eine strenge Prüfung der Erforderlichkeit des Eingriffs und der Geeignetheit des Mittels. Unter letzterem Gesichtspunkt ist auch jeweils im Einzelfall festzustellen, ob eine Beschränkung notwendig ist und in welchem Umfang die politische Betätigung eingeschränkt oder untersagt werden muss. Ein vollständiges Verbot jeglicher politischer Betätigung ist danach kaum als rechtmäßig vorstellbar[19]. Eine Untersagung der politischen Betätigung besteht deshalb idR nur im Verbot bestimmter Arten von politischer Tätigkeit (zB Teilnahme an Demonstrationen zu bestimmten Themen, Zeiten oder Gelegenheiten oder an bestimmten Orten) oder für bestimmte politische Gruppierungen.

---

[6] BVerfG Urt. v. 15.1.1958 – 1 BvR 400/51, BVerfGE 7, 198; Beschl. v. 11.6.1969 – 2 BvR 518/66, BVerfGE 26, 186; Beschl. v. 26.5.1970 – 1 BvR 657/68, BVerfGE 28, 282; Beschl. v. 14.3.1972 – 2 BvR 41/71, BVerfGE 33, 1; OVG NRW Beschl. v. 19.2.1980 – 4 B 1266/79, DÖV 1980, 844; Urt. v. 25.11.1986 – 18 A 1316/83, InfAuslR 1987, 111.
[7] Vgl. zu § 37 AuslG *Robbers* in *Benda* ua, HVerfR, 1. Aufl. 1994, § 11 Rn. 78.
[8] Vgl. *Jacob* NVwZ-Extra 2017, 1.
[9] BVerfG Beschl. v. 2.3.2017 – 2 BvR 483/17, NJW 2017, 1166 Rn. 3.
[10] OVG NRW Beschl. v. 29.7.2016 – 15 B 876/16, NVwZ 2017, 648 Rn. 14 ff.; Anm. *Jungbluth* NVwZ 2017, 604.
[11] BVerfG Beschl. v. 7.4.1981 – 2 BvR 446/80, BVerfGE 57, 29.
[12] *Kaltenborn* DÖV 2001, 55; OVG NRW Beschl. v. 27.7.1965 – II A 1696/64, NJW 1966, 316.
[13] Vgl. *Thym*, Migrationsverwaltungsrecht, S. 74.
[14] Dazu BVerwG Urt. v. 25.1.1978 – 1 A 3.76, BVerwGE 55, 175.
[15] BVerwG Urt. v. 31.7.1984 – 9 C 881.82, VBlBW 1985, 132.
[16] Vgl. zum Versammlungsrecht BVerfG Beschl. v. 20.12.2012 – 1 BvR 2794/10, NVwZ 2013, 570 Rn. 17 mwN.
[17] VG München Beschl. v. 29.3.2000 – M 26 S 99.4956, BeckRS 2000, 25906 Rn. 15.
[18] VGH BW Urt. v. 14.7.1969 – I 200/68, DÖV 1970, 95; OVG NRW Beschl. v. 27.7.1965 – II A 1696/64, OVGE 21, 300.
[19] Dazu OVG NRW Beschl. v. 27.7.1965 – II A 1696/64, NJW 1966, 316.

2. Beschränkungen und Verbote nach Ermessen (Abs. 1)

Unter den in Abs. 1 S. 2 Nr. 1 bis 4 genannten Voraussetzungen kann eine politische Betätigung beschränkt oder verboten werden. Die im Ermessen stehenden Maßnahmen setzen eine **Abwägung** der öffentlichen mit den privaten Interessen des Ausländers, eine strikte Ausrichtung am Grundsatz der Verhältnismäßigkeit und darüber hinaus eine Berücksichtigung sonstiger öffentlicher und privater Belange voraus, die ein Verbot oder eine Beschränkung als unzweckmäßig oder unangebracht erscheinen lassen können[20]. Deshalb wird ein generelles Verbot jeglicher politischer Tätigkeit praktisch nicht in Betracht kommen[21]. Denkbar sind aber etwa das Verbot der Teilnahme an bestimmten öffentlichen Versammlungen, das Verbot, sich öffentlich in einem bestimmten Zusammenhang zu äußern,[22] und das Verbot, in bestimmten Gruppierungen aktiv zu werden, insbesondere Ämter wahrzunehmen. Das im Einzelfall ausgesprochene Verbot muss **inhaltlich** so **bestimmt** sein (§ 37 I VwVfG), dass der Adressat in der Lage ist zu erkennen, was von ihm gefordert wird, insbesondere welches Verhalten er zu unterlassen hat; es muss auch eine geeignete Grundlage für Maßnahmen zur zwangsweisen Durchsetzung sein können. Wenn auch die Verwendung unbestimmter Rechtsbegriffe zulässig ist und bei einem Verbot der politischen Betätigung angesichts der Vielzahl der unterschiedlichsten Arten der in Betracht kommenden Aktivitäten kaum vermeidbar ist, muss gleichwohl hinreichend klar sein, welche Tätigkeiten im Einzelnen untersagt werden. In Anbetracht des durch das Verbot der politischen Betätigung nach § 47 bewirkten Eingriffs in Grundrechte des Betroffenen – wie insbesondere die in Art. 5 I 1 GG geschützte Meinungsfreiheit – und der Strafbewehrung von Verstößen durch § 95 I Nr. 4 sind an die Bestimmtheit hier hohe Anforderungen zu stellen[23].

Die politische **Willensbildung** (Nr. 1) kann beeinträchtigt oder gefährdet sein durch Einwirkungen oder Einwirkungsversuche auf Personen oder Personengruppen, auf Parteien oder die Öffentlichkeit. Das friedliche **Zusammenleben** kann gestört werden oder in Gefahr geraten insbesondere durch jede Art von Agitation oder Meinungsmache, die Einzelne oder Gruppen unter Ausnutzung von Vorurteilen oder Fehlinformationen gegeneinander aufbringt oder aufhetzt. Hierzu zählen auch Gewalttätigkeiten und Aufrufe zur Gewaltausübung unter verfeindeten Ausländergruppen, weil sie den inneren Frieden stören.

Der Begriff der öffentlichen **Sicherheit und Ordnung** ist im Sinne des allgemeinen Polizeirechts zu verstehen und entspricht insoweit dem von § 53 I. Die öffentliche Sicherheit wird zB beeinträchtigt durch Demonstrationen oder Störungen anlässlich des Staatsbesuchs eines ausländischen Staatsoberhaupts, wenn mit öffentlichen Zusammenstößen rivalisierender Gruppen und auch mit einem Attentat zu rechnen ist[24], nicht aber durch einen friedlichen Protest. Sie kann auch durch Aktivitäten für eine verbotene oder terroristische Vereinigung[25] oder ein Attentat gefährdet sein, von dem auch Dritte betroffen werden[26], oder durch das Eintreiben von Spenden und Schutzgeldern, auch wenn die Schwelle der Strafbarkeit (noch) nicht erreicht ist. Eine dahin gehende Gefahrenprognose kann allerdings nur dann getroffen werden, wenn die Besorgnis einer Gefahr auf hinreichende Anhaltspunkte gestützt ist; ein vorsichtig geäußerter Verdacht des Verfassungsschutzes allein begründet keine solche Besorgnis[27].

Sonstige erhebliche Interessen der Bundesrepublik Deutschland[28] können betroffen sein, wenn innen- oder außenpolitische Belange berührt werden, insbesondere die Beziehungen zu anderen Staaten. Diesem Auffangtatbestand kommt angesichts der weiteren Alt. von Abs. 1 S. 2 Nr. 1 bis 4 nur geringe Bedeutung zu. Seiner systematischen Stellung entsprechend muss er im Blick auf die drei ersten Varianten von Abs. 1 Nr. 1 ausgelegt werden. Sein Anwendungsbereich ist deshalb eng; er entbehrt gleichwohl nicht der erforderlichen Bestimmtheit. Er kann erfüllt sein, wenn Kundgebungen oder Versammlungen anlässlich ausländischer Nationalfeiertage, Gedenktage oder politischer Ereignisse (Putsch, Befreiung, Staatsstreich, Staatsbesuch oder Ähnliches) die auswärtigen Beziehungen der

---

[20] Näher *Renner* AiD Rn. 6/621–640.
[21] Dazu → Rn. 8.
[22] ZB als PKK-Funktionär an einer an öffentlichen Kundgebung mit kurdenpolitischem Inhalt und das Verbot der öffentlichen Unterstützung und Förderung der Ideen und Aktivitäten der in Deutschland verbotenen „Arbeiterpartei Kurdistans" (PKK) in Wort und Schrift, vgl. zu § 37 AuslG VGH BW Beschl. v. 10.3.1999 – 11 S 1688/98, InfAuslR 1999.
[23] VGH BW Beschl. v. 8.1.2013 – 11 S 1581/12, BeckRS 2013, 46089. Zur Bestimmtheit iRv Anordnungen nach § 47 bzw. den entsprechenden früheren Regelungen VGH BW Beschl. v. 10.3.1999 – 11 S 1688/98, InfAuslR 1999, 231; OVG LSA Beschl. v. 19.4.2002 – 2 O 33/02, BeckRS 2008, 31951; VG München Urt. v. 20.2.2002 – M 28 K 01.2231, BeckRS 2002, 28564. v. 29.3.2000 – M 26 S 99.4956, BeckRS 2000, 25906; VG Stuttgart Urt. v. 8.2.2012 – 8 K 1265/11, BeckRS 2012, 48511.
[24] BVerwG Urt. v. 1.7.1975 – I C 35.70, BVerwGE 49, 36, NJW 1975, 2158.
[25] VGH BW Beschl. v. 8.1.2013 – 11 S 1581/12, BeckRS 2013, 46089.
[26] OVG NRW Urt. v. 25.11.1986 – 18 A 1316/83, EZAR 109 Nr. 1.
[27] VGH BW Urt. v. 1.8.1990 – 11 S 1276/89, EZAR 103 Nr. 14; vgl. auch OVG RhPf Urt. v. 6.12.2002 – 10 A 10089/02, NVwZ-RR 2003, 596.
[28] → § 53 Rn. 22 ff.

Bundesrepublik Deutschland stören können[29]. Zulässig sind Beschränkungen der Meinungsfreiheit in diesem Zusammenhang aber immer nur, wenn sie unabweisbar notwendig sind; nicht schon jede Trübung oder Verunsicherung gegenseitiger Beziehungen rechtfertigen Rede- oder Demonstrationsverbote.

14 Mögliche Kollisionen mit **außenpolitischen** Interessen und völkerrechtlichen Verpflichtungen der Bundesrepublik Deutschland (Nr. 2) können für sich genommen noch keine Grundlage für Verbotsverfügungen abgeben. Der Wortlaut verlangt ein Zuwiderlaufen, also eine Beeinträchtigung in erheblichem Maße. Die zu schützenden Interessen der Bundesrepublik Deutschland müssen klar formuliert sein. Sie dürfen auch nicht absolut gesetzt werden; sie müssen vielmehr – zumindest im Rahmen der notwendigen Ermessenserwägungen – im Zusammenhang mit den politischen Interessen des Ausländers und dem öffentlichen Interesse an der grundsätzlichen Freiheit der politischen Auseinandersetzung in der Bundesrepublik Deutschland gesehen werden. Beeinträchtigungen außenwirtschaftlicher Interessen können ein Verbot der Kritik an Menschenrechtsverletzungen in einem anderen Staat nicht rechtfertigen.

15 Mit der **Rechtsordnung** der Bundesrepublik Deutschland (Nr. 3) sind nicht nur die Strafgesetze gemeint, sondern alle Normen, die öffentliche und private Rechtsgüter und Interessen schützen. Insoweit sind Überschneidungen mit der öffentlichen Sicherheit und Ordnung nach Abs. 1 S. 2 Nr. 1 festzustellen. Für die Annahme eines Verstoßes bedarf es konkreter Tatsachen, nicht nur Vermutungen. Die Erwähnung der Gewaltanwendung als Regelbeispiel verdeutlicht die Notwendigkeit eines Verstoßes von besonderem Gewicht, um den Eingriff in die Meinungsfreiheit rechtfertigen zu können. Ist das der Fall, muss die Verhältnismäßigkeit im Einzelfall unter Abwägung der gegenläufigen Interessen hergestellt werden.

16 Als **Organisationen** oder **Bestrebungen** im Ausland, die menschenrechtliche Grundwerte und die Würde des Menschen gefährden (Nr. 4), kommen zunächst diejenigen in Betracht, die zB unter Missachtung allgemein garantierter politischer oder religiöser Freiheiten unnachgiebig und unduldsam autoritäre und doktrinäre Ziele verfolgen. Es kommt nicht darauf an, ob diese zum Inhalt der verfassungsmäßigen Ordnung des ausländischen Staats gehören oder aber durch oppositionelle Gruppen vertreten werden. Vom Inhalt ihrer Anschauungen und Ziele abgesehen, können auch die von ihnen angewandten oder propagierten Mittel und Maßnahmen Anlass für Beschränkungen sein. Nicht nur die Anwendung von physischer Gewalt, sondern auch andere missbilligenswerte Methoden brauchen von der Bundesrepublik Deutschland nicht in dem Sinne hingenommen zu werden.

3. Zwingende Verbote (Abs. 2)

17 Die Voraussetzungen für zwingende Untersagungen sind gewichtiger und **konkreter** gefasst als die im Ermessen stehenden Beschränkungen und Verbote nach Abs. 1. Bei der Feststellung der tatbestandlichen Voraussetzungen Gefährdung der „freiheitlichen demokratischen Grundordnung" oder der „Sicherheit der Bundesrepublik Deutschland" oder „geeignet" oder „befürwortet" (Nr. 1), bedarf es jedoch aus Gründen der **Verhältnismäßigkeit** jeweils der Feststellung, ob die Handlungen oder das Verhalten des Ausländers und deren Erfolg sowie die sonstigen Umstände ein Eingreifen überhaupt und außerdem das Mittel des Verbots rechtfertigen.

18 Der Begriff der „freiheitlichen demokratischen Grundordnung" ist ein unbestimmter Rechtsbegriff, den die Rechtsordnung in unterschiedlichen Zusammenhängen und Regelungskontexten verwendet[30]. Eine Legaldefinition ergibt sich aus § 4 II BVerfSchG. Die Nr. 47.2.1 AVwV nehmen Bezug auf die Rspr. des BVerfG[31] und Nr. 54.2.2.2 bis 54.2.2.2.2 AVwV zum früheren Ausweisungsrecht.

19 Der Begriff der „Sicherheit der Bundesrepublik Deutschland" ist – wie die wortgleiche Formulierung in § 54 I Nr. 2 und § 60 VIII 1 – nach der Rspr. des BVerwG enger zu verstehen als der polizeirechtliche Begriff der öffentlichen Sicherheit. Die Sicherheit der Bundesrepublik Deutschland umfasst die innere und äußere Sicherheit und schützt nach innen den Bestand und die Funktionstüchtigkeit des Staates und seiner Einrichtungen[32]. Das schließt den Schutz vor Einwirkungen durch Gewalt und Drohungen mit Gewalt auf die Wahrnehmung staatlicher Funktionen ein[33].

20 Untersagen kann auch nach Abs. 2 nur in der Weise verstanden werden, dass diejenige politische Betätigung des Ausländers untersagt werden muss, wenn die Voraussetzungen nach Abs. 2 Nr. 1 bis 3 gegeben sind. Auf diese Weise sollen ein Verhalten, das geeignet ist, ein besonders schwerwiegendes Ausweisungsinteresse iSv § 54 I zu begründen, die Gewaltanwendung als Mittel der politischen Auseinandersetzung sowie die Unterstützung terroristischer Aktivitäten in Deutschland unterbunden werden können.

---

[29] Vgl. BVerwG Urt. v. 1.7.1975 – I C 35.70, BVerwGE 49, 36; VGH BW Urt. v. 14.7.1969 – I 200/68, DÖV 1970, 95.
[30] Vgl. BVerwG Urt. v. 29.5.2018 – 1 C 15.17, BVerwGE 162, 153, ZAR 2018, 313 f.
[31] Vgl. BVerfG Urt. v. 23.10.1952 – 1 BvB 1/51, BVerfGE 2, 1 (12 ff.); v. 17.81956 – 1 BvB 2/51, BVerfGE 5, 85 (199 ff.); v. 17.1.2017 – 2 BvB 1/13, BVerfGE 144, 20 Rn. 535 ff.
[32] Vgl. BVerwG Urt. v. 21.8.2018 – 1 A 16.17, BeckRS 2018, 23003 Rn. 26 mwN.
[33] Vgl. BVerwG Urt. v. 15.3.2005 – 1 C 26.03, BVerwGE 123, 114 (120 f.).

Die Reichweite (Umfang und Dauer) des Verbots ist unter dem Gesichtspunkt der Verhältnismäßig- 21
keit zu bestimmen. Ein Verbot jeglicher politischer Tätigkeit unter Einschluss zB von Diskussionen in
mehr privaten Kreisen wäre in der Regel unverhältnismäßig[34].

IV. Verwaltungsverfahren und Rechtsschutz

Zuständig ist die Ausländerbehörde. Die Beschränkung politischer Tätigkeiten erfolgt durch **selbst-** 22
ständige Verfügung, da sie unabhängig von dem Bestehen eines Aufenthaltstitels, einer Aufenthaltsgestattung oder Duldung erfolgen kann. Ob eine mit dem Aufenthaltstitel verknüpfte Auflage gemäß
§ 12 II im Hinblick auf die erforderliche inhaltliche Konkretisierung und Beschränkung hinsichtlich
Umfang und Dauer verhältnismäßig wäre, bedarf einer Einzelfallbetrachtung. Gemäß § 72 III 1 bedarf
es für die Änderung oder Aufhebung einer Maßnahme nach § 47 des Einvernehmens der anordnenden
Ausländerbehörde.

Die politische Betätigung des einzelnen Ausländers kann mittelbar auch durch Maßnahmen gegen 23
kollektive Betätigungsformen beschränkt werden. In Betracht kommt vor allem das Verbot eines
Ausländervereins und dessen Nebenorganisationen (vgl. Art. 9 II GG; § 14 I VereinsG)[35].

Da Widerspruch und Anfechtungsklage gegen eine Maßnahme nach § 47 gemäß § 80 I VwGO 24
grundsätzlich aufschiebende Wirkung haben, wird die Ausländerbehörde, Nr. 47.0.5 AVwV folgend,
regelmäßig die sofortige Vollziehung gemäß § 80 II 1 Nr. 4 VwGO anordnen. Für die Suspendierung
der Vollziehbarkeit und damit der Strafbarkeit gemäß § 95 I Nr. 4 ist dann Rechtsschutz nach § 80 V
VwGO zu suchen.

§ 47a Mitwirkungspflichten; Lichtbildabgleich

[1]Ein Ausländer ist verpflichtet, seinen Pass, seinen Passersatz oder seinen Ausweisersatz
auf Verlangen einer zur Identitätsfeststellung befugten Behörde vorzulegen und es ihr zu
ermöglichen, sein Gesicht mit dem Lichtbild im Dokument abzugleichen. [2]Dies gilt auch
für die Bescheinigung über die Aufenthaltsgestattung nach § 63 Absatz 1 Satz 1 des Asylgesetzes. [3]Ein Ausländer, der im Besitz eines Ankunftsnachweises im Sinne des § 63a Absatz 1
Satz 1 des Asylgesetzes oder eines der in § 48 Absatz 1 Nummer 2 genannten Dokumente
ist, ist verpflichtet, den Ankunftsnachweis oder das Dokument auf Verlangen einer zur
Überprüfung der darin enthaltenen Angaben befugten Behörde vorzulegen und es ihr zu
ermöglichen, sein Gesicht mit dem Lichtbild im Dokument abzugleichen.

Allgemeine Verwaltungsvorschrift
Nicht belegt.

I. Entstehungsgeschichte

Die Vorschrift entspricht im Wesentlichen dem **Gesetzesentwurf**[1] und ist mit Art. 7 Gesetz zu 1
bereichsspezifischen Regelungen der Gesichtsverhüllung und zur Änderung weiterer dienstrechtlicher
Vorschriften[2] in der Fassung der Beschlussempfehlung und des Berichts des Innenausschusses (4.
Ausschuss)[3] eingeführt worden.

II. Allgemeines

Für die **Funktionsfähigkeit der Verwaltung** und für das Selbstverständnis des demokratischen 2
Rechtsstaats ist eine vertrauensvolle Kommunikation der staatlichen Funktionsträger mit den Bür-
gerinnen und Bürgern, aber auch mit Vorgesetzten, Kolleginnen und Kollegen sowie Mitarbeiterinnen
und Mitarbeitern unabdingbar. Daher ist von staatlichen Funktionsträgern zu verlangen, dass sie bei
Ausübung ihres Dienstes oder bei Tätigkeiten mit unmittelbarem Dienstbezug ihr Gesicht nicht
verhüllen. Der Staat ist darüber hinaus verpflichtet, weltanschaulich und religiös neutral aufzutreten.
Eine religiös oder weltanschaulich motivierte Verhüllung des Gesichts bei Ausübung des Dienstes oder
bei Tätigkeiten mit unmittelbarem Dienstbezug steht dieser **Neutralitätspflicht** entgegen. Weiter
muss dort, wo eine Identifizierung notwendig und geboten ist, das Zeigen des Gesichts im Bedarfsfall
auch durchgesetzt werden können. So ist eine **verlässliche Identifizierung** anhand von Identifikationspapieren nur durch einen **Abgleich des Gesichts mit dem Lichtbild** möglich[4].

---

[34] → Rn. 8.
[35] BVerwG Urt. v. 25.1.1978 – 1 A 3.76, BVerwGE 55, 175; Beschl. v. 6.9.1995 – 1 VR 2.95, NVwZ 1997, 68;
Urt. v. 25.1.1978 – 1 A 3.76, BVerwGE 55, 175; zu türkischen Vereinen in Deutschland vgl. *Hoch* ZAR 1994, 17.
[1] BT-Drs. 18/11180, 7.
[2] BGBl. I S. 1570 mWv 15.6.2017.
[3] BT-Drs. 18/11813.
[4] GesBegr zu BT-Drs. 18/11180.

3 Mit § 47a ist eine dem § 1 I 1 PAuswG entsprechende **Vorlagepflicht** eingeführt worden. S. 1 hält fest, dass ein Ausländer einer zur Feststellung der Identität befugten Behörde auf Verlangen seinen **Pass, Passersatz oder Ausweisersatz** (vgl. § 48 I Nr. 1 und II) sowie im Fall eines Asylsuchenden seine **Bescheinigung über seine Aufenthaltsgestattung** (§ 63 AsylG) vorlegen und einen Abgleich seines Gesichts mit dem Lichtbild im Dokument ermöglichen muss. Die gleiche Vorlagepflicht gilt nach S. 2 auch für den Inhaber eines **Ankunftsnachweises** (§ 63a AsylG) gegenüber einer Behörde, die zur Überprüfung der im Ankunftsnachweis gemachten Angaben und des Lichtbilds befugt ist. Darunter sind zB die Leistungsbehörde nach dem AsylbLG, die Ausländerbehörde und die BA zu verstehen. Da der Ankunftsnachweis nicht die Funktionen eines Passes, Passersatzes oder Ausweisersatzes erfüllt, sondern den Nachweis der Registrierung eines Asylsuchenden visualisiert, bedurfte es der gesonderten Regelung. Die Aufnahme des Lichtbildabgleichs in § 47a dient der Klarstellung. Seit jeher erfolgt die Identifizierung einer ihren **Identifikationsnachweis** vorlegenden Person durch einen Abgleich des Lichtbilds mit ihrem Gesicht. Dies erfordert, dass das Gesicht deutlich erkennbar ist, und zwar in demselben Umfang wie auf dem Lichtbild im Dokument abgebildet. Dies erfordert notwendigerweise auch, dass die Person zB eine Gesichtsverhüllung kurzzeitig lüftet oder etwa einen Motorradhelm absetzt. Die Regelung ist **keine eigene Ermächtigungsgrundlage** für eine Identitätsüberprüfung; diese ist weiterhin in den jeweiligen Fachgesetzen zu suchen. Es handelt sich um eine bereichsübergreifende Regelung, die alle zur Feststellung der Identität berechtigten Behörden (S. 1) und alle zur Überprüfung der Angaben und des Lichtbilds befugten Behörden in Bezug auf den Ankunftsnachweis (S. 2) auf Bundes-, Landes- und Kommunalebene betrifft. Die Formulierung des § 47a steht im Gleichklang mit den gleichzeitig vorgenommenen Änderungen in § 1 I 2 PAuswG und § 8 Ia FreizügG/EU[5].

4 Für die Dauer des Asylverfahrens genügt der Ausländer seiner Ausweispflicht mit der Bescheinigung über die Aufenthaltsgestattung (§ 64 I AsylG). In S. 2 ist daher klargestellt worden, dass die in S. 1 formulierten Pflichten auch für die Bescheinigung über die Aufenthaltsgestattung gelten. Zweckrichtung des S. 1 ist es, Behörden, die zur Feststellung der Identität berechtigt sind, im Rahmen der Identitätsprüfung die Möglichkeit eines Lichtbildabgleichs zu verschaffen. Weder der in § 48 I Nr. 2 genannte Aufenthaltstitel noch die Bescheinigung über die Aussetzung der Abschiebung (Duldung) sind für sich genommen Identitätspapiere. Eine identifizierende Funktion kommt diesen Dokumenten nur für den Fall zu, dass diese ausdrücklich als „Ausweisersatz" bezeichnet und zugelassen sind. Ist diese Voraussetzung gegeben, unterfallen diese Dokumente bereits in ihrer Funktion als **Ausweisersatz** der Regelung § 48 I Nr. 1. Die Dokumente waren daher in S. 3 aufzunehmen. Der bereits enthaltene „Ankunftsnachweis" ist ebenfalls kein zur Identitätsfeststellung geeignetes Dokument, weshalb an dieser Stelle auch nur auf Behörden Bezug genommen wird, die zum Abgleich der im Dokument enthaltenen Angaben berechtigt sind[6].

§ 48 Ausweisrechtliche Pflichten

(1) [1]Ein Ausländer ist verpflichtet,
1. seinen Pass, seinen Passersatz oder seinen Ausweisersatz und
2. seinen Aufenthaltstitel oder eine Bescheinigung über die Aussetzung der Abschiebung

auf Verlangen den mit dem Vollzug des Ausländerrechts betrauten Behörden vorzulegen, auszuhändigen und vorübergehend zu überlassen, soweit dies zur Durchführung oder Sicherung von Maßnahmen nach diesem Gesetz erforderlich ist. [2]Ein deutscher Staatsangehöriger, der zugleich eine ausländische Staatsangehörigkeit besitzt, ist verpflichtet, seinen ausländischen Pass oder Passersatz auf Verlangen den mit dem Vollzug des Ausländerrechts betrauten Behörden vorzulegen, auszuhändigen und vorübergehend zu überlassen, wenn

1. ihm nach § 7 Absatz 1 des Passgesetzes der deutsche Pass versagt, nach § 8 des Passgesetzes der deutsche Pass entzogen worden ist oder gegen ihn eine Anordnung nach § 6 Absatz 7 des Personalausweisgesetzes ergangen ist, wenn Anhaltspunkte die Annahme rechtfertigen, dass der Ausländer beabsichtigt, das Bundesgebiet zu verlassen oder
2. die Voraussetzungen für eine Untersagung der Ausreise nach § 10 Absatz 1 des Passgesetzes vorliegen und die Vorlage, Aushändigung und vorübergehende Überlassung des ausländischen Passes oder Passersatzes zur Durchführung oder Sicherung des Ausreiseverbots erforderlich sind.

(2) Ein Ausländer, der einen Pass oder Passersatz weder besitzt noch in zumutbarer Weise erlangen kann, genügt der Ausweispflicht mit der Bescheinigung über einen Aufenthaltstitel oder die Aussetzung der Abschiebung, wenn sie mit den Angaben zur Person und einem Lichtbild versehen und als Ausweisersatz bezeichnet ist.

---

[5] GesBegr zu BT-Drs. 18/11180, 13.
[6] GesBegr zu BT-Drs. 18/11813.

(3) ¹Besitzt der Ausländer keinen gültigen Pass oder Passersatz, ist er verpflichtet, an der Beschaffung des Identitätspapiers mitzuwirken sowie alle Urkunden, sonstigen Unterlagen und Datenträger, die für die Feststellung seiner Identität und Staatsangehörigkeit und für die Feststellung und Geltendmachung einer Rückführungsmöglichkeit in einen anderen Staat von Bedeutung sein können und in deren Besitz er ist, den mit der Ausführung dieses Gesetzes betrauten Behörden auf Verlangen vorzulegen, auszuhändigen und zu überlassen. ²Kommt der Ausländer seiner Verpflichtung nicht nach und bestehen tatsächliche Anhaltspunkte, dass er im Besitz solcher Unterlagen oder Datenträger ist, können er und die von ihm mitgeführten Sachen durchsucht werden. ³Der Ausländer hat die Maßnahme zu dulden.

(3a) ¹Die Auswertung von Datenträgern ist nur zulässig, soweit dies für die Feststellung der Identität und Staatsangehörigkeit des Ausländers und für die Feststellung und Geltendmachung einer Rückführungsmöglichkeit in einen anderen Staat nach Maßgabe von Absatz 3 erforderlich ist und der Zweck der Maßnahme nicht durch mildere Mittel erreicht werden kann. ²Liegen tatsächliche Anhaltspunkte für die Annahme vor, dass durch die Auswertung von Datenträgern allein Erkenntnisse aus dem Kernbereich privater Lebensgestaltung erlangt würden, ist die Maßnahme unzulässig. ³Der Ausländer hat die notwendigen Zugangsdaten für eine zulässige Auswertung von Datenträgern zur Verfügung zu stellen. ⁴Die Datenträger dürfen nur von einem Bediensteten ausgewertet werden, der die Befähigung zum Richteramt hat. ⁵Erkenntnisse aus dem Kernbereich privater Lebensgestaltung, die durch die Auswertung von Datenträgern erlangt werden, dürfen nicht verwertet werden. ⁶Aufzeichnungen hierüber sind unverzüglich zu löschen. ⁷Die Tatsache ihrer Erlangung und Löschung ist aktenkundig zu machen.

(4) ¹Wird nach § 5 Abs. 3 oder § 33 von der Erfüllung der Passpflicht (§ 3 Abs. 1) abgesehen, wird ein Ausweisersatz ausgestellt. ²Absatz 3 bleibt hiervon unberührt.

Allgemeine Verwaltungsvorschrift
48 Zu § 48 – Ausweisrechtliche Pflichten
48.0 Allgemeines
48.0.1 Neben den ausweisrechtlichen Pflichten, die in § 48 normiert sind, bestehen ausweisrechtliche Verpflichtungen nach §§ 56 und 57 AufenthV. Die Pflichten nach diesem Gesetz und der AufenthV ergänzen sich; die Vorschriften stehen daher nicht in einem Spezialitätsverhältnis zueinander, sondern gelten nebeneinander.
48.0.2 Die ausweisrechtlichen Vorschriften nach § 48 und nach §§ 56 und 57 AufenthV sind – vorbehaltlich der Ausführungen in Nummer 48.0.3 – von der Passpflicht nach § 3 zu unterscheiden. Die Passpflicht bezieht sich auf einen gültigen Pass oder Passersatz und betrifft den Grenzübertritt sowie die Pflicht zum Besitz eines Passes oder Passersatzes während des Aufenthaltes. Klargestellt wird in § 3 Absatz 1 Satz 2 allerdings, dass es, außer im Falle der Einreise, keinen Verstoß gegen die Passpflicht bedeutet, wenn der Ausländer einen Ausweisersatz besitzt. Ergänzend besteht beim Grenzübertritt selbst nach § 13 Absatz 1 Satz 2 eine Mitführungspflicht für den Pass oder Passersatz – der Ausweisersatz genügt hier nicht – sowie die Verpflichtung, sich der Grenzkontrolle zu unterziehen. Die ausweisrechtlichen Pflichten der Absätze 1 und 3 sowie die §§ 56 und 57 AufenthV betreffen hingegen Pflichten, die nicht den bloßen Besitz bzw. – bei Grenzübertritt – die Mitführung des Papiers sowie die Grenzkontrolle betreffen, sondern die Beschaffung und Zugänglichmachung von Pass und Passersatz sowie der weiteren genannten Urkunden, d. h. Ausweisersatz und Aufenthaltstitel. Zweck der ausweisrechtlichen Pflichten ist die Überprüfung des aufenthaltsrechtlichen Status im Zusammenhang mit der Vorbereitung und Durchführung aufenthaltsrechtlicher Maßnahmen.
48.0.3 Absatz 2 hat allerdings insofern Ergänzungsfunktion gegenüber § 3, als dort – i. V. m. § 55 und § 56 Nummer 4 AufenthV – festgelegt ist, dass und, unter welchen Voraussetzungen anstelle der Passbesitzpflicht die Verpflichtung tritt, einen Ausweisersatz zu beantragen und zu besitzen.
48.0.4 Im Inland besteht keine allgemeine Verpflichtung, einen Pass, einen Passersatz, einen Ausweisersatz oder einen Aufenthaltstitel mitzuführen.
48.0.5 Die ausweisrechtlichen Pflichten von Personen, deren Rechtsstellung sich nach dem FreizügG/EU richtet, sind in § 8 FreizügG/EU geregelt. Die in § 56 AufenthV enthaltene Regelung gilt auch für diese Personen (§ 79 AutenthV). Keine Anwendung findet hingegen § 57 AufenthV.
48.1 Pflicht zur Vorlage, zur Aushändigung und Überlassung von Papieren
48.1.1 Die Pflicht zur Vorlage, Aushändigung und vorübergehenden Überlassung der in Absatz 1 genannten Urkunden besteht gegenüber allen mit der Ausführung des Aufenthaltsgesetzes betrauten Behörden. Das sind neben den Ausländerbehörden insbesondere die Auslandsvertretungen, die mit der polizeilichen Kontrolle des grenzüberschreitenden Verkehrs beauftragten Behörden und die Polizeien der Länder, soweit diese jeweils ausländerrechtliche und nicht andere Maßnahmen durchführen. Die Pflicht nach § 48 Absatz 1 kann auf Grund einer Anordnung der mit der Durchführung des Aufenthaltsgesetzes betrauten Behörden nach Verwaltungsvollstreckungsrecht durchgesetzt werden. Die Anordnung, einen gültigen Pass oder Passersatz vorzulegen, hat für den Fall, dass der Ausländer passlos ist, auch zu beinhalten, dass er Nachweise beibringen muss (§ 82 Absatz 1), ein entsprechendes Dokument nicht in zumutbarer Weise erlangen zu können.
48.1.2 Die Ausweispflicht nach Absatz 1 beschränkt sich auf die genannten Urkunden. Die Beibringung anderer Erlaubnisse, Bescheinigungen und Nachweise richtet sich nach § 82.
48.1.3 Die Ausweispflicht besteht, soweit die Vorlage, Aushändigung und Überlassung zur Durchführung oder Sicherung von Maßnahmen nach dem Aufenthaltsgesetz erforderlich ist. Solche Maßnahmen sind insbesondere:
48.1.3.1 – die Erteilung, Verlängerung, Versagung, Beschränkung und der Widerruf eines Aufenthaltstitels oder einer Bescheinigung über die Aussetzung der Abschiebung,

1 AufenthG § 48

48.1.3.2 – die Ausstellung, Entziehung oder Versagung von Passersatzpapieren sowie das Anbringen von Passvermerken (vgl. zu Passvermerken näher § 56 Absatz 1 Nummer 8 AufenthV, der bewirkt, dass die dort genannten Eintragungen auch datenschutzrechtlich zulässig sind),
48.1.3.3 – die Anordnung einer Bedingung oder Auflage,
48.1.3.4 – die Gestattung der Einreise, Zurückweisung, Zurückschiebung, Abschiebung und Rückführung,
48.1.3.5 – die Untersagung der Ausreise,
48.1.3.6 – die Verwahrung von Pässen oder Passersatzpapieren zur Sicherung der Ausreise (§ 50 Absatz 6).
48.1.4 Wer entgegen Absatz 1 eine dort genannte Urkunde nicht vorlegt, aushändigt oder überlässt, handelt ordnungswidrig gemäß § 98 Absatz 2 Nummer 3.
48.1.5 Grundsätzlich soll die Ausländerbehörde von sämtlichen Pässen und Passersatzpapieren eines sich nicht nur kurzfristig im Inland aufhaltenden Ausländers Kenntnis haben, die dieser besitzt. Darüber hinaus soll der Ausländer nicht unnötig deutsche Pass- und Ausweisersatzpapiere besitzen. Die ergänzenden Vorschriften in § 56 Absatz 1 Nummer 6 und 7 sowie § 57 AufenthV sollen der Durchsetzung dieser Grundsätze dienen. Dies ist insbesondere im Zusammenhang mit Sicherheitsfragen und im Asylbereich erforderlich, da Pässe und Passersatzpapiere sowohl über ggf. vorhandene Mehrfachidentitäten des Ausländers Aufschluss geben können, als auch – durch in den Papieren angebrachte Vermerke – über Reiserouten.
48.1.5.1 § 56 Absatz 1 Nummer 6 AufenthV ordnet vor diesem Hintergrund ergänzend zum Aufenthaltsgesetz an, dass der Ausländer im Falle des Wiederauffindens eines Passes oder Passersatzpapiers unverzüglich das wiedergefundene Dokument und sämtliche nach dem Verlust ausgestellte – in- und ausländische – Pässe und Passersatzpapiere der für den Wohnort (ersatzweise, insbesondere bei Touristen ohne Wohnort im Inland, den Aufenthaltsort) zuständigen Ausländerbehörde vorlegen muss. Im Ausland kann ein Ausländer mit ständigem Aufenthalt im Inland die Papiere auch einer deutschen Auslandsvertretung vorlegen, die die Meldung des Wiederauffindens und Kopien der vorgelegten Papiere an die zuständige Ausländerbehörde weiterleitet; insofern hat die Auslandsvertretung die Stellung eines Übermittlers. Auf Grund der Vorlage sämtlicher nach dem Verlust ausgestellter Papiere hat die Ausländerbehörde zu prüfen, ob die Ausstellungsvoraussetzungen für einen dem Ausländer erteilten deutschen Passersatz oder Ausweisersatz weiterhin vorliegen, insbesondere wenn die Ausstellung wegen der Unmöglichkeit der rechtzeitigen (Wieder-)Beschaffung des verloren geglaubten Papiers abhing. Ansonsten ist dieser i. d. R. – ggf. nach der Übertragung von Aufenthaltstiteln oder sonstigen Bescheinigungen in ein anderes Papier – nach § 4 Absatz 7 Satz 1 AufenthV einzuziehen. Die Verpflichtung zur Vorlage wiederaufgefundener Papiere ist zur Durchführung der genannten Prüfung auch erforderlich, um die in Nummer 48.1.5 erwähnten Überprüfungen zu ermöglichen.
48.1.5.2 Nach § 56 Absatz 1 Nummer 7 AufenthV muss der Ausländer zudem entweder bei Ablauf der Gültigkeitsdauer oder nach besonderer Anordnung einer Auslandsvertretung einen Pass oder Passersatz der Ausländerbehörde unverzüglich vorlegen. Eine Anordnung durch die Auslandsvertretung zur unverzüglichen Vorlage des Passersatzes bei der Ausländerbehörde nach der Einreise ist insbesondere bei der Ausstellung nur kurzfristig gültiger Reiseausweise für Ausländer angemessen; infolge der Vorlagepflicht kann die Ausländerbehörde die weitere Ausstellung eines Passoder Ausweisersatzes anhand ihrer eigenen Aktenlage selbständig und zeitnah überprüfen. Die Pflicht zur Vorlage abgelaufener Passersatzpapiere dient der Überwachung des Verbleibs.
48.1.5.3 Die allgemeine, selbständige Pflicht zur Vorlage sämtlicher Pass-, Passersatz- und Ausweispapiere bei Vorhandensein mehrerer solcher Papiere (§ 57 AufenthV) dient ebenfalls den in Nummer 48.1.5 genannten Zwecken. Auf die in § 83 AufenthV genannte Übergangsfrist wird hingewiesen.
48.1.5.4 Der Verstoß u. a. gegen die in § 56 Absatz 1 Nummer 5 bis 7 und § 57 AufenthV geregelten Pflichten ist nach § 77 Nummer 2 bis 4 AufenthV, jeweils i. V. m. § 98 Absatz 3 Nummer 7, bußgeldbewehrt.
48.1.6.1 Besitzt ein Ausländer neben einem deutschen Reiseausweis für Ausländer einen nicht deutschen, in Deutschland anerkannten und zum Grenzübertritt berechtigenden ausländischen Pass oder Passersatz, ist der deutsche Reiseausweis für Ausländer i. d. R. einzuziehen (§ 4 Absatz 7 AufenthV). Besitzt ein Ausländer mehrere deutsche Reiseausweise für Ausländer, ohne einen in Deutschland anerkannten und zum Grenzübertritt berechtigenden ausländischen Pass oder Passersatz zu besitzen, sind i. d. R. mit Ausnahme des für den längsten Zeitraum gültigen Reiseausweises sämtliche anderen einzuziehen. Entsprechendes gilt für den Besitz mehrerer Reiseausweise für Flüchtlinge bzw. für Staatenlose. Besitzt der Ausländer einen deutschen Reiseausweis für Ausländer neben einem Reiseausweis für Flüchtlinge bzw. für Staatenlose, ist der Reiseausweis für Ausländer i. d. R. einzuziehen. Besitzt der Ausländer neben den vorgenannten Papieren einen Notreiseausweis, ist der Notreiseausweis einzuziehen.
48.1.6.2 Besitzt der Ausländer neben einem deutschen Reiseausweis für Flüchtlinge einen ausländischen Nationalpass, ist zu prüfen, ob ein Fall des § 72 Absatz 1 Nummer 1 AsylVfG vorliegt. Andernfalls sind dem Ausländer beide Pässe zu belassen und dies entsprechend zu vermerken (Nummer 3.3.4.7). Besitzt der Ausländer neben einem deutschen Reiseausweis für Flüchtlinge einen ausländischen Passersatz, der nicht an Angehörige des ausstellenden Staates ausgestellt wird und der nicht ebenfalls ein Reiseausweis für Flüchtlinge ist, sind dem Ausländer beide Papiere zu belassen. Besitzt der Ausländer einen inländischen und einen ausländischen Reiseausweis für Flüchtlinge, ist zu prüfen, ob die Zuständigkeit entsprechend Artikel 28 i. V. m. § 11 Anhang der Genfer Flüchtlingskonvention und dem Europäischen Übereinkommen über den Übergang der Verantwortung für Flüchtlinge vom 16. Oktober 1980 (BGBl. 1994 II S. 2646) auf den auswärtigen Staat übergegangen ist. Ggf. ist nach den Vorschriften der genannten Abkommen zu verfahren.
48.1.6.3 Besitzt der Ausländer neben einem deutschen Reiseausweis für Staatenlose einen ausländischen Nationalpass, ist nicht davon auszugehen, dass der Ausländer staatenlos ist. Dementsprechend ist der deutsche Reiseausweis für Staatenlose einzuziehen.
48.1.6.4 Von der Einziehung eines deutschen Passersatzes kann abgesehen werden, wenn der Passersatz ein Visum oder eine sonstige Bescheinigung enthält, deren Wiederbeschaffung oder Übertragung nach Ungültigkeitserklärung des Passersatzes umständlich oder kostspielig ist. Dies gilt insbesondere beim Wiederauffinden nach Verlust.
48.1.7 Die Ausländerbehörde nimmt i. d. R. eine Fotokopie des Passes oder Passersatzes – mit sämtlichen Seiten, die Vermerke enthalten – zur Ausländerakte. Dies gilt auch bei der erstmaligen Vorlage eines neu ausgestellten Passes oder Passersatzes.
48.1.8 Nach der Einziehung oder sonstigen Rücknahme eines deutschen Passersatzes nimmt die Behörde entweder den Passersatz im Original zur Ausländerakte oder bringt auf jeder Personalien enthaltenden Seite einen Stempel

Ausweisrechtliche Pflichten § 48 AufenthG 1

„UNGÜLTIG – EXPIRED"
an, nimmt eine Kopie des ungültig gestempelten Papiers einschließlich sämtlicher Seiten, die Vermerke (auch fremder Staaten) enthalten, zur Akte und händigt dem Ausländer das derart ungültig gemachte Original auf Wunsch wieder aus. Die Aushändigung des Originals kann dem Ausländer den urkundlichen Nachweis erlaubter Aufenthaltszeiten ermöglichen und ist daher nur in Ausnahmefällen zu verweigern. Zur Vermeidung einer Verwendung im Zusammenhang mit Fälschungen sind vor der Aushändigung Hologramme, die im Vordruck sowie in deutschen Aufenthaltstiteln oder Schengen-Visa enthalten sind, durchzulochen. Visa und Aufenthaltstitel, die nicht auf den von den Schengen-Staaten zu verwendenden einheitlichen Vordrucken ausgestellt wurden, dürfen weder beschädigt noch ungültig gestempelt werden, da deutsche Behörden nicht dafür zuständig sind, durch Vermerke Aussagen über die Gültigkeit dieser (ausländische Verwaltungsakte verkörpernden) Etiketten zu treffen.
48.1.9 Der Pass oder Passersatz eines Ausländers ist in Verwahrung zu nehmen (Absatz 1 i. V. m. § 50 Absatz 6), wenn die Behörde feststellt, dass der Ausländer wegen unerlaubter Einreise nach § 58 Absatz 2 Nummer 1 vollziehbar ausreisepflichtig ist. Dies gilt auch, wenn ein Dritter unter Vorlage des Passes für den Ausländer bei der Ausländerbehörde vorstellig wird.
48.1.10.1 Der Pass oder Passersatz ist den zuständigen Stellen vorübergehend zu überlassen, wenn Zweifel an der Echtheit oder Gültigkeit des Passes, der Identität oder Staatsangehörigkeit des Passinhabers oder anderer eingetragener Personen bestehen. Ordnungs-, polizei- und strafrechtliche Regelungen bleiben unberührt.
48.1.10.2 Im Übrigen ist der Pass oder Passersatz den zuständigen Stellen vorübergehend zu überlassen, soweit dies zur Durchführung oder Sicherung von Maßnahmen nach dem Aufenthaltsgesetz, insbesondere von aufenthaltsbeendenden Maßnahmen, erforderlich ist.
48.1.10.3 Dem Ausländer ist bei der Einbehaltung des Passes oder Passersatzes ein Ausweisersatz auszustellen (§ 55 Absatz 1 Satz 1 Nummer 2 AufenthV). Dies gilt auch bei kurzfristiger Einbehaltung, es sei denn, die Einbehaltung dauert nicht länger als 24 Stunden. Zur Beantragung ist der Ausländer nach § 56 Absatz 1 Nummer 4 AufenthV verpflichtet. Ein Verstoß gegen die Verpflichtung ist nach § 77 Nummer 2 AufenthV i. V. m. § 98 Absatz 3 Nummer 7 bußgeldbewehrt. Auf die Verpflichtung ist der Ausländer hinzuweisen; der Hinweis ist aktenkundig zu machen (Nummer 50.6.3 bleibt unberührt).
48.1.11 Die einbehaltenen Dokumente sind dem Ausländer – ggf. Zug um Zug gegen Rückgabe des für die Zwischenzeit ausgestellten Ausweisersatzes – auszuhändigen, wenn sie für die Durchführung oder Sicherung von Maßnahmen nach dem Aufenthaltsgesetz nicht mehr benötigt werden.
48.1.12 Ausländer, die im Rahmen von Prüfungen nach dem SchwarzArbG angetroffen werden, sind verpflichtet, ihren Pass, Passersatz oder Ausweisersatz und ihren Aufenthaltstitel, ihre Duldung oder ihre Aufenthaltsgestattung den Behörden der Zollverwaltung auf Verlangen vorzulegen und, sofern sich Anhaltspunkte für einen Verstoß gegen ausländerrechtliche Vorschriften ergeben, zur Weiterleitung an die zuständige Ausländerbehörde zu überlassen. Werden die Dokumente einbehalten, erhält der betroffene Ausländer eine Bescheinigung, welche die einbehaltenen Dokumente und die Ausländerbehörde bezeichnet, an die die Dokumente weitergeleitet werden. Der Ausländer ist verpflichtet, unverzüglich mit der Bescheinigung bei der Ausländerbehörde zu erscheinen. Darauf ist in der Bescheinigung hinzuweisen. Gibt die Ausländerbehörde die einbehaltenen Dokumente zurück oder werden Ersatzdokumente ausgestellt oder vorgelegt, behält die Ausländerbehörde die Bescheinigung ein. Anderenfalls ist der Ausländer von der Ausländerbehörde auf seine Pflicht hinzuweisen, einen Ausweisersatz zu beantragen (§ 55 Absatz 1 Satz 1 Nummer 2 AufenthV).
48.1.13 Die Vorlage, Aushändigung, Überlassung, Verwahrung und Herausgabe des Passes oder Passersatzes eines Asylbewerbers richtet sich nach § 15 Absatz 2 Nummer 4 sowie §§ 21 und 65 AsylVfG, jeweils auch i. V. m. § 71a Absatz 2 und 3 AsylVfG.
Ein Ausländer, dessen Asylberechtigung oder Zuerkennung der Flüchtlingseigenschaft erlischt, hat seinen Reiseausweis nach § 72 Absatz 2 AsylVfG herauszugeben. Gleiches gilt in den Fällen des § 73 Absatz 6 AsylVfG.
48.2 Erfüllung der Ausweispflicht mit einem Ausweisersatz
48.2.1 Die Voraussetzungen für die Ausstellung eines Ausweisersatzes sind in § 55 Absatz 1 und 2 AufenthV geregelt. Der Ausweisersatz ist kein Passersatz. Er berechtigt im Vergleich zum Reisedokument insbesondere nicht zum Grenzübertritt. Hierüber ist der Ausländer zu belehren. Einem Ausländer, der einen Aufenthaltstitel oder eine Duldung besitzt und einen anerkannten und gültigen Pass oder Passersatz nicht in zumutbarer Weise erlangen kann, muss grundsätzlich ein Ausweisersatz ausgestellt werden. Dies gilt nicht, wenn der Aufenthaltstitel widerrufen werden soll. Der Ausstellung eines Ausweisersatzes bedarf es nicht, wenn der Ausländer bereits einen neuen Pass beantragt hat und zu erwarten ist, dass dieser innerhalb von drei Monaten ausgestellt wird; vgl. hierzu auch § 56 Absatz 1 Nummer 1 AufenthV.
48.2.2 In § 55 Absatz 1 Satz 1 AufenthV sind die Fälle genannt, in denen die Behörde auf Antrag dem Ausländer einen Ausweisersatz ausstellen muss.
48.2.2.1 Die Voraussetzung zur Ausstellung eines Ausweisersatzes nach § 55 Absatz 1 Satz 1 Nummer 1 AufenthV ist erfüllt, wenn der Ausländer einen Pass oder Passersatz weder besitzt noch in zumutbarer Weise erlangen kann. Zur Zumutbarkeit ist in § 55 Absatz 1 Satz 3 AufenthV auf § 5 Absatz 1 Nummer 4 AufenthV abzustellen. Auf Nummer 3.3.1.2 bis Nummer 3.3.1.4 wird hingewiesen. Asylbewerber erfüllen ihre Ausweispflicht mit der Bescheinigung über die Aufenthaltsgestattung, weshalb ihnen kein Ausweisersatz ausgestellt wird.
48.2.2.2 Ein Fall des § 55 Absatz 1 Satz 1 Nummer 2 AufenthV liegt stets vor, wenn der Pass oder Passersatz einer inländischen Behörde überlassen wurde. In diesem Falle wird gesetzlich vermutet, dass die Beschaffung eines weiteren Passes oder Passersatzes von einem anderen Staat entweder unmöglich oder aber unzumutbar lange und nicht rechtzeitig möglich ist. Unerheblich ist, ob die Überlassung freiwillig oder auf Grund einer gesetzlichen Pflicht erfolgte. Auf Nummer 48.1.12 wird hingewiesen.
48.2.3 Nach § 55 Absatz 1 Satz 2 AufenthV ist ein besonderer Antrag nicht erforderlich, wenn der Ausländer bereits einen deutschen Passersatz beantragt hat. In diesen Fällen gilt der Antrag auf den deutschen Passersatz als hilfsweise für einen Ausweisersatz gestellt. Bei Ablehnung des Antrages auf den Passersatz hat die Behörde daher hilfsweise zu prüfen, ob ein Ausweisersatz auszustellen ist.
48.2.4 Nach § 55 Absatz 2 AufenthV kann zudem nach Ermessen ein Ausweisersatz ausgestellt werden, wenn der Pass oder Passersatz der im Inland belegenen oder für das Bundesgebiet zuständigen Vertretung eines auswärtigen

Kolber

Staates überlassen wurde. Die Überlassung ist nachzuweisen, etwa durch Vorlage eines Einlieferungsbeleges der Post für ein Einschreiben an die Auslandsvertretung oder eine Empfangsbescheinigung. Von der Ausstellung ist nur dann abzusehen, wenn die Bearbeitung des Visumantrages voraussichtlich nur wenige Tage erfordert und nicht zu erwarten ist, dass der Ausländer durch den vorübergehenden Nichtbesitz des Passes oder Passersatzes Nachteile haben wird. Dies gilt insbesondere bei Ausländern, die sich visumfrei in Deutschland aufhalten können und durch andere Papiere (etwa einen nicht als Passersatz anerkannten Personalausweis) ihre Identität und Staatsangehörigkeit glaubhaft nachweisen können.

48.2.5 Liegt ein Fall des § 55 Absatz 1 oder 2 AufenthV vor, ist der Ausländer nach § 56 Absatz 1 Nummer 4 AufenthV verpflichtet, einen Ausweisersatz zu beantragen, sofern er nicht einen anderen deutschen Passersatz beantragt. Ein Verstoß ist bußgeldbewehrt (§ 77 Nummer 2 AufenthV i. V. m. § 98 Absatz 3 Nummer 7).

48.2.6 Für den Ausweisersatz ist das in Anlage D1 zur AufenthV bezeichnete Muster zu verwenden (§ 58 Satz 1 Nummer 1 AufenthV).

48.2.7 Eine Ausstellung des Ausweisersatzes für einen kürzeren Zeitraum als die Geltungsdauer des Aufenthaltstitels oder die Bescheinigung über die Aussetzung der Abschiebung ist nach § 55 Absatz 3 AufenthV möglich und insbesondere dann zweckmäßig, wenn der Ausländer nur vorübergehend einen Pass oder Passersatz nicht besitzt (etwa in den Fällen des § 55 Absatz 1 Satz 1 Nummer 2 oder des § 55 Absatz 2 AufenthV). Ansonsten entspricht die Gültigkeit der Geltungsdauer des Aufenthaltstitels oder der Bescheinigung über die Aussetzung der Abschiebung (Duldung).

48.3 Verpflichtung zur Mitwirkung an der Beschaffung von Dokumenten

48.3.1 Die in Absatz 3 genannten Mitwirkungspflichten werden durch § 56 Absatz 1 Nummer 1 bis 3 AufenthV ergänzt. § 15 Absatz 2 Nummer 6 AsylVfG bleibt unberührt. Während die genannten Vorschriften der AufenthV die Verpflichtung des Ausländers betreffen, selbständig für den Besitz eines gültigen Passes oder Passersatzes zu sorgen, betrifft § 48 Absatz 3 eine Mitwirkungspflicht bei Bemühungen der Behörde, einen Pass oder Passersatz zu beschaffen oder die Behörde sonst bei der Feststellung der Identität, Staatsangehörigkeit oder der Feststellung oder Geltendmachung einer Rückführungsmöglichkeit zu unterstützen.

48.3.2 Die Verpflichtung nach Satz 1 betrifft nicht nur Pässe und Passersatzpapiere, sondern auch sonstige Urkunden und Dokumente unabhängig vom Aussteller, sofern sie zu den genannten Zwecken geeignet sind.

48.3.3 Hinsichtlich der Zumutbarkeit von Mitwirkungshandlungen bei der Beschaffung ausländischer Pässe und Passersatzpapiere kann auf die Regelung in § 5 Absatz 2 AufenthV zurückgegriffen werden. Die Aufzählung in § 5 Absatz 2 AufenthV besagt nicht im Umkehrschluss, dass andere als die dort aufgeführten Mitwirkungshandlungen an sich unzumutbar sind.

48.3.4 Hinsichtlich der Verpflichtung zur Mitwirkung bei der Herstellung von Lichtbildern kann auf § 60 AufenthV zurückgegriffen werden. Die Ausländerbehörde kann anordnen, dass Lichtbilder mit Kopfbedeckung zu fertigen sind, sofern dies für die Rückübernahme oder die Ausstellung eines Passes oder Passersatzes erforderlich ist und die betreffende Person dann noch identifizierbar bleibt.

48.3.5 Die Nichtvorlage einer der in Absatz 3 Satz 1 genannten Urkunde auf Verlangen ist nach § 98 Absatz 2 Nummer 3 bußgeldbewehrt.

48.4 Ausstellung eines Ausweisersatzes bei Ausnahmen von der Passpflicht

Ausländern, die keinen Pass oder Passersatz besitzen, und bei denen vom Regelerfordernis der Erfüllung der Passpflicht abgesehen wird, soll bei Vorliegen der Voraussetzungen i. d. R. (§ 5 Absatz 3 Satz 1) ein Ausweisersatz ausgestellt werden, wobei die Verpflichtungen zur Mitwirkung bei der Passbeschaffung nach Absatz 3 unberührt bleiben. Wenn die Voraussetzungen der Ausstellung eines Passersatzes nach der AufenthV erfüllt sind, ist vorrangig ein solcher Passersatz zu beantragen, sofern ein Pass oder Passersatz des Herkunftsstaates nicht in zumutbarer Weise zu erlangen ist. Mit dem Passersatz nach der AufenthV wird die Passpflicht nach § 3 Absatz 1 unmittelbar erfüllt.

I. Entstehungsgeschichte

1   Die Vorschrift entsprach dem damaligen **Gesetzesentwurf**[1]. Durch das RLUmsG 2007 wurde Abs. 4 neu eingefügt. Abs. 1 wurde durch das Gesetz zur Änderung des PassG und anderer Gesetze vom 20.7.2007[2] in Folge zu der Änderung des § 49 redaktionell geändert. Durch das UmsG 2011[3] wurde Abs. 2 marginal geändert. Der Begriff „Passersatz" wurde aus systematischen Gründen ergänzt, da Pass und Passersatz als gleichwertig in den Einreise- und Aufenthaltsvorschriften des AufenthG angesehen werden. In Abs. 4 ist § 33 ergänzt worden. Mit dem **AufenthGÄndG 2015**[4] wurde Abs. 3 geändert und Abs. 3a neu eingefügt. Abs. 1 S. 2 wurde durch das **2. RückkehrG** ergänzt[5].

II. Allgemeines

2   Die **Ausweispflicht als Mittel der Identitätsfeststellung** (für Deutsche vgl. § 1 I PAuswG)[6] von der Passpflicht (§ 3) und der Passmitführungspflicht (§ 13 I 2) zu unterscheiden[7]. Für Unionsbürger vgl. § 8 FreizügG/EU und § 79 AufenthV. Neben den Pflichten aus § 48 stehen die nach §§ 56, 57 AufenthV und im Falle von Zweifeln an der Identität Maßnahmen nach § 49 (zur Strafbarkeit des Nichtbesitzes eines Ausweisersatzes vgl. § 95 I Nr. 1; zur Ordnungswidrigkeit wegen eines

---

[1] BT-Drs. 15/420, 19.
[2] BGBl. 2007 I S. 1566.
[3] BR-Drs. 210/11.
[4] BGBl. 2015 I S. 1386.
[5] BGBl. 2019 I S. 1294.
[6] Zur Einziehung OVG NRW Urt. v. 9.12.1980 – 18 A 1102/80, EZAR 110 Nr. 1.
[7] Dazu allg. *Jansen* ZAR 1998, 70; *Maor* ZAR 2005, 222.

Verstoßes gegen Abs. 1 oder Abs. 3 S. 1 vgl. § 98 II Nr. 3). Die Verpflichtungen sind auch im Zusammenhang mit der Behandlung von Fundpapieren zu sehen (vgl. §§ 49a, 49b, 89a). Für Asylbewerber ist die Ausweispflicht modifiziert durch § 64 AsylG (vgl. auch §§ 15 II Nr. 4, 21, 65 AsylG). Eine sog. Passverfügung, die der Durchsetzung der einem vollziehbar ausreisepflichtigen Asylbewerber obliegenden Verpflichtungen dient, findet ihre Rechtsgrundlage nicht in aufenthaltsrechtlichen Vorschriften (§§ 48 III 1, 82 IV 1), sondern in § 15 II AsylG. Dies gilt auch nach negativem Abschluss des Asylverfahrens. Die Mitwirkungspflicht des Asylbewerbers bei der Passbeschaffung aus § 15 II AsylG begründet keine abstrakte Verpflichtung, sich selbst einen gültigen Pass bzw. andere Identitätspapiere zu beschaffen[8].

Die Ausweispflicht ist nicht mehr wie noch nach § 4 AuslG 1965 mit der **Passpflicht** verknüpft. 3 Abs. 2 ergänzt § 3. Befreiungen von der Passpflicht[9] berühren die Ausweispflicht nicht. Die Ausweispflicht dient anders als die Passpflicht auch der Überprüfung des aufenthaltsrechtlichen Status. Während beim Grenzübertritt Pass oder Passersatz präsent sein müssen (§ 13 I 2), genügt für den weiteren Aufenthalt im Bundesgebiet zur Erfüllung der Ausweispflicht die Vorlage in angemessener Zeit; Aushändigung und vorübergehende Überlassung müssen ebenfalls innerhalb eines angemessenen Zeitraums gesichert sein. Identitätspapiere im Sinne dieser Vorschrift sind – allein – alle für die Rückreise benötigten Papiere.

III. Verpflichtungen hinsichtlich Pässen und Ausweisen

Die **umfassenden Verpflichtungen** nach Abs. 1 (Vorlage, Aushändigung und vorübergehende 4 Überlassung) gelten vor allem gegenüber Auslandsvertretungen, Ausländerbehörden und Grenzbehörden. Die Aufforderung zur Aushändigung darf nur zweckgebunden für Maßnahmen mit Eingriffscharakter durch die zuständige Behörde erfolgen. Pflichten nach §§ 56 Nr. 6 und 7, 57 AufenthV (Vorlage wiederaufgefundener Passpapiere und Vorlage des deutschen Passersatzes und mehrfach vorhandener Passpapiere) sind gegenüber der zuständigen Ausländerbehörde zu erfüllen. Als Maßnahmen, zu deren Durchführung oder Sicherung die genannten Urkunden (auch Datenträger) vorzulegen, auszuhändigen oder vorübergehend zu überlassen sind, kommen ua in Betracht: Erteilung, Verlängerung oder Versagung eines Aufenthaltstitels oder einer Duldung; Anordnung von Nebenbestimmungen; Ausstellung, Entziehung oder Versagung sowie Verwahrung von Passersatzpapieren; Zurückweisung, Zurückschiebung, Ausweisung, Abschiebung, Rückführung. Das wesentliche tatsächliche Hindernis für die Rückführung ausreisepflichtiger Ausländer ist in vielen Fällen die ungeklärte Identität, die die Beschaffung für die Rückführung erforderlicher Reisedokumente unmöglich macht. Dabei fehlt es bei vielen ausreisepflichtigen Ausländern schon an einem hinreichenden Anknüpfungspunkt für die mögliche Staatsangehörigkeit und mithin einem Anlass für weitere Ermittlungen in Zusammenarbeit mit den Behörden eines möglichen Herkunftsstaates. Entsprechende Hinweise lassen sich nicht nur schriftlichen Unterlagen, sondern in zunehmendem Maße auch Datenträgern entnehmen, die die Betreffenden mit sich führen. So können etwa die Adressdaten in dem Mobiltelefon eines ausreisepflichtigen Ausländers bzw. gespeicherte Verbindungsdaten aufgrund der Auslandsvorwahl wesentliche Hinweise auf eine mögliche Staatsangehörigkeit geben. Erfasst sind zB auch in elektronischer Form in (Klein-) Computern gespeicherte Reiseunterlagen. Die Gesetzesänderung soll Rechtsunsicherheiten beseitigen, indem sie die Mitwirkungspflichten nach Abs. 3 ausdrücklich weiter fasst und einen Ausländer verpflichtet, den **Datenträger,** der in seinem Besitz sind, den zuständigen Behörden auf Verlangen zur Verfügung zu stellen[10]. Die Behörden werden zur Auswertung von Datenträgern ermächtigt, soweit dies für die Klärung der Identität, der Staatsangehörigkeit und der Rückführungsmöglichkeit eines Ausländers erforderlich und die Maßnahme verhältnismäßig ist. Insbesondere dürfen keine milderen, ebenfalls ausreichenden Mittel vorhanden sein. Dem Schutz des Kernbereichs privater Lebensgestaltung ist Rechnung zu tragen. Insoweit ist auch nur Personal mit der Befähigung zum Richteramt zur Auswertung des Datenträgers berechtigt. Sofern der Ausländer den Zugriff auf den Datenträger schützt, zB durch die Notwendigkeit der Eingaben von PIN und PUK, ist er verpflichtet, die notwendigen Zugangsdaten zur Verfügung zu stellen. Das Entgegennehmen dieser Zugangsdaten erfordert im Gegensatz zur Auswertung des Datenträgers nicht die Befähigung zum Richteramt. Die Grenze, welche Daten zur Identitätsfeststellung geeignet sind und welche hingegen bereits die Privatsphäre des Inhabers berühren, ist fließend und nicht ausreichend rechtssicher abgrenzbar. Damit wird eine richterliche Anordnung für erforderlich gehalten. Die Pflicht zur Löschung ergibt sich aus Art. 17 I DS-GVO[11].

Die Verpflichtungen nach Abs. 1 bestehen nicht schon bei allgemeinen polizeilichen Maßnahmen[12]. Allerdings können die Übergänge fließend sein, sodass bei sog. lagebildabhängigen Kontrollen im

---

[8] HmbOVG Beschl. v. 29.9.2014 – 2 So 76/14, BeckRS 2015, 41536; aA VG Regensburg Beschl. v. 10.5.2013 – RO 9 S 13.627, BeckRS 2013, 50810.
[9] → § 3 Rn. 16 ff.
[10] Begr. zum AufenthGÄndG 2015 (BGBl. 2015 I S. 1386).
[11] BR-Drs. 642/14.
[12] Vgl. auch *Westphal/Stoppa* AusR Polizei-HdB S. 481.

Inland, wie sie zB nach § 22 Ia BPolG möglich sind, grundsätzlich nicht nur ein Ausländer, sondern jedermann Ziel der polizeilichen Befragung zur Verhinderung oder Unterbindung unerlaubter Einreisen in das Bundesgebiet sein kann. Die daraus resultierenden Erkenntnisse können aber den Einstieg in ausländerrechtliche Maßnahmen bedeuten, die wiederum die Verpflichtung auslösen. Im Rahmen der Begründung und Überwachung der Ausreisepflicht soll nach § 50 VI der Pass oder Passersatz eines ausreisepflichtigen Ausländers bis zu dessen Ausreise in Verwahrung genommen werden. Bei Einbehaltung des Passes oder Passersatzes ist ein Ausweisersatz auszustellen (§ 55 I Nr. 2 AufenthV), sofern der Ausländer einen Aufenthaltstitel besitzt oder seine Abschiebung ausgesetzt ist; nach Abs. 4 auch in den Fällen, in denen nach § 5 III von der Erfüllung der Passpflicht abgesehen wird. Dies gilt nach Auffassung des BMI auch bei kurzfristiger Einbehaltung, es sei denn, die Einbehaltung dauert nicht länger als 24 Stunden. Zur Beantragung ist der Ausländer nach § 56 Nr. 4 AufenthV verpflichtet (Nr. 48.1.10.3 AVwV-AufenthG).

5   Mit der Regelung des **Abs. 1 S. 2** werden die bereits bestehenden und nationalen sowie internationalen vereinbarten Maßnahmen zur Verhinderung der Ausreise von gewaltbereiten Personen aus dem Gebiet der Bundesrepublik Deutschland mit dem Ziel, sich an irregulären Kampfhandlungen auf ausländischen Staatsgebieten zu beteiligen, umgesetzt. Mit Abs. 1 S. 2 sollte eine Regelungslücke bei deutschen Staatsangehörigen, die zugleich eine oder mehrere andere Staatsangehörigkeiten besitzen, geschlossen werden. Zwar konnte ein Ausreiseverbot nach § 10 I PassG ergehen und der deutsche Pass nach § 8 iVm § 7 I PassG entzogen werden. Es bestand aber die Gefahr, dass die betroffenen Personen versuchten, das Ausreiseverbot mithilfe des ausländischen Passes zu umgehen. Daher bedurfte es einer Regelung, die auch die Einziehung des ausländischen Passes oder Passersatzes erlaubt. Die bisher vorgesehenen Regelungen zur Einziehung ausländischer Passpapiere galten aber nur für Ausländer bzw. für freizügigkeitsberechtigte Unionsbürger (§ 8 I Nr. 3 FreizügG/EU). Diese Vorschriften sind daher nicht anwendbar, wenn die betroffene Person die deutsche Staatsangehörigkeit und daneben eine oder mehrere andere Staatsangehörigkeiten hat (vgl. § 1 FreizügG/EU und § 2 I). Durch Ergänzung von Abs. 1 wurde daher eine Regelung geschaffen, auf deren Grundlage die Vorlage, Aushändigung und vorübergehende Überlassung eines ausländischen Passes oder Passersatzes auch dann verlangt werden kann, wenn es sich um einen deutschen Staatsangehörigen mit einer weiteren ausländischen Staatsangehörigkeit handelt und die Vorlage, Aushändigung und vorübergehende Überlassung zur Durchführung oder Sicherung eines Ausreiseverbots nach § 10 I PassG erforderlich ist. Die Regelung findet auch Anwendung, soweit es sich bei der ausländischen Staatsangehörigkeit um die Staatsangehörigen eines anderen Mitgliedstaates der EU handelt. Der Anwendungsbereich des FreizügigG/EU ist in diesen Fällen nicht eröffnet, da sich das Recht auf Aufenthalt in Deutschland bei einem Deutschen, der zugleich Angehöriger eines anderen Mitgliedstaates ist, nicht aus dem Unionsrecht, sondern aus der deutschen Staatsangehörigkeit ergibt. Soweit sein Aufenthalt also nicht auf dem unionsrechtlichen Freizügigkeitsrecht beruht, ist seine Situation vergleichbar mit der eines deutschen Staatsangehörigen, der zugleich die Staatsangehörigkeit eines Drittstaates hat. Für diese Fälle wird mit der Ergänzung in Abs. 1 nun eine Regelung für die Entziehung des ausländischen Passes oder Passersatzes geschaffen. Die Anwendung des AufenthG auf Unionsbürger, die nicht oder nicht mehr dem Freizügigkeitsrecht unterfallen, entspricht auch dem Rechtsgedanken des § 11 XIV 2 FreizügigG/EU, der für diese Fälle grundsätzlich auf das AufenthG verweist. Die zuständigen Passbehörden arbeiten in Fällen von Ausreiseverbot und Passüberlassung eng mit den zuständigen Ausländerbehörden und der Bundespolizei zusammen und stimmen ihre Maßnahmen miteinander ab. Soweit erforderlich (zB Reisen in den Staat der anderen Staatsangehörigkeit) informieren diese Behörden auch die zuständigen Behörden der betroffenen dritten Staaten (zB Botschaften, Konsulate)[13]. Mit der neuen Änderung des Abs. 1 S. 2 durch das **2. RückkehrG**[14] soll eine weitere Regelungslücke geschlossen werden. Nach der bisherigen Regelung des § 48 I 2 ist die Einziehung des ausländischen Ausweisdokuments durch die zuständige Behörde (§ 71 IV 1) bei deutschen Staatsangehörigen, die zugleich eine oder mehrere andere Staatsangehörigkeiten besitzen, erst möglich, wenn eine Ausreise von der Bundespolizei gem. § 10 I PassG untersagt worden ist. Nach der Einschätzung des Gesetzgebers bestand jedoch ein dringender Bedarf, auch bei diesem Personenkreis bereits frühzeitig eine Ausreise wirksam zu verhindern. Die Einziehung des ausländischen Ausweisdokuments ist infolge der Änderung nunmehr möglich, sobald durch die örtliche Pass- und Ausweisbehörde eine Maßnahme nach § 7 I PassG, nach § 8 PassG oder eine Anordnung nach § 6 VII PAuswG ergangen ist und Anhaltspunkte die Annahme rechtfertigen, dass der Ausländer beabsichtigt, das Bundesgebiet zu verlassen und nicht erst, wenn die Bundespolizei anlässlich eines versuchten Grenzübertritts tätig wird und die Ausreise nach § 10 I PassG untersagt. In § 48 I 2 Nr. 2 wird zudem künftig die Einziehung des ausländisches Passes ermöglicht, wenn die Voraussetzungen für eine Untersagung der Ausreise nach § 10 I PassG vorliegen und die Vorlage, Aushändigung und vorübergehende Überlassung des ausländischen Passes oder Passersatzes zur Durchführung oder Sicherung des Ausreiseverbots erforderlich sind[15].

---

[13] Begr. zum RefEntw v. 17.2.2017.
[14] BGBl. 2019 I S. 1294.
[15] BT-Drs. 19/10047, 33 f.

Die **Mitwirkungspflichten** nach Abs. 3 werden ergänzt um die in § 56 I Nr. 1–3 AufenthV aufgeführten. Die **Zumutbarkeit** kann auch hier entsprechend § 5 II AufenthV beurteilt werden und die Verpflichtungen bei der Anfertigung von Lichtbildern entsprechend § 60 AufenthV[16]. Es gibt keine allgemeine Beschaffungspflicht, sondern konkrete Mitwirkungspflichten[17]. Die dem Ausländer obliegende gesetzliche Pflicht zur Mitwirkung bei der Passbeschaffung nach Abs. 3 wird nicht dadurch erfüllt, dass er Aufklärungsversuche ausländischer Behörden nicht behindert und gewissermaßen „über sich ergehen lässt". Aus der Vorschrift ergibt sich iVm § 82 I 1, dass der Ausländer vielmehr notwendige Unterlagen für den Vollzug des Ausländerrechts „beizubringen" hat[18]. Bei der Mitwirkung an der Beschaffung eines Rückreisedokuments handelt es sich nicht um separierbare Einzelpflichten, sondern um ein durch §§ 82 IV, 48 III und 49 II vorgegebenes Pflichtenbündel zur Erlangung von Rückreisedokumenten für einen ausreisepflichtigen Ausländer. Der unmittelbare Zwang in Form der ausländerpolizeilichen Vorführung bei einer Botschaft ist in Bezug auf die Abgabe der geforderten Erklärungen zur Beschaffung von Heimreisedokumenten und Vornahme der dafür erforderlichen Handlungen ein taugliches Zwangsmittel[19]. Dabei kann der Ausländer sich nicht allein auf die Erfüllung derjenigen Pflichten, die ihm konkret von der Ausländerbehörde vorgegeben werden, beschränken, sondern ist vielmehr angehalten, eigenständig die Initiative zu ergreifen und die erforderlichen Schritte in die Wege zu leiten, um das bestehende Ausreisehindernis nach seinen Möglichkeiten zu beseitigen[20]. Unter Berücksichtigung von Abs. 3, § 5 II Nr. 2 kann von dem Ausländer daher auch verlangt werden, es nicht bei der Einreichung der erforderlichen Unterlagen und bei der Vorsprache bei der Auslandsvertretung seines Heimatstaates zu belassen, sondern darüber hinaus weitere Angaben zu machen, die seine Identifikation ermöglichen[21] oder eine dritte Person, insbesondere auch einen Rechtsanwalt, im Herkunftsland zu beauftragen, die erforderlichen Identitätsnachweise zu beschaffen[22]. Nach Abs. 3 S. 3 sind **Durchsuchungsmaßnahmen** zu dulden, wenn der Ausländer seiner Verpflichtung nach Abs. 3 S. 1 nicht nachkommt und tatsächliche Anhaltspunkte dafür bestehen, dass er im Besitz entsprechender Unterlagen oder Datenträger ist. Insoweit müssen konkrete Anhaltspunkte dafür bestehen, dass der Ausländer im Besitz der in Betracht kommenden Unterlagen ist[23]. Allein die Vermutung, der Ausländer könne im Besitz von Identitätspapieren sein, rechtfertigt ohne weitere tatsächliche Anhaltspunkte die Anordnung einer Durchsuchung nicht[24]. Eine Durchsuchungsermächtigung der Wohnung des Ausländers dürfte regelmäßig nicht von der Norm (Wortlaut des Gesetzes) erfasst und jedenfalls unverhältnismäßig sein[25]. Die Durchsuchung eines Mobiltelefons lässt sich nicht auf § 48 III stützen[26].

Die Frage der **Zumutbarkeit der Erlangung** des entsprechenden Passes oder Passersatzes ist tatbestandsbegründend für eine mögliche Strafbarkeit nach § 95 I 1 (→ § 95 Rn. 26).

IV. Ausweisersatz

Die Identitätsfeststellung ist nicht vom Besitz eines **Passes** oder **Passersatzes** abhängig. Deswegen bedarf es beim Fehlen eines Passes oder Passersatzes nicht mehr der Ausstellung eines deutschen Passes (Fremdenpass nach § 4 I AuslG 1965). An die Stelle des Ausweises tritt die Bescheinigung über Aufenthaltstitel oder Duldung, versehen mit Personalien und Lichtbild und als Ausweisersatz bezeichnet (betreffend Asylbewerber § 64 AsylG). Bei Vorliegen der Voraussetzungen des § 55 I 1 Nr. 1 AufenthV besteht ein Anspruch auf Ausstellung. Der Ausweisersatz ersetzt nicht den Pass. Er berechtigt vor allem nicht zum Grenzübertritt.

Der Nichtbesitz eines Passes kann auf **verschiedenen Gründen** beruhen; auf Verlust oder Ausstellungsverweigerung ebenso wie auf der Nachlässigkeit des Ausländers, der unter Umständen von der Passpflicht befreit eingereist ist oder die Gültigkeit seines Ausweises nicht hat verlängern lassen. Die Kriterien für die **Zumutbarkeit** von Anstrengungen, einen ausländischen Pass zu erhalten, dürfen nicht allzu hoch angesetzt und den Anforderungen gleichgesetzt werden, die für die Ausstellung des deutschen Reisedokuments gelten. Für die Zumutbarkeit gelten die Bestimmungen des § 5 II AufenthV entsprechend (§ 55 I 3 AufenthV). Das Zumutbarkeitskriterium soll lediglich der Nachlässigkeit

---

[16] Ausf. dazu *Maor* ZAR 2005, 222.
[17] OVG NRW Beschl. v. 9.2.2004 – 18 B 811/03, EZAR 060 Nr. 12; zur Durchsuchung OLG Düsseldorf Beschl. v. 5.1.2004 – I-3 Wx 333/03 ua, EZAR 060 Nr. 11; zur Vorlage eines Fotos mit Kopftuch BayVGH Beschl. v. 23.3.2000 – 24 CS 00.12, EZAR 060 Nr. 5; BayVGH Beschl. v. 14.4.2014 – 10 C 12.498, 10 C 12.498.
[18] OVG Saarl Urt. v. 1.4.2010 – 2 A 486/09, BeckRS 2010, 48090; VG Aachen Urt. v. 16.10.2013 – 8 K 1980/12, BeckRS 2013, 57924.
[19] OVG Bln-Bbg Beschl. v. 27.5.2014 – OVG 11 S 32.14, BeckRS 2014, 52026.
[20] BayVGH Beschl. v. 22.1.2018 – 19 CE. 18.51, NVwZ-RR 2018, 588; BayVGH Beschl. v. 5.10.2021 – 19 C 21.1914, BeckRS 2021, 30622 Rn. 8.
[21] SächsOVG Beschl. v. 7.3.2013 – 3 A 495/11, BeckRS 2013, 49569.
[22] OVG LSA Beschl. v. 23.10.2018 – 2 M 112/18, BeckRS 2018, 42218 Rn. 24.
[23] Vgl. *Grünewald* in GK-AufenthG, Stand: 4/2006, § 48 Rn. 56.
[24] BVerfG Beschl. v. 22.3.1999 – 2 BvR 2158, NJW 1999, 2176.
[25] Vgl. auch *Hruschka* in BeckOK AuslR AufenthG § 48 Rn. 49.1.
[26] HmbOVG Beschl. v. 12.4.2013 – 2 So 24/13.

oder der Bequemlichkeit des Ausländers Einhalt gebieten[27]. Indes ist es dann nicht zumutbar, bei der zuständigen Stelle des Herkunftsstaates einen Antrag auf Verlängerung oder Neuerteilung eines Passes zu stellen, wenn feststeht, dass dieser aussichtslos ist[28]. Unzumutbar ist etwa längeres Zuwarten auf die Ausstellung, wenn sich diese erfahrungsgemäß verzögert und die notwendigen Unterlagen über Name, Geburt, Staatsangehörigkeit usw vorliegen. Zu berücksichtigen ist auch die voraussichtliche Dauer des weiteren Aufenthalts[29]. Von einem Flüchtling kann zumindest nicht ohne Weiteres verlangt werden, sich bei Behörden des Heimatstaates um Verlängerung seines Passes zu bemühen[30]. Jeder derartige Versuch kann nämlich die bevorstehende Asylanerkennung gefährden[31] und eine bereits erfolgte Anerkennung zum Erlöschen bringen[32] oder einen Rückfall aufgrund von traumatischen Erlebnissen in genau diesem Staat bedeuten[33]. Der Ausweisersatz darf nicht mit dem Hinweis auf die Möglichkeit eines Asylantrags versagt werden[34]. Darüber hinaus ist in der Regel die Erfüllung der Wehrpflicht bei seinem Herkunftsstaat ebenso zumutbar wie die Zahlung eines Geldbetrags für dessen behördliche Maßnahmen[35]. Für den Personenkreis nach § 2 AsylbLG besteht Leistungsanspruch § 2 AsylbLG iVm § 73 SGB XII. Danach können sozialhilferechtliche Leistungen auch in sonstigen Lebenslagen erbracht werden, wenn sie den Einsatz öffentlicher Mittel rechtfertigen. Eine sonstige Lebenslage ist gegeben, wenn die bedarfsauslösende Situation weder im SGB XII noch in anderen Bereichen des Sozialrechts geregelt und bewältigt wird. Die bedarfsauslösende Situation hinsichtlich der Notwendigkeit der Passausstellung ergibt sich aus der Passpflicht gem. den §§ 3 I, 48, verbunden mit der Verpflichtung zur Entrichtung der Gebühren für die Passerteilung[36]. Für einen Ausweisersatz sind Ausländer, die ihren Lebensunterhalt nicht ohne Inanspruchnahme von Leistungen nach dem SGB II oder SGB XII oder dem AsylbLG bestreiten können, nach § 53 I 1 Nr. 8 AufenthV von den (an sich nach § 48 I Nr. 10 AufenthV jeweils 32 EUR betragenden) Gebühren befreit[37].

10   Ausländer können einen **Anspruch auf Erteilung einer sog. qualifizierten Duldung** haben, wenn eine Passbeschaffung unzumutbar ist und damit in **strafrechtlicher Hinsicht** ein tatbestandsmäßiges Handeln gem. § 95 I 1, § 48 II nicht vorlag, weil der Betroffene eine geforderte Freiwilligkeitserklärung gegen seinen Willen abgeben müsste, indem zB vor dem iranischen Konsulat notwendige Freiwilligkeitserklärungen sowohl für das Passerteilungsverfahren als auch für die Ausstellung von Heimreisepapieren (Laissez Passer) verlangt werden. Eine nach verwaltungsrechtlichen Regeln wirksam erlassene Erlaubnis entfaltet **Tatbestandswirkung.**

11   Das BVerwG hat am 10.11.2009 entschieden[38], dass grundsätzlich **kein Anspruch auf Erteilung einer Aufenthaltserlaubnis aus humanitären Gründen** entsteht, nur weil ausreisepflichtige Ausländer nicht freiwillig ausreisen wollen und sich deshalb weigern, die Freiwilligkeit ihrer Ausreise gegenüber der konsularischen Vertretung ihres Heimatstaates zu bekunden. Eine humanitäre Aufenthaltserlaubnis kann nach § 25 V erteilt werden, wenn die Ausreise unmöglich ist, der Ausländer also weder zwangsweise abgeschoben werden noch freiwillig ausreisen kann. Sie darf allerdings nur erteilt werden, wenn der Ausländer unverschuldet an der Ausreise gehindert ist. Die gesetzliche Ausreise-

---

[27] BayObLG Urt. 14.9.2004 – 4 St RR 71/04, BeckRS 2004, 9256; *Hailbronner* AuslR AufenthG § 48 Rn. 22.
[28] So BVerwG Beschl. v. 15.6.2006 – 1 B 54.06 – zu § 25 V 4; *Wingerter* in NK-AuslR AufenthG § 95 Rn. 4; OLG Stuttgart Beschl. v. 6.4.2010 – 4 Ss 46/10, juris Rn. 10; OVG Bln-Bbg Urt. v. 14.6.2007 – 3 B 34.05; *Burr* in GK-AufenthG § 25 Rn. 177.
[29] VGH BW Urt. v. 19.9.1988 – 13 S 969/88, EZAR 112 Nr. 4.
[30] OLG Frankfurt a. M. Beschl. v. 27.7.1999 – 20 W 306/99, NVwZ-Beil. 1999, 96; KG Beschl. v. 25.10.1999 – 25 W 8380/99, BeckRS 1999, 30078672, 229; OLG Hamm Beschl. v. 12.2.2001 – 19 W 20/01, bei *Melchior* Abschiebungshaft, Anhang; OLG Celle Beschl. v. 16.10.2003 – 17 W 80/03; OLG Düsseldorf Beschl. v. 3.11.2003 – I – 3 Wx 275/03; aA wohl BayObLG Beschl. v. 17.11.2003 – 4 Z BR 73/03; SächsOVG Beschl. v. 21.6.2007 – A 2 B 258/06, nv; VG Frankfurt a. M. Urt. v. 23.1.2008 – 1 E 3668/07, BeckRS 2008, 36641; ebenso *Heinhold* ZAR 2003, 218 (224); *Göbel-Zimmermann* ZAR 2005, 275 (280); aA für den Fall mittelbarer Verfolgung BVerwG Beschl. v. 29.9.1988 – 1 B 106/88, EZAR 112 Nr. 5; OVG NRW Urt. v. 18.6.2008 – 17 A 2250/07; NdsOVG Urt. v. 11.12.2002 – 4 LB 471/02, NVwZ 2003, Beil. Nr. I 7, 54; HessVGH Beschl. v. 28.1.2005 – 9 UZ 1412/04, nv; VG Hamburg Urt. v. 20.10.2006 – 10 K 6115/04, BeckRS 2006, 27076; LSG NRW Beschl. v. 29.1.2007 – L 20 B 69/06 AY ER, nv; OVG NRW Beschl. v. 5.6.2007 – 18 E 413/07, BeckRS 2007, 24399; OVG Bln-Bbg Urt. v. 14.6.2007 – 3 B 34.05, BeckRS 2008, 32296; BayVGH Beschl. v. 3.8.2007 – 19 ZB 07.1163, BeckRS 2007, 30203; VG Augsburg Beschl. v. 27.8.2007 – Au 6 K 07.803, Au 6 K 07.804, BeckRS 2007, 37733; LSG LSA Beschl. v. 28.9.2007 – L 8 B 11/06 AY ER, BeckRS 2011, 72830.
[31] Dazu BVerwG Urt. v. 19.5.1987 – 9 C 130.86, EZAR 201 Nr. 11.
[32] → AsylG § 72 Rn. 11 ff.
[33] VG Berlin Urt. v. 18.12.2013 – 29 K 98.13, BeckRS 2014, 45472.
[34] OVG Bln Urt. v. 27.5.1986 – 8 B 93/85, EZAR 112 Nr. 3.
[35] § 5 II 3, 4 AufenthV; vgl. OLG Celle Beschl. v. 8.9.2009 – 32 Ss 103/09, BeckRS 2009, 27706; LSG NRW Urt. v. 10.3.2008 – L 20 AY 16/07, BeckRS 2008, 53470 – und Urt. v. 23.5.2011 – L 20 AY 19/08, BeckRS 2011, 73913.
[36] LSG Brem Beschl. v. 2.12.2010 – L 8 AY 47/09 B, BeckRS 2011, 75218; SG Bln Urt. v. 26.11.2008 – S 51 AY 46/06, BeckRS 2008, 58202.
[37] LSG NRW Beschl. v. 18.8.2010 – L 20 SO 44/10 NZB, BeckRS 2010, 72658
[38] BVerwG Urt. v. 10.11.2009 – 1 C 19.08; Urt. v. 26.10.2010 – 1 C 18.09, BeckRS 2010, 57020; OK-MNet-AufenthG zu § 48.

pflicht schließt die Verpflichtung für den Ausländer ein, sich auf seine Ausreise einzustellen und dazu bereit zu sein. In der Regel ist es für einen ausreisepflichtigen Ausländer grundsätzlich zumutbar, die von der Auslandsvertretung geforderte „Freiwilligkeitserklärung" abzugeben[39]. Zwar kann ein Ausländer zur Abgabe dieser Erklärung nicht gezwungen werden. Gibt er sie nicht ab, trifft ihn allerdings ein Verschulden an der Unmöglichkeit seiner Ausreise, sodass die Erteilung einer humanitären Aufenthaltserlaubnis ausscheidet. Ist einem Ausländer ein Aufenthaltstitel nach § 25 II 1 erteilt worden, ist er nach Abs. 3 S. 1 iVm Abs. 1 Nr. 4 von der Passpflicht befreit und erhält einen Ausweisersatz nach Abs. 4, unabhängig von der Frage, ob einen Pass oder Passersatz in zumutbarer Weise erlangen kann[40].

Es war bis zum AuslRÄndG 2007 nicht geregelt, welcher Vordruck an Ausländer auszuhändigen ist, die keinen Pass oder Passersatz besitzen, und bei denen vom Regelerfordernis der Erfüllung der Passpflicht abgesehen wird. Abs. 4 legt seit AufenthG 2007 fest, dass diesen Personen ein **Ausweisersatz auszustellen ist,** allerdings bleiben die Verpflichtungen zur Mitwirkung bei der Passbeschaffung nach Abs. 3 unberührt. Die Norm räumt der Ausländerbehörde mithin **keinerlei Ermessensspielraum** ein, im konkreten Fall doch keinen Ausweisersatz auszustellen. Ausnahmen sind gesetzlich nicht vorgesehen, auch nicht für das Ziel, Druck auf den Ausländer zu machen, an der Beschaffung von Identitätspapieren wirklich effektiv mitzuwirken[41]. Wenn die Voraussetzungen der Ausstellung eines Passersatzes nach der AufenthV erfüllt sind, ist vorrangig ein solcher Passersatz zu beantragen, sofern ein Pass oder Passersatz des Herkunftsstaates nicht in zumutbarer Weise zu erlangen ist. Mit dem Passersatz nach der AufenthV wird die Passpflicht nach § 3 I unmittelbar erfüllt[42]. 12

Abs. 4 sieht die Ausstellung eines Ausweisersatzes vor, wenn nach § 5 III von der Erfüllung der Passpflicht abgesehen wird. **§ 33,** der nicht unter die in § 5 III genannten Aufenthaltstitel nach Kap. 2 Abschnitt 5 fällt, sieht bei **Geburt eines Kindes** im Bundesgebiet ebenfalls die Möglichkeit vor, unter Absehung von der Passpflicht einen Aufenthaltstitel zu erteilen. Vor diesem Hintergrund war es mit dem RLUmsG 2011 sinnvoll und angezeigt, in Abs. 4 auch § 33 mit aufzunehmen und die Ausstellung eines Ausweisersatzes in diesen Fällen auch für im Bundesgebiet geborene Kinder vorzusehen. 13

§ 48a Erhebung von Zugangsdaten

(1) Soweit der Ausländer die notwendigen Zugangsdaten für die Auswertung von Endgeräten, die er für telekommunikative Zwecke eingesetzt hat, nicht zur Verfügung stellt, darf von demjenigen, der geschäftsmäßig Telekommunikationsdienste erbringt oder daran mitwirkt, Auskunft über die Daten, mittels derer der Zugriff auf Endgeräte oder auf Speichereinrichtungen, die in diesen Endgeräten oder hiervon räumlich getrennt eingesetzt werden, geschützt wird (§ 174 Absatz 1 Satz 2 des Telekommunikationsgesetzes), verlangt werden, wenn die gesetzlichen Voraussetzungen für die Verarbeitung der Daten vorliegen.

(2) Der Ausländer ist von dem Auskunftsverlangen vorher in Kenntnis zu setzen.

(3) ¹Auf Grund eines Auskunftsverlangens nach Absatz 1 hat derjenige, der geschäftsmäßig Telekommunikationsdienste erbringt oder daran mitwirkt, die zur Auskunftserteilung erforderlichen Daten unverzüglich zu übermitteln. ²Für die Entschädigung der Diensteanbieter ist § 23 Absatz 1 des Justizvergütungs- und -entschädigungsgesetzes entsprechend anzuwenden.

Allgemeine Verwaltungsvorschrift
Nicht belegt.

I. Entstehungsgeschichte

Die Vorschrift wurde mit dem **AufenthGÄndG 2015**[1] neu eingefügt. Die durch das 2. DSAnpUG EU vom 20.11.2019, BGBl. I S. 1626, erfolgte Änderung in Abs. 1 umfasste lediglich eine Anpassung an die in der DS-GVO verwendeten Begrifflichkeiten. 1

II. Auskunft über Zugangsdaten

§ 48a ergänzt die Ermächtigung nach § 48 IIIa im Hinblick auf technische Geräte, die für telekommunikative Zwecke eingesetzt werden. Soweit der Ausländer seiner Verpflichtung, die notwendigen Zugangsdaten für die zulässige Auswertung etwa seines Mobiltelefons oder seines Smartphones zur Verfügung zu stellen, nicht nachkommt, ist die Behörde berechtigt, diese Zugangsdaten bei dem zuständigen Telekommunikationsdienstleister zu erheben. Derjenige, der Telekommunikationsdienste 2

---
[39] S. auch OVG Saarl Beschl. v. 21.9.2011 – 2 A 3/11, BeckRS 2011, 54669.
[40] BayObLG Urt. v. 12.7.2021 – 203 StRR 171/21, BeckRS 2021, 29955 Rn. 14.
[41] VGH BW Beschl. v. 19.4.2011 – 11 S 522/11, BeckRS 2011, 50103.
[42] Begründung zu Nr. 37 des AuslRÄndG 2007.
[1] BGBl. 2015 I S. 1386.

für den Ausländer über das jeweilige technische Gerät erbringt, ist verpflichtet, die Daten unverzüglich zu übermitteln.

3 Mit § 15a AsylG besteht auch für Ausländer, für die das AsylG gilt, eine Norm zur Auswertung von Datenträgern. § 15a I 2 AsylG verweist auf die entsprechend anzuwendenden §§ 48 IIIa 2–7 und 48a. Mit Abschluss des Asylverfahrens geht die Zuständigkeit für die Auswertung von Datenträgern nach § 48 IIIa und die Ergebung der Zugangsdaten beim Telekommunikationsdienstanbieter nach Abs. 1 vom Bundesamt für Migration und Flüchtlinge auf die nun für die Identitätsklärung zuständige Ausländerbehörde über[2].

4 Zur Vermeidung heimlicher Maßnahmen ist der Ausländer von der Behörde vorab über das Auskunftsverlangen zu informieren. Darin liegt der wesentliche Unterschied zur Parallelregelung in der StPO (vgl. § 100j Abs. 3 1 StPO), wonach die Auskunft über Zugangsdaten nur auf Antrag der Staatsanwaltschaft durch das Gericht angeordnet werden kann. Die Absenkung des Schutzniveaus wird damit begründet, dass es sich gerade um keine heimliche Einholung der Daten handle – der Ausländer ist gemäß Abs. 2 über das Auskunftsverlangen zu informieren – und somit keine erhöhte Schutzbedürftigkeit der betroffenen Person bestehe[3].

§ 49 Überprüfung, Feststellung und Sicherung der Identität

(1) ¹Die mit dem Vollzug dieses Gesetzes betrauten Behörden dürfen unter den Voraussetzungen des § 48 Abs. 1 die auf dem elektronischen Speicher- und Verarbeitungsmedium eines Dokuments nach § 48 Abs. 1 Nr. 1 und 2 gespeicherten biometrischen und sonstigen Daten auslesen, die benötigten biometrischen Daten beim Inhaber des Dokuments erheben und die biometrischen Daten miteinander vergleichen. ²Darüber hinaus sind auch alle anderen Behörden, an die Daten aus dem Ausländerzentralregister nach den §§ 15 bis 20 des AZR-Gesetzes übermittelt werden, und die Meldebehörden befugt, Maßnahmen nach Satz 1 zu treffen, soweit sie die Echtheit des Dokuments oder die Identität des Inhabers überprüfen dürfen. ³Biometrische Daten nach Satz 1 sind nur die Fingerabdrücke und das Lichtbild.

(2) Jeder Ausländer ist verpflichtet, gegenüber den mit dem Vollzug des Ausländerrechts betrauten Behörden auf Verlangen die erforderlichen Angaben zu seinem Alter, seiner Identität und Staatsangehörigkeit zu machen und die von der Vertretung des Staates, dessen Staatsangehörigkeit er besitzt oder vermutlich besitzt, geforderten und mit dem deutschen Recht in Einklang stehenden Erklärungen im Rahmen der Beschaffung von Heimreisedokumenten abzugeben.

(3) Bestehen Zweifel über die Person, das Lebensalter oder die Staatsangehörigkeit des Ausländers, so sind die zur Feststellung seiner Identität, seines Lebensalters oder seiner Staatsangehörigkeit erforderlichen Maßnahmen zu treffen, wenn
1. dem Ausländer die Einreise erlaubt, ein Aufenthaltstitel erteilt oder die Abschiebung ausgesetzt werden soll oder
2. es zur Durchführung anderer Maßnahmen nach diesem Gesetz erforderlich ist.

(4) Die Identität eines Ausländers ist durch erkennungsdienstliche Maßnahmen zu sichern, wenn eine Verteilung gemäß § 15a stattfindet.

(4a) ¹Die Identität eines Ausländers, der eine Aufenthaltserlaubnis nach § 24 beantragt und der das vierzehnte Lebensjahr vollendet hat, ist vor Erteilung der Aufenthaltserlaubnis durch erkennungsdienstliche Maßnahmen zu sichern. ²Bei Ausländern nach Satz 1, die das sechste, aber noch nicht das vierzehnte Lebensjahr vollendet haben, soll die Identität durch erkennungsdienstliche Maßnahmen gesichert werden.

(5) Zur Feststellung und Sicherung der Identität sollen die erforderlichen Maßnahmen durchgeführt werden,
1. wenn der Ausländer mit einem gefälschten oder verfälschten Pass oder Passersatz einreisen will oder eingereist ist;
2. wenn sonstige Anhaltspunkte den Verdacht begründen, dass der Ausländer nach einer Zurückweisung oder Beendigung des Aufenthalts erneut unerlaubt ins Bundesgebiet einreisen will;
3. bei Ausländern, die vollziehbar ausreisepflichtig sind, sofern die Zurückschiebung oder Abschiebung in Betracht kommt;
4. wenn der Ausländer in einen in § 26a Abs. 2 des Asylgesetzes genannten Drittstaat zurückgewiesen oder zurückgeschoben wird;
5. bei der Beantragung eines nationalen Visums;
6. bei Ausländern, die für ein Aufnahmeverfahren nach § 23, für die Gewährung von vorübergehendem Schutz nach § 24 oder für ein Umverteilungsverfahren auf Grund von

---

[2] VG Freiburg Beschl. v. 26.8.2020 – 10 K 1841/20, BeckRS 2020, 25752 Rn. 12.
[3] BT-Drs. 18/4262, 6.

Überprüfung, Feststellung und Sicherung der Identität § 49 AufenthG 1

Maßnahmen nach Artikel 78 Absatz 3 des Vertrags über die Arbeitsweise der Europäischen Union vorgeschlagen und vom Bundesamt für Migration und Flüchtlinge in die Prüfung über die Erteilung einer Aufnahmezusage einbezogen wurden, sowie in den Fällen des § 29 Absatz 3;
7. wenn ein Versagungsgrund nach § 5 Abs. 4 festgestellt worden ist.

(6) ¹Maßnahmen im Sinne der Absätze 3 bis 5 mit Ausnahme des Absatzes 5 Nr. 5 sind das Aufnehmen von Lichtbildern, das Abnehmen von Fingerabdrücken sowie Messungen und ähnliche Maßnahmen, einschließlich körperlicher Eingriffe, die von einem Arzt nach den Regeln der ärztlichen Kunst zum Zweck der Feststellung des Alters vorgenommen werden, wenn kein Nachteil für die Gesundheit des Ausländers zu befürchten ist. ²Die Maßnahmen sind zulässig bei Ausländern, die das sechste Lebensjahr vollendet haben. ³Zur Feststellung der Identität sind diese Maßnahmen nur zulässig, wenn die Identität in anderer Weise, insbesondere durch Anfragen bei anderen Behörden nicht oder nicht rechtzeitig oder nur unter erheblichen Schwierigkeiten festgestellt werden kann.

(6a) Maßnahmen im Sinne des Absatzes 5 Nr. 5 sind das Aufnehmen von Lichtbildern und das Abnehmen von Fingerabdrücken.

(7) ¹Zur Bestimmung des Herkunftsstaates oder der Herkunftsregion des Ausländers kann das gesprochene Wort des Ausländers auf Ton- oder Datenträger aufgezeichnet werden. ²Diese Erhebung darf nur erfolgen, wenn der Ausländer vorher darüber in Kenntnis gesetzt wurde.

(8) ¹Die Identität eines Ausländers, der in Verbindung mit der unerlaubten Einreise aufgegriffen und nicht zurückgewiesen wird, ist durch erkennungsdienstliche Maßnahmen zu sichern. ²Nach Satz 1 dürfen nur Lichtbilder und Abdrucke aller zehn Finger aufgenommen werden. ³Die Identität eines Ausländers, der das sechste Lebensjahr noch nicht vollendet hat, ist unter den Voraussetzungen des Satzes 1 nur durch das Aufnehmen eines Lichtbildes zu sichern.

(9) ¹Die Identität eines Ausländers, der sich ohne erforderlichen Aufenthaltstitel im Bundesgebiet aufhält, ist durch erkennungsdienstliche Maßnahmen zu sichern. ²Nach Satz 1 dürfen nur Lichtbilder und Abdrucke aller zehn Finger aufgenommen werden. ³Die Identität eines Ausländers, der das sechste Lebensjahr noch nicht vollendet hat, ist unter den Voraussetzungen des Satzes 1 nur durch das Aufnehmen eines Lichtbildes zu sichern.

(10) Der Ausländer hat die Maßnahmen nach den Absätzen 1 und 3 bis 9 zu dulden.

Allgemeine Verwaltungsvorschrift
49 Zu § 49 – Überprüfung, Feststellung und Sicherung der Identität
49.1 Identitätsüberprüfung und Überprüfung der Echtheit biometriegestützter Identitätspapiere
49.1.0 Die Vorschrift des Absatzes 1 dient der Identitätsüberprüfung von Ausländern und der Überprüfung der Echtheit biometriegestützter Identitätspapiere i. S. d. § 48 Absatz 1 Nummer 1.
49.1.1.1 Nach Absatz 1 Satz 1 sind alle mit dem Vollzug des Aufenthaltsgesetzes betrauten Behörden im Falle einer konkreten Verpflichtung des Ausländers nach § 48 Absatz 1 oder 3, seinen Pass, Passersatz oder Ausweisersatz vorzulegen, auszuhändigen oder vorübergehend zu überlassen, zum Auslesen der in den vorgenannten Dokumenten gespeicherten biometrischen Daten (Fingerabdrücke, Lichtbild oder Irisbilder – vgl. Absatz 1 Satz 3) und zu deren Abgleich mit den beim betroffenen Ausländer entsprechend erhobenen biometrischen Daten berechtigt.
49.1.1.2 Hinsichtlich der Verpflichtung des Ausländers zur Vorlage, zur Aushändigung oder zum vorübergehenden Überlassen der Dokumente nach § 48 Absatz 1 Nummer 1 wird auf Nummer 48.1 verwiesen.
49.1.1.3 Hinsichtlich der Zuständigkeit für Maßnahmen nach Absatz 1 Satz 1 wird auf Nummer 71.4 verwiesen. Es gilt insoweit die Zuständigkeitsregelung des § 71 Absatz 4 entsprechend, weil Maßnahmen zur Überprüfung der Identität nach Satz 1 an die Pflicht zur Vorlage, zur Aushändigung oder zum vorübergehenden Überlassen der Dokumente nach § 48 Absatz 1 Nummer 1 an die mit dem Vollzug des Ausländerrechts betrauten Behörden i. S. d. § 71 Absatz 4 anknüpfen.
49.1.2.1 Zu entsprechenden Maßnahmen nach Absatz 1 Satz 1 sind auch die Meldebehörden und alle Behörden berechtigt, denen nach den §§ 15 bis 20 AZRG Daten aus dem Ausländerzentralregister übermittelt werden (vgl. Absatz 1 Satz 2). Zu letzteren zählen insbesondere das Bundesamt für Migration und Flüchtlinge, Aufnahmeeinrichtungen oder Stellen nach § 88 Absatz 3 AsylVfG, die Bundespolizei zur Durchführung ausländer- und asylrechtlicher Aufgaben, Luftsicherheitsbehörden, Polizeivollzugsbehörden des Bundes und der Länder, oberste Bundes- und Landesbehörden, das Bundesamt für Justiz, Gerichte, das Zollkriminalamt, die Bundesagentur für Arbeit und die Behörden der Zollverwaltung, die Träger der Sozialhilfe und die für die Durchführung des AsylbLG zuständigen Stellen, Staatsangehörigkeits- und Vertriebenenbehörden sowie die Verfassungsschutzbehörden, der Militärische Abschirmdienst und der Bundesnachrichtendienst.
49.1.2.2 Voraussetzung für identitätsüberprüfende Maßnahmen der in Absatz 1 Satz 2 genannten Behörden ist, dass sie im Einzelfall die Echtheit eines Dokuments nach § 48 Absatz 1 Nummer 1 oder die Identität des Inhabers auf der Grundlage anderer gesetzlicher Vorgaben überprüfen dürfen.
49.2 Verpflichtung zu Angaben zur Identität und Staatsangehörigkeit
49.2.1 Die Verpflichtung nach Absatz 2, Angaben zur Identität, zum Alter und zur Staatsangehörigkeit zu machen und die erforderlichen Erklärungen zur Beschaffung von Heimreisedokumenten abzugeben, besteht gegenüber den mit dem Vollzug des Ausländerrechts betrauten Behörden, soweit diese Behörden im Einzelfall auch ausländerbehördlich tätig werden.

49.2.2 Insbesondere wegen der Strafbewehrung der Unterlassung oder falscher oder unvollständiger Angaben nach § 95 Absatz 1 Nummer 5 ist die Vorschrift hinsichtlich des Kreises der Behörden nicht zu weit zu ziehen. Unbeschadet anderer Straf- oder Bußgeldvorschriften betrifft daher Absatz 2 insbesondere nicht falsche Angaben, die im Zusammenhang mit der behördlichen Aufgabenwahrnehmung in den Bereichen der allgemeinen Gefahrenabwehr, der Verkehrsüberwachung, der Gewerbeüberwachung oder des Meldewesens gemacht werden, sofern nicht deutlich – auch für den Ausländer – erkennbar auch der ausländerbehördliche Wirkungskreis betroffen ist. Der Ausländer ist im Zweifel darauf hinzuweisen (§ 82 Absatz 3 Satz 1), dass die Behörde ausländerrechtlich tätig wird, und dieser Hinweis ist aktenkundig zu machen. Dies ist nicht erforderlich, wenn die Wahrnehmung einer ausländerrechtlichen Aufgabe offenkundig ist, wie etwa bei der polizeilichen Kontrolle des grenzüberschreitenden Verkehrs oder der Tätigkeit der Ausländerbehörde.

49.2.3 Die durch Absatz 2 erfassten Behörden sind entsprechend der Zuständigkeitsregelung des § 71:

49.2.3.1 – die Ausländerbehörden in diesem Aufgabenbereich (§ 71 Absatz 1),

49.2.3.2 – im Ausland für Pass- und Visaangelegenheiten und in den in Absatz 5 Nummer 5 genannten Fällen die vom Auswärtigen Amt ermächtigten Auslandsvertretungen (§ 71 Absatz 2),

49.2.3.3 – die mit der polizeilichen Kontrolle des grenzüberschreitenden Verkehrs beauftragten Behörden im Zusammenhang mit den in § 71 Absatz 3 und 4 konkret genannten Aufgaben,

49.2.3.4 – die Polizeien der Länder im Zusammenhang mit der Zurückschiebung sowie der Durchsetzung der Verlassenspflicht nach § 12 Absatz 3 und der Durchführung der Abschiebung sowie den in § 71 Absatz 5 genannten vorbereitenden Maßnahmen.

49.2.4 Identitätsmerkmale sind Name, Vornamen, Geburtsname, Geburtsdatum, Geburtsort und Wohnort. Die Pflicht, Angaben zum Alter zu machen, hat insbesondere dann eine eigene Bedeutung, wenn das Geburtsdatum nicht genau angegeben werden kann. Die Pflicht zur Angabe der Staatsangehörigkeit erstreckt sich auf sämtliche gegenwärtigen Staatsangehörigkeiten, sofern die Angabe sämtlicher Staatsangehörigkeiten ausdrücklich verlangt wird.

49.2.5 Zur Ermöglichung oder Erleichterung von Rückführungen besteht die Pflicht, die von den Vertretungen des Staates, dessen Staatsangehörigkeit der Ausländer besitzt oder vermutlich besitzt, für die Ausstellung von Heimreisedokumenten (z. B. Pass) geforderten Erklärungen abzugeben. Die Pflicht besteht nur insoweit, als die geforderten Erklärungen auch nach deutschem Recht zulässig sind.

49.3 Feststellende Maßnahmen bei Zweifeln über die Person, das Lebensalter oder die Staatsangehörigkeit

Absatz 3 betrifft Maßnahmen zur Feststellung, nicht zur Sicherung der Identität. Zur Feststellung der Identität, des Lebensalters und der Staatsangehörigkeit gemäß Absatz 3 ist zunächst eine umfangreiche Befragung des Ausländers zu seiner Person und zu seinem bisherigen Lebenslauf erforderlich, um Anhaltspunkte für weitere Ermittlungen zu erhalten (z. B. Zeugenbefragungen, Anfragen bei anderen in- und ausländischen Behörden, Vorführung bei einer Vertretung des vermuteten Heimatlandes sowie Befragung durch hierzu ermächtigte Bedienstete des vermuteten Heimatlandes). Der Betroffene ist aufzufordern, geeignete Nachweise (z. B. Dokumente) beizubringen, die seine Angaben belegen.

49.4 Identitätssicherung bei einer Verteilung gemäß § 15a

Sofern eine Verteilung als unerlaubt eingereister Ausländer gemäß § 15a stattfindet, sind erkennungsdienstliche Maßnahmen durchzuführen, um die Identität zu sichern.

49.5 Feststellende und sichernde Maßnahmen in weiteren Fällen

49.5.1 Feststellende und sichernde Maßnahmen sollen unter den Voraussetzungen des Absatzes 5 i. d. R. auch dann ergriffen werden, wenn keine aktuellen Zweifel an der Identität oder Staatsangehörigkeit des Ausländers bestehen, und auch dann, wenn sie nicht für die Durchführung anstehender ausländerrechtlicher Maßnahmen erforderlich sind. Die Maßnahmen nach Absatz 5 dienen auch der Vorbereitung einer im Falle etwaiger Wiedereinreisen erforderlichen Identitätsfeststellung und weiteren Zwecken der polizeilichen Gefahrenabwehr nach Maßgabe der entsprechenden Vorschriften zur Zweckbestimmung und Übermittlung der erhobenen Daten (insbesondere § 89).

49.5.2.1 Bei Vorlage des Visumantrags nach Absatz 5 Nummer 5 in der zuständigen Auslandsvertretung ist vom Antragsteller ein Lichtbild aufzunehmen und sind dessen Fingerabdrücke abzunehmen (vgl. Absatz 6a). Anstelle der Aufnahme eines Lichtbildes kann der Antragsteller auch ein aktuelles Lichtbild vorlegen.

49.5.2.2 Die Auslandsvertretung kann von der Durchführung erkennungsdienstlicher Maßnahmen absehen, wenn vom Antragsteller bei Vorlage eines früheren Visumantrags, der nicht länger als 59 Monate zurückliegt, Maßnahmen nach Absatz 5 Nummer 5 durchgeführt worden sind; sofern der Antragsteller ein Kind im Alter von sechs bis zwölf Jahren ist, verkürzt sich die vorgenannte Frist auf 24 Monate.

49.5.2.3 Von der Abnahme der Fingerabdrücke wird abgesehen bei

– Ausländern unter 14 Jahren (§ 49 Absatz 6 Satz 2),
– Personen, soweit die Abnahme der Fingerabdrücke physisch unmöglich ist; falls sich die physische Unmöglichkeit nur auf die Abnahme einzelner Fingerabdrücke bezieht, werden die anderen Fingerabdrücke erhoben,
– Staatsoberhäuptern oder Regierungschefs oder Inhabern von Diplomatenpässen, die Staatsoberhäupter oder Regierungschefs im Rahmen einer offiziellen Delegation anlässlich einer Einladung der Regierung des Bundes oder eines Landes oder einer internationalen Organisation begleiten.

49.6 Ausführung der identitätsfeststellenden und -sichernden Maßnahmen

49.6.1 Die Vorschrift unterscheidet nach dem Erhebungszweck. Es ist aktenkundig zu machen, ob die Erhebungen der Feststellung oder aber der Sicherung der Identität oder Staatsangehörigkeit oder beiden Zwecken dienen sollen. Zur Feststellung der Identität können Maßnahmen unter den Voraussetzungen der Absätze 3 oder 5 ergriffen werden; die Sicherung der Identität darf nur nach Maßgabe des Absatzes 4 oder 5 erhebungsgerecht.

49.6.2 Bei Ausländern unter 14 Jahren sind die in Absatz 6 Satz 1 genannten Maßnahmen nach Absatz 6 Satz 2 unzulässig, nicht aber andere Maßnahmen, insbesondere – kindgerechte – Befragungen. Zweifel an der Vollendung des 14. Lebensjahres gehen auf Grund der Darlegungslast nach § 82 Absatz 1 Satz 1 zu Lasten des Ausländers. Ist der Zweck der Maßnahme auf der Feststellung des Lebensalters gerichtet, kann dieser Zweck nicht durch bloße Behauptung eines Jugendlichen, jünger als 14 Jahre alt zu sein, unterlaufen werden. In diesen Fällen findet die Einschränkung des Absatzes 6 Satz 2 deshalb nur Anwendung, wenn die Inaugenscheinnahme ergibt, dass es sich um ein noch nicht 14 jähriges Kind handelt.

Überprüfung, Feststellung und Sicherung der Identität **§ 49 AufenthG 1**

49.6.3 Für den Zweck der Identitätsfeststellung – nicht notwendig der Identitätssicherung – sind nach Satz 3 die dort genannten milderen Mittel vorrangig anzuwenden.

49.6a Maßnahmen i. S. d. Absatzes 5 Nummer 5
Vgl. zu dieser Bestimmung die Bezugnahme in Nummer 49.5.2.1.

49.7 Aufzeichnung des gesprochenen Wortes
49.7.1 Die Bestimmung des Herkunftsstaates oder der Herkunftsregion durch die in Absatz 7 genannte Methode muss zur Vorbereitung ausländerrechtlicher Maßnahmen erforderlich sein.
49.7.2 Zu anderen Zwecken als den in Absatz 7 genannten darf das gesprochene Wort des Ausländers nicht aufgezeichnet werden.
49.7.3 Das Einverständnis des Ausländers ist nicht erforderlich, er ist aber vor der Aufzeichnung von der Maßnahme in Kenntnis zu setzen. Dies kann auch mündlich erfolgen und ist dann durch einen Aktenvermerk oder einen Hinweis auf dem Tonträger zu dokumentieren.

49.8 Identitätssicherung bei unerlaubter Einreise
In den Fällen des Absatzes 8 ist die genannte Maßnahme zwingend durchzuführen. Absatz 6 bedeutet nicht, dass in anderen Fällen die zulässige Abnahme von Fingerabdrücken nur durch die Abnahme von weniger als zehn Fingern erfolgen dürfte.

49.9 Identitätssicherung bei Aufenthalt ohne erforderlichen Aufenthaltstitel
49.9.1 Auch in den Fällen des Absatzes 9 ist die genannte Maßnahme zwingend durchzuführen.
49.9.2 Anhaltspunkte für die Stellung eines Asylantrages in einem Mitgliedstaat der Europäischen Union können insbesondere auf Grund der Staatsangehörigkeit oder der festgestellten oder vermuteten Herkunft des Aufgegriffenen und dem Antreffen auf einem typischen Reiseweg von Personen, die in einem anderen Mitgliedstaat einen Asylantrag gestellt haben, abgeleitet werden.

49.10 Duldungspflicht
Zur Durchsetzung der in Absatz 1 und 3 bis 8 genannten Maßnahmen kann unmittelbarer Zwang nach Maßgabe der jeweiligen bundes- oder landesrechtlichen Vorschriften angewandt werden.

Übersicht

	Rn.
I. Entstehungsgeschichte	1
II. Biometrische Daten, Angaben zu Alter, Identität und Staatsangehörigkeit	2
III. Feststellung von Alter, Identität und Staatsangehörigkeit	6
IV. Verwaltungsverfahren und Rechtsschutz	21

I. Entstehungsgeschichte

Die Vorschrift stimmt mit dem damaligen **Gesetzesentwurf**[1] im Wesentlichen überein. Aufgrund **1** des Vermittlungsverfahrens[2] wurden der damalige Abs. 1 (heutige Abs. 2) um einige Angaben erweitert, Abs. 2a (heutiger Abs. 4) eingefügt und in Abs. 3 (heutiger Abs. 5) das Wort „können" durch „sollen" ersetzt. Durch das **RLUmsG 2007** wurde durch Redaktionsversehen irrtümlich Abs. 3 Nr. 1 statt **Abs. 2 Nr. 1** geändert und anstatt Abs. 5 Nr. 5 **Abs. 3 Nr. 5** sowie anstatt Abs. 6 S. 1 und 2 **Abs. 4 S. 1 und 2**. Abs. 6a wurde neu eingefügt. Durch das **Gesetz zur Änderung des PassG**[3] zum 1.11.2007 erfolgte die Einfügung des neuen Abs. 1, wodurch sich die Nummerierung der nachfolgenden Abs. erneut änderte[4]. Durch das **RLUmsG 2011**[5] wurde § 49 IX aufgrund des Rechtsstatus der EU sprachlich angepasst. Mit dem AsylVfBeschlG 2015 wurde Abs. 5 Nr. 4 redaktionell angepasst und wurden Abs. 8 und 9 neu gefasst. Durch das Gesetz zur Verbesserung der Registrierung und des Datenaustausches zu auf- und asylrechtlich Zwecken (**Datenaustauschverbesserungsgesetz**)[6] wurde Abs. 8 und 9 geändert. Mit dem **2. DAVG**[7] wurden 2019 Abs. 8 und 9 erneut geändert sowie Abs. 5 Nr. 6 und Abs. 6 S. 2 neu gefasst.

II. Biometrische Daten, Angaben zu Alter, Identität und Staatsangehörigkeit

Die Neuregelung des Abs. 1 schuf für alle Behörden, die nach dem AufenthG oder anderen **2** Gesetzen zur Identitätsprüfung oder zur **Überprüfung der Echtheit eines biometriegestützten Reise- oder Ausweisdokuments** befugt sind, eine **Rechtsgrundlage** für die Prüfung auch anhand – soweit vorhanden – der auf dem Chip gespeicherten biometrischen Daten. Überprüft werden dürfen nur – soweit vorhanden – das Lichtbild, die Fingerabdrücke und die Iris. Die Daten werden in der Kontrollsituation durch Auslesen der Daten aus dem Speichermedium und durch Aufnahme entsprechender biometrischer Daten des Dokumenteninhabers gewonnen. Auf der Grundlage dieser Regelung kann die Identitätsprüfung anhand eines 1:1-Vergleichs der biometrischen Daten durch-

---

[1] BT-Drs. 15/420, 19 f.
[2] BT-Drs. 15/3479, 9.
[3] BGBl. 2007 I S. 1566.
[4] Zu denen daraus resultierenden Problemen bei Verweisen des § 95 I Nr. 5, 6 auf § 49, solange der Text nicht redaktionell angepasst wurde, näher bei *Westphal/Stoppa* AusR Polizei-Hdb S. 479.
[5] BR-Drs. 17/5470.
[6] BGBl. 2016 I S. 130.
[7] BGBl. 2019 I S. 1131.

geführt werden. Dieser Vergleich ermöglicht die Feststellung der Übereinstimmung der biometrischen Daten des Dokumenteninhabers mit den im Speichermedium des Dokuments gespeicherten biometrischen Daten.

3   Die **Identitätsüberprüfung** anhand von biometrischen Daten muss von anderen Voraussetzungen als die weitergehende Maßnahme der Identitätsfeststellung, der eine erkennungsdienstliche Behandlung zugrunde liegt, abhängig gemacht werden. Das Auslesen und Abgleichen von in Reise- und Ausweisdokumenten gespeicherten biometrischen Daten zum Zwecke der Identitätsüberprüfung steht gewissermaßen einem – generell – zu überprüfenden Sicherheitsmerkmal dieses Dokuments gleich. Die biometrische Überprüfung kann daher – wie das Überprüfen aller anderen Sicherheitsmerkmale des Dokuments, die ein Reise- und Ausweisdokument bietet – nicht vom Vorliegen der restriktiven Voraussetzungen zur Durchführung identitätsfeststellender Maßnahmen abhängig sein, sondern muss bereits dann statthaft sein, wenn eine Verpflichtung zur Vorlage des Dokuments nach dem AufenthG oder nach anderen Gesetzen (insbesondere den PolizeiG der Länder) besteht[8].

4   Die Verpflichtung zu den **Angaben** nach Abs. 2 S. 1 besteht nur gegenüber den mit der Durchführung des Ausländerrechts betrauten Behörden innerhalb deren Zuständigkeit nach § 71: Auslandsvertretung, Ausländerbehörde, Grenzbehörde, Länderpolizeien (→ § 48 Rn. 4). Verstöße sind nach § 95 I Nr. 5 strafbewehrt. Die Vorschrift unterscheidet an mehreren Stellen deutlich zwischen Alter, Identität und Staatsangehörigkeit. Zum Zwecke der **Identifizierung** sind – außer Alter und Staatsangehörigkeit sowie unstreitig Name, Vorname, gegebenenfalls Geburtsname, Geburtsdatum und Geburtsort – in Orientierung an § 4 PassG auch anzugeben: Doktorgrad, Geschlecht, Familienstand, Geburtsort, Wohnort sowie erforderlichenfalls die Größe und die Farbe der Augen[9]. Eine Bindung der Ausländerbehörde an das Ergebnis eines jugendhilferechtlichen Altersfeststellungsverfahrens besteht nicht[10]. Für **Asylbewerber** bestehen weitergehende Mitwirkungspflichten nach § 15 AsylG. Verstöße seitens der Asylbewerber gegen die Mitwirkungspflichten sind nicht strafbar oder ordnungswidrig, können aber erheblich für den Ausgang des Verfahrens sein (vgl. § 30 III Nr. 2, 5 AsylG). Nach Abschluss eines ersten Asylverfahrens ist die Mitwirkungspflicht aus Abs. 2 durch einen Asylfolgeantrag zumindest so lange nicht suspendiert, bis das BAMF entschieden hat ein weiteres Asylverfahren durchzuführen[11]. Die Verpflichtung zu wahrheitsgemäßen und vollständigen Angaben nach Abs. 2 gilt bei jedem neuen Antrag auf Erteilung einer Duldung uneingeschränkt. Die Gefahr, sich bei wahrheitsgemäßen Angaben aufgrund vorhergehender falscher Angaben der Strafverfolgung auszusetzen, berührt den Grundsatz der Selbstbelastungsfreiheit (nemo tenetur se ipsum accusare) nicht[12].

5   Die Pflicht zur Abgabe von **Erklärungen** zur Beschaffung von Heimreisedokumenten nach Abs. 2 besteht nicht nur gegenüber der Auslandsvertretung des von dem Ausländer angegebenen Heimatstaats. Bestehen Zweifel an der Richtigkeit der Angaben des Ausländers, weil der angegebene Staat die Staatsangehörigkeit nicht anerkennt, so kann bei jedem Staat die Ausstellung von Reisepapieren versucht werden, der ernsthaft als Heimatstaat in Betracht kommt. Maßgeblich sind in erster Linie die Angaben des Ausländers selbst. Die fehlende Bereitschaft eines Ausländers, der bestehenden Ausreisepflicht freiwillig nachzukommen und diese durch Abgabe einer entsprechenden „**Freiwilligkeitserklärung**" gegenüber der Auslandsvertretung seines Heimatstaates zu dokumentieren, begründet keine Unzumutbarkeit iSd § 25 V 4. Dem steht die Rspr. der ordentlichen Gerichte zur mangelnden Strafbarkeit der Weigerung, eine „Freiwilligkeitserklärung" abzugeben[13], nicht entgegen. Denn die deutsche Rechtsordnung nimmt es hin, wenn sich ein Ausländer zur Abgabe einer „Freiwilligkeitserklärung" gegenüber einer ausländischen Stelle außerstande sieht. Die Abgabe kann weder rechtlich erzwungen noch gegen den Willen des Ausländers durchgesetzt werden; an die verweigerte Abgabe können deshalb auch keine strafrechtlichen Sanktionen geknüpft werden. Auch die Weigerung, eine „Ehrenerklärung" zu unterschreiben, erfüllt nicht die Voraussetzungen des § 1a Nr. 2 AsylbLG (Vertretenmüssen bei Anspruchseinschränkungen). Nach Abs. 2 ist zwar jeder Ausländer verpflichtet, ua die von der Vertretung des Staates, dessen Staatsangehörigkeit er besitzt, geforderten Erklärungen iRd Beschaffung von Heimreisedokumenten abzugeben. Diese gesetzliche Mitwirkungspflicht steht jedoch unter dem ausdrücklichen Vorbehalt, dass die geforderte Erklärung mit dem deutschen Recht in Einklang steht. Dies ist dann nicht der Fall, wenn von dem Ausländer ein Verhalten verlangt wird, das die Intimsphäre als unantastbaren Kernbereich des Persönlichkeitsrechts des Art. 2 I iVm Art. 1 I GG berührt[14]. Der Ausweis- und

---

[8] Begr. zu GesEntw zur Änderung des PassG (BT-Drs. 16/4138).
[9] AA *Hruschka* in BeckOK AuslR AufenthG § 49 Rn. 10.1.
[10] OVG Brem Beschl. v. 2.3.2017 – 1 B 331/16, BeckRS 2017, 104245 Rn. 11.
[11] VGH München Beschl. v. 14.6.2021 – 19 CS 21.486, BeckRS 2021, 15855 Rn. 7.
[12] OLG Celle Beschl. v. 20.6.2018 – BeckRS 2018, 14590 Rn. 27.
[13] → § 48 Rn. 8 f.; → § 95 Rn. 27; BVerwG Urt. v. 10.11.2009 – 1 C 19.08, BeckRS 2010, 46633; OLG Nürnberg Urt. v. 16.1.2007 – 2 St OLG Ss 242/06, BeckRS 2007, 2345 zur Unzumutbarkeit; vgl. aber auch OLG Celle Urt. v. 14.2.2007 – 21 Ss 84/06, BeckRS 2007, 3736, wonach bereits der objektive Straftatbestand des § 95 I 5 den Verstoß gegen § 49 II Hs. 2 nicht erfasst; so auch *Winkelmann* in OK-MNet-AufenthG zu § 48 Rn. 8 f., § 49 Rn. 4, § 95 Rn. 27.
[14] BSG Urt. v. 30.10.2013 – B 7 AY 7/12 R, BeckRS 2014, 68240, mit Hinw. zur Unantastbarkeit eines Kernbereichs auf BVerfGE 34, 238 (245); 54, 143 (146); 103, 21 (31).

Überprüfung, Feststellung und Sicherung der Identität § 49 AufenthG 1

Vorlagepflicht des Abs. 2 unterfallen allerdings auch solche Dokumente, deren Echtheit bzw. deren inhaltliche Richtigkeit infrage stehen. Andernfalls wäre die mit den ausweisrechtlichen Pflichten des Abs. 2 bezweckte Identitätsfeststellung erheblich erschwert[15].

III. Feststellung von Alter, Identität und Staatsangehörigkeit

Zweifel über Person, Alter oder Staatsangehörigkeit bestehen, wenn diese nicht eindeutig bekannt 6
sind (ähnlich § 6 III 2 PassG; für Aslybewerber gelten §§ 16, 18 V AsylG als spezielle Vorschriften). Zu den für Einreisegestattung, Titelerteilung, Verteilung nach § 15a[16] oder Duldungs-Erteilung (Abs. 3 Nr. 1) oder andere Durchführungsmaßnahmen benötigten Personalien gehören insbesondere die von Abs. 2 erfassten Daten[17]. Die Regelerteilungsvoraussetzung geklärter Identität und Staatsangehörigkeit in § 5 I Nr. 1a, mit der die Aufklärungspflicht der Ausländerbehörde (Abs. 3) und eine entsprechende Mitwirkungspflicht des Ausländers (Abs. 2) korrespondieren, ist Ausdruck des gewichtigen öffentlichen Interesses an der Individualisierung der Person, die einen Aufenthaltstitel begehrt[18]. Ein besonderes Maß brauchen die Zweifel nicht zu erreichen. Es müssen aber Unsicherheiten bestehen. **Routinemäßige Untersuchungen prophylaktischer Art sind unzulässig,** wenn sie allgemein ohne einen Verdacht gegen die Richtigkeit der mündlichen Angaben des Ausländers und der Eintragungen in dessen Passpapieren angeordnet werden[19].

Bei **Asybewerbern** sind erkennungsdienstliche Maßnahmen auch ohne Zweifel an Staatsangehörig- 7
keit, Alter oder Identität zwingend vorgeschrieben (vgl. § 16 AsylG). Zu den Maßnahmen zur Feststellung und Sicherung der Identität können insbesondere gehören: Prüfung der mitgeführten Dokumente, Durchsuchung des Ausländers und seiner Sachen, eingehende Befragung des Ausländers, Befragung von Dritten, Anfragen bei Behörden, Vorführung bei einer Vertretung des (vermuteten) Herkunftsstaates und Aufforderung, entsprechende Urkunden beizubringen[20].

Während erkennungsdienstliche Maßnahmen nach Abs. 3 und 4 zwingend vorgeschrieben, aber bei 8
Abs. 3 an (begründete) Zweifel im Einzelfall gebunden sind, sind in Abs. 5 die Anlässe angeführt, die **im Regelfall** Feststellungs- und Sicherungsmaßnahmen rechtfertigen; sie sind nur dann zu unterlassen, wenn atypische Verhältnisse solche Maßnahmen als entbehrlich erscheinen lassen (anders noch § 41 III AuslG: Ermessen). Damit setzt Abs. 5 anders als Abs. 3 **keine Identitätszweifel** im Einzelfall voraus. Vor allem aber geht es nicht um die Feststellung oder Sicherung von Lebensalter und Staatsangehörigkeit, sondern nur um die Identität[21]. In beiden Fallgruppen sind Maßnahmen betroffen, die den Aufenthalt entweder verhindern oder beenden oder legalisieren. Ein öffentliches Interesse an der Feststellung und Sicherung der Identität besteht in allen Fallkonstellationen, es ist allerdings unterschiedlich gelagert. Bei der Erlaubnis von Einreise und Aufenthalt (auch Beantragung eines nationalen Visums; Abs. 5 Nr. 5) ist die Kenntnis der genauen Identität für den zukünftigen Aufenthalt in Deutschland wichtig. Dagegen begründen den Aufenthalt verhindernde oder beendende Maßnahmen deshalb ein entsprechendes öffentliches Interesse, weil entweder die Überstellung an einen anderen Staat sonst nicht erfolgen kann oder damit bei einer Wiedereinreise die Identität ohne größeren Zeit- und Kostenaufwand geprüft und ermittelt werden kann. Wenn für die Fallkonstellationen des Abs. 5 keine Identitätszweifel verlangt sind, dann beruht dies wohl alledem auf der Überzeugung des Gesetzgebers, dass die Identität in diesen Fällen generell für künftige Gelegenheiten festgestellt und festgehalten werden soll[22]. Um unzulässige Eingriffe in Persönlichkeitsrechte zu verhindern, muss unter diesen Umständen jeweils sorgfältig die Frage einer atypischen Konstellation geprüft werden. Nach Abs. 6a sind Maßnahmen iSd Abs. 5 Nr. 5 (Beantragung eines nationalen Visums) nur das Aufnehmen von Lichtbildern und das Abnehmen von Fingerabdrücken.

Diese Notwendigkeit wird schon beim ersten gesetzlichen Tatbestand deutlich. Eine versuchte 9
oder vollendete Einreise mit **falschen Papieren** kann gewiss im Einzelfall Identifizierungsmaßnahmen rechtfertigen. Ob hierfür schon der Verdacht einer **weiteren unerlaubten Einreise** nach Zurückweisung oder Aufenthaltsbeendigung taugt, muss aber als zweifelhaft erscheinen, auch wenn dieser durch Tatsachen begründbar ist. Zumindest reichen als Grundlage Erfahrungen allgemeiner Art nicht aus; es müssen schon personenbezogene Verdachtsmomente vorliegen. Da erkennungsdienstliche Maßnahmen ua das allgemeine Persönlichkeitsrecht und die körperliche Unversehrtheit

---

[15] VG Saarland Beschl. v. 19.9.2014 – 6 L 975/14, BeckRS 2014, 57034.
[16] Vor Erlass einer Verteilungsentscheidung nach § 15a I ist die Einholung eines medizinischen Altersgutachtens idR nicht erforderlich, wenn eine fachkundige behördliche Alterseinschätzung ergibt, dass der Ausländer entgegen eigenen Angaben das 16. Lebensjahr vollendet hat (OVG Bln-Bbg Beschl. v. 13.7.2009 – OVG 3 S 24.09, BeckRS 2010, 54785). AA OLG München Beschl. v. 25.5.2011 – 12 UF 951/11, BeckRS 2011, 14156 bei *Winkelmann*; zur Amtsermittlungspflicht in Kindschaftssachen nach § 151 Abs. 1 Nr. 5 FamFG mit Kommentar *Heinhold*.
[17] Dazu → Rn. 2.
[18] BVerwG Beschl. v. 7.5.2013 – 1 B 2.13, BeckRS 2013, 51300.
[19] → AsylG § 13 Rn. 5.
[20] Vgl. auch *Westphal/Stoppa* AusR Polizei-HdB S. 486.
[21] Zum Unterschied → Rn. 2.
[22] Vgl. dazu auch die nicht auf Zweifelsfälle abstellende Begr. des GesEntw BT-Drs. 15/420, 89.

Kolber 911

beeinträchtigen können, müssen strenge Anforderungen auch an die Notwendigkeit solcher Eingriffe gestellt werden. Im letzteren Fall bestehen insoweit Bedenken, als die Vorschrift dahin gehend ausgelegt werden könnte, dass Maßnahmen anlässlich jeder Abschiebung getroffen werden dürfen.

10 Noch weiter geht die Verpflichtung zu erkennungsdienstlichen Maßnahmen bei vollziehbarer Ausreisepflicht, falls eine **Zurückschiebung oder Abschiebung** in Betracht kommt; denn dabei braucht nicht einmal der begründete Verdacht einer unerlaubten Wiedereinreise zu bestehen. Diese Annahme kann eigentlich immer naheliegen, es sei denn, der Ausländer weist eigene konkrete Ausreisevorbereitungen nach. Da Zurückschiebung sowie Abschiebung und Abschiebungsandrohung nach dem System der §§ 57, 58, 59 praktisch immer verfügt werden, kann der Ausländer Sicherungsmaßnahmen nur dann entgehen, wenn er Deutschland vor Ablauf der Ausreisefrist verlässt oder den festen Ausreisewillen mit dem Nachweis von Ort, Zeit und Verkehrsmittel belegt. Damit ist die Schwelle zum pauschalen Verdacht und zur Routinekontrolle erreicht, wenn nicht überschritten, und der mit erkennungsdienstlichen Maßnahmen verbundene Eingriff in Persönlichkeitsrechte kaum noch zu rechtfertigen. Deshalb sind an die Anwendung der Soll-Regel im Blick auf das Übermaßverbot **strenge Anforderungen** zu stellen. Wenn keine personenbezogenen Anhaltspunkte dafür bestehen, dass die gewonnenen und nach Maßgabe des § 89 aufbewahrten Daten bei einer künftigen Einreise bedeutsam sein können, ist eine erkennungsdienstliche Maßnahme unzulässig.

11 Eine Sonderstellung nimmt die **Überstellung** an einen sicheren Drittstaat ein. Der Anlass zum behördlichen Einschreiten ist hier tatbestandsmäßig nicht weiter begrenzt. Vor allem ist der Verdacht einer Wiedereinreise nicht vorausgesetzt. Damit ist eine weitere, sehr umfassende Verpflichtung für erkennungsdienstliche Maßnahmen geschaffen, die nur an eine den Aufenthalt verhindernde oder beendende Maßnahme anknüpft. Betroffen sind Ausländer, die keinen Asylantrag stellen (sonst gilt § 18 V AsylG) und in einen in § 26a II AsylG genannten Drittstaat (sicherer Drittstaat iSd AsylG) zurückgewiesen oder zurückgeschoben werden sollen. Da ihre Rückführung in einen anderen Staat keine Schwierigkeiten aus diesem Grund erwarten lässt, werden mit ihrer erkennungsdienstlichen Behandlung ausschließlich **präventive Zwecke** verfolgt. Infolgedessen bedarf es auch hier der genaueren Untersuchung einer atypischen Fallkonstellation.

12 Dies gilt auch in den Fällen der **Schutzgewährung** nach §§ 23, 24, 29 III. Dagegen kann bei Erfüllung der Tatbestände der §§ 5 IV und 73 IV sowie bei einem Antrag auf ein längerfristiges Visum und belegbaren Schwierigkeiten mit der Rückführung in bestimmte Staaten ein überwiegendes öffentliches Interesse an erkennungsdienstlichen Maßnahmen auch im Einzelfall in der Regel anerkannt werden.

13 Die **zulässigen Zwecke** umschreibt das Gesetz zwar abschließend, aber sehr weitreichend: nach Abs. 3 Feststellung von Identität, Alter und Staatsangehörigkeit, dagegen nach Abs. 5 Feststellung und Sicherung (nur) der Identität. Zu den Anlässen zählen die Erteilung und die Verlängerung von Aufenthaltstiteln oder Duldung ebenso wie die Vorbereitung und Durchführung aufenthaltsbeendender Maßnahmen. Dennoch ist mit Blick auf den Verhältnismäßigkeitsgrundsatz stets danach zu fragen, ob die jeweilige Maßnahme für den jeweiligen Zweck aus dem jeweiligen Anlass erforderlich und noch angemessen ist.

14 Die **Art der zulässigen Maßnahmen** (→ Rn. 4) bestimmt das Gesetz in Abs. 6–9 genauer als noch in §§ 41, 41a AuslG und wiederum anders als in § 16 AsylG. Diesem abgestuften Maßnahmenkatalog liegt zugrunde, dass auch die Auswahl und der Einsatz der Mittel zur Identifizierung dem Prinzip der Verhältnismäßigkeit unterliegen. Zunächst sind diejenigen Maßnahmen zu ergreifen, die den Ausländer am wenigsten beeinträchtigen. Daher muss in erster Linie Aufklärung bei anderen Behörden oder auch bei Privatpersonen, Arbeitgebern oder anderen Stellen gesucht werden. Das Gesetz verlangt dies aber nur zum Zwecke der Feststellung der Identität, nicht also dann, wenn die Identität gesichert oder Alter oder Staatsangehörigkeit festgestellt werden sollen.

15 Erweisen sich andere Aufklärungsversuche als erfolglos, kommen als jeweils **mildere Mittel** zunächst nur Fingerabdrücke und Lichtbildaufnahmen und sodann die Feststellung körperlicher Merkmale durch Messungen in Betracht. Was genau unter den weiter für zulässig erklärten „ähnlichen Maßnahmen" zu verstehen ist, ist nicht sicher. Die in § 81b StPO bezeichneten Maßnahmen sind zum Teil mit empfindlichen und riskanten körperlichen Eingriffen verbunden und deshalb nur im äußersten Fall zugelassen. Nur wenn diese Einschränkungen strikt beachtet werden, bestehen keine grundsätzlichen verfassungsrechtlichen Bedenken.

16 **Sprachaufzeichnungen** sind zur Feststellung des Herkunftsstaates oder der Herkunftsregion (nicht also für andere Zwecke) nach vorheriger Unterrichtung des Ausländers zugelassen, aber nicht vorgeschrieben (ebenso wie nach § 16 I 3 AsylG). Daher bleibt Raum für die Anwendung des Verhältnismäßigkeitsgrundsatzes. Die Aufzeichnung des gesprochenen Worts ist nur zulässig, wenn die erhofften Feststellungen für die anstehende aufenthaltsrechtliche Entscheidung oder Maßnahme bedeutsam sind (nicht selbstverständlich für die Herkunftsregion), wenn andere Aufklärungsmittel versagen und wenn die Aufzeichnung und deren Auswertung wahrscheinlich Aussicht auf Erfolg haben. Dazu muss prognostiziert werden, dass die Auswertung der Aufzeichnungen mit einiger Wahrscheinlichkeit die Zuordnung zu einem Staat oder einer Region ermöglichen wird.

Überprüfung, Feststellung und Sicherung der Identität **§ 49 AufenthG 1**

Sprachaufzeichnungen haben sich in den letzten Jahren als grundsätzlich geeignetes Mittel zur 17
Klärung der Herkunft erwiesen, Rückschlüsse von der Sprache auf die Herkunft lassen sich aber nur mittels geschulten Sachverstands und ausreichender Erfahrung ziehen[23]. Vor allem ist ein genauer Vergleich der Eigenheiten der Sprechweise des Ausländers mit den typischen Merkmalen der in Betracht kommenden Sprachumfelder anzustellen. Dazu bedarf es vor allem bei den als schwierig geltenden Nachfolgestaaten der ehemaligen Kolonialreiche in Afrika und Asien einer genauen Kenntnis des Verhältnisses der Stammes- oder Landessprachen zu Englisch, Spanisch und Französisch. Da Sprach- und Staatsgrenzen nicht immer identisch sind, kann einer Sprachanalyse bei der Feststellung des Herkunftsstaats nur indizielle Bedeutung zukommen[24].

Nach der Herabsetzung der Altersgrenze im **2. DatenaustauschverbesserungsG** müssen nach 18
Abs. 8 bereits bei **Personen über sechs Jahren** die Aufnahme von Lichtbildern und das Abnehmen von Fingerabdrücken erfolgen; wenn sie bei der **unerlaubten Einreise** aufgegriffen und nicht zurückgewiesen werden (können). jedenfalls die Identität (nicht also Alter und Staatsangehörigkeit) gesichert werden. Diese Maßnahme ist zwingend vorgeschrieben und nicht wie die nach Abs. 5 nur im Regelfall. Für **Personen unter sechs Jahren** erfolgt die Sicherung nunmehr auch, aber nur mit Aufnahme des Lichtbilds. Dies gilt analog nach Abs. 9, wenn sich Ausländer ohne Aufenthaltstitel im Bundesgebiet aufhalten. Die durch das AsylVfBeschlG 2015 eingeführte Änderung diente der Vereinfachung der Rechtslage sowie der Verhinderung von Mehrfacherfassungen und bedurfte durch das DatenaustauschverbesserungsG erneut der Anpassung.

Die jetzt im **2. DatenaustauschverbesserungsG** vorgenommene Herabsetzung der Altersgrenze 19
von 14 auf sechs Jahre dient dazu, das Kindeswohl zu schützen, um eine eindeutige Identifizierung von Kindern zu gewährleisten und etwaigen Straftaten zulasten des Kindes entgegenzuwirken[25]. Der Gesetzgeber führt in der Gesetzesbegründung einschränkend aus, dass die erkennungsdienstlichen Maßnahmen nur dann zulässig sind, wenn das Kindeswohl dem nicht entgegensteht. Bei der Umsetzung der Regelung bleibe das **Primat der Kinder- und Jugendhilfe** unberührt. Während der Behandlung von Minderjährigen muss der Gesetzesbegründung nach die Anwesenheit einer vertretungsberechtigten Begleitperson sichergestellt sein. Die Anwendung unmittelbaren Zwangs gegenüber Minderjährigen sei regelmäßig ausgeschlossen. Der **Verhältnismäßigkeitsgrundsatz** und das **Kindeswohlprinzip** erfordern zudem die Durchführung durch entsprechend geschultes Personal mit den schonendsten Methoden[26]. Die Änderung ist vor dem Hintergrund der Verhandlungen zur Reform der Eurodac-VO zu sehen, in deren Rahmen sich bereits auf eine Herabsetzung des Alters zur Abnahme von Fingerabdrücken auf sechs Jahre verständigt wurde. Mit der Herabsetzung der Altersgrenze im AufenthG soll ein einheitliches Regelungsregime für Minderjährige sichergestellt werden.

Art. 4 der Entschließung 97/C221/03 des Rates v. 26.6.1997 bestimmt, dass unbegleitete Asylbe- 20
werber, die behaupten, minderjährig zu sein, ihr Alter nachweisen müssen. Ist dieser Nachweis nicht möglich oder bestehen ernsthafte Zweifel, können die Mitgliedstaaten das Alter schätzen. Dabei ist allgemeiner Konsens, dass nur in Zweifelsfällen eine Alterseinschätzung vorgenommen wird. Die besondere Lage **Minderjähriger** und vor allem unbegleitet einreisender Minderjähriger ist nicht berücksichtigt[27]. Infolge der bei sechs Jahren gezogenen Altersgrenze unterliegen den erkennungsdienstlichen Maßnahmen auch Minderjährige. Gem. Abs. 6 S. 2 Hs. 2 gehen Zweifel an der Vollendung des sechsten Lebensjahres zulasten des Ausländers. Die Beweislast wird in nicht offensichtlichen Missbrauchsfällen auf die Minderjährigen verlagert, was zum Widerspruch mit dem rechtsstaatlich gebotenen Schutz von Minderjährigen führen kann. Die Mittel zur **Altersbestimmung** waren ohnehin Gegenstand kontroverser politischer Vorschläge[28]. Zur „Praxis der Altersbestimmung in Europa"[29] liegt ein Handbuch des EASO[30] vor. Nach Darstellung der Verfahrensmaßnahmen und -garantien als gemeinsame Standards in den Mitgliedstaaten beschreibt und bewertet es die unterschiedlichen Praktiken und Methoden. Zu den Methoden der medizinischen Diagnostik zählen Röntgen des Handskeletts und des Schlüsselbeins, Erhebung des Zahnstatus, Untersuchung durch einen Kinder- oder Jugendarzt mit Feststellung der Geschlechtsreife. Nichtmedizinische Methoden sind Inaugenscheinnahme, Bewertung von Dokumenten, Befragungen zum persönlichen Hintergrund sowie zum soziokulturellen Umfeld oder psychologische Tests. In der Praxis wird dies meist mit medizinischer Diagnostik kombiniert. Dabei setzt auch eine (einigermaßen) zuverlässige medizinische Altersdiagnostik voraus, dass im Wege einer zusammenfassenden Begutachtung die Ergebnisse einer körperlichen Untersuchung, ggf. auch einer Röntgenuntersuchung der Hand und der Schlüsselbeine, sowie einer zahnärztlichen Untersuchung zu einer abschließenden Altersdiagnose zusammengeführt

---

[23] Dazu näher mwN → AsylG § 16 Rn. 10–20; *Heinhold* InfAuslR 1998, 299; *Jobs* ZAR 2001, 173.
[24] OVG LSA Beschl. v. 20.8.2020 – 2 L 108/18, BeckRS 2020, 28493 Rn. 11.
[25] BT-Drs. 19/8752, 68.
[26] BT-Drs. 19/8752, 68.
[27] Dazu umfassend *Peter* ZAR 2005, 11.
[28] Vgl. BT-Drs. 14/8414, 22.
[29] Malta, Dezember 2013, www.easo.europa.eu/sites/default/files/public/2013.9603_DE_V4.pdf.
[30] European Asylum Support Office, vgl. Entscheiderbrief 7/2011, S. 4 und 3/2010, S. 7.

werden[31]. Angesichts der erheblichen Schwankungsbreiten medizinischer Untersuchungsmethoden von bis zu fünf Jahren, wird es darüber hinaus eines „Sicherheitszuschlags" von weiteren zwei bis drei Jahren bedürfen, um dem Kindeswohl angemessen Rechnung zu tragen und jeder vermeidbaren Fehlbeurteilung entgegenzuwirken[32]. Die **röntgenologische Untersuchung** des Handwurzelknochens und des Kiefers war im Gesetz bis zum 27.8.2007 weder erwähnt noch ausgeschlossen. Die Röntgenstrahlung am Menschen ist aber nach § 25 I 1 VO über den Schutz vor Röntgenstrahlen nicht für den Zweck der Altersbestimmung bei Ausländern vorgesehen und kann damit auch nicht als „ähnliche Maßnahme" nach Abs. 4 S. 1 anerkannt werden[33]. Dadurch war die Ergänzung des Gesetzgebers in Abs. 6 notwendig. Gegen die Feststellung des Alters im Rahmen der sog. **forensischen Altersdiagnostik** bestehen gleichwohl rechtliche Bedenken[34]. In der Studie[35] wird festgestellt, dass es zurzeit keine verlässliche Methode zur exakten Altersfeststellung gibt. Aus diesem Grund wird vom Unterstützungsbüro auch keine bestimmte Methode empfohlen. Vielmehr sollten laut dem EASO die Staaten ihre Verfahren zur Altersbestimmung vereinheitlichen, um ein effizientes und wirksames System zu schaffen, das mit EU-Normen im Einklang steht und bei dem die Kinderrechte gewahrt werden. Zu den wichtigsten Empfehlungen der Studie gehören die vorrangige Berücksichtigung des Kindeswohls bei allen Maßnahmen, die zur Altersbestimmung durchgeführt werden; eine Einleitung von Maßnahmen zur Altersbestimmung nur in Fällen, in denen es Zweifel an den Altersangaben der Betroffenen gibt; ein multidisziplinärer und ganzheitlicher Ansatz bei der Altersbestimmung; die Berücksichtigung schriftlicher oder anderer Beweismittel, bevor auf medizinische Untersuchungsmethoden zurückgegriffen wird; die Einwilligung der Betroffenen und/oder ihrer rechtlichen Vertreter als Voraussetzung für das Verfahren zur Altersbestimmung und die Möglichkeit des Widerspruchs gegen das Ergebnis des Verfahrens zur Altersbestimmung. Die Kombination der einzelnen medizinischen Methoden[36] (körperliche Untersuchung, Röntgen der linken Hand, Gebissuntersuchung und ggf. Röntgen des Schlüsselbeins) sollen eine annähernd Erfolg versprechende Streubreite von plus/minus einem Jahr ergeben. Nach Abs. 3 steht nur ein eingeschränktes Methodenspektrum zur Verfügung: Begutachtung mit Erfassung der Körpermaße, Reifezeichen, Entwicklungsstörungen und Erhebung des Zahnstatus und Nutzung ggf. vorhandener Untersuchungsergebnisse. Die Einzelmethoden ergeben kaum eine gerichtsverwertbare Aussage, die nach § 26 FamFG (Amtsermittlungspflicht) zur Unaufklärbarkeit führen können (in dubio pro libertate), da die Aussagekraft eine Schwankungsbreite von mehreren Jahren haben dürfte. Daher wird die Anordnung der Altersfeststellung insgesamt weiterhin als problematisch gesehen.

IV. Verwaltungsverfahren und Rechtsschutz

21 **Zuständig** sind die in → Rn. 2 bezeichneten Behörden. Damit sind auch mehrmalige erkennungsdienstliche Maßnahmen grundsätzlich zulässig, sofern sie sich als notwendig erweisen (zB wegen Unvollständigkeit, Unsicherheit oder zwischenzeitlicher neuer Erkenntnisse). Erkennungsdienstliche

---

[31] VGH München Beschl. v. 18.8.2016 – 12 CE 16.1570, BeckRS 2016, 51383 Rn. 22.
[32] VGH München Beschl. v. 16.8.2016 – 12 CS 16.1550, BeckRS 2016, 50450 Rn. 24.
[33] *Peter* ZAR 2005, 11 S. dazu auch AG Schöneberg Beschl. v. 23.5.2014 – 85 F 106/14, BeckRS 2015, 10848: Nach dem eindeutigen Wortlaut der Regelung wäre eine Anwendung von Röntgenstrahlen zu Beweiszwecken nur zulässig, wenn sie durch Gesetz vorgesehen oder zugelassen wäre. Entsprechende gesetzliche Ermächtigungsgrundlagen werden im Strafverfahren in § 81a StPO und im Aufenthaltsrecht in § 49 VI gesehen. Für das Zivilverfahren existiert eine entsprechende gesetzliche Grundlage jedoch weder in der ZPO noch im FamFG (vgl. *M. Parzeller*, Rechtliche Aspekte der forensischen Altersdiagnostik, Rechtsmedizin 2011, 12–21 [17 f.]; zur ZPO ebenso: LG Berlin Beschl. v. 16.6.2009 – 83 T 480/08, BeckRS 2011, 576; OLG München Beschl. v. 15.3.2012 – 26 UF 308/12, FamRZ 2012, 1958).
[34] S. hierzu näher *Schmehling* Deutsches Ärzteblatt Jg. 101, Heft 18 v. 30.4.2004 und Institut für Rechtsmedizin – Charité Universitätsmedizin Berlin; ausf. → § 62 Rn. 87; *Winkelmann* in OK-MNet-AufenthG zu § 49 Rn. 18, zu § 62 Rn. 109 ff.
[35] Malta, Dezember 2013, www.easo.europa.eu/sites/default/files/public/2013.9603_DE_V4.pdf.
[36] Eine Röntgenaufnahme wird entweder mit Standardaufnahmen für das relevante Alter und Geschlecht (Röntgenatlas) verglichen, um das Entwicklungsstadium zu bestimmen, oder der Grad der Reife wird für einzelne Knochen (Einzelknochenmethode) bestimmt und zur Berechnung eines allgemeinen Reifestadiums zusammengefasst. Für die erstgenannte Methode ist heute der Atlas von *Greulich* und *Pyle* (GP) das Standardwerk. Die GP-Methode war das Ergebnis einer im Jahr 1935 (!) durchgeführten Studie, deren Ziel nicht die Altersbestimmung, sondern die Beurteilung der Skelettreife war und bei der Unterschiede zwischen Angehörigen unterschiedlicher Rassen oder sozioökonomische Unterschiede keine Berücksichtigung fanden. Die Hauptgrundlage für die zweite Methode ist die Methode nach *Tanner* und *Whitehouse* (TW) (liegt in drei Ausgaben vor). TW2 basiert auf der Beurteilung der Skelettreife und einer Prognose der Größe im Erwachsenenalter. Jeder der 20 Knochen in der Hand wird einzeln mit einer Reihe von Bildern der Entwicklung des jeweiligen Knochens verglichen. Die Referenzwerte wurden in den 1950er- und 1960er-Jahren festgelegt. Die Methode gilt als weniger verlässlich für ältere Gruppen (Altersgruppe der 15–18-Jährigen) und für Personen unterschiedlicher Rasse und ethnischer Zugehörigkeit. Grundsätzlich wäre jedoch nach wie vor zu erwarten, dass die TW-Methode sicherer ist. Im Mittel ist die Skelettentwicklung der Handknochen bei Mädchen im Alter von 17 Jahren und bei Jungen im Alter von 18 Jahren abgeschlossen (aus EASO, Praxis der Altersbestimmung in Europa, S. 34, Nr. 3.2.5, www.easo.europa.eu/sites/default/files/public/2013.9603_DE_V4.pdf).

Ausreisepflicht   § 50 AufenthG 1

Maßnahmen sind, ohne dass das Gesetz dies ausdrücklich erklärt, auch gegen den Willen des Ausländers zugelassen. Er hat sie nämlich zu dulden. Die Anordnung der erkennungsdienstlichen Maßnahmen erfolgt durch Verwaltungsakte. Eine zwangsweise Durchsetzung sieht die Vorschrift nicht vor. In Betracht kommen daher Zwangsgelder und unmittelbarer Zwang nach allgemeinen Vorschriften (§§ 11, 12 (L)VwVG sowie UZwG). Zuwiderhandlung ist strafbar (§ 95 I Nr. 6). Zum sonstigen Verfahren und zum Datenschutz vgl. § 89. Nach § 82 III soll die Behörde ua auf die **Mitwirkungsverpflichtung** des Ausländers hinsichtlich der Feststellung seiner Identität (§ 49) **hinweisen**. Dem Wortlaut ist allerdings nicht zu entnehmen, dass auch ein Hinweis auf die strafrechtlichen Folgen etwaiger Verstöße gegen diese Mitwirkungsverpflichtung erforderlich ist[37].

Gegen die Anordnung von erkennungsdienstlichen Maßnahmen sind die Rechtsbehelfe des Widerspruchs und der **Anfechtungsklage** gegeben (§§ 42 I, 68 VwGO), die aufschiebende Wirkung entfalten (§ 80 I VwGO; vgl. § 84 I). Gegen den behördlich angeordneten Sofortvollzug ist der Aussetzungsantrag nach § 80 V VwGO zulässig. Androhung und Festsetzung von Zwangsgeld sowie unmittelbarer Zwang zur Durchsetzung der Duldungspflicht (§§ 11, 12 (L)VwVG sowie UZwG) stellen Vollstreckungsakte dar; die Suspensivwirkung der gegen sie gerichteten Rechtsmittel ist zum Teil durch Landesrecht ausgeschlossen (vgl. § 80 II 2 VwGO). Der Anspruch auf Vernichtung und Löschung kann mit der allgemeinen Leistungsklage durchgesetzt werden; Vernichtung und Löschung sind Realakte. Gegenüber einer unberechtigten Weitergabe von Daten ist die allgemeine Feststellungsklage (§ 43 I VwGO) zulässig. 22

§ 49a *(aufgehoben)*

§ 49b *(aufgehoben)*

Kapitel 5. Beendigung des Aufenthalts

Abschnitt 1. Begründung der Ausreisepflicht

§ 50 Ausreisepflicht

(1) Ein Ausländer ist zur Ausreise verpflichtet, wenn er einen erforderlichen Aufenthaltstitel nicht oder nicht mehr besitzt und ein Aufenthaltsrecht nach dem Assoziationsabkommen EWG/Türkei nicht oder nicht mehr besteht.

(2) Der Ausländer hat das Bundesgebiet unverzüglich oder, wenn ihm eine Ausreisefrist gesetzt ist, bis zum Ablauf der Frist zu verlassen.

(3) ¹Durch die Einreise in einen anderen Mitgliedstaat der Europäischen Union oder in einen anderen Schengen-Staat genügt der Ausländer seiner Ausreisepflicht nur, wenn ihm Einreise und Aufenthalt dort erlaubt sind. ²Liegen diese Voraussetzungen vor, ist der ausreisepflichtige Ausländer aufzufordern, sich unverzüglich in das Hoheitsgebiet dieses Staates zu begeben.

(4) Ein ausreisepflichtiger Ausländer, der seine Wohnung wechseln oder den Bezirk der Ausländerbehörde für mehr als drei Tage verlassen will, hat dies der Ausländerbehörde vorher anzuzeigen.

(5) Der Pass oder Passersatz eines ausreisepflichtigen Ausländers soll bis zu dessen Ausreise in Verwahrung genommen werden.

(6) ¹Ein Ausländer kann zum Zweck der Aufenthaltsbeendigung in den Fahndungshilfsmitteln der Polizei zur Aufenthaltsermittlung und Festnahme ausgeschrieben werden, wenn sein Aufenthalt unbekannt ist. ²Ein Ausländer, gegen den ein Einreise- und Aufenthaltsverbot nach § 11 besteht, kann zum Zweck der Einreiseverweigerung zur Zurückweisung und für den Fall des Antreffens im Bundesgebiet zur Festnahme ausgeschrieben werden. ³Für Ausländer, die gemäß § 15a verteilt worden sind, gilt § 66 des Asylgesetzes entsprechend.

---

[37] OLG München Beschl. v. 30.6.2009 – 4 StR RR 007/09, 4 St RR 7/09, BeckRS 2009, 19428; → § 95 Rn. 52 f.; *Winkelmann* in OK-MNet-AufenthG zu § 95 Rn. 52 f.

1 AufenthG § 50

Erster Teil. Aufenthaltsgesetz

Allgemeine Verwaltungsvorschrift
50 Zu § 50 – Ausreisepflicht
50.1 Voraussetzungen der Ausreisepflicht
50.1.1 Die Ausreisepflicht setzt voraus, dass der Ausländer einen erforderlichen Aufenthaltstitel nicht oder nicht mehr besitzt oder ein Aufenthaltsrecht nach dem ARB 1/80 nicht oder nicht mehr besteht und sein Aufenthalt somit unrechtmäßig ist.
50.1.2 Die Ausreisepflicht besteht nicht im Fall eines Aufenthalts, der ohne Aufenthaltstitel rechtmäßig ist.
50.1.2.1 Ohne Aufenthaltstitel ist der Aufenthalt eines Ausländers rechtmäßig, wenn er sich auf Grund von Vorschriften, die dem Aufenthaltsgesetz vorgehen oder auf Grund von Spezialregelungen in Deutschland aufhält (vgl. Nummer 14.1.2.1). Es handelt sich z. B. um

– aus dem Recht der Europäischen Union begünstigte Drittstaatsangehörige (vgl. Nummer 14.1.2.1.1.7),
– bevorrechtigte Personen, soweit das Aufenthaltsgesetz auf sie nicht anzuwenden ist (§ 1 Absatz 2, z. B. in Deutschland akkreditierte Diplomaten, NATO-Truppenangehörige im Rahmen des NATO-Truppenstatuts),
– Ausländer, die dem HAuslG unterfallen (§ 12 HAuslG),
– Ausländer, die nach den Regelungen des SDÜ bzw. Schengener Grenzkodex zum Kurzaufenthalt oder zur Durchreise berechtigt sind (z. B. Artikel 5 Absatz 4 Buchstabe a) Schengener Grenzkodex, Artikel 18 bis 21 SDÜ),
– Ausländer, deren Aufenthalt im Bundesgebiet zur Durchführung des Asylverfahrens gestattet ist (§ 55 Absatz 1 AsylVfG).

50.1.2.2 Ohne Aufenthaltstitel ist der Aufenthalt eines Ausländers auch dann rechtmäßig, wenn er vom Erfordernis eines Aufenthaltstitels befreit ist oder sein Aufenthalt nach dem Aufenthaltsgesetz kraft Gesetzes erlaubt ist. Das betrifft Ausländer,
50.1.2.2.1 – die vom Erfordernis eines Aufenthaltstitels befreit sind (§§ 15 ff. AufenthV) oder
50.1.2.2.2 – die der Fiktionswirkung des § 81 Absatz 3 Satz 1 und Absatz 4 unterfallen.
50.1.3.1 Die Ausreisepflicht entsteht kraft Gesetzes ohne vorherigen Verwaltungsakt.
50.1.3.1.1 – durch unerlaubte Einreise ohne erforderlichen Aufenthaltstitel i. S. v. § 14 Absatz 1 (siehe aber Nummer 50.1.3.2),
50.1.3.1.2 – durch Erlöschen der Aufenthaltsgestattung (nach § 67 Absatz 1 Nummer 2 AsylVfG),
50.1.3.1.3 – durch Wegfall der Befreiung vom Erfordernis des Aufenthaltstitels nach erlaubter Einreise, z. B. in den Fällen des § 15 AufenthV nach Ablauf der Höchstdauer eines Kurzaufenthaltes oder bei Aufnahme einer Erwerbstätigkeit und dem daraus folgenden Wegfall der Befreiung bei Staatsangehörigen im Einzelnen aufgeführter Länder (§ 17 Absatz 1 AufenthV),
50.1.3.1.4 – durch Ablauf der Geltungsdauer des Aufenthaltstitels (§ 51 Absatz 1 Nummer 1), sofern nicht rechtzeitig eine Verlängerung beantragt wurde,
50.1.3.1.5 – durch Eintritt einer auflösenden Bedingung (§ 51 Absatz 1 Nummer 2),
50.1.3.1.6 – durch Erfüllung der Erlöschenstatbestände nach § 51 Absatz 1 Nummer 6 bis 8,
50.1.3.1.7 – durch Wegfall der Voraussetzungen für die Durchreise oder den Kurzaufenthalt nach den Regelungen des SDÜ bzw. des Schengener Grenzkodex (z. B. Artikel 18 bis 21 SDÜ, Artikel 5 Absatz 4 Buchstabe a) Schengener Grenzkodex). Dies führt zur Ausreisepflicht unmittelbar auf Grund von Artikel 23 Absatz 1 SDÜ. Dies gilt nicht, wenn nach nationalem Recht, insbesondere nach der AufenthV, eine Befreiung vom Erfordernis eines Aufenthaltstitels eintritt.
50.1.3.2 Im Falle der nach § 14 Absatz 1 Nummer 2 oder 3 unerlaubten Einreise entsteht die Ausreisepflicht zu dem Zeitpunkt, in dem die Einreise beendet ist. Die Vollziehbarkeit der Ausreisepflicht tritt unmittelbar kraft Gesetzes ein und ist daher nicht selbständig anfechtbar.
50.1.3.3 Die Ausreisepflicht entsteht ebenfalls kraft Gesetzes, wenn ein Aufenthaltsrecht nach dem Assoziationsrecht EWG/Türkei erlischt. Wurde einem assoziationsrechtlich berechtigten Türken jedoch aus einem anderen Rechtsgrund ein Aufenthaltstitel, insbesondere eine Niederlassungserlaubnis erteilt, berührt der Wegfall des Aufenthaltsrechts nach Assoziationsrecht diese auf deutschem Recht beruhende Rechtsstellung nicht.
50.1.3.4 Die Einreise ohne einen anerkannten und gültigen Pass oder Passersatz begründet außerhalb des Anwendungsbereichs des SDÜ nur dann eine gesetzliche Ausreisepflicht, wenn der Ausländer keinen erforderlichen Aufenthaltstitel besitzt. Bei Passlosigkeit entfällt bei den schengenrechtlich geregelten Aufenthalten hingegen die Aufenthaltsvoraussetzung nach Artikel 5 Absatz 1 Buchstabe a) Schengener Grenzkodex oder den hierauf beruhenden Vorschriften mit der Folge, dass die auf Artikel 23 Absatz 1 SDÜ beruhende Ausreisepflicht unmittelbar nach der Einreise entsteht.
50.1.3.5 Bei der ausschließlich wegen Fehlens des erforderlichen Passes nach § 14 Absatz 1 Nummer 1 unerlaubten Einreise entsteht die Ausreisepflicht – außer bei den durch das SDÜ geregelten Aufenthalten – nicht schon im Zeitpunkt der Einreise. Ist der Ausländer durch die deutsche Auslandsvertretung oder die Grenzbehörde ein Visum unter Vorlage nicht als Pass oder Passersatz anerkannten Reisedokuments entgegen § 3 Absatz 1 Nummer 4 i. V. m. § 3 Absatz 1 erteilt worden oder ist das anerkannte Reisedokument, in dem das Visum eingetragen ist, vor der Einreise nach dem Recht des Ausstellerstaates ungültig geworden, entsteht die Ausreisepflicht bei Aufenthalten, die durch das nationale Recht geregelt sind, erst nach dem Widerruf (§ 52 Absatz 1 Nummer 1) oder nach Ablauf der Geltungsdauer des Visums (§ 51 Absatz 1 und § 58 Absatz 2 Satz 1 Nummer 2). Da ein entgegen § 5 Absatz 1 Nummer 4 i. V. m. § 3 Absatz 1 erteiltes Visum nicht von vornherein nichtig ist und ein Visum wegen Passablaufs oder Ungültigkeit des Passes nicht erlischt (§ 52 Absatz 1 Nummer 1), wird der Ausländer erst mit Ablauf der Geltungsdauer des Visums ausreisepflichtig, es sei denn, dieses Visum wird vorher widerrufen oder zurückgenommen. Solange das Visum gültig ist, ist Abschiebungshaft nicht zulässig.
50.1.3.6 Auf die besonderen Regelungen in Artikel 23 SDÜ wird hingewiesen (siehe unten Nummer 50.1.9).
50.1.3.7 Eine gesetzliche Ausreisepflicht schließt die Ausweisung nicht aus. Bereits wegen der Sperrwirkung (vgl. § 11) der Ausweisung ist die Behörde vielmehr verpflichtet, eine Ausweisung zu verfügen, wenn die gesetzlichen Voraussetzungen hierfür vorliegen.
50.1.4 Die Ausreisepflicht entsteht auf Grund eines Verwaltungsaktes in Fällen
50.1.4.1 – der Versagung eines Aufenthaltstitels, wenn zu diesem Zeitpunkt der Aufenthalt noch rechtmäßig war,
50.1.4.2 – der nachträglichen zeitlichen Beschränkung des rechtmäßigen Aufenthalts oder des Aufenthaltstitels,

Ausreisepflicht **§ 50 AufenthG 1**

50.1.4.3 – des Widerrufs oder der Rücknahme,
50.1.4.4 – der Ausweisung oder der Abschiebungsanordnung (§ 58a) und
50.1.4.5 – des § 67 Absatz 1 Nummer 3 bis 6 AsylVfG, wenn es sich um einen Asylbewerber handelt.
In diesen Fällen muss der Ausländer der Ausreisepflicht nachkommen, wenn der die Ausreisepflicht begründende Verwaltungsakt wirksam geworden ist. Die Anfechtung des Verwaltungsakts lässt seine Wirksamkeit und damit die Wirksamkeit der Ausreisepflicht unberührt (§ 84 Absatz 2 Satz 1).
50.1.5 Ein ausreisepflichtiger Ausländer ist verpflichtet, das Bundesgebiet zu verlassen. Diese Pflicht kann nur mittels Einreise in einen anderen Staat erfüllt werden (vgl. Nummer 50.4). Soweit der Ausländer in andere Staaten erlaubt einreisen darf, steht es ihm grundsätzlich frei, wohin er ausreisen will.
50.1.6 Die Ausreisepflicht endet durch
50.1.6.1 – Legalisierung des Aufenthalts im Wege der Erteilung eines Aufenthaltstitels,
50.1.6.2 – Erwerb einer Aufenthaltsgestattung nach dem AsylVfG (in den Fällen des § 14 Absatz 3 Satz 1 AsylVfG steht die Erteilung einer Aufenthaltsgestattung nicht der Aufrechterhaltung der Haft entgegen),
50.1.6.3 – Erfüllung im Wege der Ausreise (siehe Nummer 50.4) und
50.1.6.4 – Zurück- oder Abschiebung.
50.1.7 Da bei bestehender Ausreisepflicht der Aufenthalt unrechtmäßig ist, muss die Ausländerbehörde tätig werden, um diesen Zustand zu beenden. Im Falle einer zwangsweisen Durchsetzung sind Abschiebungsverbote zu berücksichtigen. Als Maßnahmen kommen in Betracht
50.1.7.1 – die Legalisierung des Aufenthalts, wenn die Voraussetzungen für die Erteilung oder Verlängerung eines Aufenthaltstitels vorliegen,
50.1.7.2 – die Überwachung der freiwilligen Ausreise nach Ablauf der Ausreisefrist (Rücklauf der Grenzübertrittsbescheinigung, vgl. Nummer 50.4) oder
50.1.7.3 – die zwangsweise Durchsetzung der Ausreisepflicht im Wege der Zurückschiebung oder Abschiebung. Soweit die Ausreisepflicht nicht auf einem Verwaltungsakt beruht, ist der Ausländer gesondert auf diese hinzuweisen. Dieser Hinweis ist im Allgemeinen mit einer Abschiebungsandrohung unter Festsetzung einer Ausreisefrist nach § 59 Absatz 1 zu verbinden.
50.1.8 Die Zurückschiebung oder Abschiebung gehen der freiwilligen Erfüllung der Ausreisepflicht regelmäßig vor, sofern die Voraussetzungen nach § 57 Absatz 1 bzw. § 58 Absatz 3 vorliegen.
50.1.9 Besondere Regelung der Ausreisepflicht in Artikel 23 SDÜ
50.1.9.1 Bei den durch das SDÜ geregelten kurzen Aufenthalten müssen (außer in den Fällen des Artikels 5 Absatz 4 Buchstabe c) Schengener Grenzkodex) die in Artikel 5 Absatz 1 Schengener Grenzkodex bzw. den jeweils hierauf verweisenden anderen Vorschriften des SDÜ geregelten Voraussetzungen jeweils einzeln und voneinander getrennt betrachtet erfüllt sein. Entfällt nur eine dieser Voraussetzungen, entsteht die Ausreisepflicht nach Artikel 23 Absatz 1 SDÜ.
50.1.9.2 Verliert der Pass oder Passersatz eines Drittausländers während eines durch das SDÜ geregelten Aufenthaltes seine Gültigkeit (Wegfall der Bedingung nach Artikel 5 Absatz 1 Buchstabe a) Schengener Grenzkodex) oder wird er zur Einreiseverweigerung ausgeschrieben Wegfall der Bedingung nach Artikel 5 Absatz 1 Buchstabe d) Schengener Grenzkodex), wird er selbst dann nach Artikel 23 Absatz 1 SDÜ ausreisepflichtig, wenn z. B. sein Visum noch gültig ist, weil die Erfüllung der in Artikel 5 Absatz 1 Buchstabe b) Schengener Grenzkodex genannten Voraussetzungen nicht die Erfüllung der übrigen Voraussetzungen ersetzen kann.
50.1.9.3 Dennoch sollten vorhandene Visa zur Schaffung von Rechtsklarheit in Fällen des Artikels 23 Absatz 1 SDÜ widerrufen werden. Deutsche Ausländerbehörden sind in diesen Fällen berechtigt, Schengen-Visa anderer Schengen-Staaten zu widerrufen. Artikel 23 Absatz 3 und 4 SDÜ sehen auch die grundsätzliche Verpflichtung des Aufenthaltsstaates vor, den betreffenden Ausländer in einen Drittstaat abzuschieben. Damit ist der Aufenthaltsstaat berechtigt, über die endgültige Beendigung eines durch einen anderen Schengen-Staat erlaubten Aufenthaltes zu entscheiden. In der Folge ist auch der Widerruf des durch diesen anderen Staat erteilten Visums möglich.
50.1.9.4 Bei Inhabern von Aufenthaltstiteln (nicht von Visa) anderer Schengen-Staaten ist zwingend das Konsultationsverfahren nach Artikel 25 SDÜ zu beachten. Unter „Aufenthaltserlaubnis" und „Aufenthaltstitel" i. S. d. Bestimmungen sind entsprechend dem europarechtlichen Sprachgebrauch keine Visa zu verstehen.
50.1.9.5 Artikel 23 Absatz 2 SDÜ regelt, wohin der Drittausländer sich nach Entstehung der Ausreisepflicht zu begeben hat.
50.1.9.6 Artikel 23 Absatz 3 SDÜ begründet die allgemeine Pflicht der Schengen-Staaten, die nach Artikel 23 Absatz 1 SDÜ ausreisepflichtigen Drittausländer abzuschieben, wenn eine freiwillige Ausreise nicht stattfindet oder nicht zu erwarten ist, oder wenn aus Gründen der nationalen Sicherheit Gefahr im Verzug besteht. In Artikel 23 Absatz 3 Satz 2 SDÜ sowie in Artikel 23 Absatz 5 SDÜ ist klargestellt, dass die nationalen asylrechtlichen Bestimmungen sowie die Schutzbestimmungen der genannten internationalen Abkommen sowie die nationalen Regelungen zu Abschiebungsverboten unberührt bleiben.
50.1.9.7 Artikel 23 Absatz 4 SDÜ legt die möglichen Zielstaaten der Abschiebung fest. Die Abschiebung in einen anderen Schengen-Staat kommt danach nur dann in Betracht, wenn dies durch bilaterale Vereinbarungen vorgesehen ist (siehe Nummer 57.3.1 und 59.2.1).

50.2 Ausreisefrist
50.2.1 Der Ausländer muss der Ausreisepflicht unverzüglich nachkommen. Ist eine Ausreisefrist gesetzt, muss er die Ausreisepflicht innerhalb der Frist erfüllen. Ausreisefrist i. S. v. Satz 2 ist insbesondere die im Rahmen der Abschiebungsandrohung nach § 59 Absatz 1 bestimmte Ausreisefrist.
50.2.2 I. d. R. wird die Ausreisefrist im Rahmen der Abschiebungsandrohung festgelegt. Wird ausnahmsweise keine Abschiebungsandrohung erlassen, kann die Ausländerbehörde nach § 50 Absatz 2 eine Ausreisefrist bestimmen. In Fällen einer Zurückschiebung nach § 57 wird eine Frist zur Ausreise nur in Ausnahmefällen gewährt. Ein solcher Ausnahmefall kann beispielsweise dann vorliegen, wenn Haft bis zum Vollzug der Zurückschiebung nicht beantragt oder angeordnet wird. Bei der Bemessung der Länge der Ausreisefrist steht der Ausländerbehörde grundsätzlich ein weiter Ermessensspielraum zu, der nach oben nur durch die Sechs-Monats-Grenze nach Absatz 2 Satz 2 zwingend begrenzt wird. Nach höchstrichterlicher Rechtsprechung ist bei der Festlegung der Frist vornehmlich die Dauer des bisherigen Aufenthalts zu berücksichtigen. Bei der Einräumung und Bemessung einer Ausreisefrist sind aber auch

Dollinger

1 AufenthG § 50

Erster Teil. Aufenthaltsgesetz

öffentliche Interessen zu berücksichtigen (z. B. Beweiserhebung in einem strafrechtlichen Ermittlungsverfahren). Sprechen konkrete Tatsachen oder andere Anhaltspunkte dafür, dass eine ausreisepflichtige Person von Menschenhandel betroffen ist, so ist grundsätzlich eine Frist zur freiwilligen Ausreise von mindestens einem Monat vorzusehen (siehe näher Nummer 50.2a). Die Betroffenen sollen über die Möglichkeit informiert werden, sich durch spezielle Beratungsstellen betreuen und helfen zu lassen. Die Ausreisefrist ist so zu bemessen, dass der Ausländer die Möglichkeit hat, seine persönlichen Angelegenheiten zu regeln.

50.2.3 Eine Ausreisefrist von einem Monat nach Beendigung des rechtmäßigen Aufenthalts ist im Regelfall ausreichend. Eine Ausreisefrist darf verlängert werden, auch soweit sie nach § 59 Absatz 1 bestimmt ist. Voraussetzung für eine Verlängerung ist, dass die freiwillige Ausreise des Ausländers gesichert ist. Eine Verlängerung der Ausreisefrist ist ausgeschlossen, wenn die Abschiebungsvoraussetzungen nach § 58 eingetreten sind. Nach Satz 3 darf die Ausreisefrist in besonderen Härtefällen auch über die Dauer von sechs Monaten nach Eintritt der Unanfechtbarkeit hinaus verlängert werden. Die Härte bezieht sich ausschließlich auf den Zeitpunkt, zu dem der Ausländer das Bundesgebiet verlassen muss, und nicht auf die Ausreisepflicht selbst.

50.2.4 Wird ein Ausländer aufgefordert, das Bundesgebiet innerhalb einer bestimmten Frist zu verlassen und wird sein Pass oder Passersatz nicht nach § 50 Absatz 6 in Verwahrung genommen (siehe Nummer 50.6.2), ist in seinem Pass zu vermerken:

„*Ausreisepflicht nach § 50 Absatz 1 AufenthG. Ausreisefrist bis zum …*"

Dieser Vermerk ist auch in den Passersatz, den Ausweisersatz oder die Aufenthaltstitel auf einem besonderen Blatt einzutragen. Zugleich soll dem Ausländer eine Bescheinigung über die Ausreisepflicht unter Angabe der Ausreisefrist mit der Aufforderung ausgehändigt werden, diese Bescheinigung der mit der polizeilichen Kontrolle des grenzüberschreitenden Verkehrs beauftragten Behörde bzw. der deutschen Auslandsvertretung außerhalb der Schengen-Staaten zu übergeben (Grenzübertrittsbescheinigung; siehe näher Nummer 50.4). Diese leitet die Bescheinigung der zuständigen Ausländerbehörde zu. Der Ausländer soll darauf hingewiesen werden, dass die Grenzübertrittsbescheinigung nicht zur visumfreien Einreise in andere Schengen-Staaten berechtigt. Im Rahmen der Überprüfung, inwieweit der Ausländer seiner Ausreisepflicht freiwillig nachkommen kann, ist insbesondere zu klären, ob ein notwendiger Aufenthaltstitel für die Durchreise durch andere Schengen-Staaten vorhanden ist; Nummer 46.2.3.2 und 46.2.4 sind zu beachten. Zu den Besonderheiten bei Ausreisen über andere Schengen-Staaten vgl. Nummer 50.4.1.2.

50.2.5 Die Festlegung einer Ausreisefrist stellt keinen Ersatz für die Ausstellung eines Aufenthaltstitels dar. Soll einem Ausländer, wenn auch nur für den Passersatz, für einen kurzen Zeitraum, der Aufenthalt zu anderen Zwecken als lediglich der Vorbereitung der Ausreise erlaubt werden, sind die Voraussetzungen zur Erteilung eines entsprechenden Aufenthaltstitels zu prüfen, und dieser ist, ggf. nach einem Hinweis an den Ausländer, auf seinen Antrag zu erteilen oder aber zu versagen. Ein Aufenthalt, dessen Erlaubnis nach den besonderen Bestimmungen des Aufenthaltsgesetzes nicht (mehr) möglich ist, darf also nicht durch eine großzügige Bemessung der Ausreisefrist unter Umgehung der aufenthaltsrechtlichen Bestimmungen doch ermöglicht werden. Zugleich ist bei Begehren für Aufenthaltsverlängerungen, bei denen gegen die weitere Erlaubnis des Aufenthaltes keine behördlichen Bedenken bestehen, vorzugsweise eine Aufenthaltserlaubnis (ggf. auch nach § 7 Absatz 1) zu erteilen, um bei späteren Anträgen desselben Ausländers und gegenüber auswärtigen Staaten, die den Pass einsehen, den Eindruck zu verhindern, ihm sei wegen Unzuverlässigkeit eine Ausreisefrist zu setzen gewesen.

50.2a Ausreisepflicht für Opfer von Menschenhandel

50.2 a.0 § 50 Absatz 2a regelt – in Umsetzung von Artikel 6 Absatz 1, 3 und 4 der Richtlinie 2004/81/ EG vom 29. April 2004 über die Erteilung von Aufenthaltstiteln für Drittstaatsangehörige, die Opfer des Menschenhandels sind oder denen Beihilfe zur illegalen Einwanderung geleistet wurde und die mit den zuständigen Behörden kooperieren (ABl. EU Nummer L 261 S. 19, so genannte Opferschutzrichtlinie) – die einem Ausländer, der Opfer einer in § 25 Absatz 4a genannten Straftat zu sein scheint, einzuräumende Bedenkzeit, ob er bereit ist, in einem Strafverfahren wegen der Straftat als Zeuge auszusagen. Anhand der systematischen Stellung der Regelung wird deutlich, dass sie sich im Wesentlichen an vollziehbar ausreisepflichtige Ausländer richtet.

50.2 a.1 Liegen konkrete Anhaltspunkte für das Vorliegen einer in § 25 Absatz 4a genannten Straftat vor, so ist die Ausländerbehörde grundsätzlich verpflichtet, dem Ausländer, der Opfer einer dieser Straftaten ist, eine Frist zur Ausreise zu setzen (vgl. zu Ausnahmen § 50 Absatz 2a Satz 3).

50.2 a.1.1 Vor der Festlegung der Ausreisefrist ist (ebenso wie bei ihrer Aufhebung oder Verkürzung) gemäß § 72 Absatz 6 Satz 1 die zuständige Staatsanwaltschaft oder das befasste Strafgericht zu beteiligen.

50.2 a.1.2 Für konkrete Anhaltspunkte der Ausländerbehörde nach § 50 Absatz 2a Satz 1 ist die plausible Aussage des Ausländers, er sei Opfer einer in § 25 Absatz 4a Satz 1 genannten Straftat, grundsätzlich ausreichend. Bei der Entscheidung ist insbesondere zu berücksichtigen, dass Ausländer, bei denen aus polizeilicher Sicht Anhaltspunkte dafür bestehen, dass sie Opfer von Menschenhandel sind, anfangs häufig (noch) nicht in der Lage sind, ihre Situation als Menschenhandelsopfer darzulegen. In jedem Fall ist es daher ausreichend, wenn Polizei oder Staatsanwaltschaft sich dahingehend äußern, dass ihnen entsprechende konkrete Anhaltspunkte bekannt sind. Neben einer Benennung der Anhaltspunkte durch den Ausländer oder durch eine Strafverfolgungsbehörde können auch Anhaltspunkte berücksichtigt werden, die durch eine Fachberatungsstelle für Opfer von Menschenhandel benannt werden.

50.2 a.1.3 Die durch die Frist zur Ausreise begründete Bedenkzeit hat zum Ziel, dem Opfer von Menschenhandel eine Bedenkzeit einzuräumen, in der es sich dem Einfluss der Täter entziehen, von den Folgen der Straftat erholen und ggf. Kontakt zu Fachberatungsstellen aufnehmen kann, so dass es in der Lage ist, eine fundierte Entscheidung darüber zu treffen, ob es bereit ist, in dem Strafverfahren wegen der Straftat als Zeuge auszusagen.

50.2 a.1.4 Verfahrensrechtlich hat die Ausländerbehörde vor der Entscheidung über die Festlegung einer Ausreisefrist die Staatsanwaltschaft, das Strafgericht oder bei unbekannter Zuständigkeit die für den Aufenthaltsort des Ausländers zuständige Polizeibehörde nach § 72 Absatz 6 zu beteiligen.

50.2 a.2 Diese Ausreisefrist beträgt mindestens einen Monat. Sie kann durch die Ausländerbehörde länger bemessen werden, sofern dies für die Entscheidungsfindung des Opfers notwendig ist. Nach § 50 Absatz 2 Satz 2 kann die Frist maximal sechs Monate betragen. Nur in besonderen Härtefällen nach § 50 Absatz 2 Satz 3 ist eine längere Frist zulässig. Die Ausländerbehörden haben dabei darauf zu achten, dass die Dauer der Ausreisefrist in einem angemessenen Verhältnis zu den noch ausstehenden Entscheidungen der Strafverfolgungsbehörden und des Opfers steht. Kann

Ausreisepflicht

im Anschluss an die Bedenkzeit nach § 50 Absatz 2a keine Aufenthaltserlaubnis nach § 25 Absatz 4a erteilt werden, so ist zu prüfen, ob die Voraussetzungen für einen Aufenthaltstitel nach § 25 Absatz 3 i. V. m. § 60 Absatz 2 oder Absatz 7 oder § 25 Absatz 5 oder für eine Duldung nach § 60a vorliegen.

50.2 a.3 § 50 Absatz 2a Satz 3 regelt die in das Ermessen der Ausländerbehörde gestellte Möglichkeit, die Fristsetzung abzulehnen, aufzuheben oder zu verkürzen. Grundsätzlich steht die Festsetzung einer mindestens einmonatigen Ausreisefrist allerdings nicht im Ermessen der Ausländerbehörde (vgl. Nummer 50.2 a.1). Für eine Ermessensentscheidung über das Absehen von der Ausreisefrist, über deren Verkürzung oder Aufhebung ist nur dann Raum, wenn die Voraussetzungen des § 50 Absatz 2a Satz 3 Nummer 1 oder Nummer 2 erfüllt sind. Tatbestandlich setzt dies voraus, dass der Ausländer

50.2 a.3.1 – die öffentliche Sicherheit und Ordnung oder sonstige erhebliche Interessen der Bundesrepublik Deutschland beeinträchtigt oder

50.2 a.3.2 – freiwillig nach der Unterrichtung nach Satz 4 wieder Kontakt zu den Personen nach § 25 Absatz 4a Satz 2 Nummer 2 aufgenommen hat (zur Frage der Freiwilligkeit siehe auch Nummer 25.4 a.2.2).

50.2 a.3.3 Vor der Ablehnung, Verkürzung oder Aufhebung der Ausreisefrist sind die in § 72 Absatz 6 benannten Strafverfolgungsbehörden zu beteiligen.

50.2 a.4 § 50 Absatz 2a Satz 4, der Artikel 5 der Opferschutzrichtlinie umsetzt, verpflichtet die Ausländerbehörden im Rahmen der Festsetzung der Ausreisefrist, die betreffenden Personen über die für Opfer von Menschenhandel bestehenden gesetzlichen Regelungen, Programme und Maßnahmen zu unterrichten. Hierzu zählen u. a. Informationen über die Betreuung durch Fachberatungsstellen, die mögliche Aufnahme in ein polizeiliches Zeugenschutzprogramm, die Möglichkeit der Erteilung einer Aufenthaltserlaubnis nach § 25 Absatz 4a, die Möglichkeit des Arbeitsmarktzugangs sowie des Zugangs zu Leistungen zur Sicherung des Lebensunterhalts und zu Leistungen zur medizinischen Betreuung. Die Ausländerbehörden können Nichtregierungsorganisationen oder andere geeignete Vereinigungen mit dieser Aufgabe beauftragen. Die Verantwortung verbleibt jedoch bei der Ausländerbehörde. Der Ausländer ist auch über die Voraussetzungen zu unterrichten, die einen Widerruf der Aufenthaltserlaubnis nach § 52 Absatz 5 oder eine Ablehnung, Verkürzung oder Aufhebung der Ausreisefrist nach § 50 Absatz 2a auslösen können, insbesondere über die möglichen Konsequenzen einer freiwilligen Kontaktaufnahme mit den Tätern.

Die Unterrichtung dient dazu, den Ausländer im Hinblick auf eine fundierte Entscheidung über eine Kooperation mit den Strafverfolgungsbehörden mit den notwendigen Informationen zu versorgen und ihn bei der Abwägung der Konsequenzen einer Entscheidung für oder gegen eine Mitwirkung als Zeuge im Strafverfahren zu unterstützen.

50.3 Unterbrechung der Ausreisefrist
Eine nach § 50 Absatz 3 unterbrochene Ausreisefrist beginnt nach Wiedereintritt der Vollziehbarkeit erneut zu laufen. Dies gilt auch in den Fällen des § 80b Absatz 1 VwGO (Ende der aufschiebenden Wirkung des Widerspruchs und der Anfechtungsklage mit Unanfechtbarkeit oder – bei erstinstanzlicher Klageabweisung – drei Monate nach Ablauf der gesetzlichen Begründungsfrist des gegen die abweisende Entscheidung gegebenen Rechtsmittels). Sinn der Regelung ist, dass dem Ausländer bei Wiedereintritt der Vollziehbarkeit der Ausreisepflicht die volle Frist zur freiwilligen Ausreise wieder zur Verfügung steht. Die Vollziehbarkeit i. S. d. § 50 Absatz 3 hängt daher nicht vom erfolglosen Ablauf der Ausreisefrist ab. Daher ist – anders als in § 58 Absatz 2 – der allgemeine vollstreckungsrechtliche Begriff gemeint.

War die Frist nicht durch einen Zeitraum, sondern durch ein Datum, bis zu welchem die Ausreise zu erfolgen hat, bestimmt worden, so muss anhand des Zeitraums zwischen Wirksamwerden der Abschiebungsandrohung und dem ursprünglich festgesetzten Datum das neue Datum der spätesten Ausreise errechnet und der Ausländer darauf hingewiesen werden.

50.4 Erfüllung der Ausreisepflicht
50.4.1.1 Der Ausländer erhält mit der Abschiebungsandrohung oder im Rahmen der Festsetzung einer Ausreisefrist nach § 50 Absatz 2 Satz 1 eine Grenzübertrittsbescheinigung, die er aufgrund eines entsprechenden Hinweises zum Zwecke der Ausreise beim Grenzübertritt (§ 13) der mit der polizeilichen Kontrolle des grenzüberschreitenden Verkehrs beauftragten Behörde oder der deutschen Auslandsvertretung im Heimatstaat vorlegt. Hierbei sind zwei Fallkonstellationen zu unterscheiden:

50.4.1.1.1 – Ein ausländischer Staatsangehöriger ist im Besitz einer Grenzübertrittsbescheinigung sowie seiner Grenzübertrittsdokumente und reist (z. B. mit einem Intra-Schengen-Flug) über einen anderen Schengen-Staat aus. In diesem Fall wird die mitgeführte Grenzübertrittsbescheinigung nicht durch die deutschen Grenzbehörden einbehalten. Ein Grenzübertritt kann nicht bestätigt werden, da faktisch eine jederzeitige Rückkehr nach Deutschland ohne Grenzkontrolle möglich ist. Es kann allenfalls – ohne weitere Rechtsfolgen – ein Eintrag erfolgen, dass der Ausländer zum vorgesehenen Flug vorstellig war. Eine Überprüfung des Abflugs ist nicht möglich.

50.4.1.1.2 – Es erfolgt eine direkte Ausreise aus Deutschland und zugleich aus dem Schengen-Gebiet auf dem Luftweg. Hier hat die zuständige Grenzbehörde die Grenzübertrittsbescheinigung zu erfassen und nach erfolgter Ausreise den Grenzübertritt zu bestätigen. Zugleich ist der von der Ausländerbehörde in Verwahrung genommene (§ 50 Absatz 6) und bei der Grenzbehörde hinterlegte Pass oder Passersatz dem Ausländer zum Zwecke der Ausreise auszuhändigen.

50.4.1.2 In der Grenzübertrittsbescheinigung ist wie folgt darauf hinzuweisen, dass die Erfüllung der Ausreisepflicht erst bei Verlassen des Schengen Raums bescheinigt wird:

„*Sofern die Ausreise aus Deutschland direkt in einen nicht zu den Schengen-Staaten (Geltungsbereich des Schengener Grenzkodex – Bezeichnung im Einzelnen) gehörenden Drittstaat erfolgt, d. h. ohne Durchreise / Zwischenhalt in einem anderen Schengenstaat, ist die Grenzübergangsbescheinigung an einer deutschen Grenzübertrittsstelle abzugeben.*

Bei Ausreise über einen anderen Schengen-Staat ist die Ausreise hingegen durch persönliche Abgabe der Bescheinigung bei einer deutschen Auslandsvertretung (Botschaft oder Generalkonsulat) außerhalb der Schengen-Staaten nachzuweisen; eine Übersendung durch Post, Kurier oder Boten genügt nicht. Dies ist insofern erforderlich, als zwischen den Schengen-Staaten grundsätzlich keine Grenzkontrollen mehr bestehen und faktisch eine Wiedereinreise nach Deutschland möglich ist. Durch die Abgabe der Bescheinigung bei den Grenzbehörden eines anderen Schengen-Staates kann die Ausreise aus Deutschland nicht nachgewiesen werden."

50.4.1.3 Die in Nummer 50.4.1.1 genannten Behörden haben die ausgefüllte Grenzübertrittsbescheinigung nach Erhalt unmittelbar der zuständigen Ausländerbehörde zuzuleiten. Um dies zu ermöglichen, ist in der Grenzübertrittsbescheinigung Folgendes auszuführen:

Dollinger

"Die in Empfang nehmende Behörde wird ersucht, die Bescheinigung an Bezeichnung der ausstellenden Behörde unter Angabe der Postanschrift zu übersenden."

50.4.1.4 Bei der Grenzübertrittsbescheinigung handelt es sich um einen Nachweis in der Form eines amtlichen Vordrucks über die freiwillige Ausreise des Ausländers innerhalb der Ausreisefrist i. S. v. § 50 Absatz 2. Erbringt der Ausländer diesen Nachweis, bedarf es keiner Ausschreibung nach § 50 Absatz 7 Satz 1. § 50 Absatz 7 Satz 2 bleibt unberührt. Hierauf ist in der Grenzübertrittsbescheinigung hinzuweisen.

50.4.2.1 Durch die nicht erlaubte Einreise in einen anderen Mitgliedstaat der Europäischen Union ist der Ausländer zwar tatsächlich ausgereist, die Ausreisepflicht wird dadurch jedoch rechtlich wirksam nicht erfüllt. Im Falle der Rücküberstellung oder der sofortigen Wiedereinreise ohne Visum, auch aus Drittstaaten, besteht die Ausreisepflicht fort, ebenso sonstige Beschränkungen nach § 51 Absatz 6. Bei den vom Erfordernis des Aufenthaltstitels befreiten Ausländern ist § 51 Absatz 5 zu beachten.

50.4.2.2 Die freiwillige Ausreise oder Abschiebung in einen anderen Mitgliedstaat der Europäischen Union kommt nur dann in Betracht, wenn der Ausländer dort einreisen und sich dort aufhalten darf. Die Ausländerbehörde muss von dem Ausländer einen entsprechenden Nachweis verlangen, den er nach § 82 Absatz 1 Satz 1 zu erbringen hat.

50.5 Anzeigepflicht

Sobald der Ausländer ausreisepflichtig geworden ist, unterliegt er gegenüber der Ausländerbehörde einer Anzeigepflicht, wenn er seine Wohnung wechseln oder den Bezirk der Ausländerbehörde für mehr als drei Tage verlassen will (§ 50 Absatz 5). Die Anzeigepflicht setzt lediglich die Wirksamkeit und nicht die Vollziehbarkeit der Ausreisepflicht voraus. Die Ausländerbehörde muss den Ausländer auf die Anzeigepflicht hinweisen.

50.6 Passverwahrung

50.6.1 § 50 Absatz 6 enthält das Gebot, den Pass oder Passersatz eines ausreisepflichtigen Ausländers erforderlichenfalls aus zwangsweise in Verwahrung zu nehmen. § 50 Absatz 6 setzt nur die Wirksamkeit und nicht die Vollziehbarkeit der Ausreisepflicht voraus. Der Pass oder Passersatz ist unabhängig davon zu verwahren, ob Anhaltspunkte dafür bestehen, dass der Ausländer den Pass oder Passersatz vor der Ausreise vernichten, unbrauchbar machen oder in sonstiger Weise der Behörde vorenthalten will. Die Polizeien der Länder und die mit der polizeilichen Kontrolle des grenzüberschreitenden Verkehrs beauftragten Behörden können den Pass oder Passersatz sicherstellen.

50.6.2 Ausnahmsweise muss der Pass nicht vorgelegt werden, wenn ein überwiegendes Interesse des Betroffenen daran besteht, über den Pass verfügen zu können, die Ausstellung einer beglaubigten Kopie des Passes zur Interessenwahrnehmung nicht ausreicht und dadurch die Ausreise und Abschiebung nicht gefährdet wird. Bei Angehörigen der im Anhang 2 zur Verordnung (EG) Nummer 539/2001 des Rates vom 15. März 2001 zur Aufstellung der Liste der Drittländer, deren Staatsangehörige beim Überschreiten der Außengrenzen im Besitz eines Visums sein müssen, sowie der Liste der Drittländer, deren Staatsangehörige von dieser Visumpflicht befreit sind (ABl. EU 2001 Nummer L 81 S. 1) genannten Positivstaaten kann von der Passverwahrung abgesehen werden, wenn sie nach den Erfahrungen in der Praxis nicht erforderlich ist. In allen anderen Fällen kann von der Passverwahrung nur abgesehen werden, wenn sich in der Ausländerakte eine Ablichtung des Passes befindet und wenn nach den Erfahrungen der Ausländerbehörde der Herkunftsstaat problemlos einen Passersatz ausstellt.

50.6.3 Über die Passverwahrung erhält der Ausländer eine formlose Bescheinigung, die gebührenfrei erteilt wird. Bereits in diesem Zeitpunkt sollte die Grenzübertrittsbescheinigung mit dem Hinweis ausgehändigt werden, dass diese bei der Entgegennahme des Passes oder Passersatzes bei der Grenzübergangsstelle abzugeben ist. Ein Ausweisersatz wird nicht ausgestellt.

50.6.4 Soweit möglich, sollte der Pass dem Ausländer nicht vor der Ausreise, sondern erst bei der Ausreise an der Grenzübergangsstelle unter Entgegennahme der Grenzübertrittsbescheinigung ausgehändigt werden.

50.6.5 Der Pass kann dem Ausländer zwischenzeitlich überlassen werden, soweit es aus zwingenden Gründen erforderlich ist.

50.7 Ausschreibung in den Fahndungshilfsmitteln der Polizei

50.7.1 Die Ausschreibung zur Festnahme nach § 50 Absatz 7 Satz 1 kommt in Betracht, wenn ein vollziehbar ausreisepflichtiger Ausländer untergetaucht ist, so dass Aufgriffsort und Aufgriffszeitpunkt nicht abgeschätzt werden können. Zur Ausschreibung von Ausländern zur Aufenthaltsermittlung bei unbekanntem Aufenthalt nach § 50 Absatz 7 Satz 1 siehe auch Nummer Vor 53.9. Die Ausschreibung nach § 50 Absatz 7 Satz 2 betrifft Fälle der Durchsetzung der gesetzlichen Sperrwirkung nach § 11 Absatz 1 Satz 1 und 2 auf Grund einer Ausweisung, Zurückschiebung oder einer vollzogenen Abschiebung (siehe Nummer Vor 53.10.1.1 und 58.0.13.1.1). Die Voraussetzungen für eine Festnahme im Fall des Antreffens im Bundesgebiet liegen nicht vor, wenn der Ausländer im Besitz einer Betretenserlaubnis ist (vgl. Nummer 11.2.1 letzter Satz).

50.7.2 Nach § 15a verteilte Ausländer dürfen zur Aufenthaltsermittlung gemäß § 66 AsylVfG in den Fahndungshilfsmitteln der Polizei unter den dort genannten Voraussetzungen ausgeschrieben werden.

50.7.3 Eine Ausschreibung zur Festnahme nach § 50 Absatz 7 darf nur erfolgen, wenn die Haftgründe nach § 62 vorliegen. Ausländer, die von der Abschiebungshaft ausgenommen werden sollen (siehe Nummer 62.0.5), sind lediglich zur Aufenthaltsermittlung auszuschreiben.

50.7.4 Die Ausschreibung ist unverzüglich aufzuheben, wenn die Gründe für die Ausschreibung entfallen sind (z. B. weil der Aufenthaltsort des Ausländers bekannt wird oder weil ihm ein Aufenthaltstitel erteilt worden ist, sein Aufenthalt gestattet oder die Abschiebung ausgesetzt worden ist).

Übersicht

	Rn.
I. Entstehungsgeschichte	1
II. Ausreisepflicht	2
1. Voraussetzungen der Ausreisepflicht (Abs. 1)	2
2. Ausreisefrist (Abs. 2)	11
3. Erfüllung der Ausreisepflicht (Abs. 3)	12

	Rn.
III. Anzeigepflicht (Abs. 4)	17
IV. Passverwahrung (Abs. 5)	19
V. Ausschreibung (Abs. 6)	22
VI. Rechtsschutzfragen	31

I. Entstehungsgeschichte

Die Fassung der Vorschrift auf der Grundlage des **ZuwG** stimmte im Wesentlichen mit dem 1
damaligen Gesetzesentwurf[1] überein. Aufgrund des Vermittlungsverfahrens[2] wurden in Abs. 7 (nunmehr Abs. 6) S. 2 das Wort „zurückgeschobener" eingefügt und S. 3 angefügt. Das RLUmsG 2007 fügte ursprünglich einen Abs. 2a ein[3]. Durch das **RLUmsG 2011** wurde die Vorschrift umfassend geändert. Abs. 2a wurde zum neuen § 59 VII. Abs. 2 S. 2 und 3 wurden aufgehoben und die Einzelheiten der Fristsetzung in § 59 I geregelt. Der bisherige Abs. 3 wurde in § 59 I 6 eingefügt und demzufolge wurden die bisherigen Abs. 4–7 des § 50 zu den Abs. 3–6. Bezweckt wurde mit diesen Änderungen anlässlich der Umsetzung der Rückführungs-RL, die Einzelheiten der Fristsetzung systematisch im Kontext mit der Abschiebungsandrohung nach § 59 zu regeln[4]. Durch die Ergänzung des bisherigen Abs. 4 (nunmehr Abs. 3) um die Einreise in einen anderen Schengen-Staat wird Art. 6 II Rückführungs-RL umgesetzt. Weiter wurde Abs. 3 um S. 2 ergänzt. Mit der Aufforderung zur Ausreise in das Hoheitsgebiet eines anderen Mitgliedstaates oder Schengen-Staates kann zugleich nach der Gesetzesbegründung gemäß § 59 I die Abschiebung angedroht werden. Dies ist nicht unionskonform, da die Abschiebungsandrohung selbst bereits eine Rückkehrentscheidung darstellt[5] und erst in Betracht kommt, wenn nach Art. 6 II 2 Rückführungs-RL der betreffende Drittstaatsangehörige dieser Verpflichtung nicht nachkommt oder die sofortige Ausreise des Drittstaatsangehörigen aus Gründen der öffentlichen Ordnung oder der nationalen Sicherheit geboten ist. Durch das **AufenthGÄndG 2015** wurde Abs. 6 S. 2 neu gefasst. Dies begründete der Gesetzgeber[6] damit, dass die bisherige Formulierung in Abs. 6 S. 2 nur das Einreiseverbot reflektierte, das aufgrund von Ausweisung, Abschiebung oder Zurückschiebung kraft Gesetzes entstand. Der neu gefasste § 11 sieht nun auch die Möglichkeit vor, ein Einreise- und Aufenthaltsverbot in den in § 11 VI und VII festgelegten Konstellationen zu verhängen. Auch bei diesen Einreise- und Aufenthaltsverboten, die auf einer behördlichen Anordnung beruhen, ist die Möglichkeit zur Ausschreibung erforderlich, um das Einreise- und Aufenthaltsverbot in der Praxis an der Grenze durchsetzen zu können.

II. Ausreisepflicht

1. Voraussetzungen der Ausreisepflicht (Abs. 1)

Die **Ausreisepflicht entsteht** nach Abs. 1, wenn der Ausländer einen erforderlichen Aufenthaltstitel (§ 4 I) nicht oder nicht mehr besitzt (zum Fortfall der Aufenthaltstitel § 51 I) und auch kein Aufenthaltsrecht nach ARB 1/80 besteht. Im letzteren Fall wirkt die nach § 4 V zu erteilende Aufenthaltserlaubnis nur deklaratorisch[7]; deswegen kommt es auf den Bestand des Aufenthaltsrechts und nicht auf den Besitz des Titels an. Solange Widerspruch und Klage gegen eine Ausweisungsverfügung aufschiebende Wirkung entfalten, erlischt das Aufenthaltsrecht nach ARB 1/80 nicht, sodass auch keine Ausreisepflicht entsteht[8]. Ein Aufenthaltstitel ist nicht erforderlich, wenn der Aufenthalt ohne einen solchen rechtmäßig ist (zB bei Unionsbürgern kraft EU-Rechts, bei von der Titelpflicht Befreiten nach §§ 15 ff. AufenthV und bei Asylbewerbern nach § 55 AsylG). Die Ausreisepflicht kann daher zB nach Verlust der Staatsangehörigkeit eines EU-Staats, mit Fortfall der Befreiung vom Erfordernis des Aufenthaltstitels oder mit Erlöschen der Aufenthaltsgestattung entstehen, aber auch dann, wenn das Aufenthaltsrecht aufgrund eines Aufenthaltstitels mit dessen Ablauf kraft Gesetzes und ohne einen Verwaltungsakt endet. Einer besonderen behördlichen Feststellung der Ausreisepflicht bedarf es nicht. Grundlage der (zwangsweisen) Aufenthaltsbeendigung ist die Rückkehrentscheidung, in der Regel in Form der Abschiebungsandrohung nach § 59, in deren Rahmen ggf. inzident die Ausreisepflicht geprüft wird[9].

Ausreisepflichtig ist nicht, wer aus anderen Gründen als der Befreiung nicht eines Aufenthalts- 3
titels bedarf. Zunächst sind dies Personen, auf die das AufenthG keine Anwendung findet (§ 1 II),

---

[1] BT-Drs. 15/420, 20.
[2] BT-Drs. 15/3479, 8.
[3] BT-Drs. 16/5065, 22.
[4] BT-Drs. 17/5470, 22.
[5] OVG Bln-Bbg Urt. v. 27.10.2016 – OVG 12 B 18.15.
[6] BT-Drs. 18/4097, 48.
[7] BVerwG Urt. v. 19.4.2012 – 1 C 10.11; SchlHOVG Beschl. v. 22.12.2017 – 4 MB 63/17; s. auch *Tanneberger* in BeckOK AuslR AufenthG § 50 Rn. 3.
[8] VGH BW Beschl. v. 16.10.2010 – 11 S 2328/10, InfAuslR 2011, 51.
[9] *Jacob* VBlBW 2008, 418 ff.

insbesondere freizügigkeitsberechtigte Unionsbürger (§§ 1 ff. FreizügG/EU). Sodann sind heimatlose Ausländer (§ 12 HAuslG) sowie Asylbewerber mit Aufenthaltsgestattung (§ 55 I AsylG[10]) ausgenommen. Außerdem benötigt (zunächst) keinen behördlichen Aufenthaltstitel, wessen Aufenthalt vorläufig gesetzlich erlaubt ist (§ 81 III 1 und IV). Schließlich ist nicht ausreisepflichtig, wer aufgrund Art. 5 IV a SGK, 19–21 SDÜ zum Kurzaufenthalt oder zur Durchreise berechtigt ist[11]. Ausreisepflichtig ist dagegen, wer (noch) nicht als deutscher Volkszugehöriger iSd Art. 116 I GG aufgenommen ist[12]. Ausreisepflichtig ist nach alledem nicht, **wer sich rechtmäßig im Bundesgebiet aufhält.** Haft beseitigt die Ausreisepflicht nicht, lässt sie aber tatsächlich ruhen.

4 Beruht die Ausreisepflicht **auf Gesetz** (zB § 51 I Nr. 6), beginnt sie mit Erfüllung des Tatbestands. Wird sie **durch einen VA** ausgelöst (zB Versagung oder Widerruf des Aufenthaltstitels, Ausweisung, Abschiebungsandrohung), tritt sie ohne Rücksicht auf die Unanfechtbarkeit des Verwaltungsakts sofort ein; denn die Anfechtung des Verwaltungsakts berührt unbeschadet ihrer evtl. aufschiebenden Wirkung die Unrechtmäßigkeit des Aufenthalts nicht (§ 84 II 1; zur Vollziehbarkeit § 58 II). Löst ein nach rechtmäßiger Einreise gestellter Antrag auf Erteilung eines Aufenthaltstitels nicht die Erlaubnisfiktion nach § 81 IV (§ 58 II 1 Nr. 2) aus, ist der Ausländer nach § 50 I vollziehbar ausreisepflichtig[13]. Beruht die Ausreisepflicht auf mehreren Grundlagen (zB Ausweisung und Nichtverlängerung des Aufenthaltstitels), werden ihr Bestehen und ihre Vollziehbarkeit vom Fortbestand der jeweiligen anderen Grundlage nicht berührt; beide Rechtspflichten stehen unabhängig nebeneinander[14]. Ungeachtet § 84 II 1 ist aber die Ausweisung im vorläufigen Rechtsschutzverfahren zu überprüfen, wenn die Sperrwirkung des § 11 dem Antrag auf einen Aufenthaltstitel entgegengesetzt werden soll[15]. Der Rspr. des BVerwG zufolge beinhaltet die durch eine Abschiebungsanordnung begründete Ausreisepflicht grundsätzlich keine Verpflichtung zur aktiven Mitwirkung an der eigenen Überstellung[16].

5 Besonderheiten sind bei **Kurzaufenthalten aufgrund des SDÜ** (Art. 19–21 SDÜ)[17] zu beachten. Eine Ausreisepflicht ergab sich nicht unmittelbar aus Art. 23 I SDÜ[18]. Nach der Bestimmung entstand die Ausreisepflicht „grundsätzlich" nur dann, wenn die Voraussetzungen für das Aufenthaltsrecht (vor allem nach Art. 5 I SGK) entweder nicht bestanden oder aber entfallen waren. Damit wurde den Mitgliedstaaten ein Regelungsspielraum zugebilligt, der einer unmittelbaren Anwendbarkeit entgegenstand. Art. 23 SDÜ enthielt eine Staatenverpflichtung, den Aufenthalt eines Drittausländers, der nicht mehr die Voraussetzungen für den Aufenthalt erfüllt, zu beenden. Durch das **RLUmsG 2011** wurde **Art. 6 II Rückführungs-RL, der Art. 23 SDÜ ablöste**, durch § 50 III in nationales Recht umgesetzt. § 50 III 2 (und § 59) sind unter Berücksichtigung von Art. 6 I und II Rückführungs-RL richtlinienkonform dahin gehend auszulegen, dass der Erlass einer Abschiebungsandrohung im Falle eines ausreisepflichtigen Ausländers, der in einen anderen Mitgliedstaat der EU einreisen und sich dort aufhalten darf, abgesehen von den Fällen, in denen die sofortige Ausreise des Drittstaatsangehörigen aus Gründen der öffentlichen Ordnung oder der nationalen Sicherheit geboten ist, erst dann zulässig ist, wenn dieser erfolglos aufgefordert worden ist, sich unverzüglich in den anderen Mitgliedstaat zu begeben[19]. Rechtlich handelt es sich bei der der Abschiebungsandrohung vorausgehenden **Ausreiseaufforderung** iSv § 50 III 2 um eine **gebundene Verwaltungsentscheidung**[20].

6 Drittausländer, die nach Art. 19, 20 oder 21 SDÜ für einen **Kurzaufenthalt** eingereist sind, werden in der Regel ausreisepflichtig, wenn sie die Voraussetzungen des Befreiungstatbestands nicht mehr erfüllen, wobei dies eine **konkretisierende Entscheidung voraussetzt**[21]. Sie sind nach § 50 I ausreisepflichtig, wenn sie nicht ausnahmsweise unter einen nationalen Befreiungstatbestand nach den §§ 15 ff., 41 AufenthV, die neben den Regelungen des SDÜ subsidiär anwendbar bleiben[22], fallen. Zur Ausreisepflicht führen ua Fälle, in denen der Drittausländer die zulässige Dauer eines sichtvermerksfreien Aufenthalts von drei Monaten überschritten hat, sein Pass abgelaufen ist oder er unter Verstoß gegen arbeitsgenehmigungsrechtliche Bestimmungen eine Erwerbstätigkeit aufgenommen hat. Erfüllt der Drittausländer die Voraussetzungen der Befreiung nicht mehr, so kann der Verlust des Aufenthaltstitels durch feststellenden VA in erweiternder Auslegung von § 12 IV dokumentiert werden.

7 In Bezug auf das **Durchreiserecht** mit einem nationalen Aufenthaltstitel aufgrund des Art. 5 IVa SGK entstand eine Ausreisepflicht, wenn der Ausländer sich über die zulässige Dauer von höchstens

---

[10] Vgl. BVerwG Urt. v. 20.2.2020 – 1 C 1.19, NVwZ 2021, 885 Rn. 21.
[11] Vgl. näher die Kommentierung bei § 6.
[12] VGH BW Beschl. v. 20.2.1992 – 1 S 115/92, EZAR 040 Nr. 1.
[13] VGH BW Urt. v. 2.3.2021 – VGH 11 S 120/21, BeckRS 2021, 4045 Rn. 43.
[14] *Fraenkel* S. 221.
[15] VGH BW Beschl. v. 12.12.1991 – 13 S 1800/90, EZAR 622 Nr. 13.
[16] BVerwG Urt. v. 17.8.2021 – 1 C 26.20, BeckRS 2021, 33433 Rn. 30.
[17] Vgl. die Kommentierung bei §§ 6 und 14.
[18] *Westphal/Stoppa* AuslR Polizei-HdB S. 346.
[19] VG Hamburg Urt. v. 14.1.2015 – 17 K 1758/14, BeckRS 2015, 40567; VG Freiburg Beschl. v. 1.2.2016 – 7 K 2404/15, BeckRS 2016, 41620.
[20] Ebenso *Tanneberger* in BeckOK AuslR § 50 Rn. 7a.
[21] GK-AufenthG § 50 Rn. 28.
[22] *Westphal/Stoppa* AuslR Polizei-HdB S. 341.

Ausreisepflicht   § 50 AufenthG 1

fünf Tagen hinaus im Bundesgebiet aufgehalten hatte, ohne aufgrund anderer Regelungen hierzu berechtigt gewesen zu sein. Gleiches galt für ein nationales Visum nach Art. 18 SDÜ, das zur Durchreise in einem anderen Schengen-Staat berechtigte (es enthielt den zusätzlichen Vermerk: + eine Durchreise Schengen). Dabei war zu beachten, dass nach Änderung des Art. 18 SDÜ durch die VO 1091/2001/EG[23] das nationale Visum gleichzeitig als Schengen-Visum Typ C ausgestellt werden konnte. In diesem Fall berechtigte das Visum nicht nur zur Durchreise. Dieser Rechtsstand wurde durch den **Visakodex (VK)**[24] zum 5.4.2010 abgelöst. Die zulässige Anzahl der Durchreisetage bemisst sich bei einem Visum zur Durchreise (Typ C „Transit") heute nach der jeweiligen Durchreisedauer + 15 Tage „Kulanzfrist" (Art. 24 I VK).

Für Drittstaatsangehörige aus der **Schweiz** und **Liechtenstein** gilt teilweise noch eine Sonderregelung. Am 20.6.2006 ist die Entscheidung Nr. 896/2006/EG[25] des EU-Parlaments und des Rates vom 14.6.2006 zur Einführung einer vereinfachten Regelung für die Personenkontrollen an den Außengrenzen in Kraft getreten, die zum Gegenstand hat, dass die Mitgliedstaaten bestimmte von der Schweiz und von Liechtenstein ausgestellte Aufenthaltserlaubnisse für die Zwecke der Durchreise durch ihr Hoheitsgebiet einseitig anerkennen[26]. 8

Ist der Ausländer im Besitz eines **Schengen-Visums,** so entsteht die Ausreisepflicht erst mit Ablauf dieses Aufenthaltstitels; eine nachträgliche Befristung nach § 7 II 2 ist nicht möglich. Vor Ablauf der Gültigkeitsdauer kann die Ausreisepflicht durch Ausweisung herbeigeführt werden, wenn der Ausländer – etwa durch unerlaubte Erwerbstätigkeit – einen Ausweisungstatbestand erfüllt. Außerdem kann in diesem Fall das Schengen-Visum nach Art. 34 VK annulliert oder aufgehoben werden[27]. 9

Die **Ausreisepflicht endet** mit Legalisierung des Aufenthalts durch Erteilung eines Aufenthaltstitels oder einer Aufenthaltsgestattung durch endgültige Ausreise oder durch Abschiebung (§ 58). Die Erteilung einer Duldung führt nur zur Aussetzung der Abschiebung; die Ausreisepflicht des Ausländers bleibt bestehen (§ 60a II 1, III). 10

2. Ausreisefrist (Abs. 2)

Die Ausreiseverpflichtung entsteht unter den in Abs. 1 genannten Voraussetzungen unmittelbar. Es bedarf also keines weiteren Verwaltungsakts. Der ausreisepflichtige Ausländer hat das Bundesgebiet gemäß **§ 50 II unverzüglich oder,** wenn ihm – wie im Regelfall – eine Ausreisefrist gesetzt ist, **bis zum Ablauf der Frist** zu verlassen. **Rechtsgrundlage** für die im Einzelfall vorzusehende **Ausreisefrist** ist § 59 I. Die Ausreisefrist darf nicht so festgelegt werden, dass sie – und sei es auch nur teilweise – in die Zeit vor Ablauf eines Aufenthaltstitels fällt oder während eines Zeitraums liegt, in der der Aufenthalt aus sonstigen Gründen rechtmäßig ist[28]. Der Besitz einer noch länger geltenden Duldung beschränkt dagegen das Ermessen nicht[29]. Die Ausreisepflicht wird nicht durch bloßen Zeitablauf gegenstandslos[30]. Nach früherem Recht galt eine Ausnahme hiervon für den Fall, dass der Ausländer sie nicht zu befolgen brauchte, zB bei aufschiebender Wirkung des Rechtsbehelfs[31] oder behördliche oder gerichtliche Aussetzung des Sofortvollzugs[32]. Aufgrund von § 59 I 6 wird die Ausreisefrist nur unterbrochen. 11

3. Erfüllung der Ausreisepflicht (Abs. 3)

Die Ausreisepflicht wird grundsätzlich durch **Verlassen der Bundesrepublik Deutschland** erfüllt, der Ausländer braucht also nicht unbedingt in seinen Heimatstaat zurückzukehren. Er muss aber den Aufenthalt ins Ausland verlegen und darf nicht nur zum Schein in der Absicht der sofortigen Rückkehr die Grenze überschreiten[33]. 12

Die **Einreise in einen anderen EU-Mitgliedstaat** oder einen anderen Schengen-Staat **(Abs. 3 S. 1)** genügt der Erfüllung der für die Bundesrepublik Deutschland bestehenden Ausreisepflicht nur, 13

---

[23] ABl. 2001 L 150, 4.
[24] Verordnung (EG) Nr. 810/2009 des Europäischen Parlamentes und des Rates vom 13.7.2009 über einen Visakodex der Gemeinschaft (Visakodex), ABl. 2009 L 243, 1; s. auch *Winkelmann,* Beitrag zum Visakodex, MNet.
[25] ABl. 2006 L 167, 8.
[26] Vgl. näher Kommentierung zu § 6.
[27] S. ausf. Kommentierung zu § 6.
[28] Vgl. zB VG Freiburg Beschl. v. 21.6.2021 – 10 K 1074/21, BeckRS 2021, 25103 Rn. 22 ff.
[29] VGH BW Urt. v. 4.12.1996 – 13 S 3126/95, EZAR 041 Nr. 3.
[30] OVG NRW Beschl. v. 22.8.1980 – 4 B 1035/80, EZAR 131 Nr. 1.
[31] BVerwG Urt. v. 18.10.1983 – 1 C 131.80, BVerwGE 68, 101.
[32] BVerwG Urt. v. 26.2.1980 – 1 C 90.76, BVerwGE 60, 75; Urt. v. 5.5.1982 – 1 C 182.79, EZAR 104 Nr. 5; VGH BW Beschl. v. 30.3.1990 – 1 S 295/90, EZAR 132 Nr. 3; HmbOVG Urt. v. 27.10.1980 – Bf V 6/80, EZAR 100 Nr. 14; Urt. v. 21.7.1980 – Bf V 15/80, EZAR 105 Nr. 1; HessVGH Beschl. v. 5.4.1990 – 13 TH 4801/88, EZAR 132 Nr. 4; anders allerdings für § 10 III 7 AsylVfG 1982: BVerwG Urt. v. 16.5.1986 – 1 C 16.85, EZAR 226 Nr. 9.
[33] *Renner* AiD Rn. 7/364 f. mwN; BVerwG Beschl. v. 20.6.1990 – 1 B 80.89, NVwZ 1991, 273; OVG Bln-Bbg Beschl. v. 21.4.2017 – OVG 11 N 18.15, BeckRS 2017, 108719.

1 AufenthG § 50

wenn dem Ausländer dort Einreise und Aufenthalt erlaubt sind[34]. Die Beweislast dafür trägt der Ausländer. Diese Ausnahmebestimmung soll den Besonderheiten der aufenthaltsrechtlichen Stellung von Drittstaatsangehörigen in der EU Rechnung tragen, die bisher weder vom EU-Recht erfasst noch in den Mitgliedstaaten einheitlich geregelt ist[35]. Das stärkere Zusammenwachsen der EU-Staaten und die allmähliche Aufhebung der Binnengrenzen zwingen zur Harmonisierung des Aufenthaltsrechts zumindest in der Weise, dass die Ausreisepflicht möglichst mit Wirkung für alle EU-Staaten durchgesetzt wird (vgl. auch Art. 6 II Rückführungs-RL und die Anerkennungs-RL[36]).

14 Ist es dem Ausländer erlaubt, in einen anderen EU-Mitgliedstaat oder einen Schengen-Staat einzureisen und sich dort aufzuhalten (§ 50 III 1), ist er gemäß § 50 III 2 aufzufordern, sich unverzüglich dorthin zu begeben. Ob die Ausreisepflicht nach **Abs. 3 S. 2** auch zwangsweise durch Abschiebung durchgesetzt werden darf, ist umstritten. Während die einen dies unter Hinweis auf den Wortlaut (nur freiwillige Ausreise) und auf Art. 6 II 1 Rückführungs-RL (Stichwort gestuftes Vorgehen) ablehnen[37], wird es von anderen mit der Begründung bejaht, dass Art. 6 II und Art. 7 IV Rückführungs-RL für den Fall Ausnahmen vom Erfordernis der Frist zur Gewährung einer freiwilligen Ausreise und der Pflicht sich in das Hoheitsgebiets des betreffenden Mitglieds- oder Schengen-Staates zu begeben, vorsehen, wenn der Betreffende eine Gefahr für die öffentliche Sicherheit und Ordnung darstellt und deshalb seine sofortige Ausreise geboten ist[38]. Nach Sinn und Zweck der Regelung dürfte Letzteres zutreffen.

15 Sind Einreise und Aufenthalt in dem **EU-Staat oder anderen Schengen-Staat,** in den der Ausländer zunächst ausgereist oder in den er später eingereist ist, nicht erlaubt, bleibt die Ausreisepflicht bestehen. Infolgedessen kann sie weder nach Wiedereinreise noch durch Abschiebung vollzogen werden. Der rechtlich noch nicht ausgereiste, dh noch nicht in einen anderen Staat eingereiste Ausländer kann nicht nach § 15 I zurückgewiesen werden, sondern ist in einen anderen Staat zurück- oder abzuschieben[39].

16 Dem Ausländer wird für die Ausreise eine **Grenzübertrittsbescheinigung** ausgehändigt, damit er diese zur Kontrolle seiner Ausreise der Grenzbehörde übergibt und dafür den in Verwahrung genommenen Pass oder Passersatz wiedererhält; die Bescheinigung kann auch später der zuständigen deutschen Auslandsvertretung übergeben werden (Nr. 50.4.1.2 Verwaltungsvorschrift). Für dieses Kontrollverfahren fehlt es ebenso an einer gesetzlichen Grundlage wie für die Bescheinigung (vgl. §§ 58 f. AufenthV). Die Nichtabgabe der Bescheinigung kann aber die Ausschreibung nach Abs. 6 S. 1 zur Folge haben.

III. Anzeigepflicht (Abs. 4)

17 Die Anzeigepflicht entsteht **mit Beginn der Ausreisepflicht**[40], nicht erst mit deren Vollziehbarkeit (§ 58 II). Sie dient der Überwachung der Ausreise (§ 58 III Nr. 6). Die Gründe für den Wohnungswechsel oder das Verlassen des Ausländerbehördenbezirks sind unerheblich. Der **Wechsel der Wohnung** ist unabhängig vom Wechsel des Wohnsitzes und von der melderechtlichen Ab- und Anmeldung. Anzeigepflichtig sind auch die Aufgabe der Wohnung ohne Bezug einer anderen und das Verlassen des Ausländerbehördenbezirks ohne eine spätere Aufenthaltsnahme an einem anderen Ort. Nicht der Anzeigepflicht unterliegt dagegen die (endgültige) Ausreise; in diesem Fall ist nur die Abmeldung bei der Meldebehörde vorzunehmen und eine Anzeige an die Ausländerbehörde, die vor allem die Durchführung einer evtl. Abschiebung sichern soll, überflüssig. Die aus § 62 III 1 Nr. 2 zu entnehmende Anzeigepflicht geht teilweise über die nach Abs. 4 hinaus.

18 Die **Ausländerbehörde muss den Ausländer** auf die Anzeigepflicht und die mit einem Unterlassen der Anzeige des Aufenthaltswechsels verbundenen Folgen **hinweisen;** sonst kann ihm eine Unterlassung später ggf. nicht entgegengehalten werden, insbesondere nicht als § 62 III 1 Nr. 2[41]. Der Hinweis muss bei Ausländern, die des Deutschen nicht mächtig sind, in ihre Muttersprache oder eine Sprache übersetzt werden, die der Betreffende beherrscht[42].

---

[34] BayVGH Beschl. v. 16.2.2017 – 10 CE 17.287, BeckRS 2017, 103921; VG Freiburg Beschl. v. 28.5.2019 – 5 K 1494/19, BeckRS 2019, 10663.

[35] Zur Entwicklung *Ketelsen* in Barwig ua, AuslR, S. 293.

[36] RL 2001/40/EG des Rates v. 28.5.2001 über die gegenseitige Anerkennung von Entscheidungen über die Rückführung von Drittstaatsangehörige – Anerkennungs-RL – (ABl. 2001 L 149, 34).

[37] *Hoppe* in Dörig MigrationsR-HdB 2018, Rn. 461; *Funke-Kaiser* in GK-AufenthG § 50 Rn. 57; *Möller* in HK-AuslR AufenthG § 50 Rn. 17; VG Freiburg Beschl. v. 1.2.2016 – 7 K 2404/15.

[38] BayVGH Beschl. v. 14.2.2018 – 10 CS 18.351; OVG NRW Beschl. v. 25.8.2015 – 18 B 635/14; *Tanneberger* in BeckOK AuslR AufenthG § 50 Rn. 7a.

[39] Vgl. zum alten Recht *Fraenkel* S. 213 f.

[40] Zutr. VG Schwerin Urt. v. 26.9.2016 – 16 A 1757/15 As SN.

[41] BGH Beschl. v. 19.5.2011 – V ZB 36/11, FG Prax 2011, 254; SchlHOVG Beschl. v. 23.3.2018 – 1 LA 7/18, BeckRS 2018, 5155.

[42] BGH Beschl. v. 14.1.2016 – V ZB 178/14, FG Prax 2016, 87.

IV. Passverwahrung (Abs. 5)

Pass oder Passersatz sollen (bei Entstehen der Ausreisepflicht und nicht erst bei deren Vollziehbarkeit) nach § 50 V in **Verwahrung** genommen werden, um die Ausreise zu sichern (betreffend Asylbewerber §§ 15 II Nr. 4, 21 I AsylG; zur Vorladung vor die Ausländerbehörde vgl. § 82 IV 1). Die Behörde wird durch die Verwahrung in die Lage versetzt, die Erfüllung der Ausreisepflicht zu kontrollieren[43]. Diese Maßnahme ist völkerrechtlich unbedenklich, weil sie nur vorübergehender Art ist. Begründet wird die Notwendigkeit der Verwahrung damit, es komme vor, dass Ausländer durch Vernichtung des Passes Ausreise oder Abschiebung zu vereiteln versuchten[44]. Die in der Praxis nicht eben seltenen Fälle von Missbrauch, den Pass oder Passersatz vor der Ausreise zu vernichten oder sonst zu beseitigen oder aber unbrauchbar zu machen, rechtfertigen die **Soll-Vorschrift** des Abs. 5[45], die die Ausländerbehörde verpflichtet, im Regelfall die Verwahrung zu veranlassen. Für die bis zum Vollzug der Ausreise verbleibende Zeit genügt dem Ausländer regelmäßig eine formlose Bescheinigung der Ausländerbehörde über die Verwahrung. 19

Ohne den nach **Abs. 5** verwahrten Pass oder Passersatz kann der Ausländer zwar seiner **Pass- und Ausweispflicht** (§§ 3, 48) nicht mehr nachkommen. Richtig ist, dass der Ausländer seine Ausweispapiere auch zur Vorbereitung seiner Ausreise (ua Abmeldung bei Arbeitgeber, Vermieter, Bank und Behörde, Erwerb einer Fahrkarte, Verhandlungen mit deutschen und ausländischen Zollbehörden) benötigt. In **atypischen Fällen** ist deshalb ein Absehen von der Soll-Vorschrift angezeigt[46] ebenso wie bei nicht visumpflichtigen Personen (Anhang II zur EUVisaVO). 20

§ 50 V ist nicht nur die **Rechtsgrundlage** dafür, einen Pass oder Passersatz in amtliche **Verwahrung** zu nehmen, sondern **auch dafür**, gegenüber dem Ausländer die **Herausgabe des Passes oder Passersatzes an die Ausländerbehörde** zum Zwecke der amtlichen Verwahrung **anzuordnen**[47]. Die allgemeine Regelung über die Pflicht des Ausländers zur Vorlage, Aushändigung und vorübergehenden Überlassung eines Passes oder Passersatzes nach § 48 I 1 Nr. 1 wird durch den spezielleren § 50 V in dessen Anwendungsbereich verdrängt[48]. 21

V. Ausschreibung (Abs. 6)

Bei der Ausschreibung nach Abs. 6 handelt es sich um einem Realakt[49], der als **Fahndungshilfsmittel** der Polizei zu zwei **Zwecken** zugelassen ist: zum einen zur Aufenthaltsermittlung und Festnahme im Rahmen der Aufenthaltsbeendigung und zum anderen zur Zurückweisung und zur Festnahme aus Gründen der Einreiseverhinderung. Damit soll dem **„Untertauchen"** ausreisepflichtiger **Ausländer** begegnet werden. Dem Grundsatz der Verhältnismäßigkeit kann im Rahmen der Ausländerbehörde in beiden Fallgruppen obliegenden Ermessens Rechnung getragen werden. Für Asylbewerber gilt § 66 AsylG. Für nach § 15a verteilte Ausländer gilt § 66 AsylG entsprechend (§ 50 VI 3). In Abkehr von bisheriger Auffassung[50], die in Literatur und Fortbildung zum Erfordernis der vorherigen richterlichen Entscheidung bzgl. der Ausschreibung zur Festnahme gemäß § 50 VI (ehemals Abs. 7) bestand, hat das BVerfG[51] entschieden, dass es hierfür **von Verfassungs wegen keiner richterlichen Anordnung bedarf**. Das BVerfG weist darauf hin, dass mit der Ausschreibung zur Festnahme nach § 50 VI 1 das Gesetz der Ausländerbehörde einräumt, auf polizeiliche Fahndungsmaßnahmen zum Zweck der Aufenthaltsbeendigung von Ausländern, deren Aufenthalt unbekannt ist, zurückzugreifen. Als nicht geschriebenes Tatbestandsmerkmal müssen Haftgründe nach § 62 vorliegen, die nur dann, wenn eine Inhaftierung erfolgen darf, eine Ausschreibung zur Festnahme gerechtfertigt sein kann[52]. 22

Ob eine Ingewahrsamnahme durch die Exekutive in der konkreten Situation des Ergreifens zulässig ist, bestimmt sich nicht nach **§ 50 VI 1**. Die Norm enthält nur die Ermächtigung zur Nutzung der Fahndungshilfsmittel der Polizei (hier: **Ausschreibung**), nicht aber eine **Ermächtigung zu Freiheitsentziehungen**; diese findet sich in § 62 V. Die Ausschreibung zur Festnahme 23

---

[43] Vgl. BT-Drs. 15/420, 89 und BT-Drs. 11/6321, 71.
[44] Zu § 42 VI AuslG BT-Drs. 11/6321, 71.
[45] OVG MV Beschl. v. 16.6.2010 – 2 M 101/10; NdsOVG Beschl. v. 1.2.2018 – 13 ME 289/17, BeckRS 2018, 1066.
[46] Zur Annahme einer Atypik bei einer Tätigkeit als Kraftfahrer bei einer internationalen Spedition, die der Einbehaltung des Passes entgegensteht, s. VGH BW Beschl. v. 16.10.2010 – 11 S 2328/10, InfAuslR 2011, 51; zur Atypik bei glaubhaft gemachter Absicht der freiwilligen Ausreise VG HH Beschl. v. 29.10.2012 – 15 E 2848/12, BeckRS 2013, 52589.
[47] NdsOVG Beschl. v. 1.2.2018 – 13 ME 389/17; *Hoppe* in Dörig, MigrationsR-HdB, 2018, Rn. 465.
[48] NdsOVG Beschl. v. 1.2.2018 – 13 ME 289/17; BeckRS 2018, 1066; BayVGH Beschl. v. 29.3.2007 – 24 C 07.164.
[49] NdsOVG Beschl. v. 26.1.2015 – 8 ME 163/14, ZAR 2015, 194.
[50] Allerdings schon immer aA LG Frankenthal Beschl. v. 30.3.2007 – 1 T 110/07.
[51] BVerfG Beschl. v. 7.5.2009 – 2 BvR 475/09; NJW 2009, 1033.
[52] BVerfG Beschl. v. 7.5.2009 – 2 BvR 475/09; NdsOVG Beschl. v. 26.1.2015 – 8 ME 163/14; ZAR 2015, 194.

nach § 50 VI 1 lässt für die Polizei als Nutzer der Fahndungshilfsmittel zwar erkennen, dass die zum Zeitpunkt der Ausschreibung zuständige Ausländerbehörde nach eigenverantwortlicher Prüfung Haftgründe nach § 62 bejaht hat. Die Entscheidung über die Ingewahrsamnahme bleibt aber der eigenverantwortlich nach § 62 V tätig werdenden Behörde überlassen[53]. Da die Ausschreibung zur Festnahme keine Bindungswirkung entfaltet, bedarf sie auch unter dem Gesichtspunkt etwaiger aus Art. 104 II GG abzuleitender Vorwirkungen keiner gerichtlichen Anordnung. Daraus folgt aber auch, dass – anders als in dem Fall, in dem der Ausländer untergetaucht und für die Ausländerbehörde nicht mehr greifbar war – von der Ausländerbehörde **konkret geplante Freiheitsentziehungen**[54]**regelmäßig einer vorherigen richterlichen Anordnung bedürfen**. Vollzugsbeamte der Polizei, die von der Ausländerbehörde gebeten worden sind, einen Ausländer im Wege der Amtshilfe in Gewahrsam zu nehmen, können sich deshalb regelmäßig nicht mit Erfolg darauf berufen, dass zum Zeitpunkt ihrer Entscheidung eine richterliche Anordnung nicht mehr rechtzeitig eingeholt werden könne.

24 Der **Aufenthalt** des Ausländers ist **unbekannt iSv Abs. 6 S. 1,** wenn die zuständigen Behörden nicht um seinen Aufenthaltsort wissen. Auf welchen Gründen die Unkenntnis beruht, kann und muss im Rahmen des Ermessens berücksichtigt werden. Die Behörden müssen zunächst alle ihnen sonst zugänglichen Quellen (wie AZR, BAMF, Meldebehörden, Arbeitgeber, Prozessbevollmächtigten, letzter Wohnungsgeber, letzte Haftanstalt) nutzen. Ist der Aufenthalt der Behörde aufgrund eigenen Verschuldens nicht bekannt, ist die Ausschreibung ausgeschlossen. Hat der Ausländer das Seine zur Unterrichtung der Behörde beigetragen, steht dies in der Regel ebenfalls der Ausschreibung entgegen. Die Ausschreibung zur Festnahme ist stets auf ihre Verhältnismäßigkeit zu prüfen.

25 Besteht ein **Einreise- und Aufenthaltsverbot** nach § 11 I 1, kann die präventive Aufnahme in die Fahndungslisten angeordnet werden, um Einreiseversuchen zu begegnen. Entweder wird damit eine Zurückweisung ermöglicht oder die Festnahme nach erfolgter Einreise und anschließend Zurückschiebung oder Abschiebung.

26 Nach **Abs. 6 S. 2** kann ein ausgewiesener, zurückgeschobener oder abgeschobener Ausländer zum Zweck der Einreiseverweigerung zur Zurückweisung und für den Fall des Antreffens im Bundesgebiet zur Festnahme ausgeschrieben werden. Bei der Ausschreibung im AZR und SIS ist die Wirkung der Maßnahme zu beachten. Die Wirkung der Einreise- und Aufenthaltsverweigerung durch **Ausschreibung im Schengener Informationssystem** (SIS) beeinträchtigt den Ausländer weitergehend, weil ihm im gesamten Schengen-Gebiet grundsätzlich die Einreise zu verweigern ist. Deshalb kann der Betroffene einen Anspruch auf Löschung der von EU-Behörde eingestellten Ausschreibungsdaten im SIS vor der deutschen Verwaltungsgerichtsbarkeit geltend machen[55].

27 Art. 24 VO 1987/2006 vom 20.12.2006 über die Errichtung, den Betrieb und die Nutzung des Schengener Informationssystems der zweiten Generation (SIS II)[56] iVm Beschluss 2007/533/JI des Rates vom 12.6.2007[57] und Art. 1 SIS-II-Gesetz[58] regelt die Voraussetzungen für Ausschreibungen zur Einreise oder Aufenthaltsverweigerung[59]. Dadurch wurde Art. 96 SDÜ abgelöst.

28 Nach **Art. 24 I 1 SIS-II-VO** werden die Daten zu Drittstaatsangehörigen, die zur Einreise- oder Aufenthaltsverweigerung ausgeschrieben sind, aufgrund einer nationalen Ausschreibung eingegeben, die auf einer Entscheidung der zuständigen Verwaltungsbehörden oder Gerichte beruht. Die Verfahrensregeln des nationalen Rechts sind zu beachten; die Entscheidung darf nur auf der Grundlage einer individuellen Bewertung ergehen. Rechtsbehelfe gegen diese Entscheidungen richten sich nach den nationalen Rechtsvorschriften. Nach Abs. 2 wird eine Ausschreibung eingegeben, wenn die Entscheidung nach Abs. 1 auf die Gefahr für die öffentliche Sicherheit oder Ordnung oder die nationale Sicherheit gestützt wird, die die Anwesenheit des betreffende. Drittstaatsangehörigen im Hoheitsgebiet eines Mitgliedstaates darstellen. Dies ist insbesondere der Fall a) bei einem Drittstaatsangehörigen, der in einem Mitgliedstaat wegen einer Straftat verurteilt worden ist, die mit Freiheitsstrafe von mindestens einem Jahr bedroht ist; b) bei einem Drittstaatsangehörigen, gegen den ein begründeter Verdacht besteht, dass er schwere Straftaten begangen hat oder dass er solche Taten im Hoheitsgebiet eines Mitgliedstaats plant. Abs. 3 sieht schließlich vor, dass eine Ausschreibung auch eingegeben werden kann, wenn die Entscheidung nach Abs. 1 darauf beruht, dass der Drittstaatsangehörige ausgewiesen, zurückgewiesen oder abgeschoben worden ist, wobei die Maßnahme nicht aufgehoben oder ausgesetzt sein darf, ein Verbot der Einreise oder ggf. ein Verbot des Aufenthalts enthalten oder davon begleitet sein muss und auf der Nichtbeachtung der nationalen Vorschriften über die Einreise oder den Aufenthalt von Drittstaatsangehörigen beruhen muss.

---

[53] NdsOVG Beschl. v. 26.1.2015 – 8 ME 163/14; vgl. auch *Beichel-Benedetti* NVwZ 2009, 1150.
[54] Vgl. BVerfG Beschl. v. 7.5.2009 – 2 BvR 2367/07; NJW 2009, 1033.
[55] HessVGH Beschl. v. 10.3.2015 – 10 A 53/14, NVwZ-RR 2015, 712.
[56] ABl. 2006 L 381, 4.
[57] ABl. 2007 L 205, 63.
[58] Gesetz zum Schengener Informationssystem der zweiten Generation (SIS-II-Gesetz) v. 6.6.2009 (BGBl. I S. 1226).
[59] S. ausf. zur Art. 24 SIS-II-VO *Zeitler* in HTK-AuslR Art. 24 SIS-II-VO, Stand: 2/2014.

Die Ausschreibung im SIS setzt eine **Befugnis zur Ausschreibung im nationalen Recht** 29
voraus[60]. Als solche kommt für die Ausländerbehörde §§ 50 VI 2[61] und 2 II AZRG in Betracht, für die
Bundespolizei § 30 II Nr. 3 BPolG und § 2 II Nr. 5 AZRG[62]. Auch § 50 VI 2 sieht allerdings keine
Pflicht zur Ausschreibung vor, sondern räumt der Behörde einen Ermessensspielraum ein[63].

Allerdings sahen die allgemeinen AAH zum SDÜ vom 28.1.1998 (AAH-SDÜ) im Falle der Aus- 30
weisung und Abschiebung noch eine Ausschreibung zur Einreiseverweigerung im SIS verpflichtend
vor (Nr. 2.2.1.1, 4.1.4.3 und 4.2.2 AAH-SDÜ). Sofern die Ausländerbehörde oder die Bundespolizei
entsprechend verfährt, handelt sie ermessensfehlerhaft.

VI. Rechtsschutzfragen

Die **Ausschreibung** zur Festnahme in den Fahndungshilfsmitteln der Polizei ist **kein Ver-** 31
waltungsakt[64]. Die **Speicherung im SIS** ist – wie auch die Speicherung im INPOL – kein VA,
weil sie nicht auf Rechtswirkungen nach außen gerichtet ist. Die Ausschreibung dient den
Behörden als Grundlage für eine mögliche, in der Zukunft liegende Entscheidung über ein
Einreisebegehren. Ein **Löschungsanspruch** ist daher im Wege der **allgemeinen Leistungsklage**
zu verfolgen, deren Zulässigkeit die vorherige Durchführung eines Widerspruchsverfahrens nicht
voraussetzt[65]. Für einstweiligen Rechtsschutz im Sinne einer vorläufigen Löschung der Ausschreibung im SIS (wie auch im polizeilichen Informationssystem) steht ein Antrag nach § 123 VwGO
zur Verfügung[66].

Das Recht auf **Auskunft, Berichtigung unrichtiger Daten und Löschung unrechtmäßig** 32
gespeicherter Daten ist in Art. 41 SIS-II-VO geregelt. Diese Rechte sowie das Recht auf Information nach Art. 42 können nach Art. 43 bei der Behörde oder bei dem Gericht geltend gemacht
werden, die oder das nach dem nationalen Recht zuständig ist[67]. Der Löschungsanspruch setzt voraus,
dass die Speicherung der Daten rechtswidrig ist. Anspruchsgegner ist die ausschreibende Stelle, da diese
auch für die Löschung und Berichtigung von Daten zuständig ist.

Auskunft ob und wann eine Ausschreibung erfolgt ist, können neben der ausschreibenden Stelle 33
auch bei der nationalen Kontrollinstanz, dem BfDI[68] oder dem BKA-SIRENE-Büro[69], das für das
nationale SIS zuständig ist, erlangt werden[70]. Das **BKA** ist die **verantwortliche und zuständige**
Stelle für sämtliche Eintragungen im Nat SIS und damit im SIS[71]. Nach dem alten BKA-Gesetz vom
7.7.1997 handelte es sich bei dem SIS nicht um ein polizeiliches Informationssystem, sondern um ein
System zur Abschaffung der Kontrollen des Personenverkehrs an den gemeinsamen Grenzen und der
Erleichterung des Transports und des Warenverkehrs, mithin war das BKA nur Zentralstelle für das
polizeiliche Auskunfts- und Nachrichtenwesen. Das SIS II-Gesetz regelt, dass Ausschreibungen im SIS
im polizeilichen Informationssystem nach § 13 BKAG 2009/2017 erfolgen und macht das NSIS damit
zum polizeilichen Informationssystem[72].

Anspruchsgegner ist die **ausschreibende Stelle** (oder ihr Rechtsträger), da diese auch für die 34
Löschung und Berichtigung von Daten zuständig ist. Die datenschutzrechtliche Verantwortung für die
bei der Zentralstelle gespeicherten Daten, namentlich die Rechtmäßigkeit der Erhebung, die Zulässigkeit der Eingabe sowie die Richtigkeit oder Aktualität der Daten, obliegt im Rahmen des polizeilichen
Informationssystems gemäß § 13 II BKAG 2017 (früher § 11 II BKAG 1997) der Stelle, welche die
Daten unmittelbar eingegeben hat[73]. Ein Antrag auf Löschung von Daten aus dem polizeilichen
Informationssystem nach § 13 BKAG 2017 ist daher gegen die Stelle zu richten, die sie eingegeben
hat[74]. Die Voraussetzungen des Löschungsanspruchs beurteilen sich nach §§ 76–85 BKAG 2017
(früher § 32 II 1 BKAG 1997). Danach hat das BKA die in Dateien gespeicherten personenbezogenen

---

[60] Vgl. OVG RhPf Urt. v. 19.4.2007 – 7 A 11437/06, DVBl 2007, 1043.
[61] VG München Urt. v. 19.12.2006 – M 21 K 05.2136, BeckRS 2006, 32600; wohl auch VG Koblenz Beschl. v. 24.7.2007 – 3 L 1035/07. KO, InfAuslR 2007, 435.
[62] Westphal/Stoppa AuslR Polizei-HdB S. 547.
[63] VG Koblenz Beschl. v. 24.7.2007 – 3 L 1035/07. KO, InfAuslR 2007, 435.
[64] NdsOVG Beschl. v. 26.1.2015 – 8 ME 163/14, ZAR 2015, 194.
[65] OVG RhPf Urt. v. 19.4.2007 – 7 A 11437/06, DVBl 2007, 1043; Urt. v. 20.11.1995 – 11 A 12 260/95.OVG; VG München Urt. v. 19.12.2006 – M 21 K 05.2136; *Hoppe* in Dörig MigrationsR-HdB, Rn. 467.
[66] VG Koblenz Beschl. v. 24.7.2007 – 3 L 1035/07. KO, InfAuslR 2007, 435.
[67] VG München Urt. v. 19.12.2006 – M 21 K 05.2136; vgl. allerdings auch HessVGH Beschl. v. 10.3.2015 – 10 A 53/14, wonach jeder Betroffene einen Anspruch auf Löschung der durch EU-Behörde eingestellten Ausschreibungsdaten im Schengener Informationssystem vor der deutscher Verwaltungsgerichtsbarkeit geltend machen kann.
[68] Bundesbeauftragter für den Datenschutz und die Informationsfreiheit, Graurheindorfer Str. 153, 53117 Bonn.
[69] BKA-SIRENE-Büro, 65173 Wiesbaden, Tel.: 06 11/55-0.
[70] *Westphal/Stoppa* AuslR Polizei-HdB S. 550 f.
[71] VG Wiesbaden Urt. v. 25.5.2009 – 6 K 168/09.WI(V), BeckRS 2009, 34742.
[72] VG Wiesbaden Urt. v. 25.5.2009 – 6 K 168/09.WI(V), BeckRS 2009, 34742.
[73] BVerwG Urt. v. 9.6.2010 – 6 C 5.09, NJW 2011, 405.
[74] VG Düsseldorf Urt. v. 10.1.2011 – 18 K 3229/10, BeckRS 2011, 45746.

Daten zu löschen, wenn ihre Speicherung unzulässig ist oder ihre Kenntnis für die Aufgabenerfüllung nicht mehr erforderlich ist[75].

§ 51 Beendigung der Rechtmäßigkeit des Aufenthalts; Fortgeltung von Beschränkungen

(1) Der Aufenthaltstitel erlischt in folgenden Fällen:
1. Ablauf seiner Geltungsdauer,
2. Eintritt einer auflösenden Bedingung,
3. Rücknahme des Aufenthaltstitels,
4. Widerruf des Aufenthaltstitels,
5. Ausweisung des Ausländers,
5a. Bekanntgabe einer Abschiebungsanordnung nach § 58a,
6. wenn der Ausländer aus einem seiner Natur nach nicht vorübergehenden Grunde ausreist,
7. wenn der Ausländer ausgereist und nicht innerhalb von sechs Monaten oder einer von der Ausländerbehörde bestimmten längeren Frist wieder eingereist ist,
8. wenn ein Ausländer nach Erteilung eines Aufenthaltstitels gemäß der §§ 22, 23 oder § 25 Abs. 3 bis 5 einen Asylantrag stellt;

ein für mehrere Einreisen oder mit einer Geltungsdauer von mehr als 90 Tagen erteiltes Visum erlischt nicht nach den Nummern 6 und 7.

(1a) ¹Die Gültigkeit einer nach § 19 erteilten ICT-Karte erlischt nicht nach Absatz 1 Nummer 6 und 7, wenn der Ausländer von der in der Richtlinie 2014/66/EU vorgesehenen Möglichkeit Gebrauch macht, einen Teil des unternehmensinternen Transfers in einem anderen Mitgliedstaat der Europäischen Union durchzuführen. ²Die Gültigkeit einer nach § 16b oder § 18d erteilten Aufenthaltserlaubnis erlischt nicht nach Absatz 1 Nummer 6 und 7, wenn der Ausländer von der in der Richtlinie (EU) 2016/801 vorgesehenen Möglichkeit Gebrauch macht, einen Teil des Studiums oder des Forschungsvorhabens in einem anderen Mitgliedstaat der Europäischen Union durchzuführen.

(2) ¹Die Niederlassungserlaubnis eines Ausländers, der sich mindestens 15 Jahre rechtmäßig im Bundesgebiet aufgehalten hat sowie die Niederlassungserlaubnis seines mit ihm in ehelicher Lebensgemeinschaft lebenden Ehegatten erlöschen nicht nach Absatz 1 Nr. 6 und 7, wenn deren Lebensunterhalt gesichert ist und kein Ausweisungsinteresse nach § 54 Absatz 1 Nummer 2 bis 5 oder Absatz 2 Nummer 5 bis 7 besteht. ²Die Niederlassungserlaubnis eines mit einem Deutschen in ehelicher Lebensgemeinschaft lebenden Ausländers erlischt nicht nach Abs. 1 Nr. 6 und 7, wenn kein Ausweisungsinteresse nach § 54 Absatz 1 Nummer 2 bis 5 oder Absatz 2 Nummer 5 bis 7 besteht. ³Zum Nachweis des Fortbestandes der Niederlassungserlaubnis stellt die Ausländerbehörde am Ort des letzten gewöhnlichen Aufenthalts auf Antrag eine Bescheinigung aus.

(3) Der Aufenthaltstitel erlischt nicht nach Absatz 1 Nr. 7, wenn die Frist lediglich wegen Erfüllung der gesetzlichen Wehrpflicht im Heimatstaat überschritten wird und der Ausländer innerhalb von drei Monaten nach der Entlassung aus dem Wehrdienst wieder einreist.

(4) ¹Nach Absatz 1 Nr. 7 wird in der Regel eine längere Frist bestimmt, wenn der Ausländer aus einem seiner Natur nach vorübergehenden Grunde ausreisen will und eine Niederlassungserlaubnis besitzt oder wenn der Aufenthalt außerhalb des Bundesgebiets Interessen der Bundesrepublik Deutschland dient. ²Abweichend von Absatz 1 Nummer 6 und 7 erlischt der Aufenthaltstitel eines Ausländers nicht, wenn er die Voraussetzungen des § 37 Absatz 2 Satz 1 erfüllt, rechtswidrig mit Gewalt oder Drohung mit einem empfindlichen Übel zur Eingehung der Ehe genötigt und von der Rückkehr nach Deutschland abgehalten wurde und innerhalb von drei Monaten nach Wegfall der Zwangslage, spätestens jedoch innerhalb von zehn Jahren seit der Ausreise, wieder einreist.

(5) Die Befreiung vom Erfordernis des Aufenthaltstitels entfällt, wenn der Ausländer ausgewiesen, zurückgeschoben oder abgeschoben wird; § 11 Absatz 2 bis 5 findet entsprechende Anwendung.

(6) Räumliche und sonstige Beschränkungen und Auflagen nach diesem und nach anderen Gesetzen bleiben auch nach Wegfall des Aufenthaltstitels oder der Aussetzung der Abschiebung in Kraft, bis sie aufgehoben werden oder der Ausländer seiner Ausreisepflicht nachgekommen ist.

(7) ¹Im Falle der Ausreise eines Asylberechtigten oder eines Ausländers, dem das Bundesamt für Migration und Flüchtlinge unanfechtbar die Flüchtlingseigenschaft zuerkannt hat, erlischt der Aufenthaltstitel nicht, solange er im Besitz eines gültigen, von einer deutschen Behörde ausgestellten Reiseausweises für Flüchtlinge ist. ²Der Ausländer hat auf Grund

---

[75] BVerwG Urt. v. 9.6.2010 – 6 C 5.09, NJW 2011, 405.

seiner Anerkennung als Asylberechtigter oder der unanfechtbaren Zuerkennung der Flüchtlingseigenschaft durch das Bundesamt für Migration und Flüchtlinge keinen Anspruch auf erneute Erteilung eines Aufenthaltstitels, wenn er das Bundesgebiet verlassen hat und die Zuständigkeit für die Ausstellung eines Reiseausweises für Flüchtlinge auf einen anderen Staat übergegangen ist.

(8) [1]Vor der Aufhebung einer Aufenthaltserlaubnis nach § 38a Abs. 1, vor einer Ausweisung eines Ausländers, der eine solche Aufenthaltserlaubnis besitzt und vor dem Erlass einer gegen ihn gerichteten Abschiebungsanordnung nach § 58a gibt die zuständige Behörde in dem Verfahren nach § 91c Absatz 2 über das Bundesamt für Migration und Flüchtlinge dem Mitgliedstaat der Europäischen Union, in dem der Ausländer die Rechtsstellung eines langfristig Aufenthaltsberechtigten besitzt, Gelegenheit zur Stellungnahme, wenn die Abschiebung in ein Gebiet erwogen wird, in dem diese Rechtsstellung nicht erworben werden kann. [2]Geht die Stellungnahme des anderen Mitgliedstaates rechtzeitig ein, wird sie von der zuständigen Behörde berücksichtigt.

(8a) [1]Soweit die Behörden anderer Schengen-Staaten über Entscheidungen nach Artikel 34 der Verordnung (EG) Nr. 810/2009, die durch die Ausländerbehörden getroffen wurden, zu unterrichten sind, erfolgt dies über das Bundesamt für Migration und Flüchtlinge. [2]Die mit der polizeilichen Kontrolle des grenzüberschreitenden Verkehrs beauftragten Behörden unterrichten die Behörden anderer Schengen-Staaten unmittelbar über ihre Entscheidungen nach Artikel 34 der Verordnung (EG) Nr. 810/2009.

(9) [1]Die Erlaubnis zum Daueraufenthalt – EU erlischt nur, wenn
1. ihre Erteilung wegen Täuschung, Drohung oder Bestechung zurückgenommen wird,
2. der Ausländer ausgewiesen oder ihm eine Abschiebungsanordnung nach § 58a bekannt gegeben wird,
3. sich der Ausländer für einen Zeitraum von zwölf aufeinander folgenden Monaten außerhalb des Gebiets aufhält, in dem die Rechtsstellung eines langfristig Aufenthaltsberechtigten erworben werden kann; der Zeitraum beträgt 24 aufeinanderfolgende Monate bei einem Ausländer, der zuvor im Besitz einer Blauen Karte EU war, und bei seinen Familienangehörigen, die zuvor im Besitz einer Aufenthaltserlaubnis nach den §§ 30, 32, 33 oder 36 waren,
4. sich der Ausländer für einen Zeitraum von sechs Jahren außerhalb des Bundesgebiets aufhält oder
5. der Ausländer die Rechtsstellung eines langfristig Aufenthaltsberechtigten in einem anderen Mitgliedstaat der Europäischen Union erwirbt.

[2]Auf die in Satz 1 Nr. 3 und 4 genannten Fälle sind die Absätze 2 bis 4 entsprechend anzuwenden.

(10) [1]Abweichend von Absatz 1 Nummer 7 beträgt die Frist für die Blaue Karte EU und die Aufenthaltserlaubnisse nach den §§ 30, 32, 33 oder 36, die den Familienangehörigen eines Inhabers einer Blauen Karte EU erteilt worden sind, zwölf Monate. [2]Gleiches gilt für die Niederlassungserlaubnis eines Ausländers, der sich mindestens 15 Jahre rechtmäßig im Bundesgebiet aufgehalten hat sowie die Niederlassungserlaubnis eines mit ihm in ehelicher Lebensgemeinschaft lebenden Ehegatten, wenn sie das 60. Lebensjahr vollendet haben.

Allgemeine Verwaltungsvorschrift
51 Zu § 51 – Beendigung der Rechtmäßigkeit des Aufenthalts; Fortgeltung von Beschränkungen
51.1 Erlöschen des Aufenthaltstitels
51.1.0.1 Die Erlöschenswirkung tritt kraft Gesetzes mit Vorliegen der gesetzlichen Voraussetzungen (§ 51 Absatz 1 Nummer 1, 2, 6 bis 8) oder auf Grund eines Verwaltungsaktes mit dessen Wirksamwerden (§ 51 Absatz 1 Nummer 3–5, § 43 VwVfG) ein. Auf die Unanfechtbarkeit oder Vollziehbarkeit des Verwaltungsaktes kommt es nicht an (§ 84 Absatz 2 Satz 1).
51.1.0.2 Das Erlöschen des Aufenthaltstitels wird durch die Anbringung des Stempels „Ungültig" auf dem im Pass des Ausländers eingetragenen Aufenthaltstitel dokumentiert, um den Rechtsschein eines fortbestehenden Aufenthaltsrechts zu beseitigen. Mangels eigenen Regelungsgehalts ist hierin regelmäßig nicht der Erlass eines feststellenden Verwaltungsakts zu sehen.
51.1.1 Rücknahme (Nummer 3)
Da das Aufenthaltsgesetz keine spezielle Regelung für die Rücknahme von Aufenthaltstiteln vorsieht, findet § 48 des maßgeblichen VwVfG Anwendung.
51.1.2 Widerruf (Nummer 4)
Der Widerruf eines Aufenthaltstitels erfolgt nach Maßgabe des § 52. Auf Nummer 52 wird verwiesen.
51.1.3 Ausweisung (Nummer 5)
Im Falle der Ausweisung eines Asylbewerbers erlischt nicht die Aufenthaltsgestattung nach dem AsylVfG (vgl. §§ 55, 67 AsylVfG), sondern nur ein etwaiger asylunabhängiger Aufenthaltstitel. Ist die Ausweisung nach § 56 Absatz 4 bedingt, erlischt der Aufenthaltstitel erst mit Eintritt der Bedingung.
51.1.4 Abschiebungsanordnung (Nummer 5a)
Mit Erlass der Abschiebungsanordnung nach § 58a erlischt zugleich der Aufenthaltstitel. Hierdurch wird die Voraussetzung dafür geschaffen, dass der Betroffene auf richterliche Anordnung in Abschiebungshaft (Sicherungshaft) genommen werden kann. Durch das Erlöschen des Aufenthaltstitels wird zugleich sichergestellt, dass mit dem Vollzug

1 AufenthG § 51

der Abschiebungsanordnung eine erneute (legale) Einreise nicht mehr möglich ist. Nach § 11 Absatz 1 Satz 5 kann dann auch bei einem Anspruch kein Aufenthaltstitel mehr erteilt werden. Für die Bekanntgabe der Abschiebungsanordnung gilt § 41 VwVfG.

51.1.5 Nicht nur vorübergehende Ausreise (Nummer 6)

51.1.5.1 Die Erlöschungswirkung tritt nur ein, wenn objektiv feststeht, dass der Ausländer nicht nur vorübergehend das Bundesgebiet verlassen hat. Dies kann angenommen werden, wenn er seine Wohnung und Arbeitsstelle aufgegeben hat und unter Mitnahme seines Eigentums ausgereist ist oder wenn er sich zur endgültigen Ausreise verpflichtet hat (z. B. zur Abwendung einer Ausweisung). Entscheidend ist nicht, ob der Ausländer subjektiv auf Dauer im Ausland bleiben oder ob er irgendwann ins Bundesgebiet zurückkehren will. Maßgeblich ist allein, ob der Zweck des Auslandsaufenthalts seiner Natur nach vornherein nur eine vorübergehende Abwesenheit vom Bundesgebiet erfordert oder nicht. Die vorübergehende Natur des Auslandsaufenthalts ist auch im Fall von ausländischen Familienangehörigen von Deutschen zu bejahen, die als Beschäftigte des Auswärtigen Dienstes und anderer Behörden in Begleitung ihrer Familie aus dienstlichen Gründen für einen befristeten Zeitraum im Ausland eingesetzt werden. Es besteht im Interesse daran, dass im Fall der dienstlich veranlassten Ausreise der Aufenthaltstitel der mitausreisenden Familienangehörigen nicht erlischt. Eine während des Auslandsaufenthalts ggf. erforderliche Verlängerung des Aufenthaltstitels kann bei der ausstellenden Ausländerbehörde beantragt werden.

51.1.5.2 Wenn die Ausländerbehörde vor der Ausreise des Ausländers eine Wiedereinreisefrist nach Nummer 7 bestimmt hat, steht verbindlich fest, dass dieser Aufenthaltstitel nicht durch die Ausreise nach Nummer 6 erlischt.

51.1.5.3 Auf Nummer 51.2 und 51.7 wird Bezug genommen.

51.1.6 Nicht rechtzeitige Rückkehr (Nummer 7)

51.1.6.1 Nach dieser Vorschrift erlischt der Aufenthaltstitel wenn der Ausländer ausgereist und nicht innerhalb von sechs Monaten oder einer von der Ausländerbehörde bestimmten längeren Frist wieder eingereist ist. Für Ausländer, die eine Aufenthaltserlaubnis zum Zwecke der Ausbildung besitzen, kommt grundsätzlich die Bestimmung einer längeren Frist nicht in Betracht. Zu Ausnahmen siehe Nummer 16.0.4.

51.1.6.2 Bei Ausländern mit einer Aufenthaltserlaubnis nach den §§ 22 bis 24, 25 Absatz 3 bis 5 wird eine längere Frist grundsätzlich nur bestimmt, wenn der Aufenthalt im öffentlichen Interesse der Bundesrepublik Deutschland liegt oder wenn dies aus Gründen der Ausbildung oder Berufsausübung erforderlich ist.

51.1.6.3 Bei Ausländern mit einer Aufenthaltserlaubnis zu den nicht in Nummer 51.1.6.1 und 51.1.6.2 genannten Zwecken oder einer Niederlassungserlaubnis kann im Allgemeinen eine längere Frist bestimmt werden, wenn ihnen ein gesetzlicher Anspruch auf Verlängerung der Aufenthaltserlaubnis zusteht oder wenn der Auslandsaufenthalt aus Gründen der Ausbildung oder Berufsausübung oder dringenden persönlichen Gründen erforderlich ist, sowie um älteren Ausländern zur Betreuung durch ihre Familienangehörigen im Herkunftsland auch längerfristige Aufenthalte zu ermöglichen.

51.1.6.4.1 Ausnahmen vom Grundsatz des Verlusts des Aufenthaltstitels nach § 51 Absatz 1 Nummer 7 beinhaltet Absatz 2 (siehe Nummer 51.2).

51.1.6.4.2 Die Erlöschenswirkung nach § 51 Absatz 1 Nummer 7 tritt auch dann nicht ein, wenn die Frist lediglich wegen Erfüllung der gesetzlichen Wehrpflicht im Heimatstaat überschritten wird und der Ausländer innerhalb von drei Monaten nach der Entlassung aus dem Wehrdienst wieder einreist (§ 51 Absatz 3, vgl. Nummer 51.3).

51.1.6.4.3 Gleiches gilt im Falle der Ausreise eines Asylberechtigten oder anerkannten Flüchtlings, solange er im Besitz eines gültigen, von einer deutschen Behörde ausgestellten Reiseausweises für Flüchtlinge ist (§ 51 Absatz 7, vgl. Nummer 51.7).

51.1.6.4.4 Für die Aufenthaltserlaubnis von assoziationsberechtigten türkischen Staatsangehörigen gilt Folgendes: Nach Artikel 14 ARB 1/80 erlischt das Aufenthaltsrecht nur, wenn die gemäß Artikel 7 ARB 1/80 berechtigte Familienangehörige aus Gründen der öffentlichen Ordnung, Sicherheit und Gesundheit ausgewiesen wurde oder wenn das Hoheitsgebiet des Aufnahmestaates für einen nicht unerheblichen Zeitraum ohne berechtigte Gründe verlassen wurde. In den Fällen der Heiratsverschleppung, in denen die Betroffenen im Herkunftsland festgehalten werden und ihnen der Pass abgenommen wird, kann nach der Rechtsprechung des Europäischen Gerichtshofs nicht von einem Verlassen des Hoheitsgebiets ohne berechtigten Grund ausgegangen werden (EuGH, Rs C-351/95 – Kadiman, Urteil vom 17. April 1997, Rn. 51).

51.1.6.5 § 51 Absatz 4 sieht eine regelmäßige Verlängerung der Wiedereinreisefrist bei Ausländern vor, die eine Niederlassungserlaubnis besitzen und aus einem seiner Natur nach vorübergehenden Grund ausreisen wollen oder deren Aufenthalt im Ausland Interessen der Bundesrepublik Deutschland dient (vgl. im Einzelnen Nummer 51.4).

51.1.6.6 Der Aufenthaltstitel erlischt nicht bereits zum Zeitpunkt der Ausreise, sondern erst nach Ablauf von sechs Monaten oder der von der Ausländerbehörde bestimmten längeren Frist.

51.1.6.7 Die Frist muss nicht notwendig bereits vor der Ausreise bestimmt werden. Sie kann allerdings nur bestimmt oder ggf. verlängert werden, solange der Aufenthaltstitel noch besteht und nicht nach Nummer 6 oder 7 erloschen ist. Die Frist darf niemals die Geltungsdauer des Aufenthaltstitels überschreiten. Über die Bestimmung der Frist wird nach Ermessen entschieden. Die Bestimmung einer längeren Frist kommt nur in Betracht, wenn der Ausländer einen Auslandsaufenthalt anstrebt, der seiner Natur nach vorübergehend und zeitlich absehbar ist. Zuständig für die Fristbestimmung ist nach § 71 Absatz 1 die Ausländerbehörde, auch wenn der Ausländer sich noch im Ausland befindet.

51.1.6.8 Die Erlöschenswirkung kann von der Ausländerbehörde auch nachträglich mit Wirkung für die Vergangenheit im Rahmen einer aufenthaltsbeendenden Maßnahme festgestellt werden. Eines gesonderten Verwaltungsakts bedarf es nicht. Der Ausländer ist auf die Rechtsfolgen einer erneuten Einreise nach Eintritt der Erlöschenswirkung (vgl. § 14 Absatz 1 und § 50 Absatz 1, § 58 Absatz 2) hinzuweisen.

51.1.6.9 Stellt die Ausländerbehörde das Erlöschen des Aufenthaltstitels fest, ist dies im Ausländerzentralregister zu speichern (§ 2 Absatz 1, Absatz 2 Nummer 3, § 3 Nummer 2, 6 und 7, § 6 Absatz 1 Nummer 1 AZRG, Tabelle 9 Buchstabe b) der Anlage 1 zur AZRG-DV). Darüber hinaus ist eine Ausschreibung im Geschützten Grenzfahndungsbestand zur grenzpolizeilichen Überprüfung gemäß § 30 Absatz 3 BPolG zu veranlassen. Es besteht die Möglichkeit der Ausschreibung in den Fahndungsmitteln der Polizei nach § 50 Absatz 7. Dies ist erforderlich, um auch in den Fällen, in denen es nicht möglich ist, den erloschenen Aufenthaltstitel ungültig zu stempeln, eine Einreise zu verhindern.

§ 51 AufenthG 1

Beendigung der Rechtmäßigkeit des Aufenthalts

51.1.7 Asylantragstellung bei Aufenthalt aus humanitären Gründen (Nummer 8)
Der Aufenthaltstitel gemäß §§ 22, 23 oder 25 Absatz 3 bis 5 erlischt, wenn der Ausländer einen Asylantrag (§ 13 AsylVfG) stellt. Der Aufenthaltstitel nach § 25 Absatz 3 erlischt jedoch nicht, wenn ein Abschiebungsverbot nach § 60 Absatz 2, 3 oder Absatz 7 Satz 2 besteht. Im Hinblick auf Artikel 24 Absatz 2 der Richtlinie 2004/83/EG des Rates vom 29. April 2004 über Mindestnormen für die Anerkennung und den Status von Drittstaatsangehörigen oder Staatenlosen als Flüchtlinge oder als Personen, die anderweitig internationalen Schutz benötigen, und über den Inhalt des zu gewährenden Schutzes (ABl. EU Nummer L 304 S. 12, so genannte Qualifikationsrichtlinie) ist in diesen Fällen von einem Entzug des Aufenthaltstitels abzusehen.
51.1.8 Im Übrigen erlischt bei Asylantragstellung ein Aufenthaltstitel mit einer Gesamtgeltungsdauer von bis zu sechs Monaten (§ 55 Absatz 2 Satz 1 AsylVfG).

51.2 Fortgeltung des Aufenthaltsrechts in bestimmten Fällen
§ 51 Absatz 2 privilegiert Ausländer, die sich seit langem rechtmäßig im Bundesgebiet aufhalten, soweit deren Lebensunterhalt gesichert ist und kein Ausweisungsgrund nach § 54 Nummer 5 bis 7 oder § 55 Absatz 2 Nummer 8 bis 11 vorliegt. Die in § 51 Absatz 2 genannten Voraussetzungen müssen bereits im Zeitpunkt der Ausreise erfüllt sein. Die Nachweise, ob der Lebensunterhalt (§ 2 Absatz 3) gesichert ist, hat der Ausländer beizubringen (§ 82 Absatz 1 und 2). Die in § 51 Absatz 2 Satz 3 genannte gebührenpflichtige Bescheinigung kann auch nach der Ausreise ausgestellt werden (zum gewöhnlichen Aufenthalt siehe Nummer 71.1.2.2).

51.3 Erfüllung der Wehrpflicht
Der Ausländer hat ggf. nachzuweisen, dass er sich wegen Erfüllung der Wehrpflicht länger als sechs Monate im Ausland aufgehalten hat und dass er rechtzeitig wieder eingereist ist.

51.4 Wiedereinreisefrist bei Niederlassungserlaubnis oder wegen öffentlicher Interessen
51.4.1 § 51 Absatz 4 enthält eine Privilegierung für Ausländer, die schon einen verfestigten Aufenthaltsstatus im Bundesgebiet haben und für Ausländer, deren Aufenthalt deutschen Interessen dient. Konkret wird
51.4.1.1 – allen Ausländern, die eine Niederlassungserlaubnis besitzen und sich lediglich aus einem seiner Natur nach vorübergehenden Grunde (z. B. für ein Studium oder eine sonstige Ausbildung) länger als sechs Monate im Ausland aufhalten wollen, und
51.4.1.2 – den Ausländern, deren Auslandsaufenthalt Interessen der Bundesrepublik Deutschland dient (z. B. als Entwicklungshelfer, ausländische Ehegatten deutscher Diplomaten oder zur Förderung entwicklungsrelevanter Geschäftsbeziehungen oder Beschäftigungsverhältnisse im Ausland) eine längere Frist für einen Auslandsaufenthalt ohne Verlust des Aufenthaltstitels eingeräumt. Ein Regelanspruch nach Absatz 4, 2. Alternative besteht auch dann, wenn der Aufbau und das Unterhalten von Geschäftsbeziehungen oder Beschäftigungsverhältnissen im Ausland nach Maßgabe zwischenstaatlicher Vereinbarungen der Bundesrepublik Deutschland mit Aufenthaltsstaaten deren wirtschaftlicher Entwicklung dienen und daher im Interesse der Bundesrepublik Deutschland liegen. In diesen Fällen beträgt die Frist für einen Auslandsaufenthalt ohne Verlust des Aufenthaltstitels maximal drei Jahre. Nicht zu prüfen ist, ob der Aufenthaltszweck seiner Natur nach nur einen vorübergehenden Aufenthalt erfordert.
51.4.2 Die Dauer der Wiedereinreisefrist bestimmt sich nach dem jeweiligen Aufenthaltszweck. Die Frist kann so bemessen werden, dass dem Ausländer nach Erledigung des Auslandsaufenthaltszwecks drei Monate Zeit für die Wiedereinreise bleiben. Eine Verlängerung der Frist ist möglich, solange sie noch nicht abgelaufen ist.
51.4.3 Die Voraussetzungen des § 51 Absatz 4 gelten nur für den durch diese Vorschrift begründeten Regelanspruch, nicht für eine Ermessensentscheidung nach Absatz 1 Nummer 7. Auch Ausländern, die lediglich einen befristeten Aufenthaltstitel besitzen, kann nach Ermessen durch Bestimmung einer Wiedereinreisefrist ein längerer Auslandsaufenthalt ohne Verlust ihres Aufenthaltstitels ermöglicht werden. Bei Ausländern, deren Auslandsaufenthalt Interessen der Bundesrepublik Deutschland dient oder die einen gesetzlichen Anspruch auf Verlängerung ihres Aufenthaltstitels haben, kann jedoch die Bestimmung der Wiedereinreisefrist ggf. mit einer vorzeitigen befristeten Verlängerung des Aufenthaltstitels verbunden werden.

51.5 Fortfall der Befreiung vom Genehmigungserfordernis
51.5.1. Ein Erlöschen des Aufenthaltstitels scheidet bei denjenigen Ausländern aus, die vom Erfordernis eines Aufenthaltstitels befreit sind. Auch die Rechtmäßigkeit des Aufenthalts dieser Ausländer muss in bestimmten Fällen enden. Dies regelt § 51 Absatz 5 für den Fall der Ausweisung, Zurückschiebung und Abschiebung. Ein ausgewiesener, zurückgeschobener oder abgeschobener Ausländer, der zuvor vom Erfordernis des Aufenthaltstitels befreit war, bedarf für den Fall einer erneuten Einreise in das Bundesgebiet eines Aufenthaltstitels.
51.5.2 Damit die Befreiung vom Erfordernis des Aufenthaltstitels wieder eintritt, bedarf es keiner gesonderten Fristsetzung neben der Befristung der Ausweisungswirkung nach § 11 Absatz 1. Sobald das Einreise- und Aufenthaltsverbot nach § 11 Absatz 1 entfallen ist, lebt die Befreiung vom Erfordernis des Aufenthaltstitels wieder auf.

51.6 Fortgeltung von Beschränkungen
Beschränkungen und Auflagen sind nicht an den Fortbestand des Aufenthaltstitels oder die Durchführbarkeit der Abschiebung geknüpft. Die in § 51 Absatz 6 genannten Beschränkungen bleiben auch bestehen, wenn ein ausreisepflichtiger Ausländer unerlaubt in einen anderen Mitgliedstaat der Europäischen Union einreist, weil er in diesem Fall nach § 50 Absatz 4 seiner Ausreisepflicht nicht nachgekommen ist.

51.7 Wiederkehr eines Asylberechtigten und eines Flüchtlings
51.7.1 Abweichend von § 51 Absatz 1 Nummer 6 und 7 erlischt der Aufenthaltstitel eines Asylberechtigten nicht, wenn er im Besitz eines gültigen und von einer deutschen Behörde ausgestellten Reiseausweises für Flüchtlinge ist (vgl. Anlage D7 zur AufenthV). Das Gleiche gilt für Ausländer, denen unanfechtbar die Flüchtlingseigenschaft zuerkannt worden ist.
51.7.2 Der Ausländer hat im Falle seiner Ausreise keinen Anspruch auf Neuerteilung des Aufenthaltstitels, wenn die Zuständigkeit für die Ausstellung des Reiseausweises auf einen anderen Staat übergegangen ist. Die Zuständigkeit geht gemäß § 11 der Anlage zur Genfer Flüchtlingskonvention auf den anderen Staat über, wenn der Ausländer sich rechtmäßig im Gebiet eines anderen Vertragsstaates der Genfer Flüchtlingskonvention niederlässt. Dies setzt einen von den Behörden genehmigten Aufenthalt mit dauerhafter Aufenthaltsperspektive im anderen Staat voraus. Ein illegaler, vorübergehender oder nur tolerierter Aufenthalt, etwa weil aufenthaltsbeendende Maßnahmen nicht durchführbar sind, reicht nicht aus. Das Europäische Übereinkommen über den Übergang der Verantwortung für Flüchtlinge vom 16. Oktober 1980 (BGBl. 1994 II S. 2645) konkretisiert den Zuständigkeitsübergang nach § 11 der

Anlage der Genfer Flüchtlingskonvention. Nach Artikel 2 des Übereinkommens geht die Zuständigkeit für die Erneuerung des Reiseausweises u. a. unter folgenden Voraussetzungen auf einen anderen Vertragsstaat über: Zwei Jahre tatsächlicher und dauernder Aufenthalt mit Zustimmung der Behörden des anderen Staates, Gestattung des dauernden Aufenthalts durch den anderen Staat, Gestattung des Aufenthalts über die Geltungsdauer des Reiseausweises hinaus. Zu beachten ist, dass nicht alle europäischen Staaten das Übereinkommen unterzeichnet haben und es insoweit nur eingeschränkt anwendbar ist. Zudem können einzelne Bestimmungen auf Grund von nationalen Vorbehalten im Verhältnis zu den jeweiligen Staaten nicht angewendet werden. In Zweifelsfällen ist beim Bundesamt für Migration und Flüchtlinge eine Stellungnahme einzuholen.

51.7.3 Hält sich ein Asylberechtigter oder ein Ausländer, dem die Flüchtlingseigenschaft zuerkannt wurde, in seinem Heimatland auf, ist insbesondere § 72 Absatz 1 Nummer 1 und 1a AsylVfG zu beachten. Der danach eintretende Verlust der Asylberechtigung und der Flüchtlingseigenschaft wird von der Ausländerbehörde festgestellt, ohne dass eine Beteiligung des Bundesamtes für Migration und Flüchtlinge erforderlich ist. In Zweifelsfällen kann die Ausländerbehörde anregen, dass das Bundesamt ein Widerrufsverfahren nach § 73 Absatz 1 AsylVfG einleitet.

51.8 Konsultationsverfahren bei aufenthaltsbeendenden Maßnahmen gegen Inhaber von Aufenthaltserlaubnissen nach § 38a

51.8.0 § 51 Absatz 8 ist eine Sonderregelung des in § 91c geregelten Konsultationsverfahrens (vgl. Artikel 22 Absatz 3 Unterabsatz 2 der Richtlinie 2003/109/EG des Rates vom 25. November 2003 betreffend die Rechtsstellung der langfristig aufenthaltsberechtigten Drittstaatsangehörigen [ABl. EU 2004 Nummer L 16 S. 44, so genannte Daueraufenthalt-Richtlinie]).

51.8.1 Die Ausländerbehörde, die aufenthaltsbeendende Maßnahmen gegen einen Ausländer erlassen will, um diesen in ein Land außerhalb des Geltungsbereichs der Daueraufenthalt-Richtlinie (Drittstaaten sowie Vereinigtes Königreich, Irland und Dänemark) abzuschieben, ist verpflichtet, dem Mitgliedstaat Gelegenheit zur Stellungnahme zu geben, der dem Ausländer die Rechtsstellung eines langfristig Aufenthaltsberechtigten verliehen hat. Dabei ist die Zentralstellenfunktion des Bundesamtes für Migration und Flüchtlinge als nationale Kontaktstelle zu beachten (vgl. § 75 Nummer 5).

51.8.2 Geht die Stellungnahme des anderen Mitgliedstaates rechtzeitig ein, wird sie von der Ausländerbehörde berücksichtigt.

51.9 Erlöschen der Erlaubnis zum Daueraufenthalt-EG

51.9.0.1 § 51 Absatz 9 regelt das Erlöschen der Erlaubnis zum Daueraufenthalt-EG in Umsetzung von Artikel 9 Absatz 1, 3 und 4 Unterabsatz 1 und 2 Daueraufenthalt-Richtlinie.

51.9.0.2 Für die sich aus dem Erlöschen der Erlaubnis zum Daueraufenthalt-EG ergebenden Rechtsfolgen gelten die allgemeinen Voraussetzungen: Eintragung im Ausländerzentralregister durch die Ausländerbehörde, Vernichtung des Rechtsscheins (Ungültigstempeln des Aufenthaltstitels).

51.9.1 Die Erlaubnis zum Daueraufenthalt-EG erlischt ausschließlich nach den Voraussetzungen des § 51 Absatz 9 Satz 1, der eine abschließende Sonderregelung darstellt. § 51 Absatz 1 – und damit auch das Erlöschen in Folge Widerrufs nach Nummer 4 – findet keine Anwendung. Die Erlaubnis zum Daueraufenthalt-EG erlischt nach § 51 Absatz 9 Satz 1

51.9.1.1 – Nummer 1, wenn sie wegen Täuschung, Drohung oder Bestechung zurückgenommen wurde. Andere Rücknahmegründe sind damit ausgeschlossen;

51.9.1.2 – Nummer 2, wenn der Ausländer ausgewiesen oder ihm eine Abschiebungsanordnung bekannt gegeben wurde. Die im Aufenthaltsgesetz enthaltenen allgemeinen Regelungen zur Ausweisung finden Anwendung. §§ 54a und 58a bleiben uneingeschränkt anwendbar. Dies gilt auch für die Regelungen des Ausweisungsschutzes nach § 56 Absatz 1. Auf § 56 Absatz 1 Nummer 1a wird hingewiesen. Hierbei ist jedoch zu beachten, dass auch in den Fällen einer Regelausweisung eine Ermessensausübung nach Artikel 12 der Daueraufenthalt-Richtlinie zwingend zu erfolgen hat;

51.9.1.3 – Nummer 3, wenn sich der Ausländer für einen Zeitraum von zwölf aufeinander folgenden Monaten in einem Gebiet aufhält, in dem die Rechtsstellung eines langfristig Aufenthaltsberechtigten nicht erworben werden kann. Hierbei handelt es sich neben Drittstaaten auch um das Vereinigte Königreich, Irland und Dänemark, die an der Daueraufenthalt-Richtlinie nicht teilnehmen;

51.9.1.4 – Nummer 4, wenn sich der Ausländer für einen Zeitraum von sechs Jahren außerhalb des Bundesgebiets aufhält. Hiermit wird auf die besondere Regelung des § 9a Absatz 2 Nummer 1 Bezug genommen, nach der der Ausländer grundsätzlich nach fünfjährigem Aufenthalt in einem anderen Mitgliedstaat dort die Rechtsstellung eines langfristig Aufenthaltsberechtigten erhalten kann. Sollte dieser Rechtserwerb scheitern, bleibt dem Ausländer noch ausreichend Zeit, durch Rückkehr nach Deutschland seinen Daueraufenthalt-EG zu sichern;

51.9.1.5 – Nummer 5, wenn der Ausländer die Rechtsstellung des langfristigen Aufenthaltsberechtigten in einem anderen Mitgliedstaat erwirbt.

51.9.2 Damit Inhaber der Erlaubnis Daueraufenthalt-EG nicht schlechter gestellt sind als Inhaber einer Niederlassungserlaubnis, werden durch § 51 Absatz 9 Satz 2 die Vorschriften in § 51 Absatz 2 bis 4 für entsprechend anwendbar erklärt. Dies ist nach Artikel 9 Absatz 2 und Absatz 4, Unterabsatz 3 Daueraufenthalt-Richtlinie zulässig.

Übersicht

	Rn.
I. Entstehungsgeschichte	1
II. Erlöschungsgründe	2
1. Allgemeines	2
2. Systematik der Erlöschungsgründe nach Abs. 1	5
3. Erlöschungsgründe nach Abs. 1 Nr. 1–5a	6
4. Nicht nur vorübergehende Ausreise (Nr. 6) und nicht rechtzeitige Rückkehr (Nr. 7)	11
5. Wechsel vom Aufenthaltsrecht ins Asylrecht (Nr. 8)	24

Beendigung der Rechtmäßigkeit des Aufenthalts § 51 AufenthG 1

Rn.
III. Ausnahmen und Privilegierungen nach Abs. 1 letzter Hs., 1a, 2, 3 und 4 25
IV. Fortfall der Befreiung vom Erfordernis eines Aufenthaltstitels (Abs. 5) und Fortgeltung
   von Beschränkungen (Abs. 6) 33
V. Wiederkehr eines anerkannten politisch Verfolgten (Abs. 7) 35
VI. Erlöschen einer Erlaubnis zum Daueraufenthalt-EG und Blaue Karte EU (Abs. 9–10) . 39
VII. Konsultationsverfahren und Unterrichtungspflichten (Abs. 8 und Abs. 8a) 46

I. Entstehungsgeschichte

Die Vorschrift entsprach im Wesentlichen dem **Gesetzesentwurf zum ZuwG**[1]. Aufgrund des 1 Vermittlungsverfahrens[2] wurden in Abs. 1 Nr. 5a und in Abs. 2 S. 2 eingefügt. MWv 18.3.2005 wurde in Abs. 5 das Wort „zurückgeschoben" eingefügt[3].

Durch das **RLUmsG 2007** wurde die Norm nachhaltig geändert: In Abs. 2 wurden nach den Wörtern „gesichert ist" in S. 1 die Wörter „und kein Ausweisungsgrund nach § 54 Nr 5 bis 7 oder § 55 Abs 2 Nr 8 bis 11 vorliegt" eingefügt. In S. 2 wurden nach den Wörtern „Absatz 1 Nr 6 und 7" die Wörter „wenn kein Ausweisungsgrund nach § 54 Nr 5 bis 7 oder § 55 Abs 2 Nr 8 bis 11 vorliegt" eingefügt. In Abs. 6 wurden nach dem Wort „Aufenthaltstitel" die Wörter „oder der Aussetzung der Abschiebung" ergänzt. Abs. 7 wurde redaktionell an die Neuregelung der Flüchtlingsanerkennung in § 3 AsylVfG angepasst und die Abs. 8 und 9 wurden neu aufgenommen. Mit dem **Gesetz zur Bekämpfung der Zwangsheirat** vom 23.6.2011[4] wurde Abs. 4 um S. 2 ergänzt, um die Rückkehr von Opfern von Zwangsehen zu erleichtern[5].

Durch das **RLUmsG 2011** wurden als Folgeänderung zur Neustrukturierung der Vorschriften über die Ausreisepflicht in §§ 50 und 59 in Abs. 6 die Wörter „nach § 50 Abs 1 bis 4" gestrichen, der Verweis in Abs. 8 S. 1 auf § 91c II korrigiert und Abs. 8a eingefügt. Abs. 8a ist durch Art. 34 VK bedingt. Dieser enthält die Verpflichtung, im Falle der Annullierung oder Aufhebung eines Visums die Behörde des ausstellenden Staates zu unterrichten. Abs. 8a konkretisiert das Verfahren der Unterrichtung[6].

Das **HQRLUmsG 2012** führte mit Blick auf die Blaue Karte EU in Abs. 9 S. 1 Nr. 3 den 2. Hs. sowie Abs. 10 ein[7]. Durch das **AufenthGÄndG 2015**[8] wurde die Zeitangabe in Abs. 1 von „drei Monaten" durch „90 Tage" ersetzt; dies beruht auf entsprechenden neuen schengenrechtlichen Regelungen[9]. Des Weiteren wurden in Abs. 5 unter Streichung von „§ 11 Abs 1" „§ 11 Abs 2 bis 5" aufgenommen sowie die Vergünstigung in Abs. 10 S. 2 angefügt.

Mit dem **RLUmsG 2017**[10] ist der neue Abs. 1a in das Gesetz gelangt. Die Regelung stellt sicher, dass die ICT-Karte nicht erlischt, wenn der Ausländer von der Möglichkeit Gebrauch macht, einen Teil des unternehmensinternen Transfers (auch für mehr 90 Tage) in einem anderen EU-Mitgliedstaat durchzuführen (Art. 21 ff. ICT-RL). Dies gilt auch, wenn es sich dabei um einen vorübergehenden Grund iSv § 51 VI Nr. 6 handelt. Das Gleiche gilt für Aufenthaltserlaubnis von Forschern und Studenten, die die in der REST-RL vorgesehenen Mobilitätsmöglichkeiten nutzen[11].

Infolge des **FEG 2019** ist Abs. 1a mit Wirkung **zum 1.3.2020** redaktionell geändert worden. In S. 1 wird die Angabe „§ 19a" durch die Angabe „§ 19" ersetzt und in S. 2 die Angabe „§ 16 oder § 20" durch die Angabe „§ 16b oder § 18d."

II. Erlöschungsgründe

1. Allgemeines

Die Aufzählung der Erlöschungsgründe in Abs. 1 Hs. 1 ist **abschließend.** Wird durch eine **Ver-** 2
fügung der Ausländerbehörde die Rechtmäßigkeit des Aufenthalts beendet, ist für die zugrunde zu legende Sach- und Rechtslage der **Zeitpunkt der letzten mündlichen Verhandlung** oder Entscheidung des Tatsachengerichts maßgebend. Dies gilt uneingeschränkt für einen unbefristeten Aufenthaltstitel[12], der zB widerrufen, zurückgenommen oder nachträglich befristet wird. Bei der Auf-

---
[1] BT-Drs. 15/420, 20 f.
[2] BT-Drs. 15/3479, 8.
[3] Art. 1 Nr. 8a ÄndG v. 14.3.2005, BGBl. I S. 721.
[4] BGBl. 2011 I S. 1266.
[5] BT-Drs. 17/4401, 11.
[6] BT-Drs. 17/5470, 22 f.
[7] BGBl. 2012 I S. 1224. Die Regelung ist Teil der Umsetzung der RL 2009/50/EG des Rates vom 25.5.2009 über die Bedingungen für die Einreise und den Aufenthalt von Drittstaatsangehörige zur Ausübung einer hochqualifizierten Beschäftigung (ABl. 2009 L 155, 17).
[8] BGBl. 2015 I S. 1386.
[9] BT-Drs. 18/4097, 48 und 35; s. im Einzelnen die Kommentierung unter § 6.
[10] BGBl. 2017 I S. 1106.
[11] BT-Drs. 18/11136, 56; nähere Nachweis zu den unionsrechtlich Vorschriften → Rn. 24, BGBl. I S. 1386.
[12] BVerwG Urt. v. 13.4.2010 – 1 C 10.09, InfAuslR 2010, 346.

hebung befristeter Titel ist eine **Einschränkung** zu machen[13]. Liegt der Zeitpunkt der mündlichen Verhandlung nach dem Ablauf der Geltungsdauer des Titels selbst, so ist die Sach- und Rechtslage im Zeitpunkt des Ablaufs der Gültigkeitsdauer zugrunde zu legen, denn die danach eintretenden Umstände können für den allein bis zum Ablauf der Gültigkeitsdauer geregelten Lebenssachverhalt keine Bedeutung mehr haben[14]. Soweit das Aufenthaltsrecht des Ausländers durch eine Entscheidung der Ausländerbehörde zum Erlöschen gebracht wird, ist dies **keine Rückführungsentscheidung iSd Rückführungs-RL**[15].

3   Wie bereits bei der Zeitpunktverlagerung in Ausweisungsfällen ist nunmehr auch in Fällen der Rücknahme, des Widerrufs oder der nachträglichen Befristung nach § 7 II 2 die Ausländerbehörde gehalten, ihre Entscheidung verfahrensbegleitend zu kontrollieren und ggf. ihre **Ermessenserwägungen zu aktualisieren.** Allein der Zeitablauf zwingt aber regelmäßig noch nicht zu solchen Maßnahmen. Vielmehr ist es im Rahmen der Mitwirkungspflicht primär Aufgabe des Ausländers, auf etwaige zu seinen Gunsten eingetretene Tatsachenänderungen hinzuweisen. Dann ist es Sache der Behörde, ihre Entscheidung zu überprüfen und ggf. der neuen Sachlage anzupassen.

4   Ist streitig, ob der Aufenthaltstitel infolge eines gesetzlichen Erlöschungsgrunds erloschen ist, kann die Ausländerbehörde einen feststellenden Verwaltungsakt erlassen. Die erforderliche Verwaltungsaktbefugnis[16] lässt sich dem Gesetz durch Auslegung hinreichend entnehmen[17]. Ein bloßer Ungültigkeitsvermerk (Stempel) kann in der Regel nicht als feststellender Verwaltungsakt angesehen werden[18].

2. Systematik der Erlöschungsgründe nach Abs. 1

5   Systematisch lassen sich die Erlöschungsgründe für Aufenthaltstitel in **drei Gruppen** unterteilen. Erstens: Die Gründe nach **Abs. 1 Nr. 1–5a** könnte man generalisierend als die klassischen Gründe – Ablauf der Geltungsdauer, Eintritt einer Bedingung, Rücknahme, Widerruf, Ausweisung und Abschiebungsandrohung – bezeichnen. Gemeinsam ist ihnen, dass sie sich anhand formaler Kriterien eindeutig und klar bestimmen lassen; bei ihrer Anwendung bedarf es keiner wertenden Auslegung unbestimmter Rechtsbegriffe. Ihnen folgen zweitens die Gruppe der Erlöschungsgründe nach **Abs. 1 Nr. 6–7**. Hier geht es zentral um die Fragen der Auslegung des unbestimmten Rechtsbegriffs einer „ihrer Natur nach nicht vorübergehenden" Ausreise (Nr. 6) und der Frage der Fristberechnung (Nr. 7). Die dritte Gruppe schließlich befasst sich mit den Fällen des Spurwechsels vom Aufenthaltsrecht ins Asylrecht **(Abs. 1 Nr. 8).**

3. Erlöschungsgründe nach Abs. 1 Nr. 1–5a

6   Befristete Titel erlöschen mit Ablauf der dort festgesetzten **Geltungsdauer** (Nr. 1), bei einer nachträglichen zeitlichen Verkürzung der Geltungsdauer nach § 7 II 2 mit Ablauf des dort festgelegten Tags oder mit Wirksamwerden der Verfügung. Visum und Aufenthaltserlaubnis können mit Bedingung erteilt und verlängert werden (§ 12 II 1). Der Eintritt einer **auflösenden Bedingung** führt aber nur dann zum Erlöschen (Nr. 2), wenn die Bedingung aus der maßgeblichen Sicht des Empfängers (§§ 133, 157 BGB entsprechend) ausreichend bestimmt[19] und auch im Übrigen rechtmäßig ist. Sie darf insbesondere auch nicht so ausgestaltet sein, dass der Ausländer quasi sofort in die (auch strafbare) Illegalität des Aufenthalts gerät[20].

7   Da die Voraussetzungen für die Rücknahme anders als die des Widerrufs (vgl. § 52) nicht im AufenthG besonders geregelt sind, gilt § 48 (L)VwVfG. An der **Rücknahme** rechtswidriger Aufenthaltstitel kann ein erhebliches öffentliches Interesse bestehen, etwa beim Erschleichen des Aufenthaltstitels mittels falscher Angaben oder Urkunden[21]. Die Rücknahme kann auch mit Rückwirkung auf den Zeitpunkt der Erteilung angeordnet werden, etwa aufgrund Verschuldens des Ausländers am

---

[13] Offen gelassen in BVerwG Urt. v. 13.4.2010 – 1 C 10.09, InfAuslR 2010, 346.

[14] BayVGH Beschl. v. 16.8.2011 – 10 CS 11.432; VGH BW Urt. v. 15.7.2009 – 13 S 2372/08, NVwZ 2009, 1380.

[15] VGH BW Urt. v. 16.5.2012 – 11 S 2328/11, BeckRS 2012, 53897; aber str. vgl. Kommentierung zu → § 11 Rn. 15 ff.

[16] BVerwG Urt. v. 10.10.1990 – 1 B 131.90, NVwZ 1991, 267 f. und Urt. v. 29.11.1985 – 8 C 105.83, BVerwGE 72, 265 (266).

[17] VGH BW Urt. v. 9.11.2015 – 11 S 714/15; Beschl. v. 13.3.1990 – 1 S 3361/89, InfAuslR 1990, 187; *Graßhof* in BeckOK AuslR AufenthG § 51 Rn. 2; aA VG Hannover Urt. v. 28.9.2010 – 12 A 327/09.

[18] BVerwG Urt. v. 20.11.1990 – 1 C 8.89.

[19] Verneint etwa bei der Nebenbestimmung zu einem Titel nach § 16 „Erlischt mit Abbruch studienvorbereitender Maßnahmen", s. VG Berlin Urt. v. 27.10.2014 – 11 K 331.14, BeckRS 2014, 58811. Bejaht bei einer zu Studienzwecken erteilten Aufenthaltserlaubnis mit der auflösenden Bedingung des Verlustes des Krankenversicherungsschutzes, s. OVG Saarl Beschl. v. 16.1.2017 – 2 B 354/16.

[20] VGH BW Beschl. v. 11.12.2013 – 11 S 2077/13, BeckRS 2014, 46012, zulässig etwa „Aufenthaltstitel erlischt zwei Wochen nach Beendigung des Arbeitsverhältnisses".

[21] Vgl. etwa BVerwG Urt. v. 23.5.1993 – 1 C 3.94 – Scheinehe; OVG Saarl Urt. v. 11.3.2010 – 2 A 491/09 – Verstoß gegen das Verbot der Doppelehe; VG München Urt. v. 20.10.2011 – M 24 K 11.1586 – fehlende eheliche Lebensgemeinschaft.

Beendigung der Rechtmäßigkeit des Aufenthalts § 51 AufenthG 1

Zustandekommen des rechtswidrigen Verwaltungsakts und beim Fehlen schutzwürdigen Vertrauens[22]. Die Ausländerbehörde trägt die **materielle Beweislast** für die Voraussetzungen der Rücknahme[23]. Für eine ordnungsgemäße Ermessensausübung müssen alle Umstände des Einzelfalls berücksichtigt werden, hierzu können etwa das Alter des Ausländers bei der Einreise, die Dauer des Aufenthalts sowie die von ihm entwickelten wirtschaftlichen und sonstigen Bindungen gehören, nicht zuletzt auch, ob er selbst die Rechtswidrigkeit des Titels zu verantworten hat[24].

Ob der Rücknahme auch das von einer deutschen Ausländervertretung ausgestellte **Schengen- 8 Visum** unterlag, war nach altem Recht strittig[25]. Soweit das Schengen-Visum von einem **anderen Vertragsstaat** ausgestellt war, fehlte es bis zum Inkrafttreten des SGK[26] am 13.10.2006 an einer tauglichen Rechtsgrundlage für die Rücknahme durch eine deutsche Behörde. Weder im AufenthG noch im sonstigen deutschen Völkerrecht noch im SDÜ fand sich vormals eine ausdrückliche Bestimmung hierüber. Auch der Hinweis auf einen Beschluss des Exekutivausschusses konnte eine Rechtsgrundlage nicht ersetzen[27]. Die allgemeinen Bestimmungen über Erlöschen, Widerruf und Rücknahme (§§ 51, 52) gelten nunmehr für die nach § 4 I 2 aufgeführten Aufenthaltstitel (ohne Schengen-Visum, aber inklusive des nationalen Visums). Seit Anwendung des VK richtet sich die Annullierung und Aufhebung eines einheitlichen Visums („Schengen-Visum") nach Art. 34 VK, dementsprechend erhielt der SGK in Anhang V Teil A eine sprachliche Änderung[28].

Im Falle der **Ausweisung** (Nr. 5) erlischt der Aufenthaltstitel nicht schon bei Erfüllung des Tat- 9 bestands, sondern erst **mit der ausländerbehördlichen Verfügung**. Nicht vorausgesetzt sind allerdings Bestandskraft oder Vollziehbarkeit (§ 84 II 1). Bei späterer Aufhebung der Ausweisungsverfügung im Widerspruchs- oder Klageverfahren steht nachträglich das Nichterlöschen der Aufenthaltstitel fest (vgl. § 84 II 3). Entspr. gilt für die **Abschiebungsanordnung** nach § 58a. Das in Abs. 1 Nr. 5 gesetzlich angeordnete Erlöschen eines Aufenthaltstitels durch eine wirksame Ausweisung ist im Wege des „Erst-Recht-Schlusses" auf die Fiktionswirkung nach § 81 IV 1 zu übertragen[29].

Die **Ausweisung eines Asylbewerbers** führt nicht zum Erlöschen der Aufenthaltsgestattung. 10 Anders verhält es sich auch nicht bei aufschiebend bedingter Ausweisung eines Asylbewerbers (§ 53 IV 1). Diese entfaltet ihre Wirkung nämlich erst mit unanfechtbarem Abschluss des Asylverfahrens ohne Asylanerkennung; folglich erlischt auch die Aufenthaltsgestattung erst in diesem Zeitpunkt (§ 67 I Nr. 6 AsylG). Die Bedingung des § 53 IV 1 ist aufschiebend und nicht auflösend (vgl. § 36 II Nr. 2 VwVfG). Bei späterer Asylanerkennung ist die Ausweisung obsolet. Das Erlöschen der Aufenthaltserlaubnis oder der Niederlassungserlaubnis eines anerkannten Asylberechtigten oder Flüchtlings wirkt sich nicht unmittelbar auf den Bestand der Asylanerkennung aus; diese kann aber unter Umständen wegen anderweitiger Sicherheit vor Verfolgung widerrufen werden (§ 73 AsylG).

4. Nicht nur vorübergehende Ausreise (Nr. 6) und nicht rechtzeitige Rückkehr (Nr. 7)

Ausreise iSv Abs. 1 Nr. 6 ist – ebenso wie in Nr. 7 – **nicht die staatlich erzwungene oder** 11 **veranlasste Ausreise**[30]. Dies folgt aus Sinn und Zweck dieser Erlöschungsregelungen[31]. Privat erzwungene oder veranlasste Ausreisen (etwa durch Entführung oder Nötigung oder zur Pflege eines Angehörigen im Herkunftsland) sind hingegen nicht von vornherein vom Anwendungsbereich der Nr. 6 und 7 ausgenommen. Dies verdeutlicht auch die Neuregelung in Abs. 4 S. 2. Um in diesen Fällen zu adäquaten Lösungen zu kommen, bietet sich etwa eine erweiternde Auslegung der Verlängerungsmöglichkeit nach Abs. 4 oder die Einräumung einer Rückkehrmöglichkeit nach § 7 I 3 oder § 37 an[32].

Auslandsaufenthalte führen dann nicht zum Erlöschen des Aufenthaltstitels nach Nr. 6, wenn sie 12 nach ihrem Zweck **typischerweise zeitlich begrenzt sind und keine wesentliche Änderung der gewöhnlichen Lebensumstände in Deutschland mit sich bringen**; fehlt es an einem dieser Erfordernisse, liegt ein seiner Natur nach nicht vorübergehender Grund vor[33]. Neben der Dauer und dem Zweck des Auslandsaufenthalts sind alle objektiven Umstände des Einzelfalls zu berücksichti-

---

[22] Allg. zum Verhältnis zwischen Rücknahme, Widerruf und Befristung im Ausländerrecht *Meyer* ZAR 2002, 13.
[23] BVerwG Urt. v. 8.12.2009 – 1 C 16.08, BVerwGE 135, 334.
[24] OVG Bln-Bbg Urt. v. 12.3.2013 – OVG 7 B 2.13, BeckRS 2013, 51995.
[25] Dazu in der 9. Aufl. dieses Kommentars § 6 Rn. 48 ff.
[26] Vgl. Anhang V Nr. 2 zu § 13 SGK idF v. 15.3.2006.
[27] So aber *Westphal* in Huber SDÜ Art. 23 Rn. 26 und Nr. 4.1.2.2 AAH-SDÜ; krit. *Huber* NVwZ 1996, 1069.
[28] Näher → § 6 Rn. 69.
[29] Str., wie hier *Hailbronner* AuslR AufenthG § 81 Rn. 24; *Franke-Kaiser* in GK-AufenthR § 81 Rn. 99, 63, 67; aA jedenfalls für das Eilverf: VGH BW Beschl. v. 30.8.2016 – 11 S 1660/16 mwN.
[30] BVerwG Urt. v. 17.1.2012 – 1 C 1.11, InfAuslR 2012, 173 betr. Auslieferung.
[31] BT-Drs. 11/6321, 71 zum gleichlautenden § 44 I Nr. 2 und 3 AuslG 1990.
[32] Näher BVerwG Urt. v. 17.1.2012 – 1 C 1.11, InfAuslR 2012, 173.
[33] BVerwG Urt. v. 11.12.2012 – 1 C 15.11, NVwZ-RR 2013, 338; SächsOVG Urt. v. 18.9.2014 – 3 A 554/14. § 51 I Nr. 6 ist gegenüber § 51 I Nr. 7 spezieller und deshalb vorrangig zu prüfen: HessVGH Beschl. v. 2.7.2019 – 3 A 1396/17.Z, BeckRS 2014, 19001.

gen³⁴, während es auf den inneren Willen des Ausländers – insbesondere auf seine Planung der späteren Rückkehr nach Deutschland – nicht allein ankommen kann. Als Erlöschungsgründe kommen auch solche in Betracht, die der Ausländer nicht ausräumen oder beeinflussen kann und die ihn davon abhalten, in das Bundesgebiet zurückzukehren³⁵. Der Grund muss seiner Art nach objektiv nicht nur eine vorübergehende Abwesenheit erfordern. Hierüber entscheiden die gesamten Einzelfallumstände³⁶, zB Dauer, Zweck, Bindungen an die Heimat oder an die Bundesrepublik Deutschland³⁷.

13 Als ihrer **Natur nach vorübergehende Gründe** für Auslandsaufenthalte können danach etwa typische Besuchs- und Urlaubsreisen von einer Dauer bis zu maximal sechs Wochen (Jahresurlaub) oder beruflich veranlasste Aufenthalte von ähnlicher Dauer anzusehen sein, ebenso Aufenthalte zur vorübergehenden Pflege von Angehörigen, zur Ableistung der Wehrpflicht oder Aufenthalt während der Schul- oder Berufsausbildung, die nur zeitlich begrenzte Ausbildungsabschnitte – nicht aber die Ausbildung insgesamt³⁸ – ins Ausland verlagern³⁹. **Anzeichen für eine auf Dauer** angelegte Ausreise sind Aufgabe von Wohnung und Arbeitsplatz, Auszahlung von im Bundesgebiet erworbenen Rentenanwartschaften, polizeiliche Abmeldung⁴⁰, Mitnahme von Hausrat⁴¹, Pflege eines dauernd pflegebedürftigen Angehörigen⁴², Flucht vor Strafverfolgung, um im Ausland „ein neues Leben zu beginnen"⁴³ oder Auslandsaufenthalte zur Begehung von Straftaten bzw. „Ausbildung" bei einer Terrororganisation⁴⁴. Hingegen erfüllt eine beabsichtigte muttersprachliche psychiatrische Behandlung im Ausland zur Stabilisierung des Gesundheitszustands nicht zwingend Nr. 6⁴⁵. Je länger die Abwesenheit dauert, desto mehr spricht für einen nicht nur vorübergehenden Grund; dieser kann sich abweichend von dem ursprünglichen Plan auch erst während des Auslandsaufenthalts herausstellen⁴⁶.

14 Eine **Ausreise zur Gründung einer Familie im Ausland ist ihrem Zweck** nach regelmäßig auf einen Auslandaufenthalt **auf unabsehbare Zeit gerichtet.** Sie erfolgt deshalb nach Nr. 6 aus einem seiner Natur nach nicht nur vorübergehenden Grund⁴⁷. Dies gilt insbesondere, wenn der Ausländer dabei gleichzeitig die bisher bestehenden Bindungen zum Bundesgebiet – etwa ein Beschäftigungsverhältnis oder eine Wohnung – auflöst⁴⁸.

15 Die **Grenze von sechs Monaten** ist **speziell für Abs. 1 Hs. 1 Nr. 7** (Wiedereinreisefälle) ausschlaggebend, kann aber auch sonst ein Beurteilungskriterium abgeben. Eine Rückkehr innerhalb von sechs Monaten spricht zunächst für einen vorübergehenden Grund⁴⁹. Der Ausländer kann zB **Sonderurlaub** nehmen und diesen für einen Zweck verwenden, für den eine längere Anwesenheit im Heimatstaat oder anderswo erforderlich ist, zB für einen Hausbau oder eine umfangreiche Nachlassregulierung. Dazu muss er rechtzeitig, dh vor Ablauf der Sechs-Monats-Frist, die Verlängerung der Wiedereinreisefrist bei der Ausländerbehörde beantragen. **Schulbesuch oder Ausbildung im Ausland sind nicht nur vorübergehender Natur,** zumindest dann, wenn deren Ende nicht absehbar ist⁵⁰. Dagegen können Eheschließung oder Entbindung einen nur kurzen Aufenthalt im Ausland erfordern und den Inlandsaufenthalt unberührt lassen. Gerade bei „Gastarbeitern der 1. Generation" rechtfertigt ein Leben in „zwei Welten" zur Aufrechterhaltung und Pflege der familiären Beziehungen nicht typischerweise den Schluss, der Ausländer wolle von seinem Aufenthaltsrecht keinen Gebrauch mehr machen⁵¹.

16 Von einem Ausländer, der aufgrund eigenen Entschlusses aus dem Bundesgebiet ausreist, sich in einem anderen Staat längerfristig aufhält und damit die persönlich-räumliche Bindung zum Bundesgebiet erkennbar lockert, darf erwartet werden, dass er sich über die Frage des weiteren Fortbestands

---

³⁴ OVG Weimar Beschl. v. 23.2.2021 – 3 EO 788/20, InfAuslR 2022, 13 Rn. 7, wonach zB die Abmeldung vom Jobcenter sowie die Kündigung der Krankenkasse und der Familienwohnung einen Abbruch der Kontakte in die Bundesrepublik indizieren können.
³⁵ BVerwG Urt. v. 30.4.2009 – 1 C 6.08, BVerwGE 134, 27.
³⁶ BayVGH Urt. v. 25.7.2011 – 19 B 10.2547, BeckRS 2011, 33384.
³⁷ VGH BW Beschl. v. 9.7.2010 – 11 S 1412/10, InfAuslR 2011, 297; HmbOVG Beschl. v. 8.1.1985 – Bs V 242/84, EZAR 103 Nr. 6.
³⁸ Zum Erlöschen des Aufenthaltstitels bei der Ausreise zum Zwecke des vollständigen Schulbesuchs bis zum Abitur im Herkunftsland OVG MV Beschl. v. 10.12.2012 – 2 M 175/12, BeckRS 2013, 49498.
³⁹ BVerwG Urt. v. 11.12.2012 – 1 C 15.11, NVwZ-RR 2013, 338; VG Düsseldorf Urt. v. 23.6.2016 – 7 K 7892/15.
⁴⁰ BayVGH Beschl. v. 18.2.2015 – 10 ZB 14.345.
⁴¹ Ähnlich BayVGH Urt. v. 24.8.1981 – 10 B 680.79, InfAuslR 1982, 169.
⁴² HmbOVG Urt. v. 2.2.1990 – Bf IV 86/89, EZAR 108 Nr. 3.
⁴³ VGH BW Urt. v. 15.4.2011 – 11 S 189/11; ZAR 2011, 407 und Beschl. v. 22.1.2004 – 11 S 192/04, EZAR 019 Nr. 22.
⁴⁴ OVG Bln-Bbg Beschl. v. 1.3.2012 – OVG 11 S 1.12 – „Ausbildung" bei der PKK, BeckRS 2012, 48214.
⁴⁵ BayVGH Urt. v. 25.7.2011 – 19 B 10.2547, BeckRS 2011, 33384.
⁴⁶ BVerwG Urt. v. 28.4.1982 – 1 B 148.81, NVwZ 1982, 683; SächsOVG Urt. v. 18.9.2014 – 3 A 554/13.
⁴⁷ BayVGH Beschl. v. 27.11.2018 – 19 CE 17.550, BeckRS 2018, 32944.
⁴⁸ BVerwG Beschl. v. 11.12.2012 – 1 B 15.11, BeckRS 2011, 53368.
⁴⁹ BayVGH Urt. v. 25.7.2011 – 19 B 10.2547, BeckRS 2011, 33384.
⁵⁰ NdsOVG Beschl. v. 19.9.2011 – 11 LA 198/11, InfAuslR 2011, 422; OVG NRW Beschl. v. 26.8.1988 – 18 B 1063/88, EZAR 103 Nr. 10.
⁵¹ VGH BW Beschl. v. 9.7.2010 – 11 S 1412/10, InfAuslR 2011, 297.

Beendigung der Rechtmäßigkeit des Aufenthalts § 51 AufenthG 1

seines Aufenthaltsrechts im Bundesgebiet aus eigenem Antrieb Gedanken macht und vorab Informationen hierzu einholt[52]. Eine gesetzliche Verpflichtung der Ausländerbehörde, den Ausländer bei erstmaliger Erteilung oder Verlängerung eines Titels vorsorglich in allgemeiner Weise auf die **Rechtswirkungen des Abs. 1 Nr. 6 oder Nr. 7 von Amts wegen hinzuweisen,** besteht nach dem materiellen Ausländerrecht nicht. § 82 III begründet keine entsprechende **Belehrungspflicht**[53]. Auch aus § 25 (L)VwVfG lässt sich keine solche herleiten, denn zum Gegenstand des auf eine Aufenthaltserlaubnis gerichteten Verwaltungsverfahrens gehören nicht die Gründe, die zu einem späteren Erlöschen des erteilten Aufenthaltstitels führen können. In besonderen Konstellationen kann einem Erlöschen aber § 242 BGB entsprechend entgegenstehen[54], etwa bei einem Beratungsfehler der Ausländerbehörde.

Wiedereinreise erst nach Ablauf **von mehr als sechs Monaten** oder einer ausländerbehördlichen bestimmten **längeren Frist** nach **Abs. 1 Nr. 7** führt ebenfalls zum Erlöschen des Aufenthaltstitels. Grundsätzlich unbeachtlich ist, ob es dem Ausländer rechtlich oder tatsächlich möglich war, vor Ablauf der Sechs-Monats-Frist wieder in die Bundesrepublik Deutschland einzureisen[55]. Der Auslandsaufenthalt ist nur dann schädlich, wenn er ununterbrochen mehr als sechs Monate andauert. Soweit bisher unter Hinweis auf einen Beschluss des BVerwG vom 30.12.1988[56] angenommen worden ist, **kurzfristige Rückreisen** seien insoweit unerheblich und könnten das Erlöschen nicht verhindern[57], findet dies weder im Gesetz noch im genannten Beschluss des BVerwG eine Stütze[58]. Der Wortlaut verwendet den **Begriff der Einreise,** nicht etwa den der Rückkehr. Eine Einreise iSd § 13 II liegt vor, wenn die Grenze überschritten und die Grenzübergangsstelle passiert worden ist. Hat der Ausländer das räumliche Umfeld der Grenzkontrollen verlassen, ist er tatsächlich eingereist und die Frist läuft neu[59]. Die Entscheidung des BVerwG v. 30.12.1988 ist zu § 9 I Nr. 3 AuslG 1965 und zu der damals geltenden Allgemeinen Verwaltungsvorschrift zur Ausführung des Ausländergesetzes (AuslVwV) idF v. 10.5.1977 (GMBl. S. 202) ergangen. Nach § 9 I Nr. 3 AuslG 1965 erlosch die Aufenthaltserlaubnis, wenn der Ausländer das Bundesgebiet aus einem seiner Natur nach nicht vorübergehenden Grund verließ. Nach Nr. 2 S. 3 AuslVwV zu § 9 sollte im Zweifel bei einer Abwesenheit von mehr als sechs Monaten ein Verlassen des Bundesgebiets aus einem seiner Natur nach nicht vorübergehender Grund anzunehmen sein. Das BVerwG hatte Nr. 2 AuslVwV zu § 9 als eine „lose Orientierungshilfe für die Ausländerbehörde" angesehen und die Notwendigkeit einer Würdigung aller wesentlichen Umstände des Einzelfalls betont. Ein selbständiger Erlöschungsgrund der über sechsmonatigen Ausreise war damals gar nicht bekannt. 17

Der **Erlöschenstatbestand nach Abs. 1 Nr. 7 ist selbstständig,** also von der Natur des Ausreisegrunds unabhängig. Ändert sich der – nur vorübergehende – Aufenthaltszweck während des Aufenthalts im Ausland oder erstreckt sich der Aufenthalt aus einem anderen Grund über mehr als sechs Monate, muss der Ausländer zur Vermeidung jeglichen Risikos eine längere Frist bei der Ausländerbehörde beantragen. Unschädlich ist ein länger als sechs Monate dauernder Aufenthalt während eines saisonalen Engagements im Ausland, wenn der Ausländer mehrmals tageweise nach Deutschland zurückkehrt[60]. Die jeweilige kurzfristige Rückkehr allein genügt aber nicht zum Nachweis eines nur vorübergehenden Zwecks[61]. Die Fristverlängerung muss spätestens vom Ausland her vor Ablauf von sechs Monaten beantragt werden[62]. Eine Wiedereinsetzung in den vorigen Stand ist ausgeschlossen[63], weil es sich um eine vom Gesetzgeber angeordnete materielle Ausschlussfrist handelt. Für den Eintritt des gesetzlichen Erlöschenstatbestands ist unerheblich, ob eine unterbliebene Fristverlängerung oder eine nicht erfolgte Rückkehr innerhalb von sechs Monaten auf einer freiwilligen, selbstbestimmten Entscheidung des Ausländers oder auf seinem Verschulden beruht oder auf Gründen, die von seinem Willen unabhängig sind (zB Erkrankung oder Inhaftierung)[64]. Unschädlich ist das Überschreiten nur, wenn die Frist zuvor auch tatsächlich verlängert wurde. Der Aufenthalt im Ausland darf dabei seinen vorübergehenden Charakter nicht verlieren. 18

---

[52] VG Frankfurt a. M. Beschl. v. 4.12.2007 – 1 G 2437/07; VG Ansbach Beschl. v. 26.9.2001 – AN 5 S 01.01344 zur Vorgängerregelung § 44 I Nr. 3 AuslG.
[53] OVG NRW Beschl. v. 21.1.2011 – 18 A 2513/10; vgl. allerdings zur besonders Unterrichtspflicht aufgrund einer Regelung in der HochqualifiziertenRL § 82 VI 3.
[54] BayVGH Urt. v. 10.1.2007 – 24 BV 03.722 und Beschl. v. 25.2.2004 – 10 ZB 03.187; VG Hamburg Beschl. v. 11.3.2010 – 5 E 2266/09.
[55] OVG Weimar Beschl. v. 19.11.2021 – 3 EO 167/21, ZAR 2022, 133 Rn. 41.
[56] BVerwG Beschl. v. 30.12.1988 – 1 B 135.88, InfAuslR 1989, 114.
[57] ZB OVG Bln-Bbg Urt. v. 28.9.2010 – OVG 11 B 14.10.
[58] VGH BW Beschl. v. 13.5.2014 – 11 S 713/14; Urt. v. 9.11.2015 – 11 S 714/15, ZAR 2016, 77.
[59] VGH BW Urt. v. 9.11.2015 – 11 S 714/15; GK-AufenthG § 51 Rn. 58.
[60] OVG NRW Beschl. v. 30.6.2003 – 10 B 10 830/03, EZAR 019 Nr. 20.
[61] OVG NRW Beschl. v. 25.8.2003 – 18 B 978/03, EZAR 019 Nr. 21.
[62] Dazu HessVGH Beschl. v. 16.3.1999 – 10 TZ 325/99, EZAR 019 Nr. 12.
[63] OVG NRW Beschl. v. 4.8.2004 – 18 B 2264/03, EZAR 019 Nr. 23.
[64] OVG Bln-Bbg Beschl. v. 12.4.2017 – OVG 11 S 6.17, BeckRS 2017, 108029; BayVGH Urt. v. 10.1.2007 – 24 BV 03.722; VG München Urt. v. 14.12.2010 – M 4 K 10.1761.

Dollinger 937

19 Eine Frist von **mehr als sechs Monaten** kann nach Abs. 4 S. 1 der **Inhaber einer Niederlassungserlaubnis** in der Regel verlangen, wenn der Aufenthalt im Ausland vorübergehender Art ist. Weitere Voraussetzungen müssen dann nicht erfüllt sein. Die Verlängerungsfrist richtet sich nach dem Zweck des Aufenthalts. Ebenso begünstigt ist, wer sich im staatlichen Interesse im Ausland aufhält (zB als Entwicklungshelfer). Bei diesen Personen ist nicht einmal die vorübergehende Natur des Aufenthaltszwecks verlangt. Eine Verlängerung kommt auch bei anderen Ausländern in Betracht, die eine auf Dauer angelegte Aufenthaltserlaubnis besitzen. Das Gleiche gilt bei Vorliegen eines öffentlichen Interesses an einem längeren Auslandsaufenthalt des Ausländers auch für Besitzer einer anderen Aufenthaltserlaubnis. Ausgenommen sind jedoch zB Inhaber einer Aufenthaltserlaubnis zu Ausbildungszwecken. Für die Verlängerung bei Niederlassungserlaubnis-Besitzern und nach Ermessen ist immer vorausgesetzt, dass der Abwesenheitsgrund weiterhin nur vorübergehender Art ist. **Bescheinigungen** über die Voraussetzungen nach **Abs. 4 Nr. 1** werden aber regelmäßig **nicht als Indiz für eine Wiedereinreise** herangezogen werden können[65].

20 Beruht der Aufenthaltstitel auf **Unionsrecht** und enthält die entsprechend RL spezielle und abschließende Regelungen für die Erteilung und die Gültigkeit des Aufenthaltstitels, kann die Anwendbarkeit von Abs. 1 Nr. 6 bzw. 7 aufgrund des Vorrangs des Unionsrechts ausgeschlossen oder jedenfalls nur in modifizierter Form zulässig sein. Die **Studenten-RL**[66] zielt darauf ab, für Studenten mit Drittstaatsangehörigkeit die Mobilität für ein Studium in mehreren Staaten der EU zu fördern (vgl. Erwägungsgrund 16 sowie Art. 8), und sieht in Art. 12 II und Art. 16 besondere Regelungen für die Entziehung oder die Nichtverlängerung des Aufenthaltstitels vor. Diese sind abschließend[67]. Mit der Studenten-RL wäre es zB nicht vereinbar, einem im Bundesgebiet studierenden Drittstaatsangehörigen, der über einen Aufenthaltstitel nach § 16 verfügt und ein Praktikum von mehr als sechs Monaten im Ausland absolviert, Abs. 1 Nr. 7 entgegenzuhalten.

21 Auch für die **Aufenthaltserlaubnis nach § 38a** gelten **Besonderheiten**. Nach Art. 22 I Daueraufenthalts-RL[68] kann der zweite Mitgliedstaat den Aufenthaltstitel nur entziehen und die betreffende Person und ihre Familienangehörigen gemäß den Verfahren des nationalen Rechts einschließlich der Rückführungsverfahren zur Ausreise aus seinem Hoheitsgebiet verpflichten, wenn Gründe der öffentlichen Ordnung oder der öffentlichen Sicherheit iSd Art. 17 vorliegen, die Voraussetzungen der Art. 14, 15 und 16 nicht mehr vorliegen oder sich der Drittstaatsangehörige unrechtmäßig im Hoheitsgebiet des betreffenden Mitgliedstaats aufhält. Solange der Drittstaatsangehörige noch den Status eines langfristig Aufenthaltsberechtigten in dem ersten Mitgliedstaat, dh dem Staat, der ihm den Status verliehen hat, besitzt, erfüllt er keine der vorgenannten Voraussetzungen der Art. 14, 15 und 16.

22 Der Status eines **langfristig Aufenthaltsberechtigten** erlischt nach **Art. 9 I c Daueraufenthalts-RL** erst, wenn sich der Ausländer während eines Zeitraums von zwölf aufeinanderfolgenden Monaten nicht im Gebiet der Union oder sich nach Art. 9 IV Daueraufenthalts-RL sechs Jahre nicht mehr im ersten Mitgliedstaat aufgehalten hat. Das nationale Recht vermag keinen neuen Erlöschensgrund zu schaffen, da es sich bei dem Aufenthaltstitel nach § 38a um einen unionsrechtlichen Status handelt, der nur nach den Grundsatz der Daueraufenthalts-RL entzogen werden darf. Insoweit gelten für die Erlaubnis zum Daueraufenthalt – EU Sonderregelungen in Abs. IX. Für die Blaue Karte EU und für Daueraufenthaltsberechtigte, die zuvor im Besitz der Blauen Karte EU gewesen sind, sind besondere Vorgaben aufgrund der Hochqualifizierten-RL zu beachten.

23 Der Erlöschensgrund findet auch auf **türkische Staatsangehörige, die eine Rechtsstellung nach Art. 6 I Alt. 3 ARB 1/80 oder Art. 7 ARB 1/80 innehaben,** keine Anwendung. Hat ein türkischer Staatsangehöriger eine Rechtsstellung als Arbeitnehmer nach Art. 6 I Alt. 3 ARB 1/80 oder eine als Familienangehöriger eines türkischen Arbeitnehmers aus Art. 7 ARB 1/80, verliert er diese außer in den Fällen des Art. 14 I ARB 1/80 aus Gründen der öffentlichen Ordnung, Sicherheit und Gesundheit nur, wenn er den Aufnahmemitgliedstaat für einen nicht unerheblichen Zeitraum ohne berechtigte Gründe verlassen hat[69]. Ob dies der Fall ist, richtet sich danach, ob er seinen Lebensmittelpunkt aus Deutschland wegverlagert hat; je länger der Auslandsaufenthalt des Betroffenen andauert, desto eher kann von der Aufgabe seines Lebensmittelpunktes in Deutschland ausgegangen werden. Ab einem Auslandsaufenthalt von ungefähr einem Jahr müssen gewichtige Anhaltspunkte dafür vorliegen, dass sein Lebensmittelpunkt noch im Bundesgebiet ist[70].

---

[65] OVG Bln-Bbg Beschl. v. 15.1.2016 – OVG 11 S 70.15, BeckRS 2016, 42552.
[66] RL 2004/114/EG des Rates vom 13.12.2004 über die Bedingungen für die Zulassung von Drittstaatsangehörige zur Absolvierung eines Studiums oder zur Teilnahme an einem Schüleraustausch, einer unbezahlten Ausbildungsmaßnahme oder einem Freiwilligendienst (ABl. 2004 L 375, 12).
[67] EuGH Urt. v. 10.9.2014 – C-491/13, ZAR 2015, 40 – Ben Alaya.
[68] RL 2003/109/EG des Rates vom 25.11.2003 betr. die Rechtsstellung der langfristig aufenthaltsberechtigten Drittstaatsangehörigen (ABl. 2004 L 16, 44).
[69] EuGH Urt. v. 18.7.2007 – C-325/05, InfAuslR 2007, 326 f. – Derin; Urt. v. 16.2.2006 – C-502/04, NVwZ 2006, 556 – Torun; Urt. v. 7.7.2005 – C-373/03, NVwZ 2005, 1292 – Aydinli; BVerwG Urt. v. 30.4.2009 – 1 C 6.08, BVerwGE 134, 27 und Urt. v. 9.8.2007 – 1 C 47.06, InfAuslR 2007, 431.
[70] BVerwG Urt. v. 25.3.2015 – 1 C 19.14, NVwZ 2015, 1617.

5. Wechsel vom Aufenthaltsrecht ins Asylrecht (Nr. 8)

Bei einem humanitären Aufenthaltstitel nach §§ 22, 23 oder 25 III–V löst nach **Nr. 8** die Asylantragstellung (§ 13 AsylG) unmittelbar das Erlöschen des Aufenthaltstitels aus. Mit dieser Regelung soll einem Wechsel von der Aufnahme aus humanitären Gründen in das Asylverfahren der Anreiz genommen werden[71]. Dagegen bestehen keine Bedenken, da der Ausländer durch den humanitären Aufenthaltstitel – nicht selten solche nach § 60 V oder § 60 VII – hinreichend geschützt ist und aus Gründen des Schutzes eines (weiteren) Asylverfahrens nicht bedarf[72].

III. Ausnahmen und Privilegierungen nach Abs. 1 letzter Hs., 1a, 2, 3 und 4

Die Erlöschungsgründe des **Abs. 1** Hs. 1 Nr. 6 und 7 gelten nach **Hs. 2** nicht für ein **Visum,** das für länger als 90 Tage oder für mehrere Einreisen erteilt ist. Damit wird einem praktischen Bedürfnis und der Eigenart eines Dauervisums Rechnung getragen. Der 2017 anlässlich der Umsetzung der ICT-RL[73] eingefügte **Abs. 1a** stellt sicher, dass die **ICT-Karte** nicht erlischt, wenn der Ausländer von der Möglichkeit Gebrauch macht, einen Teil des unternehmensinternen Transfers (auch für mehr als 90 Tage) in einem anderen EU-Mitgliedstaat durchzuführen (vgl. Art. 21 ff. ICT-RL), selbst wenn es dabei um einen vorübergehenden Grund iSd Abs. 1 Nr. 6 handeln sollte. Das Gleiche gilt für die Aufenthaltserlaubnis von Forschern und Studenten, die von den in der REST-RL[74] vorgesehenen Mobilitätsmöglichkeiten Gebrauch machen[75].

Auch **Besitzer einer Niederlassungserlaubnis** verlieren diese grundsätzlich, wenn sie aus einem seiner Natur nach nicht nur vorübergehenden Grunde ausreisen (Abs. 1 Nr. 6) oder ausreisen und nicht innerhalb von sechs Monaten oder einer von der Ausländerbehörde bestimmten längeren Frist wieder einreisen (Abs. 1 Nr. 7). Ausnahmen werden in Abs. 2 geregelt. **Abs. 2 S. 1,** wie auch Abs. 10 S. 2, bezweckt, dass Ausländer, die hier durch einen langen rechtmäßigen **Aufenthalt von mindestens 15 Jahren** sozial und wirtschaftlich integriert sind, ihr Daueraufenthaltsrecht trotz eines längeren Auslandsaufenthalts behalten, weil ihre Rückkehr im Regelfall keine Re-Integrationsprobleme aufwirft[76]. Von der Erlöschenswirkung des längeren Auslandsaufenthalts nach Abs. 1 Hs. 1 Nr. 6 und 7 ausgenommen ist nach **Abs. 2 S. 2** weiter die Niederlassungserlaubnis eines Ausländers, der **mit einem Deutschen verheiratet** ist und mit ihm in ehelicher Lebensgemeinschaft zusammenlebt, wenn kein Ausweisungsinteresse nach § 54 I Nr. 2–5 oder II Nr. 5–7 vorliegt. Diese Privilegierung setzt weder voraus, dass der Lebensunterhalt gesichert ist, noch hängt sie von einem bestimmten Voraufenthalt ab. Nach der ratio der Vorschrift wird man aber verlangen müssen, dass die eheliche Lebensgemeinschaft mit dem Deutschen im Zeitpunkt des an sich gegebenen Erlöschens und bei der erneuten Einreise noch bestand bzw. besteht[77]. Nachdem der Gesetzgeber die eheliche Lebensgemeinschaft und die lebenspartnerschaftliche Lebensgemeinschaft auch aufenthaltsrechtlich weitgehend gleich behandelt (vgl. etwa § 55 I Nr. 3, § 27 II), liegt die **entsprechende Anwendung auf eine Beziehung iSd § 1 LPartG** nahe. Dies gilt im Übrigen auch bei den Privilegierungen nach Abs. 2 S. 1 und Abs. 10 S. 2.

Dass kein Ausweisungsinteresse nach § 54 I Nr. 2–5 oder II Nr. 5–7 vorliegen darf, knüpft an die frühere, durch das RLUmsG 2007 eingeführte Regelung an und dient insbesondere der Bekämpfung terroristischer sowie extremistischer Tendenzen und Aktivitäten im Bundesgebiet. **Personen,** die die in § 54 I Nr. 2–5 genannten Ausweisungstatbestände erfüllen, indem sie zB **terroristische Vereinigungen unterstützen oder zu Hass gegen Teile der Bevölkerung aufstacheln,** werden **von der Privilegierung des Abs. 2** ausgenommen. Das Gleiche gilt hinsichtlich der Tatbestände des § 54 II Nr. 5–7, die an **schwere Verstöße gegen die Integrationsverpflichtung** anknüpfen. Da das sog. Ausweisungsinteresse von seiner Funktion her auch an die Stelle des bisherigen Ausweisungsgrunds getreten ist[78], genügt es, dass der Ausländer diese Tatbestände erfüllt; ob er tatsächlich ausgewiesen werden könnte, ist nicht relevant. Die Tatsache, dass die Ausweisungsvorschriften nach §§ 53 ff. erst zum 1.1.2016 in Kraft getreten sind[79], führt nicht dazu, dass die Vorgaben zum fehlenden Ausweisungsinteresse bis dahin ins Leere gegangen wären. Insbesondere mit Blick auf die Entstehungsgeschichte der Vorschrift zum Inkrafttreten[80] ist eine Auslegung dahin gehend angezeigt, dass das

---

[71] BVerwG Urt. v. 12.7.2016 – 1 C 23.15, NVwZ 2016, 1498 betr. asylrechtlicher Folgeverfahren.
[72] Dazu krit. *Hoppe* in Dörig, MigrationsR-HdB, 2018, Rn. 487.
[73] Richtlinie 2014/66/EU vom 15.5.2014 betr. unternehmensintern transferierte Arbeitnehmer, ABl. 2014 L 157, S. 1. Vgl. näher die Kommentierung zu § 19b.
[74] Richtlinie 2016/801/EU betr. das studienbezogene Praktikum EU und den europäischen Freiwilligendienst, ABl. 2016 L 132, S. 21; vgl. näher die Kommentierung zu den §§ 17b und 18d.
[75] BT-Drs. 9/17 zu Nr. 23.
[76] HessVGH Beschl. v. 2.3.2016 – 9 B 1756/15, ZAR 2016, 197; BayVGH Beschl. v. 25.7.2019 – 19 ZB 17.1149.
[77] GK-AufenthG § 51 Rn. 79.
[78] Vgl. die Kommentierung unter → § 53 Rn. 11 ff.
[79] Art. 9 des Gesetz zur Neubestimmung des Bleiberecht und der Aufenthaltsbeendigung, BGBl. 2015 I S. 1386.
[80] BT-Drs. 18/5420, 20; BT-Drs. 18/4199, 7.

spätere Inkrafttreten der Neufassung der Ausweisungsvorschriften ausschließlich auf den Erlass von Ausweisungsverfügungen zu beziehen ist, nicht hingegen auf Normen, die auf die neuen Ausweisungsvorschriften Bezug nehmen[81].

28 Privilegiert ist ferner ein **Ausländer mit Niederlassungserlaubnis,** der sich **seit mindestens 15 Jahren** rechtmäßig in Deutschland aufgehalten hat, und sein Ehegatte, der mit ihm in ehelicher Lebensgemeinschaft zusammenlebt (Abs. 2 S. 1). Der Ausländer braucht nicht Arbeitnehmer gewesen zu sein und auch keine Rente zu beziehen (anders noch § 44 Ia und Ib AuslG). Der Ehegatte braucht keinen Voraufenthalt bestimmter Dauer aufzuweisen. Mit dieser Regelung wird vor allem älteren Ausländern ermöglicht, auch für längere Zeit in ihr Heimatland zurückzukehren und beliebig häufig hin- und herzureisen, ohne damit ihr gesichertes Aufenthaltsrecht zu verlieren[82]. Früher gingen sie ohne Weiteres nach § 44 I Nr. 2 oder 3 AuslG ihrer Aufenthaltsgenehmigung verlustig und konnten sich allenfalls unter den Voraussetzungen des § 16 V AuslG (heute § 37 V) als Wiederkehrer erneut in Deutschland niederlassen. Voraussetzung für den Fortbestand der Niederlassungserlaubnis ist aber, dass kein Ausweisungsinteresse nach § 54 I Nr. 2–5 oder II Nr. 5–7 vorliegt; darüber hinaus muss der Lebensunterhalt iSd § 2 III gesichert sein.

29 Umstritten ist, auf welchen **Zeitpunkt** es für die Feststellung des Fehlens eines Ausweisungsinteresses und für die **Prognose der Sicherung des Lebensunterhalts** ankommt. Die Erwägung, dass mit beiden Voraussetzungen gleichermaßen sicherheitspolitische Interessen und fiskalische Belange der Bundesrepublik verfolgt werden, die zukünftig – also während des weiteren Aufenthalts nach Einreise – gewahrt sein sollen[83], könnte dafür sprechen, allein auf den Zeitpunkt der Wiedereinreise[84] abzustellen. Allerdings ist zu berücksichtigen, dass die ratio der Vorschrift dahin geht, für den begünstigten Personenkreis unter Erhalt der einmal erworbenen Rechtsposition beliebig lange Aus- und Wiedereinreisen zu ermöglichen[85]. Ob die Voraussetzungen für den Erhalt der Niederlassungserlaubnis vorliegen, bestimmt sich nach dem Zeitpunkt des Eintritts der Erlöschungsvoraussetzungen nach Abs. 1 Nr. 6 oder 7[86]. Je unsicherer der Zeitpunkt einer möglichen Wiedereinreise ist, umso schwieriger ist es, eine positive Prognose zu stellen, es sei denn, der Betroffene verfügt über ausreichende wiederkehrende Einkünfte (zB Altersrente auf dem Mindestniveau der Grundsicherung) oder über ein im Bestand gesichertes Vermögen. Dies kann zB die Ausreise sein, wenn der Ausländer zu diesem Zeitpunkt aus einem nicht vorübergehenden Grund das Bundesgebiet verlässt[87]. Für die Frage der Sicherung des Lebensunterhalts ist insoweit maßgeblich, ob bezogen auf die Lebensverhältnisse im Bundesgebiet im Zeitpunkt des Eintritts des mutmaßlichen Erlöschens prognostiziert werden kann, dass der Ausländer über genügend Einkünfte verfügt[88].

30 Bei **Inhabern einer Niederlassungserlaubnis,** die sich mindestens **15 Jahre rechtmäßig** im Bundesgebiet aufgehalten und das **60. Lebensjahr** vollendet haben, gilt nach Abs. 10 S. 2 die Regelung des Abs. 1 Nr. 7 mit der Maßgabe einer **Zwölf-Monats-Frist.** Nach der Gesetzesbegründung[89] wird mit dieser Regelung dem Umstand Rechnung getragen, dass Personen, die mit der gewählten Altersgrenze häufig nicht mehr berufstätig sind, auch längere Perioden des Jahres im Ausland verbringen. Dies gilt in besonderem Maße für die sog. „Gastarbeitergeneration", die aufgrund einer noch bestehenden Verwurzelung im Herkunftsstaat häufig einen Teil des Jahres in der ersten Heimat verbringen möchte, ohne die aufenthaltsrechtliche Bindung an Deutschland aufzugeben, zumal im Bundesgebiet in vielen Fällen enge Familienangehörige leben. Diese besondere Lebenssituation älterer langjähriger Inhaber einer Niederlassungserlaubnis soll mit dieser Regelung nachgezeichnet werden. Die Altersgrenze von 60 Jahren entspricht den Wertungen bei der Anwendung des StAngGes (vgl. zB Nr. 8.1.2.1.3 der vorläufigen Anwendungshinweise des Bundesministeriums des Innern zum Staatsangehörigkeitsrecht). Entsprechendes gilt für die Niederlassungserlaubnis eines in ehelicher Lebensgemeinschaft lebenden Ehepartners, wobei es bei ihr auf keine bestimmte Voraufenthaltsdauer ankommt.

31 Ebenfalls begünstigt sind nach **Abs. 3** Ausländer, welche die Sechs-Monats-Frist wegen der Ableistung des **gesetzlichen Wehrdienstes** überschreiten; sie müssen nur spätestens drei Monate nach der

---

[81] VGH BW Beschl. v. 25.8.2015 – 11 S 1500/15, BeckRS 2015, 51619, VG Dresden Beschl. v. 10.9.2015 – 3 L 775/15; *Zühlcke* in HTK-AuslR zu § 25b Ziff. 3; auch die Kommentierung unter → § 5 Rn. 45.
[82] Zu § 44 AuslG BT-Drs. 13/4948, 8; vgl. auch OVG Bln-Bbg Beschl. v. 4.8.2011 – OVG 2 S 32.11, BeckRS 2011, 53279.
[83] *Hofmann/Hoffmann* AuslR AufenthG § 51 Rn. 19.
[84] BayVGH Beschl. v. 11.7.2013 – 10 ZB 13.457; Beschl. v. 15.10.2009 – 19 CS 09.2194, InfAuslR 2010, 7.
[85] Vgl. hierzu auch BT-Drs. 13/4948, 8 zur Begründung der Änderungen in § 44 AuslG 1990.
[86] BVerwG Urt. v. 23.3.2017 – 1 C 14.16, NVwZ-RR 2017, 670 Rn. 15: Zweifel gehen dabei zulasten des ausreisenden Ausländers. GK-AufenthG § 51 Rn. 75 f.; *Hailbronner* AuslR AufenthG § 51 Rn. 39; OVG NRW Beschl. v. 18.3.2011 – 18 A 126/11; Beschl. v. 30.3.2010 – 18 B 111/10, dass va mit Erwägungen zur Rechtssicherheit auf den Zeitpunkt des mutmaßlichen Erlöschens abstellt; ebenso OVG Bln-Bbg Beschl. v. 5.9.2013 – OVG 2 S 75.13.
[87] Vgl. in diesem Zusammenhang auch VG München Urt. v. 27.11.2007 – M 4 K 07.3681 und Ziff. 51.2. der AVwV, die undifferenziert auf den Zeitpunkt der Ausreise abstellen.
[88] VGH BW Urt. v. 9.11.2015 – 11 S 714/15; BVerwG Urt. v. 23.3.2017 – 1 C 14.16, BeckRS 2013, 54576.
[89] BT-Drs. 18/4097, 48.

Entlassung wieder einreisen. Freiwilliger Militärdienst ist nicht gleichgestellt. Soll sich bei ihnen ein weiterer Aufenthalt für einen vorübergehenden Zweck anschließen, kommt ebenfalls eine Fristverlängerung in Betracht; sie muss nur rechtzeitig vor Ablauf der drei Monate beantragt sein und innerhalb dieser Frist erteilt werden.

Eine weitere Privilegierung enthält **Abs. 4** S. 2 zugunsten von **Opfern von Zwangsheirat,** die **32** sich acht Jahre rechtmäßig im Bundesgebiet aufgehalten und sechs Jahre die Schule besucht haben. Wenn sie innerhalb von drei Monaten nach Wegfall der Zwangslage, spätestens jedoch innerhalb von zehn Jahren nach der Ausreise wieder einreisen, erlischt abweichend von Abs. 1 Nr. 6 und 7 der Aufenthaltstitel nicht. Die Regelung ergänzt die Verankerung des Wiederkehrrechts in § 37 IIa und hat wie dieses zum Ziel, aus einer Zwangsheirat resultierende aufenthaltsrechtliche Nachteile des Opfers zu beseitigen[90].

IV. Fortfall der Befreiung vom Erfordernis eines Aufenthaltstitels (Abs. 5) und Fortgeltung von Beschränkungen (Abs. 6)

Die Befreiung vom Erfordernis eines Aufenthaltstitels endet nach **Abs. 5** mit Ausweisung, Zurück- **33** schiebung oder Abschiebung. Infolgedessen wird der Ausländer auch in diesem Zeitpunkt ausreisepflichtig und für eine Wiedereinreise an sich titelpflichtig. Die entsprechende Anwendung von § 11 II–V bewirkt, dass vorrangig ein Befristungsverfahren durchzuführen ist und mit Ablauf der Frist wieder die Befreiung eintritt. Darüber hinaus entfällt die Befreiung auch mit Ende der Befreiungsfrist. Dies brauchte nicht ausdrücklich gesetzlich klargestellt zu werden (anders noch § 55 V 2 AuslG).

Das Erlöschen des Aufenthaltstitels (betr. Aufenthaltsgestattung vgl. §§ 59a II AsylG) soll den **34** Ausländer nicht von Beschränkungen und Auflagen freistellen, die mit dem Aufenthaltstitel verbunden waren. **Abs. 6** behandelt sie deshalb wie **selbstständige Nebenbestimmungen,** deren Bestand von dem des zugrunde liegenden Aufenthaltsrechts nicht abhängt. Sie erlöschen erst mit Aufhebung oder endgültigen Ausreise. Kurzfristige Reisen ins Ausland mit anschließender Wiedereinreise entfalten diese Wirkung nicht[91]. Erforderlich ist in der Regel, dass ein Ausländer den dauerhaften Aufenthalt in das Ausland verlegt[92]. Die zu einer Aufenthaltserlaubnis erteilte und nach Ablauf der Geltungsdauer dieser Aufenthaltserlaubnis nach Abs. 6 fortgeltende wohnsitzbeschränkende Auflage (Wohnsitzauflage, § 12 II 2) wird regelmäßig dadurch konkludent aufgehoben, dass die nachfolgend verlängerte oder neu erteilte Aufenthaltserlaubnis erneut mit einer Wohnsitzauflage versehen wird[93]. Sind die bisherigen räumlichen Beschränkungen des Aufenthalts für den Ausländer gemäß § 51 VI erloschen, kann auf die allgemeine Zuständigkeitsregelung in § 3 I Nr. 3a VwVfG zurückgegriffen werden[94].

V. Wiederkehr eines anerkannten politisch Verfolgten (Abs. 7)

Privilegiert ist auch, **wer** als Asylberechtigter oder als Flüchtling **anerkannt** ist[95]. Sein Aufenthalts- **35** titel erlischt so lange nicht, wie er einen von einer deutschen Behörde ausgestellten Reiseausweis besitzt (Abs. 7). § 51 VII ist gegenüber § 51 I Nr. 6 spezieller und deshalb vorrangig zu prüfen[96]. Wenn er allerdings Deutschland verlassen hat und die Zuständigkeit für die Ausstellung eines GK-Reiseausweises auf einen anderen Staat übergegangen ist, kann er nicht erneut einen Aufenthaltstitel verlangen (ebenso früher § 69 AsylVfG)[97]. Bei längerem Aufenthalt in dem Heimatstaat vgl. §§ 72 I Nr. 1, 73 I AsylG.

Unter welchen Voraussetzungen die Zuständigkeit für die Ausstellung eines **„Konventionspasses"** **36** auf einen anderen Staat übergeht, ergibt sich aus Art. 28 GFK iVm § 11 des Anhangs zur GFK. Erforderlich sind ein Wechsel des Wohnorts oder eine rechtmäßige Niederlassung in einem anderen GK-Vertragsstaat. Das Risiko, dass der Asylberechtigte oder anerkannte GK-Flüchtling dort – aus welchen Gründen auch immer – keinen Reiseausweis erhält, trägt dieser selbst. Dies ist von allem deswegen gefährlich, weil die Flüchtlingsanerkennung in Deutschland für andere GK-Vertragsstaaten nicht kraft allgemeinen Völkerrechts oder völkerrechtlichen Vertragsrechts verbindlich ist[98].

Seit Inkrafttreten des **Übereinkommens** über den Übergang der Verantwortung für Flüchtlinge **37** vom 16.10.1980 am 1.3.1995 geht die Verantwortung und damit die Zuständigkeit für die Erneuerung des Reiseausweises in vier Fällen auf den anderen Staat über (Art. 2): zwei Jahre tatsächlicher und dauernder Aufenthalt mit Zustimmung der Behörde des Zweitstaats; Gestattung des dauernden Aufenthalts durch den Zweitstaat; Gestattung des Verbleibs über die Geltungsdauer des Reiseausweises

---

[90] Näher zum Gesetz zur Bekämpfung der Zwangsheirat *Eichenhofer* NVwZ 2011, 792.
[91] SchlHOVG Beschl. v. 7.8.2020 – 4 MB 24/20, BeckRS 2020, 22167.
[92] BVerwG Beschl. v. 20.6.1990 – 1 B 80.89, NVwZ 1991, 273.
[93] BVerwG Beschl. v. 19.8.2014 – 1 C 1.14, NVwZ-RR 2015, 61; NdsOVG Beschl. v. 4.4.2017 – 8 PA 46/17.
[94] SächsOVG Beschl. v. 22.7.2021 – 3 B 194/21, BeckRS 2021, 19981 Rn. 9.
[95] Näher BT-Drs. 15/420, 89.
[96] HessVGH Beschl. v. 1.2.2021 – 3 B 1013/20, ZAR 2021, 125 Rn. 8.
[97] Vgl. HessVGH Beschl. v. 18.8.1995 – 13 TG 959/95, NVwZ-RR 1996, 114.
[98] Vgl. BVerfG Beschl. v. 14.11.1979 – 1 BvR 654/79, BVerfGE 52, 391.

hinaus; sechs Monate nach Ablauf der Geltungsdauer des Reiseausweises (zu letzterem Tatbestand hat die Bundesrepublik Deutschland einen Vorbehalt gemäß Art. 14 I Übereinkommen erklärt).

38 Der Ausschluss nach **Abs. 7** S. 2 gilt nur, solange die Zuständigkeit des anderen Vertragsstaats andauert. Entfällt diese, dann lebt die **Schutzbedürftigkeit** wieder auf und dem Ausländer ist unmittelbar aufgrund Art. 16a I GG iVm einem Aufenthaltstitel nach § 25 I der Aufenthalt im Bundesgebiet wieder zu ermöglichen; für den anerkannten Flüchtling gilt Art. 24 Qualifikations-RL iVm § 25 II[99]. Die Regelung des § 51 VII 2, die sich auf die Regelungen zum Zuständigkeitsübergang bezieht, soll verhindern, dass ein Flüchtling im Sinne der Genfer Flüchtlingskonvention in ein „Zuständigkeitsloch" fällt[100].

VI. Erlöschen einer Erlaubnis zum Daueraufenthalt-EG und Blaue Karte EU (Abs. 9–10)

39 Ein Drittstaatsangehöriger ist nach **Abs. 9** nicht mehr berechtigt, die Rechtsstellung eines langfristig Aufenthaltsberechtigten nach § 9a zu behalten, wenn er die Rechtsstellung nachweislich auf täuschende Art und Weise erlangt hat; eine Ausweisung unter Berücksichtigung des besonderen Ausweisungsschutzes[101] verfügt worden ist; er sich während eines Zeitraums von zwölf aufeinanderfolgenden Monaten außerhalb des Gebiets aufhält, in dem die Rechtsstellung eines langfristig Aufenthaltsberechtigten erworben werden kann. Soweit Abs. 9 Nr. 3 davon spricht, dass sich der Ausländer außerhalb des Gebiets aufhält, in dem die Rechtsstellung eines langfristig Aufenthaltsberechtigten erworben werden kann, würde dies auch **Aufenthaltszeiten in Irland und Dänemark** erfassen, da sich diese EU-Staaten nach der 25. und 26. Begründungserwägung der Daueraufenthalts-RL nicht an der Umsetzung der Daueraufenthalts-RL beteiligen, mit der Folge, dass dort die Rechtsstellung eines Daueraufenthaltsberechtigten nicht erworben werden kann.

40 Gemäß dem bis zum 1.12.2009 geltenden Art. 69 EG galten für das Vereinigte Königreich, Irland und Dänemark besondere Regelungen im Hinblick auf die Anwendbarkeit des Titels IV des EG-Vertrags. Die Bestimmung des Art. 69 EG regelte das Verhältnis zwischen dem Titel IV des EG-Vertrags und dem einschlägigen Protokoll zwischen dem Vereinigten Königreich, Irland sowie Dänemark. Das Vereinigte Königreich und Irland haben sich nach Art. 3 des Protokolls Nr. 21 (früher Protokoll Nr. 3) die Möglichkeit vorbehalten, dass sie sich an der Annahme und Anwendung von getroffenen Maßnahmen beteiligen können. Diese Möglichkeit eines „Opt-in" haben die beiden Staaten im Hinblick auf die Daueraufenth-RL bislang nicht ausgeübt. Für das Vereinigte Königreich stellt sich die Frage nach dem Austritt aus der Union (Brexit) im Jahre 2020 nicht mehr.

41 Durch die Aufhebung des Art. 69 EG hat sich die Rechtslage nicht verändert. Denn nach Art. 51 AEUV sind die Protokolle und Anhang Bestandteil der Verträge. Nach dem Protokoll Nr. 21 beteiligten sich das Vereinigte Königreich (bis 2020) und Irland (bis fortlaufend) nicht an der Annahme von Maßnahmen durch den Rat, die nach Titel V (Der Raum der Freiheit, der Sicherheit und des Rechts) des AEUV vorgeschlagen werden.

42 Die Einbeziehung dieser Staaten ist aber nicht mit dem Wortlaut des Art. 9 Ic Daueraufenthalts-RL vereinbar, die das Erlöschen der Rechtsstellung daran anknüpft, dass sich der Daueraufenthaltsberechtigte für einen Zeitraum von zwölf aufeinanderfolgenden Monaten nicht im Gebiet „der Gemeinschaft" (nunmehr: Union) aufgehalten hat. Mit dem Begriff „Gemeinschaft" wird aber das Gebiet der EU-Staaten erfasst, zu dem auch Irland und Dänemark gehören.

43 Damit Inhaber der **Rechtsstellung eines langfristig Aufenthaltsberechtigten** nicht schlechter gestellt sind als Inhaber einer Niederlassungserlaubnis, werden durch S. 2 die Vorschriften in den Abs. 2–4 für entsprechend anwendbar erklärt, was nach Art. 9 II und IV, UAbs. 3 Daueraufenthalts-RL zulässig ist[102].

44 Mit der Ergänzung in Abs. 9 S. 1 Nr. 3 durch das HQRLUmsG 2012 soll Art. 16 IV Hochqualifizierten-RL umgesetzt werden. Inhaber eines Aufenthaltstitels für die langfristige Aufenthaltsberechtigung in der EU, die vormals im Besitz einer **Blauen Karte EU** waren, und ihre Familienangehörigen, denen die Rechtsstellung langfristiger Aufenthaltsberechtigte in der EU gewährt wurde, haben danach die Möglichkeit, sich bis zu 24 aufeinanderfolgende Monate nicht in der EU aufzuhalten, ohne dass die Erlaubnis zum Daueraufenthalt-EG erlischt[103].

45 Die Regelung in **Abs. 10 S. 1,** mit der die Frist von sechs Monaten in Abs. 1 Nr. 7 auf zwölf Monate für die Blaue Karte EU und die Aufenthaltserlaubnis nach §§ 30, 32, 33 oder 36, die den Familienangehörigen eines Inhaber einer Blauen Karte EU erteilt worden ist, erstreckt wird, soll nach der Gesetzesbegründung Art. 16 III **Hochqualifizierten-RL** Rechnung tragen[104]. Die Formulierung

---

[99] HessVGH Beschl. v. 1.2.2021 – 3 B 1013/20, ZAR 2021, 215 Rn. 15.
[100] BT-Drs. 15/420, 89 ff.
[101] Näher die Kommentierung bei → § 53 Rn. 61 ff.
[102] Vgl. OVG Brem Urt. v. 13.4.2015 – 1 B 127/13, BeckRS 2015, 45212.
[103] Vgl. hierzu auch BT-Drs. 17/8682, 21.
[104] BT-Drs. 17/8682, 21 f.

in Abs. 10 mit der Inbezugnahme von Abs. 1 Nr. 7 legt ein Verständnis des Gesetzgebers dahin gehend nahe, dass die Blaue Karte EU bzw. das Aufenthaltsrecht der Familienangehörigen erlischt, wenn die Wiedereinreise nicht innerhalb von zwölf Monaten erfolgt. Art. 16 III Hochqualifizierten-RL regelt, das abweichend von Art. 4 III UAbs. 1 Daueraufenthalts-RL bei der Berechnung des Zeitraums des rechtmäßigen und ununterbrochenen Aufenthalts in der EU Zeiten, in denen der Drittstaatsangehörige sich nicht in der Union aufgehalten hat, die Dauer des Zeitraums gemäß Art. 2 lit. a dieses Artikels nicht unterbrechen, wenn sie zwölf aufeinanderfolgende Monate nicht überschreiten und innerhalb des Zeitraums gemäß Abs. 2 lit. a insgesamt 18 Monate nicht überschreiten. Aus der Regelung ist ua zu folgern, dass für den Inhaber der Blauen Karte EU, der eine Erlaubnis zum Daueraufenthalt – EU begehrt, es für die Erfüllung des Fünf-Jahres-Zeitraums unschädlich ist, wenn er sich zwölf aufeinanderfolgende Monate außerhalb der EU aufgehalten hat. Art. 16 III Hochqualifizierten-RL enthält hingegen nichts zu der Frage, unter welchen Voraussetzungen der rechtmäßige Aufenthalt auf der Grundlage der Blauen Karte EU erlischt. Art. 9 Hochqualifizierten-RL, der den Entzug oder die Nichtverlängerung der Blauen Karte EU betrifft, enthält aber als insoweit abschließende Regelung keinen Abs. 1 Nr. 7 vergleichbaren Erlöschungsgrund. Abs. 10 S. 1 geht daher ins Leere[105].

VII. Konsultationsverfahren und Unterrichtungspflichten (Abs. 8 und Abs. 8a)

Abs. 8 regelt das in Art. 22 III UAbs. 2 Daueraufenth-RL vorgesehene Konsultationsverfahren. 46 Das Konsultationsverfahren wird in § 91c RL näher beschrieben. Eine Stellungnahme des anderen Mitgliedstaates ist von der zuständigen Behörde – der Ausländerbehörde oder in Fällen des § 58a der obersten Bundes- oder Landesbehörde, die das Verfahren betreibt – dann zu berücksichtigen, wenn sie nach den Umständen des Einzelfalls rechtzeitig eingeht. Hierdurch wird klargestellt, dass eine Entscheidung nicht allein aus dem Grunde erheblich aufgeschoben werden muss, dass die Stellungnahme des anderen Mitgliedstaates nicht erfolgt.

In **Abs. 8a** sind durch das **RLUmsG 2011** die Unterrichtungspflichten nach Art. 34 I, II VK 47 umgesetzt, soweit Schengen-Visa annulliert oder aufgehoben werden, die durch andere Mitgliedstaaten erteilt worden waren. Bei Maßnahmen, die durch die Ausländerbehörde getroffen wurden, erfolgt dies über das BAMF. Die mit der polizeilichen Kontrolle des grenzüberschreitenden Verkehrs beauftragten Behörden unterrichten die Behörde anderer Schengen-Staaten unmittelbar über ihre Entscheidungen. Ein Visum kann auf Ersuchen des Visuminhabers aufgehoben werden. Die zuständige Behörde des Mitgliedstaats, der das Visum erteilt hat, sind auch hier von der Aufhebung in Kenntnis zu setzen (vgl. Art. 34 III VK).

§ 52 Widerruf

(1) ¹Der Aufenthaltstitel des Ausländers nach § 4 Absatz 1 Satz 2 Nummer 1 zweite Alternative, Nummer 2, 2a, 2b, 2c, 3 und 4 kann außer in den Fällen der Absätze 2 bis 6 nur widerrufen werden, wenn
1. er keinen gültigen Pass oder Passersatz mehr besitzt,
2. er seine Staatsangehörigkeit wechselt oder verliert,
3. er noch nicht eingereist ist,
4. seine Anerkennung als Asylberechtigter oder seine Rechtsstellung als Flüchtling oder als subsidiär Schutzberechtigter erlischt oder unwirksam wird oder
5. die Ausländerbehörde nach Erteilung einer Aufenthaltserlaubnis nach § 25 Abs. 3 Satz 1 feststellt, dass
   a) die Voraussetzungen des § 60 Absatz 5 oder 7 nicht oder nicht mehr vorliegen,
   b) der Ausländer einen der Ausschlussgründe nach § 25 Abs. 3 Satz 2 Nummer 1 bis 4 erfüllt oder
   c) in den Fällen des § 42 Satz 1 des Asylgesetzes die Feststellung aufgehoben oder unwirksam wird.
²In den Fällen des Satzes 1 Nr. 4 und 5 kann auch der Aufenthaltstitel der mit dem Ausländer in familiärer Gemeinschaft lebenden Familienangehörigen widerrufen werden, wenn diesen kein eigenständiger Anspruch auf den Aufenthaltstitel zusteht.

(2) ¹Ein nationales Visum, eine Aufenthaltserlaubnis und eine Blaue Karte EU, die zum Zweck der Beschäftigung erteilt wurden, sind zu widerrufen, wenn die Bundesagentur für Arbeit nach § 41 die Zustimmung zur Ausübung der Beschäftigung widerrufen hat. ²Ein nationales Visum und eine Aufenthaltserlaubnis, die nicht zum Zweck der Beschäftigung erteilt wurden, sind im Falle des Satzes 1 in dem Umfang zu widerrufen, in dem sie die Beschäftigung gestatten.

---

[105] GK-AufenthG § 51 Rn. 133 f.

1 AufenthG § 52

Erster Teil. Aufenthaltsgesetz

(2a) ¹Eine nach § 19 erteilte ICT-Karte, eine nach § 19b erteilte Mobiler-ICT-Karte oder ein Aufenthaltstitel zum Zweck des Familiennachzugs zu einem Inhaber einer ICT-Karte oder Mobiler-ICT-Karte kann widerrufen werden, wenn der Ausländer
1. nicht mehr die Voraussetzungen der Erteilung erfüllt oder
2. gegen Vorschriften eines anderen Mitgliedstaates der Europäischen Union über die Mobilität von unternehmensintern transferierten Arbeitnehmern im Anwendungsbereich der Richtlinie 2014/66/EU verstoßen hat.

²Wird die ICT-Karte oder die Mobiler-ICT-Karte widerrufen, so ist zugleich der dem Familienangehörigen erteilte Aufenthaltstitel zu widerrufen, es sei denn, dem Familienangehörigen steht ein eigenständiger Anspruch auf einen Aufenthaltstitel zu.

(3) ¹Eine nach § 16b Absatz 1, 5 oder 7 zum Zweck des Studiums erteilte Aufenthaltserlaubnis kann widerrufen werden, wenn
1. der Ausländer ohne die erforderliche Erlaubnis eine Erwerbstätigkeit ausübt,
2. der Ausländer unter Berücksichtigung der durchschnittlichen Studiendauer an der betreffenden Hochschule im jeweiligen Studiengang und seiner individuellen Situation keine ausreichenden Studienfortschritte macht oder
3. der Ausländer nicht mehr die Voraussetzungen erfüllt, unter denen ihm eine Aufenthaltserlaubnis nach § 16b Absatz 1, 5 oder 7 erteilt werden könnte.

²Zur Prüfung der Voraussetzungen von Satz 1 Nummer 2 kann die Ausbildungseinrichtung beteiligt werden.

(4) Eine nach § 18d oder § 18f erteilte Aufenthaltserlaubnis kann widerrufen werden, wenn
1. die Forschungseinrichtung, mit welcher der Ausländer eine Aufnahmevereinbarung abgeschlossen hat, ihre Anerkennung verliert, sofern er an einer Handlung beteiligt war, die zum Verlust der Anerkennung geführt hat,
2. der Ausländer bei der Forschungseinrichtung keine Forschung mehr betreibt oder betreiben darf oder
3. der Ausländer nicht mehr die Voraussetzungen erfüllt, unter denen ihm eine Aufenthaltserlaubnis nach § 18d oder § 18f erteilt werden könnte oder eine Aufnahmevereinbarung mit ihm abgeschlossen werden dürfte.

(4a) Eine nach § 16e oder § 19e erteilte Aufenthaltserlaubnis kann widerrufen werden, wenn der Ausländer nicht mehr die Voraussetzungen erfüllt, unter denen ihm die Aufenthaltserlaubnis erteilt werden könnte.

(5) ¹Eine Aufenthaltserlaubnis nach § 25 Absatz 4a Satz 1 oder Absatz 4b Satz 1 soll widerrufen werden, wenn
1. der Ausländer nicht bereit war oder nicht mehr bereit ist, im Strafverfahren auszusagen,
2. die Angaben des Ausländers, auf die in § 25 Absatz 4a Satz 2 Nummer 1 oder Absatz 4b Satz 2 Nummer 1 Bezug genommen wird, nach Mitteilung der Staatsanwaltschaft oder des Strafgerichts mit hinreichender Wahrscheinlichkeit als falsch anzusehen sind oder
3. der Ausländer auf Grund sonstiger Umstände nicht mehr die Voraussetzungen für die Erteilung eines Aufenthaltstitels nach § 25 Absatz 4a oder Absatz 4b erfüllt.

²Eine Aufenthaltserlaubnis nach § 25 Absatz 4a Satz 1 soll auch dann widerrufen werden, wenn der Ausländer freiwillig wieder Verbindung zu den Personen nach § 25 Absatz 4a Satz 2 Nummer 2 aufgenommen hat.

(6) Eine Aufenthaltserlaubnis nach § 38a soll widerrufen werden, wenn der Ausländer seine Rechtsstellung als langfristig Aufenthaltsberechtigter in einem anderen Mitgliedstaat der Europäischen Union verliert.

Allgemeine Verwaltungsvorschrift
52 Zu § 52 – Widerruf

52.0 Allgemeines

52.0.1 § 52 regelt die Gründe für den Widerruf eines Aufenthaltstitels abschließend. Insoweit sind die Vorschriften des allgemeinen Verwaltungsverfahrensrechts über den Widerruf von Verwaltungsakten auf Aufenthaltstitel nicht ergänzend anwendbar. Entfällt jedoch nachträglich eine für die Erteilung, Verlängerung oder Bestimmung der Geltungsdauer wesentliche Voraussetzung, kann der Aufenthaltstitel zeitlich beschränkt werden (§ 7 Absatz 2 Satz 2).

52.0.2 Entsprechend § 49 Absatz 2 Satz 2 VwVfG i. V. m. § 48 Absatz 4 VwVfG ist die Jahresfrist auch bei Widerrufsentscheidungen nach § 52 anzuwenden.

52.0.3 Die Regelung über den Widerruf schließt nicht die Rücknahme eines Aufenthaltstitels nach § 51 Absatz 1 Nummer 3 i. V. m. § 48 VwVfG bzw. den entsprechenden Regelungen der VwVfG der Länder aus (z. B. wenn der Ausländer den Aufenthaltstitel mittels falscher Angaben oder Urkunden erschlichen hat). Hat der Ausländer die Rechtswidrigkeit zu vertreten, soll die Rücknahme auf den Zeitpunkt der Erteilung des Aufenthaltstitels angeordnet werden, im Übrigen mit Wirkung für die Zukunft. Die Zuständigkeit für die Rücknahme richtet sich nach landesrechtlichen Vorschriften bzw. den Zuständigkeiten nach § 71 Absatz 1 und Absatz 2 (vgl. Nummer 71.2.1). Der Aufenthaltstitel ist mit einem Ungültigkeitsvermerk zu versehen.

52.1 Widerrufsgründe

52.1.0 Sobald die Ausländerbehörde oder eine andere für den Widerruf zuständige Behörde von dem Eintritt eines gesetzlichen Widerrufsgrunds Kenntnis erlangt, ist sie verpflichtet, unverzüglich darüber zu entscheiden, ob der Aufenthaltstitel widerrufen werden soll. Wird von dem Widerruf abgesehen, ist dies in der Ausländerakte zu vermerken. Über den Widerruf darf i. d. R. erneut nur entschieden werden, wenn neue Umstände eingetreten sind (z. B. wenn dem Ausländer wieder möglich ist, in zumutbarer Weise einen Pass zu erlangen).

52.1.1 Nichtbesitz eines Passes oder Passersatzes

52.1.1.1 Der Widerruf des Aufenthaltstitels ist i. d. R. gerechtfertigt, wenn der Ausländer zumutbare Anforderungen zur Erlangung eines neuen Passes nicht erfüllt. Von dem Widerruf kann z. B. abgesehen werden, wenn die Geltungsdauer des Aufenthaltstitels innerhalb der nächsten sechs Monate abläuft und durch den Verzicht auf den Widerruf die tatsächliche Aufenthaltsbeendigung nicht wesentlich erschwert oder unmöglich wird.

52.1.1.2 Ist es dem Ausländer nicht möglich, in zumutbarer Weise einen Pass zu erlangen, wird über den Widerruf des Aufenthaltstitels unter Berücksichtigung des aufenthaltsrechtlichen Status entschieden. Ein Widerruf kommt insbesondere in Betracht,

52.1.1.2.1 – wenn für den Ausländer ein späterer Daueraufenthalt im Bundesgebiet ausgeschlossen ist, weil eine Aufenthaltsverfestigung nach § 8 Absatz 2 ausgeschlossen worden ist,

52.1.1.2.2 – wenn der Ausländer im Besitz einer Aufenthaltserlaubnis nach §§ 22, 23 oder § 25 Absatz 1 bis 5 ist und die Asylberechtigung, die Flüchtlingseigenschaft oder ein Abschiebungsverbot nicht mehr besteht (siehe auch Nummer 52.1.5) oder

52.1.1.2.3 – wenn gegen einen Ausländer, der im Besitz einer Niederlassungserlaubnis ist, ein Ausweisungsgrund vorliegt.

Sofern der Aufenthaltstitel nicht widerrufen wird, ist § 48 Absatz 2 zu beachten.

52.1.2 Wechsel oder Verlust der Staatsangehörigkeit

52.1.2.1 Das Aufenthaltsgesetz ermöglicht bei Wechsel oder Verlust der Staatsangehörigkeit den Widerruf des Aufenthaltstitels aus zwei Gründen:

52.1.2.1.1 – Die Aufenthaltsgewährung und der gegenwärtige aufenthaltsrechtliche Status können wesentlich auf der bisherigen Staatsangehörigkeit beruhen. Insoweit ist der Widerrufsgrund eine spezielle, abweichend von § 7 Absatz 2 Satz 2 nicht nur für die befristete, sondern für alle Aufenthaltstitel geltende Regelung des Wegfalls einer für die Erteilung oder Verlängerung des Aufenthaltstitels wesentlichen Voraussetzung.

52.1.2.1.2 – Der Wechsel, vor allem aber der Verlust der bisherigen Staatsangehörigkeit können eine spätere Aufenthaltsbeendigung erschweren oder unmöglich machen.

52.1.2.2 Sofern mit der bisherigen Staatsangehörigkeit eine zwingende Voraussetzung für die Erteilung und Verlängerung des Aufenthaltstitels entfallen ist, kann von einem Widerruf nur abgesehen werden, wenn die Geltungsdauer des Aufenthaltstitels ohnehin innerhalb der nächsten sechs Monate abläuft und deshalb ein Widerruf weder zweckmäßig noch erforderlich ist. Zwingende Erteilungsvoraussetzung ist die Staatsangehörigkeit für die Erteilung eines Aufenthaltstitels nach § 18 Absatz 3 oder 4 i. V. m. § 34 BeschV.

52.1.2.3 Ebenso ist der Widerruf des Aufenthaltstitels bei einem Wechsel der Staatsangehörigkeit geboten, wenn der Aufenthaltstitel nur wegen der Unmöglichkeit der Aufenthaltsbeendigung gewährt wurde und dieser Grund durch den Staatsangehörigkeitswechsel entfallen ist.

52.1.2.4 Nicht zwingende, aber wesentliche Voraussetzung kann die Staatsangehörigkeit gewesen sein z. B. für

52.1.2.4.1 – die Erteilung einer Aufenthaltserlaubnis nach §§ 22, 23 oder § 25 Absatz 3 bis 5,

52.1.2.4.2 – die Zulassung des Familiennachzugs zu Auszubildenden,

52.1.2.4.3 – die Erteilung einer Aufenthaltserlaubnis zur Aufnahme einer selbständigen Erwerbstätigkeit oder

52.1.2.4.4 – generell die Erteilung eines Aufenthaltstitels unter Berücksichtigung einer zwischenstaatlichen Vereinbarung.

Bei der Entscheidung über den Widerruf ist auch der Grund für den Staatsangehörigkeitswechsel von Bedeutung. Im Allgemeinen kann von einem Widerruf abgesehen werden, wenn der Wechsel auf einer Eheschließung beruht.

52.1.2.5 Der Widerruf ist regelmäßig geboten, wenn der Ausländer den Verlust seiner bisherigen Staatsangehörigkeit durch Beantragung der Entlassung selbst herbeigeführt und dadurch eine etwaige spätere Aufenthaltsbeendigung unmöglich gemacht hat.

52.1.3 Widerruf vor der Einreise

52.1.3.1 Die Widerrufsmöglichkeit nach § 52 Absatz 1 Satz 1 Nummer 3 besteht

52.1.3.1.1 – ausschließlich in Bezug auf den vor der Einreise erteilten Aufenthaltstitel, also im Allgemeinen nur für Visa und

52.1.3.1.2 – grundsätzlich nur in dem begrenzten Zeitraum zwischen Erteilung und erstmaliger Einreise.

52.1.3.2 Der Widerruf eines Visums vor der Einreise ist bei nachträglichem Eintritt oder bekannt werden eines Versagungsgrundes zulässig. Zu denken ist hier insbesondere an § 5 Absatz 4 i. V. m. § 54 Nummer 5 oder 5 a. Ein Widerruf nach § 52 Absatz 1 Satz 1 Nummer 3 ist ausgeschlossen, sofern im Zeitpunkt der Entscheidung über den Widerruf ein gesetzlicher Anspruch auf Erteilung eines Aufenthaltstitels besteht und keine Versagungsgründe, die diesen Anspruch ausschließen können, vorliegen. Über den Widerruf ist nach Ermessen unter Beachtung des Grundsatzes der Verhältnismäßigkeit zu entscheiden.

52.1.3.3 Zuständig für den Widerruf des Visums vor der Einreise ist grundsätzlich die Behörde, die den Aufenthaltstitel erteilt hat; i. d. R. also die vom Auswärtigen Amt ermächtigte Auslandsvertretung, die zuvor das Visum erteilt hat (§ 71 Absatz 2). Die Ausländerbehörde, die die Zustimmung zur Erteilung eines Visums erteilt hat, kann von der Auslandsvertretung und der Grenzbehörde (§ 71 Absatz 3 Nummer 3) bis zur Einreise des Ausländers verlangen, dass das Visum widerrufen wird. Die Auslandsvertretung ist an den Widerruf der Zustimmung grundsätzlich in gleicher Weise gebunden wie an die Versagung der Zustimmung. Die Grenzbehörde hat ein Visum zu widerrufen, wenn eine deutsche Auslandsvertretung darum ersucht. Dies gilt grundsätzlich auch, wenn die Auslandsvertretung eines Schengen-Staates, die das Schengen-Visum erteilt hat, darum ersucht. In Fällen des § 52 Absatz 1 Satz 1 Nummer 3 kann die Grenzbehörde ohne Ersuchen der ausstellenden Behörde (§ 71 Absatz 3 Nummer 3 Buchstabe a)) ein Visum widerrufen, wenn sie gegen den Ausländer zuvor eine Zurückweisung (insbesondere gemäß

§ 15 Absatz 2 Nummer 2) verfügt hat. Dies gilt auch in Bezug auf ein durch eine Auslandsvertretung eines anderen Mitgliedstaates des SDÜ erteiltes Visum.

52.1.4 Widerruf bei Asylberechtigten und Flüchtlingen

52.1.4.1 Der Widerruf des Aufenthaltstitels setzt voraus, dass die Asylberechtigung oder die Flüchtlingseigenschaft nach § 72 Absatz 1 AsylVfG erloschen ist oder der Widerruf oder die Rücknahme der Anerkennung als Asylberechtigter und der Zuerkennung der Flüchtlingseigenschaft nach § 73 AsylVfG unanfechtbar oder sofort vollziehbar ist. Bei Erlöschen der Asylberechtigung oder der Flüchtlingseigenschaft oder Unanfechtbarkeit oder sofortiger Vollziehbarkeit der Entscheidung des Bundesamtes für Migration und Flüchtlinge ist der Anerkennungsbescheid und der Reiseausweis nach Artikel 28 Genfer Flüchtlingskonvention unverzüglich zurückzugeben (§ 72 Absatz 2 und § 73 Absatz 6 AsylVfG). Weigert sich der Ausländer, ist die Abgabepflicht im Wege der Verwaltungsvollstreckung durchzusetzen.

Selbst wenn der Ausländer gegen die Entscheidung der Ausländerbehörde Widerspruch erhebt, bleibt die Wirkung des Widerrufs bestehen (u. a. Begründung der Ausreisepflicht, nicht rechtmäßiger Aufenthalt; § 84 Absatz 2 Satz 1). Bis zum Verfahrensabschluss ist daher eine Verfestigung des aufenthaltsrechtlichen Status nicht möglich (jedoch § 84 Absatz 2 Satz 2). Da nach § 52 Absatz 1 Satz 1 Nummer 4 Widerrufsgrund der Verlust des Flüchtlingsstatus ist, ist die Vorschrift auf im Ausland anerkannte Flüchtlinge nur anwendbar, wenn die Verantwortung für den Flüchtling auf Deutschland übergegangen ist (siehe Nummer 51.7.2).

52.1.4.2 Ob die Asylberechtigung oder die Flüchtlingseigenschaft ohne vorherigen Verwaltungsakt kraft Gesetzes erloschen ist (§ 72 AsylVfG), hat die Ausländerbehörde bei Vorliegen entsprechender Anhaltspunkte in eigener Zuständigkeit zu prüfen (z. B. die Behörde erfährt von der Grenzbehörde, dass ein Asylberechtigter vom Heimatstaat einen Pass erhalten hat). Stellt sie fest, dass der Schutzstatus erloschen ist, ist das Bundesamt unverzüglich zu unterrichten. Dieses hat dafür Sorge zu tragen, dass das Ausländerzentralregister entsprechend geändert wird.

52.1.4.3 Über den Widerruf des Aufenthaltstitels nach § 52 Absatz 1 Satz 1 Nummer 4 entscheidet die Ausländerbehörde nach Ermessen. Dabei hat sie zugunsten des Ausländers die in § 55 Absatz 3 für das Ausweisungsermessen genannten Umstände zu berücksichtigen (vgl. Nummer 55.3). Im Falle der Rücknahme eines zu Unrecht erlangten Asyl- oder Flüchtlingsstatus (§ 73 Absatz 2 AsylVfG) ist – vorbehaltlich einer vorrangig zu prüfenden Rücknahme nach § 48 VwVfG – der Widerruf des Aufenthaltstitels im Allgemeinen gerechtfertigt, auch wenn den Familienangehörigen des Ausländers der weitere Aufenthalt im Bundesgebiet gewährt werden kann oder muss. Halten sich Familienangehörige i. S. v. § 52 Absatz 1 Satz 2 bei dem ehemaligen Flüchtling auf, kann die Ausländerbehörde über den Widerruf ermessensfehlerfrei nur entscheiden, indem sie zugleich über den weiteren Aufenthalt der Familienangehörigen im Falle des Widerrufs befindet. Ggf. sind die Widerrufsverfahren nach § 52 Absatz 1 Satz 1 Nummer 4 und nach § 52 Absatz 1 Satz 2 gleichzeitig zu betreiben. Sieht die Ausländerbehörde von einem Widerruf des Aufenthaltstitels ab, ist dies in der Ausländerakte zu begründen.

52.1.4.4 Der Widerruf einer Niederlassungserlaubnis nach § 52 Absatz 1 Nummer 4 ist ausgeschlossen, wenn der Ausländer bereits im Zeitpunkt der Zuerkennung des Flüchtlingsstatus im Besitz einer Niederlassungserlaubnis war oder wenn ihm im Hinblick auf seine bisherige aufenthaltsrechtliche Situation (unabhängig von seiner Anerkennung als Flüchtling) eine Niederlassungserlaubnis erteilt werden könnte.

52.1.4.5 Da der Widerruf lediglich an den Wegfall der Asylberechtigung oder Flüchtlingseigenschaft geknüpft ist, kann er durch andere gesetzliche Aufenthaltsrechte beschränkt werden. Solche gesetzlichen Beschränkungen können sich auf Grund der Familiennachzugsbestimmungen (§§ 27 bis 36) ergeben. Der Besitz eines eigenständigen Aufenthaltsrechts nach §§ 31, 34 und 35 entfällt nicht nach Erlöschen, Widerruf oder Rücknahme des Familienasyls oder des Familienflüchtlingsschutzes (§ 26 AsylVfG). Ein Anspruch nach § 28 schränkt das Ermessen nach § 52 weitgehend ein.

52.1.4.6 Der Widerruf einer Niederlassungserlaubnis kann trotz Wegfalls des Flüchtlingsstatus im Hinblick auf die aufenthaltsrechtliche Situation des Ausländers (vgl. z. B. Erfüllung der Voraussetzungen nach den Familiennachzugsvorschriften) dazu führen, dass dem Ausländer danach eine Aufenthaltserlaubnis erteilt wird bzw. werden kann, wenn er die materiell-rechtlichen Voraussetzungen hierfür erfüllt. In diesem Fall erübrigen sich aufenthaltsbeendende Maßnahmen.

52.1.4.7 Im Rahmen aufenthaltsbeendender Maßnahmen ist zu berücksichtigen, ob das Bundesamt für Migration und Flüchtlinge auch die Entscheidung über das Vorliegen eines Abschiebungsverbots widerrufen oder zurückgenommen hat (vgl. § 73 Absatz 3 AsylVfG).

52.1.4.8 Nach § 103 Satz 2 findet § 52 Absatz 1 Satz 1 Nummer 4 entsprechend Anwendung auf Ausländer, die vor Inkrafttreten des Zuwanderungsgesetzes nach § 1 HumHAG (so genanntes Kontingentflüchtlingsgesetz) aufgenommen worden waren. Die Rechtsstellung dieser Personen kann weiterhin nach §§ 2a, 2b HumHAG erlöschen oder widerrufen werden (§ 103 Satz 1).

52.1.5 Widerruf nach Erteilung der Aufenthaltserlaubnis nach § 25 Absatz 3 Satz 1

52.1.5.1 Der Aufenthaltstitel kann widerrufen werden bei Wegfall, Aufhebung oder Unwirksamwerden eines Abschiebungsverbotes nach § 60 Absatz 2, 3, 5 oder Absatz 7 sowie bei Vorliegen von Ausschlusstatbeständen nach § 25 Absatz 3 Satz 2 Buchstabe a) bis d).

52.1.5.1.1 Widerruf bei Wegfall eines Abschiebungsverbotes nach § 60 Absatz 2, 3, 5 oder Absatz 7

Die Regelung in § 52 Absatz 1 Satz 1 Nummer 5 Buchstabe a) betrifft den Fall, dass nicht das Bundesamt für Migration und Flüchtlinge, sondern die Ausländerbehörde für die Feststellung eines Abschiebungsverbotes nach § 60 Absatz 2, 3, 5 oder Absatz 7 zuständig ist. Selbst wenn der Ausländer gegen die Entscheidung der Ausländerbehörde Widerspruch erhebt, bleibt die Wirkung des Widerrufs bestehen (u. a. Begründung der Ausreisepflicht, nicht rechtmäßiger Aufenthalt; § 84 Absatz 2 Satz 1). Bis zum Verfahrensabschluss ist daher eine Verfestigung des aufenthaltsrechtlichen Status nicht möglich (jedoch § 84 Absatz 2 Satz 2). Da der Widerruf lediglich an den Wegfall des Abschiebungsverbotes geknüpft ist, kann er durch andere gesetzliche Aufenthaltsrechte beschränkt werden. Solche gesetzlichen Beschränkungen können sich auf Grund der Familiennachzugsbestimmungen (§§ 27 bis 36) ergeben.

Über den Widerruf des Aufenthaltstitels nach § 52 Absatz 1 Satz 1 Nummer 5 Buchstabe a) entscheidet die Ausländerbehörde nach Ermessen. Dabei hat sie zugunsten des Ausländers die in § 55 Absatz 3 für das Ausweisungsermessen genannten Umstände zu berücksichtigen (vgl. Nummer 55.3). Im Falle eines zu Unrecht festgestellten Abschiebungsverbotes (vgl. § 73 Absatz 3, 1. Alternative AsylVfG) ist der Widerruf des Aufenthaltstitels im Allgemeinen gerechtfertigt, auch wenn den Familienangehörigen des Ausländers der weitere Aufenthalt im Bundesgebiet gewährt werden kann oder muss. Halten sich Familienangehörige i. S. v. § 52 Absatz 1 Satz 2 bei dem Ausländer auf, kann die Ausländerbehörde über den Widerruf ermessensfehlerfrei nur entscheiden, indem sie zugleich über den weiteren Aufenthalt der Familienangehörigen im Falle des Widerrufs befindet. Ggf. sind die Widerrufsverfahren nach § 52 Absatz 1 Satz 1 Nummer 5 Buchstabe a) und nach § 52 Absatz 1 Satz 2 gleichzeitig zu betreiben.

52.1.5.1.2 Widerruf bei Vorliegen von Ausschlusstatbeständen nach § 25 Absatz 3 Satz 2 Buchstabe a) bis d)

Bei Vorliegen der Voraussetzungen der Ausschlusstatbestände des § 25 Absatz 3 Satz 2 Buchstabe a) bis d) ist der Aufenthaltstitel zu widerrufen, wenn nicht aufgrund anderer Bestimmungen ein Aufenthaltsrecht besteht. Ein solches Recht kann sich z. B. aus den Familiennachzugsbestimmungen (§§ 27 bis 36) ergeben. Halten sich Familienangehörige i. S. v. § 52 Absatz 1 Satz 2 bei dem Ausländer auf, kann die Ausländerbehörde über den Widerruf ermessensfehlerfrei nur entscheiden, indem sie zugleich über den weiteren Aufenthalt der Familienangehörigen im Falle des Widerrufs befindet. Ggf. sind die Widerrufsverfahren nach § 52 Absatz 1 Satz 1 Nummer 5 Buchstabe a) und nach § 52 Absatz 1 Satz 2 gleichzeitig zu betreiben. Der Widerruf berührt nicht die Feststellung eines Abschiebungsverbotes nach § 60 Absatz 2, 3, 5 oder Absatz 7.

52.1.5.1.3 Widerruf bei Aufhebung oder Unwirksamwerden der Abschiebungsverbote nach § 42 Satz 1 AsylVfG

§ 52 Absatz 1 Satz 1 Nummer 5 Buchstabe c) regelt den Widerruf eines Aufenthaltstitels nach Aufhebung oder Unwirksamwerden eines durch das Bundesamt für Migration und Flüchtlinge festgestellten Abschiebungsverbotes nach § 60 Absatz 2, 3, 5 oder Absatz 7. Die Ausführungen zu Nummer 52.1.5.1 gelten entsprechend.

52.1.6 Widerruf der Aufenthaltstitel bei Familienangehörigen

52.1.6.1 Dem Widerruf nach § 52 Absatz 1 Satz 2 steht nur ein Anspruch auf Erteilung des Aufenthaltstitels entgegen, der dem Familienangehörigen ausschließlich aus eigenem Recht (§ 31) zusteht und nicht vom Aufenthaltsrecht des Stammberechtigten (Asylberechtigte, Ausländer, denen die Flüchtlingseigenschaft zuerkannt wurde, und Ausländer, für die ein Abschiebungsverbot nach § 60 Absatz 2, 3, 5 oder Absatz 7 festgestellt worden ist) abgeleitet ist. In den Fällen des § 31 Absatz 4 Satz 2 liegt ein Anspruch nicht vor. Auch ein auf § 9 Absatz 3 Satz 1 und 3 gestützter Anspruch steht einem Widerruf nicht entgegen. Der Widerruf erübrigt sich, wenn der Ehegatte des Stammberechtigten selbst alle Voraussetzungen des § 9 bzw. des § 26 Absatz 3 erfüllt. Keine abgeleiteten, sondern eigene Ansprüche sind die nach §§ 34, 35 sowie die durch Eheschließung der Kinder des Stammberechtigten mit einem Dritten erworbenen Ansprüche auf Aufenthaltsgewährung.

52.1.6.2 Über den Widerruf nach § 52 Absatz 1 Satz 2 wird nach Ermessen entschieden. Dabei hat die Ausländerbehörde insbesondere die vom Aufenthalt des Stammberechtigten unabhängigen eigenen Bindungen des Familienangehörigen im Bundesgebiet zu berücksichtigen. Ein Absehen vom Widerruf kommt insbesondere bei volljährig gewordenen Kindern in Betracht, die ihren wirtschaftlichen Lebensmittelpunkt im Bundesgebiet gefunden haben und mit Ablauf der Geltungsdauer ihrer Aufenthaltserlaubnis die Voraussetzungen für die Niederlassungserlaubnis nach § 35 Absatz 1 Satz 2 erfüllt haben werden. Andererseits ist bei Familienangehörigen, die lediglich eine Aufenthaltserlaubnis nach §§ 22 bis 24, 25 Absatz 3 bis 5 besitzen und die Voraussetzungen des § 26 Absatz 4 nicht erfüllen, grundsätzlich der Widerruf geboten, da die Aufenthaltserlaubnis in diesen Fällen stets ein zunächst vorläufiges Aufenthaltsrecht gewährt.

52.1.6.3 Zwingende Voraussetzung für den Widerruf nach § 52 Absatz 1 Satz 2 ist zwar, dass der Aufenthaltstitel des stammberechtigten Ausländers nach § 52 Absatz 1 Satz 1 Nummer 4 oder Nummer 5 widerrufen wird, aber die Ausländerbehörde braucht nicht bis zum Eintritt der Unanfechtbarkeit des Widerrufs nach § 52 Absatz 1 Satz 1 Nummer 4 oder Nummer 5 zu warten. Sie kann vielmehr den Aufenthaltstitel des Stammberechtigten und seiner Familienangehörigen gleichzeitig widerrufen. Allerdings muss sie in diesem Falle den Widerruf nach § 52 Absatz 1 Satz 2 mit der auflösenden Bedingung der Aufhebung des Widerrufs nach § 52 Absatz 1 Satz 1 Nummer 4 oder Nummer 5 versehen.

52.2 Widerruf bei einem Aufenthalt zum Zwecke der Beschäftigung

52.2.1 § 52 Absatz 2 Satz 1 verpflichtet die Ausländerbehörde, das Visum oder die Aufenthaltserlaubnis, die ausschließlich zum Zweck der Beschäftigung (§§ 18, 19) erteilt wurden, zu widerrufen, wenn die Bundesagentur für Arbeit nach § 41 die Zustimmung zur Ausübung einer Beschäftigung widerrufen hat. Im Unterschied zu den Regelungen des § 52 Absatz 1 besteht für die Ausländerbehörde kein Ermessen. Allerdings kann der Ausländer auf Grund anderer Bestimmungen einen gesetzlichen Anspruch auf Neuerteilung eines Aufenthaltstitels zu einem anderen Aufenthaltszweck (z. B. Familiennachzug) haben.

52.2.2 Nach § 52 Absatz 2 Satz 2 wird der Widerruf auf die Gestattung der Beschäftigung beschränkt, wenn der Ausländer ein Visum oder eine Aufenthaltserlaubnis zu einem anderen Zweck als zur Beschäftigung besitzt und die Bundesagentur für Arbeit die Zustimmung zur Ausübung der Beschäftigung nach § 41 widerruft. Dies betrifft die Fälle, in denen der Ausländer nicht bereits auf Grund des Gesetzes ohne Zustimmung der Bundesagentur für Arbeit zur Beschäftigung berechtigt ist.

52.3 Widerruf einer zum Zweck des Studiums erteilten Aufenthaltserlaubnis

52.3.0 § 52 Absatz 3 dient der Umsetzung des Artikels 12 Absatz 2 der Richtlinie 2004/114/EG des Rates vom 13. Dezember 2004 über die Bedingungen für die Zulassung von Drittstaatsangehörigen zwecks Absolvierung eines Studiums oder Teilnahme an einem Schüleraustausch, einer unbezahlten Ausbildungsmaßnahme oder einem freiwilligen Dienst (ABl. EU Nummer L 375 S. 12, so genannte Studentenrichtlinie).

52.3.1 Die Ausübung einer Erwerbstätigkeit ohne erforderliche Erlaubnis liegt insbesondere auch dann vor, wenn der Ausländer den gesetzlich erlaubten Rahmen der Beschäftigung nach § 16 Absatz 3 ohne Erlaubnis überschreitet.

52.3.2 Zur Bemessung der Studiendauer sind die Nummer 16.1.1.6.2 und 16.1.1.7 zu beachten.

52.3.3 Nach § 52 Absatz 3 Nummer 3 kann die Aufenthaltserlaubnis auch dann widerrufen werden, wenn die Voraussetzungen nicht mehr erfüllt sind, unter denen eine Aufenthaltserlaubnis nach § 16 Absatz 1 oder 6 erteilt werden könnte. Damit ist neben dem Abbruch des Studiums auch der Wegfall von allgemeinen Erteilungsvoraussetzungen nach § 5 zu zählen.

52.4 Widerruf einer zum Zweck der Forschung nach § 20 erteilten Aufenthaltserlaubnis

52.4.1 § 52 Absatz 4 dient der Umsetzung des Artikels 5 Absatz 6 Unterabsatz 2 und des Artikels 10 der Richtlinie 2005/71/EG des Rates vom 12. Oktober 2005 über ein besonderes Zulassungsverfahren für Drittstaatsangehörige zum Zweck der wissenschaftlichen Forschung (ABl. EU Nummer L 289 S. 15, so genannte Forscherrichtlinie).

52.4.2 Der Widerrufsgrund nach § 52 Absatz 4 Nummer 1 ist nur dann einschlägig für den Widerruf einer einem Forscher erteilten Aufenthaltserlaubnis, wenn der Forscher an einer Handlung beteiligt war, die zum Verlust der Anerkennung geführt hat. Die Gründe, die nach § 38b AufenthV zu der Aufhebung der Anerkennung führen können, sind jedoch so erheblich, dass eine Weiterbeschäftigung des Forschers bei diesem Unternehmen im Rahmen von §§ 18 oder § 19 nicht in Betracht kommt. War der Forscher nicht an einer Handlung beteiligt, die zum Verlust der Anerkennung geführt hat, ist ihm unter Berücksichtigung des bisherigen Aufenthaltszeitraumes hinreichend Gelegenheit zu geben, eine Anschlussbeschäftigung zu finden, bevor eine nachträgliche Befristung der Aufenthaltserlaubnis wegen Wegfalls des Erteilungsgrundes in Betracht kommt. Macht der Ausländer persönliche Härten (z. B. Kosten einer verfrühten Rückreise; Arbeitslosigkeit) geltend, ist ihm in geeigneten Fällen zu empfehlen, bei einer zur Rechtsdienstleistung befugten Person oder Stelle (z. B. Fachanwältin oder Fachanwalt für Arbeitsrecht; Gewerkschaft) die Möglichkeiten der Inanspruchnahme der Forschungseinrichtung als ehemaliger Arbeitgeber auf Schadenersatz durch den Forscher und die Aussichten der tatsächlichen Durchsetzung solcher Ansprüche überprüfen zu lassen. Das Ergebnis dieser Überprüfung soll bei der Entscheidung der Ausländerbehörde Berücksichtigung finden; entsprechende Angaben muss der Ausländer ggf. nach § 82 Absatz 1 beibringen.

52.5 Widerruf beim Aufenthalt von Opfern von Menschenhandel

52.5.0 In Umsetzung von Artikel 14 der Richtlinie 2004/81/EG vom 29. April 2004 über die Erteilung von Aufenthaltstiteln für Drittstaatsangehörige, die Opfer des Menschenhandels sind oder denen Beihilfe zur illegalen Einwanderung geleistet wurde und die mit den zuständigen Behörden kooperieren (ABl. EU Nummer L 261 S. 19, so genannte Opferschutzrichtlinie) sieht § 52 Absatz 5 eine spezielle Regelung vor, um einen Aufenthaltstitel nach § 25 Absatz 4a zu widerrufen.

52.5.1 Der Widerrufstatbestand stellt dabei auf die besonderen Erteilungsvoraussetzungen ab:

52.5.1.1 Nach § 52 Absatz 5 Nummer 1 war oder ist der Ausländer nicht mehr bereit, im Strafverfahren auszusagen. Dabei wird auf § 25 Absatz 4a Satz 2 Nummer 3 Bezug genommen.

52.5.1.2 Nach § 52 Absatz 5 Nummer 2 sind die in § 25 Absatz 4a Satz 2 Nummer 1 in Bezug genommenen Angaben des Ausländers nach Mitteilung der Staatsanwaltschaft oder des Strafgerichts mit hinreichender Wahrscheinlichkeit als falsch anzusehen.

52.5.1.3 Nach § 52 Absatz 5 Nummer 3 hat der Ausländer freiwillig wieder Verbindung zu den Personen nach § 25 Absatz 4a Satz 2 Nummer 2 aufgenommen. Ein Kontakt, der nur durch die Täter initiiert und aufrechterhalten wird, z. B. durch Telefonanrufe, ist unerheblich. Bei der Frage, ob eine freiwillige Kontaktaufnahme vorliegt, ist auch zu beachten, ob das Opfer sich auf Grund bestehender Zwänge zu einer Fortsetzung des Kontakts genötigt sieht, oder ob der Täter den Kontakt zum Opfer aufnimmt, insbesondere um die Einbeziehung des Opfers als Zeuge im Strafverfahren zu behindern.

52.5.1.4 Nach § 52 Absatz 5 Nummer 4 wurde das Strafverfahren, in dem der Ausländer als Zeuge aussagen sollte, eingestellt.

52.5.1.5 Nach § 52 Absatz 5 Nummer 5 erfüllt der Ausländer auf Grund sonstiger Umstände nicht mehr die Voraussetzungen für die Erteilung eines Aufenthaltstitels nach § 25a Absatz 4 a. Hierunter sind zunächst die Fälle zu fassen, in denen der Aufenthalt des Ausländers nach § 5 Absatz 1 Nummer 3 eine Gefahr für die Interessen der Bundesrepublik Deutschland darstellt oder die in § 5 Absatz 4 Satz 1 (§ 54 Nummer 5 und 5a) genannten Ausweisungsgründe vorliegen. Hierunter zu subsumieren sind jedoch auch die Fälle, in denen das Verfahren, in dem der Ausländer als Zeuge ausgesagt hat, durch rechtskräftige Verurteilung abgeschlossen wurde.

52.5.2 Als Rechtsfolge sieht der als Soll-Regelung ausgestaltete Absatz 5 einen Regelwiderruf bei Vorliegen der tatbestandlichen Voraussetzungen vor. Dem entsprechend darf die Ausländerbehörde nur in atypischen Sonderfällen die Aufenthaltserlaubnis nicht widerrufen. Diese liegen insbesondere dann vor, wenn

52.5.2.1 – die Geltungsdauer der Aufenthaltserlaubnis alsbald abläuft oder

52.5.2.2 – dem Ausländer in Folge des Widerrufs der Aufenthaltserlaubnis nach § 25 Absatz 4a ein anderer Aufenthaltstitel – z. B. gemäß § 25 Absatz 3, 4 oder 5 – erteilt werden müsste.

52.5.3 Vor Widerruf des Aufenthaltstitels nach § 25 Absatz 4a muss die Ausländerbehörde die Beteiligungspflicht nach § 72 Absatz 6 beachten (vgl. Nummer 72.6).

52.6 Widerruf einer Aufenthaltserlaubnis nach § 38a

52.6.1 Nach § 52 Absatz 6 soll eine Aufenthaltserlaubnis nach § 38a widerrufen werden, wenn der Ausländer seine Rechtsstellung als langfristig Aufenthaltsberechtigter in einem anderen Mitgliedstaat verliert. Tatbestandlich setzt § 52 Absatz 6 den Verlust der Rechtsstellung des langfristigen Aufenthaltsberechtigten in einem anderen Mitgliedstaat als Erststaat i. S. d. Richtlinie 2003/109/EG des Rates vom 25. November 2003 betreffend die Rechtsstellung der langfristig aufenthaltsberechtigten Drittstaatsangehörigen (ABl. EU 2004 Nummer L 16 S. 44, so genannte Daueraufenthalt-Richtlinie) voraus. Auf der Rechtsfolgenseite besteht ein gebundenes Ermessen, der Aufenthaltstitel nach § 38a soll widerrufen werden. Nur in atypischen Sonderfällen ist daher vom Widerruf abzusehen. Ein atypischer Sonderfall liegt jedoch nicht in den Fällen des § 51, sondern nur dann vor, wenn der Ausländer in Deutschland ohne Verschulden und nur deshalb keine Erlaubnis zum Daueraufenthalt-EG erwerben kann, weil die daran geknüpften Voraussetzungen (z. B. bei der Altersvorsorge) in Deutschland höher sind als in anderen Mitgliedstaaten.

52.6.2 Die Ausgestaltung als Regelbestimmung beruht auf dem Gedanken, dass der Aufenthaltstitel nach § 38a gerade auf Grund der Rechtsstellung erteilt wurde, die im Anwendungsfall des § 52 Absatz 6 weggefallen ist. Diese Rechtsstellung bildete zuvor die rechtliche Grundlage des Aufenthalts. Zudem ist der Ausländer in diesen Fällen i. d. R. nicht besonders schutzwürdig. Die Rechtsstellung im anderen Mitgliedstaat kann bei einem Aufenthalt in Deutschland als Zweitstaat i. S. d. Daueraufenthalt-Richtlinie aus dem Grunde entzogen werden, dass die Rechtsstellung wegen Täuschung, Drohung oder Bestechung zurückgenommen wird, dass der Ausländer aus dem anderen Mitgliedstaat ausgewiesen wird, oder dass eine ähnliche Entscheidung nach dem Rechtssystem des anderen Mitgliedstaates gegen ihn ergeht (vgl. Artikel 22 Absatz 1 Daueraufenthalt-Richtlinie). Der Erlöschenstatbestand, der an den Aufenthalt des Ausländers für einen Zeitraum von zwölf aufeinander folgenden Monaten außerhalb des Gebiets derjenigen Mitgliedstaaten der Europäischen Union anknüpft, in denen die Rechtsstellung nach § 2 Absatz 7 erworben werden kann, kommt bei einem Aufenthalt im Bundesgebiet nicht in Betracht. Der weitere denkbare Erlöschenstatbestand, dass sich der Ausländer außerhalb des betreffenden Mitgliedstaats für einen Zeitraum von sechs Jahren aufgehalten hat, führt ebenfalls nicht zu seiner Schutzbedürftigkeit, weil er in diesem Zeitraum die Voraussetzungen für die Erlangung eines langfristigen Aufenthaltsrechts in Deutschland erfüllen kann. Die Widerrufsmöglichkeit steht der Erteilung einer Aufenthaltserlaubnis nach anderen Rechtsgrundlagen als § 38a nicht entgegen.

52.7 Widerruf bei einem Aufenthalt mit Schengen-Visum

52.7.0.1 Absatz 7 enthält die Rechtsgrundlage für den Widerruf eines Schengen-Visums für den Fall der Einreise und des Aufenthalts mit einem nicht zur Erwerbstätigkeit berechtigenden Schengen-Visum.

52.7.0.2 Für den Widerruf eines Visums eines Ausländers, der sich im Inland befindet, sind entsprechend der Zuständigkeitsregelung des § 71 Absatz 1 die Ausländerbehörden oder nach § 71 Absatz 3 Nummer 3 Buchstabe a) die mit der polizeilichen Kontrolle des grenzüberschreitenden Verkehrs beauftragten Behörden zuständig.

52.7.1.1 Vom Tatbestand erfasst sind diejenigen Ausländer, die ein Schengen-Visum für kurzfristige Aufenthalte i. S. d. § 2 Absatz 5 bzw. des Artikels 10 SDÜ besitzen, unabhängig davon, ob es sich um ein deutsches Schengen-Visum nach § 6 Absatz 1 Satz 1 Nummer 1 oder Nummer 2 oder um ein Schengen-Visum eines anderen Schengen-Staates handelt.

52.7.1.1.1 Satz 1 Nummer 1 erfasst diejenigen Ausländer, bei denen festgestellt wurde, dass sie bereits eine Erwerbstätigkeit ausüben, für die sie die nach § 4 Absatz 3 erforderliche Erlaubnis nicht besitzen. Durch das Wort „erforderliche" wird verdeutlicht, dass die Ausübung der Erwerbstätigkeit sich nicht auf diejenigen selbständigen oder unselbständigen Tätigkeiten bezieht, die nicht als Beschäftigung i. S. d. Aufenthaltsgesetzes gelten.

52.7.1.1.2 Erfasst werden mit Absatz 7 Satz 1 Nummer 2 zudem Fälle einer erst noch beabsichtigten Aufnahme einer Erwerbstätigkeit. Auf Grund der Formulierung „Tatsachen die Annahme rechtfertigen" ist dies anhand objektiver Kriterien (z. B. Mitführen von Arbeitswerkzeugen) festzustellen.

52.7.1.2 Die Tätigkeit muss ohne die nach § 4 Absatz 3 erforderliche Erlaubnis ausgeübt werden oder beabsichtigt sein. Damit sind auch Fälle des § 41 Absatz 1 AufenthV ausgeklammert, in denen visumfreie Staatsangehörige zur Ausübung einer erlaubten Erwerbstätigkeit in das Bundesgebiet einreisen dürfen, um mit einer im Inland zu erlangenden Erlaubnis erwerbstätig zu werden.

52.7.1.3 Nicht erfasst werden Inhaber eines nationalen Visums oder einer Aufenthaltserlaubnis, weil diese im Gegensatz zu Besuchern über festere Bindungen zum Bundesgebiet verfügen oder diese aufzubauen beabsichtigen, regelmäßig Vertrauensschutz genießen und bei denen – etwa im Zusammenhang mit dem Familiennachzug – auch grundrechtliche Positionen bei der aufenthaltsrechtlichen Sanktionierung unerlaubter Erwerbstätigkeiten zu berücksichtigen sind.

52.7.2 Satz 2 setzt hinsichtlich des Widerrufs die Vorgaben der Nummer 2 des Beschlusses des Exekutivausschusses vom 14. Dezember 1993 bezüglich der gemeinsamen Grundsätze für die Annullierung, Aufhebung und Verringerung der Gültigkeitsdauer einheitlicher Visa (SCH/Com-ex (93) 24; ABl. EG Nummer L 239 S. 154) um. Es handelt sich um die nach Artikel 23 Absatz 3 Satz 1 SDÜ erforderliche nationale Eingriffsnorm. Zugleich wird geregelt, dass die vorgeschriebene Notifizierung zentral über das Bundesamt für Migration und Flüchtlinge erfolgt. Der genannte Beschluss des Exekutivausschusses bildet die an die Mitgliedstaaten gerichtete Ermächtigung, SchengenVisa anderer Mitgliedstaaten zurückzunehmen, zu widerrufen oder ihre Gültigkeitsdauer zu beschränken.

52.7.3 Auf § 95 Absatz 1a wird hingewiesen.

Übersicht

	Rn.
I. Entstehungsgeschichte	1
II. Normsystematik	2
III. Allgemeiner Widerrufstatbestand	4
1. Grundsätzliches	4
2. Widerrufsgründe	6
3. Familienangehörige	15
4. Beschäftigungsaufenthalt (Abs. 2 und Abs. 2a)	17
IV. Studenten	18
V. Forscher, mobile Forscher, EU-Praktikanten und Teilnehmer am Europäischen Freiwilligendienst	21
VI. Opfer von Menschenhandel oder illegaler Beschäftigung	22
VII. Langfristig Aufenthaltsberechtigte	28
VIII. Verfahren und Rechtsschutz	32

I. Entstehungsgeschichte

Die Vorschrift entsprach dem **Gesetzesentwurf zum ZuwG**[1]; aufgrund des Vermittlungsverfahrens wurde nur in Abs. 2 S. 1 das Wort „Bundesanstalt" durch „Bundesagentur" ersetzt[2]. Durch das **RLUmsG 2007** wurde die Norm nachhaltig geändert[3]. In Abs. 1 S. 1 wurden die Wörter „des Absatzes 2" durch die Wörter „der Absätze 2 bis 7" ersetzt und die Nr. 5 eingefügt. In S. 2 wurden nach den Wörtern „des Satzes 1 Nummer 4" die Angabe „und 5" eingefügt und das Wort „häuslicher" durch das Wort „familiärer" ersetzt. Außerdem wurden die Abs. 3–7 angefügt. Das **RLUmsG 2011** präzisierte den Anwendungsbereich des Abs. 1 mit dem Ziel, Schengen-Visa herauszunehmen, da Art. 34 Visakodex für diese eine abschließende Regelung trifft. Dem trägt auch die Streichung des bisherigen Abs. 7 sowie die Beschränkung der Widerrufsregelung in Abs. 2 auf nationale Visa Rech-

---

[1] BT-Drs. 15/420.
[2] BT-Drs. 15/3479, 8.
[3] BT-Drs. 16/5065, 22.

1 AufenthG § 52

nung[4]. Die Neufassung von Abs. 5 ist eine Folgeänderung zu § 25 IVb[5] und dient der Umsetzung der Sanktions-RL[6]. Die Widerrufsgründe für den Aufenthaltstitel für Opfer der in § 25 IVa und IVb genannten Straftaten werden, soweit sie sich inhaltlich überschneiden, einheitlich in Abs. 5 S. 1 geregelt. Der nur für den Inhaber von Aufenthaltstiteln für Opfer von Menschenhandel geltende Widerrufsgrund der freiwilligen Kontaktaufnahme zu den beschuldigten Personen findet sich in Abs. 5 S. 2.

Mit dem **HQRLUmsG 2012**[7] wurde die Blaue Karte EU in Abs. 1 S. 1 und Abs. 2 S. 1 einbezogen; insoweit handelt es sich um redaktionelle Änderungen aufgrund der Einführung dieses neuen Aufenthaltstitels[8]. Durch das Gesetz zur Umsetzung der RL 2011/95/EU vom 28.8.2013[9] wurde in Abs. 1 S. 1 Nr. 4 der subsidiär Schutzberechtigte aufgenommen und Nr. 5 geändert, um dort die Trennung von internationalem subsidiärem Schutz und nationalen Abschiebungsverboten nachzuvollziehen[10]. Zuvor war Abs. 1 S. 1 Hs. 1 redaktionell korrigiert worden, in dem – nach bereits 2011 erfolgter Aufhebung von Abs. 7 – es nunmehr heißt „außer in den Fällen der Absätze 2 bis 6"[11]. Durch das AufenthGÄndG 2015[12] wurde in Abs. 5 S. 1 die bisherige Nr. 3 aufgehoben. Der Gesetzgeber begründete dies mit der Überlegung, die Streichung ergänze den Schutz von aussagebereiten Opfern von Menschenhandel und von Opfern ausbeuterischer illegaler Beschäftigung. Die Einstellung des Strafverfahrens, in dem der Ausländer als Zeuge aussagen sollte, führe nicht mehr zu einem Widerruf der für das Strafverfahren erteilten Aufenthaltserlaubnis. Durch die Einführung des § 25 IVa 3 sollen betroffene Opferzeugen auch dann eine aufenthaltsrechtliche Perspektive erhalten, wenn das Strafverfahren trotz ihrer fortgesetzten Kooperationsbereitschaft eingestellt wird[13].

Zuletzt ist die Norm inhaltlich durch das **RLUmsG 2017**[14] geändert worden. Der Gesetzesbegründung zufolge dienen die Ergänzungen des § 52 in den Abs. 2a, 3, 4 und 4a der Umsetzung von Unionsrecht[15]. Konkret geht es um die Umsetzung von Art. 8 V lit. a ICT-RL[16] und von Art. 21 ff., 29 REST-RL[17]. Die Umsetzung der ICT-RL – hier durch § 52 IIa – sorgt für eine Konzentrierung der Vorschriften zu Einreise, Aufenthalt und Aufenthaltsbeendigung von unternehmensintern transferierten Arbeitnehmern[18]. Die REST-RL sieht zwingend eine Umsetzung der Vorschriften zu Einreise, Aufenthalt und Aufenthaltsbeendigung von Forschern, Studenten, Praktikanten und europäischen Freiwilligen vor; in § 52 finden sich die entsprechenden Änderungen in den Abs. 3, 4 und 4a.

Infolge des **FEG 2019** ist Abs. 2a mit Wirkung **zum 1.3.2020** redaktionell geändert worden. In Abs. 2a S. 1 wird die Angabe „§ 19b" durch die Angabe „§ 19" und die Angabe „§ 19d" durch die Angabe „§ 19b" ersetzt. Weitere Änderungen dieser Art betreffen Abs. 3 S. 1, Abs. 4 und Abs. 4a.

II. Normsystematik

2 Der Widerruf steht im pflichtgemäßen **Ermessen** der Ausländerbehörde und führt – ebenso wie die übrigen Gründe des § 51 I – zum Erlöschen des Aufenthaltstitels. Die materiellen Voraussetzungen sind in **§ 52 abschließend** geregelt („nur"). Eine ergänzende Anwendung des § 49 (L)VwVfG kommt also nicht in Betracht, insbesondere gilt daher die Jahresfrist nach § 49 II iVm § 48 IV (L)VwVfG nicht für den Widerruf nach § 52. Der Widerruf eines (ursprünglich rechtmäßigen) Aufenthaltstitels bei Fortfall anderer Erteilungsvoraussetzungen ist ausgeschlossen; möglich ist dann eine nachträgliche Befristung[19].

3 Wie die Aufzählung der Erlöschensgründe in § 51 I nunmehr anders als § 44 I AuslG klarstellt, ist auch die **Rücknahme** eines rechtswidrigen Aufenthaltstitels zulässig.[20] Damit ist **§ 48 (L)VwVfG** auf rechtswidrig erteilte Aufenthaltstitel anzuwenden, etwa bei anfänglicher Passlosigkeit oder bei Erwirken des Aufenthaltstitels mittels Falschangaben. Eine Rücknahme kann mit Wirkung für die Ver-

---

[4] BT-Drs. 17/5470, 23.
[5] BT-Drs. 17/5470, 23.
[6] RL 2009/52/EG des Europäischen Parlaments und des Rates v. 18.6.2009 über Mindeststandards für Sanktionen und Maßnahmen gegen Arbeitgeber, die Drittstaatsangehörige ohne rechtmäßigen Aufenthalt beschäftigen, ABl. 2009 L 168, 24.
[7] BGBl. 2012 I S. 1224.
[8] BT-Drs. 17/8682, 22.
[9] BGBl. 2013 I S. 3474.
[10] BT-Drs. 17/13063, 24.
[11] Gesetz zur Verbesserung der Rechte von international Schutzberechtigten und ausländisch Arbeitnehmern v. 29.8.2013, BGBl. I S. 3484; BT-Drs. 17/13022, 22.
[12] BGBl. 2012 I S. 1386.
[13] BT-Drs. 18/4097, 48.
[14] BGBl. 2017 I S. 1106.
[15] BT-Drs. 18/11136, 56 f.
[16] RL 2014/66/EU v. 15.5.2014, ABl. 2014 L 157, 1.
[17] RL 2016/801/EU v. 11.5.2016, ABl. 2016 L 132, 21.
[18] Vgl. zum Begriff des unternehmensintern transferierten Arbeitnehmer die Kommentierung zu § 19b.
[19] § 7 II 2; zum Verhältnis zwischen Befristung, Rücknahme und Widerruf vgl. *Meyer* ZAR 2002, 13.
[20] Zur früheren Rechtslage BVerwG Urt. v. 23.5.1995 – 1 C 3.94, BVerwGE 98, 298.

gangenheit oder Zukunft verfügt werden²¹; die Ermessenserwägungen der Ausländerbehörde müssen erkennen lassen, dass die Alternativen der Rücknahme ex tunc oder ex nunc gesehen und abgewogen worden sind²². Wer sich zB durch unrichtige Angaben einen Aufenthaltstitel erschleicht, kann außerdem den Ausweisungstatbestand des § 54 II Nr. 8 erfüllt haben und ausgewiesen werden.

III. Allgemeiner Widerrufstatbestand

1. Grundsätzliches

Die Widerrufsmöglichkeit erstreckt sich auf die in Abs. 1 genannten Aufenthaltstitel. Die Aufenthaltsgestattung ist kein Aufenthaltstitel; ihr Erlöschen wird in § 67 AsylG abschließend geregelt. Der Widerruf eines (rechtmäßigen) Aufenthaltstitels führt zu dessen Erlöschen mit **Wirkung für die Zukunft**. Die Behörde ist nicht zu einem auf einen Zeitpunkt vor seinem Wirksamwerden zurückwirkenden Widerruf befugt. Ein Widerruf mit Wirkung in die Vergangenheit ist insbesondere mit Blick auf den Vertrauensschutz in den Bestand des Aufenthaltstitels nicht möglich.²³ Auch wenn der Widerrufstatbestand – anders als § 49 III VwVfG – keine Beschränkung für den Widerruf mit Ex-tunc-Wirkung aufweist, so ist im Hinblick auf die allgemeine Ausgestaltung der Widerrufsvorschriften davon auszugehen, dass sich der Gesetzgeber an dem Normalfall orientiert hat, dh von einem in die Zukunft wirkenden Widerruf ausgegangen ist. Ein Widerruf mit Wirkung ex tunc hätte zur Folge, dass dem Vertrauensschutz²⁴ des Ausländers in den Bestand des Aufenthaltstitels, der auch für Leistungen an den Ausländer den Rechtsgrund bilden kann, nicht ausreichend Rechnung getragen wird. 4

Die Möglichkeit des Widerrufs ist nicht auf einzelne Arten von Aufenthaltstitel beschränkt; dem Widerruf einer Niederlassungserlaubnis können aber persönliche Belange eher entgegenstehen als bei einem nationalen Visum oder einer Aufenthaltserlaubnis mit kurzer Geltungsdauer. Abgesehen von der Sonderregelung in § 84 I 1 Nr. 4 entfaltet ein Rechtsbehelf, sofern kein Sofortvollzug angeordnet wurde, zwar aufschiebende Wirkung, lässt aber die Wirksamkeit des Widerrufs unberührt (§ 84 II 1)²⁵. 5

2. Widerrufsgründe

Passlosigkeit nach § 52 I 1 Nr. 1 gibt nur dann einen Grund zum Widerruf, **wenn Passpflicht nach § 3 besteht**, insbesondere also keine der zahlreichen Ausnahmen und Befreiungen eingreift²⁶. Ein Pass oder Passersatz ist ungültig, wenn seine Geltungsdauer abgelaufen oder wenn er infolge Fälschung, anderer Inhaltsänderung oder Beschädigung nicht mehr die wahre Identität wiedergibt und daher nicht mehr verwendbar ist. Auch der Wechsel des Familiennamens durch Eheschließung bewirkt die Unrichtigkeit des Passes. Auf die Gründe des Nichtbesitzes kommt es nicht an. Ob Diebstahl, Verlust, Vernichtung, Entzug, Versäumnisse des Ausländers oder der Heimatbehörde: In jedem Fall fehlt es an dem vorausgesetzten Besitz des Passes oder Passersatzes. Allerdings benötigt der Ausländer einen Pass nur während des Aufenthalts im Inland. Es schadet nicht, wenn die Geltungsdauer während eines (vorübergehenden, vgl. § 51 I Nr. 6, 7.) Aufenthalts im Ausland ungültig wird; der Ausländer muss nur bei der Einreise wieder ein gültiges Passdokument besitzen²⁷. 6

Mangelndes Verschulden am Verlust oder Ungültigwerden ist in die Ermessenserwägungen einzubeziehen, steht aber dem Widerruf nicht zwingend entgegen. Es kommt eher auf die Wiederbeschaffung an. Diese soll nicht der Disposition des Ausländers unterliegen. Wegen der Wichtigkeit der Erfüllung der Passpflicht ist bei Passlosigkeit im Zweifel der Widerruf geboten. Vom Widerruf ist aber abzusehen, wenn der Ausländer trotz zumutbarer Bemühungen (dazu § 48 II) einen gültigen Pass oder Passersatz nicht erlangt. Ebenso ist zu entscheiden, wenn die Passverlängerung rechtzeitig vor Ablauf der Gültigkeit beantragt, aber noch nicht erteilt ist²⁸. Fehlte es nur vorübergehend an einem gültigen Passdokument und liegt inzwischen ein solches wieder vor, scheidet ein Widerruf aus. Daher ist auch unerheblich, ob der Pass rückwirkend verlängert wurde. Dagegen kann es zB für den Widerruf sprechen, wenn ein Ausweisungsgrund vorliegt oder die spätere Verlängerung nach § 8 II ausgeschlossen ist. 7

Der während der Geltung des Aufenthaltstitels andauernde Besitz der Staatsangehörigkeit, die bei Erteilung gegeben war, ist eine wesentliche Grundlage für die Erteilung und kann die Aufenthaltsbeendigung entscheidend mitbestimmen. Deshalb berechtigen **Wechsel oder Verlust der Staats-** 8

---

²¹ BVerwG Urt. v. 8.12.2009 – 1 C 16.08, BVerwGE 135, 334.
²² OVG LSA Beschl. v. 26.3.2009 – 2 M 14/09; VG Oldenburg Urt. v. 31.5.2010 – 11 A 1520/09. Vgl. speziell zur Problematik der (rückwirkenden) Annullierung eines Schengen-Visums zB die Ausführungen der Generalanwältin Sharpston in den Schlussanträgen v. 26.3.2012 in der Rs. C-83/12, Rn. 45 ff.
²³ AA VGH BW Urt. v. 6.4.2005 – 13 S 423/04; Beschl. v. 4.3.1998 – 11 S 3169/97, AuAS 1998, 185.
²⁴ Zur Bedeutung des Vertrauensschutzes *Lehner*, Die Verwaltung Bd. 26, S. 183 ff.
²⁵ VGH BW Beschl. v. 11.2.2005 – 11 S 1170/04, EZAR NF 94 Nr. 2.
²⁶ Dazu die Kommentierung → § 3 Rn. 10 ff.
²⁷ HmbOVG Beschl. v. 8.1.1985 – Bs V 242/84, EZAR 103 Nr. 6.
²⁸ Zum früheren Recht VGH BW Urt. v. 3.8.1987 – 1 S 821/87, EZAR 107 Nr. 6.

angehörigkeit nach § 52 I 1 Nr. 2 grundsätzlich zum Widerruf, nicht jedoch der Hinzuerwerb einer weiteren Staatsangehörigkeit. Mit **Erwerb der deutschen Staatsangehörigkeit** durch Einbürgerung erledigt sich ein dem früheren Ausländer erteilter Aufenthaltstitel in sonstiger Weise nach § 43 II (L) VwVfG und lebt auch durch die Rücknahme der Einbürgerung mit Wirkung für die Vergangenheit nicht wieder auf[29]. Beim Eintritt von Staatenlosigkeit ist über den weiteren Aufenthalt aufgrund des StlÜbk zu befinden[30]. Nicht allein maßgeblich ist, ob sich die Chancen für einen Aufenthaltstitel durch den Wechsel der Staatsangehörigkeit verbessern (Erwerb zB der Staatsangehörigkeit eines EU-Staats) oder verschlechtern (Erwerb der Staatsangehörigkeit eines Nicht-EU-Staats). Wichtiger ist, ob der Besitz der bisherigen Staatsangehörigkeit für den Aufenthaltstitel zwingend (vgl. § 26 BeschV), wesentlich oder letztlich unerheblich war. In den ersten beiden Fällen ist in der Regel der Widerruf angezeigt. Im Rahmen des Ermessens sind ua zu berücksichtigen die Gründe für Verlust oder Wechsel der Staatsangehörigkeit, der evtl. Wegfall früherer zielstaatsbezogener Abschiebungshindernisse und der Fortfall früher aufgrund der Staatsangehörigkeit gebotener Privilegierungen.

9 **Auch vor der Einreise** ist der Widerruf zulässig **(§ 52 I 1 Nr. 3).** Anlass dazu kann vor allem bei Veränderung der Entscheidungsgrundlage bestehen, etwa bei nachträglichem Eintritt oder Bekanntwerden eines Ausweisungsgrunds[31]. Vom Widerruf ist abzusehen, wenn der Ausländer bereits im Vertrauen auf den Fortbestand des Aufenthaltstitels Vermögensdispositionen (zB Kündigung des Arbeitsverhältnisses oder Auflösung der Wohnung im Heimatstaat, finanzielle Investitionen) getroffen hat, die nicht oder nur unter erheblichen Verlusten rückgängig zu machen sind. Sonst steht der Auslandsvertretung bei einem nationalen Visum (§ 71 II) oder der Ausländerbehörde (§ 71 I) ein weiter Ermessensspielraum zu. Für die Aufhebung oder Annullierung eines Schengen-Visums gilt Art. 34 VK lex specialis.

10 Beim Verlust des Rechtsstatus als **Asylberechtigter, Flüchtling, subsidiär Schutzberechtigter**[32] oder (von 1.11.1997 bis 31.12.2004: Übergangsregelung in § 101 S. 2) Kontingentflüchtling ist der Widerruf nicht zwingend. Während über Widerruf und Rücknahme der Anerkennung als Asylberechtigter, Flüchtling oder subsidiär Schutzberechtigter das BAMF vorab befindet (§§ 73, 73a II, 73b AsylG; früher auch § 2b HumAG), kann ein Erlöschen (§§ 72, 73a I AsylG; früher auch § 2a HumAG) von der Ausländerbehörde selbst festgestellt werden. Kraft Gesetzes kann allerdings nur die Anerkennung als Asylberechtigter oder Flüchtling erlöschen, nicht aber die subsidiäre Schutzberechtigung (§ 72 AsylG). Voraussetzung für einen Widerruf ist, dass die Entscheidung des BAMF unanfechtbar ist oder die aufschiebende Wirkung entfällt (vgl. § 75 II 1 AsylG iVm § 84 I 1 Nr. 4)[33]. Mit dem Erlöschen der Flüchtlingsstellung ist insbesondere auch nicht der Verlust einer nach § 26 III erteilten Niederlassungserlaubnis verbunden; (auch) diese kann vielmehr nur nach **Abs. 1 S. 1 Nr. 4** widerrufen werden[34].

11 Außerhalb eines Asylverfahrens hat die Ausländerbehörde das Vorliegen eines nationalen Abschiebungsverbots selbst zu prüfen, auch obliegt ihr dann die Prüfung, ob nach § 25 III 2 ein Ausschlussgrund vorliegt. In beiden Fällen hat sie allerdings das BAMF nach § 72 II zu beteiligen. Stellt sie hier nach Erteilung einer Aufenthaltserlaubnis fest, dass die Voraussetzungen nicht oder nicht mehr vorliegen und/oder beim Ausländer einer der Ausschlussgründe nach § 25 III 2 erfüllt, kann die Ausländerbehörde die Aufenthaltserlaubnis selbst widerrufen. Der Widerruf der wegen eines Abschiebungsverbots gemäß § 60 V oder VII nach § 25 III 1 erteilten Aufenthaltserlaubnis steht im **Ermessen** der Ausländerbehörde, **§ 52 I 1 Nr. 5** lit. a–c.

12 Auf die Gründe des Erlöschens oder des Unwirksamwerdens (vgl. §§ 72, 73, 73a AsylG; früher auch §§ 2a, 2b HumAG; Art. 1 Abschnitt C GK) kommt es nicht an. Ein Widerruf scheidet aus, wenn dem Ausländer sofort ein dem entzogenen Recht gleichwertiger unbefristeter Aufenthaltstitel aus asylunabhängigen Rechtsgründen zu erteilen gewesen wäre[35]. Ein auf der Asylanerkennung aufbauendes Aufenthaltsrecht ist selbst asylbedingt und unterliegt ebenfalls dem Widerruf; es kann daher der Widerruf der unbefristeten Aufenthaltserlaubnis nicht entgegenstehen[36]. Steht dem Ausländer ein Anspruch auf einen befristeten Aufenthaltstitel zu, so besteht grundsätzlich die Möglichkeit, ihm die überschießende unbefristete Niederlassungserlaubnis zu entziehen und zugleich den befristeten Aufenthaltstitel zu erteilen[37]. Gleichwohl ist der Widerruf auch dann nicht ausgeschlossen, wenn die

---

[29] BVerwG Urt. v. 19.4.2011 – 1 C 2.10, NVwZ 2012, 56.
[30] Dazu → § 1 Rn. 1 ff.
[31] VG Berlin Beschl. v. 21.7.2016 – 33 K 261.15 V, BeckRS 2016, 49813.
[32] Beachte für Altfälle § 104 IX; näher BVerwG Urt. v. 25.3.2015 – 1 C 16.14, NVwZ-RR 2015, 634; zur besonderen Konstellation, in der eine Niederlassungserlaubnis nach § 26 IV nicht widerrufen werden darf, vgl. GK-AufenthG § 52 Rn. 52 f.; s. auch VGH BW Urt. v. 24.7.2013 – A 11 S 697/13.
[33] VGH BW Beschl. v. 7.11.2018 – 11 S 2018/18.
[34] OVG Bln-Bbg Beschl. v. 5.12.2013 – OVG 7 S 106.13.
[35] Vgl. dazu BVerwG Urt. v. 13.4.2010 – 1 C 10.09, InfAuslR 2010, 346 und Urt. v. 20.2.2003 – 1 C 13.02, NVwZ 2003, 1275; VGH BW Urt. v. 26.7.2006 – 11 S 951/06, ZAR 2006, 414 und Urt. v. 22.2.2006 – 11 S 1066/05.
[36] BVerwG Urt. v. 20.2.2003 – 1 C 13.02, NVwZ 2003, 1275; Urt. v. 13.4.2010 – 1 C 10.09.
[37] VGH BW Urt. v. 26.7.2006 – 11 S 951/06, ZAR 2006, 414.

Voraussetzungen für eine Niederlassungserlaubnis nach § 26 IV erfüllt sind[38]. Je geringer der Einfluss des Flüchtlingsstatus auf die Aufenthaltsverfestigung war, desto weniger spricht für den Widerruf. Gänzlich ausgeschlossen ist der Widerruf der Niederlassungserlaubnis und der Aufenthaltserlaubnis, falls der Ausländer schon bei Zuerkennung des Status als Asylberechtigter oder Flüchtling eine Niederlassungserlaubnis (oder früher eine unbefristete Aufenthaltsgenehmigung) besaß[39].

Im Rahmen des **Ermessens** sind angesichts der existenziellen Betroffenheit (drohende Aufenthaltsbeendigung) die privaten und öffentlichen Interessen sorgfältig abzuwägen[40]. Bei der Bestimmung des Ermessensspielraums ist eine **Ermessensprüfung des BAMF** nach § 73 IIa 5 AsylG zu berücksichtigen. Wenn das BAMF nach der erstmaligen Prüfung des Widerrufs innerhalb der dreijährigen Prüffrist nach Unanfechtbarkeit der Asyl- oder Flüchtlingsanerkennung nach § 73 IIa 1 AsylG einen Widerruf ausspricht, steht dieser in Ermessen (§ 73 II 5). Dabei hat das BAMF zielstaatsbezogene Gesichtspunkte zu berücksichtigen, die zwar nicht ausreichen, um im Rahmen der Tatbestandsprüfung des § 73 I AsylG vom Widerruf abzusehen oder geeignet sind, ein Abschiebungsverbot zu begründen, aber doch so erheblich sind, dass sie auf der Rechtsfolgenseite im Rahmen der Einzelfallabwägung berücksichtigt werden und gegebenenfalls ein Absehen vom Widerruf rechtfertigen. Die Ermessensausübung des **BAMF** und der **Ausländerbehörde** ist nicht deckungsgleich, sodass von **keiner Ermessenskongruenz** gesprochen werden kann. Vielmehr prüft die Ausländerbehörde keine zielstaatsbezogenen Gesichtspunkte, da diese abschließend vom BAMF zu prüfen sind. Insoweit bleibt es bei der allgemeinen Zuständigkeitsabgrenzung beider Behörden. Auch auf der ersten Stufe des Widerrufs beim BAMF, in der kein Ermessen auszuüben ist (§ 73 I 1 AsylG), wird der Ermessensspielraum der Ausländerbehörde nicht erweitert. Vielmehr ergibt sich aus der gesetzlichen Systematik, dass dem Ausländer in Bezug auf zielstaatsbezogene Gesichtspunkte innerhalb der Dreijahresfrist mehr zuzumuten ist. Mit der Verfestigung des Aufenthalts – regelmäßig nach § 26 IV – verbessert sich daher auch seine Rechtsstellung in Bezug auf eine breitere Berücksichtigung zielstaatsbezogener Belange im Rahmen der Ermessensausübung durch das BAMF.

Das nach **§ 52 I 1 Nr. 4** der Ausländerbehörde eingeräumte **Ermessen** ist nicht an bestimmte, das Ermessen von vornherein begrenzende und dieses Ermessen steuernde Vorgaben gebunden, sondern grundsätzlich weit. Angesichts der existenziellen Betroffenheit des Ausländers, der infolge des Widerrufs sein – unter Umständen lang währendes – Aufenthaltsrecht verliert, bedarf es sorgfältiger Ermessensausübung. Zwar darf die Ausländerbehörde davon ausgehen, dass ein gewichtiges öffentliches Interesse am Widerruf besteht, sofern dem Ausländer kein gleichwertiger Aufenthaltstitel zu erteilen ist. Dies liegt darin begründet, dass mit der Beendigung des Status als Asylberechtigter oder Flüchtling die wesentliche und im Grunde einzige Voraussetzung für die Erteilung des Titels entfallen ist. Auch wenn dieses öffentliche Interesse typischerweise als erheblich qualifiziert wird, bedeutet dies jedoch nicht, dass dieses sich regelhaft gegenüber gegenläufigen privaten Interessen oder auch ggf. öffentlichen Interessen durchsetzt. Vielmehr ist anhand einer den konkreten Einzelfall in den Blick nehmenden Abwägung den jeweiligen relevanten schutzwürdigen Belangen des Ausländers mit dem ihnen zukommenden Gewicht Rechnung zu tragen[41]. **Schutzwürdige Belange** können nunmehr in Orientierung an § 53 II, § 55 ermittelt werden. Dazu gehören vornehmlich die Dauer des (rechtmäßigen) Aufenthalts, die wirtschaftliche-berufliche Integration, die soziale Integration und die persönlichen, wirtschaftlichen und sonstigen Bindungen des Ausländers im Bundesgebiet, aber auch Duldungsgründe. Hinzuweisen ist darauf, dass Behörde und Gerichte bei der Bewertung und Gewichtung der persönlichen Belange nicht daran gebunden sind, ob dem Ausländer deswegen jeweils einer der im Gesetz typisierten Aufenthaltstitel erteilt werden dürfte oder nicht.[42] Demgemäß kann bei Ausübung des Widerrufsermessens dem Ausländer nicht schematisch entgegengehalten werden, dass er die besonderen Anforderungen eines typisierten Aufenthaltstitels oder aber die allgemeinen Erteilungsvoraussetzungen des § 5 nicht erfüllt. Zulässig ist allerdings, die hinter diesen Voraussetzungen stehenden Belange in flexibler Weise und ihrer Bedeutung im Einzelfall gemäß zu gewichten und in die **Gesamtabwägung** einzustellen. Bei Würdigung des Aufenthalts von Asylberechtigten oder Flüchtlingen ist schließlich von Bedeutung, dass der Gesetzgeber dieses Aufenthaltsrecht übergangslos durch Gewährung eines „hochwertigen" Aufenthaltstitel, nämlich der Niederlassungserlaubnis, abgesichert hat. Ziel dieser Absicherung war und ist es, die Integration des verfolgten Ausländers in die deutsche Gesellschaft nach Möglichkeit zu fördern. Demgemäß kommt den von dem Asylberechtigten oder Flüchtling während dieser Aufenthaltsphase erbrachten Integrationsleistungen besondere Bedeutung zu. Sie sind

---

[38] BVerwG Urt. v. 13.4.2010 – 1 C 10.09, NVwZ 2010, 1369; Urt. v. 20.2.2003 – 1 C 13.02, BVerwGE 117, 380 (385) zur Aufenthaltsberechtigung.

[39] *Fraenkel* S. 237.

[40] OVG LSA Urt. v. 23.1.2014 – 2 L 14/12; VG Bayreuth Beschl. v. 21.9.2020 – B 20.709, BeckRS 2020, 27617, Rn. 36 mwN der Rspr.

[41] Vgl. dazu BVerwG Urt. v. 20.2.2003 – 1 C 13.02, BVerwGE 117, 380; VGH BW Urt. v. 15.7.2009 – 13 S 2372/08, NVwZ 2009, 1380 und Urt. v. 26.7.2006 – 11 S 951/06, ZAR 2006, 414; OVG NRW Beschl. v. 7.9.2010 – 18 E 819/10, InfAuslR 2010, 468.

[42] Vgl. dazu BVerwG Urt. v. 20.2.2003 – 1 C 13.02, BVerwGE 117, 380; VGH BW Urt. v. 26.7.2006 – 11 S 951/06, ZAR 2006, 414.

uneingeschränkt im Fall eines späteren (Ermessens-)Widerrufs, mit dem das Aufenthaltsrecht insoweit „belastet" ist, als schutzwürdige persönliche Belange des Ausländers in den Entscheidungsvorgang einzustellen.[43] Gelingt die Integration nicht, was insbesondere durch Begehung von Straftaten belegt sein kann, indiziert dies ein erhebliches öffentliches Interesse an einer Aufenthaltsbeendigung aus Gründen der Gefahrenabwehr.

3. Familienangehörige

15 **Abs. 1 S. 2** soll eine Besserstellung der Familienangehörigen gegenüber dem Asylberechtigten, anerkannten Flüchtling oder subsidiär Schutzberechtigten selbst verhindern. Der Verlust ihres Aufenthaltstitels tritt nicht von selbst ein, sondern ebenfalls nur nach Widerruf. Betroffen sind nur zur **familiären Gemeinschaft** gehörige Familienmitglieder; eine häusliche Lebensgemeinschaft ist seit dem RLUmsG 2007 nicht mehr erforderlich. Die Familienangehörigen brauchen ihr Aufenthaltsrecht nicht von dem Asylberechtigten oder anerkannten Flüchtling abzuleiten, insbesondere nicht zum Zwecke der Familienzusammenführung nachgezogen zu sein. Auf die Art des Aufenthaltstitels kommt es nicht an; es kann auch eine Niederlassungserlaubnis sein.

16 **Ausgeschlossen ist der Widerruf** nur im Falle eines Anspruchs auf einen Aufenthaltstitel aus eigenem Recht als Ehegatte oder Kind, zB nach §§ 9, 26 III, 31. In die Ermessenserwägungen sind aber vor allem Art und Geltungsdauer des Aufenthaltstitels, evtl. Selbstständigkeit des Aufenthaltsberechtigten, Gesamtdauer des Aufenthalts samt Integrationsleistungen und das Schicksal im Heimatstaat nach der Rückkehr einzubeziehen. Von ausschlaggebender Bedeutung kann auch sein, ob der Angehörige außerhalb der häuslichen Gemeinschaft seinen Aufenthalt ohne Weiteres fortsetzen kann. In diesem Fall darf er nicht schlechter gestellt werden als ein Familienmitglied, das schon zuvor nicht mehr im Familienverband lebt und von Abs. 1 S. 2 überhaupt nicht erfasst wird.

4. Beschäftigungsaufenthalt (Abs. 2 und Abs. 2a)

17 **Zwingend** nach **Abs. 2** zum **Widerruf** verpflichtet ist die Ausländerbehörde, wenn **nationales Visum oder Aufenthaltserlaubnis** nur zum **Zwecke der Beschäftigung** erteilt sind (nach §§ 18 oder 19) und die **BA** ihre Zustimmung nach § 41 **widerruft**. Hier steht der Ausländerbehörde kein Ermessen zu. In die Regelung nach Abs. 2 S. 1 hat das HQRLUmsG 2012 die **Blaue Karte EU** einbezogen. Hat die BA ihre Zustimmung zu einem Aufenthaltstitel erteilt, der nicht für Zwecke der Erwerbstätigkeit bestimmt war, ist der Widerruf auf die Zulassung der Beschäftigung zu beschränken. Nach der Ausübung **pflichtgemäßen Ermessens gemäß Abs. 2a** zum **Widerruf von ICT-Karte (§ 19) und Mobiler-ICT-Karte (§ 19b)** ist die Ausländerbehörde berechtigt, wenn die Erteilungsvoraussetzungen nicht mehr vorliegen. Darüber hinaus ist ein Widerruf möglich, wenn der Ausländer gegen die Mobilitätsregelungen verstoßen hat. Das Gleiche gilt für Aufenthaltstitel, die zum Zweck des Familiennachzugs zu einem Inhaber einer ICT-Karte oder einer Mobilen-ICT-Karte erteilt wurden, soweit der Angehörige keinen eigenständigen Anspruch auf einen Aufenthaltstitel hat. Abs. 2a S. 2 ist damit der Regelung in Abs. 1 S. 2 nachgebildet.

IV. Studenten

18 Der **Abs. 3** dient der Umsetzung des **Art. 12 II Studenten-RL**[44] sowie der Umsetzung von **Art. 21 III REST-RL**[45]. Danach kann ein Aufenthaltstitel in den Fällen nicht verlängert oder entzogen werden, in denen der Inhaber

– die Beschränkungen seines Zugangs zur Erwerbstätigkeit nicht einhält (lit. a),
– keine ausreichenden Studienfortschritte gemäß dem einzelstaatlichen Recht oder der einzelstaatlichen Verwaltungspraxis macht (lit. b).
– die jeweiligen Erteilungsvoraussetzungen nicht mehr erfüllt (lit. c).

Die Ausländerbehörde kann zur Prüfung der Voraussetzungen für den Widerruf einer Aufenthaltserlaubnis zum Zwecke des Studiums wegen fehlender Studienfortschritte mit der aufnehmenden Ausbildungseinrichtung Rücksprache halten (Abs. 3 S. 2). Die Ausbildungseinrichtung ist zur Auskunftserteilung verpflichtet.

19 Nach **Abs. 3 Nr. 1** kann etwa eine nach § 16b I zum **Zweck des Studiums** erteilte Aufenthaltserlaubnis widerrufen werden, wenn der Ausländer ohne die erforderliche Erlaubnis eine Erwerbstätig-

---

[43] VGH BW Urt. v. 26.7.2006 – 11 S 951/06, ZAR 2006, 414 ff.
[44] RL 2004/114/EG des Rates v. 13.12.2004 über die Bedingungen für die Zulassung von Drittstaatsangehörigen zur Absolvierung eines Studiums oder zur Teilnahme an einem Schüleraustausch, einer unbezahlten Ausbildungsmaßnahme oder einem Freiwilligendienst, ABl. 2004 L 375, 12.
[45] RL 2016/801/EU v. 11.5.2016 über die Bedingungen für die Einreise und den Aufenthalt von Drittstaatsangehörige zu Forschungs- und Studienzwecken, zur Absolvierung eines Praktikums, zur Teilnahme an einem Freiwilligendienst, Schüleraustauschprogrammen oder Bildungsvorhaben und zur Ausübung einer Au-pair-Tätigkeit, ABl. 2016 L 132, S. 21.

keit aufnimmt. Mit der Variante in **Abs. 3 Nr. 2,** dass der Student **keine ausreichenden Studienfortschritte** macht[46], wurde dem Umstand Rechnung getragen, dass die Bildungseinrichtungen einen der Kontrolle der für die Ausstellung von Aufenthaltstitel zuständige Behörde vorgelagerten Filter darstellen, da ihre Entscheidung, einen Studenten nicht weiter einzuschreiben, diesem automatisch die Möglichkeit einer Verlängerung seines Aufenthaltstitels nimmt. In der Studenten-RL wurde eine allgemeine Formulierung gewählt, da aufgrund der unterschiedlichen Formen zur Bewertung von Studenten in den europäischen Bildungseinrichtungen keine präzisen Formulierungen möglich waren[47]. Da diese Bedingungen den Mitgliedstaaten ein weites Ermessen übertragen, indem sie über den Studienerfolg von Studenten entscheiden, die bei einer Einrichtung wieder eingeschrieben sind, wurde eine vorherige Kontaktaufnahme mit der Bildungseinrichtung vorgeschrieben, bei der der betreffende Student eingeschrieben ist, damit die für die Ausstellung von Aufenthaltstiteln zuständige Behörde ihre Entscheidung in Kenntnis aller Umstände treffen kann. Die für die zuständige Behörde nicht bindende Stellungnahme der Bildungseinrichtung erstreckt sich auf die einzelnen Ergebnisse des Studenten und die Gründe für sein Abschneiden. Gibt die Bildungseinrichtung innerhalb einer angemessenen Frist keine Stellungnahme ab, so kann die zuständige Behörde ihre Entscheidung auch bei Fehlen der Stellungnahme treffen.

Die Mitgliedstaaten können außerdem nach Art. 16 I Studenten-RL einen auf der Grundlage der 20 Studenten-RL ausgestellten Aufenthaltstitel entziehen oder dessen Verlängerung ablehnen, wenn er auf betrügerische Weise erworben wurde oder wenn sich zeigt, dass der Inhaber die Bedingungen für die Einreise und den Aufenthalt nicht erfüllt hat oder nicht mehr erfüllt.

V. Forscher, mobile Forscher, EU-Praktikanten und Teilnehmer am Europäischen Freiwilligendienst

Der **Abs. 4** dient der Umsetzung des **Art. 10 Forscher-RL**[48] sowie des **Art. 29 VI REST-RL**[49]. 21 Nach Art. 10 Forscher-RL können die Mitgliedstaaten einen auf der Grundlage der Forscher-RL ausgestellten Aufenthaltstitel entziehen oder die Verlängerung seiner Gültigkeitsdauer verweigern, wenn er auf betrügerische Weise erlangt wurde oder wenn sich herausstellt, dass der Inhaber die in der RL festgelegten Bedingungen für die Einreise und den Aufenthalt nicht erfüllte oder nicht mehr erfüllt oder dass der Inhaber seinen Aufenthalt zu anderen Zwecken nutzt als jene, für die er zum Aufenthalt zugelassen wurde. Die Umsetzung von Art. 29 REST-RL erstreckt Widerrufsmöglichkeit auf die Aufenthaltserlaubnis für mobile Forscher nach § 20b. Der **Abs. 4a** dient der Umsetzung von Art. 21 I REST-RL und erstreckt die Widerrufsmöglichkeit auf die Aufenthaltserlaubnis für Praktikanten nach § 17b (= § 16e ab 1.3.2020) und auf die Teilnehmer am Europäischen Freiwilligendienst nach § 18d (= § 19e ab dem 1.3.2020).

VI. Opfer von Menschenhandel oder illegaler Beschäftigung

Abs. 5 dient zum einen der Umsetzung von Art. 14 Opferschutz-RL[50]. Danach soll der **Opfern** 22 **von Menschenhandel** erteilte Aufenthaltstitel (vgl. die als § 25 IVa neu eingefügte Erteilungsvorschrift einer Aufenthaltserlaubnis für einen vorübergehenden Aufenthalt) in der Regel entzogen werden, wenn die Voraussetzungen für die Erteilung nicht mehr erfüllt sind. Die Widerrufsgründe in Abs. 5 sind den Entziehungsgründen in Art. 14a, 14b, 14d und 14e Opferschutz-RL nachgebildet. Der Aufenthaltstitel kann danach insbesondere entzogen werden, wenn:
- der Inhaber aktiv, freiwillig und aus eigener Initiative den Kontakt zu den mutmaßlichen Tätern der Straftaten wieder aufgenommen hat (lit. a) oder
- nach Einschätzung der zuständigen Behörde die Zusammenarbeit des Opfers betrügerisch oder seine Anzeige betrügerisch oder ungerechtfertigt ist (lit. b) oder
- Gründe im Zusammenhang mit der öffentlichen Ordnung und dem Schutz der inneren Sicherheit vorliegen (lit. c) oder
- dass Opfer die Zusammenarbeit einstellt (lit. d) oder
- die zuständigen Behörden beschließen, das Verfahren einzustellen (lit. e).

Die **Einstellung des Strafverfahrens** (Abs. 5 Nr. 3 aF) ist durch das AufenthGÄndG 2015 **als** 23 **Widerrufsgrund abgeschafft** worden. Ein dem Entziehungsgrund in Art. 14c Opferschutz-RL (Vorliegen von Gründen im Zusammenhang mit der öffentlichen Ordnung und dem Schutz der

---

[46] Vgl. BayVGH Beschl. v. 16.8.2011 – 10 CS 11.432, BeckRS 2011, 53689, zur nicht bestandskräftigen Exmatrikulation, verneint.
[47] Kommissionsentw v. 7.10.2002 KOM(2002) 548 endg. 2002/0242 (CNS) S. 19.
[48] RL 2005/71/EG des Rates v. 12.10.2005 über ein besonders Zulassungsverf für Drittstaatsangehörige zum Zwecke der wissenschaftlichen Forschung, ABl. 2005 L 289, 15.
[49] RL 2016/801/EU v. 11.5.2016.
[50] RL 2004/81/EG des Rates v. 29.4.2004 über die Erteilung von Aufenthaltstitel für Drittstaatsangehörige, die Opfer des Menschenhandels sind oder denen Beihilfe zur illegalen Einwanderung geleistet wurde und die mit den zuständigen Behörden kooperieren, ABl. 2004 L 261, 19.

Dollinger

inneren Sicherheit) entsprechender Widerrufsgrund ist nicht erforderlich, da dieser Umstand über die bestehenden Ausweisungstatbestände bereits erfasst ist. Im Fall der Ausweisung erlischt der Aufenthaltstitel (§ 51 I Nr. 5) ebenso wie beim Widerruf, sodass in diesem Fall eine ausreichende Handhabe besteht.

24 Ein **Absehen vom Widerruf** kommt insbesondere in Betracht, wenn der weitere Verbleib des Opfers von Menschenhandel trotz Vorliegens eines Widerrufsgrundes aus Sicht der zuständigen Ermittlungsbehörde im Interesse der Strafverfolgung sinnvoll erscheint, zB wenn die Einschätzung besteht, dass das Opfer möglicherweise doch noch seine Aussagebereitschaft erklären wird, oder wenn aus Sicht der Strafverfolgungsbehörde eine gewisse Wahrscheinlichkeit besteht, dass nach Abschluss oder Einstellung eines Strafverfahrens das Opfer im Zuge weiterer Ermittlungen zur Aufklärung weiterer Delikte beitragen könnte.

25 Zum anderen benennt Abs. 5 auf der Grundlage des RLUmsG 2011 die Voraussetzungen, unter denen ein Aufenthaltstitel widerrufen wird, der einem Drittstaatsangehörigen als **Opfer illegaler Beschäftigung** erteilt worden ist, weil er mit den Behörde kooperiert hat. Sowohl der Widerruf der in Umsetzung von Art. 13 IV Sanktions-RL erteilten Aufenthaltserlaubnis nach § 25 IVb als auch der Widerruf des Aufenthaltstitels nach § 25 IVa, der an die Opferschutz-RL anknüpft, sind in Form einer „Sollbestimmung" gekleidet, dh, der Widerruf ist bei Eingreifen der Tatbestandsvoraussetzungen nach Abs. 5 S. 1 Nr. 1–4 der gesetzliche Regelfall und unterbleibt lediglich bei atypischen Umständen.

26 Der – ebenfalls als „Soll-Regelung" ausgestaltete – Widerrufsgrund des Abs. 5 S. 2 gilt nicht für einen Aufenthaltstitel nach § 25 IVb. Im Anwendungsbereich der Arbeitgeber-**Sanktions-RL**[51] ist der Kontakt zu den Personen, die der Straftat beschuldigt werden, zur Geltendmachung von Ansprüchen des Ausländers vielfach erforderlich und daher weder ein Versagungs- noch ein Widerrufsgrund[52].

27 § 72 VI 1 Hs. 1 sieht die **Beteiligung** der **Staatsanwaltschaft** oder des **Strafgerichts** ua vor der Entscheidung über den Widerruf eines Aufenthaltstitels nach § 25 IVa oder IVb vor. Das Beteiligungserfordernis besteht – wie etwa die Ausnahme in 2. Hs. verdeutlicht – nur im öffentlichen Interesse und vermittelt dem Ausländer keine subjektiven Rechte.

VII. Langfristig Aufenthaltsberechtigte

28 In **Abs. 6** wird festgelegt, dass der Aufenthaltstitel des Ausländers gemäß § 38a widerrufen werden soll, wenn der **Ausländer** in dem **anderen Mitgliedstaat seine Rechtsstellung als langfristig Aufenthaltsberechtigter verliert.** Die Ausgestaltung als Regelbestimmung beruht auf dem Gedanken, dass der Aufenthaltstitel nach § 38a gerade aufgrund der weggefallenen Rechtsstellung erteilt wurde. Diese Rechtsstellung bildet den rechtlichen Anlass des Aufenthalts. Nach Art. 9 Daueraufenthalts-RL ist ein Drittstaatsangehöriger nicht mehr berechtigt, die Rechtsstellung eines langfristig Aufenthaltsberechtigten zu behalten, wenn

– er die Rechtsstellung des langfristig Aufenthaltsberechtigten nachweislich auf täuschende Art und Weise erlangt hat (§ 51 IX Nr. 1);
– eine Ausweisung verfügt worden ist (§ 51 IX Nr. 2);
– er sich während eines Zeitraums von zwölf aufeinanderfolgenden Monaten nicht im Gebiet der Gemeinschaft aufgehalten hat (§ 51 IX Nr. 3). Nach Art. 12 II Daueraufenthalts-RL können die Mitgliedstaaten vorsehen, dass eine Abwesenheit von mehr als zwölf aufeinanderfolgenden Monaten oder eine Abwesenheit aus spezifischen Gründen oder in Ausnahmesituationen nicht den Entzug oder den Verlust der Rechtsstellung bewirken.

29 Weiterhin verliert nach **Art. 12 IV Daueraufenthalts-RL** ein **Drittstaatsangehöriger,** der sich in einem anderen Mitgliedstaat aufgehalten hat, die in dem ersten Mitgliedstaat erworbene Rechtsstellung eines langfristig Aufenthaltsberechtigten, wenn ihm diese Rechtsstellung in einem anderen Mitgliedstaat zuerkannt wird (§ 51 IX Nr. 5). Auf jeden Fall verliert die betreffende Person, die sich sechs Jahre lang nicht im Hoheitsgebiet des Mitgliedstaats aufgehalten hat, der ihr die Rechtsstellung eines langfristig Aufenthaltsberechtigten zuerkannt hat, in diesem Mitgliedstaat die Rechtsstellung eines langfristig Aufenthaltsberechtigten (§ 51 IX Nr. 4). Der betreffende Mitgliedstaat kann aber vorsehen, dass der langfristig Aufenthaltsberechtigte aus besonderen Gründen seine Rechtsstellung in diesem Mitgliedstaat behält, wenn der Zeitraum, in dem er sich nicht im Hoheitsgebiet des Mitgliedstaats aufgehalten hat, sechs Jahre überschreitet (s. aber § 9b Nr. 2).

30 Der **Erlöschenstatbestand,** der an den Aufenthalt des Ausländers für einen Zeitraum von **zwölf aufeinanderfolgenden Monaten außerhalb des Gebiets derjenigen Mitgliedstaaten** der EU anknüpft, in denen die Rechtsstellung nach § 2 VII erworben werden kann, kommt **bei einem Aufenthalt im Bundesgebiet nicht** in Betracht. Der weitere denkbare Erlöschenstatbestand, dass sich der Ausländer außerhalb des betreffenden Mitgliedstaates für einen Zeitraum von sechs Jahren aufgehalten hat, führt ebenfalls nicht zu seiner Schutzbedürftigkeit, weil er in diesem Zeitraum die

---

[51] RL 2009/52/EG des EP und des Rates vom 18.6.2009 über Mindeststandards und Maßnahmen gegen Arbeitgeber, die Drittstaatsangehörige ohne rechtmäßigen Aufenthalt beschäftigen, ABl. 2009 L 168, 24.
[52] BT-Drs. 17/5470, 21, 23.

Ausweisung **Vor §§ 53–56 AufenthG 1**

Voraussetzungen für die Erlangung eines langfristigen Aufenthaltsrechts in Deutschland erfüllen kann. Wenn der Ausländer schließlich die Rechtsstellung eines langfristig Aufenthaltsberechtigten in Deutschland erwirbt – der letzte nach der Daueraufenthalts-RL verbleibende Erlöschenstatbestand –, fällt er nicht mehr unter § 38a.

In dem Fall, dass nur wegen des Umstands, dass **ohne Verschulden** eine Voraussetzung für die 31 Erlangung der **Rechtsstellung eines langfristig Aufenthaltsberechtigten in Deutschland nicht erfüllt** werden konnte, weil die deutsche Anwendungspraxis insofern (etwa hinsichtlich der Altersvorsorge) strenger sein sollte als diejenige des Mitgliedstaates, der die Rechtsstellung ursprünglich verliehen hatte (und die etwa wegen eines sechsjährigen Aufenthalts in Deutschland entfällt), liegt ein Ausnahmefall vor, der ein Absehen von der Regelfolge rechtfertigen kann.

VIII. Verfahren und Rechtsschutz

Vor **Anordnung des Widerrufs** ist von Amts wegen ein **selbstständiges Verwaltungsverfahren** 32 einzuleiten und der Ausländer anzuhören (§§ 22, 28 (L)VwVfG). Hierbei ist Gelegenheit zur Stellungnahme zum Widerrufstatbestand und den beabsichtigten Ermessenskriterien zu geben. Der Sofortvollzug des Widerrufs kann bei überwiegendem öffentlichem Interesse angeordnet werden (§ 80 II 1 Nr. 4 VwGO)[53]. Das öffentliche Interesse an der Anordnung der sofortigen Vollziehung des Widerrufs muss aber über das allgemeine Interesse an dieser Maßnahme hinausgehen. Die Dringlichkeit einer Vollziehung ergibt sich dabei nicht schon daraus, dass diese Maßnahme ohne die Anordnung der sofortigen Vollziehung von vornherein ihren Zweck verfehlt. Es ist nämlich zu berücksichtigen, dass die Widerrufsentscheidung ungeachtet der aufschiebenden Wirkung eines Rechtsbehelfs wirksam bleibt (§ 84 II 2) und schon dadurch ihren zuwanderungsbegrenzenden Zweck (Verhinderung weiterer rechtserheblicher Integration) weitgehend erfüllt. Daraus folgt, dass es eines über die Rechtmäßigkeit des Widerrufs hinausgehenden sofortigen Vollzugsinteresses bedarf, das im Einzelfall und nach gegenwärtiger Rechtslage einen dringenden Handlungsbedarf voraussetzt. Einen solchen Handlungsbedarf kann die Strafbarkeit des Ausländers darstellen.[54]

Der Widerruf kann als belastender Verwaltungsakt mit **Widerspruch und Anfechtungsklage** 33 angefochten werden (§§ 42 I, 68 ff. VwGO). Vorläufiger Rechtsschutz gegen die Anordnung der sofortigen Vollziehbarkeit ist nach § 80 V VwGO gegeben. Das Rechtsschutzbedürfnis für einen Antrag auf Wiederherstellung der aufschiebenden Wirkung einer Klage gegen den Widerruf eines befristeten Aufenthaltstitels entfällt nicht mit Ablauf dessen ursprünglicher Geltungsdauer, wenn zuvor die Verlängerung der Aufenthaltserlaubnis beantragt worden ist und eine Ablehnung der Verlängerung nicht unanfechtbar ist[55]. Wird gegen den Widerruf Klage erhoben, ist für die zugrunde zu legende Sach- und Rechtslage grundsätzlich der **Zeitpunkt der letzten mündlichen Verhandlung** oder Entscheidung des Tatsachengerichts maßgebend[56].

Vorbemerkung §§ 53–56 – Ausweisung

Allgemeine Verwaltungsvorschrift
Vorbemerkung zu den §§ 53 bis 55

Vor 53.0 Die Ausweisung hat den Zweck, eine von dem Ausländer ausgehende Beeinträchtigung der öffentlichen Sicherheit und Ordnung oder sonstiger erheblicher Interessen der Bundesrepublik Deutschland abzuwehren (§ 55 Absatz 1). Die diesem Zweck dienende generalklauselartige Ausweisungsermächtigung des § 55 Absatz 1 (Grundtatbestand) wird durch die in § 55 Absatz 2 genannten einzelnen Ausweisungsgründe beispielhaft nach Inhalt und Gewicht konkretisiert. Außerdem wird nach der zwingenden Ausweisung (§ 53), der Ausweisung im Regelfall (§ 54) und der Ermessensausweisung (§ 55) unterschieden. Sofern die tatbestandlichen Voraussetzungen für eine zwingende Ausweisung oder Ausweisung im Regelfall nicht erfüllt sind, ist zu prüfen, ob eine Ermessensausweisung in Betracht kommt.

Vor 53.1 Rechtsfolgen der Ausweisung
Bei Ausländern, die im Zeitpunkt der Ausweisung einen Aufenthaltstitel besitzen und sich noch im Bundesgebiet aufhalten, löst die Ausweisung nicht nur die Ausreisepflicht aus (§ 51 Absatz 1 Nummer 5, § 50 Absatz 1, § 84 Absatz 2 Satz 1), sondern sie ist auch mit den folgenden Wirkungen verknüpft:
Vor 53.1.1 – dem Wegfall der Befreiung vom Erfordernis des Aufenthaltstitels (§ 51 Absatz 5, 1. Halbsatz) und von der Visumpflicht (§ 41 Absatz 3 AufenthV),
Vor 53.1.2 – der aufenthaltsrechtlichen Wirkungslosigkeit eines Antrags auf Erteilung eines Aufenthaltstitels mangels eines rechtmäßigen Aufenthalts (§ 81 Absatz 3 i. V. m. § 50 Absatz 1),
Vor 53.1.3 – dem gesetzlichen Verbot der Wiedereinreise, des Aufenthalts im Bundesgebiet und der Erteilung eines Aufenthaltstitels – so genannte Sperrwirkung der Ausweisung (§ 11 Absatz 1 Satz 1 und 2; vgl. auch § 11 Absatz 2),

---

[53] Dazu VGH BW Beschl. v. 11.2.2005 – 11 S 1170/04, EZAR NF 94 Nr. 2; vgl. auch VGH BW Beschl. v. 29.4.2013 – 11 S 581/13, BeckRS 2014, 48199.
[54] So VGH BW Beschl. v. 10.11.2005 – 11 S 650/05, EzAR-NF 48 Nr. 1 und Beschl. v. 11.2.2005 – 11 S 1170/04, EzAR-NF 094 Nr. 2.
[55] BayVGH Beschl. v. 16.8.2011 – 10 CS 11.432; aA SächsOVG Beschl. v. 6.10.2009 – 3 B 159/08; vgl. zum Problem der Fiktionswirkung in diesem Zusammenhang GK-AufenthG § 81 Rn. 91 ff. (Stand: 10/2015).
[56] BVerwG Urt. v. 13.4.2010 – 1 C 10/09, NVwZ 2010, 1369 Rn. 11; näher → § 51 Rn. 2.

Bauer

Vor 53.1.4 – der Möglichkeit der Versagung des Rechts auf Wiederkehr auch nach Wegfall vorstehender Verbote (§ 37 Absatz 3 Nummer 1).

Diese Wirkungen gelten auch im Falle der aufschiebenden Wirkung eines Rechtsbehelfs gegen die Ausweisung fort (vgl. § 84 Absatz 2 Satz 1).

Vor 53.2 Aufenthalt im Bundesgebiet

Die Ausweisung setzt nicht voraus, dass der Ausländer sich rechtmäßig im Bundesgebiet aufhält. Auch bereits vollziehbar ausreisepflichtige Ausländer können ausgewiesen werden, um zu verhindern, dass sie nach der Ausreise ohne Antrag auf Befristung des Einreiseverbots (vgl. § 11 Absatz 1 Satz 1) wieder einreisen. Verlässt der Ausländer vor Wirksamwerden der Ausweisungsverfügung das Bundesgebiet oder wird er auf Grund bestehender vollziehbarer Ausreisepflicht abgeschoben, berührt dies die Rechtmäßigkeit der Ausweisungsverfügung nicht. Auch Ausländer, deren Aufenthaltsort unbekannt ist und die keinen Bevollmächtigten bestellt haben, können ausgewiesen werden. In diesem Fall soll die Ausweisungsverfügung öffentlich zugestellt werden. Die Behörde muss allerdings die ihr zur Verfügung stehenden Mittel und Erkenntnismöglichkeiten zur Erforschung des Aufenthalts ausschöpfen, bevor sie eine öffentliche Zustellung in Betracht zieht.

Eine nochmalige Ausweisung eines bereits ausgewiesenen Ausländers erübrigt sich, solange die erste Ausweisung noch ihre Wirkung entfaltet (vgl. § 11 Absatz 1). Später eingetretene zusätzliche Ausweisungsgründe können bei einer Anordnung der sofortigen Vollziehung nach § 80 Absatz 2 Satz 1 Nummer 4 VwGO sowie bei der Entscheidung über die Befristung der Wirkung der Ausweisung berücksichtigt werden.

Vor 53.3 Gefahrenabwehr

Vor 53.3.0 Allgemeines

Vor 53.3.0.1 Die Ausweisung ist eine ordnungsrechtliche Präventivmaßnahme. Sie ist keine strafrechtliche Sanktion für früheres Fehlverhalten, sondern soll ausschließlich künftigen Beeinträchtigungen erheblicher öffentlicher Interessen vorbeugen. Die Ausweisung eines verurteilten Straftäters verstößt daher nicht gegen das Verbot der Doppelbestrafung (Artikel 103 Absatz 3 GG). Die Ausweisungsermächtigungen des § 55 und des § 54 Nummer 3 bis 7 setzen anders als die zwingende Ausweisung nach § 53 und die Ausweisung im Regelfall nach § 54 Nummer 1 und 2 eine strafgerichtliche Verurteilung nicht voraus. Entscheidend ist, ob eine Beeinträchtigung i. S. v. § 55 Absatz 1 durch den Ausländer mit hinreichender Wahrscheinlichkeit besteht. Voraussetzung für die Ausweisung ist zunächst, dass ein Ausweisungsgrund vorliegt und durch den Ausländer die Beeinträchtigung des öffentlichen Interesses i. S. v. § 55 Absatz 1 noch fortbesteht oder eine Gefahr entsprechender erneuter Beeinträchtigung hinreichend wahrscheinlich ist.

Vor 53.3.0.2 Die Ausweisung als Maßnahme der Gefahrenabwehr erfordert eine Gefahr für die öffentliche Sicherheit und Ordnung. Die Abwehr dieser Gefahren erfolgt aus spezial- oder generalpräventiven Gründen.

Vor 53.3.1 Spezialpräventive Gründe

Vor 53.3.1.1 Die Ausweisung aus spezialpräventiven Gründen setzt voraus, dass der Ausländer durch sein persönliches Verhalten einen Ausweisungsgrund verwirklichen wird (Wiederholungsgefahr). Diese Gefahr muss mit hinreichender Wahrscheinlichkeit bestehen; eine bloße Vermutung genügt nicht. Vielmehr muss die Ausländerbehörde eine nachvollziehbare, auf Tatsachen gestützte Prognose erstellen, welche die Stellungnahmen anderer Stellen (z. B. Sicherheits- und Justizbehörden, insbesondere auch Bewährungshilfe, Jugend- und Gerichtshilfe) berücksichtigt. An die Wahrscheinlichkeit der erneuten Verwirklichung eines Ausweisungsgrundes sind umso geringere Anforderungen zu stellen, je gravierender die Rechtsgutverletzung ist (z. B. Gewalttaten). Ob für eine Ausweisung wegen Wiederholungsgefahr ein ausreichender Anlass besteht, ist nach dem Grundsatz der Verhältnismäßigkeit zu beurteilen.

Vor 53.3.1.2 Für die Gefahrenprognose kam es bisher auf die Verhältnisse im Zeitpunkt des Erlasses der letzten Behördenentscheidung an, wobei die spätere Entwicklung des Ausländers zur Bestätigung der Prognose im Gerichtsverfahren ergänzend herangezogen werden konnte. Nach Rechtsprechung des Bundesverwaltungsgerichts ist allerdings für die Beurteilung der Rechtmäßigkeit der Ausweisung eines EU-Bürgers der Zeitpunkt der letzten mündlichen Verhandlung bzw. Entscheidung des Tatsachengerichts maßgeblich. Darüber hinaus hat das Bundesverwaltungsgericht entschieden, dass dieser Grundsatz auch auf die assoziationsberechtigten türkischen Staatsangehörigen zu übertragen ist. Die Ausländerbehörden und Gerichte müssen daher neue Tatsachen, die nach der Ausweisungsverfügung entstanden sind, im Verwaltungsverfahren bzw. verwaltungsgerichtlichen Verfahren berücksichtigen. Dies gilt nach neuester Rechtsprechung des Bundesverwaltungsgerichts ab Inkrafttreten des Richtlinienumsetzungsgesetzes (am 28. August 2007) nunmehr in allen Ausweisungsverfahren. Die Ausländerbehörden trifft insofern die Pflicht zur ständigen verfahrensbegleitenden Kontrolle der Rechtmäßigkeit der Verfügung. Wird trotz nachträglicher Änderungen des Sachverhalts an der Verfügung festgehalten, sind bei einer Ermessensausweisung die Ermessenserwägungen entsprechend anzupassen. Im Falle einer ursprünglich gebundenen, auf Grund nachträglicher Änderungen aber nur noch im Ermessenswege zulässigen Ausweisung ist erstmalig Ermessen auszuüben. Da im gerichtlichen Verfahren Ermessenserwägungen nach § 114 Satz 2 VwGO nur ergänzt werden können, solche aber nicht vorliegen, wenn bislang keine Ermessensentscheidung getroffen wurde, ist eine Heilung nur durch Erlass eines neuen Bescheids möglich. Vor diesem Hintergrund sollte auch bei gebundenen Entscheidungen von vornherein hilfsweise eine Entscheidung nach Ermessen erfolgen, um bei geänderter Sachlage gemäß § 114 Satz 2 VwGO reagieren zu können.

Vor 53.3.1.3 Die Beurteilung der Frage, ob nach den Umständen des Einzelfalls die Annahme einer Wiederholungsgefahr gerechtfertigt ist, erfordert nicht die Heranziehung eines Sachverständigen. Entscheidend ist, ob bei Anwendung praktischer Vernunft mit neuen Verfehlungen zu rechnen ist. Eine nach naturwissenschaftlichen Erkenntnismaßstäben orientierte Gewissheit ist nicht gefordert. Für die Begründung dieses Gefahrurteils können insbesondere frühere Ausweisungsgründe herangezogen werden.

Vor 53.3.1.4 Hinsichtlich der Feststellung einer Wiederholungsgefahr bei Straffälligkeit wird im Allgemeinen auf folgende Gesichtspunkte abgestellt:

Vor 53.3.1.4.1 – Art, Unrechtsgehalt, Gewicht, Zahl und zeitliche Reihenfolge der vom Ausländer begangenen und verwertbaren Straftaten; liegen weniger gewichtige Straftaten vor, so kann deren Häufung ein eigenständiges Gewicht zukommen,

Vor 53.3.1.4.2 – Strafgericht einschließlich Gutachter haben eine Drogenabhängigkeit, einen kriminellen Hang, eine Neigung zum Glücksspiel oder eine niedrige Hemmschwelle vor einschlägigen Straftaten festgestellt,

Ausweisung **Vor §§ 53–56 AufenthG 1**

Vor 53.3.1.4.3 – frühere Bewährungsstrafen, Widerruf der Strafaussetzung, des Straferlasses oder der Aussetzung des Strafrestes, grobe und beharrliche Verstöße gegen Bewährungsauflagen, Scheitern von Resozialisierungsmaßnahmen, Widerruf von Strafvollzugslockerungen, Jugendverfehlung (Alter zur Tatzeit),
Vor 53.3.1.4.4 – finanzielle Schwierigkeiten, Alkohol- bzw. Drogenabhängigkeit,
Vor 53.3.1.4.5 – Nichtbeachtung einer ausländerbehördlichen Verwarnung unter Androhung der Ausweisung,
Vor 53.3.1.4.6 – wesentliche Änderung der Lebensverhältnisse.
Vor 53.3.1.5 Bei der Einschätzung des künftigen Verhaltens des Ausländers (Prognoseentscheidung) ist die Behörde zwar nicht an die Würdigung des Strafgerichts gebunden. Grundsätzlich ist jedoch von der Richtigkeit der strafgerichtlichen Verurteilung und der tatsächlichen Feststellungen des Strafgerichts auszugehen. An die strafgerichtliche Entscheidung über die Strafaussetzung zur Bewährung sind die Ausländerbehörden nicht gebunden; sie haben über die Wiederholungsgefahr eigenständig zu entscheiden. Dies erfordert jedoch eine eingehende Würdigung der Straftat und eine Auseinandersetzung mit den Gründen, die den Strafrichter zur Aussetzung einer Freiheitsstrafe veranlasst haben. Dies gilt insbesondere für die dort getroffene Sozialprognose. Entscheidungen der Strafgerichte nach § 57 Absatz 1 StGB (Aussetzung der Vollstreckung der Reststrafe zur Bewährung) sind bei der Prognose als wesentliches Indiz zu berücksichtigen, begründen allerdings keine Vermutung für das Fehlen einer Rückfallgefahr. Abweichende Würdigungen bzw. Prognosen können auch in Anbetracht der unterschiedlichen Zwecksetzung der ausländerrechtlichen und strafrechtlichen Regelungen zu rechtfertigen sein. So stehen etwa bei einer Aussetzung des Strafrestes zur Bewährung nach § 57 StGB eher Resozialisierungsgesichtspunkte im Vordergrund und geht diese – im Vergleich zur asyl- und ausländerrechtlichen Beurteilung – von einer kurzfristigeren und an weniger strengen Kriterien orientierten Gefahrenprognose aus.
Vor 53.3.1.6 Bei der Prognose, ob die Gefahr von Aktivitäten mit Bezug zu Terrorismus bzw. Extremismus fortbesteht, ist die Schwere der bereits begangenen Straftaten und/oder die Intensität der Einbindung in extremistische oder terroristische Strukturen zu berücksichtigen. Dabei ist zu berücksichtigen, dass die relevanten Aktivitäten in aller Regel auf eine vorangegangene ideologische Radikalisierung zurückzuführen sind, von deren Fortbestehen so lange ausgegangen werden kann, bis eine Deradikalisierung nachvollziehbar festgestellt werden kann. Der Nachweis der Gefährdung obliegt zwar der Ausländerbehörde, diese ist hierbei jedoch maßgeblich auf die Unterstützung anderer Behörden, vor allem der Sicherheitsbehörden angewiesen. Eine stetige Einbindung im Rahmen der geltenden Vorschriften zur Erkenntnisübermittlung ist unabdingbar. Soweit Vorgänge und Erkenntnisse aus Geheimhaltungsgründen nicht (voll) verwertet werden können, sind § 29 VwVfG sowie §§ 99, 100 VwGO zu beachten. Die Einführung entsprechender Erkenntnisse im Wege mittelbarer Beweismittel (z. B. Inhaltsauskunft, Behördenzeugnis) ist zu erwägen, allerdings sind zum Tatsachenbeweis flankierend offen verwertbare Erkenntnisse beizubringen. Entfaltet der Ausländer keine weiteren ausweisungsrelevanten Aktivitäten (z. B. weil er Kenntnis von einer geplanten oder möglichen behördlichen Maßnahme erlangt hat), ist nicht automatisch von einer Schmälerung des Gefahrenpotenzials auszugehen, wenn in der Vergangenheit gefährdungsrelevante Aktivitäten festgestellt wurden. Zu prüfen ist vor allem, ob eine eindeutige, glaubwürdige und endgültige Distanzierung von vorangegangenen Aktivitäten stattgefunden hat oder ob vielmehr von einer konspirativen bzw. durch äußere Faktoren (z. B. drohende behördliche Maßnahmen) bedingten Verhaltensanpassung auszugehen ist. Dies gilt vor allem dann, wenn der Ausländer in der Vergangenheit relevante Straftaten von erheblichem Gewicht begangen hat und/oder intensiv (z. B. durch Ausübung hochrangiger Funktionen) in extremistische/terroristische Strukturen eingebunden war. Die Abkehr muss sich nach außen manifestieren. Die Darlegungslast liegt insoweit beim Ausländer (§ 82 Absatz 1). Kurze – ggf. anwaltlich vorbereitete – formelmäßige Abstandserklärungen genügen nicht.

Vor 53.3.2 Generalpräventive Gründe
Vor 53.3.2.0 Eine Ausweisung kann auch erfolgen, wenn sie darauf gerichtet ist, andere Ausländer von Straftaten und sonstigen gewichtigen ordnungsrechtlichen Verstößen abzuhalten. Die Ausweisung von Ausländern, die mit einem deutschen Familienangehörigen in familiärer Gemeinschaft leben, und der nach Artikel 3 Absatz 3 des Europäischen Niederlassungsabkommens vom 13. Dezember 1955 (BGBl. 1959 II S. 998) geschützten Ausländern ist aus generalpräventiven Gründen grundsätzlich nur zulässig, wenn besonders schwerwiegende Ausweisungsgründe vorliegen (z. B. rechtskräftige Verurteilung wegen illegalen Rauschgifthandels). Nach der Rechtsprechung des Europäischen Gerichtshofes ist eine allein aus generalpräventiven Gründen verfügte Ausweisung eines assoziationsberechtigten türkischen Staatsangehörigen nicht mit Artikel 14 ARB 1/80 vereinbar (vgl. Nummer Vor 53.5.2).
Vor 53.3.2.1 Der generalpräventive Ausweisungszweck ist nur begründet, wenn der Ausweisungsgrund durch ein zurechenbares Verhalten verwirklicht wurde. Bei krankheits- oder suchtbedingten Handlungen, singulären Verfehlungen oder leicht fahrlässigen Delikten, derentwegen im Falle der Ausweisung eine Verhaltenssteuerung anderer Ausländer nicht erreichbar ist, kann eine Ausweisung auf generalpräventive Zwecke gestützt werden.
Vor 53.3.2.2.1 Eine generalpräventive Ausweisung straffälliger Ausländer kommt beispielsweise in Betracht bei
– Rauschgiftdelikten (vgl. § 53 Nummer 2, § 54 Nummer 3),
– Sexualdelikten, sexuellem Missbrauch von Kindern,
– Raub oder raubähnlichen Delikten, Eigentums- und Vermögensdelikten wie Hehlerei, Steuerhinterziehung, Schmuggel und Handel mit unverzollten sowie unversteuerten Waren,
– Waffendelikten,
– Eidesdelikten, Urkundsdelikten,
– Trunkenheitsdelikten im Straßenverkehr, Fahren ohne Fahrerlaubnis,
– gravierenden Verstößen gegen das Aufenthaltsrecht oder Arbeitserlaubnisrecht,
– schwerwiegenden Körperverletzungsdelikten (z. B. Messerstechereien).
Dies gilt jeweils, sofern nach Prüfung des Einzelfalls eine generalpräventive Wirkung angenommen werden kann (vgl. Nummer Vor 53.3.2.0).
Vor 53.3.2.2.2 Auch bei einer generalpräventiv motivierten Ausweisung sind die Umstände der Straftat und die persönlichen Verhältnisse des Betroffenen von Amts wegen sorgfältig zu ermitteln und eingehend zu würdigen. Insbesondere genügt es nicht, das Gewicht der für die Ausweisung sprechenden öffentlichen Interessen anhand der Typisierung des Aus den Ausweisungsanlass bildenden Straftaten zu bestimmen. Im Regelfall ist deshalb vor der Entscheidung über die Rechtmäßigkeit der Ausweisung die Einsicht in die Strafakten ebenso unerlässlich wie genaue Feststellungen zu den Bindungen des Betroffenen an die Bundesrepublik Deutschland und seinen Heimatstaat.

Bauer

1 AufenthG Vor §§ 53–56

Vor 53.3.2.3 Auch bei Verstößen gegen sonstige Rechtsnormen, Entscheidungen und Verfügungen (z. B. aufenthaltsrechtliche Bestimmungen) ist eine Ausweisung aus generalpräventiven Erwägungen nicht ausgeschlossen. Diese kommt jedoch nur dann in Betracht, wenn ein gewichtiges öffentliches Interesse besteht, Verstößen gegen entsprechende Regelungen wirksam vorzubeugen und sich die erstrebte Verhaltenssteuerung durch die kontinuierliche Anwendung der Ausweisungsermächtigung auch verwirklichen lässt. Dem Grundsatz der Verhältnismäßigkeit ist Rechnung zu tragen: die Verhaltenssteuerung darf nicht zum Selbstzweck werden und andere Umstände des Falles (z. B. familiäre Belange) nicht von vornherein als bedeutungslos zurücktreten lassen, so dass die Folge der Ausweisung unangemessen erscheint. Hierbei sind auch Gewicht und Häufigkeit der Verstöße zu berücksichtigen; ebenso spielt eine Rolle, inwieweit das Verhalten dem Ausländer vorwerfbar ist und ob andere Möglichkeiten (z. B.nach dem Straf- bzw. Ordnungswidrigkeitenrecht) bestehen, der Störung wirksam zu begegnen.

Vor 53.4 Rechtsstaatliche Grundsätze

Die rechtsstaatlichen Grundsätze der Verhältnismäßigkeit und des Vertrauensschutzes sind bei der Ausweisung zu berücksichtigen. In die Prüfung der genannten Grundsätze fließen die Grundrechte und die sich aus ihnen ergebenden Wertentscheidungen ein.

Vor 53.4.1 Grundsatz der Verhältnismäßigkeit

Vor 53.4.1.0 Die Ausweisung ist am Grundsatz der Verhältnismäßigkeit zu orientieren. Hiernach kann die Ausweisung nur dann verfügt werden, wenn sie das geeignete, erforderliche und angemessene Mittel zur Erreichung des Ausweisungszwecks ist. Die in Nummer 53.0.3 und Nummer 54.0.2 bis 54.0.4 dargelegten Einschränkungen in Fällen der zwingenden Ausweisung und der Regelausweisung sind zu beachten.

Vor 53.4.1.1 Geeignet ist die Ausweisung, wenn anzunehmen ist, dass sie den erstrebten Erfolg (Gefahrenabwehr) herbeiführt oder wenigstens fördert. Die Geeignetheit der Ausweisung kann je nach den Umständen zur Erreichung des Ausweisungszwecks sowohl spezial- als auch generalpräventiv begründet werden. Der Zweck, den die Ausweisung gemäß § 55 Absatz 1 verfolgt, muss fortbestehen. Diese Voraussetzung ist stets gegeben, solange die eingetretene konkrete Beeinträchtigung fortdauert, z. B. das strafbare Verhalten (illegaler Aufenthalt, Passlosigkeit) noch nicht beendet ist, der Drogenabhängige noch nicht zur Rehabilitation bereit ist (vgl. § 55 Absatz 2 Nummer 4) oder die Inanspruchnahme von Sozialhilfe noch nicht entfallen ist (vgl. § 55 Absatz 2 Nummer 6). Die Ausweisung muss zur Erreichung dieses Zwecks tauglich sein. Kann die Entfernung des Ausländers aus dem Bundesgebiet zur Gefahrenabwehr beitragen, erfüllt sie stets ihren Zweck.

Vor 53.4.1.2 Erforderlich ist die Ausweisung immer dann, wenn keine mildere Maßnahme zur Verfügung steht, die in gleicher Weise wie die Ausweisung zwecktauglich ist (z. B. Versagung/Verkürzung der Befristung des Aufenthaltstitels, politisches Betätigungsverbot, behördliche Verwarnungen, andere ordnungsrechtliche Sanktionen).

Vor 53.4.1.3 Angemessen ist die Ausweisung, wenn sie keinen Nachteil herbeiführt, der erkennbar außer Verhältnis zu dem beabsichtigten Erfolg steht. Die Ausweisung muss daher unter Berücksichtigung der für den Ausländer und seine Familienangehörigen entstehenden erheblichen Nachteile das noch angemessene Mittel zur Zweckerreichung sein. Die Prüfung erfordert eine Interessenabwägung zwischen den Gründen, aus denen die Ausweisung zur Wahrung des öffentlichen Interesses geboten ist, auf der einen und dem Ausmaß und der Schwere des Eingriffs in die schutzwürdigen Belange des Ausländers und seiner Familienangehörigen (vgl. § 55 Absatz 3) auf der anderen Seite.

Vor 53.4.2 Grundsatz des Vertrauensschutzes

Ein Vertrauenstatbestand kann in dem Umstand liegen, dass die Ausländerbehörde etwa in Kenntnis einer rechtskräftigen strafgerichtlichen Verurteilung einen Aufenthaltstitel vorbehaltlos erteilt oder verlängert hat. Allein auf diese Verurteilung kann eine Ausweisung nicht gestützt werden. Diese Verurteilung ist jedoch im Falle einer weiteren Verurteilung oder dem Eintritts anderer Ausweisungsgründe zur Beurteilung der von dem Ausländer ausgehenden Gefahren im Rahmen eines Ausweisungsverfahrens zu berücksichtigen. Auf § 5 Absatz 3 Satz 3 wird hingewiesen.

Vor 53.5 Ausweisungsbefugnis/Besondere Ausweisungsvoraussetzungen insbesondere nach Europäischem Gemeinschaftsrecht und völkerrechtlichen Vereinbarungen

Vor 53.5.0 Allgemeines

Die Ausweisung darf nur verfügt werden, wenn ein gesetzlicher Ausweisungsgrund nach den §§ 53 bis 55 vorliegt. Die Ausländerbehörde hat bei der Ausweisung Einschränkungen nach Europäischem Gemeinschaftsrecht (vgl. Artikel 39 Absatz 3 und 46 Absatz 1 EGV) und völkerrechtliche Vereinbarungen (vgl. § 1 Absatz 1 und 2) zu prüfen und ggf. bei der Entscheidung zu berücksichtigen. Der aufenthaltsrechtliche Schutz, den die völkerrechtlichen Vereinbarungen vor der Ausweisung bieten, greift grundsätzlich jedoch nur dann ein, wenn der Aufenthalt des Ausländers im Bundesgebiet rechtmäßig ist (vgl. § 50 Absatz 1).

Vor 53.5.1 FreizügG/EU

Die Beendigung des Aufenthaltsrechts von freizügigkeitsberechtigten Unionsbürgern und ihren freizügigkeitsberechtigten Familienangehörigen richtet sich abschließend und umfassend nach dem FreizügG/EU. Auf die FreizügG/EU-VwV, insbesondere Nummer 6, wird Bezug genommen.

Vor 53.5.2 Assoziationsratsbeschluss EWG-Türkei Nummer 1/80 (ARB 1/80)

Das Recht gemäß Artikel 6 ARB 1/80 besteht, solange der türkische Staatsangehörige dem regulären Arbeitsmarkt angehört. Dieses Aufenthaltsrecht endet, wenn der Ausländer dem Arbeitsmarkt – z. B. in Folge dauerhafter Arbeitsunfähigkeit oder dem Erreichen des Rentenalters – endgültig nicht mehr zur Verfügung steht. Das Aufenthaltsrecht endet überdies i. d. R., wenn der türkische Arbeitnehmer seine Beschäftigung freiwillig aufgibt; eine Ausnahme besteht insoweit nur, wenn er zuvor über vier Jahre lang eine ordnungsgemäße Beschäftigung ausgeübt hat und die Aufgabe der Beschäftigung zu dem Zweck erfolgte, eine andere Beschäftigung zu suchen: dann besitzt er für einen angemessenen Zeitraum ein Aufenthaltsrecht, um eine neue Beschäftigung zu suchen (EuGH, Urteil vom 23. Januar 1997, Rs C-171/95 – Tetik).

Das einmal erworbene Aufenthaltsrecht nach Artikel 7 ARB 1/80 kann nach der Rechtsprechung des Europäischen Gerichtshofs nur aus zwei Gründen verloren gehen: Einerseits auf Grund schwerwiegender Gründe der öffentlichen Sicherheit und Ordnung und andererseits, wenn der Betroffene das Hoheitsgebiet für einen nicht unerheblichen Zeitraum ohne berechtigten Grund verlässt.

Der Europäische Gerichtshof legt den in Artikel 14 Absatz 1 ARB 1/80 verwendeten Begriff der öffentlichen Ordnung entsprechend der Ausweisungsmaßstäbe für Personen, die nach dem EG-Vertrag freizügigkeitsberechtigt sind, aus (Artikel 39 Absatz 3 EGV i. V. m. der Richtlinie 64/221/EWG des Rates vom 25. Februar 1964 zur

Koordinierung der Sondervorschriften für die Einreise und den Aufenthalt von Ausländern, soweit sie aus Gründen der öffentlichen Ordnung, Sicherheit und Gesundheit gerechtfertigt sind (ABl. L 56 S. 850) sowie Artikel 40 EGV), ohne bislang die Richtlinie 2004/38/EG des Europäischen Parlaments und des Rates vom 29. April 2004 über das Recht der Unionsbürger und ihrer Familienangehörigen, sich im Hoheitsgebiet der Mitgliedstaaten frei zu bewegen und aufzuhalten, zur Änderung der Verordnung (EWG) Nummer 1612/68 und zur Aufhebung der Richtlinien 64/221/EWG, 68/360/EWG, 72/194/EWG, 73/148/EWG, 75/34/EWG, 75/ 35/EWG, 90/364/EWG, 90/365/EWG und 93/ 96/EWG (ABl. EU L 229 S. 35, so genannte Freizügigkeitsrichtlinie) direkt anzuwenden. Der Europäische Gerichtshof fordert bezogen auf den Einzelfall die Darlegung einer konkreten, tatsächlichen und hinreichend schweren, das Grundinteresse einer Gesellschaft berührenden Gefährdung durch das persönliche Verhalten des Betroffenen. Allein das Vorliegen einer mehrjährigen Haftstrafe ohne eine auf die Person bezogene Gefahrenprognose reicht nicht aus. Daraus folgt, dass Ist- oder Regelausweisung selbst bei Vorliegen der Voraussetzungen nicht anwendbar sind. Es kann nur eine – an den obigen Maßstäben vorzunehmende – eingeschränkte Ermessensausweisung erfolgen. Eine Ausweisung aus generalpräventiven Gesichtspunkten kommt nicht in Betracht.

Vor 53.5.3 Europäisches Niederlassungsabkommen vom 13. Dezember 1955 (BGBl. 1959 II S. 998)

Vor 53.5.3.1 Für die Staatsangehörigen von Belgien, Dänemark, Griechenland, Irland, Italien, Luxemburg, der Niederlande, Norwegen, Schweden, der Türkei und des Vereinigten Königreichs ist das Europäische Niederlassungsabkommen zu beachten.

Vor 53.5.3.2 Nach Artikel 3 Absatz 1 Europäisches Niederlassungsabkommen stellen die Gefährdung der Sicherheit des Staates und der Verstoß gegen die öffentliche Ordnung oder die Sittlichkeit Ausweisungsgründe dar. Nach dieser Vorschrift ist die Ausweisung grundsätzlich zulässig, wenn sie im Einklang mit dem innerstaatlichen Ausländerrecht oder dem Europäischen Gemeinschaftsrecht steht.

Vor 53.5.3.3 Artikel 3 Absatz 3 Europäisches Niederlassungsabkommen gewährt bei einem ununterbrochenen rechtmäßigen Aufenthalt von mindestens zehn Jahren im Bundesgebiet – Kurzaufenthalte im Ausland während der Gültigkeitsdauer der Aufenthaltstitel sind unter Berücksichtigung des § 51 Absatz 1 Nummer 6 und 7 unschädlich – im Zeitpunkt des Wirksamwerdens der Ausweisungsverfügung einen erhöhten Ausweisungsschutz. Bei Angehörigen eines Vertragsstaates wird unter dieser Voraussetzung die Ausweisungsmöglichkeit auf Gründe der Sicherheit des Staates oder sonstige besonders schwerwiegende Ausweisungsgründe i. S. v. Artikel 3 Absatz 3 Europäisches Niederlassungsabkommen beschränkt. Zwischen den schwerwiegenden Gründen i. S. d. § 56 Absatz 1 und den besonders schwerwiegenden Gründen i. S. v. Artikel 3 Absatz 3 Europäisches Niederlassungsabkommen besteht kein qualitativer Unterschied.

Vor 53.5.4 Europäisches Fürsorgeabkommen vom 11. Dezember 1953 (BGBl. 1956 II S. 564)

Nach Artikel 6 Absatz a Europäisches Fürsorgeabkommen darf ein Vertragsstaat einen Staatsangehörigen einer anderen Vertragspartei (Belgien, Dänemark, Frankreich, Griechenland, Irland, Island, Italien, Luxemburg, Malta, Niederlande, Norwegen, Portugal, Schweden, Spanien, Türkei, Vereinigtes Königreich), der in seinem Gebiet erlaubt seinen gewöhnlichen Aufenthalt hat, nicht allein aus dem Grund der Hilfsbedürftigkeit (Sozialhilfebezug oder Obdachlosigkeit) in den Herkunftsstaat rückführen. Der Ausländer muss eine Niederlassungserlaubnis besitzen und, falls er vor Vollendung des 55. Lebensjahres nach Deutschland gekommen ist, ununterbrochen länger als fünf Jahre oder, falls er nach Erreichung dieses Alters nach Deutschland gekommen ist, ununterbrochen seit mehr als zehn Jahren hier leben. Im Übrigen ist die Rückführung (z. B. Ausweisung, nachträgliche Befristung der Aufenthaltstitel) nicht zulässig, wenn der Ausländer wegen seines Gesundheitszustandes nicht transportfähig ist oder wenn er enge Bindungen in Deutschland hat (Artikel 6 und 7 Europäisches Fürsorgeabkommen).

Vor 53.5.5 Darüber hinaus schließen Artikel 8 des deutsch-österreichischen Abkommens über Fürsorge und Jugendwohlfahrtspflege vom 17. Januar 1966 (BGBl. 1969 II S. 2, 1969 II S. 1550) sowie Artikel 5 der deutsch-schweizerischen Vereinbarung über die Fürsorge für Hilfsbedürftige vom 14. Juli 1952 (BGBl. 1953 II S. 31, 1953 II S. 129) eine Ausweisung wegen Hilfsbedürftigkeit aus, wenn sich der begünstigte Ausländer länger als ein Jahr ununterbrochen rechtmäßig im Bundesgebiet aufhält.

Vor 53.5.6 Konvention zum Schutze der Menschenrechte und Grundfreiheiten vom 4. November 1950 (EMRK; BGBl. 1958 II S. 210)

Vor 53.5.6.1 Artikel 8 Absatz 1 EMRK gewährleistet jedermann die Achtung des Privat- und Familienlebens. Artikel 8 EMRK beinhaltet kein absolutes Ausweisungsverbot, sondern knüpft einen Eingriff an besondere Voraussetzungen (Artikel 8 Absatz 2 EMRK) sowie an eine Verhältnismäßigkeitsprüfung an. Absatz 2 dieser Vorschrift schützt vor Eingriffen einer öffentlichen Behörde in die Ausübung dieses Rechts, indem er solche Eingriffe unter Gesetzesvorbehalt stellt und auf das in einer demokratischen Gesellschaft zur Wahrung der nationalen oder öffentlichen Sicherheit, des wirtschaftlichen Wohles des Landes, zur Aufrechterhaltung der Ordnung, zur Verhütung von Straftaten, zum Schutz der Gesundheit oder der Moral oder zum Schutz der Rechte und Freiheiten anderer Notwendige beschränkt.

Vor 53.5.6.2 Das Recht auf Familienleben umfasst den tatsächlich praktizierten familiären Kontakt zwischen nahen Verwandten einschließlich Geschwistern und nichtehelichen Kindern. Einschränkungen eines solchen Kontaktes infolge von Haft sind unbeachtlich, wenn der Kontakt bis zum Zeitpunkt der Inhaftierung bestanden hat. Volljährige Kinder können sich grundsätzlich hinsichtlich der Beziehung zu ihren Eltern nicht auf das Recht auf Familienleben gemäß Artikel 8 Absatz 1 EMRK berufen. Das Recht auf Achtung des Privatlebens umfasst die Summe der persönlichen, gesellschaftlichen und wirtschaftlichen Beziehungen, die für das Privatleben eines jeden Menschen konstitutiv sind und denen angesichts der zentralen Bedeutung dieser Bindungen für die Entfaltung der Persönlichkeit eines Menschen bei fortschreitender Dauer des Aufenthalts zunehmende Bedeutung zukommt. Eine Ausweisung ist mit Artikel 8 EMRK vereinbar, wenn sie eine Maßnahme darstellt, die in einer demokratischen Gesellschaft notwendig, d. h. durch ein herausragendes soziales Bedürfnis gerechtfertigt, und insbesondere in Bezug auf das verfolgte Ziel verhältnismäßig ist. Eine Abwägung zwischen dem durch Absatz 1 geschützten Interesse des Ausländers an der Aufrechterhaltung seiner persönlichen und insbesondere familiären Kontakte und den nach Absatz 2 berücksichtigungsfähigen Ausweisungsgründen muss ergeben, dass die Ausweisungsgründe schwerer wiegen. Eine Ausweisung zur Verhinderung strafbarer Handlungen ist danach um so eher gerechtfertigt, je schwerwiegender die von dem Ausländer bereits begangenen Straftaten und je weniger eng seine persönlichen und insbesondere familiären Bindungen gen sind. Hierbei sind auf der einen Seite Bindungen des Ausländers im Bundesgebiet zu berücksichtigen, wie sie in

§ 55 Absatz 3 Nummer 1 und 2 sowie § 56 zum Ausdruck kommen. Bei Ausländern der so genannten zweiten Generation (im frühen Kindesalter eingereist oder im Bundesgebiet geboren) sind deren stärkere soziale Bindungen im Bundesgebiet zu beachten. Ebenso zu berücksichtigen sind auf der anderen Seite die Art und Schwere der begangenen Straftat sowie das sonstige, für die Gefahrenprognose relevante Verhalten des Ausländers. Die vom Europäischen Gerichtshof für Menschenrechte zur Beurteilung der Verhältnismäßigkeit eines Eingriffs in Artikel 8 EMRK entwickelten Kriterien sind in die Einzelfallprüfung mit einzubeziehen.

Vor 53.5.6.3 Eine Ausweisung kann auch im Hinblick auf Artikel 8 EMRK insbesondere dann in Betracht kommen, wenn
– der Ausländer schwerwiegende Straftaten, insbesondere Drogendelikte, begangen hat,
– von dem Ausländer schwerwiegende Gefahren, insbesondere aufgrund von Bezügen zu Terrorismus und Extremismus ausgehen,
– der Ausländer volljährig ist, er gelegentlich im Heimatstaat war, die dortigen Verhältnisse kennt und die Heimatsprache beherrscht oder
– sonstige Anhaltspunkte eine fortdauernde Integrationsunwilligkeit belegen.

Vor 53.5.7 Übereinkommen über die Rechtsstellung der Staatenlosen vom 28. September 1954 (BGBl. 1976 II S. 474)

Nach Artikel 31 Absatz 1 des Übereinkommens über die Rechtsstellung der Staatenlosen weisen die Vertragsstaaten keinen Staatenlosen aus, der sich rechtmäßig in ihrem Hoheitsgebiet befindet, es sei denn aus Gründen der Staatssicherheit oder der öffentlichen Ordnung. Entsprechende Gründe ergeben sich aus §§ 53 bis 55. Der Bezug von Sozialhilfe darf im Hinblick auf die Zusicherung nach Artikel 23 des Übereinkommens über die Rechtsstellung der Staatenlosen nicht zur Ausweisung eines Staatenlosen führen. Hierbei ist jedoch zu beachten, dass die Bundesrepublik Deutschland hinsichtlich der Anwendung des Artikels 23 den Vorbehalt geltend gemacht hat, diesen uneingeschränkt nur auf Staatenlose anzuwenden, die zugleich Flüchtlinge i. S. d. Genfer Flüchtlingskonvention sind, im Übrigen jedoch nur in einem nach Maßgabe innerstaatlicher Gesetze eingeschränktem Umfange (BGBl. 1976 II S. 473).

Vor 53.5.8 Zwischenstaatliche Vereinbarungen

Nach § 1 Absatz 1 Satz 5 ist auch im Falle einer Ausweisung zu prüfen, ob mit dem Heimatstaat des Ausländers zwischenstaatliche Vereinbarungen bestehen, die die Ausweisung von zusätzlichen Voraussetzungen abhängig machen. I. d. R. lassen entsprechende Niederlassungs-, Handels-, Schifffahrts- und Freundschaftsverträge eine Ausweisung aus Gründen der öffentlichen Sicherheit und Ordnung nach innerstaatlichem Recht zu (§§ 53 bis 55). Es handelt sich insbesondere um folgende zwischenstaatliche Vereinbarungen:

Vor 53.5.8.1 – Artikel 7 des Niederlassungsabkommens zwischen dem Deutschen Reich und der Türkischen Republik vom 12. Januar 1927 (RGBl. 1927 II S. 76 und S. 454; BGBl. 1952 II S. 608),

Vor 53.5.8.2 – Artikel 2 Absatz 2 des Niederlassungsabkommens zwischen dem Deutschen Reich und dem Kaiserreich Persien (Iran) vom 17. Februar 1929 (RGBl. 1930 II S. 1002; BGBl. 1955 II S. 829),

Vor 53.5.8.3 – Artikel 2 Absatz 5 des Freundschafts-, Handels- und Schifffahrtsvertrages zwischen der Bundesrepublik Deutschland und den Vereinigten Staaten von Amerika vom 29. Oktober 1954 (BGBl. 1956 II S. 487, 1956 II S. 763),

Vor 53.5.8.4 – Artikel 2 des Freundschafts-, Handels- und Schifffahrtsvertrages zwischen der Bundesrepublik Deutschland und der Dominikanischen Republik vom 23. Dezember 1957 (BGBl. 1959 II S. 1468, 1960 II S. 1874),

Vor 53.5.8.5 – Nummer 6 der Übereinkunft zwischen der Regierung der Bundesrepublik Deutschland und der Regierung der Republik der Philippinen über Einwanderungs- und Visafragen vom 3. März 1964 (BAnz. Nummer 89 vom 15. Mai 1964).

Vor 53.6 Ausweisungsverfahren

Vor 53.6.1 Die Entscheidung über die Ausweisung eines Ausländers trifft die Ausländerbehörde (§ 71 Absatz 1 Satz 1 und 2). § 72 Absatz 4 ist zu beachten.

Vor 53.6.2 Sobald die Ausländerbehörde Kenntnis vom Vorliegen eines Ausweisungsgrundes nach den §§ 53 bis 55 erlangt (z. B. auf Grund einer Mitteilung von anderen Behörden nach § 87) oder ihr begründete Anhaltspunkte für das Vorliegen eines Ausweisungsgrundes bekannt werden, muss sie von Amts wegen tätig werden (Amtsermittlungsgrundsatz; vgl. §§ 79, 82). Die Ausländerbehörde muss umgehend eine Ausweisung prüfen, ein Ausweisungsverfahren zügig einleiten und durchführen. Dies gilt auch, wenn von vornherein nur eine Ermessensausweisung in Betracht kommt. Sobald die Ausländerbehörde festgestellt hat, dass die gesetzlichen Ausweisungsvoraussetzungen gegeben sind und welche sonstigen erheblichen be- oder entlastenden Umstände vorliegen, muss sie unverzüglich über die Ausweisung entscheiden. Kommt eine Ausweisung nicht in Frage, hat die Ausländerbehörde zu prüfen, ob sonstige Maßnahmen zu treffen sind (vgl. § 7 Absatz 2 Satz 2, § 52, § 51 Absatz 1).

Vor 53.6.3 Eine Anhörung des Ausländers durch die Ausländerbehörde ist erforderlich, wenn es zur Aufklärung des Sachverhaltes notwendig ist oder wenn die Ausländerbehörde die Ausweisung beabsichtigt (§ 28 Absatz 1 VwVfG). Dem Ausländer ist Gelegenheit zu geben, sich zu den für die Entscheidung erheblichen Tatsachen binnen angemessener Frist zu äußern. Im Rahmen der Anhörung ist ihm sowohl die Ausweisungsabsicht als auch die dafür maßgebenden Gründe mitzuteilen. Da familiäre Beziehungen im Rahmen der Prüfung von Artikel 6 GG und Artikel 8 EMRK Bedeutung haben, kann in Fällen, in denen solche familiären Bindungen bestehen, eine Anhörung des Ehe- bzw. Lebenspartners bzw. in den Fällen, in denen der Ausländer, der ausgewiesen werden soll, Vater eines in Deutschland lebenden Kindes ist, der Mutter des Kindes (für sich und das Kind) in Betracht kommen. Von der Anhörung kann abgesehen werden, wenn sie nach den Umständen des Einzelfalls nicht geboten ist, insbesondere wenn eine sofortige Entscheidung wegen Gefahr im Verzug oder im öffentlichen Interesse notwendig ist (§ 28 Absatz 2 Nummer 1 VwVfG). Eine solche Gefahr setzt voraus, dass durch eine vorherige Anhörung auch bei Gewährung kürzester Anhörungsfristen ein Zeitverlust eintreten würde, der mit hoher Wahrscheinlichkeit zur Folge hätte, dass der Zweck der Ausweisung nicht erreicht würde. Bei in fremder Sprache abgefassten Schriftstücken soll die Behörde unverzüglich die Vorlage einer Übersetzung verlangen (§ 23 Absatz 2 Satz 1 VwVfG).

Vor. 53.6.4 Personen, deren Rechte aus Artikel 6 GG und aus Artikel 8 EMRK betroffen sein könnten (Ehegatte, Lebenspartner, Kinder) sollen zu Beteiligten im Verfahren gemacht werden.

Ausweisung   **Vor §§ 53–56 AufenthG 1**

Vor 53.6.5 Beabsichtigt eine Ausländerbehörde, einen Ausländer, der im Besitz einer Erlaubnis zum Daueraufenthalt-EG in einem anderen Mitgliedstaat ist und sich in Deutschland mit einem Aufenthaltstitel nach § 38a aufhält, in ein Land außerhalb des Geltungsbereichs der Richtlinie 2003/109/EG des Rates vom 25. November 2003 betreffend die Rechtsstellung der langfristig Aufenthaltsberechtigten Drittstaatsangehörigen (ABl. EU 2004 Nummer L 16 S. 44; so genannte Daueraufenthalt-Richtlinie) – d. h. Drittstaaten wie Vereinigtes Königreich, Irland und Dänemark – auszuweisen, ist vor der Entscheidung das Konsultationsverfahren nach § 91c Absatz 2 über das Bundesamt für Migration und Flüchtlinge durchzuführen (vgl. Nummer 91 c.2). Bei einer Ausweisung innerhalb des Geltungsbereichs der Daueraufenthaltsrichtlinie ist lediglich eine Mitteilung nach § 91c Absatz 3 über das Bundesamt erforderlich (siehe Nummer 91 c.3).

Vor 53.6.6 Die Ausweisungsverfügung ist schriftlich zu erlassen (§ 77 Absatz 1 Satz 1) und zu begründen (§ 39 Absatz 1 VwVfG), d. h. alle entscheidungserheblichen Erwägungen müssen erkennbar sein. Im Hinblick auf § 58 Absatz 1 VwGO soll sie mit einer Rechtsbehelfsbelehrung versehen werden. Bei Ermessensausweisungen kommt der Begründungspflicht besondere Bedeutung zu. Die Begründung ist fehlerhaft, wenn die Ausländerbehörde von einem unrichtigen oder unvollständigen Sachverhalt ausgeht. Eine Verletzung der Begründungspflicht ist unbeachtlich, wenn die Begründung nachträglich im eventuell durchzuführenden Widerspruchsverfahren bzw. im verwaltungsgerichtlichen Verfahren nachgeholt wird. Sofern im konkreten Einzelfall mit dem Eintritt bestimmter weiterer für die Entscheidung erheblicher be- oder entlastender Umstände zu rechnen ist, kann die Ausländerbehörde das Verfahren zunächst aussetzen und die weitere Entwicklung abwarten.

Vor 53.6.7 Ein Antrag auf Erteilung oder Verlängerung eines Aufenthaltstitels ist im Falle des Erlasses einer Ausweisungsverfügung abzulehnen (vgl. § 11 Absatz 1 Satz 2 i. V. m. § 84 Absatz 2 Satz 1). Beide Verfügungen sollen mit der Abschiebungsandrohung verbunden werden. Die in § 11 Absatz 1 Satz 1 und 2 genannten Rechtsfolgewirkungen sind auf Antrag i. d. R. zu befristen; die Frist beginnt mit der Ausreise (§ 11 Absatz 1 Satz 4). Auf das Antragserfordernis, die Rechtsfolgen der Ausweisung (Wiedereinreiseverbot) und die Einreiseverweigerung für das Schengen-Gebiet auf Grund der Ausschreibung im SIS ist in der Ausweisungsverfügung hinzuweisen.

Vor 53.6.8.1 Gelangt die Ausländerbehörde zu dem Ergebnis, von einer Ausweisung abzusehen, ist dies in der Akte zu vermerken. Auf den zugrunde liegenden Sachverhalt allein kann eine spätere Ausweisung nicht mehr gestützt werden, es sei denn, in den Akten ist ein entsprechender Vorbehalt vermerkt. Allerdings wird er im Falle des späteren Eintritts eines Ausweisungsgrundes nochmals in die Entscheidungsfindung mit einbezogen.

Vor 53.6.8.2 In allen Fällen, in denen der Ausländer angehört worden ist und die Ausländerbehörde von einer Ausweisung absieht, ist er darüber zu unterrichten.

Vor 53.6.8.3 Hat die Ausländerbehörde von einer Ausweisung abgesehen, soll sie, soweit tunlich, den Ausländer auf die möglichen Folgen bei Verwirklichung eines Ausweisungsgrundes hinweisen (so genannte ausländerbehördliche Verwarnung). Bei dieser Verwarnung handelt es sich um einen bloßen Hinweis ohne Verwaltungsaktqualität auf die mögliche Reaktion der Ausländerbehörde hinsichtlich eines bestimmten künftigen Verhaltens des Ausländers.

Vor 53.6.9.1 Bei Ausländern, gegen die ein strafrechtliches Ermittlungsverfahren eingeleitet oder gegen die öffentliche Klage erhoben worden ist, ist § 72 Absatz 4 zu beachten (Einvernehmen der Staatsanwaltschaft). Liegen der Ausländerbehörde Erkenntnisse über ein strafrechtliches Ermittlungsverfahren vor, ohne dass sie über entsprechende amtliche Unterlagen verfügt, hat sie entsprechende Erkenntnisse bei den Strafverfolgungsbehörden einzuholen.

Vor 53.6.9.2 Liegt das Einvernehmen der Staatsanwaltschaft zur Ausweisung vor, darf mit der Ausweisung nur zugewartet werden, wenn diese ausschließlich wegen eines Ausweisungstatbestandes erfolgen kann, der eine rechtskräftige strafgerichtliche Verurteilung voraussetzt, die noch aussteht oder wenn von den Strafverfolgungsbehörden bzw. vom Strafgericht eine umfassendere Sachaufklärung als von der Ausländerbehörde im Ausweisungsverfahren erwartet werden kann.

Vor 53.7 *Rechtsbehelfe – Sofortige Vollziehung*

Vor 53.7.1 Rechtsbehelfe gegen die Ausweisung haben nach § 80 Absatz 1 VwGO aufschiebende Wirkung. Widerspruch und Klage lassen jedoch unbeschadet ihrer aufschiebenden Wirkung die Wirksamkeit der Ausweisung, die die Rechtmäßigkeit des Aufenthalts beendet und die Sperrwirkung des § 11 Absatz 1 zur Folge hat, unberührt (§ 84 Absatz 2 Satz 1). Die Ausländerbehörde hat im Hinblick auf die vom Ausländer ausgehende Gefahr zu prüfen, ob die sofortige Vollziehung anzuordnen ist. Die Feststellung eines Vollzugsinteresses erfordert in den Fällen des § 72 Absatz 4 die Zustimmung der Staatsanwaltschaft. Das Vollzugsinteresse muss über das öffentliche Interesse am Erlass der Ausweisungsverfügung ersichtlich hinausgehen. Die sofortige Vollziehung setzt nach § 80 Absatz 2 Satz 1 Nummer 4 VwGO voraus, dass

– ein besonderes öffentliches Interesse daran besteht, den Ausländer bereits vor einer verwaltungsgerichtlichen Entscheidung im Hauptsacheverfahren über die Rechtmäßigkeit seiner Ausweisung aus dem Bundesgebiet zu entfernen und
– dieses öffentliche Interesse das schutzwürdige Interesse des Ausländers an seinem weiteren Verbleiben bis zur Hauptsacheentscheidung überwiegt.

Vor 53.7.2 Das besondere öffentliche Interesse am sofortigen Vollzug einer Ausweisung ist zu bejahen, wenn die begründete Besorgnis besteht, dass die Gefahr sich schon im Zeitraum bis zur verwaltungsgerichtlichen Hauptsacheentscheidung verwirklichen wird. Von einem besonderen öffentlichen Interesse an der sofortigen Vollziehung kann insbesondere dann ausgegangen werden, wenn ein Ausweisungstatbestand nach §§ 53, 54 erfüllt ist und Wiederholungsgefahr besteht. Zu den schutzwürdigen Interessen des Ausländers, die hiergegen abzuwägen sind, zählen z. B. die in Nummer 55.3 bis 55.3.2.5 genannten Hinweise zum materiellen Ausweisungsschutz und die Erschwerung der Rechtsverteidigung im Hauptsacheverfahren aus dem Ausland. In den Fällen des § 54 Nummer 5 und 5a ist die Anordnung der sofortigen Vollziehung einer Ausweisungsverfügung grundsätzlich zu dem Zweck zulässig, die Folgen nach § 54a Absatz 1 Satz 1 und Absatz 2 eintreten zu lassen (vgl. Nummer 54 a.0.3). Wird der Erlass einer Ausweisung mit der Anordnung des Sofortvollzugs verbunden, bedarf es stets einer auf den Einzelfall bezogenen abwägenden schriftlichen Begründung (§ 80 Absatz 3 Satz 1 VwGO), warum der Ausgewiesene unverzüglich die Bundesrepublik Deutschland zu verlassen hat.

Vor 53.7.3 Soll ein inhaftierter Ausländer zum Zeitpunkt der Haftentlassung abgeschoben werden, sollte die sofortige Vollziehung der Ausreise gemäß § 80 Absatz 2 Satz 1 Nummer 4 VwGO angeordnet werden, sofern die Haftentlassung voraussichtlich vor Abschluss des Hauptsacheverfahrens über die Ausweisung erfolgen wird.

Vor 53.8
Im Falle der Ausweisung ist im Pass, Pass- oder Ausweisersatz des Ausländers zu vermerken: „Ausgewiesen".
Von dem Vermerk kann abgesehen werden, wenn die Ausreise dadurch erschwert würde. Ein Aufenthaltstitel ist ungültig zu stempeln. Besitzt der Ausländer ein Schengen-Visum, ist das Kinegram der Visummarke zu entwerten; der Ausstellungsstaat ist entsprechend § 52 Absatz 7 Satz 2 zu unterrichten. Diese Maßnahmen sind unmittelbar nach Erlass der Ausweisungsverfügung vorzunehmen. Soweit der Pass oder Passersatz nicht bereits in Verwahrung genommen worden ist (§ 50 Absatz 6), wird deren Vorlage gemäß § 48 Absatz 1 angeordnet. Dem Ausländer soll auf Antrag bescheinigt werden, dass die Ausreisepflicht nicht vollziehbar ist.

Vor 53.9
Ist der Aufenthalt eines Ausländers unbekannt, gegen den eine Ausweisungsverfügung erlassen werden soll, hat die Ausländerbehörde wegen der Ermittlung des Aufenthalts nach Maßgabe des AZRG und der hierzu ergangenen Vorschriften beim Bundesamt für Migration und Flüchtlinge – Ausländerzentralregister – anzufragen und ihn ggf. zur Aufenthaltsermittlung auszuschreiben (vgl. § 50 Absatz 7 Satz 1). Eine Ausweisungsverfügung gegen einen Ausländer, dessen Aufenthalt nicht festgestellt werden kann und der keinen Bevollmächtigten bestellt hat, soll öffentlich zugestellt werden (vgl. Nummer Vor 53.2).

Vor 53.10 Meldepflichten
Vor 53.10.1 Unbeschadet der Datenübermittlungspflichten nach dem AZRG und den hierzu ergangenen Vorschriften hat die Ausländerbehörde von einer Ausweisungsverfügung zu unterrichten (hinsichtlich der Abschiebung siehe Nummer 58.0.13):
Vor 53.10.1.1 – die für die Dateneingabe zuständige Polizeidienststelle nach dem vorgeschriebenen Muster zum Zweck der Ausschreibung in INPOL (Zurückweisung/ Festnahme § 50 Absatz 7 Satz 2) bzw. im SIS (Einreiseverweigerung gemäß Artikel 96 Absatz 3 SDÜ), sofern eine solche Ausschreibung in INPOL bzw. SIS beabsichtigt ist (zu den Voraussetzungen einer Ausschreibung vgl. Nummer 50.7),
Vor 53.10.1.2 – auf Ersuchen das Bundesamt für Migration und Flüchtlinge, wenn es sich um einen Ausländer handelt, der einen Asylantrag gestellt hat.
Vor 53.10.2 Ist der Vollzug einer Ausweisung nicht möglich, weil die Abschiebung nach § 60a vorübergehend ausgesetzt wird oder der Aufenthalt gestattet ist (§ 55 AsylVfG), sind die Ausschreibungen in INPOL und im SIS nicht zu veranlassen oder umgehend löschen zu lassen. Sofern eine Betretenserlaubnis nach § 11 Absatz 2 erteilt worden ist, hat die Ausländerbehörde die zuständige Polizeidienststelle sowie INPOL durch Übersendung einer Ausfertigung der Betretenserlaubnis mit dem entsprechenden Vordruck umgehend zu unterrichten.
Vor 53.10.3 Die Unterrichtung diplomatischer oder konsularischer Vertretungen kann im Einzelfall unter Berücksichtigung datenschutzrechtlicher Bestimmungen zweckmäßig sein, wenn eine Unterstützung der Ausländerbehörde, etwa durch Zahlung der Rückreisekosten an den zur Ausreise verpflichteten aber mittellosen Ausländer erwartet werden kann. Bei abgelehnten Asylbewerbern oder Ausländern, bei denen ein Abschiebungsverbot gemäß § 60 besteht, ist von einer Unterrichtung der Vertretung des Heimatstaates abzusehen.
Vor 53.10.4 Wird eine Ausweisungsverfügung aufgehoben (vgl. § 84 Absatz 2 Satz 3) oder die Wirkung der Ausweisung verkürzt oder verlängert, ist auch dies den in Nummer Vor 53.10 genannten Stellen umgehend mitzuteilen. Dies ist im vorliegenden Pass oder Passersatz entsprechend zu vermerken.

Vor 53.11 Verhältnis von zwingender Ausweisung zur Ausweisung im Regelfall
Bei der zwingenden Ausweisung und der Ausweisung im Regelfall hat die nach § 71 Absatz 1 zuständige Ausländerbehörde eine rechtlich gebundene Entscheidung zu treffen, die der uneingeschränkten gerichtlichen Überprüfung unterliegt. Im Falle der Herabstufung der zwingenden Ausweisung zur Ausweisung im Regelfall entfällt die zwingende Rechtsfolge der Ausweisung (§ 56 Absatz 1 Satz 4). Zum maßgeblichen Zeitpunkt für die gerichtliche Überprüfung siehe Nummer Vor 53.3.1.2. Bei Ausweisungen auf der Grundlage des §§ 53, 54 hat sich die Prüfung grundsätzlich auf das Vorliegen des Ausweisungstatbestands zu beschränken (vgl. aber Nummer 53.0.3 sowie Nummer 54.0.2 bis 54.0.4).

Übersicht

	Rn.
I. Einführung: Die historische Entwicklung des Ausweisungsrechts	1
1. Vom Aufenthaltsverbot (APVO 1938) zur Ausweisung (AuslG 1965)	2
2. Die Ausweisung nach dem AuslG 1990 und nach dem AufenthG 2005	7
3. Reformvorschläge aus Praxis und Wissenschaft	16
4. Wesentliche Inhalte der Neuregelung	18
II. Allgemeines	21
1. Wirkungen und Rechtsfolgen der Ausweisung nach nationalem Recht	21
2. Ausweisung und Rückführungsrichtlinie	29
a) Kein Opt-out aus der Geltung der Richtlinie	30
b) Rückkehrentscheidung und Einreise- und Aufenthaltsverbot	31
3. Bestandskräftige Ausweisungsverfügung	41
4. Überlagerung durch Verfassungs-, Unions- und Völkerrecht	42
III. Verfassungsrecht	43
1. Schutz von Ehe und Familie	43
2. Schutz des Privatlebens	62
IV. Unionsrecht	63
1. Unionsbürger	64

		Rn.
2. Britische Staatsangehörige		76
3. Angehörige von EWR-Staaten		77
4. Beitrittsstaaten		79
5. Türkische Staatsangehörige		87
6. Europa-Mittelmeer-Abkommen		88
7. Familienzusammenführungs-Richtlinie		95
8. Daueraufenthalts-Richtlinie		108
9. Richtlinie betreffend Erwerbstätigkeiten/Studium/Ausbildung		110
V. Völkerrecht		113
1. Europäische Menschenrechtskonvention		113
2. Internationaler Pakt über bürgerliche und politische Rechte		128
3. Internationale Arbeitsorganisation		131
4. Europäische Sozialcharta		133
5. Europäisches Fürsorgeabkommen		134
6. Europäisches Niederlassungsabkommen		135
7. Flüchtlinge		137
8. Subsidiär Schutzberechtigte		149
9. Staatenlose		151
10. Niederlassungsabkommen, Freundschafts-, Handels- und Schifffahrtsverträge		153
VI. Verwaltungsverfahren und Rechtsschutz		158
1. Verwaltungsverfahren		158
2. Maßgeblicher Entscheidungszeitpunkt im gerichtlichen Verfahren		170
3. Klageverfahren		177
4. Vorläufiger Rechtsschutz		182

I. Einführung: Die historische Entwicklung des Ausweisungsrechts

Mit dem Gesetz zur Neubestimmung des Bleiberechts und der Aufenthaltsbeendigung vom 27.7.2015[57] wurde das Ausweisungsrecht grundlegend reformiert[58]. Während das zuletzt geltende Recht drei verschiedene Arten von Ausweisungen kannte, nämlich die Ist-Ausweisung (§ 53 aF), die Regel-Ausweisung (§ 54 aF) und die Ermessens-Ausweisung (§ 54 aF), die in Anknüpfung an unterschiedliche Tatbestandsvoraussetzungen verschiedene Rechtsfolgen anordneten, gibt es nur noch einen Ausweisungstatbestand. An die Stelle des bisherigen dreistufigen Ausweisungsrechts tritt die Ausweisung als Ergebnis einer unter Berücksichtigung aller Umstände des Einzelfalls durchgeführten Abwägung von Bleibe- und Ausweisungsinteressen. Die jetzige Fassung der §§ 53 ff. ist der vorläufige Schlusspunkt in der Entwicklung des Ausweisungsrechts.

1. Vom Aufenthaltsverbot (APVO 1938) zur Ausweisung (AuslG 1965)

Das Ausweisungsrecht war **historisch** von der Überlegung getragen, dass derjenige, der sein **Gastrecht missbraucht,** dieses verwirkte[59]; es bedurfte keiner dem Ausländer individuell zurechenbaren Gefahr für die öffentliche Sicherheit und Ordnung[60]. Diesen Ansatz hatte auch die **Ausländerpolizeiverordnung vom 22.8.1938** (APVO)[61]. Dem in § 5 normierten sog. **Aufenthaltsverbot**[62] lagen in

---

[57] BGBl. 2015 I S. 1386.
[58] Vgl. zum neuen Recht im Überblick *Berlit* NVwZ 2017, 367; *Bauer/Beichel-Benedetti* NVwZ 2016, 416; *Funke* ZAR 2016, 209; zur aktuellen Rspr. des EGMR zur Ausweisung und Auslieferung s. zusammenfassend *Grabenwarter/Pabel,* Europäische Menschenrechtskonvention, 7. Aufl. 2021, § 20 Rn. 75–87.
[59] *Beichel-Benedetti/Hoppe* in FS Barwig, 2020, S. 417 (418); *Dörig* in Dörig MigrationsR-HdB § 7 Rn. 4; vgl. näher zu Geschichte der Ausweisung *Bode,* Das neue Ausweisungsrecht, 2020, S. 33 ff.
[60] *Bast,* Aufenthaltsrecht und Migrationssteuerung, 2011, S. 77; *Hoppe* in GK-AufenthG Vor §§ 53 ff. Rn. 9 sowie Rn. 10 ff. zur Entwicklung des Ausweisungsrechts ab 1871 (Stand 5/2021).
[61] RGBl. 1938 I S. 1053. Eine weitere gebräuchliche Abkürzung ist AuslPolVO.
[62] Nach § 1 APVO wird Ausländern der Aufenthalt der Aufenthalt im Reichsgebiet nur dann erlaubt, wenn sie nach ihrer Persönlichkeit und dem Zweck ihres Aufenthalts im Reichsgebiet die Gewähr dafür bieten, daß sie der ihnen gewährten Gastfreundschaft würdig sind. Nach § 5 I APVO kann einem Ausländer der Aufenthalt im Reichsgebiet verboten werden, der den Voraussetzungen des § 1 nicht entspricht. Ein Aufenthaltsverbot kann insbesondere gegen den Ausländer erlassen werden,
a) dessen Verhalten geeignet ist, wichtige Belange des Reichs oder der Volksgemeinschaft zu gefährden.
b) der im Reichsgebiet wegen eines Verbrechens oder Vergehen oder im Ausland wegen einer Tat, die nach deutschem Recht als Verbrechen oder Vergehen gilt, rechtskräftig zu einer Strafe verurteilt worden ist.
c) gegen den im Reichsgebiet oder Ausland durch rechtskräftige Entscheidung einer Behörde eine mit Freiheitsentziehung verbundene Maßregel der Sicherung und Besserung, die Unterbringung in einer Fürsorgeerziehungsanstalt oder die Entmannung angeordnet ist.
d) der gegen Vorschriften des Steuerrechts (einschließlich des Zollrechts), des Monopolrechts oder des Devisenrechts oder gegen Einfuhr- oder Ausfuhrverbote verstoßen hat.
e) der gegen die über die wirtschaftliche Betätigung oder die Regelung des Arbeitseinsatzes erlassenen Vorschriften verstoßen hat.
f) der gegen die auf dem Gebiete der Ausländerpolizei, des Paß-, des Ausweis- oder des Meldewesens erlassenen Vorschriften verstoßen hat.

Abs. 1 S. 2 nicht erschöpfend aufgezählte Beispiele zugrunde, die darauf schließen ließen, dass der Ausländer der ihm gewährten deutschen Gastfreundschaft unwürdig war[63]. Ob ein Aufenthaltsverbot ausgesprochen wurde, lag im Ermessen der Behörde. Während der NS-Zeit existierte keine gerichtliche Überprüfungsmöglichkeit. Die **APVO** ist gültiges **Bundesrecht** geworden[64] und bestand unter der Geltung des Grundgesetzes bis zum Inkrafttreten des AuslG v. 28.4.1965[65] am 1.10.1965 (AuslG 1965) fort.[66] Dem BVerwG zufolge[67] habe sie kein nationalsozialistisches Gedankengut enthalten[68]; ob bei einzelnen Vorschriften der APVO ein Widerspruch zum Grundgesetz vorliege, sei für die jeweils anzuwendende Vorschrift der APVO besonders zu prüfen. Soweit § 11 VI APVO das verwaltungsgerichtliche Verfahren in ausländerpolizeilichen Angelegenheiten ausgeschlossen hatte, widersprach dies Art. 19 IV GG und war daher unbeachtlich[69]. Die Frage, ob ein Ausländer der ihm gewährten Gastfreundschaft iSd § 5 I APVO würdig war, wurde als eine der verwaltungsrechtlichen Prüfung in vollem Umfang unterliegende Sach- und Rechtsfrage angesehen[70], wobei der Gedanke der Unwürdigkeit der Gastfreundschaft aber auch nochmals im Rahmen des pflichtgemäßen Ermessens verwertet werden konnte[71]. Der APVO wurde zudem der Zweck beigemessen, für die Aufrechterhaltung der öffentlichen Ordnung und Sicherheit zu sorgen[72]. Aufenthaltsverbote nach der APVO galten nach § 52 AuslG 1965 als Ausweisung weiter.

3 Die Neuregelung des deutschen Fremdenrechts durch das **AuslG 1965** wurde ua von der Überlegung getragen, dass die APVO 1938 den gegenwärtigen Anforderungen sowohl im Hinblick auf das Verfassungsrecht als auch das Völkerrecht einschließlich der Bedeutung der EMRK nicht mehr entsprach[73]. Der Entwurf zum AuslG 1965 betonte das **Ziel der liberalen und weltoffenen Fremdenpolitik,** die die Einreise und den Aufenthalt von Ausländern erleichtert[74]. Ausweislich der Gesetzesbegründung waren die Vorschriften über die Ausweisung von dem Rechtsgedanken getragen, dass Ausländer kein Recht auf Aufenthalt in einem fremden Staat haben und daher **unerwünschte Ausländer** aus seinem Staatsgebiet entfernen kann. Dass das Gesetz Ausweisungsgründe festlegte, wurde als Beschränkung des Staates in seinem freien Verfügungsrecht über den Ausländer begriffen[75]. Bei Verwirklichung eines **Ausweisungsgrundes nach § 10 AuslG** v. 28.4.1965 – es handelte sich um eine Norm mit weit gefassten Ausweisungstatbeständen – stand die Ausweisung auf der Rechtsfolgenseite im Ermessen der Ausländerbehörde[76].

---

g) der gegenüber einer amtlichen Stelle zum Zwecke der Täuschung unrichtige Angaben über seine Person, seine Familie, seine Staatsangehörigkeit, seine Muttersprache, seine Rassezugehörigkeit, seinen Beruf oder seine wirtschaftlichen Verhältnisse gemacht hat.
h) der im Reichsgebiet bettelt, als Landstreicher, als Zigeuner oder nach Zigeunerart umherzieht, der Gewerbsunzucht nachgeht oder sich als arbeitsscheu erweist.
i) der nicht über genügende Mittel zur Bestreitung seines oder des Unterhalts seiner Familie verfügt.
Nach § 5 II kann das Aufenthaltsverbot auf den Ehegatten des Ausländers und seine minderjährigen Kinder ausgedehnt werden, auch wenn die Voraussetzungen für ein solches Verbot in der Person dieser Familienmitglieder nicht vorliegen.

[63] VGH BW Urt. v. 25.10.1960 – III 81/60, nv UA S. 6, 8; OVG RhPf Urt. v. 9.11.1954 – 2 A 36/54, DVBl. 1955, 537; vgl. auch *Beichel-Benedetti/Hoppe* in FS Barwig, 2020, S. 417 (419), wonach es eine gebräuchliche Erwägung der Ausländerbehörde zur Begründung eines Aufenthaltsverbots war, dass ein Ausländer durch strafbares Verhalten eine niedrige Gesinnung an den Tag gelegt und bewiesen habe, dass er der ihm gewährten Gastfreundschaft nicht würdig sei.
[64] BVerwG Urt. v. 15.12.1955 – I C 1.54, BeckRS 1955, 30426778; Urt. v. 12.5.1959 – I C 99.58, Buchholz 402.20 § 5 APVO Nr. 12; VGH BW Urt. v. 18.1.1962 – I 599/61, nv UA S. 5.
[65] BGBl. 1965 I S. 353.
[66] S zum Ausweisungsregime in der DDR *Bode,* Das neue Ausweisungsrecht, 2020, S. 76 ff., insb. S. 78 mit dem Hinweis, dass nach § 59 StGB-DDR aus dem Jahre 1968 anstelle oder zusätzlich zu der im verletzten Gesetz angedrohten Strafe auf Ausweisung erkannt werden konnte; die gerichtliche Entscheidung konnte mit strafprozessualen Rechtsmitteln angegriffen werden.
[67] BVerwG Urt. v. 15.12.1955 – I C 1.54, BeckRS 1955, 30426778.
[68] Vgl. dazu, dass diese Auffassung des BVerwG zu einem aus heutiger Sicht nahezu unerträglichen Zustand geführt hat, *Hoppe* in GK-AufenthG Vor §§ 53 ff. Rn. 29 (Stand 5/2021).
[69] BVerwG Urt. v. 15.12.1955 – I C 1.54, BeckRS 1955, 30426778.
[70] VGH BW Beschl. v. 16.1.1963 – I 747/62, nv UA S. 5; Urt. v. 25.10.1960 – III 81/60, nv UA S. 6.
[71] VGH BW Urt. v. 25.10.1960 – III 81/60, nv UA S. 8 f.
[72] VGH BW Urt. v. 18.1.1962 – I 599/61, nv UA S. 6.
[73] *Doehring* ZAÖRV 1965, 478 (480 ff.).
[74] Entwurf eines Gesetzes über den Aufenthalt der Ausländer (Ausländergesetz) v. 28.12.1962, BT-Drs. IV/868, 1, 10.
[75] BT-Drs. IV/868, 14 – Ausweisung; *Kanein,* AuslG, 1966, § 10 A.1.
[76] Nach § 10 I AuslG kann ein Ausländer ausgewiesen werden, wenn.
1. er die freiheitliche demokratische Grundordnung oder die Sicherheit der Bundesrepublik Deutschland gefährdet,
2. er wegen eines Verbrechens oder Vergehens oder wegen einer Tat verurteilt worden ist, die im Geltungsbereich dieses Gesetzes ein Verbrechen oder Vergehen wäre,
3. gegen ihn eine mit Freiheitsentziehung verbundene Maßregel der Sicherung und Besserung, die Unterbringung in einer Arbeitseinrichtung oder Heil- oder Pflegeanstalt angeordnet oder Fürsorgeerziehung in einem Heim durchgeführt wird,

Ausweisung **Vor §§ 53–56 AufenthG 1**

Der Ausländerbehörde wurde bei Ausweisungen nach § 10 AuslG 1965 der „Natur der Sache nach" **4** ein **weites Ermessen** zugestanden, das staatliche Interesse an der Ausweisung eines „lästigen" Ausländers betont[77]. Die Rechtsprechung befürwortete es, dass die Ausländerbehörde bei der Ausübung des Ermessens den **Gedanken der Abschreckung** heranzog. So führte der VGH BW aus: „Es ist eine **Erfahrungstatsache,** dass kriminelle Strafen, besonders Geldstrafen, auf Ausländer weniger Eindruck machen als Ausweisungen. Sie schreckten andere Ausländer mehr vor ähnlichem Verhalten ab als es kriminelle Strafen vermögen[78]." Ausführungen zur Herleitung der Erfahrungstatsache der abschreckenden Wirkung, was etwa auch implizieren würde, dass andere Ausländer von den entsprechenden Ausweisungen erfahren, finden sich in den Entscheidungen des Gerichtshofs jedoch nicht. Die **allgemeine Lebenserfahrung** beschreibt die Wahrscheinlichkeit bestimmter Tatsachen einschließlich ihrer Ursachen- und Wirkungszusammenhänge; diese Wahrscheinlichkeit kann sich so stark verdichten, dass Erfahrungssätze nicht nur auf eine bestimmte Tatsachenfeststellung hinführen, sondern – wenngleich sie weder zu einer Umkehr der Beweislast führen, noch das Gericht von der Pflicht zur Amtsermittlung entbinden – selbst zum Maßstab richterlicher Überzeugung werden[79]. Die Vielschichtigkeit und Variabilität der dem Ausländerrecht unterfallenden Lebenssachverhalte lassen es jedoch zweifelhaft erscheinen, dass hier mit Erfahrungstatsachen gearbeitet werden kann. Aber auch dem **BVerwG** zufolge hatten die Ausweisungstatbestände des § 10 I AuslG 1965 den selbstständigen Zweck, die im Geltungsbereich des AuslG wohnenden Ausländer dazu zu veranlassen, keine Belange der Bundesrepublik Deutschland zu beeinträchtigen; die Ausländerbehörde mache daher von dem Ermessen in einer dem Zweck der Ermächtigung entsprechenden Weise Gebrauch, wenn in bestimmten Fallgruppen die Ausweisung nach der Lebenserfahrung dazu führen könne, dass andere Ausländer zur Vermeidung der ihnen sonst drohenden Ausweisung sich während ihres Aufenthalts im Geltungsbereich des AuslG ordnungsgemäß verhielten[80]. Dass insbesondere § 10 I Nr. 2 AuslG 1965 ein generalpräventiver Gesetzeszweck zugrunde lag, entsprach der stRspr des BVerwG[81]. Das BVerfG sah die Ausweisung eines verurteilten Ausländers aus generalpräventiven Gründen nicht als verfassungswidrig an, wenn der Grundsatz der Verhältnismäßigkeit beachtet wurde[82].

Die **Generalprävention wird als Aufrechterhaltung des gastrechtlichen Vorverständnisses** **5** des Ausweisungsrechts in einem anderen Gewande angesehen[83]. Diese Einordnung legen auch Überlegungen des VGH BW zum AuslG 1965 nahe, in dem dieser im Rahmen der Heranziehung des

---

4. er gegen eine Vorschrift des Steuerrechts einschließlich des Zollrechts und des Monopolrechts oder des Außenwirtschaftsrechts oder gegen Einfuhr-, Ausfuhr-, Durchfuhr- oder Verbringungsverbote oder -beschränkungen verstößt,
5. er gegen eine Vorschrift über die Ausübung eines Berufs oder Gewerbes oder einer unselbständigen Erwerbstätigkeit verstößt,
6. er gegen eine Vorschrift des Aufenthaltsrechts verstößt,
7. er gegenüber einer amtlichen Stelle zum Zwecke der Täuschung unrichtige Angaben über seine Person, seine Gesundheit, seine Familie, seine Staatsangehörigkeit, seinen Beruf oder seine wirtschaftlichen Verhältnisse macht oder die Angaben verweigert,
8. er bettelt, der Erwerbsunzucht nachgeht oder als Landstreicher oder Landfahrer umherzieht,
9. er die öffentliche Gesundheit oder Sittlichkeit gefährdet,
10. er den Lebensunterhalt für sich und seine unterhaltsberechtigten Angehörigen nicht ohne Inanspruchnahme der Sozialhilfe bestreiten kann oder bestreitet oder
11. seine Anwesenheit erhebliche Belange der Bundesrepublik Deutschland aus anderen Gründen beeinträchtigt.

Nach § 10 II dürfen in den Fällen des Absatzes 1 Nr. 4 und 9 den mit der Ausführung dieses Gesetzes betrauten Behörden die erforderlichen Auskünfte erteilt werden.
§ 11 AuslG 1965 sieht Einschränkungen der Ausweisung bei bestimmten Fallkonstellationen vor: Ausländer, die eine Aufenthaltsberechtigung besitzen, können nur ausgewiesen werden, wenn die Voraussetzungen des § 10 I Nr. 1 oder 2 vorliegen oder die übrigen in § 10 I aufgeführten Gründe besonders schwer wiegen. Ausländer, die als politisch Verfolgte Asylrecht genießen, heimatlose Ausländer und ausländische Flüchtlinge können, wenn sie sich rechtmäßig im Geltungsbereich dieses Gesetzes aufhalten, nur aus schwerwiegenden Gründen der öffentlichen Sicherheit oder Ordnung ausgewiesen werden.

[77] So ausdrücklich *Marxen*, Deutsches Ausländerrecht, 1967, § 10 Bem. 11d.
[78] VGH BW Urt. v. 6.12.1965 – II 291/65, nv UA S. 15 – der Fall betraf eine Ausweisung wegen einer Verurteilung zu einer Geldstrafe von 50 DM wegen Körperverletzung; VGH BW Urt. v. 6.12.1965 – II 423/65, nv UA S. 12. – Geldstrafe von 150 DM wegen fortgesetzter Körperverletzung; VGH BW Beschl. v. 23.12.1965 – IV 149/64, DÖV 1967, 352 (353) – Verurteilung wegen Diebstahls; VGH BW Urt. v. 13.8.1968 – I 90/66, nv UA S. 9 – im konkreten Fall ging es um Fahren ohne Fahrerlaubnis; VGH BW Urt. v. 14.12.1978 – XI 3357/78, NJW 1979, 1118 – Bestrafung wegen Meineids.
[79] BVerwG Urt. v. 15.11.1957 – 6 C 165.57, Buchholz 234 § 7 G 131 Nr. 32 S. 117 ff.; vgl. auch BVerwG Beschl. v. 31.1.2018 – 9 B 11.17, BeckRS 2018, 1800 Rn. 5.
[80] Vgl. BVerwG Urt. v. 16.6.1970 – I C 47.69, BeckRS 1970, 30437517.
[81] Vgl. etwa BVerwG Urt. v. 17.1.1989 – 1 C 46.86, NVwZ 1989, 770.
[82] Beispielhaft BVerfG Beschl. v. 17.1.1979 – 1 BvR 241/77, BeckRS 9998, 104675. Das BVerfG hat die generalpräventive Ausweisung auf der Grundlage des AuslG 1965 nicht beanstandet, aber insbes. bei einem deutschverheirateten Ausländer hohe Anforderungen an deren Verhältnismäßigkeit gestellt, vgl. näher etwa BVerfG Beschl. v. 18.7.1979 – 1 BvR 650/77, NJW 1980, 514.
[83] *Beichel*, Ausweisungsschutz und Verfassung, 2001, S. 50.

Gedankens der Abschreckung ausführte, die Ausweisung wirke viel nachhaltiger und könne besser als kriminelle Strafen die Ausländer zwingen, „sich in die in der Bundesrepublik herrschenden Gesetze und Sitten zu schicken"[84].

6 Ausweisungsrecht ist von seiner Herkunft her betrachtet an sich seit dem AuslG 1965 **Gefahrenabwehrrecht**[85]. Das Ausländerrecht ist der einzige Teilbereich des Ordnungsrechts, in dem **generalpräventive Erwägungen** – mit unter Umständen weitreichenden Folgen für die betroffenen Personen – praktiziert und von der Rechtsprechung grundsätzlich akzeptiert werden. Die Generalprävention findet sich – je nach jeweils aktueller Fassung des Ausweisungsrechts – variierend als tatbestandsinhärentes Merkmal bzw. in Gestalt ermessensleitender Erwägung, obwohl der Gesetzgeber selbst nie ausdrücklich die Generalprävention bei der Ausweisung positiv geregelt hat. Die Zulässigkeit der Generalprävention basiert vielmehr auch in den späteren Gesetzesfassungen des Ausweisungsrechts und bis heute[86] allein auf Annahmen und Auslegungen.

2. Die Ausweisung nach dem AuslG 1990 und nach dem AufenthG 2005

7 Das **AuslG 1990**[87] schränkte gegenüber dem AuslG 1965 den Spielraum der Ausländerbehörde erheblich ein und führte in §§ 45 ff. ein mehrstufiges System von Ermessens-, Soll- und Ist-Ausweisung mit differenzierten Ausnahme- oder Umstufungsregelungen ein[88]. Der Entwurf zum AuslG 1990 verweist auf die verhaltenssteuernde – also generalpräventive – Wirkung des Ausweisungsrechts für Ausländer und auf die Notwendigkeit der Generalprävention sowohl im Rahmen der Strafzumessung als auch im Rahmen der verwaltungsrechtlichen Beurteilung der Gefahr für die öffentliche Sicherheit und Ordnung[89]. Das Ausweisungsrecht des AuslG 1990 ist in §§ 53 ff. **AufenthG 2005**[90] aufgegriffen und weiterentwickelt worden[91]. Die **frühere Ist-Ausweisung nach § 53 aF** war die strengste Ausweisung, weil sie der Ausländerbehörde keinen Raum für eine eigene Gefahrenprognose und für Ermessenserwägungen, vor allem für eine Güter- und Interessenabwägung, ließ. In den dort enumerativ aufgeführten Tatbeständen – es handelte sich ua um strafrechtliche Verurteilungen von besonderer Schwere – wurde aus spezial- und generalpräventiven Gründen eine Ausweisung vorgesehen. Der Gesetzgeber hatte bei der Ist-Ausweisung eine normative Gefahrenprognose und Interessenabwägung dergestalt getroffen, dass die Verwirklichung der in § 53 aF genannten Tatbestände zwingend die Ausweisung zur Folge hatte. Er hatte eine in der Vergangenheit bewiesene und in der Zukunft sicher zu erwartende besondere individuelle Gefährlichkeit zugrunde gelegt **(Spezialprävention)**. Darüber hinaus erfolgte die Ist-Ausweisung aus **generalpräventiven Gründen**, auch wenn dies nicht ausdrücklich im Gesetzeswortlaut enthalten war. Der Gesetzgeber hatte in Kenntnis der Rspr. des BVerwG zur Ist-Ausweisung nach § 47 I AuslG 1990, wonach diese auch zu einem generalpräventiven Einschreiten ermächtigte[92], die Vorschrift inhaltlich in das am 1.1.2005 in Kraft getretene AufenthG übernommen und damit ebenfalls diesen Ausweisungszweck stillschweigend zugrunde gelegt[93].

8 Dass der Gesetzgeber insbesondere bei zwingend nach § 53 aF vorgesehenen Ausweisungen generalpräventive Zwecke verfolgen durfte und auch tatsächlich verfolgte, entsprach gängiger Auffassung[94]. Ungeachtet dessen, dass die aus dem Strafrecht entstammende **Generalprävention** in dem dem Polizei- und Ordnungsrecht zuzurechnenden Ausländerrecht einen Fremdkörper darstellt, da ein unmittelbarer Verantwortungszusammenhang im ordnungsrechtlichen Sinn zwischen dem Ausländer und den potenziellen Tätern, um deren Abschreckung willen der Ausländer ausgewiesen werden soll, nicht besteht[95], wurde dem Normgeber aufgrund seines Entscheidungs- und Gestaltungsspielraums zugebilligt, ohne Rücksicht auf eine vom Ausländer konkret ausgehende Gefahr einen ordnungsrechtlichen „Automatismus" dergestalt vorzusehen, dass eine bestimmte Verhaltensweise eine bestimmte ausländerrechtliche Maßnahme zwingend nach sich zieht. Der § 53 aF zugrunde liegende Ausweisungszweck der Generalprävention[96] wurde auch nicht dadurch infrage gestellt, dass ihre empirische

---

[84] VGH BW Urt. v. 6.12.1965 – II 423/65, nv UA S. 12.
[85] *Beichel-Benedetti/Hoppe* in FS Barwig, 2018, S. 417 (419); *Kanein*, AuslG, 1966, § 10 B.1; vgl. zu Herkunft und Zukunft des Ausweisungsrecht auch *Kießling* ZAR 2016, 45.
[86] S. zur grundsätzlich Zulässigkeit einer allein auf Generalprävention gestützten Ausweisung gemäß § 53 AufenthG nF BVerwG Urt. v. 9.5.2019 – 1 C 21.18, BeckRS 2019, 16744 Rn. 17 ff.
[87] BGBl. 1990 I S. 1354 (1356).
[88] Näher zum AuslG 1990 *Hoppe* in GK-AufenthG Vor §§ 53 ff. Rn. 41 ff. (Stand 5/2021).
[89] BT-Drs. 11/6321, 49 f.
[90] BGBl. 2004 I S. 1950.
[91] Vgl. unter Darstellung der BVerwG-Rspr. *Berlit* ZAR 2014, 261 und *Berlit* NVwZ 2013, 327.
[92] BVerwG Beschl. v. 10.1.1995 – 1 B 153.94, NVwZ 1995, 1129; Beschl. v. 30.12.1993 – 1 B 185.93, NVwZ 1994, 584 und dort die Bezugnahme auf die Gesetzesbegründung zu §§ 45 ff. AuslG 1990 (BT-Drs. 11/6321 v. 27.1.90 – Entwurf für ein Gesetz zur Neuregelung des Ausländerrechts, S. 1, 49 ff.).
[93] Vgl. auch BVerwG Urt. v. 14.2.2012 – 1 C 7.11, InfAuslR 2012, 255.
[94] BVerwG Urt. v. 14.2.2012 – 1 C 7.11, InfAuslR 2012, 255.
[95] *Schmitt-Glaeser* ZAR 2003, 176 (177 f.).
[96] BVerfG Beschl. v. 17.1.1979 – 1 BvR 241/77, BVerfGE 50, 175 f. und Beschl. v. 10.8.2007 – 2 BvR 535/06, InfAuslR 2007, 443.

Ausweisung **Vor §§ 53–56 AufenthG 1**

Wirkung nicht feststeht[97] und sich aus der Natur der Sache heraus wohl auch einer quantifizierbaren Verifizierung entzieht[98]. Der Gesetzgeber hatte ausweislich der Begründung im Entwurf für ein Gesetz zur Neuregelung des Ausländerrechts im Bewusstsein der Unterschiede in der straf- und ordnungsrechtlichen Sanktion und in Kenntnis der Rspr. des BVerwG zur generalpräventiven Ausweisung[99] die generalpräventive Wirkung der Ausweisung thematisiert und sich dafür ausgesprochen[100]. In diesem Lichte der General- und Spezialprävention waren auch Verschärfungen der zwingenden Ausweisung zu sehen.

Die ihm zustehende **Wertungs- und Einschätzungsprärogative** erlaubte es dem Normgeber[101], **9** bei der Bekämpfung eines von ihm als besonders sozialschädlich angesehenen schwerwiegenden kriminellen Verhaltens im Interesse der Aufrechterhaltung der öffentlichen Sicherung und Ordnung auch zu Mitteln zu greifen, die nach seinem Dafürhalten zur Verfolgung des hochrangigen Ziels geeignet sind. Auch soweit eine Generalprävention bei Delikten, die § 53 aF aufgriff, nicht mehr gegenüber allen Ausländern angewendet werden konnte, etwa weil bestimmte Gruppen von Ausländern – wie Unionsbürger oder assoziationsberechtigte türkische Staatsangehörige – aus Rechtsgründen überhaupt nicht generalpräventiv ausgewiesen werden durften und dürfen, stellte dies die Generalprävention nicht grundsätzlich infrage. Denn ihr Ausschluss in solchen Fällen beruhte auf vorrangigen unionsrechtlichen Regelungen. Für die von den Privilegierungen des Unionsrechts nicht erfassten Ausländer ließ sich ein regelmäßiges Verbot generalpräventiver Ausweisung auch in den Fällen einer „Verwurzelung" nicht herleiten[102].

Die **Regelausweisung nach § 54 aF** (früher § 47 II AuslG 1990) war für – verglichen mit § 53 **10** AufenthG aF – weniger schwere Fälle von Kriminalität, Verhaltensweisen mit einer konkreten Gefährlichkeit oder einem großen Gefährdungs- bzw. Risikopotenzial vorgesehen. In den aufgeführten Fällen hatte der Gesetzgeber ähnlich wie bei der Ist-Ausweisung Gefahrenprognose und Güterabwägung nicht der Ausländerbehörde überlassen, sondern selbst vorgenommen. Indem die Ausweisung nur für den Regelfall vorgeschrieben war, hatte die Ausländerbehörde stets zu prüfen, ob ein **Ausnahmefall** von den jeweiligen Tatbeständen des § 54 Nr. 1–7 AufenthG aF vorlag. Dies war keine Ermessens-, sondern eine Rechtsentscheidung. Die Regelausweisung musste unterbleiben, wenn ein Sachverhalt so erheblich von der gesetzlich vorausgesetzten Normalsituation abwich, dass die regelmäßige Ausweisung ungerecht und insbesondere unverhältnismäßig erschien[103].

Die **Ermessensausweisung nach § 55 aF** sah in Abs. 1 (wie § 45 I AuslG 1990 und § 10 I AuslG **11** 1965) die Grundnorm vor, dass ein Ausländer ausgewiesen werden konnte, wenn sein Aufenthalt die öffentliche Sicherheit und Ordnung oder sonstige erhebliche Interessen der Bundesrepublik Deutschland beeinträchtigte. Abs. 2 Nr. 1–11 nannte sodann einzelne Tatbestände, die aber keinen abschließenden Charakter hatten („ein Ausländer kann nach Absatz 1 insbesondere ausgewiesen werden, wenn er …"). Die Aufzählung einzelner Tatbestände in § 55 II erläuterte beispielhaft den Grundtatbestand des § 55 I, ließ aber den Ermessensspielraum unberührt. Die – aus dem ordnungsrechtlichen Charakter der Ausweisung folgende – Notwendigkeit der Gefahrenprognose musste von der Ausländerbehörde einzelfallbezogen geprüft und abgegeben werden. Die Erfüllung eines Ausweisungstatbestands nach Abs. 1 oder 2 eröffnete die Möglichkeit der Ausweisung aufgrund pflichtgemäßen **Ermessens**. Das Ausweisungsermessen baute auf der vorangegangenen Prognose einer in der Zukunft zu erwartenden

---

[97] Zu diesem Gesichtspunkt näher *Gutmann* InfAuslR 1996, 27.
[98] Insoweit ist es praktisch nicht handhabbar, wenn das BVerwG in seinem Urt. v. 14.2.2012 (1 C 7.11, InfAuslR 2012, 255) zur Notwendigkeit, eine allein generalpräventiv begründete Ausweisung zur Wahrung ihrer Verhältnismäßigkeit in ihren Wirkungen zugleich von Amts wegen zu befristen, ausführt, dass sich in diesem Fall bereits in dem für die Ausweisung maßgeblichen Zeitpunkt beurteilen lasse, wie lange der Betroffene unter Berücksichtigung seiner schutzwürdigen privaten Belange vom Bundesgebiet ferngehalten werden müsse, damit die notwendige generalpräventive Wirkung erzielt werden könne. Nach welchen objektivierbaren Kriterien in der Praxis das Erzielen dieser Wirkung für die Bestimmung der Dauer des Einreise- und Aufenthaltsverbots festzustellen sein soll, wird nicht deutlich.
[99] BVerwG Beschl. v. 30.12.1993 – 1 B 185.93, NVwZ 1994, 584: „Die Vorschrift des § 47 Abs. 1 AuslG 1990 bedeutet – ebenso wie der frühere § 10 Abs. 1 Nr 2 AuslG 1965 – einen Appell an alle Ausländer, keine Straftaten in Deutschland zu begehen. Ein Ausländer, der sich trotzdem von der Begehung schwerer Straftaten nicht abhalten lässt, setzt selbst die Voraussetzung für seine Ausweisung. Zumindest gibt er anderen Ausländern ein schlechtes Beispiel und dadurch Veranlassung zu einem generalpräventiven Einschreiten. Wird die gesetzlich angedrohte Rechtsfolge angeordnet, so wird der Ausländer damit nicht unter Verletzung seines Wert- und Achtungsanspruchs zum bloßen Objekt staatlichen Handelns herabgewürdigt. Vielmehr muss er für sein eigenes Verhalten einstehen."
[100] BT-Drs. 11/6321, 50, 73.
[101] Allg. zum Einschätzungs-, Wertungs- und Gestaltungsspielraum des Gesetzgebers BVerfG Beschl. v. 12.10.2011 – 2 BvR 236/08, BVerfGE 129, 208; Urt. v. 30.7.2008 – 1 BvR 3262/07 ua, NJW 2008, 2409; Beschl. v. 25.10.2005 – 2 BvR 524/01, NVwZ 2006, 324; Urt. v. 1.3.1979 – 1 BvR 532/77 ua, BVerfGE 50, 290 (331 ff.); Beschl. v. 17.7.1974 – 1 BvR 51/69 ua, BVerfGE 38, 61 (87).
[102] BVerwG Urt. v. 14.2.2012 – 1 C 7.11, InfAuslR 2012, 255 unter Aufhebung des dies annehmenden Urteils des VGH BW v. 18.3.2011 – 11 S 2/11, InfAuslR 2011, 293; BayVGH Urt. v. 22.1.2013 – 10 B 12.2008, BeckRS 2013, 47529.
[103] VGH BW Urt. v. 2.7.2001 – 13 S 2326/99, InfAuslR 2002, 72; ähnlich BVerwG Beschl. v. 1.9.1994 – 1 B 90.94, InfAuslR 1995, 6 – jeweils zu § 47 II AuslG 1990.

Beeinträchtigung der in Abs. 1 genannten Rechtsgüter auf und unterzog sodann die Ausweisung mit ihren Folgen einer wertenden Beurteilung unter Einbeziehung des öffentlichen Interesses an der Aufenthaltsbeendigung und des privaten Interesses am weiteren Verbleib im Inland. In diese Interessenabwägung waren alle schutzwerten öffentlichen und privaten Belange einzubeziehen, wobei die Aufzählung der privaten Interessen in Abs. 3 nicht abschließend war[104].

12 Wesentlich für die Strukturen des bisherigen Ausweisungsrechts war auch der **besondere Ausweisungsschutz nach § 56 aF**. In Abs. 1 S. 1 waren fünf Personengruppen abschließend aufgezählt, deren Mitglieder nach S. 2 nur aus schwerwiegenden Gründen der öffentlichen Sicherheit und Ordnung ausgewiesen werden durften. Abs. 2 enthielt Beschränkungen der Ausweisungsgründe zum Schutz von Minderjährigen und Heranwachsenden und Abs. 3 zugunsten zum vorübergehenden Schutz aufgenommener Personen. Abs. 4 regelte die bedingte Ausweisung während des Asylverfahrens. Für die Annahme der schwerwiegenden Gründe des Abs. 1 S. 2 genügte nicht der Hinweis darauf, dass Ausweisungstatbestände der in §§ 53–55 bezeichneten Art schwer waren; die öffentliche Sicherheit und Ordnung musste vielmehr bei einem weiteren Verbleib des Ausländers schwerwiegend beeinträchtigt sein. Einen Maßstab hierfür hielt das Gesetz insofern bereit, als es in Abs. 1 S. 3 die Fälle der §§ 53, 54 Nr. 5, 5a, 5b und 7 in der Regel als schwerwiegend ansah.

13 Der Schutz des Abs. 1 konnte sich gegenüber jedem Ausweisungsgrund auswirken. Der **besondere Ausweisungsschutz modifizierte** sowohl die **Tatbestandsvoraussetzungen** einer Ausweisung durch die zusätzlich qualifizierte Hürde des Vorliegens schwerwiegender Gründe als auch die **Rechtsfolgeseite** der §§ 53 aF und 54 aF durch Herabstufung der zwingenden Ausweisung zur Regelausweisung bzw. der Regel- zur Ermessensausweisung. Deshalb war zum einen die Tatbestandsvoraussetzung des Vorliegens schwerwiegender Gründe der öffentlichen Sicherheit und Ordnung gemäß § 56 I 2 aF anhand der gesetzlichen Regel des S. 3 der Vorschrift zu untersuchen. Außerdem musste bei der Regelausweisung nach § 56 I 4 aF wegen der durch den Abschiebungsschutz abgeschwächten Rechtsfolge diese nach der gesetzlichen Systematik ihrerseits im Einzelfall darauf überprüft werden, ob ein Ausnahmefall vorlag, der zur Folge hatte, dass an die Stelle der Regel- eine Ermessensausweisung trat[105].

14 Diese **strengen Kategorisierungen des Ausweisungsrechts,** die das AufenthG idF v. 1.1.2005 vom AuslG 1990 übernommen hatte, waren jedoch **unter dem Einfluss des Unions- und Völkerrechts** (hier insbesondere Art. 8 EMRK), der sich in der Rspr. des BVerfG und BVerwG widerspiegelte, spätestens seit dem Jahre 2007 in erheblichem Maße **„aufgeweicht".** So hatte das BVerfG in zwei Beschlüssen aus dem Jahre 2007[106] entschieden, dass die normative Vertypung und Gewichtung der Ist-Ausweisung nicht davon entband, die konkreten Umstände des Einzelfalls, insbesondere die vom Ausländer ausgehende Gefährdung, individuell zu prüfen und zu würdigen, da nur so sichergestellt werden konnte, dass die Verhältnismäßigkeit, bezogen auf die Lebenssituation des Ausländers, gewahrt blieb. Es hatte für im Bundesgebiet geborene und aufgewachsene Ausländer, die in Deutschland keine durch Art. 8 EMRK geschützten familiären Bindungen haben, hervorgehoben, dass diese durch den Zwang, das Bundesgebiet nicht nur kurzzeitig zu verlassen, die für das Privatleben konstitutiven Beziehungen unwiederbringlich verlieren. Sofern ein Ausländer durch die Ausweisung in derartiger Weise schwerwiegend beeinträchtigt werde, müssten die für die Ausweisung sprechenden Gründe überragendes Gewicht haben. Die Verhältnismäßigkeit der Ausweisung könne in diesem Fall nicht durch eine Befristung ihrer Wirkungen erreicht werden, zumal das Aufenthaltsrecht nach dem Wegfall der Bindungen an das Bundesgebiet eine Wiedereinreise grundsätzlich[107] nicht vorsehe und der Wegfall des Aufenthaltsverbots gemäß § 11 I aF daher ohne praktische Wirkung bleibe. Infolge der Beschlüsse des BVerfG aus dem Jahre 2007 wurde in der Praxis auch eine zwingende Ausweisung auf ihre Vereinbarkeit mit dem in Art. 8 I EMRK geschützten Anspruch auf Achtung des Privat- und Familienlebens hin überprüft[108]. Dies folgte aus § 1 I 5[109].

15 Das BVerwG hatte mit Urteil vom 23.10.2007[110] festgestellt, dass die Regelausweisung für Ausländer, die in Deutschland geboren und aufgewachsen sind, keine rechtmäßige Form der Aufenthaltsbeendigung darstellte, denn das schematisierende System der Regelausweisung biete keine ergebnisoffene Verhältnismäßigkeitsprüfung, wie sie **für in Deutschland fest verwurzelte Ausländer** erforderlich sei. Vielmehr bedürfe es hier jeweils der individuellen Würdigung, wie tief die Bindungen

---

[104] Vgl. etwa NdsOVG Beschl. v. 21.6.2007 – 13 ME 55/07, BeckRS 2007, 25193.
[105] BVerwG Beschl. v. 1.9.2014 – 1 B 13.14, InfAuslR 2014, 420.
[106] BVerfG Beschl. v. 10.5.2007 – 2 BvR 304/07, InfAuslR 2007, 275; Beschl. v. 10.8.2007 – 2 BvR 535/06, InfAuslR 2007, 443.
[107] § 37 AufenthG vermittelt nur in engen Grenzen ein Anspruch auf Wiederkehr; die Ausweisung bildet einen im Ermessen der Ausländerbehörde stehenden Versagungsgrund (§ 37 III Nr. 1).
[108] VGH Urt. v. 15.4.2011 – 11 S 189/11, BeckRS 2011, 51134; BayVGH Beschl. v. 19.1.2015 – 10 CS 14.2656, BeckRS 2015, 42415; VG Gelsenkirchen Urt. v. 27.4.2015 – 11 K 5702/12, BeckRS 2015, 47102; vgl. auch BVerwG Beschl. v. 11.7.2003 – 1 B 252.02, BeckRS 2006, 24594.
[109] Näher VGH BW Urt. v. 20.10.2011 – 11 S 1929/11, InfAuslR 2012, 1; aA NdsOVG Beschl. v. 3.7.2012 – 11 LA 150/12, BeckRS 2012, 53483.
[110] BVerwG Urt. v. 23.10.2007 – 1 C 10.07, BVerwGE 129, 367.

des Ausländers in Deutschland seien und ob diese Bindungen angesichts der konkreten Ausweisungsgründe bei Abwägung aller Umstände des Einzelfalls einer Ausweisung entgegenstünden, was eine behördliche **Ermessensentscheidung** notwendig mache. Bei einer solchen Ermessensentscheidung waren aber alle wesentlichen Umstände des Einzelfalls einzubeziehen; die Ermessensausübung war nicht auf die Frage reduziert, ob die persönlichen Verhältnisse die Ausweisung erlaubten. Auch bei besonderem Ausweisungsschutz nach § 56 musste daher stets geprüft werden, ob die Ausweisung verhältnismäßig war[111]. Das „Regel-Ausnahme-System" garantierte nicht die Verhältnismäßigkeit im konkreten Einzelfall. Für diese Prüfung waren insoweit die durch den EGMR im Rahmen seiner Rspr. zu Art. 8 EMRK entwickelten **„Boultif/Üner-Kriterien"** heranzuziehen[112]. Weiterhin hatte das BVerwG entschieden, dass seit dem Inkrafttreten des RLUmsG 2007 bei allen Ausländern für die Beurteilung der Rechtmäßigkeit einer Ausweisung die **Sach- und Rechtslage im Zeitpunkt der letzten mündlichen Verhandlung** oder Entscheidung des Tatsachengerichts maßgeblich ist[113]. Folge davon war, dass die Ausländerbehörde die Ausweisung auch während des gerichtlichen Verfahrens unter Beobachtung zu halten und ggf. ihr Ermessen hierauf bezogen neu oder ergänzend auszuüben hatte[114]. Europa-, völker- und verfassungsrechtliche Überlegungen waren ebenfalls für die grundlegende Entscheidung des BVerwG vom 10.7.2012 mitbestimmend, wonach § 11 I idF des RLUmsG 2011 einem Ausländer einen Anspruch darauf vermittelt, dass mit der Ausweisung zugleich deren in § 11 I 1 und 2 genannten Wirkungen befristet werden und die Befristungsentscheidung insgesamt eine gebundene Entscheidung ist[115].

3. Reformvorschläge aus Praxis und Wissenschaft

Ausgehend von der Überzeugung, dass angesichts der Entwicklungen in der Rspr. eine **gesetz-** 16 **geberische Neuordnung des Ausweisungsrechts sinnvoll** wäre, die Abstand vom System der Ist- und Regelausweisung nimmt, unterbreiten RiBVerwG Prof. *Dr. Dörig* und der Mitherausgeber des Kommentars *Prof. Dr. Bergmann* einen Vorschlag für eine Neuregelung. In Anknüpfung an wissenschaftliche Diskussionen ua auf den Deutschen Verwaltungsgerichtstagen 2010[116] und 2013[117] veröffentlichten beide am 1.2.2014 den folgenden Entwurf[118]:

„Der nachstehende Gesetzentwurf wurde erarbeitet, um die mangelnde Vereinbarkeit der zwingenden Ausweisung in § 53 AufenthG a. F. mit Völker- und Europarecht zu beseitigen und zugleich den in der ausländerrechtlichen Praxis aufgetretenen Problemen mit der Ermessensausweisung Rechnung zu tragen. Er ersetzt die bisherigen Formen der Ausweisung durch eine einheitliche Ausweisung nach dem auch für die Rechtsprechung des Europäischen Gerichtshofs für Menschenrechte maßgeblichen Grundsatz der Verhältnismäßigkeit. Dabei trifft der Entwurf bewusst keine Wertungen über die Angemessenheit der einzelnen Ausweisungstatbestände, sondern übernimmt diese aus dem bisherigen Gesetz, das heißt überlässt die Bewertung des diesbezüglichen Änderungsbedarfs den politischen Entscheidungsträgern. Auch die Maßstäbe für die Verhältnismäßigkeitsprüfung entstammen weitgehend dem geltenden Gesetz. Die Verfasser haben in ihrem Entwurf den Stand der Diskussionen auf den Verwaltungsgerichtstagen 2010 (vgl. Dörig, NVwZ 2010, S. 921) und 2013 (vgl. Bergmann, ZAR 2013, S. 318) verarbeitet. Der Entwurf gibt ausschließlich die persönliche Auffassung der Verfasser wieder und nicht die der Gerichte, denen sie angehören.

Die §§ 53 bis 56 AufenthG werden durch folgende Neufassung ersetzt:

§ 53 AufenthG n. F. – Ausweisung

(1) Ein Ausländer, dessen Aufenthalt die öffentliche Sicherheit und Ordnung, die freiheitliche demokratische Grundordnung oder sonstige erhebliche Interessen der Bundesrepublik Deutschland beeinträchtigt oder gefährdet, wird ausgewiesen, wenn die vom Grundsatz der Verhältnismäßigkeit geleitete Abwägung der öffentlichen Interessen an der Ausreise mit den privaten Interessen an einem weiteren Verbleib des Ausländers im Bundesgebiet ergibt, dass die öffentlichen Interessen überwiegen; anderenfalls darf eine Ausweisung nicht verfügt werden. Die europa-, völker- und verfassungsrechtlichen Vorgaben sind bei der Abwägung zu beachten.

---

[111] BVerfG Beschl. v. 10.5.2007 – 2 BvR 304/07, InfAuslR 2007, 275; hierzu auch *Truchseß* InfAuslR 2007, 332 ff.
[112] EGMR Urt. v. 2.8.2001 – 54273/00, InfAuslR 2001, 476 – Boultif; Urt. v. 18.10.2006 – 46410/99, NVwZ 2007, 1279 – Üner; Urt. v. 23.6.2008 – 1683/04, InfAuslR 2008, 333 – Maslov II; Urt. v. 25.3.2010 – 40601/05, InfAuslR 2010, 325 – Mutlag; und Urt. v. 13.10.2011 – 41548/06, BeckRS 2012, 80060 – Trabelsi; iE → Rn. 113 ff., 121 ff.
[113] BVerwG Urt. v. 15.11.2007 – 1 C 45.06, BVerwGE 130, 20.
[114] BVerwG Urt. v. 13.12.2011 – 1 C 14.10, NVwZ 2012, 698.
[115] BVerwG Urt. v. 10.7.2012 – 1 C 19.11, InfAuslR 2012, 397.
[116] 16. Deutscher Verwaltungsgerichtstag 2010, Dokumentation, S. 283 ff. – Arbeitskreis 10 – Europarecht und deutsches Aufenthaltsrecht.
[117] 17. Deutscher Verwaltungsgerichtstag 2013, Dokumentation, S. 211 ff. – Arbeitskreis 5 – Abschied vom deutschen Ausländerrecht? – Europarechtliche Provokation.
[118] BDVR, Rundschreiben, Heft 1/2014, 3.

(2) Die Wirkungen der Ausweisung sind gemäß § 11 zu befristen. Eine Befristung in Fällen des § 11 Abs. 1 Satz 7 soll fünf Jahre überschreiten.

(3) Zur Herstellung der Verhältnismäßigkeit kann ein Recht auf Wiederkehr im Sinne von § 37 gewährt werden.

§ 54 AufenthG n. F. – Privates Bleibeinteresse

(1) Zugunsten des Ausländers sind bei der Abwägung gemäß § 53 Abs. 1 insbesondere die Dauer seines rechtmäßigen Aufenthalts, seine schutzwürdigen persönlichen, wirtschaftlichen und sonstigen Bindungen im Bundesgebiet und die Folgen der Ausweisung für Familienangehörige oder Lebenspartner, die sich rechtmäßig im Bundesgebiet aufhalten, zu berücksichtigen.

(2) Das private Interesse im Sinne von § 53 Abs 1 hat besonderes Gewicht, wenn (Katalog § 56 Abs. 1 S. 1 Nr 1.-5 sowie § 56 Abs. 3 und § 56 Abs. 4 a. F. einfügen.)

§ 55 AufenthG n. F. – Öffentliches Ausweisungsinteresse

(1) Das öffentliche Interesse im Sinne von § 53 Abs. 1 hat Gewicht, wenn (Katalog § 55 Abs. 2 a. F. einfügen.)

(2) Das öffentliche Interesse im Sinne von § 53 Abs. 1 hat besonderes Gewicht, wenn (Kataloge § 53 a. F. und § 54 a. F. einfügen.)

§ 55a AufenthG n. F. – Überwachung ausgewiesener Ausländer aus

Gründen der inneren Sicherheit

(Text des bisherigen § 54a a. F. einfügen; nur Verweisungen sind anzupassen.)

§ 56 AufenthG n. F. – Ausweisung von Berechtigten nach dem Assoziationsabkommen EWG/Türkei

Ein Ausländer, dem nach dem Assoziationsabkommen EWG/Türkei ein Aufenthaltsrecht zusteht, wird nur ausgewiesen, wenn das persönliche Verhalten des Betroffenen gegenwärtig eine tatsächliche und hinreichend schwere Gefahr für ein Grundinteresse der deutschen Gesellschaft darstellt und die Maßnahme für die Wahrung dieses Interesses unerlässlich ist.

(Die bisherigen §§ 55 Abs. 1 und Abs. 3 sowie § 56 a. F. entfallen; die darin enthaltene Güterabwägung findet im Rahmen der Kriterien des neuen § 53 statt.)

Hinweis: Wird in anderen Normen des AufenthG der in § 54 weggefallene Begriff „Ausweisungsgrund" benutzt (z. B. § 5 Abs. 1 Nr. 2) ist er zu ersetzen durch: „öffentliches Ausweisungsinteresse im Sinne von § 55". "

17 Nach dem Vorschlag soll – in Abkehr von dem bisher zwischen Ist-, Regel- und Kann-Ausweisung differenzierenden Recht – ein einziges lückenloses und flexibles Ausweisungsrecht geschaffen werden, um auf jeden Ausweisungsanlass mit einem vorgegebenen einheitlichen, aber ergebnisoffenen Prüfprogramm reagieren zu können. Von seiner Idee her ist das Konzept auch eine „Reaktivierung" des verfassungsrechtlich nicht beanstandeten[119] § 10 I AuslG 1965, ergänzt um europa-, völker- und verfassungsrechtliche Novellierungen, allerdings mit dem Unterschied, dass es keine Ermessensentscheidung der Ausländerbehörde gibt, sondern eine **gebundene Entscheidung** ergeht.

4. Wesentliche Inhalte der Neuregelung

18 Das **Prinzip dieses Entwurfs** wurde vom Normgeber **im AufenthGÄndG 2015 aufgegriffen**. Die behördliche Ausweisungsentscheidung hängt von einer individuellen Güterabwägung ab, die nicht mehr in Voraus normativ determiniert wird. Geht vom Ausländer eine Gefahr für die öffentliche Sicherheit und Ordnung, die freiheitlich demokratische Grundordnung oder sonstige erhebliche Interessen der Bundesrepublik Deutschland aus, wird er ausgewiesen, wenn die unter Berücksichtigung aller Umstände des Einzelfalls vorzunehmende Abwägung der Interessen an der Ausweisung mit den Interessen an einem weiteren Verbleib des Ausländers im Bundesgebiet ergibt, dass das öffentliche Interesse an der Ausreise überwiegt. Die Ermächtigungsgrundlage in § 53 I wird um normative Gewichtungen des Ausweisungsinteresses einerseits (§ 54) und des Bleibeinteresses andererseits (§ 55) ergänzt. Alle Elemente der Ausweisungsentscheidung einschließlich der konkreten Abwägung sind gerichtlich voll überprüfbar[120]; Ermessensspielräume der Verwaltung bestehen nicht mehr.

19 Hinsichtlich der Regelungen im Einzelnen gibt es **deutliche Abweichungen gegenüber der Initiative** vom 1.2.2014. So ist etwa kein ausdrückliches Recht auf Wiederkehr anlässlich einer Ausweisung vorgesehen. Vielmehr ist sogar § 37 III Nr. 1, der eine Versagung wegen Ausweisung

---

[119] BVerfG Beschl. v. 18.7.1973 – 1 BvR 23/73, 1 BvR 155/73, BVerfGE 35, 382 (400); zur Verfassungskonformität von § 10 AuslG s. auch *Doehring* ZaöRV 1965, 478.
[120] Vgl. auch BVerwG Urt. v. 22.2.2017 – 1 C 3.16, NVwZ 2017, 1883 Rn. 20 ff.

sogar nach Ablauf der Sperrfrist ermöglicht, unverändert geblieben. Die Ausweisungstatbestände sind gegenüber dem bisher geltenden Recht teilweise verschärft. Der Schutz der Minderjährigen und Heranwachsenden ist gegenüber § 56 II aF vermindert. Die Generalprävention bleibt nach der Vorstellung des Normgebers grundsätzlich möglich. Die ausdrückliche Regelung, dass die europa-, völker- und verfassungsrechtlichen Vorgaben bei der Abwägung zu beachten sind, fehlt im Gesetzestext des § 53 I. Auch hinsichtlich der konkreten Einzelheiten bei der Ausgestaltung des privaten Bleibeinteresses und des öffentlichen Ausweisungsinteresses geht der Gesetzgeber eigene Wege. Eine besondere Norm sah der Vorschlag nur für die Ausweisung von Berechtigten nach dem Assabk EWG/Türkei vor. Der Gesetzgeber dehnte dies auf weitere unionsrechtlich privilegierte Personengruppen aus. Auch hinsichtlich der Einzelheiten des Einreise- und Aufenthaltsverbots orientierte sich der Gesetzgeber nicht an der Initiative.

Aus der Entstehungsgeschichte der Neuregelungen in §§ 53 ff. wird allerdings deutlich, dass vor **20** allem die Rspr. des EGMR, des BVerfG und des BVerwG zur Sicherstellung der Verhältnismäßigkeit einer Ausweisung durch einzelfallbezogene Prüfung[121] nunmehr unmittelbar im nationalen Ausweisungsrecht ihren Niederschlag finden soll[122]. Es ist aber nicht gesetzgeberisches Anliegen, jede Einzelheit des vor allem durch die Rspr. des BVerwG „durchjudizierten" bisherigen Ausweisungsrechts vollständig zu verändern. Dies kann als Hilfestellung bei der Lösung von Zweifelsfragen des neuen Rechts dienen.

II. Allgemeines

1. Wirkungen und Rechtsfolgen der Ausweisung nach nationalem Recht

Die **Ausweisung** ist im Aufenthaltsgesetz nicht definiert. Auch das Unionsrecht erläutert in Vor- **21** schriften, die sich mit der Ausweisung von Drittstaatsangehörigen befassen, wie etwa Art. 12 RL 2003/109/EG, diese nicht[123]. Sie ist ein **Verwaltungsakt,** der als ordnungsrechtliche Maßnahme der Abwehr von Gefahren dient, die zukünftig zu befürchten sind, nicht aber eine (Neben-)Strafe für Fehlverhalten in der Vergangenheit, wie dies etwa das französische Recht kennt[124]. Ziel der Ausweisung ist im Allgemeinen die **Vernichtung der Legalität** des **Aufenthalts** des Ausländers, die Beendigung seines Aufenthalts und Verhinderung seiner Wiedereinreise[125]. Eine Ausweisung ist aber auch gegenüber einem Ausländer möglich, der bereits (vollziehbar) ausreisepflichtig ist. In einem solchen Fall dient die Ausweisung dazu, jegliche (weitere) Aufenthaltsverfestigung auszuschließen. Auch die sog. **inlandsbezogene Ausweisung** verfolgt diesen Zweck. Sie zeichnet sich dadurch aus, dass sie den Titelverlust herbeiführt[126]; einer tatsächlichen Aufenthaltsbeendigung stehen jedoch Rechtsgründe entgegen, weshalb die Ausweisungsverfügung in der Regel keine Abschiebungsandrohung enthält. Bei einer inlandsbezogenen Ausweisung nimmt die Rspr. an, dass ein bis auf Weiteres gesicherter Verbleib im Bundesgebiet im Rahmen der Verhältnismäßigkeitsprüfung das Gewicht des Bleibeinteresses verringert[127]; in einem solchen Fall reduziert sich dieses letztlich auf die Möglichkeit eines legalen, auf einen Aufenthaltstitel gestützten Aufenthalts[128]. Der Lauf der Frist eines mit der Ausweisung erlassenen Einreise- und Aufenthaltsverbots beginnt erst mit der Ausreise (§ 11 II 4). Bei einer inlandsbezogenen Ausweisung ist die Dauer des Einreise- und Aufenthaltsverbots mangels anderer Anhaltspunkte nach typisierenden Annahmen festzulegen[129]. Die Bestimmung einer maximalen Dauer des Einreise- und Aufenthaltsverbots unabhängig von einer Ausreise – ein Vorgehen, das dem Wortlaut des § 11 II 4 an sich nicht entspricht – verletzt einen Ausländer jedenfalls nicht in seinen Rechten[130]. Die inlandsbezogene Ausweisung bleibt ungeachtet des Urteils des EuGH vom 3.6.2021[131] praxisrelevant[132]. Eine Ausweisung darf auch allein zu dem Zweck erfolgen, einen Ausländer vom Bundesgebiet fernzuhalten (**einreiseverhindernde Ausweisung**). Zu tatbestandlichen Voraussetzun-

---

[121] IE zu dem letztlich durch die Rechtsprechung initiierten Reformprozess des Ausweisungsrecht *Bode,* Das neue Ausweisungsrecht, 2020, S. 87 ff.
[122] S. etwa Beschlussempfehlung und Bericht des Innenausschusses zum Entwurf des AufenthGÄndG 2015, BT-Drs. 18/5420, 21.
[123] Vgl. näher *Hoppe* in GK-AufenthG Vor §§ 53 ff. Rn. 6 (Stand 5/2021).
[124] Vgl. *Dörig* in Dörig MigrationsR-HdB § 7 Rn. 2; *Hoppe* in GK-AufenthG Vor §§ 53 ff. Rn. 7 f. (Stand 5/2021).
[125] S. bereits BVerwG Urt. v. 31.3.1998 – 1 C 28.97, InfAuslR 1998, 285; *Hoppe* in GK-AufenthG Vor §§ 53 ff. Rn. 94 ff. (Stand 4/2022).
[126] BVerwG Urt. v. 25.7.2017 – 1 C 12.16, BeckRS 2017, 125402 Rn. 23.
[127] BVerwG Urt. v. 9.5.2019 – 1 C 21.18, BeckRS 2019, 16744 Rn. 28; Urt. v. 25.7.2017 – 1 C 12.16, BeckRS 2017, 125402 Rn. 31; Urt. v. 22.2.2017 – 1 C 3.16, NVwZ 2017, 1883 Rn. 58; VGH BW Urt. v. 13.1.2016 – 11 S 889/15, BeckRS 2016, 41711 Rn. 106; Urt. v. 15.4.2021 – 12 S 2505/20, BeckRS 2021, 14599 Rn. 126.
[128] OVG RhPf Urt. v. 5.4.2018 – 7 A 11529/17.OVG, 7 A 11529/17.OVG Rn. 64.
[129] BVerwG Beschl. v. 11.11.2013 – 1 B 11.13, BeckRS 2013, 59147 Rn. 3; Urt. v. 30.7.2013 – 1 C 9.13, NVwZ 2014, 294 Rn. 17.
[130] Vgl. BVerwG Beschl. v. 9.5.2019 – 1 C 14.19, BeckRS 2020, 15865 Rn. 28.
[131] EuGH Urt. v. 3.6.2021 – C-546/19, NVwZ 2021, 1207 – BZ.
[132] → Rn. 33 ff.

gen der Ausweisung gehört nicht, dass sich der Ausländer noch im Bundesgebiet aufhält[133]. Daran hat die Neufassung des § 53 I nichts geändert. Dieser spricht – ebenso wie § 55 I aF – von einer Gefahr des Aufenthalts des Ausländers für die öffentliche Sicherheit und Ordnung. Mit der wirksamen Ausweisung (vgl. § 84 II 1) sind Rechtsfolgen verbunden, die zum Teil unmittelbar kraft Gesetzes eintreten, zum Teil bedarf es weiterer Regelung durch Verwaltungsakte.

22 Kraft Gesetzes begründet die **wirksame Ausweisung** die **Ausreisepflicht** nach Maßgabe des § 50 I. Aufgrund der Ausweisung erlischt nach § 51 I Nr. 5 ein vorhandener Titel, nach § 51 IX auch bei einem Daueraufenthaltsberechtigten. Außerdem erlischt die Befreiung vom Erfordernis eines Aufenthaltstitels (vgl. § 51 V sowie § 41 III 2 AufenthV). Zudem beseitigt die Ausweisung eine Duldungs- oder Erlaubnisfiktion aus § 81 III und IV[134]. Das in § 51 I Nr. 5 gesetzlich angeordnete Erlöschen eines Aufenthaltstitels durch eine Ausweisung gilt erst recht für eine Fiktion. Die **Erlöschenswirkung der Ausweisung** tritt unbeschadet der aufschiebenden Wirkung von Widerspruch und Klage ein. Widerspruch und Klage hindern aber den Eintritt der Vollziehbarkeit der Ausreisepflicht (§ 58 II 2) und führen auf diese Weise zum Vollstreckungsschutz, sofern die Behörde nicht den Sofortvollzug anordnet. In Sonderfällen – etwa Ausweisung eines unerlaubt eingereisten Ausländers – ist die Ausreisepflicht ohnehin vollziehbar, weil eine der Fallgruppen des § 58 II 1 vorliegt. Besonderheiten gelten bei einem assoziationsrechtlichen Aufenthaltsrecht türkischer Staatsangehöriger. Solange Widerspruch und Klage gegen eine Ausweisungsverfügung aufschiebende Wirkung entfalten, erlischt das Aufenthaltsrecht nach **ARB 1/80** nicht; § 84 II 1 findet hier nach dem Grundsatz des „effet utile" keine Anwendung[135]. In dieser unionsrechtlichen Konstellation darf auch das an eine Ausweisung anknüpfende Einreise- und Aufenthaltsverbot – so denn ein solches verfügt werden darf[136] – erst dann Wirksamkeit entfalten, wenn die Ausweisung unanfechtbar geworden oder die sofortige Vollziehbarkeit angeordnet worden ist. Weitere Folgen der Ausweisung sind der Eintritt kraft Gesetzes bestehender oder angeordneter Maßnahmen nach § 56 sowie die Notwendigkeit der **Überwachung** der Ausreise nach Maßgabe des § 58 III Nr. 3 mit der Konsequenz der Erforderlichkeit der Abschiebung unter den Voraussetzungen des § 58 I 1. Ist der Ausländer aufgrund eines besonders schwerwiegenden Ausweisungsinteresses nach § 54 I ausgewiesen worden, erlaubt § 62c I unter den dort weiter genannten Voraussetzungen eine **ergänzende Vorbereitungshaft**. Bei einer Ausweisung aufgrund einer strafrechtlichen Verurteilung entfällt nach § 77 III 4 die Übersetzungspflicht der verwaltungsbehördlichen Entscheidung (vgl. § 77 III 1)[137]. Eine solche Ausnahme sieht allerdings Art. 12 III RL 2008/115/EG nicht vor[138], weshalb die Regelung aufgrund des Vorrangs des Unionsrechts nicht zur Anwendung kommt, wenn ein Sachverhalt vorliegt, der vom Anwendungsbereich der Rückführungsrichtlinie erfasst wird[139]. Soweit nach § 30 III Nr. 6 AsylG ein unbegründeter Asylantrag als offensichtlich unbegründet abzulehnen ist, wenn der Ausländer nach §§ 53, 54 AufenthG vollziehbar ausreisepflichtig ist, hat die Vorschrift, die im Wortlaut allein an §§ 53, 54 AufenthG in der bis 31.12.2015 geltenden Fassung anknüpft, keinen Anwendungsfall mehr, da eine Anpassung an das ab 1.1.2016 geltende Ausweisungsrecht mit seiner gänzlich anderen Struktur unterblieben ist[140].

23 Nach § 50 VI 2 kann ein Ausländer, gegen den ein Einreise- und Aufenthaltsverbot nach § 11 besteht, zum Zweck der Einreiseverweigerung zur Zurückweisung und für den Fall des Antreffens im Bundesgebiet zur Festnahme ausgeschrieben werden. Die Ausweisung mit ihrem Einreise- und Aufenthaltsverbot führt zudem in der Regel zu einer **Ausschreibung im Schengener Informationssystem,** sodass die Einreise im gesamten Schengengebiet gesperrt ist. Die Voraussetzungen für die

---

[133] BVerwG Urt. v. 31.3.1998 – 1 C 28.97, InfAuslR 1998, 285.
[134] BVerwG Urt. v. 14.5.2013 – 1 C 13.12, NVwZ-RR 2013, 778 Rn. 35; SächsOVG Beschl. v. 10.10.2019 – 3 B 235/19, BeckRS 2019, 24825 Rn. 6; *Hailbronner* AuslR AufenthG § 81 Rn. 22a (Stand 1.4.2020); *Fleuß* in BeckOK AuslR AufenthG § 51 Rn. 6 (Stand 1.1.2022); *Funke-Kaiser* in GK-AufenthG, § 81 Rn. 63 u. 67 (Stand 1/2019); aA SchlHOVG Beschl. v. 9.2.1993 – 4 M 146/92, NVwZ-RR 1993, 437 – zu § 44 I Nr. 1 AuslG 1990.
[135] VGH BW Beschl. v. 16.11.2010 – 11 S 2328/10, InfAuslR 2011, 51; Urt. v. 15.11.2017 – 11 S 1555/16, BeckRS 2017, 140682 Rn. 84; *Huber* in Huber/Mantel, AufenthG/AsylG, 3. Aufl. 2021, § 84 Rn. 6; *Funke-Kaiser* in GK-AufenthG § 84 Rn. 83 ff. (Stand 1/2019). Der Gegenauffassung des NdsOVG (Beschl. v. 28.1.2021 – 13 ME 355/20, InfAuslR 2021, 143) ist nicht zu folgen, weil die schematische Regelung in § 84 II 1 der unionsrechtlich gebotenen notwendigen Einzelfallbetrachtung nach Art. 14 ARB 1/80, die sich auch auf den Zeitpunkt erstreckt, wann Folgen aus einer Ausweisung gezogen werden können, nicht gerecht wird (vgl. auch *Hoppe* in GK-AufenthG Vor §§ 53 ff. Rn. 98 <Stand 4/2022>); die Geltung von § 84 II 1 auch in Bezug auf das assoziationsrechtliche Aufenthaltsrecht bejahend BVerwG Urt. v. 16.2.2022 – 1 C 6.21, BeckRS 2022, 10733 Rn. 50.
[136] → 31 ff.
[137] → § 77 Rn. 4.
[138] Zum Übersetzungserfordernis nach Art. 12 RL 2008/115/EG auch im Vergleich zu Art. 41 IV GRCh und Art. 6 III lit. c EMRK *Diekmann*, Menschenrechtliche Grenzen des Rückführungsverfahrens in Europa, 2016, S. 146 ff.
[139] → Rn. 30 ff.
[140] → § 30 AsylG Rn. 17; *Funke-Kaiser* in GK-AsylG AufenthG § 30 Rn. 139 (Stand 10/2017); VGH BW Urt. v. 15.4.2021 – 12 S 2505/20, BeckRS 2021, 14599 Rn. 126. Die Gegenauffassung nimmt eine dynamische Verweisung auf die jeweils geltende Fassung der §§ 53, 54 an, vgl. VG Minden Beschl. v. 21.6.2021 – 1 L 359/21.A, BeckRS 2021, 16192 Rn. 50; *Marx*, AsylG, 10. Aufl. 2019, § 30 Rn. 63; *Schröder* in Hofmann, AuslR, 2. Aufl. 2016, AufenthG § 30 Rn. 35.

Ausweisung **Vor §§ 53–56 AufenthG 1**

Eingabe von Ausschreibungen zur Einreise- und Aufenthaltsverweigerung ergeben sich iE aus der **VO (EG) Nr. 1987/2006** v. 20.12.2006[141] und der Nachfolgeregelung **VO (EU) 2018/1861** v. 28.11.2018 über die Nutzung des Schengener Informationssystems für die Rückkehr illegal aufhältiger Drittstaatsangehöriger[142], insbesondere Art. 24, 28, die auch Vorschriften zu Auskunftsansprüchen des Betroffenen und zu gerichtlichem Rechtsschutz enthalten[143]. Nach § 3 BKAG ist das BKA die für das Schengener Informationssystem zuständige nationale Behörde und insbesondere im Fall von Auskunft, Löschung und Berichtigung gegebenenfalls auch Beklagter[144].

Eine **gesetzliche Titelerteilungssperre**, die allein an eine Ausweisung anknüpft, sehen § 25 I 2 und II 2 für anerkannte Asylberechtigte und Flüchtlinge sowie subsidiär Schutzberechtigte vor. Ist der Ausländer vor der Zuerkennung des Status ausgewiesen worden, sperrt die Ausweisung nur dann die Titelerteilung, wenn sie auf den qualifizierten Gründen beruht, die bei Vorliegen des Schutzstatus die Ausweisung tragen[145]. Soweit die gesetzliche Formulierung darauf abstellt, dass die Sperre greift, wenn der Ausländer aufgrund eines besonders schwerwiegenden Ausweisungsinteresses nach § 54 I ausgewiesen worden ist, bedarf dies der unionskonformen Anwendung dahin gehend, dass das Titelerteilungsverbot in einem solchen Fall nur dann eingreifen kann, wie die Ausweisung auch dem unionsrechtlichen Maßstab des Art. 24 RL 2011/95/EU genügt[146]. Außerdem enthält **§ 37 III Nr. 1** eine fakultative gesetzliche Titelerteilungssperre aufgrund einer Ausweisung[147]. 24

Nach nationalem Recht hat die Ausweisung ein – nach **§ 11 I 1 und II 1** idF des 2. RückkehrG vom 15.8.2019[148] gemeinsam mit der Ausweisung zu erlassendes – Einreise- und Aufenthaltsverbot zur Folge, dessen Länge von der ausweisenden Behörde nach Ermessen zu bestimmen ist (vgl. § 11 II 3, III). Die allgemeinen **Sperrwirkungen des § 11 I** treten aufgrund seiner Neufassung nicht mehr unmittelbar kraft Gesetzes ein, sondern hängen von der **Wirksamkeit des verfügten Einreise- und Aufenthaltsverbots** ab. Im Gegensatz zum ursprünglichen Referentenentwurf des BMI zu § 11 I[149] führt der eindeutige Wortlaut des jetzt verabschiedeten Gesetzesfassung des § 11 I 2 („infolge") dazu, dass das Verbot, sich im Bundesgebiet aufzuhalten oder einzureisen oder einen Titel zu erhalten, nicht mehr mit Wirksamkeit der Ausweisung ausgelöst wird, sondern (erst) infolge des behördlich verfügten Einreise- und Aufenthaltsverbots eintritt. Mit Ablauf des Einreise- und Aufenthaltsverbots oder seiner Aufhebung entfällt das Titelerteilungsverbot für alle Aufenthaltszwecke[150]. Seit der Neufassung der § 25 V, IVa und IVb durch das AufenthGÄndG 2015 kann eine Legalisierung des Aufenthalts bei einem ausgewiesenen Ausländer nicht mehr durch die Erteilung eines humanitären Aufenthaltstitels erfolgen, sondern auch hier nur noch nach Ablauf der Dauer des Einreise- und Aufenthaltsverbots oder dessen Aufhebung (vgl. § 11 IV 1). 25

Ändern sich nach Unanfechtbarkeit der Ausweisung die Verhältnisse, zB durch Entfallen des Abschiebungsverbots, ist der Ausländer dem BVerwG zufolge nicht gehindert, seine dann ggf. anders zu gewichtenden Bleibeinteressen in einem **Verfahren nach § 11 IV** geltend zu machen, soweit der Wegfall nicht als wesentliche Änderung der Sachlage iSd § 51 I (L)VwVfG zu werten wäre[151]. § 11 IV greift nicht nur ein, wenn nach Bestandskraft der Ausweisungsverfügung (neue) Tatsachen eintreten, die eine Änderung der Gefahrenprognose rechtfertigen können[152]. Das vom Gesetzgeber vorgesehene selbstständige Verfahren nach § 11 IV kommt auch dann zur Anwendung, wenn Bleibeinteressen einer neuen Bewertung bedürfen, was im Wortlaut durch die Benennung der „Wahrung schutzwürdiger Belange des Ausländers" deutlich wird. Dabei spielt es keine Rolle, dass die Bleibeinteressen gegebenenfalls so schon im Ausweisungsverfahren vorhanden waren. § 11 IV trägt dem Interesse des Ausländers auch in einer solchen Konstellation hinlänglich Rechnung. Wird das Einreise- und Aufenthaltsverbot aufgrund der Änderung der Sachlage aufgehoben, so kommt die Erteilung eines Aufenthaltstitels 26

---

[141] ABl. 2006 L 381, 4.
[142] ABl. 2018 L 312, 1. Zu den Hintergründen der VO vgl. den Vorschlag der Kommission v. 21.12.2016, COM (2016) 882 final, in BR-Drs. 224/17. S. allg. zum Schengener Informationssystem auch *Aden* in Lisken/Denninger PolR-HdB Rn. 205 ff.
[143] Vgl. HessVGH Beschl. v. 10.3.2015 – 10 A 53/14, NVwZ-RR 2015, 712, wonach jeder Betroffene einen Anspruch auf Löschung der durch EU-Behörde eingestellten Ausschreibungsdaten im Schengener Informationssystem vor der deutschen Verwaltungsgerichtsbarkeit geltend machen kann.
[144] VG Wiesbaden Urt. v. 4.3.2010 – 6 K 1371/09.WI, InfAuslR 2011, 173.
[145] Vgl. BVerwG Urt. v. 6.3.2014 – 1 C 2.13, InfAuslR 2014, 223; Urt. v. 22.5.2012 – 1 C 8.11, InfAuslR 2012, 380.
[146] → Rn. 142 ff. sowie zu → § 53 Rn. 95 ff.
[147] → § 37 Rn. 28; *Hoppe* in GK-AufenthG, AufenthG Vor §§ 53 ff. Rn. 105 f. (Stand 4/2022).
[148] BGBl. 2019 I S. 1294.
[149] Dieser hatte folgenden Wortlaut: „Gegen einen Ausländer, der ausgewiesen, zurückgeschoben oder abgeschoben wird, ist ein Einreise- und Aufenthaltsverbot zu erlassen. Der Ausländer darf weder erneut in das Bundesgebiet einreisen, noch sich darin aufhalten, noch darf ihm, selbst im Falle eines Anspruchs nach diesem Gesetz, ein Aufenthaltstitel erteilt werden."
[150] So schon zum früheren Recht BVerwG Urt. v. 6.3.2014 – 1 C 2.13, InfAuslR 2014, 223.
[151] BVerwG Urt. v. 9.5.2019 – 1 C 21.18, BeckRS 2019, 16744 Rn. 28.
[152] Vgl. hierzu OVG Bln-Bbg Urt. v. 12.7.2017 – OVG 11 B 9.16, juris Rn. 16; VGH BW Beschl. v. 25.1.2021 – 12 S 2894/20, BeckRS 2021, 1746 Rn. 7 ff.

ohne vorherige Ausreise in Betracht. Das Verfahren nach § 11 IV ist hinsichtlich des Einreise- und Aufenthaltsverbots insoweit eine die Vorschrift des § 51 I (L)VwVfG verdrängende Spezialregelung[153]. § 51 I (L)VwVfG ist hingegen anwendbar, wenn infolge des Wegfalls eines rechtlichen Hindernisses eine ursprünglich inlandsbezogene Ausweisung ihren Charakter ändert und zur Grundlage einer Aufenthaltsbeendigung wird, indem die Behörde nunmehr eine Abschiebungsandrohung erlässt.

27 Eine sog. **Zweitausweisung,** dh die Ausweisung eines noch wirksam ausgewiesenen Ausländers, kann zulässig sein[154]. Hat der Ausländer nach bestandskräftiger Ausweisung, deren Wirkungen aufgrund der (früheren) Befristungsentscheidung noch nicht entfallen sind, einen neuen Ausweisungsgrund[155] bzw. – dem nunmehr gleichstehend – ein neues Ausweisungsinteresse verwirklicht, obliegt es dem **Entschließungsermessen** der Ausländerbehörde, ob sie – sofern die Voraussetzungen hierfür vorliegen – eine neue Ausweisung mit einem Einreise- und Aufenthaltsverbot verfügt oder nach § 11 IV 4 das aufgrund der früheren Ausweisung bestehende Einreise- und Aufenthaltsverbot verlängert. Soweit die Rspr. bei der Zweitausweisung die Einschränkung macht, diese sei jedenfalls dann möglich, wenn unklar sei, ob die Erstausweisung weiterhin Bestand habe[156], dürfte dies nur für die frühere Rechtslage vor § 11 idF des RLUmsG 2011 angezeigt gewesen sein. Denn nach alter Rechtslage führte eine Ausweisung dazu, dass ein Ausländer auf zunächst unabsehbare Zeit den gesetzlichen Verboten des § 11 I unterlag, weil die Befristungsentscheidung erst zu einem späteren Zeitpunkt, meist Jahre nach der Ausreise, auf Antrag des Ausländers erfolgte und regelmäßig den Nachweis straffreien Verhaltens erforderte[157]. Eine Zweitausweisung war daher aus Gründen der Gefahrenabwehr in der Regel nicht erforderlich. Anders ist es jedoch nach neuerer Rechtslage, nach der die Dauer des Einreise- und Aufenthaltsverbots von Amts wegen mit Erlass der Ausweisungsverfügung und damit prognostisch bestimmt werden muss, was zur Folge hat, dass die Sperrwirkung durch Zeitablauf trotz eines ggf. weiteren Schutzbedürfnisses der Allgemeinheit entfallen kann.

28 Hat der Ausländer nach Ergehen der ursprünglichen Ausweisung keinen neuen Ausweisungstatbestand verwirklicht, ist er aber nach wie vor eine Gefahr für die öffentliche Sicherheit und Ordnung, so kommt nur eine **Verlängerung des bestehenden Einreise- und Aufenthaltsverbots** nach § 11 IV in Betracht.

2. Ausweisung und Rückführungsrichtlinie

29 In Ausweisungsverfahren ist die RL 2008/115/EG vom 16.12.2008[158], die seit dem Ablauf ihrer Umsetzungsfrist am 24.12.2010 der unionsrechtliche Maßstab für den ausländerrechtlichen Umgang mit illegal aufhältigen Drittstaatsangehörigen im Hoheitsgebiet des Mitgliedstaats (vgl. Art. 2 I) ist[159], zu beachten[160]. Aus der Definition des illegalen Aufenthalts in Art. 3 Nr. 2 der Richtlinie geht hervor, dass sich jeder Drittstaatsangehörige, der sich, ohne die Voraussetzungen für die Einreise in einen Mitgliedstaat oder den dortigen Aufenthalt zu erfüllen, in dessen Hoheitsgebiet befindet, schon allein deswegen illegal dort aufhält, ohne dass Voraussetzungen in Bezug auf die Mindestdauer der Anwesenheit oder die Absicht zum Verbleib im Hoheitsgebiet bestünden[161]. Auf die Gründe für die Illegalität kommt es nicht an[162]. Die Beendigung der Rechtmäßigkeit des Aufenthalts und die Rückkehrentscheidung – nach nationalem Recht die Abschiebungsandrohung – dürfen nach Art. 6 VI RL 2008/115/EG in einer einzigen behördlichen Entscheidung ergehen[163].

---

[153] *Hoppe* in Dörig MigrationsR-HdB § 7 Rn. 160.
[154] OVG LSA Beschl. v. 30.4.2008 – 2 L 109/07, BeckRS 2008, 142016.
[155] Vgl. BVerwG Urt. v. 31.3.1998 – 1 C 28.97, InfAuslR 1998, 285; Urt. v. 5.11.1985 – 1 C 40.82, BVerwGE 72, 191.
[156] BVerwG Urt. v. 31.3.1998 – 1 V 28.97, InfAusR 1998, 285; Urt. v. 5.11.1985 – 1 C 40.82, BVerwGE 72, 191; VG Göttingen Urt. v. 30.7.2013 – 2 A 611/12, BeckRS 2013, 54125.
[157] Vgl. etwa OVG NRW Beschl. v. 23.3.2005 – 18 A 4394/03, BeckRS 2005, 25970; VG Darmstadt Urt. v. 7.6.2006 – 8 E 1402/04, BeckRS 2007, 21283.
[158] ABl. 2008 L 348, 98.
[159] Zu Entstehung, Hintergrund und Zweck der RL 2008/115/EG vgl. Kommissionsvorschlag, Dokument KOM (2005)391 endg. v. 1.9.2005, *Lutz*, The Negotiations on the Return Directive, 2010; *Lutz* in Thym/Hailbronner, EU Immigration and Asylum Law, 3. Aufl. 2022, Chp. 11 Art. 1 Rn. 1ff.; *Franßende la Cerda*, ZAR 2008, 377 (Teil 1) und ZAR 2009, 17 (Teil 2).
[160] Zur RL 2008/115/EG existiert die „Empfehlung (EU) 2017/2338 der Kommission vom 16.11.2017 für ein gemeinsames ‚Rückkehr-Handbuch', das von den zuständigen Behörden der Mitgliedstaaten bei der Durchführung rückkehrbezogener Aufgaben heranzuziehen ist" (ABl 2017 L 339 v. 19.12.2017, 83ff.). Das BVerwG (Urt. v. 21.8.2018 – 1 A 16.17, BeckRS 2018, 23003 Rn. 81; Beschl. v. 9.5.2019 – 1 C 14.19, BeckRS 2019, 17271 Rn. 37ff.) zitiert das Rückkehrhandbuch. Der EuGH betont die Unverbindlichkeit der Empfehlung der Kommission (EuGH Urt. v. 3.6.2021 – C-546/19, NVwZ 2021, 1207 Rn. 47 – BZ – speziell zum Anwendungsbereich der Rückführungs-RL).
[161] EuGH Urt. v. 17.12.2020 – C-808/18, BeckRS 2020, 35695 Rn. 243 – Ungarn.
[162] EuGH Urt. v. 3.6.2021 – C-546/19, NVwZ 2021, 1207 Rn. 43 ff. – BZ.
[163] S. auch EuGH Urt. v. 19.6.2018 – C-181/16, NVwZ 2018, 1625 Rn. 49 – Gnandi.

a) **Kein Opt-out aus der Geltung der Richtlinie.** Drittstaatsangehörige, die wegen strafgericht- 30
licher Verurteilung ausgewiesen worden sind, sind nicht aufgrund von Art. 2 II lit. b RL 2008/115/
EG dem gesamten Anwendungsbereich der Richtlinie entzogen[164]. Der Gesetzgeber hat allerdings
eine punktuelle Abweichung vom Anwendungsbereich des Art 11 II RL 2008/115/EG hinsichtlich
der Geltungsdauer des Einreiseverbots bei Ausweisung verurteilter Straftäter beabsichtigt[165]. Zwar ist
die vom BVerwG offengelassene Frage[166], ob ein **selektives Opt-out** zulässig ist, zu bejahen[167]. Es
gehört jedoch zu den Grundsätzen des Unionsrechts, dass Rechtsvorschriften klar, bestimmt und in
ihren Auswirkungen vorhersehbar sind[168]. Ein lediglich in einer Gesetzesbegründung erfolgter Hinweis
genügt nicht der unionsrechtlich gebotenen Klarheit für die Frage der Geltung einer Norm[169]. Im
Übrigen gilt die Opt-out Klausel, die auf eine Rückkehrpflicht „infolge einer strafrechtlichen Sanktion" abstellt[170] und ohnehin nicht greifen würde, wenn die Rückkehrverpflichtung auf einem Fehlverhalten ohne strafrechtliche Ahnung beruht (vgl. etwa das Ausweisungsinteresse der Terrorismusunterstützung nach § 54 I Nr. 2), nicht für die gesetzliche Regelung einer ordnungsrechtlichen
Verfügung durch eine Verwaltungsbehörde im Anschluss an eine strafrechtliche Sanktion. Eine belastbare Äußerung des EuGH zu dieser Frage liegt zwar nicht vor[171]. Aus der Entstehungsgeschichte der
Klausel, mit der Befürchtungen von Mitgliedstaaten, durch die Richtlinie werde in ihr nationales
Strafrecht eingegriffen, begegnet werden sollte[172], folgt aber, dass die Regelung ausschließlich die
Fallkonstellation erfasst, in der die Rückkehrpflicht **unmittelbar durch eine strafrechtliche Sanktion (als Nebenfolge)** ausgelöst, also justiziell ausgesprochen wird[173]. Erfasst wird daher zB der
Ausspruch eines Aufenthaltsverbots durch das Strafgericht in einem Mitgliedstaat anlässlich der Verurteilung eines Drittstaatsangehörigen wegen Raubs. Die Begrenzung der Klausel auf eine derartige
Fallkonstellation folgt auch aus der Überlegung, dass es sich um eine eng auszulegende Ausnahmevorschrift[174] handelt. Die RL 2008/115/EG bezweckt für alle Verfahrensstadien von der Rückkehrentscheidung bis zur deren Vollstreckung Garantien zur vollständigen Wahrung der Grundrechte und
der Würde der betroffenen Person[175]. Vor diesem Hintergrund ist ein Opt-out nur mit Bezug zum
Strafverfahren unschädlich, weil die Beachtung der mit der Richtlinie intendierten formellen und
materiellen Garantien gleichwertig durch die den rechtsstaatlichen Grundsätzen verpflichtete Strafjustiz
erfolgt[176].

---

[164] BVerwG Beschl. v. 6.5.2020 – 1 C 14.19, BeckRS 2020, 15865 Rn. 4 ff. in Ergänzung zu BVerwG Beschl. v. 9.5.2019 – 1 C 14.19, BeckRS 2019, 17271; nachfolgend EuGH Urt. v. 3.6.2021 – C-546/19, NVwZ 2021, 1207 Rn. 39, 48 – BZ.
[165] Vgl. näher BVerwG Beschl. v. 6.5.2020 – 1 C 14.19, BeckRS 2020, 15865 Rn. 5; BT-Drs. 17/6053 v. 6.6.2011, S. 7 i. V. m. BT-Drs. 17/5470 v. 12.4.2011 – Entwurf eines Gesetzes zur Umsetzung aufenthaltsrechtlicher Richtlinien der Europäischen Union und zur Anpassung nationaler Rechtsvorschriften an den EU-Visakodex, S. 21 zu Nr. 9 (§ 11): „Die in dem neuen Satz 4 vorgesehenen Ausnahmen von der regelmäßigen Höchstfrist von 5 Jahren beruhen auf Artikel 2 Absatz 2 Buchstabe b – gegenüber verurteilten Straftätern wird der Anwendungsbereich der Richtlinie insoweit eingeschränkt – und Artikel 11 Absatz 2 Satz 2 (schwerwiegende Gefahr für die Sicherheit und Ordnung) der Rückführungsrichtlinie. Eine strafrechtliche Verurteilung im Sinne der Ausnahme erfordert das Zugrundeliegen schwerwiegender Straftaten ...". Das Gesetz zur Neubestimmung des Bleiberechts und der Aufenthaltsbeendigung (vgl. den Entwurf BT-Drs. 18/4097 v. 25.2.2015) sowie das 2. Gesetz zur besseren Durchsetzung der Ausreisepflicht, das weitere Verschärfungen hinsichtlich der Geltungsdauer des Einreise- u. Aufenthaltsverbots enthält, befassen sich weder im Gesetzestext noch in der Begründung mit einem „Ausstieg" aus der RL 2008/115/EG; → § 11 Rn 2 ff.
[166] BVerwG Beschl. v. 6.5.2020 – 1 C 14.19, BeckRS 2020, 15865 Rn. 7.
[167] *Lutz* in Thym/Hailbronner, EU Immigration and Asylum Law, 3. Aufl. 2022, Chp.11 Art. 2 Rn. 6.
[168] EuGH Urt. v. 20.1.2022 – C-432/20, BeckRS 2022, 316 Rn. 39 – ZK.
[169] Vgl. VGH BW Urt. v. 29.3.2017 – 11 S 2029/16, BeckRS 2017, 115876 Rn. 84.
[170] Der seit 12.9.2018 diskutierte Vorschlag der Kommission für Neufassung Rückführungsrichtlinie (COM (2018) 634 final <Kommission 2018/0329 (COD)>; Bundesrat Drs. 473/18) enthält bzgl. der Opt-Out-Klausel keine Änderungen (vgl. auch *Majcher/Swik*, Legislation without Evidence: The Recast of the EU Return Directive, European Journal of Migration and Law 23, 2021, S. 103 ff.).
[171] Aufgrund der jeweiligen konkreten Vorlagefragen verhalten sich die folgenden Urteile, auch wenn diese Art. 2 II lit. b RL 2008/115/EG ansprechen, nicht hierzu: EuGH Urt. v. 19.9.2013 – C-297/12, NJW 2014, 527 Rn. 50 ff. – Filev und Osmani; Urt. v. 6.12.2011 – C-329/11, BeckRS 2011, 81777 Rn. 41 – Achughbabian; Urt. v. 28.4.2011 – C-61/11 PPU, BeckRS 2011, 80455 Rn. 49 – El Dridi, Urt. v. 7.6.2016 – C-47/15, BeckRS 2016, 81139 – Rn. 48 – Affum. Das bzgl. EuGH Urt. v. 3.6.2021 – C-546/19, NVwZ 2021, 1207 Rn. 42 ff. – BZ vom GA herangezogene Bsp. für ein Opt-out betrifft ein sich aus dem französischen Strafrecht ergebendes und justiziell verhängtes Einreiseverbot (Schlussanträge v. 10.2.2021 – C-546/19, BeckRS 2021, 1355 Rn. 68 iVm Fn. 30).
[172] *Lutz*, The Negotiations on the Return Directive, 2010, unter 2.2.2, S. 32.
[173] VGH BW Urt. v. 29.3.2017 -11 S 2029/16, BeckRS 2017, 115876 Rn. 79 f.; Urt. v. 15.4.2021 – 12 S 2505/20, BeckRS 2021, 14599 Rn. 148 ff. (Revision beim BVerwG anhängig unter 1 C 20.21); *Funke-Kaiser* in GK-AufenthG § 59 Rn. 302 (Stand 12/2016).
[174] *Majcher*, The European Union Returns Directive and Its Compatibility with International Human Rights Law, 2020, S. 13.
[175] EuGH Urt. v. 14.1.2021 – C-441/19, NVwZ 2021, 550 Rn. 70 – TQ; Urt. v. 17.12.2020 – C-808/18, BeckRS 2020, 35695 Rn. 248 – Ungarn; Urt. v. 5.6.2014 – C-146/14 PPU, BeckRS 2014, 81054 Rn. 38 – Mahdi.
[176] AA wohl BVerwG Urt. v. 16.2.2022 – 1 C 6.21, BeckRS 2022, 10733 Rn. 54.

31 **b) Rückkehrentscheidung und Einreise- und Aufenthaltsverbot.** Folge des illegalen Aufenthalts ist die Rückkehrentscheidung (Art. 6 I RL 2008/115/EG), dh die behördliche oder richterliche Entscheidung oder Maßnahme, mit der der illegale Aufenthalt von Drittstaatsangehörigen festgestellt und eine Rückkehrverpflichtung auferlegt oder festgestellt wird (Art. 3 Nr. 4 RL 2008/115/EG). Es bestimmt sich nach dem jeweiligen nationalen Recht, welcher staatliche Akt eine Rückkehrentscheidung darstellt[177]. Die Ausweisung selbst ist keine Rückkehrentscheidung iSd Art. 3 Nr. 4, Art. 6 I RL 2008/115/EG[178]. Die Ausweisung beendet, jedenfalls bei Ausländern mit rechtmäßigem Aufenthalt, erst die Legalität des Aufenthalts; Rückkehrentscheidung ist die **Abschiebungsandrohung** nach § 59[179]. Da eine Rückkehrentscheidung eines der in Art. 3 Nr. 3 Rückführungs-RL genannten Länder als **Zielort für die Rückkehr** ausweisen muss, kommt der Erlass einer Rückkehrentscheidung nicht in Betracht, wenn ein Zielland nicht in rechtlich zulässiger Weise festgelegt werden kann[180]. Es ist auch nicht zulässig – quasi auf Vorrat – eine Rückkehrentscheidung zu erlassen, deren Vollzug durch Abschiebung völlig ungewiss ist[181]. Teil der Rückkehrentscheidung ist die Entscheidung über die Bestimmung einer **Frist zur freiwilligen Ausreise** (Art. 7 RL 2008/115/EG), weshalb bei einer fehlerhaften Bestimmung der Ausreisefrist die Abschiebungsandrohung insgesamt rechtswidrig ist[182].

32 Die Rechtmäßigkeit einer Rückkehrentscheidung setzt nicht voraus, dass sie mit einem Einreise- und Aufenthaltsverbot verbunden ist[183]. Nach dem Urteil des EuGH vom 3.6.2021, welches auf einer Vorlage des BVerwG[184] basiert, ist aber ein **Einreise- und Aufenthaltsverbot ohne Rückkehrentscheidung,** dh nach deutschem Recht die Abschiebungsandrohung, **unzulässig.** Dem EuGH zufolge ist es nicht möglich, für einen Drittstaatsangehörigen, der sich ohne Aufenthaltsberechtigung und ohne Aufenthaltstitel im Hoheitsgebiet eines Mitgliedstaats befindet, ein Einreiseverbot vorzusehen, gegen den aber keine wirksame Rückkehrentscheidung besteht[185]. Kann – wie im Fall des Klägers im Ausgangsverfahren – aufgrund des Grundsatzes der Nichtzurückweisung keine Abschiebung erfolgen, ist es nach den Ausführungen des EuGH nicht gerechtfertigt, keine Rückkehrentscheidung zu erlassen, sondern die Abschiebung wird nach Art. 9 I lit. a RL 2008/115/EG ausgesetzt[186]. Nach Beantwortung der Vorlagefragen durch den EuGH ist das Revisionsverfahren eingestellt worden[187].

33 Die Ausführungen des EuGH im Urteil vom 3.6.2021, wonach es kein Einreise- und Aufenthaltsverbot ohne Abschiebungsandrohung gibt und dieses Verbot erst seine Wirksamkeit entfaltet, ab dem Zeitpunkt, zu dem der Betroffene das Hoheitsgebiet der Mitgliedstaaten tatsächlich verlässt, scheint das Ende der sog. inlandsbezogenen Ausweisung zu bedeuten[188]. Außerdem wird die Ausgestaltung des deutschen Ausweisungsrechts, das schon ein an die Ausweisung anknüpfendes Einreise- und Aufenthaltsverbot vorsieht, infrage gestellt[189].

34 Eine **inlandsbezogene Ausweisung** von Ausländern, die über die Zuerkennung der Flüchtlingseigenschaft oder die Zuerkennung des subsidiären Schutzes verfügen, ist jedoch nach wie vor möglich. Sie sind auch nach einer Ausweisung **nicht illegal iSd RL 2008/115/EG,** weshalb der Anwendungsbereich der Richtlinie nicht eröffnet ist. Die **Ausweisung eines anerkannten Flüchtlings** ist nur zum Zweck des Verlusts des Aufenthaltstitels zulässig (Art. 24 I RL 2011/95/EU). Der Flüchtlingsstatus bleibt erhalten, ebenso grundsätzlich die übrige Rechte aus Kapitel VII RL 2011/95/EU[190]. Für die Legalität des Aufenthalts – und damit für die fehlende Illegalität iSd Art. 2 I, Art. 3 Nr. 2 RL

---

[177] EuGH Urt. v. 3.6.2021 – C-546/19, NVwZ 2021, 1207 Rn. 53 – BZ.
[178] BVerwG Beschl. v. 9.5.2019 – 1 C 14.19, BeckRS 2019, 17271 Rn. 30 ff.; VGH BW Urt. v. 10.2.2012 – 11 S 1361/11, NVwZ-RR 2012, 492 Rn. 82 ff.; *Dörig* in Dörig, MigrationsR-HdB, 2. Aufl. 2020, § 7 Rn. 3.
[179] BVerwG Urt. v. 21.8.2018 – 1 C 22.17, NVwZ 2019, 417- Rn. 35; Urt. v. 21.8.2018 – 1 C 21.17 NVwZ 2019, 483, Rn. 18 (zu § 34 AsylG); Urt. v. 29.5.2018 – 1 C 17.17, BeckRS 2018, 13058 – Rn. 24; Beschl. v. 9.5.2019 – 1 C 14.19, BeckRS 2019, 17271 Rn. 35; Beschl. v. 6.5.2020 – 1 C 14.19, BeckRS 2020, 15865 Rn. 14.
[180] EuGH Urt. v. 24.2.2021 – C-673/19, BeckRS 2021, 2426 Rn. 42 – M.A; Urt. v. 14.5.2020 – C-925/19 PPU, BeckRS 2020, 8429 Rn. 115 – FMS ua.
[181] Vgl. EuGH Urt. v. 14.1.2021 – C-441/19, NVwZ 2021, 550 Rn. 49 ff. – TQ – zu Art. 10 I RL 2008/115/EG.
[182] VGH BW Beschl. v. 7.12.2020 – 12 S 3065/20, BeckRS 2020, 35826 Rn. 17 ff.
[183] BVerwG Urt. v. 21.8.2018 – 1 C 21/17, NVwZ 2019, 483 Rn. 22.
[184] BVerwG Beschl. v. 9.5.2019 – 1 C 14.19, BeckRS 2019, 17271. Der Vorlage lag eine bestandskräftige Ausweisungsentscheidung (BVerwG Urt. v. 9.5.2019 – 1 C 21.18, BeckRS 2019, 16744) zugrunde, bei der die ursprünglich verfügte Abschiebungsandrohung im Widerspruchsverfahren aufgehoben wurde, weil das Bundesamt beim Kläger ein nationales Abschiebungsverbot nach § 60 V iVm Art. 3 EMRK hinsichtlich Syrien festgestellt hatte, weshalb über ein – nach nationalem Recht an die Ausweisung anknüpfendes – Einreise- und Aufenthaltsverbot ohne Abschiebungsandrohung zu entscheiden war.
[185] EuGH Urt. v. 3.6.2021 – C-546/19, NVwZ 2021, 1207 Rn. 53 ff. – BZ.
[186] EuGH Urt. v. 3.6.2021 – C-546/19, NVwZ 2021, 1207 Rn. 58 f. – BZ.
[187] BVerwG Beschl. v. 7.7.2021 – 1 C 15.21, BeckRS 2021, 35405.
[188] *Bauer/Hoppe* NVwZ 2021, 1210.
[189] Vgl. VGH BW Urt. v. 15.4.2021 – 12 S 2505/20, BeckRS 2021, 14599 Rn. 134 ff. Die Revision gegen dieses Urt. ist anhängig unter BVerwG 1 C 20.21.
[190] EuGH Urt. v. 24.6.2015 – C-373/13, BeckRS 2015, 80822 Rn. 95 ff. – H.T.; Urt. v. 21.11.2018 – C-713/17, NVwZ-RR 2019, 338 Rn. 27 – Ayubi; BVerwG Urt. v. 22.2.2017 – 1 C 3.16, NVwZ 2017, 1883 Rn 49 ff., 55; Urt. v. 25.7.2017 – 1 C 12.16, BeckRS 2017, 125402 Rn. 23.

Ausweisung **Vor §§ 53–56 AufenthG 1**

2008/115/EG – reicht das Recht zum Aufenthalt; dieses muss nicht auf einem Titel beruhen[191]. Dies verdeutlicht auch die „sonstige Aufenthaltsberechtigung" gemäß Art. 6 IV RL 2008/115/EG. Das Recht zum Aufenthalt im Bundesgebiet folgt bei einem hier anerkannten Flüchtling unmittelbar aus dem ihm nach Unionsrecht zuerkannten Status[192]; § 25 I 3 iVm II 2 steht dem nicht entgegen. Erst mit Beseitigung des Status hält sich der Betreffende nicht mehr rechtmäßig im Hoheitsgebiet auf[193]. Außerdem ist dem EuGH zufolge eine Rückkehrentscheidung gegen einen anerkannten Flüchtling nicht zulässig[194], weshalb der EuGH einen Sachverhalt, in dem der Grundsatz der Nichtzurückweisung aus Art. 5 RL 2008/115/EG von vornherein dem Erlass einer Rückkehrentscheidung entgegensteht, wie dies bei anerkannten Flüchtlingen der Fall ist, nicht als in den Anwendungsbereich der RL 2008/115/EG fallend betrachtet[195].

Für die Ausweisung **subsidiär Schutzberechtigter**[196] gilt aufgrund des ihnen ebenfalls zukommenden Status[197] nichts anderes. Ein Ausländer, dessen Aufenthalt ohne Titel rechtmäßig bleibt, ist auch nicht ausreisepflichtig iSd § 50 I. Die durch das Asylrecht gewährten Rechte zum Verbleib im Bundesgebiet existieren unabhängig von Aufenthaltstiteln nach dem AufenthG. So lässt eine Ausweisung während eines **laufenden Asylverfahrens** die Aufenthaltsgestattung nach § 55 AsylG unberührt (vgl. § 67 Asyl), weshalb der Asylbewerber bis zum Erlöschen der Gestattung aus anderen Gründen ebenfalls nicht als illegal aufhältig iSd RL 2008/115/EG gilt[198]. Fehlt es trotz Ausweisung an der Illegalität des Aufenthalts iSd RL 2008/115/EG, gilt allein der Maßstab des nationalen Rechts mit der Möglichkeit, in Anknüpfung an die Ausweisung ein Einreise- und Aufenthaltsverbot nach § 11 I zu verfügen, ohne das Erfordernis einer Abschiebungsandrohung. 35

Die Kategorie der inlandsbezogenen **Ausweisung eines Elternteils bei minderjährigem (deutschen) Unionsbürgerkind**[199] wird aufgrund von Art. 20 AEUV und des sich hieraus ergebenden Maßstabs für die Ausweisung[200] mittlerweile nicht mehr benötigt. Liegt ein Verhältnis zwischen Elternteil und Kind vor, das zu einem unionsrechtlichen Aufenthaltsrecht eigener Art nach Art. 20 AEUV führt[201], und liegen die Voraussetzung für eine Ausweisung auch in Ansehung eines solchen Rechts vor, kann gegen den Drittstaatsangehörige regelmäßig auch eine Abschiebungsandrohung verfügt werden. 36

Ist für einen Ausländer ein **nationales Abschiebungsverbot nach § 60 V iVm Art. 3 EMRK** festgestellt, so darf eine Rückkehrentscheidung den Herkunftsstaat des Betroffenen, in dem ihm eine unter Art. 3 EMRK fallende Behandlung droht, nicht als Zielstaat iSd Art. 3 Nr. 3 bezeichnen. Der Schutz aus Art. 3 EMRK ist absolut. Findet sich vor dem Erlass einer Rückkehrentscheidung kein anderer Staat iSd Art. 3 Nr. 3, dh ein Drittstaat, in den der Ausländer freiwillig einreisen will und der diesen aufnimmt, so führt die Feststellung nach Art. 3 EMRK, die die strikte Beachtung des Grundsatzes der Nichtzurückweisung aus Art. 5 RL 2008/115/EG zur Folge hat, dazu, dass keine Rückkehrentscheidung verfügt werden darf[202]. Dies beachtet der EuGH im Urteil vom 3.6.2021[203] nicht und scheint damit eine neue Kategorie „langfristig illegal aufhältiger Personen" zu kreieren, die sich nicht innerhalb der bisherigen EuGH-Rechtsprechung zur RL 2008/115/EG bewegt[204], die ua auch eine zeitlich enge Verbindung von Rückkehrentscheidung und Rückkehrverfahren einschließlich der Abschiebung mit dem Ziel der Abschiebung innerhalb kürzester Zeit betont[205]. Der EuGH ordnet die RL 2008/115/EG und insbesondere das Einreiseverbot als ein Mittel ein, um die Effizienz der Rück- 37

---

[191] Vgl. *Lutz* in Thym/Hailbronner, EU Immigration and Asylum Law, 3. Aufl. 2022, Chp.11 Art. 3 Rn. 8.
[192] Zur Bedeutung des Status für die Rechte des Flüchtlings vgl. auch *Battjes* in Thym/Hailbronner, EU Immigration and Asylum Law, 3. Aufl. 2022, Chp. 20 Art. 2 Rn. 2 f.
[193] Vgl. auch EuGH Urt. v. 14.5.2019 – C-391/16, C-77/17, C-78/17, NVwZ 2019, 1189 Rn. 104 – M, X, X. Aus dem Zusammenhang der Ausführungen des EuGH in den Rn. 103 u. 104 ist zu schließen, dass nicht der Verlust des Aufenthaltstitels, sondern der diesem vorausgehende Verlust des Status aufgrund einer Maßnahme nach Art. 14 IV der RL 2011/95/EU als entscheidend für den nicht rechtmäßigen Aufenthalt im Hoheitsgebiet des Mitgliedstaats angesehen wird. AA *Hoppe* in GK-AufenthG Vor §§ 53 ff. Rn. 116 f. (Stand 4/2022).
[194] IE EuGH Urt. v. 24.2.2021 – C-673/19, BeckRS 2021, 2426 Rn. 39 ff – M, A, T.
[195] EuGH Urt. v. 24.2.2021 – C-673/19, BeckRS 2021, 2426 Rn. 45 – M, A, T.
[196] Zu deren inlandsbezogener Ausweisung vgl. auch VG Freiburg Urt. v. 21.12.2021 – 8 K 1235/20, BeckRS 2021, 41463 Rn. 52 ff.
[197] S. zum Status *Dörig* in Thym/Hailbronner, EU Immigration and Asylum Law, 3. Aufl. 2022, Chp. 20 Art. 1 Rn. 1 ff.; *Battjes* in Thym/Hailbronner, EU Immigration and Asylum Law, 3. Aufl. 2022, Chp. 20 Art. 20 Rn. 2.
[198] Der Fortbestand der Gestattung über die erstinstanzliche Ablehnung des Antrags auf internationalen Schutz hinaus ist für den Asylsuchenden günstiger als das, was nach Unionsrecht geboten ist (vgl. zu den Erfordernissen des Unionsrechts insoweit EuGH Urt. v. 19.6.2018 – C-181/16, NVwZ 2018, 1625 Rn. 59 – Gnandi).
[199] Vgl. BVerwG Urt. v. 30.7.2013 – 1 C 9.12, NVwZ 2014, 294 Rn. 24.
[200] EuGH Urt. v. 13.9.2016 – C-304/14, NVwZ 2017, 223 → Rn. 71 ff.
[201] Zu den Voraussetzungen des Aufenthaltsrechts aus Art. 20 AEUV *Fleuß*, juris BR-BVerwG Anm. 3.
[202] *Lutz* in Thym/Hailbronner, EU Immigration and Asylum Law. 3. Aufl. 2022, Chp.11 Art. 5 Rn. 9; vgl. auch EuGH Urt. v. 24.2.2021 – C-673/19, BeckRS 2021, 2426 Rn. 39 ff. – M, A, T; U. v. 14.5.2020 – C-924/19 PPU, C-925/19 PPU, EuGRZ 2020, 546 Rn. 114 ff. – FMS, FNZ.
[203] EuGH Urt. v. 3.6.2021 – C-546/19, NVwZ 2021, 1207 – BZ.
[204] Vgl. *Lutz* in Thym/Hailbronner, EU Immigration and Asylum Law, 3. Aufl. 2022, Chp.11 Art. 7 Rn. 32a.
[205] EuGH Urt. v. 14.1.2021 – C-441/19, NVwZ 2021, 550 Rn. 79 – TQ.

38 kehrpolitik der Union zu erhöhen[206]. Eine Fallkonstellation dem Anwendungsbereich der RL 2008/115/EG zu unterwerfen, in der im Vorhinein auf unabsehbare Zeit Art. 3 EMRK einer Rückführung entgegensteht, entspricht nicht diesem Anliegen. Die durch das Urteil des EuGH vom 3.6.2021 hervorgerufenen Inkonsistenzen werden voraussichtlich nicht allein durch Vorlagefragen des Öst. VGH mit Beschluss vom 20.10.2021 geklärt werden können[207].

38 Nicht nur mit Bezug zur inlandsbezogenen Ausweisung, sondern generell für das Ausweisungsrecht ist es zudem kritisch zu sehen, dass der EuGH in seinem Urteil vom 3.6.2021 die Rechtsprechung des EGMR aus dem Blick verloren hat. Der **EGMR** ordnet ein **Einreise- und Aufenthaltsverbot** und dessen Dauer materiell unter dem Gesichtspunkt der Verhältnismäßigkeit des Eingriffs in Rechte aus Art. 8 I EMRK der **Ausweisung** zu[208]. Ausgehend von den Schlussanträgen des Generalanwalts basiert das Urteil des EuGH zudem auf der unzutreffenden Grundannahme, dass die RL 2008/115/EG ein umfassendes, exklusives Instrument für die Abwehr von Gefahren ist, die von illegal (gewordenen) Drittstaatangehörigen ausgehen, die sich im Hoheitsgebiet des Mitgliedstaats aufhalten[209]. Solches lässt sich weder aus Art. 11 II 2 RL 2008/115/EG, wonach die Dauer des Einreiseverbots fünf Jahre überschreiten kann, wenn der Drittstaatangehörige eine schwerwiegende Gefahr für die öffentliche Ordnung, die öffentliche Sicherheit oder die nationale Sicherheit darstellt, herleiten, noch aus Kohärenzüberlegungen, die der Generalanwalt angestellt hat[210]. Der Generalanwalt ist der Auffassung, dass Einreise- und Aufenthaltsverbote, die auf die in Art. 24 II VO (EG). 1987/2006[211] angeführte Gefahr für die öffentliche Sicherheit oder Ordnung oder die nationale Sicherheit gestützt werden, sich nur auf die Drittstaatangehörigen beziehen, die sich zum Zeitpunkt ihrer Verhängung außerhalb des Hoheitsgebiets des betreffenden Mitgliedstaats aufhalten[212], Einreise- und Aufenthaltsverbote für bereits im Hoheitsgebiet eines Mitgliedstaats Aufhältige hingegen durch die RL 2008/115/EG geregelt werden. Zum einen wird bei der Argumentation, die Ausschreibung nach Art. 24 VO (EG) 1987/2006 gelte nicht für Drittausländer, die sich im Mitgliedstaaten aufhalten, Art. 24 III VO (EG) Nr. 1987/2006 übersehen[213]. Zum anderen verdeutlicht die VO (EU) 2018/1861[214] in ihrem Art. 24 I lit. a und b das Nebeneinander einer nationalen Entscheidung zur Einreise- und Aufenthaltsverweigerung und eines Einreiseverbots nach RL 2008/115/EG[215].

39 Der EuGH sollte durch eine erneute Vorlage Gelegenheit erhalten, seine Ausführungen im Urteil vom 3.6.2021[216] zu überdenken. Bei der Ausweisung eines Ausländers, der über ein Abschiebungsverbot nach § 60 V iVm Art. 3 EMRK verfügt, kann die Problemlösung nicht darin bestehen, einer Ausweisung eine Abschiebungsandrohung mit Zielstaat beizufügen, die aufschiebend bedingt ist (Wegfall des Abschiebungsverbots) oder die mit der Maßgabe erfolgt, dass die Zielstaatsbestimmung später erfolgt[217]. Solches wird Art. 6 I iVm Art. 3 Nr. 3 RL 2008/115/EG nicht gerecht[218]. Dass auf

---

[206] EuGH Urt. v. 17.9.2020 – C-806/18, BeckRS 2020, 23035 Rn. 32 – JZ.
[207] Im Verfahren C-663/21 ua folgende Frage gestellt: Stehen die Bestimmungen der RL 2008/115/EG, im Besonderen deren Art. 5, Art. 6, Art. 8 und Art. 9, einer nationalen Rechtslage entgegen, wonach gegen einen Drittstaatsangehörigen, dem sein bisheriges Aufenthaltsrecht als Flüchtling durch Aberkennung des Status des Asylberechtigten entzogen wird, selbst dann eine Rückkehrentscheidung zu erlassen ist, wenn bereits im Zeitpunkt der Erlassung der Rückkehrentscheidung feststeht, dass eine Abschiebung wegen des Verbots des Refoulement auf unbestimmte Dauer nicht zulässig ist und dies auch in einer der Rechtskraft fähigen Weise festgestellt wird?
[208] Vgl. etwa EGMR Urt. v. 7.12.2021 – 57467/15, BeckRS 2021, 37505 Rn. 182, 199 – Savran; Urt. v. 30.11.2021 – 40240/19, BeckRS 2021, 36600 Rn. 35 – Avci; Urt. v. 27.10.2005 – 32231/02, BeckRS 2008, 6768 Rn. 65 f. – Keles; vgl. auch *Pätzold* in Karpenstein/Mayer, EMRK, 3. Aufl. 2022, Art. 8 Rn. 110. Dem ist – unter der Geltung der RL 2008/115/EG – jedenfalls bislang das BVerwG gefolgt; vgl. grundlegend BVerwG, Urt. v. 14.2.2012 – 1 C 7.11, NVwZ 2012, 1558 Rn. 28 ff.; Urt. v. 10.7.2012 – 1 C 19.11, NVwZ 2013, 365 Rn. 33 ff., 37.
[209] Der EuGH hat insoweit die entsprechenden Ausführungen des Generalanwalts nicht ausdrücklich zitiert, sich aber auch nicht von ihnen distanziert.
[210] Generalanwalt beim EuGH Schlussanträge v. 10.2.2021 – C-546/19, BeckRS 2021, 1355 Rn. 65 ff. – BZ.
[211] VO (EG) Nr. 1987/2006 vom 20.12.2006 über die Einrichtung, den Betrieb und die Nutzung des Schengener Informationssystems der zweiten Generation (SIS II), ABl. 2006 L 381, S. 4.
[212] Generalanwalt beim EuGH Schlussanträge v. 10.2.2021 – C-546/19, BeckRS 2021, 1355 Rn. 66 – BZ.
[213] Art. 24 III VO (EG)1987/2006 lautet wie folgt: Eine Ausschreibung kann auch eingegeben werden, wenn die Entscheidung nach Absatz 1 darauf beruht, dass der Drittstaatsangehörige ausgewiesen, zurückgewiesen oder abgeschoben worden ist, wobei die Maßnahme nicht aufgehoben oder ausgesetzt worden sein darf, ein Verbot der Einreise oder gegebenenfalls ein Verbot des Aufenthalts enthalten oder davon begleitet sein muss und auf der Nichtbeachtung der nationalen Rechtsvorschriften über die Einreise oder den Aufenthalt von Drittstaatsangehörigen beruhen muss.
[214] VO (EU) 2018/1860 vom 28.11.2018 über die Nutzung des Schengener Informationssystems für die Rückkehr illegal aufhältiger Drittstaatsangehöriger, ABl. 2018 L 312, S. 1. Vgl. zur umstrittenen Frage, ob die VO gilt, auch wenn der nach Art. 66 II vorgesehen Beschluss der Kommission zur Festlegung des Datums der Inbetriebnahme des SIS gem. dieser VO noch nicht ergangen ist, OVG Bln-Bbg Beschl. v. 24.1.2020 – OVG 3 L 163.19, BeckRS 2020, 652 Rn. 23; *Hoppe* in GK-AufenthG Vor §§ 53 ff. Rn. 133 (Stand 4/2022).
[215] *Hoppe* in GK-AufenthG Vor §§ 53 ff. Rn. 133 ff. (Stand 4/2022).
[216] EuGH Urt. v. 3.6.2021 – C-546/19, NVwZ 2021, 1207 – BZ.
[217] Vgl. hierzu *Maor* in BeckOK AuslR AufenthG § 1 Rn. 7.1 f. (Stand 1.1.2022).
[218] → Rn. 31.

der Grundlage dieses EuGH-Urteils die Titelerteilungssperre nach § 11 I 2 nicht greift, ist kein unüberwindliches Folgeproblem. Einer Titelerteilung steht selbständig tragend § 5 I Nr. 2 entgegen. Soweit im Wege des Ermessens von § 5 I Nr. 2 abgesehen werden kann (§ 5 III 2, § 27 III 2), obliegt es der Behörde zu begründen, weshalb solches nicht erfolgt.

Bei der „klassischen" Ausweisung, die mit einer Abschiebungsandrohung verbunden wird und die **40** auf die tatsächliche Beendigung des Aufenthalts im Bundesgebiet gerichtet ist, wird bisher ein Einreise- und Aufenthaltsverbot für die Ausweisung und ein solches im Falle der Abschiebung angeordnet und hierfür ggfs. auch unterschiedliche Fristen vorgesehen. Soll den Ausführungen im Urteil des EuGH vom 3.6.2021 Rechnung getragen werden, bietet es sich an, ein **einheitliches Einreise- und Aufenthaltsverbot** von einer bestimmten Dauer zu erlassen, das sowohl für den Fall der freiwilligen Ausreise als auch für den der Abschiebung gilt. Art. 11 RL 2008/115/EG erlaubt solches[219]. Die erforderliche Rechtsgrundlage dürfte in einer **richtlinienkonformen Rechtsfortbildung** von § 11 I und II zu sehen sein[220]. Das Unionsrecht intendiert den Erlass von Einreise- und Aufenthaltsverbot zur Abwehr von Gefahren für die öffentliche Sicherheit und Ordnung. Die Anordnung im konkreten Fall kann sich – insbesondere bei Verfügungen, die vor dem Urteil vom 3.6.2021 ergangen sind – aus einer entsprechenden Auslegung des Verwaltungsakts ergeben. Im Regelungsmodell der RL 2008/115/EG ist das Einreiseverbot als antragsunabhängige, mit einer Rückkehrentscheidung von Amts wegen einhergehende Einzelfallentscheidung ausgestaltet, in der die Dauer der befristeten Untersagung des Aufenthalts in Anbetracht der jeweiligen Umstände des Einzelfalls festgelegt wird[221]. Die Formulierung **„Einhergehen"**[222] zwingend nicht zu dem Verständnis, dass Rückkehrentscheidung sowie Einreise- und Aufenthaltsverbot aus der Hand einer Behörde stammen sowie zeitlich und inhaltlich aufeinander abgestimmt sein müssen. Liegt bereits – wie im Fall eines Asylsuchenden, dessen Schutzbegehren insgesamt ohne Erfolg geblieben ist, eine – nicht erledigte – Abschiebungsandrohung durch das Bundesamt vor, muss die Ausländerbehörde bei einer Ausweisung vor Verfügung eines Einreise- und Aufenthaltsverbots keine erneute Abschiebungsandrohung erlassen; es genügt für das „Einhergehen" das objektive Vorliegen der Abschiebungsandrohung des BAMF[223]. Dies gilt auch dann, wenn sich die persönlichen Umstände, die zum Zeitpunkt des Eintritts der Unanfechtbarkeit der Abschiebungsandrohung des BAMF vorhanden waren, nunmehr geändert haben. Nach Art. 5 RL 2008/115/EG müssen vor Erlass einer Rückkehrentscheidung in gebührender Weise insbesondere das Wohl eines Kindes und familiäre Belange berücksichtigt werden[224]. Allerdings erfolgt diese Prüfung bereits vollumfänglich bei der Ausweisung. Liegt der Ausweisung etwa die Trennung von einem Kind zugrunde, bedarf es bei der Abschiebungsandrohung als Grundlage der Trennung keiner zusätzlichen Erwägungen mehr[225]. Insoweit gilt nichts anderes als im Verhältnis spezialpräventiver Ausweisung und Art. 7 IV RL 2008/115/EG (Abschiebung aus der Haft ohne Einräumung einer Frist zur freiwilligen Ausreise); auch hier ergeben sich die einzelfallbezogene Prüfung und maßgebliche Feststellungen bereits aus der Ausweisung[226].

3. Bestandskräftige Ausweisungsverfügung

Der zeitliche Ablauf des Einreise- und Aufenthaltsverbots oder dessen Aufhebung (§ 11 IV), die **41** Rücknahme der Ausweisung nach § 48 (L)VwVfG, die mit Wirkung für die Zukunft oder die Vergangenheit erfolgen kann[227], der Widerruf nach § 49 (L)VwVfG oder das Wiederaufgreifen des Verfahrens (Zweitbescheid)[228] sind Instrumentarien, um die Wirkungen der Ausweisung zu beseitigen bzw. den Weg in eine erneute Legalisierung zu eröffnen. Die Rechtskraft eines Urteils, das die Anfechtungsklage gegen eine Ausweisungsverfügung abgewiesen hat, steht der Rücknahme nach § 48

---

[219] *Bauer/Hoppe* NVwZ 2021, 1210.
[220] Vgl. zu einer anderen Konstellation der Rechtsfortbildung im Rahmen des § 11 BVerwG Urt. v. 21.8.2018 – 1 C 21.17, NVwZ 2019, 483 Rn. 26 ff. (statt gesetzliches Einreise- und Aufenthaltsverbot einzelfallbezogener Verwaltungsakt).
[221] *Fricke* jurisPR-BVerwG 25/2018 Anm. 4.
[222] In der englischen Fassung der RL 2008/115/EG „accompanied by".
[223] Vgl. auch BVerwG Urt. v. 16.2.2022 – 1 C 6.21, juris, wonach – in Wahrung der Anforderungen aus dem Urteil des EuGH v. 3.6.2021 – C-546/21, NVwZ 2021, 1207 – BZ – auch eine asylrechtliche Rückkehrentscheidung für den Erlass eines ausweisungsbezogenen Einreise- und Aufenthaltsverbot durch die Ausländerbehörde ausreichend ist.
[224] EuGH Urt. v. 11.3.2021 – C-112/20, BeckRS 2021, 3890 Rn. 31 ff. – M. A.
[225] Vgl. VGH BW Beschl.v. 21.1.2022 – 12 S 152/22 nv.
[226] OVG NRW Beschl. v. 8.5.2019 – 18 B 176/19, BeckRS 2019, 8245 Rn. 13 ff., 17 unter Hinweis auf EuGH Urt. v. 11.6.2015 – C-554/13, NVwZ 2015, 1200 Rn. 50, 57 – Zh.
[227] OVG NRW Beschl. v. 1.6.2011 – 12 A 1901/10, BeckRS 2012, 45155; VGH BW Urt. v. 4.11.2009 – 11 S 2472/08, InfAuslR 2010, 83 – Anspruch auf Rücknahme nur, wenn Aufrechterhaltung der Ausweisung schlechthin unerträglich.
[228] Näher BVerwG Urt. v. 22.10.2009 – 1 C 15.08, BVerwGE 135, 121 und Urt. v. 22.10.2009 – 1 C 26.08, BVerwGE 135, 137; VGH BW Urt. v. 30.4.2008 – 11 S 759/06, VBlBW 2009, 32.

L(VwVfG) grundsätzlich entgegen[229]. Allein die Tatsache, dass eine ohne gerichtliche Überprüfung die bestandskräftig gewordene Ausweisung auf einem Verstoß gegen Art. 8 EMRK beruht, weil sie unverhältnismäßig gewesen ist, begründet keine Reduzierung des in § 48 I 1 (L)VwVfG normierten Rücknahmeermessens auf null[230]. Ein Rückgriff auf die allgemeine Vorschrift des § 49 (L)VwVfG scheidet nach der Rspr. des BVerwG[231] jedenfalls dann aus, wenn es um die Berücksichtigung von Sachverhaltsänderungen geht, die für den Fortbestand des Ausweisungszwecks erheblich sind, insoweit ist das Befristungsverfahren vorrangig. Gleiches gilt hinsichtlich des Wiederaufgreifens nach § 51 I Nr. 1 (L)VwVfG[232].

4. Überlagerung durch Verfassungs-, Unions- und Völkerrecht

42 Die Ausweisungsvorschriften des nationalen Rechts sind – auch in ihrer Neufassung – in vielfältiger Weise durch **Vorgaben des Verfassungs-, Unions- und Völkerrechts** überlagert. Rechtsakte über Freizügigkeit von Unionsbürgern, über Aufenthalt und Familienzusammenführung von Drittstaatsangehörigen sowie über Aufnahme, Rechtsstellung und Verfahren für Asylbewerber und andere Flüchtlinge sind einige Bsp. aus dem Unionsrecht. Das Völkerrecht hat als Rechtsquelle Bedeutung, weil insbesondere durch Assoziations-Abkommen der EU mit anderen Staaten Rechte für Drittstaatsangehörige begründet werden, die gegenüber nationalem Recht Anwendungsvorrang genießen. Zu nennen sind hier nicht nur das Assoziationsabkommen mit der Türkei und die auf diesem beruhenden weiteren Akte, sondern auch das Europaabkommen, die Stabilisierungs- und Assoziationsabkommen mit (zukünftigen) Beitrittsstaaten sowie den Europa-Mittelmeer-Abkommen. mit den Maghreb-Staaten. Aus dem Völkervertragsrecht sind vor allem das Abkommen über die Rechtsstellung der Flüchtlinge (sog. Genfer Flüchtlingskonvention – GFK), das Abkommen über die Rechtsstellung der Staatenlosen[233] und die EMRK[234] anzuführen.

III. Verfassungsrecht

1. Schutz von Ehe und Familie

43 Die **Folgen der Ausweisung treffen** in der Regel **auch Kinder und (Ehe-)Partner als sonst Unbeteiligte.** Das Ausweisungsrecht zählt in differenzierter Weise (vgl. etwa § 55 I Nr. 3 und 4; II Nr. 3–6) familiäre Bindungen ausdrücklich als schutzwürdig auf und ordnet ihnen normativ verschieden gewichtete Bleibeinteressen zu. Die Vertypungen entbinden aber nicht von der Prüfung, ob nach den konkreten Umständen des Einzelfalls Art. 6 GG eine höhere Gewichtung von familiären Bindungen gebietet.

44 **Art. 6 GG gewährt** zwar **keinen unmittelbaren Anspruch auf Aufenthalt. Aber:** Die in **Art. 6 I iVm II GG** enthaltene wertentscheidende Grundsatznorm, nach welcher der Staat die Familie zu schützen und zu fördern hat, **verpflichtet die Ausländerbehörde, bei der Entscheidung über aufenthaltsbeendende Maßnahmen die familiären Bindungen** des den (weiteren) Aufenthalts begehrenden Ausländer an Personen, die sich berechtigterweise im Bundesgebiet aufhalten, pflichtgemäß, dh entsprechend dem Gewicht dieser Bindungen, in ihre Erwägungen **zur Geltung zu bringen.** Dieser verfassungsrechtlichen Pflicht des Staates zum Schutz der Familie entspricht ein Anspruch des Trägers des Grundrechts aus Art. 6 GG darauf, dass die zuständigen Behörden und Gerichte bei der Entscheidung über das Aufenthaltsbegehren seine familiären Bindungen an im Bundesgebiet lebende Personen angemessen berücksichtigen. Dabei geht es nicht nur um die Bedeutung der Familie für den Ausländer, sondern ebenso um die Bedeutung des Ausländers für die Familie. Der verfassungsrechtliche Schutz der Familien mit minderjährigen Kindern trägt der spezifischen Schutz- und Entwicklungsbedürftigkeit der Kinder Rechnung. Bei der Würdigung der Eltern-Kind-Beziehung im Zusammenhang mit aufenthaltsrechtlichen Entscheidungen ist grundsätzlich davon auszugehen, dass der Aufbau und die Kontinuität emotionaler Beziehungen zu Vater und Mutter in aller Regel der Persönlichkeitsentwicklung des Kindes dienen und ein Kind beide Elternteile braucht[235]. Familiäre Beziehungen sind jedoch auch jenseits des speziellen Entwicklungsbedarfs minderjähriger Kinder wegen ihrer generellen Bedeutung für die Persönlichkeitsentfaltung verfassungsrechtlich geschützt[236].

---

[229] BVerwG Urt. v. 22.10.2009 – 1 C 26.08, BVerwGE 135, 137; VGH BW Urt. v. 18.6.2008 – 13 S 2809/07, VBlBW 2009, 73.
[230] VGH BW Beschl. v. 23.3.2020 – 12 S 299/19, BeckRS 2020, 5695.
[231] BVerwG Urt. v. 4.9.2007 – 1 C 21.07, BVerwGE 129, 243.
[232] BayVGH Beschl. v. 22.2.2021 – 10 ZB 20.1592, BeckRS 2021, 4154 Rn. 7.
[233] BGBl. 1976 II S. 473.
[234] BGBl. 1952 II S. 685. Zu Entstehungsgeschichte, Ratifizierung und Fortentwicklung der EMRK vgl. *Karpenstein/Mayer*, Einleitung Rn. 1 ff.
[235] BVerfG Beschl. v. 22.5.2018 – 2 BvR 941/18, juris Rn. 7; Beschl. v. 8.12.2005 – 2 BvR 1001/04, InfAuslR 2006, 122 (125).
[236] BVerfG Beschl. v. 24.6.2014 – 1 BvR 2926/13, NJW 2014, 2853.

Der **Schutz der Familie** nach Art. 6 I GG umfasst klassischerweise die **Kernfamilie**, bestehend 45
aus Eltern[237](teilen) und ihren leiblichen Kindern[238]. Durch Art. 6 I sind aber **auch andere Familien-
konstellationen geschützt**[239]: Kind mit seinem leiblichen Elternteil und dessen Ehepartner (Stiefelternteil); Ehegatten mit einem Adoptiv- oder Pflegekind; leiblicher nichtrechtlicher Vater mit
sozialen Bindungen zum Kind; leiblicher (nichtrechtlicher) Vater bislang ohne soziale Bindungen zum
Kind, der Umgang aufbauen will[240], gleichgeschlechtliche Eltern mit Kind.

Mit Beschluss vom 24.6.2014[241] hat das BVerfG den seine frühere Rspr. prägenden engen Familien- 46
begriff im Sinne der Kernfamilie aufgegeben und den von Art. 6 I GG verbürgten Schutz auf jene
Mitglieder des nahen Familienverbands erstreckt, zwischen denen von familiärer Verbundenheit
geprägte enge Bindungen bestehen. Dies entspricht auch dem Verständnis des EGMR bei der Aus-
legung des Rechts auf Achtung des Familienlebens nach Art. 8 I EMRK. Damit kann etwa die
Beziehung zwischen Großeltern und Enkeln, vor allem in der **Mehrgenerationenfamilie** unter
Art. 6 I GG fallen, ebenso die Bindungen, die mit **Verwandten der Seitenlinie** bestehen, wie etwa
Onkel-Neffe[242].

Bei aufenthaltsbeendenden Maßnahmen ist eine **Betrachtung des Einzelfalls** geboten. Es sind die 47
familiären Bindungen mit dem ihnen zukommenden Gewicht zu berücksichtigen, aber auch alle
weiteren Umstände, die den Fall prägen[243]. Vorausgesetzt wird außer rechtlichen Bindungen eine
tatsächliche Verbundenheit zwischen Familienmitgliedern[244]. Bei der Bewertung der familiären
Beziehungen kommt es insoweit nicht darauf an, ob eine häusliche Gemeinschaft vorliegt und ob die
von einem Familienmitglied erbrachte Lebenshilfe auch von einer anderen Person erbracht werden
könnte[245]. Stellt die gemeinsame Wohnung aber typischerweise den gemeinsamen Lebensmittelpunkt
einer familiären Lebensgemeinschaft dar, so bedarf es bei einem Getrenntleben zusätzlichen Anhaltspunkte, um eine familiäre Lebensgemeinschaft annehmen zu können[246].

Besonderen Schutz genießen **Ausländer, die mit Deutschen verheiratet** sind oder denen die 48
Sorge über ein Kind mit deutschen Staatsangehörigen zusteht. Die verfassungsrechtliche
Garantie von Ehe und Familie gilt aber auch für rein ausländische Familien[247]. Eine Ehe ist nicht
deshalb weniger schutzwürdig, weil sie nach der Verwirklichung eines Ausweisungstatbestands eingegangen ist[248]. Dennoch darf dem Vertrauen auf die Führung der Ehe im Inland geringeres Gewicht
beigemessen werden, wenn schon bei Eheschließung mit einer Ausweisung zu rechnen war[249]. Hält
einer der Partner nicht mehr an der Ehe fest, entfällt der Schutzbedürftigkeit der ehelichen Beziehung.

Dem **Ausländer**, der **mit einer deutschen Staatsangehörigen verheiratet** ist und im Bundes- 49
gebiet in ehelicher Lebensgemeinschaft lebt, steht nach § 55 I Nr. 4 ein **Bleibeinteresse** iSv § 53 I
zur Seite, **das besonders schwer wiegt.** Er darf ausgewiesen werden, wenn trotz der Ehe sein
Aufenthalt im Inland nicht weiter hingenommen werden kann[250]. Der Wille des deutschen Partners,
die Ehe in Deutschland zu führen, ist bei jeder Entscheidung über die Ausweisung von Amts wegen zu
berücksichtigen[251]. Bei der Abwägung der gegenläufigen öffentlichen und privaten Belange ist einzustellen, dass ein Deutscher – anders als ein im Bundesgebiet lebender Ausländer – grundsätzlich nicht
darauf verwiesen werden darf, seine Ehe im Ausland zu führen. Das Grundrecht des Art. 11 GG

---

[237] Ob Eltern miteinander verheiratet sind, ist nicht relevant, vgl. BVerfG Beschl. v. 19.2.2013 – 1 BvL 1/11, 1 BvR 3247/09, NJW 2013, 847.
[238] BVerfG Beschl. v. 21.7.2005 – 1 BvR 817/05, NVwZ-RR 2005, 825; vgl. ausdrücklich dazu, dass Art. 6 I GG nicht den Schutz der Generationen-Großfamilie umfasst, BVerfG Beschl. v. 31.5.1978 – 1 BvR 683/77, BVerfGE 48, 327 (339).
[239] S. zum Folgenden *Britz* NZFam 2018, 289.
[240] BVerfG Beschl. v. 19.11.2014 – 1 BvR 2843/14, NJW 2015, 543.
[241] BVerfG Beschl. v. 24.6.2014 – 1 BvR 2926/13, NJW 2014, 2853.
[242] Zur Bedeutung und Tragweite der Erweiterung des Familienschutzes durch das BVerfG vgl. auch *Uhle* NVwZ 2015, 272.
[243] BVerfG Beschl. v. 5.6.2013 – 2 BvR 586/13, NVwZ 2013, 1207; Beschl. v. 27.8.2010 – 2 BvR 130/10, InfAuslR 2011, 287.
[244] BVerfG Beschl. v. 9.1.2009 – 2 BvR 1064/08, NVwZ 2009, 387; Beschl. v. 12.5.1987 – 2 BvR 1226/83 ua, BVerfGE 76, 1 (43 f.); Beschl. v. 8.12.2005 – 2 BvR 1001/04, InfAuslR 2006, 122 (123 f.).
[245] BVerfG Beschl. v. 27.8.2010 – 2 BvR 130/10, InfAuslR 2011, 287; Beschl. v. 9.1.2009 – 2 BvR 1064/08, NVwZ 2009, 387; Beschl. v. 23.1.2006 – 2 BvR 1935/05, InfAuslR 2006, 320 (321); Beschl. v. 8.12.2005 – 2 BvR 1001/04, InfAuslR 2006, 122 (124); BVerwG Beschl. v. 9.12.1997 – 1 C 19.96, BVerwGE 106, 13 (18).
[246] BVerwG Urt. v. 9.12.1997 – 1 C 19.96, BVerwGE 106, 13 (18 f.).
[247] BVerfG Beschl. v. 12.5.1987 – 2 BvR 1226/83 ua, BVerfGE 76, 1; zur „Scheinehe" BVerwG Urt. v. 3.6.1982 – 1 C 241.79, EZAR 125 Nr. 3.
[248] BVerwG Urt. v. 17.1.1989 – 1 C 46.86, BVerwGE 81, 155.
[249] BVerwG Beschl. v. 18.6.1992 – 1 B 78.92, InfAuslR 1992, 306.
[250] So schon zum früheren Ausweisungsrecht BVerwG Urt. v. 3.5.1973 – I C 33.72, BVerwGE 42, 133; Urt. v. 11.6.1975 – I C 8.71, BVerwGE 48, 299; Urt. v. 27.9.1978 – I C 48.77, BVerwGE 56, 256; Beschl. v. 20.9.1978 – 1 CB 26.78, EZAR 123 Nr. 1; vgl. auch BVerwG-K Beschl. v. 11.5.1993 – 2 BvR 1989/92 ua, InfAuslR 1993, 311 und aktueller VG Saarland Beschl. v. 25.2.2016 – 6 L 2026/15, BeckRS 2016, 44151.
[251] BVerfG Beschl. v. 15.6.1993 – 2 BvR 900/93, InfAuslR 1994, 311; BVerwG Urt. v. 27.9.1978 – 1 C 79.76, BVerwGE 56, 246 (250).

gewährt ihm – anders als einem Ausländer – das Recht zum Aufenthalt in Deutschland[252]. Der Anspruch des deutschen Staatsangehörigen auf Führung einer Ehe im Inland wird nicht dadurch relativiert, dass er ausländischer Abstammung ist[253] oder eine doppelte Staatsangehörigkeit hat. Der Ausweisungsschutz wird verstärkt, wenn aus dieser Ehe ein Kind mit deutscher Staatsangehörigkeit hervorgegangen ist, denn Art. 6 I, II GG garantiert die Familie mit Kindern als Lebensgemeinschaft und die freie Wahrnehmung der Elternverantwortung[254].

50 Allerdings hat das BVerwG[255] entschieden, dass allein die **deutsche Staatsangehörigkeit des minderjährigen Kindes** für sich genommen noch nicht dazu führe, dass ihm ein Verlassen des Bundesgebiet unzumutbar sei, sondern dies anhand aller **Umstände des Einzelfalls**, wie etwa der Frage der Beziehung zum anderen in Deutschland verbliebenen Elternteil oder der möglichen Re-Integration in die deutschen Lebensverhältnisse, aufzuklären sei. Zwar folgt aus dem Aufenthaltsbestimmungsrecht der Eltern, dass Minderjährige den Ort ihres Aufenthalts nicht frei wählen können. Dass der deutschen Staatsangehörigkeit eines Kindes aber von vornherein ein niedrigeres Gewicht beigemessen wird als derjenigen eines Erwachsenen, ist nicht überzeugend, verfassungsrechtlich gibt es keine unterschiedlichen Gruppen von Deutschen.

51 Von Verfahrens wegen ist eine allein **generalpräventiv motivierte Ausweisung** nicht von vornherein ausgeschlossen, wenn die Straftat besonders schwer wiegt und deshalb ein dringendes Bedürfnis daran besteht, über eine strafrechtliche Sanktion hinaus durch Ausweisung anderer Ausländer von Straftaten ähnlich Art und Schwere abzuhalten[256]. Beim Vorliegen einer familiären Lebensgemeinschaft mit einem deutschen Ehepartner bzw. minderjährigen deutschem Kind ist diese in der Praxis allerdings regelmäßig unverhältnismäßig[257].

52 Der Schutz der **rein ausländischen Ehe gegen Ausweisung wirkt schwächer,** weil sich der andere Ehepartner nicht wie ein Deutscher auf ein absolutes Bleiberecht berufen kann. Deshalb ist dem Ehepartner grundsätzlich im Interesse der Fortführung der ehelichen Lebensgemeinschaft die Rückkehr in die gemeinsame Heimat zumutbar[258]. Die Ausweisung kann aber unverhältnismäßig sein und gegen Art. 6 I GG verstoßen, wenn die öffentlichen Interessen an der Ausreise keinen Vorrang gegenüber den familiären Belangen beanspruchen können[259]. Die hier lebenden Familienangehörigen dürfen nicht als bloßes „Anhängsel" des Ausgewiesenen behandelt werden[260]. Es kommt aber entscheidend auch auf deren Aufenthaltsdauer und -verfestigung an[261].

53 Die familiäre (Lebens-)Gemeinschaft zwischen einem **Elternteil und seinem minderjährigen Kind** ist getragen von tatsächlicher Anteilnahme am Leben und Aufwachsen des Kindes[262]. Die Trennung eines Elternteils von einem im Bundesgebiet lebenden Kind ist nicht allein deshalb möglich, weil der Ausländer kein Sorgerecht, sondern nur ein **Umgangsrecht** ausübt. Das Umgangsrecht (vgl. §§ 1626 III, 1684 I BGB) ist Ausdruck und Folge des natürlichen Elternrechts und der damit verbundenen Elternverantwortung[263]. Nicht das Umgangsrecht als solches, sondern die Beziehung des Kindes und der persönliche Kontakt zu dem umgangsberechtigten Elternteil werden durch Art. 6 GG geschützt, denn die Entwicklung eines Kindes wird nicht nur durch quantifizierbare Betreuungsbeiträge der Eltern, sondern auch durch die geistige und emotionale Auseinandersetzung geprägt. Für die Annahme aufenthaltsrechtlicher Vorwirkungen von Art. 6 I GG iVm Art. 8 MRK bedarf es grundsätzlich der auch schon vor der Geburt des Kindes zulässigen Anerkennung der Vaterschaft[264].

---

[252] Vgl. auch BVerwG Urt. v. 4.9.2012 – 10 C 12.12, InfAuslR 2013, 14.
[253] VGH BW Urt. v. 23.10.2012 – 11 S 1470/11, BeckRS 2013, 45579; Urt. v. 30.9.2009 – 13 S 400/09, n.v; HessVGH Beschl. v. 15.7.2003 – 12 TG 1484/03, InfAuslR 2003, 388; VG Frankfurt a. M. Urt. v. 23.3.2006 – 1 E 5525/05, BeckRS 2006, 24798; vgl. auch BVerwG Urt. v. 4.9.2012 – 10 C 12.12, InfAuslR 2013, 14.
[254] BVerfG Beschl. v. 18.7.1979 – 1 BvR 650/77, BVerfGE 51, 386; BVerwG Urt. v. 20.5.1980 – 1 C 55.75, BVerwGE 60, 126; Beschl. v. 17.10.1984 – 1 B 61.84, EZAR 121 Nr. 5; Urt. v. 19.10.1982 – 1 C 100.78, EZAR 124 Nr. 6.
[255] BVerwG Urt. v. 30.7.2013 – 1 C 15.12, ZAR 2014, 75; Urt. v. 13.6.2013 – 10 C 16.12, InfAuslR 2013, 364. Die Entscheidungen betrafen Klagen auf Aufenthaltstitel. Vgl. auch BayVGH Beschl. v. 22.11.2016 – 10 CS. 2215, BeckRS 2016, 55750.
[256] Zur Verfassungsmäßigkeit der Generalprävention näher BVerfG Urt. v. 6.4.1984 – 2 BvR 389/84, EuGRZ 1984, 445; Beschl. v. 22.8.2000 – 2 BvR 1363/00, BeckRS 2000, 22409; Beschl. v. 18.7.1979 – 1 BvR 650/77, BVerfGE 51, 386; zur Generalprävention auch BVerwG Urt. v. 14.2.2012 – 1 C 7.11, NVwZ 2012, 1558 und VGH BW Urt. v. 23.10.2012 – 11 S 1470/11, BeckRS 2013, 45579; s. insgesamt *Kraft* DVBl 2013, 1219 (1221 f.).
[257] VGH BW Urt. v. 23.10.2012 – 11 S 1470/11, InfAuslR 2013, 146.
[258] BVerwG Urt. v. 11.6.1975 – I C 8.71, BVerwGE 48, 299.
[259] BVerwG Urt. v. 20.5.1980 – 1 C 82.76, BVerwGE 60, 133; Urt. v. 16.9.1980 – 1 C 28.78, BVerwGE 61, 32; Beschl. v. 20.9.1978 – 1 CB 26.78, EZAR 123 Nr. 1.
[260] BVerwG Beschl. v. 17.10.1984 – 1 B 61.84, EZAR 121 Nr. 5.
[261] HmbOVG Beschl. v. 4.12.1989 – Bs IV 536/89, EZAR 122 Nr. 11.
[262] BVerfG Beschl. v. 9.1.2009 – 2 BvR 1064/08, NVwZ 2009, 387.
[263] S. allgemein BVerfG Beschl. v. 9.1.2009 – 2 BvR 1064/08, NVwZ 2009, 387; BVerwG Urt. v. 11.1.2011 – 1 C 1.10, BeckRS 2011, 48113 Rn. 33; zur Frage einer zwangsweisen Durchsetzung der Umgangspflicht gegenüber einem umgangsunwilligen Elternteil näher BVerfG Urt. v. 1.4.2008 – 1 BvR 1620/04, NJW 2008, 1287.
[264] BVerfG Beschl. v. 22.5.2018 – 2 BvR 941/18, juris.

Im Falle eines regelmäßigen Umgangs des ausländischen Elternteils, der dem auch sonst Üblichen **54** entspricht, wird in der Regel von einer familiären Gemeinschaft auszugehen sein[265]. Befindet sich der Umgangsberechtigte in Haft, ist zu beachten, dass Umgang nur in dem Maße erfolgen kann, in dem die tatsächlichen Gegebenheiten des Vollzugs dies zulassen; eine familiengerichtliche Umgangsregelung hat für eine Justizvollzugsanstalt keine unmittelbaren rechtlichen Wirkungen[266]. Bei aufenthaltsrechtlichen Entscheidungen, die den **Umgang mit einem Kind** berühren, ist maßgeblich auch auf die Sicht des Kindes abzustellen und im Einzelfall zu untersuchen, ob tatsächlich eine persönliche Verbundenheit besteht, auf deren Aufrechterhaltung das Kind zu seinem Wohl angewiesen ist. Dabei sind die Belange der Elternteile und des Kindes umfassend zu berücksichtigen. Dementsprechend ist im Einzelfall zu würdigen, in welcher Form die Elternverantwortung ausgeübt wird und welche Folgen eine endgültige oder vorübergehende Trennung für die gelebte Eltern-Kind-Beziehung und das Kindeswohl hätte. Ein hohes, gegen die Aufenthaltsbeendigung sprechendes Gewicht haben die Folgen einer Trennung insbesondere, wenn ein noch sehr kleines Kind betroffen ist, das den auch nur vorübergehenden Charakter einer räumlichen Trennung möglicherweise nicht begreifen kann und diese rasch als endgültigen Verlust erfährt[267].

Übt der **biologische Vater,** der nicht der rechtliche Vater ist, ein ihm nach § 1686a BGB **55** zustehendes Umgangsrecht mit dem Kind aus[268], so kann dies nach den konkreten Umständen des Einzelfalls eine nach Art. 6 GG schutzwürdige Beziehung begründen. Entsprechendes gilt, wenn das Kind vollständig in einer **Pflegefamilie** untergebracht ist. Schöpft der ausländische Elternteil die ihm zustehenden Kontaktmöglichkeiten aus, so ist auch hier zu prüfen, welche Folgen aus Sicht des Kindes ein endgültiger oder vorübergehender Abbruch der Beziehung hat. Die gelebte Eltern-Kind-Beziehung zwischen dem rechtlichen Vater, der nicht der biologische Vater ist, die **Vaterschaft** aber **anerkannt** hat, und dem Kind unterfällt ebenfalls dem Schutz des Art. 6 GG[269].

Die Entscheidung über die Ausweisung verlangt daher im Wege einer **Einzelfallbetrachtung** die **56** Prüfung, ob tatsächlich eine persönliche Verbundenheit besteht, auf deren Aufrechterhaltung das Kind zu seinem Wohl angewiesen ist, in welcher Art und Weise die Elternverantwortung ausgeübt wird und welche Folgen eine Ausweisung für die gelebte Eltern-Kind-Beziehung und das Wohl des Kindes hätte[270]. Art. 7 und 24 GRCh ist kein unbedingter Vorrang des Kindeswohls vor entgegenstehenden öffentlichen Interessen zu entnehmen[271]. Entsprechendes gilt für Art. 3 I **UN-Kinderrechtskonvention**[272].

Findet ein tatsächlicher Umgang mit dem Kind nur deshalb nicht statt, weil der sorgeberechtigte **57** Elternteil die **Ausübung des Umgangsrechts**[273] **vereitelt oder wesentlich erschwert,** und bemüht sich der Umgangsberechtigte ernsthaft und nachhaltig – etwa durch Einschalten des Jugendamts bzw. Familiengerichts –, sein Umgangsrecht auszuüben, so kommt es auf die konkreten Umstände des Einzelfalls an, wie dies bei der Entscheidung über die Ausweisung zu würdigen ist. Entspricht die Vorgehensweise des sorgeberechtigten Elternteils nachweislich dem Kindeswohl, kommt dem Wunsch des Ausländers nach Umgang keine Bedeutung zu. Liegen die Gründe für das Fehlen einer schutzwürdigen Eltern-Kind-Beziehung in der Vergangenheit in der Sphäre des ausländischen Elternteils[274] und bemüht sich dieser erst im Zusammenhang mit der ihm drohenden Aufenthaltsbeendigung um die Ausübung des Umgangsrechts, bedarf es für die Annahme einer nunmehr schützenswerten Beziehung besonderer gewichtiger Anhaltspunkte. Die aufenthaltsrechtlichen Schutzwirkungen eines anhängigen familiengerichtlichen Umgangsverfahrens sind aber nicht stärker, als es die Schutzwirkungen eines erfolgreichen Ausgangs dieses Verfahrens wären, weshalb auch für ein Bleiberecht zur Durchführung eines Umgangsverfahrens regelmäßig kein Raum

---

[265] BVerfG Beschl. v. 1.12.2008 – 2 BvR 1830/08, BeckRS 2011, 87023.
[266] Vgl. etwa OLG Brandenburg Beschl. v. 5.12.2018 – 9 UF 217/18, FamRZ 2019, 985.
[267] BVerfG Beschl. v. 9.1.2009 – 2 BvR 1064/08, InfAuslR 2009, 387.
[268] Vgl. hierzu auch BVerfG Beschl. v. 19.11.2014 – 1 BvR 2843/14, NJW 2015, 542 sowie → Rn 45
[269] Vgl. auch BVerwG Urt. V. 24.6.2021 – 1 C 30.20, NVwZ 2021, 168 Rn. 29 f. – zu § 85a I 1.
[270] BVerwG Urt. v. 11.1.2011 – 1 C 1.10, BeckRS 2011, 48113; BayVGH Beschl. v. 19.4.2011 – 10 ZB 11.1749, BeckRS 2011, 30483; Beschl. v. 23.7.2019 – 10 B 18.2464, BeckRS 2019, 17443.
[271] BVerwG Beschl. v. 21.7.2015 – 1 B 26/15, BeckRS 2015, 49497 Rn. 5; BayVGH Beschl. v. 8.7.2011 – 10 ZB.10.3028, NVwZ-RR 2012, 161; vgl. allerdings auch Kluth RdJB 2012, 178.
[272] BVerwG Beschl. v. 10.2.2011 – 1 B 22.10., BeckRS 2011, 48267 Rn. 4; OVG Bln-Bbg Beschl. v. 1.2.2022 – OVG 3 N 130/21, BeckRS 2022, 1354; zur unmittelbaren Geltung der Kinderrechtskonvention vgl. auch *Benassi* InfAuslR 2010, 283; *Löhr* ZAR 2010, 378.
[273] S. allgemein zum Umgangsrecht des leiblichen Vaters und dem Maßstab des Kindeswohls EGMR Urt. v. 15.9.2011 – 17080/07, EuGRZ 2011, 56; Urt. v. 21.12.2010 – 20578/07, EuGRZ 2011, 124; vgl. auch EGMR Urt. v. 22.3.2012 – 45071/09, BeckRS 2012, 9754; Urt. v. 22.3.2012 – 23338/09, NJW 2013, 1937 – Abweisung von Klagen mutmaßlich leiblicher Väter zur Anfechtung der Vaterschaft nicht konventionswidrig.
[274] Vgl. auch BayVGH Beschl. v. 17.9.2014 – 9 B 1450.14, BeckRS 2016, 49965. Scheiterte die Ausübung des Umgangsrechts daran, dass der Ausländer die anfallenden Fahrkosten zum Kind wegen Bedürftigkeit nicht tragen konnte, kann es darauf ankommen, ob dem Ausländer alles getan hat, was ihm möglich und zumutbar ist, um zB eine Kostenübernahme als Mehrbedarf zu erreichen (vgl. zu den Kosten des Umgangs und ihrer sozialrechtlich Geltendmachung *Schmidt* NJW 2014, 2465; *Glatzel* NZS 2015, 152).

besteht, wenn das Ausweisungsinteresse auch dann überwiegen würde, wenn der Ausländer Umgang hätte[275].

58 Bei **schutzwürdigen Beziehungen zwischen dem ausländischen Elternteil und seinem Kind** bzw. (Ehe-)Partner bedarf es im Rahmen der Prüfung der Verhältnismäßigkeit der Ausweisung in jedem Fall einer Güter- und Interessenabwägung anhand der konkreten Umstände des Einzelfalls, um zu prüfen, ob das öffentliche Ausweisungsinteresse die zu erwartenden Beeinträchtigungen der Familie überwiegt[276]. Hierfür können die zu Art. 8 EMRK entwickelten **Boultif/Üner-Kriterien** des **EGMR**[277] herangezogen werden. Geht allerdings vom Ausländer eine sehr hohe Gefahr für besonders gewichtige Rechtsgüter aus, kann selbst bei einer familiären Lebensgemeinschaft mit deutschen (Klein-)Kindern eine Trennung für einen längeren Zeitraum infolge der Ausweisung verhältnismäßig sein[278].

59 Im Falle der **Ausweisung eines minderjährigen Ausländers** wird sein Bleibeinteresse unter den Voraussetzungen des § 55 II Nr. 1, 4 als schwer und unter denjenigen des § 55 I Nr. 1, 2 als besonders schwer gewichtet. Dies bleibt teilweise hinter dem bisherigen Ausweisungsschutz für Minderjährige und Heranwachsende nach § 56 III aF zurück und entbindet nicht davon, mit Blick auf Art. 6 und Art. 2 I GG die Verhältnismäßigkeit in jedem Einzelfall zu prüfen.

60 Da **volljährige Kinder** die Lebenshilfe der Eltern nicht durch Zusammenleben benötigen, sind ihre Interessen an einem Verbleib im Bundesgebiet bei ihren Eltern in der Regel nicht von besonderem Gewicht[279]. Dies gilt unabhängig davon, ob den Eltern eine Rückkehr in die Heimat zum Zwecke des Zusammenlebens mit dem Kind zumutbar ist[280]. **Wirtschaftliche Unterstützung** kann auch durch Geldüberweisungen sichergestellt werden[281]. Art. 6 entfaltet aber dann besondere Schutzwirkung, wenn der Ausländer über das häusliche Zusammenleben auf die Lebenshilfe eines Familienangehörigen angewiesen ist und diese sich nur in der Bundesrepublik Deutschland erbringen lässt, weil dem beteiligten Familienangehörigen ein Verlassen des Bundesgebietes nicht zugemutet werden kann. Dies kann aber auch im umgekehrten Fall gelten, in dem der Ausländer einem anderen erwachsenen Familienmitglied Lebenshilfe erbringt[282].

61 Das **Verlöbnis** steht nicht der Ehe gleich. Da es aber die Wahrnehmung der durch Art. 6 I GG garantierten Eheschließungsfreiheit ermöglicht, darf es bei Entscheidung über eine Ausweisung nicht gänzlich außer Acht gelassen werden[283]. Falls die Eheschließung ernsthaft beabsichtigt und weitgehend vorbereitet ist (Eheschließungstermin konkretisiert, Ehefähigkeitszeugnis liegt bereits vor), kann es zudem nach den Umständen des Einzelfalls erforderlich sein, bei verfügter Ausweisung eine Duldung bis zur Heirat oder hierfür eine Betretenserlaubnis nach § 11 VIII zu erteilen, um die Eheschließung im Inland zu ermöglichen, wenn die Ausreise des anderen Verlobten zum Zwecke der Eheschließung im Ausland mit erheblichen Belastungen verbunden ist und Sicherheitsinteressen nicht entgegenstehen.

2. Schutz des Privatlebens

62 Eine **Ausweisung** ist aufgrund des damit verbundenen Entzugs des Aufenthaltsrechts und der daraus grundsätzlichen folgenden Verpflichtung zur Ausreise unabhängig von weiteren mit der Ausweisung verbundenen Rechtsnachteilen und einer alsbaldigen Durchsetzbarkeit der Ausreisepflicht ein Eingriff in das Grundrecht aus **Art. 2 I GG** auf freie Entfaltung der Persönlichkeit des sich im Bundesgebiet aufhaltenden Ausländers[284]. Die Verhältnismäßigkeit der Maßnahme wird auch hier dadurch sichergestellt, dass unter Heranziehung der gemäß **Art. 8 EMRK** geltenden Maßstäbe eine **einzelfallbezogene Würdigung** und Abwägung der für die Ausweisung sprechenden öffentlichen Belange und der gegenläufigen Interessen des Ausländers erfolgt[285]. Bei im Bundesgebiet aufgewachsenen Ausländern, aber auch bei Ausländern mit langem Aufenthalt[286] kann eine Ausweisung selbst bei schweren Straftaten nach den konkreten Umständen des Einzelfalls, die die Berücksichtigung des Nachtatverhalten sowie des Haft- und gegebenenfalls Therapieverlaufs mit einschließen müssen[287], unverhält-

---

[275] Vgl. näher BremOVG Beschl. v. 30.11.2021 – 2 B 386/21, BeckRS 2021, 37525.
[276] Vgl. schon BVerwG Urt. v. 26.3.1982 – 1 C 29.81, BVerwGE 65, 188.
[277] → Rn. 121 ff.
[278] BVerwG Urt. v. 30.7.2013 – 1 C 9.12, NVwZ 2014, 294 Rn. 25; Beschl. v. 7.12.2011 – 1 B 6.11, BeckRS 2012, 45694 Rn. 8.
[279] BVerwG Urt. v. 18.10.1983 – 1 C 131.80, BVerwGE 68, 101.
[280] BVerwG Urt. v. 26.3.1982 – 1 C 29.81, BVerwGE 65, 188.
[281] BVerfG Beschl. v. 1.3.2004 – 2 BvR 1570/03, InfAuslR 2004, 280.
[282] BVerfG Beschl. v. 27.8.2010 – 2 BvR 130/10, InfAuslR 2011, 287.
[283] BVerwG Urt. v. 16.10.1979 – I C 20.75, BVerwGE 58, 352.
[284] Vgl. BVerfG Beschl. v. 6.12.2021 – 2 BvR 860/21, BeckRS 2021, 40836 Rn. 17; Beschl. v. 19.10.2016 – 2 BvR 1943/16, NVwZ 2017, 229 Rn. 18; Beschl. v. 10.8.2007 – 2 BvR 535/06, InfAuslR 2007, 443; Beschl. v. 10.5.2007 – 2 BvR 304/07, InfAuslR 2007, 275.
[285] BVerfG Beschl. v. 10.5.2007 – 2 BvR 304/07, InfAuslR 2007, 275.
[286] Vgl. auch VG Stuttgart Urt. v. 27.2.2012 – 11 K 2601/11, BeckRS 2012, 48653.
[287] BVerfG Beschl. v. 19.10.2016 – 2 BvR 1943/16, NVwZ 2017, 229.

nismäßig sein[288]. Ein generelles Ausweisungsverbot besteht aber auch für sog. „**faktische Inländer**" nicht; insbesondere entbindet die Bezeichnung eines Ausländers als „faktischer Inländer" auch nicht davon, die im jeweiligen Einzelfall gegebenen Merkmale der Verwurzelung zu prüfen[289].

IV. Unionsrecht

In jedem Ausweisungsverfahren ist zu prüfen, ob der personelle Anwendungsbereich des AufenthG 63 eröffnet ist oder ob die vom Ausländer ausgehenden Gefahr durch eine Verlustfeststellung nach § 6 FreizügG/EU zu begegnen ist[290], weil dieser unter das FreizügG/EU fällt. Gerade bei Familienangehörigen kann die rechtliche Zuordnung schwierig sein[291]. Zudem kann Unionsrecht Einfluss auf den Ausweisungsmaßstab nach dem AufenthG haben.

1. Unionsbürger

EU-Bürger und ihre Familienangehörigen, unabhängig von der Staatsangehörigkeit, werden 64 durch den AEUV, die Freizügigkeits-RL und durch das FreizügG/EU[292] privilegiert. Sie unterfallen nach § 1 II Nr. 1 nicht dem AufenthG. Die Rechte, die die Freizügigkeits-RL oder die Vertragsbestimmungen über die Unionsbürgerschaft den einem Drittstaat angehörenden Familienangehörigen verleihen, sind keine eigenen Rechte dieser Staatsangehörigkeit, sondern Rechte, die daraus abgeleitet werden, dass ein Unionsbürger sein Recht auf Freizügigkeit ausgeübt hat[293].

Der durch **§ 1 FreizügG/EU** erfasste **Personenkreis** ist mit den Staatsangehörigen anderer Mitglied- 65 staaten und ihren Familienangehörigen umschrieben. Der begünstigte Personenkreis wird – soweit es Unionsbürger betrifft – weder durch sekundäres Unionsrecht noch durch den AEUV unmittelbar unionsrechtlich autonom definiert. Zur Bestimmung der Unionsbürgerschaft (Art. 20 I 2 AEUV) ist auf die Staatsangehörigkeit eines Mitgliedstaates und damit auf die nationalen Rechtsordnungen der Mitgliedstaaten über den Erwerb bzw. den Verlust der nationalen Staatsbürgerschaft abzustellen[294].

Besitzt ein **Drittstaatsangehöriger** eine **weitere Staatsangehörigkeit eines EU-Staates,** so 66 kann er sich auf die Staatsangehörigkeit dieses EU-Staates und damit die **Unionsbürgerschaft**[295] berufen[296]. Dem EuGH[297] zufolge ist es unzulässig, wenn ein Mitgliedstaat versuchen würde, die Wirkungen der Staatsangehörigkeit, die ein anderer Mitgliedstaat dem Ausländer verliehen hat, dadurch zu beschränken, dass er eine zusätzliche Voraussetzung für die Anerkennung dieser Staats-

---

[288] BVerfG Beschl. v. 10.5.2007 – 2 BvR 304/07, InfAuslR 2007, 275; Beschl. v. 10.8.2007 – 2 BvR 535/06, InfAuslR 2007, 443.
[289] BayVGH Beschl. v. 10.1.2022 – 19 ZB 21.2053, BeckRS 2022, 354 Rn. 30.
[290] Für die Verlustfeststellung nach § 6 FreizügG/EU gilt ein gestuftes Schutzniveau, vgl. das Vorabentscheidungsersuchen des VGH BW mit Beschl. v. 27.4.2016 – 11 S 2081/15, BeckRS 2016, 46949 und das hierzu ergangene Urteil des EuGH v. 17.4.2018 – C-316/16 und C-424/16, NVwZ 2019, 47 – B u. V sowie die Kommentierung unter § 6 FreizügG/EU. Die Verlustfeststellung ist eine Ermessensentscheidung. Bei der Verfügung einer Verlustfeststellung nach § 6 FreizügG/EU folgt aus der Anforderung, dass die Behörde den Sachverhalt in wesentlicher Hinsicht vollständig und zutreffend zu ermitteln hat, dass sie auch in den Blick zu nehmen hat, welches Aufenthaltsrecht sie mit ihrer Entscheidung zum Erlöschen bringt (VGH BW Beschl. v. 21.11.2018 – 11 S 2019/18, BeckRS 2018, 30946). Die Befristung der Sperrwirkungen nach § 7 II 5 FreizügG/EU ist eine gebundene Entscheidung (BVerwG Urt. v. 25.3.2015 – 1 C 18.14, NVwZ 2015, 1210 Rn. 29; VGH BW Urt. v. 17.5.2021 – 11 S 800/19, BeckRS 2021, 17487 Rn. 117; Urt. v. 15.2.2017 – 11 S 983/16, BeckRS 2017, 103636 Rn. 32 f.; BayVGH Urt. v. 29.1.2019 – 10 B 18.1094, BeckRS 2019, 3409 Rn. 50). Ausweisung und Verlustfeststellung können nicht in das jeweils andere umgedeutet werden, da unterschiedlich Voraussetzungen und Entscheidungsmaßstäbe bestehen.
[291] Vgl. etwa BVerwG Urt. v. 25.10.2017 – 1 C 34.16, ZAR 2018, 162 Rn. 12 ff.; VGH BW Beschl. v. 20.1.2022 – 11 S 2757/20, BeckRS 2022, 556 Rn. 24: Familienangehörige iSd § 1 FreizügG/EU sind nur die von § 1 II FreizügG/EU erfassten Personen; danach fallen bei den in § 1 II Nr. 3 FreizügG/EU u. F. benannten Personen Anwendungsbereich (§ 1 FreizügG/EU) und das Recht auf Einreise und Aufenthalt (§ 2 iVm § 3 FreizügG/EU) zusammen. Eine erweiternde Auslegung dahin gehend, dass bei drittstaatsangehörigen Familienangehörigen von Unionsbürgern der Anwendungsbereich nach § 1 FreizügG/EU unabhängig davon eröffnet ist, ob die Drittstaatsangehörige iSd § 1 II Nr. 3 FreizügG/EU „Familienangehöriger" ist, lehnt das BVerwG ab. S. auch BVerwG Urt. v. 28.3.2019 – C 9.18, ZAR 2019, 340 Rn. 13 ff. sowie *Fricke* jurisPR-BVerwG 14/2019 Anm. 3 zum abgeleiteten unionsrechtlichen Aufenthaltsrecht des Ehegatten eines Unionsbürgers trotz Aufhebung der ehelichen Lebensgemeinschaft im Bundesgebiet bei erneuter Rückkehr des Unionsbürgers nach Deutschland.
[292] Das BVerwG hatte bereits zuvor zum AufenthG/EWG entschieden, dass das Ist- und Regelausweisungssystem auf Unionsbürger keine Anwendung finde. Die damit einhergehende Verengung auf eine Ermessensausweisung wird nicht durch Unionsrecht gefordert, sie hat aber den Vorzug der Klarheit und Einfachheit, da sie die Behörde zwingt, den Sachverhalt umfassend zu würdigen um jeden Anschein eines Automatismus zwischen strafrechtlicher Verurteilung und Ausweisung zu vermeiden, BVerwG Urt. v. 3.8.2004 – 1 C 30.02, BVerwG 121, 297 (302).
[293] EuGH Urt. v. 8.11.2012 – C-40/11, NVwZ 2013, 357 Rn. 66 f. – Iida; Urt. v. 10.9.2019 – C-94/18, ZAR 2020, 195 – Chenchooliah.
[294] EuGH Urt. v. 2.3.2010 – C-135/08, ZAR 2010, 143 – Rottmann.
[295] S. zu deren Begriff und Inhalt auch *Bergmann* HdLexEU Stichwort „Unionsbürgerschaft".
[296] EuGH Urt. v. 7.7.1992 – C-369/90, BeckRS 2004, 76798 Rn. 10 f. – Micheletti; *Kluth* in Calliess/Ruffert AEUV Art. 20 Rn. 9 f.
[297] S. iE EuGH Urt. v. 7.7.1992 – C-369/90, BeckRS 2004, 76798 – Micheletti.

Bauer

angehörigkeit im Hinblick auf die Ausübung der im Vertrag vorgesehenen Grundfreiheiten verlangt. Damit werden die EU-Staaten letztlich verpflichtet, die Staatsangehörigkeit anderer Mitgliedstaaten zu akzeptieren; sie dürfen einen EU-Bürger nicht wegen seiner weiteren Staatsangehörigkeit ausgrenzen. Maßgebliche Staatsangehörigkeit ist damit stets die des Mitgliedstaates der EU, mag effektive Staatsangehörig im Sinne des Völkerrechts im Einzelfall auch die eines Drittstaates sein. Denn die Unionsbürgerschaft knüpft für die Zwecke des Unionsrechts nicht an die „effektive" Staatsangehörigkeit eines anderen Mitgliedstaates an, sondern nur an die Staatsangehörigkeit eines Mitgliedstaates. Den Mitgliedstaaten ist es insoweit verwehrt, bei Vorliegen weiterer Staatsangehörigkeiten Untersuchungen darüber anzustellen, ob die des Drittstaates die effektivere Staatsangehörigkeit ist[298]. Allerdings hat der EuGH auch entschieden, dass Personen, die die Staatsangehörigkeit eines EU-Staates und eines Drittstaates besitzen, die Staatsangehörigkeit des EU-Staates und in der Konsequenz die Unionsbürgerschaft verlieren können, wenn eine echte Bindung zu dem EU-Staat dauerhaft wegfällt[299].

67 Der **drittstaatsangehörige Familienangehörige eines deutschen Staatsangehörigen** fällt nicht in den Anwendungsbereich des FreizügG/EU. Deutsche sind zwar auch Unionsbürger. § 1 FreizügG/EU definiert aber, dass nur Staatsangehörige anderer Mitgliedstaaten Unionsbürger iSd FreizügG/EU sind. An der Nichtanwendbarkeit des FreizügG/EU ändert sich auch dann nichts, wenn etwa der deutsche Ehepartner des drittstaatsangehörigen Ehepartners als **Grenzgänger** von seiner Arbeitnehmerfreizügigkeit aus Art. 45 AEUV Gebrauch macht. Sowohl die RL 2004/38/EG als auch das FreizügG/EU stellen darauf ab, dass sich der Unionsbürger in einem anderen Mitgliedstaat, also nicht dem seiner Staatsangehörigkeit, aufhält[300]. Es fehlt in der Regel an dem erforderlichen Unionsbezug in Fällen, in denen ein deutscher Staatsangehöriger niemals das Recht auf Freizügigkeit innerhalb der EU ausgeübt hat. Denn das Unionsrecht gilt grundsätzlich nicht für Sachverhalte, die sich ausschließlich innerhalb eines Mitgliedstaates abspielen. Ein **grenzüberschreitender Sachverhalt,** der die Anwendbarkeit des Gesetzes eröffnet, liegt grundsätzlich auch vor, **wenn der deutsche Staatsangehörige Dienstleistungen in einem anderen EU-Staat erbringt oder empfängt;** kurzfristige (Besuchs-)Aufenthalte reichen hierfür jedoch nicht. In der Regel begründet ein Unionsbürger bei einem **kurzfristigen Aufenthalt** (Art. 21 AEUV iVm Art. 6 RL 2004/38/EG) von bis zu drei Monaten im EU-Ausland zu Geschäftsreisen, zur Eheschließung oder Urlaubsaufenthalten keinen Aufenthalt iSd Art. 7 RL 2004/38/EG[301].

68 Hat der Unionsbürger demgegenüber von seinem Freizügigkeitsrecht Gebrauch gemacht, hat bei der Rückkehr des Unionsbürgers in seinen Heimatstaat der nachziehende drittstaatsangehörige Familienangehörige ein unionsrechtliches Aufenthaltsrecht. Dies ist etwa gegeben, wenn sich ein Staatsangehöriger eines Mitgliedstaates mit seinem Ehegatten, einem Drittstaatenausländer, in das Hoheitsgebiet eines anderen Mitgliedstaates begeben hat, um dort eine unselbstständige Tätigkeit auszuüben, und anschließend in sein Heimatland zurückkehrt[302].

69 In Fällen, in denen ein Unionsbürger aus einem anderen Mitgliedstaat zunächst von seinem Freizügigkeitsrecht Gebrauch macht und sodann die deutsche Staatsangehörigkeit unter Beibehaltung seiner ursprünglichen Staatsangehörigkeit erwirbt, kann sich der Unionsbürger weiterhin auf Art. 20 AEUV berufen. Weder er noch seine Familienangehörigen fallen jedoch aufgrund des klar begrenzten personellen Anwendungsbereichs unter Art. 3 I RL 2004/38/EG bzw. § 1 I FreizügG/EU. Allerdings spricht der EuGH in einer solchen Konstellation dem drittstaatsangehörigen Familienangehörigen, hier dem Ehepartner, ein aus dem Recht des Unionsbürgers **aus Art. 21 AEUV abgeleitetes Aufenthaltsrecht** zu, wobei die Voraussetzungen für das Aufenthaltsrecht nicht strenger sein dürfen, als die RL 2004/38/EG für einen von ihr unmittelbar erfassten Fall des Familiennachzugs eines Drittstaatsangehörigen vorsieht[303]. Zu der Freizügigkeit gehört dem EuGH zufolge auch das Recht des Unionsbürgers in dem Staat, dessen Staatsangehörigkeit er besitzt, ein normales Familienleben zu führen, insbesondere dort auch mit seinem Familienangehörigen zusammenzuleben[304]. In der Rechtssache

---

[298] *Schönberger,* Unionsbürger, 2005, S. 290.
[299] S. iE EuGH Urt. v. 12.3.2019 – C-221/17, NJW 2019, 1587 Rn. 30 ff. – Tjebbes ua zur Vereinbarkeit einer entsprechenden Bestimmung im niederländischen Recht mit Unionsrecht. Vgl. zur Problematik des Verlusts einer Staatsangehörigkeit kraft Gesetzes vor dem Hintergrund des Unionsrechts und der Rspr. des EuGH zur Notwendigkeit einer Verhältnismäßigkeitsprüfung *Berlit* in RW 2021, 382, 409 f.
[300] Näher VGH BW Beschl. v. 26.1.2010 – 11 S 2482/09, BeckRS 2010, 46716 Rn. 8 ff.
[301] Vgl. etwa EuGH Urt. v. 12.3.2014 – C-456/12, NVwZ-RR 2014, 401 Rn. 56; BVerwG Urt. v. 22.6.2011 – 1 C 11.10, InfAuslR 2011, 369; krit. hierzu *Oberhäuser* NVwZ 2012, 25; vgl. auch VGH BW Beschl. v. 25.1.2010 – 11 S 2181/09, NVwZ 2010, 529, wonach bei einem nur kurzfristigen Aufenthalt des Unionsbürgers von bis zu drei Monaten im EU-Ausland aus Art. 21 I AEUV kein Recht zum längerfristigen Aufenthalt des dort geheirateten Ehegatten im Herkunftsmitgliedstaat des Unionsbürgers folgt.
[302] EuGH Urt. v. 7.7.1992 – C-370/90, NVwZ 1993, 261 – Singh; Urt. v. 11.12.2007 – C-291/05, InfAuslR 2008, 114 – Eind; s. auch erweiternd Urt. v. 25.7.2008 – C-127/08, NVwZ 2008, 1097 Rn. 58 – Metock.
[303] IE EuGH Urt. v. 14.11.2017 – C-165/16, ZAR 2018, 74 Rn. 45 ff. – Lounes.
[304] Krit. zur Rspr. des EuGH in der Rs. Lounes unter dem Aspekt der „Lückenfüllung" *Weber* NVwZ 2018, 130 ff.

Vor §§ 53–56 AufenthG 1

Banger hat der EuGH nach Ausübung des Freizügigkeitsrechts sogar eine langjährige nichteheliche Lebensgemeinschaft unter den Schutz des Unionsrechts gestellt[305].

Ein Aufenthaltsrecht aus Art. 21 AEUV und ein solches aus Art. 20 AEUV haben unterschiedliche **70** Qualitäten. Ein Aufenthaltsrecht nach Art. 21 AEUV[306] vermittelt ein Freizügigkeitsrecht iSv § 2 I FreizügG/EU, auf das die RL 2004/38/EG entsprechend anwendbar ist; es wird unabhängig von der Erteilung einer Aufenthaltserlaubnis unmittelbar kraft Unionsrechts erworben und geht einem Aufenthaltsrecht aus Art. 20 AEUV vor[307]. § 12a FreizügG/EU in der seit 24.11.2020 geltenden Fassung sieht folglich vor, dass auf Familienangehörige und nahestehende Personen von Deutschen, die von ihrem Recht auf Freizügigkeit nachhaltig Gebrauch gemacht haben, die nach dem FreizügG/EU für Familienangehörige und für nahestehende Personen von Unionsbürgern geltenden Regelungen entsprechend Anwendung finden[308].

Der Gesetzgeber hat bewusst § 12a FreizügG/EU nicht jene Lebenssachverhalte unterstellt, in denen **71** das Freizügigkeitsrecht gar nicht vom Stammberechtigten ausgeübt wurde, also kein Fall einer Freizügigkeit des Unionsbürgers nach Art. 21 AEUV vorliegt, sondern nach der Rechtsprechung des EuGH vielmehr ein aus Art. 20 AEUV abgeleitetes unionsrechtliches Aufenthaltsrecht sui generis besteht[309]. Ein **unionsrechtliches Aufenthaltsrecht eigener Art nach Art. 20 AEUV** greift ein, wenn ein vom Drittstaatsangehörigen abhängiger Unionsbürger ohne den gesicherten Aufenthalt des Drittstaatsangehörigen faktisch gezwungen wäre, das Unionsgebiet zu verlassen und ihm dadurch der tatsächliche Genuss des Kernbestands seiner Rechte als Unionsbürger verwehrt würde[310]. Die Gewährung eines solchen Aufenthaltsrechts kann nach der Rspr. des EuGH jedoch nur „ausnahmsweise" oder bei „Vorliegen ganz besonderer Sachverhalte" erfolgen[311]. Verhindert werden soll nämlich nur eine Situation, in der der Unionsbürger für sich keine andere Wahl sieht, als einem Drittstaatsangehörigen, von dem er rechtlich, wirtschaftlich oder affektiv abhängig ist, bei der Ausreise zu folgen oder sich zu ihm ins Ausland zu begeben und deshalb das Unionsgebiet zu verlassen[312]. Ein solches Aufenthaltsrecht wird vor allem mit Bezug auf den drittstaatsangehörigen Elternteil eines im Bundesgebiet lebenden minderjährigen deutschen Kindes relevant, dessen Aufenthalt nicht nach den Bestimmungen des AufenthG legalisiert ist[313]. Die bloße Tatsache, dass es für den Staatsangehörigen des Mitgliedstaates aus wirtschaftlichen Gründen oder zur Aufrechterhaltung der Familiengemeinschaft im Gebiet der Union wünschenswert ist, dass der Drittstaatsangehörige bei ihm bleibt, genügt für ein Aufenthaltsrecht des Drittstaatsangehörigen aus Art. 20 AEUV nicht[314].

Keine rechtliche und wirtschaftliche Abhängigkeit liegt in der Regel vor, wenn der minderjährige **72** Unionsbürger mit einem sorgeberechtigten Elternteil zusammenlebt, der über ein gesichertes Aufenthaltsrecht[315] verfügt und berechtigt ist, einer Erwerbstätigkeit nachzugehen[316]. Für Art. 20 AEUV kann aber ausreichen, dass ungeachtet dessen eine so große **affektive Abhängigkeit** des Kindes von dem nicht aufenthaltsberechtigten Elternteil besteht, dass sich das Kind zum Verlassen des Unionsgebiets gezwungen sähe, wenn dem Drittstaatsangehörigen ein Aufenthaltsrecht verweigert würde. Eine solche Feststellung muss unter Berücksichtigung sämtlicher Umstände des Einzelfalls erfolgen. Hierzu zählen insbesondere das Alter des Kindes, seine körperliche und emotionale Entwicklung, der

---

[305] EuGH Urt. v. 12.7.2018 – C-89/17, NVwZ 2018, 1699 Rn. 20 ff. – Banger; krit. mit Blick auf die dogmatische Herleitung des EuGH *Gutmann* NVwZ 2019, 277 (278).
[306] Vgl. zu dessen Voraussetzungen und Inhalt BVerwG Urt. v. 23.9.2020 – 1 C 27.19, NVwZ 2021, 164 Rn. 14 ff.; VGH BW Beschl. v. 20.1.2022 – 11 S 2757/20, BeckRS 2022, 556 Rn. 56 ff.
[307] *Fricke*, jurisPR-BVerwG 1/2021 Anm. 2.
[308] Näher BT-Drs. 19/21750 v. 19.8.2020 – Entwurf eines Gesetzes zur aktuellen Anpassung des Freizügigkeitsgesetzes/EU und weiterer Vorschriften an das Unionsrecht, S. 48; *Dietz*, NVwZ-Extra 1–2/2021, S. 1; → § 12a FreizügG/EU sowie § 3a FreizügG/EU.
[309] *Dietz*, NVwZ-Extra 1–2/2021, S. 1, 13 unter Hinweis auf BT-Drs. 19/21750 v. 19.8.2020, S. 35 f., 48.
[310] EuGH Urt. v. 19.10.2004 – C-200/02, BeckRS 2004, 78097 Rn. 25 ff. – Zhu und Chen; Urt. v. 8.3.2011 – C-34/09, NVwZ 2011, 545 Rn. 41 ff. – Zambrano; Urt. v. 13.9.2016 – C-165/14, NVwZ 2017, 218 Rn. 51 ff. Rendón Martín; Urt. v. 10.5.2017 – C-133/15, NVwZ 2017, 1445 Rn. 70 ff. – Chavez-Vilchez; Urt. v. 8.5.2018 – C-82/16, NVwZ 2018, 1859 Rn. 64 ff. – K.A; vgl. auch BVerwG Urt. v. 30.7.2013 – 1 C 9.12, NVwZ 2014, 294 Rn. 33 ff.; Urt. v. 12.7.2018 – 1 C 16.17, NVwZ 2019, 486 Rn. 34 ff.; s. zum „Kernbereich der Unionsbürgerschaft" etwa auch *Hailbronner/Thym* NJW 2011, 2008; *Vitzthum* EuR 2011, 550; *Frenz* ZAR 2011, 221; *Huber* NVwZ 2011, 856; *Toggenburg* ELR 2011, 342.
[311] EuGH Urt. v. 15.11.2011 – C-256/11, NVwZ 2012, 97 Rn. 67 – Dereci; Urt. v. 8.11.2012 – C-40/11, NVwZ 2013, 357 Rn. 71 – Iida; Urt. v. 8.5.2018 – C-82/16, NVwZ 2018, 1859 Rn. 51 – K. A.
[312] BVerwG Urt. v. 12.7.2018 – 1 C 16.17, NVwZ 2019, 486 Rn. 35; Urt. v. 30.7.2013 – 1 C 9.12, NVwZ 2014, 294 Rn. 34.
[313] Vgl. dazu, dass sich auch minderjährige Unionsbürger dem Mitgliedstaat gegenüber, dessen Staatsangehörigkeit sie besitzen, auf die mit diesem Status verbundenen Rechte berufen können, EuGH Urt. v. 2.3.2010 – C-135/08, NVwZ 2010, 509 Rn. 41 ff. – Rottmann; *Kluth* in Calliess/Ruffert AEUV Art. 20 Rn. 13 mwN.
[314] EuGH Urt. v. 15.11.2011 – C-256/11, NVwZ 2012, 97 Rn. 68 – Dereci; Urt. v. 6.12.2012 – C-356/11 und C-357/11, EZAR NF 14 Nr. 28 – O. und S; BVerwG Urt. v. 13.6.2013 – 10 C 16.12, NVwZ 2013, 1493 Rn. 11.
[315] ZB ein Elternteil ist deutscher Staatsangehöriger oder verfügt über eine Niederlassungserlaubnis oder einen befristeten Titel, der regelmäßig verlängert wird.
[316] BVerwG Urt. v. 12.7.2018 – 1 C 16.17, NVwZ 2019, 486 Rn. 35.

Grad seiner affektiven Bindung sowohl zu dem Elternteil, der über ein gesichertes Aufenthaltsrecht verfügt, als auch zu dem Elternteil mit Drittstaatsangehörigkeit und das Risiko, das mit der Trennung von Letzterem für das innere Gleichgewicht des Kindes verbunden wäre[317].

73 Sind die Voraussetzungen eines unionsrechtlichen Aufenthaltsrechts eigener Art nach Art. 20 AEUV erfüllt, wird das Aufenthaltsrecht lediglich **deklaratorisch bescheinigt**[318]. Die Berufung auf Art. 20 AEUV kann aber in jedem ausländerrechtlichen Verfahrensstadium erfolgen. Selbst bei einem gegen den Drittstaatsangehörigen verfügten unanfechtbaren Einreise- und Aufenthaltsverbot kann ein Anspruch auf Aufenthalt aus Art. 20 AEUV folgen; ob ein solches von einem Unionsbürgerkind abgeleitetes Recht auf Aufenthalt besteht, ist ggf. vom Inland aus zu prüfen[319].

74 Steht dem Drittausländer ein unionsrechtliches Aufenthaltsrecht eigener Art nach Art. 20 AEUV zu, ist Grundlage einer Aufenthaltsbeendigung wegen einer von ihm ausgehenden Gefahr für die öffentliche Sicherung und Ordnung nicht das FreizügG/EU, sondern das AufenthG[320], wobei allerdings der **Ausweisungsmaßstab modifiziert** ist[321]. Dem EuGH zufolge ist Art. 20 AEUV dahin gehend auszulegen, dass er einer Regelung eines Mitgliedstaates entgegensteht, nach der ein wegen einer Straftat verurteilter Drittstaatsangehörige auch dann in den Drittstaat auszuweisen ist, wenn er tatsächlich für ein Kleinkind sorgt, das die Staatsangehörigkeit dieses Mitgliedstaates besitzt, in dem es sich seit seiner Geburt aufgehalten hat, ohne von seinem Recht auf Freizügigkeit Gebrauch gemacht zu haben, und das wegen der Ausweisung des Drittstaatsangehörigen das Gebiet der Europäischen Union verlassen müsste, sodass ihm der tatsächliche Genuss des Kernbestands seiner Rechte als Unionsbürger verwehrt würde. Unter außergewöhnlichen Umständen darf ein Mitgliedstaat jedoch eine Ausweisungsverfügung erlassen, sofern sie auf dem **persönlichen Verhalten** des Drittstaatsangehörigen beruht, das eine **tatsächliche, gegenwärtige und erhebliche Gefahr darstellen muss, die ein Grundinteresse der Gesellschaft des Mitgliedstaates berührt,** und das verschiedenen einander gegenüberstehenden Interessen berücksichtigt werden. Es ist Sache des nationalen Gerichts, dies zu überprüfen[322]. Eine generalpräventive Ausweisung ist daher in einem solchen Fall stets unzulässig.

75 **Verliert ein EU-Bürger sein Freizügigkeitsrecht,** so unterfällt er gleichwohl nicht automatisch dem AufenthG. Denn das FreizügG/EU enthält eine Vermutung, dass der EU-Bürger Freizügigkeit genießt, solange nicht nach dem FreizügG/EU festgestellt wird, dass das Freizügigkeitsrecht nach § 2 I FreizügG/EU nicht mehr besteht oder verloren gegangen ist. Bei einer **Scheinehe eines Drittstaatsangehörigen mit einem Unionsbürger** kann in einer einzigen Verfügung die Feststellung des Nichtbestehens des Rechts nach § 2 I FreizügG/EU erfolgen und danach unter Anwendung des AufenthG (§ 11 II FreizügG/EU) die Ausweisung des Drittstaatsangehörigen nach §§ 53 ff. AufenthG verfügt werden. § 11 II FreizügG/EU setzt nicht voraus, dass die Feststellung des Nichtbestehens des Rechts nach § 2 I FreizügG/EU schon unanfechtbar geworden ist[323].

2. Britische Staatsangehörige

76 Britische Staatsangehörige und ihre Familienangehörigen, die sich am 31.12.2020 freizügigkeitsberechtigt in Deutschland aufgehalten haben, behalten dieses Recht[324]. Sie mussten ihren Aufenthalt bis spätestens 30.6.2021 bei der zuständigen Ausländerbehörde anzeigen, wenn sie nicht bereits Inhaber einer Aufenthaltskarte oder Daueraufenthaltskarte sind. Sie erhalten ein „Aufenthaltsdokument-GB" (§ 16 II FreizügG/EU). Für britische Staatsangehörige, die erstmals ab dem 1.1.2021 nach Deutschland ziehen und die auch nicht als Familienangehörige zu hier bereits lebenden freizügigkeitsberechtigten Personen nachziehen, gelten die allgemeinen Regelungen des Aufenthaltsgesetzes. Für „Alt-Briten" sieht **§ 11 XII FreizügG/EU** die entsprechende Anwendung von **§§ 6, 7 FreizügG/EU** vor, wenn

---

[317] EuGH Urt. v. 10.5.2017 – C-133/15, NVwZ 2017, 1445 Rn. 71 – Chavez-Vilchez; BVerwG Urt. v. 12.7.2018 – 1 C 16.17, NVwZ 2019, 486 Rn. 35; Beschl. v. 21.1.2020 – 1 B 65.19, Buchholz 310 § 86 VwGO Nr 382 Rn. 25 f.; VGH BW Beschl. v. 17.6.2019 – 11 S 2118/18, BeckRS 2019, 13246; Beschl. v. 13.11.2019 – 11 S 2996/19, BeckRS 2019, 29732 Rn. 29 ff.
[318] BVerwG Urt. v. 12.7.2018 – 1 C 16.17, NVwZ 2019, 486 Rn. 36; *Fricke* jurisPR-BVerwG 1/2021 Anm. 2.
[319] EuGH Urt. v. 8.5.2018 – C-82/16, NVwZ 2018, 1859 Rn. 57 – K. A.
[320] Vgl. auch VGH BW Beschl. v. 17.6.2019 – 11 S 2118/18, BeckRS 2019, 13246.
[321] Vgl. auch VGH BW Urt. v. 7.12.2011 – 11 S 897/11, BeckRS 2012, 45623; v. 4.5.2011 – 11 S 207/11, InfAuslR 2011, 291, dort aber offengelassen, ob sich die Ausweisung nach einer modifizierten Anwendung des AufenthG oder nach einer solchen des FreizügG/EU gerichtet hat. Der VGH hat aber betont, dass das Aufenthaltsrecht in jedem Fall seine Schranken im primärrechtlichen Verhältnismäßigkeitsgrundsatz nach Art. 5 IV 4 EUV finde, wobei die Verhältnismäßigkeit der Ausweisung entsprechend der Boultif/Üner-Kriterien des EGMR zu bestimmen sei.
[322] EuGH Urt. v. 13.9.2016 – C-304/14, NVwZ 2017, 223 Rn. 50 – CS; *Pfersich* ZAR 2017, 38.
[323] HessVGH Urt. v. 27.2.2018 – 6 A 2148/16, BeckRS 2018, 5771 Rn. 28; vgl. auch SächsOVG Beschl. v. 11.10.2021 – 3 B 275/21, BeckRS 2021, 32352.
[324] Das Austrittsabkommen (EU-GB-Abk) v. 12.11.2019 (ABl. 2019 C 384 I/1, 1) enthält in Teil Zwei u. dort in Art. 9 ff. Regelungen für Einreise u. Aufenthalt von Unionsbürgern in das Vereinigte Königreich u. umgekehrt von britischen Staatsangehörigen in die EU, die nach Art. 4 EU-GB-Abk unmittelbar geltendes Recht in beiden Hoheitsgebieten darstellen u. für Bürger subjektive Rechte begründen (vgl. näher *Dietz* NVwZ-Extra 1–2/2021, 1, 14 ff.).

der Verlustgrund vor dem Ablauf des Übergangszeitraums eingetreten ist[325]. Nach den Übergangsregelungen in Art. 20 I und II des Austrittabkommens richtet sich die Frage des einschlägigen Aufenthaltsbeendigungsregimes danach, ob das „Verhalten" eines britischen Staatsangehörigen, das Anlass für die Aufenthaltsbeendigung bietet, vor oder nach dem Ende des Übergangszeitraums am 31.12.2020 „stattgefunden hat"[326].

3. Angehörige von EWR-Staaten

Angehörige von **EWR-Staaten** und ihre Familienangehörigen unterfallen dem FreizügG/EU (vgl. iE § 12 FreizügG/EU). Das Abkommen über den EWR v. 2.5.1992 vermittelt den Begünstigten (bedeutsam ist dies nur noch für **Island, Liechtenstein und Norwegen**) nach § 28 EWR-Abkommen Freizügigkeit. Durch die Gleichstellung von Angehörigen der EWR-Staaten in § 12 FreizügG/EU wird das Problem gelöst, welche Regelungen des Unionsrechts auf EWR-Angehörige Anwendung finden. Das EWR-Abkommen besteht aus dem Hauptabkommen[327] sowie den EU-Rechtsakten (RL, VO und Entscheidungen), auf die darin verwiesen wird. Die Gesamtzahl der in das EWR-Abkommen übernommenen EU-Rechtsakte belief sich schon bis Ende 2006 auf 4.750[328]. 77

Die Übernahme von EWR-relevanten EU-Rechtsakten (sekundäres Unionsrecht) erfolgt laufend und nach Maßgabe der Beschlüsse des Gemeinsamen EWR-Ausschusses. Der **Gemeinsame EWR-Ausschuss** besteht aus Botschaftern der EWR/EFTA-Staaten (Liechtenstein, Island, Norwegen) und aus Vertretern der EU-Kommission bzw. der EU-Mitgliedstaaten und tritt in der Regel einmal pro Monat zusammen. Er ist für die laufende Verwaltung des Abkommens über den EWR zuständig und ist zugleich Forum für den Meinungsaustausch und die einvernehmliche Entscheidungsfindung im Hinblick auf die Übernahme von unionsrechtlichen Rechtsvorschriften in das EWR-Abkommen. Die sog. Beschlüsse des Gemeinsamen EWR-Ausschusses, welche zur Übernahme neuen EU-Rechts in das EWR-Abkommen führen, werden im Einvernehmen zwischen der EU einerseits und den mit einer Stimme sprechenden EWR/EFTA-Staaten andererseits gefasst. Auch wenn eine Gleichstellung durch das nationale Recht mit EU-Bürgern erfolgt, kann es im Einzelfall erforderlich sein, zu prüfen, ob eine RL oder VO durch den EWR-Ausschuss schon übernommen wurde. 78

4. Beitrittsstaaten

Die **Rechtsstellung der Beitrittsstaaten**[329] wurde ausländerrechtlich im Wesentlichen in den Beitrittsakten geregelt: 79

– Akten über die Bedingungen des Beitritts der Tschechischen Republik, der Republik Estland, der Republik Zypern, der Republik Lettland, der Republik Litauen, der Republik Ungarn, der Republik Malta, der Republik Polen, der Republik Slowenien und der Slowakischen Republik zur EU[330],
– Akte über die Bedingungen des Beitritts der Bulgarischen Republik und Rumäniens und die Anpassungen der die EU begründenden Verträge[331]
– Akte über die Bedingungen des Beitritts der Republik Kroatien[332]

Angehörige dieser Beitrittsstaaten unterliegen Übergangsvorschriften (vgl. § 13 FreizügG/EU). Für den Ausweisungsschutz und die Anwendbarkeit des AufenthG ist die Frage vorgreiflich, ob der Staatsangehörige aus einem der Beitrittsstaaten Freizügigkeit genießt. § 13 FreizügG/EU schränkt die Anwendbarkeit des FreizügG/EU nur ein, „soweit" nach Maßgabe der Beitrittsverträge die Freizügigkeit eingeschränkt ist. In allen Bereichen, in denen die Beitrittsakten keine Einschränkungen vorsehen, findet das FreizügG/EU Anwendung, mit der Folge, dass nach § 1 II Nr. 1 die §§ 53 ff. nicht gelten. 80

Seit dem Beitritt sind die Staatsangehörigen der neuen EU-Staaten ungeachtet der **Übergangsregelungen** Unionsbürger und nehmen grundsätzlich an allen Rechten und Pflichten teil. Sie genießen damit nach Art. 21 AEUV und dem einschlägigen Sekundärrecht allein aufgrund ihrer Staatsangehörigkeit in gleicher Weise wie die Staatsangehörigen der „alten" Mitgliedstaaten **Freizügigkeit** im gesamten Hoheitsgebiet der EU-Staaten[333]. Soweit sich ein Staatsangehöriger der Beitrittsstaaten zu Besuchszwecken im Bundesgebiet aufhält, macht er von seinem Recht aus Art. 18 AEUV iVm Art. 6 Freizügigkeits-RL Gebrauch und genießt uneingeschränkte Freizügigkeit. Eine vor Er- 81

---

[325] *Dietz* NVwZ-Extra 1–2/2021, 1, 12.
[326] BayVGH Beschl. v. 1.3.2021 – 10 ZB 20.2829, BeckRS 2021, 6079 Rn. 3; → FreizügG/EU § 11 Rn. 83 f.
[327] Mit 129 Artikeln, 22 Anhängen und 50 Protokollen.
[328] Ein aktueller Überblick über die umgesetzten Rechtsakte ist über www.efta.int zu beziehen.
[329] Kroatien ist zum 1.7.2013 beigetreten; Serbien, Nordmazedonien, Montenegro, Albanien, Kosovo, Bosnien-Herzegowina sind Beitrittskandidaten.
[330] ABl. 2003 L 236, 3.
[331] ABl. 2005 L 157, 3.
[332] ABl. 2012 L 112, 3.
[333] Dazu *Fehrenbacher* ZAR 2004, 240.

langung des Unionsbürgerstatus nach den für Drittstaatsangehörigen geltenden Vorschriften ausgesprochene bestandskräftige Ausweisung eines nunmehrigen Unionsbürgers wird mit dem Beitritt des Landes seiner Staatsangehörigkeit zur EU aber nicht wirkungslos und steht im Anwendungsbereich des § 11 II FreizügG/EU aF einer Verlustfeststellung gleich[334]. Die Ausländerbehörde darf einen Unionsbürger auf der Grundlage einer solchen Ausweisung indes nur abschieben, wenn sie zuvor in einer rechtsmittelfähigen Entscheidung festgestellt hat, dass die regelmäßig strengeren Voraussetzungen für eine Beschränkung seines Freizügigkeitsrechts als Unionsbürger vorliegen[335]. Eine solche Entscheidung muss nicht zwingend in Form einer Verlustfeststellung nach § 6 FreizügG/EU ergehen. Sie kann auch im Rahmen einer die unionsrechtlichen Anforderungen an die Aufrechterhaltung des Einreise- und Aufenthaltsverbots beachtenden Befristungsentscheidung nach § 7 FreizügG/EU erfolgen. Auch im Bereich der **Niederlassungsfreiheit** besteht aufgrund der Beitrittsakte keine Einschränkung. Insoweit ist auch in diesem Bereich das AufenthG nicht anwendbar.

82 Die Übergangsbestimmungen beschränkten hingegen die **Arbeitnehmerfreizügigkeit** partiell innerhalb ihres Geltungsbereichs. Mit Ausnahme von Zypern und Malta enthielten die Anhänge zu den Beitrittsakten für die **Beschränkung des Zugangs zum Arbeitsmarkt** für Arbeitnehmer gleichlautende Bestimmungen. Die Anhänge, die das stufenweise Heranwachsen in die Arbeitnehmerfreizügigkeit regeln, enthalten unmittelbar keine aufenthaltsrechtlichen Regelungen, sondern bestimmen, unter welchen Voraussetzungen ein Arbeitnehmer nach der EU-Erweiterung uneingeschränkt das Recht zum Arbeitsmarktzugang hat. Dabei ist zunächst bedeutsam, dass nur ein Teilbereich der Arbeitnehmerfreizügigkeit – nämlich die Bewegungsfreiheit auf dem Arbeitsmarkt nach Art. 1–6 VO (EWG) Nr. 1612/68 – nicht unmittelbar in Kraft tritt.

83 Der Arbeitsmarktzugang und die Dienstleistungsfreiheit für entsandte Arbeitnehmer können für zunächst zwei Jahre (1. Phase bis 31.12.2008), im Anschluss daran nach einer Überprüfung auf Grundlage eines Kommissionsberichts für weitere drei Jahre (2. Phase bis 31.12.2011) sowie im Falle schwerer Störungen des Arbeitsmarkts oder der Gefahr einer solchen Störung für weitere zwei Jahre (3. Phase bis 31.12.2013) noch weiterhin nach nationalem oder bilateralem Recht geregelt werden. Deutschland hat zuletzt für Bulgarien und Rumänien von der Einschränkung der Phase 1, 2 und 3 Gebrauch gemacht, sodass die Beschränkungen bis zum 31.12.2013 galten[336]. Wie bei den Beitritten in den Jahren 2004 und 2007 haben sich auch beim Beitritt Kroatiens die bisherigen Mitgliedstaaten die Möglichkeit vorbehalten, entsprechend dem 2+3+2-Modell nationale Beschränkungen des Zugangs von Arbeitnehmern bereitzuhalten[337]. Seit 1.7.2015 können kroatische Arbeitnehmer und Arbeitnehmerinnen im Bundesgebiet tätig werden, außerdem dürfen kroatische Firmen ihre Arbeitnehmer nach Deutschland übersenden.

84 In den Beitrittsakten sind **Ausnahmeregelungen** enthalten, die festlegen, ab wann ein Arbeitnehmer trotz der Beschränkung der Arbeitnehmerfreizügigkeit uneingeschränkte Freizügigkeit in Deutschland erlangt. Diese Übergangsregelungen begünstigen Staatsangehörige der neuen Beitrittsstaaten, die am Tag des Beitritts rechtmäßig in einem derzeitigen Mitgliedstaat arbeiteten und für einen **ununterbrochenen Zeitraum von zwölf Monaten oder länger zum Arbeitsmarkt dieses Mitgliedstaates zugelassen waren.** Diesen Staatsangehörigen wird unmittelbar der Zugang zum Arbeitsmarkt des Mitgliedstaates gewährt, zu dem er zugelassen war, nicht aber zum Arbeitsmarkt der anderen Mitgliedstaaten, die die Zugangsbeschränkung anwenden. Außerdem wird dieser Arbeitsmarktzugang auf die Staatsangehörigen der neuen Mitgliedstaaten erweitert, die nach dem Beitritt für einen ununterbrochenen Zeitraum von zwölf Monaten oder länger zum Arbeitsmarkt eines der derzeitigen Mitgliedstaaten zugelassen waren.

85 In den beiden Mitgliedstaaten, die traditionell die meisten Bürger von Bewerberländern auf ihrem Arbeitsmarkt aufgenommen haben, Deutschland und Österreich, galt und gilt das schrittweise Verfahren hinsichtlich des Zugangs zum Arbeitsmarkt auch für einige sehr spezielle Fälle, in denen Unternehmen aus den künftigen Mitgliedstaaten Arbeitnehmer schicken wollen, um einen Auftrag für sie zu erledigen, zB um ein Gebäude zu errichten. Hierbei handelt es sich zwar um die **Erbringung von Dienstleistungen,** sodass der Bereich nicht allein der Arbeitnehmerfreizügigkeit, sondern zugleich der uneingeschränkt gewährleisteten Dienstleistungsfreiheit zuzurechnen ist. Eine Liste der Bereiche, für die diese sehr spezielle Beschränkung gilt, ist in Form einer Schutzklausel in den Beitrittsvertrag aufgenommen worden. Dies ermöglicht Deutschland und Österreich, tatsächliche oder drohende schwerwiegende Störungen in bestimmten empfindlichen Dienstleistungssektoren auf ihren Arbeitsmärkten zu begegnen, die sich in bestimmten Gebieten aus der länderübergreifenden Erbringung von Dienstleistungen iSd Art. 1 RL 96/71/EG ergeben könnten. Deutschland und Österreich können danach, solange sie gemäß den vorstehend festgelegten Übergangsbestimmungen nationale Maßnahmen oder Maßnahmen aufgrund von bilateralen Vereinbarungen auf Arbeitnehmer der Bei-

---

[334] BVerwG Urt. v. 25.3.2015 – 1 C 18.14, BVerwGE 151, 361.
[335] BVerwG Urt. v. 14.12.2016 – 1 C 13.16, NVwZ 2017, 879; vgl. auch Urt. v. 25.3.2015 – 1 C 18.14, NVwZ 2015, 1210.
[336] S. iE die Kommentierung → FreizügG/EU § 13 Rn. 2 ff.
[337] Zu den wesentlichen Übergangsregelungen im BeitrittsV von Kroatien s. *Pürner* WiRO 2013, 193 (195 ff.).

trittsstaaten anwenden, von Art. 56 I AEUV abweichen, um die zeitweilige grenzüberschreitende Beschäftigung von Arbeitnehmern durch in den Beitrittsstaaten niedergelassene Unternehmen einzuschränken.

Solange und soweit die Freizügigkeit beschränkt ist, können sich Personen der neuen Beitrittsstaaten, die sich ausschließlich als Arbeitnehmer im Bundesgebiet aufhalten, **nicht auf den Ausweisungsschutz für EU-Bürger berufen.** Die Ausweisung richtet sich nach dem AufenthG. 86

5. Türkische Staatsangehörige

Ein großer Teil der **türkischen Staatsangehörigen** kann sich auf eine privilegierte aufenthaltsrechtliche Stellung aufgrund des Assoziationsabkommens EWG/Türkei berufen. So geht ein Recht aus Art. 7 Abs. 1 ARB 1/80 selbst dann nicht verloren, wenn der Betreffende die Staatsangehörigkeit des Aufnahmemitgliedstaats erwirbt und seine bisherige Staatsangehörigkeit verliert[338]. Für die Ausweisung assoziationsberechtigter türkischer Staatsangehöriger gelten besondere Bestimmungen. Hierzu wird auf die Kommentierung des ARB 1/80 und zu § 53 verwiesen. 87

6. Europa-Mittelmeer-Abkommen

Auch wenn die EU mit zwölf Partnern aus dem südlichen und östlichen Mittelmeerraum (Marokko, Algerien, Tunesien, Ägypten, Israel, Palästinensische Autonomiegebiete, Jordanien, Libanon, Syrien, Türkei, Zypern, Malta; Libyen ist Beobachter) Europa-Mittelmeer-Abkommen geschlossen hat, die die alten Kooperationsabkommen ablösen, so enthalten nur die Abkommen mit Tunesien, Marokko und Algerien Diskriminierungsklauseln[339]. Das Europa-Mittelmeer-Abkommen mit Tunesien vom 17.7.1995 ist am 1.3.1998 in Kraft getreten[340]. Das Abkommen mit Marokko vom 26.2.1996 ist am 1.3.2000 in Kraft getreten[341] und das mit Algerien vom 22.4.2002 am 1.9.2005[342]. 88

Inwieweit sich aus den **Diskriminierungsverboten** in Art. 64 und Art. 67 der Europa-Mittelmeer-Abkommen mit **Algerien, Marokko** und **Tunesien**[343], die unmittelbar anwendbar sind[344], sowie – für türkische Arbeitnehmer – in Art. 37 ZP[345] bzw. Art. 10 ARB 1/80[346] aufenthaltsrechtliche Ansprüche ergeben können[347], ist unterschiedlich beurteilt worden[348]. 89

---

[338] EuGH Urt. v. 21.10.2020, C-720/19, ZAR 2021, 83 – GR.
[339] S. insbes. zu den Europa-Mittelmeer-Abk., aber auch zu weiteren Abk. näher *Gutmann* in Dörig, MigrationsR-HdB, § 12 Rn. 240 ff.
[340] ABl. 1998 L 97, 2.
[341] ABl. 2000 L 70, 2.
[342] ABl. 2005 L 265, 2.
[343] Art. 64 der Europa-Mittelmeer-Abk. mit Marokko und Tunesien in Kap. I („Bestimmungen über die Arbeitskräfte") des Titels VI („Zusammenarbeit im sozialen und kulturellen Bereich") lautet: „(1) Jeder Mitgliedstaat gewährt den Arbeitnehmern tunesischer Staatsangehörigkeit, die in seinem Hoheitsgebiet beschäftigt sind, eine Behandlung, die hinsichtlich der Arbeits-, Entlohnungs- und Kündigungsbedingungen keine auf der Staatsangehörigkeit beruhende Benachteiligung gegenüber seinen eigenen Staatsangehörigen bewirkt. (2) Absatz 1 gilt hinsichtlich der Arbeits- und Entlohnungsbedingungen für alle tunesischen Arbeitnehmer, die dazu berechtigt sind, im Hoheitsgebiet eines Mitgliedstaats eine befristete nichtselbstständige Erwerbstätigkeit auszuüben." Art. 67 des Europa-Mittelmeer-Abk. mit Algerien enthält eine gleichlautende Regelung.
[344] Zu Art. 40 Kooperationsabk EuGH Urt. v. 2.3.1999 – C-416/99, InfAuslR 1999, 218 – El-Yassini und zu Art. 64 Europa-Mittelmeer-Abk., EuGH Urt. v. 14.12.2006 – C 97/05, InfAuslR 2007, 89 – Gattoussi.
[345] Art. 37 hat folgenden Wortlaut: „Jeder Mitgliedstaat sieht für die in der Gemeinschaft beschäftigten Arbeitnehmer türkischer Staatsangehörigkeit eine Regelung vor, die in Bezug auf die Arbeitsbedingungen und das Entgelt keine auf der Staatsangehörigkeit beruhende Diskriminierung gegenüber Arbeitnehmern enthält, die Staatsangehörige der anderen Mitgliedstaaten sind."
[346] S. iE die Kommentierung zu Art. 10 ARB 1/80.
[347] Aufenthaltsrechtliche Ansprüche verneinend bzgl. Europa-Mittelmeer-Abkommen/Tunesien: BVerwG Urt. v. 8.12.2009 – 1 C 14.08, ZAR 2010, 397; BayVGH Beschl. v. 22.2.2017 – 19 ZB 15.510, BeckRS 2017, 105237; Beschl. v. 23.11.2012 – 10 ZB 12.429, BeckRS 2012, 60491 Rn. 11 (Ausweisung); VGH BW Urt. v. 25.5.2016 – 11 S 492/16; BeckRS 2016, 47869 (zur Verkürzung nach § 7 II 2 AufenthG), bzgl. Europa-Mittelmeer-Abkommen/Marokko: BVerwG Urt. v. 1.7.2003 – 1 C 18.02, InfAuslR 2004, 50; VG München Urt. v. 6.11.2019 – M 25 K 18.5783, BeckRS 2019, 28962 (Ausweisung); bzgl. Art. 10 I ARB 1/80: BVerwG Urt. v. 8.12.2009 – 1 C 16.08, NVwZ 2010, 1101; VGH BW Beschl. v. 24.1.2008 – 13 S 2765/07, BeckRS 2008, 33467.
[348] Das HmbOVG hatte das Urteil des BVerwG v. 8.12.2009 zum Anlass für ein Vorabentscheidungsersuchen an den EuGH genommen (Beschl. v. 19.5.2011 – 4 Bf 88/10, InfAuslR 2011, 275). Die Ausführungen im Urteil des EuGH v. 8.11.2012 beantworten jedoch nicht die zu Art. 10 und Art. 13 ARB 1/80 vorgelegten Fragen. Sie beschäftigen sich allein mit der angefragten Auslegung des Art. 6 ARB 1/80, wobei der EuGH wohl den entscheidungserheblichen Sachverhalt und das deutsche Recht nicht hinreichend zur Kenntnis nimmt (EuGH Urt. v. 8.11.2012 – C-268/11, NVwZ 2012, 1617– Gülbahce). So heißt es im Urt. v. 8.11.2012 zB unter Rn. 51 ua, aus der Vorlage gehe nicht hervor, dass Herr G. seine Beschäftigung im Rahmen einer aufgrund einer Täuschung erteilten Aufenthaltserlaubnis ausgeübt habe. Dies stimmt jedoch mit den Feststellungen des OVG nicht überein, wonach der Kläger unrichtige und unvollständige Angaben beim Antrag auf Verlängerung der Aufenthaltserlaubnis gemacht hat (Beschl. v. 19.5.2011 – 4 Bf 88/10, BeckRS 2011, 51591 Rn. 26).

1 AufenthG Vor §§ 53–56   Erster Teil. Aufenthaltsgesetz

90   Der **EuGH** hat in der **Rechtssache Gattoussi**[349] entschieden, dass der Aufnahmemitgliedstaat dann, wenn er dem Wanderarbeitnehmer ursprünglich in Bezug auf die Ausübung einer Beschäftigung weitergehende Rechte als in Bezug auf den Aufenthalt verliehen hatte, die Situation dieses Arbeitnehmers nicht aus Gründen infrage stellen kann, die nicht dem Schutz eines berechtigten Interesses des Staates wie der öffentlichen Ordnung, Sicherheit und Gesundheit dienen. Dabei hat der EuGH die Rechtssache El-Yassini[350] bestätigt und klargestellt, dass sich aus der überschießenden beschäftigungsrechtlichen Regelung ein Anspruch auf Verlängerung der aufenthaltsrechtlichen Rechtsstellung ergeben kann.

91   Das Diskriminierungsverbot setzt neben einer gesicherten und **nicht nur vorläufigen aufenthaltsrechtlichen Position** eine **eigenständige, gefestigte arbeitsgenehmigungsrechtliche Rechtsposition** voraus, die Grundlage für die Ausübung einer Beschäftigung ist.

92   Die gesetzliche Umwandlung der Arbeitsberechtigung in eine verwaltungsinterne Zustimmung der BA zum 1.1.2005 hatte zur Folge, dass das Recht zur Ausübung einer Beschäftigung vom Vorhandensein eines Aufenthaltstitels abhängig wurde, der die Ausübung dieser Beschäftigung erlaubt. Die **Umgestaltung des Arbeitsmarktzugangs** unterliegt keinen unionsrechtlichen Bedenken, das da EU-Recht es einem Mitgliedstaat nicht verwehrt, sein Arbeitsgenehmigungsrecht mit Wirkung für die Zukunft neu zu ordnen[351].

93   Ist der Ausländer im Besitz einer Aufenthaltserlaubnis und berechtigt, eine Erwerbstätigkeit auszuüben, so ist selbst in Fällen, in denen die Ausübung der Erwerbstätigkeit auf eine nach § 105 II übergeleitete unbefristete Arbeitserlaubnis zurückzuführen ist, nicht von einer in Bezug auf die Ausübung einer Beschäftigung weitergehenden Rechtsstellung als in Bezug auf die aufenthaltsrechtliche Position auszugehen[352]. Dass die unbefristete Aufenthaltserlaubnis als Nebenbestimmung (Zustimmung) zum Aufenthaltstitel fortwirkt, steht der Ablehnung einer überschießenden Rechtsstellung nicht entgegen. Zwar bleibt nach Ablauf des Aufenthaltstitels die übergeleitete Arbeitsberechtigung weiterhin als Rechtsstellung unberührt erhalten, jedoch **berechtigt allein der Aufenthaltstitel zur Ausübung einer Beschäftigung.** Die allein im Innenverhältnis zwischen Ausländerbehörde und Arbeitsverwaltung wirksame Zustimmung verleiht dem Ausländer keine weitergehende arbeitsrechtliche Rechtsstellung.

94   Ebenso wenig wie Drittstaatsausländer aus den Europa-Mittelmeer-Abkommen können türkische Staatsangehörige aus den **Diskriminierungsverboten nach Art. 37 ZP und Art. 10 ARB 1/80** Ausweisungsschutz aus einer Aufenthaltserlaubnis und einer nach § 105 übergeleiteten Arbeitsberechtigung ableiten[353]. Denn der EuGH hat die zum Europa-Mittelmeer-Abkommen entwickelten Grundsatz auf Art. 10 ARB 1/80 übertragen[354]. Soweit sich aus einzelnen Diskriminierungsverboten aufenthaltsrechtliche Ansprüche ergeben können, beschränken diese nicht die Befugnis der Mitgliedstaaten, den **Aufenthalt aus Gründen der öffentlichen Ordnung, Sicherheit und Gesundheit zu beenden**[355].

7. Familienzusammenführungs-Richtlinie

95   Für **Nachzugsfälle, die unter die Familienzusammenführungs-RL**[356] **fallen**[357]**, ist zu beachten,** dass der Ausweisungsgrund die unionsrechtlichen Anforderungen der Art. 6 und 17 Familienzusammenführungs-RL erfüllen muss. Art. 6 I Familienzusammenführungs-RL enthält eine Regelung, nach der die Mitgliedstaaten einen Antrag auf Einreise und Aufenthalt eines Familienangehörigen aus Gründen der öffentlichen Ordnung, der öffentlichen Sicherheit oder öffentlichen Gesundheit ablehnen können. Abs. 2 der Bestimmung sieht unter den gleichen Voraussetzungen die Möglichkeit der Mitgliedstaaten vor, den Aufenthaltstitel eines Familienangehörigen zu entziehen oder dessen Verlängerung abzulehnen. Bei dieser Bestimmung handelt es sich selbst nicht um eine Rechtsgrundlage, auf die eine Ablehnungsentscheidung gestützt werden kann, sondern um die Konkretisierung der Eingriffsvoraussetzungen für eine im nationalen Recht des jeweils Mitgliedstaates enthaltene Ermächtigungsnorm. Insoweit ist aufgrund des Gesetzesvorbehaltes das nationale Recht bei der Entscheidung über die Ablehnung die Entziehung oder Ablehnung der Verlängerung eines Aufenthaltstitels heranzuziehen und zu beachten.

---

[349] EuGH Urt. v. 14.12.2006 – C 97/05, InfAuslR 2007, 89 – Gattoussi.
[350] EuGH Urt. v. 2.3.1999 – C-416/99, InfAuslR 1999, 218 – El-Yassini.
[351] BVerwG Urt. v. 8.12.2009 – 1 C 14.08, ZAR 2010, 397.
[352] BVerwG Urt. v. 8.12.2009 – 1 C 14.08, ZAR 2010, 397.
[353] BVerwG Urt. v. 8.12.2009 – 1 C 16.08, NVwZ 2010, 1101; Urt. v. 8.12.2009 – 1 C 14.08, ZAR 2010, 397; *Dienelt* NVwZ 2003, 54 (54 f.).
[354] EuGH Urt. v. 26.10.2006 – C-4/05, NVwZ 2007, 187 Rn. 52 – Güzeli.
[355] BVerwG Beschl. v. 15.4.2013 – 1 B 22.12, NVwZ-RR 2013, 774 Rn. 19 mwN; sowie ABl. 2000 L 70, 2..
[356] RL 2003/86/EG v. 22.9.2003, ABl 2003 L 251, 12.
[357] Gem. Art. 3 III RL 2003/86/EG findet diese RL auf Familienangehörige von Unionsbürgern keine Anwendung (vgl. auch EuGH Urt. v. 2.9.2021 – C-930/19, ZAR 2021, 423 – X; Urt. v. 7.11.2018 – C-257/17, NVwZ-RR 2019, 288 Rn. 29 f. – C; EuGH Urt. v. 15.11.2011 – C-256/11, NVwZ 2012, 97 Rn. 45 ff. – Dereci.

Vor §§ 53–56 AufenthG 1

Für **Familienangehörige**, die sich auf die **Familienzusammenführungs-RL** berufen können, **96** werden durch Art. 6 der RL die Eingriffsvoraussetzungen näher konkretisiert. Diese sind bei nationalen Entscheidungen zu beachten und gehen, wenn das nationale Recht sie nicht zutreffend und vollständig umsetzt, im Wege des Anwendungsvorrangs auch den einschlägigen Bestimmungen des AufenthG vor.

Die in Bezug genommene Bestimmung des **Art. 17 Familienzusammenführungs-RL** wiederum **97** konkretisiert im Hinblick auf Art. 8 EMRK die vom Mitgliedstaat zu berücksichtigenden Einzelfallumstände in folgender Weise: „Im Fall der Ablehnung eines Antrags, dem Entzug oder der Nichtverlängerung des Aufenthaltstitels sowie der Rückführung des Zusammenführenden oder seiner Familienangehörigen berücksichtigen die Mitgliedstaaten in gebührender Weise die Art und die Stärke der familiären Bindungen der betreffenden Person und die Dauer ihres Aufenthalts in dem Mitgliedstaat sowie das Vorliegen familiärer, kultureller oder sozialer Bindungen zu ihrem Herkunftsland."

Insbesondre der den Mitgliedstaaten durch **Art. 17 Familienzusammenführungs-RL** auferlegte **98** Prüfrahmen deutet auf eine **spezialpräventive Auslegung des Ordre-public-Vorbehalts** in Art. 6 I, II Familienzusammenführungs-RL hin. Die durch Art. 17 Familienzusammenführungs-RL näher beschriebenen zu beachtenden Gesichtspunkte wurden im Wesentlichen durch den EGMR im Hinblick auf die Bestimmung des Art. 8 I EMRK entwickelt. Die verlangte Berücksichtigung der familiären Bindungen der betroffenen Person und die Dauer ihres Aufenthalts im Mitgliedstaat sowie das Vorliegen familiärer, kultureller oder sozialer Bindungen zum Heimatland sind einzelfallbezogen und einer generalpräventiven Beurteilung nicht zugänglich.

Art. 6 Familienzusammenführungs-RL vermittelt aber keinen Schutz, der dem der EU- **99** **Bürger oder türkischen Staatsangehörigen gleichwertig wäre.** Betrachtet man die ursprüngliche Fassung des Vorschlags der Kommission vom 1.12.1999[358], so wird deutlich, dass die Fassung des Ordre-public-Vorbehalts ursprünglich an dem Recht der der EU-Bürger angelehnt war. Denn sie lautete: „Die Gründe der öffentlichen Ordnung und der inneren Sicherheit müssen ausschließlich auf der persönlichen Verhaltensweise des Familienangehörigen beruhen."

Zur Begründung dieser Regelung fanden sich auf S. 19 des Vorschlags der Kommission folgende **100** Ausführungen: „**Gründe der öffentlichen Ordnung und der inneren Sicherheit, die für eine Verweigerung der Einreiseerlaubnis sprechen können,** müssen auf dem Verhalten des betreffenden Familienangehörigen (beruhen). Dabei handelt es sich um ein Kriterium, das bereits in ähnlicher Form im Gemeinschaftsrecht besteht (RL 64/221/EWG vom 25.2.1964 zur Koordinierung der Sondervorschriften für die Einreise und den Aufenthalt von Ausländern, soweit sie aus Gründen der öffentlichen Ordnung, Sicherheit oder Gesundheit gerechtfertigt sind). Bei der Anwendung dieser Norm müssen die Staaten jedoch die Verhältnismäßigkeit der Schwere der angelasteten Handlungen und der Verpflichtung zur Wahrung des Rechts auf Familienzusammenführung prüfen."

Die ursprüngliche Regelung des **besonderen Ordre-public-Vorbehalts** war damit eindeutig von **101** dem Gedanken getragen, dass Maßnahmen aufgrund der öffentlichen Ordnung, Sicherheit oder Gesundheit ausschließlich aus spezialpräventiven Gründen ergriffen werden dürfen. Dabei bezog sich die Kommission in ihrem ursprünglichen Vorschlag für die Familienzusammenführungs-RL ausdrücklich auf die damals noch geltende RL 64/221/EWG, die mWz 1.5.2004 von der Freizügigkeits-RL aufgehoben worden ist.

Diese **weitgehende Fassung konnte sich nicht durchsetzen.** Die Streichung erfolgte nach der **102** Stellungnahme des Ausschusses für Recht und Binnenmarkt zum geänderten Vorschlag für die Familienzusammenführungs-RL, unter Hinweis darauf, dass die Kohärenz mit den mitgliedstaatlichen Vorschriften hergestellt werden sollte. Dies bedeutet aber, dass die Familienzusammenführungs-RL an den Rechtszustand in den jeweils Mitgliedstaaten angepasst werden sollte, mit der Folge, dass das strikte Festhalten an ausschließlich spezialpräventiven Gründen für ein Einschreiten aufgrund des Ordre-public-Vorbehalts aufgegeben wurde. Dieses Ergebnis wird durch die 14. Begründungserwägung zur Familienzusammenführungs-RL gestützt, die ausdrücklich feststellt, dass der Begriff der öffentlichen Ordnung auch „die Verurteilung wegen der Begehung einer schwerwiegenden Straftat umfassen (kann)".

Spricht die Entstehungsgeschichte dafür, dass auch generalpräventive Maßnahmen aufgrund des **103** Ordre-public-Vorbehalts möglich sind[359], so ergeben sich zudem aus Art. 72 AEUV (früher Art. 64 I EG) begründete Zweifel an der Übertragbarkeit der zu Art. 3 RL 64/221/EWG entwickelten Kriterien auf den Ordre-public-Vorbehalt des Art. 6 Familienzusammenführungs-RL. Denn Art. 64 EG bestimmt ausdrücklich, dass der Titel V des AEUV, auf dem auch die Familienzusammenführungs-RL beruht, „nicht die Wahrnehmung der Zuständigkeit der Mitgliedstaaten für die Aufrechterhaltung der öffentlichen Ordnung und den Schutz der inneren Sicherheit berührt".

---

[358] KOM(1999) 638 endg.
[359] Zur Auslegung von Art. 6 II 2003/86/EG dahin gehend, dass eine Ausweisung auch ausschließlich auf generalpräventive Gründe gestützt werden kann, HmbOVG Urt. v. 15.6.2015 – 1 Bf 163/14, BeckRS 2015, 48808.

104 Die Norm beinhaltet eine **Kompetenzschranke zugunsten der Mitgliedstaaten,** die einer abschließenden Regelung des Ordre-public-Vorbehalts entgegensteht. Soll die Konkretisierung der Begriffe öffentlichen Ordnung und innere Sicherheit den Mitgliedstaaten nicht vollends entzogen werden, so ist die Reichweite des Vorbehalts des Art. 72 AEUV gleichwohl unklar. Es widerspräche dem supranationalen und vorrangigen Rechtscharakter des Unionsrechts, wenn sich die Mitgliedstaaten durch diesen Vorbehalt die vollständige Rechtsetzungs- und Vollzugszuständigkeit neben der Union eröffnet hätten. Eine derartige Auslegung hätte zur Folge, dass die Mitgliedstaaten den Ordre-public-Vorbehalt in der Familienzusammenführungs-RL eigenständig interpretieren könnten, ohne an unionsrechtliche Vorgaben gebunden zu sein. Gegen diese Ausdehnung spricht der Umstand, dass es sich bei den Begriffen der öffentlichen Ordnung und des Schutzes der inneren Sicherheit um unionsrechtliche Begriffe handelt, die der autonomen Auslegung und Anwendung durch die Mitgliedstaaten entzogen sind[360].

105 Für die Richtigkeit dieser Auslegung spricht, dass die Regelungskompetenz nach Art. 63 UAbs. 1 Nr. 3a EG, auf der die Familienzusammenführungs-RL beruht, nur einstimmig ausgeübt werden kann. Die Mitgliedstaaten konnten ihre Interessen daher im Rechtsetzungsverfahren hinreichend sicherstellen. Würde ein Mitgliedstaat zunächst einem auf diese Rechtsgrundlagen gestützten Rechtsakt zustimmen, dann aber ihm widersprechende innerstaatliche Vorschriften beibehalten oder einführen, so verhielte er sich im Übrigen treuwidrig (venire contra factum proprium).

106 Ist der Vorbehalt des Art. 72 AEUV daher nicht im Sinne einer eigenständigen Rechtsetzungs- und Vollzugszuständigkeit der Mitgliedstaaten zu verstehen, so bedeutet dies aber nicht, dass damit die restriktive Rechtsprechung des EuGH zu Art. 3 RL 64/221/EWG, die den Ordre-public-Vorbehalt des Art. 45 III und Art. 52 I AEUV konkretisiert, auf Art. 72 AEUV übertragen werden kann. Das folgt nicht nur aus dem abweichenden Wortlaut, sondern auch vor allem aus dem unterschiedlichen Sachzusammenhang: Die restriktive Auslegung dieser Begrifflichkeiten durch den EuGH rechtfertigt sich aufgrund der Tatsache, dass es sich um Ausnahmetatbestände der vertraglichen Grundfreiheiten handelt[361]. Im Gegensatz dazu zählen die Kompetenzen der Union für die Bereiche der Asyl-, Visa- und Einwanderungspolitik zu den klassischen Hoheitsaufgaben der Mitgliedstaaten, die nur sukzessive auf die Gemeinschaft übertragen werden und bei denen sich die Mitgliedstaaten insbesondere hinsichtlich der hier bedeutsamen Regelung des Art. 63 UAbs. 2 EG (heute Art. 78 AEUV), einen Handlungsspielraum haben einräumen lassen.

107 Dies führt zu dem Ergebnis, dass die **Vorbehaltsklausel** des **Art. 72 AEUV** zwar **unionsrechtlich auszulegen** ist, den **Mitgliedstaaten aber** bei der Anwendung **ein Beurteilungsspielraum zuzubilligen** ist, der iRd Art. 6 Familienzusammenführungs-RL einen weniger strengen Maßstab des Ordre-public-Vorbehalts – als den zu Art. 3 RL 64/221/EWG entwickelten – nach sich zieht.

8. Daueraufenthalts-Richtlinie

108 Die Daueraufenthalts-RL[362] betrifft die **Rechtsstellung der langfristig aufenthaltsberechtigten Drittstaatsangehörigen.** Die RL verfolgt das Ziel (vgl. ihre Erwägungsgründe 2, 4, 6 und 12), die Integration von Drittstaatsangehörigen sicherzustellen, die in den Mitgliedstaaten langfristig und rechtmäßig ansässig sind, und zu diesem Zweck die Rechte dieser Drittstaatsangehörigen an die Rechte anzugleichen, über die die Unionsbürger verfügen, ua dadurch, dass die Gleichbehandlung mit den Unionsbürgern in vielen wirtschaftlichen und sozialen Bereichen herbeigeführt wird[363]. Sie regelt ua Erwerb und Beendigung dieser Rechtsstellung in einem Mitgliedstaat und führt die „kleine Freizügigkeit" für Personen ein, die die Rechtsstellung für langfristig aufenthaltsberechtigte Drittstaatsangehörige bereits in einem Mitgliedstaat erhalten haben[364].

109 Der Ausländer, der im Besitz einer Aufenthaltserlaubnis nach § 9a ist, kann nur unter den Voraussetzungen des **Art. 12 Daueraufenthalts-RL** ausgewiesen werden. Das Urteil in der Rechtssache Ziebell[365], in dem aufgrund der Aufhebung der RL 64/221/EG nunmehr ausdrücklich Art. 12 RL 2003/109/EG dem EuGH als unionsrechtlichen Bezugsrahmen für die Anwendung des Art. 14 ARB 1/80 dient, verdeutlicht, dass bei demjenigen Ausländer, der über einen Titel nach § 9a verfügt, die Anforderungen an die „gegenwärtige, hinreichend schwere Gefahr für die öffentliche Ordnung oder

---

[360] *Brechmann* in Calliess/Ruffert, Kommentar zum EUV/EGV, 2. Aufl., Art. 64 Rn. 2.
[361] *Brechmann* in Calliess/Ruffert, Kommentar zum EUV/EGV, 2. Aufl., Art. 64 Rn. 3; *Schmahl* in von der Groeben/Schwarze, 6. Aufl. 2004, EG Art. 64 Rn. 3.
[362] ABl. 2004 L 16, 44.
[363] EuGH Urt. v. 20.1.2022 – C-432/20, BeckRS 2022, 316 Rn. 36 – ZK.
[364] S. zur Entstehungsgeschichte der RL KOM(2001) 127 endg.; Bericht des Europäisches Parlament v. 30.11.2001, A5–0436/2001, Protokoll des Rates v. 2.8.2001, 10 698/01; Protokoll des Rates v. 20.12.2002, 15483/02, S. 11. Die Angleichung an den ordre public-Vorbehalt der FamZu-RL wird auch durch die Vereinbarung im Rat deutlich, folgende Erklärung zu Art. 6 aufzunehmen, die S. 2 der Erklärung zu Art. 6 in der RL betr. das Recht auf Familienzusammenführung lautet: „Das Konzept der öffentlichen Ordnung und der öffentlichen Sicherheit deckt auch Fälle ab, in denen ein Drittstaatsangehöriger einer Vereinigung, die den Terrorismus unterstützt, angehört, eine solche Vereinigung unterstützt oder extremistische Bestrebungen hat."
[365] EuGH Urt. v. 8.12.2011 – C-371/08, InfAuslR 2012, 29.

öffentliche Sicherheit"³⁶⁶ keine anderen sind, als sie materiell-rechtlich für die Ausweisung assoziationsberechtigter türkischer Staatsangehöriger in stRspr des EuGH zugrunde gelegt werden³⁶⁷. Verfügt der Ausländer als weitergewanderter langfristiger Aufenthaltsberechtigter über einen Titel nach § 38a, so richtet sich seine Ausweisung nach **Art. 22 iVm Art. 17 Daueraufenthalts-RL**³⁶⁸.

9. Richtlinie betreffend Erwerbstätigkeiten/Studium/Ausbildung

Die **BlueCard-RL**³⁶⁹ ermöglicht es den Mitgliedstaaten, aus Gründen der öffentlichen Ordnung, Sicherheit oder Gesundheit die Blaue Karte EU zu entziehen oder deren Verlängerung zu verweigern (vgl. Art. 9 III a); s. auch Art. 8 I iVm Art. 5 I f.). Auch nach der der neuen **Hochqualifizierten-RL**³⁷⁰, die bis zum 18.11.2023 in nationales Recht umzusetzen ist (Art. 31)³⁷¹, bleibt diese Befugnis bestehen (vgl. Art. 8 IIa)³⁷². 110

Die **REST-RL**³⁷³, mit der zudem die Studenten-RL³⁷⁴ und die Forscher-RL³⁷⁵ novelliert worden sind, enthält ebenfalls einen Ordre-public-Vorbehalt. Dies verdeutlichen Erwägungsgrund 36, Art. 7 VI und insbesondere Art. 21 IV REST-RL, wonach die Mitgliedstaaten Aufenthaltstitel aus Gründen der öffentlichen Ordnung, Sicherheit oder Gesundheit entziehen oder der Verlängerung ihrer Gültigkeitsdauer aus diesen Gründen verweigern können. Eine Ausweisung verlangt daher nicht, dass die Gründe der öffentlichen Ordnung oder Sicherheit ausschließlich auf der persönlichen Verhaltensweise des betreffenden Drittstaatsangehörigen beruhen müssen³⁷⁶. 111

Auch die **ICT-RL**³⁷⁷ beschränkt die Möglichkeit der Mitgliedstaaten, nach ihrem nationalen Recht auszuweisen, nicht. Nach Art. 5 VIII ICT-RL ist Drittstaatsangehörigen, die als Bedrohung für die öffentliche Ordnung, Sicherheit oder Gesundheit angesehen werden, die Zulassung für die Zwecke dieser Richtlinie zu verweigern. Art. 21 IX ICT-RL regelt, dass unternehmensintern transferierte Arbeitnehmer, die als Bedrohung für die öffentliche Ordnung, Sicherheit oder Gesundheit betrachtet werden, nicht in das Hoheitsgebiet des zweiten Mitgliedstaates einreisen oder sich dort aufhalten dürfen. 112

V. Völkerrecht

1. Europäische Menschenrechtskonvention

Die EMRK gilt in Deutschland mit dem **Rang eines einfachen Bundesgesetzes**³⁷⁸. Diese Rangzuweisung führt dazu, dass die Konvention wie anderes Gesetzesrecht des Bundes im Rahmen methodisch vertretbarer Auslegung zu beachten und anzuwenden ist³⁷⁹. Die EU ist bislang nicht der EMRK beigetreten³⁸⁰. Der Schutz der EMRK spielt im deutschen Aufenthaltsrecht nicht nur bei der Beendi- 113

---

³⁶⁶ Vgl. näher zum unionsrechtlichen Verständnis der Begriffe der öffentlichen Sicherheit und Ordnung *Thym* in Thym/Hailbronner, EU Immigration and Asylum Law, 3. Aufl. 2022, Chp. 9 Art. 12 Rn. 1a ff.
³⁶⁷ Vgl. näher die Kommentierung zu Art. 14 ARB 1/80.
³⁶⁸ S. BayVGH Beschl. v. 12.4.2019 – 10 ZB 19.275, BeckRS 2019, 7300 Rn. 10 f. sowie → § 53 Rn. 87 ff.
³⁶⁹ RL 2009/50/EG v. 25.5.2009 über die Bedingungen für die Einreise und den Aufenthalt von Drittstaatsangehörigen zur Ausübung einer hochqualifizierten Beschäftigung, ABl. 2009 L 155, 17.
³⁷⁰ RL 2021/1883 v. 20.10.2021 über die Bedingungen für die Einreise und den Aufenthalt von Drittstaatsangehörigen zur Ausübung einer hochqualifizierten Beschäftigung und zur Aufhebung der Richtlinie 2009/50/EG, ABl. 2021 L 382, 1.
³⁷¹ Nach Art. 30 wird die RL 2009/50/EG wird mit Wirkung vom 19.11.2023 aufgehoben.
³⁷² Vgl. zur Reform der Hochqulifizierten-RL und der Neuerungen *Wolf/Wusterhausen* ZAR 2022, 10 ff.; *Klaus* ZAR 2022, 19.
³⁷³ RL 2016/801 v. 11.5.2016 über die Bedingungen für die Einreise und den Aufenthalt von Drittstaatsangehörigen zu Forschungs- oder Studienzwecken, zur Absolvierung eines Praktikums, zur Teilnahme an einem Freiwilligendienst, Schüleraustauschprogrammen oder Bildungsvorhaben und zur Ausübung einer Au-pair-Tätigkeit (Neufassung), ABl. 2016 L 132, 21.
³⁷⁴ RL 2004/114/EG v. 13.12.2004 über die Bedingungen für die Zulassung von Drittstaatsangehörigen zur Absolvierung eines Studiums oder zur Teilnahme an einem Schüleraustausch, einer unbezahlten Ausbildungsmaßnahme oder einem Freiwilligendienst, ABl. 2004 L 375, 12.
³⁷⁵ RL 2005/71/EG v. 12.10.2005 über ein besonderes Zulassungsverfahren für Drittstaatsangehörige zum Zwecke der wissenschaftlichen Forschung, ABl. 2005 L 289, 15.
³⁷⁶ So noch der Kommissionsentw v. 7.10.2002 KOM(2002) 548 endg. 2002/0242 (CNS) S. 35 zur ursprünglichen Studenten-RL, wobei aber schon für diese RL der Ausweisungsschutz im Laufe der Verhandlungen reduziert worden ist. Der EuGH (Urt. v. 4.4.2017 – C-544/15, BeckRS 2017, 105674 – Fahimian) bejahte iRd Studenten-RL einen Beurteilungsspielraum der nationalen Behörde, ob der Zulassung des Drittstaatsangehörigen Gründe entgegenstehen, aus denen sich eine Bedrohung der öffentlichen Sicherheit ergebe.
³⁷⁷ RL 2014/66/EU v. 15.5.2014 über die Bedingungen für die Einreise und den Aufenthalt von Drittstaatsangehörigen im Rahmen eines unternehmensinternen Transfers, ABl. 2014 L 157, 1.
³⁷⁸ *Mayer* in Karpenstein/Mayer, EMRK, 3. Aufl. 2022, Einl. Rn. 78 mwN.
³⁷⁹ BVerfG Beschl. v. 27.1.2015 – 1 BvR 471/10, 1 BvR 1181/10, NJW 2015, 1359.
³⁸⁰ Vgl. zur rechtlichen Problematik des geplanten Beitritts der EU zur EMRK etwa Gutachten des EuGH v. 18.12.2014 – C-2/13, BeckRS 2015, 80256; *Mayer* in Karpenstein/Mayer Einl. Rn. 154 ff.

gung des (rechtmäßigen) Aufenthalts, sondern auch bei der Frage der Legalisierung eines Aufenthalts eine besondere Rolle[381]. Dies gilt insbesondere mit Blick auf das Recht auf Achtung des Privat- und Familienlebens nach Art. 8 EMRK und das Verbot der unmenschlichen Behandlung nach Art. 3 EMRK, wobei Letzteres insbesondere einer Abschiebung entgegenstehen kann[382]. Inhaltliche Parallelen bestehen zu den durch Art. 7 und Art. 4 GRCh geschützten Rechten. Die Ausweisung eines Ausländers nach einer strafrechtlichen Verurteilung stellt aufgrund ihrer präventiven Natur keine Doppelbestrafung dar, weder iSd Art. 4 des Zusatzprotokolls Nr. 7 zur EMRK noch im allgemeineren Sinne[383].

114 Dass der **Schutz des Privat- und/oder Familienlebens nach Art. 8 EMRK** bei einer Ausweisung zu prüfen ist, ist in der Rechtspraxis mittlerweile fest verankert. Für das Ausweisungsrecht auf der Grundlage des AuslG 1990 und des ZuwG vom 1.1.2005 war in der Rspr. des BVerfG[384] und des BVerwG[385] insoweit geklärt, dass ein aus dem Anspruch des Art. 8 EMRK auf Achtung des Privat- und Familienlebens abzuleitender Ausweisungsschutz und in diesem Rahmen auch der in der Rspr. des EGMR besonders hervorgehobene Grundsatz der Verhältnismäßigkeit zu beachten sind.

115 Zwar garantiert **Art. 8 EMRK** nicht das Recht eines Ausländers, in einen bestimmten Staat einzureisen und sich dort aufzuhalten[386]; ferner sichert Art. 8 EMRK nicht das Recht zu, den Ort zu wählen, der am besten geeignet ist, um ein Familienleben aufzubauen[387]. Es obliegt nach dem allgemeinen völkerrechtlichen Grundsatz prinzipiell dem einzelnen Staat, darüber zu entscheiden, ob und unter welchen Voraussetzungen er fremde Staatsangehörige einreisen lässt, ihren Aufenthalt legalisiert oder diesen beendet[388]. Die Norm gebietet es aber, bestehende **private und familiäre Bindungen des Ausländers im Aufnahmestaat bei** der Frage der Legalisierung eines **Aufenthalts**[389], einer **Ausweisung**[390] oder **Abschiebung**[391] zu **berücksichtigen**. Ein Eingriff in Art. 8 I EMRK setzt jedoch – wenn es um die Legalisierung des Aufenthalts geht – voraus, dass das Privat- oder Familienleben des Ausländers im Aufnahmestaat eine gewisse Festigkeit aufweist und sich nicht auf eine lose Verbindung beschränkt[392]; im Übrigen bedarf es keiner bestimmten Dauer, um den Anwendungsbereich von Art. 8 EMRK zu eröffnen[393].

116 **Privatleben** iSd **Art. 8 I EMRK** umfasst die Summe der persönlichen und wirtschaftlichen Beziehungen, die für die Persönlichkeit eines Menschen konstituierend sind[394]; es ist die Gesamtheit der Bindungen eines im Mitgliedstaat lebenden Ausländers[395]. Für die Frage, ob ein schützenswertes Privatleben vorliegt, kommt es nicht darauf an, ob der Ausländer als Erwachsener oder als Kind in den Aufenthaltsstaat eingereist oder gar schon dort geboren wurde[396]; dies kann aber im Rahmen der Verhältnismäßigkeit des Eingriffs eine Rolle spielen[397]. Der EGMR hat in den Rechtssache Üner[398], Maslov[399] und auch Cabucak[400] festgestellt, dass allein der Umstand der Geburt im Gastland oder ein langjähriger Aufenthalt nicht dazu führt, dass eine Aufenthaltsbeendigung ausscheidet. Aus Art. 8 I EMRK könne kein absolutes Recht auf Nichtausweisung abgeleitet werden, da dessen Wortlaut gemäß

---

[381] Näher *Groß* JZ 2019, 327 ff.
[382] Näher *Sinner* in Karpenstein/Mayer EMRK Art. 3 Rn. 24 ff. mwN.
[383] BVerwG Beschl. v. 21.7.2015 – 1 B 26/15, BeckRS 2015, 49497 Rn. 7.
[384] BVerfG Beschl. v. 10.5.2007 – 2 BvR 304/07, InfAuslR 2007, 276; Beschl. v. 10.8.2007 – 2 BvR 535/07, InfAuslR 2007, 443; vgl. hierzu auch *Roeser* EuGRZ 2009, 177.
[385] BVerwG Urt. v. 30.7.2013 – 1 C 9.12, NVwZ 2014, 294; Urt. v. 23.10.2007 – 1 C 10.07, InfAuslR 2008, 116; Beschl. v. 21.8.1997 – 1 B 163.97, BeckRS 1997, 31220387; Beschl. v. 21.8.1995 – 1 B 119.95, InfAuslR 1995, 393.
[386] EGMR Urt. v. 7.12.2021 – 57467/15, BeckRS 2021, 37505 Rn. 181 – Savran.
[387] EGMR Urt. v. 14.6.2011 – 38058/09, NVwZ 2012, 947 – Osman; Urt. v. 7.10.2004 – 33743/03, NVwZ 2005, 1043 Rn. 97 – Dragan.
[388] EGMR Urt. v. 22.1.2013 – 15620/09, BeckRS 2013, 204303 – Shala; Urt. v. 18.10.2006 – 46410/99, NVwZ 2007, 1279 Rn. 54 – Üner.
[389] Vgl. hierzu etwa EGMR Urt. v. 14.6.2011 – 38058/09, NVwZ 2012, 947 – Osman; VGH BW Urt. v. 13.12.2010 – 11 S 2359/10, BeckRS 2011, 46736.
[390] EGMR Urt. v. 7.12.2021 – 57467/15, BeckRS 2021, 37505 – Savran; Urt. v. 17.12.2019 – 2967/12, BeckRS 2019, 36574 – Zakharchuk; Urt. v. 30.11.2021 – 40240/19, BeckRS 2021, 36600 – Avci; Urt. v. 20.12.2018 – 18706/16, BeckRS 2018, 46713 – Cabucak.
[391] EGMR Urt. v. 14.9.2017 – 41215/14, NVwZ 2018, 1781 Rn. 74 ff. – Ndidi.
[392] VGH BW Urt. v. 25.4.2007 – 11 S 409/06, BeckRS 2007, 24123; BVerwG Urt. v. 18.11.1997 – 1 C 22.96, NVwZ-RR 1998, 517 – Art. 20 AuslG.
[393] *Pätzold* in Karpenstein/Mayer, EMRK, 3. Aufl. 2022, Art. 8 Rn. 22.
[394] EGMR Urt. v. 14.6.2011 – 38058/09, NVwZ 2012, 947 – Osman.
[395] *Nußberger* NVwZ 2013, 1305.
[396] EGMR Urt. v. 13.10.2011 – 41548/66, EuGRZ 2012, 11 Rn. 54 ff. – Trabelsi.
[397] EGMR Urt. v. 22.1.2013 – 66837/11, NLMR 2013, 3 Rn. 31, 36 – El-Habach; Urt. v. 23.6.2008 – 1638/03, InfAuslR 2008, 333 Rn. 73 – Maslov II.
[398] EGMR Urt. v. 18.10.2006 – 46410/99, NVwZ 2007, 1279 – Üner.
[399] EGMR Urt. v. 22.3.2007 – 1683/03, InfAuslR 2007, 221 – Maslov I; Urt. v. 23.6.2008 – 1638/03, InfAuslR 2008, 333 – Maslov II.
[400] EGMR Urt. v. 20.12.2018 – 18706/16, BeckRS 2018, 46713 – Cabucak.

Abs. 2 eindeutig Ausnahmen von den nach Abs. 1 zugesicherten allgemeinen Rechten vorsehe. Selbst wenn ein ausländischer Staatsangehöriger einen unbefristeten Aufenthaltsstatus genieße und ein hohes Maß an Integration erreicht habe, könne seine Situation in Bezug auf die Möglichkeit einer Ausweisung nicht mit derjenigen eines Staatsbürgers des ausweisenden Landes verglichen werden[401].

Eine feste Regel, ab welcher Dauer des Aufenthalts ein Privatleben anzunehmen ist, gibt es nicht; **117** jedoch wird allenfalls bei kurzfristigen Aufenthalten, bei denen keine Bindungen von einer gewissen Qualität aufgebaut worden sind, ein schützenswertes Privatleben zu verneinen sein. Der Eröffnung des Schutzbereichs des Rechts auf Achtung des Privatlebens steht nicht von vornherein entgegen, dass der Ausländer stets nur geduldet worden ist[402]. Auf das Ausmaß der wirtschaftlichen Integration oder der Straffälligkeit kommt es für die Beurteilung, ob ein Eingriff in den Schutzbereich vorliegt, ebenfalls nicht an. Diese Gesichtspunkte sind ebenso wie die Legalität des Aufenthalts bei der Prüfung der Verhältnismäßigkeit der Ausweisung nach Art. 8 II EMRK von Bedeutung.

Der **konventionsrechtliche Familienbegriff** wird **weit** ausgelegt[403]. Miteinander verheiratete **118** und nicht miteinander verheiratete Eltern, die mit ihren (gemeinsamen) Kindern zusammenleben, bilden eine Familie iSd Art. 8 EMRK. Dabei spielt es keine Rolle, ob es sich bei den Eltern um die biologischen, rechtlichen, Stief- oder Pflegeeltern handelt[404]. Eine staatliche Fürsorgemaßnahme, in deren Rahmen ein Kind nicht bei seinen Eltern ist, führt nicht automatisch zur Beendigung des Schutzes des Familienlebens zwischen Eltern und Kind[405]. Erwachsene Kinder und ihre Eltern und Geschwister können ebenfalls eine Familie bilden. Dies gilt jedenfalls dann, wenn sie miteinander zusammenleben und eine Abhängigkeit besteht, die über die üblicherweise zwischen Familienangehörigen bestehenden Gefühlsbindungen hinausgehen[406]. Bei jungen Erwachsenen jenseits der Volljährigkeit kann unter Umständen allein das Zusammenleben mit ihren Eltern genügen[407]. Teilweise lässt der EGMR für das Vorhandensein eines „Familienlebens" sogar allein „enge persönliche Bindungen" zwischen Eltern und erwachsenem Kind ausreichen[408]. Auf das Recht auf Achtung des Familienlebens können sich wohl auch Eltern und Kinder berufen, deren Beziehung ohne ihr Verschulden (noch) kein Familienleben darstellt, sich aber als solches entwickeln soll[409].

Unter den **Familienbegriff des Art. 8 I EMRK** fällt auch die – kinderlose – Ehe[410] sowie die **119** tatsächlich geführte nichteheliche Lebensgemeinschaft verschiedengeschlechtlicher oder gleichgeschlechtlicher[411] Partner[412]. Der EGMR unterscheidet bei Art. 8 EMRK nicht zwischen ehelichen und nichtehelichen Familien; es bedarf nicht der formalrechtlichen Anerkennung als Familie im Rechtssinne[413]. Ein Familienleben kann auch zwischen Geschwistern, Kindern und Großeltern, Nichten bzw. Neffen und Tanten bzw. Onkel bestehen, sofern enge Bindungen bestehen, die über das hinausgehen, was normalerweise emotional üblich ist[414]. Ein schützenswertes Familienleben iSv

---

[401] EGMR Urt. v. 18.10.2006 – 46410/99, NVwZ 2007, 1279 – Üner; s auch Urt. v. 14.9.2017 – 41215/14, NVwZ 2018, 1781 Rn. 86 – Ndidi; s. auch Bay VGH Beschl. v. 10.2.2022 – 19 ZB 21.2650, BeckRS 2022, 5020 Rn. 33.
[402] EGMR Urt. v. 4.12.2012 – 47017/09, (abrufbar unter hudoc.echr.coe.int) – Butt; Urt. v. 14.6.2011 – 38058/09, NVwZ 2012, 947 – Osman – dies lässt sich jedenfalls mittelbar aus der Argumentation des EGMR entnehmen; vgl. hierzu allg. VGH BW Urt. v. 13.12.2010 – 11 S 2359/10, BeckRS 2011, 46736, Urt. v. 22.7.2009 – 11 S 1622/07, BeckRS 2009, 38005; BremOVG Beschl. v. 22.11.2010 – 1 A 383/09, BeckRS 2010, 56300; *Eckertz-Höfer* ZAR 2008, 41 ff.; *Bergmann* ZAR 2007, 128 ff.; *Thym* EuGRZ 2006, 541 (546 ff.); *Thym* InfAuslR 2007, 133 ff.; *Benassi* InfAuslR 2006, 397 (401 ff.); *Hoppe* ZAR 2006, 125 ff.; *Marx* ZAR 2006, 261 ff.; *Mayer* VerwArch 2010, 482 (523); aA etwa NdsOVG Beschl. v. 12.8.2010 – 8 PA 182/10, BeckRS 2010, 51859; *Fritzsch* ZAR 2010, 14 ff.; *Fritzsch* ZAR 2011, 297 ff.; s. auch BVerwG Urt. v. 26.10.2010 – 1 C 18.09, InfAuslR 2011, 92 und Urt. v. 30.4.2009 – 1 C 3.08, NVwZ 2009, 1239, wonach ein Eingriff in Art. 8 I EMRK, dem den Schutzbereich der Vorschrift eröffnet, grundsätzlich nur auf der Grundlage eines rechtmäßigen Aufenthalts und eines schutzwürdigen Vertrauens auf den Fortbestand des Aufenthalts in Betracht kommt.
[403] *Pätzold* in Karpenstein/Mayer EMRK Art. 8 Rn. 40.
[404] Näher *Pätzold* in Karpenstein/Mayer EMRK Art. 8 Rn. 41.
[405] EGMR Urt. v. 13.7.2000 – 39221/98, 41963/98 (hudoc.echr.coe.int) Rn. 169 – Scozzari und Giunta.
[406] EGMR Urt. v. 9.5.2019 – 23887/16, NLMR 2/2019-EGMR Rn. 62 – I. M.; Urt. v. 17.4.2003 – 52853/99, NJW 2004, 2147 Rn. 4 – Yilmaz; Urt. v. 28.6.2007 – 31753/02, InfAuslR 2007, 325 Rn. 58 – Kaya.
[407] EGMR Urt. v. 13.10.2011 – 41548/06, BeckRS 2012, 80060 Rn. 47 f.; Urt. v. 23.6.2008 – 1638/03, InfAuslR 2008, 269 Rn. 62 f. – Maslov II.
[408] EGMR Urt. v. 9.2.2017 – 29762/10, juris Rn. 31 – Mitzinger.
[409] Die im familiengerichtlichen Fall EGMR Urt. v. 5.6.2014 – 31021/08, FamRZ 2014, 1351 Rn. 69 – I. S. ergangenen Ausführungen dürften verallgemeinerungsfähig sein.
[410] EGMR Urt. v. 3.12.2009 – 22028/04, NJW 2010, 501 Rn. 37 – Zaunegger; Urt. v. 26.5.1994 – 16969/90, NJW 1995, 2153 Rn. 44 – Keegan.
[411] EGMR Urt. v. 7.11.2013 – 29381/09, 32684/09, FamRZ 2014, 189 Rn. 73 – Vallianatos ua; Urt. v. 15.3.2012 – 25951/07, NJW 2013, 1257 – Gas und Dubois.
[412] Würde man in einer solchen Konstellation ein Familienleben verneinen, wäre jedenfalls das Recht auf Achtung des Privatlebens betroffen, vgl. hierzu auch EGMR Urt. v. 2.4.2015 – 27945/10, NVwZ 2016, 1235 Rn. 61– Sarközi und Mahran; S. zum Familienleben iSd Art. 8 EMRK, Art. 7 GRCh unter Auswertung von Rechtsprechung des EGMR und EuGH auch *Gutmann* NVwZ 2019, 277.
[413] So schon EGMR Urt. v. 13.6.1979 – 6833/74, NJW 1979, 2449 – Marckx.
[414] EGMR Urt. v. 9.6.1998 – 22430/93, ECHR 1998-IV, 1477 Rn. 50– Bronda.

Art. 8 I EMRK erfordert nicht zwingend den rechtmäßigen Aufenthalt der Familienmitglieder[415], die fehlende Legalisierung ist aber im Rahmen der Prüfung nach Art. 8 II EMRK von Bedeutung[416].

120 Der **EGMR** betont in stRspr, dass zwar nicht alle niedergelassenen Einwanderer – unabhängig von der Dauer ihres Aufenthalts in dem Land, aus dem sie ausgewiesen bzw. abgeschoben werden sollen – zwangsläufig ein „Familienleben" iSd Art. 8 I EMRK haben, diese Bestimmung jedoch auch das Recht schützt, Beziehungen zu anderen Menschen und der Außenwelt herzustellen und zu pflegen, und bisweilen Aspekte der sozialen Identität eines Menschen umfasst. Daher müsse akzeptiert werden, dass alle sozialen Bindungen zwischen Einwanderern und der Gemeinschaft, in der sie leben und ihren Platz gefunden haben, Bestandteil des Begriffs „Familienleben" iSd Art. 8 seien. Unabhängig davon, ob ein „Familienleben" existierte, gilt der EGMR zufolge die Ausweisung eines Einwanderers, der einen sicheren Platz in der Gemeinschaft gefunden hat, daher als Eingriff in sein Recht auf Achtung seines Privatlebens. Der EGMR entscheidet anhand der Umstände der Sache, mit der er befasst wird, ob der Schwerpunkt auf den Aspekt „Familienleben" oder eher den Aspekt „Privatleben" zu legen ist[417]. Eine Ausweisung, die in das Recht auf Achtung des Privat- und/oder Familienlebens eingreift, ist darauf zu überprüfen, ob sie nach **Art. 8 II EMRK** gerechtfertigt ist. Ein Eingriff ist gerechtfertigt, soweit er gesetzlich vorgesehen[418] und in einer demokratischen Gesellschaft notwendig ist für die nationale oder öffentliche Sicherheit, für das wirtschaftliche Wohl des Landes, zur Aufrechterhaltung der Ordnung, zur Verhütung von Straftaten, zum Schutz der Gesundheit oder der Moral oder zum Schutz der Rechte und Freiheiten anderer. Der Schwerpunkt in Ausweisungsverfahren liegt auf der Prüfung, ob diese notwendig und zur Erreichung eines legitimen Ziels verhältnismäßig ist.

121 Der **EGMR** hat eine Liste der maßgeblichen **Kriterien für die Beurteilung der Verhältnismäßigkeit einer Aufenthaltsbeendigung, insbesondere einer Ausweisung,** in seinem Grundsatzurteil Boultif aus dem Jahre 2001[419] aufgestellt, die in den Rechtssachen Üner[420] sowie Maslov[421] weiterentwickelt worden sind, die er in stRspr anwendet[422]:
– die Art und Schwere der von dem Ausländer begangenen Straftaten;
– die Dauer des Aufenthalts in dem Land, aus dem der Ausländer ausgewiesen werden soll;
– die Zeit, die seit Begehen der Straftat vergangen ist und das Verhalten des Ausländers seit der Tat;
– die Nationalitäten der verschiedenen betroffenen Personen;
– die familiäre Situation des Ausländers, wie die Dauer der Ehe und andere Umstände, die auf ein tatsächliches Familienleben eines Paares hinweisen[423];
– ob der Partner bei der Begründung der Beziehung Kenntnis von der Straftat hatte;
– das Vorhandensein von Kindern in der Ehe und ggf. deren Alter;
– das Maß an Schwierigkeiten, die der Partner in dem Land haben kann, in das der Ausländer ausgewiesen werden soll;
– die Belange und das Wohl der Kinder, insbesondere das Maß an Schwierigkeiten, auf die sie wahrscheinlich in dem Land treffen, in das der Ausländer ausgewiesen werden soll;
– die Intensität der sozialen, kulturellen und familiären Bindungen zum Aufenthaltsstaat und zu dem Zielland.

122 Diese sog. **Boultif/Üner-Kriterien** sind allerdings nicht abschließend. So können etwa auch besondere Erkrankungen und ihre Behandelbarkeit im jeweiligen Land oder auch Behinderungen[424] eine Rolle spielen. Aus der UN-Behindertenrechtskonvention ergibt sich aber kein allgemeines Verbot einer Aufenthaltsbeendigung eines behinderten Ausländers[425]. Ist Ausweisungsanlass eine Straftat, so sind das Alter

---

[415] AA *Fritzsch* ZAR 2011, 297 ff.
[416] Vgl. EGMR Urt. v. 30.6.2015 – 39350/13, BeckRS 2015, 130424 Rn. 44 ff. – A. S; Urt. v. 7.10.2004 – 33743/03, NVwZ 2005, 1043 Rn. 94 ff. – Dragan.
[417] EGMR Urt. v. 13.10.2011 – 41548/06, BeckRS 2012, 80060 Rn. 48 – Trabelsi; Urt. v. 18.10.2006 – 46410/99, NVwZ 2007, 1279 – Üner.
[418] Das setzt eine gesetzliche Grundlage voraus, die insbes. erkennen lässt, welche Folgen das Gesetz für die betroffene Person hat, vgl. EGMR Urt. v. 2.9.2010 – 35623/05, NJW 2011, 1333 Rn. 60 – Uzun.
[419] EGMR Urt. v. 2.8.2001 – 54273/00, InfAuslR 2001, 476 Rn. 48 – Boultif.
[420] EGMR Urt. v. 18.10.2006 – 46410/99, NVwZ 2007, 1279 – Üner.
[421] EGMR Urt. v. 22.3.2007 – 1683/03, InfAuslR 2007, 221 – Maslov I; Urt. v. 23.6.2008 – 1638/03, InfAuslR 2008, 333 – Maslov II.
[422] EGMR Urt. v. 7.12.2021 – 57467/15, BeckRS 2021, 37505 Rn. 181 ff. – Savran; Urt. v. 30.11.2021 – 40240/19, BeckRS 2021, 36600 Rn. 27 ff. – Avci; Urt. v. 9.5.2019 – 23887/16 (hudoc.echr.coe.int) Rn. 69 f. – I. M.; Urt. v. 23.4.2015 – 38030/12, (hudoc.echr.coe.int) – Khan; Urt. v. 22.1.2013 – 15620/09, BeckRS 2013, 204303 – Shala; Urt. v. 24.11.2009 – 182/08, InfAuslR 2010, 178 – Omojudi; Urt. v. 6.12.2007 – 69735/01, InfAuslR 2008, 111 – Chair.
[423] EGMR Urt. v. 28.5.1985 – 9214/80 ua, EuGRZ 1985, 567 – Abdulaziz ua; zur Intensität EGMR Urt. v. 2.8.2001 – 54273/00, InfAuslR 2001, 476 – Boultif.
[424] EGMR Urt. v. 13.7.1995 – 18/1994/465/564, EZAR 935 Nr. 5.
[425] Die UN-BehindertenRKonvention hat auch in Deutschland Gesetzeskraft (vgl. Gesetz zum Übereinkommen der Vereinten Nationen v. 13.12.2006 über die Rechte von Menschen mit Behinderungen sowie zum Fakultativprot v. 13.12.2006 zum Übereinkommen der Vereinten Nationen über die Rechte von Menschen mit Behinderungen v. 21.12.2008, BGBl. II S. 1419). Sie ist als Auslegungshilfe für die Bestimmung von Inhalt und Reichweite

des Ausländers bei der Begehung[426], der Charakter der Tat – typische Jugendverfehlung oder nicht[427] – und die Frage, ob er als Kind in den Aufnahmestaat eingereist oder gar schon dort geboren worden ist, von besonderer Bedeutung. Eine Ausweisung jugendlicher Straftäter, insbesondere wenn sie sich langjährig legal im Aufnahmestaat aufgehalten haben, ist nur unter engen Voraussetzungen verhältnismäßig; es bedarf schwerwiegender Gründe für eine Ausweisung[428]. Mit Blick auf **Art. 3 UN-Kinderrechtskonvention** scheint der EGMR mittlerweile dem Kindeswohl eine besondere Bedeutung im Rahmen der Beurteilung der Verhältnismäßigkeit einer Maßnahme beizumessen[429].

Nach der Rspr. des EGMR haben die Konventionsstaaten bei der Beurteilung der Notwendigkeit 123 und Verhältnismäßigkeit einer Ausweisung bzw. Abschiebung einen gewissen **Spielraum**, der allerdings Hand in Hand geht mit einer europäischen Überprüfung, letztlich entscheidet der EGMR, ob eine solche Maßnahme mit Art 8 EMRK vereinbar ist[430]. Bei seiner Überprüfung stellt der Gerichtshof darauf ab, ob das nationale Gericht den Sachverhalt sorgfältig geprüft, die maßgeblichen Menschenrechtsgrundsätze in Übereinstimmung mit der Konvention und der Rspr. des Gerichtshofs angewendet und die persönlichen Interessen des Betroffenen gegen das allgemeine öffentliche Interesse angemessen abgewogen hat. Gibt es allerdings gewichtige Gründe für eine willkürliche oder offensichtliche unvernünftige Entscheidung des nationalen Gerichts, entscheidet der EGMR selbst über Notwendigkeit und Verhältnismäßigkeit[431]. So stellte der EGMR in der Rechtssache Savran[432] eine Verletzung des Art. 8 EMRK fest, weil bei einer Ausweisung mit dauerhafter Wirkung, der ua eine schwere Gewalttat mit Todesfolge zugrunde lag, das nationale Gericht die persönlichen Umstände und die psychische Entwicklung des im Kindesalter in den Aufnahmestaat eingereisten Ausländers bei der Prüfung der Rückfallgefahr sowie die Stärken der Bindungen zum Aufnahmestaat im Vergleich zum Staat seiner Staatsangehörigkeit nicht gebührend berücksichtigt hatte und auch keine individuelle Beurteilung der nicht reduzierbaren und dauerhaften Wirkung der Ausweisung vorgenommen wurde. In der Rspr. des EGMR wird nicht immer deutlich, ob er nur kontrolliert, dass die relevanten Faktoren korrekt abgewogen sind und hierbei den Beurteilungsspielraum des Vertragsstaates respektiert, oder ob er doch selbst die Abwägung vornimmt[433].

Urteile des EGMR sind immer Einzelfallentscheidungen, bei denen ausschlaggebend ist, wie 124 unterschiedliche Faktoren gewichtet werden. So ist die **ausländerrechtliche Verwarnung** verbunden mit dem Hinweis, dass der Ausländer mit seiner Ausweisung und Abschiebung rechnen müsse, sollte er weiterhin strafrechtlich in Erscheinung treten, Praxis bei Ausländerbehörden[434]. Sie ist aber keine normierte Voraussetzung, die dem Erlass einer Ausweisungsverfügung zwingend vorausgehen muss. Allerdings weist der EGMR darauf hin, dass nach Verurteilungen wegen minderschwerer Delikte eine Ausweisung mit lebenslangem Rückkehrverbot unverhältnismäßig ist, wenn der Ausländer nicht zuvor verwarnt oder nur eine bedingte Ausweisung ausgesprochen wurde[435]. **Generalpräventive** Erwägungen für eine Ausweisung können konventionskonform sein[436]. Die Frage, ob mit

---

der Grundrechte heranzuziehen, sie begründet aber für sich genommen keine subjektiven Ansprüche (BT-Drs. 16/10808, 48).

[426] EGMR Urt. v. 20.12.2018 – 1807/16, FamRZ 2019, 1896 Rn. 46 – Cabucak.
[427] EGMR Urt. v. 7.12.2021 – 57467/15, BeckRS 2021, 37505 Rn. 93 – Savran.
[428] EGMR Urt. v. 30.11.2021 – 40240/19, BeckRS 2021, 36600 Rn. 29 – Avci; Urt. v. 23.6.2008 – 1638/03, InfAuslR 2008, 333 – Maslov II; auch EGMR Urt. v. 20.11.2011 – 8000/08, BeckRS 2011, 143698 A. A. – (Aufenthaltsbeendigung eines mit 13 Jahren eingereisten Ausländer, der mit 15 Jahren wegen Vergewaltigung verurteilt wurde und noch im positiven Strafvollzug die Universität besucht, verstößt gegen Art. 8 EMRK.); vgl. auch EGMR Urt. v. 18.2.1991 – 26/1989/186/246, EzAR 935 Nr. 3 (Unverhältnismäßigkeit einer Ausweisung eines als Kleinkind eingereisten Ausländers nach 20-jährigem Aufenthalt trotz einer Vielzahl von Straftaten, insbes. weil diese ausschließlich als Jugendlicher bzw. Heranwachsender begangen wurden).
[429] EGMR Urt. v. 2.4.2015 – 27945/10 NVwZ 2016, 1235 Rn. 61– Sarközi und Mahran; Urt. v. 3.10.2014 – 12738/10, NLMR 2014, 417 Rn. 109 – Jeunesse; Urt. v. 8.7.2014 – 3910/13, InfAuslR 2014, 405 Rn. 52 ff. – M. P. E. V ; vgl. auch Urt. v. 24.10.2014 – 32504/11 (hudoc.echr.coe.int) – Kaplan.
[430] EGMR Urt. v. 9.5.2019 – 23887/16 (hudoc.echr.coe.int) Rn. 71 ff. – I. M.; Urt. v. 14.9.2017 – 41215/14, NVwZ 2018, 1781 Rn. 75 – Ndidi; vgl. auch BVerwG Beschl. v. 3.9.2013 – 10 B 14.13, BeckRS 2013, 56453 mwN aus der Rspr. des EGMR.
[431] EGMR Urt. v. 9.5.2019 – 23887/16 (hudoc.echr.coe.int) Rn. 71 ff.– I. M.; Urt. v. 14.9.2017 – 41215/14, NVwZ 2018, 1781 Rn. 76 – Ndidi.
[432] EGMR Urt. v. 7.12.2021 – 57467/15, BeckRS 2021, 37505 – Savran.
[433] Näher hierzu *Nußberger* NVwZ 2013, 1305. S. zur sog. Margin-of-appreciation-Doktrin und der (dennoch) variierenden Kontrolldichte im Rahmen der Prüfung der Verhältnismäßigkeit *Grabenwarter/Struth* EuGRZ 2015, 1 (6 ff.); *Mayer* in Karpenstein/Mayer Einl. Rn. 60 ff., *Pätzold* in Karpenstein/Mayer EMRK Art. 8 Rn. 98. Zur Aufnahme des bisher richterrechtlich entwickelten margin of appreciation in das 15. Zusatzprot der EMRK auch in der Hoffnung, der zT zu großen Eingriffstiefe des Judikate des EGMR zu begegnen *Kollmar/Hoffmann* DVBl 2015, 725.
[434] Vgl. etwa BayVGH Beschl. v. 14.5.2021 – 19 CS 21.828, BeckRS 2021, 12522 Rn. 5; OVG RhPf Urt. v. 25.2.2021 – 7 A 10826/20, BeckRS 2021, 5500 Rn. 75.
[435] EGMR Urt. v. 14.9.2021 – 41643/19, BeckRS 2021, 25796 Rn. 42 – Abdi.
[436] EGMR Urt. v. 28.6.2007 – 31753/02, InfAuslR 2007, 325 – Kaya; Urt. v. 6.12.2007 – 69735/01, InfAuslR 2008, 11 – Chair: In den zugrunde liegenden Fällen waren generalpräventive Gründe für die Ausweisung maßgeblich; ein Verstoß gegen Art. 8 EMRK wurde vom EGMR verneint.

der Ausweisung bereits eine Befristung ihrer Wirkungen erfolgen muss, wird ebenfalls einzelfallbezogen entschieden[437]. Solange die Abschiebung nicht vollzogen wurde, ist für den EGMR der Zeitpunkt seiner gerichtlichen Entscheidung für die Vereinbarkeit der Ausweisung mit dem Schutz des Privat- und Familienlebens maßgeblich[438]; im Fall einer vorherigen Abschiebung ist der Tag der Abschiebung für die rechtliche Prüfung heranzuziehen. Urteilt der EGMR nach der Sachlage im Zeitpunkt seiner Entscheidung, wirken Zeitablauf und beanstandungsfreies Verhalten des Ausländers während dieser Zeit zu dessen Gunsten[439].

125 Geht es es um die **Ausweisung wegen eines Drogendelikts**, betont der **EGMR**, dass er „in Anbetracht der verheerenden Wirkungen von Drogen auf das Leben der Menschen und auf die Gesellschaft Verständnis dafür hat, dass die Behörden mit großer Entschlossenheit gegen diejenigen vorgehen müssen, die aktiv zur Verbreitung dieses Übels beitragen"[440]. Dies bedeutet allerdings nicht zwangsläufig, dass Ausweisungen wegen eines schweren Drogendelikts von ihm als verhältnismäßig angesehen werden[441]. Der **Fall Udeh gegen Schweiz**[442] aus dem Jahr 2013 verdeutlicht die Problematik. Hierbei ging es um die Frage, ob bei Drogendelikten ein besonderes öffentliches Interesse an der Ausweisung anerkannt wird, welches Gewicht der bisher mangelnden Integration beigemessen wird und inwieweit man positive Entwicklungen und Integrationschancen mit einstellt sowie welches Gewicht der Umgang mit Kindern hat. So haben zwei Richter in einem Minderheitsvotum hervorgehoben, dass die Verurteilung wegen Handeltreibens mit Kokain zu 42 Monaten, die nur kurze Aufenthaltszeit des Betroffenen in der Schweiz, die Scheidung von seiner Schweizer Ehefrau und die Einreise unter Angabe einer falschen Identität ausschlaggebende Faktoren bei der Bewertung des Falls sein müssten. Die Mehrheit stellte dagegen insbesondere darauf ab, dass die erste Familie des Beschwerdeführers vor Begehung des schwerwiegenderen Drogendelikts gegründet wurde, ihm nur eine geringe Zahl von Delikten vorzuwerfen, eine positive Entwicklung nach der Begehung der Straftaten zu beobachten war und der Kontakt mit seinen Kindern in seinem Herkunftsstaat Nigeria nicht hätte fortgesetzt werden können; mithin habe der ausweisende Staat seinen Beurteilungsspielraum überschritten.

126 **Art. 4 ZP IV** verbietet Kollektivausweisungen. Er schützt den Einzelnen vor Maßnahmen, mit denen er als Mitglied einer ganzen Gruppe von Ausländern zum Verlassen des Landes gezwungen werden soll, ohne dass eine angemessene und individuelle Prüfung seines Einzelfalls stattgefunden hätte[443]. Auch eine sofortige Zurückdrängung von Asylsuchenden kann darunter fallen[444].

127 Aus **Art. 3 EMRK** können sich iVm § 60 V zielstaatsbezogene Abschiebungsverbote ergeben[445]. Die Tatsache, dass ein Ausländer, dessen Abschiebung angeordnet worden ist, mit Suizid droht, hindert nach der Konvention den Vertragsstaat nicht daran, die beabsichtigte Maßnahme durchzuführen, wenn er konkrete Maßnahmen trifft, die dies verhüten können[446]. Die Ausweisung bzw. Abschiebung einer **schwerkranken Person** stellt nur in Ausnahmefällen einen Verstoß gegen die Bestimmungen von Art. 3 EMRK dar[447]. Auch wenn der EGMR den Kampf gegen den **Terror** als unbedingte Notwendigkeit anerkennt, sind dennoch keine Ausnahmen von der Schutzgewährung des Art. 3 EMRK aufgrund des absoluten Charakters der Bestimmung zulässig, weshalb die Ausweisung bzw. Abschie-

---

[437] EGMR Urt. v. 19.3.2013 – 45971/08, BeckRS 2014, 80511 – S; Urt. v. 28.6.2007 – 31753/02, InfAuslR 2007, 325; jeweils keine Verletzung Art. 8 EMRK, Möglichkeit, Befristung zu beantragen, reicht. Anders EGMR Urt. v. 27.10.2005 – 32231/02, FamRZ 2006, 1351 – Keles: Verstoß gegen Art. 8, weil Ausweisung unbefristet erfolgte; vgl. auch *Pätzold* in Karpenstein/Mayer EMRK Art. 8 Rn. 110 mwN aus der Rspr. des EGMR.

[438] EGMR Urt. v. 11.1.2007 – 1948/04, InfAuslR 2007, 223 – Salah Skeekh; Urt. v. 28.6.2007 – 31753/02, InfAuslR 2007, 325 – Kaya.

[439] *Schürer* EuGRZ 2014, 512 (517).

[440] EGMR Urt. v. 20.12.2018 – 18706/16, FamRZ 2019, 1896 Rn. 46 – Cabucak; Urt. v. 19.3.2013 – 45971/08, BeckRS 2014, 80511 – S; Urt. v. 22.1.2013 – 15620/09, BeckRS 2013, 204303 Rn. 28 – Shala; Urt. v. 12.1.2010 – 47.486/06, NLMR 1/2010-EGMR, 30 (31) – Khan.

[441] Verletzung von Art. 8 EMRK durch Ausweisung etwa bejaht EGMR Urt. v. 12.1.2010 – 47.486/06, NLMR 1/2010-EGMR, 30 (31) – Khan (Einfuhr von 2,5 kg Heroin); Urt. v. 16.4.2013 – 12020/09, InfAuslR 2014, 179 – Udeh (257g reines Kokain). Verletzung von Art. 8 EMRK durch Ausweisung verneint: EGMR Urt. v. 19.3.2013 – 45971/08, BeckRS 2014, 80511 (bandenmäßige Einfuhr und Handel mit 72 kg Heroin); Urt. v. 24.3.2015 – 37074/13, EuGRZ 2015, 464 – Kerkez (Freiheitsstrafe v. fünf Jahren und sechs Monaten wegen Handel mit Marihuana und Kokain bei eigener Abhängigkeit); Urt. v. 20.12.2018 – 18706/16, FamRZ 2019, 1896 – Cabucak (Ausweisung ua wegen Drogenstraftaten trotz Bewältigung der eigenen Drogenabhängigkeit).

[442] EGMR Urt. v. 16.4.2013 – 12020/09, InfAuslR 2014, 179.

[443] EGMR (GR) Urt. v. 23.2.2012 – 27765/09, NVwZ 2012, 809 – Hirsi Jamaa/Italien (Grundlagenurteil). Näher *von Oettingen* in Karpenstein/Mayer EMRK 4. EMRKPort. Art. 4 Rn. 2 ff. sowie *Nußberger* NVwZ 2016, 815 (821).

[444] EGMR Urt. v. 21.10.2014 – 16643/09, NLMR 2014, 433 – Sharifi.

[445] Vgl. etwa *Nußberger* NVwZ 2016, 815 (818 ff.).

[446] EGMR Urt. v. 30.6.2015 – 39350/13 BeckRS 2015, 130424 – A. S.; Urt. v. 7.10.2004 – 33743/03, NVwZ 2005, 1043 Rn. 24 ff. – Dragan.

[447] EGMR Urt. v. 7.12.2021 – 57467/15, BeckRS 2021, 37505 Rn. 121 ff. – Savran; Urt. v. 13.12.2016 – 41738/10, NVwZ 2017, 1187 Rn. 174 – Paposhvili.

bung von Ausländern, die zugleich Terrorverdächtige oder verurteilte Terroristen[448] sind, an den Vorgaben des Art. 3 EMRK zu messen sind[449].

2. Internationaler Pakt über bürgerliche und politische Rechte

Aus **Art. 12 IV** des Internationalen Pakts über bürgerliche und politische Rechte v. 19.12.1966[450] **128** (IPBPR) ergibt sich nicht offensichtlich ein Ausweisungsschutz für Ausländer. Art. 12 IV IPBPR lautet: „Niemandem darf willkürlich das Recht entzogen werden, in sein eigenes Land einzureisen."
Der **Ausschuss für Menschenrechte,** der ua im Individualbeschwerdeverfahren nach dem Fakul- **129** tativprot zum IPBPR angerufen werden kann, geht davon aus, dass sich nicht nur Staatsangehörige des jeweiligen Landes auf Art. 12 IV IPBPR berufen können[451]. Nach Auffassung des Ausschusses erfasst der Schutzbereich der Vorschrift auch Personen, die wegen ihrer speziellen Bindungen zu einem vorgegebenen Land dort nicht als bloße Fremde gelten könnten. Das Recht auf Einreise in das „eigene Land" steht daher neben Ausländern und Flüchtlingen auch Staatenlosen in Bezug auf das Land zu, in dem sie ihren ständigen Wohnsitz oder Lebensmittelpunkt und damit eine starke Nähebeziehung haben[452]. Die Vorschrift setzt **rechtmäßigen Aufenthalt** in dem Land voraus[453]. Der Menschenrechtsausschuss leitet aus Art. 12 IV IPBPR Schutz vor aufenthaltsbeendenden Maßnahmen ab[454]. Als Beispiel wurde auf Staatenlose abgestellt, denen ihre Staatsangehörigkeit auf verfassungswidrige Weise entzogen worden ist oder deren Staat in einen anderen Staat einverleibt wurde, welcher ihnen die Staatsangehörigkeit verweigert. Darüber hinaus hat der Ausschuss staatenlose Personen in den Blick genommen, denen willkürlich das Recht vorenthalten wird, die Staatsangehörigkeit des Landes ihres Wohnsitzes zu erwerben[455].
Behält ein Ausländer die Staatsangehörigkeit seines Ursprungslandes und erwirbt nicht die des **130** Wohnsitzlandes, obwohl ihm dies nicht willkürlich verwehrt wird, wird das Land der Einwanderung nicht sein eigenes Land iSd Art. 12 IV IPBPR[456]. Dabei werden Einbürgerungshindernisse aufgrund strafgerichtlicher Verurteilungen vom Ausschuss nicht als unvernünftige Schranken angesehen[457]. Die **Ausweisung** eines Ausländers, der die Staatsangehörigkeit seines Ursprungslandes behalten hat, verletzt daher nicht Art. 12 IV IPBPR. Eine **Wohnsitzauflage** (etwa nach §§ 56, 61 oder 12 II 2 AufenthG) verstößt nicht gegen Art. 12 IPBPR[458].

3. Internationale Arbeitsorganisation

Art. 8 I des Abkommen Nr. 97 der Internationalen Arbeitsorganisation über Wanderarbeiter[459] **131** schützt Wanderarbeiter und deren Familienangehörige vor „Rückbeförderung" im Falle der **Berufsunfähigkeit** aufgrund nach der Einreise eingetretener **Krankheit** oder danach erlittenen **Unfalls**. Die dafür vorausgesetzte dauernde Zulassung ist bei unbefristeter Aufenthaltserlaubnis gegeben[460], also bei

---

[448] Vgl. zum Terrorismusbegriff und zu Strategien der Terrorismusbekämpfung *Kulick/Goldhammer,* Der Terrorist als Feind? – Beiträge zum Sicherheitsrecht und zur Sicherheitspolitik, 2020.
[449] EGMR Urt. v. 28.2.2008 – 37201/06, NVwZ 2008, 1330 Rn. 137 ff. – Saadi/Italien; Urt. v. 29.4.2019 – 12148/18, NVwZ 2020, 535 Rn. 112 ff. – A. M.; Urt. v. 15.4.2021 – 5560/19, NLMR 2021, 147 Rn. 119 – K.I.; *Nußberger* EuGRZ 2017, 633; vgl. auch BVerwG Urt. v. 6.2.2019 – 1 A 3.18, BVerwGE 164, 317 Rn. 99 ff. – zu § 58a AufenthG.
[450] BGBl. 1973 II S. 1534 und 1976 II S. 1068.
[451] Zur Entwicklung vgl. *M. Nowak,* U. N. Covenant on Civil and Political Rights – CCPR Commentary, 2. Aufl. 2005, CCPR Art. 12 Rn. 52 ff.; *Walter,* Familienzusammenführung in Europa, S. 36 f.
[452] *M. Nowak,* U. N. Covenant on Civil and Political Rights – CCPR Commentary, 2. Aufl. 2005, Art. 12 Rn. 48; *Walter,* Familienzusammenführung in Europa, S. 37; *Caroni,* Privat- und Familienleben zwischen Menschenrecht und Migration, S. 67 und 73; *Zeichen,* Wanderarbeiter und ihr Recht auf Familienleben, S. 25.
[453] So *Walter,* Familienzusammenführung in Europa, S. 37; *M. Nowak* in Kälin/Malinverni/Nowak (Hrsg.), Die Schweiz und die UNO-Menschenrechtspakte, S. 177.
[454] BVerwG Urt. v. 2.9.2009 – 1 C 2.09, NVwZ 2010, 389; *Walter,* Familienzusammenführung in Europa, S. 37 ff.
[455] *M. Nowak,* U. N. Covenant on Civil and Political Rights – CCPR Commentary, 2. Aufl. 2005, Art. 12 Rn. 48; *Walter,* Familienzusammenführung in Europa, S. 37; *Caroni,* Privat- und Familienleben zwischen Menschenrecht und Migration, S. 67 und 73; *Zeichen,* Wanderarbeiter und ihr Recht auf Familienleben, S. 25.
[456] BVerwG Urt. v. 2.9.2009 – 1 C 2.09, NVwZ 2010; *Walter,* Familienzusammenführung in Europa, S. 37.
[457] BVerwG Urt. v. 2.9.2009 – 1 C 2.09, NVwZ 2010 unter Hinweis auf Auffassung v. 1.11.1996 – Case Nr. 538/1993 – Stewart v. Canada – U. N. Doc. CCPR/C/58/D/538/1993 (1996) Nr. 12.2–12.9, zit. nach http://humanrights.law.monash.edu.au/undocs/538-1993.html; wiederholt in der Auffassung v. 3.4.1997 – Case Nr. 558/1993 – Canepa v. Canada – U. N. Doc. CCPR/C/59/D/558/1993 (1997) Nr. 11.3, zit. nach http://humanrights.law.monash.edu.au/undocs/558-1993.html.
[458] BVerwG Beschl. v. 19.8.2014 – 1 C 7.14, BeckRS 2014, 56484 Rn. 16 f.; NdsOVG Beschl. v. 23.2.2015 – 8 PA 13/15, BeckRS 2015, 42087.
[459] BGBl. 1959 II S. 87; 1960 II S. 2204; 1963 II S. 1135. S. zur aktuellen Liste der Staaten, die Vertragsparteien sind https://treaties.un.org/Pages/Publications.aspx?pathpub=Publication/UNTS/Page1_en.xml.
[460] BVerwG Urt. v. 29.7.1993 – 1 C 25.93, BVerwGE 94, 35 (51); Urt. v. 28.5.1991 – 1 C 20/89, InfAuslR 1991, 268; VGH BW Urt. v. 1.2.1989 – 11 S 968/88, InfAuslR 1989, 234 (236 f.).

Besitz einer Niederlassungserlaubnis. Fünfjähriger Aufenthalt allein begründet noch keine „dauernde Zulassung"[461]. Erforderlich ist außerdem, dass auch die Zulassung zur Beschäftigung dauerhaft gestattet ist. Da die Niederlassungserlaubnis unmittelbar die Ausübung einer Erwerbstätigkeit gestattet, ist mit dem Aufenthaltstitel zugleich eine dauerhafte Zulassung zur Beschäftigung verbunden[462].

132 Art. 8 dieses Übereinkommens schützt den **„dauernd zugelassenen Wanderarbeiter"** nur davor, wegen Berufsunfähigkeit in sein Heimatland zurückbefördert zu werden. Andere Rückschaffungsgründe des nationalen Rechts bleiben davon unberührt[463].

4. Europäische Sozialcharta

133 Die Europäische Sozialcharta v. 18.10.1961[464] ist **innerstaatlich nicht unmittelbar anwendbar**[465]. Daher werden lediglich die Vertragsparteien verpflichtet sicherzustellen, dass Wanderarbeitnehmer aus den Vertragsstaaten mit rechtmäßigem gewöhnlichen Aufenthalt nur ausgewiesen werden dürfen, wenn sie die Sicherheit des Staates gefährden oder gegen die öffentliche Sicherheit und Ordnung oder gegen die Sittlichkeit verstoßen. Gleichwohl kann der Europäische Sozialcharta nach der Rspr. des EGMR **im Einzelfall Bedeutung für die Auslegung** der Menschenrechte zukommen[466].

5. Europäisches Fürsorgeabkommen

134 Art. 6 EFA verbietet grundsätzlich (Ausnahmen in Art. 7 EFA) die **Rückschaffung** eines Staatsangehörigen eines der Vertragsstaaten[467] aus Gründen der Hilfsbedürftigkeit, wenn dieser sich erlaubterweise gewöhnlich im Bundesgebiet aufhält[468]. Das EFA schränkt die Gründe, aus denen ein (weiterer) Aufenthaltstitel abgelehnt werden darf oder muss, nicht ein; es hindert auch nicht die zwangsweise Beendigung des Aufenthalts nach Ablauf des Aufenthaltsrechts; es betrifft nur Maßnahmen während eines erlaubten Aufenthalts[469]. Nicht gestattet sind damit bei Erfüllung der Voraussetzungen des Art. 6 EFA sowohl Ausweisung als auch nachträgliche Befristung nach Art. 7 II 2 EFA. Die Hilfsbedürftigkeit muss ursächlich für die Maßnahme sein, mit ihr muss sie stehen und fallen[470].

6. Europäisches Niederlassungsabkommen

135 Das Europäische Niederlassungsabkommen vom 13.12.1955[471] gewährt in Art. 3 den Staatsangehörigen der Vertragsstaaten (Belgien, Deutschland, Dänemark, Irland, Italien, Luxemburg, Niederlande, Norwegen, Schweden, Türkei, Großbritannien) einen auch Aufenthaltsdauer gestuften Ausweisungsschutz[472]. Nach Art. 3 I ENA dürfen Staatsangehörige von Mitgliedstaaten nur ausgewiesen werden, wenn sie die Sicherheit des Aufenthaltsstaates gefährden oder gegen die öffentliche Ordnung oder die Sittlichkeit verstoßen. Gemäß Art. 3 III ENA ist die Ausweisung nach einem ordnungsmäßigen Aufenthalt von zehn Jahren nur zulässig, wenn Gründe der Sicherheit des Staates oder **besonders schwerwiegende Gründe** iSd Abs. 1 vorliegen. Der besondere Schutz nach Art. 3 III ENA erfordert einen **ununterbrochenen ordnungsmäßigen Aufenthalt** von mehr als zehn Jahren. Ordnungsmäßigkeit setzt die Einhaltung der Vorschriften über Einreise, Aufenthalt und Erwerbstätigkeit voraus[473]. Die Ausweisung muss unvermeidbar sein, weil die weitere Anwesenheit auch bei Anlegung strenger Maßstäbe nicht länger hingenommen werden kann[474]. Art. 3 II ENA enthält Verfahrensgarantien.

---

[461] AA *Bunte* InfAuslR 1990, 49.
[462] Auf die Streitfrage, ob eine unbefristete Aufenthaltserlaubnis erteilt sein muss (so BVerwG Urt. v. 28.5.1991 – 1 C 20.89, InfAuslR 1991, 268; aA *Bunte* InfAuslR 1990, 49 (52)) kommt es nicht mehr an.
[463] VGH BW Urt. v. 1.2.1989 – 11 S 968/88, InfAuslR 1989, 234.
[464] BGBl. 1964 II S. 1263, revidiert 1996, seit 1.7.1999 in Kraft, die revidierte Fassung von 1996 wurde von Deutschland unterzeichnet, aber vorerst nicht ratifiziert.
[465] BVerwG Urt. v. 22.2.1995 – 1 C 11.94, BVerwGE 98, 31 (45).
[466] Vgl. EGMR Urt. v. 21.4.2009 – 68959/01, NZA 2010, 1423 – Enerji Yapi-Yol Sen zur Auslegung von Art. 11 EMRK; vgl. näher *Walter* ZaöRV 2015, 753 (763 f.).
[467] Vgl. grundsätzlich zu Inhalt und Reichweite des EuFürsAbk BSG Urt. v. 19.10.2010 – B 14 AS 23/10 R, InfAuslR 2011, 164.
[468] Näher *Gutmann* in Dörig MigrationsR-HdB § 12 Rn. 244 f.
[469] Vgl. auch VG Hamburg Urt. v. 29.11.2010 – 11 K 1998/09, BeckRS 2011, 50133; BVerwG Urt. v. 24.6.1982 – 1 C 136.80, BVerwGE 66, 29; BVerwG Urt. v. 5.5.1982 – 1 C 182.79, EZAR 104 Nr. 5.
[470] BVerwG Urt. v. 16.9.1986 – 1 C 13.85, BVerwGE 75, 26.
[471] BGBl. 1959 II S. 997.
[472] S. auch *Gutmann* in Dörig MigrationsR-HdB § 12 Rn. 251 ff.
[473] ProtVermerk zur Abschnitt II ENA; Täuschung der Ausländerbehörde schädlich BVerwG Urt. v. 17.6.1998 – 1 C 27.96, EZAR 033 Nr. 12.
[474] BVerwG Urt. v. 19.10.1982 – 1 C 100.78, EZAR 124 Nr. 6; VGH BW Urt. v. 12.2.1990 – 1 S 788/89, EZAR 124 Nr. 12.

Aufgrund des heute geltenden weitergehenden Schutzes für Unionsbürger kommt dem ENA für 136
Staatsangehörige der Mitgliedstaaten der EU keine Bedeutung mehr zu. Assoziationsberechtigten
türkischen Staatsangehörigen gewährt Art. 3 III ENA keinen höheren Ausweisungsschutz als denjenigen, der in Art. 14 ARB 1/80 verankert ist[475].

7. Flüchtlinge

Nach **Art. 32 I Genfer Flüchtlingskonvention** vom 28.7.1951[476] weisen die vertragschließenden 137
Staaten einen Flüchtling, der sich rechtmäßig in ihrem Gebiet befindet, nur aus Gründen der öffentlichen Sicherheit oder Ordnung aus. Die Rechtmäßigkeit des Aufenthalts richtet sich nach innerstaatlichem Recht, da die GFK nicht bestimmt, wann der Aufenthalt rechtmäßig ist[477]. Das BVerwG hat den Begriff des **rechtmäßigen Aufenthalts** sowohl in Art. 28 GFK[478] als auch in dem gleichlautenden Art. 28 StlÜbk[479] näher bestimmt. Danach setzt der rechtmäßige Aufenthalt eine besondere Beziehung des Betroffenen zu dem Vertragsstaat durch eine mit dessen Zustimmung begründete Aufenthaltsverfestigung voraus. Es genügt nicht die faktische Anwesenheit, selbst wenn sie dem Vertragsstaat bekannt ist und von diesem hingenommen wird[480].

Die **Notwendigkeit einer gewissen Aufenthaltsverfestigung** ergibt sich nicht nur aus der 138
sprachlichen Formulierung „rechtmäßig aufhalten", die zutreffend die nach dem Vertragstext verbindliche englische und französische Formulierung „lawfully staying" bzw. „résidant régulièrement" wiedergibt, sondern vor allem aus einem Vergleich zwischen Art. 28 I 1 und 2 GFK. Nach S. 1 stellen die Vertragsstaaten den Flüchtlingen Reiseausweise aus, die sich in ihrem Hoheitsgebiet rechtmäßig aufhalten. Nach S. 2 können sie auch anderen im Hoheitsgebiet befindlichen Flüchtlingen einen solchen Ausweis ausstellen. Die GFK regelt ebenso wenig wie das StlÜbk, wann im Einzelnen ein Aufenthalt rechtmäßig ist. Vielmehr bestimmt sich die Rechtmäßigkeit des Aufenthalts grundsätzlich nach den für die Aufenthaltsnahme geltenden Rechtsnormen der jeweiligen Vertragsstaates[481]. Der rechtmäßige Aufenthalt beinhaltet auch immer ein rechtmäßiges Sich-Befinden iSd Art. 26 GFK[482].

Das **BVerwG** hat hinsichtlich der Auslegung des Tatbestandsmerkmals des rechtmäßigen Aufent- 139
halts klargestellt, dass die Regelungsbefugnis der Mitgliedstaaten Grenzen unterliegt. Das Ziel des
Vertrags darf durch die nationalen **Gestaltungsspielräume** nicht infrage gestellt werden; die Regelungsbefugnis muss vertragskonform gehandhabt werden[483]. Auch wenn die Rechte der Flüchtlinge, für die die Erlaubtheit des Aufenthaltsstatus eine Voraussetzung bildet, nicht zur Disposition der Vertragsstaaten stehen, so schließt dies nicht aus, dass die Vertragsstaaten nationale Gestaltungsspielräume behalten, die mit Blick auf den Vertragszweck vertragskonform ausgeübt werden müssen. Damit haben die Vertragsstaaten zwar keine unbeschränkte Interpretationshoheit, aber in Ermangelung eines völkerrechtlichen geformten Begriffs des rechtmäßigen Sich-Befindens bzw. des rechtmäßigen Aufenthalts ist ein nationaler Gestaltungsspielraum anzunehmen.

Die **materiellen und verfassungsrechtlichen Anforderungen an eine Ausweisung** werden 140
von Art. 32 GFK aufgestellt. Art. 32 III 1 GFK regelt, dass die vertragschließenden Staaten dem Flüchtling eine **angemessene Ausreisefrist** gewähren, um ihm die Möglichkeit zu geben, in einem anderen Land um rechtmäßige Aufnahme nachzusuchen.

Neben Art. 32 GFK ist das **Refoulement-Verbot des Art. 33 GFK** zu beachten[484]. Dieses 141
verbietet Ausweisungen und Zurückweisungen in Zielländer, in denen das Leben oder die Freiheit des Flüchtlings wegen seiner Rasse, Religion, Staatsangehörigkeit, Zugehörigkeit zu einer bestimmten sozialen Gruppe oder seiner politischen Überzeugung bedroht sind. Nach früherer Rspr. des BVerwG[485] wirkt sich das Refoulement-Verbot des Art. 33 GFK erst bei der Abschiebungsandrohung aus. Die Ausweisung schreibt dem Ausländer nicht vor, wohin er auszureisen hat. Erst mit der Abschiebungsandrohung wird der Zielstaat, in den die Rückführung erfolgen soll, konkretisiert/ Allerdings sind nunmehr die **unionsrechtlichen Vorgaben von Art. 24 und 21 RL 2011/95/**

---

[475] BVerwG Urt. v. 2.9.2009 – 1 C 2.09, BeckRS 2009, 40444 Rn. 15.
[476] BGBl. 1953 II S. 59.
[477] BVerwG Urt. v. 4.6.1991 – 1 C 42.88, BVerwGE 88, 254 (267).
[478] BVerwG Urt. v. 17.3.2004 – 1 C 1.03, InfAuslR 2004, 1250; Urt. v. 17.3.2004 – 1 C 1.03, BVerwGE 120, 206 (209 f.); vgl. auch BVerwG Urt. v. 13.12.2005 – 1 C 36.04, InfAuslR 2006, 289 zur Zulässigkeit der Ausstellung eines Reiseausweises nach Art. 28 I 2 GFK an einen geduldeten Flüchtling.
[479] BVerwG Urt. v. 16.10.1990 – 1 C 15.88, BVerwGE 87, 11 (14).
[480] *Amann*, Die Rechte des Flüchtlings, S. 122; *Grahl-Madsen* Refugee Convention 1951 Art. 26 Rn. 3; BVerwG Urt. v. 4.6.1991 – 1 C 42.88, BVerwGE 88, 254 (266 ff.).
[481] BVerwG Urt. v. 17.3.2004 – 1 C 1.03, BVerwGE 120, 206 (209 f.).
[482] In der Entscheidung v. 19.3.1996 (1 C 34.93, BVerwGE 100, 335 (345)) wurde die Frage, ob der Besitz einer befristeten Aufenthaltsbefugnis des rechtmäßigen Aufenthalts nach Art. 26 StlÜbk, der mit Art. 26 GFK identisch ist, genügt, offengelassen.
[483] BVerwG Urt. v. 16.10.1990 – 1 C 15.88, BVerwGE 87, 11 (17).
[484] *Nußberger* NvwZ 2016, 815 (816 f.).
[485] BVerwG Beschl. v. 9.9.1992 – 1 B 71.92, InfAuslR 1993, 12; Beschl. v. 12.9.2000 – 1 B 50.00, NVwZ-RR 2001, 131.

EU[486] – Qualifikations-RL – maßgebend[487]. Die Richtlinie formuliert an sich keine Vorgaben für eine Ausweisung im Sinne des deutschen Rechts, wohl aber für eine Zurückweisung in den Herkunftsstaat (Art. 21 II und III) und für den Entzug des Aufenthaltstitels (Art. 24 I), die bei der Ausweisung zu beachten sind[488].

142   Die **Erteilung eines Aufenthaltstitels** nach Art. 24 I RL 2011/95/EU setzt die vorherige Zuerkennung der Flüchtlingseigenschaft voraus, mit der ein Status für den Betroffenen begründet wird und erfolgt **zukunftsgerichtet**[489]. Ungeachtet der Formulierung im Erwägungsgrund 21 der RL 2011/95/EU, wonach die Zuerkennung der Flüchtlingseigenschaft ein deklaratorischer Akt ist[490], ist eine rückwirkende Erteilung des Aufenthaltstitels, bezogen auf einen Zeitpunkt vor der Zuerkennung der Flüchtlingseigenschaft, ausgeschlossen[491]. Maßgebend für den Zeitpunkt der Zuerkennung der Flüchtlingseigenschaft ist hier der Zeitpunkt der Bekanntgabe des entsprechenden Bescheids des Bundesamts oder – wenn die Zuerkennung Folge einer gerichtlichen Verpflichtung ist – die Rechtskraft des Urteils. Nach dem durch die RL 2011/95/EU geschaffenen System[492] werden die Rechte nach Kapitel VII, wozu das Recht auf einen Aufenthaltstitel nach Art. 24 I dieser Richtlinie gehört, erst mit der Zuerkennung der Flüchtlingseigenschaft nach dem – für den Schutzsuchenden erfolgreichen – Durchlaufen eines förmlichen Verfahrens begründet. Auch die GFK geht davon aus, dass der Feststellung der Flüchtlingseigenschaft im Verfahren vorgeschaltet ist[493]. Lediglich in Art. 21 II RL 2011/95/EU gibt es keine Differenzierung zwischen Flüchtlingen, die förmlich anerkannt sind, und solchen, bei denen dies nicht der Fall ist.

143   Nach Art. 21 III RL 2011/95/EU darf ein Mitgliedstaat einen dem Flüchtling erteilten Aufenthaltstitel widerrufen, wenn die Voraussetzungen für eine Zurückweisung nach Art. 21 II vorliegen[494]. Fällt ein Flüchtling nicht in den Anwendungsbereich von Art. 21 II dieser Richtlinie, kann auch Abs. 3 dieser Vorschrift nicht zur Anwendung kommen[495]. Eine Zurückweisung ist nach Art. 21 II zulässig, wenn es stichhaltige Gründe zur Annahme gibt, dass der Flüchtling eine Gefahr für die Sicherheit des Mitgliedstaates darstellt, in dem er sich aufhält, oder er eine Gefahr für die Sicherheit des Mitgliedstaates darstellt, weil er wegen einer besonders schweren Straftat rechtskräftig verurteilt wurde. Die Zurückweisung ist aber nur unter der weiteren Voraussetzung rechtmäßig, dass sie dem Mitgliedstaat nicht aufgrund seiner völkerrechtlichen Verpflichtungen untersagt ist (Art. 21 II RL 2011/95/EU). Dazu zählen die Verpflichtungen aus Art. 3 EMRK[496]. Dem Abschiebungsverbot nach Art. 3 EMRK kommt absoluter Charakter zu; anders als das Refoulement-Verbot nach Art. 33 I GFK kann es unter den Voraussetzungen von Art. 21 II RL 2011/95/EU nicht durchbrochen werden[497].

144   Die Zurückweisung in den Herkunftsstaat ist gegenüber einem anerkannten Flüchtling wegen der ihm dort typischerweise drohenden Gefahren iSv Art. 3 EMRK verboten, sodass sich die Frage einer Rückführung dorthin als Folge einer Ausweisung in der Praxis nicht stellt. Entsprechendes gilt bei Personen, bei denen das Bundesamt wegen Art. 3 EMRK den subsidiären Schutz oder ein nationales Abschiebungsverbot festgestellt hat. Art. 21 II RL 2011/95/EU begrenzt damit den behördlichen Handlungsspielraum für eine Abschiebung in einen Verfolgerstaat oder einen Staat, in dem Gefahren

---

[486] ABl. 2011 L 337, S. 9.
[487] Die ursprüngliche Qualifikations-RL, RL 2004/83/EG des Rates über die Mindestnormen für die Anerkennung und den Status von Drittstaatsangehörigen oder Staatenlosen als Flüchtlinge oder als Personen, die anderweitig nationalen Schutz benötigen, und über den Inhalt des zu gewährenden Schutzes v. 29.4.2004 (ABl. 2004 L 304, S. 12 und berichtigt ABl. 2005 L 204, S. 24), wurde durch die Neufassung mit RL 2011/95/EU v. 13.12.2011 (ABl. 2011 L 337, S. 9) abgelöst, die im Vergleich zur ursprünglichen Qualifikations-RL den Status von anerkannten Flüchtlingen und subsidiär Schutzberechtigten nahezu vereinheitlichte.
[488] BVerwG Urt. v. 22.2.2017 – 1 C 3.16, NVwZ 2017, 1883 Rn. 47 ff.; *Dörig* in Dörig MigrationsR-HdB AufenthG § 7 Rn. 55 ff.
[489] VGH BW Beschl. v. 23.2.2022 – 12 S 1084/21, BeckRS 2022, 3518 Rn. 23 ff.
[490] Ähnlich bereits in der Vorgängerfassung der RL; im Erwägungsgrund 14 RL 2004/83/EG hieß es: „Die Anerkennung der Flüchtlingseigenschaft ist ein deklaratorischer Akt."; vgl. auch Handbuch des UNHCR über Verfahren und Kriterien zur Feststellung der Flüchtlingseigenschaft, Neuauflage: UNHCR Österreich, Dezember 2003, Rn. 28: Sobald eine Person die in dem Abkommen von 1951 genannten Kriterien erfüllt, ist sie ein Flüchtling im Sinne dieses Abkommens. Dieser Zustand ist zwangsläufig schon vor dem Augenblick gegeben, da die Flüchtlingseigenschaft formell anerkannt wird. Nicht auf Grund der Anerkennung wird er ein Flüchtling, sondern die Anerkennung erfolgt, weil er ein Flüchtling ist.
[491] BVerwG Urt.v. 13.2.2014 – 1 C 4.13, NVwZ-RR 2014, 533 Rn. 15; *Kraft* in Thym/Hailbronner, EU Immigration and Asylum Law, 3. Aufl. 2022, Chp. 20 Art. 13 Rn. 11.
[492] IE EuGH, Urt v. 14.5.2019 – C-391/16, NVwZ 2019, 1189 Rn. 79 ff. – M. X. X.
[493] Handbuch des UNHCR über Verfahren und Kriterien zur Feststellung der Flüchtlingseigenschaft, Neuauflage: UNHCR Österreich, Dezember 2003, Rn 189 ff.
[494] BVerwG Urt. v. 22.5.2012 – C 8.11, NVwZ 2012, 16251 Rn. 21.
[495] EuGH Urt. v. 24.6.2015 – C-373/13, BeckRS 2015, 80822 Rn. 44 – H. T.
[496] Vgl. Begründung der Kommission im Richtlinienvorschlag v. 12.9.2001 KOM(2001) 510 endg. S. 33 zu Art. 19.
[497] BVerwG Urt. v. 22.2.2017 – 1 C 3.16, NVwZ 2017, 1883 Rn. 48 und unter Hinweis auf EuGH Urt. v. 5.4.2016 – C-404/15 und C-659/15 PPU, NJW 2016, 542 Rn. 85 ff.– Aranyosi und Căldăraru; EGMR Urt. v. 17.12.1996 – 71/1995/577/663, NVwZ 1997, 1100 Rn. 39 ff. – Ahmed/Österreich.

Ausweisung **Vor §§ 53–56 AufenthG 1**

nach Art. 3 EMRK drohen. Die Vorschrift setzt jedoch keine Maßstäbe für eine lediglich „inlandsbezogene" Ausweisung, die insbesondere zum Verlust des Aufenthaltstitels führt.

Unionsrechtlich ist für eine zum Verlust des Aufenthaltstitels eines Flüchtlings führende **inlands-** 145 **bezogene Ausweisung**[498] **Art. 24 I Qualifikations-RL** zu beachten. Die Vorschrift verpflichtet die Mitgliedstaaten, einem Flüchtling so bald wie möglich nach der Anerkennung einen Aufenthaltstitel auszustellen, es sei denn, dass zwingende Gründe der nationalen Sicherheit oder öffentlichen Ordnung dem entgegenstehen. Nach der Rspr. des EuGH gilt die Vorschrift auch für den Entzug eines Aufenthaltstitels und die Ausweisung eines Flüchtlings ist an ihrem Maßstab zu messen[499]. Dem EuGH zufolge hat der in Art. 24 I der Richtlinie verwendete Begriff der „zwingenden Gründe" eine weitere Bedeutung als der Begriff der „stichhaltigen Gründe" in Art. 21 II der Richtlinie. Das bedeutet, dass bestimmte Umstände, die nicht den Schweregrad aufweisen, um eine Zurückweisung iSv Art. 21 II der Richtlinie verfügen zu können, den Mitgliedstaat gleichwohl dazu berechtigen können, auf der Grundlage von Art. 24 I der Richtlinie dem betroffenen Flüchtling im Wege der Ausweisung den Aufenthaltstitel zu entziehen[500].

Bei der Bestimmung des Bedeutungsgehalts der **„zwingenden Gründe der öffentlichen Sicher-** 146 **heit oder Ordnung"** hat der EuGH Bezug auf seine Rspr. zu den Begriffen der „öffentlichen Sicherheit" und der „öffentlichen Ordnung" in Art. 27 und 28 – Freizügigkeits-RL – genommen[501]. Danach umfasst der Begriff „öffentliche Sicherheit" iSv Art. 28 III Freizügigkeits-RL sowohl die innere als auch die äußere Sicherheit eines Mitgliedstaates. Die öffentliche Sicherheit kann danach berührt sein, wenn das Funktionieren staatlicher Einrichtungen und wichtiger öffentlichen Dienste beeinträchtigt wird oder eine Gefahr für das Überleben der Bevölkerung oder einer erheblichen Störung der auswärtigen Beziehungen oder des friedlichen Zusammenlebens der Völker besteht oder militärische Interessen beeinträchtigt werden. Dabei deutet der Begriff der „zwingenden Gründe" auf einen besonders hohen Schweregrad der Beeinträchtigung hin. Den Begriff der „öffentlichen Ordnung" hat der EuGH für die Unionsbürger-RL dahin gehend ausgelegt, dass außer der sozialen Störung, die jeder Gesetzesverstoß darstellt, eine tatsächliche, gegenwärtige und hinreichend erhebliche Gefahr vorliegen muss, die ein Grundinteresse der Gesellschaft berührt. Zugleich betont er, dass es den Mitgliedstaaten freisteht, nach ihren nationalen Bedürfnissen, die je nach Mitgliedstaat und Zeitpunkt unterschiedlich sein können, zu bestimmen, was die öffentliche Ordnung und Sicherheit erfordern.

Der Begriff der „öffentlichen Sicherheit und Ordnung" erfasst Fälle, in denen ein Drittstaatsangehö- 147 riger einer Vereinigung angehört, die den internationalen Terrorismus unterstützt, oder er eine derartige Vereinigung unterstützt. Allein der Umstand, dass ein Flüchtling eine solche Organisation unterstützt hat, darf jedoch nicht automatisch zur Aufhebung seines Aufenthaltstitels führen. Vielmehr ist zudem **einzelfallbezogen** die Rolle zu prüfen, die der Betreffende im Rahmen seiner Unterstützung dieser Organisation tatsächlich gespielt hat, und auch der Schweregrad der Gefahr zu beurteilen, die von seinen Handlungen für die öffentliche Sicherheit oder Ordnung ausgeht[502]. Das BVerwG hat die inlandsbezogene Ausweisung eines anerkannten Flüchtlings bei langjähriger Unterstützung der als terroristische Vereinigung eingestuften PKK in Deutschland durch Wahrnehmung von Vorstandsämtern in Unterstützervereinen, als Versammlungsleiter und Redner als den Maßstab des Art. 24 I RL 2011/95/EU beachtend angesehen[503]. Für die Ausweisung auf der Grundlage von § 53 IIIa sind diese Maßstäbe ebenfalls zu beachten[504].

Auch nach dem ausweisungsbedingten Verlust des Aufenthaltstitels stehen dem Ausländer – solange 148 er die Rechtsstellung eines Flüchtlings iSd Qualifikations-RL genießt – die mit dieser Rechtsstellung einhergehenden **Rechte nach Kapitel VII RL 2011/95/EU** zu, dh etwa Zugang zu Beschäftigung und Integrationsmaßnahmen und insbesondere Schutz vor Zurückweisung[505]. Die durch Kap. VII verliehenen Rechte sind Folge der Zuerkennung des Flüchtlingsstatus und nicht der Ausstellung eines Aufenthaltstitels[506]. Ansprüche auf Freizügigkeit innerhalb des Mitgliedstaates und auf Ausstellung von Reisedokumenten hat der ausgewiesene Flüchtling jedoch nur, wenn keine in der Richtlinie selbst ausdrücklich vorgesehene Ausnahme eingreift[507]. So darf die Ausstellung eines Reiseausweises nach Art. 25 RL 2011/95/EU versagt werden, wenn zwingende Gründe der nationalen Sicherheit oder

---

[498] Zur inlandbezogenen Ausweisung auch → Rn. 21, 34.
[499] EuGH Urt. v. 24.6.2015 – C-373/13, BeckRS 2015, 80822 Rn. 55, 75 – H. T.
[500] BVerwG Urt. v. 22.2.2017 – 1 C 3.16, NVwZ 2017, 1883 Rn. 50.
[501] EuGH Urt. v. 24.6.2015 – C-373/13, BeckRS 2015, 80822 Rn. 77 ff. – H. T.
[502] EuGH Urt. v. 24.6.2015 – C-373/13, BeckRS 2015, 80822 Rn. 90 ff. – H. T.
[503] BVerwG Urt. v. 22.2.2017 – 1 C 3.16, NVwZ 2017, 1883; mit dieser Entscheidung wurde VGH BW Urt. v. 2.3.2016 – 11 S 1389/15, BeckRS 2016, 44406 bestätigt.
[504] Vgl. → § 53 Rn. 97 ff; Zur Neufassung des § 53 IIIa durch das 2. Gesetz zur besseren Durchsetzung der Ausreisepflicht vgl. auch *Dollinger* ZRP 2019, 130.
[505] EuGH Urt. v. 24.6.2015 – C-373/13, BeckRS 2015, 80822 Rn. 95 ff. – H. T.; BVerwG Urt. v. 22.2.2017 – 1 C 3.16, NVwZ 2017, 1883 Rn. 55; *Dörig* in Dörig, MigrationsR-HdB, 2. Aufl. 2020, § 7 Rn. 64.
[506] EuGH Urt. v. 21.11.2018 – C-713/17, NVwZ-RR 2019, 338 Rn. 27 – Ayubi.
[507] EuGH Urt. v. 24.6.2015 – C-373/13, BeckRS 2015, 80822 Rn. 95 ff. – H. T.; BVerwG Urt. v. 22.2.2017 – 1 C 3.16, NVwZ 2017, 1883 Rn. 55 f., 67.

öffentlichen Ordnung entgegenstehen, was etwa zur Begegnung der Gefahr terroristischen Unterstützungshandelns gegeben ist. Nach Art. 33 RL 2011/95/EU dürfen aufenthaltsbeschränkende Maßnahmen verfügt werden, wenn diese aus Gründen der öffentlichen Sicherheit auch gegenüber sich rechtmäßig in Deutschland aufhaltenden Ausländern zulässig sind. Aufenthaltsbeschränkungen und Meldeauflagen nach § 56 I und II können daher zulässig sein (vgl. § 12 II 2)[508]. Aus Art. 5 RL RL 2008/115/EG folgt die Verpflichtung des Mitgliedstaates, den Grundsatz der Nichtzurückweisung einzuhalten. Solange dem Flüchtling allein aufgrund seines Status der Schutz vor Zurückweisung zusteht, ist es mit der Rückführungs-RL nicht zu vereinbaren, eine Rückkehrentscheidung nach Art. 6 RL 2008/115/EG, dh nach nationalem Recht eine Abschiebungsandrohung, zu erlassen[509].

8. Subsidiär Schutzberechtigte

149 Der Inhalt des internationalen Schutzes, der in Kap. VII Qualifikations-RL vorgeschrieben ist, gilt im Wesentlichen gleichermaßen für anerkannte Flüchtlinge und subsidiär Schutzberechtigte. Es gibt Unterschiede nur in Details, wie etwa in der Länge des zu erteilenden Aufenthaltstitels nach Art. 24 RL 2011/95/EU und der Tatsache, dass der Reiseausweis nach der GFK den Personen vorbehalten ist, denen die Flüchtlingseigenschaft zuerkannt wurde (Art. 25 RL 2011/95/EU). Dem EuGH[510] zufolge hat sich der Unionsgesetzgeber in Kenntnis dessen, dass die Genfer Konvention nur für die Voraussetzungen der Zuerkennung der Flüchtlingseigenschaft und deren Inhalt relevant ist, dafür entschieden, einen einheitlichen Status für alle Personen, denen internationaler Schutz gewährt wurde, einzuführen. Er gewährt deshalb den Personen mit subsidiärem Schutzstatus, abgesehen von den notwendigen und sachlich gerechtfertigten Ausnahmeregelungen, dieselben Rechte und Leistungen wie Flüchtlingen.

150 Art. 24 II RL 2011/95/EU garantiert subsidiär Schutzberechtigten unter den gleichen Voraussetzungen wie Personen mit Flüchtlingsstatus den Aufenthaltstitel; sowohl nach Abs. 1 als auch nach Abs. 2 dürften zwingende Gründe der nationalen Sicherheit oder der öffentlichen Ordnung nicht entgegenstehen. In Anbetracht des Gleichlaufs beider Bestimmungen ist auch **Art. 24 II Qualifikations-RL** eine Regelung für den Entzug von Aufenthaltstiteln und damit für die inlandsbezogene **Ausweisung** zu entnehmen[511]. Dieser unionsrechtliche Maßstab ist bei der Anwendung des § 53 IIIb zu beachten. Auch auf die Rechte aus Kap. VII RL 2011/95/EU im Übrigen kann sich der subsidiär Schutzberechtigte grundsätzlich weiterhin berufen. Der Anwendungsbereich des Europäischen Übereinkommens vom 16.10.1980 über den Übergang der Verantwortung für Flüchtlinge (BGBl. 1994 II S. 2645) beschränkt sich auf Flüchtlinge nach der GFK. Für eine Erstreckung des Abkommens auf subsidiär Schutzberechtigte besteht kein Raum[512].

9. Staatenlose

151 Das **Übereinkommen über die Rechtsstellung der Staatenlosen** vom 28.9.1954[513] sieht in Art. 31 I eine Regelung vor, wonach die Ausweisung eines sich rechtmäßig im Hoheitsgebiet eines Vertragsstaates aufhaltenden Staatenlosen nur aus Gründen der Staatssicherheit oder der öffentlichen Ordnung zulässig ist. Der Grundsatz der Subsidiarität des Konventionsschutzes gilt nur im Verhältnis zum Schutz durch den Staat oder die Staaten der Staatsangehörigen der Betroffenen – bei Staatenlosen im Verhältnis zum Staat des gewöhnlichen Aufenthalts – wie auch im Verhältnis zum einmal erlangten Schutz in einem anderen Staat. Ein Schutzsuchender darf aber nicht darauf verwiesen werden, in einem sonstigen Drittland zunächst die dortige Staatsangehörigkeit oder den Flüchtlingsstatus zu erwerben, um anschließend ein inländisches Zufluchtsgebiet zu erreichen[514].

152 Die **Rechtmäßigkeit des Aufenthalts** richtet sich – wie bei Art. 32 I GFK – nach dem innerstaatlichen Recht. Unter **Staatssicherheit** ist nicht der Begriff der öffentlichen Sicherheit im Sinne des allgemeinen Polizeirechts zu verstehen, sondern die innere und äußere Sicherheit des Staates[515]. Die Sicherheit der Bundesrepublik Deutschland umfasst nach der stRspr des BVerwG[516] die innere und äußere Sicherheit und schützt nach innen den Bestand und die Funktionstüchtigkeit des Staates und seiner Einrichtungen. Das schließt den Schutz vor Einwirkungen durch Gewalt und Drohung mit Gewalt auf die Wahrnehmung staatlichen Funktionen ein. Bereits die Anwesenheit möglicher auslän-

---

[508] BVerwG Urt. v. 22.2.2017 – 1 C 3.16, NVwZ 2017, 1883 Rn. 59.
[509] S oben → Rn. 31 ff; zur Bedeutung des Grundsatzes der Nichtzurückweisung mit Blick auf eine Rückkehrentscheidung auf EuGH Urt. v. 19.6.2018 – C-181/16, NVwZ 2018, 1625 Rn. 56 – Gnandi; Urt. v. 26.9.2018 – C-180/17, ZAR 2019, 38 Rn. 27 ff. – X/Y.
[510] EuGH Urt. v. 1.3.2016 – C-443/14 und C-441/14, EZAR NF 27 Nr. 13 – Aleo/Osso.
[511] → Rn. 35; → § 53 Rn. 101; vgl. auch Dörig in Dörig, MigrationsR-HdB, 2. Aufl. 2020, § 7 Rn. 65 ff.
[512] VGH BW Urt. v. 29.3.2022 – 11 S 1142/21, BeckRS 2022, 8693.
[513] BGBl. 1976 II S. 473.
[514] BVerwG Beschl. v. 22.3.2007 – 1 B 97.06, BeckRS 2007, 23090 betr. Armenien/Ascherbaidschan.
[515] So *Marx* ZAR 2004, 275 (278).
[516] BVerwG Urt. v. 15.3.2005 – 1 C 26.03, BVerwGE 123, 114 (120); Urt. v. 31.5.1994 – 1 C 5.93, BVerwGE 96, 86 (91 ff.); Urt. v. 17.3.1981 – I C 74.76, BVerwGE 62, 36 (38 ff.); Urt. v. 11.11.1980 – 1 C 23.75 – und – 1 C 46.74, Buchholz 402.24 Art. 10 AuslG Nr. 75, 76.

discher Helfer terroristischer Gewalttäter beeinträchtigt die Fähigkeit des Staates, sich nach innen und nach außen gegen Angriffe und Störungen zur Wehr zu setzen, und gefährdet damit seine Sicherheit. Die **öffentliche Ordnung** erfasst hingegen alle erheblichen Belange des Staates[517]. Ebenso wie die GFK enthält das StÜbk in Art. 31 II und III verfahrensrechtliche Vorgaben sowie die Verpflichtung zur Setzung einer **angemessenen Ausreisefrist**.

10. Niederlassungsabkommen, Freundschafts-, Handels- und Schifffahrtsverträge

Einschränkende Regelungen zur Ausweisung, aber auch besondere Verfahrensregelungen enthalten **153** Freundschafts-, Handels- und Schifffahrtsverträge sowie Niederlassungsabkommen[518]. Soweit Unionsbürger diesen Vereinbarungen[519] unterliegen, hat dieser vertragliche Ausweisungsschutz in Anbetracht der Fortentwicklung[520] und des **Anwendungsvorrangs des Unionsrechts**[521] keine Bedeutung mehr. Diese völkerrechtlichen Vereinbarungen sind nur noch insoweit relevant, als Meistbegünstigungsklauseln in Verträgen mit Drittstaaten auf diese Bezug nehmen. Nur mit Blick hierauf sind die nachfolgenden Erläuterungen zu sehen.

Art. 3 **deutsch-französischer NSV** schützt bei Verstößen gegen die öffentliche Ordnung oder **154** Sicherheit oder Sittlichkeit und bei nicht ordnungsmäßigem Aufenthalt nicht gegen Ausweisung[522]. Der besondere Ausweisungsschutz nach zehn Jahren ordnungsmäßigen Aufenthalts versagt ua bei einem besonders schwerwiegenden Ausweisungsgrund.

Ein Verstoß gegen die öffentliche Ordnung iSd Art. 2 **deutsch-griechischer NV** liegt vor, wenn **155** der Lebensunterhalt nicht ohne Inanspruchnahme von Sozialhilfe bestritten werden kann. Der deutsch-griechische NV verhindert nicht die Ausweisung wegen Waffenbesitzes[523] oder aus spezialpräventiven[524] oder generalpräventiven[525] Gründen. Der erhöhte Ausweisungsschutz nach Art. 2 III deutsch-griechischer NV nach (bereits) fünf Jahren ordnungsmäßigen Aufenthalts entfällt, wenn der ordnungsgemäße Aufenthalt nur kurzfristig unterbrochen ist[526]. Der ordnungsgemäße Aufenthalt in diesem Sinne ist nicht unterbrochen, wenn die befristete Aufenthaltserlaubnis vor der Ausweisung abgelaufen ist, dann aber auf einen rechtzeitigen Antrag hin verlängert wird[527].

Art. 2 II **deutsch-italienischer FV** verlangt für eine Ausweisung Gründe der Sicherheit des **156** Staates, der öffentlichen Sicherheit und Ordnung oder der Sittlichkeit; nach fünf Jahren ordnungsgemäßen Aufenthalts müssen die Letzteren besonders schwer wiegen. Der Aufenthalt muss ununterbrochen rechtmäßig sein, die Ausweisungsgründe müssen so gewichtig sein, dass die Anwesenheit des Ausländers auch bei Anwendung strenger Maßstäbe nicht länger hingenommen werden kann[528]. Hierfür sprechen zB Häufigkeit und Stetigkeit von Eigentumsdelikten, wenn der Ausländer durch strafrechtliche Sanktionen nicht mehr von weiteren Straftaten abgehalten werden kann[529]. Für eine derartige Prognose kann auch die (einmalige) Einfuhr von Betäubungsmitteln in nicht geringer Menge in Tateinheit mit unerlaubtem Handel ausreichen, denn Rauschgiftdelikte sind besonders gefährlich und nur schwer zu bekämpfen[530].

Von besonderer Bedeutung ist allerdings das Abkommen zwischen der EU und ihren Mitgliedern **157** einerseits und der **Schweiz** anderseits über die Freizügigkeit[531], das ua Einreise- und Aufenthaltsrecht regelt. Mit Bezug auf grundsätzlich freizügigkeitsberechtigte Schweizer und ihre Familienangehörigen hat wegen des Vorrangs des Unionsrechts und wegen des diesen berücksichtigenden § 28 AufenthV der Art. 5 des Anhangs I des Freizügigkeitsabkommens EG-Schweiz Vorrang, der wiederum auf – inzwischen ersetzte – E(W)G-Richtlinien zur Freizügigkeit verweist. Dementsprechend gilt etwa

---

[517] *Bleckmann/Helm* ZAR 1989, 147 (153).
[518] S. zum deutscher-türkische Niederlassungsabkommen – NAK – v. 12.1.1927, das allerdings hinter dem aufenthaltsrechtlichen Schutz nach Art. 6 ff. ARB 1/80 zurückbleibt und daher insoweit keine Bedeutung mehr hat, *Gutmann* in Dörig MigrationsR-HdB, 2. Aufl. 2020, § 12 Rn. 240 ff. Auch Abk. mit Japan, Persien (Iran), Spanien, Sri Lanka verleihen keinen wesentlichen Schutz gegen die Beendigung des Aufenthalts, vgl. *Renner* AiD Rn. 7/57. Die Abk. mit Drittstaaten (ua Japan, USA, Sri Lanka) sind abgedruckt in *Hailbronner*, AuslR.
[519] ZB NSV-Frankreich v. 27.10.1956 (BGBl. 1957 II S. 1661), NSV-Griechenland v. 18.3.1960 (BGBl. 1962 II S. 1505), FHSV-Italien v. 21.11.1957 (BGBl. 1959 II S. 949), NV-Spanien v. 23.4.1970 (BGBl. 1972 II S. 1041).
[520] Vgl. hierzu etwa die Unionsbürgerschaft nach Art. 20 AEUV.
[521] Dieser umfasst auch nach Art. 18 AEUV innerhalb der Union ein Verbot der Diskriminierung aus Gründen der Staatsangehörigkeit.
[522] BVerwG Urt. v. 15.7.1980 – I C 45.77, BVerwGE 60, 284.
[523] BVerwG Urt. v. 4.8.1983 – 1 C 123.80, EZAR 122 Nr. 9.
[524] BVerwG Beschl. v. 14.2.1984 – 1 B 10.84, EZAR 121 Nr. 4; dazu auch VGH BW Urt. v. 15.6.1987 – 13 S 597/87, EZAR 124 Nr. 7.
[525] BVerwG Urt. v. 4.8.1983 – 1 C 123.80, EZAR 122 Nr. 9.
[526] BVerwG Urt. v. 1.3.1983 – 1 C 14.81, BVerwGE 67, 47.
[527] BVerwG Urt. v. 18.8.1981 – 1 C 23.81, BVerwGE 64, 13.
[528] BVerwG Beschl. v. 28.5.1979 – I B 238.77, EZAR 124 Nr. 2.
[529] VGH BW Urt. v. 8.2.1989 – 11 S 1148/88, InfAuslR 1989, 185.
[530] VGH BW Urt. v. 12.2.1990 – 1 S 788/89, EZAR 124 Nr. 12.
[531] BGBl. 2001 II S. 811; vgl. hierzu auch den Gesetzesentwurf BT-Drs. 14/6100, 1 ff.

hinsichtlich der Folgen des Verlusts des Freizügigkeitsrechts das für Unionsbürger und deren Familienangehörigen geltende Recht und somit innerstaatlich – analog – § 7 FreizügG/EU[532].

VI. Verwaltungsverfahren und Rechtsschutz

1. Verwaltungsverfahren

158 Die für die Prüfung der Ausweisung erforderlichen Tatsachen sind von Amts wegen zu ermitteln (§ 24 I 1 (L)VwVfG, § 79 I 1), wobei die **Amtsermittlungspflicht** ihre Grenze in der **Mitwirkungspflicht des Ausländers** nach § 82 findet[533]. Letztere bezieht sich auf Umstände, die dessen Kenntnis- und Verantwortungsphäre zuzuordnen sind, insbesondere persönliche Umstände, wirtschaftliche oder berufliche Verhältnisse [534]. Solche aus der Sphäre des Ausländers stammenden Gegenbenheiten, auf die er sich etwa mit Blick auf eine Reduzierung der Wiederholungsgefahr oder der Gewichtung der Bleibeinteressen beruft, müssen substantiiert vorgetragen und gegebenenfalls durch Nachweise belegt werden. Macht der Ausländer zB geltend, als nichtehelicher Vater sein Umgangsrecht mit seinem deutschen Kind auszuüben, muss er jedenfalls auf Aufforderung durch die Behörde die diesbezüglichen Nachweise, wie insbesondere die Urkunde über die Vaterschaftsanerkennung, beibringen. Im gerichtlichen Verfahren gilt nichts anderes; auch hier ist die Aufklärungspflicht nach § 86 VwGO durch die Mitwirklungspflicht des Ausländers begrenzt[535].

159 Das Gewicht des für eine Ausweisung sprechenden öffentlichen Interesses kann nicht allein durch die Straftat und deren gesetzliche Wertung (etwa § 54 I Nr. 1, 1a, II Nr. 1 und 2) bestimmt werden. Für die Prüfung der Art und Schwere der vom Ausländer begangenen Straftaten kann es nach den Umständen des Einzelfalls geboten sein, die Strafakten einschließlich der Ermittlungsakten beizuziehen. Dies gilt insbesondere dann, wenn die Gründe des Strafurteils gemäß § 267 IV StPO abgekürzt sind bzw. im Strafverfahren eine Verfahrensverständigung nach § 257c StPO[536] erfolgte. Die **Strafvollstreckungsakten**, die **Gefangenenpersonalakten** sowie ggf. das Bewährungsheft[537] oder die Akte der Führungsaufsicht sind grundsätzlich beizuziehen, weil das Verhalten des Ausländers nach der Tat bzw. nach der Verurteilung ein zu berücksichtigender Umstand ist. Nach den Umständen des Einzelfalls müssen etwa auch Belange eines Kindes oder Verhältnisse im Heimatland[538] aufgeklärt werden.

160 Dem Ausländer ist vor Erlass der Ausweisungsverfügung grundsätzlich **rechtliches Gehör** zu gewähren (§ 28 (L)VwVfG). Die Verfügung ist schriftlich abzufassen, zu begründen, mit einer Rechtsmittelbelehrung zu versehen und dem Ausländer oder dessen Bevollmächtigten bekannt zu geben (§ 77 I; §§ 14 III, 39 (L)VwVfG; § 58 VwGO). Weist die Ausländerbehörde den Ausländer aus, so trifft sie im Rahmen der Ausweisungsverfügung häufig weitere Regelungen. Hat der Ausländer die Erteilung oder Verlängerung eines Aufenthaltstitels beantragt, ist auch hierüber zu entscheiden. Da der Umgang mit der nationalen Titelerteilungssperre aufgrund des EuGH-Urteils vom 3.6.2021[539] ungeklärte Fragen aufwirft, bietet es sich an, die Versagung eines Titels nicht über § 11 I 2 zu begründen, sondern § 5 I Nr. 2 heranzuziehen[540]. Der Ausländer wird in der Regel zur Ausreise aufgefordert und ihm die Abschiebung angedroht. Weiterhin muss die Behörde über das Einreise- und Aufenthaltsverbot befinden. Gegebenenfalls stehen Maßnahmen nach § 56 im Raum.

161 Hinsichtlich des **Einreise- und Aufenthaltsverbots** für den **Fall der Abschiebung** in Vollzug der Abschiebungsandrohung hat der Gesetzgeber mit der Neufassung des § 11 I durch das 2. Gesetz zur besseren Durchsetzung der Ausreisepflicht v. 15.8.2019[541] und dem nunmehr vorgesehenen Erlass eines Einreise- und Aufenthaltsverbots, also die Herbeiführung eines solchen durch Verwaltungsakt, die Rspr. des BVerwG[542] zur RL 2008/115/EG umsetzen wollen[543]. Mit § 11 II 3 wollte der Gesetz-

---

[532] Maor in BeckOK AuslR AufenthG § 11 Rn. 101 (Stand 1.1.2022).
[533] Discher in GK-AufenthG Vor §§ 53 ff. Rn. 1715 (Stand 6/2009).
[534] Discher in GK-AufenthG Vor §§ 53 ff. Rn. 1718 (Stand 6/2009).
[535] Vgl. etwa VGH BW Urt. v. 5.2.2017 – 11 S 983/16 –, BeckRS 2017, 103636 Rn. 44 f.; Beschl. v. 25.11.2021 – 12 S 3088/21, n. v. – jew. zu § 7 II FreizügG/EU.
[536] Zur Problematik des „Deals" im Strafverfahren vgl. etwa BVerfG Beschl. v. 4.2.2020 – 2 BvR 900/19, NJW 2020, 2461; Beschl. v. 21.4.2016 – 2 BvR 1422/15, NStZ 2016, 422.
[537] Vgl. insoweit auch §§ 453b, 454 IV StPO.
[538] BVerwG Urt. v. 16.12.2021 – 1 C 60.20, BeckRS 2021, 48678 Rn. 58; Urt. v. 16.2.2022 – 1 C 6.21, BeckRS 2022, 10733 Rn. 33 ff.
[539] EuGH Urt. v. 3.6.2021 – C-546/21, NVwZ 2021, 1207 – BZ.
[540] → Rn. 39.
[541] BGBl. 2019 I S. 1294.
[542] Das BVerwG hatte zuvor entschieden, dass ein allein auf einer Anordnung des Gesetzgebers beruhendes Einreise- und Aufenthaltsverbot (§ 11 I aF) jedenfalls, soweit es an eine Abschiebung anknüpft, nicht im Einklang mit der RL 2008/115/EG (Rückführungs-RL) steht und als solches unwirksam sei; behördliche Befristungsentscheidungen eines vermeintlich kraft Gesetzes eingetretenen Einreiseverbots könnten jedoch regelmäßig dahin gehend verstanden werden, dass damit ein Einreiseverbot von bestimmter Dauer angeordnet wird, s. BVerwG Beschl. v. 13.7.2017 – 1 VR 3.17, NVwZ 2017, 1531 Rn. 70 ff.; Beschl. v. 22.8.2017 – 1 A 10.17, NVwZ 2018, 345 Rn. 5; Urt. v. 21.8.2018 – 1 C 21.17, NVwZ 2019, 483 Rn. 25.
[543] Dies verdeutlicht die Gesetzesbegründung, vgl. BT-Drs. 19/10047, 31.

geber klarstellen, dass die – notwendige – Entscheidung über die Befristung des Einreise- und Aufenthaltsverbots zusammen mit diesem erlassen wird und dass es hierzu weiterhin keines Antrags bedarf. Der Gesetzgeber hat jedoch im Wortlaut nur ansatzweise zum Ausdruck gebracht, dass das Einreise- und Aufenthaltsverbot, das mit einer Rückkehrentscheidung (= Abschiebungsandrohung) einhergeht, nach der RL 2008/115/EG (vgl. ua Art. 3 Nr. 4, Art. 11) nicht aufgeteilt werden kann in dessen (belastende) Festsetzung und in einem nächsten Schritt in die Befristung der Dauer (als Begünstigung). Es handelt sich vielmehr unionsrechtskonform um den konstitutiven Erlass eines Einreise- und Aufenthaltsverbots von bestimmter Dauer. Es liegt ein **einheitlicher,** auch in sich nicht teilbarer belastender **Verwaltungsakt** vor, der mit der **Anfechtungsklage** anzugreifen ist[544]. Ein Ermessensfehler bei der Bestimmung der Länge der Frist führt zur Aufhebung des Einreise- und Aufenthaltsverbots insgesamt, das dann im Regelfall ermessensfehlerfrei neu erlassen werden darf[545]. Ist Ausgangspunkt des Einreise- und Aufenthaltsverbots eine **mit einer Ausweisung bekämpfte Gefahr** für die öffentliche Sicherheit und Ordnung, so gilt nichts anderes[546]. Insbesondere führt eine Aufhebung wegen eines Ermessensfehlers nicht dazu, dass einem Ausländer, der vom Titelerfordernis befreit ist, eine sofortige Wiedereinreise möglich wäre. Die Wirkungen der § 51 V sowie § 41 III 2AufenthV knüpfen nach ihrem Wortlaut allein an die Ausweisung an, nicht an das Einreise- und Aufenthaltsverbot. Es ist sowohl im Interesse des Ausländers als auch der Behörde, wenn der Ausländer vor dem Verlassen des Bundesgebiets vorsorglich einen **Zustellungsbevollmächtigten** im Inland benennt, an den ggfs. ein neuer Bescheid mit einem fehlerfreien Einreise- und Aufenthaltsverbot übermittelt werden kann.

Ein Rechtsbehelf (Widerspruch, Klage) entfaltet nach ausdrücklicher gesetzlichen Regelung **keine aufschiebende Wirkung** hinsichtlich der Ablehnung der Erteilung oder Verlängerung einer Aufenthaltserlaubnis (§ 84 I 1 Nr. 1) und hinsichtlich der Abschiebungsandrohung als Maßnahme des Vollstreckungsrechts (§ 80 II 2 VwGO iVm den landesrechtlichen Bestimmungen des Vollstreckungsrechts). Bezüglich der Einreise- und Aufenthaltsverbote ergibt sich solches aus einer entsprechenden Auslegung von § 84 I 1 Nr. 7[547]. Widerspruch bzw. Klage gegen die Ausweisung entfalten hingegen aufschiebende Wirkung (beachte aber § 84 II), falls eine Anordnung der sofortigen Vollziehung nicht erfolgt ist (§ 80 I, II 1 Nr. 4 VwGO).

Für die **Anordnung der sofortigen Vollziehung einer Ausweisung** ist zu beachten, dass nach § 80 III 1 VwGO das besondere Interesse an der sofortigen Vollziehung des VA schriftlich zu begründen ist. Die Wiederholung des Gesetzestextes, der Hinweis auf die Rechtmäßigkeit der Ausweisung, die Wiederholung der Begründung der Ausweisung selbst oder eine formelhafte, nicht auf den Einzelfall abstellende Wendungen genügen hier nicht[548]. Fehlt es an dem **formellen Erfordernis** der einzelfallbezogenen Begründung, führt dies im gerichtlichen Verfahren zur **Aufhebung der Anordnung** der sofortigen Vollziehung, nicht aber zur Wiederherstellung der aufschiebenden Wirkung des Rechtsbehelfs[549]. Zweck der Begründungspflicht ist es, die Behörde zu zwingen, die gebotenen Überlegungen und Abwägungen vor der Anordnung der sofortigen Vollziehung vorzunehmen, weshalb die Warn- und Appellfunktion des Schriftlichkeitserfordernisses nicht gewahrt wäre, wenn man eine Nachholung der gebotenen Begründung im Laufe des Verfahrens für zulässig halten würde. Der Ausländerbehörde bleibt es aber unbenommen, gegebenenfalls den Sofortvollzug erneut mit fehlerfreier Begründung anzuordnen.

Die sofortige Vollziehung aufenthaltsbeendender Maßnahmen ist nach dem auf Art. 19 IV GG aufbauenden Rechtsschutzsystem die Ausnahme; in der Regel entfalten Rechtsmittel aufschiebende Wirkung. Die **Anordnung der sofortigen Vollziehung der Ausweisung** ist ausnahmsweise gerechtfertigt, wenn das öffentliche Interesse an der sofortigen Aufenthaltsbeendigung, das nicht mit dem Interesse an der Aufenthaltsbeendigung überhaupt identisch ist, gegenüber dem am vorläufigen weiteren Verbleib im Bundesgebiet während des Hauptsacheverfahrens überwiegt[550]. Die Behörde darf die gesetzliche Entscheidung, dass Widerspruch und Klage aufschiebende Wirkung entfalten, nicht durch Absenkung der Anforderungen an die sofortige Vollziehung korrigieren. Allein die Wertung, dass die Ausweisung offensichtlich rechtmäßig verfügt wurde, begründet kein besonderes

---

[544] BVerwG Urt. v. 7.9.2021 – 1 C 47.20, NVwZ 2021, 1842 Rn. 9 f.; Urt. v. 7.9.2021 – 1 C 46.20, BeckRS 2021, 37820 Rn. 9 f.; Urt. v. 16.2.2022 – 1 C 6.21, BeckRS 2022, 10733 Rn. 19.
[545] BVerwG Urt. v. 7.9.2021 – 1 C 47.20, NVwZ 2021, 1842 Rn. 9 f.; Urt. v. 7.9.2021 – 1 C 46.20, BeckRS 2021, 37820 Rn. 9 f.
[546] Vgl. auch BVerwG Urt.v. 16.2.2022 – 1 C 6.21.
[547] VGH BW Beschl. v. 13.11.2019 – 11 S 2996/19, BeckRS 2019, 29732 Rn. 40 ff., *Maor* in BeckOK AuslR AufenthG § 11 Rn. 69 ff. (Stand 1.10.2021).
[548] BayVGH Beschl. v. 6.11.2019 – 19 CS 19.1183, BeckRS 2019, 28126 Rn. 7; VG Saarl Beschl. v. 17.6.2106 – 2 B 124/16, BeckRS 2016, 47701 Rn. 10; vgl. auch BVerfG Beschl. v. 28.3.1985 – 1 BvR 1245/84 ua, BVerfGE 69, 233.
[549] Str.; wie hier *Hoppe* in Dörig MigrationsR-HdB § 7 Rn. 180 unter Bezugnahme auf BVerwG Beschl. v. 18.9.2001 – 1 DB 26.01, BeckRS 2001, 31351544.
[550] BVerfG Beschl. v. 21.2.2011 – 2 BvR 1392/10, NVwZ-RR 2011, 420; Beschl. v. 12.9.1995 – 2 BvR 1179/95, InfAuslR 1995, 397 (401); BVerfG Beschl. v. 18.7.1973 – 1 BvR 23/73 ua, BVerfGE 35, 382; Urt. v. 16.7.1974 – 1 BvR 75/74, BVerfGE 38, 52.

öffentliches Interesse an der sofortigen Vollziehung⁵⁵¹. Bei der erforderlichen Interessenabwägung sind vor allem die unter Umständen irreparablen Folgen des Sofortvollzugs für den Ausländer, die Nachteile infolge der Ausreise und Wiederkehr nach einem Erfolg des Rechtsmittels und die Erschwernisse für die Rechtsverfolgung vom Ausland her zu berücksichtigen. Nur überwiegende öffentliche Belange können es rechtfertigen, den Rechtsschutz des Ausländers einstweilen zurückzustellen, um unaufschiebbare Maßnahmen zum Zwecke des allgemeinen Wohls rechtzeitig in die Wege zu leiten⁵⁵². Der Sofortvollzug muss als Präventionsmaßnahme zur Abwehr der mit der Ausweisung bekämpften Gefahren erforderlich sein⁵⁵³. Für die Anordnung (und Aufrechterhaltung) einer sofortigen Vollziehung im Einzelfall nach § 80 II 1 Nr. 4 VwGO bedarf es daher eines besonderen Interesses an der Vollziehung der Verfügung schon vor der Rechtskraft des Hauptsacheverfahrens; dieses Erfordernis besteht auch noch in einem Verfahren nach § 80b VwGO⁵⁵⁴.

165 Einzustellen ist der Zeitraum, der voraussichtlich erforderlich ist, um das Rechtsbehelfsverfahren in der Hauptsache abzuschließen⁵⁵⁵. Nur wenn zu erwarten ist, dass die Verfahrensdauer trotz gebotener Verfahrensbeschleunigung⁵⁵⁶ etwa die Gefahr weiterer Straftaten durch den Ausländer mit sich bringt, ist die Anordnung der sofortigen Vollziehung aus spezialpräventiven Gründen zulässig. Insoweit muss die begründete Besorgnis bestehen, dass die vom Ausländer ausgehende, mit der Ausweisung bekämpfte Gefahr werde sich schon in dem Zeitraum bis zu einer rechtskräftigen gerichtlichen Entscheidung über die Rechtmäßigkeit der Ausweisungsverfügung realisieren⁵⁵⁷. Die negative Gefahrenprognose muss auf Tatsachen beruhen, bloße Behauptungen oder Vermutungen genügen nicht⁵⁵⁸. Verhält sich der Ausländer in der Strafhaft ohne Beanstandungen, bedarf es der Anordnung der sofortigen Vollziehung der Ausweisung im Regelfall nicht⁵⁵⁹. Eine erhebliche Verzögerung des Verfahrens durch die Ausländerbehörde deutet darauf hin, dass kein zwingendes öffentliches Vollzugsinteresse an einer sofortigen Aufenthaltsbeendigung besteht⁵⁶⁰, zB wenn die Ausländerbehörde erst nach der Aussetzung des Strafrestes zur Bewährung eine Ausweisung verfügt. Die strengen Anforderungen zur Begründung der negative Gefahrenprognose nach § 80 II 1 Nr. 4 VwGO gelten auch bei Straftaten nach dem BtMG⁵⁶¹.

166 Das besondere Vollzugsinteresse kann sich abhängig von den konkreten Umständen des Einzelfalls und unter dem Vorbehalt der Anforderungen aus dem Verhältnismäßigkeitsgrundsatz und der Garantie des effektiven Rechtsschutzes in seltenen Ausnahmefällen (allein) aus **generalpräventiven Zwecken** ergeben, sofern der Ausweisung selbst generalpräventive Gründe zugrunde gelegt werden dürfen. Ein derartiges generalpräventives Interesse kann bei Terrorismus, Drogendelikten, insbesondere beim unerlaubten Handeltreiben mit Heroin in nicht geringen Mengen⁵⁶², oder bei dem Erschleichen von Aufenthaltstiteln durch Falschangaben⁵⁶³ vorliegen. Generalpräventive Gründe können ein besonderes Vollzugsinteresse nur rechtfertigen, wenn der Ausländer über keine relevanten Bindungen an das Bundesgebiet verfügt.

167 Eine Anordnung der sofortigen Vollziehung der Ausweisung kann selbst dann erfolgen, wenn **aus anderen Gründen** die **Ausreisepflicht kraft Gesetzes sofort vollziehbar** ist, zB im Falle der unerlaubten Einreise oder der Ablehnung eines Titelerteilung (§ 84 I 1 Nr. 1). Der Behörde stehen damit mehrere Grundlagen für eine letztlich sofortige Vollstreckung der Ausreisepflicht zur Verfügung. Ggf. kann durch ein solches Vorgehen zudem vermieden werden, dass es auf Unklarheiten über das Vorliegen einer der Fallgruppen des § 58 II 1 ankommen könnte. Der Grundsatz des effektiven Rechtsschutzes und die „Waffengleichheit" gebieten es aber, dass sich der Ausländer mittels eines Antrags nach § 80 V VwGO gegen beide Vollstreckungsgrundlagen zur Wehr setzen

---

⁵⁵¹ Vgl. BVerfG Beschl. v. 8.4.2010 – 1 BvR 2709/09, NJW 2010, 2268; Beschl. v. 11.2.1982 – 2 BvR 77/82, NVwZ 1982, 241.
⁵⁵² BVerfG Beschl. v. 21.3.1985 – 2 BvR 1642/83, BVerfGE 69, 220.
⁵⁵³ Vgl. auch NdsOVG Beschl. v. 16.12.2011 – 8 ME 76/11, BeckRS 2011, 56814.
⁵⁵⁴ BVerwG Beschl. v. 5.11.2018 – 3 VR 1.18 –, juris Rn. 22 ff.; v. 13.9.2011 – 1 VR 1.11 –, juris Rn. 9.
⁵⁵⁵ BVerfG Beschl. v. 12.9.1995 – 2 BvR 1179/95, InfAuslR 1995, 397 (402); BremOVG Beschl. v. 26.5.2021 – 2 B 119/21, BeckRS 2021, 14381 Rn. 37 f.
⁵⁵⁶ Nähe zum Erfordernis beschleunigter Durchführung des Hauptsacheverfahrens in Ausweisungsverfahren schon BVerfG Beschl. v. 18.7.1973 – 1 BvR 23/73, 1 BvR 155/73, BVerfGE 35, 177.
⁵⁵⁷ VGH BW Beschl. v. 11.4.2016 – 11 S 393/16, BeckRS 2016, 45162 Rn. 44 f. mwN; OVG LSA Beschl. v. 28.3.2022 – 2 M 1/22, BeckRS 2022, 7444 Rn. 26.
⁵⁵⁸ BVerfG Beschl. v. 13.6.2005 – 2 BvR 485/05, InfAuslR 2005, 372 (373); BVerfG Beschl. v. 24.8.2011 – 1 BvR 1611/11, NVwZ 2012, 104; VGH BW Beschl. v. 26.9.2016 – 11 S 1413/16, BeckRS 2016, 52936; Beschl. v. 16.6.2011 – 11 S 1305/11, InfAuslR 2011, 349.
⁵⁵⁹ HmbOVG Beschl. v. 4.2.2005 – 4 Bs 518/04, InfAuslR 2005, 198; vgl. auch BVerfG Beschl. v. 12.11.1998 – 2 BvR 1838/98, InfAuslR 1998, 490.
⁵⁶⁰ BVerfG Beschl. v. 12.9.1995 – 2 BvR 1179/95, InfAuslR 1995, 397 (401); OVG Saarl Beschl. v. 22.1.2007 – 2 W 39/06, BeckRS 2007, 21031.
⁵⁶¹ BVerfG Beschl. v. 19.10.2016 – 2 BvR 1943/16, NVwZ 2017, 229.
⁵⁶² OVG Bln-Bbg Beschl. v. 27.1.2012 – OVG 11 S 2.12, BeckRS 2012, 46704; BVerfG Beschl. v. 25.9.1986 – 2 BvR 744/86, NVwZ 1987, 403; VGH BW Beschl. v. 31.7.1996 – 13 S 466/96, InfAuslR 1996, 333 (937).
⁵⁶³ NdsOVG Beschl. v. 17.8.2001 – 11 MA 2457/01, InfAuslR 2002, 13.

Ausweisung   **Vor §§ 53–56 AufenthG 1**

kann[564]. Ein Rechtsschutzinteresse fehlt nur, wenn der Ausländer mit seinem vorläufigen Rechtsschutzantrag allein gegen die Ausweisung vorgeht oder der andere VA, mit dem ihm zB die Titelerteilung abgelehnt worden ist, ohnehin schon unanfechtbar ist oder jedenfalls der vorläufige Rechtsschutz hiergegen ohne Erfolg geblieben ist.

Auch wenn die Ausweisung zu negativen Folgen für Familienangehörige führt, bedarf es ihnen **168** gegenüber keiner besonderen Anordnung der sofortigen Vollziehung[565]. Adressat der Ausweisung und damit der Anordnung nach § 80 II 1 Nr. 4 VwGO ist allein der Ausländer. Soweit die Ausweisungsverfügung Familienangehörige belastet, wirkt die dem Ausländer gegenüber erfolgte Anordnung der sofortigen Vollziehung eo ipso auch gegenüber den Familienangehörigen.

Ist die Ausweisungsverfügung der Ausländerbehörde bestandskräftig geworden, ist es dem Ausländer **169** nicht verwehrt, sich auf eine rechtliche Unmöglichkeit der Abschiebung zu berufen. Vielmehr sind in einem solchen Fall die Voraussetzungen des § 60a II 1 unter Berücksichtigung der grund- und konventionsrechtlichen Belange des Ausländers und seiner Familienangehörigen sowie der seither eingetretenen Veränderungen des Sachverhalts auch im Falle einer vorangegangenen Ausweisung, um deren Vollzug es geht, zu prüfen[566].

2. Maßgeblicher Entscheidungszeitpunkt im gerichtlichen Verfahren

Seit dem Inkrafttreten des RLUmsG 2007 ist nach der Rspr. des BVerwG für die Beurteilung der **170** Rechtmäßigkeit einer Ausweisung **bei allen Ausländern** einheitlich die **Sach- und Rechtslage im Zeitpunkt der letzten mündlichen Verhandlung oder Entscheidung des Tatsachengerichts maßgeblich**[567]. Dies gilt unverändert auch für das jetzige Ausweisungsrecht, weshalb die insoweit ohne Übergangsvorschrift in Kraft getretenen Novellierungen in § 11 und im Ausweisungsrecht durch das 2. Gesetz zur besseren Durchsetzung der Ausreisepflicht vom 15.8.2019[568] auch in bereits zuvor anhängig gemachten Gerichtsverfahren zu beachten sind. Dieser ursprünglich für die Überprüfung von Ausweisungen von Unionsbürgern und assoziationsberechtigten türkischen Staatsangehörigen entwickelte Grundsatz wurde auf Drittstaatsangehörige übertragen, weil bei der Prüfung der Verhältnismäßigkeit ihrer Ausweisung und der Gegenwärtigkeit der von ihnen ausgehenden Gefahr auf eine möglichst aktuelle Tatsachengrundlage abzustellen ist. Auch für die – noch nicht vollzogene – Abschiebungsandrohung ist dieser Zeitpunkt zugrunde zu legen[569], ebenso für das mitverfügte Einreise- und Aufenthaltsverbot[570]. Rechtsänderungen während eines Revisionsverfahrens sind zu beachten, wenn sie das Berufungsgericht – entschiede es anstelle des BVerwG – zu berücksichtigen hätte[571].

Auch wenn die Entscheidung den maßgeblichen Zeitpunkt auf das Inkrafttreten des RLUmsG 2007 **171** festlegt, kann es in Rücknahmefällen bedeutsam sein, ob die fehlende Berücksichtigung von Tatsachen in einem gerichtlichen Verfahren zur Rechtswidrigkeit der Ausweisung führt. Hier ist zu beachten, dass sowohl die EMRK als auch die Vorbehalte der öffentlichen Ordnung und Sicherheit bereits vor dem RLUmsG 2007 zu beachten waren. Daher kann in Einzelfällen auch bei früheren Ausweisungen eine Zeitpunktverschiebung relevant sein.

Nach der zutreffenden Rspr. des BVerwG[572] soll die Verlagerung des maßgeblichen Zeitpunkts von **172** der behördlichen zur gerichtlichen Entscheidung aus materiellen Gründen sicherstellen, dass das Gericht eine realitätsnahe und möglichst abschließende Entscheidung treffen und damit weitere Verfahren vermeiden kann. Das Tatsachengericht muss daher im Rahmen seiner Aufklärungspflicht auch neue entscheidungserhebliche Umstände, die nach der behördlichen Entscheidung eingetreten oder bekannt geworden sind, umfassend ermitteln und würdigen. An der Maßgeblichkeit der Sach- und Rechtslage im Zeitpunkt der gerichtlichen Entscheidung hat auch das EuGH-Urteil vom 24.6.2015 betreffend die Ausweisung eines anerkannten Flüchtlings nichts geändert. Zwar heißt es dort, das vorlegende Gericht müsse untersuchen, ob die Gefahr, die die betreffende Person ggf. in der Vergangenheit für die öffentliche Sicherheit oder Ordnung der Bundesrepublik dargestellt haben mag, zu

---

[564] VGH BW Beschl. v. 26.1.2010 – 11 S 2482/09, ZAR 2010, 405; Beschl. v. 9.1.2017 – 11 S 2050/16 nv.
[565] OVG Saarl Beschl. v. 17.6.2016 – 2 B 124/16, NVwZ-RR 2016, 793 Rn. 9; VGH BW Beschl. v. 30.4.1998 – 13 S 2517/97, InfAuslR 1998, 335 (336).
[566] BVerfG Beschl. v. 27.8.2010 – 2 BvR 130/10, NVwZ 2011, 35; NdsOVG Beschl. v. 30.5.2018 – 8 ME 3/18, BeckRS 2018, 11060.
[567] BVerwG Urt. v. 9.5.2019 – 1 C 21.18, BeckRS 2019, 16744 Rn. 11; Urt. v. 22.2.2017 – 1 C 3.16, NVwZ 2017, 1883 Rn. 18; Urt. v. 25.3.2015 – 1 C 18.14, BVerwGE 151, 361; Urt. v. 6.3.2014 – 1 C 2.13, NVwZ 2014, 1107; Urt. v. 15.11.2007 – 1 C 45.06, BVerwGE 130, 20 und Urt. v. 3.12.2008 – 1 C 35.07, NVwZ 2009, 326.
[568] BGBl. 2019 I S. 1294.
[569] BVerwG Urt. v. 15.8.2019 – 1 C 23/18, NVwZ 2019, 1762 Rn. 12; Urt. v. 4.10.2012 – 1 C 12.11, BeckRS 2012, 60250; vgl. auch VGH BW Beschl. v. 23.9.2021 – 11 S 1880/19, BeckRS 2021, 31308, wonach dieser Zeitpunkt auch für die Beurteilung der sachlichen Zuständigkeit zum Erlass eines entsprechenden Bescheids maßgebend ist.
[570] Vgl. etwa BVerwG Beschl. v. 9.5.2019 – 1 C 14.19, BeckRS 2020, 15685.
[571] S. zu diesem allg. Grundsatz etwa BVerwG Urt. v. 15.8.2019 – 1 C 23/18, NVwZ 2019, 1762 Rn. 12; Urt. v. 11.1.2011 – 1 C 1.11, BVerwGE 138, 371.
[572] BVerwG Urt. v. 13.12.2011 – 1 C 14.10, NVwZ 2012, 698 Rn. 10.

dem Zeitpunkt, zu dem die im Ausgangsverfahren streitige Entscheidung erging, noch immer bestand[573]. Damit ist jedoch keine „Rückverlagerung" auf den Zeitpunkt des Erlasses der Ausweisungsverfügung gemeint. Dies folgt eindeutig aus dem Kontext der Ausführungen des EuGH.

173 Erweist sich die Ausweisung im gerichtlichen Verfahren als rechtswidrig, erfolgt ihre **Aufhebung mit Wirkung „ex tunc".** Dies gilt auch dann, wenn die Ausweisung ursprünglich rechtmäßig war und allein wegen einer nachträglichen Änderung der Sach- oder Rechtslage rechtswidrig geworden ist[574]. Berechtigten Interessen der Ausländerbehörde an der Feststellung der früheren Rechtmäßigkeit der Ausweisung kann mittels eines Feststellungsanspruchs analog § 113 I 4 VwGO entsprochen werden[575]. Die rückwirkende Aufhebung der Ausweisung wegen einer nachträglichen Änderung der Sach- oder Rechtslage führt aber nicht zwangsläufig auch zur Rechtswidrigkeit einer bereits vollzogenen Abschiebung. Nach nationalem Recht beurteilt sich die Rechtmäßigkeit von früheren Vollstreckungsmaßnahmen nach der zum Zeitpunkt der Vollziehung maßgebenden Sach- und Rechtslage. Ob bei unionsrechtlich geprägten Fallgestaltungen etwas anderes gilt, hat das BVerwG bislang offengelassen[576].

174 Da die **Ausweisung nunmehr** eine **gebundene Entscheidung** ist (§ 53 I), ist die fortlaufende Verfahrensbegleitung der Rechtmäßigkeit der Verfügung mit der Aktualisierung der Ermessenserwägungen[577] für die Ausländerbehörde mit Blick auf die Ausweisung nicht mehr relevant. Anderes gilt jedoch für das Einreise- und Aufenthaltsverbot, dessen Länge im Ermessen der Behörde steht (§ 11 III), sowie bei einer notwendigen Entscheidung nach § 85[578].

175 Besteht aufgrund einer Rechts- oder wesentlichen **Sachverhaltsänderung** die Notwendigkeit einer **erstmaligen Ermessensausübung im Rechtsstreit**, ist die Ermessensbetätigung durch die Ausländerbehörde im laufenden Verfahren zulässig; § 114 S. 2 VwGO steht dem nicht entgegen[579]. Allerdings lässt § 114 S. 2 VwGO bei Klagen gegen aufenthaltsbeendende Maßnahmen eine erstmalige Ermessensausübung dann nicht zu, wenn es von vornherein einer Ermessensentscheidung bedurft hätte, die Ausländerbehörde dies aber verkannt hat[580]. Die Vorschrift ist kein Instrumentarium, um bei unveränderter Sachlage einen Ermessensnichtgebrauch beheben zu können[581]. Der Ausländerbehörde bleibt aber die Möglichkeit, einen neuen VA zu erlassen.

176 Bei der **Nachholung einer behördlichen Ermessensentscheidung,** aber auch allgemein bei der Ergänzung von behördlichen Ermessenserwägungen im gerichtlichen Verfahren, muss die Behörde klar und eindeutig zu erkennen geben, mit welcher Begründung sie den angefochtenen Bescheid nunmehr aufrechterhält[582], ansonsten kommt dem prozessual keine Bedeutung zu.

3. Klageverfahren

177 Die **Anfechtungsklage** ist statthaft gegen die belastenden VA Ausweisung, Abschiebungsandrohung und Einreise – und Aufenthaltsverbot von einer bestimmten Dauer[583]. Die Aufhebung der Abschiebungsandrohung, dh der Rückkehrentscheidung lässt die Rechtmäßigkeit der Ausweisung unberührt[584]. Klagebefugt kann außer dem ausgewiesenen Ausländer auch dessen Ehegatte, Elternteil oder Kind sein, sofern eine Verletzung der Grundrechte aus Art. 6 I, II GG geltend macht wird[585]. Eine Beiladung des Ehegatten oder eines Kindes des Ausgewiesenen ist nicht notwendig (§ 65 II

---

[573] EuGH Urt. v. 24.6.2015 – C-373/13, BeckRS 2015, 80822 Rn. 92 – H. T.
[574] BVerwG Urt. v. 4.10.2012 – 1 C 13.11, NVwZ 2013, 361; VGH BW Urt. v. 9.8.2011 – 11 S 245/11, NVwZ-RR 2011, 994; vgl. auch BVerwG Urt. v. 3.8.2004 – 1 C 30.02, BVerwGE 121, 297.
[575] VGH BW Urt. v. 9.8.2011 – 11 S 245/11, NVwZ-RR 2011, 994; *Kraft* ZAR 2009, 41 (46).
[576] BVerwG Urt. v. 4.10.2012 – 1 C 13.11, NVwZ 2013, 361.
[577] So noch zum Ausweisungsrecht in der bis 31.12.2015 geltenden Fassung BVerwG Urt. v. 15.11.2007 – 1 C 45.06, BVerwGE 130, 20.
[578] → § 55 Rn. 29.
[579] BVerwG Urt. v. 13.12.2011 – 1 C 14.10, NVwZ 2012, 698.
[580] OVG NRW Urt. v. 22.3.2012 – 18 A 2388/10, BeckRS 2012, 49223; offengelassen in BVerwG Urt. v. 13.12.2011 – 1 C 14.10, NVwZ 2012, 698.
[581] BVerwG Urt. v. 5.9.2006 – 1 C 20.05, NVwZ 2007, 470; vgl. auch Urt. v. 5.5.1998 – 1 C 17.97, BVerwGE 106, 351; NdsOVG Beschl. v. 16.12.2011 – 8 ME 76/11, BeckRS 2011, 56814. Soweit das BVerwG im Urt. v. 3.8.2004 – 1 C 30.02, BVerwGE 121, 297 die vollständige Nachholung der erforderlichen Ermessensentscheidung über die Ausweisung freizügigkeitsberechtigter Unionsbürger innerhalb einer Übergangsfrist ermöglichte, beruhte dies auf der besonderen Ausnahmesituation aufgrund der aus dem Unionsrecht folgenden Änderung der Rspr.
[582] S. hierzu und zu den Anforderungen an die Beachtung der gesetzlichen Verfahrensrechte des Ausländers BVerwG Urt. v. 13.12.2011 – 1 C 14.10, NVwZ 2012, 698; Urt. v. 13.12.2012 – 1 C 20.11, NVwZ 2013, 733 Rn. 27. Vgl. zur verfahrensbegleitenden Nachbesserung einer nach zwischenzeitlicher Veränderung der Tatsachengrundlagen fehlerhaften Ermessensentscheidung hinsichtlich des Einreise- und Aufenthaltsverbots NdsOVG Beschl. v. 18.3.2021, 8 ME 146/20, ZAR 2021, 214 mAnm *Pfersich*.
[583] → Rn. 161.
[584] BVerwG Urt. v. 16.2.2022 – 1 C 6.21, BeckRS 2022, 10733 Rn. 40.
[585] Vgl. näher VGH BW Urt. v. 17.7.2015 – 11 S 164/15, BeckRS 2015, 52985; Urt. v. 16.3.2005 – 11 S 2885/04, BeckRS 2005, 26052; BVerwG Urt. v. 27.8.1996 – 1 C 8.94, BVerwGE 102, 12; BVerwG Urt. v. 3.5.1973 – I C 20.70, BVerwGE 42, 141.

Ausweisung **Vor §§ 53–56 AufenthG 1**

VwGO)[586], aber zulässig (§ 65 I VwGO). An der Beiladung des Ehegatten auf Seiten der Ausländerbehörde besteht dagegen kein schutzwertes Interesse.

Wiedereinsetzung in den vorigen Stand wird bei unverschuldeter **Fristversäumnis** gewährt (§ 60 **178** VwGO). Das Verschulden eines Bevollmächtigten ist dem Ausländer zuzurechnen (§ 173 VwGO iVm § 85 II ZPO)[587]. Der Ausländer muss die ihm zumutbare Sorgfalt und Mühe aufwenden, um die Frist einzuhalten und notfalls einen Dolmetscher bzw. Anwalt zu Rate ziehen[588].

Das **Rechtsschutzbedürfnis** für eine Klage gegen eine Ausweisung entfällt nicht mit Abschiebung **179** oder freiwilliger Ausreise[589]. Anderes kann aber gelten, wenn der Ausländer nach angemessener Zeit keine Adresse im Ausland oder sonstige Kontaktmöglichkeit mitteilt.

Der **Wert des Streitgegenstands** einer Anfechtungsklage gegen eine Ausweisung beträgt gemäß **180** § 52 I GKG 5.000,00 EUR[590]; der Abschiebungsandrohung und Einreise- und Aufenthaltsverboten kommt keine streitwerterhöhende Bedeutung zu, wohl aber Anordnungen nach § 56[591]. Begehrt der Kläger außer der Aufhebung der Ausweisung auch die Erteilung eines Titels, so fallen hierfür weitere 5.000,00 EUR an.

Ein **Vergleich im Ausweisungsverfahren** kann ein angemessenes Mittel darstellen, um etwa **181** prognostischen Unsicherheiten, besonderen familiären Bindungen oder atypischen Fällen Rechnung zu tragen. Ein Prozessvergleich nach § 106 VwGO hat eine Doppelnatur, er ist zum einen Prozesshandlung, zum anderen öffentlich-rechtlicher Vertrag (§§ 54 ff. (L)VwVfG). Beim Abschluss des Vergleichs ist daher darauf zu achten, dass sein Inhalt nicht gegen zwingende gesetzliche Bestimmungen verstößt: Die Praxis kennt vor allem den sog. „Duldungsvergleich", bei dem der Ausländer trotz dann bestandskräftiger Ausweisung unter bestimmten Voraussetzungen vorläufig im Bundesgebiet geduldet wird[592].

4. Vorläufiger Rechtsschutz

Vorläufiger Rechtsschutz gegen die für sofort vollziehbar erklärte Ausweisung, die Abschiebungs- **182** androhung und auch die Einreise- und Aufenthaltsverbote ist nach § 80 V VwGO statthaft. Bezüglich der für sofort vollziehbar erklärten **Ausweisung** kann auf Antrag die aufschiebende Wirkung des Widerspruchs oder der Anfechtungsklage durch das VG wiederhergestellt werden (§ 80 V 1 VwGO). Die Ausländerbehörde muss dem Ausländer Gelegenheit zur Stellung eines solchen Antrags lassen und ist grundsätzlich am Vollzug während des gerichtlichen Eilverfahrens gehindert[593]. Bei Stattgabe wird eine vor Antragsablehnung bestehende Erlaubnisfiktion des § 81 III 1 oder IV nicht wiederhergestellt; es wird nur der Vollzug ausgesetzt. Bezüglich **Abschiebungsandrohung und Einreise- und Aufenthaltsverbot** ist der Eilantrag auf Anordnung der aufschiebenden Wirkung gerichtet. Gegen eine ablehnende Entscheidung des VG ist Beschwerde gegeben (§ 146 VwGO), die keine aufschiebende Wirkung entfaltet (§ 149 I VwGO). Mit Eingang des Antrags auf Zulassung der Berufung beim VG wird das OVG **Gericht der Hauptsache** für ein beim VG noch anhängiges Eilverfahren, ohne dass es einer Verweisung des Rechtsstreits bedarf[594]. § **80b VwGO** hindert das Beschwerdegericht nicht daran, die aufschiebende Wirkung des Rechtsbehelfs wiederherzustellen, wenn die aufschiebende Wirkung im Zeitpunkt der erstinstanzlichen Klageabweisung nicht gegeben war[595]. Erfolgt die Kla-

---

[586] BVerwG Beschl. v. 11.7.2008 – 1 B 8.08, BeckRS 2008, 38070 Rn. 5; Urt. v. 25.10.1977 – I C 31.74, BVerwGE 55, 8.
[587] BVerwG Urt. v. 24.11.1981 – 9 C 698.81, BVerwGE 64, 216.
[588] BVerfG Beschl. v. 10.6.1975 – 2 BvR 1074/74, BVerfGE 40, 95; Beschl. v. 7.4.1976 – 2 BvR 728/75, BVerfGE 42, 120; Beschl. v. 20.4.1982 – 2 BvL 26/81, BVerfGE 60, 253; BVerwG Beschl. v. 14.4.1978 – 1 B 113.78, EZAR 610 Nr. 1; VGH BW Beschl. v. 21.4.1981 – A 12 S 78/81, EZAR 602 Nr. 1; vgl. *Renner* ZAR 1985, 62 (66).
[589] HessVGH Beschl. v. 19.11.2003 – 12 TG 2668/03, InfAuslR 2004, 141; vgl. aber auch BVerwG Urt. v. 18.12.1984 – 1 C 19.81, EZAR 223 Nr. 10; vgl. auch zur fehlenden Erledigung der Abschiebungsandrohung durch Vollzug der Abschiebung BremOVG Beschl. v. 4.1.2022 – 2 LB 383/21, BeckRS 2022, 514.
[590] Vgl. beispielhaft die entsprechenden Streitwertbeschlüsse des BVerwG Beschl. v. 9.5.2019 – 1 C 21.18, BeckRS 2019, 16744; Beschl. v. 22.2.2017 – 1 C 3.16, NVwZ 2017, 1883 – jeweils nur unter www.bverwg.de abrufbar. Der VGH BW hat mit Beschl. v. 8.7.2019 – 11 S 45/19, BeckRS 2019, 15260 seine frühere Rspr., wonach für die Bemessung des Streitwerts nach § 52 I GKG das Interesse des Klägers ausgehend von seiner aufenthaltsrechtlichen Position, die durch eine Ausweisung erlischt, maßgebend ist (VGH BW Beschl. v. 9.8.2016 – 11 S 1296/16, BeckRS 2016, 50276; Beschl. v. 25.5.2016 – 11 S 2480/15, NVwZ-RR 2016, 839), im Interesse der Einheitlichkeit der Rechtsprechung aufgegeben.
[591] Vgl. etwa VGH BW Urt. v. 2.3.2016 – 11 S 1389/15, juris Rn. 101; BayVGH Urt. v. 8.1.2020 – 10 B 18.2485, juris Rn. 55.
[592] S. zu den Anforderungen an den Inhalt eines solchen Vergleichs und vollstreckungsrechtlichen Fragen VGH BW Beschl. v. 20.6.2016 – 11 S 914/16, InfAuslR 2016, 333; HessVGH Urt. v. 21.6.2018 – 3 A 2411/16, ZAR 2019, 165. Zur Frage, ob aur der Grundlage eines Duldungsvergleichs ein Aufenthaltsrecht nach Art. 7 ARB 1/80 begründet werden kann, VG Düsseldorf, Beschl. v. 7.8.2020 – 8 L 996/20, InfAuslR 2021, 103.
[593] OVG NRW Beschl. v. 12.7.1994 – 18 E 249/94, BeckRS 1995, 21926.
[594] BVerwG Beschl. v. 4.11.2021 – 6 AV 9.21, BeckRS 2021, 35659.
[595] BremOVG Beschl.v. 23.2.2021 – 2 B 285/19, ZAR 2021, 220; *Puttler* in Sodan/Ziekow NK-VwGO, Rn. 23; *Funke-Kaiser* in Bader/Funke-Kaiser/Stuhlfauth/v. Albedyll, 7. Aufl. 2018, VwGO § 80b Rn. 6.

geabweisung zugleich mit der Ablehnung des Antrags auf Wiederherstellung der aufschiebenden Wirkung nach § 80 V VwGO und demzufolge vor der Erhebung der Beschwerde im Verfahren des vorläufigen Rechtsschutzes, so ist in einer solchen prozessualen Situation bei der Prüfung einer Änderung der im vorläufigen Rechtsschutzverfahrens ergangenen Entscheidung durch das Beschwerdegericht allerdings die Beachtung der in § 80b I VwGO zum Ausdruck kommenden Wertung angezeigt[596].

183 Der Antrag nach § 80 V VwGO ist unbegründet, wenn die Rechtsverfolgung eindeutig keine Aussicht auf Erfolg hat[597]. Dagegen ist vorläufiger Rechtsschutz zu gewähren, wenn der Verwaltungsakt bei summarischer Prüfung offenbar rechtswidrig ist. Erscheint der Ausgang des Hauptsacheverfahrens offen – etwa weil der Sachverhalt aufklärungsbedürftig ist oder komplexe Rechtsfragen zu prüfen sind[598] –, ist dem Antrag auf einstweiligen Rechtsschutz stattzugeben, wenn das private Interesse am vorläufigen weiteren Verbleib des Ausländers das Interesse an seiner sofortigen Ausreise überwiegt[599]. Das Interesse des Ausländers am vorläufigen Verbleib ist nicht deshalb geringer zu gewichten, weil eine Freigabe nach § 456a StPO vorliegt. Zwar werden mit der Entlassung aus der Strafvollstreckung der Einsatz weiterer erheblicher öffentliche Mittel vermieden und die begrenzten Haftkapazitäten entlastet. Diese öffentlichen Interessen allein fiskalischer Art sind mit Blick auf Art. 19 IV GG iVm § 80 I VwGO im Interesse einer effektiven Rechtsschutzgewährung zurückzustellen[600]. Nach anderer Auffassung begründet die Ankündigung der Staatsanwaltschaft, im Fall einer Abschiebung des Ausländers von der weiteren Vollstreckung der Freiheitsstrafe nach § 456a I StPO abzusehen, ein die Anordnung der sofortigen Vollziehung einer Ausweisung rechtfertigendes öffentliches Interesse[601].

184 Ist eine Ausweisung nicht für sofort vollziehbar erklärt worden, wird die **Ablehnung** der Erteilung oder Verlängerung eines Aufenthaltstitels aber allein damit begründet, dass die Ausweisung und das Einreise- und Aufenthaltsverbot einer Titelerteilung entgegenstehen, ist im Interesse eines wirksamen Rechtsschutzes im vorläufigen Rechtsschutzverfahren die Rechtmäßigkeit des Einreise- und Aufenthaltsverbots, an das die Sperrwirkung angeknüpft ist, zu prüfen, ebenso die Ausweisung, die wiederum Ausgang für das Einreise- und Aufenthaltsverbot ist[602].

§ 53 Ausweisung

(1) Ein Ausländer, dessen Aufenthalt die öffentliche Sicherheit und Ordnung, die freiheitliche demokratische Grundordnung oder sonstige erhebliche Interessen der Bundesrepublik Deutschland gefährdet, wird ausgewiesen, wenn die unter Berücksichtigung aller Umstände des Einzelfalles vorzunehmende Abwägung der Interessen an der Ausreise mit den Interessen an einem weiteren Verbleib des Ausländers im Bundesgebiet ergibt, dass das öffentliche Interesse an der Ausreise überwiegt.

(2) Bei der Abwägung nach Absatz 1 sind nach den Umständen des Einzelfalles insbesondere die Dauer seines Aufenthalts, seine persönlichen, wirtschaftlichen und sonstigen Bindungen im Bundesgebiet und im Herkunftsstaat oder in einem anderen zur Aufnahme bereiten Staat, die Folgen der Ausweisung für Familienangehörige und Lebenspartner sowie die Tatsache, ob sich der Ausländer rechtstreu verhalten hat, zu berücksichtigen.

(3) Ein Ausländer, dem nach dem Assoziationsabkommen EWG/Türkei ein Aufenthaltsrecht zusteht oder der eine Erlaubnis zum Daueraufenthalt – EU besitzt, darf nur ausgewiesen werden, wenn das persönliche Verhalten des Betroffenen gegenwärtig eine schwerwiegende Gefahr für die öffentliche Sicherheit und Ordnung darstellt, die ein Grundinteresse der Gesellschaft berührt und die Ausweisung für die Wahrung dieses Interesses unerlässlich ist.

(3a) Ein Ausländer, der als Asylberechtigter anerkannt ist, der im Bundesgebiet die Rechtsstellung eines ausländischen Flüchtlings genießt oder der einen von einer Behörde

---

[596] Vgl. BremOVG Beschl. v. 23.2.2021 – 2 B 285/19, ZAR 2021, 220; *W.-R. Schenke* in Kopp/Schenke VwGO § 80b Rn. 13.

[597] BVerfG-A Beschl. v. 23.9.1981 – 2 BvR 895/81, EZAR 620 Nr. 5; BVerfG-A Beschl. v. 15.2.1982 – 2 BvR 1492/81, NVwZ 1982, 241; BVerfG Beschl. v. 21.3.1985 – 2 BvR 1642/83, BVerfGE 69, 220; zT aA VGH BW Beschl. v. 10.12.1980 – 1 S 2195/80, InfAuslR 1981, 71.

[598] BVerfG Beschl. v. 10.5.2007 – 2 BvR 304/07, InfAuslR 2007, 257.

[599] Vgl. auch BVerfG Beschl. v. 29.3.2007 – 2 BvR 1977/06, NVwZ 2007, 948; Beschl. v. 12.11.1998 – 2 BvR 1838/98, BeckRS 1998, 23068; HessVGH Beschl. v. 2.9.1988 – 12 TH 3533/87, EZAR 622 Nr. 5; Beschl. v. 19.1.1990 – 10 TH 2269/89, EZAR 622 Nr. 8.

[600] VGH BW Beschl. v. 7.11.2012 – 11 S 2186/12, n.v.; HmbOVG Beschl. v. 4.2.2005 – 4 Bs 518/04, BeckRS 2005, 23868.

[601] OVG NRW Beschl. v. 8.5.2019 – 18 B 176/19, BeckRS 2019, 8245; NdsOVG Beschl. v. 16.12.2011 – 8 ME 76/11, BeckRS 2011, 5681; BremOVG Beschl. v. 25.3.1999 – 1 B 65/99, InfAuslR 1999, 409.

[602] Allg. zum effektiven Rechtsschutz im ausländerrechtlichen Eilverfahren auch schon *Jacob* VBlBW 2008, 418.

der Bundesrepublik Deutschland ausgestellten Reiseausweis nach dem Abkommen vom 28. Juli 1951 über die Rechtsstellung der Flüchtlinge (BGBl. 1953 II S. 559) besitzt, darf nur ausgewiesen werden, wenn er aus schwerwiegenden Gründen als eine Gefahr für die Sicherheit der Bundesrepublik Deutschland oder eine terroristische Gefahr anzusehen ist oder er eine Gefahr für die Allgemeinheit darstellt, weil er wegen einer schweren Straftat rechtskräftig verurteilt wurde.

(3b) Ein Ausländer, der die Rechtsstellung eines subsidiär Schutzberechtigten im Sinne des § 4 Absatz 1 des Asylgesetzes genießt, darf nur ausgewiesen werden, wenn er eine schwere Straftat begangen hat oder er eine Gefahr für die Allgemeinheit oder die Sicherheit der Bundesrepublik Deutschland darstellt.

(4) [1]Ein Ausländer, der einen Asylantrag gestellt hat, kann nur unter der Bedingung ausgewiesen werden, dass das Asylverfahren unanfechtbar ohne Anerkennung als Asylberechtigter oder ohne die Zuerkennung internationalen Schutzes (§ 1 Absatz 1 Nummer 2 des Asylgesetzes) abgeschlossen wird. [2]Von der Bedingung wird abgesehen, wenn
1. ein Sachverhalt vorliegt, der nach Absatz 3 eine Ausweisung rechtfertigt oder
2. eine nach den Vorschriften des Asylgesetzes erlassene Abschiebungsandrohung vollziehbar geworden ist.

Allgemeine Verwaltungsvorschriften
(vom Abdruck wurde abgesehen)

Übersicht

	Rn.
I. Entstehungsgeschichte	1
II. Allgemeines	7
III. Rechtsgrundlage der Ausweisung	14
1. Grundstruktur der Norm und Systematik	14
2. Öffentliche Sicherheit und Ordnung	22
3. Freiheitliche demokratische Grundordnung	25
4. Sonstige erhebliche Interessen der Bundesrepublik Deutschland	28
5. Gefahr für die Schutzgüter nach § 53 I	32
a) Aktuelles und verwertbares Ausweisungsinteresse als Anknüpfungspunkt	33
b) Spezialprävention	48
c) Generalprävention	61
IV. Kriterien für die Abwägung	67
1. Allgemeines	67
2. Belange im Einzelnen	69
3. Abwägungsentscheidung	79
V. Besonders geschützte Personengruppen	82
1. Assoziationsberechtigte türkische Staatsangehörige	83
2. Besitz einer Erlaubnis zum Daueraufenthalt – EU	87
3. Anerkannte Flüchtlinge, Asylberechtigte, Besitzer von Reiseausweisen nach dem Abkommen über die Rechtsstellung von Flüchtlingen, subsidiär Schutzberechtigte	95
4. Asylbewerber	102

I. Entstehungsgeschichte

Die Vorschrift wurde als zentrale Norm des Ausweisungsrechts durch das AufenthGÄndG 2015 **1** eingeführt. Sie entsprach in ihrer ursprünglichen Fassung im Wesentlichen dem **Gesetzesentwurf**.

Ausweislich der Gesetzesbegründung[1] hat sich der Gesetzgeber bei der Neufassung des § 53 von **2** folgenden Überlegungen leiten lassen:

„Die zentrale Ausweisungsnorm ist fortan § 53, der – gleichsam als Grundtatbestand – die Ausweisung als Ergebnis einer umfassenden Abwägung aller Umstände des Einzelfalls unter Berücksichtigung des Verhältnismäßigkeitsgrundsatzes ausgestaltet. Sofern das öffentliche Interesse an der Ausreise das Interesse des Ausländers am Verbleib im Bundesgebiet nach dieser Gesamtabwägung überwiegt, wird der Ausländer ausgewiesen.

Die Ausweisung im Sinne von § 53 Absatz 1 setzt tatbestandlich zunächst voraus, dass der weitere Aufenthalt des Ausländers eine Gefahr für die öffentliche Sicherheit und Ordnung der Bundesrepublik Deutschland darstellt. Die Begriffe öffentliche Sicherheit und Ordnung sind i. S. d. Polizei- und Ordnungsrechts zu verstehen. Die Gefährdung dieser Schutzgüter bemisst sich ebenfalls nach den im allgemeinen Polizei- und Ordnungsrecht entwickelten Grundsatz. Erforderlich ist die Prognose, dass mit hinreichender Wahrscheinlichkeit durch die weitere Anwesenheit des Ausländers im Bundesgebiet ein Schaden an einem der Schutzgüter eintreten wird. Dabei ist mit Blick auf die verwendeten Begrifflichkeiten keine Ausweitung des

---
[1] BT-Drs. 18/4097, 49 f.

Gefahrenbegriffs gegenüber dem bislang geltenden Recht verbunden, sondern es werden lediglich die bislang verwandten unterschiedlichen Formulierungen aneinander angeglichen. In die Abwägung nach § 53 Absatz 1 sind die in §§ 54 und 55 vorgesehenen Ausweisungs- und Bleibeinteressen mit der im Gesetz vorgenommenen grundsätzlichen Gewichtung einzubeziehen. Neben den explizit in §§ 54 und 55 aufgeführten Interessen sind aber noch weitere, nicht ausdrücklich benannte sonstige Bleibe- oder Ausweisungsinteressen denkbar. Die Katalogisierung in den §§ 54 und 55 schließt daher die Berücksichtigung weiterer Umstände nicht aus. Dies folgt bereits aus dem Grundtatbestand des § 53 Absatz 1, ist aber für die schweren, aufgrund der Vielgestaltigkeit der Lebenssituationen bewusst nicht abschließend aufgezählten Bleibeinteressen in § 55 Absatz 2 nochmals ausdrücklich normiert.

Die Ausweisungsentscheidung kann grundsätzlich auch auf generalpräventive Erwägungen gestützt werden, wenn nach Abwägung aller Umstände des Einzelfalls das Interesse an der Ausreise das Interesse des Ausländers an einem weiteren Verbleib im Bundesgebiet überwiegt. Dies gilt allerdings nicht für die in § 53 Absatz 3 genannten Personengruppen. Hier ist die Ausweisung nur zulässig, wenn das persönliche Verhalten des Betroffenen gegenwärtig eine schwerwiegende Gefahr für die öffentliche Sicherheit und Ordnung darstellt, die ein Grundinteresse der Gesellschaft berührt und die Ausweisung für die Wahrung dieses Interesses unerlässlich ist.

Die von der Ausländerbehörde durchzuführende Abwägung aller Umstände des Einzelfalls unter Berücksichtigung des Verhältnismäßigkeitsgrundsatzes ist gerichtlich voll überprüfbar. Anders als bei einer Ermessensentscheidung kann es keine gerichtliche Verpflichtung der ausweisenden Behörde zur Neubescheidung unter Beachtung der Rechtsauffassung des Gerichts geben, sondern die gerichtliche Entscheidung ersetzt oder bestätigt das behördliche Ergebnis. Auch dadurch soll eine Beschleunigung des Verfahrens und schnellere Rechtssicherheit erreicht werden.

Absatz 2:

In die nach Absatz 1 vorzunehmende umfassende Abwägung der Umstände des Einzelfalles bei jeder Ausweisung sind die in Absatz 2 genannten Kriterien einzubeziehen. Die in Absatz 2 vorgenommene Aufzählung orientiert sich dabei an den Kriterien, die vom Europäischen Gerichtshof für Menschenrechte (vgl. nur EGMR, Entscheidung vom 22. Januar 2013, Individualbeschwerde Nr 66837/11 m. w. N.) als maßgeblich zu berücksichtigende Gesichtspunkte im Rahmen der Abwägung herangezogen werden. Die in Absatz 2 genannten Umstände können sowohl zugunsten als auch zulasten des Ausländers wirken. Eine lange Aufenthaltsdauer wird sich z. B. grundsätzlich zugunsten des Ausländers auswirken, während kürzere Aufenthaltszeiten zu seinen Lasten gehen können. Bindungen an das Bundesgebiet begründen ihrerseits grundsätzlich ein Bleibeinteresse, während Bindungen des Ausländers an seinen Herkunftsstaat das Ausreiseinteresse verstärken können. Dies kann allerdings nicht gelten in Fällen, in denen der Ausländer – unabhängig von der Stärke seiner Bindungen und der Möglichkeit der Reintegration vor Ort – auf Bindungen im Herkunftsstaat nicht verwiesen werden kann. Dies ist insbesondere der Fall, wenn dem Betroffenen in seiner Heimat Verfolgung oder ein ernsthafter Schaden droht, mithin vor allem bei anerkannten Asylberechtigten, Flüchtlingen oder Personen, die subsidiären Schutz genießen. Auch die Schutzwürdigkeit der Bindungen des Ausländers an das Bundesgebiet kann im Einzelfall das Ergebnis der Abwägung beeinflussen.

Die Aufzählung der in Absatz 2 genannten Kriterien ist dabei nicht abschließend. Auch weitere Umstände, z. B. die Tatsache, dass erhebliche Integrationsleistungen bzw. erhebliche Integrationsdefizite oder Gründe nach § 60a vorliegen, die einer Abschiebung des Ausländers entgegenstehen, können Berücksichtigung finden. Bei Integrationsdefiziten ist allerdings zu berücksichtigen, ob der Ausländer diese zu vertreten hat und ihm diese daher entgegengehalten werden können.

Absatz 3:

Bei den in Absatz 3 bezeichneten Gruppen von Ausländern darf eine Ausweisung nur aus spezialpräventiven Gründen verfügt werden, das heißt die Ausweisung darf nur ergehen, wenn das persönliche Verhalten des Betroffenen gegenwärtig eine schwerwiegende Gefahr für die öffentliche Sicherheit und Ordnung darstellt, die ein Grundinteresse der Gesellschaft berührt und die Ausweisung für die Wahrung dieses Interesses unerlässlich ist. Mit dieser Sonderregelung wird auch europarechtlichen Vorgaben für besonders privilegierte Personengruppen Rechnung getragen. Im Übrigen ist auch im Rahmen des Absatzes 3 – mit dem genannten geänderten Maßstab – eine Abwägung unter Berücksichtigung aller Umstände des Einzelfalls nach Absatz 1 vorzunehmen."

3   Die im Laufe des Gesetzgebungsverfahrens erhobene Forderung, die Ausweisung statt als gebundene Entscheidung als Ermessensentscheidung auszugestalten[2], fand keine Mehrheit. **Abs. 4** wurde auf Vorschlag des Innenausschusses eingeführt und wie folgt begründet[3]: „Die in Absatz 4 neu aufgenommene

---

[2] Vgl. hierzu den Änderungsantrag der Fraktion Bündnis 90/Die Grünen v. 15.6.2015 im Innenausschuss, Ausschuss-Drs. 18(4)345; s. auch Beschlussempfehlung und Bericht des Innenausschusses (4. Ausschuss), BT-Drs. 18/5420, 15, 21, 27.
[3] BT-Drs. 18/5420, 27.

Regelung zu § 53 greift den Gedanken in § 56 Absatz 4 des Aufenthaltsgesetzes in seiner geltenden Fassung auf, nach dem ein Ausländer während eines laufenden Asylverfahrens grundsätzlich nur unter der Bedingung der unanfechtbaren Ablehnung des Asylantrags ausgewiesen werden kann. Von der Bedingung kann nur in den in Absatz 4 Satz 2 aufgeführten Fällen abgesehen werden. Die Stellung eines Asylantrags begründet für sich allein hingegen kein besonders schwerwiegendes Bleibeinteresse."

Flankierend zum sog. **Asylpaket II**[4] wurden gemäß Art. 1 Nr. 1 des am 17.3.2016 in Kraft getretenen Gesetzes zur erleichterten Ausweisung von straffälligen Ausländern und zum erweiterten Ausschluss der Flüchtlingsanerkennung bei straffälligen Asylbewerbern[5] in **Abs. 2** nach dem Wort „Lebenspartner" der Satzteil „sowie die Tatsache, ob sich der Ausländer rechtstreu verhalten hat," eingefügt. Der Gesetzgeber begründete[6] dies – allgemein – wie folgt:

„Wenn Ausländer, die in Deutschland im Rahmen des Asylverfahrens Schutz suchen oder sich aus anderen Gründen in Deutschland aufhalten, Straftaten von erheblichem Ausmaß begehen, kann dies den gesellschaftlichen Frieden in Deutschland und die Akzeptanz für die Aufnahme von Schutzbedürftigen sowie für die legale Zuwanderung durch die einheimische Bevölkerung gefährden. Das haben die Ereignisse der Silvesternacht 2015/16 gezeigt. Zudem befördern solche Vorfälle Ressentiments gegenüber Ausländern und Asylsuchenden, die sich rechtstreu verhalten. Ziel der Regelungen ist es daher, die Ausweisung krimineller Ausländer zu erleichtern und Asylsuchenden, die gravierende Straftaten begehen, die rechtliche Anerkennung als Flüchtling konsequenter als bisher versagen zu können. ... Das Ausweisungsrecht wird verschärft, um die Ausweisung krimineller Ausländer zu erleichtern. Wenn ein Asylbewerber in Deutschland Straftaten begeht, soll zudem konsequenter als bisher die Anerkennung als Flüchtling versagt werden können. Künftig wird ein schwerwiegendes Ausweisungsinteresse bereits dann vorliegen, wenn ein Ausländer wegen Straftaten gegen das Leben, die körperliche Unversehrtheit, die sexuelle Selbstbestimmung, das Eigentum oder wegen Widerstands gegen Vollstreckungsbeamte, rechtskräftig zu einer Freiheits- oder Jugendstrafe verurteilt worden ist, sofern diese Straftaten mit Gewalt oder unter Anwendung von Drohung mit Gefahr für Leib oder Leben oder mit List begangen sind. Dies gilt unabhängig davon, ob die Strafe zur Bewährung ausgesetzt ist. Ein besonders schwerwiegendes Ausweisungsinteresse wird gegeben sein, wenn ein Ausländer wegen einer der vorgenannten Straftaten und Tatmodalitäten rechtskräftig zu einer Freiheits- oder Jugendstrafe von mindestens einem Jahr verurteilt wird. Auch dies gilt künftig unabhängig davon, ob die Freiheits- oder Jugendstrafe zur Bewährung ausgesetzt ist. Darüber hinaus wird klargestellt, dass im Rahmen der einer Ausweisung zugrundeliegenden Abwägung von Ausweisungs- und Bleibeinteressen nach den Umständen des Einzelfalls auch der Umstand Berücksichtigung findet, ob sich der Ausländer rechtstreu verhalten hat. Hierbei gilt, dass sich rechtstreues Verhalten zugunsten und nicht rechtstreues Verhalten zulasten des Ausländers in der Abwägung auswirken kann."

Die konkrete Änderung des § 53 II begründete[7] der Gesetzgeber ergänzend wie folgt:

„Bei der Gesamtabwägung für die Entscheidung, ob ein Ausländer ausgewiesen wird oder nicht, wird künftig je nach den Umständen des Einzelfalls neben der Dauer des Aufenthalts, den persönlichen, wirtschaftlichen oder sonstigen Bindungen im Bundesgebiet und im Herkunftsstaat oder einem anderen zur Aufnahme bereiten Staat sowie den Folgen der Ausweisung für Familienangehörige und Lebenspartner auch die Tatsache berücksichtigt, ob sich der Ausländer rechtstreu verhalten hat. Es kann sich in der Abwägung zu seinen Gunsten auswirken, wenn der Ausländer sich bisher rechtstreu verhalten hat; zu seinen Lasten kann sich hingegen nicht rechtstreues Verhalten, d. h. z. B. straf- oder ordnungsrechtlich relevantes Verhalten, auswirken."

Durch das **Zweite Gesetz zur besseren Durchsetzung der Ausreisepflicht** (2. RückkehrG) v. 15.8.2019[8] wurden Ausländer, die als Asylberechtigte anerkannt sind, die im Bundesgebiet die **Rechtsstellung eines ausländischen Flüchtlings** genießen oder die einen von einer Behörde der Bundesrepublik Deutschland ausgestellten Reiseausweis nach dem Abkommen vom 28.7.1951 über die Rechtsstellung der Flüchtlinge (BGBl. 1953 II S. 559) besitzen, aus dem Anwendungsbereich des § 53 III gestrichen. Das Niveau für den Ausweisungsschutz dieses Personenkreises wird in **§ 53 IIIa** neu geregelt. § 53 III betrifft nach der Neufassung nur noch Ausländer, denen nach dem Assoziationsabkommen EWG/Türkei ein Aufenthaltsrecht zusteht oder die eine Erlaubnis zum Daueraufenthalt – EU besitzen; nach der Gesetzesbegründung wird das Schutzniveau insoweit fortgeschrieben. Für **subsidiär Schutzberechtigte** sieht der Gesetzgeber mit **§ 53 IIIb** nunmehr einen eigenen Ausweisungsmaßstab vor.

Die **Gesetzesbegründung** führt hierzu aus[9]:

„Die Schwellen des Ausweisungsschutzes für Asylberechtigte und anerkannte Flüchtlinge werden auf den Kern der europa- und völkerrechtlichen Vorgaben zurückgeführt. Damit werden die Möglichkeiten, bei schutzberechtigten Intensivstraftätern im Einzelfall ein Überwiegen des öffentlichen Ausreiseinteresses zu

---

[4] → AsylG Vorb. Rn. 34 ff.
[5] BGBl. 2016 I S. 394.
[6] BT-Drs. 18/7537, 5 f.
[7] BT-Drs. 18/7537, 7.
[8] BGBl. 2019 I S. 1294.
[9] BT-Drs. 19/10047, 34 f.

begründen, erleichtert. Die europa- beziehungsweise völkerrechtlichen Vorgaben für den Ausweisungsschutz von Asylberechtigten und anerkannten Flüchtlingen ergeben sich aus Artikel 33 Absatz 2 der Genfer Flüchtlingskonvention sowie aus Artikel 14 Absatz 4 Buchstabe b der Richtlinie (EU) 2011/95 des Europäischen Parlaments und des Rates vom 13. Dezember 2011 über Normen für die Anerkennung von Drittstaatsangehörigen oder Staatenlosen als Personen mit internationalem Schutz, für einen einheitlichen Status für Flüchtlinge oder für Personen mit Anrecht auf subsidiären Schutz und für den Inhalt des zu gewährenden Schutzes („Qualifikationsrichtlinie") sowie der Rechtsprechung zu Artikel 3 der Konvention zum Schutz der Menschenrechte und Grundfreiheiten (Europäische Menschenrechtskonvention). Artikel 14 Absatz 4 Buchstabe b der Qualifikationsrichtlinie sieht die Möglichkeit der Aberkennung des Schutzstatus vor, wenn a) es stichhaltige Gründe für die Annahme gibt, dass der Flüchtling eine Gefahr für die Sicherheit des Mitgliedstaats darstellt, in dem er sich aufhält; b) der Flüchtling eine Gefahr für die Allgemeinheit dieses Mitgliedstaats darstellt, weil er wegen einer besonders schweren Straftat rechtskräftig verurteilt wurde. Artikel 33 Absatz 2 der Genfer Flüchtlingskonvention sieht einen Ausschluss vom Verbot der Ausweisung vor, wenn der Flüchtling aus schwerwiegenden Gründen als eine Gefahr für die Sicherheit des Landes anzusehen ist, in dem er sich befindet, oder eine Gefahr für die Allgemeinheit dieses Staates bedeutet, weil er wegen eines Verbrechens oder eines besonders schweren Vergehens rechtskräftig verurteilt wurde. Diese Durchbrechung des Refoulement-Verbots ist als Ausnahmeregelung im Sinne einer ultima ratio eng auszulegen. Folgt der Ausweisung die Abschiebung, sind völkerrechtliche Abschiebungsverbote, insbesondere Artikel 3 der Konvention zum Schutz der Menschenrechte und Grundfreiheiten, zu beachten. Die Tatbestandsalternativen „er aus schwerwiegenden Gründen als eine Gefahr für die Sicherheit der Bundesrepublik Deutschland oder eine terroristische Gefahr anzusehen ist" bilden den Regelungsbereich der Ausweisung von Gefährdern beziehungsweise Terrorverdächtigen ab. Da dem Wortlaut nach die Gefahr von dem Ausländer selbst ausgehen muss („er"), ist klargestellt, dass entsprechend den oben genannten völkerrechtlichen bzw. europarechtlichen Vorgaben eine Ausweisung wie bisher nur aus spezialpräventiven, nicht aber aus generalpräventiven Gründen möglich ist.

Die Regelung des § 55 Absatz 1 Nummer 5 sieht bislang ein besonders schwerwiegendes Bleibeinteresse für subsidiär Schutzberechtigte vor. Die Möglichkeit, ein Überwiegen des öffentlichen Ausreiseinteresses zu begründen, soll erleichtert werden. Der Schutz subsidiär Schutzberechtigter ist daher entsprechend der Regelung des § 53 Absatz 3a auszugestalten, entsprechend der Vorgaben der Richtlinie (EU) 2011/95 auf etwas niedrigerem Niveau. Die bisherige Vorschrift des § 55 Absatz 1 Nummer 5 wird gestrichen. Stattdessen wird der Schutz subsidiärer Schutzberechtigter in einem neu eingefügten Absatz 3b in § 53 festgeschrieben. Die Regelung übernimmt die Vorgabe der Richtlinie 2011/95/EU des Europäischen Parlaments und des Rates vom 13. Dezember 2011 über Normen für die Anerkennung von Drittstaatsangehörigen oder Staatenlosen als Personen mit internationalem Schutz, für einen einheitlichen Status für Flüchtlinge oder für Personen mit Anrecht auf subsidiären Schutz und für den Inhalt des zu gewährenden Schutzes („Qualifikationsrichtlinie"). Gemäß Artikel 19 Absatz 3 Buchstabe a in Verbindung mit Artikel 17 Absatz 1 Buchstabe b der Richtlinie kann der subsidiäre Schutzstatus beendigt werden, wenn „schwerwiegende Gründe die Annahme rechtfertigen", dass der Betroffene „b) eine schwere Straftat begangen hat" oder „d) eine Gefahr für die Allgemeinheit oder die Sicherheit des Mitgliedstaats darstellt, in dem er sich aufhält." Der damit unionsrechtlich vorgesehenen Abstufung des Schutzniveaus zwischen Flüchtlingen und subsidiär Schutzberechtigten entspricht es, bei subsidiär Schutzberechtigten einen niedrigeren Maßstab anzulegen. Ebenso wie in der Neuregelung in § 53 Absatz 3a ist klargestellt („er"), dass entsprechend den europarechtlichen Vorgaben eine Ausweisung nur aus spezialpräventiven, nicht aber aus generalpräventiven Gründen möglich ist."

Die mit dem 1. Migrationspaket 2022 beabsichtigte Änderung der Abs. 3a, 3b und 4 konnte nicht mehr berücksichtigt werden. Geplant ist vor allem die Anpassung an unionsrechtliche Vorgaben im Sinne eines einheitlichen Status für Flüchtlinge und Subisdiärschutzberechtigte.

II. Allgemeines

7 Nach der Grundnorm des Abs. 1 ist die **Ausweisung** eine durch Abwägung gekennzeichnete **gebundene Entscheidung.** Intention des Gesetzgebers war die Schaffung eines neuen Regelungsinstrumentariums[10], das die Anforderungen der **Einzelfallgerechtigkeit,** wie sie die EGMR-Rspr. zu Art. 8 EMRK im Blick hat, gewährleistet; hierfür bedarf es aber nicht der Handlungsform der Ermessensentscheidung durch die Ausländerbehörde[11]. Soweit die Gesetzesbegründung einen Vorteil der jetzigen Regelung darin erblickt, dass „es keine gerichtliche Verpflichtung der ausweisenden Behörde zur Neubescheidung unter Beachtung der Rechtsauffassung des Gerichts geben kann, sondern die gerichtliche Entscheidung ersetzt oder bestätigt das behördliche Ergebnis", beruht diese Formulierung über die Neubescheidung offensichtlich auf einem Versehen. Da die Ausweisung ein

---

[10] S. auch den Überblick über das seit 1.1.2016 geltende Ausweisungsrecht bei *Huber* NVwZ 2015, 1178.
[11] BVerwG Urt. v. 22.2.2017 – 1 C 3.16, NVwZ 2017, 1883 Rn. 20–25; ebenso nunmehr auch *Marx* AufenthaltsR § 7 Rn. 63 und Fn. 180; aA noch *Marx* ZAR 2015, 245 ff.

belastender VA ist, ist allein die Anfechtungsklage statthaft. Eine Verpflichtung zur Neubescheidung kann es in dieser prozessualen Ausgangslage nicht geben. Die Begründung ist daher richtigerweise allein so zu verstehen, dass mit ihr die abschließende Entscheidung des Gerichts zum Ausdruck gebracht werden soll[12]. Durch die Neukonzeption des Ausweisungsrechts mit der Abwägung der Ausweisungs- und Bleibeinteressen schon auf Tatbestandsseite können und müssen die Gerichte künftig eine Ausweisungsentscheidung umfänglich und abschließend überprüfen.

Aufgrund der Rechtsentwicklungen[13] wurde unter der Geltung der §§ 53 ff. aF in der Praxis der Ausländerbehörde eine Ausweisungsentscheidung überwiegend nach Ermessen getroffen worden. Die Ausgestaltung der Ausweisung nunmehr als gebundene Entscheidung soll die Ausländerbehörde von der Notwendigkeit entheben, in Gerichtsverfahren gegen die Ausweisung diese mit Blick auf den für die Sach- und Rechtslage maßgebenden Zeitpunkt der letzten mündlichen Verhandlung oder Entscheidung des Tatsachengerichts ständig verfahrensbegleitend kontrollieren und die Ermessenserwägungen anpassen zu müssen. **Das Risiko für die Ausländerbehörde, die Ausweisung wegen eines Ermessensfehlers aufgehoben zu bekommen** und dann ggf. nochmals in einem Verwaltungsverfahren erneut über die Ausweisung entscheiden zu müssen, **soll es nicht mehr geben.** Der Gesetzgeber erwartet eine **schnellere Rechtssicherheit** dadurch, dass im Rahmen der gerichtlichen Kontrolle der Richter das Entscheidungsergebnis der Ausländerbehörde entweder bestätigt oder durch eine eigene (abweichende) Entscheidung ersetzt. Er hat ungeachtet des Hinweises, dass eine gebundene Entscheidung im System des Ordnungsrechts, zu dem auch die Ausweisung gehört, einen Fremdkörper darstellt[14], an seiner Konzeption festgehalten. 8

Das System der Aufgabenverteilung zwischen Exekutive und Judikative ist prinzipiell so angelegt, dass die **Beurteilung, Wertung und Abwägung von gegenläufigen Fakten und Interessen** primär durch die zur Entscheidung berufene Behörde zu erfolgen hat. Die normativen Vorgaben zur grundsätzlich Gewichtung von Ausweisungs- und Bleibeinteressen in §§ 54 und 55 sind nicht so zu verstehen, dass **im Einzelfall** nur quantitativ-mathematisch nachzuvollziehen wären. Es sind vielmehr individuelle Wertungen erforderlich. Es liegt hier aber keine Konstellation vor, bei der der Gesetzgeber einer Behörde die rechtliche Beurteilung und Bewertung bestimmter Sachverhalte mit der Maßgabe übertragen hat, dass die unter wertender Abwägung aller Belange getroffene Entscheidung durch sie grundsätzlich letztverbindlich sein soll. Solches ist dann gegeben, wenn sich die Abwägung nicht vollständig aus der Anwendung der einschlägigen Normen ergibt, sondern in spezifischer Weise Elemente wertender Erkenntnis beinhaltet, die der Verwaltung vorbehalten sein soll[15]. Dies war schon unter dem früher geltenden Ausweisungsrecht nicht der Fall, das bereits in Anwendung des Art. 8 EMRK durch Wertungen gekennzeichnet gewesen ist. Das neue Recht hat hieran nichts geändert. Die Gesetzesbegründung stellt unmissverständlich klar, dass die von der Ausländerbehörde durchzuführende Abwägung aller Umstände des Einzelfalls unter Berücksichtigung des Verhältnismäßigkeitsgrundsatz gerichtlich voll überprüfbar ist und durch **eigene Wertungen des Gerichts** ersetzt werden kann[16]. Dem entspricht die Rspr. des BVerwG[17], wonach die Ausweisung nach § 53 I eine umfassende und ergebnisoffene Abwägung aller Umstände des Einzelfalls voraussetzt, die vom Grundsatz der Verhältnismäßigkeit geleitet wird. Die Abwägung erfolgt dabei nicht auf der Rechtsfolgenseite im Rahmen eines der Ausländerbehörde eröffneten Ermessens, sondern auf der Tatbestandsseite einer nunmehr gebundenen Ausweisungsentscheidung und ist damit gerichtlich voll überprüfbar. 9

Aus dem **gebundenen Charakter der Ausweisung** folgt, dass die während des verwaltungsgerichtliche Verfahren gegen eine Ausweisungsverfügung bekannt gewordene weitere Verwirklichung von Ausweisungsinteressen (§ 54) sowie das neue Entstehen von Bleibeinteressen (§ 55) von Amts wegen durch das Gericht unabhängig vom Vortrag der Beteiligten zu berücksichtigen sind[18]. 10

Nicht systemkonform ist, dass der Gesetzgeber seit **§ 11 I, II 1, 3, III 1 idF des AufenthG-ÄndG 2015** – in Korrektur einer früheren Rspr. des BVerwG[19] – bei der Entscheidung über die Länge des nach nationalem Recht mit einer Ausweisung einhergehenden Einreise- und Aufenthaltsverbots[20] 11

---

[12] Dies klarstellend auch BT-Drs. 18/4262, 8 – Antwort der Bundesregierung auf eine Kleine Anfrage zur Bewertung des Gesetzesentwurfs zur Neubestimmung des Bleiberecht und der Aufenthaltsbeendigung.

[13] → Vor §§ 53–56 Rn. 7 ff.

[14] Vgl. hierzu den Änderungsantrag der Fraktion Bündnis 90/Die Grünen v. 15.6.2015 im Innenausschuss (Ausschuss-Drs. 18(4)345).

[15] Vgl. hierzu grundsätzlich Kopp/Schenke VwGO § 114 Rn. 3.

[16] So ausdrücklich BT-Drs. 18/4262, 8.

[17] IE BVerwG Urt. v. 22.2.2017 – 1 C 3.16, NVwZ 2017, 1883 Rn. 21 ff.; Urt. v. 27.7.2017 – 1 C 28.16, NVwZ 2018, 409 Rn. 17; Urt. v. 9.5.2019 – 1 C 21.18, BeckRS 2019, 16744 Rn. 13.

[18] VGH BW Beschl. v. 17.9.2018 – 11 S 809/18, BeckRS 2018, 23530 Rn. 9. Zur Vermeidung einer Überraschungsentscheidung ist aber rechtliches Gehör insbes. zu solchen Tatsachen zu gewähren, die nicht schon in dem angefochtenen Bescheid zur Stützung der Ausweisungsverfügung herangezogen worden sind.

[19] BVerwG Urt. v. 14.5.2013 – 1 C 13.12, InfAuslR 2013, 334; Urt. v. 13.12.2012 – 1 C 14.12, InfAuslR 2013, 141; Urt. v. 10.7.2012 – 1 C 19.11, InfAuslR 2012, 397.

[20] Vgl. BVerwG Beschl. v. 9.5.2019 – 1 C 14.19, BeckRS 2019, 17271 Rn. 27 f.

eine **Ermessensentscheidung** vorgesehen hat[21]; für das an eine Abschiebung anknüpfende Einreise- und Aufenthaltsverbot gilt dies ebenfalls. Für die Verhältnismäßigkeit einer Ausweisung kann es nach dem EGMR eine Rolle spielen, wie lange der Ausländer nicht mehr in das Bundesgebiet einreisen und sich hier aufhalten darf[22]. Auf der Grundlage des § 11 idF des 2. RückkehrG vom 15.8.2019 ordnet die Behörde ein Einreise- und Aufenthaltsverbot von einer bestimmten Dauer an. Es handelt sich um einen einheitlichen belastenden Verwaltungsakt, wobei hinsichtlich der Länge des Einreise- und Aufenthaltsverbots der Ausländerbehörde ein Ermessen eingeräumt ist. Die Erwartung einer schnellen Rechtssicherheit in einem Ausweisungsfall unter Entlastung der Ausländerbehörde kann hierdurch nicht erreicht werden. Im Fall von Ermessen trifft die Behörde die Pflicht zur **ständigen verfahrensbegleitenden Kontrolle** der Rechtmäßigkeit ihrer Entscheidung und gegebenenfalls zur Ergänzung ihrer Ermessenserwägungen[23]. Bei einem Ermessensfehler hinsichtlich der Bestimmung der Dauer des Einreise- und Aufenthaltsverbots wird dieses als einheitlich belastender Verwaltungsakt vollständig aufgehoben[24]; die Behörde steht vor der Situation, ein Einreise- und Aufenthaltsverbot von einer bestimmten Dauer gegebenenfalls erneut anordnen zu müssen[25].

12 Das nunmehr vorliegende **Konzept des Ausweisungsrechts** führt dazu, dass aufgrund des **gebundenen Charakters der Ausweisung und der Verpflichtung der Gerichte, die Sache spruchreif zu machen,** unzureichende Sachverhaltsermittlung und -bewertung durch die Ausländerbehörde bei der Ausweisung an sich kaum Folgen für diese nach sich ziehen. Nach der restriktiven Rspr. des BVerwG greift **§ 113 III VwGO** und die dort für das Gericht in erster Instanz eröffnete Möglichkeit, innerhalb von sechs Monaten nach Eingang der Behördenakten bei erforderlicher weiterer erheblicher Sachverhaltsaufklärung das Verfahren an die Behörde „zurückzuschicken", nur wenn die Behörde nach ihrer personellen und sachlichen Ausstattung eine Sachverhaltsermittlung besser durchführen kann als das Gericht und es auch unter übergeordneten Gesichtspunkten vernünftiger und sachgerechter ist, die Behörde tätig werden zu lassen[26]. Ein solcher Ausnahmefall wird bei einem Ausweisungsverfahren prinzipiell nicht vorliegen.

13 Aus der Ausgestaltung der Ausweisung als gebundener Entscheidung folgt nicht, dass die Ausländerbehörde, sobald sie Kenntnis von einem Ausweisungsanlass erhält, zur Einleitung eines Ausweisungsverfahren von Amts wegen verpflichtet wäre. § 53 I ermächtigt zwar zum Erlass einer Ausweisungsverfügung, aus der Vorschrift lässt sich aber keine Rechtspflicht zum Tätigwerden der Ausländerbehörde entnehmen. Sie hat vielmehr ein **Entschließungsermessen,** ob sie überhaupt ein entsprechendes Verfahren in Gang setzt (vgl. auch § 22 I 1 VwVfG)[27]. Die Ausweisung ist eine ordnungsrechtliche Maßnahme[28]. Ob die Ausländerbehörde ein hierauf gerichtetes Verfahren einleitet, ist eine Opportunitätsentscheidung. Hierfür sind allein öffentliche Interessen unter Einschluss von Zweckmäßigkeitsüberlegungen maßgebend. Entschließt sich die Ausländerbehörde zur Einleitung eines Verfahrens, so bleibt es ihr ferner unbenommen, etwa aufgrund der Angaben des Ausländers anlässlich seiner Anhörung bzw. näherer Überprüfung des Sachverhalts, das Verfahren jederzeit formlos einzustellen. Ein Rechtsanspruch des Ausländers auf eine ausdrückliche behördliche Feststellung, dass seine Aus-

---

[21] Das BVerwG hat im Urt. v. 22.2.2017 – 1 C 27.16, NVwZ 2018, 88 Rn. 19 ff. und im Urt. v. 22.2.2017 – 1 C 3.16, NVwZ 2017, 1883 Rn. 65 diese gesetzgeberische Entscheidung gebilligt. Daraufhin hat der VGH BW seine frühere gegenteilige Auffassung, wonach die Aufhebung bzw. Befristung des Einreise-, Aufenthalts- und Erteilungsverbots, das auf einer Ausweisung beruht, auch in Ansehung des seit 1.8.2015 geltenden § 11 III 1 eine gebundene Entscheidung sei (Urt. v. 9.12.2015 – 11 S 1857/15, BeckRS 2016, 40742), aufgegeben (Urt. v. 29.3.2017 – 11 S 2029/16, BeckRS 2017, 115876 Rn. 65). Zur Frage, ob es aufgrund des EuGH-Urt. v. 3.6.2021 – C-546/19, NVwZ 2021, 1207 – BZ noch ein an die Ausweisung anknüpfendes Einreise- und Aufenthaltsverbot gibt → Vor §§ 53–56 Rn. 31 ff.

[22] Vgl. EGMR Urt. v. 7.12.2021 – 57467/15, BeckRS 2021, 37505 Rn. 182 u. 199 mwN – Savran; vgl. etwa auch EGMR Urt. v. 27.10.2005 – 32231/02, InfAuslR 2006, 3 – Keles: Verstoß gegen Art. 8 EMRK bei einer Ausweisung mit unbefristeter Versagung der Wiedereinreise (§ 8 II AuslG 1990) aufgrund konkreter Umstände des Einzelfalls.

[23] BVerwG Urt. v. 22.2.2017 – 1 C 27.16, NVwZ 2018, 88 Rn. 23; vgl. zu den – auch verfahrensrechtlichen – Anforderungen an die Nachbesserung einer nach zwischenzeitlicher Veränderung der Tatsachengrundlage fehlerhaften Ermessensentscheidung nach § 11 NdsOVG Beschl. v. 18.3.2021 – 8 ME 146/20, ZAR 2021, 214 mAnm Pfersich.

[24] BVerwG, Urt. v. 7.9.2021 – 1 C 47.20, NVwZ 2021, 1842 Rn. 9 f.; Urt. v. 7.9.2021 – 1 C 46.20, BeckRS 2021, 37820 Rn. 9 f.; hierzu auch → Vor §§ 53–56 Rn. 159 ff.

[25] Die frühere Rspr. des BVerwG, die noch zum kraft Gesetzes eintretenden Einreise- und Aufenthaltsverbots mit Rechtsanspruch auf Befristung der Wirkungen ergangen ist, ist hinsichtlich der geeigneten Klageart durch die Neufassung der Regelung überholt. So hatte das BVerwG etwa mit Urt. v. 22.2.2017 (1 C 27.16, NVwZ 2018, 88 Rn. 25) noch entschieden, dass der Ausländer einen Anspruch auf fehlerfreie Befristung der gesetzlichen Sperrwirkung hat und diese ggf. auch vom Ausland aus durchsetzen kann.

[26] BVerwG Urt. v. 18.11.2002 – 9 C 2.02, BVerwGE 117, 200; ebenso BayVGH Beschl. v. 8.10.2012 – 21 ZB 12.30312, NVwZ-RR 2013, 72.

[27] Ebenso *Beichel-Benedetti* in Huber, AufenthG, 2. Aufl., § 53 Rn. 3; s. allg. zum Entschließungsermessen *Geis* in Schoch/Schneider VwVfG § 40 Rn. 18 mwN (Stand Juli 2020); *Heinrich Amadeus Wolff* in Sodan/Ziekow VwGO § 114 Rn. 73.

[28] So bereits BVerwG Urt. v. 16.6.1970 – 1 C 47.69, BVerwGE, 35, 291 (293 f.).

weisung unterbleibt, besteht nicht. Umgekehrt gibt es auch keinen Anspruch eines Ausländers auf seine Ausweisung; § 53 I dient nicht individuellen Interessen[29].

III. Rechtsgrundlage der Ausweisung

1. Grundstruktur der Norm und Systematik

§ 53 I ist die **Grundtatbestand der Ausweisung und die Ermächtigungsgrundlage für den Erlass einer Ausweisungsverfügung**[30]. Er definiert das öffentliche Ausweisungsinteresse. Er enthält auf den ersten Blick drei selbstständig nebeneinanderstehende Tatbestände, aufgrund derer eine Ausweisung eines Ausländers Betracht kommt, nämlich wenn der Aufenthalt des Ausländers die öffentliche Sicherheit und Ordnung, die freiheitliche demokratische Grundordnung oder sonstige erhebliche Interessen der Bundesrepublik Deutschland gefährdet. 14

Die **Gefährdung der freiheitlichen demokratischen Grundordnung** durch den Ausländer war nach § 54 Nr. 5a Alt. 1 aF ein selbstständiger Ausweisungsgrund nach der Regelausweisung des alten Rechts. Die weitere Formulierung ist teilweise an § 55 I aF angelehnt. Nach § 55 I aF konnte ein Ausländer ausgewiesen werden, wenn sein Aufenthalt die öffentliche Sicherheit und Ordnung oder sonstige erhebliche Interessen der Bundesrepublik Deutschland beeinträchtigt. Während der Vorschlag von *Dörig/Bergmann* vom 1.2.2014 zu § 53 I die beiden Alternativen „beeinträchtigen" oder „gefährden" enthielt[31], findet sich im Gesetz nur noch, dass der Aufenthalt des Ausländers diese Schutzgüter gefährden muss. Nach der Gesetzesbegründung[32] soll damit keine Änderung verbunden sein; der Gefahrenbegriff werde gegenüber dem bisherigen Recht nicht erweitert, es würden lediglich die bislang verwandten unterschiedlichen Formulierungen aneinander angeglichen. 15

Das Verhältnis der unterschiedlichen Tatbestände zueinander lässt ein Verständnis dahin gehend zu, dass die **Gefahr für sonstige erhebliche Interessen der Bundesrepublik** als Generalklausel der eigentliche **Grundtatbestand** der Ausweisung ist. Diese wird in § 53 I näher konkretisiert durch die Gefahr für die freiheitliche demokratische Grundordnung und die – allerdings ebenfalls generalklauselartig gefasste – Gefahr für die öffentliche Sicherheit und Ordnung. Die notwendigen weiteren Konturierungen erfolgen durch den **Katalog der einzelnen Ziffern der Abs. 1 und 2 des § 54**. Die dort enumerativ aufgeführten und in zwei Kategorien unterteilten Ausweisungsinteressen enthalten normativ vertypte Gewichtungen des Ausweisungsinteresses. Einem hierin zum Ausdruck gebrachten öffentlichen Interesse an der Ausweisung ist jedoch immanent, dass die dort gelisteten Tatbestände überhaupt einen Grund für eine Ausweisung darstellen. Insoweit fungieren die Aufzählungen in § 54 als verfassungsrechtlich notwendige **Konkretisierungen für die in § 53 I nicht näher definierten, unbestimmten Rechtsbegriffe** der öffentlichen Sicherheit und Ordnung und der sonstigen erheblichen Interessen der Bundesrepublik[33]. Die freiheitliche demokratische Grundordnung, die nicht zwingend einer weiteren Umschreibung bedarf, ist deshalb als Nr. 2 in § 54 aufgenommen, damit ihr unter Beibehaltung der gesetzlichen Systematik eine normative Gewichtung beigegeben werden kann. Jedenfalls aufgrund des in § 54 enthaltenen Katalogs liegt eine so genau umschriebene gesetzliche Regelung vor, dass im Voraus zu erkennen ist, unter welchen Voraussetzungen eine Ausweisung in Betracht kommt, die im Einzelfall zu einem Eingriff in das Recht auf Achtung des Privat- bzw. Familienlebens führen kann. Die Normstruktur genügt insgesamt dem Gebot der Bestimmtheit[34]. 16

Die Einordnung der „sonstigen erheblichen Interessen der Bundesrepublik Deutschland" als zentrale Voraussetzung einer Ausweisung, die vor allem durch die in § 54 konkret formulierten Ausweisungsinteressen konkretisiert wird, führt dazu, dass eine Ausweisung unter Heranziehung der Generalklausel nur in solchen Fällen in Betracht kommt, die von ihrem Gewicht her nicht hinter den in § 54 II Nr. 9 aufgeführten Ausweisungsinteressen zurückbleiben können. Vereinzelte oder geringfügige Beeinträchtigungen sonstiger erheblicher öffentlicher Interessen könnten dann nicht Gegenstand einer Ausweisung sein. Dieses Verständnis führt dazu, dass insoweit der gleiche Rechtszustand vorhanden ist wie unter dem **bis 31.12.2015 geltenden Ausweisungsrecht**[35]. Es ist damit auch gewährleistet, dass die Anforderungen an eine Ausweisung oder an den Versagungsgrund des § 5 I Nr. 2 höher liegen als bei dem weiteren Regelversagungsgrund des § 5 I Nr. 3, der nur von einer Beeinträchtigung oder Gefähr- 17

---

[29] OVG RhPf Beschl. v. 15.6.2018 – 7 A 11935/17.OVG, BeckRS 2018, 13284.
[30] BVerwG Urt. v. 25.7.2017 – 1 C 12.16, BeckRS 2017, 125402 Rn. 15 ff.; Urt. v. 22.2.2017 – 1 C 3.16, NVwZ 2017, 1883 Rn. 20 ff.
[31] Zum Wortlaut des Vorschlags → Vor §§ 53–56 Rn. 16.
[32] S. den Wortlaut der Begründung → Rn. 2 ff.
[33] Insoweit sind die von *Neundorf/Brings* ZRP 2015, 145 geäußerten Bedenken der „Doppelverwertung" im neuen Ausweisungsrecht nicht zwingend. Vgl. auch OVG LSA Beschl. v. 10.10.2016 – 2 O 26/16, BeckRS 2016, 53879 Rn. 15.
[34] Hierzu allerdings kritisch *Funke* ZAR 2016, 209.
[35] *Hailbronner* AuslR AufenthG § 53 Rn. 35 (Stand 1.3.2020); vgl. ausf. zur Auslegung der „sonstigen erheblichen Interessen der Bundesrepublik Deutschland" in § 55 I *Discher* in GK-AufenthG § 55 Rn. 39 ff., insbes. Rn. 79 (Stand 7/2009).

dung von Interessen der Bundesrepublik Deutschland spricht und das Merkmal der Erheblichkeit nicht enthält. Auch dies entspricht dann der früher geltenden Rechtslage[36].

18   Gegen diese Auslegung des § 53 I, in der zwei Tatbeständen (nur) eine Konkretisierungsfunktion einer übergeordneten Generalklausel beigemessen wird, dürfte sich nicht einwenden lassen, dass das Gesetz von „sonstigen" erheblichen Interessen der Bundesrepublik Deutschland spricht, was darauf schließen lassen müsse, dass es sich hierbei um einen gegenüber der freiheitlichen demokratischen Grundordnung und der öffentlichen Sicherheit und Ordnung selbstständigen zusätzlichen Auffangtatbestand handeln müsse. Zum einen war die Formulierung des sonstigen erheblichen Interesses bereits in § 55 I aF enthalten, und schon im früheren Recht wurde dieser Tatbestand als der – generalklauselartig gefasste – eigentliche Grundtatbestand angesehen[37]. Zum anderen ergibt der Zusatz „sonstige" Sinn, weil er dazu dient, die Interessen auszugrenzen, die Bestandteil der freiheitlichen demokratischen Grundordnung oder der öffentlichen Sicherheit und Ordnung sind.

19   Nach der Rspr. des **BVerwG**[38] erfährt der **Grundtatbestand des § 53 I** durch die weiteren Ausweisungsvorschriften mehrfache **Konkretisierungen.** So wird einzelnen in die Abwägung einzustellenden Ausweisungs- und Bleibeinteressen durch den Gesetzgeber in den §§ 54, 55 von vornherein ein spezifisches, bei der Abwägung zu berücksichtigendes Gewicht beigemessen, jeweils qualifiziert als entweder „besonders schwerwiegend" (Abs. 1) oder als „schwerwiegend" (Abs. 2). Neben den explizit in den §§ 54, 55 aufgeführten Interessen sind noch weitere, nicht ausdrücklich benannte sonstige Bleibe- oder Ausweisungsinteressen denkbar[39]. Ein Ausweisungsinteresse als Gefährdung iSd § 53 Abs. 1 kann daher auch bestehen, wenn keiner der in § 54 normierten Tatbestände erfüllt ist[40]. Die Katalogisierung schließt auch die Berücksichtigung weiterer Umstände im Rahmen der nach § 53 II zu treffenden Abwägungsentscheidung nicht aus. Dies folgt bereits aus dem Grundtatbestand des § 53 I. Die in **§ 54** fixierten Tatbestände erfüllen zwei Funktionen: Sie sind gesetzliche Umschreibungen **spezieller öffentlicher Interessen an einer Ausweisung** iSv § 53 I 1 Hs. 1 und weisen diesen Ausweisungsinteressen zugleich ein besonderes Gewicht für die durch § 53 I Hs. 2 und II geforderte Abwägung zu. Ein Rückgriff auf die allgemeine Formulierung eines öffentlichen Ausweisungsinteresses in § 53 I Hs. 1 ist deshalb entbehrlich, wenn der Tatbestand eines besonderen Ausweisungsinteresses nach § 54 verwirklicht ist. In Fällen, in denen atypische Umstände die inkriminierte Verhaltensweise des Ausländers abweichend von der gesetzlichen Wertung als nicht so schwerwiegend oder als schwerwiegender erscheinen lassen, ist dem BVerwG zufolge angesichts der gesetzlichen Systematik **kein Raum für eine sog. „Typenkorrektur"**[41]. Der Umstand, dass einem Ausweisungsinteresse im Einzelfall trotz seiner gesetzlichen Einordnung ein abweichendes Gewicht zukommen kann, ist im Rahmen der umfassenden, auch stufenübergreifend gebotenen Verhältnismäßigkeitsabwägung einzustellen[42]. § 54 nennt allerdings die Umstände, die ein Ausweisungsinteresse begründen können, nicht abschließend.

20   Werden durch **eine einzige strafrechtliche Verurteilung einer Tat mehrere Tatbestände des § 54** erfüllt, führt dies auch nicht zu einer typisierten Verstärkung des Ausweisungsinteresses[43].

21   Für die Rechtmäßigkeit einer Ausweisung bietet sich folgendes **Prüfprogramm** an[44]: Steht fest, dass der Ausländer ein **Ausweisungsinteresse** erfüllt (§ 53 I iVm § 54 I oder II), ist im nächsten Schritt die Gefahr zu prüfen (**Gefahrenprognose**). Weiter bedarf der Prüfung, ob in den Konstellation eines unter § 53 III, IIIa, IIIb fallenden Ausländer mit **besonderem Ausweisungsschutz die danach erforderliche erhöhten Gefahrenschwelle** – auch in der ggf. erforderlichen unionskonformen Auslegung und Anwendung[45] – gegeben ist[46]. Des Weiteren sind die **Bleibeinteressen** zu bestimmen (§§ 53 I, 55). In der **Gesamtabwägung** (§ 53 I und II iVm Art. 8 EMRK) sind sämtliche Umstände des Einzelfalles einzustellen, ggf. auch unter Prüfung der Verhältnismäßigkeit nach unions-

---

[36] *Discher* in GK-AufenthG § 55 Rn. 200 (Stand: 7/2009); s. auch NdsOVG Urt. v. 28.6.2012 – 11 L B 301/11, BeckRS 2012, 53701.
[37] *Discher* in GK-AufenthG § 55 Rn. 39, 55, 191 (Stand: 7/2009).
[38] BVerwG Urt. v. 22.2.2017 – 1 C 3.16, NVwZ 2017, 1883 Rn. 20 ff.
[39] Vgl. die entsprechende Vorstellung des Gesetzgebers, BT-Drs. 18/4097, 49.
[40] Vgl. VGH BW Beschl. v. 21.6.2021 – 11 S 19/21, BeckRS 2021, 17236 Rn. 13; *Fleuß* in BeckOK AuslR AufenthG § 53 Rn. 4 (Stand 1.1.2022).
[41] BVerwG Urt. v. 27.7.2017 – 1 C 28.16, NVwZ 2018, 409 Rn. 39.
[42] BVerwG Urt. v. 27.7.2017 – 1 C 28.16, NVwZ 2018, 409 Rn. 39; VGH BW Beschl. v. 2.3.2021 – VGH 11 S 120/21, BeckRS 2021, 4045 Rn. 59; *Hoppe* in Dörig MigrationsR-HdB § 7 Rn. 73 iVm § 43; auch → Rn. 79 ff.
[43] OVG Brem Urt. v. 27.10.2020 – 2 B 105/20, BeckRS 2020, 29116 Rn. 21; VGH BW Urt. v. 15.11.2017 – 11 S 1555/16, BeckRS 2017, 140682 Rn. 35; Beschl. v. 11.4.2016 – 11 S 393/16, BeckRS 2016, 45162 Rn. 22.
[44] So BVerwG Urt. v. 22.2.2017 – 1 C 3.16, NVwZ 2017, 1883 Rn. 24–26; 45 ff.; *Dörig* in Dörig MigrationsR-HdB § 7 Rn. 69.
[45] BVerwG Urt. v. 22.2.2017 – 1 C 3.16, NVwZ 2017, 1883 Rn. 47.
[46] Alternativ kommt in Betracht, die Ausweisung zunächst anhand der Maßstäbe zu prüfen, die für nicht unter § 53 III bzw. IIIa, IIIb fallende Drittausländer gelten, und erst daran anschließend in einem weiteren Schritt festzustellen, ob die Ausweisung auch den Anforderungen des § 53 III bzw. IIIa, IIIb bzw. Unionsrecht genügt, vgl. zu dieser Praxis VGH BW Urt. v. 15.11.2017 – 11 S 1555/16, BeckRS 2017, 140682 Rn. 80; Beschl. v. 11.4.2016 – 11 S 393/16, BeckRS 2016, 45162 Rn. 20, 38 ff.; Urt. v. 15.4.2021 – 12 S 2505/20, BeckRS 2021, 14599 Rn. 39.

rechtlichen Maßstäben. Kraft Gesetzes ist die Entscheidung getroffen, dass nur im Fall eines Überwiegens des öffentlichen Interesses an der Aufenthaltsbeendigung eine Ausweisung verfügt wird. Sind das öffentliche Interesse an der Ausreise und das private Interesse am Verbleib gleichrangig oder überwiegt gar das Bleibeinteresse, so muss eine Ausweisung unterbleiben.

2. Öffentliche Sicherheit und Ordnung

Öffentliche Sicherheit und Ordnung im ausweisungsrechtlichen Grundtatbestand des § 53 I sind **iSd deutschen Polizei- und Ordnungsrecht**[47] **zu verstehen;** auch die Gefährdung dieser Schutzgüter bemisst sich nach den im allgemeinen Polizei- und Ordnungsrecht entwickelten Grundsätzen[48]. Wie schon bei § 55 I aF genügt es trotz des Wortlauts „und", wenn eine Gefahr für die öffentliche Sicherheit oder Ordnung vorliegt. 22

Öffentliche Sicherheit umfasst die Unversehrtheit von Leben, Gesundheit, Freiheit, Ehre und Vermögen des Einzelnen sowie den Bestand und das Funktionieren des Staates und seiner Einrichtungen. Geschützt werden danach sowohl Individual- wie Gemeinschaftsgüter. In der Regel wird eine Gefährdung der öffentlichen Sicherheit angenommen, wenn eine strafbare Verletzung dieser Rechtsgüter droht[49]. 23

Unter **öffentlicher Ordnung** wird die Gesamtheit der ungeschriebenen Regeln verstanden, deren Befolgung nach den jeweils herrschenden sozialen und ethischen Anschauungen als unerlässliche Voraussetzung eines geordneten menschlichen Zusammenlebens innerhalb eines bestimmten Gebiets angesehen wird[50]. Nur solche Anschauungen sind von Bedeutung, die ihrerseits mit Rechtswerten von Verfassungsrang korrespondieren, wobei der gesellschaftliche Pluralismus nicht außer Acht gelassen werden darf. Unter den Begriff der öffentlichen Ordnung können in der Regel lediglich solche Sachverhalte fallen, die nicht durch das Straf- oder Ordnungswidrigkeitenrecht erfasst sind. Materien, die heute nicht mehr mit Strafen oder Ordnungswidrigkeiten sanktioniert sind, weil sich der Gesetzgeber für eine Liberalisierung entschlossen hat, zB im Sexualverhalten, können nicht als Beeinträchtigung der öffentlichen Ordnung angesehen werden. Eine isolierte Verletzung der öffentlichen Ordnung kommt als Grund für eine Ausweisung nicht in Betracht[51]. 24

3. Freiheitliche demokratische Grundordnung

Zum Schutzgut der freiheitlichen demokratischen Grundordnung gehören die nach dem GG unantastbaren Grundprinzipien für den freiheitlich demokratischen Verfassungsstaat[52]. Der Begriff wird in unterschiedlichen Normen vorausgesetzt bzw. bereichsspezifisch – wie in § 4 II BVerfSchG – definiert[53]. Das AufenthG selbst enthält keine Definition. Ungeachtet dessen, dass die Rspr. des BVerfG zu diesem Begriff Veränderungen unterworfen ist[54], lässt sich jedoch festhalten, dass das Prinzip der Menschenwürde (Art. 1 I GG) im Vordergrund steht, das durch die Grundsätze der Demokratie und Rechtsstaatlichkeit näher ausgestaltet wird[55]. 25

Die Garantie der Menschenwürde umfasst insbesondere die Wahrung personaler Individualität, Identität und Integrität sowie die elementare Rechtsgleichheit. Mit der Menschenwürde sind ein rechtlich abgewerteter Status oder demütigende Ungleichbehandlungen unvereinbar; auch antisemiti- 26

---

[47] Die nationalen Begriffe der öffentlichen Sicherheit und Ordnung decken sich nicht mit den unionsrechtlichen Begriffen. So ist etwa öffentliche Sicherheit im unionsrechtlichen Sinne die innere und äußere Sicherheit eines Mitgliedstaats, vgl. etwa EuGH Urt. v. 23.11.2010 – C-145/09, NVwZ 2011, 221 Rn. 43; Urt. v. 4.4.2017 – C-544/15, EuZW 2017, 473 Rn. 39.
[48] BVerwG Urt. v. 22.2.2017 – 1 C 3.16, NVwZ 2017, 1883 Rn. 23 unter Hinweis auf BT-Drs. 18/4097, 49.
[49] BVerfG Beschl. v. 14.5.1985 – 1 BvR 233/81, 1 BvR 341/81, BVerfGE 69, 315; zu wiederholten ernstzunehmenden Todesdrohungen VGH BW Urt. v. 12.4.1996 – 13 S 1027/95, InfAuslR 1996, 279.
[50] BVerfG Beschl. v. 14.5.1985 – 1 BvR 233/81, 1 BvR 341/81, BVerfGE 69, 315.
[51] Dörig in Dörig MigrationsR-HdB § 7 Rn. 11.
[52] BVerwG Urt. v. 29.5.2018 – 1 C 15.17, BeckRS 2018, 15074 Rn. 55 zu § 10 I 1 StAG; Urt. v. 31.5.1994 – 1 C 5.93, InfAuslR 1994, 405.
[53] Ausf. dazu VGH BW Urt. v. 25.4.2017 – 12 S 2216/14, NVwZ 2017, 1212 Rn. 34 ff.
[54] Der älteren Rspr. des BVerfG verstand die freiheitliche demokratische Grundordnung als eine Ordnung, die unter Ausschluss jeglicher Gewalt- und Willkürherrschaft eine rechtsstaatliche Herrschaftsordnung auf der Grundlage der Selbstbestimmung des Volkes nach dem Willen der jeweiligen Mehrheit und der Freiheit und Gleichheit darstellt. Zu den grundlegenden Prinzipien dieser Ordnung wurde mindestens gerechnet: die Achtung vor den im GG konkretisierten Menschenrechten, vor allem vor dem Recht der Persönlichkeit auf Leben und freie Entfaltung, die Volkssouveränität, die Gewaltenteilung, die Verantwortlichkeit der Regierung, die Gesetzmäßigkeit der Verwaltung, die Unabhängigkeit der Gerichte, das Mehrparteienprinzip und die Chancengleichheit aller politischen Parteien mit dem Recht auf verfassungsmäßige Bildung und Ausübung einer Opposition (BVerfG Urt. v. 23.10.1952 – 1 BvB 1/51, BVerfGE 2, 1 – zu Art. 21 II GG). In seinem Urteil v. 17.1.2017 – 2 BvB 1/13, NJW 2017, 611 geht das BVerfG davon aus, dass die freiheitliche demokratische Grundordnung iSv Art. 21 II GG nur jene zentralen Grundprinzipien umfasst, die für den freiheitlichen Verfassungsstaat schlechthin unentbehrlich sind.
[55] Dörig in Dörig MigrationsR-HdB § 7 Rn. 14 unter Hinweis auf BVerfG Urt. v. 17.1.2017 – 2 BvB 1/13, NJW 2017, 611 Rn. 529.

sches oder auf rassistische Diskriminierung zielendes Handeln verstößt gegen die freiheitliche demokratische Grundordnung[56].

27 Eine rechtswirksam im Ausland geschlossene **Mehrehe,** die im Rahmen des ordre public als im Bundesgebiet wirksam anerkannt ist, stellt keine Missachtung der freiheitlich demokratischen Grundordnung dar[57].

4. Sonstige erhebliche Interessen der Bundesrepublik Deutschland

28 Die **sonstigen erheblichen Interessen** der Bundesrepublik Deutschland als Schutzgut und Grundlage einer Ausweisung gab es bereits in § 55 I aF, § 45 I AuslG 1990 und § 10 I Nr. 11 AuslG 1965. Es kommen solche Interessen in Betracht, die nicht als Bestandteil der öffentlichen Sicherheit und Ordnung oder mit Blick auf die freiheitliche demokratische Grundordnung geschützt sind. Ein Interesse der Bundesrepublik Deutschland ist erheblich, wenn es gewichtig und wegen seiner Bedeutung besonders schutzwürdig ist[58]. Von seiner Wertigkeit darf es nicht hinter Interessen zurückbleiben, deren Gefährdungen oder Beeinträchtigungen von § 54 I oder II erfasst sind.

29 **Beispiele** für sonstige erhebliche Interessen der Bundesrepublik sind etwa die innere und äußere Sicherheit der Bundesrepublik, völkerrechtliche Verpflichtungen des Bundes, außenpolitische Belange, insbesondere das internationale Ansehen der Bundesrepublik und ihre guten Beziehungen zu anderen Staaten[59], wirtschafts-, einwanderungs- und sozialpolitische Belange. So kann auch das Unterstützen von Personen und Personenvereinigungen, die zur Verfolgung religiöser Ziele zu Gewalt oder Hass gegen Teile der Bevölkerung aufrufen, hierunter fallen [60].

30 **Ist ein bestimmter Lebenssachverhalt abschließend von den Konkretisierungen nach § 54 I oder II erfasst,** kann auf die Generalklausel der sonstigen erheblichen Interessen (oder auch derjenigen der öffentlichen Sicherheit und Ordnung) nicht zurückgegriffen werden, wenn Tatbestände nach § 54 I oder II zwar einschlägig sind, es jedoch an der Erfüllung bestimmter Voraussetzungen fehlt. Scheitert etwa eine Verurteilung wegen eines Gewaltdelikts, das eine langjährige Gefängnisstrafe zur Folge hätte (vgl. § 54 I Nr. 1 Alt. 1), an der Verjährung der Strafverfolgung, so kann für eine Ausweisung nicht die Auffangregelung nach Abs. 2 Nr. 9 herangezogen werden.

31 Auch **gesetzgeberische Entscheidungen, bestimmte Verhaltensweisen von Ausländern nicht mehr als Anknüpfung für eine Ausweisung anzusehen,** können nicht unter Berufung auf die Generalklauseln umgangen werden[61]. So war etwa bei § 55 II aF anerkannt, dass Prostitution, allein weil sie einer sittlichen Anschauung der Bevölkerung zuwiderläuft, nicht zu einer Ausweisung führt, weil nach § 55 II Nr. 3 aF eine Ausweisung wegen Gewerbsunzucht nur unter weiteren Voraussetzungen zulässig war[62]. Mit der Novellierung des Ausweisungsrechts durch das AufenthGÄndG 2015 sind **zahlreiche Tatbestände der früheren Ermessensausweisung nicht in den Katalog des § 54 I und II überführt worden.** Zu nennen sind va § 55 II Nr. 3 aF (Verstoß gegen eine für die Ausübung der Gewerbsunzucht geltende Rechtsvorschrift oder behördliche Verfügung), § 55 II Nr. 5 aF (Gefährdung der öffentlichen Gesundheit durch das Verhalten des Ausländers oder längerfristige Obdachlosigkeit), § 55 II Nr. 6 aF (Inanspruchnahme von Sozialhilfe), § 55 II Nr. 7 aF (bestimmte Hilfen nach SGB VIII). Hierin liegt die bewusste Entscheidung des Gesetzgebers, dass diese Ereignisse und Verhaltensweisen in Zukunft keinen Anlass mehr für eine Ausweisung geben können. Einer **fehlenden Sicherung des Lebensunterhalts** kann – soweit diese rechtlich erforderlich ist – durch Versagung des Aufenthaltstitels angemessen begegnet werden. Die praktische Relevanz hatte § 55 II Nr. 6 aF ohnehin schon deshalb verloren, weil dieser Ausweisungsgrund nicht den Bezug von Leistungen nach SGB II erfasste[63]. Die Inanspruchnahme von **Erziehungshilfe oder Hilfe für junge Volljährige** durch Ausländer beruht auf einem jugendhilfe- und integrationsrechtlichen wohlbegründeten Rechtsanspruch (§ 6 II SGB VIII). Der Gesetzgeber wurde mit der früheren Verbindung dieser integrationsfördernden Rechtsausübung mit der Ausweisung den sozialen und pädagogischen Zielsetzungen des SGB VIII und vor allem dem Wandel von der längst abgeschafften vormundschaftsgerichtlichen angeordneten Fürsorgeerziehung zur freiwillig angenommenen Erziehungshilfe nicht mehr

---

[56] BVerfG Urt. v. 17.1.2017 – 2 BvB 1/13, NJW 2017, 611 juris Rn. 541.
[57] Vgl. BVerwG Urt. v. 29.5.2018 – 1 C 15.17, BeckRS 2018, 15074 Rn. 61 zu § 10 I 1 StAG; *Berlit* jurisPR-BVerwG 18/2018 Anm. 2.
[58] OVG Bln-Bbg Urt. v. 20.3.2013 – OVG 3 B 9.10, BeckRS 2013, 51741.
[59] Ein Bsp. kann etwa die drohende Beeinträchtigung der internationalen Beziehungen zu Israel wegen befürchteter Aufstachelung zum Hass gegen Personen jüdischen Glaubens sein, sofern sich der Sachverhalt nicht unter § 54 I Nr. 5 fassen lässt.
[60] VGH BW Beschl. v. 21.6.2021 – 11 S 19/21, BeckRS 2021, 17236 Rn. 12 ff.; vgl. auch OVG Brem Beschl. v. 9.12.2020 – 2 B 240/20, BeckRS 2020, 35269 Rn. 39 zu im Ausland erbrachten Unterstützungshandlungen für ausländische terroristische Vereinigungen; allerdings ist § 54 Abs. 1 Nr. 2 vorrangig zu prüfen.
[61] *Döring* in Dörig MigrationsR-HdB § 7 Rn. 17; aA *Fleuß* in BeckOK AuslR AufenthG § 53 Rn. 4 (Stand 1.1.2022); *Funke-Kaiser*, Fragen des novellierten Aufenthaltsrechts, Dokumentation 18. Deutscher Verwaltungsgerichtstag 2016, S. 221, 232 f.
[62] *Discher* in GK-AufenthG § 55 Rn. 84 (Stand: 7/2009).
[63] BVerwG Urt. v. 16.11.2010 – 1 C 20.09, InfAuslR 2011, 144.

gerecht und verdiente den Vorwurf der Zwiespältigkeit[64]. Dies umso mehr, als Jugendhilfeleistungen damit – als Ausweisungsgrund nach § 5 I Nr. 2 aF – auch sonst die aufenthaltsrechtliche Verfestigung junger Ausländer beeinträchtigen konnten. Die Norm beruhte va auf finanziellen Erwägungen, wobei es dem Gesetzgeber in erster Linie um die unbegleitet eingereisten Minderjährigen ging, die mit einem hohen Kostenaufwand in Einrichtungen der Jugendhilfe untergebracht werden[65]. Dieser Intention kommt aber mit Blick auf die jetzigen unionsrechtlichen Vorgaben (vgl. etwa Art. 31 Qualifikations-RL[66], Art. 17 IV Rückführungs-RL[67] und Art. 24 EU-Aufnahme-RL[68]) keine Bedeutung mehr zu. Ausweisungen wegen die **öffentliche Gesundheit gefährdenden Verhaltens** und **längerfristiger Obdachlosigkeit** oder **Prostitution** kamen in der Vergangenheit ebenfalls praktisch nicht mehr vor. § 55 II Nr. 1a aF, der mWz 1.1.2009 die Abgabe **falscher oder unzutreffender Angaben bei Abschluss eines Arbeitsvertrags** zum Ausweisungsgrund gemacht hatte und bei dem Voraussetzung gewesen war, dass es hierdurch kausal („dadurch") zur Ausstellung einer Niederlassungserlaubnis nach § 19 II Nr. 3 gekommen war[69], war bereits seit dem HQRLUmsG 2012[70] **obsolet**. Denn mit diesem Gesetz wurde § 19 II Nr. 3 aF aufgehoben, eine Anpassung des § 55 allerdings noch vergessen.

5. Gefahr für die Schutzgüter nach § 53 I

Eine Ausweisung kommt nur in Betracht, wenn der Aufenthalt des Ausländers eines der in § 53 I aufgeführten Schutzgüter gefährdet. Wie sich aus der Formulierung des Gesetzes im Präsens („Ein Ausländer, dessen Aufenthalt [...] gefährdet") und dem allgemeinen Grundsatz des Ordnungsrechts ergibt, genügen in der Vergangenheit liegende Verhaltensweisen hierfür nicht. Die **Ausweisung dient** nicht der Ahndung, sondern der **Vorbeugung künftiger (weiterer) Beeinträchtigungen erheblicher öffentlicher Belange**[71]. Vergangenen Beeinträchtigungen kommt aber insoweit eine Bedeutung zu, als sie Grundlage der Prognose sind, ob mit hinreichender Wahrscheinlichkeit durch die weitere Anwesenheit des Ausländers im Bundesgebiet ein Schaden an einem der Rechtsgüter eintreten wird. Mit der Verwendung des Begriffs der „Gefährdung" ist keine inhaltliche Veränderung des Gefahrenbegriffs gegenüber dem bisherigen Recht verbunden[72]. Gefahrenabwehr durch eine Ausweisung ist möglich aus Gründen der **Spezialprävention**, also zur Abwehr einer vom Ausländer selbst ausgehenden Wiederholungsgefahr, und – eingeschränkt – aus Gründen der **Generalprävention**, dh zur Einwirkung auf andere Ausländer zur Abwehr vergleichbarer Gefahren in der Zukunft. 32

a) Aktuelles und verwertbares Ausweisungsinteresse als Anknüpfungspunkt. Grundlage für die Feststellung, ob der weitere Aufenthalt des Ausländers eine Gefährdung bewirkt, kann nur ein Ausweisungsinteresse sein, das zum entscheidungserheblichen Zeitpunkt, dh im Fall einer Klage gegen die Ausweisungsverfügung also auch im Zeitpunkt der letzten tatrichterlichen Entscheidung[73], noch aktuell und nicht verbraucht ist. Knüpft das Ausweisungsinteresse an eine strafrechtliche Verurteilung an, so kann diese grundsätzlich so lange herangezogen werden, wie sie noch im Bundeszentralregister oder Erziehungsregister eingetragen ist. 33

Verurteilungen, die einem **Verwertungsverbot** unterliegen, dürfen weder im Rahmen der Feststellung eines Ausweisungsinteresses (vgl. die Auflistungen in § 54 I und II) noch bei der Prüfung der Gefahr oder in der Abwägung berücksichtigt werden. Dies betrifft insbesondere im Bundeszentralregister oder im Erziehungsregister **getilgte oder tilgungsreife Verurteilungen,** vgl. etwa § 46 BZRG. Nach **§ 51 I BZRG** dürfen die Tat und die Verurteilung der betroffenen Person im Rechtsverkehr nicht mehr vorgehalten und nicht zu ihrem Nachteil verwertet werden, wenn die Eintragung über eine Verurteilung in Register getilgt worden ist oder sie zu tilgen ist. Der Begriff des Rechtsverkehrs umfasst alle Bereiche des Rechtslebens, neben Straf- und Verfahrensrecht also zB auch das Verwaltungsrecht[74] unter Einschluss des Ausländerrechts. Eine nachteilige Verwertung liegt vor, wenn aus der Tat oder Verurteilung für den Betroffenen ungünstige Folgen gezogen werden. Im Fall einer getilgten oder tilgungsreifen Verurteilung darf diese folglich nicht zur Begründung eines Ausweisungs- 34

---

[64] Insg. zum Schutz von Kindern ausländischer Eltern vgl. *Renner* in Sachverständigenkommission 11. Kinder- und Jugendbericht, Bd. 5, 2002, S. 71 ff.; vgl. dazu auch *Baer* ZAR 1991, 135; zum interkulturellen Auftrag des SGB VIII *Huber* ZAR 2003, 311.
[65] Ausf. zur Entstehungsgeschichte zu § 47 Nr. 7 AuslG 1990, der wortgleich in § 55 II Nr. 7 übernommen wurde, *Philipps* ZAR 1991, 15.
[66] RL 2011/95/EU v. 13.12.2011 (ABl. 2011 L 337, 9).
[67] RL 2008/115/EG v. 16.12.2008 (ABl. 2008 L 348, 98).
[68] RL 2013/33/EU v. 26.6.2013 (ABl. 2013 L 180, 96).
[69] Näher BT-Drs. 16/10288, 11.
[70] Gesetz zur Umsetzung der HochqualifiziertenRL der EU v. 1.6.2012, BGBl. I S. 1224.
[71] Vgl. BVerwG Urt. v. 31.3.1998 – 1 C 28.97, InfAuslR 1998, 285.
[72] So ausdrücklich die Gesetzesbegründung, → Rn. 1 ff.
[73] BVerwG Urt. v. 9.5.2019 – 1 C 21.18, BeckRS 2019, 16744 Rn. 17 ff.; vgl. auch Urt. v. 12.7.2018 – 1 C 16.17, NVwZ 2019, 486 Rn. 22.
[74] BVerwG Urt. v. 20.3.2012 – 5 C 1.11, NVwZ 2012, 1254 Rn. 38; Urt. v. 5.4.1984 – 1 C 57.81, NJW 1984, 2053; *Tolzmann* BZRG, § 51 Rn. 21, 38 mwN; vgl. auch *Malek* in MAH Strafverteidigung § 30 Rn. 98 f.

interesses herangezogen werden; es darf für eine Ausweisung auch nicht an ein Geständnis des Ausländers in diesem Strafverfahren oder dort gemachte Zeugenaussagen angeknüpft werden[75]. Hat der Ausländer die der getilgten oder tilgungsreifen Verurteilung zugrundeliegende Tat im Rahmen des Verwaltungsverfahrens gegenüber der Ausländerbehörde eingeräumt, begründet dies ebenfalls keine Verwertungsmöglichkeit. Das Vorhalte- und Verwertungsverbot der Eintragung im Register bedeutet einen Schutz auch in den Fällen, in denen seine frühere Verurteilung auf andere Weise als durch eine Registerauskunft bekannt wird, selbst dann, wenn das Bekanntwerden auf der eigenen Einlassung des Betroffenen beruht[76]. Das Verwertungsverbot ist umfassend. Ist zB eine Verurteilung wegen Unterstützung einer terroristischen Vereinigung (§§ 129a, 129b StGB) getilgt, kann das Verhalten, das zur Verurteilung geführt hat, nicht zur Begründung eines Ausweisungsinteresses nach § 54 I 2 herangezogen werden, welches keine Verurteilung voraussetzt.

35 Bestehen Zweifel, ob eine Verurteilung tilgungsreif ist, entscheidet hierüber die Registerbehörde, nicht etwa die Behörden oder Gerichte, die das Verwertungsverbot beachten müssen; nur die Registerbehörde hat das sichere Wissen, ob gegebenenfalls weitere Verurteilungen vorliegen, die die Tilgung hindern[77].

36 Die Bestimmung in **§ 51 II BZRG,** wonach aus der Tat oder der Verurteilung entstandene Rechte Dritter, gesetzliche Rechtsfolgen der Tat oder der Verurteilung und Entscheidungen von Gerichten oder Verwaltungsbehörden, die im Zusammenhang mit der Tat oder der Verurteilung ergangen sind, unberührt bleiben, bedeutet mit Bezug auf eine bestandskräftige Ausweisung, dass eine solche nicht gegenstandslos wird, wenn die ihr zugrunde liegende Straftat getilgt ist. Auch ein mit Erlass der Ausweisung behördlich verfügtes Einreise- und Aufenthaltsverbot, das in der Regel hinsichtlich seiner Dauer prognostische Elemente hat, wird durch den Ablauf der Tilgungsfrist nicht berührt[78]. Es besteht die Möglichkeit, im Verfahren nach § 11 IV zu prüfen, ob der Zweck des Einreise- und Aufenthaltsverbots (iSv Gefahrenabwehr) erfüllt ist.

37 Ausnahmsweise darf in den engen Grenzen des **§ 52 BZRG** eine frühere Tat abweichend von § 51 I BZRG berücksichtigt werden, etwa nach Nr. 1, wenn die Sicherheit der Bundesrepublik Deutschland oder eines ihrer Länder solches zwingend gebietet, wobei es hier aber allein um die äußere oder innere Sicherheit des Staates geht und nicht um die Sicherheit oder Ordnung im gefahrenabwehrrechtlichen Sinne[79]. Die Ausnahme vom Vorhalte- und Verwertungsverbot muss zwingend geboten sein. Dies ist nur dann der Fall, wenn die Berücksichtigung der früheren Tat zur Abwehr einer konkreten, nicht hinnehmbaren Gefährdung der Sicherheit des Staates (zB bei der Sicherheitsprüfung von Personen, die Zugang zu Staatsgeheimnissen erhalten sollen) absolut erforderlich ist und keine anderen (wenn auch beschwerlicheren oder aufwändigeren) Abwehrmöglichkeiten bestehen[80]. Einen spezifisch auf das Migrationsrecht zugeschnittenen Ausnahmetatbestand gibt es nicht.

38 Kann eine Aussage, zB Eingeständnis einer Scheinehe, in einem Strafprozess nicht verwertet werden, weil sie einem **strafprozessualen Verwertungsverbot** unterliegt, erstreckt sich das strafprozessuale Verwertungsverbot aber grundsätzlich nicht auf das Ausweisungsverfahren[81]. Erst recht gilt dies, wenn die entsprechende Einlassung selbstständig in einem Verwaltungsverfahren gegenüber der Ausländerbehörde gemacht worden ist.

39 Ein **verbrauchtes Ausweisungsinteresse** darf nicht Grundlage einer Ausweisung sein. Das BVerwG hat seine Rspr. zum früheren Ausländerrecht, wonach Ausweisungsgründe in Anwendung des Grundsatzes des Vertrauensschutzes einem Ausländer nur dann und so lange entgegengehalten werden dürfen, wie sie noch aktuell und nicht verbraucht sind bzw. die Ausländerbehörde auf ihre Geltendmachung nicht ausdrücklich oder konkludent verzichtet hat[82], auf das seit 1.1.2016 geltende Ausweisungsrecht übertragen[83]. Aus der Ableitung dieser Kriterien aus dem **Grundsatz des Vertrauensschutzes** folgt jedoch, dass die Ausländerbehörde einen ihr zurechenbaren Vertrauenstatbestand geschaffen haben muss, aufgrund dessen der Ausländer annehmen kann, ihm werde ein bestimmtes Verhalten im Rahmen einer Ausweisung nicht entgegengehalten; zudem muss ein hierauf

---

[75] Vgl. VGH BW Urt. v. 10.1.2018 – 11 S 87/17, NVwZ-RR 2018, 988 Rn. 22 ff.
[76] VGH BW Urt. v. 10.1.2018 – 11 S 87/17, NVwZ-RR 2018, 988 Rn. 25 unter Hinweis auf BGH Beschl. v. 25.1.2017 – 1 StR 570/16 BeckRS 2017, 102994 Rn. 10.
[77] Vgl. *Tolzmann* BZRG § 51 Rn. 10.
[78] Vgl. allerdings auch BVerwG Beschl. v. 9.5.2019 – 1 C 14.19, BeckRS 2019, 17271 Rn. 28, wonach bei einer generalpräventiven Ausweisung bei abgeurteilten Straftaten die Dauer des Einreiseverbots die Tilgungsfrist nach dem BZRG nicht überschreiten darf.
[79] BVerwG Urt. v. 5.4.1984 – 1 C 57.81, NJW 1984, 2053 Rn. 23; *Tolzmann* BZRG § 52 Rn. 7 mwN.
[80] *Bücherl* in Graf BeckOK StPO BZRG § 52 Rn. 2 (Stand 1.10.2021).
[81] HessVGH Urt. v. 27.2.2018 – 6 A 2148/16, BeckRS 2018, 5771 Rn. 26 unter Hinweis ua auf BVerfG Beschl. v. 7.12.2011 – 2 BvR 2500/09, 2 BvR 1857/10, NJW 2012, 907 Rn. 117, wonach das Beweisverwertungsverbot eine Ausnahme darstellt, die nur nach ausdrücklicher gesetzlicher Vorschrift oder aus übergeordneten wichtigen Gründen im Einzelfall anzuerkennen ist. S. auch VGH BW Urt. v. 26.10.2018 – 1 S 1726/17, BeckRS 2018, 29308 Rn. 52: keine Geltung des Beweisverwertungsverbots nach § 252 StPO im Verwaltungsprozess.
[82] BVerwG Urt. v. 3.8.2004 – 1 C 30.02, NVwZ 2017, 1883 Rn. 21; Urt. v. 16.11.1999 – 1 C 11.99, NVwZ-RR 2000, 320.
[83] BVerwG Urt. v. 22.2.2017 – 1 C 3.16, NVwZ 2017, 1883 Rn. 39.

gegründetes Vertrauen des Ausländers schützenswert sein[84]. Allein die Erteilung eines Aufenthaltstitels ist für sich genommen, dh ohne Berücksichtigung der näheren Umstände der Erteilung, nicht geeignet, einen solchen Vertrauenstatbestand zu begründen[85]. Der Umstand, dass die Ausländerbehörde einen Aufenthaltstitel nicht widerrufen hat bzw. über einen längeren Zeitraum untätig geblieben ist, führt nicht zum Entstehen eines schutzwürdigen Vertrauens[86]. Im Übrigen steht der Vertrauensschutz unter dem Vorbehalt gleichbleibender Umstände. Sieht die Behörde anlässlich der strafgerichtlichen Verurteilung zu einer Freiheitsstrafe, deren Vollstreckung zur Bewährung ausgesetzt worden ist, von der Ausweisung ab, ist in der Regel davon auszugehen, dass sie sich die Überprüfung dieser Entscheidung für den Fall des Widerrufs der Strafaussetzung vorbehält[87]. Werden neue Ausweisungsinteressen verwirklicht, kann ein an sich als Ausweisungsanlass verbrauchtes, aber noch nicht im Register getilgtes Ausweisungsinteresse im Rahmen der Gesamtabwägung unter dem Aspekt der Rechtstreue (§ 53 II) zulasten des Ausländers einfließen. Ferner bleibt es der Ausländerbehörde unbenommen, im Falle einer Titelerteilung trotz Ausweisungsinteresses den Ausländer darüber zu belehren, dass sie sich gegebenenfalls die Verwertung des Ausweisungsinteresses im Rahmen einer späteren Entscheidung über eine Ausweisung vorbehält. Ein solches Vorgehen sorgt für Klarheit.

Verkürzt die Ausländerbehörde aufgrund einer bestandskräftigen Ausweisungsverfügung die Sperrwirkung **40** oder hebt sie das Einreise- und Aufenthaltsverbot gar auf, so kommt es auf die Umstände des Einzelfalls an, ob damit die **Verwertung von Ausweisungsinteressen, die nach der Ausweisungsverfügung entstanden** sind, aus Gründen des Vertrauensschutzes verbraucht sind. Hat die Behörde etwa vor ihrer Entscheidung Kenntnis von einer strafbewährten Illegalität der Einreise und des Aufenthalts des Ausländers erlangt und nimmt sie dies nicht zum Anlass, die bisherige Dauer der Sperrwirkung zu belassen oder gar zu verlängern, führt dies nach dem maßgebenden objektiven Empfängerhorizont zu dem Verständnis, dass die Illegalität von Einreise- und Aufenthalt nicht zu einer erneuten Ausweisungsverfügung führt. Dass Behördenzuständigkeiten hierbei auseinanderfallen können, ist aus Sicht des Empfängers der Erklärung nicht entscheidend. Etwas anderes gilt nur dann, wenn der Ausländer ausdrücklich darauf hingewiesen worden ist, dass die spätere Verfehlung Gegenstand einer weiteren Ausweisung sein kann. Die Beseitigung der Sperrwirkungen der unanfechtbaren Ausweisung in dieser Konstellation führt allerdings nicht automatisch dazu, dass das zB durch die Illegalität von Einreise und Aufenthalt später entstandene Ausweisungsinteresse auch im Rahmen der Titelerteilung verbraucht wäre; ein diesbezügliches Vertrauen des Ausländers wäre jedenfalls nicht schutzwürdig.

Straftaten, die nicht zu einer Verurteilung geführt haben, sondern **eingestellt** worden sind, **41** insbesondere nach §§ 153, 153a oder § 154 I StPO, können grundsätzlich auch ein Ausweisungsinteresse begründen, sofern der Tatbestand des Ausweisungsinteresses nicht ausdrücklich eine rechtskräftige Verurteilung voraussetzt, was etwa bei § 54 I Nr. 1, 1a, 1b, II Nr. 1, 2 der Fall ist. Derartige Einstellungen werden nicht in das Zentralregister eingetragen. Die **Bestimmungen des BZRG zu Verwertungsverboten gelten nicht,** auch nicht analog[88]. Voraussetzung ist aber auch hier die Aktualität im entscheidungserheblichen Zeitpunkt der Ausweisung. Für die zeitliche Begrenzung der Aktualität hält das BVerwG in einem solchen Fall[89] eine **Orientierung an den strafrechtlichen Verjährungsfristen der §§ 78 ff. StGB** für angezeigt: Die in § 78 III StGB genannte einfache Verjährungsfrist, deren Dauer sich nach der verwirklichten Tat richtet und mit der Beendigung der Tat zu laufen beginnt, bildet die untere Grenze[90]. Die obere Grenze orientiert sich regelmäßig an der

---

[84] BVerwG Urt. v. 22.2.2017 – 1 C 3.16, NVwZ 2017, 1883 Rn. 39; VGH BW Urt. v. 15.11.2017 – 11 S 1555/16, BeckRS 2017, 140682 Rn. 31 ff.; Urt. v. 29.3.2017 – 11 S 2029/16, BeckRS 2017, 115876 Rn. 45 f.
[85] Vgl. näher BVerwG Urt. v. 22.2.2017 – 1 C 3.16, NVwZ 2017, 1883 Rn. 39; OVG Brem Beschl. v. 10.11.2017 – 1 LA 259/15, BeckRS 2017, 131445 Rn. 18 f.; OVG NRW Beschl. v. 19.1.2017 – 18 A 2540/16, BeckRS 2017, 102525 Rn. 4 ff.; s. auch VGH BW Urt. v. 15.11.2017 – 11 S 1555/16, BeckRS 2017, 140682 Rn. 31 ff.: kein Vertrauenstatbestand, wenn der Erteilung der Aufenthaltserlaubnis unzutreffende Angaben des Ausländers über eine Verurteilung zugrunde liegen.
[86] BVerwG, B. v. 21.7.2021 – 1 B 29.21, BeckRS 2021, 26931 Rn. 8, *Fleuß*, jurisPR-BVerwG 21/2021 Anm. 2.
[87] OVG RhPf Urt. v. 25.2.2021 – 7 A 10826/20, BeckRS 2021, 5500 Rn. 45; vgl. auch OVG NRW Beschl. v. 2.12.2021 – 18 A 2230/21, BeckRS 2021, 37763 Rn. 28 ff. zur Zulässigkeit einer erneuten Ausweisung noch vor heriger Aufhebung einer Ausweisung durch die Behörde.
[88] *Tolzmann* BZRG § 51 Rn. 49 mwN; s. auch BVerwG Urt. v. 20.3.2012 – 5 C 1.11., NVwZ 2012, 1254 Rn. 41 ff. – betr. die Berücksichtigung von nicht abgeurteilten Straftaten im Einbürgerungsverfahren.
[89] BVerwG Urt. v. 12.7.2018 – 1 C 16.17, NVwZ 2019, 486 – betr. die Frage des Vorliegens eines Ausweisungsinteresses nach § 5 I Nr. 2 bei einer nach § 154 I StPO eingestellten Straftat. Das BVerwG hat mit Urt. v. 9.5.2019 – 1 C 21.18, BeckRS 2019, 16744 Rn. 17 ff. seine Rspr. im Urt. v. 12.7.2018 auf die Bestimmung der Aktualität des Ausweisungsinteresses bei einer allein generalpräventiv gestützten Ausweisung übertragen.
[90] § 78 III StGB lautet wie folgt: Soweit die Verfolgung verjährt, beträgt die Verjährungsfrist 1. dreißig Jahre bei Taten, die mit lebenslanger Freiheitsstrafe bedroht sind, 2. zwanzig Jahre bei Taten, die im Höchstmaß mit Freiheitsstrafen von mehr als zehn Jahren bedroht sind, 3. zehn Jahre bei Taten, die im Höchstmaß mit Freiheitsstrafen von mehr als fünf Jahren bis zu zehn Jahren bedroht sind, 4. fünf Jahre bei Taten, die im Höchstmaß mit Freiheitsstrafen von mehr als einem Jahr bis zu fünf Jahren bedroht sind, 5. drei Jahre bei den übrigen Taten. Nach Abs. 4 richtet sich die Frist nach der Strafdrohung des Gesetzes, dessen Tatbestand die Tat verwirklicht, ohne Rücksicht auf Schärfungen oder Milderungen, die nach den Vorschriften des Allgemeinen Teils oder für besonders schwere oder minder schwere Fälle vorgesehen sind.

absoluten Verjährungsfrist des § 78c III 2 StGB, die regelmäßig das Doppelte der einfachen Verjährungsfrist beträgt. Innerhalb dieses Zeitrahmens ist der Fortbestand des Ausweisungsinteresses zu ermitteln; dabei kann die Aktualität allein anhand generalpräventiver Erwägungen festgestellt werden[91]. Das impliziert aber nicht, dass tatsächlich auch die noch weiter erforderlichen Voraussetzungen für den Erlass einer Ausweisungsverfügung vorliegen.

42 Eine Ausweisung ist eine belastende Maßnahme, mit welcher prinzipiell in Rechte des Ausländers eingegriffen wird. Die Rspr. des BVerwG ermöglicht es dadurch, dass die strafrechtlichen Verjährungsfristen (nur) als eine Orientierung herangezogen werden und zur Konkretisierung die Umstände des jeweiligen Falles maßgebend sind[92], **Art. 3 I GG widersprechende Ergebnisse zu vermeiden.** Wird ein Ausländer bspw. wegen einer nach § 95 II Nr. 2 AufenthG strafbewerten Identitätstäuschung zu einer Geldstrafe in Höhe von 40 Tagessätzen einmalig verurteilt, beträgt die Tilgungsfrist fünf Jahre (§ 46 I Nr. 1 BZRG). Wird das Verfahren hingegen eingestellt, gilt § 46 I Nr. 1 BZRG nicht. Der Betroffene, dessen Verhalten von den Strafverfolgungsorganen nicht als strafbedürftig angesehen wird, hat kein Rechtsmittel gegen eine Verfahrenseinstellung, er kann insbesondere auch nicht eine Verurteilung zu einer geringen Geldstrafe erreichen. Ihm ausweisungsrechtlich die Tat länger vorzuhalten als einem Verurteilten ist mit Blick auf Art. 3 I GG nicht zu legitimieren[93].

43 Wird eine Tat nach **§ 154 I StPO** (vorläufig) eingestellt, so setzt dies voraus, dass die Sanktion der Bezugstat zur Einwirkung auf den Täter (Spezialprävention) bzw. zur Verteidigung der Rechtsordnung (Generalprävention) ausreichend ist[94]. Ist die Verurteilung aufgrund der Bezugstat getilgt oder tilgungsreif und bestehen auch keine Anhaltspunkte dafür, dass das vorläufig eingestellte Verfahren wieder aufgenommen[95] wird, gibt es keinen rechtfertigenden Grund, die eingestellte Tat gegenüber der Bezugstat ausländerrechtlich noch weiter vorzuhalten[96].

44 **Einstellungen nach §§ 153, 153a StPO** führen regelmäßig dazu, dass lediglich ein geringfügiger Verstoß gegen Rechtsvorschriften anzunehmen und daher das Ausweisungsinteresse nach § 54 II Nr. 9 zu verneinen ist. Hat zB der Ausländer aufgrund seiner Falschangaben eine Duldung erlangt und ist das Strafverfahren wegen der Straftat nach § 95 II Nr. 2 AufenthG etwa nach § 153 StPO eingestellt worden, bleibt hiervon aber das Ausweisungsinteresse nach § 54 II Nr. 8a unberührt. Dieses besteht selbstständig neben § 54 II Nr. 9.

45 Die **Aktualität eines nicht an eine Straftat anknüpfenden Ausweisungsinteresses** lässt sich nicht durch eine Orientierung an strafrechtlichen Verjährungsvorschriften bestimmen. Etliche der in § 54 I und II gelisteten Ausweisungsinteressen sind nicht auf Straftaten bezogen oder hiervon unabhängig, wie etwa § 54 I Nr. 2–5. Wie lange bei diesen das jeweilige Ausweisungsinteresse aktuell ist, bestimmt sich in erster Linie nach dem **Inhalt und Zweck des jeweiligen Ausweisungstatbestands** und systematischen Zusammenhängen. So ist der Tatbestand der Terrorismusunterstützung (§ 54 I Nr. 2) jedenfalls so lange aktuell, wie der Ausländer nicht von seinem sicherheitsgefährdenden Handeln Abstand genommen hat. Bei einer Identitätstäuschung (§ 54 II Nr. 8a) ist zu berücksichtigen, dass der Gesetzgeber durch § 25b II Nr. 1 zu erkennen gegeben hat, dass er eine solche, die allein in der Vergangenheit erfolgt ist und mittlerweile behoben ist, nicht als ein Hindernis für die Legalisierung des Aufenthalts ansieht.

46 Kann aus dem jeweils normierten Ausweisungsinteresse selbst kein hinreichender Schluss zur Bestimmung der Aktualität gezogen werden, kann für eine zeitliche Annäherung auch der **Rechtsgedanke des § 58 BZRG** betreffend nicht in das Zentralregister eintragungsfähige ausländische Strafurteile herangezogen werden. Nach dessen S. 1 gilt eine strafrechtliche Verurteilung, auch wenn sie nicht nach § 54 BZRG in das Register eingetragen ist, als tilgungsreif, sobald eine ihr vergleichbare Verurteilung im Geltungsbereich dieses Gesetzes tilgungsreif wäre. Nach dem Ratio der Norm soll ein Betroffener nicht schlechter gestellt werden, als wäre er hier verurteilt worden. Überträgt man diesen Gedanken zB auf § 54 II Nr. 6, der ein Ausweisungsinteresse bei einer Nötigung zur Eingehung der Ehe unabhängig von einer Verurteilung nach § 237 StGB begründet, könnte ein solches Ausweisungs-

---

[91] BVerwG Urt. v. 12.7.2018 – 1 C 16.17, NVwZ 2019, 486 Rn. 23 f. Bei abgeurteilten Straftaten, die Gegenstand einer generalpräventiven Ausweisung sind, zieht das BVerwG zudem die Fristen für ein Verwertungsverbot nach § 51 BZRG als absolute Begrenzung heran; im Übrigen ermittelt es auch anhand des Zweckes der verwirklichten Straftatbestände, wie lange generalpräventives Ausweisungsinteresse aktuell ist, vgl. im Einzelnen BVerwG Urt. v. 9.5.2019 – 1 C 21.18, BeckRS 2019, 16744 Rn. 20 ff.; s. auch OVG LSA Beschl. v. 28.2.2022 – 2 O 164/21, BeckRS 2022, 7439 Rn. 29 ff. zur Aktualität eines generalpräventiven Ausweisungsinteresses wegen noch laufender Führungsaufsicht.
[92] BVerwG Urt. v. 12.7.2018 – 1 C 16.17, NVwZ 2019, 486 Rn. 24 bzgl. der fallbezogenen Täuschungen.
[93] Vgl. auch *Dörig* in Dörig MigrationsR-HdB, 2. Aufl. 2020, § 7 Rn. 29, wonach bei der Bemessung der Frist für die Aktualität des Ausweisungsinteresses bei Straftaten, die nach §§ 153, 153a StPO eingestellt worden sind, idR die einfache Verjährungsfrist nach § 78 Abs. 3 StGB im Rahmen der Generalprävention zugrunde zu legen sei und für Fälle nach § 54 Abs. 2 Nr. 8 AufenthG ohne strafrechtliche Relevanz Entsprechendes gelte.
[94] Vgl. hierzu schon die Begründung im Gesetzesentwurf der Bundesregierung zur Erweiterung der Einstellungsmöglichkeiten nach §§ 154, 154a StPO BT-Drs. 8/976, 39; s. auch *Teßmer* in MüKoStPO, 2016, § 154 Rn. 39, 45.
[95] Vgl. zur Wiederaufnahme im Rahmen des § 154 iE *Teßmer* in MüKoStPO, 2016, § 154 Rn. 67 ff.
[96] Das BVerwG ist auf das Verhältnis zwischen Bezugstat und Einstellung nach § 154 I StPO in seinem Urt. v. 12.7.2018 – 1 C 16.17, NVwZ 2019, 486 allerdings nicht eingegangen.

interesse jedenfalls nicht länger als fünf Jahre vorgehalten werden; Orientierung kann dabei mangels anderer belastbarer Anhaltspunkte stets nur die nach der Strafnorm geringstmögliche Sanktion sein (hier im Bsp. Geldstrafe).

Auch das nicht an eine strafrechtliche Verurteilung anknüpfende Ausweisungsinteresse darf nicht verbraucht sein[97]. § 54 I Nr. 2 ist nicht verbraucht, wenn die Ausländerbehörde dem Ausländer auf dessen Anfrage zum Stand des Verfahrens auf Erteilung eines Titels lediglich mitteilt, dass gegenwärtig noch eine Sicherheitsüberprüfung stattfinde, und dann zu einem späteren Zeitpunkt ohne jegliche Erläuterung zum Ausgang der Sicherheitsüberprüfung den begehrten Titel erteilt. Auf dieser Grundlage kann der Betroffene nämlich weder wissen, welchen konkreten Umständen die Ausländerbehörde im Rahmen ihrer Sicherheitsüberprüfung nachgegangen ist, noch zu welchen konkreten Erkenntnissen sie hierbei nach Abschluss der Überprüfung gelangt ist. Daher kann der Betroffene aus der Erteilung des Titels billigerweise auch nicht schließen, dass die Ausländerbehörde bei ihrer Sicherheitsüberprüfung alle als potenzielle Versagungsgründe in Betracht kommenden Umstände tatsächlich ermittelt und sodann als für die Erteilung des begehrten Titels unbeachtlich eingestuft hat[98].

b) Spezialprävention. Für die Beurteilung, ob nach dem Verhalten des Ausländers damit gerechnet werden muss, dass er selbst (erneut) die öffentliche Sicherheit und Ordnung gefährdet (**Spezialprävention**), bedarf es einer Prognose, bei der der Grad der Wahrscheinlichkeit neuer Verfehlungen und Art und Ausmaß möglicher Schäden zu ermitteln und zueinander in Bezug zu setzen sind. Für die im Rahmen der Prognose festzustellende Wiederholungsgefahr gilt ein mit zunehmendem Ausmaß des möglichen Schadens abgesenkter Grad der Wahrscheinlichkeit des Schadenseintritts. Jede sicherheitsrechtliche **Gefahrenprognose** – und damit auch diejenige des Ausweisungsrechts – ist nach den allgemeinen Grundsatz des Gefahrenabwehrrechts eine Korrelation aus Eintrittswahrscheinlichkeit und (möglichem) Schadensausmaß. An die Wahrscheinlichkeit des Schadenseintritts sind umso geringere Anforderungen zu stellen, je größer und folgenschwerer der möglicherweise eintretende Schaden ist[99]. Eine grenzenlose Relativierung des Wahrscheinlichkeitsmaßstabs ist jedoch auch bei hochrangigen Rechtsgütern nicht zulässig. Auch in einem derartigen Fall begründet nicht bereits jede entfernte Möglichkeit eines Schadenseintritts eine Wiederholungsgefahr[100]. Erforderlich, aber auch ausreichend ist es, wenn solches ernsthaft droht[101]. Eine Wiederholungsgefahr ist zu verneinen, wenn bei Anwendung „praktischer Vernunft" neue Verfehlungen nicht mehr in Rechnung zu stellen sind, was dann der Fall ist, wenn das vom Ausländer ausgehende Risiko bei Würdigung aller Umstände des Einzelfalls im Wesentlichen kein anderes ist, als das, was bei jedem Menschen mehr oder weniger besteht[102]. Der Ablauf eines auch längeren Zeitraums zwischen dem ausweisungsbegründenden Verhalten und der Entscheidung des Gerichts über die angefochtene Ausweisung reicht für sich allein nicht aus, um eine Wiederholungsgefahr zu verneinen[103].

Aus den Wertungen der § 54 I und II können im Prinzip keine Rückschlüsse für eine Wiederholungsgefahr gezogen werden; ob und gegebenenfalls mit welchem Grad eine Wiederholungsgefahr vorliegt, ist nicht (mehr) normativ determiniert[104]. Eine Ausnahme gilt für § 54 I Nr. 2, bei dem die Verwirklichung des Tatbestands nach dem Wortlaut der Gefahr indiziert.

Die Gefahrenprognose obliegt eigenständig der Ausländerbehörde bzw. dem die Ausweisung überprüfenden Gericht[105]. Das Gericht bewegt sich mit einer entsprechenden tatsächlichen Würdigung in der Regel in Lebens- und Erkenntnisbereichen, die dem Richter allgemein zugänglich sind. Sie kann daher in der Regel aus eigener Kompetenz getroffen werden. Im Zweifel haben Ausländerbehörde

---

[97] → Rn. 39 f.
[98] BVerwG Urt. v. 22.2.2017 – 1 C 3.16, NVwZ 2017, 1883 Rn. 39.
[99] BVerwG Urt. v. 13.1.2013 – 1 C 10.12, NVwZ-RR 2013, 435 Rn. 15; Urt. v. 4.10.2012 – 1 C 13.11, NVwZ 2013, 361 Rn. 18; VGH BW Urt. v. 15.4.2021 – 12 S 2505/20, BeckRS 2021, 14599 Rn. 44; BayVGH Beschl. v. 10.1.2022 – 19 ZB 21.2053, BeckRS 2022, 354 Rn. 11; OVG LSA Beschl. v. 28.2.2022 – 2 O 164/21, BeckRS 2022, 7439 Rn. 23; *Fleuß* BeckOK AuslR AufenthG § 53 Rn. 22 (Stand 1.1.2022).
[100] *Fleuß* in BeckOK AuslR AufenthG § 53 Rn. 22 (Stand 1.1.2022).
[101] OVG Brem Beschl. v. 12.3.2020 – 2 B 19/20, BeckRS 2020, 3960 Rn. 16; vgl. auch BVerwG Urt. v. 4.10.2012 – 1 C 13.11, NVwZ 2013, 361 Rn. 18. *Hailbronner* AuslR AufenthG § 53 Rn. 142 mwN (Stand 1.3.2020); aA BayVGH Beschl. v. 26.10.2020 – 10 ZB 20.2140, BeckRS 2020, 30396 Rn. 6: Angesichts der Wertigkeit des gefährdeten Schutzguts körperliche Unversehrtheit reicht eine nur entferntere Möglichkeit eines weiteren Schadenseintritts zur Rechtmäßigkeit einer Ausweisungsverfügung aus; nachfolgend BVerfG Beschl. v. 19.4.2021 – 2 BvR 2167/20, BeckRS 2021, 10078 (Nichtannahme der Verfassungsbeschwerde mangels Substanziierung).
[102] BVerwG Urt. v. 17.10.1984 – 1 B 61.84, BeckRS 1984, 31266383; VGH BW Urt. v. 15.11.2017 – 11 S 1555/16, BeckRS 2017, 140682 Rn. 45; VG Bremen Urt. v. 24.11.2021 – 4 K 171/20, BeckRS 2021, 37604 Rn. 19.
[103] *Dörig* in Dörig MigrationsR-HdB § 7 Rn. 19.
[104] Die Formulierung des BVerwG im Urt. v. 22.2.2017 – 1 C 3.16, NVwZ 2017, 1883 Rn. 26, wonach es auch bei Verwirklichung eines Tatbestands nach § 54 stets der Feststellung bedarf, dass die vom Ausländer ausgehende Gefahr im maßgeblichen Entscheidungszeitpunkt fortbesteht, gibt keinen Anlass zu der Annahme, das BVerwG nehme eine vertypte Gefahr an.
[105] BVerwG Urt. v. 16.2.2022 – 1 C 6.21, BeckRS 2022, 10733 Rn. 29.

und Verwaltungsgericht ihre eigene Sachkunde plausibel und nachvollziehbar darzulegen[106]. Über Inhalt, Art und Umfang der Sachverhaltsaufklärung entscheiden Ausländerbehörde und Verwaltungsgericht im Rahmen ihrer Amtsermittlungspflicht nach pflichtgemäßem Ermessen[107]. Der **Hinzuziehung eines Sachverständigen** bedarf es allerdings, wenn die Prognose aufgrund besonderer Umstände – etwa bei der Beurteilung psychischer Erkrankungen – nicht ohne spezielle, der Ausländerbehörde bzw. dem Gericht nicht zur Verfügung stehende fachliche Kenntnisse erstellt werden kann[108]. Schöpft das Gericht seine besondere Sachkunde aus vorhandenen Gutachten oder Erkenntnisquellen und ist nicht erkennbar, dass in diesen Erkenntnisquellen keine, ungenügende oder widersprüchliche Aussagen zur Bewertung der aufgeworfenen Tatsachenfragen enthalten sind, steht die Einholung eines (weiteren) Gutachtens bzw. einer (weiteren) Auskunft auch dann im Ermessen des Gerichts (§ 98 VwGO iVm § 412 I ZPO), wenn die Erkenntnisquellen, aus denen das Gericht seine eigene Sachkunde schöpft, nicht in dem jeweiligen Verfahren eingeholt worden sind[109].

51 Die **Gefahrenprognose** ist auf der Grundlage einer **umfassenden Beurteilung** der Person des Ausländers, seines Verhaltens, seiner Lebensverhältnisse und aller weiteren **Umstände des konkreten Falles** zu erstellen[110]. Liegt eine strafgerichtliche Verurteilung vor, ist nicht allein auf das Strafurteil und die diesem zugrunde liegende Straftat (Höhe der verhängten Strafe, die Schwere der konkreten Straftat, die Umstände ihrer Begehung) abzustellen, auch die Gesamtpersönlichkeit des Ausländers unter Einschluss von (nachträglichen) Entwicklungen in der Strafhaft[111] bzw. (Änderungen in den) Lebensumständen sind einzubeziehen[112]. Relevante Umstände im Einzelnen können etwa sein: Einsicht oder fehlende Einsicht in das Unrecht des Handelns, der Umgang mit Aufarbeitung bzw. Auseinandersetzung mit dem Geschehen und seinen Folgen, die Durchführung eines Täter-Opfer-Ausgleichs, die erfolgreiche Durchführung oder der Abbruch einer Drogentherapie, ein stabilisierendes oder ein die Kriminalität förderndes Umfeld, die wirtschaftlichen Verhältnisse[113], familiäre, soziale Bindungen oder allgemein: Integrationsfaktoren. Maßgeblich sind letztlich der Wert des bedrohten Schutzguts und die persönlichen Einzelfallumstände einschließlich der Persönlichkeitsstruktur und nicht etwa eine statistische Rückfallquote[114]. In der Prognose der Wiederholungsgefahr dürfen auch Straftaten eingestellt werden, die ein Ausländer begangen hat, als er noch deutscher Staatsangehöriger gewesen ist[115].

52 Die Prognose der Wiederholungsgefahr kann nur auf einer **zutreffend ermittelten Tatsachengrundlage** ordnungsgemäß getroffen werden. Bei Straftaten ist zur Aufklärung des Sachverhalts in der Regel die Beiziehung des Strafurteils – gegebenenfalls einschließlich der Strafakten[116] –, der Strafvollstreckungsakten und der Gefangenenpersonalakten sowie gegebenenfalls des Bewährungsheftes oder die Akte der Führungsaufsicht geboten. Aus der Gefangenenpersonalakte ergeben sich regelmäßig **Erkenntnisse über den Verlauf des Vollzugs** (Vollzugsplanung, Fallkonferenzen, Hinweise auf Disziplinarmaßnahmen; (Ausbildungs-)Tätigkeiten und Verhalten in der Haft)[117]. Für die Entscheidung über eine Ausweisung bietet es sich zudem an, einen aktuellen Vollzugsbericht bei der Strafanstalt anzufordern[118]. Liegen fachliche Äußerungen zur Persönlichkeit bzw. Entwicklung des Ausländers vor, wie etwa ein im Rahmen der Strafvollstreckung erstelltes **kriminalprognostisches Gutachten** oder eine Begutachtung durch einen Psychiater bereits im Rahmen des Strafverfahrens, sind diese heranzuziehen. Ihre Bedeutung als Erkenntnisquelle für die Prognoseentscheidung ist nicht deshalb zu verneinen, weil sie primär für einen anderen Zweck erstellt worden sind. Stützen sich Ausländerbehörde und Verwaltungsgericht auf vorhandene oder eingeholte Sachverständigengutachten, so dürfen diese keine ungenügenden oder widersprüchlichen Aussagen zur Bewertung der aufgeworfenen Tatsachen-

---

[106] *Fleuß* ZAR 2021, 156 (166).
[107] BVerwG Beschl. v. 9.12.2019 – 1 B 74.19, BeckRS 2019, 44262 Rn. 6.
[108] BVerwG Urt. v. 4.10.2012 – 1 C 13.11, NVwZ 2013, 361 Rn. 12; Beschl. v. 9.12.2019 – 1 B 74.19, BeckRS 2019, 44262 Rn. 5; Beschl. v. 1.3.2016 – 1 B 30.16, BeckRS 2016, 43887 Rn. 7; Beschl. v. 11.9.2015 – 1 B 39.15, BeckRS 2015, 52978 Rn. 12.
[109] OVG Bln-Bbg Beschl. v. 1.2.2022 – OVG 3 N 130/21, BeckRS 2022, 1354 Rn. 7 mwN.
[110] VGH BW Urt. v. 15.4.2021 – 12 S 2505/20, BeckRS 2021, 14599 Rn. 47; *Fleuß* in BeckOK AuslR AufenthG § 53 Rn. 24 (Stand 1.1.2022).
[111] OVG Brem Beschl. v. 23.11.2020 – 2 B 314/20, juris Rn. 25 – gelungene Behebung von Reifedefiziten durch Vollzug einer Jugendstrafe.
[112] BVerwG Urt. v. 4.10.2012 – 1 C 13.11, NVwZ 2013, 361.
[113] *Dörig* in Dörig MigrationsR-HdB § 7 Rn. 19 unter Hinweis auf BVerwG Urt. v. 10.7.2012 – 1 C 19.11, InfAuslR 2012, 397 Rn. 17.
[114] Vgl. hierzu auch BVerfG Beschl. v. 6.12.2021 – 2 BvR 860/21, BeckRS 2021, 40836 Rn. 19.
[115] OVG Brem Beschl. v. 6.4.2022 – 2 B 314/21, BeckRS 2022, 7844 Rn. 28.
[116] Dies ist insbes. dann erforderlich, wenn das Urteil abgekürzte Gründe enthält (§ 267 IV StPO) oder dem Urteil eine Verfahrensverständigung (§ 257c StPO) vorausging.
[117] In manchen Bundesländern gibt es mittlerweile auch elektronische Vollzugsdaten, zB in Baden-Württemberg das im Justizvollzug gebräuchliche Datenerfassungssystem IS-Vollzug. Dieses enthält zB die Besuchslisten. Ggf. muss daher auch ein entsprechender Datenauszug angefordert werden.
[118] Enthält zB der Vollzugsbericht auch eine Resozialisierungsprognose, ist diese zwar ausländerrechtlich nicht bindend, sie kann jedoch ebenfalls eine zu würdigende Erkenntnisquelle sein.

fragen enthalten[119]. Weiterhin sind Entscheidungen des Strafgerichts zur Strafaussetzung zur Bewährung (§ 56 StGB) oder der Strafvollstreckungskammer zur Aussetzung des Strafrests zur Bewährung (§ 57 StGB) zu berücksichtigen.

Die **Aussetzung** der Strafvollstreckung **zur Bewährung** steht einer Ausweisung nicht prinzipiell **53** entgegen. Strafrichterliche Sozialprognosen unterscheiden sich nach Zweck, Voraussetzungen und Prognosehorizont von der ordnungsrechtlichen Gefahrenprognose[120]. Auch innerhalb der strafrechtlichen Prognoseentscheidungen bestehen Unterschiede. § 56 StGB seinerseits enthält differenzierte Voraussetzungen für die Strafaussetzung zur Bewährung: Bei **Freiheitsstrafen unter sechs Monaten** führt die günstige Legalprognose zwingend zur Strafaussetzung, § 56 I iVm III StGB; allein aus dem Umstand, dass eine kurze Freiheitsstrafe nach § 47 StGB unerlässlich ist, kann nicht schon auf eine ungünstige Sozialprognose geschlossen werden[121]. Bei Freiheitsstrafen von **sechs Monaten bis zu einem Jahr** muss bei günstiger Legalprognose die Strafe zur Bewährung ausgesetzt werden, wenn die Verteidigung der Rechtsordnung die Vollstreckung nicht gebietet[122]. Bei der **Verurteilung zu Freiheitsstrafe von nicht mehr als einem Jahr** setzt das Gericht die Vollstreckung der Strafe zur Bewährung aus, wenn zu erwarten ist, dass der Verurteilte sich schon die Verurteilung zur Warnung dienen lassen und künftig auch ohne die Einwirkung des Strafvollzugs keine Straftaten mehr begehen wird (§ 56 I 1 StGB); dabei sind namentlich die Persönlichkeit des Verurteilten, sein Vorleben, die Umstände seiner Tat, sein Verhalten nach der Tat, seine Lebensverhältnisse und die Wirkungen zu berücksichtigen, die von der Aussetzung für ihn zu erwarten sind (§ 56 I 2 StGB). Eine Strafaussetzung zur Bewährung verlangt stets die begründete Erwartung – also nicht die bloße Hoffnung, aber auch keine sichere oder unbedingte Gewähr –, dass der Verurteilte sich schon die Verurteilung zur Warnung dienen lassen wird, sei es auch erst mithilfe von Auflagen (§ 56b StGB) oder Weisungen (§§ 56c und § 56d StGB), und künftig, also nicht nur während der Dauer der Bewährungszeit, auch ohne die Einwirkung des Strafvollzugs keine Straftaten mehr begehen wird; auch solche aus dem Bagatellbereich[123]. Nach § 56 II StGB kann das Gericht unter den Voraussetzungen des Abs. 1 auch die Vollstreckung einer höheren **Freiheitsstrafe, die zwei Jahre nicht übersteigt**, zur Bewährung aussetzen, wenn nach der Gesamtwürdigung von Tat und Persönlichkeit des Verurteilten besondere Umstände vorliegen; bei der Entscheidung ist namentlich auch das Bemühen des Verurteilten, den durch die Tat verursachten Schaden wiedergutzumachen, zu berücksichtigen. **Die Strafaussetzung nach Teilverbüßung** gemäß **§ 57 StGB** setzt ua voraus, dass die Strafaussetzung unter Berücksichtigung der Sicherheitsinteressen gegenüber der Allgemeinheit verantwortet werden kann; eine positive Entscheidung setzt keine Gewissheit künftiger Straffreiheit voraus, sondern es genügt das Bestehen einer naheliegenden Chance hierfür[124]. Sie verlangt ein geringeres Maß an Wahrscheinlichkeit für ein zukünftig straffreies Verhalten, als für die anfängliche Strafaussetzung nach **§ 56 StGB** erforderlich ist; insbesondere eine nachträgliche Strafaussetzung ist daher rechtlich auch dann denkbar, wenn eine polizeiliche Wiederholungsgefahr noch vorliegt[125]. Im Tatsächlichen macht es aber einen Unterschied, ob sich etwa ein terroristischer Straftäter (nur) im Vollzug ordnungsgemäß führt und von seiner früheren Gewaltbereitschaft glaubhaft lossagt[126] oder ob er eine umfassende Aufarbeitung seiner Vergangenheit geleistet hat.

Ausländerbehörde und Verwaltungsgerichte müssen bei spezialpräventiven Ausweisungsentscheidungen und deren gerichtlicher Überprüfung eine **eigenständige Prognose zur Wiederholungsgefahr** treffen. Dabei sind sie an die Feststellungen und Beurteilungen der Strafgerichte zur Aussetzung der Vollstreckung der Strafe bzw. des Strafrestes rechtlich nicht gebunden[127]. Entsprechendes gilt auch **54** für die Strafaussetzung zur Bewährung nach § 36 I 3 BtMG. Das BVerwG geht davon aus, dass der Zeitraum der ordnungsrechtlichen Prognose länger ist als derjenige der Strafjustiz. Einen Anhalt für den Zeitraum bietet die Auffassung des BVerwG, wonach in der Regel ein Zeitraum von maximal zehn Jahren den Zeithorizont darstellt, für den eine Prognose realistischerweise noch gestellt werden

---

[119] BVerwG Beschl. v. 9.12.2019 – 1 B 74.19, BeckRS 2019, 44262 Rn. 6; vgl. zur Verwertung von Sachverständigengutachten aus dem Strafverfahren und Justizvollzug auch VGH BW Beschl. v. 26.8.2020 – 11 S 2038/19, BeckRS 2020, 23402 Rn. 18 ff.

[120] BVerwG Urt. v. 13.12.2012 – 1 C 20.11, NVwZ 2013, 733 Rn. 23; Urt. v. 2.9.2009 – 1 C 2.09, NVwZ 2010, 389 Rn. 18; vgl. auch bereits Beschl. v. 29.7.1977 – I B 137.77, NJW 1977, 2037; *Fleuß* in BeckOK AuslR § 53 AufenthG Rn. 28 (Stand 1.1.2022).

[121] *Fischer* StGB § 56 Rn. 12.

[122] *Heintschel-Heinegg* in BeckOK StGB § 56 Rn. 24 ff. (Stand 1.11.2021).

[123] *Heintschel-Heinegg* in BeckOK StGB § 56 Rn. 5 mwN (Stand 1.11.2021).

[124] *Heintschel-Heinegg* in BeckOK StGB § 57 Rn. 7 mwN (Stand 1.11.2021).

[125] *Dörig* in Dörig MigrationsR-HdB § 7 Rn. 21; s. auch BVerwG Urt. v. 2.9.2009 – 1 C 2.09, NVwZ 2010, 389 Rn. 18 ff.; Beschl. v. 29.6.2009 – 10 B 60.08, BeckRS 2009, 36095 Rn. 5; OVG RhPf Beschl. v. 3.5.2012 – 7 A 11425/11, BeckRS 2012, 50485; HessVGH Beschl. v. 30.10.2012 – 6 A 1670/12.Z, BeckRS 2013, 45085: zur Prognose der Wiederholungsgefahr bei einem Tötungsdelikt.

[126] Zur Möglichkeit einer Aussetzung nach § 57 I StGB in einem solchen Fall BGH Beschl. v. 10.4.2014 – StB 4/14, NStZ-RR 2014, 229.

[127] Vgl. BVerwG Urt. v. 15.1.2013 – 1 C 10.12, NVwZ-RR 2013, 435 Rn. 18 ff.; OVG Brem Urt. v. 21.4.2021 – 2 LC 215/20, BeckRS 2021, 14287 Rn. 21; *Fleuß* in BeckOK AuslR, § 53 AufenthG Rn. 27 f. (Stand 1.1.2022).

kann. Weiter in die Zukunft lässt sich die Persönlichkeitsentwicklung – insbesondere jüngerer Menschen – kaum abschätzen, ohne spekulativ zu werden[128]. **Entscheidungen der Strafgerichte bzw. der Strafvollstreckungsgerichte** sind aber von **tatsächlichem Gewicht** und stellen für die ausländerrechtliche Prognose ein wesentliches Indiz dar[129]. Die sachkundige strafrichterliche Prognose ist eine wesentliche Entscheidungsgrundlage für die Beurteilung der Wiederholungsgefahr und damit zugleich der Erforderlichkeit der Ausweisung. Auch nach der Rspr. des **BVerfG** kommt ihr eine erhebliche **indizielle Bedeutung** zu[130]. Das BVerfG überprüft in Verfassungsbeschwerden gegen gerichtliche Entscheidungen mit Bezug zu einer Ausweisung insbesondere die Prognose der Wiederholungsgefahr und die Verhältnismäßigkeit der Ausweisung, wenn der Ausweisung eine grundrechtsrelevante Bedeutung zukommt, was mit Blick auf Art. 2 I GG regelmäßig der Fall ist[131]. Das BVerfG hat in seinem Beschluss vom 19.10.2016 ausgeführt, dass sich nach einer Strafrestaussetzungsentscheidung der Strafvollstreckungskammer eine ausweisungsrechtlich relevante Wiederholungsgefahr bei einem Ausländer, dessen Bleibeinteresse besonders schwer wiege, nur dann bejahen lassen, wenn die ausländerrechtliche Entscheidung auf einer **breiteren Tatsachengrundlage** als derjenigen der Strafvollstreckungskammer getroffen werde oder wenn die vom Ausländer in der Vergangenheit begangenen Straftaten **fortbestehende konkrete Gefahren für höchste Rechtsgüter** erkennen lasse[132]. Hieraus wird geschlossen, dass das BVerfG zwei alternative Konstellationen für die Rechtmäßigkeit einer spezialpräventiven Ausweisung trotz Strafaussetzung zur Bewährung anerkenne[133]; soweit eine konkrete Gefahr für höchste Rechtsgüter bejaht werde, komme eine Abweichung von der strafrechtlichen Legalprognose auch bei einer im Wesentlichen vergleichbaren Tatsachengrundlage aufgrund anderer Würdigung in Betracht[134].

55 Eine Abweichung von der strafgerichtlichen Einschätzung aufgrund umfassenderen Tatsachenmaterials, das genügend zuverlässig eine andere Einschätzung der Wiederholungsgefahr erlaubt[135], ist möglich bei neueren Erkenntnissen aus der Zeit nach der strafgerichtlichen Prognose[136], die bspw. auch durch eine aktuelle ausführliche Befragung des Ausländers[137] oder seines Therapeuten[138] in der mündlichen Verhandlung gewonnen werden können. Die strafgerichtliche Prognose kann zudem aufgrund des Ergebnisses eines von der Ausländerbehörde oder dem Verwaltungsgericht in Auftrag gegebenen Sachverständigengutachtens überholt sein. Ein Abweichen kommt auch in Betracht, wenn die strafgerichtliche Prognose oder das ihr zugrunde liegende kriminalprognostische Gutachten auf tatsächlich unzutreffenden Annahmen basieren[139]. Wenn die Begründung für die Aussetzung der Vollstreckung zu knapp ist, um sie nachvollziehen zu können, oder sie gar ganz fehlt[140], kommt der Entscheidung der Strafjustiz keine indizielle Bedeutung zu[141].

56 Dem BVerfG zufolge bedarf es aber stets einer substanziierten Begründung, wenn von der strafgerichtlichen Einschätzung abgewichen werden soll[142]. Es hängt letztlich von den Umständen des Einzelfalls ab, ob bei einer sachkundigen und nicht überholten Prognoseentscheidung der Straf(vollstreckungs)gerichte, die zu einer Aussetzung der Strafe bzw. des Strafrestes geführt haben, noch eine ordnungsrechtliche Wiederholungsgefahr und ggf. in welchem Grad angenommen werden kann. Die

---

[128] BVerwG Urt. v. 13.12.2012 – 1 C 14.12, BeckRS 2013, 45540 Rn. 14 – zu § 11 I 4 aF.
[129] BVerwG Urt. v. 13.12.2012 – 1 C 20.11, NVwZ 2013, 733 Rn. 23.
[130] BVerfG Beschl. v. 6.12.2021 – 2 BvR 860/21, BeckRS 2021, 40836 Rn. 19; Beschl. v. 8.5.2019 – 2 BvR 657/19, BeckRS 2019, 8820 Rn. 35 ff.; Beschl. v. 19.10.2016 – 2 BvR 1943/16, BeckRS 2016, 53810 Rn. 21.
[131] BVerfG Beschl. v. 6.12.2021 – 2 BvR 860/21, BeckRS 2021, 40836 Rn. 16 ff.; Beschl. v. 25.8.2020 – 2 BvR 640/20, BeckRS 2020, 21094 juris Rn. 22 ff.; Beschl. v. 8.5.2019 – 2 BvR 657/19, BeckRS 2019, 8820 Rn. 35 ff.; Beschl. v. 19.10.2016 – 2 BvR 1943/16, BeckRS 2016, 53810 Rn. 18 ff.
[132] BVerfG Beschl. v. 19.10.2016 – 2 BvR 1943/16, BeckRS 2016, 53810 Rn. 24; *Dörig* in Dörig MigrationsR-HdB § 7 Rn. 22. In späteren Beschlüssen des BVerfG – vgl. zuletzt Beschl. v. 6.12.2021 – 2 BvR 860/21, BeckRS 2021, 40836 – wird die Abweichung wegen fortbestehender konkreter Gefahren für höchste Rechtsgüter bislang nicht mehr thematisiert.
[133] OVG Brem Beschl. v. 28.9.2021 – 2 LA 206/21, BeckRS 2021, 30665 Rn. 27; HambOV Beschl v. 8.4.2021 – 6 Bf 70/20.Z, BeckRS 2021, 10269 Rn. 21; vgl. auch VGH BW Beschl. v. 2.3.2020 – 11 S 2293/18, BeckRS 2020, 3714 Rn. 24 zur Frage, ob die Rspr. des BVerfG im Beschl. v. 19.10.2016 bei der Prüfung des Tatbestandsmerkmals „Gefahr" in § 53 Abs. 1 zu berücksichtigen sei oder erst bei der Abwägung der Bleibe- u. Ausweisungsinteressen.
[134] OVG NRW Beschl. v. 14.8.2019 – 18 A 1127/16, BeckRS 2019, 38880 Rn. 10; vgl. auch *Fleuß* in BeckOK AuslR AufenthG § 53 Rn. 27 (Stand 1.1.2022).
[135] BVerfG Beschl. v. 6.12.2021 – 2 BvR 860/21, BeckRS 2021, 40836 Rs.19; Beschl. v. 27.8.2010 – 2 BvR 130/10, NVwZ 2011, 35; vgl. auch BVerwG, U. v. 6.2.2019 – 1 A 3.18, NVwZ-RR 2019, 738 Rn. 79.
[136] OVG Brem Urt. v. 17.2.2021 – 2 LC 311/20, BeckRS 2021, 2925 Rn. 44 ff.
[137] BVerwG Urt. v. 13.12.2012 – 1 C 20.11, NVwZ 2013, 733 Rn. 23.
[138] VGH BW Beschl. v. 2.3.2020 – 11 S 2293/18, BeckRS 2020, 3714 Rn. 24.
[139] VGH BW Urt. v. 15.4.2011 – 11 S 189/11, BeckRS 2011, 51134; Beschl. v. 25.1.2021 – 12 S 2894/20, BeckRS 2021, 1746 Rn. 15.
[140] ZB bei einer Bewährung nach § 56 StGB in einem nach § 267 Abs. 4 StPO abgekürzten Urteil.
[141] Vgl. auch VGH BW Urt. v. 16.12.2020 – 11 S 955/19, BeckRS 2020, 41389 Rn. 62 ff. – zu § 6 FreizügG/EU.
[142] Vgl. BVerfG Beschl. v. 19.10.2016 – 2 BvR 1943/16, Rn. 21 ff.; Beschl. v. 27.8.2010 – 2 BvR 130/10, NVwZ 2011, 35; *Dörig* in Dörig MigrationsR-HdB § 7 Rn. 21 ff.

Die aufgrund vollständiger Verbüßung der Freiheitsstrafe **nach § 68f I 1 StGB eintretende Führungsaufsicht kraft Gesetzes** führt nicht zwangsläufig zur ordnungsrechtlichen Prognose einer Wiederholungsgefahr; maßgeblich sind auch hier die Umstände des Einzelfalls[143]. **Mithilfe bei der Überführung anderer Straftäter**[144], etwa durch Aussage als **Kronzeuge** (§ 46b StGB) oder im Wege der **Aufklärungshilfe nach § 31 BtMG,** stehen einer Wiederholungsgefahr nicht entgegen. Die kriminalpolitische Zielsetzung des § 31 BtMG besteht ua darin, das Aufbrechen von Banden und kriminellen Vereinigungen zu ermöglichen, die strafrechtliche Verfolgung begangener Betäubungsmittelstraftaten zu verbessern und es dem einzelnen Täter zu erleichtern, sich von dem illegalen Rauschgifthandel abzusetzen. Auf die Motivation der Aufklärungshilfe kommt es nicht an[145]. Mit Moral hat § 31 BtMG nichts zu tun. Die Privilegierung knüpft allein daran an, dass aufgrund der Offenbarung des Täters tatsächlich ein Aufklärungserfolg über seinen Tatbeitrag hinaus eingetreten ist[146]. § 31 BtMG kommt daher auch dann in Betracht, wenn der Täter seine Tat nicht bereut und auch zu einer Lebensumkehr nicht bereit ist. Ausgehend von ihren Zielen, ist diese Vorschrift in ihrem Anwendungsbereich auf das Strafrecht beschränkt; sie enthält keinen darüber hinausgehenden allgemeinen Rechtsgedanken, der auch im Ausweisungsrecht Beachtung finden müsste[147]. Auch bei § 46b StGB sind die Motive, aus denen sich der Täter zur Aufklärungs- oder Präventionshilfe entschließt, unerheblich[148]. Die Zurückstellung der Strafvollstreckung nach **§ 35 BtMG** hat für die ausweisungsrechtliche Gefahrenprognose grundsätzlich keine Bedeutung, da sie weder die Wahrscheinlichkeit eines Therapieerfolgs noch die Wahrscheinlichkeit zukünftig straffreien Verhaltens voraussetzt[149].

Eine **mit Erfolg durchgeführte Drogentherapie** kann die Wiederholungsgefahr für suchtbedingte Straftaten entfallen lassen oder jedenfalls signifikant vermindern. Die erfolgreiche stationäre Drogentherapie und die anschließende Aussetzung der Vollstreckung des Strafrestes gemäß § 36 I BtMG sind tatsächliche Umstände, die in Prognose- und in der Abwägungsentscheidung einzustellen sind[150]. Soweit eine – die Ausweisung tragende – Wiederholungsgefahr bei suchtbedingten Straftaten auch dann noch angenommen wird, wenn sich der Ausländer trotz erfolgreich abgeschlossener Therapie noch nicht längere Zeit in der Freiheit – ohne den Druck und die Hilfen der Einrichtung – bewährt habe, was für das Aufzeigen einer dauerhaften Verhaltensänderung erforderlich sei[151], kann dem in dieser Allgemeinheit nicht gefolgt werden. Es geht bei der erforderlichen einzelfallbezogenen Prüfung einer Ausweisung nicht allein darum, ob eine Wiederholungsgefahr gänzlich entfallen ist; auch eine nicht unerheblich verminderte[152] Gefahr der Wiederholung früherer Verhaltensweisen kann in einer Weise beachtlich sein, dass – bei besonderen Bleibeinteressen – die Ausweisung unverhältnismäßig wird. Allein die Tatsache, dass es trotz erfolgreich abgeschlossener Drogentherapie statistisch wahrscheinlich ist, dass Drogenfreiheit nicht dauerhaft durchgehalten werden kann[153], rechtfertigt keine zulasten des Ausländers gehende Prognose[154]. Anderes gilt nur dann, wenn sich aus seiner Persönlich-

---

[143] S. etwa einerseits VGH BW Urt. v. 15.11.2017 – 11 S 1555/16, BeckRS 2017, 140682 Rn. 61 ff. – Führungsaufsicht nach Einbruchsdelikten; andererseits VGH BW Beschl. v. 19.7.2019 – 11 S 1631/19, BeckRS 2019, 17841 Rn. 19 ff. – Führungsaufsicht bei langjähriger Mitgliedschaft in einer ausländischen terroristischen Vereinigung; VGH BW Urt. v. 15.4.2021 – 12 S 2505/20, BeckRS 2021, 14599 Rn. 70 f. – Führungsaufsicht nach Sexualdelikt.
[144] BVerwG Beschl. v. 4.9.1992 – 1 B 155.92, InfAuslR 1993, 11.
[145] BGH Urt. v. 19.5.2010 – 2 StR 102/10, BeckRS 2010, 13549 Rn. 5; Beschl. v. 20.6.1990 – 3 StR 74/90, BeckRS 1990, 3737 Rn. 5; *Weber* in Weber/Kornprobst/Maier BtMG § 31 Rn. 67, 72.
[146] Vgl. näher *Weber* in Weber/Kornprobst/Maier BtMG § 31 Rn. 8 f., 18 ff.
[147] Der Gesetzgeber hatte sich in Kenntnis der im Prinzip seit 1982 im Betäubungsmittelrecht bekannten Aufklärungshilfe 1994 zu einer Verschärfung des Ausweisungsrechts gerade im Bereich der Betäubungsmittelkriminalität entschlossen. Das Verbrechensbekämpfungsgesetz v. 28.10.1994 schuf in § 47 I Nr. 3 AuslG eine zwingende Ausweisung wegen einer vorsätzlichen Straftat nach dem BtMG, um „dem aus dem Interesse an konsequenter Bekämpfung der Drogenkriminalität hergeleiteten Grundsatz Rechnung zu tragen, dass ausländische Drogentäter ihr Aufenthaltsrecht verwirken und aus dem Bundesgebiet ausgewiesen werden"; so ausdrücklich die Begründung des Gesetzesentwurfs, BT-Drs. 12/6853, 30. Dies schließt es allerdings nicht aus, dass geleistete Aufklärungshilfe, die aus einer tiefgreifenden Einsicht und und aus einer grundlegenden Lebensumkehr heraus erfolgt, nach den konkreten Umständen des Einzelfalls zur Unverhältnismäßigkeit der Ausweisung führen kann (vgl. hierzu auch VGH BW Urt. v. 15.4.2011 – 11 S 189/11, BeckRS 2011, 51134); → Rn. 64 zur Minderung des generalpräventiven Ausweisungsinteresses bei Aufklärungshilfe.
[148] *Maier* in MüKoStGB § 46b Rn. 28 f.
[149] OVG Brem Beschl. v. 4.1.2021 – 2 B 300/20, BeckRS 2021, 60 Rn. 19.
[150] BVerfG Beschl. v. 8.5.2019 – 2 BvR 657/19, BeckRS 2019, 8820 Rn. 36 f.
[151] Vgl. etwa BayVGH, Beschl. v. 21.5.2021 – 19 CS 20.2977, BeckRS 2021, 12521 Rn. 21; Beschl. v. 12.5.2021 – 10 ZB 21.998, BeckRS 2021, 12502 Rn. 5; Beschl. v. 5.5.2020 – 10 ZB 20.399, BeckRS 2020, 14543 Rn. 7; OVG RhPf Urt. v. 25.2.2021 – 7 A 10826/20.OVG, BeckRS 2021, 5500 Rn. 58.
[152] Vgl. BVerfG Beschl. v. 25.8.2020 – 2 BvR 640/20, BeckRS 2020, 21094 Rn. 24.
[153] *Fabricius* in Körner/Patzak/Volkmer BtMG § 35 Rn. 46 ff.
[154] AA allerdings wohl BayVGH Beschl. v. 18.5.2021 – 19 ZB 20.65, BeckRS 2021, 12721 Rn. 27; Beschl. v. 4.4.2019 – 19 ZB 18.1611, BeckRS 2019, 7793 Rn. 9; vgl. auch OVG NRW Beschl. v. 13.4.2016 – 18 E 1318/14, BeckRS 2016, 113631 Rn. 7 – hohe Rückfallquote bei Suchtgefährdeten (Alkohol).

1 AufenthG § 53   Erster Teil. Aufenthaltsgesetz

keit und seinen Lebensverhältnissen konkrete Anhaltspunkte dafür ergeben, dass er voraussichtlich in einem überschaubaren Zeitraum auch wieder rückfällig werden wird. Dagegen wirkt sich in der Regel eine noch **nicht abgeschlossene Drogentherapie** gefahrenprognostisch noch nicht zugunsten des Ausländers aus[155]. Ob im Rahmen der Sachverhaltsaufklärung zum Verlauf einer Therapie gegebenenfalls ergänzend eine aktuelle psychiatrische Äußerung einzuholen ist, ist eine Frage des Einzelfalls[156].

59   Hat der Ausländer zwar grundsätzlich Anspruch auf (Drogen-)Therapie, wird ihm diese aufgrund seiner ausländerrechtlichen Situation aber nicht bewilligt, steht dies einer Ausweisung nicht entgegen[157]. Die Ausländerbehörde ist zudem nicht verpflichtet, den Verlauf einer begonnenen Therapie oder den Verlauf einer Strafhaft abzuwarten, bevor sie über eine Ausweisung entscheidet[158]. Es gibt keinen Anspruch eines Ausländers, so lange therapiert zu werden oder Entwicklungen – wie etwa eine begonnene Ausbildung[159] – abzuwarten, bis ihm möglicherweise eine günstige Prognose erstellt werden kann[160]. Allerdings kann es gegebenenfalls aus Gründen der Verhältnismäßigkeit, insbesondere bei starken Bindungen im Bundesgebiet (zB faktischer Inländer), geboten sein, dem Ausländer gegebenenfalls im Wege der Duldung (§ 60a II 3) etwa die Fortsetzung einer begonnenen Therapie zu ermöglichen.

60   Liegt **keine Wiederholungsgefahr** vor, ist die Ausweisung spezialpräventiv nicht zu rechtfertigen. Ist die Wiederholungsgefahr gegeben, so bleibt es der hieran anschließenden Abwägung aller er Umstände des Einzelfalls vorbehalten, ob dies zu einer Ausweisung führt. **Ob und gegebenenfalls welches (Rest-)Risiko für welches Rechtsgut bei individuellen Bleibeinteressen hinzunehmen** ist, ist im Rahmen der Verhältnismäßigkeitsprüfung zu klären. Die Gefahrenprognose ist daher nochmals unter dem Aspekt der Verhältnismäßigkeit von Bedeutung[161].

61   **c) Generalprävention.** Der Gesetzgeber hat sich – in Anknüpfung an die seit § 10 AuslG 1965 ununterbrochen bestehende Rechtslage[162] – ausweislich der Gesetzesbegründung dazu entschlossen, dass eine Ausweisungsentscheidung nach **§ 53 I grundsätzlich** auch auf **generalpräventive Gründe** gestützt werden kann[163]. Dem Gedanken der Generalprävention liegt zugrunde, dass – über eine ggf. erfolgte strafrechtliche Sanktion hinaus – ein besonderes Bedürfnis besteht, durch die Ausweisung andere Ausländer von Taten ähnlicher Art und Schwere abzuhalten. Erforderlich ist regelmäßig, dass eine **Ausweisungspraxis,** die an die Begehung ähnlicher Taten anknüpft, geeignet ist, auf potenzielle weitere Täter abschreckend zu wirken. Hierfür kann insbesondere die Qualität einer Straftat bedeutsam sein. Eine Verpflichtung der Verwaltungsgerichte, quasi ins Blaue hinein Ermittlungen zur allgemeinen behördlichen Rechtsanwendungspraxis bei Ausweisungen anzustellen, besteht aber nicht[164]. Das BVerfG[165] hat – schon zu § 10 AuslG 1965 – entschieden, dass die Heranziehung generalpräventiver Gründe bei einer Ausweisungsentscheidung verfassungsrechtlich nicht zu beanstanden ist, wenn der Grundsatz der Verhältnismäßigkeit beachtet wird.

62   Das BVerwG ist der in Rspr.[166] und Literatur[167] teilweise vertretenen Auffassung nicht gefolgt, wonach eine zum Zwecke der Abschreckung anderer Ausländer dienende Ausweisung nach § 53 I Hs. 1 nicht mehr zulässig sei, weil die Norm das Vorliegen einer Gefahr durch den Ausländer selbst tatbestandlich voraussetze und die Vorstellungen des Gesetzgebers im Wortlaut keinen hinreichenden Niederschlag gefunden hätten. Dem BVerwG zufolge[168] findet die Intention des Gesetzgebers im

---

[155] Vgl. auch BayVGH Beschl. v. 7.3.2019 – 10 ZB 18.2272, BeckRS 2019, 3421 Rn. 7.
[156] Vgl. BVerwG Beschl. v. 3.9.2018 – 1 B 56.18, BeckRS 2018, 21954 Rn. 4 f.
[157] Vgl. BVerwG Beschl. v. 15.4.2013 – 1 B 22.12, NVwZ-RR 2013, 774 Rn. 19.
[158] BVerwG Beschl. v. 11.9.2015 – 1 B 39.15, BeckRS 2015, 52978 Rn. 21 – zu § 6 FreizügG/EU; VGH BW Beschl. v. 15.2.2022 – 11 S 1814/20, BeckRS 2022, 3077 Rn. 9.
[159] OVG Saarl Beschl.v. 27.8.2020 – 2 B 230/20, BeckRS 2020, 21633 Rn. 10.
[160] VGH BW Beschl. v. 2.3.2021 – 11 S 2932/20, BeckRS 2021, 4047 Rn. 9 f.; VG Bayreuth, Beschl. v. 21.9.2020 – B 6 S 20.709, BeckRS 2020, 27617 Rn. 28.
[161] VGH BW Urt. v. 15.11.2017 – 11 S 1555/16, BeckRS 2017, 140682 Rn. 75; *Funke-Kaiser,* Fragen des novellierten Ausweisungsrechts, in Dokumentation, 18. Deutscher Verwaltungsgerichtstag, 2016, S. 221, 235.
[162] BVerwG Urt. v. 14.2.2012 – 1 C 7.11, InfAuslR 2012, 255; s. die Übersicht zur Rspr. des BVerwG zu der von ihm grundsätzlich gebilligten Generalprävention auch zum AuslG 1965 und 1990 bei *Kraft* DVBl 2013, 1219 (1221 f.), zur historischen Entwicklung der Generalprävention → Vor §§ 53–56 Rn. 2 ff.
[163] S. die Gesetzesbegründung, BT-Drs. 18/4097, 49: „Die Ausweisungsentscheidung kann grundsätzlich auch auf generalpräventive Erwägungen gestützt werden, wenn nach Abwägung aller Umstände des Einzelfalls das Interesse an der Ausreise das Interesse des Ausländers an einem weiteren Verbleib im Bundesgebiet überwiegt. Dies gilt allerdings nicht für die in § 53 Absatz 3 genannten Personengruppen. Hier ist die Ausweisung nur zulässig, wenn das persönliche Verhalten des Betroffenen gegenwärtig eine schwerwiegende Gefahr für die öffentliche Sicherheit und Ordnung darstellt, die ein Grundinteresse der Gesellschaft berührt und die Ausweisung für die Wahrung dieses Interesses unerlässlich ist."
[164] Vgl. VGH BW Beschl. v. 17.11.2021 – 11 S 716/20, BeckRS 2021, 37272 Rn. 11 ff.
[165] BVerfG Beschl. v. 21.3.1985 – 2 BvR 1642/83, BVerfGE 69, 220; Beschl. v. 17.1.1979 – 1 BvR 241/77, NJW 1979, 1100; s. auch Beschl. v. 10.8.2007 – 2 BvR 535/06, InfAuslR 2007, 443; Beschl. v. 22.8.2000 –2 BvR 1363/00, BeckRS 2000, 22409.
[166] VGH BW Urt. v. 19.4.2017 – 11 S 1967/16, BeckRS 2017, 109939 Rn. 31 ff.
[167] *Cziersky-Reis* in NK-AuslR AufenthG § 54 Rn. 25; *Beichel-Benedetti* in Huber, 2. Aufl., AufenthG Vor §§ 53–56 Rn. 9.
[168] IE BVerwG Urt. v. 12.7.2018 – 1 C 16.17, NVwZ 2019, 486 Rn. 16 ff. u. unter Hinweis auf Urt. v. 14.2.2012 – 1 C 7.11, NVwZ 2012, 1558 Rn. 17 ff.; Urt. v. 9.5.2019 – 1 C 21.18, BeckRS 2019, 16744 Rn. 17 ff.

Wortlaut eine hinreichende Verankerung. § 53 I verlangt als grundlegende Norm des neuen Ausweisungsrechts nicht, dass von dem ordnungsrechtlich auffälligen Ausländer selbst eine Gefahr ausgehen muss. Vielmehr muss dessen weiterer „Aufenthalt" eine Gefährdung bewirken. Vom Aufenthalt eines Ausländers, der Straftaten begangen hat, kann aber auch dann eine Gefahr für die öffentliche Sicherheit und Ordnung ausgehen, wenn von ihm selbst keine (Wiederholungs-)Gefahr mehr ausgeht, im Fall des Unterbleibens einer ausländerrechtlichen Reaktion auf sein Fehlverhalten andere Ausländer aber nicht wirksam davon abgehalten werden, vergleichbare Delikte zu begehen. Der Wortlaut des § 53 I unterscheidet sich insoweit ausdrücklich von dem des § 53 III, der für bestimmte ausländerrechtliche privilegierte Personengruppen verlangt, dass das „persönliche Verhalten des Betroffenen" eine schwerwiegende Gefahr darstellt. Auch aus weiteren Regelungen des AufenthG, zB § 54 II Nr. 8 lit. a, ergibt sich, dass es generalpräventive Ausweisungsinteressen berücksichtigt sehen will. Das BVerwG betont, dass eine generalpräventiv gestützte Ausweisung indes nur an ein Ausweisungsinteresse anknüpfen darf, das noch aktuell, also zum Zeitpunkt der tatrichterlichen Entscheidung, noch vorhanden ist[169]. Zudem verlangt das BVerwG die Prüfung der Natur der vom Ausländer begangenen Straftaten und die Höhe des öffentlichen Interesses an der Verhinderung von vergleichbaren Straftaten, dem durch wirksame verhaltenslenkende Maßnahmen Rechnung zu tragen ist. Besondere Umstände in der Person des Ausländers, seiner Lebenssituation, den Umständen der Tatbegehung oder der Ausweisungsanordnung selbst können dazu führen, dass die Eignung einer Ausweisung, andere Ausländer von der Begehung vergleichbarer Rechtsverstöße abzuhalten, berührt wird[170]. Auch soweit die Ausweisung nicht zu einem tatsächlichen Verlassen des Bundesgebiets führt, kann ihr eine generalpräventive Wirkung beigemessen werden **(Titelerteilungssperre)**[171].

63 Das BVerwG hat seine Rspr. zum generalpräventiven Ausweisungsinteresse in § 5 I Nr. 2 ungeachtet des unterschiedlichen Hintergrunds auf den Erlass einer Ausweisung übertragen[172]. Anders als bei der spezifisch vom Ausländer ausgehenden Wiederholungsgefahr sind graduelle Abstufungen bei der Generalprävention nicht feststellbar. Die Falllösung verlagert sich überwiegend in der Verhältnismäßigkeit. Eine generalpräventiv begründete Ausweisung muss in jedem Einzelfall den **Grundsatz der Verhältnismäßigkeit** wahren[173]. Sie ist nur zur **Bekämpfung schwerwiegender Verfehlungen** zulässig, bei denen ein dringendes Bedürfnis für eine ordnungsrechtliche Prävention besteht; dies gilt jedenfalls dann, wenn der Ausländer über Bindungen im Bundesgebiet verfügt. Bei einem Ausländer, welcher in familiärer Lebensgemeinschaft mit seiner deutschen Ehefrau und minderjährigen deutschen Kindern lebt, ist eine Ausweisung allein wegen generalpräventiver Gründe grundsätzlich unverhältnismäßig[174]. Zwar kann dem BVerwG zufolge Generalprävention grundsätzlich auch bei in Deutschland verwurzelten Ausländer in Betracht kommen[175]. Allerdings wird man bei Ausländern mit herausragendem Bleibeinteresse, dh vor allem bei Ausländern, die hier geboren oder als Kleinkinder nach Deutschland gekommen sind[176], diese als unverhältnismäßig ansehen müssen[177].

64 Generalprävention ist zudem von vornherein auf Straftaten bzw. Verhaltensweisen beschränkt, bei denen sie geeignet erscheint, eine entsprechende Wirkung zu entfalten[178]. Eine Verurteilung wegen eines besonders schwerwiegenden Delikts für die öffentliche Sicherheit und Ordnung (wie Drogenhandel, organisierte Kriminalität oder Terrorismus) ist indessen nicht zwingend erforderlich[179]. Da auch besondere Umstände der Tatbegehung in der Person des Ausländers und seiner Lebenssituation berücksichtigt werden müssen[180], ist eine generalpräventive Ausweisung bei Jugendstrafen, deren Ahndung im konkreten Fall allein vom Erziehungsgedanken getragen wird und bei der keine Schwere der Schuld im Raum steht (vgl. § 17, § 105 JGG), in der Regel ungeeignet zur Abschreckung, jedenfalls aber unverhältnismäßig. Es bedarf der Würdigung der konkreten Tat zur Feststellung ihrer Geeignetheit und Erforderlichkeit im Sinne einer verhaltenssteuernden Wirkung. Das Maß der durch eine Ausweisung zu erreichenden Verhaltenssteuerung ist bei den einzelnen Straftaten unterschiedlich[181]. Aus den gesetzlichen Vertypungen des § 54 erschließt sich nicht per se eine

---

[169] BVerwG Urt. v. 9.5.2019 – 1 C 21.18, BeckRS 2019, 16744 Rn. 18 ff.
[170] BVerwG Urt. v. 9.5.2019 – 1 C 21.18, BeckRS 2019, 16744 Rn. 22.
[171] BVerwG Urt. v. 9.5.2019 – 1 C 21.18, BeckRS 2019, 16744 Rn. 23; aber → Vor §§ 53–56 Rn. 33.
[172] Krit zum Urt. des BVerwG v. 12.7.2018 – 1 C 16.17, NVwZ 2019, 486 mit Blick den Wortlaut der Norm und die durch diese Rspr. hervorgerufenen strukturellen Folgeprobleme *Funke-Kaiser* in GK-AufenthG § 5 Rn. 58 ff., 65.1 (Stand 9/2018) bzw. 81 ff. (iE); *Marx* AufenthaltsR § 7 Rn. 172 ff. Zum fehlenden Nachweis einer generalpräventiven Ausweisung vgl. *Gutmann* InfAuslR 2019, 384.
[173] Vgl. auch *Dörig* in Dörig MigrationsR-HdB § 7 Rn. 25 ff.
[174] VGH BW Urt. v. 23.10.2012 – 11 S 1470/11, BeckRS 2013, 45579; vgl. auch OVG Brem Beschl.v. 2.12.2020 – 2 B 257/20, BeckRS 2020, 35243 Rn. 27: einzelfallbezogene Verhältnismäßigkeitsprüfung.
[175] Vgl. BVerwG Urt. v. 14.2.2012 – 1 C 7.11, NVwZ 2012, 1558 Rn. 20 ff.
[176] BVerfG Beschl. v. 19.10.2016 – 2 BvR 1943/16, NVwZ 2017, 229 Rn. 19.
[177] S. auch *Dörig* in Dörig MigrationsR-HdB § 7 Rn. 30: Unzulässigkeit einer generalpräventiven Ausweisung bei faktischen Inländern mit schwerwiegenden Bleibeinteressen.
[178] *Dörig* in Dörig MigrationsR-HdB § 7 Rn. 27.
[179] Vgl. BayVGH Urt. v. 12.10.2020 – 10 B 20.1795, BeckRS 2020, 30367 Rn. 33.
[180] BVerwG Urt. v. 9.5.2019 – 1 C 21.18, BeckRS 2019, 16744 Rn. 23.
[181] BVerwG Beschl. v. 18.12.1984 – 1 B 148.84, InfAuslR 1985, 101.

generalpräventive Wirkung, zumal der Gesetzgeber – im Unterschied zum früheren Recht – **jedes Ausweisungsinteresse** im Rahmen der gebotenen **Gesamtabwägung des Einzelfalls als variabel** ansieht[182]. So wird das generalpräventive Ausweisungsinteresse bei einer Beteiligung am internationalen organisierten Drogenhandel als erheblich vermindert angesehen, wenn der Ausländer nach nur kurzer Zugehörigkeit zu der Organisation aus eigenem Antrieb den Kontakt zu den Strafverfolgungsbehörden sucht und unter Inkaufnahme von Gefahren umfassend gegen andere Beteiligte aussagt.[183] Durch generalpräventive Gründe kann das Gewicht bestehender spezialpräventiver Gründe verstärkt werden **(kombiniert spezialgeneralpräventives Ausweisungsinteresse)**[184].

65   **Generalpräventive Ausweisungen** kommen etwa in Betracht bei: Unterstützung einer terroristischen Vereinigung[185]; Werben um Mitglieder oder Unterstützer einer (ausländischen) terroristischen Vereinigung iVm Gewaltdarstellung und Billigung von Straftaten[186]; Totschlag[187]; Drogendelikte wie zB illegaler Rauschgifthandel[188]; Raub und räuberische Erpressung[189]; Körperverletzung mit Todesfolge[190]; Gewaltdelikte[191] bzw. Delikte gegen die sexuelle Selbstbestimmung wie Vergewaltigung[192], insbesondere dann, wenn das Delikt Ausdruck einer durch ein frauenverachtendes Weltbild geprägten Einstellung ist[193] oder zur Durchsetzung sittlich-religiöser Gebote erfolgt[194]; sexueller Missbrauch von Kindern[195]; illegale Waffengeschäfte[196]; massenhafter Zigarettenschmuggel[197]; tätlicher Angriff auf Vollstreckungsbeamte[198]; Trunkenheit am Steuer[199]; Verkehrsunfallflucht[200]; Fahren ohne Fahrerlaubnis[201]; Betrugsstraftat nach dem Begehungsmuster „falscher Polizist"[202] illegale Einreise und Arbeitstätigkeit[203]; Einreise ohne das erforderliche Visum; Falschangaben über Familienstand[204]; Falschangaben zur Verhinderung der Abschiebung bzw. zum Erhalt einer Duldung, insbesondere durch Identitätstäuschung[205]. Ungeeignet sind dagegen Leidenschafts-[206] oder Beziehungstaten, weil bei ihnen in der Regel eine abschreckende Wirkung auf andere potenzielle ausländische Täter nicht erwartet werden kann. Straftaten, für die der Privatklageweg zur Verfügung steht (§ 374 StPO) oder nach denen

---

[182] BT-Drs. 18/4097, 50.
[183] OVG Brem Beschl.v. 2.12.2020 – 2 B 257/20, BeckRS 2020, 35243 Rn. 35.
[184] OVG Brem Beschl. v. 12.3.2020 – 2 B 19/20, BeckRS 2020, 3960 Rn. 32.
[185] VGH BW Beschl. v. 17.11.2021 – 11 S 716/20, BeckRS 2021, 37272 Rn. 22; Beschl. v. 19.7.2019 – 11 S 1631/.19, BeckRS 2019, 17841 Rn. 23.
[186] BVerwG Urt. v. 9.5.2019 – 1 C 21.18, BeckRS 2019, 16744 Rn. 23 sowie OVG RhPf Urt. v. 5.4.2018 – 7 A 11529/17, NVwZ-RR 2019, 197.
[187] VGH BW Urt. v. 19.10.1994 – 11 S 1884/94, EZAR 035 Nr. 9.
[188] BVerfG Beschl. v. 18.7.1979 – 1 BvR 650/77, BVerfGE 51, 386; BVerwG Urt. v. 8.5.1996 – 1 B 136.95, EZAR 035 Nr. 14; Urt. v. 6.4.1989 – 1 C 70.86, InfAuslR 1989, 225.
[189] BayVGH Urt. v. 23.10.1978 – 214 X 78, NJW 1979, 1375.
[190] BVerwG Urt. v. 26.2.1980 – 1 C 90.76, BVerwGE 60, 75; OVG Brem Beschl. v. 12.3.2020 – 2 B 19/20, BeckRS 2020, 3960 Rn. 31.
[191] BVerwG Urt. v. 3.5.1973 – I C 52.70, BeckRS 1973, 31275633; BayVGH Beschl. v. 27.4.2020 – 10 C 20.51, BeckRS 2020, 9502 (Körperverletzung).
[192] BayVGH Beschl. v. 29.1.2014 – 10 ZB 13.1137, BeckRS 2014, 4714.
[193] OVG RhPf Urt. v. 23.10.2018 – 7 A 10866/18, NJW 2019, 168 Rn. 10 ff. HessVGH Beschl. v. 3.11.2020 – 3 B 2675/20, BeckRS 2020, 31708.
[194] VG München Urt. v. 24.6.2020 – 25 K 20.152, BeckRS 2020, 14809 Rn. 23 ff.
[195] VGH BW Urt. v. 9.7.2003 – 11 S 420/03, BeckRS 2003, 23326 Rn. 34 ff.; OVG NRW Beschl. v. 31.3.1992 – 18 B 299/92, EZAR 033 Nr. 1.
[196] Vgl. BVerfG Beschl. v. 17.1.1979 – 1 BvR 241/77, NJW 1979, 1100 – Waffenbesitz; VGH BW Urt. v. 6.7.1981 – 1 S 543/81, EZAR 122 Nr. 6 – Einfuhr von Waffen; BVerwG Urt. v. 4.8.1983 – 1 C 123.80, EZAR 122 Nr. 9 – Führen einer Waffe.
[197] VerfGH Bln Beschl. v. 12.7.1994 – 94/93, EZAR 030 Nr. 1; Beschl. v. 16.8.1995 – 27/94, EZAR 030 Nr. 4; BVerwG Urt. v. 24.9.1996 – 1 C 9.94, EZAR 035 Nr. 18.
[198] BayVGH Urt. v. 12.10.2020 – 10 B 20.1795, BeckRS 2020, 30367 Rn. 32 ff.
[199] BVerwG Urt. v. 1.3.1983 – 1 C 216.79, EZAR 120 Nr. 7, Beschl. v. 8.3.1979 – 1 B 34.78, EZAR 121 Nr. 1; BayVGH Urt. v. 23.2.1981 – 10 B 80 A. 2059, EZAR 122 Nr. 5.
[200] BayVGH Urt. v. 23.2.1981 – 10 B 80 A. 2059, EZAR 122 Nr. 5.
[201] BVerwG Urt. v. 27.3.1979 – I C 15.77, Buchholz 402.24 § 10 AuslG Nr. 61.
[202] VG Bremen Urt. v. 24.1.2022 – 4 K 294/20, BeckRS 2022, 1326.
[203] HmbOVG Beschl. v. 7.9.1995 – Bs IV 150/95, EZAR 033 Nr. 7; VGH BW Beschl. v. 22.10.2020 – VGH 11 S 1112/20, BeckRS 2020, 30097 Rn. 41; s. aber auch VGH BW Beschl. v. 18.11.2020 – 11 S 2637/20, BeckRS 2020, 31765 Rn. 44 ff.: im konkreten Fall keine Generalprävention bei unter Verstoß gegen eine aufenthaltsrechtliche Beschränkung ausgeübter, aber ohne weiteres erlaubnisfähiger Erwerbstätigkeit.
[204] HmbOVG Urt. v. 16.7.1993 – Bf IV 18/92, BeckRS 1993, 09853 Rn. 60 – Doppelehe.
[205] BVerwG Urt. v. 12.7.2018 – 1 C 16.17, NVwZ 2019, 486 Rn. 20. BayVGH, Beschl. v. 10.12.2018 – 10 ZB 16.1511, BeckRS 2018, 35623 Rn. 19; Beschl. v. 6.3.2020 – 10 ZB 19.2419, BeckRS 2020, 4499; Beschl. v. 17.9.2020 – 10 C 20.1895, BeckRS 2020, 24604 Rn. 8 ff.
[206] HmbOVG Urt. v. 15.6.2015 – 1 Bf 163/14, BeckRS 2015, 48808; BVerwG Beschl. v. 22.9.2015 – 1 B 48/15, BeckRS 2015, 52994; vgl. allerdings auch HessVGH Beschl. v. 25.6.1998 – 13 UE 1304/95, AuAS 1998, 232; BVerwG Beschl. v. 18.12.1984 – 1 B 148.84, InfAuslR 1985, 101, wonach die generalpräventive Wirkung bei einer Leidenschaftstat vorverlagernd an der Phase ansetzen könne, in der der Täter noch zu einer hinreichend rationalen Steuerung fähig sei.

erfolgreich ein Täter-Opfer-Ausgleich durchgeführt wurde, scheiden ebenfalls aus. Auch bei Taten, die allein aus einer Abhängigkeit heraus begangen werden, ist die Erzielung einer abschreckenden Wirkung zweifelhaft[207].

Keine Generalprävention ist zulässig bei Personen, die dem Anwendungsbereich des **§ 53 III, IIIa und IIIb** unterliegen. Die Unzulässigkeit von Generalprävention folgt hier unmittelbar aus dem Unionsrecht, was der nationale Gesetzgeber aufgegriffen hat. Unionsrecht kann aber auch bei anderen Drittstaatsangehörigen einer generalpräventiven Ausweisung entgegenstehen, wie etwa bei Personen, die über ein **unionsrechtliches Aufenthaltsrecht eigener Art** (Art. 20, 21 AEUV) verfügen[208]. Zum **vorläufigen Schutz** nach § 24 aufgenommene **Personen** sind nach §§ 53 ff. zwar nicht über § 53 I iVm § 55 I Nr. 6 hinaus geschützt. Bei ihnen ist jedoch § 24 II zu beachten. Mit dieser Bestimmung sollte Art. 28 Schutzgewährungs-RL[209] umgesetzt werden. Unionsrechtlich ist nur eine spezialpräventive Ausweisung zulässig.

IV. Kriterien für die Abwägung

1. Allgemeines

Die öffentlichen Interessen an der Ausweisung ergeben sich aus der Gefahr für ein Schutzgut des § 53 I und einer (normativen) Gewichtung des Ausweisungsinteresses (§ 54). Die privaten Interessen an einem Verbleib im Bundesgebiet folgen aus den (in § 55 normative gewichteten) Bleibeinteressen. Die Entscheidung über die Ausweisung zeichnet sich dadurch aus, dass sie die abwägungserheblichen Interessen zutreffend ermittelt, sie gewichtet und einen Ausgleich zwischen gegenläufigen Interessen herstellt, der dem Grundsatz der Verhältnismäßigkeit entspricht. § 53 II listet **beispielhaft Kriterien** auf, die für die Abwägung von Bedeutung sein können. Dass die Kriterien nicht abschließend sind, folgt aus dem Gesetzeswortlaut („insbesondere") und aus der Gesetzesbegründung. § 53 II enthält allerdings keine Gewichtungsvorgaben; die genannten Umstände können sowohl zugunsten als auch zulasten des Ausländers wirken[210]. Ist etwa eine wirtschaftliche Integration nicht gelungen, weil der Ausländer nie erwerbstätig gewesen ist, so kann dies prinzipiell zu seinen Lasten verwendet werden, es sei denn, er hat die fehlende Berufstätigkeit – zB wegen einer dauerhaften Erkrankung oder Behinderung – nicht zu vertreten[211]. § 53 II ist an **§ 55 III aF** angelehnt[212]. Abs. 2 unterscheidet hinsichtlich der Bindungen zwischen dem Bundesgebiet, dem Herkunftsstaat oder einem anderen zur Aufnahme bereiten Staat.

Wie sich aus der Gesetzesbegründung und dort enthaltenen Zitat des Urteils des EGMR vom 22.1.2013[213], in dem eine Ausweisung anhand des Art. 8 EMRK geprüft worden ist, ergibt, wird auch mit dieser Regelung die **Verknüpfung zu Art. 8 EMRK** und insbesondere den sog. **Boultif/Üner-Kriterien**[214] hergestellt. § 53 II stellt klar, dass bei jeder Ausweisung vor allem die persönlichen, wirtschaftlichen und sozialen Bindungen des Ausländers zu berücksichtigen sind – mithin das, was sein Privatleben ausmacht. Gleiches gilt für die familiären Folgen einer Ausweisung. Die Tatsache, dass ein Ausländer straffällig geworden ist, ist für die Frage seiner Integration nicht maßgebend, ein straffälliger Ausländer steht insbesondere nicht in per se außerhalb der Gesellschaft; Straftaten des Ausländers und die Gefahr ihrer Wiederholung sind Elemente, die gegen dessen Integration abzuwägen sind, und nicht die Elemente, die den Grad der Integration bestimmen[215]. Sind die Straftaten allerdings unter Ablehnung der im Bundesgebiet geltenden Werteordnung gegen die freiheitliche demokratische Grundordnung gerichtet, kann dies ausnahmsweise bereits auf der Ebene der Integration relevant sein.

---

[207] Vgl. auch VG Dresden Urt. v. 4.10.2020 – 3 K 2227/18, juris Rn. 31 ff. – Hangtat.
[208] → Vor §§ 53–56 Rn. 69 ff.
[209] RL 2001/55/EG des Rates v. 20.7.2001 über Mindestnormen für die Gewährung vorübergehenden Schutzes im Falle eines Massenzustroms von Vertriebenen und Maßnahmen zur Förderung einer ausgewogenen Verteilung der Belastungen, die mit der Aufnahme dieser Personen verbunden sind, auf die Mitgliedstaaten (ABl. 2001 L 212, 12).
[210] Vgl. BVerwG Urt. v. 22.2.2017 – 1 C 3.16, NVwZ 2017, 1883 Rn. 24 ff.; BayVGH Beschl. v. 22.11.2016 – 10 CS 16.2215, BeckRS 2016, 55750 Rn. 7.
[211] Vgl. allerdings dazu, dass nach den Umständen des Einzelfalls bei im Bundesgebiet geborenen und aufgewachsenen Ausländern eine unzureichende berufliche und wirtschaftliche Integration der Annahme eines faktischen Inländers nicht zwingend entgegensteht, Gutmann NVwZ 2019, 1766 f.
[212] § 55 III AufenthG idF bis 31.12.2015 bestimmte, dass bei der Ermessensentscheidung über die Ausweisung zu berücksichtigen sind (1.) die Dauer des rechtmäßigen Aufenthalt und die schutzwürdigen persönlichen, wirtschaftlich und sonstigen Bindungen des Ausländer im Bundesgebiet, (2.) die Folgen der Ausweisung für die Familienangehörige oder Lebenspartner des Ausländer, die sich rechtmäßig im Bundesgebiet aufhalten und mit ihm in familiärer oder lebenspartnerschaftlicher Lebensgemeinschaft leben, (3.) die in § 60a II und IIb genannten Voraussetzungen für die Aussetzung der Abschiebung. Auch § 55 III aF war nicht abschließend vgl. BVerwG Urt. v. 19.11.1996 – 1 C 6.95, InfAuslR 1997, 50 – zu § 45 II AuslG 1990.
[213] EGMR Urt. v. 22.1.2013 – 66837/11, BeckRS 2013, 204301 – El-Habach.
[214] → Vor §§ 53–56 Rn. 113 ff., 121 ff.
[215] OVG Brem Urt. v. 15.12.2021 – 2 LC 269/21, BeckRS 2021, 43546; Beschl. v. 12.3.2020 – 2 B 19/20, BeckRS 2020, 3960 Rn. 27; VG Bremen Urt. v. 7.6.2021 – 4 K 1181/19, BeckRS 2021, 15029 Rn. 43.

2. Belange im Einzelnen

69 Im Unterschied zu § 53 III Nr. 1 und 2 aF kommt es bei der Heranziehung der Dauer des Aufenthalts des Ausländers und seiner Familienangehörigen als abwägungserheblicher Belang **nicht** mehr auf die **Rechtmäßigkeit des Aufenthalts** an. Dies folgt aus dem Wortlaut und dem Vergleich der früheren mit der aktuellen Gesetzesfassung. Bei der Frage, mit welchem Gewicht eine Aufenthaltsdauer in die Abwägung eingestellt wird, ist die Art und Länge der Legalisierung allerdings von Bedeutung. Dies ergibt sich nicht nur aus den Tatbeständen der Gewichtung des Bleibeinteresses in § 55, die teilweise an den Besitz einer Niederlassungserlaubnis (§ 55 I Nr. 1) oder an den Besitz einer Aufenthaltserlaubnis (§ 55 I Nr. 2, 3, 5; II Nr. 1, 2, 6) anknüpfen, sondern ist auch im Rahmen der Prüfung der Verhältnismäßigkeit nach Art. 8 II EMRK gängige Auffassung[216].

70 Bei den Bindungen hat der Gesetzgeber auf die Übernahme des noch in § 55 III Nr. 1 aF enthaltenen einschränkenden Merkmals ihrer „Schutzwürdigkeit" verzichtet[217]. Zum Komplex **persönliche, wirtschaftliche und sonstige Bindungen** im Bundesgebiet gehört ua der Grad der Integration in die deutsche Lebensverhältnisse, etwa durch Arbeit, Ausbildung, Schulbesuch, Freundeskreis, Zugehörigkeit zu Vereinen oder sozialen Gruppen (zB im Rahmen sportlicher oder kultureller Betätigung), die gezeigte Bereitschaft zur aktiven Eingliederung, etwa durch Besuch eines Integrationskurses oder den Erwerb von deutschen Sprachkenntnissen.

71 Aus der Verpflichtung zur umfassenden Abwägung aller Umstände des Einzelfalls folgt auch, dass positive Verhaltensweisen des Ausländers, die als **Nachtatverhalten im Zusammenhang mit einer Straftat** stehen, wie etwa Aufklärungshilfe nach § 31 BtMG, die Bereitschaft zur Aussage gegen Mittäter oder ein gelungener Verlauf des Strafvollzugs, nicht nur bei der Prüfung der vom Ausländer ausgehenden Gefahr, sondern auch im Rahmen der Gewichtung von Interessen eine Rolle spielen können. Die früher in § 54 aF und § 56 aF angelegte strikte Differenzierung zwischen tat- und täterbezogenen Aspekten[218] findet sich im jetzigen Ausweisungsrecht nicht mehr.

72 § 53 I und II enthalten im Wortlaut keinen Hinweis darauf, dass **auch öffentliche Interessen einer Ausweisung entgegenstehen** können. Da § 53 I aber zur Berücksichtigung aller Umstände des Einzelfalls verpflichtet, können solche Interessen – sofern sie von Relevanz sind – bei einer Ausweisungsentscheidung ebenfalls eingestellt werden. Öffentliche Interessen am Verbleib des Ausländers können sich etwa bei einem besonderen ehrenamtlichen Engagement oder aus seiner Rolle als „Kronzeuge" in einem Strafverfahren ergeben; die Berücksichtigung von Letzterem ist nicht aufgrund der Regelung in § 72 IV entbehrlich oder gar gesperrt.

73 Zum Prüfungsprogramm der Privatinteressen gehören zudem Bindungen aufgrund **familiärer Beziehungen und Lebenspartnerschaften,** wobei es für die grundsätzliche Einbeziehung in die abwägungserheblichen Belange nicht maßgebend ist, ob es sich um eine Lebenspartnerschaft iSd § 1 LPartG handelt. Hierbei sind insbesondere die Folgen einer Ausweisung für die Partner/Kinder oder sonstige Familienmitglieder von Bedeutung[219]. Wird eine Ehe im beiderseitigen Wissen um eine vollziehbare Ausreisepflicht und unsichere Aufenthaltsperspektive des Ausländers geschlossen, wirkt sich dies zu seinen Lasten aus[220].

74 Bei der Frage nach den Bindungen im **Herkunftsstaat** ist auf den Staat der Staatsangehörigkeit und bei Staatenlosen den des früheren gewöhnlichen Aufenthalts vor der Einreise in das Bundesgebiet abzustellen. Das entspricht auch allgemein unionsrechtlichem Verständnis[221]. **Bindungen** im Herkunftsstaat können ein Bleibeinteresse zugunsten der Ausreise relativieren. Solche Bindungen können aus der eigenen Herkunft, aus eigenen Aufenthalten oder der Herkunft oder dem Aufenthalt von Verwandten, aus Reisen in diesen Staat oder aus sonstigen Kontakten herrühren[222]. Bei Ausländern der zweiten Ausländergeneration ist regelmäßig anzunehmen, dass sie die **Muttersprache** ihrer Eltern erlernt haben und zumindest in Grundzügen noch beherrschen[223]. **Zielstaatsbezogene Nachteile**

---

[216] BVerwG Urt. v. 10.7.2012 – 1 C 19.11, InfAuslR 2012, 397.

[217] Auch das BVerfG hat bei der Verpflichtung der Gerichte zur Prüfung der Verhältnismäßigkeit einer Ausweisung nur auf die Bindungen an sich abgestellt, vgl. etwa BVerfG Beschl. v. 10.8.2007 – 2 BvR 535/06, InfAuslR 2007, 443.

[218] Vgl. hierzu etwa VGH BW Urt. v. 16.3.2005 – 11 S 2599/04, BeckRS 2005, 26051.

[219] Zum Schutz von Ehe und Familie → Vor §§ 53–56 Rn. 43 ff.

[220] BayVGH Beschl. v. 12.11.2020 – 10 ZB 20.2257, BeckRS 2020, 32696 Rn. 7.

[221] S. die entsprechend Definition von „Herkunftsland" in Art. 2 lit. n RL 2011/95/EU v. 13.12.2011 (ABl. 2011 L 337, S. 9 – QRL) bzw. „Herkunftsstaat" in Art. 36 I RL 2013/32/EU v. 26.6.2013 (ABl. 2013 L 180, S. 60 – VRL) sowie Art. 3 Nr. 3, 1. Spiegelstrich RL 2008/115/EG v. 16.12.2008 (ABl. 2008 L 348, 98 – Rückführungs-RL).

[222] *Fleuß* in BeckOK AuslR AufenthG § 53 Rn. 74 (Stand 1.1.2022).

[223] OVG RhPf Urt. v. 25.2.2021 – 7 A 10826/20.OVG, BeckRS 2021, 5500 Rn. 82. Soweit sich das OVG zur Begründung seiner Auffassung auf EGMR, Beschl. v. 4.10.2001 – 43359/98 – Adam bezieht, ist dies so zwar nicht ausdrücklich in der Entscheidung ausgeführt. Es erschließt sich jedoch daraus, dass der EGMR dem Vortrag des Klägers, er könne kein Türkisch, nicht gefolgt ist und die entsprechende Annahme des VG Schleswig in dessen Entscheidung vom 26.10.1998 zu den Türkischkenntnissen nicht beanstandet hat (s. iE den französischen Text des Urteils; insoweit in NJW 2003, 2595 nicht abgedruckt).

Ausweisung   § 53 AufenthG 1

und Gefahren, die dem Ausländer im Herkunftsstaat drohen, sind in die Abwägung einzubeziehen, sofern sie nicht von § 6 S. 1 und § 42 S. 1 AsylG erfasst sind oder wären[224]. So ist eine (mögliche) Doppelbestrafung[225] auch unterhalb der Schwelle eines möglichen Abschiebungsverbots geeignet, sich auf die Verhältnismäßigkeit eines Eingriffs in das durch Art. 8 I EMRK geschützte Familien- und Privatleben auszuwirken[226]. Hat der Ausländer in der Vergangenheit im Bundesgebiet keinen Asylantrag gestellt und enthält das Vorbringen im Ausweisungsverfahren auch keinen Hinweis auf ein materielles Asylgesuch, sind zielstaatsbezogene Gefahren auch insoweit einzustellen, als sie ein nationales Abschiebungsverbot begründen könnten. Für die Prüfung, ob ein nationales Abschiebungsverbot vorliegt, besteht außerhalb des Asylverfahrens eine Kompetenz der Ausländerbehörde (vgl. auch § 25 III iVm § 60 V oder VII). Führen die vom Ausländer angeführten Umstände in seinem Heimatland dazu, dass die Voraussetzungen des § 60 V iVm Art. 3 EmRK vorliegen[227], könnte die Ausweisung nur inlandsbezogen erfolgen. Personen, die internationalen Schutz genießen, können ebenfalls nicht auf eine Rückkehr in ihren Herkunftsstaat verwiesen werden, dies verhindert aber nicht zwangsläufig ihre – inlandsbezogene – Ausweisung[228].

Die gesetzlich alternativ vorgesehene Ermittlung der Bindungen **in einem anderen zur Aufnahme bereiten Staat** dürfte im Rahmen der Ausweisung wohl kaum praktische Bedeutung haben. Für eine sachgerechte Ermittlung und Prüfung müsste nämlich schon im Ausweisungsverfahren feststehen, in welchen konkreten Drittstaat die Aufenthaltsbeendigung erfolgen wird. Nach Art. 3 Nr. 3, 3. Spiegelstrich Rückführungs-RL setzt dies aber zudem die Bereitschaft des Ausländers voraus, dorthin freiwillig zurückzukehren. 75

Nach der Gesetzesbegründung sind auch **Duldungsgründe,** die einer Abschiebung des Ausländers entgegenstehen, zu berücksichtigen. Dies folgt daraus, dass § 53 III keine abschließende Aufzählung enthält und zur Berücksichtigung der Lebenssituation des Ausländers im Bundesgebiet verpflichtet. Hierzu gehören aktuelle Duldungen ebenso wie ggf. mit einer Ausweisung eintretende Duldungsgründe. Sie sind obligatorisch schon in die Abwägung **einzubeziehen**[229]. Soweit danach erhebliche Nachteile erst nach der Ausreise oder Abschiebung und nicht bereits aufgrund der die Ausreisepflicht begründenden Ausweisung im Heimatstaat drohen, steht dies ihrer Beachtung nicht entgegen; denn in der Regel sind faktisch nur die Rückkehr oder die Abschiebung dorthin möglich und nicht die Einreise in einen Drittstaat[230]. Die gesetzlich vorgeschriebene **Berücksichtigung** der nach Voraussetzungen und Folgen unterschiedlichen Gründe des § 60a führt zu **keiner Gleichstellung von Ausweisungs- und Abschiebungsschutz** mit der Folge des Verbots der Ausweisung bei Vorliegen 76

---

[224] BVerwG Urt. v. 16.12.2021 – 1 C 60.20, BeckRS 2021, 48678 Rn. 52 f.; vgl. vorgehend das vom BVerwG aufgehobene Urt. des OVG Brem v. 30.9.2020 – 2 LC 166/20, BeckRS 2020, 25877- juris Rn. 55 ff. – zu § 6 FreizügG/EU; s. auch OVG Brem Urt. v. 17.2.2021 – 2 LC 311/20, BeckRS 2021, 2925 Rn. 72 ff. sowie das Urt. des BVerwG v. 16.2.2022 – 1 C 6.21, juris – zu § 53.

[225] Nach BVerwG Urt. v. 16.12.2021 – 1 C 60.20, BeckRS 2021, 48678 Rn. 56 relevant für einen türkischen Staatsangehörigen aufgrund eines zwischen Deutschland und der Türkei regelmäßig stattfindenden Strafnachrichtenaustauschs. Zum Strafnachrichtenaustausch vgl. OVG Thüringen Urt. v. 18.12.2003 – 3 KO 275/01, BeckRS 2004, 23335 Rn. 65 ff.; VG Karlsruhe Urt. v. 20.7.2017 – A 10 K 3981/16, BeckRS 2017, 133625. Dem OVG Thüringen zufolge findet zwischen der Bundesrepublik Deutschland und der Türkei auf der Grundlage des Art. 22 des Europäischen Übereinkommens über die Rechtshilfe in Strafsachen (EuRHÜbk) v. 20.4.1959 (BGBl. 1964 II S. 1369, 1386; 1976 II S. 1799) ein regelmäßiger Strafnachrichtenaustausch statt, in dessen Rahmen das Bundesministerium der Justiz das türkische Justizministerium von allen durch deutsche Gerichte ausgesprochenen rechtskräftigen Verurteilungen, die türkische Staatsangehörige betreffen, und nachfolgenden Maßnahmen unterrichtet, die in das Strafregister eingetragen worden sind. Für die Türkei ist das Abkommen am 22.9.1969, für die Bundesrepublik Deutschland am 1.1.1977 in Kraft getreten. Die Strafnachrichten werden vom Generalbundesanwalt beim Bundesgerichtshof – Dienststelle Bundeszentralregister – erstellt und durch das Auswärtige Amt quartalsweise – automatisch und mittels Sammelberichts – über die türkische Botschaft dem türkischen Justizministerium übermittelt. Inhalt dieser Strafnachrichten sind neben den persönlichen Daten des Betroffenen das Datum der Verurteilung und der (letzten) Straftat, die Bezeichnung des erkennenden Gerichts sowie das Aktenzeichen des Verfahrens, die zur Verurteilung gelangten Straftaten nach ihrer abstrakten Deliktsbezeichnung nebst den entsprechenden Strafvorschriften, Art und Höhe der verhängten Strafe und etwaige Nebenfolgen oder Nebenstrafen. Die Strafnachrichten werden in der Türkei von der Generalsicherheitsdirektion in Ankara erfasst. Die örtlich zuständige Polizeibehörde wird benachrichtigt. Bei einer Ausschreibung zur Fahndung im Fahndungscomputer wird auch das örtlich zuständige Personenstandsamt informiert.

[226] BVerwG Urt. v. 16.12.2021 – 1 C 60.20, BeckRS 2021, 48678 Rn. 58.

[227] Der Ausländer ist bspw. dialysepflichtig und hätte in seinem Heimatland keinen Zugang zur Dialyse, weshalb er innerhalb kürzester Zeit versterben würde.

[228] S. auch → Vor §§ 53–56 Rn. 21 f., 34 f. 142 ff.; vgl. zur Frage der Einbeziehung der Situation im Herkunftsland in die Abwägung bei der inlandsbezogenen Ausweisung VGH BW Urt. v. 15.4.2021 – 12 S 2505/20, BeckRS 2021, 14599 Rn. 128 ff.

[229] VGH BW Beschl. v. 23.6.2020 – 11 S 990/19, BeckRS 2020, 16599 Rn. 39. Zur Frage, ob eine von der Behörde zur Aufenthaltsbeendigung verfügte Ausweisung aufgrund eines vom Verwaltungsgericht bejahten Duldungsgrundes durch das Gericht in eine sog. inlandbezogene Ausweisung geändert werden darf, *Hoppe* in Berlit/Hoppe/Kluth, Jahrbuch des Migrationsrechts 2020, S. 116 f.

[230] BVerwG Urt. v. 1.12.1987 – 1 C 29.85, BVerwGE 78, 285; Urt. v. 1.12.1987 – 1 C 22.86, EZAR 120 Nr. 12.

von Abschiebungshindernissen. Selbst wenn man in dieser Verknüpfung eine gewisse Durchbrechung des Systems der Aufenthaltsbeendigung sehen könnte, so kann doch ein Verstoß gegen Sachgesetzlichkeit oder gar logische Grundsätze nicht festgestellt werden. Denn bei Bewertung der unter § 60a fallenden Sachverhalte muss allein auf ihr Verhältnis zu der durch die Ausweisung ausgelösten Verlassenspflicht abgestellt werden und nicht auf die zwangsweise Verbringung in einen bestimmten Zielstaat. Zu den Gründen, die zu einer rechtlichen Unmöglichkeit der Abschiebung führen, können etwa Abschiebungsverbote nach der EMRK (insbesondere Art. 3) sowie die weiteren in § 60 I–VII genannten Fälle gehören.

77 Mit welchem **Gewicht Duldungsgründe** zu berücksichtigen sind, hängt vom **Einzelfall** ab. Beruht die Duldung auf einem tatsächlichen Abschiebungshindernis, etwa weil der Ausländer kein Reisedokument hat oder gar die Mitwirkung an dessen Beschaffung verweigert, begründet dies kein schutzwürdiges Interesse. Anderes gilt, wenn der Ausländer wegen der Beziehung zu seinem minderjährigen Kind geduldet wird oder weil ihm – wegen eines Schutzstatus – die Rückkehr in seinen Herkunftsstaat nicht zumutbar ist. Die Bedeutung einer Duldung erschöpft sich jedoch nicht in ihrer abwägbaren Berücksichtigung als privater Belang, sie kann auch dazu dienen, die Verhältnismäßigkeit der Ausweisung herzustellen[231].

78 Der durch das Gesetz vom 11.3.2016 in § 53 II neu aufgenommene abwägungsrelevante Gesichtspunkt der **Rechtstreue** hat keine eigene, neue Bedeutung. Rechtstreue ist seit jeher inzident bei der erforderlichen Verhältnismäßigkeitsprüfung und für die Gefahrenprognose ein wesentliches Kriterium[232]. Voraussetzung einer Ausweisung ist, dass der Ausländer Rechtsvorschriften verletzt oder sich gar strafbar gemacht hat. Würde man die Umstände, die das konkrete Ausweisungsinteresse begründen, unter dem Aspekt der Rechtstreue erneut zulasten des Ausländers werten, wäre man bei einer doppelten nachteiligen Wertung, was kaum mit den sonstigen Abwägungsprinzipien vereinbar wäre; dass der Gesetzgeber hier die Verwertungsverbote der §§ 51 und 52 BZRG außer Kraft setzen wollte, erschließt sich ebenfalls nicht[233]. Mit dem Merkmal der Rechtstreue wird lediglich betont, dass jenseits der den Ausweisungsanlass bildenden Rechtsverletzungen das übrige Verhalten des Ausländers berücksichtigt bzw. bewertet werden muss. Dies ist aber ohnehin notwendiger Inhalt der Gesamtabwägung.

3. Abwägungsentscheidung

79 Bei der Abwägung nach § 53 I sind einzelfallbezogen insbesondere die in § 53 II genannten Umstände zu berücksichtigen, wie die Dauer des Aufenthalts des Ausländers in Deutschland, seine persönlichen, wirtschaftlichen und sonstigen Bindungen im Bundesgebiet und im Herkunftsstaat oder in einem anderen zur Aufnahme bereiten Staat, die Folgen der Ausweisung für Familienangehörige und Lebenspartner, sowie die Tatsache, ob sich der Ausländer rechtstreu verhalten hat, wobei die in Abs. 2 aufgezählten Umstände weder abschließend zu verstehen sind, noch nur zugunsten des Ausländers ausfallen müssen. Auch die Gefahrenprognose kann im Rahmen der Gesamtabwägung unter dem Aspekt der Verhältnismäßigkeit von Bedeutung sein. Ferner sind stets die grund- und konventionsrechtliche Stellung des Ausländers und seiner Familie und die sich daraus ergebenden Gewichtungen in den Blick zu nehmen. Der mit einer Ausweisung verbundene Eingriff in das Recht auf Achtung des Familien- bzw. Privatlebens aus Art. 8 I EMRK muss auch gemessen an den vom Europäischen Gerichtshof für Menschenrechte aufgestellten Anforderungen[234] gerechtfertigt sein[235]. Bei der Gewichtung der Interessen sind die gesetzgeberischen Wertungen in §§ 54 und 55 zu beachten.

80 Besteht ein besonders schwerwiegendes Ausweisungsinteresse, liegt auch ein besonders öffentliches Interesse an der Aufenthaltsbeendigung vor und es wird häufig von einem Übergewicht des öffentlichen Interesses an der Ausweisung auszugehen sein. Steht einem besonders schwerwiegenden Ausweisungsinteresse aber ein besonders schwerwiegendes Bleibeinteresse gegenüber, kann ein Überwiegen des öffentlichen Interesses nicht allein mit der typisierenden gesetzlichen Gewichtung begründet werden. Vielmehr bedarf es einer besonderen individuellen Begründung dafür, dass aufgrund der Umstände des Einzelfalls das öffentliche Interesse an der Ausweisung überwiegt. Auch das Vorliegen eines besonders schwerwiegenden Ausweisungsinteresses entbindet daher nicht von der Notwendigkeit der in § 53 I vorgeschriebenen **umfassenden Interessenabwägung**. Die gesetzliche Unterscheidung in besonders schwerwiegende und schwerwiegende Ausweisungs- und Bleibeinteressen ist für die Güterabwägung zwar regelmäßig prägend. Bei Vorliegen besonderer Umstände können die Auswei-

---

[231] BVerwG Urt. v. 30.7.2013 – 1 C 9.12, InfAuslR 2013, 418 mwN.
[232] Vgl. VGH BW Beschl. v. 11.4.2016 – 11 S 393/16, 11 S 393/16 Rn. 33.
[233] *Bauer/Beichel-Benedetti* NVwZ 2016, 416 (420).
[234] Zu den sog. Boultif/Üner-Kriterien s. insbes. EGMR Urt. v. 18.10.2006 – 46410/99, NVwZ 2007, 1279 – Üner; Urt. v. 2.8.2001 – 54273/00, InfAuslR 2001, 476 – Boultif sowie → Vor §§ 53–56 Rn. 121 ff.; ob und inwieweit der EGMR in einem bei ihm anhängigen Verfahren die normativen Gewichtungsvorgaben des nationalen Rechts respektieren wird, kann nicht sicher prognostiziert werden.
[235] Vgl. etwa OVG Bln-Bbg Urt. v. 27.2.2018 – OVG 3 B 11.16, BeckRS 2018, 4782 Rn. 24 ff.; OVG RhPf Urt. v. 5.4.2018 – 7 A 11529/17.OVG, BeckRS 2018, 7951 Rn. 60 ff. VGH BW Urt. v. 29.3.2017 – 11 S 2029/16, BeckRS 2017, 115876 Rn. 57; VG Bremen Urt. v. 20.9.2021 – 4 K 773/19, BeckRS 2021, 27861 Rn. 38 ff.

Ausweisung § 53 AufenthG 1

sungsinteressen aber auch weniger schwer zu gewichten sein[236]. Im Rahmen der Abwägung ist mithin nicht nur von Belang, wie der Gesetzgeber das Ausweisungsinteresse abstrakt einstuft. Vielmehr ist das dem Ausländer vorgeworfene Verhalten, das den Ausweisungsgrund bildet, im Einzelnen zu würdigen und weiter zu gewichten[237].

Durch die Gesamtabwägung kann zudem eine Atypik angemessen berücksichtigt werden[238]. Bei atypischen Umständen kann einem konkreten Bleibe- oder Ausweisungsinteresses mehr oder weniger Gewicht zukommen bzw. dieses bei der Abwägung unter Berücksichtigung aller Umstände des Einzelfalls von anderen Belangen zurückgedrängt werden[239]. Bei der abschließenden **Gesamtabwägung** unter Heranziehung der in § 53 II genannten Kriterien können per se verwirklichte Tatbestände der §§ 54 und 55 unter Berücksichtigung des gesamten Abwägungsmaterials eine **atypische Folge** auslösen, nämlich im Vergleich zur gesetzlichen Regelfolge ein höheres oder niedrigeres Ausweisungs- oder Bleibeinteresse begründen[240].   81

V. Besonders geschützte Personengruppen

§ 53 III, IIIa und IIIb idF des 2. RückkehrG vom 15.8.2019[241] sehen erhöhte Ausweisungsvoraussetzungen für bestimmte unionsrechtlich privilegierte Personengruppen vor. Ihnen ist gemeinsam, dass entsprechend der unionsrechtlichen Vorgaben eine Ausweisung aus generalpräventiven Gründen für diesen Personenkreis nicht in Betracht kommt; im Übrigen enthalten sie differenzierte Maßstäbe. Assoziationsberechtigte türkische Staatsangehörige und Personen mit einer Erlaubnis zum Daueraufenthalt – EU (vgl. § 9a) dürfen nach § 53 III nur ausgewiesen werden, wenn das persönliche Verhalten des Betroffenen gegenwärtig eine schwerwiegende Gefahr für die öffentliche Sicherheit und Ordnung darstellt, die ein Grundinteresse der Gesellschaft berührt und die Ausweisung für die Wahrung dieses Interesses unerlässlich ist[242]. Der Ausweisungsschutz für Asylberechtigte, anerkannte Flüchtlinge, Inhaber eines in Deutschland ausgestellten GK-Reiseausweise (Art. 28 GK) bestimmt sich nunmehr nach § 53 IIIa, Personen mit subsidiärem Status werden in § 53 IIIb erfasst. § 53 III, IIIa und IIIb sind den Grundtatbestand des § 53 I ergänzende Vorschriften. Sie sind in das System der §§ 53 ff. eingebunden und damit auch in die gesetzlichen Typisierungen nach § 54[243]. Zudem besteht eine Sonderregelung für Ausländer, die einen Asylantrag gestellt haben.   82

1. Assoziationsberechtigte türkische Staatsangehörige

Die **Ausweisung türkischer Arbeitnehmer und ihrer Familienangehörigen,** die ein Aufenthaltsrecht nach Art. 6 oder Art. 7 ARB 1/80 haben, ist nach Maßgabe des Art. 14 ARB 1/80 nur aus Gründen der öffentlichen Ordnung, Sicherheit und Gesundheit zulässig. Wird die Assoziationsberechtigung eines türkischen Staatsangehörigen offengelassen, muss die Ausweisung hinreichend klar erkennen lassen, dass die Ausländerbehörde sie an den **erhöhten Anforderungen** bei Assoziationsberechtigten gemessen hat[244]. Nach dem Urteil des EuGH v. 8.12.2011 darf ein türkischer Staatsangehöriger, der ein Aufenthaltsrecht nach dem ARB 1/80 besitzt, nur ausgewiesen werden, wenn sein persönliches Ver-   83

---
[236] Vgl. die Gesetzesbegründung BT-Drs. 18/4097, 50.
[237] BVerwG Urt. v. 27.7.2017 – 1 C 28.16, NVwZ 2018, 409 Rn. 39.
[238] Vgl. die Kommentierung → Rn. 19; BVerwG Urt. v. 27.7.2017 – 1 C 28.16, NVwZ 2018, 409 Rn. 39: Für eine einzelfallbezogene, förmliche „Typenkorrektur" in der Weise, dass ein den Tatbestand des § 54 I Nr. 2 AufenthG erfüllende Verhalten bei atypischen Umständen, insbes. Verhaltensweisen im unteren Gefährlichkeitsbereich der gesetzlich vertypten Verhaltensweisen, in ein „nur" schwerwiegendes Ausweisungsinteresse herabgestuft wird, ist angesichts der gesetzlichen Systematik kein Raum; hierfür besteht wegen der umfassenden, auch stufenübergreifend gebotenen Verhältnismäßigkeitsabwägung auch kein Bedarf.
[239] Das entspricht dem, was der EGMR im Rahmen der Prüfung des Art. 8 II EMRK erwartet, vgl. etwa EGMR Urt. v. 20.9.2011 – 8000/08, BeckRS 2011, 143698 Rn. 57 – AA.
[240] BayVGH Beschl. v. 5.1.2017 – 10 ZB 16.1778, BeckRS 2017, 100322 Rn. 6; Fleuß in BeckOK AuslR § 53 Rn. 48 (Stand 1.1.2022).
[241] BGBl. 2019 I S. 1294.
[242] In der ursprünglichen Fassung legte § 53 III die dort formulierten erhöhten Ausweisungsvoraussetzungen auch für die Ausländer fest, die als Asylberechtigte anerkannt sind, die im Bundesgebiet die Rechtsstellung eines ausländischen Flüchtlings genießen und die einen von einer Behörde der BR Deutschland ausgestellten Reiseausweis als Flüchtling nach der GK besitzen. Der zunächst für alle Personengruppen in § 53 III vorgesehene einheitliche Schutzstandard war in einem zweiten Schritt darauf zu prüfen, ob für die jeweils betrachtete Personengruppe der so durch den nationalen Gesetzgeber definierte Ausweisungsschutz dem jeweils einschlägigen unionrechtlichen Maßstab genügt (BVerwG Urt. v. 22.2.2017 – 1 C 3.16, NVwZ 2017, 1883 Rn. 46), was dazu führt, dass zB bei im Bundesgebiet anerkannten Flüchtlingen § 53 III unionskonform den Vorgaben der Qualifikations-RL auszulegen gewesen ist; vgl. iE BVerwG Urt. v. 22.2.2017 – 1 C 3.16, NVwZ 2017, 1883 Rn. 47 ff.
[243] Vgl. etwa BVerwG Urt. v. 16.2.2022 – 1 C 6.21, BeckRS 2022, 10733 Rn. 27; VGH BW Urt. v. 2.3.2016 – 11 S 1389/15, BeckRS 2016, 44406 Rn. 26 und Beschl. v. 26.9.2016 – 11 S 1413/16, BeckRS 2016, 52936 Rn. 15 – §§ 54, 55 ist auch auf Personen, die dem Anwendungsbereich des § 53 III unterfallen, anwendbar; aA OVG NRW Urt. v. 12.7.2017 – 18 A 2735/15, BeckRS 2017, 119545 Rn. 31.
[244] OVG Bln-Bbg Beschl. v. 26.5.2016 – OVG 11 S 79.15, BeckRS 2016, 47255 Rn. 6.

halten gegenwärtig eine tatsächlich und hinreichend schwere Gefahr für ein Grundinteresse der Gesellschaft der Bundesrepublik Deutschland darstellt und die Maßnahme für die Wahrung dieses Interesses unerlässlich ist[245]. Diesen Maßstab hat der EuGH Art. 12 Daueraufenthalts-RL[246] entnommen. Mit dem Begriff der Unerlässlichkeit hat der EuGH lediglich die gebotene Abwägung der öffentlichen mit den privaten Interessen des Betroffenen, dh dessen tatsächlich vorliegende Integrationsfaktoren, im Hinblick auf den Grundsatz der Verhältnismäßigkeit angesprochen[247]. Eine Gefahr für die öffentliche Sicherheit und Ordnung, die ein Grundinteresse der Gesellschaft berührt, wird insbesondere beim illegalen Handel von Betäubungsmitteln angenommen, der mit längeren Haftstrafen geahndet worden ist[248] oder bei etwa langjähriger Gewalttätigkeit mit schwerwiegenden Körperverletzungsdelikten[249]. Die Zulässigkeit einer Ausweisung auf dieser Grundlage wird auch bejaht, wenn mit hoher Wahrscheinlichkeit zukünftig mit hoher Frequenz besonders schwerwiegende Diebstahlsdelikte weiterhin begangen werden, weil der Schutz von Vermögen und Eigentum vor rechtswidrigen Eingriffen Dritter ebenfalls essenziell für die Funktionsfähigkeit der Gesellschaft und den öffentlichen Frieden ist[250].

84 Der Ausweisung eines türkischen Staatsangehörigen liegt nunmehr eine – unter Abwägung aller Umstände des Einzelfalls erfolgende – **gebundene Entscheidung** zugrunde. Nach früherem Recht – spätestens seit dem Urteil des BVerwG v. 3.8.2004 – durfte eine Ausweisung eines türkischen Staatsangehörigen, der ein Aufenthaltsrecht nach ARB 1/80 besitzt, nur auf der Grundlage einer Ermessensentscheidung erfolgen[251]. Dies beruhte darauf, dass nach Auffassung des BVerwG das Ausweisungsrecht nach §§ 53 ff. aF für das Erfordernis einer umfassenden und ergebnisoffenen Prüfung aller Umstände des Einzelfalls lediglich die Ermessensausweisung als Handlungs- und Entscheidungsinstrumentarium kannte und das deutsche Recht nur hier Raum für die Berücksichtigung von Zweckmäßigkeitserwägungen gebot[252]. Bei der Ermessensausweisung bestand die Möglichkeit, trotz an sich erfüllter Tatbestandsvoraussetzungen für eine Ausweisung auf der Rechtsfolgenseite davon abzusehen.

85 Der Wechsel von einer Ermessensausweisung in eine **rechtlich gebundene Ausweisung**, die von einer einzelfallbezogenen Verhältnismäßigkeitsprüfung geleitet wird, **verstößt nicht** gegen **assoziationsrechtliche Verschlechterungsverbote** aus Art. 13 ARB 1/80, Art. 7 ARB 2/76 und Art. 41 des Zusatzprotokolls zum Assoziierungsabkommen[253]. Die sog. Stillhalteklauseln[254] fixieren bezogen auf einen bestimmten Stichtag die maßgebliche Rechtslage und untersagen die Schaffung neuer innerstaatlicher Maßnahmen oder Regelungen, die bewirken, dass etwa die Ausübung der Arbeitnehmerfreizügigkeit an strengere formelle wie materielle Voraussetzungen geknüpft wird als diejenigen, die für sie zum Zeitpunkt des maßgeblichen Stichtags in dem jeweilige Mitgliedstaat Gültigkeit hatten. Sie verhindern zudem die Rückgängigmachung nach dem Stichtag eingeführter Verbesserungen und entfalten aufenthaltsrechtliche Wirkungen. Eine neue Beschränkung ist dann nicht verboten, wenn sie zu den in Art. 14 ARB 1/80 aufgeführten Beschränkungen gehört oder wenn sie durch einen zwingenden Grund des Allgemeininteresses gerechtfertigt sowie geeignet ist, die Verwirklichung des verfolgten legitimen Ziels zu gewährleisten und nicht über das zu dessen Erreichung Erforderliche hinausgeht[255]. Für den zwingenden Grund des Allgemeininteresses kann das Ziel einer wirksamen Steuerung der Migrationsströme genügen[256].

86 Die nunmehr gebundene Ausweisung ist – in ihrer Gesamtheit gesehen – gegenüber der Ermessensausweisung nach der alten Rechtslage, bei der auch die Rspr. und eine mit dieser in Einklang stehenden Verwaltungspraxis zu berücksichtigen sind, schon keine Verschlechterung der Rechtslage für unionsrechtlich privilegierte Ausländer[257]. Soweit **einzelne Ausweisungstatbestände** – wie etwa

---

[245] EuGH Urt. v. 8.12.2011 – C-371/08, NVwZ 2012, 422 – Ziebell.
[246] RL 2003/109/EG v. 25.11.2003, ABl. 2003 L 16, S. 44.
[247] OVG Bln-Bbg Beschl. v. 11.6.2020 – OVG 11 N 55.19, BeckRS 2020, 12583 Rn. 12 ff. unter Hinweis auf BVerwG, Urt. v. 22.2.2017 – 1 C 3.16, NVwZ 2017, 1883; BVerwG Urt. v. 10.7.2012 – 1 C 19.11, InfAuslR 2012, 397; VGH BW Urt. v. 10.2.2012 – 11 S 1361/11, NVwZ-RR 2012, 492.
[248] OVG Bln-Bbg Beschl. v. 11.6.2020 – OVG 11 N 55.19, BeckRS 2020, 12583; VG München Beschl. v. 23.9.2020 – M 24 S 20.3270, BeckRS 2020, 26149; VG Bremen Beschl. v. 31.8.2020 – 4 K 1680/18 86, BeckRS 2020, 21989.
[249] VG Augsburg, U. v. 29.1.2020 – Au 6 K 19.1083, BeckRS 2020, 4641.
[250] OVG Brem Beschl. v. 27.10.2020 – 2 B 105/20, BeckRS 2020, 29116; siehe auch OVG Brem Beschl. v. 10.5.2021 – 2 B 36/21, BeckRS 2021, 11695 Rn. 9 ff. betr. bandenmäßige Einbruchsdiebstähle; Beschl. v. 26.5.2021 – 2 B 119/21BeckRS 2021, 14381, Rn. 38 betr. Wohnungseinbruchsdiebstähle; Urt. v. 15.12.2021 – 2 LB 379/21, BeckRS 2021, 43604 Rn. 19 ff. betr. langjährige bes schwere Diebstähle und (Computer-)Betrug.
[251] BVerwG Urt. v. 3.8.2004 – 1 C 29.02, InfAuslR 2005, 26.
[252] BVerwG Urt. v. 2.9.2009 – 1 C 2.09, NVwZ 2010, 389.
[253] BVerwG Urt. v. 22.2.2017 – 1 C 3.16, NVwZ 2017, 1883 Rn. 60.
[254] Hierzu ausf. → ARB 1/80 Art. 13.
[255] EuGH Urt. v. 7.11.2013 – C-225/12, NVwZ-RR 2014, 115 Rn. 40 – Demir; Urt. v. 10.7.2014 – C-138/13, NVwZ 2014, 1081 Rn. 37 – Dogan; Urt. v. 12.4.2016 – C-561/14, NVwZ 2016, 833 Rn. 51 – Genc; Urt. v. 7.8.2018 – C-123/17, NVwZ 2019, 43 Rn. 72 f. – Yön.
[256] EuGH Urt. v. 29.3.2017 – C-652/15, NJW 2017, 2398 Rn. 33 ff. – Tekdemir; Urt. v. 7.8.2018 – C-123/17, NVwZ 2019, 43 Rn. 77 – Yön.
[257] S. iE BVerwG Urt. v. 22.2.2017 – 1 C 3.16, NVwZ 2017, 1883 Rn. 62 f.

die Unterstützung einer terroristischen Vereinigung (nunmehr § 54 I Nr. 2, zuvor § 54 Nr. 5 aF) – erst später in das Ausweisungsrecht neu eingeführt worden sind, ist dies regelmäßig aus Gründen der öffentlichen Sicherheit und Ordnung iSv Art. 14 ARB 1/80 erforderlich[258].

2. Besitz einer Erlaubnis zum Daueraufenthalt – EU

Für Ausländer, die im Bundesgebiet die Rechtsstellung eines langfristig aufenthaltsberechtigten 87 Drittstaatsangehörigen erworben haben und daher im **Besitz einer Aufenthaltserlaubnis nach § 9a** sind, richten sich die Voraussetzungen einer Ausweisung nach Art. 12 Daueraufenthalts-RL[259], geändert durch RL 2011/51 v. 11.5.2011[260]. Gemäß Art. 12 Daueraufenthalts-RL darf ein langfristig Aufenthaltsberechtigter nur ausgewiesen werden, wenn er eine gegenwärtige, hinreichend schwere Gefahr für die öffentliche Ordnung oder die öffentliche Sicherheit darstellt (Abs. 1). Außerdem darf die Ausweisungsverfügung nicht auf wirtschaftlichen Überlegungen beruhen (Abs. 2). Schließlich haben die zuständigen Behörden des Aufnahmemitgliedstaats, bevor sie eine solche Verfügung erlassen, die Dauer des Aufenthalts der betreffenden Person im Hoheitsgebiet dieses Staates, ihr Alter, die Folgen einer Ausweisung für die betreffende Person und ihre Familienangehörigen sowie ihre Bindungen zum Aufenthaltsstaat oder fehlende Bindungen zum Herkunftsstaat zu berücksichtigen (Abs. 3).

Maßnahmen, die aus Gründen der öffentlichen Ordnung oder der öffentlichen Sicherheit gerecht- 88 fertigt sind, dürfen nur getroffen werden, wenn sich nach einer **Einzelfallprüfung** durch die zuständige nationale Behörde herausstellt, dass das individuelle Verhalten der betroffenen Person eine gegenwärtige, hinreichend schwere Gefahr für ein Grundinteresse der Gesellschaft darstellt. Bei dieser Prüfung müssen die Behörden zudem sowohl den Grundsatz der Verhältnismäßigkeit als auch die Grundrechte der Betroffenen, insbesondere das Recht auf Achtung des Privat- und Familienlebens, wahren. Eine solche Maßnahme kann daher nicht automatisch aufgrund einer strafrechtlichen Verurteilung oder gar zum Zweck der Generalprävention – um andere Ausländer vor der Begehung von Straftaten abzuschrecken – angeordnet werden.

Bei der Prüfung, ob das individuelle Verhalten der betroffenen Person eine gegenwärtige, hinrei- 89 chend schwere Gefahr darstellt, ist – anders als bei dem Begriff der Gefahr für die öffentliche Sicherheit und Ordnung im deutschen Polizei- und Ordnungsrecht – nicht auf die Gesamtheit aller Rechtsnormen, sondern nur auf das „**Grundinteresse der Gesellschaft, das tatsächlich berührt sein muss**", abzustellen. Dabei ist zu beachten, dass eine in der Vergangenheit erfolgte strafgerichtliche Verurteilung allein nur dann eine Ausweisung rechtfertigen kann, wenn die ihr zugrunde liegenden Umstände ein künftiges persönliches Verhalten erwarten lassen, das die beschriebene Gefährdung ausmacht[261].

Bei der **Prognose der Wiederholungsgefahr** gilt aber auch bei einem Ausländer, der sich auf eine 90 Rechtsstellung aus der Daueraufenthalts-RL berufen kann und daher nach Maßgabe der Art. 14 ff. Daueraufenthalts-RL eine Art „kleine Freizügigkeit" genießt, ein mit zunehmendem Ausmaß des möglichen Schadens abgesenkter Grad der Wahrscheinlichkeit des Schadenseintritts, wobei dies aber nicht bedeutet, dass bei hochrangigen Rechtsgütern bereits jede auch nur entfernte Möglichkeit eine Wiederholungsgefahr begründet[262]. Bei ihrer Abwägung darf sich die Ausländerbehörde auch hier an den in § 53 I iVm § 54 aufgeführten Ausweisungsinteressen als – weder abschließenden noch zwingenden – Wertungen des Gesetzgebers orientieren. Entsprechendes gilt für die Interessen, die für ein Verbleiben im Bundesgebiet sprechen (§§ 53 II, 55). Maßgebend für die Frage, ob eine Ausweisung gegen einen langfristig aufenthaltsberechtigten Drittstaatsangehörigen verfügt werden darf, sind stets die konkreten Umstände des Einzelfalls[263].

Für Ausländer, die über eine **Aufenthaltserlaubnis nach § 38a** verfügen, hat der Gesetzgeber in 91 **§ 53 III keinen erhöhten Ausweisungsschutz** vorgesehen. § 38a betrifft die Behandlung des Aufenthalts eines Drittstaatsangehörigen in Deutschland, der in einem anderen Mitgliedstaat die Rechtsstellung eines langfristig Aufenthaltsberechtigen iSd Art. 4 ff. Daueraufenthalts-RL erlangt hat, dort also den Status innehat, der in Deutschland über die §§ 9a ff. vermittelt wird.

Aus Art. 22 I lit. a, II Daueraufenthalts-RL lässt sich schließen, dass eine **Ausweisung mit dem** 92 **Ziel der Aufenthaltsbeendigung in den ersten Mitgliedstaat,** in dem der Ausländer die langfristige Aufenthaltsberechtigung erworben hat, nur voraussetzt, dass der Ausländer eine Gefahr für die

---

[258] BVerwG Urt. v. 22.2.2017 – 1 C 3.16, NVwZ 2017, 1883 Rn. 64.
[259] ABl. 2004 L 16, 44.
[260] ABl. 2011 L 132, 1.
[261] S. iE EuGH Urt. v. 8.12.2011 – C-371/08, NVwZ 2012, 422 – Ziebell.
[262] BVerwG Urt. v. 4.10.2012 – 1 C 13.11, InfAuslR 2013, 63. Diese Art. 14 ARB 1/80 betr. Entscheidung kann insoweit übertragen werden. Denn nach EuGH gilt der Maßstab des Art. 12 Daueraufenth-RL für Drittausländer, denen der Status des langfristig Aufenthaltsberechtigten im Aufnahmemitgliedstaat entzogen werden soll, ebenso wie für assoziationsberechtigte türkische Staatsangehörige.
[263] EuGH Urt. v. 7.12.2017 – C-636/16, BeckRS 2017, 134179 Rn. 22 ff. – Wilber López Pastuzan; Urt. v. 3.9.2020 – C-503/19, BeckRS 2020, 21411 Rn. 41 – UQ u. SI.

öffentliche Sicherheit oder Ordnung iSd Art. 17 Daueraufenthalts-RL ist[264]. Nach Art. 17 I hat der zweite Mitgliedstaat bei seiner Entscheidung lediglich die Schwere oder die Art des vom langfristig Aufenthaltsberechtigten begangenen Verstoßes gegen die öffentliche Ordnung oder Sicherheit bzw. die von der betreffenden Person ausgehenden Gefahr zu berücksichtigen; die Entscheidung darf nach Art. 17 II Daueraufenthalts-RL nicht aus wirtschaftlichen Gründen getroffen werden. Die – gegenüber Art. 12 Daueraufenthalts-RL – abgesenkten Anforderungen erklären sich daraus, dass das Aufenthaltsrecht im ersten Mitgliedstaat unberührt bleibt und dieser den Ausländer nach Art. 22 II Daueraufenthalts-RL rückübernehmen muss. Die Ausweisung richtet sich daher nach § 53 I, II iVm §§ 54, 55. Um die praktische Wirksamkeit des Aufenthaltsrechts im ersten Mitgliedstaat und die Möglichkeit der Weiterwanderung in einen dritten Mitgliedstaat nicht zu beeinträchtigen (vgl. auch Art. 22 V Daueraufenthalts-RL), darf in einem solchen Fall die Ausweisung keinen Eintrag im SIS nach sich ziehen.

93 Wird eine **Ausweisung mit dem Ziel der Rückführung** aus der EU in den **Heimatstaat** des Ausländers verfügt, muss die Ausweisung den Anforderungen des Art. 12 Daueraufenthalsa-RL genügen; dies gilt auch dann, wenn dem Ausländer im Bundesgebiet noch keine Aufenthaltserlaubnis nach § 38a erteilt worden ist. Insoweit ist § 53 III unionskonform anzuwenden. Dies lässt sich Art. 22 III Daueraufenthalts-RL entnehmen. Bis die Drittstaatsangehörige die Rechtsstellung eines langfristig Aufenthaltsberechtigten erlangt hat, kann dieser Bestimmung zufolge der zweite Mitgliedstaat unbeschadet der Verpflichtung zur Rückübernahme nach Abs. 2 aus schwerwiegenden Gründen der öffentlichen Ordnung oder Sicherheit die Rückführung des Drittstaatsangehörigen aus dem Gebiet der Union unter Beachtung der Garantien des Art. 12 Daueraufenthalts-RL verfügen. Der erhöhte Schutz kommt nicht erst auf der Ebene der Abschiebungsandrohung oder Abschiebung, sondern bereits bei der Entscheidung über die Ausweisung zum Tragen. Die in Art. 22 III Daueraufenthalts-RL vorgeschriebene Konsultation des ersten Mitgliedstaats durch den zweiten dient mit Blick darauf, dass der Ausländer in einem solchen Fall sein Aufenthaltsrecht sogar im ersten Mitgliedstaat verliert, wohl auch seinen subjektiven Rechten.

94 Besonderheiten gelten bei Daueraufenthaltsberechtigungen, die als **anerkannte Flüchtlinge oder subsidiär Schutzberechtigte ein Daueraufenthaltsrecht erworben** haben. Ob dies der Fall ist, ist aus einer entsprechenden Anmerkung auf dem Aufenthaltstitel erkennbar (vgl. Art. 8 IV- 2–VI Daueraufenthalts-RL idF RL 2011/51/EU v. 11.5.2011). Hier sind die Vorgaben der Art. 12 IIIa–IIIc und des Art. 22 IIIa Daueraufenthalts-RL idF RL 2011/51 zu beachten. Bei fortbestehendem internationalem Schutz ist eine Ausweisung mit dem Ziel der Aufenthaltsbeendigung in den Heimatstaat mit Blick darauf, dass ihnen nach wie vor der Schutz vor Zurückweisung zusteht, nicht möglich[265].

3. Anerkannte Flüchtlinge, Asylberechtigte, Besitzer von Reiseausweisen nach dem Abkommen über die Rechtsstellung von Flüchtlingen, subsidiär Schutzberechtigte

95 Nach § 53 IIIa darf ein Ausländer, der als Asylberechtigter anerkannt ist, der im Bundesgebiet die Rechtsstellung eines ausländischen Flüchtlings genießt oder der einen von einer Behörde der Bundesrepublik Deutschland ausgestellten Reiseausweis nach dem Abkommen vom 28.7.1951 über die Rechtsstellung der Flüchtlinge (BGBl. 1953 II S. 559) besitzt, nur ausgewiesen werden, wenn er aus schwerwiegenden Gründen als eine Gefahr für die Sicherheit der Bundesrepublik Deutschland oder eine terroristische Gefahr anzusehen ist oder er eine Gefahr für die Allgemeinheit darstellt, weil er wegen einer schweren Straftat rechtskräftig verurteilt wurde. Die Regelung greift nach dem Wortlaut **mit Zuerkennung der Flüchtlingseigenschaft**; auf den Zeitpunkt der Erteilung der Aufenthaltserlaubnis nach § 25 II kommt es nicht an. Ist unklar, ob der Ausländer noch die Rechtsstellung als Flüchtling besitzt, zB weil er zwischenzeitlich einen Nationalpass angenommen hat[266], bedarf es unter der Geltung der Art. 44, 45 RL 2013/32/EU v. 26.6.2013 diesbezüglich grundsätzlich der Durchführung eines Verfahrens beim Bundesamt[267]. Ist ein solches Verfahren nicht durchgeführt worden und steht etwa im Streit, ob der Ausländer auf seinen Schutzstatus verzichtet hat, so wird für das Ausweisungsverfahren von dessen Fortbestand auszugehen sein. Der erhöhe Ausweisungsschutz nach § 53 IIIa entfällt nicht schon dann, wenn die aufschiebende Wirkung des Rechtsbehelfs gegen den auf § 60 VIII 1 gestützten **Widerruf** der Flüchtlingsanerkennung aufgrund der Regelung in § 75 II 1 Nr. 1 AsylG entfällt[268]. Aus Art. 46 Abs. 1c und Abs. 5 RL 2013/32/EU wird geschlossen, dass ein Vollzug einer Widerrufsentscheidung erst mit Abschluss des Hauptsacheverfahrens durch die erste

---

[264] So auch BayVGH Beschl. v. 12.4.2019 – 10 ZB 19.275, BeckRS 2019, 7300 Rn. 10 f.; VG Darmstadt Beschl. v. 14.11.2013 – 5 L 604/13.DA, BeckRS 2014, 47545.
[265] → Vor §§ 53–56 Rn. 31 ff.; 142 ff.
[266] Vgl. dazu, dass die Annahme oder Verlängerung eines Nationalpasses nicht zwangsläufig bedeutet, dass sich der Ausländer erneut unter den Schutz des Staats stellt, dessen Staatsangehörigkeit er besitzt, BVerwG Urt. v. 27.7.2017 – 1 C 28.16, NVwZ 2018, 409 Rn. 34.
[267] → AsylG § 72 Rn. 1 ff.; *Funke-Kaiser* in GK-AsylG AufenthG § 72 Rn. 7 ff. (Stand 12/2019).
[268] So allerdings OVG Brem, Beschl. v. 9.12.2020 – 2 B 240/20, BeckRS 2020, 35269 Rn. 11):

Gerichtsinstanz zulässig ist[269]. Folglich kann auch die Flüchtlingseigenschaft als Voraussetzung für den erhöhten Ausweisungsschutz gemäß § 53 IIIa nicht vorher entfallen[270].

Da heute praktisch kein Fall denkbar ist, in dem Asyl gewährt wird, nicht aber zugleich die Flüchtlingsanerkennung[271], ist es konsequent, dass der Gesetzgeber die Voraussetzung für eine **Ausweisung von Asylberechtigten und anerkannten Flüchtlingen** übereinstimmend festlegt. Anerkannte Flüchtlinge genießen die Rechtsstellung von GK-Flüchtlingen (§ 3 AsylG). Zu dieser Kategorie zählt auch, wer im Ausland als GK-Flüchtling anerkannt ist, falls die Bundesrepublik Deutschland ihn als solchen aufgenommen hat[272], wobei für die Aufnahme nicht genügt, dass eine faktische Anwesenheit des Ausländers hingenommen wird[273]. Die Anerkennung des ausländischen GK-Reiseausweises (Art. 28 GK) stellt keine derartige Maßnahme dar, weil sie nur das Reisen ermöglicht. Die Flüchtlingsverantwortung kann insbesondere unter den Voraussetzungen des Europäischen Übereinkommens über den Übergang der Verantwortung für Flüchtlinge vom 16.10.1980 – EATRR – auf Deutschland übergehen[274]. Schließlich sind die **Inhaber eines in Deutschland ausgestellten GK-Reiseausweises** privilegiert. Inhaber eines im Bundesgebiet ausgestellten Reiseausweises sind in der Regel hier anerkannte Flüchtlinge, die bereits als solche unter § 53 IIIa fallen. Selbstständig relevant wird dieser Fall, wenn ein Flüchtling in einem anderen Staat als solcher anerkannt wurde, sich gleichwohl in Deutschland aufhält und ihm – weil er kein Reiseausweis von dem Staat erhält, in dem er anerkannt wurde und in dem er sich rechtmäßig aufhält – von Deutschland ein Reiseausweis nach Art. 28 Nr. 1 S. 2 GK erteilt wurde[275].

96

Für den **Ausweisungsmaßstab** hat sich der Gesetzgeber ausweislich der Gesetzesbegründung[276] an Art. 33 II GK[277] und Art. 14 IV RL 2011/95[278] orientiert, greift aber weder den Wortlaut der einen noch der anderen Bestimmung vollständig auf. Der Schutz des Flüchtlings, den das Unionsrecht im Fall der Anwendung des Art. 14 IV RL 2011/95/EU beinhaltet, geht über den der Genfer Konvention hinaus[279]. Mit Blick auf die Gesetzesbegründung wird vertreten, dass der Gesetzgeber nunmehr den Maßstab des Art. 14 IV RL 2011/95/EU für die Ausweisung eines anerkannten Flüchtlings und der weiteren in § 53 IIIa genannten Personen gewählt und damit tatsächlich die Anforderungen an deren Ausweisung gegenüber der bisherigen Rechtslage, bei der die Ausweisung lediglich Art. 24 I RL 2011/95/EU entsprechen musste[280], erhöht hat[281]. Diese Auffassung stützt sich auch darauf, dass der Gesetzentwurf zu § 53 IIIa ungeachtet des im Rahmen der Anhörung hierzu

97

---

[269] *Funke-Kaiser* in GK-AsylG AufenthG § 73 Rn. 117 (Stand 12/2019).
[270] *Hoppe* in Berlit/Hoppe/Kluth, Jahrbuch des Migrationsrechts 2020, S. 118.
[271] EuGH Urt. v. 9.11.2010 – C-57/09, C-101/09, ZAR 2011, 142 Rn. 115 ff. – B. und D. S. zur rechtlich Gleichstellung von Asylberechtigten und anerkannten Flüchtlingen BVerwG Beschl. v. 16.9.2015 – 1 B 36.15, BeckRS 2015, 52992 Rn. 5.
[272] NdsOVG Beschl. v. 2.8.2018 – 8 ME 42/18, BeckRS 2018, 18004; vgl. allg. BVerfG Beschl. v. 14.11.1979 – 1 BvR 654/79, NJW 1980, 516.
[273] Vgl. BVerwG Urt. v. 17.3.2004 – 1 C 1.03, NVwZ 2004, 1250; s. zu einer solchen Konstellation, bei der folglich der erhöhte Ausweisungsmaßstab nicht greift, auch VGH BW Beschl. v. 19.7.2019 – 11 S 1631/19, BeckRS 2019, 17841.
[274] Vgl. auch NdsOVG Beschl. v. 2.8.2018 – 8 ME 42/18, BeckRS 2018, 18004.
[275] *Fleuß* in BeckOK AuslR AufenthG § 53 Rn. 120 (Stand 1.1.2022) unter Hinweis auf SächsOVG Beschl. v. 12.4.2016 – 3 B 7/16, BeckRS 2016, 45050; zum EATRR vgl. auch VGH BW Urt. v. 29.3.2022 – 11 S 1142/21, BeckRS 2022, 8693 Rn. 41 ff.
[276] → Rn. 6.
[277] Art. 33 (Verbot der Zurückweisung) lautet wie folgt: (1) Keiner der vertragschließenden Staaten wird einen Flüchtling auf irgendeine Weise über die Grenzen von Gebieten ausweisen oder zurückweisen, in denen sein Leben oder seine Freiheit wegen seiner Rasse, Religion, Staatsangehörigkeit, seiner Zugehörigkeit zu einer bestimmten sozialen Gruppe oder wegen seiner politischen Überzeugung bedroht sein würde. (2) Auf die Vergünstigung dieser Vorschrift kann sich jedoch ein Flüchtling nicht berufen, der aus schwerwiegenden Gründen als eine Gefahr für die Sicherheit des Landes anzusehen ist, in dem er sich befindet, oder der eine Gefahr für die Allgemeinheit dieses Staates bedeutet, weil er wegen eines Verbrechens oder eines besonders schweren Vergehens rechtskräftig verurteilt wurde.
[278] Art. 14 IV hat folgenden Wortlaut: Die Mitgliedstaaten können einem Flüchtling die ihm von einer Regierungs- oder Verwaltungsbehörde, einem Gericht oder einer gerichtsähnlichen Behörde zuerkannte Rechtsstellung aberkennen, diese beenden oder ihre Verlängerung ablehnen, wenn a) es stichhaltige Gründe für die Annahme gibt, dass er eine Gefahr für die Sicherheit des Mitgliedstaats darstellt, in dem er sich aufhält; b) er eine Gefahr für die Allgemeinheit dieses Mitgliedstaats darstellt, weil er wegen einer besonders schweren Straftat rechtskräftig verurteilt wurde.
[279] Vgl. auch EuGH Urt. v. 14.5.2019 – C-391/16, C-77/17, C-78/17, NVwZ 2019, 1189 Rn. 96 – M., X., X.: Soweit Art. 14 IV und V der RL 2011/95 in den darin genannten Fällen vorsieht, dass die Mitgliedstaaten die „Flüchtlingseigenschaft" iSv Art. 2 Buchst. e dieser Richtlinie aberkennen oder die Zuerkennung dieser Rechtsstellung verweigern können, während Art. 33 II GK die Zurückweisung eines sich in einer solchen Situation befindlichen Flüchtlings in einen Staat, in dem sein Leben oder seine Freiheit bedroht sind, zulässt, sieht das Unionsrecht somit einen weiteren internationalen Schutz der betreffenden Flüchtlinge vor, als er durch dieses Abkommen gewährleistet wird. S. auch die Anm. von *Marx* NVwZ 2019, 1194.
[280] BVerwG Urt. v. 25.7.2017 – 1 C 12.16, BeckRS 2017, 125402 Rn. 23; hierzu → Vor §§ 53–56 Rn. 142 ff.
[281] *Hoppe* in Berlit/Hoppe/Kluth, Jahrbuch des Migrationsrechts 2020, S. 118 f.; *Thym* ZAR 2019, 353 (356); ebenso → 13. Aufl. AufenthG § 53 Rn. 97 f.

erfolgten Hinweises, für die Ausweisung sei Art. 14 IV RL 2011/95/EU der unzutreffende Maßstab, heranzuziehen sei vielmehr Art. 24 I RL 2011/95/EU[282], unverändert verabschiedet worden ist. Soweit § 53 IIIa daran anknüpft, dass der Flüchtling eine **„Gefahr für die Allgemeinheit"** darstellt, weil er wegen einer schweren Straftat rechtskräftig verurteilt worden ist, ist Folge dieser Ansicht, dass die „schwere Straftat" im Sinne der besonders schweren Straftat gemäß Art. 14 IV lit. b RL 2011/95/EU zu bestimmen ist.

98 Allerdings sprechen überzeugende Gründe dafür, auch § 53 IIIa Var.3 im Lichte von Art. 24 I RL 2011/95/EU auszulegen und anzuwenden[283]. Der Gesetzgeber hatte gerade nicht die Absicht, den Ausweisungsschutz zu erhöhen, und der in der Begründung zum Entwurf des Gesetzes in Bezug genommene Art. 14 IV RL 2011/95/EU hat sich im Gesetzestext nicht hinreichend klar niedergeschlagen. Nach Art. 24 I RL 2011/95/EU gestatten zwingende Gründe der nationalen Sicherheit oder der öffentlichen Ordnung eine Ausweisung eines anerkannten Flüchtlings[284]. Da eine Maßnahme nach Art. 24 I RL 2011/95/EU nicht zur Aberkennung eines Flüchtlingsstatus und erst recht nicht zu einer Zurückweisung nach Art. 21 II RL 2011/95/EU führt, ist das Vorliegen einer besonders schweren Straftat nicht erforderlich [285]. Die Begriffe der „nationalen Sicherheit" und der „öffentlichen Ordnung" in Art. 24 I RL 2011/95/EU werden entsprechend der in Art. 27 und 28 RL 2004/38/EG verwendeten Begriffe der „öffentlichen Sicherheit" und der „öffentlichen Ordnung" ausgelegt [286]. Mit der Gefahr für die Allgemeinheit sind die Fälle umschrieben, die von Art. 24 I Richtlinie 2011/95/EU unter der Variante der öffentlichen Ordnung erfasst werden[287].

99 Eine **Verurteilung wegen einer schweren Straftat** iSv Abs. 3a Variante 3 ist nicht immer schon dann anzunehmen, wenn eine Bestrafung vorliegt, die ein besonders schwerwiegendes Ausweisungsinteresse nach § 54 I begründet[288]. Auch wenn den Mitgliedstaaten ein gewisser Beurteilungsspielraum bei dem eingeräumt ist, was die öffentliche Sicherheit oder Ordnung fordern, ist dies kein „Freibrief" für beliebige Festlegungen. Allein die Verortung in § 54 I Nr. 1, 1a oder 1b reicht nicht aus, wenn eine keine – unionsrechtlich gebotene – Prüfung aller Umstände des Einzelfalls enthält[289]. Maßgebend ist, ob die Straftat unter Berücksichtigung aller Umstände des Einzelfalls objektiv und subjektiv schwerwiegend gewesen ist[290]. Auch eine rechtskräftige Jugendstrafe kann eine taugliche Verurteilung sein[291]. Wie sich aus dem Wortlaut („weil") ergibt, bedarf es einer Verbindung zwischen der konkreten schweren Straftat, für die der Ausländer verurteilt wurde, und der Gefahr, die von ihm ausgeht. Es reicht nicht aus, dass bspw. aufgrund seines allgemeinen Verhaltens, das nicht zu einer Verurteilung wegen einer besonders schweren Straftat geführt hat, oder aufgrund mehrerer Verurteilungen wegen weniger schwerwiegender Straftaten eine Gefahr für die Allgemeinheit besteht.

100 Der in § 53 IIIa ferner genannte Fall der vom Ausländer ausgehenden **Gefahr für die Sicherheit der Bundesrepublik** zielt darauf ab, den Staat selbst zu schützen. Die Sicherheit umfasst hier die externe (Unversehrtheit der Grenzen) und die interne (Fortbestand und Funktionieren des Staates, dessen politische Strukturen und Einrichtungen). Handlungen, die gegen die Sicherheit des Staates gerichtet sind, können etwa Sabotageakte sein, aber auch Terrorakte, soweit diese nicht ohnehin der Variante **„terroristischer Gefahr"** (vgl. dazu auch § 58a) zugeordnet werden. Auch die Unterstützung einer (ausländischen) terroristischen Vereinigung kann abhängig von den konkreten Umständen

---

[282] IE *Thym*, Stellungnahme für die Öffentliche Anhörung des Innenausschusses des Deutschen Bundestags am 3.6.2019 zum Entwurf eines Zweiten Gesetzes zur besseren Durchsetzung der Ausreisepflicht, S. 9 ff. unter 2., Ausschuss-Drs. 19(4)286 B).

[283] Vgl. näher VGH BW Urt. v. 15.4.2021 – 12 S 2505/20 – juris Rn. 110 ff. (zugelassene Revision anhängig unter 1 C 20.21); *Dörig* in Dörig MigrationsR-HdB § 7 Rn. 55 ff.; *Katzer* in Decker/Bader/Kothe AufenthG § 53 Rn. 78, 81; *Neidhardt* in HTK-AuslR AufenthG § 53 Abs. 3a Rn. 7 f. (Stand: 4.12.2019); *Hailbronner* AuslR AufenthG § 53 Rn. 208 ff. (Stand 1.3.2020); *Funke-Kaiser* in GK-AsylG AufenthG § 2 Rn. 36 iVm Rn. 27 ff. (Stand 5/2021); offen gelassen in BVerwG Urt. v. 16.12.2021 – 1 C 60.20, BeckRS 2021, 48678 Rn. 40.

[284] BVerwG Urt. v. 25.7.2017 – 1 C 12.16, BeckRS 2017, 125402 Rn. 23 f; Urt. 22.2.2017 – 1 C 3.16, NVwZ 2017, 1883 Rn. 49 ff. unter Hinweis auf EuGH Urt. v. 24.6.2015 – C-373/1, BeckRS 2015, 80822 – H. T.

[285] EuGH Urt. v. 24.6.2015 – C-373/13, BeckRS 2015, 80822 Rn. 73 – H. T.

[286] EuGH Urt. v. 24.6.2015 – C-373/13, BeckRS 2015, 80822 Rn. 77 ff. – H. T.

[287] *Funke-Kaiser* in GK-AsylG, § 2 Rn. 31 (Stand 5/2021).

[288] VGH BW Urt. v. 15.4.2021 – 12 S 2505/20, BeckRS 2021, 14599 Rn. 116.

[289] Näher *Dörig* in Dörig MigrationsR-HdB § 7 Rn. 63; s auch EuGH Urt. v. 13.9.2018 – C-369/17, NVwZ-RR 2019, 119 Rn. 58 – Ahmed – zu Art. 17 I lit. b RL 2011/95/EU.

[290] Vgl. VGH BW U. v. 15.4.2021 – 12 S 2505/20 BeckRS 2021, 14599 Rn. 117 – auch schwere Sexualstraftat; s. auch OVG LSA Beschl. v. 27.1.2021 – 2 M 101/20 BeckRS 2021, 2665 Rn. 30 f.– typischerweise Vergewaltigung, Drogenhandel, versuchter Mord, schwerer Raub oder schwere Körperverletzung, wobei das OVG allerdings vom Erfordernis einer besonders schweren Straftat ausgeht. Würde eine Verurteilung von § 60 VIII 1 erfasst, der eine mindestens dreijährige (Einzel-)Freiheitsstrafe voraussetzt (vgl. BVerwG Urt. v. 31.1.2013 – 10 C 17.12, NVwZ-RR 2013, 571), und der auf Art. 14 IV RL 2011/95/EU zurückgeführt werden kann, spricht dies idR auch für eine Verurteilung wegen einer schweren Straftat iSd § 53 IIIa. Insoweit können auch Anhaltspunkte gewonnen werden aus EASO, Richterliche Analyse, Beendigung des internationalen Schutzes: Art. 11, 14, 16 und 19 der Richtlinie 2011/95/EU, 2018, S. 54 f. sowie EASO Ending international protection, Second Edition, 2021, Part. 5, S. 56 ff., www.euaao.europa.eu.

[291] VGH BW Urt. v. 15.4.2021 – 12 S 2505/20, BeckRS 2021, 14599 Rn. 118.

des Falls erfasst sein. Soweit der Gesetzeswortlaut verlangt, dass der Ausländer aus „schwerwiegenden Gründen"[292] als eine Gefahr für die genannten Rechtsgüter anzusehen ist, ist dies ebenfalls im Lichte des Art. 24 I RL 2011/95/EU auszulegen[293].

Die **Ausweisung subsidiär Schutzberechtigter** verlangt nach **§ 53 IIIb,** dass diese eine schwere **101** Straftat begangen haben oder eine Gefahr für die Allgemeinheit oder die Sicherheit der Bundesrepublik darstellen. Ausweislich der Begründung hat der Gesetzgeber diesen Maßstab Art. 19 III lit. a iVm Art. 17 I lit. b und lit. d RL 2011/95/EU entnommen. Dies spricht dafür, diese Voraussetzungen auch entsprechend dem unionsrechtlichen Verständnis der genannten Vorschriften näher zu bestimmen[294]. Allerdings sind die in der Begründung des Gesetzesentwurfs angeführten Vorschriften der RL 2011/95/EU letztlich nicht für die Ausweisung eines subsidiär Schutzberechtigten unionsrechtlich maßgebend; die Ausweisung richtet sich vielmehr nach Art. 24 II RL 2011/95/EU[295], sodass der Maßstab der „zwingenden Gründe der nationalen Sicherheit oder der öffentlichen Ordnung" gilt[296]. Ebenso wie der anerkannte Flüchtling verfügt der subsidiär Schutzberechtigte über einen Status, der ihn vor einer tatsächlichen Aufenthaltsbeendigung schützt; weshalb die Ausweisung auch hier nur inlandsbezogen erfolgen kann. Das Gesetz enthält keine nähere Vorgabe, wann und wo die **Straftat** begangen wurde; es kann sich daher grundsätzlich auch um eine Auslandstat handeln. Allerdings muss die Straftat im Inland abgeurteilt worden sein. Dies ergibt sich aus der Anknüpfung des § 53 IIIb an § 54 I. Eine Gefahr für die Allgemeinheit oder die Sicherheit der Bundesrepublik kann der subsidiär Schutzberechtigte auch sein, wenn eine Auslandsverurteilung nach § 54 II Nr. 9 vorliegt oder gravierende Straftaten erst drohen.

4. Asylbewerber

Sollen Ausländer, die einen Asylantrag gestellt haben, ausgewiesen werden, ist § 53 IV[297] zu **102** beachten. Erforderlich ist ein Asylantrag iSd § 14 AsylG; ein materielles Asylgesuch (§ 13 AsylG) gegenüber der Ausländerbehörde oder dem Gericht genügt nicht[298]. Allerdings muss dem Ausländer nach dem Asylgesuch Gelegenheit zur förmlichen Asylantragstellung gegeben werden. Asylantrag iSd Abs. 4 S. 1 ist auch der Folgeantrag[299]. Soweit angenommen wird, Abs. 4 AufenthG gelte erst dann für den Folgeantragsteller, wenn nach Maßgabe des § 71 I 1 AsylG ein weiteres Asylverfahren durchgeführt wird[300], ist dies kein geeignetes Abgrenzungskriterium, weil die Entscheidung des Bundesamts zur Durchführung eines neuen Asylverfahrens nicht gesondert getroffen und verlautbart werden muss[301]. Die Regelung in § 53 IV iSd § 56 IV in der bis 31.12.2015 geltenden Fassung nachgebildet. Die nach Abs. 4 S. 1 zulässige **bedingte Ausweisung** ist mit Art. 16a I GG und mit der Qualifikations-RL vereinbar. Sie berührt die Rechtsstellung des Schutzsuchenden vor und nach der Anerkennungsentscheidung nicht. Sie gefährdet das vorläufige Bleiberecht während des Asylverfahrens nicht und ist auch insoweit asylrechtlich unbedenklich, als der Aufenthalt erst nach erfolglosem Abschluss des Anerkennungsverfahren beendet werden darf.

Trotz des Wortes „kann" handelt es sich bei der Regelung in § 53 IV 1 nicht um eine Ermessens- **103** bestimmung. Die Vorschrift ist vielmehr so auszulegen, dass ein Asylantragsteller während des laufenden Asylverfahrens grundsätzlich nur unter der aufschiebenden Bedingung ausgewiesen werden darf, dass das Asylverfahren unanfechtbar ohne Anerkennung als Asylberechtigter oder ohne die Zuerkennung internationalen Schutzes abgeschlossen wird. Wird während eines gerichtlichen Verfahrens ein Asylantrag gestellt, kann das Gericht eine solche Bedingung nicht verfügen; eine notwendige Abände-

---

[292] Vgl. die Formulierung jeweils in § 3 H 1 AsylG, Art. 12 II RL 2011/95, Art. 33 II GK. Art. 14 IV lit. a RL 2011/95 verwendet die Worte „stichhaltige Gründe für die Annahme".
[293] EuGH Urt. v. 24.6.2015 – C-373/13, BeckRS 2015, 80822 Rn. 56 ff. – H.T
[294] VG Freiburg Urt. v. 21.10.2020 – 7 K 2047/20, BeckRS 2020, 34946 Rn. 43 ff.; Urt. v. 21.12.2021 – 8 K 1235/20, BeckRS 2021, 41463 Rn. 39 mwN; OVG LSA Beschl. v. 20.5.2021 – 2 M 25/21, BeckRS 2021, 12774 Rn. 17: Als eine schwere Straftat iSd Abs. 3b sind Kapitalverbrechen oder sonstige Straftaten zu qualifizieren, die in den meisten Rechtsordnungen als besonders schwerwiegend qualifiziert sind und entsprechend strafrechtlich verfolgt werden.
[295] *Hailbronner* AuslR AufenthG § 53 Rn. 227 ff. (Stand 1.3.2020); vgl. dazu, dass die Begründung, weshalb Art. 24 I RL 2011/95/EU eine Ausweisung erlaubt, auch auf Art. 24 II RL 2011/95/EU übertragbar ist, *Battjes* in Thym/Hailbronner, EU Immigration and Asylum Law, Third Edition, Chap. 20 Art. 24 MN 1; offen gelassen BVerwG Urt. v. 16.12.2021 – 1 C 60.20, BeckRS 2021, 48678 Rn. 40.
[296] → Rn. 97 ff.
[297] Zur vom BVerwG offen gelassenen Frage, ob Abs. 4 gem. § 11 XIV FreizügG/EU für die Verlustfeststellung gilt Urt. v. 16.12.2021 – 1 C 60.20, BeckRS 2021, 48678 Rn. 36.
[298] VG Berlin Urt. v. 12.11.2019 – 19 K 304/18, BeckRS 2019, 29745 Rn. 29 mwN; offen gelassen BVerwG Urt. v. 16.12.2021 – 1 C 60.20, BeckRS 2021, 48678 Rn. 37.
[299] VGH BW Urt. v. 15.4.2021 – 12 S 2505/20, BeckRS 2021, 14599 – juris Rn. 79 ff. (Revision anhängig unter 1 C 20.21); *Neidhardt* in HTK-AuslR AufenthG § 53 Abs. 4 Rn. 4 (Stand 4.12.2019).
[300] *Hailbronner* AuslR AufenthG § 53 Rn. 246 (Stand 1.3.2020); *Fleuß* in BeckOK AuslR AufenthG § 53 Rn. 135 (Stand 1.1.2022); wohl auch *Hocks* in Dörig MigrationsR-HdB, § 19 Rn. 758, der erst den gestatteten Aufenthalt des Asylsuchenden als besonders geschützt ansieht.
[301] → AsylG § 71 Rn. 42.

rung der Verfügung bleibt Sache der Behörde[302]. Sofern – unter Ablehnung der Zuerkennung der Flüchtlingseigenschaft und der Anerkennung als Asylberechtigter – (nur) subsidiärer Schutz festgestellt wird, ist auch in diesem Fall die bedingte Ausweisung gegenstandslos. Im Fall des Abs. 4 S. 1 ist der Beginn der (inneren) Wirksamkeit der Ausweisung (und eines in Anknüpfung an die Ausweisung verlassenen Einreise- und Aufenthaltsverbots) durch den Nichteintritt der dort formulierten Ereignisse bedingt; erfolgt die Zuerkennung eines Schutzstatus, entfallen die Rechtswirkungen der Ausweisungsverfügung, ohne dass es eines Aufhebungsakts bedarf. Wird nur ein nationales Abschiebungsverbot zuerkannt, ist die Bedingung eingetreten.

104 Nach § 53 IV 2 Nr. 1 wird von einer Bedingung abgesehen, wenn ein Sachverhalt vorliegt, der nach Abs. 3a eine Ausweisung rechtfertigt. Soweit im Gesetzestext Abs. 3 in Bezug genommen wird, handelt es sich um ein **Redaktionsversehen** des Gesetzgebers[303] im Zusammenhang mit dem 2. RückkehrG vom 15.8.2019[304]. Die aufenthaltsrechtliche Stellung darf – durch eine bedingungslose Ausweisung – unter denselben Voraussetzungen wie bei einem anerkannten Asylberechtigen oder einer Person, die über internationalen Schutz (dh Zuerkennung der Flüchtlingseigenschaft oder des subsidiären Schutzes) verfügt, durchbrochen werden, § 53 IIIa. Die Ausweisung muss dann den Voraussetzungen des Abs. 3a iVm Art. 24 I RL 2011/95/EU entsprechen. Die bedingungslose Ausweisung während des laufenden Asylverfahrens nach Nr. 1 muss dem höchsten Schutzniveau entsprechen. Soweit das BVerwG anhand des Vortrags des Ausländers darauf abstellt, ob die einschlägige Gefahrenschwelle Abs. 3a oder Abs. 3b wäre[305], überzeugt das nicht. Es ist nicht Sache der Ausländerbehörde, anhand des Vortrags des Ausländers eine Art „Vorprüfung" eines Asylersuchens dahingehend vorzunehmen, ob der Vortrag einer Verfolgung (noch) flüchtlingsrechtlich relevant ist oder (nur) subsidiären Schutz begründet. Das bleibt allein der Klärung im asylrechtlichen Verfahren vorbehalten – zumal ein Asylantrag und auch ein Folgeantrag immer auf den internationalen Schutz iSd § 1 I Nr. 2 AsylG gerichtet sind; eine Beschränkung des Antrags beim Bundesamt auf subsidiären Schutz ist nicht möglich. Der Maßstab nach § 53 IIIb könnte allenfalls ausnahmsweise in Betracht kommen, wenn die Ausweisung auf die Situation trifft, dass im noch anhängigen Asylprozess allein noch um den subsidiären Schutz gestritten wird und die Ablehnung des Flüchtlingsschutzes bereits unanfechtbar ist.

105 Nach § 53 IV 2 Nr. 2 wird von einer Bedingung abgesehen, wenn eine nach den Vorschriften des Asylgesetzes erlassene Abschiebungsandrohung vor dem unanfechtbaren Abschluss des jeweiligen Asylverfahrens vollziehbar geworden ist. Erfasst wird damit zB nach §§ 30, 36 AsylG die – im Eilverfahren gerichtlich bestätigte – Abschiebungsandrohung wegen der Ablehnung eines Asylantrags als offensichtlich unbegründet[306]. Im Fall des Folgeantrags lässt sich Abs. 4 S. 2 Nr. 2 sinngemäß anwenden für die Mitteilung nach § 71 V 2 AsylG oder auf den die Durchführung eines weiteren Asylverfahrens ablehnenden Bescheid[307]. Hat das Bundesamt den Folgeantrag nach § 29 Abs. 1 Nr. 5 AsylG beschieden und keine neue Abschiebungsandrohung erlassen, darf vom Vorhandensein einer vollziehbaren Abschiebungsandrohung aus dem ersten Asylverfahren jedenfalls so lange nicht ausgegangen werden, wie das gerichtliche Eilverfahren nicht zulasten des Folgeantragstellers entschieden ist. Zwar ist Abs. 4 S. 2 Nr. 2 eine rein nationale Norm, dies entbindet aber nicht von der Beachtung der unionsrechtlichen Vorgaben etwa nach Art. 46 Abs. 6 lit. b iVm Abs. 8 RL 2013/32 für asylrechtliche Sachverhalte, an die diese Regelung anknüpft[308].

§ 54 Ausweisungsinteresse

(1) Das Ausweisungsinteresse im Sinne von § 53 Absatz 1 wiegt besonders schwer, wenn der Ausländer

1. wegen einer oder mehrerer vorsätzlicher Straftaten rechtskräftig zu einer Freiheits- oder Jugendstrafe von mindestens zwei Jahren verurteilt worden ist oder bei der letzten rechtskräftigen Verurteilung Sicherungsverwahrung angeordnet worden ist,

---

[302] S. zur Beifügung einer Bedingung durch die Behörde in der mündlichen Verhandlung OVG NRW Urt. v. 10.5.2016 – 18 A 610/14, BeckRS 2016, 47473; zu ggf. prozessualen Konsequenzen vgl. VGH BW Beschl. v. 22.5.2007 – 13 S 152/07, NVwZ-RR 2007, 633.

[303] VGH BW Urt. v. 15.4.2021 – 12 S 2505/20, BeckRS 2021, 14599 Rn. 99 ff; *Katzer* in Decker/Bader/Kothe AufenthG § 53 Rn. 96; *Neidhardt*, HTK-AuslR § 53 AufenthG Abs. 4 Rn. 11 (4.12.2019); aA *Hailbronner* AuslR AufenthG § 53 Rn. 248 f. (Stand 1.3.2020); *Fleuß* in BeckOK AuslR AufenthG § 53 Rn. 140 (Stand 1.1.2022); wohl auch BayVGH, Beschl. v. 13.1.2020 – 10 ZB 19.1599, BeckRS 2020, 1182 Rn. 13; offen gelassen BVerwG Urt. v. 16.12.2021 – 1 C 60.20, BeckRS 2021, 48678 Rn. 38.

[304] BGBl. 2019 I S. 1294.

[305] BVerwG Urt. v. 16.12.2012 – 1 C 60.20, BeckRS 2021, 48678 Rn. 38.

[306] IE *Fleuß* in BeckOK AuslR, § 53 Rn. 142 f. (Stand 1.1.2022); *Hailbronner* AuslR AufenthG § 53 Rn. 251 (Stand 1.3.2020); OVG Brem Urt. v. 17.2.2021 – 2 LC 311/20, BeckRS 2021, 2925 – juris Rn. 76.

[307] Vgl. *Funke-Kaiser* in GK-AsylG, § 71 Rn. 311 (Stand 3/2021).

[308] VGH BW Urt. v. 15.4.2021 – 12 S 2505/20, BeckRS 2021, 14599 Rn. 98.

1a. rechtskräftig zu einer Freiheits- oder Jugendstrafe von mindestens einem Jahr verurteilt worden ist wegen einer oder mehrerer vorsätzlicher Straftaten
   a) gegen das Leben,
   b) gegen die körperliche Unversehrtheit,
   c) gegen die sexuelle Selbstbestimmung nach den §§ 174, 176 bis 178, 181a, 184b, 184d und 184e jeweils in Verbindung mit § 184b des Strafgesetzbuches,
   d) gegen das Eigentum, sofern das Gesetz für die Straftat eine im Mindestmaß erhöhte Freiheitsstrafe vorsieht oder die Straftaten serienmäßig begangen wurden oder
   e) wegen Widerstands gegen Vollstreckungsbeamte oder tätlichen Angriffs gegen Vollstreckungsbeamte,
1b. wegen einer oder mehrerer Straftaten nach § 263 des Strafgesetzbuchs zu Lasten eines Leistungsträgers oder Sozialversicherungsträgers nach dem Sozialgesetzbuch oder nach dem Gesetz über den Verkehr mit Betäubungsmitteln rechtskräftig zu einer Freiheits- oder Jugendstrafe von mindestens einem Jahr verurteilt worden ist,
2. die freiheitliche demokratische Grundordnung oder die Sicherheit der Bundesrepublik Deutschland gefährdet; hiervon ist auszugehen, wenn Tatsachen die Schlussfolgerung rechtfertigen, dass er einer Vereinigung angehört oder angehört hat, die den Terrorismus unterstützt oder er eine derartige Vereinigung unterstützt oder unterstützt hat oder er eine in § 89a Absatz 1 des Strafgesetzbuchs bezeichnete schwere staatsgefährdende Gewalttat nach § 89a Absatz 2 des Strafgesetzbuchs vorbereitet oder vorbereitet hat, es sei denn, der Ausländer nimmt erkennbar und glaubhaft von seinem sicherheitsgefährdenden Handeln Abstand,
3. zu den Leitern eines Vereins gehörte, der unanfechtbar verboten wurde, weil seine Zwecke oder seine Tätigkeit den Strafgesetzen zuwiderlaufen oder er sich gegen die verfassungsmäßige Ordnung oder den Gedanken der Völkerverständigung richtet,
4. sich zur Verfolgung politischer oder religiöser Ziele an Gewalttätigkeiten beteiligt oder öffentlich zur Gewaltanwendung aufruft oder mit Gewaltanwendung droht oder
5. zu Hass gegen Teile der Bevölkerung aufruft; hiervon ist auszugehen, wenn er auf eine andere Person gezielt und andauernd einwirkt, um Hass auf Angehörige bestimmter ethnischer Gruppen oder Religionen zu erzeugen oder zu verstärken oder öffentlich, in einer Versammlung oder durch Verbreiten von Schriften in einer Weise, die geeignet ist, die öffentliche Sicherheit und Ordnung zu stören,
   a) gegen Teile der Bevölkerung zu Willkürmaßnahmen aufstachelt,
   b) Teile der Bevölkerung böswillig verächtlich macht und dadurch die Menschenwürde anderer angreift oder
   c) Verbrechen gegen den Frieden, gegen die Menschlichkeit, ein Kriegsverbrechen oder terroristische Taten von vergleichbarem Gewicht billigt oder dafür wirbt,

es sei denn, der Ausländer nimmt erkennbar und glaubhaft von seinem Handeln Abstand.

(2) Das Ausweisungsinteresse im Sinne von § 53 Absatz 1 wiegt schwer, wenn der Ausländer

1. wegen einer oder mehrerer vorsätzlicher Straftaten rechtskräftig zu einer Freiheitsstrafe von mindestens sechs Monaten verurteilt worden ist,
2. wegen einer oder mehrerer vorsätzlicher Straftaten rechtskräftig zu einer Jugendstrafe von mindestens einem Jahr verurteilt und die Vollstreckung der Strafe nicht zur Bewährung ausgesetzt worden ist,
3. als Täter oder Teilnehmer den Tatbestand des § 29 Absatz 1 Satz 1 Nummer 1 des Betäubungsmittelgesetzes verwirklicht oder dies versucht,
4. Heroin, Kokain oder ein vergleichbar gefährliches Betäubungsmittel verbraucht und nicht zu einer erforderlichen seiner Rehabilitation dienenden Behandlung bereit ist oder sich ihr entzieht,
5. eine andere Person in verwerflicher Weise, insbesondere unter Anwendung oder Androhung von Gewalt, davon abhält, am wirtschaftlichen, kulturellen oder gesellschaftlichen Leben in der Bundesrepublik Deutschland teilzuhaben,
6. eine andere Person zur Eingehung der Ehe nötigt oder dies versucht oder wiederholt eine Handlung entgegen § 11 Absatz 2 Satz 1 und 2 des Personenstandsgesetzes vornimmt, die einen schwerwiegenden Verstoß gegen diese Vorschrift darstellt; ein schwerwiegender Verstoß liegt vor, wenn eine Person, die das 16. Lebensjahr noch nicht vollendet hat, beteiligt ist,
7. in einer Befragung, die der Klärung von Bedenken gegen die Einreise oder den weiteren Aufenthalt dient, der deutschen Auslandsvertretung oder der Ausländerbehörde gegenüber frühere Aufenthalte in Deutschland oder anderen Staaten verheimlicht oder in wesentlichen Punkten vorsätzlich keine, falsche oder unvollständige Angaben über Verbindungen zu Personen oder Organisationen macht, die der Unterstützung des Terrorismus oder der Gefährdung der freiheitlichen demokratischen Grundordnung oder der Sicherheit der Bundesrepublik Deutschland verdächtig sind; die Ausweisung auf dieser Grundlage ist nur zulässig, wenn der Ausländer vor der Befragung ausdrücklich auf den

sicherheitsrechtlichen Zweck der Befragung und die Rechtsfolgen verweigerter, falscher oder unvollständiger Angaben hingewiesen wurde,
8. in einem Verwaltungsverfahren, das von Behörden eines Schengen-Staates durchgeführt wurde, im In- oder Ausland
    a) falsche oder unvollständige Angaben zur Erlangung eines deutschen Aufenthaltstitels, eines Schengen-Visums, eines Flughafentransitvisums, eines Passersatzes, der Zulassung einer Ausnahme von der Passpflicht oder der Aussetzung der Abschiebung gemacht hat oder
    b) trotz bestehender Rechtspflicht nicht an Maßnahmen der für die Durchführung dieses Gesetzes oder des Schengener Durchführungsübereinkommens zuständigen Behörden mitgewirkt hat, soweit der Ausländer zuvor auf die Rechtsfolgen solcher Handlungen hingewiesen wurde oder
9. einen nicht nur vereinzelten oder geringfügigen Verstoß gegen Rechtsvorschriften oder gerichtliche oder behördliche Entscheidungen oder Verfügungen begangen oder außerhalb des Bundesgebiets eine Handlung begangen hat, die im Bundesgebiet als vorsätzliche schwere Straftat anzusehen ist.

Allgemeine Verwaltungsvorschriften
(vom Abdruck wurde abgesehen)

Übersicht

	Rn.
I. Entstehungsgeschichte	1
II. Ausweisungsinteressen nach Abs. 1	8
1. Freiheits- oder Jugendstrafe von mindestens zwei Jahren wegen Vorsatzdelikten oder Sicherungsverwahrung (Nr. 1)	9
2. Freiheits- oder Jugendstrafe von mindestens einem Jahr bei bestimmten Vorsatzdelikten (Nr. 1a)	16
3. Freiheits- oder Jugendstrafe von mindestens einem Jahr bei Sozialleistungsbetrug und Betäubungsmittelkriminalität (Nr. 1b)	22
4. Gefahren für die Sicherheit, insbesondere Terrorismus (Nr. 2)	24
a) Freiheitliche demokratische Grundordnung; Sicherheit der Bundesrepublik Deutschland	26
b) Zugehörigkeit zu oder Unterstützung einer terroristischen Vereinigung	32
c) Vorbereitung einer schweren staatsgefährdenden Gewalttat	47
5. Leiter eines verbotenen Vereins (Nr. 3)	55
6. Gewalt bei der Verfolgung politischer oder religiöser Ziele (Nr. 4)	58
7. Aufruf zu Hass (Nr. 5)	61
III. Ausweisungsinteressen nach Abs. 2	67
1. Freiheitsstrafe von mindestens sechs Monaten (Nr. 1)	67
2. Jugendstrafe von mindestens einem Jahr ohne Bewährung (Nr. 2)	68
3. Betäubungsmittelkriminalität (Nr. 3)	69
4. Verbrauch gefährlicher Betäubungsmittel (Nr. 4)	73
5. Abhalten von der Teilhabe am gesellschaftlichen Leben (Nr. 5)	77
6. Zwangsehe (Nr. 6)	79
7. Sicherheitsgespräch (Nr. 7)	81
8. Unzutreffende Angaben und unterlassene Mitwirkung (Nr. 8)	87
9. Verstöße gegen Rechtsvorschriften oder Entscheidungen, Auslandstat (Nr. 9)	91
a) Inlandsbezogene Verstöße	92
b) Handlungen im Ausland	98

I. Entstehungsgeschichte

1 Die Vorschrift stimmte ursprünglich – mit Ausnahme einer auf Empfehlung des Innenausschusses erfolgten Änderung in § 54 I Nr. 5[1] – mit dem Gesetzesentwurf zum **AufenthGÄndG 2015** überein. Die Anregung des Bundesrats, die Einordnung des von § 54 II Nr. 9 umfassten Tatbestands als schwerwiegendes Ausweisungsinteresse mit Blick auf die Aufzählung bestimmter Verurteilungen bzw. Delikte in § 54 II Nr. 1–3 auf Stringenz zu prüfen[2], hat keine Veränderungen ausgelöst; die Bundesregierung hat keinen Handlungsbedarf gesehen[3]. Mit dem am 17.3.2016 in Kraft getretenen Gesetz zur erleichterten Ausweisung von straffälligen Ausländer und zum erweiterten Ausschluss der Flüchtlingsanerkennung bei straffälligen Asylbewerbern[4] wurden Abs. 1 Nr. 1a und Abs. 2 Nr. 1a eingefügt sowie

---
[1] BT-Drs. 18/5420, 5, 27.
[2] Stellungnahme des Bundesrats v. 6.2.2015, BT-Drs. 18/4097, 69, 82 (Anl. 3).
[3] Gegenäußerung der Bundesregierung v. 4.3.2015 zu der Stellungnahme des Bundesrats, BT-Drs. 18/4199, 6; BT-Drs. 18/4262, 9 (Antwort auf eine Kleine Anfrage BÜNDNIS 90/DIE GRÜNEN zur Bewertung des Gesetzesentwurfs zur Neubestimmung des Bleiberechts und der Aufenthaltsbeendigung).
[4] BGBl. 2016 I S. 394.

die in Abs. 1 Nr. 1 genannte Mindestschwelle einer rechtskräftigen Verurteilung abgesenkt. Dieses Gesetz war die Reaktion auf die zum damaligen Zeitpunkt weder tatsächlich noch rechtlich aufgearbeiteten Vorgänge in der Kölner Silvesternacht 2015/16[5].

Die **Gesetzesentwürfe zum AufenthGÄndG** führten zur Begründung des § 54 aus[6]: 2

„§ 54 konkretisiert und gewichtet die Ausweisungsinteressen, die in die Abwägung nach § 53 Absatz 1 einzubeziehen sind. In § 54 werden in typisierter Form besonders schwerwiegende (Absatz 1) und schwerwiegende (Absatz 2) Interessen an der Ausweisung beschrieben. Das Vorliegen eines der in § 54 normierten Interessen führt indessen noch nicht zur Ausweisung des Betroffenen. Erst die Abwägung nach § 53 Absatz 1 unter umfassender Würdigung aller Umstände des Einzelfalles ergibt, ob das Interesse an der Ausreise letztendlich überwiegt. Die in den Absätzen 1 und 2 typisierten Interessen können im Einzelfall bei Vorliegen besonderer Umstände auch weniger oder mehr Gewicht entfalten; beispielsweise ist es denkbar, dass die Verurteilung zu einer Freiheitsstrafe von mehr als zwei Jahren wegen vorsätzlicher Straftat in atypischen Fällen insgesamt weniger schwer erscheint. Maßgebend ist also letztlich die umfassende Würdigung des Einzelfalles.

Absatz 1:

Die Aufzählung in Absatz 1 benennt besonders schwer wiegende öffentliche Interessen an der Ausweisung, d. h. in Absatz 1 sind Umstände aufgeführt, die grundsätzlich ein erhebliches Fehlverhalten des Ausländers belegen.

Nummer 1:

Zu den besonders schwerwiegenden Ausweisungsinteressen zählen zunächst gravierende vorsätzliche Rechtsverstöße des Ausländers, die rechtskräftig mit Freiheits- oder Jugendstrafen von <mindestens[7]> zwei Jahren geahndet worden sind, d. h. es handelt sich um rechtskräftige Verurteilungen zu Strafen, deren Vollstreckung nicht mehr zur Bewährung ausgesetzt werden können. Zu den besonders schwerwiegenden Ausweisungsinteressen sind auch die Fälle zu rechnen, in denen bei der letzten rechtskräftigen Verurteilung Sicherungsverwahrung angeordnet worden ist.

Nummer 2:

Ebenso schwer wiegt das öffentliche Ausweisungsinteresse bei Ausländern, die die freiheitliche demokratische Grundordnung oder die Sicherheit der Bundesrepublik gefährden. Hiervon ist auszugehen, wenn Tatsachen die Schlussfolgerung rechtfertigen, dass der Ausländer einer Vereinigung angehört oder angehört hat, die den Terrorismus unterstützt oder er eine derartige Vereinigung unterstützt oder unterstützt hat oder eine in § 89a Absatz 1 des Strafgesetzbuches bezeichnete schwere staatsgefährdende Gewalttat gemäß § 89a Absatz 2 des Strafgesetzbuches vorbereitet oder vorbereitet hat, es sei denn der Ausländer nimmt erkennbar und glaubhaft von seinem sicherheitsgefährdenden Handeln Abstand. Der Ausländer muss dies glaubhaft machen. Die Möglichkeit der Exkulpation in Satz 2 zweiter Halbsatz zeigt, dass der Betroffene Kenntnis davon gehabt haben muss, dass die Vereinigung den Terrorismus unterstützt, der undolose Unterstützer fällt daher nicht unter die Nummer 2.

Nummer 3:

Die Einordnung als besonders schwerwiegendes Ausweisungsinteresse entspricht der besonderen strukturellen Gefährlichkeit, die von einem (verbotenen) Verein ausgehen kann. Der Ausländer, der als Leiter eines z. B. verfassungsfeindlichen Vereins tätig war, stellt in besonderer Weise eine Gefahr für die öffentliche Sicherheit und Ordnung dar.

Anders kann je nach den Umständen des Einzelfalles die Situation bewertet werden, wenn die Leitereigenschaft des Ausländers bereits weit in der Vergangenheit abgeschlossen wurde und der Ausländer seit langer Zeit keine Verbindung mehr zu dem (verbotenen) Verein und dessen Tätigkeit erkennen lässt.

Nummer 4:

Das öffentliche Interesse an der Ausweisung eines Ausländers, der zur Verfolgung politischer oder religiöser Ziele Gewalt anwendet, zu Gewalt aufruft oder diese androht, wird als besonders schwerwiegend bewertet. Der Klarstellung halber wird im Gesetzeswortlaut deutlich gemacht, dass auch religiöse Ziele – als Untergruppe der politischen Ziele – von diesem Ausweisungsinteresse erfasst sind, denn extremistische Netzwerke existieren nicht nur im politischen Spektrum, sondern auch im religionspolitischen Spektrum, z. B. in der Szene der gewaltbereiten Salafisten. Auch der ehemalige Regelausweisungsgrund nach § 54 Nr. 4 (Gewalttätigkeiten im Rahmen einer verbotenen oder aufgelösten Versammlung) geht weitgehend in Absatz 1 Nummer 4 n. F. auf, soweit die Anwendung von Gewalt gegen Menschen oder Sachen im Rahmen einer solchen Versammlung oder eines solchen Aufzugs regelmäßig auch der Verfolgung politischer Ziele dient. Eine Exkulpation ist im Rahmen der Nummer 4 nicht vorgesehen, da der Ausländer bereits

---

[5] BT-Drs. 18/7537, 5; *Hoppe* in Dörig MigrationsR-HdB, § 7 Rn. 78.
[6] BT-Drs. 18/4097, 50 ff. sowie BT-Drs. 18/7537, 5 ff.
[7] → Rn. 4 bzgl. Abs. 1 Nr. 1 idF des Asylpakets II.

1 AufenthG § 54

Gewalt eingesetzt hat und sich davon, anders als von einem bestimmten Gedankengut, nicht distanzieren kann.

Nummer 5:

Mit der Neubewertung als besonders schwerwiegendes Ausweisungsinteresse soll die gesetzgeberische Wertung zum Ausdruck gebracht werden, dass bei sog. „Hasspredigern" oder Personen, die gegen andere Bevölkerungsteile hetzen, ein erhebliches Interesse an der Ausreise der Person besteht. Der Gefährdung des friedlichen Zusammenlebens in Deutschland durch „geistige Brandstifter" soll durch die Einordnung dieser Verhaltensweisen als besonders schwerwiegendes Ausweisungsinteresse möglichst frühzeitig und wirkungsvoll entgegengetreten werden. Das „Hasspredigen" wiegt mithin genauso schwer wie z. B. die möglicherweise durch eine solche Radikalisierung begründete Gewaltanwendung zur Durchsetzung politischer oder religiöser Ziele nach Nummer 4. Zur weiteren Konkretisierung enthält Nummer 5 eine Aufzählung von Verhaltensweisen, in denen von „Hasspredigen" auszugehen ist. Wie in Nummer 2 ist es hier möglich, dass sich der Ausländer exkulpiert, indem er erkennbar und glaubhaft von seinem Handeln Abstand nimmt. Dies hat der Ausländer glaubhaft zu machen.

Absatz 2:

In § 54 Absatz 2 werden Umstände aufgezählt, die dazu führen, dass das Interesse an der Ausweisung schwer wiegt.

Nummer 1 und 2:

Erfasst werden in Nummer 1 vorsätzliche Straftaten des Ausländers, die zu einer rechtskräftigen Verurteilung zu einer Freiheitsstrafe von mindestens einem Jahr geführt haben. Nach Nummer 2 wiegt das Ausweisungsinteresse schwer, wenn der Ausländer wegen einer oder mehrerer vorsätzlicher Straftaten rechtskräftig zu einer Jugendstrafe von mindestens einem Jahr verurteilt und die Vollstreckung der Strafe nicht zur Bewährung ausgesetzt worden ist.

Nummer 3 und 4:

Ein schwerwiegendes Ausweisungsinteresse nach Nummer 3 ist gegeben, wenn der Ausländer Betäubungsmittel unerlaubt anbaut, herstellt, mit ihnen Handel treibt, sie, ohne Handel zu treiben, einführt, ausführt, veräußert, abgibt, sonst in den Verkehr bringt, erwirbt oder sich in sonstiger Weise verschafft.

Nummer 4 regelt die Ausweisung wegen des Konsums von Heroin, Kokain und vergleichbar gefährlichen Betäubungsmitteln. Für die Ausweisung wird neben dem Drogenkonsum des Ausländers gefordert, dass dieser nicht zu einer erforderlichen, seiner Rehabilitation dienenden Behandlung bereit ist oder sich dieser entzieht. Von einer Ausweisung wegen Drogenkonsums ist regelmäßig abzusehen, wenn konkrete Anhaltspunkte dafür vorliegen, dass der Ausländer auf Grund einer erforderlichen, seiner Rehabilitation dienenden Behandlung keine Drogen mehr gebrauchen wird und sich dies etwa aus der Zurückstellung der Strafvollstreckung gemäß § 35 des Betäubungsmittelgesetzes ergibt. Der Ausländer hat die für seine Person günstigen Gesichtspunkte vorzutragen und hierbei die erforderlichen Gutachten vorzulegen.

Die **Nummern 5 und 6** *entsprechen den Nummern 10 und 11 des bisherigen § 55 Absatz 2 a. F.*

Nummer 7:

Der Ausländer, der in einer Sicherheitsbefragung vorsätzlich falsche, unvollständige oder gar keine Angaben macht, begründet bei vorherigem Hinweis auf die Rechtsfolgen ein schwerwiegendes Ausweisungsinteresse. Der bisherige Ausweisungstatbestand aus § 54 Nummer 6 a. F. wird ergänzt um die Modalität, dass der Ausländer in einer Befragung jegliche Angabe verweigert. Auch der Kreis der erfragten Personen und Organisationen wird erweitert um solche, die der Gefährdung der freiheitlichen demokratischen Grundordnung oder der Sicherheit der Bundesrepublik verdächtig sind. Der Vorsatz muss auch die Gefährlichkeit der Organisation oder der terroristischen Verbindungen der Person, zu denen er befragt wurde, umfassen.

Nummer 8 entspricht § 55 Absatz 2 Nummer 1 a. F.

Nummer 9:

Mit Nummer 9 werden nicht nur vereinzelte oder geringfügige Verstöße gegen die Rechtsvorschriften oder gerichtliche oder behördliche Entscheidungen oder Verfügungen sanktioniert. Innerhalb der normierten Ausweisungsinteressen in § 54 Absätze 1 und 2 kommt dem Ausweisungsinteresse nach Absatz 2 Nummer 9 eine Auffangfunktion zu.

Geregelt ist nunmehr zudem, dass eine durch den Ausländer im Ausland begangene Handlung, die im Bundesgebiet als vorsätzliche schwere Straftat anzusehen ist, ein schwerwiegendes Ausweisungsinteresse begründet. Mit dieser Neufassung soll explizit klargestellt werden, dass ein Handeln, das im Ausland, z. B. aufgrund erheblicher kultureller Unterschiede, nicht als Straftat gilt, aber nach der deutschen Rechtsordnung eine vorsätzliche Straftat begründet, von Nummer 9 erfasst ist, z. B. die nicht strafbewehrte Züchtigung der Ehefrau. Es kommt also nicht darauf an, inwiefern das Handeln im Ausland strafrechtlich geahndet werden kann."

Ausweisungsinteresse **§ 54 AufenthG 1**

Abs. 1 Nr. 1a und Abs. 2 Nr. 1a[8] wurden flankierend zum sog. Asylpaket II[9] gemäß Art. 1 Nr. 2   3
des am 17.3.2016 in Kraft getretenen Ges zur erleichterten Ausweisung von straffälligen Ausländern und zum erweiterten Ausschluss der Flüchtlingsanerkennung bei straffälligen Asylbewerbern[10] in den Katalog der Ausweisungsinteressen aufgenommen. Des Weiteren wurden in Abs. 1 Nr. 1 die Wörter „mehr als (zwei Jahre verurteilt)" durch „mindestens" ersetzt und hernach die neue Nr. 1a eingefügt, ebenso wie in Abs. 2 die neue Nr. 1a eingefügt wurde.

Der Gesetzgeber begründete diese rasche Änderung des erst am 1.1.2016 in Kraft getretenen neuen   4
Ausweisungsrechts wie folgt:

(Zu Abs. 1 Nr. 1) „Ein besonders schwerwiegendes Ausweisungsinteresse liegt künftig bereits bei der Verurteilung des Ausländers zu einer Freiheits- oder Jugendstrafen von mindestens zwei Jahren vor (§ 54 Abs. 1 Nr. 1). Dies gilt unabhängig davon, ob die zweijährige Freiheits- oder Jugendstrafe zur Bewährung ausgesetzt worden ist." (Zur neuen Nr. 1a in Abs. 1) „Weiterhin wird ein zusätzliches besonders schwerwiegendes Ausweisungsinteresse in § 54 Abs. 1 Nr. 1a normiert: Hiernach wiegt ein Ausweisungsinteresse besonders schwer, wenn ein Ausländer wegen einer oder mehrerer vorsätzlicher Straftaten gegen das Leben, die körperliche Unversehrtheit, die sexuelle Selbstbestimmung, das Eigentum oder wegen Widerstands gegen Vollstreckungsbeamte rechtskräftig zu einer Freiheits- oder Jugendstrafe von mindestens einem Jahr verurteilt worden ist. Dies gilt nur dann, wenn die vorgenannten Straftaten mit Gewalt, unter Anwendung von Drohung mit Gefahr für Leib oder Leben oder mit List begangen worden sind. Bei serienmäßig begangenen Straftaten gegen das Eigentum kommt es hingegen nicht darauf an, ob die vorgenannten Tatmodalitäten gelten. Ratio von Nr. 1a – neu – ist es, im Rahmen der Prüfung des Ausweisungsinteresses entsprechend zu gewichten, wenn Straftaten gegen höchstpersönliche Rechtsgüter vorliegen oder wenn Vollstreckungsbeamte betroffen sind. Auch serielle Straftaten gegen das Eigentum, die zu einer entsprechenden Verurteilung führen, rechtfertigen das besonders schwerwiegende Ausweisungsinteresse. Es kommt nicht darauf an, ob die Freiheits- oder Jugendstrafe zur Bewährung ausgesetzt worden ist." (Zur neuen Nr. 1a in Abs. 2): „In Bezug auf die geschützten Rechtsgüter und in Bezug auf die Tatmodalitäten bzw. die serienmäßige Begehung bei Eigentumsdelikten wird auf die Begründung unter a) verwiesen. Ein schwerwiegendes Ausweisungsinteresse nach § 54 Abs. 2 liegt nach der Neuregelung schon bei jeder rechtskräftigen Verurteilung zu einer Freiheits- oder Jugendstrafe – unabhängig von einem Mindeststrafmaß – vor. Dies gilt unabhängig davon, ob die Freiheits- oder Jugendstrafe zur Bewährung ausgesetzt worden ist."

Das **50. ÄndG StGB** – Verbesserung des Schutzes der sexuellen Selbstbestimmung vom 4.11.2016[11]   5
modifizierte **Abs. 1 Nr. 1a und Abs. 2 Nr. 1a** dahin gehend, dass bei der nunmehr ausdrücklich aufgenommenen Verurteilung nach § 177 StGB keine qualifizierte Begehungsweise iSv Gewalt, Drohung oder List erforderlich ist[12]. Das **Gesetz zur Bekämpfung von Kinderehen** vom 17.7.2017[13] fasste **Abs. 2 Nr. 6** neu[14].

Das **Zweite Gesetz zur besseren Durchsetzung der Ausreisepflicht** (2. RückkehrG v.   6
15.8.2019)[15] hob die bisherige Regelung in **Abs. 1 Nr. 1a** auf und ersetzte sie durch eine Neufassung. Der jetzigen Nr. 1a liegt ein Straftatenkatalog zugrunde, bei dem es im Gegensatz zur vorherigen Fassung – mit Ausnahme für die Straftat gegen das Eigentum – auf bestimmte Tatmodalitäten nicht mehr ankommt. Ist wegen einer oder mehrerer vorsätzlich begangener dort aufgeführter Straftaten rechtskräftig eine Freiheits- oder Jugendstrafe von mindestens einem Jahr verhängt worden, so wiegt das Ausweisungsinteresse besonders schwer. Zusätzlich wurde **Nr. 1b in Abs. 1** eingefügt. Dieser bestimmt nunmehr auch bei einer rechtskräftigen Verurteilung zu einer Freiheits- oder Jugendstrafe von mindestens einem Jahr wegen Sozialleistungsbetrugs und Betäubungsmittelkriminalität ein besonders schwerwiegendes Ausweisungsinteresse. In **Abs. 2 Nr. 1** wurde für die Annahme eines schwerwiegenden Ausweisungsinteresses die Höhe der rechtskräftig verhängten Freiheitsstrafe von mindestens einem Jahr auf mindestens sechs Monate abgesenkt. Aufgrund dessen erfolgte die ersatzlose Streichung von **Abs. 2 Nr. 1a**.

Die Gesetzesbegründung führt aus[16]: Zu § 54 I Nr. 1a und Nr. 1b: 7

„Anstelle der in Absatz 1 Nummer 1a genannten Tatmittel Gewalt, Drohung mit Gefahr für Leib oder Leben oder List wird ein abschließender Straftatenkatalog inkorporiert, der den im Normcharakter angelegten, die Annahme eines besonders schwerwiegenden Ausweisungsinteresses rechtfertigenden Rechtsgüterschutz abbildet. Dabei werden die bislang schon umfassten Straftaten gegen Leib und Leben weiterhin unverändert erfasst. Andere als die bereits in § 177 des Strafgesetzbuchs (StGB) erfassten Straftaten gegen die sexuelle

---

[8] → Rn. 6 zu deren Änderungen durch das 2. RückkehrG.
[9] → AsylG Vor Rn. 34 ff. sowie bei → § 53 Rn. 4.
[10] BGBl. 2016 I S. 394.
[11] BGBl. 2016 I S. 2460.
[12] Vgl. näher die Begründung in BT-Drs. 18/8210.
[13] BGBl. 2017 I S. 2429.
[14] S. die Gesetzesbegründung in BT-Drs. 18/12086.
[15] BGBl. 2019 I S. 1294.
[16] BT-Drs. 19/10047, 33.

Selbstbestimmung sind diese künftig in einem erweiterten Katalog erfasst (§§ 174, 176 bis 178, 181a, 184b, 184d und 184e jeweils in Verbindung mit § 184b StGB), der nicht auf mit Gewalt, Drohung mit Gefahr für Leib oder Leben oder List begangene Sexualdelikte beschränkt ist. Eigentumsdelikte sind nach dem neuen Buchstaben d) erfasst, sofern das Gesetz eine im Mindestmaß erhöhte Freiheitsstrafe für die Straftat vorsieht oder die Straftaten serienmäßig begangen wurden. Neben dem Widerstand gegen Vollstreckungsbeamte ist künftig auch der nach § 114 StGB strafbare Tätliche Angriff gegen Vollstreckungsbeamte erfasst. Durch die Neufassung werden die Ausländerbehörden davon entlastet, umfangreiche Strafurteile auf die Voraussetzung hin durchzusehen, ob die abgeurteilten Straftaten unter Anwendung der genannten Tatmittel Gewalt, Drohung mit Gefahr für Leib oder Leben oder mit List begangen wurden. Dies bedeutet für die Ausländerbehörden eine deutliche Entlastung, denn die Feststellung, ob die Voraussetzung nach bisheriger Rechtslage erfüllt war, ergibt sich in der Regel nicht aus dem Tenor des Urteils, sondern erfordert ein ausführliches Studium der Urteilsgründe. Sozialleistungsbetrug und Straftaten nach dem Gesetz über den Verkehr mit Betäubungsmitteln wohnt ein deutlich erhöhter sozialer Unrechtsgehalt inne, so dass bei derart schweren Verstößen, die zu einer Freiheits- oder Jugendstrafe von mindestens einem Jahr geführt haben, ein besonders schwerwiegendes Ausweisungsinteresse gegeben ist."

Die Änderungen in Abs. 2 werden mit der Überlegung begründet[17], dass eine Verurteilung zu einer Freiheitsstrafe von sechs Monaten erst ab einer gewissen Schwere der Tat erfolge, sodass für diese Fälle die Grenze der strafrechtlichen Verurteilung zu einer Freiheitsstrafe von mindestens einem Jahr auf mindestens sechs Monate für ein schwerwiegendes Ausweisungsinteresse abgesenkt werde. Aufgrund der Absenkung der Schwelle von einem Jahr auf sechs Monate in § 54 II Nr. 1 entfalle das Bedürfnis nach der bisherigen Regelung in § 54 II Nr. 1a.

II. Ausweisungsinteressen nach Abs. 1

8 Die Tatbestandsvoraussetzungen der verschiedenen Nummern in Abs. 1 orientieren sich teilweise an Tatbeständen, die in dem bis 31.12.2015 gültigen Ausweisungsrecht in dessen §§ 53, 54 oder 55 enthalten waren. Unabhängig von der früheren Einordnung wird ihnen nunmehr einheitlich normativ ein besonders schweres Ausweisungsinteresse beigemessen. Nr. 1a und 1b haben so keine Entsprechung im alten Ausweisungsrecht. Nach Inkrafttreten des neuen Ausweisungsrechts hat der Gesetzgeber die Höhe der strafrechtlichen Verurteilung – teilweise auch deliktspezifisch – abgesenkt, an die ein besonders schwerwiegendes Ausweisungsinteresse anknüpft. Entsprechend ist seine Vorgehensweise auch im Bereich des schwerwiegenden Ausweisungsinteresses (Abs. 2 Nr. 1). Dies entbindet nicht davon, vor allem in den Fällen, in denen die Strafe von vornherein zur Bewährung ausgesetzt ist, die Frage der Wiederholungsgefahr[18] bzw. die Verhältnismäßigkeit[19] einer Ausweisung sorgfältig zu prüfen.

1. Freiheits- oder Jugendstrafe von mindestens zwei Jahren wegen Vorsatzdelikten oder Sicherungsverwahrung (Nr. 1)

9 Nr. 1 Alt. 1 betrifft durch den Gesetzgeber als gravierend eingestufte vorsätzliche Strafrechtsverstöße des Ausländers, die **rechtskräftig mit Freiheits- oder Jugendstrafe von mindestens zwei Jahren** geahndet worden sind. Auf den Deliktstypus kommt es nicht an. Zu den besonders schwerwiegenden Ausweisungsinteressen sind auch die Fälle zu rechnen, in denen bei der letzten rechtskräftigen Verurteilung **Sicherungsverwahrung** angeordnet worden ist (Nr. 1 Alt. 2). Vor Inkrafttreten des Gesetzes zur erleichterten Ausweisung von straffälligen Ausländern und zum erweiterten Ausschluss der Flüchtlingsanerkennung bei straffälligen Asylbewerbern am 17.3.2016 musste eine Strafe von „mehr als" zwei Jahren vorliegen, die folglich nicht mehr zur Bewährung ausgesetzt werden konnte. Die jetzige Gesetzesfassung stellt eine gewollte weitere Verschärfung des Ausweisungsrechts dar. § 56 StGB ermöglicht es nämlich, eine Freiheitsstrafe von genau zwei Jahren noch zur Bewährung auszusetzen; § 21 II JGG sieht ebenfalls die Möglichkeit der Bewährung bei einer Jugendstrafe vor, die zwei Jahre nicht übersteigt.

10 **Die Vorschrift ist § 53 Nr. 1 Alt. 1 und Alt. 3 AufenthG in der bis 31.12.2015 geltenden Fassung nachgebildet.** Jedoch wurde der Tatbestand gegenüber § 53 Nr. 1 Alt. 1 aF insoweit verschärft, als dort noch eine Verurteilung zu zumindest drei Jahren erforderlich war. § 53 Nr. 1 Alt. 2 aF, der den Fall von rechtskräftigen Verurteilungen wegen vorsätzlicher Straftaten innerhalb von fünf Jahren zu mehreren Freiheits- oder Jugendstrafen von zusammen mindestens drei Jahren erfasste, wurde in das neue Recht nicht übernommen. Aufgrund der Herabsenkung der Strafhöhe in Alt. 1. sah der Gesetzgeber wohl hierfür kein praktisches Bedürfnis mehr. Gleiches dürfte auch für die fehlende Übernahme der rechtskräftigen Verurteilung zu einer nicht zur Bewährung ausgesetzten Freiheitsstrafe wegen Einschleusens von Ausländern nach §§ 96 oder 97 gelten (§ 53 Nr. 3 aF); aufgrund der in der

---

[17] BT-Drs. 19/10047, 33.
[18] → § 53 Rn. 48 ff., insbes. → § 53 Rn. 53.
[19] → § 53 Rn. 67 ff.

Ausweisungsinteresse § 54 AufenthG 1

Regel verhängten Freiheitsstrafen[20] werden diese Fälle durch § 54 I Nr. 1 und II Nr. 1 ausreichend erfasst. Die bisher § 53 Nr. 2 aF zugrunde liegende Fallkonstellation der rechtskräftigen Verurteilung wegen Landfriedensbruchs nach § 125a S. 2 StGB bzw. § 125 StGB ist ebenfalls im Wesentlichen durch § 54 I Nr. 1 und II Nr. 1 abgedeckt. Entsprechendes gilt für die in § 53 Nr. 2 aF genannte Betäubungsmittelkriminalität, für die vor allem Nr. 1 oder Nr. 1b des § 54 einschlägig sind.

Bei dem Tatbestand nach Nr. 1 Alt. 1 kommt es allein auf die **Höhe der rechtskräftig verhängten** 11 **Strafe** an. Die Straftaten können im Ausland begangen, die Verurteilung muss aber im Inland erfolgt sein. Ein Vergleich mit § 54 II Nr. 9 lässt erkennen, dass Auslandsstraftaten in das Ausweisungsrecht grundsätzlich einbezogen sind. Der absoluten Anknüpfung an die Strafhöhe liegt aber eine Wertung zugrunde, die Sinn und Zweck nur durch ihre Beziehung zu einem bestimmten Strafstandard erhält. Deshalb kann nur ein **inländisches Strafurteil** an der Mindestgrenze von mindestens zwei Jahren gemessen werden. Zudem verdeutlichen die Verwendung der Begriffe Sicherungsverwahrung (vgl. § 66 StGB) und die ursprüngliche gesetzgeberische Begründung, wonach bei Einführung der Norm nur Strafen erfasst werden sollten, bei denen die Strafaussetzung zur Bewährung nicht mehr möglich ist (vgl. § 56 StGB), die Notwendigkeit einer inländischen Verurteilung.

Nach der Ratio der Vorschrift soll ein Strafurteil einer anderen nationalen Gerichtsbarkeit keine 12 Grundlage für Nr. 1 sein. Anderes gilt aber bei einer Verurteilung durch den – auf Völkerrecht beruhenden – **IStGH**, der nach **Art. 1 IStGH-StatutG** die innerstaatliche Strafgerichtsbarkeit ergänzt. Die Gerichtsbarkeit des ständigen Internationalen Strafgerichtshofs beruht auf dem Römischen Statut, das auch Deutschland ratifiziert hat[21] und mit dem es die Gerichtsbarkeit des Gerichtshofs für die Verfolgung der in Art. 5 bezeichneten Verbrechen (ua Völkermord, Verbrechen gegen die Menschlichkeit oder Kriegsverbrechen) ausdrücklich anerkennt. Da aber mittlerweile auch eine Zuständigkeit deutscher Strafgerichte für Taten nach dem Völkerstrafgesetzbuch besteht[22], dürfte eine Ausweisung in Anknüpfung an ein Urteil des IStGH kaum praktische Bedeutung haben. Der Heranziehung eines rechtskräftigen Strafurteils eines ausländischen Gerichts, auch wenn dieses in der Bundesrepublik Deutschland nach **Art. 54 SDÜ iVm Art. 50 GRCh** zu einem **Strafklageverbrauch** führt, dürfte die Ratio der Vorschrift entgegenstehen. Verurteilungen durch ein ausländisches Gericht können aber jedenfalls durch § 54 II Nr. 9 erfasst werden.

Das Mindestmaß von zwei Jahren Freiheits- oder Jugendstrafe wegen (mehrerer) Vorsatztaten (Nr. 1 13 Alt. 1) kann auch durch nachträgliche Bildung einer Gesamtstrafe erreicht werden. Immer muss es sich aber um **eine einzige Strafe** handeln. Eine solche Verurteilung liegt auch bei einer Verurteilung in Tatmehrheit iSd § 53 StGB bzw. der einheitlichen Jugendstrafe gemäß § 31 I JGG oder einer nachträglichen Gesamt- bzw. Jugendstrafenbildung nach § 55 StGB bzw. § 31 II JGG[23] vor.

Erfolgte die Verurteilung wegen in Tateinheit (§ 52 StGB) oder Tatmehrheit (§ 53 StGB) begange- 14 ner **Vorsatz- und Fahrlässigkeitstaten,** so muss die einbezogene Vorsatzstraftat an der Gesamtstrafe einen Anteil von mindestens zwei Jahren haben. Aus den Urteilsgründen, insbesondere den Strafzumessungserwägungen, müssen die Einsatzstrafen erkennbar sein. Nur auf diese Weise kann zweifelsfrei darauf geschlossen werden, dass die Vorsatzstraftat das Mindeststrafmaß von zwei Jahren erfüllt; eine Schätzung ist unzulässig. Kann der Anteil der Vorsatztat an dem Strafmaß nicht hinreichend genau ermittelt werden, so kann die Verurteilung nicht die Anwendbarkeit der Nr. 1 Alt. 1 rechtfertigen. Bei der Einheitsjugendstrafe ist die Feststellung des Anteils der jeweiligen Vorsatz- bzw. Fahrlässigkeitstat in der Regel nicht möglich. Eine spätere Aussetzung der Vollstreckung des Strafrestes zur **Bewährung** nach §§ 57, 57a StGB oder § 88 JGG lässt den Tatbestand der Nr. 1 Alt. 1 nicht entfallen. Unter **Anordnung der Sicherungsverwahrung** bei der letzten rechtskräftigen Verurteilung sind Anordnungen nach § 66 StGB zu verstehen. Der Vorbehalt der Anordnung der Sicherungsverwahrung nach § 66a StGB und die nachträgliche Anordnung der Sicherungsverwahrung nach § 66b StGB fallen aufgrund des klaren Wortlauts nicht unter Nr. 1 Alt. 2.

Wird gegen den Ausländer infolge einer im Zustand der Schuldunfähigkeit begangenen Tat eine 15 **Maßregel der Besserung und Sicherung** angeordnet in Gestalt der **Unterbringung in einem psychiatrischen Krankenhaus oder in einer Entziehungsanstalt** (§ 61 StGB iVm §§ 63, 64 StGB), so fehlt es an einer rechtskräftigen Verurteilung. Selbst bei einem Kapitaldelikt liegt in einem

---

[20] Vgl. etwa BGH Urt. v. 26.2.2015 – 4 StR 233/14, NVwZ 2015, 836: Freiheitsstrafe von drei Jahren wegen gewerbsmäßigen Einschleusens syrischer Bürgerkriegsflüchtlinge aus Griechenland trotz nachfolgendem Selbsteintritt der Bundesrepublik Deutschland nach Dublin II-VO, s. hierzu auch Anm *Gutmann* NVwZ 2015, 838.
[21] IStGH-StatutG v. 4.12.2000, BGBl. 2000 II S. 1393; vgl. auch den entsprechenden Gesetzesentwurf, BT-Drs. 14/2682, 1 ff. S. näher zum Römischen Statut u. dessen Weiterentwicklung auch EASO (nunmehr EUAA), Judicial analysis, Exclusion: Art. 12 and Art. 17 Qualification Directive, 2nd ed. 2020, Part 3.3.1, p. 59 ff.; Appendix D, p. 162 ff. www.euaa.europa.eu.
[22] S. grundlegend zur Verantwortlichkeit für Taten nach dem Völkerstrafgesetzbuch (Ruanda-Konflikt) BGH Urt. v. 20.12.2018 – 3 StR 236/17, NJW 2019, 1818; *Gierhake* NJW 2019, 1779; BGH Urt. v. 28.1.2021 – 3 StR 564/19, BGHSt 65, 286 (strafrechtliche Ahndung von Kriegsverbrechen eines ausländischen nachrangigen Hoheitsträgers im Ausland; Voraussetzungen des Kriegsverbrechens der Folter).
[23] Vgl. zur einheitlichen Jugendstrafe nach § 31 JGG bereits HessVGH Beschl. v. 15.7.2013 – 3 B 1429/13, InfAuslR 2014, 3; OVG NRW Beschl. v. 5.1.1998 – 18 B 450/96, NVwZ-Beilage 1998, 92.

Bauer 1057

solchen Fall grundsätzlich nur ein Ausweisungsinteresse nach Abs. 2 Nr. 9 vor. Zwar ist die Unterbringung in der Sicherungsverwahrung nach § 61 Nr. 3 StGB ebenfalls eine Maßregel der Besserung und Sicherung; aufgrund des eindeutigen Wortlauts werden von § 54 I Nr. 1 aber nicht weitere Formen von Maßregeln erfasst.

2. Freiheits- oder Jugendstrafe von mindestens einem Jahr bei bestimmten Vorsatzdelikten (Nr. 1a)

16 Für das Erfordernis **einer rechtskräftigen Verurteilung** zu einer Freiheits- oder Jugendstrafe von mindestens einem Jahr wegen einer **vorsätzlichen Straftat** aus einer bestimmten Deliktgruppe gelten die Ausführungen oben zu Nr. 1 entsprechend. Ist eine Gesamtfreiheitsstrafe oder Jugendeinheitsstrafe gebildet, kann Nr. 1a ferner nur angewendet werden, wenn aus dem Urteil eindeutig hervorgeht, dass für eines oder mehrerer in Nr. 1a unter lit. a–e gelisteten Delikte eine solche Strafe festgesetzt worden ist. Die Bezeichnung der **Deliktgruppen** ist strafrechtlich zu verstehen. Erfasst ist mit Leben in lit. a der 16. Abschnitt des StGB (§§ 211 ff. StGB), mit körperlicher Unversehrtheit in lit. b der 17. Abschnitt (§§ 223 ff. StGB) und mit Eigentum in lit. d der 19. (§§ 242 ff. StGB) sowie 20. (allerdings nur §§ 249–252 StGB)[24] Abschnitt des StGB[25] und die Sachbeschädigung nach § 303 StGB[26], da auch hier geschütztes Rechtsgut das Eigentum[27] ist. Delikte, die sich gegen das Vermögen (z. B. § 263 StGB) oder die Verfügungsbefugnis (vgl. etwa § 248b, § 303a,§ 303b StGB) richten, sind nach dem Wortlaut der Vorschrift und den Zielen des Gesetzgebers bei der Novellierung bewusst nicht in Nr. 1a aufgenommen, weshalb eine zu Lasten des Ausländers gehende erweiternde Auslegung der Vorschrift auch auf Delikte, die – wie die räuberische Erpressung – dem Schutz des Vermögens dienen[28], nicht zulässig ist[29]. Lit. c listet hingegen **enumerativ bestimmte Straftaten gegen die sexuelle Selbstbestimmung** auf. Liegt eine Verurteilung wegen eines Delikts gegen die sexuelle Selbstbestimmung vor, die in lit. c nicht ausdrücklich genannt ist, zB eine Verurteilung nach § 174c StGB (sexueller Missbrauch unter Ausnutzung eines Beratungs-, Behandlungs- oder Betreuungsverhältnisses) oder nach § 184c (Verbreitung, Erwerb und Besitz jugendpornografischer Schriften), so kann Nr. 1a nicht herangezogen werden. Der Gesetzgeber hat sich bewusst dafür entschieden, im Gegensatz zur ursprünglichen Fassung der Nr. 1a[30] nicht allgemein die Deliktgruppe des 13. Abschnitts des StGB (§§ 174 ff. StGB) aufzuführen, sondern spezifisch einzelne Delikte herauszuheben. Aus der Gesetzesbegründung[31] lassen sich keine Gründe für die konkret erfolgte Auswahl entnehmen. Soweit lit. c nicht nur § 184b StGB (Verbreitung, Erwerb und Besitz kinderpornografischer Schriften) aufzählt, sondern am Ende von lit. c. nochmals „jeweils in Verbindung mit § 184b des Strafgesetzbuchs" aufführt, muss es sich hierbei um ein redaktionelles Versehen handeln. Dieser Zusatz ergibt keinen Sinn, gemeint ist wohl § 184h StGB[32], der ua den Begriff der sexuellen Handlung enthält. § 184h StGB ist aber bereits in einem strafgerichtlichen Urteil abgearbeitet. Unter lit. e werden Straftaten nach § 113 StGB (Widerstand gegen Vollstreckungsbeamte) und nach § 114 StGB (tätlicher Angriff gegen Vollstreckungsbeamte) erfasst.

17 In der **früheren Fassung der Nr. 1a** mussten die Straftaten mit Gewalt (zum Gewaltbegriff vgl. § 240 StGB), **unter Anwendung von Drohung mit Gefahr für Leib oder Leben oder mit List** begangen worden sein; bei **Straftaten gegen das Eigentum** wurden diese (zusätzlichen) Voraussetzungen nicht verlangt, wenn die Straftaten **serienmäßig** begangen wurden. Der Gesetzgeber hat nunmehr – mit Ausnahme für die Straftat gegen das Eigentum – auf besondere Tatmodalitäten **verzichtet**. Ausweislich der **Gesetzesbegründung** ist dies nicht wegen der dogmatischen Fragwürdigkeit[33] oder aus dem alleinigen Grund der Erhöhung des Rechtsgüterschutzes erfolgt. Motiv ist es, die Ausländerbehörde davon zu entlasten, umfangreiche Strafurteile auf die Voraussetzung hin durchzusehen, ob die abgeurteilten Straftaten unter Anwendung der genannten Tatmittel begangen worden

---

[24] Geschütztes Rechtsgut ist beim Raub (§§ 249 ff. StGB) in erster Linie das Eigentum, daneben auch die persönliche Freiheit, während Schutzgut der Erpressung (§§ 253 f. StGB) das Vermögen u. die Freiheit sind (*Bosch* in Schönke-Schröder StGB, § 249 Rn. 1; § 253 Rn. 1.
[25] Vgl. auch *Hoppe* in Dörig MigrationsR-HdB, § 7 Rn. 79.
[26] *Fleuß* in BeckOK AuslR AufenthG § 54 Rn. 34 (Stand 1.1.2022).
[27] *Hecker* in Schönke-Schröder StGB § 303 Rn. 1.
[28] Dies befürwortend VG Berlin Urt. v. 3.12.2019 – 19 K 194/19, BeckRS 2019, 32292 Rn. 24.
[29] *Fleuß* in BeckOK AuslR AufenthG § 54 Rn. 34 (Stand 1.1.2022).
[30] § 54 I Nr. 1a in der bis zum Inkrafttreten des 2. RückkehrG geltenden Fassung sah ein besonders schwerwiegendes Ausweisungsinteresse vor, wenn der Ausländer wegen einer oder mehrerer vorsätzlicher Straftaten gegen das Leben, die körperliche Unversehrtheit, die sexuelle Selbstbestimmung, das Eigentum oder wegen Widerstands gegen Vollstreckungsbeamte rechtskräftig zu einer Freiheits- oder Jugendstrafe von mindestens einem Jahr verurteilt worden ist, sofern die Straftat mit Gewalt, unter Anwendung von Drohung mit Gefahr für Leib oder Leben oder mit List begangen worden ist oder eine Straftat nach § 177 des Strafgesetzbuches ist; bei serienmäßiger Begehung von Straftaten gegen das Eigentum wiegt das Ausweisungsinteresse auch dann besonders schwer, wenn der Täter keine Gewalt, Drohung oder List angewendet hat.
[31] → Rn. 6 f.
[32] So auch *Fleuß* in BeckOK AuslR AufenthG § 54 Rn. 32 (Stand 1.1.2022).
[33] *Bauer/Beichel-Benedetti* NVwZ 2016, 416 (417).

seien, denn die Feststellung, ob die Voraussetzung nach bisheriger Rechtslage erfüllt gewesen sei, ergebe sich in der Regel nicht aus dem Tenor des Urteils, sondern erfordere ein ausführliches Studium der Urteilsgründe[34]. Die Beurteilung der Wiederholungsgefahr gebietet die Gesamtabwägung die Kenntnis aller Umstände des Einzelfalls – und damit auch der Urteilsgründe. Es hat den Anschein, als verkenne der Gesetzgeber grundlegend die Konzeption des Ausweisungsrechts. Im Übrigen greift der Gedanke, das Recht einfacher zu gestalten, erkennbar nicht bei lit. d.

18 Straftaten gegen das Eigentum fallen nach lit. d weiterhin nur unter einschränkenden Voraussetzungen in den Anwendungsbereich der Nr. 1a. Die Straftaten gegen das Eigentum müssen serienmäßig begangen sein oder das Gesetz sieht für die Straftat eine im Mindestmaß erhöhte Freiheitsstrafe vor. Eine **im Mindestmaß erhöhte Freiheitsstrafe** erfordert, dass die für das jeweilige Delikt vorgesehene untere Grenze des Strafrahmens für die Freiheitsstrafe über das Mindestmaß von einem Monat Freiheitsstrafe (vgl. § 38 Abs. 2 StGB) hinausgeht. Eine im Mindestmaß erhöhte Freiheitsstrafe gegen ein Eigentumsdelikt liegt vor im Fall einer Verurteilung nach § 244 StGB (Diebstahl mit Waffen; Bandendiebstahl; Wohnungseinbruchdiebstahl) oder § 244a StGB (schwerer Bandendiebstahl) sowie bei § 249 StGB (Raub) oder § 250 StGB (schwerer Raub). In all diesen Fällen enthält das Grunddelikt oder die Qualifikation eine Mindestfreiheitsstrafe, die – deutlich – über einen Monat Freiheitsstrafe hinausgeht. Nicht erfasst von dieser Alt. werden aufgrund der niedrigeren Mindeststrafe hingegen Verurteilungen nach § 246 StGB (Unterschlagung) oder § 242 StGB (Diebstahl). Da § 243 StGB (besonders schwerer Fall des Diebstahls) nur eine Strafzumessungsregel enthält[35], handelt es sich nicht um ein Vergehen mit einer im Mindestmaß erhöhten Strafe[36]. Der Gesetzgeber hat der gesamten Neufassung der Nr. 1a bewusst eine strafrechtliche Kategorisierung zugrunde gelegt[37]; daher ist eine gefahrenrechtliche geprägte Auslegung unter Erfassung auch der Strafzumessungsregel nach § 243 StGB nicht zu befürworten[38].

19 Unter welchen Voraussetzungen eine **serienmäßige Begehung von Straftaten gegen das Eigentum** vorliegt, lässt sich weder dem Wortlaut der Vorschrift noch der Begründung des Gesetzes entnehmen. Die in der Norm zum Ausdruck kommende Verknüpfung zwischen der serienmäßigen Begehung und der entsprechenden Verurteilung kann für ein **strafrechtliches Verständnis** der seriellen Straftat sprechen[39] – ebenso der Umstand, dass mit der weiteren Alt. in lit. d – „im Mindestmaß erhöhte Freiheitsstrafe" eindeutig auf das Strafrecht Bezug genommen wird. Die Normen der Eigentumskriminalität nach §§ 242 ff. StGB kennen aber einen Tatbestand der seriellen Begehung nicht. Die Straftatbestände knüpfen vielmehr entweder an eine „gewerbsmäßige" Begehung (§ 243 I 2 Nr. 3) oder an eine „fortgesetzte" Begehung (§ 244 I Nr. 2) an. Die serienmäßige Tatbegehung ist ein Aspekt der Strafzumessung, der nicht nur bei Eigentumsdelikten gilt. Sie ist dadurch gekennzeichnet, dass eine Vielzahl von Taten räumlich, zeitlich oder sonst besonders eng verschränkt sind; für ihre Annahme bedarf es besonderer Feststellungen im Strafurteil[40].

20 Ausgehend davon, dass das Ausweisungsrecht in früheren Fassungen, nämlich in § 48 II AuslG 1990 und § 56 II 3 AufenthG aF an die „serienmäßige Begehung" Verschärfungen angeknüpft hat, könnte auch das früher geltende **öffentlich-rechtliche Verständnis**[41] zu reaktivieren sein, was dazu führt, dass dies eine eigenständig zu bestimmende Voraussetzung ist, die nicht identisch mit dem strafrechtlichen Begriff der „Serienstraftat" sein muss[42]. Die Serie verlangt – wie im früheren Recht[43] – die

---

[34] → Rn. 7.
[35] *Bosch* in Schönke-Schröder StGB, § 243 Rn. 1.
[36] *Schmitt* in Meyer-Goßner/Schmitt, StPO, 64. Aufl. 2021, § 153 Rn. 15; *Diemer* KK-StPO § 153 Rn. 21.
[37] Vgl. zur Verwendung des Begriffs der „im Mindestmaß erhöhten Freiheitsstrafe" etwa § 46b Abs. 1 StGB, § 153 Abs. 1 StPO.
[38] So allerdings *Fleuß* in BeckOK AuslR AufenthG § 54 Rn. 35 (Stand 1.1.2022); wohl auch SchlHOVG Beschl. v. 29.10.2021 – 4 MB 50/21, BeckRS 2021, 34242 Rn. 15.
[39] *Bauer/Beichel-Benedetti* NVwZ 2016, 416 (417).
[40] Vgl. etwa BGH Beschl. v. 25.9.2012 – 1 StR 407/12, BeckRS 2012, 24880 Rn. 51; *Fischer*, StGB, 65. Aufl. 2018, Vor § 52 Rn. 55 ff.; *Rissing-van Saan* in LK-StGB Vor zu §§ 52 ff. Rn. 69 ff.
[41] § 48 II 1 AuslG 1990 bestimmte, dass ein minderjähriger Ausländer, dessen Eltern oder dessen allein personensorgeberechtigter Elternteil sich rechtmäßig im Bundesgebiet aufhalten, nicht ausgewiesen wird, es sei denn, er ist wegen serienmäßiger Begehung nicht unerheblicher vorsätzlicher Straftaten, wegen schwerer Straftaten oder einer besonders schweren Straftat rechtskräftig verurteilt worden. Das Gleiche galt nach S. 3 für einen Heranwachsenden, der im Bundesgebiet geboren oder aufgewachsen ist und mit seinen Eltern in häuslicher Gemeinschaft lebt. Ausgehend von der Gesetzesbegründung zu § 48 II AuslG 1990, wonach der Begriff der serienmäßigen Begehung im strafrechtstechnischen Sinne zu verstehen sei (BT-Drs. 11/6321 – Entwurf eines Gesetzes zur Neuregelung des Ausländerrechts, S. 74), war es allgemeine Auffassung, dass die serienmäßige Begehung nicht unerheblicher vorsätzlicher Straftaten als eines den Ausweisungsschutz einschränkenden Tatbestands ein spezifischer Begriff des öffentlich-rechtlichen Gefahrenabwehrrechts ist und nicht der strafrechtlichen Einordnung folgt (vgl. etwa *Renner*, AuslR, 7. Aufl. 1999, AuslG § 48 Rn. 16; *Hailbronner* AuslR AuslG § 48 Rn. 71, Stand 12/2000).
[42] *Funke-Kaiser*, Fragen des novellierten Aufenthaltsrechts, in: Dokumentation, 18. Deutscher Verwaltungsgerichtstag, 2016, 221(244); zur Einordnung der serienmäßigen Begehung als eigenständigen öffentlich-rechtlichen Begriff des Gefahrenabwehrrechts auch *Fleuß* in BeckOK AuslR § 54 Rn. 36 mwN (Stand 1.1.2022).
[43] Vgl. etwa BayVGH Beschl. v. 9.8.1994 – 10 CS 94.1709, BeckRS 1994, 15506; OVG NRW Beschl. v. 12.2.1991 – 18 B 84/91, InfAuslR 1991, 187 u. Beschl. v. 19.2.1991 – 18 B 83/91, EzAR 032 Nr. 3. § 56 II 3

1 AufenthG § 54

Begehung mehrfacher, gleicher oder ähnlicher Straftaten in einer annähernd **regelmäßigen zeitlichen Abfolge**. Die Taten müssen in einem erkennbar zeitlichen Zusammenhang begangen worden sein und gewisse Gemeinsamkeiten bei der Begehungsweise haben. Um ein serienmäßiges Eigentumsdelikt bejahen zu können, sind mindestens drei Taten im strafrechtlichen Sinne erforderlich[44]. Da die serienmäßige Begehung von Straftaten in lit. d an die im ersten Teil der Norm genannte Verurteilung systematisch anknüpft, erlaubt es auch eine spezifisch ausweisungsrechtliche Sichtweise nicht, weitere (frühere oder spätere) Verurteilungen für die Feststellung der Serienmäßigkeit einzubeziehen.

21 Insgesamt ist und bleibt Nr. 1a eine dogmatisch wenig durchdachte, schnelle Reaktion des Gesetzgebers auf die die Öffentlichkeit aufrührenden Übergriffe von Ausländern in der Silvesternacht 2015/2016 in Köln. Ausdrücklich soll es Ratio von Nr. 1a sein, das Ausweisungsinteresse entsprechend besonders schwer zu gewichten, wenn Straftaten gegen höchstpersönliche Rechtsgüter vorliegen oder wenn Vollstreckungsbeamte betroffen sind. Die Norm hat aber verschiedene Wertungswidersprüche und Unstimmigkeiten. Dies betrifft etwa die unterschiedliche Behandlung von Eigentums- und Vermögenskriminalität oder die Bedeutung strafrechtlicher – gegebenenfalls zur Bewährung ausgesetzter – Verurteilungen innerhalb des Gesamtkonzepts des Ausweisungsrechts[45].

3. Freiheits- oder Jugendstrafe von mindestens einem Jahr bei Sozialleistungsbetrug und Betäubungsmittelkriminalität (Nr. 1b)

22 Nr. 1b erfasst die rechtskräftige Verurteilung zu einer Freiheits- oder Jugendstrafe von mindestens einem Jahr wegen **Betrugs nach § 263 StGB** zulasten eines Leistungsträgers oder Sozialversicherungsträgers nach dem Sozialgesetzbuch (vgl. zum Trägerbegriff § 12 SGB I); andere Betrugsdelikte fallen nicht hierunter. Ist eine Gesamtfreiheitsstrafe oder Jugendeinheitsstrafe gebildet, kann Nr. 1b nur angewendet werden, wenn aus dem Urteil eindeutig hervorgeht, dass für den Betrug eine solche Strafe festgesetzt worden ist. Der Gesetzgeber hat hierbei ua den Fall vor Augen, dass der Ausländer Leistungen nach SGB II oder Arbeitslosengeld nach SGB III bezieht, eine tatsächliche ausgeübte Erwerbstätigkeit aber verschweigt. Erfasst werden auch Ausländer, die sich als unbegleitete minderjährige Flüchtlinge ausgeben, zu Unrecht Leistungen nach dem SGB VIII erhalten haben und deswegen nach § 263 StGB verurteilt sind.

23 Soweit Nr. 1b die rechtskräftige Verurteilung zu einer Freiheits- oder Jugendstrafe von mindestens einem Jahr wegen einer oder mehrerer **Straftaten nach dem Betäubungsmittelgesetz** als ein besonders schwerwiegendes Ausweisungsinteresse ansieht, erfasst dies nicht nur Verurteilungen wegen Vorsatztaten, sondern auch Verurteilungen wegen einer fahrlässigen Tatbegehung nach § 29 IV BtMG mit einer solchen Strafhöhe. Einer Fahrlässigkeitstat wohnt allerdings in der Regel nicht der soziale Unrechtsgehalt inne, den der Gesetzgeber zur Verschärfung des Ausweisungsrechts im Bereich BtMG veranlasst hat. Die Bekämpfung einer Fahrlässigkeitstat passt zudem nicht in das System des Abs. 1, das ansonsten durchgängig an vorsätzliches Handeln anknüpft, weshalb es naheliegt, insoweit von einer versehentlichen gesetzgeberischen Erfassung des Fahrlässigkeitsdelikts auszugehen – zumal hierfür auch mit Blick auf Abs. 2 Nr. 9 keine Notwendigkeit besteht.

4. Gefahren für die Sicherheit, insbesondere Terrorismus (Nr. 2)

24 Nr. 2 umfasst **mehrere selbstständige Tatbestände**, die aus § 54 Nr. 5, Nr. 5a und Nr. 5b aF entnommen sind. Nr. 2 enthält zunächst die beiden – § 54 Nr. 5a Var. 1 und 2 aF entsprechenden – Tatbestände, dass der Ausländer die **freiheitliche demokratische Grundordnung** oder die **Sicherheit der Bundesrepublik Deutschland** gefährdet. Des Weiteren ist die Zugehörigkeit oder Unterstützung **einer Vereinigung, die den Terrorismus unterstützt**, aufgeführt. Diese ist im Wortlaut an § 54 Nr. 5 in der bis 31.12.2015 geltenden Fassung angelehnt[46], wobei die dortige Einschränkung

---

AufenthG idF des RLUmsG v. 19.8.2007 (BGBl. I S. 1970) lag kein anderes Verständnis der serienmäßigen Begehung zugrunde. Auch hier wurde – in Anknüpfung an § 48 II AuslG 1990 – verlangt, dass die Straftaten mehrfach, fortlaufend, in einer annähernd regelmäßigen zeitlichen Reihenfolge begangen worden sind (vgl. BT-Drs. 16/5065 – Entwurf eines Gesetzes zur Umsetzung aufenthalts- und asylrechtlicher Richtlinien der Europäischen Union, S. 184 sowie auch Ziff. 56.2.3.2 Verwaltungsvorschrift-AufenthG zu § 56 II 3: „Eine serienmäßige Begehung nicht unerheblicher vorsätzlicher Straftaten ist zu bejahen, wenn es sich um Vorsatztaten handelt, die abstrakt nicht ausschließlich mit Geldstrafe bedroht sind, und diese Straftaten mehrfach, fortlaufend, in einer annähernd regelmäßigen zeitlichen Reihenfolge begangen worden sind.").

[44] *Hoppe* in Dörig MigrationsR-HdB, § 7 Rn. 582; s. auch VGH BW Urt. v. 15.11.2017 – 11 S 1555/16, BeckRS 2017, 140682 Rn. 36 ff.: zwei Diebstahlsdelikte sind keine Serie; VG Aachen Urt. v. 1.7.2020 – 8 K 4002/17, BeckRS 2020, 17919 Rn. 54 ua zum serienmäßigen Wohnungseinbruchsdiebstahl (vier Fälle).

[45] vgl. zur Kritik an der Vorschrift auch *Bergmann/Putzar-Sattler* in Huber/Mantel AufenthG § 54 Rn 5 f.; *Beichel-Benedetti* in Huber, AufenthG, 2. Aufl. 2016, § 54 Nr. 7 f. mit der Empfehlung der zurückhaltenden Anwendung der Vorschrift.

[46] BVerwG Urt. v. 22.2.2017 – 1 C 3.16, NVwZ 2017, 1883 Rn. 28.

des 2. Hs. („auf zurückliegende Mitgliedschaften oder Unterstützungshandlungen kann die Ausweisung nur gestützt werden, soweit diese eine gegenwärtige Gefährlichkeit begründen") nicht übernommen und durch eine „Abstandnahmeklausel" („es sei denn, der Ausländer nimmt erkennbar und glaubhaft von seinem sicherheitsgefährdenden Handeln Abstand") ersetzt worden ist. Schließlich ist die **Vorbereitung einer schweren staatsgefährdenden Gewalttat** nach § 89a StGB erfasst, die ihr Vorbild in § 54 Nr. 5b aF hat. Allerdings ist auch hier das Erfordernis der gegenwärtigen Gefährlichkeit bei zurückliegenden Handlungen gemäß § 54 Nr. 5b Hs. 2 aF in der jetzigen Fassung nicht enthalten, sondern die bereits genannte „Abstandnahmeklausel".

Das Verständnis der Nr. 2 als einer Vorschrift mit **diesen unterschiedlichen Tatbeständen** wird 25 nicht dadurch infrage gestellt, dass der 2. Hs. mit der Einleitung „hiervon ist auszugehen" erkennbar an den 1. Hs. und die dort gelistete Gefährdung der freiheitlichen demokratischen Grundordnung oder der Sicherheit der Bundesrepublik anschließt. Es ist grundsätzlich denkbar, dass ein Ausländer eine Gefahr für die freiheitliche demokratische Grundordnung oder die Sicherheit der Bundesrepublik darstellt, ohne dass zugleich die Voraussetzungen des Terrorismustatbestands oder diejenigen des § 89a StGB erfüllt sind. Diese Sicht lag auch dem ausdifferenzierten System von Ausweisungsgründen nach § 54 Nr. 5, Nr. 5a und Nr. 5b aF zugrunde. Diese sollten eine **lückenlose Bekämpfung von denkbaren Verhaltensweisen, die den staatlichen (Sicherheits-)Interessen zuwiderlaufen**, mit den Mitteln der Ausweisung ermöglichen; so war § 54 Nr. 5b erst durch Gesetz v. 30.7.2009[47] eingefügt worden. Eine Intention des Gesetzgebers, mit dem neuen Ausweisungsrecht insoweit hinter dem Stand des bis 31.12.2015 geltenden zurückbleiben zu wollen, ist – vor allem auch in Anbetracht verschiedener Verschärfungen in den Tatbeständen des § 54 – nicht anzunehmen. Zudem ist die jetzige Fassung des § 54 II Nr. 7 zu berücksichtigen. Dort ist der Kreis der erfragten Personen und Organisationen, die im Verdacht stehen, den Terrorismus zu unterstützen, im Vergleich zu § 54 Nr. 6 aF um diejenigen erweitert worden, die der Gefährdung der freiheitlichen demokratischen Grundordnung oder der Sicherheit der Bundesrepublik verdächtigt sind.

a) Freiheitliche demokratische Grundordnung; Sicherheit der Bundesrepublik Deutsch- 26
land. Der Ausländer muss persönlich und konkret eine Gefahr für die freiheitliche demokratische Grundordnung oder die Sicherheit des Staates darstellen. Die **freiheitliche demokratische Grundordnung** umfasst die für den freiheitlichen demokratischen Rechtsstaat schlechthin unverzichtbaren Grundsätze, wobei das Prinzip der Menschenwürde (Art. 1 I GG), welches durch die Grundsätze der Demokratie und der Rechtsstaatlichkeit näher ausgestaltet wird, im Vordergrund steht[48]. Sie wird durch einen Ausländer gefährdet, wenn er sich an Aktionen beteiligt, die auf deren Beseitigung bzw. grundlegende Umformung gerichtet sind[49], wofür das Ziel der Abschaffung einzelner Menschenrechte (zB Menschenwürde, Gleichberechtigung von Mann und Frau, Religionsfreiheit) genügt. Eine Gefährdung der freiheitlich-demokratischen Grundordnung kann weiter in der Unterstützung ausländischer Terrorhelfer liegen, wenn solche terroristischen Bestrebungen die Fähigkeit des Staates beeinträchtigen, sich gegen Angriffe und Störungen zur Wehr zu setzen[50]. Bei einem Hassprediger ist hierfür erforderlich, dass die Predigtinhalte in einem organisatorischen Zusammenhang mit der Bestärkung bestimmter terroristischer Organisationen stehen[51].

Der Begriff der **Sicherheit der Bundesrepublik Deutschland** iSd § 54 I Nr. 2 ist – ebenso wie 27 die wortgleiche Formulierung in § 58a und § 60 VIII 1 – enger zu verstehen als der Begriff der öffentlichen Sicherheit iSd Polizei- und Ordnungsrechts[52]. Die Sicherheit der Bundesrepublik Deutschland umfasst die innere und äußere Sicherheit. **Äußere Sicherheit** ist die Freiheit des Staates vor fremder Botmäßigkeit. Sie schließt die Fähigkeit ein, sich gegen völkerrechtswidrige Angriffe, gewaltsame Einwirkungen, Zwangsmaßnahmen, Pressionen durch fremde Mächte etc verteidigen und wehren zu können. Der äußeren Sicherheit dienen alle Einrichtungen, die den Staat vor einer gewaltsamen Einwirkung durch andere Staaten schützen sollen[53]. Die innere Sicherheit umfasst den Zustand des friedlichen und gewaltfreien Zusammenlebens der Bevölkerung einschließlich des Schutzes ihres Lebens, ihrer Gesundheit und ihres Eigentums, der Bestand und die Funktionsfähigkeit der staatlichen

---

[47] BGBl. 2009 I S. 2437.
[48] → § 53 Rn. 25 f.; BVerfG Urt. v. 17.1.2017 – 2 BvB 1/13, NJW 2017, 611; *Hoppe* in Döring MigrationsR-HdB, § 5 Rn. 514, 94; vgl. näher zur Entwicklung der Rspr. des BVerfG zur fdGO *Fleuß* in BeckOK AuslR AufenthG § 54 Rn. 55 ff. (Stand 1.1.2022).
[49] Vgl. etwa BVerwG Urt. v. 27.11.2002 – 6 A 4.02, NVwZ 2003, 986 betr. Verbot des Vereins „Kalifatstaat"; siehe auch BVerwG Urt. v. 6.2.2019 – 1 A 3/18, NVwZ-RR 2019, 738; Beschl. v. 30.8.2017 – 1 VR 5.17, BeckRS 2017, 126166 Rn. 23 ff., 43 – jew. zu § 58a AufenthG: Anhänger Jihad mit dem Ziel einer Gesellschaft auf der Grundlage der „Scharia"; VGH BW Beschl. v. 21.6.2021 – 11 S 19/21, NVwZ-RR 2021, 914 Rn. 19 – Unvereinbarkeit von Anhängern des Salafismus vertretenen Glaubenslehre mit der fdGO.
[50] OVG RhPf Urt. v. 8.10.2009 – 7 A 10165/09, BeckRS 2009, 41478.
[51] S. auch VG Göttingen Urt. v. 8.1.2013 – 3 A 168/11, BeckRS 2013, 45678 (Notwendigkeit der aggressiv-kämpferischen Haltung gegenüber der freiheitlich-demokratischen Grundordnung).
[52] BVerwG Urt. v. 14.1.2020 – 1 A 3.19, BeckRS 2020, 7074 Rn. 24; Urt. v. 6.2.2019 – 1 A 3.18, NVwZ-RR 2019, 738 Rn. 29; Urt. v. 21.8.2018 – 1 A 16.17, BeckRS 2018, 23003 Rn. 26; auch → § 58a Rn. 21 ff.
[53] *Roth* in Schenke/Graulich/Ruthig BVerfSchG § 4 Rn. 61 mwN.

28 Die bloße Teilnahme eines Ausländers an Veranstaltungen, in denen andere zur Gewaltanwendung aufrufen, führt noch nicht zur Annahme einer von ihm persönlich ausgehenden Gefährdung[56]. Als Gefährdungshandlungen kommen vor allem Straftaten nach §§ 80 ff. StGB in Betracht. Die Nichtbeachtung von Anordnungen nach § 47 erfüllt den Tatbestand nicht in jedem Fall, kann aber ein Indiz hierfür darstellen. Politischer Terrorismus richtet sich gegen die Fähigkeit des Staates, Angriffe und Störungen nach innen und außen abzuwehren. Danach richten sich **Gewaltanschläge und Gewaltdrohungen ausländischer Terrororganisationen** im Bundesgebiet gegen die innere Sicherheit des Staates. Bereits die Anwesenheit möglicher ausländischer Helfer terroristischer Gewalttäter beeinträchtigt die Fähigkeit des Staates, sich nach innen und nach außen gegen Angriffe und Störungen zur Wehr zu setzen, und damit seine Sicherheit; die gewaltsame Austragung auswärtiger Konflikte auf dem Territorium der Bundesrepublik ist auf keinen Fall hinnehmbar[57]. Nachrichtendienstliche Tätigkeiten[58] oder die dauerhafte und nachhaltige Unterstützung einer terroristischen Befreiungsbewegung – jedenfalls wenn diese auch bereit ist, im Bundesgebiet Gewaltaktionen durchzuführen – gefährden ebenfalls die innere Sicherheit[59].

29 Die Zugehörigkeit zu einer verbotenen Vereinigung als solche reicht nicht, soweit sich nicht der Verbotsgrund und die damit bekämpfte Gefahr in der Tätigkeit der Person selbst konkretisiert haben[60]. Nicht jedes kriminelle Vorgehen gegen staatliche Organe oder Amtsträger reicht aus. In Betracht kommen aber organisierte Verbrechen und Anschläge, die sich gegen staatliche Einrichtungen und deren Funktionen richten. Diese brauchen nicht terroristisch oder gewalttätig angelegt zu sein, sie können den Staat auch schleichend unterwandern und zerstören, zB in Form einer bandenartig organisierten Korruption.

30 Eine Gefährdung der freiheitlichen demokratischen Grundordnung oder der Staatssicherheit kann schon durch **Vorbereitungshandlungen** (nicht aber durch die bloße Absicht) eintreten; Versuch und Vollendung brauchen nicht abgewartet zu werden. Strafrechtliche Ermittlungsverfahren oder Bestrafung sind nicht vorausgesetzt. Die Annahme der Gefährdung muss aber auf **konkrete Tatsachen**, die sich auf die Person des Ausländers beziehen, gestützt sein. Vermutungen und Verdachtsmomente allein ergeben noch keine relevante Gefahr[61]. Verschulden oder bestimmte andere Modalitäten sind nicht unbedingt verlangt; die objektive Gefährdung durch den Ausländer und seine Anwesenheit im Bundesgebiet sind Anlass für die Ausweisung. Die Annahme einer Gefährdung setzt die Prognose voraus, dass durch die weitere Anwesenheit des Ausländers im Bundesgebiet bei ungehindertem Ablauf des zu erwartenden Geschehens mit hinreichender Wahrscheinlichkeit in absehbarer Zeit ein Schaden an den bezeichneten Schutzgütern eintreten wird[62].

31 Der **Nachweis der Gefährdung obliegt der Ausländerbehörde,** auch wenn sie auf die Unterstützung anderer Behörden angewiesen ist. Falls Beweismittel zB vom Verfassungsschutz nicht zur Verfügung gestellt werden, können die Erkenntnisse nicht verwertet werden[63]. Falls Vorgänge und Erkenntnisse geheim zu halten sind (zum Verfahren vgl. § 29 VwVfG bzw. Landes-VwVfG, §§ 99, 100 VwGO), ist die Beweiserhebung eingeschränkt. Bei der Tatsachen- und Beweiswürdigung ist auch die Weigerung der Nennung oder Vorlage von Beweismitteln zu berücksichtigen[64]. Bei konspirativen Organisationen genügt zum Nachweis der Zugehörigkeit zu einem Unterstützerkreis eine hinreichend dichte Kette einzelner Erkenntnisse[65]. Dagegen taugt die dienstliche Erklärung eines Ministers über das Vorliegen konkreter Anhaltspunkte für den Nachweis nachrichtendienstlicher Tätigkeit nicht[66].

---

[54] *Roth* in Schenke/Graulich/Ruthig BVerfSchG § 4 Rn. 59 mwN.
[55] BVerwG Urt. v. 22.8.2017 – 1 A 3.17, BeckRS 2017, 127231 Rn. 21.
[56] VGH BW Urt. v. 27.3.1998 – 13 S 1349/96, EZAR 277 Nr. 10; VG Bayreuth Beschl. v. 20.5.2014 – B 4 S 14.222, BeckRS 2014, 52932 – Salafistischer Prediger.
[57] BVerwG Urt. v. 31.5.1994 – 1 C 5.93, BVerwGE 96, 86.
[58] OVG NRW Urt. v. 1.10.1997 – 17 A 1888/92, NVwZ-RR 1998, 398.
[59] VGH BW Urt. v. 19.1.1994 – 13 S 2162/91, EZAR 277 Nr. 2.
[60] Vgl. BVerwG Urt. v. 13.1.2009 – 1 C 2.08, InfAuslR 2009, 227; Urt. v. 31.5.1994 – 1 C 5.93, BVerwGE 96, 86; OVG RhPf Urt. v. 8.10.2009 – 7 A 10165/09, BeckRS 2009, 41478; VGH BW Beschl. v. 7.5.2003 – 1 S 254/03, BeckRS 2003, 10998.
[61] Vgl. VGH BW Beschl. v. 1.8.1990 – 11 S 1276/89, InfAuslR 1990, 331.
[62] *Fleuß* in BeckOK AuslR AufenthG § 54 Rn. 63 (Stand 1.1.2022); *Neidhardt* in HTK-AuslR AufenthG § 54 zu Abs. 1 Nr. 2 Rn. 21 ff. (Stand 19.5.2019).
[63] HessVGH Beschl. v. 4.2.1977 – VI TE 444/76, NJW 1977, 1845.
[64] BVerwG Urt. v. 1.7.1975 – I C 44.70, BVerwGE 49, 44; VGH BW Urt. v. 22.3.1994 – 13 S 1818/93, EZAR 277 Nr. 3; Urt. v. 27.3.1998 – 13 S 1349/96, EZAR 277 Nr. 10; vgl. auch VG Berlin Beschl. v. 14.3.1991 – 24 A 123.91, InfAuslR 1991, 167.
[65] VGH BW Urt. v. 19.1.1994 – 13 S 2162/91, EZAR 277 Nr. 2.
[66] VG Berlin Beschl. v. 14.3.1991 – 24 A 123.91, InfAuslR 1991, 167.

b) Zugehörigkeit zu oder Unterstützung einer terroristischen Vereinigung. In Rspr. und 32
Literatur wurde unter der Geltung des § 54 Nr. 5 aF und dessen Vorgängerregelung die Frage, ob
beim Ausweisungstatbestand der Unterstützung des Terrorismus eine konkrete und persönliche Gefährdung der inneren oder äußeren Sicherheit durch den Ausländer erforderlich ist, unterschiedlich
beantwortet[67]. Insbesondere bei der **Unterstützung ausländischer terroristischer Organisationen**, die ausschließlich im Ausland agieren, war nicht endgültig geklärt, ob und gegebenenfalls unter
welchen Voraussetzungen hier dennoch eine Gefahr etwa für die Sicherheit der Bundesrepublik
angenommen werden kann. So war zB fraglich, ob es für einen **Inlandsbezug** ausreichen kann, dass
eine Motivation gewaltbereiter Täter vom Bundesgebiet aus erfolgt[68].

Die Regelung, dass in den Fällen der **Unterstützung** einer terroristischen Vereinigung oder der 33
Vorbereitung einer schweren staatsgefährdenden Gewalttat nach § 89a StGB „**davon auszugehen
ist**", der Ausländer gefährde die freiheitliche demokratische Grundordnung oder die Sicherheit der
Bundesrepublik, lässt sich so verstehen, dass der Gesetzgeber damit von einer ihm zustehenden
Bewertungskompetenz Gebrauch gemacht hat. In Verfolgung des Ziels einer möglichst effektiven
Bekämpfung des internationalen Terrorismus mit seinen vielseitigen Erscheinungsformen auch mit den
Mitteln des Ordnungsrechts hat er nunmehr eine allgemeingültige **Festlegung kraft Gesetzes**
getroffen, dass unabhängig von ihrer Wirkungsstätte und -weise jegliche Art der von § 54 II Nr. 2 Var.
3 erfassten Terrorismusunterstützung und jegliche Verhaltensweise nach Nr. 2 Var. 4 diese Rechtsgüter gefährden und ein besonders schweres Ausweisungsinteresse begründen. Das Gesetz sieht bereits
die Unterstützung einer terroristischen Vereinigung im Bundesgebiet als eine Gefahr für die freiheitliche demokratische Grundordnung oder die Sicherheit der Bundesrepublik Deutschland an, unabhängig davon, ob die terroristische Vereinigung Gewaltakte auch auf dem Territorium der Bundesrepublik
Deutschland oder gegen deutsche Einrichtungen im Ausland begeht[69]. Das ist zB der Fall, wenn der
Ausländer unter Einbindung in die Strukturen einer terroristischen Vereinigung Spenden sammelt und
über eine gewisse Dauer an deren und vereinigungsnahen Veranstaltungen teilnimmt[70] oder wenn er
für eine solche Vereinigung in sozialen Netzwerken Sympathiewerbung betreibt[71] oder sich in einem
Chat über Anschlagsziele austauscht[72]. Die langjährige Tätigkeit in PKK-Unterstützungsvereinen, etwa
als Versammlungsleiter oder Redner, erfüllt das Merkmal der Unterstützung des Terrorismus[73]. Nur in
den Fällen, in denen eine Verhaltensweise eines Ausländers nicht unter Nr. 2 Var. 3 oder 4 fällt, muss
die Gefahr für freiheitliche demokratische Grundordnung oder die Sicherheit der Bundesrepublik im
Einzelfall positiv festgestellt werden.

Mit dem Terrorismustatbestand der Nr. 2 sollen gewaltbereite Extremisten, **Terroristen** und 34
Unterstützer von Terroristen erfasst werden[74]. Es kommt nicht darauf an, ob es sich um nationalen
oder internationalen Terrorismus handelt. Der Gesetzgeber hat schon nach früherer Rechtslage die
Sicherheitsgefährdung durch Terrorismus als besonders hoch eingestuft[75] und lässt – auch mit Rücksicht
auf die Erscheinungsformen des internationalen organisierten Terrorismus und die damit verbundenen
Nachweisschwierigkeiten – ein geringeres **Beweismaß** für die Verwirklichung des Ausweisungstat-

---

[67] Verneint durch BVerwG Urt. v. 15.3.2005 – 1 C 26.03, NVwZ 2005, 1091, da die Schwelle nach dem erkennbaren Willen des Gesetzgebers angesichts der außerordentlichen Gefahren des internationalen Terrorismus deutlich niedriger anzusetzen sei; aA wohl noch VGH BW Beschl. v. 18.11.2004 – 13 S 2394/04, InfAuslR 2005, 31 u. Marx ZAR 2004, 275; Marx ZAR 2002, 127 unter Übernahme der zur alten Fassung des Ausweisungsgrundes nach § 46 Nr. 1 AuslG 1990, § 10 AuslG 1965 entwickelten Abgrenzung; offengelassen VG Bayreuth Beschl. v. 20.5.2014 – B 4 S 14.222, BeckRS 2014, 52932. Im Fall eines anerkannten Flüchtlings war das BVerwG (Urt. v. 22.5.2012 – 1 C 8.11, NVwZ 2012, 16251) allerdings der Auffassung, dass aufgrund des Vorrangs des Unionsrechts eine Einschränkung des § 54 Nr. 5 aF dahin gehend geboten sei, dass dieser selbst aus schwerwiegenden Gründen als Gefahr für die Sicherheit der Bundesrepublik Deutschland angesehen werden müsse.

[68] In diese Richtung wohl BVerwG Beschl. v. 25.9.2013 – 1 B 8.13, BeckRS 2013, 56769; enger VGH BW Urt. v. 16.5.2012 – 11 S 2328/11, BeckRS 2012, 53897; OVG Brem Urt. v. 15.1.2013 – 1 A 202/06, BeckRS 2013, 47076. Auch nach *Discher* in GK-AufenthG § 54 Rn. 643 (Stand: 8/2009) begründete die Unterstützung von terroristischen Organisationen, die Gewalt u. Gewaltandrohung (nur) im Ausland verwenden, nicht zwingend eine Gefahr für die innere Sicherheit iSd § 54 Nr. 5a 2. Alt. aF.

[69] BVerwG Urt. v. 22.2.2017 – 1 C 3.16, NVwZ 2017, 1883 Rn. 34; OVG Brem Beschl. v. 9.12.2020 – 2 B 240/20, BeckRS 2020, 35269 Rn. 38.

[70] VGH BW Urt. v. 2.3.2016 – 11 S 1389/15, BeckRS 2016, 44406 mwN am Bsp. der „PKK" sowie nachfolgend BVerwG Urt. v. 25.7.2017 – 1 C 12.16, BeckRS 2017, 125402 Rn. 17 ff: s. auch BayVGH Urt. v. 27.10.2017 – 10 B 16.1252, BeckRS 2017, 138369 Unterstützung der Ansar al Islam (Ansar al-Sunna) ua durch finanzielle Transaktionen und nachfolgend BVerwG Beschl. v. 25.4.2018 – 1 B 11.18, BeckRS 2018, 8954.

[71] VG München Beschl. v. 14.12.2016 – M 12 S 16.5400, BeckRS 2016, 113122 am Bsp. von Al Qaida u. IS.

[72] Vgl. VG Gelsenkirchen Beschl. v. 11.3.2021 – 11 L 202/21, BeckRS 2021, 25700.

[73] BVerwG Urt. v. 22.2.2017 – 1 C 3.16, NVwZ 2017, 1883 Rn. 44.

[74] Ausf. *Kießling*, Die Abwehr terroristischer und extremistischer Gefahren durch Ausweisung, 2012, S. 185 ff.; *Hesselbarth*, Die Extremismus- und Terrorismusbekämpfung mit den Mitteln des deutschen Ausländerrechts, 2011, S. 142 ff.

[75] BT-Drs. 14/7386, 56 zu der durch das TerrorismusbekämpfungsG eingefügten Vorläufervorschrift in § 47 II Nr. 4 AuslG.

bestands ausreichen[76]. Der Ausweisungstatbestand dient der effektiven Bekämpfung der Vorfeldunterstützung des (internationalen) Terrorismus durch Herabsetzung der Eingriffsschwelle; ein strafbares Verhalten ist nicht verlangt, ebenso wenig ein Verbot der (ausländischen) Vereinigung[77]. Nicht allein die eigenhändige Vornahme terroristischer Handlungen, auch deren Unterstützung berührt Rechtsgüter von höchstem Gewicht und ist auch unionsrechtlich auf das Schärfste geächtet, weil sie einen der schwersten Angriffe auf die Grundsätze der Demokratie und der Rechtsstaatlichkeit, die allen Mitgliedstaaten gemein sind und die der Union zugrunde liegen, darstellt; auch das Völkerrecht verpflichtet die Staaten auf eine wirksame Bekämpfung des Terrorismus[78].

35 Die **„terroristische Vereinigung"** wird nach Art. 2 Nr. 3 RL 2017/541 iS dieser RL[79] als einen auf längere Dauer angelegten organisierten Zusammenschluss von mehr als zwei Personen, die zusammenwirken, um terroristische Straftaten zu begehen, definiert; diese Definition gilt auch für das Ausweisungsrecht[80]. Eine Vereinigung unterstützt den Terrorismus, wenn sie sich selbst terroristisch betätigt oder wenn sie die Begehung terroristischer Taten durch Dritte veranlasst, fördert oder befürwortet[81]. Für dieses Tatbestandsmerkmal gilt der normale Beweismaßstab. Dass es sich um eine **Vereinigung** handelt, **die den Terrorismus unterstützt,** muss feststehen[82]. Die Zugehörigkeit des Ausländers zu einer entsprechenden Organisation oder ihre Unterstützung muss hingegen nicht erwiesen sein. Es genügt das Vorliegen von nachweisbaren, gerichtlichen nachprüfbaren Tatsachen, die nach den Gesamtumständen des Einzelfalls den Schluss zulassen, dass der Ausländer Mitglied einer den Terror unterstützenden Vereinigung ist oder eine solche unterstützt. Es ist nicht erforderlich, dass die Tatsachen keinen anderen Schluss als den der Tatbestandserfüllung zulassen, andererseits reicht eine bloße Mutmaßung oder nur ein allgemeiner Verdacht nicht aus[83]. Für das Vorliegen der Anknüpfungstatsachen, aus denen die gerechtfertigte Schlussfolgerung gezogen werden soll, ist die Ausländerbehörde beweispflichtig. Das Gericht muss – ggf. nach Durchführung einer Beweisaufnahme – insoweit die volle richterliche Überzeugung (§ 108 I 1 VwGO) hinsichtlich der Anknüpfungstatsachen gewinnen, die als Indizien für die tatrichterliche Schlussfolgerung dienen[84]. Angaben eines **Zeugen vom Hörensagen** genügen zum Beweis der Tatsache regelmäßig nicht, wenn sie nicht durch andere gewichtige Indiztatsachen bestätigt sind[85]. Dass der Zeuge vom Hörensagen ein Beamter einer Sicherheitsbehörde oder eines Nachrichtendienstes ist, ändert hieran nichts[86]. Zusätzlich bestehen die besonderen Aufklärungsmöglichkeiten nach § 99 VwGO[87]. Welche Maßnahmen zur Aufklärung des Sachverhalts geboten sind (§ 86 I VwGO), bestimmt sich nach den Umständen des Einzelfalls.

36 Die Bekämpfung des Terrorismus ist entsprechend dem Verständnis der Vereinten Nationen mittlerweile eine globale Aufgabe[88]. Der **Begriff des Terrorismus** ist nur schwer fassbar und eine allgemein gültige Definition nicht vorhanden[89]. Auch die frühere Fassung des Ausweisungstatbestands auf der Grundlage des TerrorismusbekämpfungsG enthielt – wie dieses Gesetz selbst – keine Definiti-

---

[76] BVerwG Urt. v. 25.10.2011 – 1 C 13.10, NVwZ 2012, 701 Rn. 14 ff. mwN und Beschl. v. 21.1.2011 – 1 B 17.10, BeckRS 2011, 46635; krit. zur Beweismaßreduktion Kirsch NVwZ 2012, 677.
[77] BVerwG Urt. v. 27.7.2017 – 1 C 28.16, NVwZ 2018, 409 Rn. 19; Beschl. v. 23.9.2011 – 1 B 19.11, BeckRS 2011, 54901 Rn. 12.
[78] Näher BVerwG Urt. v. 9.5.2019 – 1 C 21.18, BeckRS 2019, 16744 Rn. 27.
[79] RL (EU) 2017/541 v. 15.3.2017 zur Terrorismusbekämpfung und zur Ersetzung des Rahmenbeschlusses 2002/475/JI des Rates und zur Änderung des Beschlusses 2005/671/JI des Rates (ABl. 2017 L 88, S. 6).
[80] *Fleuß* in BeckOK AuslR AufenthG § 54 Rn. 72 (Stand 1.1.2022); BVerwG Urt. v. 25.10.2011 – 1 C 13.10, NVwZ 2012, 701 Rn. 17.
[81] BVerwG Urt. v. 27.7.2017 – 1 C 28.16, NVwZ 2018, 409 Rn. 19
[82] BVerwG Urt. v. 30.7.2013 – 1 C 9.12, NVwZ 2014, 294 Rn. 12; Urt. v. 25.10.2011 – 1 C 13.10, NVwZ 2012, 701 Rn. 16; *Fleuß* in BeckOK AuslR AufenthG § 54 Rn. 72 (Stand 1.1.2022).
[83] Näher BVerwG Urt. v. 25.10.2011 – 1 C 13.10, NVwZ 2012, 701; VGH BW Urt. v. 13.1.2016 – 11 S 889/15, BeckRS 2016, 41711 Rn. 66.
[84] BVerwG Urt. v. 22.5.2012 – 1 C 8.11, NVwZ 2012, 16251 Rn. 27; Urt. v. 25.10.2011 – 1 C 13.10, NVwZ 2012, 701. *Hoppe* in Dörig MigrationsR-HdB § 7 Rn. 92.
[85] BVerwG Beschl. v. 22.10.2009 – 10 B 20.09, BeckRS 2009, 41563 Rn. 5; SächsOVG Beschl. v. 10.6.2021 – 6 A 139/19.A, BeckRS 2021, 20484 Rn. 5; grundlegend zur Problematik des Zeugen vom Hörensagen BVerfG Beschl. v. 26.5.1981 – 2 BvR 215/81, BVerfGE 57, 250 (292 ff.); Beschl. v. 19.7.1995 – 2 BvR 1142/93, NJW 1996, 448, Beschl. v. 27.10.1999 – 2 BvR 385/90, BVerfGE 101, 106 (121 ff.), Beschl. v. 5.7.2006 – 2 BvR 1317/05, NJW 2007, 204 und Beschl. v. 8.10.2009 – 2 BvR 547/08, NJW 2010, 925. Die zum StrafR entwickelten Prinzipien können als Ausdruck des Rechts auf faires Verfahren auch für den Verwaltungsprozess herangezogen werden (VGH BW Urt. v. 11.7.2001 – 13 S 1111/01, NVwZ-RR 2003, 459).
[86] VGH BW Urt. v. 29.9.2010 – 11 S 597/10, BeckRS 2011, 52299 – zu § 11 StAG.
[87] BVerwG Urt. v. 22.5.2012 – 1 C 8.11, NVwZ 2012, 16251 Rn. 26; zur Anforderung von Akten nach § 99 VwGO beim Verfassungsschutz mit Bezug zu einer Ausweisungsverfügung BayVGH Beschl. v. 4.4.2012 – 10 B 10.1999, BeckRS 2012, 25377.
[88] S. hierzu etwa die am 24.9.2014 verabschiedete Resolution 2178(2014), mit der der Sicherheitsrat die Mitgliedstaaten zu verpflichtet, Personen, die im Ausland terroristische Taten begehen wollen, an der Einreise, dem Transit u. der Ausreise zu hindern, auch mit den Mitteln des StrafR.
[89] BVerwG Urt. v. 22.2.2017 – 1 C 3.16, NVwZ 2017, 1883 Rn. 30.

Ausweisungsinteresse   § 54 AufenthG 1

on, was unter Terrorismus zu verstehen ist, es setzte aber einen der Rechtsanwendung fähigen Begriff des Terrorismus voraus[90]. Auch wenn bisher die Versuche, auf völkerrechtlicher Ebene eine allgemein anerkannte vertragliche Definition des Terrorismus zu entwickeln, nicht in vollem Umfang erfolgreich gewesen sind[91], ist doch im Grundsatz geklärt, unter welchen Voraussetzungen die – völkerrechtlich geächtete – Verfolgung politischer Ziele mit terroristischen Mitteln anzunehmen ist[92]. In Art. 2 Ib der Konvention zur Bekämpfung der Finanzierung des Terrorismus[93] findet sich eine Umschreibung des Terrorismus. Dieser wird bezeichnet als eine Handlung, „die den Tod oder eine schwere Körperverletzung einer Zivilperson oder einer anderen Person, die bei einem bewaffneten Konflikt nicht aktiv an den Feindseligkeiten teilnimmt, herbeiführen soll, wenn diese Handlung aufgrund ihres Wesens oder der Umstände darauf abzielt, die Bevölkerung einzuschüchtern oder eine Regierung oder internationale Organisation zu einem Tun oder Unterlassen zu nötigen". Hieran anlehnend werden in Art. 1 I des Rahmenbeschlusses des Rates zur Terrorismusbekämpfung vom 13.6.2002[94] vorsätzliche „Handlungen, die durch die Art ihrer Begehung oder den jeweiligen Kontext ein Land oder eine internationale Organisation ernsthaft schädigen können, als terroristische Straftaten" eingestuft, „wenn sie mit dem Ziel begangen werden, die Bevölkerung auf schwerwiegende Weise einzuschüchtern oder öffentliche Stellen oder eine internationale Organisation rechtswidrig zu einem Tun oder Unterlassen zu zwingen oder die politischen, verfassungsrechtlichen, wirtschaftsrechtlichen oder sozialen Grundstrukturen eines Landes oder einer internationalen Organisation ernsthaft zu destabilisieren oder zu zerstören." Vergleichbares ergibt sich aus Art. 3 RL 2017/541/EU[95]. Danach lassen sich folgende **Merkmale** als Kerngehalt **des Terrorismus** feststellen:
– als Mittel: ein Gewaltakt mit erheblichem Schweregrad,
– als Methode: die Verbreitung von Angst in der Zivilbevölkerung und
– als Ziel: die Änderung der bestehenden politischen oder gesellschaftlichen Verhältnisse[96].

Als gefährdete **Objekte** kommen außer wichtigen staatlichen und kommunalen Institutionen auch andere existenznotwendige Einrichtungen und Betriebe wie Bahn, Post, digitale Kommunikationsnetze, Strom- und Gasversorgungsanlagen, Autobahnen, Kirchen und Sportstätten in Betracht. Eine terroristische Gefahr zeichnet sich nicht durch die Organisationsweise und die Internalität der Urheber aus, sondern durch die **Mittel** sowie die Art ihres Einsatzes und die Schwere ihrer Folgen. Deswegen kommen insoweit zB willkürliche Angriffe auf beliebige Menschengruppen, Sprengstoffattentate oder andere ungezielte oder unbeherrschbare Anschläge mit verheerenden, auch psychologischen Breitenwirkungen in Betracht. 37

Das BVerwG[97] legt seiner stRspr zugrunde, dass trotz einer gewissen Unschärfe des Terrorismusbegriffs anerkannt ist, dass als terroristisch jedenfalls der **Einsatz gemeingefährlicher Waffen und Angriffe** auf das **Leben Unbeteiligter** zur **Durchsetzung politischer Ziele** anzusehen ist. 38

Der Qualifikation einer Organisation als terroristisch steht nicht entgegen, dass diese keine terroristische Vereinigung iSv §§ 129a, 129b StGB ist. IRd § 54 II Nr. 2 Var. 3 gilt insoweit nichts anderes als unter der Geltung des § 54 Nr. 5 aF, der im Vergleich zu §§ 129a, 129b StGB weniger strenge tatbestandliche Anforderungen stellt[98]. Unerheblich ist auch, ob es sich um Terrorismus im Bundesgebiet oder Ausland handelt[99]. Die Aufnahme einer Organisation in die vom Rat der Europäischen 39

---

[90] Vgl. *Marx* ZAR 2004, 275; *Davy* ZAR 2003, 43; *Kugelmann* ZAR 2003, 96; *Renner* ZAR 2003, 52; auch → § 58a Rn. 24 ff.
[91] S. *Davy* ZAR 2003, 43 f.; *Renner* ZAR 2003, 52 f.
[92] S. iE BVerwG Urt. v. 25.10.2011 – 1 C 13.10, NVwZ 2012, 701; Urt. v. 30.4.2009 – 1 C 6.08, BVerwGE 134, 27; vgl. auch *Schmahl* ZAR 2004, 217 (219) unter Hinweis auf einen weitgehenden Konsens bei der Definition terroristischer Straftaten in Art. 2 I lit. b des Internationalen Übereinkommens zur Bekämpfung der Finanzierung des Terrorismus v. 9.12.1999, BGBl. 2003 II S. 1923 und auf die Definition terroristischer Straftaten auf Gemeinschaftsebene in dem Beschluss des Rates Nr. 2002/475/JI v. 13.6.2002, ABl. 2002 L 164, S. 3; vgl. ebenso schon den Gemeinsamen Standpunkt des Rates 2001/931/GASP über die Anwendung besonderer Maßnahmen zur Bekämpfung des Terrorismus v. 27.12.2001, ABl. 2001 L 344, 93.
[93] International Convention for the Suppression of the Financing of Terrorism, A/RES/54/109 v. 9.12.1999; s. dazu das VertragsG v. 19.12.2003, BGBl. 2003 II S. 1923.
[94] 2002/475/JI, ABl. 2002 L 164, 3; s. auch das UmsetzungsG v. 22.12.2003, BGBl. I S. 2836.
[95] RL 2017/541/EU v. 15.3.2017 zur Terrorismusbekämpfung und zur Ersetzung des Rahmenbeschlusses 2002/475/JI und zur Änderung des Beschlusses 2005/671/JI, ABl. 2017 L 88, 6; siehe näher *Fleuß* in BeckOK AuslR AufenthG § 54 Rn. 71 (Stand 1.1.2022).
[96] So *Middel*, Innere Sicherheit und präventive Terrorismusbekämpfung, S. 57.
[97] BVerwG Urt. v. 27.7.2017 – 1 C 28.16, NVwZ 2018, 409 Rn. 20 und Urt. v. 22.2.2017 – 1 C 3.16, NVwZ 2017, 1883 Rn. 30 – jeweils zu § 54 I Nr. 2; s. auch BVerwG Urt. v. 6.2.2019 – 1 A 3.18, NVwZ-RR 2019, 738 Rn. 31 zu § 58a.
[98] BVerwG Urt. v. 25.10.2011 – 1 C 13.10, NVwZ 2012, 701; OVG RhPf Urt. v. 24.3.2011 – 7 A 11435/10, InfAuslR 2011, 257. Bejaht die strafgerichtliche Rspr. das Vorliegen einer (ausländischen) terroristischen Vereinigung, gilt dies erst recht für § 54 I Nr. 2; vgl. etwa zum IS als einer terroristischen Vereinigung im Ausland OLG Celle Urt. v. 26.1.2017 – 4 StE 1/16, BeckRS 2017, 100562 Rn. 30 ff.; nachfolgend BGH Urt. v. 19.4.2018 – 3 StR 286/17, NJW 2018, 2425; OLG Düsseldorf Urt. v. 16.6.2021 – 7 StS 3/19, BeckRS 2021, 40036.
[99] VGH BW Urt. v. 21.7.2010 – 11 S 541/10, BeckRS 2010, 51513.

Union erstellte **Liste der Terrororganisationen,**[100] die regelmäßig aktualisiert wird, ist der neueren Rspr. des EuGH zufolge ein deutlicher Anhaltspunkt dafür, dass die Organisation terroristischer Art ist oder im Verdacht steht, eine solche zu sein[101]. Die frühere Rspr. des EuGH formulierte, die Aufnahme in die Liste erlaube die Feststellung, dass die Vereinigung terroristischer Art sei[102]. Eine rechtliche Bindungswirkung hat die Liste keinesfalls[103]. Rechtsschutz gegen die Aufnahme und den Verbleib einer Organisation oder Privatperson in die Liste werden in effektiver Weise durch EuG und EuGH gewährt[104]. Liegen Tatsachen vor, die die Einstufung als terroristische Organisation substanziiert infrage stellen, so muss dem auch im laufenden Ausweisungsverfahren nachgegangen werden[105]. Als Erkenntnisquelle für terroristische Aktivitäten kommt etwa auch die „Global Terrorism Database" der University of Maryland in Betracht[106], deren Nutzung das BVerwG empfiehlt[107], oder die Liste ausländischer terroristischer Organisationen des U. S. Departement of State[108] in Betracht Wird die Aufnahme einer Organisation in die Terrorliste aus formalen Gründen beanstandet oder ist sie bisher überhaupt nicht gelistet, steht dies ihrer Einstufung als terroristische aufgrund einer Würdigung von Erkenntnismitteln nicht entgegen[109].

40 Von einer Unterstützung des Terrorismus durch eine Vereinigung iSd Nr. 2 ist auszugehen, wenn sich die Vereinigung selbst terroristisch betätigt oder die Begehung terroristischer Taten durch Dritte veranlasst, fördert oder befürwortet; die Zwecke oder die Tätigkeit der Vereinigung müssen (auch) auf die Unterstützung des Terrorismus gerichtet sein; ein bloßes Ausnutzen der Strukturen einer Vereinigung durch Dritte in Einzelfällen reicht hierfür nicht aus[110]. Nach der Rechtsprechung fallen beispielsweise folgende Vereinigungen unter Nr. 2: DHKP-C[111], PKK[112], FDLR[113], Taliban[114], IS[115], Ahrar al-Sham[116], Junud al-Sham[117], Ansar al-Islam/Ansar al-Sunna[118]. **Die Unterstützungsbegriffe im Ausweisungsrecht** – und zwar sowohl derjenige der Unterstützung des Terrorismus durch die Vereinigung als auch der davon zu unterscheidende Begriff der individuellen Unterstützung der Vereinigung durch den Ausländer – sind nicht deckungsgleich mit dem strafrechtlichen Begriff des

---

[100] Vgl. den Gemeinsamen Standpunkt des Rates v. 27.12.2001 (2001/931/GASP) über die Anwendung besonderer Maßnahmen zur Bekämpfung des Terrorismus in seiner jeweiligen aktualisierten Fassung (zuletzt Beschluss des Rates v. 19.7.2021 – (GASP) 2021/1192 – ABl. 2021 L 258, 42, v. 3.2.2022 – (GASP) 2022/152 – ABl. 2022 L 25, 13 und die im Anhang enthaltene Auflistung von Personen u. Organisationen). Zur Funktion der Liste va unter dem Aspekt der Terrorismusfinanzierung *Al-Jumaili* NJOZ 2008, 188.

[101] EuGH Urt. v. 24.6.2015 – C-373/13, BeckRS 2015, 80822 Rn. 83 – H.T; BVerwG Urt. v. 27.7.2017 – 1 C 28.16, NVwZ 2018, 409 Rn. 20.

[102] EuGH Urt. v. 9.11.2010 – C-57/09 u. C-101/0, Rn. 90 (insoweit nicht abgedruckt in ZAR 2011, 142); vgl. dazu BVerwG Beschl. v. 7.12.2010 – 1 B 24.10, BeckRS 2010, 57083 Rn. 4; s. auch BVerwG Urt. v. 30.7.2013 – 1 C 9.12, NVwZ 2014, 294 Rn. 14; Urt. v. 7.7.2011 – 10 C 26.10, NVwZ 2011, 1450 Rn. 35.

[103] In diesem Sinne aber wohl *Fritzsch* ZAR 2010, 333.

[104] Vgl. hierzu als Bsp. EuG Urt. v. 17.12.2014 – T-400/10, BeckRS 2014, 82667; Urt. v. 4.9.2019 – T-308/18, BeckRS 2019, 20142 sowie nachfolgend EuGH Urt. v. 23.11.2021 – C-833/19, BeckRS 2021, 35478 – jew. Hamas; EuGH Urt. v. 15.11.2012 – C-539/10 P, BeckRS 2012, 82443 – Stichting Al-Aqsa; s. auch EuGH Urt. v. 28.5.2013 – C-239/12 P, DÖV 2013, 649 (nur Ls.) – Abdulrahim; zur Frage Rechtsschutzinteresse nach Streichung von der „Terror"-Liste; EuG Urt. v. 15.11.2018 – T-316/14, BeckRS 2018, 28547; Annullierung der Aufnahme der PKK für die Jahre 2014 bis 2017 aus formellen Gründen sowie nachfolgend zT abändernd EuGH Urt. v. 22.4.2021 – C-46/19, BeckRS 2021, 8122.

[105] Vgl. in diesem Zusammenhang auch EuGH Urt. v. 24.6.2015 – C-373/13, BeckRS 2015, 80822 – H. T., damit kann den in diesem Urteil unter Rn. 83 formulierten Bedenken des EuGH Rechnung getragen werden, wonach für die Aufnahme in die Liste wohl auch genügt, dass nur der Verdacht besteht, dass eine Organisation eine terroristische ist.

[106] www.start.umd.edu/gtd.

[107] BVerwG Beschl. v. 19.11.2013 – 10 C 26.12, NVwZ-RR 2014, 283 Rn. 18.

[108] www.state.gov/foreign-terrorist-organizations/. Zwischen der EU-Terrorliste und der US-Liste bestehen Unterschiede, so ist etwa das Haqqani Netzwerk nur in der amerikanischen Liste aufgeführt. Erkenntnisse können auch aus der Verordnung (EG) Nr. 881/2002 des Rates vom 27.5.2002 über die Anwendung bestimmter spezifischer restriktiver Maßnahmen gegen bestimmte Personen und Organisationen, die mit den ISIL (Da'esh)- und Al-Qaida-Organisationen in Verbindung stehen, in Form der ab 1.12.2021 geltenden Konsolidierten Fassung: 02002R0881-20211201, juris, gewonnen werden.

[109] Vgl. BayVGH Beschl. v.1.3.2021 – 19 ZB 20.1468, BeckRS 2021, 4209 Rn. 13 ff.

[110] BVerwG Urt. v. 22.2.2017 – 1 C 3.16, NVwZ 2017, 1883 Rn. 29.

[111] VGH BW Beschl. v. 19.7.2019 – 11 S 1631/19, BeckRS 2019, 17841 Rn. 17; Urt. v. 14.5.2014 –, BeckRS 2014, 53263.

[112] BayVGH Beschl. v. 1.3.2021 – 19 ZB 20.1468, BeckRS 2021, 4209; VGH BW Beschl. v. 8.7.2019 – 11 S 45/1, BeckRS 2019, 15260 Rn. 7.

[113] VG Stuttgart Urt. v. 5.5.2021 – 8 K 3176/18, BeckRS 2021, 32128 Rn. 36 ff.

[114] VG Magdeburg Urt. v. 14.12.2020 – 8 A 243/19, BeckRS 2020, 40470 Rn. 45 ff.

[115] OVG Brem Beschl. v. 9.12.2020 – 2 B 240/20, BeckRS 2020, 35269; VG Gelsenkirchen Beschl. v. 11.3.2021 – 11 L 202/21, BeckRS 2021, 25700.

[116] BayVGH Beschl. v. 3.4.2020 – 19 CS 18.1704, BeckRS 2020, 50227; VG Aachen Beschl. v. 18.12.2018 – 8 L 1721/18, BeckRS 2018, 44456.

[117] VG Köln Urt. v. 22.3.2019 – 5 K 6990/18, BeckRS 2019, 56009.

[118] VGH München Urt. v. 8.1.2020 – 10 B 18.2485, BeckRS 2020, 349.

Unterstützens einer terroristischen Vereinigung in § 129a V StGB. Sie umfassen auch das Werben für die Ideologie und die Ziele des Terrorismus[119].

Für die **Zugehörigkeit** eines Ausländers zu einer den Terrorismus unterstützenden Vereinigung 41 genügt es, wenn dieser im Einvernehmen mit der Vereinigung dauerhaft an ihrem Leben teilnimmt[120], etwa in Gestalt einer strukturellen Einbindung in die Organisation[121]. Die „bloße Teilnahme" an Veranstaltungen und Demonstrationen kann eine Vorfeldunterstützung des internationalen Terrorismus darstellen. Als **tatbestandserhebliches Unterstützen** ist jede Tätigkeit anzusehen, die sich in irgendeiner Weise positiv auf die Aktionsmöglichkeiten der Vereinigung, die den internationalen Terrorismus unterstützt, auswirkt[122]. Dazu zählt jedes Tätigwerden eines Nichtmitglieds, das die innere Organisation und den Zusammenhalt der Vereinigung fördert, ihren Fortbestand oder die Verwirklichung ihrer auf die Unterstützung terroristischer Bestrebungen gerichteten Ziele fördert und damit ihre potenzielle Gefährlichkeit festigt und ihr Gefährdungspotenzial stärkt[123]. Auf einen nachweisbaren oder messbaren Nutzen für diese Ziele kommt es nicht an, ebenso wenig auf die subjektive Vorwerfbarkeit der Unterstützungshandlungen[124].

Allerdings muss auch die eine Unterstützung der Vereinigung, ihre Bestrebungen oder ihre Tätigkeit 42 bezweckende Zielrichtung des Handelns für den Ausländer regelmäßig erkennbar und ihm deshalb zurechenbar sein. Der **individuelle Zurechnungszusammenhang** rechtfertigt erst den Ausweisungstatbestand[125]. Besucht ein Ausländer eine „mehrdeutige" Veranstaltung (zB ein öffentlich zugängliches Konzert einer kurdischen Vereinigung, mit der der Jahrestag der Gründung der PKK gefeiert wird), so liegt der Zurechnungszusammenhang vor, wenn es sich nach den objektiven und subjektiven Gegebenheiten ihm aufdrängen muss, dass er damit den ideologischen und emotionalen Zusammenhalt der PKK oder einer PKK-nahen Vereinigung stärkt[126]. An einem Unterstützen fehlt es hingegen, wenn jemand allein einzelne politische, humanitäre oder sonstige Ziele der Organisation[127], nicht aber auch die Unterstützung des internationalen Terrorismus befürwortet – und sich hiervon deutlich distanziert – und lediglich dies durch seine Teilnahme an erlaubten Veranstaltungen in Wahrnehmung seines Grundrechts auf freie Meinungsäußerung nach außen vertritt. Eine Distanzierung von der terroristischen Zielsetzung muss objektiv erkennbar und eindeutig sein.

Die vereinzelte Bekundung von Sympathie, die einseitige Parteinahme, das Werben um Verständnis 43 für die von politisch Gleichgesinnten im Heimatland verfolgten politischen Ziele oder vergleichbare, auf die Beeinflussung des Meinungsklimas ausgerichteten Verhaltensweisen sind mit Blick auf das Grundrecht auf **Meinungsfreiheit** aus **Art. 5 I GG** grundsätzlich nicht geeignet, den Ausweisungstatbestand zu begründen. Dienen Veranstaltungen allerdings erkennbar dazu, nicht nur einzelne Meinungen kundzutun, wie sie auch die Vereinigung vertritt, sondern durch die – auch massenhafte – Teilnahme jedenfalls auch diese Vereinigung selbst vorbehaltlos und unter Inkaufnahme des Anscheins der Billigung ihrer terroristischen Bestrebungen zu fördern, dann liegt ein im Hinblick auf den Normzweck potenziell gefährliches Unterstützen vor, das die Freiheit der Meinungsäußerung insoweit verhältnismäßig beschränkt. Eine Unterstützung kann ferner dann in Betracht kommen, wenn durch zahlreiche Beteiligungen an Demonstrationen und Veranstaltungen im Umfeld einer Vereinigung wie der verbotenen PKK feststeht, dass der Ausländer auch als Nichtmitglied in einer inneren Nähe und Verbundenheit zu der Vereinigung selbst steht, die er durch sein Engagement als ständiger (passiver) Teilnehmer zum Ausdruck bringt, und damit deren Stellung in der Gesellschaft (vor allem unter Landsleuten) begünstigend beeinflusst, ihre Aktionsmöglichkeiten und evtl. auch ihr Rekrutierungsfeld

---

[119] Näher BVerwG Urt. v. 25.10.2011 – 1 C 13.10, NVwZ 2012, 701 Rn. 20; vgl. auch VG Würzburg Beschl. v. 19.2.2019 – W 7 S 18.839, BeckRS 2019, 28507; VG München Beschl. v. 13.12.2016 – M 12 S 16.5398, BeckRS 2016, 113118 u. Beschl v. 14.12.2016 – M 12 S 16.5400, BeckRS 2016, 113122 – jeweils zur Unterstützung ua des IS durch den Ausländer aufgrund Werbung für die Ideologie des IS in sozialen Medien; s. auch BVerwG Urt. v. 21.8.2018 – 1 A 16.17, BeckRS 2018, 23003 Rn. 60, 67; krit. zur Einbeziehung der Sympathiewerbung *Kirsch* NVwZ 2012, 677.
[120] *Fleuß* in BeckOK AuslR AufenthG § 54 Rn. 74 (Stand 1.1.2022).
[121] *Marx* AufenthaltsR § 7 Rn. 83.
[122] Vgl. näher BVerwG Urt. v. 27.7.2017 – 1 C 28.16, NVwZ 2018, 409 Rn. 21 ff. und Urt. v. 22.2.2017 – 1 C 3.16, NVwZ 2017, 1883 Rn. 31 ff.; Urt. v. 25.10.2011 – 1 C 13.10, NVwZ 2012, 701; Urt. v. 15.3.2005 – 1 C 26.03, NVwZ 2005, 1091; Beschl. v. 23.9.2011 – 1 B 19.11, BeckRS 2011, 54901; BayVGH Urt. v. 22.2.2010 – 19 B 09.929, BeckRS 2010, 47051; VGH BW Urt. v. 14.5.2014 – 11 S 2224/13, BeckRS 2014, 53263; Urt. v. 7.12.2011 – 11 S 897/11, DVBl 2012, 194; Urt. v. 25.5.2011 – 11 S 308/11, BeckRS 2011, 51170; Beschl. v. 21.6.2021 – 11 S 19/21, BeckRS 2021, 17236 Rn. 16; OVG NRW Beschl. v. 23.10.2018 – 18 B 895/16, BeckRS 2018, 26736 Rn. 26.
[123] So bereits BVerwG Urt. v. 15.3.2005 – 1 C 26.03, NVwZ 2005, 1091.
[124] BVerwG Urt. v. 22.2.2017 – 1 C 3.16, NVwZ 2017, 1883 Rn. 31
[125] BVerwG Urt. v. 15.3.2005 – 1 C 26.03, NVwZ 2005, 1091; *Kugelmann* ZAR 2003, 96 (101); *Marx* ZAR 2004, 275 (276); *Marx* ZAR 2002, 127 (131); *Middel,* Innere Sicherheit und präventive Terrorismusbekämpfung, S. 272.
[126] S. näher VGH BW Urt. v. 16.5.2012 – 2328/11, BeckRS 2012, 53897 u. Urt. v. 7.12.2011 – 11 S 897/11, BeckRS 2012, 45623.
[127] Näher BVerwG Urt. v. 22.2.2017 – 1 C 3.16, NVwZ 2017, 1883 Rn. 31; Urt. v. 30.7.2013 – 1 C 9.12, NVwZ 2014, 294 Rn. 15.

erweitert und dadurch insgesamt zu einer Stärkung ihres latenten Gefahrenpotenzials beiträgt. Dabei muss allerdings die terroristische oder den Terrorismus unterstützende Tätigkeit der Vereinigung im In- oder Ausland zum jeweils Zeitpunkt feststehen und das Verhalten des Einzelnen auch unter Berücksichtigung etwaiger glaubhafter Distanzierungen von der Unterstützung des Terrorismus (oder das Fehlen jeglicher Distanzierung) gewürdigt werden[128].

44 Eine Organisation verliert nicht schon dann ihren Charakter als terroristische, wenn aktuell oder sogar für einen längeren Zeitraum **terroristische Aktivitäten nicht mehr beweisbar** sind. Dies kann nämlich allein durch knappe finanzielle oder personelle Mittel der Organisation oder durch die Effektivität von Sicherheitsvorkehrungen bedingt sein. Solange eine glaubwürdige öffentliche und tatsächliche umgesetzte Distanzierung von jeglichen terroristischen Praktiken nicht erfolgt ist, fehlt es nicht am Gegenwartsbezug[129]. Auch dass sich eine Organisation (nunmehr) sogar legal politisch und sozial engagiert, kann unbeachtlich sein. Eine heterogene Ausrichtung einer Vereinigung steht ihrer Qualifikation als terroristisch nicht entgegen. Es genügt, dass terroristische Mittel Teil ihrer politischen Agenda sind, wenn die Organisation dadurch charakteristisch mitgeprägt wird[130].

45 In der **Vergangenheit liegende Tatsachen** können wie bei jeder derartigen Sicherheitsprognose als Indizien für eine Wiederholung verwertet und deren Wahrscheinlichkeit muss auch anhand neuerer Entwicklungen beurteilt werden. Hieran hat auch die Ablösung des bisherigen 2. Hs. in § 54 Nr. 5 aF, der ausdrücklich die Einschränkung enthielt, dass die Ausweisung auf zurückliegende Mitgliedschaften nur gestützt werden durfte, soweit diese eine gegenwärtige Gefährlichkeit begründeten, durch die jetzige **„Abstandnahmeklausel"** in Nr. 2, letzter Hs. nichts geändert.

46 Die objektive Tatsache der Unterstützung einer terroristischen Vereinigung in der Vergangenheit kann dem Ausländer nur dann nicht mehr zugerechnet werden, wenn er erkennbar und glaubhaft Abstand genommen hat. „Abstandnehmen" iSd Nr. 2 entspricht dem **Distanzieren**[131] iSd § 54 aF[132]. Schon nach altem Recht genügte eine reine Passivität des Ausländers nicht. Es bedurfte und bedarf eindeutiger Erklärungen und Verhaltensweisen, die zum Ausdruck brachten, dass er sich nunmehr von zurückliegenden Aktivitäten erkennbar aus innerer Überzeugung glaubhaft distanzierte[133]. Aufgrund einer zeitlich-inhaltlichen Zäsur im Leben des Ausländers müssen die früheren Aktivitäten als einen für diesen abgeschlossenen Sachverhalt erscheinen. Allein der Umstand, dass die Unterstützungshandlungen schon mehrere Jahre zurückliegen, genügt nicht, um das in der Person des Ausländers zutage getretene Gefahrenpotenzial als nicht mehr gegeben anzusehen[134]. Sowohl ein Abstandnehmen wie auch ein Distanzieren setzen voraus, dass äußerlich feststellbare Umstände vorliegen, die es wahrscheinlich erscheinen lassen, dass der Ausländer seine innere Einstellung verändert hat und aufgrund dessen künftig von ihm keine Gefahr für die freiheitliche demokratische Grundordnung oder die Sicherheit der Bundesrepublik Deutschland mehr ausgeht. Das Erfordernis der Veränderung der inneren Einstellung bedingt es, dass der Ausländer in jedem Fall einräumen muss oder zumindest nicht bestreiten darf, in der Vergangenheit durch sein Handeln die freiheitliche demokratische Grundordnung oder die Sicherheit der Bundesrepublik Deutschland gefährdet zu haben[135]. Nach den Umständen des Einzelfalls kann es hierfür auch genügen, dass der Ausländer dies nur durch konkludentes Verhalten der Sache nach zum Ausdruck bringt[136]. Bei grundlegend und nachhaltig veränderten Rahmenbedingungen – etwa, weil eine frühere terroristische Vereinigung nicht mehr existiert oder eine Organisation ihre terroristischen Aktivitäten endgültig aufgegeben hat – kann es möglicherweise unschädlich sein, wenn der Ausländer für eine in der Vergangenheit liegende historisch-politische Situation Aktivitäten weiterhin als richtig ansieht, wenn er darlegen kann, warum von ihm – auch zukünftig – keine Gefährdung mehr ausgeht[137].

---

[128] BVerwG Urt. v. 25.10.2011 – 1 C 13.10, NVwZ 2012, 701.
[129] VGH BW Beschl. v. 19.7.2019 – 11 S 1631/19, BeckRS 2019, 17841 Rn. 17 (DHKP-C); Urt. v. 21.4.2010 – 11 S 200/10, BeckRS 2010, 49052 Rn. 36 f. (International Sikh Youth Federation).
[130] VGH BW Urt. v. 25.5.2011 – 11 S 308/11, BeckRS 2011, 51170 Rn. 81 (libanesische Hisbollah).
[131] BVerwG Urt. v. 15.3.2005 – 1 C 26.03, BVerwGE 123, 114; Urt. v. 30.7.2013 – 1 C 9.12, NVwZ 2014, 294 Rn. 17.
[132] BVerwG Urt. v. 27.7.2017 – 1 C 28.16, NVwZ 2018, 409 Rn. 30; Urt. v. 22.2.2017 – 1 C 3.16, NVwZ 2017, 1883 Rn. 33.
[133] BayVGH Beschl. v. 13.8.2019 – 10 ZB 18.1437, BeckRS 2019, 19738 Rn. 25 f.; BVerwG Urt. v. 30.7.2013 – 1 C 9.12, NVwZ 2014, 294; Urt. v. 30.4.2009 – 1 C 6.08, NVwZ 2009, 1162; VGH BW Urt. v. 14.5.2014 – 11 S 2224/13, BeckRS 2014, 53263; s. auch *Middel*, Innere Sicherheit und präventive Terrorismusbekämpfung, S. 272.
[134] BVerwG Urt. v. 30.4.2009 – 1 C 6.08, NVwZ 2009, 1162 Rn. 35; Beschl. v. 25.4.2018 – 1 B 11.18, BeckRS 2018, 8954 Rn. 12.
[135] BVerwG, Beschl. v. 25.4.2018 – 1 B 11.18, BeckRS 2018, 8954 Rn. 12; VGH BW Beschl. v. 18.11.2020 – 11 S 1465/19, Asylmagazin 2021, 50.
[136] Vgl. auch VG Saarlouis Urt. v. 3.9.2020 – 6 K 1211/17, BeckRS 2020, 25425 Rn. 56, 67: Bei einem anerkannten Flüchtling erfordere § 54 I Nr. 2 unionsrechtlich, dass dieser eine gewichtige Rolle bei der Unterstützung einer terroristischen Vereinigung spiele; für ein Abstandnehmen könne eine weitgehende „politische Abstinenz", aus der sich der Wegfall der früheren gewichtigen Rolle des Ausländers im Rahmen der Unterstützung der terroristischen Organisation zweifelsfrei ergebe, grundsätzlich ausreichen.
[137] Vgl. auch VGH BW Beschl. v. 16.4.2008 – 13 S 298/06, BeckRS 2009, 38675; Beschl. v. 16.11.2021 – 12 S 2004/19, nv – jew. zu § 11 Nr. 1 StAG.

Ausweisungsinteresse **§ 54 AufenthG 1**

Die **Darlegungslast** für das Abstandnehmen trägt der Ausländer. Hat ein bereits in der Vergangenheit erfolgter Vortrag des Ausländers, er habe sich distanziert, nicht den Tatsachen entsprochen, so ist für seine spätere, erneute Berufung auf einen geänderten Lebenswandel ein strenger Maßstab anzulegen[138].

c) Vorbereitung einer schweren staatsgefährdenden Gewalttat. § 54 II Nr. 2 Var. 4 ist § 54 Nr. 5b aF[139] nachgebildet. Anknüpfungspunkt ist nicht der Terrorismus, sondern **schwere staatsgefährdende Straftaten**. Auch hier genügt, dass Tatsachen eine dahin gehende Schlussfolgerung rechtfertigen. 47

Mit dem Ausweisungstatbestand wurde auf eine **Neuregelung im Strafrecht** reagiert. Nach § 89a I StGB – idF GVVG-ÄndG v. 12.6.2015[140] – wird mit Freiheitsstrafe von sechs Monaten bis zu zehn Jahren bestraft, wer eine schwere staatsgefährdende Gewalttat vorbereitet. Eine schwere staatsgefährdende Gewalttat ist eine Straftat gegen das Leben in den Fällen des § 211 StGB oder des § 212 StGB oder gegen die persönliche Freiheit in den Fällen des § 239a StGB oder des § 239b StGB, die nach den Umständen bestimmt und geeignet ist, den Bestand oder die Sicherheit eines Staates oder einer internationalen Organisation zu beeinträchtigen oder Verfassungsgrundsätze der Bundesrepublik Deutschland zu beseitigen, außer Geltung zu setzen oder zu untergraben. 48

Der Ausländer muss diese schwere staatsgefährdende **Straftat vorbereiten,** indem er nach § 89a II StGB 49

1. eine andere Person unterweist oder sich unterweisen lässt in der Herstellung von oder im Umgang mit Schusswaffen, Sprengstoffen, Spreng- oder Brandvorrichtungen, Kernbrenn- oder sonstigen radioaktiven Stoffen, Stoffen, die Gift enthalten oder hervorbringen können, anderen gesundheitsschädlichen Stoffen, zur Ausführung der Tat erforderlichen besonderen Vorrichtungen oder in sonstigen Fertigkeiten, die der Begehung einer der in Abs. 1 genannten Straftaten dienen,
2. Waffen, Stoffe oder Vorrichtungen der in Nr. 1 bezeichneten Art herstellt, sich oder einem anderen verschafft, verwahrt oder einem anderen überlässt oder
3. Gegenstände oder Stoffe sich verschafft oder verwahrt, die für die Herstellung von Waffen, Stoffen oder Vorrichtungen der in Nr. 1 bezeichneten Art wesentlich sind.

Nach Abs. 2a ist Abs. 1 auch anzuwenden, wenn der Täter eine schwere staatsgefährdende Gewalttat vorbereitet, indem er es unternimmt, zum Zweck der Begehung einer schweren staatsgefährdenden Gewalttat oder der in Abs. 2 Nr. 1 genannten Handlungen aus der Bundesrepublik Deutschland auszureisen, um sich in einen Staat zu begeben, in dem Unterweisungen von Personen iSd Abs. 2 Nr. 1 erfolgen. 50

Abs. 3 sieht vor, dass Abs. 1 auch gilt, wenn die Vorbereitung im Ausland begangen wird. Wird die Vorbereitung außerhalb der Mitgliedstaaten der EU begangen, gilt dies nur, wenn sie durch einen Deutschen oder einen Ausländer mit Lebensgrundlage im Inland begangen wird oder die vorbereitete schwere staatsgefährdende Gewalttat im Inland oder durch oder gegen einen Deutschen begangen werden soll. 51

Nach Abs. 4 – idF ÄndG v. 31.8.2015[141] – bedarf in den Fällen des Abs. 3 S. 2 die Verfolgung der Ermächtigung durch das BMJV. Wird die Vorbereitung in einem anderen Mitgliedstaat der EU begangen, bedarf die Verfolgung der Ermächtigung durch das BMJV, wenn die Vorbereitung weder durch einen Deutschen erfolgt, noch die vorbereitete schwere staatsgefährdende Gewalttat im Inland noch durch oder gegen einen Deutschen begangen werden soll[142]. 52

Diese **neu eingeführten Straftatbestände** streben einen **Sicherheitsgewinn** an. Der Gesetzgeber sah vor dem Hintergrund der zunehmenden Dezentralisierung organisatorischer Strukturen vor allem im militant-islamistischen Bereich und der damit einhergehenden nur losen Einbindung der Täter in gefestigte Verbände das Bedürfnis für ein möglichst frühzeitiges Eingreifen des Strafrechts[143]. Abs. 2a knüpft an die vom Sicherheitsrat der Vereinten Nationen am 24.9.2014 verabschiedete UN-Resolution 2178 (2014) an, die sich mit spezifischen Gefahren befasst, die von ausländischen terroristischen Kämpfern ausgehen. Mit der Bestimmung werden das Reisen bzw. der Versuch des Reisens, um sich im Ausland an schweren Gewalttaten zu beteiligen, als weitere Vorbereitungshandlung einer terroristischen Tat unter Strafe gestellt. Hintergrund des Abs. 2a ist vor allem die **Reisetätigkeit junger Menschen aus Deutschland nach Syrien,** um sich dort islamistischen Gruppierungen in Kampfgebieten anzuschließen[144]. Sollte man der Auffassung sein, dass Handlungen eines Ausländers nach Abs. 2a nicht vom Wortlaut des § 54 I Nr. 2 erfasst würden, da dieser lediglich den Abs. 2 des § 89a 53

---

[138] VGH BW Beschl. v. 17.6.2019 – 11 S 2118/18, BeckRS 2019, 13246 Rn. 18 ff.
[139] Näher *Kießling*, Die Abwehr terroristischer u. extremistischer Gefahren durch Ausweisung, 2012, S. 237 ff.
[140] Gesetz zur Änderung der Verfolgung der Vorbereitung von schweren staatsgefährdenden Gewalttaten, BGBl. 2015 I S. 926.
[141] BGBl. 2915 I S. 1474 mWv 8.9.2015.
[142] Hinsichtlich der weiteren Einzelheiten der Vorschrift, insbes. der Möglichkeit des Absehens von einer Bestrafung nach Abs. 7 bei tätiger Reue, wird auf den Gesetzestext verwiesen sowie die Kommentierung bei *Sternberg-Lieben* in Schönke/Schröder StGB § 89a Rn. 1 ff.
[143] BT-Drs. 16/12428, 1 f., 12.
[144] S. näher BT-Drs. 18/4087, 6 ff.

StGB nennt, und würde man auch eine entsprechende erweiternde Auslegung ablehnen, so wäre jedenfalls zu prüfen, ob eine Ausweisung unter dem Aspekt der sonstigen erheblichen Interessen der Bundesrepublik Deutschland nach § 53 I in Betracht käme.

54 Der BGH hat mit Urteil vom 8.5.2014 die umstrittene **Verfassungskonformität von § 89a StGB** bejaht, aber aus verfassungsrechtlichen Gründen einen restriktiven Umgang mit der Vorschrift angemahnt; so fordert etwa der Grundsatz der Verhältnismäßigkeit, dass der Täter bei der Vornahme der in § 89a II StGB normierten Vorbereitungshandlungen zur Begehung der schweren staatsgefährdenden Gewalttat bereits fest entschlossen sein muss[145]. Die Ausweisung ist zwar eine ordnungsrechtliche Maßnahme, die Erwägungen des BGH gelten aber entsprechend.

5. Leiter eines verbotenen Vereins (Nr. 3)

55 Nr. 3 entspricht im Wortlaut dem früheren § 54 Nr. 7 aF. Die Regelung flankiert ausländerrechtlich das Vereinsverbot; sie ist ein Instrument des präventiven Verfassungsschutzes[146] und dient damit dem Schutz äußerst hochrangiger Rechtsgüter. Der Norm liegt der vereinsrechtliche Vereinsbegriff zugrunde; die Begriffsmerkmale des § 2 Abs. 1 S. 1 VereinsG sind entsprechend der gefahrenabwehrrechtlichen Zwecksetzung des Vereinsgesetzes und im Einklang mit dem Schutz der Vereinigungsfreiheit weit auszulegen[147]. **Leiter** eines Vereins im Sinne der Vorschrift sind **sämtliche Mitglieder des Vorstands** (§ 26 BGB) **sowie** diejenigen Mitglieder aller Vereinsorgane, die nach der Satzung oder tatsächlicher Übung des Vereins bestimmenden Einfluss auf dessen Betätigung haben. Ferner können auch solche Personen zu den Leitern des Vereins zählen, die ohne formell Mitglied eines Vereinsorgans zu sein, das Vereinsgeschehen von außen oder innen maßgeblich beeinflussen oder im für den Verein maßgebliche Funktionen ausüben[148].

56 Der Verein muss **unanfechtbar verboten** worden sein[149], wobei der Wortlaut der Nr. 3 – wie auch die Vorgängervorschrift – für den Grund des Verbots die Verbotsgründe nach § 3 VereinsG, die Art. 9 II GG entsprechen[150], nennt. Ist ein Verein als Ausländerverein auf der Grundlage des § 14 VereinsG verboten worden, der über Art. 9 II GG hinausgehende Verbotsgründe zulässt, schließt das die Geltung der Nr. 3 nach ihrem Zweck nicht aus.

57 Mit der Unanfechtbarkeit des Vereinsverbots steht die Gefährlichkeit des Vereins bindend fest[151]. Hat der Leiter des verbotenen Vereins es unterlassen, dieses Verbot anzugreifen, obwohl ihm dies aufgrund der Vereinsstrukturen möglich gewesen wäre, sind im Verfahren betreffend seine Ausweisung nach Nr. 3 Einwendungen gegen das Vereinsverbot nicht mehr zu prüfen. Die **Anforderungen an die Wiederholungsgefahr** sind aufgrund des gleitenden Wahrscheinlichkeitsmaßstabs eher gering. Insbesondere wenn der frühere Leiter nach wie vor Kontakte mit den Personen und dem Umfeld des verbotenen Vereins pflegt, dürfte grundsätzlich aus spezialpräventiven Gründen ein besonders schwerwiegendes Ausweisungsinteresse gegeben sein. Darüber hinaus besteht ein entsprechend gewichtetes generalpräventives Interesse, um deutlich zu machen, dass rechtsstaatswidrigen, verfassungs- und völkerverständigungsfeindlichen Zielsetzungen und Tätigkeiten von Ausländern konsequent begegnet wird.

6. Gewalt bei der Verfolgung politischer oder religiöser Ziele (Nr. 4)

58 Die Regelung in Nr. 4 greift § 54 Nr. 5a Var. 3–5 auf[152]; in ihr geht § 54 Nr. 4 aF (Gewalttätigkeiten im Rahmen einer verbotenen oder aufgelösten Versammlung) weitgehend auf. Sie enthält mehrere Handlungsvarianten, die allesamt die **Grundordnung** des staatlichen und gesellschaftlichen Lebens betreffen, aber kein strafbares Verhalten voraussetzen. Beteiligung an Gewalttätigkeiten, öffentlicher Aufruf zur Gewaltanwendung oder Drohung mit Gewaltanwendung[153] erfüllen den Tatbestand nur, wenn sie **politischen oder religiösen Zielen** dienen. Die besondere Gefährlichkeit erwächst aus

---

[145] S. iE BGH Urt. v. 8.5.2014 – 3 StR 243/13, NJW 2014, 3459 Rn. 14 ff. und Urt. v. 27.10.2015 – 3 StR 218/15, NJW 2016, 260; s. auch BGH, Beschl. v. 6.4.2017 – 3 StR 326/16, NStZ 2018, 585 Rn. 26 ff. – zu § 89a IIa StGB.
[146] *Hoppe* in GK-AufenthG § 54 Rn. 13 (Stand 2/2021: Hinweise zur Nutzung der bisherigen Kommentierung) iVm *Discher* in GK-AufenthG § 54 Rn. 771 (Stand 8/2009).
[147] *Fleuß* in BeckOK AuslR AufenthG § 54 Rn. 87 (Stand 1.1.2022).
[148] BVerwG Beschl. v. 16.7.2003 – 6 VR 10/02, BeckRS 2003, 24408; Beschl. v. 6.9.1995 – 1 VR 2.95, NVwZ 1997, 68.
[149] VGH BW Beschl. v. 1.7.2016 – 11 S 46/16, BeckRS 2016, 48789 am Bsp. des Leiters des verbotenen Vereins „Red Legion".
[150] S. BVerfG Beschl. v. 13.7.2018 – 1 BvR 1474/12, 1 BvR 670/13, 1 BvR 57/14, NVwZ 2018, 1788 Rn. 123 ff. – zum Verbot eines Vereins wegen mittelbarer Unterstützung einer terroristischen Vereinigung (Hamas).
[151] *Fleuß* in BeckOK AuslR AufenthG § 54 Rn. 87 (Stand 1.1.2022).
[152] S. zu der früheren Fassung und deren Entstehungsgeschichte vgl. BT-Drs. 14/7384, 54; BT-Drs. 15/420, 70; dazu *Marx* ZAR 2004, 275.
[153] Näher *Discher* in GK-AufenthG § 54 Rn. 656 ff. (Stand 8/2009); vgl. auch OVG Brem Urt. v. 15.1.2013 – 1 A 202-06, BeckRS 2013, 47076.

dieser Zweckbestimmung. Überschneidungen mit der Gefährdung des Staates oder auch der freiheitlichen demokratischen Grundordnung sind möglich.

Religiöse Ziele sind als ein **Unterfall der politischen Ziele** zu verstehen; ihre Erfassung soll der 59 Existenz extremistischer Netzwerke im religiös-politischen Spektrum Rechnung tragen[154]. Ein Ziel ist politisch, wenn es um die Gestaltung und Eigenart der allgemeinen Ordnung des Zusammenlebens von Menschen oder Menschengruppen geht, also einen öffentlichen Bezug hat; es kann um die Bewahrung oder Veränderung gesellschaftlicher Einrichtungen und Daseinsformen im In- und Ausland gehen[155].

Die **Beteiligung** ist nach Maßgabe der §§ 25 ff. StGB festzustellen; Täterschaft ist nicht verlangt. 60 Der Aufruf zur Gewaltanwendung muss öffentlich geschehen, also für eine größere oder unbestimmte Anzahl von Menschen bestimmt und wahrnehmbar sein. Der Gewaltaufruf kann ausdrücklich oder auch impliziert erfolgen. Die Gewaltandrohung braucht dagegen nicht öffentlich zu erfolgen. Gewalt und Gewaltanwendung schließen psychische Gewalt nicht ein[156]. Das Unterstützen von Personen und Personenvereinigungen, die zur Verfolgung religiöser Ziele zu Gewalt oder Hass gegen Teile der Bevölkerung aufrufen, kann ein nicht ausdrücklich normiertes Ausweisungsinteresse iSd § 53 Abs. 1 AufenthG begründen[157].

7. Aufruf zu Hass (Nr. 5)

Nr. 5 normiert ein besonders schweres Ausweisungsinteresse gegenüber Ausländern, die als **„geisti-** 61 **ge Brandstifter"** und **„Hassprediger"** das friedliche Zusammenleben im Bundesgebiet gefährden[158]. Die Regelung greift dabei in modifizierter Form verschiedene frühere Tatbestände des § 55 II Nr. 8 und 9 aF auf.

Der Ausweisungstatbestand verlangt, dass der Ausländer „zu Hass gegen Teile der Bevölkerung 62 aufruft". **Hass** ist eine emotional gesteigerte, über die bloße Ablehnung oder Verachtung hinausgehende feindselige Haltung[159]. Der Aufruf kann mündlich oder schriftlich und über alle denkbaren Medien, insbesondere auch das **Internet**[160], erfolgen. Vor dem Hintergrund, dass die Norm das **friedliche Zusammenleben im Bundesgebiet** schützen will, muss eine in Deutschland lebende Bevölkerungsgruppe betroffen sein, die sich etwa nach ethnischen oder religiösen, sozialen, wirtschaftlichen oder politischen Merkmalen von der übrigen Bevölkerung unterscheiden lässt[161]. Zielt die Äußerung auf Gruppen im Ausland, so kommt es darauf an, ob dann zugleich eine entsprechende Gruppe im Inland betroffen ist. Hetze gegen eine einzelne Person erfüllt den Tatbestand nicht, es sei denn, diese Person steht symbolisch für eine bestimmte Gruppe.

Der Gesetzgeber definiert in Nr. 5 Hs. 2 rechtlich verbindlich, welche verschiedenen Verhaltens- 63 weisen den Tatbestand des Hs. 1 erfüllen. Die Exkulpationsmöglichkeit am Ende des Hs. 2 bezieht sich auf alle Verhaltensweisen. Als Anknüpfungspunkt für eine Ausweisung scheiden allerdings von vornherein Äußerungen aus, die noch durch die von Art. 5 GG und Art. 10 EMRK verbürgte **Meinungsfreiheit** gedeckt sind[162]. Nach der Rspr. des EGMR ist für die nicht dem Schutz der EMRK unterfallende **Hassrede** charakteristisch, dass sie diffamierende und diskriminierende Inhalte enthält, die fundamentale Gleichheit aller Menschen, die Menschenwürde sowie den demokratischen Pluralismus leugnen und auf dieser Grundlage zum Hass anstacheln[163].

Während § 55 II Nr. 9 aF an die Einwirkung auf ein Kind oder einen Jugendlichen anknüpfte und 64 damit in dem dort aufgeführten Verhalten aufgrund seiner generationenübergreifenden Verfestigung von Vorurteilen und seiner Multiplikationswirkung eine Gefahr ua für erhebliche Interessen der Bundesrepublik Deutschland gesehen hat, ist der Tatbestand in § 54 II Nr. 5 Hs. 2 Var. 1 nunmehr auch auf erwachsene Personen erstreckt[164]. Durch die Verwendung des **Begriffs des Einwirkens** soll

---

[154] *Fleuß* in BeckOK AuslR AufenthG § 54 Rn. 108 (Stand 1.1.2022) sowie die Gesetzesbegründung BT-Drs. 18/4097, 51.
[155] Discher in GK-AufenthG § 54 Rn. 663 ff. (Stand 8/2009).
[156] Zum StrafR vgl. BVerfG Beschl. v. 10.1.1995 – 1 BvR 718/89 ua, NJW 1995, 1141.
[157] VGH BW Beschl. v. 21.6.2021 – 11 S 19/21, BeckRS 2021, 17236 Rn. 12 ff.
[158] Näher Gesetzesbegründung BT-Drs. 18/4097, 51.
[159] VG Freiburg Urt. v. 2.7.2021 – 10 K 1661/19, BeckRS 2021, 19972 Rn. 42; *Discher* in GK-AufenthG § 55 Rn. 1221 (Stand 7/2009).
[160] S. zur Reichweite der Verantwortlichkeit bei Internetportalen EGMR Urt. v. 16.6.2015 – 64569/09, NJW 2015, 2863 – Delfi AS; *Dörig*, jM 2015, 423.
[161] *Discher* in GK-AufenthG § 55 Rn. 1181 ff. (Stand: 7/2009).
[162] OVG LSA Beschl. v. 20.5.2021 – 2 M 25/21, BeckRS 2021, 12774 Rn. 22; VG Freiburg Urt. v. 2.7.2021 – 10 K 1661/19, BeckRS 2021, 19972 Rn. 41; HessVGH Urt. v. 16.11.2011 – 6 A 907/11, BeckRS 2012, 46295; vgl. auch BVerfG Beschl. v. 4.2.2010 – 1 BvR 369/94, NJW 2010, 2193; *Fleuß* in BeckOK AuslR § 54 Rn. 119 (Stand 1.1.2022).
[163] EGMR Urt. v. 15.10.2015 – 27510/08, NJW 2016, 3353 Rn. 230 ff. – Perinçek; näher zur Rspr. des EGMR zum Umgang mit Hassreden und Gewaltaufrufen *Mensching* in Karpenstein/Mayer, EMRK, 3. Aufl. 2022, Art. 10 Rn. 78 ff.
[164] BT-Drs. 18/4097, 82.

eine deutliche Grenze eingezogen und damit sichergestellt werden, dass nicht jede beliebige Handlung dem Ausweisungstatbestand unterfällt. Vielmehr sollen nur solche Handlungen relevant sein, die objektiv geeignet sind, Hass zu erzeugen oder zu verstärken und hierzu zielgerichtet und über einen längeren Zeitraum eingesetzt werden[165]. Dies ergibt sich auch aus der besonderen Zweckregelung, wonach das Einwirken darauf gerichtet sein muss.

65 Mit der Regelung wird die Ausweisungsschwelle in den Kontext privater, insbesondere familiärer Beziehungen und religiöser Gemeinschaften verlegt. Anders als die mit strafrechtlichen Konturen versehenen Begriffe des „Aufstachelns" und „Aufforderns" ist der Begriff des „Einwirkens" unbestimmt. Die Regelung führt zu erheblichen **Beweisproblemen,** soweit Tatsachenfeststellungen der Verfassungsschutzbehörden herangezogen werden sollen, da diese regelmäßig ihre Quellen nicht preisgeben werden. Ähnliches gilt für Denunziationen im privaten Umfeld.

66 Mit den Tatbeständen des § 54 II Nr. 5 Hs. 2 Var. 2, die § 55 II Nr. 8 aF nachgebildet sind, sollen Störungen der öffentlichen Sicherheit und Ordnung durch Äußerungen und Handlungen erfasst werden, die das friedliche **Zusammenleben gefährden.** Die Störung muss aktuell sein, dh einen Bezug zur Gegenwart haben[166]. Die Bestimmungen sollten nach den gesetzgeberischen Erwägungen zu § 55 II Nr. 8 aF eine Grundlage schaffen, sog. **Hassprediger** auszuweisen und damit geistigen Brandstiftern das Handwerk zu legen[167]. Die Billigung oder Werbung kann durch jedes Medium erfolgen, außer durch Schriften oder Reden auch auf elektronischem Wege. Die Verbrechen und anderen Vorgänge der Werbung oder Billigung nach lit. c können in der Vergangenheit und im Ausland geschehen sein[168]. Ihre Darstellung muss nur zur Störung der öffentlichen Sicherheit oder Ordnung in der Gegenwart in Deutschland geeignet sein. Auf den Erfolg der Werbung oder Propaganda kommt es nicht an. Die Handlungen nach lit. a[169] ähneln der Volksverhetzung und Verleumdung nach §§ 130, 187 StGB. Aufstacheln geht über propagandistische Reden hinaus. Mit dem Schlagwort „Hassprediger" ist der „Tätertyp" also nicht ausreichend gekennzeichnet. Wegen der einschneidenden Folgen, die die Bejahung des Ausweisungstatbestands nach sich zieht, dürfen die entsprechenden Feststellungen zu den Tatbestandsmerkmalen nur auf einer fundierten und belastbaren Tatsachengrundlage getroffen werden[170].

III. Ausweisungsinteressen nach Abs. 2

1. Freiheitsstrafe von mindestens sechs Monaten (Nr. 1)

67 **Nr. 1** erfasst die Verurteilung zu einer Freiheitsstrafe wegen einer oder mehrerer vorsätzlicher Taten. Sie muss rechtskräftig sein. Die Norm greift ab sechs Monaten Freiheitsstrafe – unabhängig davon, ob die Vollstreckung der Strafe nach § 56 StGB zur Bewährung ausgesetzt ist. Liegt der Strafe auch ein Fahrlässigkeitsdelikt zugrunde, muss sich aus den Urteilsgründen ergeben, dass das von Nr. 1 geforderte Mindestmaß allein wegen der Vorsatztat verhängt wurde. Eine Jugendstrafe in dieser Höhe fällt nicht in den Anwendungsbereich der Nr. 1.

2. Jugendstrafe von mindestens einem Jahr ohne Bewährung (Nr. 2)

68 Nach **Nr. 2** muss der Ausländer rechtskräftig wegen einer oder mehrerer vorsätzlicher Taten zu einer Jugendstrafe von mindestens einem Jahr verurteilt worden sein. Ist die Jugendstrafe nach § 21 JGG zur Bewährung ausgesetzt, greift die Regelung nicht ein[171], anders allerdings, wenn nur der Strafrest nach § 88 JGG ausgesetzt wird. Ist die Entscheidung über die Bewährungsaussetzung einem nachträglichen Beschluss vorbehalten (§ 61 JGG), ist das Ausweisungsinteresse bis zum Beginn des Strafvollzugs (§ 57 I 1 JGG) nicht gegeben[172].

3. Betäubungsmittelkriminalität (Nr. 3)

69 **Nr. 3** erfasst den Ausländer, der als Täter oder Teilnehmer den **Tatbestand des § 29 I 1 Nr. 1 BtMG** verwirklicht oder dies versucht. Nach § 29 I 1 Nr. 1 BtMG wird mit Freiheitsstrafe bis zu fünf Jahren oder Geldstrafe bestraft, wer Betäubungsmittel unerlaubt anbaut, herstellt, mit ihnen Handel

---

[165] BT-Drs. 16/5065, 183.
[166] Näher OVG Bln-Bbg Urt. v. 19.3.2012 – OVG 3 B 2.11, BeckRS 2012, 49257.
[167] BT-Drs. 15/955, 25; BT-Drs. 15/3479, 9; s. auch BT-Drucks. 18/4097 S. 51; OVG LSA Beschl. v. 20.5.2021 – 2 M 25/21, BeckRS 2021, 12774 Rn. 22OVG Brem Urt. v. 15.1.2013 – 1 A 202/06, BeckRS 2013, 47076; OVG RhPf Urt. v. 8.10.2009 – 7 A 10165/09, BeckRS 2009, 41478.
[168] Der Katalog der gebilligten oder beworbenen Taten greift ua Art. 12 IIa und Art. 17 Ia Qualifikations-RL auf.
[169] Näher hierzu HessVGH Urt. v. 16.11.2011 – 6 A 907/11, BeckRS 2012, 46295.
[170] BVerfG Beschl. v. 13.6.2005 – 2 BvR 485/05, InfAuslR 2005, 372.
[171] Zur Anwendbarkeit beim Fehlschlagen der sog. Vorbewährung im Jugendstrafr vgl. VG Sigmaringen Urt. v. 14.4.2005 – 8 K 429/03, BeckRS 2005, 26012 – zu § 47 II Nr. 1 AuslG 1990.
[172] *Hoppe* in Dörig MigrationsR-HdB § 7 Rn. 105.

treibt, sie, ohne Handel zu treiben, einführt, ausführt, veräußert, abgibt, sonst in den Verkehr bringt, erwirbt oder sich in sonstiger Weise verschafft[173]. Nach § 29 II BtMG ist der Versuch strafbar.

Der Tatbestand ist gegenüber § 54 Nr. 3 aF verschärft[174]. Nach der früheren Rechtslage war der **70** unerlaubte Erwerb oder das „sich in sonstiger Weise verschaffen" nicht Gegenstand des § 54 Nr. 3 aF. **Erfasst** von der jetzigen Fassung werden Hersteller, Händler und Verbreiter – auch durch unentgeltliche Weitergabe und Tausch –, Erwerb und sonstige **Beschaffung für den Eigenverbrauch.** Nr. 3 gilt nach wie vor nicht für den nach § 29 I 1 Nr. 3 BtMG strafbewehrten bloßen unerlaubten Besitz von Betäubungsmitteln.

Nr. 3 betrifft **Rauschgiftmitteldelikte ohne Rücksicht** darauf, **ob eine strafrechtliche Ahn-** **71** **dung erfolgte oder nicht;** liegt eine Verurteilung vor, greift gegebenenfalls vorrangig Abs. 1 Nr. 1 oder Nr. 1b. Gleichgültig ist die Art des Betäubungsmittels, es muss nur dem BtMG unterliegen und die Handlung danach unerlaubt sein (§§ 1 I, 3 I, 11 I BtMG). Für die Zuwiderhandlung gegen das BtMG muss der Tatbestand objektiv und subjektiv vorliegen; die Tat muss auch schuldhaft begangen sein. Für die Notwendigkeit einer strafrechtlichen Betrachtung spricht vor allem die Verwendung der Begriffe „Täter" oder „Teilnehmer" (vgl. §§ 25 ff. StGB) und „Versuch" (§ 22 StGB). Da keine Verurteilung erfolgen muss, könnte die Ausländerbehörde nach Einstellung des Verfahrens (§§ 153, 153a, 154 StPO) Nr. 3 heranziehen und unter Umständen anhand strafrechtlicher Ermittlungsergebnisse selbstständige Feststellungen treffen. An einen Freispruch oder eine Einstellung nach § 170 II StPO ist die Ausländerbehörde jedoch praktisch gebunden, da sie in der Regel nicht über weitergehende Erkenntnisse verfügt als die Strafjustiz.

Liegt ein Betäubungsmitteldelikt vor, ist eine ungünstige Prognose im Regelfall wegen der grund- **72** sätzlich hohen Rückfallwahrscheinlichkeit und der allgemein geringen Therapieerfolge bei nicht kooperationswilligen Süchtigen (siehe auch Abs. 2 Nr. 4) gerechtfertigt. In besonders schweren Fällen, etwa wenn der Ausländer gewerbsmäßig handelt (§ 29 III 2 Nr. 1 BtMG), sich die Tat auf eine nicht geringe Menge bezieht (§ 29a II Nr. 2 BtMG) oder bandenmäßig begangen wird (§ 30 I Nr. 1 BtMG), führt dies idR zu einer Verurteilung mit einer hohen Freiheitsstrafe, die von § 54 I Nr. 1 erfasst wird. Im Übrigen ist bei einer Freiheitsstrafe ab einem Jahr § 54 I Nr. 1b einschlägig. Allein die **Zurückstellung der Strafvollstreckung** (§ 35 BtMG) vermag die Wiederholungsgefahr nicht auszuschließen[175]. Die Zurückstellung der Strafvollstreckung führt nicht zur Aussetzung der Strafe, sondern nach § 36 BtMG zur Anrechnung von Behandlungszeiten auf die Strafe und Aussetzung des Strafrestes zur Bewährung.

4. Verbrauch gefährlicher Betäubungsmittel (Nr. 4)

Nr. 4 entspricht tatbestandlich § 55 II Nr. 4 aF. Verbrauch von insbesondere Heroin und Kokain **73** (sog. **harte Drogen**) und fehlende Bereitschaft zur Rehabilitation sind in äußerstem Maße gesundheits- und sozialschädlich. Deshalb können sie die Ausweisung auslösen, sofern sie andauern[176] („verbraucht", „bereit ist", „entzieht"), nicht also, wenn sie bereits zeitlich abgeschlossen sind. Ein nur einmaliger Konsum erfüllt nicht den objektiven Ausweisungstatbestand der Nr. 4. Im Übrigen ist der Umfang des Verbrauchs in der Vergangenheit und für die Zukunft ebenso unerheblich wie Motiv, Dauer und evtl. Abhängigkeit. Entscheidend ist nur der Verbrauch an sich, nicht dessen Gründe, Menge und Folgen für den Ausländer und Dritte. Bei der Verurteilung wegen einer Vorsatztat im Bereich der Rauschgiftdelikte zu einer Freiheitsstrafe richtet sich die Ausweisung vorrangig nach § 54 I Nr. 1, Nr. 1b oder II Nr. 1, Nr. 2 und bei jedem sonstigen Umgang mit Betäubungsmitteln außer dem Eigenbesitz nach § 54 II Nr. 3, bei illegalem Besitz kann § 54 II Nr. 9 eingreifen.

Vergleichbar gefährlich (im Sinne von ähnlich gefährlich) wie Heroin oder Kokain sind **74** grundsätzlich die weiteren in der Anlage I (nicht verkehrsfähige), Anlage II (verkehrsfähige aber nicht verschreibungsfähige) und in der Anlage III (verkehrsfähige und verschreibungsfähige) zum BtMG aufgeführten Betäubungsmittel[177]. Eine Ausnahme kann dann gegeben sein, wenn der konkrete Gebrauch des jeweiligen Mittels nicht zu einer – Heroin oder Kokain vergleichbaren – physischen oder psychischen Abhängigkeit bzw. Schädigung führt. Der Verbrauch von Haschisch ist nicht vergleichbar gefährlich[178]. Neben den unmittelbaren Auswirkungen auf Gesundheit und

---

[173] Näher zu den erfassten Handlungen iE *Weber* in Weber/Kornprobst/Maier BtMG § 29 Rn. 47 ff.
[174] Nach § 54 Nr. 3 aF wurde ein Ausländer idR ausgewiesen, wenn er den Vorschriften des BtMG zuwider ohne Erlaubnis Betäubungsmittel anbaut, herstellt, einführt, durchführt oder ausführt, veräußert, an einen anderen abgibt oder in sonstiger Weise in Verkehr bringt oder mit ihnen handelt oder wenn er zu einer solchen Handlung anstiftet oder Beihilfe leistet.
[175] VGH BW Beschl. v. 18.2.2003 – 11 S 535/02, EZAR 033 Nr. 17.
[176] Zur Notwendigkeit des fortdauernden Konsums *Fleuß* in BeckOK AuslR AufenthG § 54 Rn. 201 (Stand 1.1.2022); VGH BW Beschl. v. 17.10.1996 – 13 S 1279/96, BeckRS 1996, 23300 – § 46 Nr. 4 AuslG 1990.
[177] Näher und differenzierend *Discher* in GK-AufenthG § 55 Rn. 832 ff. (Stand 7/2009).
[178] *Hailbronner* AuslR AufenthG § 54 Rn. 120 (Stand 1.3.2020); *Hoppe* in Dörig MigrationsR-HdB § 7 Rn 106; *Kunkel* ZAR 1991, 71; VGH BW Urt. v. 10.8.1992 – 1 S 617/92, InfAuslR 1993, 16; Beschl. v. 17.10.1996 – 13

Sozialisation der Konsumenten sind im Rahmen der Ausweisung auch die Gefahren einzubeziehen, die für andere und die Allgemeinheit dadurch entstehen, dass Personen erstmals an Drogenkonsum herangeführt werden und dieser insgesamt den illegalen Handel und die organisierte Kriminalität stärkt[179].

75 Der Verbrauch muss verbunden sein mit Ablehnung, Abbruch oder Verhinderung einer erforderlichen **Rehabilitationsmaßnahme**. Deren Notwendigkeit muss ärztlich festgestellt oder gerichtlich angeordnet sein (vgl. §§ 35 ff. BtMG, §§ 56c III Nr. 1, 64 StGB). Ärztliche Verschreibung schließt schon den Tatbestand aus, wenn dessen Sinn und Zweck berücksichtigt wird. Mangelnde Bereitschaft kann erklärt oder tatsächlich bewiesen sein, zB durch die Ablehnung fremder Hilfe oder einer konkreten Therapiemaßnahme. Kann eine Drogentherapie nicht aufgenommen werden, weil der Ausländer keinen Platz erhält oder die Kosten hierfür nicht übernommen werden, liegt der Tatbestand schon nicht vor. Im Rahmen des **Einzelfalls** können Dauer und Umfang des Verbrauchs, Abhängigkeit und Bereitschaft zur Rehabilitation berücksichtigt werden, ebenso die Gründe für den Drogenkonsum.

76 Außer Spezial- ist auch **Generalprävention** erlaubt, weil eine kontinuierliche Ausweisungspraxis geeignet ist, abschreckend zu wirken und den Drogenkonsum und dessen Folgen (einschließlich Beschaffungskriminalität) einzudämmen. Dabei ist aber auf die wesentlichen Unterschiede zu achten, die hinsichtlich krimineller Energie und unmittelbarer und mittelbarer Tatfolgen zwischen bloßem Rauschgiftverbrauch einerseits und Rauschgiftherstellung und -handel andererseits bestehen[180]. Eine generalpräventive Wirkung kann zwar durch Ausweisungen auch gegenüber Betäubungsmittelverbrauchern erstrebt werden; die mögliche Einwirkung auf sie ist aber anders als bei Herstellern und Händlern durch eine evtl. nicht mehr steuerbare Abhängigkeit eingeschränkt. Zudem kann eine generalpräventiv motivierte Ausweisung wegen Verbrauchs in kleinen Mengen und nur kurzer Dauer zB nach längerem Aufenthalt im Bundesgebiet als **unverhältnismäßiger** Eingriff wirken, insbesondere gegenüber hier aufgewachsenen jungen Ausländern. Ähnlich verhält es sich mit einer spezialpräventiven Begründung, welche die zwischenzeitlich eingetretene Drogenunabhängigkeit des Ausländers außer Acht lässt[181].

5. Abhalten von der Teilhabe am gesellschaftlichen Leben (Nr. 5)

77 Der Wortlaut der **Nr. 5** entspricht § 55 II Nr. 10 aF und nimmt Bezug auf den Straftatbestand der Nötigung. Der Sache nach geht es bei dem Abhalten von der Teilhabe an der wirtschaftlichen und sozialen Integration um die Nötigung zur Nichtintegration. Neben der beschriebenen Tathandlung wird dies auch durch das Abstellen auf die Verwerflichkeit der Handlung deutlich (vgl. § 240 II StGB). Mit dem Merkmal der Verwerflichkeit soll eine deutliche Grenze eingezogen und damit sichergestellt werden, dass nicht jede einschränkende Handlung zur Erfüllung des Tatbestands der Nr. 5 genügt[182]. Vielmehr muss die **Handlung nötigenden Charakter** haben. Durch die Verwendung des Begriffs des Abhaltens werden zudem solche Handlungen ausgeschlossen, die zwar nötigenden Charakter aufweisen, jedoch nicht geeignet oder in ihrer Intensität nicht ausreichend sind, eine andere Person von der Teilhabe am wirtschaftlichen, kulturellen oder gesellschaftlichen Leben fernzuhalten[183]. Eine Einschränkung der Teilhabe reicht daher nicht aus.

78 Der **Tatbestand** der Verhinderung der „Teilhabe am wirtschaftlichen, kulturellen oder gesellschaftlichen Leben" ist **wenig bestimmt**. Ein einzelnes Ereignis, wie etwa das Verhindern der Teilnahme an einer bestimmten Veranstaltung, ist nicht tatbestandsmäßig. Erfasst werden können aber Verhaltensweisen, mit denen gezielt jede Art von eigener Integration unterbunden wird, etwa wenn ein Mann seiner Ehefrau verbietet, ohne ihn das Haus zu verlassen und dies ggf. mit Gewalt durchsetzt. Die Vorschrift ist wohl mit Blick auf die Ermittlungs- und Beweisschwierigkeiten der Ausländerbehörde bisher praktisch nicht relevant.

6. Zwangsehe (Nr. 6)

79 **Nr. 6** erfasst in der ersten Variante die versuchte oder vollendete Nötigung eines anderen zu einer Ehe. Insoweit entspricht die Norm tatbestandlich § 55 II Nr. 11 aF. Die Regelung ist Teil der auch das Aufenthaltsrecht umfassenden gesetzlichen Bestimmungen zur Bekämpfung der

---

S 1279/96, BeckRS 1996, 23300 – jeweils zu § 46 Nr. 4 AuslG 1990. Für einen differenzierten Umgang mit Cannabis spricht auch Ziffer 9 der Anl. 4 zur FahrerlaubnisVO idF v. 16.11.2020.
[179] S. auch *Hailbronner* AuslR AufenthG § 54 Rn. 118 (Stand 1.3.2020).
[180] Zu Letzterem BVerfG Beschl. v. 18.7.1979 – 1 BvR 650/77, BVerfGE 51, 386; BVerfG-A Beschl. v. 25.9.1986 – 2 BvR 744/86, NVwZ 1987, 403; BVerwG Beschl. v. 2.3.1987 – 1 B 4.87, InfAuslR 1987, 145; VGH BW Urt. v. 30.10.1985 – 11 S 2185/85, InfAuslR 1986, 173; HmbOVG Beschl. v. 6.11.1986 – Bs IV 509/86, EZAR 224 Nr. 15.
[181] Hierzu auch → § 53 Rn. 58.
[182] BT-Drs. 16/5065, 183 – zu § 55 II Nr. 10 aF.
[183] BT-Drs. 16/5065, 183.

Zwangsheirat[184]; hierzu gehört ua § 237 StGB[185]. § 54 II Nr. 6 setzt nicht voraus, dass es zu einer Verurteilung des Täters gekommen ist. Die **Abgrenzung zwischen Zwangsehe und (noch) arrangierter Ehe,** die nicht sanktioniert ist, ist in der Praxis rechtlich und tatsächlich kompliziert und stellt die beweispflichtige Ausländerbehörde vor kaum lösbare Schwierigkeiten. Moralischer oder sozialer Druck bis hin zu emotionaler Erpressung genügen für die Annahme einer Zwangsehe in der Regel nicht[186]. Daher geht sowohl von Nr. 6 als auch von § 237 StGB[187] eher eine politische als eine rechtliche Signalwirkung aus.

Die zweite Variante betrifft **Handlungen gegen § 11 II 1, 2 PStG**[188], nämlich gegen das Verbot 80 der religiösen Voraustrauung, betreffend mindestens einen minderjährigen Partner. Die Handlung muss wiederholt vorgenommen worden sein. Durch dieses Tatbestandsmerkmal „wiederholt" wird der Anwendungsbereich dieses Ausweisungsinteresses auf **Geistliche** begrenzt, die die entsprechende religiöse Handlung vorgenommen haben. Dieses Verständnis, das an die Schlüsselfunktion dieser Personen bei der Schließung der in § 11 II 1, 2 PStG genannten Verbindungen anknüpft, entspricht auch der Gesetzesbegründung[189]. Ferner muss der Verstoß gegen § 11 II 1, 2 PStG schwerwiegend sein. Dies ist kraft gesetzlicher Definition gegeben, wenn die Voraustrauung eine unter 16 Jahre alte Person betrifft.

7. Sicherheitsgespräch (Nr. 7)

Nr. 7 hat tatbestandlich ihr Vorbild in der früheren Regelung in § 54 Nr. 6 aF, die ihrerseits auf 81 § 47 II Nr. 5 AuslG 1990 zurückging. Besonders die Beziehungen zu „Problemstaaten" oder „Problemgruppen" ua iSd § 73 IV können für die Terroristenbekämpfung bedeutsam sein oder werden. In Nr. 7 neu aufgenommen wurde die Modalität, dass ein Ausländer in einer Befragung jegliche Angaben verweigert. Auch der Kreis der erfragten Personen und Organisationen wurde erweitert um solche, die im Verdacht stehen, die freiheitliche demokratische Grundordnung oder die Sicherheit der Bundesrepublik zu gefährden. Das Ausweisungsinteresse knüpft daran an, dass dem Ausländer bei einer Befragung durch eine deutsche Auslandsvertretung oder Ausländerbehörde, die der Klärung von Bedenken gegen die Einreise oder den weiteren Aufenthalt dient, ein Fehlverhalten vorzuwerfen ist.

Die Norm erfasst das – auf entsprechende Fragen – Verheimlichen früherer Aufenthalte in 82 Deutschland oder anderen Staaten. In den Anwendungsbereich fällt zudem, dass der Ausländer in wesentlichen Punkten vorsätzlich keine, falsche oder unvollständige Angaben über Verbindungen zu Personen oder Organisation gemacht hat, die der Unterstützung des Terrorismus, der Gefährdung der freiheitlichen demokratischen Grundordnung oder der Sicherheit der Bundesrepublik Deutschland verdächtig sind. Der Norm liegt die Wertung des Gesetzgebers zugrunde, dass derjenige, der in einem solchen Gespräch vorsätzlich Falschangaben macht, hierfür unlautere, sicherheitsrelevante Motive haben muss und sein weiterer Aufenthalt in der Regel eine Sicherheitsgefährdung mit sich bringen wird[190]. Die Verwertung eines Fehlverhaltens in der Sicherheitsbefragung setzt nach dem Gesetzeswortlaut eine entsprechende umfassende **Belehrung** über die Bedeutung und die Folgen verweigerter, falscher oder unvollständiger Angaben voraus.

Es braucht nicht positiv festgestellt zu werden, dass die Bezugsperson oder -organisation den 83 Terrorismus unterstützt, ausreichend ist vielmehr der auf Tatsachen beruhende Verdacht einer dementsprechenden Unterstützung. Die falschen oder unvollständigen Angaben müssen sich auf Verbindungen zu der entsprechenden Bezugsperson oder -organisation beziehen. Der Begriff der Verbindung

---

[184] S. näher zu den Erscheinungsformen der Zwangsheirat u. den (rechtlich) Schwierigkeiten ihrer Verhinderung und Bekämpfung *Kaiser* FamRZ 2013, 77; *Yerlikaya/Cakir-Ceylan* ZIS 2011, 205; ausf. zu den Hintergründen und Bedingungen von Zwangsehen u. den an sich notwendigen (auch gesetzlich) Reaktionen *Yerlikaya,* Zwangsehen, Dissertation, 2012.

[185] Vgl. näher Gesetz zur Bekämpfung der Zwangsheirat und zum besseren Schutz der Opfer von Zwangsheirat sowie zur Änderung weiterer auf- und asylrechtlichen Vorschriften v. 23.6.2011 (BGBl. 2011 I S. 1266).

[186] *Kaiser* FamRZ 2013, 77.

[187] Vgl. dazu, dass eine – nicht im Heimatstaat anerkannte – religiöse Trauung nicht von § 237 StGB erfasst wird LG Kaiserslautern Urt. v. 26.1.2017 – 6042 Js 217/13 - 4 KLs, BeckRS 2017, 130206 Rn. 96 ff.

[188] § 11 I PStG bestimmt, dass für die Eheschließung jedes deutsche Standesamt zuständig ist. § 11 II PStG lautet wie folgt: Eine religiöse oder traditionelle Handlung, die darauf gerichtet ist, eine der Ehe vergleichbare dauerhafte Bindung zweier Personen zu begründen, von denen eine das 18. Lebensjahr noch nicht vollendet hat, ist verboten. Das Gleiche gilt für den Abschluss eines Vertrags, der nach den traditionellen oder religiösen Vorstellungen der Partner an die Stelle der Eheschließung tritt. Die Verbote richten sich gegen Personen, die 1. als Geistliche eine solche Handlung vornehmen oder hieran mitwirken, 2. als Sorgeberechtigte eines Minderjährigen eine solche Handlung veranlassen, 3. als Volljährige oder Beauftragte einem Vertrag zustimmen, der eine der Ehe vergleichbare dauerhafte Bindung begründet, oder 4. als anwesende Personen eine solche Handlung bezeugen, soweit ihre Mitwirkung für die Gültigkeit der Handlung nach religiösen Vorschriften, den traditionellen Vorstellungen oder dem Heimatrecht eines der Bindungswilligen als erforderlich angesehen wird.

[189] BT-Drs. 18/12086, 25 f. – zu § 54 II Nr. 6.

[190] *Hoppe* in Dörig MigrationsR-HdB § 7 Rn. 109; OVG NRW Urt. v. 10.5.2016 – 18 A 610/14, BeckRS 2016, 47473 Rn. 39 unter Hinweis auf BT-Drs. 18/4097, 52 u. 14/7386, 56 f.

setzt weder eine Mitgliedschaft noch eine Unterstützung voraus, sondern ist weit zu verstehen und erfasst sämtliche als Verbindung zu verstehende Kontakte zB verwandtschaftlicher, freundschaftlicher, nachbarschaftlicher, beruflicher, gesellschaftlicher, politischer und geschäftlicher Art. Lediglich bloße Zufallskontakte stellen keine Verbindung im vorgenannten Sinne dar[191]. Für Abs. 2 Nr. 7 genügt der Nachweis falscher bzw. unvollständiger Angaben über derartige Verbindungen, ohne dass es noch des gesonderten Nachweises konkreter Verbindungen zu terroristischen Kreisen bedürfte. Wesentliche Punkte sind solche, die für die sicherheitsrechtliche Beurteilung von Bedeutung sind. Dies umfasst zB Angaben über die Art und Qualität von Beziehungen zu Personen oder Organisationen, die der Unterstützung des Terrorismus verdächtig sind. Ob der Befragte selbst die Person für verdächtig hält oder seinen Verbindungen Bedeutung beimisst, ist für die Beurteilung der Wesentlichkeit ohne Belang, wenn nur nach Kontakten gefragt wird.

84   In der Rspr. wird die gemäß Nr. 7 normierte Pflicht, bei einem Sicherheitsgespräch Angaben zu machen und dies auch wahrheitsgemäß[192] zu tun, mit Blick auf den Charakter der Maßnahme (Gefahrenabwehr und nicht Strafverfolgung) als mit höherrangigem Recht in Einklang stehend angesehen[193]. Eine Rechtsgrundlage, die dem Ausländer explizit die Pflicht auferlegt, an einem Sicherheitsgespräch teilzunehmen und Angaben zu machen, ist im AufenthG nicht enthalten. § 82 I ist im Zusammenhang mit einem Ausweisungsverfahren keine solche[194], denn diese ist als Mitwirkungsobliegenheit ausgestaltet[195] und bezieht sich nur auf für den Ausländer günstige Umstände. Überwiegend wurde bezüglich § 54 Nr. 6 aF angenommen, dass dieser eine Rechtspflicht zur Auskunft impliziere[196] und als ergänzende Regelungen § 86[197] oder § 73[198] herangezogen. Allerdings wird man mit Blick auf den allgemeinen Gesetzesvorbehalt aus einer materiellen Ausweisungsnorm keine selbstständige Pflicht zum Erscheinen und zur Mitwirkung bei der Befragung herleiten können[199] – mit der Folge, dass eine unterbliebene Mitwirkung auch nicht den Tatbestand des § 54 II Nr. 7 begründet.

85   Im Übrigen ist das **Recht zu schweigen,** also gar keine Angaben zu machen, ein wesentlicher Grundsatz des rechtsstaatlichen Verfahrens, der nicht nur im Strafverfahren, sondern auch im Verwaltungsrecht gilt; der Aussagefreiheit entspricht die Mitwirkungsfreiheit[200]. Einige Bundesländer haben in ihrem VwVfG eine ausdrückliche Regelung zur Auskunftsverweigerung (zB § 26 II 4 LVwVfG BW, § 5 II 1 LVwVfG Bbg.), im VwVfG des Bundes und in den meisten Bundesländern fehlt es an einer solchen Norm. Das Schweigerecht betrifft nicht nur unmittelbar sich selbst belastende Angaben, sondern jede Aussage, die sich in einem späteren, selbstständigen Verfahren – und sei es auch nur indirekt – zulasten des Betroffenen auswirken kann. Zwar ist das Recht zu schweigen im Rahmen der Verhältnismäßigkeit ausnahmsweise beschränkbar, solange sein Wesensgehalt unangetastet bleibt. Es ist jedoch nicht ersichtlich, dass die vorliegende Regelung in Nr. 7 den Anforderungen der Rspr. des EGMR für einen Ausnahmefall genügen würde[201]. Jedenfalls folgt aus dem allgemeinen Grundsatz eines **Rechts auf faires Verfahren,** dass der Ausländer sich nicht selbst der Gefahr strafrechtlichen oder ordnungsrechtlichen Verfolgung aussetzen muss und hierüber zu belehren ist. Insoweit ist die in Nr. 7 vorgesehene **Belehrung** nicht ausreichend[202].

---

[191] OVG NRW Urt. v. 10.5.2016 – 18 A 610/14, BeckRS 2016, 47473 Rn. 38; VG Köln Urt. v. 12.9.2017 – 5 K 10269/16, BeckRS 2017, 130707 Rn. 49.
[192] S. grds. *Kepert,* Terrorismusbekämpfung – Die ausländerrechtliche Sicherheitsbefragung, 2011; *Kepert,* ZAR 2012, 20; *Hesselbarth,* Die Extremismus- und Terrorismusbekämpfung mit den Mitteln des deutschen Ausländerrechts, 2011, S. 312 ff.
[193] OVG NRW Urt. v. 10.5.2016 – 18 A 610/14, BeckRS 2016, 4747, Rn. 41 ff.; VG Köln Urt. v. 12.9.2017 – 5 K 10269/16, BeckRS 2017, 130707 Rn. 38.
[194] Offengelassen VGH BW Beschl. v. 28.9.2010 – 11 S 1978/10, InfAuslR 2011, 19. Vgl. auch *Kepert* ZAR 2012, 20, der dann, wenn die Sicherheitsbefragung in die Prüfung eines Ausweisungsverfahrens eingebettet ist, den Ausländer aus § 82 I 1 in der Pflicht sieht, solche Fragen zu beantworten, die für ihn günstige Umstände seiner Kenntnis- und Verantwortungssphäre betreffen. AA OVG NRW Beschl. v. 27.7.2015 – 18 B 312/14, BeckRS 2015, 49234, wonach das Erscheinen zum Sicherheitsgespräch auf der Grundlage des § 82 IV angeordnet werden könne u. die Ausländerbehörde auch nicht verpflichtet sei, den Ausländer auf eine etwa gegebene Freiwilligkeit der Teilnahme an einem Sicherheitsgespräch iSv § 54 Nr. 6 aF hinzuweisen.
[195] *Discher* in GK-AufenthG § 55 Rn. 419 (Stand 7/2009).
[196] VG München Beschl. v. 15.11.2004 – M 9 S 04.5025, BeckRS 2004, 31758 Rn. 33; *Hesselbarth,* Die Extremismus- und Terrorismusbekämpfung mit den Mitteln des deutschen Ausländerrechts, 2011, S. 314.
[197] VG Hamburg Urt. v. 5.11.2009 – 4 K 2847/07, BeckRS 2009, 41848.
[198] VG München Urt. v. 28.2.2011 – M 24 K 10.577, BeckRS 2011, 30304 (Dolmetscherkosten im Rahmen der Durchführung eines Sicherheitsgesprächs).
[199] Vgl. auch *Hoppe* in Dörig MigrationsR-HdB § 7 Rn. 111, der für die Notwendigkeit einer ausdrücklichen gesetzlichen Regelung auf § 26 II 3 VwVfG verweist.
[200] Vgl. etwa *Meyer* in Karpenstein/Mayer EMRK AufenthG Art. 6 Rn. 142; siehe auch Rn. 2 f. zur Bedeutung des fairen Verfahrens über das Zivil- und Strafverfahren hinaus.
[201] S. näher *Meyer* in Karpenstein/Mayer EMRK AufenthG Art. 6 Rn. 143 ff.
[202] AA aber OVG NRW Beschl. v. 27.7.2015 – 18 B 312/14, BeckRS 2015, 49234 u. Urt. v. 10.5.2016 – 18 A 610/14, BeckRS 2016, 47473, insoweit als die Ausländerbehörde nicht zwingend verpflichtet sei, den Ausländer auf eine Freiwilligkeit an der Teilnahme an einem Sicherheitsgespräch hinzuweisen.

Die **Anwesenheit eines Rechtsanwalts** beim Gespräch kann dem Ausländer nicht verwehrt 86
werden. Nicht geklärt ist, ob eine sicherheitsrechtliche Befragung im Einzelfall auch ohne konkreten
Verdacht erfolgen kann[203]. Bedenken gegen die Verhältnismäßigkeit der Regelung kann durch eine
restriktive Auslegung Rechnung getragen werden[204], etwa bei dem Tatbestandsmerkmal „wesentliche
Punkte". Genügt die Durchführung des Sicherheitsgesprächs nicht den Anforderungen eines fairen
Verfahrens, ist eine Ausweisung auf dieser Grundlage nicht zulässig.

8. Unzutreffende Angaben und unterlassene Mitwirkung (Nr. 8)

Nr. 8 entspricht im Wortlaut § 55 II Nr. 1 aF idF RLUmsG 2007[205]. Der Norm liegt typischer- 87
weise ein generalpräventives Interesse zugrunde[206]. Die für lit. a und b in § 55 II Nr. 1 aF gleichermaßen vorgesehene Belehrung ist allerdings aufgrund einer abweichenden Gestaltung des Gesetzestextes
nunmehr nur noch dem lit. b zugeordnet. Dies ist jedoch als ein redaktionelles Versehen zu behandeln,
denn aus der Gesetzesbegründung ergibt sich eindeutig, dass der Gesetzgeber den früheren Tatbestand
des § 55 II Nr. 1 aF unverändert übernehmen wollte[207]. Die Notwendigkeit der Belehrung gilt daher
nach wie vor auch bzgl. des lit. a.

Unrichtige oder unvollständige **Angaben** zum Zwecke der Erlangung eines deutschen Aufenthalts- 88
titels einschließlich eines Schengen-Visums und der weiteren in lit. a genannten Dokumente und
Maßnahmen sowie die Verletzung von **Mitwirkungspflichten** können die Ausweisung rechtfertigen.
Die Vorschrift ist auf Falschangaben zur Erlangung einer Aufenthaltskarte für Familienangehörige von
Unionsbürgern entsprechend anwendbar[208]. Die Angaben müssen unrichtig oder unvollständig sein
und zu den erwähnten Zwecken gemacht worden sein[209]. Schließlich muss der Ausländer vor der
Befragung **belehrt** worden sein. Die Mitwirkung kann auch im Verfahren unterlassen sein, die andere
Gegenstände als den Aufenthaltstitel betreffen. Es können zB auch aufenthaltsbeendende Maßnahmen
sein und Verfahren vor deutschen Behörde im Ausland oder vor ausländischen Stellen, zB dem
Konsulat eines anderen Schengen-Staates. Es muss aber eine rechtliche Verpflichtung verletzt sein,
nicht nur eine tatsächliche Obliegenheit.

Mit der Änderung der Fassung durch das RLUmsG 2007 wurden die Aussetzung der Abschiebung 89
(entspricht der früheren Regelung in § 46 Nr. 1 AuslG) ebenso wie Verfahren im Hinblick auf die
Ausstellung deutscher Passersatzpapiere oder eine Ausnahme von der Passpflicht in § 55 II Nr. 1 aF
berücksichtigt. Zudem wird durch die Formulierung klargestellt, dass keine Unterscheidung zwischen
entsprechenden Verletzungen der Auskunfts- und Mitwirkungspflichten vor deutschen Behörden
einerseits und von Behörden anderer Staaten, die das Schengener Durchführungsabkommen anwenden, gemacht wird. Eine abweichende Handhabe wäre widersprüchlich, weil die Behörden der
anderen Schengen-Staaten nach denselben Vorschriften und sogar unter Verwendung derselben
Antragsvordrucke und Belehrungen ihre Entscheidungen treffen wie deutsche Behörden. Auch diese
Behörden erteilen Visa, die regelmäßig denselben Berechtigungsgehalt vermitteln wie die von deutschen Behörden ausgestellten Schengen-Visa[210].

Der nach dem Gesetz vorgeschriebene **Hinweis auf die Rechtsfolgen solcher Handlungen** 90
muss erfolgen, bevor der Ausländer die falschen oder unrichtigen Angaben gemacht oder die
Mitwirkungshandlung unterlassen hat. Welchen Inhalt der Hinweis haben muss, ist umstritten[211]. Die
Gesetzesbegründung verhält sich dazu nicht[212]. Der Hinweis auf die **Möglichkeit von Ausweisung**
und Abschiebung wird für erforderlich gehalten, weil dem Ausländer zu verdeutlichen ist, dass
falsche oder unvollständige Angaben oder unterlassene Mitwirkungshandlungen zur Beendigung des
Aufenthalts führen können[213]. Allerdings dient die Abschiebung nur der zwangsweisen Durchsetzung

---

[203] VG Münster Urt. v. 8.10.2009 – 8 K 1498/08, BeckRS 2009, 40144.
[204] VG Augsburg Urt. v. 5.7.2011 – Au 1 K 10.1876, BeckRS 2012, 46867.
[205] Ausweisungsrechtliche Konsequenzen von Falschangaben kennt das AuslR seit der durch das Terrorismusbekämpfungsgesetz vom 9.1.2002 (BGBl. I S. 361) eingeführten Vorschrift des § 46 Nr. 1 AuslG.
[206] BVerwG Urt. v. 12.7.2018 – 1 C 16.17, NVwZ 2019, 486 Rn. 20.
[207] BT-Drs. 18/4097, 52; ebenso OVG NRW Beschl. v. 18.12.2019 – 18 A 1974/17, BeckRS 2019, 35261
Rn. 10; OVG LSA Beschl. v. 21.11.2019 – 2 M 113/19, BeckRS 2019, 33663 Rn. 22 und Beschl. v. 10.10.2016 –
2 O 26/16, BeckRS 2016, 53879 Rn. 13; SächsOVG Beschl. v. 15.1.2018 – 3 B 356/17, BeckRS 2018, 1636 Rn. 9;
Hoppe in Dörig MigrationsR-HdB § 7 Rn 114; offengelassen BayVGH Beschl. v. 16.3.2016 – 10 ZB 14.2634,
BeckRS 2016, 44265 Rn. 6.
[208] VGH BW Beschl. v. 20.1.2022 – 11 S 2757/20, BeckRS 2022, 556 Rn. 72.
[209] Zur Einbeziehung der arglistigen Täuschung vgl. HmbOVG Beschl. v. 25.3.2013 – 3 Bs 90/13, BeckRS 2013,
49149.
[210] BT-Drs. 16/5065, 183.
[211] Die nachfolgenden Ausführungen sind gegenüber der Vorauflage modifiziert.
[212] BT-Drs. 18/4097 v. 25.2.2015, S. 52. Dies gilt auch für Vorgängerfassungen der Vorschrift, vgl. etwa BT-Drs.
16/5065 v. 13.4.2007, S. 183 – zum RLUmsG 2007; 18/4097; BT-Drs. 15/420 v. 7.2.2003, S. 90 – zum ZuwG.
[213] *Discher* in GK-AufenthG § 55 Rn. 286 (Stand 7/2009); diese Erläuterung kann auch unter der Geltung des
neuen Ausweisungsrechts herangezogen werden (s. *Hoppe* in GK-AufenthG, Hinweise zur Nutzung der bisherigen
Kommentierung, § 55 Rn. 7 (Stand 2/2021)); *Marx*, Handbuch Aufenthalts-, Asyl- u. Flüchtlingsrecht, 7. Aufl.
2020, § 7 Rn 130; ähnl. auch *Czierky-Reis* in Hofmann AuslR, 2. Aufl. 2016, § 54 Rn. 61.

der Ausreisepflicht und ist nur eine mittelbare Folge dessen, dass der Ausländer das Bundesgebiet verlassen muss, weshalb sich die Hinweispflicht hierauf nicht erstreckt[214]. Daher ist nur die Belehrung, dass Falschangaben/Pflichtverletzungen ein schwerwiegendes Ausweisungsinteresse begründen, das zu einer Ausweisung und zu einer Versagung bzw. einer Entziehung eines Aufenthaltstitels führen kann, erforderlich[215]; eines zusätzlichen Hinweises auf die Möglichkeit der Bestrafung (vgl. § 95 II Nr. 2) bedarf es nicht. Erfolgt allerdings eine Belehrung über die mögliche Versagung/Aufhebung eines Titels und über die mögliche Strafbarkeit im Falle unvollständiger bzw. falscher Angaben zur Erlangung eines Titels[216], ist ein zusätzlicher Hinweises auf die Möglichkeit der Ausweisung nicht geboten. Die Warnfunktion, die die Belehrung über die Strafbarkeit hat, deckt auch die ordnungsrechtliche Einstufung des Verhaltens im Falle der Zuwiderhandlung als Ausweisungsinteresse ab[217]. Zu Beweiszwecken sollte der **Hinweis schriftlich** erfolgen und die Kenntnisnahme durch den Ausländer schriftlich bestätigt werden.

9. Verstöße gegen Rechtsvorschriften oder Entscheidungen, Auslandstat (Nr. 9)

91 Nr. 9 entspricht im Wesentlichen dem Wortlaut des § 55 II Nr. 2 aF.[218] Eine Veränderung ist allerdings hinsichtlich der Auslandstat vorgenommen worden. Während nach § 55 II Nr. 2 aF eine Ausweisung darauf gestützt werden konnte, dass der Ausländer außerhalb des Bundesgebiets eine Straftat begangen hat, die im Bundesgebiet als vorsätzliche Straftat anzusehen ist, greift die jetzige Regelung insoweit ein, als der Ausländer „außerhalb des Bundesgebiets eine Handlung begangen hat, die im Bundesgebiet als vorsätzliche schwere Straftat anzusehen ist". Begründet wurde die Neufassung am Beispiel einer im Ausland nicht strafbewehrten Züchtigung der Ehefrau[219]. Das Merkmal „vorsätzliche schwere Straftat" verdeutlicht die Einstufung als schwerwiegendes Ausweisungsinteresse. Diese Qualifizierung erstreckt sich aber auch auf die Fälle der nicht nur vereinzelten oder geringfügigen Verstöße gegen Rechtsvorschriften oder gerichtliche oder behördliche Entscheidungen und Verfügungen. Ausgehend von der Rechtsprechung des BVerwG, wonach es **keine „Typenkorrektur" innerhalb der Ausweisungsinteressen** gibt, sondern atypische Umstände bei der umfassenden Prüfung der Verhältnismäßigkeit einer Ausweisung einzustellen sind[220], und der bewussten Entscheidung des Gesetzgebers, Nr. 9 eine **Auffangfunktion** bei Normverstößen und Regelverletzungen[221] im Sinne eines schwerwiegenden Ausweisungsinteresses beizumessen, kommt der Abwägung nach § 53 I, II die Funktion zu, einem Ausweisungsinteresse nach Nr. 9 das nach den Umständen des Falles angemessene Gewicht zu verleihen[222]. Jedenfalls im Rahmen der **Gesamtabwägung** kann mit Blick auf die durch das Gesetz intendierte Einzelfallgerechtigkeit sichergestellt werden, dass keine „Schieflage" etwa zwischen § 54 II Nr. 1–3 einerseits und dem allgemeinen Auffangtatbestand nach Nr. 9 andererseits eintritt[223]. Fälle von im Inland begangenen **Ordnungswidrigkeiten** oder Straftaten, die lediglich mit einer Geldstrafe oder einer Freiheitsstrafe von unter sechs Monaten (vgl. insoweit § 54 II Nr. 1) geahndet worden sind, lassen sich auch auf diese Weise angemessen lösen, ohne dass im Hinblick

---

[214] SächsOVG Urt. v. 7.5.2015 – 3 A 210/13, BeckRS 2015, 49953 Rn. 22; VG Berlin Urt. v. 3.7.2019 – 19 K 243.18 V, BeckRS 2019, 19457 Rn. 20; *Hoppe* in Dörig MigrationsR-HdB § 7 Rn. 114; *Katzer* in Decker/Bader/Kothe § 54 Rn. 90.

[215] SächsOVG Urt. v. 7.5.2015 – 3 A 210/13, BeckRS 2015, 49953 Rn. 22 u. Beschl. v. 13.8.2021 – 3 B 277/21, BeckRS 2021, 21932 Rn. 44 (zur Notwendigkeit des Hinweises auf die Möglichkeit einer Ausweisung); *Hoppe* in Dörig MigrationsR-HdB, § 7 Rn. 114; aA HmbOVG Beschl. v. 19.9.2013 – 3 Bs 226/13, BeckRS 2013, 5732 sowie *Fleuß* in BeckOK AuslR § 54 Rn. 302, 306 (Stand 1.1.2022); kein Hinweis auf Ausweisung erforderlich.

[216] Die formularmäßige Belehrung im einheitlichen Antragsformular auf Erteilung eines Schengen-Visums enthält den Hinweis, dass falsche Erklärungen zur Ablehnung des Antrags oder zur Annullierung eines bereits erteilten Visums führen und die Strafverfolgung nach den Rechtsvorschriften des Mitgliedstaats, der den Antrag bearbeitet, auslösen können; ein Hinweis auf die Möglichkeit der Ausweisung enthält die Belehrung nicht (s. zum Wortlaut der Belehrung Anhang I VO (EG) Nr. 810/2009 des Europäischen Parlaments u. des Rates v. 13.7.2009 über den Visakodex der Gemeinschaft, ABl. 2009 L 243, S. 1 (27, 29). Das Formular gemäß Anhang I der ab 2.2.2020 geltenden VO 2019/1155/EU v. 20.6.2019 zur Änderung der VO 810/2009/EG enthält insoweit keine Änderungen der Belehrung, vgl. ABl. 2019 L 188, 25 (46, 49)).

[217] Vgl. auch OVG NRW Beschl. v. 18.12.2019 – 18 A 1974/17, BeckRS 2019, 35261 Rn. 12 ff.: Ein für eine Ausweisung nach § 54 II Nr. 8a) erforderlicher aber unterbliebener Hinweis auf die Rechtsfolgen falscher oder unvollständiger Angaben hindert nicht eine Ausweisung nach § 54 II Nr. 9 aufgrund der Begehung einer Straftat nach § 95 II Nr. 2.

[218] Im Einzelnen zu Entstehungsgeschichte, Zweck und Funktion der Nr. 9 VGH BW Beschl. v. 2.3.2021 – 11 S 120/21, BeckRS 2021, 4045 Rn. 49 ff.

[219] BT-Drs. 18/4097, 52.

[220] BVerwG Urt. v. 27.7.2017 – 1 C 28.16, NVwZ 2018, 409 Rn. 39.

[221] SächsOVG Beschl. v. 17.2.2020 – 3 A 44/18, BeckRS 2020, 8805 Rn. 9 ff.; OVG NRW Beschl. v. 11.1.2019 – 18 A 4750/18, BeckRS 2019, 30914 Rn. 6 ff.

[222] OVG NRW Beschl. v. 11.1.2019 – 18 A 4750/18, BeckRS 2019, 30914 Rn. 6 ff.; NdsOVG Urt. v. 14.11.2018 – 13 LB 160/17, BeckRS 2018, 30406 Rn. 33; *Fleuß* in BeckOK AuslR AufenthG § 54 Rn. 310 (Stand 1.1.2022).

[223] S. zu dieser Erwartung auch BT-Drs. 18/4199, 6.

auf das Tatbestandsmerkmal der Geringfügigkeit von vornherein eine **Absenkung der Gewichtung** geboten wäre[224].

a) Inlandsbezogene Verstöße. Verstöße gegen Rechtsnormen, gerichtliche oder behördliche 92 Entscheidungen oder Verfügungen müssen im Inland erfolgt sein und im Inland geltendes Recht betreffen; das folgt im Umkehrschluss zu der Sonderregelung für außerhalb des Bundesgebiets begangene Handlungen. Bestrafung, Verwarnung oder eine andere Ahndung brauchen (noch) nicht erfolgt zu sein. Die Unschuldsvermutung des Art. 6 II EMRK steht dem nicht entgegen[225], weil die Ausweisung dem Ordnungsrecht und nicht dem Strafrecht zuzuordnen ist. **Rechtswidrig** muss der Verstoß sein, **Verschulden** ist dagegen **nicht allgemein verlangt**; es ist dann erforderlich, wenn es zum Inhalt der verletzten Rechtsvorschrift gehört.

Die **Begehung von Straftaten** zählt zu den häufigsten Gründen, bei denen der Tatbestand vorliegt. 93 Die Deliktsart ist unerheblich. Verantwortlich sind Täter wie Teilnehmer, und vorsätzliche Taten werden ebenso wie fahrlässige erfasst, wenn nur diese Begehensweise auch strafbar ist. Eine Verurteilung braucht nicht vorzuliegen[226], weshalb Nr. 9 auch den Fall einer Verwirklichung einer schwerwiegenden Straftat im Zustand der Schuldunfähigkeit erfasst, infolge derer der Ausländer im Maßregelvollzug untergebracht wird[227]. Da es einer Verurteilung nicht bedarf, trifft die Ausländerbehörde gegebenenfalls die Pflicht zu **eigenen Ermittlungen und Feststellungen** (§ 24 (L)VwVfG), sofern sie aufgrund einer Auskunft oder Unterrichtung (nach §§ 86 ff.) oder bei Gelegenheit ihrer eigenen Tätigkeit von einem Straftatbestand erfährt. Sie kann sich hierzu der Erkenntnisse aus einem Ermittlungsverfahren oder Strafprozesses bedienen, ist aber nicht auf diese Hilfe angewiesen. Verwertet sie Erkenntnisse der Staatsanwaltschaft oder des Strafgerichts, darf sie sich grundsätzlich auf deren Richtigkeit verlassen[228]. Die Einsichtnahme in Strafakten (§ 26 I 2 Nr. 3 (L)VwVfG) wird grundsätzlich zur Beurteilung des Gewichts der Tat notwendig. Aus den strafrechtlichen Erkenntnissen allein folgt aber noch nicht, dass eine Ausweisung aus Gründen der Spezial- oder Generalprävention erforderlich und insbesondere verhältnismäßig ist.

Ein **Rechtsverstoß ist nur dann unbeachtlich, wenn er vereinzelt und geringfügig** ist. Er ist 94 hingegen immer beachtlich, wenn er vereinzelt, aber nicht geringfügig, oder geringfügig, aber nicht vereinzelt ist; insoweit gelten die gleichen Anforderungen wie bei § 55 II Nr. 2 AufenthG aF[229].

Eine **Vorsatztat** kann **grundsätzlich nicht** als **geringfügig** angesehen werden[230]. So stellen etwa 95 die unerlaubte Einreise bzw. der unerlaubte Aufenthalt in der Regel einen nicht geringfügigen Verstoß gegen Rechtsvorschriften iSd Nr. 9 dar[231]. Auch bei vorsätzlich begangenen Straftaten kann es aber **Ausnahmefälle** geben, in denen der Rechtsverstoß des Ausländers als geringfügig zu bewerten ist. **Geringfügigkeit** ist **kein absoluter Begriff**, sondern erfordert eine **wertende und abwägende Beurteilung**, insbesondere der Begehungsweise, des Verschuldens und der Tatfolgen. Besondere Umstände des Einzelfalls können zu der Bewertung führen, dass es sich um einen geringfügigen Verstoß gegen Rechtsvorschriften handelt[232]. Geringfügigkeit iSd Nr. 9 liegt in der Regel vor, wenn das strafrechtliche Verfahren wegen Geringfügigkeit nach § 153[233] oder nach § 153a StPO mit einer Auflage bis zu 500 EUR eingestellt worden ist. Aus der Beschränkung der Mitteilungspflichten nach § 87 IV 3 kann ebenfalls ein Hinweis auf eine „Bagatellgrenze" entnommen werde[234]. Auch die in Nr. 55.2.2.2 AVwV zu § 55 aF festgelegten Geringfügigkeitsgrenzen[235] können für die Konkretisie-

---

[224] Vgl. zu einer solchen Überlegung OVG LSA Beschl. v. 10.10.2016 – 2 O 26/16, BeckRS 2016, 53879 Rn. 9 ff. für den Fall zweier Geldstrafen zu 10 u. 50 Tagessätzen wegen Diebstahls u. Verstoßes gegen das AufenthG.
[225] So schon BVerwG Urt. v. 17.6.1998 – 1 C 27.96, NVwZ 1999, 775 zur insoweit wortgleichen früheren Fassung der Nr. 9 in § 46 Nr. 2 AuslG 1990.
[226] *Fleuß* in BeckOK AuslR AufenthG § 54 Rn. 312 (Stand 1.1.2022); BVerwG Urt. v. 17.6.1998 – 1 C 27.96, NVwZ 1999, 775 Rn. 30 (zu § 46 Nr. 2 AuslG 1990).
[227] ThürOVG Beschl. v. 18.9.2018 – 3 EO 605/18, BeckRS 2018, 29251.
[228] Vgl. dazu, dass es nicht Aufgabe der Ausländerbehörde bei der Entscheidung über die Ausweisung ist, das Strafverfahren gewissermaßen zu wiederholen, schon BVerwG Beschl. v. 14.1.1981 – 1 B 857.80, BeckRS 1981, 3123359 – zu § 10 AuslG 1965. Zur Maßgeblichkeit der rechtskräftig festgestellten Straftaten s. auch VGH BW Beschl. v. 13.2.2020 – 12 S 3016/19, BeckRS 2020, 3979 Rn. 11 (zu § 6 FreizügG/EU).
[229] Vgl. SächsOVG Beschl. v. 7.1.2019 – 3 B 177/18, BeckRS 2019, 1913 Rn. 7 ff.; NdsOVG Urt. v. 14.11.2018 – 13 LB 160/17, BeckRS 2018, 30406 Rn. 32 f.
[230] VGH BW Beschl. v. 23.11.2020 – 11 S 3717/2, BeckRS 2020, 35001, Rn. 12 f.; NdsOVG Urt. v. 14.11.2018 – 13 LB 160/17, BeckRS 2018, 30406 Rn. 32; BayVGH Beschl. v. 19.9.2017 – 10 C 17.1434, BeckRS 2017, 128072, Rn. 6 f. und Beschl. v. 5.7.2016 – 10 ZB 14.1402, BeckRS 2016, 48795 Rn. 14; *Fleuß* in BeckOK AuslR AufenthG § 54 Rn. 325 (Stand 1.1.2022).
[231] OVG LSA Beschl. v. 7.7.2014 – 2 M 23/14, BeckRS 2014, 55105 Rn. 20; BayVGH Beschl. v. 4.9.2014 – 10 CS 14.1601, BeckRS 2014, 56706 Rn. 19; VG München Urt. v. 26.1.2021 – M 4 K 20.5221, BeckRS 2021, 2219 Rn. 78.
[232] VGH BW Beschl. v. 2.3.2021 – 11 S 120/21, BeckRS 2021, 4045 Rn. 56 ff.
[233] VG Stuttgart Urt. v. 28.1.2013 – 4 K 1661/12, InfAuslR 2013, 198 – zu § 55 II Nr. 2 aF unter Bezugnahme auf BVerwG Urt. v. 18.11.2004 – 1 C 23.03, NVwZ 2005, 601 zu § 46 Nr. 2 AuslG 1990.
[234] SächsOVG Beschl. v. 7.1.2019 – 3 B 177/18, BeckRS 2019, 1913 Rn. 7; *Fleuß* in BeckOK AuslR AufenthG § 54 Rn. 325 (Stand 1.1.2022).
[235] SächsOVG Beschl. v. 3.7.2018 – 3 D 11/18, BeckRS 2018, 25945 Rn. 9.

rung des jetzigen Rechts herangezogen werden[236]. Die Verurteilung eines Ausländers zu einer Geldstrafe von 30 Tagessätzen kann als nur geringfügiger Verstoß gegen Rechtsvorschriften iSv § 54 II Nr. 9 angesehen werden[237].

96 **Andere als strafbare Verstöße** gegen Rechtsvorschriften (Gesetz oder Rechtsverordnung) ergeben ebenfalls einen Ausweisungstatbestand. In Betracht kommen Verstöße gegen aufenthaltsrechtliche, beschäftigungs-, gewerbe- und sozialhilferechtliche Vorschriften[238]. Auch hier ist nur **objektive Rechtswidrigkeit** vorausgesetzt. Ob und ggf. wie der Verstoß geahndet wurde, ist für den Tatbestand unerheblich. Hierbei kann zugunsten des Ausländers zB gewertet werden, dass er vom deutschen Arbeitgeber über die rechtliche Zulässigkeit der Erwerbstätigkeit getäuscht worden ist[239]. Auch sonst gelten für diese Verstöße dieselben Grundsätze wie bei Straftaten.

97 Erfasst sind schließlich **alle Arten** behördlicher oder gerichtlicher Entscheidungen (zB Urteil, Beschluss, VA). Die Zuwiderhandlung muss rechtswidrig, braucht aber nicht schuldhaft begangen zu sein. Sie braucht an sich nicht die Schwere einer Straftat zu erreichen. Ein Verstoß kann allerdings gerade im Hinblick auf fehlendes Verschulden als geringfügig zu werten sein. Im Hinblick auf den allgemeinen **Grundsatz der Verhältnismäßigkeit** erscheint eine teleologische Reduktion geboten. Der Verstoß muss einen ähnlichen Gefährdungsgehalt aufweisen wie eine Straftat. Insbesondere ist wegen der beinahe uferlosen Weite des Tatbestands im Blick auf das verfassungsrechtliche Übermaßverbot eine derartige teleologische Reduktion angezeigt[240].

98 **b) Handlungen im Ausland.** Während nach § 55 II Nr. 2 aF eine **im Ausland begangene Straftat** im Inland als Vorsatztat anzusehen sein musste, um von dem Ausweisungstatbestand erfasst zu werden, kommt es jetzt nur darauf an, dass im Ausland eine Handlung vorgenommen worden ist, die im Bundesgebiet als vorsätzliche schwere Straftat anzusehen ist. Nach dem Zweck der Regelung soll einer Beeinträchtigung jedenfalls sonstiger erheblicher Interessen der Bundesrepublik vorgebeugt werden. Bei demjenigen, der durch die deutsche Strafrechtsordnung elementar geschützte Rechtsgüter wie das Recht auf körperliche Unversehrtheit negiert, besteht die Gefahr, dass er diese Verhaltensweisen auch im Bundesgebiet praktizieren wird.

99 Eine **Strafbarkeit nach der ausländischen Rechtsordnung** ist – wie der nunmehr bewusst vom Gesetzgeber gewählte Begriff der „Handlung" belegt – nicht mehr vorausgesetzt[241]. Die Regelung greift aber auch, wenn die Handlung im Ausland eine Straftat ist. Der Anwendungsbereich der Norm sollte nach der Zielsetzung des Gesetzgebers gegenüber der früheren Rechtslage erweitert, nicht aber eingeschränkt werden. Die Ausweisung kann aber nur dann auf ein ausländisches Strafurteil gestützt werden, wenn dieses im Hinblick auf die allgemeinen Verfahrensbedingungen und politischen Verhältnisse eine hinreichende Gewähr für die Richtigkeit der Tatsachenfeststellungen bietet[242] und dieses auch im Übrigen rechtsstaatlichen Standards genügt. Gegebenenfalls muss die Ausländerbehörde, insbesondere wenn Zweifel an der Richtigkeit der getroffenen Feststellungen bestehen können, eigene Ermittlungen vornehmen[243].

---

[236] 55.2.2.2 Auch ein vereinzelter Verstoß erfüllt den Tatbestand der Ausweisung, wenn er nicht geringfügig ist, und auch geringfügige Verstöße erfüllen den Ausweisungstatbestand, wenn sie nicht vereinzelt sind. Als geringfügige Verstöße iSv § 55 II Nr. 2 kommen grundsätzlich geringfügige Ordnungswidrigkeiten iSv § 56 I OWiG in Betracht und Straftaten, die zu einer Einstellung wegen Geringfügigkeit geführt haben. Geringfügig sind grundsätzlich nicht strafgerichtliche Verurteilungen, es sei denn, dass es sich um sog. Bagatelldelikte oder unbedeutende Straßenverkehrsdelikte handelt, bei denen der Grad des Verschuldens als gering einzustufen ist. Ordnungswidrigkeiten sind nicht geringfügig, wenn sie ähnlich schwer wiegen wie eine Straftat.
55.2.2.3 Für die Beurteilung, ob ein geringfügiger Verstoß vorliegt, ist ua folgendes maßgebend:
55.2.2.3.1 – Eine Straftat, die zu einer Verurteilung bis zu 30 Tagessätzen geführt hat, ist geringfügig (siehe aber Nummer 55.2.2.2).
55.2.2.3.2 – Eine mit Strafe bedrohte Tat kann nach Einstellung des Strafverfahrens als geringfügig eingestuft werden, wenn der wegen dieser Tat festgesetzte Geldbetrag nicht mehr als 500 Euro beträgt.
55.2.2.3.3 – Eine Ordnungswidrigkeit, die mit einem Bußgeld von nicht mehr als 1.000 Euro geahndet werden kann, ist im Hinblick auf die in § 87 IV 3 zum Ausdruck kommende gesetzgeberische Wertung selbst dann als geringfügig anzusehen, wenn es sich um einen Wiederholungsfall handelt; in diesem Fall kann jedoch eine Ausweisung wegen eines nicht nur vereinzelten Verstoßes gegen Rechtsvorschriften in Betracht kommen.
55.2.2.3.4 – Eine Ordnungswidrigkeit, die mit einer höheren Geldbuße als 1.000 Euro geahndet worden ist, wird idR nicht mehr als geringfügig anzusehen sein.
[237] SächsOVG Beschl. v. 7.1.2019 – 3 B 177/18, BeckRS 2019, 1913 Rn. 7 f.
[238] Zur illegalen Beschäftigung BVerwG Urt. v. 16.9.1980 – 1 C 28.78, BVerwGE 61, 32; zum MeldeR Urt. v. 19.5.1981 – 1 C 169.79, BVerwGE 62, 215; Beschl. v. 8.8.1985 – 1 B 150.84, InfAuslR 1986, 2; VG Potsdam Beschl. v. 16.2.2021 – 8 K 2285/18, BeckRS 2021, 3878 Rn. 41 ff. (Verstoß gegen Mitwirkungspflichten aus dem AsylG).
[239] BVerwG Urt. v. 16.9.1980 – 1 C 28.78, BVerwGE 61, 32.
[240] S. auch *Hoppe* in Dörig MigrationsR-HdB § 7 Rn. 116, wonach andere, nicht strafrechtlich relevante Rechtsverstöße ein hinreichendes Gewicht aufweisen müssen, um die Vorschrift tatbestandlich nicht uferlos werden zu lassen.
[241] *Fleuß* in BeckOK AuslR AufenthG § 54 Rn. 330 f. (Stand 1.1.2022).
[242] *Fleuß* in BeckOK AuslR AufenthG § 54 Rn. 329 (Stand 1.1.2022) unter Hinweis auf BVerwG Beschl. v. 8.5.1989 – 1 B 77.89, InfAuslR 1989, 269.
[243] Vgl. auch VGH BW Urt. v. 17.4.1986 – 11 S 2213/84, InfAuslR 1987, 114.

Die Handlung, etwa die Vornahme einer **Beschneidung eines Mädchens,** muss feststehen. Die 100 Schwierigkeit für die Ausländerbehörde besteht schon in der Aufklärung des Sachverhalts. Ist kein Strafverfahren im Ausland geführt worden, gibt es kein Strafurteil oder zumindest Strafakten, die beigezogen werden könnten. Als Grundlage werden daher in der Regel nur Angaben von Beteiligten existieren. Die Handlung muss zudem noch hinreichend aktuell sein. Das wäre sie jedenfalls dann nicht mehr, wenn die Verfolgung als Straftat nach deutschem Recht nach § 78 StGB verjährt wäre.

Die **Handlung muss im Bundesgebiet als vorsätzliche schwere Straftat** anzusehen sein. Es 101 kommt darauf an, ob die Tat bei einer Begehung im Inland nach deutschem Recht strafbar wäre; unerheblich ist, ob die Handlung trotz Begehung im Ausland nach deutschem Recht strafbar ist[244]. Ebenso ist nicht maßgebend, ob tatsächlich eine Verurteilung nach deutschem Strafrecht möglich wäre. Ob eine schwere Straftat vorliegt, bestimmt sich nach dem abstrakten Delikt, aber auch nach den Einzelheiten der konkreten Tat. Schwere Straftaten sind solche, die in § 100a II StPO (vgl. hierzu auch § 46b StGB) aufgeführt sind, aber auch Verbrechen, die – wie etwa die Verstümmelung weiblicher Genitalien nach § 226a StGB – mit einem Mindestmaß von einem Jahr Freiheitsstrafe bedroht sind (§ 12 StGB). Auch ein Vergehen wie Körperverletzung nach § 223 StGB kann eine schwere Straftat sein. Dies hängt von den Umständen des Einzelfalls ab. So ist eine einmalige Körperverletzung in einer „emotional aufgeheizten Situation" weniger schwerwiegend als ein systematisches Abhalten vom Leben der eigenen Identität durch unter Umständen jahrelange Gewalttätigkeit.

Ausländische Verurteilungen bzw. Handlungen dürfen aber nicht zeitlich unbegrenzt zum Anlass für 102 eine Ausweisung genommen werden[245]. Verurteilungen durch ausländische Gerichte, bei denen eine der Voraussetzungen des § 54 BZRG fehlt, werden nicht in das Zentralregister eingetragen und damit auch nicht nach § 45 BZRG getilgt. In diesen Fällen ist § 58 BZRG[246] zu beachten. Liegt eine Handlung im Ausland vor, die im Bundesgebiet als vorsätzliche schwere Straftat anzusehen ist, so darf der Betroffene nicht schlechter gestellt werden, als sei eine Verurteilung im Bundesgebiet erfolgt, weshalb die Tilgungsfristen nach § 46 BZRG eine Orientierung bieten können.

§ 54a *(aufgehoben)*

§ 55 Bleibeinteresse

(1) Das Bleibeinteresse im Sinne von § 53 Absatz 1 wiegt besonders schwer, wenn der Ausländer
1. eine Niederlassungserlaubnis besitzt und sich seit mindestens fünf Jahren rechtmäßig im Bundesgebiet aufgehalten hat,
2. eine Aufenthaltserlaubnis besitzt und im Bundesgebiet geboren oder als Minderjähriger in das Bundesgebiet eingereist ist und sich seit mindestens fünf Jahren rechtmäßig im Bundesgebiet aufgehalten hat,
3. eine Aufenthaltserlaubnis besitzt, sich seit mindestens fünf Jahren rechtmäßig im Bundesgebiet aufgehalten hat und mit einem der in den Nummern 1 und 2 bezeichneten Ausländer in ehelicher oder lebenspartnerschaftlicher Lebensgemeinschaft lebt,
4. mit einem deutschen Familienangehörigen oder Lebenspartner in familiärer oder lebenspartnerschaftlicher Lebensgemeinschaft lebt, sein Personensorgerecht für einen minderjährigen ledigen Deutschen oder mit diesem sein Umgangsrecht ausübt oder
5. eine Aufenthaltserlaubnis nach § 23 Absatz 4, den §§ 24, 25 Absatz 4a Satz 3 oder nach § 29 Absatz 2 oder 4 besitzt.

(2) Das Bleibeinteresse im Sinne von § 53 Absatz 1 wiegt insbesondere schwer, wenn
1. der Ausländer minderjährig ist und eine Aufenthaltserlaubnis besitzt,
2. der Ausländer eine Aufenthaltserlaubnis besitzt und sich seit mindestens fünf Jahren im Bundesgebiet aufhält,
3. der Ausländer sein Personensorgerecht für einen im Bundesgebiet rechtmäßig sich aufhaltenden ledigen Minderjährigen oder mit diesem sein Umgangsrecht ausübt,
4. der Ausländer minderjährig ist und sich die Eltern oder ein personensorgeberechtigter Elternteil rechtmäßig im Bundesgebiet aufhalten beziehungsweise aufhält,
5. die Belange oder das Wohl eines Kindes zu berücksichtigen sind beziehungsweise ist oder
6. der Ausländer eine Aufenthaltserlaubnis nach § 25 Absatz 4a Satz 1 besitzt.

---

[244] *Fleuß* in BeckOK AuslR AufenthG § 54 Rn. 331 (Stand 1.1.2022); vgl. auch VGH BW Beschl. v. 25.7.2002 – 11 S 469/01, NVwZ-RR 2002, 891.
[245] Hierzu auch → § 53 Rn. 33 ff.
[246] Nach § 58 BZRG gilt eine strafrechtliche Verurteilung, auch wenn sie nicht nach § 54 in das Register eingetragen ist, als tilgungsreif, sobald eine ihr vergleichbare Verurteilung im Geltungsbereich dieses Gesetzes tilgungsreif wäre. § 53 gilt auch zugunsten des außerhalb des Geltungsbereichs dieses Gesetzes Verurteilten.

(3) **Aufenthalte auf der Grundlage von § 81 Absatz 3 Satz 1 und Absatz 4 Satz 1 werden als rechtmäßiger Aufenthalt im Sinne der Absätze 1 und 2 nur berücksichtigt, wenn dem Antrag auf Erteilung oder Verlängerung des Aufenthaltstitels entsprochen wurde.**

Allgemeine Verwaltungsvorschriften
(vom Abdruck wurde abgesehen)

Übersicht

	Rn.
I. Entstehungsgeschichte	1
II. Bleibeinteressen nach Abs. 1	4
1. Besitz einer Niederlassungserlaubnis (Nr. 1)	6
2. Besitz einer Aufenthaltserlaubnis eines im Bundesgebiet geborenen oder aufgewachsenen Ausländers (Nr. 2)	8
3. Besitz einer Aufenthaltserlaubnis und eheliche oder lebenspartnerschaftliche Beziehung zu einem anderen Ausländer (Nr. 3)	9
4. Familiäre Beziehungen zu einem deutschen Staatsangehörigen (Nr. 4)	10
5. Humanitäre Gründe (Nr. 5)	15
III. Bleibeinteressen nach Abs. 2	18
1. Minderjähriger und Besitz einer Aufenthaltserlaubnis (Nr. 1)	21
2. Besitz einer Aufenthaltserlaubnis und mindestens fünfjähriger Aufenthalt (Nr. 2)	22
3. Ausübung von Personensorge- oder Umgangsrecht (Nr. 3)	23
4. Minderjähriger mit sich rechtmäßig aufhaltenden Eltern (Nr. 4)	24
5. Belange oder Wohl eines Kindes (Nr. 5)	25
6. Aufenthaltserlaubnis nach § 25 IVa 1 (Nr. 6)	26
IV. Rechtmäßigkeit des Aufenthalts (Abs. 3)	27

I. Entstehungsgeschichte

1 Die Vorschrift stimmt im Wesentlichen noch mit dem Gesetzesentwurf zum **AufenthGÄndG 2015** überein. Die ursprünglich im Entwurf in Abs. 1 vorgesehene Regelung zum Bleibeinteresse anlässlich eines laufenden Asylverfahrens wurde auf Vorschlag des Innenausschusses[1] herausgenommen und in geänderter Form als Abs. 4 in § 53 eingefügt. Die im Laufe des Gesetzgebungsverfahrens geäußerte Anregung des Bundesrats, in § 55 II das Wort „insbesondere" durch das Wort „beispielsweise" zu ersetzen[2], wurde nicht aufgegriffen[3]. In der durch das AufenthGÄndG 2015 in Kraft getretenen Fassung des § 55 I waren zudem Personen mit der Rechtsstellung eines subsidiär Schutzberechtigten aufgeführt.

2 Zur **Begründung** der Regelungen in § 55 führt der Gesetzesentwurf aus[4]:

„§ 55 entspricht in seiner Struktur § 54. Normiert werden in den Absätzen 1 und 2 besonders schwerwiegende und schwerwiegende Bleibeinteressen. Die Formulierung in Absatz 2 mit „insbesondere" macht deutlich, dass die Festlegung der schwerwiegenden Interessen des Ausländers am Verbleib im Bundesgebiet nicht abschließend ist.

In § 55 Absatz 1 und 2 soll die höchstrichterliche Rechtsprechung zu den Anforderungen höherrangigen Rechts an die Ausweisungsentscheidung nachvollzogen werden; insbesondere sollen die Anforderungen aus Artikel 8 der Europäischen Menschenrechtskonvention, typisierend und nicht abschließend, konkretisiert werden (vgl. auch BVerwG, Urteil vom 23. Oktober 2007, 1 C 10/07). Sofern in § 55 der Terminus „Lebenspartner" verwendet wird, ist hiermit der eingetragene Lebenspartner gemeint.

Absatz 1:

Erfasst sind in Absatz 1 insbesondere Personengruppen mit einer erheblichen Aufenthaltsverfestigung oder einer Verwurzelung im Bundesgebiet.

Nummer 1 schützt den Inhaber einer Niederlassungserlaubnis, der sich seit mindestens fünf Jahren rechtmäßig im Bundesgebiet aufgehalten hat.

In Nummer 2 werden insbesondere die sog. „faktischen Inländer" erfasst, also Personen, die im Bundesgebiet geboren oder bereits als Minderjährige eingereist sind. In beiden Varianten (Geburt im Bundesgebiet oder Einreise als Minderjähriger) ist zusätzlich ein mindestens fünfjähriger rechtmäßiger Aufenthalt im Bundesgebiet erforderlich.

---

[1] BT-Drs. 18/5420, 27.
[2] Stellungnahme des Bundesrates v. 6.2.2015, BT-Drs. 18/4097, 69, 83 (Anl. 3).
[3] Gegenäußerung der Bundesregierung v. 4.3.2015 zu der Stellungnahme des Bundesrates, BT-Drs. 18/4199, 6; BT-Drs. 18/4262, 9.
[4] BT-Drs. 18/4097, 52 ff.

Ebenso geschützt werden nach Nummer 3 Inhaber einer Aufenthaltserlaubnis, die mit den in Nummer 1 und 2 bezeichneten Personen in ehelicher oder lebenspartnerschaftlicher Lebensgemeinschaft leben.

Gemäß Nummer 4 wird auch der Ausländer begünstigt, der mit einem Deutschen in familiärer oder lebenspartnerschaftlicher Lebensgemeinschaft lebt oder sein Personensorgerecht für bzw. sein Umgangsrecht mit einem minderjährigen ledigen Deutschen ausübt. Erforderlich für die Begünstigung des Personensorge- bzw. Umgangsrecht ist, dass es sich um eine tatsächlich gelebte Nähebeziehung, d. h. ein tatsächliches Kümmern um den deutschen Minderjährigen, handeln muss. Der besondere Schutz der in Nummer 4 bezeichneten Lebenskonstellationen beruht darauf, dass der Deutsche, der mit dem betroffenen Ausländer in einer familiären oder lebenspartnerschaftlichen Lebensgemeinschaft lebt oder von der Personensorge oder dem Umgangsrecht profitiert, regelmäßig nicht auf ein Leben und eine Familienzusammenführung im Ausland verwiesen werden kann.

Besonders schwerwiegend ist auch das Bleibeinteresse der in Nummer 5 und 6 genannten Personengruppen und Titelinhaber. Dies betrifft zum einen subsidiär Schutzberechtigten bzw. Personen, die einen Asylantrag gestellt haben, ohne dass das Asylverfahren bereits unanfechtbar ohne die Zuerkennung von Schutz abgeschlossen wird, zum anderen sind hier Personen mit einem Aufenthaltstitel nach § 23 Absatz 4, §§ 24, 25 Absatz 4a Satz 3 oder § 29 Absatz 2 oder 4 erfasst.

Absatz 2:

In Absatz 2 werden typische Fallgruppen des schwerwiegenden Bleibeinteresses beschrieben, wobei die Aufzählung mit Blick auf die Einleitung der Vorschrift mit „insbesondere" nicht abschließend ist.

Ein schwerwiegendes Interesse am Verbleib im Bundesgebiet ist anzunehmen bei minderjährigen Inhabern einer Aufenthaltserlaubnis (Nummer 1) und bei Inhabern einer Aufenthaltserlaubnis, die sich seit mindestens fünf Jahren im Bundesgebiet aufhalten (Nummer 2). Das Personensorgerecht für oder das Umgangsrecht mit einem minderjährigen, ledigen Ausländer mit rechtmäßigem Aufenthalt im Bundesgebiet begründet, sofern es tatsächlich ausgeübt und gelebt wird, ebenfalls ein schwerwiegendes Bleibeinteresse (Nummer 3).

Ebenso besteht ein schwerwiegendes Bleibeinteresse zugunsten eines minderjährigen Ausländers, dessen Eltern oder personensorgeberechtigter Elternteil sich rechtmäßig im Bundesgebiet aufhalten (Nummer 4).

Zudem wiegt das Bleibeinteresse schwer, wenn die Belange oder das Wohl eines Kindes zu berücksichtigen sind (Nummern 5) oder für Inhaber einer Aufenthaltserlaubnis nach § 25 Absatz 4a Satz 1 (Nummer 6).

Die Aufzählung der schwerwiegenden Bleibeinteressen in Absatz 2 ist nicht abschließend. Denkbar als schwerwiegendes Interesse am Verbleib im Bundesgebiet ist je nach den Umständen des Einzelfalls zum Beispiel auch eine Betreuung eines sonstigen Verwandten durch den Ausländer als maßgebliche Betreuungsperson oder eine Betreuung des erwachsenen Kindes durch die Eltern, wenn dieses auf die Hilfe und Betreuung angewiesen ist (BVerfG, Beschluss vom 1. März 2004, 2 BvR 1570/03, Rn 24).

Absatz 3:

Absatz 3 stellt klar, dass die sog. Fiktionszeiten nach § 81 Absatz 3 und 4 nur dann als rechtmäßige Aufenthaltszeiten berücksichtigt werden, wenn dem Antrag des Ausländers letztlich durch die Ausländerbehörde auch entsprochen wurde."

Durch das **Zweite Gesetz zur besseren Durchsetzung der Ausreisepflicht** (2. RückkehrG v. 15.8.2019[5]) wurde der bisherige Abs. 1 Nr. 5, der Ausländern, die die Rechtsstellung eines subsidiär Schutzberechtigten iSv § 4 I AsylG genieße, zugesprochen hatte, aufgehoben. Dies ist eine Folgeänderung zur Neuregelung des § 53 IIIb, der nunmehr einen besonderen Ausweisungsmaßstab für diesen Personenkreis vorsieht[6]. Die bisherige Nr. 6 (besonders schwerwiegendes Bleibeinteresse für Inhaber bestimmter humanitärer Titel) wird als redaktionelle Folge nunmehr Nr. 5. Mit dieser Novellierung wird dem Umstand Rechnung getragen, dass subsidiär Schutzberechtigte eine privilegierte Rechtsstellung nach Art. 18 iVm Art. 20 ff. Qualifikations-RL besitzen, die der der anerkannten Flüchtlinge nahekommt. Dass der Gesetzgeber gemeint hat, mit der Streichung der subsidiär Schutzberechtigten in § 55 I Nr. 5 erleichtere er deren Ausweisung[7], beruht auf einer Verkennung des Unionsrechts.

II. Bleibeinteressen nach Abs. 1

Die **besonders schwerwiegenden Bleibeinteressen** eines Ausländers listet das Gesetz in **§ 55 I abschließend** auf. Die Tatbestandsvoraussetzungen der Bleibeinteressen nach § 55 I Nr. 1–3 entsprechen denjenigen, die früher in § 56 I Nr. 1, 2 und 3 in der bis 31.12.2015 geltenden Fassung formuliert waren. § 56 I Nr. 4 aF ist nunmehr in der Sache in der Regelung nach § 55 I Nr. 4 aufgegriffen. § 53 I Nr. 5 spricht Inhabern verschiedener humanitärer Titel ein besonders schweres

---

[5] BGBl. 2019 I S. 1294.
[6] Vgl. die Gesetzesbegründung BT-Drs. 19/10047, 35.
[7] BT-Drs. 19/10047, 34 f.

Bleibeinteresse zu. Soweit der **Besitz eines Titels** eine Tatbestandsvoraussetzung des Bleibeinteresses ist, erfordert dies den tatsächlichen Besitz im Zeitpunkt des Ergehens der Ausweisungsverfügung[8]. Ein Anspruch auf Titelerteilung reicht nicht aus[9]; auch eine Fiktionswirkung genügt nicht[10]. Sinn und Zweck der Fiktionswirkung sowie die Unterscheidung zwischen Rechtmäßigkeit eines Aufenthalts und Titelbesitz sprechen dafür, dass der Fiktionswirkung nur eine besitzstandswahrende, aber nicht eine rechtsbegründende Wirkung zukommen soll[11]. Ist zusätzlich zum Besitz eines Titels eine **Mindestaufenthaltszeit** Voraussetzung für das besonders schwerwiegende Bleibeinteresse (Nr. 1, 2, 3), muss diese ebenfalls im Zeitpunkt der Wirksamkeit der Ausweisung erreicht sein[12].

5   Die Katalogisierung schließt es aber nicht aus, dass andere, **nicht ausdrücklich in Abs. 1 benannte, Interessen und Umstände** bei der nach § 53 I, II zu treffenden Abwägungsentscheidung jeweils mit einem Gewicht einzustellen sein können, das einem besonders schwerwiegenden Bleibeinteresse entsprechen kann[13], wie zB ein jahrzehntelanger tatsächlicher Aufenthalt im Bundesgebiet. Kann sich der Ausländer deshalb nicht auf ein an den Titelbesitz anknüpfendes besonders schwerwiegendes Bleibeinteresse berufen, weil ihm zuvor die Erteilung/Verlängerung eines Titels trotz Vorliegens der Erteilungsvoraussetzungen ohne sachlichen Grund verweigert worden ist, ist dem im Rahmen der Abwägung Rechnung zu tragen.

1. Besitz einer Niederlassungserlaubnis (Nr. 1)

6   Voraussetzung der **Nr. 1** ist der **Besitz einer Niederlassungserlaubnis** sowie zusätzlich ein seit mindestens **fünf Jahren rechtmäßiger Aufenthalt.** Der fünfjährige rechtmäßige Aufenthalt fordert nicht einen solchen auf der Grundlage einer Niederlassungserlaubnis, sondern lässt jeden rechtmäßigen Aufenthalt unabhängig von seinem Zweck genügen. Ist die Niederlassungserlaubnis nicht nach § 9 erteilt worden, die ohnehin den vorherigen Besitz einer Aufenthaltserlaubnis von fünf Jahren voraussetzt (§ 9 II 1 Nr. 1), sondern etwa nach §§ 21 IV, 23 II, 26 III 3, 28 II, die jeweils eine geringere Voraufenthaltszeit ausreichen lassen, wird die Prüfung der Voraufenthaltszeit relevant. Wie sich aus dem Wortlaut („seit") ergibt, muss die Aufenthaltszeit unmittelbar bis zum Entscheidungszeitpunkt über die Ausweisung gegeben sein. Ein fünfjähriger, rechtmäßiger Aufenthalt irgendwann in der Vergangenheit reicht nicht. Die Rechtmäßigkeit des Aufenthalts setzt grundsätzlich den Besitz eines Aufenthaltstitels voraus, Fiktionszeiten werden nach Maßgabe des Abs. 3 angerechnet. Unterbrechungen in der Rechtmäßigkeit können nach § 85 außer Betracht bleiben.

7   Soweit Nr. 1 nur die allein im nationalen Recht fußende Niederlassungserlaubnis erfasst, nicht aber die auf Unionsrecht basierende **Erlaubnis zum Daueraufenthalt – EU,** ist dies unschädlich. § 53 III ist ausgehend von den dort formulierten erhöhten Ausweisungsvoraussetzungen normimmanent, dass der Besitzer einer Erlaubnis nach § 9a ein sehr hohes Bleibeinteresse hat. Es besteht keine Notwendigkeit, Nr. 1 insoweit entsprechend anzuwenden.

2. Besitz einer Aufenthaltserlaubnis eines im Bundesgebiet geborenen oder aufgewachsenen Ausländers (Nr. 2)

8   Nr. 2 erfordert den **Besitz einer Aufenthaltserlaubnis** – eine Fiktionsbescheinigung oder ein **Anspruch auf Erteilung eines Titels genügt** auch hier **nicht**[14] – und verlangt (ebenso wie bei Nr. 1) weiter, dass sich der Ausländer seit mindestens fünf Jahren rechtmäßig im Bundesgebiet aufgehalten hat. Der Tatbestand hängt davon ab, dass der Ausländer seit seiner Geburt oder seiner Einreise als Minderjähriger kontinuierlich im Bundesgebiet gelebt hat[15]; die Regelung greift daher nicht, wenn der Ausländer zwischenzeitlich ausgereist ist und später als Volljähriger zurückkehrt[16]. Insoweit gilt das gleiche Verständnis wie bei § 56 I 1 Nr. 2 aF; das gegenüber der damaligen Vorgängervorschrift in § 48 I 1 Nr. 2 AuslG 1990[17] neu aufgenommene Kriterium der Mindestaufenthaltsdauer änderte mit

---

[8] *Fleuß* in BeckOK AuslR AufenthG § 55 Rn. 13 (Stand 1.1.2022).
[9] *Hoppe* in Dörig MigrationsR-HdB § 7 Rn. 121 f.; *Katzer* in Decker/Bader/Kothe AufenthG § 55 Rn. 10 f.
[10] OVG RhPf Beschl. v. 23.10.2018 – 7 A 10866/18, NJW 2019, 168 Rn. 29; BayVGH Beschl. v. 24.7.2017 – 19 CS 16.2376, BeckRS 2017, 119299 Rn. 13; VG Gelsenkirchen Urt. v. 14.2.2019 – 8 K 1382/17, BeckRS 2019, 2785 Rn. 42 f.; aA *Cziersky-Reis* in NK-AuslR AufenthG § 55 Rn. 43.
[11] BayVGH Beschl. v. 24.7.2017 – 19 CS 16.2376, BeckRS 2017, 119299 Rn. 13.
[12] *Marx* AufenthR AufenthG § 7 Rn. 145.
[13] *Hoppe* in Dörig MigrationsR-HdB § 7 Rn. 120; *Katzer* in Decker/Bader/Kothe AufenthaltsR AufenthG § 55 Rn. 5 f.
[14] AA OVG Brem Beschl. v. 1.7.2021 – 2 LA 189/21, BeckRS 2021, 17589 Rn. 15, das für ausreichend erachtet, dass quasi in der juristischen Sekunde vor Bekanntgabe der Ausweisung ein Anspruch auf Aufenthaltserlaubnis bestanden hat. Die Auffassung ist allerdings wohl praktisch nicht bedeutsam, weil ein Ausweisungsinteresse einen Anspruch auf Erteilung eines Titels mit Blick auf § 5 Abs. 1 Nr. 2 AufenthG grundsätzlich ausschließt.
[15] VG Bremen Urt. v. 20.9.2021 – 4 K 773/19, BeckRS 2021, 27861 Rn. 34.
[16] *Fleuß* in BeckOK AuslR AufenthG § 55 Rn. 23 ff. (Stand 1.1.2022); aA *Cziersky-Reis* in NK-AuslR AufenthG § 55 Rn. 14.
[17] Vgl. VGH BW Beschl. v. 23.6.2004 – 11 S 1370/04, BeckRS 2004, 23854 zu § 48 I 1 Nr. 2 AuslG 1990.

Blick auf die Entstehungsgeschichte[18] und den Sinn und Zweck der Vorschrift nichts an dem Erfordernis der Kontinuität des Aufenthalts[19]. Im Inland aufgewachsen ist nur, wer hier weitaus überwiegend gelebt hat und hier geprägt wurde. Dieses Verständnis verdeutlicht zudem die Gesetzesbegründung zu § 55 I Nr. 2, die mit dieser Regelung den hier aufgewachsenen faktischen Inländer im Blick hat.

3. Besitz einer Aufenthaltserlaubnis und eheliche oder lebenspartnerschaftliche Beziehung zu einem anderen Ausländer (Nr. 3)

Nr. 3 setzt – wie Nr. 2 – voraus, dass der Ausländer eine Aufenthaltserlaubnis besitzt und sich seit mindestens fünf Jahren rechtmäßig im Bundesgebiet aufhält. Eine bestimmte Art der Aufenthaltserlaubnis ist auch hier nicht vorgeschrieben. Darüber hinaus muss der Ausländer mit einem Ausländer, der die in Nr. 1 oder 2 bezeichneten Anforderungen in eigener Person erfüllt, in einer **ehelichen Lebensgemeinschaft**[20] oder in einer **Lebenspartnerschaft** nach § 1 LPartG leben. Dabei genügt allein das formale Band der Ehe oder der Lebenspartnerschaft nicht, vielmehr bedarf es einer **tatsächlich geführten Lebensgemeinschaft**[21], wobei das Bestehen einer häuslichen Gemeinschaft weder eine notwendige Voraussetzung noch eine hinreichende Voraussetzung für die Feststellung einer ehelichen Lebensgemeinschaft ist[22]. Maßgeblich ist insoweit der nachweisbar betätigte gemeinsame Wille, mit der Partnerin bzw. dem Partner als wesentlicher Bezugsperson ein gemeinsames Leben zu führen[23]. Ob dies vorliegt, ist anhand der jeweiligen Umstände des Einzelfalls zu ermitteln. Die Ausweisung muss in eine bereits bestehende familiäre oder lebenspartnerschaftliche Lebensgemeinschaft eingreifen. Befindet sich der Ausländer in **Haft,** kommt es grundsätzlich darauf an, dass die Lebensgemeinschaft unmittelbar vor Beginn der Haft bestanden hat, und es müssen konkrete Anhaltspunkte dafür vorliegen, dass diese unmittelbar nach der Haftentlassung fortgesetzt wird[24]. Es ist allerdings nicht ausgeschlossen, dass die Betroffenen auch eine erst während der Haft eingegangene Ehe oder Lebenspartnerschaft als tatsächliche Lebensgemeinschaft führen; hierfür bedarf es jedoch gewichtiger, objektivierbarer Indizien[25]. Dass der Gesetzgeber die „wilde" Ehe oder Partnerschaft nicht gleichbehandelt und insoweit kein besonders schwerwiegendes Bleibeinteresse normiert, ist Teil seines Gestaltungs- und Wertungsspielraums. Im Rahmen der Gesamtabwägung nach § 53 I, II ist aber auch eine eheähnliche Lebensgemeinschaft/Partnerschaft einzustellen.

4. Familiäre Beziehungen zu einem deutschen Staatsangehörigen (Nr. 4)

Nr. 4 greift durch Art. 6 GG geschützte Beziehungen des Ausländers zu deutschen Staatsangehörigen in verschiedenen Varianten auf: **Zusammenleben mit einem deutschen Familienangehörigen** oder Lebenspartner in familiärer oder lebenspartnerschaftlicher Lebensgemeinschaft (Var. 1), **Ausübung der Personensorge** für einen minderjährigen ledigen Deutschen (Var. 2) sowie **Ausübung des Umgangsrechts** für einen minderjährigen ledigen Deutschen (Var. 3) Die Norm beruht auf der Überlegung, dass es deutschen Staatsangehörigen in der Regel unzumutbar ist, Deutschland gegen ihren Willen zur Aufrechterhaltung der familiären Beziehungen zu einem Ausländer zu verlassen. Ausgehend vom Schutzgrund der Norm kommt es hier nicht darauf an, ob der Ausländer überhaupt einen Aufenthaltstitel besitzt oder sich aus einem sonstigen Grund rechtmäßig im Bundesgebiet aufhält. Diese Regelung erfasst damit auch die Fälle, in denen der Ausländer aufgrund der Beziehung zu seinem deutschen Kind über ein **unionsrechtliches Aufenthaltsrecht eigener Art nach Art. 20 AEUV** verfügt, das ihm entsprechend § 4 II lediglich bescheinigt wird[26]. Sofern die Ausweisungsvorschriften Anwendung finden, wird auch die Annahme eines der Nr. 4 vergleichbaren besonders schwerwiegenden Bleibeinteresses bei der Lebensgemeinschaft zwischen einem drittstaatsangehörigen Elternteil und seinem minderjährigen, nicht deutschen Unionsbürgerkind befürwortet, weil dem

---

[18] BT-Drs. 15/420, 90.
[19] VG München Urt. v. 9.12.2010 – M 10 K 10.601, BeckRS 2010, 36492.
[20] Dies setzt eine wirksame Eheschließung voraus, was zB bei einer Online-Heirat in den USA nicht der Fall ist, vgl. VG Düsseldorf Beschl. v. 15.2.2022 – 7 L 122/22, BeckRS 2022, 1971.
[21] Vgl. auch VGH BW Beschl. v. 20.8.2021 – 11 S 41/20, BeckRS 2021, 25241 Rn. 12 – (ua mit Blick auf die RL 2003/86/EG).
[22] VGH BW Beschl. v. 20.9.2018 – 11 S 1973/18, BeckRS 2018, 23535Rn. 8.
[23] S. näher etwa BVerwG Beschl. v. 22.5.2013 – 1 B 25.12, juris Rn. 4.
[24] *Fleuß* in BeckOK AuslR AufenthG § 55 Rn. 36 (Stand 1.1.2022); HessVGH Beschl. v. 15.7.2013 – 3 B 1429/13, InfAuslR 2014, 3 zu § 56 I Nr. 4 AufenthG aF.
[25] Vgl. etwa VG Bremen Urt. v. 7.6.2021 – 4 K 1181/19, BeckRS 2021, 15029 Rn. 37 zur bejahten Schutzwürdigkeit nach Nr. 4 Var. 1 bei Eheschließung während der Haft in Anknüpfung an eine bereits tatsächlich gelebte familiäre Lebensgemeinschaft.
[26] Zum Aufenthaltsrecht nach Art. 20 AEUV und der Bescheinigung nach § 4 II (bzw. in der bis 29.2.2020 geltenden Fassung des Gesetzes: § 4 V) BVerwG Urt. v. 12.7.2018 – 1 C 16.17, NVwZ 2019, 486 Rn. 34 f.; vgl. auch → Vor §§ 53–56 Rn. 71 ff. sowie die Kommentierung zu § 4.

Unionsbürgerkind – ebenso wie einem deutschen Kind – nicht zuzumuten ist, dem Drittstaatsangehörigen in sein Heimatland zu folgen[27].

11 **Variante 1** verlangt allein eine tatsächlich gelebte eheliche, lebenspartnerschaftliche oder familiäre Beziehung mit einem deutschen Staatsangehörigen. Zu den „Familienangehörigen" iSd Nr. 4 zählen die aus Eheleuten bzw. den Eltern und Kindern bestehenden Mitglieder der Kleinfamilie iSd Art. 6 I 1 GG, auf der Grundlage des Beschlusses des BVerfG v. 24.6.2014 nach den Umständen des Einzelfalls auch weitere Verwandte wie Großeltern, Enkel, Geschwister oder Schwiegerkinder, sofern zu diesen von familiärer Verbundenheit geprägte enge Beziehungen bestehen[28]. Das Verlöbnis mit einem Deutschen genügt allerdings nicht[29].

12 Erfasst wird auch das **Zusammenleben einer Drittstaatsangehörigen mit ihrem Kind**, bei dem rechtswirksam Vater ein Deutscher ist, selbst wenn dieser nicht der biologische Vater ist. Nach § 1592 Nr. 1 BGB ist der Mann Vater eines Kindes, der zum Zeitpunkt der Geburt dieses Kindes mit dessen Mutter verheiratet ist. Bis zur Rechtskraft eines auf Anfechtung hin ergehenden Urteils, mit dem festgestellt wird, dass die Vaterschaft nicht besteht, liegt danach eine Vaterschaft dieses Mannes im Rechtssinne und nicht nur der Rechtsschein einer Vaterschaft vor, selbst wenn das tatsächliche biologische Abstammungsverhältnis davon abweicht. Da eine derartige Vaterschaft keinen Scheincharakter hat, ist auch die von dieser Vaterschaft abgeleitete deutsche Staatsangehörigkeit (§ 4 I 1 StAG) keine Scheinstaatsangehörigkeit, sondern eine echte Staatsangehörigkeit[30]. Der Schutz ist nicht geringer, wenn die Vaterschaft nach § 1592 Nr. 2 BGB anerkannt ist[31].

13 **Varianten 2 und 3** betreffen die Fälle, dass der **Ausländer sein Personensorge- oder sein Umgangsrecht**[32] mit einem minderjährigen ledigen Deutschen **ausübt**[33]. Dem Merkmal „ledig" kommt unter der Geltung des Gesetzes zur Bekämpfung von Kinderehen vom 17.7.2017 keine Bedeutung mehr zu[34]. Dem Gesetz liegt die Überlegung zugrunde, dass der minderjährige Deutsche von der Ausübung der Personensorge und des Umgangs profitiert. Personensorge und Umgangsrecht müssen dem Ausländer rechtlich zustehen und tatsächlich ausgeübt werden. Auf ein familiäres Zusammenleben im Sinne einer häuslichen Gemeinschaft kommt es nicht an, weshalb selbst die vorübergehende Unterbringung des Kindes in einer Pflegefamilie unschädlich sein kann.

14 Ist dem Ausländer die **Personensorge** (§ 1631 BGB) in Teilen entzogen (§§ 1666, 1666a BGB), zB hinsichtlich Aufenthaltsbestimmungsrecht, schließt dies die Anwendbarkeit der Var. 2 nicht aus. Maßgeblich ist vielmehr, ob der verbliebene Rest des Personensorgerechts noch eine tatsächlich gelebte Eltern-Kind-Beziehung ermöglicht und dies auch praktiziert wird[35]. Für die **Ausübung des Umgangsrechts** ist typisch, dass der Umgangsberechtigte nur ausschnittsweise am Leben des Kindes Anteil nehmen kann und keine alltäglichen Erziehungsentscheidungen trifft[36]. Das Umgangsrecht ist ein Recht des Kindes, aber auch ein Recht eines jeden Elternteils (vgl. § 1684 I BGB). Entscheidend ist, ob die Ausgestaltung des Umgangs noch als Ausübung von Elternverantwortung angesehen werden kann. Auch ein – etwa durch das Jugendamt begleiteter – regelmäßiger Umgang kann diese Anforderung erfüllen[37]. Ist der Ausländer aktuell vom Umgang ausgeschlossen, etwa weil er als bekennender Salafist im Internet zu Terroraktionen aufgerufen hat[38], greift Nr. 4 nicht, selbst wenn der Ausschluss nur befristet angeordnet wurde. Umgangsberechtigte können auch Großeltern, Geschwister und enge Bezugspersonen sein, die tatsächlich Verantwortung für das Kind tragen (§ 1685 I und II BGB)[39].

---

[27] OVG Brem Beschl. v. 8.1.2021 – 2 B 235/20, BeckRS 2021, 61 Rn. 38.
[28] Auch → Vor §§ 53–56 Rn. 33 ff. zu den durch Art. 6 GG geschützten Beziehungen sowie zu Personensorge- und Umgang.
[29] Vgl. VG Bremen Urt. v. 20.9.2021 – 4 K 773/19, BeckRS 2021, 27861 Rn. 36; OVG NRW Beschl. v. 8.3.2006 18 B 130/06, BeckRS 2006, 22095 zu § 56 I Nr. 4 AufenthG aF.
[30] Vgl. BVerfG Urt. v. 24.10.2006 – 2 BvR 696/04, NJW 2007, 425 (426).
[31] Marx AufenthaltsR AufenthG § 7 Rn. 151; vgl. auch BVerfG Beschl. v. 17.12.2013 – 1 BvL 6/10, NJW 2014, 1364, mit dem die Nichtigkeit der Regelung über die behördliche Vaterschaftsanfechtung nach § 1600 I Nr. 5 BGB idF v. 13.3.2008 festgestellt wurde.
[32] Vgl. zum Umgangsrecht und der Bedeutung von Umgangskontakten aus der Rspr. des BVerfG etwa Beschl. v. 9.1.2009 – 2 BvR 1064/08, InfAuslR 2009, 387; Beschl. v. 16.6.2021 – 1 BvR 709/21, BeckRS 2021, 17362 Rn. 9 ff.
[33] Vgl. auch OVG LSA Beschl. v. 28.2.2022 – 2 O 164/21, BeckRS 2022, 7439, wonach der Eintritt der Volljährigkeit eines Kindes des Ausländers dem Verhältnis Eltern-Kind in der Regel kein besonderes Gewicht mehr verleiht.
[34] Durch das Gesetz zur Bekämpfung von Kinderehen v. 17.7.2017 (BGBl. I S. 2429) wurde mWv 22.7.2017 die Eheschließung von Minderjährigen ausnahmslos verboten. Nach der früheren Rechtslage (§ 1303 II–IV BGB aF) war eine Befreiung durch das FamG möglich, wenn der Antragsteller das 16. Lebensjahr vollendet hatte und der künftige Ehegatte volljährig war (vgl. Jauernig BGB §§ 1303, 1304 Rn. 3). § 1633 BGB aF, wonach die Personensorge für einen Minderjährigen, der verheiratet ist oder war, sich auf die Vertretung in den persönlichen Angelegenheiten beschränkt hat, ist ebenfalls entfallen.
[35] Vgl. VGH BW Beschl. v. 20.9.2018 – 11 S 240/17 Rn. 71 ff. zur Personensorge bei § 28 I 1 Nr. 3.
[36] VGH BW Beschl. v. 20.9.2018 – 11 S 240717 Rn. 76.
[37] VGH BW Beschl. v. 14.3.2017 – 11 S 383/17, BeckRS 2017, 105067 Rn. 13.
[38] OLG Köln Beschl. v. 15.3.2013 – 26 UF 9/13.
[39] Hoppe in Dörig MigrationsR-HdB § 7 Rn. 127.

5. Humanitäre Gründe (Nr. 5)

15 Nr. 5 misst Inhabern bestimmter humanitärer Aufenthaltstitel ein besonders schwerwiegendes Bleibeinteresse zu. Zu beachten ist, dass bei einer Aufenthaltserlaubnis nach § 24 – dies betrifft Personen, die nach der Schutzgewährungs-RL aufgenommen worden sind – der **erhöhte Ausweisungsschutz** des § 24 II iVm Art. 28 Schutzgewährungs-RL greift[40]. Da die RL 2001/55/EG die Ausstellung eines Aufenthaltstitels verlangt, kann ein solcher auch nur in den Fällen durch Ausweisung entzogen werden, in denen die Richtlinie die Versagung des vorübergehenden Schutzes gestattet, was unionskonform durch entsprechende Auslegung des § 53 IIIa zu gewährleisten ist. Dies gilt auch für Ehepartner bzw. minderjährige Kinder des Ausländers, welcher einen Aufenthaltstitel nach § 24 I hat. Auf die Familienangehörigen, die eine Aufenthaltserlaubnis nach § 29 IV besitzen, findet nach § 29 IV 3 nämlich § 24 – und damit auch dessen Abs. 2 – Anwendung.

16 **Familienangehörige von Asylberechtigten und Personen mit einem internationalen Schutzstatus**, für deren Aufenthaltserlaubnis § 29 II gilt, haben – wie sich aus deren Art. 23 IV RL 2011/95 ergibt – als Familienangehörige keinen erhöhten Ausweisungsschutz nach der Qualifikations-RL. Dem Gesetzgeber bleibt es unbenommen, ihr Bleibeinteresse nach § 55 I Nr. 5 zu gewichten. Bei Inhaber einer Aufenthaltserlaubnis nach § 23 IV, sog. Resettlement-Flüchtlingen, wurde bei der Aufnahme gerade nicht geprüft, ob ihnen der Status als Flüchtling oder subsidiär Schutzberechtigter nach der Qualifikations-RL zuzuerkennen wäre, ihnen steht daher nicht automatisch der danach vorgesehene Ausweisungsschutz zu. Sie können allerdings gegebenenfalls anlässlich eines Ausweisungsverfahrens einen Asylantrag zu stellen.

17 **Begünstigt** durch Nr. 5 werden auch **Ausländer**, die als **Opfer von Menschenhandel, Zwangsprostitution, Zwangsarbeit oder Ausbeutung** (§§ 232–233a StGB) nach Beendigung des Strafverfahrens eine Aufenthaltserlaubnis nach § 25 IVa 3 besitzen. Ein Aufenthaltstitel, der dem mit den Strafverfolgungsbehörden kooperierenden Opfer nach § 25 IVa 1 iVm § 25 IVa 1 erteilt wird, führt lediglich zu einem im Vergleich niedrigen Bleibeinteresse nach § 55 II Nr. 6.

III. Bleibeinteressen nach Abs. 2

18 Die Aufzählung der **Bleibeinteressen in § 55 II** ist – wie sich aus dem Wort „insbesondere" ergibt – anders als bei den in Abs. 1 benannten Bleibeinteressen **nicht abschließend**. Als Beispiel für einen nicht ausdrücklich geregelten Fall nennt der Gesetzgeber die **notwendige Betreuung unter Erwachsenen**[41]; bei einer tatsächlich erbrachten Lebenshilfe kommt es für das Bleibeinteresse nicht darauf an, ob diese auch von dritten Personen erbracht werden könnte[42]. Weitere nicht benannte Fälle können etwa aus außergewöhnlichen Erschwernissen für die Lebensgestaltung im Heimatstaat oder aus dem Vorliegen einer schweren physischen oder psychischen Erkrankung resultieren[43].

19 § 56 II in der bis 31.12.2015 geltenden Fassung hatte die **Ausweisung eines Minderjährigen oder Heranwachsenden**[44] verschiedenen Begrenzungen unterworfen. So war die Ausweisung eines Minderjährigen, dessen Eltern sich rechtmäßig im Bundesgebiet aufhielten, lediglich in den Fällen des § 53 aF und dann auch nur nach Ermessen möglich. Einschränkungen, die § 56 II aF entsprechen würden, sind im jetzigen Ausweisungsrecht nicht mehr enthalten. Die **alters- und entwicklungsbedingt erhöhte Schutzbedürftigkeit eines jungen Menschen** im Vergleich zu einem Erwachsenen und das Angewiesensein auf die Fürsorge seiner Eltern kommen in den Typisierungen allenfalls bedingt zum Ausdruck. Jedenfalls bei der **Abwägung nach § 53 I, II** muss der Umstand, dass der Ausländer Heranwachsender oder sogar noch Minderjähriger ist, Eingang finden. Die Typisierungen der Bleibeinteressen knüpfen im Wesentlichen an unterschiedliche Grade der Aufenthaltsverfestigung an, was aber mit der Frage der Schutzbedürftigkeit nicht zwangsläufig identisch ist. Die Vertypungen entbinden – auch mit Blick auf Art. 8 EMRK und die UN-Kinderrechtskonvention – nicht davon, dass der tatsächlichen Schutzbedürftigkeit von Minderjährigen/Heranwachsenden und ggf. ihrem (Familien-)Leben im Bundesgebiet in einer umfassenden Einzelfallprüfung Rechnung zu tragen ist.

20 Für die Beurteilung der Rechtmäßigkeit einer Ausweisung ist bei allen Ausländern die Sach- und Rechtslage im Zeitpunkt der letzten mündlichen Verhandlung oder der Entscheidung des Tatsachengerichts maßgeblich[45]. Dies gilt sowohl zugunsten als auch zulasten des Ausländers. Ist nach dem Wirksamwerden der Ausweisungsverfügung der Ausländer volljährig geworden, greifen die Tatbestän-

---

[40] Zur Auslegung des Art. 28 Schutzgewährungs-RL vgl. Skordas in Thym/Hailbronner, EU Immigration and Asylum Law, 3. Aufl. 2020, Chap. 19 Art. 28 Rn. 3 ff.
[41] Vgl. die Begründung in BT-Drs. 18/4097, 53.
[42] Allg. zu den Wirkungen von Art. 6 GG und Art. 8 EMRK bei der familiären Pflege eines erwachsenen Familienmitgliedes VGH BW Beschl. v. 28.3.2019 – 11 S 623/19, BeckRS 2019, 5311 Rn. 13 ff.
[43] Fleuß in BeckOK AuslR AufenthG § 55 Rn. 78 (Stand 1.1.2022).
[44] Entspr. der Definition in § 1 II JGG zwischen 18 u. 21 Jahren.
[45] Ständige Rspr. BVerwG seit Urt. v. 15.11.2007 – 1 C 45.06, BVerwGE 130, 20, so auch Urt. v. 9.5.2019 – 1 C 21.18, BVerwGE 165, 331 Rn. 11; Urt. v. 27.7.2017 – 1 C 28.16, NVwZ 2018, 40 Rn. 16.

de, die an die Minderjährigkeit anknüpfen, nicht mehr[46]. Dem Normzweck liegt keine Perpetuierung des Bleibeinteresses bzw. Ausweisungsschutzes zugrunde. Allerdings ist es bei der nach § 53 I, II gebotenen Abwägung aller Umstände des Einzelfalls relevant, ob eine Straftat als Minderjähriger, Heranwachsender oder Erwachsener begangen worden ist[47] und ob es sich gegebenenfalls um typische Jugendkriminalität handelt[48].

1. Minderjähriger und Besitz einer Aufenthaltserlaubnis (Nr. 1)

21 Nr. 1 erfordert neben der **Eigenschaft der Minderjährigkeit** lediglich den **Besitz einer Aufenthaltserlaubnis** im Zeitpunkt des Erlasses der Ausweisungsverfügung; ihre Dauer und Art sind irrelevant. Ein Zusammenleben mit den Eltern oder einem sorgeberechtigten Elternteil in häuslicher Gemeinschaft ist ebenfalls nicht erforderlich.

2. Besitz einer Aufenthaltserlaubnis und mindestens fünfjähriger Aufenthalt (Nr. 2)

22 Nr. 2 setzt den **Besitz einer Aufenthaltserlaubnis** – gleichgültig zu welchem Zweck und mit welcher Dauer – und eine Aufenthaltszeit seit mindestens **fünf Jahren** im Zeitpunkt der Ausweisungsverfügung voraus. Im Vergleich zu § 55 I Nr. 1–3 sowie II Nr. 3 und 4 fehlt der Zusatz „rechtmäßig". Daraus folgt, dass ein tatsächlich ununterbrochener Aufenthalt von mindestens fünf Jahren genügt. Die Voraussetzung nach Nr. 2 kann auch ein Ausländer erfüllen, der noch minderjährig ist.

3. Ausübung von Personensorge- oder Umgangsrecht (Nr. 3)

23 Nr. 3 begünstigt einen Ausländer unabhängig von seiner aufenthaltsrechtlichen Stellung, der sein **Personensorge- oder Umgangsrecht** für einen im Bundesgebiet **rechtmäßig sich aufhaltenden ledigen minderjährigen Ausländer** ausübt. Ein im Herkunftsstaat verheiratetes Kind gilt als ledig, wenn die Ehe im Bundesgebiet nicht anerkannt ist[49]. Ist die Rechtmäßigkeit des Aufenthalts des Kindes ungeklärt, weil seinem Antrag auf Erteilung oder Verlängerung des Aufenthaltstitels noch nicht entsprochen ist (vgl. § 55 III), greift Nr. 3 nicht ein. Das AufenthG gebietet es auch nicht, in einem solchen Fall das Ausweisungsverfahren bis zur Klärung der Rechtmäßigkeit des Aufenthalts des Kindes auszusetzen.

4. Minderjähriger mit sich rechtmäßig aufhaltenden Eltern (Nr. 4)

24 Nr. 4 betrifft – ebenso wie II Nr. 1 – die **Ausweisung eines Minderjährigen.** Auf die Rechtmäßigkeit seines Aufenthalts kommt es im Unterschied zu II Nr. 1 nicht an. Maßgebend ist, ob sich die Eltern bzw. ein personensorgeberechtigter Elternteil im Bundesgebiet rechtmäßig aufhalten bzw. aufhält und das Personensorgerecht auch tatsächlich ausgeübt wird. Ist das Personensorgerecht entzogen und steht den Eltern ggf. nur ein Umgangsrecht zu, greift der Tatbestand nicht, zu prüfen ist dann allerdings Abs. 2 Nr. 5[50].

5. Belange oder Wohl eines Kindes (Nr. 5)

25 Nr. 5 hat eine Auffang- und Ergänzungsfunktion[51]. Kind ist, wer das 18. Lebensjahr noch nicht vollendet hat (vgl. Art. 1 UN-Kinderrechtskonvention). Erfasst werden Fälle, in denen ein Kind als Adressat oder als Familienangehöriger von einer Ausweisungsentscheidung betroffen ist. Der Regelung

---

[46] *Hoppe* in Dörig MigrationsR-HdB § 7 Rn. 131; *Fleuß* in BeckOK AuslR AufenthG § 55 Rn. 81 (Stand 1.1.2022).

[47] EGMR Urt. v. 23.6.2008 – 1638/03, InfAuslR 2008, 333 Rn. 72 – Maslov; Urt. v. 20.11.2011 – 8000/08, Rn. 60 – AA (Aufenthaltsbeendigung eines mit 13 Jahren eingereisten Ausländers, der mit 15 Jahren wegen Vergewaltigung verurteilt wurde und nach positivem Strafvollzug die Universität besucht, verstößt gegen Art. 8 EMRK); s. auch *Fleuß* in BeckOK AuslR AufenthG § 55 Rn. 81 (Stand 1.1.2022).

[48] EGMR Urt. v. 7.12.2021 – 57467/15, BeckRS 2021, 37505 Rn. 193 – Savran; Urt. v. 20.12.2018 – 18706/16, NJW 2019, 1425 Rn. 46 – Cabucak.

[49] Vgl. etwa KG Beschl. v. 21.11.2011 – 1 W 79/11, NJOZ 2012, 165: keine Beurkundung einer im Libanon geschlossenen Ehe, bei der die Partner 14 und 17 Jahre alt sind. Zur verfassungsrechtlichen Problematik der Qualifikation einer im Ausland geschlossenen Ehe kraft Gesetzes als Nichtehe, bei der der Ehepartner ein nach ausländischem Recht ehemündiger Minderjähriger unter 16 Jahre gewesen ist, nach dem Gesetz zur Bekämpfung von Kinderehen v. 17.7.2017 vgl. BGH Beschl. v. 14.11.2018 – XII ZB 292/16, NJOZ 2019, 43 (Vorlage nach Art. 100 GG an BVerfG).

[50] *Hoppe* in Dörig MigrationsR-HdB § 7 Rn. 134; aA *Cziersky-Reis* in NK-AuslR AufenthG § 55 Rn. 34 und *Marx* AufenthaltsR AufenthG § 7 Rn. 165, wonach die Vorschrift selbst dann greife, wenn keinerlei Kontakte zwischen Eltern/Elternteil und dem Minderjährigen bestehe.

[51] BayVGH, B. v. 29.3.2021 – 10 B 18.943, BeckRS 2021, 12472 Rn. 65; VGH BW Urt. v. 2.3.2016 – 11 S 1389/15, BeckRS 2016, 44406 Rn. 70; *Neidhardt* HTK-AuslR § 55 AufenthG, zu Abs. 2 Nr. 5 Rn. 3 (Stand 18.11.2016).

kommt keine eigenständige Bedeutung zu, wenn bereits nach einer anderen Norm ein (besonders) schwerwiegendes Bleibeinteresse wegen nach Art. 6 GG schutzwürdiger Beziehungen zu einem im Bundesgebiet lebenden Kind gegeben ist[52] oder die Belange des Minderjährigen bereits in anderen Tatbeständen (wie Abs. 2 Nr. 1, 3 und 4) aufgegriffen sind. Die Regelung dürfte vor allem die Gruppe der ohne Aufenthaltserlaubnis im Bundesgebiet lebenden **unbegleiteten Minderjährigen** im Auge haben, deren besondere Bedürfnisse dem Gesetzgeber bekannt sind[53]. Sie kann auch in Fällen relevant werden, in denen die Person, bei der ein Ausweisungsinteresse besteht, in irgendeiner Form einen rechtlich abgesicherten Kontakt zu dem Kind hat oder dieses in sonstiger Weise erheblich von dem Aufenthalt dieser Person im Bundesgebiet profitiert[54].

6. Aufenthaltserlaubnis nach § 25 IVa 1 (Nr. 6)

Nr. 6 erfasst Inhaber einer Aufenthaltserlaubnis für **mit den Strafverfolgungsbehörden kooperierende Opfer von Menschenhandel.** Außer dem entsprechenden Titelbesitz gibt es keine weiteren Voraussetzungen. Der Aufenthaltserlaubnis nach § 25 IVa 1 liegt sowohl das öffentliche Interesse an der Strafverfolgung zugrunde als auch die Interessen des Opfers[55]. Unionsrechtlich basiert § 25 IVa 1 auf der Opferschutz-RL über die Erteilung von Aufenthaltstiteln für Drittstaatsangehörige, die Opfer des Menschenhandels sind oder denen Beihilfe zur illegalen Einwanderung geleistet wurde und die mit den zuständigen Behörden kooperieren. Art. 14 S. 2 lit. c Opferschutz-RL sieht vor, dass der Aufenthaltstitel entzogen werden kann, wenn Gründe im Zusammenhang mit der öffentlichen Ordnung und dem Schutz der inneren Sicherheit vorliegen[56]. 26

IV. Rechtmäßigkeit des Aufenthalts (Abs. 3)

Wie sich aus § 55 III entnehmen lässt, versteht der Gesetzgeber unter dem **„rechtmäßigen" Aufenthalt** iSd Abs. 1 und 2 grundsätzlich einen solchen, dem ein Aufenthaltstitel zugrunde liegt. Fiktionszeiten für die Rechtmäßigkeit des Aufenthalts sind nach Maßgabe des § 55 III in den Fällen des § 81 III 1 und IV 1 anzurechnen. Ungeachtet dessen, dass **§ 81 IV 3** nicht ausdrücklich genannt worden ist, ist jedenfalls dann, wenn die Behörde die Fiktionswirkung zur Vermeidung einer unbilligen Härte tatsächlich angeordnet und anschließend einen Aufenthaltstitel erteilt hat, entsprechend der Intention des Gesetzes und der Gesetzesbegründung, die undifferenziert von den Fiktionszeiten spricht, auch diese Zeit einzubeziehen. 27

Ist bei einer Person, der die Flüchtlingseigenschaft oder subsidiärer Schutz zuerkannt worden ist, die Dauer des rechtmäßigen Aufenthalts zu bestimmen, sind Zeiten einer Aufenthaltsgestattung nach § 55 III AsylG berücksichtigungsfähig. Der Wortlaut des Abs. 3 und dessen Zweck stehen dem nicht entgegen. 28

§ 85 eröffnet die Möglichkeit, dass **Unterbrechungen der Rechtmäßigkeit des Aufenthalts** von bis zu einem Jahr außer Betracht bleiben können; die Vorschrift ist auch auf Unterbrechungen in Zeiten des Titelbesitzes anwendbar[57]. § 55 III verdrängt die Geltung dieser Vorschrift nicht. Hat die Ausländerbehörde bei einer Ausweisung die erforderliche Dauer des rechtmäßigen Aufenthalts verneint und dabei keine Ermessensentscheidung nach § 85 getroffen oder ist diese fehlerhaft, kann dies dazu führen, dass das Gericht unter Umständen nicht abschließend über die Rechtmäßigkeit der Ausweisung entscheiden kann, wenn es an der entscheidungserheblichen – vorgelagerten – Ermessensentscheidung der Behörde fehlt. In einem solchen Fall kann die Ausweisung aufzuheben sein und die Ausländerbehörde ist – ungeachtet der Intention des Gesetzgebers, die abschließende Entscheidung dem Gericht zu überantworten – dennoch ausnahmsweise in der Verantwortung, ob sie erneut eine Ausweisung verfügt. 29

§ 56 Überwachung vollziehbar ausreisepflichtiger Ausländer aus Gründen der inneren Sicherheit

(1) ¹Ein Ausländer, gegen den eine Ausweisungsverfügung auf Grund eines Ausweisungsinteresses nach § 54 Absatz 1 Nummer 2 bis 5 oder eine Abschiebungsanordnung nach § 58a besteht, unterliegt der Verpflichtung, sich mindestens einmal wöchentlich bei der für seinen

---

[52] NdsOVG Urt. v. 14.11.2018 – 13 LB 160/17, BeckRS 2018, 30406 Rn. 48 ff.
[53] Vgl. etwa Gesetz zur Verbesserung der Unterbringung, Versorgung und Betreuung ausländischer Kinder und Jugendlicher v. 28.10.2015, BGBl. I S. 1802.
[54] *Hoppe* in Dörig MigrationsR-HdB § 7 Rn. 135.
[55] BT-Drs. 18/4097, 41.
[56] Vgl. auch *Fleuß* in BeckOK AuslR AufenthG § 55 Rn. 118 (Stand 1.1.2022), der Art. 14 S. 2 lit. c Opferschutz-RL die Rechtfertigung einer Ausweisung aus generalpräventiven Gründen entnimmt. Mit Blick auf die intendierte Schutzrichtung bedarf der Frage der Zulässigkeit einer Ausweisung des Opfers aus generalpräventiven Gründen allerdings auch hier einer umfassenden Prüfung des Einzelfalls.
[57] BVerwG Urt. v. 10.11.2009 – 1 C 24.08, BVerwGE 135, 225.

Bauer

1 AufenthG § 56

Aufenthaltsort zuständigen polizeilichen Dienststelle zu melden, soweit die Ausländerbehörde nichts anderes bestimmt. ²Eine dem Satz 1 entsprechende Meldepflicht kann angeordnet werden, wenn der Ausländer

1. vollziehbar ausreisepflichtig ist und ein in Satz 1 genanntes Ausweisungsinteresse besteht oder
2. auf Grund anderer als der in Satz 1 genannten Ausweisungsinteressen vollziehbar ausreisepflichtig ist und die Anordnung der Meldepflicht zur Abwehr einer Gefahr für die öffentliche Sicherheit und Ordnung erforderlich ist.

(2) Sein Aufenthalt ist auf den Bezirk der Ausländerbehörde beschränkt, soweit die Ausländerbehörde keine abweichenden Festlegungen trifft.

(3) Er kann verpflichtet werden, in einem anderen Wohnort oder in bestimmten Unterkünften auch außerhalb des Bezirks der Ausländerbehörde zu wohnen, wenn dies geboten erscheint, um

1. die Fortführung von Bestrebungen, die zur Ausweisung geführt haben, zu erschweren oder zu unterbinden und die Einhaltung vereinsrechtlicher oder sonstiger gesetzlicher Auflagen und Verpflichtungen besser überwachen zu können oder
2. die wiederholte Begehung erheblicher Straftaten, die zu einer Ausweisung nach § 54 Absatz 1 Nummer 1 geführt haben, zu unterbinden.

(4) ¹Um die Fortführung von Bestrebungen, die zur Ausweisung nach § 54 Absatz 1 Nummer 2 bis 5, zu einer Anordnung nach Absatz 1 Satz 2 Nummer 1 oder zu einer Abschiebungsanordnung nach § 58a geführt haben, zu erschweren oder zu unterbinden, kann der Ausländer auch verpflichtet werden, zu bestimmten Personen oder Personen einer bestimmten Gruppe keinen Kontakt aufzunehmen, mit ihnen nicht zu verkehren, sie nicht zu beschäftigen, auszubilden oder zu beherbergen und bestimmte Kommunikationsmittel oder Dienste nicht zu nutzen, soweit ihm Kommunikationsmittel verbleiben und die Beschränkungen notwendig sind, um eine erhebliche Gefahr für die innere Sicherheit oder für Leib und Leben Dritter abzuwehren. ²Um die wiederholte Begehung erheblicher Straftaten, die zu einer Ausweisung nach § 54 Absatz 1 Nummer 1 geführt haben, zu unterbinden, können Beschränkungen nach Satz 1 angeordnet werden, soweit diese notwendig sind, um eine erhebliche Gefahr für die innere Sicherheit oder für Leib und Leben Dritter abzuwenden.

(5) ¹Die Verpflichtungen nach den Absätzen 1 bis 4 ruhen, wenn sich der Ausländer in Haft befindet. ²Eine Anordnung nach den Absätzen 3 und 4 ist sofort vollziehbar.

Allgemeine Verwaltungsvorschrift
(Vom Abdruck wurde abgesehen)

I. Entstehungsgeschichte

1   Die Vorschrift des § 56 hat ihren **Vorläufer in § 54a aF**. Diese Regelung war seinerzeit in dem **Gesetzesentwurf zum ZuwanderungsG**[1] noch nicht enthalten. Sie kam erst aufgrund des Vermittlungsverfahrens[2] in das Gesetz. In § 54a I 1 aF wurde mit Gesetz v. 30.7.2009[3] ein Verweis auf den damals neu aufgenommenen Regelausweisungsgrund § 54 Nr. 5b aF aufgenommen. Soweit Maßnahmen und Verpflichtungen nach § 54a I–IV in der bis zum 31.12.2015 geltenden Fassung bereits vor dem 1.1.2016 bestanden, gelten diese ab 1.1.2016 als Maßnahmen und Verpflichtungen iSd § 56 (vgl. § 105c).

2   Das **AufenthGÄndG 2015** führt gegenüber der Vorgängervorschrift zu verschiedenen inhaltlichen Änderungen. In § 56 I 1 ist vor „Ausweisungsverfügung" und „Abschiebungsanordnung" jeweils das Wort „vollziehbare" gestrichen und die Gründe für Ausweisungsverfügungen, die zu Überwachungsmaßnahmen führen, sind mit Blick auf das neue Ausweisungsrecht geändert und erweitert worden. Abs. 4 sieht nunmehr auch die Möglichkeit eines Kontaktverbots vor. Die Voraussetzungen für ein Kommunikationsmittel- und Kontaktverbot sind nicht mehr von „schweren", sondern nur noch von „erheblichen" Gefahren für die innere Sicherheit oder Leib und Leben Dritter abhängig. Der Gesetzgeber passte ferner die Strafvorschrift des § 95 I Nr. 6a entsprechend an. Mit dem **Gesetz zur besseren Durchsetzung der Ausreisepflicht 2017**[4] hat die Vorschrift aus Gründen der Normklarheit eine neue Überschrift erhalten. Adressaten der Norm sind nicht nur ausgewiesene Ausländer, sondern auch Ausländer, die aus anderen Gründen vollziehbar ausreisepflichtig sind.

3   Die **Gesetzesbegründung** führt insoweit aus[5]: „Durch die Gesetzesänderung wird sichergestellt, dass in den Fällen, in denen ein besonders schwerwiegendes Ausweisungsinteresse nach § 54 Absatz 1

---

[1] BT-Drs. 15/420.
[2] BT-Drs. 15/3479, 9.
[3] BGBl. 2009 I S. 2437.
[4] BGBl. 2017 I S. 2780.
[5] BT-Drs. 18/4097, 54.

Nummer 2 bis 5 vorliegt oder eine Abschiebungsanordnung nach § 58a erlassen worden ist, die Kontroll- u. Überwachungsmaßnahmen nach dem bisherigen § 54a auch während der aufschiebenden Wirkung eines Rechtsbehelfs gegen die Ausweisungsverfügung oder die Abschiebungsanordnung greifen bzw. angeordnet werden können. Zuvor waren diese Maßnahmen in den angeführten Fallkonstellationen zwangsläufig mit der Entscheidung über die Vollziehbarkeit der Ausreisepflicht vor Abschluss des Rechtsbehelfsverfahrens verknüpft. Die nach Absatz 1 kraft Gesetzes entstehende Meldepflicht des Ausländers ist beschränkt auf die terrorismus- bzw extremismusbezogenen Ausweisungsinteressen nach § 54 Absatz 1Nummern 2 bis 5 bzw. auf die Abschiebungsanordnung nach § 58a. Bei einer Ausweisungsentscheidung, die auf anderen Ausweisungsinteressen beruht, kann die Behörde fakultativ die Meldepflicht nach § 56 Absatz 1 Satz 2 anordnen."

Mit dem **Zweiten Gesetz zur besseren Durchsetzung der Ausreisepflicht** (2. RückkehrG v. 15.8.2019[6]) wurde Abs. 3 (Verpflichtung zur Wohnsitznahme) neu gefasst und Abs. 4 (Möglichkeit der Kommunikationsbeschränkung) ergänzt. Die Gesetzesbegründung hält hierzu fest[7]: 4

„Das Aufenthaltsgesetz normiert in § 56 bereits ein Bündel an Maßnahmen, die zur Überwachung ausreisepflichtiger Ausländer aus Gründen der inneren Sicherheit zum einen regelmäßig vorgesehen sind (§ 56 Absatz 1 Satz 1) und zum anderen in bestimmten Fällen zum Einsatz gebracht werden können (§ 56 Absatz 1 Satz 2, Absatz 3 und 4). Damit können beispielsweise Leiter verbotener Vereine (§ 54 Absatz 1 Nummer 3) oder so genannte Hassprediger (§ 54 Absatz 1 Nummer 5) überwacht werden. Das abgestufte System des § 56 Aufenthaltsgesetz sieht dabei Maßnahmen vor, die von einer Meldepflicht über die Möglichkeit einer räumlichen Beschränkung und Wohnsitzauflage bis hin zu einem Kontaktverbot reichen können. Nach § 56 Absatz 1 Satz 2 Nummer 2 ist zudem nach geltender Rechtslage die Anordnung einer Meldepflicht bei Ausländern möglich, die aufgrund anderer als der in Satz 1 genannten Ausweisungsinteressen vollziehbar ausreisepflichtig sind, wenn die Anordnung der Meldepflicht zur Abwehr einer Gefahr für die öffentliche Sicherheit und Ordnung erforderlich ist. Da auch die übrigen Maßnahmen nach Absatz 2 bis 4 bei diesen vollziehbar ausreisepflichtigen Ausländern zum Schutz der Allgemeinheit angezeigt sein können, soll es zukünftig unter bestimmten Voraussetzungen ermöglicht werden, auch diese Maßnahmen gegenüber einem nach § 54 Absatz 1 Nummer 1 ausgewiesenen vollziehbar ausreisepflichtigen Ausländer, der nicht abgeschoben werden kann, anzuordnen, wenn dies geboten erscheint, um die wiederholte Begehung von erheblichen Straftaten durch den Ausländer zu unterbinden. Im Wortlaut der Absätze 3 und 4 sind dementsprechend Ergänzungen einzufügen, die deutlich machen, dass der Maßnahmenkatalog nicht ausschließlich auf ausweisungsbegründende extremistische beziehungsweise terroristische Bestrebungen Anwendung findet. Auch bei Ausländern, die aufgrund eines besonders schwerwiegenden Ausweisungsinteresses nach § 54 Absatz 1 Nummer 1 ausgewiesen wurden, können Fallgestaltungen vorliegen, in denen eine Verpflichtung zur Wohnsitzaufnahme geboten erscheint, um den Ausländer aus einem kriminogenen Umfeld herauszulösen und so die wiederholte Begehung erheblicher Straftaten, die zu einer Ausweisung nach § 54 Absatz 1 Nummer 1 geführt haben, zu unterbinden. Ebenso kann bei einem Ausländer, der aufgrund eines besonders schwerwiegenden Ausweisungsinteresses nach § 54 Absatz 1 Nummer 1 ausgewiesen wurde, im Einzelfall ein Kontakt- oder Kommunikationsverbot notwendig sein, um die wiederholte Begehung erheblicher Straftaten, die zu einer Ausweisung nach § 54 Absatz 1 Nummer 1 geführt haben, zu unterbinden, sofern diese Verbote notwendig sind, um eine erhebliche Gefahr für die innere Sicherheit oder für Leib und Leben Dritter abzuwenden. 56 Absatz 3 (Verpflichtungen zur Wohnsitznahme) wird in zwei Nummern unterteilt. Während Nummer 1 die bisherigen Schwellen und Zielsetzungen enthält, sieht Nummer 2 die Möglichkeit entsprechender Verpflichtungen vor, wenn dies geboten erscheint, um die wiederholte Begehung erheblicher Straftaten, die zu einer Ausweisung nach § 54 Absatz 1 Nummer 1 Aufenthaltsgesetz geführt haben, zu unterbinden. Der neue § 56 Absatz 4 Satz 2 sieht für die betreffende Personengruppe die Möglichkeit vor, die bislang ausdrücklich lediglich aus Gründen der inneren Sicherheit vorgesehenen kontakt- und kommunikationsbeschränkenden Verpflichtungen vorzusehen. Aufgrund der Eingriffstiefe dieser Maßnahmen sind diese jedoch nur zur Abwehr von Gefahren für die innere Sicherheit oder für Leib und Leben Dritter möglich."

II. Überwachung von Ausländern

§ 56 erlaubt die **Überwachung von Ausländern in mehrfacher Hinsicht.** Damit ist **keine allgemeine Überwachung für alle Ausländer** vorgeschrieben oder ermöglicht. Die Vorschrift **ergänzt** aber andererseits schon bestehende Meldepflichten und Kontrollmöglichkeiten. So ist der Aufenthalt vollziehbar ausreisepflichtiger Ausländer zunächst ohnehin auf das Gebiet des Bundeslandes beschränkt (§ 61 I 1) bzw. kann nach Maßgabe des § 61 I 1c angeordnet werden. Außerdem unterliegen solche Ausländer nach § 50 insofern einer umfassenden Kontrolle, als sie verpflichtet sind, den Wechsel der Wohnung oder das Verlassen des Ausländerbehörden-Bezirks für mehr als drei Tage anzuzeigen (§ 50 IV) und bei der Ausreise eine ihnen übergebene Grenzübertrittsbescheini- 5

---
[6] BGBl. 2019 I S. 1294.
[7] BT-Drs. 19/10047, 36.

gung (GÜB) der Grenzbehörde abzugeben[8]. Darüber hinaus können sie, falls ihr Aufenthalt unbekannt ist, zur Fahndung ausgeschrieben werden (§ 50 VI 1). Selbst bei einer Aufenthaltserlaubnis sind ua räumliche Beschränkungen möglich (§ 12 II 2). **Art. 33 RL 2011/95/EU**, dem zufolge die Mitgliedstaaten die Bewegungsfreiheit von Personen, denen internationaler Schutz zuerkannt worden ist, in ihrem Hoheitsgebiet unter den gleichen Bedingungen und Einschränkungen wie für andere Drittstaatsangehörige, die sich rechtmäßig in ihrem Hoheitsgebiet aufhalten, gestatten, stehen Meldepflicht und Aufenthaltsbeschränkung bei einem ausgewiesen anerkannten Flüchtlings nicht entgegen[9]. Dies gilt insbesondere dann, wenn die Ausweisung wegen Unterstützung des Terrorismus erfolgt[10].

6 Die **Vorschrift ist auf einen engeren Personenkreis** beschränkt und sieht **abgestufte Maßnahmen** vor. Verstöße gegen Überwachungsmaßnahmen sind eine Ordnungswidrigkeit gem. § 98 III Nr. 5 und Nr. 5a bzw. nach Maßgabe des § 95 I Nr. 6a strafbar. Ihr hauptsächlicher **Zweck** ist im Gesetz nur zum Teil zum Ausdruck gelangt. Er ist entsprechend der Überschrift sowie Abs. 3 und 4 darin zu sehen, aus Gründen der inneren Sicherheit und zum Schutz von Leib und Leben Dritter die Fortführung der Bestrebungen zu unterbinden, die insbesondere zur Ausweisung oder Abschiebungsanordnung nach § 58a geführt haben. Die Vorschriften dienen der **Gefahrenabwehr**[11]. Sie sollen etwa die von nach § 54 I Nr. 2 wegen Unterstützung des Terrorismus ausgewiesenen Ausländern ausgehende Gefahr einer Weiterführung von Handlungen eindämmen, gerade auch in Fällen, in denen mit einer baldigen Aufenthaltsbeendigung nicht zu rechnen ist[12]. Soweit die Meldepflichten und örtlichen Beschränkungen auch den Vollzug der Aufenthaltsbeendigung durch Abschiebung sichern, indem sie ein Untertauchen des Ausländers erschweren, ist diese Wirkung als Nebenfolge anzusehen. Die Ausländerbehörde hat die im Gesetz vorgesehenen Maßnahmen an dem Hauptziel auszurichten, die Fortsetzung von Handlungen, die insbesondere zu einer Ausweisung unter Heranziehung von § 54 I Nr. 2–5 geführt haben, zu unterbinden und daraus herrührende Gefahren für die öffentliche Sicherheit und Ordnung abzuwenden. Jede der Maßnahmen nach § 56 steht unter dem Vorbehalt ihrer **Verhältnismäßigkeit**[13].

7 Die Ausländerbehörde hat die Möglichkeit, die gesetzliche Ausgestaltung der **Überwachungsmaßnahmen je nach dem Gewicht der konkreten Gefahr zu modifizieren.** Dabei hat sie die mit diesen verbundenen Grundrechtseingriffe unter Wahrung des Gebots der Verhältnismäßigkeit zu beschränken und – insbesondere bei länger andauernder Unmöglichkeit der Aufenthaltsbeendigung – unter Kontrolle zu halten[14]. Die Ausländerbehörde kann daher ua die Meldepflicht hinsichtlich Ort (Polizei) und Zeit (einmal wöchentlich) je nach Bedarf verändern[15], sie ggf. sogar komplett aufheben. Sie muss im Rahmen ihrer Ermessensentscheidung stets auch die privaten Belange des Ausländers, etwa eine Erwerbstätigkeit, hinreichend in Blick nehmen und gegen das öffentliche Interesse der Gefahrenabwehr abwägen.

8 § 56 unterscheidet zwischen kraft Gesetzes bestehender Vorgaben, die aufgrund einer Abschiebungsanordnung nach § 58a oder einer wirksamen Ausweisungsverfügung, die auf ein Ausweisungsinteresse nach § 54 Abs. 1 Nr. 2–5 gestützt ist, eintreten, und Überwachungsregelungen, die stets eine behördliche Einzelfallentscheidung voraussetzen. Abs. 1 S. 1 enthält eine gesetzliche Meldepflicht. Adressat einer Anordnung einer Meldepflicht nach Abs. 1 S. 2 Nr. 1 ist ein Ausländer, der vollziehbar ausreisepflichtig (§ 58 Abs. 2) ist und hinsichtlich dessen ein in Abs. 1 S. 1 genanntes Ausweisungsinteresse besteht. Abs. 1 S. 2 Nr. 2 ermöglicht diese Anordnung gegenüber Ausländern, die aufgrund

---

[8] Für die GÜB gibt es keine ausdrückliche gesetzliche Grundlage; sie ist aber ein in der ausländerrechtlichen Praxis anerkannter Nachweis in Form eines amtlichen Vordrucks über die freiwillige Ausreise des Ausländers innerhalb der Ausreisefrist iSv § 50 II, die lediglich der Kontrolle einer Ausreise ermöglicht, aber keinen Ersatz für eine Duldung darstellt, vgl. OVG Bln-Bbg, Beschl.v. 21.3.2017.– OVG 11 S 17.17, BeckRS 2017, 106094 Rn. 9; BayVGH Beschl. v. 31.1.2002 – 24 ZE 02.8, BeckRS 2002, 32096; VG München Gerichtsbescheid v. 17.4.2000 – M 21 K 99.4698, BeckRS 2000, 25731; *Westphal/Stoppa* S. 187; VwV AufenthG Nr. 50.4.
[9] *Fleuß* in BeckOk AuslR AufenthG § 56 Rn. 12 (Stand 1.1.2022).
[10] BVerwG Urt. v. 25.7.2017 – 1 C 12.16, BeckRS 2017, 125402 Rn. 33; Urt. v. 22.2.2017 – 1 C 3.16, NVwZ 2017, 1883 Rn. 59; VGH BW Urt. v. 13.1.2016 – 11 S 889/15, BeckRS 2016, 41711 Rn. 99 ff.; Urt. v. 14.5.2014 – 11 S 2224/13, BeckRS 2014, 53263.
[11] BayVGH Beschl. v. 3.4.2020 – 19 CS 18.1704, BeckRS 2020, 50227 Rn. 34; OVG NRW Beschl. v. 23.10.2018 – 18 B 895/16, BeckRS 2018, 26736 Rn. 29; BVerwG Urt. v. 30.7.2013 – 1 C 9.12, NVwZ 2014, 294 Rn. 29 – zu § 54a I 1 aF; *Fleuß* in BeckOk AuslR AufenthG § 56 Rn. 1 (Stand 1.1.2022).
[12] BT-Drs. 15/3479, 9; Bundesrat, 802. PlProt v. 9.7.2004, S. 338 ff.
[13] So auch ausdrücklich die Gesetzesbegründung, Refentwurf BMI Bl. 17 = BT-Drs. 18/11546 und BR-Drs. 179/17, 15.
[14] BVerwG Urt. v. 30.7.2013 – 1 C 9.12, NVwZ 2014, 294; BayVGH Beschl. v. 3.4.2020 – 19 CS 18.1704, BeckRS 2020, 50227 Rn. 34; VGH BW Urt. v. 14.5.2014 – 11 S 2224/13, BeckRS 2014, 53263.
[15] Vgl. VG Würzburg Urt. v. 26.7.2021 – 7 K 20.613, BeckRS 2021, 29615 Rn. 41 – (zweimal tägliche Meldepflicht eines IS-Unterstützers aufgrund des von ihm ausgehenden Grads der Gefahr verhältnismäßig); s. allerdings auch VG München Urt. v. 30.4.2008 – M 23 K 06.3252, BeckRS 2008, 45819 – (Unzulässigkeit einer zweimal täglichen Meldeverpflichtung trotz Mitgliedschaft in der als terroristisch eingestuften Organisation Hezbi-Islami).

anderer als in S. 1 genannter Ausweisungsinteressen vollziehbar ausreisepflichtig sind und hinsichtlich derer die Anordnung der Meldepflicht zur Abwehr einer Gefahr für die öffentliche Sicherheit und Ordnung erforderlich ist. Nach **Abs. 5 S. 1** ruhen aber die Pflichten gemäß Abs. 1–4 unabhängig von ihrer Entstehung, wenn sich der Ausländer in **Haft** befindet. Damit wird dem tatsächlichen Umstand Rechnung getragen, dass ein inhaftierter Ausländer weder eine Meldeauflage (Abs. 1) erfüllen noch einer Aufenthalts- (Abs. 2) oder Wohnsitzauflage (Abs. 3) nachkommen kann. Die erforderliche Überwachung ist bereits durch die Haft sichergestellt. Auch etwaige Kommunikationsverbote nach Abs. 4 ruhen während der Inhaftierung. Mit Haftende muss der wirksam ausgewiesene Ausländer die Verpflichtungen wieder beachten, ohne dass eine weitere behördliche Maßnahme notwendig wäre. Ist der Ausländer **ausgereist,** ruhen seine Verpflichtungen ebenfalls[16].

1. Meldepflicht (Abs. 1)

Nach dem Wortlaut des **Abs. 1 S. 1** kommt es für den Eintritt der **unmittelbar kraft Gesetzes entstehenden Meldepflicht** nicht auf eine – auch in Abwägung mit den Bleibeinteressen – rechtmäßige Ausweisungsverfügung, sondern nur darauf an, dass eine Ausweisungsverfügung aufgrund eines terrorismus- und extremismusbezogenen Ausweisungsinteresses nach § 54 I Nr. 2–5 wirksam ist[17]. Entsprechendes gilt für die Abschiebungsanordnung nach § 58a. Die Vollziehbarkeit der Ausweisungsverfügung ist im Fall des Abs. 1 S. 1 – anders als bei § 54a I 1 aF – nicht mehr Voraussetzung. Die frühere Rspr., wonach dann, wenn der Aufenthaltsbeendigung tatsächlich oder rechtlich Hindernisse entgegenstehen, die Anordnung der sofortigen Vollziehung einer auf § 54 Nr. 5, 5a oder 5b aF gestützten Ausweisungsverfügung auch allein zu dem Zweck in Betracht kommt, die Überwachungsmaßnahmen herbeizuführen[18], ist insoweit nicht mehr relevant. Die Regelung greift, wenn die Ausweisungsverfügung von der Ausländerbehörde auf ein solch enumerativ aufgeführtes Ausweisungsinteresse gestützt worden ist; ob zusätzlich noch andere Ausweisungsinteressen für die Begründung der Verfügung herangezogen worden sind, ist unerheblich[19]. 9

Weist die Ausländerbehörde den Ausländer lediglich auf die sich kraft Gesetzes ergebende Meldepflicht hin, so liegt hierin keine anfechtbare Regelung. Der Betroffene bleibt aber nicht rechtsschutzlos, da er einen Antrag auf abweichende Entscheidung der Ausländerbehörde nach § 56 I 1 letzter Hs. stellen kann. Dieses Verpflichtungsbegehren lässt sich ggf. auch in einem Verwaltungsstreitverfahren einschließlich eines vorläufigen Rechtsschutzverfahrens nach § 123 VwGO weiterverfolgen. 10

Konkretisiert bzw. **ergänzt** die Ausländerbehörde hingegen die kraft Gesetzes bestehende Meldepflicht, etwa in dem sie als Teil ihrer Ausweisungsverfügung die Meldepflicht aufnimmt und die Dienststelle bezeichnet, bei der sich der Ausländer wöchentlich zu melden hat, liegt hierin der Erlass eines belastenden VA; die erforderliche gesetzliche Ermächtigungsgrundlage ergibt sich unmittelbar aus § 56 I 1[20]. Entsprechendes gilt für Verschärfungen gegenüber dem gesetzlichen Normalfall, wobei solche nur mit Blick auf das Gewicht der konkreten Gefahr und unter Wahrung des Verhältnismäßigkeitsgrundsatzes zulässig sind[21]. Sieht die Behörde eine größere Häufigkeit als erforderlich an, hat sie die Gründe dafür im Rahmen der Ermessensausübung zu benennen. Daraus muss sich ergeben, warum die zeitlich engmaschigere Feststellung des Aufenthaltsorts als geboten angesehen wird. Kein taugliches Argument ist dabei, dass die Meldepflicht umso effektiver ist, je häufiger ihr nachgekommen werden muss. Denkbar ist demgegenüber etwa, dass bei Terroristen eine erhöhte Bedrohungslage die Notwendigkeit häufigerer Meldungen in einem bestimmten Zeitraum nach sich zieht[22]. Ordnet die Ausländerbehörde die sofortige Vollziehung dieser Meldepflicht an, so haben Widerspruch und Klage aufschiebende Wirkung. 11

Begehrt der Ausländer eine abweichende Bestimmung der Meldepflicht, insbesondere deren Aufhebung, so erfordert Art. 19 IV GG im Verfahren des vorläufigen Rechtsschutzes jedenfalls die Prüfung, ob das von der Ausländerbehörde herangezogene Ausweisungsinteresse tatsächlich besteht[23]. 12

Nach **Abs. 1 S. 2 Nr. 1** kann die Ausländerbehörde **einzelfallbezogen** auch Ausländer einer **Meldepflicht** unterwerfen, die vollziehbar ausreisepflichtig sind (§ 58 II), wenn gegen diese ein Ausweisungsinteresse nach § 54 I Nr. 2–5 besteht. Die vollziehbare Ausreisepflicht muss nicht auf einer Ausweisung beruhen. Ein Ausweisungsinteresse kann zwar auch allein generalpräventiv[24] begrün- 13

---

[16] Näher VGH BW Beschl. v. 19.7.2019 – 11 S 1631/19, BeckRS 2019, 1784 Rn. 40.
[17] *Fleuß* in BeckOK AuslR AufenthG § 56 Rn. 13 (Stand 1.1.2022).
[18] VGH BW Beschl. v. 8.12.2010 – 11 S 2366/10, NVwZ-RR 2011, 298; BayVGH Beschl. v. 24.10.2008 – 10 CS 08.2339, AuAS 2009, 29; vgl. auch VG Köln Beschl. v. 23.7.2010 – 12 L 602/10, BeckRS 2010, 33983
[19] *Hailbronner* AuslR AufenthG § 56 Rn. 6 (Stand 1.3.2020).
[20] VGH BW Beschl. v. 19.7.2019 – 11 S 1631/19, BeckRS 2019, 17841 Rn. 39; vgl. auch VGH BW Urt. v. 14.5.2013 – 11 S 2224/13, BeckRS 2014, 53263; *Fleuß* in BeckOk AuslR AufenthG § 56 Rn. 15 (Stand 1.1.2022).
[21] *Hoppe* in Dörig MigrationsR-HdB § 7 Rn. 192.
[22] BayVGH Beschl. v. 3.4.2020 – 19 CS 18.1704, BeckRS 2020, 50227 Rn. 35; NdsOVG Beschl. v. 12.6.2018 – 8 ME 36/18, BeckRS 2018, 11810 Rn. 21.
[23] OVG NRW Beschl. v. 23.10.2018 – 18 B 895/16, BeckRS 2018, 26736 Rn. 22 ff.
[24] Vgl. BVerwG Urt. v. 12.7.2018 – 1 C 16.17, NVwZ 2019, 486 Rn. 16 ff.; Urt. v. 9.5.2019 – 1 C 21.18, BeckRS 2019, 16744 Rn. 17 ff.

det sein, da die Meldepflicht aber nicht auf der Ausreisepflicht des Ausländers beruht, sondern auf seinem aktuell gefährdenden Verhalten, muss in seiner Person auch ein spezialpräventives Ausweisungsinteresse vorliegen. Eine solche im Ermessen der Behörde stehende Anordnung darf allerdings nicht pauschal getroffen werden, sondern ist davon abhängig, ob eine Meldepflicht geeignet, notwendig und angemessen ist, um das festgestellte Sicherungsbedürfnis zu befriedigen.

14 **Abs. 1 S. 2 Nr. 2** erlaubt die Verfügung einer Meldepflicht, wenn Ausländer aufgrund anderer als der in S. 1 genannten Ausweisungsinteressen vollziehbar ausreisepflichtig sind und die Anordnung der Meldepflicht zur Abwehr einer **Gefahr für die öffentliche Sicherheit und Ordnung** erforderlich ist. § 56 I 2 Nr. 2 erfasst nur die bislang in § 56 I 2 aF geregelten Fälle und Rechtsfolgen, ohne das materielle Recht zu ändern. Im Unterschied zu Nr. 1 muss hier die Vollziehbarkeit der Ausreisepflicht auf einer Ausweisung beruhen, hiervon ging seinerzeit auch der Gesetzgeber aus.[25] Die Gefahrenbekämpfung muss gerade durch die Meldepflicht erfolgen. Im Fall des § 54 I 2 Nr. 2 richtet sich der **vorläufige Rechtsschutz insgesamt nach § 80 V VwGO**. Wird die aufschiebende Wirkung von Widerspruch bzw. Klage gegen die Ausweisung wiederhergestellt, dürfen auch die gegebenenfalls weiter angeordneten Überwachungsmaßnahmen nicht vollzogen werden. Bleibt das Hauptsacheverfahren gegen die Ausweisung ohne Erfolg, sind die Überwachungsmaßnahmen nicht allein wegen der fehlenden Vollziehbarkeit der Ausweisung vorübergehend als rechtswidrig anzusehen[26].

2. Aufenthaltsbeschränkung (Abs. 2) und weitere Maßnahmen (Abs. 3 und 4)

15 Nach **Abs. 2** ist der **Aufenthalt des Ausländers auf den Bezirk der Ausländerbehörde** beschränkt, soweit die Ausländerbehörde keine abweichenden Festlegungen trifft. Abs. 2 gilt sowohl bei Ausländern, die nach Abs. 1 S. 1 der gesetzlichen Meldepflicht unterliegen, als auch für solche, denen gegenüber eine Meldepflicht nach Abs. 1 S. 2 angeordnet worden ist[27]. Der Wortlaut des Abs. 2 („Sein Aufenthalt") knüpft ohne Unterscheidung an den von Abs. 1 betroffenen Ausländer an. Die Behörde kann die Aufenthaltsbeschränkung auch in ihrer gesetzlichen Ausgestaltung durch Verwaltungsakt feststellen. Ob die Behörde nur auf die bestehende gesetzliche Beschränkung verweist – in einem solchen Fall fehlt es am Regelungscharakter[28] – oder eine verbindliche Festlegung einer gesetzlich schon vorgesehenen Rechtsfolge vornimmt[29], ist eine Frage des Einzelfalls[30]. „Bezirk der Ausländerbehörde" iSd Abs. 2 Hs. 1 ist derjenige der unteren Ausländerbehörde, und zwar auch dann, wenn aufgrund einer landesrechtlichen Zuständigkeitsregelung die Ausweisung durch eine Mittelbehörde verfügt wird[31]. Außerdem kann die Ausländerbehörde den Aufenthalt noch weiter einschränken, und zwar auch auf Orte außerhalb des Bezirks der Ausländerbehörde **(Wohnsitzauflage)**, um die in **Abs. 3** genannten Ziele zu erreichen. Diese Maßnahme muss geeignet und erforderlich sein, um den Gesetzeszweck zu erreichen, ua um die Verbindung zu anderen verdächtigen Personen zu beenden oder zu erschweren oder die Einhaltung ua vereinsrechtlicher Verbote zu gewährleisten. Sie muss zudem verhältnismäßig im engeren Sinne sein. Insoweit wird der Ausländerbehörde, die sonst nicht bestehende Befugnis verliehen, Ausländer zum Wohnen außerhalb ihres Bezirks zu verpflichten. Daher sollte die andere Ausländerbehörde zumindest nachträglich unterrichtet werden. Trotz einer Aufenthaltsbeschränkung ist das Verlassen dieses Bereichs für die **Wahrnehmung von Gerichts- oder Behördenterminen,** bei denen das persönliche Erscheinen des Ausländers erforderlich ist, in entsprechender Anwendung des § 12 V 3 auch ohne Erlaubnis zulässig[32]. Begehrt der Ausländer aus anderen Gründen eine Ausnahme von der räumlichen Beschränkung, die es ihm ermöglicht, den Aufenthaltsbereich vorübergehend zu verlassen, zB zur Ablegung einer Prüfung, so richtet sich dies nach § 12 V 1 oder 2[33].

16 **Wohnsitzauflagen** sind ebenso wie **Anordnungen nach Abs. 4** kraft Gesetzes sofort vollziehbar, § 56 V 2. Der vorläufige Rechtsschutz richtet sich hinsichtlich dieser Maßnahmen nach **§ 80 V**

---

[25] BT-Drs. 18/4097, 54 – zu § 56 I 2 aF: „Bei einer Ausweisungsentscheidung, die auf anderen Ausweisungsinteressen beruht, kann die Behörde fakultativ die Meldepflicht nach § 56 Absatz 1 Satz 2 anordnen"; s. auch NdsOVG Beschl. v. 12.6.2018 – 8 ME 36/18, BeckRS 2018, 11810 Rn. 14 zum Fall eines ausgewiesenen Sexualstraftäters.
[26] VGH BW Urt. v. 7.12.2011 – 11 S 897/11, BeckRS 2012, 45623.
[27] *Hoppe* in Dörig MigrationsR-HdB § 7 Rn. 195; *Hailbronner* AuslR AufenthG § 56 Rn. 31 (Stand 1.3.2020); *Fleuß* in BeckOK AuslR AufenthG § 56 Rn. 38 (Stand 1.1.2022).
[28] Vgl. *Fleuß* in BeckOK AuslR AufenthG § 56 Rn. 41 (Stand 1.1.2022).
[29] Vgl. zum feststellenden Verwaltungsakt *Stuhlfauth* in Obermayer/Funke-Kaiser VwVfG § 35 Rn. 67.
[30] S. auch *Hailbronner* AuslR AufenthG § 56 Rn. 32 (Stand 1.3.2020).
[31] AA *Hoppe* in Dörig MigrationsR-HdB § 7 Rn. 194: Bezirk der Ausländerbehörde, die die Ausweisung oder Abschiebungsanordnung verfügt hat; jeder andere Anknüpfungspunkt sei jedenfalls für den Betroffenen nicht hinreichend erkennbar.
[32] Vgl. BayVGH Beschl. v. 9.12.2014 – 19 C 14.442, BeckRS 2014, 100296; *Fleuß* in BeckOK AuslR AufenthG § 56 Rn. 43 (Stand 1.1.2022).
[33] *Cziersky-Reis* in NK-AuslR AufenthG § 56 Rn. 10.

VwGO. Im Rahmen des vorläufigen Rechtsschutzverfahrens ist die Ausweisung ggf. inzident zu prüfen[34].

Abs. 4 lässt **Kontakt- und Kommunikationsverbote** zu, um eine erhebliche Gefahr für die 17 innere Sicherheit oder für Leib und Leben Dritter abzuwenden. Ein derartiges Sicherheitsrisiko in der Person des Ausländers muss im Einzelfall festgestellt werden, damit der **Zugang zu Kommunikationsmitteln** oder **-diensten eingeschränkt** werden kann. Hierzu gehören etwa technische Kommunikationsmittel und -dienste wie Mobiltelefon, Internet, Mail, Twitter, Facebook, WhatsApp, Telefax aber auch Fernsehen und Radio[35]. Wegen des **weitreichenden Grundrechtseingriffs** sind solche Maßnahmen jeweils auf ihre konkrete **Verhältnismäßigkeit** hin zu prüfen; Entsprechendes gilt für das nunmehr vorgesehene Kontaktverbot[36]. Im Mittelpunkt des Interesses steht die **aktive Nutzung von digitalen Kommunikationsmitteln**, die jedenfalls potenziell zur Kontaktaufnahme mit Dritten geeignet sind. Reine Analogmedien (Zeitungen, Bücher) lassen sich weder unter den Begriff des Kommunikationsmittels noch unter denjenigen des Kommunikationsdienstes subsumieren; Zugangsbeschränkungen hierfür können deshalb nicht auf Abs. 4 gestützt werden.

Zudem ermöglicht **Abs. 4** bestehende **Netzwerkstrukturen durch Kontaktverbote** zu Angehö- 18 rigen des Netzwerkes effektiv **aufzubrechen**. So verbleibt bei den bisher schon vorgesehenen Kommunikationsmittelverboten die Möglichkeit einer persönlichen Kontaktaufnahme zu Netzwerkangehörigen bzw. die Möglichkeit einer Kontaktaufnahme unter Nutzung des dem Betroffenen zu belassenden Kommunikationsmittels. Diese Lücke kann durch das im Bereich der gerichtlichen Führungsaufsicht von verurteilten Straftätern bewährte Instrument eines Kontaktverbotes (vgl. § 68b I Nr. 3 StGB) zielgerichtet geschlossen werden. Die Möglichkeit der Anordnung von Kommunikationsmittel- und Kontaktverboten nach Abs. 4 ist ursprünglich beschränkt gewesen auf die besonders gefahrgeneigten schwerwiegenden Ausweisungsinteressen nach § 54 I Nr. 2–5 sowie auf die Abschiebungsanordnung nach § 58a. Das 2. RückkehrG hat den Kreis erweitert um nach § 54 I Nr. 1 ausgewiesene Ausländer. Der Ausweisung muss allerdings eine erhebliche Straftat mit Blick auf Leib oder Leben oder die innere Sicherheit zugrunde gelegen haben.

Die **Voraussetzungen für die Verfügung von Kommunikationsmittelverboten und Kon-** 19 **taktverboten** sind wegen der sehr weitreichenden Einschränkung für den Betroffenen im Vergleich zu den Überwachungsmaßnahmen nach § 54 I–III eng gefasst. Der Schwere des Eingriffs in die Rechtssphäre des Ausländers wird dadurch Rechnung getragen, dass die Maßnahmen nach **Abs. 4** erforderlich sein müssen, um das Fortführen von Bestrebungen, die zur Ausweisung geführt haben, zu unterbinden oder zu erschweren. Darüber hinaus muss die Beschränkung notwendig sein, um eine erhebliche Gefahr für die innere Sicherheit oder für Leib und Leben Dritter abzuwehren. Die bisherige Formulierung der „schweren" Gefahr in § 54a aF ist ersetzt worden durch die Formulierung „erhebliche Gefahr".

Die Anordnung eines Kontaktverbots muss hinreichend bestimmt, geeignet, erforderlich und ver- 20 hältnismäßig im engeren Sinne sein. Diese Voraussetzungen sind beispielsweise nicht gewahrt, wenn der Ausländer verpflichtet wird, zu den Mitgliedern einer bestimmten Gemeinschaft keinen Kontakt mehr aufzunehmen und mit ihnen nicht zu verkehren und als Kontaktaufnahme neben persönlichen, telefonischen und schriftlichen Kontakten auch die Kontakte mittels elektronischer Kommunikationsmedien, vor allem auch solche über soziale Netzwerke, definiert werden. Ein Kontaktverbot, das enge Familienmitglieder umfasst, ist jedenfalls unverhältnismäßig[37].

§ 56a Elektronische Aufenthaltsüberwachung; Verordnungsermächtigung

(1) Um eine erhebliche Gefahr für die innere Sicherheit oder für Leib und Leben Dritter abzuwehren, kann ein Ausländer, der einer räumlichen Beschränkung des Aufenthaltes nach § 56 Absatz 2 und 3 oder einem Kontaktverbot nach § 56 Absatz 4 unterliegt, auf richterliche Anordnung verpflichtet werden,
1. die für eine elektronische Überwachung seines Aufenthaltsortes erforderlichen technischen Mittel ständig in betriebsbereitem Zustand am Körper bei sich zu führen und
2. deren Funktionsfähigkeit nicht zu beeinträchtigen.

(2) [1] Die Anordnung ergeht für längstens drei Monate. [2] Sie kann um jeweils höchstens drei Monate verlängert werden, wenn die Voraussetzungen weiterhin vorliegen. [3] Liegen die

---

[34] Die bisherige Rspr., wonach iRd § 54a aF die sofort vollziehbare Ausweisungsverfügung Tatbestandswirkung entfaltet mit der Folge, dass deren Rechtmäßigkeit nicht gesondert zu prüfen ist (VGH BW Beschl. v. 29.11.2010 – 11 S 2481/10, BeckRS 2010, 56814), dürfte auf die Neufassung wohl nicht übertragbar sein.
[35] *Saurer* NVwZ 2005, 275 (280); *Hesselbarth*, Die Extremismus- und Terrorismusbekämpfung mit den Mitteln des deutschen Ausländerrechts, 2011, S. 261 ff.; *Hailbronner* AuslR AufenthG § 56 Rn. 44 (Stand 1.3.2020).
[36] So kann es zB erforderlich, aber auch ausreichend sein, ein nichtinternetfähiges Mobiltelefon zu belassen, vgl. näher BayVGH Beschl. v. 3.4.2020 – 19 CS 18.1704, BeckRS 2020, 50227 Rn. 39.
[37] Vgl. zu den Anforderungen an die Ausübung des Auswahlermessens bei Erlass eines Kontaktverbots VGH BW Beschl. v. 18.11.2020 – 11 S 1465/19, Asylmagazin 2021, 50.

Voraussetzungen der Anordnung nicht mehr vor, ist die Maßnahme unverzüglich zu beenden.

(3) ¹Die Ausländerbehörde erhebt und speichert mit Hilfe der vom Ausländer mitgeführten technischen Mittel automatisiert Daten über
1. dessen Aufenthaltsort sowie
2. über etwaige Beeinträchtigungen der Datenerhebung.

²Soweit es technisch möglich ist, ist sicherzustellen, dass innerhalb der Wohnung des Ausländers keine über den Umstand seiner Anwesenheit hinausgehenden Aufenthaltsdaten erhoben werden. ³Die Landesregierungen können durch Rechtsverordnung bestimmen, dass eine andere Stelle als die Ausländerbehörde die in Satz 1 genannten Daten erhebt und speichert. ⁴Die Ermächtigung nach Satz 3 kann durch Rechtsverordnung von den Landesregierungen auf die für den Vollzug dieses Gesetzes zuständigen obersten Landesbehörden übertragen werden.

(4) Die Daten dürfen ohne Einwilligung der betroffenen Person nur verarbeitet werden, soweit dies erforderlich ist
1. zur Feststellung von Verstößen gegen eine räumliche Beschränkung des Aufenthaltes nach § 56 Absatz 2 und 3 oder ein Kontaktverbot nach § 56 Absatz 4,
2. zur Verfolgung einer Ordnungswidrigkeit nach § 98 Absatz 3 Nummer 5a oder einer Straftat nach § 95 Absatz 1 Nummer 6a,
3. zur Feststellung eines Verstoßes gegen eine vollstreckbare gerichtliche Anordnung nach Absatz 1 und zur Verfolgung einer Straftat nach § 95 Absatz 2 Nummer 1a,
4. zur Abwehr einer erheblichen gegenwärtigen Gefahr für Leib, Leben oder Freiheit einer dritten Person,
5. zur Verfolgung von erheblichen Straftaten gegen Leib und Leben einer dritten Person oder von Straftaten nach § 89a oder § 129a des Strafgesetzbuches oder
6. zur Aufrechterhaltung der Funktionsfähigkeit der technischen Mittel.

(5) ¹Zur Einhaltung der Zweckbindung nach Absatz 4 hat die Verarbeitung der Daten automatisiert zu erfolgen und sind die Daten gegen unbefugte Kenntnisnahme besonders zu sichern unbeschadet der Artikel 24, 25 und 32 der Verordnung (EU) 2016/679 des Europäischen Parlaments und des Rates vom 27. April 2016 zum Schutz natürlicher Personen bei der Verarbeitung personenbezogener Daten, zum freien Datenverkehr und zur Aufhebung der Richtlinie 95/46/EG (Datenschutz-Grundverordnung) (ABl. L 119 vom 4.5.2016, S. 1; L 314 vom 22.11.2016, S. 72; L 127 vom 23.5.2018, S. 2) in der jeweils geltenden Fassung. ²Die in Absatz 3 Satz 1 genannten Daten sind spätestens zwei Monate nach ihrer Erhebung zu löschen, soweit sie nicht für die in Absatz 4 genannten Zwecke verarbeitet werden. ³Jeder Abruf der Daten ist zu protokollieren. ⁴Die Protokolldaten sind nach zwölf Monaten zu löschen. ⁵Werden innerhalb der Wohnung der betroffenen Person über den Umstand ihrer Anwesenheit hinausgehende Aufenthaltsdaten erhoben, dürfen diese nicht verarbeitet werden und sind unverzüglich nach Kenntnisnahme zu löschen. ⁶Die Tatsache ihrer Kenntnisnahme und Löschung ist zu dokumentieren. ⁷Die Dokumentation darf ausschließlich für Zwecke der Datenschutzkontrolle verwendet werden. ⁸Sie ist nach Abschluss der Datenschutzkontrolle zu löschen.

(6) Zur Durchführung der Maßnahme nach Absatz 1 hat die zuständige Stelle im Sinne des Absatzes 3:
1. eingehende Systemmeldungen über Verstöße nach Absatz 4 Nummer 1 entgegenzunehmen und zu bewerten,
2. Daten des Aufenthaltsortes der betroffenen Person an die zuständigen Behörden übermitteln[1], sofern dies zur Durchsetzung von Maßnahmen nach Absatz 4 Nummer 1 erforderlich ist,
3. Daten des Aufenthaltsortes der betroffenen Person an die zuständige Bußgeldbehörde zur Verfolgung einer Ordnungswidrigkeit nach § 98 Absatz 3 Nummer 5a oder an die zuständige Strafverfolgungsbehörde zur Verfolgung einer Straftat nach § 95 Absatz 1 Nummer 6a oder Absatz 2 Nummer 1a übermitteln[2],
4. Daten des Aufenthaltsortes der betroffenen Person an zuständige Polizeibehörden übermitteln[3], sofern dies zur Abwehr einer erheblichen gegenwärtigen Gefahr im Sinne von Absatz 4 Nummer 4 erforderlich ist,
5. Daten des Aufenthaltsortes der betroffenen Person an die zuständigen Polizei- und Strafverfolgungsbehörden übermitteln[4], wenn dies zur Verhütung oder zur Verfolgung einer in Absatz 4 Nummer 5 genannten Straftat erforderlich ist,

---

[1] Richtig wohl: „zu übermitteln".
[2] Richtig wohl: „zu übermitteln".
[3] Richtig wohl: „zu übermitteln".
[4] Richtig wohl: „zu übermitteln".

6. die Ursache einer Meldung zu ermitteln; hierzu kann die zuständige Stelle Kontakt mit der betroffenen Person aufnehmen, sie befragen, sie auf den Verstoß hinweisen und ihr mitteilen, wie sie dessen Beendigung bewirken kann,
7. eine Überprüfung der bei der betroffenen Person vorhandenen technischen Geräte auf ihre Funktionsfähigkeit oder Manipulation und die zu der Behebung einer Funktionsbeeinträchtigung erforderlichen Maßnahmen, insbesondere des Austausches der technischen Mittel oder von Teilen davon, einzuleiten,
8. Anfragen der betroffenen Person zum Umgang mit den technischen Mitteln zu beantworten.

(7) Im Antrag auf Anordnung einer Maßnahme nach Absatz 1 sind anzugeben
1. die Person, gegen die sich die Maßnahme richtet, mit Name und Anschrift,
2. Art, Umfang und Dauer der Maßnahme,
3. die Angabe, ob gegenüber der Person, gegen die sich die Maßnahme richtet, eine räumliche Beschränkung nach § 56 Absatz 2 und 3 oder ein Kontaktverbot nach § 56 Absatz 4 besteht,
4. der Sachverhalt sowie
5. eine Begründung.

(8) ¹Die Anordnung ergeht schriftlich. ²In ihr sind anzugeben
1. die Person, gegen die sich die Maßnahme richtet, mit Name und Anschrift,
2. Art, Umfang und Dauer der Maßnahme sowie
3. die wesentlichen Gründe.

(9) ¹Für richterliche Anordnungen nach Absatz 1 ist das Amtsgericht zuständig, in dessen Bezirk die zuständige Stelle im Sinne des Absatzes 3 ihren Sitz hat. ²Für das Verfahren gelten die Vorschriften des Gesetzes über das Verfahren in Familiensachen und in den Angelegenheiten der freiwilligen Gerichtsbarkeit entsprechend.

(10) § 56 Absatz 5 Satz 1 findet entsprechend Anwendung.

Allgemeine Verwaltungsvorschrift
Nicht belegt.

I. Entstehungsgeschichte

Die Vorschrift ist durch das **Gesetz zur besseren Durchsetzung der Ausreisepflicht** vom 20.7.2017[5] neu in das AufenthG aufgenommen worden. § 56a regelt die Erhebung und Nutzung von Daten zur elektronischen Aufenthaltsüberwachung. Die Vorschrift ist im Wesentlichen dem § 463a IV StPO sowie dem § 56 des Entwurfes des BKAG[6] nachgebildet.

Mit der Einführung der **elektronischen Überwachung** des Aufenthaltsorts wird ein weiteres **milderes Mittel im Verhältnis zur Haft oder zur ständigen persönlichen Überwachung des Ausländers** eingeführt. In jüngerer Zeit hat sich gezeigt, dass der Aufenthaltsort von Ausländern, deren Aufenthalt eine erhebliche Gefahr für die innere Sicherheit oder für Leib und Leben Dritter begründet, unzureichend erfasst werden kann. Die Alternative zur elektronischen Aufenthaltsüberwachung, nämlich die durchgehende Observation, bindet zum einen beträchtliche Personalressourcen. Sie stellt darüber hinaus zum anderen vor allem aber einen erheblicheren Eingriff in das Persönlichkeitsrecht des Ausländers dar, da hierbei nicht nur der Aufenthaltsort, sondern auch das Verhalten des Ausländers beobachtet wird. Damit wird die Norm im Grundsatz dem zu beachtenden verfassungsrechtlichen **Gebot der Verhältnismäßigkeit** beim Eingriff in Freiheitsrechte des Observierten gerecht.

Der Referentenentwurf des BMI zu dem Gesetz zur besseren Durchsetzung der Ausreisepflicht 2017 und ihm folgenden der Gesetzesentwurf der Bundesregierung begründen die Regelung wie folgt[7]:

> „*Absatz 1*
>
> *Absatz 1 regelt die Anlässe und Voraussetzungen der Anordnung und lehnt sich dabei an die Systematik des § 56 des Aufenthaltsgesetzes an. Die Verpflichtungen des Ausländers (Mitführen der technischen Mittel und Unterlassen der Beeinträchtigung der Funktionsfähigkeit) entsprechen den Vorbildern in § 463a Absatz 4 der Strafprozessordnung sowie dem § 56 des Entwurfs des BKA-Gesetzes (vgl. BR-Drs. 109/17).*
>
> *Absatz 2*
>
> *Absatz 2 regelt entsprechend den genannten Vorbildern die höchstmögliche Dauer der einzelnen Anordnung und sieht die unverzügliche Beendigung der Maßnahme bei Wegfall der Voraussetzungen der Anordnung vor. Die Befristungsentscheidung ist ein eigener Verwaltungsakt, der unabhängig von der dem Einreise- und*

---
[5] BGBl. 2017 I S. 2780.
[6] BR-Drs. 109/17.
[7] BT-Drs. 18/11546.

Aufenthaltsverbot zugrunde liegenden ausländerrechtlichen Entscheidung oder Maßnahme existiert und mit eigenen Rechtsmitteln angegriffen werden kann. Die Frist beginnt mit der Ausreise. Es ist hierfür unbeachtlich, ob die Ausreise freiwillig oder zwangsweise, z. B. durch Abschiebung, erfolgt. Mit dem Anknüpfen des Fristbeginns an die Ausreise soll ein Abwarten des Ablaufs der Frist im Inland vermieden werden.

Absatz 3

In Absatz 3 sind die Erhebungs- und Speicherbefugnis geregelt. Die Länder können bestimmen, welche Stelle hierfür – sowie für die Anbringung der technischen Mittel – zuständig ist, und können auch die Erhebung und Verarbeitung nach Maßgabe des Landesrechts durch andere Behörden vornehmen lassen. Ohne besondere Zuständigkeitsregelung findet § 71 Absatz 1 des Aufenthaltsgesetzes Anwendung. Das Grundrecht auf Unverletzlichkeit der Wohnung (Artikel 13 des Grundgesetzes) ist ebenso wie bei § 463a Absatz 4 der Strafprozessordnung sowie bei § 56 des Entwurfs des BKA-Gesetzes (vgl. BR-Drs. 109/17) in der Vorschrift berücksichtigt. Satz 1 enthält die Rechtsgrundlage für Verarbeitung der für die elektronische Überwachung erforderlichen Daten durch die Ausländerbehörde. Die Verarbeitung umfasst dabei grundsätzlich alle Aufenthaltsdaten einschließlich der Daten über eine Beeinträchtigung der Erhebung. Dieser umfassende Ansatz ist erforderlich, um sämtliche in Absatz 4 Nummer 1 bis 6 vorgesehenen Verwendungszwecke erfüllen und die mit der Überwachung angestrebten Wirkungen erreichen zu können. Der Befugnis zur Erhebung von Daten über etwaige Beeinträchtigungen bei der Datenerhebung (Nummer 2) bedarf es nicht nur für eine effektive Aufgabenerfüllung und Strafverfolgung, sondern auch, um davon unabhängige Funktionsbeeinträchtigungen erkennen zu können, die zum Beispiel eine Reparatur der vom Betroffenen mitgeführten Geräte erfordern.

Die Datenerhebung und -speicherung hat automatisiert zu erfolgen (Absatz 3 Satz 1, Absatz 5 Satz 1). Dies soll die Einhaltung der unterschiedlichen Verwendungszwecke sichern und gewährleisten, dass die Ausländerbehörde grundsätzlich nur der Daten zur Kenntnis nehmen kann, die für die Erfüllung der gesetzlich vorgesehenen Zwecke erforderlich sind.

Absatz 3 Satz 2 schreibt zusammen mit Absatz 5 Satz 5ff., wo der datenschutzrechtliche Umgang mit entsprechenden Daten geregelt ist, vor, dass die betroffene Person in ihrer Wohnung keiner Datenerhebung und -verwertung ausgesetzt sein darf, aus der sich mehr Informationen ergeben als ihre Anwesenheit. Eine genaue Ortung innerhalb der Wohnung ist damit untersagt. Die Doppelregelung in Absatz 1 Satz 2 sowie in Absatz 5 Satz 5ff. verfolgt dabei einen abgestuften Ansatz: Soweit dies technisch möglich ist, dürfen die genannten Aufenthaltsdaten gar nicht erst erhoben werden. Sollte technisch ein Ausschluss dieser Daten nicht umgesetzt werden können, darf jedenfalls eine Verwertung dieser Daten nicht erfolgen. Sie sind unverzüglich zu löschen, sobald ihre Kenntnisnahme erfolgt ist, wobei die Tatsache ihrer Kenntnisnahme und Löschung gemäß Satz 2 zu protokollieren ist.

Die Regelung gewährleistet zugleich, dass die elektronische Aufenthaltsüberwachung nicht zu einem unzulässigen Eingriff in den Kernbereich privater Lebensführung führt.

Absatz 4

Die Datenverwendungsregelungen in Absatz 4 entsprechen dem Zweck der Maßnahme, der Durchsetzung des Aufenthaltsrechts, insbesondere der räumlichen Beschränkung bzw. eines Kontaktverbots (Nummer 1). Durch Nummer 2 wird die Verfolgung von Ordnungswidrigkeiten oder Straftaten ermöglicht, die mit entsprechenden Verstößen in einem Zusammenhang stehen. Durch Nummer 3 wird die Feststellung eines Verstoßes gegen die Anordnung nach Absatz 1 und die entsprechende Strafverfolgung ermöglicht. Durch Nummer 4 wird der präventive Sicherheitszweck der Anordnung erfasst, nämlich die Verwirklichung der dort genannten Gefahren zu verhindern. Es muss dabei ein Bezug zum Handeln des Ausländers selber bestehen. Nummer 5 erlaubt die Nutzung zu Zwecken der Strafverfolgung wegen Straftaten, die mit Gefahren für Leib oder Leben oder terroristischem Handeln in einem Zusammenhang stehen. Könnten die Daten nicht für diese Zwecke genutzt werden, würde ein erheblicher Vertrauensverlust in die Funktionsfähigkeit der staatlichen Institutionen insgesamt drohen, wenn trotz einer elektronischen Aufenthaltsüberwachung die entsprechenden Daten nicht zur Verfolgung oder Verhinderung erheblicher Straftaten, insbesondere von schweren Gewaltstraftaten, genutzt werden dürften. Die wirksame Aufklärung gerade schwerer Straftaten ist ein wesentlicher Auftrag eines rechtsstaatlichen Gemeinwesens (vgl. BVerfGE 100, 313, 373, 383 f.; 107, 299, 316; 109, 279, 336; 115, 320, 345; BVerfG, Urteil vom 11. März 2008, 1 BvR 256/08), ebenso wie die Abwehr erheblicher Gefahren für höchstpersönliche Rechtsgüter. Nach Nummer 6 dürfen die Daten auch zur Aufrechterhaltung der Funktionsfähigkeit der technischen Mittel verwendet werden. Die Regelung gestattet die Verwendung von Daten, die auf eine nicht vom Betroffenen zu vertretende Funktionsbeeinträchtigung hinweisen, um diese – zum Beispiel durch Austausch der vom Betroffenen mitgeführten Geräte – beseitigen zu können. Denn die Überprüfung der Funktionsfähigkeit der eingesetzten Geräte ist Grundvoraussetzung für eine Nutzung der Daten nach den Nummern 1 bis 5.

Die Verwendung der Daten für die vorgenannten Zwecke stellt einen Eingriff in das Recht auf informationelle Selbstbestimmung dar, der verhältnismäßig ist.

Die Formulierung des Absatzes 4 stellt klar, dass die erhobenen Daten über die in den Nummern 1 bis 6 genannten Fälle hinaus mit Einwilligung der betroffenen Person auch für sonstige Zwecke verwendet werden dürfen. In Betracht kommt etwa eine Verwendung zur Aufklärung anderer Straftaten.

Absatz 5

Die in Absatz 5 enthaltenen besonderen Datenerhebungs-, Abruf-, Löschung- und Protokollierungsregelungen entsprechen dem Vorbild des § 463a Absatz 4 der Strafprozessordnung. Gemäß Absatz 5 sind die nach erhobenen und gespeicherten Daten gegen unbefugte Kenntnisnahme besonders zu sichern, um eine Einhaltung der Zweckbindung nach Absatz 4 zu gewährleisten. Dabei gibt die Regelung zudem vor, dass die Verarbeitung der Daten automatisiert zu erfolgen hat. Die Vorschrift wiederholt die in Absatz 3 Satz 1 enthaltene Pflicht zur automatisierten Datenverarbeitung. Durch die automatisierte Verarbeitung kann sichergestellt werden, dass die Ausländerbehörde nur in dem für die Erfüllung der Zwecke nach Absatz 4 Nummer 1 bis 6 erforderlichen Umfangs Kenntnis von den Daten erhält. Die besondere Sicherung der Daten hat nach den Vorgaben des Bundesdatenschutzgesetzes zu erfolgen. Absatz 5 Satz 3 enthält für die nach Absatz 1 erhobenen Daten eine grundsätzliche Löschungsfrist von zwei Monaten. Die Frist ist notwendig, um klären zu können, ob die Daten für die in Absatz 4 genannten Zwecke noch benötigt werden. Eine über diese Frist hinausgehende Verwendung ist nur zulässig, wenn die Daten zu diesem Zeitpunkt bereits für einen der genannten Zwecke verwendet werden. Eine darüber hinausreichende Datenspeicherung lässt die Regelung nicht zu. Daten, die für die Zwecke nach Absatz 4 Nummer 1 bis 6 benötigt werden, können über den Zeitraum von zwei Monaten hinaus gespeichert bleiben und für diese Zwecke (weiter) verwendet werden. Die weitere Verarbeitung richtet sich dann nach den allgemeinen Grundsätzen. Jeder Abruf der Daten ist gemäß § 76 des Bundesdatenschutzgesetzes zu protokollieren. Diese datenschutzrechtliche Vorgabe ermöglicht die nachträgliche Kontrolle, ob sich Kenntnisnahme und Verwendung der Daten im Rahmen der Zweckbindung nach Absatz 4 bewegt haben und durch eine berechtigte Person erfolgt sind. Ihr kommt insoweit auch eine präventive Wirkung zu. Absatz 5 Satz 4 bestimmt, dass die Protokolldaten nach zwölf Monaten zu löschen sind. Die Sätze 5 bis 8 enthalten Regelungen für den Fall, dass innerhalb der Wohnung der betroffenen Person über den Umstand ihrer Anwesenheit hinausgehende Aufenthaltsdaten erhoben werden. Nach Satz 5 dürfen diese nicht verwendet werden und sind unverzüglich nach Kenntnisnahme zu löschen. Satz 6 bestimmt, dass die Tatsache ihrer Kenntnisnahme und Löschung zu dokumentieren ist. Diese Dokumentation darf nach Satz 7 ausschließlich für Zwecke der Datenschutzkontrolle verwendet werden. Nach Satz 8 ist sie nach Abschluss der Datenschutzkontrolle, die nach Landesrecht erfolgt, zu löschen.

Absatz 6

Absatz 6 Nummer 1 stellt klar, dass die Ausländerbehörde die im Rahmen der automatisierten Auswertung der Daten eingehenden Systemmeldungen über Verstöße nach Absatz 4 Nummer 1 entgegennimmt und bewertet. Die Ausländerbehörde ist nicht für sämtliche Maßnahmen zuständig, die im Rahmen der Verwendungsregelungen nach Absatz 4 zu treffen sind. Nach Nummer 2 leitet sie daher insbesondere an Polizeibehörden Daten über Verstöße gegen die räumliche Beschränkung zur Durchsetzung weiter. Nach Nummer 3 gibt sie entsprechend Daten über solche Verstöße an Strafverfolgungs- oder Bußgeldbehörden zur Verfolgung oder Ahndung der Verstöße weiter. Nach Nummer 4 werden Daten des Aufenthaltsorts zur Abwehr von Gefahren an die zuständige Polizeibehörde weitergeleitet, die im Gegensatz zur Ausländerbehörde Abwehrmaßnahmen ergreift. Für die Verhütung und Verfolgung der in Absatz 4 Nummer 5 genannten Straftaten sind die Polizei- und Strafverfolgungsbehörden zuständig, nicht die Ausländerbehörden, weshalb Absatz 4 Nummer 4 eine entsprechende Datenweiterleitung vorsieht. Um die Funktionsfähigkeit der technischen Geräte gewährleisten zu können, enthalten die Nummern 6 bis 8 klarstellende Regelungen dazu, wie die Ausländerbehörde die Funktionsfähigkeit der Geräte aufrechterhalten kann.

Absätze 7 und 8

Die Absätze 7 und 8 entsprechen den im Zusammenhang mit den anderen Gefahrenabwehrbefugnissen, die einer richterlichen Anordnung bedürfen, getroffenen Regelungen zum Inhalt des Antrags und zur gerichtlichen Anordnung.

Absatz 9

Durch Absatz 9 werden die Amtsgerichte als Gerichte für die Anordnungen der elektronischen Aufenthaltsüberwachung nach Absatz 1 für zuständig erklärt. Das Gesetz über das Verfahren in Familiensachen und in den Angelegenheiten der freiwilligen Gerichtsbarkeit ist, anders als die auf Verwaltungsstreitsachen ausgelegte Verwaltungsgerichtsordnung, eine für diese Sachen geeignete Prozessordnung, da sie auf Entscheidungen, die auf Antrag ergehen, ausgerichtet ist.

Absatz 10

In Absatz 10 ist geregelt, dass die Maßnahme während einer Haft keine Anwendung findet."

Durch das 2. Gesetz zur Anpassung des Datenschutzrechts EU v. 20.11.2019[8] ersetzte der Gesetzgeber in Abs. 4 – dort vor Nr. 1 – und Abs. 5 S. 2 und 5 das Wort „verwendet" durch das Wort

---

[8] BGBl. 2019 I S. 1626.

1 AufenthG § 56a

Erster Teil. Aufenthaltsgesetz

„verarbeitet". In Abs. 6 Nr. 2 Nrn. 2–5 wurde das Wort „weiterzugeben" durch das Wort „übermitteln" ersetzt. Grammatisch richtig müsste es wohl heißen „zu übermitteln". Darüber hinaus fügte der Gesetzgeber in Abs. 5 S. 1 nach den Wörtern „gegen unbefugte Kenntnisnahme besonders zu sichern" den Hs. ein: „unbeschadet der Artikel 24, 25 und 32 der Verordnung (EU) 2016/679 des Europäischen Parlaments und des Rates vom 27. April 2016 zum Schutz natürlicher Personen bei der Verarbeitung personenbezogener Daten, zum freien Datenverkehr und zur Aufhebung der Richtlinie 95/46/EG (Datenschutz-Grundverordnung) (ABl. L 119 vom 4.5.2016, S. 1; L 314 vom 22.11.2016, S. 72; L 127 vom 23.5.2018, S. 2) in der jeweils geltenden Fassung". Die Gesetzesänderung vollzieht ausschließlich die in der Verordnung (EU) 2016/379 – dort Art. 4 Nr. 6 – angelegte Änderung der Begrifflichkeit nach[9].

II. Elektronische Aufenthaltsüberwachung im Überblick

3   Die neue Vorschrift – § 56a – knüpft die Voraussetzungen für die elektronische Aufenthaltsüberwachung – umgangssprachlich **„elektronische Fußfessel"** – von **gefährlichen Ausländern,** die ausgewiesen oder aus sonstigen Gründen **vollziehbar ausreisepflichtig** sind, tatbestandlich an **enge Voraussetzungen.** Von der Regelung umfasst sind nur vollziehbar ausreisepflichtige Ausländer, denen gegenüber im Einzelfall eine räumliche Beschränkung des Aufenthaltsorts nach § 56 II und III angeordnet ist oder die Adressaten eines Kontaktverbots nach § 56 IV sind, soweit von ihnen eine erhebliche Gefahr für die innere Sicherheit oder für Leib und Leben Dritter ausgeht (Abs. 1). Die Aufenthaltsüberwachung ist nach Abs. 2 **zeitlich eng befristet** – drei Monate, mit Verlängerungsmöglichkeit – und von der amtsrichterlichen Anordnung abhängig (Abs. 1, 8 und 9). Der behördliche Antrag auf die richterliche Anordnung einer elektronischen Aufenthaltsüberwachung ist nach Abs. 7 eingehend zu begründen. Die mittels der elektronischen Überwachung erhobenen **Daten** dürfen nur **konkret zweckgebunden verarbeitet** werden (Abs. 4 und 5 S. 1 und S. 3) und an die in Abs. 6 genannten Behörden übermittelt werden. Zudem sind die erhobenen Daten entsprechend den Bestimmungen des Datenschutzrechts **besonders zu sichern** und binnen jeweils gesetzlich bestimmter Fristen **zu löschen** (Abs. 5 S. 2–8). Dem **Verhältnismäßigkeitsgrundsatz** entsprechend ist im Rahmen des technisch Machbaren sicherzustellen, dass innerhalb der Wohnung des Ausländers keine über den Umstand seiner Anwesenheit hinausgehenden Aufenthaltsdaten erhoben werden (Abs. 5 S. 2). Soweit Letzteres technisch nicht möglich ist, sind die über den Wohnungsaufenthalt des Ausländers hinausgehenden **„Wohnungsdaten"** nach strengen Dokumentationsregeln unverzüglich nach Kenntnisnahme zu löschen (Abs. 5 S. 5–8). Während der Haft ist die Maßnahme untersagt (Abs. 10).

Der Gesetzgeber hat bei der Verfolgung des Ziels, terroristische Gefahren und Straftaten effektiv abzuwehren, mit § 56a einen im Wesentlichen angemessenen und zumutbaren **Ausgleich zwischen den Grundrechten des ausländischen Gefährders** – hier dem Eingriff in die informationelle Selbstbestimmung aus Art. 2 I GG iVm Art. 1 I GG – **und den verfassungsmäßig verankerten Rechtsgütern der Allgemeinheit** – hier den staatlichen Schutzpflichten für Leben und Gesundheit seiner Einwohner aus Art. 2 II 1 GG – gefunden[10].

4   Die **Beantragung der elektronischen Aufenthaltsüberwachung** liegt im **Rechtsfolgeermessen der zuständigen Ausländerbehörde.** Sie kann nach § 56a I die Überwachung beim gemäß § 56a IX zuständigen Amtsgericht beantragen. Der **behördliche Antrag** selbst ist als vorbereitende behördliche **Verfahrenshandlung iSv § 44a VwGO** verwaltungsgerichtlich nicht überprüfbar. **Rechtsschutz** steht dem betroffenen Ausländer gegen die im Beschlusswege ergangene gerichtliche Anordnung der Überwachung durch das Amtsgericht zu. Das Verfahren richtet sich gemäß § 56 IX 2 nach den **Vorschriften des FamFG.** Einschlägiges Rechtsmittel ist die Beschwerde nach §§ 58 ff. FamFG.

III. Der ausgewiesene Ausländer in der Überwachung

5   In den Anwendungsbereich des § 56a fallen **nur bestimmte ausgewiesene Ausländer.** Es handelt sich um ausgewiesene Ausländer,
– die die freiheitlich-demokratische Grundordnung oder die Sicherheit der Bundesrepublik Deutschland gefährden, weil sie einer Vereinigung angehören oder angehört haben, die den Terrorismus unterstützt oder unterstützt haben (§ 56 I 1 iVm § 54 I Nr. 2),
– die in den Leitern eines Vereins gehörten, der unanfechtbar verboten wurde, weil seine Zwecke oder seine Tätigkeit den Strafgesetzen zuwiderlaufen oder er sich gegen die verfassungsmäßige Ordnung oder den Gedanken der Völkerverständigung richtet (§ 56 I 1 iVm § 54 I Nr. 3),

---

[9] BT-Drs. 19/4674, 271.
[10] Ähnlich Hörich/Tewocht NVwZ 2017, 1153 (1157): „den verfassungsrechtlichen Anforderungen an die Rechtfertigung eines solchen Eingriffs ... hinreichend Rechnung getragen".

– die sich zur Verfolgung politischer oder religiöser Ziele an Gewalttätigkeiten beteiligen oder öffentlich zur Gewaltanwendung aufrufen oder mit Gewaltanwendung drohen (§ 56 I 1 iVm § 54 I Nr. 4) oder
– die zu Hass gegen Teile der Bevölkerung aufrufen (§ 56 I 1 iVm § 54 I Nr. 5).

Es handelt sich also um **Personengruppen**, von denen eine **hohe abstrakte Gefährlichkeit für die freiheitliche Grundordnung als solche** ausgeht. Materiell-rechtlich ist gegen diese ausgewiesenen Ausländer eine **räumliche Beschränkung des Aufenthalts** nach § 56 II, III verfügt und/ oder ein **Kontaktverbot zu bestimmten Personen oder Personen einer bestimmten Gruppe** nach § 56 IV ausgesprochen worden. Darüber hinaus müssen diese materiell-rechtlichen Erfordernisse verfahrensrechtlich durch eine richterliche Anordnung gesichert worden sein. Dies zeigt, dass die tatbestandlichen Voraussetzungen der gesetzlich bestimmten Gefährder iSv § 56a I eng gefasst sind. Gewöhnliche Straftäter erfasst die Norm nicht.

IV. Verfassungsrechtliche Einordnung

Die nach § 56a **offene elektronische Aufenthaltsüberwachung** dürfte den **hohen Anforderungen an die heimliche Datenerhebung, Datensicherung, Datenverwendung und Datenlöschung im Wesentlichen genügen**, die das **BVerfG** zuletzt in seinem **Urteil zum BKA-Gesetz 1997** vom 20.4.2016[11] aufgestellt und weiter konkretisiert hat. Die Ausgestaltung der den Ausländerbehörden und Amtsgerichten übertragenen Befugnisse genügt dem Bestimmtheitsgrundsatz und ganz überwiegend auch dem Verhältnismäßigkeitsgrundsatz. Befugnisse, die – wie das ständige Tragen einer elektronischen Fußfessel (auch in der Wohnung) – erheblich in das Privatleben hineinreichen, müssen auf den Schutz oder die Bewehrung hinreichend **gewichtiger Rechtsgüter** – hier Schutz von Leib und Leben Dritter vor gefährlichen Ausländern, die sich, obgleich ausgewiesen oder sonst vollziehbar ausreisepflichtig, noch im Bundesgebiet aufhalten – begrenzt sein. Sie setzen voraus, dass eine **drohende Gefährdung**[12] dieser Rechtsgüter **hinreichend konkret absehbar** ist, verlangen überwiegend besondere Regelungen zum Schutz des Kernbereichs privater Lebensgestaltung, unterliegen Anforderungen an Transparenz, individuellen Rechtsschutz und aufsichtsrechtlicher Kontrolle und müssen mit Löschungspflichten bzgl. der erhobenen Daten flankiert sein.

Eine **hinreichend konkretisierte (drohende) Gefahr** kann schon bestehen, wenn sich der zum Schaden führende Kausalverlauf noch nicht mit hinreichender Wahrscheinlichkeit vorhersehen lässt, sofern bereits **bestimmte Tatsachen auf eine im Einzelfall drohende Gefahr für ein überragend wichtiges Rechtsgut** hinweisen. Die Tatsachen müssen dafür zum einen den Schluss auf ein wenigstens seiner Art nach konkretisiertes und zeitlich absehbares Geschehen zulassen, zum anderen darauf, dass bestimmte Personen beteiligt sein werden, über deren Identität zumindest so viel bekannt ist, dass die Überwachungsmaßnahme gezielt gegen sie eingesetzt und weitgehend auf sie beschränkt werden kann[13]. In Bezug auf **terroristische Straftaten**, die oft durch lang geplante Taten von bisher nicht straffällig gewordenen Einzelnen an nicht vorhersehbaren Orten und in ganz verschiedener Weise verübt werden, können **Überwachungsmaßnahmen auch dann erlaubt werden,** wenn zwar noch nicht ein seiner Art nach konkretisiertes und zeitlich absehbares Geschehen erkennbar ist, jedoch das **individuelle Verhalten einer Person die konkrete Wahrscheinlichkeit begründet, dass sie solche Straftaten in überschaubarer Zukunft begehen wird**[14]. Denkbar ist das etwa, wenn eine Person aus einem Ausbildungslager für Terroristen im Ausland oder als Angehöriger des IS in Syrien in das Bundesgebiet einreist.

Diese vom BVerfG entwickelten **Anforderungen** werden durch die detaillierten gesetzlichen Vorgaben in **§ 56a ganz überwiegend erfüllt**. Die Befugnisse der zuständigen Stellen zur Datenerhebung und Datenverarbeitung nach § 56a entsprechen den Anforderungen, die der verfassungsrechtlich aus dem Rechtsstaatsprinzip hergeleitete Grundsatz der Normenklarheit und Bestimmtheit stellt[15]. Fraglich erscheint unter dem verfassungsrechtlichen Aspekt der Verhältnismäßigkeit **allein die Ermächtigung**, die auf der Grundlage von § 56a erhobenen **Daten** auch **zur Verfolgung von bloßen Ordnungswidrigkeiten (Abs. 4 Nr. 2, Abs. 6 Nr. 3) zu verwenden.** Hier dürfte es an dem Schutz oder die Bewehrung hinreichend gewichtiger Rechtsgüter mangeln, die den Dateneinsatz von nach § 56a erhobenen Daten rechtfertigen.

Der Gesetzgeber kann eine **Datennutzung** nach der vorgenannten Rspr. des BVerfG über das für die Datenerhebung maßgebende Verfahren hinaus im Rahmen der ursprünglichen Zwecke dieser Daten erlauben **(weitere Nutzung).** Dies setzt voraus, dass es sich um eine Verwendung der Daten

---
[11] BVerfGE 141, 220.
[12] Vgl. zum Begriff der „drohenden Gefahr" konstruktiv einerseits *Leisner-Egensperger* DÖV 2018, 677 und andererseits *Enders* DÖV 2019, 205.
[13] BVerfGE 120, 274 (328 f.); 125, 260 (330 f.).
[14] BVerfGE 141, 220 (272).
[15] Vgl. zu diesen Anforderungen etwa BVerfGE 110, 33 Zollkriminalamt – Überwachung von Post und Telekommunikation; BVerfGE 113, 348 Telekommunikationsüberwachung; BVerfGE 141, 220 BKA-G.

durch dieselbe Behörde zur Wahrnehmung derselben Aufgabe und zum Schutz derselben Rechtsgüter unter Beachtung der für die Datenerhebung maßgeblichen Anforderungen an die Gefahrenlage handelt. Aus dem Verhältnismäßigkeitsgrundsatz darüber hinaus auch ein Erfordernis wirksamer Sanktionsmechanismen zugunsten des von einer eingriffsintensiven Überwachungsmaßnahme Betroffenen, regelmäßige Kontrollen der Datenerhebung und Berichtspflichten gegenüber Parlament und Öffentlichkeit abzuleiten, erscheint aber überzogen[16].

10 Die dem „BKA-Gesetz"-Urteil vom 20.4.2016 vorausgehende Rspr. des BVerfG ist vornehmlich im Hinblick auf die spezifischen **Grundrechtsgefährdungspotenziale der elektronischen Datenverarbeitung** sowie die Breitenwirkung bestimmter Maßnahmen entwickelt worden[17]. Vorliegend geht es jedoch um **einzelfallbezogene Maßnahmen gegen Betroffene**, die in den Fokus der Verhütung terroristischer Gewalttaten oder sonstiger schwerer Straftaten geraten sind. Diese Sachverhalte sind zudem dadurch geprägt, dass die in Rede stehenden Maßnahmen in der Regel eine größere Nähe zu drohenden konkreten Rechtsgutsbeeinträchtigungen aufweisen[18].

V. Praktische Bedeutung

11 Die Praxistauglichkeit der Vorschrift wird sich erst messen lassen, wenn die Ausländerbehörde erste Anträge nach § 56a I gestellt und die Amtsgerichte darüber gemäß § 56a VIII, IX entschieden haben werden. Die Prognose, dass angesichts der hohen gesetzlichen und technischen Voraussetzungen für die Anordnung der Fußfessel nicht allzu viele Anwendungsfälle zu erwarten sind[19], scheint sich zu bestätigen. Bis dato findet sich in den Datenbanken kein Rechtsprechungstreffer, der unmittelbar zu § 56a ergangen ist[20].

Abschnitt 2. Durchsetzung der Ausreisepflicht

§ 57 Zurückschiebung

(1) Ein Ausländer, der in Verbindung mit der unerlaubten Einreise über eine Grenze im Sinne des Artikels 2 Nummer 2 der Verordnung (EU) 2016/399 (Außengrenze) aufgegriffen wird, soll zurückgeschoben werden.

(2) Ein vollziehbar ausreisepflichtiger Ausländer, der durch einen anderen Mitgliedstaat der Europäischen Union, Norwegen oder die Schweiz auf Grund einer am 13. Januar 2009 geltenden zwischenstaatlichen Übernahmevereinbarung wieder aufgenommen wird, soll in diesen Staat zurückgeschoben werden; Gleiches gilt, wenn der Ausländer von der Grenzbehörde im grenznahen Raum in unmittelbarem zeitlichen Zusammenhang mit einer unerlaubten Einreise angetroffen wird und Anhaltspunkte dafür vorliegen, dass ein anderer Staat auf Grund von Rechtsvorschriften der Europäischen Union oder eines völkerrechtlichen Vertrages für die Durchführung des Asylverfahrens zuständig ist und ein Auf- oder Wiederaufnahmeverfahren eingeleitet wird.

(3) § 58 Absatz 1b, § 59 Absatz 8, § 60 Absatz 1 bis 5 und 7 bis 9, die §§ 62 und 62a sind entsprechend anzuwenden.

Allgemeine Verwaltungsvorschrift
57 Zu § 57 – Zurückschiebung
57.0 Allgemeines
57.0.1 Die Zurückschiebung ist eine aufenthaltsbeendende Maßnahme. Sie hat grundsätzlich Vorrang vor der Abschiebung.
57.0.2 Für die Festnahme, die Anordnung und Durchführung der Zurückschiebung sind die Ausländerbehörden, die Polizeien der Länder und an der Grenze die mit der polizeilichen Kontrolle des grenzüberschreitenden Verkehrs beauftragten Behörden (Grenzbehörden) zuständig (§ 71 Absatz 1, Absatz 3 Nummer 1 und Absatz 5).
57.0.3 Die Zuständigkeit für die Zurückschiebung umfasst unbeschadet landesrechtlicher Vorschriften über die Verwaltungsvollstreckung
57.0.3.1 – die Feststellung der Zurückschiebungsvoraussetzungen,
57.0.3.2 – die Anordnung der Zurückschiebung,
57.0.3.3 – soweit erforderlich die Festnahme und die Beantragung von Haft nach § 62 Absatz 2,
57.0.3.4 – den tatsächlichen Vollzug der Zurückschiebung, d. h. den Transport des Ausländers bis zur Grenze und über die Grenze hinaus bis zum ausländischen Zielort, einschließlich der für den Vollzug sichernden Maßnahmen (Begleitung des Ausländers, Anwendung von Zwangsmitteln),

---

[16] BVerfGE 141, 220, Sondervotum des Richters *Eichberger*.
[17] Vgl. BVerfGE 125, 260 (316 ff.) Vorratsdatenspeicherung; BVerfGE 133, 277 (320 ff.) Antiterrordatei.
[18] BVerfGE 141, 220, Sondervotum des Richters *Schluckebier*.
[19] Vgl. *Hörich/Tewocht* NVwZ 2017, 1153 (1157 Fn. 42).
[20] SchlHOVG Beschl. v. 22.7.2020 – 4 O 25/20, NVwZ-RR 2020, 900 Rn. 7 grenzt in einem zu § 58 ergangenen Fall die unterschiedlichen Rechtswegzuweisungen nach des § 58 IV4-10einerseits § 56a IX 2 anderereits voneinander ab.

Zurückschiebung   § 57 AufenthG 1

57.0.3.5 – den Erlass eines Leistungsbescheids (§ 67 Absatz 3) und das Verlangen einer Sicherheitsleistung (§ 66 Absatz 5).
Wird die Zurückschiebung von einer Landesbehörde durchgeführt, bleibt die Grenzbehörde für die Rückführung zuständig (§ 71 Absatz 3 Nummer 1). Die Ausländerbehörde oder die Polizei des Landes kann den Ausländer daher auch an der Grenze der Grenzbehörde zur Rückführung in einen anderen Staat übergeben.
57.0.4 Unterbleibt die Zurückschiebung an der Grenze, weil gegen den Ausländer auf Grund eines Strafverfahrens ein Haftbefehl erwirkt oder vollstreckt werden soll, so geht die Zuständigkeit für die Zurückschiebung von der Grenzbehörde auf die Ausländerbehörde über.
57.0.5 Die Zurückschiebung entfaltet die Sperrwirkung des § 11 Absatz 1. Der Ausländer darf nicht in das Bundesgebiet einreisen und sich dort aufhalten. Ihm darf auch bei Vorliegen eines gesetzlichen Anspruchs kein Aufenthaltstitel erteilt werden.
57.0.6 Soweit die Zurückschiebung von der Ausländerbehörde angeordnet wird und landesgesetzliche Regelungen nach § 80 Absatz 2 Satz 1 Nummer 3 VwGO nicht bestehen, ist § 80 Absatz 2 Satz 1 Nummer 4 VwGO zu beachten. Bei Tätigkeit von Polizeivollzugsbeamten gilt § 80 Absatz 2 Satz 1 Nummer 2 VwGO.

57.1 Voraussetzung und Ziel der Zurückschiebung
57.1.0 Voraussetzung ist eine unerlaubte Einreise nach § 14; eine nicht den Voraussetzungen des § 13 entsprechende Einreise genügt nicht. Dass dem Ausländer durch die Grenzbehörde die Einreise gestattet wird, kann einer Zurückschiebung nicht entgegengehalten werden.
57.1.1 Die Zurückschiebung setzt voraus, dass der Ausländer gemäß § 58 Absatz 2 Satz 1 vollziehbar ausreisepflichtig ist.
57.1.2 In den Fällen der unerlaubten Einreise gemäß § 14 Absatz 1 Nummer 2 und 3 ist die Ausreisepflicht stets vollziehbar (§ 58 Absatz 2 Satz 1 Nummer 1). Reist ein Ausländer, der im Zeitpunkt der Einreise einen gültigen Aufenthaltstitel besitzt, lediglich deshalb unerlaubt ein, weil er keinen gültigen Pass besitzt (§ 14 Absatz 1 Nummer 1), ist er nicht gemäß § 50 Absatz 1 ausreisepflichtig und kann bis zum vollziehbaren Widerruf des Aufenthaltstitels (vgl. § 52 Absatz 1 Satz 1 Nummer 1) oder bis zum Ablauf seiner Gültigkeitsdauer nicht zurückgeschoben werden.
57.1.3 Bei einem Ausländer, der bis zur Ausweisung nach Europäischem Gemeinschaftsrecht freizügigkeitsberechtigt war, ist der Tatbestand der unerlaubten Einreise dann erfüllt, wenn er entgegen der gesetzlichen Wiedereinreisesperre (§ 7 Absatz 2 FreizügG/ EU) eingereist ist.
57.1.4.1 Ausländer, die unerlaubt eingereist sind, können – unbeschadet der in zwischenstaatlichen Übernahmeabkommen festgelegten Fristen – nicht mehr zurückgeschoben werden, wenn sie sich länger als sechs Monate unerlaubt in Deutschland aufgehalten haben. In diesem Fall ist nur die Abschiebung möglich.
57.1.4.2 Besteht eine zwischenstaatliche Übernahmevereinbarung, ist die Zurückschiebung für die Dauer der Rückübernahmeverpflichtung möglich, § 57 Absatz 1 Satz 2. Es gilt jedoch die Frist nach Satz 1, wenn die konkrete Übernahmevereinbarung eine kürzere Frist als sechs Monate vorsieht. Das Rückübernahmeabkommen kommt dann insoweit nicht mehr zur Anwendung.
57.1.5 Ist ein Ausländer unerlaubt eingereist, ist unverzüglich zu ermitteln, wo und wann er die Grenze überschritten hat, damit diese Umstände im Falle der Zurückschiebung nachweisbar sind. Ob der Staat, in den die Zurückschiebung erfolgen soll, zur Übernahme verpflichtet ist, richtet sich nach dem mit diesem Staat bestehenden Übernahmeabkommen. Unabhängig vom bestehenden Übernahmeabkommen ist der Staat, dessen Staatsangehörigkeit der Ausländer besitzt, völkerrechtlich zur Rückübernahme verpflichtet (siehe Nummer 15.0.5.2).
57.1.6 Verweigert der Ausländer Angaben darüber, seit wann er sich in Deutschland aufhält, und liegen auch keine sonstigen Erkenntnisse darüber vor, kann davon ausgegangen werden, dass seit der unerlaubten Einreise noch keine sechs Monate vergangen sind.
57.1.7 Die Soll-Vorschrift des § 57 Absatz 1 Satz 1 schreibt vor, dass die Zurückschiebung i. d. R. zu erfolgen hat. Demzufolge ist es den Behörden gestattet, den besonderen Umständen des Einzelfalls Rechnung zu tragen und nur in Ausnahmefällen von der Zurückschiebung abzusehen. Einschränkungen können sich aus dem Grundsatz der Verhältnismäßigkeit, aus humanitären Erwägungen, aber auch in Fällen besonderen öffentlichen Interesses ergeben. In den Fällen, in denen an der Grenze Passersatzpapiere oder Ausnahmevisa ausgestellt werden könnten, ist im Allgemeinen eine Zurückschiebung nicht geboten. Wird der Ausländer nicht zurückgeschoben, so teilt die Grenzbehörde dies der für den Ort der Einreise zuständigen Ausländerbehörde mit, die über den aufenthaltsrechtlichen Status des Ausländers entscheidet.
57.1.8 Besteht gegen den Ausländer der Verdacht einer auslieferungsfähigen Auslandsstraftat, so ist von der Zurückschiebung bis zur Entscheidung der Staatsanwaltschaft bei dem zuständigen Oberlandesgericht abzusehen, wenn ansonsten die Auslieferung des Ausländers unmöglich wäre (vgl. Nummer 35 RiVASt).
57.1.9 § 57 findet auf Asylbewerber nach Maßgabe der §§ 18 f. und 71 Absatz 6 Satz 2 AsylVfG Anwendung.

57.2 Zurückschiebung rückgeführter und zurückgewiesener Ausländer
57.2.1 Ausländer, die vollziehbar ausreisepflichtig sind, können gemäß § 57 Absatz 2 zurückgeschoben werden, wenn sie von einem anderen Staat rückgeführt oder zurückgewiesen worden sind. Der Staat, aus dem der Ausländer rückgeführt oder zurückgewiesen worden ist, scheidet als Zielstaat aus.
57.2.2 Ausreisepflichtig ist ein Ausländer, der einen erforderlichen Aufenthaltstitel nicht oder nicht mehr besitzt (§ 50 Absatz 1). Die Vollziehbarkeit bestimmt sich nach § 58 Absatz 2. Die Zurückschiebung setzt die Festsetzung einer Ausreisefrist nicht zwingend voraus. Für den Fall, dass von der Ausländerbehörde eine Ausreisefrist nach § 50 Absatz 2 festgesetzt wurde, ist sie erst dann zulässig, wenn diese Frist abgelaufen ist.
57.2.3 Die Zurückschiebung ist unzulässig, solange der Ausländer noch eine Duldung besitzt. Die Zurückschiebung kommt nicht in Betracht, wenn ein geduldeter Ausländer versucht, auszureisen, aber von dem anderen Staat zurückgewiesen wird. Wird hingegen ein geduldeter Ausländer nach einer Ausreise nach Deutschland rückgeführt, ist mit der Ausreise die Duldung erloschen und steht einer Zurückschiebung nicht entgegen.

57.3 Zurückschiebungsverbote und -hindernisse sowie Zurückschiebungshaft
57.3.1 Zum Zielstaat der Zurückschiebung wird auf Nummer 15.0.5 Bezug genommen. Ein Ausländer soll grundsätzlich nicht in einen Schengen-Staat zurückgeschoben werden. Besteht mit dem Schengen-Staat, der als Zielstaat der Zurückschiebung in Betracht kommt, ein Übernahmeabkommen, kann hiervon abgewichen werden

(Artikel 23 Absatz 4 SDÜ, siehe Nummer 50.1.9.7 und 59.2.1). Verfügt der Ausländer über einen Aufenthaltstitel oder über einen vorläufigen Aufenthaltstitel eines Schengen-Staates, soll er in diesen Staat zurückgeschoben werden (vgl. Artikel 23 Absatz 2 SDÜ).

57.3.2 Für die sofortige Zurückschiebung ist keine Haft oder Ingewahrsamnahme erforderlich, wenn keine Verzögerungen bei der Durchführung auftreten und der Ausländer nicht in einem Gewahrsamsraum wegen Fluchtgefahr untergebracht werden muss. Die Anwendung unmittelbaren Zwangs im Rahmen der Zurückschiebung stellt für sich allein noch keine Freiheitsentziehung dar. Kann die Zurückschiebung nicht unverzüglich erfolgen, ist Sicherungshaft gemäß § 62 Absatz 2 beim zuständigen Amtsgericht zu beantragen, sofern die Voraussetzungen hierfür (insbesondere Fluchtgefahr) gegeben sind. Eine kurzfristig notwendige Freiheitsentziehung kann auch auf die Befugnis zur Ingewahrsamnahme nach ordnungsrechtlichen Vorschriften gestützt werden, sofern dadurch die Begehung oder die Fortsetzung der Begehung einer Straftat verhindert werden soll. Erfolgt die (vorläufige) Ingewahrsamnahme unter den Voraussetzungen des § 62 Absatz 4 ausnahmsweise ohne vorherige richterliche Anordnung, ist der Ausländer unverzüglich dem Richter zur Entscheidung über die Anordnung der Sicherungshaft vorzuführen (vgl. Artikel 104 Absatz 2 Satz 1 und 2 GG).

57.3.3 Für die Zurückschiebung findet § 60 Absatz 1 bis 5 und 7 bis 9 entsprechende Anwendung (siehe Nummer 15.4 und 62.3.4). Die Zurückschiebungshindernisse sind dann irrelevant, wenn ein anderer Zielstaat als der Verfolgerstaat gewählt wird und sichergestellt ist, dass eine Weiterschiebung in den Verfolgerstaat nicht erfolgt.

Übersicht

	Rn.
I. Entstehungsgeschichte	1
II. Allgemeines	3
III. Zurückschiebung und Zurückschiebungshaft	11
IV. Verwaltungsverfahren und Rechtsschutz	20

I. Entstehungsgeschichte

1 Die alte Vorschrift entsprach in vollem Umfang dem damaligen **Gesetzesentwurf**[1] vom 7.2.2003. Die Norm glich damit im Wesentlichen § 61 AuslG. Lediglich Abs. 1 S. 2 wurde redaktionell angepasst, um zu verdeutlichen, dass eine Zurückschiebung in diesem Fall auch nach Ablauf der Sechs-Monats-Frist in Betracht kommt. Die Wörter „Rückübernahme" und „Rückübernahmevereinbarung" wurden durch die präziseren Begriffe „Übernahme" und „Übernahmevereinbarung" ersetzt, da entsprechende Übernahmeabkommen nicht notwendigerweise voraussetzen, dass der Ausländer aus dem anderen Vertragsstaat des Abkommens in das Bundesgebiet eingereist ist. In Abs. 3 wurden die Verweisungen an das AufenthG angepasst.

2 § 57 wurde durch das **RLUmsG 2011**[2] aufgrund der Anpassung an die RL 2008/115/EG (Rückführungs-RL) geändert. Die bisherigen AVwV tragen der nunmehr veränderten Norm nicht mehr Rechnung und bedürfen der Neufassung. Durch das 2. RückkehrG[3] wurde der Verweis auf den Schengener Grenzkodex in Abs. 1 aktualisiert und damit an den geltenden unionalen Rechtsstand angepasst.

II. Allgemeines

3 Die Zurückschiebung setzt – im Gegensatz zur Zurückweisung als aufenthaltsverhindernde Maßnahme – erst ein, wenn die **Einreise bereits vollendet** ist. Im Jahr 2020 wurden insgesamt 2.883 Zurückschiebungen vollzogen. Davon entfielen 2.711 auf die Land- und 66 auf die Seegrenzen sowie 106 auf den Luftweg. Unbegleitete Minderjährige waren in 40 Fällen von Zurückschiebungen betroffen[4]. Für die Festnahme, die Anordnung und Durchführung der Zurückschiebung sind die Ausländerbehörden, die Polizeien der Länder und an der Grenze die mit der polizeilichen Kontrolle des grenzüberschreitenden Verkehrs beauftragten Behörden (Grenzbehörden) zuständig (§ 71 I, IV Nr. 1 und V; vgl. Nr. 57.0.2 AVwV-AufenthG). Die Zuständigkeit für die Bundespolizei besteht nach § 71 III Nr. 1 **an der Grenze**. Damit ist die Feststellung des unerlaubt Eingereisten noch im Grenzraum bis zu einer Tiefe von 30 Kilometern[5] an den Landgrenzen und bis zu 50 Kilometer nach der seewärtigen Begrenzung gemeint (§ 2 II Nr. 3 BPolG). Die Ausdehnung des Grenzraums an den

---

[1] BT-Drs. 15/420, 23.
[2] BT-Drs. 17/5470.
[3] 2. RückkehrG v. 15.8.2019, BGBl. I S. 1294; in Kraft getreten am 21.8.2019.
[4] BT-Drs. 20/890, 13 f.
[5] Zwar meint der Begriff der Grenze in diesem Zusammenhang nicht nur die Grenzlinie und die Grenzübergangsstelle, sondern muss – wie ein Vergleich mit der Parallelvorschrift des § 18 III AsylG zeigt – auch den grenznahen Raum umfassen, wobei als grenznah das Gebiet bis zu einer Tiefe von 30 km von der eigentlichen Grenze anzusehen ist, auf das sich auch in sonstigen Fällen gem. § 2 II Nr. 3 BPolG die Zuständigkeit der Grenzbehörde erstreckt (OVG Bln-Bbg Beschl. v. 3.4.2013 – OVG 2 S 25.13, OVG 2 M 21.13, der die Zuständigkeit der Grenzbehörde nach 35 km jenseits der Grenzlinie folgerichtig ausschloss).

Seegrenzen auf maximal 80 Kilometer ist durch Rechtsverordnung möglich. Entsprechende Entwürfe sind durch die zuständigen Grenzbehörden vorgelegt, aber nicht umgesetzt worden.

Das bisherige Institut der Zurückschiebung war mit der Rückführungs-RL nur in dem Umfang vereinbar, den Art. 2 II lit. a Rückführungs-RL[6] festlegt. Die Neufassung trägt diesem Rechtsakt insoweit Rechnung, als dass die Formulierung in der Öffnungsklausel „in Verbindung mit dem illegalen Überschreiten der Außengrenze" Spielraum für eine „Zurückschiebung an der Außengrenze" unter im Verhältnis zum Verfahren nach der Rückführungs-RL erleichterten Bedingungen, eröffnet. Der Gesetzgeber hat den Weg gewählt, an den bisherigen Zuständigkeitsregelungen festzuhalten (s. zu § 71)[7] und trennt zwischen der Maßnahme der **Abschiebung (Vollzugsinstrument in der Regel nach Erlass einer Rückkehrentscheidung nach der Rückführungs-RL) und der Zurückschiebung (Vollzugsinstrument ausschließlich nach innerstaatlichem Recht)**. Der Wortlaut des § 57 setzt ein vorangegangenes Zurückschiebungsverfahren als „Grundverwaltungsakt" der Zurückschiebung nicht voraus[8]. Die Maßnahme ist aus Beschleunigungsgründen auch ohne Androhung und Fristsetzung möglich.

Das Hervorbringen von **Parallelzuständigkeiten,** die schwierig voneinander abzugrenzen sind, wird jedoch verfassungsrechtlich für bedenklich gehalten und ist wegen mangelnder Trennschärfe zwischen den Maßnahmen der Zurückschiebung und der Abschiebung in Abgrenzung zu den verschiedenen Zuständigkeiten nicht problemlos in der Praxis[9]. Es hätte sich im Interesse der **Normenklarheit** auch der unbequemere Weg lohnen können, sich begrifflich von der Zurückschiebung gänzlich zu trennen und die Maßnahme der Abschiebung eindeutig zu beschreiben. Damit hätte auch anderen europäischen Staaten ein Dienst erwiesen werden können, die die deutsche Institution der Zurückschiebung nicht kennen.

Neu in § 57 III wurde die **Belehrungspflicht bei unerlaubter Erwerbstätigkeit** aufgenommen, wonach gem. § 59 VIII Ausländer, die ohne eine nach § 4a V erforderliche Berechtigung zur Erwerbstätigkeit beschäftigt waren, vor der Abschiebung über die Rechte nach Art. 6 II und Art. 13 RL 2009/52/EG (Sanktions-RL) zu unterrichten sind.

Anders als bei der Abschiebung iVm der Zuständigkeit nach § 71 III Nr. 1b (s. dort) ist die Zurückschiebung eine Sondermaßnahme, die als Relikt des alten Systems der Maßnahmen zur Aufenthaltsbeendigung der Grenzbehörden erhalten blieb. Bereits nach der alten Norm (vor Änderung durch das **RLUmsG 2011**) bestand die Notwendigkeit eines **räumlich-sachlichen Zusammenhangs** mit dem Grenzübertritt: Nicht ausreichend war, dass die Eingereiste wieder an der (nicht notwendig gleichen) Grenze zur Ausreise erschien. Nach Nr. 71.3.1.2.2 AVwV-AufenthG war die Grenzbehörde auch zuständig für die Zurückschiebung von Ausländern, die in das Bundesgebiet bereits eingereist waren, sich danach weiter fortbewegten und in einem anderen Grenzraum oder auf einem als Grenzübergangsstelle zugelassenen oder nicht zugelassenen Flughafen bzw. Flug- oder Landeplatz, See- oder Binnenhafen angetroffen wurden (zB Einreise über die deutsch-französische Grenze und Aufgriff des Ausländers an der deutsch-dänischen Grenze). Danach war ein unmittelbarer zeitlicher und sachlicher Zusammenhang[10] mit einer unerlaubten Einreise auch bei einer Einreise in einen Grenzraum, der anschließenden Fortbewegung durch das Bundesgebiet und Antreffen in einem anderen Grenzraum sehr wohl erforderlich. In der vormaligen Auffassung war dieser notwendige innere Zusammenhang noch gegeben, soweit anzunehmen war, dass noch keine ungesetzliche Aufenthaltsverfestigung stattgefunden hatte. Die – zu weit gehende – Ansicht des OLG Brandenburg (s. o.) wurde durch den BGH[11] für unzutreffend erklärt. Zugleich war aber nach Ansicht des BGH auch **Nr. 71.3.1.2.2 AVwV-AufenthG wegen des Vorrangs des Gesetzes unbeachtlich**. Eine Grenzmaßnahme („an der Grenze") ist daher nur gegeben, wenn ein Ausländer in diesem Gebiet in unmittelbarem zeitlichem Zusammenhang mit seiner unerlaubten Einreise angetroffen wird. § 57 I ist daher im Hinblick auf die Art der Grenze (Außengrenze) und die zeitlichen Voraussetzungen (Aufgriff *in Verbindung mit* der unerlaubten Einreise) eingeschränkt worden, wobei auf den bisherigen **Sechs-Monats-Zeitraum verzichtet** wurde. Das **RLUmsG 2011** ist genauso unpräzise formuliert wie der Kompromisstext in der Rückführungs-RL selbst, da **nicht hinreichend klar** bestimmt wurde, bis zu welcher **zeitlichen**[12]

---

[6] (2) Die Mitgliedstaaten können beschließen, diese Richtlinie nicht auf Drittstaatsangehörige anzuwenden: a) (...) die von den zuständigen Behörden in Verbindung mit dem illegalen Überschreiten der Außengrenze eines Mitgliedstaats auf dem Land-, See- oder Luftwege aufgegriffen bzw. abgefangen werden und die nicht anschließend die Genehmigung oder das Recht erhalten haben, sich in diesem Mitgliedstaat aufzuhalten.

[7] Vgl. BR-Drs. 210/11, 68 zu Nr. 39.

[8] Vgl. OVG NRW Beschl. v. 26.2.2013 – 18 B 572/12, BeckRS 2013, 51232.

[9] So auch *Marx*, Stellungnahme zur Anhörung im Innenausschuss am 27.6.2011, BT-Drs. 17(4)282 D, 5.

[10] AA OLG Brandenburg Beschl. v. 11.5.2009 – 11 Wx 12/09, BeckRS 2009, 13527.

[11] BGH Beschl. v. 28.4.2011 – V ZB 239/10, BeckRS 2011, 13989. Krit. anzumerken ist, dass der BGH als höchstes RsprOrgan der ordentlichen Gerichtsbarkeit eine Fragestellung entscheidet, die an sich der Veraltungsgerichtsbarkeit vorbehalten ist.

[12] Von einer zeitlichen Grenze von zunächst 72 Stunden wurde aufgrund gegenteiliger Auffassung des EU-Parlaments im weiteren Verlauf abgesehen. Vgl. hierzu auch VG Weimar Beschl. v. 26.11.2011 – 7 E 20005/11, Kommentar bei *Winkelmann*.

und räumlichen Grenze[13] diese Norm gelten soll. Abgeleitet von den Verhandlungsergebnissen muss davon ausgegangen werden, dass die Bestimmung restriktiv ausgelegt werden muss und eine **direkte Verbindung** zur unerlaubten Einreise fordert. Das schließt Fälle aus, in denen eine vorherige unerlaubte Einreise nach Deutschland über eine Binnengrenze erfolgte und nunmehr eine Ausreise über die Außengrenze beabsichtigt ist (vgl. § 71 III Nr. 1b, der dieses ausschließlich für die Abschiebung gesetzlich vorsieht). Ebenso dürften Personen nicht unter die Öffnungsklausel des Art. 2 II lit. a Rückführungs-RL fallen, die nach Grenzübertritt bereits die Möglichkeit zu einer Aufenthaltsverfestigung hatten (zB bei Möglichkeit des Verlassens von regelmäßig verkehrenden Verkehrsmitteln).

8   Bei Asylbewerbern gilt § 18 III AsylG. Die Ergänzung in **§ 57 II Alt. 2** dient der Klarstellung. Drittausländer, die im Asylverfahren eines anderen Mitgliedstaats stehen, sich illegal in Deutschland aufhalten und hier keinen weiteren Asylantrag stellen, können ausnahmsweise nach Art. 6 II Rückführungs-RL – vorbehaltlich des Dublin-Verfahrens – verpflichtet werden, sich wieder in den anderen Mitgliedstaat zu begeben (§ 50 III). Sollte nach Abschluss des Dublin-Verfahrens in Deutschland die Überstellung in den zuständigen Staat nicht freiwillig erfolgen können, kann im Rahmen der zwangsweisen Durchsetzung auf eine Zurückschiebung nach § 57 II Alt. 2 zurückgegriffen werden. Die Auffassung des BGH (→ Rn. 7) dürfte auf § 18 III AsylG übertragbar sein, mit der zusätzlichen Einschränkung, dass hier ohnehin nicht von „an der Grenze", sondern vom „Grenzraum" gesprochen wird, der die Flughäfen außerhalb dieses Grenzraums nicht mit einschließt[14]. Nach § 18 III AsylG sind die Voraussetzungen für eine Zurückschiebung in Asylfällen enger als die bei „normalen" Zurückschiebungen. Der unmittelbare zeitliche Zusammenhang im Grenzraum in § 18 III AsylG bezieht sich nur auf die Landgrenzen[15]. An einer ausdrücklichen Zuständigkeit für die Grenzbehörden durch Gesetz mangelt es bisher. Nicht geteilt wird die Auffassung des VG München vom 22.11.2010[16], dass die Zurückschiebung gedanklich voraussetze, der Betroffene wolle sich tatsächlich weiter im Bundesgebiet aufhalten. Die Zurückschiebung setzt als aufenthaltsbeendende Maßnahme unmittelbar an der verwaltungsrechtlich unerlaubten Einreise an und knüpft nicht tatbestandlich an den mutmaßlichen Willen der Aufrechterhaltung dieses Zustands (s. § 14). So sind auch Fälle einer bloßen Durchreiseabsicht erfasst.

9   Die Zurückschiebung stellt daher wie die Abschiebung (§ 58) eine aufenthaltsbeendende Maßnahme dar, in deren Folge ein **Einreise- und Aufenthaltsverbot** nach § 11 I zu erlassen ist. Sie greift ebenso wie die Abschiebung nur bei bestehender Ausreisepflicht ein, folgt aber nicht den Bestimmungen über die Abschiebung, sondern erleichterten Bedingungen im innerstaatlichen Recht. Da sie einen bereits begründeten illegalen Aufenthalt beenden soll, kommt eine Zurückweisung nach Ergreifen im Grenzraum nicht mehr in Betracht, weil über den Versuch der Einreise hinaus bereits die Einreise vollendet und der Aufenthalt gelungen ist. Die Zurückschiebung ist nach Verfahren und Zuständigkeit klar gegenüber der Abschiebung abzugrenzen, weil Letztere das allgemeinere Zwangsmittel der Aufenthaltsbeendigung bildet. Im Binnengrenzraum kann die Zurückschiebung ua nur unter Beachtung des **Art. 6 II** Rückführungs-RL angewendet werden (= Art. 23 SDÜ-alt). Einer Rückkehrentscheidung iSd Rückführungs-RL bedarf es nämlich grundsätzlich nicht, wenn der Betroffene ein Aufenthaltsrecht in einem anderen Mitgliedstaat hat; insoweit enthält § 6 II Rückführungs-RL eine gesetzliche Verlassenspflicht. Diese Personen sind sodann **zu verpflichten,** sich in diesen Staat zu begeben. Diese Vorgabe wird in § 50 III umgesetzt. Sofern der Betroffene dieser Aufforderung nicht nachkommt oder die sofortige Ausreise geboten ist, ist eine **Rückkehrentscheidung** (Androhung der Abschiebung gem. § 59 I) zu erlassen und der Aufenthalt in einen Drittstaat zu beenden.

10 Zusätzlich wird in § 57 II Alt. 1 die Möglichkeit nach Art. 6 III Rückführungs-RL umgesetzt, bei bestehenden **Rückübernahmeabkommen** von dem Erlass einer Rückkehrentscheidung abzusehen[17]. Die Regelung gilt auch für den Fall, dass der Ausländer auf Grundlage einer Vereinbarung oder eines Abkommens aus einem anderen Staat – sei es ein Mitgliedstaat oder ein Drittstaat – in das Bundesgebiet aufgenommen worden ist (sog. Kettenrückführung) und verwaltungsrechtlich eine unerlaubte Einreise iSd § 14 I vorliegt sowie der Ausländer vollziehbar ausreisepflichtig ist (→ Rn. 11).

III. Zurückschiebung und Zurückschiebungshaft

11 Die Zurückschiebung ist nach **unerlaubter Einreise** iSd § 14 I obligatorisch, wenn auch nur im Grundsatz („soll"), der Ausnahmen nach Zweckmäßigkeitsgesichtspunkten zulässt (→ Rn. 15). Die Ausreisepflicht ist nach unerlaubter Einreise sofort vollziehbar (§ 58 II 1 Nr. 1). Ausreisepflichtig ist aber nicht, wer ohne einen erforderlichen Pass oder Passersatz, also unerlaubt eingereist ist (§ 14 I

---

[13] In Ermangelung von Landaußengrenzen nur Flug- und Seehäfen in Deutschland.
[14] Vgl. hierzu auch Kommentierung zu BGH Beschl. v. 25.2.2010 – V ZB 172/09, BeckRS 2010, 7170.
[15] So zB auch *Bruns* in NK-AuslR AsylG § 18 Rn. 29.
[16] VG München Beschl. v. 22.11.2010 – M 10 K 10.185, BeckRS 2010, 36434.
[17] Stichtagsregelung: In Kraft getreten am der Rückführungs-RL am 13.1.2009.

Nr. 1), aber einen Aufenthaltstitel iSv § 4[18] oder ein sonstiges Aufenthaltsrecht besitzt[19]. Bei einer unerlaubten Einreise nach § 14 I Nr. 2 („ohne erforderlichen Aufenthaltstitel") oder § 14 I Nr. 3 („entgegen einer Wiedereinreisesperre") ist die Ausreisepflicht daher stets vollziehbar. Die Zurückschiebung ist unzulässig, solange der Ausländer eine Duldung besitzt bzw. Duldungsgründe vorliegen. Außer den für die Zurückweisung geltenden Beschränkungen ist bei der Zurückschiebung (wie bei der Abschiebung) zusätzlich die Sperre des § 60 IV (Auslieferungsverfahren) sowie des § 72 IV (Beteiligungserfordernis der Staatsanwaltschaft, → Rn. 16) zu beachten. Betreffend Asylbewerber vgl. §§ 15, 34, 51 und § 18 III AsylG; deren Zurückschiebung ist während der Geltung der gesetzlichen Aufenthaltsgestattung[20] verboten.

Auf eine ausdrückliche Bestimmung von **Zielstaaten** (s. vormals § 15 II) wurde verzichtet. In dem **12** eng begrenzten Anwendungsbereich des Abs. 1 (illegales Überschreiten der Außengrenze) kommen dieselben wie bei der Zurückweisung in Betracht (→ § 15 Rn. 37). Für die Auswahl gelten grundsätzlich dieselben Kriterien. Die besonderen Modalitäten von Übernahmeabkommen[21] sind jedoch bei Zurückschiebung anders als bei Abschiebung und Zurückweisung aufgrund ausdrücklicher gesetzlicher Regelung zu beachten (auch soweit es die zeitliche Begrenzung der Rückübernahmeverpflichtung angeht). In einen Schengen-Staat kann nur zurückgeschoben werden, falls der Zielstaat aufgrund eines bilateralen Rückübernahmebkommen zur Rücknahme verpflichtet ist oder der Ausländer einen Aufenthaltstitel oder eine sonstige Aufenthaltsberechtigung dieses Staates besitzt (Art. 23 II SDÜ; vgl. Art. 6 Rückführungs-RL) oder wenn er dort auch jetzt noch ein Aufenthaltsrecht begründen kann (vgl. § 50 IV). Eine **Zurückschiebung in einen Drittstaat** kommt nach Abs. 2 nicht in Betracht, da in der 1. Alternative ausdrücklich EU-Staaten, Norwegen und die Schweiz genannt sind und in der 2. Alternative ausschließlich Dublin-Staaten als Zielstaaten in Betracht kommen.

Zum alten Recht, dass noch die **zeitliche Grenze von sechs Monaten** vorsah, bestimmte diese **13** Grenze das Verhältnis zur Abschiebung ebenso wie die Ausweitung des Anwendungsbereichs aufgrund der für verbindlich erklärten Übernahmeabkommen. Verweigerte der Ausländer Angaben über den Einreisezeitpunkt, sollte in der Praxis angenommen werden, die Frist sei noch nicht erreicht (Nr. 57.1.6 AVwV-AufenthG). Unabhängig davon musste aber auch die Übernahme noch gewährleistet sein. Für unerlaubt Eingereiste galt die Frist von sechs Monaten unbeschadet der Übernahmeabkommen (Nr. 57.1.4.2 AVwV-AufenthG)[22].

Die **alte Sonderregelung des § 57 II** für von einem anderen Staat rückgeführte oder zurück- **14** gewiesene Ausländer beruhte auf der zutreffenden Annahme, dass die infolge Einreiseverweigerung und Zurückweisung durch einen anderen Staat gescheiterte Ausreise nicht unter § 15 I fällt, also eine Zurückweisung durch die Bundesrepublik Deutschland nicht rechtfertige[23]. Die Verpflichtung zur unverzüglichen Zurückschiebung bestand unabhängig davon, ob der Ausländer zuvor aus Deutschland freiwillig ausgereist oder aber abgeschoben, zurückgeschoben oder zurückgewiesen war. Der Ausländer wurde ungeachtet der Art der Ausreise behandelt, als sei er noch nicht ausgereist. Die Ausreisepflicht musste nur vollziehbar und ein anderer Staat aufnahmebereit sein. Einer (erneuten) Abschiebungsandrohung und einer Ausreisefrist bedurfte es nicht, da das Gesetz diesen Fall als Zurückschiebung behandelte. Der **aktuelle Gesetzestext** enthält nun diese Bestimmung nicht mehr und trägt den veränderten Vorgaben der Rückführungs-RL Rechnung. In **§ 57 II Alt. 1** ist die Möglichkeit nach Art. 6 III Rückführungs-RL umgesetzt, unter bestimmten Umständen von dem Erlass einer Rückkehrentscheidung abzusehen und ein zum Zeitpunkt des Inkrafttretens der Rückführungs-RL bestehendes Rückübernahmeabkommen mit einem EU-Staat, Norwegen oder der Schweiz anzuwenden und den Ausländern dorthin zurückzuschieben. Zum Stichtag (Inkrafttreten der Rückführungs-RL am 13.1.2009) bestanden demnach nach der Begründung im Gesetzesentwurf Rückübernahmeabkommen mit Belgien, den Niederlanden, Luxemburg, Bulgarien, Dänemark, Estland, Frankreich, Lettland, Litauen, Norwegen, Österreich, Polen, Rumänien, Schweden, Schweiz, Slowakei, Tschechien und Ungarn. Die Regelung gilt auch für den Fall, dass der Ausländer auf Grundlage einer Vereinbarung oder eines Abkommens aus einem anderen Staat – sei es ein Mitgliedstaat oder ein Drittstaat – in das Bundesgebiet aufgenommen worden ist (sog. **Kettenrückführung**). Nach Einbeziehung der oben genannten Abkommen sind die Rückübernahme-/Abschiebeabkommen von Deutschland und die Vereinbarungen zum Vollzug von „Dublin" (AsylZBV) zu beachten. Die **Dublin-Regelungen,** die sekundärrechtlich neben der Rückführungs-RL stehen, bleiben hiervon unberührt. Die Ergänzung in **§ 57 II Alt. 2** dient der Klarstellung. Fälle, in denen sich Drittausländer, die im Asylverfahren eines anderen Mitgliedstaats stehen, illegal in Deutschland aufhalten und hier keinen weiteren Asylantrag

---

[18] Also zB ein einheitliches Visum eines Schengen-Staates, nicht aber ein Aufenthaltstitel eines anderen Schengen-Staates.
[19] Ausf. zu diesem Problem *Winkelmann* ZAR 2007, 268 (272) und → Rn. 12.
[20] → AsylG § 55 Rn. 6.
[21] Zur Sonderregelung des Abs. 2 → Rn. 12.
[22] So auch OLG Brandenburg Beschl. v. 20.6.2008 – 11 Wx 39/08, BeckRS 2010, 36434; BVerfG Nichtannahme-Beschl. v. 25.2.2009 – 2 BvR 1537/08, BeckRS 2009, 32486; VG Frankfurt a. M. Beschl. v. 31.3.2008 – 5 L 118/08, BeckRS 2008, 34445.
[23] BT-Drs. 11/6321, 78.

stellen, können ausnahmsweise nach Art. 6 II Rückführungs-RL – auch ohne Durchführung des Dublin-Verfahrens – verpflichtet werden, sich wieder in den anderen Mitgliedstaat zu begeben (§ 50 III, Art. 24 II Dublin III-VO). Sollte nach Abschluss des Dublin-Verfahrens in Deutschland die Überstellung in den zuständigen Staat nicht freiwillig erfolgen können, kann im Rahmen der zwangsweisen Durchsetzung auf eine Zurückschiebung nach § 57 II Alt. 2 zurückgegriffen werden. Die Zuständigkeit der Grenzbehörden für Wiederaufnahmeersuchen iSd Art. 23 Dublin III-VO bei Aufgriffen an der Grenze ergibt sich aus § 3 AsylZBV iVm völkerrechtlichen Abkommen mit Nachbarstaaten. Die Grenzbehörde kann daher das Auf- oder Wiederaufnahmeverfahren selbstständig durchführen, es aber gem. § 4 AsylZBV auch an das BAMF abgeben. Für die Zurückschiebung nach § 57 II Alt. 2 ist allerdings die gem. Art. 27 Dublin III-VO geforderte Rechtsschutz in AufenthG nicht ausgestaltet worden. § 34a AsylG ist in diesen Fällen nicht direkt anwendbar, da der Ausländer in Deutschland kein Schutzersuchen gestellt hat. Um nicht gegen die VO zu verstoßen, wird aber eine entsprechende Anwendung des § 34a AsylG nötig sein.

15 **Ausnahmen** von der Zurückschiebung kommen aufgrund des Grundsatzes der Verhältnismäßigkeit, humanitärer Erwägungen oder im öffentlichen Interesse in Betracht, zB in den Fällen des § 13 AufenthV. Die „Soll-Vorschrift" des § 57 I drückt den gesetzgeberischen Willen aus, dass die Zurückschiebung in der Regel zu erfolgen hat. Demzufolge ist den Behörden gestattet, den besonderen Umständen des Einzelfalls Rechnung zu tragen und nur in Ausnahmefällen von der Zurückschiebung abzusehen. Die **„freiwillige Erfüllung der Ausreisepflicht"** ist dabei weder ein geschriebenes noch ein ungeschriebenes Tatbestandsmerkmal der Zurückschiebung (im Gegensatz zur Abschiebung), sondern bezieht sich allein auf die Verpflichtung nach § 50 I. Der Vollzug wohnt insofern der Zurückschiebung als Vollstreckungsmaßnahme inne und ist die gesetzliche Regel (→ Rn. 11). Die zuständige Behörde wird dazu zunächst eine gesonderte Anordnung zur Zurückschiebung schriftlich erlassen, die danach wie eine Abschiebung im Wege des unmittelbaren Zwangs vollstreckt werden kann[24]. Inwieweit diese Maßnahme ihrerseits der zwangsweisen Durchsetzung bedarf, ergibt sich aus dem jeweiligen Einzelfall unter Prüfung der verwaltungsvollstreckungsrechtlichen Bestimmungen des Bundes und der Länder. Allein die Absicht des Ausländers, freiwillig auszureisen, lässt eine Zurückschiebung nicht unverhältnismäßig erscheinen[25]. Insoweit wird es auf den Einzelfall ankommen, ob mit einer freiwilligen Ausreise ernsthaft zu rechnen ist (zB durch glaubhafte Versicherung unter Vorweisung gültiger Fahrscheine). Soweit *Fränkel*[26] ausführt, dass bei freiwilliger Ausreise auf direktem Wege in das Land, in das zurückgeschoben werden soll, kein Zurückschiebungsgrund vorliegen soll und sich dabei auf OLG Schleswig[27] bezieht, wird nicht bedacht, dass die Entscheidung lediglich – zu Recht – die Unverhältnismäßigkeit der Haft feststellte[28]. Jedoch ist eine Zurückschiebung in dem Fall **unverhältnismäßig**, weil nicht erforderlich, wenn die freiwillige Ausreise tatsächlich **unmittelbar bevorsteht bzw. schon im Gange** ist. Bei der Zurückschiebung, die eine Maßnahme der Verwaltungsvollstreckung darstellt, ist generell dem Grundsatz der Verhältnismäßigkeit und insbesondere dem Element der Erforderlichkeit Rechnung zu tragen.

16 Schon die Rückkehrpflicht aus Art. 23 III SDÜ als Staatenverpflichtung leitete keinen Anspruch für den Betroffenen her, freiwillig in einen bestimmten Staat ausreisen zu dürfen[29]. Die Zurückschiebung setzt auch nicht voraus, dass dem Ausländer zunächst Gelegenheit gegeben werden muss, freiwillig auszureisen[30]. Bei Wiederholungstätern ist eine Zurückschiebung stets möglich. In den Fällen, in denen die Zurückschiebung als behördliche Maßnahme zu einer unbilligen und polizeilich nicht zu verantwortenden Maßnahme zulasten des Ausländers führen würde, kann die Maßnahme ausnahmsweise unterbleiben (zB bei unmittelbar bevorstehenden „überwachten" Ausreisen ua über einen Flughafen). So auch, wenn die Ausreise im berechtigten Interesse eines Ausländers liegt, der versehentlich oder aufgrund falscher Behördenauskünfte eingereist ist. Im Einzelfall liegt dann **vollzugssichernde Maßnahmen** (zB Passverwahrung, § 48 I iVm § 50 VI) als Ersatz zu prüfen. In den Fällen, in denen an der Grenze Passersatzpapiere oder Ausnahmevisa ausgestellt werden könnten, ist im Allgemeinen eine Zurückschiebung nicht geboten (vgl. Nr. 57.1.7 AVwV-AufenthG). Nicht möglich ist jedenfalls, die Zurückschiebung einerseits zu verfügen und andererseits auf die Sperrwirkung aus humanitären Gründen zu verzichten[31]. Diese steht nicht zur Disposition der Behörde, sondern war –

---

[24] So auch *Funke-Kaiser* in GK-AufenthG II § 57 Rn. 14.
[25] AA wohl *Hailbronner* AuslR § 57 Rn. 7, sowie *Westphal/Stoppa* S. 562. Vgl. hierzu BVerwG Urt. v. 17.9.2015 – 1 C 26.14, BeckRS 2015, 53691, wonach die Mitgliedstaaten nach dem Dublin-VO selbst bestimmen, welche Überstellungsform sie vorsehen. Der selbst organisierten Ausreise muss nicht der Vorrang eingeräumt werden, ist jedoch auf Antrag aus Gründen der Verhältnismäßigkeit zu prüfen.
[26] HK-AuslR § 57 Rn. 5 und Fn. 7.
[27] Vgl. OLG Schleswig Beschl. v. 10.11.2005 – 2 W 187/05, BeckRS 2006, 1211.
[28] Vgl. OLG Schleswig Beschl. v. 10.11.2005 – 2 W 187/05, BeckRS 2006, 1211.
[29] Zur Frage der Auslegung des Art. 23 III SDÜ → Rn. 57, 58 Generalanwalt beim EuGH Schlussantrag v. 19.5.2009 – C-261/08, C-348/08, BeckRS 2009, 70542 – Garciá und Cabrera in Kommentar zu OLG München Beschl. v. 5.2.2009 – 34 Wx 075/08, BeckRS 2009, 7379 bei *Winkelmann*.
[30] OLG München Beschl. v. 5.2.2009 – 34 Wx 75/08, BeckRS 2009, 7379.
[31] So aber *Funke-Kaiser* in GK-AufenthG § 57 Rn. 41.

nach der überholten Sichtweise des Gesetzgebers – gegebenenfalls auf Antrag des Ausländers zu befristen gewesen. So wie der Gesetzgeber das Erfordernis der Befristung von Amts wegen anders beurteilte (s. § 11 II 1 aF), so wurden auch nicht die Auswirkungen auf die alten **Wiedereinreisesperren** nach § 11 I 1 iVm 3 aF gesehen, soweit diese infolge einer Abschiebung oder seit über fünf Jahren infolge einer Zurückschiebung eintraten. **Alte Einreiseverbote** wegen Abschiebung/Zurückschiebung[32] waren **von Amts wegen zu überprüfen** und hätten bei Unbefristung oder Zurückliegen von fünf und mehr Jahren grundsätzlich gelöscht werden müssen. Damit hätte eine Überprüfung der Altfälle bereits bis 23.12.2010 vorgenommen werden müssen. Die alten Sperren – gemessen an diesen Anforderungen – der Rückführungs-RL wären daher zu löschen/zu befristen bzw. jedenfalls **seit 24.12.2010 unbeachtlich gewesen,** da nicht richtlinienkonform.

An sich kann der Auffassung gefolgt werden, die Zurückschiebung wäre **nicht erforderlich** (und damit unverhältnismäßig), sofern es der zwangsweisen Durchsetzung der Ausreisepflicht nach § 50 I gar nicht bedarf. In solchen Fällen muss das Bekunden des Ausländers glaubhaft und das Verfahren zur Überwachung der freiwilligen Ausreise Erfolg versprechend sein. Auch bei Verwendung von sog. Grenzübertrittsbescheinigungen ist gegebenenfalls nicht hinreichend sichergestellt, dass der ausreisepflichtige Ausländer auch wirklich ausreist. Insbesondere bei Wiederholungstätern oder dem Verdacht, die Person werde alsbald wieder die Möglichkeit einer unerlaubten Einreise in Betracht ziehen, ist zu überlegen, ob aus generalpräventiven Überlegungen von einer förmlichen Zurückschiebung Gebrauch gemacht werden sollte[33]. Danach ist es legitim, mithilfe der ordnungsrechtlichen Funktion, die auch der Zurückschiebung innewohnt, nach § 11 I 1, II 3 eine (von Amts wegen zu befristende) Wiedereinreisesperre zu erlassen. Damit kann der Betroffene mit entsprechender Signalwirkung für andere vom Bundesgebiet ferngehalten werden, um „künftigen Störungen der öffentlichen Sicherheit und Ordnung oder Beeinträchtigungen sonstiger erheblicher Belange der Bundesrepublik Deutschland aufgrund des Aufenthalts des Ausländers im Inland vorzubeugen"[34]. Die Rückführungs-RL spricht auch *nicht* gegen eine solche Sichtweise und ließe zum einen ein **beschleunigtes Verfahren** an der Grenze und zum anderen auch ein **Verfahren nach Ausreise in Abwesenheit** (unter Berücksichtigung der Wahrung von Anhörungs- und Rechtsschutzmöglichkeiten) zu. 17

Haft ist für die Zurückschiebung **anders als bei der Zurückweisung** analog § 62 II und III als Vorbereitungs- oder als Sicherungshaft vorgesehen[35]. Mit § 62 V besteht eine eigenständige Norm für eine vorläufige Gewahrsamnahme, die anderen (hilfsweise herangezogenen) Befugnissen zur Freiheitsentziehung (zB Gewahrsamsregelungen der LandespolizeiG oder des BPolG) jedenfalls dann vorgeht, wenn der alleinige Zweck zur Richtervorführung in Eilfällen besteht. Der Haft bedarf es nicht, wenn die Zurückschiebung freiwillig oder ohne Verzögerung durch Anwendung unmittelbaren Zwangs durchgeführt werden kann[36]. Eine Inhaftierung eines Ausländers zur Sicherung der Zurückschiebung hat zur Voraussetzung, dass im konkreten Einzelfall die erkennbare Absicht des Betroffenen vorhanden ist, sich der Zurückschiebung zu entziehen (vgl. § 62 III iVm IIIa, IIIb). Bloße allgemeine Vermutungen hierzu genügen nicht. Weiter ist der Grundsatz der Verhältnismäßigkeit zu beachten. Allein der Tatbestand eines illegalen Grenzübertritts reicht für eine Haftanordnung nicht aus, auch wenn er in § 62 III 1 Nr. 2 als Haftgrund formuliert ist. Sofern mildere Mittel in Betracht kommen, die Zurückschiebung zu sichern, wie zB die Unterbringung in einer Gemeinschaftseinrichtung mit Meldeauflage, darf eine Haft nicht angeordnet werden[37]. Haft zur Sicherung der Zurückschiebung gilt als eine Form der Abschiebungshaft iSv § 14 III 1 AsylG[38]. Haft zur Sicherung einer Zurückschiebung nach Abs. 2 Alt. 2 richtet sich nach Art. 28 Dublin III-VO iVm § 2 XIV 1. In § 14 XIV 2 ist auch die Gewahrsamnahme zur Richtervorführung (analog § 62 V) geregelt. 18

Eilmaßnahmen können auf die vorläufige Gewahrsamnahme nach § 62 V oder § 2 XIV 2 – unter den dort genannten Voraussetzungen – gestützt werden, sofern die handelnde Behörde die für den Haftantrag zuständige Behörde ist oder ein Amtshilfeersuchen der zuständigen Behörde vorliegt oder es sich um einen Fall der polizeilichen Eilzuständigkeit handelt, in welchem die Polizei im Rahmen des allgemeinen Gefahrenabwehrauftrags handelt, weil die zuständige Behörde nicht rechtzeitig han- 19

---

[32] Soweit nicht befristet oder mehr als fünfjährige Wiedereinreisesperren verfügt wurden (für Zurückschiebung seit frühestens 1.1.2005 möglich). Solche Sperren nach (reiner) Ausweisung sind nicht durch die Rückführungs-RL erfasst und bleiben insoweit unberührt.

[33] In analoger Anwendung der Rspr. des BVerwG Urt. v. 31.3.1998 – 1 C 28.97, BVerwGE 106, 302; vgl. auch Urt. v. 14.2.2012 – 1 C 7.11, BeckRS 2012, 50796 – (zur Generalprävention).

[34] *Winkelmann* ZAR 2007, 268.

[35] → § 15 Rn. 38 f.

[36] Grundsätzliches zur Freiheitsentziehung aA *Melchior,* Abschiebungshaft, 8/2007, Nr. 690, der generell der Auffassung ist, dass die Durchbeförderung, wenn der Betroffene nicht kraft eigener Einsicht reist, stets mit freiheitsentziehenden Maßnahmen einhergeht. Nicht so das BVerwG Urt. v. 23.6.1981 – I C 78.77, BeckRS 1981, 05582, welches in der Durchführung der Abschiebung allein durch Anwendung einfachen unmittelbaren Zwangs keine Freiheitsentziehung erblickt. Ausf. dazu *Winkelmann,* Neue Regelungen zum Haftrecht, S. 15.

[37] LG München I Beschl. v. 31.7.2013 – 13 T 16164/13, BeckRS 2013, 15625.

[38] BGH Beschl. v. 25.2.2016 – V ZB 171/13, V ZB 161/13, V ZB 150/13, BeckRS 2016, 7043; BGH Beschl. v. 6.5.2010 – V ZB 213/09, BeckRS 2010, 15331.

deln kann (vgl. zB § 1 I 3 PolG NRW). Das Verfahren in Zurückschiebungshaftfällen richtet sich – ebenso wie die Einholung der richterlichen Entscheidung bei der Gewahrsamnahme nach dem BPolG – nach §§ 415 ff. FamFG. Insbesondere kann direkt nach § 427 FamFG eine einstweilige Anordnung beantragt werden; eines Verfahrens in der Hauptsache bedarf es insoweit nicht mehr[39].

IV. Verwaltungsverfahren und Rechtsschutz

20 Für die Zurückschiebung sind außer der Grenzbehörde auch die Ausländerbehörde und die Länderpolizeien zuständig (§ 71 I, III Nr. 1, V). Nach Nr. 57.04 der AVwV-AufenthG geht die Zuständigkeit der Grenzbehörde für die Zurückschiebung an die Ausländerbehörde über, wenn „die Zurückschiebung an der Grenze [unterbleibt], weil gegen den Ausländer aufgrund eines Strafverfahrens ein Haftbefehl erwirkt oder vollstreckt werden soll". Mitunter kann der Vollzug der Haft nur wenige Tage betragen oder bei der Strafvollstreckung im Einzelfall durch nachträgliche Zahlung der alternativen Geldstrafe kurzfristig zur Freilassung führen. Der Übergang der Zuständigkeit für die aufenthaltsbeendenden Maßnahmen ist konsequent, führt aber in der Praxis gegebenenfalls zu Schwierigkeiten, weil kurzfristig zu führende Absprachen zugleich auch die Kostentragungslast nach sich ziehen. Die Zurückschiebung stellt wie die Zurückweisung einen Verwaltungsakt[40] dar bzw. setzt einen solchen voraus, bedarf aber ebenfalls nach § 77 I nicht der Schriftform[41]. Die Zurückschiebung nach Abs. 2 ist keine Rückkehrentscheidung iSd Rückführungs-RL, sondern lediglich eine aufenthaltsbeendende Maßnahme nach innerstaatlichem Recht, die im Lichte und in den Grenzen der europäischen RL zu betrachten ist (→ Rn. 4). Bei der Zurückschiebung nach Abs. 1 handelt es sich zwar um eine Rückkehrentscheidung iSd Rückführungs-RL, diese Maßnahme ist aber aufgrund des Außengrenzbezugs in Anwendung von Art. 2 II lit. a Rückführungs-RL national vom Anwendungsbereich der RL ausgenommen[42]. Die Zurückschiebung ist mit Widerspruch und Klage angreifbar[43], und zwar mit einem **Anfechtungsbegehren** und einem **Stoppantrag** nach § 80 V VwGO, da der Ausländer lediglich Aufhebung und Aussetzung der aufenthaltsbeendenden Maßnahme verlangt und evtl. verlangen kann. Die Zurückschiebung ist gemäß § 80 II 1 Nr. 2 VwGO sofort vollziehbar[44]; einer dahin gehenden Regelung im VwVG des Bundes oder des betreffenden Landes bedarf es nicht[45]. Es dürfen keine Kosten für Maßnahmen erhoben werden, die unter Verstoß gegen die Mitteilungspflichten gegenüber dem Ausländer nach den Dublin-Vorschriften ergangen sind[46].

21 Nach § 72 IV 1 darf ein Ausländer, gegen den öffentliche Klage erhoben oder ein **strafrechtliches Ermittlungsverfahren** eingeleitet ist, nur im **Einvernehmen** mit der zuständigen **Staatsanwaltschaft** ausgewiesen und abgeschoben werden. Dieses Einvernehmens bedarf es nach § 74 IV 3 nicht, wenn an der Verfolgung der dort genannten Straftaten nach § 95 oder § 9 FreizügG/EU oder an anderen Straftaten aufgrund des geringen Unrechtsgehalts der Taten nur ein geringes Strafverfolgungsinteresse besteht. Hiermit wird dem nach der Rückführungs-RL gebotenen Vorrang der Aufenthaltsbeendigung vor der Strafverfolgung aufgrund eines Verstoßes gegen aufenthaltsrechtliche Vorschriften Rechnung getragen[47].

22 Die **Formvorschriften zu der Rückkehrentscheidung** sowie der Entscheidung über ein Einreiseverbot oder eine Abschiebung sind nach Art. 12 Rückführungs-RL in § 77 (Schriftform; Ausnahme von Formerfordernissen) ergänzt worden (→ § 77 Rn. 2). Danach gilt grundsätzlich **Schriftform** und die Abgabe von Informationen über Rechtsbehelfe und die Möglichkeit, auf Wunsch des Betroffenen eine schriftliche oder mündliche Übersetzung darüber zu erhalten. Die Zurückschiebung, die als Rückkehrentscheidung nicht vorgesehen ist bzw. vom Anwendungsbereich der RL ausgenommen wurde, wurde im Rahmen der beabsichtigten „Eins-zu-eins-Umsetzung" der RL nicht unter Art. 12 Rückführungs-RL subsumiert und deshalb wohl nicht in § 77 ergänzt. Die Aufnahme der Zurückschiebung wie auch der Zurückweisung wäre in § 77 gleichwohl angezeigt gewesen[48]. Die Entscheidung über eine aufenthaltsbeendende Maßnahme (Überstellung, Zurückschiebung oder Abschiebung) muss jedenfalls dann schriftlich erfolgen bzw. schriftlich bestätigt werden, wenn dies von dem Drittstaatsangehörigen verlangt wird. Bis zur Bekanntgabe einer Entscheidung über die zwangsweise Beendigung des Aufenthalts darf der Drittstaatsangehörige nicht in den aufnahmebereiten Mitgliedstaat überstellt oder zurückgeschoben werden[49].

---

[39] Zum Haftverfahren s. ausf. in → § 62.
[40] AA für die Zurückschiebung *Westphal/Stoppa* S. 566.
[41] Für die Zurückweisung vgl. aber → § 15 Rn. 63 f.
[42] Vgl. G zur Umsetzung aufenthaltsrechtlicher Richtlinien der EU und zur Anpassung nationaler Rechtsvorschriften an den EU-Visakodex, BT-Drs. 17/5470.
[43] → § 15 Rn. 88 f.
[44] So auch *Funke-Kaiser* in GK-AufenthG § 57 Rn. 18, 59, 60.
[45] Insoweit aA *Kloesel/Christ/Häußer* AuslG § 61 Rn. 22.
[46] VG München Urt. v. 16.5.2013 – M 24 K 12.4569, BeckRS 2013, 53471.
[47] Aus der Beschlussempfehlung des Innenausschusses zum Gesetz zur Neubestimmung des Bleiberechts und der Aufenthaltsbeendigung v. 1.7.2015, BT-Drs. 18/5420.
[48] Vgl. auch HmbOVG Beschl. v. 27.7.2011 – 4 Bs 97/11, BeckRS 2011, 53592.
[49] HmbOVG Beschl. v. 27.7.2011 – 4 Bs 97/11, BeckRS 2011, 53592.

§ 58 Abschiebung

(1) ¹Der Ausländer ist abzuschieben, wenn die Ausreisepflicht vollziehbar ist, eine Ausreisefrist nicht gewährt wurde oder diese abgelaufen ist, und die freiwillige Erfüllung der Ausreisepflicht nicht gesichert ist oder aus Gründen der öffentlichen Sicherheit und Ordnung eine Überwachung der Ausreise erforderlich erscheint. ²Bei Eintritt einer der in § 59 Absatz 1 Satz 2 genannten Voraussetzungen innerhalb der Ausreisefrist soll der Ausländer vor deren Ablauf abgeschoben werden.

(1a) Vor der Abschiebung eines unbegleiteten minderjährigen Ausländers hat sich die Behörde zu vergewissern, dass dieser im Rückkehrstaat einem Mitglied seiner Familie, einer zur Personensorge berechtigten Person oder einer geeigneten Aufnahmeeinrichtung übergeben wird.

(1b) ¹Ein Ausländer, der eine Erlaubnis zum Daueraufenthalt – EU besitzt oder eine entsprechende Rechtsstellung in einem anderen Mitgliedstaat der Europäischen Union innehat und in einem anderen Mitgliedstaat der Europäischen Union international Schutzberechtigter ist, darf außer in den Fällen des § 60 Absatz 8 Satz 1 nur in den schutzgewährenden Mitgliedstaat abgeschoben werden. ²§ 60 Absatz 2, 3, 5 und 7 bleibt unberührt.

(2) ¹Die Ausreisepflicht ist vollziehbar, wenn der Ausländer
1. unerlaubt eingereist ist,
2. noch nicht die erstmalige Erteilung des erforderlichen Aufenthaltstitels oder noch nicht die Verlängerung beantragt hat oder trotz erfolgter Antragstellung der Aufenthalt nicht nach § 81 Abs. 3 als erlaubt oder der Aufenthaltstitel nach § 81 Abs. 4 nicht als fortbestehend gilt oder
3. auf Grund einer Rückführungsentscheidung eines anderen Mitgliedstaates der Europäischen Union gemäß Artikel 3 der Richtlinie 2001/40/EG des Rates vom 28. Mai 2001 über die gegenseitige Anerkennung von Entscheidungen über die Rückführung von Drittstaatsangehörigen (ABl. EG Nr. L 149 S. 34) ausreisepflichtig wird, sofern diese von der zuständigen Behörde anerkannt wird.

²Im Übrigen ist die Ausreisepflicht erst vollziehbar, wenn die Versagung des Aufenthaltstitels oder der sonstige Verwaltungsakt, durch den der Ausländer nach § 50 Abs. 1 ausreisepflichtig wird, vollziehbar ist.

(3) Die Überwachung der Ausreise ist insbesondere erforderlich, wenn der Ausländer
1. sich auf richterliche Anordnung in Haft oder in sonstigem öffentlichen Gewahrsam befindet,
2. innerhalb der ihm gesetzten Ausreisefrist nicht ausgereist ist,
3. auf Grund eines besonders schwerwiegenden Ausweisungsinteresses nach § 54 Absatz 1 in Verbindung mit § 53 ausgewiesen worden ist,
4. mittellos ist,
5. keinen Pass oder Passersatz besitzt,
6. gegenüber der Ausländerbehörde zum Zweck der Täuschung unrichtige Angaben gemacht oder die Angaben verweigert hat oder
7. zu erkennen gegeben hat, dass er seiner Ausreisepflicht nicht nachkommen wird.

(4) ¹Die die Abschiebung durchführende Behörde ist befugt, zum Zweck der Abschiebung den Ausländer zum Flughafen oder Grenzübergang zu verbringen und ihn zu diesem Zweck kurzzeitig festzuhalten. ²Das Festhalten ist auf das zur Durchführung der Abschiebung unvermeidliche Maß zu beschränken.

(5) ¹Soweit der Zweck der Durchführung der Abschiebung es erfordert, kann die die Abschiebung durchführende Behörde die Wohnung des abzuschiebenden Ausländers zu dem Zweck seiner Ergreifung betreten, wenn Tatsachen vorliegen, aus denen zu schließen ist, dass sich der Ausländer dort befindet. ²Die Wohnung umfasst die Wohn- und Nebenräume, Arbeits-, Betriebs- und Geschäftsräume sowie anderes befriedetes Besitztum.

(6) ¹Soweit der Zweck der Durchführung der Abschiebung es erfordert, kann die die Abschiebung durchführende Behörde eine Durchsuchung der Wohnung des abzuschiebenden Ausländers zu dem Zweck seiner Ergreifung vornehmen. ²Bei anderen Personen sind Durchsuchungen nur zur Ergreifung des abzuschiebenden Ausländers zulässig, wenn Tatsachen vorliegen, aus denen zu schließen ist, dass der Ausländer sich in den zu durchsuchenden Räumen befindet. ³Absatz 5 Satz 2 gilt entsprechend.

(7) ¹Zur Nachtzeit darf die Wohnung nur betreten oder durchsucht werden, wenn Tatsachen vorliegen, aus denen zu schließen ist, dass die Ergreifung des Ausländers zum Zweck seiner Abschiebung andernfalls vereitelt wird. ²Die Organisation der Abschiebung ist keine Tatsache im Sinne von Satz 1.

(8) ¹Durchsuchungen nach Absatz 6 dürfen nur durch den Richter, bei Gefahr im Verzug auch durch die die Abschiebung durchführende Behörde angeordnet werden. ²Die Annah-

me von Gefahr im Verzug kann nach Betreten der Wohnung nach Absatz 5 nicht darauf gestützt werden, dass der Ausländer nicht angetroffen wurde.

(9) ¹Der Inhaber der zu durchsuchenden Räume darf der Durchsuchung beiwohnen. ²Ist er abwesend, so ist, wenn möglich, sein Vertreter oder ein erwachsener Angehöriger, Hausgenosse oder Nachbar hinzuzuziehen. ³Dem Inhaber oder der in dessen Abwesenheit hinzugezogenen Person ist in den Fällen des Absatzes 6 Satz 2 der Zweck der Durchsuchung vor deren Beginn bekannt zu machen. ⁴Über die Durchsuchung ist eine Niederschrift zu fertigen. ⁵Sie muss die verantwortliche Dienststelle, Grund, Zeit und Ort der Durchsuchung und, falls keine gerichtliche Anordnung ergangen ist, auch Tatsachen, welche die Annahme einer Gefahr im Verzug begründet haben, enthalten. ⁶Dem Wohnungsinhaber oder seinem Vertreter ist auf Verlangen eine Abschrift der Niederschrift auszuhändigen. ⁷Ist die Anfertigung der Niederschrift oder die Aushändigung einer Abschrift nach den besonderen Umständen des Falles nicht möglich oder würde sie den Zweck der Durchsuchung gefährden, so sind dem Wohnungsinhaber oder der hinzugezogenen Person lediglich die Durchsuchung unter Angabe der verantwortlichen Dienststelle sowie Zeit und Ort der Durchsuchung schriftlich zu bestätigen.

(10) Weitergehende Regelungen der Länder, die den Regelungsgehalt der Absätze 5 bis 9 betreffen, bleiben unberührt.

Allgemeine Verwaltungsvorschrift
58 Zu § 58 – Abschiebung
58.0 Allgemeines und Verfahren
58.0.0 Bei der Abschiebung handelt es sich um eine nicht an die Schriftform gebundene Maßnahme der Verwaltungsvollstreckung (unmittelbarer Zwang), die von der Ausländerbehörde (§ 71 Absatz 1) oder dem Bundesamt für Migration und Flüchtlinge angeordnet und von den Vollstreckungsbehörden der Länder (z. B. Ausländerbehörden; Polizeien der Länder, § 71 Absatz 5) durchgeführt wird. Eine Zurückschiebung nach § 57 hat grundsätzlich Vorrang vor der Abschiebung. Für die Festnahme, die Anordnung und Durchführung der Zurückschiebung sowie die Durchführung der Abschiebung sind auch die Polizeien der Länder zuständig (§ 71 Absatz 5). Die Befugnis zur Festnahme regelt sich nach bundes- oder landesrechtlichen Vorschriften über die Ingewahrsamnahme von Personen. Die Abschiebung ist unverzüglich einzuleiten. Kann eine Abschiebung nicht unverzüglich durchgeführt werden, hat die Ausländerbehörde zu prüfen, ob die Voraussetzungen für Sicherungshaft (§ 62 Absatz 2) vorliegen und dementsprechend ein Haftantrag beim zuständigen Amtsgericht zu stellen ist (vgl. §§ 416, 417 FamFG). Den Ausnahmefall der vorläufigen Ingewahrsamnahme ohne vorherige richterliche Anordnung regelt § 62 Absatz 4. In diesem Fall ist der Ausländer unverzüglich dem Richter zur Entscheidung über die Anordnung der Sicherungshaft vorzuführen (siehe auch Nummer 58.1.5).

58.0.1 Die Durchführung der Abschiebung richtet sich – soweit das Aufenthaltsgesetz nichts anderes bestimmt – nach den landesrechtlichen Vorschriften über die Durchsetzung unmittelbaren Zwangs. Das in § 72 Absatz 4 vorgeschriebene Beteiligungserfordernis der Staatsanwaltschaft ist zu beachten.

58.0.2 Wird die Abschiebung von den Polizeien der Länder oder einer anderen zuständigen Behörde durchgeführt, übersendet die Ausländerbehörde den Vollstreckungsauftrag, den Pass, Passersatz oder ein sonstiges Reisedokument und sonstige Unterlagen, die für den Ausländer bestimmt sind. Liegen die genannten Dokumente und Unterlagen bei der Grenzbehörde, teilt dies im Vollstreckungsauftrag zu vermerken. Ist die Abschiebung aus rechtlichen oder tatsächlichen Gründen unmöglich oder soll sie nach § 60a Absatz 1 ausgesetzt werden, ist der Vollstreckungsauftrag erst nach Wegfall des Grundes für die Aussetzung der Abschiebung zu erteilen.

58.0.3 Die für die Durchführung der Abschiebung zuständige Behörde kündigt der nach § 71 Absatz 3 zuständigen Grenzbehörde die vorgesehene Abschiebung rechtzeitig an und klärt im Benehmen mit dieser Behörde die im Einzelfall erforderlichen organisatorischen Maßnahmen (z. B. Bereitstellung von Begleitpersonal). Die für die Durchführung der Abschiebung zuständigen Behörden sind für die Bereitstellung von Begleitpersonal im Rahmen der Durchführung der Abschiebung bis zur Ausreise des Ausländers aus dem Bundesgebiet auch dann zuständig, wenn für diesen Zweck eine Flugreise im Inland etwa mit Zwischenlandung erforderlich ist. Die Beförderung des Ausländers zum Überstellungsort richtet sich nach den jeweiligen landesrechtlichen Bestimmungen. Die Grenzbehörde bestätigt die Übernahme des Ausländers und seiner Papiere und teilt der Ausländerbehörde den Zeitpunkt der Überstellung mit. Die Übernahme des Ausländers und seiner Papiere kann auch durch Vermerk auf einer Unterlage der Ausländerbehörde bestätigt werden, welche von den Beamten der Grenzbehörde dem Ausländer der Grenzbehörde mitgeführt werden, vorgelegt wird.

58.0.4 Ausländer in Haft oder sonstigem öffentlichen Gewahrsam sind aus der Haft oder dem öffentlichen Gewahrsam abzuschieben (§ 59 Absatz 5 Satz 1). Die Möglichkeit nach § 456a StPO, (teilweise) von der Vollstreckung einer Freiheitsstrafe, einer Ersatzfreiheitsstrafe oder einer Maßregel der Besserung und Sicherung abzusehen, ist zu beachten. Die für die Abschiebung erforderlichen ausländerrechtlichen und verfahrensrechtlichen Maßnahmen sind so rechtzeitig einzuleiten, dass die Beantragung von Abschiebungshaft im Anschluss an die Strafhaft oder den öffentlichen Gewahrsam aus rein organisatorischen Gründen nicht notwendig wird (vgl. § 74 Absatz 2 Nummer 3 AufenthV).

58.0.5 Bei der Abschiebung ist dem Schutz von Ehe und Familie, insbesondere der Familieneinheit, grundsätzlich dadurch Rechnung zu tragen, dass die vollziehbar ausreisepflichtigen Familienangehörigen zusammen abgeschoben werden. Der Schutz von Ehe und Familie gebietet es aber nicht, von der Abschiebung eines Familienangehörigen nur deshalb abzusehen, weil andere Familienmitglieder, die ausreisepflichtig sind, aber nicht abgeschoben werden können, nicht freiwillig ausreisen, obwohl ihnen das möglich wäre. Bei Asylantragstellern ist § 43 Absatz 3 AsylVfG zu beachten. Bei sonstigen Ausländern ist die in dieser Norm zum Ausdruck kommende Wertentscheidung angemessen zu berücksichtigen.

58.0.6.1 Dem Ausländer ist die Mitnahme von Gepäck zu ermöglichen, das im Transportmittel ohne Verzögerung oder sonstige Beeinträchtigung der Abschiebung befördert werden kann und durch dessen Mitnahme der Behörde

Abschiebung § 58 AufenthG 1

keine zusätzlichen Kosten entstehen. Die Mitnahme weiteren Gepäcks ist i. d. R. nur dann zu ermöglichen, wenn der Ausländer für die zusätzlichen Transportkosten aufkommt oder diese Kosten durch eine Sicherheitsleistung (§ 66 Absatz 5) gedeckt werden können.

58.0.6.2 Lässt der Ausländer bei einer Abschiebung Eigentum zurück, ist er auf die Möglichkeit einer schriftlichen Erklärung hinzuweisen, durch die er einen Verfügungsberechtigten benennt, dem er die Verantwortung für sein Eigentum überträgt und der ggf. die Verwertung seines Eigentums übernimmt. Auf Grund der Umstände des Einzelfalls muss festgestellt werden, ob der Ausländer den Besitz der Sache in der Absicht aufgegeben hat, auf das Eigentum zu verzichten. Die Verwertung des Eigentums zur Begleichung öffentlich-rechtlicher Forderungen (z. B. gemäß Leistungsbescheid nach § 67) ist in erster Linie in Betracht zu ziehen. Zuständig hierfür ist die Behörde, die die Grundverfügung erlassen hat.

58.0.7 Erhebt der Ausländer während der Abschiebung erhebliche Einwendungen, die die weitere Durchführung der Maßnahme aus gesundheitlichen Gründen als unverhältnismäßig und damit rechtswidrig erscheinen lassen können, und konnten diese Umstände gegenüber der Ausländerbehörde oder dem Gericht zuvor nicht geltend gemacht werden, wird die Ausländerbehörde zur Prüfung des Vorbringens gemäß § 59 Absatz 4 unverzüglich unterrichtet. Ist ein der Rückführung entgegenstehender Vortrag zum Gesundheitszustand zumindest beachtlich, wird zur Überprüfung regelmäßig eine ergänzende ärztliche Stellungnahme notwendig sein, wenn das beigebrachte ärztliche Zeugnis nicht bereits die Reisefähigkeit mit allen notwendigen Begründungen nachvollziehbar und ohne jeden Zweifel belegt. Ist danach aus gesundheitlichen Gründen eine Fortsetzung des Verwaltungsvollzugs unzulässig, besteht ein tatsächliches Abschiebungshindernis, zu dessen Beachtung die Ausländerbehörden verpflichtet sind.

Die Pflicht zur Prüfung eines solchen Abschiebungshindernisses ist nur auf den Vorgang der Abschiebung beschränkt und kann ggf. Vorkehrungen erfordern, die den Übergang in eine ärztliche Versorgung im Zielstaat ermöglichen, nicht aber solche, die auf eine dauernde ärztliche Versorgung im Zielstaat gerichtet sind. Eine PTBS-Problematik, die bereits im asyl- oder aufenthaltsrechtlichen Verfahren bewertet wurde, spielt – ausgenommen in einer Exazerbationsphase (akute Verschlechterung, akuter Ausbruch) – für die Flugreisetauglichkeit keine Rolle. Begleiterkrankungen können aber eine (Flug-) Reisefähigkeitsbescheinigung erforderlich machen. Ist der Ausländer reiseunfähig, ist die Durchführung der Abschiebung zu unterbrechen, bei vorübergehender Reiseunfähigkeit ist die Beantragung von Abschiebungshaft zu prüfen.

58.0.8 Sucht der Ausländer im Rahmen der Durchführung der Abschiebung um Asyl nach, finden §§ 19 bzw. 71 AsylVfG Anwendung. In den Fällen des § 71 Absatz 5 Satz 1 AsylVfG darf die Abschiebung erst nach Mitteilung des Bundesamtes für Migration und Flüchtlinge, dass die Voraussetzungen des § 51 Absatz 1 bis 3 VwVfG nicht vorliegen, durchgeführt werden. Dies gilt nicht, wenn der Ausländer in einen sicheren Drittstaat abgeschoben werden soll (§ 71 Absatz 5 Satz 2 AsylVfG, § 26a Absatz 2 AsylVfG mit Anlage I). Befindet der Ausländer sich in Haft, sind zusätzlich § 14 Absatz 3 und § 71 Absatz 8 AsylVfG zu beachten, vgl. Nummer 62.0.3.3.

58.0.9 Scheitert die Abschiebung an der Abwesenheit des Ausländers, sind die dafür maßgebenden Umstände in der Ausländerakte zu vermerken. Die Beantragung von Abschiebungshaft ist zu prüfen (vgl. § 62 Absatz 2 Satz 1 Nummer 3).

58.0.10 Stehen der Überstellung eines abzuschiebenden Ausländers an die nach § 71 Absatz 3 zuständige Grenzbehörde in einem anderen Land Hindernisse entgegen, die nicht alsbald beseitigt werden können, ist der Ausländer auf Ersuchen der für die Abschiebung zuständigen Ausländerbehörde von der Ausländerbehörde, in deren Bezirk der Überstellungsort liegt. Diese Behörde hat die etwa erforderlichen vorläufigen Maßnahmen zur Sicherung der Abschiebung (Beantragung von Abschiebungshaft beim zuständigen Amtsgericht, Festnahme zur Überführung in den Gewahrsam) zu treffen. Erweisen sich die Hindernisse, die der Überstellung entgegenstehen, als voraussichtlich von Dauer, ist die Entscheidung über weitere Maßnahmen der für die Abschiebung zuständigen Ausländerbehörde zu überlassen. Wenn feststeht, dass die Abschiebung aus Gründen, die der Ausländer nicht zu vertreten hat, nicht innerhalb der nächsten drei Monate durchgeführt werden kann, ist die Sicherungshaft unzulässig, vgl. § 62 Absatz 2 Satz 4.

58.0.11 Bestehen bei der Überstellung des Ausländers an die nach § 71 Absatz 3 zuständige Grenzbehörde am Flughafen berechtigte Zweifel, ob die Abschiebung auf dem Luftweg durchgeführt werden kann, haben sich die Vollstreckungsbeamten des Landes für den Fall des Scheiterns der Abschiebung zum Zwecke der Rückführung des Ausländers an den bisherigen Aufenthaltsort bis zum Abflug des Flugzeugs bereitzuhalten.

58.0.12 Ist der Ausländer anwaltlich vertreten, wird sein Bevollmächtigter über die durchgeführte Abschiebung grundsätzlich von der Ausländerbehörde unterrichtet.

58.0.13.1 Unbeschadet der Datenübermittlungspflichten nach dem AZRG und den hierzu ergangenen Vorschriften hat die Ausländerbehörde von einer vollzogenen Abschiebung zu unterrichten (siehe Nummer Vor 53.10 hinsichtlich der Ausweisung):

58.0.13.1.1 – die für die Dateneingabe zuständige Polizeidienststelle zum Zweck der Ausschreibung in INPOL (Zurückweisung, Festnahme) und im SIS (Einreiseverweigerung, Artikel 96 Absatz 3 SDÜ) nach dem vorgeschriebenen Muster (§ 50 Absatz 7 Satz 2), sofern eine solche Ausschreibung in INPOL bzw. im SIS beabsichtigt ist (zu den Voraussetzungen einer Ausschreibung vgl. Nummer 50.7) und

58.0.13.1.2 – auf Ersuchen das Bundesamt für Migration und Flüchtlinge nach Maßgabe datenschutzrechtlicher Bestimmungen, wenn es sich um einen Ausländer handelt, der einen Asylantrag gestellt hat.

58.0.13.2 Liegen bei einem Ausländer, dessen Aufenthalt unbekannt ist, die Voraussetzungen für die zwangsweise Durchsetzung der vollziehbaren Ausreisepflicht (siehe auch § 80b Absatz 1 VwGO) und für die Anordnung von Abschiebungshaft nach § 62 vor, stehen folglich auch Abschiebungsverbote nach § 60 nicht entgegen, kann die Ausländerbehörde den Ausländer nach Ablauf der Ausreisefrist gemäß § 50 Absatz 7 Satz 1 zur Aufenthaltsermittlung und Festnahme ausschreiben (vgl. Nummer 50.7). In diesem Fall hat sie die für die Dateneingabe zuständige Polizeidienststelle zum Zweck der Ausschreibung in IN-POL (Aufenthaltsermittlung, Festnahme) nach dem vorgeschriebenen Muster zu unterrichten. Die Ausschreibung soll insbesondere erfolgen, wenn sich der Ausländer bereits einmal der Abschiebung entzogen hat oder nach Ablauf der Ausreisefrist der Grenzübertrittsbescheinigung nicht vorliegt. Der Mitteilung an die für die Dateneingabe zuständige Polizeidienststelle ist ein kurz gefasster Schriftsatz beizufügen, der die Gründe für die beabsichtigte Abschiebung enthält.

Dollinger

58.0.14 Wird der Ausländer unter den Voraussetzungen des § 62 Absatz 4 ausnahmsweise ohne vorherige richterliche Anordnung in vorläufigen Gewahrsam genommen, hat die zuständige Vollstreckungsbehörde (siehe Nummer 62.0.3.0) umgehend Abschiebungshaft gemäß § 62 Absatz 2 zu beantragen und den Ausländer unverzüglich dem Richter zur Entscheidung über die Anordnung der Sicherungshaft vorzuführen. Auf die Möglichkeit des Eilantrages nach § 427 FamFG wird hingewiesen.

58.1 Voraussetzungen für die Abschiebung
58.1.0 Die Abschiebung setzt voraus, dass
– der Ausländer vollziehbar ausreisepflichtig ist,
– einer der in § 58 Absatz 1 und 2 genannten Abschiebungsgründe vorliegt,
– die Abschiebungsandrohung nach § 59 Absatz 1 vollziehbar oder ausnahmsweise verzichtbar ist oder
– eine nach § 50 Absatz 2 oder § 59 Absatz 1 gesetzte oder verlängerte Ausreisefrist abgelaufen und eine Ausreise des Ausländers innerhalb der ihm gesetzten Ausreisefrist nicht erfolgt ist (siehe Nummer 50.4).

Bei Abschiebungen im Zusammenhang mit den durch das SDÜ geregelten Aufenthalten ist ergänzend Artikel 23 Absatz 3 bis 5 SDÜ zu beachten.

58.1.1 Wenn alle Voraussetzungen vorliegen, darf die Abschiebung nur bei Vorliegen eines Aussetzungsgrundes gemäß § 60 Absatz 1 bis 5, 7, § 60a oder beim Vorliegen einer richterlichen Anordnung (§ 80 Absatz 5, § 80b, § 123 VwGO) ausgesetzt werden. Gelegenheit zur freiwilligen Ausreise besteht bis zum Ablauf der Ausreisefrist. Die freiwillige Ausreise hat Vorrang vor der Abschiebung. Soweit von einer Abschiebung abgesehen wird, setzt dies eine Aussetzung der vollziehbaren Ausreisepflicht oder Verlängerung der Ausreisefrist voraus (siehe Nummer 50.2.3). Der Nachweis, dass ein Ausländer innerhalb der Ausreisefrist ausgereist ist, ergibt sich auch aus der Grenzübertrittsbescheinigung (siehe Nummer 50.4.1.1 ff.).

58.1.2 Vor der Abschiebung hat die Ausländerbehörde sicherzustellen, dass die für die Abschiebung erforderlichen Grenzübertrittspapiere, Visa, Übernahmeerklärungen, Durchbeförderungsbewilligungen und sonst erforderlichen Unterlagen vorhanden sind. Ist die Abschiebung eines Ausländers von einer Übernahmeerklärung eines anderen Staates abhängig, richtet sich das Einholen dieser Erklärung nach der zwischen der Bundesrepublik Deutschland und dem Zielstaat anwendbaren Übernahmevereinbarung (vgl. § 57 Absatz 1 Satz 2). Das Bundesministerium des Innern führt eine Liste über die bestehenden bilateralen und multilateralen Rücküberahmeabkommen.

58.1.3 Ist für die Durchbeförderung eines Ausländers durch einen dritten Staat eine Durchbeförderungsbewilligung erforderlich, gilt Nummer 58.1.2 für das Einholen der Durchbeförderungsbewilligung entsprechend. Eine entsprechende Bewilligung ist stets erforderlich, wenn die Durchbeförderung durch einen Staat erfolgen soll, mit dem die Bundesrepublik Deutschland ein Übernahmeabkommen geschlossen hat oder der Mitgliedstaat der Europäischen Union ist (vgl. Richtlinie 2003/110/EG des Rates vom 25. November 2003 über die Unterstützung bei der Durchbeförderung im Rahmen von Rückführungsmaßnahmen auf dem Luftweg [ABl. EU Nummer L 321 S. 26, so genannte Durchbeförderungsrichtlinie]). Dabei ist es unerheblich, ob der Ausländer auf dem Landweg oder auf dem Luftweg mit Zwischenlandung auf einem Flughafen des in Betracht kommenden Staates abgeschoben werden soll. Bei welcher Behörde die Durchbeförderungsbewilligung einzuholen ist, ergibt sich aus den jeweiligen Abkommen und Durchführungsprotokollen gemäß der vom Bundesministerium des Innern erstellten Liste (siehe Nummer 58.1.2).

58.1.4 Bei Abschiebungen auf dem Luftweg mit Zwischenlandung in Staaten, mit denen kein Übernahmeabkommen besteht, sind i. d. R. die für die Überwachung der Weiterreise zuständigen ausländischen Stellen über die Grenzbehörden, in besonderen Fällen über die deutschen Auslandsvertretungen wenigstens zwei Tage vorher zu unterrichten. Hiervon ist abzusehen, wenn die Zwischenlandung in außereuropäischen Staaten erfolgt oder wenn zu erwarten ist, dass der Ausländer auch ohne Überwachung bei der Zwischenlandung weiterreist.

58.1.5 Ein ausreisepflichtiger Ausländer, der nach § 58 Absatz 1 abzuschieben ist, kann zur Vorbereitung und Sicherung der Abschiebung von den nach § 71 Absatz 1, 3 und 5 zuständigen Behörden auf richterlicher Anordnung zum Zwecke der Abschiebung festgenommen und bis zur Durchführung der Abschiebung in Sicherungshaft festgehalten werden, sofern die Voraussetzungen hierfür gegeben sind (vgl. Nummer 62.2). In den in § 62 Absatz 4 bezeichneten Ausnahmefällen kann der Ausländer von den für die Beantragung von Haft zuständigen Behörden vorläufig in Gewahrsam genommen werden.

58.1.6 Können die für eine Abschiebung erforderlichen ausländischen Grenzübertrittspapiere nicht beschafft werden oder ist davon auszugehen, dass der Aufnahmestaat ein entsprechendes Dokument akzeptiert, kann dem Ausländer ein Reiseausweis (§ 6 Satz 1 Nummer 3 AufenthV) oder ein Standardreisedokument für die Rückführung (§ 4 Absatz 1 Nummer 7 AufenthV) ausgestellt werden, wenn dadurch die Abschiebung ermöglicht wird. Dies setzt voraus, dass der Zielstaat die Einreise mit dem Reiseausweis bzw. dem Standardreisedokument gestattet. Im Zweifelsfall ist im Benehmen mit den Grenzbehörden zu klären, ob Erfahrungen hierüber vorliegen. Die Gültigkeitsdauer ist auf die für die Durchführung der Abschiebung erforderliche Zeit zu beschränken. Der Reiseausweis darf die Gültigkeitsdauer von einem Monat nicht überschreiten (§ 8 Absatz 2 Satz 1 AufenthV). Der Geltungsbereich des Reisedokuments ist auf die Durchreisestaaten und den Zielstaat zu beschränken (§ 9 Absatz 1 AufenthV).

58.1.7 Wird die Abschiebung eines Ausländers vollzogen, soll von der Grenzbehörde im Pass oder Passersatz des Ausländers vermerkt werden: „Abgeschoben", soweit generell oder im Einzelfall nichts anderes angeordnet wird.

58.2 Vollziehbarkeit der Ausreisepflicht
58.2.1.0 § 58 Absatz 2 Satz 1 regelt die Fälle, in denen die Ausreisepflicht kraft Gesetzes mit ihrer Entstehung vollziehbar ist. In diesen Fällen gibt es unbeschadet der Möglichkeit des vorläufigen Rechtsschutzes (§ 80 Absatz 5, § 123 Absatz 1 VwGO) gegen die Abschiebungsandrohung oder Abschiebung keinen Rechtsbehelf mit aufschiebender Wirkung, d. h. mit einer die gesetzliche Vollziehbarkeit beendenden Wirkung.

58.2.1.1 Von § 58 Absatz 2 Satz 1 Nummer 1 sind die in § 14 Absatz 1 abschließend geregelten Fälle der unerlaubten Einreise umfasst. Ein Antrag auf Erteilung eines Aufenthaltstitels lässt in diesen Fällen die Vollziehbarkeit der Ausreisepflicht unberührt (siehe § 81 Absatz 3). Nummer 57.1.2 ist zu beachten.

58.2.1.2 In den Fällen des § 58 Absatz 2 Satz 1 Nummer 2 entfällt die Vollziehbarkeit der Ausreisepflicht, wenn der Aufenthalt nach § 81 Absatz 3 bzw. Absatz 4 als erlaubt bzw. fortbestehend gilt. Bei Versagung des Aufenthaltstitels wird der Ausländer wieder nach § 58 Absatz 2 Satz 2 ausreisepflichtig. Hinsichtlich abgelehnter Asylbewerber gilt § 43 AsylVfG.

Abschiebung § 58 AufenthG 1

58.2.1.3 Nach § 58 Absatz 2 Satz 1 Nummer 3 ist die Ausreisepflicht vollziehbar, wenn der Ausländer auf Grund einer Rückführungsentscheidung gemäß Artikel 3 der Richtlinie 2001/40/EG des Rates vom 28. Mai 2001 über die gegenseitige Anerkennung von Entscheidungen über die Rückführung von Drittstaatsangehörigen (ABl. EG Nummer L 149 S. 34) ausreisepflichtig wird, sofern diese von der zuständigen Behörde anerkannt wird.

58.2.1.3.1 Die Richtlinie sieht vor, dass mit ihr die Anerkennung von Rückführungsentscheidungen eines Mitgliedstaates (Entscheidungsmitgliedstaat) durch den Mitgliedstaat ermöglicht werden soll, in dessen Hoheitsgebiet sich ein Drittstaatsangehöriger aufhält (Vollstreckungsmitgliedstaat). Dies soll dazu führen, dass ein Drittstaatsangehöriger, dessen Rückführungsentscheidung mit

58.2.1.3.1.1 – einer schwerwiegenden und akuten Gefahr für die öffentliche Sicherheit und Ordnung oder die nationale Sicherheit (d. h. Verurteilung wegen einer Straftat, die mit einer Freiheitsstrafe von mindestens einem Jahr bedroht ist oder begründeter Verdacht, dass der Drittstaatsangehörige schwere Straftaten begangen hat oder solche im Hoheitsgebiet eines Mitgliedstaates plant) oder mit

58.2.1.3.1.2 – einem Verstoß gegen die innerstaatlichen Rechtsvorschriften über die Einreise oder den Aufenthalt von Ausländern begründet wurde, unter Vollstreckungsmitgliedstaat unter Anerkennung der Rückführungsentscheidung des Entscheidungsmitgliedstaates in sein Heimat- bzw. Herkunftsland abgeschoben werden kann.

58.2.1.3.2 Nationale Kontaktstelle nach der Entscheidung 2004/191/EG des Rates vom 23. Februar 2004 zur Festlegung der Kriterien und praktischen Einzelheiten zum Ausgleich finanzieller Ungleichgewichte aufgrund der Anwendung der Richtlinie 2001/40/EG über die gegenseitige Anerkennung von Entscheidungen über die Rückführung von Drittstaatsangehörigen (ABl. EU Nummer L 60 S. 55), die eine Übermittlung der einschlägigen Daten an die anderen Mitgliedstaaten vornimmt, ist das Bundesamt für Migration und Flüchtlinge. Ihr kommt insbesondere die Aufgabe zu, den Ausgleich der finanziellen Aufwendungen des Vollstreckungsmitgliedstaates durch den Entscheidungsmitgliedstaat zu gewährleisten. Die Entscheidung darüber, ob die Richtlinie Anwendung findet und ob die rechtlichen Voraussetzungen vorliegen, treffen die Ausländerbehörden.

58.2.2.1 Nach § 58 Absatz 2 Satz 2 tritt die Vollziehbarkeit der Ausreisepflicht mit der Vollziehbarkeit der Versagung des Aufenthaltstitels oder des sonstigen Verwaltungsaktes, durch den der Ausländer nach § 50 Absatz 1 ausreisepflichtig wird, ein. Die Versagung von Aufenthaltstiteln ist nach § 84 Absatz 1 sofort vollziehbar. Im Übrigen bestimmt sich die Vollziehbarkeit des Verwaltungsaktes nach der VwGO (§ 80 Absatz 2 und § 80b Absatz 1 VwGO).

58.2.2.2 Die Ausreisepflicht kann gleichzeitig auf mehreren Rechtsgrundlagen beruhen, z. B. im Falle der Ausweisung eines unerlaubt eingereisten Ausländers. Die auf der unerlaubten Einreise beruhende Ausreisepflicht ist dann gemäß § 58 Absatz 2 Satz 1 Nummer 1 vollziehbar, aber die auf der Ausweisung beruhende Ausreisepflicht nur nach § 58 Absatz 2 Satz 2, wenn die Ausweisung vollziehbar ist. Sofern die Vollziehbarkeit der Ausweisung infolge Widerspruchs oder Klage entfällt, bleibt die Vollziehbarkeit der Ausreisepflicht nach § 58 Absatz 2 Satz 1 Nummer 1 bestehen. Dasselbe gilt, wenn die Ausländerbehörde die sofortige Vollziehung der Ausweisung angeordnet, das Verwaltungsgericht aber nach § 80 Absatz 5 VwGO die aufschiebende Wirkung wieder hergestellt hat. Die richterliche Anordnung steht in diesem Fall der zwangsweisen Aufenthaltsbeendigung nicht entgegen, weil sie sich nur auf die Ausweisung beschränkt. Im vorläufigen Rechtsschutzverfahren kann jedoch ungeachtet der vollziehbaren Ausreisepflicht nach § 58 Absatz 2 die aufschiebende Wirkung des Rechtsbehelfs angeordnet bzw. wiederhergestellt, d. h. die Vollziehbarkeit der Abschiebungsandrohung oder der Abschiebung ausgesetzt werden, weil etwa ein Abschiebungsverbot vorliegt.

58.3 Überwachungsbedürftigkeit der Ausreise

58.3.1 Die Ausländerbehörde hat zu prüfen, ob Anlass zu Zweifeln an der Möglichkeit oder der Bereitschaft zur freiwilligen Erfüllung der Ausreisepflicht besteht (z. B. durch Befragen des Ausländers über den Reiseweg und durch Vorlage von Flugtickets). Gesichtspunkte, dass eine freiwillige Ausreise gesichert erscheint, hat der Ausländer darzutun (§ 82 Absatz 1). Die freiwillige Ausreise ist insbesondere dann nicht als gesichert anzusehen, wenn der Ausländer zu erkennen gibt, dass er der Verpflichtung zur Ausreise nicht nachkommen und sich einer Festnahme oder sonstigen Sicherungsmaßnahme zum Zwecke der Abschiebung entziehen wird. Anhaltspunkte, aus denen sich ergibt, dass die freiwillige Ausreise eines Ausländers nicht gesichert erscheint oder dass die Überwachung der Ausreise gleichwohl erforderlich ist, sollen aktenkundig gemacht werden. Erklärt ein Ausländer in Anbetracht der drohenden Abschiebungshaft, doch freiwillig ausreisen zu wollen, rechtfertigt dies allein noch nicht die Annahme, dass die Ausreise gesichert ist. Vielmehr sind zur Beurteilung der Ausreisebereitschaft alle Umstände des Einzelfalls zu würdigen.

58.3.2 Abschiebungsgründe der öffentlichen Sicherheit und Ordnung i. S. d. § 58 Absatz 1, die nicht von § 58 Absatz 3 erfasst sind, liegen etwa vor, wenn Anhaltspunkte gegeben sind, dass der Ausländer während der Reise mit Strafe bedrohten Handlungen begehen wird. Entsprechendes gilt, wenn der Ausländer an einer nach §§ 6 und 7 IfSG meldepflichtigen übertragbaren Krankheit oder einer Geisteskrankheit leidet. Die Überwachung der Ausreise kann auch zum Schutz des Ausländers erforderlich werden.

58.3.3 § 58 Absatz 3 konkretisiert die in § 58 Absatz 1 generell benannten Überwachungsgründe beispielhaft („insbesondere").

58.3.3.1 § 58 Absatz 3 Nummer 1 geht von einer Überwachungsbedürftigkeit der Ausreise unabhängig von Haft- bzw. Gewahrsamsgrund aus, solange eine richterliche Anordnung vorliegt. Polizeilicher Gewahrsam ist demnach nicht ausreichend.

58.3.3.2 Ein Antrag auf Fristverlängerung nach § 50 Absatz 2 Satz 3 ist im Rahmen der Prüfung von Absatz 3 Nummer 2 (Nichterfüllung der Ausreisepflicht innerhalb einer dem Ausländer gesetzten Ausreisefrist) zu beachten.

58.3.3.3 Eine Ausweisung nach § 53 oder § 54 führt bei Vorliegen der weiteren Abschiebungsvoraussetzungen in jedem Fall zur Abschiebung (Absatz 3 Nummer 3), unabhängig davon, ob bei der Ausweisung besonderer Ausweisungsschutz nach § 56 zur Anwendung gelangt ist.

58.3.3.4 Ob Mittellosigkeit i. S. v. § 58 Absatz 3 Nummer 4 gegeben ist, ist danach zu beurteilen, ob 58 a.0.2 der Ausländer tatsächlich zur Abdeckung der Ausreisekosten in der Lage ist. Ob die Kosten von ihm selbst oder von einem Dritten beigebracht werden können, ist hierfür unerheblich.

58.3.3.5 Passlosigkeit (Absatz 3 Nummer 5) führt ohne Rücksicht auf ihre konkreten Umstände zur Überwachungsbedürftigkeit der Ausreise. Nach dem Gesetzeszweck ist allerdings nicht von einem Abschiebungsgrund

Dollinger 1115

auszugehen, wenn die Passlosigkeit auf Grund Erfolg versprechender Bemühungen des Ausländers (Beantragung eines neuen Passes, mit dessen baldiger Ausstellung zu rechnen ist) in absehbarer Zeit beseitigt werden wird.

58.3.3.6 Die in § 58 Absatz 3 Nummer 6 bezeichnete Täuschung oder Verweigerung von Angaben muss – obgleich nicht notwendig im Zusammenhang mit der aktuellen Ausreisepflicht stehend – den nachvollziehbaren Rückschluss erlauben, der Ausländer werde seiner Ausreisepflicht nicht nachkommen.

58.3.3.7 Zu § 58 – Absatz 3 Nummer 7 wird Bezug genommen auf Nummer 58.3.1. Besteht keine Veranlassung zu der Annahme, dass das Rückkehrverfahren dadurch gefährdet wird, ist die freiwillige Ausreise der Abschiebung vorzuziehen. Hat der Ausländer eindeutig zu erkennen gegeben, er werde nicht ausreisen, ist die nachfolgende Erklärung des Gegenteils i. d. R. unbeachtlich. Ausreichend sind im Übrigen tatsächliche Anhaltspunkte dafür, dass sich der Ausländer der Ausreisepflicht entziehen wird, etwa das objektiv feststellbare Abbrechen sozialer oder wirtschaftlicher Bindungen. Das Beschreiten des Rechtswegs ist rechtmäßig und begründet deshalb keine Überwachungsbedürftigkeit.

Übersicht

	Rn.
I. Entstehungsgeschichte	1
II. Gesetzliche Systematik: Ausreisepflicht und Abschiebung	2
III. Abschiebung unbegleiteter Minderjähriger und anerkannter Flüchtlinge und subsidiär Schutzbedürftiger	4
IV. Abschiebung	10
1. Allgemeines	10
2. Vollziehbare Ausreisepflicht	15
3. Gewähr für freiwillige Ausreise	25
4. Überwachungsbedürftigkeit der Ausreise	26
5. Freiheitsbeschränkung während der Abschiebung	35
6. Wohnungsbetretung und Durchsuchung zwecks Abschiebung	36
V. Verwaltungsverfahren und Rechtsschutz	43
1. Verwaltungsverfahren	43
2. Rechtsschutz	49

I. Entstehungsgeschichte

1 Die Vorschrift entsprach ursprünglich dem **Gesetzesentwurf zum ZuwanderungsG**[1]. Mit dem RLUmsG 2007 wurden in § 58 II 1 Nr. 2 die Wörter „nach Ablauf der Geltungsdauer" gestrichen[2]. Es handelte sich um eine redaktionelle Korrektur. Die Bedeutung der Änderung liegt in der Gesetzesbegründung. Danach wurde ein systemwidriger Verweis auf § 81 IV beseitigt, weil „nach § 81 IV eine Verlängerung eines Aufenthaltstitels nach Ablauf der Geltungsdauer nicht möglich" sei[3].

Das **RLUmsG 2011** änderte die Vorschrift an verschiedenen Stellen[4]. In Abs. 1 S. 1 wurde nach den Wörtern „vollziehbar ist" eingefügt: „eine Ausreisefrist nicht gewährt wurde oder diese abgelaufen ist". Nach der Gesetzesbegründung dient die Änderung der Klarstellung, dass der Lauf der Ausreisefrist die verwaltungsrechtliche Vollziehbarkeit der Ausreisepflicht nicht berührt; ungeachtet dessen bleibt die Abschiebung weiterhin nur zulässig, wenn eine gewährte Ausreisefrist abgelaufen ist. Die Anfügung von S. 2 setzt Art. 8 II Rückführungs-RL um. Der ebenfalls neu eingefügte Abs. 1a beruht auf Art. 10 II Rückführungs-RL. Abs. 2 S. 1 Nr. 2 wurde sprachlich klargestellt; die Voraussetzungen sind alternativ zu verstehen. Im Satzteil nach Nr. 3 wurden die Wörter „und eine Ausreisefrist nicht gewährt wurde oder diese abgelaufen ist" gestrichen. Damit soll klargestellt werden, dass der Lauf der Ausreisefrist die verwaltungsrechtliche Vollziehbarkeit der Ausreisepflicht nicht berührt. Wie aus Abs. 1 S. 1 folgt, bleibt die Abschiebung weiterhin nur zulässig, wenn eine gewährte Ausreisefrist abgelaufen ist.

Abs. 1b wurde durch das **Gesetz zur Verbesserung der Rechte von internationalen Schutzberechtigten und ausländischen Arbeitnehmern vom 29.8.2013**[5] eingefügt, um Art. 1 Nr. 7 RL 2011/51/EU vom 11.5.2011[6] umzusetzen[7]. Die Änderung in Abs. 3 Nr. 3 mit der Streichung der Ausweisung nach § 53 oder § 54 und Ersetzung durch „auf Grund eines besonders schwerwiegenden Ausweisungsinteresses nach § 54 Absatz 1 in Verbindung mit § 53 ausgewiesen worden ist" beruht auf dem **AufenthG-ÄndG 2015**[8] und ist eine Folgeänderung zur Neukonzeption des Ausweisungsrechts[9].

---

[1] BT-Drs. 15/420, 23.
[2] BT-Drs. 16/5065, 23.
[3] Einzelheiten bei § 81.
[4] S. zum Folgenden den Gesetzesentwurf und die Begründung in BT-Drs. 17/5470, 7, 23 f.
[5] BGBl. 2013 I S. 3484.
[6] ABl. 2011 L 132, 1.
[7] BT-Drs. 17/13022, 22.
[8] BGBl. 2015 I S. 1386.
[9] BT-Drs. 18/5420, 27.

Die Vorschrift wurde schließlich durch das am 21.8.2019 in Kraft getretene Zweite Gesetz zur besseren Durchsetzung der Ausreisefrist vom 15.8.2019 (**2. RückkehrG 2019**[10]) um **Abs. 4–10** wesentlich ergänzt. Regelungsgegenstände sind erstens das Festhalten der Person während des Abschiebungsvorgangs als solchem (Abs. 4) und zweitens das Betreten und gegebenenfalls erforderliche Durchsuchen der Wohnung des abzuschiebenden Ausländers (Abs. 5–10). Während Abs. 4 bereits im Gesetzesentwurf der Bundesregierung vom 10.5.2019[11] enthalten war, sind die Abs. 5–10 erst auf die Beschlussempfehlung des Ausschusses für Inneres und Heimat des Bundestags vom 5.6.2019[12] in den Gesetzesentwurf aufgenommen worden. Die gegen das nächtliche Betretungs- und Durchsuchungsrecht für Wohnungen des abzuschiebenden Ausländers von den Ausschüssen für Arbeit, Integration und Sozialpolitik und für Frauen und Jugend des Bundesrats[13] pauschal erhobenen verfassungsrechtlichen Bedenken haben sich nicht durchgesetzt.

II. Gesetzliche Systematik: Ausreisepflicht und Abschiebung

Abschiebung (unionsrechtlich: **Rückführung**) ist die **zwangsweise Durchsetzung der gesetzlichen Ausreisepflicht** nach den Regeln der EU-**Rückführungs-RL** aus dem Jahr 2008[14] Mit der Abschiebung wird kein VA vollstreckt, sondern eine gesetzliche Handlungspflicht durchgesetzt[15]. Für die Abschiebung als **Zwangsmittel** ist kennzeichnend, dass dem Ausländer die freie Disposition über seine Ausreise genommen wird. Die Abschiebung als Vollstreckungsmaßnahme zur Durchsetzung der Ausreisepflicht wird nach § 71 V vollzogen, indem der Ausländer etwa von der Polizei des Landes an die Grenze gebracht und der zur Überstellung zuständigen Bundespolizei übergeben wird. Bei der Abschiebung auf dem Luftweg wird der Ausländer regelmäßig von Polizeibeamten begleitet und dann ausländischen Behörden im Zielstaat übergeben. Vorausgehen muss dem Realakt Abschiebung eine förmliche Rückkehrentscheidung. Denn nach der ständigen Rspr. des EuGH zur Rückführungs-RL sind die Mitgliedstaaten grundsätzlich verpflichtet, gegen alle illegal in ihrem Hoheitsgebiet anwesenden Drittstaatsangehörigen eine Rückkehrentscheidung zu verfügen[16]. Art. 6 I Rückführungs-RL bestimmt die Pflicht zur Rückkehr bei illegalem Aufenthalt, die nach Art. 8 I Rückführungs-RL für den Fall der nicht freiwilligen Erfüllung mittels Abschiebung zwangsweise durchzusetzen ist.

Die **Abschiebung setzt** die **Vollziehbarkeit der Ausreisepflicht** (Abs. 2) und die **fehlende Gewähr für deren freiwillige Erfüllung** (§ 50 I–III, § 59 I) oder die **Notwendigkeit der Überwachung** aus Gründen der öffentlichen Sicherheit und Ordnung (Abs. 3) **voraus**[17]. Außerdem muss in der Regel zuvor eine Abschiebungsandrohung mit Bestimmung einer Ausreisefrist (§ 59) ergehen. Schließlich darf kein Abschiebungsverbot oder -hindernis bestehen (§ 60). Bei Vorliegen dieser Voraussetzungen ist die unverzügliche Abschiebung Pflicht und nicht in das Ermessen der Ausländerbehörde gestellt, auch nicht in Ausnahmefällen[18]. Nur die Aussetzung der Abschiebung durch Duldung (§§ 60a–60d) kann die Abschiebung dann noch – in der Regel vorübergehend – aufschieben. Zum Einvernehmen der Staatsanwaltschaft nach Einleitung eines Strafverfahrens vgl. § 72 IV. Im Falle des § 58a folgt die Abschiebung in jeder Beziehung eigenen Regeln. Die Androhung der Abschiebung bei erfolglosen Asylbewerbern richtet sich nach § 34 ff. AsylG und ist von der Abschiebungsanordnung nach § 34a AsylG zu unterscheiden. Abschiebungsanordnung und Abschiebungsandrohung stellen keine teilidentischen Vollstreckungsmaßnahmen dar; die Ersetzung einer (rechtswidrigen) Abschiebungsanordnung durch eine Abschiebungsandrohung führt daher zur vollständigen Erledigung der Abschiebungsanordnung[19]. Die Durchführung der Abschiebung erfolgloser Asylbewerber erfolgt nach den allgemeinen Regeln, wobei allerdings unionsrechtliche Besonderheiten zu beachten sein können[20].

---

[10] BGBl. 2019 I S. 1294.
[11] BT-Drs. 19/10047, 14.
[12] BT-Drs. 19/10706, 6.
[13] BR-Drs. 275/1/19, 2.
[14] EU-Rückführungsrichtlinie 2008/115/EG, ABl. 2008 L 348, 98.
[15] HessVGH Urt. v. 21.6.2018 – 3 A 2411/16, BeckRS 2018, 21936; VGH BW Beschl. v. 20.6.2016 – 11 S 914/16, InfAuslR 2016, 333 mwN.
[16] EuGH Urt. v. 23.4.2015 – C-38/14, BeckRS 2015, 80557 Rn. 31.
[17] Zum Unterschied zwischen beiden Zwecken HmbOVG Beschl. v. 15.11.1989 – Bs IV 503/88 ua, EZAR 132 Nr. 2.
[18] *Renner* AiD Rn. 7/381 f.
[19] BVerwG Beschl. v. 23.10.2015 – 1 B 41.15, NVwZ 2015, 1779 Rn. 15.
[20] S. etwa zur Frage, ob und unter welchen Voraussetzungen iRd § 34a AsylG in sog. Dublin-Fällen nach Unionsrecht die Möglichkeit einer freiwilligen Ausreise oder einer kontrollierten Überstellung eingeräumt werden muss VGH BW Urt. v. 27.8.2014 – A 11 S 1285/14; BVerwG Urt. v. 17.9.2015 – 1 C 26.14.

III. Abschiebung unbegleiteter Minderjähriger und anerkannter Flüchtlinge und subsidiär Schutzbedürftiger

4   Bei der **Abschiebung unbegleiteter Minderjähriger** sind die für die Rechtmäßigkeit der Abschiebung zwingenden Vorgaben des **Abs. 1a** zu beachten[21]. Die Regelung gilt allerdings nicht bei der Überstellung nach den Dublin-Verordnungen[22]. Abs. 1a gibt im Wesentlichen den Wortlaut von Art. 10 II Rückführungs-RL wieder. Die **Minderjährigkeit** des Ausländers bestimmt sich nach bundesdeutschem Recht, also dem BGB (§ 80 I, III 1), und nicht nach dem Recht der Zielstaats[23]. Sie endet mit Vollendung des 18. Lebensjahrs. Soweit ausländische Rechtsordnungen ein höheres Alter für den Eintritt der Volljährigkeit bestimmen – zB Vollendung des 21. Lebensjahres – bindet dies die deutsche Ausländerbehörde nicht. **Unbegleitet** ist ein minderjähriger Ausländer, wenn er ohne Begleitung eines Erwachsenen, der im Rückkehrstaat Verantwortung für ihn übernehmen kann und wird, abgeschoben werden soll[24].

5   § 58 Ia und Art. 10 Rückführungs-RL sind in Zusammenschau mit **§ 42 I 1 Nr. 3 SGB VIII** zu lesen. § 42 I 2 Nr. 3 SGB VIII und § 58 Ia setzen Art. 19 Rückführungs-RL hinreichend in nationales Recht um[25]. Gem. § 42 I 1 Nr. 3 SGB VII ist das **Jugendamt** berechtigt und verpflichtet, ein **Kind oder einen Jugendlichen in seine Obhut zu nehmen,** wenn ein ausländisches Kind oder ein ausländischer Jugendlicher unbegleitet nach Deutschland kommt und sich weder Personensorge- noch Erziehungsberechtigte im Inland aufhalten. Das Jugendamt ist während der Inobhutnahme berechtigt, alle Rechtshandlungen vorzunehmen, die zum Wohl des Kindes oder des Jugendlichen notwendig sind; der mutmaßliche Wille der Personensorge- oder der Erziehungsberechtigten ist dabei angemessen zu berücksichtigen. Damit vertritt das Jugendamt auch gegenüber der Ausländerbehörde.

6   Die Ausländerbehörde (regelmäßig in Zusammenarbeit mit den Vertretungen des AA) – und gegebenenfalls die Verwaltungsgerichte – müssen sich in jedem Einzelfall die **Überzeugungsgewissheit** davon verschaffen, dass die **Übergabe des unbegleiteten Minderjährigen an eine in der Vorschrift genannte Person oder Einrichtung im Zielstaat** nicht nur möglich ist, sondern tatsächlich auch erfolgen wird[26]. Maßstab ist das **Kindeswohl**. Schließlich hat die Ausländerbehörde das Ergebnis ihrer Ermittlungen den gesetzlichen Vertreter des unbegleiteten Minderjährigen und/oder dem Minderjährigen (§ 80 II) – dh in aller Regel dem Jugendamt – mitzuteilen, wenn sie sich von der konkreten Übergabe im Zielstaat vergewissert hat[27]. Die **Mitteilungspflicht** der Ausländerbehörde aus § 58 Ia ist von der in § 60a V 4 geregelten Pflicht zur Ankündigung einer vorgesehenen Abschiebung zu unterscheiden. Sind die Behörden des Zielstaats zur Kooperation mit deutschen Ausländerbehörden und den zuständigen Vertretungen des AA, wie sie Abs. 1a erfordert, nicht bereit oder in der Lage[28], ist die tatsächliche Rückführung unbegleiteter Minderjähriger dorthin ausgeschlossen. Das Kindeswohl der unter 18-jährigen Ausländern geht dem Interesse an der Beendigung des illegalen Aufenthalts im Bundesgebiet dann vor.

7   **Abs. 1a** ist in seinem Anwendungsbereich nicht auf die Abschiebung und damit die Vollstreckung einer Rückführungsentscheidung iSd **Rückführungs-RL** begrenzt. Das in Art. 10 II Rückführungs-RL enthaltene Vollstreckungshindernis für die Abschiebung von unbegleiteten minderjährigen Ausländer vermittelt den Betroffenen zudem **gleichwertigen Schutz vor Abschiebung wie nationalen Abschiebungsschutz** oder einen Abschiebestopp-Erlass und steht daher der Überwindung der Sperrwirkung des § 60 VII 2 im Wege der verfassungskonformen Auslegung entgegen[29]. Dazu müssen sich indes nicht mit der Vollstreckung der Rückkehrentscheidung befasste Behörden des Mitgliedstaats der Union – vor Erlass der Abschiebungsandrohung als der Rückkehrentscheidung – davon vergewissert haben, dass es für den unbegleiteten Minderjährigen im Rückkehrstaat eine den Anforderungen des Art. 24 II GRCh genügende Aufnahmeeinrichtung oder zur Aufnahme bereite Personensorgeberechtigte gibt. Eine vom BAMF in einem Asylverfahren im Anwendungsbereich der Rückführungs-RL verfügte Abschiebungsandrohung nach § 34 I 1 AsylG ist deshalb rechtswidrig, wenn im Falle eines unbegleiteten Minderjährigen die Voraussetzungen des § 58 Ia, wonach sich die zuständige Behörde

---

[21] Vgl. zu Art. 10 Rückführungs-RL und dessen defizitärer Umsetzung insbes. des Abs. 1a, *Funke-Kaiser* in GK-AufenthG § 58 Rn. 110 ff.; *Marx* ZAR 2011, 292 ff.

[22] OVG Bln-Bbg Beschl. v. 17.10.2013 – OVG 3 S 40.13, BeckRS 2013, 57476; dies als offene Frage ansehend HessVGH Beschl. v. 14.11.2012 – 3 D 1815/12, InfAuslR 2013, 82.

[23] Ebenso *Hocks* in Hofmann AufenthG § 58 Rn. 26.

[24] OVG Brem Beschl. v. 22.8.2018 – 1 B 161/18, ZAR 2018, 363; s. auch Art. 10 II Rückführungs-RL.

[25] Wie hier *Kluth* in BeckOK AuslR AufenthG § 58 Rn. 41; aA *Hocks* in NK-AuslR AufenthG § 58 Rn. 27.

[26] BVerwG Urt. v. 13.6.2013 – 10 C 13.12, InfAuslR 2013, 388; VG Augsburg Urt. v. 13.3.2019 – Au 6 K 17.33962, BeckRS 2019, 5949.

[27] VGH BW Beschl. v. 22.5.2017 – 11 S 322/17, EZAR NF 50 Nr. 13.

[28] Vgl. zB für Ägypten den Lagebericht des AA vom 14.4.2018 (Stand März 2018, S. 19 f.) zit. nach VG Würzburg Urt. v. 11.7.2018 – W 8 K 18.30540, BeckRS 2018, 20827.

[29] BVerwG Urt. v. 13.6.2013 – 10 C 13.12, InfAuslR 2013, 388; aA allerdings das mit dieser Entscheidung aufgehobene Urt. des VGH BW v. 27.4.2012 – A 11 S 3392/11, AuAS 2012, 139; GK-AufenthG § 58 Rn. 92; *Müller* Asylmagazin 2012, 366 ff.; *Hocks* in NK-AuslR AufenthG § 58 Rn. 28.

zu vergewissern hat, dass dieser im Rückkehrstaat einem Mitglied seiner Familie, einer zur Personensorge berechtigten Person oder einer geeigneten Aufnahmeeinrichtung übergeben wird, nicht erfüllt sind[30].

Ob Abs. 1a auch auf **innereuropäische Abschiebungen** anzuwenden ist, ist bislang höchstrichterlich ungeklärt. Das BVerfG hat in einem Kammerbeschluss, ohne dass es entscheidungserheblich darauf ankam, aber unter Hinweis auf den Generalgedanken des Kindeswohls im Zusammenhang mit einer Überstellung nach **Italien** zutreffend darauf hingewiesen, dass bestimmte elementare Aufnahmegarantien für Kleinkinder vor der Durchführung der Überstellung zu verlangen sind[31]. Dies entspricht im Übrigen der Rspr. des EGMR, die verlangt, dass den überstellenden Staat Vergewisserungspflichten treffen, um dem Kindeswohl (hier insbesondere auch mit dem Ziel der **Einheit der Familie**) Rechnung zu tragen[32]. Den Gedanken der Einheit der aus Eltern und Kindern bestehenden Kernfamilie trägt auch die aktuelle Rspr. des BVerwG zu Rückführungen Rechnung[33]. Danach hat des BAMF bei der Prüfung von Abschiebungsverboten nach nationalem Recht wegen der Verhältnisse im Rückführungsstaat für die Gefahrenprognose im Regelfall davon auszugehen, dass Eltern und die mit ihnen zusammenlebenden Kinder gemeinsam zurückkehren. Dies gilt auch dann, wenn nur einzelne Familienmitglieder Abschiebungsschutz genießen. 8

Abs. 1b regelt die Abschiebung eines langfristig Aufenthaltsberechtigten, der als **anerkannter Flüchtling oder subsidiärer Schutzberechtigter ein Daueraufenthaltsrecht** erworben hat. Mit der RL 2011/51/EU vom 11.5.2011[34] wurde die Daueraufenthalts-RL geändert und die Aufenthaltsbeendigung einem besonderem Regime unterworfen, um dem erforderlichen Schutz der Betroffenen, insbesondere dem Refoulement-Verbot (Art. 21 II Qualifikations-RL), angemessen Rechnung zu tragen[35]. Seine Aufenthaltsbeendigung darf grundsätzlich nur in den Mitgliedstaat erfolgen, der den internationalen Schutz gewährt hat. Etwas anderes gilt nur, wenn die hohen Voraussetzungen für die Durchbrechung des Refoulement-Verbots nach Art. 21 II Qualifikations-RL vorliegen. Durch S. 2 ist klargestellt, dass etwa § 60 III und V (iVm Art. 3 EMRK) notstandsfest sind (vgl. Art. 15 EMRK) und unter keinen Umständen eine Überstellung an den Verfolger zulassen[36]. Die unionsrechtlichen Vorgaben sind allerdings auch schon bei der Ausweisung zu beachten. Soweit der Gesetzgeber in der Begründung zu Abs. 1b der Auffassung ist, der in Art. 12c Daueraufenthalts-RL idF RL 2011/51/EU verwendete Begriff der „Ausweisung" sei untechnisch zu verstehen und meine der Sache nach nur die Abschiebung bzw. Zurückschiebung[37], überzeugt dies nicht. Die hohen Voraussetzungen des Art. 21 II sind bereits im Rahmen der Handlungsmöglichkeiten des Art. 21 III 2001/95/EU, die auch die Ausweisung umfasst[38], zu beachten[39]. 9

IV. Abschiebung

1. Allgemeines

Die Abschiebung ist gemäß § 58 nur **zulässig,** dann aber auch **geboten,** wenn 10
– der Ausländer vollziehbar ausreisepflichtig (Abs. 2) ist,
– die Erfüllung der Ausreisepflicht nicht gesichert (Abs. 1) oder die Ausreise überwachungsbedürftig ist (Abs. 3) ist,
– eine erforderliche Abschiebungsandrohung (§ 59) ergangen,
– eine dem Ausländer gesetzte Ausreisefrist (§ 50 II, § 59 I) nicht gewährt worden oder diese abgelaufen ist und
– keine Abschiebungshindernisse oder -verbote vorliegen (§§ 60, 60a).

Die Abschiebung setzt als Vollstreckungsmaßnahme **keine schriftliche Anordnung** voraus. Sie wird von der Ausländerbehörde angeordnet (§ 71 I) und regelmäßig von den zuständigen Länderbehörden durchgeführt (zB Ausländerbehörde oder Polizei). Unter Umständen wird die Bundespolizei in Amtshilfe tätig[40]. Ist die Abschiebung aufgrund unmittelbaren Zwangs ohne weitere Zeitverzögerung durchführbar, bedarf es keiner weitergehenden freiheitsbeschränkenden Maßnahmen. Ggf. ist Abschiebungshaft (§ 62) zu veranlassen. 11

---

[30] EuGH Urt. v. 14.1.2021 – C 441/19, NVwZ 2021, 550 zu Art. 6 und Art. 8 Rückführungs-RL; ebenso OVG NRW Beschl. v. 4.5.2021 – 18 E 284/21, Asylmagazin 2021, 391.
[31] BVerfG Beschl. v. 17.9.2014 – 2 BvR 1795/14, BeckRS 2014, 56447.
[32] EGMR Urt. v. 4.11.2014 – 29217/12, NVwZ 2015, 127 – Tarakhel/Schweiz.
[33] BVerwG Urt. v. 4.7.2019 – 1 C 45.18, 1 C 49.18 und 1 C 50.18, NVwZ 2020, 158.
[34] ABl. 2011 L 132, 1.
[35] S. hinsichtlich der Einzelheiten GK-AufenthG § 58 Rn. 74 ff.
[36] GK-AufenthG § 58 Rn. 74.
[37] BT-Drs. 17/13022, 22.
[38] EuGH Urt. v. 24.6.2015 – C-373/13, BeckRS 2015, 80822 – H. T.
[39] Vgl. auch BVerwG Urt. v. 22.5.2012 – 1 C 8.11, NVwZ 2012, 1625 Rn. 21.
[40] Zu dem Sonderfall des § 58a sowie zu den nunmehr bestehenden Zuständigkeiten nach § 71 III → § 71 Rn. 2 ff.

12 Allein der Umstand, dass ein Ausländer nach Ablauf der Ausreisefrist doch noch **freiwillig ausreisen will**, beseitigt nicht die Abschiebungsmöglichkeit, sofern der Zwangsmitteleinsatz tatsächlich und rechtlich zulässig und geeignet ist, die Ausreisepflicht durchzusetzen und insbesondere verhältnismäßig ist. Hier wird sich die Ausländerbehörde grundsätzlich auf die gesetzliche Vorgabe des § 58 I 1 berufen können. Die gesetzliche Anordnung der Überwachungsbedürftigkeit zwingt grundsätzlich zur Abschiebung und belässt der Ausländerbehörde keine Möglichkeit, (erneut) die freiwillige Erfüllung der Ausreisepflicht zuzulassen[41]. Die Verpflichtung zur Abschiebung dient zum einen der Sicherstellung der Ausreise, zum anderen der Gefahrenabwehr.

13 Die Abschiebung muss von der **überwachten „freiwilligen Ausreise"** abgegrenzt werden, die im Gesetz nicht vorgesehen ist, jedoch in der Praxis weitreichende Bedeutung hat. Kennzeichnend für die überwachte freiwillige Ausreise ist, dass sie sich für einen objektiven Betrachter nicht von einer Abschiebung unterscheiden lässt. Dem Betroffenen wird die freie Disposition über seine Ausreise genommen. Die Ausländerbehörde trägt in diesen Fällen nur eine Ausreise und keine Abschiebung im AZR ein, sodass der Wiedereinreise die Sperrwirkungen des § 11 nicht entgegenstehen.

14 Eine überwachte „freiwillige Ausreise" ist in Fällen möglich, in denen eine **Zwangsmittelanwendung zur Durchsetzung der Ausreisepflicht aus Rechtsgründen** unterbleiben muss, zB weil Ausreisehindernisse bestehen oder Widerspruch oder Klage aufschiebende Wirkung entfalten. Kann eine Ausreise aus Rechtsgründen nur erfolgen, wenn der Ausländer bereit ist, an der Ausreise freiwillig mitzuwirken, so ist § 58 I, III nach Sinn und Zweck dahin gehend auszulegen, dass in diesem Fall geeignete Maßnahmen ergriffen werden müssen, um den Gefahren, die nach Ansicht des Gesetzgebers zur zwingenden Abschiebung führen, im Rahmen einer überwachten Ausreise zu begegnen.

2. Vollziehbare Ausreisepflicht

15 Wann die nach § 50 bestehende Ausreisepflicht vollziehbar ist, ist **allein in Abs. 2 bestimmt**. **Systematisch** betreffen § 58 II 1 Nr. 1 und Nr. 2 Fälle, in denen die Vollziehbarkeit der Ausreisepflicht unmittelbar kraft Gesetzes eintritt, während § 58 II 2 dagegen die Vollziehbarkeit der aufgrund eines Verwaltungsakts entstehenden Ausreisepflicht regelt. Die Bestimmungen über die Vollziehbarkeit sind zweckmäßig, soweit sich die Ausreisepflicht unmittelbar aus dem Gesetz ergibt und deshalb kein vollzugsfähiger Verwaltungsakt ergeht. Im Vollstreckungsrecht wird zwischen vorläufiger und endgültiger Vollziehbarkeit unterschieden, wobei in jedem Fall eine vollziehbare Pflicht zum Tun oder Unterlassen vorausgesetzt wird. Diese Vollziehbarkeit legt **Abs. 2** abweichend vom Vollstreckungsrecht des Bundes und der Länder fest (vgl. zB § 6 VwVG und § 2 HessVwVG) und knüpft hieran das **Gebot zur unverzüglichen Erfüllung der Ausreisepflicht**. Falls sich die Ausreisepflicht aus mehreren Sachverhalten ergibt, zB aus Ausweisung und gleichzeitiger oder späterer Antragsablehnung, kann auch die Vollziehbarkeit der Ausreisepflicht auf mehreren Grundlagen beruhen. Maßgeblich ist dann diejenige, die nach dem Willen der Ausländerbehörde vollzogen werden soll. Es genügt also deren Vollziehbarkeit, falls die Ausreisepflicht nicht nach allen Rechtsgrundlagen vollziehbar ist.

16 Die in **Abs. 2 S. 1** genannten Voraussetzungen sind **spezifisch ausländerrechtlicher Natur**. Unerlaubte Einreise (Nr. 1 gemäß § 14 I) und unterlassener Erst-, Verlängerungs- oder Zweitantrag (Nr. 2) sowie eine Ausreisepflicht aufgrund einer Entscheidung in einem anderen EU-Mitgliedstaat (Art. 3 Anerkennungs-RL, Nr. 3) erscheinen dem Gesetzgeber als so schwerwiegend, dass er schon an den jeweiligen Tatbestand die Vollziehbarkeit der Ausreiseverpflichtung knüpft. Nur im letzteren Fall liegt bereits eine behördliche Entscheidung über die Ausreisepflicht vor. Außerdem muss eine Ausreisefrist entweder nicht eingeräumt oder abgelaufen sein. Auch die bei unerlaubter Einreise kraft Gesetzes vollziehbare Ausreisepflicht (Nr. 1) darf indes nicht ohne Weiteres mit der Abschiebung des Betroffenen durchgesetzt werden. Dafür bedarf es einer dem Haftrichter nachzuweisenden Rückkehrentscheidung iSv Art. 6 I Rückführungs-RL, die – soweit die Ausreisepflicht nicht bereits durch einen Verwaltungsakt begründet worden ist – regelmäßig durch die Androhung der Abschiebung nach § 59 erfolgt[42].

17 Die Ausreisepflicht ist nach Abs. 2 S. 1 Nr. 1 vollziehbar, wenn der Ausländer **unerlaubt eingereist** ist. Gemäß § 14 I reist ein Ausländer unerlaubt ins Bundesgebiet ein, wenn er
– einen erforderlichen Pass oder Passersatz nicht besitzt (§ 3 I),
– den nach § 4 erforderlichen Aufenthaltstitel nicht besitzt,
– ein durch Drohung, Bestechung, Kollusion erwirktes oder durch Falschangaben erschlichenes und deshalb zurückgenommenes Visum besessen hatte (§ 14 I Nr. 2a) oder

---

[41] VGH BW Urt. v. 19.10.2005 – 11 S 646/04, BeckRS 2005, 31358; HmbOVG Beschl. v. 6.11.1996 – Bs V 185/96, BeckRS 1996, 13691; zum alten § 13 AuslG 1965 BVerwG Beschl. v. 22.8.1986 – 1 C 34.83, Buchholz 402.24 § 13 AuslG Nr. 8.
[42] BGH Beschl. v. 14.7.2016 – V ZB 32/15, BeckRS 2016, 16410 und Beschl. v. 14.3.2013 – V ZB 135/12, NVwZ 2013, 1027.

– trotz Einreise- und Aufenthaltsverbot (§ 11) einreist[43]. Einschränkungen sind nach Wortlaut und Systematik des Gesetzes nicht veranlasst[44]. Ausländer bedürfen nach § 4 für die Einreise und den Aufenthalt im Bundesgebiet einen Aufenthaltstitel, sofern durch Unionsrecht oder durch Rechtsverordnungen nichts anderes bestimmt ist. Nach § 15 AufenthV richtet sich die Befreiung vom Erfordernis eines Aufenthaltstitels für die Einreise und den Aufenthalt von Ausländern für Kurzaufenthalt nach Unionsrecht, nämlich dem Schengener Durchführungsabkommen (SDÜ) und dem EU-Visakodex. Aus dem Regelungszweck ergibt sich allerdings, dass die unerlaubte Einreise sich nur dann in einer Vollziehbarkeit niederschlägt, wenn der Aufenthalt des Ausländers nicht zwischenzeitlich gestattet oder geduldet gewesen ist[45].

Nach Abs. 2 S. 1 Nr. 2 Alt. 1 und 2 ist die **Ausreisepflicht vollziehbar,** wenn und **solange kein Antrag auf die erstmalige Erteilung oder Verlängerung eines** nach § 4 I erforderlichen **Aufenthaltstitels gestellt** wurde[46]; Alt. 3 und 4 erfassen die Fälle, in denen trotz erfolgter Antragstellung der Aufenthalt nicht nach § 81 III als erlaubt oder der Aufenthaltstitel nach § 81 IV nicht als fortbestehend gilt. Löst ein **rechtzeitig gestellter Antrag** die Wirkung des § 81 III 1 oder IV 1 aus, entfällt allerdings schon die Ausreisepflicht selbst, nicht nur deren Vollziehbarkeit[47]. Im Falle der **Verspätung** nach § 81 III 2 wird die Ausreisepflicht und deren Vollziehbarkeit nicht berührt, aber die Abschiebung vorläufig ausgesetzt. Eine Duldung bedeutet lediglich, dass zeitlich befristet auf die zwangsweise Durchsetzung der vollziehbaren Ausreisepflicht verzichtet wird[48]. Wurde der Antrag auf Verlängerung eines Aufenthaltstitels oder der Erteilung eines anderen Aufenthaltstitels verspätet gestellt, kann der Ausländerbehörde nunmehr in Anwendungsbereich des § 81 IV nach dessen S. 3 zur Vermeidung einer unbilligen Härte die Fortgeltungswirkung anordnen. Mit einer solchen Anordnung entfällt dann eine bis dahin gegebene Vollziehbarkeit der Ausreisepflicht. 18

Mit **Ablehnung des Antrags auf einen Aufenthaltstitel** enden auch die Wirkungen des § 81 III und IV. Sie werden zwar durch einen stattgebenden gerichtlichen Beschluss nach § 80 V VwGO nicht verlängert oder erneut in Kraft gesetzt. Mit der Anordnung wird aber die Vollziehbarkeit der Ablehnung (und der meist damit verbundenen Abschiebungsandrohung) ausgesetzt und aufgrund dieser Vollzugshemmung ist die Ausreisepflicht nicht mehr vollziehbar[49]. In der Zeit zwischen Ablehnung und gerichtlicher Entscheidung besteht Vollziehbarkeit; denn die Antragsablehnung ist sofort vollziehbar (§ 84 I Nr. 1). 19

Außerhalb der Fälle des Abs. 2 S. 1 bestimmt sich die Vollziehbarkeit nach den **allgemeinen Regeln.** Gemäß Abs. 2 S. 2 soll es auf die Vollziehbarkeit des die Ausreisepflicht begründenden Verwaltungsakt ankommen. Ergeht ein solcher (zunächst) nicht, zB nach Erlöschen des Aufenthaltstitels bei längerem Auslandsaufenthalt (§ 51 I Nr. 7), fehlt es an der gesetzlichen Grundlage der Vollziehbarkeit. Diese ergibt sich aber nach der (illegalen) Einreise unmittelbar aus Abs. 2 S. 1 Nr. 1. Außerdem erscheint eine Aufforderung zum Verlassen des Bundesgebiets unter Bezugnahme auf eine kraft Gesetzes eingetretene Ausreisepflicht zulässig, wenn auch nicht notwendig; mit ihrer Vollziehbarkeit ist dann die Ausreisepflicht ebenfalls vollziehbar. Mit Versagung des Aufenthaltstitels (Erteilung oder Verlängerung) entfallen die gesetzlichen Wirkungen des § 81 III und IV mit der Folge des Eintritts der Ausreisepflicht und diese wird ungeachtet der Einlegung eines Rechtsbehelfs mangels Suspensiveffekts (§ 84 II 1) vollziehbar. Ist nur die **Duldungsfiktion** des § 81 III 2 gegeben, **endet** diese mit **der Antragsablehnung.** Ein sonstiger aufenthaltsbeendender VA (Ausweisung sowie Befristung, Widerruf oder Rücknahme des Aufenthaltstitels) löst immer die Ausreisepflicht aus; ein Rechtsbehelf hemmt dessen Vollzug (§ 84 II 1). Dieselbe Wirkung tritt ein, wenn der Sofortvollzug behördlich angeordnet ist und einem Antrag nach § 80 V entsprochen wird. Erwächst die Ausweisung hingegen in Bestandskraft, ist sie unanfechtbar. Dadurch erlischt der Aufenthaltstitel (§ 51 I Nr. 5) und der Ausländer wird vollziehbar ausreisepflichtig iSv Abs. 2 S. 2[50]. 20

Einen besonderen Fall der Vollziehbarkeit regelt **§ 58 II Nr. 3.** Die auf Initiative der französischen Regierung erlassene Richtlinie über die gegenseitige **Anerkennung von Entscheidungen über die Rückführung von Drittstaatsangehörigen (RL 2001/40/EG)** aus dem Jahre 2001[51] bezweckt die Vollstreckung der nationalen Verwaltungsentscheidung zur Rückführung von Drittstaatsangehörigen, selbst wenn sich diese in der Zwischenzeit in einem anderen Mitgliedstaat aufhalten. 21

Nach **Art. 3 I RL 2001/40/EG** betrifft die Rückführung Fälle, in denen gegen einen Drittstaatsangehörigen eine Rückführungsentscheidung ergangen ist, die mit einer **schwerwiegenden und** 22

---

[43] Vgl. näher die Kommentierung zu § 14.
[44] Wie hier *Kluth* in BeckOK AuslR AufenthG § 58 Rn. 12 f.; aA *Hocks* in Hofmann, AuslR, 2016, § 58 Rn. 10 betr. § 14 I Nr. 2a.
[45] Ebenso *Hocks* in NK-AuslR AufenthG § 58 Rn. 10.
[46] Vgl. hierzu etwa §§ 39, 41 AufenthV.
[47] Zu § 69 AuslG vgl. VGH BW Beschl. v. 31.8.1992 – 13 S 1638/92, EZAR 040 Nr. 2.
[48] Näher GK-AufenthG § 81 Rn. 69 ff.
[49] OVG Bln-Bbg Beschl. v. 23.9.2016 – OVG 11 S 27.16 BeckRS 2016, 52683.
[50] VGH BW Beschl. v. 20.6.2016 – 11 S 914/16 InfAuslR 2016, 333.
[51] Richtlinie vom 28.5.2001, ABl. 2001 L 149, S. 34.

akuten Gefahr für die öffentliche Sicherheit und Ordnung oder die nationale Sicherheit begründet wurde, weil

- der Drittstaatsangehörige durch den Entscheidungsmitgliedstaat aufgrund einer Straftat, die mit einer Freiheitsstrafe von mindestens einem Jahr bedroht ist, verurteilt wurde (Art. 3 I 1a RL 2001/40/EG) oder
- der begründete Verdacht besteht, dass der Drittstaatsangehörige schwere Straftaten begangen hat (Art. 3 I 1b RL 2001/40/EG), oder
- konkrete Hinweise vorliegen, dass er solche Taten im Hoheitsgebiet eines Mitgliedstaats plant (Art. 3 I 1b RL 2001/40/EG).

Für diese Fälle sieht Art. 3 I 2 RL 2001/40/EG vor, dass „die Rückführungsentscheidung vom Entscheidungsmitgliedstaat weder aufgeschoben noch ausgesetzt werden" darf. Der Vollstreckungsmitgliedstaat muss in einem solchen Fall wohl keine Rückkehrentscheidung nach Art. 6 I RL 2008/115/EG erlassen[52].

23 Falls die betroffene Person im **Besitz eines Aufenthaltstitels** ist, der vom Vollstreckungsmitgliedstaat oder von einem anderen Mitgliedstaat ausgestellt wurde, so konsultiert der Vollstreckungsmitgliedstaat den Entscheidungsmitgliedstaat und den Mitgliedstaat, der diesen Titel ausgestellt hat. Liegt eine im Rahmen dieses Buchstabens erlassene Rückführungsentscheidung vor, so kann der Aufenthaltstitel eingezogen werden, sofern das nationale Recht des Ausstellerstaats dies zulässt.

24 Die Entscheidung des Rates vom 23.2.2004 zur Festlegung der Kriterien und praktischen Einzelheiten zum **Ausgleich finanzieller Ungleichgewichte** aufgrund der Anwendung der RL 2001/40/EG über die gegenseitige Anerkennung von Entscheidungen über die Rückführung von Drittstaatsangehörigen[53] legt die geeigneten Kriterien und praktischen Modalitäten für den Ausgleich der finanziellen Ungleichgewichte fest, die aufgrund der Anwendung der Anerkennungs-RL entstehen können, wenn die Rückführung nicht auf Kosten des betroffenen Drittstaatsangehörigen erfolgen kann.

3. Gewähr für freiwillige Ausreise

25 Die **freiwillige Erfüllung** der Ausreisepflicht ist nur dann **nicht gesichert**, wenn aus konkreten Gründen Zweifel daran bestehen, dass der Ausländer bis zum Ablauf der Ausreisefrist in einen Nicht-EU-Staat oder im Falle einer dort gegebenen Erlaubnis in einen EU-Staat ausreist. „**Freiwillig**" **erfolgt die rechtlich notwendige Ausreise, wenn sie von dem Ausländer selbst organisiert und durchgeführt wird.** Unzulässig ist die generelle Annahme der Nichtbeachtung der Verlassenspflicht. Die Nichtgehen muss nach Überzeugung der Ausländerbehörde mit an Sicherheit grenzender Wahrscheinlichkeit feststehen. Irgendeine subjektive Annahme genügt nicht[54], auch nicht bei Einlegung von Rechtsbehelfen (anders unter Umständen bei Verstoß gegen § 50 IV). Freilich handelt es sich um eine Prognose mit einer aus der Sache folgenden Ungewissheit (zur Androhung § 59) und der Ausländer muss seine Ausreiseabsichten nach § 82 I dartun und belegen (Reisedokumente, Fahrausweise, Kündigung von Wohnung und Arbeitsstelle, finanzielle Mittel ua).

4. Überwachungsbedürftigkeit der Ausreise

26 **Überwachungsbedürftig** ist die Ausreise in den in **Abs. 3** nicht abschließend (insbesondere) aufgeführten Fällen[55]. Daneben kommen Fälle des § 58a sowie Hilfsbedürftigkeit oder Gefährdung von Mitreisenden durch Geisteskrankheit, Straftaten, ansteckende Krankheit ua in Betracht. Die Regelung steht nicht im Widerspruch zum Veranlasserprinzip und zur Kostentragungspflicht nach §§ 66 und 67[56]. Sie **genügt** auch den **Anforderungen, die Art. 7 IV Rückführungs-RL stellt.** Nach dieser Bestimmung darf von der Gewährung einer Frist zur freiwilligen Ausreise unter anderem dann abgesehen werden, wenn die betreffende Person eine Gefahr für die öffentliche Ordnung darstellt. Der Begriff der Gefahr für die öffentliche Ordnung setzt voraus, dass außer der sozialen Störung, die jeder Gesetzesverstoß darstellt, eine tatsächliche, gegenwärtige und erhebliche Gefahr vorliegt, die ein Grundinteresse der Gesellschaft berührt[57]. Diese Gefahr ist den von § 58 III erfassten Fallgruppen zu eigen[58].

---

[52] Zum Verhältnis beider RL *Funke-Kaiser* in GK-AufenthG § 59 Rn. 305.
[53] ABl. 2004 L 60, 55.
[54] ZT aA *Fraenkel* S. 270.
[55] Zur Abschiebung aus der Haft vgl. zB BVerwG Beschl. v. 22.8.1986 – 1 C 34.83, EZAR 130 Nr. 5; HmbOVG Beschl. v. 15.11.1989 – Bs IV 503/88 ua, EZAR 132 Nr. 2; HessVGH Beschl. v. 25.7.1988 – TH 3577/87, EZAR 611 Nr. 9.
[56] BayVGH Beschl. v. 14.2.2012 – 10 C 11.2591, BeckRS 2012, 25724.
[57] EuGH Urt. v. 11.6.2015 – C-554/13, NVwZ 2015, 1200; OVG Bln-Bbg Urt. v. 27.2.2018 – OVG 3 B 11.16, BeckRS 2018, 4782; BayVGH Beschl. v. 14.2.2018 – 10 CS 18.350, BeckRS 2018, 2985; VGH BW Beschl. v. 29.3.2017 – 11 S 2029/16, BeckRS 2017,115876.
[58] Vgl. auch *Dörig/Hoppe* in Dörig MigrationsR-HdB Rn. 748.

Abschiebung **§ 58 AufenthG 1**

Die gesetzliche Anordnung der Überwachungsbedürftigkeit zwingt zur Abschiebung und belässt der **27** Ausländerbehörde – außer in Fällen, in denen eine überwachte „freiwillige Ausreise" in Betracht kommt – keine Möglichkeit, (erneut) die **freiwillige Erfüllung der Ausreisepflicht** zuzulassen[59]. Mittelbar bewirkt der Ausländer damit durch sein Verhalten das abschiebebedingte Einreise- und Aufenthaltsverbot des § 11 I 1. Auch wenn die Tatbestände des Abs. 3 nicht ausnahmslos in jedem Fall auf ein Verschulden des Ausländers zurückzuführen sind, ist diese Folge nicht unverhältnismäßig. Der Gesetzgeber hat schon mit der Einführung des § 49 AuslG 1990 unmissverständlich klargestellt, dass er die zwingende Rechtsfolge zur Erleichterung der ausländerbehördlichen Praxis für geboten hält[60]. Unzulässig wäre die Abschiebung nur zum Zwecke der Abschreckung anderer Ausländer[61].

Aus welchem Grund der Ausländer sich in **Haft** oder öffentlichem Gewahrsam befindet (Nr. 1), ist **28** unerheblich; die Maßnahme **muss** nur **richterlich angeordnet sein,** Polizeihaft oder -gewahrsam genügt also nicht. Auch der Aufenthalt in einer **Therapieeinrichtung** im Hinblick auf § 35 I BtMG wird **nicht erfasst**[62]. Es macht keinen Unterschied, ob Untersuchungshaft angeordnet und damit Flucht- oder Verdunkelungsgefahr angenommen ist (§ 112 StPO), ob ein Strafrest zur Bewährung ausgesetzt werden soll und damit ein gewisses Wohlverhalten erwartet ist oder ob eine Strafe fast voll verbüßt ist.

Auch **Abschiebungshaft** (§ 62) kommt in Betracht[63]. Denn sie bedarf stets der richterlichen **29** Anordnung. Die Einschränkung bei der Abschiebungshaft beruht auf der Überlegung, dass diese die Möglichkeit der Abschiebung voraussetzt, dh ihrerseits nicht erst herangezogen werden darf, um die Voraussetzungen einer Abschiebung zu begründen. Erst wenn die Erforderlichkeit der Überwachung der Ausreise des betroffenen Ausländers – aus anderen Gründen – festgestellt worden ist und daraufhin auch eine Abschiebung als zwangsweise Durchsetzung der überwachungsbedürftigen Ausreisepflicht erfolgen darf, kann zu deren Sicherung nach Maßgabe des § 62 III Sicherungshaft angeordnet werden[64]. Regelmäßig wird aber neben der Haft ein anderer Grund für die Notwendigkeit der Abschiebung bestehen, sodass ein Rückgriff auf die Abschiebungshaft zur Begründung des Vorliegens der Überwachungsbedürftigkeit der Abschiebung nicht zwingend erforderlich ist.

Abschiebung aus der Haft wirkt deshalb besonders einschneidend, weil sie Ausreisevorbereitungen **30** nur in beschränktem Umfang zulässt. Dennoch erscheint dies unbedenklich. Dem Gesetzgeber steht es frei, die **Abschiebung aus der Haft** ausnahmslos als **überwachungsbedürftig** einzustufen. Dies liegt auch nahe, weil der Ausländer aufgrund der richterlich angeordneten Haft selbst Anlass für diese der Haft nachfolgende ordnungsrechtliche Maßnahme der Gefahrenabwehr gesetzt hat.

Nach **Ablauf der** dem Ausländer gesetzten **Ausreisefrist** (Nr. 2) erscheint ein weiteres Zuwarten **31** unnötig. Wird der Ausländer aus einem wichtigen Grund an der fristgerechten Ausreise gehindert, kann er die Verlängerung der Ausreisefrist (§ 59 I) oder eine Duldung (§ 60a) beantragen. **Ausweisung aufgrund eines besonders schwerwiegenden Ausweisungsinteresses nach § 54** I iVm § 53 (Nr. 3) führt ebenfalls zur Überwachungsbedürftigkeit, auch wenn der Ausländer sich nicht in Haft befindet und deshalb Abs. 3 Nr. 1 nicht eingreift. Die Ausweisung muss auf § 54 I iVm § 53 gestützt sein; ob das Ausweisungsinteresse im konkreten Fall ausnahmsweise weniger gewichtig ist[65], ist nicht maßgebend.

Bei **Mittel- oder Passlosigkeit** (Nr. 4 und 5) ist der Ausländer zur Erfüllung der Verlassenspflicht **32** außerstande. Ohne dass es auf die Gründe hierfür ankommt, ist **die gesetzliche Anordnung der Abschiebung sachgerecht.** Mittellos ist nur, wer die Kosten der Ausreise nicht aufbringen kann, wobei diese auch von einem Dritten übernommen werden können. Mittellosigkeit besteht unabhängig davon, dass für die Kosten unter Umständen Dritte einzustehen haben (§ 66 II–IV), falls sie nicht von dem Ausländer selbst beigetrieben werden können (§ 66 I und V). Im Falle des Nichtbesitzes eines Passes muss erforderlichenfalls die Ausländerbehörde selbst für die Beschaffung eines Passes oder Passersatzes bis zur Abschiebung Sorge tragen, was oft auf praktische Schwierigkeiten stößt, wenn der Ausländer keinen entsprechenden Antrag stellt, denn die Pflichten aus § 48 III sind schwierig durchsetzbar. Erforderlichenfalls ist dem Ausländer ein Reiseausweis auszustellen (vgl. §§ 5 ff. AufenthV).

Falschangaben oder Angabeverweigerung (Nr. 6) rechtfertigen die Abschiebung, wenn sie in **33** irgendeinem Zusammenhang mit der Beendigung des Aufenthalts und der Ausreiseverpflichtung

---

[59] VGH BW Urt. v. 19.10.2005 – 11 S 646/04, BeckRS 2005, 31358; HmbOVG Beschl. v. 6.11.1996 – Bs V 185/96, BeckRS 1996, 13691; zum alten § 13 AuslG 1965 BVerwG Beschl. v. 22.8.1986 – 1 C 34.83, Buchholz 402.24 § 13 AuslG Nr. 8.
[60] BT-Drs. 11/6321, 74.
[61] ZT aA zu § 13 AuslG 1965 BVerwG Beschl. v. 22.8.1986 – 1 C 34.83, Buchholz 402.24 § 13 AuslG Nr. 8; Urt. v. 29.4.1983 – 1 C 19.79, EZAR 130 Nr. 2.
[62] HmbOVG Beschl. v. 19.1.1993 – Bs V 214/92, AuAS 1993, 53.
[63] LG Nürnberg-Fürth Beschl. v. 25.2.2015 – 18 T 1319/15, BeckRS 2016, 9490; AG Landshut Beschl. v. 15.3.2015 – XIV 3/15 B, BeckRS 2016, 11096; *Funke-Kaiser* in GK-AufenthG, § 58 Rn. 53; aA VGH BW Beschl. v. 23.2.2021, 12 S 603/21, BeckRS 2021, 4097; *Kluth* in BeckOK AuslR AufenthG § 58 Rn. 30a; *Fraenkel* S. 273.
[64] BGH Beschl. v. 14.7.2016 – V ZB 32/15, BeckRS 2016, 16410; VG Schleswig Urt. v. 25.3.2003 – 14 A 362/02, BeckRS 2003, 22946.
[65] Zu dieser Möglichkeit des neuen Ausweisungsrechts BT-Drs. 18/4097, 50; vgl. auch → § 53 Rn. 11 ff., 38 ff.

Dollinger 1123

stehen, etwa weil der Ausländer sich weigert, an der Beschaffung von Ersatzpapieren mitzuwirken[66]. Dies gilt insbesondere für Zusagen oder Ankündigungen, freiwillig auszureisen, auch anlässlich der Nichterfüllung einer früheren Ausreisepflicht. Dagegen ist hier eine frühere Täuschungshandlung gegebenenfalls nicht verwertbar, wenn sie bei anderer Gelegenheit und zu anderem Zweck unternommen wurde. Ebenso einschränkend und sachbezogen ist mit einer früheren Verweigerung von Angaben zu verfahren. Außerdem darf eine derartige Weigerung nicht zur Begründung der Abschiebung herangezogen werden, wenn der Ausländer nicht zu der Angabe verpflichtet war (zur Mitwirkungspflicht vgl. § 82 I).

34   Die **Absicht, nicht freiwillig, also nicht selbst organisiert auszureisen,** muss nach außen erkennbar geworden sein (Nr. 7). Der Ausländer braucht seinen Entschluss, zu bleiben, nicht ausdrücklich bekannt zu geben, es genügen konkrete Anzeichen[67]. Der Ausländer kann zB das Arbeits- oder Mietverhältnis über die Ausreisefrist hinaus verlängern oder andere Vorkehrungen für die Zukunft treffen, die seine weitere Anwesenheit im Bundesgebiet voraussetzen. Der Versuch, Rechtsschutz gegen die aufenthaltsbeendende Maßnahme und deren Sofortvollzug zu erhalten, spricht nicht unbedingt gegen die Bereitschaft zur freiwilligen Ausreise, auch nicht bei einem erfolglos gebliebenen Asylbewerber. Die danach in der Rspr. bisher nicht einheitlich beantwortete Frage, wann ein Ausländer sich der freiwilligen Ausreise entzieht, also **„flüchtig"** ist, ist aktuell durch das Urteil des EuGH zur Überstellung eines Asylbewerbers im Dublin-Verfahren von Deutschland nach Italien vom 19.3.2019[68] präzisiert worden. Danach ist ein Ausländer „flüchtig" iSv Art. 29 II 2 VO(EU) Nr. 604/2013, wenn er sich den für die Durchführung seiner Überstellung zuständigen nationalen Behörden gezielt entzieht, um die Überstellung zu vereiteln. Dies kann schon angenommen werden, wenn die Überstellung nicht durchgeführt werden kann, weil **der Ausländer die ihm zugewiesene Wohnung verlassen hat, ohne die zuständigen nationalen Behörden über seine Abwesenheit zu informieren,** sofern er über die ihm insoweit **obliegenden Pflichten unterrichtet** wurde, was das vorlegende Gericht zu prüfen hat. Der Ausländer behält die Möglichkeit, nachzuweisen, dass er diesen Behörden seine Abwesenheit aus stichhaltigen Gründen nicht mitgeteilt hat, und nicht in der Absicht, sich den Behörden zu entziehen.

5. Freiheitsbeschränkung während der Abschiebung

35   Mit dem im August 2019 durch das 2. RückkehrG 2019 in die Norm eingefügten **Abs. 4** erhält die **Freiheitsbeschränkung durch das Festhalten der Person während der Abschiebung** eine **eigenständige Rechtsgrundlage.** Dies ist aus Gründen des Gesetzesvorbehalts für staatliche Eingriffshandlungen zu begrüßen. Die Regelung dient der Gesetzesbegründung[69] nach der Klarstellung, dass die durchführende Behörde zur Beförderung des Ausländers zum Flughafen oder Grenzübergang als Teil der Abschiebung befugt ist und zu diesem Zweck den Ausländer kurzzeitig festhalten darf. Betroffen sind nur Maßnahmen, die kurzzeitig und auf das zur Durchführung der Abschiebung unvermeidliche Maß beschränkt sind. Eine richterliche Anordnung für eine solche kurze Freiheitsbeschränkung ist nicht erforderlich. Die Vollstreckungsvoraussetzungen einer Abschiebung müssen spätestens dann vorliegen, wenn der Betroffene zum Zweck der Abschiebung zum Flughafen oder zum Grenzübergang verbracht wird[70].

6. Wohnungsbetretung und Durchsuchung zwecks Abschiebung

36   Die ebenfalls durch das am 21.8.2019 in Kraft getretene **2. RückkehrG 2019** ins Gesetz eingefügten **Abs. 5–10** geben den bundesrechtlichen Rahmen und die Mindeststandards für die Betretens- und Durchsuchungsrechte der zuständigen Ausländerbehörde oder Polizeibehörde bei Abschiebungen vor. Die Gesetzgebungskompetenz des Bundes für Abs. 5–9 folgt aus Art. 74 I Nr. 4 GG iVm Art. 72 II GG. Soweit zur Abschiebung, genauer gesagt zur Ergreifung des abzuschiebenden Ausländers, erforderlich, dürfen die Beamten der durchführenden Behörde die Wohnung des abzuschiebenden Ausländers betreten und – soweit auch dies erforderlich sein sollte – auch durchsuchen **(Abs. 5, Abs. 6 und Abs. 7).** Durchsuchungen stehen generell unter **Richtervorbehalt (Abs. 8).** Die Modalitäten der Durchsuchung werden in **Abs. 9** detailliert geregelt. Die Vorschriften berühren das Grundrecht der Unverletzlichkeit der Wohnung **(Art. 13 GG),** das zugleich ein allgemeiner Grundsatz des Unions- **(Art. 7 GRCh)** und Konventionsrechts **(Art. 8 EMRK)** ist. Sie genügen den Anforderungen, die die Rspr. von EuGH[71] und EGMR[72] an die vorherige richterliche Genehmigung der Wohnungsdurchsuchung stellt.

---

[66] Vgl. AG Landshut Beschl. v. 15.3.2015 – XIV 3/15 B, BeckRS 2016, 11096.
[67] Vgl. zB LG Nürnberg-Fürth Beschl. v. 25.2.2015 – 18 T 1319/15, BeckRS 2016, 9490.
[68] EuGH Urt. v. 19.3.2019 – C-163/17, NVwZ 2019, 712 – Jawo.
[69] BT-Drs. 19/10047, 36 f.
[70] VG Bremen Urt. v. 12.7.2021 – 4 K 1545/19, BeckRS 20131.
[71] EuGH Urt. v. 18.6.2015 – C-583/13, BeckEuRS 2015, 478410.
[72] EGMR Urt. v. 8.7.2013 – 24117/08, HUDOC EGMR.

Die Abs. 5–9 sind den **Betretens- und Durchsuchungsrechten** von Wohnungen durch die **37** Polizei nach den **landesrechtlichen Polizeigesetzen und der StPO** nachgebildet. Den neuen Betretungs- und Durchsuchungsrechten der zuständigen Behörden für Wohnungen von abzuschiebenden Ausländern stehen Pate, die Regelungen in den §§ 104–107 StPO einerseits und die polizeirechtlichen Vorschriften, wie sie etwa in §§ 41, 42 PolG NW[73], §§ 38, 39 HessSOG[74] oder § 31 PolG BW[75] zu finden sind, andererseits. Bestehende Regelungen der Länder, die weitergehende Befugnisse geben, gelten fort, ohne dass dazu ein Rechtsakt der Länder notwendig ist (Abs. 10). Abzugrenzen ist die Durchsuchung von einem reinen Betreten der Wohnung iSv § 58 V 1. Ob es Fälle des Eindringens in eine Wohnung gegen den Willen des Wohnungsinhabers zum Zweck des Auffindens und Ergreifens einer Person gibt, die nicht als Durchsuchung iSv Art. 13 II GG mit der Folge eines verfassungsrechtlich angeordneten Richtervorbehalts anzusehen sind oder zumindest so in die Nähe einer Durchsuchung gelangen, dass Art. 13 II GG – im Wege der verfassungskonformen Auslegung[76] – Anwendung finden muss, wird in Rspr. und Literatur unterschiedlich beurteilt[77].

Das **Betreten und die Durchsuchung der Wohnung des abzuschiebenden Ausländers** zum **38** Zweck seiner Ergreifung nach Abs. 5 S. 1 und Abs. 6 S. 1 durch die durchführende Behörde sind rechtmäßig, wenn Tatsachen vorliegen, aus denen zu schließen ist, dass sich der Ausländer dort befindet. Die Durchsuchung der Wohnung ist ausschließlich zum Zwecke der Ergreifung des Ausländers zulässig. Anlässlich der Durchsuchung als ziel- und zweckgerichteter Suche nach abzuschiebenden Personen dürfen auch verschlossene Türen geöffnet werden[78]. Die Abschiebebehörde muss nicht erst erfolglos eine Abschiebung gestützt auf eine Betretenserlaubnis nach § 58 V versucht haben[79]. Wer durchführende Behörde ist, bestimmt das Landesrecht[80]. In der Praxis sind es regelmäßig Ausländer- und Polizeibehörden. Soll gemäß Abs. 6 S. 2 die **Wohnung von anderen Personen zur Ergreifung des abzuschiebenden Ausländers** durchsucht werden, ist dies nur zulässig, wenn Tatsachen vorliegen, aus denen zu schließen ist, dass der Ausländer sich in den zu durchsuchenden Räumen befindet. Die Wohnung umfasst dabei die Wohn- und Nebenräume, Arbeits-, Betriebs- und Geschäftsräume sowie anderes befriedetes Besitztum (S. 3 iVm Abs. 5 S. 2). Bei der Auslegung des Begriffs „**Tatsachen**" ist die zu Durchsuchungsbeschlüssen ergangene Rspr. des BVerfG zu beachten. Danach darf eine Durchsuchung nicht der Ermittlung von Tatsachen dienen, die zur Begründung eines Verdachts erforderlich sind, denn sie setzen einen Verdacht bereits voraus[81]. Ein Verstoß gegen diese Anforderungen liegt vor, wenn sich sachlich zureichende Gründe für eine Durchsuchung beziehungsweise Durchsicht nicht finden lassen[82]. Die Durchsuchung der Wohnung abzuschiebender Ausländer zum Zwecke ihrer Ergreifung wird danach regelmäßig nur rechtmäßig sein, wenn zum Zeitpunkt der Entscheidung über den Durchsuchungsantrag über die schlichte Möglichkeit hinaus, dass der Ausländer sich dort aufhalten könnte, hinreichend konkrete Anhaltspunkte dafür vorliegen, dass der Gesuchte sich in der zu durchsuchenden Wohnung befindet[83]. Der Grundsatz der Verhältnismäßigkeit ist zu beachten[84].

Zur **Nachtzeit** dürfen Wohnungen des abzuschiebenden Ausländers oder der anderen Person nach **39** Abs. 7 S. 1 nur betreten oder durchsucht werden, wenn Tatsachen vorliegen, aus denen zu schließen ist, dass die Ergreifung des abzuschiebenden Ausländers zum Zweck seiner Abschiebung andernfalls vereitelt wird. Die Organisation der Abschiebung ist dabei keine solche Tatsache (Abs. 7 S. 2). Mit anderen Worten: Bloße Organisationserwägungen rechtfertigen kein nächtliches Betreten oder gar Durchsuchen von Wohnungen der abzuschiebenden Ausländer. Einer erweiterten Auslegung sind § 58 VII 1 und 2 wegen des starken grundrechtlichen Schutzes der Wohnung (Art. 13 I GG) nicht zugänglich[85]. Der bundesrechtliche maßgebliche **Nachtzeitbegriff** ist derjenige der StPO. Gemäß § 104 III StPO umfasst die Nachtzeit in der maßgeblichen neueren Auslegung durch das BVerfG[86] ganzjährig die Stunden von 21 Uhr abends bis 6 Uhr morgens.

---

[73] Gesetz vom 25.7.2003, GV NRW 2003 S. 441.
[74] Gesetz vom 25.1.2005, GVBl. I 2005 S. 14.
[75] Gesetz vom 13.1.1992, GVBl. 1992 S. 1.
[76] Siehe dazu BVerfG Beschl. v. 15.3.2007 – 1 BvR 2138/05, NVwZ 2007, 1049.
[77] Vgl. einerseits VG Karlsruhe Beschl. v. 10.12.2019 – 3 K 7772/19, BeckRS 2019, 38204 und andererseits HmbOVG Urt. v. 18.8.2020 – 4 Bf 160/19, NVwZ-RR 2021, 322; vertiefend *Franke/Kerkemeyer* NVwZ 2020, 760 (764 ff.).
[78] VG Braunschweig Beschl. v. 22.1.2021 – 5 E 21/21, BeckRS 2021, 1037.
[79] VG Cottbus Urt. v. 19.4.2021 – 9 I 6/21, BeckRS 2021, 15111 Rn. 9.
[80] OLG Frankfurt a. M. Beschl. v. 14.1.2014 – 20 W 205/13 ua, BeckRS 2014, 7819.
[81] BVerfG Beschl. v. 20.9.2018 – 2 BvR 708/18, NJW 2018, 3571 und v. 1.8.2014 – 2 BvR 200/14, NJW 2015, 851 jeweils unter Bezugnahme auf BVerfG Beschl. v. 10.11.1981 – 2 BvR 1118/80, BVerfGE 59, 95.
[82] Vgl. BVerfGE 59, 95 (97).
[83] OLG Düsseldorf Beschl. v. 23.1.2018 – I-3 Wx 239/17 ua, NVwZ-RR 2018, 670 zu § 41 I Nr. 2 PolG NW.
[84] OLG Karlsruhe Beschl. v. 23.8.2016 – 11 W 79/16 (Wx), BeckRS 2016, 15813; VG Düsseldorf Beschl. v. 4.3.2021 – 27 I 11/21, BeckRS 2021, 5001.
[85] OVG NRW Beschl. v. 18.3.2021 – 18 E 221/21, NVwZ-RR 2021, 732 Rn. 18; VG Köln Beschl. v. 4.3.2021 – 5 I 3/21, BeckRS 2021, 5042.
[86] BVerfG Beschl. v. 12.3.2019 – 2 BvR 675/14, BVerfGE 151, 67 Rn. 62 f.

40 Während der Gesetzgeber das Betreten der Wohnung des abzuschiebenden Ausländers in die Kompetenz der zuständigen Ausländerbehörde gelegt hat[87], hat er in **Abs. 8 S. 1 Durchsuchungen der Wohnungen generell** dem **Richtervorbehalt** unterstellt. Anders als etwa § 56a IX 1 erklärt § 58 VIII für die Rechtskontrolle nicht die Amtsrichter für zuständig. **Gesetzlicher Richter** und damit zuständige Richter für Verfahren nach § 58 VIII ist in Ermangelung einer gesetzlichen Sonderzuweisung mithin der örtlich zuständige Verwaltungsrichter[88]. Nur bei Gefahr im Verzug darf eine Durchsuchung zur Nachtzeit durch die die Abschiebung durchführende Behörde angeordnet werden. Die Annahme von Gefahr im Verzug kann nach Betreten der Wohnung nicht darauf gestützt werden, dass der Ausländer nicht angetroffen worden ist **(Abs. 8 S. 2)**. Eine zur Nachtzeit erfolgte polizeiliche Durchsuchung von (privat genutzten) Räumen aufgrund eines Durchsuchungsbeschlusses, der eine Durchsuchung zur Nachtzeit nicht ausdrücklich gestattet, ist rechtswidrig, weil die Räume zu dieser Zeit nicht für jedermann zugänglich sind[89]. Der Begriff „**Gefahr im Verzug**" iSd Abs. 8 S. 1 ist eng auszulegen. Gefahr im Verzug ist nur anzunehmen, wenn die richterliche Anordnung nicht mehr eingeholt werden kann, ohne dass der Zweck der Maßnahme – Durchführung der Abschiebung – gefährdet würde[90]. Der Regelfall ist also die richterliche Anordnung, die Ausnahme eine Durchsuchung ohne solche Anordnung. „Gefahr im Verzug" muss mit **Tatsachen** begründet werden, die **auf den Einzelfall bezogen** sind. Reine Spekulationen, hypothetische Erwägungen oder lediglich auf kriminalistische Alltagserfahrung gestützte, fallunabhängige Vermutungen reichen nicht aus. Auslegung und Anwendung des Begriffs „Gefahr im Verzug" unterliegen der unbeschränkten gerichtlichen Kontrolle. Die Gerichte sind allerdings gehalten, der besonderen Entscheidungssituation der nichtrichterlichen Organe mit ihren situationsbedingten Grenzen von Erkenntnismöglichkeiten Rechnung zu tragen[91].

41 **Abs. 9** regelt die **Modalitäten der Wohnungsdurchsuchung** zur Ergreifung des abzuschiebenden Ausländers. Der Inhaber der zu durchsuchenden Räume darf bei der Durchsuchung anwesend sein (S. 1). Ist der Wohnungsinhaber abwesend, soll sein Vertreter, hilfsweise ein Nachbar hinzugezogen werden (S. 2). Wird die Wohnung einer anderen Person als des abzuschiebenden Ausländers durchsucht, ist dieser anderen Person oder deren Vertreter der Zweck der Durchsuchung – Ergreifung des abzuschiebenden Ausländers – vor Durchsuchungsbeginn bekannt zu machen (S. 3). Mündliche Bekanntmachung genügt; diese ist aber zu Beweiszwecken zu dokumentieren. Über die Durchsuchung ist eine Niederschrift zu fertigen, deren Abschrift dem Wohnungsinhaber oder seinem Vertreter auf deren Verlangen auszuhändigen ist (S. 4). Ist die Anfertigung der Niederschrift nach den besonderen Umständen des Falls nicht möglich oder würde sie den Zweck der Durchsuchung gefährden, so ist dem Wohnungsinhaber oder der hinzugezogenen Person die Durchsuchung unter Angabe der verantwortlichen Dienststelle sowie Zeit und Ort der Durchsuchung schriftlich zu bestätigen (S. 5). Die Verfahrensregelungen sind denjenigen zu Wohnungsdurchsuchungen nach § 106 StPO, § 42 PolG NW oder § 39 HessSOG nachgebildet.

42 Die in den **Abs. 5–10** enthaltenen Regelungen zum Betreten und Durchsuchen von Wohnungen zur Ergreifung von abzuschiebenden Ausländern greifen auf bewährte Vorbilder in den Polizeigesetzen der Länder und der StPO zurück. Sie beachten die Grundregel der Verhältnismäßigkeit jedes in Freiheitsrechte eingreifenden Behördenhandelns. Die Vorschriften sind **verfassungs- und unionsrechtskonform**. Bei ihrer Anwendung im Einzelfall ist insbesondere die umfangreiche Rspr. des BVerfG zur Durchsuchung von Wohnungen zu berücksichtigen.

V. Verwaltungsverfahren und Rechtsschutz

1. Verwaltungsverfahren

43 Die **Abschiebung** kann als **Vollstreckungsmaßnahme** ohne vorherige schriftliche Anordnung durchgeführt werden; eine schriftliche **Abschiebungsanordnung** ist **zulässig,** aber grundsätzlich **nicht notwendig**[92]. Die Abschiebung setzt Reise- und Transportfähigkeit des vollziehbar ausreise-

---

[87] VG Düsseldorf Urt. v. 4.3.2021 – 27 I 11/21, BeckRS 2021, 5001 Rn. 15.
[88] Umstritten wie hier OLG Oldenburg Beschl. v. 4.11.2021 – 12 W 124/21, BeckRS 2021, 34749, OLG Köln Beschl. v. 7.8.2020 – 2 Wx 178/20; OVG NRW Beschl. v. 18.3.2021 – 18 E 221/21, NVwZ-RR 2021, 732 Rn. 3; OVG Bln-Bbg Beschl. v. 18.3.2021 – OVG 3 M 143/20, Asylmagazin 2021, 236 Rn. 9; VG Cottbus Urt. v. 24.9.2021 – 9 I 9/21, AuAS 2021, 232 Rn. 1; *Gordzielik* in Huber/Mantel AufenthG § 58 Rn. 36; *Wysk* VwGO § 40 Rn. 55; aA allerdings NdsOVG Beschl. v. 10.3.2021 – 13 OB 103/21, BeckRS 2021, 4763, das für den Erlass einer richterlichen Durchsuchungsanordnung nach § 58 VI bis IX nach § 3 I 3 und § 25 I 2 NPOG das Amtsgericht zuständig hält, in dessen Bezirk die zu durchsuchende Wohnung liegt. Entsprechend SchlHOVG Beschl. v. 22.7.2020 – 4 O 27/20, NVwZ-RR 2020, 900.
[89] LG Frankfurt a. M. Beschl. v. 14.1.2014 – 5/27 Qs 80/13, BeckRS 2015, 13105.
[90] Vgl. BVerfG Urt. v. 20.2.2001 – 2 BvR 1444/00, BVerfGE 103, 142 (153 f.) und Beschl. v. 12.3.2019 – 2 BvR 675/14, NJW 2019, 1428 Rn. 55.
[91] BVerfG Urt. v. 20.2.2001 – 2 BvR 1444/00, BVerfGE 103, 142 Ls. 3a.
[92] BVerwG Urt. v. 29.4.1983 – 1 C 19.79, EZAR 130 Nr. 2; HmbOVG Beschl. v. 30.8.1983 – Bs V 87/83, NVwZ 1985, 65; HessVGH Beschl. v. 12.2.1986 – 10 TG 2374/85, EZAR 224 Nr. 11; BayVGH Beschl. v. 8.3.1967 – 303 VIII 66, DÖV 1967, 827.

Abschiebung   § 58 AufenthG 1

pflichtigen Ausländers voraus; fehlt es daran von vornherein, darf mit dem Vollzug der Abschiebung nicht begonnen werden. Da der Abschiebung selbst nicht die Qualität eines VA zukommt, fällt sie – anders als eine etwaige Abschiebungsanordnung – **nicht** unter das **Schriftformerfordernis** nach § 77 I.

Der **Abschiebung** kommt aber **ausnahmsweise** dann **Regelungscharakter** iSd § 35 I VwVfG **44** zu, wenn ihr keine Androhung vorausging oder wenn mit ihr im Zweifelsfall (zB beim Streit über den Zielstaat oder ein Abschiebungshindernis) die fortdauernde Notwendigkeit der Abschiebung aus den Gründen des Abs. 1 oder 2 festgestellt wird. Außerdem hat sie Regelungscharakter, wenn der Zielstaat in der Abschiebungsandrohung nicht genannt ist (vgl. §§ 59 II) und dies mit der Anordnung nachgeholt wird oder wenn mehrere Staaten bezeichnet sind und die Auswahl des letztlich ins Auge gefassten Staats vor der Abschiebung erfolgt[93]. Die **Abschiebungsanordnung** muss dieselben Voraussetzungen erfüllen wie die Abschiebung[94]. Sie stellt eine Maßnahme in der Verwaltungsvollstreckung dar, deren Voraussetzungen sich nach Landesrecht richten, soweit sie bundesrechtlich nicht geregelt sind[95].

Die **Durchführung der Abschiebung** allein durch Anwendung **unmittelbaren Zwangs** ist keine **45** Freiheitsentziehung. Bei ihr handelt es sich vielmehr um eine **kurzzeitige Freiheitsbeschränkung** nach Abs. 4. Die Ausländerbehörde darf einen Ausländer nicht von sich aus zur Sicherung der Abschiebung vorläufig in Gewahrsam nehmen; ist dies nach Landesrecht zulässig, bedarf es der richterlichen Anordnung nach § 62 II[96].

Die Abschiebung wird durch **tatsächliche Entfernung** des Ausländers aus dem Bundesgebiet **46** vollzogen. Sie ist zu unterbrechen, wenn während deren Vollzug Reiseunfähigkeit eintritt, gegebenenfalls bei gleichzeitiger Beantragung von Abschiebungshaft. Die Abschiebung wird in der Regel in der Weise vorgenommen, dass der Ausländer von der **zuständigen Ausländerbehörde** (§ 71 I) oder der **Landespolizei** (§ 71 VI) an die Grenze gebracht und dort durch Grenz- oder Polizeibeamte (§ 71 III 1, VI) den ausländischen Behörden übergeben wird. Ähnlich wird bei der Abschiebung auf dem Luftweg verfahren; die Überstellung erfolgt durch den begleitenden Beamten im Zielstaat. **Effizienzsteigerungen** bei den Rückführungen ließen sich durch eine Reduzierung der Zahl der Ausländerbehörden und der für die Abschiebung zuständigen Stellen erreichen. Angesichts des komplexen Ausländerrechts, das durch die Unionsgesetzgebung und Unionsrechtsprechung immer höhere Anforderungen an den Verwaltungsvollzug stellt, wäre zur Verbesserung der Effizienz der Aufgabenerledigung insbesondere eine weitere Zentralisierung von Aufgaben im Bereich der höheren Ausländerbehörden[97] – zB eine **Hochzonung der Rückführung auf eine Bundesbehörde**, zB die Bundespolizei – erforderlich. Hierzu ist der Gesetzgeber gefordert.

Einzelheiten der **Übergabe und Übernahme** von Ausländern **an der Grenze** sind durch Über- **47** nahmeabkommen geregelt, die ua mit den meisten Anrainerstaaten und mit anderen Ländern bestehen[98]. Die Abkommen ermöglichen mit jeweils unterschiedlichen Modalitäten die formlose Überstellung von Staatsangehörigen des anderen Vertragsstaats und die formlose und förmliche Überstellung von Drittstaatern. Die Abschiebung von Staatsangehörigen des anderen Vertragsstaats ist danach meist formlos an bestimmten Überstellungsorten oder über bestimmte Flughäfen möglich.

Grundsätzlich ist eine **Abschiebung** nach § 58 **vollzogen und beendet**, wenn der Ausländer **48** außer Landes, dh außerhalb des Bundesgebiets, verbracht worden und den im Zielstaat zuständigen Grenzbehörden übergeben worden ist. Eine Abschiebung **auf dem Luftweg** ist grundsätzlich erst dann vollzogen und beendet, **wenn der Ausländer die Transitzone des Zielflughafens verlassen hat und sich wieder im Hoheitsgebiet des Abschiebungszielstaats befindet**[99]. Falls die Transitzone nicht zu durchqueren ist, setzt der Vollzug der Luftabschiebung zumindest dem Ausstieg aus dem gelandeten Flugzeug voraus. Im Falle einer bundespolizeilich begleiteten Abschiebung ist die Abschiebung erst mit Übergabe des Abzuschiebenden an die empfangsbereiten Vertreter des Zielstaats beendet.

2. Rechtsschutz

Gegen die **Abschiebungsanordnung** kann Anfechtungswiderspruch und -klage (§§ 42 I, 68 ff. **49** VwGO) erhoben werden. Angriffe gegen die aufenthaltsbeendende Maßnahme selbst, also die Ausweisung oder die Versagung eines Aufenthaltstitels als Grundverwaltunsakt, sind im Rahmen des

---

[93] Näher mwN *Renner* Rn. 7/376–378.
[94] BVerwG Beschl. v. 22.8.1986 – 1 C 34.83, EZAR 130 Nr. 5.
[95] HmbOVG Beschl. v. 19.1.1993 – Bs VII 126/92, EZAR 044 Nr. 4; HessVGH Beschl. v. 6.2.1984 – X TH 570/83, EZAR 223 Nr. 6.
[96] BVerwG Urt. v. 23.6.1981 – I C 78.77, BVerwGE 62, 325; vgl. iÜ § 62.
[97] Vgl. dazu bereits die Denkschrift des Rechnungshofs BW aus dem Jahr 2007 zu den „Ausgaben im Zusammenhang mit Aufenthalt und Rückführung ausreisepflichtiger Ausländer, Beitrag Nr 16", www.rechnungshof.baden-wuerttemberg.de/de/…/denkschriften/…/170048.htm…
[98] *Hailbronner/Renner* Einl. D Rn. 72 f.; *Lehnguth* ZAR 1997, 161; wN bei *Renner* AiD Fn. 7/680–682.
[99] OVG NRW Beschl. v. 15.8.2018 – 17 B 1029/18, NVwZ 2018, 1493 mAnm *Kluth*.

Vollstreckungsverfahren ausgeschlossen; eine Analogie zu § 767 II ZPO für nachträglich entstandene Einwendungen ist nicht möglich, weil das AufenthG hierfür ein neues Verfahren vorsieht[100]. Gegen eine bevorstehende Abschiebung kann vorbeugender Rechtsschutz in Anspruch genommen werden (Unterlassungsklage). Bei einer gegen die Durchführung einer Abschiebung in Vollzug der Dublin-VO gerichteten Unterlassungsklage kann der Ausländer Einwendungen gegen den Zielstaat grundsätzlich nicht mehr geltend machen, wenn die diesen Zielstaat angebende Abschiebungsanordnung unanfechtbar geworden ist[101].

50 **Vorläufiger Rechtsschutz** kann nach § 80 V VwGO in Anspruch genommen werden, wenn der Sofortvollzug ausländerbehördlich angeordnet ist (§ 80 II 1 Nr. 4 VwGO) oder kraft Gesetzes besteht (§ 80 II 1 Nr. 3 VwGO, § 84 I). Dasselbe gilt, wenn nach Landesrecht der Suspensiveffekt der Rechtsmittel gegen einen VA in der Zwangsvollstreckung ausgeschlossen ist (vgl. § 80 II VwGO; zB durch Art. 38 IV BayVwZVG, § 12 BWVwG, § 12 HessAGVwGO, § 8 NRWAGVwGO). Über diesen Antrag wird aufgrund einer summarischen Rechtmäßigkeitsprüfung und einer Interessenabwägung entschieden. Gegen die **Abschiebung** selbst als Vollstreckungsmaßnahme ist vorläufiger Rechtsschutz nach § 123 I VwGO zulässig. Zu beachten ist weiter, dass der Antragsteller sein konkretes Rechtsschutzziel, etwa die Ausreisepflicht vorläufig auszusetzen, mit einem Antrag nach § 80 V VwGO überhaupt erreichen kann[102]. Daran fehlt es etwa bei der Ablehnung des Antrags auf Erteilung oder Verlängerung einer Aufenthaltserlaubnis, wenn der Ausländer aus anderen Gründen, zB wegen bestandskräftig gewordener Ausweisungsverfügung, bereits ausreisepflichtig ist.

51 Ist eine **Abschiebung rechtswidrig** erfolgt, kann dies im **Hauptsacheverfahren** mit der **Feststellungsklage** geltend gemacht werden. Ein Folgenbeseitigungsanspruch auf Rückführung eines rechtswidrig abgeschobenen Ausländers setzt aber voraus, dass der Aufenthalt im Ausland fortlaufend rechtswidrig ist, was dann nicht der Fall ist, wenn der Aufenthalt im Bundesgebiet unverzüglich wieder beendet werden müsste, weil der Ausländer sofort wieder ausreisepflichtig ist, etwa weil er bestandskräftig ausgewiesen ist.

52 Im **Eilverfahren** kann ein auf vorläufige **Untersagung der Abschiebung** gerichteter Antrag nach § 123 VwGO nach zwischenzeitlich **vollzogener Abschiebung** – jedenfalls in der ersten Instanz – in einen **Antrag auf Gestattung der Wiedereinreise umgestellt** werden. Die Umstellung muss den engen Voraussetzungen des § 91 VwGO genügen. Dem steht nicht entgegen, dass § 123 VwGO keine § 80 V VwGO entsprechende Regelung eines Folgenbeseitigungsanspruchs enthält. § 80 V 3 VwGO hat nur verfassungsrechtliche Bedeutung und erleichtert eine prozessuale Geltendmachung[103]. Der Folgenbeseitigungsanspruch greift, wenn durch einen hoheitlichen Eingriff – hier die Abschiebung – ein subjektives Recht des Betroffenen verletzt worden und dadurch für diesen ein andauernder rechtswidriger Zustand entstanden ist, dessen Beseitigung tatsächlich und rechtlich möglich und notwendig ist. An die Glaubhaftmachung des Anordnungsanspruchs sind hohe Anforderungen zu stellen[104].

53 Eine **gerichtliche Entscheidung auf unverzügliche Rückholung oder Gestattung der Wiedereinreise in die Bundesrepublik Deutschland** ist trotz fortwährender Rechtswidrigkeit der erfolgten Abschiebung nach dem Grundsatz des Verbots unzulässiger Rechtsausübung (§ 242 BGB) **aufzuheben, wenn der durch die rechtswidrige Abschiebung zunächst geschaffene rechtswidrige Zustand nicht mehr fortbesteht**[105], etwa weil zunächst angenommene Gefahren aus Art. 3 EMRK (drohende Folter oder unmenschliche Behandlung im Zielstaat) zu verneinen sind. So kann bspw. durch eine nachträglich beigebrachte individualbezogene diplomatische Zusicherung die Gefahr der Folter oder einer unmenschlichen oder erniedrigenden Behandlung als deutlich herabgesetzt erscheinen und in einer Gesamtschau unter die Schwelle der beachtlichen Wahrscheinlichkeit sinken, sodass wegen nachträglich eingetretener tatsächlicher Verhältnisse veränderte Umstände iSd § 80 VII VwGO vorliegen, die eine Rückholung des Ausländers ausschließen[106].

54 Wird in einem **Prozessvergleich** vor dem VG vereinbart, dass nach Ablauf eines Duldungszeitraums die Ausländerbehörde berechtigt ist, den Ausländer auf der Grundlage einer bestands-

---

[100] Zum AuslG BVerwG Urt. v. 29.4.1983 – 1 C 19.79, EZAR 130 Nr. 2.
[101] OVG Bln-Bbg Urt. v. 17.12.2014 – OVG 7 B 44.13, BeckRS 2015, 41321.
[102] Vgl. zB VG München Beschl. v. 9.4.2018 – M 10 S 18.243, BeckRS 2018, 8127 (fehlendes Rechtsschutzbedürfnis).
[103] Str., wie hier *Dörig/Hoppe* in Dörig Migrations-HdB Rn. 815 f.; HmbOVG Beschl. v. 6.7.2018 – 3 Bs 97/18, EZAR NF 98 Nr. 101; VGH BW Beschl. v. 5.6.2018 – 11 S 867/18, BeckRS 2018, 13632; OVG RhPf Beschl. v. 23.7.2018 – 7 B 10768/18, NVwZ-RR 2018, 948 und Beschl. v. 11.7.2017 – 7 B 11079/17, BeckRS 2017, 117445. AA BayVGH Beschl. v. 30.7.2018 – 10 CE 18.769, BeckRS 2018, 18317; OVG Magdeburg, Beschl. v. 6.6.2016 – 2 M 37/16, BeckRS 2016, 50512, die im Wege der Auslegung nach § 88 VwGO einen Aussetzungsantrag nach § 80 V 1 VwGO, erweitert um einen Antrag auf Vollzugsfolgenbeseitigung nach § 80 V 3 VwGO, für statthaft halten.
[104] Vgl. näher *Dörig/Hoppe* in Migrations-HdB Rn. 815 f. mwN; NdsOVG Beschl. v. 29.3.2019 – 13 ME 519/18, BeckRS 2019, 5740.
[105] VG Gelsenkirchen Beschl. v. 19.12.2018 – 8 L 2184/18, BeckRS 2018, 33130 juris betr. Tunesien.
[106] VG Gelsenkirchen Beschl. v. 21.11.2018 – 7a L 1947/18.A, BeckRS 2018, 34175 betr. Tunesien.

Abschiebungsanordnung § 58a AufenthG 1

kräftigen ausländerrechtlichen Verfügung abzuschieben, ist für die Durchführung dieser Vollstreckungsmaßnahme nicht der Vorsitzende des VG als Vollstreckungsbehörde nach § 168 I Nr. 3, § 169 I 2 VwGO, sondern die Ausländerbehörde zuständig. Eine Vollstreckungsabwehrklage gegen den Prozessvergleich ist unzulässig, wenn der Ausländer ausschließlich um die Wirksamkeit des Prozessvergleichs streitet. Der dafür geeignete Rechtsschutzantrag ist derjenige auf Fortsetzung des ursprünglichen Gerichtsverfahrens[107]. Dieser Antrag vermittelt ausreichenden und zugleich effektiven Rechtsschutz.

Schuldner für die **Kosten der Abschiebung** ist der von ihr betroffene Ausländer (§ 66 I); neben 55 ihm haftet für die Abschiebungskosten derjenige, der sich nach Maßgabe von § 68 gegenüber der Ausländerbehörde oder einer Auslandsvertretung zur Kostenübernahme wirksam verpflichtet hat (§ 66 II). Den Haftungsumfang bestimmt § 67[108].

§ 58a Abschiebungsanordnung

(1) ¹Die oberste Landesbehörde kann gegen einen Ausländer auf Grund einer auf Tatsachen gestützten Prognose zur Abwehr einer besonderen Gefahr für die Sicherheit der Bundesrepublik Deutschland oder einer terroristischen Gefahr ohne vorhergehende Ausweisung eine Abschiebungsanordnung erlassen. ²Die Abschiebungsanordnung ist sofort vollziehbar; einer Abschiebungsandrohung bedarf es nicht.

(2) ¹Das Bundesministerium des Innern, für Bau und Heimat kann die Übernahme der Zuständigkeit erklären, wenn ein besonderes Interesse des Bundes besteht. ²Die oberste Landesbehörde ist hierüber zu unterrichten. ³Abschiebungsanordnungen des Bundes werden von der Bundespolizei vollzogen.

(3) ¹Eine Abschiebungsanordnung darf nicht vollzogen werden, wenn die Voraussetzungen für ein Abschiebungsverbot nach § 60 Abs. 1 bis 8 gegeben sind. ²§ 59 Abs. 2 und 3 ist entsprechend anzuwenden. ³Die Prüfung obliegt der über die Abschiebungsanordnung entscheidenden Behörde, die nicht an hierzu getroffene Feststellungen aus anderen Verfahren gebunden ist.

(4) ¹Dem Ausländer ist nach Bekanntgabe der Abschiebungsanordnung unverzüglich Gelegenheit zu geben, mit einem Rechtsbeistand seiner Wahl Verbindung aufzunehmen, es sei denn, er hat sich zuvor anwaltlichen Beistands versichert; er ist hierauf, auf die Rechtsfolgen der Abschiebungsanordnung und die gegebenen Rechtsbehelfe hinzuweisen. ²Ein Antrag auf Gewährung vorläufigen Rechtsschutzes nach der Verwaltungsgerichtsordnung ist innerhalb von sieben Tagen nach Bekanntgabe der Abschiebungsanordnung zu stellen. ³Die Abschiebung darf bis zum Ablauf der Frist nach Satz 2 und im Falle der rechtzeitigen Antragstellung bis zur Entscheidung des Gerichts über den Antrag auf vorläufigen Rechtsschutz nicht vollzogen werden.

Allgemeine Verwaltungsvorschrift
58a Zu § 58a – Abschiebungsanordnung
58a.0 Allgemeines
58a.0.1 In der Anwendungspraxis hatte sich gezeigt, dass die früheren Rechtsvorschriften zur Ausweisung und Abschiebung von Ausländern mit Schwierigkeiten verbunden waren, die bei besonderen Gefahrenlagen einer aus Gründen der öffentlichen Sicherheit gebotenen effektiven und schnellen Verfahrensweise entgegenstanden. Zur Überwindung dieser Schwierigkeiten ist mit der Abschiebungsanordnung ein Instrument geschaffen worden, durch das in diesen Fällen an Stelle der Ausländerbehörden durch die obersten Landes- und Bundesbehörden eine Abschiebung gefährlicher ausländischer Personen unmittelbar angeordnet werden kann, ohne zuvor eine Ausweisung und Abschiebungsandrohung verfügen zu müssen. Der Rechtsschutz wird auf eine Instanz vor dem Bundesverwaltungsgericht verkürzt. Die Abschiebungsanordnung ist sofort vollziehbar.
Die Abschiebungsanordnung soll in Einzelfällen von herausragender Bedeutung zur Anwendung kommen, in denen vor allem auch die aktuelle nationale und internationale Sicherheitslage einzubeziehen sind. Die erforderliche globale Lagebetrachtung lässt es angezeigt erscheinen, dass die Abschiebungsanordnung durch die oberste Landesbehörde oder das Bundesministerium des Innern erlassen wird.
58a.1 Voraussetzungen der Abschiebungsanordnung
58a.1.1 Der Ausnahmecharakter dieser Regelung und die tatbestandlich in Absatz 1 geforderte besondere Gefahrenlage (besondere Gefahr für die Sicherheit der Bundesrepublik Deutschland) rechtfertigen es, auf eine Ausweisung und Abschiebungsandrohung zu verzichten und eine zur Gefahrenabwehr dringend gebotene Abschiebung unmittelbar festzusetzen. Damit kommt auch der besondere Ausweisungsschutz nicht zum Tragen; besondere Belange des betroffenen Ausländers sind jedoch auf Grund des Verhältnismäßigkeitsgrundsatzes im Rahmen der Ausübung des Ermessens zu beachten.
58a.1.2.1 Der Begriff der Gefahr für die Sicherheit der Bundesrepublik Deutschland bezieht sich auf die innere und äußere Sicherheit des Staates (vgl. Nummer 54.2.2.2). Er ist nicht auf den Schutz staatlicher Funktionen beschränkt. Der Schutzbereich umfasst das ordnungsgemäße Funktionieren staatlicher Einrichtungen, jedoch können

---

[107] HessVGH Urt. v. 21.6.2018 – 3 A 2411/16, BeckRS 2018, 21936; BayVGH Beschl. v. 23.10.2006 – 22 C 06.2640, NVwZ-RR 2007, 353.
[108] Vgl. näher die Kommentierungen zu den §§ 66–68.

auch nichtstaatliche Einrichtungen und allgemein zugängliche Plätze, deren Gefährdung erhebliche Schadensfolgen (Personen- und/oder Sachschäden) nach sich ziehen könnte, vom Schutzbereich umfasst sein. Dies betrifft insbesondere so genannte „weiche" Ziele wie etwa Krankenhäuser, Bahnhöfe, Züge, Wohnanlagen, für den Gottesdienst bestimmte Einrichtungen oder andere Versammlungsstätten, Industrieunternehmen, Fußballstadien oder sonstige Austragungsorte von Großveranstaltungen.

58a.1.2.2 Das Merkmal der „besonderen Gefahr für die Sicherheit der Bundesrepublik Deutschland" ist nicht notwendigerweise in der besonderen zeitlichen Nähe oder Wahrscheinlichkeit des Schadenseintritts zu sehen, sondern knüpft insbesondere an die Wichtigkeit des bedrohten Rechtsgutes an. Ziel ist es, Gefahren, die im Hinblick auf die Dimension möglicher Schäden herausragend sind, möglichst schnell und effektiv zu begegnen.

58a.1.2.3 Neben der Gefahr für die Sicherheit der Bundesrepublik Deutschland ist als Tatbestandsalternative eine terroristische Gefahr genannt. Erfasst sind damit alle Gefahrenlagen, die durch Handlungen, wie sie in Artikel 1 des Rahmenbeschlusses des Rates Nr 2002/475/JI vom 13. Juni 2002 zur Terrorismusbekämpfung (ABl. Nummer L 164 S. 3) in seiner jeweils geltenden Fassung beschrieben sind, hervorgerufen werden können. Hierunter fallen sowohl terroristische Bestrebungen, die geeignet sind, eine beachtliche Gefahrenlage im Bundesgebiet zu erzeugen, als auch solche, die der Vorbereitung terroristischer Anschläge in anderen Staaten dienen. Als Tätigkeiten, die eine terroristische Gefahr begründen können, kommen insbesondere die in § 54 Nummer 5 genannten Handlungen in Betracht. Allerdings kommt, anders als beim Ausweisungstatbestand des § 54 Nummer 5, diese Tatbestandsalternative auch außerhalb terroristischer Strukturen, die ein auf längere Dauer angelegtes Zusammenwirken von mehr als zwei Personen erfordern, zum Tragen. Damit werden auch Einzeltäter erfasst.

58a.1.3 Es wird nicht auf den strafprozessual geprägten Begriff des „Verdachts" abgestellt, sondern auf eine tatsachengestützte Gefahrenprognose, wodurch der anordnenden obersten Landesund Bundesbehörde eine Einschätzungsprärogative hinsichtlich des Wahrscheinlichkeitsurteils zukommt. Hierbei kommt der sicherheitsbehördlichen Lageeinschätzung besondere Bedeutung zu. Aktivitäten des Ausländers sind in Gesamtschau mit seiner generellen Einbindung in gefahrenrelevante Strukturen, aber auch mit Erfahrungswerten der Sicherheitsbehörden in vergleichbaren Fällen zu sehen.

58a.1.4 Mit Erlass der Abschiebungsanordnung erlischt zugleich der Aufenthaltstitel (§ 51), die Aufenthaltsgestattung (§ 67 AsylVfG) oder Duldung. Hierdurch wird die Voraussetzung dafür geschaffen, dass der Betroffene auf richterliche Anordnung in Abschiebungshaft (Sicherungshaft) genommen werden kann (vgl. Nummer 62.2.1.2). Durch das Erlöschen des Aufenthaltstitels wird zugleich sichergestellt, dass mit dem Vollzug der Abschiebungsanordnung eine erneute (legale) Einreise nicht mehr möglich ist. Eine Befristung der Abschiebungswirkungen ist nach § 11 Absatz 1 Satz 5 ausgeschlossen. Ausnahmen hiervon können nach § 11 Absatz 1 Satz 6 nur im Einzelfall zugelassen werden.

58a.1.5 Die Abschiebungsanordnung wird grundsätzlich in Landeskompetenz durch die jeweils zuständigen Innenministerien der Länder wahrgenommen (siehe aber Nummer 58 a.2).

58a.1.6 Eine Anhörung des Ausländers vor Erlass der Abschiebungsanordnung ist nicht erforderlich.

58a.2 Abschiebungsanordnung des Bundesministeriums des Innern

Nach Absatz 2 kann das Bundesministerium des Innern die Zuständigkeit im Einzelfall an sich ziehen. Dies kommt vor allem in Betracht, wenn nach Einschätzung des Bundesministeriums des Innern eine länderübergreifende Gefahrenlage besteht, die möglichen Adressaten einer Abschiebungsanordnung länderübergreifend agieren, besondere Erkenntnisse der Sicherheitsbehörden auf Bundesebene vorhanden sind oder der Fall außenpolitischer Bedeutung hat.

58a.3 Prüfung des Vorliegens von Abschiebungsverboten

58a.3.1 Nach Absatz 3 ist von der über die Abschiebungsanordnung entscheidenden Behörde zu prüfen, ob aktuell ein Abschiebungsverbot besteht; ist dies der Fall, so kann eine Abschiebung nicht vollzogen werden. Damit wird sichergestellt, dass niemand durch die Abschiebung einer besonderen Gefährdung der eigenen Person ausgesetzt wird. Auch wenn gesetzlich keine formelle Beteiligung des Bundesamtes für Migration und Flüchtlinge vorgesehen ist (vgl. § 72 Absatz 2), empfiehlt es sich, bei der Prüfung der zielstaatsbezogenen Abschiebungsverbote das Bundesamt einzubeziehen.

58a.3.2 In Anlehnung an das Auslieferungsverfahren steht eine bestandskräftige Asyl- oder Flüchtlingsanerkennung (vgl. auch § 4 Satz 2 AsylVfG) oder die Feststellung eines Abschiebungsverbotes der Entscheidung über eine Abschiebungsanordnung nicht entgegen (Durchbrechung der Bindungswirkung). Durch die tatbestandsmäßig vorgegebene Prüfung von § 60 Absatz 1 bis 8, dessen gerichtliche Überprüfung durch die Verfahrensausgestaltung in Absatz 3 und Absatz 4 sichergestellt ist, wird jedoch gewährleistet, dass eine Abschiebung nicht erfolgt, wenn der Betroffene aktuell schutzbedürftig ist. Mit dieser Regelung soll erreicht werden, dass vor Erlass einer Abschiebungsanordnung nicht erst noch ein zeitaufwändiges Widerrufsverfahren durchgeführt werden muss, wenn beispielsweise die Voraussetzungen einer Flüchtlingsanerkennung nicht mehr gegeben sind. Allerdings befreit die fehlende Bindungswirkung die anordnende Behörde nicht davon, in anderen Verfahren getroffene Feststellungen zu berücksichtigen und sich mit ihnen auseinanderzusetzen, soweit sie von den dort getroffenen Feststellungen abweichen will.

58a.4 Verfahren

58a.4.0 Durch die besondere Verfahrensausgestaltung in Absatz 4, die sich an § 18a AsylVfG orientiert, wird den Grundsätzen eines fairen Verfahrens und der Gewährung rechtlichen Gehörs Rechnung getragen. Insbesondere wird sichergestellt, dass der betroffene Adressat einer Abschiebungsanordnung gerichtlichen Eilrechtsschutz tatsächlich erlangen kann und vorher eine Abschiebung nicht erfolgen darf. Dabei sollte von den Vollstreckungsorganen sichergestellt werden, dass eine Liste mit Rechtsanwälten für eine mögliche Prozessvertretung vor dem Bundesverwaltungsgericht ausgehändigt wird.

58a.4.1 § 58a Absatz 4 sieht den schriftlichen Erlass und die Begründung der Abschiebungsanordnung nicht zwingend vor. Gleichwohl soll die Entscheidung i. d. R. schriftlich ergehen und begründet werden. Jenseits dessen sind § 37 Absatz 2 Satz 2 VwVfG und entsprechende landesrechtliche Vorschriften zu beachten. Auf die Belehrungspflichten nach §§ 58 f. VwGO wird hingewiesen.

58a.4.2 Soweit die Abschiebungsanordnung nicht unmittelbar vollzogen werden kann, etwa weil gerichtlicher Eilrechtsschutz in Anspruch genommen wird oder eine Verbringung außerhalb des Bundesgebietes aus tatsächlichen Gründen nicht unmittelbar erfolgen kann (z. B. wegen fehlender Transportverbindungen oder Aufnahmebereitschaft des Herkunftsstaates), ist der Betroffene zur Sicherung der Abschiebung auf richterliche Anordnung grundsätzlich in

Abschiebungshaft zu nehmen (zwingender Haftgrund), vgl. § 62 Absatz 2 Nummer 1 a. Hierdurch soll verhindert werden, dass der Adressat einer Abschiebungsanordnung in Ansehung der bevorstehenden Abschiebung „untertaucht". Von der Anordnung der Abschiebungshaft kann abgesehen werden, wenn der Ausländer glaubhaft machen kann, dass er sich der Abschiebung nicht entziehen werde (vgl. § 62 Absatz 2 Satz 3). Sie ist unzulässig, wenn die Abschiebung aus vom Ausländer nicht zu vertretenden Gründen nicht innerhalb der nächsten drei Monate durchgeführt werden kann (vgl. § 62 Absatz 2 Satz 4). Nach § 62 Absatz 3 ist die Sicherungshaft auf sechs Monate beschränkt und kann nur in Fällen, in denen der Ausländer seine Abschiebung verhindert, um höchstens 12 Monate auf bis zu höchstens 18 Monate verlängert werden.

58a.4.3 Personen, die nicht in Abschiebungshaft genommen werden dürfen oder über die zeitlichen Grenzen der Sicherungshaft hinaus nicht abgeschoben werden können, sollen über Maßnahmen nach § 54a einer besonderen Überwachung zugeführt werden.

58a.4.4 Der Rechtsschutz (Eilschutz und Hauptsacheverfahren) wird in Fällen der Abschiebungsanordnung zur Verfahrensbeschleunigung auf einen Rechtszug vor dem Bundesverwaltungsgericht beschränkt, § 50 Nummer 3 VwGO.

Übersicht

	Rn.
I. Entstehungsgeschichte	1
II. Normstruktur	2
III. Abschiebungsanordnung	7
1. Allgemeines	7
2. Verfassungs- und menschenrechtliche Fragestellungen	10
3. Sicherheit, Terrorismus und Gefahrenprognose (Abs. 1)	21
4. Eintritt des Bundesministeriums des Innern (Abs. 2 S. 1)	44
5. Unabhängigkeit von anderen Entscheidungen (Abs. 2 S. 2 und 3)	47
6. Abschiebungsverbote (Abs. 3)	49
IV. Verwaltungsverfahren und Rechtsschutz	51

I. Entstehungsgeschichte

Die Vorschrift war in dem **Gesetzesentwurf zum ZuwG**[1] nicht enthalten. Sie wurde erst aufgrund des Vermittlungsverfahrens[2] eingefügt. Durch das Gesetz zur Umbenennung des Bundesgrenzschutzes in Bundespolizei vom 21.6.2005[3] wurde in Abs. 2 S. 3 „Bundesgrenzschutz" durch „Bundespolizei" ersetzt. Durch Art. 169 der am 26.6.2020 in Kraft getretenen Elften Zuständigkeitsanpassungsverordnung vom 19.6.2020[4] ist in § 58a II 2 1 das Wort „Innern" durch die Wörter „Innern, für Bau und Heimat" ersetzt worden. Grund dafür ist der organisatorische Neuzuschnitt des Innenressorts durch die Erweiterung um das – inzwischen selbstständige Ressort „Bauen" – in der 19. Legislaturperiode gewesen.

II. Normstruktur

Mit dieser Vorschrift hat der Gesetzgeber rechtlich und politisch **Neuland** betreten. Sie hat weder einen Vorgänger im Ausländerrecht noch ein Vorbild in anderen Bereichen des allgemeinen oder besonderen Verwaltungsrechts. Sie lässt sich systematisch weder in das sonstige materielle Ausländerrecht noch in die Verwaltungszuständigkeit noch in das Rechtsschutzsystem ohne Weiteres einordnen. Gerade bei außergewöhnlichen Gefährdungen für die Sicherheit mit terroristischem Hintergrund reichen die herkömmlichen Instrumente nicht aus. Dabei wurde zutreffend schon früh auf das Verfahren gegen einen bekannten Führer einer islamistischen Gruppe hingewiesen, dessen Anerkennung als Asylberechtigter widerrufen war und der im Hinblick auf seine Tätigkeit in einem verbotenen Ausländerverein ausgewiesen wurde[5].

Das Entscheidungsverfahren erweist sich als ebenso **außergewöhnlich** wie die zu bekämpfenden Gefahren. **Gefährdungen der Staatssicherheit und terroristische Bedrohungen** nehmen seit dem 11.9.2001 – und in Europa nochmals verschärft durch den aktuellen IS-Terror – mit Recht einen besonderen Stellenwert in Politik und Recht ein; solche Ereignisse und fundamentalen Gefährdungen sind aber nicht ganz ohne Vorbild in der Geschichte. Schon im Zusammenhang mit dem Anschlag während der Olympischen Spiele in München im Jahre 1972 und der damals von palästinensischen Organisationen ausgeübten Gewaltaktionen wurden in Deutschland außergewöhnliche Mittel eingesetzt, um diesen besonderen Gefährdungen zu begegnen. Die Ausweisung deutschverheirateter Palästinenser wurde schnell verfügt und knapp begründet. Erst das BVerfG stellte klar, welche verfassungs-

---

[1] BT-Drs. 15/420.
[2] BT-Drs. 15/3479, 9 f.
[3] BGBl. 2005 I S. 1818.
[4] BGBl. 2020 I S. 1328.
[5] Vgl. dazu OVG NRW Urt. v. 26.5.2004 – 8 A 3852/03.A, EZAR 043 Nr. 63.

rechtlichen Grundsätze im Hinblick auf den Schutz von Ehe und Familie und einen effektiven Eilrechtsschutz auch angesichts schwerer Bedrohungen unverzichtbar sind[6].

4 Die Vorschrift stellt sich in materieller wie in formeller Hinsicht als Neuerung dar[7]. Sie installiert aber kein vollständig neues ausländerrechtliches Entscheidungsverfahren, sondern steht mit dem bisherigen System der Aufenthaltsbeendigung in Einklang[8]. **Ergänzung** für eine bestimmte Fallkonstellation ist das Ziel, nicht Ersatz für die bisherigen Entscheidungsgrundlagen und Verfahrenswege. Dennoch sind die Abweichungen von dem herkömmlichen Gefüge so erheblich, dass sie als die Fortschreibung gewachsener Strukturen mit dem Ziel einer Neuausrichtung verstanden werden können. Die strukturellen Neuerungen verdeutlichen eine **Abkehr** von bisher geltenden Prinzipien: Unabhängigkeit von einem aufenthaltsbeendenden Verwaltungsakt, Verlagerung jeder materiellen Abwägung auf die Ebene des Vollstreckungsrechts, freies Eintrittsrecht des BMI zulasten angestammter Länderkompetenzen, Einsatz von Bundesbehörden in der Vollstreckung unter Ausschluss von Länderbehörden, Verkürzung des Rechtswegs auf das verfassungsrechtliche Mindestmaß.

5 Das RLUmsG 2011 hat die Vorschrift an sich nicht geändert. Die Abschiebungsanordnung erfüllt jedoch dadurch, dass sie dem Ausländer (auch) die vollstreckbare Verpflichtung auferlegt, das Bundesgebiet zu verlassen, die Merkmale einer Rückkehrentscheidung iSd Art. 3 Nr. 4 Rückführungs-RL. Hiervon geht offensichtlich auch der Gesetzgeber aus, der in Umsetzung des Art. 12 I Rückführungs-RL nunmehr in § 77 I 1 Nr. 3 das Erfordernis von Schriftform und Begründung für die Abschiebungsanordnung nach § 58a I 1 vorsieht[9]. Wendet man die Vorgaben der Rückführungs-RL an, dürfte etwa das in § 11 V vorgesehene grundsätzliche Unterbleiben einer Befristung kann mit Art. 11 II Rückführungs-RL in Einklang zu bringen sein.

6 In der Praxis hat § 58a erst ab dem Jahr 2017 praktische Bedeutung erlangt[10].

III. Abschiebungsanordnung

1. Allgemeines

7 Die Vorschrift schafft die Grundlagen für die Gefahrenabwehr, enthält aber von den sonstigen Maßnahmen für Aufenthaltsbeendigungen **abweichende** Voraussetzungen und Verfahrenswege und verlangt damit ein eigenständiges Prüfungsprogramm. Besonders gestaltet sind die Gefahrenprognose, die Berücksichtigung von Abschiebungshindernissen, der Kompetenzübergang von den Ländern auf den Bund und die Unabhängigkeit von anderen Entscheidungen sowie die gerichtliche Kontrolle. **Unverändert** zu berücksichtigen sind die Grundsätze der Rechtsstaatlichkeit (Art. 20 III GG), der Schutzbereich der materiellen Grundrechte (vor allem Art. 2 und 6 GG) und die Garantie eines wirksamen Rechtsschutzes (Art. 19 IV GG). Vor allem hinsichtlich des Rechtsschutzes sind anders als nach Art. 16a GG keine Modifikationen vorgenommen.

8 Die **Rechtsfolgen** sind ähnlich wie bei Ausweisung und Abschiebung, zT aber schärfer ausgestaltet. Der Aufenthaltstitel erlischt mit Bekanntgabe der Anordnung (§ 51 I Nr. 5a), ebenso die Aufenthaltsgestattung (§ 67 I Nr. 5a AsylG). Die Abschiebung löst eine Einreise- und Aufenthaltssperre aus, deren Wirkungen nur ausnahmsweise mit Zustimmung der obersten Landesbehörde im Einzelfall befristet werden dürfen (§ 11 V); auch eine Betretenserlaubnis bedarf dann der Zustimmung des Landesministers oder -senators (§ 11 VIII). Sicherungshaft ist ohne Weiteres anzuordnen, falls die Abschiebung nicht sofort vollzogen werden kann (§ 62 I 1 Nr. 1a). Die Abschiebungsanordnung ist nach § 58a I 2 Hs. 1 sofort vollziehbar, eine Ausreisefrist, die sonst nach § 59 grundsätzlich erforderlich ist, entfällt.

9 Die **Abschiebungsanordnung** verkörpert damit einen **Grundverwaltungsakt, der die Ausreisepflicht auslöst,** und die **Vollstreckungsgrundlage für die Abschiebung in einem einheitlichen VA**[11]. Die Regelung findet auf Unionsbürger und deren Familienangehörige keine Anwendung (§ 11 FreizügG/EU). Bei türkischen Staatsangehörigen sind die Besonderheiten des besonderen Ausweisungsschutzes nach ARB 1/80 zu beachten.

---

[6] BVerfG Beschl. v. 18.7.1973 – 1 BvR 23/73 ua, BVerfGE 35, 382; Urt. v. 16.7.1974 – 1 BvR 75/74, BVerfGE 38, 52.
[7] Ausf. *Hesselbarth*, Die Extremismus- und Terrorismusbekämpfung mit den Mitteln des deutschen Ausländerrechts, 2011, S. 354 ff.; *Middel*, Innere Sicherheit und präventive Terrorismusbekämpfung, 2007, S. 279 f.
[8] Dazu *Welte* InfAuslR 2004, 383.
[9] Vgl. die Gesetzesbegründung BT-Drs. 17/5470, 27.
[10] BVerwG Beschl. v. 21.3.2017 – 1 VR 1.17, BVerwGE 158, 225; Beschl. v. 21.3.2017 1 VR 2.17, BVerwGE, 158, 249; Beschl. v. 31.5.2017 – 1 VR 4.17, Buchholz 402.242 § 58a AufenthG Nr. 4; Beschl. v. 13.7.2017 – 1 VR 3.17, NVwZ 2017, 1531 und Urt. v. 22.8.2017 – 1 A 2.17 und 1 A 3.17, Buchholz 402.242 § 58a AufenthG Nr. 6. Vgl. zu einer ersten im Jahr 2007 ergangenen Abschiebungsanordnung nach § 58a, die sich durch freiwillige Ausreise des Ausländers erledigte *Hund* in Kluth/Hund/Maaßen, ZuwanderungsR, 2008, § 5 Rn. 230.
[11] So auch *Welte* InfAuslR 2004, 383.

2. Verfassungs- und menschenrechtliche Fragestellungen

Verfassungsrechtliche Bedenken gegen § 58a waren sowohl im Hinblick auf das Gesetzgebungs- 10 verfahren als auch hinsichtlich der konkreten verfahrensrechtlichen Ausgestaltung der Norm vorgebracht worden[12]. Für die Praxis haben diese Fragen spätestens seit der Kammerrechtsprechung des Zweiten Senats **BVerfG** ab dem Jahr 2017[13], wonach die Abschiebung von sog. „Gefährdern" nach § 58a mit dem GG vereinbar ist, deutlich an Schärfe und Bedeutung verloren[14]. Dies gilt nicht zuletzt zusätzlich vor dem Hintergrund, dass der **EGMR** in seiner Rspr. aus dem Jahr 2018 eine auf § 58a gestützte Abschiebung eines tunesischen Staatsangehörigen trotz dort jedenfalls abstrakt drohender Todesstrafe **mit Art. 2 und Art. 3 EMRK als vereinbar** angesehen hat[15]. § 58a genügt auch den Anforderungen, die der Erste Senat des BVerfG in seiner Rspr. zu konkret drohenden Gefahren im Hinblick auf die heimliche Datenerhebung, Datensicherung, Datenverwendung und Datenlöschung[16] bei der Prüfung des BKA-Gesetzes 1997 mit Urteil vom 20.4.2016[17] entwickelt hat[18]. Aus Gründen der Vollständigkeit, aber auch um die gegenwärtige Auslegung und Anwendung der Norm besser zu verstehen, ist die verfassungsrechtliche Entstehungsgeschichte der Norm folgend in kurzen Strichen nachzuzeichnen.

Die getroffene Regelung war vor der Einsetzung des Vermittlungsausschusses nicht Gegenstand der 11 parlamentarischen Beratung. Erst die Beschlussempfehlung des Vermittlungsausschusses vom 30.7.2004[19] sah unter Art. 1i die Aufnahme des § 58a vor. Die **verfassungsrechtlichen Grenzen der Tätigkeit des Vermittlungsausschusses** wurden nicht dadurch überschritten, dass § 58a ohne parlamentarische Erörterung in den Vorschlag des Vermittlungsausschusses übernommen wurde[20]. Der Gegenstand des Vermittlungsverfahrens wird vom BVerfG[21] dahin gehend konkretisiert, dass der Vermittlungsausschuss eine Änderung, Ergänzung oder Streichung der vom Bundestag beschlossenen Vorschriften nur vorschlagen darf, „wenn und soweit dieser Einigungsvorschlag im Rahmen des Anrufungsbegehrens und des ihm zugrundeliegenden Gesetzgebungsverfahrens verbleibt". Das zum Anrufungsbegehren führende Gesetzgebungsverfahren wird durch die in dieses eingeführten Anträge und Stellungnahmen bestimmt[22]. Stellungnahmen des Bundesrats sind auch dann in den Vermittlungsvorschlag zum Ausgleich der Meinungsverschiedenheiten zwischen Bundestag und Bundesrat einzubeziehen, wenn diese vom Bundestag in seinem Gesetzesbeschluss nicht berücksichtigt worden sind.

Zusammenfassend lässt sich nach der **aktuellen Rspr. des BVerfG**[23] sagen, dass es im Wesentlichen 12 auf folgende Schranken ankommt, die den **Handlungsspielraum des Vermittlungsausschusses** begrenzen:
– Der Vermittlungsvorschlag muss sich in dem durch das Anrufungsbegehren abgesteckten Rahmen halten.
– Der Vermittlungsausschuss darf eine Änderung, Ergänzung oder Streichung der vom Bundestag beschlossenen Vorschriften nur vorschlagen, wenn und soweit dieser Einigungsvorschlag im Rahmen des ihnen zugrunde liegenden Gesetzgebungsverfahrens verbleibt.
– Der Vermittlungsvorschlag darf nicht außerhalb der bisherigen Auffassungsunterschiede im Parlament oder der bisherigen Gegenläufigkeit zwischen Bundestag und Bundesrat bleiben. Er muss sich an den durch die im Verlauf des vorangegangenen Gesetzgebungsverfahren eingeführten Anträge, Stellungnahmen und Anregungen abgesteckten Rahmen halten.
– Durch das Anrufungsbegehren kann der Vermittlungsauftrag innerhalb dieses Rahmens weiter eingeschränkt werden. Wird der Anrufungsauftrag auf einzelne Vorschriften begrenzt, muss der Vermittlungsausschuss die übrigen Regelungen des vom Bundestag beschlossenen Gesetzes als endgültig hinnehmen.

---

[12] Krit. *Erbslöh* NVwZ 2007, 155; *Sperlich* InfAuslR 2005, 250; *Tams* DVBl 2005, 1482; *Welte* InfAuslR 2004, 383; *Marx* ZAR 2004, 275; *Eckertz-Höfer* in Barwig ua (Hrsg.), Perspektivenwechsel im Ausländerrecht?, 2007, 105 (116 ff.).
[13] BVerfG Beschl. v. 24.7.2017 – 2 BvR 1487/17, NVwZ 2017, 1526 u. Beschl. v. 4.5.2018 – 2 BvR 632/18, NVwZ 2018, 1390.
[14] Weiter krit. zur Verfassungsmäßigkeit von § 58a in seiner Auslegung durch das BVerwG indes etwa *Enders* DÖV 2019, 205 (211).
[15] EGMR Entsch. v. 4.9.2018, Kammer V, Bsw. Nr. 17.675/18, NLMR 2018, 407.
[16] Betreffend die Wohnraumüberwachung, Online-Durchsuchungen, Telekommunikationsüberwachungen etc.
[17] BVerfGE 141, 220.
[18] Dazu näher → § 56a Rn. 6–7.
[19] BT-Drs. 15/3479.
[20] AA *Erbslöh* NVwZ 2007, 155 (157).
[21] BVerfG Beschl. v. 15.1.2008 – 2 BvL 12/01, BVerfGE 120, 56 – Gesetzesinitiativrecht, Teilwertabschreibung, Vermittlungsausschuss; Urt. v. 7.12.1999 – 2 BvR 301/98, BVerfGE 101, 297 (307) – Häusliches Arbeitszimmer, zuvor bereits v. 13.5.1986 – 1 BvR 99, 461/85, BVerfGE 72, 175 (190) – Öffentliche Wohnungsfürsorge.
[22] BVerfG Urt. v. 8.12.2009 – 2 BvR 758/07, BVerfGE 125, 104 – Personenbeförderung Ausgleichsbetrag.
[23] BVerfG Beschl. v. 15.1.2019 – 2 BvL 1/09, BVerfGE 150, 345 in Fortschreibung von BVerfG Urt. v. 7.12.1999 – 2 BvR 301/98, BVerfGE 101, 297.

13 Der Aufnahme des § 58a steht das **Anrufungsbegehren** nicht entgegen. Denn das Anrufungsbegehren der Bundesregierung[24] beschränkt den Vermittlungsauftrag nicht auf Teile des Gesetzes. Das Fehlen einer gegenständlichen Begrenzung des Vermittlungsbegehrens hat daher einen weiten Vermittlungsrahmen eröffnet. Dieser ist durch den Einigungsvorschlag des Vermittlungsausschusses, dem seinerseits „ein weiter Spielraum autonomer Verfahrensgestaltung eingeräumt"[25] ist, nicht überschritten worden.

14 Die Aufnahme des **§ 58a hält sich** aber auch **in dem** durch die im Verlauf des vorangegangenen **Gesetzgebungsverfahren** eingeführten Anträge, Stellungnahmen und Anregungen abgesteckten **Rahmen.** Aus dem Gesetzgebungsverfahren, insbesondere der Beschlussempfehlung und dem Bericht des Innenausschusses vom 7.5.2003 ergibt sich, dass die Bekämpfung des Terrorismus und die Möglichkeit der Ausweisung bei Terrorismusverdacht eine von der CDU/CSU erhobene Forderung war[26]. Dabei findet sich in dem Bericht durchgängig die Forderung nach Verschärfung der Versagungsgründe, Einreisesperren und der Ausweisungstatbestände im Hinblick auf die Abwehr von terroristischen Aktivitäten. Damit wird deutlich, dass die Abwehr terroristischer Aktivitäten bereits zuvor Gegenstand der parlamentarischen Beratung war und der Vorschlag des Vermittlungsausschusses sich daher in einem inhaltlichen Sachzusammenhang mit dem Gegenstand des Vermittlungsverfahrens befand.

15 Auch wenn der Vermittlungsausschuss keinen Vorschlag unterbreiten darf, der außerhalb der bisherigen Auffassungsunterschiede im Parlament oder der bisherigen Gegenläufigkeit zwischen Bundestag und Bundesrat bleibt[27], überschreitet die **Fassung einer neuen Rechtsvorschrift** nicht die verfassungsrechtlichen Grenzen des Vermittlungsausschusses. Die **Kompromissfunktion des Vermittlungsverfahrens** bedingt notwendigerweise im **Moment kreativer Eigeninitiative des Ausschusses**[28]. Um das Einigungsziel zu erreichen, wird der Vermittlungsausschuss von dem beschlossenen Gesetz ebenso wie vom etwaigen Entwurf abweichen müssen. Die Vermittlungsfunktion kann sich nicht in bloßer Kombination von Teilstücken aus beschlossenem Gesetz und konkurrierender Entwürfe erschöpfen[29]. Dies wird auch in der Rspr. des BVerfG deutlich, die davon ausgeht, dass das zum Anrufungsbegehren führende Gesetzgebungsverfahren nicht nur von dem Gesetz und etwaigen Entwürfen, sondern auch durch die in dieses eingeführten Anträge und Stellungnahmen bestimmt wird[30]. Das bedeutet aber, dass der Vermittlungsausschuss in seinem Findungsrecht auf Regelungselemente beschränkt sein kann, die schon in Gesetzesvorlagen im technischen Sinne des Art. 76 I GG enthalten sind[31].

16 Auch wenn man die gegenteilige Auffassung vertreten würde, so stellte sich die Frage, ob das verfassungswidrig zustande gekommene Gesetz nichtig wäre. Das BVerfG hat bereits ausgesprochen, dass Nichtigkeit nur dann regelmäßige Folge ist, wenn ein Gesetz inhaltlich nicht mit dem GG übereinstimmt oder dem Gesetzgeber die Kompetenz fehlt, während Verfahrensfehler nur dann zur Nichtigkeit führen, wenn sie evident sind[32]. Diese Grundsätze hat das Gericht in der Entscheidung zum Umlaufverfahren bei Verordnungen der Bundesregierung nochmals ausdrücklich wiederholt[33]. An der **notwendigen Evidenz,** die sich an der Perspektive des unvoreingenommenen, aber mit den Umständen vertrauten Beobachters orientieren müsste[34], fehlt es hier.

17 Verfassungsrechtlich unbedenklich ist die **Regelung der zuständigen Behörde**[35]. Entgegen der von *Erbslöh* geäußerten Ansicht[36] bestehen keine verfassungsrechtlichen Bedenken an der Bestimmung der obersten Landesbehörde als der für die Abschiebungsanordnung zuständigen Behörde[37]. Die

---

[24] BT-Drs. 15/1365.
[25] BVerfG Urt. v. 22.9.2015 – 2 BvE 1/11, BVerfGE 140, 115 – Spiegelbildlichkeit von Ausschüssen.
[26] BVerwG Beschl. v. 21.3.2017 – 1 VR 1.17, BVerwGE 158, 225 Rn. 6 ff.; BT-Drs. 15/955, 49; in der Beschlussempfehlung findet sich hierzu ua folgender Hinweis: „Erforderlich sei eine Überarbeitung in sicherheitsrechtlicher Hinsicht (insbesondere zu nennen seien hier die Möglichkeit der Ausweisung bei Terrorismusverdacht, eine Speicherungsmöglichkeit der ethnischen Herkunft, die gesetzliche Verankerung der Regelanfrage an den Verfassungsschutz bei Einbürgerungen und die Regelanfrage vor unbefristeter Aufenthaltserlaubnis und Aufenthaltsberechtigung zur Klärung von Sicherheitsbedenken)."
[27] BVerfG Urt. v. 7.12.1999 – 2 BvR 301/98, BVerfGE 101, 297 (308).
[28] BVerwG Beschl. v. 21.3.2017 – 1 VR 1.17, BVerwGE 158, 225 Rn. 7; *Cornils* DVBl 2002, 497 (500).
[29] So *Cornils* DVBl 2002, 497 (500).
[30] BVerfG Urt. v. 7.12.1999 – 2 BvR 301/98, BVerfGE 101, 297 (307); zuvor bereits BVerfG v. 13.5.1986 – 1 BvR 99, 461/85, BVerfGE 72, 175 (190); in seiner Entscheidung v. 7.12.1999 hat das BVerfG darauf abgestellt, dass in einer „Anlage zu einem Antrag" der Fraktion BÜNDNIS 90/DIE GRÜNEN die Frage der Begrenzung der Abzugsfähigkeit des Aufwandes für ein Arbeitszimmer erörtert wurde (BVerfGE 101, 297 (308)).
[31] Ebenso *Cornils* DVBl 2002, 497 (500); *Huber/Fröhlich* DÖV 2005, 322 (329).
[32] BVerfG Urt. v. 26.7.1972 – 2 BvF 1/71, BVerfGE 34, 9 (25).
[33] BVerfG Beschl. v. 11.10.1994 – 1 BvR 337/92, BVerfGE 91, 148 (175).
[34] So *Bryde* JZ 1998, 115 (119).
[35] Ausf. *Erbslöh* NVwZ 2007, 155 (157 f.).
[36] NVwZ 2007, 155 (157).
[37] BVerwG Beschl. v. 21.3.2017 – 1 VR 1.17, BVerwGE 158, 225 Rn. 9 f. Eine Einrichtungsregelung liegt dabei nicht nur vor, wenn ein Bundesgesetz neue Landesbehörde vorschreibt, sondern auch, wenn es den näheren Aufgabenkreis einer Landesbehörde festlegt: BVerfG Urt. v. 17.7.2002 – 1 BvF 1/01, 1 BvF 2/01, BVerfGE 105,

Einrichtung der Behörde ist nach Art. 84 I 1 GG an die Zustimmung des Bundesrats geknüpft. Weitere Einschränkungen bei Einrichtung einer Behörde, die über die geforderte Zustimmung des Bundesrats hinausgehen, wie die analoge Anwendung des Art. 72 II GG für das „Ob"[38], die Beschränkung auf Ausnahmen oder ein Übermaßverbot sind abzulehnen[39]. Mit *Erbslöh*[40] ist aber davon auszugehen, dass die **Eintrittsbefugnis des BMI** nach § 58a II verfassungsrechtlich nicht zu rechtfertigen ist (→ Rn. 46).

Keinen verfassungsrechtlichen Bedenken unterliegt die in Abs. 4 S. 2 festgelegte **Frist von sieben** **18** **Tagen** nach Bekanntgabe der Abschiebungsanordnung zur Erlangung vorläufigen Rechtsschutzes. Art. 19 IV GG enthält ein Grundrecht auf effektiven und möglichst lückenlosen richterlichen Rechtsschutz gegen Akte der öffentlichen Gewalt[41]. Die in Art. 19 IV GG verbürgte Effektivität des Rechtsschutzes wird in erster Linie von den Prozessordnungen gesichert. Sie treffen Vorkehrungen dafür, dass der Einzelne seine Rechte auch tatsächlich wirksam durchsetzen kann und die Folgen staatlicher Eingriffe im Regelfall nicht ohne fachgerichtliche Prüfung zu tragen hat[42]. Dabei fordert Art. 19 IV GG keinen Instanzenzug[43].

Aus Art. 19 IV und Art. 103 I GG ergibt sich, dass es dem Ausländer möglich sein muss, mit den **19** Gründen, die er für seinen Antrag auf Gewährung vorläufigen Rechtsschutzes geltend machen will, auf die Entscheidung des VG Einfluss zu nehmen[44]. Für das Verfahren nach § 18a AsylVfG hat das BVerfG ausgeführt, dass das Gericht dem Asylbewerber, wenn er dies verlangt, für die Begründung seines innerhalb von drei Tagen zu stellenden Antrags eine Nachfrist von weiteren vier Tagen, also insgesamt sieben Tage, zu gewähren hat. Das BVerfG hielt damit eine Frist von einer Woche ab Zustellung der behördlichen Entscheidungen für den Zeitraum, der dem Ausländer für eine wirksame Wahrnehmung seiner Rechte zur Verfügung stehen muss, für verfassungsrechtlich ausreichend. Gleiches gilt iRd § 58a, da dieser gewährleistet, dass der Ausländer frühzeitig die Gelegenheit erhält, sich anwaltlicher Unterstützung zu sichern.

Verfassungsrechtliche Bedenken im Hinblick auf die **Ausgestaltung des Verfahrens** ist durch eine **20** verfassungskonforme Auslegung Rechnung zu tragen (hierzu unten).

3. Sicherheit, Terrorismus und Gefahrenprognose (Abs. 1)

Die **Eingriffsgrundlage** besteht in einer besonderen Gefahr für die Sicherheit der Bundesrepublik **21** Deutschland oder in einer terroristischen Gefahr. Worin die Besonderheit in der 1. Alt. zu sehen ist und wie sich die (nicht besondere) terroristische Gefahr in der 2. Alt. von sonstigen Gefahren dieser Art unterscheidet, wird aus dem reinen Gesetzeswortlaut nicht deutlich. Daher sind beide Begriffe aus dem Gesamtzusammenhang aller aufenthaltsbeendenden Maßnahmen zu erschließen. Es muss sich um Gefahren für die Staatssicherheit oder terroristische Gefahren handeln, die sonst nicht erfasst sind oder denen sonst mit aufenthaltsrechtlichen Maßnahmen nicht oder zumindest nicht ausreichend wirksam begegnet werden kann.

Unter Sicherheit der Bundesrepublik Deutschland ist **nicht** der **Begriff der öffentlichen Sicherheit** **22** im Sinne des allgemeinen Polizeirechts zu verstehen, **sondern** die **innere und äußere Sicherheit des Staates**[45]. Die Sicherheit der Bundesrepublik Deutschland umfasst nach der ständigen Rspr des BVerwG[46] die innere und äußere Sicherheit (vgl. Legaldefinition in § 92 III Nr. 2 StGB) und schützt nach innen den Bestand und die Funktionstüchtigkeit des Staates und seiner Einrichtungen. Das schließt den Schutz vor Einwirkungen durch Gewalt und Drohungen mit Gewalt auf die Wahrnehmung staatlicher Funktionen ein. In diesem Sinne richten sich auch Gewaltanschläge gegen Unbeteiligte zum Zwecke der Verbreitung allgemeiner Unsicherheit gegen die innere Sicherheit des Staates[47]. Bereits die Anwesenheit möglicher ausländischer Helfer terroristischer Gewalttäter beeinträchtigt die Fähigkeit des Staates, sich nach innen und nach außen gegen Angriffe und Störungen zur Wehr zu setzen, und gefährdet damit seine Sicherheit.

313; BVerfG Beschl. v. 8.4.1987 – 2 BvR 909/82, 2 BvR 934/82, 2 BvR 935/82, 2 BvR 936/82, 2 BvR 938/82 ua, BVerfGE 75, 108.
[38] So aber *Erbslöh* NVwZ 2007, 155 (157).
[39] *Umbach/Clemens* GG Art. 84 Rn. 20; *Lerche* in Maunz/Dürig GG Art. 84 Rn. 16 ff.
[40] *Erbslöh* NVwZ 2007, 155 (157 f.).
[41] BVerfG Beschl. v. 2.5.1984 – 2 BvR 1413/83, BVerfGE 67, 43 (58); stRspr.
[42] BVerfG Urt. v. 14.5.1996 – 2 BvR 1516/93, BVerfGE 94, 166 (213).
[43] BVerfG Beschl. v. 7.7.1992 – 2 BvR 1631/90, 2 BvR 1728/90, BVerfGE 87, 48 (61); 92, 365 (410); stRspr.
[44] BVerfG Urt. v. 14.5.1996 – 2 BvR 1516/93, BVerfGE 94, 166 unter Hinweis auf BVerfGE 49, 212 (215 f.); 81, 123 (129).
[45] BVerwG Urt. v. 21.8.2018 – 1 A 16.17, BeckRS 2018, 23003 u. Beschl. v. 21.3.2017 – 1 VR 1.17, BVerwGE 158, 225 Rn. 19, u. Beschl. v. 31.5.2017 – 1 VR 4.17, BeckRS 2017, 113651 Rn. 18 und v. 13.7.2017 – 1 VR 3.17, NVwZ 2017, 1531 Rn. 24. S. für früher auch *Marx* ZAR 2004, 275 (278).
[46] BVerwG Urt. v. 15.3.2005 – 1 C 26.03, BVerwGE 123, 114 (120); Urt. v. 31.5.1994 – 1 C 5.93, BVerwGE 96, 86 (91 ff.); Urt. v. 17.3.1981 – I C 74.76, BVerwGE 62, 36 (38 ff.); Urt. v. 11.11.1980 – 1 C 23.75 – u. – 1 C 46.74, Buchholz 402.24 § 10 AuslG Nr. 75, 76.
[47] BVerwG Urt. v. 22.8.2017 – 1 A 3.17, BVerwGE 159, 296 Rn. 21.

23 Es gibt insoweit eine Verbindung zwischen der Gefährdung der Sicherheit des Staates und dem Terrorismus[48]. Die 1. Alt. unterscheidet sich von der terroristischen Gefahr dadurch, dass der **Begriff der terroristischen Gefahr** auf die neuartigen Bedrohungen zielt, die sich nach dem **11.9.2001** herausgebildet haben. Diese sind in ihrem Aktionsradius territorial unbegrenzt und gefährden daher die Sicherheitsinteressen auch anderer Staaten[49]. Wesentliche Kriterien können insbesondere aus der Definition terroristischer Straftaten in **Art. 2 I b** des **Internationalen Übereinkommens zur Bekämpfung der Finanzierung des Terrorismus** vom 9.12.1999[50], aus der Definition terroristischer Straftaten auf der Ebene der Europäischen Gemeinschaft im Beschluss des Rates Nr. 2002/475/JI vom 13.6.2002[51] sowie dem Gemeinsamen Standpunkt des Rates Nr. 2001/931/GASP über die Anwendung besonderer Maßnahmen zur Bekämpfung des Terrorismus vom 27.12.2001[52] gewonnen werden[53].

24 Der **unbestimmte Rechtsbegriff des Terrorismus** ist zwar nur schwer fassbar und eine allgemeingültige Definition nicht vorhanden, genügt aber den Mindestanforderungen an gesetzliche Bestimmtheit[54]. Auch das TerrorismusbekämpfungsG[55] enthält selbst keine Definition, was unter Terrorismus zu verstehen ist, es setzt aber einen der Rechtsanwendung fähigen Begriff des Terrorismus voraus[56]. Auch wenn bisher die Versuche, auf völkerrechtlicher Ebene eine allgemeine anerkannte vertragliche Definition des Terrorismus zu entwickeln, nicht in vollem Umfang erfolgreich gewesen sind[57], ist doch in Grundsätzen geklärt, unter welchen Voraussetzungen die – völkerrechtliche geächtete – Verfolgung politischer Ziele mit terroristischen Mitteln anzunehmen ist[58]. Die im schon erwähnten **Art. 2 Ib** der **Konvention zur Bekämpfung der Finanzierung des Terrorismus**[59] niedergelegte Begriffsbestimmung zum Terrorismus versteht diesen als ein Verhalten, das „den Tod oder eine schwere Körperverletzung einer Zivilperson oder einer anderen Person, die bei einem bewaffneten Konflikt nicht aktiv an den Feindseligkeiten teilnimmt, herbeiführen soll, wenn diese Handlung aufgrund ihres Wesens oder der Umstände darauf abzielt, die Bevölkerung einzuschüchtern oder eine Regierung oder internationale Organisation zu einem Tun oder Unterlassen zu nötigen". Hieran anlehnend werden in Art. 1 I des Rahmenbeschlusses des Rates zur Terrorismusbekämpfung vom 13.6.2002[60] vorsätzliche „Handlungen, die durch die Art ihrer Begehung oder den jeweiligen Kontext ein Land oder eine internationale Organisation ernsthaft schädigen können, als terroristische Straftaten" eingestuft, „wenn sie mit dem Ziel begangen werden, die Bevölkerung auf schwerwiegende Weise einzuschüchtern oder öffentliche Stellen oder eine internationale Organisation rechtswidrig zu einem Tun oder Unterlassen zu zwingen oder die politischen, verfassungsrechtlichen, wirtschaftsrechtlichen oder sozialen Grundstrukturen eines Landes oder einer internationalen Organisation ernsthaft zu destabilisieren oder zu zerstören". Danach lassen sich folgende **Merkmale** als Kerngehalt **des Terrorismus** feststellen:

– als Mittel: ein Gewaltakt mit erheblichem Schweregrad,
– als Methode: die Verbreitung von Angst in der Zivilbevölkerung und
– als Ziel: die Änderung der bestehenden politischen oder gesellschaftlichen Verhältnisse[61].

25 Eine **völkerrechtliche geächtete Verfolgung politischer Ziele mit terroristischen Mitteln** liegt nach der maßgeblichen Rspr. des BVerwG jedenfalls dann vor, wenn politische Ziele unter Einsatz gemeingefährlicher Waffen oder durch Angriffe auf das Leben Unbeteiligter verfolgt werden. Entsprechendes gilt bei der Verfolgung ideologischer Ziele. Eine terroristische Gefahr kann nicht nur **von Organisationen,** sondern auch **von Einzelpersonen** ausgehen, die nicht als Mitglieder oder Unterstützer in eine terroristische Organisation eingebunden sind oder in einer entsprechenden

---

[48] Vgl. schon früh BVerwG Urt. v. 17.3.1981 – I C 74.76, BVerwGE 62, 36 (38 ff.).
[49] Hierauf hat bereits BVerwG Urt. v. 15.3.2005 – 1 C 26.03, BVerwGE 123, 114 (126) hingewiesen; s. auch *Marx* ZAR 2004, 275 (278); aktuell zB BVerwG Beschl. v. 13.7.2017 – 1 VR 3.17, NVwZ 2017, 1531 Rn. 25.
[50] BGBl. 2003 II S. 1923.
[51] ABl. 2002 L 164, S. 3.
[52] ABl. 2001 L 344, S. 93.
[53] Vgl. bereits BVerwG Urt. v. 15.3.2005 – 1 C 26.03, BVerwGE 123, 114 (129 f.).
[54] S. auch *Berlit* ZAR 2018, 89 (91).
[55] Gesetz zur Bekämpfung des internationalen Terrorismus vom 9.1.2002, BGBl. I S. 361.
[56] Vgl. krit. etwa *Marx* ZAR 2002, 127 (128 f.) und ZAR 2004, 275.
[57] S. *Hailbronner* AuslR AufenthG § 8 Rn. 53; *Davy* ZAR 2003, 43 f.; *Renner* ZAR 2003, 52 f.
[58] BVerwG Beschl. v. 13.7.2017 – 1 VR 3.17, NVwZ 2017, 1531 Rn. 25; vgl. auch *Schmahl* ZAR 2004, 217 (219) unter Hinweis auf einen weitgehenden Konsens bei der Definition terroristischer Straftaten in Art. 2 lit. b des Internationalen Übereinkommens zur Bekämpfung der Finanzierung des Terrorismus v. 9.12.1999, BGBl. 2003 II S. 1923 und die Definition terroristischer Straftaten auf Gemeinschaftsebene in dem Beschl. des Rates Nr. 2002/475/JI v. 13.6.2002, ABl. 2002 L 164, 3; vgl. ebenso schon den Gemeinsamen Standpunkt des Rates 2001/931/GASP über die Anwendung besonderer Maßnahmen zur Bekämpfung des Terrorismus v. 27.12.2001, ABl. 2001 L 344, S. 93.
[59] International Convention for the Suppression of the Financing of Terrorism, A/RES/54/109 v. 9.12.1999; s. dazu das VertragsG v. 19.12.2003, BGBl. 2003 II S. 1923.
[60] 2002/475/JI, ABl. 2002 L 164, S. 3; s. auch das UmsetzungsG v. 22.12.2003 (BGBl. I S. 2836).
[61] So *Middel*, Innere Sicherheit und präventive Terrorismusbekämpfung, S. 57.

Beziehung zu einer solchen stehen. Erfasst sind grundsätzlich auch Zwischenstufen lose verkoppelter **Netzwerke, (virtueller oder realer) Kommunikationszusammenhänge** oder „Szeneeinbindungen", die auf die Realitätswahrnehmung einwirken und die Bereitschaft im Einzelfall zu wecken oder zu fördern geeignet sind[62].

Als gefährdete **Objekte** kommen außer wichtigen staatlichen und kommunalen Institutionen auch andere existenznotwendige Einrichtungen und Betriebe wie Bahn, Post, digitale Kommunikationsnetze, Strom- und Gasversorgungsanlagen, Autobahnen, Kirchen und Sportstätten in Betracht. Eine terroristische Gefahr zeichnet sich nicht durch die Organisationsweise und die Internationalität der Urheber aus, sondern durch die **Mittel** sowie die Art ihres Einsatzes und die Schwere ihrer Folgen. Deswegen kommen insoweit zB willkürliche Angriffe auf beliebige Menschengruppen, Sprengstoffattentate oder andere ungezielte oder unbeherrschbare Anschläge mit verheerenden, auch psychologischen Breitenwirkungen in Betracht. 26

Die Sicherheit der Bundesrepublik Deutschland, die öffentliche Sicherheit und Ordnung sind bereits **anderweitig** vor Beeinträchtigungen, Gefahren und Gefährdungen **geschützt**, und die Abwehr terroristischer Gefahren ist ebenso Gegenstand mehrerer Bestimmungen des AufenthG und des AsylG; vgl. zB §§ 5 IV, 49 V Nr. 7, 54 I Nr. 2, 3, 4, 56, 60 VIII AufenthG sowie § 4 II 1 Nr. 4, § 67 I 5a AsylG. Damit können besondere Gefahren für die Staatssicherheit und terroristische Gefahren iSd Abs. 1 S. 1 nur dann angenommen werden, wenn sie nach Art, Ausmaß und Folgen eindeutig über das sonstige Gefahrenniveau hinausgehen[63]. Die besondere Eingriffsbefugnis einer zentralen Landes- oder Bundesbehörde soll nicht dazu dienen, Lücken im System der aufenthaltsbeendenden Maßnahmen zu schließen, sondern ein besonders schnelles und wirksames Einschreiten gegenüber Gefahren ermöglichen, die wegen ihres Ursprungs, ihrer Wirkungsweise und ihrer Intensität sowie ihrer möglichen Folgen über das sonst Übliche hinausreichen. 27

Mit dem **Begriff der besonderen Gefahr für die innere Sicherheit,** die sich ausschließlich auf die 1. Alt. bezieht, wird nicht auf eine signifikant höhere zeitliche Wahrscheinlichkeit des Schadenseintritts abgestellt[64], sondern auf das gefährdete Rechtsgut. Die besondere Gefahr für die innere Sicherheit muss aufgrund der gleichen Eingriffsvoraussetzungen eine mit der terroristischen Gefahr vergleichbare Gefahrendimension erreichen. Dafür spricht auch die Regelung in § 11 V, die die Abschiebungsanordnung in eine Reihe mit Verbrechen gegen den Frieden, Kriegsverbrechen und Verbrechen gegen die Menschlichkeit stellt. Geht es um die Verhinderung schwerster Straftaten, durch die im „politischen/ideologischen Kampf" die Bevölkerung in Deutschland verunsichert und/oder staatlichen Organe der Bundesrepublik Deutschland zu bestimmten Handlungen genötigt werden sollen, ist regelmäßig von einer besonderen Gefahr für die Sicherheit der Bundesrepublik Deutschland und jedenfalls von einer terroristischen Gefahr auszugehen. Da es um die Verhinderung derartiger Straftaten geht, ist es nicht erforderlich, dass mit deren Vorbereitung oder Ausführung in einer Weise begonnen wurde, die einen Straftatbestand erfüllt und etwa bereits zur Einleitung strafrechtlicher Ermittlungen geführt hat[65]. Deshalb kann eine besondere Gefahr iSd § 58a I 1. Alt. auch dann vorliegen, wenn der Ausländer zwar nicht selbst – gar vollständig oder nachhaltig – ideologisch radikalisiert ist, er sich jedoch von Dritten im Wissen um deren ideologische Zwecke für entsprechende Gewalthandlungen instrumentalisieren lässt[66]. 28

§ 58a I verlangt eine **auf Tatsachen gestützte Prognose** zur Abwehr einer besonderen Gefahr für die Sicherheit der Bundesrepublik Deutschland oder eine terroristischen Gefahr[67]. Da die Abschiebungsanordnung nach § 58a eine Maßnahme der **Gefahrenabwehr** ist, ist sie dann möglich, wenn **aufgrund konkreter tatsächlicher Anhaltspunkte ein beachtliches Risiko** dafür besteht, dass sich eine terroristische Gefahr und/oder eine dem gleichzustellende Gefahr für die innere Sicherheit der Bundesrepublik in der Person des Ausländers jederzeit aktualisieren kann, sofern nicht eingegriffen wird[68]. Eine **konkrete Gefahr im Sinne des Polizeirechts** ist **dagegen** eine Sachlage, bei der im Einzelfall die hinreichende Wahrscheinlichkeit besteht, dass in absehbarer Zeit ohne Eingreifen des Staates ein Schaden für die Schutzgüter der Norm durch bestimmte Personen verursacht wird. Die konkrete Gefahr wird durch drei Kriterien bestimmt: den Einzelfall, die zeitliche Nähe des Umschlagens einer Gefahr in einen Schaden und den Bezug auf individuelle Personen als 29

---

[62] BVerwG Urt. v. 22.8.2017 – 1 A 3.17, BVerwGE 159, 296 Rn. 22 und Urt. v. 21.8.2018 – 1 A 16.17, BeckRS 2018, 23003 Rn. 27. Eine unmittelbare räumliche Beziehung zwischen den terroristischen Aktivitäten und der Bundesrepublik Deutschland ist nicht erforderlich, vgl. BVerwG Urt. v. 6.2.2019 – 1 A 3.18, BVerwGE 164, 317 Rn. 31.
[63] So auch *Marx* ZAR 2004, 275 (279).
[64] So aber *Erbslöh* NVwZ 2007, 155 (160); zutr. BVerwG Beschl. v. 13.7.2017 – 1 VR 3.17, NVwZ 2017, 1531 Rn. 26 mwN; *Berlit* ZAR 2018, 89 (93).
[65] BVerwG Urt. v. 22.8.2017 – 1 A 3.17, BVerwGE 159, 296 Rn. 23 u. Urt. v. 21.8.2018 – 1 A 16.17, BeckRS 2018, 23003 Rn. 28.
[66] BVerwG, Urt. v. 14.1.2020 – 1 A 3.19, InfAuslR 2020, 272.
[67] Zum Prognosemaßstab siehe *Berlit* ZAR 2018, 89 (93 f.).
[68] BVerwG Beschl. v. 21.3.2017 – 1 VR 1.17, BVerwGE 158, 225 Rn. 17 und Beschl. v. 13.7.2017 – 1 VR 3.17, NVwZ 2017, 1531 Rn. 28.

Verursacher[69]. Reichen die tatsächlichen Anhaltspunkte für die Annahme, von dem betreffenden Ausländer gehe ein beachtliches Risiko für die Sicherheit der Bundesrepublik Deutschland oder eine terroristische Gefahr nicht aus, ist eine Abschiebungsanordnung nach § 58a I rechtswidrig[70]. In einem solchen Fall ist anderweitigen Gefahren, die von dem Ausländer ausgehen, im Rahmen des allgemeinen Ausweisungsrechts (§§ 53 ff.) sowie des Polizei- und Ordnungsrechts zu begegnen.

30 In Bezug auf § 58a bedeutet dies, dass entweder
- in der **Person des Ausländers ein beachtliches Risiko** dafür besteht, dass es in absehbarer Zeit ohne Eingreifen des Staates zu einer besonderen Beeinträchtigung der Sicherheit der Bundesrepublik Deutschland kommt (1. Alt.) oder
- ein **terroristischer Sachverhalt** vorliegt, der in absehbarer Zeit ohne Eingreifen des Staates einen Schaden für nicht näher bezeichnete Schutzgüter verursachen wird (2. Alt.).

31 Der Unterschied zwischen beiden Alt. liegt darin, dass die **1. Alt.** an die Gefahr keine näheren Anforderungen stellt, jedoch das geschützte Rechtsgut (Sicherheit der Bundesrepublik Deutschland) abschließend konkretisiert und eine qualifizierte Verletzung verlangt. Bei der **2. Alt.** wird der die Gefahr verursachende Sachverhalt näher konkretisiert, es muss ein terroristischer Sachverhalt sein, aber das bedrohte Rechtsgut wird nicht näher umschrieben und es wird dem Wortlaut nach kein qualifizierter Eingriff verlangt.

32 Die **Gefahrenprognose** muss wie auch sonst zur Gefahrenabwehr im Ordnungsrecht **auf zuverlässige Tatsachen gestützt**, an angemessenen Maßstäben ausgerichtet und mit erprobten Mitteln vorgenommen werden. Die ausdrückliche Betonung einer Tatsachengrundlage bedeutet weder, dass andere Prognosen ohne Tatsachen vorgenommen werden dürfen, noch dass die hier infrage stehende mit weniger belastbaren Tatsachenfeststellungen auskommen kann. Auch wenn sich die auf Tatsachen gestützte Prognose auf eine Gefahr bezieht, die ihrerseits eine Prognoseentscheidung erfordert, kann die Norm nicht dahin gehend aufgefasst werden, dass eine „doppelte Prognose" anzustellen ist[71]. Durch das ausdrückliche Abstellen auf eine auf Tatsachen gestützte Prognose hat der Gesetzgeber aber eine oder subjektiven Einschätzungen oder **klare Abgrenzung gegenüber bloßen Verdächtigungen oder Vermutungen** Wahrscheinlichkeitsbeurteilungen auf unsicheren oder nicht beweisbaren Grundlagen vorgenommen[72]. Ein **bloßer Gefahrenverdacht reicht** zur Darlegung einer Gefahrenprognose **nicht** aus[73].

33 Sofern § 58a dahin gehend ausgelegt würde, dass er bereits die **Vorverlagerung der Gefahrenabwehrmaßnahme** in eine Phase ermöglicht, in der sich die Konturen eines Straftatbestands, terroristischen Anschlags oder Schadens für die Sicherheit der Bunderepublik Deutschland noch nicht abzeichnen, besteht das Risiko, dass die Aufenthaltsbeendigung an ein nur durch relativ diffuse Anhaltspunkte gekennzeichnetes, in der Bedeutung der beobachteten Einzelheiten noch schwer fassbares und unterschiedlich deutbares Geschehen anknüpft. Sachverhaltsfeststellung und Prognose sind mit vorgreiflichen Einschätzungen über das weitere Geschehen verknüpft. Die Indizien oder einzelne beobachtete Tätigkeiten können in harmlosen Zusammenhängen verbleiben; sie können aber auch der Beginn eines Vorgangs sein, der zu einem terroristischen Anschlag oder einer sonstigen schwerwiegenden Beeinträchtigung der Sicherheit der Bundesrepublik Deutschland führt. Bei einem Abstellen auf einen **Gefahrenverdacht** würde sich die Maßnahme daher häufig nur auf Tatsachen stützen können, bei denen noch offen ist, ob sie sich zu einer Verletzung eines der Schutzgüter des § 58a weiterentwickeln.

34 Weder hinsichtlich des **Grads der Wahrscheinlichkeit** noch in zeitlicher Hinsicht sieht § 58a Beschränkungen vor. Dies ändert aber nichts daran, dass von einer „Rechtfertigung" nur dann gesprochen werden kann, wenn die **Anforderungen an die Tatsachenfeststellung** die Schwelle der Spekulation und Verdächtigung verlassen hat. Dieses **beachtliche Eintrittsrisiko** kann sich auch aus **Umständen** ergeben, **denen (noch) keine strafrechtliche Relevanz zukommt,** etwa wenn ein Ausländer fest entschlossen ist, in Deutschland einen mit niedrigem Vorbereitungsaufwand möglichen schweren Anschlag zu verüben, auch wenn er noch nicht mit konkreten Vorbereitungs- oder Ausführungshandlungen begonnen hat und die näheren Tatumstände nach Ort, Zeitpunkt, Tatmittel und Angriffsziel noch nicht feststehen. Eine hinreichende Bedrohungssituation kann sich aber auch **aus anderen Umständen** ergeben[74].

---

[69] So BVerfG, 1. Senat, Urt. v. 27.2.2008 – 1 BvR 370/07 und 1 BvR 595/07, BVerfGE 120, 274 Rn. 251 – Online-Durchsuchung; s. auch *Denninger* in Lisken/Denninger, Handbuch des Polizeirechts, 4. Aufl., E 42.
[70] BVerwG Beschl. v. 25.6.2019 – 1 VR 1.19, NVwZ-RR 2019, 971.
[71] Ebenso *Erbslöh* NVwZ 2007, 155 (160); *Sperlich* InfAuslR 2005, 250 (252 f.).
[72] BVerwG Beschl. v. 13.7.2017 – 1 VR 3.17, NVwZ 2017, 1531 Rn. 30; BVerfG Urt. v. 27.2.2008 – 1 BvR 370/07 u. 1 BvR 595/07, BVerfGE 120, 274 Rn. 250 – Online-Durchsuchung; Urt. v. 16.3.2005 – 1 BvR 668/04, BVerfGE 113, 348 (378); Urt. v. 3.3.2004 – 1 BvF 3/92, BVerfGE 110, 34 (61).
[73] BVerwG Urt. v. 22.8.2017 – 1 A 3.17, BVerwGE 159, 296 Rn. 27 und Urt. v. 21.8.2018 – 1 A 16.17, BeckRS 2018, 23003 Rn. 32.
[74] BVerwG Urt. v. 21.8.2018 – 1 A 16.17, BeckRS 2018, 23003 Rn. 33 zB weil sich der gewaltbereite u. auf Identitätssuche befindliche Ausländer mit radikal-extremistischem Islamismus identifiziert und sich mit Gleichgesinnten in „religiösen Fragen" regelmäßig austauscht.

Abschiebungsanordnung § 58a AufenthG 1

In jedem Fall bedarf es einer **umfassenden Würdigung der Persönlichkeit des Ausländers**, 35 seines bisherigen Verhaltens, seiner nach außen erkennbaren oder geäußerten inneren Einstellung, seiner Verbindungen zu anderen Personen und Gruppierungen, von denen eine terroristische Gefahr und/oder eine Gefahr für die innere Sicherheit der Bundesrepublik Deutschland ausgeht sowie sonstiger Umstände, die geeignet sind, den Ausländer in seinem gefahrträchtigen Denken oder Handeln zu belassen oder zu bekräftigen. Es geht um den **Ausländer als sog. „Gefährder"**, also **eine Person, die noch nicht Störer oder Täter ist**. Inmitten steht Prävention im Sinne der verantwortlichen Zurechnung für ein bestimmtes Risikoverhalten des Ausländers, das eine bestimmte Schwelle überschreiten muss[75]. Ist diese Schwelle überschritten, schützt den „Gefährder" zwar dem Grunde nach insbesondere Art. 2 und Art. 3 EMRK iVm § 60 V[76] vor dem Vollzug einer Abschiebung. Die Anwendung des § 60 V ist durch § 60 VIII nicht ausgeschlossen (§ 60 IX 2). Diese Schutzwirkung zugunsten des „Gefährders" wirkt indes nur relativ. Sie reicht nicht weiter als bis zu der vom Zielstaat der Abschiebung eingeholten völkerrechtlichen verbindlichen Zusicherung, ihm drohe keine Verletzung seiner EMRK-Rechte, insbesondere derjenigen aus Art. 2 und Art. 3 EMRK[77].

Dabei kann sich – abhängig von den **Umständen des Einzelfalls** – in der Gesamtschau ein 36 beachtliches Risiko, das ohne ein Einschreiten jederzeit in eine konkrete Gefahr umschlagen kann, auch schon daraus ergeben, dass sich ein im Grundsatz gewaltbereiter und auf Identitätssuche befindlicher Ausländer in besonderem Maße mit dem **radikal-extremistischen Islamismus** in seinen verschiedenen Ausprägungen bis hin zum ausschließlich auf Gewalt setzenden jihadistischen Islamismus identifiziert, über enge Kontakte zu gleichgesinnten, möglicherweise bereits anschlagsbereiten Personen verfügt und sich mit diesen in „religiösen" Fragen regelmäßig austauscht[78]. Angesichts der Schwere aufenthaltsbeendender Maßnahmen ist eine Verlagerung der Eingriffsschwelle in das Vorfeldstadium dagegen verfassungsrechtlich nicht hinnehmbar, wenn nur relativ diffuse Anhaltspunkte für mögliche Gefahren bestehen, etwa allein die Erkenntnis, dass sich eine Person zu einem fundamentalistischen Religionsverständnis hingezogen fühlt[79].

Hinsichtlich der Beweismittel bestehen keine Beschränkungen. Es gibt insbesondere **keine Rang-** 37 **ordnung der Beweismittel**[80]; auch **nachrichtendienstliche Behördenzeugnisse** können wichtige Beweismittel sein. Regelmäßig handelt es sich bei derartigen Behördenzeugnissen um sekundäre Beweismittel, welche die unmittelbaren Quellen der dort wiedergegebenen Erkenntnisse nicht oder nur unvollständig offenlegen und daher einer vorsichtigen Würdigung und der Heranziehung weiterer zur Verfügung stehender Erkenntnismöglichkeiten bedürfen. Der Umfang der Beweiskraft von Behördenzeugnissen bedarf deshalb einer Prüfung im jeweiligen Einzelfall[81].

Der Erlass einer Abschiebungsanordnung kann ausnahmsweise schon gerechtfertigt sein, wenn sich 38 noch nicht mit hinreichender Wahrscheinlichkeit feststellen lässt, dass die Gefahr schon in näherer Zukunft eintritt, sofern bestimmte Tatsachen auf eine im Einzelfall **drohende Gefahr für ein überragend wichtiges Rechtsgut** hinweisen. Gerade im Bereich der **Terrorismusabwehr** sollte eine Eingriffsregelung geschaffen werden, mit der man auch Anschlägen wie denen am 11.9.2001 wirksam begegnen kann. Diese Gefahrenlagen zeichnen sich aber dadurch aus, dass zwar (möglicherweise) die drohende Rechtsgutverletzung durch Geheimdienstmitteilungen bekannt wird, jedoch die Tatsachenbasis für die Annahme einer konkreten Gefahr in Bezug auf einen bestimmten Ausländer regelmäßig nicht ausreichend ist.

Bei der **Beurteilung der Wahrscheinlichkeit eines Schadenseintritts** ist eine Differenzierung 39 nach Maßgabe des Verhältnismäßigkeitsprinzips erforderlich. Wegen des hohen Ranges des Schutzgutes und wegen der Art sowie des Ausmaßes der Schäden, die terroristische Anschläge zur Folge haben können, sind die Anforderungen an die Wahrscheinlichkeit des Schadenseintritts nur gering[82]. Diese allgemeinen polizeirechtlichen Grundsätze, die einen gleitenden nach Art und Ausmaß der möglichen Schäden ausgerichteten differenzierenden Wahrscheinlichkeitsmaßstab der Gefahrenprognose zugrunde legen, sind auch § 58a übertragbar[83]. Der **Dynamisierungsbereich** ist dabei aber

---

[75] Vgl. interessant dazu mit krit. Unterton näher *Berlit* ZAR 2018, 89 (92, 98).
[76] *Berlit* ZAR 2018, 89 (98); *Nußbaumer* EuGRZ 2017, 633 (636).
[77] BVerwG Beschl. v. 26.3.2018 – 1 VR 1.18, NVwZ 2018, 1395 betr. Art. 2 EMRK drohende Todesstrafe in Tunesien, bestätigt durch das BVerfG Beschl. v. 4.5.2018 – 2 BvR 632/18, NVwZ 2018, 1390, bestätigt durch den EGMR Entsch. v. 4.9.2018, Kammer V, Bsw. Nr. 17.675/18, NLMR 2018, 407.
[78] BVerwG Urt. v. 21.8.2018 – 1 A 16.17, BeckRS 2018, 23003 Rn. 33.
[79] BVerwG Urt. v. 6.2.2019 – 1 A 3.18, NVwZ-RR 2019, 738 Rn. 34; BGH Beschl. v. 10.6.2020 – 3 ZB 1.20, BeckRS 2020, 52183 Rn. 47.
[80] BVerwG Urt. v. 21.5.2008 – 6 C 13.07, BVerwGE 131, 171 – Unterlassungsanspruch gegen Tatsachenbehauptung im Verfassungsschutzbericht.
[81] BGH Beschl. v. 12.8.2015 – 3. Strafsenat StB 8/15, BeckRS 2015, 15121; OVG NRW Beschl. v. 1.8.2016 – 18 B 627/15, BeckRS 2016, 55234.
[82] BVerwG Urt. v. 17.3.1981 – I C 74.76, BVerwGE 62, 36 (39); Urt. v. 17.3.1981 – I C 6.77, Buchholz 402.24 § 10 AuslG Nr. 80; Urt. v. 11.11.1980 – I C 46.74, Buchholz 402.24 § 10 AuslG Nr. 76; Urt. v. 11.11.1980 – I C 23.75, Buchholz 402.24 § 10 AuslG Nr. 75; Urt. v. 6.12.1983 – 1 C 143/80, Buchholz 402.24 § 10 AuslG Nr. 101.
[83] *Hailbronner* AuslR AufenthG § 58a Rn. 15 (Stand: 10/2006); aA *Funke-Kaiser* GK-AufenthG § 58a Rn. 9.

relativ eng. Denn der Anwendungsbereich des § 58a ist nur bei besonders schwerwiegenden Rechtsgutsverletzungen (besondere Gefahr für die Sicherheit, terroristische Gefahr) eröffnet.

40 Die **Prognose** selbst darf wie im Ordnungsrecht üblich weder an statistischen Berechnungen noch an bloßen Mutmaßungen und theoretischen Szenarien ausgerichtet werden. Der Grad der notwendigen Wahrscheinlichkeit liegt nicht abstrakt fest, sondern wird maßgeblich bestimmt durch die Schwere der drohenden Beeinträchtigungen und Schäden. **Je schwerer der mögliche Schaden, desto geringer die notwendige Wahrscheinlichkeit seines Eintritts.** Allerdings müssen auch für die Schwere der Schäden Tatsachen dargetan und erforderlichenfalls nachgewiesen werden, nicht bloß Behauptungen. Die allen Voraussagen im Ordnungsrecht eigene Ungewissheit unterscheidet sich nicht grundlegend von der bei der Einschätzung künftiger Verhaltensweise von Menschen und Organisationen üblichen. Der angesichts der Schadensschwere unter Umständen geringere Wahrscheinlichkeitsgrad ändert nichts an der Notwendigkeit, eine bestimmte Entwicklung als wahrscheinlich einzuschätzen und andere auszuschließen. Die Prognose erlaubt nur eine und nicht mehrere „richtige" Ergebnisse. Kann ein bestimmter Grad an Gewissheit nicht erreicht werden, ist im Blick auf die Art und die Schwere der in Rede stehenden Gefahren zu entscheiden, ob die verbleibende Unsicherheit hingenommen werden kann.

41 Die Prognose erfordert **besondere Kenntnisse und Erfahrungswissen,** ist aber nicht derart außergewöhnlich von einem bestimmten Fachwissen abhängig, dass nur oberste Landes- oder Bundesbehörden darüber verfügen können. Die Aufgabe unterscheidet sich nicht grundsätzlich von der alltäglich geforderten Beurteilung ähnlicher Sachverhalte durch die (unteren) Ausländerbehörden[84].

42 **Schwierigkeiten bei der Aufklärung** von Verhältnissen im Ausland und innerhalb von gewaltbereiten Organisationen treten auch in anderen Zusammenhängen, zB im Strafrecht, auf und erfordern entsprechende geeignete und angepasste Ermittlungsmethoden und Beweismittel. Geheimhaltung ist auch hier nur iRd § 29 II VwVfG und der §§ 99, 100 VwGO zu gewährleisten. Weder die Schwere der Gefährdung noch die Eilbedürftigkeit der Entscheidung lassen Abstriche von diesen Erfordernissen zu.

43 Der **Exekutive** steht bei der für eine Abschiebungsanordnung nach § 58a erforderlichen **Gefahrenprognose keine Einschätzungsprärogative** zu[85]. Sie ist beim Erlass einer Abschiebungsanordnung – wie jede andere staatliche Stelle – an Recht und Gesetz, insbesondere an die Grundrechte, gebunden (Art. 1 III und Art. 20 III GG) und unterliegt ihr Handeln nach Art. 19 IV 1 GG der vollen gerichtlichen Kontrolle. Gerichte können sich bei ihrer Überzeugungsbildung desselben fremden Sachverstands bedienen wie Behörden. Auch die Entscheidung darüber, welcher Grad an Ungewissheit hingenommen werden kann, ist eine Rechtsentscheidung und weder dem Ermessen noch einem bestimmten exklusiven Fachwissen vorbehalten. Dieser Teil der Prognose ist für das Ordnungsrecht geradezu typisch. Dies wird vor allem an der Bandbreite möglicher Beeinträchtigungen der öffentlichen Sicherheit und Ordnung (von dem verdorbenen Magen der Gäste einer zur Schließung anstehenden Gaststättenküche bis zur Kernschmelze bei ungenügendem Berstschutz für ein Kernkraftwerk) deutlich. Der Eintritt von Sicherheitsgefahren oder terroristischen Gefahren hängen nicht von schwer kalkulierbaren technischen Prozessen ab, sondern von schwer vorausbestimmbaren Einstellungen und Verhaltensweisen von Menschen. Die Wahrscheinlichkeitsbeurteilung ist auch nicht im Wesentlichen auf eine Person reduziert wie bei der möglichen Wiederholungstat eines Straftäters. Sie ist jedoch trotz gradueller Unterschiede grundsätzlich in gleicher Weise möglich wie in anderen Bereichen des Aufenthaltsrechts.

4. Eintritt des Bundesministeriums des Innern (Abs. 2 S. 1)

44 Die Unabhängigkeit der Abschiebungsanordnung von Entscheidungen anderer Behörden wird noch bekräftigt durch die Möglichkeit der Übernahme der Zuständigkeit durch das BMI nach **Abs. 2 S. 1.** Ein **besonderes Interesse des Bundes** ist angesichts der Zuständigkeit der Länder für die Ausführung von Bundesgesetzen (Art. 84 I GG) nur dann anzunehmen, wenn die Aufgabe nach Art und Umfang von der obersten Landesbehörde nicht oder nur schwer bewältigt werden kann. Der Grund dafür kann in der außenpolitischen Bedeutung liegen oder in der länderübergreifenden Gefährdungslage oder Aktionsweise von einzelnen Terroristen bzw. Terrorgruppen. Ob der Behörde des Bundes besondere Erkenntnisse vorliegen, kann dagegen kaum den Ausschlag geben, weil die reibungslose Zusammenarbeit von Bund und Ländern bei der Terrorbekämpfung selbstverständlich sein sollte.

45 Gerade die Regelung des § 74 II, die **Einzelweisungen der Bundesregierung** erlaubt, wenn die Sicherheit der Bundesrepublik Deutschland oder sonstige erhebliche Interessen der Bundesrepublik Deutschland oder eines anderen Landes es erfordern, zeigt, dass es zur Wahrung gesamtstaatlicher Sicherheitsbelange keiner Bundeszuständigkeit bedarf.

---

[84] ZB → Rn. 38.
[85] BVerwG Urt. v. 22.8.2017 – 1 A 3.17, BVerwGE 159, 296 Rn. 29 u. Urt. v. 21.8.2018 – 1 A 16.17, BeckRS 2018, 23003 Rn. 34. S. auch schon BVerwG Beschl. v. 13.7.2017 – 1 VR 3.17, NVwZ 2017, 1531 Rn. 32 sowie *Erbslöh* NVwZ 2007, 155 (161); *Sperlich* InfAuslR 2005, 250 (254).

Abschiebungsanordnung   § 58a AufenthG 1

Erlässt der BMI eine Abschiebungsanordnung, so würde die Nichtigkeit der Zuständigkeitsregelung 46
wegen des weiten Ermessensspielraums des § 58a I zur Rechtswidrigkeit des Verwaltungsakts führen.
Eine Unbeachtlichkeit nach § 46 VwVfG scheidet aus, da eine andere Entscheidung in der Sache, auch
in Bezug auf die Ausgestaltung der der Regelung im Einzelnen, immer möglich ist.

5. Unabhängigkeit von anderen Entscheidungen (Abs. 2 S. 2 und 3)

Die Selbstständigkeit der Entscheidung der obersten Landes- oder Bundesinnenbehörde betrifft 47
Feststellungen in anderen Verfahren. Gemeint sind nicht nur die Feststellungen von Tatsachen,
sondern **Entscheidungen.** Nicht die Feststellung einzelner Tatsachen soll unabhängig sein, sondern
die Feststellung von aufenthaltsrechtlich bedeutsamer Verfolgungsgefahren und anderen Beeinträchtigungen, also außer der Feststellung des Sachverhalts auch dessen rechtliche Bewertung. Dies gilt
hinsichtlich des Endergebnisses wie auch einzelner Zwischenstufen sowohl gegenüber Behörde- als
auch gegenüber Gerichtsentscheidungen (Letzteres in Abweichung von § 121 VwGO). Damit ist die
Durchbrechung der Bindungswirkung der Entscheidungen des BAMF trotz der unterschiedlichen
Formulierung genauso angelegt wie im Verhältnis zum Auslieferungsverfahren Weder positive noch
negative Behördenbescheide, weder tragende Gründe noch iE unerhebliche Nebenfeststellungen
binden die Ministerien des Innern des Landes oder des Bundes.

Trotz des Ausschlusses der formellen Bindungswirkung sind **die von anderen Behörden in** 48
anderen Verfahren getroffenen Feststellungen vor Erlass einer Abschiebungsanordnung **zu be-**
rücksichtigen. Fehlende Bindungswirkung bedeutet nicht die freie Zulassung beliebig einander
widersprechender staatlicher Entscheidungen. Das Gesetz verleiht dem Ministerium des Innern keine
höhere Erkenntnisfähigkeit, sondern nur den verfahrensrechtlichen Vorrang. Der Grundsatz der
Widerspruchsfreiheit staatlichen Handelns verlangt, dass staatliche Entscheidungen über identische
Fragen nicht ohne sachliche Berechtigung oder Notwendigkeit voneinander abweichen dürfen[86].
Trotz unterschiedlicher Zuständigkeit ist staatliches Handeln im Rechtsstaat auf Einheitlichkeit angelegt. Dabei kommt es auf den Autor der jeweiligen Entscheidung ebenso wenig an wie auf die VA. So
ist es gleichgültig, ob in dem anderen Verfahren das BAMF entschieden hat, ein VG im Eilverfahren
oder das BVerwG im Revisionsverfahren. Nach alledem darf zB eine bestandskräftige Feststellung des
BAMF nicht einfach ignoriert und ungeprüft verworfen werden. Die Asylanerkennung braucht zwar
nicht widerrufen zu werden. Falls davon abweichende Tatsachen angenommen und Bewertungen
getroffen werden, sind aber die Gründe dafür zu nennen, damit erkennbar ist, ob sich die Sachlage
verändert hat oder etwa anders bewertet wird und welche abweichende Erkenntnisse dafür ausschlaggebend sind.

6. Abschiebungsverbote (Abs. 3)

Die Abschiebungsverbote des § 60 I–VII führen nicht dazu, das von der Abschiebungsanordnung 49
abgesehen wird. Deren Charakter als Vollzugsakt entsprechend wird nur der **Vollzug** eingeschränkt
oder ausgeschlossen[87]. Da § 59 II und III anzuwenden ist, muss im Falle eines Hindernisses
der Staat bezeichnet werden, in den nicht abgeschoben werden darf. Alle damit zusammenhängenden
Fragen sind selbstständig von dem Ministerium des Innern des Landes oder des Bundes zu entscheiden,
der selbst an eine Asyl- oder Flüchtlingsanerkennung durch das BAMF nicht gebunden ist.

Die Prüfung von Abschiebungsverboten nach § 60 I–VII obliegt der anordnenden Behörde; eine 50
Bindung nach § 42 S. 1 AsylG an vorangegangene Entscheidungen des BAMF gibt es nicht. Allerdings
sind die Vorgaben nach der Qualifikations-RL[88] zu beachten.

IV. Verwaltungsverfahren und Rechtsschutz

Mit den Bestimmungen des **Abs. 4** wird den Erfordernissen eines rechtsstaatlichen Verfahrens 51
einschließlich der Gewährung rechtlichen Gehörs Genüge getan. Dem Charakter eines Vollstreckungsakts entsprechend ist eine vorherige **Anhörung nicht vorgesehen,** damit aber nicht ausgeschlossen. Die zu treffende Entscheidung in Bezug auf die Verfahrensgestaltung hat gerade bei § 58a
besondere Bedeutung. Da das Verwaltungsverfahren unmittelbar mit Erlass der Abschiebungsanordnung seinen Abschluss findet, hat der Ausländer keine Möglichkeit, gegenüber der Behörde zu dem
Sachverhalt Stellung zu nehmen. Alle Argumente werden bei einem Verzicht auf eine Anhörung in
das gerichtliche Verfahren verlagert. In Anbetracht der erheblichen Folgen für den Ausländer (Siche-

---

[86] Zum Verhältnis zwischen BAMF und OLG im Auslieferungsverfahren und zur einschlägigen Judikatur des BVerfG vgl. § 4 AsylG.
[87] BVerwG Beschl. v. 21.3.2017 – 1 VR 1.17, BVerwGE 158, 225 Rn. 36 und 1 VR 2.17, BVerwGE 158, 249 Rn. 39.
[88] RL 2004/83/EG des Rates über Mindestnormen für die Anerkennung u. den Status von Drittstaatsangehörigen oder Staatenlosen als Flüchtlinge oder als Personen, die anderweitig internationalen Schutz benötigen, u. über den Inhalt des zu gewährenden Schutzes v. 29.4.2004 (ABl. 2004 L 304, S. 12) und RL 2011/95 v. 13.12.2011 (ABl. 2011 L 337, S. 9).

Dollinger

1 AufenthG § 58a

rungshaft, Beauftragung eines Anwalts zur Interessenwahrnehmung innerhalb einer Frist von sieben Tagen) ist ein Absehen in der Regel dann verfahrensfehlerfrei gerechtfertigt, wenn ein Fall des § 28 II Nr. 1 oder III (L)VwVfG vorliegt[89].

52 **Schriftlichkeit und Begründung** sind nunmehr durch § 77 I 1 Nr. 3 auch für die Abschiebungsanordnung nach § 58a vorgeschrieben.

53 Ein **faires Verwaltungsverfahren** ist gewährleistet, wenn der Ausländer die Möglichkeit hat, rechtzeitig mit einem Anwalt Kontakt aufzunehmen. Der Mangel an einem rechtsstaatlichen Verwaltungsverfahren kann weder durch die Möglichkeit der Bestellung eines Rechtsbeistands noch durch den verbleibenden Eilrechtsschutz geheilt oder ausgeglichen werden.

54 Der nach **Abs. 4 S. 1** vorgeschriebene **Hinweis** auf die mögliche Inanspruchnahme eines Rechtsbeistands ist hinreichend. Wenn aber auch für die Rechtsfolgen und die Rechtsbehelfe nur ein Hinweis statt einer Belehrung vorgesehen ist, genügt dies rechtsstaatlichen Anforderungen nicht. Die nur formlose Hinweisverpflichtung steht zwar in Zusammenhang damit, dass die Anordnung nicht schriftlich ergeht und folglich mündlich bekanntgemacht und nicht förmlich zugestellt wird (vgl. § 41 VwVfG). Es kann nicht davon ausgegangen werden, dass eine Abweichung von den Verfahrensgarantien des § 58 VwGO dahin gehend erfolgt, dass nur auf Rechtsbehelfe hingewiesen wird. Vielmehr ist Abs. 4 S. 1 als eine **Erweiterung der allgemeinen Belehrungspflichten** zu verstehen, der die §§ 58, 59 VwGO nicht einschränkt. So gilt in Fällen, in denen das BMI eine Abschiebungsanordnung erlässt, § 59 VwGO, der für Verwaltungsakte von Bundesbehörden Schriftform bei der Belehrung über den Rechtsbehelf vorsieht. Allerdings ergibt sich auch aus § 77 I 3 und 4 eine entsprechende Belehrungspflicht.

55 **Zuständig zur Rechtschutzgewährung** in erster und letzter Instanz ist das **BVerwG** – § 50 I Nr. 3 VwGO – auch dann, wenn die Anordnung durch das Ministerium des Innern eines Landes erlassen wird. Der **Rechtsschutz** selbst ist **formell ausreichend und genügt auch den verfahrensrechtlichen und materiellen Grundanforderungen,** die Art. 19 IV GG für die Wahrnehmung effektiven Rechtsschutzes zwingend erfordert[90]. Gegen die Anordnung ist die Anfechtungsklage binnen Monatsfrist gegeben **(§§ 42 I, 74 I VwGO).** Vorläufiger Rechtsschutz ist nach § 58a IV 2 binnen sieben Tagen in Anspruch zu nehmen **(§ 80 V, § 58a IV 2).** Einstweiliger Rechtsschutz gegen die Abschiebungsanordnung nach § 58a kommt erst in Betracht, wenn eine solche gegen den Ausländer ergangen ist[91]. Der **Widerspruch** ist **ausgeschlossen** (§ 68 I 2 Nr. 1 VwGO). Da Art. 19 IV keinen Instanzenzug gewährleistet, bestehen hiergegen keine formellen Bedenken. Es ist auch ausreichend dafür Sorge getragen, dass durch den Vollzug keine irreparablen Nachteile entstehen. Die Anordnung ist zwar kraft Gesetzes sofort vollziehbar. Der Vollzug ist aber während der Sieben-Tages-Frist ausgesetzt bis zur Entscheidung des BVerwG im Eilverfahren, falls der Antrag rechtzeitig gestellt ist. Bei Kritik an der Sieben-Tages-Frist nach Abs. 4 S. 2 ist in Erinnerung zu rufen, dass das BVerfG zu den sog. Flughafenverfahren sogar eine Antragsfrist von drei Tagen mit der Möglichkeit einer Nachfristsetzung im Hinblick auf Art. 19 IV 1, 103 I GG für ausreichend gehalten hat[92].

56 Für den Fall, dass ein vorläufiger Rechtsschutzantrag des Ausländers vor dem BVerwG Erfolg hat, ist zu beachten, dass nachträglicher oder neuer Erkenntnisgewinn zu für die Gefahrenprognose erheblichen Tatsachen – etwa in Bezug auf den Grad der Radikalisierung des Ausländers – im Rahmen eines Abänderungsverfahrens nach **§ 80 VII VwGO** Rechnung getragen werden kann[93]. Ein Antrag auf vorläufigen Rechtsschutz wird dagegen – ebenso wie eine Klage – unzulässig, wenn der Antragsteller einer gerichtlichen Aufforderung, seine während des Verfahrens geänderte Anschrift binnen einer bestimmten (Ausschluss-)Frist mitzuteilen, ohne Angabe eines triftigen Grundes nicht nachkommt[94].

57 § 58a IV 3 steht nach Systematik und Sinn und Zweck der Regelung nur dem Vollzug einer Abschiebungsanordnung nach § 58a entgegen. Die Vorschrift hindert hingegen nicht den Vollzug einer von einer anderen Behörde erlassenen Abschiebungsandrohung. Denn das Bestehen von Abschiebungsverboten ist im jeweiligen Verfahren selbstständig zu prüfen[95].

58 Lässt sich eine besondere Gefahr für die Sicherheit der Bundesrepublik Deutschland (§ 58a I 1. Alt.) oder einer terroristischen Gefahr (§ 58a I 2. Alt.) durch den Ausländer nicht hinreichend sicher prognostizieren, hebt das BVerwG die angefochtene Abschiebungsanordnung auf[96]. Damit entfällt

---

[89] BVerwG Beschl. v. 31.5.2017 – 1 VR 4.17, Buchholz 402.242 § 58a AufenthG Nr. 4 Rn. 13; so auch *Funke-Kaiser* GK-AufenthG § 58a Rn. 28; *Hailbronner* AuslR AufenthG § 58a Rn. 22.
[90] Zu diesen Grundanforderungen aktuell: BVerfG Beschl. v. 31.5.2011 – 1 BvR 857/07, BVerfGE 129, 1 „Investitionszulage" und Beschl. v. 22.11.2016 – 1 BvL 6/14 ua, BVerfGE 143, 216 – Rechtsschutzbeschränkungen nach TKG 2004.
[91] BVerwG Beschl. v. 23.2.2005 – 1 VR 2.05, Buchholz 310 § 80 VwGO Nr. 70; vgl. auch BVerwG Beschl. v. 23.4.2012 – 1 VR 1.12, BeckRS 2012, 50843.
[92] BVerfG Urt. v. 14.5.1996 – 2 BvR 1516/93, BVerfGE 94, 166 (207).
[93] BVerwG Beschl. v. 25.6.2019 – 1 VR 1.19, NVwZ-RR 2019, 971.
[94] BVerwG Beschl. v. 28.5.2020 – 1 VR 2.19, Buchholz 310 § 82 VwGO Nr. 30 und Beschl. v. 28.5.2020 – 1 VR 3.19, InfAuslR 2020, 337.
[95] BVerwG Beschl. v. 29.11.2019 – 1 VR 4.19, Buchholz 402.242 § 58a AufenthG Nr. 17.
[96] BVerwG Urt. v. 14.1.2020 – 1 A 3.19, InfAuslR 2020, 272.

zugleich die Grundlage für die Feststellung des Nichtvorliegens von Abschiebungsverboten (§ 58a III). Eine nur allgemeine Ablehnung oder Nichtbeachtung staatlicher Autorität und Übergriffe auf diese (rechtmäßig) ausübende Personen reicht zur Annahme einer der Gefahren nach § 58a I nicht aus. Auf eine solche allgemeine Gefahr, die von einer Person ausgeht, ist insbesondere mit den Mitteln des Strafrechts, des (allgemeinen) Ausweisungsrechts (§§ 53 ff.) oder des allgemeinen Polizei- und Ordnungsrechts zu reagieren[97].

§ 59 Androhung der Abschiebung

(1) ¹Die Abschiebung ist unter Bestimmung einer angemessenen Frist zwischen sieben und 30 Tagen für die freiwillige Ausreise anzudrohen. ²Ausnahmsweise kann eine kürzere Frist gesetzt oder von einer Fristsetzung abgesehen werden, wenn dies im Einzelfall zur Wahrung überwiegender öffentlicher Belange zwingend erforderlich ist, insbesondere wenn
1. der begründete Verdacht besteht, dass der Ausländer sich der Abschiebung entziehen will, oder
2. von dem Ausländer eine erhebliche Gefahr für die öffentliche Sicherheit oder Ordnung ausgeht.

³Unter den in Satz 2 genannten Voraussetzungen kann darüber hinaus auch von einer Abschiebungsandrohung abgesehen werden, wenn
1. der Aufenthaltstitel nach § 51 Absatz 1 Nummer 3 bis 5 erloschen ist oder
2. der Ausländer bereits unter Wahrung der Erfordernisse des § 77 auf das Bestehen seiner Ausreisepflicht hingewiesen worden ist.

⁴Die Ausreisefrist kann unter Berücksichtigung der besonderen Umstände des Einzelfalls angemessen verlängert oder für einen längeren Zeitraum festgesetzt werden. ⁵§ 60a Absatz 2 bleibt unberührt. ⁶Wenn die Vollziehbarkeit der Ausreisepflicht oder der Abschiebungsandrohung entfällt, wird die Ausreisefrist unterbrochen und beginnt nach Wiedereintritt der Vollziehbarkeit erneut zu laufen. ⁷Einer erneuten Fristsetzung bedarf es nicht. ⁸Nach Ablauf der Frist zur freiwilligen Ausreise darf der Termin der Abschiebung dem Ausländer nicht angekündigt werden.

(2) ¹In der Androhung soll der Staat bezeichnet werden, in den der Ausländer abgeschoben werden soll, und der Ausländer darauf hingewiesen werden, dass er auch in einen anderen Staat abgeschoben werden kann, in den er einreisen darf oder der zu seiner Übernahme verpflichtet ist. ²Gebietskörperschaften im Sinne der Anhänge I und II der Verordnung (EU) 2018/1806 des Europäischen Parlaments und des Rates vom 14. November 2018 zur Aufstellung der Liste der Drittländer, deren Staatsangehörige beim Überschreiten der Außengrenzen im Besitz eines Visums sein müssen, sowie der Liste der Drittländer, deren Staatsangehörige von dieser Visumpflicht befreit sind (ABl. L 303 vom 28.11.2018, S. 39), sind Staaten gleichgestellt.

(3) ¹Dem Erlass der Androhung steht das Vorliegen von Abschiebungsverboten und Gründen für die vorübergehende Aussetzung der Abschiebung nicht entgegen. ²In der Androhung ist der Staat zu bezeichnen, in den der Ausländer nicht abgeschoben werden darf. ³Stellt das Verwaltungsgericht das Vorliegen eines Abschiebungsverbots fest, so bleibt die Rechtmäßigkeit der Androhung im Übrigen unberührt.

(4) ¹Nach dem Eintritt der Unanfechtbarkeit der Abschiebungsandrohung bleiben für weitere Entscheidungen der Ausländerbehörde über die Abschiebung oder die Aussetzung der Abschiebung Umstände unberücksichtigt, die einer Abschiebung in den in der Abschiebungsandrohung bezeichneten Staat entgegenstehen und die vor dem Eintritt der Unanfechtbarkeit der Abschiebungsandrohung eingetreten sind; sonstige von dem Ausländer geltend gemachte Umstände, die der Abschiebung oder der Abschiebung in diesen Staat entgegenstehen, können unberücksichtigt bleiben. ²Die Vorschriften, nach denen der Ausländer die im Satz 1 bezeichneten Umstände gerichtlich im Wege der Klage oder im Verfahren des vorläufigen Rechtsschutzes nach der Verwaltungsgerichtsordnung geltend machen kann, bleiben unberührt.

(5) ¹In den Fällen des § 58 Abs. 3 Nr. 1 bedarf es keiner Fristsetzung; der Ausländer wird aus der Haft oder dem öffentlichen Gewahrsam abgeschoben. ²Die Abschiebung soll mindestens eine Woche vorher angekündigt werden.

(6) Über die Fristgewährung nach Absatz 1 wird dem Ausländer eine Bescheinigung ausgestellt.

(7) ¹Liegen der Ausländerbehörde konkrete Anhaltspunkte dafür vor, dass der Ausländer Opfer einer in § 25 Absatz 4a Satz 1 oder in § 25 Absatz 4b Satz 1 genannten Straftat wurde, setzt sie abweichend von Absatz 1 Satz 1 eine Ausreisefrist, die so zu bemessen ist, dass er eine Entscheidung über seine Aussagebereitschaft nach § 25 Absatz 4a Satz 2 Nummer 3

---

[97] BVerwG Beschl. v. 25.6.2019 – 1 VR 4.19, NVwZ-RR 2019, 971 Rn. 23.

oder nach § 25 Absatz 4b Satz 2 Nummer 2 treffen kann. ²Die Ausreisefrist beträgt mindestens drei Monate. ³Die Ausländerbehörde kann von der Festsetzung einer Ausreisefrist nach Satz 1 absehen, diese aufheben oder verkürzen, wenn

1. der Aufenthalt des Ausländers die öffentliche Sicherheit und Ordnung oder sonstige erhebliche Interessen der Bundesrepublik Deutschland beeinträchtigt oder
2. der Ausländer freiwillig nach der Unterrichtung nach Satz 4 wieder Verbindung zu den Personen nach § 25 Absatz 4a Satz 2 Nummer 2 aufgenommen hat.

⁴Die Ausländerbehörde oder eine durch sie beauftragte Stelle unterrichtet den Ausländer über die geltenden Regelungen, Programme und Maßnahmen für Opfer von in § 25 Absatz 4a Satz 1 genannten Straftaten.

(8) Ausländer, die ohne die nach § 4a Absatz 5 erforderliche Berechtigung zur Erwerbstätigkeit beschäftigt waren, sind vor der Abschiebung über die Rechte nach Artikel 6 Absatz 2 und Artikel 13 der Richtlinie 2009/52/EG des Europäischen Parlaments und des Rates vom 18. Juni 2009 über Mindeststandards für Sanktionen und Maßnahmen gegen Arbeitgeber, die Drittstaatsangehörige ohne rechtmäßigen Aufenthalt beschäftigen (ABl. L 168 vom 30.6.2009, S. 24), zu unterrichten.

Allgemeine Verwaltungsvorschrift
59 Zu § 59 – Androhung der Abschiebung
59.0 Allgemeines und Verfahren
  59.0.1 Die Androhung der Abschiebung als Maßnahme des Verwaltungsvollstreckungsrechts geht der Abschiebung (vgl. § 58 Absatz 1) regelmäßig voraus. Sie kann mit dem Rechtsbehelf des Widerspruchs, oder, sofern das geltende Landesrecht kein Widerspruchsverfahren vorsieht, durch Klage angefochten werden. Ob der Widerspruch aufschiebende Wirkung hat, richtet sich nach dem Verwaltungsvollstreckungsrecht der Länder (vgl. § 80 Absatz 2 Satz 2, § 80b VwGO). Gegen die Androhung der Abschiebung im Zusammenhang mit einer Abschiebungsanordnung durch das Bundesamt für Migration und Flüchtlinge findet kein Widerspruch statt (vgl. § 11 AsylVfG).
  59.0.2 Die nach § 59 Absatz 1 an die Schriftform gebundene Abschiebungsandrohung muss den Formerfordernissen der §§ 37, 39 VwVfG bzw. entsprechenden landesgesetzlichen Regelungen entsprechen.
  59.0.3 Voraussetzung für den Erlass einer Abschiebungsandrohung ist die vollziehbare Ausreisepflicht des Ausländers (§ 58 Absatz 1, 2). Der Erlass eines die Ausreisepflicht begründenden Verwaltungsakts ist nicht zwingende Voraussetzung, wenn die vollziehbare Ausreisepflicht kraft Gesetzes besteht (§ 58 Absatz 2 Satz 1). Die Androhung der Abschiebung ist nicht davon abhängig, ob die Abschiebung später durchgeführt werden kann (vgl. § 59 Absatz 3).
  59.0.4 Nach Wirksamwerden der Abschiebungsandrohung können zugunsten des Ausländers eingetretene Umstände von der Ausländerbehörde berücksichtigt werden, ohne die Rechtmäßigkeit der Androhung zu berühren (vgl. § 59 Absatz 3 Satz 1). Nach dem Eintritt der Unanfechtbarkeit der Abschiebungsandrohung ist jedoch der Prüfungsrahmen der Ausländerbehörde gemäß § 59 Absatz 4 Satz 1 beschränkt. Ist rechtskräftig entschieden, dass die Abschiebung zulässig ist, kommt eine Aussetzung der Abschiebung nur noch unter einem in der Abschiebungsandrohung ausgesprochenen Vorbehalt in Betracht.
  59.0.5 Wird die Rechtmäßigkeit der Abschiebungsandrohung im vorläufigen Rechtsschutzverfahren gemäß § 80 Absatz 5 VwGO inhaltlich bestätigt, ist die Abschiebung eines Ausländers zulässig.
  59.0.6 Eine Abschiebungsandrohung wird gegenstandslos, wenn die Ausreisepflicht des Ausländers entfällt. Dies ist etwa der Fall, wenn der Aufenthalt des Ausländers auf Grund Asylantragstellung gestattet ist (§ 55 AsylVfG). Bei einem Asylfolgeantrag gilt dies erst, wenn ein weiteres Asylverfahren durchgeführt wird (vgl. § 71 Absatz 5 Satz 1 AsylVfG).
  59.0.7 Einem Ausländer, der einen Asylantrag gestellt hat, darf die Abschiebung nicht abweichend von den Vorschriften des AsylVfG (§§ 34, 34a AsylVfG) angedroht werden. Lediglich in den Fällen des § 60 Absatz 8 kann einem Ausländer, der einen Asylantrag gestellt hat, abweichend von den Vorschriften des AsylVfG die Abschiebung angedroht und diese durchgeführt werden (vgl. § 60 Absatz 9). Abschiebungsverbote nach § 60 Absatz 2 bis 5 und 7 bleiben unberührt.
  59.1 Abschiebungsandrohung
  59.1.1.0 Die Abschiebung ist grundsätzlich unter Fristsetzung anzudrohen, damit der Ausländer sie durch rechtzeitige, freiwillige Ausreise vermeiden kann. Außerdem soll er die Möglichkeit erhalten, Rechtsbehelfe einzulegen, bestehende Abschiebungsverbote (§ 60) geltend zu machen und seine persönlichen Angelegenheiten innerhalb der Ausreisefrist zu regeln (siehe Nummer 50.2.2).
  59.1.1.1 Die sich aus der Fristsetzung ergebenden Pflichten des Ausländers regelt § 50 Absatz 2. Die Fristsetzung liegt im Ermessen der Behörde (siehe Nummer 50.2.2 und 59.1.1.2). Sie ist durch § 50 Absatz 2 Satz 2 und 3 begrenzt, wonach die Ausreisefrist spätestens sechs Monate nach dem Eintritt der Unanfechtbarkeit der Ausreisepflicht endet, wenn sie im Einzelfall nicht wegen Vorliegens einer besonderen Härte befristet verlängert wird. Gesetzlich festgelegte Fristen ergeben sich aus spezialgesetzlichen Vorschriften (§ 50 Absatz 2a: mindestens ein Monat; § 36 Absatz 1 AsylVfG: eine Woche; § 38 Absatz 1 AsylVfG: ein Monat; § 38 Absatz 2 AsylVfG: eine Woche).
  59.1.1.2 Der Beginn der Frist muss sich auf einen Zeitrahmen erstrecken, in dem der Ausländer gemäß § 50 Absatz 1 ausreisepflichtig ist. Die Ausreisefrist ist so zu bestimmen, dass sie erst nach Ablauf der Rechtsbehelfsfrist endet. Eine kürzere Frist kann bestimmt werden, wenn der Rechtsbehelf keine aufschiebende Wirkung hat (§ 84 Absatz 1) oder die sofortige Vollziehung der Maßnahme, die die Ausreisepflicht begründet, angeordnet worden ist (§ 80 Absatz 2 Satz 1 Nummer 4 VwGO). Es ist aber sicherzustellen, dass der Ausländer vorläufigen Rechtsschutz in Anspruch nehmen kann. Endet die aufschiebende Wirkung des Rechtsbehelfs nach § 80b Absatz 1 VwGO, richtet sich das weitere Verfahren nach § 50 Absatz 3. Die Stellung eines Zulassungsantrags nach § 124a VwGO hemmt die Vollziehbarkeit nicht.

Androhung der Abschiebung   § 59 AufenthG 1

59.1.1.3 Eine Begründung der Ausreisefrist erübrigt sich, wenn dem Ausländer zur Ausreise eine Frist von mindestens einem Monat zur Verfügung steht und besondere Umstände, die eine Fristverlängerung gebieten, nicht ersichtlich sind. Eine unterlassene oder fehlerhafte Fristsetzung kann nachträglich durch die Festsetzung einer neuen Ausreisefrist geheilt werden. Die Fristsetzung ist im Pass oder Passersatz des Ausländers einzutragen.
59.1.1.4 Die Ausreisefrist ist grundsätzlich durch Angabe eines Wochen- oder Monatszeitrahmens zu bestimmen. Für den Beginn der Frist ist regelmäßig auf den Zeitpunkt des Wirksamwerdens der Verfügung (Bekanntgabe des Verwaltungsakts) abzustellen. Das Vorliegen von Abschiebungsverboten oder Duldungsgründen hat keinen Einfluss auf die Fristsetzung (§ 59 Absatz 3 Satz 1).
59.1.1.5 Soweit sich der Ausländer als Besucher oder Tourist nicht länger als sechs Monate im Bundesgebiet aufgehalten hat, genügt eine Ausreisefrist von einer Woche. Die Frist ist ebenfalls eng zu bemessen, wenn
– der Ausländer unerlaubt eingereist ist (§ 14 Absatz 1) und die Voraussetzungen für eine Zurückschiebung (vgl. § 57 Absatz 1) nicht mehr vorliegen,
– die Rückkehrberechtigung innerhalb von vier Monaten ungültig wird,
– die in einem Übernahmeabkommen bestimmte Frist ansonsten nicht eingehalten werden kann.
59.1.1.6 Eine Abschiebungsandrohung nach § 59 Absatz 1 durch die Ausländerbehörde ist nicht erforderlich, wenn das Bundesamt für Migration und Flüchtlinge die Abschiebung nach Asylverfahrensrecht angedroht oder angeordnet hat und eine kurzfristige Beendigung des Aufenthalts zu erwarten ist.
59.1.1.7 Grundsätzlich muss die Abschiebung nur einmal angedroht werden. Einer erneuten Abschiebungsandrohung bedarf es nur im Falle der unanfechtbaren Aufhebung der Abschiebungsandrohung auf Grund eines Rechtsbehelfs. Die Abschiebungsandrohung erledigt sich durch die freiwillige Ausreise des Ausländers in einen Staat, in den er einreisen darf.
59.1.2.1 Von der Androhung und Fristsetzung kann nur in atypischen Fällen abgesehen werden. Dies ist je nach Lage des Einzelfalls gegeben, wenn eine sofortige Ausreise im öffentlichen Interesse dringend geboten ist und auch die Abschiebungsandrohung allein nicht zur Wahrung der Interessen des Ausländers oder aber im behördenseitigen Interesse aus verfahrensrechtlichen Gesichtspunkten erforderlich ist. Dies kann der Fall sein, wenn
59.1.2.1.1 – die sofortige Entfernung des Ausländers zur Vermeidung von Störungen der öffentlichen Sicherheit oder aus Gründen der öffentlichen Gesundheit dringend geboten erscheint,
59.1.2.1.2 – Grund zu der Annahme besteht, dass der Ausländer während einer ihm gewährten Ausreisefrist mit Strafe bedrohte Handlungen begehen oder sich der Abschiebung entziehen wird,
59.1.2.1.3 – der Ausländer einen Pass, Passersatz oder einen Sichtvermerk eines anderen Staates mit demnächst ablaufender Gültigkeitsdauer besitzt und zu befürchten ist, dass bei Fristsetzung die Abschiebung wegen Ablaufs der Gültigkeitsdauer unmöglich wäre oder erschwert würde,
59.1.2.1.4 – die auswärtigen Belange oder die Sicherheit der Bundesrepublik Deutschland die sofortige Entfernung des Ausländers dringend gebieten,
59.1.2.1.5 – der Ausländer ohne erforderliches Visum eingereist ist und konkrete Anhaltspunkte dafür vorliegen, dass er sich auch künftig über die aufenthaltsrechtlichen Vorschriften und Anordnungen der Ausländerbehörde hinwegsetzen wird,
59.1.2.1.6 – die Frist zur Rückübernahme durch einen anderen Staat abläuft und nicht verlängert werden kann.
59.1.2.2 Wird von der Androhung und Fristsetzung abgesehen, sind die maßgebenden Gründe in der Ausländerakte zu vermerken. Ergeht eine schriftliche Abschiebungsanordnung zum Zeitpunkt der Abschiebung, sind die Gründe in der Anordnung anzugeben.
59.1.2.3 Ein Mangel der fehlenden Androhung kann dadurch geheilt werden, dass sie nachträglich verfügt wird, solange dem Ausländer die Möglichkeit verbleibt, noch vor der Abschiebung seiner Ausreisepflicht freiwillig nachzukommen.
59.1.2.4 In Fällen des § 58 Absatz 3 Nummer 1 bedarf es keiner Fristsetzung (§ 59 Absatz 5 Satz 1). Die Abschiebung soll allerdings mindestens eine Woche vorher angekündigt werden (§ 59 Absatz 5 Satz 2).
59.1.2.5 § 60 Absatz 10 erfordert ausnahmslos, dass die Abschiebung in den Fällen des § 60 Absatz 1 vor der Ausreise angedroht und eine Ausreisefrist gesetzt wird (siehe auch § 34 AsylVfG).
59.1.3 Die Ausweisung eines Ausländers wird nicht mit einer Abschiebungsandrohung verbunden, wenn
59.1.3.1 – bereits eine von einer Ausländerbehörde oder vom Bundesamt für Migration und Flüchtlinge erlassene vollziehbare Abschiebungsandrohung vorliegt oder
59.1.3.2 – das Bundesamt für Migration und Flüchtlinge für den Erlass der Abschiebungsandrohung zuständig ist und kein Fall des § 60 Absatz 8 vorliegt.

59.2 Zielstaat
59.2.1 Grundsätzlich soll der Ausländer in seinen Herkunftsstaat abgeschoben werden, der im Bescheid konkret zu bezeichnen ist. Ein anderer Zielstaat kommt in Betracht, wenn die Abschiebung dahin möglich ist (z. B. auf Grund eines Übernahmeabkommens; vgl. Artikel 23 Absatz 3 und 4 SDÜ) oder der Ausländer in einem Drittstaat ein Aufenthaltsrecht hat und die Abschiebung dorthin zweckmäßiger zu bewirken ist als in den Herkunftsstaat. Sofern der Zielstaat nicht abschließend bestimmt werden kann, soll in der Abschiebungsandrohung der Herkunftsstaat bezeichnet werden, damit die Wirkung des § 59 Absatz 4 Satz 1 eintritt. Für die Auswahl und Bezeichnung des Zielstaates ist die Staatsangehörigkeit des Ausländers grundsätzlich nicht maßgebend. Es ist davon auszugehen, dass der Ausländer in einen anderen Staat ausreisen darf, wenn dieser den Ausländer mit Heimreisedokumenten versehen hat und diese noch gültig sind. Ist die Staatsangehörigkeit des Ausländers ungeklärt und auch ein aufnahmebereiter Drittstaat nicht erkennbar, liegen besondere Umstände vor, die ein Absehen von der Zielstaatsbezeichnung rechtfertigen.
59.2.2 Die Abschiebungsandrohung soll den Zielstaat bezeichnen und folgenden Hinweis (kein Verwaltungsakt) enthalten:
„Auf Grund dieser Androhung können Sie auch in einen anderen Staat abgeschoben werden, in den Sie einreisen dürfen oder der zu Ihrer Übernahme verpflichtet ist."
Neben dem Zielstaat müssen die anderen Staaten namentlich nicht genannt werden. Hinsichtlich des Hinweises auf andere für die Abschiebung in Betracht kommende Staaten ist es nicht erforderlich, Abschiebungsverbote, die eine Aussetzung der Abschiebung rechtfertigen könnten, bereits bei der Androhung der Abschiebung zu prüfen. § 60

Absatz 10 erfordert für die dort bezeichneten Fälle, dass in der Androhung die Staaten zu bezeichnen sind, in die der Ausländer nicht abgeschoben werden darf. Bei Staatenlosen ist ein Zielstaat nur dann anzugeben, wenn die tatsächliche Möglichkeit der Abschiebung in einen bestimmten Staat besteht und daher auch ein Abschiebeversuch nach Rücksprache mit den zuständigen Behörden dieses Staates unternommen werden kann. Der Hinweis muss vor der tatsächlichen Abschiebung konkretisiert werden; die Zuständigkeit für eine solche nachträgliche Bezeichnung des Zielstaats liegt bei vom Bundesamt für Migration und Flüchtlinge erlassenen Abschiebungsandrohungen ausschließlich dort.

59.3 Vorliegen von Abschiebungsverboten
59.3.1 Dem Erlass der Abschiebungsandrohung steht das Vorliegen von Abschiebungsverboten nicht entgegen. Im Hinblick auf § 59 Absatz 3 Satz 2 (Pflicht zur Bezeichnung von Staaten, in die eine Abschiebung nicht zulässig ist) ist vor Erlass der Abschiebungsandrohung zu prüfen, ob ein Abschiebungsverbot nach § 60 vorliegt. Bei dieser Prüfung ist die Ausländerbehörde an Entscheidungen des Bundesamts für Migration und Flüchtlinge über den Asylantrag und das Vorliegen von Abschiebungsverboten gebunden (§§ 4, 42 AsylVfG). Diesem obliegt nach Stellung eines Asylantrags abschließend die Entscheidung darüber, ob ein Abschiebungsverbot nach § 60 Absatz 2 bis 5 oder Absatz 7 vorliegt (§ 24 Absatz 2 AsylVfG); dies gilt auch für die Entscheidung, ob nach § 60 Absatz 7 bei Vorliegen der gesetzlichen Voraussetzungen von der Abschiebung abgesehen wird. Die Ausländerbehörde entscheidet allerdings selbst über den späteren Eintritt oder Wegfall des Abschiebungsverbots nach § 60 Absatz 4, ohne dass es einer Aufhebung der Entscheidung des Bundesamtes bedarf (§ 42 Satz 2 AsylVfG). Liegen der Ausländerbehörde keine konkreten Anhaltspunkte für Abschiebungsverbote vor, obliegt es dem Ausländer, entsprechende Umstände geltend zu machen (§ 82 Absatz 1).
59.3.2 Im Übrigen besteht keine rechtliche Verpflichtung, vor Erlass der Abschiebungsandrohung das Vorliegen von Abschiebungsverboten zu prüfen. Die Abschiebungsandrohung soll ohne Rücksicht auf eine etwaige tatsächliche Unmöglichkeit der Abschiebung (z. B. wegen Staatenlosigkeit, Passlosigkeit) erlassen werden.

59.4 Darlegung und Ausschluss von Abschiebungsverboten
59.4.1 § 59 Absatz 4 Satz 1 1. Halbsatz betrifft nur Umstände, die der Abschiebung in denjenigen Staat entgegenstehen, der in der Androhung genannt ist (§ 59 Absatz 2). Diese Umstände darf die Ausländerbehörde nicht mehr berücksichtigen, wenn diese bereits vor Eintritt der Unanfechtbarkeit der Abschiebungsandrohung hätten vorgebracht werden können. Dieses Verwertungsverbot gilt nicht nur für die Vollstreckung der Abschiebung, sondern auch für die Entscheidung über die Aussetzung der Abschiebung. Macht der Ausländer vom Bundesamt für Migration und Flüchtlinge zu prüfende Verfolgungsgründe geltend, ist er auf das Verfahren nach dem AsylVfG zu verweisen (vgl. Nummer 60.0.4.1).
59.4.2 § 59 Absatz 4 Satz 1 2. Halbsatz betrifft sonstige Umstände, die der Abschiebung in den genannten Zielstaat entgegenstehen. Das sind
59.4.2.1 – Umstände, die nach Eintritt der Unanfechtbarkeit der Abschiebungsandrohung eingetreten sind und
59.4.2.2 – Umstände, die vor oder nach dem Eintritt der Unanfechtbarkeit der Abschiebungsandrohung eingetreten sind und die der Abschiebung grundsätzlich (z. B. Artikel 8 EMRK) entgegenstehen.
59.5 Abschiebung aus der Haft oder aus öffentlichem Gewahrsam
Auf Nummer 59.1.2.4 wird Bezug genommen.

Übersicht

	Rn.
I. Entstehungsgeschichte	1
II. Abschiebungsandrohung	2
1. Androhung nach Abs. 1 S. 1	2
2. Fristsetzung	16
3. Bescheinigung über die Fristgewährung (Abs. 6)	32
4. Keine Terminankündigung der Abschiebung nach Fristablauf	35
5. Bezeichnung der Zielstaaten (Abs. 2)	41
6. Abschiebungsverbote und Duldungsgründe (Abs. 3)	53
7. Ausschluss späteren Vorbringens (Abs. 4)	56
8. Abschiebung aus der Haft (Abs. 5) und Grenzübertrittsbescheinigung (Abs. 6)	62
9. Opfer von Menschenhandel und illegaler Beschäftigung (Abs. 7)	63
10. Sonderfälle nach der Sanktions-RL (Abs. 8)	70
III. Rechtsschutz	71

I. Entstehungsgeschichte

1 Die Vorschrift entsprach dem **Gesetzesentwurf zum ZuwG**[1]. Das RLUmsG 2007 fügte Abs. 5 an, der inhaltlich dem früheren § 50 V AuslG 1990 entspricht[2]. Durch das **RLUmsG 2011** wurde die Vorschrift umfangreich geändert[3]. Die Abs. 6–8 wurden angefügt, wobei Abs. 7 früher zT in § 50 IIa enthalten war. Mit der Neufassung von Abs. 1 werden Art. 6 und Art. 7 I, II und IV Rückführungs-RL umgesetzt sowie bisher in § 50 II und III enthaltene Bestimmungen nunmehr im Kontext mit der Abschiebungsandrohung geregelt[4].

---

[1] BT-Drs. 15/420, 23.
[2] BT-Drs. 16/5065.
[3] BT-Drs. 17/5470, 24.
[4] Vgl. auch die Kommentierung zu § 50.

Das **AufenthGÄndG 2015**[5] änderte Abs. 1 S. 6 und fügte S. 7 an. Dies diente dazu klarzustellen, dass dem Ausländer die volle Ausreisefrist erneut zur Verfügung steht, wenn die Vollziehbarkeit der Ausreisefrist oder der Abschiebungsandrohung zwischenzeitlich entfallen ist[6]. Wenn die Vollziehbarkeit der Abschiebungsandrohung entfallen ist, weil eine Abschiebung aus rechtlichen oder tatsächlichen Gründen unmöglich ist, kommt den weiteren Ausführungen in der Gesetzesbegründung zufolge die Anordnung eines Einreise- und Aufenthaltsverbots nach § 11 VI nach den dort genannten Voraussetzungen erst in Betracht, wenn die Ausreisefrist mit der Vollziehbarkeit der Abschiebungsanordnung erneut zu laufen begonnen hat und dann abgelaufen ist. Auch die Änderung in Abs. 3, die nunmehr auch Gründe für die vorübergehende Aussetzung der Abschiebung aufführt, bezweckt die Klarstellung, dass neben den Abschiebungsverboten aus § 60 auch die Gründe, die zur Aussetzung der Abschiebung nach § 60a führen, dem Erlass einer Abschiebungsandrohung nicht entgegenstehen. Diese Klarstellung korrespondiert mit § 60a V 3, in dem festgelegt ist, dass eine Abschiebung nach Erlöschen der Aussetzungsgründe ohne erneute Androhung erfolgt. Hiermit erstrebt der Gesetzgeber eine Verfahrensbeschleunigung und hat zu diesem Zweck die Entscheidung über die Abschiebungsandrohung und die Erteilung der Duldung voneinander getrennt[7].

Das **AsylVfBeschlG 2015** führte in § 59 I 8 ein[8]. Hierbei ließ sich der Gesetzgeber von folgenden Erwägungen leiten[9]: Die Androhung der Abschiebung, die dem Ausländer bekannt gegeben wird, enthält unmissverständlich die Ankündigung, dass nach Ablauf der Frist zur freiwilligen Ausreise die Ausreisepflicht zwangsweise durchzusetzen ist. Dem Ausländer ist daher bewusst, dass er innerhalb der freiwilligen Ausreisefrist das Land verlassen muss, da sonst die Abschiebung droht; er kann sich mithin auf die jederzeitige Abschiebung einstellen. Die Praxis einiger Bundesländer, nach Ablauf der freiwilligen Ausreisefrist dem vollziehbar ausreisepflichtigen Ausländer zusätzlich zur Abschiebungsandrohung den Termin der Rückführung mitzuteilen, führt jedoch immer wieder dazu, dass der Ausländer gerade an dem mitgeteilten Termin nicht zur Verfügung steht, sondern sich der Maßnahme entzieht. Folge ist, dass die bereits mit hohem Verwaltungsaufwand geplante Rückführung abgebrochen werden muss. Dies entspricht nicht dem auch in der **Rückführungs-RL** verankerten **Anspruch einer wirksamen Durchsetzung von vollziehbaren Rückkehrentscheidungen.** Mit der Änderung wird das staatliche Vollziehungsinteresse insoweit besser berücksichtigt, bereits den ersten Versuch einer Abschiebung nach Ablauf der Frist zur freiwilligen Ausreise erfolgreich zu beenden. Dem Grundsatz der Verhältnismäßigkeit wird Rechnung getragen, da der Ausländer mit der Abschiebungsandrohung eindeutig über die Rechtsfolge einer nicht rechtzeitig erfolgten freiwilligen Ausreise informiert worden ist. Die Ergänzung von § 59 I beinhaltet natürlich auch, dass auch ein erneuter Abschiebungsversuch (nach einer gescheiterten Rückführungsmaßnahme) nicht terminlich angekündigt werden darf. Soll die Abschiebung eines Ausländers mit anderen Ausländern erfolgen, etwa im Zuge einer Rückführung mit einem Charterflug, so hat die Bekanntgabe des Termins ebenfalls zu unterbleiben, um zu verhindern, dass der Termin vorzeitig bekannt wird und sich ein Großteil der Rückzuführenden der Maßnahme entzieht wird. § 60a V 4 bleibt von dieser Regelung unberührt. Der Vorschlag, das Ankündigungsverbot als Grundsatz anzusehen, ohne Ausnahmen von vornherein auszuschließen, weil es im Einzelfall aus familiären, gesundheitlichen oder humanitären Gründen erforderlich sein könne, den Abschiebungstermin gegenüber den Betroffenen bekannt zu geben[10], wurde im weiteren Gesetzgebungsverfahren aus den dargestellten Gründen nicht aufgegriffen.

Abs. 2 S. 2 wurde durch das am 21.8.2019 in Kraft getretene **2. RückkehrG 2019** in die Norm eingeführt. Das am 1.3.2020 in Kraft tretende FEG 2019 ersetzt redaktionell die Verweisung in Abs. 8 – Angabe des „§ 4 Absatz 3" in die Angabe „§ 4a Absatz 5".

II. Abschiebungsandrohung

1. Androhung nach Abs. 1 S. 1

Nach Abs. 1 S. 1 ist die Abschiebung unter Bestimmung einer angemessenen Frist zwischen sieben und 30 Tagen für die freiwillige Ausreise anzudrohen. Dies ist – wie auch die Formulierung „ausnahmsweise" in Abs. 1 S. 2 verdeutlicht – der gesetzliche Regelfall. **Die Abschiebungsandrohung bedarf der Schriftform und ist zu begründen** (§ 77 I 1 Nr. 4). Unionsrechtlich betrachtet ist die Abschiebungsandrohung eine **Rückkehrentscheidung iSv Art. 3 Nr. 4 und Art. 6 Rückführungs-RL (RL 2008/115/EG)**[11]. Für Unionsbürger ist § 59 nur nach Maßgabe von § 11 FreizügG/

---

[5] BGBl. 2015 I S. 1386.
[6] BT-Drs. 18/4097, 54.
[7] BT-Drs. 18/4097, 55.
[8] Vgl. dazu instruktiv *Kluth* ZAR 2015, 337 (342); s. auch *Hailbronner* AuslR AufenthG § 59 Rn. 13 (Stand 2/2016).
[9] S. die Gesetzesbegründung BT-Drs. 18/6185, 50.
[10] Bundesrat – Empfehlungen der Ausschüsse – BR-Drs. 446/1/15, 9.
[11] BT-Drs. 17/5470, 24 zu § 59 AufenthG.

EU anwendbar. Die Rückführungs-RL 2008/115/EG ist in Verbindung mit der RL 2005/85/EG und im Licht des Grundsatzes der Nichtzurückweisung und des Rechts auf einen wirksamen Rechtsbehelf, die in den Art. 18, Art. 19 II und Art. 47 GRCh verankert sind, dahin gehend auszulegen, dass sie dem Erlass einer Rückkehrentscheidung gemäß Art. 6 I Rückführungs-RL 2008/115/EG, die sich gegen einen **Drittstaatsangehörigen richtet, der internationalen Schutz beantragt hat,** und die gleich nach der Ablehnung dieses Antrags durch die zuständige Behörde oder zusammen mit ihr in einer einzigen behördlichen Entscheidung und somit vor der Entscheidung über den Rechtsbehelf gegen die Ablehnung ergeht, nicht entgegensteht, sofern der betreffende Mitgliedstaat ua gewährleistet, dass alle Rechtswirkungen der Rückkehrentscheidung bis zur Entscheidung über den Rechtsbehelf gegen die Ablehnung ausgesetzt werden, dass der Antragsteller während dieses Zeitraums in den Genuss der Mindestrechte aus der RL 2003/9/EG in den Mitgliedstaaten kommen kann und dass er sich auf jede nach Erlass der Rückkehrentscheidung eingetretene Änderung der Umstände berufen kann, die im Hinblick auf die Rückführungs-RL 2008/115/EG und insbesondere ihren Art. 5 erheblichen Einfluss auf die Beurteilung seiner Situation haben kann[12].

3   Die an eine Abschiebungsandrohung zu stellenden Anforderungen entsprechen allgemeinen **vollstreckungsrechtlichen Grundsätzen** (vgl. etwa § 13 I VwVG). Anders als nach § 50 I 2 AuslG 1990 und im Fall des § 34 II 1 AsylG ist nicht vorgeschrieben, dass die Androhung mit dem die Ausreisepflicht begründenden Grundverwaltungsakt verbunden werden soll. Gleichwohl ist dies in der Regel zweckmäßig und geboten. Eine Abschiebungsandrohung, die mit dem Grundverfahren verbunden wird, teilt als Vollstreckungsmaßnahme grundsätzlich auch das rechtliche Schicksal des Grundverwaltungsakts selbst. Eine Verbindung kann nicht erfolgen, wenn die Ausreisepflicht kraft Gesetzes entsteht. Die **Abschiebungsandrohung kann** auch **nachgeholt werden.** Dies kommt insbesondere dann in Betracht, wenn bei Erlass des die Ausreisepflicht begründenden Verwaltungsakts die Grundlagen der Abschiebung noch nicht geklärt waren oder die Ausländerbehörde die ursprüngliche Abschiebungsandrohung aufgrund eines gerichtlichen Eilverfahrens von sich aus aufgehoben hatte[13].

4   Eine **Sonderregelung** für den Erlass einer Abschiebungsandrohung durch das BMAF sieht § 34 I 1 AsylG für das insgesamt zulasten des Ausländers negativ ausgegangene Asylverfahren vor[14]. Diese Abschiebungsandrohung soll gemäß § 34 II 1 AsylG mit der Entscheidung über den Asylantrag verbunden werden. In diesen Asylfällen bleibt die Ausländerbehörde nur für Entscheidungen nach § 59 I 4 (Verlängerung der Ausreisefrist wegen besonderer Umstände des Einzelfalls) und gem. § 59 VI (Ausstellung einer Bescheinigung über die gewährte Ausreisefrist) zuständig (§ 34 I 3 AsylG). Auch für Abschiebungen aufgrund von asylverfahrensrechtlichen Abschiebungsandrohungen gilt Abs. 1 S. 8. Die **Verbindung der ablehnenden Entscheidung über einen Asylantrag mit einer Rückkehrentscheidung** in Gestalt einer Abschiebungsandrohung steht nur dann mit der Rückführungs-RL 2008/115/EG im Einklang, wenn gewährleistet ist, dass der Ausländer ein Bleiberecht bis zur Entscheidung über den maßgeblichen Rechtsbehelf gegen die Ablehnung des Antrags hat und dieser Rechtsbehelf seine volle Wirksamkeit entfaltet[15]. Eine Abschiebungsandrohung, die das Bundesamt zusammen mit der Entscheidung, einen Asylantrag als (offensichtlich) unbegründet abzulehnen, erlässt und in der eine Ausreisefrist von einer Woche gesetzt wird, die mit der Bekanntgabe der ablehnenden Entscheidung beginnt, gewährleistet die unionsrechtlich geforderten Verfahrens-, Schutz- und Teilhaberechte nicht in vollem Umfang[16].

5   Die **Androhung verfolgt** je nach Grund der Abschiebung im Wesentlichen drei **unterschiedliche Zwecke.** Sie verdeutlicht erstens die Ausreiseverpflichtung und droht die Abschiebung für den Fall der nicht rechtzeitigen Ausreise nach Ablauf der Frist für die freiwillige Ausreise an. Hierfür bedarf es dann keines besonderen Anlasses, vor allem braucht (noch) kein Anhalt für die Nichterfüllung der Ausreisepflicht zu bestehen[17]. Dem **Ausländer** wird es ermöglicht, seine **persönlichen Angelegenheiten zu ordnen** und die **freiwillige Ausreise vorzubereiten**[18]. Der Erlass einer Abschiebungsandrohung setzt die Vollziehbarkeit der Ausreisepflicht nicht voraus. Die Abschiebungsandrohung nach § 59 I kann rechtmäßig bereits dann erlassen werden, wenn der Ausländer iSd § 50 I ausreisepflichtig ist[19].

6   Bei **Überwachungsbedürftigkeit der Ausreise** (§ 58 I Alt. 3, III) ist dagegen eine freiwillige Ausreise im Sinne einer fehlenden Kontrolle und Überwachung begrifflich ausgeschlossen. Die **An-**

---

[12] EuGH GK Urt. v. 19.6.2018 – C-181/16, ZAR 2018, 359 – Gnandi.
[13] Vgl. VGH BW Beschl. v. 20.10.1986 – 1 S 2501/86, EZAR 131 Nr. 2.
[14] Hinsichtlich der Einzelheiten und insbes. auch zur Abgrenzung zum allgemeinen Ausländerrecht GK-AsylVfG § 34 Rn. 14 ff.
[15] BVerwG Urt. v. 20.2.2020 – 1 C 19.19, BVerwGE 167, 383 Rn. 24.
[16] BVerwG Urt. v. 20.2.2020 – 1 C 19.19, BVerwGE 167, 383 Rn. 37.
[17] BVerwG Urt. v. 4.10.1988 – 1 C 1.88, EZAR 104 Nr. 11; HmbOVG Beschl. v. 15.11.1989 – Bs IV 503/88 ua, EZAR 132 Nr. 2.
[18] BVerwG Urt. v. 17.8.2010 – 10 C 18.09, InfAuslR 2010, 464; *Dörig/Hoppe* in Dörig MigrationsR-HdB Rn. 750.
[19] NdsOVG Beschl. v. 18.1.2021 – 13 ME 355/20, InfAuslR 2021, 143 Rn. 15.

Androhung der Abschiebung   § 59 AufenthG 1

drohung hat unter diesen Umständen zweitens die **Funktion einer Ankündigung**[20]. Gleichwohl ist sie auch im Falle der Haft nicht grundsätzlich entbehrlich; sie ist auch nicht mehr kraft Gesetzes durch die Ankündigung ersetzt (wie nach § 49 V AuslG aF). Sie soll dem Ausländer Gelegenheit geben, vor der Abschiebung seine Angelegenheiten (Arbeitsplatz, Wohnung ua) zu regeln. Dieser Zweck entfällt auch in Haftfällen nicht ohne Weiteres, sondern nur ausnahmsweise bei einem konkreten Anlass im Einzelfall.

Drittens führt die **Androhung** dem Ausländer das bevorstehende Ende seines Aufenthalts im 7 Bundesgebiet klar und deutlich vor Augen. Ihm wird schließlich die zwangsweise Aufenthaltsbeendigung durch Abschiebung angedroht. Dies gibt dem Ausländer die **Chance, noch effektiv** mit den Mitteln des Rechtsstaats gegen diese Aufenthaltsbeendigung vorzugehen und **Rechtsbehelfe einzulegen**[21].

Selbst wenn zweifelhaft ist, ob überhaupt die Möglichkeit einer Abschiebung besteht oder jedenfalls 8 diese auf absehbare Zeit nicht durchführbar ist, steht dies dem Erlass einer Abschiebungsandrohung nicht entgegen[22]. Die **Abschiebungsandrohung** ist auch **zulässig, wenn Abschiebungsverbote nach § 60 und Duldungsgründe nach § 60a** (vgl. § 59 III) **vorliegen**.

Sind bei Erlass der Abschiebungsandrohung bereits Gründe für eine **Duldung** (§ 60a) gegeben, 9 sollte diese gleichzeitig erteilt oder zumindest angekündigt werden. Denn damit erübrigt sich ein weiteres Verfahren um die Aussetzung der angedrohten Abschiebung. Rechtswidrig ist die Androhung trotz Vorliegens eines Duldungstatbestands nicht, weil die Duldung die (vollziehbare) Ausreisepflicht unberührt lässt (§ 60a III). Demzufolge kann die Abschiebung nach Ablauf der Duldung ohne erneute Fristsetzung und Abschiebungsandrohung durchgeführt werden (§ 60a V 3). Verstünde man die Duldung – entgegen der hier vertretenen Auffassung – als sonstige „Aufenthaltsberechtigung" iSv Art. 6 IV Rückführungs-RL, schlösse allerdings ihre Erteilung eine später ergehende Rückkehrentscheidung (dh Abschiebungsandrohung) nach Art. 6 IV 2 Rückführungs-RL aus.

Nach **§ 59 I 1 in der bis zum RLUmsG 2011 geltenden Fassung** sollte die Abschiebung unter 10 Bestimmung einer Ausreisefrist angedroht werden. Hieraus wurde geschlossen, dass eine **Ausnahme von der grundsätzlichen Pflicht zur Androhung der Abschiebung** mit Fristsetzung gegeben war, wenn die Androhung allgemein ihren Zweck nicht erfüllen kann oder entbehrlich ist. Grundsätzlich konnte ein Verzicht auf die Androhung veranlasst sein bei akuter Gefahr für die öffentliche Sicherheit oder Gesundheit oder bei Gefahr des Untertauchens oder der Nichtrückführbarkeit. Ausnahmen waren danach zB geboten und gerechtfertigt zur Vermeidung von schwerwiegenden Störungen der auswärtigen Beziehungen des Bundes oder der öffentlichen Sicherheit oder der öffentlichen Gesundheit, falls diese durch sonstige Vorkehrungen nicht zuverlässig verhindert werden können. Ausnahmen waren aber auch dann zulässig, wenn zB wegen nur noch kurzer Geltungsdauer des Passes oder wegen des früheren Verhaltens des Ausländers (mehrmalige illegale Einreisen und Abschiebungen) mit einer Befolgung der Ausreisepflicht nach Androhung mit Fristsetzung nicht zu rechnen ist. Die Bestimmung einer kurzen Frist konnte dem zwischenzeitlichen Ablauf des Passes vorbeugen, und Sicherungshaft (§ 62 II) konnte ein Untertauchen verhindern.

Nach dem nunmehr **ausdifferenzierten System** der Regelungen in Abs. 1 S. 1–3 ist die Frage 11 nach einer (allgemeinen) Ausnahme vom Regelfall unerheblich. Vielmehr ist stets zu prüfen, ob die entsprechenden Tatbestandsvoraussetzungen vorliegen, nach denen eine Verkürzung der Ausreisefrist, ein Absehen von dieser oder gar von der Abschiebungsandrohung in Betracht kommen.

Eine Abschiebungsandrohung kann von der Behörde **gleichzeitig mehreren Ausreiseverpflich-** 12 **tungen** zugeordnet werden. Wird der Ausländer ausgewiesen und (unabhängig davon) auch die Verlängerung der Aufenthaltserlaubnis abgelehnt, so ist der Ausländer aus nebeneinander bestehenden Gründen ausreisepflichtig. Dann ist durch die Ausländerbehörde in der Regel sowohl bezüglich der Ausweisung als auch bzgl. der Versagung der Verlängerung der Aufenthaltserlaubnis die Abschiebung nach dem Grundsatz des Abs. 1 angedroht. Ist der Vollzug auf der einen Rechtsgrundlage nicht möglich (zB aufgrund eines stattgebenden gerichtlichen Beschlusses nach §§ 80 V, 123 VwGO), berührt dies nicht die Vollziehbarkeit auf der anderen Grundlage. Die Ausländerbehörde kann sich entscheiden, welche von mehreren Ausreisepflichten sie zu vollziehen beabsichtigt; gegen deren Vollzug kann sich der Ausländer ungeachtet der sonstigen Ausreisepflicht wenden. Ist die eine Ausreisepflicht sofort vollziehbar (Versagung der Verlängerung des Aufenthaltstitels, § 84 I 1 Nr. 1), die andere aber nicht (Ausweisung, § 84 II 1), muss allerdings die Rechtmäßigkeit der Ausweisung im Eilverfahren um die Nichtverlängerung der Aufenthaltserlaubnis wegen der Sperrwirkung des § 11 I mit geprüft werden.

Bei der Prüfung der Rechtmäßigkeit einer Abschiebungsandrohung kommt es grundsätzlich nicht 13 darauf an, ob der Ausländer voraussichtlich einen Anspruch auf Erteilung einer Aufenthaltserlaubnis

---

[20] BVerwG Beschl. v. 22.8.1986 – 1 C 34.83, EZAR 130 Nr. 5; HmbOVG Beschl. v. 15.11.1989 – Bs IV 503/88 ua, EZAR 132 Nr. 2.
[21] BVerwG Urt. v. 17.8.2010 – 2 C 18.09, InfAuslR 2010, 464.
[22] GK-AufenthG § 59 Rn. 49 f.

Dollinger   1149

hat, sondern nur darauf, ob er (vollziehbar) ausreisepflichtig ist[23]. Eine Abschiebungsandrohung wird **gegenstandslos**[24] zB durch eine nachfolgende Erteilung einer Aufenthaltserlaubnis[25], durch den Erlass einer zeitlich späteren neuen Abschiebungsandrohung oder die förmliche Asylantragstellung (§ 14 I AsylG), die zu einem gesetzlichen Aufenthaltsrecht nach § 55 I AsylG führt[26].

14   Der Erlass der Abschiebungsandrohung kann rechtmäßig bereits dann erfolgen, wenn die Ausreisepflicht des Ausländers noch nicht vollziehbar ist[27]. Im Übrigen ist die **Abschiebungsandrohung** in allen nach Unionsrecht zu beurteilenden Fällen zugleich **eine Rückkehrentscheidung iSd Art. 3 Nr. 4 u Art. 6 Rückführungs-RL** (RL 2008/115/EG)[28]. Auf die frühere Streitfrage, ob der Erlass einer Abschiebungsandrohung voraussetzt, dass der Ausländer vollziehbar ausreisepflichtig ist[29], kommt es jedenfalls unter der Geltung der Rückführungs-RL nicht mehr an. Voraussetzung für den Erlass einer Rückkehrentscheidung ist gerade nicht, dass die aus der Illegalität des Aufenthalts resultierende Verpflichtung des Ausländers, den Mitgliedstaat zu verlassen, vollziehbar oder gar vollstreckbar ist[30]. Wann eine Abschiebungsandrohung als Rückkehrentscheidung an der Rückführungs-RL zu messen ist, ergibt sich aus Art. 2 Rückführungs-RL 2008/115/RG. Ausgenommen sein kann nach Art. 2 Abs. 2 lit. b Rückführungs-RL 2008/115/EG insbesondere die zahlenmäßig große Gruppe der „nach einzelstaatlichem Recht aufgrund einer strafrechtlichen Sanktion oder infolge einer strafrechtlichen Sanktion rückkehrpflichtige Personen", also verurteilte Straftäter. Das BVerwG vertritt in an den EuGH gerichteten Vorlagebeschlüssen[31] im Verfahren nach Art. 267 AEUV den Standpunkt, dass der deutsche Gesetzgeber Drittstaatsangehörige, die wegen strafgerichtlicher Verurteilungen ausgewiesen worden sind, nur von dem personellen Anwendungsbereich des Art. 11 II Rückführungs-RL 2008/115/EG, nicht aber auch von den übrigen Regelungen der RL habe ausnehmen wollen. Zum Redaktionsschluss hat der EuGH über die Vorlage noch nicht entschieden.

15   Wesentlich ist aber, dass die Androhung **inhaltlich hinreichend bestimmt** sein muss (§ 37 I (L) VwVfG), insbesondere die Ausreiseverpflichtung, die Ausreisefrist und die Voraussetzungen der Abschiebung deutlich bezeichnen. Zu den Angaben über die möglichen Zielstaaten sind in Abs. 2, Abs. 3 S. 2 besondere Regelungen getroffen sind. Darüber hinaus bedarf die Abschiebungsandrohung **der Schriftform und der Begründung** (Art. 12 I Rückführungs-RL, § 77 I 1 Nr. 4, § 39 I (L)VwVfG) sowie Informationen über mögliche Rechtsbehelfe (Art. 12 I Rückführungs-RL, § 77 III). Dem Ausländer ist auf Antrag eine schriftliche oder mündliche **Übersetzung der wichtigsten Elemente der Abschiebungsandrohung einschließlich von Informationen über mögliche Rechtsbehelfe** in einer Sprache zur Verfügung zu stellen, die er versteht oder bei der vernünftigerweise davon ausgegangen werden kann, dass er sie versteht (Art. 12 III Rückführungs-RL, § 77 III 1–3), es sei denn, der Ausländer ist noch nicht eingereist oder bereits ausgereist (§ 77 III 6). Einer Übersetzung bedarf es des Weiteren dann nicht, wenn der Ausländer unerlaubt ins Bundesgebiet eingereist ist oder aufgrund einer strafrechtlichen Verurteilung ausgewiesen worden ist (Art. 12 III 1 Rückführungs-RL, § 77 III 4). In diesen Fällen genügt es, dem Ausländer ein Standardformular mit Erlaubnis der Rechtsvorschriften auszuhändigen, die in mindestens fünf der am häufigsten verwendeten und verstandenen Sprachen bereitgehalten werden (Art. 12 III 2–3 Rückführungs-RL, § 77 III 5).

2. Fristsetzung

16   Nach dem RLUmsG 2011 erlässt die Ausländerbehörde eine Abschiebungsandrohung mit Frist zur freiwilligen Ausreise zwischen sieben und 30 Tagen (Abs. 1 S. 1). Darüber hinaus verfügt sie über folgende, beim Vorliegen bestimmter Tatbestandsvoraussetzungen in ihrem Ermessen stehende **Entscheidungsmöglichkeiten**[32]:
– Abschiebungsandrohung mit Ausreisefrist zwischen einem und sechs Tagen (Abs. 1 S. 2 Alt. 1),
– Abschiebungsandrohung ohne Ausreisefrist (Abs. 1 S. 2 Alt. 2),
– Verzicht auf den Erlass einer Abschiebungsandrohung (Abs. 1 S. 3 iVm S. 2),

---

[23] OVG LSA Beschl. v. 22.11.2021 – 2 M 124/21, BeckRS 2021, 39815; BayVGH Beschl. v. 10.4.2012 – 10 CS 12.62, BeckRs 2012 25896.
[24] Ausf. hierzu u. zu weiteren Fällen GK-AufenthG § 59 Rn. 204 ff.
[25] BVerwG Urt. v. 23.10.1979 – 1 C 63.77, Buchholz 402.24 § 2 AuslG Nr. 17.
[26] AA allerdings VGH BW Urt. v. 27.10.1998 – 13 S 457/96, EZAR 044 Nr. 14.
[27] VGH BW Beschl. v. 29.4.2013 – 11 S 581/13, BeckRS 2014, 48199.
[28] Näher VGH BW Beschl. v. 19.11.2013 – A 10 S 2362/13, BeckRS 2013, 59830; Beschl. v. 19.12.2012 – 11 S 2303/12, BeckRS 2013, 46193; Urt. v. 10.2.2012 – 11 S 1361/11, NVwZ-RR 2012, 492; GK-AufenthG § 11 Rn. 29, § 59 Rn. 270. Das BVerwG hat diese Frage bisher offengelassen, vgl. BVerwG Urt. v. 11.12.2012 – 1 C 15.11, NVwZ-RR, 2013, 338; Urt. v. 4.10.2012 – 1 C 12.11, BeckRS 2012, 60250 u. Urt. v. 10.7.2012 – 1 C 19.11, NVwZ 2013, 365.
[29] S. die Nachweise zum Meinungsstand bei Hailbronner AuslR AufenthG § 59 Rn. 14 ff.
[30] Näher Funke-Kaiser in GK-AufenthG § 59 Rn. 290–344.
[31] BVerwG Beschl. v. 9.5.2019 – 1 C 14.19, EZAR NF 45 Nr. 26 und nach einem Auskunftsersuchen der EuGH ergänzend im Beschl. v. 6.5.2020 – 1 C 14.19, BeckRS 2020, 15865.
[32] S. zu den verschiedenen Handlungsoptionen auch GK-AufenthG § 59 Rn. 89 ff.

– Erlass einer Abschiebungsandrohung mit einer Ausreisefrist von 31 Tagen und mehr (Abs. 1 S. 4),
– Abschiebungsandrohung bei einer Abschiebung aus der Haft heraus ohne Fristsetzung (Abs. 5).

Besondere Regeln gelten für die Ausreisefrist bei Opfern von Menschenhandel und illegaler Beschäftigung (Abs. 7 S. 1–3). Bei ausreisepflichtigen Unionsbürgern und ihren Familienangehörigen ist für die Ausreisefrist § 7 FreizügG/EU zu beachten. Die Einzelheiten zur Ausreisefrist im Zusammenhang mit der Aufenthaltsbeendigung nach Asylverfahren ergeben sich aus §§ 36, 38, 39 sowie § 34 I 3 AsylG.

Die Frist zur freiwilligen Ausreise kann durch einen **abstrakten Zeitraum** bestimmt oder dem **Datum** nach festgelegt werden. Die Berechnung nach diesen Zeitpunkten birgt Unsicherheiten; so muss die fixe Benennung der Frist mit genauen Angaben eines Datums unter Umständen korrigiert werden, wenn sich die Bekanntgabe verzögert. Wesentlich ist, dass die Fristsetzung so klar ist, dass der Ausländer **eindeutig** erkennen kann, wie viel Zeit er für seine freiwillige Ausreise hat und wann er mit einer Abschiebung rechnen muss. Geht man davon aus, dass Abs. 1 S. 1 ein Gebot einer nach Tagen zu bestimmenden Ausreisefrist enthält[33], so ist damit eine datumsmäßige Fixierung jedenfalls dann zu vereinbaren, wenn die Ausreisepflicht kraft Gesetzes vollziehbar ist[34]. Die Ausreisefrist darf nicht in der Weise festgesetzt werden, dass sie zu einem Zeitpunkt schon beginnt, in dem die Ausreisepflicht noch nicht besteht. Aus Abs. 1 S. 6 ergibt sich, dass jedenfalls zum Beginn des Fristlaufs die Ausreisepflicht auch vollziehbar sein muss[35]. **17**

Wird zB ein Ausländer, der im Besitz einer Niederlassungserlaubnis ist, ausgewiesen, ohne dass der Sofortvollzug der Ausweisung angeordnet ist, so können die weiteren Regelungen im Bescheid lauten, dass der Ausländer aufgefordert wird, innerhalb von **30 Tagen ab Eintritt der Bestandskraft dieser Verfügung** das Bundesgebiet zu verlassen und dass ihm sodann für den Fall der nicht fristgerechten Ausreise die Abschiebung in einen bestimmten Staat angedroht wird. Ist die Ausreisepflicht kraft Gesetzes oder aufgrund behördlicher Anordnung sofort vollziehbar, kann die Ausländerbehörde eine Frist zur freiwilligen Ausreise von **30 Tagen ab Zustellung des Bescheids** vorsehen und auch hier daran anknüpfend für den Fall der nicht fristgerechten freiwilligen Ausreise die Abschiebung androhen. Beginn und Ende der Ausreisefrist sind jeweils auch für einen Laien hinreichend deutlich erkennen[36] und vermeiden im Gegensatz zu einer datumsmäßigen Festlegung Berechnungsschwierigkeiten, wenn die Ausreisefrist – etwa aufgrund von Gerichtsverfahren – unterbrochen wird und anschließend wieder neu beginnt (vgl. Abs. 1 S. 6 und 7). **18**

Nach **Abs. 1 S. 6** wird eine gesetzte **Ausreisefrist unterbrochen**[37], wenn die Vollziehbarkeit der Ausreisepflicht (nicht aber die Ausreisepflicht selbst) oder die Vollziehbarkeit der Abschiebungsandrohung entfällt. Ist die Vollziehbarkeit wiedergegeben, läuft die Ausreisefrist von vorn, sodass dem Ausländer nach dem Wiedereintritt der Vollziehbarkeit die volle Ausreisefrist erneut zur Verfügung steht. Nach **S. 7** ist **keine neue Fristsetzung erforderlich**. Da S. 6 sein Vorbild wohl in § 50 IV AuslG 1990 hat, gilt die Bestimmung auch dann, wenn die Vollziehbarkeit erst nach dem Ablauf der Ausreisefrist entfallen ist[38]. Es handelt sich um eine für das Gebiet des Aufenthaltsrechts abschließende prozessuale Sonderregelung[39]. Eine Unterbrechung der Ausreisefrist aufgrund des Entfallens der Vollziehbarkeit der Ausreisepflicht oder der Abschiebungsandrohung tritt auch dann ein, wenn die Ausreisepflicht durch einen Verwaltungsakt herbeigeführt wird und das dagegen zulässige Rechtsmittel aufschiebende Wirkung hat[40]. **19**

Bei der Entscheidung über die **Bemessung der Ausreisefrist** hat die Behörde abzuwägen zwischen dem öffentlichen Interesse an der baldigen Ausreise des Ausländers und dessen privaten Belangen. Die Ausreisefrist soll es dem Ausländer ermöglichen, seine beruflichen und persönlichen Lebensverhältnisse im Bundesgebiet abzuwickeln und einer Abschiebung durch eine freiwillige Ausreise zuvorzukommen[41]. Die Frist ist mithin so zu bemessen, dass der Ausländer noch diejenigen Angelegenheiten regeln kann, die seine Anwesenheit erfordern. Darüber hinaus gewährleistet die Ausreisefrist im Hinblick auf die Rechtsschutzgarantie des Art. 19 IV 1 GG, dass der Ausländer wirksamen Rechtsschutz erlangen kann[42]. Neben der Art des bisherigen Aufenthalts ist regelmäßig dessen Dauer von Bedeutung, weil **20**

---

[33] So BVerwG Urt. v. 4.10.2012 – 1 C 12.11, BeckRS 2012, 60250.
[34] BVerwG Urt. v. 25.3.2015 – 1 C 19.14, NVwZ 2015, 1617; Urt. v. 4.10.2012 – 1 C 12.11, BeckRS 2012, 60250; SchlHOVG Beschl. v. 14.3.2017 – 4 MB 13/17, BeckRS 2017, 1075583.
[35] GK-AufenthG § 59 Rn. 96.
[36] S. hierzu etwa OVG Bln-Bbg Beschl. v. 30.9.2014 – OVG 12 S 55.14, BeckRS 2014, 57538; VG Göttingen Beschl. v. 12.8.2019 – 1 B 214/19, BeckRS 2019, 17954.
[37] Der Begriff lehnt sich an § 217 BGB in der bis 31.12.2001 geltenden Fassung an; nunmehr § 212 BGB („Neubeginn" des Fristlaufs).
[38] Vgl. auch VGH BW Urt. v. 29.4.2003 – 11 S 1188/02, InfAuslR 2003, 341.
[39] Vgl. VG Neustadt (Weinstraße) Beschl. v. 6.6.2016 – 2 L 309/16.NW, BeckRS 2016, 46898.
[40] OVG Bln-Bbg Beschl. v. 30.9.2014 – OVG 12 S 55.14, BeckRS 2014, 57538.
[41] Vgl. BVerwG Urt. v. 22.12.1997 – 1 C 14.96, InfAuslR 1998, 217 mit Verweis auf die Begründung des RegE zu § 42 III AuslG, BT-Drs. 11/6321, 70 f.
[42] BVerwG Urt. v. 22.12.1997 – 1 C 14.96, InfAuslR 1998, 217 unter Hinweis auf Urt. v. 12.6.1979 – 1 C 70.77, Buchholz 402.24 § 10 AuslG Nr. 65.

nach längerem Aufenthalt im Bundesgebiet die vor der Ausreise erforderliche Regelung der Angelegenheiten des Ausländers im Allgemeinen mehr Zeit beansprucht als nach einem kurzfristigen Verbleiben[43]. Welche Frist dem einzelnen Ausländer einzuräumen ist, beurteilt sich unter Berücksichtigung der dargestellten Gesichtspunkte nach den **Umständen des Einzelfalls**[44].

21 Nach einem rechtmäßigen Aufenthalt wurde unter der Geltung von § 59 I 1 aF und § 50 aF im **Regelfall** eine Ausreisefrist von einem Monat als ausreichend erachtet[45], nunmehr können **30 Tage** der Regelfall angenommen werden[46]. **Ausnahmen** sind freilich möglich. Etwa das Vorhandensein **schulpflichtiger Kinder** oder das Bestehen anderer familiärer oder sozialer Bindungen kann aber von vornherein für die Einräumung einer deutlich längeren Ausreisefrist sprechen[47].

22 **Läuft die Ausreisefrist ab,** ohne dass der Ausländer die Bundesrepublik Deutschland verlässt, wird sie (und die Abschiebungsandrohung) dadurch nicht gegenstandslos. Gegenstandslos wird die Ausreisefrist, wenn der Ausländer endgültig das **Bundesgebiet verlassen** hat, um in seine Heimat zurückzukehren[48], wenn er sonst seine Ausreisepflicht erfüllt hat[49], wenn ihm vor Ablauf der Ausreisefrist ein Aufenthaltsrecht eingeräumt (Aufenthaltstitel, Aufenthaltsgestattung oder § 81 III 1 oder IV) oder aber eine neue Frist gesetzt wird, die die bisherige ausdrücklich oder stillschweigend ersetzt. Kommt der Ausländer dagegen einerseits seiner Ausreisepflicht freiwillig nach, betreibt er aber andererseits die Verfahren um vorläufigen Rechtsschutz und die Hauptsache weiter, gehen von der Abschiebungsandrohung mit Fristsetzung weiter belastende Wirkungen für ihn aus, weil die Ausländerbehörde bei einer Rückkehr die Androhung sofort vollziehen könnte[50].

23 **Die Ausreisefrist kann von der Abschiebungsandrohung rechtlich getrennt werden**[51]. Die Ausreisefrist kann unabhängig von der Abschiebungsandrohung zum Gegenstand einer gerichtlichen Nachprüfung gemacht werden[52]. Wie § 59 I 6 verdeutlicht, besteht keine untrennbare Verknüpfung zwischen der Fristsetzung für die Ausreisepflicht und der Abschiebungsandrohung.

24 Die Ausreisefrist kann nach **Abs. 1 S. 4** unabhängig von einer Abschiebungsandrohung unter Berücksichtigung der besonderen Umstände des Einzelfalls angemessen verlängert oder nach Abs. 7 S. 3 aufgehoben oder verkürzt werden. Eine **Fristverlängerung** nach dieser im Jahre 2011 in das Gesetz eingefügten Bestimmung kommt nach der Gesetzesbegründung insbesondere aufgrund der besonderen Dauer des Aufenthalts, des Vorhandenseins schulpflichtiger Kinder und des Bestehens anderer familiärer oder sozialer Bindungen in Betracht[53]. Die Fristverlängerung betrifft allein den konkreten Zeitpunkt der Aufenthaltsbeendigung, darf aber die Durchsetzung der Ausreisepflicht nicht als solche infrage stellen[54].

25 Wird die zusammen mit einer Abschiebungsandrohung verfügte **Ausreisefrist als rechtswidrig aufgehoben,** ist die verbleibende Abschiebungsandrohung zwar nach der gesetzlichen Konzeption des § 59 I 1 unvollständig, behält aber gleichwohl ihren Regelungsgehalt. Die Abschiebung kann lediglich nicht vollzogen werden, bevor die Behörde erneut eine Frist gesetzt hat und diese abgelaufen ist[55].

26 Eine **Abschiebungsandrohung mit einer Frist zur freiwilligen Ausreise von weniger als sieben Tagen oder ohne Fristsetzung** kommt bei „Fluchtgefahr" (vgl. § 59 I 2 Nr. 1 und Art. 7 IV Rückführungs-RL) und in den Fällen in Betracht, in denen vom Ausländer eine erhebliche Gefahr für die öffentliche Sicherheit oder Ordnung ausgeht. Während Art. 7 IV Rückführungs-RL davon spricht, dass „die betreffende Person eine Gefahr für die öffentliche Ordnung, die öffentliche Sicherheit oder die nationale Sicherheit darstellt", sieht die **Umsetzung in § 59 I 2 Nr. 2 eine** *erhebliche* **Gefahr vor,** stellt also dem Wortlaut nach zugunsten des Ausländers insoweit strengere Anforderungen als die Rückführungs-RL, was aber zulässig ist. Der Begriff der erheblichen Gefahr legt es nahe, dass ein bedeutendes Rechtsgut (zB Leben, Gesundheit) betroffen ist oder eine Gefahr (für ein anderes Rechtsgut) mit besonders hohem Schaden besteht.

---

[43] BVerwG Beschl. v. 2.6.1988 – 1 B 66.88, InfAuslR 1988, 316 (317).
[44] BVerwG Urt. v. 22.12.1997 – 1 C 14.96, InfAuslR 1998, 217.
[45] VGH BW Urt. v. 20.12.1995 – 13 S 574/95, AuAS 1996, 78; *Hailbronner* AufenthG § 59 Rn. 51; GK-AufenthG § 59 Rn. 99 mwN.
[46] Zwar besteht im Unterschied zu § 38 I AsylG kein Zwang, genau 30 Tage auszuweisen. Eine Beibehaltung der früheren Praxis würde jedoch für den Monat Februar jedenfalls zu Auslegungsproblemen führen.
[47] BT-Drs. 17/5470, 24; Art. 7 II Rückführungs-RL.
[48] BVerwG Urt. v. 18.12.1984 – 1 C 19.81, EZAR 223 Nr. 10.
[49] Dazu § 50.
[50] HessVGH Beschl. v. 14.3.1989 – 12 TH 741/89, EZAR 105 Nr. 23.
[51] BVerwG Urt. v. 3.4.2001 – 9 C 22.00, BVerwGE 114, 122 (124); VGH BW Urt. v. 29.4.2003 – 11 S 1188/02, InfAuslR 2003, 341.
[52] Zum Asylrecht BVerwG Urt. v. 3.4.2001 – 9 C 22.00, BVerwGE 114, 122 (124); ebenso VGH BW Urt. v. 11.11.1997 – VGH A 14 S 412/97, VBlBW 1998, 271; aA, allerdings jeweils zum allgemeinen Ausländerrecht VGH BW Beschl. v. 10.6.1998 – VGH 13 S 173/98, DÖV 1998, 889; HmbOVG Beschl. v. 30.7.1997 – OVG Bs VI 42/97, InfAuslR 1998, 28 (29); OVG NRW Beschl. v. 19.9.1996 – OVG 18 B 3505/95, NWVBl 1997, 108 (109).
[53] BT-Drs. 17/5470, 24.
[54] OVG NRW Beschl. v. 23.7.2015 – 18 B 779/15, BeckRS 2015, 49236.
[55] BVerwG Urt. v. 3.4.2001 – 9 C 22.00, BVerwGE 114, 122 (125).

Androhung der Abschiebung　　　　　　　　　　　　　　**§ 59 AufenthG 1**

　　Gesetzestechnisch sind die Nr. 1 und 2 des § 59 I 2 als beispielhafte Fallgruppen genannt. **Art. 7 IV** 27 **Rückführungs-RL** erlaubt jedoch eine **Verkürzung oder ein Absehen von der Ausreisefrist lediglich in den dort enumerativ aufgeführten Fällen**[56] und nicht allgemein – wie dies Abs. 1 S. 2 aber formuliert – „wenn dies **im Einzelfall zur Wahrung überwiegender öffentlicher Belange zwingend erforderlich** ist". Mit Unionsrecht ist dieser weitergehende Tatbestand aber **vereinbar,** wenn hierunter allein Fälle subsumiert werden, in denen vom Ausländer – wie dies in Art. 7 IV Rückführungs-RL vorgesehen ist – eine „schlichte" Gefahr ausgeht. Die Annahme einer solchen Gefahr für die öffentliche Ordnung dürfte etwa dann in Betracht kommen, wenn im zeitlichen Zusammenhang mit einer unerlaubten Einreise festgestellt wird, dass der Pass nur noch wenige Tage gilt.

　　Wird der Ausländer **nach § 50 III 2 zur Ausreise aufgefordert,** berechtigt dies nicht dazu, 28 (vorsorglich) unabhängig von den konkreten Umständen des Einzelfalls zugleich eine Abschiebungsandrohung zu erlassen und gar auf eine Fristsetzung zu verzichten[57]. Bei einem Ausländer, der Inhaber eines gültigen Aufenthaltstitels oder einer sonstigen Aufenthaltsberechtigung eines anderen Mitgliedstaats ist, sich aber illegal im Bundesgebiet aufhält – etwa weil die Zeiträume des Art. 21 SDÜ überschritten sind –, kann nicht von vornherein unterstellt werden, dass er einer Pflicht aus Art. 6 II 1 Rückführungs-RL, sich unverzüglich in das Hoheitsgebiet dieses anderen Mitgliedstaats zu begeben, nicht nachkommt. Eine Rückkehrentscheidung in Gestalt der Abschiebungsandrohung kommt erst in Betracht, wenn es hierfür zureichende Anhaltspunkte gibt oder aus Gründen der nationalen Sicherheit oder der öffentlichen Ordnung eine sofortige Ausreise geboten ist (Art. 6 II Rückführungs-RL), zB bei „Schleuseraktivitäten", aber auch bei Identitätstäuschungen und in Fällen des unbekannten Aufenthalts des Ausländers.

　　Auf eine **Fristsetzung** darf die Ausländerbehörde nur **verzichten,** wenn aus **dringenden öffent-** 29 **lichen Interessen** noch nicht einmal eine kurze Ausreisefrist eingeräumt werden kann und auch die sofortige Abschiebung durchführbar ist. Aus der Begründung muss sich nachvollziehbar ergeben, warum eine Abschiebungsandrohung ohne Fristsetzung erfolgt, dennoch eine Abschiebungsandrohung für erforderlich gehalten wird[58]. Wird dem Ausländer keine Zeit zur Befolgung der Ausreisepflicht eingeräumt, entbehrt die Androhung nicht des sachlichen Gehalts, da der Ausländer zumindest Gelegenheit zum Vortrag von Abschiebungshindernissen erhält und unter Umständen rein tatsächlich auch ohne Fristsetzung noch selbstständig ausreisen kann[59]. Zu denken sein kann hier an Fälle in denen sich aus konkreten Anhaltspunkten ergibt, dass der Ausländer sich der Abschiebung entziehen will. Das kann etwa bei seinem unbekannten Aufenthalt der Fall sein, aber auch bei einer Identitätstäuschung durch den Ausländer[60].

　　Im gegenüber Abs. 1 S. 2 speziellen Fall richterlich angeordneter **Haft** oder entsprechenden 30 **Gewahrsams** (Abs. 5 S. 1 iVm § 58 III Nr. 1) ist eine **Fristsetzung** (nicht die Abschiebungsandrohung) **entbehrlich;** die Ausländerbehörde kann sich aber auch dafür entscheiden, eine Ausreisefrist zu setzen[61]. Wird keine Frist gesetzt, ist die **Abschiebung in der Regel mindestens eine Woche vorher anzukündigen** (Abs. 5 S. 2). Die Regelungen beruhen auf Besonderheiten bei der Überwachungsbedürftigkeit der Ausreise und der Zulässigkeit der Direktabschiebung aus Haft oder Gewahrsam. Schon unter der Geltung von § 13 AuslG 1965 kam in diesem Fall der Abschiebungsandrohung eine andere Bedeutung zu als für einen Ausländer, der sich in Freiheit befand[62]. Nach wie vor ermöglicht das Gesetz eine auf die Bedürfnisse Inhaftierter abgestellte Gestaltung von Ausreise und Abschiebung, ohne dass die Überwachungsbedürftigkeit im Einzelfall festgestellt und dem Ausländer zuvor Gelegenheit zur freien Ausreise gegeben werden muss[63]. Er muss lediglich seine persönlichen, familiären, wirtschaftlichen und beruflichen Angelegenheiten ordnen und abwickeln oder hierfür vorbereiten können, bevor er abgeschoben wird. Die Beschränkungen aufgrund von Haft oder Gewahrsam hat er dabei hinzunehmen. Ein Absehen von einer Abschiebungsandrohung ist auch in den Haftfällen nur unter den Voraussetzungen des Abs. 1 S. 3 möglich.

　　Ein **Unterbleiben einer Abschiebungsandrohung** erfordert kumulativ das Vorliegen der Tat- 31 bestandsvoraussetzungen des Abs. 1 S. 3 und S. 2. Allerdings dürfte der praktische Nutzen der Vor-

---

[56] Der Fall, dass der Antrag auf einen Aufenthaltstitel als offensichtlich unbegründet oder missbräuchlich abgelehnt worden ist, spielt im deutschen Aufenthaltsrecht keine Rolle.
[57] VG Hamburg Urt. v. 14.1.2015 – 17 K 1758/14, BeckRS 2015, 40567; VG Düsseldorf Beschl. v. 18.12.2013 – 8 L 1881/13, BeckRS 2014, 45524.
[58] Näher GK-AufenthG § 59 Rn. 140 f.
[59] *Renner* AiD Rn. 7/447 f.
[60] Vgl. zB VG Schleswig Beschl. v. 5.6.2018 – 11 B 71/18, BeckRS 2018, 11534.
[61] BGH Beschl. v. 17.3.2016 – V ZB 39/15, BeckRS 2016, 9455: Zu den von dem Haftrichter zu prüfenden Vollstreckungsvoraussetzungen gehört grundsätzlich auch das Vorliegen einer Abschiebungsandrohung nach § 59. Eine solche Androhung muss grundsätzlich auch dann erfolgen, wenn der Ausländer gemäß § 14 unerlaubt eingereist u. deshalb nach § 58 II 1 Nr. 1 vollziehbar ausreisepflichtig ist.
[62] Vgl. zum früheren Recht BVerwG Beschl. v. 22.8.1986 – 1 C 34.83, EZAR 130 Nr. 5; HmbOVG Beschl. v. 15.11.1989 – Bs IV 503/88 ua, EZAR 132 Nr. 2; HessVGH Beschl. v. 25.7.1988 – 12 TH 3577/87, EZAR 611 Nr. 9.
[63] Vgl. OVG NRW Beschl. v. 11.3.2002 – 18 B 849/01, EZAR 044 Nr. 18.

schrift nicht besonders hoch sein, da mit Blick auf die Rückführungs-RL und den effektiven Rechtsschutz jedenfalls auf eine **Abschiebungsanordnung nicht verzichtet** werden kann[64].

3. Bescheinigung über die Fristgewährung (Abs. 6)

32 Über die nach Abs. 1 konkret festgesetzte Ausreisefrist wird dem Ausländer eine **Bescheinigung** ausgestellt. Abs. 6 geht nach seinem Wortlaut über die Verpflichtung nach Art. 14 II Rückführungs-RL hinaus, der eine schriftliche Bestätigung gemäß den Vorschriften der Mitgliedstaaten (nur) für die Verlängerung der Frist für die freiwillige Ausreise oder die vorläufige Nichtvollstreckung der Rückkehrentscheidung vorsieht.

33 Die **Bescheinigung über die Frist zur freiwilligen Ausreise** hat **keine Ausweisfunktion** (vgl. hierzu § 48). Sie dient vor allem der Information des Ausländers und dem Nachweis, wie viel Zeit ihm im Bundesgebiet noch verbleibt[65]. Der Tenor eines Verwaltungsakts, der die Abschiebungsandrohung mit der eingeräumten (oder auch nicht eingeräumten) Ausreisefrist ausweist, erfüllt die Funktionen einer Bescheinigung. Eine gesonderte Bescheinigung wird aber dann erforderlich, wenn die Ausreisefrist im Nachhinein verlängert wird oder aufgrund von Abs. 1 S. 6 neu zu laufen beginnt. Denn in einer solchen Konstellation kann der Ausländer (oder ein Dritter) nicht mehr ohne Weiteres die zur Verfügung stehende Ausreisefrist erkennen.

34 Ein besonderer amtlicher Vordruck für die Bescheinigung über die Fristgewährung existiert bislang nicht, insbesondere ist ein solcher nicht in § 58 AufenthV aufgeführt. In der Praxis wird hierfür teilweise die **Grenzübertrittsbescheinigung** genutzt[66]. Ist die Abschiebung ausgesetzt (§ 59 I 5 iVm § 60a II), wird eine **Duldungsbescheinigung** erteilt[67].

4. Keine Terminankündigung der Abschiebung nach Fristablauf

35 Der durch das AsylVfBeschlG 2015 in **§ 59 I eingefügte S. 8** bestimmt, dass der Termin der Abschiebung nach Ablauf der gemäß Abs. 1 gesetzten Frist zur freiwilligen Ausreise nicht angekündigt werden darf. Der Abschiebung ohne Terminankündigung geht also eine Abschiebungsandrohung voraus. Das nach dem Gesetzeswortlaut und der Entstehungsgeschichte nunmehr **ausnahmslose Verbot, den konkreten Termin der Abschiebung anzukündigen,** richtet sich unmittelbar an die Länder, die nach Maßgabe ihrer VerwaltungsvollstreckungsG die Abschiebung durchführen. Das AufenthG enthält bereits an anderer Stelle in den §§ 58 und 59 einzelne bundesrechtliche Vorgaben, wie eine Vollstreckung der vollziehbaren Ausreisepflicht zu erfolgen hat. Das ist verfassungsrechtlich nach Art. 83, 84 GG nicht zu beanstanden[68].

36 Abs. 1 S. 8 verstößt auch **nicht gegen** die Verpflichtung aus **Art. 19 IV GG** zur effektiven Rechtsschutzgewährleistung oder gegen das dieser zugehörige, jedoch in Art. 103 I GG speziell geregelte Gehörsrecht, die letztlich dem Rechtsstaatsprinzip zuzurechnen sind, bei deren Auslegung kollidierendes Verfassungsrecht zu berücksichtigen ist und denen zufolge der Zugang zu den Gerichten und die wirksame Kontrolle durch die Gerichte der Ausgestaltung durch den Gesetzgeber unterliegen, jedoch im Hinblick auf einen wirkungsvollen Rechtsschutz geeignet, angemessen und für den Rechtsuchenden zumutbar sein müssen[69]. Die Vorschrift bezweckt – und die Entwurfsbegründung bestätigt dies[70] – eine Erhöhung der „Aufgriffsquote". Das Ziel des Gesetzgebers, dem Leerlauf von Abschiebungsvorbereitungen entgegenzutreten, ist verfassungsrechtlich nicht zu beanstanden[71].

37 Die **Pflicht, Rückführungen wirksam zu gestalten**[72], gründet letztlich im Demokratie- und (nicht anders als Art. 19 IV GG und Art. 103 I GG) im Rechtsstaatsprinzip, denn durch einen Nichtvollzug aufenthaltsbeendender Maßnahmen verlieren die im AsylG und im AufenthG festgelegten Voraussetzungen für einen Aufenthalt im Bundesgebiet ihre Steuerungswirkung, werden die diesbezüglichen Verwaltungs- und Gerichtsverfahren als solche zu einem unwirtschaftlichen Aufwand und wird ein erheblicher Missbrauchsanreiz geschaffen. Alternative Lösungen, die das gesetzgeberische Ziel verwirklichen, mit einer Rechtsschutzerschwerung nicht verbunden sind und auch keine sonstigen wesentlichen Nachteile mit sich bringen, sodass sie eindeutig vorzugswürdig sind, sind nicht ersichtlich. Ohne Abs. 1 S. 8 könnte der vom Gesetzgeber missbilligte Leerlauf von Abschiebungsvorbereitungen nur durch freiheitsentziehende Maßnahmen (möglicherweise über mehrere Wochen hinweg) ver-

---

[64] Näher GK-AufenthG § 59 Rn. 142 ff., 149.
[65] Vgl. hierzu auch § 95 I Nr. 2b.
[66] BT-Drs. 17/5470, 24.
[67] Vgl. zu deren Funktion § 48 I Nr. 2.
[68] BT-Drs. 18/6185, 50.
[69] Vgl. *Jarass/Pieroth* GG Art. 19 Rn. 50 ff. mN zur verfassungsgerichtlichen Rspr.
[70] BT-Drs. 18/6185, 50.
[71] Ebenso *Funke-Kaiser* in GK-AufenthG § 59 Rn. 227 ff.; *Kluth* ZAR 2015, 337 (342); generell krit. hingegen *Hocks* in NK-AuslR AufenthG § 59 Rn. 24 ff.
[72] Vgl. Erwägungsgrund 4 der RL 2008/115/EG (Rückführungs-RL) v. 16.12.2008, ABl. 2008 L 348, S. 98: „Eine wirksame Rückkehrpolitik als notwendiger Bestandteil einer gut geregelten Migrationspolitik muss mit klaren, transparenten und fairen Vorschriften unterlegt werden."

hindert werden. Auch wenn dies die Rechtsschutzerschwerung ersparen würde, ist nicht erkennbar, dass der Gesetzgeber angesichts des besonderen Ranges der persönlichen Freiheit in der Skala der Grundrechte der mit § 59 I 8 verbundenen Lösung den Vorzug gegeben hat, zumal auch Familien mit Kindern betroffen sein können[73].

Die **Rechtsschutzerschwerung** ist auch **zumutbar.** Des rechtlichen Gehörs bedarf es hinsichtlich 38 der behördlichen Absicht, den **Ausländer** abzuschieben, schon deshalb nicht, weil er **nach der Vollziehbarkeit des aufenthaltsbeendenden Bescheids** und **dem Ablauf der Ausreisefrist jederzeit mit der Abschiebung rechnen muss.** Die Abschiebung ist der tatsächliche Abschluss von Verfahren, in denen das Anliegen des Ausländers in tatsächlicher und rechtlicher Hinsicht geprüft worden ist. Da an solchen Verfahren in aller Regel Rechtsanwälte beteiligt sind, kann der Ausländer in dem gedrängten einstweiligen Rechtsschutzverfahren am Abschiebungstag in aller Regel auf einen Bevollmächtigten zurückgreifen, der über alles informiert ist, was sich bis zu seinem letzten asylrechtlichen und/oder ausländerrechtlichen Tätigwerden in den Angelegenheiten des Ausländers ereignet hat. Der situationsbedingte Ausschluss der freien Bevollmächtigtenwahl, die im Allgemeinen mangels entgegenstehender Belange gegeben ist, ist dem rechtsschutzsuchenden Ausländer unter Abwägung mit den in → Rn. 37 dargestellten Voraussetzungen auch zumutbar[74]. Im Übrigen darf die Gestaltung des Verwaltungsverfahrens dem Ausländer die Geltendmachung von Duldungsgründen nicht „abschneiden". Spontane Abschiebungen ohne vorherige Ankündigung des Abschiebungstermins sind nach Maßgabe des Verhältnismäßigkeitsgrundsatzes auch schon bisher zulässig gewesen[75].

Bei alledem darf **§ 59 I 8** von den Ausländerbehörde **nicht gezielt dazu genutzt** werden, einem 39 ausreisepflichtigen **Ausländer** die Möglichkeit gem. **Art. 19 IV GG verbürgte Möglichkeit zu nehmen,** eine vollziehbar angeordnete Abschiebung durch einen gerichtlichen Eilantrag zu verhindern[76]. Zudem ist nach der Rspr. des EuGH ua zu gewährleisten, dass der Rechtsbehelf seine volle Wirksamkeit entfaltet, wobei der Grundsatz der Waffengleichheit zu wahren ist, sodass falls er eingelegt wird, bis zur Entscheidung über ihn ua alle Wirkungen der Rückkehrentscheidung auszusetzen sind[77].

Offen ist die Frage, ob **§ 59 I 8** – seinem Wortlaut entsprechend – allein für Abschiebungen auf der 40 Grundlage einer Abschiebungsandrohung sei es zB nach § 59 I 1 oder nach § 34 I 1 AsylG anwendbar ist, oder ob er **auch bei Überstellungen im Dublin-Verfahren** aufgrund von **Abschiebungsanordnungen nach § 34a I 1 AsylG** einzusetzen ist[78]. Dafür könnte sprechen, dass die Situation einer Anordnung der Abschiebung mit derjenigen einer Androhung der Abschiebung bei abgelaufener Ausreisefrist vergleichbar erscheint. In beiden Fällen muss der Ausländer mit der jederzeitigen Durchführung der Abschiebung rechnen. **Dagegen** sprechen aber Wortlaut und Systematik der Vorschrift. Abschiebungen ohne Terminmitteilung hat der Gesetzgeber nach Abs. 1 S. 8 nur für Ausländer vorgesehen, denen zuvor die Abschiebung angedroht worden ist. Daran fehlt es bei Überstellungen aufgrund von Abschiebungsanordnungen nach § 34a I 1 AsylG, weil § 34a I 3 AsylG bestimmt, dass es einer vorherigen Androhung und Fristsetzung nicht bedarf[79].

5. Bezeichnung der Zielstaaten (Abs. 2)

Der **Staat, in den der Ausländer** (in erster Linie) **abgeschoben werden soll,** ist in der 41 Abschiebungsandrohung regelmäßig **namentlich zu bezeichnen (Abs. 2).** Dies gilt auch, wenn der Ausländer in den Staat seiner Staatsangehörigkeit abgeschoben werden soll. Die Bezeichnung „Herkunftsstaat" genügt diesen Anforderungen nicht, wenn sich aus den Gründen des Bescheids nicht ergibt, welcher konkrete Staat damit gemeint ist[80]. Dies ist der Fall, wenn die Angaben des Ausländers zum behaupteten Herkunftsstaat nicht für glaubhaft gehalten wurden und der wahre Herkunftsstaat nicht feststellbar ist. Es genügt für eine Zielstaatsbezeichnung nicht, dass in diesen Fällen der wahre Herkunftsstaat regelmäßig dem Ausländer selbst bekannt sein wird.

In der **Abschiebungsandrohung** darf grundsätzlich **jeder Staat als Zielstaat bezeichnet** wer- 42 den, in den aus der Sicht der androhenden Behörde eine Abschiebung durchgeführt werden kann. Dass der Ausländer jemals in dem in der Abschiebungsandrohung genannten Zielstaat gelebt hat, stellt keine Rechtmäßigkeitsvoraussetzung für die Zielstaatsbezeichnung dar[81]. Insbesondere hat der Ausländer kein subjektiv-öffentliches Recht darauf, nur in seinen Heimat- oder Herkunftsstaat abge-

---

[73] Zutr. BayVGH Beschl. v. 17.7.2018 – 19 CE 18.1210, BeckRS 2018, 26784 u. Beschl. v. 19.6.2019 – 19 CE 19.329, AuAS 2019, 218.
[74] BayVGH Beschl. v. 17.7.2018 – 19 CE 18.1210, BeckRS 2018, 26784.
[75] Vgl. auch HmbOVG Beschl. v. 16.3.2011 – 2 Bf 181/09.Z; VG Berlin Urt. v. 25.2.2015 – 24 K 14.15, BeckRS 2015, 43575.
[76] BVerfG Beschl. v. 8.11.2017 – 2 BvR 809/17, NVwZ 2018, 254; BayVGH Beschl. v. 26.11.2018 – 19 CE 17.2453, BeckRS 2018, 32942; OVG LSA Beschl. v. 15.6.2021 – 2 M 43/21, BeckRS 2021, 17615 Rn. 18.
[77] EuGH Urt. v. 19.6.2018 – C-181/16, NVwZ 2018, 1625 – Gnandi und Urt. v. 5.7.2018 – C-269/18 PPU, BeckRS 2018, 15413.
[78] Offengelassen von NdsOVG Beschl. v. 13.3.2018 – 13 PA 39/18, BeckRS 2018, 3803.
[79] S. dazu auch die Kommentierung zu § 58 Rn. 3.
[80] BVerwG Urt. v. 25.7.2000 – 9 C 42.99, BVerwGE 111, 343 (345).
[81] OVG Saarl Beschl. v. 15.4.2015 – 2 A 343/14, BeckRS 2015, 46140.

schoben zu werden. **Etwas anderes** wird allerdings zu gelten haben, wenn die Abschiebungsandrohung an der **Rückführungs-RL** (RL 2008/115/EG) zu messen ist[82]. Denn mit Art. 3 Nr. 2 Rückführungs-RL bestimmt Unionsrecht, dass Zielstaat einer Rückkehr nur das Herkunftsland des Drittstaatsangehörigen, ein Transitland, in das der Drittstaatsangehörige gemäß gemeinschaftlichen oder bilateralen Rückübernahmeabkommen oder anderen Vereinbarungen zurückgeführt werden soll, oder ein anderes Drittland, in das der Drittstaatsangehörige freiwillig zurückkehren will und in dem er aufgenommen wird, sein kann. Herkunftsland in diesem Sinne ist wie in Art. 2 lit. n Anerkennungs-RL (RL 2011/95/EU) und damit wie in § 3 I Nr. 2 AsylG das Land der Staatsangehörigkeit oder – bei Staatenlosen – des letzten gewöhnlichen Aufenthalts. Unionsrechtlich darf die Androhung der Abschiebung in einen anderen Staat als das Herkunftsland oder ein Transitland danach nur erfolgen, wenn der Schutzsuchende mit einer Ausreise oder Abschiebung dorthin ausdrücklich einverstanden ist.

43 In der **Zielstaatsbestimmung** der Abschiebungsandrohung hat bis zum Inkrafttreten des 2. RückkehrG 2019 grundsätzlich nur **ein im völkerrechtlichen Sinne existierender Staat** genannt werden dürfen[83]. Die **gegenteilige Auffassung, Zielstaaten** nach Abs. 2 könnten neben Staaten im völkerrechtlichen Sinne **auch teilautonome Hoheitsträger** sein, die über Einreise und Aufenthalt in dem von ihnen beherrschten Gebiet bestimmen können[84], ist durch den mit dem RückkehrG 2019 eingefügten § 59 II 2 Gesetz geworden. Danach ist eine Abschiebung in die **palästinensischen Autonomiegebiete** und in den **Kosovo** nunmehr möglich. Denn diese beiden Gebietskörperschaften iSv Abs. 2 S. 2 sind im Anhang der VO(EU) 2018/1806 des Europäischen Parlaments und des Rates vom 14.11.2018 genannt.

44 Die **Ordnungsfunktion,** die der nach § 59 II grundsätzlich erforderliche Zielstaatsbezeichnung zukommt, verfolgt den **Zweck,** das vorrangige Abschiebezielland für die vollziehende Behörde eindeutig zu kennzeichnen. Dies dient nicht zuletzt dazu, eine möglichst frühzeitige Prüfung von Abschiebungshindernissen bezüglich dieses Staates vorzunehmen[85]. Dem wird nur die ausdrückliche Benennung des Abschiebezielstaates gerecht, auch wenn es sich um den Herkunftsstaat des Ausländers handelt. Eine **Zielstaatsbezeichnung ist ausnahmsweise nicht erforderlich,** wenn die Staatsangehörigkeit des Ausländers ungeklärt und ein aufnahmebereiter anderer Staat nicht erkennbar ist[86].

45 Ein Ausländer darf auf der Grundlage einer Abschiebungsandrohung des BAMF grundsätzlich so lange nicht in einen anderen als den ausdrücklich **bezeichneten Zielstaat** abgeschoben werden, bis auch dieser andere Staat durch Konkretisierung des Hinweises als Zielstaat der Abschiebung ordnungsgemäß bezeichnet ist[87]. Die Zuständigkeit für die Konkretisierung dieses Hinweises in einer von dem BAMF erlassenen Abschiebungsandrohung durch nachträgliche Bezeichnung eines anderen Zielstaates der Abschiebung liegt ausschließlich bei dem Bundesamt[88].

46 Eine **Beschränkung der Abschiebungsandrohung** auf das sichere **Teilgebiet des Abschiebezielstaates** ist bundesrechtlich **nicht vorgesehen**[89]. Hat der Ausländer in seinem Heimat- oder Herkunftsstaat politische Verfolgung zu befürchten oder bestehen dort Abschiebungshindernisse, scheidet dieser als Zielstaat einer Abschiebung aber nur dann aus, wenn ihm die Gefahren landesweit drohen oder er das sichere Gebiet im Heimatstaat nicht erreichen kann[90]. Ist dies nicht der Fall, kann ihm grundsätzlich trotz regionaler Verfolgung oder in Gebietsteilen drohender Gefahren die Abschiebung in diesen Staat angedroht werden. Die Auslegung führt im Zweifel dazu, dass der gesamte Staat als Zielstaat anzusehen ist.

47 Die uneingeschränkte Bezeichnung eines Zielstaates, in dem örtlich begrenzt Verfolgung droht oder Abschiebungshindernisse vorliegen, beschränkt den Ausländer auch nicht unzulässig in seinen Rechtsschutzmöglichkeiten. Der Ausländer hat es zunächst selbst in der Hand, freiwillig in das sichere Gebiet des Abschiebezielstaates auszureisen. Selbst wenn er dies pflichtwidrig unterlässt und deshalb zwangsweise abgeschoben werden muss, steht ihm ausreichender verwaltungsgerichtlicher Rechtsschutz gegenüber der Ausländerbehörde im Vollstreckungsverfahren zur Verfügung. Besteht für den Ausländer nach rechtskräftigem Abschluss seines Asylverfahrens berechtigter Anlass zur Annahme, dass die Abschiebung alsbald zu erwarten ist und hierbei seine Rückführung in nicht verfolgungsfreie oder auch sonst nicht

---

[82] Zutr. zB VG Freiburg Urt. v. 11.11.2020 – A 1 K 6531/18, BeckRS 2020, 37926 Rn. 29; VG Berlin Urt. v. 13.8.2020 – 34 K 639.17 A Rn. 36.
[83] Vgl. zB BayVGH Beschl. v. 5.6.2018 – 20 ZB 18.31187, BeckRS 2018, 11873 verneint für das kurdische Autonomiegebiet im Nordirak.
[84] Dafür NdsOVG Urt. v. 14.12.2017 – 8 LC 99/17, BeckRS 2017, 138723 betr. die Palästinensischen Autonomiegebiete.
[85] BVerwG Urt. v. 25.7.2000 – 9 C 42.99, BVerwGE 111, 343 (346).
[86] BVerwG Urt. v. 25.7.2000 – 9 C 42.99, BVerwGE 111, 343 (347) u. Urt. v. 13.2.2014 – 10 C 6.13, NVwZ-RR 2014, 487.
[87] VGH BW Beschl. v. 13.9.2007 – 11 S 1684/07, VBlBW 2008, 32 f.
[88] VGH BW Beschl. v. 13.9.2007 – 11 S 1684/07, VBlBW 2008, 32 f.
[89] BVerwG Urt. v. 16.11.1999 – 9 C 4.99, BVerwGE 110, 74 (78); BayVGH Beschl. v. 5.6.2018 – 20 ZB 18.31187, BeckRS 2018, 11873.
[90] StRspr, vgl. etwa BVerfG Beschl. v. 10.7.1989 – 2 BvR 502 ua/86, BVerfGE 80, 315 (342 ff.); BVerwG Urt. v. 17.10.1995 – 9 C 9.95, BVerwGE 99, 324 (330).

Androhung der Abschiebung **§ 59 AufenthG 1**

sichere Gebiete des Zielstaates droht, kann er von der Ausländerbehörde die **Bekanntgabe des beabsichtigten Abschiebewegs** verlangen. Gegebenenfalls kann er einstweiligen Rechtsschutz in Anspruch nehmen, auch wenn die Ausländerbehörde sich weigern sollte, für eine bevorstehende Abschiebung den Weg bekanntzugeben. Die Ausländerbehörde ist in diesem Fall verpflichtet, die Inanspruchnahme einstweiligen Rechtsschutzes vor der Durchführung der Abschiebung zu ermöglichen[91].

Der Ausländer ist aufgrund des Hinweises auf den Herkunftsstaat in der Abschiebungsandrohung nicht gehindert, im Verwaltungsverfahren **Abschiebungshindernisse** hinsichtlich des später konkretisierten Zielstaates **geltend zu machen**. Auch kann ihm in diesem Fall nicht unter Berufung auf die Bestandskraft der Abschiebungsandrohung entgegengehalten werden, er hätte seine zielstaatsbezogenen Einwendungen schon im Verfahren gegen die Abschiebungsandrohung geltend machen können und müssen. Denn sowohl die (formelle) Präklusion nach § 82 I 4 als auch der allgemeinen aus der Bestandskraft eines Verwaltungsakts folgende Ausschluss von Einwendungen setzt eine den gesetzlichen Anforderungen entsprechende Bezeichnung eines konkreten Zielstaates in der Abschiebungsandrohung voraus[92]. Die positive oder negative Feststellung zielstaatsbezogener Abschiebungshindernisse kann nämlich grundsätzlich nur in Ansehung der tatsächlichen Verhältnisse eines konkreten Staates getroffen und gerichtlich überprüft werden. Mit der Androhung der Abschiebung in den „Herkunftsstaat" kann deshalb nicht mehr erreicht werden als mit dem allgemeinen Hinweis auf andere aufnahmebereite Staaten nach § 59 II. Dieser Hinweis soll dem Ausländer lediglich klarmachen, dass er ohne erneute Abschiebungsandrohung in einen später noch zu benennenden (anderen) Staat abgeschoben werden kann. **48**

§ 59 II steht der **Aufnahme von mehreren Zielstaaten** in der Abschiebungsandrohung nicht entgegen. Aus der im Singular gehaltenen Formulierung „der Staat" in § 59 II ergibt sich keine Begrenzung der Anzahl zulässiger Zielstaaten. Denn damit wird nur ein rechtliches Mindesterfordernis, nicht aber eine rechtliche Schranke umschrieben[93]. Eine andere Sichtweise würde auch der in § 59 II angeordneten Erweiterung des Kreises möglicher Zielstaaten der Abschiebung, auf die bei Androhung in der Androhung hingewiesen werden soll, widersprechen. Deshalb kommt der Zielstaatsbezeichnung auch keine Bindungswirkung zu[94]; sie soll es dem Ausländer nur ermöglichen, die aus seiner Sicht in Bezug auf den Zielstaat bestehende Abschiebungshindernisse darzulegen. **49**

Die **Möglichkeit, den Zielstaat nachträglich zu ergänzen,** die mit dem Gesetz zur Neuregelung des Asylverfahrens[95] eingeführt wurde, dient nach der Begründung des Gesetzesentwurfs zum einen der Verfahrensbeschleunigung und zieht zum anderen die notwendigen Konsequenzen daraus, dass die Behörde, die die Abschiebung androht, nicht mit der Behörde identisch ist, die die Abschiebung vollzieht[96]. Wollte der Gesetzgeber mit der Erweiterung des § 50 II AuslG 1990 den Vollzug erleichtern, indem nach Abschluss des den Erlass der Abschiebungsandrohung betreffenden Verwaltungsverfahrens die Möglichkeit eröffnet wurde, einen weiteren Zielstaat gegenüber dem Ausländer zu bezeichnen, so muss es erst recht zulässig sein, bereits in der Androhung selbst mehrere konkret in Betracht kommende Zielstaaten zu bezeichnen. **50**

Dabei ist aus Rechtsgründen auch **nicht erforderlich**, dass die Behörde eine **verbindliche Reihenfolge der Zielstaaten** dergestalt bestimmt, dass die Abschiebung primär in einen der benannten Staaten erfolgt und andere Staaten nur unter der Bedingung bezeichnet werden, dass die Abschiebung in den primären Zielstaat scheitert[97]. § 59 II verlangt eine solche verbindliche Reihenfolge schon deshalb nicht, weil die Behörde selbst dann, wenn sie nur einen Zielstaat konkret benennt, nicht verpflichtet ist, auf die Möglichkeit der Abschiebung in andere Zielstaaten nur für den Fall hinzuweisen, dass die Abschiebung in den konkret bezeichneten Zielstaat scheitert. Die mit einer derartigen Rangfolge einhergehende Bindung der für den Vollzug der Abschiebung zuständigen Behörde entspräche erkennbar nicht dem Anliegen des Gesetzgebers, dieser Behörde mit der Abschiebungsandrohung gewissermaßen eine vollstreckungsrechtliche Grundverfügung zur Durchsetzung der vollziehbaren Ausreisepflicht in die Hand zu geben, die einen flexiblen und effektiven Vollzug erlaubt. Die Rechte des Ausländers werden hierdurch auch nicht beeinträchtigt, da für beide Zielstaaten jeweils die gleichen Voraussetzungen erfüllt sein müssen wie im Falle lediglich eines Zielstaates[98]. **51**

Unterbleibt die Benennung des Zielstaates endgültig, ist die Abschiebungsandrohung rechtswidrig[99]. Unschädlich ist dagegen die Unterlassung des Hinweises auf **andere aufnahmebereite Ziel-** **52**

---

[91] BVerwG Urt. v. 16.11.1999 – 9 C 4.99, BVerwGE 110, 74 (81).
[92] BVerwG Urt. v. 25.7.2000 – 9 C 42.99, BVerwGE 111, 343 (348).
[93] VGH BW Urt. v. 5.3.1999 – 13 S 742/98, NVwZ 1999, Beilage Nr. 8, 84 ff.
[94] BayVGH Beschl. v. 22.11.2016 – 10 CS 16.2215, BeckRS 2016, 55750.
[95] BT-Drs. 12/2062.
[96] BT-Drs. 12/2062, 43 f.
[97] OVG Saarl Beschl. v. 15.4.2015 – 2 A 343/14, BeckRS 2015, 46140; VGH BW Urt. v. 5.3.1999 – 13 S 742/98, NVwZ 1999, Beilage Nr. 8, 84 ff.; *Hailbronner* AuslR AufenthG § 59 Rn. 34 (Stand 2/2016); aA GK-AufenthG § 59 Rn. 61; VG Arnsberg Beschl. v. 2.9.1994 – 5 L 1654/94.A, BeckRS 1994, 14361.
[98] Ebenso *Hailbronner* AuslR AufenthG § 59 Rn. 33.
[99] VGH BW Beschl. v. 18.6.1996 – 13 S 1281/95, EZAR 044 Nr. 10; BayVGH Urt. v. 1.10.1993 – 10 CS 93.1838, InfAuslR 1994, 30; HessVGH Beschl. v. 20.10.1993 – 12 TH 1303/93, EZAR 044 Nr. 6; aA HmbOVG Beschl. v. 5.8.1993 – Bs VII 90/93, EZAR 022 Nr. 4; Beschl. v. 5.5.1993 – Bs VII 65/93, EZAR 044 Nr. 7.

staaten[100]. Der in § 59 II 1 Hs. 2 vorgesehene allgemeine Hinweis auf die Möglichkeit einer Abschiebung in andere aufnahmebereite Staaten ist kein anfechtbarer Verwaltungsakt[101]. Dieser Hinweis dient allein dazu, den Ausländer darüber zu unterrichten, dass er ohne erneute Abschiebungsandrohung in einen später noch konkret und verbindlich zu benennenden Staat abgeschoben werden kann.

6. Abschiebungsverbote und Duldungsgründe (Abs. 3)

53   Das **Vorliegen von** Abschiebungsverboten oder – wie nunmehr durch die Neufassung der Regelung klargestellt ist[102] – **Gründen für die vorübergehende Aussetzung der Abschiebung hindert den Erlass einer Abschiebungsandrohung nicht** (§ 59 III 1)[103]. Auch inlandsbezogene Vollstreckungshindernisse nach § 60a, die nach Erlass der Abschiebungsandrohung eintreten, haben keine Auswirkungen auf die Rechtmäßigkeit der Abschiebungsandrohung. Das Bestehen eines zielstaatsbezogenen Abschiebungsverbots nach § 60 führt dazu, dass der Staat, in den der Ausländer nicht abgeschoben werden darf, in der Androhung zu bezeichnen ist (S. 2). Wird ein zielstaatsbezogenes Abschiebungsverbot erst in verwaltungsgerichtlichen Verfahren festgestellt, berührt dies die Rechtmäßigkeit der Abschiebungsandrohung nicht; aus S. 3 folgt insoweit die Teilbarkeit der getroffenen Regelung. Eine andere Beurteilung ist nur dann möglich, wenn hinreichend sicher ist, dass auf unabsehbare Zeit ein Abschiebungshindernis bestehen wird und nicht nur vorübergehenden (wenn auch zwingenden) Charakter hat, weil dann die Abschiebungsandrohung erkennbar ihren Zweck verfehlen würde[104].

54   Für **asylverfahrensrechtliche Abschiebungsandrohungen** ist zu beachten, dass eine gemäß § 59 III 3 auf einen bestimmten Zielstaat beschränkte Aufhebung der Androhung unter Aufrechterhaltung des Abschiebungsverbots ausgeschlossen ist. § 34 I 1 Nr. 3 AsylG trifft nämlich eine für das Asylverfahren von § 59 III 1 AufenthG abweichende Spezialregelung[105].

55   Soweit keine Anordnung nach § 60a I erlassen wurde, führen **allgemeine Gefahren** auch im Einzelfall – unbeschadet der sonst geltenden Sperrwirkung nach § 60 VII 2 – zu einem zwingenden **Abschiebungshindernis** nach § 60 VII 1, wenn angesichts dieser Gefahren eine Abschiebung des Ausländers unter Würdigung des in seinem Falle verfassungsrechtlich (Art. 2 II 1 GG, Art. 1 I GG), unionsrechtlich (Art. 4, Art. 7 GRCh)[106] und menschenrechtlich (Art. 3, Art. 8 EMRK)[107] gebotenen Schutzes nicht verantwortet werden kann. Dies ist bei einem **Bürgerkrieg** der Fall, wenn aufgrund der bewaffneten Auseinandersetzungen eine derart extreme Gefahrenlage besteht, dass der Ausländer im Falle seiner Abschiebung gleichsam sehenden Auges dem sicheren Tod oder schwersten Verletzungen ausgeliefert würde[108]. Die verfassungsrechtlich gebotene Auslegung des § 60 VII 1 führt dazu, dass in der ggf. dennoch erfolgenden Androhung der als Ziel der Abschiebung ausgeschlossene Staat zu bezeichnen ist. Allerdings ist die vorrangige Zuständigkeit und bindende Entscheidung des BAMF auch für die Feststellung eines nationalen Abschiebungsverbots zu beachten (§§ 24 II, 42 AsylG).

7. Ausschluss späteren Vorbringens (Abs. 4)

56   Das Vorbringen von Abschiebungsverboten und -hindernissen ist grundsätzlich Sache des Ausländers. Die Mitwirkungspflichten gegenüber BAMF und Ausländerbehörde (§ 25 I AsylG und § 82 I) umfassen alle für ihn jeweils günstigen Tatsachen, Beweise und sonstige Unterlagen. Gegenüber der Ausländerbehörde ist die Darlegung durch **Abs. 4** weiter eingeschränkt. **Obligatorisch ausgeschlossen sind vor Unanfechtbarkeit der Abschiebungsandrohung eingetretene Umstände,** die gegen die Abschiebung in den ins Auge gefassten Staat sprechen können. **Sonstige Umstände** kann die Ausländerbehörde nach pflichtgemäßem **Ermessen** unberücksichtigt lassen. Dazu gehören sowohl später entstandene Tatsachen, aus denen sich Bedenken gegen die Abschiebung in den bezeichneten Staat ergeben, als auch allgemeine sonstige Hindernisse persönlicher Art ohne Rücksicht auf den

---

[100] VGH BW Urt. v. 20.8.1996 – 1 S 1095/95, EZAR 042 Nr. 2; HessVGH Urt. v. 29.8.1994 – 12 UE 181/94, EZAR 044 Nr. 8; aA *Kümpel* VBlBW 1994, 187.
[101] OVG Münster Beschl. v. 13.1.2020 – 19 A 2730/19.A, BeckRS 2020, 136 Rn. 3 f.
[102] Vgl. dazu, dass schon § 59 III 1 aF Duldungsgründe erfasst hat OVG Bln-Bbg Beschl. v. 30.4.2013 – OVG 12 S 25.13, BeckRS 2013, 50566; GK-AufenthG § 59 Rn. 48 ff.; *Hailbronner* AuslR AufenthG § 59 Rn. 22.
[103] S. zB BayVGH Beschl. v. 26.10.2018 – 10 CS 18.1939, BeckRS 2018, 28765; OVG Bln-Bbg Beschl. v. 11.5.2015 – OVG 11 S 29.15, BeckRS 2015, 46713.
[104] OVG LSA Beschl. v. 21.11.2021 – 2 M 124/21, BeckRS 2021, 39815 Rn. 11 mwN.
[105] VGH BW Urt. v. 3.11.2017 – A 11 S 1704/17, BeckRS 2017, 139745; auch → Rn. 4.
[106] EuGH GK Urt. v. 19.3.2019 – C-163/17, NVwZ 2019, 712 mAnm *Hurschka* – Jawo, betr. Überstellung von Deutschland nach Italien im Dublin-Verfahren; s. aber auch EuGH Urt. v. 16.2.2017 – C 578/16, ZAR 2017, 172 und EuGH GK Urt. v. 24.4.2018 – C-353/16, ZAR 2018, 395.
[107] EGMR Urt. v. 13.12.2016 – 41738/10, NVwZ 2017, 1187 – Paposhvili/Belgien, betr. eine Abschiebung nach Georgien im Jahre 2010.
[108] BVerwG Urt. v. 17.10.1995 – 9 C 9.95, BVerwGE 99, 324 (331) u. Urt. v. 29.3.1996 – C 116.95, Buchholz 402.240 § 53 AuslG 1990 Nr. 3.

Androhung der Abschiebung **§ 59 AufenthG 1**

Entstehungszeitpunkt[109]. Dabei ist allerdings auf die Alleinzuständigkeit des BAMF für Asylgesuche und alle damit zusammenhängenden Entscheidungen und auf deren Verbindlichkeit Bedacht zu nehmen (§§ 4, 5 AsylG), weil diese nur von dem BAMF in den dafür vorgesehenen Verfahren (§ 71 AsylG oder § 51 (L)VwVfG) zugunsten des Ausländers geändert werden dürfen (Ausnahme in § 60 IV). Ohne Bezeichnung des Zielstaates in der Abschiebungsandrohung greift indes keine der beiden Präklusionen ein[110].

Maßgeblich für den obligatorischen Ausschluss ist das **Entstehen der abschiebungshindernden Umstände,** nicht die Kenntnisnahme des Ausländers. Deshalb kommt es insoweit auf ein prozessuales Fehlverhalten des Ausländers nicht an. Dessen mangelndes Verschulden kann nur im Rahmen der fakultativen Präklusion berücksichtigt werden. Hierbei ist aber zu beachten, dass ein späteres Vorbringen vor Gericht nach Maßgabe der gesetzlichen Bestimmungen durch die Präklusion im Verwaltungsverfahren nicht abgeschnitten wird (Abs. 4 S. 2, → Rn. 47 f.). 57

Die Bestimmungen des Abs. 4 gelten für die Ausländerbehörde und für die **Widerspruchsbehörde** in gleicher Weise. Hinsichtlich des Widerspruchsverfahrens bedurfte es hier nicht einer ausdrücklichen Erwähnung wie in § 82 II; denn die Präklusionen des Abs. 4 sind nicht an die Verfahrensstufe gebunden, sondern an den Zeitpunkt der Unanfechtbarkeit der Abschiebungsandrohung. 58

Die Bestimmung des Abs. 4 S. 2 offenbart eine gewisse Tendenz zur **Verlagerung behördlicher Aufgaben** auf die Gerichte. Handelt es sich um vor der Abschiebungsandrohung eingetretene Tatsachen, können diese auf Klage oder Eilantrag hin vom Gericht nicht berücksichtigt werden; denn dem steht die Bestandskraft der Androhung entgegen, mit der ua das Vorliegen von Abschiebungshindernissen verneint wurde. Dem Ausländer verbleibt nur der Antrag auf Wiederaufgreifen des Androhungsverfahrens durch die Ausländerbehörde (§ 51 (L)VwVfG) und im Falle der Ablehnung ein Eilantrag nach § 123 VwGO. Deshalb bestehen mangels entsprechender Anhaltspunkte im Gesetzgebungsverfahrens Bedenken gegen die Annahme, durch Abs. 4 S. 2 sollten den Gerichten neue Aufgaben und Befugnisse im Verwaltungsvollstreckungsverfahren hinsichtlich der Abschiebungsandrohung übertragen werden[111]. Hierzu hätte es vielmehr einer deutlichen Anordnung wie in § 77 AsylG bedurft. 59

Nach der Abschiebungsandrohung eingetretene Tatsachen dürfen, soweit sie die Abschiebung an sich hindern können, ebenfalls nur in einem **neuen Verfahren** (Widerruf eines ursprünglich rechtmäßigen VA nach § 49 I (L)VwVfG von der Ausländerbehörde berücksichtigt werden. Nach den prozessualen Regeln der VwGO können sie allenfalls aufgrund eines Antrags nach § 123 VwGO mit dem Ziel der einstweiligen Aussetzung der Vollstreckung vor Gericht gebracht werden. Insoweit bestätigt Abs. 4 S. 2 lediglich eine prozessuale Situation, ohne allerdings damit gleichzeitig das Überprüfungs- und Abänderungsverfahren der Ausländerbehörde endgültig überflüssig zu machen. Hat der Antrag nach § 123 VwGO Erfolg, wird die Ausländerbehörde entgegen der ursprünglichen (fakultativen) Präklusion in eine erneute Überprüfung eintreten müssen. 60

Nicht ganz unbedenklich erscheint die Regelung, wenn es nicht um Tatsachen geht, die der angedrohten Abschiebung dem Grunde nach entgegenstehen, sondern um Umstände, die eine Aussetzung rechtfertigen können. Solche Tatsachen berühren die Rechtmäßigkeit der Abschiebungsandrohung ohne Rücksicht auf den Zeitpunkt ihres Entstehens nicht. Sie führen lediglich zur zeitweiligen Duldung des Ausländers (§ 60a). Ohne eine vorangehende (ablehnende) Entscheidung der Ausländerbehörde darf das Gericht auch im (hier allein in Betracht kommenden) Verfahren nach § 123 VwGO eine Entscheidung (eigentlich) nicht treffen. Abgesehen davon wird dem Gericht ohne eine fundierte Stellungnahme der Ausländerbehörde eine sachgemäße Beurteilung zumindest erschwert. Schließlich gerät das Gericht in Gefahr, in den Fällen der § 60a I und II das eigene Ermessen an die Stelle des Ermessens der Ausländerbehörde oder der obersten Landesbehörde zu setzen. 61

8. Abschiebung aus der Haft (Abs. 5) und Grenzübertrittsbescheinigung (Abs. 6)

§ 59 V 1 bestimmt, dass Ausländern, die aus der Haft oder öffentlichem Gewahrsam abgeschoben werden (§ 58 III), die Abschiebung ohne besondere Fristsetzung angedroht werden kann. Ihnen soll die Abschiebung allerdings mindestens eine Woche vorher angekündigt werden (§ 59 V 2). § 59 V 1 ist mit Unionsrecht vereinbar. Denn Art. 7 IV Rückführungs-RL (RL 2008/115/EG) bestimmt, dass die Mitgliedstaaten davon absehen können, eine Frist für die freiwillige Ausreise zu gewähren, wenn die betreffende Person eine Gefahr für die öffentliche Ordnung, die öffentliche Sicherheit oder die nationale Sicherheit darstellt. Diese Voraussetzungen sind jedenfalls dann erfüllt, wenn die Abschiebungsandrohung auf einer Ausweisung beruht, die mit spezialpräventiven Gründen gerechtfertigt wird[112]. Eine Grenzübertrittsbescheinigung stellt eine Bescheinigung über die Frist dar, die für die freiwillige Ausreise gewährt wird (§ 59 VI iVm I) und die verhindern soll, dass der vollziehbar ausreisepflichtige Ausländer vor Ablauf dieser Frist abgeschoben wird (näher → Rn. 32–34)[113]. 62

---

[109] Ebenso *Dörig/Hoppe* in Dörig MigrationsR HdB 2020 Rn. 765.
[110] HessVGH Urt. v. 11.5.1992 – 13 UE 2608/91, EZAR 045 Nr. 2.
[111] So aber *v. Boekel* ZAR 1992, 166.
[112] OVG Bln-Bbg Beschl. v. 15.4.2021 – OVG 3 S 22/21, BeckRS 2021, 8162 Rn 4.
[113] VGH München Beschl. v. 20.5.2019 – 10 CE 19.829 ua, BeckRS 2019, 13745 Rn. 17.

9. Opfer von Menschenhandel und illegaler Beschäftigung (Abs. 7)

63 Der neue **Abs. 7 entspricht** – was die Umsetzung von **Art. 6 Opferschutz-RL**[114] anbelangt – der bisherigen Regelung in § 50 IIa aF und überträgt die für diesen Personenkreis geltenden Regelungen grundsätzlich auch auf die Opfer illegaler Beschäftigung, die von der **Sanktions-RL**[115] erfasst werden. Die **Schutzvorschrift zugunsten der Opfer von Menschenhandel** und **illegaler Beschäftigung** gilt grundsätzlich **sowohl für ausländerrechtliche Abschiebungsandrohungen als auch für solche, die auf Asylrecht** (zB auf § 34 I 1 AsylG) **beruhen**[116]. Dies ergibt sich erstens aus dem Wortlaut des § 34 I 1 AsylG, der für den Erlass der Abschiebungsandrohung durch das BAMF uneingeschränkt auf § 59 verweist. Zweitens unterstreicht auch die Systematik der Norm dieses Verständnisses, wenn in § 34 I 3 AsylG geregelt ist, dass im Übrigen für Entscheidungen nach § 59 I 4 und VI die Ausländerbehörde zuständig bleibt. Mit der Formulierung „im Übrigen" stellt der Gesetzgeber schließlich drittens klar, dass grundsätzlich alle nach § 59 zu treffenden Entscheidungen mit der Verweisung auf die Zuständigkeit des BMAF übergehen und hiervon nur die explizit aufgeführten Entscheidungen in der Zuständigkeit der Ausländerbehörde verbleiben. **Für das Asylrecht** ist allerdings **einschränkend** darauf hinzuweisen, dass § 59 VII bei nach § 34a I AsylG ergehenden Abschiebungsandrohungen in einen anderen Mitgliedstaat der Union nicht anzuwenden ist[117]. § 34a I 3 AsylG sieht nämlich keine Ausreisefristen vor. Dies entspricht Unionsrecht. Die Dublin III-VO enthält keine dem § 59 VII entsprechende Bedenkensfrist für Opfer von Menschenhandel, die im Rahmen der Abschiebungsanordnung nach § 34a I 1 AsylG zu beachten wäre. Dem liegt aber kein „Weniger" an Schutz vor Menschenhandel im Dublin-Verfahren zugrunde, da sämtliche Mitgliedstaaten an die Menschenhandels-RL (RL 2011/36/EU) und die Opferschutz-RL (RL 2004/81/EG) gebunden sind. Den betroffenen Personen werden deshalb durch die Überstellung in den für die inhaltliche Prüfung des Asylverfahrens zuständigen Mitgliedstaat keine Rechte aus den Schutzvorschriften gegen Menschenhandel abgeschnitten. Anderes dürfte für Abschiebungsandrohung in einen Drittstaat gelten. Dann müsste das Bundesamt § 59 VII wohl prüfen.

64 Nach Art. 6 I Opferschutz-RL haben die Mitgliedstaaten der EU **Opfern von Menschenhandel** (§ 232 StGB), **Ausbeutung der Arbeitskraft** (§ 233 StGB) und **Ausbeutung unter Ausnutzung einer Freiheitsberaubung** (§ 233a StGB) sowie Schwarzarbeit und Leiharbeit eine Bedenkzeit einzuräumen, in der sie sich dem Einfluss der Täter entziehen können, sodass sie in der Lage sind, eine fundierte Entscheidung darüber zu treffen, ob sie mit den zuständigen Behörden kooperieren. Dauer und Beginn können nach dem innerstaatlichen Recht festgelegt werden. Die Einräumung einer Bedenkzeit lässt aber eine etwaige strafprozessuale Verpflichtung von Opferzeugen zur Aussage unberührt[118].

65 Die **Ausreisefrist** beträgt nach Abs. 7 S. 2 **mindestens drei Monate.** Sie ist ggf. länger zu bemessen, um sicherzustellen, dass sich die betroffene Person im Sinne einer persönlichen psychischen Stabilisierung von den Folgen der Straftat erholen, dem Einfluss der Täter entziehen und Kontakt zu den bestehenden Fachberatungsstellen herstellen kann und daher eine fundierte Entscheidung über die Mitwirkung und Aussagebereitschaft als Zeuge in einem Strafverfahren möglich ist. Die Frist dient – im Hinblick auf eine nachfolgend ggf. zu treffende Entscheidung nach § 25 IVa – auch dazu, weitergehend zu klären, ob bei dem ausreisepflichtigen Ausländer tatsächlich anzunehmen ist, dass er ein Opfer von Menschenhandel ist und er als Zeuge für ein Strafverfahren im Zusammenhang mit Menschenhandel in Betracht kommt.

66 Durch die Bestimmung der durch Art. 6 I Opferschutz-RL vorgegebenen Bedenkzeit als Ausreisefrist wird gleichzeitig die Vorgabe aus Art. 6 II Opferschutz-RL erfüllt, dass während der Bedenkzeit keine Rückführungsentscheidungen vollstreckt werden dürfen. Die in S. 3 aufgenommenen **Gründe für ein vorzeitiges Ende der verfügten Ausreisefrist** sind den Beendigungsgründen in Art. 6 IV Opferschutz-RL entnommen. Dabei wurde eine Formulierung gewählt, die dem Geist der Opferschutz-RL entspricht. Maßgeblich ist danach, dass das Opfer wieder freiwillig Verbindung zu den Tatverdächtigen aufgenommen hat. Die in der Opferschutz-RL enthaltenen Begriffe „aktiv" und „aus eigener Initiative" werden durch das im Gesetzestext enthaltene Wort „freiwillig" mit abgedeckt. Bei der Frage, ob eine freiwillige Kontaktaufnahme vorliegt, ist zu beachten, ob das Opfer sich aufgrund bestehender Zwänge zu einer Fortsetzung des Kontakts genötigt sieht oder ob die Täter den Kontakt mit dem Opfer forcieren, insbesondere um eine Einbeziehung des Opfers als Zeuge im Strafverfahren zu behindern. Die nachträgliche Verkürzung oder Aufhebung der Ausreisefrist muss die Ausländerbe-

---

[114] RL 2004/81/EG des Rates vom 29.4.2004 über die Erteilung von Aufenthaltstitel für Drittstaatsangehörige, die Opfer des Menschenhandels sind oder denen Beihilfe zur illegalen Einwanderung geleistet wurde und die mit den zuständigen Behörden kooperieren (ABl. 2004 L 261, 19).
[115] RL 2009/52/EG des Europäischen Parlaments und des Rates v. 18.6.2009 über die Mindeststandards für Sanktionen und Maßnahmen gegen Arbeitgeber, die Drittstaatsangehörige ohne rechtmäßigen Aufenthalt beschäftigen (ABl. 2009 L 168, 24).
[116] Ebenso VG Düsseldorf GB v. 12.6.2017 – 7 K 6086/17.A, BeckRS 2017, 114915.
[117] Zutr. VG Ansbach Beschl. v. 27.1.2020 – AN 17 S 19.51203, BeckRS 2020, 1152 Rn. 31.
[118] BT-Drs. 17/5470, 24.

hörde anordnen, wenn die genannten Gründe vorliegen. Wie weit die Behörde die Frist verkürzt oder ob sie sie ganz entfallen lässt, entscheidet die Ausländerbehörde nach Lage des Falles nach pflichtgemäßem Ermessen.

Nach **Abs. 7 S. 4** haben die Ausländerbehörde im Rahmen der Festsetzung der Ausreisefrist die betreffenden Personen zugleich auf die für Opfer von Menschenhandel iSd Opferschutz-RL bestehenden gesetzlichen Regelungen, Programme und Maßnahmen (ua Betreuung durch Fachberatungsstellen, mögliche Aufnahme in ein polizeiliches Zeugenschutzprogramm, Möglichkeit der Erteilung einer Aufenthaltserlaubnis nach § 25 IVa, des Arbeitsmarktzugangs, des Zugangs zu Leistungen zur Sicherung des Lebensunterhalts) hinzuweisen. Damit wird die Verpflichtung aus **Art. 5 Opferschutz-RL (Information der betroffenen Drittstaatsangehörige)** erfüllt. Die Ausländerbehörde oder das BAMF können Nichtregierungsorganisationen oder andere geeignete Vereinigungen mit der Information beauftragen (Art. 5 UAbs. 2). Die Verantwortung verbleibt dabei bei der Ausländerbehörde oder, bei asylverfahrensrechtlichen Abschiebungsandrohungen, bei dem BAMF. 67

Die in Abs. 7 S. 1 und 2 vorgesehene Bedenkfrist gilt auch für Opfer von Straftaten nach §§ 10 I, 11 I Nr. 3 **SchwarzArbG** oder § 15a **AÜG** (vgl. § 25 IVb). Abs. 7 S. 3 ist auch auf Fälle illegaler Beschäftigung erstreckt, wobei allerdings Nr. 2 ausdrücklich keine Anwendung findet, weil etwa eine Kontaktaufnahme zur Durchsetzung des Vergütungsanspruchs für diesen Personenkreis notwendig werden kann. 68

Bei der Festlegung, Aufhebung oder Verkürzung einer Ausreisefrist nach Abs. 7 besteht – im öffentlichen Interesse – grundsätzlich das Erfordernis, die Staatsanwaltschaft oder das Strafgericht zu beteiligen, § 72 VI. 69

10. Sonderfälle nach der Sanktions-RL (Abs. 8)

Art. 6 II 2 der Sanktions-RL[119], sieht vor, dass illegal beschäftigte Drittstaatsangehörige vor ihrer Abschiebung systematisch und objektiv über ihre Rechte gemäß Art. 6 II und Art. 13 der Sanktions-RL in einer für sie **verständlichen Sprache** zu informieren sind. Abs. 8 setzt diese unionsrechtliche Vorgabe zur Unterrichtung der betreffenden Ausländer ins nationale Recht um. Der Inhalt der **Informationspflicht** umfasst nach Art. 6 II 2 Sanktions-RL vor allem die Erteilung von Hinweisen auf Vergütungsansprüche der illegal beschäftigten Drittstaatangehörigen gegen ihren Arbeitgeber und deren Verjährungsfristen und deren praktische Durchsetzung. § 59 VIII ist in Zusammenschau mit den Art. 6 und 13 Sanktions-RL zu lesen; Letztere füllen Abs. 8 inhaltlich aus. So betrachtet, setzt § 59 VIII das Unionsrecht ordnungsgemäß um[120]. 70

III. Rechtsschutz

Gegen die Abschiebungsandrohung kann Rechtsschutz ebenso in Anspruch genommen werden **wie gegenüber der Abschiebung;** auch sie ist eine Maßnahme der Verwaltungsvollstreckung. Dabei ist zu beachten, dass der Zielstaat endgültig erst vor der Abschiebung festgelegt wird, aber in der Androhung alle eventuellen Zielstaaten zu nennen sind und nachträgliche Einwendungen weitgehend ausgeschlossen sind (vgl. § 59 IV und § 82 I–III). 71

Daneben besteht die Möglichkeit, die **Ausreisefrist** einer gesonderten gerichtlichen Überprüfung zu unterziehen, ohne gleichzeitig auch die Abschiebungsandrohung anzufechten. Dabei kann das Verfahren auf Einwendungen gegen die Ausreisefrist beschränkt werden, wenn um die Rechtmäßigkeit der Abschiebungsandrohung selbst nicht (mehr) gestritten wird[121]. Die Festsetzung der Ausreisefrist muss das Bestimmtheitsgebot sowohl hinsichtlich des Fristbeginns, also des Zeitpunkts, ab welchem die Frist zu laufen beginnt, als auch hinsichtlich der Fristdauer wahren. Weil die Ausreisefrist dem Ausländer ermöglichen soll, den zwangsweisen Vollzug der Ausreisepflicht durch eine freiwillige Ausreise abzuwenden, muss für diesen zweifelsfrei und klar erkennbar sein, bis wann diese Möglichkeit besteht. Eine Abschiebungsandrohung kann deshalb erst dann vollzogen werden, wenn eine (ggf. erneut) gesetzte (rechtmäßige) Ausreisefrist festgesetzt wurde und diese abgelaufen ist[122]. 72

Wird dem Antrag auf Anordnung der aufschiebenden Wirkung von Widerspruch oder Klage nach § 80 V VwGO **stattgegeben,** wirkt diese Entscheidung auf den Zeitpunkt des Erlasses der Abschiebungsandrohung zurück, mit der Folge, dass diese (vorläufig) nicht vollziehbar ist. Nach früherem Recht wurde die Abschiebungsandrohung mit Bestandskraft der Anordnung, also nach Ablauf der Beschwerdefrist (§ 147 VwGO) oder Zurückweisung der Beschwerde der Ausländerbe- 73

---

[119] RL 2009/52/EG, ABl. 2009 L 168, S. 24.
[120] AA *Funke-Kaiser* in GK-AufenthG § 59 Rn. 193 mit dem Argument, dass Abs. 8 selbst zum Inhalt der Informationspflicht keine ausdrücklichen Angaben macht.
[121] Zum Asylrecht BVerwG Urt. v. 3.4.2001 – 9 C 22.00, BVerwGE 114, 122 (124 f.); zu § 59 I 1 AufenthG VG München Beschl. v. 20.6.2018 – M 25 S 18.2859, BeckRS 2018, 12897.
[122] OVG RhPf Beschl. v. 22.9.2020 – 7 B 11003/20, BeckRS 2020, 24424.

hörde gegenstandslos[123]. Durch Abs. 1 S. 6 ist jetzt die Ausreisefrist in diesem Fall lediglich unterbrochen.

74 **Nach Unanfechtbarkeit hat sich die vollzogene Abschiebungsandrohung erledigt** (§ 113 I 4 VwGO, § 43 II VwVfG). Einer Klage fehlt das Rechtsschutzinteresse. Es ist zwischen der Abschiebungsandrohung und der Vollstreckungshandlung, dh der Abschiebung, zu unterscheiden. Sperrwirkung entfaltet nicht die Abschiebungsandrohung als Grundverwaltungsakt – anders als bei der Ausweisung –, sondern die Abschiebung. Weder kann sie für eine erneute Abschiebung herangezogen werden, noch kommt nach der Unanfechtbarkeit auch eine Vollzugsfolgenbeseitigung nach § 113 I 2 VwGO in Betracht. Überwiegend wird vor Eintritt der Bestandskraft davon ausgegangen, dass die Abschiebung nicht zur Erledigung der Abschiebungsandrohung als dem rechtfertigenden Grund des Vollstreckungsakts führt[124]. Als Hauptargument wird die Möglichkeit einer Vollzugsfolgenbeseitigung hervorgehoben. Diese scheidet aber nach Eintritt der Bestandskraft aus. Allein der Umstand, dass die Abschiebung Grundlage für eine Kostenerhebung sein kann, rechtfertigt nicht die Annahme der Wirksamkeit der Abschiebungsandrohung. Hieran ändert der Umstand nichts, dass für die Frage des Ersatzes der Vollstreckungskosten von Bedeutung sein kann, ob die vollstreckte Grundverfügung rechtmäßig war. Denn die Verpflichtung zur Erstattung der Kosten der Abschiebung wird nicht in der Abschiebungsandrohung, sondern in einem eigenständigen Kostenbescheid auf Grundlage des § 66 konkretisiert. Die gesetzliche Kostenregelung knüpft ihrerseits allein an das Vorliegen einer Abschiebung an. Deren Rechtmäßigkeit kann von der Rechtmäßigkeit der Abschiebungsandrohung abhängen; sie setzt aber nicht die rechtliche Wirksamkeit der Abschiebungsandrohung als dem der Vollstreckung zugrunde liegenden Grundverwaltungsakt voraus.

75 Auch als Rechtsgrund für eine fortwirkende Rechtsfolge wirkt die vollstreckte Abschiebungsandrohung nicht fort, wie dies etwa bei der Vollziehung von Abgabenbescheiden der Fall ist (vgl. § 113 I 2 VwGO). Denn die **Sperrwirkung** ist nach Unanfechtbarkeit der Abschiebungsandrohung nicht von der Wirksamkeit der Abschiebungsandrohung abhängig, sondern ausschließlich von dem Umstand, dass der Ausländer „abgeschoben worden ist". Die gesetzliche Rechtsfolge setzt daher nur eine Abschiebung voraus, nicht aber das Fortwirken der vollzogenen Abschiebungsandrohung. Eine Ausnahme hat das BVerwG mit Blick auf Art. 19 IV GG für den Fall angenommen, dass die Abschiebung während des noch laufenden Rechtsmittelverfahrens vollzogen wird[125]. Die Sperrwirkung des § 11 greift danach nur dann ein, wenn die in Streit stehende Versagung des Aufenthaltstitels nach der im Zeitpunkt der letzten behördlichen Entscheidung bestehenden Sach- und Rechtslage rechtmäßig war und der Kläger deshalb seinerzeit auch zu Recht abgeschoben worden ist[126]. Nach der Unanfechtbarkeit des die Ausreisepflicht begründenden Verwaltungsakts und der Abschiebungsandrohung besteht keine Anfechtungsmöglichkeit mehr, sodass das Aufrechterhalten der Wirksamkeit eines Verwaltungsakts zum Zweck der Ermöglichung effektiven Rechtsschutzes nicht mehr erforderlich ist.

76 Einem **Ausländer in Abschiebungshaft** (§ 62) muss auch am Wochenende und an Feiertagen diejenige Kommunikation ermöglicht werden, die zur sach- und zeitgerechten Führung eines einstweiligen Rechtsschutzverfahrens – auch gegen eine Abschiebungsandrohung – erforderlich ist[127]. Im Hinblick auf **Abs. 1 S. 8** hat das BVerfG eine eA nach § 32 BVerfG erlassen, um näher zu prüfen, welche verfassungsrechtlichen Anforderungen aus Art. 19 IV 1 GG für die Möglichkeit einer Kontaktaufnahme zwischen einem in Abschiebungshaft befindlichen Ausreisepflichtigen und dessen Anwalt abzuleiten sind[128]. Eine Sachentscheidung des BVerfG ist noch nicht ergangen.

77 Ergeht gegen einen **erfolglos gebliebenen Asylbewerber** eine Abschiebungsandrohung nach § 34 I AsylG, gilt für den Rechtsschutz Folgendes: Ein Antrag auf Gewährung vorläufigen Rechtsschutzes nach § 80 V VwGO iVm § 36 III 1 AsylG hindert nach § 36 III 8 AsylG den Vollzug der angedrohten Abschiebung (Vollzugshemmung), nicht aber deren Vollziehbarkeit. § 59 I 6 und 7, der auf den Wegfall der „Vollziehbarkeit der Ausreisepflicht oder der Abschiebungsandrohung" abstellt, ist nicht (entsprechend) anwendbar[129]. § 36 III AsylG kann – nach dem Ergehen des **Gnandi-Urteils des EuGH**[130] – nicht unionsrechtskonform dahin gehend ausgelegt werden, dass ein Antrag nach § 80 V VwGO eine auf die Dauer des Eilverfahrens begrenzte Aussetzung aller Rechtswirkungen der Abschiebungsandrohung bewirkt[131]. Das Bundesamt kann nach § 80 IV 1 VwGO die Vollziehung einer Abschiebungsandrohung aussetzen, um dem gesetzlichen Regelgebot des § 34 II 1 AsylG, ablehnende Asylentscheidung und Abschiebungsandrohung zu verbinden, Folge zu leisten und zugleich den unionsrechtlichen Anforderungen an eine solche Verknüpfung zu ent-

---

[123] VGH BW Beschl. v. 30.3.1990 – 1 S 295/90, EZAR 132 Nr. 3; HessVGH Beschl. v. 5.4.1990 – 13 TH 4801/88, EZAR 132 Nr. 4.
[124] Näher GK-AuslR § 59 Rn. 204 ff.
[125] BVerwG Urt. v. 16.7.2002 – 1 C 8.02, BVerwGE 116, 378 (384).
[126] BVerwG Urt. v. 16.7.2002 – 1 C 8.02, BVerwGE 116, 378 (384).
[127] BayVGH Beschl. v. 17.7.2018 – 19 CE 18.1210, BeckRS 2018, 26784.
[128] BVerfG Beschl. v. 22.5.2018 – 2 BvQ 45/18, BeckRS 2018, 24833.
[129] BVerwG Urt. v. 20.2.2020 – 1 C 19.10 – BVerwGE 167, 383 Rn. 39.
[130] EuGH GK Urt. v. 19.5.2018 – C-181/16, NVwZ 2018, 1625 – Gnandi.
[131] BVerwG Urt. v. 20.2.2020 – 1 C 19.10 – BVerwGE 167, 383 Rn. 43.

sprechen[132]. Eine Verletzung der Pflicht, den Ausländer über die ihm nach dem Unionsrecht bis zur Entscheidung über die Klage zustehenden Verfahrens-, Schutz- und Teilhaberechte zu unterrichten, führt nicht zur Rechtswidrigkeit einer Abschiebungsandrohung[133].

§ 60 Verbot der Abschiebung

(1) [1]In Anwendung des Abkommens vom 28. Juli 1951 über die Rechtsstellung der Flüchtlinge (BGBl. 1953 II S. 559) darf ein Ausländer nicht in einen Staat abgeschoben werden, in dem sein Leben oder seine Freiheit wegen seiner Rasse, Religion, Nationalität, seiner Zugehörigkeit zu einer bestimmten sozialen Gruppe oder wegen seiner politischen Überzeugung bedroht ist. [2]Dies gilt auch für Asylberechtigte und Ausländer, denen die Flüchtlingseigenschaft unanfechtbar zuerkannt wurde oder die aus einem anderen Grund im Bundesgebiet die Rechtsstellung ausländischer Flüchtlinge genießen oder die außerhalb des Bundesgebiets als ausländische Flüchtlinge nach dem Abkommen über die Rechtsstellung der Flüchtlinge anerkannt sind. [3]Wenn der Ausländer sich auf das Abschiebungsverbot nach diesem Absatz beruft, stellt das Bundesamt für Migration und Flüchtlinge außer in den Fällen des Satzes 2 in einem Asylverfahren fest, ob die Voraussetzungen des Satzes 1 vorliegen und dem Ausländer die Flüchtlingseigenschaft zuzuerkennen ist. [4]Die Entscheidung des Bundesamtes kann nur nach den Vorschriften des Asylgesetzes angefochten werden.

(2) [1]Ein Ausländer darf nicht in einen Staat abgeschoben werden, in dem ihm der in § 4 Absatz 1 des Asylgesetzes bezeichnete ernsthafte Schaden droht. [2]Absatz 1 Satz 3 und 4 gilt entsprechend.

(3) Darf ein Ausländer nicht in einen Staat abgeschoben werden, weil dieser Staat den Ausländer wegen einer Straftat sucht und die Gefahr der Verhängung oder der Vollstreckung der Todesstrafe besteht, finden die Vorschriften über die Auslieferung entsprechende Anwendung.

(4) Liegt ein förmliches Auslieferungsersuchen oder ein mit der Ankündigung eines Auslieferungsersuchens verbundenes Festnahmeersuchen eines anderen Staates vor, darf der Ausländer bis zur Entscheidung über die Auslieferung nur mit Zustimmung der Behörde, die nach § 74 des Gesetzes über die internationale Rechtshilfe in Strafsachen für die Bewilligung der Auslieferung zuständig ist, in diesen Staat abgeschoben werden.

(5) Ein Ausländer darf nicht abgeschoben werden, soweit sich aus der Anwendung der Konvention vom 4. November 1950 zum Schutze der Menschenrechte und Grundfreiheiten (BGBl. 1952 II S. 685) ergibt, dass die Abschiebung unzulässig ist.

(6) Die allgemeine Gefahr, dass einem Ausländer in einem anderen Staat Strafverfolgung und Bestrafung drohen können und, soweit sich aus den Absätzen 2 bis 5 nicht etwas anderes ergibt, die konkrete Gefahr einer nach der Rechtsordnung eines anderen Staates gesetzmäßigen Bestrafung stehen der Abschiebung nicht entgegen.

(7) [1]Von der Abschiebung eines Ausländers in einen anderen Staat soll abgesehen werden, wenn dort für diesen Ausländer eine erhebliche konkrete Gefahr für Leib, Leben oder Freiheit besteht. [2]§ 60a Absatz 2c Satz 2 und 3 gilt entsprechend. [3]Eine erhebliche konkrete Gefahr aus gesundheitlichen Gründen liegt nur vor bei lebensbedrohlichen oder schwerwiegenden Erkrankungen, die sich durch die Abschiebung wesentlich verschlechtern würden. [4]Es ist nicht erforderlich, dass die medizinische Versorgung im Zielstaat mit der Versorgung in der Bundesrepublik Deutschland gleichwertig ist. [5]Eine ausreichende medizinische Versorgung liegt in der Regel auch vor, wenn diese nur in einem Teil des Zielstaats gewährleistet ist. [6]Gefahren nach Satz 1, denen die Bevölkerung oder die Bevölkerungsgruppe, der der Ausländer angehört, allgemein ausgesetzt ist, sind bei Anordnungen nach § 60a Abs. 1 Satz 1 zu berücksichtigen.

(8) [1]Absatz 1 findet keine Anwendung, wenn der Ausländer aus schwerwiegenden Gründen als eine Gefahr für die Sicherheit der Bundesrepublik Deutschland anzusehen ist oder eine Gefahr für die Allgemeinheit bedeutet, weil er wegen eines Verbrechens oder besonders schweren Vergehens rechtskräftig zu einer Freiheitsstrafe von mindestens drei Jahren verurteilt worden ist. [2]Das Gleiche gilt, wenn der Ausländer die Voraussetzungen des § 3 Abs. 2 des Asylgesetzes erfüllt. [3]Von der Anwendung des Absatzes 1 kann abgesehen werden, wenn der Ausländer eine Gefahr für die Allgemeinheit bedeutet, weil er wegen einer oder mehrerer vorsätzlicher Straftaten gegen das Leben, die körperliche Unversehrtheit, die sexuelle Selbstbestimmung, das Eigentum oder wegen Widerstands gegen Vollstreckungsbeamte rechtskräftig zu einer Freiheits- oder Jugendstrafe von mindestens einem Jahr verurteilt worden ist, sofern die Straftat mit Gewalt, unter Anwendung von Drohung mit Gefahr für Leib oder Leben oder mit List begangen worden ist oder eine Straftat nach § 177 des Strafgesetzbuches ist.

---

[132] BVerwG Urt. v. 20.2.2020 – 1 C 19.10 – BVerwGE 167, 383 Rn. 55.
[133] BVerwG Urt. v. 20.2.2020 – 1 C 19.10 – BVerwGE 167, 383 Rn. 68.

1 AufenthG § 60

(9) ¹In den Fällen des Absatzes 8 kann einem Ausländer, der einen Asylantrag gestellt hat, abweichend von den Vorschriften des Asylgesetzes die Abschiebung angedroht und diese durchgeführt werden. ²Die Absätze 2 bis 7 bleiben unberührt.

(10) ¹Soll ein Ausländer abgeschoben werden, bei dem die Voraussetzungen des Absatzes 1 vorliegen, kann nicht davon abgesehen werden, die Abschiebung anzudrohen und eine angemessene Ausreisefrist zu setzen. ²In der Androhung sind die Staaten zu bezeichnen, in die der Ausländer nicht abgeschoben werden darf.

Allgemeine Verwaltungsvorschrift
60 Zu § 60 – Verbot der Abschiebung
60.0 Allgemeines und Verfahren

60.0.1.0 § 60 Absatz 1 regelt das Abschiebungsverbot für Flüchtlinge nach der Genfer Flüchtlingskonvention. Die Vorschrift legt die Voraussetzungen der Flüchtlingseigenschaft fest. Sie entspricht Artikel 33 Absatz 1 der Genfer Flüchtlingskonvention. Sie beinhaltet kein generelles Verbot jeder Abschiebung eines Flüchtlings, sondern nur eine Beschränkung hinsichtlich der Zielstaaten. Die Schutzwirkung gilt auch für Drittstaaten, in denen die Gefahr der Abschiebung des Ausländers in einen Verfolgerstaat (Kettenabschiebung) besteht. § 60 Absatz 1 entfaltet keine Schutzwirkung in den Fällen des § 60 Absatz 8 Satz 1 (Artikel 33 Absatz 2 der Genfer Flüchtlingskonvention) bzw. Satz 2 (Artikel 1 F der Genfer Flüchtlingskonvention).

60.0.1.1 Das Abschiebungsverbot gilt für Verfolgte i. S. d. Artikels 33 der Genfer Flüchtlingskonvention, unabhängig davon, ob ihnen die Flüchtlingseigenschaft nach § 3 Absatz 4 AsylVfG zuerkannt worden ist oder nicht (deklaratorische Wirkung der Zuerkennung der Flüchtlingseigenschaft).

60.0.1.2 § 60 Absatz 1 regelt ausschließlich das Abschiebungsverbot. Ob dem Verfolgten daneben weitere Rechte zustehen, hängt maßgeblich von der förmlichen Zuerkennung der Flüchtlingseigenschaft nach § 3 Absatz 4 AsylVfG ab.

60.0.1.3 § 60 Absatz 1 gilt auch für Asylberechtigte nach Artikel 16a Absatz 1 Satz 1 GG, ebenso für Ausländer, die nach Maßgabe des § 26 AsylVfG Familienasyl oder Familienflüchtlingsschutz erhalten haben.

60.0.2 § 60 Absatz 2, 3, 5 und 7 umfassen Gefahren, die dem Ausländer im Zielstaat drohen (so genannte zielstaatsbezogene Abschiebungsverbote). Diese sind zu unterscheiden von Gefahren, die allein durch die Abschiebung als solche oder durch ein sonstiges Verlassen des Bundesgebiets und nicht durch die spezifischen Verhältnisse im Zielstaat eintreten (so genannte inlandsbezogene Vollstreckungshindernisse). Beispiele für inlandsbezogene Vollstreckungshindernisse sind die Trennung der Familie durch Abschiebung eines Teils der Familienangehörigen oder abschiebungsbedingte Gefahren für die körperliche Unversehrtheit (vgl. Nummer 60 a.2.1.1.2.1 und 60 a.2.1.1.2.2). Dies gilt unabhängig davon, ob ein Asylantrag gestellt wurde oder eine negative Entscheidung des Bundesamtes für Migration und Flüchtlinge über Abschiebungsverbote nach § 60 Absatz 2 bis 5 und 7 vorliegt. § 60 Absatz 4 enthält ein Abschiebungsverbot bei einem Auslieferungsersuchen oder einem mit der Ankündigung eines Auslieferungsersuchens verbundenen Festnahmeersuchen eines anderen Staates.

60.0.3 Verfahren zu § 60 Absatz 1

60.0.3.1 Das Bundesamt für Migration und Flüchtlinge entscheidet auf Antrag (§§ 5, 13 AsylVfG) über die Zuerkennung der Flüchtlingseigenschaft (§ 3 Absatz 4 AsylVfG i. V. m. § 60 Absatz 1 Satz 6). Die Entscheidung umfasst auch die Sachverhalte, in denen trotz bestehender Verfolgung die Flüchtlingseigenschaft nicht zuzuerkennen ist (§ 3 Absatz 2 und 3 AsylVfG, § 60 Absatz 8).

60.0.3.2 Die Entscheidung des Bundesamtes über den Asylantrag und das Vorliegen von Abschiebungsverboten ist für die Ausländerbehörde verbindlich (§§ 4, 42 AsylVfG). Dies gilt nicht für die Verfahren nach § 58a (siehe Nummer 58 a.3). Für die in § 60 Absatz 1 Satz 2 (Nummer 60.1.1.1) genannten ausländischen Flüchtlinge gilt das Abschiebungsverbot des § 60 Absatz 1 Satz 1. Die asylrechtliche Entscheidung ist für die Ausländerbehörde insbesondere für die Entscheidung darüber maßgebend, ob dem Ausländer

60.0.3.2.1 – nach unanfechtbarer Anerkennung als Asylberechtigter eine Aufenthaltserlaubnis nach § 25 Absatz 1 zu erteilen ist,

60.0.3.2.2 – nach unanfechtbarer Zuerkennung der Flüchtlingseigenschaft eine Aufenthaltserlaubnis gemäß § 25 Absatz 2 zu erteilen ist,

60.0.3.2.3 – und danach ein Reiseausweis für Flüchtlinge nach Artikel 28 Absatz 1 Genfer Flüchtlingskonvention auszustellen ist.

60.0.3.3 Die vollziehbare Ablehnung eines Asylantrages hat zur Folge, dass die nach § 58 Absatz 2 Satz 2 vollziehbare Ausreisepflicht gemäß §§ 58, 59 durchzusetzen ist, wenn der Ausländer der Ausreisepflicht nicht freiwillig nachkommt.

60.0.3.4 Hinsichtlich der Unterrichtung des Bundesamtes für Migration und Flüchtlinge über eine Ausweisung wird auf Nummer 56.4.3.1 und 56.4.3.2 verwiesen. Zur Ausstellung eines Reiseausweises für ausländische Flüchtlinge siehe Nummer 3.3.4.

60.0.3.5 Die Entscheidung des Bundesamtes kann gemäß § 60 Absatz 1 Satz 7 nur nach den Vorschriften des AsylVfG angefochten werden.

60.0.4 Verfahren zu § 60 Absatz 2 bis 5 und 7

60.0.4.1 Soweit es sich nicht um Asylantragsteller handelt, ist von der Ausländerbehörde (§ 71 Absatz 1) das Vorliegen von Abschiebungsverboten nach § 60 Absatz 2 bis 5 und 7 zu prüfen. Art und Umfang der Prüfung richten sich nach dem Vorbringen des Ausländers und sonstigen konkreten Anhaltspunkten für das Vorliegen eines Abschiebungsverbots. Während des Asylverfahrens und nach seinem Abschluss ist die Prüfung von Abschiebungsverboten nach § 60 Absatz 2, 3, 5 und 7 durch die Ausländerbehörde ausgeschlossen (vgl. § 24 Absatz 2 AsylVfG). Soll die Abschiebung auf der Grundlage einer vom Bundesamt erlassenen Abschiebungsandrohung erfolgen, darf die Ausländerbehörde nur noch das Vorliegen des Abschiebungsverbots nach § 60 Absatz 4 prüfen (§ 42 Satz 2 AsylVfG). Macht der Ausländer, nachdem das Bundesamt bzw. das Verwaltungsgericht über den späteren Eintritt eines Abschiebungsverbotes nach § 60 Absatz 2 bis 5 oder Absatz 7 entschieden hat, wegen Änderung der Sachlage erneut zielstaatsbezogene Abschiebungsverbote nach § 60 Absatz 2, 3, 5 oder Absatz 7 geltend, so verweist ihn die Ausländerbehörde an das Bundesamt. Zum

Verbot der Abschiebung **§ 60 AufenthG 1**

Vorbringen eines Asylgesuchs siehe Nummer 58.0.8. Eine entsprechende Prüfung erübrigt sich, wenn der Ausländer in einen Drittstaat, der zu seiner Übernahme verpflichtet ist, abgeschoben werden kann. § 60 Absatz 2, 3, 5 und 7 verbietet die Abschiebung nur in den Staat, in dem dem Ausländer die genannte Gefahr droht, ebenso die Abschiebung in einen Drittstaat, in dem eine Weiterschiebung in den Verfolgerstaat droht (Kettenabschiebung).

60.0.4.2 Die Ausländerbehörde entscheidet nach § 79 Absatz 1 auf der Grundlage der ihr vorliegenden und im Bundesgebiet zugänglichen Erkenntnisse, soweit es im Einzelfall erforderlich ist, auch der den deutschen Auslandsvertretungen zugänglichen Erkenntnisse. Sie entscheidet nur nach vorheriger Beteiligung des Bundesamtes für Migration und Flüchtlinge (§ 72 Absatz 2).

60.0.4.3 Die Pflicht zur Sachverhaltsaufklärung wird begrenzt durch §§ 82, 59 Absatz 4. § 59 Absatz 4 Satz 1, 1. Halbsatz schließt für die Ausländerbehörde die Berücksichtigung von Umständen zwingend aus, die vor Eintritt der Unanfechtbarkeit der Abschiebungsandrohung im Zielstaat eingetreten sind. Es liegt in der Mitwirkungspflicht des Ausländers, Umstände, die ausschließlich den persönlichen Lebensbereich betreffen, geltend zu machen. Von der Ausländerbehörde können insbesondere Lageberichte und Stellungnahmen des Auswärtigen Amtes oder – in Fällen des § 60 Absatz 4 – der zuständigen Justizbehörde eingeholt werden. In Fällen des § 60 Absatz 8 kann auch beim Bundeskriminalamt Auskunft erbeten werden, ob dort Erkenntnisse über ein in der betreffenden Angelegenheit veranlasstes internationales Fahndungsersuchen vorliegen.

60.0.4.4 Das Bundesamt für Migration und Flüchtlinge ist nach Asylantragstellung des Ausländers für die Entscheidung zuständig, ob ein Abschiebungsverbot nach § 60 Absatz 2 bis 5 oder Absatz 7 vorliegt (§ 5 Absatz 1 Satz 2 AsylVfG, § 24 Absatz 2 AsylVfG, § 31 Absatz 3 Satz 1 AsylVfG). Im Verfahren nach § 18a AsylVfG wirkt sich die Feststellung des Bundesamtes in Bezug auf das Vorliegen eines Abschiebungsverbots i. S. v. § 60 Absatz 2, 3, 5 oder Absatz 7 auf die von der Grenzbehörde verfügte Einreiseverweigerung aus (§ 18a Absatz 3 AsylVfG), wenn nicht ein zur Aufnahme verpflichteter verfolgungssicherer Staat oder ein sicherer Drittstaat (§ 26a AsylVfG) für die Abschiebung in Betracht kommt.

60.0.4.5 Ist nach Maßgabe des AsylVfG das Bundesamt für die Entscheidung über das Vorliegen von Abschiebungsverboten nach § 60 Absatz 2 bis 5 und 7 zuständig, ist die Ausländerbehörde an die Entscheidung des Bundesamtes für Migration und Flüchtlinge oder des Verwaltungsgerichtes gebunden (§ 42 Satz 1 AsylVfG). Dies gilt auch bei einer nachträglichen Änderung der Verhältnisse (Ausnahme § 60 Absatz 4, § 42 Satz 2 AsylVfG), da es Sache des Bundesamtes ist, einer solchen Änderung durch eine neue Entscheidung Rechnung zu tragen (vgl. § 73 Absatz 3 AsylVfG). Wird gegenüber der Ausländerbehörde geltend gemacht, eine vom Bundesamt zu § 60 Absatz 2, 3, 5 oder Absatz 7 getroffene Feststellung sei zu ändern, verweist die Ausländerbehörde auf die Zuständigkeit des Bundesamtes hinsichtlich des Wiederaufgreifens des Verfahrens. In diesen Fällen hat die Ausländerbehörde § 59 Absatz 4 zu berücksichtigen, wenn kein Asylfolgeantrag oder kein Antrag auf Wiederaufgreifen des Verfahrens zu § 60 Absatz 2, 3, 5 oder Absatz 7 gestellt wird. Das Bundesamt prüft auch im Falle der Rücknahme eines Asylantrags, ob Abschiebungsverbote gemäß § 60 Absatz 2 bis 5 oder Absatz 7 vorliegen (§ 32 AsylVfG).

60.0.4.6 Das Bundesamt unterrichtet die Ausländerbehörde über den Widerruf eines Abschiebungsverbots nach § 60 Absatz 2, 3, 5 oder Absatz 7 (vgl. auch § 40 AsylVfG).

60.0.4.7.1 Mit § 60 Absatz 2, 3 und 7 Satz 2 werden die Bestimmungen zum subsidiären Schutz in der Richtlinie 2004/83/EG des Rates vom 29. April 2004 über Mindestnormen für die Anerkennung und den Status von Drittstaatsangehörigen oder Staatenlosen als Flüchtlinge oder als Personen, die anderweitig internationalen Schutz benötigen, und über den Inhalt des zu gewährenden Schutzes (ABl. EU L 304 S. 12, so genannte Qualifikationsrichtlinie) in das deutsche Recht übertragen. Die allgemeinen Bestimmungen der Richtlinie zum internationalen Schutz (Kapitel II) gelten auch für den subsidiären Schutz (§ 60 Absatz 11, siehe nachfolgend Nummer 60.11.0). Damit sind die Richtlinienbestimmungen z. B. über die nichtstaatliche Verfolgung auch im Rahmen der Prüfung von Abschiebungsverboten zu beachten.

60.0.4.7.2 Zwischen den europarechtlichen (§ 60 Absatz 2, 3 und 7 Satz 2 in Bezug auf das Herkunftsland) und den nationalen subsidiären Schutzbestimmungen (§ 60 Absatz 5) und 7 Satz 1 sowie § 60 Absatz 2, 3 und 7 Satz 2 in Bezug auf Länder, die nicht zugleich das Herkunftsland des Antragstellers darstellen) ist zu unterscheiden, da aus den beiden Kategorien zum Teil unterschiedliche Rechtsfolgen nach sich ziehen. Während bei subsidiärer Schutzgewährung auf der Basis nationaler Schutzbestimmungen nur eine Aufenthaltserlaubnis gewährt werden soll (§ 25 Absatz 3 Satz 1), besteht bei Anwendung der europarechtlichen Bestimmungen ein Anspruch auf die Aufenthaltserlaubnis (Artikel 24 Absatz 2 der Qualifikationsrichtlinie). Ebenso finden bei richtlinienkonformer Auslegung die Ausschlussgründe des § 25 Absatz 3 Satz 2 l. und 2. Alternative („mögliche und zumutbare Ausreise"), „wiederholter oder gröblicher Verstoß gegen Mitwirkungspflichten") bei den europarechtlichen subsidiären Schutzbestimmungen keine Anwendung. Die europarechtlichen subsidiären Schutzbestimmungen sind, da sie weitergehende Rechte vermitteln, vorrangig vor den nationalen Bestimmungen zu prüfen.

60.0.4.8 Bei einer länderübergreifenden Bedeutung des Falles, etwa wegen Bezügen zum internationalen Terrorismus, ist im Rahmen der Feststellung zielstaatsbezogener Abschiebungsverbote auch zu prüfen, ob über das Bundesministerium des Innern die Möglichkeit der Einholung diplomatischer Zusicherungen des Zielstaats besteht und ob damit eine Gefährdung ausgeschlossen werden kann (vgl. hierzu insbesondere Nummer 60.2.1 und 60.2.2).

60.0.4.9 In den Fällen des § 60 Absatz 2, 3, 5 oder Absatz 7 soll dem Ausländer gemäß § 25 Absatz 3 eine Aufenthaltserlaubnis erteilt werden, sofern nicht einer der dort genannten Ausschlussgründe vorliegt. Bei der Entscheidung über das Vorliegen von Ausschlussgründen nach § 25 Absatz 3 Satz 2 Buchstabe a) bis d) ist das Bundesamt für Migration und Flüchtlinge zu beteiligen (§ 72 Absatz 2). Wird die Aufenthaltserlaubnis nicht erteilt, ist dem Ausländer nach § 60a Absatz 4 eine Bescheinigung über die Aussetzung der Abschiebung zu erteilen.

60.1 Flüchtlingsrechtliche Verfolgung

60.1.1.1 Nach § 60 Absatz 1 Satz 2 ist das Abschiebungsverbot auf folgende förmlich anerkannte Flüchtlinge anwendbar, ohne dass Verfolgungsgründe erneut geprüft werden müssten:

60.1.1.1.1 – Asylberechtigte nach Artikel 16a Absatz 1 GG,

60.1.1.1.2 – Ausländer, denen die Flüchtlingseigenschaft nach § 3 Absatz 4 AsylVfG unanfechtbar zuerkannt wurde,

60.1.1.1.3 – Ausländer, die aus einem anderen Grund im Bundesgebiet die Rechtsstellung ausländischer Flüchtlinge genießen, und

60.1.1.1.4 – die sonstigen im Ausland als Flüchtlinge i. S. d. Genfer Flüchtlingskonvention anerkannten Ausländer.

60.1.1.2 Bei den im Ausland anerkannten Flüchtlingen ist maßgeblich, dass sie sich gegenüber der Ausländerbehörde mit einem gültigen ausländischen Reiseausweis für Flüchtlinge aus gewiesen haben. Bestehen im Einzelfall Zweifel an der Zuerkennung der Flüchtlingseigenschaft, kommt eine Rückfrage beim Hohen Flüchtlingskommissar oder beim Bundesamt für Migration und Flüchtlinge in Betracht.

60.1.2 Durch § 60 Absatz 1 Satz 3 wird klargestellt, dass der Verfolgungsgrund der Zugehörigkeit zu einer bestimmten sozialen Gruppe gegeben sein kann, wenn die Verfolgungshandlung allein an das Geschlecht anknüpft, wie z. B. in Fällen drohender Genitalverstümmelung oder in Fällen schwerer häuslicher Gewalt. Gemeinsames Merkmal einer bestimmten sozialen Gruppe kann auch die sexuelle Ausrichtung sein (vgl. Artikel 10 Absatz 1 Buchstabe d) Satz 2 der Qualifikationsrichtlinie). Relevant als Verfolgungshandlung ist nur die Bedrohung des Lebens, der körperlichen Unversehrtheit oder der Freiheit.

60.1.3 § 60 Absatz 1 Satz 4 ist an den Wortlaut des Artikels 6 der Qualifikationsrichtlinie angelehnt. Hierdurch wird klargestellt, dass die Voraussetzungen des Satzes 1 auch bei nichtstaatlicher Verfolgung vorliegen können.

60.1.4 § 60 Absatz 1 Satz 3 und § 60 Absatz 1 Satz 4 gehen den Richtlinienbestimmungen über die geschlechtsspezifische bzw. nichtstaatliche Verfolgung insoweit vor, als Erstere günstigere Regelungen (geschlechtsspezifische Verfolgung) bzw. spezifischere Regelungen (nichtstaatliche Verfolgung) enthalten. Die Richtlinienbestimmungen sind daher nur ergänzend anzuwenden.

60.1.5 Für die Feststellung, ob eine Verfolgung nach Satz 1 vorliegt, ist Artikel 4 Absatz 4 sowie die Artikel 7 bis 10 der Qualifikationsrichtlinie anzuwenden (§ 60 Absatz 1 Satz 5).

60.2 Gefahr der Folter oder der unmenschlichen oder erniedrigenden Behandlung oder Bestrafung (§ 60 Absatz 2)

60.2.1 § 60 Absatz 2 umfasst Artikel 15 Buchstabe b) der Qualifikationsrichtlinie. Die Vorschrift setzt eine individuell-konkrete Gefahr der Folter oder unmenschlicher oder erniedrigender Behandlung oder Bestrafung voraus. Die Regelung schützt vor schweren Menschenrechtsverletzungen im Abschiebungszielstaat, wobei es im Einzelnen auf die Dauer, Schwere und Art des drohenden Eingriffs ankommt. Als schwere Menschenrechtsverletzungen kommen besonders entwürdigende oder in die körperliche Integrität eingreifende Bestrafungen in Betracht, z. B. Auspeitschungen oder Amputationsstrafen. Nicht jede Beeinträchtigung der körperlichen Integrität ist Folter oder unmenschliche oder erniedrigende Behandlung oder Bestrafung in diesem Sinne (z. B. Ohrfeige). Der Eingriff kann sowohl von staatlichen wie von nichtstaatlichen Stellen ausgehen (vgl. § 60 Absatz 11 i. V. m. Artikel 6 der Qualifikationsrichtlinie).

60.2.2 Werden Menschenrechtsverletzungen aus den in § 60 Absatz 1 Satz 1 genannten Gründen (Rasse, Religion usw.) geltend gemacht, sind diese im Rahmen des Asylverfahrens zu prüfen. In Zweifelsfällen (vgl. Nummer 60.1.2) ist immer auf die Möglichkeit der Asylantragstellung beim Bundesamt hinzuweisen.

60.2.3 Soweit vom Zielstaat eine diplomatische Zusicherung des Inhalts erlangt werden kann, dem Betreffenden werde bei Rückkehr keine Behandlung i. S. v. § 60 Absatz 2 drohen, kann dies der ursprünglichen Annahme einer beachtlichen Gefahr i. S. v. § 60 Absatz 2 entgegenstehen. Dabei muss gewährleistet sein, dass sich die zuständigen Stellen des Zielstaats an die Zusicherung halten.

60.2.4 Zu den weiteren Tatbestandsmerkmalen siehe Nummer 60.11.

60.2.5 Im Übrigen siehe Nummer 60.0.4.7.2.

60.3 Gefahr der Todesstrafe

60.3.1 § 60 Absatz 3 setzt Artikel 15 Buchstabe a) der Qualifikationsrichtlinie in das deutsche Rechtum. Für die Schutzgewährung nach dieser Vorschrift ist eine drohende Verhängung oder Vollstreckung der Todesstrafe erforderlich. Die drohende Verhängung der Todesstrafe ist auch dann ausreichend, wenn die Vollstreckung der Todesstrafe offen oder nicht wahrscheinlich ist.

Die Todesstrafe kann i. d. R. nur von Staaten verhängt oder vollstreckt werden. Im Einzelfall kommt eine Verhängung oder Vollstreckung der Todesstrafe auch bei tatsächlicher Herrschaftsmacht in Betracht. Dies setzt aber Strukturen voraus, die mit einem Staatsgefüge vergleichbar sind. Vor allem ist die Existenz eines funktionierenden, nicht notwendigerweise rechtsstaatlichen Rechtssystems erforderlich. Die Gefahr der Todesstrafe kann zudem nur in einem Staat oder Herrschaftsgefüge bestehen, der die Todesstrafe in seiner Rechtsordnung verankert hat.

60.3.2 Im Rahmen der Feststellung eines Abschiebungsverbots nach Absatz 3 ist ggf. zu prüfen, ob nicht die Möglichkeit besteht, durch eine entsprechende diplomatische Zusicherung die Verhängung oder Vollstreckung der Todesstrafe auszuschließen.

60.3.3 Zu den weiteren Tatbestandsmerkmalen siehe Nummer 60.11.

60.3.4 Im Übrigen siehe Nummer 60.0.4.7.2.

60.4 Auslieferungsersuchen

60.4.1 Bei der Auslieferung handelt es sich um die Verbringung des Ausländers in die Hoheitsgewalt eines anderen Staates auf dessen Ersuchen. § 60 Absatz 4 geht davon aus, dass bis zur Entscheidung über die Auslieferung eine Abschiebung des Ausländers nur mit Zustimmung der für die Auslieferung zuständigen Stelle stattfinden kann. Zur Prüfung des in § 60 Absatz 4 genannten Abschiebungsverbots kann sich die Ausländerbehörde darauf beschränken, ob ihr eine Mitteilung nach § 87 Absatz 4 Satz 2 zugegangen ist oder der Ausländer entsprechende Nachweise vorlegt (§ 82 Absatz 1). Die Ausländerbehörde wird über den Antritt der Auslieferungshaft und den Entlassungstermin unterrichtet (§ 74 Absatz 2 Nummer 1 und 3 AufenthV).

60.4.2 Wird das Auslieferungsersuchen abgelehnt, so ist zu prüfen, ob die Gründe, die zu einer Ablehnung geführt haben, auch einer Abschiebung entgegenstehen. Dies ist häufig der Fall, wenn die Auslieferung wegen Fehlens eines rechtsstaatlichen Verfahrens im Herkunftsland, wegen der Gefahr einer politischen Verfolgung oder wegen drohender Todesstrafe verweigert worden ist. Dies ist dagegen nicht der Fall, wenn die Auslieferung nur aus formalen Gründen abgelehnt worden ist, zum Beispiel, weil die Auslieferungsunterlagen nicht innerhalb der dafür vorgesehenen Frist übersandt worden sind. Gleiches gilt, wenn eine Auslieferung allein aus Gründen unterbleibt, die vor allem zwischenstaatlichen Belangen dienen (vgl. z. B. §§ 3, 5 und 11 IRG).

60.4.3 Eine Abschiebung kann trotz laufenden Auslieferungsverfahrens stattfinden, wenn die für die Bewilligung der Auslieferung zuständige Behörde (§ 74 IRG, § 60 Absatz 4) zustimmt. Dieser Weg kann sich in den Fällen empfehlen, in denen die Abschiebung das einfachere und schnellere Verfahren zur Aufenthaltsbeendigung darstellt.

60.5 Abschiebungsverbote nach der Europäischen Menschenrechtskonvention (EMRK)

Verbot der Abschiebung **§ 60 AufenthG 1**

60.5.1 Ein Abschiebungsverbot nach § 60 Absatz 5 i. V. m. den Bestimmungen der EMRK liegt vor, wenn der Abschiebung ein Hindernis entgegensteht, das sich aus einem Schutztatbestand dieser Konvention ergibt. Dabei handelt es sich um Rechtsgutsgefährdungen, die in dem für die Abschiebung in Betracht kommenden Zielstaat drohen (so genannte zielstaatsbezogene Abschiebungsverbote).

60.5.2 Nach Artikel 3 EMRK darf niemand der Folter oder unmenschlicher oder erniedrigender Bestrafung oder Behandlung unterworfen werden. Die Vorschrift stimmt im Grundsatz mit § 60 Absatz 2 überein, soweit es um die Art und Schwere der erforderlichen Eingriffshandlungen geht. Danach ist ein zielgerichteter Eingriff erforderlich, der zugleich eine schwere Menschenrechtsverletzung darstellt. Zu beachten ist dabei aber, dass – anders als bei § 60 Absatz 2 – die Qualifikationsrichtlinie auf Artikel 3 EMRK nicht anwendbar ist (vgl. § 60 Absatz 11). Vielmehr erfolgt die Anwendung von § 60 Absatz 5 i. V. m. Artikel 3 EMRK nach wie vor nach Maßgabe der Rechtsprechung des Bundesverwaltungsgerichts. Nach dieser Rechtsprechung ist die Vorschrift nur im Falle staatlicher oder dem Staat zurechenbarer Eingriffshandlungen anwendbar. Insoweit besteht ein wesentlicher Unterschied zu § 60 Absatz 2.

60.5.3 Für die Beurteilung, ob stichhaltige Gründe für eine dem Artikel 3 EMRK zuwiderlaufenden Behandlung vorliegen, sind sowohl die allgemeine Lage im Zielstaat wie auch die persönlichen Umstände beachtlich. Die Vorschrift schützt nicht vor:

60.5.3.1 – den allgemeinen Folgen von Naturkatastrophen, Bürgerkriegen, anderen bewaffneten Konflikten oder sonstigen allgemeinen Missständen im Zielstaat (vgl. § 60 Absatz 7 Satz 2 und 3) sowie

60.5.3.2 – sonstigen nicht auf einer Eingriffshandlung beruhenden Gefahren (z. B. im Herkunftsstaat nicht behandelbare Krankheiten).

60.5.4 Im Übrigen kann eine Beeinträchtigung anderer als in Artikel 3 EMRK verbürgter, von allen Vertragsstaaten als grundlegend anerkannter Menschenrechtsgarantien ein Abschiebungsverbot nach § 60 Absatz 5 auslösen, wenn diese Menschenrechtsgarantien in ihrem Kern bedroht sind. Dies ist nur in krassen Fällen anzunehmen, d. h. wenn die drohenden Beeinträchtigungen von ihrer Schwere her dem vergleichbar sind, was wegen menschenunwürdiger Behandlung zu einem Abschiebungsverbot nach Artikel 3 EMRK führt. Bei der Abschiebung in einen anderen Vertragsstaat der EMRK ist als weitere Einschränkung zu beachten, dass ein Abschiebungsverbot nur dann angenommen werden kann, wenn dem Ausländer nach seiner Abschiebung schwere und irreparable Misshandlungen drohen und effektiver Rechtsschutz – auch durch den Europäischen Gerichtshof für Menschenrechte – nicht oder nicht rechtzeitig zu erreichen ist.

60.5.5 Die Auswirkung aufenthaltsbeendender Maßnahmen auf das Recht auf Familien- und Privatleben nach Artikel 8 EMRK ist als inlandsbezogenes Vollstreckungshindernis im Rahmen von § 60a Absatz 2 von der Ausländerbehörde, nicht aber als zielstaatsbezogenes Abschiebungsverbot zu beachten.

60.5.6 Auch ein Abschiebungsverbot nach § 60 Absatz 5 i. V. m. Artikel 6 EMRK (Garantie auf ein faires Verfahren) kommt nur in Betracht, wenn dem Betroffenen im Abschiebungszielstaat Beeinträchtigungen drohen, die einen äußersten menschenrechtlichen Mindeststandard unterschreiten und in einen absolut geschützten menschenrechtlichen Kernbereich eingreifen. Auch der Europäische Gerichtshof für Menschenrechte hat ein Abschiebungsverbot auf Grund von Artikel 6 EMRK nur ausnahmsweise in Fällen für denkbar gehalten, in denen der Betroffene im Abschiebungszielstaat eine offenkundige Verweigerung eines fairen Prozesses erfahren musste oder hierfür ein Risiko besteht.

60.6 Gefahr der Strafverfolgung und Bestrafung in einem anderen Staat

60.6.1 Die Ahndung kriminellen Unrechts in einem anderen Staat begründet i. d. R. noch kein Abschiebungsverbot. Eine Abschiebung ist regelmäßig nicht ausgeschlossen, wenn ein Ausländer

60.6.1.1 – der allgemeinen Gefahr der Strafverfolgung und Bestrafung (z. B. wegen Steuerhinterziehung) in einem anderen Staat oder

60.6.1.2 – der konkreten Gefahr einer nach der Rechtsordnung eines anderen Staates gesetzmäßigen Bestrafung ausgesetzt ist.

60.6.2 Eine drohende Bestrafung in einem anderen Staat begründet dann ein Abschiebungsverbot, wenn damit zugleich die Voraussetzungen von § 60 Absatz 2, 3 oder Absatz 5 erfüllt werden. Dies ist der Fall bei drohender Verhängung oder Vollstreckung der Todesstrafe (§ 60 Absatz 3) oder wenn die Bestrafung als solche Folter oder eine unmenschliche oder erniedrigende Bestrafung darstellt (§ 60 Absatz 5), z. B. wenn es sich um Körperstrafen – wie etwa die Amputation von Gliedmaßen nach der Scharia – handelt. Eine unmenschliche oder erniedrigende Bestrafung kann im Einzelfall auch vorliegen, wenn die Strafe grob unverhältnismäßig ist, weil zwischen begangener Tat und drohender Strafe ein drastisches Missverhältnis besteht. Erwartet den Ausländer im Zielstaat eine wesentlich härtere Bestrafung als dies dort in vergleichbaren Fällen der Fall ist, kann dies nach den Umständen des Einzelfalles ein Indiz dafür sein, dass die Bestrafung nicht oder nicht allein der Ahndung kriminellen Unrechts, sondern politischen Zwecken dient. In diesen Fällen ist zu prüfen, ob nicht eine asyl- oder flüchtlingsrechtlich relevante Bestrafung vorliegt, für deren Beurteilung das Bundesamt für Migration und Flüchtlinge zuständig ist.

60.6.3 In Fällen, in denen eine Bestrafung droht, weil der Ausländer sich dem Wehrdienst entzogen hat, um nicht an der Begehung von Kriegsverbrechen, Verbrechen gegen die Menschlichkeit i. S. d. internationalen Vertragswerke oder anderer in Artikel 12 Absatz 2 Qualifikationsrichtlinie aufgeführten Handlungen teilnehmen zu müssen, ist Artikel 9 Absatz 2 Buchstabe e) der Qualifikationsrichtlinie zu beachten. Nach der Wertung dieser Vorschrift kann eine Bestrafung in diesen Fällen auch eine flüchtlingsrelevante Verfolgung sein, da niemand dazu verpflichtet werden darf, schwere Menschenrechtsverletzungen zu begehen. Der gleiche Grundsatz gilt auch für die subsidiäre Schutzgewährung. Daher ist darauf zu achten, dass die Strafverfolgung oder Bestrafung wegen Wehrdienstentziehung aus den o. g. Gründen nicht mit einer Bestrafung im herkömmlichen Sinne (§ 60 Absatz 6) gleichgesetzt wird.

60.7 Humanitäre Abschiebungsverbote und Abschiebungsverbot im Rahmen bewaffneter Konflikte

60.7.1.1 § 60 Absatz 7 Satz 1 setzt eine individuell-konkrete Gefahr in einem anderen Staat voraus. Begünstigt sind nur Ausländer, die von einem Einzelschicksal betroffen sind.

60.7.1.2 Nach § 60 Absatz 7 Satz 1 ist die Abschiebung in der Regel verboten. Soweit das Bundesamt für Migration und Flüchtlinge für die Feststellung dieses Abschiebungsverbotes zuständig ist, prüft es auch, ob ein atypischer Fall vorliegt, in dem ausnahmsweise abgeschoben werden kann.

60.7.1.3 § 60 Absatz 7 Satz 1 erfasst zielstaatsbezogene Gefahren, die nicht bereits unter § 60 Absatz 2, 3 oder Absatz 5 fallen und die einzelne Ausländer konkret und in individualisierbarer Weise betreffen. Im Unterschied zu

Dollinger 1167

§ 60 Absatz 2, 3 und 5 setzt § 60 Absatz 7 Satz 1 keine Eingriffshandlungen voraus. Z. B. kann auch die Gefahr einer wesentlichen Gesundheitsverschlechterung ein Abschiebungsverbot nach § 60 Absatz 7 Satz 1 begründen, falls diese wegen der spezifischen Verhältnisse im Herkunftsland besteht und ihr nicht durch entsprechende Behandlungsmöglichkeiten begegnet werden kann; ebenso können extreme existenzielle Notlagen zu einem Abschiebungsverbot führen. Zu beachten ist allerdings die Sperrwirkung von § 60 Absatz 7 Satz 3 (vgl. Nummer 60.7.3.1).

60.7.1.3.1 Die Gefahr, dass sich die Krankheit eines ausreisepflichtigen Ausländers in seinem Heimatstaat verschlimmert, weil die Behandlungsmöglichkeiten dort unzureichend sind, kann ein Abschiebungsverbot nach § 60 Absatz 7 Satz 1 darstellen. Erheblich ist die Gefahr, wenn sich der Gesundheitszustand aufgrund des rückführungsbedingten Abbruchs einer notwendigen und (auch in Anspruch genommenen) medizinischen Behandlung wegen einer unzureichenden oder nicht zugänglichen Behandlungsmöglichkeit im Heimatland wesentlich oder gar lebensbedrohlich verschlechtern würde. Auch insoweit ist die Sperrwirkung des Absatzes 7 Satz 3 (vgl. Nummer 60.7.3) zu berücksichtigen.

60.7.1.3.2 Die in § 59 Absatz 4 festgelegte Verpflichtung bzw. eröffnete Möglichkeit, in bestimmten Fällen Umstände, die einer Abschiebung entgegenstehen könnten, unberücksichtigt zu lassen, kann bei verfassungskonformer Auslegung für Fälle schwerster Gesundheitsgefährdung bis hin zur Lebensgefahr keine Anwendung finden. Es obliegt aber den Betroffenen, durch ein ärztliches Attest oder eine ärztliche Stellungnahme des behandelnden Arztes die bestehenden Erkrankungen, die zu einem Abschiebungsverbot führen können, zur Überzeugung der Ausländerbehörde zu belegen. Welche Anforderungen an derartige Bescheinigungen zu stellen sind, ergibt sich zunächst aus der Art der geltend gemachten Erkrankung. Für die Entscheidungserheblichkeit vorgelegter Atteste oder Stellungnahmen ist die inhaltliche Nachvollziehbarkeit von Bedeutung. Um zu aussagekräftigen ärztlichen Stellungnahmen zu kommen, ist es oftmals unerlässlich, konkrete Fragen zu formulieren, insbesondere hinsichtlich der voraussichtlichen Dauer der Erkrankung und der Art und Dauer einer möglichen Therapie.

60.7.1.3.3 Gegebenenfalls ist eine Überprüfung durch einen unabhängigen Gutachter erforderlich. Als Gutachter kommen in der Regel nur approbierte Ärzte (u. a. Amtsärzte), Psychotherapeuten, Fachärzte für Psychiatrie und Psychotherapie, Rechtspsychologen und forensische Psychiater in Betracht. Gutachter und behandelnder Arzt oder Psychologe dürfen nicht identisch sein. Der Betroffene muss sein Einverständnis zu der Begutachtung erklären. Die Anerkennung eines Abschiebungsverbots aus gesundheitlichen Gründen begründet noch kein Daueraufenthaltsrecht, da einerseits durch die ärztliche Behandlung die Krankheitssymptome soweit abklingen und andererseits sich die Umstände im Herkunftsland so verändern können, dass eine Rückkehr zu einem späteren Zeitpunkt ohne die zunächst befürchteten gesundheitlichen Gefährdungen vertretbar sein kann. Bei der Verlängerung der Aufenthaltserlaubnis ist daher stets § 26 Absatz 2 zu beachten. Vor der Erteilung und vor jeder Verlängerung der Aufenthaltserlaubnis ist das Bundesamt für Migration und Flüchtlinge zu beteiligen.

60.7.1.3.4 Wird eine Erkrankung mitgeteilt, die nicht zur Feststellung eines Abschiebungsverbots nach § 60 Absatz 7 Satz 1 aus gesundheitlichen Gründen geführt hat, ist anhand der vorgelegten ärztlichen Atteste und gegebenenfalls ergänzenden Stellungnahmen lediglich zu beurteilen, ob die Abschiebung ggf. mit ärztlicher oder anderweitiger Begleitung durchgeführt werden kann oder ein tatsächliches krankheitsbedingtes Hindernis dem Vollzug der Abschiebung entgegensteht (vgl. Nummer 60 a.2.1.1.2.2).

60.7.2.1 § 60 Absatz 7 Satz 2 setzt Artikel 15 Buchstabe c) der Qualifikationsrichtlinie in das deutsche Recht um. Er regelt die Schutzgewährung wegen Gefahren im Zusammenhang mit internationalen oder internen bewaffneten Konflikten. Liegen die Voraussetzungen vor, besteht ein Abschiebungsverbot. Bei der Auslegung der Vorschrift ist § 60 Absatz 11 zu beachten. Darüber hinaus ist auf die künftige Rechtsprechung des Bundesverwaltungsgerichts und des Europäischen Gerichtshofes zu achten.

60.7.2.2 Die Vorschrift setzt das Bestehen eines internationalen oder innerstaatlichen bewaffneten Konflikts voraus. Als internationaler Konflikt wird eine bewaffnete Auseinandersetzung zwischen zwei oder mehreren Staaten bezeichnet. Der Begriff innerstaatlicher Konflikt entspricht dem Begriff nicht-internationaler Konflikt und setzt eine bewaffnete Auseinandersetzung zwischen einem Staat und organisierten bewaffneten Gruppen oder zwischen organisierten Gruppen voraus. Die Auslegung der Begriffe internationaler und innerstaatlicher bewaffneter Konflikt erfolgt in Anlehnung an völkerrechtliche Grundsätze. Innerstaatliche Konflikte setzen ein bestimmtes Maß an Intensität und Dauerhaftigkeit voraus. Typische Beispiele sind Bürgerkriegsauseinandersetzungen und Guerillakämpfe. Innere Unruhen und Spannungen, wie Tumulte, vereinzelt auftretende Gewalttaten und andere ähnliche Handlungen zählen noch nicht dazu. Für die Feststellung, ob ein innerstaatlicher bewaffneter Konflikt vorliegt, findet kriminelle Gewalt keine Berücksichtigung, zumindest dann nicht, wenn sie von einem Konflikt unbeteiligten Dritten unter Ausnutzung der Konfliktsituation verübt wird (siehe auch Nummer 25.3.8.1.0). Der innerstaatliche Konflikt muss sich nicht auf das gesamte Staatsgebiet erstrecken. Es genügt, wenn die Kampfhandlungen auf eine bestimmte Region beschränkt sind. Soweit es sich um regional begrenzte Konflikte handelt, ist immer das Bestehen einer internen Schutzmöglichkeit in anderen Landesteilen zu prüfen.

60.7.2.3 Die Vorschrift schützt nur die Zivilbevölkerung, nicht aber Angehörige der Streitkräfte der Konfliktparteien oder Personen, die in sonstiger Weise aktiv an den Kämpfen beteiligt sind.

60.7.2.4 Für die Anwendung des § 60 Absatz 7 Satz 2 reicht nicht schon das Bestehen eines bewaffneten Konflikts aus. Ein innerstaatlicher bewaffneter Konflikt hat normalerweise nicht eine solche Gefahrendichte, dass alle Bewohner des betroffenen Gebietes ernsthaft persönlich betroffen sind. Vielmehr handelt es sich um eine Ausnahmesituation mit einer besonders dichten Gefahrenlage. Erforderlich ist, dass die den Konflikt kennzeichnende Gewalt ein so hohes Niveau erreicht, dass ein Angehöriger der Zivilbevölkerung bei einer Rückkehr in das betreffende Land oder die betreffende Region *allein* durch seine Anwesenheit in diesem Gebiet an Leib oder Leben gefährdet ist (vgl. EuGH, Urteil vom 17. Februar 2009, Rs. C-465/07 – Elgafaji, Rn 35 ff.). Grundsätzlich ist die erforderliche Verfolgungsdichte mit der Verfolgungsdichte vergleichbar, wie sie bei einer Gruppenverfolgung vorliegen muss. Nicht erforderlich sind dagegen spezifische, gegen den Antragsteller gerichtete Eingriffshandlungen. Liegen Letztere vor, reicht in der Regel ein geringerer Grad an Gewalt für die Anwendung von § 60 Absatz 7 Satz 2. Derartige individuelle gefahrerhöhende Momente können sich z. B. aus der Zugehörigkeit zu bestimmten ethnischen oder religiösen Gruppen oder zu bestimmten Berufsgruppen ergeben. Allgemeine Lebensgefahren, die lediglich Folge des bewaffneten Konflikts sind – etwa eine dadurch bedingte Verschlechterung der Versorgungslager –, sind hingegen bei der Bemessung der Gefahrendichte nicht einzubeziehen.

Verbot der Abschiebung **§ 60 AufenthG**

60.7.2.5 Geschützte Rechtsgüter sind das Leben und die körperliche Unversehrtheit. § 60 Absatz 7 Satz 2 findet daher regelmäßig keine Anwendung bei freiheitsbeschränkenden Maßnahmen, z. B. bei Internierungen durch die Konfliktparteien. Soweit Internierungen allerdings mit einer erniedrigenden oder unmenschlichen Behandlung einhergehen, können die Voraussetzungen für ein Abschiebungsverbot nach § 60 Absatz 2 vorliegen.

60.7.2.6 Im Übrigen siehe Nummer 60.0.4.7.2.

60.7.3.1 § 60 Absatz 7 Satz 1 findet auch bei Vorliegen einer konkreten und individualisierbaren Gefahr grundsätzlich keine Anwendung, wenn die Gefahr eine Vielzahl von Personen im Herkunftsland in gleicher Weise betrifft, so z. B. allgemeine Gefahren im Zusammenhang mit Hungersnöten oder Naturkatastrophen (§ 60 Absatz 7 Satz 3). In diesen Fällen obliegt es den obersten Landesbehörden, durch den Erlass einer gruppenbezogenen Abschiebungsstoppregelung nach § 60a Absatz 1 Schutz zu gewähren. Ist ein Ausländer auf Grund einer allgemeinen Gefahrenlage gefährdet und wurde wegen dieser Gefahr kein Abschiebungsstopp erlassen, ist § 60 Absatz 7 verfassungskonform (Artikel 1 Absatz 1, Artikel 2 Absatz 2 Satz 1 und 2 GG) auszulegen. Danach liegt bei einer extremen Gefährdung des Ausländers, wenn dieser gleichsam sehenden Auges dem Tode oder schweren Menschenrechtsverletzungen ausgesetzt werden würde, ein Abschiebungsverbot vor, die Sperrwirkung des § 60 Absatz 7 Satz 3 greift nicht ein.

60.7.3.2 Hinsichtlich § 60 Absatz 7 Satz 2 greift die Sperrwirkung des Satzes 3 bei richtlinienkonformer Auslegung der Norm nicht.

60.8 Ausschluss des Abschiebungsschutzes nach § 60 Absatz 1

Absatz 8 enthält Ausnahmen vom flüchtlingsrechtlichen Abschiebungsschutz. Das Bundesamt für Migration und Flüchtlinge prüft im Rahmen des Asylverfahrens das Vorliegen der Voraussetzungen von Absatz 8. § 60 Absatz 8 lässt die Abschiebungsverbote nach § 60 Absatz 2 bis 5 und 7 unberührt.

60.9 Abschiebung bei möglicher politischer Verfolgung

Das flüchtlingsrechtliche Abschiebungsverbot und die insoweit geltende Ausnahmeregelung nach § 60 Absatz 8 gelten auch für Asylbewerber. Absatz 9 enthält daher eine Ausnahme von dem Grundsatz, dass ein Asylantragsteller nicht abgeschoben werden darf. § 60 Absatz 2 bis 5 und Absatz 7 bleiben unberührt. Hinsichtlich der Ausweisung von Asylantragstellern wird auf Nummer 56.4, hinsichtlich der Abschiebungsanordnung auf Nummer 58 a.3 verwiesen.

60.10 Abschiebung

60.10.1 Liegen die Voraussetzungen des § 60 Absatz 10 vor, kann sich der Ausländer nicht auf flüchtlingsrechtlichen Abschiebungsschutz berufen. Die Ausländerbehörde hat aber vor der Abschiebung von Amts wegen zu prüfen, ob Abschiebungsverbote nach § 60 Absatz 2 bis 5 oder Absatz 7 vorliegen. Diese Prüfung obliegt dem Bundesamt, wenn ein Asylverfahren durchgeführt wird oder wurde. Die Ausländerbehörde ist in diesem Fall an die Entscheidung des Bundesamtes gebunden (§ 42 AsylVfG).

60.10.2 In der Abschiebungsandrohung sind die Staaten zu bezeichnen, in die der Ausländer nicht abgeschoben werden darf.

60.11 Verweis auf die Bestimmungen der Richtlinie 2004/83/EG des Rates vom 29. April 2004 (ABl. EU Nummer L 304 S. 12, so genannte Qualifikationsrichtlinie) (in der n. F. entfallen, vom Abdruck wird abgesehen)

Übersicht

	Rn.
I. Entstehungsgeschichte	1
II. Gegenstand und Systematik der Abschiebungsverbote	2
III. Abschiebungsverbot bei Verfolgung (Abs. 1)	9
1. Verhältnis zu Art. 1 GK	9
2. Verhältnis zu Art. 16a GG und Flüchtlingseigenschaft	12
3. Verhältnis zur Asylanerkennung	22
4. Verfolgung iSv Abs. 1	24
5. Flüchtlingsanerkennung	47
6. Ausnahmen vom Abschiebungsverbot nach Abs. 1 (Abs. 8)	51
IV. Sonstige Abschiebungsverbote und -hindernisse (Abs. 2 bis Abs. 7)	65
1. Allgemeines	65
2. Drohung eines ernsthaften Schadens insbesondere durch Folter oder unmenschliche oder erniedrigende Bestrafung oder Behandlung (Abs. 2)	68
3. Todesstrafe (Abs. 3)	75
4. Menschenrechtsverletzungen (Abs. 5)	82
5. Bewaffnete Konflikte	92
6. Existenzielle Gefährdungen iSv Abs. 7	101
7. Strafverfahren im Ausland (Abs. 6)	113
8. Auslieferungsverfahren (Abs. 4)	114
V. Verwaltungs- und Gerichtsverfahren	116

I. Entstehungsgeschichte

Die Vorschrift stimmt nach wie vor in ihren Grundzügen mit dem **Gesetzesentwurf zum Zu-** **wanderungsG 2005**[1] überein. Sie wurde aufgrund des damaligen Vermittlungsverfahrens[2] in Abs. 1 dahin gehend geändert, dass in S. 1 das Kriterium des Geschlechts gestrichen und die S. 3–5 durch die jetzigen S. 3 und 4 ersetzt wurden. In Abs. 4 wurden das Wort „kann" durch „darf" und das Wort „nicht" durch die Passage „nur ... ist" ersetzt. Abs. 11 des Entwurfs wurde gestrichen und stattdessen

---

[1] BT-Drs. 15/420, 23 f.
[2] BT-Drs. 3479, 10.

§ 60a eingefügt. Das **Richtlinienumsetzungsgesetz 2007**[3] (RLUmsG 2007) fasste allerdings in Abs. 1 den S. 2 neu (bisher: „Dies gilt auch für Ausländer, die im Bundesgebiet die Rechtsstellung ausländischer Flüchtlinge genießen oder die außerhalb des Bundesgebiets als ausländische Flüchtlinge iSd Abkommens über die Rechtsstellung der Flüchtlinge anerkannt sind."). In S. 4 lit. c wurde der letzte Satzteil („es sei denn, es besteht eine innerstaatliche Fluchtalternative") gestrichen und als eigenständiger Satzteil nach den lit. ac eingefügt. Der bisherige S. 5 (aF: „Wenn der Ausländer sich auf ein Abschiebungshindernis nach diesem Absatz beruft, stellt außer in den Fällen des Satzes 2 das Bundesamt für Migration u. Flüchtlinge in einem Asylverfahren nach den Vorschriften des Asylverfahrensgesetzes fest, ob dessen Voraussetzungen vorliegen.") wurde durch die neuen S. 5 und 6 ersetzt. In Abs. 2 wurden nach dem Wort „Folter" die Wörter „oder unmenschliche oder erniedrigende Behandlung oder Bestrafung" eingefügt. In Abs. 3 S. 1 wurden nach dem Wort „Gefahr" die Wörter „der Verhängung oder der Vollstreckung" eingefügt. In Abs. 7 wurde va der neue S. 2 eingefügt und der Folgesatz geändert (bisher: „(7) Von der Abschiebung eines Ausländers in einen anderen Staat soll abgesehen werden, wenn dort für diesen Ausländer eine erhebliche konkrete Gefahr für Leib, Leben oder Freiheit besteht. Gefahren in diesem Staat, denen die Bevölkerung oder die Bevölkerungsgruppe, der der Ausländer angehört, allgemein ausgesetzt ist, werden bei Entscheidungen nach § 60a Abs 1 Satz 1 berücksichtigt."). **Abs. 8 S. 2 wurde neu gefasst** (aF: „Das Gleiche gilt, wenn aus schwerwiegenden Gründen die Annahme gerechtfertigt ist, dass der Ausländer ein Verbrechen gegen den Frieden, ein Kriegsverbrechen oder ein Verbrechen gegen die Menschlichkeit im Sinne der internationalen Vertragswerke, die ausgearbeitet worden sind, um Bestimmungen bezüglich dieser Verbrechen zu treffen, begangen hat oder dass er vor seiner Aufnahme als Flüchtling ein schweres nichtpolitisches Verbrechen außerhalb des Gebiets der Bundesrepublik Deutschland begangen hat oder sich hat Handlungen zuschulden kommen lassen, die den Zielen und Grundsätzen der Vereinten Nationen zuwiderlaufen."). Schließlich fügte das RLUmsG 2007 den neuen Abs. 11 an.

Das **Richtlinienumsetzungsgesetz vom 22.11.2011** (RLUmsG 2011, BGBl. I S. 2258) nahm an § 60 keine Änderungen vor, anders als das **Richtlinienumsetzungsgesetz vom 28.8.2013** zur Umsetzung der neugefassten **Qualifikations-RL 2011/95/EU** (RLUmsG 2013, BGBl. I S. 3747), das seit 1.12.2013 in Kraft ist. Das RLUmsG 2013 fasste insbesondere in **Abs. 1** die S. 4 und 5 neu, wie diese Regelungen nun im Wesentlichen in die neuen §§ 3a–3e AsylG übernommen wurden (bisher: „Eine Verfolgung im Sinne des Satzes 1 kann ausgehen von a) dem Staat, b) Parteien oder Organisationen, die den Staat oder wesentliche Teile des Staatsgebiets beherrschen oder c) nichtstaatlichen Akteuren, sofern die unter den Buchstaben a und b genannten Akteure einschließlich internationaler Organisationen erwiesenermaßen nicht in der Lage oder nicht willens sind, Schutz vor der Verfolgung zu bieten, und dies unabhängig davon, ob in dem Land eine staatliche Herrschaftsmacht vorhanden ist oder nicht, es sei denn, es besteht eine innerstaatliche Fluchtalternative. Für die Feststellung, ob eine Verfolgung nach Satz 1 vorliegt, sind Artikel 4 Abs 4 sowie die Artikel 7 bis 10 der Richtlinie 2004/83/EG des Rates vom 29. April 2004 über Mindestnormen für die Anerkennung und den Status von Drittstaatsangehörigen oder Staatenlosen als Flüchtlinge oder als Personen, die anderweitig internationalen Schutz benötigen, und über den Inhalt des zu gewährenden Schutzes (ABl. EU L 304 S. 12) ergänzend anzuwenden."). Neugefasst wurde durch das RLUmsG 2013 **Abs. 4** (bisher: „Liegt ein förmliches Auslieferungsersuchen oder ein mit der Ankündigung eines Auslieferungsersuchens verbundenes Festnahmeersuchen eines anderen Staates vor, darf der Ausländer bis zur Entscheidung über die Auslieferung nur mit Zustimmung der Behörde, die nach § 74 des Gesetzes über die internationale Rechtshilfe in Strafsachen für die Bewilligung der Auslieferung zuständig ist, in diesen Staat abgeschoben werden."). Durch das RLUmsG 2013 wurde weiter neu gefasst **Abs. 7** (bisher: „Von der Abschiebung eines Ausländers in einen anderen Staat soll abgesehen werden, wenn dort für diesen Ausländer eine erhebliche konkrete Gefahr für Leib, Leben oder Freiheit besteht. Von der Abschiebung eines Ausländers in einen anderen Staat ist abzusehen, wenn er dort als Angehöriger der Zivilbevölkerung einer erheblichen individuellen Gefahr für Leib oder Leben im Rahmen eines internationalen oder innerstaatlichen bewaffneten Konflikts ausgesetzt ist. Gefahren nach Satz 1 oder Satz 2, denen die Bevölkerung oder die Bevölkerungsgruppe, der der Ausländer angehört, allgemein ausgesetzt ist, sind bei Anordnungen nach § 60a Abs 1 Satz 1 zu berücksichtigen."). **Abs. 11** wurde durch das RLUmsG 2013 schließlich komplett gestrichen, weil diese Regelungen weitgehend in die neu eingefügten §§ 3a–3e AsylG eingefügt wurden (bisher: „Für die Feststellung von Abschiebungsverboten nach den Absätzen 2, 3 und 7 Satz 2 gelten Artikel 4 Abs 4, Artikel 5 Abs 1 und 2 und die Artikel 6 bis 8 der Richtlinie 2004/83/EG des Rates vom 29. April 2004 über Mindestnormen für die Anerkennung und den Status von Drittstaatsangehörigen oder Staatenlosen als Flüchtlinge oder als Personen, die anderweitig internationalen Schutz benötigen, und über den Inhalt des zu gewährenden Schutzes (ABl. EU Nr L 304 S. 12).").

Die **Gesetzesbegründung zu den Änderungen des RLUmsG 2013** ist aufschlussreich. Hier (vgl. BT-Drs. 17/13063) wird ua ausgeführt: „Die Richtlinie 2011/95/EU legt die Voraussetzungen für die

---

[3] Gesetz zur Umsetzung auf- und asylrechtliche RL der EU v. 19.8.2007 – RLUmsG, in Kraft seit 28.8.2007, BGBl. I S. 1970.

Verbot der Abschiebung § 60 AufenthG 1

Zuerkennung internationalen Schutzes fest. Der **internationale Schutz** im Sinne der Richtlinie umfasst die **Flüchtlingseigenschaft** nach dem Abkommen über die Rechtsstellung der Flüchtlinge von 1951 und den internationalen **subsidiären Schutz** im Sinne der Richtlinie (Art 15 RL). Darüber hinaus bestimmt die Richtlinie die mit dem jeweiligen Schutzstatus **verknüpften Rechte**. Die Neufassung der Richtlinie präzisiert eine Reihe von Regelungen und führt insbesondere für international subsidiär Schutzberechtigte zu einem verbesserten Schutzstatus. Der Gesetzentwurf sieht unter anderem die Schaffung eines eigenständigen Status in Bezug auf die europarechtlichen subsidiären Schutztatbestände vor. Damit wird die Systematik der Richtlinie im deutschen Recht präziser als bisher nachgezeichnet. Die Schaffung eines **eigenständigen internationalen subsidiären Schutzstatus** hat Folgewirkungen. Zum einen wird die bislang dreistufige Prüfreihenfolge im Asylrecht künftig vierstufig. Sie beinhaltet die Prüfung der Asylberechtigung nach **Art 16a GG** (1), der **Flüchtlingseigenschaft** (2), des internationalen **subsidiären Schutzes** (3) sowie der **nationalen Abschiebungsverbote** nach § 60 Abs 5 und 7 des AufenthG (4, „nationaler subsidiärer Schutz"[4]). Die Prüfung der nationalen Abschiebungsverbote erfolgt dabei weiterhin von Amts wegen bei einer Asylantragstellung durch das Bundesamt für Migration und Flüchtlinge (§ 24 Abs 2 AsylG), ansonsten durch die Ausländerbehörde. Die Änderung bewirkt zudem eine klarere Trennung von internationalem subsidiärem Schutz und den nationalen Abschiebungsverboten. Der internationale subsidiäre Schutz ist wie der Flüchtlingsstatus nach der Richtlinie 2011/95/EU mit einer Reihe von Rechten und Leistungsansprüchen verknüpft. Ebenso wie der Flüchtlingsstatus ist der internationale subsidiäre Schutz zB ausgeschlossen, wenn ein Ausländer bestimmte schwere **Straftaten** verübt hat. Im Unterschied dazu greifen die nationalen Abschiebungsverbote regelmäßig nur subsidiär, wenn trotz drohender Gefahren für Leib, Leben oder Freiheit kein Schutzstatus gewährt wird. Die nationalen Abschiebungsverbote können daher auch nicht ausgeschlossen werden. Ein **Asylantrag** beinhaltet nunmehr neben dem Antrag auf Gewährung der Asylberechtigung nach Art 16a GG auch den Antrag auf Zuerkennung von internationalem Schutz. Dieser Antrag umfasst den Flüchtlingsschutz und den subsidiären Schutz nach der Richtlinie 2011/95/EU. Eine weitere Aufspaltung dieses Antrags ist nicht vorgesehen, da der subsidiäre Schutz nur gewährt werden kann, wenn die Voraussetzungen für die Anerkennung als Flüchtling nicht erfüllt sind (Art. 2. lit. f der RL 2011/95/EU), so dass eine Prüfung des subsidiären Schutzes eine Prüfung (und Verneinung) der Flüchtlingsanerkennung voraussetzt. Als Konsequenz führt der Gesetzentwurf zu einer **Zuständigkeitsänderung** gegenüber der bisherigen Rechtslage, wenn der Asylbewerber sich ausschließlich auf internationalen subsidiären Schutz beruft. Da es sich wie oben dargestellt nunmehr um Asylanträge handelt, liegt die Zuständigkeit für die Entscheidung über den internationalen subsidiären Schutz in diesen Fällen nicht mehr wie bisher bei der Ausländerbehörde, sondern beim BAMF. Für Entscheidungen über nationale Abschiebungsverbote nach § 60 Abs. 5 und Abs. 7 des AufenthG bleibt die Ausländerbehörde weiterhin zuständig. Dies dient unter anderem der Vermeidung von Schutzlücken in den Fällen, in denen bei einer Person zwar nationale Abschiebungsverbote gegeben sind, diese Person jedoch keinen Asylantrag beim BAMF gestellt hat. Ohne eine entsprechende Zuständigkeit der Ausländerbehörden könnten nationale Abschiebungsverbote von dieser nicht festgestellt werden. Schließlich enthält der Gesetzentwurf eine Reihe punktueller Änderungen, die zum Teil der Klarstellung dienen oder aus redaktionellen Gründen erfolgen."

Zum **neugefassten Abs. 2** heißt es in der Gesetzesbegründung ergänzend: „Abs. 2 S. 1 fasst die bisher in Abs. 2, 3 und Abs. 7 Satz 2 enthaltenen Abschiebungsverbote zusammen, mit denen Art. 15 der QRL 2004/83/EG umgesetzt worden war. Danach besteht ein Abschiebungsverbot bei drohender Folter, erniedrigender oder unmenschlicher Bestrafung oder Behandlung und bei drohender Verhängung oder Vollstreckung der Todesstrafe, darüber hinaus bei Gefahren im Zusammenhang mit bewaffneten Konflikten. Abs. 2 S. 2 stellt klar, dass es sich bei Anträgen auf Schutz vor den in S. 1 genannten Gefahren um Asylanträge handelt, da internationaler subsidiärer Schutz im Sinne des § 1 Abs. 1 Nr. 2 AsylVfG begehrt wird. Über sie entscheidet das BAMF nach Maßgabe des AsylVfG."
Zum **neugefassten Abs. 9** wird ergänzt: „Die Regelung stellt klar, dass auch bei Vorliegen von Ausschlussgründen nach Abs. 8 die absoluten Abschiebungsverbote anzuwenden sind." Das AufenthGÄndG 2015 hat keine Änderungen vorgenommen.

Durch das sog. **Asylpaket II**[5] wurden gemäß Art. 2 Nr. 1 des am 17.3.**2016** (BGBl. I S. 390) in Kraft getretenen **Gesetzes zur Einführung beschleunigter Asylverfahren** in **Abs. 7 S. 1 die neuen S. 2–4** eingefügt. Der Gesetzgeber begründete[6] dies wie folgt: „Die Geltendmachung von Abschiebungshindernissen in gesundheitlicher Hinsicht stellt die zuständigen Behörden quantitativ und qualitativ vor große Herausforderungen. Oftmals werden Krankheitsbilder angesichts der drohenden Abschiebung vorgetragen, die im vorangegangenen Asylverfahren nicht berücksichtigt worden sind (vgl. Bericht der Unterarbeitsgruppe Vollzugsdefizite der Bund-Länder-Arbeitsgruppe Rückführung über die Ergebnisse der Evaluierung des Berichts über die Probleme bei der praktischen Umsetzung

---

[4] Insoweit sollte klarer vom „komplementären Schutz" gesprochen werden. Ausf. hierzu *Schieber*, Komplementärer Schutz – Die aufenthaltsrechtliche Stellung nicht rückführbarer Personen in der EU, 2013.
[5] → AsylG Vorb. Rn. 34 ff.
[6] BT-Drs. 18/7538, 18 f.

Dollinger 1171

von ausländerbehördlichen Ausreiseaufforderungen und Vollzugsmaßnahmen von April 2015). Nach den Erkenntnissen der Praktiker werden insbesondere schwer diagnostizier- und überprüfbare Erkrankungen psychischer Art (zB Posttraumatische Belastungsstörungen [PTBS]) sehr häufig als Abschiebungshindernis (Vollzugshindernis) geltend gemacht, was in der Praxis zwangsläufig zu deutlichen zeitlichen Verzögerungen bei der Abschiebung führt. Der Gesetzgeber geht nunmehr davon aus, dass lediglich lebensbedrohliche und schwerwiegende Erkrankungen, die sich durch die Abschiebung wesentlich verschlechtern würden, die Abschiebung des Ausländers hindern. Mit dieser Präzisierung wird klargestellt, dass nur äußerst gravierende Erkrankungen eine erhebliche konkrete Gefahr für Leib oder Leben nach Satz 1 darstellen. Eine solche schwerwiegende Erkrankung kann hingegen zum Beispiel in Fällen von PTBS regelmäßig nicht angenommen werden: In Fällen einer PTBS ist die Abschiebung regelmäßig möglich, es sei denn, die Abschiebung führt zu einer wesentlichen Gesundheitsgefährdung bis hin zu einer Selbstgefährdung. Die Abschiebung darf nicht dazu führen, dass sich die schwerwiegende Erkrankung des Ausländers mangels Behandlungsmöglichkeit in einem Ausmaß verschlechtern wird, dass ihm eine individuell konkrete, erhebliche Gefahr an Leib oder Leben droht. Es wird jedoch im Falle einer Erkrankung nicht vorausgesetzt, dass die medizinische Versorgung im Herkunftsland bzw. im Zielstaat der Abschiebung der Versorgung in Deutschland oder in der Europäischen Union gleichwertig ist. Dem Ausländer ist es insbesondere zumutbar, sich in einen bestimmten Teil des Zielstaats zu begeben, in dem für ihn eine ausreichende medizinische Versorgung gewährleistet ist. Es kommt nicht darauf an, dass alle Landesteile des Zielstaats gleichermaßen eine ausreichende Versorgung bieten. Inländische Gesundheitsalternativen sind gegebenenfalls aufzusuchen. Auch Erkrankungen des Ausländers, die schon während des Aufenthalts des Ausländers außerhalb der Bundesrepublik Deutschland bestanden und somit bereits bei Einreise in die Bundesrepublik Deutschland vorgelegen haben, stehen der Abschiebung grundsätzlich nicht entgegen.

Flankierend zum Asylpaket II[7] wurde zudem gemäß Art. 1 Nr. 3 des am 17.3.**2016** (BGBl. I S. 394) in Kraft getretenen **Gesetzes zur erleichterten Ausweisung von straffälligen Ausländern und zum erweiterten Ausschluss der Flüchtlingsanerkennung bei straffälligen Asylbewerbern** in Abs. 8 der neue S. 3 angefügt. Der Gesetzgeber begründete[8] dies – *zunächst allgemein* – wie folgt:

„Asylsuchenden, die eine Gefahr für die Allgemeinheit bedeuten, weil sie wegen einer der genannten Straftaten bei Verwirklichung entsprechender Tatmodalitäten rechtskräftig zu einer Freiheits- oder Jugendstrafe von mindestens einem Jahr verurteilt worden sind, kann künftig zudem die Rechtsstellung als Flüchtling versagt werden. Hierzu wird festgelegt, dass die Voraussetzungen für den Ausschluss der Flüchtlingsanerkennung zusätzlich zu der bereits bestehenden Regelung auch dann vorliegen können, wenn der Ausländer eine Gefahr für die Allgemeinheit bedeutet, weil er wegen einer oder mehrerer vorsätzlicher Straftaten gegen das Leben, die körperliche Unversehrtheit, die sexuelle Selbstbestimmung, das Eigentum oder wegen Widerstands gegen Vollstreckungsbeamte rechtskräftig zu einer Freiheits- oder Jugendstrafe von mindestens einem Jahr verurteilt worden ist, sofern die Straftat mit Gewalt, unter Anwendung von Drohung mit Gefahr für Leib oder Leben oder mit List begangen worden ist. Entsprechend der bisherigen Rechtslage ist ein Ausländer von der Flüchtlingsanerkennung ausgeschlossen, wenn er eine Gefahr für die Allgemeinheit bedeutet, weil er rechtskräftig zu einer Freiheitsstrafe von mindestens drei Jahren verurteilt worden ist. Hinsichtlich des neuen Ausschlussgrundes findet kein automatischer Ausschluss statt. Vielmehr hat das Bundesamt hierüber nach Ermessen zu befinden."

Zum konkreten neuen **Satz 3 in Abs. 8** wurde wie folgt begründet[9]:

„Nach Artikel 33 Absatz 2 des Abkommens über die Rechtsstellung der Flüchtlinge vom 28. Juli 1951 (Genfer Flüchtlingskonvention) gilt das Verbot der Zurückweisung nicht für einen Flüchtling, der aus schwerwiegenden Gründen als eine Gefahr für die Sicherheit des Landes anzusehen ist, in dem er sich befindet, oder der eine Gefahr für die Allgemeinheit dieses Staates bedeutet, weil er wegen eines Verbrechens oder eines besonders schweren Vergehens rechtskräftig verurteilt wurde. Eine entsprechende Regelung enthält Artikel 14 Absatz 4 der Richtlinie 2011/95/EU des Europäischen Parlaments und des Rates vom 13. Dezember 2011 über Normen für die Anerkennung von Drittstaatsangehörigen oder Staatenlosen als Personen mit Anspruch auf internationalen Schutz, für einen einheitlichen Status für Flüchtlinge oder für Personen mit Anrecht auf subsidiären Schutz und für den Inhalt des zu gewährenden Schutzes. Danach können die Mitgliedstaaten einem Flüchtling die ihm von einer Regierungs- oder Verwaltungsbehörde, einem Gericht oder einer gerichtsähnlichen Behörde zuerkannte Rechtsstellung aberkennen, oder ihre Verlängerung ablehnen, wenn a) es stichhaltige Gründe für die Annahme gibt, dass er eine Gefahr für die Sicherheit des Mitgliedstaats darstellt, in dem er sich aufhält; b) er eine Gefahr für die Allgemeinheit dieses Mitgliedstaats darstellt, weil er wegen einer besonders schweren Straftat rechtskräftig verurteilt wurde. Nach Art 14 Abs 5 der Richtlinie 2011/95/EU können die Mitgliedstaaten in diesen in Abs 4 genannten Fällen ferner entscheiden, einem Flüchtling eine Rechtsstellung nicht zuzuerkennen, solange noch keine Entscheidung darüber gefasst worden ist. Eine Mindeststrafe, die zum Ausschluss von der Flüchtlings-

---

[7] → AsylG Vorb. Rn. 34 ff.
[8] BT-Drs. 18/7537, 5 f.
[9] BT-Drs. 18/7537, 8 f.

Verbot der Abschiebung **§ 60 AufenthG 1**

anerkennung führt, wird weder in der Genfer Flüchtlingskonvention noch in der Richtlinie 2011/95/EU festgelegt. Erforderlich ist jedoch die Feststellung, dass der Ausländer aufgrund seines persönlichen Verhaltens eine Gefahr für die Allgemeinheit darstellt, die bloße rechtskräftige Verurteilung wegen einer Straftat genügt hierfür nicht. In dem dadurch gezogenen Rahmen ist eine Änderung der Ausschlusstatbestände möglich. Entsprechend der bisherigen Rechtslage ist ein Ausländer von der Flüchtlingsanerkennung ausgeschlossen, wenn von ihm eine Gefahr für die Sicherheit der Bundesrepublik Deutschland ausgeht. Ebenfalls entsprechend der bisherigen Rechtslage ist ein Ausländer von der Flüchtlingsanerkennung ausgeschlossen, wenn er die Voraussetzungen des § 3 Absatz 2 des Asylgesetzes erfüllt. Die bisherige Rechtslage wird auch insofern beibehalten, als ein Ausländer von der Flüchtlingsanerkennung ausgeschlossen ist, wenn er eine Gefahr für die Allgemeinheit bedeutet, weil er rechtskräftig zu einer Freiheitsstrafe von mindestens drei Jahren verurteilt worden ist. Darüber hinaus kann Asylsuchenden, die eine Gefahr die die Allgemeinheit bedeuten, weil sie wegen einer der genannten Straftaten bei entsprechender Verwirklichung der genannten Tatmodalitäten rechtskräftig zu einer Freiheits- oder Jugendstrafe von mindestens einem Jahr verurteilt worden sind, nach der neuen Regelung ebenfalls die Rechtsstellung als Flüchtling versagt werden. Hierzu wird festgelegt, dass die Voraussetzungen für den Ausschluss der Flüchtlingsanerkennung auch dann vorliegen können, wenn der Ausländer eine Gefahr für die Allgemeinheit bedeutet, weil er wegen einer oder mehrerer vorsätzlicher Straftaten gegen das Leben, die körperliche Unversehrtheit, die sexuelle Selbstbestimmung, das Eigentum oder wegen Widerstands gegen Vollstreckungsbeamte rechtskräftig zu einer Freiheits- oder Jugendstrafe von mindestens einem Jahr verurteilt worden ist, sofern die Straftat mit Gewalt, unter Anwendung von Drohung mit Gefahr für Leib oder Leben oder mit List begangen worden ist. Dabei kommt es nicht darauf an, ob die Freiheits- oder Jugendstrafe zur Bewährung ausgesetzt worden ist. Hinsichtlich des neuen Ausschlussgrundes findet kein automatischer Ausschluss statt. Vielmehr ist eine Ermessensentscheidung vorzunehmen."

Durch Art. 2 Nr. 2 des **Gesetzes zur Verbesserung des Schutzes der sexuellen Selbstbestimmung** vom 4.11.**2016**, das am 10.11.2016 in Kraft getreten ist (BGBl. I S. 2460), wurde schließlich in **Abs. 8 in S. 3 am Ende** angefügt: „oder eine Straftat nach § 177 des Strafgesetzbuches ist". Der Gesetzgeber begründete[10] dies wie folgt:

„Durch die Einfügung wird erreicht, dass eine Tat gegen die sexuelle Selbstbestimmung unabhängig von den bisherigen Tatmodalitäten zu einem Ausschluss von der Flüchtlingsanerkennung führen kann, wenn es sich um eine Straftat nach § 177 StGB handelt. Wie bisher ist die rechtskräftige Verurteilung zu einer Freiheits- oder Jugendstrafe von mindestens einem Jahr notwendig, um einen Ausschluss von der Flüchtlingsanerkennung bejahen zu können. Wie bisher findet kein automatischer Ausschluss statt. Vielmehr ist eine anhand der Umstände des Einzelfalls vorzunehmende Abwägung des öffentlichen Interesses an der Ausreise mit dem Interesse des Ausländers, nicht in seinen Herkunftsstaat ausreisen zu müssen, vorzunehmen. Nur wenn diese Interessenabwägung ergibt, dass das öffentliche Interesse an der Ausreise überwiegt, findet ein Ausschluss von der Flüchtlingsanerkennung statt."

Das am 21.8.2019 in Kraft getretene Zweite Gesetz zur besseren Durchsetzung der Ausreisepflicht vom 15.8.2019 **(2. RückkehrG 2019)** ergänzte Abs. 7 um einen neuen S. 1 betreffend die Anforderungen an ärztliche Bescheinigungen für Erkrankungen, die einer Abschiebung entgegenstehen. Die höheren Anforderungen an ärztliche Atteste („qualifizierte ärztliche Bescheinigung") an inlandsbezogene Abschiebungshindernisse nach § 60a IIc gelten nun ausdrücklich auch für ärztliche Atteste, mit denen zielstaatsbezogene Abschiebungsverbote nach § 60 VII 2 ff. bescheinigt werden.

II. Gegenstand und Systematik der Abschiebungsverbote

Gegenstand der Regelung in § 60 sind **zielstaatsbezogene Abschiebungsverbote** für Ausländer aus unterschiedlichen Gründen. Diese Abschiebungsverbote sind von **inlandsbezogenen Abschiebungshindernissen iSv § 60a** zu unterscheiden. Gemäß § 60 geht es um Abschiebungsverbote 2
– aus Gründen des Flüchtlingsschutzes nach der GK (§ 3 AsylG) und nach Art. 16a GG (Abs. 1),
– des Schutzes für subsidiär Schutzberechtigte (§ 4 AsylG, Abs. 2),
– wegen der drohenden Verhängung oder Vollstreckung der Todesstrafe (Abs. 3),
– infolge des förmlichen Auslieferungs- und ggf. Festnahmeersuchens eines anderen Staates (Abs. 4),
– wegen der Gefahr einer Verletzung der EMRK (Abs. 5),
– wegen der allgemeinen Gefahr, dass in einem anderen Staat Strafverfolgung und Bestrafung drohen können (Abs. 6) und
– wegen konkreter existenzieller Gefährdungen in einem Zielstaat (Abs. 7).

Darüber hinaus enthält die Norm in ihren Abs. 4 und Abs. 8 Ausschlusstatbestände sowie in Abs. 9–10 Vorgaben für das Verwaltungsverfahren. Die Abschiebungsverbote des § 60 zählen zu den Abschiebungshindernissen aus rechtlichen Gründen.

Für die **Auslegung** des § 60 sind neben dem Bundesrecht **insbesondere völkerrechtliche Verträge** – hier besonders die GK –, die EMRK, die UN-Antifolterkonvention und das Unionsrecht – 3

---

[10] BT-Drs. 18/9097, 34.

Dollinger

hier vor allem die GRCh, die EU-Qualifikations-RL, die EU-Anerkennungs-RL und die EU-Rückführungs-RL – maßgeblich. Demzufolge kommt es bei der Normanwendung nicht allein auf die innerstaatliche Interpretation der Vorschrift, sondern in besonderem Maße auch auf die **Rspr. von EGMR und EuGH** zu den Fragen des Verbots von Abschiebungen an.

4   Die Vorschrift entspricht in Abs. 1 im Grundsatz dem früher sog. **„kleinen Asyl"** des § 14 I 1 AuslG 1965, ist heute in der Praxis gewissermaßen iVm § 3 AsylG das eigentlich „große Asyl" und bildet iÜ das Kernstück der Verzahnung des asylrechtlichen mit dem aufenthaltsrechtlichen Verfahren (vgl. §§ 13 I, II, 31 II AsylG). Sie definiert in Abs. 1 den Begriff der politischen Verfolgung als Grundlage des Abschiebungsverbots, formalisiert dieses und bezieht es in das Asylverfahren ein. Seit 1.1.2005 ist die Definition erheblich verfeinert und seit dem RLUmsG 2007 zudem an das Zentrum des EU-Asylsystems, die **Anerkennungs-RL 2011/95/EU** (auch **Status-RL, Qualifikations-** oder **EU-Flüchtlingsschutz-RL** genannt) angeglichen[11]. Die Schutzstruktur der Anerkennungs-RL ist für nicht neu: Insbesondere bei politischer Verfolgung erfolgt die Flüchtlingsanerkennung; liegen deren Voraussetzungen nicht vor, kann bei Bedarf subsidiärer Schutz eingreifen. Neu waren allerdings manche Begrifflichkeiten (zB „ernsthafter Schaden" in Art. 15 Anerkennungs-RL)[12]. Bis zum RLUmsG 2013 hatte die Bundesrepublik mit bloßen Verweisen in den früheren Abs. 1 S. 5 und Abs. 11 auf Teile der Anerkennungs-RL gearbeitet, was, auch wenn dies keine Auswirkungen auf die Rechtsfolge hatte, keiner ordnungsgemäßen Umsetzung entsprach[13]. Aufgrund der nicht ordnungsgemäßen Umsetzung war die Anerkennungs-RL früher im Wesentlichen direkt anwendbar. Schon nach dem alten Abs. 1 S. 5 waren zur Feststellung einer Verfolgung iSd Abs. 1 S. 1 damit die **Beweiserleichterungen** aus Art. 4 IV Qualifikations-RL[14] ebenso ergänzend heranzuziehen wie die Richtlinienbestimmungen der Art. 7 **(Akteure, die Schutz bieten können)**[15], Art. 8 **(Interner Schutz)**[16], Art. 9 **(Verfolgungshandlungen)**[17] und Art. 10 **(Verfolgungsgründe)**[18].

5   Für die Feststellung von Abschiebungsverboten nach den Abs. 2, 3 und 7 galten nach dem durch das RLUmsG 2007 angefügten Abs. 11, den das RLUmsG 2013 ersatzlos gestrichen hat, ebenfalls die Beweiserleichterung aus Art. 4 IV Annerkennungs-RL sowie Art. 5 I und II (aus Nachfluchtgründen entstehender Bedarf an internationalen Schutz)[19], Art. 6 **(Akteure, von denen die Verfolgung oder ein ernsthafter Schaden ausgehen kann)**[20], Art. 7 (Akteure, die Schutz bieten können)[21] und Art. 8 (Interner Schutz)[22]. § 60 bestimmt iÜ die Grenzen des asylrechtlichen Abschiebungsverbots und legt dessen Folgen für die Abschiebungsandrohung fest. Schließlich sind jetzt die früher in § 53 AuslG genannten weiteren Abschiebungsverbote und -hindernisse einbezogen.

6   Zusammen **mit der Duldungsregelung des § 60a** stellt die Norm ein **geschlossenes System** zur Verwirklichung des **Schutzes vor Abschiebung** aus unterschiedlichen Gründen bereit[23]. Die **Abgrenzung** zwischen Art. 16a I GG und Abs. 1 einerseits und Abs. 2–5 und 7 andererseits erfolgt nach

---

[11] Die Qualifikations-RL 2004/83/EG v. 29.4.2004 (ABl. 2004 L 304, S. 12) war am 20.10.2004 in Kraft getreten und bis zum 10.10.2006 von den Mitgliedstaaten umzusetzen. 2011 wurde sie abgelöst durch die komplett neugefasste Anerkennungs-RL 2011/95/EU vom 13.12.2011 (ABl. 2011 L 337, S. 9).

[12] Vgl. *Hruschka/Lindner* NVwZ 2007, 645 ff.; *Hruschka/Löhr* ZAR 2007, 180 ff.; zu Art. 15 Qualifikations-RL → Rn. 51.

[13] Vgl. EuGH Urt. v. 20.3.1996 – C-96/95, NVwZ 1998, 49: keine ausreichende Umsetzung von RL durch allgemeine Verweisung.

[14] Näher zu Art. 4 IV Qualifikations-RL → Rn. 28 u. in der Rspr.: EuGH Urt. v. 2.3.2010 – C-175, 176, 178, 179/08, NVwZ 2010, 505 – Abdulla ua/Deutscher; BayVGH Urt. v. 7.1.2015 – 11 B 12.30471, BeckRS 2015, 41003; VG Gelsenkirchen Urt. v. 7.11.2014 – 5a K 421/14.A, BeckRS 2014, 58439; BVerwG Urt. v. 27.4.2010 – 10 C 5.09, NVwZ 2011, 51 u. Beschl. v. 30.6.2009 – 10 B 45.08, BeckRS 2009, 35979; BVerwG Urt. v. 5.5.2009 – 10 C 21.08, NVwZ 2009, 1308; BVerwG Urt. v. 26.2.2009 – 10 C 50.07, InfAuslR 2009, 310; BVerwG Urt. v. 19.1.2009 – 10 C 52.07, NVwZ 2009, 982; BayVGH Urt. v. 27.10.2009 – 11 B 06.30503, BeckRS 2009, 43950; VGH BW Urt. v. 5.4.2006 – A 13 S 302/05, BeckRS 2006, 23145.

[15] Rspr. zu Art. 7 Qualifikations-RL VG Regensburg Urt. v. 4.7.2013 – RN 8 K 13.30166, BeckRS 2013, 54733; VG München Urt. v. 29.5.2008 – M 24 K 07.50749, BeckRS 2008, 45527; VG Freiburg Urt. v. 26.4.2007 – A 1 K 11083/04, BeckRS 2007, 24115; VGH BW Urt. v. 30.11.2006 – A 6 S 674/05, BeckRS 2007, 20595; VGH BW Urt. v. 21.3.2006 –6 S 1027/05, BeckRS 2006, 24273.

[16] Rspr. zu Art. 8 Qualifikations-RL bei → Rn. 39–42.

[17] Rspr. zu Art. 9 Qualifikations-RL → Rn. 25.

[18] Rspr. zu Art. 10 Qualifikations-RL → Rn. 29–33.

[19] Rspr. zu Art. 5 Qualifikations-RL VG Freiburg Urt. v. 7.4.2014 – A 6 K 860/12, BeckRS 2014, 50117; ThürOVG Urt. v. 2.7.2013 – 3 KO 222/09, BeckRS 2014, 51726; BVerwG Urt. v. 24.9.2009 – 10 C 25.08, DVBl 2010, 201; BVerwG Urt. v. 5.3.2009 – 10 C 51.07, InfAuslR 2009, 363; BVerwG; Beschl. v. 23.4.2008 – 10 B 106.07, BeckRS 2008, 35426; BayVGH Urt. v. 5.3.2007 – 2 B 06.31019, BeckRS 2007, 29353; OVG LSA Urt. v. 19.12.2006 – 1 L 319/04, BeckRS 2008, 32668.

[20] Rspr. zu Art. 6 Qualifikations-RL VG FfM Urt. v. 4.7.2012 – 1 K 1836/11 F.A., BeckRS 2012, 59585; BVerwG Urt. v. 21.4.2009 – 10 C 11.08, InfAuslR 2009, 315; BVerwG Urt. v. 12.6.2007 – 10 C 24.07, NVwZ 2007, 1330; BVerwG Beschl. v. 18.12.2006 – 1 B 53.06 ua, BeckRS 2007, 20761.

[21] Rspr. hierzu → Rn. 4 Fn. 15.

[22] Rspr. hierzu → Rn. 39–42.

[23] Allg. dazu *Hailbronner* ZAR 1987, 3; *Jannasch* VBlBW 1991, 45.

Verbot der Abschiebung § 60 AufenthG 1

dem politischen Charakter der Maßnahme. Ob eine menschenrechtswidrige Beeinträchtigung die Asyl- oder Flüchtlingsanerkennung rechtfertigt oder lediglich Abschiebungsschutz bzw. ggf. Duldung zur Folge hat, entscheidet sich grundsätzlich nach der objektiven Zielrichtung der Maßnahme. Der im Gesetzgebungsverfahren heftig umstrittene[24] § 60 wird ergänzt durch § 25 I–III, der die **aufenthaltsrechtlichen Konsequenzen** der Abschiebungsverbote regelt.

Das **Vorliegen eines zielstaatsbezogenen Abschiebungsverbots** nach § 60 I–VIII führt dazu, 7 dass der Betroffene **nicht in diesen Staat,** nach (rechtzeitiger) Ankündigung **aber in einen anderen (aufnahmebereiten oder -verpflichteten) Staat abgeschoben werden** darf. Die zuständige Behörde hat beim Erlass einer Abschiebungsanordnung nach § 58a oder einer Abschiebungsandrohung gemäß § 59 in eigener Verantwortung zu prüfen, ob der Abschiebung in den beabsichtigten Zielstaat ein Abschiebungsverbot nach § 60 I–VIII entgegensteht. Dies umfasst sowohl die Frage, ob die Voraussetzungen für die Gewährung von Abschiebungsschutz als Flüchtling (§ 60 I) oder in Anknüpfung an den subsidiären Schutz (§ 60 II) vorliegen, als auch die Prüfung nationaler Abschiebungsverbote nach § 60 V und VII. Wird im gerichtlichen Verfahren ein zielstaatsbezogenes Abschiebungsverbot festgestellt, bleibt die Rechtmäßigkeit der Abschiebungsanordnung oder Abschiebungsandrohung im Übrigen hiervon unberührt (§ 58a III iVm § 59 II, III in entsprechender Anwendung)[25].

Das asylrechtliche **Abschiebungsverbot nach § 60 I** kann regelmäßig **nur** zuerkannt werden, 8 **wenn die Staatsangehörigkeit des Betroffenen geklärt** ist. Offenbleiben kann diese nur, wenn hinsichtlich sämtlicher als Staat der Staatsangehörigkeit in Betracht kommender Staaten die Gefahr politischer Verfolgung entweder bejaht oder verneint werden kann. Daraus folgt in verfahrensrechtlicher Hinsicht, dass bei der Prüfung, ob die Voraussetzungen des § 60 I vorliegen, alle Staaten einzubeziehen sind, deren Staatsangehörigkeit der Betroffene möglicherweise besitzt oder in denen er als Staatenloser zuletzt seinen gewöhnlichen Aufenthalt hatte[26]. Der **Abschiebungsschutz nach § 60 II–VII** kann hingegen **isoliert** bezogen **auf einen einzelnen Abschiebezielstaat** geprüft und abgeschichtet werden[27].

III. Abschiebungsverbot bei Verfolgung (Abs. 1)

1. Verhältnis zu Art. 1 GK

In Abs. 1 ist ebenso wie früher in § 51 I AuslG 1990 und davor in § 14 I 1 AuslG 1965 in 9 Anlehnung an **Art. 33 I GK** ein **Abschiebungsverbot** zugunsten rassisch, religiös oder sonst politisch **Verfolgter** aufgenommen. Da das Refoulementverbot des Art. 33 I GK allgemein Ausweisung und Zurückweisung „auf irgendeine Art und Weise" untersagt, ist hier jede „sonstige Überstellung" (so die Formulierung in § 7 I AsylVfG 1982) oder „sonstige Rückführung" (so § 13 I AsylG) gemeint, die eine Verfolgungsgefahr auslöst; inbegriffen ist insbesondere die (unmittelbare) Abschiebung als die wichtigste aufenthaltsbeendende Maßnahme, die den Zugriff des Verfolgerstaates eröffnet. Die Definitionen der staatlichen und der geschlechtsbezogenen Verfolgung wurden in Anlehnung an Art. 6 und Art. 10 I lit. d Qualifikations-RL formuliert. Eine mögliche **Bestrafung wegen Mitgliedschaft in einer terroristischen Vereinigung** oder terroristischer Betätigung stellt **keine flüchtlingsrechtliche relevante Verfolgung** iSd § 60 I dar[28].

Die **Verfolgungsgründe** des Abs. 1 (= Art. 33 I GK) waren in der ursprünglichen Fassung (§ 51 I 10 AuslG) identisch mit denen der Definition des ausländischen Flüchtlings in Art. 1 A Nr. 2 GK. Diese Vorschrift ist allerdings **eher subjektiv** formuliert, weil sie auf die „begründete Furcht vor Verfolgung" und neben der mangelnden Fähigkeit zur Inanspruchnahme des Schutzes des Heimatstaats auch auf den fehlenden Willen hierzu abhebt. Außerdem schützt sie nicht nur vor Eingriffen in Leben und Freiheit, sondern auch vor anderen existenziellen Gefahren. Diese Differenzen können sich einmal auf das Verhältnis zum Verfolgtenbegriff des Art. 16a I GG[29] auswirken und außerdem dazu führen, dass für ausländische Flüchtlinge iSd Art. 1 A Nr. 2 GK, die nicht zugleich die Voraussetzungen des Art. 33 I GK erfüllen, ein nur ein Anerkennungs- oder Prüfungsverfahren nicht zur Verfügung steht[30]. Dennoch ist trotz der Unterschiede in der Textformulierung im Blick auf die Entstehungsgeschichte und den erkennbar mit der Regelung verfolgten Zweck anzunehmen, dass sich die Voraus-

---

[24] Vgl. *Möller/Stiegeler* in HK-AuslR AufenthG § 60 Rn. 4.
[25] BVerwG Urt. v. 22.8.2017 – 1 A 3.17, ZAR 2018, 117 betr. die Abschiebungsanordnung gegen einen nigerianischen StA als islamistischen Gefährder.
[26] BVerwG Urt. v. 2.8.2007 – 1 C 13.07, BeckRS 2007, 24676; OVG NRW Beschl. v. 4.5.2017 – 3 A 2769/15.A, BeckRS 2017, 109536.
[27] BVerwG Urt. v. 29.9.2011 – 10 C 23.10, NVwZ 2012, 244; OVG NRW Beschl. v. 4.5.2017 – 3 A 2769/15.A, BeckRS 2017, 109536.
[28] BVerwG Beschl. v. 19.9.2017 – 1 VR 7.17, NVwZ 2017, 1798 Rn. 48.
[29] → Rn. 12–21.
[30] *Koisser/Nicolaus* ZAR 1991, 9; zum früheren Rechtszustand *Berberich* ZAR 1985, 30; *Köfner/Nicolaus* ZAR 1986, 11; *Roth* ZAR 1988, 164; BVerwG Urt. v. 25.10.1988 – 9 C 76.87, EZAR 200 Nr. 22; HessVGH Beschl. v. 5.10.1989 – 10 TP 336/89, InfAuslR 1990, 174.

setzungen des Abs. 1 in der ursprünglichen Formulierung des § 51 I AuslG mit denen des Art. 1 A Nr. 2 GK decken sollen[31] und durch Abs. 1 bei sachgerechter Auslegung über den strengen Wortlaut hinaus alle danach relevanten Rechtsgüter erfasst sind[32].

11 **Statutäre Flüchtlinge** iSd Art. 1 A Nr. 1 GK und nach Europa gelangte **Palästina-Flüchtlinge** iSd Art. 1 D II GK erfüllen zum Teil nicht gleichzeitig die Voraussetzungen des Art. 16a I GG oder des Art. 33 I GK[33]. Deshalb sind auch sie zum Teil nicht in das Asylverfahren einbezogen (anders betroffene statutäre Flüchtlinge nach § 28 AuslG 1965), mit der Folge, dass ihnen ein Mittel zur effektiven Durchsetzung ihrer Rechte fehlt[34]. Flüchtlinge aus Palästina iSd Art. 1 D GK brauchen nicht die Voraussetzungen des Art. 1 A GK zu erfüllen, um die Rechte aus der GK wahrnehmen zu können[35].

2. Verhältnis zu Art. 16a GG und Flüchtlingseigenschaft

12 Das Verhältnis zwischen Art. 16a I GG und Art. 1 A Nr. 2 GK wird von Rspr. und Schrifttum seit jeher **kontrovers** behandelt[36]. Nachdem das BVerfG geklärt hat, dass es für die Asylrelevanz einer Verfolgung nicht auf die subjektive Motivation des Verfolgers, sondern auf die objektive Zielrichtung der Verfolgungsmaßnahme ankommt[37], sind die möglichen Unterschiede noch geringer geworden als zuvor[38]. Die **Asylberechtigung** geht allerdings von der klassischen Trias eines Flüchtlingsschicksals aus, dh der asylerheblichen staatlichen Verfolgung im Herkunftsland und deshalb der Flucht und deshalb der Asylantragstellung in Deutschland. Fehlt es an einem Element oder kommt der Ausländer aus einem sicheren Dritt- oder Herkunftsstaat (§§ 26a, 29a), scheidet die Asylgewährung grundsätzlich aus.

13 Die **Zuerkennung der Flüchtlingseigenschaft nach der GK** ist hingegen **weitreichender**, dh etwa auch bei Verfolgung durch nichtstaatliche Akteure möglich oder bei Verlassen des Herkunftslandes ohne aktuelle persönliche Bedrohung oder bei Bestehen von sog. Nachfluchtgründen. Folgerichtig spricht heute auch niemand mehr von „kleinen Asyl", und die Zuerkennung der Flüchtlingseigenschaft wird vom BAMF konsequent an erster Stelle geprüft[39]. Heute scheint kein Fall denkbar, in dem Asyl gewährt, nicht aber zugleich die Flüchtlingsanerkennung zuerkannt wird.

14 Eine **Abweichung** könnte allerdings darin zu sehen sein, dass die Ausschlussgründe des Art. 1 F GK im Bereich des Art. 16a I GG nicht anwendbar sind[40]. Nach Ansicht des BVerwG kann eine Verfolgung iSd Art. 16a I GG auch dann gegeben sein, wenn an andere als in Art. 1 A Nr. 2 GK genannte Merkmale und Eigenschaften angeknüpft wird[41]. Dem ist für den entschiedenen Fall einer irreversibel homosexuellen Prägung entgegenzuhalten, dass diese durchaus durch Art. 1 A Nr. 2 GK erfasst sein kann, wenn man die „soziale" Gruppe als „gesellschaftliche" Gruppe („social group") versteht und dem Verfolgerstaat die Definitionskompetenz für die verfolgte Gruppe zubilligt. Ähnlich verhält es sich grundsätzlich mit geschlechtsspezifischer Verfolgung[42].

15 **Übereinstimmung** besteht für beide Verfolgtenbegriffe in der Bestimmung der Verfolgungsmaßnahmen, der geschützten Rechtsgüter und vor allem des politischen Charakters der Verfolgung[43]. Wegen der im Verhältnis zu Art. 1 A Nr. 2 GK eher objektiv gehaltenen Formulierung des Art. 33 I GK weicht dieser hinsichtlich der Verfolgungsgefahr noch weniger ab als jener von Art. 16a I GG. In beiden Fällen ist auch die zumindest mittelbare Verantwortlichkeit einer staatlichen oder staatsähnlichen Macht vorausgesetzt[44]. Fehlt es im **Bürgerkrieg** oder aufgrund anderer mit Gewalt verbundenen inneren Konflikte an einer effektiven Gebietsgewalt, kam eine Flüchtlingsanerkennung nach früherer Auffassung der deutschen Rspr. nicht in Betracht[45]. Anders verhielt es sich nur, wenn der Staat oder von ihm unterstützte Gruppen oder Stellen zumindest Teile des Staatsgebiets (noch oder wieder) unangefochten beherrschen[46]. Außerdem wird eine **landesweite** Schutzlosigkeit verlangt; eine

---

[31] BVerwG Urt. v. 21.1.1992 – 1 C 21.87, BVerwGE 89, 296.
[32] Auch → GG Art. 16a Rn. 120.
[33] Vgl. auch VG Saarlouis Urt. v. 24.11.2006 – 5 K 97/05.A, BeckRS 2008, 35324.
[34] *Nicolaus/Saramo* ZAR 1989, 67; *Koisser/Nicolaus* ZAR 1991, 9.
[35] BVerwG Urt. v. 4.6.1991 – 1 C 42.88, BVerwGE 88, 254 betr. Reiseausweis.
[36] Zur Analyse vgl. *Köfner/Nicolaus* ZAR 1986, 11; *Roth* ZAR 1988, 164; *Weberndörfer* S. 27 ff.
[37] → GG Art. 16a Rn. 40 ff.
[38] Allg. dazu BVerfG Beschl. v. 2.7.1980 – 1 BvR 147/80 ua, BVerfGE 54, 341.
[39] Typischer Bescheidaufbau: 1. Flüchtlingseigenschaft, 2. Asylanerkennung, 3. Subsidiärer Schutzstatus, 4. Abschiebungsverbote nach § 60 V u. VII AufenthG, 5. Abschiebungsandrohung.
[40] *Kemper* ZAR 1986, 3; offengelassen von BVerwG Urt. v. 1.7.1975 – I C 44.68, EZAR 201 Nr. 1.
[41] BVerwG Urt. v. 15.3.1988 – 9 C 278.86, BVerwGE 79, 143.
[42] Dazu *Gebauer* ZAR 1988, 120; *Hailbronner* ZAR 1988, 152; *Incesu* InfAuslR 1986, 337; *Weberndörfer* S. 70 ff.; zu den neuen Definitionen → Rn. 14 ff. und → GG Art. 16a Rn. 131 ff. sowie *Marx* ZAR 2005, 177.
[43] BVerwG Urt. v. 18.2.1992 – 9 C 59.91, NVwZ 1992, 892; Urt. v. 13.5.1993 – 9 C 49.92, BVerwGE 92, 278.
[44] VGH BW Urt. v. 8.12.1992 – A 13 S 1940/91, VBlBW 1993, 192; vgl. → GG Art. 16a Rn. 122.
[45] BVerwG Urt. v. 18.1.1994 – 9 C 48.92, BVerwGE 95, 42; HessVGH Urt. v. 20.5.1996 – 13 UE 2332/95, EZAR 231 Nr. 9; OVG NRW Urt. v. 16.11.1995 – 20 A 3402/91.A, EZAR 231 Nr. 8.
[46] Vgl. → GG Art. 16a Rn. 123.

zumutbare inländische Fluchtalternative oder interner Schutz steht also der Annahme einer Verfolgung entgegen[47]. Schließlich kommt einem Vorverfolgten wie im Asylrecht auch iRd Abs. 1 im Rahmen der **Verfolgungsprognose** der sog. herabgestufte Wahrscheinlichkeitsmaßstab[48] zugute; es genügt also für die Annahme einer Verfolgungsgefahr, wenn die Wiederholung bereits erlittener Verfolgung nicht hinreichend sicher auszuschließen ist[49].

Ein erheblicher **Unterschied** besteht aber insoweit, als selbstgeschaffene subjektive Nachfluchtgründe nach Art. 16a I GG grundsätzlich nicht zu berücksichtigen sind, von Art. 33 I GK aber ohne Weiteres erfasst werden[50]. Bis Ende 2004 konnte zudem der Familienangehörige eines Verfolgten nicht aufgrund § 51 I AuslG ohne Weiteres anerkannt werden wie als Asylberechtigte nach § 26 AsylG, denn hierfür fehlte es an einer ähnlichen Vorschrift[51]. Nunmehr ist die Anerkennung von internationalen Familienschutz in vergleichbarer Weise möglich (vgl. § 26 AsylG). 16

Kein Unterschied besteht schließlich hinsichtlich der politisch Verfolgten, die bereits in einem anderen Staat vor politischer Verfolgung sicher waren. Mit der Aufgabe dieser Sicherheit und der Einreise in die Bundesrepublik verlieren diese Flüchtlinge weder ihre Verfolgteneigenschaft nach Art. 16a I GG noch ihre Eigenschaft als Flüchtling nach Art. 1, 33 I GK[52]. Das BVerwG hat allerdings **grundsätzlich** entschieden, dass ein Ausländer, der **in einem anderen Staat bereits als Flüchtling anerkannt** worden ist, **in Deutschland weder erneut die Flüchtlingseigenschaft** beanspruchen kann (hat er ja schon) **noch den Status eines subsidiär Schutzberechtigten** (unzulässig wegen § 60 II 2 iVm I 3) noch nationalen Abschiebungsschutz (kein Rechtsschutzbedürfnis, weil schon Abschiebungsschutz bzgl. Herkunftsstaat durch Flüchtlingsanerkennung besteht)[53]. Ist in einem Verfahren zweifelhaft, ob dem Schutzsuchenden bereits in einem anderen Mitgliedstaat der Europäischen Union (etwa Italien) internationaler Schutz gewährt worden ist, müssen die Verwaltungsgerichte diesen Sachverhalt aufklären, soweit die Zulässigkeit eines erneuten Schutzantrags davon abhängt. Das gilt auch dann, wenn ein an den anderen Mitgliedstaat gerichtetes Auskunftsersuchen nach den Dublin-Vorschriften (sog. Info-Request) unbeantwortet geblieben ist[54]. 17

Etwas anderes könnte allerdings gelten, wenn eine Anerkennung als Flüchtling in einem anderen Staat zugunsten des Ausländers keine Schutz- und Rechtswirkungen entfaltet. So hat der **HessVGH** bei gleichzeitiger Zulassung der Revision entschieden, dass die **Zuerkennung der Flüchtlingseigenschaft in Bulgarien der erneuten Zuerkennung der Flüchtlingseigenschaft im Bundesgebiet derzeit nicht entgegensteht,** da das Asylsystem in Bulgarien insbesondere hinsichtlich bereits anerkannter Flüchtlinge unter systemischen Mängeln leidet und betroffene Flüchtlinge daher nicht auf eine bereits in Bulgarien erfolgte Flüchtlingsanerkennung verwiesen werden können[55]. **Bulgarien verletze** in fundamentaler Weise seine Verpflichtungen aus den **Art. 20 ff. Anerkennungs-RL.** Es habe nach wie vor kein funktionierendes und ausreichend finanziertes Integrationsprogramm für anerkannte Schutzberechtigte aufgestellt und/oder praktiziert ein solches. Bulgarien gewährleiste die Lebensbedingungen der Flüchtlingen garantierten Mindeststandards des gemeinsamen europäischen Asylsystems **sowie** von **Art. 4 GRCh** nicht, sodass bei unionsrechtskonformer Auslegung von § 60 I die erneute Durchführung eines Verfahrens auf Zuerkennung der Flüchtlingseigenschaft im Bundesgebiet eröffnet sei. 18

Im Revisionsverfahren hat das **BVerwG** das Verfahren ausgesetzt und den **EuGH im Wege der Vorabentscheidung** ersucht die Frage zu beantworten, **ob ein Mitgliedstaat (hier Deutschland) unionsrechtlich daran gehindert ist, einen Antrag auf internationalen Schutz wegen der Zuerkennung der Flüchtlingseigenschaft oder der Gewährung subsidiären Schutzes in einem anderen Mitgliedstaat** (hier: Bulgarien/Italien) in Umsetzung der Ermächtigung in Art. 33 II lit. a Asylverfahrens-RL bzw. der Vorgängerregelung in Art. 25 II lit. a Asylverfahrens-RL aF **als unzulässig abzulehnen, wenn die Ausgestaltung des internationalen Schutzes, namentlich die Lebensbedingungen für anerkannte Flüchtlinge, in dem anderen Mitgliedstaat, der dem Antragsteller bereits internationalen Schutz gewährt hat** (hier Bulgarien/Italien), a) nicht den 19

---

[47] BVerwG Urt. v. 18.1.1994 – 9 C 48.92, BVerwGE 95, 42; Urt. v. 15.4.1997 – 9 C 15.96, BVerwGE 104, 254; → GG Art. 16a Rn. 124; betr. Rückkehr aufgrund Re-Integrationsabkommen vgl. BVerwG Urt. v. 3.11.1992 – 9 C 21.92, BVerwGE 91, 150.
[48] Dazu BVerfG Beschl. v. 2.7.1980 – 1 BvR 147/80 ua, BVerfGE 54, 341; → GG Art. 16a Rn. 52.
[49] → Rn. 47.
[50] So auch der Hinweis am Ende der Entscheidung BVerfG Beschl. v. 26.11.1986 – 2 BvR 1058/85, BVerfGE 74, 51; BVerwG Urt. v. 10.1.1995 – 9 C 276.94, NVwZ 1996, 86; → GG Art. 16a Rn. 49 ff., 123; vgl. *Weberndörfer* S. 79 ff.
[51] BVerwG Urt. v. 5.7.1994 – 9 C 1.94, NVwZ 1995, 391.
[52] → GG Art. 16a Rn. 89 ff., 125; zur Asylanerkennung → Rn. 12 ff.
[53] BVerwG Urt. v. 17.6.2014 – 10 C 7.13, NVwZ 2014, 1460. Dies dürfte bei subsidiär Schutzberechtigten in vergleichbarer Weise gelten, auch trotz der insoweit fehlenden gesetzlichen Bindungswirkung des § 60 II 2, I 3 und 4 AufenthG.
[54] BVerwG Urt. v. 21.11.2017 – 1 C 39.16, ZAR 2018, 171.
[55] HessVGH Urt. v. 4.11.2016 – 3 A 1292/16.A, NVwZ 2017, 570; aA OVG Saarl Urt. v. 25.10.2016 – 2 A 95/16, BeckRS 2016, 54035 und OVG NRW Beschl. v. 30.11.2015 – 14 A 2614/15.A, BeckRS 2015, 55814.

Anforderungen der Art. 20 ff. Qualifikations-RL entspricht und/oder b) gegen Art. 4 GRCh oder Art. 3 EMRK verstößt[56].

20 Darauf hat **EuGH (Große Kammer)** mit Urteilen vom **19.3.2019**[57] entschieden, dass das Unionsrecht auf der grundlegenden Prämisse beruht, dass jeder Mitgliedstaat mit allen anderen Mitgliedstaaten eine Reihe gemeinsamer Werte teilt – und anerkennt, dass sie sie mit ihm teilen –, auf die sich, wie es in **Art. 2 EUV** heißt, die Union gründet. Konkret verlangt der **Grundsatz des gegenseitigen Vertrauens,** dem im Unionsrecht **fundamentale Bedeutung** zukommt, in Bezug auf den Raum der Freiheit, der Sicherheit und des Rechts, von jedem Mitgliedstaat, dass er, abgesehen von außergewöhnlichen Umständen, davon ausgeht, dass **alle anderen Mitgliedstaaten das Unionsrecht und insbesondere die dort anerkannten Grundrechte beachten**[58]. Deshalb gilt die **widerlegliche Vermutung,** dass die Behandlung jedes Ausländers in jedem einzelnen Mitgliedstaat in Einklang mit den Erfordernissen der GFK und der EMRK steht[59]. Deshalb ist Art. 4 GRCh (Art. 3 EMRK) dahin gehend auszulegen, dass er der **innereuropäischen Überstellung eines Ausländers, der internationalen Schutz beantragt hat,** nicht entgegensteht, es sei denn, das mit einem Rechtsbehelf gegen die Überstellungsentscheidung befasste Gericht stellt auf der Grundlage objektiver, zuverlässiger, genauer und gebührend aktualisierter Angaben und im Hinblick auf den durch das Unionsrecht gewährleisteten Schutzstandard der Grundrechte fest, dass dieses Risiko für diesen Antragsteller gegeben ist, weil er sich im Fall der Überstellung unabhängig von seinem Willen und seinen persönlichen Entscheidungen in einer **Situation extremer materieller Not** befände. Eine extreme materielle Not liegt danach **erst** vor, wenn es dem **Ausländer nicht erlaubt ist, seine elementarsten Bedürfnisse zu befriedigen,** wie insbesondere sich zu ernähren, sich zu waschen und eine Unterkunft zu finden, und die seine physische oder psychische Gesundheit beeinträchtigte oder sie in einen Zustand der **Verelendung** versetzte, der mit der Menschenwürde unvereinbar wäre[60]. Diese **Schwelle** ist daher **selbst** in **durch große Armut oder eine starke Verschlechterung der Lebensverhältnisse** der betreffenden Person gekennzeichneten Situationen **nicht erreicht**, sofern sie nicht mit extremer materieller Not verbunden sind, aufgrund deren sich diese Person in einer solch schwerwiegenden Lage befindet, dass sie einer unmenschlichen oder erniedrigenden Behandlung gleichgestellt werden kann[61]. Mögliche Mängel in den Systemen der sozialen Sicherung einzelner Mitgliedstaaten können danach keine extreme materielle Not verursachen. Auch der Umstand, dass der Ausländer in dem Mitgliedstaat keine existenzsichernden Leistungen erhält, ohne anders als die Angehörigen dieses Mitgliedstaats behandelt zu werden, genügt nicht dazu, eine extreme materielle Not anzunehmen. Vielmehr ist zu prüfen, ob Erwerbsmöglichkeit oder die mildtätige Hilfe von karitativen Stellen, Privatpersonen oder NGO es dem Ausländer erlaubt, sich zu ernähren und ein Bett für die Nacht zu beschaffen[62]. Hinreichend ist, wenn dem erwachsenen Ausländer im Zielstaat **„Bett, Brot und Seife"** zur Verfügung stehen[63]. Am parallel weiter gültigen **Maßstab der Tarakhel-Rspr. des EGMR**[64] dürfen allein die besonders schutzbedürftigen Personen – also etwa Kleinkinder, Kranke, Behinderte – mehr erwarten. Für sie muss im Zielstaat hinreichend gesorgt werden, sodass diese besonders verwundbare Personengruppe schon bei erheblichen Mängeln im System der sozialen Sicherung in eine extreme materielle Notlage geraten kann.

---

[56] BVerwG Beschl. v. 2.8.2017 – 1 C 37.16 und 1 C 2.17, BeckRS 2017, 124538 sowie Beschl. v. 23.3.2017 – 1 C 17.16, ZAR 2017, 426, jeweils betr. Bulgarien und Beschl. v. 27.6.2017 – 1 C 26.16, ZAR 2018, 177 betr. Italien.

[57] EuGH Urt. v. 19.3.2019 – C-163/17, C-297/17, C-444/17, C-540/17, NVwZ 2019, 712. Danach betr. den Entscheidungsmaßstab partiell überholt BVerfG Kammerbeschl. v. 31.7.2018 – 2 BvR 714/18, NVwZ-RR 2019, 209.

[58] EuGH Urt. v. 19.3.2019 – C-163/17, NVwZ 2019, 712 Rn. 81 mwN; EuGH Urt. v. 30.5.2013 – C-168/13 PPU, EuGRZ 2013, 417 Rn. 50 u. Urt. v. 5.4.2016 – C-404/15 u. C-659/15 PPU, NJW 2016, 1709 Rn. 77 sowie v. 1.6.2016 – C-245/15, NJW 2017, 49 Rn. 33; s. zum Grundsatz gegenseitigen Vertrauens im Flüchtlingsrecht BVerwG Urt. v. 9.1.2019 – 1 C 36.18, BeckRS 2019, 395 Rn. 19 und im Straf- und Disziplinarrecht BVerwG Urt. v. 19.4.2018 – 2 C 59.16, NVwZ-RR 2018, 939 Rn. 23 ff.

[59] EuGH Urt. v. 19.3.2019 – C-163/17, NVwZ 2019, 712 Rn. 82.

[60] EuGH Urt. v. 19.3.2019 – C-163/17, NVwZ 2019, 712 Rn. 92; ähnlich bereits EGMR Urt. v. 21.1.2011 – 30696/09 zu Art. 2, Art. 3 EMRK NVwZ 2011, 413 Rn. 254.

[61] EuGH Urt. v. 19.3.2019 – C-163/17, NVwZ 2019, 712 Rn. 92 f. Dem folgend eine „extreme materielle Not" verneinend BVerwG Urt. v. 7.9.2021 – 1 C 3.21, BeckRS 2021, 42834 betr. Italien; VGH BW Urt. v. 29.7.2019 – A 4 S 749/19 NJOZ 2020, 112 betr. Italien und Beschl. v. 8.11.2021 – A 4 S 2850/21, BeckRS 2021, 34836 betr. Italien; NdsOVG Urt.v. 7.12.2021 – 10 LB 257/20, BeckRS 2021, 37966 betr. Bulgarien. OVG RhPf Beschl. v- 20.10.2020 – 7 A 1889/18, BeckRS 2021, 37966 betr. Bulgarien, SächsOVG Urt. v. 15.6.2020 – 5A 382/18 BeckRS 2020, 17220 betr. Bulgarien. Diese Rspr des EuGH wird allerdings zuweilen unterlaufen, etwa durch OVG NW Urt. v. 20.7.2021 – 11 A 1674.20.A, BeckRS 2021, 20662 betr. Italien

[62] Soweit dem schutzberechtigten Ausländer auch dies in dem Zielstaat der Union nicht möglich ist, droht es ihm, in seinen Rechten aus Art. 4 GRCh und Art. 3 EMRK verletzt zu werden. Dies nehmen aktuell das OVG Blb-Bbg Urt. v. 23.11.2021 – OVG 3 B 54.19, BeckRS 2021, 42602 und das NdsOVG Beschl. v. 19.4.2021 – 10 LB 244/20, ZAR 2021, 262 für Griechenland an. AA noch die ältere Entscheidung des SchlHOVG Urt. v. 6.9.2019 – 4 LB 17/18 BeckRS 2019, 22068.

[63] Vgl. so plastisch die hiesige Kommentierung von → AsylG § 29 Rn. 26.

[64] EGMR Urt. v. 4.11.2014 – 29217/12, NVwZ 2915, 127 – Tarakhel.

Zusammenfassend kann in **drei Schritten** resümiert werden: Erstens, **innereuropäische Überstel-** 21
lungen oder Abschiebungen von asylsuchenden Ausländern im Dublin-System sind grundsätzlich in
alle Mitgliedstaaten **möglich,** weil alle Mitgliedstaaten der EU verpflichtet sind die in der GRCh und
der EMRK verankerten Menschenrechte zu achten und zu wahren. Zweitens, aufgrund des unionsrechtlichen fundamentalen **Rechtsprinzips des gegenseitigen Vertrauens** (Art. 2 und Art. 3 EUV,
Art. 67 AEUV) gilt eine **widerlegliche Vermutung** dafür, dass die die Mitgliedstaaten ihre Pflichten
aus GRCh und EMRK erfüllen. Drittens bestehen objektive Anhaltspunkte dafür, dass einen Ausländer **in einem EU-Überstellungsstaat extreme materielle Not** droht, die über die dort ggf.
anzutreffende große Not hinausgehen muss und die das konkrete Risiko einer Verletzung von Art. 4
GRCh und 3 EMRK birgt, **hat** die **Abschiebung oder Überstellung dorthin zu unterblei-**
ben. Den vom EGMR eher beispielhaft und konkret bezogen auf einen Beschwerdeführer benutzten
Begriff „extremer Armut"[65], hat der EuGH zu dem selbstständigen unbestimmten Rechtsbegriff der
„extremen materiellen Not" aufgewertet. Die Auslegung dieses Begriffs und seine Abgrenzung von
einer, eine solche Not noch nicht erreichenden „großen" allgemeinen Not im EU-Überstellungsstaat
wird die künftige verwaltungsgerichtliche Rspr. sicher noch vielfach beschäftigen.

3. Verhältnis zur Asylanerkennung

In das Asylverfahren ist die durch Abs. 1 erfasste Personengruppe aufgrund der Definition des 22
Asylantrags in § 13 I AsylG von Anfang an bis zur Entscheidung und bis zur Aufenthaltsbeendigung
einbezogen (§§ 14 I, 31 I, 34 I, 55 I, 67 I Nr. 4 AsylG). Soweit dieser Personenkreis, von dem des
Art. 16a I GG abweicht, sind ggf. **unterschiedliche Feststellungen** über die Asylberechtigung und
die Zuerkennung der Flüchtlingseigenschaft zu treffen. Während das Asylrecht des Art. 16a I GG
grundsätzlich zur Asylanerkennung führt, ergibt die Erfüllung der Voraussetzungen des Abs. 1 wegen
der Rechtsfolge des § 3 AsylG („nur") die Flüchtlingsanerkennung. Wer die in einem Drittstaat bereits
erreichte **Sicherheit vor politischer Verfolgung** freiwillig aufgibt, wird nicht als asylberechtigt
anerkannt (Art. 16a II GG; §§ 18 II Nr. 1 und 2, 26a I, 27 I, 27a, 29 I AsylG), obwohl er weiterhin
politisch verfolgt iSd Art. 16a I GG ist[66]. Ggf. kann er aber die Flüchtlingsanerkennung erhalten, weil
der Tatbestand des Abs. 1 bzw. des Art. 33 I GK durch eine inzwischen wieder aufgegebene anderweitige Verfolgungssicherheit nicht berührt wird[67]. Gegenüber dem Rechtszustand nach § 14 I AuslG
1965 hat sich für diese Verfolgtengruppe im Wesentlichen nur die Rechtsfolge geändert: An die Stelle
der bloßen Nichtabschiebung ist die Zuerkennung der Flüchtlingseigenschaft getreten.

Bzgl. des **Verhältnisses zwischen Asyl- und Flüchtlingsanerkennung** ist das BVerfG nach 23
wie vor frei in seiner Entscheidung, ob es die vom Gesetzgeber in Anlehnung an das aktuelle
internationale Flüchtlingsrecht gefundenen Begriffsbestimmungen auch für die Auslegung des
Art. 16a I GG übernimmt[68]. Durch die **Anerkennungs-RL** wird die Auslegung von Art. 16a GG
jedenfalls nicht unmittelbar berührt[69]. Die Qualifikations-RL hat nicht ein nationales Asylgrundrecht im Auge und ist vom Regelungsgegenstand nicht hierauf bezogen, sondern betrifft allein den
nationalen Flüchtlingsschutz der Mitgliedstaaten, wie er in Anwendung der völkervertraglichen
Verpflichtungen aus der GFK gewährt wird (vgl. die 3. und 7. Begründungserwägung sowie Art. 1
iVm Art. 2 lit. b und c Anerkennungs-RL). Eine andere Frage ist die, ob nach einer – längeren –
Phase der Konsolidierung und einer konsensualen Anwendung durch die Mitgliedstaaten, insbesondere auch aufgrund einer entsprechenden Spruchpraxis des EuGHs, das BVerfG in seiner Rspr.
einen möglicherweise eingetretenen Bedeutungswandel des Asylgrundrechts anerkennen und diesem
Rechnung tragen wird[70]. Der EuGH jedenfalls hat das nationale Asylrecht in seiner Rspr. dadurch
gewissermaßen „herabgestuft", indem er entschieden hat, dass dieses ggf. keinen Flüchtlingsstatus
mehr vermitteln darf[71].

4. Verfolgung iSv Abs. 1

Unter das Abschiebungsverbot des Abs. 1 fällt nach alledem **jeder politisch Verfolgte** (vgl. auch 24
§ 3 AsylG), und zwar ohne Rücksicht darauf, ob er den Verfolgungstatbestand erst nach Verlassen des
Heimatstaats geschaffen hat und deshalb unter Umständen nicht als politisch Verfolgter iSd Art. 16a I
GG angesehen werden kann[72]. Ansonsten ist der geschützte Personenkreis zwar im Wesentlichen
identisch mit dem der Asylberechtigten nach Art. 16a GG[73], jedoch sind hier die Vorgaben aus

---

[65] EGMR Urt. v. 21.1.2011 – 30696/09, NVwZ 2011, 413 Rn. 254.
[66] → GG Art. 16a Rn. 90, 97.
[67] → GG Art. 16a Rn. 125.
[68] Dazu → GG Art. 16a Rn. 136 ff.
[69] AA wohl HessVGH Urt. v. 12.7.2007 – 8 UE 3339/04.A, ZAR 2008, 34.
[70] So zutr. VGH BW Urt. v. 20.11.2007 – A 10 S 70/06, BeckRS 2007, 28319.
[71] EuGH Urt. v. 9.11.2010 – C-57/09 Rn. 115–121, ZAR 2011, 142.
[72] Dazu → GG Art. 16a Rn. 49 ff.
[73] → Rn. 12 ff., 22.

1 AufenthG § 60

Art. 4 IV und Art. 7–10 **Anerkennungs-RL**[74] sowie insbesondere die Fälle der nichtstaatlichen und der geschlechtsspezifischen Verfolgung gesondert zu berücksichtigen. Durch das RLUmsG 2013 wurden die Verfolgungshandlungen, die Verfolgungsgründe, die Akteure, von denen Verfolgung ausgehen kann, die Akteure, die Schutz bieten, sowie der interne Schutz im Einzelnen in den §§ 3a–3e AsylG ausdifferenziert normiert.

25 Den **Begriff der Verfolgung** definiert Art. 9 I Qualifikations-RL (§ 3a AsylG) im Wesentlichen als gravierende Menschenrechtsverletzung. Eine Verfolgungshandlung setzt grundsätzlich einen gezielten Eingriff in ein geschütztes Rechtsgut voraus[75]. Sie ist vor allem anhand der Regelbeispiele des **Art. 9 II Anerkennungs-RL**[76] zu bestimmen, wonach insbesondere folgende (nach Art. 9 I Anerkennungs-RL gegebenenfalls auch nur einmalige) Handlungen als Verfolgung gelten: a) Anwendung physischer oder psychischer Gewalt, einschließlich sexueller Gewalt (was Verletzungen von Leib, Leben oder Freiheit einschließen kann), b) gesetzliche, administrative, polizeiliche und/oder justizielle Maßnahmen, die als solche diskriminierend sind oder in diskriminierender Weise angewandt werden, c) unverhältnismäßige oder diskriminierende Strafverfolgung oder Bestrafung, d) Verweigerung gerichtlichen Rechtsschutzes mit dem Ergebnis einer unverhältnismäßigen oder diskriminierenden Bestrafung, e) Strafverfolgung oder Bestrafung wegen Verweigerung des Militärdienstes in einem Konflikt, wenn der Militärdienst Verbrechen oder Handlungen umfassen würde, die unter die Ausschlussklauseln des Art. 12 II Qualifikations-RL fallen, und f) Handlungen, die an die Geschlechtszugehörigkeit anknüpfen oder gegen Kinder gerichtet sind.

26 Den **Prognosemaßstab für die Verfolgung** gibt **Art. 4 Anerkennungs-RL** (§ 3 I 1 AsylG) vor. Art. 4 I Anerkennungs-RL bestimmt, dass es Pflicht des Antragstellers ist, so schnell wie möglich alle zur Begründung des Antrags auf internationalen Schutz erforderlichen Anhaltspunkte darzulegen. Der Mitgliedstaat hat die gegenläufige Pflicht, unter Mitwirkung des Antragstellers die für den Antrag maßgeblichen Anhaltspunkte zu prüfen. Zu den in Abs. 1 genannten Anhaltspunkten gehören Angaben des Antragstellers zu Alter und familiären und sozialen Verhältnissen – auch der betroffenen Verwandten –, Identität, Staatsangehörigkeit(en), Land/Ländern und Ort(en) des früheren Aufenthalts, früheren Asylanträgen, Reisewegen und Reisedokumenten sowie zu den Gründen für seinen Antrag auf internationalen Schutz und sämtliche ihm zur Verfügung stehenden Unterlagen zu diesen Angaben. Art. 4 IV Anerkennungs-RL bestimmt darüber hinaus zugunsten des Schutzsuchenden, dass die Tatsache, dass ein Antragsteller bereits verfolgt wurde oder einen sonstigen ernsthaften Schaden erlitten hat oder von solcher Verfolgung oder solchem Schaden unmittelbar bedroht war, ein ernsthafter Hinweis darauf ist, dass die Furcht des Antragstellers vor Verfolgung begründet ist bzw. dass er tatsächlich Gefahr läuft, ernsthaften Schaden zu erleiden, es sei denn, stichhaltige Gründe sprechen dagegen, dass der Antragsteller erneut von solcher Verfolgung oder einem solchen Schaden bedroht wird.

27 Die **Furcht vor Verfolgung** ist danach **begründet, wenn dem unverfolgten ausgereisten Ausländer** die **Verfolgungsgefahren** aufgrund der in seinem Herkunftsland gegebenen Umstände in Anbetracht seiner individuellen Lage tatsächlich, dh **mit beachtlicher Wahrscheinlichkeit drohen**[77]. Dieser Maßstab deckt sich mit dem Maßstab der „begründeten Furcht" („well founded fear") iSd Art. 1 A GK bzw. der „begründeten Furcht vor Verfolgung" iSd Art. 2d Anerkennungs-RL. Beachtlich wahrscheinlich ist eine Verfolgung dann, wenn die für eine Verfolgung sprechenden Umstände ein größeres Gewicht besitzen als die dagegensprechenden Tatsachen.

28 Reist ein **Ausländer** hingegen **vorverfolgt ein**, ist nach Art. 4 IV Anerkennungs-RL zu beachten, dass die **Furcht vor Verfolgung begründet ist, es sei denn, stichhaltige Gründe**[78] **sprechen dagegen**, dass der Antragsteller erneut von einer solchen Verfolgung oder einem solchen Schaden

---

[74] Vgl. hierzu auch die Rspr. bei → Rn. 4 ff.

[75] Vgl. BVerwG Urt. v. 19.1.2009 – 10 C 52.07, BVerwGE 133, 55. Argumente gegen die Zielgerichtetheit des Akteursverhaltens trägt *Lübbe* vor, ZAR 2011, 164.

[76] Rspr. zu Art. 9 Qualifikations-RL BVerwG Urt. v. 20.2.2013 – 10 C 23.12, ZAR 2013, 339; BVerwG Urt. v. 5.3.2009 – 10 C 51.07, InfAuslR 2009, 363 (Religion); BVerwG Urt. v. 26.2.2009 – 10 C 50.07, InfAuslR 2009, 310; (Ausbürgerung); BVerwG Beschl. v. 24.9.2009 – 10 B 2.09, BeckRS 2015, 50688 (Religion); BVerwG; Urt. v. 19.1.2009 – 10 C 52.07, NVwZ 2009, 982; HessVGH Urt. v. 18.11.2009 – 6 A 2105/08.A, BeckRS 2009, 42011 (Religion); BayVGH Urt. v. 29.9.2009 – 11 B 07.30340, BeckRS 2009, 43786; OVG NRW Beschl. v. 30.7.2009 – 5 A 982/07.A, BeckRS 2009, 36769 (Religion); VG München Urt. v. 9.3.2007 – M 24 K 06.51017, nur juris (Gewalt); NdsOVG Beschl. v. 2.3.2007 – 11 LA 189/06, BeckRS 2007, 22805 (Wehrdienst); VG Lüneburg Urt. v. 15.1.2007 – 1 A 115/04, BeckRS 2007, 20951 (allgemein); VG Lüneburg Beschl. v. 1.12.2006 – 1 B 47/06, BeckRS 2007, 20962; VGH BW Urt. v. 30.11.2006 – A 6 S 674/05, BeckRS 2007, 20595; VG Lüneburg Urt. v. 29.11.2006 – 1 A 160/04, BeckRS 2007, 20274 (allgemein); VGH BW Urt. v. 16.11.2006 – A 2 S 1150/04, BeckRS 2006, 27298 (Religion); VG KA Urt. v. 19.10.2006 – A 6 K 10335/04, EZAR NF 62 Nr. 10 (Religion).

[77] BVerwG Urt. v. 20.2.2013 – 10 C 23.12, ZAR 2013, 339 u. Urt. v. 18.2.1997 – 9 C 9.96, NVwZ 1997, 1134; s. auch *Hailbronner* AuslR AufenthG § 60 Rn. 34.

[78] Vgl. zB OVG Bln-Bbg Urt. v. 10.10.2018 – OVG 3 B 24.18, BeckRS 2018, 32319: „Es sprechen stichhaltige Gründe im Sinne von Art 4 IV Anerkennungs-RL dagegen, dass sich eine etwaige Verfolgung durch die islamistische Gruppierung in Aleppo und der nahe gelegenen Ortschaft Al-Bab wiederholen wird."

bedroht wird[79]. Diese **Beweiserleichterung** löst den **Maßstab der herabgestuften Wahrscheinlichkeit** aus[80], wie er in der Rspr. des BVerwG entwickelt worden ist.

Nach Art. 9 III Anerkennungs-RL sind nur solche Verfolgungshandlungen anerkennungsrelevant, 29 die auf den **Verfolgungsgründen des Art. 10 Anerkennungs-RL**[81] (§ 3 I, § 3b AsylG) beruhen[82]: Rasse, Religion, Nationalität, soziale Gruppenzugehörigkeit, politische Überzeugung. Der in Deutschland diskreditierte Begriff „**Rasse**" (s. **Art. 10 I lit. a Anerkennungs-RL**) umfasst alle ethnischen Gruppierungen, dh zielt auf Personen, die insbesondere wegen ihrer ethnischen Gruppenzugehörigkeit, Hautfarbe und/oder Herkunft menschenwürdewidrig diskriminiert werden.

Der Begriff der **Religion** (s. **Art. 10 I lit. b Anerkennungs-RL**) umfasst – entgegen der 30 älteren deutschen Rspr.[83] – nicht mehr allein das auf ernsthafter Glaubensüberzeugung[84] beruhende sog. religiöse Existenzminimum im häuslich-privaten bzw. nachbarschaftlich-kommunikativen Bereich, sondern ausdrücklich nun auch die Religionsausübung im öffentlichen Bereich, dh etwa die Teilnahme an öffentlichen Gottesdiensten oder das öffentliche Tragen von Religionssymbolen; die Tragweite dieser Norm ist nunmehr höchstrichterlich vom hierfür zuständigen EuGH ausgeleuchtet[85]. Auch unter Geltung der Anerkennungs-RL führt allerdings nicht jede Einschränkung der

---

[79] EuGH Urt. v. 2.3.2010 – C-175, 176, 177, 178, 179/08, NVwZ 2010, 505 – Abdulla ua/Bundesrepublik Deutschland.

[80] BVerwG Urt. v. 27.4.2010 – 10 C 5.09, NVwZ 2011, 51.

[81] Rspr. zu Art. 10 Anerkennungs-RL: BVerwG Urt. v. 19.4.2018 – 1 C 29.17, NVwZ 2018, 1408 (Familie des Deserteurs und Gesamtheit der Familien der eritreischen Deserteure keine soziale Gruppe); VG Hannover Urt. v. 20.6.2018 – 1 A 5249/17, nur juris (Ahmadis, Religion); VG Würzburg Urt. v. 30.4.2018 – W 8 K 17.33425, BeckRS 2018, 9935 (Konversion vom Islam zum Christentum, iranischer Staatsangehörigkeit, Religion); VG Freiburg Urt. v. 29.3.2018 – A 1 K 4602/16, BeckRS 2018, 7964 (soziale Gruppe, Homosexualität, Gambia); VG Leipzig Urt. v. 29.11.2017 – 1 K 2186/16.A, BeckRS 2017, 139759 (junge Männer keine soziale Gruppe, Afghanistan); VG Regensburg Urt. v. 4.9.2017 – RN 1 K 17.32818, nurjuris (soziale Gruppe, Homosexualität, Uganda); VG Chemnitz Urt. v. 26.4.2017 – 6 K 921/16.A, nur juris (pakistanischer Atheist, neg. Glaubensüberzeugung, Religion); VG Düsseldorf Urt. v. 24.1.2017 – 17 K 9980/16.A, BeckRS 2017, 101396 (unverfolgt illegal aus Syrien ausgereiste Personen keine soziale Gruppe); VG Cottbus Urt. v. 7.11.2016 – VG 5 K 1230/17.A, BeckRS 2017, 134643 (Bisexuelle jedenfalls in Marokko keine hinreichend abgrenzbare soziale Gruppe); VG Würzburg Urt. v. 21.10.2015 – W 6 K 15.30149, BeckRS 2016, 42827 (iranische Staatsangehörigkeit, Konversion vom Islam zur Religionsgemeinschaft der Bahai, Religion); VG Würzburg Urt. v. 17.12.2014 – W 6 K 14.30391, BeckRS 2015, 41306 (iranische Staatsangehörigkeit, soziale Gruppe der Transsexuellen); VG Magdeburg Urt. v. 30.9.2014 – 5 A 193/13 MD, nur juris (afgh. Staatsangehörigkeit, Atheist, Religion); VG Regensburg Urt. v. 19.11.2013 – RN 5 K 13.30226, nur juris (nigerianische Staatsangehörigkeit, Homosexuelle als soziale Gruppe); VG Stuttgart Urt. v. 3.5.2012 – A 11 K 2825/11, BeckRS 2012, 59120 (iranische Frauen); OVG NRW Beschl. v. 18.1.2012 – 13 A 39/12.A, BeckRS 2012, 46395 (Heiratsregeln/Sittenkodex); VGH BW Urt. v. 27.9.2010 – A 10 S 689/08, BeckRS 2010, 55345 (Religion); BVerwG Beschl. v. 24.9.2009 – 10 B 2.09, BeckRS 2015, 50588; BVerwG Urt. v. 5.5.2009 – 10 C 21.08, NVwZ 2009, 1308; BVerwG Urt. v. 21.4.2009 – 10 C 11.08, InfAuslR 2009, 315; BVerwG Urt. v. 5.3.2009 – 10 C 51.07, InfAuslR 2009, 363; VG Oldenburg Urt. v. 13.11.2007 – 1 A 1824/07, EZAR NF 62, Nr. 14 (soziale Gruppe/Homosexualität); BayVGH Urt. v. 23.10.2007 – 14 B 06.30 315 (Religion), NdsOVG Urt. v. 17.7.2007 – 11 LB 332/03, BeckRS 2007, 26156 (Religion); HessVGH Urt. v. 12.7.2007 – 8 UE 3339/04.A, ZAR 2008, 34 (Religion); HessVGH Beschl. v. 26.6.2007 – 8 UZ 1463/06.A, BeckRS 2007, 27930 (Religion); OVG Saarl Urt. v. 26.6.2007 – 1 A 222/07, BeckRS 2007, 27502 (Religion); NdsOVG Beschl. v. 7.6.2007 – 2 LA 416/07, BeckRS 2007, 25195 (Religion); OVG Saarl Beschl. v. 26.3.2007 – 3 A 30/07, BeckRS 2008, 30846 (Religion) und Beschl. v. 7.3.2007 – 3 Q 166/06, BeckRS 2007, 22102 (Religion); VG Düsseldorf Urt. v. 8.2.2007 – 9 K 2279/06.A, BeckRS 2007, 22515 (Religion); VG Arnsberg Urt. v. 26.1.2007 – 12 K 1938/06.A, BeckRS 2007, 22468 (Religion); VG Lüneburg Urt. v. 15.1.2007 – 1 A 115/04, BeckRS 2007, 20591 (allgemein); VG Lüneburg Urt. v. 29.11.2006 – 1 A 160/04, BeckRS 2007, 20274 (allgemein); VG Schleswig Urt. v. 20.11.2006 – 4 A 244/05, BeckRS 2006, 27371 (soziale Gruppe/Homosexualität); VGH BW Urt. v. 16.11.2006 – A 2 S 1150/04, BeckRS 2006, 27298 (Religion); VGH BW Urt. v. 21.6.2006 – A 2 S 571/05, BeckRS 2008, 38524 (Religion); vgl. (zur sozialen Gruppe) auch Marx ZAR 2005, 177.

[82] Ausf. zu Art. 10 Anerkennungs-RL *Dörig* in Hailbronner/Thym, EU Immigration and Asylum Law, 2. Aufl. 2015, Rn. 5 ff.

[83] Vgl. etwa BVerfG Beschl. v. 1.7.1987 – 2 BvR 478, 962/86, BVerfGE 76, 158 f.; BVerwG Urt. v. 20.1.2004 – 1 C 9.03, InfAusR 2004, 319.

[84] Bzgl. dieser inneren Tatsache darf wegen des Grundsatzes der Unmittelbarkeit der Beweisaufnahme nicht allein aufgrund Aktenlage geurteilt werden; vgl. BVerwG Urt. v. 9.12.2010 – 10 C 13.09, NVwZ 2011, 629.

[85] Der EuGH entschied mit Urt. v. 5.9.2012 in den Rechtssachen C-71/11 und C-99/11, ZAR 2012, 433) betr. Ahmadis in Pakistan, dass Art. 9 Ia Anerkennungs-RL dahin auszulegen ist, dass – nicht jeder Eingriff in das Recht auf Religionsfreiheit, der gegen Art. 10 I GRCh verstößt, bereits eine „Verfolgungshandlung" im Sinne dieser Bestimmung der Richtlinie darstellt; – eine Verfolgungshandlung sich aus einem Eingriff in die öffentliche Ausübung dieser Freiheit ergeben kann und – bei der Beurteilung der Frage, ob ein Eingriff in das Recht auf Religionsfreiheit, der Art. 10 I GRCh verletzt, eine „Verfolgungshandlung" darstellen kann, die zuständigen Behörden im Hinblick auf die persönlichen Umstände des Betroffenen prüfen müssen, ob er aufgrund der Ausübung dieser Freiheit in seinem Herkunftsland ua tatsächlich Gefahr läuft, durch einen der in Art. 6 Anerkennungs-RL genannten Akteure verfolgt oder unmenschlicher oder erniedrigender Behandlung oder Bestrafung unterworfen zu werden. 2.) Art. 2c Qualifikations-RL ist dahin auszulegen, dass eine begründete Furcht des Antragstellers vor Verfolgung vorliegt, sobald nach Auffassung der zuständigen Behörden im Hinblick auf die persönlichen Umstände des Antragstellers vernünftigerweise anzunehmen ist, dass er nach Rückkehr in sein Herkunftsland religiöse Betätigungen vornehmen wird,

Religionsfreiheit zu einer Verfolgung im Sinne des Flüchtlingsrechts, insbesondere wenn es um gesetzlich vorgesehene Einschränkungsmöglichkeiten geht. Ob eine Maßnahme an die Religion als Verfolgungsgrund anknüpft, ergibt sich aus Art. 10 Anerkennungs-RL; Art. 9 Anerkennungs-RL ist dagegen zu entnehmen, welches Rechtsgut in welchem Ausmaß geschützt ist. Ein Eingriff in den Kernbereich der Religionsfreiheit stellt in jedem Fall eine schwerwiegende Verletzung eines grundlegenden Menschenrecht iSd Art. 9 I Anerkennungs-RL dar[86]. Wichtig ist weiter, dass die Frage des unter Verfolgungsdruck zu erwartendem Verzicht auf religiöse Betätigung nicht mehr gestellt werden darf („irrelevant"). Sobald mithin – was eine Tatsachenfrage ist – ein „echter Gläubiger" gegeben ist, der bei Rückkehr in seine Heimat tatsächlich „religiös gefährlich" agieren würde und wenn dieses Agieren zu „Verfolgung etc." führen dürfte **(real risk)**[87], muss grundsätzlich die Flüchtlingseigenschaft zuerkannt werden, weil schon dann die tatsächliche Gefahr der Verfolgung gegeben ist.

31 Der Begriff der Staatsangehörigkeit und – weiter, weil ethnische und kulturelle Elemente beinhaltend – derjenige der **Nationalität** (s. **Art. 10 I lit. c Anerkennungs-RL**) umfasst Verfolgung von Minderheiten oder auch Mehrheiten wegen dem Vorhandensein oder Fehlen einer bestimmten Verbindung an einen Staat. Der Entzug der Staatsangehörigkeit kann eine schwerwiegende Verletzung grundlegender Menschenrechte iSd Art. 9 I Anerkennungs-RL darstellen. Bei der Beurteilung der Schwere der durch eine Ausbürgerung bewirkten Rechtsgutverletzung sind nach Art. 4 III lit. c Qualifikations-RL auch die individuelle Lage und die persönlichen Umstände des Betroffenen zu berücksichtigen[88].

32 Verfolgung wegen Zugehörigkeit zu einer bestimmten **sozialen Gruppe** (s. **Art. 10 I lit. d Anerkennungs-RL**, § 3 I Nr. 1 AsylG) ist nicht trennscharf von Verfolgung insbesondere wegen „Rasse", Religion oder Nationalität zu scheiden, weil auf angeborene Merkmale (bspw. Ethnie, Geschlecht, sexuelle Orientierung) bzw. nicht verzichtbare Überzeugungen (auch religiöser oder politischer Art) bzw. die Betrachtung als gesellschaftlicher Fremdkörper („Andersartigkeit") abgestellt wird. Eine Gruppe gilt auch als eine bestimmte soziale Gruppe, wenn sie allein an das Geschlecht oder die geschlechtliche Identität anknüpft[89]. Art. 10 I lit. d Anerkennungs-RL ist in Verbindung mit der Rechtsprechung des EuGHs[90] zu entnehmen, dass eine bestimmte soziale Gruppe in diesem Sinne indes **nicht** vorliegt, wenn die **betroffene Gruppe in dem betreffenden Land keine deutlich abgegrenzte Identität** hat, beziehungsweise nicht von der sie umgebenden Gesellschaft als andersartig betrachtet wird. § 3b II AsylG/Art. 10 II Anerkennungs-RL greift erst bei der beschriebenen Zugehörigkeit zu einem der in den jeweiligen Abs. 1 genannten Verfolgungsgründe, nicht für die Konstitution der „sozialen Gruppe" selbst[91]. Ein Asylbewerber darf keinem **psychologischen Test zur Bestimmung seiner sexuellen Orientierung** unterzogen werden. Die Durchführung eines solchen Tests stellt einen **unverhältnismäßigen Eingriff** in sein Privatleben dar. Art. 4 Anerkennungs-RL ist im Licht von Art. 7 GRCh dahingehend auszulegen, dass er es untersagt, zur Beurteilung der Frage, ob die behauptete sexuelle Orientierung einer um internationalen Schutz nachsuchenden Person tatsächlich besteht, ein psychologisches Gutachten wie das im Ausgangsverfahren streitige zu erstellen und heranzuziehen, das auf der Grundlage eines projektiven Persönlichkeitstests die sexuelle Orientierung dieser Person abbilden soll[92].

33 Verfolgung wegen **politischer Überzeugung** (s. **Art. 10 I lit. e Anerkennungs-RL**) liegt vor, wenn diese an eine abweichende Meinung, Grundhaltung oder Überzeugung zu Fragen des öffentlichen Staats- oder Gesellschaftslebens angeknüpft, die sich im Übrigen auch nur in schlichtem (Unterstützungs-)Handeln äußern kann, dh im weiteren Sinne als Opposition bekämpft wird, zB auch

---

die ihn der tatsächlichen Gefahr einer Verfolgung aussetzen. Bei der individuellen Prüfung eines Antrags auf Anerkennung als Flüchtling können die Behörden dem Antragsteller nicht zumuten, auf diese religiösen Betätigungen zu verzichten. Vgl. hierzu auch BVerwG Urt. v. 20.2.2013 – 10 C 23.12, NVwZ 2013, 936 – und VG Stuttgart Urt. v. 11.4.2013 – A 12 K 2435/12, BeckRS 2013, 50183.

[86] BVerwG Urt. v. 5.3.2009 – 10 C 51.07, BVerwGE 133, 221.
[87] SächsOVG EuGH-Vorlagebeschluss v. 13.3.2015 – 1 A 349/13.A, SächsVBl 2016, 80 zur religiösen Verfolgung von Ahmadis in Pakistan.
[88] BVerwG Urt. v. 26.2.2009 – 10 C 50.07, BVerwGE 133, 203.
[89] BVerwG Urt. v. 19.4.2018 – 1 C 29.17, NVwZ 2018, 1408 betr. von Genitalverstümmelung bedrohter Mädchen u. Frauen.
[90] EuGH Urt. v. 7.11.2013 – C-199/12, C-200/12, C-210/12, NVwZ 2014, 132 und Urt. v. 25.1.2018 – C-473/16, NVwZ 2018, 643 mAnm *Rohmann*.
[91] BVerwG Beschl. v. 17.9.2018 – 1 B 45.18, BeckRS 2018, 25721, verneinend für die Gruppe der sich dem Wehrdienst verweigernde oder dem Dienst entfliehende Wehrpflichtigen. BayVGH Beschl. v. 8.1.2018 – 11 ZB 17.31010, BeckRS 2018, 505, verneinend für die Gruppe der russischsprachigen Ukrainer oder russischer Volkszugehöriger in der Ukraine.
[92] EuGH Urt. v. 25.1.2018 – C-473/16, NVwZ 2018, 643 betr. einen nigerianischen Staatsangehörigen, der in Ungarn Asyl mit dem Vortrag beantragt, er habe begründete Furcht vor Verfolgung in seinem Heimatland wegen seiner Homosexualität. S. auch EuGH Urt. v. 2.12.2014 – C-148/13, NVwZ 2015, 132 mAnm *Markard* betr. Drittstaatsangehörige, die in den Niederlanden Asyl mit dem Vortrag beantragten, sie würden in ihrem Heimatland wegen ihrer Homosexualität verfolgt.

Verbot der Abschiebung § 60 AufenthG 1

durch „normale" Strafverfolgung mit Politmalus.[93] Nach Art. 10 II Anerkennungs-RL ist es bei der Bewertung der Frage, ob die Furcht eines Antragstellers vor Verfolgung begründet ist, unerheblich, ob der Antragsteller tatsächlich die Merkmale der „Rasse" oder die religiösen, nationalen, sozialen oder politischen Merkmale aufweist, die zur Verfolgung führen, sofern ihm diese Merkmale **vom Verfolger zugeschrieben** werden.

Zwar sind Anträge nach **Art. 4 III Anerkennungs-RL** immer individuell zu prüfen; spielen 34 individuelle Momente für den Verfolger jedoch keine ausschlaggebende Rolle, kann jedes Mitglied einer bestimmten Gruppe gewissermaßen auch „aus fremdem Schicksal" verfolgt sein, dh es liegt **Gruppenverfolgung** vor. An den von der höchstrichterlichen Rspr. entwickelten Maßstäben für die Gruppenverfolgung[94] ist auch unter Geltung der Anerkennungs-RL festzuhalten (auch bei privater Verfolgung durch nichtstaatliche Akteure[95]). Hiernach ist von den Tatsachengerichten aufgrund einer wertenden Betrachtung im Sinne der Gewichtung und Abwägung aller festgestellten Umstände und ihrer Bedeutung zu entscheiden, ob Verfolgungshandlungen gegen eine bestimmte Gruppe von Menschen in deren Herkunftsstaat die Voraussetzungen der Verfolgungsdichte erfüllen[96]. Dabei muss zunächst die Gesamtzahl der Angehörigen der von Verfolgungshandlungen betroffenen Gruppe ermittelt werden. Weiter müssen Anzahl und Intensität aller Verfolgungsmaßnahmen, gegen die Schutz weder von staatlichen Stellen noch von staatsähnlichen Herrschaftsorganisationen iSv Abs. 1 S. 4a und b einschließlich internationalen Organisationen zu erlangen ist, möglichst detailliert festgestellt und hinsichtlich der Anknüpfung an ein oder mehrere unverfügbare Merkmale iSv Abs. 1 S. 1 nach ihrer objektiven Gerichtetheit zugeordnet werden. Alle danach gleichgearteten, auf eine nach denselben Merkmalen zusammengesetzte Gruppe bezogenen Verfolgungsmaßnahmen müssen schließlich zur ermittelten Größe dieser Gruppe in Beziehung gesetzt werden, weil eine bestimmte Anzahl von Eingriffen, die sich für eine kleine Gruppe von Verfolgten bereits als bedrohlich erweist, gegenüber einer großen Gruppe vergleichsweise geringfügig erscheinen kann[97].

Als **Verursacher** der Verfolgung kommen für die Flüchtlingsanerkennung entsprechend **Art. 6** 35 **Anerkennungs-RL** (§ 3c AsylG) außer dem Staat und den Staat beherrschenden Parteien und Organisationen auch nichtstaatliche Akteure in Betracht, sofern die ersteren oder/und internationalen Organisationen erwiesenermaßen nicht in der Lage oder willens sind, den erforderlichen Schutz zu bieten[98]. Dies wurde durch das RLUmsG 2013 ausdrücklich in § 3c AsylG normiert. Zum **„Staat"** zählen im weiten Sinne alle seine Organe, insbesondere natürlich Polizei, Militär, Geheimdienste jeder Art. Der Staat hat allerdings nicht allgemein für **Amtswalterexzesse** einzustehen[99], die er weder kennt noch sonst aufgrund eigenen Verhaltens zu vertreten hat. Erforderlich sind hierzu im Einzelfall aber genauere Feststellungen zur tatsächlichen Singularität des Übergriffs. Nicht verantwortlich ist der Staat auch für **kriminelle Privatorganisationen** (zB Mafia), solange sie ihm nicht aufgrund Unterstützung oder Billigung zuzurechnen sind[100]. Übergriffe sind ihm jedoch bei Kenntnis und Billigung und tatenloser Hinnahme oder aufgrund Untätigkeit grundsätzlich zuzurechnen[101]. Auf den Staat oder (strategisch, nicht quantitativ beurteilt) „wesentliche" Teile des Staatsgebiets („quasi-staatlich") beherrschende **Parteien oder Organisationen** braucht nur abgestellt zu werden, wenn der Staat die oder eben wesentliche Teile seiner Gebietshoheit verloren hat. Hierdurch wird die Schutzlücke zwischen eindeutig staatlicher und eindeutig nichtstaatlicher Verfolgung geschlossen[102]. **Nichtstaatlicher Akteur** schließlich kann jede private Vereinigung und jede Privatperson sein, auch ein Familienangehöriger, ohne dass es insoweit eines staatsähnlichen Organisationsgrads bedarf[103]. Voraussetzung ist aber auch hier, dass der Staat oder semistaatliche oder auch internationale Organisationen „erwiesenermaßen" nicht in der Lage oder nicht willens sind, Schutz vor den nichtstaatlichen Akteuren zu gewähren. Damit geht es um mitunter komplexe tatrichterliche Fragen des Beweisrechts, bei denen die Fragen des Beweismaßes und der Beweislast zu klären sind.

Nach dem Prinzip der **Subsidiarität des internationalen Flüchtlingsschutzes** kommt bei dem 36 grundsätzlich einheitlich zu entscheidenden asylrechtlichen Abschiebungsschutz nach Abs. 1 eine Flüchtlingsanerkennung nur in Betracht, wenn – anders als beim ausländerrechtlichen (nationalen)

---

[93] Vgl. BVerfG Beschl. v. 15.2.2000 – 2 BvR 752/97, InfAuslR 2000, 254.
[94] Grundlegend BVerfG Urt. v. 23.1.1991, BVerfGE 83, 216 (231) sowie BVerwG Urt. v. 21.4.2009 – 10 C 11.08, NVwZ 2009, 1237 und Beschl. v. 16.11.2015 – 1 B 76.15, BeckRS 2015, 55925.
[95] BVerwG Urt. v. 18.7.2006 – 1 C 15.05, NVwZ 2006, 1420.
[96] Vgl. BVerwG Urt. v. 1.2.2007 – 1 C 24.06, NVwZ 2007, 590 Rn. 9: „ob die als asylrelevant iSv § 60 I qualifizierten Verfolgungsschläge gegen die Zivilbevölkerung in Tschetschenien eine solche Dichte aufweisen, dass für jeden dort ansässigen Tschetschenen die begründete Furcht vor eigener Verfolgung gerechtfertigt erscheint."
[97] BVerwG Urt. v. 21.4.2009 – 10 C 11.08, InfAuslR 2009, 315; vgl. auch BVerwG Urt. v. 5.5.2009 – 10 C 19.08, BeckRS 2009, 36674.
[98] Zum Asylgrundrecht vgl. BVerfG Beschl. v. 2.7.1980 – 1 BvR 147/80 ua, BVerfGE 54, 341; dazu → GG Art. 16a Rn. 34 ff.
[99] BVerfG Beschl. v. 10.7.1989 – 2 BvR 502/86 ua, BVerfGE 80, 315.
[100] *Rennert* ZAR 1991, 155.
[101] BVerwG Urt. v. 22.4.1986 – 9 C 318.85 ua, BVerwGE 74, 160.
[102] Treffend *Möller/Stiegeler* in HK-AuslR AufenthG § 60 Rn. 26.
[103] AA *Storr* ua ZuwG AufenthG § 60 Rn. 4.

Abschiebungsschutz nach Abs. 7 S. 1 – keiner der in die Prüfung einzubeziehenden sämtlichen Staaten, deren Staatsangehörigkeit der Betroffene möglicherweise besitzt oder in denen er als Staatenloser seinen gewöhnlichen Aufenthalt hat, Schutz gewährt[104]. Neu ist die Berücksichtigung auch des Schutzes durch **internationale Organisationen**[105]. Diese können ganz oder teilweise an die Stelle des Staats treten und dessen Schutzfunktionen für das gesamte Staatsgebiet oder für Teile desselben übernehmen. Auch wenn sie nicht Vertragsparteien der GK sind, können sie tatsächlich Schutz gewähren. Dieser Schutz muss nicht nur durch ihren Auftrag gedeckt sein, sondern unter den Bedingungen des Einsatzstaats auch tatsächlich geleistet werden.

37 Die Besonderheit bei der Verfolgung durch nichtstaatliche Akteure ist darin zu sehen, dass es an dem Schutz durch den Staat oder internationale Organisationen **„erwiesenermaßen"** fehlen muss. Dieser Maßstab ist Art. 6 lit. c Anerkennungs-RL entnommen und sollte daher unter Berücksichtigung insbesondere des englischen Wortlauts „if it can be demonstrated" ausgelegt werden[106]. Dann wird vom Flüchtling kein strenger Beweis verlangt, sondern wie auch sonst bei anspruchsbegründenden Tatsachen im Asylrecht (nur) ein schlüssiger Vortrag, der unter den obwaltenden Umständen mit den üblichen Einschränkungen bei Auslandssachverhalten nachzuweisen ist.

38 Über die Frage, ob es „erwiesenermaßen" an quasi-/staatlichem oder internationalem Schutz fehlt, hat sich das BAMF (§ 24 AsylG) oder Gericht (§ 86 I VwGO) mit den üblichen Erkenntnismitteln eine Überzeugung zu verschaffen. Zur Gewinnung der **gerichtlichen Überzeugungsgewissheit** (§ 108 I VwGO) sind alle Faktoren, die für und gegen die Glaubwürdigkeit des Flüchtlings sowie die Glaubhaftigkeit der von ihm geschilderten Geschehnisse sprechen, heranzuziehen. Das Gericht kann eine in sich nicht stimmige Aussage eines Flüchtlings zu seinem Verfolgungsschicksal, je nach der Art dieser Angaben, des Ausmaßes ihrer Widersprüchlichkeit sowie ihres Zustandekommens, als dennoch glaubhaft werten. Ebenso wenig ist es dem Gericht durch Beweisregeln verwehrt, in sich widersprüchliche Angaben eines Asylbewerbers auch bei Berücksichtigung seiner individuellen Fähigkeiten als nicht glaubhaft zu würdigen[107].

39 Das Erfordernis der landesweiten Betrachtung und die daraus abgeleitete Erheblichkeit des **internen Schutzes** ist in der Rspr. zum Asylrecht seit Langem anerkannt[108] und seit dem RLUmsG 2013 in **§ 3e AsylG** ausdrücklich normiert. Für die Flüchtlingsanerkennung gilt dieser Grundsatz nicht nur für die Variante der nichtstaatlichen Verfolgung; die Bejahung von internem Schutz bedeutet mithin zugleich die Verneinung der Flüchtlingsanerkennung. Insoweit weicht die gesetzliche Definition in § 60 I auch nicht mehr von **Art. 8 Anerkennungs-RL**[109] ab, wonach der Flüchtling allgemein auf eine interne Alternative verwiesen werden kann, wenn er dort (im Entscheidungszeitpunkt) verfolgungsfrei leben und eben dies von ihm „vernünftigerweise" erwartet werden kann. Dies entspricht einer Einbeziehung des Zumutbarkeitskriteriums, dh auf einen Landesteil, in dem etwa kein Existenzminimum gesichert ist, darf der Betreffende – nun bei individuell-konkreter Betrachtung gemäß § 60 I 5 iVm Art. 8 II Qualifikations-RL unter Berücksichtigung der allgemeinen Gegebenheiten sowie seiner persönlichen Umstände[110] – „vernünftigerweise" nicht verwiesen werden[111].

---

[104] Ausf. BVerwG Urt. v. 2.8.2007 – 10 C 13.ZAR 2008, 148.
[105] Dazu *Duchrow* ZAR 2004, 339.
[106] Ebenso *Duchrow* ZAR 2004, 339 f.
[107] Vgl. NdsOVG Beschl. v. 6.8.2009 – 7 LA 43/08, BeckRS 2009, 38745.
[108] Dazu → GG Art. 16a Rn. 61 ff.
[109] Rspr. zu Art. 8 Anerkennungs-RL BVerwG Urt. v. 31.1.2013 – 10 C 15.12, NVwZ 2013, 1167; BVerwG Urt. v. 29.5.2008 – 10 C 11.07, BVerwGE 131, 186; BVerwG Urt. v. 5.5.2009 – 10 C 21.08, NVwZ 2009, 1308; BVerwG Urt. v. 5.5.2009 – 10 C 19.08, BeckRS 2009, 36674; BayVGH Urt. v. 31.8.2007 – 11 B 02.31724, BeckRS 2007, 30286; VG Bremen GB v. 14.2.2007 – 6 K 2356/01.A, BeckRS 2009, 30868; VG KA Urt. v. 13.2.2007 – A 11 K 11438/05, BeckRS 2007, 22438; VGH BW Urt. v. 25.10.2006 – A 3 S 46/06, nur juris; vgl. hierzu auch *Lehmann*, Das Konzept der inländischen Fluchtalternative in Barwig ua (Hrsg.), Integration durch Gesetz, 2007.
[110] Vgl. BVerwG Urt. v. 1.2.2007 – 1 C 24.06, NVwZ 2007, 590 Rn. 11 f.: „... Nach den vom BVerwG entwickelten Grundsätzen bietet ein verfolgungssicherer Ort erwerbsfähigen Personen das wirtschaftliche Existenzminimum aber in aller Regel dann, wenn sie dort, sei es durch eigene, notfalls auch wenig attraktive und ihrer Vorbildung nicht entsprechende Arbeit, die grundsätzlich zumutbar ist, oder durch Zuwendungen von dritter Seite jedenfalls nach Überwindung von Anfangsschwierigkeiten das zu ihrem Lebensunterhalt unbedingt Notwendige erlangen können. Zu den danach zumutbaren Arbeiten gehören auch Tätigkeiten, für die es keine Nachfrage auf dem allgemeinen Arbeitsmarkt gibt, die nicht überkommenen Berufsbildern entsprechen, etwa weil sie keinerlei besondere Fähigkeiten erfordern, oder nur zeitweise, etwa zur Deckung eines kurzfristigen Bedarfs, beispielsweise in der Landwirtschaft oder auf dem Bausektor, ausgeübt werden können. Nicht zumutbar sind hingegen die entgeltliche Erwerbstätigkeit für eine kriminelle Organisation, die in der fortgesetzten Begehung von oder Teilnahme an Verbrechen besteht. Ein verfolgungssicherer Ort, an dem das wirtschaftliche Existenzminimum nur durch derartiges kriminelles Handeln erlangt werden kann, ist keine innerstaatliche Fluchtalternative im Sinne der Rechtsprechung des BVerwG. Von diesen Maßstäben ausgehend hätte das OVG vorliegend prüfen müssen, ob der Kläger seine Existenz am Ort der Fluchtalternative auch ohne förmliche Gewährung eines Aufenthaltsrechts und ohne Inanspruchnahme staatlicher Sozialleistungen in zumutbarer Weise – etwa im Rahmen eines Familienverbandes – sichern kann. Ein Leben in der Illegalität, das den Kläger jederzeit der Gefahr polizeilicher Kontrollen und der strafrechtlichen Sanktionierung aussetzt, stellt keine zumutbare Fluchtalternative dar ...".
[111] Vgl. BVerwG Urt. v. 29.5.2008 – 10 C 11.07, BVerwGE 131, 186 Rn. 35.

Zur Frage, wann von dem **Ausländer** „vernünftigerweise erwartet werden kann", dass er sich in **40** dem **verfolgungsfreien Landesteil** aufhält, verweist das BVerwG auf die Begründung zum Regierungsentwurf des RLUmsG 2007[112]. Hier wird ausgeführt, dass dies dann der Fall sei, wenn der Ausländer **am Zufluchtsort** eine ausreichende Lebensgrundlage vorfinde, dh dort das **Existenzminimum gewährleistet** sei. Ausdrücklich offengelassen wurde, welche darüber hinausgehenden wirtschaftlichen und sozialen Standards erfüllt sein müssen. Allerdings spreche einiges dafür, dass die gemäß Art. 8 II Anerkennungs-RL zu berücksichtigenden allgemeinen Gegebenheiten des Herkunftslandes – oberhalb der Schwelle des Existenzminimums – auch den Zumutbarkeitsmaßstab prägen[113]. Dafür spricht der Umstand, dass andernfalls der richtlinienkonforme Ausschluss der Sperrwirkung des § 60 VII 2 für die Fälle des Art. 15 lit. c Anerkennungs-RL über die an den internen Schutz gestellten Anforderungen unterlaufen würde[114]. Im Übrigen kommt dem iSv Art. 4 IV Anerkennungs-RL vorverfolgten Asylantragsteller die Beweiserleichterung nach dieser Bestimmung auch bei der Prüfung zugute, ob für ihn im Gebiet einer internen Schutzalternative gemäß Art. 8 I Anerkennungs-RL keine begründete Furcht vor Verfolgung besteht[115].

Ein Asylbewerber darf des Weiteren nur dann auf ein **verfolgungsfreies Gebiet** seines Heimat- **41** staates als inländische Fluchtalternative verwiesen werden, **wenn er dieses tatsächlich** in zumutbarer Weise **erreichen kann.** Verlangt wird zum einen die auf verlässliche Tatsachenfeststellungen gestützte Prognose tatsächlicher Erreichbarkeit. Dabei sind nicht nur bestehende Abschiebungsmöglichkeiten, sondern auch Varianten des Reisewegs bei freiwilliger Ausreise in das Herkunftsland zu berücksichtigen. Zum anderen muss der aufgezeigte Weg dem Betroffenen angesichts der humanitären Intention des Asylrechts zumutbar sein, dh insbesondere ohne erhebliche Gefährdungen zum Ziel führen. Die Notwendigkeit der Einholung von Transitvisa steht der Annahme einer inländischen Fluchtalternative grundsätzlich nicht entgegen. Bei der Prüfung einer inländischen Fluchtalternative im Rahmen der Entscheidung über die Flüchtlingsanerkennung sind auch nicht verfolgungsbedingte Gefahren zu berücksichtigen[116].

Verfolgungshandlungen in Zeiten und Gebieten, in denen es an einer staatlichen **Herrschafts-** **42** **gewalt fehlt,** können nach der neuen Definition nicht mehr von der Anerkennung ausgenommen werden. Damit ist die gesamte Rspr. zur asylrechtlichen Unerheblichkeit von Verfolgungen etwa während eines Bürgerkriegs[117] nicht (mehr) auf die Flüchtlingsanerkennung anwendbar.

Geändert hat sich auch die (politisch besonders umstrittene) Beurteilung **geschlechtsspezifischer** **43** **Verfolgung.** Das Geschlecht ist zwar nicht als verbotenes persönliches Differenzierungsmerkmal in Art. 1 A Nr. 2 GK genannt, es kann aber als Bestandteil der Bestimmung einer sozialen Gruppe anerkannt werden und zur Lösung der in Betracht kommenden Fallgruppen beitragen[118]. Für die Flüchtlingsanerkennung ist seit dem RLUmsG 2013 über § 3b I Nr. 4 AsylG (partiell über Art. 10 I lit. d Anerkennungs-RL hinausgehend) klargestellt, dass eine Verfolgung wegen der Zugehörigkeit zu einer bestimmten sozialen Gruppe auch dann anerkannt werden kann, wenn sie allein (was nicht ausschließlich meint[119]) an das Geschlecht anknüpft[120]. Danach sind ua die Fälle von Genitalverstümmelungen[121], Vergewaltigungen und anderer sexueller Gewalt als asylrelevante Eingriffe in die körperliche Unversehrtheit anzuerkennen[122], sofern sie von staatlichen Akteuren ausgehen oder wenn kein Schutz gegen private Eingriffe zu erwarten ist. Bei gesellschaftlich, kulturell oder religiös begründeten Vorschriften über Bekleidung, Berufsausübung ua kommt es maßgeblich auf den Geschlechtsbezug und auf die Intensität des Eingriffs in die persönliche Freiheit an[123].

Das Abschiebungsverbot betrifft unmittelbar nur die Abschiebung in den **Verfolgerstaat** selbst. **44** Eine Abschiebung oder sonstige Überstellung oder Rückführung in einen anderen Staat bleiben grundsätzlich zulässig. Die Asyl- und die Flüchtlingsanerkennung beruhen nur auf der Verfolgungsgefahr im Heimatstaat des Ausländers oder im Herkunftsstaat des Staatenlosen für den Fall der Einreise in diesen Staat. Sie befassen sich nicht mit der Gefahr der **Weiterschiebung**[124] oder sonstiger Überstellung aus einem Drittstaat in den Verfolgerstaat. Da aber Art. 16a I GG auch vor dieser (mittelbaren)

---

[112] BT-Drs. 16/5065, 185.
[113] Vgl. BVerwG Urt. v. 29.5.2008 – 10 C 11.07, BVerwGE 131, 186 Rn. 32/35.
[114] Vgl. HessVGH Urt. v. 25.8.2011 – 8 A 1657/10.A, EZAR NF 69, Nr. 10 Rn. 91.
[115] So BVerwG Urt. v. 5.5.2009 – 10 C 21.08, NVwZ 2009, 1308.
[116] Ausf. (bzgl. Berg-Karabach) BVerwG Urt. v. 29.5.2008 – 10 C 11.07, BVerwGE 131, 186; s. auch (bzgl. Tschetschenen) BVerwG Urt. v. 5.5.2009 – 10 C 19.08, BeckRS 2009, 36674.
[117] Dazu → GG Art. 16a Rn. 37 f.
[118] Dazu → Rn. 27, 30; BVerwG Urt. v. 25.7.2000 – 9 C 28.99, BVerwGE 111, 334; Urt. v. 20.2.2001 – 9 C 21.00, NVwZ 2001, 818. Siehe auch die zahlreichen Rspr.-Nachweise unter § 60 Fn. 75.
[119] „Mehr" Verfolgung kann nicht „weniger" Schutz bedeuten.
[120] Vgl. HessVGH Urt. v. 23.3.2005 – 3 UE 3457/04.A, NVwZ-RR 2006, 504 f.
[121] BVerwG Urt. v. 19.4.2018 – 1 C 29.17, NVwZ 2018, 1408.
[122] Dazu *Duchrow* ZAR 2004, 339.
[123] Zum Verhältnis zu Art. 10 I lit. d Anerkennungs-RL aF näher *Marx* ZAR 2005, 177.
[124] Dazu SächsOVG Urt. v. 6.6.2017 – 4 A 584/16.A, BeckRS 2017, 114340 betr. Abschiebung eines serbischen StA bei Gefahr der Weiterschiebung nach Serbien.

1 AufenthG § 60 Erster Teil. Aufenthaltsgesetz

Gefährdung schützt[125], ist die Abschiebung in einen solchen Drittstaat ebenso verboten wie in den Verfolgerstaat selbst. Diese Gefahr muss ebenso ernsthaft drohen wie die Verfolgung im Herkunftsstaat. Sie wird nicht allein dadurch ausgeschlossen, dass der Drittstaat die GK ratifiziert hat[126]. Das System der Länderlisten nach Art. 16a II GG belegt, dass konkrete Feststellungen über die wirksame Anwendung der GK in dem jeweiligen Vertragsstaat unerlässlich sind.

45 Die durch das RLUmsG 2007 im Hinblick insbesondere auf § 3 IV AsylG[127] neu gefasste Aufzählung in **Abs. 1 S. 2** soll den Abschiebungsschutz für politisch Verfolgte formalisieren und die Tätigkeit der Ausländerbehörde erleichtern. Zu diesem Zweck werden diejenigen Gruppen genannt, welche die Voraussetzungen des Abs. 1 erfüllen. Eine eigene materielle Prüfung hat die Ausländerbehörde insoweit nicht vorzunehmen. Die Vorschrift führt zu einer Gleichstellung dieser Gruppen mit Flüchtlingen iSd Abs. 1. Sie erübrigt entsprechende Feststellungen nach Abs. 1 S. 6.

46 Die Rechtsstellung eines **ausländischen Flüchtlings** iSd Abs. 1 S. 2 genießt gemäß § 2 I AsylG zunächst, wer als **Asylberechtigter** nach §§ 5 I 1, 31 II oder 26 AsylG anerkannt ist; Familienasyl führt nach § 26 I und II AsylG (anders als früher nach § 7a III AsylVfG 1982) direkt zur Asylanerkennung. Vorausgesetzt ist eine bestandskräftige und verbindliche Entscheidung des BAMF. Die Vorschrift erlaubt dagegen keinen Rückgriff auf eine nicht bestandskräftige Asylanerkennung und erübrigt nicht eine gesonderte Entscheidung iSd § 31 II AsylG. Zu diesem Personenkreis gehört gemäß § 3 AsylG außerdem, wer die Voraussetzungen des Abs. 1 erfüllt, als solcher aufgenommen ist und zur Bestätigung zB einen Reiseausweis nach Art. 28 GK erhält. Begünstigt sind ferner: Kontingentflüchtlinge iSd (seit 1.1.2005 nicht mehr geltenden) § 1 HumAG; im Ausland anerkannte übernommene ausländische Flüchtlinge iSd Art. 1 GK; statutarische Flüchtlinge iSd Art. 1 A Nr. 1 GK; Flüchtlinge nach Art. 1 D Abs. 2 GK, deren früherer Schutz entfallen ist[128]. Die Gleichstellung der im Ausland als GK-Flüchtling anerkannten Personen wirkt konstitutiv, weil früher derartige im Ausland erfolgte Anerkennungen in Deutschland nicht, zumindest nicht ohne Weiteres, akzeptiert wurden[129].

5. Flüchtlingsanerkennung

47 Die Zuerkennung der Flüchtlingseigenschaft gemäß Abs. 1 iVm § 3 IV bzw. § 31 II AsylG schützt vor einer bei Rückkehr in den Herkunftsstaat drohenden Verfolgung. Insoweit ist stets eine **Verfolgungsprognose** zu treffen, für die früher im Wesentlichen die gleichen Maßstäbe wie bei Art. 16a GG galten: Wer unverfolgt ausgereist ist, erhielt hiernach Schutz, wenn ihm bei Rückkehr „mit beachtlicher Wahrscheinlichkeit" Verfolgung drohte. Wer hingegen vorverfolgt ausgereist war, erhielt nach dem sog. herabgestuften Prognosemaßstab Schutz, wenn er vor Verfolgung „nicht hinreichend sicher" ist bzw. Verfolgung nicht „mit hinreichender Wahrscheinlichkeit" auszuschließen war[130]. Dies entsprach in der Regel im Einzelnen der widerlegbaren Vermutung des **Art. 4 IV Anerkennungs-RL**[131], nach der die Tatsache, dass ein Antragsteller bereits verfolgt wurde oder einen sonstigen ernsthaften Schaden erlitten hat oder von solcher Verfolgung oder einem solchen Schaden unmittelbar bedroht war, einen ernsthaften Hinweis darauf darstellt, dass die Furcht des Antragstellers vor Verfolgung begründet ist bzw. dass er tatsächlich Gefahr läuft, ernsthaften Schaden zu erleiden, es sei denn, stichhaltige Gründe sprechen dagegen, dass der Antragsteller erneut von solcher Verfolgung oder einem solchen Schaden bedroht wird. Bei Zugrundelegung der Beweiserleichterung des herabgestuften Prognosemaßstabs und Feststellung einer hinreichenden Sicherheit vor einer fortdauernden Verfolgungsgefahr wird der Beweiserleichterung des Art. 4 IV Qualifikations-RL mithin im Einzelnen regelmäßig Genüge getan[132]. Ob die Vermutung durch „stichhaltige Gründe" widerlegt ist, obliegt tatrichterlicher Würdigung im Rahmen freier Beweiswürdigung.

48 Eine **Vorverfolgung** kann nach der gegenwärtigen Rechtslage im Hinblick auf Art. 4 IV Anerkennungs-RL nicht mehr allein wegen einer zum Zeitpunkt der Ausreise bestehenden Fluchtalternative in einen anderen Teil des Herkunftsstaates verneint werden[133]. Die Verfolgungsprognose setzt aber immer einen **Staat** voraus, in den der Betroffene in rechtlicher zulässiger Weise zurückkehren

---

[125] BVerwG Urt. v. 7.10.1975 – I C 46.69, BVerwGE 49, 202.
[126] So aber *Fraenkel* S. 274.
[127] Vgl. die Gesetzesbegründung in → Rn. 1.
[128] Ähnl *Fraenkel* S. 276; zu Letzteren vgl. *Koisser/Nicolaus* ZAR 1991, 9; zu Palästinaflüchtlingen BVerwG Urt. v. 4.6.1991 – 1 C 42.88, BVerwGE 88, 254; Urt. v. 21.1.1992 – 1 C 21.87, BVerwGE 89, 296.
[129] BVerfG Beschl. v. 14.11.1979 – 1 BvR 654/79, BVerfGE 52, 391.
[130] StRspr des BVerwG, vgl. etwa Urt. v. 5.7.1994 – 9 C 1.94, NVwZ 1995, 391 oder BVerwGE 87, 52 (53); näher zu unterschiedlichen Prognosemaßstäben *Renner* AiD Rn. 7/458–473; vgl. zudem die Kommentierung bei → GG Art. 16a Rn. 52.
[131] Rspr. zu Art. 4 Anerkennungs-RL BVerwG Urt. v. 24.11.2009 – 10 C 23.08, BeckRS 2010, 46696; BVerwG Beschl. v. 30.6.2009 – 10 B 45.08, BeckRS 2009, 35979; BVerwG Urt. v. 5.5.2009 – 10 C 21.08, NVwZ 2009, 1308; BVerwG Urt. v. 19.1.2009 – 10 C 52.07, BVerwGE 133, 55; VG KA Urt. v. 13.2.2007 – A 11 K 11438/05, BeckRS 2007, 22438; VG Düsseldorf Urt. v. 8.2.2007 – 9 K 2279/BeckRS 2007, 22515; VGH BW Urt. v. 5.4.2006 – A 13 S 302/05, BeckRS 2006, 23145.
[132] So ausdrücklich BVerwG Beschl. v. 30.6.2009 – 10 B 45.08, BeckRS 35979.
[133] BVerwG Urt. v. 19.1.2009 – 10 C 52.07, BVerwGE 133, 55.

Verbot der Abschiebung § 60 AufenthG 1

kann. Das ist entweder der Staat der Staatsangehörigkeit oder bei einem Staatenlosen das Land des (früheren) gewöhnlichen Aufenthalts. Löst dieser Staat aus ihm asylrechtlich im Sinne nichtpolitischen Gründen die ihn mit einem Staatenlosen verbindenden Beziehungen, steht er ihm in gleicher Weise gegenüber wie jeder andere auswärtige Staat, sodass die Frage, ob dem Staatenlosen auf seinem Territorium politische Verfolgung droht, mit Blick auf die Flüchtlingsanerkennung gegenstandslos wird[134].

Die Feststellung der Voraussetzungen des Abs. 1 durch das BAMF nach § 31 II AsylG ist sowohl für **49** die Ausländerbehörde als auch für andere Behörden verbindlich; die **Bindungswirkung** erfasst nur nicht die Verfahren über die Auslieferung und die Abschiebungsanordnung nach § 58a (§ 6 S. 2 AsylG). Sie reicht vielmehr ebenso weit wie die der Asylanerkennung nach § 6 AsylG. Bindung entfalten auch ablehnende Entscheidungen; insoweit ist aber jeweils auf den Grund der Ablehnung abzustellen. Die **Rechtsfolge** der Feststellung der Voraussetzungen des Abs. 1, die allein dem BAMF vorbehalten ist, erschöpft sich allerdings nicht in der Bindungswirkung gegenüber allen Behörden außerhalb der Verfahren um Auslieferung und Abschiebungsanordnung (§ 6 AsylG). Sie geht insofern darüber hinaus, als § 3 AsylG sie auf die Voraussetzungen des Art. 1 GK erstreckt und diese – wenn auch geringfügig – von denen des Art. 33 I GK abweichen können[135].

In diesem Umfang handelt es sich um eine **konstitutive Erstreckung** und nicht nur eine bloße **50** Klärung des Rechtsstatus. Aus diesem Grund erscheint es im Blick auf Inhalt und Folgen gerechtfertigt, die Entscheidung des BAMF insbesondere als „Flüchtlingsanerkennung" zu bezeichnen. Der Gesetzgeber hat bereits seit dem RLUmsG 2007 zutreffend erkannt, dass die frühere Formulierung „Feststellung der Voraussetzungen des § 60 I des AufenthG" umständlich war und diese seither einheitlich durch die Formulierung „Zuerkennung der Flüchtlingseigenschaft" ersetzt.

6. Ausnahmen vom Abschiebungsverbot nach Abs. 1 (Abs. 8)

Durch **Abs. 8** wird das Abschiebungsverbot (nur) nach Abs. 1 für bestimmte Personen ausgeschlos- **51** sen. Abs. 2–7 können also grundsätzlich anwendbar sein[136], allerdings sind in § 4 II AsylG bzgl. des subsidiären Schutzes (Abs. 2) und in § 25 III 3 bzgl. der Aufenthaltserlaubnis wegen komplementären Schutzes (Abs. 5 und 7) vergleichbare Ausschlussstatbestände normiert. Abs. 8 wird für das **Folgeverfahren** ergänzt durch § 28 II AsylG, wonach die Flüchtlingsanerkennung bei selbst geschaffenen Nachfluchtgründen regelmäßig ausscheidet[137]. Abs. 8 ist verfassungskonform **auszulegen**. Eine Anwendung auf im Zeitpunkt einer Straftat unter 14-Jähriger und also strafunmündiger Kinder dürfte ausgeschlossen sein[138].

Beim **Ausschluss vom Flüchtlingsstatus** müssen in der Person des Ausländers nach § 60 VIII 1 **52** entweder
– schwerwiegende Gründe[139] vorliegen, die ihn[140] als Gefahr für die Sicherheit Deutschlands erscheinen lassen (1. Var.), oder
– er muss wegen eines Verbrechens oder eines besonders schweren Vergehens rechtskräftig zu einer Freiheitsstrafe von mindestens drei Jahren verurteilt worden sein (2. Var.)

und in diesem Zusammenhang eine echte Gefahr für die Allgemeinheit darstellen. Bei der Auslegung dieser gesetzlichen Voraussetzungen ist zu bedenken, dass der Eingriff in Grundsätze zum Schutz der Sicherheit von Staat und Bevölkerung die Ausnahme bleiben muss, die am Grundsatz der Verhältnismäßigkeit zu prüfen ist[141]. Danach setzt auch die Annahme einer terroristischen Gefahr iSv § 58a eine ausführliche fachgerichtliche Auswertung des Sachverhalts voraus, die die Einschätzung trägt, dass von dem Ausländer eine terroristische Gefahr ausgeht und seine Abschiebung in den Zielstaat in ermessensfehlerfreier und verhältnismäßiger Weise angeordnet worden ist[142]. Deshalb können grundsätzlich nur schwerwiegende Gefahren den grundrechtlichen Menschenrechtsschutz hinter die Belange der staatlichen Sicherheit zurücktreten lassen.

---

[134] BVerwG Urt. v. 25.11.2008 – 10 C 25.07, InfAuslR 2009, 171.
[135] → Rn. 9 ff.
[136] Vgl. BT-Drs. 15/420, 91.
[137] Vgl. die dortige Kommentierung unter → Rn. 21 ff.
[138] Überzeugend *Möller* in NK-AuslR AufenthG § 60 Rn. 40.
[139] Zu diesem Begriff → AsylG § 3 Rn. 8 ff.
[140] Früher mit besonders hoher Wahrscheinlichkeit BVerwG Urt. v. 5.5.1998 – 1 C 17.97, BVerwGE 106, 351; heute zu § 58a mit abgesenktem Gefahrenmaßstab angesichts des hohen Schutzguts der Sicherheit der Bundesrepublik Deutschland und der vom Terrorismus seit den Anschlägen vom 11.9.2001 ausgehenden neuartigen Bedrohungen BVerwG Urt. v. 21.8.2018 – 1 A 16.17, BeckRS 2018, 23003 Rn. 30 u. Urt. v. 22.8.2017 – 1 A 3.17, BVerwGE 159, 296 Rn. 25: Wenn aufgrund „konkreter tatsächlicher Anhaltspunkte ein beachtliches Risiko dafür besteht, dass sich eine terroristische Gefahr und/oder eine dem gleichzustellende Gefahr für die innere Sicherheit der Bundesrepublik in der Person des Ausländers jederzeit aktualisieren kann, sofern nicht eingeschritten wird."
[141] Vgl. BVerfG Beschl. v. 1.8.1978 – 2 BvR 1013/77 ua, BVerfGE 49, 24.
[142] Vgl. BVerfG Beschl. v. 26.7.2017 – 2 BvR 1606/17, NVwZ 2017, 1530 Rn. 19 ff. und Beschl. v. 8.5.2017 – 2 BvR 157/17, NVwZ 2017, 1196 (Abschiebung nach Griechenland).

1 AufenthG § 60

53 Die ausnahmsweise mögliche **Abschiebung politisch Verfolgter in den Verfolgerstaat** stimmt bei Vorliegen der Ausschlussgründe mit GK und Anerkennungs-RL überein; sie ist mit Art. 16a I GG vereinbar[143]. Sie entspricht im Übrigen der ständigen Rspr. des BVerwG[144]. Der Ausschlusstatbestand des Abs. 8 hat seinen Grund letztlich in dem allgemeinen Rechtsgedanken, dass der politisch Verfolgte sein **Schutzrecht verwirkt,** wenn er im Zufluchtsstaat nachdrücklich den Mindeststandard rechtsstaatlicher Grundprinzipen missachtet und dadurch eine erhebliche Gefahr für die Sicherheit der Bundesrepublik Deutschland und ihrer Bewohner begründet[145].

54 Dabei ist im Rahmen des **Abs. 8** darauf zu achten, dass die Abschiebung eines politisch Verfolgten in den Machtbereich des Verfolgers unweigerlich als Hinnahme der Verfolgung wirkt. Sie stellt mithin grundsätzlich die **ultima ratio** dar, was insbesondere bei Anwendung von Abs. 8 S. 3 im Rahmen der Ermessensausübung zu berücksichtigen und besonders auf den Einzelfall bezogen zu begründen ist[146]. Hier gelten strengere Maßstäbe als bei der Ausweisung gemäß § 54 I Nr. 1a, dh ein Flüchtling kann ggf. auch dann ausgewiesen werden, wenn der Ausschluss vom Flüchtlingsstatus scheitert[147], was erhebliche Auswirkungen für Familiennachzug, Sozialleistungen und Arbeitsmöglichkeiten hat[148]. Eigenständig ist auch die Frage der Abschiebung zu beurteilen, die ggf. trotz Ausweisung an Art. 3 EMRK scheitern kann[149].

55 Die beiden Ausnahmen vom Abschiebungsverbot politisch Verfolgter nach **Abs. 8 S. 1** (früher § 51 III 1 AuslG) sind in Anlehnung an **Art. 33 II GK** formuliert[150]. Die erste Ausnahme betrifft die schwerwiegenden Gründe, die den Ausländer als **Gefahr für die Sicherheit Deutschlands** erscheinen lassen muss. Der Begriff der „Sicherheit der Bundesrepublik Deutschland" ist – wie die wortgleiche Formulierung in § 54 I Nr. 2 und § 58a I 1 – nach der Gefährder-Rspr. des BVerwG[151] zu § 58a **enger zu verstehen als** der Begriff der öffentlichen Sicherheit **im Sinne des allgemeinen Polizeirechts.** Die Sicherheit der Bundesrepublik Deutschland umfasst die **innere und äußere Sicherheit und schützt nach innen den Bestand und die Funktionstüchtigkeit des Staates und seiner Einrichtungen**[152]. Das schließt den Schutz vor Einwirkungen durch Gewalt und Drohungen mit Gewalt auf die Wahrnehmung staatlicher Funktionen ein[153]. In diesem Sinne richten sich auch Gewaltanschläge gegen Unbeteiligte zum Zwecke der Verbreitung allgemeinen Unsicherheit gegen die innere Sicherheit des Staates[154]. Es bedarf dazu einer auf Tatsachen gestützten Bedrohungslage, bei der sich das vom Ausländer ausgehende Risiko einer sicherheitsgefährdenden oder terroristischen Tat jederzeit aktualisieren und in eine konkrete Gefahr umschlagen kann[155].

56 Die zweite Ausnahme vom Abschiebungsverbot politisch Verfolgter betrifft weiter **gefährliche Straftäter,** die rechtskräftig zu langjährigen Freiheitsstrafen verurteilt worden sind. Seit 1.11.1997 sind Verbrechen und besonders schwere Vergehen an die Stelle der besonders schweren Straftat getreten und außerdem ist die Höhe von mindestens drei Jahren Freiheitsstrafe eingeführt. **Schwerwiegende Gründe und Gefahren für die Allgemeinheit** aufgrund rechtskräftiger Verurteilung wegen eines Verbrechens oder eines besonders schweren Vergehens lassen sich nicht abstrakt, etwa anhand von Ausweisungstatbeständen, beschreiben. In Betracht kommen zwar etwa die allgemeine schwere Spionage, gefährliche Sabotage oder politischer Terrorismus und andere Kapitaldelikte und seit der Änderung ab 1.11.1997 auch andere Straftaten von besonderem Gewicht. Allein bspw. die aktive Teilnahme an einem innerstaatlichen bewaffneten Konflikt begründet jedoch keinen Ausschluss der Flüchtlingsanerkennung. Diese ist nur dann ausgeschlossen, wenn schwerwiegende Gründe die Annahme einer Beteiligung an Kriegsverbrechen, Verbrechen gegen die Menschlichkeit oder schweren nichtpolitischen Straftaten rechtfertigen. Dazu zählen neben Übergriffen auf die Zivilbevölkerung ua

---

[143] Ausf. *Bergmann* ZAR 2005, 137; vgl. hierzu auch *Hopfauf* NVwZ 1994, 566; *Huber* NJW 1977, 1562; *Franz* DVBl 1978, 869; *Gusy,* Asylrecht und Asylverfahren in der BR Deutschland, 1980, S. 170 ff., 200 ff.; *Kimminich* JZ 1976, 62; *Renner* NVwZ 1983, 649 mwN; *Weber* JuS 1976, 325; *Weberndörfer* S. 93 ff.; *Wollenschläger* BayVBl. 1976, 410 (461 f.); *Zuleeg* JuS 1980, 625; aA *Doehring* ZaöRV 1966, 33; *v. Pollern* BayVBl. 1979, 200 (327 f.); *Zeidler* in Otto Benecke Stiftung, Praktizierte Humanitas, 1981, S. 56 ff.
[144] BVerwG seit Urt. v. 7.10.1975 – I C 46.69, BVerwGE 49, 202.
[145] Ähnlich *Antoni* in HK-GG, Art. 16a Rn. 8 aE; *Will* in Sachs, GG, 8. Aufl. 2018, Art. 16a Rn. 52a mwN.
[146] BVerwG Urt. v. 7.10.1975 – I C 46.69, BVerwGE 49, 202.
[147] Vgl. EuGH Urt. v. 24.6.2015 – C-373/13, ZAR 2016, 119 – H. T.; s. auch das Gutachten der Wissenschaftlichen Dienste des Bundestags, PE 6 – 3000 – 4/16 v. 9.2.2016, 14–17.
[148] Vgl. *Thym* NVwZ 2016, 415.
[149] Vgl. EGMR Urt. v. 28.2.2008 –37201/06 NVwZ 2008, 1330 Rn. 124–127 – Saadi/Italien.
[150] Art. 33 II GK lautet: „Auf die Vergünstigung dieser Vorschrift kann sich jedoch ein Flüchtling nicht berufen, der aus schwerwiegenden Gründen als eine Gefahr für die Sicherheit des Landes anzusehen ist, in dem er sich befindet, oder der eine Gefahr für die Allgemeinheit dieses Staates bedeutet, weil er wegen eines Verbrechens oder eines besonders schweren Vergehens rechtskräftig verurteilt wurde."
[151] Näher → § 58a Rn. 28 ff.
[152] BVerwG Beschl. v. 16.1.2018 – 1 VR 12.17, BeckRS 2018, 610.
[153] BVerwG Urt. v. 15.3.2005 – 1 C 26.03, BVerwGE 123, 114 (120) Rn. 17.
[154] BVerwG Urt. v. 22.8.2017 – 1 A 3.17, ZAR 2018, 117 Rn. 2.
[155] BVerwG Beschl. v. 21.3.2017 – 1 VR 1.17 u. 1 VR 2.17, NVwZ 2017, 1057 sowie Urt. v. 22.8.2017 – 1 A 3.17, NVwZ 2018, 345.

Verbot der Abschiebung § 60 AufenthG 1

auch die Misshandlung oder Tötung kampfunfähiger gegnerischer Kombattanten. In derartigen Fällen stehen selbst politisch motivierte Taten einer Anerkennung als Flüchtling entgegen[156]. Es ist aber in der Regel eine individuelle Betrachtung und Bewertung der von dem Ausländer ausgehenden Gefahren anzustellen.

Nicht das strafbare Fehlverhalten in der Vergangenheit **ist maßgeblich, sondern die zu-** 57 **künftige vom Ausländer ausgehende Gefährdung.** Sie erübrigt sich auch nicht nach Verhängung einer Freiheitsstrafe. Nach rechtskräftiger Verurteilung wird die mögliche Gefahr für die Sicherheit des Staats und die Allgemeinheit zumindest während des Strafvollzugs erheblich gemindert. Darüber hinaus darf die Chance der Besserung und Resozialisierung nicht außer Betracht gelassen werden. Ob die rechtskräftige Verurteilung zu einer mindestens dreijährigen Gesamtfreiheitsstrafe für einen Ausschluss nach Abs. 8 genügt, wenn die zugrunde liegenden Taten jeweils mit Einzelstrafen von weniger als drei Jahren geahndet worden sind, sei hier ebenso dahingestellt, wie die Frage, ob im Hinblick auf den Schutzzweck der Norm die Beschränkung auf das Erwachsenenstrafrecht Bedenken hervorruft[157]. Jedenfalls ist der Widerruf der Flüchtlingsanerkennung bei Straftätern im Einklang mit dem unions- und völkerrechtlichen Flüchtlingsschutz an hohe Anforderungen gebunden[158]. Die Abschiebung politisch Verfolgter ist deshalb nach Abs. 8 S. 1 nur zulässig, wenn entweder die Sicherheitsgefährdung oder eine Wiederholungsgefahr hinsichtlich eines Verbrechens oder eines besonders schweren Vergehens und infolgedessen eine Gefahr für die Allgemeinheit konkret zu besorgen sind[159]. Die Gefahr muss über diejenige hinausgehen, die eine Ausweisung Asylberechtigter ermöglicht[160]. Die „Opfergrenze" für den faktischen Ausschluss des Asylrechts ist nicht schon bei der Gefahr einer Wiederholung im weiten Sinne erreicht; es müssen vielmehr hochwertige Rechtsgüter konkret gefährdet sein, die dem Asylrecht vorgehen. Diese Annahme scheidet bei Strafaussetzung zur Bewährung regelmäßig aus und kann bei Straftätern auch nicht allein mit generalpräventiven Erwägungen begründet werden.

Grundsätzlich ist die Zuerkennung der Flüchtlingseigenschaft zu widerrufen, wenn der Ausländer 58 **wegen Totschlags zu einer langjährigen Freiheitsstrafe** verurteilt worden ist. Etwas anderes kann gelten, wenn eine konkrete Wiederholungsgefahr nicht festzustellen ist. Eine **Wiederholungsgefahr** liegt regelmäßig vor, wenn in Zukunft neue vergleichbare Straftaten des Ausländers ernsthaft drohen. Eine lediglich entfernte Möglichkeit weiterer Straftaten genügt hingegen nicht. Eine solche Wiederholungsgefahr ist regelmäßig anzunehmen, wenn es sich um eine **Beziehungstat** handelt und die Tat und die Intensität der Vorgehensweise maßgeblich von **„Ehrbegriffen"** geprägt waren[161]. Die fehlende Akzeptanz rechtsstaatlicher Wertevorstellungen lässt insoweit vor dem Hintergrund bereits ausgeübter Selbstjustiz auf eine Gefahr für die Allgemeinheit schließen.

Die **Ausschlusstatbestände** wegen **Verbrechen gegen den Frieden, Kriegsverbrechen oder** 59 **Verbrechen gegen die Menschlichkeit** etc des Abs. 8 S. 2, die grundsätzlich ebenfalls restriktiv auszulegen sind[162], sind – seit dem RLUmsG 2007 nun iVm § 3 II AsylG – (früher § 51 III 2 AuslG) [163] aus Art. 1 F GK[164] und Art. 12 II Anerkennungs-RL[165] übernommen; insoweit wird insbesondere auf die Kommentierung zu § 3 II AsylG verwiesen. Der Ausschluss der Flüchtlingsanerkennung entsprechend Art. 1 F GK beruht ausschließlich auf Handlungen in der Vergangenheit. Er steht nicht auf einer Stufe mit dem Ausschluss des Refoulementverbots des Art. 33 II GK und untersagt es dem Vertragsstaat nicht, dem Flüchtling aus anderen Gründen ein Bleiberecht zu gewähren (Nr. 4 und 8 UNHCR-Richtlinien zu Art. 1 F GK – UNHCR-RL)[166].

---

[156] BVerwG Urt. v. 24.11.2009 – 10 C 24.08, NVwZ 2010, 979.
[157] Bedenken zu Letzterem äußert *Will* in Sachs, GG, Kommentar, 8. Aufl. 2018, Art. 16a Rn. 52 aE.
[158] Ausf. BVerwG Urt. v. 31.1.2013 – 10 C 17.12, NVwZ-RR 2013, 571.
[159] VGH BW Beschl. v. 30.11.1999 – 11 S 506/99, VBlBW 2000, 201; Beschl. v. 9.11.2001 – 10 S 1900/01, InfAuslR 2002, 175; Urt. v. 26.5.1987 – 11 S 2447/85, ESVGH 37, 226; HmbOVG Beschl. v. 6.7.1989 – Bs V 174/89, NVwZ 1990, 591; OVG NRW Beschl. v. 5.10.1988 – 17 B 2283/88, NVwZ-RR 1989, 440.
[160] Vgl. dazu BVerwG Urt. v. 17.1.1989 – 1 C 46.86, BVerwGE 81, 155; → § 56 Rn. 3 ff.
[161] Vgl. überzeugend zB VG Bremen Beschl. v. 7.6.2019 – 5 V 3043/18, BeckRS 2019, 12421 betr. einen syrischen Staatsangehörigen, der als anerkannter Flüchtling rechtskräftig wegen Totschlags zu einer Freiheitsstrafe von 13 Jahren verurteilt worden war.
[162] Vgl. OVG NRW Urt. v. 27.3.2007 – 8 A 4728/05.A, BeckRS 2007, 23183.
[163] Eingefügt durch das TerrorismusbekämpfungsG, BGBl. 2002 I S. 361.
[164] Art. 1 F GK lautet: „Die Bestimmungen dieses Abkommens finden keine Anwendung auf Personen, in Bezug auf die aus schwerwiegenden Gründen die Annahme gerechtfertigt ist, a) dass sie ein Verbrechen gegen den Frieden, ein Kriegsverbrechen oder ein Verbrechen gegen die Menschlichkeit im Sinne der internationalen Vertragswerke begangen haben, die ausgearbeitet worden sind, um Bestimmungen bezüglich dieser Verbrechen zu treffen; b) dass sie ein schweres nichtpolitisches Verbrechen außerhalb des Aufnahmelandes begangen haben, bevor sie dort als Flüchtling aufgenommen wurden; c) dass sie sich Handlungen zu Schulden kommen ließen, die den Zielen und Grundsätzen der Vereinten Nationen zuwiderlaufen."
[165] S. hierzu die EuGH-Vorlage des BVerwG Beschl. v. 14.10.2008 – 10 C 48.07, BVerwGE 132, 79 und EuGH Urt. v. 9.11.2010 – C-57/09, ZAR 2011, 142 sowie VG HH Urt. v. 22.1.2007 – 15 A 1731/BeckRS 2007, 21780; VG Aachen Urt. v. 19.1.2007 – 6 K 1713/05.A, BeckRS 2007, 20816.
[166] Text in ZAR 2004, 207.

60 Die Definitionen der **internationalen Verbrechen** lassen sich zum Teil aus internationalen Vertragswerken entwickeln (Nachweis in Nr. 10–17 UNHCR-RL)[167], wobei allerdings im Zweifel einer unionseigenen Auslegung der Vorrang einzuräumen ist[168]. Der Ausschluss setzt immer die persönliche Verantwortung für die genannten Vergehen und Verbrechen voraus, die sich in der Regel nicht allein aus der Zugehörigkeit zu einer Regierung oder Organisation ableiten lässt (näher dazu Nr. 18–23 UNHCR-RL). Trotz der Schwere der Straftaten darf der Grundsatz der Verhältnismäßigkeit nicht völlig außer Acht gelassen werden (Nr. 24 UNHCR-RL). Dies alles hat der EuGH dem Grunde nach inzwischen in Anwendung der Anerkennungs-RL bestätigt[169]. Anders als bei den Ausschlussgründen nach § 8 S. 1 und S. 3 sind bei denen nach S. 2 iVm § 3 II AsylG allerdings gegebenenfalls keine gegenwärtige Gefahr durch den Ausländer für die Sicherheit der Bundesrepublik Deutschland oder die Allgemeinheit erforderlich und es muss, sofern die tatbestandlichen Voraussetzungen dieser Ausschlussgründe erfüllt sind, ggf. auch keine auf den Einzelfall bezogene Verhältnismäßigkeitsprüfung erfolgen[170].

61 Zum 17.2.2016 wurde flankierend zum Asylpaket II in Anwendung von **Art. 14 IV, V Anerkennungs-RL 2011/95/EU** der neue Ermessenstatbestand des **Abs. 8 S. 3** angefügt und vom Gesetzgeber ausgesprochen ausführlich begründet[171] (→ Rn. 1). Wie im Gesetzestitel klargestellt, geht es nach den traumatischen Ereignissen der Silvesternacht 2015/16 („Köln") neben der erleichterten Ausweisung[172] um den „erweiterten Ausschluss der Flüchtlingsanerkennung bei straffälligen Asylbewerbern". Im **Ermessenswege** (§ 40 VwVfG), dh nur nach strikter Einzelfallprüfung, ob die Schwelle zur „Gefahr für die Allgemeinheit" überschritten ist[173], darf das BAMF nunmehr von der Zuerkennung der Flüchtlingseigenschaft absehen, wenn der Ausländer eine Gefahr für die Allgemeinheit bedeutet, weil er wegen einer oder mehrerer vorsätzlicher **Straftaten gegen das Leben, die körperliche Unversehrtheit, die sexuelle Selbstbestimmung, das Eigentum oder wegen Widerstands gegen Vollstreckungsbeamte** rechtskräftig zu einer Freiheits- oder Jugendstrafe von mindestens einem Jahr verurteilt worden ist, sofern die Straftat mit Gewalt, unter Anwendung von Drohung mit Gefahr für Leib oder Leben oder mit List begangen worden ist oder unter § 177 StGB subsumiert werden kann.

62 Als **Straftaten gegen das Leben** definiert das StGB die in den §§ 211–222 aufgeführten Delikte, dh neben Mord, Totschlag oder fahrlässiger Tötung auch etwa den Schwangerschaftsabbruch oder die Aussetzung. Die **Straftaten gegen die körperliche Unversehrtheit** sind in den §§ 223–231 StGB aufgeführt, die Körperverletzungen, aber auch die Misshandlung von Schutzbefohlenen sowie die Beteiligung an einer Schlägerei umfassen. Die **Straftaten gegen die sexuelle Selbstbestimmung**, die dem Gesetzgeber aufgrund der „Köln"-Ereignisse besonders vor Augen standen (was empörend beschönigend von Tätern „Eve-teasing" genannt wurde), sind in den §§ 174–184h StGB aufgelistet; hierunter fallen dann auch etwa die Ausbeutung von Prostituierten, exhibitionistische Handlungen oder Pornografieverstöße. Der Begriff „Straftaten gegen das **Eigentum**" wird vom StGB hingegen nicht ausdrücklich verwendet; hierunter ist, da das Vermögen nicht als Schutzgut genannt ist, insbesondere eine Bestrafung wegen Diebstahls und Unterschlagung (§§ 242–248c), Raub oder Erpressung (§§ 249–256), Begünstigung und Hehlerei (§§ 257–262), aber auch etwa wegen einer gemeingefährlichen Straftat wie Brandstiftung (§§ 306 ff.) zu fassen. Der **Widerstand gegen Vollstreckungsbeamte** ist in den §§ 113–114 StGB geregelt. Der Begriff der „**Gewalt**" kann teleologisch alle Vorgänge erfassen, bei denen illegitimer Zwang physisch oder psychisch ausgeübt wurde. Vergleichbares gilt bezüglich einer „**Drohung**", mit der das in Aussichtstellen eines künftigen Übels – hinsichtlich Leibes oder Leben – gemeint ist, auf dessen Eintritt der Erklärende Einfluss zu haben vorgibt. Mit dem Begriff der „**List**", die weder im Gesetzestext noch in der Begründung definiert ist und sich im StGB nur etwa bei § 232 IV Nr. 2 (Menschenhandel zum Zwecke der sexuellen Ausbeutung) oder § 234 (Menschenraub) findet, werden Vorgänge erfasst, bei denen der Täter auf hintertriebene, trickreiche, subtile oder manipulative Art und Weise bekommen hat, was er wollte.

63 Die seit 10.11.2016 ergänzend ausdrücklich benannte **Straftat gemäß § 177 StGB** (Sexueller Übergriff; sexuelle Nötigung; Vergewaltigung) wurde durch das Gesetz zur Verbesserung des Schutzes der sexuellen Selbstbestimmung reformiert und nach dem Grundsatz des „Nein heißt Nein"[174] verschärft. Erforderlich ist auch hier immer eine rechtskräftige Verurteilung zu mindestens **einem Jahr Freiheits- oder Jugendstrafe**, unabhängig davon, ob die Strafe zur Bewährung ausgesetzt wurde, was allerdings bei der Ermessensausübung zunächst klar gegen die Anwendung von Abs. 8 S. 3 spricht. Auch der neue Ermessenstatbestand des **Abs. 8 S. 3** ist **verfassungskonform** und jeweils **strikt auf den konkreten Einzelfall bezogen**. Die Prüfung hat am Grundsatz der Verhältnismäßigkeit orien-

---

[167] Vgl. bei § 3 AsylG, dort insbes. → AsylG § 3 Rn. 8 ff.
[168] Vgl. EuGH Urt. v. 30.1.2014 – C-285/12, NVwZ 2014, 573 – Diakité.
[169] Vgl. zu Art. 12 QualRL EuGH Urt. v. 9.10.2010 – C-57/09, ZAR, 2011, 142 – B u. D; ihm folgend BVerwG Urt. v. 7.7.2011 – 10 C 26.10, NVwZ 2011, 1450.
[170] S. hierzu BVerwG Urt. v. 7.7.2011 – 10 C 26.10, NVwZ 2011, 1450 Rn. 25 ff.
[171] BT-Drs. 18/7537, 8 f.
[172] Hierzu → § 54 Rn. 10 ff.
[173] Ebenso *Thym* NVwZ 2016, 415.
[174] Vgl. BT-Drs. 18/9097, 25 (auch „Nur-Ja-heißt-Ja-Lösung" genannt).

tiert zu erfolgen[175]. Nur wenn die hierbei vorzunehmende Interessenabwägung – öffentliches Interesse an der Ausreise versus privates Interesse des Ausländers am Verbleib – ergibt, dass das öffentliche Interesse überwiegt, greift das Abschiebungsverbot des Abs. 1 S. 1 nicht.

§ 60 VIII 3 findet nach seinem Wortlaut sowie nach Sinn und Zweck der Norm **auch Anwendung auf strafrechtliche Verurteilungen** nach § 177 StGB, die vor Inkrafttreten dieser Norm – also **vor dem 10.11.2016** – stattfanden[176]. Darin ist keine echte Rückwirkung im Sinne einer Rückwirkung von Rechtsfolgen zu sehen. Gesichtspunkte des Vertrauensschutzes des betroffenen Ausländers stehen nicht entgegen. Denn der Asyl- oder Flüchtlingsstatus wird dem Ausländer nur für die Zukunft und nicht für die Vergangenheit entzogen. 64

IV. Sonstige Abschiebungsverbote und -hindernisse (Abs. 2 bis Abs. 7)

1. Allgemeines

Während sich die Abs. 1 und 8–10 ausschließlich auf politisch verfolgte ausländische Flüchtlinge beziehen, befasst sich der subsidiäre Schutz insbesondere gemäß Abs. 2 (der 2007 eingeführte Abs. 11 wurde durch das RLUmsG 2013 gestrichen[177]) mit sonstigen Tatbeständen, die der Abschiebung absolut oder relativ oder dilatorisch entgegenstehen. Seit dem RLUmsG 2007 ist der Antrag auf Verpflichtung zur Feststellung eines **Abschiebungsverbots nach Abs. 2–7** in Bezug auf das Herkunftsland im Asylprozess sachdienlich dahingehend auszulegen, dass mit dem **Hauptantrag** die Feststellung eines – unionsrechtlichen begründeten (weitergehenden) – Abschiebungsverbots nach **Abs. 2 oder 3 (subsidiärer Schutz)** und **hilfsweise** die Feststellung eines über das Unionsrecht hinausgehenden weiterreichenden – nationalen – Abschiebungsverbots nach **Abs. 5 oder 7 AufenthG (komplementärer Schutz)** begehrt wird[178]. 65

Die auf Unionsrecht beruhenden **Abschiebungsverbote nach Abs. 2 oder 3** zum einen **und** die nationalen Abschiebungsverbote **nach Abs. 5 und 7** zum anderen bilden **jeweilige eigenständige Streitgegenstände**, wobei die **unionsrechtlichen begründeten Abschiebungsverbote vorrangig** vor dem nationalen Abschiebungsverbot ua nach Abs. 7 zu prüfen sind[179]. Die so beschriebenen Streitgegenstände sind in sich nicht weiter teilbar; die Berufung kann daher zB nicht wirksam auf einzelne materielle Anspruchsgrundlagen dieses einheitlichen prozessualen Anspruchs beschränkt werden[180]. Der Antrag auf Feststellung eines Abschiebungsverbots nach Abs. 2–7 bezüglich eines bisher noch nicht geprüften Staates stellt einen Neuantrag dar, der nicht von der Erfüllung der Voraussetzungen für ein Wiederaufgreifen nach § 51 VwVfG abhängt[181]. 66

Abschiebungsfragen haben mit der Beschränkung materieller Rechtspositionen, insbesondere im Asylrecht, an Bedeutung gewonnen. Der Streit um materiellrechtliche Positionen, auch um solche mit Grundrechtsrelevanz, wird zunehmend im Vollstreckungsverfahren ausgefochten. Dabei wird leicht übersehen, dass sich **Einwendungen im Abschiebungsverfahren grundsätzlich nur gegen den zwangsweisen Vollzug** richten können, nicht aber gegen den zugrunde liegenden aufenthaltsbeendenden Akt wie Ausweisung oder Nichterteilung eines Aufenthaltstitels[182]; die Ebenen von Aufenthaltstitel und Abschiebungsverfahren sind in der Regel zu trennen. Aufgrund der Übertragung der Zuständigkeit für Asylbewerber auf das BAMF (§ 5 I 2 AsylG) ist dieses nicht nur für die Asylanerkennung zuständig, sondern im Rahmen eines Asylverfahrens auch für die Verbote der Abs. 1 –5 und 7. Nur außerhalb eines Asylgesuchs ist die Ausländerbehörde zuständig (und beteiligt bei zielstaatsbezogenen Abschiebungsverboten nach § 72 II das BAMF), sonst allein das BAMF (§ 24 II AsylG). 67

---

[175] Vgl. zB VG Würzburg Urt. v. 4.2.2019 – W 8 K 18.32231, BeckRS 2019, 4028 und VG Berlin Urt. v. 2.5.2019 – 34 K 74.19 A, BeckRS 2019, 19875.
[176] BayVGH Beschl. v. 11.9.2017 – 20 ZB 17.30673, BeckRS 2017, 128928; VG Ansbach Urt. v. 20.7.2017 – AN 3 K 16.32056, BeckRS 2017, 123521.
[177] Abs. 11 lautete: „Für die Feststellung von Abschiebungsverboten nach den Absätzen 2, 3 und 7 Satz 2 gelten Artikel 4 Abs 4, Artikel 5 Abs 1 und 2 und die Artikel 6 bis 8 der Richtlinie 2004/83/EG des Rates vom 29. April 2004 über Mindestnormen für die Anerkennung und den Status von Drittstaatsangehörigen oder Staatenlosen als Flüchtlinge oder als Personen, die anderweitig internationalen Schutz benötigen, und über den Inhalt des zu gewährenden Schutzes (ABl. EU Nr. L 304 S. 12)."
[178] BVerwG Urt. v. 29.6.2010 – 10 C 10.09, InfAuslR 2010, 458; Urt. v. 24.6.2008 – 10 C 43/07, ZAR 2009, 35 Rn. 11.
[179] Vgl. BVerwG Beschl. v. 10.10.2011 – 10 B 24.11, BeckRS 2011, 55458 Rn. 4.
[180] BVerwG Urt. v. 17.11.2011 – 10 C 13.10, NVwZ 2012, 454 Rn. 11.
[181] BVerwG Urt. v. 29.9.2011 – 10 C 23.10, NVwZ 2012, 454 Rn. 19.
[182] Näher → Rn. 113.

2. Drohung eines ernsthaften Schadens insbesondere durch Folter oder unmenschliche oder erniedrigende Bestrafung oder Behandlung (Abs. 2)

68 Abs. 2 verweist seit dem RLUmsG 2013 auf den (nicht mit der Feststellung eines Abschiebungsverbots zB nach § 60 II aF gleichzusetzenden[183]) eigenständigen **subsidiären Schutzstatus** des § 4 I AsylG, bei dem in S. 2 definiert ist, was als „ernsthafter Schaden" gilt, nämlich (1) die Verhängung oder Vollstreckung der Todesstrafe, (2) Folter oder unmenschliche oder erniedrigende Behandlung oder Bestrafung oder (3) eine ernsthafte individuelle Bedrohung des Lebens oder der Unversehrtheit einer Zivilperson infolge willkürlicher Gewalt im Rahmen eines internationalen oder innerstaatlichen bewaffneten Konflikts. Zur genaueren Definition dieser Tatbestandsmerkmale wird zunächst auf die Kommentierung in § 4 AsylG verwiesen. Zum Abschiebungsverbot wegen drohender **Todesstrafe** → Rn. 75 ff.

69 **Besondere praktische Relevanz** hat im Rahmen von Abs. 2 vor allem das **Folterverbot,** das **wortlautgleich in Art. 3 EMRK und Art. 4 GRCh** enthalten ist. Ob Art. 3 UN-Antifolterkonvention[184] über das Verbot der Folter hinaus auch Schutz vor Abweisung an der Grenze und vor Abschiebung vermittelt[185] und über eine Staatenverpflichtung hinaus auch unmittelbare Rechtspositionen des Individuums begründet[186], kann dahinstehen, nachdem auch diesbezüglich in Abs. 2 (wie zuvor in § 53 I AuslG) ein uneingeschränktes obligatorisches Abschiebungsverbot aufgenommen ist[187]. Ähnliches gilt hinsichtlich des – durch das RLUmsG 2007 im Hinblick auf Art. 15 lit. b Qualifikations-RL ausdrücklich erwähnten – Verbots von Folter oder unmenschlicher oder erniedrigender Bestrafung oder Behandlung iSv Art. 3 EMRK[188], das allerdings grundsätzlich mit einem subjektiven Recht auf Unterlassen und ggf. auf aktives Eingreifen korrespondiert[189]. Der Regelung liegt die Erkenntnis zugrunde, dass die Gefahr der Folter oder Schlechtbestrafung/-behandlung allein noch nicht die Gewährung von Asyl rechtfertigt, sondern nur unter der Voraussetzung, dass sie an asylerheblichen Merkmalen oder Eigenschaften anknüpft und asylerhebliche Zwecke verfolgt[190]. Das Abschiebungsverbot bei Foltergefahr oder Schlechtbestrafung/-behandlung folgt im Übrigen bereits unmittelbar aus Art. 1 GG und Art. 3 EMRK[191] sowie Art. 4 GRCh. Es gilt uneingeschränkt selbst bei Abschiebung in einen Signatarstaat der EMRK; dessen Verpflichtung, die Konventionsrechte zu achten, ist im Rahmen der Gefahrenprognose zu berücksichtigen, die eine Gesamtwürdigung aller Umstände gebietet[192]. Dies spielt eine wichtige Rolle im Dublin-Asylsystem[193].

70 Unter „**Folter**" ist nach der Definition des Art. 1 UN-Antifolterkonvention (nach Ratifizierung bereits seit 1990 innerstaatlich verbindlich) eine Behandlung zu verstehen, die einer Person vorsätzlich schwere Schmerzen oder Leiden körperlicher oder geistig-seelischer Art zufügt, um von ihr oder einem Dritten eine Aussage oder ein Geständnis zu erzwingen, sie oder einen Dritten zu bestrafen, einzuschüchtern oder zu nötigen oder mit diskriminierender Absicht zu verfolgen. Die Einschränkung von Art. 1 UN-Antifolterkonvention zugunsten gesetzlich zulässiger Zwangsmaßnahmen ist für Abs. 2 ohne Bedeutung.

71 Wann eine „**unmenschliche oder erniedrigende Behandlung oder Bestrafung**" iSv **Art. 3 EMRK und Art. 4 GRCh** vorliegt, hängt (nach der insoweit va maßgebenden Rspr. des EGMR[194]

---

[183] Denn mit dem Status nach § 4 I sollte eine neue und nur in die Zukunft wirkende Rechtsstellung geschaffen werden u. zudem sind bei bloßer Gewährung von Abschiebungsschutz nach § 60 II AufenthG aF die unionsrechtlich auch für den subsidiären Schutzstatus zwingend geltenden Ausschlussgründe noch nicht geprüft worden; ausf. BVerwG Urt. v. 25.3.2015 – 1 C 16.14, NVwZ-RR, 2015, 634.

[184] BGBl. 1990 II S. 247; in Kraft für die BRD seit 1.6.1990, BGBl. 1990 II S. 491; dazu *Hailbronner/Randelzhofer* EuGRZ 1986, 641; *van Krieken* ZAR 1986, 17; *Nowak* EuGRZ 1985, 109; *Marx* ZRP 1986, 81.

[185] Zweifelnd *Hailbronner* ZAR 1987, 3.

[186] BT-Drs. 11/5459, 22, 24; *Maaßen* S. 182 mwN.

[187] Zur früheren Rechtslage BVerwG Urt. v. 3.11.1987 – 9 C 254.86, BVerwGE 78, 243; BayVGH Urt. v. 15.5.1986 – 24 B 84 C.704, InfAuslR 1986, 243.

[188] Dazu *Gusy* ZAR 1993, 63.

[189] *Maaßen* S. 85.

[190] BVerfG Beschl. v. 20.12.1989 – 2 BvR 958/86, BVerfGE 81, 142; BVerwG Urt. v. 17.5.1983 – 9 C 874.82, BVerwGE 67, 195; Urt. v. 27.5.1986 – 9 C 35.86 ua, BVerwGE 74, 226; Urt. v. 19.5.1987 – 9 C 198.86, EZAR 201 Nr. 12; Urt. v. 17.1.1989 – 9 C 62.87, NVwZ 1989, 776; allgemein → AsylG § 1 Rn. 37; aA *Marx* ZAR 1984, 102.

[191] BVerwG Urt. v. 17.5.1983 – 9 C 36.83, BVerwGE 67, 184; *Frankenberg* JZ 1986, 414; *Frowein/Kühner* ZaöRV 1983, 537; *Weberndörfer* S. 119 ff. mwN.

[192] BVerwG Urt. v. 27.4.2010 – 10 C 5.09, NVwZ 2011, 51. S. auch die Verurteilung Belgiens und Griechenlands mit deutlichen Worten bzgl. einer Überstellung von Asylbewerbern im Rahmen der Dublin II-VO durch den EGMR Urt. v. 21.1.2011 – 30696/09, NVwZ 2011, 413 und dazu *Thym* ZAR 2011, 368 sowie EuGH Urt. v. 10.12.2013 – C-394/12, NVwZ 2014, 208 – Abdullahi.

[193] Ausf. hierzu *Bergmann* ZAR 2015, 81 sowie die Kommentierung zu § 29 AsylG.

[194] S. zB EGMR Urt. v. 6.11.2018 – 3289/10, NLMR 2018, 552 – (kein behördlicher Schutz von Roma gegen Progrom); Urt. v. 7.11.2017 – 54646/17, NVwZ 2018, 3569 – (Abschiebung eines Gefährders aus Deutschland nach Russland); Urt. v. 13.12.2016 – 41738/10, NVwZ 2017, 1187 – Paposhvili/Belgien (Abschiebung schwerkranker Ausländer); Urt. v. 12.1.2016 – 13442/03, NVwZ 2017, 293 – (Abschiebung aus den Niederlanden nach Afghanistan);

Verbot der Abschiebung **§ 60 AufenthG 1**

und des EuGHs[195]) vom Einzelfall ab. Eine Schlechtbehandlung einschließlich Bestrafung muss ein Minimum an Schwere erreichen, um in den Schutzbereich von Art. 3 EMRK und Art. 4 GRCh zu fallen. Die Bewertung dieses Minimums ist jedoch nach Natur der Sache relativ. Kriterien hierfür sind abzuleiten aus allen Umständen des Falles, wie zB die Art der Behandlung oder Bestrafung und der Zusammenhang, in dem sie erfolgte, die Art und Weise ihrer Vollstreckung, ihre zeitliche Dauer, ihre physischen und geistigen Wirkungen, und in einigen Fällen Geschlecht, Alter und Gesundheitszustand des Opfers[196]. Abstrakt formuliert sind unter einer **menschenrechtswidrigen Schlechtbehandlung** Maßnahmen zu verstehen, mit denen unter Missachtung der Menschenwürde absichtlich schwere psychische oder physische Leiden zugefügt werden und mit denen nach Art und Ausmaß besonders schwer und krass gegen Menschenrechte verstoßen wird[197]. Der **EuGH** versteht darunter eine **Situation extremer materieller Not**, die es einer Person nicht erlaubt, ihre elementarsten Bedürfnisse zu befriedigen, wie insbesondere sich zu ernähren, sich zu waschen und eine Unterkunft zu finden, und die ihre physische oder psychische Gesundheit beeinträchtigt oder sie in einen Zustand der Verelendung versetzt, der mit der Menschenwürde unvereinbar ist[198].

Diesen Begrifflichkeiten ist die **staatliche Verantwortlichkeit** eigen, die im Falle der Abschiebung **72** (auch) den Aufenthaltsstaat trifft. Sie hängt daher nicht von der staatlichen Eigenschaft oder Funktion der im Zielstaat handelnden Personen ab[199]. Die davon abweichende (frühere) Meinung des (9. Senats des) BVerwG[200] ist überholt[201]. Die Verantwortlichkeit für Handlungen nichtstaatlicher Akteure nach § 3c Nr. 3 AsylG gilt nur für die Verfolgung, nicht für andere Menschenrechtsverletzungen. Die frühere Divergenz der Rspr. des EGMR und des BVerwG wurde also durch das ZuwG durch den Gesetzgeber nicht aufgelöst. Sie hat sich aber seit dem RLUmsG 2007 durch Direktanwendbarkeit und Umsetzung der Anerkennungs-RL erledigt. Denn hiernach gilt die in § 3c AsylG übernommene Definition (Art. 6 Anerkennungs-RL) sowohl für die Anerkennung als Flüchtling (Art. 9 ff., 13 ff. Anerkennungs-RL) als auch für den Anspruch auf subsidiären Schutz (Art. 15 ff., 18 ff. Anerkennungs-RL), der ua bei der Gefahr eines ernsthaften Schadens in der Form der Folter oder Schlechtbestrafung/-behandlung zu gewähren ist (Art. 15 lit. b Qualifikations-RL).

Die in Abs. 2 iVm § 4 I AsylG beschriebenen **Gefahren** müssen **konkret** bestehen. So ergibt etwa **73** die in einem Staat allgemeine festzustellende Praxis, in bestimmten Situationen zu bestimmten Zwecken Foltermaßnahmen anzuwenden, noch keine individuelle Gefährdung für jeden dorthin abgeschobenen Staatsbürger. Dies gilt erst recht, wenn Folter nur als Exzess oder Übergriff nachweisbar ist und vom Staat sowohl präventiv als auch repressiv unterdrückt wird. **Abs. 2 darf nicht in ein generelles Verbot der Abschiebung in bestimmte Staaten umgedeutet** werden. Die erforderliche Gefahrenprognose hat sich andererseits auch nach der Schwere der zu erwartenden Beeinträchtigung zu richten. Eine rein quantitative oder statistische Betrachtung ist fehl am Platze[202]. Art. 3 I UN-Antifolterkonvention verbietet nicht allgemein die Abschiebung in Staaten, in denen Folter (noch) vorkommt oder mehr oder weniger üblich ist. Gemäß Art. 3 II UN-Antifolterkonvention haben die zuständigen Behörden aber alle einschlägigen Umstände, ua auch die Tatsache zu berücksichtigen, dass es in dem betroffenen Staat ständig zu groben, flagranten oder massiven Verletzungen der Menschenrechte kommt. Insoweit muss die Beschränkung der Entscheidungsgrundlage nach § 79 I 2 zurücktreten.

An die **Feststellung** der im Einzelfall drohenden **Folter oder Schlechtbehandlung**/-bestrafung **74** sind nach alledem keine allzu strengen Anforderungen zu stellen[203]. Die Folter muss zwar mit an Sicherheit grenzender Wahrscheinlichkeit drohen. Angesichts der Bedeutung des gefährdeten Rechtsguts, für dessen Wert nicht zuletzt die allgemeine Ächtung durch die Völkergemeinschaft spricht, und angesichts folterspezifischer Darlegungs- und Nachweisschwierigkeiten genügen **triftige und stich-**

Urt. v. 4.11.2014 – 29217/12, NVwZ 2015, 127 – (Tarakhel/Schweiz, Überstellung von Asylbewerbern nach Italien).
[195] EuGH Urt. v. 19.3.2019 – C-163/17, NVwZ 2019, 712 – Jawo, dazu näher → Rn. 20 f.
[196] EGMR Urt. v. 7.7.1989 – 1/1989/161/217, NJW 1990, 2183 – Soering; vgl. auch BVerwG Beschl. v. 18.12.2006 – 1 B 53.06, BeckRS 2007, 20761.
[197] *Gusy* ZAR 1993, 63; *Kälin* ZAR 1986, 172; *Trechsel* in Barwig/Brill S. 83; *Renner* AiD Rn. 7/615–617 mwN.
[198] EuGH Urt. v. 19.3.2019 – C-163/17, NVwZ 2019, 712 Rn. 92 unter Hinweis auf eine in etwa vergleichbare, allerdings einzelfallbezogene Formulierung des EGMR Urt. v. 21.1.2011 – 30696/09, NVwZ 2011, 413 Rn. 254.
[199] EGMR in stRspr, vgl. Urt. v. 20.3.1991 – 46/1990/237/307, NJW 1991, 3079; Urt. v. 30.10.1991 – 45/1990/236/302–306, NVwZ 1992, 869; Urt. v. 15.11.1996 – 70/1995/576/662, NVwZ 1997, 1093; Urt. v. 17.12.1996 – 71/1995/577/663, NVwZ 1997, 1100; Urt. v. 29.4.1997 – 11/1996/630/813, EZAR 933 Nr. 6; Urt. v. 2.5.1997 – 146/1996/767/964, NVwZ 1998, 161; Entsch. v. 7.3.2000 – 43844/98, EZAR 933 Nr. 8; Urt. v. 11.7.2000 – 40035/98, EZAR 933 Nr. 9; Urt. v. 6.3.2001 – 45276/99, InfAuslR 2001, 417; Urt. v. 6.2.2001 – 44599/98, NVwZ 2002, 453.
[200] Urt. v. 17.10.1995 – 9 C 15.95, BVerwGE 99, 331; aA noch Urt. v. 18.1.1994 – 9 C 48.92, BVerwGE 95, 42: Schutz vor Folter „von wem auch immer".
[201] Die ausdrückliche Aufgabe dieser Rspr. erfolgte durch BVerwG Urt. v. 13.6.2013 – 10 C 13.12, NVwZ 2013, 1489 Abschiebungsschutz für unbegleitete minderjährige Flüchtlinge.
[202] BVerwG Urt. v. 23.2.1988 – 9 C 32.87, DVBl 1988, 653.
[203] Allg. dazu schon BVerfG Beschl. v. 23.2.1983 – 1 BvR 990/82, BVerfGE 63, 197.

1 AufenthG § 60

haltige Anhaltspunkte für die notwendige Überzeugung der Ausländerbehörde, des BAMF oder des Gerichts[204]. Gehört die Folter oder Schlechtbehandlung/-bestrafung etwa „zur Tagesordnung", ist sie auch für den konkreten Fall hinreichend wahrscheinlich[205]. Wird sie gegen Angehörige bestimmter Personengruppen mehr oder weniger regelmäßig angewendet, begründet sie insoweit ein allgemein wirkendes Abschiebungsverbot. Die ernsthafte Gefahr ergibt sich zwar nicht allgemein schon aufgrund bereits einmal erlittener Folter[206], der asylrechtliche herabgestufte Wahrscheinlichkeitsmaßstab ist nicht unmittelbar übertragbar, und erst recht ist eine Beweislastumkehr nicht angezeigt[207]. Bei unverändert gebliebenen Verhältnissen kann diese aber ebenso wie im Fall einer politischen Verfolgung eine Wiederholung indizieren und angesichts ihrer traumatischen Folgen die zumutbare Risikoschwelle herabsetzen[208]. Einmal erlittene Folter bzw. Schlechtbehandlung/-bestrafung darf daher bei der Gefahrenprognose nicht außer Acht gelassen werden[209]. Im gerichtlichen Eilverfahren genügt eine geringere Wahrscheinlichkeit[210].

3. Todesstrafe (Abs. 3)

75 Die Gefahr – seit dem RLUmsG 2007[211] „der Verhängung oder der Vollstreckung" – der Todesstrafe ergibt für sich genommen noch **keine Asylberechtigung**[212]. Früher war streitig, ob das Verbot des Art. 102 GG eingreift[213] und ob ihre drohende Verhängung und Vollstreckung die Abschiebung hinderte[214]. Nunmehr bildet die Gefahr der Todesstrafe ähnlich wie nach § 8 IRG ein obligatorisches Abschiebungsverbot[215]. Dagegen ist sie nach **Art. 2 I EMRK** nicht generell verboten[216]. Die Abschiebung einer Person in einen anderen Staat ist nach der EMRK nicht untersagt, wenn ihr dort zwar die Verhängung der Todesstrafe droht, in der Praxis aber keine Gefahr besteht, dass diese auch vollstreckt wird[217]. Ebenso steht die EMRK einer Abschiebung nicht entgegen, wenn dem Betroffenen im Zielstaat zwar eine lebenslange Haftstrafe droht, diese aber de jure und des facto reduzierbar und somit eine vorzeitige Entlassung möglich ist[218].

76 Nach **Abs. 3** besteht kein allgemeines Abschiebungsverbot in Staaten mit Todesstrafe, sondern lediglich ein im Einzelfall festzustellendes Abschiebungsverbot bei **individuell drohender Todesstrafe** aufgrund eines gerichtlichen Urteils, nicht also bei „extralegalen Hinrichtungen". Die durch das RLUmsG 2007 vorgenommene Konkretisierung gemäß Art. 15 lit. a Qualifikations-RL stellt klar, dass auch der gesuchte („Gefahr der Verhängung") und nicht nur der verurteilte Straftäter („Gefahr der Vollstreckung") geschützt ist.

77 Die **drohende Verhängung einer Todesstrafe** begründet gemäß § 60 V iVm Art. 3 EMRK nach deutschem Recht **kein Abschiebungsverbot, wenn die Todesstrafe im Zielstaat der Abschiebung** (hier: Tunesien) nach vorab von den zuständigen Behörden einzuholenden plausiblen und schriftlichen Zusagen verantwortlicher Vertreter dieses Zielstaates **stets in eine lebenslange oder zeitige Freiheitsstrafe umgewandelt wird** und der Verurteilte eine Überprüfung der Strafe mit Aussicht auf Herabsetzung der Haftdauer bewirken kann[219]. Dabei kann sich die Gefahrenprognose im

---

[204] Vgl. § 108 I VwGO; BVerwG Urt. v. 16.4.1985 – 9 C 109.84, BVerwGE 71, 180; zu Prognosetatsachen u. -maßstäben Renner AiD Rn. 7/458–473, 7/598–605.
[205] BVerwG Urt. v. 17.1.1989 – 9 C 62.87, NVwZ 1989, 776.
[206] BVerfG-K Beschl. v. 31.5.1994 – 2 BvR 1193/93, NJW 1994, 2883.
[207] AA Alleweldt S. 43, 111.
[208] Renner AiD Rn. 7/605–606.
[209] BVerfG-K Beschl. v. 10.7.1997 – 2 BvR 1291/96, InfAuslR 1998, 363.
[210] SchlHOVG Beschl. v. 8.10.1992 – 4 M 89/92, InfAuslR 1993, 18.
[211] → Rn. 1.
[212] Vgl. BVerfG Urt. v. 4.5.1982 – 1 BvR 1457/81, BVerfGE 60, 348; BVerwG Beschl. v. 9.1.1989 – 9 B 463.88, InfAuslR 1989, 176.
[213] Verneinend für Auslieferung Beschl. v. 30.6.1964 – 1 BvR 93/64, BVerfGE 18, 112; auf den zwischenzeitlichen Wandel der Auffassungen hinweisend schon Urt. v. 4.5.1982 – 1 BvR 1457/81, BVerfGE 60, 348.
[214] HmbOVG Beschl. v. 2.12.1985 – Bs V 227/85, NVwZ 1986, 781; HessVGH Beschl. v. 11.2.1988 – 10 TH 200/88, BeckRS 1988, 113713 u. EZAR 224 Nr. 18; OVG NRW Beschl. v. 24.2.1986 – 18 B 100/86, NVwZ 1986, 781; aA NdsOVG Urt. v. 15.1.1985 – 11 A 124/84, InfAuslR 1985, 199; betr. Ausweisung vgl. BVerwG Urt. v. 1.12.1987 – 1 C 29.85, BVerwGE 78, 285; Urt. v. 1.12.1987 – 1 C 22.86, EZAR 120 Nr. 12; betr. EMRK vgl. EGMR Urt. v. 7.7.1989 – 1/1989/161/217, EuGRZ 1989, 314; zusammenfassend Weberndörfer S. 130 ff.
[215] Betr. Türkei Tellenbach ZAR 1991, 87; betr. Iran Heldmann ZAR 1990, 7.
[216] EGMR Urt. v. 4.9.2018 – 17.675/18, NLMR 2018, 407 (Abschiebung eines Tunesiers trotz drohender Todesstrafe im Heimatland); Urt. v. 2.3.2010 – 61.498/08, NLMR 2010, 83 (Übergabe gefangener Iraker trotz drohender Todesstrafe); Urt. v. 12.5.2005 – 46221/99, NVwZ 2006, 1267 – Öcalan; siehe zur älteren Rechtslage Gusy ZAR 1993, 63 (67).
[217] EGMR Entsch. v. 4.9.2018, Kammer V, 17.675/18, NLMR 2018, 407 = NVwZ 2019, 1585, betr. Tunesien.
[218] EGMR Entsch. v. 4.9.2018, Kammer V, 17.675/18, NLMR 2018, 407 = NVwZ 2019, 1585, betr. Tunesien.
[219] BVerwG Beschl. v. 26.3.2018 – 1 VR 1.18, NVwZ 2018, 1395, betr. die § 58a ergangene Abschiebungsanordnung gegen einen tunesischen Islamisten. Die gegen diese Entscheidung erhobene Verfassungsbeschwerde hat das BVerfG mit Beschl. v. 4.5.2018 – 2 BvR 632/18, NVwZ 2018, 1390 – nicht zur Entscheidung angenommen. Der EGMR hat die dagegen gerichtete Menschenrechtsbeschwerde mit Entsch. v. 4.9.2018, Kammer V, Az. 17.675/18, NLMR 2018, 407 zurückgewiesen.

Verbot der Abschiebung **§ 60 AufenthG 1**

Rahmen eines Abschiebungsverbots nach § 60 V im Verlauf eines Klageverfahrens auch durch Erklärungen von Vertretern des Zielstaats, die nicht den Charakter einer Zusicherung haben, bis zum maßgeblichen Zeitpunkt der Abschiebung so weit verändern, dass kein reales Risiko einer Art. 3 EMRK widersprechenden Behandlung mehr besteht[220]. Relevant wird dies in Fällen der sog. Gefährder-Abschiebungen aufgrund von Abschiebungsanordnungen nach **§ 58a**[221].

Wenn der Ausländer in seinem Heimatstaat wegen einer Straftat gesucht wird und dort die Gefahr **78** der Todesstrafe besteht, ist er mithin **grundsätzlich vor Abschiebung sicher**[222]; auf Art und Umstände der Tat kommt es nicht an. Erst recht ist die Abschiebung untersagt, wenn der Ausländer bereits angeklagt oder verurteilt ist. Entscheidend ist nur „die Gefahr" der Todesstrafe. Die hierfür notwendigen individuellen Feststellungen sind nach ähnlichen Maßstäben zu treffen wie bei der Gefahr von Folter und Schlechtbehandlung/-bestrafung. Die Art der Gefährdung muss auch hier das Maß an Richtigkeitsgewissheit bei der Überzeugungsbildung (§ 108 I VwGO) beeinflussen. Gesetzliche Einschränkungen der Entscheidungsgrundlage (§ 79 I 2) sind gerade im Falle der Todesstrafe mit Zurückhaltung zu handhaben. Sie sind verfassungsrechtlich nicht hinzunehmen[223], weil jede Fehlentscheidung irreparabel ist.

Nach dem Gesetzeswortlaut seit dem RLUmsG 2007 ist somit nicht mehr fraglich, ob Abs. 2 nur **79** vor der Vollstreckung oder auch schon vor der **Verhängung der Todesstrafe** schützen sollte. Schon bisher war allerdings im Hinblick auf Art. 102 GG, die (sich stetig weiter durchsetzende) Ächtung der Todesstrafe und das humanitäre Anliegen des Abs. 2 letztere Auslegung geboten. Im Übrigen kommt in diesen Fällen, jedenfalls wenn die Vollstreckung der Todesstrafe nicht von vorneherein sicher ausgeschlossen ist, zusätzlich eine Anwendung von Abs. 5 iVm Art. 3 EMRK in Betracht, weil der gegebenenfalls jahrelange Aufenthalt in der Todeszelle („Todeszellensyndrom") menschenrechtswidrig ist[224].

Schließlich bedeutet die Verweisung auf die Vorschriften über die Auslieferung in Abs. 3 S. 2 vor **80** allem die Anwendung des § 8 des Gesetzes über die internationale Rechtshilfe in Strafsachen **(IRG)**, der für die Todesstrafe den auslieferungsrechtlichen **Grundsatz der Spezialität** (vgl. § 11 IRG) besonders hervorhebt. Danach ist die Abschiebung zulässig, wenn der Zielstaat zusichert, dass die Todesstrafe nicht verhängt oder nicht vollstreckt werden wird[225]. Abgesehen von grundsätzlichen Bedenken gegen den Spezialitätsgrundsatz[226], die ua aus der mangelnden Verlässlichkeit mancher Staaten herrühren[227] und die zumindest zu besonders sorgfältigen Recherchen über deren Straf- und Auslieferungspraxis zwingen, ist dann auf eine möglichst restlose Ausschaltung jedes Risikos eines Bruchs der Zusage des Zielstaats zu achten.

Die **Zusicherung** der Nichtverhängung oder der Nichtvollstreckung der Todesstrafe kann dem **81** Abschiebungsschutz nur dann entgegenstehen, wenn nicht nur die Erklärung der Bundesregierung, sondern vor allem die des anderen Staats nachprüfbar verlässlich eine derartige Verurteilung ausschließt[228]. Da aber anders als im auf Gegenseitigkeit aufbauenden Auslieferungsverkehr in der Regel

---

[220] BVerwG Urt. v. 22.8.2017 – 1 A 2.17, ZAR 2018, 119 betr. die nach § 58a ergangene Abschiebungsanordnung gegen einen algerischen Islamisten. Die gegen diese Entscheidung erhobene Verfassungsbeschwerde hat das BVerfG mit Beschl. v. 8.12.2017 – 2 BvR 2352/17, Website BVerfG – nicht zur Entscheidung angenommen.

[221] Vgl. dazu näher die Kommentierung zu § 58a.

[222] Aber → Rn. 77, 80 f.

[223] Vgl. BVerfG Beschl. v. 8.7.1982 – 2 BvR 1187/80, BVerfGE 61, 82; *Hailbronner* NJW 1990, 2153.

[224] Vgl. auch EGMR Urt. v. 7.7.1989 – 1/1989/161/217, EuGRZ 1989, 314 – Soering.

[225] § 8 IRG – Todesstrafe: „Ist die Tat nach dem Recht des ersuchenden Staates mit der Todesstrafe bedroht, so ist die Auslieferung nur zulässig, wenn der ersuchende Staat zusichert, dass die Todesstrafe nicht verhängt oder nicht vollstreckt werden wird." § 11 IRG – Spezialität: „(1) Die Auslieferung ist nur zulässig, wenn gewährleistet ist, dass der Verfolgte 1. in dem ersuchenden Staat ohne deutsche Zustimmung aus keinem vor seiner Überstellung eingetretenen Grund mit Ausnahme der Tat, derentwegen die Auslieferung bewilligt worden ist, bestraft, einer Beschränkung seiner persönlichen Freiheit unterworfen oder durch Maßnahmen, die nicht auch in seiner Abwesenheit getroffen werden können, verfolgt werden wird, 2. nicht ohne deutsche Zustimmung an einen dritten Staat weitergeliefert, überstellt oder in einen dritten Staat abgeschoben werden wird und 3. den ersuchenden Staat nach dem endgültigen Abschluss des Verfahrens, dessentwegen seine Auslieferung bewilligt worden ist, verlassen darf. (2) Die Bindung des ersuchenden Staates an die Spezialität darf nur entfallen, wenn 1. die deutsche Zustimmung zur Verfolgung oder zur Vollstreckung einer Strafe oder einer sonstigen Sanktion hinsichtlich einer weiteren Tat (§ 35) oder zur Weiterlieferung, Überstellung oder Abschiebung an einen anderen ausländischen Staat (§ 36) erteilt worden ist, 2. der Verfolgte den ersuchenden Staat innerhalb eines Monats nach dem endgültigen Abschluss des Verfahrens, dessentwegen seine Auslieferung bewilligt worden ist, nicht verlassen hat, obwohl er dazu das Recht u. die Möglichkeit hatte, oder 3. der Verfolgte, nachdem er den ersuchenden Staat verlassen hatte, dorthin zurückgekehrt ist oder von einem dritten Staat zurück überstellt worden ist. Das Recht des ersuchenden Staates, den Verfolgten zur Vorbereitung eines Ersuchens nach § 35 zu vernehmen, bleibt unberührt. (3) Eine bedingte Freilassung ohne eine die Bewegungsfreiheit des Verfolgten einschränkende Anordnung steht dem endgültigen Abschluss des Verfahrens nach Absatz 1 Nr 3, Abs 2 Satz 1 Nr 2 gleich."

[226] Dazu va *Kimminich* AnwBl 1985, 416.

[227] BVerfG Beschl. v. 23.2.1983 – 2 BvR 990/82, BVerfGE 63, 197 betr. die Türkei.

[228] BVerwG Beschl. v. 26.3.2018 – 1 VR 1/18, NVwZ 2018, 1395 zu den Anforderungen an die Erklärungen von Zielstaaten in einem Verfahren nach § 58a (hier Tunesien).

für die Abschiebung keine völkerrechtlichen verbindlichen Abkommen bestehen, muss die Einhaltung der Zusicherung anderweitig abgesichert sein, zB durch Präzedenzfälle oder diplomatische Kontrollmöglichkeiten. Außerdem muss sie völkerrechtlich verpflichtend wirken, also gegenüber der Bundesregierung abgegeben sein, nicht allein gegenüber der Ausländerbehörde. Andersartige Auskünfte oder Zusagen stehen nicht gleich. Die verbindliche Zusage der Nichtvollstreckung reicht dann nicht aus, wenn damit – gemessen an internationalen Maßstäben – jahrelange Haft unter menschenunwürdigen Umständen verbunden wäre.

4. Menschenrechtsverletzungen (Abs. 5)

82 **Abs. 5** inkorporiert ausdrücklich die **Schutzregeln der EMRK** in innerstaatliches Recht und verleiht ihnen unmittelbare Wirkung gegenüber der Abschiebung. Deshalb kommt es nicht mehr darauf an, ob Art. 2, 3, 8 EMRK lediglich Staatenverpflichtungen enthalten[229] oder den betroffenen Individuen subjektive Rechte verschaffen[230]. Der EGMR betont in seiner Rspr. insbesondere die absolute Geltung des aus Art. 3 EMRK folgenden Refoulementverbots[231]. Einerseits ist damit die Verantwortlichkeit des Aufenthaltsstaats für die Folgen der Aufenthaltsbeendigung innerstaatlich anerkannt, andererseits aber weder Asyl noch Zugang zum Staatsgebiet oder ein weiterer Aufenthalt gewährleistet[232]. In diesem Zusammenhang wirkte sich in besonderer Weise die frühere Abweichung der Rspr. des BVerwG von der des EGMR hinsichtlich der Zurechenbarkeit nichtstaatlicher Verfolgung aus, die allerdings nach Umsetzung der Qualifikations-RL nicht mehr aufrechterhalten werden konnte[233]. Danach waren alle Gefährdungen irrelevant, die von nichtstaatlichen Akteuren ausgehen[234]; sie konnten nach Ansicht des BVerwG nur unter den besonderen Voraussetzungen des Abs. 7 Beachtung finden[235]. Das BVerwG hat diese Rspr. inzwischen ausdrücklich aufgegeben[236]. Ist schon die Einreise in den Zielstaat tatsächlich unmöglich, so begründet dies lediglich ein (meist vorübergehendes) Hindernis, das allein von der Ausländerbehörde zu prüfen ist und zu einer Duldung nach § 60a II führen kann.

83 Fraglich kann erscheinen, ob innerhalb der Verbote und Hindernisse des Abs. 5 die einzelnen Tatbestände nach dem **Ort ihres Entstehens** zu unterscheiden sind. Dies wäre nicht systemwidrig, da durch Abs. 2–7 grundsätzlich nur das „Ob" und zum Teil das „Wann" der Abschiebung, nicht aber das „Wie" geregelt wird[237]. Auszugehen ist von den durch Ratifikation entstandenen Verpflichtungen aus der EMRK. Der Signatarstaat ist nach gefestigter Rspr. und Praxis für von ihm zu verantwortende Beeinträchtigungen unabhängig davon verantwortlich, wo diese entstehen. Er hat deshalb für die Folgen der Abschiebung einzustehen, wo immer diese eintreten[238]. In welcher Weise die einschlägigen Normen der EMRK in Verfahrensrecht umgesetzt werden, obliegt dem innerstaatlichen Gesetzgeber, weil die EMRK insoweit keine Bestimmung trifft.

84 Das BVerwG differenziert grundsätzlich[239] zwischen inlands- und zielstaatsbezogenen Tatbeständen. Während Letztere **(zielstaatsbezogene Abschiebungsverbote)** etwa auch durch Abs. 5 erfasst und vom BAMF zu prüfen sind, werden Erstere **(inlandsbezogene Vollstreckungshindernisse,** bspw. gemäß Art. 8 EMRK; zur Reiseunfähigkeit ieS und iwS vgl. § 60a II) nur von der Ausländerbehörde untersucht und ziehen nur eine Duldung wegen eines (temporären) Vollstreckungshindernisses nach § 60a II nach sich[240]. Hierfür sprechen der Zusammenhang mit den ausschließlich zielstaatsbezogenen Regelungen der Abs. 2, 3, 6, 7 und die nur hierauf zugeschnittene Bestimmung des § 59 III 2 sowie die Entstehungsgeschichte[241]. Der insoweit unergiebige Wortlaut des Abs. 5 steht dieser Auslegung nicht entgegen. Dem Schutzzweck der EMRK, insbesondere die Art. 3 und 8, wird – jedenfalls zunächst – auch durch eine Duldung Genüge getan, der keine ausdrückliche Feststellung des Abschiebungshindernisses vorausgeht[242]. Ein materieller Ausschluss der Normen der EMRK ist damit nicht

---

[229] *Gornig* EuGRZ 1986, 521; *Reichel* S. 171 ff.; *Rothkegel* ZAR 1988, 103.
[230] *Hailbronner/Randelzhofer* EuGRZ 1986, 641; *Maaßen* S. 84.
[231] EGMR GK Urt. v. 28.2.2008 – 37201/06, Saadi/Italien NVwZ 2008, 1330.
[232] *Renner* AiD Rn. 7/608–610.
[233] Dazu → Rn. 72.
[234] ZB BVerwG Urt. v. 17.10.1995 – 9 C 15.95, BVerwGE 99, 331; Urt. v. 15.4.1997 – 9 C 38.96, BVerwGE 104, 265; ebenso BayVGH Urt. v. 17.6.1999 – 23 B 99.30 345, EZAR 043 Nr. 38.
[235] → Rn. 51 ff.; BVerwG Urt. v. 15.4.1997 – 9 C 38.96, BVerwGE 104, 265.
[236] Vgl. BVerwG Urt. v. 13.6.2013 – 10 C 13.12, NVwZ 2013, 1489.
[237] → Rn. 2–4.
[238] ZB EGMR Urt. v. 7.7.1989 – 1/1989/161/217, NJW 1990, 2183; Urt. v. 11.7.2000 – 40035/98, EZAR 933 Nr. 9; so auch BVerfG Beschl. v. 10.7.1989 – 2 BvR 502/86 ua, BVerfGE 80, 315.
[239] Anders nur im Dublin-Asylsystem, wo das BAMF alles prüfen muss; vgl. die Kommentierung bei § 29 AsylG.
[240] Zu § 53 IV AuslG BVerwG Urt. v. 15.4.1997 – 9 C 38.96, BVerwGE 104, 265; Urt. v. 11.11.1997 – 9 C 13.96, BVerwGE 105, 322; Urt. v. 2.9.1997 – 9 C 40.96, BVerwGE 105, 187; Urt. v. 25.11.1997 – 9 C 58.96, BVerwGE 105, 383; Urt. v. 21.9.1999 – 9 C 8.99, NVwZ 2000, 206; zur Reiseunfähigkeit vgl. VGH BW Beschl. v. 1.6.2017 – 11 S 658/17, BeckRS 2017, 114492.
[241] BT-Drs. 11/6321, 49, 75.
[242] Vgl. *Sennekamp* ZAR 2002, 136.

verbunden. Bei alledem ist zu beachten, dass ein **Abschiebungsverbot nach Abs. 5 keine „Extremgefahr"** im Sinne der Rspr. zu § 60 VII 5 voraussetzt[243].

Bei diesem Verständnis verbieten Art. 3 EMRK, Art. 4 GRCh die Abschiebung in einen Staat, in dem der Ausländer **Folter** oder andere grausame, unmenschliche oder erniedrigende **Behandlung** ernsthaft zu erwarten hat. Folter und Schlechtbehandlung/-bestrafung sind hier ebenso auszulegen wie bei Abs. 2[244]. Abs. 2 ist im Übrigen wegen des weitergehenden und unionsrechtlichen aufgeladenen Schutzes in der Regel vorrangig. Das setzt voraus, dass im Zielstaat der Abschiebung das für eine unmenschliche oder **erniedrigende Behandlung iSd Art. 3 EMRK, Art. 4 GRCh erforderliche Mindestmaß an Schwere** erreicht wird, ohne dass schon eine Extremgefahr iSd Rspr. zu § 60 VII 5 vorliegen muss. Das kann der Fall sein, wenn die anerkannten Flüchtlinge ihren existenziellen Lebensunterhalt nicht sichern können, kein Obdach finden oder keinen Zugang zu einer medizinischen Basisbehandlung erhalten. 85

Einer weitergehenden abstrakten Konkretisierung ist das Erfordernis, dass ein gewisses **„Mindestmaß an Schwere"** für die erniedrigende Behandlung nach Art. 3 EMRK, Art. 4 GRCh erreicht sein muss, nicht zugänglich. Vielmehr bedarf es insoweit der **Würdigung aller Umstände des Einzelfalls**[245]; entspricht diese tatrichterliche Würdigung den allgemeinen prozessualen Standards, so ist dagegen weder revisions- noch verfassungsrechtlich etwas zu erinnern. So ist bspw. eine mit beachtlicher Wahrscheinlichkeit drohende Gefahr unmenschlicher oder erniedrigender Behandlung für eine armenische Christin mit iranischer Staatsangehörigkeit bei einer Abschiebung in den Iran im Jahr 2017 abgelehnt worden[246]. Nicht anders ist es 2018 jeweils unbegleiteten minderjährigen Staatsangehörigen aus Libyen[247], Ägypten[248] und Albanien[249] ergangen; für die Gruppe der unbegleiteten Minderjährigen sind allerdings die besonderen Voraussetzungen nach § 58 Ia (= Art. 10 Rückführungs-RL) zusätzlich zu beachten, was eine Abschiebung nicht selten ausschließt. Das BVerfG hat 2019 den eA-Antrag nach § 32 BVerfGG eines nach seinen Angaben zum Christentum konvertierten afghanischen Staatsangehörigen mit dem Ziel seine Abschiebung nach Afghanistan einstweilen zu untersagen, mit der Begründung abgelehnt, für die Annahme einer Verletzung von Art. 3 EMRK fehle es an einer substanziierten Darlegung einer Zugehörigkeit zu der Gruppe der Christen oder Apostaten[250]. 2021 sind etwa Abschiebungshindernisse nach Abs. 5 für Tschetschenen in die Russische Föderation[251] und eine gesunde erwachsene alleinstehende Frau nach Angola[252] grundsätzlich verneint worden. Es kommt indes stets auf den Einzelfall an. So drohen einem russischen Staatsangehörigen tschetschenischer Herkunft, dem von russischen Behörden eine terroristische Straftat im Ausland vorgeworfen wird, im Fall seiner Rückführung dorthin bei nicht hinreichend belastbaren Zusicherungen russischer Behörden mit beachtlicher Wahrscheinlichkeit Folter und erniedrigende Behandlung (Art. 3 EMRK, Art. 4 GRCh), sodass Abschiebungshindernisse nach Abs. 2 und Abs. 5 festzustellen sind[253]. Entsprechend hat das BVerfG zugunsten einer Afro-Mauretanierin entschieden, die dem Volk der Peul angehört[254]. Für sie als Angehörige eines ehemaligen „Sklavenstammes" könne einer beabsichtigten Rückführung nach Mauretanien ein Abschiebungshindernis nach Abs. 5 entgegenstehen. 86

Weiter ergibt sich aus der aktuellen Rspr. des EGMR und des EuGH zu der für eine Verletzung von **Art. 3 EMRK** und **Art. 4 GRCh** erforderlichen Erheblichkeitsschwelle, dass diese Bestimmungen der **Abschiebung oder Überstellung** einer **schwer kranken Person** oder eines **Kleinkindes entgegenstehen,** für die unmittelbare Lebensgefahr besteht oder bei der es stichhaltige Gründe für die Annahme gibt, dass sie, obwohl sie nicht in unmittelbarer Lebensgefahr schweben, mit einem tatsächlichen Risiko konfrontiert würden, **wegen des Fehlens angemessener Behandlung im Zielstaat** oder des fehlenden Zugangs zu ihr einer schwerwiegenden, raschen und unumkehrbaren Verschlechterung ihres Gesundheitszustands ausgesetzt zu werden, die zu intensiven Leiden oder einer erheblichen Verkürzung ihrer Lebenserwartung führen[255]. In gleicher Weise ist **Art. 4 GRCh** dahingehend auszulegen, dass die Abschiebung eines Drittstaatsangehörigen, der an einer besonderen schweren psychischen oder physischen Beeinträchtigung leidet, eine unmenschliche und erniedrigende 87

---
[243] BVerwG Beschl. v. 8.8.2018 – 1 B 25.18, NVwZ 2019, 61 mAnm *Lehnert* (Abschiebungsverbot für anerkannte Flüchtlinge nach Bulgarien).
[244] Unter → Rn. 70 f.
[245] BVerwG Beschl. v. 8.8.2018 – 1 B 25.18, NVwZ 2019, 61 betr. ein Abschiebungsverbot nach § 60 V für anerkannte Flüchtlinge, Zielstaat der Rückführung: Bulgarien.
[246] VG Würzburg Urt. v. 23.10.2017 – W 8 K 16.32560, BeckRS 2017, 129697.
[247] VG Würzburg Urt. v. 27.8.2018 – W 8 K 18.30771, BeckRS 2018, 20822.
[248] VG Würzburg Urt. v. 24.9.2018 – W 8 K 18.31460, BeckRS 2018, 256633.
[249] VG Augsburg Urt. v. 17.12.2018 – Au 6 S 18.31961, BeckRS 2018, 37139.
[250] BVerfG Beschl. v. 17.1.2019 – 2 BvQ 1/19, BeckRS 2019, 26369 Rn. 36.
[251] SächsOVG Beschl. v. 7.7.2021 – 6 A 536/18.A, BeckRS 2021, 19626.
[252] OVG NW Beschl. v. 13.10.2021 – 1 A 2216/20.A, BeckRS 2021, 30344
[253] BVerfG Kammerbeschl. v. 3.3.2021 – 2 BvR 1400/20, NVwZ-RR 2021, 548.
[254] BVerfG Kammerbeschl. v. 25.9.2020 – 2 BvR 854/20, NVwZ-RR 2021, 131.
[255] EGMR Urt. v. 13.12.2016 – 41738/10, NVwZ 2017, 1187 – Paposhvili/Belgien, betr. eine Abschiebung nach Georgien im Jahre 2010.

Behandlung im Sinne der Norm darstellt, wenn seine Abschiebung mit der tatsächlichen und erwiesenen Gefahr einer wesentlichen und unumkehrbaren Verschlechterung seines Gesundheitszustands verbunden wäre[256]. Entscheidend ist, dass die Person keiner Situation **„extremer materieller Not"** ausgesetzt wird, die es ihr unter Inkaufnahme von alsbald eintretender **Verelendung** verwehrt, elementare Bedürfnisse zu befriedigen[257]. Die gleiche Schlussfolgerung ist für die Anwendung von **Art. 19 II GRCh** zu ziehen, wonach niemand in einen Staat abgeschoben werden darf, in dem für sie oder ihn das ernsthafte Risiko einer unmenschlichen oder erniedrigenden Behandlung besteht. Maßstäbe für die Prüfung von Abschiebungsschutz nach § 60 V iVm Art. 3 EMRK ist, ob der vollziehbar ausweispflichtige Ausländer nach seiner Rückkehr im Heimatstaat, in der Lage ist, seine elementarsten Bedürfnisse – Bett, Seife, Brot – über einen absehbaren Zeitraum zu befriedigen. Darauf, ob das Existenzminimum des Ausländers im Heimatstaat auf Dauer oder auch nur nachhaltig gewährleistet ist, kommt es hingegen nicht an.

88   Die **Krankenbehandlung im Zielstaat** genügt den Anforderungen nach Art. 3 EMRK, Art. 4 GRCh, wenn die dort vorhandene medizinische Versorgung der Bevölkerung im Ganzen in der Praxis ausreichend ist, die Krankheit des betroffenen Ausländers zu behandeln. **Vergleichsmaßstab** ist also nicht das Niveau der medizinischen Versorgung im Bundesgebiet oder den EU-Durchschnitt, sondern dasjenige im **Zielstaat der Abschiebung**[258]. Die Lebensverhältnisse im Zielstaat der Abschiebung können Art. 3 EMRK, Art. 4 GRCh widersprechen, wenn der betroffene Ausländer dort seinen existenziellen Lebensunterhalt nicht sichern kann, kein Obdach findet oder keinen Zugang zu einer medizinischen Basisbehandlung erhält. Einer weitergehenden abstrakten Konkretisierung ist das Erfordernis, dass ein gewisses „Mindestmaß an Schwere" der erniedrigenden oder unmenschlichen Behandlung erreicht sein muss, nicht zugänglich. Vielmehr bedarf es insoweit der Würdigung aller Umstände des Einzelfalls[259]. Art. 3 EMRK garantiert nämlich kein Recht des ausreisepflichtigen Ausländers, im Zielstaat auf eine besondere Behandlung, die der dortigen Bevölkerung nicht eröffnet ist[260]. Deshalb kann auch eine schwere Krankheit nur in ganz besonderen Ausnahmefällen ein Abschiebungsverbot begründen, nämlich bei einer schwerwiegenden, schnellen und unumkehrbaren Verschlechterung des Gesundheitszustands, verbunden mit schwerem Leiden und einer prognostisch erheblichen Herabsetzung der Lebenserwartung (zB chronische lymphatische Leukämie, Zielstaat Georgien)[261]. All dies ist ärztlich zu bestätigen; der Maßstab für die Plausibilität der ärztlichen Ausführungen ergibt sich aus § 60a IIc.

89   Neben Art. 3 EMRK ist für die Abschiebung Art. 8 EMRK besonders wichtig. Der Schutz des **Privat- und Familienlebens** vermittelt ebenso wenig wie Art. 6 GG ein Aufenthaltsrecht, kann aber aufenthaltsbeendenden Maßnahmen entgegenstehen[262]. Da die Anforderungen des Art. 8 EMRK durch die Normen des Aufenthaltsrechts ausreichend umgesetzt sind[263] und auf der Vollstreckungsebene grundsätzlich nicht mehr zu prüfen sind[264], können sie in der Regel der Abschiebung nicht entgegengesetzt werden. Der Schutz **anderer Rechtsgüter**, vor allem Leben und Gesundheit, rechtsstaatliche Verfahren sowie Religions- und Gewissensfreiheit (Art. 2, 6, 9 EMRK), kann ebenfalls eine Abschiebung hindern, wenn diese Garantien offenkundig und schwer missachtet werden[265]. Einerseits darf Abs. 5 nicht in einen allgemeinen Auffangtatbestand umfunktioniert werden, andererseits dürfen aber verbindliche Vorschriften der EMRK nicht von vornherein aus dem Schutzbereich ausgeklammert werden.

90   Nach der jüngeren Rechtsprechung des BVerfG[266] und des EGMR[267] muss bei der **Abschiebung von Familien mit Kleinstkindern nach Italien** vom BAMF aufgrund der Schutzwirkungen aus Art. 6 GG und Art. 8 EMRK eine konkrete und einzelfallbezogene Zusicherung der italienischen Behörde eingeholt werden, dass die Familie in Italien eine gesicherte Unterkunft für alle Familienmitglieder erhalten werde. Dem steht eine vorübergehende Trennung der Familienmitglieder – also auch von Kindern und Eltern – nicht ausnahmslos entgegen, solange gewährleistet ist, dass die Familienmitglieder aufgrund der nahen räumlichen Unterbringung in einem Ort Kontakt halten

---

[256] EuGH Urt. v. 16.2.2017 – C-578/16, ZAR 2017, 172 und Urt. v. 24.4.2018 – C -353/16, ZAR 2018, 395.
[257] EuGH Urt. v. 19.3.2019 – C-163/17, NVwZ 2019, 712 Rn. 92 – Jawo.
[258] Ebenso *Dörig* in Dörig, MigrationsR-HdB, 2018, Rn. 286.
[259] BVerwG Beschl. v. 8.8.2018 – 1 B 25.18, NVwZ 2019, 61 Rn. 11.
[260] EGMR Urt. v. 13.12.2016 – 41738/10, NVwZ 2017, 1187 Rn. 188 – Paposhvili/Belgien.
[261] EGMR Urt. v. 13.12.2016 – 41738/10, NVwZ 2017, 1187 Rn. 183 – Paposhvili/Belgien.
[262] Vgl. *Renner* AiD Rn. 7/623–633 mwN; nicht für Homosexuelle in Äthiopien OVG Brem Urt. v. 18.5.1999 – 1 A 33/99.A, NVwZ 1999, Beil. 10, 101.
[263] BVerwG Urt. v. 9.12.1997 – 1 C 16.96, InfAuslR 1998, 272; Urt. v. 9.12.1997 – 1 C 20.97, NVwZ 1998, 748.
[264] → Rn. 67, 113.
[265] Vgl. EGMR Urt. v. 7.7.1989 – 1/1989/161/217, NJW 1990, 2183; betr. religiöses Existenzminimum BVerwG Urt. v. 24.5.2000 – 9 C 34.99, BVerwGE 111, 223; betr. faires Verfahren und Belastung durch unter Folter erpresste Aussagen OVG NRW Urt. v. 26.5.2004 – 8 A 3852/03.A, EZAR 043 Nr. 63.
[266] BVerfG Beschl. v. 17.9.2014 – 2 BvR 939/14 ua, NVwZ 2014, 1511 sowie Beschl. v. 27.5.2015 – 2 BvR 3024/14 ua, BeckRS 2015, 52592.
[267] EGMR Urt. v. 4.11.2014 – 29217/12, NVwZ 2015, 127 – Tarakhel/Schweiz.

können und damit ihre familiäre Beziehung aufrechterhalten können[268]. Die Behörden im Überstellungsstaat müssen aber grundsätzlich Maßnahmen treffen, die das Zusammenleben oder jedenfalls den Kontakt zwischen Familienmitgliedern ermöglichen[269].

Des Weiteren kann aus **§ 60 V iVm Art. 6 EMRK** ein Abschiebungsverbot folgen, wenn dem 91 betroffenen Ausländer im Zielstaat eine außerordentliche Verletzung der Garantie des fairen Verfahrens konkret droht. Solche **erheblichen Verletzungen der Fair-trial-Garantien** sieht der EGMR etwa bei einer endgültigen strafrechtlichen Verurteilung in Abwesenheit, in der völligen Missachtung der Rechte der Verteidigung, bei Haft ohne Zugang zu einem unabhängigen und unparteilichen Gericht sowie bei der Verwertung von durch Folter erlangten Beweisen[270]. Nach der im Verhältnis dazu etwa älteren Rspr. des BVerwG sind Verletzungen von Verfahrensrechten regelmäßig korrigierbar, sodass ein Abschiebungsverbot nach Abs. 5 nur in atypischen Ausnahmefällen angenommen werden kann[271]. Allein wegen der drohenden Verletzungen von Fair-trial-Garantien im Zielstaat kommt es danach regelmäßig nicht in Betracht, Abschiebungsschutz nach Abs. 5 zu gewähren.

5. Bewaffnete Konflikte

Seit Inkrafttreten des RLUmsG 2007 war ein **Antrag** auf Verpflichtung zur Feststellung eines 92 Abschiebungsverbots nach Abs. 2–7 in Bezug auf das Herkunftsland im Asylprozess sachdienlich dahin gehend **auszulegen,** dass in erster Linie die (weitergehende Rechte vermittelnde) Feststellung eines Abschiebungsverbots nach Abs. 2 oder 3 und nur hilfsweise die Feststellung eines Abschiebungsverbots nach Abs. 5 bzw. Abs. 7 AufenthG begehrt wird[272], was sich im Übrigen bis heute auch **kostenrechtlich** auswirkt[273]. Sowohl der unionsrechtlich begründete subsidiäre Abschiebungsschutz nach Abs. 2 oder 3 AufenthG als auch der komplementäre nationale Abschiebungsschutz nach Abs. 5 oder 7 AufenthG bilden jeweils einen einheitlichen, in sich nicht weiter teilbaren **Streitgegenstand,** der insoweit für die Beteiligten nicht disponibel ist[274]. Der – mithin immer vor Abs. 7 zu prüfende – subsidiäre Schutz, dh das Abschiebungsverbot nach Abs. 2 iVm § 4 I 1 Nr. 3 AsylG, setzt die aus Art. 18 iVm **Art. 15 lit. c Anerkennungs-RL**[275] folgende Verpflichtung auf Gewährung eines „subsidiären Schutzstatus" bzw. „subsidiären Schutzes" in nationales Recht um.

Der Begriff des **internationalen wie auch des innerstaatlichen bewaffneten Konflikts,** unter 93 den gezielte kriminelle Gewalt nicht subsumiert werden kann[276], ist nicht unter Berücksichtigung der Bedeutung dieser Begriffe im humanitären Völkerrecht, insbesondere unter Heranziehung von Art. 3 GK zum humanitären Völkerrecht von 1949 und des zur Präzisierung erlassenen ZP II von 1977 auszulegen, wie der **EuGH im Urt. v. 30.1.2014 in der Rechtssache C-285/12, NVwZ 2014, 573 – Diakité** (im Gegensatz zur früheren Rspr. des BVerwG[277]) entschieden hat. Der EuGH führt aus:

> „Art. 15 lit. c Qualifikations-RL ist dahin auszulegen, dass für die Anwendung dieser Bestimmung vom Vorliegen eines innerstaatlichen bewaffneten Konflikts auszugehen ist, wenn die regulären Streitkräfte eines Staates oder eine oder mehrere bewaffnete Gruppen treffen oder wenn zwei oder mehrere bewaffnete Gruppen aufeinandertreffen, ohne dass dieser Konflikt als bewaffneter Konflikt, der keinen internationalen Charakter aufweist, im Sinne des humanitären Völkerrechts eingestuft zu werden braucht und ohne dass die Intensität der bewaffneten Auseinandersetzungen, der Organisationsgrad der vorhandenen bewaffneten Streitkräfte

---

[268] VG Regensburg Beschl. v. 7.8.2018 – RN 8 E 18.BeckRS 2018, 19524 betr. Italien.
[269] Vgl. HK-EMRK, Art. 8 Rn. 67.
[270] EGMR Urt. v. 17.1.2012 – 8139/09, NVwZ 2013, 487.
[271] BVerwG Urt. v. 29.6.2010 – 10 C 10.09, NVwZ 2011, 48.
[272] Vgl. BVerwG Urt. v. 24.6.2008 – 10 C 43.07, BVerwGE 131, 198 = NVwZ 2008, 1241.
[273] Da der Asylausspruch nach der Rspr. des EuGH zur Qualifikations-RL ggf. keinen Flüchtlingsstatus mehr vermitteln darf, sondern nur noch ein nationales Aufenthaltsrecht (EuGH Urt. v. 9.11.2010 – C-57/09 Rn. 115–121, ZAR 2011, 142), erscheint heute richtig eine pragmatische Kostenquotelung zu je einem Drittel für „die Prozesspakete" Flüchtlingseigenschaft+Asyl, (hilfsweise) den subsidiären Schutz sowie (höchsthilfsweise) den komplementären Schutz von § 60 V bzw. VII AufenthG. Beantragt der Kläger also im Normalprozess „das volle Programm" und bekommt die Flüchtlingseigenschaft zuerkannt, aber Asyl abgelehnt, gewinnt er kostenmäßig voll; die Asylablehnung ist als geringes Unterliegen iSd § 155 I 3 VwGO anzusehen, dh dem Beklagten werden dann sämtliche Verfahrenskosten auferlegt. Wird ihm hingegen nur der subsidiäre Schutz zuerkannt, dh über diesen Hilfsantrag geurteilt, gewinnt der Kläger kostenmäßig zur Hälfte, weil ihm Flüchtlingseigenschaft u. Asyl abgelehnt wurde. Wird dem Kläger hingegen nur komplementärer Schutz zuerkannt (egal ob § 60 V und/oder § 60 VII, dh keine 1/6-Quotelung angezeigt), so gewinnt er nur mit 1/3 und muss 2/3 der Kosten tragen; → AsylVfG § 83b Rn. 9.
[274] Vgl. zur alten Rechtslage BVerwG Urt. v. 17.11.2011 – 10 C 13.10, NVwZ 2012, 454 Rn. 11; Urt. v. 8.9.2011 – 10 C 14.10, NVwZ 2012, 240 Rn. 13.
[275] Grundlegend zu Art. 15 lit. c *Hoppe* ua in EASO, Art. 15 lit. d Anerkennungsrichtlinie (2011/95/EU) – Eine richterliche Analyse, 12/2014 (https://easo.europa.eu/wp-content/uploads/Article-15c-QD_a-judicial-analysis-DE.pdf).
[276] VGH BW Urt. v. 6.3.2012 – A 11 S 3070/11, ZAR 2012, 165.
[277] Ausf. BVerwG Urt. v. 14.7.2009 – 10 C 9.08, NVwZ 2010, 196; BVerwG Urt. v. 24.6.2008 – 10 C 43.07, BVerwGE 131, 198.

oder die Dauer des Konflikts Gegenstand einer anderen Beurteilung als der des im betreffenden Gebiet herrschenden Grades an Gewalt ist. Das humanitäre Völkerrecht und die Regelung des subsidiären Schutzes nach der Richtlinie verfolgen nämlich, allgemeiner formuliert, unterschiedliche Ziele und führen klar voneinander getrennte Schutzmechanismen ein. Daher würden die jeweiligen Bereiche jeder der beiden Regelungen, die im humanitären Völkerrecht bzw. in Art. 2 Buchst. e der Richtlinie in Verbindung mit deren Art. 15 Buchst. c festgelegt sind, verkannt, wenn ein Anspruch nach der letztgenannten Regelung von der Feststellung abhängig gemacht würde, dass die Voraussetzungen für die Anwendung der erstgenannten Regelung erfüllt sind. Deshalb darf die Feststellung des Vorliegens eines bewaffneten Konflikts im Sinne der Richtlinie nicht von einem bestimmten Organisationsgrad der vorhandenen bewaffneten Streitkräfte oder von einer bestimmten Dauer des Konflikts abhängig gemacht werden, wenn diese dafür genügen, dass durch die Auseinandersetzungen, an denen die Streitkräfte beteiligt sind, ein Grad an willkürlicher Gewalt entsteht, so dass stichhaltige Gründe für die Annahme bestehen, dass eine Zivilperson bei einer Rückkehr in das betreffende Land oder in die betroffene Region allein durch ihre Anwesenheit im Gebiet dieses Landes oder dieser Region tatsächlich Gefahr liefe, einer ernsthaften individuellen Bedrohung ihres Lebens oder ihrer Unversehrtheit ausgesetzt zu sein, und der Antragsteller somit tatsächlich internationalen Schutz benötigt."

94 Der **subsidiäre Schutz Abs. 2** iVm § 4 I 1 Nr. 3 AsylG stellt ein zwingendes Abschiebungsverbot dar und erfasst auch diejenigen Beeinträchtigungen, die nach der (bisherigen) Rspr. des BVerwG mangels staatlicher Verantwortlichkeit, vor allem im **offenen Bürgerkrieg,** nicht unter Art. 3 EMRK fallen. Zur Frage, wann Art. 15 lit. c Anerkennungs-RL anzunehmen ist, hat das BVerwG[278] im Anschluss an das EuGH-Urteil Elgafaji[279] folgende Leitsätze gebildet:

„*Eine erhebliche individuelle Gefahr für Leib oder Leben, die zugleich die entsprechenden Voraussetzungen des Art. 15 lit. c QualifikationsRL erfüllt, kann sich auch aus einer allgemeinen Gefahr für eine Vielzahl von Zivilpersonen im Rahmen eines bewaffneten Konflikts ergeben, wenn sich die Gefahr in der Person des Ausländers verdichtet. Eine solche Verdichtung bzw. Individualisierung kann sich aus gefahrerhöhenden Umständen in der Person des Ausländers ergeben. Sie kann unabhängig davon ausnahmsweise auch bei einer außergewöhnlichen Situation eintreten, die durch einen so hohen Gefahrengrad gekennzeichnet ist, dass praktisch jede Zivilperson allein aufgrund ihrer Anwesenheit in dem betroffenen Gebiet einer ernsthaften individuellen Bedrohung ausgesetzt wäre. Besteht ein bewaffneter Konflikt mit einem solchen Gefahrengrad nicht landesweit, kommt die individuelle Bedrohung in der Regel nur in Betracht, wenn der Konflikt sich auf die Herkunftsregion des Ausländers erstreckt, in die er typischerweise zurückkehrt.*"

95 Zur weitergehenden Klärung des Auslegungsstreits zu Art. 15 lit. c Anerkennungs-RL[280] hat die Dritte Kammer des EuGH auf ein Vorabentscheidungsersuchen des VGH BW[281] am 10.6.2021[282] entschieden, dass die Feststellung einer ernsthaften, individuellen Bedrohung des Lebens oder der Unversehrtheit einer Zivilperson infolge „willkürlicher Gewalt im Rahmen eines bewaffneten Konflikts" iSd Art. 15 lit. c Anerkennungs-RL, in Fällen, in denen die Person nicht aufgrund von in ihrer

---

[278] BVerwG Urt. v. 14.7.2009 – 10 C 9.08, NVwZ 2010, 196.
[279] EuGH Urt. v. 17.2.2009 – C-465/07, ZAR 2010, 35 – Elgafaji: „(1) Das durch Art. 3 EMRK garantierte Grundrecht gehört zu den allgemeinen Grundsätzen des Gemeinschaftsrechts, deren Einhaltung der Gerichtshof sichert. Für die Auslegung der Reichweite dieses Rechts in der Gemeinschaftsrechtsordnung findet auch die Rechtsprechung des EGMR Berücksichtigung. Es ist jedoch Art. 15 lit. b der RL 2004/83, der im Wesentlichen Art. 3 EMRK entspricht. Art. 15 lit. c dieser RL hingegen ist eine Vorschrift, deren Inhalt sich von dem des Art 3 EMRK unterscheidet und die daher, unbeschadet der Wahrung der durch die EMRK gewährleisteten Grundrechte, autonom auszulegen ist. (2) Art. 15 lit. c iVm Art. 2 lit. e der RL 2004/83/EG des Rates vom 29.4.2004 ist wie folgt auszulegen: – Das Vorliegen einer ernsthaften individuellen Bedrohung des Lebens oder der Unversehrtheit der Person, die die Gewährung des subsidiären Schutzes beantragt, setzt nicht voraus, dass diese Person beweist, dass sie aufgrund von ihrer persönlichen Situation innewohnenden Umständen spezifisch betroffen ist. – Das Vorliegen einer solchen Bedrohung kann ausnahmsweise als gegeben angesehen werden, wenn der den bestehenden bewaffneten Konflikt kennzeichnende Grad willkürlicher Gewalt nach der Beurteilung der zuständigen nationalen Behörde, die mit einem Antrag auf subsidiären Schutz befasst ist, oder der Gerichte eines Mitgliedstaats, bei denen eine Klage gegen die Ablehnung eines solchen Antrags anhängig ist, ein so hohes Niveau erreicht, dass stichhaltige Gründe für die Annahme bestehen, dass eine Zivilperson bei einer Rückkehr in das betreffende Land oder ggf in die betroffene Region allein durch ihre Anwesenheit im Gebiet dieses Landes oder dieser Region tatsächlich Gefahr liefe, einer solchen Bedrohung ausgesetzt zu sein."; vgl. hierzu *Bank* NVwZ 2009, 695.
[280] Ausf. hierzu *Funke-Kaiser* in GK-AsylVfG § 34 Rn. 108; vgl. auch die UNHCR-Komm zu Erwägungsgrund 26: „Eine Auslegung, die den Schutz nicht auf Personen ausdehnt, die ernsthaften individuellen Bedrohungen ausgesetzt sind, soweit dieses Teil eines größeren, von denselben Risiken betroffenen Bevölkerungssegments sind, würde sowohl dem eindeutigen Wortlaut als auch dem Geist des Art. 15 lit. c RL widersprechen. Darüber hinaus könnte eine derartige Auslegung eine nicht hinnehmbare Schutzlücke zur Folge haben, die im Widerspruch zum internationalen Flüchtlingsrecht und den Menschenrechten stehen würde." In der deutschen Rspr. s. insbes. zum einen VG Stuttgart Urt. v. 21.5.2007 – 4 K 2563/07, InfAuslR 2007, 321 sowie zum anderen SchlHOVG Beschl. v. 22.12.2006 – 1 LA 125/06, BeckRS 2007, 23152; VGH BW Beschl. v. 8.8.2007 – A 2 S 229/07, NVwZ 2008, 447;.
[281] VGH BW Vorlagebeschl. v. 29.11.2019 – A 11 S 2374/19 ua, EZAR NF 69 Nr. 28.
[282] EuGH Urt. v. 10.6.2021 – C-901/19, NVwZ 2021, 1203 mAnm *Lehnert/Mantel*.

persönlichen Situation innewohnenden Umständen spezifisch betroffen ist, nicht voraussetzt, dass das Verhältnis der Zahl der Opfer in dem betreffenden Gebiet zur Gesamtzahl der Bevölkerung dieses Gebiets eine bestimmte Schwelle erreicht. Eine **Mindestopferzahl** könne zwar relevant für die Bedrohungsprognose sein, dies jedoch **nicht das „einzige ausschlaggebende Kriterium"** sein. Die systematische Anwendung eines quantitativen Kriteriums sei allein nicht zuverlässig genug, da es in Konflikten schwierig sei, verlässliche Informationen zu bekommen. Hierdurch könne die durch die Anerkennungs-RL bezweckte Schutzgewährung vereitelt werden. Zudem könne die Bestimmung einer Mindestopferzahl dazu führen, dass sich Schutzsuchende in andere EU-Mitgliedstaaten begeben, in denen eine solche Zahl niedriger oder gar nicht angesetzt werde (sog. forum shopping). Dies wiederum forciere eine unionsrechtlich unzulässige Sekundärmigration. Stattdessen verlangt der EuGH eine weite Auslegung des Merkmals der „ernsthaften individuellen Bedrohung" unter umfassender Berücksichtigung aller Umstände des Einzelfalls. Dabei komme es insbesondere auf solche Umstände an, die die Situation im Herkunftsland der schutzsuchenden Person prägten. Dies ergebe sich insbesondere aus Art. 4 III lit. a Anerkennungs-RL wonach ua „alle mit dem Herkunftsland verbundenen Tatsachen" zu prüfen sind. Konkret zu berücksichtigen seien insbesondere: die Intensität der bewaffneten Auseinandersetzungen, der Organisationsgrad der beteiligten Streitkräfte, die Dauer des Konflikts, das geografische Ausmaß willkürlicher Gewalt, den voraussichtlichen Aufenthaltsort der betreffenden Person im Fall einer Rückkehr und die gegebenenfalls mit Absicht erfolgten Angriffe der Konfliktparteien auf Zivilpersonen[283].

Nach der hierauf aktuellen Rspr. des EuGH und BVerwG gilt heute zusammengefasst Folgendes: **96**

(1) Bei der Frage, ob ein **internationaler oder innerstaatlicher bewaffneter Konflikt** vorliegt, sind die oben skizzierten Voraussetzungen des EuGH-Urteils Diakité zu prüfen. Hierbei dürfte im Übrigen kriminelle Gewalt bei der Feststellung, ob ein innerstaatlicher bewaffneter Konflikt vorliegt, jedenfalls dann keine Berücksichtigung finden, wenn sie nicht von einer der Konfliktparteien begangen wird[284].

(2) Bzgl. der Frage, ob ein innerstaatlicher bewaffneter Konflikt vorliegt, ist zunächst das gesamte **97** Staatsgebiet in den Blick zu nehmen. Besteht ein bewaffneter Konflikt jedoch nicht landesweit, kommt eine individuelle Bedrohung in Betracht, wenn sich der Konflikt auf **die Herkunftsregion des Ausländers** erstreckt, in der er zuletzt gelebt hat bzw. in die er typischerweise zurückkehren kann und voraussichtlich auch wird, dh auf seinen „tatsächlichen Zielort" bei einer Rückkehr in den Herkunftsstaat[285]. Auf einen bewaffneten Konflikt außerhalb der Herkunftsregion des Ausländers kann es hingegen nur ausnahmsweise ankommen. In diesem Fall muss der Ausländer stichhaltige Gründe dafür vorbringen, dass für ihn eine Rückkehr in seine Herkunftsregion ausscheidet und nur eine Rückkehr gerade in die Gefahrenzone in Betracht kommt[286].

(3) Konnte ein innerstaatlicher bewaffneter Konflikt zumindest im tatsächlichen Zielort des Ausländers **98** bei einer Rückkehr in seinen Herkunftsstaat festgestellt werden, ist weiter zu fragen, ob ihm dort infolgedessen **eine ernsthafte individuelle Bedrohung des Lebens oder der Unversehrtheit als Zivilperson** droht. Hierfür sind Feststellungen über das Niveau willkürlicher Gewalt und zu der sog. Gefahrendichte erforderlich. Die **Gefahrendichte** darf nach der jüngsten Entscheidung des EuGH vom 10.6.2021[287] nicht mehr allein quantitativ anhand von möglichen Opferzahlen bestimmt werden Neben der Mindestopferzahl, die weiter ein erster Anhaltspunkt sein kann, gehören hierzu insbesondere **Intensität und Dauer des Konflikts** sowie die Würdigung der medizinischen Versorgungslage in dem jeweiligen Gebiet, von deren Qualität und Erreichbarkeit die Schwere eingetretener körperlicher Verletzungen mit Blick auf die den Opfern dauerhaft verbleibenden Verletzungsfolgen abhängen kann. Im Übrigen können die für die Feststellung einer Gruppenverfolgung im Bereich des Flüchtlingsrechts entwickelten Kriterien entsprechend herangezogen werden. In jedem Fall ist für die Annahme einer erheblichen individuellen Gefahr vorauszusetzen, dass dem Betroffenen mit beachtlicher Wahrscheinlichkeit ein Schaden an den Rechtsgütern Leib oder Leben droht. Auch insoweit gilt ua die Beweisregel des Art. 4 IV Anerkennungs-RL[288].

(4) Bei der Prüfung, ob dem Ausländer zumindest in seiner Herkunftsregion aufgrund eines innerstaatlichen bewaffneten Konflikts mit beachtlicher Wahrscheinlichkeit eine erhebliche individuelle Gefahr für Leib und Leben droht, sind **gefahrerhöhende persönliche Umstände** zu berücksichtigen. Liegen keine gefahrerhöhenden persönlichen Umstände vor, ist ein besonderes hohes Niveau willkürlicher Gewalt erforderlich. Liegen hingegen gefahrerhöhende persönliche Umstände **99**

---

[283] EuGH Urt. v. 10.6.2021 – C 901/19, NVwZ 2021, 1203 Rn. 43 unter Bezugnahme auf EuGH Urt. v. 30.1.2014 – C 285/12, NVwZ 2014, 573.
[284] Ausf. BVerwG Urt. v. 24.6.2008 – 10 C 43.07, ZAR 2009, 35 Rn. 19 ff. und Urt. v. 27.4.2010 – 10 C 4.09, NVwZ 2011, 56 Rn. 23.
[285] EuGH Urt. v. 17.2.2009 – C-465/07, ZAR 2010, 35 – Elgafaji.
[286] BVerwG Urt. v. 14.7.2009 – 10 C 9.08, NVwZ 2010, 242 Rn. 17.
[287] EuGH Urt. v. 10.6.2021 – C-901/19, NVwZ 2021, 1203.
[288] BVerwG Urt. v. 27.4.2010 – 10 C 4.09, NVwZ 2011, 56 Rn. 32 ff. sowie *Dolk* Asylmagazin 12/2011, 418 ff.

vor, genügt auch ein geringeres Niveau willkürlicher Gewalt. Zu diesen gefahrerhöhenden Umständen gehören in erster Linie solche persönlichen Umstände, die den Antragsteller von der allgemeinen, ungezielten Gewalt stärker betroffen erscheinen lassen, etwa weil er **von Berufs wegen** – zB als Arzt oder Journalist – gezwungen ist, sich nahe der Gefahrenquelle aufzuhalten. Dazu können aber nach Auffassung des BVerwG auch solche persönlichen Umstände gerechnet werden, aufgrund derer der Antragsteller als Zivilperson zusätzlich der Gefahr gezielter Gewaltakte – etwa wegen seiner **religiösen oder ethnischen Zugehörigkeit** – ausgesetzt ist, sofern deswegen nicht schon eine Zuerkennung der Flüchtlingseigenschaft in Betracht kommt. Auch im Fall gefahrerhöhender persönlicher Umstände muss aber ein hohes Niveau willkürlicher Gewalt und/oder eine hohe Gefahrendichte für die Zivilbevölkerung in dem fraglichen Gebiet festgestellt werden. Allein das Vorliegen eines bewaffneten Konflikts und die Feststellung eines gefahrerhöhenden Umstands in der Person des Antragstellers reichen hierfür nicht aus. Allerdings kann eine Individualisierung der allgemeinen Gefahr auch dann, wenn individuelle gefahrerhöhende Umstände fehlen, ausnahmsweise bei einer außergewöhnlichen Situation eintreten, die durch einen so hohen Gefahrengrad gekennzeichnet ist, dass praktisch jede Zivilperson allein aufgrund ihrer Anwesenheit in dem betroffenen Gebiet einer ernsthaften individuellen Bedrohung ausgesetzt wäre[289].

100 (5) Schließlich darf für den Ausländer keine **Möglichkeit internen Schutzes** gemäß § 3e AsylG iVm Art. 8 Anerkennungs-RL bestehen. Nach Art. 8 I Anerkennungs-RL können die Mitgliedstaaten bei der Prüfung des Antrags auf internationalen Schutz feststellen, dass ein Antragsteller keinen internationalen Schutz benötigt, sofern in einem Teil des Herkunftslandes keine begründete Furcht vor Verfolgung oder keine tatsächliche Gefahr, einen ernsthaften Schaden zu erleiden, besteht und von dem Antragsteller vernünftigerweise erwartet werden kann, dass er sich in diesem Landesteil aufhält. Nach Abs. 2 der Norm berücksichtigen die Mitgliedstaaten bei Prüfung der Frage, ob ein Teil des Herkunftslandes die Voraussetzungen nach Abs. 1 erfüllt, die dortigen allgemeinen Gegebenheiten und die persönlichen Umstände des Antragstellers zum Zeitpunkt der Entscheidung über den Antrag. Nach Abs. 3 der Norm kann Abs. 1 auch dann angewendet werden, wenn praktische Hindernisse für eine Rückkehr in das Herkunftsland bestehen. Zur Frage, wann von dem Ausländer „vernünftigerweise erwartet werden kann", dass er sich in dem verfolgungsfreien Landesteil aufhält, verweist das BVerwG auf die Begründung zum Regierungsentwurf des RLUmsG 2007 (BT-Drs. 16/5065, 185). Hier wird ausgeführt, dass dies dann der Fall sei, wenn der Ausländer am Zufluchtsort eine ausreichende Lebensgrundlage vorfinde, dh dort das Existenzminimum gewährleistet sei. Ausdrücklich offengelassen wurde, welche darüber hinausgehenden wirtschaftlichen und sozialen Standards erfüllt sein müssen. Allerdings spreche einiges dafür, dass die gemäß Art. 8 II Anerkennungs-RL zu berücksichtigenden allgemeinen Gegebenheiten des Herkunftslandes – oberhalb der Schwelle des Existenzminimums – auch den Zumutbarkeitsmaßstab prägen[290]. Dem ist sich anzuschließen, denn hierfür spricht im Übrigen auch der Umstand, dass andernfalls der richtlinienkonforme Ausschluss der Sperrwirkung des § 60 VII 2 AufenthG für die Fälle des Art. 15 lit. c Anerkennungs-RL über die an den internen Schutz gestellten Anforderungen unterlaufen würde[291].

6. Existenzielle Gefährdungen iSv Abs. 7

101 Das weiterhin hoch praxisrelevante **(national begründete) komplementäre Abschiebungsverbot nach Abs. 7 S. 2** begründet ein fakultatives Abschiebungsverbot insbesondere für **Fälle schwerer Existenzbedrohung an Leib, Leben oder Freiheit** und schließt verfassungsunmittelbare Verbote ein. Es geht um Extremgefahren für Leib, Leben oder Freiheit im Zielstaat. Begründet bereits die allgemeine Gefahrenlage im Zielstaat eine Extremgefahr für Leib, Leben oder Freiheit, folgt aus Art. 2 II 1 GG, dem betroffenen ausreisepflichtigen Ausländer Abschiebungsschutz nach Abs. 7 S. 2 zu gewähren, auch wenn es an einer Leitentscheidung nach § 60a I 1 fehlt[292]. Gefahrenmaßstab muss indes derjenige der **beachtlichen Wahrscheinlichkeit** sein[293], dh es muss im Zielstaat die tatsächliche Gefahr eines ernsthaften Schadens drohen (**„real risk"**)[294]. Dazu bedarf es zwar keiner überwiegenden Wahrscheinlichkeit iSv mehr als 50vH[295], eine Wahrscheinlichkeit des Schadenseintritts von nur 1 zu 800 reicht indes auch nicht aus[296].

---

[289] BVerwG Urt. v. 17.11.2011 – 10 C 13.10, NVwZ 2012, 454 Rn. 18 ff.
[290] BVerwG Urt. v. 29.5.2008 – 10 C 11.07, NVwZ 2008, 1246 Rn. 32/35.
[291] HessVGH Urt. v. 25.8.2011 – 8 A 1657/10.A, EZAR NF 69 Nr. 10 Rn. 91.
[292] BVerwG Urt. v. 29.6.2010 – 10 C 10.09, NVwZ 2011, 48. Ebenso *Dörig* in Dörig MigrationsR-HdB Rn. 292.
[293] BVerwG Urt. v. 20.2.2013 – 10 C 23.12, NVwZ 2013, 936.
[294] EGMR Urt. v. 28.2.2008 – 37201/06, NVwZ 2008, 1330 und Urt. v. 23.2.2012 – 27765/09, NVwZ 2012, 809.
[295] BVerwG Urt. v. 5.11.1991 – 9 C 118.90, NVwZ 1992, 582.
[296] BVerwG Urt. v. 17.11.2011 – 10 C 13.10, NVwZ 2012, 454.

Verbot der Abschiebung **§ 60 AufenthG 1**

Gefahren für **Leib und Leben** im Sinne der Norm sind solche, die existenzielle Beeinträchtigungen 102
der körperlichen und psychischen Unversehrtheit eines Menschen durch Misshandlung, Verelendung,
Haftbedingungen, Verhungern und Verdursten begründen. **Freiheit** meint die Bewegungsfreiheit
einer Person, die insbesondere durch ungesetzliche Haft, Entführung oder Verschleppung verletzt
werden kann.

Systematisch ist **§ 60 VII vor allem in Zusammenschau mit § 60a I, IIc, § 23 I und § 58 Ia** zu 103
betrachten. Generelle behördliche **Duldungsentscheidungen nach § 60a I** und ebensolche humanitären Aufenthaltsgewährleistungen nach § 23 machen einzelfallbezogene Entscheidungen über Abschiebungsschutz gemäß § 60 VII für die Zeit ihrer Geltungsdauer entbehrlich. Wenn Abschiebungsschutz gruppenbezogen – etwa für alle Ausländer eines bestimmten Zielstaats – gewährt wird, fällt jeder Einzelne dieser Personengruppe darunter, sodass es individueller Entscheidungen nach Abs. 7 S. 2 nicht bedarf. Für **unbegleitete Kinder und Jugendliche** hat das Abschiebungsverbot nach Abs. 7 S. 2 wegen der weiterreichenden unionsrechtlichen veranlassten[297] Abschiebeschutzregelung in § 58 Ia nur subsidiäre Bedeutung[298]. Abschiebungsschutz nach 60 VII bedarf es auch nach Erteilung einer **Niederlassungserlaubnis** gemäß § 26 IV nicht mehr[299]. Die **Anforderungen an die ärztliche Darlegung** von gesundheitlichen Gründen, die einer Abschiebung zielstaatsbezogen entgegenstehen, richten sich nach **§ 60 VII 1** an denjenigen für qualifizierte ärztliche Bescheinigungen bei inlandsbezogenen Abschiebungshindernissen gemäß **§ 60a IIc 2 und 3**[300].

Die **existenziellen Gefahren** müssen dem betroffenen ausreisepflichtigen Ausländer im Zielstaat 104
konkret und individuell drohen[301]; allgemeine Gefahren für die Bevölkerung oder für eine Bevölkerungsgruppe[302] werden – wie der durch das RLUmsG 2007 unter Hinweis auf Rspr. des BVerwG[303] und den insoweit allerdings nicht über zu interpretierenden früheren Erwägungsgrund 26 der Vorfassung der Anerkennungs-RL[304] eingefügte S. 3 klarstellt – regelmäßig durch einen Erlass nach § 60a I berücksichtigt. Der Asylbewerber hat jedoch in der Regel einen **Anspruch** darauf, dass das BAMF im Falle der Ablehnung der Asyl- und Flüchtlingsanerkennung – auch nach Abschluss des Asylverfahrens in der Konstellation des (asylrechtlichen) Folgeschutzgesuchs[305] – eine Feststellung über das Vorliegen eines Abschiebungsverbots nach Abs. 7 hinsichtlich seines Herkunftsstaates trifft. Während über den asylrechtlichen Abschiebungsschutz nur einheitlich entschieden werden kann, ist über den ausländerrechtlichen Abschiebungsschutz nach Abs. 7 in Bezug auf die einzelnen in Betracht kommenden Abschiebezielstaaten jeweils gesondert und ggf. mit unterschiedlichem Ergebnis zu entscheiden[306].

Die Sperre für das behördliche Ermessen greift also weiterhin – im Lichte der Anerkennungs-RL 105
allerdings vor allem – nicht ein, wenn der Ausländer mangels einer Regelung nach § 60a I „**sehenden Auges dem sicheren Tod oder schwersten Verletzungen ausgeliefert**" würde, dh insbesondere bei extremer Gefahrenlage[307], was im Übrigen zur Teilrechtswidrigkeit der Abschiebungsandrohung führt[308]. Diese verfassungswidrige Schutzlücke soll dann nicht bestehen, wenn zwar kein Abschiebestopp erlassen ist, der Ausländer aber durch eine Duldung einen ähnlich wirksamen Schutz erhält[309]. Eine extreme Gefahrenlage braucht nicht schon am Tag der Ankunft im Zielstaat zu drohen[310]. Sie muss aber mit einer hohen Wahrscheinlichkeit drohen („sehenden Auges ...") und kann daher (bspw.

---

[297] Vgl. Art. 31 EU-Qualifikations-RL, Art. 11 EU-EU-Aufnahme-RL.
[298] Zutr.: BVerwG Urt. v. 13.6.2013 – 10 C 13.12, NVwZ 2013, 1489 („Das in § 58 Abs 1a AufenthG enthaltene Vollstreckungshindernis für die Abschiebung unbegleiteter, minderjähriger Ausländer vermittelt den Betroffenen gleichwertigen Schutz vor Abschiebung wie nationaler Abschiebungsschutz oder ein Abschiebestopp-Erlass und steht daher der Überwindung der Sperrwirkung des § 60 Abs 7 Satz 3 AufenthG im Wege der verfassungskonformen Auslegung entgegen."); aA VGH BW Urt. v. 27.4.2012 – A 11 S 3392/11, BeckRS 2012, 50695.
[299] Und dann den Widerruf einer entsprechenden Feststellung nach § 73c rechtfertigen kann, vgl. VGH BW Urt. v. 24.7.2013 – A 11 S 697/13, BeckRS 2013, 55385.
[300] Näher → Rn. 103.
[301] BayVGH Beschl. v. 20.10.2021 – 9 ZB 21.31227, BeckRS 2021, 33625.
[302] Zum Streit um die Abgrenzung vgl. auch *Renner* AiD Rn. 7/645 mwN; BVerwG Urt. v. 27.4.1998 – 9 C 13.97, NVwZ 1998, 973 betr. AIDS; Urt. v. 25.11.1997 – 9 C 58.96, BVerwGE 105, 383 betr. seltene Krankheit; VGH BW Urt. v. 19.10.1994 – A 13 S 2214/94, EZAR 043 Nr. 6 betr. Zaire.
[303] BVerwG Urt. v. 12.7.2001 – 1 C 2.01, BVerwGE 114, 379.
[304] Erwägungsgrund 26: „Gefahren, denen die Bevölkerung oder eine Bevölkerungsgruppe eines Landes allgemein ausgesetzt sind, stellen für sich genommen normalerweise keine individuelle Bedrohung dar, die als ernsthafter Schaden zu beurteilen wäre." *Funke-Kaiser* weist zutreffend darauf hin, dass dies nur Appellcharakter hat, nicht vorschnell eine individuelle Gefahr „wegen Krieges" zu bejahen, in: GK-AsylVfG § 34 Rn. 108.
[305] Vgl. HessVGH Beschl. v. 14.12.2006 – 8 Q 2642/06.A, ESVGH 57, 132.
[306] Ausf. BVerwG Urt. v. 2.8.2007 – 10 C 13.07, ZAR 2008, 148.
[307] BVerwG Urt. v. 17.10.2006 – 1 C 18.05, AuAS 2007, 30; BVerwG Urt. v. 17.10.1995 – 9 C 9.95, BVerwGE – 99, 324; VGH BW Urt. v. 13.2.1996 – A 13 S 3702/94, ESVGH 46, 139 u. EZAR 043 Nr. 12; Urt. v. 5.6.1996 – A 13 S 828/96, NVwZ 1996, Beil. 12, 90; vgl. auch BVerfG-K Beschl. v. 21.12.1994 – 2 BvL 81/92 ua, NVwZ 1995, 781.
[308] → AsylG § 34 Rn. 15.
[309] BVerwG Urt. v. 12.7.2001 – 1 C 2.01, BVerwGE 114, 379; BayVGH Urt. v. 3.3.2005 – 23 B 04.30631, EZAR NF 51 Nr. 5.
[310] BVerwG Beschl. v. 26.1.1999 – 9 B 617.98, NVwZ 1999, 668.

106 Die **Annahme eines (nationalen begründeten) Abschiebungsverbots gemäß Abs. 7** setzt zusammengefasst immer das Bestehen individueller Gefahren voraus. Beruft sich ein Ausländer hingegen auf allgemeine Gefahren iSd Abs. 7 S. 2, die nicht nur ihn persönlich, sondern zugleich die gesamte Bevölkerung oder seine Bevölkerungsgruppe allgemein treffen, wird – abgesehen von Fällen der richtlinienkonformen Auslegung bei Anwendung von Art. 15 lit. c Anerkennungs-RL für internationale oder innerstaatliche bewaffnete Konflikte[312] – der Abschiebungsschutz grundsätzlich nur durch eine generelle Regelung der obersten Landesbehörde nach § 60a I 1 gewährt. Beim Fehlen einer solchen Regelung kommt die Feststellung eines Abschiebungsverbots nach Abs. 7 S. 2 nur zur Vermeidung einer verfassungswidrigen Schutzlücke (Art. 1, 2 II GG) in Betracht, dh nur zur Vermeidung einer extremen konkreten Gefahrenlage in dem Sinne, dass dem Ausländer sehenden Auges der sichere Tod droht oder er schwerste Gesundheitsbeeinträchtigungen zu erwarten hätte[313]. Damit sind nicht nur Art und Intensität der drohenden Rechtsgutverletzungen, sondern auch die Unmittelbarkeit der Gefahr und ihr hoher Wahrscheinlichkeitsgrad angesprochen[314]. Das Vorliegen dieser Voraussetzungen ist im Wege einer Gesamtgefahrenschau bzw. einer **Gefahrenprognose** zu ermitteln[315]; insoweit haben die Instanzgerichte einen gewissen Bewertungsspielraum[316].

107 Im Fall einer **allgemeinen schlechten Versorgungslage** sind auch im Lichte von Art. 3 EMRK[317] und Art. 4 GRCh Besonderheiten zu berücksichtigen[318]. Denn hieraus resultierende Gefährdungen entspringen keinem zielgerichteten Handeln, sondern treffen die Bevölkerung gleichsam schicksalhaft. Sie wirken sich nicht gleichartig und in jeder Hinsicht zwangsläufig aus und setzen sich aus einer Vielzahl verschiedener Risikofaktoren zusammen, denen der Einzelne in ganz unterschiedlicher Weise ausgesetzt ist und denen er gegebenenfalls auch ausweichen kann. Intensität, Konkretheit und zeitliche Nähe der Gefahr können deshalb auch nicht generell, sondern nur unter Berücksichtigung aller Einzelfallumstände beurteilt werden[319]. Um dem Erfordernis des unmittelbaren – zeitlichen – Zusammenhangs zwischen Abschiebung und drohender Rechtsgutverletzung zu entsprechen, kann hinsichtlich einer allgemeinen schlechten Versorgungslage eine extreme Gefahrensituation zudem nur dann angenommen werden, wenn der Ausländer mit hoher Wahrscheinlichkeit alsbald nach seiner Rückkehr in sein Heimatland in eine lebensgefährliche Situation gerät, aus der er sich weder allein noch mit erreichbarer Hilfe anderer befreien kann[320]. Mit dem Begriff „alsbald" ist dabei einerseits kein nur in unbestimmter weiter Ferne liegender Termin gemeint[321]; die Gefahr drohender Verelendung muss vielmehr **im engen zeitlichen Zusammenhang** mit der Rückführung in den Heimatstaat stehen. Andererseits setzt die Annahme einer extremen allgemeinen Gefahrenlage nicht voraus, dass im Falle der Abschiebung der Tod oder schwerste Verletzungen sofort, gewissermaßen noch am Tag der Ankunft im Abschiebezielstaat, eintreten. Eine extreme Gefahrenlage besteht auch dann, wenn der Ausländer mangels jeglicher Lebensgrundlage dem baldigen sicheren Hungertod ausgeliefert sein würde[322].

---

[311] BVerwG Urt. v. 12.7.2001 – 1 C 5.01, BVerwGE 115, 1.
[312] → Rn. 94.
[313] Ausf. BVerwG Urt. v. 24.6.2008 – 10 C 43.07, ZAR 2009, 35 Rn. 31 f.
[314] Vgl. BVerwG Urt. v. 19.11.1996 – 1 C 9.95, BVerwGE 102, 249.
[315] Vgl. BVerwG Beschl. v. 23.3.1999 – 9 B 866.98, BeckRS 1999, 31355247.
[316] Vgl. BVerwG Beschl. v. 8.2.2011 – 10 B 1.11, NVwZ-RR, 2011, 382: „Mit einer Gefahrenprognose verfehlt das Berufungsgericht nicht deswegen das von § 108 Abs. 1 S. 1 VwGO geforderte Regelbeweismaß der Überzeugungsgewissheit, weil seine Wahrscheinlichkeitsaussage auch andere Geschehensverläufe nicht auszuschließen vermag. Ein Verfahrensmangel bei der Beweiswürdigung liegt nur dann vor, wenn der gerügte Fehler sich hinreichend eindeutig von der materiellrechtlichen Subsumtion, dh der korrekten Anwendung des sachlichen Rechts abgrenzen lässt und der Tatrichter den ihm bei der Tatsachenfeststellung durch den Grundsatz freier Beweiswürdigung gemäß § 108 Abs. 1 S. 1 VwGO eröffneten Wertungsrahmen verlassen hat. Das kann auch dadurch geschehen, dass die Vorinstanz bei der Tatsachenfeststellung das Regelbeweismaß richterlicher Überzeugungsgewissheit gemäß § 108 Abs. 1 S. 1 VwGO verfehlt hat. Die Verpflichtung zur Feststellung eines Abschiebungsverbots gemäß § 60 Abs. 7 S. 1 AufenthG verlangt die Erstellung einer Gefahrenprognose. Dazu zieht der Tatrichter auf der Basis von Erkenntnissen, die er aus Vergangenheit und Gegenwart gewonnen hat, zukunftsorientierte Schlussfolgerungen. Diese Projektion ist als Vorwegnahme zukünftiger Geschehnisse – im Unterschied zu Aussagen über Vergangenheit und Gegenwart – typischerweise mit Unsicherheiten belastet. Zu einem zukünftigen Geschehen ist nach der Natur der Sache immer nur eine Wahrscheinlichkeitsaussage möglich. Dieser Befund ändert jedoch nichts daran, dass der Tatrichter sich gemäß § 108 Abs. 1 S. 1 VwGO die volle Überzeugungsgewissheit von der Richtigkeit sowohl der Prognosebasis als auch der zu treffenden Prognose zu verschaffen hat."
[317] Vgl. BVerwG Beschl. v. 25.10.2012 – 10 B 16.12, BeckRS 2012, 59390.
[318] Vgl. BVerwG Urt. v. 29.6.2010 – 10 C 10.09, NVwZ 2011, 48.
[319] Vgl. VGH BW Urt. v. 13.11.2002 – A 6 S 967/01, becklink 90628.
[320] ZB 2018 jeweils verneint für – auch für minderjährige StA (dort bei Einhaltung der besonderen Schutzvorschrift des § 58 Ia) – für Albanien, VG Augsburg Beschl. v. 17.12.2018 – Au 6 S 18. 31961, BeckRS 2018, 37139, für Ägypten VG Würzburg Urt. v. 24.9.2018 – W 8 K 18, BeckRS 2018, 25633, für Libyen VG Würzburg Beschl. v. 27.8.2018 – W 8 K 18.30771, BeckRS 2018, 20822.
[321] Vgl. BVerwG Urt. v. 27.4.1998 – 9 C 13.97, NVwZ 1998, 973.
[322] Vgl. BVerwG Beschl. v. 26.1.1999 – 9 B 617.98, InfAuslR 1999, 265.

Verbot der Abschiebung **§ 60 AufenthG 1**

Auch bei **Berufung auf erhebliche Risiken für die Gesundheit und bereits bestehende** 108
Erkrankungen gelten im Lichte von Art. 3 EMRK[323] vergleichbare Grundsätze. Eine extreme Gefährdung iSv Abs. 7 S. 2 kann bestehen, wenn eine Krankheit, auch wegen drohender Verschlimmerung[324], im Zielstaat nicht zureichend behandelbar ist[325] oder der Ausländer die an sich verfügbare medizinische Behandlung tatsächlich nicht erlangen kann[326]. Die abschiebende Behörde hat deshalb dafür zu sorgen, dass unabweisbar benötigte medizinische Unterstützung zeitnah nach der Abschiebung zur Verfügung steht[327]. Es kommt stets auf die **tatsächlichen Umstände des Einzelfalls** zum Zeitpunkt der geplanten Rückführung an, die durch eine der revisionsgerichtlichen Kontrolle weitgehend entzogenen tatrichterlichen Gesamtwürdigung zu bewerten sind. Allgemeine Maßstäbe lassen sich kaum aufstellen; zu beachten ist auch die **Zeitpunktbezogenheit der Feststellungen** zu Abs. 7 S. 2. Was für eine Lage im Zielstaat in den Jahren 2010 oder 2015 bestanden hat, bedarf für eine entsprechende Entscheidung im Jahr 2022 der erneuten tatsächlichen Prüfung. In diesem Sinne wurde nach den tatsächlichen Umständen des Einzelfalls eine **Extremgefahr iSv § 60 Abs. 7 S. 3** bspw. **bejaht oder verneint**

– bei einem am Weichteilsarkom Erkrankten aus dem Senegal[328],
– bei Diabetikern aus Aserbaidschan[329], dem Nordirak[330] und dem Iran[331],
– bei einer 69-jährigen und insulinpflichtigen Diabetikerin bei chronischer Herzerkrankung mit hypertensiven Blutdruckwerten aus der Ukraine[332],
– bei einem an Morbus Addison erkrankten Vierzehnjährigen aus Armenien[333],
– bei an Hepatitis-B Erkrankten aus Afghanistan[334] und dem Senegal[335],
– bei einem HIV-Infizierten aus Äthiopien[336] oder aus Kamerun[337],
– bei einer komplexen Störung der Geschlechtsentwicklung bei genitaler Fehlbildung bei einem Kleinkind betreffend eine Abschiebung mit Mutter nach Spanien[338],
– bei einem erkrankten Kind bis zu fünf Jahren in Angola[339],
– bei der drohenden Beschneidung eines 13-jährigen Mädchens in Côte d'Ivoire[340] oder
– bei Rückkehr eines zehnjährigen Kindes nach Afghanistan[341], wobei die alleinige Rückkehr ohne die Eltern zu unterstellen ist[342],
– bei Rückkehr eines jungen, erwachsenen und arbeitsfähigen irakischen Staatsangehörigen in sein Heimatland[343],
– bei einem HIV-Infizierten homosexuellen algerischen Staatsangehörigen[344] und bei einem an Sichelzellenanämie erkrankten erwachsenen algerischen Staatsangehörigen[345], jeweils bei Rückkehr nach Algerien,
– bei einer an Gebärmutterhalskrebs erkrankten chinesischen Staatsangehörigen in der Volksrepublik China[346],

---

[323] Vgl. BVerwG Beschl. v. 25.10.2012 – 10 B 16.12, BeckRS 2012, 59390 und EGMR Urt. v. 13.12.2016 – 41738/10, NVwZ 2017, 1187.
[324] Vgl. BVerwG Urt. v. 22.3.2012 – 1 C 3.11, ZAR 2012, 442 und Urt. v. 17.10.2006 – 1 C 18.05, NVwZ 2007, 712.
[325] BVerwG Urt. v. 25.11.1997 – 9 C 58.96, BVerwGE 105, 383.
[326] BVerwG Urt. v. 29.10.2002 – 1 C 1.02, DVBl 2003, 463 u. Beschl. v. 25.10.2012 – 10 B 16.12, InfAuslR 2013, 45.
[327] OVG RhPf Beschl. v. 23.7.2018 – 7 B 10768/18, NVwZ-RR 2018, 948 betr. Brasilien.
[328] Bejaht VG München Beschl. v. 26.7.2016 – M 10 S 16.30811, BeckRS 2016, 52470.
[329] Bejaht VG Ansbach Urt. v. 23.7.2014 – AN 4 K 14.30202, BeckRS 2014, 59327. Verneint VG Lüneburg Urt. v. 1.6.2017 – 2 A 10/15, BeckRS 2017, 114748.
[330] Verneint VG Berlin Urt. v. 4.5.2017 – 22 K 219.17, BeckRS 2017, 115357.
[331] Verneint VG Stuttgart Urt. v. 14.10.2016 – A 11 K 698/16, BeckRS 2016, 54539.
[332] Bejaht VG Berlin Urt. v. 18.6.2019 – VG 31 K 335.17 A, nur juris.
[333] Verneint VG Oldenburg Urt. v. 14.6.2019 – 7 A 1358/19, AuAS 2019, 159.
[334] Verneint VG Augsburg Urt. v. 17.1.2017 – Au 5 K 17.31362, BeckRS 2017, 122636.
[335] Verneint VG München Urt. v. 20.12.2016 – M 2 K 16.30949, nur juris.
[336] Bejaht VG München Urt. v. 5.11.2002 – M 12 K 96.50 490, EZAR 043 Nr. 59. Verneint VG Ansbach Beschl. v. 22.8.2017 – AN 3 S 17.34887, BeckRS 2017, 122200.
[337] Bejaht VG Potsdam Urt. v. 20.8.2004 – 14 K 714/02.A, EZAR 043 Nr. 65; Urt. v. 7.5.2004 – 14 K 2231/01.A, AuAS 2004, 189: anders bei wirtschaftlicher Leistungsfähigkeit. Verneint VG Trier Urt. v. 24.2.2011 – 5 K 841/10 TR, BeckRS 2011, 143688.
[338] Verneint VG Würzburg Beschl. v. 6.6.2019 – W 8 S 19.50526, BeckRS 2019, 11376.
[339] Bejaht VGH BW Beschl. v. 24.2.1999 – A 13 S 3092/95, InfAuslR 1999, 336.
[340] Bejaht HmbOVG Beschl. v. 6.1.1999 – 3 Bs 211/98, InfAuslR 1999, 439.
[341] Bejaht HessVGH Urt. v. 20.7.1999 – 9 UE 696/98.A, InfAuslR 2000, 132.
[342] BVerwG Urt. v. 27.7.2000 – 9 C 9.00, InfAuslR 2001, 52.
[343] Verneint VG Augsburg Urt. v. 4.6.2019 – Au 5 K 18.32006, BeckRS 2019, 10616.
[344] Verneint VG Frankfurt a. M. Urt. v. 5.3.2020 – 3 K 2341/19.F.A., BeckRS 2020, 6788.
[345] Verneint VG Freiburg Urt. v. 29.7.2021 – A 4 K 3830/19, BeckRS 2021, 36906.
[346] Verneint VG Freiburg Urt. v. 27.1.2021 – A 9 K 2658/18, BeckRS 2021, 2024.

Dollinger

– bei einem an schizoaffektiver Psychose Erkrankten: Rückkehr in die Ukraine und nach Tunesien[347],
– bei einem nachweislich (§ 60a II 2c) PTBS-erkrankten staatenlosen Palästinenser mit gewöhnlichem Aufenthalt in Libyen bei einer Rückkehr nach Libyen[348],
– bei einem gesunden ghanaischen Staatsangehörigen im Hinblick auf die Covid-Lage in Ghana[349],
– Gefahr für in Europa geborene Kleinkinder nigerianischer Eltern bei einer Rückkehr nach Nigeria[350],
– bei einem an schwerer chronischer Lungensarkoidose mit bislang unkontrollierten Krankheitsverlauf leidenden nigerianischen Staatsangehörigen bei einer Rückkehr nach Nigeria[351],
– bei einem an einer paranoiden Schizophrenie Erkrankten: Rückkehr in der VR China[352].

109 Bei **psychischen Erkrankungen infolge traumatisierender Ereignisse** sind folgende Besonderheiten zu beachten. Das traumatisierende Ereignis muss nachweislich stattgefunden haben. Dies ist von der Ausländerbehörde – oder gegebenenfalls vom Gericht – festzustellen. Dieses Ereignis muss eine ICD-10[353]-kodifizierte Erkrankung ausgelöst haben, oftmals eine posttraumatische Belastungsstörung (PTBS – ICD 10 F 43.1). Diese Erkrankung ist nach ihrem Schweregrad und ihrer Behandlungsmöglichkeit zu bestimmen. Wenn die Erkrankung einer Behandlung zugänglich ist, ist weiter zu prüfen, ob die Erkrankung im Zielstaat behandelbar ist, und ob dort die Gefahr einer Retraumatisierung besteht. Dabei kann auch zu berücksichtigen sein, dass eine solche Behandlung oft nur in der Muttersprache des Ausländers möglich ist. Ist dies im Bundesgebiet mangels Psychiater mit entsprechender Sprachkompetenz in der Sprache des Zielstaats vielfach ausgeschlossen, kann dies ein Argument für die Behandlung dort sein, sofern dort Behandlungszentren vorhanden sind. **PTBS-Behandlungen** sind nach der **Rspr. des EGMR in den allermeisten Ländern der Welt möglich und zumutbar**[354]. Dabei kommt es nicht auf das Behandlungsniveau im Zielstaat an[355]. Es muss nicht bundesdeutschem oder westeuropäischem Niveau entsprechen (§ 60 VII 4). Im Einzelfall kann es veranlasst sein, einen schwer erkrankten abgeschobenen Ausländer im Zielstaat nur an medizinisch hinreichend qualifiziertes Personal zu übergeben[356].

110 Der Ausländer, der sich auf eine schwere, seiner Abschiebung entgegenstehende Erkrankung beruft, muss seit Inkrafttreten des **2. RückkehrG 2019** am 21.8.2019 zur Substanziierung seines Vortrags gemäß **§ 60 VII 1** von vornherein ein den Anforderungen des **§ 60a IIc 2 und 3** genügendes **qualifiziertes ärztliches Attest** vorlegen. Sofern er ein solches Attest besitzt, muss er es der Ausländerbehörde unverzüglich vorlegen (**§ 60a IId**). Ein Sammeln von Attesten ist auch im Verfahren nach Abs. 7 von Nachteil[357]. Zwar sind Ausländerbehörde und Gericht auch zur Amtsermittlung verpflichtet; da die Verfahren nach Abs. 7 regelmäßig im auf summarischen Rechtsschutz angelegten Eilrechtsschutz nach § 123 I 1 VwGO durchgeführt werden, sollte man als Antragsteller alles dafür tun, Behörde und Gericht einen von vornherein prüffähigen Sachverhalt vorzulegen. Wird eine Krankheit – insbesondere bei psychischen Erkrankungen wie der posttraumatischen Belastungsstörung – geltend gemacht, setzt ein substanziierter **Sachverständigenbeweisantrag** regelmäßig die Vorlage eines den Mindestanforderungen genügenden fachärztlichen Attests voraus, aus dem sich nachvollziehbar ergeben muss, auf welcher Grundlage der approbierte Arzt zu seiner Diagnose gelangt ist und wie sich die Krankheit im konkreten Fall darstellt[358]. Dies illustrieren seit dem Jahr 2016 die Abs. 2c und 2d des § 60a.

111 Im **Eilverfahren** soll es genügen, wenn zweifelhaft ist, ob ein HIV-Infizierter im Stadium III im Heimatstaat Zugang zur Behandlung findet oder es mangels finanzieller Mittel davon ausgeschlossen ist[359]. Die Gefährdung der Tochter durch Beschneidung stellt für deren Mutter keine Extremgefahr dar[360]. Im Kongo ist Malaria hinreichend behandelbar[361]. Dialysepatienten aus der Türkei stellen keine

---

[347] Verneint VG Würzburg Urt. v. 25.11.2019 – W 8 K 18.32310, BeckRS 2019, 31633.
[348] Bejaht VG Trier Urt. v. 21.1.2020 – 1 K 3689/19.TR, Asylmagazin 2020, 77, 86.
[349] Verneint VG Saarlouis Urt. v. 28.9.2021 – 3 K 779/21, BeckRS 2021, 32883.
[350] Verneint OVG NRW Urt. v. 22.6.2021 – 19 A 4386/19.A, BeckRS 2021, 19361.
[351] Bejaht VG Freiburg Urt. v. 16.7.2021 – A 4 K 6047/17, BeckRS 2021, 24443.
[352] Verneint VG Hannover Urt. v. 5.1.2021 – 11 A 10690/17, BeckRS 2021, 2091.
[353] ICD = International Classification of Diseases, World Health Organisation, ICD-10, 10 Revision 2016. Den seit dem 1.1.2022 geltenden ICD-11 hat die Bundesrepublik Deutschland noch nicht in nationales Recht umgesetzt; näher → § 60a Rn. 53.
[354] EGMR Urt. v. 10.9.2015 – 4601/14, NVwZ 2016, 1785 für Zufluchtzentren für Frauen in Somalia. BayVGH Beschl. v. 20.10.2021- 9 ZB 21,31227, BeckRS 2021, 33625 für die schwere depressive Episode einer traumatisierten Frau bei der Rückkehr nach Uganda.
[355] EGMR Urt. v. 13.12.2016 – 41738/10, NVwZ 2017, 1187.
[356] BVerfG Beschl. v. 17.9.2014 – 2 BvR 939/14, NVwZ 2014, 1511; NdsOVG Beschl. v. 7.6.2017 – 13 ME 107/17, BeckRS 2017, 113012.
[357] → Näher § 60a Rn. 52 ff.
[358] So schon BVerwG Urt. v. 11.9.2007 – 10 C 8.07, InfAuslR 2008, 142; vgl. nun auch § 60a IIc und die dortige Kommentierung
[359] HmbOVG Beschl. v. 13.10.2000 – 3 Bs 369/99, InfAuslR 2001, 132.
[360] BVerwG Beschl. v. 27.4.2000 – 9 B 153.00, NVwZ 2000, Beil. 9, 98; allgemein dazu BVerwG Urt. v. 16.6.2004 – 1 C 27.03, NVwZ 2004, 1371.
[361] OVG Brem Beschl. v. 28.11.2002 – 1 A 375/02.A, EZAR 043 Nr. 57.

Bevölkerungsgruppe iSd Abs. 7 dar und können in der Türkei allgemein ausreichend versorgt werden, ihnen drohen aber ernsthafte Gefahren, wenn sie dreimal wöchentlich behandelt werden müssen und noch keine Yesil Kart besitzen[362].

Wie sich aus der besonders ausführlichen Gesetzesbegründung[363] zu den durch das am 17.3.2016 in Kraft getretene *Asylpaket II* eingefügten neuen **S. 2–4 des Abs. 7** ergibt, die (ebenso wie die neu eingeführte generelle Zuständigkeit der Bundespolizei zur Amtshilfe bei Passbeschaffungen[364]) Aufenthaltsbeendigungen erleichtern sollen, ist für die Annahme eines gesundheitsbezogenen Abschiebungsverbots eine lebensbedrohliche oder schwerwiegende Erkrankung, die sich durch die Abschiebung wesentlich verschlechtern würden, erforderlich[365]. Etwa eine PTBS soll deshalb aufgrund des offenbar erheblichen diesbezüglichen Missbrauchs in der Vergangenheit in der Regel nicht mehr zu einem Abschiebungsverbot nach Abs. 7 S. 1 führen[366]. Auch sind nach S. 3 keine deutschen oder westeuropäischen medizinischen Standards an die Behandlung im Abschiebungszielstaat anzulegen. Nach S. 4 wird dem Kranken zudem das Aufsuchen einer inländischen Behandlungsalternative grundsätzlich zugemutet. In Anlehnung an Art. 8 I Anerkennungs-RL 2011/95/EU kann das allerdings nur gelten, soweit dies „vernünftigerweise erwartet werden kann". Der Regelungsinhalt der neu eingefügten S. 2–4 entspricht weitgehend schon bisheriger deutschen Rspr. und steht im Einklang mit der Rspr. von EGMR und EuGH[367]. Wie auch iRv § 60a IIc und IId ist jedoch klar[368], dass bei **grund- und menschenrechtskonformer Auslegung** am Ende kein schwer erkrankter Mensch bei individuell konkreter und erheblicher Gefahr für Leib oder gar Leben abgeschoben werden darf. Im Zweifel muss in diesem Fall dem Schutz von Leib und Leben Vorrang eingeräumt werden. 112

7. Strafverfahren im Ausland (Abs. 6)

Abs. 6 betont die **aufenthaltsrechtliche Neutralität** der Bundesrepublik Deutschland gegenüber anderen Rechtsordnungen. Aus deren Anwendung allein kann kein Abschiebungsschutz hergeleitet werden. Grundsätzlich ist eine drohende Bestrafung im Ausland weder flüchtlings- noch sonst schutzrelevant, soweit nicht primäres Ziel etwa die Unterdrückung einer politischen Anschauung ist und eine härtere Bestrafung als bei vergleichbaren anderen Straftätern im Sinne eines Politmalus erfolgt[369]. Schließlich muss sich der betroffene Ausländer – soweit vorhanden – auch auf eine interne Schutzmöglichkeit im Zielstaat verweisen lassen. Nicht alle Rechtssysteme erreichen den rechtsstaatlichen und menschenrechtlichen gebotenen Standard. Soweit nicht Eingriffe und Maßnahmen zu befürchten sind, die unter die Tatbestände der Abs. 1–5 zu subsumieren sind, berühren sie die Zulässigkeit der Abschiebung nicht. Dies gilt auch für die **Gefahr der Doppelbestrafung**[370]. Die einem Ausländer im Zielstaat drohende erneute strafrechtliche Verfolgung wegen einer in der Bundesrepublik Deutschland abgeurteilten Straftat stellt jedenfalls dann keine unmenschliche Behandlung iSd Art. 3 EMRK dar, wenn die den Ausländer erwartende Strafe – gegebenenfalls mit Blick auf eine Nichtanrechnung oder Nichtberücksichtigung der in der Bundesrepublik Deutschland wegen dieser Tat verbüßten Strafe – nicht als unerträglich hart und unter jedem denkbaren Gesichtspunkt unangemessen erscheint[371]. Falls existenzielle Gefährdungen der in Abs. 7 S. 1 genannten Art drohen, sind sie auch dann zu berücksichtigen, wenn sie auf die Strafrechtsordnung zurückgehen. Der auf Abs. 2–5 beschränkte Vorbehalt schließt dies nicht aus, weil er speziell auf diejenigen Beeinträchtigungen abgestellt ist, die ausschließlich durch Strafverfolgung und Bestrafung entstehen. 113

8. Auslieferungsverfahren (Abs. 4)

Die Behandlung von Ausländern im Auslieferungsverfahren ist seit Langem heftig umstritten, insbesondere gelang bisher keine weitreichende Harmonisierung von Asyl- und Auslieferungsverfahren; in **Abs. 4** ist eine wichtige Fallkonstellation gelöst. Das zeitweilige Abschiebungshindernis des Abs. 4 ist **formeller Art** und erfordert deshalb keine Prüfung des dem Auslieferungsersuchen zugrunde liegenden Vorwurfs. Während ein laufendes Auslieferungsverfahren nach dem früheren § 53 III AuslG ein dilatorisches Hindernis bis zur Entscheidung über die Auslieferung auslöste, ist nunmehr die Abschiebung mit Zustimmung der Auslieferungsbehörde (§ 74 IRG) auch schon früher zulässig. Für die Ausländerbehörde genügt die Mitteilung aufgrund § 87 IV 2 oder durch den Ausländer nach § 82 I oder die Unterrichtung über Beginn und Ende der Auslieferungshaft (§ 74 II Nr. 1 AufenthV). 114

---

[362] HessVGH Urt. v. 8.9.2003 – 12 UE 2937/02.A, EZAR 043 Nr. 60.
[363] Abgedruckt unter → Rn. 1 = BT-Drs. 18/7538, 18 f.
[364] Vgl. § 71 III Nr. 3 AufenthG nF.
[365] In diesem Sinne auch zB BVerwG Urt. v. 17.10.2006 – 1 C 18.05, NVwZ 2007, 712.
[366] Vgl. zur Problematik EGMR Urt. v. 15.5.2012 – 16567/10 Rn. 86, NLMR 2012, 163 – Nacic ua/Schweden.
[367] Nachweise bei *Thym* NVwZ 2016, 412.
[368] Vgl. die Kommentierung bei → § 60a Rn. 52 ff.
[369] Zutr. zB VG Würzburg Urt. v. 21.10.2019 – W 8 S 19.31870, BeckRS 2019, 27203 und Urt. v. 26.3.2021 – W 1 K 20.30566, juris.
[370] *Fraenkel* S. 290; *Weberndörfer* S. 146. VG Berlin Beschl. v. 4.5.2020 – 33 L 89/20 A, BeckRS 2020, 10066.
[371] VGH BW Urt. v. 10.7.2002 – 13 S 1871/01, LSK 2003, 330052.

Es soll nur ein Eingreifen der Ausländerbehörde in das Auslieferungsverfahren und die damit verbundene Ausschaltung der Schutzgarantien des IRG verhindern[372]. Die Abschiebungssperre ist auflösend bedingt durch die (positive oder negative) Entscheidung des zuständigen OLG über die Zulässigkeit der Auslieferung (§§ 12 f. IRG). Sie dauert nicht bis zur Bewilligung der Auslieferung durch die Bundesregierung (§ 12 IRG) an.

115   Nach **Beendigung dieser formellen Sperre** ist die Abschiebung nicht ohne Weiteres zulässig. Die Entscheidung im Auslieferungsverfahren bindet die Ausländerbehörde nicht, falls sie die Auslieferung für zulässig erklärt. Das Auslieferungsverfahren besitzt von der Entscheidung des OLG an keinen formellen Vorrang mehr. Die Ausländerbehörde hat unabhängig vom Ausgang dieses Verfahrens, wenn Anlass dazu besteht, die materiellen Abschiebungsverbote zu untersuchen. Sie muss dabei freilich die Erkenntnisse in dem Auslieferungsverfahren verwerten und ihren Inhalt berücksichtigen. Eine Abschiebung ist unabhängig davon statthaft, ob die Bundesregierung die Auslieferung bewilligt.

V. Verwaltungs- und Gerichtsverfahren

116   Die **Zuständigkeiten** für die Feststellung der Voraussetzungen der Abs. 1–8 und die Maßnahmen nach Abs. 9 und 10 sind zwischen **BAMF** und **Ausländerbehörde geteilt.** Das BAMF ist für die Zuerkennung der – zielstaatsbezogenen – **Flüchtlingseigenschaft** nach Abs. 1 ebenso ausschließlich zuständig wie für die Asylanerkennung und hat im Rahmen eines **Asylverfahrens** (vgl. §§ 13, 14 AsylG) auch die damit zusammenhängenden ausländerrechtlichen Fragen mit bindender Wirkung gegenüber der Ausländerbehörde zu bescheiden (§§ 5 I, 42 AsylG). Zu Letzteren gehören die zielstaatsbezogenen Voraussetzungen der Abs. 2–7 sowie auch Abs. 8 (vgl. §§ 30 IV, 31 III und V, 32 AsylG)[373], wobei die Ausländerbehörde über den nachträglichen Fortfall des Hindernisses des Abs. 4 zu befinden ist (§ 42 S. 2 AsylG). Das BAMF erlässt bei Ablehnung des Asylantrags auch die erforderliche Abschiebungsandrohung (vgl. §§ 34 ff. AsylG) und wendet dabei insbesondere die Abs. 9 und 10 an. Die **Ausländerbehörde hat über die Hindernisse der Abs. 2–7 nur außerhalb eines Asylverfahrens zu entscheiden.** Außerdem ist sie und nicht das BAMF allgemein zuständig für **inlandsbezogene Vollstreckungshindernisse**[374].

117   Diese Zuständigkeitsverteilung gilt auch für alle **Folgeentscheidungen** wie zB Abänderung, Widerruf oder Wiederaufnahme. Das BAMF ist daher auch ausschließlich für Asylfolge- und -zweitanträge sowie für Widerruf, Rücknahme und Feststellung des Erlöschens von ihm getroffener Entscheidungen zuständig (vgl. §§ 5 I, 71–73 AsylG). Infolgedessen hat das BAMF auch über einen Wiederaufnahmeantrag zu befinden, der sich ausschließlich auf Abschiebungsverbote nach Abs. 2–5 und 7 bezieht[375].

118   Diese Regeln gelten auch dann, wenn die Feststellung der Flüchtlingseigenschaft nach Art. 1 GK begehrt wird. Hierfür steht kein eigenes Verfahren zur Verfügung[376]. **Ausgenommen** sind die schutzlos gewordenen Flüchtlinge iSd Art. 1 D GK. Sie können unmittelbare Rechtspositionen aus der GK außerhalb des AsylG geltend machen, vor allem die Rechte auf Erteilung eines Reiseausweises aufgrund Anspruchs nach Art. 28 GK[377].

119   Soweit die **Ausländerbehörde** für die **inlandsbezogenen Vollstreckungshindernisse** (bspw. gemäß Art. 8 EMRK) zuständig ist[378], entscheidet sie im Vollstreckungsverfahren über Hindernisse und Duldungstatbestände (vgl. § 60a) und hat dabei dessen Eigenarten zu beachten. Auf dieser Verfahrensstufe sind nämlich nur noch Einwendungen gegen den Vollzug zugelassen, gegen dessen „Ob", „Wann" und „Wie", nicht aber dessen „Warum". Ausgeschlossen ist damit jedes Vorbringen gegenüber dem Grundverwaltungsakt[379]. Zudem sind die unterschiedlichen Funktionen und Wirkungen der einzelnen Hindernisse zu beachten: vorübergehend oder endgültig, relativ oder absolut Hindernis oder Duldung.

---

[372] Allg. zur Auslieferung → AsylG § 4 Rn. 13 ff.
[373] Vgl. BVerwG Urt. v. 11.9.2007 – 10 C 8.07, InfAuslR 2008, 142: „Nach dem Inkrafttreten des Gesetzes zur Umsetzung aufenthaltsrechtlicher- u. asylrechtlicher RL der EU vom 19.8.2007 (BGBl. I 1970) ist das BAMF bei Asylbewerbern auch für die ausländerrechtliche Ermessensentscheidung zuständig, ob nach § 60 VII 1 AufenthG bei Vorliegen der gesamten Voraussetzungen der Vorschrift von der Abschiebung abgesehen werden soll. Verpflichtet das VG das Bundesamt zur Feststellung eines Abschiebungsverbots nach § 60 VII 1 AufenthG hinsichtlich eines bestimmten Staates, so ist auch die Bezeichnung des betroffenen Staates als Zielstaat in der Abschiebungsandrohung rechtswidrig." Offengelassen aber vom BVerfG Beschl. v. 17.1.2019 – 2 BvQ 1/19, BeckRS 2019, 26369 Rn. 37.
[374] → Rn. 84, 94, 113.
[375] BVerwG Urt. v. 7.9.1999 – 1 C 6.99, NVwZ 2000, 204.
[376] BVerwG Urt. v. 21.1.1992 – 1 C 21.87, BVerwGE 89, 296; BayVGH Urt. v. 17.5.1991 – 24 B 88.30 479, NVwZ-RR 1991, 514; HessVGH Urt. v. 9.9.1991 – 13 UER 3486/90, EZAR 230 Nr. 1.
[377] BVerwG Urt. v. 4.6.1991 – 1 C 42.88, BVerwGE 88, 254.
[378] → Rn. 47, 59.
[379] Näher *Renner* AiD Rn. 7/404–411.

Vorübergehende Aussetzung der Abschiebung (Duldung) **§ 60a AufenthG 1**

Bei erfolglosem Asyl- oder Flüchtlingsanerkennungsverfahren ergeht in der Regel eine **Abschie-** 120
bungsandrohung nach § 34 I AsylG[380]. Eine vorherige Anhörung des Ausländers ist nicht erforderlich.

Seit der entsprechenden Änderung des § 34 I AsylG[381] durch das RLUmsG 2007 ergeht keine 121
Abschiebungsandrohung mehr, wenn das BAMF die Zuerkennung der **Flüchtlingseigenschaft** ausgesprochen hat.

Für eine Abschiebungsandrohung nach Abs. 10 verbleibt insofern nur noch ein sehr **eingeschränk-** 122
ter Anwendungsbereich, als sie immer dann ausgeschlossen ist, wenn eine Asyl- oder Flüchtlingsanerkennung erfolgt oder der Ausländer einen Aufenthaltstitel besitzt (vgl. § 34 I AsylG). In Betracht kommt die Abschiebungsandrohung etwa in den Fällen des Abs. 1 S. 2 Alt. 3, dh bei Ausländern, die außerhalb des Bundesgebiets als Flüchtlinge nach der GK anerkannt wurden und im Bundesgebiet keine Aufnahme gefunden haben. Sie können etwa in den Staat der Flüchtlingsanerkennung oder einen anderen aufnahmebereiten Staat abgeschoben werden. Abs. 10 kommt insoweit rechtsschutzverstärkende Funktion zu, als insbesondere das Refoulementverbot des Art. 33 Nr. 1 GK frühzeitig hinsichtlich des vorgesehenen Zielstaats überprüft werden kann[382].

Für die Geltendmachung von Abschiebungsschutz nach § 60 ist **in gerichtlichen Eilverfahren** die 123
Rechtzeitigkeit der Antragstellung zu beachten. Ein auf die einstweilige Untersagung der Abschiebung gerichteter eA-Antrag nach § 123 I 1 VwGO führt nur bei rechtzeitiger Antragstellung zur Verheißung effektiver und fairer Rechtsschutzgewährung iSv Art. 19 IV GG, Art. 2 I GG iVm dem Rechtsstaatsprinzip. Auch wenn eine späte Antragstellung im verwaltungsgerichtlichen Verfahren nicht von vornherein für die Vermutung eines Rechtsmissbrauchs spricht[383], so können doch etwa Gründe für die Rechtsmissbräuchlichkeit eines Asylfolgeantrags bestehen, wenn der Antragsteller mehrere Zeitpunkte verstreichen lässt, den von ihm vorgebrachten Wiederaufnahmegrund im behördlichen Verfahren geltend zu machen, und erst am Tag der geplanten Abschiebung einen Asylfolgeantrag stellt, obwohl ihm die drohende Abschiebung mehrere Wochen vorher bekannt ist[384].

§ 60a Vorübergehende Aussetzung der Abschiebung (Duldung)

(1) ¹Die oberste Landesbehörde kann aus völkerrechtlichen oder humanitären Gründen oder zur Wahrung politischer Interessen der Bundesrepublik Deutschland anordnen, dass die Abschiebung von Ausländern aus bestimmten Staaten oder von in sonstiger Weise bestimmten Ausländergruppen allgemein oder in bestimmte Staaten für längstens drei Monate ausgesetzt wird. ²Für einen Zeitraum von länger als sechs Monaten gilt § 23 Abs. 1.

(2) ¹Die Abschiebung eines Ausländers ist auszusetzen, solange die Abschiebung aus tatsächlichen oder rechtlichen Gründen unmöglich ist und keine Aufenthaltserlaubnis erteilt wird. ²Die Abschiebung eines Ausländers ist auch auszusetzen, wenn seine vorübergehende Anwesenheit im Bundesgebiet für ein Strafverfahren wegen eines Verbrechens von der Staatsanwaltschaft oder dem Strafgericht für sachgerecht erachtet wird, weil ohne seine Angaben die Erforschung des Sachverhalts erschwert wäre. ³Einem Ausländer kann eine Duldung erteilt werden, wenn dringende humanitäre oder persönliche Gründe oder erhebliche öffentliche Interessen seine vorübergehende weitere Anwesenheit im Bundesgebiet erfordern. ⁴Soweit die Beurkundung der Anerkennung einer Vaterschaft oder der Zustimmung der Mutter für die Durchführung eines Verfahrens nach § 85a ausgesetzt wird, wird die Abschiebung des ausländischen Anerkennenden, der ausländischen Mutter oder des ausländischen Kindes ausgesetzt, solange das Verfahren nach § 85a nicht durch vollziehbare Entscheidung abgeschlossen ist.

(2a) ¹Die Abschiebung eines Ausländers wird für eine Woche ausgesetzt, wenn seine Zurückschiebung oder Abschiebung gescheitert ist, Abschiebungshaft nicht angeordnet wird und die Bundesrepublik Deutschland auf Grund einer Rechtsvorschrift, insbesondere des Artikels 6 Abs. 1 der Richtlinie 2003/110/EG des Rates vom 25. November 2003 über die Unterstützung bei der Durchbeförderung im Rahmen von Rückführungsmaßnahmen auf dem Luftweg (ABl. EU Nr. L 321 S. 26), zu seiner Rückübernahme verpflichtet ist. ²Die Aussetzung darf nicht nach Satz 1 verlängert werden. ³Die Einreise des Ausländers ist zuzulassen.

(2b) Solange ein Ausländer, der eine Aufenthaltserlaubnis nach § 25a Absatz 1 besitzt, minderjährig ist, soll die Abschiebung seiner Eltern oder eines allein personensorgeberechtigten Elternteils sowie der minderjährigen Kinder, die mit den Eltern oder dem allein

---

[380] Zu Einzelheiten u. zum Rechtsschutz vgl. dort → § 34 AsylG Rn. 10 ff., 14 ff.
[381] Dort → § 34 AsylG Rn. 10.
[382] Zu § 51 IV AuslG VGH BW Urt. v. 25.2.1997 – A 14 S 3083/96, AuAS 1997, 115.
[383] BVerfG Beschl. v. 21.2.2018 – 2 BvR 301/18, InfAuslR 2018, 210.
[384] BVerfG Beschl. v. 17.1.2019 – 2 BvQ 1/19, BeckRS 2019, 26369.

1 AufenthG § 60a

Erster Teil. Aufenthaltsgesetz

personensorgeberechtigten Elternteil in familiärer Lebensgemeinschaft leben, ausgesetzt werden.

(2c) ¹Es wird vermutet, dass der Abschiebung gesundheitliche Gründe nicht entgegenstehen. ²Der Ausländer muss eine Erkrankung, die die Abschiebung beeinträchtigen kann, durch eine qualifizierte ärztliche Bescheinigung glaubhaft machen. ³Diese ärztliche Bescheinigung soll insbesondere die tatsächlichen Umstände, auf deren Grundlage eine fachliche Beurteilung erfolgt ist, die Methode der Tatsachenerhebung, die fachlich-medizinische Beurteilung des Krankheitsbildes (Diagnose), den Schweregrad der Erkrankung, den lateinischen Namen oder die Klassifizierung der Erkrankung nach ICD 10 sowie die Folgen, die sich nach ärztlicher Beurteilung aus der krankheitsbedingten Situation voraussichtlich ergeben, enthalten. ⁴Zur Behandlung der Erkrankung erforderliche Medikamente müssen mit der Angabe ihrer Wirkstoffe und diese mit ihrer international gebräuchlichen Bezeichnung aufgeführt sein.

(2d) ¹Der Ausländer ist verpflichtet, der zuständigen Behörde die ärztliche Bescheinigung nach Absatz 2c unverzüglich vorzulegen. ²Verletzt der Ausländer die Pflicht zur unverzüglichen Vorlage einer solchen ärztlichen Bescheinigung, darf die zuständige Behörde das Vorbringen des Ausländers zu seiner Erkrankung nicht berücksichtigen, es sei denn, der Ausländer war unverschuldet an der Einholung einer solchen Bescheinigung gehindert oder es liegen anderweitig tatsächliche Anhaltspunkte für das Vorliegen einer lebensbedrohlichen oder schwerwiegenden Erkrankung, die sich durch die Abschiebung wesentlich verschlechtern würde, vor. ³Legt der Ausländer eine Bescheinigung vor und ordnet die Behörde daraufhin eine ärztliche Untersuchung an, ist die Behörde berechtigt, die vorgetragene Erkrankung nicht zu berücksichtigen, wenn der Ausländer der Anordnung ohne zureichenden Grund nicht Folge leistet. ⁴Der Ausländer ist auf die Verpflichtungen und auf die Rechtsfolgen einer Verletzung dieser Verpflichtungen nach diesem Absatz hinzuweisen.

(3) Die Ausreisepflicht eines Ausländers, dessen Abschiebung ausgesetzt ist, bleibt unberührt.

(4) Über die Aussetzung der Abschiebung ist dem Ausländer eine Bescheinigung auszustellen.

(5) ¹Die Aussetzung der Abschiebung erlischt mit der Ausreise des Ausländers. ²Sie wird widerrufen, wenn die der Abschiebung entgegenstehenden Gründe entfallen. ³Der Ausländer wird unverzüglich nach dem Erlöschen ohne erneute Androhung und Fristsetzung abgeschoben, es sei denn, die Aussetzung wird erneuert. ⁴Ist die Abschiebung länger als ein Jahr ausgesetzt, ist die durch Widerruf vorgesehene Abschiebung mindestens einen Monat vorher anzukündigen; die Ankündigung ist zu wiederholen, wenn die Aussetzung für mehr als ein Jahr erneuert wurde. ⁵Satz 4 findet keine Anwendung, wenn der Ausländer die der Abschiebung entgegenstehenden Gründe durch vorsätzlich falsche Angaben oder durch eigene Täuschung über seine Identität oder Staatsangehörigkeit selbst herbeiführt oder zumutbare Anforderungen an die Mitwirkung bei der Beseitigung von Ausreisehindernissen nicht erfüllt.

(6) ¹Einem Ausländer, der eine Duldung besitzt, darf die Ausübung einer Erwerbstätigkeit nicht erlaubt werden, wenn

1. er sich in das Inland begeben hat, um Leistungen nach dem Asylbewerberleistungsgesetz zu erlangen,
2. aufenthaltsbeendende Maßnahmen bei ihm aus Gründen, die er selbst zu vertreten hat, nicht vollzogen werden können oder
3. er Staatsangehöriger eines sicheren Herkunftsstaates nach § 29a des Asylgesetzes ist und sein nach dem 31. August 2015 gestellter Asylantrag abgelehnt oder zurückgenommen wurde, es sei denn, die Rücknahme erfolgte auf Grund einer Beratung nach § 24 Absatz 1 des Asylgesetzes beim Bundesamt für Migration und Flüchtlinge, oder ein Asylantrag nicht gestellt wurde.

²Zu vertreten hat ein Ausländer die Gründe nach Satz 1 Nummer 2 insbesondere, wenn er das Abschiebungshindernis durch eigene Täuschung über seine Identität oder Staatsangehörigkeit oder durch eigene falsche Angaben selbst herbeiführt. ³Satz 1 Nummer 3 gilt bei unbegleiteten minderjährigen Ausländern nicht für die Rücknahme des Asylantrags oder den Verzicht auf die Antragstellung, wenn die Rücknahme oder der Verzicht auf das Stellen eines Asylantrags im Interesse des Kindeswohls erfolgte.

Allgemeine Verwaltungsvorschrift
60a Zu § 60a – Vorübergehende Aussetzung der Abschiebung (Duldung)
60a.1 Anordnung der Aussetzung von Abschiebungen durch die oberste Landesbehörde

60a.1.0 § 60a Absatz 1 Satz 1 ermächtigt die oberste Landesbehörde, die Abschiebung bestimmter Ausländergruppen für die Dauer von längstens sechs Monaten auszusetzen. Ziel der Regelung ist es, den obersten Landesbehörden eine allgemeine Schutzgewährung für bestimmte Ausländergruppen ohne Rücksicht auf das Vorliegen einer individuellen Gefährdung zu ermöglichen, um humanitären Schutz in besonderen Lagen bieten zu können.

Vorübergehende Aussetzung der Abschiebung (Duldung) **§ 60a AufenthG 1**

60a.1.1.1 Für entsprechende Entscheidungen sind neben humanitären Kriterien außen- und innenpolitische Erwägungen ausschlaggebend. Es handelt sich um eine politische Entscheidung, die einer gerichtlichen Überprüfung allenfalls im Hinblick auf Willkür oder andere zwingende verfassungsrechtliche Gesichtspunkte zugänglich ist. Bei der Bestimmung des erfassten Personenkreises ist die oberste Landesbehörde dem entsprechend frei, eine Eingrenzung nach persönlichen und sachlichen Kriterien (z. B. Zugehörigkeit zu einer bestimmten Bevölkerungsgruppe, regionale Herkunft, aber auch Ausschlussgründe wie z. B. Straffälligkeit) vorzunehmen.

60a.1.1.2 Bei einer Entscheidung nach § 60a Absatz 1 sind vor allem Gefahren nach § 60 Absatz 7 Satz 1 oder Satz 2 zu berücksichtigen, denen die Bevölkerung oder eine bestimmte Bevölkerungsgruppe im Herkunftsstaat allgemein ausgesetzt ist und die deshalb kein zielstaatsbezogenes Abschiebungshindernis im jeweiligen Einzelfall zu begründen vermögen, vgl. § 60 Absatz 7 Satz 3. Zur Vereinfachung des Verfahrens kann aber eine entsprechende Regelung auch dann erlassen werden, wenn die erfassten Personengruppen ganz oder teilweise als Einzelpersonen einen Anspruch auf Abschiebungsschutz wegen Vorliegens individueller Abschiebungshindernisse hätten.

60a.1.2 Eine Aussetzungsanordnung begründet keine unmittelbaren Rechtsansprüche auf Erteilung einer Duldung. Es handelt sich um eine intern ermessensbindende Entscheidung. Es besteht lediglich Anspruch auf Gleichbehandlung nach Maßgabe der von der obersten Landesbehörde gebilligten praktischen Anwendung der Anordnung innerhalb des Bundeslandes.

60a.1.3.1 Bei einem über sechs Monate hinausgehenden Zeitraum gelten im Wege der Rechtsgrundverweisung die Voraussetzungen für die Aufenthaltsgewährung durch die obersten Landesbehörden nach § 23 Absatz 1 (vgl. Nummer 23.1). Dies bedeutet, dass im Interesse der Bundeseinheitlichkeit bei Überschreiten der Sechs-Monats-Grenze Einvernehmen mit dem Bundesministerium des Innern herbeizuführen ist (vgl. § 23 Absatz 1 Satz 3), d. h. es ist eine politische Verständigung über die Schutzgewährung zwischen Bund und Ländern erforderlich. Nicht nur eine Verlängerung über sechs Monate hinaus löst das Einvernehmenserfordernis aus, sondern auch der mehrmalige allgemeine Aussetzung der Abschiebung, wenn die Zeiträume zusammen sechs Monate überschreiten. Eine Anordnung jenseits der Sechs-Monats-Grenze ohne Einvernehmen des Bundesministeriums des Innern ist nur dann möglich, wenn diese eine andere Personengruppe begünstigt. Eine Änderung der Begründung bei Beibehaltung der ursprünglichen Rechtsfolgen macht die Zustimmung des Bundesministeriums des Innern nicht entbehrlich. Das Bundesministerium des Innern soll über die Erteilung des für die Verlängerung erforderlichen Einvernehmens inhaltlich entscheiden, wenn elf Bundesländer dies beantragen.

60a.1.3.2 Auch bei erstmaliger Anordnung eines Abschiebungsstopps soll ein Bundesland im Interesse der Bundeseinheitlichkeit die Regelung nach § 60a Absatz 1 nur nach Konsultation mit dem Bundesministerium des Innern und den Innenministerien/-senatsverwaltungen der übrigen Länder anwenden.

60a.1.3.3 Auf Grund der Rechtsgrundverweisung auf § 23 Absatz 1 kann bei einem über sechs Monate hinausgehenden Abschiebungsstopp die Vollzugsaussetzung von der Abgabe einer Verpflichtungserklärung nach § 68 abhängig gemacht werden (§ 23 Absatz 1 Satz 2).

60a.2 Gesetzliche Duldungsgründe

60a.2.0.1 Ein Anspruch auf eine Duldung besteht, wenn eine Abschiebung aus rechtlichen oder tatsächlichen Gründen nicht möglich ist (§ 60a Absatz 2 Satz 1). Gleiches gilt, wenn die vorübergehende Anwesenheit des Ausländers im Bundesgebiet für ein Strafverfahren wegen eines Verbrechens von der Staatsanwaltschaft oder dem Strafgericht für sachgerecht erachtet wird, weil ohne seine Angaben die Erforschung des Sachverhalts erschwert wäre (§ 60a Absatz 2 Satz 2). Darüber hinaus kann eine Duldung im Ermessenswege erteilt und erneuert werden, wenn dringende humanitäre oder persönliche Gründe oder erhebliche öffentliche Interessen eine vorübergehende weitere Anwesenheit des Ausländers im Bundesgebiet erfordern (§ 60a Absatz 2 Satz 3).

60a.2.0.2 Vorrangig zu prüfen ist, ob die Erteilung eines Aufenthaltstitels, insbesondere nach § 25, in Betracht kommt. Gleichermaßen müssen bei Prüfung der Voraussetzungen einer Duldung Umstände, die bereits im Rahmen des Verfahrens zur Erteilung eines Aufenthaltstitels bzw. bei Entscheidung über die Aufenthaltsbeendigung Berücksichtigung fanden, nach Maßgabe des § 59 Absatz 4 unberücksichtigt bleiben. Zu berücksichtigen ist auch, ob die Erteilung einer Betretenserlaubnis zur Wahrung der Interessen des Ausländers ausreichend ist.

60a.2.0.3 Gegen die Versagung der Duldung findet nach § 83 Absatz 2 kein Widerspruch statt. § 83 Absatz 2 findet jedoch in den Fällen des Widerrufs keine Anwendung; der Widerspruch gegen den Widerruf einer Duldung hat aufschiebende Wirkung.

60a.2.1 Unmöglichkeit der Abschiebung aus rechtlichen oder tatsächlichen Gründen, § 60a Absatz 2 Satz 1
60a.2.1.1 Unmöglichkeit der Abschiebung aus rechtlichen Gründen
60a.2.1.1.1 Eine Unmöglichkeit der Abschiebung aus rechtlichen Gründen kommt z. B. in Betracht, wenn
60a.2.1.1.1.1 – ein zielstaatsbezogenes Abschiebungsverbot nach § 60 Absatz 1 oder Absatz 2 bis 5 oder Absatz 7 besteht,
60a.2.1.1.1.2 – ein inlandsbezogenes Vollstreckungshindernis besteht,
60a.2.1.1.1.3 – die Staatsanwaltschaft oder die Zeugenschutzdienststelle ein nach § 72 Absatz 4 erforderliches Einvernehmen zur Abschiebung noch nicht erteilt oder verweigert hat,
60a.2.1.1.1.4 – die Abschiebung durch richterliche Anordnung ausgesetzt ist.
60a.2.1.1.2 Zu den unter Nummer 60 a.2.1.1.1.2 genannten inlandsbezogenen Vollstreckungshindernissen gehören etwa:
60a.2.1.1.2.1 – unzumutbare Beeinträchtigungen des Rechts auf Wahrung des Ehe- und Familienlebens im Bundesgebiet mit dort aufenthaltsberechtigten Familienangehörigen. Die Trennung minderjähriger Kinder von beiden personensorgeberechtigten Eltern ist z. B. i. d. R. mit Artikel 6 GG/Artikel 8 EMRK nicht vereinbar. Bei im Bundesgebiet geborenen oder seit frühester Kindheit in Deutschland lebenden Ausländern (so genannte Ausländer der zweiten Generation) kann die Abschiebung im Einzelfall unverhältnismäßig sein, wenn praktisch keine Bindungen mehr zum Staat der formellen Staatsangehörigkeit bestehen und der Betroffene die dortige Sprache nicht spricht. Hier ist die Rechtsprechung des Europäischen Gerichtshofs für Menschenrechte an den Anforderungen an die Verhältnismäßigkeit entsprechender Eingriffe zu beachten. Artikel 6 GG/Artikel 8 EMRK stehen jedoch der Abschiebung eines Ehegatten nicht schon deshalb entgegen, weil über den Asylantrag des anderen Ehegatten noch nicht rechtskräftig entschieden ist (vgl. jedoch § 43 Absatz 3 AsylVfG). Ein Duldungsanspruch kann sich im Einzelfall etwa auch aus einer unmittelbar bevorstehenden Ehe mit einem Deutschen oder aufenthaltsberechtigten ausländischen

1 AufenthG § 60a

Staatsangehörigen (siehe Nummer 28, 30.0.6) ergeben oder aus dem Umstand, dass eine Ausländerin ein Kind erwartet, das qua Geburt deutscher Staatsangehöriger ist.

60a.2.1.1.2.2 – (vorübergehende) abschiebungsbedingte Gefahren für die körperliche Unversehrtheit des Ausländers. Vorrangig ist jedoch zu prüfen, ob dem nicht durch entsprechende Vorkehrungen im Rahmen der Abschiebung Rechnung getragen werden kann.

60a.2.1.1.3 Demgegenüber stellen Anträge auf Ausstellung eines Vertriebenenausweises oder auf Einbürgerung kein rechtliches Abschiebungsverbot dar.

60a.2.1.2 Unmöglichkeit der Abschiebung aus tatsächlichen Gründen, § 60a Absatz 2 Satz 1

Eine Unmöglichkeit der Abschiebung aus tatsächlichen Gründen ist von Verzögerungen zu unterscheiden, die sich aus verwaltungsorganisatorischen Gründen bei Vorbereitung der Abschiebung ergeben. Eine Duldung aus tatsächlichen Gründen kommt z. B. in Betracht

60a.2.1.2.1 – wegen Reiseunfähigkeit im Krankheitsfall,

60a.2.1.2.2 – im Falle fortdauernder Passlosigkeit, wenn nach den Erfahrungen der Ausländerbehörde eine Abschiebung ohne Pass oder deutschen Passersatz nicht möglich ist oder ein Abschiebungsversuch gescheitert ist,

60a.2.1.2.3 – wenn die Verkehrswege für eine Abschiebung unterbrochen sind,

60a.2.1.2.4 – wenn die sonstigen erforderlichen Papiere (z. B. Durchbeförderungsbewilligung, Visa) nicht vorliegen oder das geeignete Verkehrsmittel noch nicht zur Verfügung steht,

60a.2.1.2.5 – wenn es sich um einen Staatenlosen oder einen anderen Ausländer handelt, dessen Aufnahme der Herkunftsstaat, z. B. nach einem erfolglosen Abschiebungsversuch, verweigert hat (vgl. aber vorrangig § 60a Absatz 2a).

60a.2.1.3 Unbeschadet der Ausführungen zu Nummer 60 a.2.1.1 und 60 a.2.1.2 haben die Ausländerbehörden, soweit in Individualbeschwerdeverfahren vorläufige Maßnahmen des Europäischen Gerichtshofs für Menschenrechte gemäß Artikel 39 seiner Verfahrensordnung, des Menschenrechtsausschusses der Vereinten Nationen gemäß Artikel 92 seiner Verfahrensordnung oder des Anti-Folter-Ausschusses der Vereinten Nationen gemäß Artikel 108 Absatz 9 seiner Verfahrensordnung ergangen sind, die obersten Landesbehörden zu befassen.

60a.2.2 Aussetzung der Abschiebung bei Zeugen von Verbrechen, die für ein Strafverfahren benötigt werden, § 60a Absatz 2 Satz 2

60a.2.2.0 Satz 2 trifft eine allgemeine Regelung dahingehend, dass vollziehbar ausreisepflichtigen Zeugen von Verbrechen, die für ein Strafverfahren benötigt werden, zwingend eine Duldung zu erteilen ist.

60a.2.2.1 Bei Opfern von Menschenhandel ist vorrangig die Erteilung eines Aufenthaltstitels nach § 25 Absatz 4a zu prüfen.

60a.2.2.2 Zu den Tatbestandsvoraussetzungen wird auf Nummer 25.4 a.2.1 verwiesen.

60 a.2.3 Ermessensduldung, § 60a Absatz 2 Satz 3

60a.2.3.0 § 60a Absatz 2 Satz 3 soll den Ausländerbehörden die Möglichkeit geben, die Abschiebung vollziehbar ausreisepflichtiger Personen auszusetzen, deren Aufenthalt sich nicht zu einem rechtlichen Abschiebungshindernis nach Absatz 2 Satz 1 verdichtet hat und in deren Fall tatsächliche Abschiebungshindernisse nicht vorliegen, deren vorübergehender Aufenthalt jedoch aus dringenden humanitären oder persönlichen Gründen bzw. erheblichen öffentlichen Interessen geboten ist. Damit soll Härten begegnet werden, die in der Praxis dadurch entstehen können, dass § 25 Absatz 4 Satz 1 nicht auf vollziehbar ausreisepflichtige Ausländer anwendbar ist.

60 a.2.3.1 Zur Beurteilung, ob dringende humanitäre oder persönliche Gründe oder erhebliche öffentliche Interessen eine Anwesenheit des Ausländers im Bundesgebiet erfordern, wird auf die in Nummer 25.4.1.4 bis 25.4.1.7, 25.4.2.4.1 bis 25.4.2.4.4 dargelegten Grundsätze Bezug genommen.

60a.2a Duldung wegen gescheiterter Zurückschiebung/Abschiebung und Rückübernahmepflicht, § 60a Absatz 2a

60a.2 a.0 Zwischenstaatliche Vereinbarungen sowie die Richtlinie 2003/110/EG des Rates vom 25. November 2003 über die Unterstützung bei der Durchbeförderung im Rahmen von Rückführungsmaßnahmen auf dem Luftweg (ABl. EU Nummer L 321 S. 26, so genannte Durchbeförderungsrichtlinie) sehen vor, dass die Bundesrepublik Deutschland im Falle gescheiterter Abschiebungen zur Rückübernahme verpflichtet ist. Die Erteilung eines Aufenthaltstitels kommt auf Grund der fortbestehenden Ausreiseverpflichtung nicht in Betracht. Absatz 2a sieht daher zur kurzfristigen Statusregelung die Erteilung einer Duldung für eine Woche vor.

60a.2 a.1 Für die Aussetzung der Abschiebung nach § 60a Absatz 2a sind die mit der polizeilichen Kontrolle des grenzüberschreitenden Verkehrs beauftragten Behörden zuständig, § 71 Absatz 2 Nummer 2.

60a.2 a.2 Liegt eine Anordnung von Abschiebungshaft nach § 62 vor, ist keine Duldung zu erteilen, § 60a Absatz 2a Satz 1. Allein auf Grund der gescheiterten Abschiebung darf die Duldung nicht verlängert werden, § 60a Absatz 2a Satz 2. Die Verlängerung der Duldung durch die zuständige Ausländerbehörde auf Grund eines anderen Tatbestandes als § 60a Absatz 2a Satz 1 ist hingegen möglich.

60a.2 a.3 Die Einreise ist zuzulassen, § 60a Absatz 2a Satz 3.

60a.3 Fortbestehen der Ausreisepflicht

Die Duldung gibt dem Ausländer kein Aufenthaltsrecht, der Aufenthalt bleibt vielmehr unrechtmäßig und die Pflicht zur unverzüglichen Ausreise besteht fort. Durch die Duldung wird die Vollziehbarkeit der Ausreisepflicht nicht berührt (vgl. § 58 Absatz 1, § 59 Absatz 3). Sie bezweckt auch, den Ausländer trotz der ihm obliegenden vollziehbaren Ausreisepflicht vor der Strafbarkeit zu bewahren (vgl. § 95 Absatz 1 Nummer 2). Bei dem Aufenthalt auf der Grundlage einer Duldung handelt es sich nicht um einen ordnungsgemäßen Aufenthalt im völkerrechtlichen Sinne und nicht um einen Aufenthaltstitel i. S. d. Verordnung (EG) Nummer 343/2003 des Rates vom 18. Februar 2003 zur Festlegung der Kriterien und Verfahren zur Bestimmung des Mitgliedstaats, der für die Prüfung eines von einem Drittstaatsangehörigen in einem Mitgliedstaat gestellten Asylantrags zuständig ist (ABl. EU Nummer L 50, S. 1).

60a.4 Bescheinigung

Für die Bescheinigung über die Aussetzung der Abschiebung ist das in den Anlagen D2 a, D2 b zur AufenthV abgedruckte Muster zu verwenden.

60a.5 Abschiebung nach Erlöschen der Duldung

Die Abschiebung des Ausländers nach Erlöschen der Duldung (Ablauf der Geltungsdauer, vollziehbarer Widerruf) setzt eine vollziehbare Abschiebungsandrohung voraus. Durch die Erteilung einer Duldung entfällt die Abschiebungs-

Vorübergehende Aussetzung der Abschiebung (Duldung) § 60a AufenthG 1

androhung nicht (§ 59 Absatz 3). Nach Erlöschen der Duldung muss daher die Abschiebung nicht erneut angedroht werden. Ebenso wenig braucht vor der Abschiebung eine Ausreisefrist gesetzt zu werden (vgl. auch § 50 Absatz 3). Bei der in § 60a Absatz 5 Satz 4 genannten Frist von einem Monat für die Ankündigung der Abschiebung handelt es sich um eine Mindestfrist, die bis zum Erlöschen der Duldung durch Widerruf reicht. Gleiches gilt im Fall der Erneuerung der Duldung für mehr als ein Jahr. Der Zeitraum kann auch durch mehrere nacheinander erteilte ununterbrochene Duldungen erreicht werden. Die Ankündigungspflicht gilt nicht für das anstehende Erlöschen durch Ablauf der Geltungsdauer.

Übersicht

	Rn.
I. Entstehungsgeschichte	1
II. Normstruktur und Grundbegriffe	2
III. Aussetzungsbefugnis (Abs. 1)	7
IV. Duldung (Abs. 2 S. 1 und 2)	16
1. Allgemeines	16
2. Rechtsanspruch	22
3. Ermessensduldung (Abs. 2 S. 3), Duldung bei Vaterschaftsanerkennung (Abs. 2 S. 4)	41
4. Rücknahmepflicht im Falle gescheiterter Abschiebung und Duldung der Eltern (Abs. 2a und 2b)	45
5. Ärztliche Atteste und deren unverzügliche Vorlage (Abs. 2c und 2d)	52
6. Fortbestehende Ausreisepflicht (Abs. 3)	59
7. Duldungsbescheinigung und Widerruf (Abs. 4 und 5)	60
8. Beschäftigungsverbot für Geduldete (Abs. 6)	71
V. Verwaltungsverfahren und Rechtsschutz	80

I. Entstehungsgeschichte

Die Vorschrift war im **Gesetzesentwurf zum ZuwanderungG**[1] nicht enthalten. Sie wurde 1 aufgrund des Vermittlungsverfahrens[2] eingefügt. Dabei wurde § 60 XI des Entwurfs als Abs. 1 und 2 übernommen. Abs. 2–5 haben Vorgänger in §§ 55 II, 56 I, IV–VI, 56a AuslG 1990. Mit dem **RLUmsG 2007** wurde § 60a umfassend verändert. Eingeführt wurden Abs. 2a sowie in Abs. 2 S. 3 die alte Ermessensduldung aus humanitären Gründen (§ 55 III AuslG 1990), die in der Praxis erneut Kettenduldungen verursacht. Eine weitere Änderung war die Streichung der Verpflichtung, die Abschiebung für den Fall des Erlöschens der Duldung durch Ablauf der Geltungsdauer vorher anzukündigen (Abs. 5 S. 4). § 60 IIb beruht auf dem Gesetz zur Bekämpfung der Zwangsheirat und zum besseren Schutz der Opfer von Zwangsheirat sowie zur Änderung weiterer aufenthaltsrechtlicher und asylrechtlicher Vorschriften vom 23.6.2011[3]. Das **AufenthGÄndG 2015** führte ua auf Vorschlag des Innenausschusses in § 60a II ausdrücklich die Möglichkeit zur Duldung zum Zwecke der Ausbildung ein, was einem Petitum der Länder entsprach[4]. Das **AsylVfBeschlG 2015** änderte die Frist in Abs. 1 S. 1 von sechs auf drei Monate, formulierte Abs. 2 S. 6 neu und fügte Abs. 6 an. Dass die Frist in Abs. 1 S. 2 nicht ebenfalls auf drei Monate geändert wurde, ist offensichtlich ein Redaktionsversehen. Mit dem sog. **Asylpaket II**[5] wurden gemäß Art. 2 Nr. 2 des am 17.3.2016 (BGBl. I S. 390) in Kraft getretenen **Gesetzes zur Einführung beschleunigter Asylverfahren** in die Norm die **neuen Abs. 2c und 2d** eingefügt. Der Gesetzgeber begründete[6] dies aufgrund erheblicher politischer Kritik besonders ausführlich wie folgt:

(Zu Abs. 2c):

„Es wird gesetzlich vermutet, dass der Ausreisepflichtige reisefähig ist bzw. dass der Abschiebung gesundheitliche Gründe nicht entgegenstehen. Der Ausländer kann diese Vermutung regelmäßig nur durch Vorlage einer qualifizierten ärztlichen Bescheinigung zur Glaubhaftmachung seiner Erkrankung entkräften. Eine qualifizierte ärztliche Bescheinigung soll insbesondere die in Absatz 2c aufgeführten Merkmale berücksichtigen. Neben den in Satz 3 aufgeführten Merkmalen können in der ärztlichen Bescheinigung beispielsweise Aussagen dazu enthalten sein, welche Medikamente der Patient regelmäßig einnimmt oder welche hinreichend konkreten Gründe eine Reise im KFZ oder im Flugzeug nicht ohne Weiteres zulassen. Eine ärztliche Bescheinigung ist grundsätzlich nur dann als qualifiziert anzusehen, wenn die in Absatz 2c genannten Merkmale und Voraussetzungen erfüllt sind. Die erforderlichen Inhalte der qualifizierten ärztlichen Bescheinigung sind als Soll-Regelung ausgestaltet; dies bedeutet, dass ein Attest im Einzelfall auch bei

---

[1] BT-Drs. 15/420.
[2] BT-Drs. 15/3479, 6, 22.
[3] BGBl. 2011 I S. 1266; vgl. zur Gesetzesbegründung BT-Drs. 17/4401, 15; zu dem die Aufnahme dieser Vorschrift auslösenden Änderungsantrag s. Ausschuss-Drs. 17(4)205, 1 v. 7.3.2011.
[4] Zur Entstehungsgeschichte von § 60a II 4–6 näher *Neundorf/Brings* ZRP 2015, 145.
[5] → AsylG Vorb. Rn. 34 ff.
[6] BT-Drs. 18/7538, 19.

Dollinger 1213

1 AufenthG § 60a

Fehlen eines Merkmals noch qualifiziert sein kann, wenn die Bescheinigung im Übrigen dem Qualitätsstandard genügt und es auf das fehlende Merkmal ausnahmsweise nicht ankommt. Die Widerlegung der Vermutung nach Satz 1 durch Glaubhaftmachung der Erkrankung kann zudem nur durch eine ärztliche Bescheinigung, d. h. eine Bescheinigung eines approbierten Arztes, erfolgen. Eine Beeinträchtigung der Abschiebung durch die Erkrankung im Sinne von Satz 1 liegt auch vor, wenn die Abschiebung aufgrund der Erkrankung gänzlich ausgeschlossen ist. Mit der Regelung zur Glaubhaftmachung einer Erkrankung durch den Ausländer wird auf erhebliche praktische Probleme hinsichtlich der Bewertung der Validität von ärztlichen Bescheinigungen im Vorfeld einer Abschiebung reagiert, wie sie auch aus dem Bericht der Unterarbeitsgruppe Vollzugsdefizite der Bund-Länder-Arbeitsgruppe Rückführung über die Ergebnisse der Evaluierung des Berichts über die Probleme bei der praktischen Umsetzung von ausländerbehördlichen Ausreiseaufforderungen und Vollzugsmaßnahmen von April 2015 hervorgehen. Es besteht ein praktisches Bedürfnis, eine vom Ausländer vorgelegte Bescheinigung hinsichtlich der Erfüllung formaler und inhaltlicher Vorgaben zu validieren. Hierzu legt der Gesetzgeber nunmehr die in Absatz 2c genannten +Qualitätskriterien fest, die die jeweilige ärztliche Bescheinigung insbesondere enthalten soll."

(Zu Abs. 2d):

„Ziel der Regelung ist es, der in der Praxis aufkommenden Verhaltensweise vorzubeugen, wonach einige Ausreisepflichtige „auf Vorrat" ein Attest einholen und dieses erst zu einem Moment der zuständigen Behörde vorlegen, wenn die Abschiebung bereits konkret und mit erheblichem Verwaltungsaufwand eingeleitet worden ist. Mit der Vorlage der Bescheinigung sozusagen in letzter Minute wird die Abschiebung zumindest erheblich zeitlich verzögert oder muss gänzlich storniert werden, da der konkrete Amtswalter in der Regel nicht in der Lage ist, den ärztlichen Befund ad hoc, z. B. durch ein anderes ärztliches Gutachten, zu widerlegen. Den Ausländer trifft die Obliegenheit, eine nach Absatz 2c qualifizierte ärztliche Bescheinigung unverzüglich der zuständigen Behörde vorzulegen. Die Mitwirkungspflichten des Ausländers nach § 82 AufenthG werden insoweit hinsichtlich des Vortrags zu Erkrankungen des Ausländers konkretisiert. Die Obliegenheit des Ausländers nach Absatz 2d zur unverzüglichen Vorlage der ärztlichen Bescheinigung erstreckt sich auch auf Bescheinigungen, die für minderjährige Familienangehörige des Ausländers, für deren Angelegenheiten der Ausländer die Sorge trägt, ausgestellt worden sind. Unverzüglich bedeutet sofort, d. h. Vorlage ohne schuldhaftes Zögern. Spätestens ein Zeitraum von mehr als zwei Wochen seit der Ausstellung der Bescheinigung ist regelmäßig nicht mehr als unverzüglich anzusehen. Maßgeblich für die Einhaltung des Merkmals „unverzüglich" ist das Datum der ärztlichen Bescheinigung. Soll der Abschiebung eine PTBS entgegengehalten werden und ist diese nicht auf traumatisierende Erfahrungen in der Bundesrepublik Deutschland zurückzuführen, muss die qualifizierte ärztliche Bescheinigung unmittelbar nach Erhalt der Abschiebungsandrohung vorgelegt werden. Andernfalls ist der Vortrag des Ausländers hierzu regelmäßig nicht mehr zu berücksichtigen. Verletzt der Ausländer seine Mitwirkungspflicht nach § 60a Absatz 2d Satz 1, so ist sein Vortrag hinsichtlich seiner Erkrankung regelmäßig präkludiert. Der in der nicht oder nur verspätet vorgelegten, nach Absatz 2c qualifizierte Bescheinigung festgestellte Befund darf hinsichtlich der Abschiebung regelmäßig nicht mehr berücksichtigt werden. Die Widerlegung der Vermutung nach § 60a Absatz 2c Satz 1 durch den Ausländer ist mithin regelmäßig nicht mehr möglich. Auch die Behörde verfügt insoweit über keinen Ermessensspielraum mehr. Die Präklusionswirkung tritt regelmäßig auch dann ein, wenn der Ausländer eine Bescheinigung zwar unverzüglich vorlegt, diese aber nicht den in Absatz 2c festgelegten Mindestanforderungen an eine qualifizierte ärztliche Bescheinigung genügt. Die Präklusion tritt nur dann ausnahmsweise nicht ein, wenn der Ausländer an der Einholung einer qualifizierten ärztlichen Bescheinigung unverschuldet gehindert war oder soweit Gründe im Einzelfall vorliegen, die bereits zu einem Abschiebungshindernis nach § 60 Absatz 7 Satz 1 und 2 AufenthG führen würden, d. h. es liegen tatsächliche Anhaltspunkte für eine lebensbedrohliche oder schwerwiegende Erkrankung, die sich durch die Abschiebung wesentlich verschlechtern würde, vor. Bei Zweifeln der Behörde an der durch den Ausländer – auch durch qualifizierte ärztliche Bescheinigung – geltend gemachten Erkrankung, kann die Behörde eine ärztliche bzw. amtsärztliche Untersuchung anordnen, vgl. auch § 82 Absatz 4 AufenthG. Leistet der Ausländer einer durch die Behörde nach § 82 Absatz 4 angeordneten ärztlichen Untersuchung ohne zureichenden Grund nicht Folge, ist die Behörde berechtigt, die vorgetragene Erkrankung nicht zu berücksichtigen. Der Ausländer ist auf seine Pflichten und auf die Rechtsfolgen der Verletzung dieser Pflichten nach Absatz 2d hinzuweisen. Die Rechtsfolge einer solchen fehlenden oder mangelnden Belehrung nach Absatz 2d Satz 4 besteht allein im Nichtgreifen der Präklusionswirkung nach § 60a Absatz 2d. Die Mitwirkungspflichten nach § 82 sowie die vollziehbare Ausreisepflicht des Ausländers bleiben hingegen im Falle einer fehlenden oder mangelhaften Belehrung nach Absatz 2d Satz 4 unberührt. Die Belehrung über die Mitwirkungspflicht des Ausländers nach § 60a Absatz 2d wird künftig üblicherweise im Rahmen der Abschiebungsandrohung erfolgen. Mit Blick auf diejenigen ausreisepflichtigen Ausländer, deren Abschiebungsandrohung erlassen worden ist, reicht eine sukzessive Belehrung aus. Der Hinweis kann z. B. bei einem ohnehin anstehenden Behördenbesuch (bspw. zur Verlängerung der Duldung oder bei Vorlage einer nicht-qualifizierten Bescheinigung durch den Ausländer etc.) ergehen. Nicht erforderlich ist die nachträgliche Belehrung in Form eines flächendeckenden Anschreibens aller Ausländer, deren Abschiebungsandrohung bereits erlassen worden ist."

Mit dem **IntG 2016** vom 31.7.2016 (BGBl. I S. 1939) änderte der Gesetzgeber die **Bestimmungen über die Duldung zum Zwecke der Berufsausbildung.** Das aus bis dahin aus drei Sätzen bestehende Regelwerk in § 60a II 4–6 erhielt die Struktur, die sich nunmehr aus neun Sätzen § 60a II 4–12 ergibt. Zur Begründung hieß es im **Referentenentwurf des BMAS vom 14.4.2016**[7]:

„*Ausländerinnen und Ausländern mit einer Gestattung oder Duldung wird für die Aufnahme einer qualifizierten Berufsausbildung oder einer vergleichbaren schulischen Berufsausbildung eine Aufenthaltserlaubnis erteilt. Auf das Alter zum Zeitpunkt der Aufnahme der Berufsausbildung kommt es nicht an, da Betroffenen keine Nachteile daraus entstehen dürfen, wenn sie wegen der besonderen Situation in ihren Herkunftsländern keine Möglichkeit hatten, ihre Schulausbildung zu beenden oder frühzeitig eine Berufsausbildung aufzunehmen. Um die erforderliche Rechtssicherheit zu schaffen und den Verwaltungsaufwand zu reduzieren, wird die Aufenthaltserlaubnis für die gesamte vorgesehene Dauer der Berufsausbildung erteilt und bei Bedarf bis zum tatsächlichen Ausbildungsende verlängert. Für eine berufliche Perspektive im Anschluss an die Berufsausbildung wird bei erfolgreichem Abschluss eine Aufenthaltserlaubnis von einem Jahr zur Suche eines der Qualifikation entsprechenden Arbeitsplatzes erteilt. Für einen eigenen Beitrag zur Lebensunterhaltssicherung darf während dieser Zeit eine Erwerbstätigkeit auch ohne Bezug zum Ausbildungsabschluss ausgeübt werden. Eine eigenständige Lebensunterhaltssicherung ist jedoch keine Voraussetzung für den Aufenthalt.*" *Im weiter ausdifferenzierten u. mit dem Ausweisungsrecht abgestimmten* **Gesetzesentwurf der Bundesregierung vom 20.6.2016**[8] *lautete die* **Gesetzesbegründung** *dann wie folgt:* „*Die Neufassung von § 60a II S. 4 ff. dient dazu, Geduldeten und ausbildenden Betrieben für die Zeit der Ausbildung und für einen begrenzten Zeitraum danach mehr Rechtssicherheit zu verschaffen und das diesbezügliche aufenthaltsrechtliche Verfahren zu vereinfachen. Mit dem Anspruch auf Erteilung der Duldung für die gesamte Dauer der Berufsausbildung und dem Anspruch auf Erteilung einer Aufenthaltserlaubnis für zwei Jahre einer der erworbenen Qualifikation entsprechenden Beschäftigung im Anschluss an die erfolgreich absolvierte Ausbildung (siehe die Ergänzung von § 18a) erhält sowohl die oder der Auszubildende als auch der Ausbildungsbetrieb ein erheblich verstärktes Maß an Sicherheit. Künftig bedarf es in den Fällen des § 60a II 2 S. 4 nur noch einer einmaligen Prüfung durch die Ausländerbehörden. Es gibt keine Altersgrenze für die oder den Auszubildenden für den Beginn der Ausbildung. Eine Duldung zur Berufsausbildung soll jedoch nicht erteilt werden bzw. erlöschen, wenn die oder der Auszubildende wegen einer vorsätzlichen Straftat strafrechtlich oberhalb einer im Gesetz festgelegten Bagatellgrenze verurteilt wurde. Wird die Berufsausbildung durch die oder den Auszubildenden oder den Ausbildungsbetrieb vor dem erfolgreichen Abschluss abgebrochen, ist der Ausbildungsbetrieb verpflichtet, dies unverzüglich der zuständigen Ausländerbehörde schriftlich mitzuteilen. Bei Abbruch der Berufsausbildung erlischt die Duldung kraft Gesetzes. Das pflichtwidrige Unterlassen der Anzeige durch den Ausbildungsbetrieb wird durch Ergänzung von § 98 mit einem Bußgeld bewehrt. In den Fällen, in denen nach erfolgreichem Abschluss der Berufsausbildung keine Weiterbeschäftigung im Ausbildungsbetrieb erfolgt, wird die Duldung für sechs Monate zur Suche nach einer der erworbenen beruflichen Qualifikation entsprechenden Beschäftigung verlängert. Eine Verlängerung der Duldung zur Arbeitsplatzsuche über sechs Monate hinaus ist ausgeschlossen. Bei Erlöschen der für die Dauer der Berufsausbildung erteilten Duldung bleibt die Möglichkeit der Erteilung einer Duldung aus anderen Gründen unberührt.*"

Der darüber hinausgehende Vorschlag des Bundesrats, die Duldungsregelung zugunsten der Berufsausbildung in § 60 II 4–12 auf den Fall des erfolgreichen Hochschulstudiums wegen vergleichbarer Interessenlage der Betroffenen zu erweitern[9], fand hingegen keinen Eingang in das IntG.

Die nächste Änderung der Norm ergab sich durch das **Gesetz zur besseren Durchsetzung der Ausreisepflicht** vom 20.7.2017[10]. § 60a II wurde um S. 13 angefügt. Er betrifft die Aussetzung der Abschiebung für die Dauer des Verfahrens bei konkreten Anhaltspunkten einer missbräuchlichen Anerkennung der Vaterschaft nach § 85a. § 60a V wurde um S. 5 ergänzt. Danach entfällt die Ankündigungspflicht für die Abschiebung von langfristig geduldeten Ausländern, wenn diese bewusst über ihre Identität oder Staatsangehörigkeit täuschen oder sich weigern im Rahmen des Zumutbaren an der Beseitigung von Ausreisehindernissen mitzuwirken.

Mit dem am 1.1.2020 in Kraft getretenen Gesetz über Duldung bei Ausbildung und Beschäftigung vom 8.7.2019 **(DuldG 2019)** und dem 21.8.2019 in Kraft getretenen Zweiten Gesetz zur besseren Durchsetzung der Ausreisefrist vom 15.8.2019 **(2. RückkehrG 2019)** erlebte die Vorschrift ihre bislang letzte Novellierung. Die bisher in **§ 60a II 4–12** enthaltenen Regelungen über die Ausbildungsduldung wurden **in den neuen § 60c überführt** und erweitert. Aus § 60a II 13 der Gesetzesfassung von 2017 wurde deshalb § 60a II 4 AufenthG 2019. Darüber hinaus sind die Bestimmungen über den **Erkrankungsbegriff in § 60a IIc präzisiert** und ergänzt worden. Die festgestellte Erkrankung ist nun mit ihrem lateinischen Namen oder der ICD 10 (ab 1.1.2022 fortgeführt als ICD 11) zu bezeichnen. Des Weiteren sind im neuen § 60a IIc 4 die zur Behandlung der Erkrankung

---

[7] www.portal-sozialpolitik.de/uploads/sopo/2016/2016-04-14_BMAS_Referentenentwurf_%20Integrationsgesetz.pdf.
[8] BT-Drs. 18/8829.
[9] BT-Drs. 18/8829, 22.
[10] BGBl. 2017 I S. 2780.

erforderlichen Medikamente samt Wirkstoffangabe zu benennen. Mit § 60a VI 1 Nr. 3 erstreckt der Gesetzgeber ab dem 1.1.2020 die Versagung der Erwerbstätigkeit auf Geduldete, die als Asylbewerber aus einem sicheren Herkunftsstaat – ohne vom BAMF entsprechend beraten worden zu sein – ihren Asylantrag zurücknehmen, sobald deutlich wird, dass dieser zu keinem Schutzstatus führt. Von dem neuen § 60a VI 1 Nr. 3 im Sinne einer Rückausnahme nicht erfasst werden aber unbegleitete Minderjährige, wenn die Rücknahme oder der Verzicht auf das Stellen eines Asylantrags im Interesse des Kindeswohls erfolgte (§ 60a VI 2).

II. Normstruktur und Grundbegriffe

2   Die Vorschrift vereint **Bestimmungen über den Abschiebungsstopp (Abs. 1) und die Duldung (Abs. 2, 2a und 2b),** die bereits früher bestanden haben. Eine Duldungsbescheinigung war ursprünglich nicht mehr vorgesehen, weil es entgegen dem Willen des Gesetzgebers nach 1990 wie schon zuvor wiederum zu Kettenduldungen gekommen war und die Duldung sich erneut zu einer „Erlaubnis zweiter Klasse" zu entwickeln drohte. Vorgesehen war stattdessen eine „Bescheinigung" über die Aussetzung. Aus „Geduldeten" wären also „Bescheinigte" geworden, ohne dass die Tatbestände des illegalen, aber geduldeten Aufenthalts damit beseitigt gewesen wären. Nunmehr bezeichnet der Gesetzgeber die vorübergehende Aussetzung der Abschiebung in der Überschrift der Vorschrift wieder als **„Duldung"** und sieht hierfür in **Abs. 4** eine **Bescheinigung** vor. Die Duldung kann **erlöschen** oder **widerrufen** werden **(Abs. 5). Abs. 3** bestätigt, dass die Ausreisefrist eines Ausländers, dessen Abschiebung nach den Abs. 2, 2a oder 2b ausgesetzt ist, unberührt bleibt. Abs. 6 regelt Beschäftigungsverbote für bestimmte Gruppen von geduldeten Ausländern.

3   Die **Abs. 2c und 2d** befassen sich mit der Frage, wie mit gesundheitlichen Gründen, die der Abschiebung eines vollziehbar ausreisepflichtigen Ausländers entgegenstehen können, umzugehen ist. Sie bestimmen im Einzelnen die Anforderungen, die an ärztliche Bescheinigungen und deren Vorlage an die zuständige Behörde (Ausländerbehörde oder Polizeibehörde) zu stellen sind.

4   Bundesrechtlich ist die **Duldung** gem. § 60a II, IIa, IIb eine **Maßnahme in der Verwaltungsvollstreckung** und **kein Aufenthaltstitel.** Sie setzt die **Vollziehbarkeit der Ausreisepflicht (§ 58 I 1)** voraus[11] und **lässt diese unberührt.** Die **Aussetzung der Abschiebung** unter Erteilung der Bescheinigung nach Abs. 4 verleiht dem Duldungsinhaber vorübergehenden Schutz bis zu dem Zeitpunkt, zu dem die seine Abschiebung hindernden Umstände nicht mehr gegeben sind.

5   Zur Definition der Aussetzung der Abschiebung ist der Begriff der Abschiebung im unionsrechtlichen Kontext zu konkretisieren. Der **Begriff „Abschiebung"** bedeutet unionsrechtlich die Vollstreckung der Rückkehrverpflichtung, dh die tatsächliche Verbringung aus dem Mitgliedstaat. Der **Begriff „Rückkehr"** ist dagegen weiter gefasst und erstreckt sich auf den Prozess der Rückkehr in ein Drittland in (freiwilliger oder erzwungener) Erfüllung einer Rückkehrverpflichtung aus Art. 6 IV Rückführungs-RL, die nach Verstreichen der Frist zur freiwilligen Ausreise gem. Art. 8 Rückführungs-RL durch Abschiebung zwangsweise vollstreckt wird. Der EuGH hat entschieden, dass die Rückführungs-RL für die Rückführung eine „Abstufung von Maßnahmen" von freiwillig bis erzwungen vorsieht[12]. In der Praxis gibt es häufig Fälle, die Elemente sowohl der erzwungenen Rückkehr (Inhaftnahme) als auch der Freiwilligkeit (spätere freiwillige Ausreise ohne Zwangsmaßnahmen) enthalten.

6   **Unionsrechtlich** ist die Duldung nach § 60a am ehesten als **schriftliche Bestätigung der Duldungssituation des ausreisepflichtigen Ausländers** iSd 12. Erwägungsgrundes der Rückführungs-RL[13] zu beurteilen, für deren Ausgestaltung das Unionsrecht den Mitgliedstaaten einen breiten Ermessensspielraum gewährt. Dies ist streitig. **Anderer Auffassung** nach ist die Duldung unionsrechtlich eine **„sonstige Aufenthaltsberechtigung"** iSd Art. 6 IV 1 Rückführungs-RL dar, die nach Art. 6 IV 3 Rückführungs-RL einen Rechtsanspruch zumindest auf Aussetzung der Rückkehrentscheidung einräumt[14]. Wäre dies der Fall, spräche viel dafür, dass die Erteilung einer Duldung nach § 60a kraft des Anwendungsvorrangs des Unionsrechts die Ausreisepflicht des Ausländers aufheben würde. Dass dies ganz erhebliche praktische Auswirkungen auf die mitgliedstaatliche Migrationssteue-

---

[11] OVG NRW Beschl. v. 18.6.2012 – 18 E 491/12, BeckRS 2012, 52620: kein Anspruch auf Erteilung einer Duldung, solange eine dem Ausländer gesetzte Ausreisefrist nicht abgelaufen ist.
[12] EuGH Urt. v. 28.4.2011 – C 61/11 PPU, NJOZ 2012, 837 – El Dridi und v. 6.12.2011 – C-329/11, BeckRS 2011, 81777 – Achughbabian.
[13] Der 12. Erwägungsgrund der RL 2008/115/EG lautet: „Die Situation von Drittstaatsangehörigen, die sich unrechtmäßig im Land aufhalten, aber noch nicht abgeschoben werden können, sollte geregelt werden. Die Festlegungen hinsichtlich der Sicherung des Existenzminimums dieser Personen sollten nach Maßgabe der einzelstaatlichen Rechtsvorschriften getroffen werden. Die betreffenden Personen sollten eine *schriftliche Bestätigung* erhalten, damit sie im Falle administrativer Kontrollen oder Überprüfungen ihre besondere Situation nachweisen können. Die *Mitgliedstaaten* sollten hinsichtlich der *Gestaltung und des Formats der schriftlichen Bestätigung* über einen breiten Ermessensspielraum verfügen" und auch die Möglichkeit haben, sie in aufgrund dieser Richtlinie getroffene Entscheidungen in Bezug auf die Rückkehr aufzunehmen."
[14] Dafür *Röder* in BeckOK MigR, 2. Aufl. 2019, AufenthG § 60a Rn. 2 mwN; *Masuch/Gordzielik* in Huber, AufenthG, 2. Aufl. 2016, § 60a Rn. 35; *Funke-Kaiser,* GK-AufenthG, 2019, § 59 Rn. 272.

Vorübergehende Aussetzung der Abschiebung (Duldung) § 60a AufenthG 1

rung hätte, bedarf keiner weiteren Ausführungen. Rspr. des BVerwG oder des EuGH zu dieser Frage ist bisher nicht ersichtlich.

III. Aussetzungsbefugnis (Abs. 1)

Die **allgemeine Anordnung der Aussetzung von Abschiebungen** nach § 60a I ist an dieselben **Voraussetzungen gebunden wie** die Aufenthaltserlaubnis nach **§ 23 I.** Die Anordnung kann ebenso wie nach § 23 I pauschal und endgültig bestimmte Gruppen von Ausländern, insbesondere Angehörige bestimmter Staaten, begünstigen und damit jede weitere Prüfung der Ausländerbehörde erübrigen. Zulässig erscheint aber auch eine Anordnung, deren Einzelheiten erst noch zum Teil durch die Ausländerbehörde für den Einzelfall festzustellen sind oder die der Ausländerbehörde in bestimmtem Umfang Ermessen einräumt. Die allgemeine Aussetzung kommt auch für Fallgestaltungen des § 60 VII und für die Zeit nach erfolglosem Abschluss des Asylverfahrens in Betracht. 7

Die **Rechtsnatur der allgemeinen Anordnung der Aussetzung** nach Abs. 1 ist nicht endgültig geklärt. Die Allgemeine Ordnung stellt weder eine bloße Verwaltungsvorschrift noch eine Rechtsverordnung dar. Ihre Eigenart besteht darin, dass sie einerseits die Ausländerbehörde wie eine innerdienstliche Anordnung bindet, andererseits aber nach außen wirkt und die betroffenen Ausländer unmittelbar begünstigen soll. Als gesetzesausfüllende Anordnung unterliegt sie ähnlichen Anforderungen an Form und Bestimmtheit wie ein Rechtssatz und bedarf der Veröffentlichung[15]. Das BVerwG sieht in ihr zutreffend keine Norm und auch keine Allgemeine Verfügung[16]. Der Thüringer VerfGH sieht in einer Anordnung gemäß Abs. 1 mit guten Argumenten Innenrecht der Verwaltung, das im Verfahren der abstrakten Normenkontrolle nach thüringischem Landesverfassungsrecht nicht überprüfbar ist[17]. 8

Die **Voraussetzungen für** den **Abschiebungsstopp** sind **weit gefasst**[18]. Völkerrechtliche Gründe können sich, da einschlägige unmittelbar zugunsten von Ausländern wirkende Normen des allgemeinen Völkerrechts und von Verträgen derzeit nicht bestehen, insbesondere aus Staatenverpflichtungen ergeben, die keine subjektiven Rechte enthalten. Humanitäre Erwägungen und politische Interessen eröffnen ein noch weiteres Feld. Zudem ist der Entschluss selbst dem politischen Ermessen anheimgestellt und deswegen gerichtlich, wenn überhaupt, nur in sehr engen Grenzen überprüfbar[19]. Auch wenn das BMI sein Einvernehmen erteilt hat, kann sich der einzelne Ausländer nicht vor Erlass einer Anordnung in dem Aufenthaltsland unmittelbar auf einen IMK-Beschluss berufen[20]. Trotz Einvernehmens sind die Länder auch nicht verpflichtet, einen zugrunde liegenden Beschluss der IMK uneingeschränkt zu verwirklichen[21]. 9

Den **Inhalt können die Länder ebenso frei bestimmen**[22]. Sie sind vor allem in der Auswahl der begünstigten Gruppe rechtlich nicht weiter gebunden als durch das **Willkürverbot.** Als Kriterien können vor allem Staatsangehörigkeit, regionale Herkunft, ethnische oder religiöse Zugehörigkeit herangezogen werden, aber auch ein erfolglos durchlaufenes Asylverfahren, Aufenthaltsdauer, Unterhaltssicherung und Straflosigkeit. Es können auch Gruppen begünstigt werden, für deren Angehörige eines der Abschiebungshindernisse des § 60 II, V oder VII 1 gegeben ist. Auch die Einzelheiten der zu erteilenden Duldung können nach weitem Ermessen bestimmt werden. Beschränkungen und Vorbehalte sind zulässig[23]. Bei der Umsetzung eines IMK-Beschlusses sind die Bundesländer jedenfalls nicht in der Weise gebunden, dass dem einzelnen Ausländer Rechte zustehen, die nicht durch den Ländererlass gedeckt sind[24]. Die Länder brauchen den IMK-Beschluss nicht wörtlich zu übernehmen[25]. 10

Ob den nach dem Inhalt des Erlasses **begünstigten Ausländer** ein **unmittelbarer Anspruch** zusteht, ist strittig. Teilweise wird angenommen, die Erlasse erschöpften sich in der verwaltungs- 11

---

[15] *Renner* AiD Rn. 7/661–662.
[16] BVerwG Urt. v. 19.3.1996 – 1 C 34.93, BVerwGE 100, 335, v. 19.9.2000 – 1 C 19.99, BVerwG 112, 63 und v. 15.11.2011 – 1 C 21.10, BVerwGE 141, 151 jeweils zu § 23 AufenthG und seiner Vorgängerbestimmung (§ 32 AuslG 1990). S. auch BVerwG Beschl. v. 14.12.2010 – 1 B 30.10, BeckRS 2010, 46388 zu § 60a: Abschiebestopp-Erlasse „als politische Grundsatzentscheidungen allein für das Ermessen der Innenministerien des Bundes und der Länder gestellt sind und subjektive, einklagbare Rechte einzelner betroffener Ausländer grundsätzlich ausgeschlossen sein sollen".
[17] ThürVerfGH Urt. v. 13.4.2016 – VerfGH 11/15, NVwZ 2016, 1320 zum „Thüringer Winterabschiebestopp". AA das Sondervotum von *Baldus* zur Entscheidung des ThürVerfGH v. 13.4.2016 – VerfGH 11/15, NVwZ 2016, 1323, der allgemeinen Aussetzungsentscheidungen nach Abs. 1 ähnliche Wirkungen wie ein Rechtssatz beimisst, weil sie unmittelbar eine bestimmte Gruppe von Menschen begünstigen.
[18] *Renner* AiD Rn. 7/663–665.
[19] Dazu *Bethäuser* ZAR 1996, 12; *Göbel-Zimmermann* ZAR 1995, 23; *Renner* AiD Rn. 7/677.
[20] VG Berlin Urt. v. 22.7.1996 – 35 A 934.96, EZAR 015 Nr. 9.
[21] BVerwG Beschl. v. 14.3.1997 – 1 B 66.97, EZAR 015 Nr. 14; VGH BW Beschl. v. 20.4.2002 – 13 S 314/02, EZAR 015 Nr. 29.
[22] OVG Bbg Beschl. v. 15.8.2003 – 4 B 225/03, EZAR 015 Nr. 34; OVG Brem Beschl. v. 11.6.2002 – 1 B 228/02, EZAR 015 Nr. 31.
[23] AA OVG Bln Beschl. v. 5.4.1995 – 8 S 577.94 ua, InfAuslR 1995, 257.
[24] BVerwG Beschl. v. 14.3.1997 – 1 B 66.97, EZAR 015 Nr. 14.
[25] OVG Bbg Beschl. v. 6.8.2002 – 4 B 110/02, EZAR 015 Nr. 30.

internen Steuerung des Ermessens, der Ausländer könne sich also nur auf eine Gleichbehandlung nach ständiger Verwaltungspraxis berufen[26]. Mehrheitlich wird dagegen in Literatur und Rspr. die Ansicht vertreten, die Anordnungen begründeten unmittelbare Rechtspositionen, die nicht abhängig sind von der Auslegung durch ein Landesministerium des Innern und von der Verwaltungsübung der nachgeordneten Behörden[27]. Für letztere Ansicht spricht die rechtssatzmäßige Ausgestaltung und die Vereinheitlichungsfunktion der Anordnung. Mit der allgemeinen Anordnung auf Landesebene soll gerade ein uneinheitlicher Verwaltungsvollzug wie bei internen RL möglichst ausgeschlossen werden. Im Falle des Einvernehmens soll eine möglichst bundesweit einheitliche Handhabung durch die oberste Landesbehörde und die Ausländerbehörde sichergestellt werden. Die Aufgabe des Einvernehmens kann nicht darauf reduziert werden, zu verhindern, dass sich einzelne Bundesländer zu weit von einer bundeseinheitlichen Rechtsanwendung entfernten[28].

12   Die **Anordnung** hat eine ähnlich weitreichende Bedeutung wie die nach § 23 und ist deshalb **an das Einvernehmen des BMI gebunden,** falls sie die Dauer von drei Monaten überschreitet. Zulässig ist die Aussetzung für eine längere Zeit entweder von vornherein oder in mehreren Schritten. Durch das Erfordernis des Einvernehmens sind voneinander abweichende generelle Abschiebungsstopps der Länder ausgeschlossen. Es greift allerdings nur bei einer Verlängerung ein, nicht bei einem Neuerlass. Für die Frage der Identität der Aussetzungsanordnung ist sowohl auf die Personengruppe als auch auf den Grund der Aussetzung abzuheben[29]. Dabei ist es unerheblich, wenn die Anordnung nach kurzer Unterbrechung wiederholt wird[30]. Um einen Neuerlass handelt es sich vor allem bei nicht unwesentlicher Änderung der Rechts- oder Sachlage[31]. Zuständig sind die obersten Behörden der Länder.

13   Über das **Einvernehmen entscheidet allein das BMI.** Es bedarf dazu nicht der Zustimmung der Länder. Maßgeblich ist allein das Ziel der Einheitlichkeit der Behandlung der fraglichen Gruppe und insgesamt der ausländerpolitischen Maßnahmen zugunsten von Flüchtlingen oder anderen Ausländern im gesamten Bundesgebiet. Einheitlichkeit bedeutet aber nicht völlige Übereinstimmung[32]. Da die Verhältnisse meistens in allen Ländern ähnlich gelagert sind, kann das BMI in der Regel die Zustimmung von der einvernehmlichen Verständigung mit allen Bundesländern abhängig machen. Anders verhält es sich aber, wenn Regelungsbedarf nur für einzelne Länder oder ein einziges Land besteht.

14   Aus § 60a I 2 folgt kein Anspruch auf Erlass einer Anordnung nach § 23 I. **Abschiebestopp-Erlasse für ganze Ausländergruppen** sind wegen ihrer weitreichenden Folgewirkungen als politische Grundsatzentscheidungen **allein in das Ermessen der Ministerien des Innern des Bundes und der Länder gestellt. Subjektive, einklagbare Rechte einzelner Ausländer sind grundsätzlich ausgeschlossen.** Der Verweis auf § 23 I in § 60a I 2 ist ausschließlich dahin gehend zu verstehen, dass es für die Anordnung einer Aussetzung der Abschiebung von länger als drei Monaten des in § 23 I 3 geregelten Einvernehmens mit dem BMI bedarf[33].

15   Ausgeführt wird die generelle Aussetzung durch Erteilung einer Duldung im **Einzelfall.** Auf sie besteht je nach dem Inhalt der Anordnung unter Umständen ein Rechtsanspruch, sie bewirkt aber keinen rechtmäßigen Aufenthalt, selbst wenn sie länger andauert. Ob der Ausländer eine Duldung verlangen kann, hängt freilich von den Einzelheiten der Anordnung ab. Sie kann unmittelbar wirken, wenn die Voraussetzungen abschließend bestimmt sind und es keiner weiteren Ermittlungen und Feststellungen bedarf. Sie kann aber auch den Nachweis weiterer Voraussetzungen verlangen, zB Unterhaltsfähigkeit oder Straflosigkeit. Dann treten die Rechtsfolgen erst mit Erfüllung dieser Anforderung ein.

IV. Duldung (Abs. 2 S. 1 und 2)

1. Allgemeines

16   Die **Duldung** ist ein in Deutschland **herkömmliches ausländerrechtliches Institut,** das allerdings unter der Geltung des § 17 I AuslG 1965 zum Teil zur Ermöglichung humanitär motivierter und politisch erwünschter Daueraufenthaltserlaubnis zum Aufenthaltsrecht „zweiter Klasse" zweckentfremdet worden war[34]. Mit dem AuslG 1990 sollte die Duldung wieder auf ihre eigentliche **vollstre-**

---

[26] BVerwG Urt. v. 19.9.2000 – 1 C 19/99, BVerwGE 112, 63; HmbOVG Beschl. v. 28.8.1996 – Bs VI 153/96, NVwZ-Beil. 1997, 26; NdsOVG Beschl. v. 7.3.1997 – 11 M 737/97, NdsVBl 1997, 156.

[27] VGH BW Urt. v. 17.2.1993 – 1 S 103/92, EZAR 019 Nr. 2; Urt. v. 20.7.1993 – 11 S 261/93, InfAuslR 1994, 21; OVG Brem Beschl. v. 28.1.2000 – 1 B 406/99, EZAR 015 Nr. 20; HessVGH Beschl. v. 27.7.1995 – 12 TG 2342/95, EZAR 046 Nr. 5; OVG NRW Beschl. v. 13.7.1994 – 17 B 2830/93, EZAR 015 Nr. 5; ThürOVG Beschl. v. 1.3.1995 – 3 EO 376/94, ThürVBl 1995, 181.

[28] So aber BVerwG Urt. v. 19.9.2000 – 1 C 19/99, BVerwGE 112, 63.

[29] Göbel-Zimmermann ZAR 1995, 23; HessVGH Beschl. v. 27.7.1995 – 12 TG 2342/95, EZAR 046 Nr. 5.

[30] HessVGH Beschl. v. 27.7.1995 – 12 TG 2342/95, EZAR 046 Nr. 5.

[31] Vgl. Bäuerle/Kleindiek NVwZ 1995, 433; Bethäuser ZAR 1996, 12; Göbel-Zimmermann ZAR 1995, 23.

[32] Renner AiD Rn. 7/671–673.

[33] BVerwG Beschl. v. 14.12.2010 – 1 B 30.10, BeckRS 2011, 45688.

[34] Renner NJW 1989, 1247 (1251); BVerwG Urt. v. 16.10.1990 – 1 C 15.88, BVerwGE 87, 11: „Ersatzaufenthaltsrecht".

Vorübergehende Aussetzung der Abschiebung (Duldung) § 60a AufenthG 1

ckungsrechtliche Funktion zurückgeführt und nach Voraussetzungen und Wirkungen klar gegenüber der Aufenthaltsgenehmigung abgegrenzt werden. Sie sollte der Tatsache gerecht werden, dass die Verlassenspflicht nicht immer sofort und manchmal auch für längere Zeit nicht durchgesetzt werden kann. Eine „Dauerduldung" entspreche nicht dem Willen des Gesetzgebers. Falls die Ausreisepflicht voraussichtlich nie oder erst zu einem völlig ungewissen Zeitpunkt durchgesetzt werden könne, sei eine Aufenthaltsbefugnis nach § 30 III AuslG in Betracht zu ziehen[35].

Diese **Erwartungen** sind **nicht in Erfüllung gegangen**. Denn die Sachverhalte, in denen eine 17 Abschiebung aus rechtlichen oder tatsächlichen Gründen nicht durchgeführt werden kann, haben sich nicht geändert. Es lassen sich im Wesentlichen drei Ursachen feststellen, die sich mitunter freilich überlappen und so wechselseitig verstärken. Erstens kann die zwangsweise Rückführung aus Rechtsgründen – etwa wegen Art. 2 II 1, Art. 6 GG, Art. 7 GRCh oder Art. 8 EMRK – ausgeschlossen sein, zweitens verhindern die Verhaltensweisen mancher Ausländer die Abschiebung – etwa Herkunfts- und Identitätstäuschung oder das Vernichten von Passpapieren – und drittens können die objektiven Verhältnisse in Herkunftsländern und bisweilen auch die mangelnde Kooperationsbereitschaft der Behörden der Heimatstaaten[36] zu mitunter erheblichen Verzögerungen bei der Rückführung vollziehbar ausreisepflichtiger Ausländer führen. Die Ursachen für Vollzugsdefizite bei der Rückführung vollziehbar ausreisepflichtiger Ausländer sind demnach multifaktoriell.

Die **Duldung** nach § 60a II ist **ein in der Verwaltungsvollstreckung ergehender begünsti-** 18 **gender Verwaltungsakt.** Gesetzlich geregelte Fälle der Aussetzung der Abschiebung sind § 81 III 2 sowie §§ 36 III 8, 71 V 2 und 71a III 1 AsylG. Im Anwendungsbereich des § 60a richtet sie sich nach den Voraussetzungen der Abs. 1, 2, 2a oder 2b. Wird die aufschiebende Wirkung eines Rechtsbehelfs gegen die Versagung eines Aufenthaltstitels, dessen Beantragung mit den Fiktionswirkungen nach § 81 III 1 oder IV verbunden war, angeordnet, so kommt gleichfalls die Erteilung einer Duldung in Betracht[37]. Die gerichtliche Anordnung der aufschiebenden Wirkung ist gerade nicht mit der Rechtsfolge verbunden, dass die Fiktionswirkungen wieder auflebten[38]. In der (modifizierten) Duldungsbescheinigung ist in einem solchen Fall allerdings festzuhalten, dass die Wirkungen des § 84 II 2 eingetreten sind. Die Duldung kann sowohl auf Antrag als auch von Amts wegen erteilt werden. Ihr stehen eine Grenzübertrittsbescheinigung oder ähnliche formlose Papiere nicht gleich.

Die **Duldung** beseitigt weder die Ausreisepflicht (§ 60a III) noch deren Vollziehbarkeit, sie führt 19 auch nicht zur Erledigung der Abschiebungsandrohung; sie **setzt nur den Vollzug der Abschiebung zeitweilig aus.** Wird die Ausreisefrist nach § 59 I 4 (iVm Art. 7 II Rückführungs-RL) verlängert, kann nicht gleichzeitig eine Duldung erteilt werden. Fristverlängerung und Duldung sind allerdings gleichwertige Möglichkeiten, um den persönlichen Belangen der Betroffenen Rechnung zu tragen (vgl. § 59 I 5, wonach § 60a II unberührt bleibt).

Eine unmittelbare **Rechtsfolge der Duldung** besteht darin, dass der **geduldete Aufenthalt nicht** 20 **strafbar** ist. Nach § 95 I Nr. 2 macht sich der Ausländer, der sich ohne erforderlichen Aufenthaltstitel im Bundesgebiet aufhält und vollziehbar ausreisepflichtig ist, nur dann strafbar, wenn seine Abschiebung nicht ausgesetzt ist. Nach § 95 I Nr. 2 wird zwar der Besitz einer Duldung verlangt, die Strafgerichte sind aber gehalten, selbst zu prüfen, ob die Voraussetzungen für die Aussetzung der Abschiebung im Tatzeitraum vorlagen; ein Anspruch auf Duldung steht der Strafbarkeit entgegen[39]. Der geduldete Aufenthalt stellt auch keinen Ausweisungsgrund dar[40]. Aus einem geduldeten Aufenthalt heraus kann die Erteilung einer Aufenthaltserlaubnis in Betracht kommen (vgl. §§ 18a (bis 29.2.2020, ab 1.3.2020: § 19d), 25 IVa, IVb und V sowie §§ 25a und 25b).

Die **Rechtsstellung des geduldeten Ausländers** nach § 60a II ist **eher prekär**[41] oder jedenfalls 21 zweischneidig. Es gibt zwar den prinzipiellen Zugang zu Bildung einschließlich Berufsausbildung und Studium[42] oder die Möglichkeit, an einem Integrationskurs nach § 44 IV 2 Nr. 2 bzw. jedenfalls im

---

[35] *Fraenkel* S. 293.
[36] Vgl. etwa BMI, Bericht zur Evaluierung des Zuwanderungsgesetzes, Juli 2006, S. 94.
[37] AA OVG Brem Beschl. v. 19.9.2010 – 1 B 140/10, InfAuslR 2011, 14, wonach eine Fiktionsbescheinigung zu erteilen ist.
[38] VGH BW Beschl. v. 20.11.2007 – 11 S 2364/07, InfAuslR 2008, 81; GK-AufenthG § 81 Rn. 62 (Stand: 12/ 2014).
[39] BVerfG-K Beschl. v. 6.3.2003 – 2 BvR 397/02, NStZ 2003, 488 mAnm *Mosbacher* NStZ 2003, 489 und mAnm *Pfaff* ZAR 2003, 145; s. allerdings OLG Frankfurt a. M. Beschl. v. 12.3.2009 – 3 Ss 71/09, NStZ-RR 2009, 257 unter Hinweis auf BGH Urt. v. 6.10.2006 – 1 StR 76/04, wonach der Ausländer strafbar bleibt, wenn die Ursache für die (gesetzwidrige) Untätigkeit der Ausländerbehörde (Nichterteilung der Duldungsentscheidung nach § 60a II) allein im Verantwortungsbereich des Ausländers liegt, weil er zB abgetaucht ist, jeden Kontakt mit der Ausländerbehörde meidet und insbes. von vornherein nicht offenbart, dass er nach Deutschland (wieder) eingereist ist; vgl. auch *Winkelmann*, E-Book Ausländerstrafrecht, S. 15, www.migrationsrecht.net.
[40] BVerwG Urt. v. 15.5.1984 – 1 C 59.81, EZAR 223 Nr. 7.
[41] Vgl. *Kemper* ZAR 1992, 112; *Rossen* ZAR 1988, 20; BVerwG Urt. v. 16.10.1990 – 1 C 15.88, BVerwGE 87, 11 betr. Art. 28 GK und Art. 28 StlÜbk.
[42] Zur Problematik der Zulässigkeit eines Studierverbots als Nebenbestimmung zur Duldung OVG RhPf Beschl. v. 27.8.2014 – 7 B 10433/14, BeckRS 2014, 55701; HmbOVG Beschl. v. 21.4.2005 – 3 Bs 40/05, InfAuslR 2005, 306.

1 AufenthG § 60a

Rahmen verfügbarer Plätze teilzunehmen (§ 44 IV 1)[43]; auch ein Wohnraumberechtigungsschein kann ihm zustehen[44]. Auch die Erwerbstätigkeit ist eingeschränkt möglich (vgl. § 32 BeschV, § 60a VI). Es besteht aber zB kein Kindergeldanspruch nach § 62 EStG, § 1 BKGG und soziale Leistungen erfolgen grundsätzlich nur nach dem AsylbLG (vgl. dessen § 1). Vor allem aber ist der **Weg aus einer Duldung in einen Aufenthaltstitel** – und damit in einen gesicherten Aufenthaltsstatus – **schwierig und steinig,** so er denn eröffnet ist. Dieser Weg ist nunmehr insbesondere bei gelungener Arbeitsmarktintegration nach qualifizierter dualer Berufsausbildung über § 60c iVm § 18a (bis 29.2.2020) und § 19d (ab 1.3.2020) eröffnet.

2. Rechtsanspruch

22   In **Abs. 2 S. 1 und S. 2** sind die Fälle bestimmt, in denen die Abschiebung auszusetzen ist und der Ausländer eine Duldungsbescheinigung verlangen kann. Wann die Abschiebung aus rechtlichen oder tatsächlichen Gründen unmöglich iSv S. 1 ist und keine Aufenthaltserlaubnis erteilt wird, folgt aus der Anwendung zwingenden Rechts und obliegt keiner Ermessensentscheidung. **Unmöglichkeit** der Abschiebung ist nicht schon bei jeder geringen zeitlichen Verzögerung infolge der notwendigen verwaltungsmäßigen Vorbereitungen anzunehmen, sondern nur bei dem zeitweiligen Ausschluss der Abschiebung aufgrund rechtlicher Verbote oder Hindernisse oder aufgrund tatsächlicher Umstände außerhalb der administrativen Organisation der Abschiebung. Steht diese Unmöglichkeit fest, folgt daraus zwangsläufig und ohne die Möglichkeit einer Ermessensausübung die Verpflichtung zur Aussetzung und zur Erteilung der deklaratorischen Bescheinigung hierüber. Darauf, ob der Ausländer freiwillig ausreisen könnte, kommt es nicht an[45].

23   Mit der Regelung in § 60a II 1 wird **verhindert,** dass sich der Ausländer, der nicht abgeschoben werden darf oder kann, rechtlich und tatsächlich mit einer gesetzesfreien **Grauzone** zufriedengeben muss. Mit dem Vorenthalten einer Duldung darf nicht mittelbar die Ausreise erzwungen werden. Gegenüber dem Anspruch auf Ausstellung der Duldung kann nicht eingewendet werden, die Abschiebung sei in drei bis vier Monaten durchführbar[46] oder die freiwillige Ausreise sei möglich[47]. Eine Duldung muss auch dann erteilt werden, wenn die Identität des Ausländers nicht geklärt ist[48] oder er die Entstehung des Ausreisehindernisses zu vertreten hat.

24   **Von Rechts wegen** unmöglich iSv S. 1 ist die Abschiebung, wenn sie im Verhältnis zu dem Betroffenen rechtlich ausgeschlossen ist, dh, wenn sich aus nationalen Gesetzen, Unionsrecht, Verfassungsrecht oder Völkergewohnheitsrecht ein zwingendes Abschiebungsverbot ergibt[49]. In der Praxis bedeutsam sind vor allem familiäre Gründe, die Frage einer Verwurzelung im Inland oder Erkrankung. Art. 6 GG, Art. 8 EMRK und Art. 7 GRCh gebieten nicht in jedem Fall die gemeinsame Abschiebung sämtlicher ausreisepflichtiger Familienmitglieder. Im Einzelfall kann die getrennte Abschiebung ausnahmsweise rechtmäßig sein, wenn dies nur zu einer vorübergehenden Trennung der Familienmitglieder für einen überschaubaren Zeitraum führen wird, zB weil auch der in Deutschland verbleibende Teil der Familie in absehbarer Zeit in das gemeinsame Heimatland zurückkehren und dort die Familieneinheit wiederhergestellt werden wird. Eine generelle Aussage dahin gehend, minderjährige Kinder könnten zumutbarerweise vorübergehend auch ohne Personensorgeberechtigte allein in Deutschland verbleiben, wenn sie altersentsprechend nicht mehr der ständigen Betreuung und Fürsorge bedürften[50], ist aber schon aus Gründen des verfassungs- (Art. 6 II und III GG) wie unionsrechtlich (Art. 24 GRCh) verbürgten Kinder- und Jugendschutzes (vgl. insbesondere § 8a SGB VIII) zu bezweifeln.

25   Eine ernsthaft **beabsichtigte Eheschließung** kann einer Ausreiseverpflichtung entgegenstehendes zeitweiliges Bleiberecht begründen, weil Art. 6 I GG auch das Recht schützt, eine Ehe zu schließen und das Recht aus Art. 6 I GG bei Aufenthaltsentscheidungen mit zu würdigen ist[51]. Dieses Bleiberecht gilt für einen Zeitraum, den üblicherweise das standesamtliche Verfahren bei einer Eheschließung braucht; deshalb darf eine Behörde eine Abschiebung nicht durchsetzen, wenn die **Eheschließung sicher erscheint und unmittelbar bevorsteht.** Dies setzt aber voraus, dass mit

---

[43] Vgl. schon den Vorschlag des Bundesrats zur prinzipiellen Eröffnung der Integrationskurse für Geduldete, BT-Drs. 18/445 sowie nunmehr BT-Drs. 18/6185, 66 f.
[44] Zum Anspruch eines langjährig geduldeten Ausländers auf Erteilung eines Wohnberechtigungsscheins VGH BW Urt. v. 19.7.2013 – 3 S 1514/12, BeckRS 2013, 199827; s. auch VG Berlin Urt. v. 28.6.2019 – VG 8 K 202.18, BeckRS 2019, 26372.
[45] BVerwG Urt. v. 25.9.1997 – 1 C 3.97, BVerwGE 105, 232; OVG Bln-Bbg Beschl. v. 15.7.2016 – OVG 11 N 77.16, BeckRS 2016, 49808.
[46] OVG Bln Beschl. v. 27.3.1998 – 3 S 2.98, EZAR 045 Nr. 8.
[47] BVerwG Urt. v. 25.9.1997 – 1 C 3.97, EZAR 047 Nr. 7 mAnm *Renner* NJ 1998, 161.
[48] BVerwG Urt. v. 21.3.2000 – 1 C 23.99, BVerwGE 111, 62.
[49] Näher GK-AufenthG § 60a Rn. 126 ff. (Stand 3/2015).
[50] So OVG RhPf Beschl. v. 24.8.2021 – 7 B 10843/21, BeckRS 2021, 24182 betr. die Abschiebung einer armenischen Familie ohne ihren 16-jährigen Sohn. Im konkreten Fall war der Sohn anlässlich der Abschiebung allerdings geflohen; zudem lebten seine Großeltern erlaubt im elterlichen Haus im Bundesgebiet.
[51] BVerfG Beschl. v. 4.5.1971 – 1 BvR 636/68, BVerfGE 31, 58 (67).

einem positiven Abschluss des standesamtlichen Eheschließungsverfahrens zu rechnen ist und der Termin der Eheschließung alsbald bevorsteht[52]. Das ist dann der Fall, wenn dem Ausländer ein Ehefähigkeitszeugnis nach § 1309 I BGB erteilt oder er gemäß § 1309 II BGB von der Beibringung eines Ehefähigkeitszeugnisses durch den Präsidenten des zuständigen OLG befreit worden ist[53]. Dauert etwa die Überprüfung der Echtheit der vom Ausländer vorlegten Dokumente durch die deutsche Botschaft noch an, liegt keine unmittelbar bevorstehende Eheschließung vor[54]. Die Beantwortung der Frage, ob ein Standesamt es im Rahmen seiner Prüfung nach § 13 I 1 und IV 1 PStG im konkreten Einzelfall zu Unrecht für erforderlich gehalten hat, die Echtheit ihm vorgelegter ausländischer Urkunden durch dritte Behörden überprüfen zu lassen, mit der Folge, dass es keine Positivmitteilung macht, unterfällt nicht der Prüfungskompetenz der Verwaltungsgerichte. Für personenstandsrechtliche Fragen ist der ordentliche Rechtsweg in Form der freiwilligen Gerichtsbarkeit gegeben[55].

Soweit Gerichte[56] es für das unmittelbare Bevorstehen der Eheschließung genügen lassen, wenn dem **26** zuständigen Standesamt sämtliche für die Befreiung von der Beibringung des Ehefähigkeitszeugnisses erforderlichen Unterlagen vorliegen und es dies an den zuständigen Präsidenten des OLG weitergeleitet hat, ist dem nicht zu folgen. Zwar obliegt dem Standesbeamten gemäß § 12 I PStG die Vorbereitung der **Befreiungsentscheidung;** dazu hat er die notwendigen Nachweise anzufordern. Diese Vorschrift hat aber nur den Zweck, das Befreiungsverfahren zu vereinfachen und zu beschleunigen. Der Standesbeamte ist als die „fallnähere" Behörde zur Tatsachenermittlung eher imstande als der Präsident des OLG. Gleichwohl kann die Entscheidung des OLG-Präsidenten nicht als bloße Formalie betrachtet werden. Ihm obliegt letztlich nach § 1309 II BGB die Sachprüfung, ob der Ausländer nach seinem Heimatrecht die beabsichtigte Ehe eingehen darf und ob auch nach deutschem Recht keine Hinderungsgründe vorliegen. Der Standesbeamte muss zwar alle rechtserheblichen Tatsachen so weit wie möglich aufklären, er ist aber nicht dafür zuständig, die Erfolgsaussichten des Befreiungsantrags im Einzelnen nachzuprüfen[57]. Hat das OLG mitgeteilt, dass mit seiner positiven Entscheidung zu rechnen ist und stehen der Eheschließung allein noch Umstände entgegen, die nicht in den Zuständigkeitsbereich der Verlobten fallen, besteht ein Duldungsanspruch.

Nach Art. 2 II 1 und Art. 6 GG sowie Art. 8 EMRK kann insbesondere die Abschiebung einer **27** **Schwangeren** unzulässig sein. Dies gilt jedenfalls während der gesetzlichen **Mutterschutzfristen** vor und nach der Geburt bzw. unabhängig davon bei einer Gesundheitsgefährdung von Mutter oder Kind **(Risikoschwangerschaft)**, was eine Duldung zumindest bis zur Wiederherstellung der Reisefähigkeit erfordert[58]. Dieser Schutz vor Abschiebung kann sich ausnahmsweise auch auf den **werdenden Vater** erstrecken, sofern dessen physischer wie psychisch-emotionaler Beistand zugunsten seiner risikoschwangeren Partnerin und damit (auch) zum **Schutz des ungeborenen Lebens** erforderlich ist[59]. Er hat dann einen Duldungsanspruch. Andererseits bietet eine Duldung, die der Ehefrau und dem gemeinsamen minderjährigen Kind erteilt worden sind, keine Gewähr dafür, dass auch ihr Ehemann zu dulden ist[60]. Das zeigt, dass eine generelle Linie schwer auszumachen ist. Die einzelfallorientierte Kasuistik ist reich.

Soweit weder die **Mutter** noch das **erwartete Kind** die deutsche Staatsangehörigkeit besitzen, **28** setzt die Erteilung einer Duldung nach § 60a II 1 in der Regel ein gesichertes Aufenthaltsrecht der werdenden Mutter voraus. Beim **Vater** muss eine durch Tatsachen belegte Nähebeziehung hinzukommen, die verdeutlicht, dass eine gemeinsame Übernahme der elterlichen Verantwortung hinreichend sicher zu erwarten ist; vorgeburtliche Vaterschaftsanerkennung und Sorgerechtserklärung des nichtehelichen Vaters können hierfür ein Indiz sein[61]. Außerdem darf auch eine kurzzeitige Ausreise – etwa zur Einholung des Visums – nicht zumutbar sein (etwa wegen Risikoschwangerschaft). Die von der Ausländerbehörde zu treffende Prognoseentscheidung muss hinreichend begründen, warum die Verweisung des Vaters auf die Nachholung des Visumverfahrens vom Ausland aus eine lediglich vorübergehende und keine dauerhafte Trennung von seinen Kindern zur

---

[52] OVG LSA Beschl. v. 1.10.2014 – 2 M 93/14, BeckRS 2015, 40800.
[53] OVG LSA Beschl. v. 18.2.2009 – 2 M 12/09, BeckRS 2009, 32629; SchlHOVG Beschl. v. 7.11.2006 – 7 ME 176/06, BeckRS 2006, 27267; OVG Bln-Bbg Beschl. v. 9.2.2007 – 3 S 5.07, AuAS 2007, 114; BayVGH Beschl. v. 19.9.2005 – 24 CE 05.2526, BeckRS 2005, 17254.
[54] OVG LSA Beschl. v. 1.10.2014 – 2 M 93/14, BeckRS 2015, 40800.
[55] BayVGH Beschl. v. 5.5.2021 – 10 CE 21.1228, AuAS 2021, 148.
[56] OVG Saarl Beschl. v. 23.9.2011 – 2 B 370/11, BeckRS 2011, 54545; SächsOVG Beschl. v. 16.5.2006 – 3 BS 61/06, AuAS 2006, 242; HmbOVG Beschl. v. 4.4.2007 – 3 Bs 28/07, AuAS 2007, 148; offen gelassen HmbOVG Beschl. v. 9.2.2010 – 3 Bs 238/09, BeckRS 2011, 45968.
[57] Näher OVG LSA Beschl. v. 18.12.2009 – 2 M 12/09, BeckRS 2009, 32629.
[58] Vgl. HessVGH Beschl. v. 20.7.1989 – 13 TH 1981/89, InfAuslR 1989, 323; OVG LSA Beschl. v. 20.12.2014 – 2 M 127/14, BeckRS 2015, 40797; OVG Bln-Bbg Beschl. v. 27.2.2019 – OVG 11 S 7.19, BeckRS 2019, 2763.
[59] OVG Bln-Bbg Beschl. v. 3.9.2012 – OVG 11 S 40.12, BeckRS 2012, 56820 mwN; OVG LSA Beschl. v. 17.1.2019 – 2 M 153/18, NVwZ-RR, 2019, 620; BayVGH Beschl. v. 28.1.2021 – 10 CE 21.313, BeckRS 2021, 1651; SächsOVG Beschl. v. 13.1.2021 – 3 B 397/20, BeckRS 2021, 207.
[60] OVG MV Beschl. v. 29.1.2016 – 2 M 351/15, BeckRS 2016, 42875.
[61] Vgl. OVG Bln-Bbg Beschl. v. 16.12.2014 – OVG 11 S 52.14, BeckRS 2014, 59668.

Folge hat[62]. Eine auch nur vorübergehende Trennung eines Ausländers von seinem deutschen Kind zur Nachholung des Visumverfahrens kann im Einzelfall nicht als zumutbar angesehen werden, wenn der Trennungszeitraum nicht absehbar ist[63].

29 Aus **Art. 6 GG** kann sich ein Recht auf einen vorläufigen Verbleib des Vaters eines (deutschen) Kindes ergeben, wenn dieser mit dem Kind zusammenlebt und die Anerkennung der Vaterschaft und ein Sorgerecht anstrebt[64]. Liegt eine **schützenswerte Vater-Kind-Beziehung** vor, so kann auch dem nur umgangsberechtigten Vater eine Duldung zustehen, wenn seine Ausreise zu einem – aus Sicht des Kindes – endgültigen Verlust führt und die Beziehung nur im Bundesgebiet gelebt werden kann[65]. Eine in diesem Sinne schützenswerte Vater-Kind-Beziehung liegt zB noch nicht vor, wenn sie sich auf ein wöchentlich stattfindendes Telefonat mit jeweils kurzer Dauer beschränkt[66]. Leistet ein Ausländer seinen **erkrankten Eltern** Beistand, kann seine Duldung geboten sein[67], insbesondere wenn der Beistand nur im Bundesgebiet erbracht werden kann, weil einem beteiligten Familienmitglied ein Verlassen Deutschlands nicht zumutbar ist[68]. Umgekehrt spricht gegen eine verantwortungsvoll gelebte Vater-Kind-Beziehung, etwa wenn der Ausländer die Zustimmung zu einer erforderlichen Operation seines Kindes nicht erteilt oder sich weigert, sein **erkranktes Kind** zum Arzt zu begleiten. Gleiches gilt, wenn der Ausländer anlässlich eines Krankenhausaufenthalts seines Kindes – gleich ob nach einem Unfall oder infolge Krankheit – und trotz Information der Kindesmutter weder das Kind besucht noch sich über seinen Gesundheitszustand informiert[69]. Bei **Eltern-Kind-Beziehungen in Patchwork-Familien** kommt es darauf an, ob das Kind – ein Unionsbürger – von dem ausreisepflichtigen Drittstaatsangehörigen in finanzieller, rechtlicher oder affektiver Hinsicht derart abhängig ist, dass sich der minderjährige Unionsbürger rechtlich oder faktisch gezwungen sieht, das Unionsgebiet zu verlassen[70].

30 Ob Art. 6 I GG die Duldung des Ausländers bis zum unanfechtbaren Abschluss des **Asylverfahrens** eines Familienangehörigen gebietet, ist eine Frage des Einzelfalls[71]. Eine Einbürgerungszusicherung für den Lebenspartner gewährt keinen Anspruch auf Duldung[72]. Aus Art. 116 I GG ergibt sich kein generelles Bleiberecht für Bewerber um einen **Vertriebenenausweis**[73]. Ein Bleiberecht lässt sich ebenso wenig aus der Einleitung eines Petitionsverfahrens ableiten[74]. Dies gilt schließlich auch für das Verfahren vor der **Härtefallkommission,** für das ein Aufenthaltsrecht nicht vorgesehen ist (vgl. § 23a).

31 **Art. 8 EMRK**[75] kann bei „verwurzelten" Ausländern die Aussetzung der Abschiebung erfordern[76]. Ob zum Schutz des Privatlebens (Ketten-)Duldungen ausreichend sind, ist eine Frage des Einzelfalls[77]. Bei besonderen Umständen, die dazu führen, dass das Privatleben durch kurzfristige Duldungen faktisch unzumutbar beeinträchtigt wird, kann die Erteilung einer Aufenthaltserlaubnis geboten sein[78].

---

[62] BVerfG Kammerbeschl. v. 9.12.2021 – 2 BvR 1333/21, BeckRS 2021, 41010 betr. der nicht nur Trennung eines nigerianischen Vaters von seinen beiden im Bundesgebiet lebenden deutschen Kindern bei Rückführung nach Nigeria zur Nachholung des Visumsverfahrens (Stattgabe). Siehe aber auch HmbOVG Beschl. v. 28.4.2021 – 6 Bs 26/21, Asylmagazin 2021, 352 betr. die Ablehnung eines Antrags wegen Zumutbarkeit der vorübergehenden Trennung eines Irakers von seiner Familie mit mehreren minderjährigen Kindern und SaarlOVG Beschl. v. 20.4.2021 – 2 A 14/20, BeckRS 2021, 8524 betr. die Ablehnung eines Antrags wegen Zumutbarkeit der vorübergehenden Trennung eines Ghanaers von zwei minderjährigen Kindern.
[63] OVG LSA Beschl. v. 9.10.2020 – 1 M 89/20, BeckRS 2020, 28457.
[64] OVG NRW Beschl. v. 19.5.1999 – 17 B 2737/98, EZAR 045 Nr. 10.
[65] NdsOVG Beschl. v. 2.3.2011 – 11 ME 551/10, BeckRS 2011, 50316; VG Trier Beschl. v. 4.7.2012 – 1 L 671/12.TR, BeckRS 2012, 54389.
[66] Zutr. VG Schleswig Beschl. v. 3.4.2019 – 11 B 36/19, BeckRS 2019, 5069.
[67] OVG Brem Beschl. v. 13.7.2011 – 1 A 291/10, InfAuslR 2011, 346.
[68] BayVGH Beschl. v. 15.4.2021 – 19 CE 21.523, AuAS 2021, 113.
[69] Vgl. zB VG Hamburg Beschl. v. 17.7.2012 – 4 E 1680/12, BeckRS 2013, 58745.
[70] OVG Bln-Bbg Beschl. v. 25.2.2019 – OVG 11 S 88.18, OVG 11 M 31.18, BeckRS 2019, 2761; EuGH Urt. v. 6.12.2012 – C-356/11, NVwZ 2013, 419.
[71] VGH BW Beschl. v. 18.2.1991 – 1 S 2187/90, EZAR 045 Nr. 1; HmbOVG Beschl. v. 23.8.1991 – Bs V 100/91, InfAuslR 1992, 96; differenzierend OVG Bln Beschl. v. 2.8.1988 – 3 S 33.88, EZAR 221 Nr. 33; vgl. aber § 43 III AsylG.
[72] OVG Saarl Beschl. v. 20.4.2011 – 2 B 208/11, BeckRS 2011, 50106.
[73] BVerfG-K Beschl. v. 9.8.1990 – 2 BvR 1782/88, InfAuslR 1990, 297; VGH BW Beschl. v. 20.2.1992 – 1 S 115/92, EZAR 040 Nr. 1; HmbOVG Beschl. v. 12.6.1992 – Bs VII 40/92, EZAR 045 Nr. 3; allgemein dazu *Welte* NVwZ 1993, 151.
[74] HessVGH Urt. v. 2.10.1995 – 12 UE 352/95, EZAR 011 Nr. 6; Beschl. v. 27.7.1995 – 12 TG 2342/95, EZAR 046 Nr. 5; aA *Hoffmann* InfAuslR 1992, 240.
[75] Hierzu → Vorb. §§ 53–56 Rn. 95 ff.
[76] VGH BW Beschl. v. 5.2.2009 – 11 S 3244/08, InfAuslR 2009, 178; GK-AufenthG § 60a Rn. 209 ff. (Stand: 3/2015).
[77] EGMR Urt. v. 17.1.2006 – 51431/99, InfAuslR 2006, 297 – Mendizabal; EGMR Urt. v. 15.1.2007 – 60654/00, InfAuslR 2007, 140 – Sisojeva; vgl. auch *Thym* EuGRZ 2006, 541 ff. und InfAuslR 2007, 133 ff.
[78] VGH BW Urt. v. 13.12.2010 – 11 S 2359/10, DVBl 2011, 370; OVG Brem Urt. v. 28.6.2011 – 1 A 141/11, ZAR 2011, 357.

Vorübergehende Aussetzung der Abschiebung (Duldung) § 60a AufenthG 1

Die **rechtliche Unmöglichkeit der Abschiebung** iSv § 60a II 1 ist auch gegeben, wenn die 32 konkrete Gefahr besteht, dass sich der Gesundheitszustand des Ausländers durch die Abschiebung wesentlich oder gar lebensbedrohlich verschlechtert und diese Gefahr nicht durch bestimmte Vorkehrungen ausgeschlossen oder gemindert werden kann[79]. Diese Voraussetzungen können nicht nur vorliegen, wenn und solange der Ausländer ohne Gefährdung seiner Gesundheit nicht transportfähig ist (**Reiseunfähigkeit im engeren Sinne**) sondern auch, wenn die Abschiebung als solche – außerhalb des Transportvorgangs – eine erhebliche Gesundheitsgefährdung für den Ausländer bewirkt (**Reiseunfähigkeit im weiteren Sinne**)[80]. Das bei Letzterer in den Blick zu nehmende Gesamtgeschehen beginnt in der Regel mit der Mitteilung einer beabsichtigen Abschiebung gegenüber dem Ausländer und setzt sich in den weiteren Verfahrensschritten fort (Zeitraum des Abholens, gegebenenfalls Zeit der Abschiebungshaft, Verbringung zum Abschiebe- und Zielort, Zeitraum nach Ankunft am Zielort bis zur endgültigen Übergabe des Ausländers im Zielstaat).

Besondere Bedeutung kommt für die **Reisefähigkeit des abzuschiebenden Ausländers** denjeni- 33 gen Verfahrensschritten zu, in denen der Ausländer dem tatsächlichen Zugriff und damit auch der **Obhut staatlicher deutscher Stellen** unterliegt. In diesem Zeitfenster haben die mit dem Vollzug der Abschiebung betrauten deutschen Behörden von Amts wegen in jedem Stadium der Durchführung der Abschiebung etwaige Gesundheitsgefahren zu beachten und gegebenenfalls die notwendigen Vorkehrungen zu treffen, damit eine Abschiebung verantwortet werden kann. Diese Pflicht endet nicht immer schon mit der Ankunft des Ausländers im Zielstaat, sondern kann zeitlich bis zum Übergang in die Betreuung und medizinische Versorgung im Zielstaat fortdauern, wenn der Ausländer solcher zur Vermeidung von akuten erheblichen Gesundheitsgefahren unmittelbar bedarf, wobei der Ausländer wie bei der allgemeinen medizinischen Versorgung auch in diesem Zusammenhang regelmäßig auf den allgemeinen Standard seines Heimatlands zu verweisen ist[81]. Kann den Gesundheitsgefahren nicht durch entsprechende Vorkehrungen bei der Gestaltung des Vollstreckungsverfahrens wirksam begegnet werden, muss – jedenfalls vorübergehend – eine Abschiebung unterbleiben[82].

Legt der Ausländer **ärztliche Äußerungen** vor, sind diese zum **Nachweis einer Reiseunfähigkeit** 34 geeignet, wenn sie **nachvollziehbar die Befundtatsachen** angeben, ggf. die **Methode der Tatsachenerhebung** benennen und nachvollziehbar die fachlich-medizinische Beurteilung des Krankheitsbilds (**Diagnose**) sowie die **Folgen** darlegen, die sich nach ärztlicher Beurteilung aus der krankheitsbedingten Situation in Zukunft – als Folge der Abschiebung – ergeben, wobei sich Umfang und Genauigkeit der erforderlichen Darlegungen jeweils nach den Umständen des Einzelfalls (wie Komplexität des Krankheitsbilds, Gewichtigkeit und Konsequenzen der Diagnose) richten[83]. Ärztliche Äußerungen, die sich zwar zur Diagnose, nicht aber zur Reisefähigkeit verhalten, genügen nicht[84].

Genügt die ärztliche Stellungnahme diesen Anforderungen nicht, bleibt die Ausländerbehörde 35 verpflichtet, den **Sachverhalt** selbst **weiter aufzuklären,** wenn und soweit sich aus den vorliegenden ärztlichen Äußerungen, dem Vortrag des Ausländers oder aus sonstigen Erkenntnisquellen ausreichende Indizien für eine Reiseunfähigkeit ergeben. Bei substanziiert vorgetragenen oder sonst bekannt gewordenen qualifizierten Anhaltspunkten für eine **Suizidgefahr** infolge einer psychischen Erkrankung, aber auch bei komplexen psychischen Krankheitsbildern, wie zB posttraumatischen Belastungsstörungen, ist in der Regel schon hinreichend frühzeitig vor Beginn einer Abschiebung ein **fachärztliches Gutachten** einzuholen, das sich gegebenenfalls auch zu ganz konkreten Maßnahmen zur Vermeidung oder Risikominimierung von Gesundheitsgefahren äußern muss[85]. Allein die abstrakte Zusage der Ausländerbehörde, eine ärztliche Begleitung und eine Sicherheitsbegleitung vorzusehen, kann je nach Einzelfall nicht ausreichend sein[86]. Trägt ein vollziehbar ausreisepflichtiger Ausländer substanziiert eine Suizidgefahr infolge einer psychischen Erkrankung vor, so ist eine fach- oder amtsärztliche Untersuchung zur Abklärung, ob im Fall einer Abschiebung die Gefahr besteht, dass sich der Gesundheitszustand des Ausländers infolge ernsthafter suizidaler Handlungen wesentlich verschlechtert, in Hinblick auf eine mögliche Reiseunfähigkeit im weiteren Sinne nicht stets schon dann entbehrlich,

---

[79] OVG LSA Beschl. v. 8.2.2012 – 2 M 29/12, AuAS 2012, 136 und Beschl. v. 20.6.2011 – 2 M 38/11, InfAuslR 2011, 390; VGH BW Beschl. v. 6.2.2008 – 11 S 2439/07, InfAuslR 2008, 213 und Beschl. v. 10.7.2003 – 11 S 2622/02, InfAuslR 2003, 423; BayVGH Beschl. v. 23.10.2007 – 24 CE 07.484, BeckRS 2007, 30646
[80] Vgl. BVerfG Beschl. v. 17.9.2014 – 2 BvR 1795/14, BeckRS 2014, 56447; BayVGH Beschl. v. 8.6.2016 – 10 ZB 16.367, BeckRS 2016, 47767; VGH BW Beschl. v. 6.2.2008 – 11 S 2439/07, BeckRS 2008, 32846.
[81] ZB BVerfG Beschl. v. 17.9.2014 – 2 BvR 1795/14, BeckRS 2014, 56447; OVG Bln-Bbg Beschl. v. 18.1.2013 – OVG 7 S 11.13, BeckRS 2013, 47073.
[82] BVerfG-K Beschl. v. 26.2.1998 – 2 BvR 185/98, InfAuslR 1998, 241.
[83] VGH BW Beschl. v. 6.2.2008 – 11 S 2439/07, InfAuslR 2008, 213 und Beschl. v. 10.7.2003 – 11 S 2622/02, InfAuslR 2003, 423.
[84] NdsOVG Beschl. v. 29.3.2019 – 13 ME 519/18, NordÖR 2019, 404.
[85] HmbOVG Beschl. v. 13.1.2015 – 1 Bs 211/14, NVwZ-RR 2015, 478; OVG LSA Beschl. v. 1.12.2014 – 2 M 119/14, BeckRS 2015, 40796; OVG Bln-Bbg Beschl. v. 18.1.2013 – OVG 7 S 11.13, BeckRS 2013, 47073; OVG NRW Beschl. v. 21.2.2011 – 17 B 1758/10, BeckRS 2013, 57380.
[86] OVG Saarl Beschl. v. 21.9.2011 – 2 A 3/11, BeckRS 2011, 54669; OVG LSA Beschl. v. 20.6.2011 – 2 M 38/11, InfAuslR 2011, 390; OVG Brem Beschl. v. 13.7.2009 – 1 B 211/09, NordÖR 2009, 376.

wenn die Ausländerbehörde zusagt, den Ausländer in ärztlicher Begleitung abzuschieben und ihn im Zielland in ärztliche Obhut zu geben[87].

36 Eine **rechtliche Unmöglichkeit der Abschiebung** nach § 60a II 1 kann auch vorliegen, wenn ein Asylverfahren negativ ausgegangen ist, weil in der Person des Ausländers Ausschlussgründe vorliegen, eine Abschiebung aber wegen **Art. 3 EMRK** nicht in Betracht kommt[88]. Asylbewerber erhalten (mangels Ausreisepflicht) keine Duldung, sondern die gesetzliche Aufenthaltsgestattung (§ 55 AsylG); nur Folgeantragstellern steht bis zur Entscheidung über die Einleitung eines weiteren Verfahrens (§ 71 I AsylG) eine Duldung zu (analog § 71a III AsylG).

37 **Tatsächlich unmöglich** gem. § 60a II 1 kann die Abschiebung sein wegen **unterbrochener Verkehrsverbindungen,** wegen eines internationalen Flugverbots[89] oder mangels eines aufnahmebereiten Staats[90]. Der **Verlust der bisherigen Staatsangehörigkeit** kann die Abschiebung ebenfalls unmöglich machen; die bloße Behauptung genügt indes nicht[91]. In ähnlicher Weise kommt es bei fehlendem Pass auf die konkrete Möglichkeit der Rückführung an. Eine tatsächliche Unmöglichkeit der Abschiebung kann aber nur bei **fortdauernder Passlosigkeit** des Ausländers angenommen werden, wenn nach den Erfahrungen der Ausländerbehörde die Abschiebung ohne Pass oder Passersatz nicht möglich ist oder ein Abschiebungsversuch gescheitert ist[92]. Auch wenn völkerrechtliche Vereinbarungen entgegenstehen, ist die Abschiebung noch nicht unmöglich. Der Zielstaat kann sich zur Aufnahme entschließen, auch wenn er nicht dazu verpflichtet ist. In Fällen dieser Art bedarf es einer Prognose anhand von Zusagen oder Präzedenzfällen[93]. Ein erfolgloser Abschiebeversuch braucht nicht unbedingt vorauszugehen. Schließlich können auch andernorts anerkannte **Flüchtlinge,** wenn sie sich nicht rechtmäßig in Deutschland aufhalten und der frühere Aufenthaltsstaat die Rückübernahme verweigert, eine Duldung erhalten.

38 Eine Duldung ist dann nicht gerechtfertigt, wenn den für die Unmöglichkeit der Abschiebung vorgebrachten Umständen zumindest durch eine kurzfristige **Betretenserlaubnis** (§ 11 VIII) Rechnung getragen werden kann. Dies gilt zB für folgende Fälle: Einleitung eines Verfahrens auf Feststellung der Staatsangehörigkeit oder der Vaterschaft oder der Erteilung eines Vertriebenenausweises[94]; Mitwirkung des Ausländers in einem eigenen oder fremden Gerichtsverfahren; Zusammenarbeit mit deutschen Behörden bei der Aufklärung von Straftaten, die nicht von § 60a II 2 erfasst wird. Allerdings ist der Vorrang des Unionsrechts zu beachten, der etwa im Anwendungsbereich der Sanktions-RL oder Opferschutz-RL für diese Zwecke die Erteilung eines Aufenthaltstitels vorsieht (vgl. § 25 IVa und IVb).

39 Da bei vollziehbar ausreisepflichtigen **Zeugen von Verbrechen,** die nach Auffassung der Staatsanwaltschaft oder des Strafgerichts für ein Strafverfahren benötigt werden, das Ermessen insoweit stets auf null reduziert ist, sieht § 60a II 2 auch für diesen Fall eine gebundene Entscheidung vor. Die Abschiebung dieser Personen ist auszusetzen. Voraussetzung ist, dass die **Erklärung einer Staatsanwaltschaft oder eines Strafgerichts** vorliegt, wonach der Ausländer für die Aufklärung eines Verbrechens benötigt wird. Ausländerbehörden und Verwaltungsgerichte haben nicht zu prüfen, ob eine solche Erklärung zu erteilen wäre[95].

40 **Erhebliche öffentliche Interessen** für die Erteilung einer Duldung nach § 60a II 2 liegen vor, wenn
– der Ausländer als Zeuge in einem Strafverfahren oder einem sonstigen Gerichts- oder Verwaltungsverfahren benötigt wird und §§ 60a II 2, 25 IVa oder IVb nicht einschlägig sind oder
– der Ausländer mit den deutschen Behörden bei der Ermittlung von Straftaten vorübergehend zusammenarbeitet. Persönliche Interessen des Ausländers an der Verbrechensaufklärung fallen nicht unter Abs. 2 S. 2, sondern unter Abs. 2 S. 3.

3. Ermessensduldung (Abs. 2 S. 3), Duldung bei Vaterschaftsanerkennung (Abs. 2 S. 4)

41 Mit der **Ermessensduldung** wurde zu dem Rechtszustand unter dem AuslG 1990 zurückgekehrt. Ziel des § 60a II 3 ist es, vollziehbar ausreisepflichtigen Personen im Ermessenswege einen vorübergehenden Aufenthalt zu ermöglichen, wenn der vorübergehende Aufenthalt zwar aus dringenden humanitären oder persönlichen Gründen oder erheblichen öffentlichen Interessen erforderlich ist, sich der Aufenthaltszweck jedoch nicht zu einem rechtlichen Abschiebungshindernis nach Abs. 2 S. 1 verdichtet hat und tatsächliche Abschiebungshindernisse nicht vorliegen.

---

[87] HmbOVG Beschl. v. 13.1.2015 – 1 Bs 211/14, NVwZ-RR 2015, 478.
[88] Näher zu Abschiebungsverboten nach § 60 I–VII GK-AufenthG § 60a Rn. 247 ff. (Stand 3/2015).
[89] Vgl. OVG NRW Beschl. v. 16.11.1998 – 13 A 4113/98.A, EZAR 046 Nr. 7.
[90] VGH BW Beschl. v. 3.11.1995 – 13 S 2185/95, EZAR 045 Nr. 5.
[91] VGH BW Beschl. v. 3.12.1992 – A 13 S 3108/92, EZAR 046 Nr. 2.
[92] ZB VG München Beschl. v. 19.9.2016 – M 10 E 16.1851, BeckRS 2016, 54396; ebenso *Hailbronner* AuslR (4/2016), AufenthG § 60a Rn. 50 f., 56.
[93] OVG Bln Beschl. v. 17.4.2003 – 8 S 10.03, EZAR 045 Nr. 22 betr. Rumänien.
[94] HmbOVG Beschl. v. 12.6.1992 – Bs VII 40/92, EZAR 045 Nr. 3.
[95] OVG RhPf Beschl. v. 19.12.2018 – 7 B 11346/18, 7 D 11347/18, BeckRS 2018, 35101.

Vorübergehende Aussetzung der Abschiebung (Duldung) § 60a AufenthG 1

Dringende persönliche Gründe iSd § 60a II 3 können zB sein: 42
- Beendigung einer schon weit fortgeschrittenen Drogentherapie[96],
- Durchführung einer Operation oder Abschluss einer ärztlichen Behandlung, die im Herkunftsland nicht oder nicht im ausreichendem Maße gewährleistet ist[97],
- eine nicht unmittelbar bevorstehende Heirat mit einem Deutschen oder einem Ausländer, der eine Aufenthaltserlaubnis oder Niederlassungserlaubnis besitzt[98],
- die vorübergehende Betreuung eines schwer erkrankten Familienangehörigen,
- der Abschluss einer Schul- oder Berufsausbildung,
- Abschluss eines sonstigen Schuljahres, wenn das Schuljahr nur noch wenige Wochen dauert,
- Ausländer als Opfer eines Verbrechens, zu dessen Aufklärung seine Anwesenheit im Bundesgebiet erforderlich ist oder an dessen Aufklärung der Ausländer ein erhebliches persönliches Interesse hat[99].

Bei den Ermessenserwägungen sind § 60a II 3 ist das **Wohl eines betroffenen Kindes** sowie die 43
Lebensunterhaltssicherung des Ausländers iSd § 2 III (zB auch § 68) zu berücksichtigen.

§ 60a II 4 bestimmt, dass die **Abschiebung in Verfahren der Vaterschaftsanerkennung nach** 44
§ 85a auf die beteiligten Ausländer – ausländische Anerkennende, ausländische Mutter oder ausländisches Kind – kraft Gesetzes ausgesetzt sind, solange das Verfahren nach § 85a nicht durch vollziehbare Entscheidung abgeschlossen ist. Die Norm ermöglicht also den zeitweiligen weiteren Aufenthalt der beteiligten Ausländer im Bundesgebiet für die Dauer des Verfahrens über die Anerkennung der Vaterschaft, auch wenn bei ihnen konkrete Anhaltspunkte für missbräuchliches Verhalten vorliegen[100]. Im Verfahren nach § 85a ist durch die Ausländerbehörde zu prüfen, ob der beantragte Vaterschaftsanerkennung missbräuchlich ist. Als praxisrelevante Anhaltspunkte für einen Missbrauchsverdacht benennt § 1597a II 2 BGB ua das Bestehen einer vollziehbaren Ausreisepflicht des Anerkennenden, der Mutter und/oder des Kindes, die Asylantragstellung von Personen aus sicheren Herkunftsstaaten oder das Fehlen einer persönlichen Beziehung zwischen dem Anerkennenden und der Mutter oder dem Kind. Die Beurkundung einer Vaterschaftsanerkennung ist nicht unwirksam, wenn die beurkundende Stelle es unterlassen hat, eine nach § 1597a II BGB gebotene Aussetzung vorzunehmen und dies der Ausländerbehörde gemäß § 85a I 1 mitzuteilen[101].

4. Rücknahmepflicht im Falle gescheiterter Abschiebung und Duldung der Eltern (Abs. 2a und 2b)

Nach zwischenstaatlichen Vereinbarungen und geltendem Unionsrecht (RL 2003/110/EG[102]) ist 45
Deutschland im Falle **gescheiterter Abschiebungen** zur **Rückübernahme** verpflichtet. **Abs. 2a S. 1** setzt diese unionsrechtliche Pflicht in Bundesrecht um. Die betroffenen Ausländer sind ausreisepflichtig, weshalb in diesen Fällen die Ausstellung eines Aufenthaltstitels nicht in Betracht kommt. Für das Verfahren der Rückübernahme ist § 74a zu beachten.

Nach der **Rückübernahme** besteht für den Aufenthalt im Bundesgebiet keine Grundlage mehr. 46
Daher ist eine **Duldung** zu erteilen. In den Fällen des **Abs. 2a S. 1 und S. 2** ist daher für eine Woche, also nur kurzfristig zur vorläufigen Regelung des Status, eine einmalige Duldung zu erteilen und die Einreise zuzulassen (S. 3). Zugleich ist eine Wohnsitzauflage gem. § 61 Ia zu verfügen. Die Zuständigkeit der Grenzbehörde für die Duldung und die Wohnsitzauflage ergibt sich aus § 71 III Nr. 2. Liegt eine Anordnung der Abschiebungshaft nach § 62 vor, ist die Duldung nicht zu erteilen. Die Einreise nach S. 3 ist nicht unerlaubt iSv § 14 I. Es besteht kein Anspruch auf Verlängerungen der Duldung (S. 2).

Nach **Abs. 2b** werden die Eltern oder der allein personensorgeberechtigte Elternteil und die 47
minderjährigen Geschwister eines minderjährigen Ausländers, der eine Aufenthaltserlaubnis nach **§ 25a I** besitzt, geduldet. Diese Duldung kommt nur in Betracht, wenn die Voraussetzungen für eine Aufenthaltserlaubnis nach § 25a II nicht vorliegen[103]. Es handelt sich um einen **Regelanspruch** auf Erteilung einer Duldung, wenn und solange das Kind minderjährig ist sowie in familiärer Gemeinschaft mit den Eltern bzw. dem Elternteil lebt. Anders als § 25a II 1, der die Integrationsleistung der Eltern „belohnt"[104], endet der Anwendungsbereich von Abs. 2b mit Eintritt der Volljährigkeit des Kindes[105].

---

[96] Vgl. aber OVG Bln-Bbg Beschl. v. 25.7.2013 – OVG 7 S 67.13, BeckRS 2013, 53776: Teilnahme an einem Methadon-Substituierungsprogramm nicht ausreichend.
[97] Vgl. zB VG Schleswig Urt. v. 9.8.2005 – 14 A 273/00, BeckRS 2006, 22649 für die ältere armenische Asylbewerberin nach Bypass-OP am Herz betr. die Rückführung nach Aserbaidschan einschl. Berg-Karabach.
[98] Wenn die Eheschließung unmittelbar bevorsteht, liegt ein rechtliches Abschiebungshindernis vor.
[99] OVG RhPf Beschl. v. 19.12.2018 – 7 B 11346/18, 7 D 11347/18, BeckRS 2018, 35101.
[100] VG Schleswig Beschl. v. 13.3.2018 – 11 B 28/18, BeckRS 2018, 4043.
[101] VG Magdeburg Beschl. v. 16.11.2018 – 4 B 328/18, EZAR NF 34 Nr. 65.
[102] ABl. 2003 L 321, 26.
[103] Vgl. VG Oldenburg Urt. v. 26.3.2014 – 11 A 5010/13, BeckRS 2014, 49535; OVG NRW Beschl. v. 8.9.2021 – 18 A 1945/21, BeckRS 2021, 26327.
[104] BT-Drs. 17/5093, 16.
[105] Ebenso *Röder* in BeckOK MigR, 2. Aufl. 2019, AufenthG § 60a Rn. 80.

48 Das **minderjährige Kind** iSd **Abs. 2b** muss mit seinen Eltern oder dem personensorgeberechtigten Elternteil in familiärer Lebensgemeinschaft leben. Ob die Kinder leiblich oder adoptiert sind oder ob es Stiefkinder sind, ist unerheblich. Geht es um **Eltern**, genügt es, dass das Personensorgerecht eines Elternteils besteht und der andere Elternteil ein Umgangsrecht hat und dieses tatsächlich wahrnimmt. Gibt es nur einen **Elternteil**, muss dieser nach dem eindeutigen Wortlaut in Abs. 2b zur alleinigen Personensorge berechtigt sein. Fehlt es daran, ist eine Duldung nach § 60a IIb ausgeschlossen. Möglich bleibt in solchen Fällen eine Duldung gem. § 60a II 3, über die die Ausländerbehörde nach pflichtgemäßem Ermessen zu entscheiden hat.

49 Die Duldung gemäß **Abs. 2b** „**soll**" erteilt werden. Dabei sind der Grundsatz der **Verhältnismäßigkeit** und die Grundrechte des Betroffenen zu beachten, insbesondere das Recht auf Achtung des Privat- und Familienlebens (Art. 8 EMRK, Art. 6 I GG). Liegt ein Eingriff in diese Rechte vor, ist ohnehin eine einzelfallbezogene Würdigung und Abwägung der für die Ausweisung sprechenden öffentliche Belange und der gegenläufigen Interessen des Ausländers unter Beachtung der insbesondere vom **EGMR** zu **Art. 8 EMRK** entwickelten „**Boultif/Üner-Kriterien**"[106] vorzunehmen.

50 Der **Regelanspruch** nach **Abs. 2b** ist **ausgeschlossen**, wenn atypische Umstände vorliegen. **Atypische Umstände** liegen vor, wenn das öffentliche Interesse daran, dass die Eltern bzw. der Elternteil das Bundesgebiet verlassen, das private Interesse an der Aufrechterhaltung der familiären Lebensgemeinschaft deutlich überwiegt[107]. Zu nennen ist hier insbesondere die Straffälligkeit eines Elternteils[108] in einer Weise, die in seiner Person ein besonders schwerwiegendes Ausweisungsinteresse nach § 53 I iVm § 54 I begründet. Für diesen Elternteil besteht dann kein Regelanspruch mehr. Eine Atypik ist auch dann anzunehmen, wenn den Eltern oder dem personensorgeberechtigten Alleinerziehenden wesentliche Elemente der Personensorge (§ 1631 BGB) entzogen sind, etwa das Aufenthaltsbestimmungsrecht.

51 Die **Geltungsdauer** der Duldung wird grundsätzlich an der Geltungsdauer des dem Kind erteilten Aufenthaltstitels auszurichten sein. Sie endet spätestens mit der Volljährigkeit des Kindes.

5. Ärztliche Atteste und deren unverzügliche Vorlage (Abs. 2c und 2d)

52 Gem. Abs. 2c S. 1 wird vermutet, dass der Abschiebung gesundheitliche Gründe nicht entgegenstehen. Zur **Widerlegung der gesetzlichen Vermutung**, dh zur Glaubhaftmachung einer Reiseunfähigkeit nach **Abs. 2c S. 2** genügen allein „**qualifizierte ärztliche Bescheinigungen**", die den Anforderungen gemäß **Abs. 2c S. 3** genügen[109]. Atteste etwa von Psychotherapeuten, Psychologen oder psychosozialen „Behandlungszentren für Folteropfer" (insbesondere zur Posttraumatischen Belastungsstörung – PTBS), die nicht von einem approbierten Arzt unterzeichnet sind, genügen den Anforderungen nicht (→ Rn. 56). Der Arzt muss, wenn kein atypischer Fall vorliegt, außerdem die in Abs. 2c S. 3 formulierten hohen Qualitätsanforderungen erfüllen.

53 Die seit 2016 normierten Vorgaben in Abs. 2c entsprechen im Wesentlichen der bisherigen Rspr.[110]. Danach soll die ärztliche Bescheinigung insbesondere die tatsächlichen Umstände, auf deren Grundlage eine fachliche Beurteilung erfolgt ist, die **Methode der Tatsachenerhebung, die fachlich-medizinische Beurteilung des Krankheitsbildes (Diagnose), den Schweregrad der Erkrankung, den lateinischen Namen oder die Klassifizierung nach ICD 10**[111] **sowie die Folgen,** die sich nach ärztlicher Beurteilung aus der krankheitsbedingten Situation voraussichtlich ergeben, enthalten[112]. Dazu sind Angaben darüber erforderlich, seit wann und wie häufig sich der Erkrankte in ambulanter oder stationärer ärztlicher Behandlung befunden hat, ob die von ihm geschilderten Beschwerden durch die erhobenen Befunde bestätigt werden sowie über die Schwere, die Behandlungsbedürftigkeit und den bisherigen Behandlungsverlauf einschließlich der verordneten Medikation und Therapie[113].

---

[106] Vgl. zB EGMR Urt. v. 1.8.2018 – 58681/12, NVwZ 2019, 945 – Ejimson; Urt. v. 13.12.2016 – 41738/10, NVwZ 2017, 1187 – Paposhvili; Urt. v. 13.10.2011 – 41548/06, NJOZ 2012, 830 – Trabelsi; Urt. v. 18.10.2006 – 46410/99, NVwZ 2007, 1279 – Üner; Urt. v. 2.8.2001 – 54273/00, InfAuslR 2001, 476 – Boultif.
[107] *Deibel* ZAR 2011, 241 (246 f.).
[108] Vgl. auch GK-AufenthG § 60a Rn. 281.
[109] BayVGH Beschl. v. 22.10.2021 – 10 CS 21.2481, BeckRS 2021, 33542.
[110] Vgl. etwa BVerwG Urt. v. 11.9.2007 – 10 C 8.07, BVerwGE 129, 251.
[111] Am 1.1.2022 trat die ICD 11 (Internationale Klassifikation der Krankheiten und Gesundheitsprobleme) in Kraft. Nach einer flexiblen Übergangszeit von fünf Jahren dürfen Todesursachen bei Meldung an die WHO ausschließlich mit der ICD-11 kodiert werden. Über den konkreten Zeitpunkt der Einführung der ICD-11 in Deutschland sind noch keine Aussagen möglich (vgl. § 295 Abs. 1 S. 2 und S. 6 SGB V).
[112] Aktuell zB BayVGH Beschl. v. 22.7.2021 – 10 CE 21.1639, BeckRS 2021, 22493.
[113] Vgl. so schon BVerwG Urt. v. 11.9.2007 – 10 C 8.07, BVerwGE 129, 251 Rn. 16 und Beschl. v. 26.7.2012 – 10 B 21.12, BeckRS 2012, 55084 Rn. 7; BayVGH Beschl. v. 5.4.2019 – 8 ZB 1833333, BeckRS 2019, 7344 und Beschl. v. 13.12.2018 – 13a ZB 18.33056, nur juris; OVG Brem Beschl. v. 12.11.2018 – 2 LA 60/18, BeckRS 2018, 31515; NdsOVG Beschl. v. 20.9.2018 – 10 LA 284/18, BeckRS 2018, 23501.

Vorübergehende Aussetzung der Abschiebung (Duldung) **§ 60a AufenthG 1**

In der ausländerrechtlichen Praxis werden im Vorfeld der Abschiebung häufig dieser entgegen- 54
stehende psychische und psychiatrische Gesundheitsbeschränkungen vorgetragen. Bei der **ärztlichen Diagnose** einer **verfolgungsbedingten PTBS** sind in der qualifizierten Bescheinigung nach Abs. 2c S. 2 regelmäßig Ausführungen zum auslösenden Ereignis, zu den Symptomen, den wahrgenommenen Behandlungsterminen und den dabei erhobenen Befunden erforderlich[114]. Eine in einer ärztlichen Bescheinigung bestätigte nur **einmalige Untersuchung und Behandlung** des Erkrankten, etwa durch einen Facharzt für Psychiatrie, die über Befunde, Schwere der Erkrankung, Behandlungsbedürftigkeit und empfohlene Medikation Auskunft gibt, kann im Einzelfall den Anforderungen nach Abs. 2c S. 2 genügen[115]. Dies gilt insbesondere bei psychischen Gesundheitsstörungen, wenn aus Gründen, die der Erkrankte nicht zu vertreten hat, eine geeignete Therapie noch nicht hat aufgenommen werden können.

Die **Erkrankung** ist nach § 60a IIc 3 **konkret** zu **bezeichnen,** entweder mit ihrem lateinischen 55
Namen oder mit ihrer Klassifizierung nach dem Code der international anerkannten ICD 10[116] (ab 2022: ICD 11). Außerdem sind in der qualifizierten ärztlichen Bescheinigung die dem Erkrankten verabreichten **Medikamente** unter Angabe ihrer Wirkstoffe mit international gebräuchlichen Bezeichnungen zu **benennen** (§ 60a IIc 4). Zweck der Regelung ist es, die inhaltlichen Anforderungen an die qualifizierten ärztlichen Bescheinigungen zu vereinheitlichen. Durch die Nutzung von internationalen gebräuchlichen Angaben werden zeitintensive Nachfragen bei beteiligten Stellen überflüssig. Eine ärztliche Bescheinigung, die unter Benennung der Diagnose (hier Angstzustände, Panikattacken und psychosomatische Reaktion) nur Reisefähigkeit attestiert, entgegen § 60a IIc 3 und 4 aber weder die näheren tatsächlichen Umstände noch die Methode der Tatsachenerhebung und die Medikation erkennen lässt[117], genügt den Anforderungen nach Abs. 2c S. 3 nicht.

Die „Psychologische Stellungnahme" einer Heilpraktikerin und Doktorin der Philosophie erfüllt 56
per se nicht die Anforderungen an ein (fach-)ärztliches Attest iSd § 60a IIc, IId[118], weil sie von keinem Arzt ausgestellt ist. Nichts anderes gilt für Bescheinigungen von Psychologischen Psychotherapeuten oder Kinder- und Jugendpsychotherapeuten. Aussteller der Bescheinigung muss nach dem eindeutigen Wortlaut ein approbierter Arzt sein[119]. Dies ist streitig. Eine **ärztliche Bescheinigung** iSv Abs. 2c S. 2 und S. 3 und Abs. 2d darf nur ein **approbierter Arzt** ausstellen[120], denn nur ein solcher darf im Bundesgebiet den ärztlichen Beruf ausüben[121]. Ärzte unterscheiden sich im Übrigen nicht nur formal von Psychologischen Psychotherapeuten oder Kinder- und Jugendpsychotherapeuten. Auch in der Sache bestehen Unterschiede, insbesondere beim Verordnungsrecht für Medikamente, das umfassend allein Ärzten zusteht (vgl. §§ 92 II, 95 SGB V). Deshalb ist der Arztvorbehalt gerechtfertigt und notwendig. Für seelische und psychische Erkrankungen stehen Fachpsychiater und Fachärzte für Psychosomatische Medizin und Psychotherapie zur Verfügung.

Schließlich soll dem in der Praxis ebenfalls durchaus vorhandenen Rechtsmittelmissbrauch mittels 57
bewussten „Eilanträgen in allerletzter Minute" bzw. „Salami-Taktik" mit dem unverzüglichen **Vorlage-** bzw. **Untersuchungszwang** (vgl. § 82 IV) bzw. der **Präklusion** aus **Abs. 2d,** über die in der Regel mit der Abschiebungsandrohung oder später gesondert zu belehren ist, begegnet werden. Dazu ist der Ausländer auf seine Pflicht und die Präklusionsfolgen hinzuweisen (Abs. 2d S. 4). Der Hinweis muss nach dem Gesetzeswortlaut zwar nicht schriftlich ergehen; aus Gründen der Beweisführung dürfte sich aber die Schriftform empfehlen. Verletzt der Ausländer seine Pflicht zur unverzüglichen Vorlage der qualifizierten ärztlichen Bescheinigung, darf die zuständige Ausländerbehörde das Vorbringen zu seiner Erkrankung nach Abs. 2d S. 2 nicht berücksichtigen, es sei denn, der Ausländer war unverschuldet an der Einholung einer solchen Bescheinigung gehindert oder es liegen anderweitig tatsächliche Anhaltspunkte für das Vorliegen einer lebensbedrohlichen oder schwerwiegenden Erkrankung vor, die sich durch die Abschiebung wesentlich verschlechtern würde. Auch diese Regelung orientiert sich mithin strikt am Gebot der Verhältnismäßigkeit exekutiven Handelns. Die Präklusion entbindet schließlich gegebenenfalls nicht vom Untersuchungsgrundsatz nach §§ 86 I, 108 VwGO[122],

---

[114] OVG Brem Beschl. v. 12.11.2018 – 2 LA 60/18, BeckRS 2018, 31515; BayVGH Beschl. v. 13.12.2018 – 13a ZB 18.33056, nur juris.
[115] Vgl. ThürVerfGH Beschl. v. 26.3.2019 – 11/19, 12/19 eAO, nur juris.
[116] International Statistical Classification of Diseases and Related Health Problems, Herausgeber: WHO.
[117] BayVGH Beschl. v. 5.1.2017 – 10 CE 17.30, NVwZ-RR 2917, 345; OVG LSA Beschl. v. 30.8.2016 – 2 O 31/16, BeckRS 2016, 53904 – und Beschl. v. 21.6.2016 – 2 M 16/16, BeckRS 2016, 50511.
[118] VG Aachen Beschl. v. 15.12.2016 – 4 L 742/16, BeckRS 2016, 110251.
[119] S. auch die Gesetzesbegründung in BT-Drs. 18/7538, 19.
[120] Wie hier: NdsOVG Beschl. v. 7.9.2018 – 10 LA 343/18, BeckRS 2018, 21725; SächsOVG Beschl. v. 9.5.2018 – 3 B 319/17, BeckRS 2018, 8185; OVG LSA Beschl. v. 6.9.2017 – 2 M 83/17, BeckRS 2017, 131949; *Kluth/ Breidenbach* in BeckOK AuslR, 2018, AufenthG § 60a Rn. 42. AA VGH BW Beschl. v. 10.8.2017 – 11 S 1724/17, EZAR NF 51 Nr. 47; OVG NRW Beschl. v. 9.10.2007 – 13 A 1807/17.A, BeckRS 2017, 128101; *Hoppe* in Dörig, MigrationsR-HdB, 2018, Rn. 938, und *Röder* in BeckOK MigR, 2. Aufl. 2019, AufenthG § 60a Rn. 43 denen zufolge auch qualifizierte Bescheinigungen von Psychologische Psychotherapeuten und Kinder- und Jugendpsychotherapeuten solche nach Abs. 2c sind.
[121] Vgl. § 2 I Bundesärzteordnung v. 16.4.1987, BGBl. I S. 1218.
[122] Ebenso *Thym* NVwZ 2016, 413.

1 AufenthG § 60a

dh, der Richter darf jedenfalls den Sachverhalt grundsätzlich noch weiter medizinisch aufklären, wenn er dies für seine Entscheidung für geboten erachtet[123].

58 Bei **grund- und menschenrechtskonformer Auslegung** ist im Übrigen klar, dass am Ende kein ernsthaft erkrankter Mensch bei individuell konkreter und erheblicher Gefahr für Leib oder gar Leben abgeschoben werden darf, wie im Übrigen auch die Einschränkung in Abs. 2d S. 2 verdeutlicht[124]. Danach darf es dem Ausländer nicht vorgehalten werden, wenn er unverschuldet an der Einholung einer ärztlichen Bescheinigung nach Abs. 2c S. 2 gehindert ist oder tatsächliche Anhaltspunkte für das Vorliegen einer lebensbedrohlichen oder schwerwiegenden Erkrankung vorliegen, die sich durch die Abschiebung wesentlich verschlechtern würde. **Niemand darf durch eine Abschiebung sehenden Auges schweren Gefahren für sich selbst ausgesetzt werden**[125]. Diese menschenrechtskonforme Auslegung kann insbesondere deshalb erforderlich sein, weil die (gem. § 59 I 8 in der Regel nicht mehr angekündigte) Abschiebung zu ganz erheblichem Zeitdruck bei der Suche nach einem Arzt führen kann, der dann ganz schnell ein qualifiziertes ärztliches Attest erstellen soll. Wenn jedenfalls kein Missbrauch ersichtlich ist, muss bei erheblicher Gefahr im Zweifel immer dem Schutz von Leib und Leben (Art. 2 II 1 GG) der Vorrang vor der Durchsetzung der Aufenthaltsbeendigung eingeräumt werden.

6. Fortbestehende Ausreisepflicht (Abs. 3)

59 § 60a III stellt klar, dass auch der geduldete Ausländer ausreisepflichtig bleibt. Durch die Duldung wird die Ausreisepflicht nur ausgesetzt. Die Ausreisepflicht bleibt unberührt. Grundsätzlich schließt die Duldung dadurch nach der gesetzlichen Systematik den Weg zu einem Aufenthaltstitel und damit zu einem auf Dauer gesicherten Aufenthaltsstatus des betroffenen Ausländers aus.

7. Duldungsbescheinigung und Widerruf (Abs. 4 und 5)

60 Über die Aussetzung der Abschiebung (Duldung) ist den Ausländern nach Abs. 4 eine **Bescheinigung** auszustellen. Diese Bescheinigung über die Duldung ist aber **kein Aufenthaltstitel** iSd § 4 I 2 und auch sonst jenseits von § 18a jedenfalls regelmäßig nicht geeignet, einen rechtmäßigen Aufenthalt zu begründen. In der Vergangenheit konnte sie ausnahmsweise zur Rechtmäßigkeit des Aufenthalts führen, wenn sie als Ersatz für ein Aufenthaltsrecht diente[126]. Das ist nach gegenwärtiger Rechtslage nicht mehr möglich. Mit der vorübergehenden Aussetzung der Abschiebung sind die Rechtsfolgen der Straflosigkeit und der Beschäftigungsmöglichkeit verbunden.

61 Die Aussetzung der Abschiebung erlischt mit der Ausreise des Ausländers **(Abs. 5 S. 1)**. Für das Erlöschen der Duldung nach Abs. 5 S. 1 genügt – anders als nach § 51 VI – auch ein nur kurzfristiger Aufenthalt im Ausland[127]. Die Duldung wird widerrufen, wenn die der Abschiebung entgegenstehenden Gründe entfallen **(Abs. 5 S. 2)**. Ein **Widerruf der Duldung** nach Abs. 5 S. 2 ist ausgeschlossen, wenn ein anderer Duldungsgrund vorliegt[128].

62 Nach Ablauf der Duldung ist die **unverzügliche Abschiebung zwingend** vorgeschrieben **(Abs. 5 S. 3)**. Die Durchsetzung der Ausreisepflicht kann nur aus denselben oder anderen Gründen erneut durch eine Duldung ausgesetzt werden. Unzulässig ist die stillschweigende Hinnahme des unrechtmäßigen Aufenthalts. Eine **Ankündigung** der Vollziehung ist nur nach einer (Ketten-)Duldung von mehr als einem Jahr Dauer vorgeschrieben, und zwar nach ununterbrochener Dauer. Denn das Maß der Überraschung, der die Ankündigung vorbeugen soll, ist nur in diesem Fall besonders hoch, nicht aber im Falle einer über mehrere Jahre verteilten entsprechenden Gesamtdauer **(Abs. 5 S. 4)**[129]. Die Ankündigung ist nur für den Fall der Abschiebung infolge Erlöschens der Duldung durch **Widerruf** vorgeschrieben; für die **Rücknahme** gilt die Bestimmung aber entsprechend. Keiner Ankündigung bedarf es auch in Fällen der (Ketten-)Duldung, wenn der Ausländer bewusst über seine Identität oder Staatsangehörigkeit täuscht oder zumutbare Anforderungen an die Mitwirkung bei der Beseitigung von Ausreisehindernissen nicht erfüllt (Abs. 5 S. 5). Zumutbare Mitwirkungshandlungen sind etwa die Beantragung eines Nationalpasses und das Bemühen um sonstige Ausweisdokumente zur Klärung der Identität. Dem vollziehbar ausreisepflichtigen Ausländer, der sich insoweit nicht rechtstreu verhält, soll auch bei bisheriger Duldung so der Weg des kurzfristigen Untertauchens versperrt oder jedenfalls erschwert werden.

63 Der Gesetzgeber hat mit dem RLUmsG 2007 die Ankündigungspflicht für den Fall des Erlöschens der Duldung durch **Ablauf der Geltungsdauer** gestrichen. Dies beruht letztlich auf der Überlegung,

---

[123] SächsOVG Beschl. v. 19.3.2019 – 3 B 430/18, BeckRS 2019, 9036.
[124] Vgl. auch die Kommentierung zu § 60 VII, dort → § 60 Rn. 95–106.
[125] OVG NRW Beschl. v. 17.12.2014 – 11 A 2468/14.A, BeckRS 2014, 59596 mwN.
[126] BVerwG Urt. v. 16.10.1990 – 1 C 15.88, BVerwGE 87, 11; *Kemper* ZAR 1992, 115.
[127] SchlHOVG Beschl. v. 7.8.2020 – 4 MB 24/20, BeckRS 2020, 22167.
[128] OVG LSA Beschl. v. 22.12.2021 – 2 M 114/21, BeckRS 2021, 40653; näher → Rn. 69.
[129] Näher → Rn. 67 f.

Vorübergehende Aussetzung der Abschiebung (Duldung) **§ 60a AufenthG 1**

dass der Ausländer sich mit dem Ablauf der Duldung auf den Vollzug der Ausreisepflicht einzustellen und entsprechende Vorkehrungen zu treffen hat.

Auch in dem Fall, in dem die Duldung durch den Eintritt einer **auflösenden Bedingung** – etwa **64** nach § 61 Ie – erlischt[130], ist nach dem Wortlaut, gesetzlicher Systematik und Regelungszweck keine Ankündigung der Abschiebung erforderlich. Hier ist eine entsprechende Anwendung des § 60a V 4 (Abschiebungsankündigung) ausgeschlossen[131]. Ebenso wie bei Widerruf ist bei der auflösenden Bedingung der Eintritt der Vollziehbarkeit der Ausreisepflicht zwar nicht ohne Weiteres absehbar. Aber zum einen ergehen Widerruf oder Rücknahme der Duldung – abweichend zur auflösenden Bedingung – durch gesondert anfechtbare behördliche Entscheidung, und zum anderen muss der nur auflösend bedingt geduldete Ausländer letztlich jederzeit mit dem Eintritt der Bedingung und damit auch mit dem Erlöschen der Duldung vor deren eigentlichem Auslaufen rechnen. Dagegen ist das schutzwürdige Vertrauen des ohne auflösende Bedingung längerfristig geduldeten Ausländers darin höher zu bewerten. Er darf auf den Fortbestand der Aussetzung der Abschiebung bis zum Ende der Geltungsdauer der befristeten Duldung vertrauen und deshalb nicht überraschend mit dem vorzeitigen Ende der Aussetzung der Abschiebung konfrontiert werden. Ihm soll ausreichend Zeit eingeräumt werden, um die persönlichen Angelegenheiten im Vorfeld der Rückführung zu regeln.

Ergeht statt der Ankündigung eine **(erneute) Abschiebungsandrohung,** sind deren rechtliche **65** Maßgaben zu beachten. Die Abschiebung ist erneut anzukündigen (**„Ankündigung zu wiederholen"**), wenn der Ausländer erneut ununterbrochen für mehr als ein Jahr geduldet wurde.

Die **Geltungsdauer der Duldung** ist im Hinblick auf ihren Zweck beschränkt und zu beschränken. **66** Feste Fristen sind nicht vorgeschrieben. Die Ausländerbehörde hat die Duldung entsprechend ihrem Zweck zu erteilen und zu verlängern. Ist das Ende des Abschiebungsverbots oder -hindernisses nicht absehbar, kann in Ausnahmefällen auch eine längere Dauer angeordnet werden. Dann ist aber zugleich die Möglichkeit einer Aufenthaltserlaubnis (insbesondere nach § 25 V) zu prüfen, falls keine Ausschlussgründe vorliegen. Eine **Verlängerung** der Duldung ist zulässig, nicht nur die Erneuerung nach Ablauf der Frist. Die Verlängerung ist im Hinblick auf die Jahresfrist bis zu einem Jahr ohne Weiteres, danach nur ausnahmsweise zulässig. Für die Erneuerung gilt wiederum die Jahresgrenze. Immer muss das weitere Vorliegen von Aussetzungsgründen festgestellt werden. Die Dauer der Duldung kann durch auflösende Bedingung begrenzt werden, wenn das Ereignis, mit dem der Aussetzungsgrund entfällt, bestimmt oder bestimmbar ist[132]. Schließlich erlischt die Duldung infolge Zweckerfüllung mit der Ausreise.

Nach § 60a V 2 wird jede **Duldung nach § 60a II widerrufen, wenn die der Abschiebung** **67** **entgegenstehenden Gründe entfallen sind**[133]. Im Interesse einer beschleunigten Abschiebung hat der Gesetzgeber hier in Abweichung von der ermesseneinräumenden Regelung des allgemeinen Verwaltungsverfahrensrecht (§ 49 II VwVfG) zum Widerruf nicht nur berechtigt, sondern verpflichtet. Der Gesetzeszweck, eine beschleunigte Abschiebung zu ermöglichen, würde missachtet, wenn man der Regelung entnähme, dass es der Ausländerbehörde verwehrt sei, von § 61 Ie durch die Beifügung einer auflösenden Bedingung, die an den Wegfall eines hinreichend bestimmten, der Abschiebung entgegenstehenden Grundes anknüpft, Gebrauch zu machen und die Duldung dadurch zum Erlöschen zu bringen[134].

Es bedarf **keiner Abschiebungsankündigung nach § 60a V 4,** wenn die Abschiebung zu einem **68** Zeitpunkt erfolgen soll, in dem die dem Ausländer erteilte **Duldung bereits durch Ablauf ihrer Geltungsdauer erloschen ist**[135]. Der in jedem Stadium des Verfahrens der Aufenthaltsbeendigung zu beachtende Grundsatz der Verhältnismäßigkeit sowie das Gebot, effektiven Rechtsschutz erlangen zu können, können es indes im Einzelfall erfordern, auch jenseits der von § 60a V erfassten Fälle die Abschiebung vorher anzukündigen. Insoweit kann die in § 59 V 2 vorgesehene Regelung, wonach die Abschiebung mindestens eine Woche vorher anzukündigen ist, eine Orientierung für den zeitlichen Rahmen geben.

Der **Widerruf** ist **ausgeschlossen,** wenn die **Duldung aus einem anderen Grund verlängert** **69** werden müsste. Insoweit ist der Grundsatz der doppelten Deckung anzuwenden, der sonst nur für rechtmäßige nicht begünstigende VA gilt (vgl. § 49 I VwVfG). Nach § 51 VI bleiben auch nach Wegfall der Aussetzung der Abschiebung die der Duldung beigefügten Auflagen und Beschränkungen bestehen, bis sie aufgehoben werden oder der Ausländer seiner Ausreisepflicht nachgekommen ist; dies

---

[130] Zur Zulässigkeit der Bedingung „erlischt mit Bekanntgabe des Abschiebungstermins" VG Oldenburg Beschl. v. 23.1.2013 – 11 A 4635/12, BeckRS 2013, 46005.
[131] Wie hier NdsOVG Beschl. v. 11.1.2019 – 13 ME 220/18, BeckRS 2019, 281; aA BayVGH Beschl. v. 16.2.2015 – 10 C 14.1183, BeckRS 2015, 43080; *Hailbronner*, AuslR, 2016, AufenthG § 60a Rn. 111 aE.
[132] OVG Bln-Bbg Beschl. v. 7.12.2015 – OVG 12 S 77.15, BeckRS 2016, 40315.
[133] S. zur Widerrufspflicht und den Anforderungen an die Abschiebungsankündigung auch VG Dresden Beschl. v. 17.4.2013 – 3 L 139/13, AuAS 2013, 98.
[134] OVG Bln-Bbg Beschl. v. 7.12.2015 – OVG 12 S 77.15, BeckRS 2016, 40315; HmbOVG Beschl. v. 16.11.2004 – 3 Bs 503/04, BeckRS 2005, 24518.
[135] BGH Beschl. v. 10.11.2011 – V ZB 317/10, BeckRS 2011, 29923; OVG LSA Beschl. v. 8.6.2015 – 2 M 29/15, BeckRS 2015, 51146; NdsOVG Beschl. v. 16.3.2010 – 8 ME 47/10, BeckRS 2010, 47569.

1 AufenthG § 60a

entspricht dem früheren Rechtszustand nach § 44 VI AuslG[136]. Wenn unter den Voraussetzungen von § 60a V 2 eine **rechtmäßig erteilte Duldung für die Zukunft zu widerrufen** ist, gilt dies **erst recht** für die **rechtswidrig erteilte Duldung**. Unschädlich ist, wenn die Ausländerbehörde die Duldung in solchen Fällen widerruft, anstatt sie zurückzunehmen. Denn trotz der unterschiedlichen Regelungen über Rücknahme (§ 48 VwVfG) und Widerruf einer Duldung (§ 60a V 2) bestehen keine Bedenken die Widerrufsvorschrift auch auf die Fälle rechtswidriger VA anzuwenden[137].

70 Beim **Widerruf** einer befristet erteilten **Duldung** ist der **Zeitpunkt des Ablaufs der Gültigkeitsdauer** für die Beurteilung der Sach- und Rechtslage maßgeblich, wenn er vor dem Zeitpunkt der letzten mündlichen Verhandlung des Tatsachengerichts liegt[138].

8. Beschäftigungsverbot für Geduldete (Abs. 6)

71 Die Regelung in **Abs. 6** wurde durch das AsylVfBeschlG 2015[139] eingeführt. Die frühere Regelung des **Beschäftigungsverbots für Geduldete, die ihr Ausreisehindernis selbst zu vertreten haben**, war in § 33 BeschV[140] enthalten. Diese richtet sich mit den übrigen Bestimmungen zur Zustimmungserteilung zur Beschäftigung jedoch an die BA. Der Gesetzgeber erachtete es für angezeigt, dass das Beschäftigungsverbot von den Ausländerbehörden zu verfügen ist, für die sich die wesentliche Rechtsgrundlagen ihres Handelns im AufenthG und der AufenthaltsV finden. Die Regelung wurde deshalb in das AufenthG übernommen. § 33 BeschV wurde aufgehoben. Zur Entscheidung berufen ist also allein die Ausländerbehörde. Zudem wird klargestellt, dass sich das Beschäftigungsverbot auch auf selbstständige Tätigkeiten – Ausübung einer Erwerbstätigkeit – erstreckt.

72 Nach **Abs. 6 S. 1 Nr. 1** ist die Erteilung der **Ausbildungsduldung ausgeschlossen,** wenn sich der Ausländer nach Deutschland begeben hat, **um Leistungen nach dem AsylbLG zu beziehen.** Der Ausschlussgrund ist erfüllt, wenn der Zweck, Leistungen zu erlangen, den Einreiseentschluss geprägt hat[141]. Erforderlich ist ein finaler Zusammenhang zwischen Einreise und dem Bezug von Asylbewerberleistungen[142]. Der **Bezug anderer Sozialleistungen** – zB BaföG, Wohngeld – **steht** der Erteilung einer **Ausbildungsduldung** nach Abs. 6 S. 1 Nr. 1 **nicht entgegen.**

73 Der Nichtvollzug aufenthaltsbeendender Maßnahmen muss nach dem Wortlaut von **Abs. 6 S. 1 Nr. 2** vom Ausländer zu vertreten sein. Das Vertretenmüssen des Hindernisses verlangt eine jeweilige am Einzelfall ausgerichtete und das Verhältnismäßigkeitsprinzip berücksichtigende Prüfung. **Hindernisse aus der Sphäre des Ausländers hat dieser regelmäßig zu vertreten.** Stets zu vertreten hat der Ausländer **falsche Angaben** oder die **Täuschung über** seine **Identität** und/oder **Staatsangehörigkeit**[143]. Der Besitz eines gültigen Passes zählt zu den Obliegenheiten eines Ausländers (vgl. § 3 I) und ist Regelvoraussetzung für die Erteilung eines Aufenthaltstitels (vgl. § 5 I). Außerdem belegt § 48 III 1, dass ein Ausländer bei der Beschaffung von Identitätspapieren mitzuwirken hat. Die Mitwirkung muss sich neben dem Bemühen um einen Pass oder Passersatz auch auf die Beschaffung sonstiger Urkunden und Dokumente unabhängig vom Aussteller richten, sofern sie zu dem Zweck geeignet sind, die Ausländerbehörde bei der Umsetzung einer Rückführungsmöglichkeit zu unterstützen.

74 Abs. 6 S. 1 Nr. 2 setzt voraus, dass die Abschiebung aus Gründen, die im Verantwortungsbereich des Ausländers liegen, nicht durchgeführt werden kann. Der Erteilung einer Beschäftigungserlaubnis nach § 4a IV können nur solche **Gründe** entgegengehalten werden, **die derzeit den Vollzug aufenthaltsbeendender Maßnahmen hindern.** Gründe, die den Vollzug ausschließlich in der Vergangenheit verzögert oder behindert haben, sind iRd Abs. 6 S. 1 Nr. 2 unbeachtlich[144]. Die Vorschrift verlangt, dass ein aktueller Gegenwartsbezug besteht, dh, die konkrete Verhaltensweise muss auch noch heute kausal für die Unmöglichkeit der Aufenthaltsbeendigung sein[145].

75 **Zweifel** in Bezug auf die **Identitätsaufklärung** gehen regelmäßig **zulasten des Ausländers.** Insbesondere zur Frage, wann der Ausländer **fortdauernde Passlosigkeit als Hinderungsgrund für aufenthaltsbeendende Maßnahmen** zu vertreten hat, hängt indes von den **Umständen des Ein-**

---

[136] Vgl. BT-Drs. 16/5065, 180 und BT-Drs. 15/420, 89; vgl. auch OVG LSA Beschl. v. 21.12.2021 – 2 M 114/21 BeckRS 2021, 40653.

[137] NdsOVG Beschl. v. 6.1.2015 – 13 ME 192/14, BeckRS 2015, 40452; VG Oldenburg Beschl. v. 2.2.2015 – 11 B 676/15, BeckRS 2015, 41296.

[138] BVerwG Beschl. v. 22.5.2013 – 1 B 25.12, EZAR NF 48 Nr. 23; BayVGH Beschl. v. 8.2.2019 – 10 C 18.1641, BeckRS 2019, 2247.

[139] Vgl. die Begründung, BT-Drs. 18/6185, 68 f.

[140] Verordnung über die Beschäftigung von Ausländerinnen und Ausländer (BeschV) v. 6.6.2013, BGBl. I S. 1499.

[141] BVerwG Urt. v. 4.6.1992 – 5 C 22.87, BVerwGE 90, 212; BSG Urt. v. 3.12.2015 – B 4 AS 44/15 R, BSGE 120, 149; s. dazu instruktiv *Siefert* in Siefert, AsylbLG, 2018, § 1a Rn. 6 mwN.

[142] S. auch *Kluth/Breidenbach* in BeckOK AuslR, 2018, AufenthG § 60a Rn. 52.

[143] VG Saarland Urt. v. 28.7.2016 – 6 K 1167/14, BeckRS 2016, 51493.

[144] OVG LSA Beschl. v. 12.11.2021 – 2 M 132/21, BeckRS 2021, 35463; *Kluth/Breidenbach* in BeckOK AuslR, 2018, § 60a AufenthG Rn. 54.

[145] VGH BW Urt. v. 10.7.2017 – 11 S 695/17, ZAR 2018, 28.

zelfalls ab. Für einen nicht verfahrensfähigen Minderjährigen handelt der amtliche bestellte Vormund. Der Vormund handelt nicht schuldhaft, wenn er sich nach dem ihm zuvor durch die zuständige Ausländerbehörde erteilten Hinweis um die Erteilung eines Nationalpasses für sein Mündel bemüht, anstatt – wie erforderlich – um ein Laissez-Passer als Rückreisedokument bei der Auslandsvertretung des Herkunftsstaats[146].

Unzureichende Mitwirkung bei der Passbeschaffung stellt einen Versagungsgrund dar, auch wenn die in § 60a VI 2 genannten Regelbeispiele nicht erfüllt sind. Voraussetzung wird aber eine ausweisrechtliche Belehrung nach §§ 48, 49 sein[147]. Grundsätzlich muss ein minderjähriger Ausländer es sich zurechnen lassen, wenn sein gesetzlicher Vertreter es unterlässt, die erforderlichen Passanträge zu stellen (§ 80 IV). Dies gilt jedoch nicht, wenn es sich bei dem gesetzlichen Vertreter des minderjährigen Ausländers um eine deutsche Behörde – hier Jugendamt – handelt[148]. Die **Anforderungen an die Mitwirkungshandlungen** eines passlosen Ausländers dürfen allerdings auch **nicht überspannt** werden. Von vornherein aussichtslose Handlungen zur Passbeschaffung dürfen dem Ausländer nicht abverlangt werden[149]. So kann die persönliche Vorsprache bei seiner Auslandsvertretung dem Ausländer ausnahmsweise aus gesundheitlichen Gründen unzumutbar sein[150]. Hat der Ausländer bei seiner Auslandsvertretung wiederholt erfolglos einen Pass beantragt, kann auch dies ein „Vertretenmüssen" der Passlosigkeit ausschließen[151]. Entsprechendes gilt, wenn die zuständige Behörde des Heimatlandes des Ausländers dafür bekannt sind, sich auch bei ordnungsgemäßer Antragstellung zu weigern, Heimreisedokumente auszustellen[152]. **76**

Nur solche von ihm selbst zu vertretenden Gründe iSd Abs. 6 S. 1 Nr. 2 dürfen dem Ausländer entgegengehalten werden, die gegenwärtig den Vollzug aufenthaltsbeendender Maßnahmen hindern **(Kausalität)**. Gründe, die den Vollzug ausschließlich in der Vergangenheit verzögert oder behindert haben, sind daher unbeachtlich[153]. § 60a VI 1 Nr. 2 ist mithin nur erfüllt, wenn dem Ausländer ein gegenwärtiges schuldhaftes Mitwirkungsversäumnis vorgehalten werden kann, das kausal zu einem – ebenfalls gegenwärtigen – Abschiebungshindernis führt. Wirkt der Ausländer wieder mit und legt zB aktuelle und authentische Dokumente zu seiner Identität vor, liegen die Voraussetzungen für eine Versagensentscheidung nach Abs. 6 S. 1 Nr. 2 nicht – mehr – vor[154]. **77**

Für **Geduldete** aus **sicheren Herkunftsstaaten (§ 29a AsylG), deren** ab dem 1.9.2015 gestellter **Asylantrag abgelehnt** wurde, ist mit der Regelung in **§ 60a VI 1 Nr. 3** ein Beschäftigungsverbot kraft Gesetzes eingeführt worden. Die Ablehnung des Asylantrags muss bestandskräftig geworden sein[155]. Abs. 6 S. 1 Nr. 1 und 2 sowie S. 2 entsprechen den bisherigen Bestimmungen in § 33 BeschV. Staatsangehörigen sicherer Herkunftsstaaten darf deshalb auch keine Ausbildungsduldung nach § 60c erteilt werden. Nach Wortlaut, Sinn und Zweck des Abs. 6 S. 1 Nr. 3 fallen unter den Begriff „**Asylantrag**" sowohl **Asylerst- als auch Asylfolgeanträge**[156]. Bei ununterbrochenem Inlandsaufenthalt kommt es für die Frage, ob eine Ausbildungsduldung zu erteilen ist, darauf an, ob ein Staatsangehöriger eines sicheren Herkunftsstaates einen abgelehnten Asylantrag iSd § 60a VI 1 Nr. 3 bis zum Stichtag 31.8.2015 gestellt hat, auf den Asylerstantrag, nicht hingegen auf einen später gestellten Asylfolgeantrag[157]. **78**

Die **Rücknahme des Asylantrags** durch einen Staatsangehörigen aus einem sicheren Herkunftsstaat wird regelmäßig als **missbräuchliche Umgehung des Ausschlusstatbestands gem. § 60a VI 1 Nr. 3** zu beurteilen sein[158]. Denn die Rücknahme des Schutzantrags zeigt, dass der Ausländer selbst keinen Schutzbedarf mehr sieht und er dadurch hofft, den Versagungsgrund nach § 60a VI 1 Nr. 3 zu umgehen[159]. **79**

---

[146] OVG Bln-Bbg Beschl. v. 12.11.2018 – 3 S 89/18, BeckRS 2018, 29024.
[147] BayVGH Beschl. v. 31.7.2017 – 19 CE 17.1032, BeckRS 2017, 124615; OVG Bln-Bbg Beschl. v. 22.11.2016 – OVG 12 S 61.16, BeckRS 2016, 55195; OVG NRW Beschl. v. 18.1.2006 – 18 B 1772/05, NVwZ-RR 2007, 60 zum inhaltsgleichen § 11 BeschVerfV.
[148] VG Karlsruhe Beschl. v. 29.9.2016 – 4 K 4114/16, BeckRS 2016, 55765.
[149] BVerwG Beschl. v. 15.6.2006 – 1 B 54.06, BeckRS 2006, 23900: Die Frage der Zumutbarkeit von Handlungen zur Passbeschaffung kann auch den individuellen intellektuellen Fähigkeiten des Ausländers abhängen.
[150] OVG Bln-Bbg Beschl. v. 23.11.2016 – OVG 11 N 67.14, BeckRS 2016, 55609.
[151] VG Schleswig Beschl. v. 10.8.2016 – 1 B 37/16, BeckRS 2016, 52380.
[152] VG Sigmaringen Beschl. v. 20.7.2006 – 8 K 577/04, BeckRS 2006, 25100 betr. den Libanon.
[153] BayVGH Beschl. v. 28.4.2011 – 19 ZB 11.875, BeckRS 2011, 32954; *Kluth/Breidenbach* in BeckOK AuslR, 2018, AufenthG § 60a Rn. 54.
[154] OVG LSA Beschl. v. 9.11.2021 – 2 M 79/21, BeckRS 2021, 35474.
[155] *Fleuß* VerwArch 2018, 261 (265 f.).
[156] Ebenso VGH BW Beschl. v. 26.3.2019 – 12 S 502/19,BeckRS 2019, 8223.
[157] NdsOVG Beschl. v. 30.8.2018 – 13 ME 298/18, BeckRS 2018, 22163.
[158] Vgl. VG Karlsruhe Beschl. v. 13.9.2017 – 7 K 11634/17, BeckRS 2017, 127568; VG Oldenburg Urt. v. 12.5.2016 – 5 A 4509/15, BeckRS 2016, 36769; *Heusch* in BeckOK AuslG AsylG § 32 Rn. 19, 25; aA *Röder* in BeckOK MigR, Stand 1.3.2019, AufenthG § 60a Rn. 125; *Wittmann* NVwZ 2018, 28 (30).
[159] Anwendungshinweise BMI v. 30.5.2017, S. 11.

V. Verwaltungsverfahren und Rechtsschutz

80 Zuständig für die Prüfung von Duldungsgründen ist **grundsätzlich** die **Ausländerbehörde**. Soll allerdings ein Asylbewerber in einen sicheren Drittstaat (§ 26a AsylG) oder in einen für die Durchführung des Asylverfahrens zuständigen Staat (§ 27a AsylG) abgeschoben werden, obliegt dem BAMF im Rahmen einer Abschiebungsandrohung nach § 34a AsylG die Prüfung von Duldungsgründen[160].

81 Die **Aussetzung der Abschiebung** ist angesichts ihrer **regelnden Wirkung** (vgl. § 35 VwVfG) ebenso ein **Verwaltungsakt** wie ihre Ablehnung. Die Bescheinigung wird von Amts wegen erteilt; ein Antrag ist aber unschädlich. Die Duldung bedarf der Schriftform (§ 77 I 1) und wird auf dem Muster der Anlage D2a, D2 zur AufenthV erteilt (§ 58 S. 1 Nr. 2 AufenthV).

82 Da der **Widerspruch ausgeschlossen** ist (§ 83 II), kann auf Erteilung der Duldung sofort nach der Ablehnung im Wege der Verpflichtungsklage geklagt werden (§ 42 I Var. 2 VwGO). Gegen den Widerruf der Duldung nach Abs. 5 S. 2, bei dem (als actus contrarius) der Widerspruch nach sachgerechter Auslegung des § 83 II ebenfalls ausgeschlossen ist[161], ist Anfechtungsklage (§ 42 I Var. 1 VwGO) zulässig. Widerspruch und Klage gegen den Duldungswiderruf haben im Hinblick auf den vollstreckungsrechtlichen Charakter des Widerrufs (§ 83 II 1) keine aufschiebende Wirkung[162]. **Vorläufiger Rechtsschutz** gegen den **Duldungswiderruf** ist daher nach **§ 80 V 1 Hs. 1 VwGO** statthaft. Der **vorläufige Rechtsschutz** gegen die **Ablehnung der Duldungserteilung** richtet sich nach § 123 I 2 VwGO. Der Ausländer beantragt danach im Wege der RAO, den zuständigen Antragsgegner zu verpflichten, ihm vorläufig – bis zur Entscheidung in der Hauptsache – eine Duldung entsprechend § 60a II zu erteilen.

83 Soweit in der Duldung der Zusatz enthalten ist, **„Erwerbstätigkeit nicht gestattet"** oder „Erwerbstätigkeit nur mit Erlaubnis der Ausländerbehörde gestattet", handelte es sich regelmäßig nur um einen **Hinweis auf die Rechtslage (§ 4a IV**[163]**)**; mit Blick auf § 32 BeschV muss ggf. die (selbstständige) Erlaubnis zur Ausübung einer Erwerbstätigkeit mit der Verpflichtungsklage erstritten werden[164]. Der Rechtsschutz gegen Nebenbestimmungen zur Duldung richtet sich nach den allgemeinen Prinzipien[165].

84 Nach **§ 60a II, IIa, IIb geduldete Ausländer** haben – soweit sie **bedürftig** sind – **Anspruch auf Migrationssozialleistungen nach § 1 I Nr. 4 AsylbLG**[166]. Diese Leistungen dürfen nur nach Maßgabe von § 1a AsylbLG eingeschränkt werden. Nach einem ununterbrochenen Aufenthalt im Bundesgebiet stehen ihnen grundsätzlich „Analogleistungen" gem. § 2 AsylbLG zu. Das Verwaltungsverfahren richtet sich nach dem VwVfG, weil das AsylbLG nicht in den Katalog des SGB I aufgenommen worden ist[167]. Der Rechtsweg in Angelegenheiten des AsylbLG führt nach § 51 I Nr. 6a SGG zu den Sozialgerichten.

85 Die mit dem **1. Migrationspaket 2022 (Chancen-Aufenthaltsrecht)** beabsichtigte Änderung in § 60a VI konnte nicht mehr berücksichtigt werden. Geplant ist, die Norm um einen S. 4 zu ergänzen. Danach wird, abweichend von den S. 1–3, einem Ausländer der als Asylberechtigter anerkannt ist, der im Bundesgebiet die Rechtsstellung eines ausländischen Flüchtlings oder eines subsidiär Schutzberechtigten genießt, die Erwerbstätigkeit erlaubt. Es handelt sich um eine Folgeänderung zu § 53. Die Ergänzung gewährleistet, dass einem Ausländer, dessen Aufenthaltstitel durch Ausweisung erloschen ist, der jedoch weiter als Asylberechtigter anerkannt ist oder im Bundesgebiet die Rechtsstellung eines ausländischen Flüchtlings oder eines subsidiär Schutzberechtigten genießt, der Zugang zur Beschäftigung offensteht.

§ 60b Duldung für Personen mit ungeklärter Identität

(1) ¹Einem vollziehbar ausreisepflichtigen Ausländer wird die Duldung im Sinne des § 60a als „Duldung für Personen mit ungeklärter Identität" erteilt, wenn die Abschiebung aus von ihm selbst zu vertretenden Gründen nicht vollzogen werden kann, weil er das Abschiebungshindernis durch eigene Täuschung über seine Identität oder Staatsangehörigkeit oder durch eigene falsche Angaben selbst herbeiführt oder er zumutbare Handlungen zur Erfüllung der besonderen Passbeschaffungspflicht nach Absatz 2 Satz 1 und Absatz 3 Satz 1 nicht vornimmt. ²Dem Ausländer ist die Bescheinigung über die Duldung nach § 60a Absatz 4 mit dem Zusatz „für Personen mit ungeklärter Identität" auszustellen.

---

[160] HessVGH Beschl. v. 25.8.2014 – 2 A 976/14.A, InfAuslR 2014, 457; BayVGH Beschl. v. 28.10.2013 – 10 CE 13.2257, BeckRS 2013, 58911; VGH BW Beschl. v. 31.5.2011 – A 11 S 1523/11, InfAuslR 2011, 310.

[161] AA *Röder* in BeckOK MigR, 2019, AufenthG § 60a Rn. 190.

[162] VG Düsseldorf Beschl. v. 9.11.2017 – 22 L 5379/11, BeckRS 2017, 133045; *Hailbronner*, AuslR, 2017, AufenthG § 60a Rn. 144; *Funke-Kaiser*, GK-AufenthG, 2017, § 60a Rn. 331.

[163] Bisher, vor Inkrafttreten des FEG: § 4 III 2 aF.

[164] GK-AufenthG § 60a Rn. 322 (Stand 3/2015).

[165] Zur Frage der isolierten Aufhebung einer Nebenbestimmung vgl. etwa BVerwG Urt. v. 22.11.2000 – 11 C 2.00, BVerwGE 112, 221.

[166] Vgl. näher *Dollinger* in Siefert AsylbLG § 1 Rn. 58 ff.

[167] Vgl. zur gesetzlichen Systematik *Dollinger* in Siefert AsylbLG § 1 Rn. 25 ff.

(2) ¹Besitzt der vollziehbar ausreisepflichtige Ausländer keinen gültigen Pass oder Passersatz, ist er unbeschadet des § 3 verpflichtet, alle ihm unter Berücksichtigung der Umstände des Einzelfalls zumutbaren Handlungen zur Beschaffung eines Passes oder Passersatzes selbst vorzunehmen. ²Dies gilt nicht für Ausländer ab der Stellung eines Asylantrages (§ 13 des Asylgesetzes) oder eines Asylgesuches (§ 18 des Asylgesetzes) bis zur rechtskräftigen Ablehnung des Asylantrages sowie für Ausländer, wenn ein Abschiebungsverbot nach § 60 Absatz 5 oder 7 vorliegt, es sei denn, das Abschiebungsverbot nach § 60 Absatz 7 beruht allein auf gesundheitlichen Gründen.

(3) ¹Im Sinne des Absatzes 2 Satz 1 ist dem Ausländer regelmäßig zumutbar,
1. in der den Bestimmungen des deutschen Passrechts, insbesondere den §§ 6 und 15 des Passgesetzes in der jeweils geltenden Fassung, entsprechenden Weise an der Ausstellung oder Verlängerung mitzuwirken und die Behandlung eines Antrages durch die Behörden des Herkunftsstaates nach dem Recht des Herkunftsstaates zu dulden, sofern dies nicht zu einer unzumutbaren Härte führt,
2. bei Behörden des Herkunftsstaates persönlich vorzusprechen, an Anhörungen teilzunehmen, Lichtbilder nach Anforderung anzufertigen und Fingerabdrücke abzugeben, nach der Rechts- und Verwaltungspraxis des Herkunftsstaates erforderliche Angaben oder Erklärungen abzugeben oder sonstige nach der dortigen Rechts- und Verwaltungspraxis erforderliche Handlungen vorzunehmen, soweit dies nicht unzumutbar ist,
3. eine Erklärung gegenüber den Behörden des Herkunftsstaates, aus dem Bundesgebiet freiwillig im Rahmen seiner rechtlichen Verpflichtung nach dem deutschen Recht auszureisen, abzugeben, sofern hiervon die Ausstellung des Reisedokumentes abhängig gemacht wird,
4. sofern hiervon die Ausstellung des Reisedokumentes abhängig gemacht wird, zu erklären, die Wehrpflicht zu erfüllen, sofern die Erfüllung der Wehrpflicht nicht aus zwingenden Gründen unzumutbar ist, und andere zumutbare staatsbürgerliche Pflichten zu erfüllen,
5. die vom Herkunftsstaat für die behördlichen Passbeschaffungsmaßnahmen allgemein festgelegten Gebühren zu zahlen, sofern es nicht für ihn unzumutbar ist und
6. erneut um die Ausstellung des Passes oder Passersatzes im Rahmen des Zumutbaren nachzusuchen und die Handlungen nach den Nummern 1 bis 5 vorzunehmen, sofern auf Grund einer Änderung der Sach- und Rechtslage mit der Ausstellung des Passes oder Passersatzes durch die Behörden des Herkunftsstaates mit hinreichender Wahrscheinlichkeit gerechnet werden kann und die Ausländerbehörde ihn zur erneuten Vornahme der Handlungen auffordert.

²Der Ausländer ist auf diese Pflichten hinzuweisen. ³Sie gelten als erfüllt, wenn der Ausländer glaubhaft macht, dass er die Handlungen nach Satz 1 vorgenommen hat. ⁴Weist die Ausländerbehörde den Ausländer darauf hin, dass seine bisherigen Darlegungen und Nachweise zur Glaubhaftmachung der Erfüllung einer bestimmten Handlung oder mehrerer bestimmter Handlungen nach Satz 1 nicht ausreichen, kann die Ausländerbehörde ihn mit Fristsetzung dazu auffordern, die Vornahme der Handlungen nach Satz 1 durch Erklärung an Eides statt glaubhaft zu machen. ⁵Die Ausländerbehörde ist hierzu zuständige Behörde im Sinne des § 156 des Strafgesetzbuches.

(4) ¹Hat der Ausländer die zumutbaren Handlungen nach Absatz 2 Satz 1 und Absatz 3 Satz 1 unterlassen, kann er diese jederzeit nachholen. ²In diesem Fall ist die Verletzung der Mitwirkungspflicht geheilt und dem Ausländer die Bescheinigung über die Duldung nach § 60a Absatz 4 ohne den Zusatz „für Personen mit ungeklärter Identität" auszustellen. ³Absatz 5 Satz 1 bleibt unberührt.

(5) ¹Die Zeiten, in denen dem Ausländer die Duldung mit dem Zusatz „für Personen mit ungeklärter Identität" ausgestellt worden ist, werden nicht als Vorduldungszeiten angerechnet. ²Dem Inhaber einer Duldung mit dem Zusatz „für Personen mit ungeklärter Identität" darf die Ausübung einer Erwerbstätigkeit nicht erlaubt werden. ³Er unterliegt einer Wohnsitzauflage nach § 61 Absatz 1d.

(6) § 84 Absatz 1 Satz 1 Nummer 3 und Absatz 2 Satz 1 und 3 findet Anwendung.

Allgemeine Verwaltungsvorschrift
Nicht belegt.

Übersicht

	Rn.
I. Entstehungsgeschichte	1
II. Normstruktur und Unionsrecht	2
III. Voraussetzungen und Verfahren	7
IV. Besondere Passbeschaffungspflicht (Abs. 2)	13
V. Regelmäßig zumutbare Pflichten (Abs. 3)	16

	Rn.
VI. Nachholung der Mitwirkung, Heilung (Abs. 4)	25
VII. Rechtsfolgen der Duldung nach § 60b (Abs. 5)	26
VIII. Verwaltungsverfahren und Rechtsschutz	31

I. Entstehungsgeschichte

1   Die Vorschrift war im Gesetzesentwurf zum ZuwanderungsG[1] nicht enthalten. Als – neben § 60c und § 60d – weiterer gesetzlich neu geregelter **Unterfall der Duldung aus persönlichen Gründen** nach § 60a II 3 ist die **Duldung für Personen mit ungeklärter Identität** nach § **60b** durch das am 21.8.2019 in Kraft getretene Zweite Gesetz zur besseren Durchsetzung der Ausreisepflicht vom 15.8.2019[2] **(2. RückkehrG 2019)** in das AufenthG aufgenommen worden. Sie gilt nur für geduldete Ausländer, deren Abschiebung aus von ihnen selbst zu vertretenden Gründen nicht vollzogen werden kann, weil sie über ihre Identität täuschen. Ihnen wird eine besondere Passbeschaffungspflicht auferlegt. § 60b beruht auf dem Gesetzesentwurf der Bundesregierung vom 10.5.2019[3] in der Gestalt, die dieser Entwurf durch die Beschlussempfehlungen des Ausschusses für Inneres und Heimat des Bundestags vom 5.6.2019[4] erhalten hat.

II. Normstruktur und Unionsrecht

2   **Die** Gesetzgebungskompetenz **des Bundes für** § 60b folgt aus Art. 74 I Nr. 4 iVm Art. 72 II GG. Mit § 60b und § 105 schafft der Gesetzgeber einen weiteren Duldungstatbestand für **Ausländer,** die ihrer **Mitwirkungspflicht bei Angaben zur eigenen Person oder zur Passbeschaffung aus** von ihnen selbst zu vertretenden Gründen **nicht** oder nicht hinreichend **nachkommen.** Täuschungen über die Identität oder die Staatsangehörigkeit, vor allem aber fehlende Pass- oder Passersatzpapiere sind wesentliche Gründe für die bisher defizitäre Durchsetzung der Ausreisepflicht von Personen ohne Bleiberecht[5]. Deshalb steht Ausländern, die bewusst und gewollt über ihre Identität täuschen oder Passpapiere zurückhalten oder vernichten, bis zur jederzeit möglichen Nachholung der erforderlichen Mitwirkungshandlung nach der Neuregelung in § 60b I–III nur noch eine **„Duldung light"** zu. Holt der Ausländer die zumutbare Mitwirkungshandlung nach, ist die **Mitwirkungspflicht geheilt.** Ihm ist dann eine Duldungsbescheinigung nach § 60a IV ohne den Zusatz „für Personen mit ungeklärter Identität" auszustellen **(§ 60b IV).**

3   **Hauptvorzug der Neuregelung** des § 60b ist, dass die Ausländerbehörde die einzelnen notwendigen Mitwirkungshandlungen des ausreisepflichtigen Ausländers bei der Identitätsklärung und der Passbeschaffung nicht mehr fehleranfällig im Einzelfall durch Verwaltungsakt anordnen müssen. Das Gesetz gibt dem darüber zu belehrenden Ausländer (§ 60b III 2) unmittelbar und passgenau vor, was er im Rahmen des jeweils Zumutbaren zu tun hat. Unzumutbarkeit muss der Ausländer darlegen; ist der Ausländer bedürftig, treffen die Ausländerbehörde besondere Pflichten[6]. Damit leistet § 60b einen Beitrag zur **Verwaltungsvereinfachung**[7]. Zu beachten ist allerdings, dass durch das ausländerbehördliche Verfahren vor der Erteilung einer Duldung light nach § 60b die Rechte mittelloser Ausländer[8] und besonders schutzbedürftiger Ausländer[9] gewahrt werden.

4   Die in § **60b V** benannten **Rechtsfolgen** einer solchen „Duldung light" sind **beträchtlich.** Zeiten der Duldung mit ungeklärter Identität werden nicht als „Vorduldungszeiten" – etwa nach § 60c I 1 Nr. 2 oder gemäß § 60d I Nr. 2 – angerechnet (§ 60b V 1). Wer eine Duldung für Personen mit ungeklärter Identität erhält, darf nicht erwerbstätig sein (§ 60b V 2). Er unterliegt außerdem einer Wohnsitzauflage (§ 60b V 2) und erhält nur eingeschränkte Sozialleistungen (§ 1a III AsylbLG). Auf bislang geduldete Ausländer mit ungeklärter Identität, die sich in einem Ausbildungs- oder Beschäftigungsverhältnis befinden, wird die Neuregelung bis zum 1.7.2020 nicht angewendet (§ 105 II).

5   **Wann Mitwirkungshandlungen** des ausreisepflichtigen Ausländers zur Passbeschaffung erforderlich sind und wann sie aus nicht von ihnen zu vertretenden Gründen ausnahmsweise von vornherein aussichtslos und deshalb mangels Kausalität bei der Erteilung einer Duldung unberücksichtigt zu bleiben haben, ergibt sich aus der **bisherigen Rspr.** des BVerwG[10], die auch für das neue Recht

---

[1] BT-Drs. 15/420.
[2] BGBl. 2019 I S. 1294.
[3] BT-Drs. 19/10047.
[4] BT-Drs. 19/10706.
[5] Vgl. die Antwort der Bundesregierung auf die Kleine Anfrage der Fraktion der FDP: Geplante Maßnahmen zur besseren Durchsetzung der Ausreisepflicht, BT-Drs. 19/8030, 8, wonach beinahe die Hälfte aller Duldungen wegen fehlender Ausweispapiere erteilt werden.
[6] → Rn. 16.
[7] Zutreffend so bereits *Thym* in seiner Stellungnahme vom 29.5.2019 für die öffentliche Anhörung des Innenausschusses des Bundestags am 3.6.2019 zu BT-Drs. 19/10047.
[8] Dazu → Rn. 16.
[9] Dazu → Rn. 6, 24.
[10] BVerwG Urt. v. 10.11.2009 – 1 C 19/08, BVerwGE 135, 219 und Urt. v. 30.3.2010 – 1 C 8.09, BVerwGE 136, 231.

Duldung für Personen mit ungeklärter Identität § 60b AufenthG 1

maßgeblich bleiben wird. Die neuen Bestimmungen zur **„Duldung light"** bergen **keine besonderen verfassungsrechtlichen Risiken.**

Für die Duldung nach § 60b – als Unterfall der Duldung nach § 60a – gilt unionsrechtlich 6 generell, das zur Duldung nach § 60a[11], § 60c[12] und § 60d[13] Ausgeführte. Darüber hinaus ist **§ 60b I –III unions- und konventionsrechtlich** allerdings zusätzlich einschränkend **im Lichte der Rspr. von EuGH und EGMR auszulegen.** Betroffen hiervon sind besonders vollziehbar ausreisepflichtige Schutzbedürftige, etwa unbegleitete Minderjährige, Kinder, Kranke und Behinderte. Nach Wortlaut und Normsystematik sind sie zwar von den Regelungen des § 60d nicht auszunehmen. Unionsrechtlich vorrangig ist die hier teilweise restriktivere Rückführungs-RL. Art. 3 Nr. 9 Rückführungs-RL definiert die bei Rückkehrentscheidungen „schutzbedürftigen Personen"[14]; das Kindeswohl, die familiären Bindungen und der Gesundheitszustand des Rückzuführenden sind bei Abschiebungen zu berücksichtigen (Art. 5, Art. 10 Rückführungs-RL)[15]. Zudem gilt es konventionsrechtlich die **Tarakhel-Rspr. des EGMR**[16] zu Art. 3 EMRK (Verbot von Folter und unmenschlicher oder erniedrigender Behandlung) und Art. 8 EMRK (Recht auf Achtung des Privat- und Familienlebens) zu beachten. Danach muss für die besonders schutzbedürftigen Personen – also etwa für Kleinkinder, Kranke, Behinderte – schon vor der gegebenenfalls zwangsweisen Durchführung der Rückführung mithin im hier maßgeblichen Zeitpunkt der Aussetzung der Abschiebung durch Duldung feststehen, dass für sie im Zielstaat der Abschiebung hinreichend gesorgt werden wird. Denn diese besonders schutzbedürftige Personengruppe kann schon bei erheblichen Mängeln im System der sozialen Sicherung in eine extreme materielle Notlage geraten. Ihre Einordnung unter das strenge Regime des § 60b wird daher konventions- und unionsrechtskonform nur statthaft sein, wenn zugleich ihre hinreichende Versorgung im Zielstaat gewährleistet ist. Die hinreichende Versorgung im Zielstaat wird für besonders Schutzbedürftige als unionsrechtlich vorgegebenes – und damit vorrangiges – ungeschriebenes Tatbestandsmerkmal in § 60b I–III hineinzulesen sein. In der Praxis werden daher von der „Duldung light" nach § 60b vor allem gesunde Erwachsene betroffen sein.

III. Voraussetzungen und Verfahren

Eine Duldung mit dem Zusatz „für Personen mit ungeklärter Identität" trifft nach § 60b zwei 7 Gruppen vollziehbar ausreisepflichtiger **Ausländer,** die geduldet sind. Ihnen ist gemeinsam, dass es sich um Ausländer handelt, die an der Aufklärung ihrer Identität und Staatsangehörigkeit nicht oder nicht hinreichend mitwirken. Im Zentrum steht die Verletzung der Mitwirkungspflicht. Nach Abs. 1 S. 1 sind dies Ausländer, deren **Abschiebung aus von ihnen selbst zu vertretenden Gründen nicht vollzogen werden** kann, weil einer der zwei im S. 1 genannten Tatbestände vorliegt. Die erste Tatbestandsvariante besteht darin, dass der Ausländer das Abschiebungshindernis gem. Abs. 1 S. 1 Var. 1 **durch eigene Täuschung über seine Identität oder Staatsangehörigkeit** oder durch eigene falsche Angaben selbst herbeiführt. Die zweite Tatbestandsvariante besteht in der **Nichtvornahme zumutbarer Handlungen zur Erfüllung der besonderen Passbeschaffungspflicht** nach Abs. 1 S. 1 Var. 2.

Die Formulierung der verletzten Mitwirkungspflicht gem. **§ 60b I 1** ist vom Wortlaut her **an** 8 **diejenige in § 60a VI 1 Nr. 2 und S. 2 angelehnt.** Daher ist insbesondere die zu § 60a VI 2 ergangene Rspr. der Verwaltungsgerichte bei der Auslegung der Bestimmung heranzuziehen, um zu entscheiden, ob im Einzelfall eine „Duldung light" zu erteilen ist[17]. Bei der Frage, ob die Gründe für die Verletzung der Mitwirkungspflichten bei der Aufklärung seiner Identität und der Passbeschaffung vom Ausländer zu vertreten sind, sind dessen individuellen intellektuellen Fähigkeit zu berücksichtigen[18].

Identität und Staatsangehörigkeit iSv § 60b I werden in der Regel durch den Besitz eines 9 gültigen Passes nachgewiesen. Andere geeignete Mittel sind insbesondere andere Lichtbildausweise mit biometrischen Merkmalen und Angaben zur Person. Identität bezieht sich auf das, was den Menschen von anderen Menschen unterscheidet und ihn so zu einer individuellen Persönlichkeit macht; Identität ist zugleich Voraussetzung für Individualität. Deshalb erwartet der Gesetzgeber vom Ausländer, der sich im Bundesgebiet aufhält, grundsätzlich, dass er gleich einem deutschen Staatsangehörigen ein gültiges Ausweispapier besitzt, das von ihm auf Verlangen einer zur Feststellung der Identität berechtigenden Behörde vorzulegen ist (vgl. § 1 I PAuswG).

---

[11] → § 60a Rn. 5–6.
[12] → § 60c Rn. 7–9.
[13] → § 60d Rn. 7–9.
[14] Es sind dies: Minderjährige, unbegleitete Minderjährige, Menschen mit Behinderungen, ältere Menschen, Schwangere, Alleinerziehende mit minderjährigen Kindern und Personen, die Folter, Vergewaltigung oder sonstige schwere Formen psychischer, physischer oder sexueller Gewalt erlitten haben. Vgl. ähnlich Art. 21 EU-Aufnahme-RL 2013/33/EU v. 26.6.2013, ABl. 2013 L 180, 96.
[15] Vgl. auch *Dollinger* in Siefert, AsylbLG, 2018, § 1 Rn. 68 f. mwN.
[16] EGMR Urt. v. 4.11.2014 – 29217/12, NVwZ 2015, 127 – Tarakhel/Schweiz.
[17] Vgl. näher die Kommentierung zu → § 60a Rn. 72–74 mwN der Rspr.
[18] Vgl. dazu schon zum alten Recht BVerwG Beschl. v. 15.6.2006 – 1 B 54.06, BeckRS 2006, 23900.

1 AufenthG § 60b

10 Die verletzte Mitwirkungshandlung des geduldeten Ausländers muss mitursächlich für die unterbliebene Aufenthaltsbeendigung durch Abschiebung gewesen sein (**Kausalität**)[19]. Es genügt, dass eine Mitwirkung des Ausländers die freiwillige Ausreise oder die zwangsweise Rückführung erleichtert hätte. Nur Mitwirkungshandlungshandlungen, die von vornherein aussichtslos sind, sind mangels Kausalität außer Acht zu lassen[20].

11 Gemäß **§ 105** findet **§ 60b keine Anwendung** auf geduldete Ausländer, die sich bis zum 1.7.2020 in einem Ausbildungs- oder Beschäftigungsverhältnis befinden (§ 105 II) oder die Inhaber einer Ausbildungs- (§ 60c) oder einer Beschäftigungsduldung (§ 60d) sind oder eine solche beantragt haben und die Erteilungsvoraussetzungen dafür erfüllen (§ 105 III). Sie genießen also auch bei Nichtmitwirkung an der Klärung ihrer Identität Vertrauensschutz in die alte Rechtslage.

12 Die Duldung wegen ungeklärter Identität wird **von Amts wegen** von der zuständigen Ausländerbehörde erteilt[21]. Die Bescheinigung über die Duldung wird gemäß § 60b I 2 mit dem Zusatz „für Personen mit ungeklärter Identität" ausgestellt. Der Tatbestand der Erteilung wird durch die Verweisung auf § 60a IV weder erweitert noch eingegrenzt. Bei dem Zusatz „für Personen mit ungeklärter Identität" handelt es sich um eine isoliert anfechtbare Nebenbestimmung[22].

IV. Besondere Passbeschaffungspflicht (Abs. 2)

13 § 60b II 1 schreibt als eine **Mitwirkungshandlung** eine **besondere Passbeschaffungspflicht** fest, die vollziehbar ausreisepflichtige Ausländer (§§ 58 II, 50 I) trifft. § 3 I regelt die Passpflicht von Ausländern für die Einreise und den Aufenthalt im Bundesgebiet. Dieser bleibt von der Neuregelung unberührt. Ferner besteht die Mitwirkungspflicht des § 48 III weiterhin unberührt neben der neuen besonderen Passbeschaffungspflicht. Der Wortlaut des § 60b II 1 stellt klar, dass die Pflicht, einen Pass oder Passersatz zu besitzen, die weitere Pflicht umfasst, einen solchen zu beantragen und dazu selbst alle notwendigen zumutbaren Mitwirkungshandlungen vorzunehmen.

14 § 60b II 1 regelt **Ausnahmen** von der besonderen **Passbeschaffungspflicht** nach Abs. 1 der Norm. Nicht zumutbar sind Mitwirkungshandlungen zur Passbeschaffung nach § 60b II 2 Hs. 1 **Asylbewerbern im laufenden Asylverfahren**. Die Unzumutbarkeit entsprechender Mitwirkungshandlungen erstreckt sich zeitlich vom Moment des Asylgesuchs an der Grenze (§ 18 AsylG) über die Meldung als Asylsuchender (§ 63a AsylG) und die Beantragung des Asyls (§ 13 AsylG) bis zur rechtskräftigen Ablehnung des Asylantrags (Ausnahme). Den Asylbewerbern im laufenden Verfahren ist es unzumutbar, im Bundesgebiet mit Behörden eines potenziellen Verfolgerstaates in Kontakt zu treten, in dem für sie die in § 60 V oder VII bezeichneten Gefahren bestehen.

15 Entsprechendes gilt für **Ausländer gem. § 60b II 2 Hs. 2, bei denen ein Abschiebungsverbot nach § 60 V oder VII vorliegt** (Ausnahme), es sei denn, das Abschiebungsverbot nach Abs. 7 beruht allein auf gesundheitlichen Gründen (Rückausnahme). Die von den Ausnahmetatbeständen begünstigten Ausländer sind von der besonderen Passbeschaffungspflicht gem. § 60b II 1 ausgenommen, und zwar unabhängig davon, ob die Duldung aus diesem Grunde erteilt worden ist oder nur die Voraussetzungen dafür bestehen. Haben das Bundesamt und/oder die Ausländerbehörde bindend über das Nichtbestehen von Abschiebungsverboten entschieden, verbietet sich eine Inzidenzprüfung hinsichtlich des Vorliegens von Abschiebungsverboten nach § 60 V oder VII iRd § 60b II 2[23].

V. Regelmäßig zumutbare Pflichten (Abs. 3)

16 Der Gesetzgeber hat die bisher in § 56 I AufenthV festgeschriebenen ausweisrechtlichen Pflichten für die besondere Passbeschaffungspflicht im Sinne der Wesentlichkeitstheorie[24] in das Parlamentsgesetz hochgezont und in § 60b III niedergelegt. Die Regelungen des § 5 II Nr. 2–4 AufenthaltsV, die bislang nur den Reiseausweis als Passersatz betrafen, werden mit gleichem oder ähnlichem Wortlaut in **§ 60b III 1 Nr. 1 (Passantragstellung), Nr. 4 (Erklärung der Bereitschaft, die Wehrpflicht zu erfüllen**[25]**) und Nr. 5 (Zahlung zumutbarer Passgebühren)** aufgenommen. Sie sind den Ausländern regelmäßig zumutbar; Unzumutbarkeit ist vom Ausländer im Einzelfall darzulegen.

17 Insbesondere hinsichtlich der **Zumutbarkeit der Passgebühren** ist § 6 I 1 Hs. 2 AsylbLG zu beachten. Dies gilt weiter auch für notwendige Fahrtkosten des Ausländers zur Auslandsvertretung oder für notwendige Übersetzungskosten. Denn der geduldete **Ausländer, der mittellos oder**

---

[19] BVerwG Urt. v. 10.11.2009 – 1 C 19.08, BVerwGE 135, 219 Rn. 20 f. und OVG Bln-Bbg Urt. v. 16.10.2018 – OVG 3 B 4/18, BeckRS 2018, 26360 Rn. 25; s. auch HessVGH Beschl. v. 6.12.2021 – 3 B 777/21, InfAuslR 2022, 140 Rn. 20.
[20] BVerwG Urt. v. 26.10.2010 – 1 C 18.09, BVerwGE 136, 231 Rn. 20.
[21] BT-Drs. 19/10047, 38. Ebenso BayVGH Beschl. v. 27.8.2021 – 10 C 21.2203 ua, BeckRS 2021, 26190.
[22] BayVGH Beschl. v. 27.8.2021 – 10 C 21.2203 ua, BeckRS 2021, 26190.
[23] SächsOVG Beschl. v. 8.6.2021 – 3 B 181/21, BeckRS 2021, 19027.
[24] Vgl. grundlegend BVerfG Beschl. v. 8.8.1978 – 2 BvL 8/77, BVerfGE 49, 89 – Kalkar I und Beschl. v. 26.6.1991 – 1 BvR 779/85, BVerfGE 84, 212 (Aussperrung).
[25] Es geht nur um die Bereitschaftserklärung, nicht um die tatsächliche Erfüllung der Wehrpflicht im Herkunftsstaat.

bedürftig ist, muss über die notwendigen finanziellen Mittel zur Erfüllung der Mitwirkungspflicht verfügen, damit ihm eine unterbliebene Mitwirkungshandlung vorgehalten werden kann[26]. Daran fehlt es jedenfalls bei nur nach § 1a AsylbLG Leistungsberechtigten. Hier kann es zu Zuständigkeitsproblemen kommen. Denn zuständig für die Bewilligung der Migrationssozialleistungen nach § 6 AsylbLG sind in aller Regel nicht die Ausländerbehörden, sondern nach § 10 AsylbLG die dafür nach Landesrecht zuständigen Stellen[27]. Will die Ausländerbehörde dem bedürftigen ausreisepflichtigen, aber geduldeten Ausländer wegen Verletzung einer verwaltungsrechtlichen Mitwirkungshandlung eine Duldung nach § 60b erteilen, muss sie darauf achten, dass die erforderliche Mitwirkungshandlung – soweit notwendig – von der zuständigen Sozialbehörde finanziert wird. Fehlt es an Letzterem, hat es bei der Duldung nach § 60a zu bleiben.

Regelmäßig zumutbar ist es dem Ausländer gemäß **§ 60b III 1 Nr. 2** weiter, **bei Behörden des** **18** **Herkunftsstaates,** wozu auch Auslandsvertretungen zählen, **persönlich vorzusprechen.** Zumutbar ist es zudem im Grundsatz, an Anhörungen teilzunehmen, insbesondere wenn diese der Identifizierung dienen. Eine Teilnahme bedeutet dabei nicht nur die rein physische Präsenz; gemeint ist vielmehr ein **aktives Mittun im Sinne von Auskunftserteilung,** Sprechen und Informieren über persönliche Lebensumstände. Ein Ausländer, der zB zur Passbeschaffung auf die Botschaft seines Herkunftsstaates zur Klärung seiner Identität und Staatsangehörigkeit vorgeführt wird (vgl. § 82 IV) und auf die **an ihn in der Botschaft gerichteten Fragen schweigt**[28], verletzt seine Pflicht aus § 60b III 1 Nr. 2. Zumutbar ist es regelmäßig zudem, Lichtbilder nach Anforderung anzufertigen. Die Abgabe von Fingerabdrücken ist ebenfalls regelmäßig zumutbar.

Bei den Angaben, Erklärungen und sonstigen Handlungen nach **§ 60b III 1 Nr. 2,** die der Aus- **19** länder machen oder vornehmen lassen muss, wird grundsätzlich auf die **Rechts- und Verwaltungspraxis des Herkunftsstaates** abgestellt[29]. Ist der Herkunftsstaat – etwa die **Libanesische Republik** – generell nicht bereit, für früher dort lebende palästinensische Flüchtlinge Identitätsdokumente auszustellen, wenn die zuständige deutsche Ausländerbehörde nicht zuvor schriftlich erklärt, dass dem Ausländer ein Aufenthaltstitel für das Bundesgebiet erteilt werden soll, wird es regelmäßig unzumutbar sein, den geduldeten Ausländer zu verpflichten, eine Auslandsvertretung des Libanon im Bundesgebiet aufzusuchen, um dort – von vornherein ohne Aussicht auf Erfolg – wegen der Ausstellung von Ausweispapieren vorzusprechen.

Ferner dem Ausländer regelmäßig zumutbare Mitwirkungspflichten bei der Passbeschaffung sind: **20**
– die Erklärung gegenüber den Behörden des Herkunftsstaates abzugeben, aus dem Bundesgebiet freiwillig im Rahmen seiner rechtlichen Verpflichtung nach dem deutschen Recht auszureisen, sofern hiervon die Ausstellung des Reisedokuments anhängig gemacht wird (sog. Freiwilligkeitserklärung, § 60b III 1 Nr. 3)[30] und
– erneut um die Ausstellung des Passes oder Passersatzes im Rahmen des Zumutbaren nachzusuchen und die Handlungen nach den Nr. 1–5 vorzunehmen, sofern aufgrund einer Änderung der Sach- und Rechtslage mit der Ausstellung des Passes oder Passersatzes durch die Behörden des Herkunftsstaates mit hinreichender Wahrscheinlichkeit gerechnet werden kann und die Ausländerbehörde ihn zur erneuten Vornahme der Handlungen auffordert (§ 60b III 1 Nr. 6).

Nr. 6 konkretisiert den allgemeinen Rechtsgrundsatz, wonach die **Änderung der Sachlage** oder auch, insbesondere mit Bezug auf das **Recht des Herkunftsstaates,** eine Änderung der Rechtslage ein **Wiederaufgreifen des Verfahrens** erlaubt. Wegen der Vielgestaltigkeit der denkbaren Sachverhaltskonstellationen wird dabei keine gesetzlich fest geregelte neue Frist vorgegeben, sondern die Ausländerbehörde hat in diesem Fall den Ausländer entsprechend zur Wiederholung aufzufordern[31]. Im Hinblick auf die Zumutbarkeit kommt es auf die Sachlage und die Verhältnismäßigkeit der angeordneten Mitwirkungsmaßnahme im Einzelfall an.

§ 60b III 2 verpflichtet die Ausländerbehörde, den Ausländer auf seine Mitwirkungspflichten nach **21** Abs. 3 S. 1 hinzuweisen. Eine besondere Form für den **Hinweis** ist nicht gesetzlich vorgegeben. Zu Dokumentations- und Nachweiszwecken bietet sich aber die Schriftform an (Beweislast).

Nach § 60b III 3 hat der Ausländer **glaubhaft zu machen,** dass er die Handlungen nach Abs. 3 **22** S. 1 vorgenommen hat. **§ 60b III 4,** der erst auf Beschlussempfehlung des Innenausschusses des Bundestags in das Gesetz aufgenommen worden ist[32], bestimmt weiter, dass der Ausländer die Vor-

---

[26] Wie hier *Krauß* in Siefert, AsylbLG, 2018, § 6 Rn. 51 mwN; *Frerichs,* jurisPK-SGB XII, 2019, AsylbLG § 6 Rn. 92; aA *Hohm* in Schellhorn/Schellhorn/Hohm, SGB XII, 19. Aufl. 2015, AsylbLG § 6 Rn. 23; *Deibel* in GK-AsylbLG, 2014, § 6 Rn. 221.
[27] Vgl. für die gegenwärtigen Ausführungsgesetze zu § 10 AsylbLG *Siefert* in Siefert, AsylbLG, 2018, § 10 Rn. 7–23.
[28] Vgl. BSG Urt. v. 12.5.2017 – B 7 AY 1/16 R, NZS 2017, 875 mAnm *Schneider* betr. einen geduldeten kamerunischen Staatsangehörigen, dessen Leistungen mangels Mitwirkung nach dem AsylbLG auf das unabweisbar Gebotene beschränkt worden waren.
[29] BT-Drs. 19/10047, 38.
[30] Vgl. dafür bereits BVerwG Urt. v. 10.11.2009 – 1 C 19.08, NVwZ 2010, 918, wonach diese Pflicht auch besteht, wenn die Erklärung nicht dem tatsächlichen Willen des Ausländers entspricht.
[31] BT-Drs. 19/10047, 39.
[32] BT-Drs. 19/10706, 7.

nahme der Handlungen **auch durch Erklärung an Eides statt** glaubhaft machen kann. Hier kann die Ausländerbehörde dem Ausländer – insbesondere mangels ausreichender anderer geeigneter Mittel der Glaubhaftmachung – eine Frist zu einer Abgabe einer entsprechend strafbewehrten eidesstattlichen Versicherung (§ 156b StGB) setzen. § 60b III 5 stellt klar, dass die Ausländerbehörde zuständige Behörde iSd § 156 StGB ist. Ob diese Strafandrohung gegenüber dem Regelungsadressaten, dem vollziehbar ausreisepflichtigen Ausländer, verfängt und ein hinreichendes Abschreckungspotenzial entfaltet, wird die Praxis zeigen. Zweifel sind angebracht; die Akzeptanz eidesstaatlicher Versicherungen durch die Ausländerbehörde, ohne groß nachzufragen, ließe das neue Instrument des § 60d weitgehend leerlaufen[33].

23   Eine weitere **ungeklärte Frage** ist, wie sich eine ausländerbehördliche akzeptierte eidesstattliche Versicherung nach § 60b III 4 auf in anderen Vorschriften enthaltenen, § 60b vergleichbaren Mitwirkungshandlungen in Sachen Identitätsklärung und Passbeschaffung auswirkt. Damit ist die mögliche **Reichweite der Heilungswirkung nach Abs. 3 S. 4** über § 60b hinaus angesprochen. Betroffen sind etwa die Vorschriften in § 25 V 4, § 60a VI 1 Nr. 2 und S. 2 sowie § 61 Ic 2 und Id. Relevant ist, ob sich die Heilungswirkung, die von § 60b III 4 für die Duldung light ausgeht, auf die vorgenannten gesetzlichen Bestimmungen – insbesondere **auf § 60a VI 2 – überträgt**, oder ob sie nur begrenzt auf die Duldung für Personen mit ungeklärter Identität anzuwenden ist. Für die letztere Auslegung spricht die Normsystematik. § 60b ist nur ein Unterfall von der grundlegenden Duldungsregelung in § 60a. Deshalb könnte man § 60a III 4 als eng auf die Duldung von Ausländern auslegen, die an der Aufklärung ihrer Identität und der Passbeschaffung nicht mitwirken. Nach Sinn und Zweck wird man andererseits schwerlich Mitwirkungspflichten nach § 60a VI 2 als verletzt ansehen können, wenn nahezu identische Mitwirkungspflichten nach § 60b I–III 1 durch die Abgabe einer eidesstattlichen Versicherung nach § 60b III 4 als erfüllt gelten. Mehr dürfte für die zweckbezogene Auslegung sprechen.

24   Bei der Prüfung der Zumutbarkeit nach § 60b III sind zusätzlich die **Belange besonders schutzbedürftiger Personengruppen** einzubeziehen und insbesondere das Kindeswohl besonders zu berücksichtigen[34].

VI. Nachholung der Mitwirkung, Heilung (Abs. 4)

25   Holt der Ausländer die ihm zumutbaren Mitwirkungshandlungen nach Abs. 2 S. 1 und Abs. 3 S. 1 nach (§ 60b IV 1), ist die **Verletzung der Mitwirkungspflicht geheilt** und dem Ausländer wird die Duldung nach § 60b IV 2 ohne den Zusatz „für Personen mit ungeklärter Identität" ausgestellt. Die Nachholung der Mitwirkung ist dem Ausländer nach § 60b IV 1 jederzeit möglich. Ab dem Zeitpunkt der **Nachholung entfallen** die den Ausländer nach § 60b V belastenden Rechtsfolgen der Duldung light (Wohnsitzauflage, Verbot der Erwerbstätigkeit, Nichtanrechenbarkeit der Duldungszeit).

VII. Rechtsfolgen der Duldung nach § 60b (Abs. 5)

26   Gem. § 60b V 1 werden dem Ausländer die Zeiten, in denen er die Duldung mit dem Zusatz „für Personen mit ungeklärter Identität" besaß (sog. **Vorduldungszeiten**), hinsichtlich der diversen Anrechnungsvorschriften nicht als Zeiten der Duldung angerechnet. Dies gilt für Ausländer, die Inhaber einer Duldung mit dem Zusatz „für Personen mit ungeklärter Identität" sind, für Zeiten ab der Ausstellung dieser Bescheinigung und für ehemalige Inhaber für die Zeiten ab der Ausstellung bis hin zur Ausstellung der Duldung ohne einen solchen Zusatz[35].

27   **Vorduldungszeiten** infolge ungeklärter Identität mangels zumutbarer Mitwirkung des ausreisepflichtigen Ausländers werden **nicht als Voraufenthaltszeiten angerechnet**. Dies hat zur Folge, dass der Zugang des Ausländers in eine Aufenthaltsverfestigung etwa nach § 25 V, § 25a oder § 25b infolge der Nichtanrechnung von Zeiten nach § 60b erschwert wird. Solange dadurch allgemeine Zumutbarkeitsregeln[36] und **Rechte für besonders schutzbedürftige Personen** iSv Art. 3 Nr. 9 Rückführungs-RL und Art. 21 EU-Aufnahme-RL – etwa aus Art. 10 Rückführungs-RL[37] – nicht unterlaufen werden, ist dagegen auch unionsrechtlich nichts zu erinnern.

28   Bei **unbegleiteten Minderjährigen,** einer großen Fallgruppe der unionsrechtlich, aber auch verfassungsrechtlich besonders schutzbedürftigen Personen, ist zu berücksichtigen, dass sie selbst nicht rechtswirksam handeln können. Sie können so zB nicht selbstständig die Auslandsvertretung ihres Herkunftsstaates aufsuchen, um sich ihre Identität und Staatsangehörigkeit bestätigen und Ausweispapiere ausstellen zu lassen. Der Vormund wiederum ist vorrangig dem Kindeswohl verpflichtet (Art. 24 EU-Aufnahme-RL), dh, in seiner Hand liegt es, wann welcher Antrag (Asylgesuch, Dul-

---

[33] Ebenso *Thym* in seiner Stellungnahme vom 29.5.2019 für die öffentliche Anhörung des Innenausschusses des Bundestags am 3.6.2019 zu BT-Drs. 19/10047.
[34] BT-Drs. 19/10047, 39; näher → Rn. 5.
[35] BT-Drs. 19/10047, 39.
[36] → Rn. 3, 14, 16 und 18.
[37] Näher → Rn. 6.

dungsantrag) gestellt wird. Die dafür im Einzelfall notwendige Zeit darf nicht durch Duldung light als Vorduldungszeit verfallen. Andernfalls drohen Art. 10 Rückführungs-RL, Art. 24 EU-Aufnahme-RL und § 25a (Aufenthaltsgewährung bei gut integrierten Jugendlichen und Heranwachsenden) leerzulaufen.

Kommt es auf **Zeiten der nichtanrechenbaren oder ununterbrochenen Duldung** nach § 60b I 29 an, führt der Besitz der Duldung mit dem Zusatz „für Personen mit ungeklärter Identität" nicht zu einer Unterbrechung der Inhaberschaft einer Duldung, aber zu einer Nichtzählung der Zeit dieser Inhaberschaft. Es werden also vor allem nach einer Heilung iSd Abs. 4 nicht Duldungszeiten von null an neu gezählt, wenn der Ausländer vor der Erteilung einer Duldung mit dem Zusatz „für Personen mit ungeklärter Identität" bereits Duldungszeiten zurückgelegt hatte. Die vor der Erteilung zurückgelegten Zeiten zählen weiterhin, aber nicht die Zeiten der Inhaberschaft der Duldung mit dem Zusatz „für Personen mit ungeklärter Identität"[38].

§ 60b V 2 untersagt dem Inhaber einer Duldung für Personen mit ungeklärter Identität nach 30 § 60b I die **Ausübung einer Erwerbstätigkeit**. Denn ihm darf die Ausübung einer Erwerbstätigkeit nicht erlaubt werden. Der Ausländer darf also weder einer abhängigen sozialversicherungspflichtigen Beschäftigung nachgehen noch selbstständig erwerbstätig sein. Des Weiteren unterliegt der Inhaber einer Duldung mit dem Zusatz „für Personen mit ungeklärter Identität" gem. § 60b V 3 einer **Wohnsitzauflage** nach § 61 Id.

VIII. Verwaltungsverfahren und Rechtsschutz

Zuständig für die Prüfung von Gründen für die Erteilung einer Duldung von Ausländern, die an der 31 Aufklärung ihrer Identität und Staatsangehörigkeit oder der Passbeschaffung nach § 60b nicht mitwirken, sind die Ausländerbehörden. Die örtliche Zuständigkeit richtet sich nach dem jeweiligen Landesrecht. Die **Duldung nach § 60b** wird – wie die allgemeine Duldung nach § 60a II – **von Amts wegen** erteilt[39]; sie bedarf der **Schriftform** (§ 77 I 1 Nr. 5).

Die Aussetzung der Abschiebung nach § 60b ist angesichts ihrer regelnden Wirkung (vgl. § 35 32 VwVfG) ebenso ein VA wie ihre Ablehnung. Da der Widerspruch ausgeschlossen ist (§ 83 II), kann gegen Erteilung einer bloßen Duldung light nach § 60b – die im Verhältnis zu den Duldungen nach §§ 60a, 60c und 60d – eine Malus-Duldung ist, sofort geklagt werden. Statthafte Klageart ist die **Anfechtungsklage** (§ 42 I Var. 1 VwGO). Durch die Verweisung in § 60b VI findet § 84 II 1 und 3 entsprechende Anwendung. Danach lässt die Klage unbeschadet ihrer aufschiebenden Wirkung die Wirksamkeit des VA, der die Rechtmäßigkeit des Aufenthalts beendet, unberührt. Der vorläufige Rechtsschutz richtet sich dementsprechend nach **§ 80 V 1 VwGO**. Der Ausländer beantragt die aufschiebende Wirkung der Anfechtungsklage anzuordnen[40]. Parallel dazu kann im Wege der Regelungsanordnung nach § 123 I VwGO die Erteilung einer vorläufigen Duldung nach § 60a II 3 beantragt werden. Dazu sind Duldungsgründe nach § 60a II darzulegen.

Maßgebend für die Beurteilung der Sach- und Rechtslage ist im Aufenthaltsbeendigungsrecht auch 33 bei einer Anfechtungsklage nach § 60d I der Zeitpunkt der letzten mündlichen Verhandlung oder Entscheidung in der Tatsacheninstanz[41]. Auch für die Entscheidungen im vorläufigen Rechtsschutz kommt es demnach grundsätzlich auf die Sach- und Rechtslage im Zeitpunkt der gerichtlichen Entscheidung an.

Soll die Anfechtung des Zusatzes nach § 60b I („Duldung für Personen mit ungeklärter Identität") – 34 dh einer isoliert anfechtbaren Nebenbestimmung – mit einem auf Anordnung der aufschiebenden Wirkung der Klage nach § 80 V 1 1. Alt. VwGO lediglich den Versagungsgrund aus § 60b V 2 im Wege der Suspendierung des Zusatzes vorläufig beseitigen und damit das Hindernis für die mit einem weiteren Begehren erstrebte Erteilung einer Beschäftigungserlaubnis ausräumen, so wirkt sich das erste Begehren nicht **streitwerterhöhend** aus[42].

§ 60c Ausbildungsduldung

(1) ¹Eine Duldung im Sinne von § 60a Absatz 2 Satz 3 ist zu erteilen, wenn der Ausländer in Deutschland
1. als Asylbewerber eine
   a) qualifizierte Berufsausbildung in einem staatlich anerkannten oder vergleichbar geregelten Ausbildungsberuf aufgenommen hat oder

---

[38] BT-Drs. 19/10047, 39.
[39] BayVGH Beschl. v. 27.8.2021 – 10 C 21.2203 ua, BeckRS 2021, 26190.
[40] NdsOVG Beschl. v. 9.6.2021 – 13 ME 587/20, Asylmagazin 2021, 297; SächsOVG Beschl. v. 8.6.2021 – 3 B 181/21, Asylmagazin 2021, 445.
[41] BVerwG Urt. v. 15.11.2007 – 1 C 45.06, BVerwGE 130, 20.
[42] NdsOVG Beschl. v. 8.7.2021 – 13 ME 246/21, InfAuslR 2021, 367.

b) Assistenz- oder Helferausbildung in einem staatlich anerkannten oder vergleichbar geregelten Ausbildungsberuf aufgenommen hat, an die eine qualifizierte Berufsausbildung in einem staatlich anerkannten oder vergleichbar geregelten Ausbildungsberuf, für den die Bundesagentur für Arbeit einen Engpass festgestellt hat, anschlussfähig ist und dazu eine Ausbildungsplatzzusage vorliegt,

und nach Ablehnung des Asylantrags diese Berufsausbildung fortsetzen möchte oder
2. im Besitz einer Duldung nach § 60a ist und eine in Nummer 1 genannte Berufsausbildung aufnimmt.

²In Fällen offensichtlichen Missbrauchs kann die Ausbildungsduldung versagt werden. ³Im Fall des Satzes 1 ist die Beschäftigungserlaubnis zu erteilen.

(2) Die Ausbildungsduldung wird nicht erteilt, wenn
1. ein Ausschlussgrund nach § 60a Absatz 6 vorliegt,
2. im Fall von Absatz 1 Satz 1 Nummer 2 der Ausländer bei Antragstellung noch nicht drei Monate im Besitz einer Duldung ist,
3. die Identität nicht geklärt ist
    a) bei Einreise in das Bundesgebiet bis zum 31. Dezember 2016 bis zur Beantragung der Ausbildungsduldung, oder
    b) bei Einreise in das Bundesgebiet ab dem 1. Januar 2017 und vor dem 1. Januar 2020 bis zur Beantragung der Ausbildungsduldung, spätestens jedoch bis zum 30. Juni 2020 oder
    c) bei Einreise in das Bundesgebiet nach dem 31. Dezember 2019 innerhalb der ersten sechs Monate nach der Einreise;
    die Frist gilt als gewahrt, wenn der Ausländer innerhalb der in den Buchstaben a bis c genannten Frist alle erforderlichen und ihm zumutbaren Maßnahmen für die Identitätsklärung ergriffen hat und die Identität erst nach dieser Frist geklärt werden kann, ohne dass der Ausländer dies zu vertreten hat,
4. ein Ausschlussgrund nach § 19d Absatz 1 Nummer 6 oder 7 vorliegt oder gegen den Ausländer eine Ausweisungsverfügung oder eine Abschiebungsanordnung nach § 58a besteht, oder
5. im Fall von Absatz 1 Satz 1 Nummer 2 zum Zeitpunkt der Antragstellung konkrete Maßnahmen zur Aufenthaltsbeendigung, die in einem hinreichenden sachlichen und zeitlichen Zusammenhang zur Aufenthaltsbeendigung stehen, bevorstehen; diese konkreten Maßnahmen zur Aufenthaltsbeendigung stehen bevor, wenn
    a) eine ärztliche Untersuchung zur Feststellung der Reisefähigkeit veranlasst wurde,
    b) der Ausländer einen Antrag zur Förderung mit staatlichen Mitteln einer freiwilligen Ausreise gestellt hat,
    c) die Buchung von Transportmitteln für die Abschiebung eingeleitet wurde,
    d) vergleichbar konkrete Vorbereitungsmaßnahmen zur Abschiebung des Ausländers eingeleitet wurden, es sei denn, es ist von vornherein absehbar, dass diese nicht zum Erfolg führen, oder
    e) ein Verfahren zur Bestimmung des zuständigen Mitgliedstaates gemäß Artikel 20 Absatz 1 der Verordnung (EU) Nr. 604/2013 des Europäischen Parlaments und des Rates vom 26. Juni 2013 eingeleitet wurde.

(3) ¹Der Antrag auf Erteilung der Ausbildungsduldung kann frühestens sieben Monate vor Beginn der Berufsausbildung gestellt werden. ²Die Ausbildungsduldung nach Absatz 1 Satz 1 Nummer 2 wird frühestens sechs Monate vor Beginn der Berufsausbildung erteilt. ³Sie wird erteilt, wenn zum Zeitpunkt der Antragstellung auf Erteilung der Ausbildungsduldung die Eintragung des Ausbildungsvertrages in das Verzeichnis der Berufsausbildungsverhältnisse bei der zuständigen Stelle bereits beantragt wurde oder die Eintragung erfolgt ist oder, soweit eine solche Eintragung nicht erforderlich ist, der Ausbildungsvertrag mit einer Bildungseinrichtung geschlossen wurde oder die Zustimmung einer staatlichen oder staatlich anerkannten Bildungseinrichtung zu dem Ausbildungsvertrag vorliegt. ⁴Die Ausbildungsduldung wird für die im Ausbildungsvertrag bestimmte Dauer der Berufsausbildung erteilt.

(4) Die Ausbildungsduldung erlischt, wenn ein Ausschlussgrund nach Absatz 2 Nummer 4 eintritt oder die Ausbildung vorzeitig beendet oder abgebrochen wird.

(5) ¹Wird die Ausbildung vorzeitig beendet oder abgebrochen, ist die Bildungseinrichtung verpflichtet, dies unverzüglich, in der Regel innerhalb von zwei Wochen, der zuständigen Ausländerbehörde schriftlich oder elektronisch mitzuteilen. ²In der Mitteilung sind neben den mitzuteilenden Tatsachen und dem Zeitpunkt ihres Eintritts die Namen, Vornamen und die Staatsangehörigkeit des Ausländers anzugeben.

(6) ¹Wird das Ausbildungsverhältnis vorzeitig beendet oder abgebrochen, wird dem Ausländer einmalig eine Duldung für sechs Monate zum Zweck der Suche nach einem weiteren Ausbildungsplatz zur Aufnahme einer Berufsausbildung nach Absatz 1 erteilt. ²Die Duldung wird für sechs Monate zum Zweck der Suche nach einer der erworbenen beruflichen

Ausbildungsduldung **§ 60c AufenthG 1**

Qualifikation entsprechenden Beschäftigung verlängert, wenn nach erfolgreichem Abschluss der Berufsausbildung, für die die Duldung erteilt wurde, eine Weiterbeschäftigung im Ausbildungsbetrieb nicht erfolgt; die zur Arbeitsplatzsuche erteilte Duldung darf für diesen Zweck nicht verlängert werden.

(7) Eine Duldung nach Absatz 1 Satz 1 kann unbeachtlich des Absatzes 2 Nummer 3 erteilt werden, wenn der Ausländer die erforderlichen und ihm zumutbaren Maßnahmen für die Identitätsklärung ergriffen hat.

(8) § 60a bleibt im Übrigen unberührt.

Allgemeine Verwaltungsvorschrift
Nicht belegt.

Übersicht

	Rn.
I. Entstehungsgeschichte	1
II. Normstruktur und Unionsrecht	2
III. Anspruchsvoraussetzungen (Abs. 1)	10
IV. Ausschlusstatbestände (Abs. 2)	27
V. Verfahren der Duldungserteilung	48
VI. Vorzeitige Beendigung und Ausbildungsabbruch (Abs. 4–5)	53
VII. Duldung zur Suche eines weiteren Ausbildungsplatzes (Abs. 6)	58
VIII. Duldung des bei Identitätsklärung kooperativen Ausländers (Abs. 7)	59
IX. § 60a bleibt im Übrigen unberührt (Abs. 8)	61
X. Verwaltungsverfahren und Rechtsschutz	62

I. Entstehungsgeschichte

Die Vorschrift war im Gesetzesentwurf zum ZuwanderungsG[1] nicht enthalten. Das **Aufenth-** 1 **GÄndG 2015** führte ua auf Vorschlag des Innenausschusses in § 60a II 4–6 erstmals ausdrücklich die Möglichkeit der Duldung von Ausländern zum Zwecke der Ausbildung ein, was einem Petitum der Länder entsprach[2]. Mit dem **IntG 2016** vom 31.7.2016[3] änderte der Gesetzgeber die **Bestimmungen über die Duldung zum Zwecke der Berufsausbildung**. Das aus bis dahin aus drei Sätzen bestehende Regelwerk in § 60a II 4–6 erhielt für die Zeit zwischen 2016 und 2019 die Struktur, die sich aus neun Sätzen § 60a II 4–12 ergab[4]. Die altersmäßige Beschränkung – Vollendung des 21. Lebensjahres – entfiel.

Das Gesetz über Duldung bei Ausbildung und Beschäftigung vom 8.7.2019[5] **(DuldG 2019)** überführte die **bisher in § 60a II 4–12** enthaltenen Regelungen zur Erteilung der Ausbildungsduldung geändert in den **neuen § 60c**. Es trat am 1.1.2020 in Kraft[6]. Wegen ihres Umfangs und der erheblichen praktischen Bedeutung der Ausbildungsduldung hat sie eine eigene Norm erhalten[7]. § 60c beruht auf dem Gesetzentwurf der Bundesregierung vom 13.3.2019[8] in der Gestalt, die dieser Entwurf durch die Beschlussempfehlungen des Ausschusses für Inneres und Heimat des Bundestags vom 5.6.2019[9] erhalten hat.

II. Normstruktur und Unionsrecht

Die **Gesetzgebungskompetenz** des Bundes für § 60c folgt aus Art. 74 I Nr. 4 iVm Art. 72 II 2 GG. Die **Regelungszwecke** des neuen **§ 60c** beschreibt die Gesetzesbegründung[10] wie folgt: Die bisherige Regelung der Ausbildungsduldung nach § 60a II 4 wird als **Unterfall der Duldung** aus persönlichen Gründen **(§ 60a II 3)** in eine eigene Norm – § 60c – überführt. Während über den Grundfall der Duldung aus persönlichen Gründen nach § 60a II 3 nach **pflichtgemäßem Ermessen** zu entscheiden ist, haben Ausländer nach **§ 60c I 1** – wenn sie die tatbestandlichen Voraussetzungen erfüllen – einen individuellen **Rechtsanspruch auf Erteilung der Ausbildungsduldung**.

Gleichzeitig konkretisiert § 60c wesentliche Voraussetzungen der Ausbildungsduldung gesetzlich, 3 mit dem **Ziel** eine **bundeseinheitliche Anwendungspraxis** zu erreichen. Zudem werden in die

---

[1] BT-Drs. 15/420.
[2] Zur Entstehungsgeschichte von § 60a II 4–6 näher *Neundorf/Brings* ZRP 2015, 145.
[3] BGBl. 2016 I S. 1939.
[4] Dazu instruktiv *Fleuß* VerwArch 2018, 261 ff. und *Röder/Wittmann* ZAR 2017, 245 ff.
[5] BGBl. 2019 I S. 1021.
[6] Art. 3 DuldG 2019, BGBl. 2019 I S. 1024.
[7] BT-Drs. 19/8286, 14.
[8] BT-Drs. 19/8286.
[9] BT-Drs. 19/10707 (neu).
[10] BT-Drs. 19/8286, 11.

1 AufenthG § 60c

Ausbildungsduldung staatliche anerkannte Assistenz- und Helferausbildungen einbezogen, soweit darauf eine qualifizierte Ausbildung in einem Mangelberuf folgt. Bei alledem gilt weiter, dass die **Ausbildungsduldung nur für nach § 60a II geduldete Ausländer** in Betracht kommt. Sie setzt die vollziehbare Ausreisepflicht des Ausländers (§§ 58 I 1, 60a III) voraus[11] und steht damit gesetzessystematisch unter dem Vorrang und Vorbehalt der alsbaldigen Aufenthaltsbeendigung. Die Ausbildungsduldung steht damit zentral im Spannungsfeld zwischen Aufenthaltsbeendigung und Aufenthaltsverfestigung oder im Zielkonflikt zwischen Migrationssteuerung und Integrationsförderung[12].

4   Der Gesetzgeber hat die Ausbildungsduldung durch Schaffung des **§ 60c I** einerseits aufgewertet und so einen **„verkappten Aufenthaltstitel"**[13] geschaffen, der neben der qualifizierten Berufsausbildung nunmehr auch die Assistenz- und Helferausbildung in Mangelberufen umfasst. Andererseits hat er die **Ausschlusstatbestände** nach § 60c II wesentlich **erweitert,** denn eine Ausbildungsduldung darf nach neuem Recht auch dann nicht erteilt werden, **wenn die Identität des Ausländers aus von diesem zu vertretenden Gründen nicht geklärt ist.** Um Verwerfungen für Ausländer zu vermeiden, denen trotz ungeklärter Identität nach altem Recht bereits eine Ausbildungsduldung erteilt worden ist, bestimmt die Übergangsregelung in § 105, dass § 60c II auf Personen mit ungeklärter Identität nicht angewendet werden darf, wenn sich der geduldete Ausländer in einem Ausbildungs- oder Beschäftigungsverhältnis befindet.

5   **Normsystematisch** und dogmatisch ist die **Zwitterstruktur** des als Duldung verorteten Aufenthaltsstatus in **§ 60c** zu kritisieren. Aufenthaltsrechtlich ist die Duldung, als bloß vorübergehende **Aussetzung der Abschiebung** verortet (§ 60a III), allein eine Maßnahme des Vollstreckungsrechts. **Formal** vermittelt auch die Ausbildungsduldung nach § 60c nicht mehr als eine zeitlich allerdings **längerfristig angelegte Aussetzung der Abschiebung.** Immerhin ist sie in der Sache das Produkt eines fairen und transparenten Verfahrens, das den vollziehbar ausreisepflichtigen Ausländer vor der Strafbarkeit seines Aufenthalts im Bundesgebiet schützt[14]. Zugleich verschafft die Ausbildungsduldung den Ausbildungsbetrieben für die Zeit der Ausbildung und für einen begrenzten Zeitraum danach Rechtssicherheit, dass sowohl Geduldete nach § 60a als sich auch im Verfahren befindliche Asylbewerber eine Berufsausbildung abschließen können, Letztere auch dann, wenn ihr Asylantrag abgelehnt wird[15].

6   **Materiell-rechtlich** verschafft die Ausbildungsduldung nach § 60c dem Ausländer für den Fall des erfolgreichen Ausbildungsabschlusses in einer qualifizierten Berufsausbildung oder in einer Assistenz- oder Helferausbildung zugleich die Voraussetzungen für den Erwerb eines befristeten Aufenthaltstitels nach § 19d. Damit durchbricht sie den formell an sich allein auf Aussetzung der Vollstreckung angelegten Duldungshorizont. Sie erstarkt damit zu einem **verfestigten Aufenthaltsstatus,** den man ein befristetes **„Aufenthaltsrecht light"** nennen kann.

7   Ob § 60c mit **Unionsrecht** zu vereinbaren ist, ist eine offene Frage. Die Rückführungs-RL unterscheidet grundsätzlich nur zwischen erlaubtem und unerlaubtem Aufenthalt. Im ersten Fall ist eine Aufenthaltserlaubnis zu erteilen, im Letzteren ist die Ausreisepflicht zu vollstrecken. Allerdings bestimmt **Art. 6 IV 1 Rückführungs-RL 2008,** dass die Mitgliedstaaten „jederzeit beschließen" können, „illegal ... aufhältigen (Personen) wegen Vorliegen eines Härtefalls oder aus humanitären oder sonstigen Gründen einen eigenen Aufenthaltstitel oder eine sonstige Aufenthaltsberechtigung" zu erteilen. Die Ausbildungsduldung nach § 60c könnte danach unionsrechtlich als „sonstige Aufenthaltsberechtigung" iSd Art. 6 IV 1 Rückführungs-RL zu verstehen sein. Wäre dem so, würde die Erteilung einer Ausbildungsduldung kraft des Anwendungsvorrangs des Unionsrechts die Ausreisepflicht aufheben.

8   Dagegen sprechen die Erwägungsgründe 6 und 12, 13 und 16 der Rückführungs-RL sowie die Rspr. des **EuGH** im **Fall Mahdi**[16] aus dem Jahr 2014. Dort heißt es, dass Art. 6 IV Rückführungs-RL es den Mitgliedstaaten erlaubt, illegal in ihrem Hoheitsgebiet aufhältigen Drittstaatsangehörigen wegen des Vorliegens eines Härtefalls oder aus humanitären oder sonstigen Gründen einen eigenen Aufenthaltstitel oder eine sonstige Aufenthaltsberechtigung zu erteilen. Der 12. Erwägungsgrund der Richtlinie wiederum sieht aber vor, dass die Mitgliedstaaten Drittstaatsangehörigen, die sich unrechtmäßig im Land aufhalten, aber noch nicht abgeschoben werden können, eine schriftliche Bestätigung ihrer Situation ausstellen sollten. Hinsichtlich der Gestaltung und des Formats der schriftlichen Bestätigung verfügen die Mitgliedstaaten nach der Rspr. des EuGH[17] über einen breiten Ermessensspielraum.

---

[11] *Kluth* in BeckOK AuslR, 16 Ed., AufenthG § 60a Rn. 6; *Haedicke* in HTK-AuslR AufenthG § 60a Allgemein 8/2016 Nr. 6.

[12] Dazu instruktiv am Bsp. des IntegrationsG 2016 *Thym* ZAR 2016, 241 (243 f.).

[13] *Thym,* Aktuelle Einwanderungsgesetzgebung, 2019, S. 11. *Röder* in BeckOK MigR, Stand 1.3.2019, AufenthG § 60a Rn. 96 spricht von einem „Aufenthaltsrecht im Duldungsgewand".

[14] Die Duldung schließt die Strafbarkeit illegalen Aufenthalts aus; vgl. näher → § 95 Rn. 46.

[15] Anwendungshinweise BMI zur Ausbildungsduldung nach § 60a v. 30.5.2017, S. 13.

[16] EuGH Urt. v. 5.6.2014 – C-146/14, ZAR 2014, 296.

[17] EuGH Urt. v. 28.4.2011 – C 61/11 PPU, NJOZ 2012, 837 und Urt. v. 6.12.2011 – C-329/11, BeckRS 2011, 81777 – Achughbabian.

Deshalb gibt es gute Argumente dafür, die **Ausbildungsduldung** nach § 60c **unionsrechtlich als** 9
schriftliche Bestätigung der Duldungssituation des ausreisepflichtigen Ausländers zu beurteilen.
Denn hinsichtlich dieses Formats verfügt die Bundesrepublik Deutschland über den erforderlichen
Ermessensspielraum. Darüber hinaus gewährleistet die Bundesrepublik Deutschland mit der Duldung
nach § 60a und ihrem Spezialfall „Ausbildungsduldung" in § 60c, dass der illegale Aufenthalt von
Ausländern im Wege eines fairen und transparenten Verfahrens beendet wird (6. Erwägungsgrund der
Rückführungs-RL). Schließlich entsprechen die Duldungsformen dem in den Erwägungsgründen 13
und 16 Rückführungs-RL angesprochenen Grundsatz der Verhältnismäßigkeit.

III. Anspruchsvoraussetzungen (Abs. 1)

Persönlich differenziert Abs. 1 S. 1 zwischen Ausländern, die bereits während des Asylverfahrens 10
erlaubt eine qualifizierte Berufsausbildung aufgenommen haben (Nr. 1) und Ausländern, die erst im
Status der Duldung nach § 60a eine Berufsausbildung aufnehmen (Nr. 2). Gemäß Abs. 2 folgen daraus
je nach Status des Ausländers als Asylbewerber im Anerkennungsverfahren oder als „nur" noch
Geduldeter teilweise unterschiedliche Erteilungsvoraussetzungen. Das Erfordernis einer vorangegangenen Duldung gilt nicht für Ausländer, die bis zum 31.12.2016 in das Bundesgebiet eingereist sind.
Diese können unmittelbar nach abgelehntem Asylantrag eine Ausbildungsduldung erhalten, soweit die
qualifizierte Berufsausbildung vor dem 2.10.2020 begonnen wurde (§ 104 XVII). Abs. 1 Nr. 1 vermittelt dem begünstigten Ausländer eine Bleibeperspektive für die Dauer seiner Ausbildung, gleich ob
es sich um eine **qualifizierte Berufsausbildung** (lit. a) oder eine **Assistenz- oder Helferausbildung** (lit. b) handelt. Diese Bleibeperspektive schließt aber regelmäßig keine die Geltungsdauer eines
etwaigen Einreise- und Aufenthaltsverbots nach § 11 überdauernde Rückkehrperspektive ein[18]. Ein
der qualifizierten Berufsausbildung oder der Assistenz- und Helferausbildung **vorgelagertes Vorbereitungs- oder Beschäftigungsverhältnis** entspricht dem nicht[19].

Sachlich geht es um die **Aufnahme und Fortsetzung einer qualifizierten Berufsausbildung** 11
in einem staatlich anerkannten oder vergleichbar geregelten Ausbildungsberuf in Deutschland **nach
§ 60c I 1 Nr. 1a**[20]. Mit der Regelung bezweckt der Gesetzgeber, Ausländern, die nicht aus einem
sicheren Herkunftsstaat nach § 29a AsylG stammen, in der Zeit von August 2016 bis Dezember 2019
über § 60a II 4–12 und ab Januar 2020 über § **60c altersunabhängig**, die **Aufnahme einer Berufsausbildung zu erleichtern**[21]. Zwar war die Aufnahme einer Berufsausbildung auch vor 2016 aufenthaltsrechtlich schon möglich, praktisch scheiterte sie aber nicht selten daran, dass potenzielle Arbeitgeber bzw. Ausbildungsbetriebe nicht bereit waren, Geduldete auszubilden, wenn sie zu Beginn der
Ausbildung nicht wussten, ob der Auszubildende in der Bundesrepublik Deutschland bleiben und seine
Ausbildung abschließen kann. Die Regelungen über die Erteilung einer Duldung zum Zwecke der
Aufnahme oder Fortsetzung einer qualifizierten Berufsausbildung in einem staatlich anerkannten oder
vergleichbar geregelten Ausbildungsberuf in Deutschland sind auch auf Ausbildungsverhältnisse anzuwenden, die vor dem Inkrafttreten des § 60a II 4 am 6.8.2016 mit Zustimmung der Ausländerbehörde aufgenommen worden sind[22].

Die **Berufsausbildung** des ausreisepflichtigen Ausländers muss nach Abs. 1 S. 1 **in Deutschland** 12
stattfinden; der Ausländer muss sich im Bundesgebiet aufhalten. Das heißt, der Ausbildungsbetrieb oder
die Bildungseinrichtung, in der die Berufsausbildung absolviert wird, muss im Bundesgebiet ansässig
sein und dort die Ausbildungsstätte vorhalten. Damit stellt der Gesetzgeber klar, dass sowohl die
Ausbildung als auch der Abschluss im Bundesgebiet durchgeführt werden muss. Eine Ausbildung im
Ausland, auch in einem angrenzenden Mitgliedstaat der EU, ist ausgeschlossen. Dies ist auch folgerichtig, geht es doch um die Integration des Ausländers in den deutschen Arbeitsmarkt. Unschädlich
für die Fortdauer der Ausbildungsduldung nach § 60c dürfte – vorausgesetzt alle formalen Anforderungen, die sich aus einem Grenzübertritt ergeben, sind erfüllt – allerdings im Grenzbereich zu anderen
Unions- oder EFTA-Staaten ein kurzzeitiger vorübergehender Grenzgängerübertritt von wenigen
Stunden sein, etwa wenn ein Handwerker aus Kehl mit dem ausländischen Auszubildenden einen
Auftrag in Frankreich ausführt.

Eine **qualifizierte Berufsausbildung** iSd § 60c I 1 Nr. 1a muss in einem staatlich anerkannten 13
oder vergleichbar geregelten Ausbildungsberuf erfolgen. Zur Konkretisierung des Begriffs der qualifizierten Berufsausbildung iSv Abs. 1 S. 1 Nr. 1a ist auf **§ 6 I 2 BeschV**[23] zurückzugreifen, wonach die
Ausbildungszeit mindestens zwei Jahre betragen muss[24]. Sie hat die anerkannten **Aus- und Fortbildungsabschlüsse nach dem Berufsbildungsgesetz (BBiG)** und der **Handwerksordnung**

---

[18] BVerwG Urt. v. 7.9.2021 – 1 C 47.20, NVwZ 2021, 1842 Rn. 25.
[19] OVG LSA Beschl. v. 4.3.2021 – 2 M 14/21, BeckRS 2021, 6581.
[20] Zu Begriff und Inhalt der „qualifizierten Berufsausbildung" → § 19d Rn. 3.
[21] Vgl. im Überblick deskriptiv instruktiv *v. Harbou* NVwZ 2016, 421 und NVwZ 2016, 2700.
[22] Zutr. VG Neustadt (Weinstr) Beschl. v. 12.12.2016 – 2 L 993/13.NW, nur juris zu § 60a II 4 aF.
[23] Verordnung über die Beschäftigung von Ausländerinnen und Ausländern (BeschV) vom 6.6.2013, BGBl. I
S. 1499.
[24] VGH BW Beschl. v. 20.12.2016 – 11 S 2516/16, BeckRS 2016, 111609 zu § 60a II 4 aF.

(HwO) sowie vergleichbare bundes- oder landesrechtliche geregelte Berufsabschlüsse oder entsprechende Qualifikationen zum Ziel. Der Berufsausbildungsvertrag ist der zuständigen Ausländerbehörde vorzulegen. Die Ausbildung muss darauf ausgerichtet sein, in einem geordneten Ausbildungsgang die für eine qualifizierte berufliche Tätigkeit notwendigen Fertigkeiten, Kenntnisse und Fähigkeiten (berufliche Handlungsfähigkeit) sowie die erforderlichen Berufserfahrungen zu vermitteln[25]. Nach BBiG und HwO anerkannte Ausbildungsberufe sind in dem regelmäßig aktualisierten und bekannt gemachten Verzeichnis der anerkannten Ausbildungsberufe (sog. **„BBiG-Verzeichnis"**[26]) aufgeführt.

14 Eine **Ausbildungsduldung** nach § 60c I 1 ist bei dem Vorliegen der übrigen Anspruchsvoraussetzungen auch zu erteilen, wenn der Ausländer bereits über eine (gegebenenfalls im Herkunftsstaat erworbene) qualifizierte Berufsausbildung verfügt und er im Bundesgebiet eine weitere selbstständige Ausbildung anstrebt[27], die ihm eine berufliche Qualifikation außerhalb seines bisherigen Ausbildungsbereichs oder über seine bisherige berufliche Tätigkeit hinaus vermittelt **(Zweitausbildung)**[28]. Weder dem Wortlaut des § 60c I noch der Begründung der Gesetzesentwürfe[29] ist zu entnehmen, dass der Anspruch auf Ausbildungsduldung auf die erste berufsqualifizierende Ausbildung zu beschränken wäre.

15 Bei dem mit einer „Berufsfachschule" geschlossenen **„Schulvertrag"** iVm dem Vertrag über die **Ausbildung zur Altenpflegerin** handelt es sich nicht um eine rein schulische Ausbildung, sondern um eine den im Berufsbildungsgesetz (BBiG) geregelten Ausbildungen entsprechende **„qualifizierte Berufsausbildung** in einem staatlich anerkannten oder vergleichbar geregelten Ausbildungsberuf"[30] für die gemäß § 60c I 1 Nr. 1a eine Ausbildungsduldung zu erteilen ist. Entsprechendes gilt für **„staatlich geprüfte Sozialbetreuer"** mit mindestens zweijähriger Ausbildungszeit[31]. Damit können auch **vollschulische Ausbildungen** oder an **Berufskollegs** absolvierte Berufsausbildungen anspruchsbegründend sein.

16 Ein **Studium** an einer Hochschule fällt dagegen **nicht** unter den Begriff der Berufsausbildung iSv § 60c I. Denn es führt nicht zum Abschluss in einem „staatlichen anerkannten oder vergleichbar geregelten Ausbildungsberuf" iSd BBiG. **Ausbildungsintegrierte Studiengänge,** zB an dualen Hochschulen, die den parallelen Erwerb eines Studien- (zB Maschinenbau) und Ausbildungsabschlusses (zB Mechatroniker) ermöglichen (sog. doppelt-qualifizierte Ausbildungsgänge), **können im Einzelfall** allerdings in den Anwendungsbereich von § 60c I 1 Nr. 1 fallen[32]. Landesrechtliche Besonderheiten bei der konkreten Ausgestaltung der jeweiligen beruflichen Ausbildung sind zusätzlich und generell zu beachten.

17 **Aufgenommen hat** der Ausländer die Ausbildung iSv Abs. 1, wenn er sich auf der Grundlage eines Ausbildungsvertrags am Ausbildungsplatz eingefunden und die Ausbildung tatsächlich bereits begonnen hat oder er die Ausbildung zwar tatsächlich noch nicht „aufgenommen hat", dies aufgrund eines bereits geschlossenen Ausbildungsvertrags aber demnächst zu erwarten ist[33]. Die zeitliche Nähe des Antrags auf Erteilung der Ausbildungsduldung zum tatsächlichen Ausbildungsbeginn kann in der Regel angenommen werden, wenn die tatsächliche Aufnahme der Berufsausbildung in wenigen Wochen erfolgen wird[34]. Die Aufnahme der Ausbildung muss danach allerdings nach Maßgabe der zu beachtenden aufenthaltsrechtlichen Bestimmungen rechtmäßig erfolgen.

18 Solange die **Ausbildung andauert,** die Ausbildungszeit abgelaufen ist und in einem angemessenen Zeitraum mit ihrem Abschluss zu rechnen ist, soll die Duldung angemessen verlängert werden. Nicht erforderlich ist, dass die Gründe, die ursprünglich zur Aussetzung der Abschiebung geführt haben, fortbestehen[35]. Nur eine legale, also insbesondere mit einer erforderlichen Beschäftigungserlaubnis erfolgte Ausbildungsaufnahme ist schutzwürdig. Bei einem **Wechsel des Ausbildungsbetriebs** ist grundsätzlich **vor Ausbildungsbeginn** eine neue **Beschäftigungserlaubnis** einzuholen.

19 Eine die eigentliche Berufsausbildung vorbereitende **Qualifizierungsmaßnahme** in Gestalt der sog. **Einstiegsqualifizierung** iSv § 54a SGB III, die erst an eine Berufungausbildung heranführt oder die darauf ausgerichtet ist, die erforderliche Ausbildungsreife herzustellen, ist **keine** qualifizierte

---

[25] OVG RhPf Beschl. v. 12.7.2018 – 7 B 10610/18, BeckRS 2018, 38723 zu § 60a II 4 aF.
[26] Abrufbar zB unter www.bibb.de.
[27] BVerwG Beschl. v. 11.8.2020 – 1 C 18.19, NVwZ-RR 2020, 996.
[28] VG Mainz Beschl. v. 30.1.2018 – 4 L 24/18, BeckRS 2018, 4068 und VG Neustadt (Weinstr) Beschl. v. 25.9.2018 – 2 L 948/18.NW, BeckRS 2018, 25653 – jeweils zu § 60a II 4 aF. Ebenso *Röder* in BeckOK MigR, Stand 1.3.2019, AufenthG § 60a Rn. 102. Die gegenteilige Ansicht von OVG MV Beschl. v. 30.8.2017 – 2 M 595/17, BeckRS 2017, 127867 – und OVG RhPf Beschl. v. 31.7.2017 – 7 B 11276/17.OVG, BeckRS 2017, 119656, die § 60a II 4 aF im Hinblick auf den Ausnahmecharakter der Vorschrift eng ausgelegt, ist mit dem Inkrafttreten des erweiterten § 60b im Jahre 2019 überholt. § 60b bietet perspektivisch die Grundlage für den Wechsel in eine Aufenthaltserlaubnis.
[29] BT-Drs. 18/8615, 26 und BT-Drs. 19/8286, 14 f.
[30] BayVGH Beschl. v. 27.7.2018 – 19 CE 18.1495, Asylmagazin 2018, 383 zu § 60a II 4 aF.
[31] Vgl. VG Bayreuth Beschl. v. 9.3.2017 – B 4 E 17.116, BeckRS 2017, 113139 zu § 60a II 4 aF.
[32] Vgl. Allg. Anwendungshinweise des BMI zur Duldung nach § 60a vom 30.5.2017, 10.
[33] NdsOVG Beschl. v. 9.12.2016 – 8 ME 184/16, BeckRS 2016, 111344; VGH BW Beschl. v. 13.10.2016 – 11 S 1991/16, ZAR 2016, 396 zu § 60a II 4 aF.
[34] Vgl. Allg. Anwendungshinweise des BMI zur Duldung nach § 60a v. 30.5.2017, 13.
[35] So die Gesetzesbegründung BT-Drs. 18/5420, 27.

Berufsausbildung in einem staatlich anerkannten oder vergleichbar geregelten Ausbildungsberuf iSd § 60c I 1 Nr. 1[36]. Dies ergibt sich formal auch daraus, dass eine solche Einstiegsqualifizierung nur für die Dauer von sechs bis längstens zwölf Monaten gefördert werden darf (§ 54a II SGB III), eine qualifizierte Berufsausbildung iSd § 60c I 1 Nr. 1 aber nach § 6 I 2 BeschV mindestens zwei Jahre dauern muss.

Liegt ein **Berufsausbildungsvertrag** vor und sind diesem zunächst andere, die Ausbildung **vorbereitende Qualifizierungsmaßnahmen** – zB **Sprachkurse** etc. – vorgeschaltet, kann die Ausbildungsduldung erst nach deren Abschluss erteilt werden, auch wenn der Bestand des Berufsausbildungsvertrags nicht von der Teilnahme oder dem Bestehen der Bildungsmaßnahme abhängt[37]. Die hinreichende Beherrschung der deutschen Sprache ist Vorbedingung für die Erteilung einer Ausbildungsduldung gemäß Abs. 1 S. 1. 20

Abs. 1 S. 1 Nr. 1b erstreckt für beide Personengruppen – Ausländer im Asylverfahren und geduldete Ausländer – den Anwendungsbereich der **Ausbildungsduldung auf Ausbildungen in** staatlich anerkannten oder vergleichbar geregelten **Assistenz- und Helferberufen.** Sie haben eine Ausbildungsdauer zwischen einem und zwei Jahren. Voraussetzung ist, dass in diesen Fällen eine qualifizierte Berufsausbildung in einem **Mangelberuf** – gegenwärtig etwa Altenpflegehelfer oder Krankenpflegehelfer – daran anschlussfähig ist und hierfür bereits eine Ausbildungszusage des Ausbildungsbetriebs oder der Bildungseinrichtung vorliegt. 21

Abs. 1 S. 1 Nr. 2 setzt die Erteilung einer Ausbildungsduldung dem eindeutigen Wortlaut zufolge voraus, dass der ausländische Staatsangehörige bereits vor der Aufnahme seiner Berufsausbildung im Besitz einer Duldungsbescheinigung gemäß § 60a IV ist oder dass vor der Aufnahme der Ausbildung zumindest die Voraussetzungen für die Erteilung einer Duldung nach § 60a vorliegen („… im Besitz einer Duldung nach § 60a ist und eine … Berufsausbildung aufnimmt"). Eine über den Wortlaut hinausgehende erweiterte analoge Anwendung des Abs. 1 S. 1 Nr. 2 auf Personen, die bereits als Inhaber eines ausländerrechtlichen Aufenthaltstitels eine Ausbildung beginnen und erst später ausreisepflichtig werden, ist ausgeschlossen[38]. Denn der Gesetzgeber unterscheidet abschließend zwischen der Erteilung einer Ausbildungsduldung iSv Abs. 1 S. 1 Nr. 2 an Inhaber einer „normalen" Duldung, die eine Berufsausbildung aufnehmen, und der Erteilung einer Ausbildungsduldung an Asylbewerber, die gemäß Abs. 1 S. 1 Nr. 1 ihre Berufsausbildung bereits während des Asylverfahrens aufgenommen haben und nach der Ablehnung des Asylantrags fortsetzen möchten[39]. 22

Liegen die tatbestandlichen Voraussetzungen nach § 60c I 1 vor, ist dem Ausländer eine **Ausbildungsduldung** zu erteilen **(Rechtsanspruch).** Ist eine Ausbildungsduldung nach § 60c 1 erteilt, ist zugleich auch eine **Beschäftigungserlaubnis** zu erteilen (§ 60c I 3)[40]. Mit Beantragung der Ausbildungserlaubnis gilt zugleich die Beschäftigungserlaubnis als beantragt[41]. Der Ausländer hat also zusätzlich zum Anspruch auf Erteilung einer Ausbildungsduldung auch einen **Rechtsanspruch** auf Erteilung der Beschäftigungserlaubnis[42]. Umgekehrt bedarf nach § 32 II Nr. 2 BeschV, die Erteilung der Ausbildungsduldung seit April 2020 keiner Zustimmung der Arbeitsverwaltung. Darüber hinaus kann der Inhaber einer Ausbildungsduldung – soweit die weiteren tatbestandlichen Voraussetzungen vorliegen – gemäß § 5 WoBindG iVm § 27 WoFG auch die Erteilung eines sog. Wohnberechtigungsscheins verlangen[43]. 23

Die dem Ausländer erteilte Ausbildungsduldung nach **§ 60c** vermittelt weder **einen Anspruch auf Familiennachzug** noch **einen Anspruch auf die Erteilung von Duldungen an Familienangehörige.** Die Duldung der Eltern und Geschwister eines minderjährigen Ausländers mit Ausbildungsduldung sowie der minderjährigen Kinder und des Ehepartners eines Ausländers mit Ausbildungsduldung ist **nach § 60a II 3 möglich.** Die Ausländerbehörde hat darüber nach pflichtgemäßem Ermessen zu entscheiden[44]. Volljährigen Ausländern mit Ausbildungsduldung ist die vorübergehende Trennung von ihren Eltern und Geschwistern für die Dauer der Ausbildung regelmäßig zuzumuten. 24

Abs. 1 S. 2 eröffnet der Ausländerbehörde die Möglichkeit, in **Fällen offensichtlichen Missbrauchs** die Ausbildungsduldung zu versagen. Missbräuchlich sind insbesondere sog. **Scheinausbildungsverhältnisse.** Solche können etwa bei Ausbildungen vorliegen, bei denen von vornherein offenkundig ausgeschlossen ist, dass die Ausbildung zum Erfolg geführt werden kann, zB wegen **nicht** 25

---

[36] VGH BW Beschl. v. 4.1.2017 – 11 S 2301/16, BeckRS 2017, 100160 – und OVG NRW Beschl. v. 8.9.2017 – 18 B 1075/17, BeckRS 2017, 124755 – jeweils zu § 60a II 4 aF.
[37] Anwendungshinweise des BMI v. 30.5.2017, S. 13.
[38] OVG Bln-Bbg Beschl. v. 26.5.2021 – OVG 3 S 32/31, AuAS 2021, 146 Rn. 8.
[39] BT-Drs. 19/8286, 14.
[40] Dafür bereits § 60a aF HessVGH Beschl. v. 15.2.2018 – 3 B 2137/17, ZAR 2018, 320.
[41] VGH BW Beschl. v. 13.10.2016 – 11 S 1991/16, ZAR 2016, 396.
[42] Veraltet daher die zu § 60a II 4 aF ergangenen Anwendungshinweise des BMI vom 30.5.2017 S. 11.
[43] VG Berlin Urt. v. 25.6.2019 – 8 K 202.18, BeckRS 2019, 26570.
[44] In RhPf ist dies landesweit einheitlich durch Rundbrief zur Erteilung von Ermessensduldungen nach § 60a II 3 an Familienangehörige vom 20.11.2018 geschehen. Andere Länder haben – soweit ersichtlich – ihren Ausländerbehörden keine generelle Linie vorgegeben.

vorhandener oder völlig unzureichender deutscher Sprachkenntnisse[45], aber auch dann, wenn zeitgleich zur vermeintlichen Ausbildung ein Studium absolviert wird[46]. Gerade in Anbetracht des auf Integration und Aufenthaltsverfestigung angelegten und erweiterten Charakters der Ausbildungsduldung nach § 60c I sind hinreichende deutsche Sprachkenntnisse notwendige Vorbedingung für die Aufnahme einer Berufsausbildung, gleich ob nach Abs. 1 S. 1 Nr. 1 oder Nr. 2. Ausländern, die solche Sprachkenntnisse nicht mitbringen, ist die Erteilung einer Ausbildungsduldung regelmäßig zu versagen. Dies ist von der Ausländerbehörde zu prüfen, bevor sie den ausreisepflichtigen Ausländern eine Ausbildungsduldung erteilt.

26 Eine **Beschäftigungserlaubnis (§ 4a IV und § 42 II Nr. 4) ist** nach § 60c I 3 zu erteilen, wenn Voraussetzungen des § 60c I 1 gegeben sind[47]. Der Ausländerbehörde steht kein Ermessen zu. Nach § 60c I 1 Nr. 2 ist eine Duldung nach § 60a II 3 nur dann zu erteilen, wenn der Ausländer in Deutschland im Besitz einer Duldung nach § 60a ist und eine der in § 60c I 1 Nr. 1 genannten Berufsausbildungen aufnimmt. Gemäß § 60c II Nr. 2 muss er ferner grundsätzlich bei Antragstellung mindestens drei Monate im Besitz der Duldung sein.

IV. Ausschlusstatbestände (Abs. 2)

27 **Abs. 2 Nr. 1** schließt den Ausländer von der Aufnahme oder Durchführung einer Berufsausbildung – gleich ob in einer qualifizierten Berufsausbildung nach Nr. 1 oder einer Assistenz- oder Helferausbildung nach Nr. 2 – nach § 60c I aus, der sich **ins Bundesgebiet** begeben hat, **um Leistungen nach dem AsylbLG zu erlangen** (§ 60a VI 1 Nr. 1). Erforderlich ist ein finaler Zusammenhang zwischen Einreise und dem Bezug von Asylbewerberleistungen. Um welche Leistungen nach dem AsylbLG es geht – nach § 1, § 1a, § 3, § 4 oder § 6 AsylbLG – ist unerheblich. Andere Sozialleistungen erfasst der Wortlaut von § 60a VI 1 Nr. 1 nicht.

28 **Abs. 2 Nr. 1** gilt ebenso für Ausländer, bei denen aufenthaltsbeendende Maßnahmen aus Gründen, die sie selbst zu vertreten haben, nicht vollzogen werden können (§ 60a VI 1 Nr. 2). Zu vertreten hat der Ausländer insbesondere **Täuschungen und Falschangaben zu seiner Identität** und Staatsangehörigkeit. Zu den die Identität prägenden Merkmalen gehört auch das Alter, wobei mit Blick auf § 58 Ia insbesondere die vorgetäuschte Minderjährigkeit relevant ist[48]. Um eine Falschangabe iSv § 60a VI 2 handelt es sich zB bei der wahrheitswidrigen Behauptung, nicht im Besitz eines Nationalpasses zu sein[49].

29 Eine Duldung zum Zwecke der Aufnahme einer qualifizierten Berufsausbildung oder einer Assistenz- oder Helferausbildung war nach Abs. 2 Nr. 1 weiter bei Einreise des **Ausländers aus** einem **sicheren Herkunftsstaat** und Asylantragstellung nach dem 31.9.2015 für die Zeit bis Dezember 2019 gemäß § 60a II 4 und VI 1 Nr. 3 ausgeschlossen[50]. Seit dem 1.1.2020 ist sie für diesen Personenkreis nach **§ 60c II Nr. 1 und § 60a VI 1 Nr. 3 ausgeschlossen, wenn der Asylantrag abgelehnt** wurde[51]. Asylantrag iSd § 60a VI 1 Nr. 3 ist sowohl der Asylerst- als auch der Asylfolgeantrag[52]. Asylantrag meint die förmliche Asylantragstellung beim Bundesamt nach § 14 AsylG und nicht das formlose Nachsuchen um Asyl („Asylgesuch") oder den Ankunftsnachweis nach § 63a AsylG[53]. Bei ununterbrochenem Inlandsaufenthalt kommt es für die Frage, ob eine Ausbildungsduldung zu erteilen ist, darauf an, ob ein Staatsangehöriger eines sicheren Herkunftsstaates einen abgelehnten Asylantrag iSd § 60a VI 1 Nr. 3 bis zum Stichtag 31.8.2015 gestellt hat, auf den Asylerstantrag, nicht hingegen auf einen später gestellten Asylfolgeantrag an[54].

30 Die „**Ausschlussregelung**" des **Abs. 2 Nr. 1** ist **vor allem für ehemalige Asylbewerber** praktisch relevant, bei denen aufgrund ihrer Herkunft der Asylantrag im Bundesgebiet praktisch immer erfolglos ist. Ihnen ist die Aufenthaltsverfestigung verwehrt. **Sichere Herkunftsstaaten** nach der Anlage II zu § 29a AsylG idF des Gesetzes vom 31.10.2014, zuletzt geändert durch das AsylVfBeschlG 2015, sind Albanien, Bosnien und Herzegowina, Ghana, Kosovo, Mazedonien, ehemalige jugoslawische Republik, Montenegro, Senegal, Serbien sowie nach § 29a II AsylG auch die Mitgliedstaaten der EU. Die Regelung geht jedoch darüber hinaus und trifft jeden, der aus einem der in Anlage II zu § 29a II AsylG genannten Staaten kommt – unabhängig von den Gründen, warum er trotz vollziehbarer Ausreisepflicht nach wie vor im Bundesgebiet lebt. Im Übrigen kann ein Missbrauch des

---

[45] BT-Drs. 19/8286, 14; dazu krit. und aA *Röder* in BeckOK MigR, Stand 1.3.2019, AufenthG § 60a Rn. 142.
[46] VG Aachen Urt. v. 3.12.2015 – 6 K 1400/15, BeckRS 2016, 41213.
[47] SächsOVG Beschl. v. 20.4.2021 – 3 B 37/21, BeckRS 9788.
[48] OVG NRW Beschl. v. 13.3.2017 – 18 B 148/17, BeckRS 2017, 110982.
[49] SächsOVG Beschl. v. 10.4.2018 – 3 B 8/BeckRS 2018, 5729.
[50] OVG NRW Beschl. v. 18.8.2017 – 18 B 792/17, BeckRS 2017, 126420.
[51] Zur Ausbildungsduldung für Staatsangehörige sicherer Herkunftsstaaten vgl. *Wittmann* NVwZ 2018, 28.
[52] VGH BW Beschl. v. 26.3.2019 – 12 S 502/19, BeckRS 2019, 8223.
[53] OVG NRW Beschl. v. 18.8.2017 – 18 B 792/17, BeckRS 2017, 126420; HmbOVG Beschl. v. 15.11.2017 – 3 Bs 252/17, BeckRS 2017, 152374; NdsOVG Beschl. v. 8.12.2016 – 8 ME 183/16, BeckRS 2016, 111452; aA VGH BW Beschl. v. 9.10.2017 – 11 S 2090/17, BeckRS 2017, 131436.
[54] NdsOVG Beschl. v. 30.8.2018 – 13 ME 298/18, InAuslR 2019, 66.

Ausbildungsduldung § 60c AufenthG 1

Asylverfahrens auch bei Ausländern aus anderen Staaten möglich sein. Da der Gesetzgeber aber nicht verpflichtet ist, die von ihm vorgesehene Vergünstigung zu gewähren und er insoweit einen weiten Gestaltungsspielraum hat, ist die Regelung auch ohne Weiteres mit Art. 3 I GG vereinbar.

Abs. 2 Nr. 2 erfasst Fälle, in denen die **Berufsausbildung nach Ablehnung des Asylantrags** 31 aufgenommen werden soll. Die Ablehnung des Asylantrags muss in Bestandskraft erwachsen sein[55]. Die Rücknahme des Asylantrags wird regelmäßig als missbräuchliche Umgehung des Ausschlusstatbestands gem. § 60a VI 1 Nr. 3 zu beurteilen sein[56]. Denn die Rücknahme des Schutzantrags zeigt, dass der Ausländer selbst keinen Schutzbedarf mehr sieht und dadurch hofft, den Versagungsgrund nach § 60a VI 1 Nr. 3 zu umgehen[57].

Das Gesetz fordert, dass der Ausländer vor Beantragung der Ausbildungsduldung bereits mindestens 32 **seit drei Monaten im Besitz einer Duldung** sein musste. Diese Duldung darf keine wegen ungeklärter Identität nach § 60b sein. Der dreimonatige Zeitraum gibt den Ausländerbehörden Gelegenheit, die Aufenthaltsbeendigung oder Maßnahmen zur Vorbereitung aufenthaltsbeendender Maßnahmen zu betreiben, wie zB den Ausländer aufzufordern, sich einen Pass- oder Passersatz zu beschaffen. Im Gesetzesentwurf der Bundesregierung war noch eine Frist von einem sechsmonatigen Duldungsbesitz vorgesehen[58]. Auf Empfehlung des Bundestagsinnenausschusses ist diese Frist zugunsten der betroffenen Ausländer auf drei Monate verkürzt worden[59]. Den Ausländerbehörden steht damit ein Zeitraum von drei Monaten zur Vollziehung der Ausreisepflicht zur Verfügung, bevor der Ausländer eine Ausbildungsduldung beantragen darf. Die Regelung trägt dem grundsätzlichen Vorrang der Aufenthaltsbeendigung des vollziehbar ausreisepflichtigen Ausländers Rechnung. Bei konkret möglicher Rückführung eröffnet auch § 60c dem Ausländer keine Bleibeperspektive für die Dauer einer Ausbildung[60].

Abs. 2 Nr. 3 schließt die Erteilung einer Ausbildungsduldung bei **ungeklärter Identität des** 33 **Ausländers** aus. Es handelt sich um einen **Unterfall der Verletzung von Mitwirkungspflichten** durch den Ausländer (§ 60a VI 1 Nr. 2 und S. 2). Die neu mit dem 2. RückkehrG 2019 ins Gesetz aufgenommene – an § 60a VI 2 angelehnte – Voraussetzung ist erforderlich, weil die Ausbildungsduldung perspektivisch die Grundlage für den Wechsel in eine Aufenthaltserlaubnis ist. Der Ausländer, der im Bundesgebiet eine Ausbildung absolvieren will, hat seine Identität und Staatsangehörigkeit zu offenbaren; nur unter dieser Voraussetzung kann seine Integration in den Rechtsstaat gelingen. Bezogen auf die Ausbildungsduldung ist es im Übrigen zudem so, dass sich die Ausbildungsbetriebe auf die von der zuständigen Ausländerbehörde erteilte Ausbildungsduldung an den auszubildenden Ausländer verlassen können müssen. Sie müssen wissen, mit welcher Person es zu tun haben.

Identität und **Staatsangehörigkeit** werden in der Regel **durch** den Besitz eines **gültigen Passes** 34 **nachgewiesen**. Die Identität kann in Fällen, in denen kein Pass oder anderes Identitätsdokument mit Lichtbild vorliegt, auch durch **andere geeignete Mittel** nachgewiesen werden[61]. So sind nach der Gesetzesbegründung[62] amtliche Dokumente aus dem Herkunftsstaat, die biometrische Merkmale und Angaben zur Person enthalten, die die Möglichkeit der Identifizierung bieten, geeignet wie bspw. ein Führerschein, Dienstausweis oder eine Personenstandsurkunde mit Lichtbild. Können diese nicht beschafft werden, so können auch geeignete amtliche Dokumente aus dem Herkunftsstaat ohne biometrische Merkmale zum Nachweis in Betracht kommen, wie etwa eine Geburtsurkunde, Heiratsurkunde, Meldebescheinigung, Schulzeugnisse oder Schulbescheinigungen, wenn sie geeignet sind, auf ihrer Basis Pass- oder Passersatzpapiere zu beschaffen. Im Übrigen gelten die allgemeinen verwaltungsrechtlichen Grundsätze zur Beweisführung zur Klärung der Identität.

Die **Klärung der Identität** nach Abs. 2 Nr. 3 setzt die **Gewissheit** voraus, dass ein Ausländer die 35 Person ist, für die er sich ausgibt, mithin Verwechslungsgefahr nicht besteht[63]. Allein die Vorlage einer Geburtsurkunde oder einer Kopie derselben wird regelmäßig nicht zu einer solchen Identitätsklärung ausreichen[64]. Denn ein solches Papier wird in der Regel keine qualifizierte Echtheitsprüfung etwa mittels physikalisch-technischer Untersuchungen erlauben. Entsprechendes gilt zB für einen Universitätsausweis ohne biometrische Merkmale[65].

---

[55] *Fleuß* VerwArch 2018, 261 (265 f.).
[56] Vgl. VG Karlsruhe Beschl. v. 13.9.2017 – 7 K 11634/17, BeckRS 2017, 127568; VG Oldenburg Urt. v. 12.5.2016 – 5 A 4509/15, BeckRS 2016, 46769; *Heusch* in BeckOK AuslR AsylG § 32 Rn. 19, 25; aA *Röder* in BeckOK MigR, Stand 1.3.2019, AufenthG § 60a Rn. 125; *Wittmann* NVwZ 2018, 28 (30).
[57] Anwendungshinweise BMI v. 30.5.2017, S. 11.
[58] BT-Drs. 19/8286, 6.
[59] BT-Drs. 19/10707 (neu), 5.
[60] Ebenso schon für § 60a II 4a aF *Fleuß* VerwArch 2018, 261 (283).
[61] *Fleuß* in Dörig MigrationsR-HdB § 5 Rn. 55.
[62] BT-Drs. 19/8286, 15.
[63] OVG NRW Beschl. v. 7.1.2021 – 18 B 1059/20, BeckRS 2021, 141 und Beschl. v. 21.12.2020 – 18 B 1183/20, AuAS 2021, 41.
[64] OVG LSA Beschl. v. 5.1.2021 – 2 M 96/10, BeckRS 2021, 935.
[65] OVG RhPf Beschl. v. 2.10.2020 – 7 B 11047/20, BeckRS 2020, 27041.

36 Abs. 2 Nr. 3 lit. a–c bestimmen, **bis wann die Identität geklärt** sein muss. Während in den lit. a und b Regelungen für Ausländer getroffen werden, die bereits vor Inkrafttreten des 2. RückkehrG nach Deutschland eingereist sind, wird mit lit. c eine Regelung für die Zeit nach dem Inkrafttreten des 2. RückkehrG getroffen. Danach muss **spätestens sechs Monate nach der Einreise in das Bundesgebiet die Identität geklärt** worden sein, damit eine Person eine Ausbildungsduldung erhalten kann. Maßgeblich ist nach dem ausdrücklichen Gesetzeswortlaut das **Datum der Einreise**, nicht das Datum des Asylbegehrens oder des Asylantrags. In den Fällen, in denen der Ausländer in den durch die Nr. 3 gesetzten Fristen alle ihm **zumutbare Maßnahmen** zur Identitätsklärung unternommen hat, diese jedoch nicht bis zum Ende der Frist abgeschlossen werden konnte, verhindert eine spätere Identitätsklärung nicht die Erteilung der Ausbildungsduldung (§ 60c VII)[66]. Hierbei muss insbesondere der Umstand berücksichtigt werden, dass es Asylbewerbern während des gesamten Asylverfahrens bis zu dessen unanfechtbarem Abschluss in der Regel unzumutbar ist, sich einen Pass zu beschaffen oder in sonstiger Weise mit der Auslandsvertretung ihres Herkunftsstaates in Kontakt zu treten. Dies entspricht allgemein dem Grundsatz der **Verhältnismäßigkeit**. Niemand dürfen Umstände aufenthaltsrechtlich zum Nachteil reichen, die er nicht zu vertreten hat. Die Ausbildungsduldung kann in diesen Fällen frühestens ab dem Datum der geklärten Identität erteilt werden.

37 Zwischen dem Fehlverhalten des Ausländers infolge verletzter zumutbarer Mitwirkungspflichten und der, weil undurchführbar, unterbliebenen Abschiebung muss **Kausalität** bestehen. Daran fehlt es, wenn die Abschiebung unabhängig von einer Mitwirkung des Ausländers vollzogen werden kann, etwa weil seine Identität geklärt ist und sich die Ausländerbehörde die erforderlichen Heimreisepapiere „an ihm vorbei" hat beschaffen können oder weil die Abschiebung aus anderen Gründen, die der Ausländer nicht zu vertreten hat – zB aus Gründen von Art. 6 GG, Art. 8 EMRK –, undurchführbar ist. Der Ausschlussgrund gem. Abs. 2 Nr. 3 greift nur, wenn sich die erforderliche Kausalität feststellen lässt[67].

38 Der Versagungsgrund nach § 60c II Nr. 3 ist des Weiteren nur dann erfüllt, wenn dem Ausländer ein gegenwärtiges schuldhaftes **Mitwirkungsversäumnis** vorgehalten werden kann, das **kausal zu der** – ebenfalls gegenwärtigen – **nicht geklärten Identität** führt. Wirkt der Ausländer wieder mit und legt zB aktuelle und authentische Dokumente zu seiner Identität vor, liegen die Voraussetzungen für eine Versagensentscheidung nach Abs. 2 Nr. 3 nicht – mehr – vor.

39 Abs. 2 Nr. 4 übernimmt die Versagungsgründe nach
– § 19d I Nr. 6 und 7 in Kraft seit dem 1.3.2020 – bis dahin wortlautgleich in § 18a I Nr. 6 oder 7 geregelt – (Terrorismusverdacht, Straftaten) sowie nach
– § 53 (Ausweisung), § 58a (Abschiebungsanordnung),

um so für einen Gleichlauf zu den Voraussetzungen der Aufenthaltserlaubnis zu schaffen. Wegen Straftaten nach § 19d I Nr. 7 ist die Ausbildungsduldung zu versagen, wenn der Ausländer wegen einer im Bundesgebiet begangenen vorsätzlichen Straftat verurteilt wurde, wobei Geldstrafen von insgesamt bis zu 50 Tagessätzen oder bis zu 90 Tagessätzen wegen Straftaten, die nach dem AufenthG oder dem AsylG nur von Ausländern begangen werden können, grundsätzlich außer Betracht bleiben.

40 Abs. 2 Nr. 5 zählt die **konkret bevorstehenden Maßnahmen** auf, die in einem hinreichenden sachlichen und zeitlichen Zusammenhang **zur Aufenthaltsbeendigung** stehen. Damit knüpft die Vorschrift an die Vorgängernorm des § 60a II 4 aE aF an. Mit dem Tatbestandsmerkmal des **„hinreichenden sachlichen und zeitlichen Zusammenhangs"** hat der Gesetzgeber auf einen unbestimmten Rechtsbegriff zurückgegriffen, der von den Verwaltungsgerichten bei voller inhaltlicher Kontrolle auszulegen ist. Absehen lässt sich dabei eine weitere einzelfallbezogene Kasuistik[68], die sich freilich am Ziel der Abschiebung oder Rückführung (§ 58 I 1) zu orientieren hat. Vollziehbar ausreisepflichtigen Ausländern, die zeitnah konkret rückgeführt werden können, darf keine Ausbildungsduldung erteilt werden. Ob sich die vom Gesetzgeber erwartete bundeseinheitliche Normanwendung bei ca. 500 zuständigen Ausländerbehörden im Bundesgebiet einstellt, wird die Zukunft zeigen.

41 **Konkrete Maßnahmen** zur Aufenthaltsbeendigung nach Abs. 2 Nr. 5 **stehen bevor**[69], sobald die für den jeweiligen Ausländer zuständige Ausländerbehörde erstmals zielgerichtet und konkret tätig geworden ist, um die grundsätzliche mögliche Abschiebung einzuleiten, ohne dass bereits ein bestimmter Zeitpunkt für die Abschiebung feststehen muss. Auf die **Kenntnis des Betroffenen** von den konkret bevorstehenden Maßnahmen der Aufenthaltsbeendigung **kommt es nicht an**[70].

42 **Konkrete Maßnahmen** zur Aufenthaltsbeendigung **können etwa sein:** die Kontaktaufnahme mit der deutschen Auslandsvertretung im Abschiebezielstaat zur Vorbereitung der Abschiebung, die Beantragung eines Pass(ersatz)papiers zum Zwecke der Abschiebung, die Erstellung eines Rückübernahmeersuchens, das Abschiebungsersuchen der Ausländerbehörde gegenüber der für die Durchfüh-

---

[66] BT-Drs. 19/8286, 15.
[67] OVG Bln-Bbg Beschl. v. 22.11.2016 – OVG 12 S 61/16, BeckRS 2016, 55195.
[68] Ebenso BayVGH Beschl. v. 30.1.2019 – 19 CE 18.1725, BeckRS 2019, 1663 noch zu § 60a II 4.F.
[69] Eine inhaltsgleiche Formulierung findet sich in § 61 Ic Nr. 3.
[70] VGH München Beschl. v. 22.1.2018 – 19 CE 18.51, NVwZ-RR 2018, 588; SchlHOVG Beschl. v. 28.2.2019 – 4 MB 132/18, BeckRS 2019, 2977, jeweils zu § 60a II 4 aF.

rung der Abschiebung zuständigen Behörde, die Bestimmung eines Abschiebetermins, die Veranlassung einer erforderlichen ärztlichen Untersuchung zur Feststellung der Reisefähigkeit oder die Beantragung von Abschiebungshaft, Mitwirkungsgewahrsam oder Ausreisegewahrsam[71]. Auch die Ankündigung des Widerrufs einer längerfristigen Duldung nach § 60a V 4 ist als konkrete Maßnahme zur Vorbereitung der Abschiebung zu verstehen.

In § 60c II Nr. 5 benennt der Gesetzgeber **folgende konkrete Maßnahmen:** 43
– die Veranlassung der ärztlichen Untersuchung zur Feststellung der Reisefähigkeit (lit. a),
– die Beantragung von staatlichen Mitteln zur Förderung der freiwilligen Ausreise durch den Ausländer (lit. b),
– die Einleitung der Buchung von Transportmitteln für die Abschiebung (lit. c),
– vergleichbar konkrete Vorbereitungshandlungen, es sei denn, es ist von vornherein absehbar, dass diese nicht zum Erfolg führen (lit. d) oder
– die Einleitung eines Verfahrens zur Bestimmung des zuständigen Mitgliedstaats, der für die Prüfung eines von einem Drittstaatsangehörigen oder Staatenlosen in einem Mitgliedstaat gestellten Antrags auf internationalen Schutz nach Art. 20 I (EU)VO Nr. 604/2013 (lit. e, „Dublin III") zuständig ist.

Die **Beantragung eines Passersatzpapiers** stellt eine vergleichbar konkrete Vorbereitungsmaßnahme zur Aufenthaltsbeendigung iSd § 60c II Nr. 5 lit. d dar[72]. Den Gesetzesmaterialien zu § 60c II Nr. 5 lit. a–e zufolge müssen die konkret bevorstehenden Maßnahmen zur Aufenthaltsbeendigung „in einem hinreichenden sachlichen und zeitlichen Zusammenhang zur Aufenthaltsbeendigung stehen"[73]. Wann ein solcher Zusammenhang besteht, richtet sich nach den Gesamtumständen des jeweiligen Einzelfalls; ein allgemeiner fester Zeitrahmen lässt sich nicht angeben. 44

Der Wortlaut der **Generalklausel** der **„vergleichbar konkreten Vorbereitungshandlung"** (§ 60c II Nr. 5 lit. d) macht deutlich, dass es sich bei dem Katalog der **lit. a–e** um **keine abschließende Aufzählung** handelt. Die ärztliche Überprüfung der Reisefähigkeit – also der rechtlichen Möglichkeit der Abschiebung iSd § 60a II 1 – hat der Gesetzgeber nach § 60c II Nr. 5 lit. a als eine Maßnahme zur Aufenthaltsbeendigung definiert. Der Streit zu § 60a II 4 aF, ob es sich bei der behördlichen veranlassten Überprüfung der Reisefähigkeit um eine ergebnisoffene (Vorfeld-)Maßnahme zur Klärung der Zulässigkeit der Aufenthaltsbeendigung[74] oder bereits um eine konkrete Maßnahme zur bevorstehenden Abschiebung gehandelt hat[75], hat sich damit erledigt. 45

Maßgeblicher Zeitpunkt für das Vorliegen von konkret bevorstehenden Maßnahmen zur Aufenthaltsbeendigung ist der **Zeitpunkt der auf eine Ausbildungsduldung gerichteten Antragstellung**[76]. Für die Beurteilung der Frage, ob konkrete Maßnahmen der Aufenthaltsbeendigung entgegenstehen, ist maßgeblich auf den Zeitpunkt der Beantragung einer zeitnah aufzunehmenden, konkret bezeichneten Berufsausbildung abzustellen[77]. Für eine in diesem Sinne vollständige Antragstellung ist es nicht erforderlich, dass die Bescheinigung über die Eintragung des Ausbildungsverhältnisses in das Verzeichnis der Berufsausbildungsverhältnisse nach §§ 34–36 BBiG der Ausländerbehörde bereits vorliegt[78]. 46

Bei einer **Abschiebungsandrohung** selbst handelt es sich um **keine konkrete Maßnahme** zur Aufenthaltsbeendigung iSd § 60c II Nr. 5, selbst dann, wenn das BAMF die Abschiebungsandrohung statt einer Abschiebungsanordnung nach § 34a AsylG im Fall einer beabsichtigten Abschiebung in einen sicheren Drittstaat nach § 26a AsylG erlassen hat[79]. 47

V. Verfahren der Duldungserteilung (Abs. 3)

Die Ausbildungsduldung wird nur **auf Antrag** des Ausländers erteilt (Abs. 3 S. 1). In der Vorlage eines Ausbildungsvertrags bei der Ausländerbehörde kann regelmäßig kein konkludenter Antrag auf Erteilung einer Ausbildungsduldung gesehen werden[80]. Der an die Ausländerbehörde gerichtete Antrag auf Erteilung einer Beschäftigungserlaubnis nach Abs. 1 S. 3 ist aber zugleich konkludent als Antrag auf Erteilung einer Ausbildungsduldung nach Abs. 1 S. 1 zu beurteilen[81]. Maßgeblich ist der aktuelle 48

---

[71] Vgl. NdsOVG Beschl. v. 9.12.2016 – 8 ME 184/16, BeckRS 2016, 111344; BayVGH Beschl. v. 30.1.2019 – 19 CE 18.1725, BeckRS 2019, 1663; SchlHOVG Beschl. v. 28.2.2019 – 4 MB 132/18, BeckRS 2019, 2977, jeweils zu § 60a II 4 aE aF.
[72] BayVGH Beschl. v. 21.4.2021 – 19 C 21.278, BeckRS 2021, 10979.
[73] BT-Drs. 19/8286, 15.
[74] Dafür *Röder* in BeckOK MigR, Stand 1.3.2019, AufenthG § 60a Rn. 119.
[75] Dafür BayVGH Beschl. v. 9.1.2018 – 19 CE 17.2247, BeckRS 2018, 186.
[76] Ebenso *Röder/Wittmann* ZAR 2017, 345 (350) mwN.
[77] BayVGH Beschl. v. 30.1.2019 – 19 CE 18.1725, BeckRS 2019, 1663.
[78] OVG LSA Beschl. v. 1.4.2019 – 2 M 110/18, BeckRS 2019, 8100 zu § 60a II 4 aE aF.
[79] OVG LSA Beschl. v. 1.4.2019 – 2 M 110/18, BeckRS 2019, 8100 zu § 60a II 4 aE aF.
[80] VGH BW Beschl. v. 13.10.2016 – 11 S 1991/16, ZAR 2016, 396; aA SchlHOVG Beschl. v. 30.7.2018 – 4 MB 70/18, Asylmagazin 2018, 458.
[81] VGH BW Beschl. v. 13.10.2016 – 11 S 1991/16, ZAR 2016, 396; *Röder/Wittmann* ZAR 2017, 345 (350); Anwendungshinweise BMI zu § 60a aF vom 30.5.2017 S. 10.

Ausbildungsvertrag. Der Ausländer kann sich nicht auf einen früheren Ausbildungsvertrag zum selben Ausbildungsberuf berufen, wenn dieser einen anderen Ausbildungszeitraum betraf[82].

49 Der Antrag darf **frühestens sieben Monate vor Beginn der Berufsausbildung** gestellt werden (Abs. 3 S. 1). Der grundsätzliche Vorrang der Aufenthaltsbeendigung bei zeitnah möglicher Abschiebung des vollziehbar ausreisepflichtigen Ausländers schließt es aus, den Beginn des Antragszeitraums noch weiter vorzuverlagern. Die **Ausbildungsduldung** wird **frühestens sechs Monate vor Ausbildungsbeginn** erteilt (Abs. 3 S. 2). Damit hat der Gesetzgeber einen klaren zeitlichen Rahmen gesetzt, der auf bundeseinheitliche Normanwendung hoffen lässt. Auf die unterschiedliche Erlasslage in den Ländern[83] zur Frage, ab wann genau eine Ausbildungsduldung erteilt werden darf, kommt es nicht mehr an.

50 Für den **Zeitraum zwischen Antragstellung und dem frühestmöglichen Zeitpunkt der Erteilung der Ausbildungsduldung** ist – soweit **im Einzelfall** erforderlich – eine **Duldung nach § 60a II 3** zu erteilen[84]. Voraussetzung für die Erteilung einer **Ausbildungsduldung** ist, dass zum Zeitpunkt der Erteilung der Ausbildungsduldung nach § 60c I 1 der Berufsausbildungsvertrag in das Verzeichnis der Berufsausbildungsverhältnisse bei der zuständigen Stelle (§ 34 BBiG oder § 28 I HwO) eingetragen ist oder in den Fällen, in denen die Berufsausbildung in vorwiegend schulischer Form (zB bei Altenpflegern) erfolgt, die Bestätigung der Ausbildungseinrichtung über die Zulassung vorliegt. Ausreichend ist, wenn bei Antragstellung auf die Ausbildungsduldung ein Nachweis darüber erbracht wird, dass die Eintragung des Berufsausbildungsvertrags in das Verzeichnis der Berufsausbildungsverhältnisse bei der zuständigen Stelle beantragt wurde[85].

51 Für die Aufnahme einer qualifizierten Berufsausbildung wird die **Duldung für die im Ausbildungsvertrag bestimmte Dauer der Berufsausbildung** erteilt (§ 60c III 4). Die Ausländerbehörde trifft hier in der Rechtsfolge eine gebundene Entscheidung. Das heißt, ein Rechtsfolgeermessen steht ihr nicht zu. Der Ausländer hat einen individuellen Rechtsanspruch auf Duldungserteilung für die Dauer der Ausbildung. Die Regeldauer für eine qualifizierte Berufsausbildung beträgt drei Jahre; sie kann aber im Einzelfall, etwa bei Anrechnung beruflicher Vorbildung, verkürzt (§§ 7, 8 I BBiG) oder mit dem Ziel der Abschlusserlangung auch verlängert (§ 8 II BBiG) werden. Die Länge der Duldung nach Abs. 3 S. 4 weicht damit zugunsten des Auszubildenden erheblich von der sonst üblichen deutlich kürzeren Geltungsdauer einer Duldung nach § 60a II 3 ab. Nach **erfolgreichem Abschluss** der Ausbildung steht die Möglichkeit einer Titelerteilung nach § 19d offen.

52 Fällt der aufgrund einer Ausbildungsduldung im Bundesgebiet aufhältige Ausländer durch eine Zwischenprüfung oder die Abschlussprüfung in seinem Ausbildungsberuf durch, ist ihm nach prüfungsrechtlichen Grundsätzen Gelegenheit zu geben, eine ausbildungsrechtliche vorgesehene **Wiederholungsprüfung** abzulegen[86]. Dies wird von ihm unverzüglich, dh ohne schuldhaftes Zögern, zu verlangen sein. Aufenthaltsrechtlich lässt sich dafür zwar nichts aus dem Wortlaut von § 60c III ablesen. Für eine auch aufenthaltsrechtlich gedeckte Wiederholungsprüfung spricht aber § 60c IV, wonach die Ausbildungsduldung erst mit der vorzeitigen Beendigung oder dem Abbruch der Ausbildung erlischt. Der Wiederholer hat seine Ausbildung weder vorzeitig beendet noch abgebrochen. Mittelbar ergibt sich dies auch im Wege des Erst-recht-Schlusses aus § 60c VI, der dem Ausländer sogar beim Ausbildungsabbruch eine weitere Duldung zur Suche eines weiteren Ausbildungsplatzes für die Dauer von sechs Monaten garantiert.

VI. Vorzeitige Beendigung und Ausbildungsabbruch (Abs. 4–5)

53 Die Ausbildungsduldung erlischt gem. § 60c IV automatisch kraft Gesetzes, wenn
(1) der Ausländer extremistische oder terroristische Organisationen unterstützt oder erheblich straffällig wird (§ 19d I Nr. 6 und 7 seit dem 1.3.2020 in Kraft, bis dahin noch § 18a I Nr. 6 und 7),
(2) der Ausländer die Ausbildung vorzeitig beendet, ohne den beabsichtigten Berufsabschluss erlangt zu haben oder
(3) der Ausländer die Ausbildung abbricht.

In den unter (1) genannten Fällen lebt die vollziehbare Ausreisepflicht automatisch wieder auf (§ 60c VIII iVm § 60a III). Beendet der Ausländer hingegen nach (2) die Ausbildung vorzeitig und ohne Abschluss oder bricht er sie ab (3), eröffnet ihm das Gesetz in § 60c VI einen Zeitraum von sechs Monaten als Suchphase für eine andere Ausbildungsstelle.

54 Die **Ausbildung ist** erfolglos **vorzeitig beendet** iSv § 60c IV, **wenn** der Ausländer durch sein betriebliches und schulisches Verhalten unmissverständlich zu erkennen gibt, dass er an der Fortsetzung des eingegangenen Ausbildungsverhältnisses kein Interesse mehr hat, ohne dass dieses förmlich beendet wird. Als **Abbruch der Ausbildung** iSv § 60c IV **ist** die (einseitige) Kündigung des Ausbildungs-

---

[82] OVG RhPf Beschl. v. 2.11.2020 – 7 B 11114/20, BeckRS 2020, 32383.
[83] Vgl. dazu *Kluth/Breidenbach* in BeckOK AuslR, 2018, AufenthG § 60a Rn. 27.
[84] BT-Drs. 19/8286, 16.
[85] BT-Drs. 19/8286, 16.
[86] § 21 III BBiG bestimmt, dass Bestehen Auszubildende die Abschlussprüfung nicht, sich das Berufsausbildungsverhältnis auf ihr Verlangen bis zur nächstmöglichen Wiederholungsprüfung verlängert, höchstens um ein Jahr.

verhältnisses ebenso wie seine einvernehmliche Beendigung durch Aufhebungsvertrag zu verstehen. Auf ein Verschulden einer der beiden Parteien kommt es grundsätzlich nicht an[87]. Scheitert eine Berufsausbildung und erlischt deshalb die einem vollziehbar ausreisepflichtigen Ausländer hierfür erteilte Ausbildungsduldung gemäß Abs. 4 ex nunc, so entsteht bei fehlender Sicherung des Lebensunterhalts kraft Gesetzes eine (neue) Wohnsitzauflage nach § 61 Id 1 und 2 bezogen auf den Ort, an dem der Ausländer im Zeitpunkt der Entstehung dieser Wohnsitzauflage, der dem der Entstehung des Anspruchs auf eine „Anschlussduldung" nach § 60c VI 1 entspricht, wohnt, ohne dass es darauf ankäme, ob diese weitere Duldung förmlich erteilt wird[88].

§ 60c V 1 stellt klar, dass die **Bildungseinrichtungen** abweichend von § 87 regelmäßig binnen 55 einer Woche gegenüber der zuständigen Ausländerbehörde **zur Mitteilung verpflichtet** sind, wenn die Ausbildung vorzeitig beendet wird oder abgebrochen wurde. In der Mitteilung sind gem. § 60c V 2 neben den mitzuteilenden Tatsachen und dem Zeitpunkt ihres Eintritts die Namen, Vornamen und die Staatsangehörigkeit des Ausländers anzugeben. Es fällt auf, dass die Neuregelung die Mitteilungspflicht der Bildungseinrichtung auferlegt, ohne diesen Begriff näher zu definieren. In der Vorgängernorm des § 60a II 7 aF war der **Ausbildungsbetrieb** mitteilungspflichtig. Ob Bildungseinrichtung im Sinne der Norm auch ein Ausbildungsbetrieb sein kann, bleibt offen. Warum diese erweiterten ordnungsrechtlichen Mitteilungspflichten gegenüber der Ausländerbehörde dem Ausbildungsbetrieb oder der Bildungseinrichtung – und nicht einer öffentlichen Stelle, etwa dem zuständigen Sozialversicherungsträger – auferlegt werden, erschließt sich nicht. Es hätte genügt, den Ausbildungsbetrieb oder die Bildungseinrichtung allein mit den dort ohnehin anfallenden Meldungen an die Versicherungsträger zu betrauen. Seine darüber hinausgehende Inanspruchnahme für ordnungsrechtliche Maßnahmen ist weder dem auf Vertrauen basierenden Ausbildungsverhältnis zuträglich noch ein Beitrag zum Bürokratieabbau. Zusätzlich befördern die erweiterten Mitteilungspflichten auch nicht die Ausbildungsbereitschaft potenzieller Ausbildungsbetriebe.

In der Mitteilung sind gem. Abs. 5 S. 2 neben den mitzuteilenden Tatsachen über die vorzeitige 56 Beendigung oder den Abbruch der Ausbildung und den Zeitpunkt ihres Eintritts, die Namen, Vornamen und die Staatsangehörigkeit des Ausländers anzugeben. Der **Verstoß gegen die Mitteilungspflicht** nach Abs. 5 begründet nach § 98 IIa Nr. 4 eine **Ordnungswidrigkeit**.

Das **Erlöschen einer Ausbildungsduldung** nach **Abs. 4 iVm § 60c II 2 Nr. 4, § 19d I Nr. 7** 57 führt automatisch auch zum **Erlöschen der jeweiligen Beschäftigungserlaubnis**[89]. Denn bei der Beschäftigungserlaubnis nach **Abs. 1 S. 3,** die zu einer Ausbildungsduldung erteilt wird, handelt es sich nämlich um eine Nebenbestimmung, die jeweils mit der Duldung als Hauptverwaltungsakt erlischt. Die Erteilung einer Beschäftigungserlaubnis zu einer Duldung hat ihre Rechtsgrundlage in § 4a IV iVm § 42 II Nr. 4. Eine Ausbildungsduldung erlischt neben den in Abs. 4 und Abs. 2 Nr. 4 genannten Fällen gemäß § 60c VIII, § 60a V 1 auch im Falle einer **Ausreise**[90].

VII. Duldung zur Suche eines weiteren Ausbildungsplatzes (Abs. 6)

Für den Fall der **erfolglosen vorzeitigen Ausbildungsbeendigung** oder des **Ausbildungs-** 58 **abbruchs** gewährt § 60c VI dem Ausländer **einmalig**[91] eine **Duldung für sechs Monate zum Zweck der Suche nach einem weiteren Ausbildungsplatz** zur Aufnahme einer Berufsausbildung nach § 60c I. Bricht der Ausländer auch die neue (weitere) Berufsausbildung ab oder beendet er sie erfolglos vorzeitig, erhält er keine „dritte Chance"[92] für einen weiteren ausbildungsbezogenen Neustart („einmalig"). Die Duldung wird für sechs Monate zum Zweck der Suche nach einer der erworbenen Qualifikation entsprechenden Beschäftigung verlängert, wenn nach erfolgreichem Abschluss der Berufsausbildung, für die die Duldung erteilt wurde, eine Weiterbeschäftigung im Ausbildungsbetrieb nicht erfolgt. Die Norm entspricht ihrer Vorgängerregelung in § 60a II 10–11 aF. Sie hat die Praxis bisher – soweit erkennbar – vor keine Probleme gestellt.

VIII. Duldung des bei Identitätsklärung kooperativen Ausländers (Abs. 7)

§ 60c VII hilft demjenigen Ausländer, bei dem die **Klärung der Identität nicht herbeigeführt** 59 werden konnte, obwohl er alle erforderlichen und zumutbaren Maßnahmen für die Identitätsklärung ergriffen hat **(kooperativer Ausländer).** In diesen Fällen besteht zwar kein Anspruch auf Erteilung der Ausbildungsduldung. Die Erteilung der Ausbildungsduldung iSd Abs. 1 S. 1 ist aber nach pflichtgemäßer Ausübung des **Ermessens** der Ausländerbehörde möglich[93].

---

[87] VG Karlsruhe Beschl. v. 25.5.2018 – 7 K 4337/18, BeckRS 2018, 14351.
[88] NdsOVG Beschl. v. 9.9.2020 – 13 ME 226/20, InfAuslR 2020, 441.
[89] BayVGH Beschl. v. 29.10.2020 – 10 CE 20.2240, BeckRS 2020, 30373.
[90] VGH RhPf Beschl. v. 27.7.2020 – 7 B 1459/20, InfAuslR 2020, 434.
[91] SächsOVG Beschl. v. 20.4.2021 – 3 B 37/21, BeckRS 2021, 9788.
[92] Ebenso *Röder* in BeckOK MigR, Stand 1.3.2019, AufenthG § 60a Rn. 148.
[93] OVG Bln-Bb Beschl. v. 21.9.2021 – 6 S 24/21, BeckRS 2021, 28210; BayVGH Beschl. v. 2.6.2020 – 10 CE 20.931, BeckRS 2020, 14523.

60 Für die **Duldung nach Abs. 7** gelten die gleichen Rechte wie für die Duldung nach Abs. 1. Die Vorschrift **relativiert nicht die dem Ausländer obliegenden zumutbaren Mitwirkungshandlungen** bei der Klärung seiner Identität. Sie kommt allein demjenigen zugute, der aus von ihm nicht zu vertretenden Gründen nicht mehr tun kann, zB weil er vorübergehend bettlägrig erkrankt ist. Dies wird indes bei der hier im Blickpunkt des Interesses stehenden Gruppe der besonders schutzbedürftigen Personen – etwa weil sie sehr krank oder mangels geistiger Fähigkeiten völlig unverständig sind – regelmäßig nicht der Fall sein. Denn diese Personen kommen für eine Berufsausbildung – gleich ob nach § 60c I 1 Nr. 1 oder Nr. 2 – und damit für eine Ausbildungsduldung in aller Regel mangels Eignung oftmals nicht in Betracht.

IX. § 60a bleibt im Übrigen unberührt (Abs. 8)

61 § 60c VIII dient der Gesetzesbegründung[94] nach der **Klarstellung**, dass im Vorfeld einer Ausbildungsduldung alternativ Duldungen nach § 60a aus tatsächlichen oder rechtlichen Gründen oder aus anderen dringenden humanitären oder persönlichen Gründen, zB wegen Krankheit oder erheblichen öffentlichen Interessen, erteilt werden können. Da die Erteilung einer Duldung zum Zweck der Berufsausbildung in § 60c geregelt ist, kann das **Absolvieren einer Berufsausbildung** allein jedoch **kein Grund für die Erteilung einer Duldung nach § 60a II 3** sein. Dies gilt **auch dann, wenn die Ausbildungsduldung aus Ausschluss- oder Versagungsgründen nach § 60c nicht erteilt** werden kann. Dem steht nicht entgegen, im Fall der Duldung nach § 60a aus tatsächlichen oder rechtlichen oder aus anderen dringenden humanitären oder persönlichen Gründen oder erheblichen öffentlichen Interessen, eine Beschäftigungserlaubnis für eine Ausbildung zu erteilen, wenn kein Versagungsgrund nach § 60a VI vorliegt. Diese Duldung kann jedoch nicht mit den besonderen Rechten der Ausbildungsduldung verbunden werden, insbesondere nicht mit dem langfristigen Erteilungszeitraum.

X. Verwaltungsverfahren und Rechtsschutz

62 Zuständig für die Prüfung von Gründen für die Erteilung einer Ausbildungsduldung nach § 60c sind die **Ausländerbehörden**. Die örtliche Zuständigkeit richtet sich nach dem jeweiligen Landesrecht. Die Ausbildungsduldung wird – anders als die allgemeine Duldung nach § 60a II – gemäß § 60c III 1 nur **auf Antrag** des Ausländers erteilt; sie bedarf der **Schriftform** (§ 77 I 1 Nr. 5).

63 Die Aussetzung der Abschiebung ist angesichts ihrer regelnden Wirkung (vgl. § 35 VwVfG) ebenso ein VA wie ihre Ablehnung. Da der Widerspruch ausgeschlossen ist (§ 83 II), kann auf Erteilung der Ausbildungsduldung (Abs. 1 S. 1) und – soweit erforderlich – auch der Beschäftigungserlaubnis (Abs. 1 S. 3) sofort nach der Ablehnung geklagt werden. Statthafte Klageart ist die Verpflichtungsklage (**§ 42 I Var. 2 VwGO**). Der **vorläufige Rechtsschutz** richtet sich nach **§ 123 I 2 VwGO**. Der Ausländer beantragt danach im Wege der RAO, den zuständigen Antragsgegner zu verpflichten, ihm vorläufig – bis zur Entscheidung in der Hauptsache – eine Ausbildungsduldung entsprechend § 60c I zu erteilen.

64 Maßgebend für die Beurteilung der **Sach- und Rechtslage** ist bei einer Verpflichtungsklage nach § 60b I der **Zeitpunkt der letzten mündlichen Verhandlung** oder Entscheidung in der Tatsacheninstanz[95]. Für die Entscheidung über das Vorliegen eines Anordnungsanspruchs im vorläufigen Rechtsschutzverfahren nach § 123 I VwGO kommt es demnach grundsätzlich auf die Sach- und Rechtslage im Zeitpunkt der gerichtlichen Entscheidung an.

65 Dem Inhaber einer Ausbildungsduldung nach Abs. 1 S. 1 steht nach 15 Monaten ununterbrochenen geduldeten, gestatteten oder erlaubten Aufenthalts – soweit er bedürftig ist – grundsätzlich Leistungen nach **§ 8 IIa BAföG** und – sofern er sich in einer dualen betrieblichen Berufsausbildung befindet – gemäß **§ 59 II SGB III**, insbesondere Berufsausbildungsbeihilfe (§ 56 SGB III), zu. Weitere Ansprüche können sich aus § 132 II Nr. 2 SGB III ergeben.

§ 60d Beschäftigungsduldung

(1) Einem ausreisepflichtigen Ausländer und seinem Ehegatten oder seinem Lebenspartner, die bis zum 1. August 2018 in das Bundesgebiet eingereist sind, ist in der Regel eine Duldung nach § 60a Absatz 2 Satz 3 für 30 Monate zu erteilen, wenn

1. ihre Identitäten geklärt sind
   a) bei Einreise in das Bundesgebiet bis zum 31. Dezember 2016 und am 1. Januar 2020 vorliegenden Beschäftigungsverhältnis nach Absatz 1 Nummer 3 bis zur Beantragung der Beschäftigungsduldung oder

---

[94] BT-Drs. 19/8286, 17.
[95] StRspr BVerwG Urt. v. 18.4.2013 – 10 C 9.12, BVerwGE 146, 189, zur Erteilung eines Aufenthaltstitels; s. auch OVG NRW Beschl. v. 7.1.2021 – 18 B 1059/20, BeckRS 2021, 141.

b) bei Einreise in das Bundesgebiet bis zum 31. Dezember 2016 und am 1. Januar 2020 nicht vorliegenden Beschäftigungsverhältnis nach Absatz 1 Nummer 3 bis zum 30. Juni 2020 oder
c) bei Einreise in das Bundesgebiet zwischen dem 1. Januar 2017 und dem 1. August 2018 spätestens bis zum 30. Juni 2020;
die Frist gilt als gewahrt, wenn der Ausländer und sein Ehegatte oder sein Lebenspartner innerhalb der in den Buchstaben a bis c genannten Frist alle erforderlichen und ihnen zumutbaren Maßnahmen für die Identitätsklärung ergriffen haben und die Identitäten erst nach dieser Frist geklärt werden können, ohne dass sie dies zu vertreten haben,
2. der ausreisepflichtige Ausländer seit mindestens zwölf Monaten im Besitz einer Duldung ist,
3. der ausreisepflichtige Ausländer seit mindestens 18 Monaten eine sozialversicherungspflichtige Beschäftigung mit einer regelmäßigen Arbeitszeit von mindestens 35 Stunden pro Woche ausübt; bei Alleinerziehenden gilt eine regelmäßige Arbeitszeit von mindestens 20 Stunden pro Woche,
4. der Lebensunterhalt des ausreisepflichtigen Ausländers innerhalb der letzten zwölf Monate vor Beantragung der Beschäftigungsduldung durch seine Beschäftigung gesichert war,
5. der Lebensunterhalt des ausreisepflichtigen Ausländers durch seine Beschäftigung gesichert ist,
6. der ausreisepflichtige Ausländer über hinreichende mündliche Kenntnisse der deutschen Sprache verfügt,
7. der ausreisepflichtige Ausländer und sein Ehegatte oder sein Lebenspartner nicht wegen einer im Bundesgebiet begangenen vorsätzlichen Straftat verurteilt wurde, wobei Verurteilungen im Sinne von § 32 Absatz 2 Nummer 5 Buchstabe a des Bundeszentralregistergesetzes wegen Straftaten, die nach dem Aufenthaltsgesetz oder dem Asylgesetz nur von Ausländern begangen werden können, grundsätzlich außer Betracht bleiben,
8. der ausreisepflichtige Ausländer und sein Ehegatte oder sein Lebenspartner keine Bezüge zu extremistischen oder terroristischen Organisationen haben und diese auch nicht unterstützen,
9. gegen den Ausländer keine Ausweisungsverfügung und keine Abschiebungsanordnung nach § 58a besteht,
10. für die in familiärer Lebensgemeinschaft lebenden minderjährigen ledigen Kinder im schulpflichtigen Alter deren tatsächlicher Schulbesuch nachgewiesen wird und bei den Kindern keiner der in § 54 Absatz 2 Nummer 1 bis 2 genannten Fälle vorliegt und die Kinder nicht wegen einer vorsätzlichen Straftat nach § 29 Absatz 1 Satz 1 Nummer 1 des Betäubungsmittelgesetzes rechtskräftig verurteilt worden sind, und
11. der ausreisepflichtige Ausländer und sein Ehegatte oder sein Lebenspartner einen Integrationskurs, soweit sie zu einer Teilnahme verpflichtet wurden, erfolgreich abgeschlossen haben oder den Abbruch nicht zu vertreten haben.

(2) Den in familiärer Lebensgemeinschaft lebenden minderjährigen ledigen Kindern des Ausländers ist die Duldung für den gleichen Aufenthaltszeitraum zu erteilen.

(3) ¹Die nach Absatz 1 erteilte Duldung wird widerrufen, wenn eine der in Absatz 1 Nummer 1 bis 10 genannten Voraussetzungen nicht mehr erfüllt ist. ²Bei Absatz 1 Nummer 3 und 4 bleiben kurzfristige Unterbrechungen, die der Ausländer nicht zu vertreten hat, unberücksichtigt. ³Wird das Beschäftigungsverhältnis beendet, ist der Arbeitgeber verpflichtet, dies unter Angabe des Zeitpunkts der Beendigung des Beschäftigungsverhältnisses, des Namens, Vornamens und der Staatsangehörigkeit des Ausländers innerhalb von zwei Wochen ab Kenntnis der zuständigen Ausländerbehörde schriftlich oder elektronisch mitzuteilen. ⁴§ 82 Absatz 6 gilt entsprechend.

(4) Eine Duldung nach Absatz 1 kann unbeachtlich des Absatzes 1 Nummer 1 erteilt werden, wenn der Ausländer die erforderlichen und ihm zumutbaren Maßnahmen für die Identitätsklärung ergriffen hat.

(5) § 60a bleibt im Übrigen unberührt.

Allgemeine Verwaltungsvorschrift
Nicht belegt.

Übersicht

	Rn.
I. Entstehungsgeschichte	1
II. Normstruktur und Unionsrecht	2
III. Berechtigte und Anspruchsvoraussetzungen (Abs. 1 und Abs. 2)	12
IV. Ende der Beschäftigungsduldung (Abs. 3)	30

	Rn.
V. Duldung des kooperativen Ausländers (Abs. 4)	34
VI. § 60a im Übrigen unberührt (Abs. 5)	36
VII. Verwaltungsverfahren und Rechtsschutz	37

I. Entstehungsgeschichte

1 Die Vorschrift war im Gesetzesentwurf zum ZuwanderungsG[1] nicht enthalten. Als gesetzlich neu geregelter Unterfall der Duldung aus persönlichen Gründen nach § 60a II 3 ist die **Beschäftigungsduldung** § 60d durch das zum 1.1.2020 in Kraft getretene Gesetz über Duldung bei Ausbildung und Beschäftigung vom 8.7.2019[2] **(DuldG 2019)** in das AufenthG aufgenommen worden. Sie gilt nur für geduldete Ausländer, die **vor dem 1.8.2018** ins Bundesgebiet **eingereist** sind. Dieser Stichtag ist auf Empfehlung des Innenausschusses des Bundestags Gesetz geworden[3]. § 60d beruht auf dem Gesetzentwurf der Bundesregierung vom 13.3.2019[4] in der Gestalt, die dieser Entwurf durch die Beschlussempfehlungen des Ausschusses für Inneres und Heimat des Bundestags vom 5.6.2019[5] erhalten hat.

II. Normstruktur und Unionsrecht

2 Die **Gesetzgebungskompetenz** des Bundes für § 60d folgt aus Art. 74 I Nr. 4 iVm Art. 72 II GG. Die **Regelungszwecke** des neuen § 60d beschreibt die Gesetzesbegründung[6] wie folgt: Die bisherige Regelung der Beschäftigungsduldung nach § 60a II 4 wird als **Unterfall der Duldung** aus persönlichen Gründen **(§ 60a II 3)**[7] in eine eigene Norm – § 60c – überführt. Während über den Grundfall der Duldung aus persönlichen Gründen nach **§ 60a II 3** nach **pflichtgemäßem Ermessen** zu entscheiden ist, haben Ausländer nach **§ 60d I 1** – wenn sie die anspruchsvollen tatbestandlichen Voraussetzungen erfüllen – einen individuellen **Rechtsanspruch auf Erteilung der Beschäftigungsduldung**.

3 Die Beschäftigungsduldung steht allein ausreisepflichtigen **Ausländern** offen, **die sozialversicherungspflichtig beschäftigt** sind. **Selbstständigen** und Freiberuflern darf sie **nicht erteilt** werden. Dies dürfte vor dem gesetzlichen Ziel, geduldete Ausländer, die bereits längerfristig sozialversicherungspflichtig beschäftigt sind, nachhaltig in den Arbeitsmarkt zu integrieren (sachlicher Grund), nicht als rechtswidrige Ungleichbehandlung gegenüber Selbständigen nach Art. 3 I GG zu beurteilen sein.

4 Gleichzeitig konkretisiert § 60d wesentliche Voraussetzungen der Beschäftigungsduldung gesetzlich, mit dem **Ziel**, eine **bundeseinheitliche Anwendungspraxis** zu erreichen. § 60d definiert Kriterien, die **vor dem 1.8.2018 ins Bundesgebiet eingereiste ausreisepflichtige Ausländer,** die durch ihre sozialversicherungspflichtige Erwerbstätigkeit ihren Lebensunterhalt am 1.1.2020 (§ 60d I Nr. 1a) oder bis zum 30.6.2020 (§ 60d I Nr. 1b und Nr. 1c) sichern und gut integriert sind, eine Duldung für weitere 30 Monate verschaffen. Zugleich eröffnet diese Beschäftigungsduldung perspektivisch das Hineinwachsen in einen echten **Aufenthaltstitel nach § 25b VI,** einen Unterfall der Aufenthaltsgewährung bei nachhaltiger Integration.

5 Die **Beschäftigungsduldung** nach § 60d kommt **nur für nach § 60a II geduldete Ausländer** in Betracht. Sie setzt die vollziehbare Ausreisepflicht des Ausländers (§ 58 I 1, § 60a III) voraus[8] und steht damit gesetzessystematisch unter dem Vorrang und Vorbehalt der alsbaldigen Aufenthaltsbeendigung. Auch die Beschäftigungsduldung steht damit zentral im Spannungsfeld zwischen Aufenthaltsbeendigung und Aufenthaltsverfestigung oder im Zielkonflikt zwischen Migrationssteuerung und Integrationsförderung[9]. Für die Erteilung einer Beschäftigungsduldung ist deshalb kein Raum mehr, wenn zum Zeitpunkt der Antragstellung der Duldungsgrund, welcher der Durchsetzung seiner Ausreisepflicht entgegenstand, bereits weggefallen war und Maßnahmen zur Vorbereitung seiner Abschiebung von der zuständigen Behörde bereits eingeleitet worden waren[10].

6 Der Gesetzgeber hat die Beschäftigungsduldung durch Schaffung des **§ 60d einerseits** aufgewertet und so einen **„verkappten Aufenthaltstitel"**[11] geschaffen, der **sonstige (einfache) Beschäftigungen** jenseits der qualifizierter Ausbildungsberufe oder Assistenzberufe umfasst. **Andererseits** hat er die Beschäftigungsduldung **auf Ausländer begrenzt, die vor dem Stichtag des 1.8.2018 ins Bundes-

---

[1] BT-Drs. 15/420.
[2] BGBl. 2019 I S. 1021.
[3] BT-Drs. 19/10707 (neu), 6.
[4] BT-Drs. 19/8286.
[5] BT-Drs. 19/10707 (neu).
[6] BT-Drs. 19/8286, 11.
[7] Zutr. SaarlOVG Beschl. v. 14.4.2021 – 2 B 54/21, BeckRS 2021, 8592.
[8] *Kluth* in BeckOK AuslR, 16 Ed., AufenthG § 60a Rn. 6; *Haedicke* in HTK-AuslR AufenthG § 60a Allgemein 8/2016 Nr. 2.
[9] Dazu instruktiv am Beispiel des IntegrationsG 2016 *Thym* ZAR 2016, 241 (243 f.).
[10] SaarlOVG Beschl. v. 14.4.2021 – 2 B 54/21, BeckRS 2021, 8592.
[11] *Thym*, Aktuelle Einwanderungsgesetzgebung, 2019, S. 11. *Röder* in BeckOK MigR, Stand 1.3.2019, AufenthG § 60a Rn. 96 spricht von einem „Aufenthaltsrecht im Duldungsgewand".

gebiet eingereist sind. Zudem **tritt § 60d** nach Art. 3 DuldG 2019[12] **am 31.12.2023 automatisch außer Kraft.** Stichtag und zeitliche Befristung garantieren, dass von der Beschäftigungsduldung nur diejenigen erfasst werden, die sich bereits im Bundesgebiet aufhalten. Damit ist die Beschäftigungsduldung auf „Altfälle" beschränkt. Die Vorschrift darf auf Ausländer, die gegenwärtig oder künftig ins Bundesgebiet einreisen, nicht angewendet werden. Damit kommt ihr der **Charakter einer Übergangsregelung** zu, mit dem Ziel, bereits gut in den Arbeitsmarkt integrierte Ausländer mit bloßem Duldungsstatus perspektivisch in ein sicheres Bleiberecht zu überführen.

Normsystematisch und dogmatisch ist die **Zwitterstruktur** des als Duldung verorteten Aufenthaltsstatus in **§ 60d** ebenso zu kritisieren wie bei § 60c und § 60a II. Aufenthaltsrechtlich ist die Duldung, als bloß vorübergehende **Aussetzung der Abschiebung** verortet (§ 60a III), allein eine Maßnahme des Vollstreckungsrechts. **Formal** vermittelt auch die Beschäftigungsduldung nach § 60d nicht mehr als eine zeitlich allerdings **längerfristig angelegte Aussetzung der Abschiebung.** Immerhin ist sie in der Sache das Produkt eines fairen und transparenten Verfahrens, das den vollziehbar ausreisepflichtigen Ausländer vor der Strafbarkeit seines Aufenthalts im Bundesgebiet schützt[13]. Zugleich verschafft die Beschäftigungsduldung den Betrieben für die Zeit der Beschäftigung und für einen begrenzten Zeitraum danach Rechtssicherheit, da die Abschiebung des geduldeten Arbeitnehmers während dieser Zeit zuverlässig ausgesetzt ist. 7

Materiell-rechtlich verschafft die Beschäftigungsduldung nach § 60d dem Ausländer die Voraussetzungen für den Erwerb eines befristeten Aufenthaltstitels nach § 25b VI zur Aufenthaltsgewährung bei nachhaltiger Integration. Damit durchbricht sie für die Ausländer, die vor dem 1.8.2018 ins Bundesgebiet eingereist sind, den formell an sich allein auf Aussetzung der Vollstreckung angelegten Duldungshorizont. Sie erstarkt damit zu einem **verfestigten Aufenthaltsstatus,** den man ein befristetes **„Aufenthaltsrecht light"** nennen kann. 8

Ob § 60d mit **Unionsrecht** zu vereinbaren ist, ist eine offene Frage. Es gilt das bereits zu § 60b Ausgeführte. Die Rückführungs-RL unterscheidet grundsätzlich nur zwischen erlaubtem und unerlaubtem Aufenthalt. Im ersten Fall ist eine Aufenthaltserlaubnis zu erteilen, im Letzteren ist die Ausreisepflicht zu vollstrecken. Allerdings bestimmt **Art. 6 IV 1 Rückführungs-RL,** dass die Mitgliedstaaten „jederzeit beschließen" können, „illegal ... aufhältigen (Personen) wegen Vorliegen eines Härtefalls oder aus humanitären oder sonstigen Gründen einen eigenen Aufenthaltstitel oder eine sonstige Aufenthaltsberechtigung" erteilen. Die Beschäftigungsduldung nach § 60c könnte danach unionsrechtlich als „sonstige Aufenthaltsberechtigung" iSd Art. 6 IV 1 Rückführungs-RL zu verstehen sein. Wäre dem so, würde die Erteilung einer Ausbildungsduldung kraft des Anwendungsvorrangs des Unionsrechts die Ausreisepflicht aufheben. 9

Dagegen sprechen die Erwägungsgründe 6 und 12, 13 und 16 der Rückführungs-RL sowie die Rspr. des **EuGH** im **Fall Mahdi**[14] aus dem Jahr 2014. Dort heißt es, dass Art. 6 IV Rückführungs-RL es den Mitgliedstaaten erlaubt, illegal in ihrem Hoheitsgebiet aufhältigen Drittstaatsangehörigen wegen des Vorliegens eines Härtefalls oder aus humanitären oder sonstigen Gründen einen eigenen Aufenthaltstitel oder eine sonstige Aufenthaltsberechtigung zu erteilen. Der 12. Erwägungsgrund der RL wiederum sieht vor, dass die Mitgliedstaaten Drittstaatsangehörigen, die sich unrechtmäßig im Land aufhalten, aber noch nicht abgeschoben werden können, eine schriftliche Bestätigung ihrer Situation ausstellen sollten. Hinsichtlich der Gestaltung und des Formats der schriftlichen Bestätigung verfügen die Mitgliedstaaten nach der Rspr. des EuGH[15] über einen breiten Ermessensspielraum. 10

Deshalb gibt es gute Argumente dafür, auch die **Beschäftigungsduldung** nach § 60d **unionsrechtlich als schriftliche Bestätigung der Duldungssituation** des ausreisepflichtigen Ausländers zu deuten. Denn hinsichtlich dieses Formats verfügt die Bundesrepublik Deutschland über den erforderlichen Ermessensspielraum. Darüber hinaus gewährleistet die Bundesrepublik Deutschland mit der Duldung nach § 60a und ihrem Spezialfall „Beschäftigungsduldung" in § 60d, dass der illegale Aufenthalt von Ausländern im Wege eines fairen und transparenten Verfahrens beendet wird (6. Erwägungsgrund der Rückführungs-RL). Schließlich entsprechen die Duldungsformen dem in den Erwägungsgründen 13. und 16. Rückführungs-RL angesprochenen Grundsatz der Verhältnismäßigkeit. 11

III. Berechtigte und Anspruchsvoraussetzungen (Abs. 1 und Abs. 2)

Persönlich differenziert Abs. 1 S. 1 zwischen dem **ausreisepflichtigen Ausländer und** seinem **Ehegatten oder Lebenspartner.** Liegen die tatbestandlichen Voraussetzungen nach Abs. 1 S. 1 Nr. 1–10 vor – die ein recht anspruchsvolles Prüfprogramm beinhalten[16] –, haben beide einen **unteil-** 12

---

[12] BGBl. 2019 I S. 1024.
[13] Die Duldung schließt die Strafbarkeit illegalen Aufenthalts aus; vgl. näher → § 95 Rn. 46.
[14] EuGH Urt. v. 5.6.2014 – C-146/14, ZAR 2014, 296.
[15] EuGH Urt. v. 28.4.2011 – C 61/11 PPU, NJOZ 2012, 837 und Urt. v. 6.12.2011 – C-329/11, BeckRS 2011, 81777 – Achughbabian.
[16] Der Paritätische Gesamtverband weist in seiner Stellungnahme im Gesetzgebungsverfahren zu DuldG 2019 – BT-Ausschuss-Drs. 19(4)287 D – v. 29.5.2019, S. 19 zutreffend darauf hin, dass die restriktiven Erteilungsvoraus-

baren **Rechtsanspruch auf Erteilung** der Beschäftigungsduldung. Die Beschäftigungsduldung kann nicht für einzelne Familienmitglieder erteilt werden, wenn die Voraussetzungen des § 60d, die andere Familienmitglieder erfüllen müssen, nicht vorliegen[17]. Bei der Beschäftigungsduldung handelt es sich um den Unterfall einer Duldung nach § 60a II 3, die für die Dauer von 30 Monaten erteilt wird. Systematisch abweichend von § 60c, der in seinem Abs. 1 die Erteilungsvoraussetzungen und in Abs. 2 die Ausschlussgründe benennt, werden in § 60d I unter zehn Nummern nur positive Erteilungsvoraussetzungen benannt, die freilich in der Sache die Ausschlussgründe in sich tragen.

13 Die Beschäftigungsduldung wird nach **Abs. 1 Nr. 1** erst erteilt, wenn die **Identität des ausreisepflichtigen Ausländers und die Identität seines Ehegatten oder Lebenspartners geklärt** sind. Es handelt sich um einen Unterfall der Verletzung von Mitwirkungspflichten durch den Ausländer (§ 60a VI 1 Nr. 2 und S. 2). Identität und Staatsangehörigkeit werden in der Regel durch den Besitz eines gültigen Passes nachgewiesen. Andere geeignete Mittel sind insbesondere andere Lichtbildausweise mit biometrischen Merkmalen und Angaben zur Person. Identität bezieht sich auf das, was den Menschen von anderen Menschen unterscheidet und ihn so zu einer individuellen Persönlichkeit macht; Identität ist zugleich Voraussetzung für Individualität.

14 Die **Identität** muss der Ausländer je nach Einreisezeitpunkt und dem Beginn der Beschäftigungsaufnahme zu in unter **lit. a-c** genannten **Stichtagen** nachgewiesen haben. Danach muss für die Erteilung der Beschäftigungsduldung spätestens **sechs Monate nach der Einreise** in das Bundesgebiet die Identität geklärt sein. Die Frist gilt als gewahrt, wenn der Ausländer und sein Ehegatte oder Lebenspartner jeweils bis zu den in lit. a-c genannten Stichtagen alle erforderlichen und **ihnen zumutbaren Maßnahmen** zur Identitätsklärung ergriffen haben und die Identitäten erst nach dieser Frist geklärt werden können, ohne dass sie dies zu vertreten haben[18]. Die Regelung entspricht im Übrigen dem Ausschlusstatbestand gem. § 60c II Nr. 3[19].

15 Die Erteilung einer Beschäftigungsduldung setzt nach **Abs. 1 Nr. 2** weiter voraus, dass der ausreisepflichtige Ausländer seit **mindestens zwölf Monaten im Besitz einer Duldung** nach § 60a ist. Die **zwölfmonatige Vorduldungszeit** bezweckt, den grundsätzlichen Vorrang der Aufenthaltsbeendigung des vollziehbar ausreisepflichtigen Ausländers durch freiwillige Ausreise oder Abschiebung (§ 58 I 1) zu gewährleisten. Nur wer innerhalb von zwölf Monaten nicht ausreisen und nicht zwangsweise rückgeführt werden kann, ist nach Abs. 1 Nr. 2 berechtigt[20]. Ausgeschlossen wegen Erfüllung der Vorduldungszeit ist mithin, zB eine Beschäftigungsduldung in unmittelbarem zeitlichem Anschluss an einen ablehnenden Asylbescheid zu erteilen. Eine Aufenthaltsgestattung nach § 55 AsylG ist keine Duldung und einer solchen auch nicht gleichzusetzen[21]. Bezugszeitpunkt ist der Tag der Erteilung der Beschäftigungserlaubnis. Gem. § 60d III 2 sind kurzzeitige Unterbrechungen im Duldungszeitraum nach Abs. 1 Nr. 2, die der Ausländer nicht zu vertreten hat, unschädlich.

16 Ausbildungs- und Beschäftigungsduldung unterscheiden sich in der **Dauer der Vorduldungszeit**. Während die Ausbildungsduldung nach **§ 60c II Nr. 2** die Vorduldungszeit – während derer die Rückführung des ausreisepflichtigen Ausländers organisiert werden kann – zugunsten des auszubildenden Ausländers auf **drei Monate** beschränkt, erstreckt sich die Vorduldungszeit bei der Beschäftigungsduldung nach **§ 60d I Nr. 2** auf immerhin **zwölf Monate.** Auch dies zeigt, dass der Gesetzgeber der Integration bei nach § 60c Vorrang gegenüber derjenigen nach § 60d gibt.

17 Weitere – zentrale – Voraussetzung für die Erteilung einer Beschäftigungsduldung gem. **Abs. 1 Nr. 3** ist, dass der ausreisepflichtige Ausländer **seit mindestens 18 Monaten eine sozialversicherungspflichtige Beschäftigung ausübt (Vorbeschäftigungszeit).** Die Beschäftigungszeit muss grundsätzlich eine regelmäßige Arbeitszeit **vom mindestens 35 Stunden pro Woche** betragen. Der Ausnahmetatbestand des § 25b III ist mangels planwidriger Lücke nicht auf Beschäftigungsverhältnisse nach Abs. 1 Nr. 3 übertragbar[22]. Bei **Alleinerziehenden** ermäßigt sich die regelmäßige Arbeitszeit auf wöchentlich mindestens **20 Stunden.** Damit stellt der Gesetzgeber eine **nachhaltige Integration der Ausländer in den Arbeitsmarkt** sicher. Für erst kurzzeitige Beschäftigte und Beschäftigte mit geringerer Arbeitszeit ist die Erteilung einer Beschäftigungsduldung ausgeschlossen. Anders als bei § 60c werden nach § 60d keine Anforderungen an die Qualität und die Art der sozialversicherungspflichtigen Beschäftigung gestellt. Einfache Hilfstätigkeiten genügen, soweit ein sozialversicherungspflichtiges Beschäftigungsverhältnis besteht. Strukturell vergleichbar ist die Beschäftigungsduldung des-

---

setzungen des § 60c I Nr. 1–10 in der Praxis dazu führen werden, dass nur relativ wenigen Personen Beschäftigungsduldungen zu erteilen sein werden. Dies ist aber Folge des gesetzlichen Vorrangs der Rückführung vollziehbar ausreisepflichtiger Ausländer vor deren Integration in den Arbeitsmarkt. Außerdem könnte eine großzügigere Regelung in § 60d zu den im Hinblick auf die Voraufenthaltsdauer restriktiveren Aufenthaltstitel, etwa nach § 25b, in schädliche Konkurrenz treten.

[17] BT-Drs. 19/8286, 17.
[18] Vgl. zB SächsOVG Beschl. v. 3.6.2021 – 2 B 164/21, BeckRS 2021, 18759.
[19] Näher → § 60c Rn. 31–35.
[20] BT-Drs. 19/8286, 17.
[21] VGH BW Beschl. v. 14.1.2020 – 11 S 2956/19, BeckRS 2020, 344.
[22] Zutr. VG Sigmaringen Beschl. v. 6.10.2020 – 3 K 2739/20, BeckRS 2020, 28190.

halb den §§ 25b, 104a. Abweichend von §§ 25b, 104a greift die Bleiberechtsregelung nach § 60d im Idealfall bereits nach 30 Monaten und nicht erst nach sechs oder acht Jahren Voraufenthaltszeit.

Keine sozialversicherungspflichtige Beschäftigung iSv § 60d I Nr. 3 sind Maßnahmen der **beruflichen Einstiegsqualifizierung** nach § 54a SGB III auch dann, wenn sie in Vollzeit oder bei Alleinerziehenden in einer Teilzeitbeschäftigung von mindestens 20 Wochenstunden absolviert werden[23]. Denn solche Beschäftigungen dienen nach § 54a I 3 und II Nr. 1 und Nr. 2 der Vorbereitung auf eine qualifizierte Berufsausbildung in einem staatlich anerkannten oder vergleichbar geregelten Ausbildungsberuf nach dem BBiG.

Gem. **§ 60d III 2** bleiben **kurzfristige Unterbrechungen** der 18-monatigen Vorbeschäftigungszeit nach **Abs. 1 Nr. 3,** die der Ausländer nicht zu vertreten hat, unberücksichtigt. An einer Legaldefinition der „kurzfristigen Unterbrechung" fehlt es. Im Hinblick auf den Bezugszeitraum von 18 Monaten wird man als kurzfristig nur Unterbrechungen mit einer Gesamtdauer von wenigen Wochen beurteilen können. Am Ende ist auch hier wieder eine Einzelfallrechtsprechung zu erwarten. Zu den kurzfristigen Unterbrechungen dürften nach dem Regelungszweck der Norm auch **Zeiten gesetzlicher Arbeitsverbote** – etwa Mutterschutzzeiten – zu rechnen sein. Denn solche Unterbrechungen der Vorbeschäftigungszeit sind von betroffenen Ausländern generell nicht zu vertreten. Lehnte man dies ab, müssten Zeiten gesetzlicher Arbeitsverbote nach § 60a II 3 beurteilt werden. Abs. 3 S. 2, wonach kurzfristige Unterbrechungen, die der Ausländer nicht zu vertreten hat, unberücksichtigt bleiben, greift nur für Abs. 1 Nr. 3 und 4, nicht aber für Abs. 1 Nr. 2[24]. Denn nach dem Wortlaut bezieht sich Abs. 3 S. 2 allein auf die Fälle des Abs. 1 Nr. 3 und 4 und damit auf die Zeiträume der Ausübung einer sozialversicherungspflichtigen Tätigkeit und der Sicherung des Lebensunterhalts durch ebendiese Beschäftigung – aber gerade nicht auf den notwendigen Duldungszeitraum nach Abs. 1 Nr. 2.

Weiter setzt die Erteilung einer Beschäftigungsduldung nach **Abs. 1 Nr. 4** voraus, dass der **Lebensunterhalt des ausreisepflichtigen Ausländers** innerhalb der letzten zwölf Monate vor Beantragung der Beschäftigungsduldung **durch** seine **Beschäftigung gesichert** war. Die Vorbeschäftigung muss während ihrer letzten zwölf Monate für die Sicherung des Lebensunterhalts kausal gewesen sein. Andere Einkünfte – etwa aus Vermietung und Verpachtung oder Vermögen – sowie sonstiges Vermögen haben außer Betracht zu bleiben. Allein der Ausländer selbst muss aus seiner Beschäftigung in der Vergangenheit seinen Lebensunterhalt habe decken können. Für die weiteren Angehörigen der Bedarfsgemeinschaft – minderjährige Kinder, Ehegatte, Lebenspartner – gilt das nicht. Haben Letztere Leistungen der Grundsicherung oder andere Sozialleistungen bezogen, ist dies für die Erteilung der Beschäftigungsduldung an den ausreisepflichtigen Ausländer und seine Angehörigen ohne Relevanz[25].

Abs. 1 Nr. 5 erstreckt das Merkmal der Sicherung des **Lebensunterhalts des ausreisepflichtigen Ausländers** aus seiner Beschäftigung auf den **Zeitpunkt der Erteilung der Beschäftigungsduldung.** Nicht nur in der Vergangenheit muss der Ausländer in der Lage gewesen sein, sich durch die von ihm verrichtete sozialversicherungspflichtige Beschäftigung selbst zu erhalten, sondern auch in Gegenwart und Zukunft. Unschädlich ist es aber auch hier – wie bei Nr. 4 –, wenn das Beschäftigungseinkommen nicht zugleich auch den Lebensunterhalt der in familiärer Lebensgemeinschaft zusammenlebenden Angehörigen der Kernfamilie – minderjährige Kinder, Ehegatte, Lebenspartner – voll oder auch nur teilweise sichert.

Der vorgeduldete ausreisepflichtige Ausländer muss nach **Abs. 1 Nr. 6** weiter über hinreichende mündliche **Kenntnisse der deutschen Sprache** (nach **§ 2 X** auf dem **Niveau A2**) verfügen. Entscheidend ist allein, dass der Ausländer diese Sprachkenntnisse nachweist. Es kommt hier allein auf seine tatsächliche gute Integration im Bundesgebiet an, auch wenn er zuvor keinen Zugang zu einem Integrationskurs (§ 43) hatte[26]. Auf die Sprachkenntnisse seiner mit ihm in familiärer Lebensgemeinschaft lebenden Angehörigen – Kinder, Ehegatte, Lebenspartner – kommt es nicht an.

Abs. 1 Nr. 7 schließt die Erteilung einer Beschäftigungsduldung aus, wenn der ausreisepflichtige Ausländer oder sein Ehegatte oder sein Lebenspartner im Bundesgebiet wegen einer begangenen **vorsätzlichen Straftat** verurteilt wurde, sofern es sich nicht um eine Straftat (nach dem AufenthG oder AsylG) handelt, die nur von Ausländern begangen werden kann. Auf das konkrete Strafmaß kommt es dabei nicht an[27]. Straffälligkeit allein des Ehegatten oder Lebenspartners steht also einer Erteilung der Beschäftigungsduldung an den ausreisepflichtigen Ausländer entgegen. Dies ist gesetzessystematisch im Hinblick auf die Unteilbarkeit der Beschäftigungsduldung (→ Rn. 12) schlüssig und vom Gesetzeszweck – Aufenthaltsgewährung nur bei allseits gelungener Integration der von der Duldung Begünstigten in die Rechts- und Gesellschaftsordnung der Bundesrepublik Deutschland – verständlich. Da es sich bei der Beschäftigungsduldung – anders als etwa bei der Ausweisung – um einen den ausreisepflichtigen Ausländer begünstigenden Verwaltungsakt handelt, steht dem auch der Grundsatz der Verhältnismäßigkeit nicht entgegen.

---

[23] OVG NRW Beschl. v. 8.9.2017 – 18 B 1075/17, BeckRS 2017, 124775.
[24] VG Mainz Beschl. v. 1.4.2020 – 4 L 69/20.MZ, BeckRS 2020, 6573.
[25] BT-Drs. 19/8286, 17.
[26] BT-Drs. 19/8286, 17 f.
[27] NdsOVG Beschl. v. 26.10.2021 – 8 LA 94/21, BeckRS 2021, 32885.

1 AufenthG § 60d

24 Der ausreisepflichtige vorgeduldete Ausländer, sein Ehegatte oder sein Lebenspartner dürfen ferner **keine Bezüge zu extremistischen oder terroristischen Organisationen** haben und diese auch nicht unterstützen **(Abs. 1 Nr. 8).** Der Ausschlusstatbestand ist dem wortlautgleichen § 18a I Nr. 6 aF (ab 1.3.2020: § 19d I Nr. 6) nachgebildet[28].

25 **Abs. 1 Nr. 9,** der erst auf die Beschlussempfehlung des Innenausschusses des Bundestags[29] ins Gesetz eingefügt wurde, bestimmt, dass, soweit **bei Beantragung der Beschäftigungsduldung** eine **Ausweisungsverfügung** oder eine **Abschiebungsanordnung nach § 58a** vorliegt, diese die Erteilung einer Beschäftigungsduldung ausschließen. Damit wird gewährleistet, dass in den genannten Fällen eine Aufenthaltsbeendigung nicht an einem Anspruch auf Erteilung einer Beschäftigungsduldung scheitern kann. Es gilt insoweit der Vorrang der Aufenthaltsbeendigung des ausreisepflichtigen Ausländers, der sich nicht integriert hat, vor seiner Beschäftigung im Inland. Fälle, bei denen die Ausweisung oder Abschiebungsanordnung nach § 58a erst während der Laufzeit einer Beschäftigungsduldung erfolgt, werden von den Widerrufsgründen von § 60d III 1 umfasst.

26 Nach **Abs. 1 Nr. 10 Var. 1** muss für die in familiärer Lebensgemeinschaft mit dem Ausländer lebenden minderjährigen **Kinder im schulpflichtigen Alter** deren **tatsächlicher Schulbesuch nachgewiesen** werden. Minderjährige Kinder im Sinne der Norm sind alle im Haushalt des Ausländers lebenden Kinder, also etwa leibliche Kinder, Adoptivkinder, Stiefkinder, in Pflege genommene Kinder. Das Erfordernis des Nachweises des tatsächlichen Schulbesuchs entspricht § 25b I 2 Nr. 5[30] und ist für eine nachhaltige Integration von zentraler Bedeutung. Tatsächlicher Schulbesuch liegt auch vor, wenn die Kinder aus gesundheitlichen Gründen am Schulbesuch gehindert sind. Einzelne – auch unentschuldigte Fehltage – sind als kurzfristige Unterbrechungen außer Acht zu lassen (§ 60d III 2).

27 Darüber hinaus verlangt **Abs. 1 Nr. 10 Var. 2,** dass **bei den Kindern kein Ausweisungsinteresse** iSv § 54 II Nr. 1–2 vorliegt und sie **nicht** wegen einer vorsätzlichen Straftat **nach § 29 I 1 Nr. 1 BtMG rechtskräftig verurteilt** worden sind. Darin eine Sippenhaft zu sehen[31] trifft nicht zu. Der vorgeduldete Ausländer wird dadurch nicht unter Verletzung des Schuldprinzips für das strafrechtliche Fehlverhalten seiner Kinder in Mithaftung genommen. Aufgrund der Einheit der Beschäftigungsduldung für alle Mitglieder der familiären Lebensgemeinschaft der Kernfamilie des Ausländers müssen sämtliche Mitglieder die Anspruchsvoraussetzungen des § 60d I erfüllen. Ein „Rosinenpicken" – etwa die Inanspruchnahme der für die Familienmitglieder des Ausländers günstigen Abs. 1 Nr. 5 und Nr. 6 – unter Ablehnung der sich aus Abs. 1 Nr. 7–9 ergebenden Pflichten ist ausgeschlossen. Im Übrigen trägt auch Abs. 1 Nr. 10 Var. 2 dem Ausdruck nachhaltiger Integration Rechnung. Eine solche ist bei Straftaten der in §§ 54 II Nr. 1–2 normierten Art – nicht darunter fallen leichte Straftaten, wie etwa die Leistungserschleichung durch das „Schwarzfahren" (§ 265a StGB) oder der einmalige einfache Ladendiebstahl (§ 242 StGB) – nicht nachgewiesen.

28 Schließlich verlangt **Abs. 1 Nr. 10,** dass der ausreisepflichtige Ausländer und sein Ehegatte oder sein Lebenspartner einen **Integrationskurs (§ 43) erfolgreich abgeschlossen** haben oder den Abbruch nicht zu vertreten haben. Diese Voraussetzung steht unter dem Vorbehalt, dass sie zu einer Teilnahme verpflichtet wurden und ein Kursplatz auch tatsächlich zur Verfügung stand[32]. Auch dieses Tatbestandsmerkmal dient dem Nachweis der zum Zeitpunkt der Erteilung der Beschäftigungsduldung nach § 60d bereits fortgeschrittenen Integration in die Gesellschaft der Bundesrepublik Deutschland. Es verlangt nichts Unmögliches, da die Nichtteilnahme oder der Abbruch an einem angeordneten Kurs nur im Fall des Vertretenmüssens nachteilig wirkt. Angehörige, die etwa aus körperlichen, psychischen oder geistigen Gründen an einem solchen Kurs nicht teilnehmen können, haben dies auch nicht zu vertreten.

29 § 60d II ergänzt Abs. 1 der Vorschrift, indem er den **Rechtsanspruch auf Erteilung der Beschäftigungsduldung** über den ausreisepflichtigen Ausländer und dessen Ehegatten oder Lebenspartner auf die in familiärer Lebensgemeinschaft mit ihm lebenden **minderjährigen ledigen Kinder** erstreckt. Dies entspricht dem **Strukturprinzip** der Beschäftigungsduldung als **unteilbarer Duldung für die tatsächlich gelebte Kernfamilie des ausreisepflichtigen Ausländers.** Ist dem Ausländer die Beschäftigungsduldung erteilt, ist auch den mit ihm lebenden Angehörigen der Kernfamilie diese zu erteilen. Der Duldungszeitraum der Beschäftigungsduldung von ausreisepflichtigen Ausländern, Ehegatten oder Lebenspartner und Kindern hat gleich lang zu sein.

IV. Ende der Beschäftigungsduldung (Abs. 3)

30 Regulär endet die Beschäftigungsduldung nach Ablauf ihrer Geltungsdauer, die nach Abs. 1 auf **30 Monate** ausgelegt ist. Gem. **§ 60d III 1** muss die Ausländerbehörde die Duldung aber **widerrufen, wenn** eine der in Abs. 1 Nr. 1–10 genannten Voraussetzungen nicht mehr erfüllt ist. Praktisch

---

[28] → § 19d Rn. 25–28 und zu § 58a → Rn. 23–36.
[29] BT-Drs. 19/19707 (neu), 6, 12.
[30] → § 25b Rn. 29.
[31] So die Stellungnahme von ProAsyl im Gesetzgebungsverfahren zum DuldG 2019 – BT-Ausschuss-Drs. 19(4) 287 F – vom 30.5.2019, S. 25.
[32] BT-Drs. 19/8286, 18.

werden kann dies – neben dem Fall der **Arbeitslosigkeit** des ausreisepflichtigen Ausländers (Nr. 5) – vor allem in Fällen der **Straffälligkeit** nach den Nr. 7 und 9 Var. 2 oder der Gefährdung nach Nr. 8. Denn Sprachkenntnisse (Nr. 6) gehen eher selten verloren und Kinder im schulpflichtigen Alter besuchen in der Regel auch tatsächlich die Schule (Nr. 9 Var. 1). Arbeitslosigkeit führt – anders als bei der Ausbildungsduldung nach § 60c I – zum sofortigen Widerruf. Die zweite Chance auf eine Beschäftigung bei einem anderen Arbeitgeber ist dem Beschäftigungsgeduldeten anders als dem Ausbildungsgeduldeten nicht eingeräumt. Mit dem Widerruf lebt die sofort vollziehbare Ausreisepflicht des Ausländers wieder auf. Die Erteilung einer Duldung nach § 60a II 3 bleibt möglich, in der Rechtsfolge steht sie mit pflichtgemäßem Ermessen der Ausländerbehörde.

Der **Wegfall des Ausreisehindernisses** als solches **rechtfertigt** den **Widerruf** der einmal erteilten 31 Beschäftigungsduldung nach § 60d III 1 **nicht**[33]. Jenseits der in § 60d I Nr. 1–10 benannten Merkmale sind der Beschäftigungsgeduldete und die mit ihm in familiärer Lebensgemeinschaft lebende Kernfamilie vor einem Widerruf der Beschäftigungsduldung geschützt. Sie dürfen darauf vertrauen, während der 30 Monate nicht abgeschoben zu werden.

§ 60d III 2 bestimmt, das **kurzfristige Unterbrechungen** in Vor- und Duldungszeiträumen nach 32 Abs. 1 Nr. 3 und 4 unberücksichtigt bleiben, wenn der Ausländer sie nicht zu vertreten hat. Die Norm definiert den unbestimmten Rechtsbegriff der Kurzfristigkeit nicht legal. In Anbetracht der betroffenen Gesamtzeiträume von nur achtzehn Monaten (Nr. 3) oder zwölf Monaten (Nr. 4) wird die Kurzfristigkeit einer Unterbrechung in der Regel einige Wochen nicht überschreiten dürfen. Es ist eine am Einzelfall orientierte Kausistik zu erwarten. Gesetzliche Schutzfristen, während derer die aktive Ausübung einer sozialversicherungspflichtigen Beschäftigung untersagt ist – etwa Mutterschutzfristen –, sind nach Sinn und Zweck kurzfristigen Unterbrechungen gleichzustellen oder nach § 60a II 3 zu berücksichtigen.

Das **Ende des Beschäftigungsverhältnisses** ist der Ausländerbehörde **vom Arbeitgeber** des 33 Ausländers **mitzuteilen (§ 60d III 3)**. Dazu hat der Arbeitgeber den Zeitpunkt des Beschäftigungsendes, den Namen, Vornamen und die Staatsangehörigkeit des Ausländers der Ausländerbehörde schriftlich oder elektronisch anzuzeigen. Dafür setzt ihm das Gesetz eine Frist von zwei Wochen ab seiner Kenntnis vom Ende des Beschäftigungsverhältnisses. Diese Frist ist um eine Woche länger als diejenige, die das Gesetz für Ausbildungseinrichtungen im Fall der vorzeitigen Beendigung oder des Abbruchs eines Ausbildungsverhältnisses nach § 60c V 1 gewährt. Neben dem Arbeitgeber ist auch der **Ausländer** selbst zur **Mitteilung des Beschäftigungsendes gegenüber der Ausländerbehörde verpflichtet (§ 60d III 4 iVm § 82 VI)**.

V. Duldung des kooperativen Ausländers (Abs. 4)

§ 60d V hilft – entsprechend der Parallelregelung zur Ausbildungsduldung in § 60c VII – demjeni- 34 gen Ausländer, bei dem die **Klärung der Identität nicht herbeigeführt** werden konnte, obwohl er alle erforderlichen und zumutbaren Maßnahmen für die Identitätsklärung ergriffen hat (**kooperativer Ausländer**). In diesen Fällen besteht zwar kein Anspruch auf Erteilung der Beschäftigungsduldung. Die Erteilung der Beschäftigungsduldung iSd Abs. 1 S. 1 ist aber nach pflichtgemäßer Ausübung des Ermessens der Ausländerbehörde möglich.

Für die **Duldung nach Abs. 4** gelten die gleichen besonderen Rechte wie für die Duldung nach 35 Abs. 1. Die Vorschrift **relativiert nicht die dem Ausländer obliegenden zumutbaren Mitwirkungshandlungen** bei der Klärung seiner Identität. Sie kommt allein demjenigen zugute, der aus von ihm nicht zu vertretenden Gründen nicht mehr tun kann, zB weil er vorübergehend bettlägrig erkrankt ist. Dies wird indes bei der hier im Blickpunkt des Interesses stehenden Gruppe der besonders schutzbedürftigen Personen – etwa weil sie sehr krank oder mangels geistiger Fähigkeiten völlig unverständig sind – regelmäßig nicht der Fall sein. Denn diese Personen kommen für eine sozialversicherungspflichtige Beschäftigung von wöchentlich mehr als 20 oder 35 Arbeitsstunden und damit für eine Beschäftigungsduldung in aller Regel mangels Eignung oftmals nicht in Betracht.

VI. § 60a im Übrigen unberührt (Abs. 5)

§ 60d V dient der Gesetzesbegründung[34] nach der **Klarstellung**, dass Duldungen nach § 60a aus 36 anderen tatsächlichen, rechtlichen, dringenden humanitären oder öffentlichen Gründen, etwa wegen Krankheit, oder erheblichen öffentlichen Interessen neben der Beschäftigungsduldung grundsätzlich weiter erteilt werden können. In diesen Fällen kann auch eine Beschäftigungsduldung erteilt werden, wenn kein Versagungsgrund nach § 60a VI vorliegt.

---

[33] BT-Drs. 19/8286, 18.
[34] BT-Drs. 19/8286, 18.

VII. Verwaltungsverfahren und Rechtsschutz

37 Zuständig für die Prüfung von Gründen für die Erteilung einer Beschäftigungsduldung nach § 60d sind die **Ausländerbehörden**. Die örtliche Zuständigkeit richtet sich nach dem jeweiligen Landesrecht[35]. Die Beschäftigungsduldung wird – anders als die allgemeine Duldung nach § 60a II – **auf Antrag** des Ausländers erteilt; sie bedarf der **Schriftform** (§ 77 I 1 Nr. 5).

38 Die Aussetzung der Abschiebung ist angesichts ihrer regelnden Wirkung (vgl. § 35 VwVfG) ebenso ein Verwaltungsakt wie ihre Ablehnung. Da der Widerspruch ausgeschlossen ist (§ 83 II), kann auf Erteilung der Beschäftigungsduldung (Abs. 1) sofort nach der Ablehnung geklagt werden. Statthafte Klageart ist die Verpflichtungsklage (**§ 42 I Var. 2 VwGO**). Der **vorläufige Rechtsschutz** richtet sich nach **§ 123 I 2 VwGO**. Der Ausländer beantragt danach im Wege der RAO, den zuständigen Antragsgegner zu verpflichten, ihm vorläufig – bis zur Entscheidung in der Hauptsache – eine Beschäftigungsduldung entsprechend § 60d I zu erteilen.

39 Maßgebend für die Beurteilung der **Sach- und Rechtslage** ist bei einer Verpflichtungsklage nach § 60d I der **Zeitpunkt der letzten mündlichen Verhandlung** oder Entscheidung in der Tatsacheninstanz[36]. Für die Entscheidung über das Vorliegen eines Anordnungsanspruchs im vorläufigen Rechtsschutzverfahren nach § 123 I VwGO kommt es demnach grundsätzlich auf die Sach- und Rechtslage im Zeitpunkt der gerichtlichen Entscheidung an.

§ 61 Räumliche Beschränkung, Wohnsitzauflage, Ausreiseeinrichtungen

(1) ¹Der Aufenthalt eines vollziehbar ausreisepflichtigen Ausländers ist räumlich auf das Gebiet des Landes beschränkt. ²Von der räumlichen Beschränkung nach Satz 1 kann abgewichen werden, wenn der Ausländer zur Ausübung einer Beschäftigung ohne Prüfung nach § 39 Abs. 2 Satz 1 Nr. 1 berechtigt ist oder wenn dies zum Zwecke des Schulbesuchs, der betrieblichen Aus- und Weiterbildung oder des Studiums an einer staatlichen oder staatlich anerkannten Hochschule oder vergleichbaren Ausbildungseinrichtung erforderlich ist. ³Das Gleiche gilt, wenn dies der Aufrechterhaltung der Familieneinheit dient.

(1a) ¹In den Fällen des § 60a Abs. 2a wird der Aufenthalt auf den Bezirk der zuletzt zuständigen Ausländerbehörde im Inland beschränkt. ²Der Ausländer muss sich nach der Einreise unverzüglich dorthin begeben. ³Ist eine solche Behörde nicht feststellbar, gilt § 15a entsprechend.

(1b) Die räumliche Beschränkung nach den Absätzen 1 und 1a erlischt, wenn sich der Ausländer seit drei Monaten ununterbrochen erlaubt, geduldet oder gestattet im Bundesgebiet aufhält.

(1c) ¹Eine räumliche Beschränkung des Aufenthalts eines vollziehbar ausreisepflichtigen Ausländers kann unabhängig von den Absätzen 1 bis 1b angeordnet werden, wenn

1. der Ausländer wegen einer Straftat, mit Ausnahme solcher Straftaten, deren Tatbestand nur von Ausländern verwirklicht werden kann, rechtskräftig verurteilt worden ist,
2. Tatsachen die Schlussfolgerung rechtfertigen, dass der Ausländer gegen Vorschriften des Betäubungsmittelgesetzes verstoßen hat, oder
3. konkrete Maßnahmen zur Aufenthaltsbeendigung gegen den Ausländer bevorstehen.

²Eine räumliche Beschränkung auf den Bezirk der Ausländerbehörde soll angeordnet werden, wenn der Ausländer die der Abschiebung entgegenstehenden Gründe durch vorsätzlich falsche Angaben oder durch eigene Täuschung über seine Identität oder Staatsangehörigkeit selbst herbeiführt oder zumutbare Anforderungen an die Mitwirkung bei der Beseitigung von Ausreisehindernissen nicht erfüllt.

(1d) ¹Ein vollziehbar ausreisepflichtiger Ausländer, dessen Lebensunterhalt nicht gesichert ist, ist verpflichtet, an einem bestimmten Ort seinen gewöhnlichen Aufenthalt zu nehmen (Wohnsitzauflage). ²Soweit die Ausländerbehörde nichts anderes angeordnet hat, ist das der Wohnort, an dem der Ausländer zum Zeitpunkt der Entscheidung über die vorübergehende Aussetzung der Abschiebung gewohnt hat. ³Die Ausländerbehörde kann die Wohnsitzauflage von Amts wegen oder auf Antrag des Ausländers ändern; hierbei sind die Haushaltsgemeinschaft von Familienangehörigen oder sonstige humanitäre Gründe von vergleichbarem Gewicht zu berücksichtigen. ⁴Der Ausländer kann den durch die Wohnsitzauflage festgelegten Ort ohne Erlaubnis vorübergehend verlassen.

---

[35] In Baden-Württemberg bspw. ist für die Erteilung einer Beschäftigungsduldung nach § 60d I an vollziehbar ausreisepflichtige Ausländer gemäß § 8 III Nr. 1 AAZuVO landesweit das Regierungspräsidium Karlsruhe zuständig, vgl. VGH BW Beschl. v. 22.10.2020 – 11 S 1112/20, BeckRS 2020, 30097.

[36] StRspr BVerwG Urt. v. 18.4.2013 – 10 C 9.12, NVwZ 2013, 1344 = BVerwGE 146, 189, zur Erteilung eines Aufenthaltstitels.

Räumliche Beschränkung, Wohnsitzauflage, Ausreiseeinrichtungen § 61 AufenthG 1

(1e) ¹Auflagen können zur Sicherung und Durchsetzung der vollziehbaren Ausreisepflicht angeordnet werden, wenn konkrete Maßnahmen der Aufenthaltsbeendigung unmittelbar bevorstehen. ²Insbesondere kann ein Ausländer verpflichtet werden, sich einmal wöchentlich oder in einem längeren Intervall bei der für den Aufenthaltsort des Ausländers zuständigen Ausländerbehörde zu melden.

(1f) Weitere Bedingungen und Auflagen können angeordnet werden.

(2) ¹Die Länder können Ausreiseeinrichtungen für vollziehbar ausreisepflichtige Ausländer schaffen. ²In den Ausreiseeinrichtungen soll durch Betreuung und Beratung die Bereitschaft zur freiwilligen Ausreise gefördert und die Erreichbarkeit für Behörden und Gerichte sowie die Durchführung der Ausreise gesichert werden.

Allgemeine Verwaltungsvorschrift
61 Zu § 61 – Räumliche Beschränkung
61.1 Räumliche Beschränkung und Nebenbestimmungen
  61.1.1 § 61 Absatz 1 ermöglicht es, das Untertauchen eines vollziehbar ausreisepflichtigen Ausländers zu erschweren und die Erfüllung der Ausreisepflicht besser zu überwachen. Die Vorschrift orientiert sich an § 56 AsylVfG. Hierdurch sollen vollziehbar Ausreisepflichtige gegenüber Asylbewerbern nicht besser gestellt werden.
  61.1.1.1 Der Aufenthalt des vollziehbar ausreisepflichtigen Ausländers ist kraft Gesetzes auf das Gebiet des Landes beschränkt. Eine engere Beschränkung des Aufenthalts, insbesondere auf den Bezirk der Ausländerbehörde, kann über § 61 Absatz 1 Satz 2 erfolgen. Eine länderübergreifende Änderung der räumlichen Beschränkung – insbesondere wenn diese mit einer Verlegung des Wohnortes verbunden ist – oder eine sonstige Änderung durch eine andere Ausländerbehörde, die die Maßnahme nicht angeordnet hat, ist unbeschadet landesrechtlicher Zuständigkeitsregelungen nur im Einvernehmen mit den beteiligten Ausländerbehörden der betroffenen Länder zulässig. Der Umzug in ein anderes Bundesland darf nur im Einvernehmen mit der Ausländerbehörde des betroffenen Landes ermöglicht werden.
  61.1.1.2 Eine Änderung der räumlichen Beschränkung kann aus dringenden familiären Gründen in Betracht kommen (z. B. Hilfsbedürftigkeit, minderjährige Kinder).
  Vor einer Änderung der räumlichen Beschränkung oder Erteilung einer Duldung aus familiären Gründen ist vorrangig zu prüfen, ob die familiäre Lebensgemeinschaft im Ausland (d. h. insbesondere in einem der Herkunftsstaaten der Ehepartner) hergestellt werden kann. Solange eine Aufenthaltsbeendigung ausschließlich aus Gründen nicht möglich ist, die selbst zu vertreten sind (z. B. Identitätsverschleierung, Verhinderung der Beschaffung von Heimreisedokumenten), ist von einer Änderung der räumlichen Beschränkungen bzw. der Erteilung einer Duldung abzusehen.
  61.1.2 Nach § 61 Absatz 1 Satz 2 liegt die Anordnung weiterer Bedingungen und Auflagen im Ermessen der Behörde. Der Ausländer kann durch Auflage etwa verpflichtet werden, in einer bestimmten Gemeinde oder in einer bestimmten Unterkunft zu wohnen. Aber auch weitere Maßnahmen (z. B. Melde- und Anzeigepflichten) sind zulässig, soweit diese der Überwachung, Kontrolle und Ausreiseförderung vollziehbar ausreisepflichtiger Ausländer dienen.
  61.1.3 § 61 Absatz 1 Satz 3 sieht eine Lockerung der räumlichen Beschränkung nach Absatz 1 Satz 1 vor, damit Geduldete den ihnen eingeräumten gleichrangigen Arbeitsmarktzugang zur Aufnahme einer Beschäftigung auch überregional nutzen können. Das Einvernehmen der Ausländerbehörde des durch die Lockerung betroffenen Landes ist erforderlich, wenn hierdurch (mangels Residenzpflicht gemäß Satz 2) die Verlegung des Wohnortes in das Gebiet des anderen Landes ermöglicht ist.
  61.1.4 Die Ausländerbehörde kann dem Ausländer das vorübergehende Verlassen des Landes oder des Aufenthaltsorts der räumlichen Beschränkung erlauben. Die Erlaubnis ist zu erteilen, wenn hieran ein dringendes öffentliches Interesse besteht, zwingende Gründe es erfordern oder die Versagung eine unbillige Härte bedeuten würde (§ 12 Absatz 5, vgl. Nummer 12.5.2.2 f.).
  61.1.5 Verstöße gegen eine räumliche Beschränkung sind bußgeldbewehrt (§ 98 Absatz 3 Nummer 2 und 4) und bei wiederholtem Verstoß strafbewehrt (§ 95 Absatz 1 Nummer 7). Auf Nummer 95.1.7.4 wird hingewiesen.
  61.1a Räumliche Beschränkung in Fällen des § 60a Absatz 2a
  Bei Erteilung einer Duldung nach § 60a Absatz 2a ist der Aufenthalt auf den Bezirk der zuletzt zuständigen Ausländerbehörde im Inland zu beschränken (§ 61 Absatz 1a Satz 1). Soweit der zuständigen Grenzbehörde (§ 71 Absatz 3 Nummer 2) die zuletzt zuständige Ausländerbehörde im Inland zunächst nicht feststellbar oder nicht vorhanden ist, ist das Verfahren nach § 15a anwendbar (§ 61 Absatz 1a Satz 3).
  61.2 Ausreiseeinrichtungen
  Die Vorschrift ermöglicht es den Ländern ausdrücklich, Ausreiseeinrichtungen zu schaffen. Soweit sie hiervon Gebrauch machen, können sie vollziehbar ausreisepflichtige Ausländer auf Grund der Ermächtigung in Absatz 1 verpflichten, darin zu wohnen. Ausreiseeinrichtungen dienen als offene Einrichtung der Unterbringung von Personen, die keine oder unzutreffende Angaben zu ihrer Identität und Staatsangehörigkeit machen und/oder die Mitwirkung bei der Beschaffung von Heimreisedokumenten verweigern. Die Unterbringung in einer zentralen Gemeinschaftsunterkunft ermöglicht eine intensive, auf eine Lebensperspektive außerhalb des Bundesgebietes gerichtete psycho-soziale Betreuung; sie stellt gegenüber der Abschiebungshaft ein milderes Mittel dar. Die intensive Betreuung soll zur Förderung der Bereitschaft zur freiwilligen Ausreise oder zur notwendigen Mitwirkung bei der Beschaffung von Heimreisedokumenten beitragen. Darüber hinaus ist die gezielte Beratung über die bestehenden Programme zur Förderung der freiwilligen Rückkehr möglich.

1 AufenthG § 61

Übersicht

	Rn.
I. Entstehungsgeschichte	1
II. Normstruktur und Unionsrecht	2
III. Räumliche Beschränkung (Abs. 1–1c)	9
IV. Wohnsitzauflage (Abs. 1d)	22
V. Weitere Auflagen und Nebenbestimmungen (Abs. 1e, 1f)	28
VI. Rechtsfolgen von Auflagenverletzungen	32
VII. Ausreiseeinrichtungen (Abs. 2)	33
VIII. Verwaltungsverfahren und Rechtsschutz	37

I. Entstehungsgeschichte

1 Die Vorschrift entsprach ursprünglich dem **Gesetzesentwurf zum ZuwanderungsG**[1]. Das RLUmsG 2007 führte zu Abs. 1a. Das Gesetz zur Bekämpfung der Zwangsheirat vom 23.6.2011 fasste Abs. 1 S. 3 (Abweichung von den räumlichen Beschränkungen) neu[2], wobei die Anwendungsfälle den in § 58 AsylG ebenfalls neu gefassten Regelungen für Asylbewerber nachgebildet wurden[3]. S. 4 wurde durch das **RLUmsG 2011** eingeführt und dient der Umsetzung von Art. 14 Ia Rückführungs-RL[4].

Das Gesetz zur Verbesserung der Rechtsstellung von asylsuchenden und geduldeten Ausländern vom 23.12.2014[5] brachte zahlreiche Änderungen: In die Gesetzesüberschrift wurde „Wohnsitzauflage" aufgenommen. In Abs. 1 wurde S. 2 aufgehoben, der sodann unverändert zu Abs. 1e wurde. Die früheren S. 3 und 4 des Abs. 1 wurden zu den S. 2 und 3. Weiter wurden die Abs. 1b, 1c und 1d eingefügt. Die Wohnsitzauflage ist seither kraft Gesetzes angeordnet. Die Änderungen sind ohne Übergangsregelungen zum 1.1.2015 in Kraft getreten.

Durch das **Gesetz zur besseren Durchsetzung der Ausreisepflicht vom 20.7.2017**[6] wurde die Norm um § 61 V 2 ergänzt. Das Ermessen der Ausländerbehörde, eine räumliche Beschränkung zu verfügen, wird von „kann" auf „soll" reduziert, wenn der Ausländer über seine Identität oder Staatsangehörigkeit bewusst täuscht oder nicht zumutbar bei der Beseitigung von Ausreisehindernissen mitwirkt.

Mit dem am 21.8.2019 in Kraft getretenen Zweiten Gesetz zur besseren Durchsetzung der Ausreisepflicht vom **15.8.2019**[7] **(2. RückkehrG)** wurde der neue Abs. 1e in die Norm eingefügt. Der bisherige Abs. 1e avancierte zu Abs. 1 f. Abs. 1e bestimmt, dass Auflagen zur Sicherung und Durchsetzung der vollziehbaren Ausreisepflicht durchgesetzt werden können, wenn konkrete Maßnahmen der Aufenthaltsbeendigung unmittelbar bevorstehen.

II. Normstruktur und Unionsrecht

2 Das **Normprogramm** erschließt sich wie folgt: Abs. 1 S. 1, Abs. 1a und Abs. 1c der Vorschrift bestimmen als gesetzliche Grundregel, dass der Aufenthalt eines vollziehbar ausreisepflichtigen Ausländers räumlich auf das Gebiet des Landes oder weiterreichend auf den Bezirk der zuletzt zuständigen Ausländerbehörde im Inland beschränkt ist, während Abs. 1 S. 2 davon sogleich wesentliche Ausnahmeregelungen aufstellt. Abs. 1c enthält eine automatische Erlöschensregel. Die Wohnsitzauflage findet sich in Abs. 1d, Auflagen zur Sicherung der Durchsetzung der Ausreisepflicht sind nach Abs. 1e möglich. Abs. 1f ermächtigt zu zusätzlichen Nebenbestimmungen. Abs. 2 erlaubt es den Ländern, Ausreiseeinrichtungen für vollziehbar ausreisepflichtige Ausländer zu schaffen.

3 In den **personellen Anwendungsbereich** der Vorschrift fallen nach der eindeutigen Formulierung des Abs. 1 S. 1 und Abs. 2 **nur Ausländer, die vollziehbar ausreisepflichtig** sind. Ist etwa die öffentliche Zustellung der aufenthaltsbeendenden Verfügung fehlgeschlagen, ist der Ausländer nicht ausreisepflichtig geworden, mit der Folge, dass die räumliche Beschränkung nach § 61 I 1 nicht Platz greift[8]. Entfällt die Vollziehbarkeit auch nur vorübergehend oder besteht überhaupt keine Ausreisepflicht mehr, greifen Abs. 1 S. 1 und Abs. 2 nicht mehr. Der Ausländer kann sich – vorbehaltlich etwaiger Beschränkungen durch VA (vgl. §§ 12 II, 51 V) – im Bundesgebiet frei bewegen. Soweit Abs. 1b ein Erlöschen der räumlichen Aufenthaltsbeschränkung nach Abs. 1 und 1a auch für die Fälle vorsieht, in denen sich der Ausländer seit drei Monaten erlaubt oder gestattet im Bundesgebiet aufhält, geht er ins Leere, weil es dann an einer vollziehbaren Ausreisepflicht fehlt.

---

[1] BT-Drs. 15/420, 24.
[2] BGBl. 2011 I S. 1266.
[3] BT-Drs. 17/4401, 11.
[4] BT-Drs. 17/5470, 7, 24.
[5] BGBl. 2014 I S. 2439.
[6] BGBl. 2017I S. 2780.
[7] BGBl. 2019 I S. 1294.
[8] Vgl. OVG Bln-Bbg Beschl. v. 22.2.2018 – OVG 11 S 99.17 BeckRS 2018, 2052.

Normzweck: Die Vorschrift wurde in das Gesetz aufgenommen, um die **Durchsetzung der** **4** **Ausreisepflicht** zu fördern. Die räumliche Beschränkung des Aufenthalts soll das Untertauchen verhindern und eine Besserstellung vollziehbar Ausreisepflichtiger gegenüber Asylbewerbern vermeiden[9]. Eine Aufenthaltsbeschränkung nach Abs. 1 ist keine Sanktionsmaßnahme für vergangenes Fehlverhalten. Vielmehr sollen gerade Ausländer, die über ihre Identität täuschen oder die bei der Beschaffung von Heimreisedokumenten ohne zureichenden Grund nicht ausreichend mitwirken, enger an den Bezirk der Ausländerbehörde gebunden werden, um ggf. sicherzustellen, dass sie für etwaige erforderliche Mitwirkungshandlungen leichter erreichbar sind und um ein mögliches Untertauchen zu erschweren[10]. Mit Ausreiseeinrichtungen gemäß Abs. 2 soll eine psychosoziale Betreuung mit dem Ziel einer Lebensperspektive außerhalb Deutschlands ermöglicht werden[11]. Die den Ländern freigestellte Einrichtung von Ausreisezentren ist als Teil einer verstärkten Förderung der freiwilligen Rückkehr zu sehen, die der Abschiebung im allseitigen Interesse vorzuziehen und zum Teil bereits in Modellversuchen erprobt worden ist. Mit dem „Asylkompromiss" 2014 wurde allerdings die sog. Residenzpflicht für geduldete oder asylsuchende Ausländer, die sich seit mindestens drei Monaten ununterbrochen im Bundesgebiet aufhalten, faktisch weitgehend abgeschafft[12] und für die Aufnahme einer Erwerbstätigkeit nach einem Aufenthalt von 15 Monaten keine Vorrangprüfung mehr vorgesehen (§ 32 V BeschV). Im Rahmen der Neuregelung hat sich der Gesetzgeber dafür entschieden, weiterhin getrennte Vorschriften in Bezug auf geduldete und gestattete Ausländer (vgl. hierzu insbesondere §§ 59a und 59b AsylG) vorzusehen.

Verfassungsrechtlich ist die kraft Gesetzes angeordnete räumliche Beschränkung nach Abs. 1 S. 1 **5** und Abs. 1 zulasten vollziehbar ausreisepflichtiger Ausländer (§ 58) insbesondere unter Berücksichtigung ihrer maximalen Dauer von drei Monaten (Abs. 1b) und der dem Ausländer verbleibenden nicht unerheblichen Bewegungsfreiheit auf dem Gebiet eines Landes (Abs. 1 S. 1) oder dem Bezirk der zuständigen Ausländerbehörde (Abs. 1a und 1c S. 2) in Hinblick auf das geschützte Rechtsgut – den Gesetzesvollzug durch Sicherung der Ausreise – verhältnismäßig und damit unbedenklich[13]. Nichts anderes gilt im Ergebnis auch für die Wohnsitzauflage und die Ausreiseeinrichtungen.

Unionsrechtlich sind insbesondere die Rückführungs-RL und die EU-Aufnahme-RL zu beachten. **6** **Art. 7 III Rückführungs-RL** ermächtigt die mitgliedstaatlich zuständige Behörde, ausreisepflichtigen Ausländern für die Dauer der Frist für die freiwillige Ausreise bestimmte Verpflichtungen zur Vermeidung der Fluchtgefahr aufzuerlegen. Dies sind und Meldeauflagen und die Pflicht, sich an einem bestimmten Ort aufzuhalten. Dabei haben die Ausländerbehörden die Vorgaben für räumliche Beschränkungen, Wohnsitzauflagen und Ausreiseeinrichtungen der **Art. 14 Rückführungs-RL** zu beachten. Das heißt, es ist auf die Aufrechterhaltung der Familieneinheit mit dem in demselben Hoheitsgebiet aufhältigen Familienangehörigen der Kernfamilie zu achten, die medizinische Notfallvorsorge ist zu gewährleisten, je nach Länge des Aufenthalts ist Minderjährigen der Zugang zum Grundbildungssystem zu sichern und es sind die spezifischen Bedürfnisse schutzbedürftiger Personen iSv **Art. 3 Nr. 9 Rückführungs-RL** zu berücksichtigen.

Nach **Art. 7 II EU-Aufnahme-RL** können die Mitgliedstaaten – aus Gründen des öffentlichen **7** Interesses, der öffentlichen Ordnung oder wenn es für eine zügige Bearbeitung und wirksame Überwachung des betreffenden Antrags auf internationalen Schutz erforderlich ist – einen Beschluss über den Aufenthaltsort des Ausländers fassen. Dabei dürfen die Mitgliedstaaten die im Rahmen der Aufnahme gewährten materiellen Leistungen an die Bedingung knüpfen, dass sich Ausländer tatsächlich an dem Ort aufhalten, der von den Mitgliedstaaten festgelegt wird. Ein derartiger Beschluss, der von allgemeiner Natur sein kann, wird jeweils für den Einzelfall und auf der Grundlage des einzelstaatlichen Rechts getroffen. Gemäß Art. 8 IV EU-Aufnahme-RL stellen die Mitgliedstaaten sicher, dass die einzelstaatlichen Rechtsvorschriften Bestimmungen für Alternativen zur Inhaftnahme enthalten wie zB Meldeauflagen, die Hinterlegung einer finanziellen Sicherheit oder die Pflicht, sich an einem zugewiesenen Ort aufzuhalten.

Nicht einschlägig für die Auslegung von § 61 Id ist die **Rspr. des EuGH**[14] **zu Wohnsitz- 8 auflagen für subsidiär Schutzberechtigte** nach § 4 AsylG. Solche Wohnsitzauflagen sind wegen Verstoßes gegen Art. 33 und Art. 29 Anerkennungs-RL (RL 2011/95/E) unionsrechtswidrig, solange davon nicht auch Staatsangehörige des Mitgliedstaates betroffen sind. § 61 Id erfasst indes allein vollziehbar ausreisepflichtige Ausländer und nicht Flüchtlinge, die internationalen oder subsidiären Schutz genießen.

---

[9] BT-Drs. 15/420, 92.
[10] BT-Drs. 18/111546, 22; BayVGH Beschl. v. 5.10.2021 – 19 C 21.1914, BeckRS 2021, 30622.
[11] BT-Drs. 15/420, 92.
[12] Näher zu den Hintergründen und Folgen *Rosenstein* ZAR 2015, 226.
[13] Wie hier: *Kluth* in BeckOK AuslR, 2018, § 61 Rn. 10; zweifelnd *Keßler* in HK-AuslR, 2016, AufenthG § 61 Rn. 6; *Kretschme* in BeckOK MigR, 2019, AufenthG § 61 Rn. 1.
[14] EuGH Urt. v. 1.3.2016 – C-443/14 und C-444/14, NVwZ 2016, 445 – Alo u. Osso.

Dollinger

III. Räumliche Beschränkung (Abs. 1–1c)

9 Zwingend und ohne ausländerbehördliche Anordnung gilt die **räumliche Begrenzung** auf das jeweilige Bundesland. Der Verstoß (nur) gegen Abs. 1 S. 1 und Abs. 1c ist im Wiederholungsfall strafbar (§ 95 I Nr. 7) und im Fall des Abs. 1 S. 1 bei Erstbegehung ordnungswidrig (§ 98 III Nr. 5). Die räumliche Begrenzung nach **Abs. 1 S. 1** ist unter den Voraussetzungen der abschließenden Aufzählung der **S. 2 und 3 abänderbar**.

10 **Abs. 1 S. 2 und 3** sehen ein Abweichen von der räumlichen Beschränkung vor zur Ausübung einer Beschäftigung, zum Zwecke des Schulbesuchs, der betrieblichen Aus- und Weiterbildung oder des Studiums sowie zur Aufrechterhaltung der tatsächlich gelebten Familieneinheit. Eine **allgemeine Härteklausel**, wie sie § 58 I 2 AsylG mit dem Verweis auf zwingende Gründe oder eine unbillige Härte enthält, ist § 61 I dem Wortlaut nach nicht zu entnehmen[15]. Abs. 1 ist gesetzessystematisch in Zusammenschau mit § 60a auszulegen; dies spricht dagegen, in Abs. 1 S. 2 und 3 eine allgemeine Härteklausel hineinzulesen. Die Aufrechterhaltung der **Familieneinheit** (Abs. 1 S. 3) impliziert grundsätzlich einen gemeinsamen Lebensmittelpunkt. „Aufrechterhaltung" der Familieneinheit bedeutet dem Wortsinn nach, dass eine Familieneinheit bereits besteht, die durch die räumliche Beschränkung behindert wird[16]. Soll die Familieneinheit – durch Geburt eines Kindes oder Eheschließung – erst begründet werden, ist das Schutzinteresse in einer solchen Konstellation aber nicht geringer[17]. Das (Ablehnungs-)Ermessen ist mit Blick auf die unionsrechtliche Vorgabe in Art. 14 I Rückführungs-RL, die die Beachtung auch des Grundsatzes nach lit. a „soweit wie möglich" vorgibt, eingeschränkt.

11 Maßnahmen nach Abs. 1 und 1a stehen der **Wahrnehmung von Terminen bei Behörden und Gerichten**, für die das persönliche Erscheinen des Ausländers erforderlich ist, nicht entgegen. Für solche bedarf er nämlich kraft Gesetzes ausdrücklich keiner vorherigen Erlaubnis (**§ 12 V 3**).

12 **Abs. 1a** sieht vor, dass der Aufenthalt der Ausländer, denen an der Grenze nach § 60a IIa wegen einer **gescheiterten Rückführungsmaßnahme** eine Duldung erteilt wird, zunächst auf den Bezirk der zuletzt zuständigen Ausländerbehörde beschränkt wird und nicht auf den Bezirk, in dem die Grenzübergangsstelle liegt, über die die Einreise erfolgt. Dorthin hat sich der Ausländer unverzüglich zu begeben. Ist eine zuständige Ausländerbehörde nicht feststellbar oder vorhanden, ist in diesem Falle das Verfahren nach § 15a im Interesse der gleichmäßigen Verteilung der Lasten zwischen den Ländern anzuwenden.

13 Nach **Abs. 1b erlischt** eine **räumliche Beschränkung** nach Abs. 1 und Abs. 1a **kraft Gesetzes**, wenn sich der Ausländer seit drei Monaten ununterbrochen erlaubt, geduldet oder gestattet im Bundesgebiet aufhält. Da die Erlöschenswirkung der räumlichen Beschränkung im Rahmen der Duldung gemäß § 61 Ib kraft Gesetzes eintritt, bedarf sie keiner konstitutiven behördlichen Entscheidung[18]. Eine – kraft Gesetzes nach § 61 Ib oder § 59a I 1 AsylG erloschene – räumliche Beschränkung kann gemäß Abs. 1c Nr. 2 wieder angeordnet werden, wenn Tatsachen die Schlussfolgerung rechtfertigen, dass der Ausländer oder Asylbewerber gegen Vorschriften des BtMG verstoßen hat, er also einer Drogenstraftat hinreichend verdächtig ist[19].

14 **Abs. 1c S. 1** ermöglicht gegenüber Abs. 1 den Aufenthalt von **Straftätern** (Nr. 1), **BtMG-Verdächtigen** (Nr. 2) und solchen **Ausländern, denen konkrete Maßnahmen zur Aufenthaltsbeendigung bevorstehen** (Nr. 3), aufgrund eines VA räumlich noch weiter einzuschränken. Bei Vorliegen eines öffentlichen Interesses kann die Ausländerbehörde den Ausländer zB zur Wohnsitznahme in einem bestimmten Landkreis, einer bestimmten Gemeinde oder sogar einer bestimmten Unterkunft[20] verpflichten[21], sofern seine menschenwürdige Unterbringung gewährleistet und dies nicht schikanös ist. Des Weiteren können diese Maßnahmen auch dann getroffen werden, wenn an sich die Residenzpflicht nach Abs. 1 und 1a bereits erloschen ist. Bei **Abs. 1c S. 1** handelt es sich – anders als bei der Regelung in Abs. 1c S. 2 („soll") – um eine echte **Ermessensvorschrift** („kann"), deren Anwendung jeweils bezogen auf den betreffenden Einzelfall zu prüfen ist[22].

15 Nach **Abs. 1c S. 1 Nr. 1** kann eine **rechtskräftige Verurteilung wegen einer Straftat**, die nicht nur von Ausländern begangen werden kann, zum Anlass für eine solche Beschränkung genommen werden. Eine geringfügige oder schon Jahre zurückliegende Verurteilung wird schon aus Gründen der Verhältnismäßigkeit nicht rechtfertigen. Eine klare **zeitliche Grenze** für den Vorhalt lange vergangener Straftaten ergibt sich aus dem **Bundeszentralregistergesetz.** Solange die Ein-

---

[15] OVG NRW Beschl. v. 10.3.2015 – 18 B 1316/14 BeckRS 2015, 43064.
[16] *Hailbronner* AuslR AufenthG § 61 Rn. 18.
[17] Vgl. HmbOVG Beschl. v. 27.8.2012 – 5 Bs 178/12, InfAuslR 2013, 32.
[18] Vgl. VG Saarland Beschl. v. 1.12.2015 – 6 L 882/15 BeckRS 2016, 40244.
[19] Vgl. zB OLG Hamburg Beschl. v. 11.12.2015 – 1 Ws 168/15 NStZ 2016, 433.
[20] Zum Begehren eines geduldeten Ausländers auf Unterbringung außerhalb einer Gemeinschaftsunterkunft nach Abschluss des Asylverfahrens OVG MV Beschl. v. 1.6.2011 – 2 O 28/11 BeckRS 2011, 52440.
[21] NdsOVG Beschl. v. 23.11.2012 – 8 LA 149/12, InfAuslR 2013, 100; OVG NRW Beschl. v. 21.7.2010 – 18 E 298/10 BeckRS 2010, 56706.
[22] BayVGH Beschl. v. 15.6.2021 – 19 ZB 20.1219, BeckRS 2021, 15861.

tragungen der Verurteilung im Zentralregister des Bundesamtes für Justiz noch nicht tilgungsreif ist (§§ 45 I, 46 I Nr. 4 BZRG), steht ihrer Berücksichtigung § 51 I BZRG nicht entgegen. Danach dürfen die Tat und die Verurteilung dem Betroffenen im Rechtsverkehr nicht mehr vorgehalten und nicht zu seinem Nachteil verwendet werden, wenn die Eintragung über eine Verurteilung im Register getilgt worden ist oder sie zu tilgen ist. Das in § 51 I BZRG geregelte umfassende Vorhalte- und Verwertungsverbot soll den Betroffenen – als materiell-rechtliche Folge der Tilgung – nach dem Willen des Gesetzgebers endgültig vom Strafmakel einer Verurteilung befreien[23].

Eine ermessensfehlerfreie Anordnung einer ordnungsrechtlichen Maßnahme gemäß **Abs. 1c S. 1 Nr. 1** setzt eine hinreichend gewichtige **Wiederholungsgefahr** für Straftaten voraus, der mit einem bestimmten Ortsbezug begegnet werden kann. Ein öffentliches Interesse an der Anordnung einer räumlichen Beschränkung nach § 61 Ic Nr. 1 kann bestehen, wenn sich aus einer von der Ausländerbehörde eingeholten Auskunft des Bundesamtes für Justiz aus dem Zentralregister ergibt, dass der Ausländer zu einer Freiheitsstrafe, die zur Bewährung ausgesetzt wurde, verurteilt wurde[24].

Abs. 1c S. 1 Nr. 2 setzt keine Verurteilung voraus, es genügt, dass Tatsachen die Schlussfolgerung rechtfertigen[25], dass der Ausländer gegen Vorschriften des **BtMG** verstoßen hat[26]. Um die von mobilen Tätergruppen im Rauschgiftmilieu durch „Erleichterungen bei den Regelungen hinsichtlich der Bewegungsfreiheit" ausgehenden Gefahren abwehren zu können, hat der Gesetzgeber § 61 Ic Nr. 2 geschaffen[27]. Es bedarf **Anknüpfungstatsachen**, die die Grundlage der auf die Begehung der Straftat zu ziehenden Schlussfolgerung sind. Die Tatsachen müssen **konkret und belegbar** sein, der Ausländer muss angehört werden[28]. Wird der Ausländer nicht im Besitz eines Betäubungsmittels oder einer ähnlich eindeutigen Situation angetroffen, ist vor dem Hintergrund des Ermittlungsaufwands eine belastbare Verfügung der räumlichen Beschränkung schwer möglich[29].

Abs. 1c S. 1 Nr. 3 betrifft den Fall der **bevorstehenden Abschiebung.** Es müssen – wortlautgleich wie in § 60c II Nr. 5 Hs. 1[30] – konkrete Maßnahmen zur Aufenthaltsbeendigung bevorstehen[31]. Die Gesetzesbegründung[32] weist dazu beispielhaft auf die Beantragung eines Passersatzpapiers, die Terminierung der Abschiebung oder den Lauf eines Verfahrens zur Dublin-Überstellung hin. Die in § 60c II Nr. 5 Hs. 2 lit. a–e genannten Einzelbeispiele sind auf Abs. 1c Nr. 3 aufgrund desselben Regelungszwecks übertragbar.

Abs. 1c S. 2 gibt der Ausländerbehörde auf, eine räumliche Beschränkung auf ihren Bezirk anzuordnen, wenn der Ausländer die der Abschiebung entgegenstehenden Gründe durch **vorsätzlich falsche Angaben oder durch eigene Täuschung über seine Identität oder Staatsangehörigkeit** selbst herbeiführt oder zumutbare Anforderungen an die Mitwirkung bei der Beseitigung von Ausreisehindernissen nicht erfüllt. Die **„Soll"-Regelung** verlangt im Regelfall ein entsprechendes Handeln der Ausländerbehörde; der atypische Ausnahmefall ist zu begründen. Ein ausreisepflichtiger Ausländer hat im Rahmen der Mitwirkungsverpflichtung nach § 48 III 1 alle zur Erfüllung seiner Ausreisepflicht erforderlichen Maßnahmen, und damit auch die zur Beschaffung eines gültigen Passes oder Passersatzpapiers grundsätzlich ohne besondere Aufforderung durch die Ausländerbehörde unverzüglich einzuleiten. Bei der Mitwirkung an der Beschaffung eines Rückreisedokuments handelt es sich nicht um eine einmalige, separierbare Pflicht, sondern um ein Pflichtenbündel zur Erlangung von Identitätspapieren. Zweifel in Bezug auf die Möglichkeit einer Identitätsklärung und/oder Passbeschaffung gehen dabei grundsätzlich zulasten des Ausländers, weil er für die ausschließlich seinem Einflussbereich unterliegenden, ihm günstigen Tatsachen darlegungs- und beweispflichtig ist und dies auch in Ansehung einer für ihn möglicherweise schwierigen Beweissituation gilt[33]. Ausländer, die den aufgezeigten Mitwirkungspflichten ohne zureichenden Grund nicht nachkommen, haben die sich aus ihrem Verhalten ergebenden Nachteile – hier die räumliche Beschränkung – grundsätzlich hinzunehmen; es ist ihre Sache, die Nachteile gering zu halten, indem sie sich frühzeitig und nachhaltig um die Beseitigung der Ausreisehindernisse bemühen. Dies gilt erst recht, wenn sie ohne oder mit gefälschten Reisedokumenten nach Deutschland eingereist sind und damit gezielt die Umstände herbeigeführt haben, die nun ihrer freiwilligen Ausreise und ihrer Abschiebung entgegenstehen[34].

---

[23] Ebenso SächsOVG Beschl. v. 14.9.2015 – 3 B 232/15 BeckRS 2016, 42217.
[24] SächsOVG Beschl. v. 14.9.2015 – 3 B 232/15 BeckRS 2016, 42217.
[25] Diese Formulierung findet sich auch in § 54 I Nr. 2, sodass eine Konkretisierung anhand der gleichen Maßstäbe naheliegt.
[26] S. hierzu auch die Gesetzesbegründung BT-Drs. 18/3444, 4, 7.
[27] BT-Drs. 18/3144, 9.
[28] Ebenso *Kluth* in BeckOK AuslR, 2018, AufenthG § 61 Rn. 23.
[29] Ähnl auch *Rosenstein* ZAR 2015, 226.
[30] Vgl. die Kommentierung zu → § 60a Rn. 37–41.
[31] Vgl. zB VG Schleswig Beschl. v. 15.4.2019 – 1 B 30/19 BeckRS 2019, 8634.
[32] BT-Drs. 18/9090.
[33] VGH BW Beschl. v. 9.4.2019 – 11 S 2868/18, BeckRS 2019, 6224; BayVGH Beschl. v. 5.10.2021 – 19 C 21.1914, BeckRS 2021, 30622.
[34] BayVGH Beschl. v. 5.10.2021 – 19 C 21.1914, BeckRS 2021, 30622; OVG NRW Beschl. v. 18.9.2006 – 18 A 2388/06, BeckRS 2006, 26479.

20 Abs. 1c S. 2 ist auch auf **Minderjährige** anzuwenden. Sie müssen sich die Verletzungen der Mitwirkungsobliegenheiten ihrer Personensorgeberechtigten zurechnen lassen. Soweit sich minderjährige Geduldete das Verhalten der Eltern oder sonstiger Personensorgeberechtigter nicht zurechnen lassen müssen[35], ist festzustellen, dass die dortigen Ausführungen im Gesetzeswortlaut des Abs. 1c S. 2 keinen Niederschlag gefunden haben. Der Gesetzgeber hat vielmehr die Gelegenheit, die Frage der Zurechenbarkeit unterlassener Mitwirkungspflichten der Eltern für minderjährige Kinder abweichend von § 80 IV oder den allgemeinen Zurechnungsnormen zu regeln, ungenutzt gelassen[36].

21 Eine räumliche Beschränkung nach **Abs. 1c S. 2** setzt nicht voraus, dass zugleich ein Tatbestand nach **Abs. 1c S. 1** vorliegt. § 61 Ic 2 AufenthG bezweckt, Personen, die ihre Mitwirkungsobliegenheiten bei der Aufklärung ihrer Identität und er Passbeschaffung nicht erfüllen, räumlich näher an die zuständige Ausländerbehörde zu binden und ihren Aufenthalt noch weiter einzuschränken. Aufenthaltsbeschränkende Anordnungen nach § 61 Ic 2 AufenthG dienen allein einer besseren Überwachung der Erfüllung der Ausreisepflicht[37]; sie setzen nicht die konkrete Gefahr des Untertauchens voraus[38]. Auch verlangt Abs. 1c S. 2 keine konkret bevorstehenden Maßnahmen der Ausländerbehörde zur Aufenthaltsbeendigung.

IV. Wohnsitzauflage (Abs. 1d)

22 **Abs. 1d** S. 1 ist eine **Spezialvorschrift**, die für den nur geduldeten ausreisepflichtigen Ausländer bei **fehlender Sicherung des Lebensunterhalts** iSd § 2 III eine **Wohnsitzauflage kraft Gesetzes** vorsieht und etwa auch Abs. 1 und 1b vorgeht[39]. Sie schließt zwar weitere – nicht raumbezogene – Auflagen und Bedingungen nach Abs. 1f nicht aus. Aus der fehlenden Anordnung einer Wohnsitzauflage in der Duldungsbescheinigung kann der Ausländer nicht schließen, dass die Ausländerbehörde eine anderweitige Anordnung bzgl. des Wohnsitzes – als in der gesetzlichen Regelung in § 61 Id 2 Hs. 2 vorgesehen – getroffen hat[40]. Die Wohnsitzauflage bezweckt insbesondere eine angemessene Verteilung der Sozialhilfelasten zwischen den Kommunen[41].

23 Eine **Wohnsitzauflage** iSd Abs. 1d ist zwar mit einer **räumlichen Beschränkung** gemäß Abs. 1 und 1a nicht identisch, da die Wohnsitzauflage – wie Abs. 1d S. 4 klarstellt – dem Ausländer nicht untersagt, den durch sie festgelegten Ort ohne Erlaubnis vorübergehend zu verlassen. Der Wohnsitzauflage kommt aber im Hinblick auf die örtliche Zuständigkeit der Ausländerbehörde für die Ausländer, die sich in ihrem Gebiet aufhalten oder aufhalten müssen, eine der räumlichen Beschränkung iSv Abs. 1 und 1a vergleichbare Wirkung zu. Die Wohnsitzauflage erlischt, wenn der Adressat der Auflage ein materielles Aufenthaltsrecht im Bundesgebiet erlangt[42].

24 Der Umstand, dass ein Ausländer über **keine förmliche Duldung** (mehr) verfügt, **entbindet** ihn **nicht von** der **Wohnsitzauflage**[43]. Andernfalls könnte sich ein vollziehbar ausreisepflichtiger Ausländer der gesetzlichen Wohnsitzauflage entziehen, indem er einfach keine (weitere) Duldung beantragt, mit der Folge, dass für die Leistungen nach dem AsylbLG die Behörde zuständig würde, in deren Bereich er sich tatsächlich aufhält (§ 1 I Nr. 5, § 10a I 3 AsylbLG). Dies würde dem Gesetzeszweck der gerechten Verteilung der Sozialkosten zuwiderlaufen.

25 Im Einzelfall, etwa infolge einer gelebten **Eltern-Kind-Beziehung,** können die Schutzpflichten aus Art. 6 I GG, Art. 8 EMRK, Art. 14 Rückführungs-RL einer **Wohnsitzauflage** nach Abs. 1d S. 1 entgegenstehen, die den Ausländer verpflichtet, in einem anderen Bundesland seinen Wohnsitz zu nehmen[44]. Wird die Änderung einer Wohnsitzauflage nach Abs. 1d S. 3 zum Zweck der Herstellung der Familieneinheit von Eltern und ihren minderjährigen Kindern beantragt, kann eine solche Änderung in der Regel nicht ermessensfehlerfrei abgelehnt werden[45]. Zuständig für die Änderung einer Wohnsitzauflage gemäß Abs. 1d S. 3 ist die Ausländerbehörde des bisherigen Wohnorts des Ausländers[46].

---

[35] BT-Drs. 18/11546, 22.
[36] BayVGH Beschl. v. 15.6.2021 – 19 ZB 20.1219, BeckRS 2021, 15861, Rn. 6; VG Potsdam Beschl. v. 17.1.2020 – 8 L 950/19, BeckRS 2020, 549.
[37] Vgl. BT-Drs. 15/420, 92.
[38] BayVGH Beschl. v. 2.8.2021 – 19 CS 21.1634, BeckRS 2021, 23039, Rn. 13.
[39] Vgl. zB NdsOVG Beschl. v. 9.9.2020 – 13 ME 226/20, InfAuslR 2020, 441 betr. eine Wohnsitzauflage nach Abs. 1d S. 1 und 2 betr. einen vollziehbar ausreisepflichtigen und mittelosen Ausländers nach Abbruch seiner Ausbildung.
[40] BayVGH Beschl. v. 2.11.2016 – 10 ZB 16.1134 BeckRS 2016, 54883.
[41] Vgl. ebenso *Kluth* in BeckOK AuslR, 2018, AufenthG § 61 Rn. 26.
[42] OVG MV Beschl. v. 26.1.2021 – 2 M 622/20 OVG, NordÖR 2021, 225.
[43] Offengelassen von BayVGH Beschl. v. 4.2.2016 – 10 C 15.2641 BeckRS 2016, 42453; wie hier VG Bayreuth Urt. v. 16.3.2016 – B 4 K 14.504 BeckRS 2016, 50392.
[44] OVG Saarl Beschl. v. 20.5.2016 – 2 B 46/16 NZFam 2016, 810 betr. einen libanesischen Staatsangehörigen mit Wohnsitzauflage in NRW und 2014 im Saarland geborenem Kind.
[45] VG Dresden Urt. v. 4.3.2016 – 3 K 1179/15 nur juris.
[46] VG Saarlouis Beschl. v. 1.2.2016 – 6 L 1103/15 BeckRS 2016, 42229; OVG LSA Beschl. v. 22.1.2015 – 2 O 1/15 BeckRS 2015, 44932.

Abs. 1d S. 3 eröffnet der Ausländerbehörde nur die Möglichkeit, die gesetzliche Wohnsitzauflage 26
nach Abs 1d S 1, 2 zu ändern, nicht jedoch sie lediglich zu streichen[47]. Eine **Abänderung der
Wohnsitzauflage zur Herstellung der Familieneinheit** von Eltern und minderjährigen Kindern
wird in der Regel mit Blick auf Art. 6 GG nicht ermessensfehlerfrei abgelehnt werden können[48].
Abs. 1 S. 3 dürfte nach Sinn und Zweck der Norm vor dem Hintergrund von Art. 2 II 1, Art. 6 GG
zudem erweiternd dahin gehend auszulegen sein, dass auch sonstige dringende familiäre Gründe wie
zB Hilfebedürftigkeit eine Änderung der räumlichen Beschränkung rechtfertigen oder gar gebieten
können[49]. Systematisch spricht dafür die Regelung in Abs. 1d S. 3 Hs. 2, wonach für die Änderung
einer Wohnsitzauflage „die Haushaltsgemeinschaft von Familienangehörigen oder sonstige humanitäre
Gründe von vergleichbarem Gewicht" von der Ausländerbehörde zu berücksichtigen sind.

Die **Wohnsitzauflage erlischt** „auf andere Weise", sobald der Ausländer seinen Lebensunterhalt 27
selbstständig oder mit Hilfe Dritter – zB Ehegatte, Lebenspartner – sichern kann (§ 43 II VwVfG).

V. Weitere Auflagen und Nebenbestimmungen (Abs. 1e, 1f)

Abs. 1e S. 1 ermächtigt die zuständige Ausländerbehörde, Auflagen zur Sicherung und Durch- 28
setzung der vollziehbaren Ausreisepflicht anzuordnen, wenn **konkrete Maßnahmen zur Aufenthaltsbeendigung unmittelbar bevorstehen**. Abweichend von Abs. 1c Nr. 3 muss für Auflagen
nach Abs. 1e die Aufenthaltsbeendigung also nicht nur bevorstehen, sondern unmittelbar bevorstehen.
Die Gesetzesbegründung[50] benennt indes beispielhaft die ärztliche Untersuchung zur Feststellung der
Reisefähigkeit oder veranlasst die Einleitung der Buchung von Transportmitteln für die Abschiebung.
Diese Maßnahmen genügen aber auch nur für die bevorstehende Aufenthaltsbeendigung, wie § 60c II
Nr. 5ae zeigen.

Aus dem weiteren Tatbestandsmerkmal des Abs. 1e S. 1 „**zur Sicherung und Durchsetzung der** 29
Ausreisepflicht" ergibt sich, dass die Anordnung unzulässig ist, wenn eine Prüfung des Einzelfalls des
Ausländers ergibt, dass keine besonderen Umstände vorliegen, die die Anordnung von Auflagen rechtfertigen. Das ist der Fall, wenn mit hoher Sicherheit das Befolgen der Ausreisepflicht durch den
Ausländer zu erwarten ist[51]. Bestehen im Einzelfall jedoch konkrete Hinweise dafür, dass der Ausländer
seiner Rechtspflicht zur Ausreise nicht nachkommen wird, kommt die Anordnung von Auflagen nach
§ 61 Ie grundsätzlich in Betracht.

Abs. 1e S. 2 normiert als Unterfall von nach S. 1 möglichen Auflagen die regelmäßige **Melde-** 30
pflicht des Ausländers bei der örtlich zuständigen Ausländerbehörde. Die Meldepflicht darf nach den
gesetzlichen Vorgaben **einmal wöchentlich** oder **in einem längeren Intervall** angeordnet werden;
dies schließt schikanöse Meldeauflagen von vornherein aus. Sinn und Zweck einer Meldeauflage kann
nur sein, die Sicherstellung der räumlichen Aufenthaltsbeschränkung und der Wohnsitzauflage zu
erreichen. Fehlende Bemühungen um Identitätspapiere oder Rückreisedokumente rechtfertigen den
Erlass und die Aufrechterhaltung einer Meldeauflage nicht[52].

Abs. 1f ermöglicht weitere Bedingungen, Auflagen und Nebenbestimmungen. Maßnahmen, Be- 31
dingungen und Auflagen müssen aber allgemeinen **aufenthaltsrechtlichen erheblichen Zwecken
dienen und sachgerecht** sein. Sie dürfen nicht im Widerspruch zum Zweck der Duldung stehen.
Zudem müssen sie die verfassungsrechtlichen Vorgaben wahren, was insbesondere dann nicht mehr
der Fall ist, wenn sie Sanktionscharakter haben oder sich als rein schikanös darstellen[53]. Grundsätzlich
zulässig ist auch eine **Sparauflage**[54]. Die **Vorsorge für Rückreisekosten** ist sachgemäß, wenn mit
einer Ausreise noch zu rechnen ist. Auch eine **Verpflichtung, konkret angebotene Beratungen
für eine Rückkehr** in Anspruch zu nehmen, ist zulässig[55]. Eine Nebenbestimmung iSd Abs. 1f, die
zum Erlöschen der Duldung führt, entspricht nur dann dem Grundsatz der Verhältnismäßigkeit, wenn
sie geeignet und erforderlich ist, den mit ihr verfolgten Zweck zu fördern, den Ausländer schon vor
Ablauf der regulären Dauer der Duldung abschieben zu können, wenn die Abschiebungshindernisse
weggefallen sind[56].

---

[47] OVG Bln-Bbg Beschl. v. 27.1.2021 – OVG 3 S 106/20, BeckRS 2021, 1415.
[48] OVG LSA Beschl. v. 22.1.2015 – 2 O 1/15 BeckRS 2015, 44932 – zu § 61 Id 3.
[49] Insoweit allerdings ausdrücklich offengelassen von OVG NRW Beschl. v. 10.3.2015 – 18 B 1316/14 BeckRS 2015, 43064.
[50] BT-Drs. 19/10047, 40.
[51] BT-Drs. 19/10047, 40.
[52] VG Stuttgart Urt. v. 21.10.2009 – 11 K 3204/09 BeckRS 2009, 41837.
[53] NdsOVG LBeschl. v. 7.12.2010 – 8 PA 257/10 nur juris.
[54] Vgl. BVerwG Urt. v. 15.12.1981 – 1 C 145.80, BVerwGE 64, 285.
[55] S. im Einzelnen *Funke-Kaiser* in GK-AufenthG § 61 Rn. 10ff., 17 (Stand 3/2015) zum Verhältnis zu anderen Vorschriften, ua zu § 46.
[56] BayVGH Beschl. v. 18.2.2015 – 10 C 14.1117 BeckRS 2015, 43078; OVG Brem Beschl. v. 29.3.2011 – 1 B 57/11 BeckRS 2011, 50944.

VI. Rechtsfolgen von Auflagenverletzungen

32 Die **wiederholte Verletzung** der Anordnung der **räumlichen Beschränkung** des Aufenthalts nach Abs. 1 S. 1, Abs. 1a, Abs. 1c S. 1 Nr. 3, Abs. 1c S. 2 und anderen **Auflagen Abs. 1e** durch den ausreisepflichtigen Ausländer kann letztlich zur Verhängung von **Abschiebungshaft** nach § 62 führen. Denn nach § 62 IIIb Nr. 6 kann die wiederholte Verletzung der vorgenannten Auflagen ein konkreter Anhaltspunkt für eine **Fluchtgefahr** iSv § 62 III 1 Nr. 1 sein[57]. Verletzungen der Wohnsitzauflage von Abs. 1d oder weiterer Auflagen nach Abs. 1f begründen keine Fluchtgefahr nach § 62 III 1 Nr. 1, weil sie im Katalog des § 62 IIIb Nr. 6 nicht aufgezählt sind. Auf die Verhältnismäßigkeit ist bei der Anordnung von Haft besonders zu achten.

VII. Ausreiseeinrichtungen (Abs. 2)

33 Ausreiseeinrichtungen für vollziehbar ausreisepflichtige Ausländer regelt der Gesetzgeber nur insoweit, als er deren **Einrichtung** durch die Länder zulässt und deren Zweck und **Aufgaben** beschreibt. Damit ist die räumliche und personelle Ausstattung nicht bestimmt, und es ist auch keine Grundlage für die Verpflichtung von Ausländer geschaffen, sich dorthin zu begeben, dort zu wohnen und sich dort betreuen und beraten zu lassen. Soweit es die Schaffung von Landeseinrichtungen und die Möglichkeiten des freiwilligen Wohnens an zentraler Stelle und der Rückkehrerberatung angeht, hätte es keines Bundesgesetzes bedurft. Ausreisezentren ähneln zwar in ihren Zwecken Aufnahmeeinrichtung iSd § 47 AsylG, eine ähnlich verpflichtende Wirkung ist mit ihnen aber nicht verbunden. Was die Ausgestaltung der Unterbringung in einer Aufnahmeeinrichtung angeht, sind die unionsrechtlichen Vorgaben der Rückführungs-RL[58] zu beachten. Von der Möglichkeit Ausreiseeinrichtungen zu schaffen, haben bisher nur einige Bundesländer Gebrauch macht (Bayern, Niedersachsen, Sachsen-Anhalt und Schleswig-Holstein).

34 **Ausreisepflichtige Ausländer können,** wenn sie bereits in einem Bundesland mit Ausreisezentren leben oder gemäß § 15a dorthin verteilt werden, **zum Wohnen in einer Ausreiseeinrichtung verpflichtet** werden, indem ihre Duldung mit dahin gehenden Auflagen versehen wird. Hat das Land durch die Errichtung einer Ausreiseeinrichtung von der Ermächtigung gemäß § 61 II 1 Gebrauch gemacht, steht der Erlass einer Auflage gegenüber einem vollziehbar ausreisepflichtigen Ausländer, dort Wohnung zu nehmen, im **pflichtgemäßen Ermessen der Behörde.** Der Begründung der Auflage, in einer Ausreiseeinrichtung Wohnung zu nehmen, muss zu entnehmen sein, dass sich die Ausländerbehörde **hinreichend mit dem konkreten Einzelfall auseinandergesetzt** und Ermessenserwägungen auf einer **zutreffenden Tatsachengrundlage** getroffen hat. Eine Auflage, die vorrangig Sanktionscharakter hat, ist unzulässig[59]. Das Ermessen bzgl. der Geeignetheit der Auflage, in einer Ausreiseeinrichtung Wohnung zu nehmen, wird etwa ordnungsgemäß ausgeübt, wenn eine solche Auflage für erforderlich gehalten wird, da von dem Ausländer trotz mehrfacher Aufforderung keinerlei ausreichende Anstrengungen unternommen oder nachgewiesen wurden, um freiwillig auszureisen, mehrfach angekündigte Bemühungen um Passpapiere ohne substanziierte Begründungen nicht vorgenommen wurden und ein Verbleib am bisherigen Wohnort nicht mehr als ausreichend angesehen wird, um das Zusammenwirken von Ausländerbehörde und dem Ausländer hinreichend zu gewährleisten[60].

35 Nach **Abs. 2 S. 2** soll in den Ausreiseeinrichtungen durch Betreuung und Beratung die Bereitschaft zur freiwilligen Ausreise gefördert und die Erreichbarkeit für Behörden und Gerichte sowie die Durchführung der Ausreise gesichert werden. Nach der Gesetzesbegründung zu § 61 I 2 ermöglicht die Unterbringung in einer solchen Einrichtung eine intensivere, auf eine Lebensperspektive außerhalb des Bundesgebiets gerichtete **psychosoziale Betreuung.** Sie stellt **gegenüber der Abschiebehaft ein milderes Mittel** dar. Die intensive Betreuung soll zur Förderung der Bereitschaft zur freiwilligen Ausreise oder zur notwendigen Mitwirkung bei der Beschaffung von Heimreisedokumenten beitragen. Darüber hinaus ist die gezielte Beratung über die bestehenden Programme zur Förderung der freiwilligen Rückkehr möglich[61].

36 Eine gesundheitliche und psychosoziale Betreuung ehemaliger Asylbewerber kann auch in einer **Gemeinschaftsunterkunft** sichergestellt gestellt werden[62]. Der Umstand, dass in Abs. 2 S. 2 **drei Zwecke der Einrichtung** aufgezählt und gleichwertig nebeneinandergestellt werden (Förderung der Bereitschaft zur freiwilligen Ausreise durch Betreuung und Beratung und Sicherung der Erreichbarkeit für Behörden und Gerichte sowie der Durchführung der Ausreise), bedeutet nicht, dass die Unter-

---

[57] Näher → § 62.
[58] Vgl. näher Art. 14 und 16 Rückführungs-RL.
[59] OVG LSA Beschl. v. 11.3.2013 – 2 M 168/12 BeckRS 2013, 50684, SchlHOVG Beschl. v. 21.12.2017 – 4 MB 93/17 nur juris.
[60] Vgl. zB VG Schleswig Beschl. v. 21.2.2019 – 11 B 11/19 BeckRS 2019, 2607.
[61] BT-Drs. 15/420, 92.
[62] VG Magdeburg Beschl. v. 20.7.2021 – 3 B 163/21 MD nur juris; VG Schleswig Beschl. v. 10.7.2020 – 11 B 3/20, AuAS 2020, 74.

bringung eines vollziehbar ausreisepflichtigen Ausländers in einer Ausreiseeinrichtung nur zulässig ist, wenn sie kumulativ zur Erreichung aller drei Zwecke erforderlich ist. Die Wohnsitznahme in einer Ausreiseeinrichtung ist regelmäßig zumutbar, wenn der Ausländer ihm zurechenbar keine Nachweise über seine Identität eingereicht hat und sich weigert, seiner Ausreiseverpflichtung sowie seiner Passpflicht aus § 3 freiwillig nachzukommen[63].

VIII. Verwaltungsverfahren und Rechtsschutz

Die räumliche Beschränkung **nach Abs. 1 S. 1 und Abs. 1a** sowie die Wohnsitzauflage nach Abs. 1d bestehen **kraft Gesetzes.** Hinsichtlich der Wohnsitzauflage sind abweichende behördliche Entscheidungen durch VA möglich (Abs. 1d S. 2). Zuständig für die **Änderung einer Wohnsitzauflage durch Verwaltungsakt** ist gemäß **§ 61 Id 3** die **Ausländerbehörde** des bisherigen Wohnorts[64]. Die Schaffung von Ausreiseeinrichtungen nach Abs. 2 steht im Ermessen der Länder. 37

Bei der mit einer Aussetzung der Abschiebung ausländerbehördlich verfügten **Beschränkung des Aufenthalts nach Abs. 1c S. 1 und S. 2** und **Auflagen nach Abs. 1f** handelt es sich regelmäßig um mit Widerspruch und Anfechtungsklage (§ 42 I Var. 1 VwGO) selbstständig anfechtbare Maßnahmen und Auflagen[65]. Vorläufiger Rechtsschutz richtet sich nach § 80 V 1 VwGO auf Wiederherstellung der aufschiebenden Wirkung von Widerspruch und Klage. Bei einer Anordnung einer Maßnahme, Auflage oder Nebenbestimmung nach § 61 Ic 2 oder If ist für die Anordnung der sofortigen Vollziehung nach § 80 II 1 Nr. 4 VwGO ein über das allgemeine Interesse am Erlass des Verwaltungsakts selbst hinausgehendes besonderes öffentliches Interesse für den Sofortvollzug erforderlich, das „schlüssig" gerechtfertigt werden muss[66]. 38

Die **einfache Wohnsitzauflage** nach Abs. 1d ist seit dem 1.1.2015 kraft Gesetzes angeordnet. Damit kommt eine Anfechtungsklage gegen die Wohnsitzauflage mangels Vorliegens eines Verwaltungsakts nicht mehr in Betracht. Über eine Änderung der gesetzlichen Wohnsitzauflage entscheidet aber gem. § 61 I d 3 die zuständige Ausländerbehörde im jeweiligen Einzelfall und damit durch Verwaltungsakt. Rechtsschutz ist damit durch die auf Erlass einer geänderten Wohnsitzauflage gerichteten Verpflichtungsklage (§ 42 I Var. 2 VwGO) möglich[67]. Vorläufiger Rechtsschutz ist nach § 123 I VwGO statthaft. Die ältere Rspr., wonach bei länderübergreifendem Wohnsitzwechsel Verpflichtungsklage gegen den Beigeladenen als zuständige Ausländerbehörde des Zuzugsortes, gerichtet auf Erlass einer sog. „Zweitduldung" zu erheben war[68], ist damit überholt. 39

Die qualifizierte **Auflage nach Abs. 1e, in einer Ausreiseeinrichtung Wohnung zu nehmen** sowie Auflagen zur Sicherung und Durchsetzung der vollziehbaren Ausreisepflicht nach Abs. 1e sind nach **§ 84 I Nr. 2 und Nr. 2a kraft Gesetzes sofort vollziehbar.** Widerspruch und Klage haben keine aufschiebende Wirkung. Der vorläufige Rechtsschutz richtet sich nach § 80 V 1 Var. 1 VwGO auf Anordnung der aufschiebenden Wirkung. In der Hauptsache ist die Anfechtungsklage statthaft. 40

§ 62 Abschiebungshaft

(1) ¹Die Abschiebungshaft ist unzulässig, wenn der Zweck der Haft durch ein milderes Mittel erreicht werden kann. ²Die Inhaftnahme ist auf die kürzest mögliche Dauer zu beschränken. ³Minderjährige und Familien mit Minderjährigen dürfen nur in besonderen Ausnahmefällen und nur so lange in Abschiebungshaft genommen werden, wie es unter Berücksichtigung des Kindeswohls angemessen ist.

(2) ¹Ein Ausländer ist zur Vorbereitung der Ausweisung oder der Abschiebungsanordnung nach § 58a auf richterliche Anordnung in Haft zu nehmen, wenn über die Ausweisung oder die Abschiebungsanordnung nach § 58a nicht sofort entschieden werden kann und die Abschiebung ohne die Inhaftnahme wesentlich erschwert oder vereitelt würde (Vorbereitungshaft). ²Die Dauer der Vorbereitungshaft soll sechs Wochen nicht überschreiten. ³Im Falle der Ausweisung bedarf es für die Fortdauer der Haft bis zum Ablauf der angeordneten Haftdauer keiner erneuten richterlichen Anordnung.

(3) ¹Ein Ausländer ist zur Sicherung der Abschiebung auf richterliche Anordnung in Haft zu nehmen (Sicherungshaft), wenn
1. Fluchtgefahr besteht,
2. der Ausländer auf Grund einer unerlaubten Einreise vollziehbar ausreisepflichtig ist oder

---

[63] VGH München Beschl. v. 31.5.2021 – 19 CS 20.261, BeckRS 2021, 15865.
[64] Vgl. OVG LSA Beschl. v. 22.1.2015 – 2 O 1/15 BeckRS 2015, 44932.
[65] VG Cottbus Urt. v. 18.5.2018 – 3 K 1888/15 BeckRS 2018, 9665 mwN.
[66] Vgl. OVG LSA Beschl. v. 25.4.2018 – 2 M 24/18 BeckRS 2018, 13070, NdsOVG Beschl. v. 10.9.2014 – 8 ME 87/14 EZAR NF 27 Nr. 9. *Hailbronner* AuslR A 1 § 61 Rn. 65.
[67] Vgl. VG Aachen Urt. v. 22.5.2015 – 4 K 317/14 BeckRS 2015, 48301.
[68] OVG RhPf Urt. v. 15.2.2012 – 7 A 11177/11 BeckRS 2012, 47867; OVG NRW Beschl. v. 16.4.2012 – 18 B 1585/11 BeckRS 2012, 49857.

3. eine Abschiebungsanordnung nach § 58a ergangen ist, diese aber nicht unmittelbar vollzogen werden kann.

²Von der Anordnung der Sicherungshaft nach Satz 1 Nummer 2 kann ausnahmsweise abgesehen werden, wenn der Ausländer glaubhaft macht, dass er sich der Abschiebung nicht entziehen will. ³Die Sicherungshaft ist unzulässig, wenn feststeht, dass aus Gründen, die der Ausländer nicht zu vertreten hat, die Abschiebung nicht innerhalb der nächsten drei Monate durchgeführt werden kann. ⁴Abweichend von Satz 3 ist die Sicherungshaft bei einem Ausländer, von dem eine erhebliche Gefahr für Leib und Leben Dritter oder bedeutende Rechtsgüter der inneren Sicherheit ausgeht, auch dann zulässig, wenn die Abschiebung nicht innerhalb der nächsten drei Monate durchgeführt werden kann.

(3a) Fluchtgefahr im Sinne von Absatz 3 Satz 1 Nummer 1 wird widerleglich vermutet, wenn

1. der Ausländer gegenüber den mit der Ausführung dieses Gesetzes betrauten Behörden über seine Identität täuscht oder in einer für ein Abschiebungshindernis erheblichen Weise und in zeitlichem Zusammenhang mit der Abschiebung getäuscht hat und die Angabe nicht selbst berichtigt hat, insbesondere durch Unterdrückung oder Vernichtung von Identitäts- oder Reisedokumenten oder das Vorgeben einer falschen Identität,
2. der Ausländer unentschuldigt zur Durchführung einer Anhörung oder ärztlichen Untersuchung nach § 82 Absatz 4 Satz 1 nicht an dem von der Ausländerbehörde angegebenen Ort angetroffen wurde, sofern der Ausländer bei der Ankündigung des Termins auf die Möglichkeit seiner Inhaftnahme im Falle des Nichtantreffens hingewiesen wurde,
3. die Ausreisefrist abgelaufen ist und der Ausländer seinen Aufenthaltsort trotz Hinweises auf die Anzeigepflicht gewechselt hat, ohne der zuständigen Behörde eine Anschrift anzugeben, unter der er erreichbar ist,
4. der Ausländer sich entgegen § 11 Absatz 1 Satz 2 im Bundesgebiet aufhält und er keine Betretenserlaubnis nach § 11 Absatz 8 besitzt,
5. der Ausländer sich bereits in der Vergangenheit der Abschiebung entzogen hat oder
6. der Ausländer ausdrücklich erklärt hat, dass er sich der Abschiebung entziehen will.

(3b) Konkrete Anhaltspunkte für Fluchtgefahr im Sinne von Absatz 3 Satz 1 Nummer 1 können sein:

1. der Ausländer hat gegenüber den mit der Ausführung dieses Gesetzes betrauten Behörden über seine Identität in einer für ein Abschiebungshindernis erheblichen Weise getäuscht und hat die Angabe nicht selbst berichtigt, insbesondere durch Unterdrückung oder Vernichtung von Identitäts- oder Reisedokumenten oder das Vorgeben einer falschen Identität,
2. der Ausländer hat zu seiner unerlaubten Einreise erhebliche Geldbeträge, insbesondere an einen Dritten für dessen Handlung nach § 96, aufgewandt, die nach den Umständen derart maßgeblich sind, dass daraus geschlossen werden kann, dass er die Abschiebung verhindern wird, damit die Aufwendungen nicht vergeblich waren,
3. von dem Ausländer geht eine erhebliche Gefahr für Leib und Leben Dritter oder bedeutende Rechtsgüter der inneren Sicherheit aus,
4. der Ausländer ist wiederholt wegen vorsätzlicher Straftaten rechtskräftig zu mindestens einer Freiheitsstrafe verurteilt worden,
5. der Ausländer hat die Passbeschaffungspflicht nach § 60b Absatz 3 Satz 1 Nummer 1, 2 und 6 nicht erfüllt oder der Ausländer hat andere als die in Absatz 3a Nummer 2 genannten gesetzlichen Mitwirkungshandlungen zur Feststellung der Identität, insbesondere die ihm nach § 48 Absatz 3 Satz 1 obliegenden Mitwirkungshandlungen, verweigert oder unterlassen und wurde vorher auf die Möglichkeit seiner Inhaftnahme im Falle der Nichterfüllung der Passersatzbeschaffungspflicht nach § 60b Absatz 3 Satz 1 Nummer 1, 2 und 6 oder der Verweigerung oder Unterlassung der Mitwirkungshandlung hingewiesen,
6. der Ausländer hat nach Ablauf der Ausreisefrist wiederholt gegen eine Pflicht nach § 61 Absatz 1 Satz 1, Absatz 1a, 1c Satz 1 Nummer 3 oder Satz 2 verstoßen oder eine zur Sicherung und Durchsetzung der Ausreisepflicht verhängte Auflage nach § 61 Absatz 1e nicht erfüllt,
7. der Ausländer, der erlaubt eingereist und vollziehbar ausreisepflichtig geworden ist, ist dem behördlichen Zugriff entzogen, weil er keinen Aufenthaltsort hat, an dem er sich überwiegend aufhält.

(4) ¹Die Sicherungshaft kann bis zu sechs Monaten angeordnet werden. ²Sie kann in Fällen, in denen die Abschiebung aus von dem Ausländer zu vertretenden Gründen nicht vollzogen werden kann, um höchstens zwölf Monate verlängert werden. ³Eine Verlängerung um höchstens zwölf Monate ist auch möglich, soweit die Haft auf der Grundlage des Absatzes 3 Satz 1 Nummer 3 angeordnet worden ist und sich die Übermittlung der für die Abschiebung erforderlichen Unterlagen oder Dokumente durch den zur Aufnahme verpflichteten oder bereiten Drittstaat verzögert. ⁴Die Gesamtdauer der Sicherungshaft darf

Abschiebungshaft § 62 AufenthG 1

18 Monate nicht überschreiten. ⁵Eine Vorbereitungshaft ist auf die Gesamtdauer der Sicherungshaft anzurechnen.

(4a) Ist die Abschiebung gescheitert, bleibt die Anordnung bis zum Ablauf der Anordnungsfrist unberührt, sofern die Voraussetzungen für die Haftanordnung unverändert fortbestehen.

(5) ¹Die für den Haftantrag zuständige Behörde kann einen Ausländer ohne vorherige richterliche Anordnung festhalten und vorläufig in Gewahrsam nehmen, wenn
1. der dringende Verdacht für das Vorliegen der Voraussetzungen nach Absatz 3 Satz 1 besteht,
2. die richterliche Entscheidung über die Anordnung der Sicherungshaft nicht vorher eingeholt werden kann und
3. der begründete Verdacht vorliegt, dass sich der Ausländer der Anordnung der Sicherungshaft entziehen will.

²Der Ausländer ist unverzüglich dem Richter zur Entscheidung über die Anordnung der Sicherungshaft vorzuführen.

(6) ¹Ein Ausländer kann auf richterliche Anordnung zum Zwecke der Abschiebung für die Dauer von längstens 14 Tagen zur Durchführung einer Anordnung nach § 82 Absatz 4 Satz 1, bei den Vertretungen oder ermächtigten Bediensteten des Staates, dessen Staatsangehörigkeit er vermutlich besitzt, persönlich zu erscheinen, oder eine ärztliche Untersuchung zur Feststellung seiner Reisefähigkeit durchführen zu lassen, in Haft genommen werden, wenn er
1. einer solchen erstmaligen Anordnung oder
2. einer Anordnung nach § 82 Absatz 4 Satz 1, zu einem Termin bei der zuständigen Behörde persönlich zu erscheinen,

unentschuldigt ferngeblieben ist und der Ausländer zuvor auf die Möglichkeit einer Inhaftnahme hingewiesen wurde (Mitwirkungshaft). ²Eine Verlängerung der Mitwirkungshaft ist nicht möglich. ³Eine Mitwirkungshaft ist auf die Gesamtdauer der Sicherungshaft anzurechnen. ⁴§ 62a Absatz 1 findet entsprechende Anwendung.

Allgemeine Verwaltungsvorschrift
62 Zu § 62 – Abschiebungshaft
62.0 Allgemeines und Verfahren

62.0.0 Ein Ausländer darf grundsätzlich nicht ohne richterliche Entscheidung in Abschiebungshaft genommen werden (vgl. Artikel 104 Absatz 2 Satz 1 GG, § 62 Absatz 2). Dies gilt auch dann, wenn eine Freiheitsentziehung nur kurzfristig andauert. Eine Freiheitsentziehung ohne vorherige richterliche Anordnung ist nur in gesetzlich geregelten Ausnahmefällen zulässig. Die richterliche Entscheidung ist unverzüglich herbeizuführen (Artikel 104 Absatz 2 Satz 2 GG). Eine vorläufige Ingewahrsamnahme zur Sicherung der Haftanordnung ist in § 62 Absatz 4 geregelt (Nummer 62.4).

62.0.1 Die Beantragung von Abschiebungshaft ist nach § 62 sowohl zur Vorbereitung der Ausweisung (Absatz 1) als auch zur Sicherung der Abschiebung (Absatz 2) möglich. In jedem Fall darf Abschiebungshaft nur beantragt und angeordnet werden, wenn die Abschiebung ohne Inhaftierung wesentlich erschwert oder vereitelt würde.

62.0.2 Bei freiheitsentziehenden Maßnahmen im Rahmen der Abschiebung ist zu berücksichtigen, dass das aus Artikel 2 Absatz 2 Satz 2 GG abzuleitende Beschleunigungsgebot die Behörden verpflichtet, die Abschiebung eines in Abschiebungshaft befindlichen Ausländers mit größtmöglicher Schnelligkeit zu betreiben. Verzögerungen des Verfahrens auf behördlicher Seite können einen Haftantrag gegenstandslos machen bzw. zur Unzulässigkeit der Haftfortdauer führen. Abschiebungshaft ist nur solange zulässig, wie sinnvolle Maßnahmen zur Vorbereitung der Abschiebung getroffen werden können.

62.0.3 Das Verfahren über die Anordnung der Abschiebungshaft richtet sich gemäß § 106 Absatz 2 Satz 1 nach dem FamFG. Sachlich zuständig für die Anordnung der Abschiebungshaft ist das Amtsgericht (§ 23a Absatz 1 Nummer 2 GVG). Örtlich zuständig nach § 416 Satz 1 FamFG ist das Amtsgericht, in dessen Bezirk der Ausländer seinen gewöhnlichen Aufenthalt hat. Fehlt es an einem gewöhnlichen Aufenthalt, ist das Amtsgericht zuständig, in dessen Bezirk das Bedürfnis für die Freiheitsentziehung entsteht (z. B. Ort der Festnahme; § 416 Satz 1 FamFG). In Eilfällen ist auch das Amtsgericht einstweilen zuständig, in dessen Bezirk das Bedürfnis der Anordnung entsteht (§ 50 Absatz 2 FamFG). Für die Anordnung von Abschiebungshaft als so genannte Überhaft ist das Amtsgericht zuständig, in dessen Bezirk die Haftanstalt ist (§ 416 Satz 2 FamFG).

62.0.3.0 Zuständig für die Festnahme des Ausländers sowie für die Beantragung der Abschiebungshaft (§ 417 Absatz 1 FamFG) sind – unbeschadet des Verwaltungsvollstreckungsrechts der Länder – die Ausländerbehörden (§ 71 Absatz 1 – zur örtlichen Zuständigkeit vgl. Nummer 71.1.2), daneben die Polizeien der Länder (§ 71 Absatz 5) sowie die mit der Kontrolle des grenzüberschreitenden Verkehrs beauftragten Behörden (§ 71 Absatz 3 Nummer 1). Zur Frage der Zuständigkeit der Polizeien der Länder für die Festnahme des Ausländers wird auf die Nummer 71.5 verwiesen. In unaufschiebbaren Fällen ist die Ausländerbehörde eines anderen Landes für die Beantragung der Haft zuständig, in deren Bezirk sich die Notwendigkeit der Maßnahme ergibt.

62.0.3.1 Ein Antrag auf Vorbereitungshaft nach § 62 Absatz 1 ist nur zu stellen, wenn nach der Sach- und Rechtslage der Erlass einer Ausweisungsverfügung erforderlich ist (siehe Nummer 62.1) und die Haft verhältnismäßig ist. § 72 Absatz 4 ist zu beachten. Ist von vornherein abzusehen, dass eine Ausweisung nicht innerhalb von sechs Wochen ergehen kann, sind in dem Haftantrag die besonderen, von der Ausländerbehörde nicht zu vertretenden Umstände darzulegen, die ausnahmsweise eine Überschreitung der für den Regelfall vorgesehenen Höchstdauer der Vorbereitungshaft rechtfertigen. Befindet sich der Ausländer bereits in Vorbereitungshaft wegen beabsichtigter Ausweisung und wurde die Ausweisung danach verfügt (vgl. § 62 Absatz 1 Satz 3), ist nach Ablauf der angeordneten Haftdauer unter den Voraussetzungen des § 62 Absatz 2 Sicherungshaft zu beantragen. Eine Vorbereitungshaft wird auf die Gesamtdauer der Sicherungshaft angerechnet (§ 62 Absatz 3 Satz 3).

Mit dem Antrag der Ausländerbehörde auf Vorbereitungshaft beim zuständigen Amtsgericht (§ 416 FamFG) soll die Akte des Ausländers vorgelegt werden (§ 417 Absatz 2 Satz 3 FamFG). Für die Zulässigkeit ist der Antrag zu begründen und hat Tatsachen zu den in § 417 Absatz 2 Satz 2 FamFG aufgeführten Voraussetzungen für die Anordnung der Haft zu enthalten. Zudem sind darzulegen:

62.0.3.1.1 – die Gründe, die einer sofortigen Entscheidung über die Ausweisung entgegenstehen,
62.0.3.1.2 – dass die Abschiebung ohne Inhaftnahme wesentlich erschwert oder vereitelt würde und
62.0.3.1.3 – die Gründe für die beantragte Dauer der Haft.

62.0.3.2 Sicherungshaft darf nur beantragt werden, wenn der Ausländer vollziehbar ausreisepflichtig ist, eine Ausreisefrist abgelaufen ist (§ 50 Absatz 2) und keine Anhaltspunkte dafür vorliegen, dass er ausgereist ist. Bereits bei der Antragstellung ist zu prüfen, ob die beabsichtigte Maßnahme mit dem Grundsatz der Verhältnismäßigkeit vereinbar ist (§ 62 Absatz 2 Sätze 3 und 4). Die Erforderlichkeit der Sicherungshaft setzt das Vorliegen von Haftgründen voraus (§ 62 Absatz 2 Satz 1 und 2).

Mit dem Antrag der Ausländerbehörde auf Sicherungshaft beim zuständigen Amtsgericht (§ 416 FamFG) soll die Akte des Ausländers vorgelegt werden (§ 417 Absatz 2 Satz 3 FamFG). Als Voraussetzung für die Zulässigkeit ist der Antrag zu begründen und hat Tatsachen zu den in § 417 Absatz 2 Satz 2 FamFG aufgeführten Voraussetzungen für die Anordnung der Haft zu enthalten. Für die Begründung des Haftantrags sind zudem folgende Gesichtspunkte maßgebend:

62.0.3.2.1 – dass der Ausländer die Voraussetzungen für eine Abschiebung nach § 58 erfüllt und ggf. bereits eine Abschiebungsandrohung oder Abschiebungsanordnung nach § 34a AsylVfG ergangen ist,
62.0.3.2.2 – aus welchem Grund eine Abschiebung geboten erscheint (§ 58),
62.0.3.2.3 – dass einer Abschiebung keine Abschiebungsverbote (§ 60) oder nicht nur kurzfristige andere Hindernisse entgegenstehen, der Ausländer voraussichtlich innerhalb der nächsten drei Monate reisefähig ist und
62.0.3.2.4 – weshalb die Haft zur Sicherung der Abschiebung erforderlich ist (Haftgründe, vgl. § 62 Absatz 2 Satz 1 Nummer 1 bis 5; § 62 Absatz 2 Satz 2).

62.0.3.3 Solange der Aufenthalt des Ausländers gestattet ist (§ 55 AsylVfG), darf er außer in den Fällen des § 14 Absatz 3 AsylVfG nicht in Haft genommen werden. Wird durch die Asylfolgeantragstellung lediglich ein vorübergehendes Vollstreckungshindernis bewirkt (§ 71 Absatz 4 i. V. m. § 36 Absatz 3 Satz 8 AsylVfG) und wird ein weiteres Asylverfahren nicht durchgeführt, steht dies der Anordnung der Abschiebungshaft nicht entgegen (vgl. § 71 Absatz 8 AsylVfG, § 71a Absatz 2 Satz 3 AsylVfG). Die Verlängerungsvorschrift des § 62 Absatz 3 Satz 2 gilt auch für Asylfolgeantragsteller.

62.0.3.4 Befindet sich der Ausländer in Sicherungshaft, stellt ein anhängiges Verfahren auf vorläufigen Rechtsschutz nach § 80 Absatz 5 VwGO oder nach § 123 VwGO kein entgegenstehendes dauerndes Hindernis dar. Wird dem Ausländer auf Grund einer rechtskräftigen Entscheidung vorläufiger Rechtsschutz gewährt, wird er bis zur Beendigung des Hauptsacheverfahrens auf Anordnung der Ausländerbehörde aus der Haft entlassen. In dem in § 80b Absatz 1 Satz 1 2. Halbsatz VwGO genannten Zeitpunkt ist das Vorliegen von Haftgründen erneut zu prüfen.

62.0.3.5 Die Befugnis, den Ausländer auf Grund sonstiger gesetzlicher Bestimmungen vorläufig festzunehmen (z. B. § 127 StPO) oder in Gewahrsam (z. B. § 39 BPolG) zu nehmen, bleibt unberührt. Befindet sich der Ausländer bereits im öffentlichen Gewahrsam, ist der Haftantrag unverzüglich zu stellen (vgl. § 428 Absatz 1 FamFG). Ordnet der Haftrichter des nach § 416 Satz 2 FamFG zuständigen Amtsgerichts Abschiebungshaft an, geht der Gewahrsam in Abschiebungshaft über.

62.0.3.6 Die beantragte Dauer der Haft ist zu begründen. Die Ausländerbehörde hat Haft- und Haftverlängerungsanträge so rechtzeitig zu stellen, dass die mündliche Anhörung des Ausländers vor der zu treffenden Entscheidung des Haftrichters durchgeführt werden kann. Ausnahmen sind zulässig, wenn die Voraussetzungen des § 420 Absatz 2 FamFG (Nachteile für die Gesundheit des Anzuhörenden oder das Vorhandensein einer übertragbaren Krankheit) erfüllt sind; bei Gefahr im Verzug kann das Gericht ohne Anhörung des Ausländers eine einstweilige Freiheitsentziehung anordnen (§ 427 Absatz 2 FamFG). Hiervon ist auch Gebrauch zu machen, wenn nach einer angekündigten Überstellung nach Deutschland beabsichtigt ist, den Ausländer unmittelbar in Haft zu nehmen. Bei der Beantragung einer Verlängerung der Abschiebungshaft soll die Akte des Ausländers vorgelegt werden. Für die Zulässigkeit des Antrages gelten die Voraussetzungen für die erstmalige Anordnung nach §§ 425 Absatz 3, 417 Absatz 2 FamFG entsprechend (siehe Nummer 62.0.3.2). Zudem ist zu begründen:

62.0.3.6.1 – welche Maßnahmen bisher zur Vorbereitung der Abschiebung getroffen wurden (mit Datum und konkreter Bezeichnung),
62.0.3.6.2 – aus welchen Gründen die Abschiebung während der bisherigen Haftdauer nicht möglich war und
62.0.3.6.3 – wann mit der Abschiebung voraussichtlich zu rechnen ist.

62.0.4 Die Abschiebungshaft vollziehen die nach Landesrecht zuständigen Behörden (§ 422 Absatz 3 FamFG). Diese Zuständigkeitsregelung lässt die Zuständigkeit des Amtsgerichts für die gerichtliche Anordnung der Freiheitsentziehung und die Entscheidung über die Fortdauer die Abschiebungshaft sowie den ordentlichen Rechtsweg unberührt (§ 417 Absatz 1, § 425 Absatz 3 FamFG). Die Zuständigkeit der ordentlichen Gerichtsbarkeit erstreckt sich auch auf die Frage, ob die Anordnung der Freiheitsentziehung für sofort wirksam erklärt oder ausgesetzt werden soll (§§ 422 Absatz 2, 424 FamFG). Zum Vollzug der Abschiebungshaft durch die Ausländerbehörde gehört daher nicht die Anordnung der sofortigen Wirksamkeit einer freiheitsentziehung anordnenden Entscheidung bzw. die Anordnung einer einstweiligen Freiheitsentziehung durch das Amtsgericht gemäß § 427 FamFG als Grundlage für die Vollstreckung der Abschiebungshaft. Zur Haftdauer siehe Nummer 62.3.

62.0.5 Minderjährige, die das 16. Lebensjahr noch nicht und Ausländer, die das 65. Lebensjahr vollendet haben, sowie Schwangere bzw. Mütter innerhalb der gesetzlichen Mutterschutzvorschriften sollen grundsätzlich nicht in Abschiebungshaft genommen werden. Halten sich die Eltern des minderjährigen Ausländers nicht im Bundesgebiet auf, hat die Ausländerbehörde mit dem zuständigen Jugendamt wegen der Unterbringung des Ausländers bis zur Abschiebung Kontakt aufzunehmen (vgl. § 42 Absatz 1 Satz 2 SGB VIII). Minderjährige Ausländer, deren Asylantrag abgelehnt wurde, sollen bis zur Abschiebung regelmäßig in der bisherigen Unterkunft untergebracht werden.

Abschiebungshaft § 62 AufenthG 1

Bei Familien mit minderjährigen Kindern soll i. d. R. nur Abschiebungshaft für einen Elternteil beantragt werden.
62.0.6 Für Ausgang, Beurlaubung, Freigang aus der Abschiebungshaft oder Unterbringung im offenen Vollzug ist nach dem Gesetzeszweck kein Raum.
62.0.7 Zur Anordnung von Abschiebungshaft gegen Unionsbürger siehe Nummer 7.1.4.2 und 7.2.4 VwV-FreizügG/EU.

62.1 Vorbereitungshaft
62.1.1 Vorbereitungshaft ist nur dann zulässig, wenn nach dem Ergebnis der Sachverhaltsermittlung der Erlass einer Ausweisungsverfügung rechtlich möglich und mit hoher Wahrscheinlichkeit zu erwarten ist, über die erforderliche Ausweisung jedoch nicht sofort entschieden werden kann. Vorbereitungshaft ist insbesondere dann zulässig, wenn die Ausweisung innerhalb von sechs Wochen nach Antritt der Haft verfügt und die Abschiebung in dieser Zeit durchgeführt werden kann. Außerdem ist erforderlich, dass die Abschiebung des Ausländers, die auf Grund der beabsichtigten Ausweisung vollzogen werden soll, rechtlich und tatsächlich möglich ist und ohne die Vorbereitungshaft wesentlich erschwert oder vereitelt würde. Im Haftantrag sind die hierfür maßgebenden konkreten Umstände anzugeben (Nummer 62.0.3.1). Die unmittelbar bevorstehende Entlassung des Ausländers aus der Untersuchungshaft kann für die Beantragung von Vorbereitungshaft Anlass geben.
62.1.2 Bei Wegfall einer gesetzlichen Voraussetzungen ist von Amts wegen unverzüglich zu beantragen, die Haft aufzuheben.
62.1.3 Eine über die Sechs-Wochen-Frist des § 62 Absatz 1 Satz 2 hinausgehende Dauer der Vorbereitungshaft ist in atypischen Fallkonstellationen denkbar, z. B. wenn der Erlass einer Ausweisungsverfügung durch vom Ausländer zu vertretende Umstände hinausgezögert wird.

62.2 Sicherungshaft
62.2.0.0 Bei der Sicherungshaft handelt es sich um eine Maßnahme zur Sicherung der Abschiebung. Sie dient weder der Vorbereitung oder Durchführung eines Strafverfahrens, der Strafvollstreckung noch stellt sie eine Beugemaßnahme oder eine Ersatzfreiheitsstrafe dar.
62.2.0.1 § 62 Absatz 2 Satz 1 und 2 regelt abschließend, aus welchen Gründen ein Ausländer zur Sicherung der Abschiebung auf richterliche Anordnung in Haft zu nehmen ist. Die Haft zur Sicherung der Abschiebung ist grundsätzlich anzuordnen, wenn einer oder mehrere der in § 62 Absatz 2 Satz 1 genannten Haftgründe vorliegen und die Rechtsvoraussetzungen für eine Abschiebung erfüllt sind (§ 58). Macht der Ausländer glaubhaft (z. B. durch Vorlage von Flugtickets), dass er sich einer Abschiebung nicht entziehen will, ist allein die Erfüllung der tatbestandlichen Voraussetzungen des § 62 Absatz 2 Satz 1 Nummer 1 nicht ausreichend, um die Sicherungshaft anzuordnen (§ 62 Absatz 2 Satz 3). Gleiches muss für sämtliche Haftgründe gelten, wenn er sich der Abschiebung offensichtlich nicht entziehen will. Dies ist etwa dann der Fall, wenn ein mit dem deutschen Behördenaufbau nicht vertrauter Ausländer seinen Aufenthaltsortwechsel zwar der zuständigen Meldebehörde, nicht aber (entsprechend § 62 Absatz 2 Satz 1 Nummer 2) der Ausländerbehörde angezeigt hat oder wenn er jedenfalls zum Zeitpunkt der Entscheidung über den Haftantrag seine ordnungsbehördliche Anmeldung veranlasst hat und zusätzliche Umstände gegen die Notwendigkeit einer Sicherung der Abschiebung durch Haftanordnung sprechen. Ist die Abschiebung auf andere Weise gesichert oder ist mit hinreichender Sicherheit zu erwarten, dass eine Abschiebung nicht mehr erforderlich sein wird, erübrigt sich die Beantragung von Sicherungshaft selbst dann, wenn einer der Haftgründe des § 62 Absatz 2 Satz 1 Nummer 2 bis 5 vorliegt.
62.2.0.2 Liegt ein Haftgrund gemäß § 62 Absatz 2 Satz 1 vor, so ist Haftantrag nur dann zu stellen, wenn auch die tatsächliche Möglichkeit besteht, dass die Abschiebung innerhalb angemessener Zeit durchgeführt werden kann. Sicherungshaft darf nicht beantragt werden, wenn feststeht, dass die Abschiebung aus Gründen, die der Ausländer nicht zu vertreten hat (z. B. Reiseunfähigkeit wegen stationärer Krankenhausbehandlung), innerhalb der nächsten drei Monate nicht durchgeführt werden kann (§ 62 Absatz 2 Satz 4).
62.2.1.1.1 Gemäß § 62 Absatz 2 Satz 1 Nummer 1 ergibt sich der Sicherungshaftgrund aus der vollziehbaren Ausreisepflicht auf Grund einer unerlaubten Einreise. Die vollziehbare Ausreisepflicht muss sich unmittelbar aus einer unerlaubten Einreise gemäß § 14 Absatz 1 ergeben. Dies ist nicht der Fall, wenn der Aufenthalt zwischenzeitlich rechtmäßig war und andere Umstände als die unerlaubte Einreise zu einer vollziehbaren Ausreisepflicht geführt haben. Ein Antrag auf Erteilung eines Aufenthaltstitels berührt die vollziehbare Ausreisepflicht auf Grund unerlaubter Einreise jedoch nicht (§ 81 Absatz 3 Satz 1). Durch Aussetzung der vollziehbaren Ausreisepflicht (§ 80 Absatz 5 VwGO) entfällt der Haftgrund. Der Haftgrund entfällt auch, wenn der Ausländer glaubhaft macht (z. B. Bereitstellung einer Sicherheitsleistung nach § 66 Absatz 5, Vorlage von Flugtickets oder Rückfahrkarten), dass er sich der Abschiebung nicht entziehen will (§ 62 Absatz 2 Satz 3). Beachtlich sind jedoch entsprechende Absichten des Ausländers nur dann, wenn er diese tatsächlich verwirklichen kann (z. B. Einwanderung in einen Drittstaat).
62.2.1.1.2 Auf Asylsuchende, denen die Einreise in bestimmten Fällen von Gesetzes wegen zu verweigern ist (vgl. § 18 Absatz 2 AsylVfG), findet § 62 Absatz 2 Satz 1 Nummer 1 Anwendung. Wird jedoch der Aufenthalt im Bundesgebiet nach den Vorschriften des AsylVfG gestattet, entfällt mit Ausnahme der in § 14 Absatz 3 AsylVfG genannten Fälle der Haftgrund wegen unerlaubter Einreise. Ausgenommen von dem Haftgrund sind auch Ausländer, die einen Asylfolgeantrag gestellt haben, wenn nach § 71 Absatz 1 AsylVfG ein weiteres Asylverfahren durchgeführt wird (vgl. auch § 71a Absatz 2 Satz 3 AsylVfG).
62.2.1.1.2 Kann eine nach § 58a erlassene Abschiebungsanordnung auf Grund bestehender Abschiebungsverbote nach § 60 Absatz 1 bis 8 (§ 58a Absatz 3) oder auf Grund eingelegter Rechtsbehelfe (§ 58a Absatz 4) nicht sofort (d. h. nur vorübergehend nicht) vollzogen werden, ist der Sicherungshaftgrund des § 62 Absatz 2 Satz 1 Nummer 1a erfüllt.
62.2.1.3 Kommt der Ausländer der Anzeigepflicht nach § 50 Absatz 5 nicht nach, kann er den Haftgrund des § 62 Absatz 2 Satz 1 Nummer 2 erfüllen. Dieser Sicherungshaftgrund setzt die Unerreichbarkeit des Ausländers infolge eines unangemeldeten Wechsels des Aufenthaltsortes nach Ablauf der Ausreisefrist voraus. Der Haftgrund entfällt, wenn der Ausländer im Zeitpunkt der Entscheidung über den Haftantrag seine ordnungsgemäße Anmeldung veranlasst hat und zusätzliche Umstände gegen die Notwendigkeit einer Sicherung der Abschiebung durch Anordnung der Haft sprechen (Nummer 62.2.0.1). Die Sicherungshaft aus den genannten Gründen muss in unmittelbarem Zusammenhang mit der Abschiebung stehen. Liegt der Haftgrund vor und ist der Ausländer wegen unbekannten Aufenthalts tatsächlich nicht erreichbar, kann die Haftanordnung ohne vorherige persönliche Anhörung erfolgen. Diese ist unverzüglich nach seinem Ergreifen nachzuholen.

62.2.1.4 Der Abschiebungshaftgrund des § 62 Absatz 2 Satz 1 Nummer 3 kommt insbesondere bei abgelehnten Asylantragstellern, die in einer Aufnahmeeinrichtung wohnen müssen (vgl. § 47 AsylVfG), zum Tragen. Vorausgesetzt wird, dass dem Ausländer ein bestimmter, konkreter Abschiebungstermin und -ort zwar angekündigt, er dort aus einem von ihm zu vertretenden Grund jedoch nicht angetroffen wurde. Die Beweislast für ein unverschuldetes Nichterscheinen liegt bei dem Ausländer (§ 82 Absatz 1).

62.2.1.5 § 62 Absatz 2 Satz 1 Nummer 4 erfasst nicht in Nummer 1 bis 3 genannte Haftgründe, die eine Abschiebung verhindert haben (Auffangtatbestand). Die für das Verhalten des Ausländers maßgeblichen Gründe sind i. d. R. unerheblich. Das Ausschöpfen rechtlicher Möglichkeiten gegen die Abschiebung ist kein Haftgrund.

62.2.1.6 § 62 Absatz 2 Satz 1 Nummer 5 enthält eine Generalklausel, auf Grund derer Sicherungshaft anzuordnen ist, wenn mit hinreichender Wahrscheinlichkeit zu erwarten ist, dass die Abschiebung ohne die Inhaftnahme des Ausländers nicht durchgeführt werden kann. Sofern eine Ausreisefrist gesetzt wurde, ist für das Vorliegen des Haftgrundes deren Ablauf (vgl. § 50 Absatz 2) maßgeblich. Die Anwendung des § 62 Absatz 2 Satz 1 Nummer 5 setzt den begründeten Verdacht voraus, dass sich der Ausländer der Abschiebung entziehen will. Diese Voraussetzung ist nicht bereits dann erfüllt, wenn der Ausländer keine festen sozialen Bindungen im Bundesgebiet besitzt, keine verwandtschaftlichen Beziehungen im Bundesgebiet hat oder mittellos (§ 58 Absatz 3 Nummer 4) ist. Die bloße Weigerung zur freiwilligen Ausreise ist allein als Haftgrund nicht ausreichend. Vielmehr müssen konkrete Umstände den Verdacht begründen, dass der Ausländer die Absicht hat, sich der Abschiebung zu entziehen. Liegen konkrete Anhaltspunkte dafür vor, dass sich der Ausländer voraussichtlich in einer Weise der Abschiebung entziehen will, die bereits durch die Anwendung unmittelbaren Zwangs überwunden werden kann, ist die Anordnung von Sicherungshaft unzulässig.

62.2.1.6.1 Die Durchführbarkeit der Abschiebung ist infrage gestellt, wenn die Gefahr besteht, dass sich der Ausländer dem Zugriff entziehen will. Hierfür können z. B. folgende Gesichtspunkte sprechen:

62.2.1.6.1.1 – der Ausländer verheimlicht, dass er zur Ausreise notwendige Heimreisedokumente besitzt,

62.2.1.6.1.2 – der Ausländer ist mit einem ge- oder verfälschten Pass oder Passersatz eingereist oder eingeschleust worden und macht über seine Identität keine oder unzutreffende Angaben,

62.2.1.6.1.3 – der Ausländer hielt sich verborgen oder ist z. B. aus einem Hafturlaub nicht zurückgekehrt,

62.2.1.6.1.4 – der Ausländer hat gegen aufenthaltsrechtliche Vorschriften (z. B. räumliche Aufenthaltsbeschränkung, Ausreise entgegen § 50 Absatz 4) verstoßen und die Art der Verstöße legt die Schlussfolgerung nahe, dass er sich künftig der Abschiebung zu entziehen versuchen wird.

62.2.1.6.2 Auch die mangelnde Mitwirkung an der Ausstellung oder der Verlängerung der Gültigkeitsdauer eines Heimreisedokuments oder Beantragung eines erforderlichen Transitvisums kann jedenfalls dann einen Haftgrund darstellen, wenn entsprechende behördliche Bemühungen deswegen ohne Erfolg sind und aus den Umständen des Einzelfalls geschlossen werden kann, der Ausländer wolle einer Abschiebung aktiv entgegenwirken. Der Ausländer ist vorher auf seine Mitwirkungspflichten (§§ 48, 82 sowie § 56 AufenthV) hinzuweisen.

62.2.1.6.3 Bemüht sich der in Sicherungshaft befindliche Ausländer nicht um die Beschaffung eines gültigen Heimreisedokuments und waren entsprechende Bemühungen der Ausländerbehörde bislang erfolglos, wird die Verlängerung der Haft beantragt.

62.2.2 Die Ermessensvorschrift des § 62 Absatz 2 Satz 2 stellt neben den zwingenden Vorschriften des Satzes 1 eine eigene Rechtsgrundlage für die Anordnung von Sicherungshaft für die Dauer von längstens zwei Wochen dar (so genannte „kleine Sicherungshaft"). Anzeichen dafür, dass der Ausländer sich der Abschiebung entziehen will, sind nicht ausschlaggebend. Abschiebungsgründe müssen weiterhin vorliegen. Voraussetzung ist, dass die Ausreisefrist abgelaufen ist und feststeht, dass die Abschiebung bereits bis zum Ablauf von zwei Wochen durchgeführt werden kann. Im Zeitpunkt der Antragstellung muss feststehen, dass die Abschiebung aus der Sicherungshaft heraus oder unmittelbar nach ihrem Ablauf durchgeführt werden kann.

62.2.3 Auf Nummer 62.2.1.1.1 wird Bezug genommen.

62.2.4 Auf Nummer 62.2.0.2 und 62.3.0 wird Bezug genommen.

62.2.5.0 Gescheitert i. S. d. Satzes 5 ist eine Abschiebung dann, wenn sie objektiv in absehbarer Zeit nicht durchführbar ist. Dies ist in Konstellationen, in denen eine Abschiebung nach den objektiven Umständen zeitnah nachgeholt werden kann, etwa bei einer Flugverschiebung oder einem Flugausfall, nicht der Fall. Ein neuer Haftbeschluss muss nicht erwirkt werden, soweit die Abschiebung innerhalb der Anordnungsfrist nachgeholt werden kann.

62.2.5.1 Nach § 62 Absatz 2 Satz 5 gilt die Anordnung von Sicherungshaft trotz Zweckverfehlung (Scheitern der Abschiebung) in Fällen fort, in denen der Ausländer das Scheitern (siehe Nummer 62.2.5.0) der Abschiebung und damit die Zweckverfehlung der Maßnahme selbst herbeigeführt hat. Ein neuer Haftbeschluss muss bis zum Ablauf der Anordnungsfrist nicht erwirkt werden.

62.2.5.2 Zu vertreten hat der Ausländer alle Handlungen oder Unterlassungen aus seiner Einflusssphäre, die für die Zweckverfehlung der Maßnahme ursächlich sind. Dies kann z. B. ein Verhalten des Ausländers im Zuge des Rückführungsfluges sein, das dazu führt, dass der Flug abgebrochen werden muss.

62.3 Dauer der Sicherungshaft

62.3.0 Bei der Beantragung von Sicherungshaft ist zu berücksichtigen, dass im Regelfall die Dauer von drei Monaten Haft nicht überschritten werden soll und eine Haftdauer von sechs Monaten nicht ohne weiteres als verhältnismäßig angesehen werden darf. Die Verlängerung der Sicherungshaft um bis zu zwölf Monate ist zulässig, wenn es der Ausländer zu vertreten hat, dass die Ausländerbehörde einen längeren Zeitraum für die Durchführung der Abschiebung benötigt (z. B. der Ausländer vernichtet oder den Pass oder weigert sich, an der Beschaffung eines Passes mitzuwirken). Steht jedoch die Unmöglichkeit der Abschiebung aus Gründen, die der Ausländer nicht zu vertreten hat, innerhalb der nächsten drei Monate fest, ist Sicherungshaft gemäß § 62 Absatz 2 Satz 4 unzulässig. Ist die Abschiebung gescheitert und hat dies der Ausländer zu vertreten (z. B. weil er den Abflug wegen Randalierens im Flugzeug vereitelt hat), bleibt die Anordnung der Sicherungshaft nach Absatz 2 Satz 1 bis zum ursprünglich vorgesehenen Ende der Anordnungsfrist aufrechterhalten (vgl. § 62 Absatz 2 Satz 5, vgl. Nummer 62.2.5.0).

62.3.0.1 Die Ausländerbehörde ist während der Dauer der Haft zur Prüfung verpflichtet, ob die Voraussetzungen für die Aufrechterhaltung der Sicherungshaft weiter vorliegen oder auf Grund nachträglich eingetretener Umstände entfallen sind. Dazu zählen beispielsweise die Mitwirkung des Ausländers an der Passbeschaffung, das Ergehen einer verwaltungsgerichtlichen Entscheidung im vorläufigen Rechtsschutzverfahren (vgl. § 80 Absatz 5 VwGO, § 80b Absatz 3 VwGO oder § 123 VwGO), die Erteilung einer Bescheinigung über die Aufenthaltsgestattung oder die längerfristige oder dauerhafte Undurchführbarkeit der Abschiebung (z. B. Vorliegen eines Abschiebungsverbots bzw. Abschiebungsstopps i. S. v. § 60 Absatz 1 bis 5 und 7, § 60a Absatz 1).

62.3.0.2 Die Freiheitsentziehung muss zu jedem Zeitpunkt ihrer Dauer von der gesetzlichen Ermächtigung gedeckt sein. Daher ist es ausgeschlossen, den Fortdauer der Abschiebungshaft wegen des Zeitaufwandes für Verwaltungsvorgänge zu beantragen bzw. anzuordnen, mit denen ein anderer Zweck als derjenige verfolgt wird, der die Haft dem Grunde nach rechtfertigt.

62.3.0.3 In Fällen, in denen sich der Ausländer längere Zeit in Strafhaft befindet, ist die Ausländerbehörde gemäß § 59 Absatz 5 gehalten, während dieser Zeit die Abschiebung so vorzubereiten, dass sie unmittelbar im Anschluss an die Strafhaft durchgeführt werden kann. Sicherungshaft kann ausnahmsweise im Anschluss an die Strafhaft oder Untersuchungshaft nach Maßgabe des § 62 Absatz 2 Satz 1 oder 2 angeordnet werden. Voraussetzung ist jedoch, dass die Abschiebung aus von der Ausländerbehörde nicht zu vertretenden Gründen (z. B. wegen fehlender Flugverbindungen) ausnahmsweise nicht bis zum Ende der Strafhaft durchgeführt werden kann. Die Anordnung von Sicherungshaft entspricht dem Gebot der Verhältnismäßigkeit, wenn von der Ausländerbehörde mit der in solchen Fällen gebotenen Beschleunigung zuvor vergeblich versucht wurde, die Abschiebung aus der Strafhaft heraus zu ermöglichen. Die Ausländerbehörde hat eine besondere, auf die Notwendigkeit der Haftverlängerung abhebende Begründungspflicht.

62.3.1.1 Sicherungshaft kann auch bei wiederholter Haftanordnung grundsätzlich nur bis zu insgesamt sechs Monaten angeordnet werden. Soll die Dauer der Sicherungshaft länger als drei Monate andauern, sind bei der Beantragung von Sicherungshaft bis zu sechs Monaten besondere Anforderungen an die Begründungspflicht hinsichtlich der Erforderlichkeit zu stellen.

62.3.1.2 Eine auf sechs Monate zu begrenzende Haftanordnung erfüllt ihren gesetzlichen Sicherungszweck nicht, wenn von vornherein damit zu rechnen ist, dass die Abschiebung erst nach Ablauf von sechs Monaten durchführbar sein wird und die für die Verzögerung maßgebenden Umstände nicht in einem dem Ausländer zurechenbaren Verhalten liegen, vgl. § 62 Absatz 2 Satz 4. Der Ausländer hat Umstände zu vertreten, die sowohl zum Entstehen des Abschiebungshindernisses geführt haben als auch zum Wegfall des Hindernisses führen können. Dem Ausländer können hinsichtlich der Festsetzung oder Verlängerung einer über drei Monate hinausgehenden Haftdauer auch solche Umstände zum Nachteil gereichen, die dazu geführt haben, dass ein Abschiebungshindernis überhaupt erst eingetreten ist (z. B. Vernichtung der gültigen Reisedokumente). Es ist unerheblich, ob der Ausländer durch sein Verhalten nach Eintritt eines Abschiebungshindernisses zu einer Verzögerung der Abschiebung zurechenbar beiträgt oder ob schon das Hindernis selbst von ihm in zu vertretender Weise mit herbeigeführt worden ist. Dies ist jedoch zu verneinen, wenn die Ausländerbehörde nicht alle aussichtsreichen Anstrengungen unternommen hat, um etwa Passersatzpapiere zu beschaffen, damit der Vollzug der Sicherungshaft auf eine möglichst kurze Zeit beschränkt werden kann.

62.3.2 Eine Verlängerung der Sicherungshaft um bis zu zwölf Monate auf die Höchstdauer von 18 Monaten ist nur dann zulässig, wenn der Ausländer seine Abschiebung verhindert (§ 62 Absatz 3 Satz 2) und ihm dies zurechenbar ist (z. B. mangelnde Mitwirkung bei der Beschaffung von Reisedokumenten; Verstoß gegen die Passvorlagepflicht nach § 48 Absatz 1; Weigerung, sich den Auslandsvertretung des Heimatstaates vorzustellen). Es muss feststehen, dass der Ausländer ihm zumutbare Handlungen pflichtwidrig unterlässt bzw. seinen Pflichten widersprechend handelt. Das Verhalten des Ausländers muss zudem weiter ursächlich für die Nichtdurchführbarkeit der Abschiebung bleiben. Eine Verlängerung der Sicherungshaft um bis zu zwölf Monate ist unter den gleichen Voraussetzungen zulässig, wenn der Ausländer einen Asylfolgeantrag gestellt hat. Eine Verhinderung der Abschiebung i. S. v. § 62 Absatz 3 Satz 2 liegt nicht vor, wenn der Ausländer Rechtsschutzmöglichkeiten ausschöpft (siehe Nummer 62.2.1.5).

62.3.3 Die Ausländerbehörde hat während der Dauer der Sicherungshaft kontinuierlich zu prüfen, ob die Haftgründe fortbestehen und Maßnahmen in den Akten zu vermerken. Sie hat den Vollzug der Abschiebungshaft unverzüglich bis zu einer Woche auszusetzen (§ 424 Absatz 1 Satz 3 FamFG) oder deren Aufhebung unverzüglich zu beantragen, wenn die für deren Anordnung maßgebenden Gründe entfallen sind (§ 426 Absatz 2 FamFG).

62.3.4 § 62 findet auf Ausländer entsprechende Anwendung, die zurückgeschoben werden (vgl. § 57 Absatz 3). Für die Stellung des Haftantrags, für den Vollzug der Haft sowie für den Erlass eines Leistungsbescheids sind die für die Zurückschiebung zuständigen Behörden bzw. die Polizeien der Länder zuständig (§ 71 Absatz 1 Nummer 1, Absatz 5). Für die Zurückweisung gilt § 15 Absatz 5 (vgl. Nummer 15.5). Für die Beantragung der Haft im Falle der Zurückschiebung kann außerdem von Bedeutung sein, ob der Ausländer gegen aufenthaltsrechtliche oder melderechtliche Vorschriften verstoßen hat, er sich seit der Einreise verborgen hielt, sich ohne Heimreisedokumente im Bundesgebiet aufhält, unzutreffende Angaben über seine Person gemacht oder Straftaten begangen hat.

62.4 Vorläufige Ingewahrsamnahme ohne vorherige richterliche Anordnung zur Sicherstellung der Sicherungshaft

62.4.1 Absatz 4 soll die richterliche Vorführung zur Anordnung von Sicherungshaft von vollziehbar ausreisepflichtigen Ausländern sicherstellen, wenn der Ausländer vorläufig in Gewahrsam genommen worden ist, weil der dringende Verdacht des Vorliegens von Haftgründen nach § 62 Absatz 2 Satz 1 besteht, die vorherige richterliche Entscheidung über die Anordnung von Sicherungshaft den Umständen nach nicht eingeholt werden kann und die Gefahr der Vereitelung der Haftanordnung besteht. Die Voraussetzungen müssen kumulativ vorliegen. Eine konkret geplante Festnahme bedarf regelmäßig einer vorherigen richterlichen Anordnung; Absatz 4 ist in diesen Fällen nicht anwendbar.

62.4.2 Die Ausschreibung eines Ausländers zur Festnahme (vgl. Nummer 50.7) ist für die Behörde, die den Ausländer aufgreift, nicht bindend; sie muss die Voraussetzungen für die vorläufige Ingewahrsamnahme eigenverantwortlich prüfen. Die Ausschreibung zur Festnahme lässt aber erkennen, dass die ausschreibende Behörde zum Zeitpunkt der Ausschreibung das Vorliegen von Haftgründen bejaht hat.

62.4.3 Die vorläufige Festnahme ist beispielsweise in folgenden Fallkonstellationen vorstellbar:

62.4.3.1 – Die Polizeibehörden überprüfen die Personalien eines vollziehbar ausreisepflichtigen Ausländers zur Nachtzeit. Hier gewährleistet Absatz 4 eine bundeseinheitliche Regelung, der zufolge der Ausländer ohne vorherige richterliche Anordnung vorläufig in Gewahrsam genommen werden kann. Der Ausländer ist unverzüglichen dem Richter zur Entscheidung über die Anordnung der Sicherungshaft vorzuführen.

62.4.3.2 – Während einer Vorsprache bei der Ausländerbehörde stellt sich heraus, dass der vollziehbar Ausreisepflichtige untertauchen will.
62.4.3.3 – Die Voraussetzungen für eine Anordnung von Sicherungshaft sind der Ausländerbehörde bekannt, der Ausländer erscheint dort zufällig vor Stellung des Haftantrags.
62.4.3.4 – Ein vollziehbar ausreisepflichtiger Ausländer unbekannten Aufenthalts (vgl. § 62 Absatz 2 Satz 1 Nummer 2) wird von der Polizei aufgegriffen.

Übersicht

	Rn.
I. Entstehungsgeschichte und Änderungshistorie	1
II. Allgemeines	4
1. Charakter der Abschiebungshaft	6
2. Eingriff in das Grundrecht auf Freiheit der Person (Art. 2 II 2 GG)	10
a) Abgrenzung Freiheitsbeschränkung und Freiheitsentziehung	11
b) Richtervorbehalt bei Freiheitsentziehung	12
c) Beschleunigungsgebot	20
d) Rechtsschutzinteresse bei Freiheitsentziehungen	23
III. Vorbereitungshaft (Abs. 2)	26
IV. Sicherungshaft (Abs. 3)	30
1. Allgemeines	30
2. Haftgründe	34
a) Sicherungshaft nach Abs. 3 S. 1 Nr. 1 (Fluchtgefahr)	34
b) Widerlegliche Vermutung der Fluchtgefahr (Abs. 3a)	35
c) Konkrete Anhaltspunkte für Fluchtgefahr (Abs. 3b)	49
d) Sicherungshaft nach Abs. 3 S. 1 Nr. 2 (unerlaubte Einreise)	58
e) Sicherungshaft nach Abs. 3 S. 1 Nr. 3 (Abschiebungsanordnung)	62
f) Entziehungsabsicht (Abs. 3 S. 2)	65
3. Scheitern der Abschiebung (Abs. 4a)	67
4. Haft von Minderjährigen	68
5. Haftdauer	72
a) Durchführbarkeit der Abschiebung binnen drei Monaten (Abs. 3 S. 3)	73
b) Höchstdauer der Sicherungshaft (Abs. 4)	77
c) Überhaft	87
V. Mitwirkungshaft (Abs. 6)	89
VI. Festnahmerecht der Ausländer- und Polizeibehörden (Abs. 5)	96
VII. Verfahren und Rechtsschutz	99
1. Allgemeines	99
2. Amtsermittlungen contra Bindung an Entscheidungen der Ausländerbehörden und der Verwaltungsgerichte	106

I. Entstehungsgeschichte und Änderungshistorie

1   Die Vorschrift entsprach in ihrer ersten Fassung im Wesentlichen dem ursprünglichen **Gesetzesentwurf**[1]. Aufgrund des Vermittlungsverfahrens wurde nur in Abs. 2 die Nr. 1a AufenthG 2005 (Abschiebungsanordnung nach § 58a) eingefügt[2]. Der damalige Abs. 2 S. 5 und der damalige Abs. 4 wurden durch das **RLUmsG 2007**[3] mWv 28.8.2007 neu eingeführt. § 62 wurde durch das **RLUmsG 2011**[4] aufgrund der Anpassung an die Rückführungs-RL mit Einfügung des neuen **Abs. 1** geändert. Zudem wurde § 62a (Vollzug der Abschiebungshaft) neu eingefügt. Dadurch wurden nach der damaligen Begründung des Gesetzesentwurfs[5] die Art. 15 I, Art. 17 I sowie Art. 16 I, II, IV und V und Art. 17 II–V Rückführungs-RL umgesetzt.

2   Mit dem **AufenthGÄndG 2015**[6] wurde in Abs. 3 S. 1 Nr. 5 eine Regelung eingeführt, wonach ein Ausländer in Sicherungshaft genommen werden konnte, wenn im Einzelfall Gründe vorlagen, die auf den in § 2 XIV festgelegten Anhaltspunkten beruhten und deshalb der begründete Verdacht bestand, dass er sich der Abschiebung durch Flucht entziehen wolle. Zugleich wurde die Regelung zur sog. **Kleinen Sicherungshaft** in Abs. 3 S. 2 („Der Ausländer kann für die Dauer von längstens zwei Wochen in Sicherungshaft genommen werden, wenn die Ausreisefrist abgelaufen ist und feststeht, dass die Abschiebung durchgeführt werden kann") durch das **AufenthGÄndG 2015**[7] aufgehoben. Der hinter der „Kleinen Sicherungshaft" stehende Gedanke findet sich aber seit 2019 im neu eingefügten § 62b (Ausreisegewahrsam) wieder (→ § 62b Rn. 2). In der Folge wurde auch § 62 III 5 wegen des

---

[1] BT-Drs. 15/420, 24 f.
[2] BT-Drs. 15/3479, 10.
[3] Gesetz v. 19.8.2007, BGBl. I S. 1970.
[4] BT-Drs. 17/5470.
[5] BT-Drs. 17/5470, 46.
[6] Gesetz v. 31.7.2015, BGBl. I S. 1386.
[7] Gesetz v. 31.7.2015, BGBl. I S. 1386.

neu eingefügten Abs. 4a gestrichen. Durch das **Gesetz zur besseren Durchsetzung der Ausreisepflicht**[8] wurde in Abs. 3 ein neuer S. 4 und in Abs. 4 der neue S. 3 eingefügt.

Mit dem **2. RückkehrG 2019**[9] wurde die Bestimmung umfassend überarbeitet. Die widerlegliche 3 Vermutung des Vorliegens einer Fluchtgefahr in Abs. 3a sowie die Merkmale einer konkreten Fluchtgefahr in Abs. 3b wurden neu aufgenommen. Haftgründe des ursprünglichen Abs. 3 und des vormaligen § 2 XIV sind in der neuen Systematik aufgegangen. Eine wesentliche Änderung erfolgte zudem mit der Einführung einer **Mitwirkungshaft** in Abs. 6.

II. Allgemeines

Anders als nach den §§ 63, 60 AuslG 1990 und § 16 AuslG 1965 sowie nach den §§ 57, 15 aF ist die 4 Vorbereitungs- oder Sicherungshaft seit dem 28.8.2007 nur noch für die Abschiebungshaft und die Zurückschiebungshaft zulässig (die ehemals in § 15 IV bis zum 27.8.2007 gültige Verweisung auf § 62 ist gestrichen worden, da dies durch den Gesetzgeber mit Hinweis auf den neuen § 15 V für insgesamt entbehrlich gehalten wurde). In beiden Fällen hat der Gesetzgeber die Höchstdauer zu begrenzen versucht. Vorschlägen zur Änderung der Zuständigkeit[10] ist er nicht gefolgt. Ebenso erfolglos waren Bestrebungen, die Rechte der Abschiebehäftlinge durch ein **VollzugsG** ähnlich wie für Straf- oder die Untersuchungshaft zu regeln, was mehr denn je durch das **Trennungsgebot** in der Rückführungs-RL begründet wäre (hierzu → § 62a Rn. 7).

Nach wie vor werden Erleichterungen wie Besucherempfang, Telefongespräche, Ausgang oder 5 Freizeitaktivitäten grundsätzlich mit der Begründung abgelehnt, dafür sei nach dem Gesetzeszweck kein Raum. Zu der insgesamt unbefriedigenden Lage trägt auch die Zersplitterung der Zuständigkeit in den Bundesländern bei (zum Teil Ministerium des Innern, zum Teil Justiz). Infolgedessen ist nicht einmal die sozialpädagogische und seelsorgerische Betreuung durchgehend geregelt. Der Gesetzgeber hat für die Abschiebungshaft nicht einmal wie für die Ausreiseeinrichtungen in § 61 II eine Ausreiseberatung ausdrücklich vorgesehen. Mit dem RLUmsG 2011 wurden mit **§ 62a** zumindest Mindeststandards für den Vollzug der Abschiebungshaft in speziellen Hafteinrichtungen vorgesehen.

1. Charakter der Abschiebungshaft

Eine Abschiebungshaft stellt ebenso wenig wie eine Ausweisung oder eine Abschiebung eine 6 Strafmaßnahme gegenüber dem betroffenen Ausländer dar[11]; eine „**Beugehaft**" ist demnach unzulässig. Die Abschiebungshaft ist stattdessen **zweckgebunden.** Es handelt sich um eine Präventivmaßnahme zur Durchsetzung der Ausreisepflicht[12]. Sie setzt deshalb grundsätzlich kein verschuldetes oder sonst vorwerfbares Verhalten des Ausländers voraus, sondern lediglich eine Gefahrenprognose hinsichtlich der Durchführbarkeit der Abschiebung. Während die Vorbereitungshaft an verhältnismäßig geringe Voraussetzungen anknüpft, aber in der Regel nur höchstens sechs Wochen dauern darf, ist die Sicherungshaft nur unter wesentlich engeren Voraussetzungen zulässig, kann dafür aber auf bis zu 18 Monate ausgedehnt werden.

Nach Abs. 1 S. 1 ist die Abschiebungshaft unzulässig, wenn der Zweck der Haft durch ein milderes 7 Mittel erreicht werden kann. Damit wird der auf der Verfassung fußende Grundsatz der **Verhältnismäßigkeit** einfachgesetzlich niedergelegt. In ihrem Haftantrag muss die zuständige Behörde die Erforderlichkeit der Freiheitsentziehung nach § 417 II 2 Nr. 3 FamFG ausdrücklich **begründen.** Sie muss aber nicht darlegen, dass und aus welchen Gründen ein milderes Mittel, mit dem der Zweck der beantragten Haft in ebenso ausreichender Weise erreicht werden kann, nicht zur Verfügung steht[13]. Der Haftantrag soll zwar eine hinreichende Grundlage für die von dem Gericht gemäß § 26 FamFG anzustellende amtswegige Prüfung und für die Verteidigung des Betroffenen bieten – dieser Zweck wird aber bereits dann erreicht, wenn die Behörde mitteilt, aus welchen Haftgründen die Haft angeordnet werden soll und auf welchen Sachverhalt sie diese Haftgründe jeweils stützt[14]. Aus diesen Ausführungen der Behörde ergibt sich ohne zusätzliche Hervorhebung, dass sie keine Möglichkeit sieht, die angestrebte Sicherung der Abschiebung mit milderen Mitteln zu erreichen[15].

Minderjährige und Familien mit Minderjährigen dürfen **nur in besonderen Ausnahme-** 8 **fällen** und nur so lange in Abschiebungshaft genommen werden, wie es unter **Berücksichtigung des Kindeswohls** angemessen ist (Abs. 1 S. 3). Eine **Trennung von Familienangehörigen** im Haftvollzug, etwa die Trennung des Vaters von Ehefrau und den gemeinsamen Kindern, ist nach Abs. 1 nicht

---

[8] Gesetz v. 20.7.2017, BGBl. I S. 2780.
[9] Gesetz v. 20.8.2019, BGBl. I S. 1294.
[10] *Knösel* ZAR 1990, 75; *MacLean* InfAuslR 1987, 69.
[11] OLG Frankfurt a. M. Beschl. v. 12.1.2005 – 20 W 435/04, EZAR NF 57 Nr. 1.
[12] BayObLG Beschl. v. 24.5.1973 – 3 Z 31/73, NJW 1973, 2166; Beschl. v. 19.12.1973 – Bundesregierung 3 Z 118/73, NJW 1974, 425.
[13] BGH Beschl. v. 30.3.2017 – V ZB 128/16.
[14] BGH Beschl. v. 30.3.2017 – V ZB 128/16.
[15] BGH Beschl. v. 30.3.2017 – V ZB 128/16.

geboten und verstößt gegen den Grundsatz der Einheit von Ehe und Familie und damit gegen Art. 8 EMRK (Recht auf Achtung des Privat- und Familienlebens), da dieser Eingriff nicht gesetzlich vorgesehen ist und auch gegen das Kindeswohl verstößt. Selbst wenn die Trennung unter Abs. 1 zu subsumieren wäre, wäre diese Maßnahme nicht zulässig, da sie keine Maßnahme darstellen würde, die in einer demokratischen Gesellschaft für die nationale Sicherheit, die öffentliche Ruhe und Ordnung, das wirtschaftliche Wohl des Landes, die Verteidigung der Ordnung und zur Verhinderung von strafbaren Handlungen, zum Schutz der Gesundheit und der Moral oder zum Schutz der Rechte und Freiheiten anderer notwendig wäre. Jedenfalls aber muss im Einzelfall die Vereinbarkeit mit dem Verhältnismäßigkeitsgebot und Art. 2 und 6 GG geprüft werden. Generell sollten aber Kinder unter 16 Jahren und Personen über 65 Jahren sowie Schwangere und Mütter innerhalb der Mutterschutzfrist nicht in Haft genommen werden (Nr. 62.0.5 AVwV-AufenthG). Bei der Inobhutnahme von Minderjährigen ist zu beachten, dass noch nicht 18-jährige unbegleitete Personen unter die **UN-Kinderrechtskonvention** fallen (Art. 1 KRK):

> *Artikel 1*
>
> *Im Sinne dieses Übereinkommens ist ein Kind jeder Mensch, der das 18. Lebensjahr noch nicht vollendet hat, soweit die Volljährigkeit nach dem auf das Kind anzuwendenden Recht nicht früher eintritt.*

9   Die Bundesrepublik Deutschland erkennt mittlerweile – durch Rücknahme ihrer Erklärung vom 15.2.1990 – die KRK vollumfänglich an. Ausführlich zur Haft von Minderjährigen unter → Rn. 68 f.

2. Eingriff in das Grundrecht auf Freiheit der Person (Art. 2 II 2 GG)

10   Das Recht auf Freiheit der Person ist unverletzlich. Nach dem Gesetzesvorbehalt in Art. 2 II 3 GG sind zwar grundsätzlich Eingriffe in dieses Grundrecht möglich, allerdings unterliegen sie dem hohen Maßstab der besonderen **Rechtsgarantien bei Freiheitsentziehungen nach Art. 104 GG**. Geschützt wird die im Rahmen der geltenden allgemeinen Rechtsordnung gegebene tatsächliche und rechtliche körperliche Bewegungsfreiheit vor staatlichen Eingriffen, also vor Verhaftung, Festnahme und ähnlichen Maßnahmen des unmittelbaren Zwangs[16]. Diese Einschränkung der Freiheit der Person ist stets der strengen Prüfung am Grundsatz der **Verhältnismäßigkeit** zu unterziehen. Nur wenn überwiegende Belange des Gemeinwohls es zwingend gebieten, muss der Freiheitsanspruch des Einzelnen zurücktreten. Umgekehrt umfasst der Gewährleistungsinhalt jedoch nicht ein Recht, sich unbegrenzt überall aufzuhalten und überallhin bewegen zu dürfen[17]. Nach Art. 104 I 1 GG darf die in Art. 2 II 2 GG gewährleistete Freiheit der Person nur aufgrund eines **förmlichen Gesetzes** und nur unter Beachtung der darin **vorgeschriebenen Formen** beschränkt werden. Die formellen Gewährleistungen des Art. 104 GG stehen mit der materiellen Freiheitsgarantie des Art. 2 II 2 GG in unlösbarem Zusammenhang. Art. 104 I GG nimmt den schon in Art. 2 II 3 GG enthaltenen Gesetzesvorbehalt auf und verstärkt ihn für alle Freiheitsbeschränkungen, indem er neben der Forderung nach einem förmlichen Gesetz die Pflicht, die sich aus diesem Gesetz ergebenden Formvorschriften zu beachten, zum Verfassungsgebot erhebt[18].

11   **a) Abgrenzung Freiheitsbeschränkung und Freiheitsentziehung.** Eine Freiheitsbeschränkung (Art. 104 I GG) und eine Freiheitsentziehung (Art. 104 II GG) grenzt das BVerfG in stRspr nach der **Intensität** und der **Dauer** des Eingriffs ab[19]. Eine Freiheitsentziehung ist die schwerste Form der Freiheitsbeschränkung. Eine Freiheitsbeschränkung liegt vor, wenn jemand durch die öffentliche Gewalt gegen seinen Willen daran gehindert wird, einen Ort aufzusuchen oder sich an einem Ort aufzuhalten, der ihm an sich (tatsächlich und rechtlich) zugänglich ist. Der Tatbestand der Freiheitsentziehung kommt demgegenüber nur in Betracht, wenn die tatsächlich und rechtlich an sich gegebene körperliche Bewegungsfreiheit durch staatliche Maßnahmen nach jeder Richtung hin aufgehoben wird[20]. Dabei stellt die Unterbringung in einem Gewahrsamsraum – zu welchem Zweck auch immer – stets eine Freiheitsentziehung dar. Dies ist in § 415 II FamFG ausdrücklich geregelt. Dabei kommt es nicht auf die interne Bezeichnung oder Widmung des Raums als Haft- oder Gewahrsamsraum an. Entscheidend ist ausschließlich die Intensität der Einschränkung der Bewegungsfreiheit. Ausgehend davon stellt die **Abschiebungshaft** iSd § 62 eine Freiheitsentziehung und nicht nur eine Freiheitsbeschränkung dar, da die körperliche Bewegungsfreiheit in umfassender Weise beeinträchtigt wird[21].

12   **b) Richtervorbehalt bei Freiheitsentziehung.** Für den schwersten Eingriff in das Recht der Freiheit der Person – nämlich die Freiheitsentziehung – fügt Art. 104 II GG dem Vorbehalt des (förmlichen) Gesetzes den weiteren verfahrensrechtlichen Vorbehalt einer richterlichen Entscheidung

---

[16] BVerfG Beschl. v. 13.12.2005 – 2 BvR 447/05 Rn. 34.
[17] BVerfG Beschl. v. 14.5.1996 – 2 BvR 1516/93 Rn. 114.
[18] BVerfG Beschl. v. 13.12.2005 – 2 BvR 447/05 Rn. 35.
[19] Vgl. nur BVerfG Beschl. v. 15.5.2002 – 2 BvR 2292/00.
[20] BVerfG Beschl. v. 15.5.2002 – 2 BvR 2292/00 Rn. 24.
[21] Knösel ZAR 1990, 75; Lisken NJW 1982, 1268.

§ 62 AufenthG 1

hinzu. Der Richtervorbehalt zielt auf eine **vorbeugende Kontrolle** durch eine unabhängige und neutrale Instanz ab[22]. Damit dient er der verstärkten Sicherung des Grundrechts aus Art. 2 II 2 GG[23] und soll verhindern, dass der mit der Freiheitsentziehung verbundene schwere Eingriff in die Freiheit der Person allein von weisungsgebundenen Exekutivorganen abhängt. Der Richter wird in diesen Fällen als Garant eines rechtsstaatlich einwandfreien Verfahrens beim Entzug der Freiheit eingesetzt.

Alle staatlichen Organe sind verpflichtet, dafür Sorge zu tragen, dass der Richtervorbehalt als Grundrechtssicherung **praktisch wirksam** wird. Für den Staat folgt daraus die verfassungsrechtliche Verpflichtung, die **Erreichbarkeit eines zuständigen Richters** zu gewährleisten und ihm auch insoweit eine sachangemessene Wahrnehmung seiner richterlichen Aufgaben zu ermöglichen. Die Erreichbarkeit des zuständigen Richters ist dabei zur **Tageszeit** stets sicherzustellen[24]. Die Tageszeit wird in Abgrenzung zur **Nachtzeit** gemäß § 104 III StPO wie folgt bestimmt: im Sommerhalbjahr 04:00 Uhr bis 21:00 Uhr und im Winterhalbjahr 06:00 Uhr bis 21:00 Uhr. 13

Die Freiheitsentziehung erfordert nach Art. 104 II 1 GG grundsätzlich eine vorherige richterliche Anordnung. In Eilfällen kann dies die Anordnung einer einstweiligen Freiheitsentziehung nach § 427 FamFG sein. Eine **nachträgliche richterliche Entscheidung,** deren Zulässigkeit in Ausnahmefällen Art. 104 II 2 GG voraussetzt, genügt nur, wenn der mit der Freiheitsentziehung verfolgte verfassungsrechtlich zulässige Zweck nicht erreichbar wäre, sofern der Festnahme die richterliche Entscheidung vorausgehen müsste. Art. 104 II 2 GG gebietet in einem solchen Fall aber, die richterliche Entscheidung unverzüglich nachzuholen. „Unverzüglich" ist dahin gehend auszulegen, dass die richterliche Entscheidung ohne jede Verzögerung, die sich nicht aus sachlichen Gründen rechtfertigen lässt, nachgeholt werden muss[25]. 14

Nicht vermeidbar sind zB Verzögerungen, 15
– die durch die Länge des Weges, Schwierigkeiten beim Transport,
– die notwendige Registrierung und Protokollierung,
– ein renitentes Verhalten des Festgenommenen oder vergleichbare Umstände bedingt sind[26].

Zur Vermeidung von Verzögerungen gehört auch, frühzeitig einen **Dolmetscher** hinzuzuziehen. Die fehlende Möglichkeit, einen Richter zu erreichen, kann angesichts der verfassungsrechtlichen Verpflichtung des Staates, der Bedeutung des Richtervorbehalts durch **geeignete organisatorische Maßnahmen** Rechnung zu tragen, nicht ohne Weiteres als unvermeidbares Hindernis für die unverzügliche Nachholung der richterlichen Entscheidung gelten[27]. 16

Das Gebot der Unverzüglichkeit des Art. 104 II 2 GG entfaltet in zweierlei Hinsicht Wirkungen: Zum einen verpflichtet es die **Polizei,** eine richterliche Entscheidung unverzüglich herbeizuführen. Hat sie eine Person in Gewahrsam genommen, so hat sie alle unter den Umständen des Einzelfalls gebotenen Maßnahmen zu ergreifen, um die richterliche Entscheidung über die Ingewahrsamnahme unverzüglich nachzuholen[28]. Die **Nachholung der richterlichen Entscheidung** ist auch dann nicht entbehrlich, wenn der Freiheitsentzug vor Ablauf der Frist des Art. 104 II 3 GG endet. Diese Vorschrift setzt dem Festhalten einer Person ohne richterliche Entscheidung mit dem Ende des auf das Ergreifen folgenden Tages eine äußerste Grenze, befreit aber nicht von der Verpflichtung, eine solche Entscheidung unverzüglich herbeizuführen[29]. Zum anderen muss auch die **weitere Sachbehandlung durch den Richter** dem Gebot der Unverzüglichkeit entsprechen[30]. Nach dem AG Bremen liegt ein Verstoß gegen das Beschleunigungsverbot vor, wenn der Betroffene sechs Stunden nach der Festnahme noch nicht dem Richter vorgeführt wurde[31]. Das LG Berlin hingegen sieht einen Verstoß bei Festhaltung iRv § 62 V wegen Zuwartens auf das Ergebnis der erkennungsdienstlichen Behandlung bereits nach mehr als einer Stunde[32]. Wird der Betroffene erst 17 Stunden und 30 Minuten nach Ingewahrsamnahme dem Richter zur Entscheidung über die Freiheitsentziehung vorgeführt, ist dies nicht mehr unverzüglich iSd Art. 104 II 2 GG, wenn keine sachlich rechtfertigenden Gründe für diese Verzögerung dargetan sind. Selbst eine Vorführung des Betroffenen nach sechs Stunden erfüllt ohne Rechtfertigung der Verzögerung nicht mehr das Gebot der Unverzüglichkeit[33]. 17

Scheitert die gebotene Vorführung daran, dass während der Tageszeit ein zuständiger Richter nicht erreichbar ist und damit der Staat dem Verfassungsgebot nicht genügend nachkommt, wird die Freiheitsentziehung ex nunc rechtswidrig. Dies deshalb, weil eine von Verfassungs wegen erforderliche 18

---

[22] BVerfG Beschl. v. 11.6.2010 – 2 BvR 1046/08, NJW 2010, 2864.
[23] BVerfG Beschl. v. 13.12.2005 – 2 BvR, 447/05 Rn. 36.
[24] BVerfG Beschl. v. 15.5.2002 – 2 BvR 2292/00 Rn. 25.
[25] LG Görlitz Beschl. v. 30.8.2012 – GR 2 T 91/12.
[26] BVerfG Beschl. v. 13.12.2005 – 2 BvR 447/05 Rn. 37.
[27] BVerfG Beschl. v. 15.5.2002 – 2 BvR 2292/00 Rn. 27.
[28] BVerfG Beschl. v. 13.12.2005 – 2 BvR 447/05 Rn. 38.
[29] BVerfG Beschl. v. 15.5.2002 – 2 BvR 2292/00 Rn. 28.
[30] BVerfG Beschl. v. 13.12.2005 – 2 BvR 447/05 Rn. 38.
[31] AG Bremen Beschl. v. 25.7.2012 – 92 XIV 803/11.
[32] LG Berlin Beschl. v. 9.9.2013 – 84 / 109/13 B, ANA-ZAR 1/2014, 10.
[33] LG Rostock Beschl. v. 28.7.2017 – 3 T 198/17 (3), 3 T 194/17, 3 T 198/17, 3 T 194/17, zur Gewahrsamnahme nach § 55 I Nr. 2a SOG MV.

richterliche Entscheidung aus objektiven, sachlich gerechtfertigten Gründen nicht unverzüglich ergeht oder auch die gebotene Anhörung nicht unverzüglich erfolgt. Der bloße Hinweis etwa auf den „Dienstschluss" des zuständigen AG, die Nichtverfügbarkeit einer Schreibkraft oder eines Computers oder gar private Gründe wie der nicht verschiebbare Termin auf dem Golfplatz reichen genauso wie absurde Argumente, „kein Call-Center" für die Behörde zu sein, nicht aus, sind mithin willkürlich. So wird die Freiheitsentziehung ab dem Zeitpunkt des endgültigen Feststellens der Nichterreichbarkeit des Richters rechtswidrig und der Betroffene ist **von Amts wegen zu entlassen**[34].

19   Der Verstoß gegen elementare Verfahrensgarantien wie das Unterlassen der unverzüglichen Einholung der richterlichen Entscheidung oder der unverzüglichen Anhörung stellen regelmäßig einen so schweren Verstoß dar, dass die Maßnahme **von Anfang an unheilbar rechtswidrig ist**[35].

20   c) **Beschleunigungsgebot.** In Haftsachen müssen die beteiligten Behörden in jedem Zeitpunkt des Verfahrens mit der größtmöglichen zumutbaren Beschleunigung tätig sein. Dies folgt aus dem aus Art. 2 II 2 GG abzuleitenden verfahrensrechtlichen Gebot, Freiheitsentziehungssachen vorrangig und beschleunigt zu bearbeiten[36]. Die Abschiebungshaft muss auch während des Laufs der Drei-Monats-Frist des Abs. 3 S. 3 auf das **unbedingt erforderliche Maß** beschränkt und die Abschiebung ohne unnötige Verzögerung betrieben werden; dies ergibt sich schon daraus, dass gem. **Abs. 1 S. 2 die Inhaftnahme auf die kürzest mögliche Dauer** zu beschränken ist. Die Sicherungshaft darf deshalb nur aufrechterhalten oder verlängert werden, wenn die Behörde die Abschiebung des Betroffenen ernstlich betreibt, und zwar – gem. dem Grundsatz der Verhältnismäßigkeit – mit der größtmöglichen Beschleunigung[37].

21   Die aus dem Beschleunigungsgebot resultierenden Anforderungen an die Verfahrensführung erhöhen sich mit zunehmender Dauer der Haft, da der Freiheitsanspruch des Ausländers gegenüber dem öffentlichen Interesse an der Sicherung der Abschiebung immer mehr an Gewicht gewinnt, je länger die Haft vollzogen wird[38]. In diesem Zusammenhang ist anerkannt, dass die Ausländerbehörde auch die Zeit zu nutzen hat, während der sich der Betroffene noch in Untersuchungshaft oder Strafhaft oder sonst in öffentlichem Gewahrsam befindet[39]. Die Pflicht zur beschleunigten Bearbeitung im Hinblick auf Art. 2 II 2 GG beginnt bereits dann, wenn sich abzeichnet, dass Haft zur Durchsetzung der Abschiebung erforderlich werden könnte. Derartige Vorbereitungen haben unabhängig von einer etwaigen noch **fehlenden Zustimmung der Staatsanwaltschaft** mit einer Abschiebung gem. § 72 IV zu erfolgen[40]. Die Gerichte müssen, wenn sie aufgrund eines Rechtsmittels oder eines Aufhebungsantrags mit einer nach § 62 III erlassenen Haftanordnung befasst sind, stets prüfen, ob die Behörde die Abschiebung des Ausländers ernstlich und mit der größtmöglichen Beschleunigung betreibt[41].

22   Sind **Ausländerbehörden für Verzögerungen verantwortlich,** ist dies zwar nicht der Ausländerbehörde zuzurechnen[42]. Diese muss sich aber darauf einstellen, falls solche Verzögerungen üblich sind, und zB selbst beurteilen, ob die Fristen von drei und sechs Monaten einzuhalten sind[43]. Organisatorisch vermeidbare Verzögerungen, etwa in der Zusammenarbeit verschiedener Behörden bei der Passersatzbeschaffung, können eine objektiv unnötige Haftverlängerung nicht rechtfertigen. Die federführende Ausländerbehörde als verantwortliche Herrin des Abschiebungsverfahrens muss sich deshalb Verzögerungen zurechnen lassen, die auf das Verhalten anderer beteiligter deutscher Behörden zurückgehen, deren Amtshilfe sie sich bei der Aufenthaltsbeendigung des Betroffenen bedient. Auf Dysfunktionen in der Zusammenarbeit von inländischen Behörden zurückgehende Verzögerungen bei der Vorbereitung der Abschiebung fallen jedenfalls nicht in den Risikobereich des inhaftierten Betroffenen und dürfen, weil er sie nicht zu vertreten hat, diesem nicht zum Nachteil gereichen[44].

23   d) **Rechtsschutzinteresse bei Freiheitsentziehungen.** Mit dem **Gebot, effektiven Rechtsschutz** zu gewährleisten, ist es grundsätzlich vereinbar, die Rechtsschutzgewährung von einem vorhandenen und fortbestehenden Rechtsschutzinteresse abhängig zu machen[45]. Ein solches Rechtsschutzinteresse ist zu bejahen, solange der Rechtsschutzsuchende gegenwärtig betroffen ist und mit

---

[34] OLG Schleswig Beschl. v. 28.4.2003 – 2 W 207/02; vgl. für die Abschiebungshaft auch Rückführungs-RL, Art. 15 II 4: „Ist die Inhaftnahme nicht rechtmäßig, so werden die betreffenden Drittstaatsangehörigen unverzüglich freigelassen."
[35] LG Aurich Beschl. v. 17.10.2005 – 1 T 323/05, InfAuslR 2006, 29 ff.
[36] BVerfGE 46, 194 (195); 61, 28 (34) jew. mwN.
[37] BGH Beschl. v. 8.2.2018 – V ZB 92/17; Beschl. v. 1.3.2012 – V ZB 206/11, FGPrax 2012, 133 Rn. 15; Beschl. v. 19.5.2011 – V ZB 247/10.
[38] BVerfG Beschl. v. 29.2.2000 – 2 BvR 347/00.
[39] Vgl. BayObLGZ 2000, 203 (205) mwN.
[40] Vgl. BGH Beschl. v. 11.7.1996 – V ZB 14/96, BGHZ 133, 235; OLG Düsseldorf Beschl. v. 27.5.2005 – 13 Wx 127/05; OLG Celle Beschl. v. 18.12.2003 – 17 W 105/03, InfAuslR 2004, 118; OLG Frankfurt a. M. Beschl. v. 5.7.1995 – 20 W 279/95; Beschl. v. 22.1.1996 – 20 W 15/96, NVwZ-Beilage 1996, 39.
[41] BGH Beschl. v. 10.6.2010 – V ZB 204/09, NVwZ 2010, 1172 Rn. 21; Beschl. v. 18.8.2010 – V ZB 119/10.
[42] OLG Schleswig Beschl. v. 7.1.2004 – 2 W 112/03, InfAuslR 2004, 167.
[43] Dazu auch *Heinhold* ZAR 2004, 185.
[44] OLG Zweibrücken Beschl. v. 3.7.2006 – 3 W 109/06.
[45] Vgl. BVerfGE 96, 27; 104, 220.

seinem Rechtsmittel ein konkretes praktisches Ziel erreichen kann. Trotz Erledigung des ursprünglichen Rechtsschutzziels kann jedoch ein Bedürfnis nach gerichtlicher Entscheidung fortbestehen, wenn das Interesse des Betroffenen an der Feststellung der Rechtslage in besonderer Weise schutzwürdig ist. Dies ist der Fall bei Bestehen einer Wiederholungsgefahr oder einer fortwirkenden Beeinträchtigung durch einen an sich beendeten Eingriff[46]. Darüber hinaus kommt ein trotz Erledigung fortbestehendes Rechtsschutzinteresse in Fällen tiefgreifender Grundrechtseingriffe in Betracht. Hierunter fallen vornehmlich solche, die schon das GG – wie etwa in dem Fall des Art. 104 II und 3 GG – unter Richtervorbehalt gestellt hat. Bei derart schwerwiegenden Grundrechtseingriffen hat das BVerfG ein durch **Art. 19 IV GG** geschütztes Rechtsschutzinteresse ua in Fällen angenommen, in denen die direkte Belastung durch den angegriffenen Hoheitsakt sich nach dem typischen Verfahrensablauf auf eine Zeitspanne beschränkt, in der der Betroffene die gerichtliche Entscheidung in der von der Prozessordnung eröffneten Instanz kaum erlangen kann[47]. Ein solcher Antrag muss nicht ausdrücklich gestellt werden. Es genügt, wenn sich aus dem gesamten Vorbringen des Betroffenen schlüssig ergibt, dass er die Rechtmäßigkeit der getroffenen Maßnahmen überprüfen lassen will. Rechtsstaatliche Anforderungen gebieten es nicht, einen Betroffenen auf eine Antragsmöglichkeit hinzuweisen, deren Erfolglosigkeit bereits feststeht[48].

Zudem kann sich die **Frage der Rechtswegzuweisung** bei der nachträglichen Überprüfung einer 24 behördlichen Freiheitsentziehung stellen. Einerseits ist in Freiheitsentziehungsangelegenheiten durchgängig die Zuständigkeit der ordentlichen Gerichtsbarkeit zugewiesen worden (vgl. § 23a GVG). Andererseits kann zugleich das Bedürfnis bestehen, zB die Art und Weise der Durchführung einer Freiheitsentziehung zu überprüfen, was grundsätzlich (auch) die Zuständigkeit der Verwaltungsgerichte begründet (vgl. § 40 I VwGO). Die Frage der Anordnung einer Freiheitsentziehung und deren Vollzug sind indes grundsätzlich voneinander zu unterscheiden. So kann die Anordnung einer Freiheitsentziehung durchaus rechtmäßig sein, während etwa eine einzelne Maßnahme während des Vollzugs, die zum Zeitpunkt der Freiheitsentziehung nicht notwendigerweise vorhersehbar ist, sich als rechtswidrig erweisen kann, ohne dass von einem Durchschlagen dieses Mangels auf die Freiheitsentziehung als solche ausgegangen werden muss[49]. Jedenfalls muss im Licht des Art. 19 IV GG eine **Zuständigkeit der ordentlichen Gerichte kraft Sachzusammenhangs** auch für die Überprüfung des Vollzugs einer Freiheitsentziehung angenommen werden[50]. Schließlich hat auch das BVerwG im Zusammenhang mit einer behördlich angeordneten Ingewahrsamnahme zum Zwecke der Durchführung einer Abschiebung entschieden, es entspreche im Hinblick auf Art. 19 IV GG einer sinnvollen Ordnung der Rechtswege, dass über einen einheitlichen Lebenssachverhalt möglichst nur in einem Rechtsweg entschieden werde[51].

Eine sofortige Beschwerde der Ausländerbehörde, die nur noch mit dem Ziel verfolgt wird, fest- 25 zustellen, dass ein – inzwischen freiwillig ausgereister – Ausländer in Abschiebungshaft zu nehmen gewesen wäre, ist mangels Rechtsschutzbedürfnisses **(Feststellungsinteresses)** unzulässig[52].

III. Vorbereitungshaft (Abs. 2)

Ein Ausländer kann nach Abs. 2 zur **Vorbereitung der Ausweisung (§ 53) oder der Abschie-** 26 **bungsanordnung nach § 58a** in Haft genommen werden, wenn über die Ausweisung bzw. die Abschiebungsanordnung nicht sofort entschieden werden kann und die Abschiebung ohne die Inhaftnahme wesentlich erschwert oder vereitelt würde. In diesen Fällen besteht noch keine Ausreisepflicht, die Behörde plant aber, eine solche Pflicht durch den Erlass einer Ausweisungsverfügung bzw. einer Abschiebungsanordnung zu begründen. **Zweck** der Vorbereitungshaft ist es, der Behörde ausreichend Zeit für die Abfassung der geplanten Verfügung zu verschaffen, ohne dass der betroffene Ausländer vorher untertaucht[53].

Die von der Behörde beabsichtigte Ausweisung muss **hinreichend sicher** sein; es müssen konkrete 27 Umstände vorliegen, die den Erlass einer Ausweisungsverfügung mit Wahrscheinlichkeit erwarten lassen. Diese Voraussetzungen liegen dann nicht vor, wenn mit einer Ausweisungsverfügung gar nicht zu rechnen ist, zB weil der Ausländer bereits wegen unerlaubter Einreise nach § 58 II 1 Nr. 1 kraft Gesetzes vollziehbar ausreisepflichtig ist. Die Ausweisung darf noch nicht ausgesprochen sein, sie muss

---

[46] Vgl. BVerfGE 96, 27.
[47] Vgl. BVerfGE 104, 220 mwN; s. dazu auch schon BayObLG Beschl. v. 11.4.2001 – 3 Z BR 1/01.
[48] LG Wuppertal Beschl. v. 16.12.2015 – 9 T 248/15.
[49] Vgl. BVerfG Beschl. v. 13.12.2005 – 2 BvR 447/05; OLG Celle Beschl. v. 23.6.2005 – 22 W 32/05; Beschl. v. 25.10.2004 – 16 W 145/04, Nds.Rpfleger 2004, 348.
[50] BayVGH Urt. v. 25.10.1988 – 21 B 88.01491, NJW 1989, 1754 f. inzident auch für die inkludierte Durchsuchungsmaßnahme; BGH Beschl. v. 7.12.1998 – 5 AR (VS) 2/98, NStZ 1999, 200 (201 f.); Beschl. v. 5.8.1998 – 5 ARs (VS) 2/98, NStZ 1999, 151 f.; Beschl. v. 25.8.1999 – 5 AR (VS) 1/99, NJW 1999, 3499 f. für die Eröffnung des Beschwerdeweges bei der Durchsuchung von § 105 I StPO über § 98 II 2 StPO.
[51] BVerwG Urt. v. 23.6.1981 – 1 C 93.76, NJW 1982, 536 f.
[52] LG Frankenthal Beschl. v. 30.3.2007 – 1 T 110/07.
[53] *Kluth* in BeckOK AuslR AufenthG § 62 Rn. 11.

aber hinreichend sicher bevorstehen[54]. Das Bestehen einer Ausreisepflicht wird hingegen nicht verlangt (anders bei der Sicherungshaft, vgl. Abs. 3 S. 1 Nr. 2). Der Vorbereitungshaft steht ein Aufenthaltsrecht nicht entgegen, zumal es infolge der Ausweisung erlischt (§ 51 I Nr. 5). Über die Ausweisung kann nicht sofort entschieden werden, wenn dazu noch Ermittlungen oder eine Anhörung des Ausländers erforderlich sind, die mehr als nur wenige Stunden in Anspruch nehmen. Ergeht die Ausweisungsverfügung während der Vorbereitungshaft, bedarf es keiner erneuten Gerichtsentscheidung, es sei denn, die angeordnete Haftdauer ist abgelaufen. § 62 II lässt die Anordnung von Vorbereitungshaft nicht zu, wenn es allein an der für die Vollstreckung der Abschiebung des vollziehbar ausreisepflichtigen Ausländers erforderlichen Androhung nach § 59 fehlt und daher (noch) keine Sicherungshaft nach § 62 III angeordnet werden kann[55]. Es kann also nach Erlass der Ausweisung von der Vorbereitungs- zur Sicherungshaft übergegangen werden[56].

28   Weitere Voraussetzung für die Vorbereitungshaft ist, dass die Abschiebung ohne die Inhaftnahme wesentlich erschwert oder vereitelt würde. Ob eine **wesentliche Erschwerung oder Vereitelung der Abschiebung** angenommen werden kann, ist anhand konkreter Verdachtsmomente festzustellen. Die für die Notwendigkeit der Abschiebung sprechenden Gründe allein reichen grundsätzlich nicht aus. Freilich werden im Einzelfall, insbesondere bei Überwachungsbedürftigkeit (§ 58), die maßgeblichen Überlegungen für die Vorbereitungshaft ebenso zutreffen wie für die Abschiebung selbst.

29   Die Dauer der Vorbereitungshaft ist in der Regel auf **sechs Wochen** begrenzt **(Abs. 2 S. 2)**. Sie darf nur ausnahmsweise darüber hinaus verlängert werden, wenn sich der Erlass der Ausweisungsverfügung bzw. Abschiebungsanordnung aus besonderen, nicht vorhersehbaren Gründen verzögert. Ist die Überschreitung der regulären Höchstdauer von vornherein absehbar, kommt Vorbereitungshaft in der Regel von Anfang an nicht in Betracht; es wäre unverhältnismäßig, die Freiheitsentziehung sofort auf eine längere Dauer festzulegen[57]. Beim Übergang in Sicherungshaft ist die bereits zurückgelegte Zeit in die Berechnung der Höchstdauer von sechs Monaten einzubeziehen. Bei deren Berechnung ist außerdem zu beachten, dass Untersuchungs- oder Strafhaft die Abschiebungshaft unterbrechen (Vorrang strafprozessualer Haft). Befindet sich der Ausländer bereits in Haft, wird diese fortgesetzt und Abschiebungshaft im Anschluss daran angeordnet („Überhaft").

IV. Sicherungshaft (Abs. 3)

1. Allgemeines

30   Die Sicherungshaft setzt in allen tatbestandlichen Varianten die Anordnung der Abschiebungshaft als Mittel „**zur Sicherung der Abschiebung**" voraus. Gemeinsame Grundlage aller Sicherungshaftanordnungen nach Abs. 3 ist das Vorliegen einer **vollziehbaren Ausreisepflicht** iSd § 58 II[58]. Auch wenn diese Voraussetzung im Gesetz explizit nur für Abs. 3 S. 1 Nr. 2 angeordnet wird, liegt sie konkludent auch den anderen Gründen zugrunde. Worauf die Ausreisepflicht beruht, ist gleichgültig; sie kann auf eine Ausweisung oder auf einen sonstigen Umstand zurückgehen, der den Aufenthalt unrechtmäßig sein oder werden lässt (§ 50).

31   Zweitens muss die Gefahr bestehen, dass der betroffene Ausländer sich der Abschiebung entziehen will **(Entziehungsgefahr).** In welchen Fällen eine solche Gefahr anzunehmen ist, regelt Abs. 3 S. 1 in drei verschiedenen Fallkonstellationen, namentlich das Bestehen einer **Fluchtgefahr**, die **vollziehbare Ausreiseplicht aufgrund einer unerlaubten Einreise** und das Ergehen einer **Abschiebungsanordnung nach § 58a.** In diesen drei Fällen geht der Gesetzgeber davon aus, dass der betroffene Ausländer sich einer Abschiebung vermutlich entziehen will, weshalb er in Sicherungshaft zu nehmen ist. Die Voraussetzung des Bestehens einer Fluchtgefahr ist zwar allgemeiner gehalten als die anderen beiden Varianten des Abs. 3 S. 1, wird aber durch die Abs. 3a und 3b näher konkretisiert.

32   Sowohl bei der Feststellung der Haftvoraussetzungen als auch bei der Dauer der Haft ist der **Grundsatz der Verhältnismäßigkeit** zu beachten. Abschiebungshaft ist nicht erforderlich, wenn schon die Anwendung unmittelbaren Zwangs genügte, um dem erwarteten Widerstand gegen die Abschiebung wirksam zu begegnen. Sie ist nur zudem nur dann verhältnismäßig, wenn die Ausländerbehörde die Abschiebung mit größtmöglicher **Beschleunigung** betreibt.

33   Bei **Minderjährigen** bedarf es der sorgfältigen Prüfung milderer Mittel[59]. In Betracht kommen Meldeauflagen, Unterbringung im Heim oder räumliche Beschränkungen[60]. Außerdem ist bei Kindern und Jugendlichen das Beschleunigungsgebot besonders ernst zu nehmen[61].

---

[54] BGH Beschl. v. 9.2.2012 – V ZB 305/10; OLG München Beschl. v. 16.11.2005 – 34 Wx 147/05.
[55] BGH Beschl. v. 12.7.2013 – V ZB 92/12.
[56] So zu § 16 AuslG 1965 bereits BGH Beschl. v. 6.12.1979 – VII ZB 11/79, BGHZ 75, 375.
[57] BGH Beschl. v. 9.2.2012 – V ZB 305/10; Beschl. v. 12.7.2013 – V ZB 92/12.
[58] *Kluth* in BeckOK AuslR AufenthG § 62 Rn. 14.
[59] *Heinhold* ZAR 2004, 185.
[60] Vgl. OLG Köln Beschl. v. 5.2.2003 – 16 Wx 247/02, NVwZ-Beilage 2003, 48; Beschl. v. 11.9.2002 – 16 Wx 164/02, NVwZ-Beilage 2003, 64.
[61] BayObLG Beschl. v. 7.7.2000 – 3 Z BR 197/00, EZAR 048 Nr. 50.

2. Haftgründe

a) Sicherungshaft nach Abs. 3 S. 1 Nr. 1 (Fluchtgefahr). Ein Ausländer ist zunächst dann zur 34
Sicherung der Abschiebung in Haft zu nehmen, wenn Fluchtgefahr besteht (Abs. 3 S. 1 Nr. 1). **Art. 3
Nr. 7 Rückführungs-RL** definiert die Fluchtgefahr wie folgt: „[D]as Vorliegen von Gründen im
Einzelfall, die auf objektiven, gesetzlich festgelegten Kriterien beruhen und zu der Annahme Anlass
geben, dass sich Drittstaatsangehörige einem Rückkehrverfahren durch Flucht entziehen könnte".
Diese Definition muss Ausgangspunkt für die Ermittlung der Fluchtgefahr sein. Den unbestimmten
Rechtsbegriff der Fluchtgefahr hat der Gesetzgeber mittlerweile **weitgehend konkretisiert,** einerseits
durch die Regelungen zur widerleglichen Vermutung in Abs. 3a und andererseits durch die Nennung
konkreter Anhaltspunkte in Abs. 3b. Rechtssystematisch ist zunächst zu prüfen, ob einer der **Vermutungstatbestände des Abs. 3a** vorliegt. Ist mindestens eine der dort genannten Fallkonstellationen erfüllt, wird eine Fluchtgefahr vermutet und es obliegt dem Ausländer, diese zu widerlegen. Wenn
kein Vermutungstatbestand nach Abs. 3a einschlägig ist, können sich konkrete Anhaltspunkte für eine
Fluchtgefahr aus den Beispielen des Abs. 3b ergeben. Trotz der gesetzlichen „Hilfestellungen" für die
Rechtsanwender in den Abs. 3a und 3b bedarf es aber einer **Gesamtwürdigung** in jedem Einzelfall[62].
Damit wird eine Einzelfallentscheidung unter Berücksichtigung sämtlicher Umstände gewährleistet,
welche den Vorgaben des EuGH zu einer individuellen Prüfung der Fluchtgefahr[63] genügt.

b) Widerlegliche Vermutung der Fluchtgefahr (Abs. 3a). aa) Grundsätze. Die Vermutungs- 35
regelung bewirkt weder eine Beweislastumkehr[64] noch wird damit die Haft in den Fällen, in denen die
Vermutungsregelung eingreift, zum Regelfall erhoben. Im Abschiebungshaftverfahren gilt uneingeschränkt der **Amtsermittlungsgrundsatz,** der die Gerichte gesetzlich verpflichtet, von Amts wegen
alle entscheidungserheblichen Tatsachen zu ermitteln und sich im Wege der freien richterlichen
Beweiswürdigung eine Meinung zu bilden (s. §§ 26, 37 FamFG).

Die tatsächliche Vermutung führt daher nicht dazu, dass von der inhaftierten Person ein Entlastungs- 36
beweis verlangt wird. Sinn und Zweck der widerleglichen Vermutung besteht vielmehr darin, an
bestimmte Tatsachen anzuknüpfen und aus diesen auf das Vorliegen der Fluchtgefahr zu schließen.
Damit werden Behörden und Gerichten für die anzustellende **Prognoseentscheidung** Leitlinien an
die Hand gegeben, wann Fluchtgefahr besteht, weil diese die Subsumtion an klar umrissenen Tatbeständen ausrichten können. Die für die Annahme der widerleglichen Vermutung genannten Umstände lassen ihrer Art und Gewichtigkeit nach eine im Vergleich zu den konkreten Anhaltspunkten in
Abs. 3b verlässlichere Prognose zu, der Ausländer werde sich einer Abschiebung entziehen[65].

bb) Abs. 3a Nr. 1. Eine Fluchtgefahr wird nach Abs. 3a Nr. 1 zunächst dann vermutet, wenn ein 37
Ausländer **über seine Identität täuscht,** insbesondere durch Unterdrückung oder Vernichtung von
Identitäts- oder Reisedokumenten oder das Vorgeben einer falschen Identität. Wenn ein Ausländer
über seine Identität täuscht, kann dies die Rückführung in Herkunfts- und Drittstaaten außerhalb der
EU deutlich erschweren bzw. langfristig verhindern. Ein entsprechendes Verhalten des Ausländers kann
daher einen Anhaltspunkt dafür darstellen, dass er sich der Aufenthaltsbeendigung unter Umständen
durch Flucht entziehen wird.

Dies gilt allerdings nur, wenn die Täuschung **im Zusammenhang mit einer bevorstehenden** 38
Abschiebung erfolgt. Länger zurückliegende Täuschungshandlungen ermöglichen hingegen keinen
automatischen Rückschluss auf eine gegenwärtige Entziehungsabsicht. Abs. 3a Nr. 1 setzt daher
voraus, dass die Identitätstäuschung entweder noch andauert oder dass die Täuschung – wenn sie
bereits aufgedeckt wurde – in einer Weise für ein Abschiebungshindernis erheblichen Weise und in zeitlichem
Zusammenhang mit der Abschiebung erfolgt. Durch die Voraussetzung „in zeitlichem Zusammenhang
mit der Abschiebung" werden solche bereits aufgedeckten Täuschungen über die Identität von der
widerleglichen Vermutung ausgenommen, die zeitlich so weit davor liegen, dass ein Rückschluss auf
eine Fluchtgefahr im Sinne einer Vermutung unverhältnismäßig wäre[66]. An dem erforderlichen Zusammenhang fehlt es beispielsweise, wenn die Täuschung im Einzelfall aus anderen Motiven erfolgt,
zB weil der Ausländer von dritter Seite unter Druck gesetzt wird oder erkennbar eine andere Zielsetzung verfolgt (Verwendung eines gefälschten Ausweises, um sich jünger oder älter zu machen). Bei
Prüfung des ausreichenden zeitlichen Zusammenhangs und der Erheblichkeit ist auch zu berücksichtigen, wie gewichtig die Täuschungshandlung war und ob es sich um eine einmalige oder
fortgesetzte Täuschung handelt[67]. Wurde die Täuschung durch den Ausländer **selbst aufgeklärt,** dann

---

[62] Kluth in BeckOK AuslR AufenthG § 62 Rn. 16.
[63] Vgl. dazu EuGH Urt. v. 5.6.2014 – C-146/14 PPU Rn. 70.
[64] So aber Hruschka, Verfassungsblock Ad-Hoc-Reparatur-betrieb statt kohärenter Rechtsrahmen: das „Geordnete-Rückkehr-Gesetz" v. 21.5.2019; aA Thym S. 18, Stellungnahme im Innenausschuss zum 2. RückkehrG 2019 v. 29.5.2019, S. 18.
[65] BT-Drs. 19/10047, 41.
[66] BT-Drs. 19/10047, 41.
[67] BT-Drs. 19/10047, 41.

greift die Vermutung des Abs. 3a Nr. 1 nicht (vgl. den Wortlaut der Norm „und die Angabe nicht selbst berichtigt hat"). In diesen Fällen liegt eine Entziehungsgefahr nämlich nicht auf der Hand.

39   Eine Identitätstäuschung liegt vor, wenn der Betroffene seine **wahre Identität nicht preisgibt**, etwa durch die Angabe diverser Aliaspersonalien oder durch falsche Angaben zu seiner Person[68]. Für eine Identitätstäuschung können bei entsprechenden Begleitumständen bereits geringe Abweichungen bei den Personalien wie ein anderer Vorname oder ein verändertes Geburtsdatum genügen[69].

40   Erfüllt eine aufgedeckte Identitätstäuschung die Voraussetzungen für die Vermutung einer Fluchtgefahr nach Abs. 3a Nr. 1 deswegen nicht, weil es an dem zeitlichen Zusammenhang zur Abschiebung fehlt, kann die Täuschung gleichwohl auf der Ebene des Abs. 3b Nr. 1 als **konkreter Anhaltspunkt für eine Fluchtgefahr** relevant werden. In diesem Zusammenhang bedarf es des Tatbestandsmerkmals des „zeitlichen Zusammenhangs" nämlich nicht (→ Rn. 49).

41   cc) **Abs. 3a Nr. 2.** Auch der Umstand, dass der Ausländer unentschuldigt zum Zweck der **Durchführung einer Anhörung oder ärztlichen Untersuchung nach § 82 IV 1** nicht an dem von der Ausländerbehörde bestimmten Ort angetroffen wird, begründet nach Abs. 3a Nr. 2 die widerlegliche Vermutung der Fluchtgefahr. Dies gilt nicht, sofern der Ausländer **entschuldigt** ist, zum Beispiel wegen kurzfristiger schwerer Erkrankung oder eines Unfalls. Die Entziehungsabsicht wird nicht vermutet, wenn der Ausländer aus Gründen ferngeblieben ist, aus denen ein Erscheinen unzumutbar war, also etwa Bettlägerigkeit oder plötzlich auftretende familiäre Ereignisse, die auch einen Antrag auf Verlegung des Termins unmöglich machen würden[70]. Eine Entschuldigung kann in diesem Rahmen grundsätzlich jederzeit nachgereicht werden, um die Vermutung zu widerlegen. Die Vermutung gilt im Übrigen nur, wenn der Ausländer bei der Ankündigung des Termins **auf die Folge seines Ausbleibens hingewiesen** wurde (vgl. den Wortlaut der Norm „sofern der Ausländer bei der Ankündigung des Termins auf die Möglichkeit seiner Inhaftnahme im Falle des Nichtantreffens hingewiesen wurde"). Als Termin nach Abs. 3a Nr. 2 gelten ausschließlich solche im Rahmen einer Anordnung nach § 82 IV 1, zB zu einer Anhörung in einer konsularischen Vertretung des Herkunftslandes oder zu einer ärztlichen Untersuchung zur Feststellung der Reisefähigkeit persönlich zu erscheinen[71]. Bei Verletzung anderer als der in Abs. 3a Nr. 2 genannten Mitwirkungspflichten kommt nach **Abs. 3b Nr. 5** ein **konkreter Anhaltspunkt für Fluchtgefahr** in Betracht[72].

42   dd) **Abs. 3a Nr. 3.** Nach Abs. 3a Nr. 3 wird die Fluchtgefahr auch dann vermutet, wenn die Ausreisefrist abgelaufen ist und der Ausländer seinen Aufenthaltsort gewechselt hat, ohne der Ausländerbehörde eine Anschrift anzugeben, unter der er erreichbar ist. Diese Regelung führt § 62 III 1 Nr. 2 aF in modifizierter Form fort[73]. Nach einem **Aufenthaltswechsel nach Ablauf der Ausreisefrist** und erfolgtem behördlichem Hinweis auf die Anzeigepflicht kann widerleglich vermutet werden, der Ausländer werde sich auch der Abschiebung entziehen[74]. Zu beachten ist, dass der Aufenthaltswechsel *nach* Entstehen der Ausreisepflicht und *nach* Ablauf der Ausreisefrist erfolgt sein muss[75].

43   Mit Abs. 3a Nr. 3 wird im Wesentlichen das **Untertauchen** erfasst, das bereits nach früherem Recht die Absicht der Vereitelung der Abschiebung indizieren konnte[76]. Mit einem **einmaligen Nichtantreffen** des Betroffenen an einem bestimmten Tag lässt sich aber ohne weitere Feststellungen ein Wechsel des Aufenthaltsortes nicht belegen[77].

44   Die Meldung des Aufenthaltswechsels ist an keine bestimmte Form gebunden. Es genügt, wenn die Behörde aus der Mitteilung erkennen kann, wo sich der Betroffene aufhält[78]. Abs. 3a Nr. 3 gilt auch bei der nicht angezeigten **Verlegung des Aufenthaltsorts in einen Mitgliedstaat der EU** oder einen anderen Schengen-Staat, es sei denn, dass der Ausländer durch den Aufenthaltswechsel seine Ausreiseverpflichtung erfüllt[79].

45   ee) **Abs. 3a Nr. 4.** Die Regelung sieht die widerlegliche Vermutung der Fluchtgefahr bei Personen vor, die sich **entgegen einem Einreise- und Aufenthaltsverbot** im Bundesgebiet aufhalten und keine Betretenserlaubnis nach § 11 VIII besitzen.

46   ff) **Abs. 3a Nr. 5.** Die Regelung erfasst in Anlehnung an § 62 III 1 Nr. 4 aF – aber unter Verzicht auf „in sonstiger Weise" – den Fall, dass sich der Ausländer **bereits früher der Abschiebung**

---

[68] BGH Beschl. v. 26.1.2021 – XIII ZB 20/20.
[69] BGH Beschl. v. 26.1.2021 – XIII ZB 20/20.
[70] BT-Drs. 19/10047, 41.
[71] BT-Drs. 19/10047, 41.
[72] BT-Drs. 19/10047, 41.
[73] BT-Drs. 19/10047, 42.
[74] BT-Drs. 19/10047, 42.
[75] AG Tiergarten, Beschl. v. 22.1.2021 – 381 XIV 10/21 B mwN.
[76] Dazu OLG Köln Beschl. v. 11.12.1991 – 16 Wx 142/91, InfAuslR 1992, 178.
[77] BayObLG v. 12.5.2011 – V ZB 299/10. Der neue Aufenthaltsort braucht nicht vor Haftanordnung ermittelt zu werden (BayObLG Beschl. v. 1.7.1993 – V ZB 19/93, EZAR 048 Nr. 6).
[78] Vgl. OLG Hamm Beschl. v. 26.2.2002 – 15 W 53/02.
[79] BGH Beschl. v. 20.10.2016 – V ZB 33/15; Beschl. v. 9.3.2017 – VZB 149/16.

entzogen hat. Der Gesetzgeber vermutet in diesen Fällen, dass sich dieser Ausländer erneut der Abschiebung entziehen wird.

Auch wenn Abs. 3a Nr. 5 als Vermutungsregelung ausgestaltet ist und die Vorgängernorm des 47 § 62 III 1 Nr. 4 aF als eigenständiger Haftgrund konzipiert war, kann die **zur alten Regelung ergangene Rechtsprechung** auf Abs. 3a Nr. 5 übertragen werden[80]. Es bestehen keine Anhaltspunkte dafür, dass mit der Gesetzesänderung die inhaltlichen Anforderungen an den Tatbestand herabgesetzt werden sollten[81]. Der terminologische, inhaltlich allenfalls geringfügige graduelle Unterschied zwischen den bisherigen Haftgründen und den geltenden Vermutungen für Fluchtgefahr rechtfertigt es daher nicht, an die Erfüllung des Tatbestands geringere Anforderungen zu stellen[82]. Deshalb setzt der Vermutungstatbestand des Abs. 3a Nr. 5 voraus, dass der Ausländer eine konkrete, auf seine Abschiebung gerichtete Maßnahme der Behörde vereitelt hat[83]. Dies ist nur möglich, wenn die Ausländerbehörde bereits **konkrete Maßnahmen zur Vorbereitung der Abschiebung** des Ausländers ergriffen, etwa einen Termin für seine Abschiebung ins Auge gefasst hat[84].

gg) Abs. 3a Nr. 6. Eine Fluchtgefahr wird nach Abs. 3a Nr. 6 auch vermutet, wenn der Ausländer 48 **ausdrücklich erklärt** hat, dass er sich der Abschiebung entziehen will. In der ausländerrechtlichen und grenzpolizeilichen Praxis gibt es immer wieder Betroffene, denen die Abschiebung angedroht wurde und die klar und zielgerichtet zum Ausdruck bringen, dass sie keinesfalls freiwillig in den in der Abschiebungsandrohung genannten Zielstaat reisen werden und sich vor allem auch behördlichem Zwang zur Durchsetzung der Rückführung durch Untertauchen oder andere Handlungen entziehen werden. Voraussetzung für eine ausdrückliche Erklärung der Entziehungsabsicht ist, dass der Betroffene **klar zum Ausdruck** bringt, dass er nicht freiwillig ausreisen und sich auch nicht für die behördliche Durchsetzung seiner Rückführung zur Verfügung halten werde[85]. Dafür reicht es nicht aus, wenn ein Ausländer auf einem Personalbogen angekreuzt hat, er sei nicht mit der Abschiebung in seinen Heimatstaat einverstanden und würde bei der Abschiebung Widerstand leisten, weil allein daraus ein Entziehungswille nicht deutlich hervorgeht[86].

c) Konkrete Anhaltspunkte für Fluchtgefahr (Abs. 3b). aa) Abs. 3b Nr. 1. Nach Abs. 3b 49 Nr. 1 kann ein konkreter Anhaltspunkt für eine Fluchtgefahr iSd Abs. 3 S. 1 Nr. 1 vorliegen, wenn ein Ausländer über seine Identität in einer für ein Abschiebungshindernis erheblichen Weise getäuscht hat. Diese Regelung deckt Fälle der **Identitätstäuschung** ab, die sich im längeren zeitlichen Abstand zur Abschiebung ereignet haben und daher nicht die Voraussetzungen des § 62 IIIa Nr. 1 erfüllen[87] (dazu → Rn. 40). In diesen Fällen können Identitätstäuschungen ein im Rahmen der Gesamtbetrachtung zu beachtendes Indiz für Fluchtgefahr sein, wenn der Ausländer nicht selbst seine unrichtigen Angaben berichtigt hat.

bb) Abs. 3b Nr. 2. Die Regelung setzt auf § 2 XIV Nr. 4 aF auf[88]. Diese war begrenzt auf 50 Aufwendungen des Ausländers an einen Dritten für dessen Handlungen nach § 96, mithin auf Zahlungen an „Schlepper": Der Ausländer hat zu seiner unerlaubten Einreise **erhebliche Geldbeträge an einen Dritten für dessen Handlung nach § 96 aufgewendet,** die für ihn nach den Umständen derart maßgeblich sind, dass daraus geschlossen werden kann, dass er die Abschiebung verhindern wird, damit die Aufwendungen nicht vergeblich waren.

Nach den Erkenntnissen der Grenzbehörden verlangen **Schleuser** von Ausländern nicht selten 51 einen Betrag zwischen 3.000 und 20.000 EUR pro Person für eine Einschleusung in das Bundesgebiet. Unter einem Schleuser sind dabei Personen zu verstehen, die in Bezug auf den betroffenen Ausländer Handlungen begangen haben, die nach § 96 unter Strafe gestellt sind. Bei den genannten Geldbeträgen kann es sich – je nach Einkommenssituation des Ausländers im Herkunftsland – um erhebliche Aufwendungen handeln, die der Betroffene nicht vergeblich aufgewendet haben will[89]. Dies wäre bei einer Abschiebung jedoch der Fall. Daher kann die Tatsache, dass ein entsprechender Betrag für das Einschleusen gezahlt wurde, ein Gesichtspunkt sein, der den Ausländer dazu motivieren kann, sich seiner Rückführung zu entziehen. Demgegenüber lässt die Einreise mit einem „altruistischen Schleuser", der für seine Hilfeleistung bei der Einreise keinen (Vermögens-)Vorteil erhält, einen solchen Rückschluss nicht zu.

Nach Abs. 3b Nr. 2 können **auch andere Zahlungen zur Durchführung der Reise** – also nicht 52 nur Zahlungen an einen Schleuser – umfasst sein, die nach den Umständen des Einzelfalls, gemessen an

---

[80] BGH Beschl. v. 20.4.2021 – XIII ZB 47/20.
[81] BGH Beschl. v. 20.4.2021 – XIII ZB 47/20.
[82] BGH Beschl. v. 20.4.2021 – XIII ZB 47/20.
[83] BGH Beschl. v. 20.4.2021 – XIII ZB 47/20.
[84] BGH Beschl. v. 20.4.2021 – XIII ZB 47/20.
[85] AG Tiergarten Beschl. v. 22.1.2021 – 381 XIV 10/21 B.
[86] AG Tiergarten Beschl. v. 22.1.2021 – 381 XIV 10/21 B.
[87] BT-Drs. 19/10047, 40.
[88] BT-Drs. 19/10047, 40.
[89] Vgl. BGH Beschl. v. 10.2.2000 – V ZB 5/00.

den Lebensverhältnissen des Ausländers im Herkunftsstaat, so gravierend sind, dass man annehmen muss, der Ausländer wird die Aufwendungen nicht als vergeblich „abschreiben" können und sich deshalb der Abschiebung entziehen, um in Deutschland zu bleiben. Hierzu können etwa auch Zahlungen an Dokumentenfälscher zählen oder aber im Fall eines überdeutlichen Missverhältnisses auch die Zahlung legaler Transportmittel, sofern diese in dem genannten Maß als erheblich anzusehen sind. Der Maßstab der Erheblichkeit ist nach den Umständen des Ausländers, also regelmäßig nach dem Maßstab im Herkunftsland, zu bemessen.

53   **cc) Abs. 3b Nr. 3.** Ein konkreter Anhaltspunkt für eine Fluchtgefahr besteht nach Abs. 3b Nr. 3 ferner dann, wenn von dem Ausländer eine **erhebliche Gefahr für Leib und Leben Dritter oder bedeutende Rechtsgüter der inneren Sicherheit** ausgeht. Diese Regelung basiert auf § 2 XIV Nr. 5a aF[90].

54   **dd) Abs. 3b Nr. 4.** Die Regelung erfasst Personen, die wiederholt rechtskräftig wegen vorsätzlicher Straftaten zu **mindestens einer Freiheitsstrafe verurteilt** wurden. Es müssen mindestens zwei strafrechtliche Verurteilungen vorliegen, wobei zumindest aufgrund einer Straftat eine Freiheitsstrafe verhängt worden sein muss[91]. Die Regelung zielt auf Personen, die durch ihr Verhalten gezeigt haben, dass sie der deutschen Rechtsordnung ablehnend oder gleichgültig gegenüberstehen und deshalb bei ihnen nicht zu erwarten ist, dass sie auch anderen gesetzlichen Pflichten wie der Ausreisepflicht freiwillig nachkommen werden. Erst die wiederholte strafrechtliche Verurteilung eröffnet den Schluss, dass sich der Ausländer von einer früheren strafrechtlichen Verurteilung nicht von der Begehung einer weiteren Straftat hat abhalten lassen[92].

55   **ee) Abs. 3b Nr. 5.** In Abstufung zur widerleglichen Vermutung der Fluchtgefahr in Abs. 3a Nr. 2, für die ein Nichterscheinen im Falle einer spezifischen Anordnung nach § 82 IV 1 erforderlich ist, kann es für die Annahme eines konkreten Anhaltspunkts für Fluchtgefahr genügen, dass der Ausländer weitere **gesetzliche Mitwirkungshandlungen zur Identitätsfeststellung,** insbesondere die ihm nach § 48 III 1 obliegenden Mitwirkungshandlungen, verweigert oder unterlassen hat. In jedem Fall muss der Ausländer vor Verletzung seiner Mitwirkungspflichten auf die mögliche Haftfolge im Fall der Verweigerung oder Unterlassung **hingewiesen** werden. Auch die Nichterfüllung einer Pflicht nach § 60b III Nr. 1, 2 oder 6 (Passbeschaffungspflicht) kann einen Anhaltspunkt für Fluchtgefahr geben.

56   **ff) Abs. 3b Nr. 6.** Abs. 3b Nr. 6 betrifft zum einen **Verstöße gegen räumliche Beschränkungen des Aufenthalts** und zum anderen **Verstöße gegen Auflagen zur Durchsetzung der Ausreisepflicht.** Die erste Variante des Abs. 3b Nr. 6 erfasst namentlich den Verstoß gegen eine Pflicht nach § 61 I 1, Ia, Ic 1 Nr. 3 oder S. 2. Die zweite Variante korrespondiert mit der in § 61 Ie eingeführten Möglichkeit, bei konkret bevorstehenden Maßnahmen der Aufenthaltsbeendigung Auflagen zur Sicherung und Durchsetzung der Ausreisepflicht – insbesondere Meldeauflagen – anzuordnen. In jedem Fall muss ein **wiederholter,** also nicht nur einmaliger Verstoß gegen eine der konkret genannten Pflichten erfolgt sein.

57   **gg) Abs. 3b Nr. 7.** In Abgrenzung zu Fällen des Abs. 3a Nr. 3 und Abs. 3 Nr. 2 geht es bei Abs. 3b Nr. 7 um Personen, die legal eingereist sind, jedoch inzwischen vollziehbar ausreisepflichtig sind (sog. **Overstayer**) und die dem behördlichen Zugriff entzogen sind, weil sie **keinen Aufenthaltsort** haben, an dem sie sich überwiegend aufhalten[93].

58   **d) Sicherungshaft nach Abs. 3 S. 1 Nr. 2 (unerlaubte Einreise).** Nach Abs. 3 S. 1 Nr. 2 ist ein Ausländer zur Sicherung der Abschiebung in Haft zu nehmen, wenn er aufgrund einer unerlaubten Einreise vollziehbar ausreisepflichtig ist. Die Auslegung dieser Regelung hatte seit ihrer Einführung durch das Gesetz vom 26.6.1992 keine besonderen Schwierigkeiten bereitet. Es bestand insbesondere Einvernehmen darüber, dass die Haft nach dieser Vorschrift nur zulässig ist, wenn der Ausländer noch unmittelbar **aufgrund seiner unerlaubten Einreise** und damit ununterbrochen seit seiner Einreise vollziehbar ausreisepflichtig ist, wie dies auch in der Gesetzesbegründung bereits wie folgt erläutert wurde[94]:

> „Satz 1 Nr. 1 (aF) setzt voraus, dass der Ausländer nach § 42 II 1 Nr. 1 iVm § 58 I AuslG wegen unerlaubter Einreise vollziehbar ausreisepflichtig ist. Allein der Umstand, dass der Ausländer unerlaubt eingereist war, genügt nicht. Vielmehr muss der Ausländer noch unmittelbar aufgrund seiner unerlaubten Einreise und damit ununterbrochen seit seiner Einreise vollziehbar ausreisepflichtig sein."

59   Ein Haftgrund nach Abs. 3 S. 1 Nr. 2 besteht nur dann, wenn die vollziehbare Ausreisepflicht **auf der unerlaubten Einreise beruht**[95]. An dieser Ursächlichkeit fehlt es, wenn der Ausländer nach

---

[90] BT-Drs. 19/10047, 40.
[91] BT-Drs. 19/10047, 40.
[92] BT-Drs. 19/10047, 40.
[93] BT-Drs. 19/10047, 41.
[94] Vgl. BT-Drs. 12/2062, 45.
[95] BGH Beschl. v. 21.8.2019 – V ZB 138/18.

seiner Einreise einen **Asylantrag** gestellt hat und ihm deshalb nach § 55 I AsylG der Aufenthalt im Bundesgebiet zur Durchführung des Asylverfahrens gestattet ist[96]. Eine solche zwischenzeitliche Aufenthaltsgestattung lässt die Ursächlichkeit der unerlaubten Einreise für die vollziehbare Ausreisepflicht entfallen[97]. Etwas anderes gilt, wenn der Ausländer lediglich einen **Folgeantrag** iSd § 71 AsylG gestellt hat – hier kommt der Ausländer erst dann in den Genuss der Aufenthaltsgestattung nach § 55 I AsylG, wenn das BAMF die Voraussetzungen des § 51 I-III VwVfG bejaht und ein weiteres Asylverfahren durchführt (§ 71 I 1 AsylG)[98]. Solange das BAMF aber kein weiteres Asylverfahren durchführt, wird der Aufenthalt nicht gestattet und die unerlaubte Einreise bleibt für die vollziehbare Ausreisepflicht ursächlich[99]. Dieser Gedanke kommt auch in § 71 VIII AsylG zum Ausdruck, wonach ein Folgeantrag der Anordnung von Abschiebungshaft nicht entgegensteht, es sei denn, es wird ein weiteres Asylverfahren durchgeführt.

Der Begriff der Einreise im § 62 III 1 Nr. 2 ist allein nach objektiven Kriterien zu bestimmen. **Versehentliche Einreisen** genügen daher zur Begründung eines Haftgrunds, wenn die weiteren Voraussetzungen gegeben sind. Denn in dem hier in Rede stehenden Regelungszusammenhang (die verwaltungsrechtlich unerlaubte Einreise nach § 14 I Nr. 2) kommt es für den Begriff der Einreise nicht auf ein willensgetragenes, zweckgerichtetes oder gar schuldhaftes Verhalten des Betroffenen an[100]. 60

Der **Haftrichter** hat im Rahmen der Haftprüfung zu klären, ob überhaupt eine unerlaubte Einreise iSd § 58 vorliegt. Dies kann weit in aufenthaltsrechtliche Fragen hineinführen. 61

e) Sicherungshaft nach Abs. 3 S. 1 Nr. 3 (Abschiebungsanordnung). In der dritten Fallkonstellation, in der eine Sicherungshaft zulässig ist, ist bereits eine **Abschiebungsanordnung nach § 58a** ergangen, kann aber **nicht unmittelbar vollzogen** werden. Nr. 62.2.1.2 AVwV-AufenthG konkretisiert dies dahin gehend, dass der Sicherungshaftgrund des § 62 III 1 Nr. 3 dann erfüllt ist, wenn eine nach § 58a erlassene Abschiebungsanordnung aufgrund bestehender Abschiebungsverbote nach § 60 I-VIII (§ 58a III) oder aufgrund eingelegter Rechtsbehelfe (§ 58a IV) nicht sofort (dh nur vorübergehend nicht) vollzogen werden kann[101]. Die Rechtfertigung für diesen Haftgrund ergibt sich aus den tatbestandlichen Voraussetzungen des § 58a selbst[102]. Geht von einem Ausländer nämlich eine besondere terroristische Gefahr aus, so wertet der Gesetzgeber dies dahin gehend, dass dieser Ausländer sich typischerweise der Abschiebung entziehen will. 62

Unter der Haftvoraussetzung, dass die Abschiebungsanordnung nach § 58a „nicht unmittelbar vollzogen werden kann", fällt nicht nur die Konstellation, dass der Vollzug aufgrund eines gegen die Abschiebungsanordnung gerichteten und noch anhängigen verwaltungsgerichtlichen Verfahrens (vorübergehend) ausgeschlossen ist, sondern auch Fallkonstellationen, in denen **andere Gründe die Durchführung der Abschiebung hindern**[103]. Aus Sinn und Zweck der Norm folgt nämlich, dass die Anordnung von Sicherungshaft nicht auf Fälle der Nichtvollziehbarkeit der Abschiebungsanordnung während eines gegen die Abschiebungsanordnung gerichteten und noch anhängigen verwaltungsgerichtlichen Verfahrens beschränkt ist, sondern einen typisierten Fall von Fluchtgefahr abbilden soll[104]. Die in den Fällen einer Abschiebungsanordnung nach § 58a I typischerweise bestehende Fluchtgefahr beschränkt sich jedoch nicht auf die Situation eines gegen die Abschiebungsanordnung gerichteten verwaltungsgerichtlichen Verfahrens, sondern ist gleichermaßen anzunehmen, wenn die Anordnung aus anderen Gründen vorübergehend nicht vollzogen werden kann[105]. Das gilt beispielsweise dann, wenn die **Übermittlung der für eine Abschiebung notwendigen Zusicherungen des Zielstaates** noch aussteht[106]. 63

Nach **Art. 15 I Rückführungs-RL** dürfen die Mitgliedstaaten Drittstaatsangehörige, gegen die ein Rückkehrverfahren anhängig ist, nur in Haft nehmen, um deren Rückkehr vorzubereiten oder die Abschiebung durchzuführen, und zwar insbesondere dann, wenn Fluchtgefahr besteht (lit. a) oder die betreffenden Drittstaatsangehörigen die Vorbereitung der Rückkehr oder das Abschiebungsverfahren umgehen oder behindern (lit. b). Art. 15 I Rückführungs-RL ermöglicht demgegenüber keine Inhaftierung allein aus Gründen der öffentlichen Sicherheit und Ordnung[107]. Diese unionsrechtlichen Vorgaben sind bei Vorliegen einer Abschiebungsanordnung nach § 58a I, die nicht unmittelbar vollzogen werden kann, jedoch im Regelfall erfüllt[108]. Den von § 58a I erfassten Umständen ist 64

---

[96] BGH Beschl. v. 21.8.2019 – V ZB 138/18.
[97] BGH Beschl. v. 21.8.2019 – V ZB 138/18.
[98] BGH Beschl. v. 10.1.2019 – V ZB 159/17 mwN auch zur aA.
[99] BGH Beschl. v. 10.1.2019 – V ZB 159/17.
[100] BGH Beschl. v. 21.10.2010 – V ZB 56/10.
[101] Zu den verfahrensrechtlichen Problemen grundlegend *Erbslöh* NVwZ 2007, 155 ff.
[102] *Kluth* in BeckOK AuslR AufenthG § 62 Rn. 33.
[103] BGH Beschl. v. 15.12.2020 – XIII ZB 7/19.
[104] BGH Beschl. v. 15.12.2020 – XIII ZB 7/19.
[105] BGH Beschl. v. 15.12.2020 – XIII ZB 7/19.
[106] BGH Beschl. v. 15.12.2020 – XIII ZB 7/19.
[107] BGH Beschl. v. 6.10.2020 – XIII ZB 13/20 mwN.
[108] BGH Beschl. v. 6.10.2020 – XIII ZB 13/20.

nämlich die hohe Wahrscheinlichkeit inhärent, dass sich der Betroffene durch Untertauchen jedwedem staatlichen Zugriff entzieht, um die geplanten Angriffe umzusetzen und damit seine ideologischen oder politischen Ziele durchzusetzen[109]. Die durch eine Abschiebungsanordnung nach § 58a I AufenthG festgestellten Gefahren geben daher gleichzeitig Anlass zu der Annahme, dass sich der Drittstaatsangehörige dem Rückkehrverfahren durch Flucht entziehen könnte, stellen nach der Vorstellung des Gesetzgebers also einen **typisierten Fall von Fluchtgefahr iSd Art. 3 Nr. 7, Art. 15 I Rückführungs-RL dar**[110].

65 **f) Entziehungsabsicht (Abs. 3 S. 2)**. Nach Abs. 3 S. 2 kann von der Anordnung der Sicherungshaft ausnahmsweise abgesehen werden, wenn der Ausländer glaubhaft macht, dass er sich der Abschiebung **nicht entziehen will**. Diese Ausnahme umfasst aber **lediglich den Haftgrund des Abs. 3 S. 1 Nr. 2** (vollziehbare Ausreisepflicht aufgrund einer unerlaubten Einreise). Besteht also eine Fluchtgefahr iSd Abs. 3 S. 1 Nr. 1 oder ist eine Abschiebungsanordnung nach § 58a ergangen, die unmittelbar vollzogen werden kann (Abs. 3 S. 1 Nr. 3), kann der betroffene Ausländer nicht glaubhaft machen, dass er sich der Abschiebung tatsächlich nicht entziehen will. Vielmehr geht der Gesetzgeber davon aus, dass sich drittstaatsangehörige Personen in diesen Konstellationen generell der Abschiebung entziehen wollen.

66 Etwas ausführlicher mit einer Vorgängerregelung des Abs. 3 S. 2 befasste sich eine Entscheidung des BayObLG[111]. Es ging in dieser Sache um einen ausgewiesenen (und danach wieder unerlaubt eingereisten) Ausländer, der in Deutschland Ehefrau und Kind hatte. Das BayObLG hatte im Zusammenhang mit einer Zurückverweisung an das LG darauf hingewiesen, dass im Rahmen der Beurteilung nach § 57 II 3 AuslG aF den sozialen Bindungen des Betroffenen besonderes Gewicht zukommen könne und dass deshalb, wenn – wie im gegebenen Fall – die bisher bekannten Umstände eine zuverlässige Beurteilung von Art und Intensität der familiären Bindungen des Betroffenen nicht zulassen, dass das LG die relevanten Umstände mit dem Ehepartner erörtern und sich von diesem auch einen persönlichen Eindruck verschaffen müsse. Ausreichende Standards dafür, was als Glaubhaftmachung dafür, dass man sich der Abschiebung nicht entziehen will, zu verlangen ist, sind bisher in der Rspr. nicht entwickelt (vgl. Nr. 62.2.0.1 AVwV-AufenthG). Als Mittel zur Glaubhaftmachung der mangelnden Entziehungsabsicht iSd Abs. 3 S. 2 kommt zB ein Flugticket in das Zielland der geplanten Abschiebung in Betracht, welches der betroffene Ausländer bereits gekauft hat.

3. Scheitern der Abschiebung (Abs. 4a)

67 Die Haftanordnung dient dazu, den Vollzug der Abschiebung zu ermöglichen. Hieraus folgt, dass die Haftanordnung nicht ihre Wirksamkeit verlieren sollte, wenn die versuchte Abschiebung – aus welchen Gründen auch immer – vorzeitig abgebrochen werden muss. Unter **völkerrechtlichen Gesichtspunkten** ist zunächst anzumerken, dass die Haftanordnung, solange sich das Luftfahrzeug (zB bei Rückführungen auf dem Luftweg) noch auf oder über deutschem Hoheitsgebiet befindet, ihre Gültigkeit nicht verliert. So wird diese in Bezug auf die ggf. begleitenden Beamten der Bundespolizei auch nicht durch die Bordgewalt des Luftfahrzeugführers verdrängt[112]. Nach Verlassen des deutschen Hoheitsraums fehlt bei Flügen mit ausländischen Luftfahrzeugen jeglicher Anknüpfungspunkt zum deutschen Recht, während bei Flugzeugen mit deutschen Hoheitszeichen bei Flug über staatsfreiem Gebiet sowie im Rahmen geltenden Völkervertragsrechts (Verträge über Rück- oder Durchbeförderung) und des Europarechts[113] Ausnahmen bestehen[114]. Abs. 4a stellt klar, dass die Haftanordnung im Fall des Scheiterns der Abschiebung bis zum Ablauf der Anordnungsfrist **unberührt bleibt,** sofern die Voraussetzungen für die Haftanordnung unverändert fortbestehen. Es kommt in diesem Zusammenhang nicht darauf an, ob der Ausländer das Scheitern der Abschiebung zu verantworten hat[115].

4. Haft von Minderjährigen

68 Die **UN-Kinderrechtskonvention (KRK)** wurde durch Resolution der Generalversammlung der Vereinten Nationen 44/25 vom 5.12.1989 angenommen und trat am 2.9.1990 – für die Bundesrepublik Deutschland am 5.4.1992 – in Kraft. Die Frage, inwieweit die KRK als völkerrechtlicher Vertrag geeignet ist, **individuell einklagbare Rechte** zu vermitteln, ist nach objektiven Kriterien nach der Wiener Vertragsrechtskonvention (WVK), Art. 31-33, zu beurteilen[116]. Insbesondere Art. 20 KRK ist hierbei von zentraler Bedeutung, der in konkreten Notsituationen ein Recht auf Betreuung und Unterbringung zum Wohl des Kindes vorschreibt.

---

[109] BGH Beschl. v. 6.10.2020 – XIII ZB 13/20.
[110] BGH Beschl. v. 6.10.2020 – XIII ZB 13/20.
[111] BayObLG Beschl. v. 24.7.2000 – 3Z BR 219/00, InfAuslR 2001, 174.
[112] Ebenso und ausf. dazu *Westphal/Stoppa* S. 609.
[113] ZB RL 2003/110/EG; § 74a AufenthG.
[114] So *Westphal/Stoppa* S. 613.
[115] *Kluth* in BeckOK AuslR AufenthG § 62 Rn. 37.
[116] So zu Recht bejahend *Cremer* AnwBl 2011, 159.

„Artikel 20 KRK

4. Ein Kind, das vorübergehend oder dauernd aus seiner familiären Umgebung herausgelöst wird oder dem der Verbleib in dieser Umgebung im eigenen Interesse nicht gestattet werden kann, hat Anspruch auf den besonderen Schutz und Beistand des Staates.
5. Die Vertragsstaaten stellen nach Maßgabe ihres innerstaatlichen Rechts andere Formen der Betreuung eines solchen Kindes sicher.
6. Als andere Form der Betreuung kommt unter anderem die Aufnahme in eine Pflegefamilie, die Kafala nach islamischem Recht, die Adoption oder, falls erforderlich, die Unterbringung in einer geeigneten Kinderbetreuungseinrichtung in Betracht. Bei der Wahl zwischen diesen Lösungen sind die erwünschte Kontinuität der Erziehung des Kindes sowie die ethnische, religiöse, kulturelle und sprachliche Herkunft des Kindes gebührend zu berücksichtigen."

Deutschland ist schon aufgrund des **verfassungsrechtlichen Gebots von völkerrechtsfreundlichem Verhalten** an die KRK gebunden. Zusätzlich erfolgte die notwendige Transformation über Art. 59 II GG in Form des VertragsG im Februar 1992[117]. Damit sind die staatlichen Institutionen an die Bestimmungen der KRK gebunden (vgl. Art. 20 III GG). Entscheidend bei der Rechtsanwendung innerstaatlichen Rechts ist die völkerrechtskonforme Auslegung und Anwendung in der Weise, dass dem Völkerrechtsvertrag auch praktische Wirksamkeit verliehen wird. Daher ist unabhängig von der Weiterentwicklung nationalen Rechts aufgrund der Umsetzung der Rückführungs-RL die völkerrechtliche Implikation der **KRK** bei **der Behandlung von Minderjährigen** in Bezug auf **Abschiebungshaft** zu beachten. Art. 20 KRK hat uneingeschränkte Bedeutung für unbegleitete ausländische Minderjährige, sodass sie in Einrichtungen der Kinder- und Jugendhilfe unterzubringen sind. Aufenthaltsbeendende Maßnahmen und jedenfalls deren Sicherung haben zu unterbleiben, wenn sie nicht im Licht des Kindeswohlmaßstabs erfolgen[118].

Grundsätzlich kommt bei minderjährigen Ausländern der Anordnung von freiheitsentziehenden 69 Maßnahmen zur Sicherung der Abschiebung wegen deren besonderen Schutzbedürftigkeit und der Schwere des Eingriffs ganz besondere Bedeutung zu. In einem solchen Fall sind daher sowohl an das **Beschleunigungsgebot** (→ Rn. 20 ff.) als auch an die **Verhältnismäßigkeit** besondere Anforderungen zu stellen[119]. Die Haft darf nach **Abs. 1 S. 3** gegen Minderjährige nur in besonderen Ausnahmefällen, nur unter Beachtung der in **§ 62a III genannten besonderen Bedingungen** (→ § 62a Rn. 36 ff.) und nur so lange angeordnet werden, wie unter Berücksichtigung des Kindeswohls angemessen ist. Minderjährige müssen so weit wie möglich in Einrichtungen untergebracht werden, die personell und materiell zur Berücksichtigung ihrer altersgemäßen Bedürfnisse in der Lage sind[120]. Bei einem **16-Jährigen** ist eine Haftdauer von mehr als drei Monaten unverhältnismäßig, wenn er **keinen Kontakt zu Familienmitgliedern** oder Bekannten hat, sich nicht strafbar gemacht hat und die Abschiebung selbst nicht behindert[121].

Die Minderjährigkeit eines von Abschiebungshaft Betroffenen bestimmt sich nach den Vorschriften 70 des BGB (§ 80 III 1), also nach § 2 BGB. Bestehen Zweifel an der Volljährigkeit des Betroffenen, hat das Gericht gemäß § 26 FamFG den Sachverhalt aufzuklären[122]. Eine Einschätzung des Haftrichters, der Betroffene sei volljährig, reicht in der Regel – selbst wenn sie auf ein großes Erfahrungswissen gestützt ist – nicht aus, um ein sicheres Bild zu gewinnen. Vielmehr sind die nach § 49 III und VI vorgesehenen Maßnahmen zu ergreifen, um eine Altersfeststellung zu ermöglichen (→ § 49 Rn. 20). Im Zweifel ist zugunsten des Betroffenen von einer Minderjährigkeit auszugehen[123].

Die Voraussetzungen für eine Haftanordnung sind nicht gegeben, wenn die Ausländerbehörde in 71 ihrem Haftantrag nicht darlegt, warum **mildere Mittel** als Haft zur Sicherung der zwangsweisen Ausreise nicht infrage kommen[124]. Das OLG Köln[125] führte hierzu aus:

„(...) gerade Minderjährige werden von der Vollziehung einer Haftanordnung erheblich betroffen und können hierdurch dauerhafte psychische Schäden davontragen. Nach dem verfassungsmäßigen Grundsatz der Verhältnismäßigkeit allen Verwaltungshandelns, der die Ausländerbehörde in jedem Fall zwingt, das Abschiebungsverfahren mit größtmöglicher Beschleunigung zu betreiben und unverzüglich die notwendigen Vorbereitungen für die Abschiebung zu treffen, ist die Verwaltungsbehörde im Falle der Minderjährigkeit darüber hinaus verpflichtet, alle Möglichkeiten zu prüfen, die auf mildere und weniger einschneidende Weise die beabsichtigte Abschiebung sichern zu können. Dies gilt nicht erst seit dem Erlass des Innen-

---

[117] BGBl. 1992 II S. 121.
[118] *Cremer* AnwBl 2011, 159.
[119] Vgl. auch BGH Beschl. v. 29.9.2010 – V ZB 233/10, NVwZ 2011, 320 Rn. 9; AG Frankfurt a. M. Beschl. v. 24.10.2008 – 934 XIV 1877/08.
[120] BGH Beschl. v. 7.3.2012 – V ZB 41/12, InfAuslR 2012, 224; Beschl. v. 12.2.2015 – V ZB 185/14, InfAuslR 2015, 238 Rn. 5.
[121] OLG Frankfurt a. M. Beschl. v. 10.1.1994 – 20 W 477/93, EZAR 048 Nr. 9.
[122] BGH Beschl. v. 10.8.2018 – V ZB 123/18.
[123] BGH Beschl. v. 10.8.2018 – V ZB 123/18 mwN.
[124] LG Passau Beschl. v. 24.7.2012 – 2 T 113/12; Beschl. v. 13.8.2012 – 2 T 129/12.
[125] OLG Köln Beschl. v. 11.9.2002 – 16 Wx 164/02.

ministers vom 17.7.2002 zur Ergänzung der Richtlinie zur Vorbereitungs- und Sicherungshaft vom 25.4.1996, sondern folgt unmittelbar aus der Verfassung. Mildere Mittel zur Vermeidung der Abschiebehaft könnten die Unterbringung in Jugendeinrichtungen, Meldeauflagen, räumliche Beschränkungen des Aufenthaltsortes uä sein. Dass derartige mildere Mittel von der Verwaltung geprüft wurden und warum sie im Einzelfall nicht in Betracht kommen, ist von der Verwaltung bereits in ihrem Haftantrag ausführlich darzustellen. Dazu genügt es nicht, dass ein von Betroffenen selbst genanntes milderes Mittel als untauglich qualifiziert wird. Fehlt es an einer solchen ausführlichen Darlegung, ist davon auszugehen, dass die Verwaltung die erforderliche Prüfung unterlassen hat und dass daher die Haftvoraussetzungen derzeit nicht vorliegen (…)."

5. Haftdauer

72 Die Dauer der Sicherungshaft wird in § 62 auf verschiedenen Ebenen begrenzt. **Abs. 1 S. 2** gibt für die Abschiebungshaft allgemein vor, dass die Inhaftierung auf die **kürzest mögliche Dauer** zu beschränken ist. Dies ist ein einfachgesetzlicher Ausfluss des **Verhältnismäßigkeitsgrundsatzes**. Daneben sehen die Abs. 3 und 4 detaillierte Regelungen zur maximalen Dauer der Sicherungshaft vor.

73 **a) Durchführbarkeit der Abschiebung binnen drei Monaten (Abs. 3 S. 3).** Schon zu Beginn der Sicherungshaft muss nach Abs. 3 S. 3 sicher sein, dass die Abschiebung binnen drei Monaten durchgeführt werden kann. Steht fest, dass die Abschiebung aus Gründen, die der Ausländer nicht zu vertreten hat, nicht innerhalb der drei Monate durchgeführt werden kann, ist die Sicherungshaft unzulässig. Die Sicherungshaft darf dann überhaupt nicht, auch nicht für einen kürzeren Zeitraum, angeordnet werden. Die Regelung des Abs. 3 S. 3 stellt eine Ausprägung des **Verhältnismäßigkeitsprinzips** dar, indem sie eine Inhaftierung in den Fällen verhindert, in denen die Abschiebung aus nicht vom Ausländer zu vertretenden Gründen zu lange dauern würde.

74 Ein Ausländer hat es **nicht iSv Abs. 3 S. 3 zu vertreten**, dass die Abschiebung nicht innerhalb der nächsten drei Monate durchgeführt werden kann, wenn dies allein darauf zurückzuführen ist, dass er seinen Reisepass auf einer Überfahrt über das Meer verloren hat und die Beschaffung eines Ersatzdokuments mehr als drei Monate in Anspruch nimmt. Der Verlust des Passes muss ihm vorzuwerfen sein; dies wäre etwa der Fall, wenn er ihn bei der Überfahrt absichtlich und ohne Not über Bord geworfen oder wenn er ihn so aufbewahrt hat, dass er in keiner Weise gegen einen Verlust gesichert war[126].

75 Das Hafthindernis der Drei-Monats-Grenze nach Abs. 3 S. 3 erfordert eine **Prognose** dahin gehend, dass die Abschiebung innerhalb von drei Monaten, gerechnet ab dem Zeitpunkt der (ersten) Haftanordnung[127], überhaupt, also ohne Berücksichtigung der von dem Ausländer zurechenbar veranlassten Verzögerung, hätte durchgeführt werden können. Diese Prognose hat der Haftrichter grundsätzlich auf alle im konkreten Fall ernsthaft in Betracht kommenden Gründe, die der Abschiebung entgegenstehen oder sie verzögern können, zu erstrecken. Hierzu sind **konkrete Angaben** zum Ablauf des Verfahrens und zu dem Zeitraum, in welchem die einzelnen Schritte unter normalen Bedingungen durchlaufen werden können, erforderlich[128]. Der schlichte Hinweis darauf, dass die Passersatzpapierbeschaffung eingeleitet werden müsse und dies „erfahrungsgemäß" einen Zeitraum von drei Monaten erfordere und auch die Organisation eines Flugs innerhalb dieser Zeit veranlasst werde, ist unzureichend[129]. Die Angabe einer Höchstdauer („bis zu") kann die Erforderlichkeit der Haftdauer für den konkreten Antrag nicht begründen, weil nicht erkennbar wird, ob es sich bei der Dauer um den Regel- oder um einen seltenen Ausnahmefall handelt. Variiert die Dauer der Passersatzbeschaffung für das betreffende Zielland bei Anwendung desselben Verfahrens, ist die Behörde daher gehalten, in dem Haftantrag den Zeitraum anzugeben, den sie nach den allgemeinen Rahmenbedingungen und den konkreten Umständen im Fall des Betroffenen voraussichtlich benötigen wird[130]. Die Durchführbarkeit der Abschiebung muss mit konkretem Bezug auf das Land, in das der Betroffene abgeschoben werden soll, dargelegt werden. Anzugeben ist dazu, ob und innerhalb welchen Zeitraums Abschiebungen in das betreffende Land üblicherweise möglich sind, von welchen Voraussetzungen dies abhängt und ob diese im konkreten Fall vorliegen[131].

76 **Abs. 3 S. 4** sieht eine **Ausnahme** von Abs. 3 S. 3 vor. Danach ist die Sicherungshaft bei einem Ausländer, von dem **eine erhebliche Gefahr für Leib und Leben Dritter oder bedeutende Rechtsgüter der inneren Sicherheit** ausgeht, auch dann zulässig, wenn die Abschiebung nicht

---

[126] BGH Beschl. v. 17.5.2018 – V ZB 54/17.
[127] BGH Beschl. v. 10.6.2010 – V ZB 204/09, NVwZ 2010, 1172 Rn. 18; Beschl. v. 1.3.2012 – V ZB 183/11; Beschl. v. 15.10.2015 – V ZB 82/14.
[128] Vgl. BGH Beschl. v. 14.4.2011 – V ZB 76/11; Beschl. v. 30.6.2011 – V ZB 139/11; Beschl. v. 9.6.2011 – V ZB 230/10; Beschl. v. 14.2.2012 – V ZB 4/12; Beschl. v. 27.10.2011 – V ZB 311/10; Beschl. v. 19.1.2012 – V ZB 70/11.
[129] BGH Beschl. v. 13.10.2016 – V ZB 22/16.
[130] BGH Beschl. v. 22.6.2017 – V ZB 7/17.
[131] BGH Beschl. v. 10.5.2012 – V ZB 246/11.

innerhalb der nächsten drei Monate durchgeführt werden kann. Das wird insbesondere in den Fällen der Sicherungshaft nach Abs. 3 S. 1 Nr. 3 (Abschiebungsanordnung nach § 58a) der Fall sein, weil die Tatbestandsvoraussetzungen des § 58a offensichtliche Ähnlichkeiten zu denjenigen des § 62 III 4 aufweisen. Der Regelung des Abs. 3 S. 4 liegt folgender Gedanke zugrunde: Wegen der von den betroffenen Personen ausgehenden Gefahr stellt eine Abschiebung ein vordringliches Interesse der Gesellschaft dar, weshalb auch die längere Einschränkung der Freiheit des Ausländers gerechtfertigt werden kann. Bei der erforderlichen **Abwägung** sind bei einem Ausländer, der aufgrund einer auf Tatsachen gestützten Prognose zur Abwehr einer besonderen Gefahr für die Sicherheit der Bundesrepublik Deutschland oder aufgrund einer terroristischen Gefahr abgeschoben werden soll, über die Erfolgsaussichten seines Rechtsmittels und die drohenden Nachteile für ihn selbst[132] hinaus die erheblichen Gefahren für Leib und Leben Dritter oder bedeutende Rechtsgüter der inneren Sicherheit einzubeziehen. Im Hinblick auf die mögliche Gefährdung dieser Rechte und Rechtsgüter kommt die Aussetzung der Vollziehung einer Freiheitsentziehung in solchen Fällen regelmäßig nur in Betracht, wenn es aufgrund der gebotenen summarischen Prüfung zumindest überwiegend wahrscheinlich ist, dass die Rechtsbeschwerde des Betroffenen Erfolg haben wird[133].

b) Höchstdauer der Sicherungshaft (Abs. 4). Nach Abs. 4 S. 1 kann die Sicherungshaft bis zu 77 einer **Dauer von sechs Monaten** angeordnet werden. Es handelt sich bei dieser Regelung um eine Höchstdauer. Das Gesetz kennt – schon weil die Abschiebungshaft keinen Strafcharakter hat – weder Mindest- noch Regelhaftzeiten, sondern hat für unterschiedliche Sachverhalte jeweils nur eine unterschiedliche Höchstdauer der Abschiebungshaft festgeschrieben. Die Anordnung von Abschiebungshaft in der Form von Sicherungshaft setzt dabei nicht nur einen Haftgrund voraus, sondern ebenso, dass die Abschiebung des Ausländers tatsächlich und mit der gebotenen Beschleunigung betrieben wird und dass die Haft auch sonst zulässig ist. Die Ausländerbehörde ist deshalb verpflichtet, alles zu tun, um die Abschiebungshaft zu vermeiden bzw. so kurz wie möglich zu halten. Dies folgt bereits aus dem aus Art. 2 II 2 GG abzuleitenden verfassungsrechtlichen **Beschleunigungsgebot** bei Freiheitsentziehungen (→ Rn. 20 ff.). Abs. 4 S. 1 basiert auf **Art. 15 V 2 Rückführungs-RL**, wobei der deutsche Gesetzgeber von der absoluten Grenze des Unionsrechts von maximal sechs Monaten Haft Gebrauch gemacht hat.

Erlangt die Behörde Kenntnis von der Ablehnung des Asylantrags des Betroffenen als offensichtlich 78 unbegründet, so gebietet das in Haftsachen geltende Beschleunigungsgebot grundsätzlich, dass unverzüglich die für die Durchführung der Abschiebung erforderlichen Maßnahmen eingeleitet werden. Sobald vorhersehbar ist, dass die Abschiebung erforderlich wird, muss die Behörde **alle notwendigen Anstrengungen unternehmen,** um die erforderlichen Papiere zu beschaffen, damit der Vollzug der Haft auf eine möglichst kurze Zeit beschränkt werden kann. Vor diesem Hintergrund darf die Behörde nicht die Bestandskraft des Bescheids abwarten, ehe sie weitere Maßnahmen einleitet[134]. Ist die Abschiebung von der beteiligten Behörde nicht mit der gebotenen Beschleunigung betrieben worden, stellt sich die Fortdauer der Haft als ein unverhältnismäßiger Eingriff in das Freiheitsgrundrecht des Betroffenen dar.

Die kalendermäßige Befristung der Abschiebungshaft wird durch eine **Haftunterbrechung** nicht 79 automatisch verlängert[135]; ebenso wenig bei Bestimmung der Haftdauer nach Wochen[136]. Die Anordnung einer über den Antrag der Behörden hinausgehenden Dauer der Freiheitsentziehung ist unzulässig[137].

Abs. 4 S. 2 sieht die Möglichkeit vor, die Sicherungshaft **um höchstens zwölf Monate zu** 80 **verlängern,** wenn die Abschiebung aus von dem Ausländer zu vertretenden Gründen nicht vollzogen werden kann. Die Regelung basiert auf **Art. 15 VI Rückführungs-RL.** Danach darf die maximale Haftdauer von sechs Monaten lediglich in den Fällen verlängert werden, in denen die Abschiebungsmaßnahme aufgrund der mangelnden Kooperationsbereitschaft des Betroffenen oder aufgrund von Verzögerungen bei der Übermittlung der erforderlichen Unterlagen durch Drittstaaten wahrscheinlich länger dauern wird. Auch sieht Art. 15 VI Rückführungs-RL eine Höchstgrenze der Verlängerung von zwölf Monaten vor.

Die Möglichkeit der Verlängerung der Haft über sechs Monate hinaus kann in allen Fällen erfolgen, 81 in denen der betroffene Ausländer die Abschiebung innerhalb von sechs Monaten durch sein Verhalten verhindert. Ein solches **Verhinderungsverhalten** ist insbesondere dann anzunehmen, wenn der Ausländer sich weigert, an der Beschaffung eines Passes mitzuwirken oder im Rahmen der Beschaffung eines Passes falsche Personalien angibt. Jedoch darf die Abschiebungshaft nicht stets über den Zeitraum von sechs Monaten hinaus bis zur Höchstfrist angeordnet bzw. aufrechterhalten werden. Als besondere

---

[132] Zu deren Berücksichtigung BGH Beschl. v. 21.1.2010 – V ZB 14/10, FGPrax 2010, 97 Rn. 5.
[133] BGH Beschl. v. 21.12.2017 – V ZB 249/17.
[134] BGH Beschl. v. 26.9.2013 – V ZB 2/13; Beschl. v. 10.10.2013 – V ZB 25/13; Beschl. v. 17.10.2013 – V ZB 172/12.
[135] BayObLG Beschl. v. 19.10.1989 – V ZB 9/89, EZAR 135 Nr. 15.
[136] OLG Hamm Beschl. v. 23.11.1992 – 15 W 303/92, NVwZ 1993, 814.
[137] BGH Beschl. v. 30.6.2011 – V ZB 24/11; Beschl. v. 6.5.2010 – V ZB 223/09.

Ausprägung des Verhältnismäßigkeitsgrundsatzes muss das Verhalten des Betroffenen ursächlich für die Nichtabschiebung sein und bleiben, um eine Verlängerung der Haft über einen Zeitraum von sechs Monaten hinaus zu rechtfertigen[138].

82   Gibt der von Abschiebungshaft Betroffene sein die Abschiebung verhinderndes Verhalten auf, kann die Haft von diesem Zeitpunkt an jedenfalls nicht über sechs Monate hinaus aufrechterhalten werden, sofern das entsprechende Verhinderungsverhalten für ein Fehlschlagen der Abschiebung nicht mehr ursächlich ist[139]. Der Betroffene muss Abschiebungshaft aber umso länger hinnehmen, je größer die Schwierigkeiten sind, die sein Verhalten den Ausländerbehörden bei der Beschaffung der Heimreisedokumente macht[140]. **Vertreten muss der Betroffene** ua **Verzögerungen,** die dadurch entstehen, dass die Behörden seines Heimatstaates um die Erteilung eines Passersatzpapiers ersucht werden müssen[141]. **Irreführende Angaben** zur Herkunft und Unterlassungen des Betroffenen, seit seiner Inhaftierung nicht selbst tätig geworden zu sein, um sich die Unterlagen für einen Passersatz zu beschaffen, sind ihm selbst anzulasten. Zu diesem Zweck hat der Betroffene jegliche zumutbare Anstrengung zu unternehmen (und alles Gegenteilige zu unterlassen), um in den Besitz eines gültigen Passes zu gelangen.

83   Ebenfalls hat sich der Betroffene eine möglicherweise als **zögerlich zu bezeichnende Arbeitsweise** der Heimatvertretung grundsätzlich zurechnen zu lassen, wenn er ohne Pass eingereist ist und damit die Behörde vor die Notwendigkeit gestellt hat, für ihn Passersatzpapiere zu beschaffen[142]. Dasselbe gilt im Fall zögerlicher, stockender und kurzer Antworten des Ausländers während der Botschaftsvorführung, sofern dadurch erreicht werden soll, dass seine wahre Herkunft verschleiert wird[143].

84   Ein Ausländer hat Verzögerungen seiner Abschiebung auch dann zu vertreten, wenn er seine **Passpapiere schuldhaft weggibt**[144] und hierdurch einen ihm zurechenbaren Umstand schafft, der seine Abschiebung verzögert. Ein solcher Fall liegt jedoch nicht vor, wenn der Betroffene seinen Pass bereits im Heimatland verloren hat und somit ohne Pass eingereist ist[145]. Der Umstand, dass der Betroffene vor seiner Einreise seinen **Pass vernichtet** hat, ist für sich noch **nicht geeignet, eine über sechs Monate hinausgehende Haftdauer** zu begründen[146].

85   Eine Verlängerung der Hafthöchstdauer um höchstens zwölf Monate ist nach **Abs. 4 S. 3** auch dann möglich, wenn die Haft auf der **Grundlage des Abs. 3 S. 1 Nr. 3** (Abschiebungsanordnung nach § 58a) angeordnet worden ist und sich die **Übermittlung der für die Abschiebung erforderlichen Unterlagen oder Dokumente** durch den zur Aufnahme verpflichteten oder bereiten Drittstaat **verzögert**. Mit dieser Regelung hat der deutsche Gesetzgeber von der zweiten unionsrechtlich erlaubten Verlängerung der Hafthöchstdauer nach Art. 15 VI Rückführungs-RL Gebrauch gemacht.

86   Auch die Verlängerungsmöglichkeiten nach Abs. 4 S. 2 und 3 werden zeitlich begrenzt. Nach **Abs. 4 S. 4** darf die **Gesamtdauer der Sicherungshaft 18 Monate nicht überschreiten.** Dies stellt die absolute Grenze der Haftdauer dar, eine Verlängerung über diesen Zeitraum hinaus ist nicht zulässig. Eine **Vorbereitungshaft** (Abs. 2) ist auf die Gesamtdauer der Sicherungshaft **anzurechnen (Abs. 4 S. 5),** um eine zu lange Inhaftierung des Betroffenen zu verhindern.

87   c) **Überhaft.** Befindet sich der Ausländer bereits in Untersuchungs- oder Strafhaft oder wird diese während der Abschiebungshaft angeordnet, tritt die Abschiebungshaft als Ordnungsmaßnahme hinter die strafrechtliche Haftart zurück[147]. Unzulässig ist Abschiebungshaft im Anschluss an Strafhaft, wenn noch nicht feststeht, ob und wie lange der Ausländer Strafhaft verbüßen wird[148]. Wird Sicherungshaft durch eine zweiwöchige Freilassung unterbrochen, so ist die zurückliegende Haftzeit auf die Gesamtdauer der dann erneut angeordneten Haft anzurechnen[149]. Zwischenzeitliche Untersuchungs- oder Strafhaft unterbricht die Abschiebungshaft. Soll Abschiebungshaft im Anschluss an Strafhaft angeordnet werden, kann ein Zeitraum von einem Monat genügen, wenn bis zum Ende der Strafhaft noch Vorbereitungen getroffen werden können[150]. Die Möglichkeit der unmittelbaren Abschiebung aus der Haft (§ 58 III Nr. 1) geht vor. Die Ausländerbehörde muss schon während der Haftzeit geeignete

---

[138] OLG München Beschl. v. 11.3.2005 – 34 Wx 023/05.
[139] OLG Celle Beschl. v. 23.8.2006 – 22 W 57/06.
[140] Vgl. BayObLGZ 2000, 227 (229).
[141] OLG Brandenburg Beschl. v. 23.9.2008 – 11 Wx 46/08; OLG Schleswig Beschl. v. 19.7.2006 – 2 W 107/06.
[142] OLG München Beschl. v. 9.7.2009 – 34 Wx 057/09; vgl. dazu auch OLG Celle Beschl. v. 19.5.2003 – 17 W 40/03.
[143] OLG München Beschl. v. 20.7.2009 – 34 Wx 066/09.
[144] BGH Beschl. v. 13.7.2017 – V ZB 69/17.
[145] OLG Köln Beschl. v. 13.10.2004 – 16 Wx 194/04 zur Haft bei „papierlosen" marokkanischen Staatsangehörigen.
[146] BGH Beschl. v. 19.1.2017 – V ZB 99/16; Beschl. v. 16.2.2017 – V ZB 111/16.
[147] OLG Frankfurt a. M. Beschl. v. 7.11.1994 – 20 W 493/94, EZAR 048 Nr. 16.
[148] BayObLG Beschl. v. 31.3.1992 – 3 Z BR 32/92, EZAR 048 Nr. 3.
[149] OLG Schleswig Beschl. v. 23.10.1995 – 2 W 96/95, EZAR 048 Nr. 22.
[150] BayObLG Beschl. v. 11.9.1989 – 3 Z 125/89, EZAR 135 Nr. 14.

Maßnahmen ergreifen, um die Abschiebung ohne Abschiebungshaft durchzuführen[151]. Der Haftrichter muss daher feststellen, ob der Ausländer aus der Strafhaft abgeschoben werden kann[152].

Maßgeblicher Zeitpunkt für die Prognose, ob die Abschiebung nach Abs. 3 S. 3 innerhalb der nächsten drei Monate möglich erscheint, ist auch im Fall der Überhaft der Erlass der Haftanordnung, nicht der mutmaßliche Beginn des Vollzugs der Abschiebungshaft. Die haftantragstellende Behörde muss zur Wahrung der gebotenen Beschleunigung auch schon während der laufenden Untersuchungshaft alle notwendigen Anstrengungen unternehmen, um Passersatzpapiere zu beschaffen; dies gilt insbesondere dann, wenn absehbar ist, dass nach Verurteilung zu einer Bewährungsstrafe der Untersuchungshaftbefehl aufgehoben wird[153]. 88

V. Mitwirkungshaft (Abs. 6)

Abs. 6 greift die Möglichkeit des **Art. 15 I 1 lit. b Rückführungs-RL** auf, Drittstaatsangehörige wegen Behinderung des Abschiebungsverfahrens in Haft zu nehmen[154]. Nach Art. 15 I 1 lit. b Rückführungs-RL ist eine Haft zulässig, wenn „die betreffenden Drittstaatsangehörigen die **Vorbereitung der Rückkehr** oder das Abschiebungsverfahren umgehen oder behindern". Diese Möglichkeit wird als eigenständige Alternative („oder") neben die Haft wegen Fluchtgefahr gestellt (Art. 15 I 1 lit. a Rückführungs-RL). Dementsprechend lässt Abs. 6 S. 1 die Inhaftierung eines Ausländers zu, um Anordnungen nach § 82 IV 1 durchführen zu können. In der Praxis hat sich nämlich gezeigt, dass Anordnungen nach § 82 IV 1, insbesondere die Anordnung, bei der Vertretung des Herkunftsstaates zum Zwecke der Identitätsklärung zu erscheinen, vielfach ins Leere laufen. Werden entsprechende Termine anberaumt, ist die Erscheinensquote oftmals niedrig[155]. Sollen die Betreffenden zu einem Termin vorgeführt werden, sind sie vielfach nicht auffindbar. Es besteht daher aus der Sicht des Gesetzgebers das Bedürfnis nach einer Möglichkeit, Personen, die bereits in der Vergangenheit entsprechende Mitwirkungspflichten verletzt haben, zur Durchführung von Anordnungen nach § 82 Abs. 4 S. 1 zum Zweck der Abschiebung kurzfristig in Haft nehmen zu können[156]. 89

Die Mitwirkungshaft ist nur zulässig, **um Mitwirkungspflichten sicherzustellen,** deren Erfüllung aufgrund des bisherigen Verhaltens des Ausländers nicht sichergestellt ist[157]. Eine Inhaftnahme aus anderen Zwecken (zB als Sanktion) ist nicht zulässig. Mitwirkungshaft ist weiterhin nicht schon deshalb zulässig, weil die Ausländerbehörden eine Haft als praktisch oder hilfreich einstufen. Eine derartige Auslegung wäre mit dem Verhältnismäßigkeitsgrundsatz unvereinbar. 90

Auch muss – ebenso wie bei Abs. 3 S. 3 – eine **hinreichende Aussicht auf Abschiebung** bestehen und der Zweck der Haft erreichbar sein. Eine Inhaftnahme, die allein zum Zweck der Mitwirkung erfolgt, wäre unverhältnismäßig und daher unzulässig. Die Durchführbarkeit der Abschiebung muss mit konkretem Bezug auf das Land, in das der Betroffene abgeschoben werden soll, dargelegt werden. Anzugeben ist dazu, ob und innerhalb welchen Zeitraums Abschiebungen in das betreffende Land üblicherweise möglich sind, von welchen Voraussetzungen dies abhängt und ob diese im konkreten Fall vorliegen[158]. 91

Die Inhaftnahme ist in Fällen möglich, in denen eine Mitwirkung des Ausländers zum konkreten Termin aufgrund seines vorangegangenen Verhaltens nicht zu erwarten ist. Dies kann dann der Fall sein, wenn er an einer bereits anberaumten Vorführung vor die Vertretung des Herkunftsstaates unentschuldigt nicht teilgenommen hat **(Abs. 6 S. 1 Nr. 1).** Auch sein unentschuldigtes Nichterscheinen zu einem Termin, zu dem die Ausländerbehörde zur Vorbereitung einer Anordnung zur Identitätsklärung beim Herkunftsstaat geladen hat, kann den Schluss zulassen, der Ausländer werde sich auch der weiteren Anordnung des Erscheinens vor der Botschaft des Herkunftslandes entziehen **(Abs. 6 S. 1 Nr. 2).** Auch in diesen Fällen ist die Mitwirkungshaft zulässig. 92

Die Mitwirkungshaft ist auf das zur Durchführung der Anordnung erforderliche Maß zu beschränken. Ihre – nicht verlängerbare – **Höchstdauer beträgt 14 Tage.** 93

Der Ausländer ist im Sinne einer Warn- und Besinnungsfunktion in einem Verfahrensstadium vor der durchzusetzenden Anhörung, dh im Rahmen einer erstmaligen Anordnung nach § 82 IV 1 oder bei einem vorbereitenden Termin bei der Ausländerbehörde, auf die Möglichkeit einer Inhaftnahme hinzuweisen. **Dieser Hinweis ist erforderliche Voraussetzung für die Anordnung der Mitwirkungshaft.** 94

---

[151] Vgl. BayObLG Beschl. v. 8.10.2001 – 3 Z BR 330/01, EZAR 048 Nr. 57; OLG Zweibrücken Beschl. v. 23.3.2004 – 3 W 34/04, EZAR 048 Nr. 64.
[152] OLG Frankfurt a. M. Beschl. v. 5.2.1996 – 20 W 32/96, EZAR 048 Nr. 26.
[153] Vgl. OLG Köln Beschl. v. 24.5.2002 – 16 Wx 91/02; OLG München Beschl. v. 24.5.2005 – 34 Wx 052/05; AG Frankfurt a. M. Beschl. v. 14.8.2008 – 934 XIV 1689/08.
[154] BT-Drs. 19/10047, 43.
[155] BT-Drs. 19/10047, 43.
[156] BT-Drs. 19/10047, 43.
[157] BT-Drs. 19/10047, 43.
[158] BGH Beschl. v. 25.10.2018 – V ZB 83/18; Beschl. v. 25.1.2018 – V ZB 107/17.

95 Die Vorgaben aus § 62a I an den Haftvollzug gelten entsprechend (**Abs. 6 S. 4**), also insbesondere das Trennungsgebot (→ § 62a Rn. 7).

VI. Festnahmerecht der Ausländer- und Polizeibehörden (Abs. 5)

96 Die Inhaftnahme nach den Abs. 2 und 3 erfolgt auf richterliche Anordnung. Damit wird dem Richtervorbehalt für die Anordnung einer Freiheitsentziehung nach Art. 104 II 1 GG Rechnung getragen (ausführlich dazu → Rn. 12 ff.). Abweichend davon erlaubt es Abs. 5, dass die für den Haftantrag zuständige Behörde einen Ausländer in bestimmten Konstellationen auch **ohne vorherige richterliche Anordnung** festhalten und vorläufig in Gewahrsam nehmen kann[159]. Die Norm schafft damit eine spezielle Ermächtigungsgrundlage für einen der Sicherungshaft vorgelagerten **vorläufigen Behördengewahrsam**.

97 Abs. 5 regelt im Wesentlichen ein behördliches Festnahmerecht in **Eilfällen**. Dafür müssen **drei Voraussetzungen kumulativ** vorliegen: Erstens muss der dringende Verdacht bestehen, dass die Voraussetzungen der Sicherungshaft (Abs. 3) vorliegen (Abs. 5 S. 1 Nr. 1). Zweitens muss ausgeschlossen sein, dass die richterliche Entscheidung über die Anordnung der Sicherungshaft vorher eingeholt werden kann (Abs. 5 S. 1 Nr. 2). Drittens muss der begründete Verdacht vorliegen, dass sich der betroffene Ausländer der Anordnung der Sicherungshaft entziehen will (Abs. 5 S. 1 Nr. 3). Ein begründeter Verdacht, dass der Ausländer sich der Abschiebung entziehen will, kann nicht angenommen werden, wenn er freiwillig und ohne sich aus bei der Ausländerbehörde vorspricht.

98 Die Voraussetzungen für eine Gewahrsamnahme nach Abs. 5 liegen nicht vor, wenn eine vorherige richterliche Anordnung, ggf. im Wege einer **einstweiligen Anordnung** nach § 427 FamFG, eingeholt werden kann. Nach der Rspr. des BVerfG setzt jede Freiheitsentziehung und damit auch eine Gewahrsamnahme nach § 62 V grundsätzlich eine vorherige richterliche Anordnung voraus. Eine nachträgliche richterliche Entscheidung ist nur dann zulässig, wenn der mit der Freiheitsentziehung verfolgte verfassungsrechtlich zulässige Zweck nicht erreichbar wäre, sofern der Festnahme die richterliche Entscheidung vorangehen müsste. In diesem Fall fordert Art. 104 II 2 GG, dass die richterliche Entscheidung unverzüglich nachzuholen ist. Damit sind planbare Festnahmen nicht ohne Einschaltung eines Richters zulässig[160]. Dies gilt nach der Rspr. auch dann, wenn der Aufenthalt des Betroffenen unbekannt ist[161]. Soweit angenommen wurde, aus Abs. 5 S. 1 Nr. 2 folge auch, dass eine vorläufige Gewahrsamnahme der Behörde zur Herbeiführung einer Abschiebungshaftentscheidung unzulässig ist, wenn eine **Ausschreibung zur Festnahme** nach § 50 VI vorliegt, die ohne vorherige richterliche Entscheidung ergangen war[162], kann dem so nicht mehr gefolgt werden. Die Ausschreibung zur Festnahme nach § 50 VI bedarf von Verfassungs wegen keiner richterlichen Anordnung[163], entbindet aber nicht von der behördenseitigen Verpflichtung, bei Aufgriff die Voraussetzungen für die Freiheitsentziehung eigenverantwortlich zu prüfen. Die Ausschreibung zur Festnahme lässt aber erkennen, dass die ausschreibende Behörde zum Zeitpunkt der Ausschreibung das Vorliegen von Haftgründen bejaht hat (so auch Nr. 62.4.2 und 50.7.3 AVwV-AufenthG)[164]. **Abs. 5 S. 2** schreibt vor, dass der Ausländer unverzüglich nach seiner Gewahrsamnahme **dem Richter zur Entscheidung über die Anordnung der Sicherungshaft vorzuführen** ist. Diese Regelung zeichnet die verfassungsrechtliche Vorgabe des Art. 104 II 2 GG nach, wonach bei jeder Freiheitsentziehung, die nicht auf einer richterlichen Anordnung beruht, unverzüglich eine richterliche Entscheidung herbeizuführen ist. Der Pflicht der Behörde zur Vorführung des Ausländers muss ohne jedes vermeidbare Säumnis[165] nachgekommen werden. Dabei ist die Pflicht zur Vorführung **nicht an die Geschäftszeiten der Gerichte gebunden**[166].

VII. Verfahren und Rechtsschutz

1. Allgemeines

99 Für die Anordnung der ausländerrechtlichen Haft nach dem AufenthG sowie den polizeilichen Gewahrsamnahmen nach Bundes- und (überwiegendem) Landesrecht ist das **AG** als Gericht der freiwilligen Gerichtsbarkeit zuständig (§ 23a II Nr. 6 GVG, §§ 1, 2, 416 FamFG). Eine solche **Rechtswegspaltung** hat aber nicht automatisch zur Folge, dass es einem angerufenen Gericht verwehrt ist, Vorfragen zu prüfen, die, wären sie Hauptfrage, in den Zuständigkeitsbereich eines anderen Gerichts fielen. Vielmehr gilt als Ausfluss des Anspruchs auf **effektiven Rechtsschutz** der Grundsatz, dass das Gericht des zulässigen Rechtswegs den Rechtsstreit unter allen in Betracht kommenden rechtlichen Gesichtspunkten entscheidet. Dies bedeutet, dass das Gericht des zulässigen Rechtswegs

---

[159] Ausführlich dazu *Winkelmann* ZAR 2007, 268.
[160] Ebenso *Westphal/Stoppa* S. 586.
[161] Vgl. *Melchior*, Abschiebungshaft, 8/2007, Nr. 710, mwN.
[162] So auch *Beichel-Benedetti/Gutmann* NJW 2004, 3015.
[163] BVerfG Beschl. v. 7.5.2009 – 2 BvR 475/09.
[164] Vgl. auch NdsOVG Beschl. v. 26.1.2015 – 8 ME 163/14.
[165] Regelmäßig innerhalb von zwei bis drei Stunden; ausf. *Westphal/Stoppa* S. 586 f.
[166] BVerfG Beschl. v. 15.5.2002 – 2 BvR 2292/00, NJW 2002, 3161.

auch rechtswegfremde, entscheidungserhebliche Vorfragen prüft und über sie entscheidet. Wenn das einschlägige Bundes- oder Landesrecht die Inzidentprüfung der polizeilichen Ingewahrsamnahme durch die VG im Rahmen der Kontrolle nachgelagerter Hoheitsakte weder ausdrücklich ausschließt noch eine materielle Präklusion der dagegen gerichteten Einwände anordnet, entfaltet der Hoheitsakt der polizeilichen Ingewahrsamnahme für den später erlassenen **Kostenbescheid keine Vorwirkung**[167].

Die haftantragstellende Behörde muss mit dem Haftantrag die Voraussetzungen der Vorbereitungs- oder Sicherungshaft und deren für notwendig erachtete Dauer darlegen. Das AG hat die Zulässigkeit des Haftantrags und damit auch die **örtliche Zuständigkeit der Behörde in jeder Verfahrenslage von Amts wegen zu prüfen**[168]. Gegen die Entscheidung des AG steht dem Ausländer und der Behörde das Rechtsmittel der **Beschwerde** und gegen die Entscheidung des LG die **Rechtsbeschwerde** beim BGH zu (§§ 58 ff., 64, 70, 72, 75 FamFG). 100

Nach Haftentlassung oder Fristablauf kann die Beschwerde mit dem Ziel der **Feststellung der Rechtswidrigkeit** der Haftanordnung eingelegt oder fortgeführt werden[169]. Der Schutzauftrag des allgemeinen Persönlichkeitsrechts wird durch den Anspruch auf Ausgleich des immateriellen Schadens verwirklicht. Auch eine Geldentschädigung für den erlittenen rechtswidrigen Freiheitsentzug wegen Verletzung der Grundrechte aus Art. 2 II 2 und Art. 2 I i Vm Art. 1 I GG kann in Betracht kommen[170]. 101

Von der **Vorbereitungshaft** kann auf **Sicherungshaft** übergegangen werden[171]; hierzu bedarf es innerhalb der angeordneten Haftdauer keines weiteren Antrags der Behörde und keiner weiteren gerichtlichen Entscheidung (Abs. 2 S. 3). 102

Eine Freiheitsentziehung durch die Behörde ohne vorherige richterliche Anordnung kann nach § 428 II FamFG **angefochten** werden[172]. 103

Der Ausländer kann die Verpflichtung der Behörde zur Rücknahme des Haftantrags durch das VG im Wege der **Verpflichtungsklage** (nach erfolglosem Widerspruch, §§ 42, 68 VwGO) oder der **einstweiligen Anordnung** (§ 123 VwGO) geltend machen[173]. 104

§ 424 FamFG sieht die **Aussetzung des Vollzugs** einer angeordneten Freiheitsentziehung vor. Die Vorschrift ist an § 328 FamFG angelehnt. Nach § 424 I 3 FamFG kann die für den Vollzug der Haft zuständige Verwaltungsbehörde über die Aussetzung bis zu einer Woche entscheiden. Als „Minus-Maßnahme" können daher auch Regelungen getroffen werden, die unterhalb der Aussetzung angesiedelt sind (zB Verlegung in eine andere Unterkunft wegen psychischer Probleme in der Haftzelle oÄ); aA AVwV-AufenthG, Nr. 62.0.6. 105

2. Amtsermittlungen contra Bindung an Entscheidungen der Ausländerbehörden und der Verwaltungsgerichte

Der **Haftrichter** hat Verwaltungsakte der Ausländerbehörden und des BAMF sowie verwaltungsgerichtliche Entscheidungen, die sich mit der Frage der Aufenthaltsbeendigung befassen, grundsätzlich zu beachten. Der Haftrichter muss sich dabei aber von Inhalt und Tragweite solcher Entscheidungen **in eigener Verantwortung** überzeugen, den Inhalt umfassend zur Kenntnis nehmen und die Entscheidungen auf ihre Relevanz für die Haftentscheidung überprüfen. Dies gilt nicht nur für die Frage der **vollziehbaren Ausreisepflicht** einschließlich der wirksamen Zustellung, sondern auch für alle sonstigen Umstände (rechtlicher und tatsächlicher Art), die einer Anordnung oder Fortsetzung der Haft entgegenstehen könnten. Gerade die Entscheidung des BVerfG vom 15.12.2000[174] hat auf diese Verpflichtung nochmals nachdrücklich hingewiesen und hierzu ausgeführt: 106

> „Der in Art. 20 III GG verankerte Grundsatz der Rechtsstaatlichkeit gewährleistet in Verbindung mit dem Grundrecht aus Art. 2 II 2 GG eine umfassende Prüfung der Voraussetzungen für eine Anordnung von Abschiebungshaft in rechtlicher und tatsächlicher Hinsicht. Insbesondere verpflichtet er ein Gericht, das gegen einen Ausländer Abschiebungshaft angeordnet hat, im Rahmen zulässiger Rechtsbehelfe zu überprüfen, ob die Voraussetzungen für die Aufrechterhaltung der Haft noch vorliegen oder aufgrund nachträglich eingetretener Umstände entfallen sind. Zu solchen Umständen zählt namentlich – und in der Regel – das Ergehen einer **verwaltungsgerichtlichen Entscheidung**, durch die der Inhaftierte der Ausreisepflicht ledig oder die Durchführbarkeit seiner Abschiebung für längere Zeit oder auf Dauer gehindert wird".

---

[167] BVerfG Beschl. v. 29.7.2010 – 1 BvR 1634/04; VG Oldenburg Urt. v. 26.6.2012 – 7 A 2830/12.
[168] BayObLG Beschl. v. 7.2.1997 – 3 Z BR 30/97, E–ZAR 048 Nr. 34; OLG Karlsruhe Beschl. v. 27.6.1996 – 4 W 81/96, EZAR 048 Nr. 29.
[169] BVerfG Beschl. v. 5.12.2001 – 2 BvR 527/99 ua, EZAR 048 Nr. 59; OLG Frankfurt a. M. Beschl. v. 21.11.1997 – 20 W 358/97, EZAR 048 Nr. 47; aA BGH Beschl. v. 25.6.1998 – V ZB 7/98, EZAR 048 Nr. 46; BayObLG Beschl. v. 8.10.1997 – 3 Z BR 273/97, EZAR 048 Nr. 37.
[170] BVerfG Beschl. v. 29.6.2016 – 1 BvR 1717/15.
[171] BGH Beschl. v. 6.12.1979 – VII ZB 11/79, BGHZ 75, 375.
[172] BVerwG Urt. v. 23.6.1981 – I C 93.76, BVerwGE 62, 317.
[173] OVG RhPf Beschl. v. 17.4.1985 – 11 B 64/85, InfAuslR 1985, 162; OVG Saarl Beschl. v. 9.4.1986 – 3 W 794/86, EZAR 135 Nr. 8; aA *Kränz* NVwZ 1986, 22.
[174] BVerfG Beschl. v. 15.12.2000 – 2 BvR 347/00, InfAuslR 2001, 116.

107 Unverzichtbare Voraussetzung eines rechtsstaatlichen Verfahrens ist, dass Haftentscheidungen auf zureichender **richterlicher Aufklärung** beruhen und eine in tatsächlicher Hinsicht genügende Grundlage haben, die der Bedeutung der Freiheitsgarantie entspricht[175]. Dies gilt auch für **einstweilige Haftanordnungen**. Bei der Anordnung von Abschiebungshaft wie auch bei der Entscheidung über ihre Fortdauer verpflichtet die Amtsermittlungspflicht die Gerichte, insbesondere zu überprüfen, ob die Ausreisepflicht (fort)besteht[176]. Diese Anforderungen sind auf die einstweilige Freiheitsentziehung nach § 427 FamFG jedenfalls insoweit übertragbar, als deren Zweck durch die Sachprüfung nicht gefährdet wird. Die materiell-rechtlichen Voraussetzungen einer vorläufigen Unterbringung sind deckungsgleich mit denjenigen, die für die endgültige Maßnahme gelten.

108 Nicht zu entscheiden hat der Haftrichter, ob der Abschiebung **asylrechtliche Hindernisse**[177] oder sonstige Verbote[178] entgegenstehen. Für die Prüfung solcher Abschiebungshindernisse sind vielmehr die Verwaltungsgerichte zuständig. Der Haftrichter unterliegt insoweit den von den Verwaltungsgerichten getroffenen Entscheidungen[179].

§ 62a Vollzug der Abschiebungshaft

(1) ¹Die Abschiebungshaft wird grundsätzlich in speziellen Hafteinrichtungen vollzogen. ²Sind spezielle Hafteinrichtungen im Bundesgebiet nicht vorhanden oder geht von dem Ausländer eine erhebliche Gefahr für Leib und Leben Dritter oder bedeutende Rechtsgüter der inneren Sicherheit aus, kann sie in sonstigen Haftanstalten vollzogen werden; die Abschiebungsgefangenen sind in diesem Fall getrennt von Strafgefangenen unterzubringen. ³Werden mehrere Angehörige einer Familie inhaftiert, so sind diese getrennt von den übrigen Abschiebungsgefangenen unterzubringen. ⁴Ihnen ist ein angemessenes Maß an Privatsphäre zu gewährleisten.

(2) Den Abschiebungsgefangenen wird gestattet, mit Rechtsvertretern, Familienangehörigen, den zuständigen Konsularbehörden und einschlägig tätigen Hilfs- und Unterstützungsorganisationen Kontakt aufzunehmen.

(3) ¹Bei minderjährigen Abschiebungsgefangenen sind unter Beachtung der Maßgaben in Artikel 17 der Richtlinie 2008/115/EG des Europäischen Parlaments und des Rates vom 16. Dezember 2008 über gemeinsame Normen und Verfahren in den Mitgliedstaaten zur Rückführung illegal aufhältiger Drittstaatsangehöriger (ABl. L 348 vom 24.12.2008, S. 98) alterstypische Belange zu berücksichtigen. ²Der Situation schutzbedürftiger Personen ist besondere Aufmerksamkeit zu widmen.

(4) Mitarbeitern von einschlägig tätigen Hilfs- und Unterstützungsorganisationen soll auf Antrag gestattet werden, Abschiebungsgefangene zu besuchen.

(5) Abschiebungsgefangene sind über ihre Rechte und Pflichten und über die in der Einrichtung geltenden Regeln zu informieren.

Allgemeine Verwaltungsvorschrift
Nicht belegt.

Übersicht

	Rn.
I. Entstehungsgeschichte	1
II. Allgemeines	4
III. Getrennte Unterbringung (Abs. 1)	7
1. Allgemeines	7
2. Keine speziellen Hafteinrichtungen „im Bundesgebiet"	10
3. Befristete Aufhebung des Trennungsgebots	14
4. Aufhebung des Trennungsgebots für Gefährder	22
5. Weitere Implikationen des Trennungsgebots	26
IV. Haftbedingungen	32
1. Haftbedingungen von Familien (Abs. 1 S. 2 und 3)	32
2. Kontakt mit Außenstehenden (Abs. 2 und 4)	34
3. Sonderregelungen für besonders schutzbedürftige Personen (Abs. 3)	36

---

[175] BVerfG Beschl. v. 9.2.2012 – 2 BvR 1064/10.
[176] Vgl. BVerfG Beschl. v. 27.2.2009 – 2 BvR 538/07.
[177] BGH Beschl. v. 25.9.1980 – VII ZB 5/80, BGHZ 78, 145; KG Beschl. v. 22.3.1983 – 1 W XX B 890/83, EZAR 135 Nr. 4; OVG Saarl Beschl. v. 9.4.1986 – 3 W 794/86, EZAR 135 Nr. 8.
[178] Betr. Todesstrafe BayObLG Beschl. v. 1.4.1993 – 3 Z BR 60/93, EZAR 048 Nr. 4.
[179] *Kluth* in BeckOK AuslR AufenthG § 62 Rn. 47.

I. Entstehungsgeschichte

Die Vorschrift wurde durch das **RLUmsG 2011**[1] aufgrund der Anpassung an die Rückführungs-RL neu eingefügt. Dadurch sollten nach der Begründung des Gesetzesentwurfs[2] die Art. 16 I, II, IV und V sowie Art. 17 II-V Rückführungs-RL umgesetzt werden. 1

Abs. 1 S. 2, Abs. 2, 3 und 4 wurden durch das **AufenthGÄndG 2015**[3] geändert. Insbesondere wurde in Abs. 2 auch die Kontaktaufnahme zu Hilfs- und Unterstützungsorganisationen aufgenommen. Abs. 3 S. 2 („Der Situation schutzbedürftiger Personen ist besondere Aufmerksamkeit zu widmen") wurde neu eingefügt. Durch das Gesetz zur besseren Durchsetzung der Ausreisepflicht[4] wurde Abs. 1 S. 2 geändert (Vollzug in sonstigen Hafteinrichtungen bei erheblichen Gefahren). 2

Mit dem **2. RückkehrG 2019**[5] wurde das **Trennungsgebot bis zum 30.6.2022**[6] außer Kraft gesetzt. Diese Übergangsregelung hat der Gesetzgeber auf die Notlagenregelung des Art. 18 Rückführungs-RL gestützt. Trotz vorübergehender Aussetzung der Verpflichtung zur Unterbringung in speziellen Abschiebungshafteinrichtungen sieht Abs. 1 S. 1 weiterhin vor, dass Abschiebungsgefangene getrennt von Strafgefangenen unterzubringen sind. 3

II. Allgemeines

§ 62a bestimmt, wie der **Vollzug der Abschiebungshaft** nach § 62 zu organisieren ist. Die Norm beruht maßgeblich auf den Art. 16 ff. Rückführungs-RL. Sie konkretisiert insbesondere den **Grundsatz der Verhältnismäßigkeit** bei der Durchführung der Abschiebungshaft, indem sie bestimmte Haftbedingungen für Abschiebungsgefangene vorgibt[7]. 4

Besondere Bedeutung hat der Grundsatz, dass Abschiebungsgefangene und Strafgefangene getrennt voneinander unterzubringen sind **(Trennungsgebot)**. In seiner ursprünglichen Fassung und in der **seit dem 1.7.2022 wieder geltenden Fassung** sieht Abs. 1 einen Vollzug der Abschiebungshaft **in speziellen Hafteinrichtungen** vor, um das Trennungsgebot umzusetzen. Bis zum 30.6.2022 galt lediglich, dass Abschiebungsgefangene und Strafgefangene getrennt voneinander unterzubringen sind. 5

Die **Abs. 2 und 4** betreffen den **Kontakt** von Abschiebungsgefangenen zu Außenstehenden (namentlich mit Rechtsvertretern, Familienangehörigen, den zuständigen Konsularbehörden und einschlägig tätigen Hilfs- und Unterstützungsorganisationen). **Abs. 3** verlangt für minderjährige und vulnerable Personen besondere Standards. **Abs. 5** schließlich sieht **Informationspflichten** gegenüber Abschiebungsgefangenen vor. 6

III. Getrennte Unterbringung (Abs. 1)

1. Allgemeines

Rückzuführende sind in der Regel keine Straftäter und haben Anspruch auf eine andere Behandlung als gewöhnliche Strafgefangene. Art. 16 I 1 Rückführungs-RL bestimmt daher, dass die Inhaftierung von Abschiebungsgefangenen grundsätzlich in **speziellen Hafteinrichtungen** zu erfolgen hat **(Trennungsgebot)**. Nur wenn in einem Mitgliedstaat solche speziellen Hafteinrichtungen nicht vorhanden sind, kann die Unterbringung nach Art. 16 I 2 Rückführungs-RL in gewöhnlichen Haftanstalten erfolgen, wobei die Drittstaatsangehörigen dort gesondert von den gewöhnlichen Strafgefangenen unterzubringen sind. 7

Die in Art. 16 I 2 Rückführungs-RL vorgesehene Ausnahmeregelung, wonach Abschiebungshäftlinge auch in gewöhnlichen Haftanstalten untergebracht werden können, ist **eng auszulegen**[8]. Sie begründet zudem eine **unbedingte Verpflichtung** dahin gehend, die Abschiebungshäftlinge auch dann von den gewöhnlichen Strafgefangenen zu trennen, wenn ein Mitgliedstaat sie nicht in speziellen Hafteinrichtungen unterbringen kann[9]. Deswegen darf das Trennungsgebot auch **nicht aufgehoben werden, wenn der betroffene Ausländer dies wünscht bzw. damit einverstanden ist**[10]. 8

Abs. 1 S. 1 sieht in seiner **bis zum 30.6.2022 geltenden Fassung** lediglich vor, dass Abschiebungsgefangene getrennt von Strafgefangenen unterzubringen sind. Das Erfordernis einer speziellen Hafteinrichtung für Abschiebungsgefangene **gilt erst wieder seit 1.7.2022**. 9

---

[1] BT-Drs. 17/5470.
[2] BT-Drs. 17/5470, 46.
[3] BGBl. 2015 I S. 1386.
[4] BGBl. 2017 I S. 2780.
[5] BGBl. 2019 I S. 1294.
[6] Übergangsbestimmung des Art. 6 des 2. RückkehrG 2019.
[7] *Kluth* in BeckOK AuslR AufenthG § 62a Rn. 1.
[8] EuGH Urt. v. 17.7.2014 – C-473/13 und C-514/13 – Bero und Bouzalmate.
[9] EuGH Urt. v. 17.7.2014 – C-474/13 – Thi Ly Pham.
[10] EuGH Urt. v. 17.7.2014 – C-474/13 – Thi Ly Pham.

2. Keine speziellen Hafteinrichtungen „im Bundesgebiet"

10 Nach Abs. 1 S. 2 in der ab dem 1.7.2022 geltenden Fassung kann die Abschiebungshaft in sonstigen Haftanstalten vollzogen werden, wenn spezielle Hafteinrichtungen im Bundesgebiet nicht vorhanden sind. Um den Zusatz „im Bundesgebiet" verstehen zu können, bedarf es eines Rückblicks auf die vorherige Rechtslage und eine dazu ergangene **Entscheidung des EuGH**. Auf den Vorlagebeschluss des BGH[11] hat der EuGH am 17.7.2014 – entgegen der Auffassung der Bundesregierung – entschieden, dass die Ausnahmeregelung des Art. 16 I 2 Rückführungs-RL bei einem föderal gegliederten Mitgliedstaat wie der Bundesrepublik Deutschland nur angewendet werden darf, wenn **in keinem Bundesland eine spezielle Hafteinrichtung** für Abschiebungshäftlinge vorhanden ist[12].

11 Im Einzelnen hat der EuGH dies wie folgt begründet: Ein Mitgliedstaat darf sich nicht auf das Fehlen spezieller Hafteinrichtungen in einem Teil seines Hoheitsgebiets berufen, um abzuschiebende Drittstaatsangehörige in gewöhnlichen Haftanstalten unterzubringen. Die Inhaftierung von illegal aufhältigen Drittstaatsangehörigen zum Zweck der Abschiebung muss grundsätzlich in speziellen Hafteinrichtungen erfolgen. Die nationalen Behörden, die diese Regel anzuwenden haben, müssen daher in der Lage sein, die Haft in speziellen Einrichtungen zu vollziehen, und zwar unabhängig von der Verwaltungs- oder Verfassungsstruktur des Mitgliedstaats, dessen Teil sie sind. Es kann somit keine hinreichende Umsetzung der Rückführungs-RL darstellen, wenn die zuständigen Behörden in bestimmten föderalen Untergliederungen eines Mitgliedstaats über die Möglichkeit verfügen, solche Unterbringungen vorzunehmen, in anderen dagegen nicht.

12 Der EuGH hat zwar anerkannt, dass ein föderal strukturierter Mitgliedstaat nicht verpflichtet ist, in jeder föderalen Untergliederung spezielle Hafteinrichtungen zu errichten; dieser Mitgliedstaat muss aber sicherstellen, dass die zuständigen Behörden in denjenigen föderalen Untergliederungen, die über keine solchen Einrichtungen verfügen, die Drittstaatsangehörigen in speziellen Hafteinrichtungen in anderen föderalen Untergliederungen unterbringen können.

13 Mit der Änderung des Abs. 1 durch das **AufenthGÄndG 2015**[13] hat der deutsche Gesetzgeber das Urteil des EuGH vom 17.7.2014 umgesetzt. Seitdem und ab dem 1.7.2022 wieder wird für die Frage des Vorhandenseins einer speziellen Hafteinrichtung nicht mehr auf die Ebene eines Bundeslandes, sondern auf das gesamte Bundesgebiet abgestellt.

3. Befristete Aufhebung des Trennungsgebots

14 Mit dem **2. RückkehrG 2019**[14] wurde das Trennungsgebot – also die Vorgabe, Abschiebungsgefangene in speziellen Hafteinrichtungen unterzubringen – **für die Dauer von drei Jahren aufgehoben.** Trotzdem sieht § 62a aber im Hinblick auf die Vorgabe in Art. 16 I 2 Rückführungs-RL vor, dass Abschiebungsgefangene weiterhin getrennt von Strafgefangenen unterzubringen sind.

15 Die Neuregelung in Abs. 1 ist **richtlinienkonform dahin gehend auszulegen,** dass das Trennungsgebot nicht außer Acht gelassen werden darf, solange Deutschland in der Lage ist, noch Plätze in einer Abschiebungseinrichtung zu nutzen. Vor der Unterbringung in Strafhaftanstalten müssen deshalb **vorrangig die Plätze in Abschiebungshafteinrichtungen ausgeschöpft** werden[15]. Soll eine Unterbringung in einer normalen Haftanstalt erfolgen, so ist mit dem Haftantrag darzulegen, dass bundesweit keine Plätze in einer speziellen Abschiebungshafteinrichtung mehr zur Verfügung stehen.

16 Die Aufhebung des Trennungsgebots bis zum 30.6.2022 ist auch mit Blick auf die **Notstandsklausel** in Art. 18 Rückführungs-RL, die zur Rechtfertigung der Neuregelung des Abs. 1 herangezogen wurde, **nicht mit Unionsrecht zu vereinbaren.** Art. 18 Rückführungs-RL enthält ua Abweichungsmöglichkeiten in Bezug auf die Bestimmung des Art. 16 I Rückführungs-RL, wenn „eine außergewöhnlich große Zahl von Drittstaatsangehörigen, deren Rückkehr sicherzustellen ist, zu einer unvorhersehbaren Überlastung der Kapazitäten der Hafteinrichtungen eines Mitgliedstaats oder seines Verwaltungs- oder Justizpersonals [führt]".

17 Die Abweichungsmöglichkeiten in Art. 18 I Rückführungs-RL werden durch Art. 18 III Rückführungs-RL[16] beschränkt, der – dem allgemeinen Rechtsgrundsatz des „effet utile" folgend – die Mitgliedstaaten auch in einem Notstandsfall verpflichtet, von den Gewährleistungen nur so weit abzuweichen, wie dies unbedingt erforderlich ist. **Eine Beschränkung des Trennungsgebots ist unionsrechtlich daher nur dann zu rechtfertigen, wenn die nationale Regelung sicherstellt, dass alle gegenüber einer Beschränkung des Trennungsgebotes milderen Mittel ausgeschöpft**

---

[11] BGH Beschl. v. 11.7.2013 – V ZB 40/11.
[12] EuGH Urt. v. 17.7.2014 – C-473/13 und C-514/13 – Bero und Bouzalmate.
[13] BGBl. 2015 I S. 1386.
[14] BGBl. 2019 I S. 1294.
[15] Wissenschaftlicher Dienst des Deutschen Bundestags, Aussetzung des Trennungsgebots für Abschiebungshaft in einer Notlage nach Art. 18 I Rückführungs-RL v. 4.4.2019, S. 11.
[16] „Dieser Art ist nicht so auszulegen, als gestatte er den Mitgliedstaaten eine Abweichung von ihrer allgemeinen Verpflichtung, alle geeigneten – sowohl allgemeine als auch besondere – Maßnahmen zu ergreifen, um zu gewährleisten, dass sie ihren aus dieser RL hervorgehenden Verpflichtungen nachkommen."

werden. Insbesondere dürfte der Verhältnismäßigkeitsgrundsatz sowie der „effet utile" der Annahme einer Notlage im Fall eines ggf. nur geringfügigen vorübergehenden Unterschreitens des eigentlich notwendigen Bedarfs an Abschiebungshaftplätzen entgegenstehen[17].

Die Gesetzesbegründung des 2. RückkehrG 2019 geht davon aus, dass zum damaligen Zeitpunkt aufgrund des Missverhältnisses von vollziehbar Ausreisepflichtigen und Abschiebungshaftplätzen die bestehende Kapazität von Plätzen in Abschiebungshafteinrichtungen deutlich überlastet war[18]. Auch wenn die Zahl der Ausreisepflichtigen mit 235.957 Personen (Stand 31.12.2018) ohne Zweifel hoch war[19] (und dies noch weiterhin ist), so kann diese Zahl nicht herangezogen werden, um einen Notstand iSd Art. 18 Rückführungs-RL zu begründen. **Die Gesamtzahl der Ausreisepflichtigen kann nicht den zur Verfügung stehenden Abschiebungshaftplätzen gegenübergestellt werden, da bei Weitem nicht alle Personen unmittelbar für eine Abschiebung infrage kommen.** Vielmehr verfügen mehr als drei Viertel der aktuell Ausreisepflichtigen über eine Duldung, dh, ihre Abschiebung ist ausgesetzt, sodass sie auch nicht inhaftiert werden können[20].

Außerdem kann die Zahl der ausreisepflichtigen Drittstaatsangehörigen nicht einfach herangezogen werden, um eine Überlastung der Kapazitäten der Hafteinrichtungen zu begründen. Da Abschiebungshaft die am stärksten die Freiheit einschränkende Maßnahme darstellt, muss immer geprüft werden, ob nicht andere geeignete Maßnahmen möglich sind. Daher gibt es keinesfalls ein 1:1-Verhältnis von Abschiebeplätzen und abzuschiebenden, ausreisepflichtigen Personen. Vielmehr ist der Anteil der Ausreisepflichtigen, die tatsächlich für eine Inhaftierung infrage kommen, weitaus geringer, ohne dass insofern belastbare Informationen vorliegen[21]. Denn auf Bundesebene werden Zahlen zur Abschiebungshaft und zur Auslastung der Abschiebungshaftanstalten nicht systematisch erhoben[22].

Eine mögliche **Überlastung ist nicht „unvorhersehbar"** eingetreten. In der Begründung des Gesetzesentwurfs zum 2. RückkehrG 2019 wird insoweit ausgeführt, dass nach der plötzlichen Trendwende des zuvor über Jahre rückläufigen Bedarfs an Abschiebungshaftplätzen durch den sprunghaften Anstieg der Zahl der Schutzsuchenden im Jahr 2015 der Bund und die Länder europa- sowie völkerrechtlich vorrangig verpflichtet gewesen seien, Kapazitäten für deren Versorgung aufzubauen[23]. Trotz der mit dem Flüchtlingszustrom verbundenen Belastungen vermag sich Deutschland nicht auf einen Notstand zu berufen, weil über Jahre versäumt wurde, Haftplätze in speziellen Abschiebungseinrichtungen aufzubauen. Spätestens nach der Entscheidung des EuGH zum Trennungsgebot im Jahr 2014 (→ Rn. 10) wäre Anlass gewesen, verstärkt die Zahl der Abschiebungshaftplätze auszubauen.

Letztlich wird der EuGH die Frage zu klären haben, ob die Übergangsregelung des Abs. 1 mit Unionsrecht vereinbar ist. In dem entsprechenden **Verfahren vor dem EuGH** auf Vorlage des AG Hannover (C-519/20) liegen mittlerweile bereits die **Schlussanträge des Generalanwalts vom 25.11.2021** vor[24]. Dieser geht in Übereinstimmung mit der hier vertretenen Ansicht davon aus, dass die bis zum 30.6.2022 geltende Regelung des Abs. 1 nicht den Anforderungen des Art. 18 I Rückführungs-RL genügt, weil die Situation, der mit dieser Rechtsvorschrift abgeholfen werden soll, nicht als „Notlage" eingestuft werden könne (Rn. 77 ff.). Es bleibt abzuwarten, ob der EuGH sich dieser Auffassung anschließen wird.

4. Aufhebung des Trennungsgebots für Gefährder

Abs. 1 S. 2 in der seit 1.7.2022 geltenden Fassung sieht vor, dass die Abschiebungshaft von Ausländern, von denen eine **erhebliche Gefahr für Leib und Leben Dritter oder bedeutende Rechtsgüter der inneren Sicherheit** ausgeht, ausnahmsweise in sonstigen Haftanstalten vollzogen werden kann. Das werden diejenigen Fälle sein, in denen die speziellen Hafteinrichtungen zwar noch Kapazitäten haben, die betroffenen Ausländer aber dennoch in den gewöhnlichen Haftanstalten untergebracht werden. Auch in diesen Konstellationen sind die Abschiebungsgefangenen in der Haftanstalt selbst getrennt von Strafgefangenen unterzubringen (Abs. 1 S. 2 Hs. 2 in der ab dem 1.7.2022 geltenden Fassung).

Die Regelung des Abs. 1 S. 2 in der seit 1.7.2022 geltenden Fassung trägt dem Erfordernis Rechnung, dass die Unterbringung der erfassten Personen unter Umständen **besondere Sicherheitsvorkehrungen** erfordert. Die Unterbringungseinrichtungen für Abschiebungsgefangene sind nicht so

---

[17] So Wissenschaftlicher Dienst des Deutschen Bundestags, Aussetzung des Trennungsgebots für Abschiebungshaft in einer Notlage nach Art. 18 I Rückführungs-RL v. 4.4.2019, S. 6.
[18] BT-Drs. 19/10047, 42.
[19] BT-Drs. 19/8258, 67. Wissenschaftlicher Dienst des Deutschen Bundestags, Aussetzung des Trennungsgebots für Abschiebungshaft in einer Notlage nach Art. 18 I Rückführungs-RL v. 4.4.2019, S. 8.
[20] Wissenschaftlicher Dienst des Deutschen Bundestags, Aussetzung des Trennungsgebots für Abschiebungshaft in einer Notlage nach Art. 18 I Rückführungs-RL v. 4.4.2019, S. 8; ebenso SVR deutscher Stiftungen für Integration und Migration, Stellungnahme zum Entwurf eines Zweiten Gesetzes zur besseren Durchsetzung der Ausreisepflicht (Geordnete-Rückkehr-Gesetz) v. 16.5.2019, S. 10.
[21] Vgl. SVR deutscher Stiftungen für Integration und Migration, S. 11.
[22] BT-Drs. 19/8030, 5.
[23] BT-Drs. 18/10047, 42.
[24] BeckRS 2021, 35977.

ausgestaltet, dass besonderen Sicherheitsbedürfnissen Rechnung getragen wird („Wohnen minus Freiheit"). Ergibt sich, dass einzelne Abschiebungsgefangene eine entsprechende Gefahr nicht zuletzt für die anderen Abschiebungshäftlinge darstellen, kann eine Unterbringung in gewöhnlichen Abschiebungshafteinrichtungen ein besonderes, wenn nicht sogar unzumutbares Risiko bedeuten. In solchen Fällen muss es gestattet werden, diese Abschiebungsgefangenen auch in dafür geeigneten anderen Einrichtungen unterzubringen. Dies wird insbesondere für diejenigen Fälle von Abschiebungshaft gelten, die auf der Grundlage einer Abschiebungsanordnung nach § 58a angeordnet wurden (vgl. insbesondere § 62 III 1 Nr. 3).

24 Die Problematik, ob die Abschiebungshaft in einer gewöhnlichen Haftanstalt vollzogen werden kann, wenn von dem Ausländer eine erhebliche Gefahr für Leib und Leben Dritter oder bedeutende Rechtsgüter der inneren Sicherheit ausgeht, hat der BGH dem EuGH vorgelegt[25]. Auf dieser Grundlage hat der **EuGH** Folgendes entschieden (die zitierten Randnummern stammen aus dieser Entscheidung)[26]: Aus der Verwendung des Terminus „grundsätzlich" in Art. 16 I 1 Rückführungs-RL wird deutlich, dass die Richtlinie Ausnahmen vom Trennungsgebot zulässt (Rn. 34). Eine solche Ausnahme ist in Art. 18 Rückführungs-RL („Notlagen") niedergelegt, diese ist aber nicht etwa abschließend (Rn. 36). Die Mitgliedstaaten können nach Art. 16 I 2 Rückführungs-RL ausnahmsweise und über die in Art. 18 I Rückführungs-RL ausdrücklich genannten Fälle hinaus illegal aufhältige Drittstaatsangehörige zur Sicherung der Abschiebung in einer gewöhnlichen Haftanstalt unterbringen, wenn diese Mitgliedstaaten die Inhaftierung in speziellen Hafteinrichtungen **aufgrund besonderer Umstände des Einzelfalls** nicht sicherstellen und dadurch die mit der Richtlinie verfolgten Ziele nicht einhalten können (Rn. 39). Insbesondere kann ein Ausländer **aus Gründen der öffentlichen Ordnung und der öffentlichen Sicherheit** ausnahmsweise in einer gewöhnlichen Haftanstalt unterkommen, um gemäß der von der Rückführungs-RL verfolgten Ziele den ordnungsgemäßen Ablauf des Abschiebungsverfahrens sicherzustellen (Rn. 41). Eine solche Ausnahme stellt die frühere und ab dem 1.7.2022 wieder geltende Regelung des § 62a I 2 dar (Rn. 40 f.). Selbstverständlich ist in diesen Konstellationen eine Trennung von Abschiebungshaft- und Strafgefangenen innerhalb der Haftanstalt zu gewährleisten (Rn. 41).

25 Im Ergebnis hat der EuGH damit die bis zum 20.8.2019 geltende „alte" Rechtslage des § 62a I 2, die ab dem 1.7.2022 wieder aktuell wird, als unionsrechtskonform gewertet. Es muss aber **im Einzelfall das Vorliegen der konkreten schweren Gefahrenlage geprüft bzw. gegenüber dem Haftrichter nachgewiesen werden**[27].

5. Weitere Implikationen des Trennungsgebots

26 Ist eine Unterbringung in einer speziellen Abschiebehafteinrichtung möglich, so gelten die auch bisher entwickelten Grundsätze zur strikten **Trennung von Straf- und auch Untersuchungshaftgefangenen**[28]. Dazu ist erforderlich, dass nicht nur eine getrennte Zellenbelegung erfolgt, sondern auch eine Unterbringung in getrennten Einrichtungen. So auch LG München I[29], das zum Trennungsgebot in der JVA München-Stadelheim Folgendes ausgeführt hat:

> „Diese Unterscheidung zielt auf Häftlinge in Abschiebungssachen und Häftlinge in Strafsachen ab und nicht trifft keine Unterscheidung zwischen verurteilten Strafgefangenen und Untersuchungshäftlingen dahingehend, dass eine gemeinsame Unterbringung mit Untersuchungshäftlingen zulässig wäre. Dies ergibt sich bereits durch eine Auslegung des Wortlauts. Es ist zwar zutreffend, dass für den Untersuchungshaftvollzug andere Bedingungen gelten als für den Vollzug der Freiheitsstrafe. Jedoch spricht auch § 1 StVollzG vom ‚Vollzug der Freiheitsstrafe' und nicht von Strafgefangenen. Insofern führt es zu weit anzunehmen, dass durch die Verwendung des Wortes ‚Strafgefangene' zwangsläufig lediglich auf Häftlinge im Freiheitsvollzug abzustellen wäre. Vielmehr ist davon auszugehen, dass in dieser ausländerrechtlichen Vorschrift eine Unterscheidung zwischen Häftlingen in Abschiebehaftsachen und Häftlingen in Strafsachen – sei es im Vollzug der Untersuchungshaft oder im Vollzug der Freiheitsstrafe – getroffen werden sollte"*.

27 Die Absicht, kranke Abschiebungshäftlinge in der Krankenabteilung einer JVA unterzubringen, ist ebenso wenig geeignet, das Trennungsgebot zu beachten[30].

28 Die gesetzliche Unterscheidung zwischen dem Verfahren der freiwilligen Gerichtsbarkeit, in dem eine Freiheitsentziehung angeordnet wird, und dem sich anschließenden **Vollzug** in der Verantwor-

---

[25] BGH Beschl. v. 22.11.2018 – V ZB 180/17.
[26] EuGH Urt. v. 2.7.2020 – C-18/19, InfAuslR 2020, 339.
[27] *Kluth* ZAR 2020, 244 (245).
[28] Vgl. LG Leipzig Beschl. v. 20.9.2011 – 07 T 104/11, das eine gemeinsame 17-tägige Unterbringung für rechtswidrig hielt. AA, aber abzulehnen, LG Stade Beschl. v. 8.9.2011 – 9 T 92/11, für eine siebentägige Dauer; bei Verstößen im Haftvollzug grundsätzlich ausschließlich den Verwaltungsrechtsweg für einschlägig haltend LG Passau Beschl. v. 20.4.2012 – 2 T 56/12.
[29] LG München I Beschl. v. 13.3.2012 – 13 T 1606/12, InfAuslR 2012, 227; ebenso LG Wiesbaden Beschl. v. 26.6.2012 – 4 T 221/12 und 4 T 222/12; LG Traunstein Beschl. v. 14.6.2012 – 4 T 2208/12, 4 T 2219/12.
[30] Vgl. *Stahmann* ANA-ZAR 1/2014, 4.

tung der antragstellenden Behörde führt grundsätzlich dazu, dass Einzelmaßnahmen des Vollzugs gerade nicht Entscheidungsgegenstand des Freiheitsentziehungsverfahrens sein können. Damit soll grundsätzlich der **Verwaltungsrechtsweg** eröffnet sein und in den Fällen des Vollzugs in Justizvollzugsanstalten der Weg zu den Strafvollstreckungskammern der Landgerichte (Antrag auf gerichtliche Entscheidung nach § 109 StrafvollzG). Das LG Bielefeld[31] ist der Auffassung, dass auch der Verweis auf den Vorlagebeschluss des BGH vom 11.7.2013[32] keine abweichende Beurteilung rechtfertigt. Danach müsse der Haftrichter die Anordnung von Sicherungshaft erst ablehnen, wenn absehbar sei, dass der Betroffene rechtswidrig untergebracht werden wird.

Eine Ausnahme von der grundsätzlichen Unterscheidung zwischen der Rechtmäßigkeit der freiheitsentziehenden Anordnung an sich und dem sich anschließenden Vollzug sieht das LG Passau[33] allenfalls dann[34], wenn der Vollzug unter derart schwerwiegenden Rechtsverletzungen leidet, dass er auch der Freiheitsentziehung an sich den Stempel der Rechtswidrigkeit aufdrücken könnte[35]. Eine Absage erteilte das LG auch an die aus dem Gebot der Gewährleistung effektiven Rechtsschutzes (Art. 19 IV GG) folgende Zuständigkeit des Gerichts der freiwilligen Gerichtsbarkeit, die sich nunmehr kraft Sachzusammenhangs auch auf die Überprüfung des Vollzugs des Gewahrsams zu erstrecken habe. 29

Ein **Verstoß gegen die besonderen Formvorschriften des Haftvollzugs** hat als Grundrechtsverletzung unmittelbar Verfassungsrelevanz. Jedenfalls ein Haftbeschluss, dessen Anordnung für sich gesehen zwar rechtmäßig erscheint, aber sehenden Auges den Betroffenen in eine rechtswidrige Vollzugspraxis übergibt, kann kraft Sachzusammenhangs nicht isoliert betrachtet werden und führt zur Rechtswidrigkeit des Beschlusses von Anfang an (ex tunc). Jedenfalls müsste im Rahmen der Ermessensreduzierung auf null das beschlussfassende Gericht gem. § 424 I FamFG gehalten sein, den Vollzug der Haft auszusetzen[36]. Insoweit es für das die Haft anordnende Gericht der ordentlichen Gerichtsbarkeit erforderlich, sich bereits bei Beschlussfassung zur Anordnung der Haft mit den Voraussetzungen, unter denen diese unmittelbar anschließend vollzogen wird, zu befassen, um der Rechtswidrigkeit der Freiheitsentziehung keinen Vorschub zu leisten. So auch bestätigend der BGH[37]: Im Hinblick auf das Gebot einer möglichst wirksamen Anwendung des Rechts der Union (effet utile) muss der Haftrichter die Anordnung von Sicherungshaft ablehnen, wenn absehbar ist, dass der Betroffene entgegen den Vorgaben des Unionsrechts untergebracht werden wird. 30

Der weitere Vollzug einer unter Verstoß gegen diese Verpflichtung angeordneten Haft ist aber nur rechtswidrig, wenn der Richtlinie widersprechende Haftbedingungen aufrechterhalten werden. Stellt die beteiligte Behörde dagegen richtlinienkonforme Haftbedingungen her, steht der Fehler bei der Anordnung der Haft deren Aufrechterhaltung und deren weiterem Vollzug nicht entgegen[38]. 31

IV. Haftbedingungen

1. Haftbedingungen von Familien (Abs. 1 S. 2 und 3)

Abs. 1 S. 2 in der bis zum 30.6.2022 geltenden Fassung bzw. Abs. 1 S. 3 in der seit 1.7.2022 geltenden Fassung sieht vor, dass inhaftierte Angehörige einer Familie **getrennt von den übrigen Abschiebungsgefangenen** unterzubringen sind. Zudem ist der Familie ein **angemessenes Maß an Privatsphäre** zu gewährleisten (Abs. 1 S. 3 in der bis zum 30.6.2022 geltenden Fassung bzw. Abs. 1 S. 4 in der ab dem 1.7.2022 geltenden Fassung). Beide Vorgaben dienen der Umsetzung von Art. 17 II Rückführungs-RL. **Ziel** dieser besonderen Haftbedingungen für Familien ist es, diesen einen Kernraum der privaten, innerfamiliären Kommunikation zu ermöglichen. 32

Familienmitglieder iSd Abs. 2 S. 2 sind solche, die der Kernfamilie zuzurechnen sind[39]. Das in Abs. 2 S. 3 geforderte „angemessene Maß an Privatsphäre" erfordert lediglich, dass sich die Familienangehörigen zeitweise von anderen Gefangenen getrennt aufhalten und ungestört miteinander kommunizieren können – eine Möglichkeit der Absonderung der Familie während des gesamten Tagesablaufs wird damit aber nicht verlangt[40]. 33

---

[31] LG Bielefeld Beschl. v. 17.10.2013 – 23 T 265/13.
[32] BGH Beschl. v. 11.7.2013 – V ZB 40/11.
[33] LG Passau Beschl. v. 20.4.2012 – 2 T 56/12.
[34] Dazu der BGH: Soweit die Rechtsbeschwerde rügt, dass in der Abteilung Langenhagen keine hinreichenden Möglichkeiten für ein jederzeitiges Telefonieren bestünden, berührt dies nicht die Rechtmäßigkeit der Haftanordnung. Die Einwendung betrifft allein die Art und Weise des Vollzugs der Abschiebungshaft in einer speziellen Hafteinrichtung für Abschiebungsgefangene und kann im Verfahren über die Anordnung der Haft nicht mit Erfolg geltend gemacht werden (BGH Beschl. v. 17.9.2014 – V ZB 49/14).
[35] BGH Beschl. v. 7.3.2012 – V ZB 41/12.
[36] So darauf Bezug nehmend LG Paderborn Beschl. v. 27.5.2014 – 11 XIV 20/14 B, InfAuslR 2014, 281.
[37] BGH Beschl. v. 25.7.2014 – V ZB 137/14.
[38] BGH Beschl. v. 14.4.2016 – V ZB 112/15 mit Bezug auf BGH Beschl. v. 25.7.2014 – V ZB 137/14.
[39] BT-Drs. 17/5470, 25.
[40] *Kluth* in BeckOK AuslR AufenthG § 62a Rn. 13.

2. Kontakt mit Außenstehenden (Abs. 2 und 4)

34 Nach **Abs. 2** wird den Abschiebungsgefangenen gestattet, mit Rechtsvertretern, Familienangehörigen, zuständigen Konsularbehörden und einschlägig tätigen Hilfs- und Unterstützungsorganisationen Kontakt aufzunehmen. Dies entspricht teilweise einer wohlwollenden Umsetzung von Art. 16 II Rückführungs-RL, der insoweit nur von „auf Wunsch" und „zu gegebener Zeit" in Bezug auf Rechtsvertreter, Familienangehörige und zuständige Konsularbehörden spricht. Das Recht der Kontaktaufnahme zu Familienangehörigen dient der Wahrung des Rechts auf Privatleben.

35 Ergänzt wird die Möglichkeit der Kontaktaufnahme mit Außenstehenden durch die in **Abs. 4** geregelten **Besuchsrechte für Mitarbeiter von Hilfs- und Unterstützungsorganisationen.** Dies dient der Umsetzung von Art. 16 IV Rückführungs-RL. Abs. 4 ist als **„Soll"-Norm** ausgestaltet, dh, das Besuchsrecht ist regelmäßig zu gewähren, sofern nicht ausnahmsweise besondere Gründe dagegensprechen. Besuche der in Abs. 4 genannten Organisationen können auch **unabhängig von einem konkreten Antrag oder Wunsch** der inhaftierten Person stattfinden. Allerdings soll nur Mitarbeitern solcher Organisationen der Besuch der Anstalt ermöglicht werden, die zumindest auch auf dem Gebiet der Ausländer- und Flüchtlingshilfe tätig sind.

3. Sonderregelungen für besonders schutzbedürftige Personen (Abs. 3)

36 Um den **spezifischen Bedürfnissen minderjähriger,** insbesondere unbegleiteter Ausländer Rechnung zu tragen, sollen nach Abs. 3 S. 1 beim Vollzug der Abschiebungshaft **alterstypische Belange** berücksichtigt werden. Welche Haftbedingungen damit konkret gemeint sind, ergibt sich nicht aus Abs. 3 S. 1 direkt, sondern nur aus dem dort enthaltenen **Verweis auf Art. 17 Rückführungs-RL.**

37 Art. 17 Rückführungs-RL hat den folgenden Wortlaut:

„(1) Bei unbegleiteten Minderjährigen und Familien mit Minderjährigen wird Haft nur im äußersten Falle und für die kürzestmögliche angemessene Dauer eingesetzt.

(2) Bis zur Abschiebung in Haft genommene Familien müssen eine gesonderte Unterbringung erhalten, die ein angemessenes Maß an Privatsphäre gewährleistet.

(3) In Haft genommene Minderjährige müssen die Gelegenheit zu Freizeitbeschäftigungen einschließlich altersgerechter Spiel- und Erholungsmöglichkeiten und, je nach Dauer ihres Aufenthalts, Zugang zur Bildung erhalten.

(4) Unbegleitete Minderjährige müssen so weit wie möglich in Einrichtungen untergebracht werden, die personell und materiell zur Berücksichtigung ihrer altersgemäßen Bedürfnisse in der Lage sind.

(5) Dem Wohl des Kindes ist im Zusammenhang mit der Abschiebehaft bei Minderjährigen Vorrang einzuräumen."

38 Die Vorgaben des Art. 17 I, II und V Rückführungs-RL wurden bereits in § 62 I umgesetzt, insoweit geht der Verweis von § 62a III 1 also ins Leere. **Praktisch verweist § 62a III 1 also nur auf Art. 17 III und IV Rückführungs-RL.** Ausgehend davon ist der Verweis auf die gesamte Norm rechtstechnisch misslungen.

39 Nach **Abs. 3 S. 2** ist der **Situation schutzbedürftiger Personen besondere Aufmerksamkeit** zu widmen. Dies dient der Umsetzung von Art. 16 III Rückführungs-RL. Die Gruppe der schutzbedürftigen Personen erfasst gemäß Art. 3 Nr. 9 Rückführungs-RL Minderjährige, unbegleitete Minderjährige, Menschen mit Behinderungen, ältere Menschen, Schwangere, Alleinerziehende mit minderjährigen Kindern und Personen, die Folter, Vergewaltigung oder sonstige schwere Formen psychischer, physischer oder sexueller Gewalt erlitten haben. Sie ist damit weiter als der Kreis der Minderjährigen iSd Abs. 3 S. 1.

§ 62b Ausreisegewahrsam

(1) ¹Unabhängig von den Voraussetzungen der Sicherungshaft nach § 62 Absatz 3, insbesondere vom Vorliegen der Fluchtgefahr, kann ein Ausländer zur Sicherung der Durchführbarkeit der Abschiebung auf richterliche Anordnung bis zu zehn Tage in Gewahrsam genommen werden, wenn

1. die Ausreisefrist abgelaufen ist, es sei denn, der Ausländer ist unverschuldet an der Ausreise gehindert oder die Überschreitung der Ausreisefrist ist nicht erheblich,
2. feststeht, dass die Abschiebung innerhalb dieser Frist durchgeführt werden kann und
3. der Ausländer ein Verhalten gezeigt hat, das erwarten lässt, dass er die Abschiebung erschweren oder vereiteln wird. Das wird vermutet, wenn er
   a) seine gesetzlichen Mitwirkungspflichten verletzt hat,
   b) über seine Identität oder Staatsangehörigkeit getäuscht hat,

c) wegen einer im Bundesgebiet begangenen vorsätzlichen Straftat verurteilt wurde, wobei Geldstrafen von insgesamt bis zu 50 Tagessätzen außer Betracht bleiben oder
d) die Frist zur Ausreise um mehr als 30 Tage überschritten hat.

[2] Von der Anordnung des Ausreisegewahrsams ist abzusehen, wenn der Ausländer glaubhaft macht oder wenn offensichtlich ist, dass er sich der Abschiebung nicht entziehen will.

(2) Der Ausreisegewahrsam wird im Transitbereich eines Flughafens oder in einer Unterkunft, von der aus die Ausreise des Ausländers ohne Zurücklegen einer größeren Entfernung zu einer Grenzübergangsstelle möglich ist, vollzogen.

(3) § 62 Absatz 1 und 4a sowie § 62a finden entsprechend Anwendung.

(4) [1] Die für den Antrag nach Absatz 1 zuständige Behörde kann einen Ausländer ohne vorherige richterliche Anordnung festhalten und vorläufig in Gewahrsam nehmen, wenn
1. der dringende Verdacht für das Vorliegen der Voraussetzungen nach Absatz 1 Satz 1 besteht,
2. die richterliche Entscheidung über die Anordnung des Ausreisegewahrsams nach Absatz 1 nicht vorher eingeholt werden kann und
3. der begründete Verdacht vorliegt, dass sich der Ausländer der Anordnung des Ausreisegewahrsams entziehen will.

[2] Der Ausländer ist unverzüglich dem Richter zur Entscheidung über die Anordnung des Ausreisegewahrsams vorzuführen.

Allgemeine Verwaltungsvorschrift
Nicht belegt.

Übersicht

	Rn.
I. Entstehungsgeschichte	1
II. Allgemeines	2
III. Voraussetzungen	5
IV. Vollzugsort	19
V. Ingewahrsamnahme ohne Anordnung (Abs. 4)	23

I. Entstehungsgeschichte

Die Vorschrift wurde durch das **AufenthGÄndG 2015**[1] neu eingefügt. In Abs. 1 S. 1 wurde durch das **Gesetz zur besseren Durchsetzung der Ausreisepflicht**[2] das Wort „vier" durch das Wort „zehn" ersetzt. Die Vorschrift wurde durch das **2. RückkehrG 2019**[3] neu gefasst und umfassend ergänzt. Insbesondere wurde der Hinweis in Abs. 1 S. 1 aufgenommen, dass die Haft auch unabhängig von der Fluchtgefahr möglich ist. Des Weiteren wurden in Abs. 1 S. 1 Nr. 3 die Fallgruppen aufgenommen und in Abs. 4 die Voraussetzungen in den Nr. 1–3.

II. Allgemeines

Der Rechtsgedanke der „Kleinen Sicherungshaft" nach § 62 III 2 aF (auch „Zweiwochenhaft" oder „Fakultativhaft" genannt) wurde durch das **AufenthGÄndG 2015**[4] in § 62b neu geregelt. Diese Norm soll der **Sicherstellung der Durchführbarkeit von Abschiebungsmaßnahmen**, insbesondere bei Abschiebungen, die einen erheblichen organisatorischen Aufwand erfordern, dienen. Sie ergänzt die Abschiebungshaft nach § 62 und spiegelt deren Voraussetzungen teilweise wider bzw. verweist sogar direkt auf diese (vgl. den Verweis in § 62b III auf § 62 I und IVa). Der wesentliche Unterschied zur Abschiebungshaft besteht darin, dass der Ausreisegewahrsam kürzer ist (bis zu zehn Tagen). Es bestehen jedoch Bedenken hinsichtlich der Vereinbarkeit von § 62b mit den Vorgaben der Rückführungs-RL und dem Verfassungsrecht[5].

Mit dem 2. RückkehrG 2019[6] wurde durch eine Ergänzung in Abs. 1 noch einmal klargestellt, dass für die Anordnung des Ausreisegewahrsams **Fluchtgefahr nicht Voraussetzung** ist. Damit wird dem

---

[1] BGBl. 2015 I S. 1386.
[2] BGBl. 2017 I S. 2780.
[3] BGBl. 2019 I S. 1294.
[4] BGBl. 2019 I S. 1386.
[5] *Neundorf/Brings* ZRP 2015, 145 (146), allerdings primär in Bezug auf die maximal viertägige Inhaftierung, innerhalb derer kein effektiver Rechtsschutz (Art. 19 IV GG) möglich sei. Diese Frist wurde mittlerweile auf zehn Tage verlängert, weshalb fraglich sein könnte, ob diese Bedenken noch akut sind. Laut *Hörich/Tewocht* NVwZ 2017, 1153 (1155) seien die rechtlichen Probleme dadurch aber nur verschärft worden. Vgl. ferner auch die Bedenken von *Bergmann/Putzar-Sattler* in Huber/Mantel AufenthG § 62b Rn. 6.
[6] BGBl. 2019 I S. 1294.

Bedürfnis der Praxis Rechnung getragen, ohne bürokratischen Aufwand eine tatsächliche Präsenz von Abzuschiebenden am Flughafen bzw. in Flughafennähe unmittelbar vor Durchführung der Abschiebung zu gewährleisten. Der Ausreisegewahrsam soll damit sicherstellen, dass der Ausländer tatsächlich anwesend ist und die Abschiebung effektiv erfolgen kann.

4 Dies kann unter den in § 62b genannten weiteren Voraussetzungen der Fall sein bei **Sammelabschiebungen** oder zB bei der Abschiebung in einen Zielstaat, zu dem nur seltener Flugverbindungen angeboten werden. Die Anordnung von Ausreisegewahrsam kann zudem in Betracht kommen, wenn die Abschiebung – zB aufgrund der **eingeschränkten Gültigkeitsdauer von Reisedokumenten** – nur in einem eng begrenzten Zeitraum möglich ist. In diesen Fällen kann es im Einzelfall erforderlich sein, durch die Anordnung eines auf wenige Tage befristeten Ausreisegewahrsams sicherzustellen, dass der von der Abschiebungsmaßnahme betroffene Ausländer zum für die Abschiebung vorgesehenen Zeitpunkt zur Verfügung steht, wenn andernfalls die Durchführbarkeit der Maßnahme gefährdet wäre. Der Ausreisegewahrsam kann zugleich auch den Interessen anderer, derselben Abschiebungsmaßnahme (zB Sammelabschiebung) unterliegenden Personen dienen, wenn auf diese Weise sichergestellt wird, dass die Abschiebungsmaßnahme ohne zusätzlich belastende Verzögerungen (zB Wartezeiten am Flughafen) oder andere negative Folgen (zB Erhöhung der vom abgeschobenen Ausländer zu tragenden Kosten der Abschiebung, wenn das Charterflugzeug nicht ausgelastet ist) durchgeführt werden kann.

III. Voraussetzungen

5 Der Ausreisegewahrsam bedarf der **Anordnung durch einen Richter.** Es bedarf keiner Entscheidung, ob der Ausreisegewahrsam iSd § 62b eine **Freiheitsentziehung** iSd Art. 104 II 1 GG darstellt,[7] obwohl er gemäß § 62b II im Transitbereich eines Flughafens oder in einer Unterkunft vollzogen wird, von wo aus die Ausreise des Ausländers möglich ist. Der Gesetzgeber hat nämlich den Ausreisegewahrsam insofern einer Freiheitsentziehung gleichgestellt, als dieser generell einer richterlichen Anordnung bedarf (§ 62b I 1)[8].

Der Ausreisegewahrsam darf für bis zu **zehn Tage** angeordnet werden. Die Abschiebung muss innerhalb dieser Zeit sowohl vollziehbar sein als auch vollzogen werden können. Erforderlich sind ua: Fehlen von Duldungsgründen (§ 60a), ausreichende Ausweispapiere, Aufnahmebereitschaft des Zielstaates. Diese Voraussetzungen müssen sicher, nicht nur wahrscheinlich sein, nämlich feststehen; allerdings dürfte es reichen, wenn sie innerhalb der Zehn-Tages-Frist erfüllt sein werden.

6 Der Ausreisegewahrsam kann nach Abs. 1 angeordnet werden, **obwohl keine konkrete Fluchtgefahr** besteht. Diese Möglichkeit lässt Art. 15 I 1 lit. b Rückführungs-RL grundsätzlich zu. Danach ist eine Haft zulässig, wenn „die betreffenden Drittstaatsangehörigen die Vorbereitung der Rückkehr oder das Abschiebungsverfahren umgehen oder behindern". Die Möglichkeit dieses Haftgrundes ist als eigenständige Alternative („oder") neben die Haft wegen Fluchtgefahr (Art. 15 I 1 lit. a Rückführungs-RL) gestellt. Umgesetzt wird der alternative Haftgrund der sog. Obstruktionsgefahr[9] durch § 62b I 1 Nr. 3, weil dieser voraussetzt, dass der Ausländer ein Verhalten gezeigt hat, das erwarten lässt, dass die Abschiebung erschweren oder vereiteln wird.

7 Das Vorliegen eines speziellen Inhaftierungsgrunds und die Unmöglichkeit, weniger intensive Zwangsmaßnahmen anzuwenden, sind in jedem Fall individuell zu prüfen. **Weniger intensive Zwangsmaßnahmen** wie die regelmäßige Meldepflicht bei den Behörden, die Hinterlegung einer angemessenen finanziellen Sicherheit, das Einreichen von Papieren oder die Verpflichtung, sich an einem bestimmten Ort aufzuhalten, können so lange und in dem Umfang auferlegt werden, wie sie noch als „erforderliche Maßnahme" zur Vollstreckung der Rückführung angesehen werden können. Während für weniger intensive Zwangsmaßnahmen keine absolute Höchstdauer festgelegt ist, müssen Umfang und Dauer solcher Maßnahmen gründlich auf ihre Verhältnismäßigkeit hin geprüft werden[10].

8 Ausreisegewahrsam kann dann angeordnet werden, wenn die in Abs. 1 normierten Voraussetzungen erfüllt sind. Diese müssen kumulativ vorliegen. **Erste Voraussetzung** ist, dass die **Ausreisefrist bereits abgelaufen** ist, es sei denn, der Ausländer ist unverschuldet an der Ausreise gehindert oder die Überschreitung der Ausreisefrist ist nicht erheblich **(Abs. 1 S. 1 Nr. 1).** Die Voraussetzung „Ablauf der Ausreisefrist" stellt lediglich klar, dass sämtliche Voraussetzungen für eine Abschiebung erfüllt sein müssen.

9 Der Ausländer hat die nicht rechtzeitige Ausreise beispielsweise dann **nicht zu vertreten,** wenn er die Ausreisefrist aufgrund einer Erkrankung nicht einhalten konnte. Auch wenn es die zuständige Behörde zu verantworten hat, dass die Abschiebung nicht fristgemäß erfolgen konnte, besteht kein Raum für die Anwendung des § 62b. Befindet sich ein Betroffener bei Zugang der Ausweisungsverfügung und nach Ablauf des darin angeordneten Ausreisedatums ununterbrochen in Unter-

---

[7] So jedenfalls *Hörich/Tewocht* NVwZ 2017, 1153 (1155).
[8] BGH Beschl. v. 20.4.2018 – V ZB 226/17.
[9] So *Thym*, Stellungnahme v. 29.5.2019 im Innenausschuss zum 2. RückkehrG 2019, S. 22.
[10] Rückkehr-Handbuch, Empfehlung der Kommission v. 16.11.2017, 2017/2338, S. 102.

suchungshaft oder Strafhaft, liegen die Voraussetzungen des Abs. 1 ebenfalls nicht vor, da faktisch eine Ausreise nicht möglich und somit die Nichtausreise unverschuldet ist[11].

Ob die **Überschreitung der Ausreisefrist erheblich** ist, lässt sich nicht pauschal beurteilen, sondern ist im Verhältnis zu der gegenüber dem Betroffenen im Einzelfall gesetzten Ausreisefrist zu beurteilen. Beispielsweise dürfte bei einer gesetzten Ausreisefrist von 30 Tagen eine Überschreitung von zehn Tagen erheblich sein. Es ist allerdings sehr fraglich, ob die Voraussetzung der „erheblichen" Überschreitung der Ausreisepflicht **hinreichend bestimmt** ist[12]. 10

Zweite Voraussetzung für die Anordnung des Ausreisegewahrsams ist, dass feststeht, dass die Abschiebung innerhalb der Maximaldauer für den Ausreisegewahrsam (zehn Tage) durchgeführt werden kann **(Abs. 1 S. 1 Nr. 2)**. Sprachlich ist diese Voraussetzung jedoch misslungen, weil sie mit der Passage „innerhalb dieser Frist" eigentlich an die Ausreisefrist nach Abs. 1 S. 1 Nr. 1 anknüpft, was aber ersichtlich keinen Sinn ergibt, weil diese bereits abgelaufen ist. Stattdessen ist mit „dieser Frist" offensichtlich die am Anfang der Norm aufgeführte maximale Frist für den Ausreisegewahrsam von zehn Tagen gemeint. 11

Um den Anforderungen des Abs. 1 S. 1 Nr. 2 zu genügen, muss die Abschiebung so vorbereitet sein, dass **feststeht, dass sie innerhalb von zehn Tagen** durchgeführt werden kann. Die zuständige Behörde hat dem Gericht die entsprechenden Nachweise vorzulegen. Ergeben sich während des Gewahrsams neue Umstände, die die Durchführung der Abschiebung undurchführbar werden lassen, so ist der Gewahrsam unverzüglich zu beenden[13]. Wenn die Voraussetzungen für eine Sicherungshaft nach § 62 III vorliegen, kann aber eine solche angeordnet werden[14]. 12

Der Ausreisegewahrsam kann **drittens** nur dann angeordnet werden, wenn der Ausländer durch sein bisheriges, fortgesetztes Verhalten im Umgang mit den zuständigen Behörden zum Ausdruck gebracht hat, dass er in einem Maß unzuverlässig ist, dass zu erwarten ist, dass er die **Abschiebung erschweren oder vereiteln** wird **(Abs. 1 S. 1 Nr. 3)**. Ähnlich wie die Gründe für die Vermutung einer Fluchtgefahr gem. § 62 IIIa, die Grundlage für die Anordnung einer Sicherheitshaft nach § 62 III 1 Nr. 1 sein kann, statuiert § 62b I 1 Nr. 3 **Vermutungsgründe** dafür, dass ein Ausländer die Abschiebung erschweren oder vereiteln wird. 13

Ein insoweit relevantes Verhalten liegt zunächst dann vor, wenn der Ausländer seine gesetzlichen **Mitwirkungspflichten** verletzt hat (lit. a). Mitwirkungspflichten iSd Abs. 1 S. 1 Nr. 3 sind nur solche, die sich auf behördliche Maßnahmen beziehen, die der zwangsweisen Durchsetzung der Verlassenspflicht dienen (vgl. insbesondere § 82)[15]. Soweit von dem Begriff der Mitwirkung auch Handlungen erfasst werden, die die Behörde von dem Ausländer im Zusammenhang mit einer angekündigten freiwilligen Ausreise fordert, muss der Betroffene seine insoweit bestehenden Pflichten schuldhaft verletzt haben[16]. Das Tatbestandsmerkmal der „fortgesetzten" Verletzung der Mitwirkungspflichten ist mit dem 2. RückkehrG 2019[17] entfallen[18]. Seitdem genügt eine einmalige Verletzung der genannten Pflichten für die Vermutung, dass ein Ausländer die Abschiebung erschweren oder vereiteln wird. Damit hat der Gesetzgeber die Voraussetzungen für eine Anordnung des Ausreisegewahrsams in der Konstellation der Verletzung von Mitwirkungspflichten erleichtert. 14

Auch die **Täuschung des Ausländers über seine Identität oder Staatsangehörigkeit** (lit. b) stellt einen Vermutungsgrund für eine Erschwerung bzw. Vereitelung der Abschiebung dar. Dies ähnelt den Regelungen des § 62 IIIa Nr. 1, IIIb Nr. 1, welche für die bestehende Fluchtgefahr ebenfalls an eine Identitätstäuschung anknüpfen. Im Vergleich dazu ist die Schwelle des § 62b I 1 Nr. 3 aber niedriger angesetzt, weil hier – anders als bei § 62 IIIa Nr. 1, IIIb Nr. 1 – die bloße Identitätstäuschung ausreicht und keine weiteren Voraussetzungen dazukommen müssen. 15

Weitere Gründe für die Vermutung einer Erschwerung bzw. Vereitelung der Abschiebung sind dann, wenn ein Ausländer wegen einer im Bundesgebiet begangenen **vorsätzlichen Straftat verurteilt** wurde – wobei Geldstrafen von insgesamt bis zu 50 Tagessätzen außer Betracht bleiben – (lit. c) oder wenn die **Frist zur Ausreise um mehr als 30 Tage überschritten** wurde (lit. d). Bei Straftätern unterstellt der Gesetzgeber damit per se, dass sie eine Abschiebung erschweren bzw. vereiteln wollen. Kaum nachzuvollziehen ist, warum der Gesetzgeber bei allen Ausländern, welche ihre Ausreisefrist um mehr als 30 Tage überschritten haben, davon ausgeht, sie würden eine Abschiebung erschweren bzw. vereiteln. Ist dieser Tatbestand nämlich erfüllt, heißt das lediglich, dass die betroffene Person ihrer Ausreiseverpflichtung vermutlich nicht freiwillig nachkommen wird. Ob man allein daraus schließen kann, dass sie sich auch gegen eine Abschiebung wehren wird, ist hingegen sehr fraglich. 16

Die Anordnung des Ausreisegewahrsams ist durch das Wort „kann" in das **pflichtgemäße Ermessen des Gerichts** gestellt. Der zuständige Richter kann dem Grundsatz der Verhältnismäßigkeit 17

---

[11] AG Hamburg Beschl. v. 30.6.2020 – 219g XIV 128/20.
[12] Ebenso *Bergmann/Putzar-Sattler* in Huber/Mantel AufenthG § 62b Rn. 6.
[13] *Kluth* in BeckOK AuslR AufenthG § 62b Rn. 7.
[14] *Kluth* in BeckOK AuslR AufenthG § 62b Rn. 7.
[15] BGH Beschl. v. 20.4.2018 – V ZB 226/17.
[16] BGH Beschl. v. 20.4.2018 – V ZB 226/17.
[17] BGBl. 2019 I S. 1294.
[18] Zur alten Rechtslage BGH Beschl. v. 20.4.2018 – V ZB 226/17.

deshalb nicht nur bei der Bestimmung der Länge des anzuordnenden Ausreisegewahrsams, sondern auch dadurch Rechnung tragen, dass er von der Anordnung trotz Vorliegens der Voraussetzungen absieht[19]. Die gerichtliche Entscheidung erfordert dabei eine **Abwägung** zwischen dem Freiheitsgrundrecht des Betroffenen (Art. 2 II 2 GG) und dem staatlichen Interesse an der zügigen Durchführung der Abschiebung[20], das umso schwerer wiegt, je höher die Gefahr der Entziehung einzuschätzen ist. Dabei sind die **relevanten persönlichen Umstände des Betroffenen** zu berücksichtigen[21]. Die für die Ermessensausübung maßgeblichen Gründe sind – wenn auch in knapper Form – in der Entscheidung des Gerichts darzulegen (§ 38 III 1 FamFG)[22]. Zudem ist der **Ultima-ratio-Charakter** des Ausreisegewahrsams zu berücksichtigen (vgl. Art. 15 I Rückführungs-RL), was in der Begründung der gerichtlichen Entscheidung zum Ausdruck kommen muss[23].

18   Ein Ausländer darf nicht in Ausreisegewahrsam genommen werden, wenn er **glaubhaft macht oder wenn offensichtlich ist, dass er sich der Abschiebung nicht entziehen will (Abs. 1 S. 2)**. Beispielsweise kann er Belege dafür vorbringen, dass er bereits ein Flugticket in das Zielland der Abschiebung erworben hat. In der Praxis dürfte es betroffenen Ausländern aber kaum möglich sein, den notwendigen Beleg für das Fehlen einer Entziehungsabsicht zu erbringen. Teilweise wird darin eine Beweislast zuungunsten des Ausländers gesehen, weil er nach der Vorgabe des Gesetzes glaubhaft machen muss, dass er sich der Abschiebung nicht „entziehen" will – damit werde von ihm mehr verlangt, als im Tatbestand für die Anordnung der Maßnahme gefordert werde („Erschweren")[24].

IV. Vollzugsort

19   Der Ausreisegewahrsam darf nur im **Transitbereich eines Flughafens** oder in einer **Unterkunft, von der aus die Ausreise des Ausländers ohne Zurücklegen einer größeren Entfernung zu einer Grenzübergangsstelle** möglich ist, vollzogen werden **(Abs. 2)**. Der Ausländer soll dadurch die Möglichkeit erhalten, den Ausreisegewahrsam jederzeit dadurch vorzeitig zu beenden, dass er eine konkrete Reisemöglichkeit (Flugverbindung) in einen aufnahmebereiten Staat benennt, die er wahrnehmen möchte[25]. In diesem Fall soll ihm die Ausreise ermöglicht werden[26]. Ein begleitetes Verlassen der Unterkunft zur Fahrt zum Flughafen oder zur Grenzübergangsstelle ist auf Anforderung des Ausländers jederzeit durchzuführen, wenn der Ausländer glaubhaft macht, er beabsichtige ein unmittelbares Verlassen des Bundesgebiets.

20   Durch die Konkretisierung des Tatbestandsmerkmals „Unterkunft" in Abs. 2 wird klargestellt, dass die Unterbringung im weiteren Umfeld eines Flughafens oder einer Grenzübergangsstelle möglich ist. Dabei ist nach dem Willen des Gesetzgebers eine übliche **Fahrzeit von etwa einer Stunde** von der Unterkunft bis zum Flughafen oder zum Grenzübergang als „ohne Zurücklegen einer größeren Entfernung" zu bewerten[27]. Geht die übliche Fahrzeit über diese Zeitspanne hinaus, kommt der entsprechende Ort nicht für den Vollzug des Ausreisegewahrsams in Betracht. Abs. 2 umfasst **sämtliche Grenzübergangsstellen, die sich in der Nähe der Unterkunft befinden**. Der nächst gelegene Abreise-Flughafen für die freiwillige Ausreise ist daher nicht notwendigerweise mit dem Ort identisch, von dem aus die Abschiebung erfolgen soll[28].

21   Auch **Abschiebungshafteinrichtungen** können Orte des Vollzugs des Ausreisegewahrsams iSd Abs. 2 sein[29]. Eine Abschiebungshafteinrichtung ist zwar dadurch gekennzeichnet, dass die dort untergebrachten Personen die Einrichtung nicht jederzeit von sich aus und ohne Unterstützung des Personals verlassen können. Diese Anforderung stellt Abs. 2 aber auch nicht. Es genügt nach den Vorstellungen des Gesetzgebers, dass die Ausreise mit Unterstützung des Personals möglich ist, die das Personal der Einrichtung allerdings auch ermöglichen muss, wenn der Betroffene seine Absicht glaubhaft macht, das Bundesgebiet zu verlassen[30].

22   **Abs. 3** normiert, welche Regelungen aus dem Bereich der Abschiebungshaft auf den Ausreisegewahrsam entsprechende Anwendung finden, nämlich **§ 62 I und IVa sowie § 62a**. Soweit § 62a I 1 seit 1.7.2022 wieder die Unterbringung in speziellen Hafteinrichtungen vorsieht, wird dem bereits durch die Sonderregelung in § 62b II Rechnung getragen. Darüber hinaus muss ein Ausländer – wie sich aus dem Verweis in § 62b III ergibt – auch am Ort des Ausreisegewahrsams Kontakt zu Außenstehenden (insbesondere Familienangehörigen und Anwälten) erhalten (vgl. insoweit § 62a II).

---

[19] BGH Beschl. v. 23.2.2021 – XIII ZB 50/20.
[20] BGH Beschl. v. 20.4.2018 – V ZB 226/17.
[21] BGH Beschl. v. 23.2.2021 – XIII ZB 50/20.
[22] BGH Beschl. v. 20.4.2018 – V ZB 226/17.
[23] Kluth in BeckOK AuslR AufenthG § 62b Rn. 9.
[24] Bergmann/Putzar-Sattler in Huber/Mantel AufenthG § 62b Rn. 6.
[25] BT-Drs. 18/4097, 56.
[26] BT-Drs. 18/4097, 56.
[27] BT-Drs. 19/1047, 43.
[28] BGH Beschl. v. 23.2.2021 – XIII ZB 50/20.
[29] BGH Beschl. v. 23.2.2021 – XIII ZB 50/20.
[30] BGH Beschl. v. 23.2.2021 – XIII ZB 50/20.

V. Ingewahrsamnahme ohne Anordnung (Abs. 4)

Entsprechend der Regelung in § 62 V sieht auch § 62b IV die Möglichkeit vor, dass die zuständige Behörde einen Ausländer auch **ohne vorherige richterliche Anordnung** festhalten und vorläufig in Gewahrsam nehmen kann. Insoweit wird zunächst auf die entsprechende Kommentierung des § 62 V Bezug genommen (→ § 62 Rn. 96 ff.). 23

Für die behördliche Ingewahrsamnahme müssen **drei Voraussetzungen kumulativ** vorliegen: Erstens muss der dringende Verdacht für das Vorliegen der Voraussetzungen nach Abs. 1 S. 1 bestehen, zweitens kann die richterliche Entscheidung über die Anordnung des Ausreisegewahrsams nicht vorher eingeholt werden und drittens liegt der begründete Verdacht vor, dass sich der Ausländer der Anordnung des Ausreisegewahrsams entziehen will. Damit sollen also **Eilfälle** erfasst werden, in denen sehr viel für die Entziehungsabsicht des Ausländers spricht, aber eine richterliche Entscheidung zum Ausreisegewahrsam nicht zeitnah eingeholt werden kann. Durch die behördliche Ingewahrsamnahme soll verhindert werden, dass die betroffene Person untertaucht. 24

Sofern eine Ingewahrsamnahme gemäß Abs. 4 S. 1 durch die zuständige Behörde erfolgt ist, muss nach Abs. 4 S. 2 **unverzüglich eine gerichtliche Entscheidung nachgeholt** werden. Damit soll den verfassungsrechtlichen Anforderungen des Art. 104 II 2 GG Rechnung getragen werden. 25

§ 62c Ergänzende Vorbereitungshaft

(1) ¹Ein Ausländer, der sich entgegen einem bestehenden Einreise- und Aufenthaltsverbot nach § 11 Absatz 1 Satz 2 im Bundesgebiet aufhält und keine Betretenserlaubnis nach § 11 Absatz 8 besitzt, ist zur Vorbereitung einer Abschiebungsandrohung nach § 34 des Asylgesetzes auf richterliche Anordnung in Haft zu nehmen, wenn von ihm eine erhebliche Gefahr für Leib und Leben Dritter oder bedeutende Rechtsgüter der inneren Sicherheit ausgeht oder er auf Grund eines besonders schwerwiegenden Ausweisungsinteresses nach § 54 Absatz 1 ausgewiesen worden ist. ²Die Haft darf nicht angeordnet werden, wenn sie zur Vorbereitung der Abschiebungsandrohung nach § 34 des Asylgesetzes nicht erforderlich ist.

(2) ¹Die Haft nach Absatz 1 endet mit der Zustellung der Entscheidung des Bundesamtes für Migration und Flüchtlinge, spätestens jedoch vier Wochen nach Eingang des Asylantrags beim Bundesamt für Migration und Flüchtlinge, es sei denn, der Asylantrag wurde als unzulässig nach § 29 Absatz 1 Nummer 4 des Asylgesetzes oder als offensichtlich unbegründet abgelehnt. ²In den Fällen, in denen der Asylantrag als unzulässig nach § 29 Absatz 1 Nummer 4 des Asylgesetzes oder als offensichtlich unbegründet abgelehnt wurde, endet die Haft nach Absatz 1 mit dem Ablauf der Frist nach § 36 Absatz 3 Satz 1 des Asylgesetzes, bei rechtzeitiger Antragstellung mit der gerichtlichen Entscheidung. ³In den Fällen, in denen der Antrag nach § 80 Absatz 5 der Verwaltungsgerichtsordnung gegen die Abschiebungsandrohung vom Verwaltungsgericht abgelehnt worden ist, endet die Haft spätestens eine Woche nach der gerichtlichen Entscheidung.

(3) ¹Die Haft wird grundsätzlich in speziellen Hafteinrichtungen vollzogen. ²Sind spezielle Hafteinrichtungen im Bundesgebiet nicht vorhanden oder geht von dem Ausländer eine erhebliche Gefahr für Leib und Leben Dritter oder bedeutende Rechtsgüter der inneren Sicherheit aus, kann sie in sonstigen Haftanstalten vollzogen werden; der Ausländer ist in diesem Fall getrennt von Strafgefangenen unterzubringen. ³§ 62 Absatz 1 sowie § 62a Absatz 2 bis 5 finden entsprechend Anwendung.

(4) ¹Die für den Haftantrag zuständige Behörde kann einen Ausländer ohne vorherige richterliche Anordnung festhalten und vorläufig in Gewahrsam nehmen, wenn

1. der dringende Verdacht für das Vorliegen der Voraussetzungen nach Absatz 1 besteht,
2. die richterliche Entscheidung über die Anordnung der Haft nach Absatz 1 nicht vorher eingeholt werden kann und
3. der begründete Verdacht vorliegt, dass sich der Ausländer der Anordnung der Haft nach Absatz 1 entziehen will.

²Der Ausländer ist unverzüglich dem Richter zur Entscheidung über die Anordnung der Haft nach Absatz 1 vorzuführen.

Allgemeine Verwaltungsvorschrift
Nicht belegt.

1 AufenthG § 62c

Übersicht

	Rn.
I. Entstehungsgeschichte	1
II. Allgemeines	2
1. Regelungsgehalt	2
2. Vereinbarkeit mit Unionsrecht	9
III. Voraussetzungen (Abs. 1)	14
IV. Haftdauer (Abs. 2)	18
V. Vollzug der Haft (Abs. 3)	21
VI. Festnahme und Ingewahrsamnahme durch die Behörde (Abs. 4)	26

I. Entstehungsgeschichte

1 Die Vorschrift wurde durch das Gesetz zur Verschiebung des Zensus in das Jahr 2022 und zur Änderung des AufenthG vom 3.12.2020[1] neu eingefügt. Für die Verbindung dieser beiden komplett verschiedenen Gesetzesmaterien gab es keinen sachlichen Grund. Einzige aufenthaltsrechtliche Regelung dieses Gesetzes war die Einfügung des § 62c, was den Anschein erweckt, als habe der Gesetzgeber hier einen dringenden Handlungsbedarf gesehen.

II. Allgemeines
1. Regelungsgehalt

2 Die Norm ergänzt die Regelungen der Abschiebungshaft (§§ 62, 62a) und des Ausreisegewahrsams (§ 62b) um eine neue Haftart, namentlich die **ergänzende Vorbereitungshaft.** Dementsprechend weist § 62c in seiner Struktur und seinen Voraussetzungen deutliche Parallelen zu den anderen Haftarten auf.

3 § 62c dient der **Abwehr einer erheblichen Gefahr für die öffentliche Sicherheit und Ordnung,** indem er die alsbaldige Inhaftierung von Personen gestattet, von denen eine besondere Gefahr ausgeht[2]. Er umfasst zum einen **Gefährder** und zum anderen **schwerstkriminelle** Ausländer, die bereits in der Vergangenheit ausgewiesen wurden.

4 In die bisherige Struktur der Hafttatbestände fügt sich § 62c wie folgt ein: Ausländer, die gegen ein Einreise- und Aufenthaltsverbot nach § 11 I 2 verstoßen, dürfen grundsätzlich in **Sicherungshaft** genommen werden, da in diesem Fall die Fluchtgefahr widerleglich vermutet wird (§ 62 III 1 Nr. 1 iVm § 62 IIIa Nr. 4). Reist ein Ausländer unerlaubt ein, ist zudem regelmäßig der Haftgrund des § 62 III 1 Nr. 2 gegeben. Die Anordnung der Sicherungshaft nach § 62 III setzt aber stets voraus, dass der Ausländer zum Zeitpunkt der Haftanordnung **vollziehbar ausreisepflichtig** ist (→ § 62 Rn. 30). Stellt der Ausländer aber *vor* der Haftanordnung einen Asylantrag, ist die Anordnung von Sicherungshaft nicht möglich, da der Asylantrag den Aufenthalt des Ausländers zum Zwecke der Durchführung des Asylverfahrens erlaubt (§ 55 I AsylG). Damit entfällt die Vollziehbarkeit der Ausreisepflicht.

5 Für die Fälle der Asylantragstellung ermöglicht zwar **§ 14 III AsylG** die Anordnung bzw. Aufrechterhaltung der Haft nach § 62. Diese Norm setzt allerdings voraus, dass sich der Ausländer bereits in einer der dort genannten Haft- oder Gewahrsamsarten befindet. Fallkonstellationen, in denen der Asylantrag *vor* der Anordnung der Haft gestellt wird, werden von § 14 III AsylG hingegen nicht umfasst[3]. Insoweit hat der Gesetzgeber eine **Regelungslücke** ausgemacht, weil die Zeitpunkte der Asylantragstellung einerseits und der Inhaft- oder Ingewahrsamnahme andererseits regelmäßig von verschiedenen externen Faktoren beeinflusst würden[4]. Die Möglichkeit der Anordnung oder Aufrechterhaltung von Abschiebungshaft dürfe aber nicht vom Zufall abhängen[5]. Diese Regelungslücke soll nach dem Willen des Gesetzgebers durch den neuen Haftgrund der ergänzenden Vorbereitungshaft geschlossen werden[6]. Damit will er den **„Wettlauf" zwischen Haft und Asylantragstellung,** insbesondere in Konstellationen, in denen der Asylantrag voraussichtlich aus sachfremden Motiven (also nur zur Verhinderung der Abschiebung) gestellt wird, verhindern[7].

6 Systematisch ähnelt § 62c am ehesten der **Vorbereitungshaft nach § 62 II** (→ § 62 Rn. 26 ff.), was insbesondere anhand der Begrifflichkeit der „ergänzenden Vorbereitungshaft" deutlich wird. Die Vorbereitungshaft nach § 62 II dient der Vorbereitung einer Rückkehrentscheidung, namentlich der Ausweisung nach § 53 oder der Abschiebungsanordnung nach § 58a. Demgegenüber bezweckt die ergänzende Vorbereitungshaft die Vorbereitung einer Abschiebungsandrohung nach § 34 AsylG, also

---

[1] BGBl. 2020 I S. 2675.
[2] *Welte* ZAR 2021, 204 (205).
[3] BT-Drs. 19/22848, 18.
[4] BT-Drs. 19/22848, 18.
[5] BT-Drs. 19/22848, 18.
[6] BT-Drs. 19/22848, 18.
[7] BT-Drs. 19/22848, 18.

Ergänzende Vorbereitungshaft　　　　　　　　　　　　　　　　**§ 62c AufenthG 1**

eine Entscheidung des BAMF und nicht der Ausländerbehörde. Anders als § 62 II setzt § 62c aber nicht voraus, dass die Abschiebung ohne die Inhaftnahme wesentlich erschwert oder vereitelt würde.

Wie die Abschiebungshaft (§ 62) und der Ausreisegewahrsam (§ 62b) ist auch die ergänzende **7** Vorbereitungshaft **durch den Richter anzuordnen**. Dies dient der Umsetzung der verfassungsrechtlichen Vorgaben des **Art. 104 Abs. 2 GG**, weil auch die neue Haftart eine **Freiheitsentziehung** darstellt. Insoweit kann auf die Ausführungen zu § 62 verwiesen werden (→ § 62 Rn. 10 ff.).

Andere Haftvorschriften (also insbesondere die §§ 62 und 62b) bleiben von der neuen Regelung des **8** § 62c nach dem Willen des Gesetzgebers unberührt[8]. Auch daraus wird der ergänzende Charakter der Norm im Regelungsregime der Hafttatbestände deutlich.

2. Vereinbarkeit mit Unionsrecht

Bereits im Gesetzgebungsverfahren hat die Neuregelung des § 62c unter verschiedenen Gesichts- **9** punkten **massive Kritik** auf sich gezogen[9]. Insbesondere steht die **Unionsrechtskonformität** der Regelung infrage. Der Normgeber geht insoweit – ohne den Ansatz einer Begründung – davon aus, dass § 62c mit der EU-Aufnahme-RL vereinbar sei[10]. Diese Richtlinie ist einschlägig, weil die von § 62c erfassten Ausländer sich (noch) rechtmäßig im Bundesgebiet aufhalten.

Art. 8 III EU-Aufnahme-RL regelt abschließend, in welchen Konstellationen ein Asylantrag- **10** steller in Haft genommen werden darf. Einschlägig für die von § 62c erfassten Konstellationen ist von den dort genannten Gründen lediglich lit. e („wenn dies aus Gründen der nationalen Sicherheit oder der öffentlichen Ordnung erforderlich ist"). Der Begriff der **„öffentlichen Ordnung"** setzt voraus, dass außer der Störung der sozialen Ordnung, die jedem Gesetzesverstoß innewohnt, eine tatsächliche, gegenwärtige und hinreichend erhebliche Gefahr vorliegt, die ein Grundinteresse der Gesellschaft berührt[11]. Dieser Begriff kann zwar von den Mitgliedstaaten im Wesentlichen frei ausgestaltet werden, ist aber **eng zu verstehen**[12].

Von dem Terminus **„öffentliche Sicherheit"** iSd Art. 8 III lit. e EU-Aufnahme-RL werden **11** sowohl die innere als auch die äußere Sicherheit eines Mitgliedstaats umfasst, weshalb die Beeinträchtigung des Funktionierens der Einrichtungen des Staates und seiner wichtigen öffentlichen Dienste sowie das Überleben der Bevölkerung ebenso wie die Gefahr einer erheblichen Störung der auswärtigen Beziehungen oder des friedlichen Zusammenlebens der Völker oder eine Beeinträchtigung der militärischen Interessen die öffentliche Sicherheit berühren können[13].

Eine Beeinträchtigung der nationalen Sicherheit oder der öffentlichen Ordnung iSd Art. 8 III lit. e **12** EU-Aufnahme-RL kann nach der Rechtsprechung des EuGH nur dann die Anordnung oder Beibehaltung der Inhaftierung eines Asylantragstellers erforderlich machen, wenn sein individuelles Verhalten eine **tatsächliche, gegenwärtige und hinreichend erhebliche Gefahr** darstellt, die ein **Grundinteresse der Gesellschaft oder die innere oder äußere Sicherheit** des betreffenden Mitgliedstaats berührt[14]. Zudem müssen die auf Art. 8 III lit. e EU-Aufnahme-RL gestützten Einschränkungen vor dem Hintergrund des in Art. 6 GRCh verankerten Rechts auf Freiheit und der Schwere des Eingriffs einer Inhaftierung **auf das absolut Notwendige beschränkt** bleiben[15].

Angesichts des weit gefassten Anwendungsbereichs des § 62c ist sehr zu bezweifeln, ob die Norm in **13** allen von ihr erfassten Konstellationen mit diesen strikten unionsrechtsrechtlichen Vorgaben vereinbar ist. Dies gilt insbesondere für diejenige Tatbestandsalternative des § 62c, die auf die Ausweisung aufgrund eines besonders schwerwiegenden Ausweisungsinteresses nach § 54 I Bezug nimmt. § 54 I enthält einen umfassenden Katalog möglicher Straftaten, aufgrund derer der betroffene Ausländer verurteilt wurde. Beispielsweise reicht es nach § 54 I Nr. 1b aus, dass ein Ausländer wegen Betrugs nach § 263 StGB zulasten eines Leistungsträgers oder Sozialversicherungsträgers zu einer Freiheitsstrafe von mindestens einem Jahr verurteilt worden ist. In solchen Fällen ist es sehr fraglich, ob eine Inhaftierung aus Gründen der nationalen Sicherheit oder der öffentlichen Ordnung erforderlich ist, wenn die betroffene Person nach ihrer Ausweisung wieder nach Deutschland einreist und einen Asylantrag stellt.

---

[8] BT-Drs. 19/22848, 18.
[9] Vgl. die ausführlichen Stellungnahmen von *Keßler* Ausschussdrs. 19(4)625 A; *Wittmann* Ausschussdrs. 19(4)625 C; *Tometten* Ausschussdrs. 19(4)625 D. Die Norm verteidigend *Hailbronner* Ausschussdrs. 19(4)625 E. Alle Dokumente sind abrufbar unter www.bundestag.de/webarchiv/Ausschuesse/ausschuesse19/a04_innenausschuss/anhoerungen/801936–801936.
[10] BT-Drs. 19/22848, 18.
[11] EuGH Urt. v. 15.2.2016 – C-601/15, Rn. 65.
[12] EuGH Urt. v. 2.7.2020 – C-18/19, InfAuslR 2020, 339 Rn. 42.
[13] EuGH Urt. v. 15.2.2016 – C-601/15, Rn. 66.
[14] EuGH Urt. v. 15.2.2016 – C-601/15, Rn. 67.
[15] EuGH Urt. v. 15.2.2016 – C-601/15, Rn. 56.

Broscheit

III. Voraussetzungen (Abs. 1)

14 Erste Voraussetzung für die Anordnung der ergänzenden Vorbereitungshaft ist, dass sich der betroffene Ausländer **entgegen einem bestehenden Einreise- und Aufenthaltsverbot nach § 11 I 2 im Bundesgebiet aufhält** und keine Betretenserlaubnis nach § 11 VIII besitzt. Es muss sich also um einen ausgewiesenen, zurückgeschobenen oder abgeschobenen Ausländer handeln, der danach wieder in die Bundesrepublik eingereist ist[16].

15 Darüber hinaus muss es sich bei dem betroffenen Ausländer um einen Gefährder oder Schwerstkriminellen handeln. Tatbestandlich setzt dies entweder voraus, dass von ihm eine **erhebliche Gefahr für Leib und Leben Dritter oder bedeutende Rechtsgüter der inneren Sicherheit** ausgeht oder dass er aufgrund eines **besonders schwerwiegenden Ausweisungsinteresses nach § 54 I** ausgewiesen worden ist. Hinsichtlich des umfassenden Katalogs von Tatbeständen, die ein solches besonders schwerwiegendes Ausweisungsinteresse begründen können, wird auf die entsprechende Kommentierung verwiesen (→ § 54 Rn. 8 ff.). Ob die Ausweisungsentscheidung rechtmäßig ergangen ist, ist für die Anordnung der ergänzenden Vorbereitungshaft unerheblich[17].

16 Der umfassende Verweis auf § 54 I wurde im Gesetzgebungsverfahren kritisiert, weil er zu weitgehend sei (auch im Hinblick auf die Unionsrechtskonformität → Rn. 13)[18]. Auch die Tatbestandsvoraussetzung der erheblichen Gefahr löste Kritik aus, weil sie zu unbestimmt sei[19]. Ausgehend davon entferne sich die ergänzende Vorbereitungshaft von ihrem eigentlichen Zweck, die Abschiebung sicherzustellen, hin zu einer „Ersatzfreiheitsstrafe" bzw. einer „aufenthaltsrechtlichen Präventionshaft"[20]. Das Tatbestandsmerkmal der „erheblichen Gefahr für Leib und Leben Dritter oder bedeutende Rechtsgüter der inneren Sicherheit" stellt allerdings einen klassischen **unbestimmten Rechtsbegriff** dar, der gerichtlich voll überprüfbar ist. Verfassungsrechtliche Bedenken bestehen insoweit also nicht. Zudem entspricht dieses Tatbestandsmerkmal den Regelungen des § 62 III 4 (→ § 62 Rn. 76) und des § 62a I 2 in der früheren und seit 1.7.2022 wieder geltenden Fassung (→ § 62a Rn. 22 ff.). Damit fügt sich dieses Tatbestandsmerkmal also nahtlos in das bestehende Regelungssystem der aufenthaltsrechtlichen Haftfälle ein. Die zu den anderen Normen ergangene Rechtsprechung kann auf § 62c übertragen werden und dabei helfen, die Voraussetzung der „erheblichen Gefahr für Leib und Leben Dritter oder bedeutende Rechtsgüter der inneren Sicherheit" näher zu bestimmen.

17 Dritte Voraussetzung für die Anordnung der ergänzenden Vorbereitungshaft ist, dass sie der **Vorbereitung einer Abschiebungsandrohung** nach § 34 AsylG dient. Ist sie dafür nicht **erforderlich**, darf die Haft nicht angeordnet werden (Abs. 1 S. 2). Damit wird der verfassungsrechtlich fundierte **Grundsatz der Verhältnismäßigkeit** einfachgesetzlich niedergelegt. Ausgehend davon ist eine Haftanordnung nach § 62c zulässig, wenn der Asylantrag des Betroffenen voraussichtlich abgelehnt wird und das BAMF zusammen mit dieser Entscheidung (vgl. § 34 II 1 AsylG) eine Abschiebungsandrohung erlassen wird. Ob die Haftanordnung für die Vorbereitung einer Abschiebungsandrohung nach § 34 AsylG erforderlich ist, hat der Haftrichter unter Berücksichtigung der besonderen Umstände des Einzelfalls zu prüfen[21].

IV. Haftdauer (Abs. 2)

18 Ausgehend vom **Grundsatz der Verhältnismäßigkeit** ist die ergänzende Vorbereitungshaft – wie auch die anderen Haftarten nach dem AufenthG – zeitlich begrenzt. Die Haft endet entweder mit der **Zustellung der Entscheidung** des BAMF über den gestellten Asylantrag oder aber – wenn die Zustellung bis dahin nicht erfolgt ist – **vier Wochen** nach Eingang des Asylantrags beim BAMF (Abs. 2 S. 1). Die Höchstdauer der ergänzenden Vorbereitungshaft orientiert sich an der Bestimmung des § 14 III AsylG. Der Grund dafür ist, dass der Gesetzgeber insoweit eine vergleichbare Konstellation ausgemacht hat[22]. Ausgehend davon kann zunächst auf die Kommentierung des § 14 III AsylG verwiesen werden (→ AsylG § 14 Rn. 28 ff.).

19 Wie § 14 III AsylG sieht auch § 62c II 1 Ausnahmen von der Höchsthaftdauer von vier Wochen vor, namentlich in den Fällen, in denen der Asylantrag nach **§ 29 I Nr. 4 AsylG** oder als **offensichtlich unbegründet (§ 30 AsylG)** abgelehnt wurde. § 29 Abs. 1 Nr. 4 AsylG betrifft diejenigen Fälle, in denen ein Staat, der kein Mitgliedstaat der EU und bereit ist, den Ausländer wieder aufzunehmen, als sonstiger Drittstaat gemäß § 27 AsylG betrachtet wird. In den beiden Ausnahmekonstellationen hält der Gesetzgeber es für geboten, den betroffenen Ausländer weiterhin in Haft zu halten.

---

[16] *Welte* ZAR 2021, 204 (206).
[17] *Welte* ZAR 2021, 204 (206).
[18] *Keßler* Ausschussdrs. 19(4)625 A, S. 3.
[19] *Keßler* Ausschussdrs. 19(4)625 A, S. 3.
[20] *Keßler* Ausschussdrs. 19(4)625 A, S. 3.
[21] *Welte* ZAR 2021, 204 (206).
[22] BT-Drs. 19/22848, 18.

Auch in den beiden Ausnahmekonstellationen setzt § 62c II aber eine Höchstfrist, namentlich den **Ablauf der Wochenfrist** für die Stellung eines Eilantrags nach § 80 V VwGO (vgl. § 36 III 1 AsylG) oder aber – wenn der Ausländer den Eilantrag fristgemäß gestellt hat – die **Entscheidung des Gerichts** über den Eilantrag. Gemeint ist damit der Erfolg des gerichtlichen Eilverfahrens, also die Anordnung der sofortigen Wirkung der erhobenen Klage. Auch in diesen Fällen muss die Haft enden. Lehnt das Gericht den Eilantrag hingegen ab, **endet die Haft spätestens eine Woche nach der gerichtlichen Entscheidung (Abs. 2 S. 3)**. Dies soll den Übergang von der ergänzenden Vorbereitungshaft zur **Abschiebungshaft** nach § 62 ermöglichen[23]. Im Anschluss an das Ende der ergänzenden Vorbereitungshaft kommt Abschiebungshaft in Betracht, weil der Betroffene nunmehr ausreisepflichtig ist.

V. Vollzug der Haft (Abs. 3)

Wie auch die Abschiebungshaft (vgl. § 62a I in der seit 1.7.2022 geltenden Fassung) ist auch die ergänzende Vorbereitungshaft in **speziellen Hafteinrichtungen** zu vollziehen (Abs. 3 S. 1). Damit soll dem unionsrechtlich fundierten **Trennungsgebot** Rechnung getragen werden, wonach Abschiebehäftlinge und Strafgefangene getrennt voneinander unterzubringen sind (ausführlich → § 62a Rn. 7 ff.).

Sind spezielle Hafteinrichtungen im Bundesgebiet **nicht vorhanden** oder geht von dem Ausländer eine **erhebliche Gefahr für Leib und Leben Dritter oder bedeutende Rechtsgüter der inneren Sicherheit** aus, kann die Haft abweichend von Abs. 3 S. 1 in **sonstigen Haftanstalten** vollzogen werden (Abs. 3 S. 2). Die Unterbringung von besonders gefährlichen Personen in gewöhnlichen Haftanstalten ist deswegen zugelassen, weil in diesen Fällen regelmäßig besondere Sicherheitsvorkehrungen notwendig sind, die von Abschiebehafteinrichtungen selten erfüllt werden können (→ § 62a Rn. 23). Auch wenn ein Ausländer in einer sonstigen Haftanstalt unterkommt, ist er dort aber **getrennt von Strafgefangenen unterzubringen (Abs. 3 S. 2 Hs. 2)**.

Vor dem Hintergrund dessen, dass Abs. 1 S. 1 die erhebliche Gefahr für Leib und Leben Dritter oder bedeutende Rechtsgüter der inneren Sicherheit als eine Tatbestandsalternative für die Anordnung der ergänzenden Vorbereitungshaft normiert, erlaubt dies für alle davon erfassten Fälle automatisch eine Unterbringung in einer sonstigen Haftanstalt, ohne dass in den speziellen Hafteinrichtungen Kapazitätsengpässe vorhanden sein müssen. Wurde die Haftanordnung hingegen auf die Ausweisung wegen eines besonders schwerwiegenden **Ausweisungsinteresses nach § 54 I** gestützt, ist im Einzelfall zu prüfen, ob auch hier eine Unterbringung in einer gewöhnlichen Haftanstalt in Betracht kommt, weil von dem Ausländer eine erhebliche Gefahr für Leib und Leben Dritter oder bedeutende Rechtsgüter der inneren Sicherheit ausgeht (vgl. zB § 54 I Nr. 2).

Die Aufhebung des Trennungsgebots für Gefährder ist zumindest dem Grundsatz nach **unionsrechtskonform**[24] (ausführlich → § 62a Rn. 24 f.). Es muss aber im Einzelfall das **Vorliegen der konkreten schweren Gefahrenlage** geprüft bzw. gegenüber dem Haftrichter nachgewiesen werden[25].

Abs. 3 S. 3 verweist auf **§ 62 I**. Damit wird auf den einfachgesetzlich normierten Verhältnismäßigkeitsgrundsatz (§ 62 I 1), die Beschränkung auf die kürzest mögliche Dauer der Haft (§ 62 I 2) und die Vorgaben für die Haft für Minderjährige und Familien mit Minderjährigen (§ 62 I 3) Bezug genommen. Ferner verweist Abs. 3 S. 3 auf die **Haftbedingungen des § 62a II–V**. Hinsichtlich der Bedeutung dieser Verweisungen wird auf die entsprechenden Kommentierungen Bezug genommen.

VI. Festnahme und Ingewahrsamnahme durch die Behörde (Abs. 4)

Entsprechend den anderen Haftarten sieht auch § 62c für **Eilfälle** die Möglichkeit vor, dass die für den Haftantrag zuständige Behörde einen Ausländer **auch ohne vorherige richterliche Anordnung** festhalten und vorläufig in Gewahrsam nehmen kann. Die dafür normierten Voraussetzungen entsprechen denjenigen des § 62 V 1, weshalb insoweit auf die entsprechende Kommentierung Bezug genommen wird (→ § 62 Rn. 97). Nimmt die Behörde einen Ausländer vorläufig in Gewahrsam, so ist er **unverzüglich dem Richter** zur Entscheidung über die Anordnung der ergänzenden Vorbereitungshaft nach Abs. 1 **vorzuführen** (Abs. 4 S. 2). Dies dient der Umsetzung der verfassungsrechtlichen Vorgabe des Art. 104 II 2 GG. Auch insoweit wird auf → § 62 Rn. 98 verwiesen.

---

[23] BT-Drs. 19/22848, 18.
[24] EuGH Urt. v. 2.7.2020 – C-18/19, InfAuslR 2020, 339; vgl. insoweit auch *Welte* ZAR 2021, 204 (209 f.).
[25] *Kluth* ZAR 2020, 244 (245).

1 AufenthG § 63

Erster Teil. Aufenthaltsgesetz

Kapitel 6. Haftung und Gebühren

§ 63 Pflichten der Beförderungsunternehmer

(1) Ein Beförderungsunternehmer darf Ausländer nur in das Bundesgebiet befördern, wenn sie im Besitz eines erforderlichen Passes und eines erforderlichen Aufenthaltstitels sind.

(2) ¹Das Bundesministerium des Innern, für Bau und Heimat oder die von ihm bestimmte Stelle kann im Einvernehmen mit dem Bundesministerium für Verkehr und digitale Infrastruktur einem Beförderungsunternehmer untersagen, Ausländer entgegen Absatz 1 in das Bundesgebiet zu befördern und für den Fall der Zuwiderhandlung ein Zwangsgeld androhen. ²Widerspruch und Klage haben keine aufschiebende Wirkung; dies gilt auch hinsichtlich der Festsetzung des Zwangsgeldes.

(3) ¹Das Zwangsgeld gegen den Beförderungsunternehmer beträgt für jeden Ausländer, den er einer Verfügung nach Absatz 2 zuwider befördert, mindestens 1 000 und höchstens 5 000 Euro. ²Das Zwangsgeld kann durch das Bundesministerium des Innern, für Bau und Heimat oder die von ihm bestimmte Stelle festgesetzt und beigetrieben werden.

(4) Das Bundesministerium des Innern, für Bau und Heimat oder die von ihm bestimmte Stelle kann mit Beförderungsunternehmern Regelungen zur Umsetzung der in Absatz 1 genannten Pflicht vereinbaren.

Allgemeine Verwaltungsvorschrift
63 Zu § 63 – Pflichten der Beförderungsunternehmer
63.1 Kontroll- und Sicherungspflichten
63.1.1 Die Vorschrift untersagt es Beförderungsunternehmern, Ausländer ohne die erforderlichen Reisedokumente in das Bundesgebiet zu befördern. Das Verbot gilt sowohl für Beförderungen auf dem Luft- und Seeweg als auch für Beförderungen auf dem Landweg mit Ausnahme des grenzüberschreitenden Eisenbahnverkehrs. Das Beförderungsverbot muss nicht angeordnet werden. Aus dem gesetzlichen Verbot, Ausländer nicht in das Bundesgebiet zu befördern, wenn sie nicht im Besitz eines erforderlichen Passes oder eines erforderlichen Visums sind, das sie auf Grund ihrer Staatsangehörigkeit benötigen, ergibt sich zugleich die Pflicht des Beförderungsunternehmers, Pass und Visum ausreichend zu kontrollieren. Durch die Kontrollpflicht soll sichergestellt werden, dass der Ausländer die für den Grenzübertritt nach § 13 Absatz 1 erforderlichen Voraussetzungen erfüllt. Eine Kontrollpflicht ist auch in Annex 9 zum ICAO-Übereinkommen festgelegt.
63.1.2 Ausländer, die im Rahmen des freien Dienstleistungsverkehrs nach Europäischem Gemeinschaftsrecht in das Bundesgebiet einreisen und sich darin aufhalten, unterliegen nicht dem Beförderungsverbot. Ein auf Grund seiner Staatsangehörigkeit visumpflichtiger Ausländer, der Inhaber eines von einer anderen Vertragspartei ausgestellten Aufenthaltstitels und daher nach Artikel 21 SDÜ begünstigt ist, unterliegt ebenfalls nicht dem Beförderungsverbot.
63.1.3.1 Die Kontrollpflicht nach § 63 Absatz 1 fordert von dem Beförderungsunternehmer, vor dem Transport zu prüfen, ob der Ausländer im Besitz der erforderlichen Dokumente ist. Dem Beförderungsunternehmer kann das Verbot insbesondere dann entgegengehalten werden, wenn er bei Beachtung der im Verkehr erforderlichen Sorgfalt hätte erkennen können, dass der Ausländer die nach § 63 Absatz 1 erforderlichen Dokumente nicht besitzt. Ein Verstoß gegen diese Sorgfaltspflicht ist stets darin zu sehen, dass er den Ausländer transportiert hat, ohne selbst eigene konkrete Feststellungen über das Vorliegen der Transportvoraussetzungen zu treffen bzw. durch den Fahrer oder das sonstige Begleitpersonal treffen zu lassen. Ein Transportunternehmer lässt die erforderliche Sorgfalt außer Acht, wenn er sich bei Beginn und während des Transports lediglich auf die Behauptung des Ausländers verlässt, sei ein Besitz der erforderlichen Dokumente. Das gilt auch, wenn sich der Beförderungsunternehmer lediglich mit der Vorlage der Flugtickets und Fahrausweise begnügt, aus denen keine verlässlichen Schlüsse über den Besitz der erforderlichen Reisedokumente gezogen werden können.
63.1.3.2 Ein Luftfahrtunternehmen hat die Kontrolle nicht nur beim Einchecken, sondern auch unmittelbar am Flugzeugeinstieg vorzunehmen. Damit soll verhindert werden, dass zwischen dem Einchecken und Betreten des Flugzeugs Manipulationen an oder mit den Einreisedokumenten stattfinden oder diese von Schleusern wieder eingezogen werden, um sie anderweitig zu verwenden. Die Kontrollpflicht schließt auch Transitreisende ein, die während eines Zwischenstopps auf den Flug nach Deutschland an Bord verbleiben, um zu verhindern, dass sie ohne erforderliche Einreisedokumente den Flug nach Deutschland fortsetzen. Für die Beförderung auf dem Land- und Seeweg sowie im Binnenschiffsverkehr gilt Entsprechendes.
63.1.4 Nach pflichtgemäßem Ermessen kann von Sanktionsmaßnahmen gegen das Beförderungsunternehmen abgesehen werden, wenn das vom Ausländer mitgeführte ge- oder verfälschte Grenzübertrittsdokument wegen der Qualität der vorgenommenen Manipulationen durch den Beförderungsunternehmer nicht als solches erkannt werden kann. Von einem Beförderungsverbot kann daher in den Fällen abgesehen werden, in denen der Ausländer Reisedokumente besitzt, die sich nach der Einreise als Fälschungen herausstellen, die der Beförderungsunternehmer jedoch nicht erkennen konnte.
63.2 Untersagung der Beförderung und Zwangsgeld
63.2.0 Sowohl das Beförderungsverbot als auch die Androhung, Festsetzung und Vollstreckung von Zwangsgeldern soll dazu dienen, den Beförderungsunternehmer zur Kontrolle der Einhaltung der Pass- und Visumpflicht in jedem Einzelfall anzuhalten.
63.2.1 Verstößt der Beförderungsunternehmer gegen das gesetzliche Beförderungsverbot (§ 63 Absatz 1) oder liegen Anhaltspunkte dafür vor, dass die sich daraus ergebenden Pflichten nicht beachtet werden, kann das Bundesministerium des Innern im Einvernehmen mit dem Bundesministerium für Verkehr, Bau- und Stadtentwicklung

untersagen, Ausländer entgegen dem gesetzlichen Beförderungsverbot in das Bundesgebiet zu befördern. Anstelle des Bundesministeriums des Innern kann die von ihm bestimmte Stelle die Untersagungsverfügung erlassen. Die gesetzliche Regelung umfasst auch den Erlass der auf die Untersagungsverfügung folgenden Zwangsgeldandrohung. Die vom Bundesministerium des Innern benannte Stelle ist das Bundespolizeipräsidium (§ 58 Absatz 1 BPolG i. V. m. § 1 Absatz 3 Nummer 1 Buchstabe b) BPolZV).

63.2.2 Ein Verstoß gegen das Beförderungsverbot liegt schon bei einzelnen objektiv unerlaubten Beförderungen vor, sofern hierdurch keine objektiv unzumutbaren Anforderungen an das Beförderungsunternehmen gestellt werden. Nicht notwendig ist für den Tatbestand des Zuwiderhandelns ein subjektives Verschulden des Beförderungsunternehmens.

63.2.3 Im Rahmen der Ermessensausübung ist zu berücksichtigen, ob der Beförderungsunternehmer durch zumutbare Kontrollmaßnahmen die unerlaubte Beförderung hätte vermeiden können. Unvermeidbar sind zum Beispiel Dokumentenfälschungen, die von einem interessierten Laien nicht erkannt werden können.

63.2.4 Eine Abmahnung ist nicht erforderlich. Stattdessen ist die Untersagungsverfügung (das Beförderungsverbot) mit einer Anhörung nach § 28 VwVfG verbunden.

63.2.5 Nach der Rechtsprechung des Bundesverwaltungsgerichts liegt ein mehrstufiges Vollstreckungsverfahren vor, das sich in drei bis vier Stufen gliedert. Handelt der Beförderungsunternehmer entgegen dem gesetzlichen Beförderungsverbot des § 63 Absatz 1, kann eine Untersagungsverfügung nach § 63 Absatz 2 Satz 1, 1. Alternative ergehen (Stufe 1) und für den Fall der Zuwiderhandlung ein Zwangsgeld nach § 63 Absatz 2 Satz 1, 2. Alternative angedroht werden (Stufe 2). Die Stufen 1 und 2 können zwar miteinander verbunden werden, jedoch sieht das Bundesverwaltungsgericht vor der Verhängung der zweiten Stufe zwingend eine Ermessensausübung (Erforderlichkeitsprüfung) sowie die Prüfung der aktuellen Beförderungszahlen vor. Die Festsetzung des Zwangsgeldes richtet sich nach § 63 Absatz 3 (3. Stufe). Ihr folgt ggf. die Beitreibung des Zwangsgeldes als 4. Stufe.

63.2.6 Widerspruch und Anfechtungsklage haben nach § 63 Absatz 2 Satz 2 keine aufschiebende Wirkung. Dies gilt auch hinsichtlich der Festsetzung des Zwangsgeldes.

63.3 Höhe des Zwangsgeldes

63.3.1 Das Zwangsgeld wird für jeden Ausländer festgesetzt, der entgegen einer Verfügung nach § 63 Absatz 2 befördert wird. Die Erhebung und Beitreibung des Zwangsgeldes erfolgt durch das Bundespolizeipräsidium und richtet sich nach VwVG. Der Höchstbetrag des Zwangsgeldes wurde in Umsetzung des Artikel 4 Absatz 1 Buchstabe a) der Richtlinie 2001/51/EG des Rates vom 28. Juni 2001 zur Ergänzung der Regelungen nach Artikel 26 des Übereinkommens zur Durchführung des Übereinkommens von Schengen vom 14. Juni 1985 (ABl. EG Nummer L 187 S. 45) mit 5.000 Euro festgesetzt.

63.3.2 Nach dem Grundsatz der Einheitlichkeit des Vollstreckungsverfahrens ist das Bundespolizeipräsidium für sämtliche Verwaltungsakte im Rahmen des § 63 zuständig.

63.3.3 Die Ausnutzung des gesetzlich vorgesehenen Spielraums bei der Zwangsgeldfestsetzung ermöglicht es, auf das Beförderungsverhalten der Unternehmen individuell angemessen zu reagieren. Hierbei kann berücksichtigt werden, dass der in Absatz 3 vorgesehene Mindestbetrag von 1.000 Euro hinter dem in der Richtlinie 2001/51/EG fakultativ angegebenen Mindestbetrag von 3.000 Euro zurückbleibt.

63.4 Vereinbarungen mit Beförderungsunternehmen

63.4.1 § 63 Absatz 4 enthält eine gesetzliche Grundlage zum Abschluss von individuellen Vereinbarungen („Memoranda of Understanding") mit den Beförderungsunternehmen zur Umsetzung der Kontrollpflicht. Zuständige Behörde ist das Bundesministerium des Innern, das wiederum das Bundespolizeipräsidium beauftragt hat.

63.4.2 Es entspricht einem erheblichen praktischen Bedürfnis, mit den Beförderungsunternehmen weitergehende individuelle Vereinbarungen zu treffen. In diesen Memoranda of Understanding können Bemühungen der Beförderungsunternehmen um verbesserte Kontrollen honoriert werden, etwa in Form einer Toleranzquote, bei deren Einhaltung keine Zwangsgelder erhoben werden. Weitere Inhalte solcher Vereinbarungen können Regelungen über Schulungen des Personals, Gate-Überprüfungen oder den Informationsaustausch sein.

Übersicht

	Rn.
I. Entstehungsgeschichte	1
II. Allgemeines	2
III. Beförderungsverbot	14
IV. Zwangsgeld	16
V. Vereinbarungen	25
VI. Verfahren und Rechtsschutz	26

I. Entstehungsgeschichte

Die Vorschrift stimmte mit dem **Gesetzesentwurf zum ZuwG**[1] überein. Der 2. Hs. in Abs. 2 S. 2 wurde mit Wirkung vom 18.3.2005 eingefügt[2]. Das RLUmsG 2007 passte die Behördenbezeichnung in Abs. 2 an den Organisationserlass der Bundeskanzlerin vom 22.11.2005 an, fügte in Abs. 3 den S. 2 ein und änderte Abs. 4 redaktionell. Im Gegensatz zu § 74 AuslG 1990 und § 18 V AuslG 1965 ablöste, wird nicht mehr zwischen Beförderungen auf dem Luft- oder Seeweg und der Beförderung in sonstiger Weise differenziert. Durch die AnpassungsVO v. 31.8.2015 ist die Behördenbezeichnung in Abs. 2 erneut geändert worden[3].

1

---

[1] BT-Drs. 15/420, 25, 92 f.
[2] Art. 1 Nr. 9 ÄndGes v. 14.3.2005, BGBl. I S. 721.
[3] Vgl. Art. 128 der 10. ZuständigkeitsanpassungsVO v. 31.8.2015, BGBl. I S. 1474.

II. Allgemeines

2 Die Beförderungsunternehmern in §§ 63, 64 auferlegten Verpflichtungen sind Teil der auf europäischer Ebene verabredeten Maßnahmen zur **Verhinderung illegaler Einreisen und unerlaubter Zuwanderung**[4] und als solche sowohl mit Art. 33 GK als auch mit sonstigem Völkerrecht grundsätzlich vereinbar[5]. Sie dienen va der Umsetzung der durch Art. 26 SDÜ und Schengen-RL[6] begründeten Verpflichtungen. Sie stehen für Luftfahrtunternehmer in Einklang mit Art. 13 Abk. über die internationale Zivilluftfahrt[7] und dessen Anhang 9[8], die iÜ auch regelmäßig Teil von bilateralen Luftverkehrsabkommen[9] sind. Für Reeder gilt Nr. 3.15.1 der Anlage zum Übereinkommen zur Erleichterung des internationalen Seeverkehrs[10]. Für andere Beförderungsunternehmer fehlt es an derartigen besonderen Verpflichtungsnormen außerhalb des AufenthG. Allerdings sind **§ 63 I, II und III**, die das BMI im Einvernehmen mit dem BMV ermächtigen, Beförderungsunternehmern die Beförderung von Ausländern, die nicht im Besitz eines erforderlichen Passes sind, zu untersagen, und Zwangsgelder anzudrohen und festzusetzen, nach neuerer Rspr. des EuGH[11] **mit Art. 67 II AEUV iVm Art. 21 VO(EG) Nr. 562/2006 (Schengener Grenzkodex, SGK)**[12] **unvereinbar**[13]. Zweck der Norm ist es, illegale Einreisen und unerlaubte Zuwanderung in den Schengen-Raum zu verhindern.

3 **Beförderungsunternehmer** ist eine natürliche oder juristische Person, die gewerblich die Beförderung von Personen auf dem Luft-, See- oder Landweg durchführt[14]. Erfasst werden Fluggesellschaften, aber auch Reedereien, Busunternehmen und Bahnen[15]. Da jedoch **im Schengen-Binnengrenzverkehr** nicht nur die Personenkontrollen durch die **Grenzbehörden aufgehoben** sind, sondern in Konsequenz zu **Art. 22, 23 SGK**[16] auch die **Kontrollpflichten des Beförderungsunternehmers entfallen** und bei einem Antreffen eines Ausländers nach Übertritt der EU-Außengrenze keine Zurückweisung mehr möglich ist, kam den §§ 63, 64 im Bahn- und Busverkehr sowie bei Schengen-Binnenflügen und Fährverbindungen zwischen den Schengen-Staaten länger keine praktische Bedeutung mehr zu[17]. Das hat sich geändert. Seit 2015 sind die Außengrenzen der Union unzureichend gesichert mit der Folge, dass im Schengen-Binnenraum in beträchtlichem Umfang eine illegale Sekundärmigration stattfindet[18].

4 Die in §§ 63, 64 geregelten Verpflichtungen sind **öffentlich-rechtlicher Art** und mit Zwangsmitteln durchsetzbar. Sie sind als **Risikohaftung** ausgestaltet und insofern – mit Ausnahme der verschärften Regelung in § 66 III 2 – von einem Verschulden nicht abhängig. Das Gesetz bestimmt zwar nur positiv die Voraussetzungen für eine ordnungsgemäße Beförderung, untersagt damit aber zugleich eine Beförderung ohne deren Einhaltung und zwingt die Beförderer zu entsprechenden Vorkehrungen. Nach der Konzeption des § 63 I ist er für die Einhaltung der Einreise- und Aufenthaltsbestimmungen der von ihm nach Deutschland gebrachten Passgiere verantwortlich. Die Beachtung der ausländischen Einreiseanforderungen wird auf den Beginn des Beförderungsvorgangs

---

[4] Zustimmend und grundlegend *Dörig* NVwZ 2006, 1337; in früherer Zeit (vor dem 11.9.2001) krit. *Cruz* ZAR 1991, 178; *Hellenthal* ZAR 1995, 76; vgl. auch *Renner* NVwZ 1994, 452.
[5] BVerwG Beschl. v. 14.4.1992 – 1 C 48.89, EZAR 220 Nr. 3.
[6] RL 2001/51/EG des Rates vom 28.6.2001 zur Ergänzung der Regelung nach Art. 26 des Übereinkommens zur Durchführung des Übereinkommens von Schengen v. 14.6.1985 (ABl. 2001 L 187, 45).
[7] BGBl. 1956 II S. 411.
[8] Dazu BVerfG Beschl. v. 2.12.1997 – 2 BvL 55/92 ua, BVerfGE 97, 49. Die Anhänge zur Konvention der Internat Zivilluftfahrtorganisation (ICAO) in ihrer jeweils geltenden Fassung sind abrufbar unter http://www.luftrecht-online.de. Zur umstr Frage der Bindungswirkung der Anhänge vgl. *Grabherr/Reidt/Wysk*, LuftVG, Einleitung Rn. 155 ff.; s. zu den Rückbeförderungspflichten der Luftverkehrsunternehmen nach Anhang 9 auch GK-AufenthG § 64 Rn. 31 ff. (Stand: 8/2008).
[9] Deutschland hat etwa 4.000 bilaterale Luftverkehrsabkommen mit ICAO-Vertragsstaaten geschlossen, näher *Grabherr/Reidt/Wysk*, LuftVG, Einl. Rn. 153 mwN.
[10] BGBl. 1967 II S. 2435, 1993 II S. 170.
[11] EuGH Urt. v. 13.12.2018 – C-412/17 und C-474/17.
[12] VO (EG) Nr. 562/2006 v. 15.3.2006, ABl. 2009 L 105, 1 idF durch VO (EU) Nr. 610/2013 vom 26.6.2013, ABl. 2013 L 182, 1. Art. 21 VO (EG) Nr. 562/2006 entspricht der Nachfolgeregelung des neuen SGK in Art. 23 VO (EU) 2016/399 v. 9.3.2016.
[13] Näher → Rn. 6–8.
[14] Art. 1 SDÜ; vgl. auch Art. 1 Nr. 14 SGK sowie GK-AufenthG § 64 Rn. 57 ff. (Stand 8/2008).
[15] *Westphal/Stoppa* Rn. 22.3.1.
[16] VO (EU) 2016/399 v. 9.3.2016, ABl. 2016 L 77, 1 (Schengener Grenzkodex – SGK) in Nachfolge von Art. 20, 21 SGK – VO (EG) Nr. 562/2006, ABl. 2006 L 105, 1.
[17] Aufgrund der ermessenslenkenden Verwaltungsvorschrift, die in Ziffer 63.1.1 Verwaltungsvorschrift-AufenthG den grenzüberschreitenden Eisenbahnverkehr privilegiert, war die Bahn bei der Beförderung von Fahrgästen ohne den erforderlichen Pass bzw. Aufenthaltstitel jedenfalls von den „Sanktionen" nach §§ 63 II und 64 ohnehin ausgenommen. Vgl. auch VG Potsdam Urt. v. 24.5.2016 – VG 11 K 1938/15 und OVG Bln-Bbg Beschl. v. 24.11.2015 – OVG 2 S 13.15 jeweils für Busreiseunternehmen zwischen Belgien und Deutschland.
[18] BVerwG Beschl. v. 1.6.2017 – 1 C 23.16, BeckRS 2017, 116739 Rn. 26; näher → Rn. 6 aE.

vorverlagert[19]. Aus der Zusammenschau der §§ 63, 64 und 66 III folgt, dass er zur Überprüfung und Verifizierung der Einreisedokumente verpflichtet ist und hierbei eine **„Null-Fehler-Toleranz"** erwartet wird, wobei es das Gesetz dem einzelnen Beförderungsunternehmer überlässt, auf welche Art und Weise und mit welchen Mitteln er seinen Pflichten nachkommt.

Die in § 63 II geregelte Ermächtigung zur Verhängung von Zwangsgeldern entspricht den Anforderungen von Art. 26 II SDÜ in dem sich die Unterzeichnerstaaten verpflichten, Sanktionen gegen Beförderungsunternehmer einzuführen, die Drittstaatenausländern ohne die erforderlichen Reisedokumente befördern. In Ergänzung dieser Regelung wurde die Schengen-RL vom 28.6.2001 erlassen. Sie fordert in Art. 4 I von den Mitgliedstaaten, wirksame **finanzielle Sanktionen gegen Beförderungsunternehmer** vorzusehen, um der in Art. 26 II SDÜ übernommenen Verpflichtung zu entsprechen.

Mit **Unionsrecht unvereinbar** sind indes die gesetzliche Verpflichtung nach **Abs. 1** und die Maßnahmen nach **Abs. 2, 3** soweit dem Beförderer Kontroll- und Sicherungsmaßnahmen abverlangt werden, die er unionsrechtskonform oder tatsächlich nicht erfüllen kann. Sein Risiko wird dadurch vergrößert, dass er auch Ausländern, die aus den Gründen des § 15 II, III zurückgewiesen werden, außer Landes zu bringen hat (§ 64 I). Hinzu kommt, dass in den Fällen des § 64 die Haftung nach § 66 III 1 iVm § 67 II nach dem Wortlaut der Bestimmung hinsichtlich der Höhe der Kosten nicht begrenzt ist. Der Beförderer ist sowohl für eine effektive Kontrolle zu Beginn der Beförderung als auch für eine Sicherung während des Beförderungsvorgangs einschl. der Umsteigevorgänge bis zum Erreichen der Grenzkontrolle verantwortlich. Va bei Luftfahrtunternehmen, aber auch bei Busunternehmen, führt dies regelmäßig zu einer Inanspruchnahme, die sich als **unionsrechtlich unverhältnismäßig** erweist.

Deshalb hat das **BVerwG** mit Beschluss vom 1.6.2017[20] an den EuGH ein **Vorabentscheidungsersuchen** nach Art. 267 AEUV gerichtet, dem folgender Sachverhalt zugrunde lag: Zwei Busreiseunternehmen aus Deutschland und Spanien hatten die erforderlichen Kontrollen nicht durchgeführt. Nach entsprechenden Abmahnungen erließ das Bundespolizeipräsidium Verfügungen. Mit diesen untersagte es unter Androhung eines Zwangsgeldes die Beförderung der Drittstaatenangehörigen ohne die erforderlichen Dokumente in das Bundesgebiet. Das BVerwG hatte dem EuGH zur Klärung von **Fragen der Kontrollpflicht von Busunternehmen an Schengen-Binnengrenzen** folgende Frage vorgelegt: Stehen Art. 67 II AEUV sowie Art. 22, 23 VO (EU) 2016/399 über einen Gemeinschaftskodex für das Überschreiten der Grenzen durch Personen (Schengener Grenzkodex, SGK) der nationalen Regelung eines Mitgliedstaates entgegen, die Busunternehmen im Linienverkehr über eine Schengen-Binnengrenze im Ergebnis verpflichtet, die Grenzübertrittsdokumente ihrer Passagiere vor dem Überschreiten einer Binnengrenze zu kontrollieren, um einer Beförderung von Ausländern ohne Pass und Aufenthaltstitel in das Gebiet der Bundesrepublik Deutschland entgegen zu wirken?

Mit **Urteil vom 13.12.2018** hat der **EuGH**[21] festgestellt, dass der Schengener Grenzkodex Deutschland daran hindert, Beförderungsunternehmen im grenzüberschreitenden Linienbusverkehr nach § 63 I, II und III zu verpflichten, vor der Einreise in das deutsche Hoheitsgebiet die Pässe und Aufenthaltstitel der Passagiere zu kontrollieren. **Solche Kontrollen haben die gleiche Wirkung wie Grenzübertrittskontrollen** und sind daher **nach Art. 67 II AEUV und Art. 21 lit. a SGK aF (= Art. 23 lit. a SGK nF) verboten.** Andernfalls könnte diese Bestimmung leicht umgangen werden, was ihre praktische Wirksamkeit beeinträchtigen würde (effet utile). Da die den Beförderungsunternehmen auferlegten Kontrollen damit im Widerspruch zum Unionsrecht stehen, sind auch die aufgrund der Verletzung dieser Pflichten verhängten Zwangsgelder, die angesichts ihrer Funktion (Abschreckung und Sanktion) Geldstrafen gleichkommen, nicht gerechtfertigt. Dahinter steht nicht zuletzt der Gedanke, dass **Busfahrer oder Piloten keine Polizei- oder Zollbeamten** sind, denen die eigentliche Einreisekontrolle vorbehalten ist[22]. Damit dürfte der in der Systematik von **§ 63 I–III** angelegte Sanktionsmechanismus infolge seiner **Unionsrechtswidrigkeit künftig weitgehend leerlaufen.**

Aber: Das **EuGH-Urteil** vom 13.12.2018 **lässt im Übrigen die Strafbarkeit der illegalen Einreise und damit im Zusammenhang stehender Beihilfehandlungen unberührt.** Dh, stellen die zuständigen nationalen Behörden fest, dass Beförderungsunternehmen ihre Tätigkeit nutzen, um Drittstaatsangehörige vorsätzlich Beihilfe bei der illegalen Einreise zu leisten, darf der Mitgliedstaat unionsrechtskonform notwendige Maßnahmen ergreifen. **Beförderungsunternehmen, die sich an der Schleusung von Migranten beteiligen,** können auf der Grundlage, der in der Beihilfe-RL und im Rahmenbeschluss 2002/946 festgelegten Regeln **unter Strafe** gestellt werden, da die Beihilfe zur unerlaubten Einreise eine strafbare Handlung darstellt. Die BR Deutschland hat diese Vorschriften des Unionsrechts in den §§ 95–97 umgesetzt.

---

[19] OVG Bln-Bbg Beschl. v. 8.3.2013 – OVG 7 N 91.13.
[20] BVerwG Beschl. v. 1.6.2017 – 1 C 23.16, BeckRS 2017, 116739; betr. die deutsch-niederländische Grenze und das Parallelverfahren, Beschl. v. 1.6.2017 – 1 C 25.16.
[21] EuGH Urt. v. 13.12.2018 – C-412/17 und C-474/17, NVwZ 2019, 950.
[22] Schlussantrag Generalanwalt *Bot* v. 6.9.2018 im Verfahren EuGH – C-412/17, BeckRS 2018, 20575, Rn. 98.

10 Die **Grenzkontrollen** sind in manchen Staaten zT so ausgestaltet, dass sie vor oder nach dem Einchecken umgangen werden können. Auch eine Manipulation von Einreisedokumenten vor dem Einstieg ist möglich. Eine Kontrolle unmittelbar am Flugzeug (Last Gate Check) ist aber uU nicht mit den rechtlichen Bestimmungen anderer Länder in Einklang zu bringen. IÜ kann eine solche Kontrolle an dieser Stelle schon aufgrund der zwangsläufigen Betriebsabläufe nicht mehr den Charakter einer intensiven Überprüfung des Dokuments haben[23]. Auch ist der Beförderer nicht gehalten, Einreisedokumente einzusammeln und aufzubewahren, um so deren Verlust oder absichtliche Vernichtung durch die Passagiere während der Beförderung zu verhindern[24].

11 Der prinzipiellen Erwartung des Gesetzgebers an die Beförderungsunternehmen, dass sie gefälschte/unzureichende Dokumente mit einer Genauigkeit prüfen und erkennen wie die Grenzschutzbehörde, steht die Tatsache gegenüber, dass diese weder die technischen noch die rechtlichen Möglichkeiten haben, Fälschungen und unerlaubte Einreisen in gleicher Weise entdecken zu können wie die Behörde. Die **Kontrolle der Reisedokumente durch Beförderungsunternehmer** kann schon ihrer Natur nach **nicht so eingehend ist wie eine polizeiliche Kontrolle,** sei es nur deshalb, weil dieses Personal weder die Sachkenntnis noch die Mittel, wie zB den Zugang zu Datenbanken, oder hoheitlichen Befugnisse der Polizei oder anderer ihr gleichgestellter Behörde hat. Daher könnte dieses Personal nur offensichtlich gefälschte Pässe erkennen[25]. Der mittlerweile hohe **Professionalisierungsgrad bei Fälschungen**[26] – die im Übrigen in sog. Risikostaaten mit organisierter Kriminalität, Korruption und Bedrohungssituationen einhergehen – aber auch **datenschutzrechtliche Restriktionen** führen dazu, dass **Fluggesellschaften** ebenso wie andere Beförderungsunternehmen **selbst bei höchster Sorgfalt eine Beförderung von Passagieren mit unzureichenden Dokumenten nicht flächendeckend verhindern können.** Datenschutzrechtliche Bestimmungen stehen Präventionsmaßnahmen etwa in Gestalt einer „Schwarzen Liste" für wegen fehlerhafter Einreisepapiere auffällig gewordene Passagiere oder einem vollständigen Scannen von Ausweisdokumenten und deren Übermittlung nach Deutschland, um das Risiko zu minimieren, dass Passagiere aus dem Vernichten ihrer Originaldokumente nach dem Einchecken Vorteile ziehen, entgegen. Die nach § 31a BPolG[27] zu übermittelnden Fluggastdaten sind nach dessen Abs. 5 S. 1 binnen 24 Stunden zu löschen, gleichzeitig bleiben aber §§ 63 und 64 unberührt (§ 31a VI BPolG).

12 Das Anliegen des Gesetzgebers, die unerlaubte Einreise und deren Kosten nicht zu Lasten der Allgemeinheit abzuwickeln[28], sondern hierfür primär den Beförderer in Anspruch zu nehmen, findet im **Verhältnismäßigkeitsgrundsatz** seine Grenze. Im Einzelfall objektiv nicht erfüllbare Anforderungen an Kontroll- und Sicherungsmaßnahmen können nicht zum Anlass für behördliche Sanktionen genommen werden. Beruft sich der Beförderer auf die Unverhältnismäßigkeit, so obliegt ihm die Beweislast dafür, dass er die Beförderung eines Ausländers, der nicht im Besitz der erforderlichen Einreisedokumente ist, trotz aller ihm zumutbaren Kontroll- und Sicherungsmaßnahmen nicht verhindern konnte. Die Kostenhaftung und deren Umfang unterliegen der Begrenzung durch die Verhältnismäßigkeit. Hiergegen kann nicht eingewandt werden, dass es um Kosten geht, die bei einem Betrieb eines Luftfahrtunternehmens in einem kalkulatorischen Umfang anfallen und überwälzbar sind[29]. Dieser Gedanke hat nur für die reinen Rückreisekosten seine Berechtigung.

13 Schließlich werden Bedenken gegen das Beförderungsverbot deswegen geltend gemacht, weil damit das **Asylrecht** politisch Verfolgter **ausgehöhlt** würde[30]. Auch Asylsuchende und Ausländer, die Flüchtlings- oder subsidiären Schutz begehren, unterliegen wie jeder andere Drittstaatsangehörige nach der EU-Visa-Verordnung zur Einreise grundsätzlich der Visumspflicht. Ihnen kann jedoch das Fehlen ordnungsgemäßer Einreisepapiere nicht entgegengehalten werden[31]. Es ist nicht von der Hand zu weisen, dass Schutzsuchenden durch das Beförderungsverbot die sonst bestehende Chance der (Asyl-)Antragstellung ohne Pass und Visum an der Grenze durch die Vorverlagerung der Kontrolle und die Inpflichtnahme Privater[32] genommen wird[33]. Es wird darauf hingewiesen, dass sowohl der subjektive

---

[23] In diesem Stadium lassen sich nur offensichtliche und ins Auge springende Fälschungen erkennen, wie etwa die fehlende Unterschrift in einem Pass (zu einem solchen Fall OVG Bln-Bbg Beschl. v. 8.3.2013 – OVG 7 N 91.13; VG Potsdam Urt. v. 18.9.2013 – 8 K 2841/12).
[24] *Kluth* in BeckOK AuslR, 11/2018, AufenthG § 63 Rn. 14; *Hailbronner,* AuslR, 2018, AufenthG § 63 Rn. 22; *Westphal/Stoppa* Ziff. 22.3.2; VG Köln Urt. v. 3.12.1991 – 12 K 1129/91, InfAuslR 1992, 139.
[25] EuGH Urt. v. 13.12.2018 – C-412/17 und C-474/17, NVwZ 2019, 950 Rn. 62.
[26] Anders noch die Einschätzung Mitte der 1990er Jahre, wonach bei illegal reisenden Ausländern die benutzten ge- oder verfälschten Dokumente eher von mäßiger bis schlechter Qualität seien (näher *Hellenthal* ZAR 1995, 76 (78)).
[27] Die Regelung beruht auf der RL 2004/82/EG v. 29.4.2004 (ABl. 2006 L 261, S. 24); vgl. auch § 18 IV PassG.
[28] Vgl. zu diesem Gedanken unter Hinweis auf die frühere Regelung in § 18 AuslG 1965 BVerwG Urt. v. 18.3.2003 – 1 C 9.02, AuAS 2003, 200.
[29] So aber BVerwG Urt. v. 29.6.2000 – 1 C 25.99, BVerwGE 111, 284.
[30] *Hofmann/Hoffmann* AuslR § 63 Rn. 7.
[31] Art. 31 I GFK; vgl. auch HessVGH Beschl. v. 23.1.1989 – 12 TH 3157/87, EZAR 220 Nr. 2; aA NdsOVG Beschl. v. 23.6.1989 – 21 M 82/89, NVwZ 1989, 1095.
[32] Dazu *Grabherr* NVwZ 1989, 38.
[33] *Hellenthal* ZAR 1995, 76.

Pflichten der Beförderungsunternehmer § 63 AufenthG 1

Asylanspruch des jeweiligen Betroffenen als auch das Institut des Asyls als solches in Gefahr geraten, wenn durch diese und andere gesetzliche und administrative Maßnahmen die Inanspruchnahme des Asylrechts verhindert wird[34]. Zumindest könne darin ein Verstoß gegen den objektiven Wertgehalt des Asylrechts gesehen werden[35]. In der Rspr. spielen diese verfassungsrechtlichen Bedenken iRd § 63 mittlerweile aber keine Rolle mehr[36].

III. Beförderungsverbot

Das gesetzliche Beförderungsverbot des Abs. 1, das unmittelbar und generell wirkt, betrifft alle **14 Personen,** die der Passpflicht und der Aufenthaltstitelpflicht unterliegen oder visumspflichtig sind, auch Asylbewerber[37], nicht aber Unionsbürger und ihre Familienangehörigen sowie Staatsangehörige der EWR-Staaten[38]. Es ist derselbe Personenkreis, dem wegen versuchter unerlaubter Einreise die Zurückweisung droht (vgl. §§ 14, 15)[39]. Der Begriff des **„erforderlichen Aufenthaltstitels"** knüpft an §§ 4, 14 I an. Ob der Ausländer den „erforderlichen Aufenthaltstitel" hat, bestimmt sich für den Beförderungsunternehmer nur anhand der ihm objektiv erkennbaren Umstände[40]. Hinsichtlich des „erforderlichen Passes" gelten §§ 3, 71 VI. Wer einen Ausländer befördert, dessen mitgeführter Pass eine Unterschrift des Inhabers vorsieht, aber nicht unterschrieben ist, verstößt gegen § 63 I[41].

Es braucht **kein individuelles Verbot** erlassen zu werden. Die vorgesehene Untersagungsver- **15** fügung hat nur Bedeutung für die Ahndung von Verstößen mit Zwangsgeld nach Abs. 2. Sie darf erst dann erlassen werden, wenn mildere Mittel (wie etwa die Anordnung, Kontrollen in einer bestimmten Art und Weise durchzuführen) ohne Erfolg geblieben sind. Das in Abs. 2 S. 1 vorgesehene Einvernehmen des Bundesverkehrsministeriums dient allein der Wahrung öffentlicher Interessen.

IV. Zwangsgeld

Im Falle des gesetzlichen Beförderungsverbots kann der Beförderer, wenn Anlass hierzu besteht, **16** aufgefordert werden, eine **weitere Beförderung zu unterlassen.** Gleichzeitig kann ihm ein Zwangsgeld für jeden Fall der Zuwiderhandlung angedroht werden. Für seine Androhung und Festsetzung ist kein Verschulden des Beförderungsunternehmers erforderlich[42]. Vielmehr dient die in § 63 II enthaltene Ermächtigung zur Androhung, Festsetzung und Beitreibung von Zwangsgeld ausschließlich der Vermeidung künftiger objektiver Rechtsverletzungen.

Das **Zwangsgeld** zur Durchsetzung von Beförderungsverboten nach § 63 II und III hat bundes- **17** rechtlich eine ausschließlich **präventive Funktion als Beugemittel,** das darauf abzielt, künftige objektive Rechtsverletzungen zu vermeiden[43]. Entfaltet das Zwangsmittel aber in die Zukunft gerichtete Rechtswirkungen, sind auch entscheidungserhebliche Veränderungen der Sach- und Rechtslage, die nach seinem Erlass eintreten, der Beurteilung seiner Rechtmäßigkeit zugrunde zu legen. Entscheidungserhebliche Veränderungen der Sach- und Rechtslage sind bei der Zwangsgeldandrohung aber nur bis zu dem Zeitpunkt zu berücksichtigen, zu dem die Vollstreckung abgeschlossen ist[44]. Zwar ist das Vollstreckungsziel der Beugung des Willens des Beförderungsunternehmers erst verwirklicht, wenn dieser die Untersagungsverfügung befolgt. Dieses Ziel ist nicht schon mit Festsetzung und Beitreibung eines Zwangsgelds erreicht, sondern erst dann, wenn sich der Beförderungsunternehmer pflichtgemäß verhält[45].

Voraussetzung für die **Zwangsgeldandrohung** nach **Abs. 2 S. 1** ist somit – wie für die Untersa- **18** gungsverfügung – lediglich ein **objektiver Verstoß gegen das Beförderungsverbot** oder – falls noch kein Verstoß erfolgt ist – der begründete Verdacht eines künftig drohenden objektiv verbots-

---

[34] Vgl. auch *Kracht* NVwZ 1989, 740; *Pott* ZAR 1989, 45.
[35] So noch BVerwG Beschl. v. 14.4.1992 – 1 C 48.89, EZAR 220 Nr. 3; dazu BVerfG Beschl. v. 2.12.1997 – 2 BvL 55/92 ua, BVerfGE 97, 49.
[36] BVerwG Urt. v. 16.12.2004 – 1 C 30.03, BVerwGE 122, 293; Urt. v. 21.1.2003 – 1 C 5.02, BVerwGE 117, 332 und v. 7.9.1999 – 1 C 9.99, NVwZ 2000, 448; vgl. auch GK-AufenthG § 63 Rn. 22 ff. (Stand: 8/2008); *Hailbronner* § 63 Rn. 6 ff.
[37] BVerwG Beschl. v. 1.6.2017 – 1 C 23.16 Rn. 12; aA *Neußner* ZAR 1989, 17.
[38] §§ 11, 12 FreizügG/EU.
[39] Vgl. dazu die Kommentierung bei → § 14.
[40] Ist bspw. ein Staatsangehöriger eines in der Liste in Anhang II der EG-VisaVO (VO (EG) Nr. 539/2001 v. 15.3.2001 – idF v. 30.11.2009, ABl. 2009 L 336, S. 1) aufgeführten Drittlands für einen Aufenthalt, der insgesamt drei Monate nicht übersteigt, von der Visumspflicht befreit, so verstößt der Beförderungsunternehmer nicht gegen seine Pflichten, wenn er den Ausländer bei der Einreise über die Außengrenzen der EU – für den Unternehmer nicht erkennbar – von vornherein die innere Absicht hat, länger als drei Monate im Geltungsbereich der VO zu bleiben.
[41] OVG Bln-Bbg Beschl. v. 8.3.2013 – OVG 7 N 91.13, BeckRS 2013, 48547.
[42] BVerwG Urt. v. 16.12.2004 – 1 C 30.03, BVerwGE 122, 293.
[43] BVerwG Urt. v. 14.3.2006 – 1 C 3.05, InfAuslR 2006, 382; Urt. v. 21.1.2003 – 1 C 5.02, BVerwGE 117, 332 (338); Urt. v. 16.12.2004 – 1 C 30.03, BVerwGE 122, 293 (297 f.); *Dörig* NVwZ 2006, 1337 (1339).
[44] BVerwG Urt. v. 14.3.2006 – 1 C 3.05, InfAuslR 2006, 382 mwN zu § 74 II 1 Nr. 2 AuslG 1990.
[45] BVerwG Urt. v. 14.3.2006 – 1 C 3.05, InfAuslR 2006, 382 mwN zu § 74 II 1 Nr. 2 AuslG 1990.

widrigen Handelns. Das Zwangsgeld wird für den Fall der Zuwiderhandlung gegen die Untersagungsverfügung angedroht. Eine „Zuwiderhandlung" ist jedoch nicht Voraussetzung für den Erlass der Androhung[46]. Das Zwangsgeld muss in bestimmter Höhe für den Fall der Zuwiderhandlung angedroht werden (§ 13 V VwVG). Es ist freilich von der Verfassungsmäßigkeit des Transportverbots unmittelbar abhängig[47].

19 Durch die nunmehrige Regelung ist klargestellt, dass es sich um ein **Zwangsgeld nach § 11 VwVG** handelt[48]. Es hat bundesrechtlich betrachtet **keinen Strafcharakter** und setzt deshalb auch kein Verschulden des Zwangsgeldadressaten voraus[49]. Das Zwangsgeld ist bundesrechtlich insofern **unbedenklich**, als es ausschließlich präventiv wirkt[50], es gesetzlich auch zur Durchsetzung einer Unterlassenspflicht zugelassen ist (§ 11 II VwVG) und durch Gesetz von dem sonst geltenden Rahmen (§ 11 III VwVG) abgewichen werden darf. Soweit der **Mindestbetrag** des Zwangsgeldes (1.000. bis höchstens 5.000 EUR) gemäß **Abs. 3 S. 1** fest vorgegeben ist, bedeutet dies nicht, dass das angedrohte Zwangsgeld auch in jedem Fall fällig wird; es bedarf vielmehr der vorherigen Festsetzung (§ 14 VwVG), was die Feststellung der Zuwiderhandlung einschließt.

20 Indem das Gesetz ein Zwangsgeld nicht zwingend vorschreibt, sondern dessen Androhung und Festsetzung in das **Ermessen** des BMI stellt[51] und außerdem vor der **Zwangsgeldfestsetzung** der **Verstoß gegen** das **Transportverbot** sicher festgestellt werden muss, ist die Möglichkeit eröffnet, auf die Besonderheiten des Einzelfalls Rücksicht zu nehmen. Dabei können va die o. g. Bedenken gegen die Verhältnismäßigkeit der Regelung zumindest in diesem Rahmen beachtet werden, insbesondere mangelndes Kontrollvermögen oder Verschulden des Beförderers, Kostenrelationen, Verhalten des Passagiers, Besonderheiten am Abflug- oder Zielflughafen[52] und auch ein verbessertes Kontrollsystem[53].

21 Nach § 63 II ist das **BMI oder die von ihm bestimmte Stelle zuständig** für die Untersagung der Beförderung von Ausländern, die nicht im Besitz eines erforderlichen Passes oder Visums waren, und für die Zwangsgeldandrohung für den Fall der Zuwiderhandlung gegen das Beförderungsverbot. § 63 II begründet jedoch keine Zuständigkeit für die Festsetzung eines Zwangsgeldes. Diese ergab sich vor dem RLUmsG 2007 aus § 71 III Nr. 2 aF, der die mit der polizeilichen Kontrolle des grenzüberschreitenden Verkehrs beauftragten Behörden mit der „Durchführung" des § 63 III betraute. Unter „Durchführung" war die Festsetzung und Beitreibung von Zwangsgeldern zu verstehen, denn der Begriff der Durchführung umfasst alle Vollzugsakte im Anschluss an die Androhung des Zwangsgeldes, also insbesondere auch dessen Festsetzung nach § 14 VwVG[54].

22 Diese Rechtslage ist mit dem RLUmsG 2007 geändert worden. Die Anfügung des S. 2 in Abs. 3 dient der Klarstellung, dass sowohl die Untersagungsverfügung und die Androhung eines Zwangsgeldes als auch die Festsetzung und Beitreibung eines Zwangsgeldes gegen Beförderungsunternehmer durch das BMI oder die von ihm bestimmte Stelle erfolgen.

23 Die **Androhung eines Zwangsgelds** gehörte zu den der **Bundespolizei** obliegenden Aufgaben iSv § 1 II BPolG, deren sachliche Zuständigkeit richtet sich nach § 1 BPolZV. Die Zuständigkeit des Bundespolizeipräsidiums folgt aus der Aufgabenübertragung durch § 58 I BPolG iVm § 1 III 1 Nr. 1 lit. b der Verordnung über die Zuständigkeit der Bundespolizeibehörden vom 22.2.2008 (BGBl. I S. 250 – BPolZV)[55].

24 Nach dem **Urteil des EuGH vom 13.12.2018**[56] ist die **Androhung und Festsetzung von Zwangsgeldern nach § 63 I–III** gegenüber Beförderungsunternehmern nicht mit Unionsrecht vereinbar. § 63 I–III sind mit Art. 67 II AEUV iVm Art. 21 SGK aF (= Art. 23 SGK nF) unvereinbar. Damit kommt der Regelung in § 63 I–III seither **kaum mehr eine praktische Bedeutung** zu. Beförderungsunternehmer, die sich an der Schleusung vom Migranten beteiligen, machen sich indes ua nach §§ 95–97 strafbar.

---

[46] BVerwG Urt. v. 16.12.2004 – 1 C 30.03, BVerwGE 122, 293.
[47] Dazu → Rn. 9 f.; zu den Kosten der Unterbringung von Asylbewerbern auf Flughäfen vgl. § 65 und OLG Frankfurt a. M. Urt. v. 24.9.1991 – 5 U 65/90, EZAR 229 Nr. 1, aufgehoben durch BGH Urt. v. 17.6.1993 – VII ZR 243/91, EZAR 229 Nr. 5.
[48] Unklar noch § 18 V 3 AuslG 1965; vgl. HessVGH Beschl. v. 23.1.1989 – 12 TH 3157/87, EZAR 220 Nr. 2; NdsOVG Beschl. v. 23.6.1989 – 21 M 82/89, NVwZ 1989, 1095.
[49] OVG Bln-Bbg Urt. v. 17.3.2016 – OVG 7 B 29.15, BeckRS 2016, 46860.
[50] BVerwG Urt. v. 21.1.2003 – 1 C 5.02, BVerwGE 117, 332.
[51] OVG Bln-Bbg Urt. v. 17.3.2016 – OVG 7 B 29.15, BeckRS 2016, 46860.
[52] Vgl. dazu VG Köln Urt. v. 3.12.1991 – 12 K 1129/91, InfAuslR 1992, 139.
[53] OVG RhPf Urt. v. 1.6.2001 – 10 A 10 108/01, EZAR 605 Nr. 4.
[54] BVerwG Urt. v. 14.3.2006 – 1 C 11.05, BVerwGE 125, 110.
[55] BVerwG Urt. v. 14.3.2006 – 1 C 3.05, BeckRS 2006, 23546, zur früheren Regelung.
[56] EuGH Urt. v. 13.12.2018 – C-412/17 und C-474/17, NVwZ 2019, 950.

V. Vereinbarungen

Die **Ermächtigung** zum Abschluss vertraglicher Vereinbarungen („memoranda of understanding")[57] nach **Abs. 4** ermöglicht die Regelung von Einzelheiten der Durchführung von Kontrollmaßnahmen, Informationsaustausch, Schulungen und Unterstützungsleistungen[58]. Eine Verpflichtung zum Abschluss einer solchen Vereinbarung besteht auf Seiten des Beförderers nicht. Wünscht ein Beförderer allerdings ein **Memorandum of Understanding,** so dürfte dies durch die Bundespolizei (§ 1 III Nr. 1b BPolZV) – va mit Blick darauf, dass allein im Luftverkehr schon 29 solcher Abkommen abgeschlossen wurden[59] – nicht grundsätzlich abgelehnt werden können. Diese individuellen Vereinbarungen sind nicht allgemein zugänglich. Ihnen kann jedoch abhängig vom konkreten Inhalt bei Streitigkeiten um die Ermessensfehlerfreiheit und Verhältnismäßigkeit einer behördlichen Maßnahme besondere Bedeutung zukommen, zB wenn eine Toleranzquote unerlaubter Einreisen ausgewiesen ist, bei deren Einhaltung keine Zwangsgelder festgesetzt werden oder bei der Frage, welche konkreten Sicherungs- und Kontrollmaßnahmen vorzusehen sind.

VI. Verfahren und Rechtsschutz

Den Anordnungen nach Abs. 2 S. 1 geht eine Anhörung voraus; eine Abmahnung ist zwar nicht vorgeschrieben, aber zulässig. Soweit die Anordnung nicht durch den BMI erlassen wird (§ 68 I 2 Nr. 1 VwGO), ist Widerspruch zulässig. **Anfechtungswiderspruch und -klage** (§§ 42, 68 VwGO) haben gemäß **Abs. 2 S. 2** keine aufschiebende Wirkung. **Vorläufiger Rechtsschutz** ist nach § 80 V VwGO zulässig. Auch ausländische juristische Personen sind (trotz Art. 19 III GG) antrags- und klagebefugt[60].

Die Rechtmäßigkeit einer Zwangsgeldandrohung beurteilt sich grundsätzlich nach der **Sach- und Rechtslage im Zeitpunkt der letzten mündlichen Verhandlung** oder Entscheidung der letzten Tatsacheninstanz, es sei denn, das Vollstreckungsverfahren für das angedrohte Zwangsgeld war zuvor abgeschlossen (freiwillige Zahlung) oder die Zwangsgeldandrohung ist zuvor durch eine neue, niedrigere Zwangsgeldandrohung ersetzt worden. Dann ist dieser frühere Zeitpunkt maßgeblich[61]. Da Zwangsgeldandrohungen und Zwangsgeldfestsetzungen nach §§ 63 II, III mit Art. 67 II AEUV und Art. 21 SGK aF (= Art. 23 SGK nF) unvereinbar sind[62], werden dagegen gerichtete Rechtsschutzanträge regelmäßig Erfolg haben.

§ 64 Rückbeförderungspflicht der Beförderungsunternehmer

(1) Wird ein Ausländer zurückgewiesen, so hat ihn der Beförderungsunternehmer, der ihn an die Grenze befördert hat, unverzüglich außer Landes zu bringen.

(2) ¹Die Verpflichtung nach Absatz 1 besteht für die Dauer von drei Jahren hinsichtlich der Ausländer, die ohne erforderlichen Pass, Passersatz oder erforderlichen Aufenthaltstitel in das Bundesgebiet befördert werden und die bei der Einreise nicht zurückgewiesen werden, weil sie sich auf politische Verfolgung, Verfolgung im Sinne des § 3 Absatz 1 des Asylgesetzes oder die Gefahr eines ernsthaften Schadens im Sinne des § 4 Absatz 1 des Asylgesetzes oder die in § 60 Abs. 2, 3, 5 oder Abs. 7 bezeichneten Umstände berufen. ²Sie erlischt, wenn dem Ausländer ein Aufenthaltstitel nach diesem Gesetz erteilt wird.

(3) Der Beförderungsunternehmer hat den Ausländer auf Verlangen der mit der polizeilichen Kontrolle des grenzüberschreitenden Verkehrs beauftragten Behörden in den Staat, der das Reisedokument ausgestellt hat oder aus dem er befördert wurde, oder in einen sonstigen Staat zu bringen, in dem seine Einreise gewährleistet ist.

Allgemeine Verwaltungsvorschrift
64 Zu § 64 – Rückbeförderungspflicht der Beförderungsunternehmer
64.1 Rückbeförderung nach Zurückweisung
64.1.1 Die Rückbeförderungspflicht knüpft an die Zurückweisung i. S. v. § 15 an, für die nach § 71 Absatz 3 Nummer 1 die Grenzbehörde sachlich zuständig ist.
64.1.1.1 Die Rückbeförderungspflicht erstreckt sich auch auf die Fälle der Zurückweisung wegen Einreiseverweigerung nach § 18 Absatz 2 und § 18a Absatz 3 Satz 1 AsylVfG.

---

[57] Dazu ausf. *Hellenthal* ZAR 1995, 76 (83).
[58] Diese können zB auch darin bestehen, dass an ausländischen internationalen Verkehrsflughäfen den Fluggesellschaften sog. Dokumentenberater der Bundespolizei zur Seite gestellt werden.
[59] BT-Drs. 15/420, 93.
[60] OVG NRW Urt. v. 15.3.1989 – 17 A 1780/88, NVwZ 1989, 1090.
[61] BVerwG Urt. v. 14.3.2006 – 1 C 3.05, InfAuslR 2006, 382 mwN zu § 74 II 1 Nr. 2 AuslG 1990.
[62] → Rn. 6–9 und → Rn. 24.

64.1.1.2 Erfasst sind auch Ausländer, denen im Transit die Einreise verweigert wurde; damit wird Artikel 26 Absatz 1 Buchstabe a) SDÜ sowie der Richtlinie 2001/51/EG des Rates vom 28. Juni 2001 zur Ergänzung der Regelungen nach Artikel 26 des Übereinkommens zur Durchführung des Übereinkommens von Schengen vom 14. Juni 1985 (ABl. EG Nummer L 187 S. 45) Rechnung getragen.

64.1.2 Bei dem Beförderungsunternehmer i. S. v. § 64 Absatz 1 handelt es sich um einen deutschen oder ausländischen Gewerbetreibenden im In- oder Ausland, der Personentransporte oder Gütertransporte durchführt und hierbei auch Ausländer auf dem Luft-, See- oder Landweg mit einem entsprechenden Transportmittel (z. B. Flugzeug, Schiff, Bus, Pkw) an die deutsche Grenze befördert bzw ihnen auf diesem Wege die Anwesenheit im Transitbereich deutscher Flughäfen ermöglicht. Im Luftverkehr ist in erster Linie die Fluggesellschaft, die den Ausländer tatsächlich transportiert hat, Beförderungsunternehmer und zum Rücktransport verpflichtet.

64.1.3.1 Der Beförderungsunternehmer ist verpflichtet, im Rahmen der Zurückweisung den Ausländer mit einem zugelassenen Transportfahrzeug auf seine Kosten in den Zielstaat zu befördern.

64.1.3.2 Die Inanspruchnahme eines Beförderungsunternehmers im Rahmen der gesetzlichen Rückbeförderungspflicht setzt voraus, dass seine Verantwortlichkeit mittels geeigneter Beweismittel hinreichend dargelegt werden kann (z. B. Aussage des Ausländers, Fahr- oder Flugschein, dienstliche Erklärung). Etwaige besondere privatrechtliche Regelungen zwischen Beförderungsunternehmen zur Verantwortlichkeit für die Einhaltung gesetzlicher oder behördlicher Verpflichtungen bleiben grundsätzlich außer Betracht.

64.1.4 Die Rückbeförderungspflicht nach § 64 Absatz 1 besteht unabhängig vom Grund der Zurückweisung. Es ist unerheblich, ob der Unternehmer oder der Ausländer die Zurückweisung verschuldet und sich deswegen strafbar gemacht hat oder ob der Beförderungsunternehmer die Kontrollpflicht nach § 63 Absatz 1 verletzt hat. Mangelndes Verschulden schließt die Rückbeförderungspflicht nicht aus. Die Rückbeförderungspflicht besteht auch für den Fall einer Zurückweisungsentscheidung im Wege des Ermessens nach § 15 Absatz 2 oder 3.

64.1.5 Das Vorhandensein eines Transportvertrags, seine vertragliche Ausgestaltung und rechtliche Beurteilung (z. B. Nichtigkeit des Vertrags wegen Sittenwidrigkeit) sind für das Bestehen der Rückbeförderungspflicht unerheblich. Ebenso wenig ist der Umstand erheblich, dass es sich bei dem Ausländer um einen so genannten blinden Passagier handelt, für den der Beförderungsunternehmer keine Verantwortung tragen will.

64.1.6.1 Der Beförderungsunternehmer hat die Rückbeförderung nach Aufforderung der Grenzbehörde unverzüglich durchzuführen. Ihm ist grundsätzlich Gelegenheit zur eigenen Durchführung zu geben. Die Grenzbehörde setzt hierfür eine Frist in der Aufforderung fest. Der Beförderungsunternehmer hat die Möglichkeit, die Beförderung auf seine Kosten durch einen anderen Beförderungsunternehmer durchführen zu lassen, wenn dadurch der Vollzug einer unverzüglichen Zurückweisung nicht gefährdet wird.

64.1.6.2 Der Beförderungsunternehmer kann nicht verlangen, dass der Rücktransport mit eigenen Transportmitteln erfolgt, wenn ihm selbst eine unverzügliche Rückbeförderung nicht möglich ist. In Fällen, in denen ein Beförderungsunternehmer den Transport auf dem Landweg durchgeführt hat und für die Rückbeförderung des Ausländers die erforderlichen Durchreisesichtvermerke nicht vorhanden sind, kommt eine Zurückweisung auf dem Luftwege in Betracht.

64.1.6.3.1 Eine Ersatzvornahme kommt insbesondere dann in Betracht, wenn

– der Rücktransport durch den Beförderungsunternehmer nach den Umständen des Einzelfalls nicht unverzüglich durchgeführt werden kann (auf Grund der Besonderheiten des Verkehrsträgers) oder
– sich der Beförderungsunternehmer weigert, seinen Verpflichtungen nachzukommen.

Bei der Ersatzvornahme handelt es sich um eine Maßnahme, die nur gegen den Beförderungsunternehmer gerichtet ist. Die Durchführung der Ersatzvornahme richtet sich nach dem VwVG. Die Art und Weise der Durchführung bestimmt die Grenzbehörde nach pflichtgemäßem Ermessen.

64.1.6.3.2 Der Beförderungsunternehmer haftet neben dem Ausländer für die Kosten einer Ersatzvornahme, wenn er nicht in der Lage ist, ein für den Transport zugelassenes Fahrzeug unverzüglich bereitzustellen (§ 66 Absatz 3 Satz 1).

64.1.7 Die für die Rückführung zuständige Grenzbehörde entscheidet nach pflichtgemäßem Ermessen auf Grundlage einer Gefahrenprognose, ob und in welchem Umfang eine Begleitung des Ausländers erforderlich ist. Im Fall einer späteren Rückführung (vgl. § 64 Absatz 2) hat die Grenzbehörde entsprechende Erkenntnisse der Ausländerbehörde in diese Erwägungen einzubeziehen und aktenkundig zu machen (z. B. Ausweisung des Ausländers wegen Gewalttaten). Ist eine Sicherheitsbegleitung des Ausländers erforderlich, soll der Beförderungsunternehmer diese grundsätzlich selbst gewährleisten und auf seine Kosten durchführen (§ 67 Absatz 2 Nummer 3). Ist dem Beförderungsunternehmer die Sicherheitsbegleitung nicht selbst möglich, erfolgt die erforderliche Sicherheitsbegleitung durch die Grenzbehörde selbst oder in deren Auftrag. Die Kosten für die amtliche Begleitung trägt in jedem Fall der Beförderungsunternehmer (§ 67 Absatz 1 Nummer 3). Eine amtliche Begleitung kommt insbesondere in Betracht, wenn dies im Falle einer Ersatzvornahme der andere Beförderungsunternehmer verlangt.

64.1.8 Kann die Rückbeförderung nicht sofort durchgeführt werden, kann die Rückbeförderungsverpflichtung durch Sicherheitsleistung nach § 66 Absatz 5 oder eine verbindliche Erklärung zur Rückbeförderung (Garantieerklärung) erfüllt werden. Dies kann auch in Form einer selbstschuldnerischen Bürgschaft erfolgen, die etwaige Ersatzvornahmekosten sowie die Kosten für eine erforderliche amtliche Begleitung einschließt. Sicherheitsleistung, Garantieerklärung oder Bürgschaft des Beförderungsunternehmers sind nachvollziehbar zu dokumentieren und vorzuhalten (z. B. in der Kostenakte bei der Grenzbehörde, in der Ausländerakte bei der Ausländerbehörde).

64.2 Rückbeförderung in sonstigen Fällen

64.2.1 Die Rückbeförderungspflicht besteht in den Fällen des § 64 Absatz 2 nach der Einreise des Ausländers für die Dauer von drei Jahren fort. Die Frist beginnt mit dem Tag, an dem die Einreise des Ausländers erfolgt ist. Aufenthaltszeiten im Transitbereich eines Flughafens oder in einem Seehafen sowie im Rahmen des Flughafenverfahrens gemäß § 18a AsylVfG sind auf die Drei-Jahres-Frist nicht anzurechnen, da der Ausländer in diesen Fällen noch nicht eingereist ist.

Bei einer Rückbeförderung innerhalb der Drei-Jahres-Frist sollte auf die abgegebene Garantieerklärung zurückgegriffen werden, um die Rückbeförderungskosten zu decken.

64.2.2 Die Pflicht zur Rückbeförderung erlischt, wenn dem Ausländer ein Aufenthaltstitel nach dem Aufenthaltsgesetz erteilt wird. Die Ausstellung einer Bescheinigung über die Aufenthaltsgestattung oder die Bescheinigung der Aussetzung der Abschiebung führen jedoch nicht zum Wegfall der Rückbeförderungspflicht.

64.3 *Bestimmung des Zielstaates*
64.3.1 Nach § 64 Absatz 3 kommt als Zielstaat der Rückbeförderung der Staat in Betracht,
– der das Reisedokument ausgestellt hat,
– aus dem der Ausländer befördert wurde oder
– in den die Einreise gewährleistet ist.

Die Grenzbehörde bestimmt den Zielstaat nach pflichtgemäßem Ermessen. Zu prüfen ist, ob der Zielstaat zur Aufnahme des Ausländers verpflichtet oder bereit ist, und ob Zurückweisungsverbote entsprechend § 60 Absatz 1 bis 3, 5 oder 7 bestehen (§ 15 Absatz 4).

64.3.2 Bei der Ermessensentscheidung, in welchen Staat der Ausländer zurückgewiesen werden soll, sind in erster Linie die Interessen Deutschlands und der Schengen-Staaten bedeutsam. Die Auswahl erfolgt unter dem Gesichtspunkt einer effektiven Zurückweisung. Dabei können auch die Belange des Ausländers und der Beförderungsunternehmer angemessen berücksichtigt werden. Kann die Rückbeförderung nur über einen Flughafen eines Schengen-Staates erfolgen, ist die Grenzbehörde des betreffenden Schengen-Staates rechtzeitig zu unterrichten.

64.3.3 Von der Inanspruchnahme eines Beförderungsunternehmers und der Bestimmung eines Zielstaats kann abgesehen werden, wenn der Ausländer unverzüglich in einen Staat weiterreisen will, in den er einreisen darf, und er die Kosten für die Weiterreise aus eigenen Mitteln bestreitet (siehe Nummer 50.4). Die Weiterreise ist zu überwachen (z. B. Grenzübertrittsbescheinigung).

I. Entstehungsgeschichte

Die Vorschrift stimmte mit dem **Gesetzesentwurf zum ZuwG** überein[1]. Sie entspricht inhaltlich weitgehend § 73 AuslG 1990, der § 18 IV AuslG 1965 abgelöst hatte. Durch das **RLUmsG 2007** wurde in Abs. 2 der „Passersatz" aufgenommen und die Abschiebungsverbote um § 60 VII ergänzt. Die Aufnahme von „Verfolgung im Sinne des § 3 I AsylG oder die Gefahr eines ernsthaften Schadens im Sinne von § 4 I AsylG" in Abs. 2 S. 1 ist eine Folgeänderung zum Asylrecht, die ihren Ursprung im Gesetz zur Umsetzung der **RL 2011/95/EU** vom 28.8.2013[2] hat. Die Änderung von AsylVfG in AsylG beruht auf dem AsylVfBeschlG 2015[3].

1

II. Allgemeines

Die **Rückbeförderungspflicht** ist Teil der auf europäischen Ebene verabredeten Maßnahmen zur **Verhinderung illegaler Einwanderung in den** – nicht innerhalb des – **Schengen-Raums**. Sie ist eine öffentlich-rechtliche Verpflichtung, die als verfassungskonform anzusehen ist[4]. Die Pflicht zur Rückbeförderung ist nach dem **Verursacherprinzip** geregelt und im Prinzip eine reine **Risikohaftung**. Sie knüpft daran an, dass in einem System der Handlungs- und Gewerbefreiheit der Beförderungsunternehmer, der Personen in einen anderen Staat befördern will, das Risiko trägt, dass den Personen dort die Einreise verweigert wird[5]. Ungeschriebene Voraussetzung für die Rückbeförderungspflicht des Beförderers ist, dass der Ausländer nicht aus eigenen Mitteln seine Rück- oder Weiterreise finanzieren kann[6]. Die Verpflichtung zur Rückbeförderung setzt nicht voraus, dass der Beförderungsunternehmer gegen § 63 I verstoßen hat. § 64 I knüpft allein an den tatsächlichen Transport und die Zurückweisung des Ausländers an[7]. Sie bestand schon aufgrund § 18 IV 1 AuslG 1965 und wurde durch Einfügung des § 18 IV 2 AuslG 1965 (Art. 3 Nr. 1 ÄndGes 1987) auf Asylbewerber ausgedehnt[8]. Nunmehr ist sie mit Abs. 2 ua auf die Fälle der Abschiebungshindernisse des § 60 und mit Inkrafttreten des SDÜ auf sonstige Zielstaaten (vgl. Art. 26 SDÜ) erweitert. Allerdings ist bei Beförderung ohne erforderlichen Aufenthaltstitel und Pass gleichzeitig ein Verstoß gegen § 63 I zu bejahen. Verstößt der Beförderungsunternehmer schuldhaft gegen eine Verfügung nach § 63 II 1 Hs. 1, so haftet er nach § 66 III 2 verschärft.

2

III. Rückbeförderung nach Zurückweisung

Die **Pflicht zur unverzüglichen Rückbeförderung** nach Einreiseverweigerung trifft **jede** natürliche oder juristische **Person, die** gewerbsmäßig Personen zu Land, Luft oder Wasser **befördert** (vgl. Art. 1 SDÜ), wobei es weder auf Herkunft oder Sitz des Unternehmens noch auf die Rechtmäßigkeit der Beförderung („**Schlepper**" sind **einbegriffen**) ankommt[9]. Sie schließt sich unmittelbar an die Maßnahmen der Grenzbehörde nach § 15 I–III an. Der **Grund der Zurückweisung** ist gleichgül-

3

---

[1] BT-Drs. 15/420, 25, 93.
[2] BGBl. 2013 I S. 3474.
[3] BGBl. 2015 I S. 1722.
[4] BVerwG Urt. v. 7.9.1999 – 1 C 9.99, NVwZ 2000, 448; Urt. v. 23.11.1999 – 1 C 12/98, EZAR 055 Nr. 3; *Westphal/Stoppa* Nr. 22.2.4.
[5] Näher BT-Drs. 11/6321, 23, 82.
[6] Ebenso *Westphal/Stoppa* Nr. 22.2.3.
[7] GK-AufenthG § 64 Rn. 21 (Stand 8/2008).
[8] S. zur Historie *Grabherr* NVwZ 1989, 38.
[9] *Renner* AiD Rn. 4/149–152.

1 AufenthG § 64 Erster Teil. Aufenthaltsgesetz

tig[10]. Sie braucht nicht darauf zu beruhen, dass der Ausländer kein erforderliches Visum oder keinen Pass oder Passersatz besitzt und vorweisen kann. Betroffen sind zB auch Fälle, in denen der Ausländer objektiv einen Ausweisungstatbestand verwirklicht hat oder der begründete Verdacht unzutreffender Angaben über den wahren Aufenthaltszweck besteht (§ 15 II). Nicht erfasst sind Ausländer, die zurückgeschoben werden (§ 57), die Grenzkontrolle also unbeanstandet durchlaufen oder aber umgangen haben.

4   Der Beförderungsunternehmer ist nur gehalten, den Ausländer **außer Landes** zu bringen. Auf die damit verbundenen Unterschiede je nach Beförderungsart kommt es grundsätzlich nicht an. Insbesondere ist auf den im Luftverkehr erforderlichen erheblichen finanziellen Aufwand nicht abgehoben. Das Gesetz basiert auf der Überlegung, dass sich der Beförderungsunternehmer von dem finanziellen Risiko ohne Weiteres entlasten kann, indem er von vornherein nur Personen befördert, die einen etwaigen Rücktransport zu bezahlen in der Lage sind[11]. Der Beförderungsunternehmer hat den Ausländer entweder nur außer Landes zu schaffen oder aber auf Verlangen der Grenzbehörde in den Herkunftsstaat oder in denjenigen Staat zu bringen, der das Reisedokument ausgestellt hat, aus dem der Ausländer befördert wurde oder in den die Einreise gewährleistet ist.

5   Gegen die Pflicht zur Rückbeförderung, insbesondere gegen die verschuldensunabhängige Risikohaftung, bestehen **keine verfassungsrechtlichen Bedenken.** Insbesondere ist der grundrechtliche Schutz politisch Verfolgter nach **Art. 16a GG nicht berührt**[12]. Sie dürfen nämlich an der Grenze nicht wegen Nichtbesitzes von Einreisedokumenten zurückgewiesen werden.

6   Die Rückbeförderungspflicht ist aber im Einzelfall zu begrenzen durch das aus dem Rechtsstaatsprinzip fließende Verbot der **Unverhältnismäßigkeit**[13]. Von dem Beförderungsunternehmer kann billigerweise die Kontrolle des Besitzes der Pass- und sonstigen Einreisedokumente und das Erkennen offensichtlicher Fälschungen verlangt werden. Hierzu bedarf es nur der Kenntnis der für Deutschland geltenden Einreisevorschriften, die von den internationalen üblichen Normen jedenfalls nicht signifikant abweichen, und entsprechende Kontrollmaßnahmen. „Blinde Passagiere" und „Einschleicher" können bei gehöriger Kontrolle regelmäßig festgestellt werden[14].

7   Von dem **Beförderungsunternehmer** kann aber nicht (mittelbar) die Einrichtung eines eigenen aufwendigen **Sicherungs- und Kontrollsystems** verlangt werden, das dem Standard der staatlichen Kontrollen entspricht[15]. Noch bedenklicher ist das Risiko, das ihm dadurch aufgebürdet wird, dass er auch Ausländer außer Landes zu bringen hat, die aufgrund einer Ermessensentscheidung zurückgewiesen werden. Selbst bei Beachtung höchster Sorgfalt kann der Beförderer regelmäßig nicht erkennen, ob etwa ein Ausweisungsgrund vorliegt (§ 15 II Nr. 1) oder der Ausländer nicht in der Lage ist, seinen Lebensunterhalt zu sichern (§ 15 III iVm § 5 I Nr. 1).

8   Zwar bejaht die Rspr. überwiegend eine Rückbeförderungs- und Kostentragungspflicht nach § 66 III auch in diesem Fall[16]. Der Grundsatz der **Verhältnismäßigkeit gebietet** jedoch eine **differenzierte Betrachtung.** Für den Fall des Luftverkehrs sieht Anhang 9 zu dem Abkommen über die Internat Zivilluftfahrt die Rückbeförderungspflicht unabhängig von den Gründen der Zurückweisung vor[17]. Insoweit bestehen auch keine Bedenken, eine Rückbeförderungspflicht der Luftverkehrsgesellschaft auf deren eigene Kosten anzunehmen. Dies ist internationaler Standard und unionsrechtlich[18] so vorgesehen. Eine Pflicht, auch die weiteren in § 66 III 1 genannten Kosten zu tragen, besteht allerdings nach dem verfassungsrechtlichen Grundsatz der Verhältnismäßigkeit dann nicht, wenn der Beförderer – dies können auch Bus-, Bahn- oder Schifffahrtsunternehmen – alles ihm rechtlich und tatsächlich Zumutbare an Sicherungen und Kontrollen getan hat, um eine fehlende Einreiseberechtigung zu erkennen. In einem solchen Fall ist es ihm nicht möglich, dass ihm aufgebürdete Risiko im Einzelfall zu steuern und zu vermeiden, indem er den Ausländer von der Beförderung ausschließt[19], dies könnte er nur um den Preis des Unterlassens jeglicher Beförderung.

IV. Rückbeförderung in anderen Fällen

9   Die **Rückbeförderungspflicht des Abs. 2** unterscheidet sich im Tatbestand von der des Abs. 1. Sie trifft nur einen genau **abgegrenzten Personenkreis** und nicht Ausländer allgemein. Sie greift

---

[10] BVerwG Urt. v. 23.11.1999 – 1 C 12.98, EZAR 055 Nr. 3; HessVGH Urt. v. 23.3.1998 – 12 UE 1310/95, EZAR 055 Nr. 1.
[11] BT-Drs. 11/6321 zu § 73 AuslG.
[12] BVerwG Urt. v. 7.9.1999 – 1 C 9.99, EZAR 055 Nr. 2; Urt. v. 23.11.1999 – 1 C 12/98, EZAR 055 Nr. 3.
[13] S. die Kommentierung bei → § 63.
[14] *Westphal* ZAR 2000, 218.
[15] BVerwG Beschl. v. 1.6.2017 – 1 C 23.16, BeckRS 2017, 116739 – „keine Sicherheitskontrollen".
[16] BVerwG Urt. v. 23.11.1999 – 1 C 12.98, EZAR 055 Nr. 3 – zu § 73 AuslG und Urt. v. 29.6.2000 – 1 C 25.99, BVerwGE 11, 284 – zu § 82 AuslG.
[17] Vgl. hierzu die Kommentierung bei → § 63 sowie GK-AufenthG § 64 Rn. 31 ff. (Stand 8/2008).
[18] Vgl. Art. 2 und 3 RL 2001/51/EG des Rates v. 28.6.2001 zur Ergänzung der Regelung nach Art. 26 des Übereinkommens zur Durchführung des Übereinkommens von Schengen v. 14.6.1985 (ABl. 1985 L 187, 45).
[19] In einem solchen Fall schon generell die Rückbeförderungspflicht verneinend GK-AufenthR § 64 Rn. 88 ff. (Stand 8/2008).

nicht spontan an der Grenze ein und ist nicht an eine bestimmte Art aufenthaltsbeendender Maßnahmen gebunden. Der Umfang der Verpflichtung ist zwar derselbe wie nach Abs. 1, insbesondere hinsichtlich des möglichen Zielstaats. Die Rückbeförderungspflicht **besteht drei Jahre lang,** beginnend mit der Einreise, und endet vorzeitig nur bei zwischenzeitlicher Erteilung eines Aufenthaltstitels, wobei es auf die Art des Aufenthaltstitel (§ 4 I 2) nicht ankommt. Maßgebend ist die Bekanntgabe eines Aufenthaltstitels an den Ausländer; allein ein Rechtsanspruch auf Erteilung einer Aufenthaltserlaubnis genügt nicht. Über den Wortlaut hinaus **endet** die Rückbeförderungspflicht vorzeitig aber **auch dann, wenn der Aufenthalt nach einer Rechtsgrundlage außerhalb des AufenthG** nunmehr **legal ist** (etwa nach § 5 II FreizügG/EU). Es gibt keinen sachlichen Grund, in einem solchen Fall die Verpflichtung noch aufrecht zu halten. Die Duldung lässt die Ausreisepflicht unberührt (§ 60a III) und ist kein Aufenthaltstitel iSv § 4 I 2. Die **zeitliche Befristung der Rückbeförderungspflicht** durch den Beförderungsunternehmer auf maximal drei Jahre ab Einreise des Ausländers genügt den Anforderungen, die aus Gründen der Verhältnismäßigkeit an die Begrenzung der Rechtspflicht erforderlich sind.

Mit dem **Erlöschen** der als Risikohaftung ausgestalteten **Rückbeförderungspflicht** – sei es aufgrund des Ablaufs der Dreijahresfrist oder der zeitlich früheren Legalisierung des Aufenthalts des Ausländers – entfällt auch die Grundlage für die Kostenhaftung nach § 66 III 1 und zwar auch für die Kosten, die bereits entstanden sind. 10

Der Ausländer muss ohne erforderliche Einreisedokumente eingereist sein. Hinsichtlich der Visumpflicht kommt es nicht darauf an, ob sie allein wegen der Staatsangehörigkeit des Ausländers besteht. Für die **Erforderlichkeit** von Pass und Visum bleibt unberücksichtigt, dass politisch Verfolgten der Nichtbesitz dieser Dokumente nicht entgegengehalten werden darf[20]. Es wird nur auf die objektive Notwendigkeit abgestellt. Allerdings begrenzt der Grundsatz der **Verhältnismäßigkeit** die Pflichten des Beförderungsunternehmers hier ebenso wie nach Abs. 1. 11

Die Einreise muss nach **ordnungsgemäßer Grenzkontrolle** erfolgt sein. Eine offene oder verdeckte Umgehung der Grenzkontrolle erfüllt den Tatbestand ebenso wenig wie die sonstige Einreise ohne Berufung auf die genannten Abschiebungshindernisse. **Abs. 2** stellt insoweit nur eine **Sonderregelung zu Abs. 1** dar. Nur wenn es aus den im Gesetz bezeichneten Gründen nicht zu einer Zurückweisung gekommen ist, soll der Beförderungsunternehmer für die Rückbeförderung einstehen müssen. Die Zurückweisungs- und Abschiebungshindernisse drohender Folter, Todesstrafe oder (sonstiger) unmenschlicher oder erniedrigender Behandlung müssen dem Inhalt, nicht unbedingt der Form nach, geltend gemacht sein und die Zurückweisung verhindert haben. Die Kausalität für das Unterlassen der Zurückweisung muss geklärt sein. 12

Gegen diese Ausgestaltung der verschuldensunabhängigen Haftung des Beförderungsunternehmers nach Abs. 2 könnten deshalb Bedenken bestehen, weil dieser (mittelbar) dazu angehalten wird, potenzielle Asylbewerber und Schutzsuchende vom Bundesgebiet fernzuhalten. Diese Gefahr besteht indes bei zutreffender Auslegung des **Abs. 2** nicht. Danach **hat er den Beförderungsunternehmer nur die üblichen Einreisepapiere auf offensichtliche Fehler zu überprüfen,** was verfassungsrechtlich nicht zu beanstanden ist[21]. Da die Geltendmachung von Zurückweisungshindernissen der genannten Art an der Grenze für ihn nicht vorhersehbar ist, erscheint es ausgeschlossen, dass er die Beförderung politisch Verfolgter wegen der ihn treffenden Rückbeförderungspflicht ablehnt (iÜ § 63) und damit (mittelbar) zur Verhinderung der Inanspruchnahme des Grundrechts aus Art. 16a I GG beiträgt[22]. 13

V. Verwaltungsverfahren und Rechtsschutz

Die Rückbeförderung wird dem Beförderungsunternehmer durch Ausländerbehörden (§ 71 I) oder Grenzbehörden (§ 71 III) mit Verwaltungsakt aufgegeben. Dieser ist bezogen auf die konkreten Umstände des jeweiligen Einzelfalls zu begründen. Mit dieser Verfügung wird auch der **Zielstaat gemäß Abs. 3 bestimmt** und Gelegenheit gegeben, ein anderes als das eigene Transportmittel einzusetzen. Mit ihr kann zudem die **Unverzüglichkeit iSv Abs. 1 konkretisiert** werden, zB durch Bestimmung einer Frist anhand des Flugplans des Unternehmens. Da aber letztlich die zT unvorhersehbaren Einzelfallumstände für die tatsächliche Möglichkeit der Rückbeförderung maßgeblich sind, insbesondere Verspätungen, Kapazität und Ausbuchung eigener und fremder Maschinen, lässt sich oft erst im Nachhinein beurteilen, ob die Rückbeförderung unverzüglich war[23]. Die Ersatzvornahme kann angedroht werden, hierfür muss aber eine eigene Frist gesetzt werden[24]. 14

Gegen die Rückbeförderungsanordnung ist **Anfechtungswiderspruch und -klage** gegeben (§§ 42, 68 VwGO). Diese entfalten aufschiebende Wirkung (§ 80 I VwGO). Falls der Verwaltungsakt für sofort vollziehbar erklärt wird, ist vorläufiger Rechtsschutz nach § 80 V VwGO möglich. 15

---

[20] BVerwG Urt. v. 19.5.1981 – 1 C 169.79, BVerwGE 62, 215.
[21] Vgl. dazu BVerfG Beschl. v. 2.12.1997 – 2 BvL 55/92 ua, BVerfGE 97, 49.
[22] Betr. eines Beförderungsverbots vgl. die frühere Auffassung BVerwG Beschl. v. 14.4.1992 – 1 C 48.89, EZAR 220 Nr. 3; dazu BVerfG Beschl. v. 2.12.1997 – 2 BvL 55/92 ua, BVerfGE 97, 49.
[23] HessVGH Urt. v. 23.3.1998 – 12 UE 1310/95, EZAR 055 Nr. 1.
[24] HessVGH Urt. v. 23.3.1998 – 12 UE 1310/95, EZAR 055 Nr. 1.

Dollinger

§ 65 Pflichten der Flughafenunternehmer

Der Unternehmer eines Verkehrsflughafens ist verpflichtet, auf dem Flughafengelände geeignete Unterkünfte zur Unterbringung von Ausländern, die nicht im Besitz eines erforderlichen Passes oder eines erforderlichen Visums sind, bis zum Vollzug der grenzpolizeilichen Entscheidung über die Einreise bereitzustellen.

Allgemeine Verwaltungsvorschrift
65 Zu § 65 – Pflichten der Flughafenunternehmer
65.1 Die vom Flughafenunternehmer bereitzustellenden Unterkünfte müssen für eine zeitlich begrenzte Unterbringung geeignet sein, deren Dauer sich nach der Verfahrensdauer für die Entscheidung über die Einreise und deren Vollzug bestimmt. Die Verpflichtung zur Unterbringung besteht bis zum Vollzug der Entscheidung der Grenzbehörde über die Einreise. Untergebracht werden insbesondere Ausländer, über deren Einreise im Rahmen des § 18a AsylVfG entschieden wird.
65.2 In der Unterkunft müssen Schlafgelegenheiten und Hygieneeinrichtungen vorhanden sowie Verpflegung, ärztliche und sonstige Versorgung möglich sein. Die Unterkunft muss eine nach Geschlechtern getrennte Unterbringung ermöglichen. Sie muss für den Aufenthalt von Familien mit Kindern und unbegleiteten Minderjährigen geeignet sein.
65.3 Die bereitzustellenden baulichen Anlagen müssen so gestaltet sein, dass Ausländer die Unterkunft nicht unentdeckt verlassen können, und die Überwachung der Ausländer durch die Grenzbehörde unterstützt werden kann.
65.4 Für die Abwehr von Gefahren für die öffentliche Sicherheit und Ordnung in der Unterkunft sind die Polizeien der Länder nach Polizeirecht zuständig.
65.5.1 Für die Kosten der Unterbringung, Verpflegung und sonstigen Versorgung des Ausländers, die von seiner Ankunft auf dem Flughafen bis zum Vollzug der Entscheidung über die Einreise entstehen, haftet im Fall der Zurückweisung der Ausländer. Neben dem Ausländer haftet der Beförderungsunternehmer, der den Ausländer auf den deutschen Flughafen transportiert hat (§ 66 Absatz 3 Satz 1 i. V. m. § 67 Absatz 2 Nummer 2).
65.5.2 Die Kosten für die Verpflegung, Versorgung einschließlich medizinischer Leistungen, Unterbringung und Betreuung von Asylsuchenden sind durch die zuständigen Landesbehörden nach dem AsylbLG i. V. m. der jeweils gültigen VO AsylbLG zu tragen. Des Weiteren haben die Landesbehörden entstehende Kosten für den Transport des Ausländers von der Grenzübergangsstelle zur Aufnahmeeinrichtung zu tragen.
65.5.3 Entsprechend der Rechtsprechung des Bundesgerichtshofs gilt diese Kostenpflicht der zuständigen Landesbehörde auch für Asylsuchende vor der Einreise auf einem Flughafen (z. B. im Rahmen des Verfahrens gemäß § 18a AsylVfG).
65.5.4 Kosten des Asylverfahrens sind nicht von einem Kostenschuldner einzufordern.

I. Entstehungsgeschichte

1   Die Vorschrift entspricht dem **Gesetzesentwurf zum ZuwG**[1] und der Vorgängervorschrift § 74a AuslG[2]. Sie steht im Sachzusammenhang mit § 18a AsylG, der erfasste Personenkreis ist aber nur teilidentisch[3].

II. Bereitstellen von Unterkünften

2   Verpflichteter aus § 65 ist der **Unternehmer eines Verkehrsflughafens**, also derjenige, der mit Genehmigung der Luftfahrtbehörde[4] einen Verkehrsflughafen[5] im eigenen Namen betreibt[6]. Die Regelung verlangt aber nicht, dass jeder Betreiber eines Verkehrsflughafens vorsorglich solche Unterkünfte vorhalten muss. Vielmehr setzt dies einen **konkretisierenden VA** der für den grenzpolizeilichen Schutz zuständigen Behörde[7] voraus. Es bedarf der – allein im öffentlichen Interesse ergehenden – Entscheidung, ob bei einem bestimmten Verkehrsflughafen Unterkünfte zur Unterbringung von pass- oder visumslosen Ausländern erforderlich sind und wo auf dem Gelände sowie in welcher Anzahl, Größe und Beschaffenheit diese bereitzustellen sind[8]. Aus dem Bereitstellen ergibt sich die Pflicht, die Unterkünfte entweder zu errichten oder sonst zur Verfügung zu stellen. Diese müssen **zur Unterbringung geeignet** sein, also einen menschenwürdigen Aufenthalt für eine gewisse Dauer ermöglichen[9]. Ein bestimmter **Standard** ist gesetzlich nicht vorgeschrieben, ergibt sich aber **aus der Zweckbestimmung**. Va **Verpflegung, ärztliche Versorgung und Schlafen müssen** in diesen Räumen gewährleistet sein; der Betreiber des Flughafens ist aber für diese und andere Versorgungsleistungen

---

[1] BT-Drs. 15/420, 25, 93.
[2] BT-Drs. 12/4450, 12, 34.
[3] Näher die Kommentierung bei → AsylG § 18a.
[4] § 6 LuftVG, § 42 LuftVZO.
[5] § 38 I, II Nr. 1 LuftVZO; näher zu den Voraussetzungen eines Verkehrsflughafens *Grabherr/Reidt/Wysk* LuftVG § 6 Rn. 20 f.
[6] §§ 40 I Nr. 1–3, 45 I LuftVZO; vgl. zum Flughafenbetreiber *Grabherr/Reidt/Wysk* LuftVG § 6 Rn. 20 f., 100 f., 565.
[7] Vgl. § 2 BPolG.
[8] GK-AufenthG § 65 Rn. 35 f. (Stand: 4/2006); *Hofmann/Hoffmann* AufenthG § 65 Rn. 1.
[9] BVerfG Beschl. v. 18.11.1993 – 2 BvR 2562/93, BeckRS 1993, 8472.

nicht verantwortlich. Das Bereitstellen von Büroräumen für die Abwicklung des Verfahrens über die Einreise gehört nicht dazu. Unterkünfte sind nur erforderlich, soweit über die normalen Grenzkontrollen hinaus ein Aufenthalt im Transitbereich notwendig wird. Mit Rücksicht auf die Zusammensetzung der in Betracht kommenden Gruppen sind nach Geschlecht getrennte Unterbringungsmöglichkeiten vorzuhalten. Auf die Bedürfnisse besonders schutzbedürftigen Personen – dh von Kindern und Jugendlichen, unbegleiteten Minderjährigen sowie von Kranken und Behinderten – sind zu achten (vgl. Art. 30 II, 31 EU-Qualifikations-RL, Art. 11 EU-Aufnahme-RL).

Die **Lage der Unterkunftsräume** muss so gestaltet sein, dass mit deren Betreten nicht bereits die Einreise verbunden ist. Zwar geht die Gesetzesbegründung[10] davon aus, dass sie vor der grenzpolizeilichen Kontrollstelle (Transitbereich)[11] liegen. **„Auf dem Flughafengelände"** bedeutet aber nicht, dass die Unterkünfte im Sicherheitsbereich, im kontrollierten Betriebsbereich oder zumindest im planfestgestellten Bereich liegen müssen. Auch eine Lage im allgemein zugänglichen Bereich kommt in Betracht. Maßgeblich ist insofern allein, dass die **Fortdauer der Grenzkontrolle** gewährleistet ist, was allerdings die Begleitung durch Grenzpolizei erfordert und einen hohen Aufwand verursacht[12], der letztlich finanziell zu Lasten der Kostenschuldner und damit auch der nach § 64 haftenden Luftverkehrsunternehmen geht. 3

Zu dem **Personenkreis** gehören allgemein Ausländer ohne die erforderlichen Einreisepapiere. Asylbewerber aus sicheren Herkunftsstaaten während des Verfahrens nach § 18a AsylG zählen nicht dazu, sofern sie über einen erforderlichen Pass und ein erforderliches Visum verfügen. Es kommt nicht auf die Art der fehlenden Dokumente oder der hierdurch verursachten Schwierigkeiten bei der Grenzkontrolle an, nur auf das Fehlen der erforderlichen Reisedokumente. Falsche oder verfälschte Pässe oder Visa stehen fehlenden Papieren gleich. 4

Die **Dauer des Aufenthalts,** für den durch Bereitstellen von Unterkünften vorzusorgen ist, ist begrenzt durch den Vollzug der Entscheidung über die Einreise. Es kommt also auf den Zeitpunkt an, in dem der Ausländer tatsächlich einreist oder das Bundesgebiet verlässt. Letzteres kann ua durch den Flugplan verzögert werden. In den Fällen des § 18a AsylG muss zunächst die Entscheidung des BAMF und ggf. die des VG über den Eilantrag abgewartet werden, bevor von der Grenzpolizei über die Einreise entschieden werden kann[13]. 5

Wer die für die **Bereitstellung der Unterkünfte** anfallenden **Kosten** zu tragen hat, ist in der Vorschrift **nicht ausdrücklich geregelt.** Die Gesetzesbegründung zu § 74a AuslG geht davon aus, dass diese von den Luftverkehrsgesellschaften zu tragen sind, die die Ausländer befördern[14]. Abgesehen davon, dass die entsprechenden Kostenhaftungstatbestände nicht alle Kosten für die Bereitstellung der Unterkünfte abdecken, können Kosten auch nur durch Leistungsbescheid der zuständigen Behörde geltend gemacht werden. Ein unmittelbarer Kostenausgleich zwischen Flughafenbetreiber und Luftverkehrsgesellschaften ist ausgeschlossen, insbesondere können die Kosten nicht durch ein Benutzungsentgelt auf die Luftverkehrsgesellschaften abgewälzt werden[15]. Aus Gründen der Verhältnismäßigkeit können die Kosten auch nicht beim Flughafenunternehmer verbleiben[16]. Die in § 65 vorgesehenen Maßnahmen sind als Annex Teil der hoheitlichen Aufgabe der Einreisekontrolle des Bundes, so dass dieser zur Kostentragung verpflichtet ist[17]. Ist die Unterbringung hingegen Teil des Verfahrens nach § 18a I AsylG, so ist – anknüpfend an § 44 AsylG – **letztlich das Land, auf dessen Gebiet sich der Flughafen befindet, Kostenträger.** In der Praxis werden Personen, die das Flughafenverfahren nach § 18a I AsylG durchlaufen, regelmäßig in den gleichen Unterkünften auf dem Flughafen untergebracht wie diejenigen Ausländer, die lediglich ohne erforderliche Pässe oder Visa eingereist sind und keinen Asylantrag stellen. Insoweit müssten die Kosten für die Bereitstellung der Unterkünfte kalkulatorisch 6

---

[10] BT-Drs. 12/4450, 34 zu § 74a AuslG.
[11] Dazu BVerfG Urt. v. 14.5.1996 – 2 BvR 1516/93, BVerfGE 94, 166.
[12] Vgl. auch die Klarstellung in § 13 II 2. Das BVerwG sieht den Transitraum im Flughafen allerdings als den Bereich an, der für den Aufenthalt des Ausländers „in erster Linie" vorgesehen ist (Urt. v. 29.6.2000 – 1 C 25.99, BVerwGE 111, 284).
[13] Vgl. § 18a IV 7 AsylG; zur Frage des Richtervorbehalts auch § 15 VI AufenthG sowie § 18a VI AsylG. Das BVerfG sieht in der Begrenzung des Aufenthalts von Asylsuchenden während des Verfahrens nach § 18a AsylG auf die für ihre Unterbringung vorgesehenen Räumlichkeiten im Transitbereich eines Flughafens keine Freiheitsentziehung oder Freiheitsbeschränkung iSv Art. 2 II 2 und Art. 104 I und II GG (BVerfGE Urt. v. 14.5.1996 – 2 BvR 1516/93, BVerfGE 94, 166).
[14] BT-Drs. 12/4450, 34 unter Hinweis auf §§ 82 III und 83 II Nr. 2 AuslG (nunmehr § 66 III und § 67 II Nr. 2 AufenthG).
[15] BGH Urt. v. 25.2.1999 – III ZR 155/97, NVwZ 1999, 801 und Urt. v. 17.6.1993 – VII ZR 243/91, NVwZ 1993, 914; vgl. auch *Hartung* ZLW 1998, 302.
[16] Näher BGH Urt. v. 25.2.1999 – III ZR 155/97, NVwZ 1999, 801.
[17] Ebenso *Ott* in GK-AufenthG § 65 Rn. 15; *Hofmann/Hoffmann* § 65 Rn. 6; vgl. auch *Göbel-Zimmermann* InfAuslR 1995, 166; *Kugelmann* ZAR 1994, 158; OLG Frankfurt a. M. Urt. v. 17.7.1997 – 1 U 164/95, EZAR 229 Nr. 6. Die Gegenauffassung nimmt unter Verweis auf die allgemeine Kompetenzverteilung in Art. 30, 83 GG an, dass das jeweilige Bundesland diese zu erstatten hat (*Kluth* in BeckOK AuslR, Stand 11.2018, AufenthG § 57 Rn. 6; *Lehnguth/Maaßen* DÖV 1997, 316; *Maaßen/de Wyl* ZAR 1997, 9; *de Wyl* ZAR 1997, 82; BGH Urt. v. 25.2.1999 – III ZR 155/97, BGHZ 141, 48 – jeweils zu § 18a AsylVfG).

ermittelt und entsprechend der tatsächlichen Nutzung von den unterschiedlichen Kostenträgern angefordert werden. Praxisgerechter ist allerdings eine konsensuale Lösung, die daran anknüpft, wer tatsächlich die Räumlichkeiten anmietet. Anders als für die Anordnung der Bereitstellung von Unterkünften, die öffentlich-rechtlicher Natur ist, kann die inhaltliche Ausgestaltung auch einem gesonderten privatrechtlichen Akt überlassen bleiben.

§ 66 Kostenschuldner; Sicherheitsleistung

(1) Kosten, die durch die Durchsetzung einer räumlichen Beschränkung, die Zurückweisung, Zurückschiebung oder Abschiebung entstehen, hat der Ausländer zu tragen.

(2) Neben dem Ausländer haftet für die in Absatz 1 bezeichneten Kosten, wer sich gegenüber der Ausländerbehörde oder der Auslandsvertretung verpflichtet hat, für die Ausreisekosten des Ausländers aufzukommen.

(3) ¹In den Fällen des § 64 Abs. 1 und 2 haftet der Beförderungsunternehmer neben dem Ausländer für die Kosten der Rückbeförderung des Ausländers und für die Kosten, die von der Ankunft des Ausländers an der Grenzübergangsstelle bis zum Vollzug der Entscheidung über die Einreise entstehen. ²Ein Beförderungsunternehmer, der schuldhaft einer Verfügung nach § 63 Abs. 2 zuwiderhandelt, haftet neben dem Ausländer für sonstige Kosten, die in den Fällen des § 64 Abs. 1 durch die Zurückweisung und in den Fällen des § 64 Abs. 2 durch die Abschiebung entstehen.

(4) ¹Für die Kosten der Abschiebung oder Zurückschiebung haftet:
1. wer als Arbeitgeber den Ausländer als Arbeitnehmer beschäftigt hat, dem die Ausübung der Erwerbstätigkeit nach den Vorschriften dieses Gesetzes nicht erlaubt war;
2. ein Unternehmer, für den ein Arbeitgeber als unmittelbarer Auftragnehmer Leistungen erbracht hat, wenn ihm bekannt war oder er bei Beachtung der im Verkehr erforderlichen Sorgfalt hätte erkennen müssen, dass der Arbeitgeber für die Erbringung der Leistung den Ausländer als Arbeitnehmer eingesetzt hat, dem die Ausübung der Erwerbstätigkeit nach den Vorschriften dieses Gesetzes nicht erlaubt war;
3. wer als Generalunternehmer oder zwischengeschalteter Unternehmer ohne unmittelbare vertragliche Beziehungen zu dem Arbeitgeber Kenntnis von der Beschäftigung des Ausländers hat, dem die Ausübung der Erwerbstätigkeit nach den Vorschriften dieses Gesetzes nicht erlaubt war;
4. wer eine nach § 96 strafbare Handlung begeht;
5. der Ausländer, soweit die Kosten von den anderen Kostenschuldnern nicht beigetrieben werden können.

²Die in Satz 1 Nummer 1 bis 4 genannten Personen haften als Gesamtschuldner im Sinne von § 421 des Bürgerlichen Gesetzbuchs.

(4a) Die Haftung nach Absatz 4 Nummer 1 entfällt, wenn der Arbeitgeber seinen Verpflichtungen nach § 4a Absatz 5 sowie seiner Meldepflicht nach § 28a des Vierten Buches Sozialgesetzbuch in Verbindung mit den §§ 6, 7 und 13 der Datenerfassungs- und –übermittlungsverordnung oder nach § 18 des Arbeitnehmer-Entsendegesetzes nachgekommen ist, es sei denn, er hatte Kenntnis davon, dass der Aufenthaltstitel oder die Bescheinigung über die Aufenthaltsgestattung oder die Aussetzung der Abschiebung des Ausländers gefälscht war.

(5) ¹Von dem Kostenschuldner kann eine Sicherheitsleistung verlangt werden. ²Die Anordnung einer Sicherheitsleistung des Ausländers oder des Kostenschuldners nach Absatz 4 Satz 1 und 2 kann von der Behörde, die sie erlassen hat, ohne vorherige Vollstreckungsanordnung und Fristsetzung vollstreckt werden, wenn andernfalls die Erhebung gefährdet wäre. ³Zur Sicherung der Ausreisekosten können Rückflugscheine und sonstige Fahrausweise beschlagnahmt werden, die im Besitz eines Ausländers sind, der zurückgewiesen, zurückgeschoben, ausgewiesen oder abgeschoben werden soll oder dem die Einreise und Aufenthalt nur wegen der Stellung eines Asylantrages gestattet wird.

Allgemeine Verwaltungsvorschrift
66 Zu § 66 – Kostenschuldner; Sicherheitsleistung
66.1 Kostentragungspflicht des Ausländers
66.1.1 Einforderbar sind Kosten der Durchsetzung einer räumlichen Beschränkung sowie Kosten der Abschiebung, Zurückschiebung und Zurückweisung. Bei den in § 66 Absatz 1 genannten Kosten der Abschiebung, Zurückschiebung oder Zurückweisung handelt es sich um spezielle Aufwendungen, die mit der Aufenthaltsbeendigung des Ausländers verbunden sind. Die im Folgenden dargestellte Aufzählung der Kostenschuldner ist nicht abschließend. Außer den explizit in § 66 genannten Kostenschuldnern können ggf. im Rahmen der Veranlasserhaftung weitere Kostenschuldner herangezogen werden.
66.1.2 I. S. d. § 66 Absatz 1 ist der Kostenschuldner aber zunächst grundsätzlich der Ausländer. Wird eine kostenpflichtige Maßnahme im Wege der Amtshilfe durchgeführt, hat die ersuchende Behörde der Amtshilfe leistenden

Kostenschuldner; Sicherheitsleistung § 66 AufenthG 1

Behörde die dieser nach § 8 VwVfG bzw Landesrecht zustehenden Kosten zu erstatten (siehe Nummer 71.1.6, 67.1.4 und 67.3.0.1).

66.2 Haftung des Verpflichtungsschuldners
66.2.1.1 Die Erteilung oder Verlängerung eines Aufenthaltstitels kann an die Bedingung geknüpft werden, dass ein Dritter die erforderlichen Ausreisekosten oder den Unterhalt des Ausländers für einen bestimmten Zeitraum zu tragen bereit ist. Dies ist auch bei der Erteilung von Aufenthaltserlaubnissen im Rahmen des § 23 Absatz 1 möglich. Die Verpflichtung, die Ausreisekosten zu tragen, soll schriftlich abgegeben und i. d. R. mit der Verpflichtung nach § 68, die Kosten für den Lebensunterhalt eines Ausländers zu tragen, verbunden werden (Verpflichtungserklärung). Die Verpflichtungserklärung ist gegenüber der nach § 71 Absatz 1 oder 2 zuständigen Behörde unter Verwendung des amtlich vorgeschriebenen Vordrucks abzugeben. Sie ist bei der Einreise auf Verlangen der Grenzbehörde vorzulegen.
66.2.1.2 Wenn ein gesetzlicher Anspruch auf Erteilung eines Aufenthaltstitels besteht, darf keine Verpflichtung verlangt werden, die Ausreisekosten zu tragen; eine Sicherheitsleistung kommt insoweit ebenfalls nicht in Betracht.
66.2.2 Im Fall des § 66 Absatz 2 haften der Ausländer und der Verpflichtungsschuldner gleichrangig als Gesamtschuldner (gesamtschuldnerische Haftung i. S. d. § 421 BGB). Die gemäß § 71 zuständige Behörde hat insoweit ein Auswahlermessen, welchen Kostenschuldner sie in Anspruch nehmen will. Die Behörde ist nicht verpflichtet, alle in Betracht kommenden Kostenschuldner zu ermitteln (siehe hierzu Nummer 67.3).

66.3 Haftung des Beförderungsunternehmers
66.3.1 Der Beförderungsunternehmer, der den Transport an die Grenze oder in das Bundesgebiet durchgeführt hat, haftet in den Fällen des § 66 Absatz 3 gleichrangig neben dem Ausländer und dem Verpflichtungsschuldner (siehe Nummer 66.2.2). Grundsätzlich handelt es sich um eine rein verschuldensunabhängige Haftung (anders bei der Haftung des Arbeitgebers, vgl. Nummer 66.4.2).
66.3.2 Bei der Haftung des Beförderungsunternehmers wird zwischen der auf bestimmte Kosten beschränkten Haftung nach § 66 Absatz 3 Satz 1 und der unbeschränkten Haftung nach § 66 Absatz 3 Satz 2 unterschieden: die unbeschränkte Haftung nach Satz 2 trifft den Beförderungsunternehmer, der schuldhaft gegen ein Beförderungsverbot (Untersagungsverfügung) verstoßen hat. § 66 Absatz 3 Satz 1 beschränkt die Kostenhaftung des Beförderungsunternehmers auf den im § 67 Absatz 2 dargestellten Umfang. Nur in diesem beschränkten Umfang besteht auch eine Gesamtschuld mit anderen Kostenschuldnern.
66.3.3 Die nach § 66 Absatz 3 Satz 1 auf bestimmte Kosten beschränkte Haftung des Beförderungsunternehmers lässt die Haftung weiterer Kostenschuldner für die Gesamtkosten unberührt.

66.4 Haftung des Arbeitgebers bei unerlaubter Beschäftigung und Haftung des Schleusers
66.4.0 Die in § 66 Absatz 4 genannten Kostenschuldner haften unabhängig davon, ob die Zuwiderhandlung strafrechtlich oder als Ordnungswidrigkeit geahndet wurde. Die in § 66 Absatz 4 genannten Kostenschuldner haften allerdings nur für Kosten der Abschiebung oder Zurückschiebung. Die Haftung umfasst nicht die Kosten der Zurückweisung, auch wenn ein Versuch der illegalen Einschleusung scheitert (vgl. § 96 Absatz 3) und für eine Inhaftierung des Ausländers Kosten entstehen. In diesem Fall hat der Ausländer die Kosten zu tragen.
66.4.1 Als Arbeitgeber i. S. d. § 66 Absatz 4 Satz 1 ist jede Person zu verstehen, die einen Ausländer unerlaubt beschäftigt hat, unabhängig von Umfang und Ausgestaltung des Beschäftigungsverhältnisses. Es kommt also für die Kostenhaftung nicht auf ein arbeitsrechtlich wirksames Beschäftigungsverhältnis an. Nach den Vorschriften des Aufenthaltsgesetzes ist eine Erwerbstätigkeit nicht erlaubt, wenn der Ausländer den erforderlichen Aufenthaltstitel nicht besitzt oder einem Verbot oder einer Beschränkung der Aufnahme einer Erwerbstätigkeit unterliegt.
66.4.2 Der Arbeitgeber kann hingegen nicht zur Erstattung der Rückführungskosten herangezogen werden, wenn er sich vor der Arbeitsaufnahme eines Ausländers und in der Folge des Beschäftigungsverhältnisses unter Beachtung der im Verkehr erforderlichen Sorgfalt davon vergewissert hat, dass der Ausländer beschäftigt werden darf. Das Verlassen auf bloße Behauptungen des Ausländers oder die Vorlage der Lohnsteuerkarte oder des Sozialversicherungsnachweises reichen hierfür nicht aus.
66.4.3 Die Haftung nach § 66 Absatz 4 Satz 2 setzt voraus, dass eine strafbare Handlung nach § 96 begangen worden ist. Eine strafgerichtliche Verurteilung muss nicht vorliegen.
66.4.4 Der Arbeitgeber und der Straftäter haften vorrangig, d. h. ein sonstiger Kostenschuldner ist nur für die Kosten in Anspruch zu nehmen, die nicht von dem vorrangig haftenden Arbeitgeber oder Straftäter i. S. d. § 96 beigetrieben werden können. Die vorrangige Kostenhaftung ist auch bei der Anordnung einer Sicherheitsleistung des Ausländers gemäß § 66 Absatz 5 Satz 2 zu berücksichtigen.
66.4.5 Sofern mehrere Arbeitgeber eines unerlaubt beschäftigten Ausländers als Gesamtschuldner haften, entscheidet die zuständige Behörde nach pflichtgemäßem Ermessen, wen sie als Kostenschuldner durch Leistungsbescheid in Anspruch nimmt. Die Behörde ist nicht verpflichtet, alle in Betracht kommenden Kostenschuldner zu ermitteln. Diese Haftung gilt auch in Bezug auf Straftäter i. S. v. § 96.

66.5 Sicherheitsleistung
66.5.1 Eine Sicherheitsleistung kann von der gemäß § 71 zuständigen Behörde von jedem Kostenschuldner verlangt werden. Bei der Erhebung ist im Rahmen der Ermessensausübung der Grundsatz der Verhältnismäßigkeit zu berücksichtigen, d. h. es muss ein echtes Sicherungsbedürfnis festgestellt werden. Dies kann z. B. der Fall sein, wenn eine Beitreibung der Rückführungskosten nach Vollzug der Abschiebung/Zurückschiebung des Ausländers wahrscheinlich nicht gewährleistet ist. Die Sicherheitsleistung kann aus Geldmitteln (z. B. selbstschuldnerische Bankbürgschaft) und Sachwerten bestehen.
66.5.1.1 Durch die Abgabe einer Garantieerklärung seitens der jeweiligen Luftverkehrsgesellschaft anstelle einer Sicherheitsleistung wird das Verfahren für die Beteiligten vereinfacht. Aus der Weigerung, eine Garantieerklärung abzugeben, kann jedoch nicht auf ein generelles Sicherungsbedürfnis geschlossen werden.
66.5.1.2 Die Sicherheitsleistung des in § 66 Absatz 2 genannten Kostenschuldners kann bereits vor der Einreise des Ausländers in das Bundesgebiet verlangt werden. Sie kann sowohl bei der deutschen Auslandsvertretung als auch bei der Ausländerbehörde hinterlegt werden. Die Hinterlegung einer Sicherheitsleistung ist in den Akten zu vermerken. Eine Mehrfertigung des Aktenvermerks kann dem Ausländer auf Verlangen ausgehändigt werden. Wird die Sicherheitsleistung im Rahmen einer Verpflichtung nach § 66 Absatz 2 und § 68 Absatz 1 hinterlegt, ist dies auf der Verpflichtungserklärung zu vermerken. Die Sicherheitsleistung darf nur dann ausbezahlt werden, wenn vorher aktenkundig festgestellt wurde, dass Kosten gemäß §§ 66 und 67 nicht angefallen sind.

66.5.2 Für die Anordnung einer Sicherheitsleistung des Ausländers nach § 66 Absatz 5 Satz 2 ist in § 77 keine Schriftform vorgeschrieben. Eine mündliche Anordnung der Sicherheitsleistung reicht aus, wenn umgehend ein Leistungsbescheid erlassen wird oder wenn die sofortige Vollstreckung geboten ist. Wird die Sicherheitsleistung ohne vorherige Vollstreckungsanordnung und Fristsetzung vollstreckt, erhält der Ausländer eine Empfangsbestätigung über die Höhe bzw den Umfang der Sicherheitsleistung. Die Sicherheitsleistung kann aus Geldmitteln und Sachwerten bestehen.

66.5.3 Die für den Erlass des Leistungsbescheids zuständige Behörde entscheidet über die Anordnung einer Sicherheitsleistung dem Grunde und der Höhe nach. Sie hat die mit der Vollstreckung der Sicherheitsleistung betrauten Bediensteten (z. B. Vollstreckungsbeamte) zu unterrichten und diese erforderlichenfalls mit der Bekanntgabe der Anordnung zu betrauen. Besitzt der Ausländer bei der Abschiebung, Zurückschiebung oder Zurückweisung Geldmittel und Sachwerte in beachtlichem Umfang und hat er vorher öffentliche Mittel in Anspruch genommen, die nicht auf einer Beitragsleistung beruhen, ist der Leistungsträger unverzüglich zu unterrichten und diesem unter Umständen Amtshilfe zu leisten. Besteht der Verdacht auf Straftaten, ist im Benehmen mit der Staatsanwaltschaft eine Klärung über das weitere Verfahren herbeizuführen.

66.5.4.1 Die Höhe der Sicherheitsleistung richtet sich nach dem voraussichtlichen Umfang der Kostenhaftung (§ 67 Absatz 1 und 2).

66.5.4.2 Die Sicherheitsleistung ist in dem zu erlassenden Leistungsbescheid zu berücksichtigen. Übersteigt die Sicherheitsleistung die im Leistungsbescheid gemäß § 67 Absatz 3 Satz 1 festzusetzenden tatsächlichen Kosten, erhält der Sicherungsgeber den Restbetrag zurück. Das Vollstreckungsverfahren sowie die Erstattung des Restbetrags richten sich nach dem für die zuständige Behörde maßgebenden Verwaltungsvollstreckungsrecht.

66.5.5 Die Beschlagnahme nach § 66 Absatz 5 Satz 3 setzt keine Schriftform voraus. Dem Ausländer ist eine Empfangsbescheinigung über die beschlagnahmten Sachen zu erteilen.

66.5.6 Überbrückungsgeld, das ein Ausländer im Vollzug der Jugendstrafe, Freiheitsstrafe oder der freiheitsentziehenden Maßregeln der Besserung und Sicherung gemäß § 51 Absatz 1 StVollzG anspart, und unpfändbares Eigengeld nach § 51 Absatz 4 Satz 2 StVollzG darf nicht als Sicherheitsleistung einbehalten werden.

Übersicht

	Rn.
I. Entstehungsgeschichte	1
II. Allgemeines	2
III. Kostenschuldner	7

I. Entstehungsgeschichte

1   Die Vorschrift stimmte mit dem **Gesetzesentwurf zum ZuwG**[1] überein und löste § 82 AuslG ab, dem sie inhaltlich weitgehend entspricht. Durch das **RLUmsG 2011** wurde in Abs. 4 und 4a die Haftung des Arbeitgebers neu geregelt[2]. Abs. 4 Nr. 1, 4 und 5 entsprechen den bisherigen Regelungen in Abs. 4 S. 1–3; Nr. 2 und 3 sowie Abs. 4a dienen der Umsetzung der Sanktions-RL[3].

II. Allgemeines

2   Die **Kostentragung** ist **nach dem Veranlasserprinzip** geregelt. Seit dem 15.8.2013 ist § 3 II Nr. 3 BGebG[4] einschlägig, bis zum 14.8.2013 war es § 13 VwKostG. Es haften die folgenden Personen: Ausländer (Abs. 1 bzw. Abs. 4 Nr. 5), Verpflichtungsschuldner (Abs. 2), Beförderungsunternehmer (Abs. 3), Arbeitgeber sowie weitere Personen, die für die illegale Beschäftigung des Ausländers verantwortlich sind (Abs. 4 Nr. 1–3), Straftäter nach § 96 (Abs. 4 Nr. 4). Der **Umfang der Kostenhaftung im Einzelnen** ergibt sich aus **§ 67**. Soweit nicht anders bestimmt, haften mehrere Kostenschuldner nebeneinander[5]. Mehrere Arbeitgeber haften als Gesamtschuldner[6]. Im Anwendungsbereich des Abs. 4 Nr. 1–4 gilt ebenfalls Gesamtschuldnerhaftung (Abs. 4 S. 2). Wie sich aus dem Wortlaut und der Systematik ersehen lässt, haftet innerhalb der Abs. 4 der Ausländer für die Kosten nur, wenn sie von den anderen in Abs. 4 genannten Kostenschuldnern nicht beigetrieben werden können[7]. Fällt die Haftung sowohl unter die Sanktionsrichtlinie als auch unter einen allein nach nationalem Recht begründeten Haftungstatbestand (zB nach § 66 III 1 iVm § 64 I oder II), so gebietet es der Grundsatz des „effet utile", **vorrangig die Haftung nach der Sanktions-RL** durchzusetzen. Insoweit führt der „Strafcharakter" der dem Arbeitgeber und weiteren Personen[8] auferlegten Pflicht, die Kosten der

---

[1] BT-Drs. 15/420, 25, 93.
[2] S. zum Gesetzesentwurf BT-Drs. 17/5470, 8 und BT-Drs. 17/6053.
[3] RL 2009/52/EG des Europäischen Parlaments und des Rates v. 18.6.2009 über Mindeststandards für Sanktionen und Maßnahmen gegen Arbeitgeber, die Drittstaatsangehörige ohne rechtmäßigen Aufenthalt beschäftigen (ABl. 2009 L 168, S. 24).
[4] Bundesgebührengesetz vom 7.8.2013, BGBl. I S. 3154, in Kraft seit dem 15.8.2013.
[5] BayVGH Urt. v. 30.7.1985 – 10 B 81 A. 52, EZAR 137 Nr. 7.
[6] BVerwG Urt. v. 23.10.1979 – I C 48.75, BVerwGE 59, 13.
[7] Vgl. auch BVerwG Urt. v. 16.10.2012 – 10 C 6.12, NVwZ 2013, 277.
[8] Vgl. insbes. Art. 8 Sanktions-RL.

Kostenschuldner; Sicherheitsleistung   § 66 AufenthG 1

Rückführung illegal Beschäftigter Drittstaatsangehöriger zu tragen, zu einer entsprechenden Ermessensbindung.

§ 66 liegt ein **ausdifferenziertes und abgestuftes System** für die **Kostenhaftung** zugrunde. Die **3** Norm regelt für einzelne Kostenschuldner bestimmte Haftungsvoraussetzungen und den prinzipiellen Haftungsumfang und erklärt die Haftung des Ausländers im Verhältnis zu einzelnen anderen Kostenschuldnern in der besonderen Konstellation der illegalen Beschäftigung als nachrangig (§ 66 IV Nr. 5). Allerdings ist die Aufzählung der Kostenschuldner in § 66 ist nicht abschließend. Die Regelung dient der **Präzisierung und Erweiterung der fortbestehenden Veranlasserhaftung** nach § 13 I Nr. 1 VwKostG (bis zum 14.8.2013) bzw. nach § 3 II Nr. 3 BGebG (seit dem 15.8.2013)[9], nicht hingegen ihrer Begrenzung[10]. Das BGebG gilt § 69 III 2 ergänzend, soweit das AufenthG keine abweichende Regelung enthält[11]. Jedoch genügt nicht jeder beliebige Verursachungsbeitrag iRd illegalen Aufenthalts des Ausländers, um als Dritter in die Pflicht zu geraten, sondern es muss ein solcher vorliegen, der Ausdruck einer vergleichbaren Verantwortlichkeit für den Aufenthalt des Ausländers ist, an den die Haftungstatbestände des § 66 anknüpfen. Die Regelung des § 58 III steht nicht im Widerspruch zum Veranlasserprinzip der Kostentragungspflicht nach §§ 66, 67[12].

Die **Kostenpflicht hängt nicht davon ab**, dass die **Abschiebung tatsächlich erfolgreich** durch- **4** geführt wird[13]. Dies gilt hinsichtlich aller Kostenschuldner nach Abs. 1–4. Eine solche Voraussetzung lässt sich insbesondere nicht aus dem Begriff der „Abschiebung" herleiten. Gegen diese Annahme spricht bereits der Wortlaut des § 67 I Nr. 2, wonach die Kosten der Abschiebung auch die bei der Vorbereitung der Maßnahme entstehenden Verwaltungskosten umfassen. Va aber stünde diese Auffassung nicht in Einklang mit dem Sinn und Zweck des § 66 I, der die Veranlasserhaftung nach § 3 II Nr. 3 BGebG insoweit gerade nicht einschränken will. Für das Entstehen der Kostenpflicht genügt es, dass mit der getroffenen Maßnahme das Ziel verfolgt wird, die Abschiebung, Zurückschiebung oder Zurückweisung zu verwirklichen[14]. Erfasst werden daher dem Grunde nach auch Kosten für individuell zurechenbare öffentliche Leistungen, die dazu dienen, die Abschiebung durch Ermittlung der Staatsangehörigkeit und damit des Abschiebezielstaats zu ermöglichen (zB durch „begleitete Vorsprache" bei der Auslandsvertretung) bzw. ihre Vereitelung zu verhindern[15]. Die Tatsache, dass es aufgrund nachträglich eingetretener oder bekannt gewordener Umstände nicht zur Abschiebung des Ausländers kommt, ändert nichts daran, dass er die entstandenen Kosten veranlasst und daher auch zu tragen hat[16].

Es können nur die **Kosten einer rechtmäßigen Abschiebung** oder eines rechtmäßigen Abschie- **5** bungsversuchs geltend gemacht werden[17]. Eine **Kostenhaftung tritt bei allen Kostenschuldnern nicht ein,** wenn die die Kosten auslösende individuell zurechenbare öffentliche Leistung **den Ausländer in seinen subjektiven Rechten verletzt**[18]. Subjektive Rechte des Ausländers werden etwa verletzt, wenn die in §§ 58 I und 59 I genannten Abschiebungsvoraussetzungen nicht vorliegen, Abschiebungsverbote nach § 60 entgegenstehen oder Vollstreckungshindernisse nach § 60a II 1 bestehen[19] oder Abschiebungshaft[20] bzw. Sicherungshaft[21] rechtswidrig sind. Bei Maßnahmen, die zwar objektiv rechtswidrig sind, aber nicht selbständig in Rechte des Ausländers eingreifen, entfällt eine Erstattungspflicht, wenn die Kosten bei richtiger Behandlung der Sache nicht entstanden wären (§ 13 I 3 BGebG). Dies betrifft insbesondere unselbständige Durchführungsakte, die nicht die Rechtssphäre des Ausländers berühren, zB Beauftragung eines Dolmetschers, Buchung einer Bahnfahrt oder eines Flugs oder die Auswahl der Beamten für die Begleitung des Ausländers bei der Vorbereitung oder Durchführung der Abschiebung. Die Anordnung einer Begleitung durch Polizeibeamte schon für die Anreise zur Vorsprache ist unverhältnismäßig und verletzt den Ausländer in seinen Rechten, wenn keine hinreichenden tatsächlichen Anhaltspunkte für die Annahme vorliegen, dass ohne eine solche

---

[9] S. nunmehr zur statischen Verweisung ausf. das BGebG vom 7.8.2013, BGBl. I S. 3154 die Kommentierung unter §§ 69, 70.
[10] BVerwG Urt. v. 14.6.2005 – 1 C 15.04, BVerwGE 124, 1; BayVGH Beschl. v. 12.6.2013 – 10 C 13.346; NdsOVG Beschl. v. 6.2.2013 – 8 LA 136/12; Gutmann NVwZ 2013, 281.
[11] Vgl. auch BVerwG Urt. v. 10.12.2014 – 1 C 11.14, NVwZ 2015, 830.
[12] BayVGH Urt. v. 14.2.2012 – 10 C 11.2591, BeckRS 2012, 25724.
[13] HessVGH Beschl. v. 12.6.2012 – 5 A 388/12; OVG RhPf Urt. v. 27.7.2006 – 7 A 11 671/05, AuAS 2007, 17; BayVGH Urt. v. 15.12.2003 – 24 B 03.1049, InfAuslR 2004, 252.
[14] BVerwG Urt. v. 14.6.2005 – 1 C 15.04, BVerwGE 124, 1; HessVGH Urt. v. 3.3.2008 – 3 UE 2002/06.
[15] BVerwG Urt. v. 8.5.2014 – 1 C 3.13; der gegen den Ausländer erlassenen Anordnung der verhältnismäßigen Ausgestaltung einer Anordnung, zur Feststellung der Identität bei der Botschaft vorzusprechen.
[16] OVG MV Beschl. v. 2.8.2012 – 2 O 48/12; BayVGH Urt. v. 15.12.2003 – 24 B 03.1049, InfAuslR 2004, 252; OVG RhPf Urt. v. 27.7.2006 – 7 A 11 671/05, AuAS 2007, 17; VGH BW Urt. v. 19.10.2005 – 11 S 646/04.
[17] BVerwG Beschl. v. 21.8.2018 – 1 C 21.17, NVwZ 2019, 483.
[18] BVerwG Urt. v. 21.8.2018 – 1 C 21.17, NVwZ 2019, 483; Urt. v. 10.12.2014 – 1 C 11.14, NVwZ 2015, 830, Urt. v. 16.10.2012 – 10 C 6.12, NVwZ 2013, 277; Beschl. v. 29.8.2013 – 1 B 10.13, BeckRS 2013, 56081 sowie OVG Bln-Bbg Urt. v. 27.10.2016 – OVG 12 B 18.15, BeckRS 2016, 54144.
[19] BVerwG Beschl. v. 29.8.2013 – 1 B 10.13, BeckRS 2013, 56081.
[20] BVerwG Urt. v. 16.10.2012 – 10 C 6.12, NVwZ 2013, 277.
[21] BVerwG Urt. v. 10.12.2014 – 1 C 11.14, NVwZ 2015, 830.

Begleitung der Zweck der Vorspracheanordnung nicht erreicht werden kann[22]. Kosten dürfen wegen einer Rechtsverletzung des Ausländers oder wegen unrichtiger Sachbehandlung nach § 13 I 3 BGebG auch dann nicht erhoben werden, wenn etwa das der Abschiebung entgegenstehende Hindernis der Ausländerbehörde nicht bekannt war[23]. Anders kann es allenfalls dann sein, wenn dem von der Abschiebung Betroffenen ein Verstoß gegen die Mitwirkungspflichten des § 82 vorzuwerfen wäre[24].

6 Die Kosten werden durch **Leistungsbescheid gegenüber dem Kostenschuldner** geltend gemacht, § 67 III 1. Den §§ 66, 67 kommt eine **erhebliche praktische Bedeutung** jedenfalls und schon deshalb zu, weil eine **Entscheidung über eine Wiedereinreise eines Ausländers ins Bundesgebiet** regelmäßig von der vorherigen Begleichung früherer Abschiebungs-, Zurückschiebungs- oder Zurückweisungskosten abhängig gemacht wird. Hinsichtlich der Einzelheiten, insbesondere auch zur Frage des maßgeblichen Zeitpunkts für die Rechtmäßigkeit einer individuell zurechenbaren öffentlichen Leistung (früher: Amtshandlung), wird auf die Kommentierung zu § 67 verwiesen.

III. Kostenschuldner

7 Nach **Abs. 1** trägt der **Ausländer** nicht nur die Kosten, die durch die Zurückweisung, Zurückschiebung oder Abschiebung entstehen, sondern er haftet auch – als einziger der Kostenschuldner des § 66 – für diejenigen, die durch die Durchsetzung einer ihn betreffenden räumlichen Beschränkung ausgelöst werden. **Ausländer** können iSd Norm **auch Unionsbürger** sein[25]. Denn nach § 11 II FreizügG/EU findet das AufenthG Anwendung, wenn die Ausländerbehörde das Nichtbestehen oder den Verlust des Rechts auf Einreise und Aufenthalt festgestellt hat, sofern das FreizügG/EU keine besonderen Regelungen trifft. Dieser umfassende Verweis in § 11 II FreizügG/EU dient als Auffangnorm und greift, wenn sich im Unionsrecht keine Rückausnahme findet. Wie sich aus § 7 I FreizügG/EU ergibt, geht das FreizügG/EU von der Möglichkeit der Abschiebung eines Unionsbürgers aus, enthält hinsichtlich der Durchführung aber keine eigenen Regelungen. Deshalb richtet sich die Abschiebung von Unionsbürgern nach den allgemeinen Regeln des AufenthG[26].

8 Die Heranziehung eines Asylbewerbers zu den Kosten seiner Überstellung im Rahmen des Dublin-Verfahrens wird von Art. 30 III VO(EU) Nr. 604/2013 (Dublin III-VO) ausgeschlossen. Danach werden die Überstellungskosten nicht den nach dieser Verordnung zu überstellenden Personen auferlegt. Im **Geltungsbereich des Art. 30 III Dublin III-VO verbleibt** deshalb **kein Anwendungsbereich** für die Geltendmachung der in § 67 aufgezählten Kosten **nach § 66 I**[27].

9 Für die Kosten der **Abschiebung eines minderjährigen Kindes, selbst wenn dieses ausländerrechtlich handlungsfähig war,** haften auch die **Eltern**, wenn sie die Einleitung aufenthaltsbeendender Maßnahmen gegen ihr minderjähriges Kind nach § 3 I Nr. 3 BGebG (früher § 13 I Nr. 1 VwKostG) mitveranlasst haben[28]. Die Veranlasserhaftung der Eltern knüpft an einen **Verursachungsbeitrag** bei der Beendigung und nicht schon bei der Begründung des illegalen Aufenthalts eines Ausländers an. Allerdings lässt sich aus dem gesetzlich normierten **Aufenthaltsbestimmungsrecht der Eltern** für ihre minderjährigen Kinder die Regelvermutung ableiten, dass sie notwendig gewordene Abschiebungsmaßnahmen gegen ihre Kinder mit veranlasst haben. Denn typischerweise ist davon auszugehen, dass sie ihre Kinder zu einer freiwilligen Ausreise aus Deutschland hätten veranlassen können. Jedoch lässt sich diese **Regelvermutung** entkräften, wenn die Eltern darlegen können, dass sie aufgrund besonderer Umstände außerstande waren, ihr Aufenthaltsbestimmungsrecht gegenüber einem ausreisepflichtigen minderjährigen Kind durchzusetzen. Dabei wirkt grundsätzlich zu Lasten der Eltern, wenn sie bereits an der Begründung eines illegalen Aufenthalts ihres Kindes mitgewirkt haben, insbesondere dann, wenn ein enger zeitlicher Zusammenhang zwischen illegaler Einreise und angeordneter Ausreise besteht. Die Auswahl, ob die Eltern oder das mittlerweile volljährige Kind[29] herangezogen werden, ist nach pflichtgemäßem **Ermessen** vorzunehmen[30]. Diese Grundsätze gelten auch für die anderen Haftungsgründe nach Abs. 1.

10 Nach **Abs. 2 haftet** als **Dritter für die Ausreisekosten, wer sich** hierzu gegenüber der Ausländerbehörde oder der Auslandsvertretung **verpflichtet hat**[31]. Nach dem Wortlaut und Zweck – die

---

[22] BVerwG Urt. v. 8.5.2014 – 1 C 3.13, InfAuslR 2014, 328.
[23] VGH BW Beschl. v. 28.3.2006 – 13 S 347/06, InfAuslR 2006, 385 hier Risikoschwangerschaft.
[24] Offen gelassen in BVerwG Urt. v. 16.10.2012 – 10 C 6.12, NVwZ 2013, 277.
[25] BVerwG Urt. v. 14.12.2016 → 1 C 13.16, NVwZ 2017, 879, betr. einen ausgewiesenen bulgarischen Staatsangehörigen.
[26] Vgl. Nr. 11.2.2 der Allgemeinen Verwaltungsvorschrift zum Freizügigkeitsgesetz/EU vom 3.2.2016, GMBl. 2016 Nr. 5 S. 86.
[27] Vgl. zutr. VG Freiburg Urt. v. 20.12.2018 – 8 K 10705/17.
[28] BVerwG Urt. v. 14.6.2005 – 1 C 15.04, BVerwGE 124, 1; Beschl. v. 29.8.2013 – 1 B 10.13, BeckRS 2013, 56081.
[29] Näher NdsOVG Urt. v. 25.9.2014 – 8 LC 163/13, EZAR NF 56 Nr. 17, dort auch näher zur Begrenzung der Höhe der Kosten aufgrund von § 1629a I BGB entsprechend.
[30] SächsOVG Urt. v. 30.1.2014 – 3 A 247/13, BeckRS 2014, 49258.
[31] S. zur Haftungsbegrenzung des Verpflichtungsschuldners bei unklarem Formular BayVGH Urt. v. 26.4.2012 – 10 B 11.2838, EZAR NF 56 Nr. 8.

Erklärung wird im Zusammenhang mit einem begehrten Titel, insbesondere Visum, abgegeben – sind Kosten der Zurückweisung nicht umfasst. Die Haftung gilt unabhängig von dem Geltungsbereich des Schengen-Visums und von zwischenzeitlichen Aufenthalten in anderen Staaten[32].

Der **Beförderungsunternehmer** hat gemäß **Abs. 3** in den Fällen des § 64 I und II nicht nur die Rückbeförderung zu übernehmen, sondern auch verschuldensunabhängig für die in Abs. 3 S. 1 bezeichneten Kosten einzustehen[33]. Die Heranziehung des gemäß § 66 III neben dem Ausländer haftenden Beförderungsunternehmers zu den Kostenpositionen Personal-, Fahrzeug- und Unterbringungskosten ist nicht allein deshalb rechtswidrig, weil die Aufenthaltsbeschränkung auf den Transitbereich eines Flughafens nicht oder nicht rechtzeitig angeordnet worden ist[34]. Der Kostenerstattungsanspruch nach § 66 III 1 entsteht nicht erst mit dem erfolgreichen und abgeschlossenen Vollzug der Entscheidung über die Einreise, sondern bereits mit dem Anfallen der jeweiligen Kosten ab der Ankunft des Ausländers an der Grenzübergangsstelle[35]. Im Anwendungsbereich des Abs. 3 S. 2 haftet er daneben auch für sonstige Kosten der Zurückweisung oder Abschiebung. Der Verhältnismäßigkeitsgrundsatz setzt allerdings der Haftung dem Grunde und der Höhe nach Grenzen[36]. 11

Als **Arbeitgeber** nach **Abs. 4 Nr. 1** haftet auch, wer einen ausreisepflichtigen Ausländer als Leiharbeitnehmer tätig werden lässt, obwohl der Verleiher die erforderliche Erlaubnis nicht besitzt[37]. Entscheidend ist darauf abzustellen, wem die Rechtsordnung unter Berücksichtigung der tatsächlichen Verhältnisse des Beschäftigten und damit die Kostenpflicht zuordnet[38]. Arbeitgeber ist auch der Subunternehmer[39]. Auch der **alleinige Gesellschafter-Geschäftsführer einer GmbH** haftet als Arbeitgeber, wenn er wegen der Höhe seiner Kapitalbeteiligung einen bestimmenden Einfluss auf die Gesellschaft ausübt[40]. 12

Ein **wirksamer Arbeitsvertrag braucht nicht vorzuliegen**[41]. Bei der Beurteilung der Frage, ob ein Arbeitgeber einen Ausländer iSd § 66 IV Nr. 1 beschäftigt, ist nicht maßgeblich, ob zwischen dem Ausländer und dem Arbeitgeber ein vertragliches Beschäftigungsverhältnis iSe rechtswirksamen Arbeits- oder Dienstleistungsvertrages geschlossen wurde. Es ist allein von Bedeutung, dass es in einem gewissen Maß zu einer **„persönlichen Abhängigkeit"** gekommen ist[42]. Dabei ist nicht auf die formale Ausgestaltung der Rechtsverhältnisse abzustellen, sondern maßgeblich ist vielmehr die Verkehrsanschauung, wobei den sich hinter den Rechtsverhältnissen verbergenden wirtschaftlichen und tatsächlichen Verhältnissen eine besondere Bedeutung zukommt[43]. Insbesondere bei Dienstleistungen mit weitgehend selbstständigen Bestimmungsrechten des Arbeitnehmers kommt dem **betrieblichen und organisatorischen Gesamtrahmen,** in dem sich die Tätigkeit abspielt, für die Beurteilung der persönlichen Abhängigkeit, die in diesem Fall in einem weiteren, sozialen Sinne unter Berücksichtigung der Verkehrsanschauung zu sehen ist, besondere Relevanz zu[44]. 13

Auch **Gelegenheitsarbeiten sind Erwerbstätigkeit**[45]. Es muss sich nur um eine fremdbestimmte Arbeitsleistung handeln, die auch in der Ausübung der **Prostitution** bestehen kann[46]. Arbeitnehmereigenschaft besitzt auch, wer als sog. „wilde Animierdame" an dem von ihr veranlassten Umsatz beteiligt ist[47] oder als **Obstpflücker** verhältnismäßig selbstständig arbeitet und nur kurze Zeit beschäftigt ist[48]. Die Haftung des Arbeitgebers setzt einen **Zusammenhang** zwischen Beschäftigung und Entstehen der Kosten voraus; der unerlaubte Aufenthalt muss die Abschiebung nach sich gezogen haben[49]. Unverhältnismäßig ist sie nicht schon dann, wenn die Kosten der Abschiebung in krassem Missverhältnis zum Arbeitgebergewinn stehen[50]. Dass eine unerlaubte Beschäftigung eines Ausländers 14

---

[32] BayVGH Urt. v. 30.6.2003 – 24 BV 03.122, EZAR 049 Nr. 3.
[33] HessVGH Urt. v. 2.8.1999 – 12 UE 1457/99, EZAR 056 Nr. 1 und Beschl. v. 22.1.2019 – 5 A 1223/18 Z.
[34] HessVGH Beschl. v. 28.9.2017 – 5 A 2862/16.Z, BeckRS 2017, 129417.
[35] HessVGH Urt. v. 17.12.2013 – 5 A 1865/12, EZAR NF 56 Nr. 14.
[36] S. die Kommentierung bei §§ 63 und 64; vgl. auch GK-AufenthG § 66 Rn. 22 (Stand 3/2015): keine Haftung für extrem hohe Krankenbehandlungskosten aus Gründen der Verhältnismäßigkeit.
[37] BVerwG Urt. v. 13.11.1979 – 1 C 31.78, BVerwGE 59, 117.
[38] BVerwG Urt. v. 3.11.1987 – 1 C 37.84, BVerwGE 78, 231; HessVGH Urt. v. 14.1.1992 – 7 UE 2546/84, EZAR 137 Nr. 13.
[39] BVerwG Beschl. v. 13.9.1988 – 1 B 22.88, EZAR 137 Nr. 11.
[40] VGH BW Urt. v. 11.6.1985 – 11 S 760/82, EZAR 137 Nr. 6.
[41] VGH BW Urt. v. 6.2.1985 – 11 S 2704/82, EZAR 137 Nr. 5.
[42] Zur Abgrenzung zwischen abhängiger und selbständiger Leistung vgl. auch BayVGH Urt. v. 2.10.2012 – 19 B 12.750.
[43] HessVGH Urt. v. 6.10.1994 – 10 UE 2754/93, NVwZ-RR 1995, 111; VG Frankfurt a. M. Urt. v. 4.5.2006 – 1 E 5534/05.
[44] VGH BW Urt. v. 15.8.1985 – 11 S 2355/82, EZAR 137 Nr. 8.
[45] HessVGH Urt. v. 14.1.1992 – 7 UE 2546/84, EZAR 137 Nr. 13.
[46] BVerwG Urt. v. 3.11.1987 – 1 C 37.84, BVerwGE 78, 231; vgl. auch VG Frankfurt a. M. Urt. v. 4.5.2006 – 1 E 5534/05, wonach allein das zur Verfügung stellen von Räumen noch keine Arbeitgebereigenschaft begründet, wenn Prostituierte einen Zuhälter haben.
[47] VGH BW Urt. v. 15.8.1985 – 11 S 2355/82, EZAR 137 Nr. 8.
[48] NdsOVG Urt. v. 7.12.1990 – 21 A 102/88, EZAR 137 Nr. 12.
[49] BVerwG Urt. v. 23.10.1979 – 1 C 48.75, BVerwGE 59, 13.
[50] NdsOVG Urt. v. 7.12.1990 – 21 OVG A 102/88, BeckRS 1990, 8194.

vor dem Inkrafttreten des AufenthG beendet war, steht einer entsprechenden Anwendung des Abs. 4 S. 1 (nunmehr Abs. 4 Nr. 1) nicht entgegen, weil § 82 IV 1 AuslG 1990 insoweit die Haftung des Arbeitgebers in gleicher Weise vorgesehen hatte[51].

15   Die in **Abs. 4 Nr. 2** vorgesehene Haftung des **Unternehmers** folgt aus Art. 8 I lit. a Sanktions-RL. Dieser schreibt vor, dass im Falle der Einschaltung von Nachunternehmern neben dem Arbeitgeber, der Ausländer illegal beschäftigt hat, auch dessen unmittelbarer Auftraggeber für die finanziellen Sanktionen – hier für die Übernahme der Rückführungskosten – haften muss. Die Haftung ist auf Vorsatz und fahrlässiges Handeln begrenzt (vgl. **Art. 8 III Sanktions-RL**).

16   **Abs. 4 Nr. 3** dient der Umsetzung von **Art. 8 II Sanktions-RL,** der die Haftung – für die Rückführungskosten – auf die gesamte Haftungskette, also auch auf etwaige zwischengeschaltete **Nachunternehmer** und einen etwaigen **Generalunternehmer** ausdehnt. Generalunternehmer und zwischengeschaltete Unternehmer ohne vertragliche Beziehung zum Arbeitgeber haftet nur bei positiver Kenntnis von der illegalen Beschäftigung.

17   Bei Altfällen greift eine Haftung nach Abs. 4 Nr. 2 und 3 dann nicht, wenn die illegale Beschäftigung schon vor dem Ablauf der Umsetzungsfrist für die Sanktionsrichtlinie[52] abgeschlossen war. Eine neuartige Haftungsvorschrift darf auf abgeschlossene in der Vergangenheit liegende Sachverhalte nicht rückwirkend angewandt werden[53].

18   Die Haftung des Arbeitgebers gemäß Abs. 4 Nr. 1 entfällt nach Abs. 4a, wenn er seine dort näher umschriebenen **arbeits- und sozialversicherungsrechtlichen Prüf- und Meldepflichten erfüllt** hat und keine Kenntnis davon hatte, dass der vorgelegte Aufenthaltstitel oder die verlegte Bescheinigung über die Aufenthaltsgestattung oder die Aussetzung der Abschiebung gefälscht waren[54]. Hierbei handelt es sich um eine **Exkulpationsmöglichkeit allein für den Arbeitgeber.**

19   Nach **Abs. 4 Nr. 4 haftet** ebenfalls, **wer Ausländer einschleust.** Vorausgesetzt ist ein nach § 96 (oder in Form der Qualifikation nach § 97) strafbares Verhalten, nicht aber eine entsprechende Verurteilung. Für dahin gehende Feststellungen kann die Behörde um eine Auskunft der Staatsanwaltschaft nachsuchen. An deren Ermittlungsergebnisse kann sie sich halten, ist sie aber nicht gebunden. Die Pflicht zur Sachverhaltsaufklärung durch die Ausländerbehörde von Amts wegen bleibt unberührt.

20   Ein Ehegatte haftet nicht für die Abschiebungskosten des anderen Ehegatten[55], es sei denn er hat sich hierzu besonders verpflichtet oder er hat als Arbeitgeber iSv Abs. 4 Nr. 1 agiert.

21   Von dem Kostenschuldner kann Sicherheitsleistung verlangt werden (Abs. 5 S. 1). Rückflugscheine und sonstige Fahrscheine dürfen beschlagnahmt werden (Abs. 5 S. 3). Die **Sicherheitsleistung** kommt va bei Schuldnern in Betracht, deren Kostenpflicht vorhersehbar ist, also dem Ausländer selbst und dem Verpflichtungsschuldner. Immer muss aber wenigstens in absehbarer Zeit die ernsthafte Möglichkeit der Ausreise unter Inanspruchnahme öffentlicher Mittel bestehen; die Zurückweisung, Zurückschiebung oder Abschiebung muss bereits verfügt oder zumindest angedroht sein[56]. Die besonderen Formen der Vollstreckung nach Abs. 5 S. 2 gelten gegenüber dem Ausländer selbst und den übrigen Kostenschuldnern nach Abs. 4 S. 1[57]; die Beschlagnahme von Fahrausweisen nach Abs. 5 S. 3 gilt nur gegenüber dem Ausländer.

§ 67 Umfang der Kostenhaftung

(1) Die Kosten der Abschiebung, Zurückschiebung, Zurückweisung und der Durchsetzung einer räumlichen Beschränkung umfassen
1. die Beförderungs- und sonstigen Reisekosten für den Ausländer innerhalb des Bundesgebiets und bis zum Zielort außerhalb des Bundesgebiets,
2. die bei der Vorbereitung und Durchführung der Maßnahme entstehenden Verwaltungskosten einschließlich der Kosten für die Abschiebungshaft und der Übersetzungs- und Dolmetscherkosten und die Ausgaben für die Unterbringung, Verpflegung und sonstige Versorgung des Ausländers sowie

---

[51] OVG Bln-Bbg Urt. v. 9.11.2011 – OVG 3 B 17.09 – zu § 66 IV idF vor dem RLUmsG 2011.
[52] Nach deren Art. 17: 20.7.2011.
[53] Vgl. auch OVG Bln-Bbg Beschl. v. 7.3.2012 – OVG 3 N 222.11, BeckRS 2012, 48752.
[54] Vgl. zu den – auch bei einer Beschäftigung auf Probe geltenden – Sorgfaltspflichten des Arbeitgebers BVerwG Urt. v. 16.10.2012 – 10 C 6.12, NVwZ 2013, 277.
[55] VG Freiburg Urt. v. 30.11.2006 – 3 K 236/06; VG Stuttgart Urt. v. 12.5.2004 – 17 K 1395/03.
[56] HmbOVG Urt. v. 16.7.1993 – Bf IV 18/92, EZAR 033 Nr. 3; VG Ansbach Beschl. v. 16.8.2011 – AN 19 K 11.00886. Abzugrenzen sind hiervon die Fälle, in denen durch eine Nebenbestimmung des Aufenthaltstitels sichergestellt werden soll, dass der Ausländer eine künftige Ausreisepflicht auf eigene Kosten, etwa durch Sparauflage, erfüllen kann; diese finden ihre Grundlage nicht in § 66 (vgl. auch BVerwG Urt. v. 15.12.1981 – 1 C 145.80, BVerwGE 64, 285); s. dazu auch *Hailbronner* AuslR AufenthG § 66 Rn. 14.
[57] Soweit Abs. 5 S. 2 den Kostenschuldner nach Abs. 4 S. 1 und der Nennung von S. 2 ein redaktionelles Versehen. Mit dem RLUmsG 2011 wurde Abs. 4 neugefasst, die Überarbeitung von S. 2, der auf die bis dahin geltende Gesetzesfassung des Abs. 4 bezogen war, unterblieb jedoch. Der Verweis auf S. 2 des Abs. 4 geht nunmehr ins Leere.

Umfang der Kostenhaftung §67 AufenthG 1

3. sämtliche durch eine erforderliche Begleitung des Ausländers entstehenden Kosten einschließlich der Personalkosten.

(2) Die Kosten, für die der Beförderungsunternehmer nach § 66 Abs. 3 Satz 1 haftet, umfassen
1. die in Absatz 1 Nr. 1 bezeichneten Kosten,
2. die bis zum Vollzug der Entscheidung über die Einreise entstehenden Verwaltungskosten und Ausgaben für die Unterbringung, Verpflegung und sonstige Versorgung des Ausländers und Übersetzungs- und Dolmetscherkosten und
3. die in Absatz 1 Nr. 3 bezeichneten Kosten, soweit der Beförderungsunternehmer nicht selbst die erforderliche Begleitung des Ausländers übernimmt.

(3) ¹Die in den Absätzen 1 und 2 genannten Kosten werden von der nach § 71 zuständigen Behörde durch Leistungsbescheid in Höhe der tatsächlich entstandenen Kosten erhoben. ²Hinsichtlich der Berechnung der Personalkosten gelten die allgemeinen Grundsätze zur Berechnung von Personalkosten der öffentlichen Hand.

Allgemeine Verwaltungsvorschrift
67 Zu § 67 – Umfang der Kostenhaftung
67.0 Allgemeines
67.0.1 § 67 regelt den Umfang der Haftung der genannten Kostenschuldner i. S. d. § 66. Bei den Kosten i. S. v. § 67 handelt es sich um spezielle Aufwendungen, die bei der Vollstreckung der Abschiebung (§ 58), Zurückschiebung (§ 57), Zurückweisung (§ 15) oder Durchsetzung einer räumlichen Beschränkung (§ 61) entstanden sind.
67.0.2 Zu den Kosten i. S. v. § 67 gehören nicht Gebühren und Auslagen i. S. v. § 69, Kosten für den Lebensunterhalt i. S. v. § 68 Absatz 1 außerhalb der genannten Vollstreckungsmaßnahmen, Kosten eines strafrechtlichen Ermittlungsverfahrens und Kosten der Untersuchungs- und Strafhaft.
67.0.3 Kostengläubiger ist, unbeschadet landesrechtlicher Zuständigkeitsregelungen, der Verwaltungsträger der Behörde, die die Maßnahme angeordnet hat. Die anordnende Behörde hat der Kosten für eine von ihr angeforderte Unterstützung durch andere Behörden vollständig zu berechnen (beispielsweise eine Ausländerbehörde die Kosten für die von ihr herangezogene Landespolizei und die Bundespolizei), nachdem ein Kosteneinzelnachweis durch die unterstützende Behörde vorgelegt wurde. Sie hat gegenüber dem Kostenschuldner den Nachweis zu erbringen, welche Kosten durch die Vollstreckungsmaßnahme entstanden sind (Kosteneinzelnachweis). Hinsichtlich der Zuständigkeit für die Kostenerfassung siehe Nummer 71.1.6.
67.0.4 Gegenüber dem Kostengläubiger sind zunächst alle entstandenen Kosten ohne Rücksicht auf die tatsächliche Leistungsfähigkeit geltend zu machen. Der Grundsatz der Verhältnismäßigkeit ist nach Bestands- bzw. Rechtskraft des Leistungsbescheides dahingehend zu berücksichtigen, dass dem Betroffenen gemäß den einschlägigen haushaltsrechtlichen Regelungen Stundungen oder Ratenzahlungen ermöglicht werden können oder eine Niederschlagung geprüft wird.
67.1 Umfang der Kostenhaftung
Die Vorschrift bestimmt abschließend den Umfang der zu erstattenden Kostenhaftung. Es können die Kosten in ihrer tatsächlichen Höhe geltend gemacht werden, sofern sie nachgewiesen sind.
67.1.1 Die erstattungsfähigen Kosten umfassen:
– die Beförderungs- und sonstigen Reisekosten (z. B. Kosten für Unterkunft und Verpflegung oder für die Mitnahme der persönlichen Habe, nicht jedoch von Umzugsgut) für den Ausländer nach § 67 Absatz 1 Nummer 1,
– die Verwaltungskosten nach § 67 Absatz 1 Nummer 2,
– sowie die Kosten für das Begleitpersonal (z. B. Polizeivollzugsbeamte, Ärzte und amtlich angeordnete Sicherheitsbegleitung im Auftrag der zuständigen Behörde, ua durch Sicherheitsbegleiter des Zielstaates, Private als sonstige Fachkräfte) einschließlich der Personalkosten nach § 67 Absatz 1 Nummer 3,
soweit diese mit der Abschiebung, Zurückweisung bzw. Zurückschiebung oder der Durchsetzung der räumlichen Beschränkung in einem direkten inneren sachlichen Zusammenhang stehen und hierfür erforderlich sind. Hierzu zählen auch Handlungen zur Vorbereitung dieser Maßnahmen und auch Kosten fehlgeschlagener Abschiebungs-, Zurückweisungs- und Zurückschiebungsversuche.
67.1.2 Zu den Kosten i. S. v. § 67 Absatz 1 Nummer 2 gehören im Einzelnen nachgewiesene, durch die Vollstreckungsmaßnahme verursachte Aufwendungen. Dazu gehören insbesondere
67.1.2.1 – Kosten für Heimreisedokumente und die Fertigung von Lichtbildern sowie sonstige Kosten, die z. B. für Maßnahmen zur Beschaffung von Heimreisedokumenten einer ausländischen Vertretung zu erstatten sind, Barmittel für Verpflegung, Unterkunft und Weiterreise sowie Kosten für die Vorführung des Ausländers bei einer ausländischen Auslandsvertretung zur Beschaffung eines Heimreisedokumentes,
67.1.2.2 – Kosten für Dolmetscher- und Übersetzungstätigkeiten,
67.1.2.3 – Kosten der Abschiebungshaft oder
67.1.2.4 – Kosten ärztlicher Gutachten zur Frage der (Abschiebungs-)Haftfähigkeit bzw. Flugreisetauglichkeit.
67.1.3 Zu den Kosten i. S. v. § 67 Absatz 1 Nummer 3 gehören alle durch eine erforderliche Begleitung des Ausländers entstehenden Kosten.
67.1.4 Kosten der Abschiebung, die der Ausländerbehörde eines anderen Bundeslandes/der Grenzbehörde/der Landespolizei auf Grund von Amtshilfe zustehen, sind dieser Behörde zu erstatten (siehe Nummer 66.1). Der Umfang der erstattungsfähigen Kosten darf nicht über die Höhe der Kosten hinausgehen, die durch Leistungsbescheid gemäß § 67 Absatz 3 erhoben werden können.
67.2 Umfang der Haftung des Beförderungsunternehmers
In den Fällen des § 66 Absatz 3 Satz 1 haften Beförderungsunternehmer lediglich in dem in § 67 Absatz 2 genannten Umfang. Zu den Verwaltungskosten gehören nur diejenigen Aufwendungen, die im unmittelbaren Zusammenhang mit den in § 66 Absatz 1, § 67 Absatz 1 genannten Maßnahmen stehen, und diejenigen, die von der

Ankunft des Ausländers an der Grenzübergangsstelle bis zum Vollzug der Entscheidung über die Einreise entstehen (also auch z. B. Übersetzungskosten). In den Fällen des § 66 Absatz 3 Satz 2 besteht eine solche Begrenzung nicht.

67.3 Kostenerhebung durch Leistungsbescheid

67.3.0.1 Die sachliche Zuständigkeit für den Erlass eines Leistungsbescheids i. S. v. § 67 Absatz 3 Satz 1 richtet sich nach § 71 (siehe Nummer 71.3.4.2 und 71.5.1.1). Wird eine Abschiebung im Wege der Amtshilfe durchgeführt, ist die um Amtshilfe ersuchende Behörde sachlich zuständig. Sie hat der Amtshilfe leistenden Behörde die dieser zustehenden Kosten zu erstatten (siehe Nummer 66.1). Kostenrechtlich werden die Maßnahmen Abschiebung, Zurückschiebung oder Zurückweisung jeweils als Einheit betrachtet, so dass zur Bestimmung der Zuständigkeit für den Erlass eines Leistungsbescheids die Sachherrschaft über das „Ob" der Durchführung entscheidend ist. Das bedeutet, dass die Behörde, die für die Entscheidung über eine aufenthaltsbeendende Maßnahme dem Grunde nach zuständig ist, anschließend auch für die Beitreibung der hierbei insgesamt entstandenen Kosten zuständig ist.

67.3.0.2 Nach der Aufgabenverteilung des § 71 können, unbeschadet landesrechtlicher Zuständigkeitsregelungen, folgende Behörden für den Erlass des Bescheids zuständig sein:

67.3.0.2.1 – die Ausländerbehörde für die Erhebung von Kosten, die im Zusammenhang mit einer Abschiebung oder der Zurückschiebung bei allen beteiligten Behörden entstanden sind, einschließlich der Kosten für die Auslandsbegleitung in ihrem Aufgabenbereich (§ 71 Absatz 1),

67.3.0.2.2 – die Grenzbehörde für die Erhebung von Kosten der Zurückweisung vor der Einreise und der Zurückschiebung an der Grenze einschließlich der Kosten für die Auslandsbegleitung in diesen Fällen (§ 71 Absatz 3 Nummer 1), soweit diese Maßnahmen eigenständig (d. h. ohne Beteiligung der Ausländerbehörde) durchgeführt werden,

67.3.0.2.3 – die Polizeien der Länder für die Erhebung von Kosten der Zurückschiebung und Abschiebung in ihrem Aufgabenbereich (§ 71 Absatz 5), soweit diese Maßnahmen eigenständig (d. h. ohne Beteiligung der Ausländerbehörde) durchgeführt werden.

67.3.1.1 Die Kosten werden von Amts wegen durch Leistungsbescheid beim Kostenschuldner erhoben. Soweit mehrere Kostenschuldner nebeneinander (gesamtschuldnerisch) haften, hat die den Leistungsbescheid erstellende Behörde ein Auswahlermessen, welchen Kostenschuldner sie in Anspruch nimmt. Die Anordnung und Vollstreckung einer Sicherheitsleistung machen den Erlass eines Leistungsbescheids nicht entbehrlich.

67.3.1.2 Die Zuständigkeit umfasst die Befugnis der Behörde, den Kostenschuldner nach Maßgabe des § 66 Absatz 1 bis 4 zu bestimmen. Hierbei hat sie zu berücksichtigen, dass der Vorrang anderer Kostenschuldner gemäß § 66 Absatz 4 Satz 3 entfällt, wenn bei diesen eine Beitreibung der Kosten erfolglos sein wird. Halten sich die anderen Kostenschuldner etwa im Ausland auf und können dort Beitreibungsmaßnahmen nicht durchgeführt werden, haftet der Ausländer neben den anderen Kostenschuldnern gleichrangig für die Gesamtkosten. Haften für die Kosten mehrere Personen gleichrangig (§ 66 Absatz 1, 2 und 3), ist jede von ihnen verpflichtet, die gesamte Leistung zu begleichen. Die Behörde hat jedoch eine Auswahlentscheidung zu treffen, welcher Kostenschuldner in Anspruch genommen werden soll. Es besteht keine Verpflichtung der Behörde, hierfür zunächst alle in Betracht kommenden Kostenschuldner zu ermitteln. Unter Berücksichtigung des Zwecks der Norm könnte der Kostenschuldner in Anspruch genommen werden, bei dem die Beitreibung der Kosten am aussichtsreichsten erscheint. Die Leistung darf nur einmal vereinnahmt werden.

67.3.2.1 In dem schriftlich zu erlassenden Kostenbescheid sind die Kosten dem Grunde und der Höhe nach zu bezeichnen (vgl. § 39 VwVfG). Es sind die wesentlichen tatsächlichen und rechtlichen Gründe für die Notwendigkeit einer Sicherheitsbegleitung mitzuteilen.

67.3.2.2.1 Die Festsetzung der Gesamtkosten der Abschiebung, Zurückschiebung, Zurückweisung oder Durchsetzung der räumlichen Beschränkung im Leistungsbescheid erfolgt auf Grund der Kosteneinzelnachweise der an der Vorbereitung, Sicherung oder Durchführung der in § 66 Absatz 1 genannten Maßnahmen beteiligten Behörden. Diese Behörden haben der für den Erlass des Leistungsbescheids zuständigen Behörde die ihnen tatsächlich entstandenen Gesamtkosten i. S. v. § 67 Absatz 1 und 2 unverzüglich mitzuteilen. Die Kostenerstattung unter den beteiligten Behörden gegenüber der Behörde, die den Leistungsbescheid erlassen hat, richtet sich nach dem Verwaltungsverfahrensrecht und landesrechtlichen Regelungen. Der Erstattungsanspruch kann jedoch erst befriedigt werden, wenn der Kostenschuldner die Kosten beglichen hat. Werden die Kosten in Form monatlicher Ratenzahlung gestundet (§ 59 BHO), sind die jeweiligen/prozentualen Beträge an die beteiligten Behörden weiterzuleiten.

67.3.2.2.2 Der für den Erlass des Leistungsbescheids zuständigen Behörde obliegt es im Interesse eines umfassenden Kostenersatzes zur Deckung des Verwaltungsaufwands, die Mitteilungspflichten der an der Abschiebung, Zurückschiebung oder Zurückweisung beteiligten Behörden zur Feststellung der Kosten nach § 67 Absatz 1 und 2 für die erbrachten Leistungen (z. B. Personal- und Sachkosten) zu überwachen.

67.3.2.3 Deckt eine Sicherheitsleistung oder Teilzahlung die Gesamtkosten nicht, sind die vorhandenen Mittel, unbeschadet landesrechtlicher Regelungen, unter den beteiligten Behörden im Verhältnis der von ihnen nachgewiesenen Kosten aufzuteilen.

67.3.3 Die Kosteneinzelnachweise der an der Maßnahme beteiligten Behörden (z. B. Grenzbehörde nach § 71 Absatz 3 Nummer 1, Polizeien der Länder nach § 71 Absatz 5, Justizbehörden in Fällen des § 67 Absatz 1 Nummer 2) sind in die Akten der nach § 71 zuständigen Behörde aufzunehmen. Der Umstand, dass Kosten nach § 67 Absatz 1 und 2 durch den Kostenschuldner nicht beglichen worden sind, ist in den Ausländerakten an besonders ersichtlicher Stelle zu vermerken. Außerdem sollen im Ausländerzentralregister Suchvermerke (§ 5 Absatz 1 AZRG) und Einreisebedenken (§ 2 Absatz 2 Nummer 4 AZRG) gespeichert werden.

67.3.4 Hat die zuständige Behörde den Erlass eines Leistungsbescheids vorläufig zurückgestellt, sind die dafür maßgebenden Gründe in den Akten zu vermerken.

67.3.5 Die Behörde, die den Leistungsbescheid erlassen hat, hat auch über ggf. weitere vorzunehmende Maßnahmen, wie die Entscheidung über die Stundung der Forderung oder die Einleitung von Vollstreckungsmaßnahmen gegen den Kostenschuldner zu befinden. Das Benehmen mit den weiteren beteiligten Behörden, deren Kosten im Leistungsbescheid mit erfasst sind, ist ggf. herzustellen.

I. Entstehungsgeschichte

Die Vorschrift stimmte mit dem **Gesetzesentwurf zum ZuwG**[1] überein. Durch das **RLUmsG** **1** **2007** wurde in Abs. 1 Nr. 3 die Formulierung „amtliche Begleitung" dahin gehend geändert, dass – in Reaktion auf die restriktive Auslegung des BVerwG – das Wort „amtliche" gestrichen wurde. Das BVerwG[2] hatte entschieden, unter „amtliche Begleitung" iSd Vorschrift fielen nur deutsche Amtsträger. Es fehle ein hinreichend deutlicher Anhaltspunkt dafür, dass „amtliche Begleitung" auch eine Begleitung durch ausländisches Personal einschließen sollte. Die Rückübernahmeabkommen, in denen die Kostentragungslast auf die Bundesrepublik Deutschland übertragen wird, sehen aber teilweise vor, dass die Flugbegleiter auch vom Zielstaat gestellt werden können, oder sie lassen diesen Punkt offen. Daher bedurfte es einer gesetzlichen Ermächtigungsgrundlage zur Erhebung der Kosten gegenüber dem Ausländer.

Die **Rückübernahmeabkommen** selbst, die als **Verwaltungsabkommen iSd Art. 59 II 2 GG** **2** keiner Ratifikation bedürfen und somit auch nicht im Rang eines formellen Bundesgesetzes stehen, stellen keine ausreichende Ermächtigungsgrundlage für die Kostenerhebung gegenüber dem Ausländer dar. Eine Beleihung der ausländischen amtlichen Begleiter liegt mangels formellen Gesetzes auch nicht vor.

II. Umfang der Haftung

§ 67 stellt eine **spezialgesetzliche Regelung des Umfangs der Kostenhaftung für die Fälle** **3** **der §§ 15, 57, 58 und 61** dar. § 67 III 1 bestimmt, dass die in Abs. 1 und 2 genannten Kosten in Höhe der tatsächlich entstandenen Kosten von den Kostenschuldnern nach § 66 erhoben werden[3]. Der Umfang der Kostenhaftung ist für die jeweiligen Maßnahmen allgemein in Abs. 1 und für den Beförderungsunternehmer, der nur nach § 66 III 1 haftet, in Abs. 2 festgelegt, wobei letzterer nicht die Kosten einer Haft zu tragen hat[4]. Zu beachten ist, dass die **Heranziehung eines Asylbewerbers zu den Kosten seiner Überstellung** im Rahmen des Dublin-Verfahrens wird **von Art. 30 III VO (EU) Nr. 604/2013** (Dublin III-Verordnung) **ausgeschlossen** ist. Deshalb verbleibt im Geltungsbereich des Art. 30 III Dublin III-VO kein Anwendungsbereich für eine Geltendmachung der in § 67 aufgezählten Kosten nach § 66 I[5].

Zu den von Abs. 1 Nr. 2 umfassten Kosten gehören nicht nur die **Kosten für die Abschiebungs-** **4** **haft**, sondern auch diejenigen der **Sicherungshaft**[6], der **Zurückweisungshaft**[7] und des Ausreisegewahrsams. Umfasst sind sämtliche bei Vorbereitung und Durchführung der Abschiebung entstehenden Verwaltungskosten. Voraussetzung für ihre Geltendmachung ist allerdings, dass die Haft dem Grunde nach (Haftanordnung), in ihrer konkreten Dauer und in ihrer Ausgestaltung rechtmäßig ist[8]. Eine Unterbringung der von diesen Haftarten betroffenen Ausländern in Justizvollzugsanstalten ist mit dem Trennungsgebot des Art. 16 I Rückführungs-RL nicht zu vereinbaren[9]. Diese Bestimmung findet mit Ablauf der Umsetzungsfrist am 24.12.2010 unmittelbar Anwendung.

Für die Zeit davor können in einer Justizvollzugsanstalt entstandene Abschiebungshaftkosten in **5** voller Höhe angesetzt werden. Eine Reduzierung der **Haftkosten** auf den Haftkostenbeitrag nach § 50 II StVollzG kann nicht verlangt werden[10]. Bei den Kosten der Abschiebungshaft können auch die anteiligen kalkulatorischen Kosten für Personal und sächliche Mittel geltend gemacht werden. Allerdings dürfen hierbei nicht pauschal die für den allgemeinen Strafvollzug ermittelten Sätze zugrunde gelegt werden, da hier Maßnahmen der Resozialisierung Eingang finden, die nicht im Vollzug der Abschiebungshaft nicht durchgeführt werden[11]. Wird iRd Organisation der Abschiebungshaft **Personal privater Sicherheitsunternehmen** eingesetzt, so können auch deren Kosten geltend gemacht werden, sofern die rechtlichen Grenzen der Privatisierung hoheitlicher Aufgaben[12] eingehalten sind.

---

[1] BT-Drs. 15/420, 25 f.
[2] BVerwG Urt. v. 14.3.2006 – 1 C 5.05, NVwZ 2006, 1182.
[3] BVerwG Urt. v. 16.10.2012 – 10 C 6.12, NVwZ 2013, 277; VG Arnsberg Urt. v. 10.4.2019 – 10 K 6052/16.
[4] *Hofmann/Hoffmann* § 67 Rn. 4.
[5] Vgl. VG Freiburg Urt. v. 20.12.2018 – 8 K 10705/17, BeckRS 2018, 43435.
[6] BVerwG Urt. v. 10.12.2014 – 1 C 11.14, NVwZ 2015, 830.
[7] HessVGH Urt. v. 17.12.2013 – 5 A 1865/12; BVerwG Urt. v. 14.12.2016 – 1 C 13.16.
[8] BVerwG Urt. v. 10.12.2014 – 1 C 11.14, NVwZ 2015, 830.
[9] EuGH Urt. v. 17.7.2014 – C-473/13 ua, InfAuslR 2014, 347 – Bero.
[10] BVerwG Urt. v. 14.6.2005 – 1 C 15.04, BVerwGE 124, 1; vgl. auch OVG RhPf Beschl. v. 27.7.2006 – 7 A 11 671/05, AuAS 2007, 17 – insbes. dazu, dass es nicht gegen Art. 3 I GG verstößt, dass nach bisheriger Praxis ein Ausländer in einigen Bundesländern nur zu dem Haftkostenbeitrag nach § 50 StVollzG herangezogen wurde. Der allgemeine Gleichheitssatz des Art. 3 I GG gewährt nämlich nur einen Anspruch auf Gleichbehandlung durch den nach der Kompetenzverteilung konkret zuständigen Hoheitsträger.
[11] SächsOVG Beschl. v. 9.7.2010 – 3 A 123/09; VGH BW Urt. v. 19.10.2005 – 11 S 646/04.
[12] *Stelkens/Bonk/Sachs* VwVfG § 1 Rn. 122.

Nach Auffassung des SächsOVG[13] können zu den Kosten für die Abschiebungshaft auch anteilig Baukosten der Haftanstalt gerechnet werden, sofern es sich um solche Baumaßnahmen handelt, von denen auch ein Abschiebungshäftling profitieren kann.

6   Anspruch auf und der Erhalt von Leistungen nach dem **AsylbLG, schließt** die **Heranziehung** zu den **Kosten** für die **Abschiebungshaft nicht aus**[14]. Dies ist folgerichtig, weil das AsylbLG nicht nur für Asylsuchende und Flüchtlinge das maßgebliche sozialrechtliche Grundsicherungsgesetz ist, sondern ebenso für solche Ausländer, die eine Duldung nach § 60a besitzen (§ 1 I Nr. 4 AsylbLG) als auch für solche, die, gleich aus welchem Grund, vollziehbar ausreisepflichtig sind (§ 1 I Nr. 5 AsylbLG).

7   Außer den Beförderungskosten und den Kosten für die Abschiebungshaft können für den Ausländer **Kosten** für folgende Maßnahmen und Tätigkeiten entstehen: Beschaffung von Heimreisedokumenten; Vorführung bei einer oder mehreren Auslandsvertretungen, Dolmetscher- und Übersetzertätigkeit[15], Einsatz von Begleitpersonal[16], medizinische Versorgung[17]. Der Beförderungsunternehmer kann nach Abs. 2 Nr. 3 die Kosten verringern, indem er der Behörde anbietet, die erforderliche Begleitung selbst zu übernehmen und zu organisieren, wobei die zuständige Behörde ein entsprechendes Angebot nicht annehmen muss, wenn sachliche Gründe für eine (amtliche) Begleitung vorliegen[18]. Über die **Erforderlichkeit einer Sicherheitsbegleitung** entscheidet die für die Abschiebung zuständige Stelle in eigener Zuständigkeit aus Ex-ante-Sicht; an eine Beurteilung der Ausländerbehörde ist sie nicht gebunden[19].

8   Die **Kosten einer medizinischen Behandlung** des Ausländers gehören zwar dem Wortlaut nach zur „**sonstigen Versorgung**" **des Ausländers iSv § 67 II Nr. 2.** Sie fallen aber dann **nicht mehr in die Risikosphäre des Beförderers,** wenn es sich um **ärztliche Maßnahmen** handelt, die in keinem notwendigen sachlichen Zusammenhang mit der Entscheidung über die Einreise stehen[20], wie etwa eine längerfristige stationäre Krankenhausbehandlung aufgrund eines allgemeinen schlechten Gesundheitszustands des Ausländers. Für erforderliche ärztliche oder zahnärztliche Leistungen, die dem Ausländer aus Gründen des unerlässlichen Gesundheitsschutzes (**§ 6 AsylbLG**) oder zur Behandlung akuter Erkrankungen und Schmerzzustände (**§ 4 AsylbLG**) gewährt werden, haftet der Beförderung deshalb nicht. Die **Beiträge zur Kranken- und Pflegeversicherung** sind aber keine Leistungen nach §§ 4, 6 AsylbLG und deshalb **vom Haftungsausschluss für Kosten für Leistungen bei Krankheit, Schwangerschaft, Geburt, Behinderung und Pflegebedürftigkeit nicht erfasst**[21].

9   Die Ausländerbehörde sind nicht generell gehalten, **Vergleichsangebote** desselben oder anderer Reisebüros bezüglich der Flugkosten einzuholen, um dem kostentragungspflichtigen Ausländer oder einem Erstattungspflichtigen auf jeden Fall den am Markt günstigsten Tarif zu sichern; etwas anderes mag allenfalls dann anzunehmen sein, wenn der Preis für das der Ausländerbehörde konkret angebotene Flugticket aus dem Rahmen des Üblichen herausfällt und daher deutlich erkennbar überteuert ist[22]. Organisiert die Ausländerbehörde einen Charterflug für eine Sammelabschiebung, so können die Kosten hierfür auch dann umgelegt werden, wenn weniger Ausländer als ursprünglich geplant tatsächlich abgeschoben werden können[23].

10 **Zu den** anzusetzenden **Kosten gehören nicht Gebühren und Auslagen iSd § 69**[24], Kosten des Lebensunterhalts iSd § 67 I außerhalb der bezeichneten Maßnahmen in Nr. 2 sowie Kosten im

---

[13] SächsOVG Beschl. v. 9.3.2012 – 3 A 720/10.
[14] SächsOVG Beschl. v. 24.3.2014 – 3 A 684/12; Beschl. v. 9.7.2010 – 3 A 123/09.
[15] Nicht erfasst werden aber Übersetzungskosten, die bei der Anhörung durch den Abschiebehaftrichter entstehen; Art. 6 EMRK verlangt bei der richterlichen Anhörung in Freiheitsentziehungsverfahren eine unentgeltliche Beiziehung eines Dolmetschers; näher VG Dresden Urt. v. 5.4.2012 – 3 K 1455/11; GK-AufenthG § 67 Rn. 17 (Stand: 3/2015).
[16] BVerwG Urt. v. 14.6.2005 – 1 C 11.05, BVerwGE 123, 382: Hinzuziehung von Polizei zur Durchführung der Abschiebung; VG Berlin Urt. v. 30.3.2010 – 24 A 340.07: Flugkosten der Bundespolizei; VG Saarlouis Urt. v. 31.8.2011 – 10 K 2370/10: Übernahmekosten der begleitenden Polizeibeamten.
[17] HessVGH Beschl. v. 8.9.2017 – 5 A 2862/16.Z, BeckRS 2017, 129417; VGH BW Beschl. v. 4.5.2011 – 11 S 1018/11, nur juris. Zieht die Ausländerbehörde bei einer Sammelabschiebung einen Arzt hinzu, können die dadurch entstandenen Kosten anteilig von den Abgeschobenen verlangt werden, auch wenn sie sie selbst eine ärztliche Behandlung nicht benötigt haben.
[18] BVerwG Urt. v. 29.6.2000 – 1 C 25.99, BVerwGE 111, 284; HessVGH Urt. v. 2.8.1999 – 12 UE 1457/99, EZAR 056 Nr. 1; GK-AufenthG § 67 Rn. 32.
[19] BayVGH Beschl. v. 14.2.2012 – 10 C 11.2591, BeckRS 2012, 25724.
[20] Vgl. hierzu auch Nr. 67.2 Verwaltungsvorschrift AufenthG.
[21] BVerwG Beschl. v. 14.3.2018 – 1 B 9.18, BeckRS 2018, 5380; VG Köln Urt. v. 19.4.2016 – 5 K 79/16, BeckRS 2016, 46114. Eine zu weitreichende Haftungspflicht aus Verpflichtungserklärung für „sämtliche öffentlichen Mittel zu erstatten", die für den Lebensunterhalt des Ausländers einschließlich der Versorgung mit Wohnraum und der Versorgung im Krankheitsfalle und bei Pflegebedürftigkeit aufgewendet werden" nimmt deshalb SG Detmold an, Beschl. v. 14.4.2016 – 2 SO 49/16, BeckRS 2016, 72143.
[22] OVG Saarl Beschl. v. 21.12.2005 – 2 Q 5/05, NVwZ-RR 2006, 289 – hier verneint für eine vom Betroffenen behauptete Differenz von insgesamt rd. 600 Euro für drei Flugtickets in die Dominikanische Republik.
[23] VG Stuttgart Urt. v. 15.2.2011 – 6 K 3708/09.
[24] VG Münster Urt. v. 5.5.2011 – 8 K 61/10: Allg. Personalkosten der Ausländerbehörde gehören nicht zu den Kosten iSv § 67.

Zusammenhang mit strafrechtlichen Ermittlungs- und Strafverfahren einschließlich der Haft[25]. Kosten, die im Zusammenhang mit der ausländerbehördlichen Grundverfahren entstanden sind, können ebenfalls nicht geltend gemacht werden[26].

III. Verwaltungsverfahren

Die Kosten werden durch **Leistungsbescheid** von der nach § 71 zuständigen Behörde[27] in Höhe der tatsächlich entstandenen Kosten erhoben[28]. Bei der Auswahl unter mehreren in Betracht zu ziehenden Kostenschuldnern hat die zuständige Behörde grundsätzlich einen weiten Ermessensspielraum[29]; haftet allerdings einer der Kostenschuldner nach der Sanktions-RL, so ist diese Haftung vorrangig durchzusetzen[30]. Ein Ermessen, ob und gegebenenfalls welche Kosten durch Leistungsbescheid festgesetzt werden, sieht der Wortlaut des Abs. 3 S. 1 nicht vor. § 67 III 1 formuliert eine **Erhebungspflicht**. Im Kostenfestsetzungsverfahren ist daher nicht zu prüfen, ob es (wirtschaftliche) Gründe beim Kostenschuldner gebieten könnten, ganz oder teilweise von der Geltendmachung der Kosten abzusehen; dies bleibt vielmehr dem Vollstreckungsverfahren überlassen[31]. Stundung, Ermäßigung oder Erlass oder die Pfändungsfreigrenzen schützen den Kostenpflichtigen hinreichend vor unzumutbaren Belastungen. 11

Der Abschluss eines **öffentlich-rechtlichen Vertrags über die Haftung für Kosten** dem Grunde und/oder der Höhe nach ist in den Grenzen der §§ 54 ff. VwVfG **zulässig**. Gleiches gilt für die Abwicklung einer bereits durch Leistungsbescheid festgesetzten Kostenforderung, wenn Stundung, Ratenzahlung oder (Teil-)Erlass geregelt werden sollen. Abs. 3 S. 1 normiert kein generelles Verbot des Einsatzes eines öffentlich-rechtlichen Vertrags als Handlungsform. Die der Verwaltung eingeräumte Befugnis zum Erlass eines Verwaltungsakts beinhaltet nicht zugleich – wie § 54 S. 2 VwVfG verdeutlicht – ein Vertragsformverbot[32]. Weder aus dem Wortlaut noch aus dem Sinn und Zweck der Norm oder dem Regelungsgegenstand ergibt sich ein ausdrückliches oder stillschweigendes Verbot, die Kosten nach Abs. 1 und 2 vertraglich abzuwickeln. Allerdings ist bei der Ausgestaltung des öffentlich-rechtlichen Vertrags zu beachten, dass dieser mit dem Grundsatz der **Gesetzmäßigkeit der Verwaltung** wahren muss, unzulässigen Vertragsinhalten mithin die rechtliche Verbindlichkeit versagt wird[33]. So können bspw. Kosten für eine offensichtliche rechtswidrige Abschiebung oder nach dem Gesetz nicht ansetzbare Kosten nicht durch Vertrag dem Erstattungspflichtigen auferlegt werden. 12

Ein Verstoß gegen das **Koppelungsverbot** nach § 56 VwVfG[34] liegt vor, wenn die Befristung der Wirkungen der Ausweisung von der **Begleichung der mit der Aufenthaltsbeendigung verbundenen Kosten** abhängig gemacht wird. Nach der Rspr. des BVerwG[35], die § 11 II 1 idF des AufenthGÄndG 2015 aufgegriffen hat, hat der Ausländer seit Inkrafttreten der RLUmsG 2011 einen Anspruch darauf, dass die Wirkungen der **Ausweisung** mit Erlass der Ausweisungsverfügung befristet werden. Zwar ist – abweichend von der Rspr. des BVerwG – nunmehr vorgesehen, dass über die Länge der Frist nach Ermessen entschieden wird (§ 11 III 1). Aber auch für die Ermessensentscheidung wäre maßgebend, wie lange der Ausländer unter Berücksichtigung seiner schutzwürdigen privaten Belange vom Bundesgebiet ferngehalten werden muss, um die spezial- und/oder generalpräventive Wirkung zu erzielen[36]. Weder für das Ob der Befristung noch für die Länge des mit der Ausweisung verbundenen Einreise- und Aufenthaltsverbots kann es auf die (zukünftige) Begleichung möglicherweise anfallender Abschiebungskosten ankommen. § 11 II 5 bestätigt diese Sichtweise. Für Altfälle gilt nichts anderes. 13

---

[25] BVerwG Urt. v. 3.11.1987 – 1 C 2.87, EZAR 137 Nr. 10; VGH BW Urt. v. 6.2.1985 – 11 S 2704/82, EZAR 137 Nr. 5.
[26] HessVGH Urt. v. 14.1.1992 – 7 UE 2546/84, EZAR 137 Nr. 13.
[27] Betreibt eine Ausländerbehörde die Abschiebung eines Ausländers, so ist sie nach § 71 I die für diese Maßnahme insgesamt zuständige Behörde, auch wenn sie zur Durchführung der Abschiebung die Polizei eines Landes oder die Bundespolizei heranzieht (BVerwG Urt. v. 16.10.2012 – 10 C 6.12 und Urt. v. 14.6.2005 – 1 C 11.04, BVerwGE 123, 382).
[28] BVerwG Urt. v. 14.12.2016 – 1 C 11.15, NVwZ 2017, 1064; ebenso schon zu früherem Recht BVerwG Urt. v. 23.10.1979 – I C 48.75, BVerwGE 59, 13; BayVGH Urt. v. 30.7.1985 – 10 B 81 A. 52, EZAR 137 Nr. 7; HessVGH Urt. v. 14.1.1992 – 7 UE 2546/84, EZAR 137 Nr. 13.
[29] Ziff. 67.3.1.2 AVwV-AufenthG; GK-AufenthG § 67 Rn. 45.
[30] Zum Vorrang der Kostenhaftung aufgrund der Sanktions-RL vgl. § 66.
[31] BVerwG Urt. v. 16.10.2012 – 10 C 6.12, NVwZ 2013, 277; HessVGH Beschl. v. 12.6.2012 – 5 A 388/12; SchlHOVG Beschl. v. 19.4.2012 – 4 LA 14/12; OVG Bln-Bbg Urt. v. 9.11.2011 – OVG 3 B 17.09; HmbOVG Urt. v. 3.12.2008 – 5 Bf 259/06; vgl. zur Gegenauffassung VGH BW Beschl. v. 7.3.2006 – 13 S 155/06, InfAuslR 2006, 387 mwN: Der Grundsatz der Verhältnismäßigkeit gebietet es in atypischen Fällen schon von der Geltendmachung der Forderung ganz oder teilweise abzusehen.
[32] S. zum Vertragsformverbot generell *Stelkens/Bonk/Sachs* VwVfG § 54 Rn. 102 ff.; *Bader/Ronellenfitsch* VwVfG § 54 Rn. 66 ff.
[33] S. zur Frage der Vertragsinhaltsverbote näher *Stelkens/Bonk/Sachs* VwVfG § 54 Rn. 108 f.; *Kopp/Ramsauer* VwVfG § 54 Rn. 44 f.
[34] Näher *Stelkens/Bonk/Sachs* VwVfG § 56 Rn. 4 ff. und 49 ff.
[35] BVerwG Urt. v. 10.7.2012 – 1 C 19.11, NVwZ 2013, 365.
[36] Vgl. auch BVerwG Urt. v. 14.2.2012 – 1 C 7.11, EZAR NF 43 Nr. 4, allerdings zur Frage, ob bei der Ausweisung die Länge der Frist nicht doch eine gebundene Entscheidung sein muss → § 11 Rn. 28 ff.

Hier kommt es ebenfalls darauf an, wann die Gründe, die zur Ausweisung geführt haben, entfallen sind[37]. Die fehlende Begleichung der Abschiebungskosten lässt keine Rückschlüsse zu, ob und wann der Ausweisungszweck erreicht ist[38].

14 Für die Befristung der Wirkungen der **Abschiebung oder Zurückschiebung** ist die **Rückführungs-RL** zu beachten. Die Rückführungs-RL äußert sich nicht explizit zum Umgang der mit der Rückführung illegal aufhältiger Drittstaatsangehöriger verbundenen Kosten, sondern überlässt dies den Mitgliedstaaten. Damit erscheint es unionsrechtlich nicht ausgeschlossen, dass die Behörde „mehrstufig" vorgeht, dh dass sie bei der nach den jeweiligen Umständen des Einzelfalls zu treffenden Entscheidung über die Dauer des Einreiseverbots eine solche trifft, bei der die Frage der Erstattung der Abschiebungskosten keine Rolle spielt, jedoch aber eine weitere Regelung ausschließt, wie die Frist zu Gunsten des Ausländers verkürzt wird, wenn er die Kosten der vorgegangenen Rückführung ganz oder teilweise erstattet. Die prinzipielle Zulässigkeit eines solchen Vorgehens legt der Kommissionsentwurf nahe. Im Vorschlag zur Rückführungs-RL[39] war unter Art. 9 IIIc die Erstattung aller Kosten des vorangegangenen Rückführungsverfahrens als Beispiel genannt, wann ein Wiedereinreiseverbot zurückgenommen werden kann.

15 **Unionsrechtlich** darf es jedoch auf die Begleichung der Kosten in den Fällen nicht ankommen, die von **Art. 11 II 2 Rückführungs-RL** erfasst sind, dh bei einem Einreiseverbot von mehr als fünf Jahren. Denn ein Einreiseverbot von über fünf Jahren darf nur vorgesehen werden, wenn der Drittstaatsangehörige eine schwerwiegende Gefahr für die öffentliche Sicherheit oder Ordnung oder der nationalen Sicherheit darstellt. Finanzielle Erwägungen liegen jedoch außerhalb dieses Normzwecks.

16 Wie sich aus der Neufassung des § 11 II 1, 5 und 6 ergibt, hat sich der nationale Gesetzgeber jedoch dafür entschieden, Ausweisung und Abschiebung sowie Zurückschiebung unter dem Aspekt der **Gefahrenabwehr** nicht mehr unterschiedlich zu behandeln, so dass auch im Fall einer bloßen Abschiebung oder Zurückschiebung die Sperrwirkung und/oder ihre Länge nicht mehr von der Zahlung der Abschiebungskosten abhängen können.

17 Bei der **Erteilung eines Aufenthaltstitels** darf die Frage der vorherigen Begleichung der Abschiebungskosten dann nicht bestimmend sein, wenn – insbesondere mit Blick auf Art. 6 GG, Art. 7 GRCh, Art. 8 EMRK – ein Anspruch auf den Titel besteht (vgl. § 56 II VwVfG)[40]. Bei Aufenthaltstitel, deren Erteilung im Ermessen der Ausländerbehörde steht, kann dies als ein Ermessensgesichtspunkt iRd Steuerung der Zuwanderung (§ 1) in Betracht kommen.

IV. Rechtsschutz

18 Gegen die Heranziehung zu den Ausreisekosten kann **Anfechtungswiderspruch und -klage** erhoben werden (§§ 42, 68 VwGO). Maßgeblich für die Rechtmäßigkeit des Leistungsbescheids ist – anders als bei aufenthaltsbeendenden Verwaltungsakten – die **Sach- und Rechtslage bei Erlass der letzten behördlichen Entscheidung**[41]. Nur für Kostentatbestände, die nach Vornahme der Amtshandlung eingeführt worden sind, ist der Zeitpunkt der Vornahme der jeweiligen individuell zurechenbaren öffentlichen Leistung (früher: Amtshandlung) maßgeblich. Die iRd Prüfung des Leistungsbescheids zu beurteilende Rechtmäßigkeit einer Abschiebung und der ihr vorausgehenden (Amts-)handlungen bestimmt sich nach der zum Zeitpunkt der Durchführung der (Amts-)handlungen jeweiligen geltenden Rechtslage[42]. Die Rechtmäßigkeit ist aus der behördlichen Sicht bei der Durchführung – also ex ante – zu beurteilen[43]. Im Kostenerstattungsstreit ist eine **Inzidentprüfung der Rechtmäßigkeit der Maßnahme** auch dann vorzunehmen, wenn diese nicht angegriffen worden ist; dies gilt selbst dann, wenn es sich um eine (amts-)gerichtliche Haftanordnung handelt, gegen die der Ausländer kein Rechtmittel eingelegt hat[44].

19 Den **Rechtsbehelfen** kommt **aufschiebende Wirkung** zu. Bei der Anforderung von Abschiebungskosten nach § 66 I handelt es sich nicht um eine Maßnahme „in" der Verwaltungsvollstreckung iSd § 80 II 2 VwGO[45]. Sie unterfallen auch nicht § 80 II 1 Nr. 1 VwGO[46], der der Finanzierung

---

[37] Zum Sinn und Zweck der Sperrwirkung vgl. BVerwG Urt. v. 11.8.2000 – 1 C 5.00, BVerwGE 111, 369 (zu § 8 II AuslG 1990) sowie die Kommentierung bei § 11.
[38] VGH BW Urt. v. 24.6.1998 – 13 S 1099/96; *Hofmann/Hoffmann* § 11 Rn. 26.
[39] KOM/2005/0391 endg. v. 1.9.2005.
[40] HmbOVG Beschl. v. 29.11.2010 – 5 So 160/10, InfAuslR 2011, 63.
[41] BVerwG Urt. v. 10.12.2014 – 1 C 11.14, NVwZ 2015, 830; Urt. v. 8.5.2014 – 1 C 3.13, NVwZ-RR 2014, 781.
[42] BVerwG. Urt. v. 16.10.2012 – 10 C 6.12, NVwZ 2013, 277.
[43] BVerwG Urt. v. 10.12.2014 – 1 C 11.14, NVwZ 2015, 830.
[44] BVerwG Urt. v. 10.12.2014 – 1 C 11.14, NVwZ 2015, 830.
[45] VGH BW Beschl. v. 7.3.2006 – 13 S 155/06, InfAuslR 2006, 387; s. HessVGH Beschl. v. 25.2.1998 – 10 Tz 69/98, AuAS 1998, 135; BayVGH Beschl. v. 6.9.2000 – 10 Cs 99.2280, DVBl 2001, 55. Insofern gilt nichts anderes als bei der Anforderung von Kosten der Ersatzvornahme, die gleichfalls nicht mehr „in" der Verwaltungsvollstreckung erfolgt; s. dazu VGH BW Beschl. v. 5.2.1996 – 5 S 334/96, VBlBW 1996, 262.
[46] VGH BW Beschl. v. 25.2.2002 – 11 S 2443/01, EZAR 603 Nr. 9; HmbOVG Beschl. v. 4.5.2000 – 3 Bs 422/98, EZAR 049 Nr. 2; HessVGH Beschl. v. 27.2.1998 – 10 TZ 69/98, EZAR 603 Nr. 6.

notwendiger öffentlich Aufgaben dient. Öffentliche Abgaben sind nur diejenigen hoheitlich geltend gemachten öffentlich-rechtlichen Geldforderungen, die den öffentlichen Haushalten regelmäßig zufließen und dort entsprechend als regelmäßige Einnahmen eingestellt werden (Steuern, Beiträge und Gebühren). **Abschiebungskosten** iSd §§ 66, 67 fallen hierunter nicht; insbesondere handelt es sich nicht um Gebühren, da sie keine Gegenleistung für eine erbrachte individuell zurechenbare öffentliche Leistung (früher: Amtshandlung) darstellen, sondern eine **Vermögensminderung der öffentlichen Hand ausgleichen** sollen[47]. Sie sind im Übrigen nicht geeignet, in die Haushaltsplanung der Träger öffentlicher Gewalt eingestellt zu werden. Kosten iSd § 80 II 1 Nr. 1 VwGO sind nur diejenigen Gebühren und Auslagen iSd jeweils anzuwendenden Kostenrechts (des Bundes oder des Landes), die den Beteiligten für Verwaltungsleistungen auferlegt werden[48]. Weder ist die Abschiebung selbst gebührenpflichtig noch werden die dabei entstehenden Aufwendungen der Ausländerbehörde als Auslagen definiert. Die Vorschriften der §§ 66, 67 müssen deshalb als gesonderte und abschließende Regelung über die Kosten einer Abschiebung gelten.

Ein Rückgriff auf die Auslagenregelung des § 12 BGebG (früher § 10 VwKostG) über § 69 II 2 kommt ebenfalls nicht in Betracht, da der in § 67 I bestimmte Umfang der Abschiebungskosten den dort vorgesehenen Rahmen erstattungsfähiger Auslagen deutlich überschreitet. **20**

§ 68 Haftung für Lebensunterhalt

(1) ¹Wer sich der Ausländerbehörde oder einer Auslandsvertretung gegenüber verpflichtet hat, die Kosten für den Lebensunterhalt eines Ausländers zu tragen, hat für einen Zeitraum von fünf Jahren sämtliche öffentliche Mittel zu erstatten, die für den Lebensunterhalt des Ausländers einschließlich der Versorgung mit Wohnraum sowie der Versorgung im Krankheitsfalle und bei Pflegebedürftigkeit aufgewendet werden, auch soweit die Aufwendungen auf einem gesetzlichen Anspruch des Ausländers beruhen. ²Aufwendungen, die auf einer Beitragsleistung beruhen, sind nicht zu erstatten. ³Der Zeitraum nach Satz 1 beginnt mit der durch die Verpflichtungserklärung ermöglichten Einreise des Ausländers. ⁴Die Verpflichtungserklärung erlischt vor Ablauf des Zeitraums von fünf Jahren ab Einreise des Ausländers nicht durch Erteilung eines Aufenthaltstitels nach Abschnitt 5 des Kapitels 2 oder durch Anerkennung nach § 3 oder § 4 des Asylgesetzes.**

(2) ¹Die Verpflichtung nach Absatz 1 Satz 1 bedarf der Schriftform. ²Sie ist nach Maßgabe des Verwaltungsvollstreckungsgesetzes vollstreckbar. ³Der Erstattungsanspruch steht der öffentlichen Stelle zu, die die öffentlichen Mittel aufgewendet hat.**

(3) Die Auslandsvertretung unterrichtet unverzüglich die Ausländerbehörde über eine Verpflichtung nach Absatz 1 Satz 1.**

(4) ¹Die Ausländerbehörde unterrichtet, wenn sie Kenntnis von der Aufwendung nach Absatz 2 zu erstattender öffentlicher Mittel erlangt, unverzüglich die öffentliche Stelle, der der Erstattungsanspruch zusteht, über die Verpflichtung nach Absatz 1 Satz 1 und erteilt ihr alle für die Geltendmachung und Durchsetzung des Erstattungsanspruchs erforderlichen Auskünfte. ²Der Empfänger darf die Daten nur zum Zweck der Erstattung der für den Ausländer aufgewendeten öffentlichen Mittel sowie der Versagung weiterer Leistungen verarbeiten.**

Allgemeine Verwaltungsvorschrift
68 Zu § 68 – Haftung für Lebensunterhalt
68.0 Allgemeines
68.0.1 Eine Verpflichtungserklärung nach § 68 Absatz 1 kann nur dann verlangt werden, wenn der Ausländer selbst nicht in der Lage ist, den Lebensunterhalt nach Maßgabe der jeweiligen rechtlichen Voraussetzungen zu bestreiten. Sie darf insbesondere als Voraussetzung für die Erteilung oder Verlängerung eines Aufenthaltstitels gefordert werden (zum Vordruck siehe Nummer 68.2.1.1.1), wenn
68.0.1.1 – die Sicherung des Lebensunterhalts des Ausländers durch den Dritten zwingende Erteilungsvoraussetzung ist (z. B. Unterhaltsverpflichtung nach § 37 Absatz 1 Nummer 2, 2. Alternative) oder
68.0.1.2 – der gesicherte Lebensunterhalt ohne Inanspruchnahme öffentlicher Mittel zwingende Erteilungsvoraussetzung ist (§ 5 Absatz 1 Nummer 1) und im konkreten Fall diese Voraussetzung auf Grund der Verpflichtung des Dritten vorliegen würde.
68.0.2 Eine Verpflichtungserklärung kann von natürlichen und juristischen Personen (z. B. Unternehmen, karitativen Verbänden) abgegeben werden. Auf die Möglichkeit der Abgabe einer Verpflichtungserklärung im Zusammenhang mit der Entscheidung über die Aufenthaltsgewährung aus humanitären Gründen durch oberste Landesbehörden (§ 23 Absatz 1 Satz 2) wird hingewiesen.
68.0.3 Die Verpflichtungserklärung ist gegenüber der Ausländerbehörde oder einer Auslandsvertretung abzugeben.
68.0.4 Die Grenzbehörde kann verlangen, dass eine bestehende Verpflichtungserklärung bei der Einreise vorgelegt wird (Artikel 13 Absatz 1, Artikel 5 Absatz 1 Buchstabe c) Schengener Grenzkodex). Bei nicht ausreichend nach-

---

[47] HmbOVG Beschl. v. 4.5.2000 – 3 Bs 422/98, NVwZ-Beilage 2000 Nr. 12, 146.
[48] HmbOVG Beschl. v. 4.5.2000 – 3 Bs 422/98, NVwZ-Beilage 2000 Nr. 12, 146.

1 AufenthG § 68

gewiesenen finanziellen Mitteln können die Einreisegestattung und die Erteilung eines Ausnahmevisums gemäß § 14 Absatz 2 von der Abgabe einer Verpflichtungserklärung abhängig gemacht werden.

68.1 Verpflichtungserklärung

68.1.1 Verpflichtungsumfang

68.1.1.1 Zum Lebensunterhalt i. S. v. § 68 Absatz 1 zählt außer Ernährung, Wohnung, Bekleidung und anderen Grundbedürfnissen des täglichen Lebens insbesondere auch die Versorgung im Krankheitsfalle (z. B. Arztbesuch, Medikamente, Krankenhausaufenthalt) und bei Pflegebedürftigkeit (z. B. Aufnahme in die eigene Wohnung, anderweitige Beschaffung von Wohnraum, Abschluss entsprechender Versicherungen). Aus der Verpflichtung nach § 68 Absatz 1 lässt sich ein Anspruch des Ausländers auf Sicherstellung des Lebensunterhalts nicht herleiten.

68.1.1.2 Die Verpflichtung nach § 68 Absatz 1 umfasst nicht die Ausreisekosten nach §§ 66 und 67. Die Verpflichtungserklärung soll daher regelmäßig mit einer entsprechenden Verpflichtung zur Übernahme dieser Kosten verbunden werden. Auf das „Bundeseinheitliche Merkblatt zur Verwendung des bundeseinheitlichen Formulars der Verpflichtungserklärung zu § 68 i. V. m. § 66 und § 67 AufenthG" in der jeweils gültigen Fassung sowie auf das bundeseinheitliche Formular für Verpflichtungserklärungen wird hingewiesen.

68.1.1.3 Die Dauer der Verpflichtung soll sich vom Beginn bis zur Beendigung des Aufenthalts des Ausländers oder bis zur Erteilung eines Aufenthaltstitels für einen anderen Aufenthaltszweck erstrecken. Ein Aufenthaltszweckwechsel in diesem Sinne liegt auch dann vor, wenn der Ausländer den Arbeitgeber, der die Verpflichtungserklärung abgegeben hat, wechselt. Dies gilt insbesondere in Fällen des Wechsels der Gasteltern bei Au-Pairs; hier ist von der nach Umzug örtlich zuständigen Ausländerbehörde eine (erneute) Verpflichtungserklärung zu verlangen.

68.1.2 Prüfungsmaßstab

68.1.2.1 Die Verpflichtung des Dritten erfüllt nur dann die Voraussetzungen des gesicherten Lebensunterhalts, wenn er die übernommene Verpflichtung aus eigenem Einkommen oder sonstigen eigenen Mitteln im Bundesgebiet erfüllen kann.

68.1.2.2 Ist der Ausländerbehörde oder der Auslandsvertretung nicht bekannt, ob der Dritte die übernommene Verpflichtung erfüllen kann, muss sie sich von ihm grundsätzlich ausreichende Nachweise erbringen lassen (z. B. Wohnraum-, Einkommens- und Versicherungsnachweise). Der Dritte ist jedoch hierzu gesetzlich nicht verpflichtet (Freiwilligkeit). Sinn und Zweck des Instruments der Verpflichtungserklärung ist es, sicherzustellen, dass die öffentliche Hand für die ihr entstehenden Kosten beim Verpflichtungsgeber Regress nehmen kann. Daher ist nur dann die Bonität eines Verpflichtungsgebers zu bestätigen, wenn der ausreichende Nachweis über die finanzielle Leistungsfähigkeit (Bonität) des Verpflichtungsgebers geführt wurde oder der Verpflichtungsgeber der Ausländerbehörde bzw. der Auslandsvertretung als zahlungsfähig bekannt ist. Ist auf dem Vordruck „Verpflichtungserklärung" nicht ausdrücklich bestätigt, dass die Bonität festgestellt oder glaubhaft gemacht worden ist, ist die Verpflichtungserklärung unbeachtlich. Eine Verpflichtungserklärung, die nicht innerhalb eines Zeitraums von sechs Monaten nach der Bestätigung vorgelegt wird, ist von der Auslandsvertretung regelmäßig nicht zu beachten.

Die Überprüfung der Bonität wird durch die Behörde, d. h. Ausländerbehörde oder Auslandsvertretung durchgeführt, die die Verpflichtungserklärung entgegennimmt. Der Nachweis einer ausreichenden Bonität kann bei Unternehmen insbesondere durch Kontrolle der in zentralen Datenbanken gespeicherten Unternehmensdaten und Jahresendabrechnungen im elektronischen Unternehmensregister unter *www.unternehmensregister.de* geführt werden. Im Übrigen wird hinsichtlich der Prüfung bei juristischen Personen als Verpflichtungsgeber auf das „Bundeseinheitliche Merkblatt zur Verwendung des bundeseinheitlichen Formulars der Verpflichtungserklärung zu § 68 i. V. m. § 66 und § 67 AufenthG" in der jeweils gültigen Fassung verwiesen. Zur Bonitätsprüfung wird ergänzend auf Nummer 2.3.1 verwiesen.

68.1.2.3 Der Prüfungsmaßstab ist neben der Leistungsfähigkeit des Dritten insbesondere an dem Aufenthaltsgrund bzw. -zweck, der Ausländer angibt, der angestrebten Aufenthaltsdauer, der zeitlichen Beschränkung der Verpflichtungserklärung sowie der Aufenthaltsverfestigung des Dritten im Bundesgebiet auszurichten. Bei einem langfristigen Aufenthalt ist eine Glaubhaftmachung der Bonität regelmäßig nicht ausreichend. Vielmehr muss eine umfassende Offenlegung der Einkommenssituation erfolgen, um feststellen zu können, ob der Regelbedarf für die Person, zugunsten derer die Erklärung abgegeben wird, dauerhaft gesichert ist. Darüber hinaus dürfen keine Zweifel an der Leistungsbereitschaft des Verpflichtungsgebers bestehen (siehe auch Nummer 2.3.4.2).

68.1.2.4 Bei einem auf Dauer angelegten Aufenthalt im Bundesgebiet haben der Dritte oder der Ausländer insbesondere nachzuweisen, dass für die Dauer des Aufenthalts des Ausländers ausreichende Kranken- und Pflegeversicherungen bestehen. Sie müssen auf Grund ihrer finanziellen Verhältnisse in der Lage sein, die anfallenden Versicherungsbeiträge regelmäßig zu leisten.

68.1.2.5 Will im Zusammenhang mit der Erteilung eines Visums für einen Kurzaufenthalt ohne Erwerbstätigkeit bis zu drei Monaten ein Dritter eine Verpflichtungserklärung abgeben und haben die bei der Entgegennahme der Erklärung zuständigen Behörden auf Grund vorhandener Erkenntnisse keine begründeten Zweifel an seiner finanziellen Leistungsfähigkeit (z. B. langwährender verfestigter Aufenthalt, unveränderte Einkommensverhältnisse seit der letzten Verpflichtungserklärung), ist die finanzielle Leistungsfähigkeit regelmäßig glaubhaft gemacht. In diesen Fällen der Kurzaufenthalte ist eine Abklärung der Wohnraumverhältnisse des Verpflichtungsgebers grundsätzlich nicht erforderlich. Die Auslandsvertretung hat in diesen Fällen die Feststellungen der Ausländerbehörde (Bestätigung der Unterschrift, Glaubhaftmachung bzw Nachweis der Leistungsfähigkeit) bei der Entscheidung zu berücksichtigen.

68.1.2.6 Die Verpflichtungserklärung eines Ausländers, der sich im Bundesgebiet aufhält, aber keinen Aufenthaltstitel besitzt, ist regelmäßig keine ausreichende Sicherung des Lebensunterhalts. Besitzt der Dritte lediglich einen befristeten Aufenthaltstitel, kann die Verpflichtungserklärung nur herangezogen werden, wenn der beabsichtigte Aufenthalt des Ausländers den der Geltungsdauer des befristeten Aufenthaltstitels nicht übersteigt. Der Besitz eines befristeten Aufenthaltstitels genügt zudem nur dann, wenn die Ausländerbehörde davon ausgehen kann, dass der Dritte für die vorgesehene Aufenthaltsdauer des Ausländers im Bundesgebiet bleibt.

68.1.2.7 Besondere Anforderungen an die Leistungsfähigkeit des Dritten sind zu stellen, wenn er in früheren Fällen eine Verpflichtungserklärung nicht erfüllt oder er sich wegen unrichtiger Angaben gemäß § 95 Absatz 2 Nummer 2 strafbar gemacht hat. Entsprechende Nachweise sind erforderlich, wenn der Ausländer während eines früheren Aufenthalts im Bundesgebiet öffentliche Mittel in Anspruch genommen hat oder an seiner Rückkehrbereitschaft berechtigte Zweifel bestehen.

Haftung für Lebensunterhalt § 68 AufenthG 1

68.2 Verfahren
68.2.1.1.1 Für die Abgabe der Verpflichtungserklärung ist das vorgeschriebene bundeseinheitliche Formular in der jeweils geltenden Fassung zu verwenden. Vor der Abgabe der Verpflichtungserklärung ist der Dritte auf die Freiwilligkeit seiner Angaben und Nachweise, auf den Umfang und die Dauer der eingegangenen Verpflichtungen hinzuweisen und nachweisbar zu belehren, dass unrichtige und unvollständige Angaben strafbar sein können (vgl. § 95 Absatz 2 Nummer 2). Angaben über die Einkommens-, Vermögens- und Wohnverhältnisse des Dritten (Einlader), die im Rahmen der Verpflichtungserklärung erforderlich sind, dürfen dem Ausländer (Eingeladenen) nicht zugänglich gemacht werden. Die Unterschrift des verpflichteten Dritten ist amtlich zu beglaubigen.
68.2.1.1.2 Auf das „Bundeseinheitliche Merkblatt zur Verwendung des bundeseinheitlichen Formulars der Verpflichtungserklärung zu § 68 i. V. m. § 66 und § 67 AufenthG" in der jeweils gültigen Fassung wird verwiesen.
68.2.1.2.1 Die Verpflichtungserklärung eines Dritten, der im Bundesgebiet lebt, ist grundsätzlich gegenüber der für den vorgesehenen Aufenthaltsort im Bundesgebiet zuständigen Ausländerbehörde abzugeben. Sofern der Dritte in dem Bezirk einer anderen Ausländerbehörde seinen gewöhnlichen Aufenthalt hat, nimmt diese die Verpflichtungserklärung und die erforderlichen Nachweise im Wege der Amtshilfe entgegen und leitet sie unverzüglich der zuständigen Ausländerbehörde zu. Die Verpflichtung des Dritten erfüllt nur dann die Voraussetzungen des gesicherten Lebensunterhalts, wenn er die übernommene Verpflichtung aus eigenem Einkommen oder sonstigen Mitteln im Bundesgebiet erfüllen kann, da eine Vollstreckung nur im Inland erfolgen kann. Eine Vollstreckung im Ausland ist im Erstattungsfall grundsätzlich nicht möglich. Die Ausländerbehörde hat sich von der Bonität des Verpflichtungsgebers zu überzeugen. Auf Nummer 68.1.2.2 wird hingewiesen. Die Realisierung des öffentlich-rechtlichen Erstattungsanspruchs erfolgt nach den Vorschriften des VwVG.
68.2.1.2.2 Die Verpflichtungserklärung eines Dritten, der im Ausland lebt, nimmt die für den gewöhnlichen Aufenthalt des sich Verpflichtenden zuständige Auslandsvertretung entgegen (siehe Nummer 68.1.2). Die Mehrfertigung der Verpflichtungserklärung (mit Originalunterschriften) ist zu den Akten der Ausländerbehörde oder der Auslandsvertretung zu nehmen.
68.2.1.3 Ist die Verpflichtungserklärung zur Vorlage in einem Visumverfahren bestimmt und ist sie gegenüber der Ausländerbehörde abgegeben worden, hat der Ausländer das Original der Verpflichtungserklärung bei der zuständigen Auslandsvertretung mit dem Visumantrag vorzulegen. Wird das Visum erteilt, händigt die Auslandsvertretung dem Ausländer das Original der Verpflichtungserklärung zum Zwecke der Vorlage bei der Grenzbehörde im Rahmen des Grenzübertritts aus.
68.2.2 Die Forderung auf Grund einer Verpflichtungserklärung ist nach Maßgabe des VwVG vollstreckbar. Danach hat grundsätzlich ein Leistungsbescheid durch den Leistungsträger zu ergehen (§ 3 Absatz 2 Buchstabe a) VwVG), dem dann die Anordnung der Vollstreckung folgt, wobei allerdings weder Bestandskraft noch Sofortvollzug des Leistungsbescheids für die nachfolgende Einleitung der Vollstreckung durch Vollstreckungsanordnung erforderlich sind (vgl. § 3 Absatz 2 Buchstabe c) VwVG). Das Prinzip der Gesetzmäßigkeit der Verwaltung und das Gebot, bei Aufstellung und Vollzug des Haushaltsplans die Grundsätze der Wirtschaftlichkeit und Sparsamkeit zu beachten (vgl. § 6 Absatz 1 HGrG), verlangen von der Verwaltung, die ihr zustehenden Forderungen regelmäßig durchzusetzen. Somit ist der Verpflichtete i. d. R. (etwa bei privaten Besuchsaufenthalten) durch Leistungsbescheid zur Erstattung heranzuziehen, ohne dass Raum für Ermessenserwägungen besteht. Bei atypischen Gegebenheiten ist demgegenüber im Wege des Ermessens zu entscheiden, in welchem Umfang der Anspruch geltend gemacht werden soll.
68.2.3 Die Geltendmachung des (öffentlich-rechtlichen) Erstattungsanspruchs obliegt nicht der Ausländerbehörde, sondern dem Leistungsträger, der dem Ausländer Leistungen gewährt.
68.3 Unterrichtungspflicht der Auslandsvertretung
Wird im Visumverfahren eine Verpflichtungserklärung abgegeben, ist dies von der deutschen Auslandsvertretung (§ 71 Absatz 2) der zuständigen Ausländerbehörde unverzüglich mitzuteilen. Auf Grund der entsprechenden Mitteilung kann sie ihrer Unterrichtungs- und Auskunftspflicht nach § 68 Absatz 4 im Leistungsfall nachkommen und der Verpflichtungsgeber kann haftbar gemacht werden.
68.4 Unterrichtungs- und Auskunftspflicht der Ausländerbehörde
Nach § 68 Absatz 4 besteht eine Unterrichtungs- und Auskunftspflicht der Ausländerbehörde gegenüber dem Leistungsträger, dem auf Anforderung, bei Kenntnis von Sozialleistungsbezug von Amts wegen, die Mehrfertigung der Verpflichtungserklärung übersandt wird. Die Ausländerbehörde hat zudem zu prüfen, ob wegen der Inanspruchnahme öffentlicher Mittel eine für die Erteilung, die Verlängerung oder die Bestimmung der Geltungsdauer des Aufenthaltstitels wesentliche Voraussetzung entfallen ist und ob aufenthaltsrechtliche Maßnahmen zu ergreifen sind (z. B. Ausweisung, nachträgliche zeitliche Beschränkung des Aufenthaltstitels oder des genehmigungsfreien Aufenthalts).

Übersicht

	Rn.
I. Entstehungsgeschichte	1
II. Systematik und Normzweck	2
III. Zustandekommen und Inhalt	8
IV. Inanspruchnahme aus der Verpflichtungserklärung	15
V. Unterrichtungspflichten und Datenaustausch	25

I. Entstehungsgeschichte

Die Vorschrift stimmt noch heute in wesentlichen Teilen mit dem Gesetzesentwurf zum ZuwG[1] 1 überein. Durch das **IntegrationsG vom 31.7.2016** hat der Gesetzgeber aber Abs. 1 ergänzt und die

---
[1] BT-Drs. 15/420, 26.

Geltungsdauer der Verpflichtungserklärung wird **auf fünf Jahre ab Einreise des Ausländers begrenzt,** um Verpflichtungsgeber vor unabsehbaren finanziellen Belastungen zu schützen (§ 68 I 1 und 3)[2]. Außerdem hat – insbesondere vor dem Hintergrund einer sich aus den Landesaufnahmeprogrammen nach § 23 I AufenthG entwickelten Praxis, dass im Rahmen der Programme aufgenommene Ausländerinnen und Ausländer erfolgreich Asylanträge stellen – klargestellt, dass die Erteilung eines (anderen) humanitären Aufenthaltstitels die Haftung des Verpflichtungsgebers aus der Verpflichtungserklärung unberührt lässt (§ 68 I 4). Mit dem **2. DSAnpUG EU v. 20.11.2019**[3], änderte der Gesetzgeber Abs. 4 S. 2, indem der das Wort „verwenden" durch das Wort „verarbeiten" ersetzte.

II. Systematik und Normzweck

2   Die **Verpflichtungserklärung** gem. § 68 I **ersetzt den Nachweis des gesicherten Lebensunterhalts** – einschließlich des Wohnraums – (§ 5 I Nr. 1) sowie die Versorgung im Krankheitsfall und bei Pflegebedürftigkeit für den durch sie begünstigten Ausländer. Der Verpflichtungsgeber übernimmt mit der schriftlichen Erklärung (Abs. 2) gegenüber dem Staat die Haftung für den gewöhnlichen Lebensunterhalt des begünstigten Ausländers. Gesetzessystematisch begründet die Verpflichtungserklärung eine **öffentlich-rechtliche Leistungsverpflichtung** des Verpflichtungsgebers allein gegenüber dem Staat, konkret gegenüber der zuständigen Ausländerbehörde. Der Auslandsvertretung kommt – wird die Erklärung dort abgegeben (Abs. 1 S. 1) – nur eine Empfangs- und Weiterleitungsfunktion zu (Abs. 3). Im Verhältnis zum begünstigten Ausländer erwachsen aus der Erklärung für den Verpflichtungsgeber hingegen keine Leistungspflichten[4]. **Zweck** der Vorschrift ist es, den zivilgesellschaftlichen Einsatz zugunsten von den Schutzsuchenden zu stärken, die die Voraussetzungen für die Erteilung eines humanitären Aufenthaltstitels nicht erfüllen.

3   Die **Verpflichtung nach § 68 I** kann zur Bedingung für die Erteilung eines Aufenthaltstitels, va eines Visums gemacht werden, **um** insbesondere **Bedenken aufgrund § 5 I Nr. 1 auszuräumen**[5]. Die Ausländerbehörde ist gehalten, eine Verpflichtungserklärung bei der Prüfung der Lebensunterhaltssicherung iR pflichtgemäßer Überzeugungsbildung zu berücksichtigen[6]. Der Umfang der abzusichernden Kosten ergibt sich aus § 2 III, der Aufwand für die Lebenshaltung bei häuslicher Pflegebedürftigkeit gehört zusätzlich dazu. In der Definition des § 2 III ist die Verpflichtungserklärung nicht erwähnt, in §§ 23 I 2 und 37 I 1 Nr. 2 ist sie aber jeweils als Möglichkeit vorgesehen. Die Grenzbehörde kann die Vorlage der Verpflichtungserklärung bei der Einreise verlangen (vgl. Art. 5 Ic, II SGK). Damit der Verpflichtungserklärung ihrer Funktion als Regelerteilungs-Voraussetzung gerecht wird, darf diese nicht gefordert werden, wenn der Ausländer abweichend von § 5 I Nr. 1 einen Rechtsanspruch auf Erteilung einer Aufenthaltserlaubnis hat, zB in den Fällen der §§ 28 I 2, 31 IV 1, 34 I, 5 III 1.

4   Soweit die **Verpflichtungserklärung vor Erteilung einer Duldung** verlangt oder die Vorlage einer solchen zur Bedingung der Duldung gemacht wird (§ 36 II Nr. 2 VwVfG), ist dies rechtswidrig, falls ein Rechtsanspruch auf die Duldung (nach § 60a II 1 und 2) besteht[7]. Entsprechendes gilt im Hinblick auf Art. 6 GG auch für den „Sollanspruch" auf Duldung nach § 60a IIb; so ist die Abschiebung der personensorgeberechtigten Eltern regelmäßig iSd § 60a II 1 rechtlich unmöglich, wenn der Aufenthalt eines minderjährigen Kindes legalisiert wird.

5   Bei einer **Niederlassungserlaubnis** nach § 9 kann der Nachweis der Sicherung des Lebensunterhalts durch eine unbefristete Verpflichtungserklärung geführt werden[8]. Das Wesen der Niederlassungserlaubnis steht dem nicht entgegen. Eine **Verpflichtungserklärung genügt** nach dem System des Aufenthaltsrechts **nur dann nicht, wenn ausnahmsweise die eigenständige Sicherung des Lebensunterhalts durch den Ausländer gefordert wird,** so in §§ 104a I 2, 25a II 1 Nr. 2. Auch bei einem Titel nach § 9a ist die Sicherung des Lebensunterhalts durch eigene Erwerbstätigkeit zwar der Regelfall (§ 9a II Nr. 2 iVm § 9c S. 1 Nr. 4). Mit Blick auf Art. 5 Ia sowie den Erwägungsgrund 7 Daueraufenthalts-RL[9], wonach ua ausreichende Einkünfte nachgewiesen werden müssen, damit Drittstaatsangehörige „keine Last für den betreffenden Mitgliedstaaten werden", können jedoch auch feste und regelmäßige Einkünfte, die – rechtlich gesichert – durch Dritte freiwillig erbracht werden, genügen. Allerdings sind bei einem unbefristeten Aufenthaltsrecht besondere Anforderungen an die Prognose der Bonität des Dritten zu stellen.

---

[2] BT-Drs. 18/8615, 24 und BT-Drs. 18/8829, 23.
[3] BGBl. 2019 I S. 1626.
[4] Ebenso *Kluth* in BeckOK AuslR AufenthG § 68 Rn. 4, 6; BFH Beschl. v. 2.12.2021 – VI R 40, 19, BeckRS 2021, 49576.
[5] Vgl. BVerwG Beschl. v. 16.7.1997 – 1 B 138.97, InfAuslR 1997, 395; OVG Bln-Bbg Urt. v. 25.1.2012 – OVG 2 B 10.11, BeckRS 2012, 47054.
[6] BVerwG Urt. v. 18.4.2013 – 10 C 10.12, NVwZ 2013, 1339.
[7] *Siehr/Bumke* ZAR 1998, 210; BayVGH Urt. v. 17.7.1997 – 12 B 96.1165, EZAR 603 Nr. 4.
[8] VG Karlsruhe Urt. v. 19.1.2012 – 6 K 2158/11, BeckRS 2012, 53586.
[9] RL 2003/109/EG des Rates vom 25.11.2003 betr. die Rechtsstellung der langfristig aufenthaltsberechtigten Drittstaatsangehörigen (ABl. 2004 L 16, 44).

Zur Erfüllung des § 5 I Nr. 1 bedarf es bei einer befristeten Aufenthaltserlaubnis **keiner** dauerhaft, 6
dh **zeitlich unbegrenzt eingegangenen Verpflichtung**[10]. Soweit bei den **Landesaufnahmeprogrammen** – etwa für **syrische Flüchtlinge** – eine Verpflichtungserklärung (§ 23 I 2) verlangt wird, die zeitlich und finanziell unbegrenzte ist, führt dies dazu, dass besonders Hilfsbedürftige, dh Kinder, Betagte und Behinderte, wenig von der Möglichkeit des § 23 profitieren. Kaum jemand kann – selbst wenn Krankheits- und Pflegekosten durch die öffentliche Hand getragen werden – ein solches Risiko seriös übernehmen[11]. Während bei einem gesunden Erwachsenen das Risiko abschätzbar ist, da die Aufenthaltserlaubnis nach § 23 I 5 zur Ausübung der Erwerbstätigkeit berechtigt, kann dieser Personenkreis seinen Lebensunterhalt auf unabsehbare Zeit nicht selbst bestreiten. Die Aufnahme von Flüchtlingen auf dieser Grundlage erfolgt aber nicht (nur) im privaten Interesse, sondern wird durch die hierfür notwendige politische Leitentscheidung oberster Landes- und Bundesbehörden zu einer Angelegenheit von öffentlicher Bedeutung.

Aufgrund des im öffentlichen Interesse liegenden humanitären Zwecks ist die mit **IntegrationsG** 7
mWz 6.8.2016 in § 68 I 1 **vorgenommene generelle zeitliche Befristung der Verpflichtung auf fünf Jahre ab Einreise des Ausländers** Zeichen einer **angemessenen Risikoverteilung**. Die gesetzliche Befristung entspricht der Tatsache, dass Lebensverhältnisse über einen etwa solchen Zeitraum regelmäßig überschaubar sind. Die Möglichkeit, im Einzelfall im Wege einer Ermessensentscheidung[12] von der Inanspruchnahme aus der Verpflichtungserklärung ganz oder teilweise abzusehen oder gar erst auf Vollstreckungsebene die Forderung zu erlassen, ist insoweit kein adäquates Mittel.

III. Zustandekommen und Inhalt

Nach der Rspr. des BVerwG ist die Verpflichtungserklärung ihrer Rechtsnatur nach kein öffentlich- 8
rechtlicher Vertrag, sondern eine **einseitige und empfangsbedürftige öffentlich-rechtliche** (einem Schuldversprechen iSv § 780 BGB vergleichbare) **Willenserklärung** zugunsten eines Dritten, die gegenüber Ausländerbehörde oder Auslandsvertretung abgegeben wird und bei der die Konkretisierung der zu erstattenden Kosten durch VA erfolgt[13]. § 68 schließt es jedoch nicht aus, dass abweichend hiervon ein öffentlich-rechtlicher Vertrag über die Kosten für den Lebensunterhalt des Ausländers geschlossen werden kann[14]. Ein übereinstimmender Wille zur vertraglichen Regelung wird aber nur bei besonderen Umständen im Einzelfall anzunehmen sein.

Die Rechtsordnung überlässt es der Entscheidung des Einzelnen, ob und in welchem Umfang er für 9
den Unterhalt eines Ausländers im Bundesgebiet aufkommen und damit die Voraussetzungen für dessen Aufenthalt schaffen will. Die **Verpflichtungserklärung** muss indes **hinreichend bestimmt** sein. Maßstab dafür ist § 37 I VwVfG. **Inhalt und Umfang** (auch in zeitlicher Hinsicht) der jeweils konkreten Verpflichtungserklärung sind nach Maßgabe der **allgemeinen Grundsätze der §§ 133 und 157 BGB** anhand aller objektiv erkennbaren Umstände **im Zeitpunkt der Unterzeichnung zu ermitteln**[15]. Bei der Auslegung einer Willenserklärung ist grundsätzlich auf den Empfängerhorizont abzustellen, jedoch kann es sich anders verhalten, wenn eine Erklärung in einem **Formular** des Erklärungsempfängers abgegeben wird[16]. Hier kommt es zusätzlich darauf an, wie der Erklärende die Eintragungen in dem Formular verstanden hat, wobei Unklarheiten, die sich aus dem Formular ergeben, zu Lasten des Formularverwenders gehen (§ 305c II BGB analog)[17]. Inhaltlich kann die Verpflichtungserklärung auf einzelne konkrete Aufenthaltszwecke – etwa auf diejenigen aus völkerrechtlichen, humanitären oder politischen Gründen – beschränkt werden (§ 68 I 4).

IRd Verpflichtungserklärungen ist für die Zuordnung eines Sachverhalts zu einem „Aufenthalts- 10
zweck" im Ansatz von den verschiedenen Abschnitten des Kapitels 2 des AufenthG auszugehen. Der **Begriff des „Aufenthaltszwecks"** iSd Verpflichtungserklärungen erfasst daher grundsätzlich jeden Aufenthalt aus völkerrechtlichen, humanitären oder politischen Gründen, wie sie – unter dieser Überschrift – vom Gesetzgeber im Abschnitt 5 AufenthG zusammengefasst sind[18]. Die Erteilung eines (anderen) humanitären Aufenthaltstitels lässt die Haftung des Verpflichtungsgebers aus der Verpflich-

---

[10] NdsOVG Beschl. v. 2.2.2011 – 11 ME 441/10, BeckRS 2011, 46690.
[11] S. zur Warnung vor den schwerwiegenden finanziellen Konsequenzen einer Verpflichtungserklärung für Bürgerkriegsflüchtlinge ua *Münch* Asylmagazin 2014, 226.
[12] Diesen Weg beschritt das BVerwG bei Verpflichtungserklärungen für bosnische Bürgerkriegsflüchtlinge, vgl. BVerwG Urt. v. 24.11.1998 – 1 C 33.97, BVerwGE 108, 1.
[13] BVerwG Urt. v. 24.11.1998 – 1 C 33.97, BVerwGE 108, 1.
[14] GK-AufenthG § 68 Rn. 10 (Stand: 3/2012).
[15] BVerwG Beschl. v. 18.4.2018 – 1 B 6.18, BeckRS 2018, 8302; NdsOVG Beschl. v. 9.2.2022 – 13 LB 322/21, BeckRS 2022, 3437; VG Köln Urt. v. 19.4.2016 – 5 K 79/16; SchlHOVG Urt. v. 7.8.2013 – 4 LB 14/12; BayVGH Beschl. v. 22.2.2008 – 19 C 07.2884; NdsOVG Urt. v. 3.5.2018 – 13 LB 2/17 und Beschl. v. 5.6.2007 – 11 LC 88/06 jeweils unter Hinweis auf BVerwG Urt. v. 24.11.1998 – 1 C 33.97, BVerwGE 108, 1.
[16] VGH BW Urt. v. 27.2.2006 – 11 S 1857/05, BeckRS 2016, 129345.
[17] OVG NRW Urt. v. 8.12.2017 – 18 A 140/16; NdsOVG Beschl. v. 5.6.2007 – 11 LC 88/06 mwN; VG Münster Urt. v. 14.6.2012 – 8 K 2632/10. Dazu kritisch VGH BW Urt. v. 12.7.2017 – 11 S 2338/16, BeckRS 2017, 119893.
[18] BVerwG Urt. v. 26.1.2017 – 1 C 10.16, EZAR N756 Nr. 23 Rn. 28; SächsOVG Beschl. v. 13.10.2021 – 3 A 214/21, BeckRS 2021, 31359 Rn. 18.

tungserklärung vor Ablauf des Zeitraums von fünf Jahren unberührt. Durch die Zuerkennung internationalen Schutzes und durch die anschließende Erteilung einer Aufenthaltserlaubnis nach § 25 I oder II nach Aufnahme in ein Landesaufnahmeprogramm tritt also kein Zweckwechsel ein, der die Fünf-Jahres-Frist verkürzt. Nicht jede anschließende Erteilung eines Aufenthaltstitels auf einer anderen Rechtsgrundlage beendet damit die Verpflichtung, sondern nur eine solche zu einem ganz anderen Aufenthaltszweck (zB Studium oder aus familiären Gründen). In Anbetracht möglicher Auslegungszweifel ist von vornherein auf eindeutige Formulierungen Wert zu legen, auch wenn die Behörde die Beschränkung des **Haftungsumfangs** zum Anlass für eine Ablehnung nehmen kann. Die auf dem bundesweit einheitlich verwendeten Formular abgegebenen Verpflichtungserklärungen genügen dem Gebot der hinreichenden Bestimmtheit. Ihr Inhalt und ihre Reichweite lassen sich nach dem Wortlaut sowie durch Auslegung anhand objektiver Umstände ermitteln[19]. Eine Erstreckung der Verpflichtungserklärung zur Erstattung auch für Unterhaltsleistungen nach dem SGB II oder dem AsylbLG ist möglich und rechtlich zulässig[20].

11 **Verpflichtungserklärungen** bedürfen aus Gründen von Rechtssicherheit, Transparenz und nicht zuletzt zum Schutz der Verpflichtungsgeber vor übereilten Verpflichtungsentscheidungen der **Schriftform** (§ 68 II 1); sie sind nach Maßgabe des VwVG vollstreckbar (§ 68 II 2). Der Erstattungsanspruch steht der öffentlichen Stelle zu, die die öffentlichen Mittel aufgewendet hat (§ 68 II 3). Die Rechtsqualität eines familienrechtlichen Unterhaltstitels kommt ihnen indes nicht zu[21]. Ebenso wenig kann ein Hilfebedürftiger von der zuständigen Grundsicherungsbehörde auf eine Verpflichtungserklärung iSe „bereiten Finanzierungsmittels" verwiesen werden; vielmehr muss der fragliche grundsicherungsrechtliche Bedarf tatsächlich gedeckt sein[22]. Aus der Verpflichtungserklärung resultiert eine Regresspflicht des Erklärenden – wie schon oben unter → Rn. 2 erläutert – allein gegenüber der Ausländerbehörde. Deshalb dürfen **Grundsicherungsleistungen gegenüber Hilfebedürftigen** – sei es nach dem SGB II, dem SGB XII oder dem AsylbLG – **nicht per se, dh unter Hinweis auf das bloße Bestehen der Verpflichtungserklärung, abgelehnt** werden. Vielmehr soll sich diejenige öffentliche Stelle, die öffentliche Mittel aufgewendet hat, diese gerade vom Verpflichtungsgeber erstatten lassen[23].

12 Eine **Anfechtung der Verpflichtungserklärung** wegen Willensmängeln ist in entsprechender Anwendung der §§ 119 ff. BGB **grundsätzlich möglich**[24]. Auf die Verpflichtungserklärung ist § 60 VwVfG (entsprechend) anwendbar[25]. Dagegen ist ein **Widerruf** nach Wirksamwerden der Verpflichtungserklärung rechtlich **ausgeschlossen;** der erklärte Widerruf kann auch nicht in eine wirksame Anfechtung oder Kündigung umgedeutet werden[26]. Ebenso wenig wird sich ein Verpflichtungsgeber von einer einmal eingegangenen Verpflichtungserklärung mit der Argumentation **krasser finanzieller Überforderung analog § 138 BGB** lösen können. Denn nach der Rspr. des BGH ist bei Vorliegen einer krassen finanziellen Überforderung des Verpflichteten nur dann von der Sittenwidrigkeit der Mithaftungserklärung auszugehen, wenn der Hauptschuldner dem Mithaftenden persönlich besonders nahesteht[27]. An einem solchen Näheverhältnis zum Hauptschuldner fehlt es bei der Abgabe einer ausländerrechtlichen Verpflichtungserklärung. Der Verpflichtungsgeber erklärt hier für eine sozialfürsorgliche Schuld des Staates (Regelleistungen nach dem SGB II oder dem AsylbLG, Kosten für Unterkunft und Heizung sowie Beiträge zur gesetzlichen Kranken- und Pflegeversicherung) zu haften.

13 Die Verpflichtungserklärung kann nur dann ihren Zweck erfüllen, wenn die **Realisierung des Erstattungsanspruchs hinreichend sicher** ist. Deshalb muss der Erklärende die übernommene Verpflichtung aus eigenem Einkommen oder Vermögen im Bundesgebiet ohne weiteres erfüllen können. Die gebietliche Beschränkung des Verpflichtungsgebers auf Personen, die jedenfalls auch einen Wohnsitz im Inland haben, folgt daraus, dass die Verwirklichung des Erstattungsanspruchs nach den Vorschriften des VwVG im Inland erfolgt[28]. Die Auslandsvertretung oder Ausländerbehörde kann sich über die Realisierbarkeit des Erstattungsanspruchs Gewissheit verschaffen, indem sie die Vorlage geeigneter Nachweise verlangt. Die jeweils erforderliche **Bonität** wird in erster Linie durch Umfang und Dauer der Haftung und damit durch Art und Dauer des Aufenthaltszwecks bestimmt (zB Aufenthaltserlaubnis für Nachzug von Ehegatten und Kindern, für Studenten oder für Bürgerkriegsflücht-

---

[19] VG Minden Urt. v. 30.3.2016 – 7 K 2137/15, BeckRS 2016, 44453.
[20] BVerwG Urt. v. 26.1.2017 – 1 C 10.16, EZAR NF 56 Nr. 23 Rn. 20.
[21] BSG Urt. v. 8.2.2017 – B 14 AS 22/16 R, NJW 2017, 2493 Rn. 21.
[22] LSG Niedersachsen-Bremen Beschl. v. 3.7.2017 – L 8 SO 130/17 B ER, BeckRS 2017, 142470.
[23] LSG Niedersachsen-Bremen Urt. v. 2.2.2017 – L 9 SO 691/16 B ER, BeckRS 2017, 101335.
[24] OVG NRW Urt. v. 8.12.2017 – 18 A 1040/16; BayVGH Urt. v. 28.6.2005 – 24 B 04.2951; VG Regensburg Urt. v. 13.2.2012 – RN 9 K 12.14.
[25] VG Braunschweig Urt. v. 9.8.1995 – 8 A 8029/95; *Knack/Hennecke* VwVfG § 60 Rn. 3; *Hofmann/Hoffmann* § 68 Rn. 7; *Kluth* in BeckOK AuslR AufenthG § 68 Rn. 17 (Stand 11/2018); offen gelassen VG Freiburg Urt. v. 19.4.2012 – 4 K 1626/11; VG Münster Urt. v. 18.6.2009 – 8 K 1670/08.
[26] BVerwG Urt. v. 26.1.2017 – 1 C 10.16, EZAR NF 56 Nr. 23 Rn. 32.
[27] BGH Urt. v. 15.11.2016 – XI ZR 32/16, NJW-RR 2017, 241.
[28] Wie hier *Kluth* in BeckOK AuslR § 68 Rn. 9 (Stand 11/2018); *Funke-Kaiser* in GK AufenthR § 68 Rn. 8. Unter Hinweis auf die Möglichkeit der Abgabe der Erklärung bei der Auslandsvertretung aA *Hailbronner* AuslR AufenthG § 68 Rn. 7.

linge), aber auch durch die Sicherheit des Aufenthaltstitels und die Leistungsfähigkeit des Dritten in der Vergangenheit. Bezieht der Erklärende ein Arbeitseinkommen, so kann als Anhaltspunkt für seine Leistungsfähigkeit – jedenfalls bei einem begehrten Daueraufenthalt – die Pfändungsfreigrenze des § 850c ZPO dienen; die **Bonitätsprüfung** des Verpflichtungsgebers durch die Ausländerbehörde kann nur dann zu seinen Gunsten ausgehen, wenn er über pfändungsfreies Einkommen in ausreichender Höhe verfügt[29]. Bei einer Verpflichtungserklärung für einen unbefristeten Aufenthaltstitel setzt eine positive Prognose regelmäßig voraus, dass die bisherige Erwerbsbiographie des Erklärenden durch unbefristete Arbeitsverhältnisse mit auskömmlicher Entlohnung geprägt ist und keine Anhaltspunkte dafür bestehen, dass die Beschäftigung in überschaubarem Zeitraum verloren gehen könnte.

Wegen des funktionalen Zusammenhangs mit der Erteilung eines Aufenthaltstitels an den Ausländer ist die Verpflichtungserklärung des Dritten idR auf die Kosten für den Unterhalt während der Geltungsdauer des beantragten und in Aussicht gestellten Aufenthaltstitel gerichtet[30]; sie erstreckt sich grundsätzlich auch auf die Zeiten illegalen Aufenthalts einschließlich der Dauer einer etwaigen Abschiebung[31]. **Die Erstattungspflicht aus einer Verpflichtungserklärung endet nach § 68 I 1** kraft Gesetzes **spätestens fünf Jahre nach der Einreise des Ausländers.** Im Übrigen kann sie innerhalb des Fünf-Jahres-Zeitraums nach Maßgabe der Auslegung im Einzelfall mit dem Ende des vorgesehenen Aufenthalts oder dann früher enden, wenn der ursprüngliche Aufenthaltszweck durch einen anderen ersetzt und dies aufenthaltsrechtlich anerkannt worden ist[32]. Die **Stellung eines Asylantrags hindert nicht die Inanspruchnahme des Verpflichtungsgebers.** Dieser haftet auch für die während des Asylverfahrens gewährten Leistungen. Dies gilt selbst dann, wenn das Asylverfahren mit der Zuerkennung der Flüchtlingseigenschaft endet[33]. Mit der Zuerkennung der Flüchtlingseigenschaft und infolgedessen der Erteilung eines Aufenthaltstitels nach § 25 II dürfte aber ab diesem Zeitpunkt für die Zukunft eine frühere – etwa mit Blick auf § 23 I abgegebene – Verpflichtungserklärung enden[34]. 14

IV. Inanspruchnahme aus der Verpflichtungserklärung

Aus einer Erklärung nach § 68 ist der **Verpflichtete im Regelfall zur Erstattung heranzuziehen, ohne** dass es **weitergehender Ermessenserwägungen** bedürfte. Denn der Staat ist unter Berücksichtigung des Prinzips der Gesetzmäßigkeit der Verwaltung und des Gebots der Grundsätze der Wirtschaftlichkeit und Sparsamkeit öffentlicher Haushalte idR verpflichtet, ihm zustehende Geldleistungsansprüche durchzusetzen, ohne dazu dahingehende Ermessenserwägungen anzustellen. Ein Regelfall liegt vor, wenn die Voraussetzungen des Aufenthaltstitels, wozu auch die Erteilung eines Visums gehört, einschließlich der finanziellen Belastbarkeit des Verpflichteten im Verwaltungsverfahren voll und individuell geprüft worden sind und nichts dafür spricht, dass die Heranziehung zu einer unzumutbaren Belastung des Verpflichteten führen könnte[35]. 15

Bei **atypischen Gegebenheiten** ist im Wege des pflichtgemäßen **Ermessens** zu entscheiden, in welchem Umfang der Anspruch geltend gemacht wird und welche Zahlungserleichterungen dem Verpflichteten ggf. eingeräumt werden. Ob ein Ausnahmefall vorliegt, ist anhand einer wertenden Betrachtung aller Umstände des Einzelfalls zu entscheiden und unterliegt voller gerichtlicher Kontrolle[36]. Durch die Berücksichtigung atypischen Verhältnissen kann insbesondere bei fehlender oder eingeschränkter Leistungsfähigkeit den Grundsatz der **Verhältnismäßigkeit und Billigkeit** im Einzelfall angemessen Rechnung getragen werden[37]. Damit ist das Feld tatrichterlicher Würdigung des Sachverhalts im konkreten Einzelfall eröffnet. Beispielsweise kann der **Rechtsgedanke des § 8 II AsylbLG** zu berücksichtigen sein. Danach kann Personen, die sechs Monate oder länger eine Verpflichtung nach § 68 I gegenüber einem nach dem AsylbLG Leistungsberechtigten erfüllt haben, ein monatlicher Zuschuss bis zum Doppelten des Betrages nach § 3 I 8 AsylbLG gewährt werden, wenn außergewöhnliche Umstände in der Person des Verpflichteten den Einsatz öffentlicher Mittel rechtfertigen[38]. Eine **Haftungsbegrenzung aufgrund** erteilter **mündlichen Zusicherungen von Mitarbeitern der Ausländerbehörde** kommt **nur** in Betracht, wenn diese hinreichenden Ausdruck in 16

---

[29] Näher OVG Bln-Bbg Urt. v. 25.1.2012 – OVG 2 B 10.11 und Beschl. v. 26.5.2010 – OVG 2 S 100.09; VG Berlin Urt. v. 3.9.2018 – 31 K 509.17 V.
[30] *Siehr/Bumke* ZAR 1998, 210.
[31] BVerwG Urt. v. 24.11.1998 – 1 C 33.97, BVerwGE 108, 1.
[32] BVerwG Urt. v. 24.11.1998 – 1 C 33.97, BVerwGE 108, 1.
[33] BVerwG Urt. v. 13.2.2014 – 1 C 4.13, NVwZ-RR 2014, 533.
[34] Vgl. auch *Hörich/Riebau* ZAR 2015, 253.
[35] BVerwG Urt. v. 13.2.2014 – 1 C 4.13, NVwZ-RR 2014, 533 und Beschl. v. 20.3.2018 – 1 B 5.18, BeckRS 2018, 5381 sowie v. 18.4.2018 – 1 B 6.18, BeckRS 2018, 8302; NdsOVG Beschl. v. 5.6.2007 – 11 LC 88/06 mwN.
[36] BVerwG Urt. v. 13.2.2014 – 1 C 4.13, NVwZ-RR 2014, 533 und Beschl. v. 18.4.2018 – 1 B 6.18, BeckRS 2018, 8302 Rn. 9.
[37] Vgl. BVerwG Urt. v. 24.11.1998 – 1 C 33.97, BVerwGE 108, 1 und Beschl. v. 18.4.2018 – 1 B 6.18, BeckRS 2018, 8302 Rn. 9; BayVGH Urt. v. 15.12.2003 – 24 B 0.31 049, InfAuslR 2004, 252; VGH BW Beschl. v. 7.3.2006 – 13 S 155/06, InfAuslR 2006, 387.
[38] Vgl. zB VG Köln Urt. v. 25.9.2018 – 5 K 14113/17, BeckRS 2018, 25121 Rn. 72.

der **schriftlichen Verpflichtungserklärung gefunden haben.** Ist dies nicht der Fall, bedarf es hierüber auch keiner Beweiserhebung durch Zeugenvernehmung[39].

17   Die **Besonderheiten des Einzelfalls** sind bereits bei der **Geltendmachung der Forderung** von rechtlicher Bedeutung und kommen nicht erst im vollstreckungsrechtlichen Verfahren, sei es durch Stundung, Niederschlagung oder Erlass der Forderung, zum Tragen[40]. Insoweit besteht ein Unterschied zu § 67 III 1[41].

18   Ein **Ausnahmefall** anzunehmen, wenn eine wertende Betrachtung aller Umstände des Einzelfalls ergibt, dass die strikte Gesetzesanwendung Folgen zeitigte, die vom Gesetzgeber nicht gewollt sind und mit den Grundsätzen der Gerechtigkeit und der Verhältnismäßigkeit, insbesondere der Rücksichtnahme auf die individuelle Leistungsfähigkeit des Verpflichteten nicht vereinbar wären[42]. Für einen Ausnahmefall kann sprechen, dass die zuständige Behörde im Grunde eine Risikoentscheidung getroffen und damit eine Mitverantwortung übernommen haben, indem sie keine eingehende und sorgfältige, sondern nur eine überschlägige Bonitätsprüfung des Erklärenden vorgenommen haben bzw. auch gar nicht durchführen wollten[43], was insbesondere bei geplanten Kurzaufenthalten zu Besuchszwecken praktisch häufig der Fall sein wird[44]. **Fehler der zuständigen Ausländerbehörde bei der Bonitätsprüfung** können bei der Inanspruchnahme aus der Verpflichtungserklärung also zu berücksichtigen sein[45]. Bestätigt der Erklärende bei Abgabe der Verpflichtungserklärung jedoch ausdrücklich und sprechen keine bei Abgabe der Erklärung wegen der Behörde bei Abgabe der Erklärung wegen ein weiteres erkennbaren Anhaltspunkte (etwa eine vorgelegte Verdienstbescheinigung über ein monatliches Nettoeinkommen von nur ca. 1.300 EUR) dafür, dass er aufgrund seiner wirtschaftlichen Verhältnisse zu der Verpflichtung in der Lage ist, so kann er der Behörde später nicht entgegenhalten, dass diese seine Leistungsfähigkeit nicht geprüft hat[46].

19   Ein **Ausnahmefall** ist auch dann zu bejahen sein, wenn die **Ausländerbehörde oder die Auslandsvertretung** den Garantiegeber **nicht in einer verständlichen Art und Weise** auf das **Kostenrisiko hinzuweisen,** das mit einer Verpflichtungserklärung übernommen wird[47]. Ein atypischer Ausnahmefall liegt danach etwa vor, wenn eine Ausländerbehörde in Abweichung von einem ihr bekannten Standpunkt des zuständigen Innenministeriums eine weiterreichende Verpflichtungserklärung abnimmt, ohne den Verpflichtungsgeber über diese Abweichung aufgeklärt zu haben[48].

20   Die „**Versorgung im Krankheitsfalle und bei Pflegebedürftigkeit**" nach § 68 I 1 meint nach Sinn und Zweck der Norm zunächst die häusliche Krankenpflege iRd Gewährung des Lebensunterhalts. Zu den Mitteln zur Versorgung im Krankheitsfall und bei Pflegebedürftigkeit zählen darüber hinaus insbesondere aber auch die **Beitragskosten zur gesetzlichen oder privaten Kranken- und Pflegeversicherung**[49].

21   Dagegen unterfallen die **ärztlichen Krankenbehandlungskosten, die iRe Behandlungsvertrags erbracht werden,** nach hier vertretener Auffassung **regelmäßig nicht der Haftung** für den Lebensunterhalt oder die Versorgung im Krankheitsfall **nach § 68 I**. Die medizinische Versorgung in einem öffentlichen Krankenhaus stellt von ihrer Ausgestaltung her keine Leistung für den Lebensunterhalt oder der Versorgung im Krankheitsfall dar, sondern eine Leistung zur Erfüllung eines Behandlungsauftrags, für die ein nach Pflegesätzen und Pauschalen festgelegtes Entgelt als Gegenleistung für die erbrachten Dienste verlangt wird. Ein Einsatz öffentlicher Mittel erfolgt erst und nur durch eine für den Einzelfall berechnete, bezifferte, als Krankenhilfe bewilligte und zur Auszahlung gebrachte Leistung der Grundsicherung[50]. Deshalb könnten (und sollten) auch medizinische Sachleistungen gemäß §§ 4 und 6 AsylbLG von einer Erstattungspflicht nach § 68 I auszunehmen sein. Da in § 68 I 1 aber ausdrücklich auch aufgewendete Mittel zur Versorgung im Krankheitsfall und bei Pflegebedürftigkeit als erstattungspflichtig genannt sind, können diese nach der Rspr. des BVerwG für Inhaber einer Aufenthaltserlaubnis nach § 23 AufenthG auch Leistungen bei Krankheit nach § 4 AsylbLG sein[51]. Insoweit kommt es auf die Auslegung der Reichweite der im Einzelfall abgegebenen Verpflichtungserklärung an.

---

[39] VG Gießen Urt. v. 22.8.2018 – 6 K 6757/17.GI Rn. 31, BeckRS 2018, 25189.
[40] SchlHOVG Urt. v. 7.8.2013 – 4 LB 14/12, BeckRS 2013, 58571.
[41] BVerwG Urt. v. 24.11.1998 – 1 C 33.97, BVerwGE 108, 1 und Urt. v. 16.10.2012 – 10 C 6.12, NVwZ 2013, 277.
[42] BVerwG Beschl. v. 20.3.2018 – 1 B 5.18, BeckRS 2018, 5381 und Beschl. v. 18.4.2018 – 1 B 6.18, BeckRS 2018, 8302.
[43] VG Hannover Urt. v. 22.7.2011 – 3 A 6111/08.
[44] NdsOVG Beschl. v. 5.6.2007 – 11 LC 88/06.
[45] VG Köln Urt. v. 25.9.2018 – 5 K 2237/18, VG Münster Urt. v. 18.1.2018 – 8 K 3874/16.
[46] VG Oldenburg Urt. v. 7.9.2011 – 11 A 2205710.
[47] Näher GK-AufenthG § 68 Rn. 14 (Stand: 3/2012); HessVGH Urt. v. 29.8.1997 – 10 UE 2030/95, InfAuslR 1998, 166; eine solche Pflicht verneinend NdsOVG Urt. v. 20.7.2005 – 7 LB 182/02.
[48] VG Osnabrück Urt. v. 4.6.2018 – 7 A 128/17.
[49] Vgl. BVerwG Beschl. v. 14.3.2018 – 1 B 9/18, BeckRS 2018, 5380 Rn. 5.
[50] VG Darmstadt Urt. v. 10.10.2007 – 8 E 2443/05 unter Hinweis auf VG Bayreuth Urt. v. 14.12.2004 – B 1 K 04.20; VG München Urt. v. 21.3.2001 – M 31 K 00.1940; aA VG Düsseldorf Urt. v. 12.9.2017 – 22 K 6279/16.
[51] BVerwG Beschl. v. 14.3.2018 – 1 B 9/18, BeckRS 2018, 5380 Rn. 5.

Die **Ausreisekosten** iSd §§ 66, 67 sind nicht eingeschlossen[52]. Es ist aber grundsätzlich zulässig, die 22 Verpflichtung zur Übernahme der Kosten für den Lebensunterhalt nach § 68 mit der Verpflichtung zur Übernahme der Ausreisekosten nach §§ 66 II, 67 I zu verbinden[53].

Macht eine öffentliche Stelle einen **Erstattungsanspruch** wegen aufgewandter öffentlicher Mittel 23 gegenüber demjenigen geltend, der sich gegenüber der Ausländerbehörde oder Auslandsvertretung verpflichtet hat, die Kosten für den Lebensunterhalt eines Ausländers zu tragen, so ist für die Klage hiergegen die **Zuständigkeit der Verwaltungsgerichte** gegeben[54]. Der öffentlich-rechtliche Erstattungsanspruch setzt die **Rechtmäßigkeit der erbrachten Leistung** voraus und wird durch Leistungsbescheid gegenüber dem Verpflichteten geltend gemacht[55]. Der Leistungsbescheid, der die Kostenerstattungspflicht iSd § 68 I 1 konkretisiert, ist keine Maßnahme der Verwaltungsvollstreckung nach § 80 II 2 VwGO und es handelt sich auch nicht um die Anforderung öffentlich-rechtlicher Kosten nach § 80 II 1 Nr. 1 VwGO[56]. Seine Rechtmäßigkeit bestimmt sich nach der im Zeitpunkt seines Erlasses maßgeblichen Sach- und Rechtslage[57]. Eine auf die Überprüfung der Wirksamkeit einer Verpflichtungserklärung gerichtete **Feststellungsklage ist unzulässig**[58]. Denn in einem gegen den Leistungsbescheid gerichteten und **statthaften Anfechtungsklageverfahren** ist nicht nur die Wirksamkeit der Verpflichtungserklärung, sondern auch die Rechtmäßigkeit des Leistungsbescheids iÜ zu prüfen. Der Ausländer selbst kann aus der Verpflichtungserklärung nach § 68 I keine Zahlungen an sich beanspruchen. Vielmehr ist die **Verpflichtungserklärung** allein eine **Garantieerklärung gegenüber den deutschen Behörden,** die einen Regress ermöglicht[59].

Nach welchen Regelungen sich die **Verjährung dieses Erstattungsanspruchs** richtet, ist nicht 24 endgültig geklärt. Knüpft man daran an, dass Grundlage des Erstattungsanspruchs letztlich die Verpflichtungserklärung – und damit eine rechtsgeschäftliche Erklärung – ist, so liegt die entsprechende Anwendung von § 62 S. 2 VwVfG iVm §§ 194 ff. BGB nahe[60]. Allerdings sind – anders als noch unter der Geltung des AuslG 1990 – die Vorschriften über „Haftung und Gebühren" in einem Kapitel zusammengefasst, das mit eigenen Vorschriften zu Gebühren (§ 69) und zur Verjährung (§ 70) abschließt. Diese enthält nur vereinzelte insbesondere auf § 67 Bezug nehmende Sonderregelungen, wird aber durch das subsidiär anwendbare BGebG (§ 69 III 2) ergänzt. Systematische Erwägungen könnten daher dafür sprechen, die Verjährung des durch Verwaltungsakt festzusetzenden Erstattungsanspruchs ebenfalls anhand des BGebG zu bestimmen. Nach § 18 I BGebG verjährt der Anspruch auf Zahlung von Gebühren nach fünf Jahren. Die Verjährung beginnt mit dem Ablauf des Kalenderjahres, in dem der Anspruch erstmals fällig geworden ist. Die Verjährung ist allerdings gehemmt, solange der Anspruch wegen höherer Gewalt innerhalb der letzten sechs Monate der Verjährungsfrist nicht verfolgt werden kann (§ 18 II BGebG).

V. Unterrichtungspflichten und Datenaustausch

Der in Abs. 1 geregelte Erstattungsanspruch kann nur realisiert werden, wenn die zuständigen 25 Stellen hinreichend informiert werden. Die Unterrichtungsverpflichtungen der Abs. 3 und 4 dienen der **effektiven Durchsetzung** des Erstattungsanspruchs. Die Verarbeitungsbeschränkung gem. Abs. 4 S. 2 stellt den notwendigen Datenschutz sicher. Danach darf der Empfänger der Daten nur zum Zweck der Erstattung der für den Ausländer aufgewendeten öffentlichen Mittel sowie der Versagung weiterer Leistungen verarbeiten.

§ 68a Übergangsvorschrift zu Verpflichtungserklärungen

¹§ 68 Absatz 1 Satz 1 bis 3 gilt auch für vor dem 6. August 2016 abgegebene Verpflichtungserklärungen, jedoch mit der Maßgabe, dass an die Stelle des Zeitraums von fünf Jahren ein Zeitraum von drei Jahren tritt. ²Sofern die Frist nach Satz 1 zum 6. August 2016 bereits abgelaufen ist, endet die Verpflichtung zur Erstattung öffentlicher Mittel mit Ablauf des 31. August 2016.

---

[52] OVG NRW Beschl. v. 3.7.2006 – 18 A 148/05.
[53] NdsOVG Beschl. v. 5.6.2007 – 11 LC 88/06; OVG NRW Beschl. v. 3.7.2006 – 18 A 148/05; VGH BW Urt. v. 27.2.2006 – 11 S 1857/05.
[54] BSG Beschl. v. 26.10.2010 – B 8 AY 1/09 R, NVwZ-RR 2011, 343; OVG NRW Beschl. v. 26.1.2016 – 18 A 539/15; VG Freiburg Urt. v. 19.4.2012 – 4 K 1626/11.
[55] BVerwG Urt. v. 24.11.1998 – 1 C 33.97, BVerwGE 108, 1.
[56] HessVGH Beschl. v. 10.6.2014 – 5 B 492/14, BeckRS 2014, 53696.
[57] BVerwG Urt. v. 13.2.2014 – 1 C 4.13, NVwZ-RR 2014, 533 und Urt. v. 26.1.2017 – 1 C 10.16, EZAR NF 56 Nr. 23.
[58] OVG NRW Beschl. v. 26.1.2016 – 18 A 539/15, BeckRS 2016, 13437.
[59] BVerwG Urt. v. 13.2.2014 – 1 C 4.13, NVwZ-RR 2014, 533; LSG LSA Beschl. v. 9.10.2015 – L 5 AS 643/15 B ER, NZS 2016, 191.
[60] So GK-AufenthG § 68 Rn. 47 ff. (Stand: 3/2012); *Hofmann/Hoffmann* AuslR § 68 Rn. 14; BayVGH Beschl. v. 22.2.2008 – 19 C 07.2884; offen gelassen VG Oldenburg Urt. v. 24.10.2011 – 11 A 583/11.

Allgemeine Verwaltungsvorschrift

Nicht belegt.

1   Die Vorschrift wurde durch das **IntG 2016**[1] eingeführt. Sie dient dazu, die Befristung der Haftung aus einer **Verpflichtungserklärung** nach § 68 auch in **Altfällen** sicherzustellen. Der Regelungsbedarf der Übergangsvorschrift nach § 68a besteht nur temporär, da es fünf Jahre nach Inkrafttreten dieses Gesetzes nach Abs. 1 keine Altfälle mehr geben wird.

2   Nachdem der Gesetzgeber die Geltungsdauer von Verpflichtungserklärungen nunmehr in § 68 I allgemein auf fünf Jahre beschränkt hat, wollte er auch die alten Verpflichtungsgeber in den Genuss der nunmehr günstigeren Rechtslage kommen lassen. Die **Fristverkürzung von fünf auf drei Jahre** hat ihren Grund darin gehabt, dass der großen Zahl **syrischer Flüchtlinge** regelmäßig ein Aufenthaltstitel für drei Jahre ausgestellt worden ist[2]. Auch eine vor dem 6.8.2016 datierende Verpflichtungserklärung, löst nach S. 1 aber keinen Anspruch des Verpflichtungsgebers gegenüber der öffentlichen Stelle auf Rückerstattung aus, sofern dieser in der Vergangenheit bereits länger als fünf Jahre einstandspflichtig gewesen ist[3].

3   Sofern die Dreijahresfrist nach § 68a S. 1 AufenthG zum 6.8.2016 bereits abgelaufen war, endet die Verpflichtung zur Erstattung öffentlicher Mittel allerdings (erst) mit Ablauf des 31.8.2016[4]. Damit soll verhindert werden, dass bereits bis zu diesem Tag entstandene Ersatzansprüche wegfallen oder gar bereits von den Erklärenden erbrachte Leistungen zurückgefordert werden können[5]. Das IntG bewirkt keine rückwirkende Verkürzung der zeitlichen Geltung für solche Verpflichtungserklärungen, die schon zum Zeitpunkt des Inkrafttretens des Gesetzes mehr als drei Jahre gegolten haben[6].

4   S. 2 der Norm ist dem Umstand geschuldet, dass Verpflichtungserklärungen bis zum Inkrafttreten des IntG am 6.8.2016 nach altem Recht grundsätzlich unbefristet galten. Für Verpflichtungserklärungen, die am 6.8.2016 bereits länger als **drei Jahre** ab Einreise des Ausländers gegolten hatten, bestimmt S. 2 deshalb das Ende der Erstattungspflicht und Haftung des Verpflichtungsgebers auf den 31.8.2016.

§ 69 Gebühren

(1) ¹Für individuell zurechenbare öffentliche Leistungen nach diesem Gesetz und den zur Durchführung dieses Gesetzes erlassenen Rechtsverordnungen werden Gebühren und Auslagen erhoben. ²Die Gebührenfestsetzung kann auch mündlich erfolgen. ³Satz 1 gilt nicht für individuell zurechenbare öffentliche Leistungen der Bundesagentur für Arbeit nach den §§ 39 bis 42. ⁴§ 287 des Dritten Buches Sozialgesetzbuch bleibt unberührt. ⁵Satz 1 gilt zudem nicht für das Mitteilungsverfahren im Zusammenhang mit der kurzfristigen Mobilität von Studenten nach § 16c, von unternehmensintern transferierten Arbeitnehmern nach § 19a und von Forschern nach § 18e.

(2) ¹Die Gebühr soll die mit der individuell zurechenbaren öffentlichen Leistung verbundenen Kosten aller an der Leistung Beteiligten decken. ²In die Gebühr sind die mit der Leistung regelmäßig verbundenen Auslagen einzubeziehen. ³Zur Ermittlung der Gebühr sind die Kosten, die nach betriebswirtschaftlichen Grundsätzen als Einzel- und Gemeinkosten zurechenbar und ansatzfähig sind, insbesondere Personal- und Sachkosten sowie kalkulatorische Kosten, zu Grunde zu legen. ⁴Zu den Gemeinkosten zählen auch die Kosten der Rechts- und Fachaufsicht. ⁵Grundlage der Gebührenermittlung nach den Sätzen 1 bis 4 sind die in der Gesamtheit der Länder und des Bundes mit der jeweiligen Leistung verbundenen Kosten.

(3) ¹Die Bundesregierung bestimmt durch Rechtsverordnung mit Zustimmung des Bundesrates die gebührenpflichtigen Tatbestände und die Gebührensätze sowie Gebührenbefreiungen und -ermäßigungen, insbesondere für Fälle der Bedürftigkeit. ²Soweit dieses Gesetz keine abweichenden Vorschriften enthält, finden § 3 Absatz 1 Nummer 1 und 4, Absatz 2 und 4 bis 6, die §§ 4 bis 7 Nummer 1 bis 10, die §§ 8, 9 Absatz 3, die §§ 10 bis 12 Absatz 1 Satz 1 und Absatz 3 sowie die §§ 13 bis 21 des Bundesgebührengesetzes vom 7. August 2013 (BGBl. I S. 3154) in der jeweils geltenden Fassung entsprechende Anwendung.

(4) ¹Abweichend von § 4 Absatz 1 des Bundesgebührengesetzes können die von den Auslandsvertretungen zu erhebenden Gebühren bereits bei Beantragung der individuell

---

[1] Gesetz v. 31.7.2016, BGBl. I S. 1939 mWv 6.8.2016.
[2] Vgl. zB BVerwG Urt. v. 26.1.2017 – 1 C 10.16, EZAR NF 56 Nr. 23 Rn. 18; VG Gießen Urt. v. 22.8.2018 – 6 K 6757/17.GI, BeckRS 2018, 25189 Rn. 20; VG Köln Urt. v. 25.9.2018 – 5 K 14113/17, BeckRS 2018, 25121 Rn. 37.
[3] BT-Drs. 18/8829, 54; vgl. BVerwG Urt. v. 26.1.2017 – 1 C 10.16, EZAR NF 56 Nr. 23 Rn. 18 als Bsp.
[4] VG Hamburg Urt. v. 24.8.2021 – 21 K 1966/16, BeckRS 2021, 31857 Rn. 46.
[5] *Funke-Kaiser* in: GK-AufenthG, Stand: 113. EL Juli 2021, § 68a Rn. 4.
[6] *Hailbronner*, AuslR, Stand: 119. EL März 2021, § 68a.

zurechenbaren öffentlichen Leistung erhoben werden. ²Für die von den Auslandsvertretungen zu erhebenden Gebühren legt das Auswärtige Amt fest, ob die Erhebung bei den jeweiligen Auslandsvertretungen in Euro, zum Gegenwert in Landeswährung oder in einer Drittwährung erfolgt. ³Je nach allgemeiner Verfügbarkeit von Einheiten der festgelegten Währung kann eine Rundung auf die nächste verfügbare Einheit erfolgen.

(5) Die in der Rechtsverordnung bestimmten Gebühren dürfen folgende Höchstsätze nicht übersteigen:

1. für die Erteilung einer Aufenthaltserlaubnis: 140 Euro,
1a. für die Erteilung einer Blauen Karte EU: 140 Euro,
1b. für die Erteilung einer ICT-Karte: 140 Euro,
1c. für die Erteilung einer Mobiler-ICT-Karte: 100 Euro,
2. für die Erteilung einer Niederlassungserlaubnis: 200 Euro,
2a. für die Erteilung einer Erlaubnis zum Daueraufenthalt – EU: 200 Euro,
3. für die Verlängerung einer Aufenthaltserlaubnis, einer Blauen Karte EU oder einer ICT-Karte: 100 Euro,
3a. für die Verlängerung einer Mobiler-ICT-Karte: 80 Euro,
4. für die Erteilung eines nationalen Visums und die Ausstellung eines Passersatzes und eines Ausweisersatzes: 100 Euro,
5. für die Anerkennung einer Forschungseinrichtung zum Abschluss von Aufnahmevereinbarungen oder einem entsprechenden Vertrag nach § 18d: 220 Euro,
6. für sonstige individuell zurechenbare öffentliche Leistungen: 80 Euro,
7. für individuell zurechenbare öffentliche Leistungen zu Gunsten Minderjähriger: die Hälfte der für die öffentliche Leistung bestimmten Gebühr,
8. für die Neuausstellung eines Dokuments nach § 78 Absatz 1, die auf Grund einer Änderung der Angaben nach § 78 Absatz 1 Satz 3, auf Grund des Ablaufs der technischen Kartennutzungsdauer, auf Grund des Verlustes des Dokuments oder auf Grund des Verlustes der technischen Funktionsfähigkeit des Dokuments notwendig wird: 70 Euro,
9. für die Aufhebung, Verkürzung oder Verlängerung der Befristung eines Einreise- und Aufenthaltsverbotes: 200 Euro.

(6) ¹Für die Erteilung eines nationalen Visums und eines Passersatzes an der Grenze darf ein Zuschlag von höchstens 25 Euro erhoben werden. ²Für einen auf Wunsch des Antragstellers außerhalb der Dienstzeit vorgenommene individuell zurechenbare öffentliche Leistung darf ein Zuschlag von höchstens 30 Euro erhoben werden. ³Gebührenzuschläge können auch für die individuell zurechenbaren öffentlichen Leistungen gegenüber einem Staatsangehörigen festgesetzt werden, dessen Heimatstaat von Deutschen für entsprechende öffentliche Leistungen höhere Gebühren erhebt als die nach Absatz 3 festgesetzten Gebühren erhebt. ⁴Die Sätze 2 und 3 gelten nicht für die Erteilung oder Verlängerung eines Schengen-Visums. ⁵Bei der Festsetzung von Gebührenzuschlägen können die in Absatz 5 bestimmten Höchstsätze überschritten werden.

(7) ¹Die Rechtsverordnung nach Absatz 3 kann vorsehen, dass für die Beantragung gebührenpflichtiger individuell zurechenbarer öffentlicher Leistungen eine Bearbeitungsgebühr erhoben wird. ²Die Bearbeitungsgebühr für die Beantragung einer Niederlassungserlaubnis oder einer Erlaubnis zum Daueraufenthalt – EU darf höchstens die Hälfte der für ihre Erteilung zu erhebenden Gebühr betragen. ³Die Gebühr ist auf die Gebühr für die individuell zurechenbare öffentliche Leistung anzurechnen. ⁴Sie wird auch im Falle der Rücknahme des Antrages und der Versagung der beantragten individuell zurechenbaren öffentlichen Leistung nicht zurückgezahlt.

(8) ¹Die Rechtsverordnung nach Absatz 3 kann für die Einlegung eines Widerspruchs Gebühren vorsehen, die höchstens betragen dürfen:

1. für den Widerspruch gegen die Ablehnung eines Antrages auf Vornahme einer gebührenpflichtigen individuell zurechenbaren öffentlichen Leistung: die Hälfte der für diese vorgesehenen Gebühr,
2. für den Widerspruch gegen eine sonstige individuell zurechenbare öffentliche Leistung: 55 Euro.

²Soweit der Widerspruch Erfolg hat, ist die Gebühr auf die Gebühr für die vorzunehmende individuell zurechenbare öffentliche Leistung anzurechnen und im Übrigen zurückzuzahlen.

Allgemeine Verwaltungsvorschrift (zur Fassung v. 29.8.2013, BGBl. I 3484)
69 Zu § 69 – Gebühren
69.1 Erhebung von Gebühren und Auslagen für ausländerrechtliche Amtshandlungen
Für Amtshandlungen nach dem Aufenthaltsgesetz und den zur Durchführung dieses Gesetzes erlassenen Rechtsverordnungen werden Gebühren und Auslagen (Kosten) i. S. d. VwKostG nach Maßgabe von § 69 i. V. m. §§ 44 ff. AufenthV erhoben. Dies gilt nicht für Amtshandlungen der Arbeitsverwaltung nach §§ 39 bis 42. Kosten i. s. v. § 69 Absatz 1 können nicht nach landesrechtlichen Vorschriften erhoben werden. Bei den Gebühren für ausländerrecht-

liche Amtshandlungen handelt es sich um öffentliche Kosten i. S. v. § 80 Absatz 2 Satz 1 Nummer 1 VwGO. Die Kosten nach § 69 Absatz 1 werden erforderlichenfalls im Verwaltungsvollstreckungsverfahren beigetrieben.

69.2 Anwendung des VwKostG
Nicht belegt

69.3 Höchstsätze
Der Gesetzgeber hat dem Verordnungsgeber die Bemessung der Gebührentatbestände und der Gebührensätze bis zu den gesetzlichen Höchstgrenzen überlassen. Durch die §§ 44 bis 51 AufenthV werden die ausländerrechtlichen Gebührentatbestände abschließend bestimmt.

69.4 Zuschläge für Amtshandlungen
Nach § 69 Absatz 4 können für bestimmte gebührenpflichtige Amtshandlungen Zuschläge erhoben werden.

69.5 Bearbeitungsgebühren
Die Erhebung einer Bearbeitungsgebühr für gebührenpflichtige Amtshandlungen i. S. v. § 69 Absatz 5 ist in § 49 AufenthV geregelt. Die Bearbeitungsgebühr kann bereits vor Erlass des gebührenpflichtigen Verwaltungsakts bei Antragstellung erhoben werden (Vorschusszahlung). Ist ein Antragsteller von der Gebühr für die von ihm beantragte Amtshandlung befreit (§ 52 Absatz 1 bis 3, § 53 Absatz 1, 1. Halbsatz und § 49 AufenthV), entfällt für ihn insoweit auch die Bearbeitungsgebühr. Soweit eine Ermessensentscheidung über Befreiungen bzw. Ermäßigungen möglich ist, gilt dasselbe für die Bearbeitungsgebühr.

69.6 Widerspruchsgebühren
69.6.1 Die Festsetzung der Widerspruchsgebühr erfolgt im Widerspruchsbescheid.
69.6.2 Wird die Widerspruchsgebühr nach § 69 Absatz 6 als Vorschuss erhoben, sollte in die Grundverfügung ein entsprechender Hinweis aufgenommen werden.

I. Entstehungsgeschichte

1   Die Vorschrift wurde anlässlich des **ZuwG neu gefasst,** die Gebührentatbestände an das neue System der Aufenthaltstitel angepasst und die Gebühren gegenüber der Vorgängervorschrift des § 81 AuslG zT angehoben. Sie stimmt im Wesentlichen mit dem Gesetzesentwurf[1] überein. Aufgrund des Vermittlungsverfahrens[2] wurden in Abs. 4 eine Bestimmung über Auslandszuschläge gestrichen, in S. 1 das Wort „nationale" und der neue S. 4 eingefügt. Durch das **RLUmsG 2007** wurden in Abs. 3 Nr. 2a und 6a eingeführt und in Abs. 5 der S. 2 neu gefasst. Weiterhin wurde die Gebühr in Abs. 3 Nr. 4 von 30 auf 100 Euro erhöht[3]. Die in § 69 III Nr. 5 und 6 in der bis 25.11.2011 geltenden Fassung des AufenthG ursprünglich enthaltenen Höchstsätze für die Erteilung eines Schengen-Visums[4], wurden durch das **RLUmsG 2011** gestrichen, da sich die Gebühren für die Anträge auf Erteilung bzw. Verlängerung von Schengen-Visa und Flughafentransitvisa allein nach dem Visakodex richten[5]. Die bisherigen Nr. 6a–8 wurden zu den Nr. 5–7 und Nr. 8 neu vorgesehen. Nr. 8 war im ursprünglichen Gesetzesentwurf nicht enthalten, sondern wurde erst im Laufe des Gesetzgebungsverfahrens beschlossen und soll dem Umstand Rechnung tragen, dass der Verwaltungsaufwand bei der bloßen Neuausstellung nahezu identisch ist mit dem bei der Ersterteilung eines elektronischen Aufenthaltstitels[6]. Abs. 3 Nr. 2a und Abs. 5 S. 2 wurden durch das Gesetz zur Verbesserung der Rechte von internationalen Schutzberechtigten und ausländischen Arbeitnehmern v. 29.8.2013[7] neu gefasst.

2   Bereits mit der **Einführung des sog. elektronischen Aufenthaltstitels** durch das Gesetz vom 12.4.2011 zur Anpassung des deutschen Rechts an die VO (EG) Nr. 380/2008 des Rates vom 18.4.2008 zur Änderung der VO (EG) Nr. 1030/2002 zur einheitlichen Gestaltung des Aufenthaltstitels für Drittstaatsangehörige, wurden die Höchstsätze in Abs. 3 Nr. 1–3 gegenüber der bisherigen Regelung deutlich erhöht[8]. Gegenüber dem Gesetzesentwurf, der in Abs. 3 Nr. 1 den Höchstsatz von 130 Euro, für Nr. 2 und 2a jeweils 250 Euro und in Nr. 3 von 90 Euro vorsah, wurden aufgrund der Stellungnahme des Bundesrats im Gesetz um jeweils 10 EUR höhere Höchstsätze ausgewiesen[9]. Begründet wurden die Gebührenerhöhungen mit den höheren Produktions- und Verwaltungskosten des durch die sog. eAT-VO verbindlich vorgegebenen elektronischen Aufenthaltstitels gegenüber den bisherigen Aufenthaltstitel als Klebeetiketten. Auf der Grundlage der VO (EG) Nr. 380/2008 sind Aufenthaltstitel grundsätzlich als mit biometrischen Merkmalen (zwei Fingerabdrücke und Lichtbild)

---

[1] BT-Drs. 15/420, 26 f., 93 f.
[2] BT-Drs. 15/3479, 10.
[3] Vgl. hierzu BT-Drs. 16/5065, 25, 189 f. mit Hinweis ua auf die VO (EG) Nr. 2252/2004 des Rates v. 13.12.2004 über Normen für Sicherheitsmerkmale und biometrische Daten in von den Mitgliedstaaten ausgestellten Pässen und Reisedokumenten bei der Ausstellung von Passersatzpapieren (ABl. 2004 L 385, 1). Die Gebührenerhöhung erfolgte anlässlich bindender europarechtlicher Vorgaben und im Zusammenhang mit der Einführung biometrischer Daten und des Visa-Informationsystems (VIS), um den Bearbeitungskosten Rechnung zu tragen, vgl. auch *Westphal/Stoppa* S. 37 ff.
[4] Entscheidung des Rates vom 1.6.2006 zur Änderung der Anlage 12 der Gemeinsamen Konsultarischen Instruktion sowie der Anlage 14a des Gemeinsamen Handbuchs betr. die den Verwaltungskosten für die Bearbeitung von Visumsanträgen entsprechenden Gebühren (ABl. 2006 L 175, 77).
[5] Vgl. die Gesetzesbegründung BT-Drs. 17/5470, 25.
[6] BT-Drs. 17/6497, 5, 14.
[7] BGBl. 2011 I S. 3484.
[8] BGBl. 2011 I S. 610.
[9] BT-Drs. 17/3354, 7, 14, 22, 25.

versehene eigenständige Dokumente als Vollkunststoffkarte in Scheckkartengröße auszugeben. Durch die vorgesehenen technischen Standards soll der Schutz vor Fälschung und Verfälschung erhöht sowie zur Verhinderung und Bekämpfung illegaler Einwanderung und des illegalen Aufenthalts beigetragen werden[10]. Weiterhin ermöglicht die Verordnung die Nutzung des elektronischen Aufenthaltstitels als elektronischer Identitätsnachweis und als qualifizierte elektronische Signatur[11].

In diesem einheitlich vorgegebenen Format wird auch der befristete Aufenthaltstitel Blaue Karte EU ausgestellt. Das **HQRLUmsG 2012**[12] legt den Gebührenhöchstsatz für die Erteilung einer Blauen Karte EU in Abs. 3 Nr. 1a und 3 entsprechend dem Höchstsatz für die Erteilung einer Aufenthaltserlaubnis fest[13]. Die bislang letzten Änderungen des Normtextes bewirkten das **RLUmsG 2017**[14] und das Gesetz zur Änderung gebührenrechtlicher Regelungen im Aufenthaltsrecht vom 13.7.2017[15]. Letzteres erging im Interesse einer Rechtsvereinheitlichung am Maßstab des Bundesgebührengesetzes. Der bisherige Begriff „Amtshandlung" in Abs. 1 S. 1 wurde durch denjenigen der „individuell zurechenbaren öffentlichen Leistung" ersetzt. Er stammt aus dem **Bundesgebührengesetz** – BGebG – v. 7.8.2013[16] und wird dort in § 3 I und II BGebG legal definiert. In § 69 I wurde S. 2 neu eingefügt; danach kann die Gebührenfestsetzung auch mündlich erfolgen. Die bisher in Abs. 3 verorteten Gebührenhöchstsätze fanden in § 69 V Eingang, ergänzt um die neuen Nr. 1b, 1c, 3a, 9. Außerdem wurde der Gebührentatbestand der Nr. 3 um die ICT-Karte erweitert. Zudem wurden die Gebühren durch das zitierte Gesetz vom 13.7.2017 angepasst.

II. Allgemeines

Die Vorschrift legt die Kostenpflicht hinsichtlich Amtshandlungen nach dem AufenthG und der dazu ergangenen Rechtsverordnung fest. Kosten sind Gebühren und Auslagen (§ 3 III und IV BGebG). Das **BGebG idF vom 7.8.2013 ist entsprechend anzuwenden,** soweit das AufenthG iVm §§ 44ff. AufenthV keine spezielleren bzw. abschließenden Bestimmung treffen (§ 69 III 2). § 69 stellt eine abschließende bundesrechtliche Kostenregelung für Amtshandlungen nach diesem Gesetz und zur Durchführung dieses Gesetzes erlassenen Rechtsverordnungen dar. Für diese Amtshandlungen ist eine Kostenerhebung nach landesrechtlichen Vorschriften daher ausgeschlossen[17].

Unter einer **individuell zurechenbaren öffentlichen Leistung iSv § 69 I ist** jede Tätigkeit einer Behörde innerhalb ihres zugewiesenen Aufgabenbereichs zu verstehen[18]. Sie braucht keinen VA iSd § 35 VwVfG darzustellen und muss sich nicht notwendigerweise zugunsten des Betroffenen auswirken. Bei antragsbedürftigen öffentlichen Leistungen entsteht die Gebührenschuld schon mit Antragstellung (§ 4 BGebG), diese ist aber umgekehrt nicht Voraussetzung für die Begründung einer Gebührenverpflichtung. Im Gesetz (und nicht in der Rechtsverordnung) besonders geregelt sind Zuschläge. Eine auf landesrechtlichen Vollstreckungsvorschriften beruhenden Zwangsgeldfestsetzung zur Durchsetzung ausweisrechtlichen Passpflichten nach § 48 ist keine individuell zurechenbare öffentliche Leistung iSv § 69 I[19]. Die **ICT-RL**[20] sieht in ihrem Art. 16 die Erhebung von Gebühren lediglich bei der Bearbeitung von Anträgen vor. Da iRd **kurzfristigen Mobilität nach § 19c** jedoch kein Antrag erforderlich ist, ist das dort geregelte Mitteilungsverfahren von der Gebührenerhebung nach § 69 auszunehmen (Abs. 1 S. 4). Um einen Gleichlauf herzustellen, gilt dies auch für die kurzfristige Mobilität von Forschern (§ 20a) und Studenten (§ 16a).

Die **Gebührenfestsetzung und Bekanntgabe** durch die Ausländerbehörden erfolgt in der Regel **mündlich** im Rahmen der Vornahme der Amtshandlung, die nunmehr begrifflich durch die „individuell zurechenbaren öffentlichen Leistung" ersetzt worden ist. Eine Beschränkung auf eine schriftliche oder elektronische Festsetzung wäre mit den Verwaltungsabläufen in den Ausländerbehörden nicht zu vereinbaren. Daher hat der Gesetzgeber abweichend von § 13 BGebG mit § 69 I 2 die mündliche Festsetzung und Bekanntgabe zugelassen[21]. Als Fälligkeitszeitpunkt werden die Ausländerbehörden regelmäßig die Bekanntgabe festlegen.

Die **Kostenpflicht umfasst Kosten, Gebühren und Auslagen. Kosten** sind gemäß § 3 III BGebG solche, die nach betriebswirtschaftlichen Grundsätzen als Einzel- und Gemeinkosten ansatzfähig sind, insbesondere Personal- und Sachkosten sowie kalkulatorische Kosten. Zu den Gemeinkosten zählen auch die Kosten der Rechts- und Fachaufsicht. **Verwaltungsgebühren** sind nach

---

[10] Vgl. Erwägungsgründe 2 und 3 der VO (EG) Nr. 380/2008 des Rates v. 18.4.2008 (ABl. 2008 L 115, 1).
[11] Erwägungsgrund 6 dieser VO.
[12] Gesetz zur Umsetzung der Hochqualifizierten-Richtlinie der EU v. 1.6.2012, BGBl. I S. 1224.
[13] S. näher die Gesetzesbegründung BT-Drs. 17/8682, 22.
[14] BGBl. 2017 I S. 1106.
[15] BGBl. 2017 I S. 2350.
[16] BGBl. 2013 I S. 3154.
[17] Vgl. etwa NdsOVG Beschl. v. 10.2.2015 – 4 LB 183/14, BeckRS 2015, 41951.
[18] Vgl. zB BayVGH Beschl. v. 16.6.2015 – 10 C 15.241, BeckRS 2015, 48005.
[19] NdsOVG Beschl. v. 20.2.2015 – 4 LB 183/14, BeckRS 2015, 41951.
[20] RL 2014/66/EU v. 15.5.2014, ABl. 2014 L 157, 1.
[21] BR-Drs. 261/17, Begründung S. 9.

§ 3 IV BGebG öffentlich-rechtliche Geldleistungen, die dem Gebührenschuldner aus Anlass individuell zurechenbarer Leistungen der Verwaltung auferlegt werden und bestimmt sind, die Kosten der Inanspruchnahme der Verwaltung zumindest zT zu decken. Sie sind nach dem **Kostendeckungsprinzip** zu bemessen (vgl. § 9 BGebG). Mit § 69 II hat der Gesetzgeber zum 1.8.2017 exakte Vorgaben für die Gebührenberechnung nach Einzel- und Gemeinkosten sowie Personal-, Sach- und kalkulatorischen Kosten gemacht. Die Kostendeckung knüpft nicht an die spezifische Kostenstruktur des Gebühren erhebenden Landes an, sondern legt vielmehr einen generalisierenden und pauschalierenden Ansatz zu Grunde[22]. Auch bei Anwendung des Kostendeckungsgebots sind **Verhältnismäßigkeit**serwägungen zu beachten, so dass die nach den dargestellten Grundsätzen zu bemessende Gebühr nicht außer Verhältnis zu der individuell zurechenbaren öffentlichen Leistung stehen darf. **Auslagen** sind nach § 3 V BGebG nicht von der Gebühr umfasste Kosten, die die Behörde für individuell zurechenbare öffentliche Leistungen im Einzelfall nach § 12 I oder II BGebG erhebt (etwa für Zeugen, Sachverständige, Dolmetscher, Übersetzer, Dienstreisen etc). Soweit sie nicht bereits in die Gebühr einbezogen sind und ihre Erhebung vorgesehen ist, hat sie der Kostenschuldner nach Maßgabe von § 12 BGebG zu erstatten.

8   Die in einem Verwaltungsverfahren der Ausländerbehörde für ihre öffentlich-rechtliche Tätigkeit entstandenen Kosten, Gebühren und Auslagen sind „öffentliche Kosten" iSd § 80 II 1 Nr. 1 VwGO[23]. Bei einem Streit um die Rechtmäßigkeit eines Gebührenbescheids unterliegt die die Gebührenpflicht auslösende individuell zurechenbare öffentlichen Leistung einer inzidenten gerichtlichen Kontrolle, wenn sie nicht selbständig angegriffen wird[24].

III. Gebührenverordnung

1. Verordnungsermächtigung

9   Die Verordnungsermächtigung nach Abs. 3, 5, 7 und 8 **umfasst** anders als die Grundbestimmung des Abs. 1 **nur Gebühren** und nicht Auslagen. Die Begrenzung der Ermächtigung der Bundesregierung zum Erlass einer Rechtsverordnung steht neben den allgemeinen Bindungen, denen Rechtsverordnungen über Verwaltungskosten nach dem BGebG unterworfen sind. Die Zustimmung des Bundesrats ist erforderlich, soweit die Länder das AufenthG als eigene Angelegenheit ausführen (Art. 80 II, 83 GG). Das AufenthG trifft für Maßnahmen, die – wie die Abschiebung und eine damit einhergehende Abschiebungshaft – selbständig in Rechte des Ausländers eingreifen, eine eigenständige und vorrangige Regelung gegenüber den Vorschriften des **BGebG**, auf die § 69 III 2 **nur** verweist, **soweit das AufenthG keine abweichende Regelung enthält**. Folglich können nur die Kosten einer rechtmäßigen Abschiebungshaft geltend gemacht werden. Deren Rechtmäßigkeit ist aus behördlicher Sicht bei ihrer Durchführung – also ex ante – zu beurteilen[25]. Bei einer auf landesrechtlichen Vollstreckungsvorschriften beruhenden Zwangsgeldfestsetzung zur Durchsetzung ausweisrechtlicher Passpflichten nach § 48 handelt es sich nicht um eine von der Gebührenregelung des § 69 erfasste individuell zurechenbare öffentliche Leistung. Eine solche Festsetzung löst gemäß § 69 III 1 eine Gebührenpflicht nur aus, wenn eine solche in einer Rechtsverordnung der Bundesregierung bestimmt ist[26].

10 Die Ermächtigung erfasst die gebührenpflichtigen Tatbestände, Gebührensätze, Befreiungen und Ermäßigungen und genügt schon deshalb dem **Bestimmtheitserfordernis** des Art. 80 I 2 GG, weil sie im Zusammenhang mit den ergänzenden Vorschriften des BGebG zu sehen ist. Es genügt, dass mit der Ermächtigung das „Programm" für die Rechtsverordnung vorgegeben[27] und damit die Tendenz der Ausfüllung durch die Bundesregierung erkennbar ist[28]. Durch die Festlegung von Gebührenhöchstsätzen für alle nach dem AufenthG möglichen Amtshandlungen wird der Gestaltungsspielraum des Verordnungsgebers entsprechend beschränkt. Aufgrund der ausdrücklichen Verweisung in § 11 I 1 FreizügG/EU auf § 69 gilt die Verordnungsermächtigung auch für Gebühren von individuell zurechenbaren öffentlichen Leistungen gegenüber Unionsbürgern und ihren Familienangehörigen.

---

[22] BR-Drs. 261/17, Begründung S. 10.
[23] OVG Bln-Bbg Beschl. v. 2.9.2009 – OVG 12 M 57.09; VGH BW Beschl. v. 25.2.2002 – 11 S 2443/01, InfAuslR 2002, 286.
[24] Vgl. auch OVG Bln-Bbg Beschl. v. 2.9.2009 – OVG 12 M 57.09.
[25] BVerwG Urt. v. 14.12.2016 – 1 C 13.16, NVwZ 2017, 879 und Urt. v. 16.10.2012 – 10 C 6.12, BVerwGE 144, 326.
[26] NdsOVG Beschl. v. 10.2.2015 – 4 LB 183/14, BeckRS 2015, 41951.
[27] BVerfG Beschl. v. 20.10.1981 – 1 BvR 640/80, BVerfGE 58, 257 fortgeschrieben durch Beschl. v. 21.4.2015 – 2 BvR 1322/12 ua, BVerfGE 139, 19 Rn. 54.
[28] BVerfG Beschl. v. 8.1.1981 – 2 BvL 3/77 ua, BVerfGE 56, 1.

2. Rechtsverordnung der Bundesregierung

Die Bundesregierung hat von der Ermächtigung durch Erlass der §§ 44–54 **AufenthV** Gebrauch 11
gemacht und hierbei die **Gebührentatbestände** insbesondere unter § 47 I, II AufenthV unter Festsetzung der Gebührensätze näher beschrieben sowie Vorschriften über das Entfallen der Gebühr, Befreiung und Ermäßigung vorgesehen. Sie halten sich iRd Ermächtigung und der ergänzenden Vorgaben des BGebG. Lässt sich eine individuell zurechenbare öffentliche Leistung der Ausländerbehörde nicht unter einen Gebührentatbestand der AufenthV subsumieren, kommt hierfür eine Gebührenerhebung nicht in Betracht[29]. Nach § 47 II AufenthV sind keine Gebühren zu erheben für Änderungen des Aufenthaltstitels, sofern diese eine Nebenbestimmung zur Ausübung einer Beschäftigung betreffen. Die **Erstattung von Auslagen** ist **nicht Gegenstand der AufenthV, sondern richtet sich nach dem BGebG**. Sie ist nämlich in Abs. 1 vorgesehen, und es ist nicht erkennbar, dass Auslagen (entgegen der Ermächtigung des Abs. 3) in die Gebührenbemessung einbezogen sind (§ 12 BGebG).

Für **individuell zurechenbare öffentliche Leistungen im Anwendungsbereich des Frei-** 12
zügG/EU enthält § 47 AufenthV in Abs. 3 und 4 bestimmte gebührenpflichtige Tatbestände. Gebühren werden erhoben für die Ausstellung einer Aufenthaltskarte für freizügigkeitsberechtigte Familienangehörige, die nicht Unionsbürger sind (§ 5 I 1 FreizügG/EU), und für deren Daueraufenthaltskarte (§ 5 V 2 FreizügG/EU). Gebühren sind ferner vorgesehen für die Ausstellung einer Bescheinigung des Daueraufenthaltsrechts nach § 5 V 1 FreizügG/EU. Seit dem Gesetz zur Änderung des FreizügG/EU und weiterer aufenthaltsrechtlichen Vorschriften v. 21.1.2013[30] ist die früher nach § 5 I FreizügG/EU vorgesehene Freizügigkeitsbescheinigung für Unionsbürger abgeschafft; diese Bescheinigung war gebührenfrei.

Für individuell zurechenbare öffentlich Leistungen, die assoziationsberechtigten **türkische Staats-** 13
angehörigen betreffen, enthält **§ 52a** AufenthV[31] Sonderregelung. Die Bestimmung ist infolge des Urteils des **BVerwG vom 19.3.2013** geschaffen worden. Das BVerwG hatte entschieden, dass die unionsrechtliche Begrenzung der Gebühren für Unionsbürger über das Assoziationsrecht auch türkischen Staatsangehörigen zu Gute komme und die seinerzeit geltende Gebührenregelung bei Aufenthaltspapieren für türkische Arbeitnehmer mit dem Diskriminierungsverbot und der Stillhalteklausel nicht in Einklang stehe[32].

Art. 16 und Art. 22 VII **ICT-RL** sehen die Möglichkeit der **Gebührenerhebung für** die An- 14
tragsbearbeitung vor. Der Höchstsatz für die Gebühr für die Erteilung der ICT-Karte (Abs. 5 Nr. 1b) entspricht der bereits geregelten Höchstgebühr für die Erteilung einer Blauen Karte EU (§ 69 V Nr. 1a). Die Höchstgebühr für die Erteilung einer Mobiler-ICT-Karte (§ 69 V Nr. 1c) entspricht der Höchstgebühr, die für die Verlängerung einer Aufenthaltserlaubnis und einer Blauen Karte EU anfällt (§ 69 V Nr. 3). Die Sachverhalte sind vergleichbar, da auch beim Verfahren zur Erteilung einer Mobilen-ICT-Karte bereits ein Aufenthaltstitel (wenn auch von einem anderen EU-Mitgliedstaat) erteilt wurde und damit eine grundsätzliche Prüfung der Voraussetzungen bereits erfolgt ist[33]. Für die Nutzung der fakultativen Zusatzfunktion des **elektronischen Identitätsnachweises** wird eine gesonderte Gebühr erhoben (§ 45a AufenthV). Diese stellt eine „sonstige individuell zurechenbare öffentliche Leistung" iSd § 69 V Nr. 6 dar, die ihren Ursprung im Aufenthaltsrecht hat. § 45c AufenthV ermöglicht es nicht, die Gebühren für die erstmalige Ausstellung des elektronischen Identitätsnachweises um einmalig 70 Euro zu erhöhen[34]. Der auf § 69 V Nr. 8 beruhende Gebührentatbestand erfasst vielmehr die Fälle, in denen der Aufenthaltstitel an sich besteht, die elektronische Neuausstellung jedoch etwa wegen des Verlusts des Dokuments oder zB der Änderung der Anschrift des Ausländers erforderlich wird (vgl. im Einzelnen § 45c I Nr. 1–4).

§ 69 VI erlaubt es den zuständigen Behörden für bestimmte, in der Vorschrift benannte individu- 15
ell zurechenbaren öffentliche Leistungen, der Höhe nach gesetzlich festgelegte **Gebührenzuschläge** zu erheben. Die Summe aus der Gebühr und dem Gebührenzuschlag darf die in Abs. 5 festgelegten Höchstsätze gem. § 69 IV 5 überschreiten. § 69 VII iVm § 49 AufenthV sieht die Erhebung von **Bearbeitungsgebühren** vor. Da die Gebühr schon durch den Antrag ausgelöst wird, darf dessen Bearbeitung von der Zahlung der Gebühr abhängig gemacht werden. Wird eine Bearbeitungsgebühr verlangt, ist allerdings vor dem eventuellen Erlass eines Bescheids über die Bearbeitungsgebühr zu prüfen, ob und inwieweit die Voraussetzungen für Ermäßigungen oder Befreiungen nach §§ 50, 52, 53 oder 54 AufenthV vorliegen. Die Nichtentrichtung der Gebühr rechtfertigt die Ablehnung ohne Sachprüfung. Die Bearbeitung des Widerspruchs gegen die Gebührenerhebung

---

[29] OVG LSA Urt. v. 26.2.2010 – 2 L 44/10, AuAS 2012, 68: Keine Gebührenpflicht für die Erteilung einer Verlassenserlaubnis nach § 12 V.
[30] BGBl. 2013 I S. 86.
[31] BGBl. 2014 I S. 451.
[32] BVerwG Urt. v. 19.3.2013 – 1 C 12.12, ZAR 2013, 385. Hinsichtlich der Einzelheiten der Gebührenerhebung bei türkischen Staatsangehörigen wird auf die Kommentierung zu Art. 13 ARB 1/80 unter IV 10 verwiesen.
[33] BT-Drs. 18/11136, 57.
[34] Dies annehmend *Gutmann* InfAuslR 2011, 413.

Dollinger

darf nach § 69 VIII iVm § 51 AufenthV von der Zahlung einer **Widerspruchsgebühr** abhängig gemacht werden, deren Höhe gesetzlich nach Abs. 8 Nr. 1 und 2 gedeckelt ist. Die Nichtzahlung der Widerspruchsgebühr rechtfertigt behördliche Untätigkeit, berechtigt aber nicht zur Verwerfung oder Zurückweisung des Widerspruchs als unzulässig[35]. Der Widerspruch kann aber anders als ein abgelehnter Antrag, der neu gestellt werden kann, nicht nach Zahlung der Bearbeitungsgebühr erneut eingelegt werden.

16 Das ausdifferenzierte System von **Ermäßigungs- und Befreiungstatbeständen** in Gestalt gebundener oder im Ermessen stehender Entscheidungen knüpft an unterschiedliche Faktoren an, wie etwa Minderjährigkeit des Ausländers, seine Rechtsstellung als Asylberechtigter bzw. anerkannter Flüchtling, seine finanziellen Verhältnissen oder die Art der Amtshandlung. Bezieht der Ausländer Leistungen nach SGB II und liegt kein Tatbestand nach § 53 I Hs. 1 AufenthV vor, so folgt aus dem Leistungsbezug nicht, dass dann auch eine Ermäßigung nach § 53 I Hs. 2 oder § 52 VII AufenthV gewährt werden muss[36].

17 Die **Gebührenerhebung** für die Ausstellung eines Reiseausweises für Flüchtlinge **verstößt nicht gegen die GK**[37]. Ob die Regelsätze nach SGB II oder die Leistungen nach §§ 2, 3 AsylbLG auch die Kosten für die Zahlung von Gebühren für Aufenthaltstitel oder Ausweisdokumente enthalten, ist umstritten. Die Kosten für die Beschaffung eines Reiseausweises für Flüchtlinge können aber jedenfalls darlehnsweise gemäß § 23 I SGB II vorläufig übernommen werden[38]. Nicht abschließend geklärt ist allerdings, ob zuvor bei der zuständigen Ausländerbehörde erfolglos ein Befreiungsantrag nach § 53 II AufenthV gestellt worden sein muss[39].

§ 70 Verjährung

(1) Die Ansprüche auf die in § 67 Abs. 1 und 2 genannten Kosten verjähren sechs Jahre nach Eintritt der Fälligkeit.

(2) Die Verjährung von Ansprüchen nach den §§ 66 und 69 wird auch unterbrochen, solange sich der Schuldner nicht im Bundesgebiet aufhält oder sein Aufenthalt im Bundesgebiet deshalb nicht festgestellt werden kann, weil er einer gesetzlichen Meldepflicht oder Anzeigepflicht nicht nachgekommen ist.

Allgemeine Verwaltungsvorschrift (zur Fassung v. 7.8.2013, BGBl. I 3154)
  70 Zu § 70 – Verjährung
  70.1 Verjährungsfrist
  § 70 Absatz 1 enthält eine allgemeine Verjährungsregelung, wonach die Ansprüche auf die in § 67 Absatz 1 und 2 genannten Kosten (siehe Nummer 67.1) sechs Jahre nach Fälligkeit verjähren. Dabei handelt es sich um Kosten im Zusammenhang mit einer Abschiebung (§ 58), Zurückschiebung (§ 57), Zurückweisung (§ 15) oder die Durchsetzung einer räumlichen Beschränkung (§ 12 Absatz 3, § 61 Absatz 1, § 71 Absatz 5). Für Gebühren und Auslagen gelten die allgemeinen Regeln über die Verjährung von Verwaltungskosten (§ 20 VwKostG). In diesen Fällen verjährt der Anspruch auf Zahlung von Kosten nach § 20 Absatz 1 Satz 1 VwKostG nach drei Jahren, spätestens mit dem Ablauf des vierten Jahres nach der Entstehung. Die Verjährung von Ansprüchen beginnt mit dem Ablauf des Kalenderjahres, in dem der Anspruch fällig geworden ist. Die Fälligkeit der Kostenschuld für Gebühren und Auslagen richtet sich nach § 17 VwKostG. Die Zahlungsverjährung für Gebühren und Auslagen wird durch die Aussetzung der Vollziehung gemäß § 20 Absatz 3 VwKostG unterbrochen.
  70.2 Verjährungsunterbrechung
  70.2.1 Die Regelung der Verjährungsunterbrechung nach § 70 Absatz 2 erfasst Ansprüche nach § 66 und § 69. Für Gebühren und Auslagen nach § 69 gelten die allgemeinen Regeln über die Verjährungsdauer von Verwaltungskosten (§ 20 VwKostG). Außer den in § 70 Absatz 2 genannten Gründen gelten für die Unterbrechung der Verjährung die Gründe nach § 20 Absatz 3 VwKostG. Danach wird die Verjährung unterbrochen durch
  – schriftliche Zahlungsaufforderung,
  – Zahlungsaufschub,
  – Stundung (vgl. § 19 VwKostG),
  – Aussetzen der Vollziehung,
  – Sicherheitsleistung (vgl. § 66 Absatz 5 Satz 1, § 16 VwKostG),
  – eine Vollstreckungsmaßnahme in Bezug auf die Einziehung des Betrags,
  – Vollstreckungsaufschub,
  – Anmeldung im Insolvenzverfahren,
  – Ermittlungen des Kostengläubigers über Wohnsitz und Aufenthalt des Kostenschuldners oder
  – Aufenthalt des Kostenschuldners im Ausland oder weil sein Aufenthalt wegen Vernachlässigung einer gesetzlichen Melde- oder Anzeigepflicht nicht festgestellt werden kann (§ 70 Absatz 2).

---

[35] Ebenso *Hailbronner* AuslR AufenthG § 69 Rn. 13 (Stand 11/2017) und *Kluth* in BeckOK AuslR § 69 Rn. 12 (Stand 11/2018).
[36] VGH BW Beschl. v. 8.7.2010 – 11 S 492/10, AuAS 2010, 242.
[37] VGH BW Urt. v. 26.10.2010 – 11 S 1768/10.
[38] SächsLSG Beschl. v. 22.8.2007 – L 3 AS 114/06 NZB; SG Brem Beschl. v. 25.5.2010 – S 22 AS 923/10 ER.
[39] Vgl. näher LSG NRW Beschl. v. 25.2.2011 – L 19 AS 2003/10 B.

Verjährung § 70 AufenthG 1

70.2.2 Hält sich der Kostenschuldner nicht im Bundesgebiet auf und ist dessen Anschrift im Ausland bekannt, besteht die Möglichkeit, ihm den Leistungsbescheid nach Bundes- bzw Landesrecht im Ausland zuzustellen. Kann der Aufenthalt des Kostenschuldners nicht festgestellt werden, kommt hilfsweise eine öffentliche Zustellung des Leistungsbescheids in Betracht. Die Kosten und Gebühren nach §§ 66 und 69 sind zur Bezahlung geltend zu machen, wenn der Ausländer einen Visumantrag stellt oder in das Bundesgebiet wieder eingereist ist.

I. Entstehungsgeschichte

Die Vorschrift stimmte mit dem **Gesetzesentwurf zum ZuwG**[1] überein. Abs. 1 S. 2 wurde neu 1
eingeführt durch das **RLUmsG 2011**. Nach der Gesetzesbegründung[2] diente dies der Klarstellung und soll bestehende Unsicherheiten in der Vollzugspraxis ausräumen. Das **Gesetz zur Strukturreform des Gebührenrechts des Bundes** vom 7.8.2013 war Anlass für die Neufassung des Abs. 2[3]. Durch das Gesetz zur Änderung gebührenrechtlicher Regelungen im Aufenthaltsrecht vom 13.7.2017[4] wurde der Verweis auf § 17 VwKostG in § 70 I 2 aF aufgehoben. Außerdem wurde in § 70 II die Bezugnahme auf das VwKostG gestrichen.

II. Verjährung

Mit der Änderung des § 70 im Juli 2017 ist die bisherige Verweisung auf das bis zum 14.8.2013 2
geltende VwKostG zunächst (2013) modifiziert worden und sodann (2017) ganz entfallen. Nach Inkrafttreten des Bundesgebührengesetzes (BGebG) am 15.8.2013 erschien dem Gesetzgeber eine **Harmonisierung der gebührenrechtlichen Regelungen des AufenthG mit dem BGebG** angezeigt. Für die im Ausländerrecht geltenden Gebühren resultiert das Bedürfnis nach einer bundeseinheitlichen Festlegung insbesondere aus dem gesamtstaatlichen Interesse für gleiche Aufenthalts- und Lebensbedingungen von Ausländern im Bundesgebiet. Aufenthaltsrechtliche Regelungen gelten einheitlich für das gesamte Bundesgebiet. Daraus ergibt sich das Bedürfnis, auch die Gebührenfolge im Bund einheitlich zu regeln[5].

Zur **alten Rechtslage** bestand Konsens, dass – soweit das AufenthG keine Sonderregelungen enthält 3
– die Regelungen des VwKostG ergänzend galten[6]. Um die wenig praxistaugliche Parallelität zweier unterschiedlicher Rechtsregime für Erstattungsansprüche zu vermeiden, bot es sich bis zur Änderung von § 70 durch Gesetz vom 13.7.2017 an, das Bundesgebührenrecht außer Betracht zu lassen und nur das VwKostG in der bis zum 14.8.2013 geltenden Fassung entsprechend anzuwenden[7].

Die Verjährungsregelung in § 70 schafft einen Ausgleich zwischen der Einzelfallgerechtigkeit und 4
dem Interesse des Bürgers an Rechtssicherheit. Abs. 1 sieht **spezialgesetzliche Verjährungsfristen für Ansprüche nach § 67 I und II (iVm § 66)** vor und legt eine **Verjährung von sechs Jahren nach Eintritt der Fälligkeit** fest. Die besondere sechsjährige Verjährungsfrist – sie ist doppelt so lang, wie die regelmäßige dreijährige Verjährungsfrist nach § 195 BGB – weist auf das hohe staatliche Interesse am Kostenausgleich hin[8].

Nach dem Urteil des BVerwG vom 8.5.2014 regelt § 70 I die Verjährung der hiervon umfassten 5
Kostenerstattungsansprüchen abschließend als einen Anwendungsfall der Fälligkeitsverjährung (Zahlungsverjährung) mit der Folge, dass diese Ansprüche der gesonderten vierjährigen Festsetzungsverjährung nach § 20 I 2 Hs. 2 VwKostG (nach der seit dem 13.7.2017 geltenden Rechtslage: § 13 III 2 BGebG) nicht unterliegen[9]. Der Beginn des Fristlaufs für die **Zahlungsverjährung** ist abweichend von damals § 20 I 2 VwKostG (heute: § 13 III 3 BGebG), wonach die Verjährungsfrist erst mit Ablauf des Kalenderjahres zu laufen beginnt, in dem der Anspruch fällig geworden ist, auf den Eintritt der Fälligkeit festgelegt, dh regelmäßig auf den Zeitpunkt der Bekanntgabe des Leistungsbescheids nach § 67 III 1 an den Kostenschuldner (vgl. Abs. 1 S. 2).

Für den Eintritt der **Verjährungsunterbrechung** nach Abs. 2 genügt es, dass der Aufenthalt des 6
Kostenersatzpflichtigen wegen Verstoßes gegen Melde- und Anzeigepflichten unbekannt und nicht ermittelbar ist. Diese gesetzliche angeordnete Wirkung hängt nicht davon ab, ob sich ein Bevollmächtigter gemeldet hat[10]. Gesetzliche Anzeigepflichten ergeben sich aus § 50 IV und § 10 I AsylG. Meldepflichten folgen aus § 11 MRRG und den Meldegesetzen der Länder. Eine schriftliche Zah-

---

[1] BT-Drs. 15/420, 27.
[2] BT-Drs. 17/5470, 8, 25.
[3] BGBl. 2013 I S. 3154.
[4] BGBl. 2017 I S. 2350.
[5] BR-Drs. 261/17, 1.
[6] BVerwG Urt. v. 14.6.2005 – 1 C 15.04, InfAuslR 2005, 480.
[7] Ausf. *Funke-Kaiser* in GK-AufenthG § 70 Rn. 5 (Stand 3/2015).
[8] Ebenso *Kluth* in BeckOK AuslR § 70 Rn. 3.
[9] BVerwG Urt. v. 8.5.2014 – 1 C 3.13, InfAuslR 2014, 328. Das BVerwG korrigierte damit eine gegenteilige obergerichtlich vertretene Auffassung (vgl. etwa HessVGH Urt. v. 13.6.2012 – 5 A 2371/11; BayVGH Urt. v. 6.4.2011 – 19 BV 10.304; VGH BW Urt. v. 30.7.2009 – 13 S 919/09, InfAuslR 2009, 403); krit. zur Argumentation des BVerwG im Einzelnen GK-AufenthG § 70 Rn. 9 f. (Stand 3/2015).
[10] OVG Bln-Bbg Beschl. v. 29.11.2011 – OVG 3 N 119.10.

Dollinger

lungsaufforderung, die vor Erlass eines Kostenbescheids nach § 67 III 1 und daher vor Eintritt der Fälligkeit dem Kostenschuldner zugeht, würde eine Festsetzungsverjährung unterbrechen[11], soweit man mit Blick auf die Rspr. des BVerfG[12] entgegen dem BVerwG am Erfordernis der Festsetzungsverjährung festhalten wolle[13].

Kapitel 7. Verfahrensvorschriften

Abschnitt 1. Zuständigkeiten

§ 71 Zuständigkeit

(1) ¹Für aufenthalts- und passrechtliche Maßnahmen und Entscheidungen nach diesem Gesetz und nach ausländerrechtlichen Bestimmungen in anderen Gesetzen sind die Ausländerbehörden zuständig. ²Die Landesregierung oder die von ihr bestimmte Stelle kann bestimmen, dass für einzelne Aufgaben nur eine oder mehrere bestimmte Ausländerbehörden zuständig sind. ³Nach Satz 2 kann durch die zuständigen Stellen der betroffenen Länder auch geregelt werden, dass den Ausländerbehörden eines Landes für die Bezirke von Ausländerbehörden verschiedener Länder Aufgaben zugeordnet werden. ⁴Für die Vollziehung von Abschiebungen ist in den Ländern jeweils eine zentral zuständige Stelle zu bestimmen. ⁵Die Länder sollen jeweils mindestens eine zentrale Ausländerbehörde einrichten, die bei Visumanträgen nach § 6 zu Zwecken nach den §§ 16a, 16d, 17 Absatz 1, den §§ 18a, 18b, 18c Absatz 3, den §§ 18d, 18f, 19, 19b, 19c und 20 sowie bei Visumanträgen des Ehegatten oder der minderjährigen ledigen Kinder zum Zweck des Familiennachzugs, die in zeitlichem Zusammenhang gestellt werden, die zuständige Ausländerbehörde ist.

(2) ¹Im Ausland sind für Pass- und Visaangelegenheiten die vom Auswärtigen Amt ermächtigten Auslandsvertretungen zuständig. ²Das Auswärtige Amt wird ermächtigt, durch Rechtsverordnung im Einvernehmen mit dem Bundesministerium des Innern, für Bau und Heimat dem Bundesamt für Auswärtige Angelegenheiten die Entscheidung über Anträge auf Erteilung eines Visums zu übertragen. ³Soweit von dieser Ermächtigung Gebrauch gemacht wird, stehen dem Bundesamt für Auswärtige Angelegenheiten die Befugnisse zur Datenverarbeitung sowie alle sonstigen Aufgaben und Befugnisse einer Auslandsvertretung bei der Erteilung von Visa gemäß Absatz 3 Nummer 3 Buchstabe b sowie gemäß den §§ 54, 66, 68, 69, 72, 72a, 73, 73a, 75, 87, 90c, 91d und 91g zu.

(3) Die mit der polizeilichen Kontrolle des grenzüberschreitenden Verkehrs beauftragten Behörden sind zuständig für

1. die Zurückweisung und die Zurückschiebung an der Grenze, einschließlich der Überstellung von Drittstaatsangehörigen auf Grundlage der Verordnung (EU) Nr. 604/2013, wenn die Ausländer von der Grenzbehörde im grenznahen Raum in unmittelbarem zeitlichen Zusammenhang mit einer unerlaubten Einreise angetroffen wird,
1a. Abschiebungen an der Grenze, sofern der Ausländer bei oder nach der unerlaubten Einreise über eine Grenze im Sinne des Artikels 2 Nummer 1 der Verordnung (EU) 2016/399 (Binnengrenze) aufgegriffen wird,
1b. Abschiebungen an der Grenze, sofern der Ausländer bereits unerlaubt eingereist ist, sich danach weiter fortbewegt hat und in einem anderen Grenzraum oder auf einem als Grenzübergangsstelle zugelassenen oder nicht zugelassenen Flughafen, Flug- oder Landeplatz oder See- oder Binnenhafen aufgegriffen wird,
1c. die Befristung der Wirkungen auf Grund der von ihnen vorgenommenen Ab- und Zurückschiebungen nach § 11 Absatz 2, 4 und 8,
1d. die Rückführungen von Ausländern aus anderen und in andere Staaten; die Zuständigkeit besteht neben derjenigen der in Absatz 1 und in Absatz 5 bestimmten Stellen,
1e. die Beantragung von Haft und die Festnahme, soweit es zur Vornahme der in den Nummern 1 bis 1d bezeichneten Maßnahmen erforderlich ist,
2. die Erteilung eines Visums und die Ausstellung eines Passersatzes nach § 14 Abs. 2 sowie die Aussetzung der Abschiebung nach § 60a Abs. 2a,
3. die Rücknahme und den Widerruf eines nationalen Visums sowie die Entscheidungen nach Artikel 34 der Verordnung (EG) Nr. 810/2009
    a) im Fall der Zurückweisung, Zurückschiebung oder Abschiebung, soweit die Voraussetzungen der Nummer 1a oder 1b erfüllt sind,
    b) auf Ersuchen der Auslandsvertretung, die das Visum erteilt hat, oder

---

[11] Näher VGH BW Urt. v. 12.4.2013 – 11 S 362/13.
[12] BVerfG Beschl. v. 5.3.2013 – 1 BvR 2457/08, NVwZ 2013, 1004.
[13] *Funke-Kaiser* in GK-AufenthG § 70 Rn. 10 (Stand 3/2015).

Zuständigkeit § 71 AufenthG 1

c) auf Ersuchen der Ausländerbehörde, die der Erteilung des Visums zugestimmt hat, sofern diese ihrer Zustimmung bedurfte,
4. das Ausreiseverbot und die Maßnahmen nach § 66 Abs. 5 an der Grenze,
5. die Prüfung an der Grenze, ob Beförderungsunternehmer und sonstige Dritte die Vorschriften dieses Gesetzes und die auf Grund dieses Gesetzes erlassenen Verordnungen und Anordnungen beachtet haben,
6. sonstige ausländerrechtliche Maßnahmen und Entscheidungen, soweit sich deren Notwendigkeit an der Grenze ergibt und sie vom Bundesministerium des Innern, für Bau und Heimat hierzu allgemein oder im Einzelfall ermächtigt sind,
7. die Beschaffung von Heimreisedokumenten im Wege der Amtshilfe in Einzelfällen für Ausländer,
8. die Erteilung von in Rechtsvorschriften der Europäischen Union vorgesehenen Vermerken und Bescheinigungen vom Datum und Ort der Einreise über die Außengrenze eines Mitgliedstaates, der den Schengen-Besitzstand vollständig anwendet; die Zuständigkeit der Ausländerbehörden oder anderer durch die Länder bestimmter Stellen wird hierdurch nicht ausgeschlossen.

(4) [1] Für die erforderlichen Maßnahmen nach den §§ 48, 48a und 49 Absatz 2 bis 9 sind die Ausländerbehörden, die Polizeivollzugsbehörden der Länder sowie bei Wahrnehmung ihrer gesetzlichen Aufgaben die Bundespolizei und andere mit der polizeilichen Kontrolle des grenzüberschreitenden Verkehrs beauftragte Behörden zuständig. [2] In den Fällen des § 49 Abs. 4 sind auch die Behörden zuständig, die die Verteilung nach § 15a veranlassen. [3] In den Fällen des § 49 Absatz 5 Nummer 5 und 6 sind die vom Auswärtigen Amt ermächtigten Auslandsvertretungen zuständig. [4] In den Fällen des § 49 Absatz 8 und 9 sind auch die Aufnahmeeinrichtungen im Sinne des § 44 des Asylgesetzes und die Außenstellen des Bundesamtes für Migration und Flüchtlinge befugt, bei Tätigwerden in Amtshilfe die erkennungsdienstlichen Maßnahmen bei ausländischen Kindern oder Jugendlichen, die unbegleitet in das Bundesgebiet eingereist sind, vorzunehmen; diese Maßnahmen sollen im Beisein des zuvor zur vorläufigen Inobhutnahme verständigten Jugendamtes und in kindgerechter Weise durchgeführt werden.

(5) Für die Zurückschiebung sowie die Durchsetzung der Verlassenspflicht des § 12 Abs. 3 und die Durchführung der Abschiebung und, soweit es zur Vorbereitung und Sicherung dieser Maßnahmen erforderlich ist, die Festnahme und Beantragung der Haft sind auch die Polizeien der Länder zuständig.

(6) Das Bundesministerium des Innern, für Bau und Heimat oder die von ihm bestimmte Stelle entscheidet im Benehmen mit dem Auswärtigen Amt über die Anerkennung von Pässen und Passersatzpapieren (§ 3 Abs. 1); die Entscheidungen ergehen als Allgemeinverfügung und können im Bundesanzeiger bekannt gegeben werden.

Allgemeine Verwaltungsvorschrift
71 Zu § 71 – Zuständigkeit
71.1 Zuständigkeit der Ausländerbehörden
71.1.1 Sachliche Zuständigkeit
71.1.1.0 Die Ausländerbehörden sind generell zuständig für alle aufenthalts- und passrechtlichen Maßnahmen nach dem Aufenthaltsgesetz und den hierzu ergangenen Vorschriften sowie nach ausländerrechtlichen Bestimmungen in anderen Gesetzen i. S v. § 1 Absatz 1 und den hierzu jeweils ergangenen Vorschriften (§ 71 Absatz 1).
71.1.1.1 Zu den aufenthaltsrechtlichen Maßnahmen gehören auch die Zurückschiebung, die Abschiebung einschließlich deren Vorbereitung (z. B. Beschaffung von Heimreisedokumenten, Flugtickets, Festlegung des Reiseweges), Sicherung (z. B. Festnahme des Ausländers) und Durchführung sowie das Verbot der Ausreise und die Durchsetzung der Verlassenspflicht. Die Zuständigkeit der Ausländerbehörde für diese Maßnahmen lässt die vollstreckungsrechtlichen Vorschriften der Länder unberührt (zur Kostenerhebung vgl. § 67 Absatz 3).
71.1.1.2 Für die Zurückschiebung besteht eine gleichwertige Zuständigkeit zwischen den Ausländerbehörden, den Grenzbehörden und den Polizeien der Länder (§ 71 Absatz 1, Absatz 3 Nummer 1 und Absatz 5). Die Grenzbehörden sind für die Zurückschiebung an der Grenze zuständig. Die Polizeien der Länder sind neben den Ausländerbehörden für die Zurückschiebung originär zuständig. § 71 Absatz 5 erfordert grundsätzlich keine Beteiligung oder Mitwirkung der Ausländerbehörde (siehe Nummer 71.5.6), eine Unterrichtung der Ausländerbehörde ist jedoch sinnvoll. Im Einzelfall ist die Behörde zuständig, bei deren Aufgabenerfüllung eine Zurückschiebung geboten ist.
71.1.1.3 Die Zuständigkeit für passrechtliche Maßnahmen umfasst insbesondere die Ausstellung, Verlängerung und Einziehung von deutschen Passersatzpapieren gemäß § 4 AufenthV (z. B. Reiseausweis für Ausländer, Notreiseausweis, Reiseausweis für Flüchtlinge, Reiseausweis für Staatenlose). Zu den ausweisrechtlichen Maßnahmen gehören die Ausstellung und Einziehung des Ausweisersatzes (§ 48 Absatz 2) und der Bescheinigung über die Aufenthaltsgestattung, sofern der Asylsuchende nicht (mehr) verpflichtet ist, in einer Aufnahmeeinrichtung zu wohnen (§ 63 Absatz 3 AsylVfG).
71.1.1.4 Die Ausländerbehörden können auch für Maßnahmen und Entscheidungen nach ausländerrechtlichen Bestimmungen in anderen Gesetzen i. S v. § 1 Absatz 1 zuständig sein (z. B. SDÜ, § 19 AsylVfG; zur Zuständigkeit des Bundesamts für Migration und Flüchtlinge vgl. § 5 Absatz 1 Satz 2 AsylVfG).
71.1.1.5 Durch Landesrecht wird bestimmt, welche Behörden Ausländerbehörden i. S v. § 71 Absatz 1 sind.
71.1.2 Örtliche Zuständigkeit

Kolber 1357

1 AufenthG § 71

Erster Teil. Aufenthaltsgesetz

71.1.2.1 Die örtliche Zuständigkeit der Ausländerbehörden wird durch Landesrecht bestimmt (z. B. LVwVfG; besondere Zuständigkeitsverordnung; Regelung in den Polizeigesetzen der Länder), soweit Bundesrecht keine besonderen Regelungen enthält (z. B. § 51 Absatz 2 Satz 3). Einzelne Aufgaben können nach Landesrecht auf eine oder mehrere bestimmte Ausländerbehörden übertragen werden (§ 71 Absatz 1 Satz 2).

71.1.2.2 Stellt das Landesrecht hinsichtlich der örtlichen Zuständigkeit der Ausländerbehörden auf den gewöhnlichen Aufenthalt des Ausländers als Tatbestandsmerkmal ab, ist für die Bestimmung des gewöhnlichen Aufenthaltsorts maßgebend, wo der Ausländer sich unter Umständen aufhält, die erkennen lassen, dass er an diesem Ort oder in diesem Gebiet nicht nur vorübergehend verweilt. Auf den Willen zur ständigen Niederlassung kommt es nicht an. Im Allgemeinen hat der Ausländer dort seinen gewöhnlichen Aufenthalt, wo er seine alleinige Wohnung oder Hauptwohnung im melderechtlichen Sinne hat. Der Begriff der Hauptwohnung im melderechtlichen Sinne ist jedoch nicht mit dem Begriff des Mittelpunkts der Lebensbeziehungen deckungsgleich.

71.1.2.3 Nimmt ein Ausländer seinen gewöhnlichen Aufenthalt erlaubt im Bezirk einer anderen Ausländerbehörde und geht dadurch die Zuständigkeit auf die andere Ausländerbehörde über, erstreckt sich der Zuständigkeitswechsel auch auf bereits anhängige Verwaltungsverfahren, es sei denn, die Entscheidung der zuerst zuständigen Ausländerbehörde ist bereits ergangen (siehe Nummer 71.1.3).

71.1.2.4 In Fällen, in denen der Ausländer (z. B. Grenzarbeitnehmer) keinen gewöhnlichen Aufenthalt im Bundesgebiet mehr besitzt, sich aber weiterhin in dem Land seines früheren gewöhnlichen Aufenthalts aufhält, bestimmt sich die örtliche Zuständigkeit nach den Vorschriften dieses Landes.

71.1.2.5 Wird ein Aufenthalt entgegen einer räumlichen Beschränkung oder einer Wohnsitzauflage begründet, beschränkt sich die Zuständigkeit der für den Ort des Aufenthalts zuständigen Ausländerbehörde auf die Durchsetzung unaufschiebbarer Maßnahmen. Unaufschiebbare Maßnahmen, für die sich nach Landesrecht eine so genannte Eilzuständigkeit ergeben kann, sind insbesondere
– die Zurückschiebung und die Abschiebung, wenn sie anderenfalls vereitelt oder wesentlich erschwert würden,
– die Beantragung von Abschiebungshaft (§ 62), soweit dies von der zuständigen Ausländerbehörde nicht oder nicht rechtzeitig erfolgen kann,
– die Einbehaltung des Passes (§ 48 Absatz 1) sowie
– die Durchsetzung der räumlichen Beschränkung.

71.1.2.6 Die Befugnis zur Ingewahrsamnahme des Ausländers mit dem Ziel der Beantragung von Abschiebungs- oder Zurückschiebungshaft richtet sich nach § 62 Absatz 4 (vgl. Nummer 58.0.0 und 62.4). Die Befugnis zur Durchsetzung der räumlichen Beschränkung durch Behörden der Länder richtet sich nach Landesrecht.

71.1.2.7 Die Zuständigkeit der Ausländerbehörden nach § 71 Absatz 1 umfasst auch die Prüfung, ob insbesondere bei unaufschiebbaren Maßnahmen eine andere Ausländerbehörde mit der Aufgabenerledigung im Wege der Amtshilfe betraut wird. Bei dieser Prüfung sind im Rahmen der Abschiebung neben den verfahrensrechtlichen Vorschriften über die Amtshilfe folgende Gesichtspunkte maßgebend:

71.1.2.7.1 – Soweit die Abschiebung voraussichtlich innerhalb von längstens zwei Wochen (vgl. § 62 Absatz 2 Satz 2) vollzogen werden kann, würde eine Rückführung des Ausländers in den Bezirk der nach Landesrecht örtlich zuständigen Ausländerbehörde zu einer vermeidbaren Verzögerung führen. Deshalb hat in diesen Fällen die Ausländerbehörde des Aufgriffsortes die weiteren im Bundesgebiet zur Sicherung der Abschiebung erforderlichen Maßnahmen zu treffen. Dazu gehören die Beantragung und der Vollzug der Abschiebungshaft und die Überführung des Ausländers bis zur Grenzbehörde. Die Buchung des Beförderungsmittels für die Abschiebung ist keine unaufschiebbare Maßnahme. Insoweit wird die Ausländerbehörde des Aufgriffsortes stets im Wege der Amtshilfe tätig.

71.1.2.7.2 – Soweit auf Antrag der Ausländerbehörde des Aufgriffsortes die Abschiebungshaft angeordnet und länger als eine Woche vollstreckt wird und weitere Maßnahmen zur Beendigung des Aufenthalts erforderlich sind, veranlasst diese Behörde insbesondere die Durchführung der Abschiebung, wenn nur sie gegenüber den Vollstreckungsbeamten nach Landesrecht den Vollstreckungsauftrag erteilen kann.

71.1.2.7.3 – Sobald sich herausstellt, dass die Abschiebung voraussichtlich nicht innerhalb von drei Monaten durchgeführt werden kann, endet grundsätzlich eine Amtshilfepflicht zur Abschiebung. Der Ausländer kann der zuständigen Ausländerbehörde überstellt werden; die Modalitäten sind zwischen der örtlich zuständigen Ausländerbehörde und der die Amtshilfe leistenden Ausländerbehörde zu klären. Die Länder Berlin, Bremen und Hamburg (Stadtstaaten) können von dieser Möglichkeit Gebrauch machen, wenn die Sicherungshaft (§ 62 Absatz 2) bereits vier Wochen dauert. Es ist jedoch sicherzustellen, dass die Abschiebung nicht vereitelt, erschwert oder verzögert wird.

71.1.2.8.1 Für Asylantragsteller ist nach Maßgabe des AsylVfG die Ausländerbehörde zuständig, in deren Bezirk der Ausländer zu wohnen verpflichtet ist. Die Zuständigkeit für die Durchsetzung der Verlassenspflicht richtet sich bei Asylbewerbern nach § 59 Absatz 3 AsylVfG. Durch die Ausweisung eines Ausländers wird unbeschadet landesrechtlicher Vorschriften nicht die Zuständigkeit zur Vollstreckung einer vom Bundesamt für Migration und Flüchtlinge oder von einer anderen Ausländerbehörde erlassenen, von der Ausweisung unabhängigen Abschiebungsandrohung begründet.

71.1.2.8.2 Stellt der Ausländer während der Abschiebungshaft einen Asylerstantrag oder wird auf Grund eines Asylfolgeantrages ein weiteres Asylverfahren durchgeführt, ist der Ausländer mit Ausnahme der in § 14 Absatz 3 AsylVfG genannten Fälle aus der Abschiebungshaft zu entlassen und der zuständigen Aufnahmeeinrichtung weiterzuleiten (siehe Nummer 50.1.2.1 Satz 2, 5. Spiegelstrich und § 19 Absatz 1 AsylVfG). Solange das Asylverfahren (einschließlich des verwaltungsgerichtlichen Verfahrens) nicht unanfechtbar abgeschlossen ist, hat die Behörde des Aufgriffsorts den Ausländer nach der Haftentlassung in die jeweils zuständige Aufnahmeeinrichtung zu verbringen. Sofern das Asylverfahren innerhalb der Haftzeit unanfechtbar abgeschlossen wird, wird der Ausländer nach seiner Entlassung an die zuständige Ausländerbehörde verwiesen, die den Ausländer aufgegriffen und in Haft gebracht hat bzw. in deren Zuständigkeitsbereich die Festnahme erfolgte.

71.1.2.8.3 § 71 Absatz 7 Satz 2 AsylVfG weist unabhängig von einer landesrechtlichen Zuständigkeitsregelung auch der Ausländerbehörde Aufgaben zu, in deren Bezirk sich der Asylfolgeantragsteller aufhält. Diese Vorschrift gilt nur für Ausländer, die einen Asylfolgeantrag gestellt haben und deren Aufenthaltsbeendigung ohne erneute Abschiebungsandrohung oder -anordnung zulässig ist. Die Zuständigkeit der Behörde des Aufgriffsortes ist beschränkt auf

Maßnahmen zur Sicherung und Durchführung der Aufenthaltsbeendigung oder der Durchsetzung der Verlassenspflicht nach § 12 Absatz 3 (siehe Nummer 71.1.4.4).

71.1.2.8.4 Die Zuständigkeit erstreckt sich nicht auf die Erteilung einer Duldung und die Beförderung des Ausländers von der Grenzübergangsstelle zum Zielort der Abschiebung im Ausland; insoweit wird auch die nach § 71 Absatz 7 Satz 2 AsylVfG zuständige Ausländerbehörde in Amtshilfe für die nach Nummer 71.1.2.8.1 Satz 1 zuständige Behörde auf Grund einer Kostenübernahmeerklärung tätig.

71.1.2.8.5 Die Ausländerbehörde des Aufgriffsortes (§ 71 Absatz 7 Satz 2 AsylVfG) kann sich ihrer Zuständigkeit durch Überstellung an die im übrigen zuständige Ausländerbehörde begeben; von dieser Möglichkeit kann grundsätzlich jedoch nur unter denselben Voraussetzungen Gebrauch gemacht werden, unter denen außerhalb der Fälle des § 71 Absatz 7 Satz 2 AsylVfG die Ausländerbehörde des Aufgriffsortes die Amtshilfe ablehnen kann (siehe Nummer 71.1.2.7.3).

71.1.3 Zuständigkeit bei Ortswechsel

71.1.3.1 Geht die Zuständigkeit nach einem ordnungsgemäßen Ortswechsel des Ausländers auf eine andere Ausländerbehörde über, hat diese Ausländerbehörde auch über den Antrag auf einen Aufenthaltstitel zu entscheiden, der bei der früher zuständigen Ausländerbehörde gestellt und über den noch nicht entschieden worden ist. Die nunmehr zuständige Ausländerbehörde hat die Ausländerakte bei der früher zuständigen Ausländerbehörde nach amtlichem Muster anzufordern. Der Ausländer ist von der Ausländerbehörde des Zuzugsorts über den Wechsel der Zuständigkeit zu unterrichten.

71.1.3.2 Beantragt der Ausländer einen Aufenthaltstitel und ist danach sein neuer Aufenthaltsort nicht feststellbar, ist der Antrag auch wegen fehlenden Sachbescheidungsinteresses abzulehnen. Erfolgt ein Wechsel der Zuständigkeit erst nach Ablehnung eines Antrags auf Erteilung eines Aufenthaltstitels und ist eine Entscheidung in der Widerspruchssache nicht getroffen worden, kommt eine von der bisherigen Entscheidung abweichende Entscheidung durch die neu zuständige Ausländerbehörde nur im Einvernehmen mit der bisher zuständigen Ausländerbehörde in Betracht (z. B. nach Änderung der Sach- und Rechtslage).

71.1.3.3 Ob eine Zuwiderhandlung gegen eine räumliche Beschränkung des Aufenthalts Auswirkungen auf die örtliche Zuständigkeit hat, richtet sich nach den landesrechtlichen Regelungen. Der Ausländer unterliegt in diesen Fällen der Verlassenspflicht nach § 12 Absatz 3 bzw. § 59 AsylVfG mit dem Ziel der Rückkehr in den Bereich der räumlichen Beschränkung des Aufenthalts.

71.1.4 Zuständigkeit im Falle der zwischenzeitlichen Ausreise

71.1.4.1 Grundsätzlich endet die Zuständigkeit der Ausländerbehörde, wenn der Ausländer seine Ausreisepflicht erfüllt hat (§ 50 Absatz 1) oder in den Fällen des § 51 Absatz 1 Nummer 6 und 7. Hinsichtlich eines Wiedereinreisebegehrens richtet sich die Zuständigkeit nach § 71 Absatz 2.

71.1.4.2 Bei unerlaubter Wiedereinreise (§ 14 Absatz 1) nach einem früheren Aufenthalt im Bundesgebiet sind für die Zurückschiebung neben der Grenzbehörde (§ 71 Absatz 3) auch die Ausländerbehörden (z. B. Ausländerbehörde des Aufgriffsortes, Polizeien der Länder nach Landesrecht örtlich zuständig. In diesem Fall ist unerheblich, welche Ausländerbehörde vor der Ausreise des Ausländers aus dem Bundesgebiet zuständig war.

71.1.4.3 Die Ausschreibung eines abgeschobenen Ausländers im INPOL und SIS begründet unbeschadet landesrechtlicher Regelungen keine Zuständigkeit der ausschreibenden Ausländerbehörde für Maßnahmen gegen den Ausländer im Falle seiner unerlaubten Wiedereinreise.

71.1.4.4 Eine Zuständigkeit der während des früheren Aufenthalts des Ausländers zuständigen Ausländerbehörde besteht fort in den Fällen des § 71 Absatz 7 Satz 1 AsylVfG. Die Ausländerbehörde des Aufgriffsortes (§ 71 Absatz 7 Satz 2 AsylVfG) kann sich in diesen Fällen ihrer Zuständigkeit nur entledigen, wenn aus besonderen Gründen (z. B. wegen einer Anhörung bei der zuständigen Außenstelle des Bundesamtes) eine Überstellung erforderlich ist; im Übrigen kann sie sich ihrer Zuständigkeit nur unter den Voraussetzungen begeben, unter denen die Amtshilfe hinsichtlich der weiteren Durchführung der Aufenthaltsbeendigung nicht in Betracht kommt (siehe Nummer 71.1.2.7.3).

71.1.4.5 In den Fällen des Aufgriffs durch die Grenzbehörde sowie der Rücküberstellung an die Grenzbehörde durch andere Staaten ist die Grenzbehörde für die Zurückschiebung (§ 57 Absatz 2) sowie für alle erforderlichen unaufschiebbaren Maßnahmen zuständig (Festnahme, Beantragung der Haft zur Sicherung der Zurückschiebung). Kommen die in § 71 Absatz 3 Nummer 1 genannten Maßnahmen nicht in Betracht, gilt:

71.1.4.5.1 – Die örtliche Zuständigkeit richtet sich nach den landesrechtlichen Vorschriften, die für die Ausländerbehörde gelten, in deren Bezirk der Ausländer aufgegriffen oder überstellt wird.

71.1.4.5.2 Sofern die Zuständigkeit der während des früheren Aufenthalts im Bundesgebiet zuständigen Ausländerbehörde in den Fällen des § 50 Absatz 4 fortbesteht, werden andere Ausländerbehörden (z. B. des Aufgriffs-, Überstellungs- oder Haftorts) nur im Wege der Amtshilfe tätig (siehe Nummer 71.1.2.5).

71.1.4.5.3 Wird durch die Grenzbehörde Haft zur Sicherung der Zurückschiebung beantragt, ist in den Fällen einer Asylfolgeantragstellung die Ausländerbehörde, deren Bezirk den Haftort umfasst, nach der Inhaftierung des Ausländers gemäß § 71 Absatz 7 Satz 2 AsylVfG auch zuständige Behörde. Eine Zuständigkeit der Ausländerbehörde des Aufgriffs- bzw. Überstellungsorts nach § 71 Absatz 7 Satz 2 AsylVfG wird nur begründet, wenn der Ausländer sich im Zeitpunkt der Folgeantragstellung in deren Bezirk aufhält. Die nach § 71 Absatz 7 Satz 2 AsylVfG auch zuständige Behörde kann sich ihrer Zuständigkeit nur unter den Voraussetzungen entledigen, unter denen hinsichtlich der weiteren Durchführung der Aufenthaltsbeendigung die Amtshilfe abgelehnt werden kann (siehe Nummer 71.1.2.7.3).

71.1.4.6.1 Ein erfolgloser Ausreiseversuch (d. h. der Ausländer ist nicht in der Lage, der Ausreisepflicht nachzukommen, weil er bei der Einreise in einen anderen Staat an der Grenze zurückgewiesen und etwa der Grenzbehörde überstellt wird) führt zu keiner Beendigung oder Unterbrechung des Aufenthalts im Bundesgebiet und damit unbeschadet landesrechtlicher Vorschriften auch zu keiner Änderung der bisherigen Zuständigkeit.

71.1.4.6.2 Wird der Ausländer nach erfolglosem Ausreiseversuch durch die Grenzbehörde aufgegriffen, ist diese für die in § 71 Absatz 3 Nummer 1 genannten Maßnahmen zuständig. Die örtliche Zuständigkeit für die Abschiebung richtet sich nach den landesrechtlichen Vorschriften, die bis zum Scheitern des Ausreiseversuchs Anwendung gefunden haben. Ist die Ausländerbehörde des Aufgriffsortes danach nicht zuständig, kann diese lediglich im Wege der Amtshilfe mit weiteren unaufschiebbaren Maßnahmen betraut werden (siehe Nummer 71.1.2.5 ff.).

71.1.5 Zuständigkeit in Fällen eines Auslandsaufenthalts

71.1.5.1 Für die Bestimmung der Wiedereinreisefrist nach der Ausreise nach § 51 Absatz 1 Nummer 7 ist grundsätzlich die Ausländerbehörde zuständig, in deren Bezirk der Ausländer zuletzt seinen gewöhnlichen Aufenthalt hatte. Fehlt es an einem gewöhnlichen Aufenthalt, ist die Ausländerbehörde zuständig, die den Aufenthaltstitel zuletzt erteilt oder verlängert hat.

71.1.5.2 Für die Befristungsentscheidung nach § 11 Absatz 1 Satz 3 ist, sofern eine Ausweisung verfügt worden ist, grundsätzlich die Ausländerbehörde zuständig, die diese Maßnahme erlassen hat (vgl. Nummer 11.1.3.2.1). Ist keine Ausweisung, jedoch – ggf. mehrfach – eine Abschiebung oder Zurückschiebung erfolgt, ist die Behörde zuständig, die zuletzt die Abschiebung oder Zurückschiebung veranlasst hat.

71.1.5.3 Für die Erteilung der Betretenserlaubnis (§ 11 Absatz 2) ist die Ausländerbehörde zuständig, in deren Bezirk sich der Ausländer aufhalten will. Nach § 72 Absatz 1 Satz 2 ist die Ausländerbehörde, die den Ausländer ausgewiesen, zurückgeschoben oder abgeschoben hat, in der Regel zu beteiligen (vgl. Nummer 72.1.1 f.).

71.1.5.4 Für Seeleute, die sich nicht im Bundesgebiet aufhalten, ist die Ausländerbehörde zuständig, in deren Bezirk die Reederei ihren Sitz hat, die sie beschäftigt. Für Maßnahmen und Entscheidungen gegenüber Seeleuten ohne gewöhnlichen Aufenthalt im Bundesgebiet ist die Ausländerbehörde des von dem Schiff angelaufenen Hafens zuständig.

71.1.6 Zuständigkeit für die Kostenerfassung

Die Behörde, die im Wege der Amtshilfe oder nach § 71 Absatz 7 Satz 2 AsylVfG für die Sicherung und Durchführung der Abschiebung eines Ausländers tätig wird, hat alle von einem privaten Kostenschuldner (§ 66 Absatz 1 bis 4) zu tragenden Kosten zu erfassen und diese Kostenaufstellung der für die Maßnahme örtlich zuständigen Ausländerbehörde zuzuleiten. Diese Ausländerbehörde fertigt eine Gesamtaufstellung über alle Kosten, die der Kostenschuldner nach § 67 Absatz 1 und 2 zu erstatten hat. Die Amtshilfe umfasst auch die Anordnung einer Sicherheitsleistung (§ 66 Absatz 5). Der Leistungsbescheid (§ 67 Absatz 3) wird – soweit erforderlich – von der für die Maßnahme zuständigen Ausländerbehörde erlassen (vgl. auch Nummer 67.3.2.2.1 bis 67.3.3).

71.2 Zuständigkeit der deutschen Auslandsvertretungen

71.2.1 Über die Erteilung eines Visums (nationales Visum, Schengen-Visum) entscheiden die vom Auswärtigen Amt zur Visumerteilung ermächtigte diplomatischen oder berufskonsularischen Vertretungen (Auslandsvertretungen), in deren Amtsbezirk der Ausländer seinen gewöhnlichen Aufenthalt hat. Die Zuständigkeit der Auslandsvertretung ist nur für Ausländer gegeben, die sich im Ausland aufhalten. Die Zuständigkeit der Auslandsvertretung entfällt daher, wenn der Ausländer in das Bundesgebiet zum Zweck der Aufenthaltsnahme eingereist ist. Für die Erteilung von Schengen-Visa sind neben den deutschen Auslandsvertretungen auch die Auslandsvertretungen der Schengener Vertragsstaaten nach Maßgabe des SDÜ zuständig. Für die Verlängerung eines Visums nach der Einreise des Ausländers ist die Ausländerbehörde zuständig (§ 6 Absatz 3). Unterhält die Bundesrepublik Deutschland in einem Staat keine oder keine zur Visumerteilung ermächtigte Auslandsvertretung oder kann die zuständige Auslandsvertretung vorübergehend keine Visa erteilen, richtet sich die Zuständigkeit für die Visumerteilung zu kurzfristigen Aufenthalten nach der Vertretungsregelung der Schengen-Staaten.

71.2.2 Das Visum kann mit Ermächtigung der zuständigen Auslandsvertretung oder des Auswärtigen Amtes ausnahmsweise auch von einer anderen als der für den gewöhnlichen Aufenthaltsort des Ausländers zuständigen Auslandsvertretung erteilt werden.

71.2.3 Die Zuständigkeit der Auslandsvertretungen gemäß Nummer 71.2.1 umfasst auch Anordnungen nach § 47, die Rücknahme und den Widerruf eines Visums, die Feststellung, dass ein Aufenthaltstitel nach § 51 Absatz 1 Nummer 6 oder 7 erloschen ist, sowie die Feststellung und Bescheinigung, dass ein Ausländer für die Einreise und den Aufenthalt vom Erfordernis eines Aufenthaltstitels befreit ist.

71.2.4 Belastende Verwaltungsakte der deutschen Auslandsvertretungen sind nach § 68 Absatz 1 Satz 2 Nummer 1 VwGO nicht mit dem Widerspruch angreifbar (vgl. § 52 Nummer 2 Satz 4 VwGO hinsichtlich der örtlichen Zuständigkeit des Verwaltungsgerichts im Klageverfahren).

71.3 Zuständigkeit der mit der polizeilichen Kontrolle des grenzüberschreitenden Verkehrs betrauten Behörden

71.3.0 Die ausländerrechtliche Zuständigkeit der mit der polizeilichen Kontrolle des grenzüberschreitenden Verkehrs betrauten Behörden (Grenzbehörden) regelt § 71 Absatz 3 Nummer 1 bis 8 und Absatz 4. Dies umfasst auch die Eintragung von Kontrollstempeln in den Pass oder Passersatz.

71.3.1.1 Für die Zurückweisung ist ausschließlich die Grenzbehörde zuständig (Absatz 3 Nummer 1; siehe Nummer 15.0.1).

71.3.1.2.1 Die Grenzbehörde ist nach Absatz 3 Nummer 1 für die Zurückschiebung von Ausländern zuständig, die beim oder nach dem unerlaubten Grenzübertritt an der Grenze, d. h. im (Binnen-)Grenzraum sowie auf einem als Grenzübergangsstelle zugelassenen oder nicht zugelassenen Flughafen bzw. Flug- oder Landeplatz, See- oder Binnenhafen aufgegriffen werden (siehe Nummer 57.0.2; zur Zurückschiebung durch die Polizeien der Länder vgl. Nummer 71.5.1.1 f.). Die Grenzbehörde kann das Verfahren an die örtlich zuständige Ausländerbehörde abgeben, wenn die Zurückschiebung nicht innerhalb von einer Woche nach Beendigung der Zurückschiebungshaft durchgeführt werden kann. Soweit die Zuständigkeit einer Ausländerbehörde nach Nummer 71.1.2.1 nicht besteht, ist die Ausländerbehörde zuständig, in deren Bezirk der Ausländer aufgegriffen wurde.

71.3.1.2.2 Die Grenzbehörde ist auch zuständig für die Zurückschiebung von Ausländern, die in das Bundesgebiet bereits eingereist sind, sich danach weiter fortbewegen und in einem anderen Grenzraum oder auf einem als Grenzübergangsstelle zugelassenen oder nicht zugelassenen Flughafen bzw. Flug- oder Landeplatz, See- oder Binnenhafen angetroffen werden (z. B. Einreise über die deutsch-französische Grenze und Aufgriff des Ausländers an der deutsch-dänischen Grenze). Bei Asylbewerbern gelten §§ 18, 18a AsylVfG.

71.3.1.2.3 Die Grenzbehörde, die eine Zurückschiebung angeordnet hat, ist nach Absatz 3 Nummer 1 für die Befristungsentscheidung nach § 11 Absatz 1 Satz 3 zuständig. Die Ausländerbehörde, deren Zuständigkeit bestand oder besteht (in deren Bezirk sich der Ausländer aufhalten will), ist zu beteiligen (vgl. Nummer 11.1.3.2.2).

71.3.1.3.1 Die Rückführung i. S. v. Absatz 3 Nummer 1 ist die Begleitung eines Ausländers über die Grenze hinaus bis zum Zielort und Überstellung an die Grenzbehörde des Zielstaates aus Anlass der Zurückweisung, Zurückschiebung oder Abschiebung bzw. die Übernahme von Ausländern, die von einem anderen Staat nach Deutschland rückgeführt werden (siehe Nummer 57.2). Zur Rückführung gehört auch die so genannte Weiterschiebung (Durch-

Zuständigkeit § 71 AufenthG 1

beförderung) des Ausländers, der von einem anderen Staat durch Deutschland in einen Drittstaat ab- oder zurückgeschoben wird.

71.3.1.3.2 Die Rückführung obliegt den Grenzbehörden, soweit nicht die für die aufenthaltsbeendende Maßnahme zuständige Behörde die Rückführung mit eigenen Kräften durchführt (siehe Nummer 57.0.3 und 71.1.1.1). Die Zuständigkeit der Behörde, die die Zurückschiebung oder Abschiebung angeordnet hat, endet nicht mit der Überstellung des Ausländers an die Grenzbehörde. Die Grenzbehörde ist jedoch für die ordnungsgemäße Durchführung der Maßnahme verantwortlich. Scheitert eine Rückführung, regelt die für die Zurückschiebung oder Abschiebung zuständige Behörde das weitere Verfahren.

71.3.1.4 Hinsichtlich der Festnahme und Beantragung von Haft, soweit es i. S v. Absatz 3 Nummer 1 zur Vorbereitung und Sicherung vorstehender Maßnahmen erforderlich ist, siehe Nummer 62.3.4, 15.5 und 57.3.2.

71.3.2.1 Die Grenzbehörde ist nach § 71 Absatz 3 Nummer 2, § 14 Absatz 2 zuständig für die Erteilung von Ausnahme-Visa in Form von Schengen-Visa und von nationalen Visa sowie für die Erteilung eines Passersatzes. Gleiches gilt nach § 71 Absatz 3 Nummer 2 für die Aussetzung der Abschiebung nach § 60a Absatz 2a (vgl. Nummer 60 a.2 a.1).

71.3.2.2 Die Grenzbehörde hat einen Ausländer, dem ein Visum oder Passersatz an der Grenze versagt wird, auf die Möglichkeit einer Antragstellung bei der zuständigen Auslandsvertretung hinzuweisen (§ 83 Absatz 1 Satz 2). Hinsichtlich der Formerfordernisse wird auf § 77 Absatz 2 verwiesen.

71.3.3 Die Grenzbehörde ist zuständig für den Widerruf eines Visums

71.3.3.1 – auf Ersuchen einer deutschen Auslandsvertretung oder einer Auslandsvertretung eines anderen Schengen-Staates oder der für den künftigen Aufenthaltsort zuständigen Ausländerbehörde, die der Erteilung des (nationalen) Visums zugestimmt hat. Soll ein Visum nach § 71 Absatz 3 Nummer 3 Buchstabe b) auf Ersuchen einer Auslandsvertretung, die das Visum erteilt hat, widerrufen werden, so übermittelt die Auslandsvertretung ihren Widerrufsbescheid an das Bundespolizeipräsidium, damit die deutschen Grenzbehörden in Vollzugshilfe die Bekanntgabe und die weiteren erforderlichen Umsetzungsmaßnahmen vornehmen können. Im Übrigen bleibt es den Grenzbehörden unbenommen, alle sonstigen durch Auslandsvertretungen übermittelten Erkenntnisse und Informationen in eigene Entscheidungen einfließen zu lassen und über den Widerruf eines Visums nach pflichtgemäßem Ermessen zu entscheiden.

71.3.3.2 – in den Fällen des § 52 Absatz 1 Nummer 3 auch ohne Ersuchen der ausstellenden Behörde, wenn der Ausländer zugleich gemäß § 15 zurückgewiesen wird (z. B. auf Grund einer Ausschreibung zum Zweck der Einreiseverhinderung nach § 50 Absatz 7 oder Einreiseverweigerung nach Artikel 96 Absatz 3 SDÜ).

71.3.4.1 Für die Anordnung eines Ausreiseverbots ist grundsätzlich die Ausländerbehörde zuständig. Die Grenzbehörde ist dann zuständig, wenn dies zur Verhinderung der Ausreise an der Grenze erforderlich ist (siehe Nummer 46.2.4).

71.3.4.2 Die Zuständigkeit der Grenzbehörde für die Zurückweisung oder Zurückschiebung umfasst auch die Geltendmachung der Kosten nach Maßgabe des § 67 Absatz 3 durch einen Leistungsbescheid. Für die Anordnung einer Sicherheitsleistung gilt § 66 Absatz 5. Die Sicherheitsleistung kann auch die Kosten der Abschiebung umfassen (siehe Nummer 66.5.4.1 f.).

71.3.5 Die Grenzbehörde ist für die Prüfung zuständig, ob die in §§ 63 bis 65 genannten Pflichten eingehalten werden. Die Grenzbehörde ist auch für die Androhung, Anordnung und Beitreibung von Zwangsgeld gegen Beförderungsunternehmer und die damit verbundenen Maßnahmen zuständig.

71.3.6 Nicht belegt.

71.3.7 Entsprechend den Erfordernissen der Praxis ist die Zuständigkeit für die Beschaffung von Heimreisedokumenten für Ausländer einzelner Staaten beim Bundespolizeipräsidium konzentriert.

71.3.8 Durch Absatz 8 wird klargestellt, dass die Grenzbehörden die durch Artikel 11 Anhang VIII Schengener Grenzkodex vorgesehenen Bescheinigungen über die Einreise erteilen dürfen. Diese Bescheinigungen sind bei fehlendem Einreisekontrollstempel zu erteilen, wenn Ort und Zeit der Einreise über eine Schengen-Außengrenze nachgewiesen werden. Die Zuständigkeit der Ausländerbehörden nach § 71 Absatz 1 bleibt unberührt.

71.4 Erkennungsdienstliche Maßnahmen

Die Zuständigkeit der Ausländerbehörden, der Grenzbehörde und der Polizeien der Länder umfasst unbeschadet asylrechtlicher Vorschriften die Durchführung der auf Grund ausweisrechtlicher Pflichten im Einzelfall angezeigten Maßnahmen nach § 48 und der erkennungsdienstlichen Maßnahmen in ihrem Tätigkeitsbereich nach § 49 Absatz 2 bis 9. Für erkennungsdienstliche Maßnahmen im Rahmen der Verteilung nach § 15a sind auch die nach § 15a Absatz 1 Satz 5 von den Ländern bestimmten Stellen zuständig. Für erkennungsdienstliche Maßnahmen bei der Beantragung eines nationalen Visums (§ 6 Absatz 4) sind die ermächtigten Auslandsvertretungen zuständig.

71.5 Zuständigkeit der Polizeien der Länder

71.5.0 Auch die Polizeien der Länder sind zuständig für die

– Zurückschiebung (§ 57),
– Durchführung der Abschiebung (§ 58),
– Durchsetzung der Verlassenspflicht nach § 12 Absatz 3,
– Festnahme und Beantragung von Haft zum Zweck der Vorbereitung und Sicherung der Zurückschiebung oder Abschiebung (siehe Nummer 62.0.3.0).

Soweit die Länder keine Regelungen bezüglich der Aufgabenwahrnehmung im Rahmen der parallelen Zuständigkeit von Ausländerbehörde und Polizei getroffen haben, gelten die nachfolgenden Vorschriften.

71.5.1.1 Neben den Ausländerbehörden und der Grenzbehörde sind die Polizeien der Länder für die Zurückschiebung originär zuständig (siehe Nummer 71.1.1.2), wenn aus Anlass ihrer Aufgabenwahrnehmung ein unerlaubt eingereister Ausländer aufgegriffen wird (z. B. anlässlich einer Personen- bzw. Verkehrskontrolle oder einer Razzia). Die Zuständigkeit umfasst auch die Vorbereitung, Sicherung und Durchführung der Zurückschiebung (z. B. Beschaffung von Heimreisedokumenten, Vorführung des Ausländers bei der Auslandsvertretung, Buchung der Heimreise, Erlass eines Leistungsbescheids, Transport zur Grenze, zur Justizvollzugsanstalt oder zum Flughafen). Zur Kostenerhebung siehe Nummer 71.5.4.1 und 67.3.0.2.3.

71.5.1.2 Nach Wegfall der Grenzkontrollen an den Binnengrenzen der Schengen-Staaten kommt der Kontrolle von Ausländern im Inland im Hinblick auf die unerlaubte Einreise und den unerlaubten Aufenthalt eine besondere

Kolber 1361

Bedeutung zu Diese umfasst die Eintragung von Kontrollstempeln in den Pass oder Passersatz. Eine Zurückschiebung durch die Polizeien der Länder kommt danach insbesondere in Betracht, wenn sie anlässlich einer Personenkontrolle feststellen, dass ein Ausländer

71.5.1.2.1 – ohne erforderliches Visum unerlaubt eingereist ist (§ 14 Absatz 1 Nummer 2) oder

71.5.1.2.2 – mit einem nationalen Aufenthaltstitel eines Schengen-Staates für einen Kurzaufenthalt eingereist ist, er jedoch zum Zeitpunkt der Einreise die weiteren Voraussetzungen nach Artikel 21 SDÜ nicht erfüllt, insbesondere weil er von einer deutschen Behörde (z. B. § 11 Absatz 1 i. V. m. Artikel 96 Absatz 3 SDÜ) oder einer Behörde eines anderen Schengen-Staates (Artikel 96 Absatz 3 SDÜ) im SIS zur Einreiseverweigerung ausgeschrieben worden ist.

71.5.2.1 Die Polizeien der Länder sind unbeschadet landesrechtlicher Vorschriften im Rahmen der Abschiebung nur für die Durchführung dieser Maßnahme (Vollstreckung als Realakt) zuständig. Für eine Androhung, Ankündigung oder Anordnung der Abschiebung bleibt die Ausländerbehörde zuständig. Die Vollstreckungsbehörde erteilt nach Maßgabe landesrechtlicher Vorschriften den Polizeien der Länder den Vollstreckungsauftrag. Insoweit erfüllen die Polizeien der Länder die Funktion der Vollstreckungsbeamten.

71.5.2.2 Zur Durchführung der Abschiebung gehören Maßnahmen des Vollzugs einschließlich der Anwendung von Zwangsmitteln, insbesondere die Überstellung des Ausländers von dem von der Ausländerbehörde angegebenen Ort zur Grenzbehörde (z. B. Grenzübergangsstelle, Flughafen) und das Festhalten des Ausländers während der Überstellung (freiheitsbeschränkende Maßnahme), aber auch Sicherungs- und Vorbereitungsmaßnahmen wie die Beschaffung von Heimreisedokumenten, die Vorführung des Ausländers bei der Auslandsvertretung zum Zwecke der Ausstellung von Heimreisedokumenten (§ 82 Absatz 4), die Anordnung der Passvorlage und die vorübergehende Einbehaltung des Passes, Passersatzes oder Ausweisersatzes (§ 48 Absatz 1), die Anordnung einer Sicherheitsleistung (§ 66 Absatz 5) und das Durchsuchen des Ausländers und seiner Sachen nach Maßgabe landesrechtlicher Vorschriften.

71.5.3 Die Polizeien der Länder sind originär für die Festnahme und Beantragung von Abschiebungs- und Zurückschiebungshaft zuständig.

71.5.3.1 Die Festnahme richtet sich nach bundes- oder landesrechtlichen Vorschriften über die Ingewahrsamnahme von Personen (Ordnungs- bzw. Polizeirecht; vgl. aber § 62 Absatz 4 sowie Nummer 58.0.0 und 62.4). Sie kommt insbesondere zur Sicherung der Zurückschiebung oder Abschiebung in Betracht.

71.5.3.2 Die Festnahme eines nach § 50 Absatz 7 zur Festnahme ausgeschriebenen Ausländers, ist nach Maßgabe des § 62 Absatz 4 zulässig (vgl. Nummer 62.4). Der festgenommene Ausländer ist unverzüglich einem Richter zur Entscheidung über die Anordnung der Sicherungshaft vorzuführen.

71.5.4.1 Die Zuständigkeit der Polizeien der Länder für die Abschiebung und Zurückschiebung umfasst auch die Geltendmachung der Kosten nach Maßgabe des § 67 Absatz 3 durch einen Leistungsbescheid.

71.5.4.2 Die Landespolizeibehörde, die eine Zurückschiebung angeordnet hat, ist auch für die Befristungsentscheidung nach § 11 Absatz 1 Satz 3 zuständig. Die Ausländerbehörde, deren Zuständigkeit bestand oder besteht (in deren Bezirk sich der Ausländer aufhalten will), ist zu beteiligen (vgl. Nummer 11.1.3.2.1).

71.5.5 Die Polizeien der Länder sind für die Durchsetzung der räumlichen Beschränkung zuständig, wenn sie aus Anlass ihrer originären Aufgabenwahrnehmung einen Ausländer aufgreifen, der sich in einem Teil des Bundesgebiets aufhält, in dem er sich nicht aufhalten darf.

71.5.6 Die Ausländerbehörden haben die Polizeien der Länder auf Ersuchen, insbesondere in unaufschiebbaren Fällen, fachlich zu unterstützen, auch wenn diese im Rahmen ihrer eigenen Zuständigkeit tätig werden.

71.6 Anerkennung ausländischer Pässe und Passersatzpapiere

Ein ausländischer Pass oder Passersatz wird ausschließlich vom Bundesministerium des Innern im Benehmen mit dem Auswärtigen Amt anerkannt (vgl. im Einzelnen Nummer 3.1.6 ff.). Das Bundesministerium des Innern hat bislang nicht von der in Absatz 6 normierten Ermächtigung Gebrauch gemacht, die Zuständigkeit der Pass(ersatz)anerkennung auf eine von ihm bestimmte Stelle zu übertragen.

Übersicht

	Rn.
I. Entstehungsgeschichte	1
II. Zuständige Behörden	2
1. Allgemeines	2
2. Ausländerbehörde	11
3. Grenzbehörde	14
4. Auslandsvertretung	26
5. Länderpolizei	28
6. Aufnahmeeinrichtungen und Außenstellen des BAMF	29
7. Bundesministerium des Innern	30

I. Entstehungsgeschichte

1 Die Vorschrift entsprach im Wesentlichen dem damaligen **Gesetzesentwurf**[1] vom 7.2.2003. Aufgrund des Vermittlungsverfahrens[2] wurde nur Abs. 4 S. 2 eingefügt. Außerdem wurde im März 2005 in Abs. 4 S. 2 die Angabe „Absatz 2a" statt „Absatz 3" eingefügt[3]. Weitere Ergänzungen haben sich durch das **RLUmsG 2007**[4] ergeben. § 71 III Nr. 1, 2 wurden ergänzt und Nr. 8 wurde neu

---
[1] BT-Drs. 15/420, 27.
[2] BT-Drs. 15/3479, 10.
[3] Art. 1 Nr. 9a Ges. v. 14.3.2005, BGBl. I S. 721.
[4] Ges. zur Umsetzung aufenthalts- und asylrechtlicher RL der EU v. 19.8.2007 (BGBl. I S. 1970).

Zuständigkeit   § 71 AufenthG 1

hinzugefügt. Die ursprünglich in § 71 III Nr. 2 enthaltene Zuständigkeit für die Beitreibung von Zwangsgeldern nach § 63 III 1 wurde mit dem RLUmsG 2007 gestrichen. Die Streichung korrespondiert mit der entsprechenden Ergänzung des § 63 III 2. Weiterhin wurde in Abs. 6 der 2. Hs. aufgenommen. § 71 III Nr. 1 und 3 wurden durch das **RLUmsG 2011**[5] aufgrund der Anpassung an die Rückführungs-RL geändert. Die Erhaltung der Zurückschiebung an der Grenze **unter Beibehaltung des bisherigen Zuständigkeitsgefüges** brachte Folgeänderungen in § 71 III Nr. 1 mit sich. Danach ist die Zuständigkeit der mit der polizeilichen Kontrolle des grenzüberschreitenden Verkehrs beauftragten Behörde begrifflich auf die **Abschiebung** (allerdings begrenzt auf dieselbe *an der Grenze*) erweitert worden. Abs. 3 Nr. 3 wurde an diesen Wortlaut angepasst und beinhaltet zur Klarstellung die Folgeänderung zur Umsetzung des VK[6]. **Abs. 6** wurde durch das Gesetz zur Änderung von Vorschriften über Verkündung und Bekanntmachungen sowie der Zivilprozessordnung, des Gesetzes betreffend die Einführung der Zivilprozessordnung und der Abgabenordnung[7] zum **1.4.2012** geändert. Durch Art. 2 II wurde das Wort „elektronischen" vor „Bundesanzeiger" gestrichen. Die Änderung war aufgrund der Neuregelung in § 8 über die Ersatzverkündung, Ersatzbekanntmachung notwendig, da im Falle der nicht nur kurzzeitigen Unmöglichkeit der elektronischen Bereitstellung oder Bereithaltung des BAnz Verkündungen und Bekanntmachungen auf andere dauerhaft allgemein zugängliche Weise erfolgen müssen. Danach kann der BAnz in gedruckter Form herausgegeben werden. Durch das **AufenthGÄndG 2015**[8] ist Abs. 3 Nr. 1 um die Überstellungszuständigkeit auf Grundlage der VO (EU) Nr. 604/2013 (Dublin III-VO) ergänzt worden, die nur klarstellender Natur ist. Ergänzt wurden ebenfalls Abs. 3 Nr. 1c und Abs. 4 S. 1. In Abs. 3 Nr. 7 wurden die Wörter „einzelner Staaten" durch das Gesetz zur Einführung beschleunigter Asylverfahren[9] und in Abs. 4 S. 1 durch das DatenaustauschverbesserungsG[10] die Begrenzung für die Polizeien der Länder auf den Anwendungsbezug in Abs. 5 gestrichen. Abs. 1 wurde sowohl durch das **FEG 2019**[11] als auch das **2. RückkehrG 2019**[12] ergänzt und insbesondere Aufträge an die Länder formuliert, für bestimmte Zwecke zentrale Ausländerbehörde zu benennen. Durch **2. DAVG 2019**[13] wurde die Zuständigkeit der Bundespolizei für Maßnahmen nach §§ 48, 48a und 49 II–IX auf ihren gesamten Aufgabenbereich und damit auch in das Inland außerhalb der grenzpolizeilichen Zuständigkeit erweitert. Mit dem „Gesetz über die Errichtung eines Bundesamts für Auswärtige Angelegenheiten und zur Änderung des Gesetzes über den Auswärtigen Dienst, des Aufenthaltsgesetzes und zur Anpassung anderer Gesetze an die Errichtung des Bundesamts"[14] **2020** wurde zum einen durch Artikel 1[15] das Bundesamt für Auswärtige Angelegenheiten (**BfAA**) eingerichtet und zum anderen durch Art. 3 ua Abs. 2 in § 71 ergänzt und das Auswärtige Amt ermächtigt durch Rechtsverordnung im Einvernehmen mit dem BMI dem BfAA die Entscheidung über Anträge auf Erteilung eins Visums zu übertragen.

II. Zuständige Behörden

1. Allgemeines

Das Gesetz regelt die **sachliche**[16] und nicht mehr wie noch § 20 I–III AuslG 1965 die **örtliche** und **funktionelle** Zuständigkeit der Ausländerbehörde. Letztere wird autonom durch die Länder bestimmt[17], meist im Zusammenhang mit der Aufgabenverteilung für Ordnungs- und Polizeirecht[18]. Die zuständige Ausländerbehörde der Länder wurde früher in einem Verzeichnis erfasst, das vom BMI aufgestellt und jeweils aktualisiert wurde[19]. Die örtliche Zuständigkeit der Bundesbehörde ist nunmehr nach § 3 I Nr. 3 lit. a, IV VwVfG und die der Ausländerbehörde der Länder nach entsprechenden Vorschriften des jeweiligen (L)VwVfG (allgemeines Verwaltungsverfahren oder Polizei- und Ord-

2

---

[5] BT-Drs. 17/5470.
[6] Visakodex VO (EG) Nr. 810/2009.
[7] BGBl. 2011 I S. 3044.
[8] BGBl. 2015 I S. 1386.
[9] BGBl. 2016 I S. 390.
[10] BGBl. 2016 I S. 130.
[11] Fachkräfteeinwanderungsgesetz (FEG 2019), BGBl. 2019 I S. 1307; in Kraft getreten am 1.3.2020.
[12] Zweites Gesetz zur besseren Durchsetzung der Ausreisepflicht (2. RückkehrG 2019), BGBl. 2019 I S. 1294; in Kraft getreten am 21.8.2019.
[13] Zweites Gesetz zur Verbesserung der Registrierung und des Datenaustausches zu aufenthalts- und asylrechtlichen Zwecken vom (2. DAVG 2019), BGBl. 2019 I S. 1131; in Kraft getreten am 9.8.2019.
[14] Gesetz vom 12.6.2020, BGBl. I S. 1241.
[15] Gesetz über die Errichtung eines Bundesamts für Auswärtige Angelegenheiten (BfAAG).
[16] OVG NRW Beschl. v. 20.10.1997 – 18 B 834/96, EZAR 601 Nr. 9: Bestimmungen des AuslG über die Erzwingung der Aufenthaltsbeendigung sind abschließend und lassen den Ländern keinen Spielraum.
[17] Dazu auch → Rn. 8.
[18] Allg. zu den Länderkompetenzen *Mandelartz* DÖV 1991, 962; betr. Zuständigkeit der unteren Ausländerbehörden für Aufenthaltsbeendigung erfolgloser Asylbewerber in BW vgl. VGH BW Urt. v. 6.11.1996 – 13 S 1158/96, EZAR 601 Nr. 6.
[19] Vgl. GMBl. 1967 S. 308; jetzt Nr. 71.1.1.5 AVwV-AufenthG.

Kolber 1363

nungsrecht) zu bestimmen[20]. Hessen hat die Anbindung an das Polizeirecht (§ 100 HSOG)[21] aufgegeben und gegenständlich bezogene differenzierte Regelungen geschaffen[22]. Wegen der eigenen Zuständigkeit des BMI vgl. zB §§ 3 II, 22 S. 2, 23 I 3, 58a II, 60a I 2, 63 II, 71 VI, 73 IV, 74 I. Bei alledem ist zu beachten, dass Fehler bei der Bestimmung der örtlichen Zuständigkeit nicht automatisch die Nichtigkeit des Verwaltungsakts zur Folge haben, sondern idR lediglich dessen Anfechtbarkeit und geheilt werden, wenn in der Sache nicht anders zu entscheiden ist (§§ 44 II Nr. 3, III Nr. 1, 46 (L) VwVfG). Dies gilt jedoch nicht uneingeschränkt für die **Stellung eines Haftantrags** im Freiheitsentziehungsverfahren nach dem FamFG. Der Haftantrag bzw. die Anordnung von Haft leidet an einem nicht immer offenkundigen, aber doch **erheblichen Mangel**, sodass der Antrag, der durch die unzuständige Behörde gestellt wird (vgl. § 417 I FamFG) **verwaltungsrechtlich unwirksam** und die Anordnung der Haft durch das Gericht rechtwidrig ist – und zwar von Anfang an **(ex tunc)**.

3 Demzufolge richtet sich die **örtliche Zuständigkeit** in erster Linie nach dem gewöhnlichen oder letzten **gewöhnlichen Aufenthalt** des Ausländers im Inland[23]. Den gewöhnlichen Aufenthalt hat eine Person nach der insoweit entsprechend anwendbaren Legaldefinition des § 30 III SGB I[24] dort, wo sie in der Absicht verweilt, nicht nur vorübergehend, also dauerhaft, zu bleiben. Hierfür genügt nicht allein der auf dauerhaftes Verweilen gerichtete, nach außen erkennbare Wille des Ausländers[25]; hinzukommen muss auch die Möglichkeit, auf absehbare Zeit am gewählten Ort bleiben zu können[25]. Indes ist es nicht erforderlich, dass der Aufenthalt mit Willen der Ausländerbehörde auf grundsätzlich unbeschränkte Zeit angelegt ist und sich zu einer voraussichtlich dauernden Niederlassung verfestigt; auch ein zeitlich befristeter Aufenthaltstitel und ein bloßer Verzicht auf aufenthaltsbeendende Maßnahmen schließen einen gewöhnlichen Aufenthalt nicht aus. Da die Rechtmäßigkeit von der Dauerhaftigkeit des Aufenthalts zu unterscheiden ist, bedarf es für die Dauerhaftigkeit auch keiner förmlichen Zustimmung der Ausländerbehörde, sondern es genügt, dass diese unbeschadet ihrer rechtlichen Möglichkeiten davon Abstand nimmt, eine Aufenthaltsbeendigung zu betreiben, etwa weil sie diese für unzumutbar oder nicht durchführbar hält[26]. Dagegen stellt der Wohnsitz iSd § 7 I BGB den Ort dar, an dem sich objektiv der Schwerpunkt der Lebensverhältnisse befindet und an dem subjektiv der Lebensmittelpunkt beibehalten werden soll. Der Ort des dauernden Aufenthalts ist mit dem Wohnsitz identisch, nur bedarf es insoweit keines rechtsgeschäftlichen Willens, sondern lediglich entsprechende tatsächliche Umstände. Der melderechtliche Wohnsitz braucht nicht mit dem gewöhnlichen Aufenthalt übereinzustimmen.

4 Der gewöhnliche Aufenthalt wird weder durch Reisen noch durch Aufenthalte in Urlaub[27], Kur oder Krankenhaus **unterbrochen.** Bei länger andauernder Ausbildung, Schulung, Krankheit oder Freiheitsentziehung wird ein neuer gewöhnlicher Aufenthalt begründet. Der gewöhnliche Aufenthalt kann auch im Ausland genommen werden. Vor der Einreise oder nach endgültiger Ausreise besteht im Inland kein gewöhnlicher Aufenthalt. Bei nicht nur vorübergehender Abwesenheit (§ 51 I Nr. 6 und 7) entfällt der gewöhnliche Aufenthalt im Inland. Auf den letzten gewöhnlichen Aufenthalt kommt es nur an, wenn inzwischen kein solcher mehr besteht oder zumindest keiner feststellbar ist. Ist nur die genaue neue Anschrift unbekannt, fehlt es nicht an einem neuen gewöhnlichen Aufenthalt.

5 Verfügt der Ausländer über keinen gewöhnlichen oder letzten gewöhnlichen Aufenthalt im Inland, sondern nur im **Ausland,** fehlt es an einer zuständigen Behörde iSd § 3 I Nr. 3a (L)VwVfG[28]. Für Orte im Ausland ist nämlich ohne eine Sonderbestimmung keine Ausländerbehörde oder Grenzbehörde zuständig, weil diese Orte nicht zu ihrem Bezirk gehören. Soweit sich der Ausländer schon einmal in Deutschland aufgehalten hat, soll der letzte gewöhnliche Aufenthalt maßgeblich sein (so auch Nr. 71.1.4 AVwV-AufenthG), ansonsten der Ort, an dem ein behördliches Handeln aufgrund früherer Zuständigkeit oder eine geplante Wiedereinreise notwendig wird[29].

6 Kann eine zuständige Behörde nach dem gewöhnlichen Aufenthalt nicht bestimmt werden, ist diejenige zuständig, in deren Bezirk der **Anlass für die Amtshandlung** hervortritt (§ 3 I Nr. 4 (L) VwVfG). Diese Anknüpfung gilt zB in Bayern[30] und in NRW[31] und galt früher in Hessen[32]. Anlass für eine Entscheidung oder Maßnahme bietet ein Antrag des Ausländers oder sein Verhalten, das zB eine

---

[20] → Rn. 8.
[21] HessVGH Urt. v. 28.10.1996 – 12 UE 628/96, EZAR 601 Nr. 5; vgl. auch HessVGH Urt. v. 8.5.1995 – 12 UE 3336/94, EZAR 032 Nr. 11.
[22] VO v. 21.6.1993, GVBl. I S. 260, zuletzt geändert am 13.5.1998, GVBl. I S. 206.
[23] NdsOVG Beschl. v. 13.9.2007 – 11 LA 288/07, AuAS 2007, 266.
[24] Dazu BVerwG Urt. v. 4.6.1997 – 1 C 25/96, EZAR 601 Nr. 8.
[25] NdsOVG Beschl. v. 5.12.2017 – 13 ME 181/17, BeckRS 2017, 137926.
[26] BVerwG Urt. v. 26.4.2016 – 1 C 9.15, BeckRS 2016, 46279 Rn. 13.
[27] NdsOVG Beschl. v. 13.9.2007 – 11 LA 288/07, AuAS 2007, 266.
[28] Dazu auch → Rn. 8.
[29] → Rn. 6.
[30] Dazu BayVGH Beschl. v. 6.5.1994 – 11 CS 94.1429, EZAR 035 Nr. 7 betr. inhaftierten Ausländer.
[31] Dazu OVG NRW Beschl. v. 20.10.1997 – 18 B 834/96, EZAR 601 Nr. 9 betr. Abschiebung nach Haftentlassung.
[32] → Rn. 2.

Ausweisung oder Abschiebung auslösen kann. Die unabhängig davon bestehende Zuständigkeit für unaufschiebbare Maßnahmen bei Gefahr im Verzug (§ 3 IV 1 (L)VwVfG) greift bei kurzfristiger Inhaftierung nicht ein, falls der Ausländer seinen gewöhnlichen Aufenthalt am Familienwohnsitz beibehalten hat[33].

Im Falle der Zuständigkeit **mehrerer Behörden** entscheidet, wer zuerst mit der Sache befasst war, 7 es sei denn, die gemeinsame Fachaufsichtsbehörde bestimmt etwas anderes; Letztere entscheidet auch über Kompetenzkonflikte (§ 3 II (L)VwVfG). Nach Landesrecht können auch mehrere Behörden nebeneinander zuständig sein[34]. So lange noch eine Sonderregelung fehlt[35], ist eine Lösung länderübergreifender Kompetenzstreitigkeiten auf dem Verwaltungswege nicht möglich. Letztlich kann hierüber nur im Gerichtsverfahren über die jeweilige Maßnahme entschieden werden[36].

Dem BMI war bereits durch § 63 II AuslG die Befugnis zum **Erlass allgemeiner Verwaltungs-** 8 **vorschriften** mit Zustimmung des Bundesrats zum Zwecke der Bestimmung der örtlich zuständigen Ausländerbehörde für folgende Fälle eingeräumt: kein gegenwärtiger Aufenthalt im Bundesgebiet; positiver oder negativer Kompetenzkonflikt zwischen Ausländerbehörden mehrerer Bundesländer. Andere Kompetenzstreitigkeiten[37] durfte das BMI nicht regeln, insbesondere nicht solche innerhalb eines Bundeslandes. Von dieser Ermächtigung hatte das BMI zT Gebrauch gemacht (vgl. Nr. 63.1.2.4, 63.1.4.2, 63.1.4.4., 63.2.1–63.2.2.5 AuslG-Verwaltungsvorschrift). Soweit dort außerdem auch andere Fallkonstellationen geregelt worden waren (zB Nr. 63.1.2.2, 63.1.2.5, 63.1.2.8.1, 63.1.3.1 AuslG-Verwaltungsvorschrift), fehlte dem BMI die Kompetenz. Denn die Verwaltungsvorschriften nach §§ 63 II, 104 AuslG durften über die Ermessenssteuerung hinaus weder die Auslegung von Bundes- oder Landesrecht verbindlich vorgeben noch allgemeine Grundsätze über den Inhalt von Landesrecht aufstellen. In beiderlei Beziehung konnte es sich allenfalls um unverbindliche Hinweise handeln, die von Behörden und Gerichten als gesetzeswidrig behandelt und außer Acht gelassen werden konnten. Nunmehr ist dem BMI eine Ermächtigung zur Bestimmung der zuständigen Ausländerbehörde in bestimmten Fällen mit Auslandsbezug nicht mehr erteilt. Vgl. insgesamt Nr. 71.1.1.5, 71.1.2–71.1.6 AVwV-AufenthG).

Die Zuständigkeit ändert sich nicht unbedingt beim **Wechsel** des gewöhnlichen Aufenthalts oder 9 Wohnsitzes während des Verwaltungsverfahrens (§ 3 III (L)VwVfG). Die örtliche Zuständigkeit bleibt zB erhalten, wenn der Ausländer nach einer Ausweisung den Aufenthaltsort verlässt und an seinen gewöhnlichen Aufenthaltsort zurückkehrt[38]. Entsprechendes gilt für den Ortswechsel während eines Verwaltungsstreitverfahrens über eine Anfechtungsklage zB gegen eine Ausweisung[39] oder gegen asylrechtliche aufenthaltsbeendende Maßnahmen[40]. Anders verhält es sich dagegen bei einer Verpflichtungsklage zB auf einen Aufenthaltstitel. Hier darf das Verfahren allerdings gegen die bisher zuständige Körperschaft fortgeführt werden, wenn es sich um eine isolierte Anfechtung gegen die bisher zuständige Körperschaft handelt[41] oder dies sachdienlich ist und die nunmehr zuständige Behörde zustimmt (§ 3 III (L)VwVfG)[42].

§ 71 I gilt auch für Maßnahmen und Entscheidungen im Bezug auf die Rechtsstellung von 10 **freizügigkeitsberechtigten Unionsbürgern, Staatsangehörigen der EWR-Staaten und ihre Familienangehörigen nach dem FreizügG/EU**. Nach § 1 II Nr. 1 findet das AufenthG zwar grundsätzlich keine Anwendung auf diesen Personenkreis. Dies steht aber unter dem Vorbehalt, dass nicht „durch Gesetz" etwas anderes bestimmt ist. Solch eine gesetzliche Regelung ist § 71 I. Diese Vorschrift enthält ausdrücklich eine über das Aufenthaltsgesetz hinausgehende, generalklauselartige Kompetenzzuweisung an die Ausländerbehörden, die auch aufenthaltsrechtliche Maßnahmen und Entscheidungen nach dem FreizügG/EU erfasst. Insoweit bedarf es daher keiner Rückverweisung in § 11 FreizügG/EU auf das AufenthG[43].

2. Ausländerbehörde

Die sachliche Zuständigkeit der Ausländerbehörde ist **nicht allumfassend**. Für das Aufenthaltsrecht 11 und Passrecht sind die Ausländerbehörden jedoch unabhängig davon zuständig, ob die Entscheidung

---

[33] BVerwG Urt. v. 4.6.1997 – 1 C 25.96, EZAR 601 Nr. 8.
[34] Vgl. BVerwG Urt. v. 5.5.1998 – 1 C 17.97, EZAR 033 Nr. 11; OVG NRW Beschl. v. 10.7.1997 – 24 L 1342/96, EZAR 601 Nr. 7.
[35] → Rn. 8.
[36] Vgl. OVG NRW Beschl. v. 10.7.1997 – 24 L 1342/96, EZAR 601 Nr. 7.
[37] → Rn. 7.
[38] OVG NRW Urt. v. 9.11.1982 – 18 A 1179/82, EZAR 601 Nr. 2.
[39] OVG NRW Beschl. v. 31.3.1992 – 18 B 299/92, EZAR 033 Nr. 1; HmbOVG Urt. v. 26.3.1992 – Bf VII 71/91, EZAR 047 Nr. 1.
[40] BayVGH Urt. v. 11.1.1993 – 11 B 90.32 325, EZAR 631 Nr. 22; vgl. auch § 77 AsylG.
[41] VGH BW Urt. v. 4.11.1985 – 1 S 1195/85, EZAR 601 Nr. 3.
[42] BVerwG Urt. v. 24.5.1995 – 1 C 7.94, EZAR 012 Nr. 2; BVerwG Urt. v. 6.5.1993 – Bf VII 10/93, EZAR 039 Nr. 1; offengelassen von SächsOVG Urt. v. 31.1.1997 – 3 S 661/95, EZAR 015 Nr. 12; ebenso zu Einbürgerungsverfahren BVerwG Urt. v. 31.3.1987 – 1 C 32.84, EZAR 601 Nr. 4.
[43] BVerwG Urt. v. 28.6.2011 – 1 C 18/10, BeckRS 2011, 51791 Rn. 9.

oder Maßnahme auf dem AufenthG oder einem anderen Gesetz beruht, insbesondere dem FreizügG/ EU, dem AsylG (§§ 13 III, 16 II, 19, 21 I, 54, 58, 59 III, 63 III 2, 71 VII 2), dem SDÜ oder dem VK. Die Landesregierung kann jeweils bestimmte Aufgaben konzentrieren, zB die Durchführung von Abschiebungen. ZT sind neben den Ausländerbehörden auch andere Behörden zuständig, zB für die Zurückschiebung und auch für die Abschiebung. Im Bereich des Asylrechts werden seit dem NeuregelungsG^{44} die Kompetenzen vom Bundesamt für Migration und Flüchtlinge (BAMF)[45] mit Sitz in Nürnberg wahrgenommen. Trotzdem verbleiben bei den Ausländerbehörden noch zahlreiche Kompetenzen[46]. Dies sind im Wesentlichen: §§ 13 III, 14 II, 14a II, 19, 29 II, 34 Abs. 1, 42, 43 III, 54, 58, 59 III, 60 III, 63 I, 66 I und 71 VII AsylG (s. dort).

12   Durch Abs. 1 S. 3 wird klargestellt, dass die Zuständigkeitsbestimmung nach Abs. 1 S. 2 auch länderübergreifend erfolgen kann. Mit Abs. 1 S. 4 wird den Ländern vorgegeben, jeweils eine **zentrale Ausländerbehörde für Abschiebungen** einzurichten. Ziel dieser Zentralisierung soll es sein, Abschiebungen, auch zur Erfüllung von Verpflichtungen aus dem Unionsrecht, effizient zentral durchführen zu können und damit den Behörden des Bundes und der anderen Länder einen einheitlichen Ansprechpartner zur Verfügung zu stellen. Allerdings ist es möglich, dass Landesrecht abweichende Regelungen hiervon trifft.[47]

13   Die Länder sind aufgefordert, jeweils eine oder auch mehrere **zentrale Ausländerbehörden** zu benennen, die **bei Visumanträgen** von Ausländern, die zu einem Aufenthaltszweck nach den §§ 16a, 16d, 17 I, den §§ 18a–18d, 18f, 19, 19b, 19c und 20 einreisen, sowie bei gleichzeitig stattfindendem Familiennachzug zu diesen Ausländern die zuständige Ausländerbehörde ist. Diese Regelung wurde durch das FEG vom 15.8.2019 (BGBl. 2019 I S. 1307) eingeführt und trat am 1.3.2020 in Kraft. Hierdurch soll zur Anwerbung bzw. zum Zuzug von Fachkräften das Verwaltungsverfahren im Inland besser strukturiert, effizienter und serviceorientierter werden. Diese Spezialisierung der zentralen Ausländerbehörde soll zum einen die Verfahren und Entscheidungen bundesweit einheitlicher, vergleichbarer und rechtssicherer gestalten. Zum anderen soll eine gezielte und selektierte Zuleitung von Informationen und gerichtlicher Entscheidungen zur Aufgabenerledigung vereinfacht und eine spezifische Fortbildung der bei den Ausländerbehörden in diesen Verfahren eingesetzter Mitarbeiter ermöglicht werden. Einige Länder habe solche zentralen Ausländerbehörden eingerichtet, andere haben von dieser Möglichkeit keinen Gebrauch gemacht[48]. § 31 AufenthV bleibt unberührt. Daher bleibt außerhalb des besonderen Fachkräfteverfahrens nach § 81a weiterhin die Zustimmung der Ausländerbehörde zur Erteilung eines Visums zum Zweck der Beschäftigung nur im Falle von relevanten Voraufenthalten des Antragstellers erforderlich. Bei festgestellten Voraufenthalten sind die bestehenden Akten beizuziehen und fortzuführen. Die Organisation und die Bestimmung der Anzahl dieser zentralen Ausländerbehörden obliegt den Ländern.[49]

3. Grenzbehörde

14   Den Grenzbehörden fielen in der Vergangenheit **erweiterte Aufgaben** – bei gleichzeitig stetig sinkenden Zurückschiebungszahlen – zu, da der Visumpflicht und deren Durchsetzung an der Grenze eine größere Bedeutung als früher zugemessen wurde. Der tatsächliche Arbeitsanfall wurde an den Landgrenzen durch die EU-Osterweiterung seit Mai 2004 sowie Januar 2007 erheblich vermindert. Die Zahlen der Ab- und Zurückschiebungen waren seit 1994 rückläufig und hatten 2014 ihren vorläufigen Tiefstand erreicht. Im Jahr 2015 erfolgten im Zuge der Flüchtlingskrise sodann ansteigend 19.712 Abschiebungen auf dem Luftweg (30 Zurückschiebungen auf dem Luftweg, sieben Zurückschiebungen auf dem Seeweg sowie 1.444 Zurückschiebungen auf dem Landweg[50]. Im Jahr 2016 stieg die Zahl der auf dem Luftweg abgeschobenen Ausländer erneut auf nunmehr 23.886. Hinzu kamen 1.376 Abschiebungen auf dem Land- und 113 Abschiebungen auf dem Seeweg. Außerdem wurden 57 Zurückschiebungen auf dem Luftweg, zwölf auf dem Seeweg und 1.220 auf dem Landweg vollzogen[51]. Im folgenden Jahr 2017 ging die Zahl der Abschiebung auf dem Luftweg auf insgesamt 21.904 und auf dem Seeweg auf 51 zurück. Im Gegensatz stieg die Zahl der Abschiebungen auf dem Landweg auf 2.011. Hinzu kamen 38 Zurückschiebungen auf dem Luftweg, sechs auf dem See- und 1.663 auf dem Landweg[52]. Auch 2018 wurden mit 21.059 erneut weniger Abschiebungen auf dem Luftweg durchgeführt. Auf dem Seeweg nahm die Zahl der Abschiebungen auf 92 zu. Auch auf dem Landweg wurden wieder mehr Abschiebungen als im Vorjahr durchgeführt (2.466). Die Anzahl der durchgeführten Zurückschiebungen stieg auf dem Luftweg auf 78, auf dem Seeweg auf acht und auf dem

---

[44] Gesetz zur Neuregelung des Asylverfahrens v. 26.6.1992 (BGBl. I S. 1126).
[45] Früher Bundesamt für die Anerkennung ausländischer Flüchtlinge (BAFL), Zirndorf.
[46] So auch *Hailbronner* AufenthG § 71 Rn. 3.
[47] Vgl. GesBegr BT-Drs. 19/10047, 46.
[48] Vgl. www.make-it-in-germany.com/de/unternehmen/unterstuetzung/wichtige-ansprechpartner.
[49] Vgl. GesBegr BT-Drs. 19/8285, 72, 111.
[50] BT-Drs. 18/7588.
[51] BT-Drs. 18/11112.
[52] BT-Drs. 19/800.

Landweg auf 2.411[53]. Im Jahr **2019** wurden insgesamt 22.097 **Abschiebungen** durchgeführt; davon 19.238 auf dem Luftweg, 2.743 auf dem Landweg und 116 auf dem Seeweg. Darüber hinaus wurden im selben Jahr insgesamt 2.934 **Zurückschiebungen** vollzogen. Davon wurden 2.801 an den Landgrenzen, 120 an den Flughäfen und 13 an den Seegrenzen durchgeführt[54]. Im Jahr **2020,** das maßgeblich durch die Corona-Pandemie und die damit zusammenhängenden weltweiten Reisebeschränkungen geprägt war, wurden in der Summe 10.800 **Abschiebungen** durchgeführt. Von diesen Abschiebungen entfielen 8.970 auf den Luftweg, 1.782 auf den Landweg und 48 auf den Seeweg. Außerdem wurden insgesamt 2.883 **Zurückschiebungen** durchgeführt; davon 2.711 an den Landgrenzen, 106 an den Flughäfen und 66 an den Seegrenzen[55].

Mit dem **RLUmsG 2011** ist die Zuständigkeit der Grenzbehörden nicht mehr nur auf Zurückschiebungen an der Grenze beschränkt, sondern die **bisherige Alleinzuständigkeit der Ausländerbehörde für die Abschiebung** ist aufgegeben worden. Damit haben die für die Kontrolle des grenzüberschreitenden Verkehrs zuständigen Behörden, insbesondere die Bundespolizei, den kompletten Aufgabenbereich der Ausländerbehörde zur Abschiebung – soweit sich dieser auf den Binnengrenzraum (inklusive der Flug- und Seehäfen) bezieht – übernommen. Insoweit handelt es sich um Grenzschutzmaßnahmen iSd § 2 BPolG.

Unter Grenzbehörden sind die mit der polizeilichen Kontrolle des grenzüberschreitenden Verkehrs 15 beauftragten Behörden zu verstehen, also die der **Bundespolizei** oder an deren Stelle **Behörden der Länder** (Hamburg und Bayern[56]) oder der **Zollverwaltung**[57]. Die Stadtstaaten Hamburg und *Bremen*[58] sowie das Bundesland Bayern wurden per Gesetz mit der Wahrnehmung von Teilen der Kontrolle des grenzüberschreitenden Verkehrs beauftragt. Im Einzelnen wird die Kontrolle des grenzüberschreitenden Verkehrs in Hamburg im Bereich der Seehäfen und im Bundesland Bayern im Luftverkehr – außer auf dem Flughafen München (Franz Josef Strauß) – wahrgenommen. Diese Aufgabenübertragungen ergeben sich aus nachfolgenden Verwaltungsabkommen, die zwischen Bund und dem betroffenen Bundesland geschlossen wurden:

– Verwaltungsabkommen über die Wahrnehmung der polizeilichen Kontrolle des grenzüberschreitenden Verkehrs im Hamburger Hafen vom 22.1.1974[59],
– Verwaltungsabkommen über die Wahrnehmung von Aufgaben des grenzpolizeilichen Einzeldienstes in Bayern vom 17.4.2008[60].

Die **Änderung des Abs. 3** enthält Fallgruppen, die vormals durch Abs. 3 Nr. 1 erfasst waren, 16 aufgrund der Änderung des § 57 aber nicht mehr dem Institut der Zurückschiebung unterfallen. Diese sind durch die eingefügten **Nr. 1a–1c sowie 1e** erfasst. **Nr. 1b** betrifft die bisher in Nr. 71.3.1.2.2 AVwV-AufenthG klarstellend geregelten „Durchreisefälle", welche durch die neuen Nr. 1 und 1a nicht vollständig erfasst sind[61]. Die eingefügte Nr. 1b betraf die bisher schon in Nr. 71.3.1.2.2 AVwV-AufenthG[62] in Bezug auf die Zurückschiebung (alt) vorgesehene Regelung, die durch den BGH für unbeachtlich erklärt worden war[63]. Eine Grenzmaßnahme („an der Grenze") iSv § 57 I (aF) war daher nur gegeben, wenn ein Ausländer in diesem Gebiet **in unmittelbarem zeitlichem Zusammenhang mit seiner unerlaubten Einreise** angetroffen wurde. Daher war im Rahmen der Umsetzung der Rückführungs-RL die gesetzliche Neufassung geboten. Nach Klarstellung durch den BGH[64] war die

---

[53] BT-Drs. 19/8021.
[54] BT-Dr. 19/18201.
[55] BT-Drs. 19/27007.
[56] In Folge der EU-Erweiterung mit dem Wegfall der Außengrenze zu Tschechien sind die grenzpolizeilichen Aufgaben der bayerischen Grenzpolizei entfallen und eine Integration der Grenzpolizei in die Landespolizei erforderlich geworden (vgl. http://www.csu-landtag.de/www/1203.asp).
[57] → AsylG § 18 Rn. 31.
[58] Das Verwaltungsabkommen über die Wahrnehmung der polizeilichen Kontrolle des grenzüberschreitenden Verkehrs im Bremer Hafen v. 28.8.1973 (BAnz 1973 Nr. 160 v. 28.8.1973) hatte die Landesregierung mit dem Bund gekündigt. Um sich auf die Kernaufgaben konzentrieren zu können, wurden zum Jahreswechsel 2011/2012 die grenzpolizeilichen Aufgaben in den Seehäfen Bremerhaven und Bremen durch die Polizei Bremen an die Bundespolizei übergeben. Die Wasserschutzpolizei ist nun nicht mehr für diese Aufgabe zuständig (s. Nachricht in MNet v. 27.12.2011).
[59] Mitteilungsblatt 1 BGS Nr. 5/74 S. 375.
[60] BAnz Nr. 61, S. 1448 v. 22.4.2008. Danach ist grenzpolizeiliche Zuständigkeit an allen Landgrenzen in Bayern auf die Bundespolizei übergegangen. Demgegenüber verblieb die grenzpolizeiliche Zuständigkeit auf allen bayerischen Flugplätzen bei der Bayerischen Landespolizei. Eine Ausnahme gilt für den Flughafen Franz Josef Strauß in München, für den auch weiterhin die Bundespolizei grenzpolizeilich zuständig ist (BT-Drs. 16/8303).
[61] Begr. zum GesEntw (BT-Drs. 17/5470).
[62] Die Grenzbehörde ist auch zuständig für die Zurückschiebung von Ausländern, die in das Bundesgebiet bereits eingereist sind, sich danach weiter fortbewegen und in einem anderen Grenzraum oder auf einem als Grenzübergangsstelle zugelassenen oder nicht zugelassenen Flughafen bzw. Flug- oder Landeplatz, See- oder Binnenhafen angetroffen werden (zB Einreise über die deutsch-französische Grenze und Aufgriff des Ausländers an der deutsch-dänischen Grenze). Für Asylbewerber gelten §§ 18, 18a AsylG.
[63] S. hierzu BGH Beschl. v. 28.4.2011 – V ZB 239/10, BeckRS 2011, 13989.
[64] BGH Beschl. v. 9.10.2014 – V ZB 127/13, BeckRS 2014, 21427.

Bundespolizei für Abschiebungen immer dann zuständig, wenn der unerlaubt eingereiste Ausländer im 30-Kilometer-Grenzgebiet festgestellt wurde. Ein unmittelbarer zeitlicher Zusammenhang zur unerlaubten Einreise war demnach (zwischenzeitlich) nicht mehr erforderlich. Diese Entscheidung warf Fragen auf. Denn hieraus sollte sich keine neue oder erweiterte Zuständigkeit der Grenzbehörde hinsichtlich der Abschiebung von ausreisepflichtigen Ausländern ergeben. Insbesondere sollte sich die Zuständigkeit der Grenzbehörde für die Abschiebung nicht über einen unbegrenzten Zeitraum im Anschluss an die unerlaubte Einreise erstrecken. Dies ergab sich auch schon aus der Begründung des Gesetzesentwurfs zu § 71 AufenthG[65], wonach mit der Gesetzesänderung ausdrücklich keine Änderung der Zuständigkeit einhergring. Durch das **AufenthGÄndG 2015**[66] ist Abs. 3 Nr. 1 um die Überstellungszuständigkeit auf Grundlage der VO (EU) Nr. 604/2013 (Dublin III-VO) ergänzt worden und zugleich die ursprüngliche Auffassung zur Zuständigkeit „im grenznahen Raum in unmittelbarem zeitlichem Zusammenhang" gesetzlich formuliert worden.

Für Asylbewerber gelten §§ 18, 18a AsylG. Nach § 18 III AsylG sind die Voraussetzungen für eine Zurückschiebung in Asylfällen noch enger als die bei „normalen" Zurückschiebungen. Dort gilt die zusätzliche Einschränkung, dass hier ohnehin nicht von „an der Grenze", sondern vom „Grenzraum" gesprochen wird, an die auf Flughäfen *nicht* mit einschließt[67]. Der *unmittelbare zeitliche Zusammenhang im Grenzraum* in Abs. 3 bezieht sich nur auf die *Landgrenzen*[68]. Auch in diesem Fall müsste nach diesseitigem Verständnis der Bundespolizei eine **ausdrückliche Zuständigkeit** durch Gesetz zugewiesen werden, an der es bisher mangelt.

17 Die Behörde, die eine Zurückschiebung angeordnet hat, soll auch für die Folgemaßnahmen der Anordnung des Einreise- und Aufenthaltsverbots (sog. Wiedereinreisesperre) nach Abs. 1 S. 1 sowie dessen **Befristung** nach § 11 II 3 zuständig sein **(Abs. 3 Nr. 1c)**. Vor der Neuregelung in § 71 III Nr. 1 wurde die Zuständigkeit der Grenzbehörde für die Befristung in der Praxis bereits in diesem Sinne als Annexkompetenz angesehen; sie wurde mit den RLUmsG 2007 klarstellend im Gesetz geregelt. Die Änderung in Abs. 3 Nr. 1 durch das **AufenthGÄndG 2015**[69] ist klarstellender Natur. Durch das **2. RückkehrG 2019** wurde ua § 11 umfassend geändert. Hierbei ist eine **planwidrige Regelungslücke** entstanden. So ist dem Wortlaut nach die Grenzbehörde weder nach § 71 III noch nach § 11 Vc für den Erlass eines Einreise- und Aufenthaltsverbots im Zusammenhang mit einer Zurückschiebung zuständig. § 71 III Nr. 1c regelt nur die Befristung dieser sog. Wiedereinreisesperre und § 11 Vc enthält keine Regelung zur Zurückschiebung, für die aber nach § 11 I 1 eine Einreise- und Aufenthaltsverbot zu erlassen ist. Die Zuständigkeit der Grenzbehörde für den Erlass des Einreise- und Aufenthaltsverbots bei einer Zurückschiebung ist jedoch anzunehmen, da diese sowohl für die Zurückschiebung selbst als auch für die Befristung des Einreise- und Aufenthaltsverbots zuständig ist. Da wäre es völlig abwegig in solchen Fällen für den Erlass der Wiedereinreisesperre eine Zuständigkeit der Ausländerbehörde nach Abs. 1 anzunehmen. Zu den Aufgaben der mit der polizeilichen Kontrolle des grenzüberschreitenden Verkehrs beauftragten Behörde gehört auch die Zurückschiebung in Form der **Überstellung** auf Grundlage der VO (EU) Nr. 604/2013 **(Dublin III)-VO**.

18 Für die **Erteilung von Duldungen** in den Rücknahmefällen, die im § 60a IIa geregelt sind, sind nach der Neufassung der **Nr. 2** durch das RLUmsG 2007 die Grenzbehörden zuständig, weil der Aufenthalt im Bundesgebiet dort beginnt und der Status des Ausländers ab dem Zeitpunkt der Einreise und nicht erst ab der Vorsprache oder Vorführung bei der Ausländerbehörde durch die Duldung dokumentiert werden soll.

19 Für den Bereich der nationalen Visa wurde zur Klarstellung noch die Zuständigkeit zur **Rücknahme** in **Abs. 3 Nr. 3** und für den Bereich der Schengen-Visa und Flughafentransitvisa die Zuständigkeit für Entscheidungen gem. Art. 34 VK aufgenommen. Dieser überlässt die Bestimmung der für die **Annullierung und die Aufhebung** eines Visums zuständigen Behörde den Mitgliedstaaten der EU[70].

20 Die Zuständigkeit der Grenzbehörden erstreckt sich nach **Abs. 3 Nr. 4** auf die Durchsetzung des **Ausreiseverbots** nach § 46 II AufenthG iVm § 10 I, 2 und § 7 PassG sowie die **Sicherheitsleistung** gem. § 66 V (neben der Ausländerbehörde). Über § 11 I S. 1 FreizügG/EU ergibt sich die Zuständigkeit auch für Durchsetzungen der Ausreiseverbote gegenüber Freizügigkeitsberechtigten.

21 Nach **Abs. 3 Nr. 5** obliegt den Grenzbehörden auch die **Überprüfung der Beförderungsunternehmer**. Die Einhaltung der Pflichten sowie der auf Grundlage der §§ 63 und 64 ergangenen Anordnungen betreffen auch den **Flughafenbetreiber** nach § 65 als „sonstigen Dritten"[71].

22 **Sonstige ausländerrechtliche Maßnahmen und Entscheidungen,** soweit sich deren Notwendigkeit an der Grenze ergibt und sie vom BMI hierzu allgemein oder im Einzelfall ermächtigt sind, ergeben sich als generalklauselartige Kompetenzzuweisung nach **Abs. 3 Nr. 6**. Die mangelnde Be-

---

[65] BT-Drs. 17/5470, 25 f.
[66] BGBl. 2015 I S. 1386.
[67] Vgl. hierzu auch Kommentierung zu BGH Beschl. v. 25.2.2010 – V ZB 172/09, BeckRS 2010, 7170.
[68] So zB auch HK-AuslR/*Bruns*, 2. Aufl. 2016, AsylG § 18 Rn. 29.
[69] BGBl. 2015 I S. 1386.
[70] Vgl. Begr. zum GesEntw (BT-Drs. 17/5470).
[71] Zur Kritik der mangelnden Differenzierung bei *Hofmann* in NK-AuslR AufenthG § 71 Rn. 18.

stimmtheit dieser Norm ist bedenklich und bedarf jedenfalls in verfassungskonformer Anwendung der deutlichen Zurückhaltung durch das BMI. So wird die Übertragung der Zuständigkeit gem. § 23 II und § 24 II AufenthV (Befreiung des zivilen Flugpersonals und der Seeleute vom Erfordernis eines Aufenthaltstitels) als Annexzuständigkeit auf diese Norm gestützt[72].

Bei der **Beschaffung von Heimreisedokumenten** nach **Nr. 7** im Wege der Amtshilfe geht es 23 primär um den Aufgabenumfang des durch das ZuwG aufgehobenen § 43b AsylG[73]. Dabei ging es vorrangig um die Beschaffung der Heimreisedokumente für abgelehnte Asylbewerber. Die Ausweitung auf die generelle Beschaffung solcher Ausreisepapiere durch Zuständigkeitsnormierung im Wege der *Amtshilfe* ist bedenklich. Das Institut der Amtshilfe ist ein feststehender verwaltungsrechtlicher Begriff, der eine Ausnahme beschreibt, die nicht zur gesetzlichen Regel gemacht werden darf, und ist daher aus verfassungsrechtlichen Gründen in diesem Zusammenhang abzulehnen. Mit der Änderung durch das Gesetz zur Einführung beschleunigter Asylverfahren vom 11.3.2016 (Asylpaket II) intensiviert der Bund seine Unterstützung bei der Passersatzbeschaffung, indem eine nicht mehr auf einzelne Länder begrenzte Globalzuständigkeit für die Beschaffung von Heimreisedokumenten normiert wurde. Dazu sollte unter Fortentwicklung der bereits bestehenden Clearingstelle eine neue Organisationseinheit beim Bundespolizeipräsidium eingerichtet werden, die zur Beschaffung von Heimreisedokumenten in ständigem Kontakt mit den Botschaften der Herkunftsstaaten steht. In dieser Organisationseinheit sollten auch die mit der Passersatzbeschaffung bereits betrauten Mitarbeiter des Bundespolizeipräsidiums verwendet werden. Durch die neue Organisationseinheit sollte die Zusammenarbeit mit den Herkunftsländern verbessert und dadurch Rückführungen erleichtert werden. Die Länder benennen jeweils eine zentrale Stelle für die Zusammenarbeit und ordnen hierfür Mitarbeiter an das Bundespolizeipräsidium ab. Durch die Anbindung beim Bund besteht die Möglichkeit, schnell auf ministerieller Ebene nachdrücklich und nachhaltig gegenüber den Herkunftsländern aufzutreten. Im Übrigen verbleibt die Zuständigkeit für die Abschiebung einschließlich der Passersatzbeschaffung bei den Ländern[74]. Im Januar 2016 wurde zu diesem Zweck im Bundespolizeipräsidium eine speziell für die Passersatzbeschaffung zuständige Organisationseinheit eingerichtet. Dort betreibt die Bundespolizei für die ausreisepflichtigen Staatsangehörigen aus über 20 überwiegend westafrikanischen Herkunftsstaaten, nämlich Benin, Burundi, Burkina Faso, Côte d'Ivoire, Gambia, Ghana, Guinea, Guinea-Bissau, Liberia, Mali, Mauretanien, Niger, Nigeria, Senegal, Sierra Leone, Sudan, Südsudan, Togo, Uganda und Vietnam die Passersatzbeschaffung in Amtshilfe[75]. Darüber hinaus hat die IMK in ihrer 206. Sitzung[76] im Juni 2017 beschlossen, das BMI zu bitten, Fälle, in denen Probleme mit Passersatzpapieren auftreten, unmittelbar operativ in möglichst großem Umfang durch das ZUR[77] zu bearbeiten. Diese Zentralisierung der Beschaffung von Passersatzpapieren beim Bundespolizeipräsidium oder dem ZUR als einer besonderen Bund-Länder-Zusammenarbeitsplattform ist in zweierlei Hinsicht sinnvoll; scheitern zum einen in der Praxis doch bis zu 80 Prozent der rechtlich möglichen Abschiebungen an faktischen Problemen mit Heimreisepapieren. Zum anderen kann eigentlich nur der Bund wirklich effektiv mit den Botschaften der Herkunftsstaaten konferieren, um so erleichtert auch etwa die Ausstellung insbesondere von sog. „Laissez-passer"-Dokumenten („Passierscheine") nur zur Abschiebung zu erreichen. Wie die Gesetzesbegründung ausweist, soll überhaupt das gesamte Rückführungsmanagement bundesweit neu und besser strukturiert werden mittels engerer Kooperation durch zentrale Länderstellen und abgeordnete Mitarbeiter. Durch das **2. RückkehrG** wurde nunmehr die Zuständigkeit der Bundespolizei ausdrücklich auf Einzelfälle beschränkt. Die generelle Zuständigkeit zur Unterstützung der Ausländerbehörde bei der Beschaffung von Heimreisedokumenten wurde **auf das BAMF übertragen**[78].

Durch **Nr. 8** ist die Grenzbehörde insbesondere zuständig für die Erteilung der nach Art. 12 II iVm 24 Anhang VIII SGK vorgesehenen **Vermerke** und **Bescheinigungen** über die Einreise. Diese Vermerke und Bescheinigungen sind bei fehlendem Einreisekontrollstempel zu erteilen, wenn Ort und Zeit der Einreise über eine Schengen-Außengrenze nachgewiesen werden. Die Zuständigkeit der Ausländerbehörde nach § 71 I bleibt unberührt. Zur Befristung der Zurückschiebung s. unter § 11 und zur Duldungserteilung unter § 60a IIa.

Bisher waren nach **Abs. 4** neben den Ausländerbehörden ausdrücklich nur die mit der polizeilichen 25 Kontrolle des grenzüberschreitenden Verkehrs beauftragten Behörden damit betraut, die Identität von unerlaubt nach Deutschland eingereisten oder in Deutschland aufhältigen Ausländern festzustellen und zu sichern. Die Erhebung durch andere Polizeibehörden erfolgt nur im Rahmen ihrer Aufgaben nach

---

[72] BR-Drs. 731/04, 174, 175.
[73] Für Ausländer, die in einer Aufnahmeeinrichtung zu wohnen verpflichtet sind, hat das BMI oder die von ihm bestimmte Stelle für die Beschaffung der Heimreisedokumente im Wege der Amtshilfe Sorge zu tragen. Die erforderlichen Maßnahmen sind zum frühestmöglichen Zeitpunkt zu treffen. Zum Verfahren nach altem Recht bei *Hofmann* in NK-AuslR AufenthG§ 71 Rn. 20.
[74] Begr. zum GesEntw, BT-Drs. 18/7538, 20.
[75] BT-Drs. 19/4156, 2.
[76] Beschlüsse der IMK abrufbar unter www.innenministerkonferenz.de.
[77] Zentrum zur Unterstützung der Rückkehr.
[78] → § 75 Rn. 24.

Abs. 5 sowie im Wege der Amtshilfe. Die Erweiterung dieser Befugnis durch das 2. DAVG auf die Polizeien der Länder stellt klar, dass auch diese Behörden originär zuständig sind. Die Regelung dient damit der Vereinfachung und Beschleunigung von erkennungsdienstlichen Behandlungen und damit der Entlastung der mit dem Vollzug des AufenthG betrauten Behörde[79]. Das 2. DAVG hat darüber hinaus die Zuständigkeit der Bundespolizei über ihre grenzpolizeilichen Aufgaben hinaus auf alle ihre Aufgaben und damit auf das gesamte Bundesgebiet erweitert, um bei Erstkontakt eine unverzügliche und lückenlose aufenthaltsrechtliche Feststellung und Sicherung der Identität zu ermöglichen. So wird auch sichergestellt, dass mit der Registrierung etwaige automatisierte Sicherheitsüberprüfungsverfahren frühzeitiger anlaufen können[80].

4. Auslandsvertretung

26   Die deutschen diplomatischen und konsularischen **Vertretungen im Ausland** waren schon unter der Geltung des AuslG 1965 in die Durchführung des AufenthG einbezogen, da sich die Visaerteilung immer komplizierter gestaltete. Zuständig ist die jeweils vom AA ermächtigte Auslandsvertretung, für Visa bei Fehlen oder Verhinderung der Auslandsvertretung die Ausländerbehörde am Sitz des AA oder eine vom AA ermächtigte andere Auslandsvertretung (§ 38 AufenthV). Soweit nur ein kurzfristiger Aufenthalt ohne Erwerbstätigkeit beabsichtigt ist, konnte bisher ein einheitliches Visum aber von jedem anderen Schengen-Konsulat ausgestellt werden. Die neue Erteilungspraxis bemisst sich seit dem 5.4.2010 nach dem VK, der die Art. 9–17 SDÜ und die GKI aufgehoben hatte (s. § 6). Danach sind die Konsulate der Schengen-Staaten zuständig. Außer der Erteilung des Visums sind auch der ehemalige Widerruf und die Rücknahme (nunmehr Annullierung und Aufhebung) erfasst sowie die Feststellung der Befreiung von der Aufenthaltstitelpflicht und des Erlöschens nach § 51 I Nr. 6 und 7. Die Ausstellung eines Reiseausweises bedarf der Zustimmung des AA und des BMI (§ 11 AufenthV). Durch das 2. DAVG wurde § 49 V Nr. 6 geändert und Aufnahmeverfahren nach § 23 und Umverteilungsverfahren nach Art. 78 III AEUV aufgenommen. Auch in diese Verfahren sind die deutschen Auslandsvertretungen nun ergänzend für Maßnahmen der Identitätsfeststellung und -sicherung zuständig.

27   Mit dem „Gesetz über die Errichtung eines Bundesamts für Auswärtige Angelegenheiten und zur Änderung des Gesetzes über den Auswärtigen Dienst, des Aufenthaltsgesetzes und zur Anpassung anderer Gesetzes an die Errichtung des Bundesamts"[81] wurde zum einen durch Art. 1[82] das Bundesamt für Auswärtige Angelegenheiten (**BfAA**) eingerichtet und zum anderen durch Art. 3 ua Abs. 2 in § 71 ergänzt und das Auswärtige Amt ermächtigt durch Rechtsverordnung im Einvernehmen mit dem BMI dem BfAA die Entscheidung über bestimmte Anträge auf Erteilung eins Visums zu übertragen. Von dieser Verordnungsermächtigung hat das Auswärtige Amt bislang keinen Gebrauch gemacht. Das BfAA mit Sitz in Brandenburg an der Havel und weiteren Standorten in Bonn und Berlin nahm am 4.1.2021 seinen Betrieb auf[83]. Im Herbst 2021 verfügt es bereits über mehr als 500 Beschäftigte. Ziel ist die organisatorische Trennung von ministeriellen und nicht ministeriellen Aufgaben des Auswärtigen Amts und die Nutzung dadurch ermöglichter Skalenerträge bei der Erfüllung standardisierbarer Verwaltungsaufgaben außerhalb der für den Auswärtigen Dienst typischen und unverzichtbaren Personalrotation[84]. Das BfAA hat sechs Hauptaufgaben: Unterstützung bei der Visavergabe für ausländische Fachkräfte, Bearbeitung von Fördermittelgeldern des Auswärtigen Amts für Zwecke der kulturellen und politischen Zusammenarbeit (ua Friedenssicherung, humanitäre Hilfe), Personal-Serviceleistungen für das Auswärtige Amt (Bezahlung, Verwaltung), Management der Auslandsimmobilien des Auswärtigen Amts, Schaffung von Dienstleistungsangeboten für AA und BfAA (Veranstaltungsorganisation, Logistik und Transport sowie Beschaffung). Außerdem ist beim BfAA die Zentralstelle für das Auslandsschulwesens eingerichtet[85]. Im Rahmen des Visumverfahrens unterstützt das BfAA besonders antragstarke deutsche Auslandsvertretungen insbesondere in den vom FEG geregelten Bereichen der Erwerbstätigkeit und Ausbildung. Es nimmt weder Visumanträge entgegen noch entscheidet es über Visumanträge. Eine Entscheidung über Visumanträge wäre auch nicht zulässig, so lange das Auswärtige Amt nicht von der Verordnungsermächtigung aus Abs. 2 S. 2 Gebrauch gemacht hat. Die Visa werden weiterhin von der zuständigen deutschen Auslandsvertretung erteilt. Anträge im beschleunigten Fachkräfteverfahren nach § 81a werden in der Regel nicht beim BfAA bearbeitet.

---

[79] Begr. zum GesEntw, BT-Drs. 18/7043, 49.
[80] Begr. zum GesEntw, BT-Drs. 19/8752, 66.
[81] Gesetz vom 12.6.2020, BGBl. I S. 1241.
[82] Gesetz über die Errichtung eines Bundesamts für Auswärtige Angelegenheiten (BfAAG).
[83] Https://bfaa.diplo.de/bfaa-de/bfaa.
[84] GesEntw der BReg, BT-Drs. 19/17292, 17.
[85] https://bfaa.diplo.de/bfaa-de/service/faq/2426988#content_2.

5. Länderpolizei

Die Polizeien der Länder sind zum einen für **Zurückschiebung,** Festnahme, Durchführung der 28
Abschiebung und Durchsetzung der Verlassenspflicht bei räumlicher Beschränkung sowie für erkennungsdienstliche Maßnahmen neben Grenzbehörden oder Ausländerbehörden zuständig. Zum anderen ergeben sich polizeiliche Zuständigkeiten aufgrund von **Amtshilfe** (§§ 4 ff. (L)VwVfG) für die Ausländerbehörden, zB bei der Ermittlung des Aufenthaltsorts eines ausreisepflichtigen Ausländers. Insgesamt hat die tatsächliche Beteiligung der Polizeien der Länder an der Durchführung des AufenthG nach Fortfall der Binnengrenzen zugenommen.

6. Aufnahmeeinrichtungen und Außenstellen des BAMF

Häufig reisen **unbegleitete minderjährige Ausländer** gemeinsam mit nicht personensorgebe- 29
rechtigten Erwachsenen ein und können deshalb zunächst in Aufnahmeeinrichtungen iSd § 44 AsylG und Außenstellen des BAMF kommen. Durch das 2. DAVG wurde die Befugnis für die Aufnahmeeinrichtungen und die Außenstellen des BAMF geschaffen, in **Amtshilfe** auch bei unbegleiteten minderjährigen Ausländern die erkennungsdienstlichen Maßnahmen nach § 49 VIII und IX vorzunehmen. Mit der Vorschrift soll bei Bedarf eine frühzeitige Registrierung der besonders schutzbedürftigen Personengruppe der unbegleiteten minderjährigen Ausländer durch die Unterstützung von ohnehin befassten Behörden iRd Amtshilfe sichergestellt werden. Entsprechend ihrer eigenen Aufgaben nahmen die Aufnahmeeinrichtungen und das BAMF bislang nur erkennungsdienstliche Behandlungen nach § 16 I und II AsylG vor. Die Abnahme der Fingerabdrücke hat dabei auf kindgerechte Weise unter voller Achtung der Interessen des Kindes sowie durch Personen zu erfolgen, die zur Abnahme von Fingerabdrücken bei Minderjährigen geschult worden sind. Diese Maßnahmen sollen nur im Beisein des Jugendamts erfolgen, in dessen ggf. auch vorläufigen Obhut sich der Minderjährige befindet. Das Primat der Kinder- und Jugendhilfe wird von der Regelung nicht berührt[86].

7. Bundesministerium des Innern

Für die **Anerkennung ausländischer Pässe und Passersatzpapiere** ist das BMI im Benehmen 30
mit dem AA zuständig. Die für Zwecke des § 3 I für bestimmte Muster erfolgende Anerkennung wird durch regelmäßige Veröffentlichung im BAnz allgemein bekannt gemacht[87].

Die Einfügung des 2. Hs. in Abs. 6 durch das RLUmsG 2007 eröffnet die Möglichkeit, die 31
Entscheidungen über die Anerkennung ausländischer Pässe und Passersatzpapiere im elektronischen BAnz vorzunehmen. Die Bekanntmachungen sind dann auch für Betroffene im Ausland leichter zugänglich als bei der Bekanntmachung im papiergebundenen BAnz, wo die Bekanntmachungen bislang erfolgten.

§ 71a Zuständigkeit und Unterrichtung

(1) ¹Verwaltungsbehörden im Sinne des § 36 Abs. 1 Nr. 1 des Gesetzes über Ordnungswidrigkeiten sind in den Fällen des § 98 Absatz 2a Nummer 1 und Absatz 3 Nummer 1 die Behörden der Zollverwaltung. ²Sie arbeiten bei der Verfolgung und Ahndung mit den in § 2 Absatz 4 des Schwarzarbeitsbekämpfungsgesetzes genannten Behörden zusammen.

(2) ¹Die Behörden der Zollverwaltung unterrichten das Gewerbezentralregister über ihre einzutragenden rechtskräftigen Bußgeldbescheide nach § 98 Absatz 2a Nummer 1 und Absatz 3 Nummer 1. ²Dies gilt nur, sofern die Geldbuße mehr als 200 Euro beträgt.

(3) ¹Gerichte, Strafverfolgungs- und Strafvollstreckungsbehörden sollen den Behörden der Zollverwaltung Erkenntnisse aus sonstigen Verfahren, die aus ihrer Sicht zur Verfolgung von Ordnungswidrigkeiten nach § 98 Absatz 2a Nummer 1 und Absatz 3 Nummer 1 erforderlich sind, übermitteln, soweit nicht für die übermittelnde Stelle erkennbar ist, dass schutzwürdige Interessen des Betroffenen oder anderer Verfahrensbeteiligter an dem Ausschluss der Übermittlung überwiegen. ²Dabei ist zu berücksichtigen, wie gesichert die zu übermittelnden Erkenntnisse sind.

Allgemeine Verwaltungsvorschrift
71a Zu § 71a – Zuständigkeit und Unterrichtung
   Für die Verfolgung der Bußgeldtatbestände in § 98 Absatz 2a und Absatz 3 Nummer 1 liegt die Zuständigkeit bei den Behörden der Zollverwaltung. Diese Regelung ist eine Konsequenz aus der Befugnis der Behörden der Zollverwaltung in § 2 Absatz 1 Nummer 4 Buchstabe b) SchwarzArbG, zu prüfen, ob Ausländer entgegen § 4 Absatz 3 Satz 1 und 2 mit entgeltlichen Dienst- oder Werkleistungen beauftragt worden sind. Weiterhin sind die Behörden der Zollverwaltung nach § 11 Schwarz-ArbG befugt, strafrechtliche Ermittlungen im Zusammenhang mit der Beauf-

---

[86] Begr. zum GesEntw, BT-Drs. 19/8752, 67.
[87] S. Allgemeinverfügung v. 6.4.2016, BAnz AT v. 25.4.2016 B1.

tragung von Ausländern mit Dienst- oder Werkleistungen bzw. der selbstständigen Erwerbstätigkeit von Ausländern ohne entsprechenden Aufenthaltstitel durchzuführen.

I. Entstehungsgeschichte

1   Die Vorschrift wurde mit dem RLUmsG 2007[1] eingeführt. Durch das Gesetz gegen illegale Beschäftigung und Sozialmissbrauch[2] erfolgte im Jahr 2019 eine Aktualisierung des Verweises auf das ebenfalls geänderte SchwarzarbeitsbekämpfungsG.

II. Bekämpfung der Schwarzarbeit und der illegalen Beschäftigung

2   **Schwarzarbeit** iSv § 1 II des Gesetzes zur Bekämpfung der Schwarzarbeit und illegalen Beschäftigung (SchwarzArbG) leistet, wer Dienst- oder Werkleistungen erbringt oder ausführen lässt und dabei
– als Arbeitgeber, Unternehmer oder versicherungspflichtiger Selbstständiger seine sozialversicherungsrechtlichen Melde-, Beitrags- oder Aufzeichnungspflichten nicht erfüllt,
– als Steuerpflichtiger seine steuerlichen Pflichten nicht erfüllt,
– als Empfänger von Sozialleistungen seine Mitteilungspflichten gegenüber dem Sozialleistungsträger nicht erfüllt,
– als Erbringer von Dienst- oder Werkleistungen seiner sich daraus ergebenden Verpflichtung zur Anzeige vom Beginn des selbstständigen Betriebs eines stehenden Gewerbes (§ 14 GewO) nicht nachgekommen ist oder die erforderliche Reisegewerbekarte (§ 55 GewO) nicht erworben hat,
– als Erbringer von Dienst- oder Werkleistungen ein zulassungspflichtiges Handwerk als stehendes Gewerbe selbstständig betreibt, ohne in der Handwerksrolle eingetragen zu sein (§ 1 HwO).

Außerdem leistet Schwarzarbeit, wer vortäuscht, eine Dienst- oder Werkleistung zu erbringen oder ausführen zu lassen und er selbst oder ein Dritter dadurch Sozialleistungen nach SGB II oder III zu Unrecht bezieht.

3   Gem. § 1 III übt illegale Beschäftigung aus, wer
– Ausländer als Arbeitgeber unerlaubt beschäftigt oder als Entleiher unerlaubt tätig werden lässt,
– als Ausländer unerlaubt eine Erwerbstätigkeit ausübt,
– als Arbeitgeber Arbeitnehmer oder Arbeitnehmerinnen ohne erforderliche Erlaubnis nach § 1 III 1 AÜG oder entgegen den Bestimmungen nach § 1 I 5 und 6, § 1a oder § 1b AÜG überlässt oder tätig werden lässt,
– als Arbeitgeber Arbeitnehmer oder Arbeitnehmerinnen beschäftigt, ohne dass die Arbeitsbedingungen nach Maßgabe des MiLoG, des AEntG oder des § 8 V AÜG iVm einer RechtsVO nach § 3a II 1 AÜG eingehalten werden, oder
– als Arbeitgeber Arbeitnehmer oder Arbeitnehmerinnen zu ausbeuterischen Arbeitsbedingungen beschäftigt.

Zur Haftung des Arbeitgebers bei illegaler Beschäftigung nach § 66 → § 66 Rn. 12 ff.

4   Die **Verfolgungszuständigkeit** für die Bußgeldtatbestände in § 98 II a und III Nr. 1 ist den Behörden der Zollverwaltung übertragen, denn die Behörden der Zollverwaltung haben nach § 2 I Nr. 4 SchwarzArbG ua die Aufgabe, zu prüfen, ob Ausländer entgegen § 4 III 1 und 2 mit Dienst- oder Werkleistungen beauftragt worden sind. Zu den Ordnungswidrigkeiten → § 98 Rn. 16–26. Nach § 2 II SchwarzArbG werden die Behörden der Zollverwaltung bei den Prüfungen nach § 2 I SchwarzArbG von den Finanzbehörden, der Bundesagentur für Arbeit, der Bundesnetzagentur für Elektrizität, Gas, Telekommunikation, Post und Eisenbahnen, den Einzugsstellen (§ 28i SGB IV), den Trägern der Rentenversicherung, den Trägern der Unfallversicherung, den Trägern der Sozialhilfe, den nach dem AsylBLG zuständigen Behörden, den in § 71 I–III genannten Behörden, dem Bundesamt für Güterverkehr, den für den Arbeitsschutz zuständigen Landesbehörden, den Polizeivollzugsbehörden der Länder auf Ersuchen im Einzelfall, den nach Landesrecht für die Verfolgung und Ahndung von Ordnungswidrigkeiten nach dem SchwarzArbG zuständigen Behörden, den nach § 14 GewO für die Entgegennahme der Gewerbeanzeige zuständigen Stellen, den nach Landesrecht für die Überprüfung der Einhaltung der Vergabe- und Tariftreuegesetze der Länder zuständigen Prüfungs- und Kontrollstellen, den nach Landesrecht für die Entgegennahme der Anmeldung der Prostitution nach § 3 ProstSchG und für die Erlaubniserteilung an Prostitutionsgewerbetreibende nach § 12 ProstSchG zuständigen Behörden, den nach Landesrecht für die Erlaubniserteilung nach § 34a GewO zuständigen Behörden und den gemeinsamen Einrichtungen der Tarifvertragspartner iSd § 4 II TVG unterstützt.

5   Innerhalb der Bundeszollverwaltung sind die Hauptzollämter/**Finanzkontrolle Schwarzarbeit (FKS)** als Zollbehörden zuständig für die Bekämpfung der illegalen Beschäftigung und Schwarzarbeit. Die Hauptzollämter verfügen über eine eigene Bußgeld-, Strafsachen- sowie Vollstreckungsstelle. Die Prüfkräfte der FKS nehmen eigenverantwortlich Aufgaben nach § 2 I SchwarzArbG wahr. Dabei wird

---

[1] Gesetz zur Umsetzung aufenthalts- und asylrechtlicher RL der EU v. 19.8.2007 (BGBl. I S. 1970).
[2] Gesetz gegen illegale Beschäftigung und Sozialmissbrauch v. 11.7.2019, BGBl. 2019 I S. 1066; in Kraft getreten am 18.7.2019.

geprüft, ob die sich aus den Dienst- oder Werkleistungen ergebenden Pflichten nach § 28a SGB IV erfüllt werden bzw. wurden, Leistungen nach dem SGB II und III (zB Arbeitslosengeld) oder andere Sozialleistungen (zB nach dem ATG) zu Unrecht bezogen werden bzw. wurden (Leistungsmissbrauch), ob die für die Leistungen erheblichen Angaben der Arbeitgeber/-innen zutreffend bescheinigt sind, ob die gegebenenfalls erforderliche Sofortmeldung an die Deutsche Rentenversicherung rechtzeitig erfolgt ist, ob die Arbeitsbedingungen nach dem MiLoG, AEntG oder dem AÜG eingehalten werden oder wurden, ob bei ausländischen Arbeitnehmer/-innen die erforderlichen Arbeitsgenehmigungen bzw. Aufenthaltstitel vorliegen und ob die steuerlichen Pflichten eingehalten werden oder wurden[3]. Die FKS führt in diesem Rahmen sog. verdachtsunabhängige Prüfungen mit gesetzlicher Mitwirkungspflicht von Arbeitgebern und Arbeitnehmern durch. Die Mitarbeiter sind Ermittlungspersonen der StA mit Polizeibefugnissen nach der StPO und dem OWiG[4]. Zu ihren Befugnissen gehören ua Identitätsfeststellungen, erste Vernehmungen, Sicherstellungen oder Beschlagnahmen von Beweismitteln, Durchsuchungen, die Anordnung von Sicherheitsleistungen, die Aufforderung zur Benennung eines Zustellungsbevollmächtigten, aber auch vorläufige Festnahmen bei Straftaten. Die FKS ist in diesem Zusammenhang ua befugt, Geschäftsräume und Grundstücke des Arbeitgebers und des Auftraggebers von selbstständig tätigen Personen sowie des Entleihers im Rahmen einer Prüfung während der Arbeitszeit der dort tätigen Personen zu betreten und dabei von diesen Auskünfte hinsichtlich ihrer Beschäftigungsverhältnisse oder ihrer Tätigkeiten einzuholen und Einsicht in von ihnen mitgeführte Unterlagen zu nehmen, von denen anzunehmen ist, dass aus ihnen Umfang, Art oder Dauer ihrer Beschäftigungsverhältnisse oder Tätigkeiten hervorgehen oder abgeleitet werden können[5]. Ebenso ist sie befugt, Geschäftsräume und Grundstücke des Arbeitgebers und Auftraggebers von Dienst- oder Werkleistungen sowie des Entleihers im Rahmen ihrer Prüfung während der Geschäftszeit zu betreten und dort Einsicht in die Lohn- und Meldeunterlagen, Bücher und andere Geschäftsunterlagen zu nehmen, aus denen Umfang, Art oder Dauer von Beschäftigungsverhältnissen hervorgehen oder abgeleitet werden können[6]. Die FSK ist damit zuständig in Fällen illegaler Arbeitnehmerüberlassung, des Leistungsmissbrauchs/Leistungsbetrugs, der Schwarzarbeit, der illegalen Beschäftigung, geringfügiger Beschäftigung und in Verfahren um die Arbeitnehmerentsendung.

Die Übermittlungspflichten nach **Abs. 2** entsprechen § 12 IV SchwarzArbG, der dies für Bußgeldbescheide nach § 8 II Nr. 3 lit. a und Nr. 5 SchwarzArbG regelt, sofern die Geldbuße ebenfalls mehr als 200 EUR beträgt. 6

Weiterhin sind aufgrund der §§ 11, 14 SchwarzArbG die Behörden der Zollverwaltung befugt, im **Auftrag der Staatanwaltschaft** strafrechtliche Ermittlungsverfahren im Zusammenhang mit der Beauftragung von Ausländern mit Dienst- oder Werkleistungen durchzuführen. Es war daher sowohl aus systematischen als auch aus verwaltungspraktischen Gründen sinnvoll, auch die Verfolgungszuständigkeit für die entsprechenden Ordnungswidrigkeiten den Behörden der Zollverwaltung zu übertragen[7]. 7

Die **Unterrichtungspflichten und die Zusammenarbeit von Behörden** nach § 6 SchwarzArbG bleiben von § 71a unberührt. Danach sind die genannten Behörden ua verpflichtet, die für die Prüfungen erforderlichen Informationen einschließlich personenbezogener Daten und die Ergebnisse der Prüfungen auszutauschen. Die Behörden der Zollverwaltung einerseits und die Strafverfolgungsbehörden und die Polizeivollzugsbehörden andererseits übermitteln einander die erforderlichen Informationen für die Verhütung und Verfolgung von Straftaten und Ordnungswidrigkeiten, die in Zusammenhang mit den Prüfgegenständen stehen. Ferner dürfen durch die Behörden der Zollverwaltung die Datenbestände der BA über erteilte Arbeitsgenehmigungen-EU und Zustimmungen zur Beschäftigung sowie über iRv Werkvertragskontingenten beschäftigte ausländische Arbeitnehmer automatisiert abrufen. Soweit die Behörden der Zollverwaltung für die Prüfung der Einhaltung der Pflichten nach dem AEntG, dem MiLoG und dem AÜG zuständig sind, sind sie außerdem zur vollumfänglichen Zusammenarbeit mit den entsprechenden Behörden anderer EU-/EWR-Staaten ermächtigt und verpflichtet[8]. 8

§ 72 Beteiligungserfordernisse

(1) ¹Eine Betretenserlaubnis (§ 11 Absatz 8) darf nur mit Zustimmung der für den vorgesehenen Aufenthaltsort zuständigen Ausländerbehörde erteilt werden. ²Die Behörde, die den Ausländer ausgewiesen, abgeschoben oder zurückgeschoben hat, ist in der Regel zu beteiligen.

---

[3] Vgl. Senatsverwaltung für Arbeit, Integration und Frauen in Berlin, www.berlin.de/sen/arbeit/schwarzarbeit/partner/fks.html.
[4] Vgl. § 14 SchwarzArbG.
[5] Vgl. § 3 SchwarzArbG.
[6] Vgl. § 4 SchwarzArbG.
[7] So Begr. des Ges. BT-Drs. 16/5065, 190.
[8] Vgl. Entw. eines Gesetzes gegen die illegale Beschäftigung und Sozialmissbrauch BT-Drs. 19/8691, 53.

(2) Über das Vorliegen eines zielstaatsbezogenen Abschiebungsverbots nach § 60 Absatz 5 oder 7 und das Vorliegen eines Ausschlusstatbestandes nach § 25 Absatz 3 Satz 3 Nummer 1 bis 4 entscheidet die Ausländerbehörde nur nach vorheriger Beteiligung des Bundesamtes für Migration und Flüchtlinge.

(3) ¹Räumliche Beschränkungen, Auflagen und Bedingungen, Befristungen nach § 11 Absatz 2 Satz 1, Anordnungen nach § 47 und sonstige Maßnahmen gegen einen Ausländer, der nicht im Besitz eines erforderlichen Aufenthaltstitels ist, dürfen von einer anderen Behörde nur im Einvernehmen mit der Behörde geändert oder aufgehoben werden, die die Maßnahme angeordnet hat. ²Satz 1 findet keine Anwendung, wenn der Aufenthalt des Ausländers nach den Vorschriften des Asylgesetzes auf den Bezirk der anderen Ausländerbehörde beschränkt ist.

(3a) ¹Die Aufhebung einer Wohnsitzverpflichtung nach § 12a Absatz 5 darf nur mit Zustimmung der Ausländerbehörde des geplanten Zuzugsorts erfolgen. ²Die Zustimmung ist zu erteilen, wenn die Voraussetzungen des § 12a Absatz 5 vorliegen; eine Ablehnung ist zu begründen. ³Die Zustimmung gilt als erteilt, wenn die Ausländerbehörde am Zuzugsort nicht innerhalb von vier Wochen ab Zugang des Ersuchens widerspricht. ⁴Die Erfüllung melderechtlicher Verpflichtungen begründet keine Zuständigkeit einer Ausländerbehörde.

(4) ¹Ein Ausländer, gegen den öffentliche Klage erhoben oder ein strafrechtliches Ermittlungsverfahren eingeleitet ist, darf nur im Einvernehmen mit der zuständigen Staatsanwaltschaft ausgewiesen und abgeschoben werden. ²Ein Ausländer, der zu schützende Person im Sinne des Zeugenschutz-Harmonisierungsgesetzes ist, darf nur im Einvernehmen mit der Zeugenschutzdienststelle ausgewiesen oder abgeschoben werden. ³Des Einvernehmens der Staatsanwaltschaft nach Satz 1 bedarf es nicht, wenn nur ein geringes Strafverfolgungsinteresse besteht. ⁴Dies ist der Fall, wenn die Erhebung der öffentlichen Klage oder die Einleitung eines Ermittlungsverfahrens wegen einer Straftat nach § 95 dieses Gesetzes oder nach § 9 des Gesetzes über die allgemeine Freizügigkeit von Unionsbürgern oder Straftaten nach dem Strafgesetzbuch mit geringem Unrechtsgehalt erfolgt ist. ⁵Insoweit sind Straftaten mit geringem Unrechtsgehalt Straftaten nach § 113 Absatz 1, § 115 des Strafgesetzbuches, soweit er die entsprechende Geltung des § 113 Absatz 1 des Strafgesetzbuches vorsieht, den §§ 123, 166, 167, 169, 185, 223, 229, 240, 242, 246, 248b, 263 Absatz 1, 2 und 4, den §§ 265a, 267 Absatz 1 und 2, § 271 Absatz 1, 2 und 4, den §§ 273, 274, 276 Absatz 1, und §§ 279, 281, 303 des Strafgesetzbuches, dem § 21 des Straßenverkehrsgesetzes in der Fassung der Bekanntmachung vom 5. März 2003 (BGBl. I S. 310, 919), das zuletzt durch Artikel 1 des Gesetzes vom 8. April 2019 (BGBl. I S. 430) geändert worden ist, in der jeweils geltenden Fassung, und dem § 6 des Pflichtversicherungsgesetzes vom 5. April 1965 (BGBl. I S. 213), das zuletzt durch Artikel 1 der Verordnung vom 6. Februar 2017 (BGBl. I S. 147) geändert worden ist, in der jeweils geltenden Fassung, es sei denn, diese Strafgesetze werden durch verschiedene Handlungen mehrmals verletzt oder es wird ein Strafantrag gestellt.

(5) § 45 des Achten Buches Sozialgesetzbuch gilt nicht für Ausreiseeinrichtungen und Einrichtungen, die der vorübergehenden Unterbringung von Ausländern dienen, denen aus völkerrechtlichen, humanitären oder politischen Gründen eine Aufenthaltserlaubnis erteilt oder bei denen die Abschiebung ausgesetzt wird.

(6) ¹Vor einer Entscheidung über die Erteilung, die Verlängerung oder den Widerruf eines Aufenthaltstitels nach § 25 Abs. 4a oder 4b und die Festlegung, Aufhebung oder Verkürzung einer Ausreisefrist nach § 59 Absatz 7 ist die für das in § 25 Abs. 4a oder 4b in Bezug genommene Strafverfahren zuständige Staatsanwaltschaft oder das mit ihm befasste Strafgericht zu beteiligen, es sei denn, es liegt ein Fall des § 87 Abs. 5 Nr. 1 vor. ²Sofern der Ausländerbehörde die zuständige Staatsanwaltschaft noch nicht bekannt ist, beteiligt sie vor einer Entscheidung über die Festlegung, Aufhebung oder Verkürzung einer Ausreisefrist nach § 59 Absatz 7 die für den Aufenthaltsort zuständige Polizeibehörde.

(7) Zur Prüfung des Vorliegens der Voraussetzungen der §§ 16a, 16d, 16e, 18a, 18b, 18c Absatz 3 und der §§ 19 bis 19c können die Ausländerbehörde, das Bundesamt für Migration und Flüchtlinge sowie die Auslandsvertretung zur Erfüllung ihrer Aufgaben die Bundesagentur für Arbeit auch dann beteiligen, wenn sie ihrer Zustimmung nicht bedürfen.

Allgemeine Verwaltungsvorschrift
72 Zu § 72 – Beteiligungserfordernisse
72.1 Betretenserlaubnis

72.1.1 Die Beteiligung an der Erteilung einer Betretenserlaubnis nach § 11 Absatz 2 ist gemäß § 72 Absatz 1 Satz 1 erforderlich, wenn eine andere Ausländerbehörde als die für den vorgesehenen Aufenthaltsort zuständige Ausländerbehörde für die Erteilung einer Betretenserlaubnis nach Landesrecht örtlich zuständig ist. Im Falle einer Zurückschiebung durch die Grenzbehörden oder die Polizei der Länder ist die Stelle, die die Zurückschiebung angeordnet hat, zu beteiligen. Der Erteilung eines Visums an einen Ausländer, dem eine Betretenserlaubnis erteilt worden ist, stimmt nach § 31 Absatz 1 AufenthV die für den vorgesehenen Aufenthaltsort zuständige Ausländerbehörde zu.

Beteiligungserfordernisse **§ 72 AufenthG 1**

72.1.2 Von der Beteiligung der Ausländerbehörde, die den Ausländer ausgewiesen oder abgeschoben hat, kann abgesehen werden, wenn Einreise und Aufenthalt des Ausländers im öffentlichen Interesse liegen (z. B. Zeugenvernehmung).

72.2 Beteiligung des Bundesamtes für Migration und Flüchtlinge
72.2.1 § 72 Absatz 2 verpflichtet die Ausländerbehörden, bei Entscheidungen über das Vorliegen von zielstaatsbezogenen Abschiebungsverboten nach § 60 Absatz 2 bis 5 und 7 sowie über das Vorliegen eines Ausschlusstatbestands nach § 25 Absatz 3 Satz 2 Buchstabe a) bis d) eine Stellungnahme des Bundesamtes für Migration und Flüchtlinge einzuholen. Damit wird das Einfließen der besonderen Sach- und Rechtskunde des Bundesamtes in diesen Bereichen sichergestellt. Es handelt sich jeweils um nicht selbstständig anfechtbare verwaltungsinterne Stellungnahmen. Hinweise zum Vollzug des § 72 Absatz 2 stellt das Bundesamt auf seiner Website *www.bamf.de* bereit.
72.2.2 Soweit sich im Asylverfahren Hinweise auf mögliche Ausschlussgründe nach § 25 Absatz 3 Satz 2 Buchstabe a) bis d) ergeben, weist das Bundesamt die Ausländerbehörden darauf hin (vgl. § 24 Absatz 3 Nummer 2 Buchstabe b) AsylVfG).
72.2.3 Befürchtet ein Ausländer aufgrund einer Zeugenaussage in einem Strafverfahren Verfolgung und beruft er sich infolgedessen auf ein zielstaatsbezogenes Abschiebungsverbot, sollen die Erkenntnisse der zuständigen Ermittlungsbehörde in die Gefährdungsprognose einbezogen werden.

72.3 Änderung und Aufhebung von Maßnahmen
72.3.1.1 Das Beteiligungserfordernis nach § 72 Absatz 3 besteht nur, wenn der Ausländer aufenthaltstitelpflichtig ist, einen Aufenthaltstitel jedoch nicht besitzt. § 72 Absatz 3 Satz 1 findet demnach keine Anwendung, solange der Ausländer vom Erfordernis des Aufenthaltstitels befreit ist oder der Ausländer noch einen Aufenthaltstitel besitzt.
72.3.1.2 Das Beteiligungserfordernis nach § 72 Absatz 3 dient der Vermeidung widersprüchlichen Verwaltungshandelns. Es besteht daher nur für Maßnahmen, die von einer anderen Ausländerbehörde angeordnet sind, nicht jedoch für gesetzlichen Beschränkungen. Die räumliche Beschränkung nach § 61 Absatz 1 ist daher grundsätzlich unabänderbar. Dies schließt jedoch einen Länder- bzw. Ortswechsel im Einvernehmen der beteiligten Länder bzw. der örtlich zuständigen Ausländerbehörde grundsätzlich nicht aus.
72.3.1.3 Auch die erstmalige Befristung einer Wiedereinreisesperre nach § 11 Absatz 1 Satz 3 durch eine andere Behörde als diejenige Behörde, die die aufenthaltsbeendende Maßnahme verfügt hat, bedarf in sinngemäßer Anwendung von § 72 Absatz 3 des Einvernehmens (vgl. Nummer 11.1.3.2.1).
72.3.1.4 Das Beteiligungserfordernis erstreckt sich auch auf Nebenbestimmungen i. S. v. § 51 Absatz 6. Außerdem besteht es für Ausländer, die eine Aufenthaltsgestattung nach § 55 Absatz 1 AsylVfG besitzen, sich aber außerhalb des Bezirks nach § 56 AsylVfG aufhalten. Das Beteiligungserfordernis besteht nicht für Ausländerbehörden, auf deren Bezirk die Aufenthaltsgestattung beschränkt ist (§ 56 Absatz 1 Satz 1 AsylVfG), da es sich hierbei um eine gesetzliche Beschränkung und keine Anordnung einer Ausländerbehörde handelt (vgl. Nummer 72.3.1.2).
72.3.1.5 Sonstige Maßnahmen i. S. v. § 72 Absatz 3 Satz 1 sind insbesondere
– die Rücknahme und der Widerruf des Aufenthaltstitels,
– nachträgliche zeitliche Beschränkungen des Aufenthaltstitels oder des genehmigungsfreien Aufenthalts nach Ablauf der Frist,
– die Ausweisung und
– die Abschiebungsandrohung und Bestimmung einer Ausreisefrist.
72.3.1.6 Wird durch die Erteilung eines Aufenthaltstitels eine Maßnahme i. S. v. § 72 Absatz 3 Satz 1 geändert oder aufgehoben, besteht das Beteiligungserfordernis ebenfalls.

72.4 Strafrechtliche Verfahren
72.4.1 § 72 Absatz 4 soll verhindern, dass durch die ausländerrechtlichen Maßnahmen der Ausweisung und Abschiebung die Strafverfolgung wesentlich erschwert oder vereitelt wird. Die Ausländerbehörde hat daher das Einvernehmen der Staatsanwaltschaft einzuholen, wenn ihr insbesondere auf Grund der Mitteilung nach § 87 Absatz 4 bekannt ist, dass ein strafrechtliches Ermittlungsverfahren eingeleitet worden ist.
72.4.2 Von der Einholung des Einvernehmens kann im Einzelfall abgesehen werden, soweit die Staatsanwaltschaft für bestimmte Fallgruppen, z. B. bei Ermittlungen wegen einer Straftat nach § 95, generell ihr Einvernehmen erteilt hat.
72.4.3 Das Beteiligungserfordernis der Strafverfolgungsbehörden nach § 72 Absatz 4 bezieht sich nicht auf die Zurückweisung (§ 15), die Zurückschiebung (§ 57) oder die Entscheidung über den Aufenthaltstitel (§ 79 Absatz 2).

72.5 Nichtanwendung von § 45 SGB VIII
Nach § 45 SGB VIII bedarf der Träger einer Einrichtung, in der Kinder oder Jugendliche ganztägig oder für einen Teil des Tages betreut werden oder Unterkunft erhalten, für den Betrieb der Einrichtung einer gesonderten Erlaubnis. Absatz 5 schließt die Anwendung von § 45 SGB VIII in Bezug auf Ausreiseeinrichtungen (vgl. § 61 Absatz 2) oder Einrichtungen aus, in denen Ausländer, denen eine Aufenthaltserlaubnis nach Kapitel 2 Abschnitt 5 erteilt wird, untergebracht werden.

72.6 Beteiligung der zuständigen Strafverfolgungsbehörden sowie des Strafgerichtes bei Entscheidungen betreffend
Aufenthaltstitel nach § 25 Absatz 4a bzw. Ausreisefristen nach § 50 Absatz 2a
72.6.0.1 Diese Vorschrift regelt die notwendige Beteiligung der zuständigen Strafverfolgungsbehörden sowie des Strafgerichtes vor einer Entscheidung über die Erteilung, Verlängerung oder den Widerruf eines Aufenthaltstitels nach § 25 Absatz 4a und die Festlegung, Aufhebung oder Verkürzung einer Ausreisefrist nach § 50 Absatz 2 a.
72.6.0.2 Einerseits sind die Ausländerbehörden auf Informationen der Strafverfolgungsbehörden oder der Strafgerichte angewiesen, um einen Aufenthaltstitel nach § 25 Absatz 4a zu erteilen oder zu verlängern bzw. eine Ausreisefrist nach § 50 Absatz 2a festzusetzen. Andererseits soll durch diese Regelung sichergestellt werden, dass der Widerruf des Aufenthaltstitels bzw. die Aufhebung oder Verkürzung der Ausreisefrist nicht ungeachtet des mit der Regelung nach § 25 Absatz 4a und § 50 Absatz 2a bezweckten Ziels – der Erleichterung des Strafverfahrens gegen die Täter der in § 25 Absatz 4a Satz 1 genannten Straftaten – erfolgt. Sie ist daher bei Entscheidungen der Ausländerbehörde nach § 25 Absatz 4a, § 50 Absatz 2a und § 52 Absatz 5 zu beachten.
72.6.1 Es handelt sich um eine zwingende Verfahrensvorschrift. Ausgenommen sind nach Absatz 6 letzter Halbsatz nur die Fälle des § 87 Absatz 5 Nummer 1, in denen die nach § 72 Absatz 6 zu beteiligenden Behörden der Ausländerbehörde selbst die für den Widerruf der Aufenthaltserlaubnis bzw. die Aufhebung oder Verkürzung der Fristsetzung notwendigen Informationen mitgeteilt haben.

72.6.2 Ist der Ausländerbehörde nicht bekannt, ob wegen des in Frage kommenden Sachverhalts bereits ein Strafverfahren eingeleitet ist, beteiligt sie die für den Aufenthaltsort des Ausländers zuständige Polizeibehörde. Da § 25 Absatz 4a und § 52 Absatz 5 voraussetzen, dass die Ausländerbehörde geprüft hat, ob die Staatsanwaltschaft oder das Strafgericht die vorübergehende Anwesenheit des Ausländers für sachgerecht erachten, ist der in § 72 Absatz 6 Satz 2 geregelte Fall nur im Zusammenhang mit der Bestimmung der Ausreisefrist möglich. In dieser frühen Phase sind i. d. R. noch kein Strafgericht und teilweise auch noch keine sachleitende Staatsanwaltschaft bekannt, so dass die Einbindung der Polizei zielführend ist. Sollte bereits die Staatsanwaltschaft oder ein Strafgericht mit dem Fall befasst sein, weist die Polizei darauf hin, so dass nach § 72 Absatz 6 Satz 1 diese Stellen zu beteiligen sind.

Übersicht

	Rn.
I. Entstehungsgeschichte	1
II. Zustimmung, Einvernehmen und sonstige Beteiligung	5
III. Unterbringung	23
IV. Opferschutzrichtlinie	24
V. Beteiligung der Bundesagentur für Arbeit	26
VI. Verwaltungsverfahren und Rechtsschutz	27

I. Entstehungsgeschichte

1   Die Vorschrift stimmt in vollem Umfang mit dem **Gesetzesentwurf**[1] überein. Mit dem RLUmsG 2007[2] wurden in Abs. 1 S. 2 Zurückschiebungen mit aufgeführt, die ebenfalls zu Wiedereinreisesperren führen können. Da diese auch durch Grenzbehörden erfolgen können, wurde der Begriff „Ausländerbehörde" durch den neutralen Begriff „Behörde" ersetzt. Eine Zuständigkeitserweiterung ist mit dieser Änderung nicht verbunden; aus demselben Grund wurde Abs. 3 redaktionell berichtigt.

2   Die nach Abs. 2 bestehende Pflicht der Ausländerbehörden, bei Entscheidungen über das Vorliegen zielstaatsbezogener Abschiebungshindernisse nach § 60 VII eine Stellungnahme des BAMF einzuholen, wurde mit dem RLUmsG 2007 auf alle Fälle der zielstaatsbezogenen Abschiebungshindernisse nach § 60 II–V, VII ausgedehnt. Abs. 2 verpflichtet die Ausländerbehörden darüber hinaus, das BAMF um Stellungnahme zu ersuchen, wenn im Zusammenhang mit der Entscheidung über die Erteilung einer Aufenthaltserlaubnis über das Vorliegen von Ausschlussgründen nach § 25 III 3 Nr. 1–4 zu befinden ist.

3   Die Ergänzung der Regelung in Abs. 5 um geduldete Ausländer durch das RLUmsG 2007 war notwendig, um Wertungswidersprüche zu verhindern. Wenn § 45 SGB VIII keine Anwendung bei sich rechtmäßig im Bundesgebiet aufhaltenden Ausländern findet, dann sollte dies auch für Geduldete gelten. Außerdem wurde durch die Gesetzesänderung Abs. 6 neu aufgenommen.

4   Mit dem RLUmsG 2011 wurde Abs. 6 S. 1 um den Verweis auf § 25 IVb ergänzt und die Angabe „§ 50 Absatz 2a" durch die Angabe „§ 59 Absatz 7" ersetzt[3]. In S. 2 wurde die Angabe „§ 50 Absatz 2a" durch die Angabe „§ 59 Absatz 7" ersetzt[4]. Der Abs. 7 wurde mit dem RLUmsG 2012 angefügt[5]. MWz 1.12.2013 wurde Abs. 2 angepasst[6]. Mit dem AufenthGÄndG 2015[7] wurde die Vorschrift an die Änderungen von § 11 angepasst sowie Abs. 4 um die S. 3–5 und Abs. 7 um die Bezugnahme auf den neuen § 17a ergänzt. Mit dem AsylVfBeschlG 2015[8] wurde lediglich die Bezeichnung AsylVfG durch AsylG in Abs. 3 S. 2 ersetzt. Mit dem RLUmsG 2017[9] erfolgte die Richtigstellung der Verweisung in Abs. 2 sowie die Anpassung von Abs. 7 an die neuen Aufenthaltstitel. Mit dem Gesetz zur Entfristung des IntG[10] wurde Abs. 3a eingefügt, mit dem FEG 2019[11] wurde Abs. 7 mWv 1.3.2020 neu gefasst. Mit dem 2. RückkehrG 2019[12] wurde Abs. 4 S. 4 geändert und S. 5 neu gefasst.

II. Zustimmung, Einvernehmen und sonstige Beteiligung

5   Das Gesetz **unterscheidet** zwischen Zustimmung, Einvernehmen und sonstiger Beteiligung. Einvernehmen erfordert eine möglichst einverständliche Regelung, bedeutet aber in der Sache ebenfalls

---

[1] BT-Drs. 15/420, 27 f.
[2] Ges. zur Umsetzung aufenthalts- und asylrechtlicher RL der EU v. 19.8.2007, BGBl. I S. 1970.
[3] Art. 1 Nr. 40 lit. a Ges. v. 22.11.2011, BGBl. I S. 2258, mWv 26.11.2011.
[4] Art. 1 Nr. 40 lit. a Ges. v. 22.11.2011, BGBl. I S. 2258, mWv 26.11.2011.
[5] Eingeführt durch Art. 1 Nr. 23 Ges. v. 1.6.2012, BGBl. I S. 1224, mWv 1.8.2012.
[6] Art. 2 Nr. 9 Ges. v. 28.8.2013 zur Umsetzung der RL 2011/95/EU, BGBl. I S. 3474.
[7] Art. 1 Nr. 37 Ges. v. 27.7.2015, BGBl. I S. 1386.
[8] Ges. v. 20.10.2015, BGBl. I S. 1722.
[9] Ges. v. 12.5.2017, BGBl. I S. 1106.
[10] Ges. v. 4.7.2019, BGBl. I S. 914.
[11] Ges. v. 15.8.2019, BGBl. I S. 1307.
[12] Ges. v. 15.8.2019, BGBl. I S. 1294.

Zustimmung. Benehmen besteht in der Nichtbeanstandung nach Anhörung, setzt also keine ausdrückliche Zustimmung voraus. Unter (sonstiger) Beteiligung ist Anhörung mit Gelegenheit zu Äußerung, Stellungnahme und eigenem Vorschlag zu verstehen. Die Regelung ist nicht abschließend; so sind bei der Prüfung vor Erteilung einer Aufenthaltserlaubnis an einen Selbstständigen ua die fachkundigen Körperschaften (HWK, IHK etc) zu beteiligen (§ 21 I 3). Die Aufgaben des Beauftragten der Bundesregierung für Migration, Flüchtlinge und Integration (§§ 92 ff.) führen zu keiner Beteiligung in einzelnen ausländerrechtlichen Verfahren.

Die **Betretenserlaubnis** gemäß § 11 VIII 1 bedarf in der Regel der Zustimmung der für den 6 künftigen Aufenthaltsort zuständigen Ausländerbehörde (§ 31 I Buchst. c AufenthV) sofern diese nicht ohnehin für die Erteilung zuständig ist. Außerdem ist die Ausweisungs- und Abschiebungsbehörde zu beteiligen; von Letzterer darf nur ausnahmsweise, etwa in dringenden Eilfällen abgesehen werden oder wenn Einreise und Aufenthalt des Ausländers im öffentlichen Interesse liegen (AVwV-AufenthG 72.1.2).

Die Feststellung eines zielstaatsbezogenen **Abschiebungsverbots** nach § 60 II–V, VII bedarf der 7 vorherigen Beteiligung des BAMF. Eine eigene Prüfungskompetenz der Ausländerbehörde kommt grundsätzlich nur bei Ausländern in Betracht, die zuvor kein Asylverfahren betrieben haben[13]. Soweit das Abschiebungsverbot im Zusammenhang damit steht, ist es aufgrund eines Asylantrags ohnehin vom BAMF zu prüfen. Sonst ist zwar die Ausländerbehörde zuständig, das BAMF aber als die zentrale sachverständige Stelle des Bundes um eine Auskunft zu ersuchen. Das Ergebnis bleibt in dem Sinne behördenintern, dass die Auskunft nicht als Verwaltungsakt ausgestaltet ist[14].

Das BAMF gibt eine umfassende Stellungnahme ab und kann hierfür auch Erkenntnisse anderer 8 Stellen heranziehen. Insbesondere hat das BAMF in Fällen, in denen Opfer von Menschenhandel Abschiebungsschutz beantragen, weil sie aufgrund einer Kooperation mit den Ermittlungs- oder Strafverfolgungsbehörden (zB einer Zeugenaussage vor Gericht) gefährdet sind, auch Erkenntnisse der Ermittlungsbehörde zu berücksichtigen.

Abs. 2 verpflichtet die Ausländerbehörde darüber hinaus, das BAMF um Stellungnahme zu er- 9 suchen, wenn im Zusammenhang mit der Entscheidung über die Erteilung einer Aufenthaltserlaubnis über das Vorliegen von Ausschlussgründen nach § 25 III 3 Nr. 1–4 zu befinden ist[15]. Eine Beteiligung des BAMF ist wegen dessen besonderer Sachkunde über die ausschlussrelevanten Sachverhalte erforderlich.

Der Zweck der Beteiligungsregelung in § 72 II liegt nach den Gesetzesmaterialien[16] darin, dass die 10 Ausländerbehörden vor einer (positiven oder negativen) Entscheidung über ein zielstaatsbezogenes Abschiebungsverbot nach § 60 V, VII die Sachkunde des BAMF hinsichtlich der Verhältnisse in dem betreffenden. Zielstaat einfließen lassen. **Das Beteiligungserfordernis stellt keine verfahrensrechtliche Schutznorm dar, die das Ziel verfolgt, Rechte des Ausländers zu wahren;** vielmehr soll mit ihr nur verwaltungsintern das Einfließen der zielstaatsbezogenen Sachkunde des Bundesamts abgesichert werden[17]. Die vom BAMF erteilte Auskunft entfaltet keine Bindungswirkung für die Ausländerbehörden[18].

Damit die Sachkunde des BAMF hinsichtlich der Verhältnisse in dem betreffenden. Zielstaat 11 einfließen können, muss allerdings das individuelle Vorbringen des Ausländers Anlass dafür bieten, (mindestens) eine bestimmte – klärungsbedürftige – Frage hinsichtlich der allgemeinen Verhältnisse in dem Zielstaat zu beantworten und dafür die besondere Sachkunde des BAMF zu nutzen. Dementsprechend lässt sich dieser Zweck nicht erfüllen, wenn das (die Verhältnisse in dem Zielstaat betreffend) Vorbringen des Ausländers nicht wenigstens ein **Mindestmaß an Plausibilität** bezüglich der vorgetragenen Gefahr aufweist, wenn bereits aus persönlichen Gründen nicht anzunehmen ist, dass dem Ausländer die geltend gemachte Gefahr droht (etwa wenn er geltend macht, eine bestimmte **Krankheit** sei in seinem Heimatstaat nicht behandelbar[19], aber nicht glaubhaft gemacht ist, dass er überhaupt unter dieser Krankheit leidet) oder wenn die betreffende Frage (etwa anlässlich eines anderen Verfahrens mit gleicher Problematik) bereits zeitnah vom BAMF beantwortet worden ist und Anhaltspunkte für eine seitdem erfolgte Änderung der Lage nicht ersichtlich sind[20].

---

[13] BVerwG Urt. v. 27.6.2006 – 1 C 14.05, BeckRS 2006, 25765.
[14] → Rn. 26.
[15] Mit dem RLUmsG 2017 wurde die durch das AsylVfBeschlG hervorgerufene fehlerhafte Verweisung auf S. 2 korrigiert.
[16] Vgl. die BT-Drs. 15/420, 94 zu § 60 VII und BT-Drs. 16/5065, 190 zu § 60 II–V.
[17] OVG NRW Beschl. v. 30.8.2012 – 17 B 751/12, BeckRS 2012, 58498; VGH BW Urt. v. 22.7.2009 – 11 S 1622/07, BeckRS 2009, 38005; VG Regensburg Beschl. v. 18.7.2012 – RN 9 S 12.824, BeckRS 2012, 54702.
[18] BayVGH Beschl. v. 27.4.2016 – 10 CS 16.485, BeckRS 2016, 45987 Rn. 18 mwN; OVG Münster Beschl. v. 19.11.2020 – 18 B 1639/20, BeckRS 2020, 31382 Rn. 10.
[19] OVG Saarl Beschl. v. 1.2.2007 – 2 W 37/06, BeckRS 2007, 22895; HmbOVG Beschl. v. 2.5.2007 – 3 Bs 403/05, AuAS 2007, 200 (201).
[20] So HmbOVG Beschl. v. 2.5.2007 – 3 Bs 403/05, BeckRS 2007, 24282 zur Behauptung der Ausländerin, sie müsse bei einer Rückkehr nach Sri Lanka mit einer Bedrohung oder Verfolgung durch den deutschen Ehemann rechnen.

12   Wäre auch in solchen Situationen, wie dies der Wortlaut von § 72 II zu gebieten scheint, eine Beteiligung des BAMF erforderlich, müssten die Ausländerbehörden bei jeglicher, unter Umständen noch so fernliegender Berufung eines Ausländers auf § 60 VII stets das BAMF beteiligen. Dies liefe jedoch auf einen vom Gesetzeszweck nicht gedeckten Formalismus hinaus, der immer wieder zu sinnlosen Verfahrensverzögerungen führen würde. Der Wortlaut der Beteiligungsregelung in § 72 II ist insoweit nach dem Gesetzeszweck einzuschränken[21].

13   Die **räumlichen Beschränkungen** und anderen Maßnahmen des Abs. 3 S. 1 bedürfen grundsätzlich des Einvernehmens mit der Ausländerbehörde, welche die ursprüngliche Maßnahme getroffen hat. Zu den sonstigen Maßnahmen gehören insbesondere Ausweisung, Abschiebungsandrohung, Bestimmung der Ausreisefrist, Befristung der Wirkungen der Ausweisung[22] oder Abschiebung sowie Aufhebung oder Änderung einer dieser Maßnahmen[23]. Die Vorschrift gilt nicht für Asylbewerber mit Aufenthaltsgestattung während eines Aufenthalt außerhalb des Bezirks nach § 56 AsylG. Von vornherein nicht erfasst sind Personen, die von der Aufenthaltstitelpflicht befreit sind oder einen Aufenthaltstitel besitzen.

14   Das AufenthG geht davon aus, dass die örtliche und sachliche Zuständigkeit für den Erlass eines **Einreise- und Aufenthaltsverbots** nach § 11 I und dessen spätere Verkürzung oder Verlängerung auseinanderfallen kann, und sah für diese Fälle ein Einvernehmenserfordernis vor[24]. § 72 III 1 hat die Änderung von § 11 noch nicht nachvollzogen. Einreise- und Aufenthaltsverbote des BAMF nach § 11 VII werden dagegen nicht von § 72 III 1 erfasst; für die Beteiligung des BAMF an der von der Ausländerbehörde zu treffenden Entscheidung besteht kein Bedarf, weil es bei dieser im Wesentlichen um die Würdigung einer nach der Erstentscheidung eingetretenen individuellen Entwicklung gehe, für die es die besondere Sachkunde des BAMF nicht bedarf[25].

15   Abs. 3a normiert ein Zustimmungserfordernis der Ausländerbehörde des Zuzugsorts für die Aufhebung von Wohnsitzbeschränkungen nach § 12a V, nachdem die zuvor durch Verwaltungsvereinbarung der Länder begründete Zustimmungsregelung jedenfalls für die Entscheidung der Verwaltungsgerichte als unverbindlich anzusehen ist[26]. Die Zustimmung ist unter den Voraussetzungen des § 12a V zu erteilen. Der Ausländerbehörde kommt bei der Erteilung oder Versagung der Zustimmung weder ein Ermessen noch ein Beurteilungsspielraum zu[27]. Der Wunsch der Gesetzesbegründung[28], wonach die zuständige und die zustimmungspflichtige Ausländerbehörde Härtefallanträge nach § 12a V 1 Nr. 2 mit besonderer Priorität bearbeiten sollen, findet in Abs. 3a keine Entsprechung. Die Zustimmung wird aber nach Ablauf einer Frist von vier Wochen ab Zugang des Zustimmungsersuchens fingiert. Die Vorschrift stellt weiter klar, dass ein faktischer Umzug iVm einer Ummeldung (§ 17 BMG) des Ausländers nicht die Zuständigkeit der Ausländerbehörde begründet.

16   § 72 IV 1 bezieht das Einvernehmen ausdrücklich auf die Abschiebung selbst, nicht aber auf die insoweit vorgeschaltete Abschiebungsandrohung[29]. Nach Einleitung eines **strafrechtlichen Ermittlungsverfahrens** oder **Anklageerhebung** sind Ausweisung und Abschiebung nur im Einvernehmen mit der **Staatsanwaltschaft (StA)** zulässig[30]. Das Beteiligungserfordernis stellt jedoch **keine verfahrensrechtliche Schutznorm** dar, die das Ziel verfolgt, Rechte des Ausländers zu wahren. Das Zustimmungserfordernis gemäß Abs. 4 S. 1 dient ausschließlich der Wahrung des staatlichen Strafverfolgungsinteresses und nicht dem Schutz des Betreffenden vor einer Ausweisung oder Abschiebung[31]. Ein Zusammenhang zwischen strafrechtlichem Vorwurf und Ausweisungsgrund braucht nicht zu bestehen. Ein strafrechtliches Ermittlungsverfahren ist durch behördliche Maßnahmen eingeleitet, die auf ein strafrechtliches Vorgehen abzielen, auch wenn der Beschuldigte unbekannt ist[32]. Im Hinblick auf Ermittlungsverfahren, die nach § 154 StPO eingestellt sind, bedarf es keines staatsanwaltschaftlichen Einvernehmens[33].

---

[21] HmbOVG Beschl. v. 2.5.2007 – 3 Bs 403/05, BeckRS 2007, 24282.
[22] HessVGH Urt. v. 28.10.1996 – 12 UE 628/96, BeckRS 1997, 21064.
[23] Vgl. *Renner* AiD Rn. 8/104–110.
[24] BVerwG Urt. v. 22.3.2012 – 1 C 5.11, BeckRS 2012, 51759 Rn. 16.
[25] BVerwG Urt. v. 25.1.2018 – 1 C 7.17, BeckRS 2018, 2467 Rn. 23; → § 11 Rn. 87, → § 75 Rn. 23.
[26] OVG Bln-Bbg Beschl. v. 7.5.2018 – OVG 3 N 118.18, BeckRS 2018, 8746 Rn. 4.
[27] → § 12a Rn. 45.
[28] BR-Drs. 99/19, 8.
[29] NdsOVG Beschl. v. 28.9.2011 – 11 PA 298/11, BeckRS 2011, 54636.
[30] Dient nicht dem Schutz der Ausländer: BVerwG Urt. v. 5.5.1998 – 1 C 17.97, BeckRS 1998, 30013151, zu § 64 III AuslG 1990; zur Mitteilungspflicht vgl. § 87 IV 1.
[31] BVerwG Urt. v. 14.12.2016 – 1 C 11.15, BeckRS 2016, 113753 Rn. 24; HmbOVG Urt. v. 26.3.2015 – 5 Bf 1/13, BeckRS 2015, 48809 Rn. 45; VGH BW Urt. v. 6.11.2012 – 11 S 2307/11, BeckRS 2012, 60618 Rn. 58; Beschl. v. 8.12.2011 – 11 S 3155/11, BeckRS 2012, 45011 in Anschluss an BVerwG Urt. v. 5.5.1998 – 1 C 17.97, BeckRS 1998, 30013151 zu § 64 III AuslG 1990. Ebenso NdsOVG Beschl. v. 28.9.2011 – 11 PA 298/11, BeckRS 2011, 54636; OVG Brem Beschl. v. 15.11.2010 – 1 B 156/10, BeckRS 2010, 5604; offengelassen von VGH BW Urt. v. 6.11.1996 – 13 S 1158/96.
[32] VGH BW Urt. v. 6.11.1996 – 13 S 1158/96.
[33] BGH Beschl. v. 6.10.2020 – XIII ZB 31/20, BeckRS 2020, 31480 Rn. 11; aA *Hofmann* in NK-AuslR AufenthG § 72 Rn. 34.

Mit den durch das AufenthGÄndG 2015 angefügten S. 3–5 wird dieser Befund bestätigt. Besteht 17
nur ein geringes staatliches Strafverfolgungsinteresse, also bei Straftaten mit einem geringen Unrechtsgehalt, bedarf es der Zustimmung der Staatsanwaltschaft nicht. Das soll regelmäßig für die Straftaten nach § 95 sowie nach § 9 FreizügG/EU und die in S. 5 genannten Straftaten gelten. Das 2. RückkehrG 2019 erweitert den bisherigen Katalog der Straftaten (S. 5), bei denen ein **„geringer Unrechtsgehalt"** vorliegt und ein **Einvernehmen der Staatsanwaltschaft nicht erforderlich** ist. Auch muss es sich nicht mehr um Begleittaten einer aufenthaltsrechtlichen Straftat handeln, es kommt allein auf den geringeren Unrechtsgehalt der Tat an[34].

Die Anordnung von Abschiebungshaft verletzt das Grundrecht des Ausländers aus Art. 2 II 2 GG, 18
wenn eine Abschiebung wegen fehlender Zustimmung der Staatsanwaltschaft nach § 72 IV 1 nicht durchgeführt werden darf[35]. Dass sich ein Ausländer mit Erfolg gegen eine **Anordnung von Abschiebungshaft** wenden kann, wenn das nach § 72 IV 1 erforderliche Einvernehmen der Staatsanwaltschaft fehlt[36], liegt an den spezifischen Voraussetzungen für die Anordnung von Abschiebungshaft (vgl. § 62), insbesondere an den besonderen verfahrensrechtlichen Anforderungen an eine Freiheitsentziehung (Art. 2 II, 104 II GG)[37], bedeutet aber nicht, dass der Regelung im Hinblick auf die Abschiebung oder die Ausweisung Schutzcharakter zugunsten des betroffenen Ausländers beizumessen wäre[38].

Fehlt das gem. § 72 IV 1 für die Abschiebung erforderliche Einvernehmen der zuständigen Staats- 19
anwaltschaft, so führt das nicht nur zur Unzulässigkeit der Haft, sondern bereits zur **Unzulässigkeit des Haftantrags,** wenn sich aus ihm oder den ihm beigefügten Unterlagen ohne Weiteres ergibt, dass gegen den Betroffenen ein strafrechtliches Ermittlungsverfahren anhängig ist und der Antrag zu dem Vorliegen des Einvernehmens keine Angaben enthält[39]. Der Haftantrag muss auch dann Ausführungen zu dem Einvernehmen der Staatsanwaltschaft mit der Abschiebung enthalten, wenn das Einvernehmen generell erteilt wurde und dies gerichtsbekannt ist[40].

Fehlen in einem zulässigen Haftantrag die objektiv erforderlichen Angaben zu dem Einvernehmen 20
der Strafverfolgungsbehörde mit der Abschiebung, kann die zunächst rechtswidrige Haft durch die spätere Erteilung des Einvernehmens erst dann rechtmäßig werden, wenn dem Betroffenen insoweit rechtliches Gehör gewährt wird[41].

Das Einvernehmen der Staatsanwaltschaft ist nur bis zum rechtskräftigen Abschluss des Strafver- 21
fahrens erforderlich[42]. Von dem in § 72 IV geregelten Einvernehmen zu unterscheiden ist, dass die Staatsanwaltschaft nach diesem Zeitpunkt gem. § 456a StPO von der Vollstreckung einer Freiheitsstrafe, einer Ersatzfreiheitsstrafe oder einer weiteren Maßregel der Besserung und Sicherung ua dann absehen kann, wenn der Verurteilte aus dem Bundesgebiet ausgewiesen wird[43].

Des Einvernehmens der Zeugenschutzdienststelle bedarf es, wenn der Ausländer **Zeugenschutz** 22
genießt, weil die Erforschung eines Strafsachverhalts oder die Ermittlung des Aufenthaltsorts des Beschuldigten ohne sie aussichtslos oder wesentlich erschwert wäre (§§ 1, 2 Gesetz vom 11.12.2001)[44].

III. Unterbringung

Abs. 5 entspricht § 44 III 1 AsylG[45] und betraf unter der Geltung des AuslG im Wesentlichen 23
Kriegs- und Bürgerkriegsflüchtlinge. Jetzt sind vollziehbar ausreisepflichtige und zum vorübergehenden Schutz aufgenommene Ausländer betroffen. Für die genannten Einrichtungen ist die sonst erforderliche Erlaubnis der **Jugendbehörden** für den Betrieb der Unterbringungseinrichtung entbehrlich. Für diese gelten auch nicht die mit dem Asylpaket II für Aufnahmeeinrichtungen eingeführten Bestimmungen gemäß § 44 III 2–8 AsylG. Dies schließt sonstige Aufsichtsmaßnahmen nicht aus, zumal die Unterbringung in der Regel nicht nur kurzfristig erfolgen wird. Sofern der Aufenthaltsgrund längerfristiger Natur ist (zB Krieg oder Bürgerkrieg), ist die Unterbringung ohnehin nicht vorübergehender Art.

---

[34] BT-Drs. 19/10047, 46 f.
[35] BGH Beschl. v. 16.2.2012 – V ZB 320/10, BeckRS 2012, 6623 Rn. 7–11; Beschl. v. 3.2.2011 – V ZB 224/10, BeckRS 2011, 5180 Rn. 14.
[36] Vgl. nur BGH Beschl. v. 20.1.2011 – V ZB 226/10, BeckRS 2011, 3199 Rn. 22; Beschl. v. 24.2.2011 – V ZB 202/10, BeckRS 2011, 6093 Rn. 22, jeweils mwN.
[37] Vgl. nur BVerfG Beschl. v. 13.7.2011 – 2 BvR 742/10, BeckRS 2011, 53034; Beschl. v. 27.2.2009 – 2 BvR 538/07, BeckRS 9998, 54182.
[38] BVerwG Urt. v. 14.12.2016 – 1 C 11.15, BeckRS 2016, 113753 Rn. 24; VGH BW Beschl. v. 8.12.2011 – 11 S 3155/11, 11 S 3155/11.
[39] BGH Beschl. v. 14.6.2012 – V ZB 32/12, BeckRS 2012, 14670 Rn. 9.
[40] BGH Beschl. v. 31.5.2012 – V ZB 167/11, BeckRS 2012, 14908 Rn. 8.
[41] BGH Beschl. v. 29.9.2011 – V ZB 173/11, BeckRS 2011, 25329 Rn. 4.
[42] BGH Beschl. v. 12.3.2015 – V ZB 197/14, BeckRS 2015, 8715 Rn. 5.
[43] BGH Beschl. v. 12.3.2015 – V ZB 197/14, BeckRS 2015, 8715 Rn. 6.
[44] BGBl. 2001 I S. 3510.
[45] → § 44 Rn. 2.

IV. Opferschutzrichtlinie

24 Der Abs. 6 wurde mit dem RLUmsG 2007 eingeführt. Er dient gemeinsam mit § 25 IVa, § 87 V und § 90 IV der Umsetzung der OpferschutzRL. Da die Erteilung eines Aufenthaltstitel oder die Gewährung einer Ausreisefrist maßgeblich von der Erforderlichkeit im Zusammenhang mit einem Strafverfahren und der Kooperation mit den Strafverfolgungsbehörden bzw. Strafgerichten abhängt, ist die Ausländerbehörde auf entsprechende Informationen dieser Stellen angewiesen. Abs. 6 legt daher fest, dass die Ausländerbehörde die Stelle zu beteiligen hat, die über diese Kenntnisse verfügt. Hiervon kann nach S. 1 letzter Hs. abgesehen werden, wenn die Stelle bereits beteiligt ist, weil sie der Ausländerbehörde nach § 87 V Nr. 1 die relevanten Umstände mitgeteilt hat.

25 Ist der Ausländerbehörde nicht bekannt, ob wegen des infrage kommenden Sachverhalts bereits ein Strafverfahren eingeleitet ist, beteiligt sie die für den Aufenthaltsort des Ausländers zuständige Polizeibehörde Da § 25 IV und § 52 V voraussetzen, dass die Ausländerbehörde geprüft hat, ob die Staatsanwaltschaft oder das Strafgericht die vorübergehende Anwesenheit des Ausländers für sachgerecht erachtet, ist der in Abs. 6 S. 2 geregelte Fall nur im Zusammenhang mit der Bestimmung der Ausreisefrist möglich. In dieser frühen Phase sind idR noch kein Strafgericht und teilweise noch keine sachleitende Staatsanwaltschaft bekannt, sodass allein die Einbindung der Polizei möglich und sinnvoll ist. Sollte bereits die Staatsanwaltschaft oder ein Strafgericht mit dem Fall befasst sein, weist die Polizei darauf hin, so dass nach Abs. 6 S. 1 diese Stelle zu beteiligen ist.

V. Beteiligung der Bundesagentur für Arbeit

26 Abs. 7 stellt klar, dass neben den Ausländerbehörden nunmehr auch die Auslandsvertretungen bei der Prüfung der tatbestandlichen Voraussetzungen für die Erteilung oder Verlängerung der genannten Aufenthaltstitel zur Berufsausbildung (§ 16a), zur Anerkennung von ausländischen Berufsqualifikationen (§ 16d), für studienbezogene Praktika EU (§ 16e) und zur Beschäftigung (§§ 18, 18b, 18c III, 19c), bei der Prüfung der Erteilung einer ICT-Karte oder einer mobilen ICT-Karte und bei der Prüfung der Ablehnungsgründe des § 19f die BA auch dann einbinden können, wenn deren Beteiligung oder Zustimmung (§§ 16a I, 16d I 2 Nr. 3, II, III 1 Nr. 5, IV, 16e I, 18 II Nr. 2) nicht (mehr) erforderlich ist. So kann die Nutzung der Expertise der BA zB bei der Beurteilung der Frage, ob es sich um einen dem Abschluss eines Hochschulstudiums angemessenen Arbeitsplatz (vgl. § 39 II Nr. 2) handelt, sinnvoll sein[46]. Gleiches gilt für die mit dem AufenthGÄndG 2015 geschaffene Aufenthaltserlaubnis zum Zweck der Anerkennung einer im Ausland erworbenen Berufsqualifikation gemäß § 16d. Auch das BAMF kann im Rahmen seiner Zuständigkeit für das Mitteilungsverfahren bei der kurzfristigen Mobilität (§ 19a) die BA beteiligen[47].

VI. Verwaltungsverfahren und Rechtsschutz

27 Zustimmung, Einvernehmen und sonstige Beteiligung stellen im Verhältnis zu dem Ausländer **keinen Verwaltungsakt** iSd § 35 VwVfG dar, weil sie keine nach außen unmittelbar verbindliche Regelung treffen. Sie sind als **unselbstständige Verfahrenshandlungen** anzusehen, die nicht gesondert mit Rechtsbehelfen angegriffen werden können (§ 44a VwGO); Rechtsschutz kann nur gegen die Sachentscheidung erlangt werden. Die fehlende Beteiligung des BAMF kann nachgeholt werden (§ 45 I Nr. 5, II VwVfG).

§ 72a Abgleich von Visumantragsdaten zu Sicherheitszwecken

(1) ¹Daten, die im Visumverfahren von der deutschen Auslandsvertretung zur visumantragstellenden Person, zum Einlader und zu Personen, die durch Abgabe einer Verpflichtungserklärung oder in anderer Weise die Sicherung des Lebensunterhalts garantieren oder zu sonstigen Referenzpersonen im Inland erhoben werden, werden zur Durchführung eines Abgleichs zu Sicherheitszwecken an das Bundesverwaltungsamt übermittelt. ²Das Gleiche gilt für Daten nach Satz 1, die eine Auslandsvertretung eines anderen Schengen-Staates nach Artikel 8 Absatz 2 der Verordnung (EG) Nr. 810/2009 des Europäischen Parlaments und des Rates vom 13. Juli 2009 über einen Visakodex der Gemeinschaft (Visakodex) (ABl. L 243 vom 15.9.2009, S. 1) an eine deutsche Auslandsvertretung zur Entscheidung über den Visumantrag übermittelt hat. ³Eine Übermittlung nach Satz 1 oder Satz 2 erfolgt nicht, wenn eine Datenübermittlung nach § 73 Absatz 1 Satz 1 erfolgt.

(2) ¹Die Daten nach Absatz 1 Satz 1 und 2 werden in einer besonderen Organisationseinheit des Bundesverwaltungsamtes in einem automatisierten Verfahren mit Daten aus

---

[46] Vgl. BT-Drs. 17/8682.
[47] BR-Drs. 7/19, 125.

Antiterrordatei[1] (§ 1 Absatz 1 des Antiterrordateigesetzes) zu Personen abgeglichen, bei denen Tatsachen die Annahme rechtfertigen, dass sie

1. einer terroristischen Vereinigung nach § 129a des Strafgesetzbuchs, die einen internationalen Bezug aufweist, oder einer terroristischen Vereinigung nach § 129a in Verbindung mit § 129b Absatz 1 Satz 1 des Strafgesetzbuchs mit Bezug zur Bundesrepublik Deutschland angehören oder diese unterstützen oder
2. einer Gruppierung, die eine solche Vereinigung unterstützt, angehören oder diese willentlich in Kenntnis der den Terrorismus unterstützenden Aktivität der Gruppierung unterstützen oder
3. rechtswidrig Gewalt als Mittel zur Durchsetzung international ausgerichteter politischer oder religiöser Belange anwenden oder eine solche Gewaltanwendung unterstützen, vorbereiten oder durch ihre Tätigkeiten, insbesondere durch Befürworten solcher Gewaltanwendungen, vorsätzlich hervorrufen oder
4. mit den in Nummer 1 oder Nummer 3 genannten Personen nicht nur flüchtig oder in zufälligem Kontakt in Verbindung stehen und durch sie weiterführende Hinweise für die Aufklärung oder Bekämpfung des internationalen Terrorismus zu erwarten sind, soweit Tatsachen die Annahme rechtfertigen, dass sie von der Planung oder Begehung einer in Nummer 1 genannten Straftat oder der Ausübung, Unterstützung oder Vorbereitung von rechtswidriger Gewalt im Sinne von Nummer 3 Kenntnis haben.

²Die Daten der in Satz 1 genannten Personen werden nach Kennzeichnung durch die Behörde, welche die Daten in der Antiterrordatei gespeichert hat, vom Bundeskriminalamt an die besondere Organisationseinheit im Bundesverwaltungsamt für den Abgleich mit den Daten nach Absatz 1 Satz 1 und 2 übermittelt und dort gespeichert. ³Durch geeignete technische und organisatorische Maßnahmen nach den Artikeln 24, 25 und 32 der Verordnung (EU) 2016/679 ist sicherzustellen, dass kein unberechtigter Zugriff auf den Inhalt der Daten erfolgt.

(3) ¹Im Fall eines Treffers werden zur Feststellung von Versagungsgründen nach § 5 Absatz 4 oder zur Prüfung von sonstigen Sicherheitsbedenken gegen die Erteilung des Visums die Daten nach Absatz 1 Satz 1 und 2 an die Behörden übermittelt, welche Daten zu dieser Person in der Antiterrordatei gespeichert haben. ²Diese übermitteln der zuständigen Auslandsvertretung über das Bundesverwaltungsamt unverzüglich einen Hinweis, wenn Versagungsgründe nach § 5 Absatz 4 oder sonstige Sicherheitsbedenken gegen die Erteilung des Visums vorliegen.

(4) ¹Die bei der besonderen Organisationseinheit im Bundesverwaltungsamt gespeicherten Daten nach Absatz 1 Satz 1 und 2 werden nach Durchführung des Abgleichs nach Absatz 2 Satz 1 unverzüglich gelöscht; wenn der Abgleich einen Treffer ergibt, bleibt nur das Visumaktenzeichen gespeichert. ²Dieses wird gelöscht, sobald bei der besonderen Organisationseinheit im Bundesverwaltungsamt feststeht, dass eine Mitteilung nach Absatz 3 Satz 2 an die Auslandsvertretung nicht zu erfolgen hat, andernfalls dann, wenn die Mitteilung erfolgt ist.

(5) ¹Die in Absatz 3 Satz 1 genannten Behörden dürfen die ihnen übermittelten Daten verarbeiten, soweit dies zur Erfüllung ihrer gesetzlichen Aufgaben erforderlich ist. ²Übermittlungsregelungen nach anderen Gesetzen bleiben unberührt.

(6) ¹Das Bundesverwaltungsamt stellt sicher, dass im Fall eines Treffers der Zeitpunkt des Datenabgleichs, die Angaben, die die Feststellung der abgeglichenen Datensätze ermöglichen, das Ergebnis des Datenabgleichs, die Weiterleitung des Datensatzes und die Verarbeitung des Datensatzes zum Zwecke der Datenschutzkontrolle protokolliert werden. ²Die Protokolldaten sind durch geeignete Maßnahmen gegen unberechtigten Zugriff zu sichern und am Ende des Kalenderjahres, das dem Jahr ihrer Erstellung folgt, zu vernichten, sofern sie nicht für ein bereits eingeleitetes Kontrollverfahren benötigt werden.

(7) Das Bundesverwaltungsamt hat dem jeweiligen Stand der Technik entsprechende technische und organisatorische Maßnahmen nach den Artikeln 24, 25 und 32 der Verordnung (EU) 2016/679 zur Sicherung von Datenschutz und Datensicherheit zu treffen, die insbesondere die Vertraulichkeit und die Unversehrtheit der in der besonderen Organisationseinheit gespeicherten und übermittelten Daten gewährleisten.

(8) ¹Die datenschutzrechtliche Verantwortung für das Vorliegen der Voraussetzungen nach Absatz 2 Satz 1 trägt die Behörde, die die Daten in die Antiterrordatei eingegeben hat. ²Die datenschutzrechtliche Verantwortung für die Durchführung des Abgleichs trägt das Bundesverwaltungsamt. ³Das Bundeskriminalamt ist datenschutzrechtlich dafür verantwortlich, dass die übermittelten Daten den aktuellen Stand in der Antiterrordatei widerspiegeln.

(9) ¹Die Daten nach Absatz 2 Satz 2 werden berichtigt, wenn sie in der Antiterrordatei berichtigt werden. ²Sie werden gelöscht, wenn die Voraussetzungen ihrer Speicherung nach

---

[1] Richtig wohl: „der Antiterrordatei".

Absatz 2 Satz 1 entfallen sind oder die Daten in der Antiterrordatei gelöscht wurden. ³ Für die Prüfung des weiteren Vorliegens der Voraussetzungen für die Speicherung der Daten nach Absatz 2 Satz 2 gilt § 11 Absatz 4 des Antiterrordateigesetzes entsprechend.

Allgemeine Verwaltungsvorschrift
Nicht belegt.

I. Entstehungsgeschichte

1   Die Vorschrift wurde mit dem **Gesetz zur Errichtung einer Visa-Warndatei und zur Änderung des AufenthG**[2] eingeführt. Das Gesetz trat nach Art. 4 am ersten Tag des 18. auf die Verkündung folgenden Monats in Kraft – somit am 1.6.2013.

2   Bis zur Einführung hatten deutsche Visumbehörden keine Möglichkeit, bei allen **Visumanträgen** die an einem Visumantrag beteiligten Personen gezielt auf rechtswidriges Verhalten im Zusammenhang mit einem Visumverfahren oder mit sonstigem Auslandsbezug zu überprüfen. Die Gesetzesinitiativen gehen auf den Visa-Untersuchungsausschuss in der 15. Legislaturperiode zurück und hatten eine zentrale Warndatei als ein sinnvolles Mittel zur Unterstützung deutscher Visumbehörden im Visumverfahren genannt. Negative Folgen und Begleiterscheinungen der Einreisen mit erschlichenen Schengen-Visa sind in erster Linie illegale Beschäftigung, aber auch Schmuggel von Betäubungsmitteln, Menschenhandel und Kinderhandel. Nach bisheriger Rechtslage war eine wirksame Unterstützung im Visumverfahren und damit eine wirksame Bekämpfung von Visaerschleichungen sowie eine Eindämmung der damit verbundenen organisierten Kriminalität kaum möglich, da die einzelnen Auslandsvertretungen nur über die jeweils von ihnen selbst erkannten Missbrauchsfälle informiert waren. Erkenntnisse anderer Stellen wie auch Erkenntnisse anderer deutscher Auslandsvertretungen und Grenzbehörden erfuhren sie nur zufällig oder auf Nachfrage im Einzelfall. Die bisherigen Erfahrungen zeigten, dass die Ablehnung eines **Visumantragstellers** häufig in der Person des **Einladers** begründet ist, obwohl der Visumantragsteller unbedenklich erscheint, und dass die Person des Einladers häufig die Quervernetzung zu problematischen anderen (früheren, gleichzeitigen) Visumantragstellern bei anderen Auslandsvertretungen aufzeigt. Um aufwendige und personalintensive Nachfragen bei den deutschen Auslandsvertretungen zu vermeiden, ist eine Speicherung von Täuschungen in Visumverfahren neben visumrelevanten Verurteilungen in einer zentralen Datei für die Visumbehörden ebenso wichtig wie die zentrale Speicherung der Antragsdaten des Visumantragstellers in der Visadatei des AZR[3]. Durch das Gesetz zur Änderung des AntiterrordateiG und anderer Gesetze[4] sind als Folgeänderung in Abs. 2 S. 1 Nr. 2 vor dem Wort „unterstützen" die Wörter „willentlich in Kenntnis der den Terrorismus unterstützenden Aktivität der Gruppierung" eingefügt worden. In Nr. 3 sind die Wörter „insbesondere durch Befürworten solcher Gewaltanwendungen" eingefügt worden. Durch das 2. DSAnpUG EU v. 20.11.2019, BGBl. I S. 1626, erfolgten Änderungen in Abs. 2, 5 und 7, mit denen Anpassungen an bzw. unmittelbare Verweise auf die DS-GVO vorgenommen wurden. Inhaltliche Änderungen gingen damit nicht einher.

II. Ziel und Zweck der Visa-Warndatei

3   In ihr werden **Warndaten** zu Personen gespeichert, die im Zusammenhang mit einer der für das Visumverfahren relevanten Katalogstraftat nach dem AufenthG und dem SchwarzArbG oder im Zusammenhang mit Schleusung, Menschen- und Kinderhandel oder schwersten Betäubungsmitteldelikten auffällig geworden sind, indem sie wegen solcher Delikte als Täter oder Teilnehmer rechtskräftig zu einer Geld- oder Freiheitsstrafe einschließlich der Jugendstrafe verurteilt worden sind. Mit Stand 1.8.2015 waren in der Visa-Warndatei 22.348 Sachverhalte zu 16.794 Personen oder Organisationen gespeichert[5]. Zum Ende des Jahres 2017 (Stand 1.1.2018) umfasste die Visawarndatei insgesamt 40.740 Datensätze, dh Personen oder Organisationen bei insgesamt 55.994 gespeicherten Sachverhalten (Speicheranlässe gem. § 2 VWDG)[6]. Bis Ende des Jahres 2018 (Stand 1.1.2019) ist der Datenbestand der Visawarndatei auf insgesamt 50.785 Datensätze mit 49.628 Sachverhalten angewachsen[7]. Der Deliktskatalog ist mit Blick auf den mit der **Visa-Warndatei** verfolgten Zweck der Vermeidung des Visummissbrauchs auf wenige Straftaten beschränkt, die einen besonderen Bezug zum Visumverfahren oder einen entsprechenden sonstigen Auslandsbezug aufweisen. Darüber hinaus werden Warndaten nur gespeichert zu Visumantragstellern, die sich im Visumverfahren selbst rechtswidrig verhalten haben, sowie zu Einladern, Verpflichtungsgebern und Personen, die im Visumverfahren

---

[2] BGBl. 2011 I S. 3037.
[3] Vgl. Gesetzesentwurf der Bundesregierung zum Entwurf eines Gesetzes zur Errichtung einer Visa-Warndatei und zur Änderung des AufenthG, BT-Drs. 17/6643.
[4] BGBl. 2008 I S. 2318, BGBl. 2016 I S. 48.
[5] BT-Drs. 18/5817.
[6] BT-Drs. 19/2035.
[7] BT-Drs. 19/14701.

Bestätigungen abgegeben haben, wenn diese im Rahmen ihrer Erklärungen falsche Angaben gemacht haben oder – im Fall des Verpflichtungsgebers – ihrer Verpflichtung nicht nachgekommen sind. Da diese Datei allein der Unterstützung der Visumbehörden zur Vermeidung von Visummissbrauch dient, werden die Daten aus dieser Datei auf der Grundlage eng begrenzter Übermittlungsvorschriften übermittelt. Die Speicherungen wurden durch die Auslandsvertretungen in 5.388 Fällen, durch die Ausländerbehörde in 292, durch die mit der polizeilichen Kontrolle des grenzüberschreitenden Verkehrs beauftragte Behörde in 289 und durch die Staatsanwaltschaften in 16.379 Fällen veranlasst (Stand 1.8.2015)[8]. Ein Zugriff von Sicherheitsbehörden auf diese Datei ist – abgesehen von den mit der polizeilichen Kontrolle des grenzüberschreitenden Verkehrs beauftragten Behörde für die Erteilung von Ausnahmevisa und die Rücknahme von Visa an den Grenzen – nicht möglich. Soweit Daten aus der Datei übermittelt werden – in der Mehrzahl der Fälle also an die Auslandsvertretungen –, werden hieran keine Rechtsfolgen geknüpft. Vielmehr wird dadurch lediglich die Datenbasis, auf der die anfordernde Behörde ihre Entscheidung treffen muss, auf eine breitere Grundlage gestellt. Um dem besonderen sicherheitspolitischen Interesse im Visumverfahren Rechnung zu tragen, wird getrennt von einer auf den Zugriff der Visumbehörden und der mit der polizeilichen Kontrolle des grenzüberschreitenden Verkehrs beauftragten Behörde beschränkten Visa-Warndatei ein neues Verfahren zum Abgleich der Visumantragsdaten mit den Erkenntnissen der Sicherheitsbehörden zu Personen mit Verbindung zum internationalen Terrorismus eingeführt. Damit soll auch bei Staatsangehörigen und Personengruppen, bei denen eine Visumpflicht besteht und deren Visumanträge nicht im nationalen **Konsultationsverfahren** nach § 73 I einer Prüfung durch die Sicherheitsbehörden unterliegen, eine Rückmeldung an die Auslandsvertretungen ermöglicht werden, wenn Personen aus dem terroristischen Umfeld beabsichtigen, nach Deutschland einzureisen. Hierzu übermitteln die Auslandsvertretungen neben den Daten der Visumantragsteller die Daten von Einladern, Verpflichtungsgebern und sonstigen Referenzpersonen an das BVA, das einen Abgleich der Visumantragsdaten mit bestimmten Daten aus der Antiterrordatei durchführt. Nur im Trefferfall übermittelt das BVA die Daten aus dem Visumverfahren an die betreffenden Sicherheitsbehörden. Im Übrigen sind die Daten unverzüglich zu löschen[9]. Im Zeitraum 1.6.2013–31.7.2015 wurden insgesamt 6.876.014 Ersuchen um Datenübermittlung gestellt (davon 12.042 durch die Grenzbehörden, 6.786.564 durch die Auslandsvertretungen und 77.408 durch die Ausländerbehörden). Durch die Sicherheitsbehörden wurden in sieben Fällen zwingende „Versagungsgründe" sowie in weiteren 97 Fällen „Sonstige Sicherheitsbedenken" mitgeteilt[10].

III. Zum Abgleich von Visumantragsdaten zu Sicherheitszwecken

Abs. 1 S. 1 regelt, dass die im Visumverfahren erhobenen Daten zur visumantragstellenden Person, zum Einlader, zu Personen, die durch Abgabe einer Verpflichtungserklärung oder in anderer Weise die Sicherung des Lebensunterhalts gewähren, und zu den sonstigen Referenzpersonen an das **BVA übermittelt** werden. Dies gilt nach S. 2 auch für Visumanträge, die im Falle der konsularischen Vertretung Deutschlands gemäß Art. 8 I VK bei einem anderen Schengen-Staat gestellt und nach Art. 8 II VK die zuständige deutsche Auslandsvertretung übermittelt werden. Zur Übermittlung der Daten an das BVA nutzen die Auslandsvertretungen, wie allgemein in Visumverfahren, bestehende Kommunikationswege über das AA. Anfragen zu Staatsangehörigen und Personengruppen, die nach § 73 I iVm IV der Konsultationspflicht unterliegen und an das BVA übermittelt werden, werden nicht in das Abgleichverfahren einbezogen. 4

Für den Abgleich der Visumantragsdaten zu Sicherheitszwecken[11] gem. Abs. 1 S. 1 und 2 wurde im BVA eine eigene Organisationseinheit eingerichtet. Entscheidend war dabei die Trennung der in dem Verfahren nach § 72a abzugleichenden Daten von allen sonstigen Datenbeständen des BVA. Bei dieser besonderen Organisationseinheit erfolgt ein Abgleich mit Daten aus der **Antiterrordatei** zu Personen, bei denen Tatsachen die Annahme rechtfertigen, dass sie zu dem Personenkreis des § 2 Nr. 1–3 des AntiterrordateiG mit Ausnahme der sog. undolosen Kontaktpersonen (§ 2 Nr. 3 iVm § 3 I Nr. 1b des AntiterrordateiG) gehören. **Abs. 2** S. 2 verpflichtet die Behörden, die Daten in die Antiterrordatei eingegeben haben, zu prüfen, welche Daten die Voraussetzungen des Abs. 2 S. 1 erfüllen, und sie dementsprechend zu kennzeichnen. Diese Daten werden über das BKA an das BVA für einen Abgleich mit den Visumantragsdaten nach Abs. 1 S. 1 und 2 übermittelt. Für die in den Abgleich einzubeziehenden Daten besteht eine Kennzeichnungspflicht iSd § 3 II des AntiterrordateiG, was die Speicherung der Kennzeichnung in der Antiterrordatei aufgrund der bestehenden Vorschriften ermöglicht. Die Übermittlung der Daten durch das BKA an die besondere Organisationseinheit beim BVA erfolgt verschlüsselt; § 40 der Allgemeinen VV des BMI zum materiellen und organisatorischen Schutz von Verschlusssachen (Verschlusssachenanordnung – VSA) ist zu beachten. Die Daten nach Abs. 2 S. 1 5

---

[8] BT-Drs. 18/5817.
[9] BT-Drs. 17/6643.
[10] Antw der BReg, BT-Drs. 18/5817.
[11] BT-Drs. 17/6643.

1 AufenthG § 72a

werden bei der besonderen Organisationseinheit im BVA so gespeichert, dass ein Zugriff von Mitarbeitern, der nicht der technischen Administration des Abgleichsverfahren dient, ausgeschlossen ist. Beim BVA erfolgt keine Sachbearbeitung. Für das automatisierte Abgleichsverfahren wurde beim BVA eine Umgebung aufgebaut, die die Anforderungen an eine VS-GEHEIM-Umgebung gemäß der Verschlusssachenanordnung erfüllt und über eine revisionssichere Protokollierung sowie eine Anbindung an das VS-Netz der Sicherheitsbehörden verfügt.

6   Abs. 3 S. 1 regelt das Verfahren für den Fall, dass der **automatisierte Abgleich** einen **Treffer** generiert. Die Regelung stellt sicher, dass die Visumantragsdaten nur im Trefferfall und nur an die Sicherheitsbehörden übermittelt werden, welche Daten zu dieser Person in die Antiterrordatei eingestellt haben. Die Übermittlung der Treffer von der besonderen Organisationseinheit des BVA an die Sicherheitsbehörden erfolgt über die VS-Infrastruktur, welche von den Sicherheitsbehörden iRd Datenverkehrs bei der Antiterrordatei bereits genutzt wird. Die Sicherheitsbehörden prüfen nach S. 2, ob aufgrund der bei ihnen vorliegenden Erkenntnisse gegen die Erteilung des Visums Versagungsgründe nach § 5 IV oder sonstige Sicherheitsbedenken bestehen, und teilen dies der besonderen Organisationseinheit beim BVA mit. Da die Daten eines Visumantrags bei verschiedenen Sicherheitsbehörden einen Treffer generieren können, erfolgt die Rückmeldung an die Auslandsvertretung über das BVA erst, wenn zu allen Treffern eines Visumantrags eine Mitteilung der beteiligten Sicherheitsbehörden bei der besonderen Organisationseinheit des BVA eingegangen ist. Die Rückmeldung des BVA an die Auslandsvertretung erfolgt bei Nichttreffern innerhalb der Frist, innerhalb derer bislang die Visumanträge von Antragstellern, die nicht der Konsultationspflicht unterliegen, bearbeitet werden. Liegt im Einzelfall ein Treffer vor, kann die Rückmeldung länger dauern. Hierbei teilt die Sicherheitsbehörde der besonderen Organisationseinheit im BVA ebenfalls zeitnah, arbeitstäglich regelmäßig innerhalb von 24 Stunden in höchstens 72 Stunden das Ergebnis der Prüfung mit.

7   In **Abs. 4** sind die Regelungen zur **Löschung der Visumantragsdaten** aus dem Abgleichsverfahren festgelegt. Im Fall eines Treffers wird bei der besonderen Organisationseinheit für die spätere Zuordnung der Mitteilung der Sicherheitsbehörde nur das Aktenzeichen des Visumantrags gespeichert. Sobald die Mitteilung bei der Auslandsvertretung eingegangen ist, wird dieses gelöscht. Wenn die Visumantragsdaten beim automatisierten Abgleich keinen Treffer erzielt haben, werden sie sämtlich unmittelbar gelöscht.

8   **Abs. 5** regelt, dass die Sicherheitsbehörden die im Trefferfall übermittelten **Daten speichern** und nutzen dürfen, soweit dies zur Erfüllung ihrer gesetzlichen Aufgaben erforderlich ist. Es finden insoweit die für sie geltenden allgemeinen Bestimmungen Anwendung.

9   Laut **Abs. 6** obliegt dem BVA die Pflicht, **Protokolle** bei jeder Datenübermittlung zu fertigen. Die Aufzeichnungen sind für Zwecke der Datenschutzkontrolle bestimmt. Sie enthalten die hierfür erforderlichen Angaben. Das BVA darf sie darüber hinaus nur zur Sicherstellung eines ordnungsgemäßen Betriebs der Datenverarbeitungsanlage verwenden, wenn sie dafür benötigt werden. Aufzeichnungen sind vor unberechtigtem Zugriff zu schützen. Die Protokolldaten werden am Ende des Kalenderjahrs, das dem Jahr ihrer Erstellung folgt, gelöscht, es sei denn, sie werden für ein bereits eingeleitetes und noch nicht abgeschlossenes Kontrollverfahren benötigt.

10 **Abs. 7** stellt klar, dass das BVA die **technischen, baulichen und organisatorischen Maßnahmen** zu treffen hat, die einen unbefugten Zugriff auf die Daten im Abgleichsverfahren durch eigene Mitarbeiter und von Dritten verhindern.

11 Laut **Abs. 8** ist die **datenschutzrechtliche Verantwortung** bei dem automatisierten Abgleich der Visumantragsdaten mit den Daten aus der Antiterrordatei aufgeteilt. Die Sicherheitsbehörden tragen die datenschutzrechtliche Verantwortung dafür, dass nur solche Daten in den Abgleich einbezogen werden, die die Voraussetzungen nach Abs. 2 S. 1 erfüllen. Daneben gilt für die Sicherheitsbehörde die datenschutzrechtliche Verantwortung nach § 8 I 1 AntiterrordateiG. Das BVA trägt die datenschutzrechtliche Verantwortung dafür, dass keine unbefugten Personen Zugriff auf die Daten im Abgleichsverfahren erhalten. Das BKA ist datenschutzrechtlich dafür verantwortlich, dass nur aktuelle Daten aus der Antiterrordatei an die besondere Organisationseinheit beim BVA übermittelt werden.

12 Nach **Abs. 9** S. 1 müssen **Berichtigungen von Daten** in der Antiterrordatei auch im Abgleichsverfahren nachvollzogen werden. Nach S. 2 Alt. 1 sind die Sicherheitsbehörden verpflichtet, zu prüfen, ob die Voraussetzungen für die Einbeziehung ihrer Daten aus der Antiterrordatei in das Abgleichsverfahren noch gegeben sind. Sobald die Voraussetzungen nach Abs. 2 S. 1 entfallen sind, müssen diese Daten aus dem Abgleichsverfahren gelöscht werden. Die zweite Alternative regelt den Fall, dass die Voraussetzungen für die Speicherung der Daten in der Antiterrordatei nicht mehr gegeben sind. Auch dann müssen die Daten aus dem Abgleichsverfahren gelöscht werden. Die Löschungsregelungen des § 11 AntiterrordateiG, insbesondere. auch die Prüffristen des § 11 IV AntiterrordateiG, finden hier Anwendung.

§ 73 Sonstige Beteiligungserfordernisse im Visumverfahren, im Registrier- und Asylverfahren und bei der Erteilung von Aufenthaltstiteln

(1) ¹Daten, die im Visumverfahren von der deutschen Auslandsvertretung oder von der für die Entgegennahme des Visumantrags zuständigen Auslandsvertretung eines anderen Schengen-Staates zur visumantragstellenden Person, zum Einlader und zu Personen, die durch Abgabe einer Verpflichtungserklärung oder in anderer Weise die Sicherung des Lebensunterhalts garantieren, oder zu sonstigen Referenzpersonen im Inland erhoben werden, können über das Bundesverwaltungsamt zur Feststellung von Versagungsgründen nach § 5 Absatz 4, § 27 Absatz 3a oder zur Prüfung von sonstigen Sicherheitsbedenken an den Bundesnachrichtendienst, das Bundesamt für Verfassungsschutz, den Militärischen Abschirmdienst, das Bundeskriminalamt, die Bundespolizei und das Zollkriminalamt übermittelt werden. ²Das Verfahren nach § 21 des Ausländerzentralregistergesetzes bleibt unberührt. ³In den Fällen des § 14 Abs. 2 kann die jeweilige mit der polizeilichen Kontrolle des grenzüberschreitenden Verkehrs beauftragte Behörde die im Visumverfahren erhobenen Daten an die in Satz 1 genannten Behörden übermitteln.

(1a) ¹Daten, die zur Sicherung, Feststellung und Überprüfung der Identität nach § 16 Absatz 1 Satz 1 des Asylgesetzes und § 49 zu Personen im Sinne des § 2 Absatz 1a, 2 Nummer 1 des AZR-Gesetzes erhoben werden oder bereits gespeichert wurden, können über das Bundesverwaltungsamt zur Feststellung von Versagungsgründen nach § 3 Absatz 2, § 4 Absatz 2 des Asylgesetzes, § 60 Absatz 8 Satz 1 sowie § 5 Absatz 4 oder zur Prüfung von sonstigen Sicherheitsbedenken an den Bundesnachrichtendienst, das Bundesamt für Verfassungsschutz, den Militärischen Abschirmdienst, das Bundeskriminalamt, die Bundespolizei und das Zollkriminalamt übermittelt werden. ²Die in Satz 1 genannten Daten können über das Bundesverwaltungsamt zur Feststellung der in Satz 1 genannten Versagungsgründe oder zur Prüfung sonstiger Sicherheitsbedenken auch für die Prüfung, ob die Voraussetzungen für einen Widerruf oder eine Rücknahme nach den §§ 73 bis 73b des Asylgesetzes vorliegen, an die in Satz 1 genannten Sicherheitsbehörden und Nachrichtendienste übermittelt werden. ³Ebenso können Daten, die zur Sicherung, Feststellung und Überprüfung der Identität

1. nach § 16 Absatz 1 Satz 1 des Asylgesetzes, § 49 Absatz 5 Nummer 5, Absatz 8 und 9 erhoben oder nach Artikel 21 der Verordnung (EU) Nr. 604/2013 von einem anderen Mitgliedstaat an die Bundesrepublik Deutschland übermittelt wurden zu Personen, für die ein Aufnahme- oder Wiederaufnahmegesuch eines anderen Mitgliedstaates an die Bundesrepublik Deutschland nach der Verordnung (EU) Nr. 604/2013 gestellt wurde,
2. nach § 49 Absatz 5 Nummer 6 zu Personen erhoben wurden, die für ein Aufnahmeverfahren nach § 23 oder die Gewährung von vorübergehendem Schutz nach § 24 vorgeschlagen und von dem Bundesamt für Migration und Flüchtlinge in die Prüfung über die Erteilung einer Aufnahmezusage einbezogen wurden, oder
3. nach § 49 Absatz 5 Nummer 6 erhoben oder von einem anderen Mitgliedstaat an die Bundesrepublik Deutschland übermittelt wurden zu Personen, die auf Grund von Maßnahmen nach Artikel 78 Absatz 3 des Vertrags über die Arbeitsweise der Europäischen Union (AEUV) in das Bundesgebiet umverteilt werden sollen und vom Bundesamt für Migration und Flüchtlinge in die Prüfung über die Erteilung einer Aufnahmezusage einbezogen wurden,

über das Bundesverwaltungsamt zur Feststellung von Versagungsgründen oder zur Prüfung sonstiger Sicherheitsbedenken an die in Satz 1 benannten Behörden übermittelt werden. ⁴Zusammen mit den Daten nach Satz 1 können zu den dort genannten Personen dem Bundeskriminalamt für die Erfüllung seiner gesetzlichen Aufgaben die Daten nach § 3 Absatz 1 Nummer 1 und 3 des AZR-Gesetzes, Angaben zum Zuzug oder Fortzug und zum aufenthaltsrechtlichen Status sowie Daten nach § 3 Absatz 2 Nummer 6 und 9 des AZR-Gesetzes übermittelt werden. ⁵Zu den Zwecken nach den Sätzen 1 bis 3 ist auch ein Abgleich mit weiteren Datenbeständen beim Bundesverwaltungsamt zulässig.

(2) ¹Die Ausländerbehörden können zur Feststellung von Versagungsgründen gemäß § 5 Abs. 4 oder zur Prüfung von sonstigen Sicherheitsbedenken vor der Erteilung oder Verlängerung eines Aufenthaltstitels oder einer Duldung oder Aufenthaltsgestattung die bei ihnen gespeicherten personenbezogenen Daten zu den betroffenen Personen über das Bundesverwaltungsamt an den Bundesnachrichtendienst, das Bundesamt für Verfassungsschutz, den Militärischen Abschirmdienst, das Bundeskriminalamt, die Bundespolizei und das Zollkriminalamt sowie an das Landesamt für Verfassungsschutz und das Landeskriminalamt oder die zuständigen Behörden der Polizei übermitteln. ²Das Bundesamt für Verfassungsschutz kann bei Übermittlungen an die Landesämter für Verfassungsschutz technische Unterstützung leisten.

(3) ¹Die in den Absätzen 1 und 2 genannten Sicherheitsbehörden und Nachrichtendienste teilen dem Bundesverwaltungsamt unverzüglich mit, ob Versagungsgründe nach § 5 Abs. 4 oder sonstige Sicherheitsbedenken vorliegen; bei der Übermittlung von Mitteilungen der

Landesämter für Verfassungsschutz zu Anfragen der Ausländerbehörden nach Absatz 2 kann das Bundesamt für Verfassungsschutz technische Unterstützung leisten. ²Die deutschen Auslandsvertretungen und Ausländerbehörden übermitteln den in Satz 1 genannten Sicherheitsbehörden und Nachrichtendiensten unverzüglich die Gültigkeitsdauer der erteilten und verlängerten Aufenthaltstitel; werden den in Satz 1 genannten Behörden während des Gültigkeitszeitraums des Aufenthaltstitels Versagungsgründe nach § 5 Abs. 4 oder sonstige Sicherheitsbedenken bekannt, teilen sie dies der zuständigen Ausländerbehörde oder der zuständigen Auslandsvertretung unverzüglich mit. ³Die in Satz 1 genannten Behörden dürfen die übermittelten Daten verarbeiten, soweit dies zur Erfüllung ihrer gesetzlichen Aufgaben erforderlich ist. ⁴Übermittlungsregelungen nach anderen Gesetzen bleiben unberührt.

(3a) ¹Die in Absatz 1a genannten Sicherheitsbehörden und Nachrichtendienste teilen dem Bundesverwaltungsamt unverzüglich mit, ob Versagungsgründe nach § 3 Absatz 2, § 4 Absatz 2 des Asylgesetzes, § 60 Absatz 8 Satz 1 sowie nach § 5 Absatz 4 oder sonstige Sicherheitsbedenken vorliegen. ²Das Bundesverwaltungsamt stellt den für das Asylverfahren sowie für aufenthaltsrechtliche Entscheidungen zuständigen Behörden diese Information umgehend zur Verfügung. ³Die infolge der Übermittlung nach Absatz 1a und den Sätzen 1 und 2 erforderlichen weiteren Übermittlungen zwischen den in Satz 1 genannten Behörden und den für das Asylverfahren sowie für die aufenthaltsrechtlichen Entscheidungen zuständigen Behörden dürfen über das Bundesverwaltungsamt erfolgen. ⁴Die in Satz 1 genannten Behörden dürfen die ihnen übermittelten Daten verarbeiten, soweit dies zur Erfüllung ihrer gesetzlichen Aufgaben erforderlich ist. ⁵Das Bundesverwaltungsamt speichert die übermittelten Daten, solange es für Zwecke des Sicherheitsabgleiches erforderlich ist. ⁶Das Bundeskriminalamt prüft unverzüglich, ob die nach Absatz 1a Satz 4 übermittelten Daten der betroffenen Person den beim Bundeskriminalamt gespeicherten personenbezogenen Daten zu einer Person zugeordnet werden können, die zur Fahndung ausgeschrieben ist. ⁷Ist dies nicht der Fall, hat das Bundeskriminalamt die nach Absatz 1a Satz 4 übermittelten Daten der betroffenen Person unverzüglich zu löschen. ⁸Ergebnisse zu Abgleichen nach Absatz 1a Satz 5, die der Überprüfung, Feststellung oder Sicherung der Identität dienen, können neben den für das Registrier- und Asylverfahren sowie für die aufenthaltsrechtliche Entscheidung zuständigen Behörden auch der Bundespolizei, dem Bundeskriminalamt und den zuständigen Behörden der Polizei übermittelt werden. ⁹Übermittlungsregelungen nach anderen Gesetzen bleiben unberührt.

(3b) ¹Die in Absatz 1 genannten Sicherheitsbehörden und Nachrichtendienste teilen dem Bundesverwaltungsamt unverzüglich mit, ob Versagungsgründe nach § 27 Absatz 3a vorliegen. ²Werden den in Satz 1 genannten Behörden während des nach Absatz 3 Satz 2 mitgeteilten Gültigkeitszeitraums des Aufenthaltstitels Versagungsgründe nach § 27 Absatz 3a bekannt, teilen sie dies der zuständigen Ausländerbehörde oder der zuständigen Auslandsvertretung unverzüglich mit. ³Die in Satz 1 genannten Behörden dürfen die übermittelten Daten verarbeiten, soweit dies zur Erfüllung ihrer gesetzlichen Aufgaben erforderlich ist. ⁴Übermittlungsregelungen nach anderen Gesetzen bleiben unberührt.

(3c) ¹In Fällen der Mobilität nach den §§ 16c, 18e und 19a kann das Bundesamt für Migration und Flüchtlinge zur Feststellung von Ausweisungsinteressen im Sinne von § 54 Absatz 1 Nummer 2 und 4 und zur Prüfung von sonstigen Sicherheitsbedenken die bei ihm gespeicherten personenbezogenen Daten zu den betroffenen Personen über das Bundesverwaltungsamt an die in Absatz 2 genannten Sicherheitsbehörden übermitteln. ²Die in Absatz 2 genannten Sicherheitsbehörden teilen dem Bundesverwaltungsamt unverzüglich mit, ob Ausweisungsinteressen im Sinne von § 54 Absatz 1 Nummer 2 oder 4 oder sonstige Sicherheitsbedenken vorliegen. ³Die in Satz 1 genannten Behörden dürfen die übermittelten Daten speichern und nutzen, soweit dies zur Erfüllung ihrer gesetzlichen Aufgaben erforderlich ist. ⁴Übermittlungsregelungen nach anderen Gesetzen bleiben unberührt.

(4) ¹Das Bundesministerium des Innern, für Bau und Heimat bestimmt unter Berücksichtigung der aktuellen Sicherheitslage durch allgemeine Verwaltungsvorschriften, in welchen Fällen gegenüber Staatsangehörigen bestimmter Staaten sowie Angehörigen von in sonstiger Weise bestimmten Personengruppen von der Ermächtigung des Absatzes 1 und 1a Gebrauch gemacht wird. ²In den Fällen des Absatzes 1 erfolgt dies im Einvernehmen mit dem Auswärtigen Amt.

Allgemeine Verwaltungsvorschrift
73 Zu § 73 – Sonstige Beteiligungserfordernisse im Visumverfahren und bei der Erteilung von Aufenthaltstiteln
73.1 Beteiligung der Sicherheitsbehörden im Visumverfahren
73.1.1 § 73 Absatz 1 enthält in Bezug auf bestimmte Staaten eine Rechtsgrundlage für die Übermittlung der im Visumverfahren von der Auslandsvertretung erhobenen personenbezogenen Daten des Visumantragstellers, des Einladers und von Personen, die durch Abgabe einer Verpflichtungserklärung oder in anderer Weise die Sicherung des Lebensunterhaltes garantieren oder zu sonstigen Referenzpersonen. Die Übermittlung erfolgt zur Feststellung von Versagungsgründen nach § 5 Absatz 4 oder zur Prüfung von sonstigen Sicherheitsbedenken. Um zu gewährleisten,

dass sicherheitsrelevantes Wissen aller Sicherheitsbehörden und Nachrichtendienste für diese Feststellung zur Verfügung stehen kann, bezieht sich die Anfragebefugnis der Auslandsvertretung auf alle in § 73 Absatz 1 genannten Stellen. Das Verfahren nach § 73 Absatz 1 regelt zum einen das Beteiligungsverfahren der genannten Behörden für bei deutschen Auslandsvertretungen gestellte Visumanträge. Es konkretisiert zum anderen das schengenweite Konsultationsverfahren nach Artikel 17 SDÜ für Visumanträge, die bei Konsulaten der anderen Schengen-Staaten gestellt werden, da die Beteiligung der nationalen Sicherheitsbehörden nach dem in § 73 vorgesehenen Verfahren geregelt wird.

73.1.2 Bei welchen Staatsangehörigen oder Personengruppen die Auslandsvertretungen personenbezogene Daten aus dem Visumantrag übermitteln müssen, wird unter Berücksichtigung der aktuellen Sicherheitslage gemäß Absatz 4 durch das Bundesministerium des Innern einvernehmlich mit dem Auswärtigen Amt durch eine allgemeine Verwaltungsvorschrift festgelegt. In anderen Fällen kann eine Anfrage nach Entscheidung im Einzelfall erfolgen.

73.1.3 Die in Absatz 1 Satz 4 genannten Behörden übermitteln vor der Ausstellung eines Ausnahme-Visums die erhobenen Daten entsprechend den nach Absatz 4 festgelegten Fällen an die Sicherheitsbehörden und Nachrichtendienste.

73.1.4 Damit die Auslandsvertretung Wissen der Sicherheitsbehörden und Nachrichtendienste zu Versagungsgründen oder Sicherheitsbedenken bei der Entscheidung über einen Visumantrag berücksichtigen kann, ist die Überprüfung im Rahmen des Konsultationsverfahrens nicht mehr auf die Versagungsgründe i. S. d. § 5 Absatz 4 beschränkt, sondern wurde auch auf sonstige Sicherheitsbedenken erstreckt. Sonstige Sicherheitsbedenken liegen bei sicherheitsrelevanten Erkenntnissen vor, die zwar nicht einen Regelausweisungsgrund nach § 54 Nummer 5 oder Nummer 5a, aber dennoch den Verdacht begründen, dass eine schwerwiegende Gefahr für die öffentliche Sicherheit vorliegen könnte. Beim Vorliegen von Gründen, bei denen eine Ausweisung zwingend (§ 53) oder in der Regel (§ 54) zu verfügen ist, sind Sicherheitsbedenken grundsätzlich zu bejahen. Darüber hinaus können Sicherheitsbedenken auch bei sicherheitsrelevanten Erkenntnissen oder Erkenntnissen über Bezüge zu extremistischen oder terroristischen Organisationen vorliegen, die zwar keinen Regelausweisungsgrund nach § 54 Nummer 5 oder 5a begründen, aber dennoch eine sicherheitsrelevante Gefährdung oder Beeinträchtigung der Interessen der Bundesrepublik Deutschland darstellen (vgl. § 5 Absatz 1 Nummer 3). Nach § 73 Absatz 1 Satz 1 übermittelte Versagungsgründe oder Sicherheitsbedenken der Sicherheitsbehörden und Nachrichtendienste müssen im Rahmen der Ermessensentscheidung bei der Erteilung von Schengen-Visa und bei der Erteilung von nationalen Visa von der Auslandsvertretung berücksichtigt werden.

73.1.5 Der Kreis der Personen, von denen personenbezogene Daten im Rahmen der sicherheitsbehördlichen Überprüfung des Visumantragstellers übermittelt werden, umfasst neben der visumantragstellenden Person Einlader und Personen, die durch Abgabe einer Verpflichtungserklärung oder in anderer Weise für die Sicherung des Lebensunterhalts garantieren, sowie sonstige Referenzpersonen im Inland.

– Einlader sind Personen, die im eigenen Namen oder für eine Organisation eine Einladung des Antragstellers in das Bundesgebiet zur Verwendung im Visaverfahren ausgesprochen haben.
– Verpflichtungsgeber sind Personen, die sich im eigenen Namen oder für eine Organisation nach § 68 Absatz 1 oder durch Abgabe einer Erklärung zur Verwendung im Visaverfahren in sonstiger Weise verpflichtet haben, die Kosten für den Lebensunterhalt des Antragstellers während des Aufenthalts im Bundesgebiet zu tragen oder nach § 66 Absatz 2 für die Ausreisekosten des Ausländers aufzukommen. Dazu gehören auch die Personen, die eine Sicherheitsleistung auf ein Sperrkonto in Deutschland einzahlen, oder Personen, die eine Bankbürgschaft bei einem Geldinstitut im Bundesgebiet hinterlegen. Personen, die eine Verpflichtungserklärung abgeben oder Sperrkonten einrichten, müssen nicht zwingend identisch mit dem Einlader sein.
– Sonstige Referenzpersonen sind Personen, die den vom Antragsteller angegebenen Zweck des Aufenthalts im Bundesgebiet zur Verwendung im Visaverfahren im eigenen Namen oder für eine Person bestätigen.

Im Hinblick auf die Feststellung sonstiger Sicherheitsbedenken können die Erkenntnisse zu Einladern und Referenzpersonen im Rahmen von § 5 Absatz 1 Nummer 3 berücksichtigt werden.

73.1.6 Die nach § 73 Absatz 1 zuständige Stelle für die Übermittlung der im Visumverfahren erhobenen Daten an die genannten Sicherheitsbehörden ist durch Rechtsverordnung gemäß § 99 Absatz 3 i. V. m. § 30a AufenthV bestimmt. Das Verfahren nach § 73 Absatz 1 ist in der Allgemeinen Verwaltungsvorschrift zu § 73 Absatz 1 und § 31 Absatz 1 Satz 1 Nummer 3 AufenthV [VS-NfD] geregelt.

73.2 Beteiligung der Sicherheitsbehörden durch die Ausländerbehörden

73.2.0 § 73 Absatz 2 enthält eine entsprechende Rechtsgrundlage für Anfragen der Ausländerbehörden vor der Erteilung oder Verlängerung eines Aufenthaltstitels oder einer Duldung oder Aufenthaltsgestattung bei den genannten Bundes- und Landesbehörden. Ebenso wie vor der Visumerteilung muss auch vor dieser aufenthaltsrechtlich wichtigen Entscheidung die Möglichkeit gegeben sein, das Wissen der in Absatz 2 aufgeführten Stellen für die Feststellung des Versagungsgrundes nach § 5 Absatz 4 Satz 1 und zur Prüfung von sonstigen Sicherheitsbedenken heranzuziehen.

73.2.1 Das Verfahren nach § 73 Absatz 2 ist in der Allgemeinen Verwaltungsvorschrift zu § 73 Absatz 2 und 3 Satz 1 vom 25. August 2008 (GMBl 2008, S 943) geregelt. Ergänzende Regelungen der Länder sind zu beachten.

73.3 Rückmeldung und Nachberichtspflicht

73.3.0 § 73 Absatz 3 enthält die Regelungen zur Rücküberm ittlung der Sicherheitsbehörden und Nachrichtendienste an die anfragende Stelle, d. h. Auslandsvertretung, Ausländerbehörde und – in den Fällen des § 73 Absatz 1 Satz 3 – die Bundespolizei.

73.3.1 Absatz 3 Satz 1 enthält die Verpflichtung der Sicherheitsbehörden und Nachrichtendienste, unverzüglich mitzuteilen, ob Versagungsgründe i. S d. § 5 Absatz 4 oder sonstige Sicherheitsbedenken vorliegen. Die Mitteilung, ob Bedenken vorliegen, erfolgt im Verfahren nach Absatz 1 und 2 automatisiert mit den jeweils vorgesehenen Rückmeldekürzeln. Im Fall der Mitteilung, dass Versagungsgründe oder sonstige Sicherheitsbedenken vorliegen, kann die anfragende Stelle mit der Sicherheitsbehörde, die mitgeteilt hat, ob sonstige Sicherheitsbedenken vorliegen, Kontakt aufnehmen, um im Einzelfall im gesonderten Informationsaustausch die näheren Angaben zu den zugrunde liegenden Versagungsgründen oder Sicherheitsbedenken der Sicherheitsbehörden zu erfahren. Für das Verfahren nach Absatz 3 wird auf § 3 der Allgemeinen Verwaltungsvorschrift zu § 73 Absatz 2 und 3 Satz 1 verwiesen. Ergänzende Regelungen der Länder sind zu beachten.

73.3.2 Durch das Richtlinienumsetzungsgesetz wurde ergänzend in Satz 2 die so genannte Nachberichtspflicht der Behörden eingeführt. Die Auslandsvertretungen und Ausländerbehörden übermitteln den Sicherheitsbehörden und Nachrichtendiensten die Gültigkeit der erteilten und verlängerten Aufenthaltstitel. Werden den Sicherheitsbehörden und Nachrichtendiensten während des Gültigkeitszeitraums des Aufenthaltstitels, d. h. nach Absatz 1 im Falle der Anfrage durch die Auslandsvertretung bei Visumerteilung, und nach Absatz 2 bei Anfrage durch die Ausländerbehörde in den dort vorgesehenen Fällen Versagungsgründe oder Sicherheitsbedenken bekannt, teilen sie diese der Auslandsvertretung oder der Ausländerbehörde unter Nutzung der Verfahren nach Absatz 1 und 2 im Rahmen der technischen Möglichkeiten unverzüglich mit. Werden entsprechende Informationen nach Visumerteilung bzw Durchführung der ausländerrechtlichen Maßnahme bekannt, können die Informationen ggf. zu Widerruf und Annullierung des Visums oder zur Ausweisung führen.

73.3.3 Zur Erfüllung ihrer Nachberichtspflicht können die in Absatz 1 genannten Behörden die Angaben zu dem betreffenden Antrag für den Gültigkeitszeitraum speichern. Die Speicherbefugnis ergibt sich aus Satz 3. Durch ausdrückliche Regelung einer Nachberichtspflicht wird zugleich klargestellt, dass kraft dieser Aufgabenzuweisung die übermittelten Daten nach Satz 2 für den Gültigkeitszeitraum des Aufenthaltstitels gespeichert werden dürfen. Die Auslandsvertretungen bzw Ausländerbehörden informieren die in Absatz 1 und 2 genannten Behörden, für welchen Zeitraum die Visa erteilt bzw ausländerrechtlichen Maßnahmen getroffen wurden. Die Bestimmung ist zugleich die Rechtsgrundlage für die weitere Speicherung und Nutzung der im Rahmen der Anfrage übermittelten Daten durch diese Stellen, wenn das im Rahmen ihrer übrigen gesetzlichen Aufgabenerfüllung erforderlich ist. Für die Dauer der Speicherung gelten insoweit die für die jeweilige Stelle verbindlichen allgemeinen Löschungsfristen. Eine Übermittlung dieser Daten an Dritte ist im Rahmen bereits bestehender Übermittlungsregelungen ebenfalls zulässig.

73.3.4 Bei vorzeitiger Beendigung der Nachberichtspflicht, z. B. durch Widerruf und Annullierung des Visums oder Aufenthaltstitels, aufenthaltsbeendenden Maßnahmen, Fortzug ins Ausland oder Tod des Antragstellers teilen die Auslandsvertretungen oder Ausländerbehörden dies den in Absatz 1 und 2 genannten Behörden unter Nutzung der Verfahren nach Absatz 1 und 2 über das Bundesverwaltungsamt mit.

73.4 Ermächtigung zum Erlass einer Verwaltungsvorschrift

§ 73 Absatz 4 enthält die rechtliche Grundlage für den Erlass einer Allgemeinen Verwaltungsvorschrift i. S. d. Artikels 84 Absatz 2 GG, die es ermöglicht, Kriterien für die informationelle Zusammenarbeit der Auslandsvertretungen mit den Sicherheitsbehörden und Nachrichtendiensten festzulegen und dadurch die Überprüfungen auf relevante Fallkonstellationen zu beschränken. Die Verpflichtung zur Beteiligung der Sicherheitsbehörden kann dabei neben dem Merkmal „Herkunftsstaat" auch an andere und weitere Merkmale anknüpfen. Die Festlegung der Kriterien durch eine Allgemeine Verwaltungsvorschrift stellt sicher, dass auf eine veränderte Sicherheitslage unverzüglich reagiert werden kann.

Übersicht

	Rn.
I. Entstehungsgeschichte	1
II. Visumverfahren	10
III. Datenübermittlung an das BAMF	30
IV. Datenübermittlung an das BKA für eigene Aufgaben	35
V. Datenübermittlung an die Ausländerbehörde	36
VI. Nachberichtspflicht	43
VII. Verwaltungsvorschriften	46

I. Entstehungsgeschichte

1   Die Vorschrift wurde mit dem AufenthG in das Gesetz aufgenommen. Sie stimmte im Wesentlichen mit dem **Gesetzesentwurf**[1] überein. Aufgrund des Vermittlungsverfahrens[2] wurden S. 2 und 4 in Abs. 1 und S. 2 in Abs. 2 eingefügt und andere geringe Veränderungen vorgenommen.

2   Mit dem **RLUmsG 2007**[3] wurde die Regelung umfassend überarbeitet. Unverändert blieb der Abs. 4. Die Neufassung der Abs. 1–2 wurde, anders als die des Abs. 3, an Übergangsfristen gebunden, die die technische Umsetzung ermöglichen sollten. So sah Art. 10 III RLUmsG 2007 vor, dass **Abs. 1** in der neuen Fassung **erst zum 1.2.2009 in Kraft** trat. Bis zu diesem Zeitpunkt galt die bisherige Fassung.

3   *(1) Die im Visumverfahren von der deutschen Auslandsvertretung erhobenen Daten der visumantragstellenden Person und des Einladers können über das Auswärtige Amt zur Feststellung von Versagungsgründen nach § 5 IV an den Bundesnachrichtendienst, das Bundesamt für Verfassungsschutz, den Militärischen Abschirmdienst, das Bundeskriminalamt und das Zollkriminalamt übermittelt werden. (2) Die beteiligten Behörden übermitteln Erkenntnisse über Versagungsgründe nach § 5 IV über das Auswärtige Amt an die zuständige Auslandsvertretung. (3) Das Verfahren nach § 21 des AusländerzentralregisterG bleibt unberührt. (4) In den Fällen des § 14 II kann die jeweilige mit der polizeilichen Kontrolle des grenzüberschreitenden Verkehrs beauftragte Behörde die im Visumverfahren erhobenen Daten an die in Satz 1 genannten Behörden übermitteln.*

---

[1] BT-Drs. 15/420, 28.
[2] BT-Drs. 15/2479, 10 f.
[3] Gesetz zur Umsetzung aufenthalts- und asylrechtlicher RL der EU v. 19.8.2007 (BGBl. I S. 1970).

Hinsichtlich des Abs. 2 sah Art. 10 II RLUmsG 2007 vor, dass die neue Fassung erst zum 1.5.2008 in Kraft trat. Bis zu diesem Zeitpunkt galt die bisherige Fassung.

Abs. 2 und 3 wurden durch das **RLUmsG 2011**[4] geändert. Die Beteiligung von BKA, Zollkriminalamt, Landeskriminalämtern und Landespolizeibehörden sowie Nachrichtendiensten bei der Visumvergabe sowie der Erteilung und Verlängerung von Aufenthaltstiteln (sog. Konsultationsverfahren Zentraler Behörde (Visa KZB-Verfahren))[5] soll dadurch effektiver gestaltet werden. In Abs. 2 wurde die Lücke durch Ergänzung des bisher nicht aufgeführten **BKA** und die technische Unterstützungsleistung des Bundesverfassungsschutzes geschlossen. Die übrigen Änderungen in Abs. 3 betreffen Präzisierungen zur ausländerbehördlichen Zuständigkeit und zur erweiterten Mitteilungsverpflichtung.

Durch das **DatenaustauschverbesserungsG**[6] wurden im Wesentlichen redaktionelle Änderungen, kleine Ergänzungen in Abs. 2, 3 und 4 sowie Ergänzungen der Abs. 1a und 3a vorgenommen.

Durch das **FamiliennachzugsneuregelungsG**[7] wurde in Abs. 1 der Verweis auf den neu eingeführten Versagungstatbestand für den Familiennachzug zu sog. Gefährdern in § 27 IIIa ergänzt und ein neuer Abs. 3b aufgenommen. Hierdurch wird die bereits bestehende Regelung zur Informationsübermittlung von den Sicherheitsbehörden und Nachrichtendiensten aus Abs. 3a auf Fälle nach § 27 IIIa ausgeweitet.

Durch das **FEG 2019**[8] wurde Abs. 3c eingefügt, durch den die vormaligen Prüfaufgaben der Ausländerbehörde iRd kurzfristigen Mobilität von Studenten, Forschern und unternehmensintern transferierten Arbeitnehmern auf das BAMF übergehen. Die Änderung trat am 1.3.2020 in Kraft.

Durch das mWv 9.8.2019 in Kraft getretene **2. DAVG**[9] wurde die Bundespolizei als weitere Sicherheitsbehörde in das Beteiligungsverfahren aufgenommen. Außerdem ist nun der Datenabgleich auch für das asylrechtliche Widerrufs- und Rücknahmeverfahren sowie bei Übernahmeersuchen iRd Dublin-VO, bei Neuansiedlungsverfahren, sonstigen humanitären Aufnahmeverfahren und Umverteilungsverfahren von Asylantragstellern vorgesehen. Durch das 2. DSAnpUG EU v. 20.11.2019, BGBl. I S. 1626, erfolgten begriffliche Anpassungen an die DS-GVO in Abs. 1a, 3 und 3a; inhaltliche Änderungen gingen damit nicht einher.

II. Visumverfahren

Für die Erteilung eines **einheitlichen Visums** nach **Art. 21 VK** werden die **Einreisevoraussetzungen** geprüft und es wird eine **Risikobewertung** vorgenommen. Bei der Prüfung eines Antrags auf ein einheitliches Visum ist festzustellen, ob der Antragsteller die Einreisevoraussetzungen nach Art. 6 I lit. a, c, d und e SGK erfüllt, und es ist insbesondere zu beurteilen, ob bei ihm das Risiko der rechtswidrigen Einwanderung besteht, ob er eine Gefahr für die Sicherheit der Mitgliedstaaten darstellt und ob er beabsichtigt, vor Ablauf der Gültigkeitsdauer des beantragten Visums das Hoheitsgebiet der Mitgliedstaaten zu verlassen. In Bezug auf Art. 6 I lit. e SGK ist insbesondere durch die Konsulate zu prüfen, ob der Antragsteller keine Gefahr für die öffentliche Ordnung, die innere Sicherheit oder die öffentliche Gesundheit iSv Art. 2 Nr. 19 SGK oder für die internationalen Beziehungen eines Mitgliedstaates darstellt und ob er insbesondere nicht in den nationalen Datenbanken der Mitgliedstaaten zur Einreiseverweigerung aus denselben Gründen ausgeschrieben worden ist. Da die innerstaatlichen Regelungen an den europäischen Vorgaben des Art. 6 I lit. e SGK orientiert sein müssen, ist im Zusammenhang mit den Beteiligungserfordernissen lediglich zu prüfen, ob eine Gefahr für die **öffentliche Ordnung** vorliegt[10]. Das Konsultationsverfahren dient also nicht der allgemeinen Gefahrenabwehr. Die obligatorische Abfrage im AZR und im SIS wegen möglicher Ausschreibungen zur Einreiseverweigerung bleiben unberührt.

Der Zweck der **Übermittlung der Daten aus dem Visumverfahren** von der Auslandsvertretung (nach Art. 4 I VK die Konsulate) über das AA an die genannten Dienste ist hinreichend bestimmt. Es geht um Tatsachen im Zusammenhang mit der **Terrorismusbekämpfung**, die nach §§ 5 IV, 54 Nr. 5 oder 5a von Bedeutung sein können. Ebenso bestimmt ist der Zweck der daraufhin erfolgenden Datenübermittlung an die Auslandsvertretung.

Dasselbe Verfahren ist bei Ausstellung eines Visums oder von Passersatzpapieren an der Grenze vorgesehen. Um die Sicherheit der Bundesrepublik Deutschland iRd Bekämpfung des internationalen Terrorismus zu gewährleisten, ist sowohl eine voll umfängliche Nutzung der Informationsgrundlagen im Konsultationsverfahren als auch eine effektive Zusammenarbeit der Auslandsvertretung mit den Sicherheitsbehörden notwendig.

---

[4] BT-Drs. 17/5470.
[5] Aus der Begr zum GesEntw (BT-Drs. 17/5470, 48).
[6] Ges. v. 2.2.2016, BGBl. I S. 130.
[7] Gesetz zur Neuregelung des Familiennachzugs zu subsidiär Schutzberechtigten (Familiennachzugsneuregelungsgesetz) v. 12.7.2018, BGBl. I S. 1147.
[8] Fachkräfteeinwanderungsgesetz (FEG 2019) v. 15.8.2019, BGBl. 2019 I S. 1307; in Kraft getreten am 1.3.2020.
[9] Zweites Gesetz zur Verbesserung der Registrierung und des Datenaustausches zu aufenthalts- und asylrechtlichen Zwecken v. 4.8.2019, BGBl. 2019 I S. 1131.
[10] Vgl. *Sobotta* AktAR § 73, S. 15.

1 AufenthG § 73 Erster Teil. Aufenthaltsgesetz

13 Die im Visumverfahren von den deutschen Auslandsvertretungen oder den für die Entgegennahme des Visumantrags zuständigen Auslandsvertretungen eines anderen Schengen-Staates erhobenen Daten der visumantragstellenden **Person, des Einladers und der Person, welche die Sicherung des Lebensunterhalts garantiert (zB durch eine Verpflichtungserklärung) oder sonstiger Referenzpersonen** können zur Feststellung von Versagungsgründen nach § 5 IV oder § 27 IIIa oder zur Prüfung von sonstigen Sicherheitsbedenken an den Bundesnachrichtendienst, das Bundesamt für Verfassungsschutz, den Militärischen Abschirmdienst, das BKA, die Bundespolizei und das Zollkriminalamt übermittelt werden. Die Aufnahme der Auslandsvertretung eines anderen Schengen-Staates in Abs. 1 S. 1 dient der Klarstellung, da die Einverständniserklärung im Visumantrag iVm den ausführlichen Vorschriften des Art. 22, 31 VK[11], Art. 16 II VIS-VO[12] sowie des § 73 bereits eine ausreichende Rechtsgrundlage für die Datenübermittlung bieten[13]. Bereits mit Einführung des VK zum 4.5.2010 wurde das Konsultationsverfahren nach Art. 17 SDÜ abgeschafft und durch Art. 22 VK ersetzt (s. Art. 56 VK).

14 Nach **Art. 22 VK** kann ein Mitgliedstaat verlangen, dass die zentralen Behörden anderer Mitgliedstaaten seine zentralen Behörden bei der Prüfung der von Staatsangehörigen spezifischer Drittländer oder von Staatsangehörigen spezifischer Gruppen von Staatsangehörigen dieser Länder eingereichten Anträge konsultieren. Diese Konsultationspflicht gilt nicht für Anträge auf Erteilung eines Visums für den Flughafentransit. **Die konsultierten zentralen Behörden beantworten das Ersuchen auf jeden Fall innerhalb von sieben Kalendertagen** (Verschweigensfrist) nach dessen Eingang. Durch die Änderung des VK[14] wurde ein ausdrücklicher Hinweis in Art. 22 VK aufgenommen, dass es sich bei dieser Frist um eine Maximalfrist handelt und die Antwort auf ein Konsultationsersuchen so bald wie möglich erfolgen soll. Antworten sie nicht innerhalb dieser Frist, so bedeutet dies, dass keine Einwände gegen die Erteilung des Visums bestehen. Die Mitgliedstaaten teilen der Kommission die Einführung oder Rücknahme der Verpflichtung zur vorherigen Konsultation mit, bevor diese anwendbar wird. Die genannte Änderung des VK enthält eine Regelung, dass diese Mitteilung über die Einführung einer Konsultationspflicht spätestens 25 Kalendertage vor Einführung der Maßnahme übermittelt werden muss, damit die Antragsteller rechtzeitig informiert werden und die anderen Mitgliedstaaten sich technisch darauf einstellen können. Eine entsprechende Unterrichtung erfolgt auch iRd Schengen-Zusammenarbeit vor Ort in dem betreffenden Konsulatsbezirk. Die Kommission unterrichtet die Mitgliedstaaten über diese Mitteilungen.

15 Um zu gewährleisten, dass das gesamte sicherheitsrelevante Wissen der Sicherheitsbehörden und Nachrichtendienste bei der Entscheidung über einen Visumantrag berücksichtigt wird, wurde die Überprüfung iRd Konsultationsverfahren nicht auf die Versagungsgründe iSd § 5 IV oder § 27 IIIa beschränkt, sondern auf **alle Sicherheitsbedenken** erstreckt. Damit wird der insoweit weitere Maßstab des geltenden § 73 II auch für die Beteiligung der Sicherheitsbehörden im Visumverfahren übernommen[15]. Entsprechende Erkenntnisse müssen iRd Ermessensentscheidung für die Versagung von Schengen-Visa und von nationalen Visa berücksichtigt werden. In Betracht kommen hier die in § 5 I aufgeführten allgemeinen Erteilungsvoraussetzungen, insbesondere die Gefährdung oder Beeinträchtigung der Interessen der Bundesrepublik Deutschland sowie § 54 I Nr. 3 (Leiter eines verbotenen Vereins) oder § 54 I Nr. 4 und 5 (Hassprediger). Die Bezugnahme auf die vorgenannten Regelungen, insbesondere die Bezugnahme auf Ausweisungsgründe, konturiert unter verfassungsrechtlichen Gesichtspunkten den Begriff der Sicherheitsbedenken (noch) in ausreichendem Maße. Der Begriff bleibt jedoch im Gesetz selbst unbestimmt[16]. Die gesetzliche Klarstellung ist erforderlich, um den Prüfungsumfang, der sich aus unterschiedlichen Rechtsgrundlagen für das nationale und das schengenrechtliche Konsultationsverfahren ergibt, anzupassen. Für das Nichtvorliegen von Versagungsgründen und Sicherheitsbedenken liegt die Beweislast nicht bei den Visumantragstellern. Kann die anfragende Stelle trotz Übermittlung nicht zu der Überzeugung kommen, dass ein Versagungsgrund vorliegt, ist der Aufenthaltstitel, die Duldung, die Aufenthaltsgestattung, das einheitliche Visum oder das nationale Visum zu erteilen bzw. zu verlängern[17]. Damit liegt eine nicht zu unterschätzende **Einschätzungsprärogative** bei den angefragten Stellen, die nicht die sachgerechte Ausübung des Erteilungsermessens durch die anfragenden Stellen verhindern dürfen. Der **Relevanzprüfung** der vorhandenen Daten kommt eine große Bedeutung zu[18]. Dies insbesondere deshalb, weil dem BKA im nationalen Verfahren eine entscheidende Rolle zukommt, da die überwiegende Anzahl der im Konsultationsverfahren durch deutsche Auslandsvertretungen abgelehnten Anträge auf Erteilung eines Schengen-Visums auf ein negatives Votum des BKA zurück-

---

[11] Dazu → § 73a – Unterrichtung übe die Erteilung von Visa.
[12] Art. 16 II VIS-VO (VO (EG) Nr. 767/2008): Verwendung des VIS zur Konsultation und zur Anforderung von Dokumenten ist erst ab dem in Art. 46 VIS-VO genannten Zeitpunkt möglich.
[13] BT-Drs. 16/5065, 191, damals zur GKI.
[14] VO (EU) 2019/1155 v. 20.6.2019, ABl. 2019 L 188, 25.
[15] BT-Drs. 16/5065, 191.
[16] Näher dazu NK-AuslR/*Hilbrans* § 73 Rn. 13.
[17] So auch NK-AuslR/*Hilbrans* § 73 Rn. 3.
[18] Zur Kritik: 20. Tätigkeitsbericht des Bundesbeauftragten für den Datenschutz, S. 59 f.

zuführen sind[19]. Durch die Aufnahme der Bundespolizei in den Kreis der in den Datenabgleich einbezogenen Sicherheitsbehörden durch das 2. DAVG können nun auch sicherheitsrelevante Erkenntnisse berücksichtigt werden, die nur der Bundespolizei vorliegen. So verfügt sie in über 370.000 Fällen über personenbezogene Daten, die ausschließlich im Bundespolizeiaktennachweis (BAN) gespeichert sind. Dabei handelt es sich ua um Beschuldigte, Verdächtige sowie um Personen, bei denen Fahndungsmaßnahmen in Betracht kommen oder bei denen die Aktenführung zu präventiven Zwecken im Zuständigkeitsbereich der Bundespolizei erforderlich ist. Darüber hinaus verfügt die Bundespolizei in ihren Vorgangsbearbeitungssystemen Artus Bund und bcase (rsCase)[20] über mehr als 500.000 personenbezogene Daten, die weitere Erkenntnisse liefern können. Der Geschützte Grenzfahndungsbestand, auf den auch die mit grenzpolizeilichen Aufgaben beauftragten Behörden der Bundesländer Hamburg und Bayern lesenden Zugriff haben[21], enthält mehr als 4.600 Fahndungsausschreibungen. Vor der Änderung wurde die Bundespolizei nicht oder nur vereinzelt konsultiert[22]. Allerding ist die Aufnahme der Bundespolizei in den Kreis der zu konsultierenden Sicherheitsbehörden ungenau. Die Bundespolizei selbst ist keine Behörde im verwaltungsrechtlichen Sinn. Sie besteht aus dem Bundespolizeipräsidium als Bundesoberbehörde und den nachgeordneten Bundespolizeidirektionen und der Bundespolizeiakademie als Bundesunterbehörden (vgl. § 57 BPolG). Es bleibt insoweit gesetzlich ungeregelt, welche der Behörden der Bundespolizei im Rahmen des Sicherheitsabgleichs zu beteiligen ist. Aus Gründen des Behördenaufbaus der Bundespolizei spricht vieles für das Bundespolizeipräsidium, das bereits für andere zentral wahrzunehmende Aufgaben zB nach § 74a sachlich zuständig ist. Die Ergänzung der Verordnung über die Zuständigkeit der Bundespolizeibehörden (BPolZV) wäre insofern angezeigt. Gründe für die Sicherheitsbedenken werden bei der Übermittlung der Antwort nicht genannt. Die Antwort wird zudem systemtechnisch so erteilt, dass für die Visastellen nicht ersichtlich ist, welche Sicherheitsbehörde Bedenken erhoben hat.

Der Kreis der Personen, für die eine sicherheitsbehördliche Überprüfung stattfindet, wurde durch **16** den Gesetzesentwurf vom 7.2.2003[23] um die Personen erweitert, die eine **Verpflichtungserklärung** abgegeben haben, sowie solche, die für die Sicherung des Lebensunterhalts iSd § 5 I einstehen. Dazu gehören auch die Personen, die eine Sicherheitsleistung auf ein Sperrkonto in Deutschland einzahlen, oder Personen, die eine Bankbürgschaft bei einem Geldinstitut im Bundesgebiet hinterlegen. Personen, die eine Verpflichtungserklärung abgeben oder Sperrkonten einrichten, sind in vielen Fällen nicht identisch mit dem Einlader. Dies gilt gleichermaßen für weitere **Referenzpersonen** des Visumantragstellers im Inland. Hierunter wird auch die Person im Inland erfasst, zu welcher der Familiennachzug erfolgt[24]. Diese weiteren Personen müssen in die sicherheitsbehördliche Überprüfung einbezogen werden, da sie Aufschluss über Beziehungen des Visumantragstellers im Inland geben können. Dies kann dazu beitragen, sicherheitsrelevante Personengeflechte aufzudecken. Darüber hinaus können sich aus diesen zusätzlichen Daten Anhaltspunkte für Versagungsgründe ergeben. Durch die erweiterte Prüfung erwartet der Gesetzgeber ein zusätzliches Maß an Sicherheit[25].

Der bis zum RLUmsG 2007 gültige Abs. 1 S. 2 konnte entfallen, da die **Rückübermittlung** der **17** Erkenntnisse über das Vorliegen von Versagungsgründen nach § 5 IV oder sonstiger Sicherheitsbedenken an die Auslandsvertretung durch das RLUmsG 2007 abschließend in Abs. 3 geregelt ist. Die Übermittlung von Erkenntnissen zu Versagungsgründen iSd § 27 IIIa ist in Abs. 3b geregelt, der durch das FamiliennachzugsneuregelungsG eingefügt wurde.

Die Regelung der **informationstechnischen Abläufe des Konsultationsverfahrens** und die **18** Frage der Zuständigkeit in Bezug auf die Durchführung wurde zunächst durch den Gesetzesentwurf vom 7.2.2003 flexibel gestaltet[26]. Daher wurde die bisherige Zuständigkeitsverteilung „über das Auswärtige Amt" in „über die zuständige Stelle" ausgestaltet. Nach VO-Ermächtigung in § 99 III iVm § 30a AufenthV bestimmt das BMI das AA.

Das BKA gleicht zur **Prüfung von Visumanträgen** die Daten des Antragstellers, die nach § 73 I **19** übermittelt werden, mit folgenden Dateien ab:

– Informationssystem der Polizei (Inpol-Z),
– Schengener Informationssystem (SIS),
– Geschützter Grenzfahndungsbestand (GGFB) und Aktennachweis (BAN) der Bundespolizei,
– INPOL-Fall-Dateien aus dem Bereich der Bekämpfung der politisch motivierten Kriminalität sowie der schweren und organisierten Kriminalität[27]. Die Zahl der Anfragen im Konsultationsverfahren durch Schengen-Partner betrug von Oktober 2011 bis September 2012 1.603.433. In den Jahren

---

[19] Zur Kritik: 20. Tätigkeitsbericht des Bundesbeauftragten für den Datenschutz, S. 59 f.
[20] Vgl. BT-Drs. 18/8596, 2.
[21] Vgl. BT-Drs. 16/7255, 2. Anmerkung hierzu: Die Polizei des Landes Bremen nimmt seit 1.1.2012 keine grenzpolizeilichen Aufgaben mehr wahr (vgl. *Drewes/Malmberg/Walter* BPolG § 2 Rn. 89).
[22] Vgl. BT-Drs. 19/8752, 67.
[23] BT-Drs. 15/420, 28.
[24] BT-Drs. 19/2438, 25.
[25] BT-Drs. 16/5065, 191.
[26] BT-Drs. 16/5065, 191.
[27] BT-Drs. 16/9547, 3.

2007–2012 wurde nach Kenntnis der Bundesregierung in 469 Fällen nach der Erhebung von Bedenken durch einen anderen Schengen-Partner ein räumlich beschränktes Visum (Art. 25 VK) erteilt. Die Zahl der Anfragen im Konsultationsverfahren durch deutsche Auslandsvertretungen an Schengen-Partner belief sich vom Oktober 2011 bis September 2012 auf 1.440.397 (BT-Drs. 17/11016, 4, 9)[28].

20 Die Regelung des **Abs. 1a** stellt sicher, dass für Staatsangehörige und Personengruppen, für die analog zum Visa-Konsultationsverfahren in einer Verwaltungsvorschrift festgelegt wurde, dass eine sicherheitsrechtliche Prüfung erforderlich ist, ein entsprechender Sicherheitsabgleich durchgeführt werden kann. Dabei ist es nicht zwingend, dass der Personenkreis identisch ist, da es sich auch um zwei unterschiedliche Verwaltungsvorschriften handeln kann (→ Rn. 46). Es wäre ein unter Sicherheitsgesichtspunkten nicht hinzunehmender Wertungswiderspruch, wenn zwar für die Visumserteilung ein Sicherheitsabgleich zur Verhinderung der Einreise stattfindet, im Falle einer unerlaubten Einreise, eines vorgebrachten Asylgesuchs oder eines unmittelbar bei BAMF gestellten Asylantrags[29] jedoch hierauf verzichtet würde. Dementsprechend sieht § 73 II einen **Sicherheitsabgleich** zur Feststellung von Versagungsgründen nach § 5 IV oder sonstigen Sicherheitsbedenken vor. Dazu kann auch die Erkenntnis gehören, ob dem Betroffenen früher bereits ein Visum erteilt wurde. Die Erweiterung des Personenkreises auf Asylantragsteller (§ 2 II Nr. 1 AZRG) war erforderlich, da nicht in jedem Fall vor der Asylantragstellung schon ein Sicherheitsabgleich als Asylsuchender, unerlaubt eingereister oder unerlaubt aufhältiger Ausländer (§ 2 Ia AZRG) erfolgte[30]. Abs. 1a sieht den unverzüglichen Sicherheitsabgleich für Personen vor, deren Daten nach § 16 I 1 AsylG und § 49 erhoben werden oder bereits im Rahmen einer früheren erkennungsdienstlichen Maßnahme gespeichert[31] wurden. Der Rückgriff auf bereits gespeicherte Daten kommt bspw. im Asylwiderrufs- oder Rücknahmeverfahren zwecks Prüfung von Ausschlussgründen in Betracht. Zu den nach § 16 I 1 AsylG und § 49 erhobenen Daten gehören die biometrischen Daten und die Grundpersonalien sowie weitere Personalien, die der Sicherung und Feststellung der Identität dienen. Der Abgleich erfolgt unmittelbar nach der Ersterfassung und Speicherung der Daten im Kerndatensystem und stellt damit sicher, dass Erkenntnisse der Sicherheitsbehörden und Nachrichtendienste zu Asylversagungsgründen und sonstigen Sicherheitsbedenken bereits im Registrierungsverfahren beim **Erstkontakt** und damit regelmäßig vor der Verteilung auf ein Bundesland berücksichtigt werden können. Zur Prüfung von Sicherheitsbedenken sind insbesondere Versagungen bei Visumsantragstellungen heranzuziehen. Das Verfahren nach Abs. 1a schließt weitere Anfragen bei den Sicherheitsbehörden auf der Grundlage weitergehender Erkenntnisse der Ausländerbehörde und des BAMF nicht aus. Die Rückmeldung des ersten Sicherheitsabgleichs, der unverzüglich erfolgen soll, wird entsprechend § 73 IIIa durch die jeweilige Sicherheitsbehörde an das Bundesverwaltungsamt übermittelt, welches als zentrale Behörde die Erkenntnisse zum frühestmöglichen Zeitpunkt kumuliert und den für das Registrier- und Asylverfahren bzw. der für aufenthaltsrechtliche Entscheidungen zuständigen Behörde zur Verfügung stellt. Die Rückmeldezeiten der am Konsultationsverfahren im Asylkontext beteiligten Nachrichtendienste, der Polizeibehörden des Bundes und des Zoll werden seit September 2017 statistisch erfasst. Im September 2017 konnten die Ergebnisse von etwa 78 Prozent der in diesem Monat ausgelösten Konsultationen innerhalb von 24 Stunden bereitgestellt werden. Die überwiegende Mehrheit dieser Konsultationsergebnisse (74 Prozent) wurde innerhalb von 30 Minuten zur Verfügung gestellt. Dem Bundesverwaltungsamt wurden vom 15.5.2017 bis zum 31.5.2019 im Konsultationsverfahren nach Abs. 1a und 3a insgesamt 213.607 Versagungsgründe nach § 3 II, § 4 II AsylG, § 60 VIII 1, § 5 IV AufenthG oder sonstige Sicherheitsbedenken gemeldet[32]. Sind für die Feststellung über das Vorliegen von (Asyl-)Versagungsgründen bzw. sonstigen Sicherheitsbedenken bei den Sicherheitsbehörden im Einzelfall weitere Ermittlungen zwingend erforderlich und können diese ausnahmsweise nicht binnen 24 Stunden abgeschlossen werden, so erfolgt die Rückmeldung unverzüglich nach Abschluss dieser Ermittlungen. Auf diese Weise wird sichergestellt, dass einerseits Asylsuchende, zu denen keine Erkenntnisse bei den Sicherheitsbehörden vorliegen, ohne zeitlichen Verzug das Registrierverfahren durchlaufen können, dass jedoch andererseits sicherheitsrechtlichen Bedürfnissen dadurch Rechnung getragen wird, dass bei Vorliegen von Bedenken verhindert werden kann, dass eine unkontrollierte Weiterreise im Bundesgebiet bzw. im Schengen-Raum erfolgt. Weiterhin wird dem BVA ermöglicht, Abgleiche mit dem Ausländerzentralregister, dem Personen- und Sachfahndungsbestand des SIS, dem nationalen Sachfahndungsbestand sowie dem europäischen Visa-Informationssystem zu Sicherheitszwecken durchzuführen und die entsprechenden Erkenntnisse den für das Registrier- und Asylverfahren sowie für aufenthaltsrechtliche Entscheidungen zuständigen Behörden zur Verfügung zu stellen[33].

---

[28] BT-Drs. 17/11016, 4.
[29] Die Erweiterung des Personenkreises auf Asylantragsteller (§ 2 I Nr. 1 AZRG) erfolgte durch das 2. DAVG.
[30] Vgl. BT-Drs. 19/8752, 68.
[31] Die Ergänzung um bereits gespeicherte Daten erfolgte durch das 2. DAVG.
[32] Bericht zur Evaluierung des Datenaustauschverbesserungsgesetzes, BT-Drs. 19/17380, 29.
[33] Begr zum GesEntw, BT-Drs. 18/7043, 49.

Sonstige Beteiligungserfordernisse im Visumverfahren **§ 73 AufenthG 1**

Das **Beteiligungsverfahren nach Abs. 2** soll gewährleisten, dass alle relevanten Erkenntnisse zu 21 dem Ausländer in die Entscheidung über den weiteren aufenthaltsrechtlichen Status einfließen können. Das BKA führt Zentral- und Amtsdateien, auf welche Landeskriminalämter keinen Zugriff haben, in denen aber auch Daten zu Strafermittlungsverfahren über Ausländer enthalten sind, die dem terroristischen Umfeld zugerechnet werden müssen. Damit auch diese Erkenntnisse ggf. in ein aufenthaltsrechtliches Verfahren einfließen können, ist auch eine Beteiligung des BKA im Verfahren nach Abs. 2 erforderlich. Gleichzeitig ergibt sich hieraus für das BKA gemäß Abs. 3 die Verpflichtung, die Ausländerbehörde über **Versagungsgründe oder Sicherheitsbedenken** zu unterrichten, die nach der Erteilung des Aufenthaltstitels entstanden sind. Die Regelung ermöglicht des Weiteren die technische Unterstützung der Landesämter für **Verfassungsschutz** durch das Bundesamt für Verfassungsschutz im Beteiligungsverfahren gem. Abs. 2 sowie bei der diesbezüglichen Nachberichtspflicht gem. Abs. 3. Die Bereitstellung entsprechender technischer Verfahren für das Beteiligungsverfahren ist für einzelne Landesämter für Verfassungsschutz technisch und organisatorisch kaum oder nur mit erheblichem Aufwand zu leisten. Durch die Regelung können die Landesämter für Verfassungsschutz zur effizienten und sicheren Umsetzung ihrer Aufgabe von einer zentral im Bundesamt für Verfassungsschutz errichteten IT-Infrastruktur Gebrauch machen. Im Bundesamt für Verfassungsschutz selbst erfolgen dabei keine Sachbearbeitung und keine über die jeweilige Zuordnung und Weiterleitung zur zuständigen Behörde hinausgehende Datenverarbeitung[34].

Mit der Änderung des Wortes „anfragenden" in **„zuständigen"** soll dem Umstand Rechnung 22 getragen werden, dass sich die ausländerbehördliche Zuständigkeit zB durch Umzug des Ausländers ändern kann. Dementsprechend sieht auch bereits S. 2 die zuständige Ausländerbehörde oder die zuständige Auslandsvertretung als Adressaten vor[35]. Nach § 31 I Nr. 3 AufenthV ist die Mitwirkung der für den vorgesehenen Aufenthaltsort zuständige Ausländerbehörde iRd Zustimmungsverfahren zur Visumerteilung zwingend.

Die von den Auslandsvertretungen erhobenen Visumantragsdatensätze werden wegen des geschütz- 23 ten Kommunikationsnetzes im AA über das AA dem BVA zugeleitet. Dort werden nicht nur das AZR und der Teildatenbestand des N-SIS (nationale Sektion des SIS) abgefragt, sondern vom BVA auch alle zu beteiligenden Sicherheitsbehörden, über den beim BKA geführten KZB-Rechner direkt und unmittelbar eingebunden. Gleiches gilt für die von den anderen Schengen-Mitgliedstaaten übermittelten Datensätze, die direkt an das BVA kommuniziert werden. Das BVA überwacht im Anschluss ebenfalls die Fristen für die Rückmeldung und übermittelt dem AA nach Abschluss des Konsultationsverfahrens etwaige Rückmeldungen der Sicherheitsbehörden zusammen mit den Ergebnissen der Prüfung des AZR und des Teildatenbestandes des N-SIS. Ebenso ist vom BVA zu gewährleisten, dass die zur schengenrechtlichen Konsultation anstehenden Visumantragsdatensätze an die zu beteiligenden Schengen-Partner weitergeleitet werden und das für dieses Verfahren geltende Reglement überwacht wird. Mit der Streichung der Wörter „mit der Anfrage" in Abs. 3 S. 3 soll dem Umstand Rechnung getragen werden, dass Datenübermittlungen der Auslandsvertretung und Ausländerbehörde nicht nur im Rahmen von Anfragen bei der Erteilung von Aufenthaltstiteln, sondern auch im Rahmen von Mitteilungen über erteilte oder verlängerte Aufenthaltstitel erfolgen können.

Vor dem Hintergrund, dass aus informationstechnischer Sicht IT-Prozesse effizienter und weniger 24 fehleranfällig gestaltet sind, je weniger Schnittstellen und Verarbeitungsschritte in ihnen vorhanden sind, sprechen folgende Erwägungen für die Regelung[36]:

Mit der Inbetriebnahme des **europäischen Visa-Informationssystems (VIS)**[37] und der Nutzung 25 der ausschließlich in der VIS-Datenbank verfügbaren biometrischen Daten für die zentrale nationale Behörde im Rahmen des Konsultationsverfahrens ist die Möglichkeit geschaffen worden, auf die im VIS vorhandenen Datensätze[38] zuzugreifen. Das BVA ist als Kommunikationsknoten im Visumverfahren und als einzige nationale Schnittstelle zur Kommunikation mit dem VIS auch für die Verteilung der Datensätze im Konsultationsverfahren einschließlich deren Ergänzung um biometrische Merkmale zuständig. Damit wurde eine vom technischen Ablauf nicht gebotene zusätzliche Übermittlung vom BVA an das AA allein aus Gründen der Weiterleitung an die Sicherheitsbehörde als Fehlerquelle vermieden. Insbesondere weil die zusätzliche Komplexität, die mit der Anreicherung des Konsulti-

---

[34] Aus der Begr zum GesEntw, BT-Drs. 17/5470, 48.
[35] Begr zum GesEntw, BT-Drs. 17/5470, 48.
[36] So BT-Drs. 16/5065, 192.
[37] Verordnung (EG) Nr. 767/2008 über das Visa-Informationssystem (VIS) und den Datenaustausch zwischen den Mitgliedstaaten über Visa für einen kurzfristigen Aufenthalt (VIS-Verordnung), ABl 2008 L 218, 60. Das Visa-Informationssystem (VIS) ist am 11.10.2011 in Betrieb gegangen. Dank biometrischer Merkmale (Fingerabdrücke und digitales Gesichtsbild), die die Identifizierung der Visuminhaber erleichtern und Identitätsdiebstahl verhindern helfen, werden Visaanträge erheblich schneller bearbeitet. Der Betrieb des VIS erfolgt nach Angabe der BReg (Antw der Bundesregierung, Drs. 18/4765) ohne nennenswerte Probleme.
[38] Künftig werden im VIS nicht nur Daten von Drittstaatsangehörigen erfasst werden, die ein Visum für einen kurzfristigen Aufenthalt beantragen oder erhalten, sondern auch Drittstaatsangehörigen, die ein Visum für einen längerfristigen Aufenthalt oder einen nationalen Aufenthaltstitel beantragen oder erhalten (VO [EU] 2021/1134 zur Änderung ua der VIS-VO, ABl 2021 L 248, 11).

onsersuchens um die Fingerabdruckdaten aus dem VIS einhergeht, sowie die hohen Vorgangszahlen im Konsultationsverfahren berücksichtigt werden. Nach Abschluss der weltweiten Einführung des europäischen Visa-Informationssystems (VIS) wird das schengenweite Konsultationsverfahren nur noch im Rahmen des „VIS Mail Communication Mechanism" (VMCM) über die technische Infrastruktur des VIS abgewickelt. Nationale Stelle im VIS-Verbund ist das BVA. Dort ist ein IT-System zur Steuerung der Konsultationsanfragen aufgebaut, das den europäischen Spezifikationen entspricht[39].

26 Mit diesem informationstechnischen Ablauf können Verfahrensanpassungen auch zukünftig kurzfristig und zügig vorgenommen werden. Letzterer Gesichtspunkt bezieht sich auf die Notwendigkeit möglicher informationstechnischer Verfahrensänderungen – im Rahmen des geltenden Rechts – wegen sicherheitspolitischer Bedürfnisse aufgrund einer veränderten Sicherheitslage. Das gilt umso mehr, als die Bundesstelle für Informationstechnik mit ihren Ressourcen gleichfalls im BVA angesiedelt ist. Auf diese Weise wird zudem die Analyse-, Erkenntnis- und Steuerungsmöglichkeit auf dem Gebiet der sicherheitsbehördlichen Überprüfung von konsultationspflichtigen Visumantragstellern verbreitert und verbessert[40]. Mit der Einführung des **Softwareprogramms** VisaPlus wurde das Konsultationsverfahren international und national vollständig automatisiert. Auch das Nachfolgeprogramm **RK-Visa** setzt die Konsultationspflichten vollautomatisch um. Im BKA werden im KZB-Verfahren die Daten zum Visumvorgang nach elektronischem Eingang im automatisierten Verfahren mit den folgenden Dateien abgeglichen:

Innerhalb des BfV werden die Daten der Visa-Anträge mit dem Datenbestand des Nachrichtendienstlichen Informationssystems Wissensnetz (NADIS WN) abgeglichen. Beim BND erfolgt eine Abfrage in einer internen Datenbank. In dieser Datenbank sind die gemäß § 1 II 1 BNDG gesammelten Erkenntnisse von außen- und sicherheitspolitischer Bedeutung für die Bundesrepublik Deutschland über natürliche und juristische Personen gespeichert. Die vom BKA abgefragten Informationssysteme sind als „VS-Nur für den Dienstgebrauch" eingestuft. Beim MAD erfolgt derzeit ein Abgleich mit einer speziell zu diesem Zweck geschaffenen Liste („VS-Nur für den Dienstgebrauch").

In Fällen, in denen der Abgleich befundfrei endet, erfolgt eine automatisierte (zustimmende) Votierung an den KZB-Rechner im AA. In Fällen, in denen der Abgleich zu Befunden führt, erfolgt eine manuelle weiterführende Prüfung durch Mitarbeiter der Abteilung Staatsschutz. Abschließend wird entsprechend des festgestellten Ergebnisses durch den Mitarbeiter der Abteilung ST ein Votum an den KZB-Rechner im AA übermittelt. Im BfV erfolgen derartige Abfragen in der Regel automatisiert. Nur wenn eine automatisierte Abfrage nicht möglich ist, findet eine „teilautomatisierte", dh manuelle, Abfrage statt. Die Abfrage beim BND erfolgt in der o. g. Datenbank teilautomatisiert. Im ZKA werden im KZB-Verfahren die Daten zum Visumvorgang nach elektronischem Eingang mittels der IT-Verfahren Allgemeiner Datenabgleich (ADA) und Zentrale Sicherheitsanfragen-Konsultationsanwendung (ZSKA) im automatisierten Verfahren abgeglichen. In Fällen, in denen der Abgleich befundfrei endet, erfolgt eine automatisierte (zustimmende) Votierung an den KZB-Rechner im AA. In Fällen, in denen der Abgleich zu Befunden führt, erfolgt eine manuelle weiterführende Prüfung. Abschließend wird entsprechend des festgestellten Ergebnisses ein Votum an den KZB-Rechner im AA übermittelt. Die Anfrage an den MAD erfolgt ebenfalls auf elektronischem Weg und wird dort automatisiert auf eine phonetische Übereinstimmung (Ähnlichkeitstreffer) mit relevanten Personen aus dem Zuständigkeitsbereich des MAD abgeglichen. Im Falle eines phonetischen Treffers wird manuell geprüft, ob ein echter Treffer vorliegt. Der MAD teilt auf elektronischem Weg das Prüfungsergebnis mit[41].

27 Abs. 3a: Zur Erreichung des Gesetzeszwecks ist es erforderlich, dass die **Ergebnisse des Sicherheitsabgleichs** bei den Sicherheitsbehörden und Nachrichtendiensten dem Bundesverwaltungsamt unverzüglich zur Verfügung gestellt werden, damit dieses diejenigen Behörden, die mit der Registrierung und Verteilung der Betroffenen befasst sind, zum frühestmöglichen Zeitpunkt über das Vorliegen oder Nichtvorliegen von Anerkennungshindernissen und Sicherheitsbedenken informieren kann. Das Bundesverwaltungsamt dient hierbei speziell im Falle der Meldung von Bedenken und Verzögerungen auch als Mittler für erforderliche weitere Kommunikation der für das Asylverfahren und aufenthaltsrechtliche Entscheidungen zuständigen Behörde mit den Sicherheitsbehörden bzw. Nachrichtendiensten. Hierfür ist die Speicherung der Daten des Sicherheitsabgleichs im Bundesverwaltungsamt bis zum Abschluss des Verfahrens und darüber hinaus bis zu dem Zeitpunkt erforderlich, zu dem der Asylsuchende bei einer Ausländerbehörde einen Aufenthaltstitel beantragt und somit das Verfahren nach § 73 II Anwendung findet. Die Daten sind unverzüglich zu löschen, sobald eine Speicherung nicht mehr erforderlich ist. Da die Ergebnisse des Sicherheitsabgleichs einen aktuellen Kenntnisstand der Sicherheitsbehörden vermitteln sollen, dürfte eine Speicherdauer von höchstens zwölf Monaten erforderlich sein, da zum einen die Asylverfahren künftig deutlich vor Ablauf von zwölf Monaten erledigt sein werden und zum anderen die Ergebnisse dann nicht mehr für asyl- bzw. aufenthaltsrechtliche Entscheidungen verwertbar wären[42].

---

[39] Vgl. BT-Drs. 17/11016, 8.
[40] BT-Drs. 16/5065, 192.
[41] BT-Drs. 17/11016, 6.
[42] Begr zum GesEntw, BT-Drs. 18/7043, 50.

Mit der in Abs. 3b bestimmten **Übermittlungspflicht** wird die bereits bestehende Regelung von **28** Abs. 3a auf die in Abs. 1 ergänzten Fälle nach § 27 IIIa ausgeweitet[43]. Außerdem sind die Sicherheitsbehörden und Nachrichtendienste verpflichtet, Versagungsgründe nach § 27 IIIa nicht nur iRd Konsultationsverfahrens, sondern während des gesamten Gültigkeitszeitraum des erteilten oder verlängerten Aufenthaltstitels der zuständigen Ausländerbehörde oder Auslandsvertretung mitzuteilen (→ Rn. 44).

Abs. 3c, der am 1.3.2020 in Kraft trat, weist dem BAMF Prüfaufgaben iRd **kurzfristigen** **29** **Mobilität** von Studenten (§ 16c), Forschern (§ 18e) und unternehmensintern transferierten Arbeitnehmern (§ 19a) zu, die zuvor durch die Ausländerbehörde wahrgenommen wurden. So kann das BAMF Daten, die bei ihm zu o. g. Personen vorliegen zur Feststellung eines Ausweisungsinteresses nach § 54 I Nr. 2 und 4 über das BVA an die in Abs. 2 genannten Sicherheitsbehörden übermitteln. Hierdurch wird gewährleistet, dass die Sicherheitsbehörden die Ablehnungsgründe des § 19a III Nr. 5 und § 19f V Nr. 4 prüfen und feststellen können, ob das BAMF (noch) zuständig ist. Nach Abschluss des Mitteilungsverfahrens iRd kurzfristigen Mobilität durch Ablehnung der Mobilität oder Ausstellung der Bescheinigung geht die Zuständigkeit auf die Ausländerbehörde über (vgl. § 19a V 1). Diese ist für alle weiteren aufenthaltsrechtlichen Maßnahmen und Entscheidungen in Bezug auf den Ausländer, mithin auch für eine Ablehnung nach Ablauf der 20-Tages-Frist aus Gründen eines Ausweisungsinteresses, zuständig. IRd Übermittlung teilt das BAMF auch den geplanten Aufenthaltsort des Ausländers mit[44].

III. Datenübermittlung an das BAMF

Das BAMF hat bei der Prüfung auf Einleitung eines **Asylwiderrufs- oder -rücknahmeverfahrens** **30** nach §§ 73–73b AsylG Ausschlussgründe für den Flüchtlingsschutz oder den subsidiären Schutz zu prüfen. Die Ergänzung des Abs. 1a durch das 2. DAVG ermöglicht den Sicherheitsabgleich auch bei diesen Verfahren und erweitert somit die Entscheidungsgrundlage des BAMF bei der Prüfung von Ausschlussgründen um relevante Erkenntnisse der Sicherheitsbehörden. Unabhängig von diesem nun gesetzlich geregelten Beteiligungserfordernis der Sicherheitsbehörden hat das BAMF auch bisher schon iRd der Asylwiderrufs- und -rücknahmeverfahren die Sicherheitsbehörden beteiligt[45].

IRd Vereinheitlichung des Sicherheitsabgleichverfahrens erfolgt auch ein Abgleich bei **Übernah-** **31** **meersuchen** nach der Dublin III-VO und im Rahmen von Neuansiedlungsverfahren (Resettlement), sonstigen humanitären Aufnahmeverfahren auf Grundlage von § 23 und der Umverteilung von Asylantragstellern (Relocation). Die Erkenntnisse aus dem Sicherheitsabgleich können so bereits vor der Überstellung eines Asylsuchenden an Deutschland bei der Vorbereitung des asyl- und aufenthaltsrechtlichen Verfahrens berücksichtigt werden. Hierdurch soll einerseits eine Verfahrensbeschleunigung erreicht und andererseits die frühzeitige Einleitung eventuell erforderlicher Maßnahmen zur Abwehr von Gefahren für die öffentliche Sicherheit ermöglicht werden. Das BAMF berücksichtigt das Ergebnis des Sicherheitsabgleichs bei seiner Entscheidung über die Auf- bzw. Übernahme iRv Neuansiedlungsverfahren, sonstigen humanitären Aufnahmeverfahren und Umverteilungsverfahren von Asylantragstellern.

Die Benennung des § 16 I 1 AsylG als Datengrundlage ist erforderlich, da ein **Wiederaufnahme-** **32** **gesuch** nach Art. 23 I **Dublin III-VO** eines anderen EU-Staates aus einem vorherigen Asylverfahren resultieren kann und in solchen Fällen bereits Daten nach § 16 I 1 AsylG erhoben wurden. Ist die frühere Erteilung eines nationalen Visums (Typ D) Grundlage des Übernahmeersuchens, liegen die Daten bereits nach § 49 V Nr. 5 vor. Erfolgt das Übernahmeersuchen aufgrund einer unerlaubten Einreise über eine EU-Außengrenze liegen Daten aufgrund erkennungsdienstlicher Maßnahmen nach § 49 VIII bereits vor. Außerdem können die Daten, die nach § 49 IX erhoben wurden, zum Zwecke des Sicherheitsabgleichs verwendet werden. Darüber hinaus kann der Sicherheitsabgleich auch mit den im **Aufnahmegesuch** nach Art. 21 **Dublin III-VO** von dem EU-Staat übermittelten Daten erfolgen.

Werden Ausländer iRe **Neuansiedlungsverfahrens** oder eines sonstigen **humanitären Aufnah-** **33** **meverfahrens** oder Asylsuchende iRe **Umverteilungsverfahrens** in Deutschland aufgenommen, können die nach § 49 V Nr. 6 erhobenen Daten für den Sicherheitsabgleich verwendet werden. Daten, die iRe Umverteilungsverfahren von einem anderen EU-Staat an das BAMF übermittelt wurden, können ebenso an die Sicherheitsbehörden zum Datenabgleich übermittelt werden.

Zur Einleitung des Sicherheitsabgleichs übermittelt das BAMF die Daten an das BVA, welches **34** wiederum die Daten an die Sicherheitsbehörden weiterleitet.

IV. Datenübermittlung an das BKA für eigene Aufgaben

Nach § 21a S. 1 AZRG werden die für den Sicherheitsabgleich erforderlichen Daten aus dem AZR **35** an die Organisationseinheit im BVA übermittelt. Für die Durchführung des Sicherheitsabgleichs bedarf das BVA dabei auch bestimmter Verwaltungsdaten wie die Daten zur speichernden Stelle, zur AZR-

---

[43] Vgl. BT-Drs. 19/2438, 25.
[44] Vgl. GesEntw-Begr BT-Drs. 19/8285, 101, 112.
[45] Vgl. BT-Drs. 19/3839, 5.

Nummer, zum Aufenthaltsort und zum auslösenden Sachverhalt (§ 3 I Nr. 1–3 AZRG). Diese Daten sind erforderlich, um zu klären, wem das BVA die Rückmeldungen zur Verfügung stellt (Adressat) und welchem Sachverhalt die Überprüfungsergebnisse zugeordnet werden. Daneben werden die Daten zur Kategorisierung und Löschung des Datensatzes benötigt. Diese Verwaltungsdaten werden dem BKA jedoch nicht nach § 73 Ia 1 zur Verfügung gestellt, weil sie für das BKA für diesen Zweck nicht erforderlich sind. Demgegenüber ist die vorsorgliche Übermittlung dieser Daten an das BKA erforderlich, um sicherzustellen, dass bei einer ggf. vorhandenen Fahndungsausschreibung die erforderlichen Maßnahmen, wie zB die Information der zuständigen Polizeidienststelle, ohne nennenswerten Zeitverzug umgesetzt werden können, der andernfalls durch gegebenenfalls zeitaufwendige Nachrecherchen entstehen könnte. Hierdurch soll sichergestellt werden, dass die Person noch vor Ort angetroffen wird und erforderliche Maßnahmen (zB Festnahme oder Inobhutnahme vermisster Minderjähriger durch das Jugendamt) vollzogen werden können. Für diesen Zweck sind die in § 73 Ia 4 genannten und nach § 21a S. 1 AZRG an die beteiligte Organisationeinheit des BVA weitergegebenen Verwaltungsdaten dem Bundeskriminalamt zu übermitteln[46].

V. Datenübermittlung an die Ausländerbehörde

36 Synergieeffekte entstanden auch hinsichtlich der Einführung eines Konsultationsverfahrens für **aufenthaltsrechtliche Überprüfungen im Inland** durch Änderung des Abs. 2 aufgrund Gesetzesentwurf[47] vom 7.2.2003[48]. Für die hierfür erforderliche Kommunikationsplattform wird die bestehende Infrastruktur des BVA genutzt. Bei dem AZR/Visa-Online-Portal und den angeschlossenen Netzen ist ein sicherer Zugang aller Sicherheitsbehörden und Ausländerbehörden vorhanden. Der Zugang erlaubt die Übertragung jeglicher Art von Informationen, insbesondere von Lichtbildern und – mit entsprechender Ergänzung – auch von Fingerabdruckdaten, weil die Kommunikation weitgehend auf standardisierten sog. XML-Schnittstellen beruht, was die Kommunikation mit lokalen Anwendungen der Nutzer flexibel ermöglicht. Vor diesem Hintergrund war es nicht zu rechtfertigen, einen – wegen rein nationaler Bezüge – auf der Grundlage der bestehenden Kommunikation zum AZR ausschließlich auf das BVA als Kommunikationsknoten aufbauenden neuen informationstechnischen Prozess für Abfragen nach Abs. 2 einzuführen, gleichzeitig aber nicht die hieraus resultierenden notwendigen Verfahrensanpassungen für den Bereich des Konsultationsverfahrens nach Abs. 1 nachzuvollziehen. Es wäre letztlich nicht zu rechtfertigen gewesen, die beiden inhaltlich übereinstimmenden Fachverfahren nach den Abs. 1 und 2 auf unterschiedlichen informationstechnischen Kommunikationsplattformen und Dateninfrastrukturen abzuwickeln.

37 Das AA als „Herr des Verfahrens" erhält iRd zugrunde liegenden Rechtsgrundlagen jederzeitigen vollumfänglichen Zugriff auf die beim BVA gespeicherten Datensätze. Die Neugestaltung des IT-Prozesses im Konsultationsverfahren nach Abs. 1 hat iÜ keinen Einfluss auf das zugrunde liegende Fachverfahren. Die Zuständigkeit des AA für das Visumverfahren und die daraus folgenden Notwendigkeiten, die zur Prüfung von Visumanträgen erforderlichen Informationen zu erhalten, bleiben unberührt. Art und Umfang der im Visumverfahren aus sicherheitspolitischen Gründen erhobenen bzw. übermittelten Daten werden nur im Einvernehmen beider Ressorts und im Einklang mit der geltenden Rechtslage festgelegt. Einzelheiten ergeben sich im Rahmen der Ressortvereinbarung zwischen dem BMI und dem AA.

38 Das Konsultationsverfahren in seiner neuen informationstechnischen Gestalt wahrt mithin die Entscheidungshoheit des AA über die Prüfung von Visumanträgen. Wie bisher werden im Konsultationsverfahren keine abschließenden Bewertungen vorgenommen, sondern lediglich Ergebnisse von sicherheitsbehördlichen Überprüfungen mitgeteilt. Im Übrigen führt die Implementierung des neuen Standards zu keiner Absenkung des datenschutzrechtlichen Standards[49]. Die Ausgestaltung und Steuerung des Verfahrens erfolgt ausschließlich im Rahmen des jeweils geltenden Rechts. Das Inkrafttreten des Abs. 1 wurde in Art. 10 III RLUmsG 2007 zum 1.5.2008 geregelt.

39 Zur Verbesserung der Zusammenarbeit der Ausländerverwaltung mit den Sicherheitsbehörden war es erforderlich, die Sicherheitsbehörden des Bundes und der Länder mit den über 630 Ausländerbehörden und allen Auslandsvertretungen stärker zu vernetzen, die Informationswege zu vereinfachen und das **BVA** als IT-Dienstleister des AZR zu einer **Zentralstelle der Informationssteuerung** auszubauen.

40 Im Rahmen der Evaluierung des ZuwG ist festgestellt worden, dass der gesetzliche Spielraum zur Beteiligung der Sicherheitsbehörden unterschiedlich genutzt wird. Um die im Rahmen der Terrorismusbekämpfung notwendige Bundeseinheitlichkeit sicherzustellen, werden die Fälle, in denen die Beteiligung der Sicherheitsbehörden erfolgen muss, durch **Verwaltungsvorschrift**[50] des BMI ein-

---

[46] Vgl. GesEntw-Begr BT-Drs. 19/8752, 68 und Beschlussempf. des Innenausschusses BT-Drs. 19/10705, 13.
[47] BT-Drs. 15/420, 27.
[48] BT-Drs. 16/5065, 192.
[49] BT-Drs. 16/5065, 192.
[50] Allg. Verwaltungsvorschrift zu § 73 II und III 1 v. 25.8.2008 (GMBl. 2008 S. 943).

heitlich geregelt. Als Folge konnte der bisherige Abs. 2 S. 2 entfallen, da die Verwaltungsvorschrift auch regelt, wie in den Fällen der Erteilung einer Niederlassungserlaubnis zu verfahren ist.

Um eine effizientere Gestaltung des Informationsflusses von sicherheitsbehördlichen Erkenntnissen an die Ausländerbehörde zu erreichen, wird in Anlehnung an die automatisierte Konsultation iRd Visumverfahrens nach Abs. 1 eine **automatisierte Beteiligung der Sicherheitsbehörden** über das BVA geschaffen[51]. Dadurch wird den Ausländerbehörden ermöglicht, die Personendaten der Ausländer automatisiert an die Sicherheitsbehörden zu übermitteln, entsprechend Rückmeldungen zu empfangen und zu verwalten. Die Anwendung ist in das AZR/Visa-Online-Portal integriert. Daher orientiert sich die Anwendung an bereits realisierten Komponenten. Den Anwendern ist es dadurch möglich, aus bekannten Verfahren die relevanten Daten zu übernehmen und an von ihnen nach den Umständen des Einzelfalls auszuwählende Sicherheitsbehörden zu übermitteln. 41

Das Inkrafttreten war in Art. 10 II RLUmsG 2007 zum 1.2.2009 angeordnet. Das BVA konnte die Zentralstellenfunktion im aufenthaltsrechtlichen Überprüfungsverfahren im Inland erst acht Monate nach Verkündung wahrnehmen. 42

VI. Nachberichtspflicht

Die Feststellung, ob zu einem Antragsteller **Versagungsgründe** bestehen, erfolgt vor der Erteilung eines Aufenthaltstitels. Es kann jedoch nicht ausgeschlossen werden, dass zu Personen, die Inhaber eines Aufenthaltstitels sind, nach dem Abschluss des Konsultationsverfahrens Informationen bekannt werden, die eine Versagung des Aufenthaltstitels gerechtfertigt hätten (etwa für den Fall, dass ein Schengen-Visum irrtümlich als Visum mit mehrjähriger Gültigkeit ausgestellt wird; ein Visum durch „Vorzeigegeld" erschlichen wurde; das Visum wider der Berechtigungsinhalts zu Erwerbstätigkeiten genutzt werden soll etc)[52]. 43

Werden nachträglich Informationen bekannt, müssen die Maßnahmen gegebenenfalls zur Annullierung oder Aufhebung des Visums nach Art. 34 VK und erforderlichenfalls zur Ausweisung und einem Rückkehrverfahren führen. Aus diesem Grund sind die Sicherheitsbehörden nach Abs. 3 und 3b verpflichtet, nachträglich bekannt gewordene Sicherheitsbedenken an die zuständigen Stellen zu übermitteln. Zuständige Stellen iSd Vorschrift können die Ausländerbehörde und die Auslandsvertretung sein. Daher enthalten die Übermittlungsvorschriften der Abs. 3 und 3b die Regelung einer **Nachberichtspflicht während des Gültigkeitszeitraums des Aufenthaltstitels** ergänzend zur Übermittlung von Sicherheitsbedenken auf die Anfrage iRd Konsultationsverfahrens. Das bedeutet, dass zum einen auf die Anfrage der Auslandsvertretung bzw. Ausländerbehörde eine Rückübermittlung des Votums der Sicherheitsbehörden innerhalb der vorgesehenen Fristen erfolgt und zum anderen die Sicherheitsbehörden die Angaben zu dem betreffenden Antrag während des Gültigkeitszeitraums des Aufenthaltstitels speichern und im Falle von Erkenntnissen der Sicherheitsbehörden diese an die Auslandsvertretung oder Ausländerbehörde zurückmelden. Die Auslandsvertretung oder Ausländerbehörde wird nach Erteilung des Aufenthaltstitels eine Rückmeldung an die Sicherheitsbehörde geben, für welchen Gültigkeitszeitraum der Aufenthaltstitel erteilt wurde. Es soll iRd Visumverfahrens eine automatisierte Rückmeldung iRd KZB-Rechners erfolgen. Aus dieser Nachberichtspflicht der Sicherheitsbehörden und Nachrichtendienste ergibt sich mittelbar eine Verpflichtung dieser Behörden, Daten aller Konsultationsanfragen – auch zu denen mit negativem Ergebnis – zu speichern, um bei neu festgestellten Versagungsgründen einen Abgleich mit den von den Ausländerbehörden und Auslandsvertretungen nach Abs. 3 S. 2 übermittelten Daten zu erteilten oder verlängerten Aufenthaltstiteln vorzunehmen. Nach Ansicht des Bundesbeauftragten für den Datenschutz[53] verstößt diese „**Vorratsdatenspeicherung**" gegen den Verfassungsgrundsatz der Verhältnismäßigkeit: 44

> „Ich erkenne nicht die Erforderlichkeit der in § 73 Abs 3 AufenthG-E vorgesehenen Regelung, dass auch sämtliche von den Sicherheitsbehörden an die am Überprüfungsverfahren beteiligten Stellen übermittelten Daten, bei denen keine Gründe für Sicherheitsbedenken festgestellt wurden (Nichttrefferfälle), dort für den gesamten Gültigkeitszeitraum des Aufenthaltstitels gespeichert sein müssen. Die Speicherung personenbezogener Daten auf Vorrat zu Personen, bei denen solche Erkenntnisse fehlen, halte ich – wie bei Dateien der Polizeien und der Nachrichtendienste des Bundes und der Länder – auch hier nicht für erforderlich. Ich bin deshalb der Ansicht, dass die übermittelten Daten nach der Überprüfung gelöscht werden müssen."

Durch ausdrückliche Regelung einer Nachberichtspflicht wird zugleich klargestellt, dass kraft dieser Aufgabenzuweisung die übermittelten Daten nach Abs. 3 S. 2[54] und nach Abs. 3b für den Gültigkeitszeitraum des Aufenthaltstitels gespeichert werden dürfen. Mit der Einfügung des neuen 1. Hs. in Abs. 3 S. 2 wurde nunmehr – zu Zwecken der Klarstellung – eine ausdrückliche Rechtsgrundlage für die dazu erforderliche **Übermittlung der Gültigkeitsdauer** der erteilten und verlängerten Aufenthaltstitel von den Auslandsvertretungen und Ausländerbehörden an die in Abs. 1 und 2 genannten 45

---

[51] BT-Drs. 16/5065, 192.
[52] Vgl. hierzu ausf. BT-Drs. 16/5065, 193.
[53] 21. Tätigkeitsbericht des BfDI v. 24.4.2007, S. 98.
[54] BT-Drs. 16/5065, 193.

Sicherheitsbehörden und die Nachrichtendienste geschaffen[55]. § 73 III 3 regelt lediglich, dass die in S. 1 genannten Behörden (ua BKA) die übermittelten Daten speichern und nutzen dürfen, soweit dies zur Erfüllung ihrer gesetzlichen Aufgaben erforderlich ist. Dies bedeutet jedoch keine Ermächtigung zu einer Speicherung in einem polizeilichen Informationssystem. Insoweit gehen die bereichsspezifischen Regelungen des BKAG vor[56]. Durch das FamiliennachzugsneuregelungsG wurde Abs. 3b eingefügt, der inhaltsgleiche Regelungen in Bezug auf den ebenfalls neu geschaffenen Versagungsgrund des § 27 IIIa enthält.

VII. Verwaltungsvorschriften

46 Die nähere Bestimmung der betroffenen Personengruppen trifft das BMI durch nicht veröffentlichte Verwaltungsvorschriften. Die Kriterien sind gesetzlich vorgegeben: Staatsangehörige bestimmter Staaten oder sonst abgegrenzte Personengruppen, zB nach Zugehörigkeit zu einem Volk, einer Partei, einem Verein, einer Religion. Weitere Differenzierungen nach Geschlecht, Familienstand oder Alter sind nicht ausgeschlossen. Die Benennung von „Risikogruppen" soll nähere Überprüfungen ermöglichen, sie besagt nicht, dass diese die Voraussetzungen der §§ 5 IV, 54 Nr. 5 oder 5a auch erfüllen. Durch das 2. DAVG wurde das Verfahren zur Erstellung der Verwaltungsvorschriften neu geregelt und zwischen den Fällen des Abs. 1 (Visumverfahren) und denen des Abs. 1a (Asylsuchende, illegal eingereiste oder aufhältige Ausländer, Wieder-/Aufnahme aus dem Ausland) differenziert. So sieht Abs. 4 bei der Erstellung der Verwaltungsvorschriften mit Bezug zum Visumverfahren nach Abs. 1 zwingend das Einvernehmen mit dem AA vor, da der Sicherheitsabgleich unmittelbare Auswirkung auf das Visumverfahren und dessen Dauer hat. Die Verwaltungsvorschrift zu Abs. 1a betrifft lediglich Fälle, bei denen das AA nicht an dem Verfahren beteiligt ist und daher das Einvernehmen des AA bei der Erstellung der Verwaltungsvorschriften nicht erforderlich ist[57]. Durch diese Differenzierung wird auch deutlich, dass die betroffenen Personengruppen der Verwaltungsvorschriften mit Bezug zu Abs. 1 oder 1a nicht identisch sein müssen.

47 Übermittlungsersuchen sollen in der Vergangenheit insbesondere bei Staatsangehörigen der folgenden Länder erfolgt sein[58]: Afghanistan, Ägypten, Algerien, Bahrain, Indonesien, Irak, Iran, Jemen, Jordanien, Katar, Kolumbien, Kuwait, Libanon, Libyen, Nordkorea, Oman, Pakistan, Philippinen, Saudi-Arabien, Somalia, Sudan, Surinam, Syrien und Vereinigte Arabische Emirate.

§ 73a Unterrichtung über die Erteilung von Visa

(1) ¹Unterrichtungen der anderen Schengen-Staaten über erteilte Visa gemäß Artikel 31 der Verordnung (EG) Nr. 810/2009 können über die zuständige Stelle an den Bundesnachrichtendienst, das Bundesamt für Verfassungsschutz, den Militärischen Abschirmdienst, das Bundeskriminalamt und das Zollkriminalamt zur Prüfung übermittelt werden, ob der Einreise und dem Aufenthalt des Visuminhabers die in § 5 Absatz 4 genannten Gründe oder sonstige Sicherheitsbedenken entgegenstehen. ²Unterrichtungen der deutschen Auslandsvertretungen über erteilte Visa, deren Erteilung nicht bereits eine Datenübermittlung gemäß § 73 Absatz 1 vorangegangen ist, können zu dem in Satz 1 genannten Zweck über die zuständige Stelle an die in Satz 1 genannten Behörden übermittelt werden; Daten zu anderen Personen als dem Visuminhaber werden nicht übermittelt. ³§ 73 Absatz 3 Satz 3 und 4 gilt entsprechend.

(2) Das Bundesministerium des Innern, für Bau und Heimat bestimmt im Benehmen mit dem Auswärtigen Amt und unter Berücksichtigung der aktuellen Sicherheitslage durch allgemeine Verwaltungsvorschrift, in welchen Fällen gegenüber Staatsangehörigen bestimmter Staaten sowie Angehörigen von in sonstiger Weise bestimmten Personengruppen von der Ermächtigung des Absatzes 1 Gebrauch gemacht wird.

Allgemeine Verwaltungsvorschrift
Nicht belegt.

I. Entstehungsgeschichte

1 Die Vorschrift wurde mit dem **RLUmsG 2011**[1] neu eingefügt. Der neue § 73a enthält die erforderlichen Anpassungen an Art. 31 VK. Demnach kann ein Mitgliedstaat verlangen, dass er nachträglich über die von den Konsulaten anderer Mitgliedstaaten an Staatsangehörige bestimmter Drittstaaten oder an bestimmte Gruppen von Staatsangehörigen dieser Staaten erteilten Visa unterrichtet wird.

---

[55] Aus der Begr zum GesEntw (BT-Drs. 17/5470, 48).
[56] VG Wiesbaden Urt. v. 4.4.2013 – 6 K 910/12.WI.A, BeckRS 2013, 52895.
[57] Vgl. BT-Drs. 19/8752, 69.
[58] So NK-AuslR/*Hilbrans*, § 73 Rn. 21.
[1] BT-Drs. 17/5470.

II. Unterrichtungspflicht

Nach **Art. 31 VK (Unterrichtung der zentralen Behörden anderer Mitgliedstaaten)** kann ein Mitgliedstaat verlangen, dass seine zentralen Behörden über die von den Konsulaten anderer Mitgliedstaaten an Staatsangehörige bestimmter Drittstaaten oder an bestimmte Gruppen von Staatsangehörigen dieser Staaten erteilten Visa unterrichtet werden; dies gilt nicht im Falle von Visa für den Flughafentransit (Typ A). Die Mitgliedstaaten teilen der Kommission die Einführung bzw. die Rücknahme der Verpflichtung zu einer solchen Unterrichtung mit, bevor dies anwendbar wird. Art. 22 VK regelt, dass diese Mitteilung über die Einführung einer Konsultationspflicht spätestens 25 Kalendertage vor Einführung der Maßnahme übermittelt werden muss, damit die Antragsteller rechtzeitig informiert werden und die anderen Mitgliedstaaten sich technisch darauf einstellen können[2]. Eine entsprechende Unterrichtung erfolgt auch im Rahmen der Schengen-Zusammenarbeit vor Ort in dem betreffenden Konsularbezirk. Die Kommission unterrichtet die Mitgliedstaaten über diese Mitteilungen. Abs. 1 S. 1 legt die Ermächtigungsgrundlage zur **innerstaatlichen Übermittlung und Nutzung** der Daten zu den von den Mitgliedstaaten erteilten Visa zur Prüfung von Sicherheitsbedenken fest.

Abs. 1 S. 2 schafft ergänzend zur Regelung betreffend die von den Mitgliedstaaten erteilten Visa nach S. 1 die Ermächtigungsgrundlage zur Übermittlung von Daten zu durch die deutschen Auslandsvertretungen erteilten Visa (als **nationales Korrelat zum Verfahren nach Art. 31 VK**). Zur Vermeidung von Doppelübermittlungen wird dies auf die Fälle eingeschränkt, die nicht bereits von dem Beteiligungsverfahren zur Visumerteilung nach § 73 I, III und IIIb erfasst sind (s. dort).

Die gemäß Abs. 1 S. 2 zu übermittelnden Daten umfassen Angaben zum Visum sowie zur Person, der das Visum erteilt wurde. Angaben zum Einlader und zu Personen, die durch Abgabe einer Verpflichtungserklärung oder in anderer Weise die Sicherung des Lebensunterhalts garantieren, oder die zu sonstigen Referenzpersonen bei der Antragstellung im Inland erhoben wurden, werden hingegen im **Unterschied zur Regelung in § 73 I**, wonach (im Einklang mit Art. 22 VK) sämtliche im entscheidungsvorbereitenden Verfahren erhobenen Daten übermittelt werden, nicht übermittelt.

III. Verwaltungsvorschriften

Nach **Abs. 2** bestimmte das BMI im Benehmen mit dem AA und unter Berücksichtigung der aktuellen Sicherheitslage durch nicht veröffentlichte allgemeine Verwaltungsvorschriften, in welchen Fällen gegenüber Staatsangehörigen bestimmter Staaten sowie Angehörigen von in sonstiger Weise bestimmten Personengruppen von der Ermächtigung des Abs. 1 Gebrauch gemacht wurde, und schreibt diese Verwaltungsvorschrift aktuell fort (hierzu → § 73 Rn. 32 f.).

§ 73b Überprüfung der Zuverlässigkeit von im Visumverfahren tätigen Personen und Organisationen

(1) ¹Das Auswärtige Amt überprüft die Zuverlässigkeit von Personen auf Sicherheitsbedenken, denen im Visumverfahren die Erfüllung einer oder mehrerer Aufgaben, insbesondere die Erfassung der biometrischen Identifikatoren, anvertraut ist oder werden soll und die weder entsandte oder im Inland beschäftigte Angehörige des Auswärtigen Dienstes noch Beschäftigte des Bundesamtes für Auswärtige Angelegenheiten sind (Betroffene). ²Anlassbezogen und in regelmäßigen Abständen unterzieht das Auswärtige Amt die Zuverlässigkeit des in Satz 1 genannten Personenkreises einer Wiederholungsprüfung. ³Die Überprüfung der Zuverlässigkeit erfolgt nach vorheriger schriftlicher Zustimmung des Betroffenen.

(2) ¹Zur Überprüfung der Zuverlässigkeit erhebt die deutsche Auslandsvertretung Namen, Vornamen, Geburtsnamen und sonstige Namen, Geschlecht, Geburtsdatum und -ort, Staatsangehörigkeit, Wohnsitz und Angaben zum Identitätsdokument (insbesondere Art und Nummer) des Betroffenen und übermittelt diese über das Auswärtige Amt zur Prüfung von Sicherheitsbedenken an die Polizeivollzugs- und Verfassungsschutzbehörden des Bundes, den Bundesnachrichtendienst, den Militärischen Abschirmdienst, das Bundeskriminalamt und das Zollkriminalamt. ²Die in Satz 1 genannten Sicherheitsbehörden und Nachrichtendienste teilen dem Auswärtigen Amt unverzüglich mit, ob Sicherheitsbedenken vorliegen.

(3) ¹Die in Absatz 2 genannten Sicherheitsbehörden und Nachrichtendienste dürfen die übermittelten Daten nach den für sie geltenden Gesetzen für andere Zwecke verarbeiten, soweit dies zur Erfüllung ihrer gesetzlichen Aufgaben erforderlich ist. ²Übermittlungsregelungen nach anderen Gesetzen bleiben unberührt.

---

[2] COM(2018) 252 final v. 14.3.2018.

(4) Ohne eine abgeschlossene Zuverlässigkeitsüberprüfung, bei der keine Erkenntnisse über eine mögliche Unzuverlässigkeit zutage treten, darf der Betroffene seine Tätigkeit im Visumverfahren nicht aufnehmen.

(5) [1]Ist der Betroffene für eine juristische Person, insbesondere einen externen Dienstleistungserbringer tätig, überprüft das Auswärtige Amt auch die Zuverlässigkeit der juristischen Person anhand von Firma, Bezeichnung, Handelsregistereintrag der juristischen Person nebst vollständiger Anschrift (lokale Niederlassung und Hauptsitz). [2]Das Auswärtige Amt überprüft auch die Zuverlässigkeit des Inhabers und der Geschäftsführer der juristischen Person in dem für die Zusammenarbeit vorgesehenen Land. [3]Absatz 1 Satz 2 und 3 und die Absätze 2 bis 4 gelten entsprechend.

Allgemeine Verwaltungsvorschrift
Nicht belegt.

I. Entstehungsgeschichte

1   Die Vorschrift ist durch das **AufenthGÄndG 2015**[1] neu eingefügt worden. Durch das Gesetz über die Errichtung eines Bundesamtes für Auswärtige Angelegenheiten[2] wurde Abs. 1 S. 1 ergänzt.

II. Zuverlässigkeitsüberprüfung

2   Die Auslandsvertretungen binden zunehmend nicht direkt vom AA entsandte Personen und **Dienstleistungserbringer** zur Ausführung **administrativer Tätigkeiten** in das Visumverfahren ein, wozu bspw. die Annahme und Erfassung von Visumanträgen und die durch die weltweite Inbetriebnahme des EU-Visainformationssystems erforderlich gewordene Abnahme biometrischer Daten gehören. Zur weiteren Sicherstellung einer ordnungsgemäßen Durchführung des Visumverfahrens und um Missbrauch im Zusammenhang mit der Prüfung der Visumanträge weitestgehend auszuschließen, wird es als erforderlich erachtet, eine Überprüfung dieser Personen und Unternehmen unter Zuhilfenahme der Informationen und Erkenntnisse der Sicherheitsbehörden des Bundes durchzuführen, um deren Zuverlässigkeit überprüfen zu können. Die Ergänzung des Abs. 1 S. 1 durch das Gesetz zur Errichtung eines Bundesamtes für Auswärtige Angelegenheiten stellt klar, dass im Inland beschäftigte Angehörige des Auswärtigen Dienstes und Beschäftigte des Bundesamts, die in der Visumbearbeitung eingesetzt werden, nicht der Überprüfung der Zuverlässigkeit nach Abs. 1 unterliegen. Beschäftigte des Bundesamts, die in der Visumbearbeitung eingesetzt werden, unterliegen den gleichen Anforderungen und Sicherheitsüberprüfungen nach dem Sicherheitsüberprüfungsgesetz, wie sie für die mit Visaangelegenheiten beauftragten Angehörigen des Auswärtigen Dienstes oder für Beschäftigte anderer Bundesbehörden, die im Visumverfahren beteiligt sind, gelten[3].

3   Zur Klarstellung ist für die Überprüfung der mit Aufgaben im Visumverfahren betrauten Personen und Unternehmen sowie deren Inhaber oder Geschäftsführer eine explizite Rechtsgrundlage ins Gesetz aufgenommen worden. Eine Überprüfung der Zuverlässigkeit darf nur durchgeführt werden, wenn die Betroffenen der Überprüfung schriftlich zugestimmt haben. Eine **wirksame Zustimmung** setzt voraus, dass die Betroffenen über die Daten, die zur Überprüfung übermittelt werden, den Zweck der Übermittlung, die beteiligten Behörden und die Möglichkeit der Verwendung der Daten zu anderen Zwecken informiert werden. Die Überprüfung der Zuverlässigkeit der eingesetzten Personen, der juristischen Person und deren Inhaber oder Geschäftsführer wird regelmäßig sowie anlassbezogen wiederholt. Als Turnus für die **Wiederholungsprüfungen** sind dabei Überprüfungen in einem Takt von mindestens drei Jahren anzusehen. Nicht dem AA angehörende Personen sind insbesondere die Mitarbeiter von externen Dienstleistungserbringern nach Art. 43 der VO (EG) Nr. 810/2009. Die juristische Person als solche ist nach Abs. 5 in die Überprüfung ebenfalls miteinzubeziehen. Darüber hinaus sollen auch Ortskräfte in den Auslandsvertretungen sowie Honorarkonsuln und ihre Mitarbeiter, die bei der Antragsbearbeitung eingesetzt werden, überprüft werden.

4   Befugnisse zur Verarbeitung von **Daten** zur Erfüllung der Aufgabe der jeweiligen Sicherheitsbehörden ergeben sich bereits aus den entsprechenden gesetzlichen Grundlagen der Behörden. Abs. 3 stellt insoweit lediglich klar, dass diese Befugnisse unangetastet bleiben. Durch den Bezug auf die Erforderlichkeit wird eine unverhältnismäßige Nutzung zu anderen Zwecken verhindert[4].

5   Durch die Regelung in Abs. 4 wird gewährleistet, dass die natürlich oder die juristische Person nicht mit Aufgaben im Visumverfahren betraut wird, bevor die Zuverlässigkeitsüberprüfung positiv abgeschlossen ist.

---

[1] BGBl. 2015 I S. 1386.
[2] BGBl. 2020 I S. 1241.
[3] GesEntw BT-Drs. 19/17292, 23.
[4] Begr. zum GesEntw, BT-Drs. 18/4097.

§ 73c Zusammenarbeit mit externen Dienstleistungserbringern

¹Die deutschen Auslandsvertretungen können im Verfahren zur Beantragung nationaler Visa nach Kapitel 2 Abschnitt 3 und 4 mit einem externen Dienstleistungserbringer entsprechend Artikel 43 der Verordnung (EG) Nr. 810/2009 zusammenarbeiten. ²Satz 1 gilt auch für Visumanträge des Ehegatten oder Lebenspartners und minderjähriger lediger Kinder zum Zweck des Familiennachzugs zu einem Ausländer, der einen Visumantrag nach Satz 1 gestellt hat, wenn die Ehe oder die Lebenspartnerschaft bereits bestand oder das Verwandtschaftsverhältnis bereits begründet war, als der Ausländer seinen Lebensmittelpunkt in das Bundesgebiet verlegt hat.

Allgemeine Verwaltungsvorschrift
Nicht belegt.

I. Entstehungsgeschichte

Die Vorschrift ist durch das **AufenthGÄndG 2015**[1] neu eingefügt worden. S. 2 wurde durch das Gesetz über die Errichtung eines Bundesamts für Auswärtige Angelegenheiten[2] eingefügt. 1

II. Zusammenarbeit mit Externen

Die VO (EG) Nr. 810/2009 (Visakodex) regelt in Art. 43 die Zusammenarbeit der Mitgliedstaaten mit **externen Dienstleistungserbringern** im Bereich der Erteilung von Schengen-Visa. Eine solche Zusammenarbeit von deutschen Auslandsvertretungen mit externen Dienstleistungserbringern findet derzeit in 44 Ländern an insgesamt 130 Annahmezentren statt. Bedarf für eine Zusammenarbeit mit externen Dienstleistungserbringern besteht auch für den Bereich der Beantragung bestimmter nationaler Visa (D-Visa). Mit dieser Norm wurde daher eine Rechtsgrundlage für das Tätigwerden von externen Dienstleistungserbringern bei der Entgegennahme und Erfassung von D-Visumanträgen einschließlich der Erfassung biometrischer Daten gem. § 49 V Nr. 5 geschaffen. Bei steigenden Antragszahlen trägt dies zur Arbeitsentlastung der Visastellen bei, wodurch sie die gewonnene Zeit für die Antragsprüfung verwenden können. 2020 haben rund 330000 Personen von dieser Möglichkeit Gebrauch gemacht und ihre Anträge auf Schengen-Visa für Deutschland und nationale Visa über einen externen Dienstleister eingereicht[3], welcher die Anträge zur Bearbeitung und Entscheidung an die zuständigen Auslandsvertretungen weiterleiten. 2

Durch S. 2 wird der Personenkreis, der bei einem externen Dienstleister einen Visumantrag einreichen kann, auf Ehegatten oder Lebenspartner sowie minderjährige Kinder zum Zweck des **Familiennachzugs** erweitert. Voraussetzung ist, dass die Ehe bzw. die Lebenspartnerschaft oder das Verwandtschaftsverhältnis bereits begründet war, bevor die Person, zu der der Nachzug erfolgen soll, ihren Lebensmittelpunkt nach Deutschland verlegt hat. Für die verwaltungspraktische Umsetzung gelten die Voraussetzungen für die Annahme des Antrags von Familienangehörigen als gegeben, wenn die in den vom Antragsteller vorgelegten Unterlagen genannten Daten der Eheschließung, der Begründung der Lebenspartnerschaft oder der Geburt des Kindes zeitlich vor dem Datum der Erteilung des Visums des Stammberechtigten liegen. Durch das Abstellen auf die „Begründung" des Verwandtschaftsverhältnisses werden auch Fälle erfasst, in denen ein Ausländer während der Schwangerschaft der Ehegattin bereits ausreist und das Kind nach der Ausreise des Vaters noch im Herkunftsland geboren wird[4]. 3

Auch für die Antragsteller ergeben sich Vorteile durch Verringerung oder Wegfall der Wartezeiten auf einen Termin in der Visastelle, da bei einem externen Dienstleistungserbringer Anträge ohne Termin oder mit nur geringem Vorlauf eingereicht werden können. Zudem können externe Dienstleistungserbringer auch an Orten, an denen sich bisher keine Visastelle befindet, tätig werden, sodass sich erhebliche Wege- und Anreisezeiten für den Antragsteller einsparen lassen. Mit diesen Maßnahmen kann die Attraktivität Deutschlands zB bei der Fachkräftegewinnung erhöht werden. Für die Zuverlässigkeitsüberprüfung des bei dem externen Dienstleistungserbringer eingesetzten Personals gilt § 73b. Die Prüfung und Entscheidung der Visumanträge verbleiben in jedem Fall als **hoheitliches Handeln bei der Visastelle der Auslandsvertretung**. Bei Zweifeln oder Fragen besteht für die Visastelle jederzeit die Möglichkeit, den Antragsteller zur persönlichen Vorsprache in die Visastelle zu bitten, Nachfragen zu stellen oder weitere Unterlagen anzufordern[5]. 4

---

[1] BGBl. 2015 I S. 1386.
[2] BGBl. 2020 I S. 1241.
[3] Auswärtiges Amt, Statistik zu erteilten Visa, www.auswaertiges-amt.de/de/service/visa-und-aufenthalt/-/2231558.
[4] GE BT-Drs. 19/17292, 24.
[5] Begründung zum Gesetzesentwurf, BT-Drs. 18/4097.

§ 74 Beteiligung des Bundes; Weisungsbefugnis

(1) Ein Visum kann zur Wahrung politischer Interessen des Bundes mit der Maßgabe erteilt werden, dass die Verlängerung des Visums und die Erteilung eines anderen Aufenthaltstitels nach Ablauf der Geltungsdauer des Visums sowie die Aufhebung und Änderung von Auflagen, Bedingungen und sonstigen Beschränkungen, die mit dem Visum verbunden sind, nur im Benehmen oder Einvernehmen mit dem Bundesministerium des Innern, für Bau und Heimat oder der von ihm bestimmten Stelle vorgenommen werden dürfen.

(2) Die Bundesregierung kann Einzelweisungen zur Ausführung dieses Gesetzes und der auf Grund dieses Gesetzes erlassenen Rechtsverordnungen erteilen, wenn
1. die Sicherheit der Bundesrepublik Deutschland oder sonstige erhebliche Interessen der Bundesrepublik Deutschland es erfordern,
2. durch ausländerrechtliche Maßnahmen eines Landes erhebliche Interessen eines anderen Landes beeinträchtigt werden,
3. eine Ausländerbehörde einen Ausländer ausweisen will, der zu den bei konsularischen und diplomatischen Vertretungen vom Erfordernis eines Aufenthaltstitels befreiten Personen gehört.

Allgemeine Verwaltungsvorschrift
74 Zu § 74 – Beteiligung des Bundes; Weisungsbefugnis
74.1 Beteiligung des Bundes
Die Regelung sieht vor, dass unter Abweichung von der gesetzlichen Kompetenzverteilung, wonach die Entscheidung über die Verlängerung eines Visums im Inland oder die Erteilung eines Aufenthaltstitels grundsätzlich in der alleinigen Zuständigkeit der Ausländerbehörden der Länder liegt (siehe auch § 71), die in Absatz 1 vorgesehenen Maßnahmen von den Ausländerbehörden nur unter Beteiligung des Bundesministeriums des Innern vorgenommen werden dürfen. Voraussetzung ist, dass sich der Bund entsprechende Maßnahmen schon bei der Visumerteilung vorbehalten hat. In diesem Fall regelt die für die Visumerteilung zuständige Auslandsvertretung in einer Nebenbestimmung zu dem erteilten Visum, dass und in welcher Form das Bundesministerium des Innern oder eine von ihm bestimmte Stelle bei den bezeichneten Maßnahmen zu beteiligen ist. Dabei liegt die Entscheidungshoheit, ob eine solche Nebenbestimmung vorzusehen ist, beim Bundesministerium des Innern. Voraussetzung ist, dass die Regelung zur Wahrung politischer Interessen des Bundes dient. Die Ausländerbehörde kann die ausländerrechtliche Maßnahme in diesem Falle nur im Benehmen (Nichtbeanstandung nach Anhörung) oder im Einvernehmen (das ausdrückliche Zustimmung voraussetzt) entscheiden und muss in jedem Fall mit dem Bundesministerium des Innern Kontakt aufnehmen.
74.2 Weisungsbefugnis
Die Vorschrift ermächtigt die Bundesregierung zur Erteilung von Einzelweisungen an die Länderbehörden (Artikel 84 Absatz 5 Satz 1 GG). Die Weisungen werden grundsätzlich gegenüber der obersten Landesbehörde ausgesprochen und werden nur in Dringlichkeitsfällen direkt gegenüber der Ausländerbehörde bei nachrichtlicher Beteiligung der obersten Landesbehörde ergehen. Die Vorschrift ist dem Einzelfall vorbehalten.

I. Entstehungsgeschichte

1   Die Vorschrift stimmte in vollem Umfang mit dem **Gesetzesentwurf**[1] überein. Abs. 2 wurde an die geänderte Rspr. des BVerfG zu Art. 85 GG angepasst[2]. Danach ist davon auszugehen, dass auch im Fall des Art. 84 V GG nur die Bundesregierung als Kollegium zum Erlass von Einzelweisungen ermächtigt ist.

II. Beteiligung des Bundesministeriums des Innern

2   Die Beteiligungsbefugnis des BMI **begrenzt die Kompetenz der Ausländerbehörden** der Länder, die für Folgeentscheidungen nach Erteilung des Visums durch die Auslandsvertretungen des Bundes allein zuständig sind (vgl. hierzu § 71). Sie beruht auf der Überlegung, dass die Zulassung und die Voraussetzungen für die Zuwanderung von Ausländern auch im Einzelfall Interessen des Gesamtstaats berühren können. Anders als noch § 65 I AuslG gilt die Vorschrift nicht für Erteilung oder Verlängerung der Duldung. Diese Änderung war ursprünglich mit dem Fortfall der Duldung begründet[3], wurde dann aber trotz Aufrechterhaltung der Duldung nicht rückgängig gemacht.

3   Die Beteiligung des Bundes liegt nach **Abs. 1** in der „**Maßgabe**" der Wahrung politischer Interessen, die sich begrifflich auf folgende – abschließende – Beteiligungsformen bzgl. der Erteilung eines Visums erstrecken darf: Herstellen des Benehmens oder Einvernehmens wegen

– Verlängerung des Visums oder
– Erteilung eines anderen Aufenthaltstitels oder
– Aufhebung, Änderung von Auflagen, Bedingungen oder sonstigen Beschränkungen.

---

[1] BT-Drs. 15/420, 28.
[2] BVerfG Urt. v. 2.3.1999 – 2 BvF 1/94, BeckRS 1999, 30049364.
[3] BT-Drs. 15/420, 28.

Die „Maßgabe" ist kein justitiabler Vorgang der Qualität eines Verwaltungsakts, sondern eine 4 innerdienstliche Vorgabe oder Anweisung[4]. In den angeführten Fallgruppen kann das einzelne **Visum** mit einer **Nebenbestimmung** versehen werden, welche die Herstellung des Benehmens oder des Einvernehmens des BMI oder einer von ihm bestimmten Stelle sichert. **Benehmen** bedeutet Nichtbeanstandung nach Anhörung, während **Einvernehmen** ein ausdrückliches Einverständnis erfordert. Ohne Benehmen oder Einvernehmen darf die Ausländerbehörde keine positive Entscheidung über die genannten Fragen treffen[5]. Die Maßgabe richtet sich an die für die Visumerteilung zuständige Stelle. Das sind nach Art. 4 I VK die Konsulate oder nach Art. 4 Ia VK zentrale Behörden. Das birgt Konfliktpotenzial, denn die Konsulate unterstehen dem AA und nicht dem BMI. Eine **Weisungsbefugnis** gegenüber dem AA besteht durch das BMI schon aus verwaltungsorganisatorischen und -rechtlichen Gründen nicht; insbesondere nicht aufgrund von § 74[6]. Jedoch ist das BMI gegenüber den mit der Kontrolle des grenzüberschreitenden Verkehrs beauftragten Behörden (Visaerteilung an der Grenze) direkt weisungsbefugt. Gleichwohl vertritt das BMI aufgrund von Abs. 1 die „politischen Interessen" des Bundes in Gänze, die hier ganzheitlich zu betrachten sind und nicht auf innenpolitische Gründe beschränkt sind. Ob Abs. 1 damit verfassungsrechtlich haltbar ist, war noch nicht Gegenstand eines Verfahrens, dürfte aber zu bezweifeln sein[7]. Jedenfalls müsste bzgl. der Visaantragstellung und Bearbeitung im Ausland eine Ressortabstimmung BMI–AA vorgesehen sein, die in der entsprechenden Weisung des AA an die Konsulate endet.

Die **politischen Interessen** des Bundes, die eine Beteiligung des BMI veranlassen können, sind 5 nicht weiter begrenzt. Sie können auch andere Politikfelder betreffen als Wirtschafts-, Arbeitsmarkt-, Sicherheits- und Außenpolitik. Die Interessen des Bundes sind nicht notwendig auf die ihm zugewiesenen Bereiche der Gesetzgebung und Verwaltung beschränkt. Die Wahrung einzelstaatlicher Belange kann, wenn diese auf andere Länder oder den Gesamtstaat ausstrahlen, Angelegenheit des Bundes sein. Die jeweils maßgeblichen Interessen müssen im Einzelfall genannt werden; angesichts der weitreichenden Formulierung entziehen sie sich aber der näheren Darstellung und Überprüfung.

III. Weisungsbefugnis der Bundesregierung

Entsprechend Art. 84 V 1 GG sind **Einzelweisungen** der Bundesregierung an die Länderbehörden 6 „für besondere Fälle" zugelassen. Sie sind außer im Falle der Dringlichkeit an die oberste Landesbehörde zu richten (Art. 84 V 2 GG), nicht also unmittelbar an die Ausländerbehörde. Sie brauchen sich nicht in der Regelung eines einzelnen Falls zu erschöpfen, sondern können eine Reihe gleich oder ähnlich gelagerter Fälle betreffen. Immer muss es dabei um die Ausführung des AufenthG oder einer darauf basierenden Rechtsverordnung gehen. Ausführung bedeutet sowohl Rechtsauslegung als auch Anwendung im Einzelfall. Einzelweisungen an Bundesbehörden zur Ausführung des AufenthG darf die Bundesregierung ohnehin erteilen, also ohne Bindung an den Katalog des Abs. 2.

Unter **Sicherheit** der Bundesrepublik Deutschland ist dasselbe zu verstehen wie nach § 58a I 1. 7 Sonstige **erhebliche Interessen** sind tangiert, wenn Rechtsgüter der in § 47 I genannten Art gefährdet sind. Die Notwendigkeit einer Intervention des Bundes braucht sich nicht unmittelbar aus dem Einzelfall zu ergeben. Die Weisung selbst kann aber nur für den Einzelfall ergehen. Sie kann auch auf Bedenken gegen eine entsprechende allgemeine Verwaltungspraxis in gleich oder ähnlich gelagerten Fällen beruhen. Insoweit kann die Bundesregierung auch über Einzelfallentscheidungen die Einheitlichkeit der Rechtsanwendung sichern, freilich nur zur Abwehr von Gefahren für die Sicherheit oder andere erhebliche Bundesinteressen. Letztere können auch auf Interessen eines Landes oder einzelner Länder zurückgehen.

Den Ausgleich von **Meinungsunterschieden** der Länder untereinander darf die Bundesregierung 8 nur dann zum Anlass für Einzelweisungen nehmen, wenn dadurch erhebliche Interessen eines Landes beeinträchtigt werden. Uneinheitlichkeit des Gesetzesvollzugs allein rechtfertigt noch keinen Eingriff, sondern nur die schädlichen Folgen desselben für ein Land, zB in Form einer für die Gleichmäßigkeit der Lebensverhältnisse in Deutschland unzuträglichen Binnenwanderung von Flüchtlingen oder ausreisepflichtigen Ausländern[8].

Die Ausweisung einer Person aus dem diplomatischen oder konsularischen Dienst kann immer 9 **außenpolitische** Belange des Bundes berühren. Maßgeblich ist der Grund für die Befreiung vom Erfordernis des Aufenthaltstitels nicht eine bestimmte dienstliche Stellung; es kann sich auch um Hauspersonal oder Familienangehörige handeln[9]. An einer einschlägigen Pflicht zur Benachrichtigung der Bundesregierung über eine geplante Ausweisung fehlt es bislang.

---

[4] Vgl. NK-AuslR/*Hofmann* § 74 Rn. 10.
[5] Zum Verwaltungs- und Gerichtsverfahren → § 72 Rn. 9 f.
[6] So auch NK-AuslR/*Hofmann* § 74 Rn. 8; aA *Kloesel/Christ/Häuser* AuslG § 65 Rn. 2.
[7] NK-AuslR/*Hofmann* § 74 Rn. 12.
[8] Betr. Spätaussiedler vgl. die Einschränkungen durch Ges. v. 26.2.1996, BGBl. I S. 225, zuletzt geändert durch Ges. v. 27.12.2003, BGBl. I S. 3022.
[9] Dazu § 1.

1 AufenthG § 74a

10   Ein mögliches verwaltungsrechtliches oder gerichtliches Verfahren durch den betroffenen Ausländer im Falle der Beschwer ist schwierig, da der Betroffene sich gegen die Beteiligung des Bundes nicht direkt wehren kann. Im jeweiligen Verfahren muss daher die Beteiligung des Bundes und die Weisungsvorgabe inzident geprüft werden[10].

Abschnitt 1 a. Durchbeförderung

§ 74a Durchbeförderung von Ausländern

[1] Ausländische Staaten dürfen Ausländer aus ihrem Hoheitsgebiet über das Bundesgebiet in einen anderen Staat zurückführen oder aus einem anderen Staat über das Bundesgebiet wieder in ihr Hoheitsgebiet zurückübernehmen, wenn ihnen dies von den zuständigen Behörden gestattet wurde (Durchbeförderung). [2] Die Durchbeförderung erfolgt auf der Grundlage zwischenstaatlicher Vereinbarungen und Rechtsvorschriften der Europäischen Union. [3] Zentrale Behörde nach Artikel 4 Abs. 5 der Richtlinie 2003/110/EG ist die in der Rechtsverordnung nach § 58 Abs. 1 des Bundespolizeigesetzes bestimmte Bundespolizeibehörde. [4] Der durchbeförderte Ausländer hat die erforderlichen Maßnahmen im Zusammenhang mit seiner Durchbeförderung zu dulden.

Allgemeine Verwaltungsvorschrift
74a Zu § 74a – Durchbeförderung von Ausländern
74 a.0 Allgemeines
74a.0.1 Bei einer Durchbeförderung handelt es sich um die Beförderung eines ausländischen Staatsangehörigen im Rahmen einer Rückführungsmaßnahme eines anderen Staates durch bzw. über das Hoheitsgebiet der Bundesrepublik Deutschland. Durchbeförderungen erfolgen auf Grundlage zwischenstaatlicher Vereinbarungen, i. d. R. sind dies Rückübernahme- oder Durchbeförderungsabkommen und Rechtsvorschriften der Europäischen Gemeinschaft, insbesondere die Richtlinie 2003/110/EG des Rates vom 25. November 2003 über die Unterstützung bei der Durchbeförderung im Rahmen von Rückführungsmaßnahmen auf dem Luftweg (ABl. EU Nummer L 321 S 26, so genannte Durchbeförderungsrichtlinie). Durchbeförderungen jenseits dieser Grundlagen sind nicht statthaft.
74a.0.2 Mit der Vorschrift wird die Durchbeförderungsrichtlinie umgesetzt. Zweck der Regelung ist es, das Verfahren über die Unterstützung zwischen den zuständigen nationalen Behörden bei unbegleiteten und begleiteten Rückführungen auf dem Luftweg über Flughäfen für die Mitgliedstaaten der Europäischen Union festzulegen. Außerdem wird das Verfahren der Durchbeförderung auf dem Landweg geregelt. Die die Durchbeförderung regelnden zwischenstaatlichen Vereinbarungen unterliegen nicht dem Schrifterfordernis. I. d. R. handelt es sich jedoch um förmliche Rückübernahme- oder Durchbeförderungsabkommen.
74a.1 Durchbeförderungen auf dem Luftweg in Anwendung der Durchbeförderungsrichtlinie
Nur wenn aus vertretbaren praktischen Gründen für die Rückführung kein Direktflug in den Zielstaat genutzt werden kann, kann der Mitgliedstaat einen entsprechenden schriftlichen Antrag auf Durchbeförderung über einen deutschen Flughafen stellen. Dieser Antrag soll mindestens zwei Tage vor der geplanten Rückführung vorliegen. Der Wechsel des Flughafens innerhalb der Bundesrepublik Deutschland ist nicht zulässig. Die Entscheidung über den Antrag ist dem anfragenden Staat grundsätzlich binnen zwei Tagen nach Eingang des Antrages mitzuteilen. Das zu nutzende Antragsformular ist als Anhang Bestandteil der Richtlinie.
74a.2 Durchbeförderungen (Land/Luft) auf Grund zwischenstaatlicher Vereinbarungen
Insbesondere neuere Rückübernahmeabkommen enthalten Regelungen für die Durchbeförderung. Inhaltlich orientieren sich diese an der Durchbeförderungsrichtlinie.
74a.3 Durchbeförderungen von gemeinschaftsrechtlich begünstigten Personen
Unter bestimmten Voraussetzungen kann gemeinschaftsrechtlich begünstigten Personen das Recht auf Freizügigkeit für einzelne Mitgliedstaaten entzogen werden. I. d. R. betreibt dieser Staat die Rückführung in das Heimatland. Da diese Personen in der Bundesrepublik Deutschland grundsätzlich die Freizügigkeitsvoraussetzungen erfüllen, ist ein hoheitliches Tätigwerden zur Unterstützung der Durchbeförderung nicht zulässig.
74a.4 Zuständige Behörden
Zentrale Beh i. S d. Artikels 4 Absatz 5 der Durchbeförderungsrichtlinie ist gemäß § 1 Absatz 3 Nummer 1 Buchstabe b) der BPolZV das Bundespolizeipräsidium. Auch im Rahmen der meisten Rückübernahme- bzw. Durchbeförderungsabkommen nimmt das Bundespolizeipräsidium eine zentrale Funktion für die Beantragung und die Bearbeitung von Anträgen auf Durchbeförderungen wahr.

I. Entstehungsgeschichte

1   § 74a soll der Umsetzung der europarechtlichen Regelungen zur Unterstützung für die Durchbeförderung von Ausländern iRv Rückführungsmaßnahmen auf dem Luftweg dienen und wurde durch das **RLUmsG 2007** mWv 28.8.2007 neu eingeführt. Primär setzt die Vorschrift die RL 2003/110/EG (Durchbeförderungs-RL) vom 25.11.2003[1] um. Diese RL folgt der Empfehlung des Rates vom 22.12.1995 betreffend die Abstimmung und Zusammenarbeit bei Rückführungsmaßnahmen und dem Beschluss des Exekutivausschusses vom 21.4.1998 betreffend die Zusammenarbeit zwischen den Vertragsstaaten bei der Rückführung von Drittstaatsangehörigen auf dem Luftweg (SCH/Com-ex (98)10).

---

[10] Ausf. NK-AuslR/*Hofmann* § 74 Rn. 14.
[1] ABl. 2003 L 321, 26; berichtigt ABl. 2004 L 236, 18.

Durchbeförderung von Ausländern   § 74a AufenthG 1

Zweck der Regelung ist es, das Verfahren über die Unterstützung zwischen den zuständigen Behörden bei unbegleiteten und begleiteten Rückführungen auf dem Luftweg über Flughäfen der Mitgliedstaaten der EU festzulegen[2]. Darüber hinaus enthält das gemeinsame „**Rückkehr-Handbuch**" auch Hinweise zu Durchbeförderungen auf dem Landweg in Umsetzung der Rückführungs-RL[3].

II. Allgemeines

Die Bundespolizei ist in originärer Zuständigkeit (abgesehen von Fällen der Amts- oder Vollzugshilfe zur Unterstützung der Ausländerbehörden zur Durchführung der Abschiebung) ua im Zusammenhang mit der Rücküberstellung oder Durchbeförderung von Ausländern aus den benachbarten Ländern auf dem Luft-, Land- oder Seeweg beteiligt (vgl. § 71 III Nr. 1d). Die RL 2003/110/EG regelt ausschließlich die Unterstützung bei der Durchbeförderung iRv Rückführungsmaßnahmen auf dem **Luftweg** (→ Rn. 3). § 74a S. 1 spricht insofern von der Durchbeförderung unabhängig von der Art des Transportwegs und unabhängig davon, ob es sich um einen freiwillige Durchbeförderung oder eine begleitete oder unbegleitete zwangsweise Durchbeförderung handelt. Vermisst werden weiterhin eindeutige und umfassende Vorschriften, die Befugnisse für ausländische Begleitbeamte, haftungs- und kostenrechtliche Fragen und den Bereich der Freiheitsentziehung abschließend regeln.   2

Zweck der Durchbeförderungs-RL ist es, Maßnahmen zur Unterstützung zwischen den zuständigen Behörden bei unbegleiteten und begleiteten Rückführungen auf dem Luftweg auf den Transitflughäfen der Mitgliedstaaten festzulegen (Art. 1). Vorrangig der Direktflugmöglichkeit wird das **Ersuchen** auf eine begleitete oder unbegleitete Durchbeförderung auf dem Luftweg und die damit verbundenen Unterstützungsmaßnahmen durch den ersuchenden Mitgliedstaat schriftlich gestellt. Es soll dem ersuchten Mitgliedstaat so frühzeitig wie möglich, spätestens jedoch zwei Tage vor der Durchbeförderung zugehen. Der ersuchte Mitgliedstaat teilt dem ersuchenden Mitgliedstaat binnen **zwei Tagen** seine Entscheidung mit. Diese Frist kann in besonders begründeten Fällen um höchstens 48 Stunden verlängert werden. Ohne Zustimmung des ersuchten Mitgliedstaates darf eine Durchbeförderung auf dem Luftweg grundsätzlich nicht begonnen werden (vgl. Art. 3, 4). Der ersuchende Mitgliedstaat trifft entsprechende **Vorkehrungen,** um zu gewährleisten, dass die Durchbeförderung so rasch wie möglich abgewickelt wird (zur Beantragung eines richterlichen Beschlusses für eine gegebenenfalls notwendige Freiheitsentziehung → Rn. 4 f.). Die **Durchbeförderung** muss binnen höchstens **24 Stunden** abgewickelt werden; damit unterliegen auch die Verfahren zur Beschlussfassung in Freiheitsentziehungssachen dieser europäischen Vorgabe des Beschleunigungsgebots. Der ersuchte Mitgliedstaat veranlasst in gegenseitigen Konsultationen mit dem ersuchenden Mitgliedstaat iRd verfügbaren Mittel und nach Maßgabe der einschlägigen internationalen Standards alle Unterstützungsmaßnahmen, die von der Landung und der Öffnung der Flugzeugtüren bis zur Sicherung der Ausreise des Drittstaatsangehörigen erforderlich sind. In Betracht kommen gemäß Art. 5 II 3 Durchbeförderungs-RL insbesondere die folgenden **Unterstützungsmaßnahmen:**   3

a) die Abholung des Drittstaatsangehörigen am Flugzeug sowie dessen Begleitung auf dem Gelände des Transitflughafens, insbesondere zum Weiterflug
b) die notärztliche Versorgung des Drittstaatsangehörigen und ggf. der Begleitkräfte
c) die Verpflegung des Drittstaatsangehörigen und ggf. der Begleitkräfte
d) die Entgegennahme, Aufbewahrung und Weiterleitung von Reisedokumenten, insbesondere bei unbegleiteten Rückführungen
e) bei unbegleiteten Rückführungen die Unterrichtung des ersuchenden Mitgliedstaats über Ort und Zeit der Ausreise des Drittstaatsangehörigen aus dem Hoheitsgebiet des betreffenden Mitgliedstaates
f) die Unterrichtung des ersuchenden Mitgliedstaates über etwaige schwerwiegende Zwischenfälle während der Durchbeförderung des Drittstaatsangehörigen

Der ersuchte Mitgliedstaat kann gemäß Art. 5 III durchbeförderungs-RL nach **Maßgabe seines innerstaatlichen Rechts:**   4

a) die Drittstaatsangehörigen an einen sicheren Ort bringen und dort unterbringen[4]
b) rechtmäßige Mittel zur Verhinderung oder Beendigung von durch den Drittstaatsangehörigen versuchten Widerstandshandlungen gegen die Durchbeförderung anwenden

In Notfällen kann der ersuchte Mitgliedstaat auf Ersuchen von und im Benehmen mit dem ersuchenden Mitgliedstaat alle erforderlichen Unterstützungsmaßnahmen für die Fortsetzung der Durchbeförderung bis zu einer Frist von höchstens 48 Stunden durchführen.   5

Nach Art. 7 der RL beschränken sich die **Befugnisse der Begleitkräfte** bei der Durchführung der Durchbeförderung auf Notwehr. Darüber hinaus können die Begleitkräfte, wenn keine Beamten der Strafverfolgungsbehörde des Durchbeförderungsmitgliedstaats zugegen sind oder zur Unterstützung   6

---

[2] Aus der GesBegr zum Entw des AuslRÄndG 2007 mit Stand v. 14.6.2007.
[3] Empfehlung (EU) 2017/2338 der Kommission vom 16.11.2017 für ein gemeinsames „Rückkehr-Handbuch", das von den zuständigen Behörden der Mitgliedstaaten bei der Durchführung rückkehrbezogener Aufgaben anzuwenden ist, ABl 2017 L 339, 83.
[4] Diese Maßnahme inkludiert nicht eine Freiheitsentziehung.

der Strafverfolgungsbeamten, in vernünftiger und verhältnismäßiger Weise auf eine unmittelbar bevorstehende schwerwiegende Gefahr reagieren, um zu verhindern, dass der Drittstaatsangehörige flüchtet und dabei sich oder Dritte verletzt oder Sachschaden verursacht. Die Begleitkräfte müssen unter allen Umständen die Rechtsordnung des ersuchten Mitgliedstaates einhalten.

7   Das „Rückkehr-Handbuch" enthält ausdrücklich die Aufforderung an die Mitgliedstaaten, Durchbeförderungen auch auf dem Landweg zuzulassen und somit insbesondere eine freiwillige Ausreise von Ausländer, gegen die eine Rückkehrentscheidung[5] getroffen wurde, zu ermöglichen[6]. Hierfür hat die Kommission empfohlen, dass die Transitmitgliedstaaten die Rückkehrentscheidung des anfragenden Mitgliedstaats auf der Grundlage von Anhang 39 des Handbuchs „Standardformular für die Anerkennung einer Rückkehrentscheidung für die Zwecke des **Transits auf dem Landweg**" anerkennen[7]. Rechtliche Grundlage für diese Anerkennung der Rückkehrentscheidung bildet die RL 2001/40/EG über die gegenseitige Anerkennung von Entscheidungen über die Rückführung von Drittstaatsangehörigen[8].

III. Notwendigkeit einer richterlichen Entscheidung

8   Die Fassung des § 74a durch das **RLUmsG 2007** verzichtet auf den noch idF vom 6.1.2006 enthaltenen – umstrittenen – Abs. 2 (Durchbeförderungshaft). Nach § 74a S. 4 hat der durchbeförderte Ausländer die erforderlichen Maßnahmen im Zusammenhang mit seiner **Durchbeförderung zu dulden**. Das Kernproblem der Durchführung ist die **Planbarkeit der beabsichtigten Freiheitsentziehungen**. Freiheitsentziehungen bei angekündigter Rücküberstellung sind ohne vorherige richterliche Anordnung unzulässig[9]. Aufgrund des durch die RL geregelten Verfahrens sind den Dienststellen regelmäßig die Termine für Durchbeförderungen bekannt. Nach Art. 4 der RL muss das Ersuchen schriftlich spätestens zwei Tage vor der Durchbeförderung zugehen (→ Rn. 3). Sofern die Zuführung aus der Abschiebehaft des ersuchenden Mitgliedstaates erfolgt, bleibt wegen der Planbarkeit einer möglicherweise notwendigen Freiheitsentziehung bei Landung und Öffnung der Außentüren auf deutschem Boden kein Raum für eine rechtmäßige Spontanfestnahme. Das gilt sowohl für die deutschen Polizeibeamten als auch für die begleitenden ausländischen Beamten, die sich ohnehin mangels eigener Befugnis[10] nur auf die nationalen deutschen Vorschriften iRd Notwehr/-hilfe und des Notstandes berufen können. Eine bloße Durchsetzung der Durchbeförderung mittels Zwang, bei der es sich lediglich um eine nicht dem Richtervorbehalt aus Art. 104 II GG unterliegende Freiheitsbeschränkung handelt[11], scheidet aufgrund des besonderen Charakters dieser Maßnahme jedenfalls dann aus, wenn der Durchzubefördernde bereits aus der Haft zugeführt wird.

9   Problematisch ist hier auch die **Rechtsgrundlage für den Haftantrag**. Der Durchzubefördernde reist mit luftseitigem Überschreiten der **Binnengrenze** völkerrechtlich und ausländerrechtlich, spätestens mit Betreten deutschen Bodens, auch vollendet ein. Sein Aufenthalt ist trotz Fehlens eines nunmehr erforderlichen Aufenthaltstitels so lange nicht unerlaubt, wie § 30 AufenthV den Ausländer für die Zwecke der Durchbeförderung für die Dauer von bis zu drei Tagen von Erfordernis eines Aufenthaltstitels befreit. Ist der Aufenthalt nicht unerlaubt, so scheidet eine Zurückschiebung und ein hierauf gestützter Haftantrag aus[12]. Vielmehr steht auch hier der zuständige Richter vor einem Dilemma, da ein etwa auf § 427 FamFG (→ § 62 Rn. 396 f.) gestützter Eilantrag zu keinem Haftbeschluss nach bisherigem deutschem Recht führen kann (so aber Nr. 62.0.3.6 AVwV-AufenthG). Es ist weder § 62 noch eine andere Rechtsgrundlage ersichtlich, die für eine Freiheitsentziehung in diesem Fall einschlägig wäre[13].

10   Die Wendung „Der durchbeförderte Ausländer hat die erforderlichen Maßnahmen in Zusammenhang mit seiner Durchbeförderung zu dulden" (§ 74a S. 4) impliziert keine generalklauselartige Befugnis zur Anwendung von Verwaltungszwang[14]. Die zwangsweise Durchsetzung polizeilicher Maßnahmen erfordert nach § 6 VwVG regelmäßig eine rechtmäßige Befugnisnorm, die ggf. in Eilfällen (sofortiger Zwang, § 6 II VwVG) ohne tatsächliche Verfügung durch den Beamten vollzogen

---

[5] ISd Art. 3 Nr. 4 Rückführungs-RL.
[6] Rückkehr-Handbuch, Abschnitt 5.2, ABl. 2017 L 339, 103; → § 58 Rn. 21.
[7] Rückkehr-Handbuch, Abschnitt 6.4, ABl. 2017 L 339, 112.
[8] ABl. 2001 L 149, 34.
[9] Vgl. *Winkelmann* ZAR 2007, 268 unter Hinweis auf OLG Köln Beschl. v. 29.6.2005 – 16 Wx 76/05, BeckRS 2005, 9980 – und umfassend zum Thema *Winkelmann*, „Unverzüglichkeit der richterlichen Entscheidung", OK-MNet-AufenthG zu § 74a; → § 62 Rn. 11 f.
[10] → Rn. 3; insoweit wurde Art. 7 RL 2003/110/EG, der die Möglichkeit der Ausgestaltung von Befugnissen vorsieht, nicht in nationales Recht umgesetzt.
[11] BVerwG Urt. v. 17.8.1982 – 1 C 85.80, BeckRS 1982, 31242949.
[12] *Winkelmann* OK-MNet-AufenthG zu § 74a; → § 62 Rn. 12 f.
[13] Vgl. dazu bei *Melchior*, Abschiebungshaft, 8/2007, Nr. 690, der den Grenzbehörden empfiehlt, sich bereits vor einer Durchbeförderung (die stets rechtzeitig angekündigt ist) durch einen entsprechenden Antrag bei dem zuständigen Haftgericht zu vergewissern, ob und inwieweit die beabsichtigten Maßnahmen rechtlich zulässig sind, aber offenlässt, welches materielle Recht für den Haftbeschluss zur Anwendung gelangen soll.
[14] Vgl. auch NK-AuslR/*Keßler* § 74a Rn. 8 f.; aA *Westphal/Huber* in Huber/Mantel AufenthG § 74a Rn. 6.

werden kann. Mangels eigenständiger Befugnisse für die Durchbeförderung wären diese insbesondere im BPolG zu erblicken. Eine polizeiliche Aufforderung an den Durchzubefördernden, sich nach Landung zB vom Rollfeld zum Bus und weiter zu bestimmten Bereichen im Terminal zu begeben, könnte auf § 14 I BPolG (Generalermächtigung) gestützt werden. Die Weigerung des betroffenen Ausländers könnte notfalls (insbesondere unter Beachtung der Verhältnismäßigkeit) mithilfe unmittelbaren Zwangs durchgesetzt werden. Sobald Zwangsmaßnahmen in Freiheitsentziehungen[15] münden, ist die vorgenannte Problematik (→ Rn. 3, 4) zu beachten. Möglich erscheint dann eine Platzverweisung nach § 38 BPolG in Form eines Betretensverbots, mit dem dem Ausländer der Zutritt zum Bundesgebiet außerhalb des Terminals oder des Flugsteigs untersagt wird, um die Gefahr des Abtauchens und damit des unerlaubten Aufenthalts zu verhindern. Zur Durchsetzung dieses Betretensverbots wäre bei Weigerung des Ausländers eine Gewahrsamnahme nach § 39 I Nr. 2 BPolG in Form eines sog. Durchsetzungs- oder auch eines sog. Verbringungsgewahrsams möglich.

Damit können derzeit keine geplanten Freiheitsentziehungen iRv *angekündigten* **Durch-** 11
beförderungen von Ausländenr rechtstaatlich begründet werden[16]. Vorzugsweise wäre eine Ergänzung im IRG vorzunehmen, das in seinem dritten Teil das Durchlieferungsverfahren in den §§ 43–47 regelt. Denkbar wäre auch eine Regelung wie in § 58 IV, sofern der Ausländer nicht aus der Haft zugeführt wird.

In Bezug auf die völkerrechtlichen Durchbeförderungsabkommen und die RL 2003/110/EG selbst 12
lässt sich kein subjektives Recht des Betroffenen auf **gerichtlichen Schutz** herleiten. Art. 8 der RL berührt jedoch nicht die Verpflichtungen aus dem Genfer Abkommen. über die Rechtsstellung der Flüchtlinge vom 28.7.1951 in der Fassung des New Yorker Protokolls vom 31.1.1967, aus internationalen Übereinkünften über Menschenrechte und Grundfreiheiten sowie aus internationalen Übereinkommen über die Auslieferung von Personen. Daraus lässt sich ein Antragsrecht auf einstweiligen Rechtsschutz gem. § 123 VwGO gegen die zentrale Behörde[17] bei zuständigen VG begründen, soweit der Betroffene zB eine konkrete Verletzung des Refoulementverbots befürchtet oder drohende Gewaltanwendung beklagt[18]. Nach Erwägungsgrund 7 der RL darf gemäß den geltenden internationalen Verpflichtungen eine Durchbeförderung auf dem Luftweg weder beantragt noch genehmigt werden, wenn dem Drittstaatsangehörigen im Ziel- oder Transitdrittland die Gefahr unmenschlicher oder erniedrigender Behandlung, Folter oder die Todesstrafe droht oder sein Leben oder seine Freiheit aus Gründen seiner Rasse, seiner Religion, seiner Nationalität, seiner Zugehörigkeit zu einer bestimmten sozialen Gruppe oder seiner politischen Überzeugung bedroht wird. Eine Verletzung von Art. 104 I 1, II GG durch ungerechtfertigte Freiheitsentziehung wegen des Mangels an einfachgesetzlicher Grundlage muss beim zuständigen AG anhängig gemacht werden (§ 428 II FamFG, → § 62 Rn. 407 f.). Nach § 416 FamFG (→ § 62 Rn. 259 f.) ist das Gericht örtlich zuständig, in dessen Bezirk die Person, der die Freiheit entzogen werden soll, ihren gewöhnlichen Aufenthalt hat, sonst das Gericht, in dessen Bezirk das Bedürfnis für die Freiheitsentziehung entsteht.

Abschnitt 2. Bundesamt für Migration und Flüchtlinge

§ 75 Aufgaben

Das Bundesamt für Migration und Flüchtlinge hat unbeschadet der Aufgaben nach anderen Gesetzen folgende Aufgaben:
1. Koordinierung der Informationen über den Aufenthalt zum Zweck der Erwerbstätigkeit zwischen den Ausländerbehörden, der Bundesagentur für Arbeit und der für Pass- und Visaangelegenheiten vom Auswärtigen Amt ermächtigten deutschen Auslandsvertretungen;
2. a) Entwicklung von Grundstruktur und Lerninhalten des Integrationskurses nach § 43 Abs. 3 und der berufsbezogenen Deutschsprachförderung nach § 45a,
   b) deren Durchführung und
   c) Maßnahmen nach § 9 Abs. 5 des Bundesvertriebenengesetzes;
3. fachliche Zuarbeit für die Bundesregierung auf dem Gebiet der Integrationsförderung und der Erstellung von Informationsmaterial über Integrationsangebote von Bund, Ländern und Kommunen für Ausländer und Spätaussiedler.
4. Betreiben wissenschaftlicher Forschung über Migrationsfragen (Begleitforschung) zur Gewinnung analytischer Aussagen für die Steuerung der Zuwanderung;

---

[15] AA *Melchior*, Abschiebungshaft, 8/2007, Nr. 690, der generell der Auffassung ist, dass die Durchbeförderung, wenn der Betroffene nicht kraft eigener Einsicht reist, stets mit freiheitsentziehenden Maßnahmen einhergeht. Nicht so das BVerwG Urt. v. 17.8.1982 – 1 C 85.80, BeckRS 1982, 31242949, welches in der Durchführung der Abschiebung allein durch Anwendung einfachen unmittelbaren Zwangs keine Freiheitsentziehung erblickt; ausf. dazu *Winkelmann* ZAR 2007, 268; OK-MNet-AufenthG § 62 Rn. 7.
[16] So auch *Westphal/Huber* in Huber/Mantel AufenthG § 74a Rn. 7; *Keßler* in NK-AuslR AufenthG § 74a Rn. 9.
[17] Nach § 74a S. 3 AufenthG iVm § 1 III Nr. 1b BPolZV das Bundespolizeipräsidium in Potsdam.
[18] Vgl. *Keßler* in NK-AuslR AufenthG § 74a Rn. 17.

4a. Betreiben wissenschaftlicher Forschungen über Integrationsfragen;
5. Zusammenarbeit mit den Verwaltungsbehörden der Mitgliedstaaten der Europäischen Union als Nationale Kontaktstelle und zuständige Behörde nach Artikel 27 der Richtlinie 2001/55/EG, Artikel 25 der Richtlinie 2003/109/EG, Artikel 22 Absatz 1 der Richtlinie 2009/50/EG, Artikel 26 der Richtlinie 2014/66/EU und Artikel 37 der Richtlinie (EU) 2016/801 sowie für Mitteilungen nach § 51 Absatz 8a;
5a. Prüfung der Mitteilungen nach § 16c Absatz 1, § 18e Absatz 1 und § 19a Absatz 1 sowie Ausstellung der Bescheinigungen nach § 16c Absatz 4, § 18e Absatz 5 und § 19a Absatz 4 oder Ablehnung der Einreise und des Aufenthalts;
6. Führung des Registers nach § 91a;
7. Koordinierung der Programme und Mitwirkung an Projekten zur Förderung der freiwilligen Rückkehr sowie Auszahlung hierfür bewilligter Mittel;
8. die Durchführung des Aufnahmeverfahrens nach § 23 Abs. 2 und 4 und die Verteilung der nach § 23 sowie der nach § 22 Satz 2 aufgenommenen Ausländer auf die Länder;
9. Durchführung einer migrationsspezifischen Beratung nach § 45 Satz 1, soweit sie nicht durch andere Stellen wahrgenommen wird; hierzu kann es sich privater oder öffentlicher Träger bedienen;
10. Anerkennung von Forschungseinrichtungen zum Abschluss von Aufnahmevereinbarungen nach § 18d; hierbei wird das Bundesamt für Migration und Flüchtlinge durch einen Beirat für Forschungsmigration unterstützt;
11. Koordinierung der Informationsübermittlung und Auswertung von Erkenntnissen der Bundesbehörden, insbesondere des Bundeskriminalamtes und des Bundesamtes für Verfassungsschutz, zu Ausländern, bei denen wegen Gefährdung der öffentlichen Sicherheit ausländer-, asyl- oder staatsangehörigkeitsrechtliche Maßnahmen in Betracht kommen;
12. Anordnung eines Einreise- und Aufenthaltsverbots nach § 11 Absatz 1 im Fall einer Abschiebungsandrohung nach den §§ 34, 35 des Asylgesetzes oder einer Abschiebungsanordnung nach § 34a des Asylgesetzes sowie die Anordnung und Befristung eines Einreise- und Aufenthaltsverbots nach § 11 Absatz 7;
13. unbeschadet des § 71 Absatz 3 Nummer 7 die Beschaffung von Heimreisedokumenten für Ausländer im Wege der Amtshilfe.

Allgemeine Verwaltungsvorschrift
75 Zu § 75 – Aufgaben
Nicht belegt.

Übersicht

	Rn.
I. Entstehungsgeschichte	1
II. Allgemeines	3
III. Aufgaben	5

I. Entstehungsgeschichte

1   Die Vorschrift stimmt im Wesentlichen mit dem **Gesetzesentwurf**[1] überein. Aufgrund des Vermittlungsverfahrens wurden die Bezugnahmen auf das Auswahlverfahren nach § 20 des Entwurfs und die Einrichtung eines Bundesinstituts für Bevölkerungs- und Migrationsforschung (Abs. 2 des Entwurfs) gestrichen. Außerdem wurden die Begriffe der Bundesagentur für Arbeit und des Integrationskurses anstelle überholter Begriffe eingefügt. Schließlich wurde im März 2005 Nr. 9 angefügt[2].

2   Durch das RLUmsG 2007[3] wurde in Nr. 5 nach dem Wort „Kontaktstelle" die Wörter „und zuständige Behörde" eingefügt und die Wörter „der RL 2001/55/EG" durch die Wörter „Artikel 27 der RL 2001/55/EG, Artikel 25 der RL 2003/109/EG und Artikel 8 III der RL 2004/114/EG sowie für Mitteilungen nach § 52 VII 2" ersetzt. Außerdem wurden Nr. 10 und 11 angefügt. In Nr. 5 wurde durch das RLUmsG 2011 der Verweis auf § 52 VII 2 durch einen Verweis auf § 51 VIIIa ersetzt[4]. Durch das RLUmsG 2012 wurde außerdem in Nr. 5 die Bezugnahme auf Art. 22 I RL 2009/50/EG eingefügt[5]. MWv 6.9.2013 wurde Nr. 7 neugefasst[6]. Mit dem AufenthGÄndG 2015[7] wurde Nr. 8 wegen der neuen Aufgaben nach § 23 IV ergänzt und Nr. 12 mit Blick auf die Befugnisse des BAMF zur Befristung von Einreise- und Aufenthaltsverboten nach § 11 II sowie zur Anordnung von Einreise- und Aufenthaltsverboten und deren Befristung nach § 11 VII

---
[1] BT-Drs. 15/420, 28 f.
[2] Art. 1 Nr. 10 Ges. v. 14.3.2005, BGBl. I S. 721.
[3] Gesetz v. 19.8.2007, BGBl. I S. 1970.
[4] Art. 1 Nr. 44 Ges. v. 22.11.2011, BGBl. I S. 2258, mWv 26.11.2011.
[5] Art. 1 Nr. 24 Ges. v. 1.6.2012, BGBl. I S. 1224, mWv 1.8.2012.
[6] Art. 1 Nr. 26 Ges. v. 29.8.2013 BGBl. I S. 3484.
[7] Art. 1 Nr. 39 Ges. v. 27.7.2015, BGBl. I S. 1386 mWv 1.8.2015.

eingefügt. Mit dem AsylRÄndG 2015[8] wurde die Zuständigkeit um die berufsbezogene Deutschsprachförderung nach § 45a ergänzt und in Nr. 12 die Umbenennung des AsylVfG in AsylG nachvollzogen. Mit dem RLUmsG 2017[9] wurde in Nr. 5 die Bezugnahme auf Art. 26 RL 2014/66/EU und Art. 37 RL 2016/801/EU aufgenommen und die Bezugnahme auf Art. 8 III RL 2004/114/EG gestrichen. Mit dem FEG[10] wurde Nr. 5a eingefügt und Nr. 10 durch Bezugnahme auf § 18d nF aktualisiert. Mit dem 2. RückkehrG 2019[11] wurde Nr. 12 an die Neufassung von § 11 I angepasst und Nr. 13 angefügt.

II. Allgemeines

Die Vorschrift benennt – nicht abschließend – dem **Bundesamt für Migration und Flüchtlinge (BAMF)** im Migrationsbereich zugewiesene Aufgaben und Zuständigkeiten. Weitere gesetzlich begründete Aufgaben wie etwa die Führung des AZR gemäß § 1 I 1 AZRG bleiben unberührt. Mit der Einfügung dieser Vorschrift wurden die Zuständigkeiten und damit auch die Strukturen einer Behörde grundlegend umgestaltet, das 1965 als Nachfolger der Bundesdienststelle für ausländische Flüchtlinge eingerichtet wurde[12]. Seiner Bezeichnung als Bundesamt für die Anerkennung ausländischer Flüchtlinge (BAFl) nach war es ursprünglich nur mit der Anerkennung ausländischer Flüchtlinge betraut, wobei die grundgesetzliche Rechtsgrundlage für die Asylanerkennung bei der Namensgebung vernachlässigt wurde. Zwischenzeitlich waren dem BAFl zwar zusätzliche Aufgaben auf internationaler Ebene und im Bereich der internen Informationssammlung, -auswertung und -verbreitung übertragen worden. Immer blieb es aber auf seine Kernaufgaben im Bereich der Asylverfahren ausgerichtet[13]. 3

Mit dem am 1.1.2005 in Kraft getretenen **Zuwanderungsgesetzes (ZuwG)**[14] wurde die Stellung des BAMF im Asylverfahren insofern umgestaltet, als die Weisungsunabhängigkeit der Entscheidungsbediensteten zusammen mit der Einrichtung des Bundesbeauftragten für Asylangelegenheiten (BBfA) abgeschafft wurde (vgl. § 5 AsylG und §§ 5, 6 AsylVfG aF). Wesentlich tiefer greift die Zuweisung **gänzlich neuer** Zuständigkeiten im allgemeinen Migrationsbereich. Damit erhält das BAMF neue Exekutivaufgaben, aber auch Aufgaben der zentralen Koordinierung, Planung und Forschung sowie der Beratung von Bundesregierung, Ländern, Kommunen und Einzelpersonen. Aufgrund der Streichung von §§ 20, 75 II und 76 des Entwurfs während des Gesetzgebungsverfahrens sind die Aufgaben der Durchführung des Auswahlverfahrens und die Einrichtung eines Sachverständigenrats für Zuwanderung und eines Bundesinstituts für Bevölkerungs- und Migrationsforschung **nicht zustande gekommen**. 4

III. Aufgaben

Die **Koordinierung** (Nr. 1) der Informationen über Erwerbstätigenaufenthalte kann unterschiedlichen Zwecken dienen. Sie kann Mängel beim unmittelbaren Informationsaustausch zwischen den an der Steuerung der Erwerbstätigenmigration beteiligten Behörden verhindern oder ausgleichen. Mit ihr können zugleich Grundlagen für die fachliche Zuarbeit nach Nr. 3 und die wissenschaftliche Forschung nach Nr. 4 gewonnen werden. 5

Mit dem ZuwG wurden für die **Integrationsförderung** in Deutschland erstmalig klare Organisationsstrukturen geschaffen. Wesentliche konzeptionelle und Steuerungsaufgaben auf dem Gebiet der Integrationsförderung wurden gebündelt und dem BAMF als Kompetenzzentrum Integration übertragen. 6

Für die **Integrationskurse** (Nr. 2) ist das BAMF in mehrfacher Hinsicht verantwortlich: für die Entwicklung der Grundstruktur und Lerninhalte der Integrationskurse nach § 43 III sowie für die Durchführung, und zwar für Ausländer und Spätaussiedler. Dementsprechend hat das BAMF va die Kurse durchzuführen (§§ 1 ff. IntV[15]), Lerninhalte und Lernziele festzulegen (§ 10 II IntV), Konzeption der Tests, Prüfungen und Lehrwerke, Lehr- und Lernmittel (§ 16 IntV) und die Kursträger zuzulassen (§§ 18 ff. IntV). 7

Das BAMF ist außerdem die Stelle, die die **berufsbezogene Sprachförderung** gemäß § 45a koordiniert und umsetzt und so die flächendeckende Umsetzung der allgemeinen und berufsbezogenen Sprachmodule nach einheitlichen Qualitätsstandards gewährleistet[16]. 8

---

[8] Art. 3 Nr. 11 Ges. v. 20.10.2015, BGBl. I S. 1722.
[9] Ges. v. 12.5.2017, BGBl. I S. 1106.
[10] Ges. v. 15.8.2019, BGBl. I S. 1307.
[11] Ges. v. 15.8.2019, BGBl. I S. 1294.
[12] Dazu → AsylG § 5 Rn. 2.
[13] Dazu Bericht in ZAR 2004, 39; *Leicht* ZAR 2004, 43.
[14] G. v. 30.7.2004, BGBl. I S. 1950.
[15] IntegrationskursVO v. 13.12.2004, BGBl. I S. 3370, zuletzt geändert durch Art. 26 der VO v. 10.8.2021, BGBl. I S. 3436.
[16] BT-Drs. 18/6185, 67.

1 AufenthG § 75

9   Die Durchführung der konkreten Umsetzung der Integrationsarbeit vor Ort erfolgt durch die im Integrationsbereich als **Regionalstellen** bezeichneten Außenstellen des BAMF[17]. Sie sind Ansprechpartner für die Träger von Integrationsmaßnahmen.

10   Unter **fachliche Zuarbeit** (Nr. 3) für die Bundesregierung auf dem Gebiet der Integrationsförderung und der Erstellung von Informationsmaterial über Integrationsangebote von Bund, Ländern und Kommunen für Ausländer und Spätaussiedler sind administrative wie programmatische Aufgaben der Politikberatung auf Anforderung hin zu verstehen. Das BAMF soll nicht selbstständig und unabhängig und zB auch nicht unmittelbar für den Gesetzgeber tätig werden. Es ist vielmehr beschränkt auf die interne Unterstützung der Bundesregierung. Die Tätigkeitsfelder reichen über die Integrationskurse hinaus und erfassen alle denkbaren Bereiche der Integrationsförderung und -angebote. Hierzu gehört auch die Entwicklung von Empfehlungen zur Verbesserung der Integrationsförderung iRd der Entwicklung eines **bundesweiten Integrationsprogramms** gemäß § 45 S. 2. Der Aufgabenbereich ist indes so begrenzt wie die Kompetenzen des Bundes und der Bundesregierung. Soweit der Bund zuständig ist, kommt auch die Entwicklung neuer Fördermaßnahmen, die der gesellschaftlichen Integration von Ausländern und Spätaussiedlern dienen, in Betracht. Ansonsten geht es aber nicht um Förderangebote, sondern nur um die Vorbereitung von Informationsmaterialen über bestehende Förderangebote.

11   Wissenschaftliche **Migrationsforschung** (Nr. 4) soll das BAMF in der Form der Begleitforschung zur Gewinnung analytischer Aussagen für die Steuerung der Zuwanderung betreiben[18]. Diese Zuständigkeit ist allem Anschein nach als Ersatz für die während des Gesetzgebungsverfahrens aufgegebenen Pläne zur Einrichtung eines amtseigenen Forschungsinstituts durch Übernahme des bereits bestehenden Bundesinstituts für Bevölkerungsforschung (BIB) in den Katalog aufgenommen worden. Zugleich wird damit die Erledigung einiger Aufgaben ermöglicht, die ursprünglich dem Zuwanderungsrat zugedacht waren, nämlich die Begutachtung der Aufnahme- und Integrationskapazitäten sowie der aktuellen und der absehbaren künftigen Entwicklung der Wanderungsbewegungen. Der bereits im April 2003 im Wege des Erlasses eingerichtete Zuwanderungsrat hat entsprechend seinem Auftrag im Herbst 2004 das Jahresgutachten 2004 „Migration und Integration – Erfahrungen nutzen, Neues wagen" und eine aktualisierte Ausgabe des Migrationsberichts vorgelegt[19] und danach seine Tätigkeit eingestellt. Seitdem erstellt das BAMF im Auftrag der Bundesregierung jährliche **Migrationsberichte**[20].

12   Die weiteren Zuständigkeiten (Nr. 5–8 und 10–11) betreffen zusätzliche **administrative Aufgaben** der Bundesbehörde, die aufgrund ihrer Eigenart effektiv nur von einer zentralen Bundesbehörde erledigt werden können. Nr. 9 und 12 betreffen Beratungsaufgaben des BAMF im Einzelfall sowie die Zuständigkeit für die Anordnung und Befristung von Einreise- und Aufenthaltsverboten gemäß § 11 I im Fall von asylrechtlichen Abschiebungsandrohungen und Abschiebungsanordnungen sowie die Anordnung und Befristung eines vom BAMF nach § 11 VII ausgesprochenen Einreise- und Aufenthaltsverbots[21].

13   Durch Ergänzung der Nr. 5 durch das RLUmsG 2007 und Anfügung von Nr. 10 werden die neuen Aufgaben, die das BAMF im Zusammenhang mit der Daueraufenthalts-RL, der Studenten-RL und der Forscher-RL als nationale Kontaktstelle bzw. als Koordinierungs- und Zulassungsstelle sowie mit der neuen Regelung in § 52 VII erhalten hat, festgelegt. Das BAMF ist damit auch Kontaktstelle iSd Art. 25 Daueraufenthalts-RL. Durch das RLUmsG 2012 wurde in Nr. 5 die Bezugnahme auf Art. 22 I BlueCard-RL eingefügt[22]. Seit dem RLUmsG 2017 ist das BAMF Kontaktstelle iSv Art. 26 ICT-RL und Art. 37 REST-RL, letztere ersetzt die Forscher-RL und die Studenten-RL. Nach Nr. 6 führt das BAMF auch das Register zum vorübergehenden Schutz nach § 91a[23].

14   Der Kompetenzkatalog des BAMF ist durch das FEG um Nr. 5a erweitert worden. Das BAMF ist nunmehr für die Durchführung des **Mitteilungsverfahrens bei der (kurzfristigen) Mobilität** iRd Studiums (§ 16c), von Forschern (§ 18e) und für unternehmensintern transferierte Arbeitnehmer (§ 19a) zuständig. Die Entscheidung der Prüfung der Voraussetzungen, die Ausstellung der Bescheinigungen über die Berechtigung zur Einreise und zum Aufenthalt bzw. die Ablehnung der Einreise und des Aufenthalts liegen jetzt beim BAMF. Trifft dieses eine Ablehnungsentscheidung nach § 19a III oder § 19f V wird die Ausländerbehörde gemäß § 71 I zuständig.

15   Im Bereich der **Förderung der Rückkehr** von Ausländern beschränkt sich die Zuständigkeit des BAMF auf eine Koordinierung und Mitwirkung an Projekten zur Förderung der freiwilligen Rückkehr von Ausländern und die Auszahlung dazu bewilligter Mittel ua nach den Programmen REAG

---

[17] Zur Organisation des BAMF: www.bamf.de/SharedDocs/Anlagen/DE/Behoerde/Aufbau/organigramm.pdf; Zur Verfassungsmäßigkeit der Einrichtung von Außenstellen durch das BAMF vgl. *Jürgensen/Laude* DöV 2019, 468.
[18] Dazu ZAR 2005, 215.
[19] Dazu *Haberland* ZAR 2005, 379; *Kraus* ZAR 2005, 41.
[20] Zuletzt Migrationsbericht 2019 v. 2.12.2020.
[21] → Rn. 22.
[22] Art. 1 Nr. 24 Ges. v. 1.6.2012, BGBl. I S. 1224 mWv 1.8.2012.
[23] → § 91a Rn. 1 ff.

und GARP[24]. Neben der 2003 eingerichteten Zentralstelle für Informationsvermittlung zur Rückkehrförderung ist aufgrund der gemeinsamen Erklärung der IMK zu den Herausforderungen der Flüchtlingspolitik vom 17.10.2014 beim BAMF eine Bund-Länder-Koordinierungsstelle Integriertes Rückkehrmanagement (BLK-IRM) errichtet worden. Die Arbeit der BLK-IRM soll auf die Schaffung praktischer Lösungsansätze im Rahmen einer kohärenten und gemeinsamen Rückkehrpolitik in den Bereichen freiwillige Rückkehr, Rückführung, Überstellungen innerhalb des Dublin-Verfahrens und Reintegration ausgerichtet sein[25].

Nr. 8 weist dem BAMF die Aufgaben der **Aufnahmeverfahren nach § 23 II und IV** sowie der Verteilung der nach dieser Vorschrift und der aufgrund einer Aufnahmeerklärung durch das BMI nach § 22 S. 2 aufgenommenen Ausländer zu. Dies betrifft insbesondere die Aufnahme und Verteilung von jüdischen Zuwanderern aus der ehemaligen Sowjetunion (§ 23 II) und Resettlement-Flüchtlingen (§ 23 IV).

Dem BAMF fällt gemäß Nr. 9 die Aufgabe der Durchführung der **Migrationsberatung** für erwachsene Zuwanderer (MBE) gemäß § 45 S. 1 und § 9 Bundesvertriebenengesetz (BVFG)[26] zu. Das BAMF betraut mit der Durchführung der MBE die Spitzenverbände der freien Wohlfahrtspflege[27] und den Bund der Vertriebenen[28]. Im Bedarfsfall können auch andere private oder öffentliche Träger mit der Durchführung beauftragt werden.

Mit Nr. 10 wird dem BAMF die Aufgabe der **Anerkennung von Forschungseinrichtungen** nach § 20 übertragen. Private und öffentliche Forschungseinrichtungen können dazu ab dem 1.12.2007 auf Antrag beim BAMF eine Anerkennung erhalten und damit selbst Aufnahmevereinbarungen mit Forschern aus Nicht-EU-Staaten abschließen. Gemäß § 38e AufenthV veröffentlicht das BAMF eine aktuelle Liste der Bezeichnungen und Anschriften der anerkannten Forschungseinrichtungen im Internet.

Gemäß § 38d AufenthV wird das Bundesamt dabei durch einen **Beirat für Forschungsmigration** unterstützt, für den durch Nr. 10 eine gesetzliche Grundlage geschaffen wurde. Dessen Aufgaben sind insbesondere

– Empfehlungen für allgemeine RL zur Anerkennung von Forschungseinrichtungen abzugeben,
– das BAMF allgemein und bei der Prüfung einzelner Anträge zu Fragen der Forschung zu beraten,
– festzustellen, ob ein Bedarf an ausländischen Forschern durch die Anwendung des in § 18d und in Abschnitt 3a AufenthV geregelten Verfahrens angemessen gedeckt wird,
– im Zusammenhang mit dem in § 18d und in Abschnitt 3a AufenthV geregelten Verfahren etwaige Fehlentwicklungen aufzuzeigen und dabei auch Missbrauchsphänomene oder verwaltungstechnische und sonstige mit Migrationsfragen zusammenhängende Hindernisse bei der Anwerbung von ausländischen Forschern darzustellen.

Seit 2012 befasst sich der Beirat außerdem mit den Aufenthaltsmöglichkeiten für Forschende jenseits dieser Vorschriften, ua der Blauen Karte EU, der Zuwanderung von ausländischen Studierenden und Promovierenden. Mit dem Inkrafttreten des FEG wurde die Beratungstätigkeit des Beirats auf die Zuwanderung von hochqualifizierten Fachkräften und Forschenden ausgedehnt[29].

Der aus dem Vorsitzenden und acht weiteren Mitgliedern bestehende Beirat hat sich im Oktober 2007 konstituiert. Die für die Dauer von drei Jahren berufenen Mitglieder sind ehrenamtlich tätig. Zur Unterstützung bei seiner Aufgabenwahrnehmung wurde für den Beirat für Forschungsmigration im Bundesamt eine Geschäftsstelle nach § 38d I AufenthV eingerichtet. Der Beirat berichtet gemäß § 38d III AufenthV über die Erfüllung seiner Aufgaben[30].

Ziel der Übertragung der in Nr. 11 genannten Koordinierungs- und Auswertungsaufgaben auf das BAMF ist es, im Bereich des **Ausländerterrorismus** und **-extremismus** durch das Zusammenwirken der in dieser Norm genannten Behörden frühzeitig zu erkennen, ob und welche ausländer- oder asylrechtliche Maßnahmen bzw. Maßnahmen zur Verhinderung der Einbürgerung im Einzelfall ergriffen werden können.

Hierfür ist es notwendig, dass auf Bundesebene eine Behörde die einschlägigen Erkenntnisse der Bundesbehörden zusammenfasst, bewertet und die Übermittlung an die jeweils zuständigen Bundes- und Landesbehörden (Innenministerien der Länder, Ausländer- und Staatsangehörigkeitsbehörden)

---

[24] Vgl. zu den Programmen im Einzelnen unter http://www.bamf.de/DE/Rueckkehrfoerderung/Programme-REAGGARP/programme-reag-garp-node.html.
[25] Vgl. Kurzbericht BLK-IRM an die IMK am 26./26.6.2015 unter http://www.bamf.de/SharedDocs/Anlagen/DE/Downloads/Infothek/Rueckkehrfoerderung/2014-bund-laender-koordinierungsstelle.pdf?__blob=publicationFile.
[26] IdF der Bek. v. 10.8.2007, BGBl. I S. 1902, zuletzt geändert durch Art. 162 der VO v. 19.6.2020, BGBl. I S. 1328.
[27] Hier Arbeiterwohlfahrt, Deutscher Caritasverband, Diakonisches Werk der Evangelischen Kirche in Deutschland, Deutscher Paritätischer Wohlfahrtsverband, Deutsches Rotes Kreuz, Zentralwohlfahrtsstelle der Juden in Deutschland.
[28] Vgl. Förderrichtlinien der MBE, GMBl. 2010 S. 260.
[29] Vgl. Jahresbericht 2020, S. 7.
[30] Zuletzt Jahresbericht 2020 v. 25.11.2021.

koordiniert. Aufgrund seiner Erfahrung im Asyl- und Ausländerrecht soll diese Aufgabe durch das BAMF wahrgenommen werden.

23   Nr. 12 benennt die Zuständigkeit des BAMF für die Anordnung von **Einreise- und Aufenthaltsverboten gemäß § 11 I** bei Abschiebungsandrohungen und -anordnungen nach dem AsylG. Außerdem bestimmt die Vorschrift die Zuständigkeit für die erstmalige Anordnung und Befristung eines Einreise- und Aufenthaltsverbots nach § 11 VII. Für die nachträgliche weitere Befristung oder Aufhebung von bestandskräftigen Einreise- und Aufenthaltsverboten nach § 11 VII ist nicht das BAMF, sondern die Ausländerbehörde gemäß § 71 I zuständig[31]. Dem BAMF steht insofern keine Annexkompetenz zu. Das BVerwG hat einen allgemeinen Grundsatz, demzufolge für nachträgliche Beschränkungen eines Verwaltungsakts – wie etwa Rücknahme und Widerruf – grundsätzlich die Ausgangsbehörde zuständig bleibe, verneint[32]. Die Zuständigkeit der Ausländerbehörde für diese Entscheidungen erscheint sachgerecht, weil eine weitere Befristung oder Aufhebung des Einreise- und Aufenthaltsverbots regelmäßig nicht aus asyl- sondern aus aufenthaltsrechtlichen Gründen erfolgen wird. Daher ist auch die Herstellung eines Einvernehmens des BAMF (analog § 72 III 1) nicht erforderlich[33].

24   Gem. Nr. 13 leistet nunmehr das BAMF den zuständigen Ausländerbehörden (§ 71 I) Amtshilfe bei der Beschaffung von Heimreisedokumenten. Das BAMF erhält mit der **Beschaffung von Heimreisedokumenten** eine weitere dauerhafte Verwaltungsaufgabe. Daneben leistet in Einzelfällen weiterhin die Bundespolizei gemäß § 71 III Nr. 7 Amtshilfe. Von der ursprünglich geplanten vollständigen Übertragung der Aufgabe wurde nach der Beschlussempfehlung des Innenausschusses[34] abgesehen. Die Verlagerung der Zuständigkeit auf das BAMF erfolgt im Hinblick auf die dort bereits im Asylverfahren bestehenden Kompetenzen zur Feststellung der Identität und der Herkunft von Ausländern (§§ 15, 16 AsylG). Die Gesetzesbegründung verspricht sich durch die Neuregelung eine einfachere und schnellere Nutzung von im Asylverfahren gewonnenen Erkenntnissen[35]. Seit dem 13.3.2017 soll das Gemeinsame Zentrum zur Unterstützung der Rückkehr – ZUR – der verbesserten Abstimmung und Koordination zwischen Bund und Ländern bei der freiwilligen Rückkehr und bei der Organisation und Optimierung von Abschiebungen dienen. Die Leitung des ZUR liegt beim BMI. Neben dem BAMF und der Bundespolizei entsenden die Länder jeweils einen Mitarbeiter[36].

25   Die bestehenden Aufgaben und Befugnisse der Ausländer- und Staatsangehörigkeitsbehörden sowie die Regelungen zur Datenverarbeitung insbesondere im BKAG, im BVerfSchG, im AufenthG sowie im AsylG bleiben unberührt.

26   § 58a II sieht die Möglichkeit für das BMI vor, die Zuständigkeit für den Erlass einer Abschiebungsanordnung an sich zu ziehen. Zudem hat das BMI ein Weisungsrecht nach § 74 II. Die effektive Wahrnehmung dieser Rechte ist ein weiterer Grund, die vorhandenen Erkenntnisse auf Bundesebene zu bündeln.

§ 76 *(weggefallen)*

Abschnitt 3. Verwaltungsverfahren

§ 77 Schriftform; Ausnahme von Formerfordernissen

(1) ¹Die folgenden Verwaltungsakte bedürfen der Schriftform und sind mit Ausnahme der Nummer 5 mit einer Begründung zu versehen:

1. der Verwaltungsakt,
   a) durch den ein Passersatz, ein Ausweisersatz oder ein Aufenthaltstitel versagt, räumlich oder zeitlich beschränkt oder mit Bedingungen und Auflagen versehen wird oder
   b) mit dem die Änderung oder Aufhebung einer Nebenbestimmung zum Aufenthaltstitel versagt wird, sowie
2. die Ausweisung,
3. die Abschiebungsanordnung nach § 58a Absatz 1 Satz 1,
4. die Androhung der Abschiebung,
5. die Aussetzung der Abschiebung,

---

[31] → § 11 Rn. 87; BT-Drs. 18/4262, 4; BVerwG Urt. v. 25.1.2018 – 1 C 7.17, NVwZ 2018, 1319.
[32] Vgl. BVerwG Urt. v. 22.3.2012 – 1 C 5.11, BVerwGE 142, 19, NVwZ 2012, 1485 Rn. 16.
[33] BVerwG Urt. v. 25.1.2018 – 1 C 7.17, NVwZ 2018, 1319 Rn. 23.
[34] BT-Drs. 19/10706, 14.
[35] BT-Drs. 19/10047, 47.
[36] BT-Drs. 18/12679, 3.

6. Beschränkungen des Aufenthalts nach § 12 Absatz 4,
7. die Anordnungen nach den §§ 47 und 56,
8. die Rücknahme und der Widerruf von Verwaltungsakten nach diesem Gesetz sowie
9. die Entscheidung über die Anordnung eines Einreise- und Aufenthaltsverbots nach § 11.

²Einem Verwaltungsakt, mit dem ein Aufenthaltstitel versagt oder mit dem ein Aufenthaltstitel zum Erlöschen gebracht wird, sowie der Entscheidung über einen Antrag auf Befristung nach § 11 Absatz 1 Satz 3 ist eine Erklärung beizufügen. ³Mit dieser Erklärung wird der Ausländer über den Rechtsbehelf, der gegen den Verwaltungsakt gegeben ist, und über die Stelle, bei der dieser Rechtsbehelf einzulegen ist, sowie über die einzuhaltende Frist belehrt; in anderen Fällen ist die vorgenannte Erklärung der Androhung der Abschiebung beizufügen.

(1a) ¹Im Zusammenhang mit der Erteilung einer ICT-Karte oder einer Mobiler-ICT-Karte sind zusätzlich der aufnehmenden Niederlassung oder dem aufnehmenden Unternehmen schriftlich mitzuteilen
1. die Versagung der Verlängerung einer ICT-Karte oder einer Mobiler-ICT-Karte,
2. die Rücknahme oder der Widerruf einer ICT-Karte oder einer Mobiler-ICT-Karte,
3. die Versagung der Verlängerung eines Aufenthaltstitels zum Zweck des Familiennachzugs zu einem Inhaber einer ICT-Karte oder einer Mobiler-ICT-Karte oder
4. die Rücknahme oder der Widerruf eines Aufenthaltstitels zum Zweck des Familiennachzugs zu einem Inhaber einer ICT-Karte oder einer Mobiler-ICT-Karte.

²In der Mitteilung nach Satz 1 Nummer 1 und 2 sind auch die Gründe für die Entscheidung anzugeben.

(2) ¹Die Versagung und die Beschränkung eines Visums und eines Passersatzes vor der Einreise bedürfen keiner Begründung und Rechtsbehelfsbelehrung; die Versagung an der Grenze bedarf auch nicht der Schriftform. ²Formerfordernisse für die Versagung von Schengen-Visa richten sich nach der Verordnung (EG) Nr. 810/2009.

(3) ¹Dem Ausländer ist auf Antrag eine Übersetzung der Entscheidungsformel des Verwaltungsaktes, mit dem der Aufenthaltstitel versagt oder mit dem der Aufenthaltstitel zum Erlöschen gebracht oder mit dem eine Befristungsentscheidung nach § 11 getroffen wird, und der Rechtsbehelfsbelehrung kostenfrei in einer Sprache zur Verfügung zu stellen, die der Ausländer versteht oder bei der vernünftigerweise davon ausgegangen werden kann, dass er sie versteht. ²Besteht die Ausreisepflicht aus einem anderen Grund, ist Satz 1 auf die Androhung der Abschiebung sowie auf die Rechtsbehelfsbelehrung, die dieser nach Absatz 1 Satz 3 beizufügen ist, entsprechend anzuwenden. ³Die Übersetzung kann in mündlicher oder in schriftlicher Form zur Verfügung gestellt werden. ⁴Eine Übersetzung muss dem Ausländer dann nicht vorgelegt werden, wenn er unerlaubt in das Bundesgebiet eingereist ist oder auf Grund einer strafrechtlichen Verurteilung ausgewiesen worden ist. ⁵In den Fällen des Satzes 4 erhält der Ausländer ein Standardformular mit Erläuterungen, die in mindestens fünf der am häufigsten verwendeten oder verstandenen Sprachen bereitgehalten werden. ⁶Die Sätze 1 bis 3 sind nicht anzuwenden, wenn der Ausländer noch nicht eingereist oder bereits ausgereist ist.

Allgemeine Verwaltungsvorschrift
77 Zu § 77 – Schriftform; Ausnahme von Formerfordernissen
77.0 Allgemeines
Soweit das Aufenthaltsgesetz keine besonderen Verfahrensvorschriften enthält, richtet sich das Verwaltungsverfahren nach dem Verwaltungsverfahrensrecht, das für die in § 71 genannten Behörden gilt. Für die Behörden des Bundes findet das VwVfG Anwendung. Der Rechtsweg gegen Entscheidungen der in § 71 genannten Behörden richtet sich nach der VwGO, sofern nicht Verfahrensregelungen des Landesrechts anzuwenden sind.
77.1 Schriftformerfordernis
77.1.0.1 § 77 Absatz 1 Satz 1 und 2 schreibt nicht abschließend vor, welche Verwaltungsakte an die Schriftform gebunden sind. Nach § 59 Absatz 1 soll z. B. die Androhung der Abschiebung schriftlich verfügt werden. Demgegenüber sind die Ankündigung und Durchsetzung der Abschiebung, die Zurückschiebung und die Zurückweisung sowie die Anordnung einer Sicherheitsleistung nicht an die Schriftform gebunden.
77.1.0.2 Außer in den in § 77 Absatz 1 genannten Fällen sollen i. d. R. folgende Entscheidungen schriftlich ergehen:
– die Rücknahme eines Aufenthaltstitels nach § 51 Absatz 1 Nummer 3 i. V. m. § 48 VwVfG,
– eine Anordnung nach § 63 Absatz 2 und Absatz 3,
– der nach § 67 Absatz 3 zu erlassende Leistungsbescheid,
– die Erteilung und Verlängerung eines Aufenthaltstitels i. S. v. § 4 nach dem amtlich vorgeschriebenen Muster in der jeweils geltenden Fassung,
– ein Ausreiseverbot nach § 46 Absatz 2,
– die Erhebung von Verwaltungsgebühren (z. B. Ausstellung einer Quittung) und
– die Abschiebungsanordnung gemäß § 58a (vgl. Nummer 58 a.4.1)
77.1.0.3 Bei den Vordrucken über die Ausstellung amtlicher Urkunden (z. B. Aufenthaltstitel einschließlich Visa, Reisedokumente, Duldungsbescheinigungen, Bescheinigungen über die Aufenthaltsgestattung) handelt es sich wie

beim Dienstsiegel um sicherungsbedürftige Gegenstände, die nach den einschlägigen Sicherungsvorschriften für Bundes- und Landesbehörden aufzubewahren sind.

77.1.0.4 Für die Schriftform gilt nach § 23 Absatz 1 VwVfG die Amtssprache Deutsch.

77.1.1 Beschränkungen der Aufenthaltstitel, die bei der Erteilung oder Verlängerung bzw. Erneuerung verfügt werden, werden in den Pass oder Passersatz des Ausländers eingetragen (auch Stempelabdruck). Auch nachträgliche Beschränkungen sind in den Pass oder Passersatz aufzunehmen. Die Eintragung ist aktenkundig zu machen.

77.1.2.1 Die in § 77 Absatz 1 genannten Verfügungen sind unter Würdigung des entscheidungserheblichen Sachverhalts nach Darlegung der Sach- und Rechtslage zu begründen (vgl. § 39 Absatz 1 VwVfG). Bedingungen und Auflagen, mit denen ein Aufenthaltstitel bei seiner Erteilung oder Verlängerung versehen wird, bedürfen keiner Begründung, wenn sie in diesen Verwaltungsvorschriften vorgesehen sind und sich mit dem Aufenthaltsbegehren des Ausländers decken.

77.1.2.2 Eine räumliche Beschränkung des Aufenthalts bedarf keiner Begründung, wenn sie sich unmittelbar aus einer gesetzlichen Vorschrift ergibt (§ 61). Die nachträgliche Anordnung von Auflagen oder räumlichen Beschränkungen bedarf der Begründung (§ 12).

77.1.3.1 Für den Ausländer muss aus dem Verwaltungsakt ersichtlich sein, welcher Sachverhalt des Aufenthaltsrechts geregelt wird (z. B. Ausweisung wegen strafgerichtlicher Verurteilung), welche Verpflichtung ihm auferlegt wird (z. B. freiwillige Erfüllung der Ausreisepflicht) und welche Rechtsfolgen ein Verstoß hat (z. B. Abschiebung nach Ablauf der Ausreisefrist).

77.1.3.2 Bei einer Ermessensentscheidung muss ersichtlich sein, welche Überlegungen die Behörde bei der Abwägung der für und gegen den Aufenthalt des Ausländers sprechenden Gesichtspunkte angestellt hat. Der Grundsatz der Verhältnismäßigkeit erfordert eine Güter- und Interessenabwägung im Einzelfall, bei der die öffentlichen Belange einschließlich der Grundrechte und der von ihnen geschützten Wertordnung sowie das persönliche Interesse des Ausländers und seiner Familienangehörigen am Verbleib im Bundesgebiet gegeneinander abzuwägen sind (vgl. z. B. § 55 Absatz 3).

77.1.4.1 Dem schriftlichen Verwaltungsakt ist eine Rechtsbehelfsbelehrung beizufügen, wenn besondere Bestimmungen des Bundesrechts (§ 59 VwGO) oder des Landesrechts dies vorschreiben. Eine Rechtsbehelfsbelehrung ist auch dann, wenn Rechtsvorschriften sie nicht erfordern, im Allgemeinen zweckmäßig, weil dadurch die Rechtsbehelfsfrist in Lauf gesetzt wird (§ 58 VwGO). Bei Beschränkungen zum Aufenthaltstitel, die bei Erteilung oder Verlängerung verfügt werden, wird grundsätzlich keine Rechtsbehelfsbelehrung erteilt.

77.1.4.2 Nach § 77 Absatz 1 Satz 3 ist einem Verwaltungsakt, mit dem eine Aufenthaltserlaubnis, eine Niederlassungserlaubnis oder eine Erlaubnis zum Daueraufenthalt-EG versagt wird, eine Rechtsbehelfsbelehrung beizufügen. Artikel 20 Absatz 1 Satz 3 der Richtlinie 2003/109/ EG des Rates vom 25. November 2003 betreffend die Rechtsstellung der langfristig aufenthaltsberechtigten Drittstaatsangehörigen (ABl. EU 2004 Nummer L 16 S. 44, so genannte Daueraufenthalt-Richtlinie), Artikel 18 Absatz 3 der Richtlinie 2004/114/EG des Rates vom 13. Dezember 2004 über die Bedingungen für die Zulassung von Drittstaatsangehörigen zwecks Absolvierung eines Studiums oder Teilnahme an einem Schüleraustausch, einer unbezahlten Ausbildungsmaßnahme oder einem Freiwilligendienst (ABl. EU Nummer L 375 S. 12, so genannte Studentenrichtlinie) und Artikel 15 Absatz 3 Satz 2 der Richtlinie 2005/71/EG des Rates vom 12. Oktober 2005 über ein besonderes Zulassungsverfahren für Drittstaatsangehörige zum Zweck der wissenschaftlichen Forschung (ABl. EU Nummer L 289 S. 15, so genannte Forscherrichtlinie) sehen eine Verpflichtung zur Aufnahme einer Rechtsbehelfsbelehrung vor. Da kein Grund ersichtlich ist, diese Verpflichtung auf Aufenthaltstitel nach den drei vorgenannten Richtlinien zu beschränken, und um unzutreffende Umkehrschlüsse zu vermeiden, bezieht sich die Regelung generell und ungeachtet des Aufenthaltszwecks auf die Versagung einer Aufenthaltserlaubnis, Niederlassungserlaubnis oder einer Erlaubnis zum Daueraufenthalt-EG. In Ergänzung zu § 59 VwGO, der eine Belehrungspflicht nur für Verwaltungsakte von Bundesbehörden vorsieht, wird in Umsetzung der vorgenannten Richtlinien die ausdrückliche Pflicht zur Einfügung einer Rechtsbehelfsbelehrung auch auf die Ausländerbehörden erstreckt, welche Landesbehörden sind. Die Vorschrift bezieht sich, ohne andere verwandte Regelungen (wie etwa § 73 Absatz 3 VwGO oder landesrechtliche Bestimmungen) zu berühren, nur auf die Aufenthaltserlaubnis, Niederlassungserlaubnis und die Erlaubnis zum Daueraufenthalt-EG. Im Übrigen sind Umkehrschlüsse auf Aufhebungen von Aufenthaltserlaubnissen und Niederlassungserlaubnissen sowie Entscheidungen nach § 77 Absatz 1 Satz 1 und 2 unzulässig. Ein Umkehrschluss, wonach in anderen Fällen eine Rechtsbehelfsbelehrung nicht erteilt werden soll oder braucht, kann auf Grund der Regelung nicht erfolgen.

77.2 Ausnahmen

An der Grenze können das Ausnahmevisum und das Ausnahmetransitvisum sowie Passersatz- und andere Papiere (Notreiseausweis, Passierschein) ohne Einhaltung der Schriftform und ohne Begründung und Rechtsbehelfsbelehrung durch die Grenzbehörde erteilt werden. Bei der Versagung oder einer Beschränkung des Visums oder eines Passersatzes unterliegt die Auslandsvertretung nicht der Begründungs- und Rechtsbehelfsbelehrungspflicht. Der grundrechtliche Schutz nach Artikel 6 GG führt dessen ungeachtet zu einem Begründungserfordernis im Fall der Versagung eines nationalen Visums zum Familiennachzug von Ehegatten und Kindern.

Übersicht

	Rn.
I. Entstehungsgeschichte	1
II. Schriftform, Begründung und Rechtsbehelfsbelehrung	2
III. Verletzung gemeinschaftsrechtlicher Verfahrensregelungen	10
IV. Ausnahmen von Formerfordernissen	18

I. Entstehungsgeschichte

Nachdem mit dem RLUmsG 2007[1] Abs. 1 S. 3 eingefügt wurde, haben das RLUmsG 2011[2] und zuletzt das Gesetz zur Verbesserung der Rechte von internationalen Schutzberechtigten und ausländischen Arbeitnehmern[3] die Vorschrift erheblich umgestaltet. Die AVwV haben dies noch nicht nachvollzogen. Mit dem Gesetz zur Neubestimmung des Bleiberechts und der Aufenthaltsbeendigung (AufenthGÄndG 2015)[4] erfolgten Änderungen in den §§ 11 und 56 in Abs. 1 S. Nr. 9 sowie in Umsetzung der Rückführungs-RL Anpassungen der Regelung zur Übersetzung von Rückkehrentscheidungen in Abs. 3. Mit dem RLUmsG 2017[5] wurde zur Umsetzung der ICT-RL Abs. 1a eingefügt. Mit dem 2. RückkehrG 2019[6] wurde Abs. 1 Nr. 9 an die Neufassung von § 11 angepasst. **1**

II. Schriftform, Begründung und Rechtsbehelfsbelehrung

§ 77 bestimmt formelle Anforderungen für die genannten wichtigen den Aufenthalt des Ausländers beschränkende Entscheidungen und Maßnahmen und geht insoweit dem VwVfG vor. Für die Erteilung von Aufenthaltstiteln gelten die §§ 78, 78a. Eine Aufenthaltstitel kann aber auch schon vor Ausstellung des Dokuments konkludent ergangen sein[7]. Die Vorschrift dient der Umsetzung von Art. 12 Rückführungs-RL[8], der für **Rückkehrentscheidungen** die **Schriftform**, eine **Begründung**, eine **Rechtsbehelfsbelehrung** und eine partielle **Übersetzung** verlangt, sowie von Art. 8 I, II RL 2011/98/EU[9], der im Verfahren über die Erlangung einer kombinierten Erlaubnis Verfahrensgarantien vorsieht. Als Rückkehrentscheidung wird in Art. 3 Nr. 4 Rückführungs-RL die behördliche oder richterliche Entscheidung oder Maßnahme definiert, mit der der illegale Aufenthalt von Drittstaatsangehörigen festgestellt und eine Rückkehrverpflichtung auferlegt oder festgestellt wird. Sie geht in den in Art. 11 I 1 Rückführungs-RL genannten Fällen mit einem Einreiseverbot einher; gemäß S. 2 der Vorschrift kann sie auch in anderen Fällen mit einem Einreiseverbot einhergehen. Demgegenüber kann nach dem AufenthG die Ausreisepflicht gemäß § 50 I auch ohne Verwaltungsakt begründet werden (§ 51 I Nr. 1, 2, 6–8). Für die Anwendbarkeit der Formvorschriften hat sich der Gesetzgeber für eine enumerative Umsetzung entschieden[10] und den Anwendungsbereich auf die eine Ausreisepflicht begründenden Verwaltungsakte bzw. die Abschiebungsandrohung nach § 59 I AufenthG erstreckt. Nicht erwähnt, obwohl gleichwohl dem Schriftformerfordernis unterliegend, ist die **Fiktionsbescheinigung** nach § 80 V. **2**

Alle genannten Entscheidungen bedürfen gemäß Abs. 1 zwingend der **Schriftform**[11]. Gleiches gilt für die ausdrückliche Verpflichtung zur **Begründung** mit Ausnahme der den Ausländer begünstigenden Aussetzung der Abschiebung (Duldung). Für den Ausländer kann es aber bedeutsam sein, die Gründe für die Aussetzung der Abschiebung zu erfahren. Verneint die Ausländerbehörde bestimmte ausdrücklich geltend gemachte Abschiebehindernisse, sollte dies mitgeteilt werden. Für die einer Duldung beigefügte belastende Nebenbestimmung gilt ebenfalls die Begründungspflicht[12]. Für aufenthaltsbeendende Verwaltungsakte und die Abschiebungsandrohung ist nach Abs. 1 S. 2 und 3 außerdem die Beifügung einer **Rechtsbehelfsbelehrung** vorgeschrieben. Die Verweisung in S. 2 auf § 11 I 3 bezieht sich auf die bis zur Neufassung von § 11 durch das AufenthGÄndG 2015 gültige Rechtslage und geht daher ins Leere. Anders als bei S. 1 Nr. 9 hat der Gesetzgeber bisher keine Korrektur vorgenommen. Gleichwohl folgt aus Art. 12 I Rückführungs-RL, dass Entscheidungen in Bezug auf Einreise- und Aufenthaltsverbote nach § 11 I über den Anwendungsbereich von § 37 VI VwVfG hinaus mit einer Rechtsbehelfsbelehrung zu versehen sind. Für die Versagung oder Beschränkung eines Visums oder eines Passersatzes vor der Einreise sind gemäß Abs. 2 S. 1 (1. Hs.) weder Begründung noch Rechtbehelfsbelehrung erforderlich; erfolgt die Versagung an der Grenze, entfällt auch das Schriftformerfordernis (2. Hs.). Dies gilt nicht für Schengen-Visa, für die Art. 32 II Visakodex **3**

---

[1] Gesetz v. 19.8.2007, BGBl. I S. 1970.
[2] Gesetz zur Umsetzung aufenthaltsrechtlicher RL der EU und zur Anpassung nationaler Rechtsvorschriften an den EU-Visakodex v. 22.11.2011, BGBl. I S. 2258.
[3] Gesetz v. 29.8.2013, BGBl. I S. 3484.
[4] Gesetz v. 27.7.2015, BGBl. I S. 1386.
[5] Gesetz v. 12.5.2017, BGBl. I S. 1106.
[6] Gesetz v. 15.8.2019, BGBl. I S. 1294.
[7] HessVGH Beschl. v. 16.12.2020 – 9 B 2282/20, BeckRS 2020, 40664 Rn. 10.
[8] RL 2008/115/EG v. 16.12.2008 ABl. 2008 L 349, S. 98.
[9] RL v. 13.12.2011 über ein einheitliches Verfahren zur Beantragung einer kombinierten Erlaubnis für Drittstaatsangehörige, sich im Hoheitsgebiet eines Mitgliedstaats aufzuhalten und zu arbeiten, sowie über ein gemeinsames Bündel von Rechten für Drittstaatsarbeitnehmer, die sich rechtmäßig in einem Mitgliedstaat aufhalten, ABl. 2011 L 343, 1.
[10] BT-Drs. 17/5470, 17/13022.
[11] Vgl. bisher Nr. 77.1.0.2 AVwV.
[12] Offengelassen VGH BW Urt. v. 24.2.2016 – 11 S 1626/15, BeckRS 2016, 43698 Rn. 29.

eine Begründung unter Verwendung eines **Standardformulars** und Art. 32 III 3 Visakodex eine Rechtsbehelfsbelehrung vorsieht; das stellt Abs. 2 S. 2 nun ausdrücklich klar.

4   Abs. 3 setzt Art. 12 II Rückführungs-RL um, mit dem eine Übersetzung der wichtigsten Elemente einer Entscheidung in Bezug auf die Rückkehr zur Verfügung gestellt werden soll. Nach § 77 III kann der sich im Inland aufhaltende, nicht anwaltlich vertretene Adressat eines aufenthaltsbeendenden Verwaltungsakts oder einer Befristungsentscheidung, also nach neuer Rechtslage einer Entscheidung über ein Einreise- und Aufenthaltsverbot (§ 11 I), die **kostenlose Übersetzung** des Entscheidungsausspruchs verlangen. Entsprechendes gilt für Abschiebungsandrohung und Rechtsbehelfsbelehrung. Über den bisher nicht angepassten Wortlaut hinaus muss Gleiches für das Einreise- und Aufenthaltsverbot nach § 11 VI oder VII gelten. S. 4 erlaubt Ausnahmen bei ausgewiesenen Straftätern und illegal eingereisten Ausländern. Neu eingefügt wurde S. 5, der die Verwendung von Standardformularen in gängiger Sprache vorsieht. Für die Verwaltung bleibt iÜ Nr. 77.1.0.2 AVwV weiterhin maßgeblich, wonach idR auch Entscheidungen nach §§ 46 II, 63 II und III, 67 III sowie zur Erhebung von Verwaltungsgebühren schriftlich ergehen.

5   Die **Einhaltung der Schriftform** iSv § 37 III 1 VwVfG verlangt, dass der jeweilige Bescheid der Ausländerbehörde oder Auslandsvertretung die erlassende Behörde erkennen lässt und die Unterschrift oder die Namenswiedergabe des Behördenleiters, seines Vertreters oder seines Beauftragten enthält. Falls der Verwaltungsakt mithilfe automatischer Einrichtungen, also EDV-gestützt erlassen wird, dürfen Unterschrift und Namenswiedergabe fehlen (§ 37 V 1 VwVfG)[13]. Die Angabe der Behörde muss der Verwaltungsakt selbst enthalten; unzureichend ist, wenn sie etwa nur aus dem Freistempleraufdruck entnommen werden kann. Die Angabe muss die Behörde und nicht nur deren Körperschaft erkennen lassen; die Anschrift gehört nicht notwendig dazu. Unterschrift oder Namenswiedergabe müssen dem Verwaltungsakt beigefügt sein; es genügt nicht, wenn diese Angaben aus den gesamten Umständen geschlossen werden können, etwa aus einem Diktatzeichen. Fehlende Angaben über die erlassende Behörde führen zur Nichtigkeit des Verwaltungsakts (§ 44 II Nr. 1 VwVfG), eine fehlende Unterschrift nur dann, wenn sich dem Verwaltungsakt nicht eindeutig entnehmen lässt, dass es sich nicht nur um einen Entwurf handelt (§ 44 I VwVfG). **Telegramm, Fernschreiben** und **Telefax** genügen der Schriftform. Das gerichtliche Protokoll über eine entsprechende Erklärung des Vertreters der Ausländerbehörde reicht ebenfalls aus[14]; aus der Niederschrift sind idR der Name des Beamten und seiner Behörde erkennbar[15]. Der gemäß § 37 III 1 VwVfG gleichfalls zulässige elektronische Verwaltungsakt[16] dürfte im Anwendungsbereich des AufenthG noch keine Bedeutung erlangt haben.

6   Der Schriftform bedürftige Bescheide müssen grundsätzlich **schriftlich begründet** werden, auch hinsichtlich der angestellten Ermessenserwägungen (§ 39 I VwVfG)[17]. Die Begründung ist gemäß § 39 II Nr. 1 VwVfG ausnahmsweise entbehrlich, wenn der Verwaltungsakt einem Antrag stattgibt (§ 77 I Nr. 5). Auch wenn die Rechtsauffassung der Behörde dem Ausländer ohnehin hinreichend bekannt ist (§ 39 I Nr. 1, 2 VwVfG), darf im Anwendungsbereich von Abs. 1 S. 1 auf eine schriftliche Begründung nicht verzichtet werden. Die Begründung muss einzelfallbezogen abgefasst sein und darf sich nicht in der Wiedergabe des Gesetzestextes oder in rein formelhaften Wendungen erschöpfen.

7   Generell ist bei belastenden Verwaltungsakten die Beifügung einer **Rechtsbehelfsbelehrung** gemäß § 37 VI VwVfG vorgeschrieben, die über den zulässigen Rechtsbehelf, über die Behörde oder das Gericht, bei dem der Rechtsbehelf einzulegen ist, den Sitz und die einzuhaltende Frist belehrt. Für die Auslandsvertretung der Bundesrepublik Deutschland findet die Vorschrift gemäß § 2 III Nr. 3 VwVfG allerdings keine Anwendung[18]. Die Beifügung einer Rechtsbehelfsbelehrung ist allgemein anzuraten, weil bei unterbliebener oder unrichtiger Belehrung die Einlegung des Rechtsbehelfs innerhalb eines Jahres zulässig ist (§§ 74 I 2, II, 58 II VwGO). Diese Verlängerung der Anfechtungsmöglichkeit kann auch beabsichtigt sein. So werden bei der Versagung nationaler Visa Erstablehnungsbescheide der Auslandsvertretung in der Regel nicht, Remonstrationsbescheide dagegen stets mit einer Rechtsmittelbelehrung versehen[19]. Im Falle der Versagung eines Schengen-Visums ist Art. 32 III 2 Visakodex, im Falle der Annullierung oder Aufhebung eines Schengen-Visums Art. 34 VII 3 zu beachten.

8   Gemäß Art. 12 III 3 Rückführungs-RL sind die vom BAMF in diversen Sprachen bereitgestellten Tenorierungsblätter und Rechtsbehelfsbelehrungen ausdrücklich zugelassen. Damit dürfte in einer Vielzahl der Fälle eine individuelle Übersetzung entbehrlich sein. Art. 12 III 2 Rückführungs-RL hat es bereits naheliegen lassen, auch in den gemäß § 77 III 3 ausgeschlossenen Fällen die Betroffenen mit

---

[13] Zur Abschiebungsandrohung SchlHOVG Beschl. v. 14.3.2017 – 4 MB 13.17, BeckRS 2017, 105583 Rn. 8.
[14] BVerwG Urt. v. 25.1.1995 – 11 C 29.93, NJW 1995, 1977 ff.; vgl. auch VGH BW Urt. v. 24.2.2016 – 11 S 1626/15, BeckRS 2016, 43698 Rn. 29 mwN.
[15] Vgl. zB *Stelkens* in Stelkens/Bonk/Sachs VwVfG § 37 Rn. 60.
[16] Zu den Anforderungen für elektronische VA vgl. § 37 III 2, IV; *Stelkens* in Stelkens/Bonk/Sachs VwVfG § 37 Rn. 115 ff.
[17] Zur Abschiebungsandrohung SchlHOVG Beschl. v. 14.3.2017 – 4 MB 13.17, BeckRS 2017, 105583 Rn. 8.
[18] Dazu auch → § 6 Rn. 59 ff.
[19] Vgl. AA Visumhandbuch (www.auswaertiges-amt.de), Erstbescheid Nr. 2b und Remonstrationsverfahren Nr. 4a und 4 f.

diesen Standardformularen zu informieren. Dem trägt nunmehr Abs. 3 S. 5 Rechnung. Die Sprachen, in denen das Formular vorzuhalten ist, sollen sich am Sprachverständnis im Bezirk der jeweiligen Ausländerbehörde orientieren und können daher variieren[20].

Die Einfügung von Abs. 1a dient der Umsetzung von Art. 15 III, 19 IV und 22 VII ICT-RL. Danach sind auch der aufzunehmenden Niederlassung bzw. dem aufzunehmenden Unternehmen die Gründe für die Versagung und den Entzug einer ICT-Karte (§ 19b) oder Mobiler ICT-Karte (§ 19d) mit der Begründung mitzuteilen[21]. Für den Ausländer selbst ergibt sich dies aus Abs. 1 Nr. 8.

III. Verletzung gemeinschaftsrechtlicher Verfahrensregelungen

Durch das AuslRÄndG 2007 und RLUmsG 2011 wurde eine Reihe von Richtlinien in nationales Recht umgesetzt, die zT Begründungsanforderungen enthalten. Abs. 1 S. 3 und 4 setzen die Vorgaben gemäß Art. 20 I Daueraufenthalts-RL[22] und 12 I Rückführungs-RL hinsichtlich des Erfordernisses von Rechtsbehelfsbelehrungen um.

Fehlt die gemeinschaftsrechtlich vorgeschriebene **Begründung** ist fraglich, ob dieser Mangel nach § 46 VwVfG unbeachtlich ist. Nach dieser Vorschrift kann die Aufhebung eines Verwaltungsakts, der nicht nach § 44 nichtig ist, nicht allein deshalb beansprucht werden, weil er unter Verletzung von Vorschriften über das Verfahren zustande gekommen ist, wenn offensichtlich ist, dass die Verletzung die Entscheidung in der Sache nicht beeinflusst hat. Hierbei geht es also um die Frage, ob das Fehlerfolgenregime der nationalen Rechtsordnung zum Zuge kommt, wenn **gemeinschaftsrechtliche Verfahrensregelungen** in Form des indirekten Vollzugs durchgeführt werden. Der EuGH[23] hat für den indirekten unmittelbaren Vollzug einer Verordnung folgenden Grundsatz aufgestellt:

> „Obliegt der Vollzug einer Gemeinschaftsverordnung den nationalen Behörden, so ist davon auszugehen, dass er grundsätzlich nach den Form- und Verfahrensvorschriften des nationalen Rechts zu geschehen hat. Um der einheitlichen Anwendung des Gemeinschaftsrechts willen ist jedoch der Rückgriff auf innerstaatliche Rechtsvorschriften nur in dem zum Vollzug der Verordnung notwendigen Umfang zulässig."

Auch in der Rechtssache Deutsche Milchkontor GmbH[24] wurde dieser Grundsatz bestätigt:

> „Soweit das Gemeinschaftsrecht einschließlich der allgemeine gemeinschaftsrechtliche Grundsatz hierfür keine gemeinsamen Vorschriften enthält, gehen die nationalen Behörden bei dieser Durchführung der Gemeinschaftsregelungen nach den formellen und materiellen Bestimmungen ihres nationalen Rechts vor, wobei dieser Rechtssatz freilich, (...), mit den Erfordernissen der einheitlichen Anwendung des Gemeinschaftsrechts in Einklang gebracht werden muss, die notwendig ist, um zu vermeiden, dass die Wirtschaftsteilnehmer ungleich behandelt werden."

Danach gelangt im indirekten Vollzug des Gemeinschaftsrechts in Ermangelung gemeinschaftseinheitlicher Vorschriften das nationale Verfahrensrecht, das VwVfG, zur Anwendung, wenn die Grundsätze der Effektivität und der Nichtdiskriminierung eingehalten sind[25]. Die den einzelnen Mitgliedstaaten durch den EuGH zugestandene Verfahrensautonomie, dh die Freiheit der Mitgliedstaaten, das Verwaltungsverfahren individuell auszuformen, besteht aber nicht grenzenlos. Der EuGH hat die Freiheit zur Ausgestaltung an zwei Bedingungen geknüpft: Das nationale Verfahrensrecht darf weder diskriminierend wirken noch darauf hinauslaufen, dass die Verwirklichung des gemeinschaftsrechtlichen Regelung praktisch unmöglich wird[26].

Während sich das **Diskriminierungsverbot** (Art. 18 AEUV) nicht begrenzend auf die Anwendung des § 46 VwVfG auszuwirken vermag, weil diese Vorschrift gleichermaßen in rein nationalen wie in gemeinschaftsrelevanten Verfahren einen kausalitätsunabhängigen Aufhebungsanspruch versagt[27], erscheint eine Verletzung des mit dem Begriff der praktischen Unmöglichkeit angesprochenen **Effektivitätsgebots** (Art. 4 III EUV), bei dessen Anwendung es entscheidend darauf ankommt, ob die in Rede stehende nationale Vorschrift die Ausübung des europäischen Rechts tatsächlich unmöglich macht oder übermäßig erschwert, bedenkenswert[28]. Immerhin läuft der durch § 46 VwVfG angeordnete Ausschluss des Aufhebungsanspruchs darauf hinaus, dass die verfahrensrechtliche Regelung (zB Art. 20 I Daueraufenthalts-RL, Art. 12 Rückführungs-RL) leerläuft, und zwar schlicht deshalb, weil ihre Nichtbeachtung durch § 46 VwVfG sanktionslos gestellt wird. Damit würde im Ergebnis der mit der Verfahrensvorschrift bezweckte Erfolg „praktisch unmöglich" gemacht. Um dieses Ergebnis zu

---

[20] BT-Drs. 18/4097, 58.
[21] BR-Drs. 9/17, 64.
[22] RL 2003/109/EG v. 25.11.2003, ABl. 2004 L 16, S. 44.
[23] EuGH Urt. v. 11.2.1971 – 39/70, Slg. 1971, 49 (58) – Fleischkontor.
[24] EuGH Urt. v. 21.9.1983 – 205–215/82, Slg. 1983, 2633 (2665) – Deutsche Milchkontor GmbH.
[25] *Sachs* in Stelkens/Bonk/Sachs VwVfG § 45 Rn. 167.
[26] Hierzu EuGH Urt. v. 21.9.1983 – 205–215/82, Slg. 1983, 2633 (2665) – Deutsche Milchkontor GmbH; Urt. v. 14.12.1995 – C-430/93 und C-431/93, Slg. 1995, I-4705 (4737) – Van Schijndel und Van Veen; aus der Lit. *Classen* Die Verwaltung Bd. 31, 1998, 307 (308 f.) mwN; *Kment* AöR 130 (2005), 570 (575).
[27] So auch *Gellermann* DÖV 1996, 433 (441).
[28] So *Kment* AöR 130 (2005) 570 (579).

1 AufenthG § 77

vermeiden, gebietet das Effektivitätsgebot grundsätzlich in Bezug auf europarechtliche Verfahrensvorschriften eine Sanktionierung von Verfahrensverstößen, um deren Beachtung auf nationaler Ebene zu erzwingen[29].

14 Das **Prinzip der effektiven Durchsetzung europäischen Rechts auf nationaler Ebene** ist aber auch aus Sicht des EuGH nicht grenzenlos gewährleistet; dies zeigt bereits die Verwendung der Begriffe „praktische Unmöglichkeit" bzw. „übermäßiges Erschweren". Damit wird nicht die maximale Verwirklichung gemeinschaftsrechtlicher Verfahrensvorschriften bzw. sonstigen materiellen Gemeinschaftsrechts gefordert. Der EuGH hat insoweit ausgeführt, dass „jeder Fall, in dem sich die Frage stellt, ob eine nationale Verfahrensvorschrift die Anwendung des Gemeinschaftsrechts unmöglich macht oder übermäßig erschwert, unter Berücksichtigung der Stellung dieser Vorschriften im gesamten Verfahren vor den verschiedenen nationalen Stellen sowie des Ablaufs und der Besonderheiten dieser Verfahren zu prüfen ist"[30].

15 Die Wesentlichkeit einer Verletzung einer Form- oder Verfahrensbestimmung, auf die es maßgeblich ankommt, beurteilt sich danach, ob ihre Nichtbeachtung **Einfluss auf die inhaltliche Gestaltung des Rechtsakts** gehabt haben könnte[31].

16 Wenn das Begründungserfordernis erst an die Ablehnungsentscheidung selbst anknüpft (zB Art. 20 I Daueraufenthalts-RL, Art. 12 I Rückführungs-RL) und keine Verfahrensregelung darstellt, die die Richtigkeit des Ergebnisses sicherstellen will, ist sie für das Ergebnis nicht wesentlich: insofern ist § 46 VwVfG bei Verletzung der Begründungspflicht anwendbar. Andernfalls ist die Verletzung der Begründungspflicht geeignet, zur Rechtswidrigkeit des Verwaltungsakts zu führen, wenn es um die Sicherung wichtiger materieller Rechte durch Verfahrensvorgaben geht.

17 Das Gemeinschaftsrecht geht im Hinblick auf eine geringere gerichtliche Kontrolldichte in anderen Mitgliedstaaten von der Vorstellung aus, dass die **materielle Richtigkeit einer Verwaltungsentscheidung durch ein konkretes Verwaltungsverfahren** gesichert wird. Dies hat zur Folge, dass die Verletzung von Verfahrensregelungen nicht allein mit dem Hinweis auf die Kontrolldichte im gerichtlichen Verfahren für unbeachtlich erklärt werden kann.

IV. Ausnahmen von Formerfordernissen

18 Vom Erfordernis der Begründung und der Rechtsbehelfsbelehrung **ausgenommen** sind Versagung und Beschränkung des nationalen Visums für längerfristige Aufenthalte oder des Passersatzes vor der Einreise (Abs. 2 S. 1 Hs. 1); die Versagung an der Grenze ist überhaupt nicht schriftformbedürftig (Hs. 2). Die zur **Begründung** dieser Einschränkungen gegebenen Hinweise auf internationale Gepflogenheiten und die besonderen Verhältnisse an der Grenze[32] vermögen **nicht zu überzeugen,** weil sie die in Deutschland geltenden Anforderungen an Verwaltungstätigkeit außer Acht lassen. Gerade weil die Kontrolle der Zuwanderung vorverlagert und weitgehend den Auslandsvertretungen und Grenzbehörden anvertraut ist, hätte es nahegelegen, die zT schon früher geltenden Restriktionen (§ 23 AuslG 1965) zu überdenken und zu korrigieren. Für Schengen-Visa, Durchreisevisa und Visa für den Flughafentransit sind aber ohnehin die Vorgaben des Art. 34 VI Visakodex zur Begründung der Annullierung und Aufhebung von Visa zu beachten. Bei der Versagung von Visa zur Familienzusammenführung entspricht es der Praxis der Auslandsvertretung[33], versagende Bescheide mit einer kurzen Begründung zu versehen. Gleiches gilt bei der Ablehnung von Visa gemäß § 38a (Art. 20 I Daueraufenthalts-RL).

19 Die **Formvorschriften** der §§ 23, 37 II–VI, 39 VwVfG und § 58 VwGO sind – ungeachtet des gemäß § 2 III Nr. 3 VwVfG beschränkten Anwendungsbereichs[34] – Ausdruck eines allgemeinen rechtsstaatlichen, dem GG entsprechenden Verwaltungshandelns und deshalb grundsätzlich **nicht beliebig.** Zudem ist Ausländern wie Deutschen gegen Maßnahmen der staatlichen Gewalt effektiver Rechtsschutz garantiert (Art. 19 IV GG)[35]. Für Bestand und Umfang dieser vom GG gewährleisteten verfahrensrechtlichen Menschenrechte ist es gleichgültig, ob der Verwaltungsakt im Inland erlassen und bekannt gegeben wird oder im Ausland oder an der Grenze. Ohne Kenntnis und schriftlicher Mitteilung der Gründe für einen rechtsverweigernden oder sonst eingreifenden Verwaltungsakt gerät der Ausländer in die Gefahr, zum bloßen Objekt des Verfahrens erniedrigt zu werden, und es ist jeder Versuch, Rechtsschutz zu erlangen, von vornherein erheblich erschwert. Die Einschränkungen des § 77 II 1 sind im Hinblick auf Art. 19 IV und 20 III GG **bedenklich.** Die Notwendigkeit, auch Ausländern einen ausreichenden Schutz im Verfahren und vor Gericht zu gewährleisten, legt zumindest eine restriktive Handhabung und Auslegung nahe.

---

[29] S. hierzu *Kment* AöR 130 (2005), 570 (579 f.).
[30] EuGH Urt. v. 21.11.2002 – C-473/00, Slg. 2002, I-10875 Rn. 37 – Cofidis SA.
[31] *Sachs* in Stelkens/Bonk/Sachs VwVfG § 45 Rn. 158, 169 f. mwN.
[32] BT-Drs. 11/6321, 79.
[33] AA Visumhandbuch (www.auswaertiges-amt.de), Erstbescheid Nr. 6c.
[34] Dazu auch → § 6 Rn. 79 ff.
[35] Zum Rechtsschutz für Ausländer BVerfG Beschl. v. 2.5.1984 – 2 BvR 1413/83, BVerfGE 67, 43 mwN.

Allerdings ist der Antragsteller eines Visums nicht gezwungen, ohne genaue Kenntnis der Begrün- 20
dung die Versagung eines Visums hinzunehmen oder unmittelbar Klage zu erheben. Er kann zunächst
die Überprüfung der Versagungsentscheidung im Wege der **Remonstration** (Gegenvorstellung)[36]
durch die Auslandsvertretung beantragen. Mit dem Remonstrationsbescheid erhält er regelmäßig eine
individuelle schriftlich begründete und mit einer Rechtsbehelfsbelehrung versehene Entscheidung.
Gegen diese kann innerhalb der Monatsfrist von § 74 I 2, II VwGO Verpflichtungsklage erhoben
werden. Damit wird in der Sache das gemäß § 68 I 2 Nr. 1 VwGO iVm § 2 GAD ausgeschlossene
Widerspruchsverfahren kompensiert[37].

Abgesehen davon sind aber auch in den Fällen der Entbehrlichkeit der Begründung nach dieser 21
Vorschrift die **Entscheidungsgrundlagen** und ggf. **Ermessenserwägungen** zu dokumentieren. Im
Rechtsbehelfsverfahren muss sich zumindest nachvollziehen lassen, aufgrund welcher Tatsachen die
Entscheidung getroffen wurde, und soweit die Entscheidung im Ermessen der Behörde liegt, dass
überhaupt eine Ermessensentscheidung getroffen wurde und welche Erwägungen ihr zugrunde lagen[38].
Entsprechendes muss gelten, soweit der Auslandsvertretung ein Beurteilungsspielraum zukommt[39].

§ 78 Dokumente mit elektronischem Speicher- und Verarbeitungsmedium

(1) ¹Aufenthaltstitel nach § 4 Absatz 1 Satz 2 Nummer 2 bis 4 werden als eigenständige
Dokumente mit elektronischem Speicher- und Verarbeitungsmedium ausgestellt. ²Aufenthaltserlaubnisse, die nach Maßgabe des Abkommens zwischen der Europäischen Gemeinschaft und ihren Mitgliedstaaten einerseits und der Schweizerischen Eidgenossenschaft
andererseits über die Freizügigkeit vom 21. Juni 1999 (ABl. L 114 vom 30.4.2002, S. 6)
auszustellen sind, werden auf Antrag als Dokumente mit elektronischem Speicher- und
Verarbeitungsmedium ausgestellt. ³Dokumente nach den Sätzen 1 und 2 enthalten folgende
sichtbar aufgebrachte Angaben:
1. Name und Vornamen,
2. Doktorgrad,
3. Lichtbild,
4. Geburtsdatum und Geburtsort,
5. Anschrift,
6. Gültigkeitsbeginn und Gültigkeitsdauer,
7. Ausstellungsort,
8. Art des Aufenthaltstitels oder Aufenthaltsrechts und dessen Rechtsgrundlage,
9. Ausstellungsbehörde,
10. Seriennummer des zugehörigen Passes oder Passersatzpapiers,
11. Gültigkeitsdauer des zugehörigen Passes oder Passersatzpapiers,
12. Anmerkungen,
13. Unterschrift,
14. Seriennummer,
15. Staatsangehörigkeit,
16. Geschlecht mit der Abkürzung „F" für Personen weiblichen Geschlechts, „M" für
Personen männlichen Geschlechts und „X" in allen anderen Fällen,
17. Größe und Augenfarbe,
18. Zugangsnummer.

⁴Dokumente nach Satz 1 können unter den Voraussetzungen des § 48 Absatz 2 oder 4 als
Ausweisersatz bezeichnet und mit dem Hinweis versehen werden, dass die Personalien auf
den Angaben des Inhabers beruhen. ⁵Die Unterschrift durch den Antragsteller nach Satz 3
Nummer 13 ist zu leisten, wenn er zum Zeitpunkt der Beantragung des Dokuments zehn
Jahre oder älter ist. ⁶Auf Antrag können Dokumente nach den Sätzen 1 und 2 bei einer
Änderung des Geschlechts nach § 45b des Personenstandsgesetzes mit der Angabe des vorherigen Geschlechts ausgestellt werden, wenn die vorherige Angabe männlich oder weiblich
war. ⁷Dieser abweichenden Angabe kommt keine weitere Rechtswirkung zu.

(2) ¹Dokumente mit elektronischem Speicher- und Verarbeitungsmedium nach Absatz 1
enthalten eine Zone für das automatische Lesen. ²Diese darf lediglich die folgenden sichtbar
aufgedruckten Angaben enthalten:
1. die Abkürzungen
   a) „AR" für den Aufenthaltstiteltyp nach § 4 Absatz 1 Nummer 2 bis 4,
   b) „AS" für den Aufenthaltstiteltyp nach § 28 Satz 2 der Aufenthaltsverordnung,
2. die Abkürzung „D" für Bundesrepublik Deutschland,

---

[36] → § 6 Rn. 77.
[37] Vgl. zum Remonstrationsverfahren → § 6 Rn. 77 ff.; *Poschenrieder* NVwZ 2015, 1349.
[38] OVG Bln-Bbg Urt. v. 9.11.2011 – OVG 3 B 11.09, BeckRS 2011, 56575.
[39] → § 6 Rn. 102 f.

3. die Seriennummer des Aufenthaltstitels, die sich aus der Behördenkennzahl der Ausländerbehörde und einer zufällig zu vergebenden Aufenthaltstitelnummer zusammensetzt und die neben Ziffern auch Buchstaben enthalten kann,
4. das Geburtsdatum,
5. die Abkürzung „F" für Personen weiblichen Geschlechts, „M" für Personen männlichen Geschlechts und das Zeichen „<" in allen anderen Fällen,
6. die Gültigkeitsdauer des Aufenthaltstitels oder im Falle eines unbefristeten Aufenthaltsrechts die technische Kartennutzungsdauer,
7. die Abkürzung der Staatsangehörigkeit,
8. den Namen,
9. den oder die Vornamen,
9a. die Versionsnummer des Dokumentenmusters,
10. die Prüfziffern und
11. Leerstellen.

³Die Seriennummer und die Prüfziffern dürfen keine Daten über den Inhaber oder Hinweise auf solche Daten enthalten. ⁴Jedes Dokument erhält eine neue Seriennummer.

(3) ¹Das in dem Dokument nach Absatz 1 enthaltene elektronische Speicher- und Verarbeitungsmedium enthält folgende Daten:
1. die Daten nach Absatz 1 Satz 3 Nummer 1 bis 5 sowie den im amtlichen Gemeindeverzeichnis verwendeten eindeutigen Gemeindeschlüssel,
2. die Daten der Zone für das automatische Lesen nach Absatz 2 Satz 2,
3. Nebenbestimmungen,
4. zwei Fingerabdrücke, die Bezeichnung der erfassten Finger sowie die Angaben zur Qualität der Abdrücke sowie
5. den Geburtsnamen.

²Die gespeicherten Daten sind durch geeignete technische und organisatorische Maßnahmen nach den Artikeln 24, 25 und 32 der Verordnung (EU) 2016/679 gegen unbefugtes Verändern, Löschen und Auslesen zu sichern. ³Die Erfassung von Fingerabdrücken erfolgt ab Vollendung des sechsten Lebensjahres. ⁴In entsprechender Anwendung von § 10a Absatz 1 Satz 1 des Personalausweisgesetzes sind die folgenden Daten auf Veranlassung des Ausländers auf ein elektronisches Speicher- und Verarbeitungsmedium in einem mobilen Endgerät zu übermitteln und auch dort zu speichern:
1. die Daten nach Absatz 1 Satz 3 Nummer 1, 2, 4, 5, 15 sowie nach Absatz 3 Satz 1 Nummer 5,
2. die Dokumentenart,
3. der letzte Tag der Gültigkeitsdauer des elektronischen Identitätsnachweises,
4. die Abkürzung „D" für die Bundesrepublik Deutschland und
5. der im amtlichen Gemeindeverzeichnis verwendete eindeutige Gemeindeschlüssel.

(4) ¹Das elektronische Speicher- und Verarbeitungsmedium eines Dokuments nach Absatz 1 kann ausgestaltet werden als qualifizierte elektronische Signaturerstellungseinheit nach Artikel 3 Nummer 23 der Verordnung (EU) Nr. 910/2014 des Europäischen Parlaments und des Rates vom 23. Juli 2014 über elektronische Identifizierung und Vertrauensdienste für elektronische Transaktionen im Binnenmarkt und zur Aufhebung der Richtlinie 1999/93/EG (ABl. L 257 vom 28.8.2014, S. 73). ²Die Zertifizierung nach Artikel 30 der Verordnung (EU) Nr. 910/2014 erfolgt durch das Bundesamt für Sicherheit in der Informationstechnik. ³Die Vorschriften des Vertrauensdienstegesetzes bleiben unberührt.

(5) ¹Das elektronische Speicher- und Verarbeitungsmedium eines Dokuments nach Absatz 1 oder eines mobilen Endgeräts kann auch für die Zusatzfunktion eines elektronischen Identitätsnachweises genutzt werden. ²Insoweit sind § 2 Absatz 3 bis 7, 10, 12 und 13, § 4 Absatz 3, § 7 Absatz 3b, 4 und 5, § 10 Absatz 1 bis 5, 6 Satz 1, Absatz 7, 8 Satz 1 und Absatz 9, die §§ 10a, 11 Absatz 1 bis 5 und 7, § 12 Absatz 2 Satz 2, die §§ 13, 16, 18, 18a, 19 Absatz 1, 2 Satz 1 und 2 und Absatz 3 bis 6, die §§ 19a, 20 Absatz 2 und 3, die §§ 20a, 21, 21a, 21b, 27 Absatz 2 und 3, § 32 Absatz 1 Nummer 5 und 6 mit Ausnahme des dort angeführten § 19 Absatz 2 Nummer 6a bis 8, Absatz 2 und 3 sowie § 33 Nummer 1, 2 und 4 des Personalausweisgesetzes mit der Maßgabe entsprechend anzuwenden, dass die Ausländerbehörde an die Stelle der Personalausweisbehörde und der Hersteller der Dokumente an die Stelle des Ausweisherstellers tritt. ³Neben den in § 18 Absatz 3 Satz 2 des Personalausweisgesetzes aufgeführten Daten können im Rahmen des elektronischen Identitätsnachweises unter den Voraussetzungen des § 18 Absatz 4 des Personalausweisgesetze auch die nach Absatz 3 Nummer 3 gespeicherten Nebenbestimmungen sowie die Abkürzung der Staatsangehörigkeit übermittelt werden. ⁴Für das Sperrkennwort und die Sperrmerkmale gilt Absatz 2 Satz 3 entsprechend.

(6) Die mit der Ausführung dieses Gesetzes betrauten oder zur hoheitlichen Identitätsfeststellung befugten Behörden dürfen die in der Zone für das automatische Lesen enthaltenen Daten zur Erfüllung ihrer gesetzlichen Aufgaben verarbeiten.

(7) ¹Öffentliche Stellen dürfen die im elektronischen Speicher- und Verarbeitungsmedium eines Dokuments nach Absatz 1 gespeicherten Daten mit Ausnahme der biometrischen Daten verarbeiten, soweit dies zur Erfüllung ihrer jeweiligen gesetzlichen Aufgaben erforderlich ist. ²Die im elektronischen Speicher- und Verarbeitungsmedium gespeicherte Anschrift und die nach Absatz 1 Satz 3 Nummer 5 aufzubringende Anschrift dürfen durch die Ausländerbehörden sowie durch andere durch Landesrecht bestimmte Behörden geändert werden.

(8) ¹Die durch technische Mittel vorgenommene Verarbeitung personenbezogener Daten aus Dokumenten nach Absatz 1 darf nur im Wege des elektronischen Identitätsnachweises nach Absatz 5 erfolgen, soweit nicht durch Gesetz etwas anderes bestimmt ist. ²Gleiches gilt für die Verarbeitung personenbezogener Daten mit Hilfe eines Dokuments nach Absatz 1.

Allgemeine Verwaltungsvorschrift
Nicht belegt.

I. Entstehungsgeschichte

Die Neufassung von § 78 mWv 1.9.2011[1] diente der Einführung des elektronischen Aufenthaltstitels in Anpassung des nationalen Rechts an die Anforderungen der eAT-Verordnung[2] zur einheitlichen Gestaltung von Aufenthaltstiteln für Drittstaatsangehörige. Die am 1.12.2014 in Kraft getretene Fassung beruht auf Art. 3 des Gesetzes zur Änderung des BZR-Gesetzes und anderer registerrechtlicher Vorschriften zum Zweck der Zulassung der elektronischen Erteilung einer Registerauskunft[3]. Da Verordnungen gemäß Art. 288 II AEUV unmittelbar in jedem Mitgliedstaat gelten, hat die Umsetzung ins nationale Recht lediglich Klarstellungscharakter. Seit der Ergänzung von § 4 I 2 um die Aufenthaltstitel nach § 19b (ICT-Karte) und § 19c (Mobiler ICT-Karte) durch das RLUmsG 2017[4] erstreckt sich § 78 I 1 auch auf diese[5]. Abs. 5 wurde durch das Gesetz zur Förderung des elektronischen Identitätsnachweises[6], Abs. 4. durch das eIDAS-Durchführungsgesetz[7] neu gefasst. Mit dem 2. DSAnpUG EU[8] wurden in § 78 III der Auftrag, die gespeicherten Daten zu schützen durch die Bezugnahme auf geeignete technische und organisatorische Maßnahmen gemäß der DS-GVO[9] ergänzt; Abs. 6–8 wurden um die Wörter ua das „erheben, verarbeiten und nutzen" bzw. Erhebung und Verwendung durch „verarbeiten" bzw. „Verarbeitung" ersetzt. Mit dem Gesetz zur Stärkung der Sicherheit im Pass-, Ausweis- und ausländerrechtlichen Dokumentenwesen[10] wurden mWv 12.12.2020 Abs. 1 S. 3 Nr. 16 geändert sowie S. 6, 7 angefügt, Abs. 2 S. 2 Nr. 5 geändert, sowie Nr. 9a eingefügt. Mit dem Gesetz zur Einführung eines elektronischen Identitätsnachweises mit einem mobilen Endgerät[11] wurden mWv 1.9.2021 Abs. 3 um S. 4 ergänzt, Abs. 5 S. 1 geändert und S. 2 neu gefasst.

II. Dokumente mit elektronischem Speicher- und Verarbeitungsmedium

Nach der sog. eAT-Verordnung sind Aufenthaltstitel iSv § 4 I 2 Nr. 2 bis 4 grundsätzlich als eigenständige Dokumente unter Erfassung **biometrischer Merkmale** auszugeben. Nach Art. 4b erfassen die Mitgliedstaaten das Gesichtsbild und zwei Fingerabdrücke als biometrische Merkmale.

§ 78 beschreibt in Anpassung des nationales Rechts Gestalt und Inhalt von Aufenthaltserlaubnis, Blauer Karte, Niederlassungserlaubnis und Erlaubnis Daueraufenthalt – EU, er gilt auch für die ICT-Karte und Mobiler ICT-Karte. Die deklaratorische Aufenthaltserlaubnis gemäß § 4 II lässt sich auch dann, wenn der betroffene Ausländer über einen anderen Aufenthaltstitel verfügt, nach Art des Titels oder im Anmerkungsfeld (vgl. § 78 I 3 Nr. 8 und 12) kennzeichnen[12]. Die bisher verwendete Klebeetiketten werden durch Vollkunststoffkarten in Scheckkartengröße mit einem Datenträger (Chip) zur Erfassung der biometrischen Merkmale ersetzt **(elektronisches Speicher- und Verarbeitungsmedium)**[13]. Abs. 2 regelt den Inhalt der sichtbar auf der Karte aufgedruckten Angaben, Abs. 3

---

[1] Gesetz v. 12.4.2011, BGBl. I S. 610.
[2] VO (EG) Nr. 1030/2002 zur einheitlichen Gestaltung des Aufenthaltstitels für Drittstaatsangehörige idF der VO (EG) Nr. 380/2008 ABl. 2008 L 115 S. 1.
[3] Gesetz v. 6.9.2013, BGBl. I S. 3556.
[4] Gesetz v. 12.5.2017, BGBl. I S. 1106.
[5] Vgl. auch 16. VO zur Änderung der AufenthV v. 14.7.2017, BGBl. I S. 2650, Anlage D 14 und Art. 1 VO zur Umsetzung aufenthaltsrechtlicher Richtlinien der EU zur Arbeitsmigration v. 1.8.2017, BGBl. I S. 3066.
[6] Gesetz v. 7.7.2017, BGBl. I S. 2310.
[7] Gesetz v. 18.7.2017, BGBl. I S. 2745.
[8] Gesetz v. 20.11.2019, BGBl. I S. 1626.
[9] VO (EU) 2016/679 v. 27.4.2016 ABl. 2016 L 119 S. 1.
[10] Gesetz v. 3.12.2020 BGBl. I S. 2744.
[11] Gesetz v. 5.7.2021, BGBl. I S. 2281.
[12] Vgl. BVerwG Urt. v. 22.5.2012 – 1 C 6/11, BVerwGE 143, 150 = NVwZ 2013, 75 Rn. 30.
[13] BT-Drs. 17/3354, 15.

S. 1 die in dem elektronischen Speicher- und Verarbeitungsmedium enthaltenen Daten, die gegen unbefugtes Verändern, Löschen und Auslesen zu sichern sind (S. 2). § 99 I Nr. 13 und 13a ermächtigen das BMI, durch Rechtsverordnung mit Zustimmung des Bundesrats nähere Regelungen zu treffen. Die Fingerabdruckerfassung beim Beantragen von Dokumenten mit elektronischem Speicher regelt § 61a AufenthV, Form und Verfahren der weiteren Datenerfassung und -verarbeitung die §§ 61b ff. AufenthV. In der Anlage gemäß § 58 AufenthV D14 sind Muster der verschiedenen eAT abgebildet.

4   Die Einbeziehung biometrischer Merkmale soll der Vermeidung einer missbräuchlichen Verwendung von Aufenthaltstiteln dienen[14]. Für die Herstellung von Lichtbildern und Abnahme von Fingerabdrücken besteht gemäß § 82 V eine Mitwirkungspflicht des Ausländers[15]. Öffentliche Stellen dürfen gemäß Abs. 7 gespeicherte Daten mit Ausnahme der biometrischen Daten verarbeiten. § 78 V 3 soll erlauben, die auf dem Speicher- und Verarbeitungsmedium gespeicherten Nebenbestimmungen zur Erwerbstätigkeit künftig auch elektronisch – mittels elektronischen Identitätsnachweisen – abzurufen[16].

5   Abs. 3 S. 4 ermöglicht die Speicherung der Daten auf Veranlassung des Ausländers auf einem elektronischen Speicher- und Verarbeitungsmedium in einem mobilen Endgerät. Das elektronische Speicher- und Verarbeitungsmedium des elektronischen Aufenthaltstitels kann gemäß Abs. 4 als qualifizierte elektronische Signaturerstellungseinheit ausgestaltet werden. Außerdem können die elektronischen Speicher- und Verarbeitungsmedien des elektronischen Aufenthaltstitels und eines mobilen Endgerätes auch für die Zusatzfunktion eines **elektronischen Identitätsnachweises** genutzt werden. Dazu verweist Abs. 5 auf die entsprechenden Vorschriften des PAuswG. Insofern verfügt der eAT über die gleichen Onlinefunktionen wie Personalausweises und eID-Karte[17].

6   Es wird jeweils nur ein elektronisches Dokument über den Aufenthaltstitel erteilt. Ein Anspruch auf Erteilung eines zweiten elektronischen Dokuments über denselben Aufenthaltstitel besteht nicht[18]. Soweit der Ausländer mehrere Aufenthaltstitel besitzt, sind diese gegebenenfalls auf einem Beiblatt zu erteilen. Art und Umfang der Dokumentation von Anmerkungen sind durch die einheitlichen Gestaltungsvorgaben für eAT begrenzt[19].

7   Die Erteilung der Aufenthaltserlaubnis fällt üblicherweise nicht mit der Aushändigung des eAT nach § 78 AufenthG zusammen. Sie dürfte regelmäßig bereits zum Zeitpunkt der Bestellung des eAT erfolgt sein, also zu dem Zeitpunkt, an dem die biometrischen Daten (Fingerabdrücke, biometrisches Passfoto) erhoben wurden, die Bearbeitungsgebühr entrichtet und die Eintragung in das Ausländerzentralregister (AZR) veranlasst ist[20]. Der Herstellungsdauer des eAT trägt nunmehr § 80 Va 1 Rechnung, wonach bei Aufenthaltstiteln zur Ausbildung oder Erwerbstätigkeit, die Ausübung der Erwerbstätigkeit bereits ab der Veranlassung der Ausstellung als erlaubt gilt[21].

§ 78a Vordrucke für Aufenthaltstitel in Ausnahmefällen, Ausweisersatz und Bescheinigungen

(1) [1]Aufenthaltstitel nach § 4 Absatz 1 Satz 2 Nummer 2 bis 4 können abweichend von § 78 nach einem einheitlichen Vordruckmuster ausgestellt werden, wenn
1. der Aufenthaltstitel zum Zwecke der Verlängerung der Aufenthaltsdauer um einen Monat erteilt werden soll oder
2. die Ausstellung zur Vermeidung außergewöhnlicher Härten geboten ist.

[2]Das Vordruckmuster enthält folgende Angaben:
1. Name und Vornamen des Inhabers,
2. Gültigkeitsdauer,
3. Ausstellungsort und -datum,
4. Art des Aufenthaltstitels oder Aufenthaltsrechts,
5. Ausstellungsbehörde,
6. Seriennummer des zugehörigen Passes oder Passersatzpapiers,
7. Anmerkungen,
8. Lichtbild.

[3]Auf dem Vordruckmuster ist kenntlich zu machen, dass es sich um eine Ausstellung im Ausnahmefall handelt.

(2) [1]Vordrucke nach Absatz 1 Satz 1 enthalten eine Zone für das automatische Lesen mit folgenden Angaben:

---

[14] Vgl. BT-Drs. 17/3354, 12.
[15] → § 82 Rn. 18.
[16] BT-Drs. 17/3354, 15.
[17] Vgl. BT-Drs. 19/28169.
[18] SächsOVG Beschl. v. 9.9.2015 – 3 D 40/15, BeckRS 2016, 42465 Rn. 6.
[19] Vgl. BayVGH Urt. v. 18.7.2018 – 19 BV 17.1260, BeckRS 2018, 18502.
[20] Vgl. HessVGH Beschl. v. 16.12.2020 – 9 B 2282/20, BeckRS 2020, 40664 Rn. 10.
[21] → § 81 Rn. 34.

Vordrucke **§ 78a AufenthG 1**

1. Name und Vornamen,
2. Geburtsdatum,
3. Geschlecht mit der Abkürzung „F" für Personen weiblichen Geschlechts, „M" für Personen männlichen Geschlechts und das Zeichen „<" in allen anderen Fällen,
4. Staatsangehörigkeit,
5. Art des Aufenthaltstitels,
6. Seriennummer des Vordrucks,
7. ausstellender Staat,
8. Gültigkeitsdauer,
9. Prüfziffern,
10. Leerstellen.

²Auf Antrag kann in der Zone für das automatische Lesen bei einer Änderung des Geschlechts nach § 45b des Personenstandsgesetzes die Angabe des vorherigen Geschlechts aufgenommen werden, wenn die vorherige Angabe männlich oder weiblich war. ³Dieser abweichenden Angabe kommt keine weitere Rechtswirkung zu.

(3) Öffentliche Stellen können die in der Zone für das automatische Lesen nach Absatz 2 enthaltenen Daten zur Erfüllung ihrer gesetzlichen Aufgaben verarbeiten.

(4) ¹Das Vordruckmuster für den Ausweisersatz enthält eine Seriennummer und eine Zone für das automatische Lesen. ²In dem Vordruckmuster können neben der Bezeichnung von Ausstellungsbehörde, Ausstellungsort und -datum, Gültigkeitszeitraum oder -dauer, Name und Vornamen des Inhabers, Aufenthaltsstatus sowie Nebenbestimmungen folgende Angaben über die Person des Inhabers vorgesehen sein:

1. Geburtsdatum und Geburtsort,
2. Staatsangehörigkeit,
3. Geschlecht mit der Abkürzung „F" für Personen weiblichen Geschlechts, „M" für Personen männlichen Geschlechts und „X" in allen anderen Fällen,
4. Größe,
5. Farbe der Augen,
6. Anschrift,
7. Lichtbild,
8. eigenhändige Unterschrift,
9. zwei Fingerabdrücke,
10. Hinweis, dass die Personalangaben auf den Angaben des Ausländers beruhen.

³Sofern Fingerabdrücke nach Satz 2 Nummer 9 erfasst werden, müssen diese in mit Sicherheitsverfahren verschlüsselter Form nach Maßgabe der Artikel 24, 25 und 32 der Verordnung (EU) 2016/679 auf einem elektronischen Speicher- und Verarbeitungsmedium in den Ausweisersatz eingebracht werden. ⁴Das Gleiche gilt, sofern Lichtbilder in elektronischer Form eingebracht werden. ⁵Die Absätze 2 und 3 gelten entsprechend. ⁶§ 78 Absatz 1 Satz 4 bleibt unberührt.

(5) ¹Die Bescheinigungen nach § 60a Absatz 4 und § 81 Absatz 5 werden nach einheitlichem Vordruckmuster ausgestellt, das eine Seriennummer sowie die AZR-Nummer enthält und mit einer Zone für das automatische Lesen versehen sein kann. ²Die Bescheinigung darf neben der Erlaubnis nach § 81 Absatz 5a im Übrigen nur die in Absatz 2 bezeichneten Daten enthalten sowie den Hinweis, dass der Ausländer mit ihr nicht der Passpflicht genügt. ³Die Absätze 2 und 3 gelten entsprechend.

Allgemeine Verwaltungsvorschrift
Nicht belegt.

I. Entstehungsgeschichte

In § 78a werden die nach Einführung des elektronischen Aufenthaltstitels (eAT) weiterhin benötigten Regelungen des bisherigen § 78 für Vordrucke für Aufenthaltstitel zusammengefasst, auf die die eAT-Verordnung keine Anwendung findet. § 105b enthält eine Übergangsvorschrift. Mit dem 2. DAVG[1] wurde § 78a V 1 ergänzt. Mit dem 2. DSAnpUG EU[2] wurden in Abs. 3 die Wörter „speichern, übermitteln und nutzen" durch das Wort „verarbeiten" ersetzt und Abs. 4 S. 3. Mit dem Gesetz zur Stärkung der Sicherheit im Pass-, Ausweis- und ausländerrechtlichen Dokumentenwesen[3] wurden Abs. 2 S. 2 und 3 angefügt, S. 1 Nr. 3 geändert, Abs. 4 S. 2 Nr. 3, Abs. 5 S. 2 ergänzt. Letztere tragen der Einfügung von § 81Va Rechnung[4]. 1

---

[1] Gesetz v. 4.8.2019, BGBl. I S. 1191.
[2] Gesetz v. 20.11.2019, BGBl. I S. 1626.
[3] Gesetz v. 17.12.2020, BGBl. I S. 2744.
[4] BT-Drs. 19/2400, 21.

II. Vordrucke für Aufenthaltstitel in Ausnahmefällen, Ausweisersatz und Bescheinigungen

2 Nach § 61 I AufenthV werden die produktions- und sicherheitstechnischen Spezifikationen für die Vordruckmuster vom BMI festgelegt und nicht veröffentlicht. Die Einzelheiten zum technischen Verfahren für das Ausfüllen der bundeseinheitlichen Vordrucke werden gemäß Abs. 2 vom BMI festgelegt und bekannt gemacht. Ergänzend sind §§ 58 ff. AufenthV sowie die Anlagen gemäß § 58 AufenthV D1–14 (Muster) von Bedeutung[5].

3 Soll ein Aufenthaltstitel in ungewöhnlichen Fällen um höchstens einen Monat verlängert werden, genügt die Ausstellung eines Dokuments nach den bisherigen Vorschriften. Gleiches gilt in den Fällen, in denen die Ausstellung eines Dokuments nach § 78 I eine **außergewöhnliche Härte** hervorrufen würde. Die Gesetzesbegründung[6] nennt etwa den Fall, in dem der Ausländer aufgrund des Alters oder einer Behinderung nicht in der Lage ist, sich allein in der Öffentlichkeit zu bewegen.

4 § 78a V entspricht grundsätzlich dem vormaligen § 78 VII aF und bestimmt zusammen mit § 58 AufenthV den Inhalt der Bescheinigung über die Aussetzung der Abschiebung (**Duldungsbescheinigung gemäß § 60a IV**) (Nr. 2), den Inhalt der **Fiktionsbescheinigungen** nach § 81 V (Nr. 3), die weiterhin nicht als elektronisches Dokument ausgestellt werden. Das 2. DAVG sieht vor, dass neben dem Ankunftsnachweis (§ 63 AsylG) auch auf der Duldungs- und Fiktionsbescheinigung die AZR-Nr. aufgedruckt wird, um den Abruf eines Dateneinsatzes ohne Eingabe der vollständigen Grundpersonalien zu erleichtern[7].

§ 79 Entscheidung über den Aufenthalt

(1) ¹Über den Aufenthalt von Ausländern wird auf der Grundlage der im Bundesgebiet bekannten Umstände und zugänglichen Erkenntnisse entschieden. ²Über das Vorliegen der Voraussetzungen des § 60 Absatz 5 und 7 entscheidet die Ausländerbehörde auf der Grundlage der ihr vorliegenden und im Bundesgebiet zugänglichen Erkenntnisse und, soweit es im Einzelfall erforderlich ist, der den Behörden des Bundes außerhalb des Bundesgebiets zugänglichen Erkenntnisse.

(2) Beantragt ein Ausländer, gegen den wegen des Verdachts einer Straftat oder einer Ordnungswidrigkeit ermittelt wird, die Erteilung oder Verlängerung eines Aufenthaltstitels, ist die Entscheidung über den Aufenthaltstitel bis zum Abschluss des Verfahrens, im Falle einer gerichtlichen Entscheidung bis zu deren Rechtskraft auszusetzen, es sei denn, über den Aufenthaltstitel kann ohne Rücksicht auf den Ausgang des Verfahrens entschieden werden.

(3) ¹Wird ein Aufenthaltstitel gemäß § 36a Absatz 1 zum Zwecke des Familiennachzugs zu einem Ausländer beantragt,
1. gegen den ein Strafverfahren oder behördliches Verfahren wegen einer der in § 27 Absatz 3a genannten Tatbestände eingeleitet wurde,
2. gegen den ein Strafverfahren wegen einer oder mehrerer der in § 36a Absatz 3 Nummer 2 genannten Straftaten eingeleitet wurde, oder
3. bei dem ein Widerrufsverfahren nach § 73b Absatz 1 Satz 1 des Asylgesetzes oder ein Rücknahmeverfahren nach § 73b Absatz 3 des Asylgesetzes eingeleitet wurde,

ist die Entscheidung über die Erteilung des Aufenthaltstitels gemäß § 36a Absatz 1 bis zum Abschluss des jeweiligen Verfahrens, im Falle einer gerichtlichen Entscheidung bis zu ihrer Rechtskraft, auszusetzen, es sei denn, über den Aufenthaltstitel gemäß § 36a Absatz 1 kann ohne Rücksicht auf den Ausgang des Verfahrens entschieden werden. ²Im Fall von Satz 1 Nummer 3 ist bei einem Widerruf oder einer Rücknahme der Zuerkennung des subsidiären Schutzes auf das Verfahren zur Entscheidung über den Widerruf des Aufenthaltstitels des Ausländers nach § 52 Absatz 1 Satz 1 Nummer 4 abzustellen.

(4) Beantragt ein Ausländer, gegen den wegen des Verdachts einer Straftat ermittelt wird, die Erteilung oder Verlängerung einer Beschäftigungsduldung, ist die Entscheidung über die Beschäftigungsduldung bis zum Abschluss des Verfahrens, im Falle einer gerichtlichen Entscheidung bis zu deren Rechtskraft, auszusetzen, es sei denn, über die Beschäftigungsduldung kann ohne Rücksicht auf den Ausgang des Verfahrens entschieden werden.

(5) Beantragt ein Ausländer, gegen den wegen einer Straftat öffentliche Klage erhoben wurde, die Erteilung einer Ausbildungsduldung, ist die Entscheidung über die Ausbildungsduldung bis zum Abschluss des Verfahrens, im Falle einer gerichtlichen Entscheidung bis zu

---

[5] Zuletzt geändert durch VO v. 20.8.2021, BGBl. I S. 3682.
[6] BT-Drs. 17/3354.
[7] BR-Drs. 54/19.

§ 79 AufenthG 1

deren Rechtskraft, auszusetzen, es sei denn, über die Ausbildungsduldung kann ohne Rücksicht auf den Ausgang des Verfahrens entschieden werden.

Allgemeine Verwaltungsvorschrift
79 Zu § 79 – Entscheidung über den Aufenthalt
79.1 Entscheidungsgrundlage
79.1.1 Unbeschadet der Mitwirkungspflicht des Ausländers (§ 82 Absatz 1 und 2) begrenzt § 79 Absatz 1 Satz 1 die Sachverhaltsermittlungspflicht und nicht den entscheidungserheblichen Sachverhalt auf Umstände, die im Bundesgebiet vorliegen. Das heißt, im Ausland vorliegende Umstände, die für aufenthaltsrechtliche Maßnahmen von Bedeutung sind, sind bei der Entscheidung nur zu berücksichtigen, wenn sie offenkundig, bekannt oder der Ausländerbehörde im Bundesgebiet nachgewiesen sind (z. B. auch Lageberichte des Auswärtigen Amtes; siehe hierzu Nummer 79.1.2). Demgegenüber liegt es in der Mitwirkungspflicht des Ausländers nach § 82 Absatz 1 und 2, diejenigen Umstände geltend zu machen, die ausschließlich seinen persönlichen Lebensbereich betreffen. Die Sachverhaltsermittlungspflicht ist in den Fällen des § 59 Absatz 4 Satz 1 eingeschränkt, wenn die Abschiebungsandrohung unanfechtbar geworden ist.
79.1.2 § 79 Absatz 1 Satz 2 erweitert die Sachverhaltsermittlungspflicht, soweit es im Einzelfall erforderlich ist, auf die den Bundesbehörden im Ausland zugänglichen Erkenntnisse. Die Ausländerbehörde kann unmittelbar Anfragen an das Bundeskriminalamt und die deutschen Auslandsvertretungen richten. Das Bundeskriminalamt kann sich hierbei Daten von internationalen Einrichtungen zunutze machen (z. B. Interpol). Soweit im Einzelfall in Betracht kommt, dass sonstigen Bundesbehörden entscheidungserhebliche Erkenntnisse zugänglich sind, ist die Anfrage auf dem Dienstweg über die oberste Landesbehörde an das Bundesministerium des Innern zu richten. In die Entscheidungsfindung sind auch die Lageberichte des Auswärtigen Amtes über die allgemeine politische Lage, eine etwaige Verfolgung oder Menschenrechtsverletzungen im Herkunftsstaat des Ausländers einzubeziehen.
79.2 Aussetzung der Entscheidung
79.2.1 Eine Aussetzung der Entscheidung über den Aufenthaltstitel bis zum Abschluss eines Straf-, Bußgeld- oder Vaterschaftsanfechtungsverfahrens setzt voraus, dass der Ausländer die Erteilung oder Verlängerung eines Aufenthaltstitels beantragt hat. Während der Aussetzung des Verfahrens richtet sich der aufenthaltsrechtliche Status des Ausländers, der sich rechtmäßig im Bundesgebiet aufhält, nach § 81 Absatz 3 bzw. 4. Im Falle eines Vaterschaftsanfechtungsverfahrens (siehe hierzu Nummer 27.1 a.1.3) kommt für die Betroffenen, die sich nicht rechtmäßig im Bundesgebiet aufhalten, die Erteilung einer Duldung gemäß § 60a Absatz 2 in Betracht.
79.2.2.1 Durch die Unterrichtungspflichten nach § 87 Absatz 2 Satz 1, Absatz 4 Satz 1 sowie Absatz 6 wird sichergestellt, dass die Ausländerbehörde Kenntnis über ein bevorstehendes Vaterschaftsanfechtungsverfahren bzw ein anhängiges Straf- oder Bußgeldverfahren erhält.
79.2.2.2 Hat die Ausländerbehörde durch eine Unterrichtung nach § 87 Absatz 2 Satz 1 oder anderweitig Kenntnis von konkreten Tatsachen, die die Annahme rechtfertigen, dass die Voraussetzungen für das behördliche Vaterschaftsanfechtungsrecht vorliegen (§ 1600 Absatz 1 Nummer 5, Absatz 3 BGB), hat sie dies der anfechtungsberechtigten Behörde mitzuteilen (§ 90 Absatz 5, siehe hierzu Nummer 90.5). Die Ausländerbehörde bzw Auslandsvertretung hat das ausländerrechtliche Verfahren ab Eingang einer Mitteilung nach § 87 Absatz 6 oder ab Abgabe ihrer Mitteilung nach § 90 Absatz 5 auszusetzen. Hierdurch wird die Entscheidung der anfechtungsberechtigten Behörde bzw – im Fall der Klageerhebung – des Familiengerichts über die zivilrechtliche Wirksamkeit einer Vaterschaftsanerkennung im ausländerrechtlichen Verfahren berücksichtigt. § 87 Absatz 6 sieht vor, dass die Ausländerbehörde bzw Auslandsvertretung Mitteilung über den Ausgang des Vaterschaftsanfechtungsverfahrens erhält.
79.2.3 Die Entscheidung über den Aufenthaltstitel ist nicht auszusetzen, wenn
79.2.3.1 – eine Ausweisung nach §§ 53 ff. verfügt werden kann (z. B. Vorliegen nicht nur geringfügiger oder vereinzelter Verstöße), insbesondere in den Fällen der §§ 53, 54 oder bei Wiederholungsgefahr,
79.2.3.2 – die Ausländerbehörde in Fällen, in denen ein Ausweisungsgrund für die Versagung des Aufenthaltstitels maßgebend ist, das Vorliegen eines Ausweisungsgrundes nach dem Ergebnis eigener Ermittlungen ausschließen kann,
79.2.3.3 – der Antrag auf Erteilung oder Verlängerung des Aufenthaltstitels bereits aus anderen Gründen zu versagen ist,
79.2.3.4 – die Ausländerbehörde dem Antrag des Ausländers auch im Falle der Verurteilung oder der Verhängung eines Bußgeldes entsprechen will oder
79.2.3.5 – ein Fall des § 5 Absatz 3 Satz 3 vorliegt (siehe hierzu Nummer 5.3.3).
79.2.4 Der Ausländer ist im Falle der Erteilung oder Verlängerung eines Aufenthaltstitels bei einer nach § 5 Absatz 2 Satz 3 vorbehaltenen Ausweisung schriftlich darauf hinzuweisen, dass er insbesondere im Falle einer strafgerichtlichen Verurteilung, die den entscheidungserheblichen Sachverhalt zu seinen Ungunsten wesentlich ändert, mit einer Ausweisung rechnen muss.

Übersicht

	Rn.
I. Entstehungsgeschichte	1
II. Beschränkung der Entscheidungsgrundlage	2
1. Aufenthaltsrechtliche Angelegenheiten	2
2. Abschiebungshindernisse gemäß § 60 V und VII	11
III. Verfahrensaussetzung	15
1. Aussetzung bei Straf- oder Ordnungswidrigkeiten-Verfahren (Abs. 2)	15
2. Aussetzung des Familiennachzugs (Abs. 3)	20
3. Aussetzung der Duldungserteilung (Abs. 4 und 5)	23

I. Entstehungsgeschichte

1 Abs. 1 entspricht § 67 I AuslG und dem **Gesetzesentwurf**[1]. Durch das Gesetz zur Ergänzung des Rechts auf Anfechtung der Vaterschaft vom 13.3.2008[2] wurden Abs. 2 neu gefasst und inhaltlich die Nr. 2 sowie der S. 2 neu aufgenommen. Abs. 1 S. 2 wurde mit dem Gesetz[3] zur Umsetzung der RL 2011/95/EU[4] angepasst. Mit dem Gesetz zur besseren Durchsetzung der Ausreisepflicht[5] wurde Abs. 2 wiederum neu gefasst. Abs. 3 wurde mit dem Familiennachzugsneuregelungsgesetz[6], Abs. 4 und 5 wurden mWv 1.1.2020 mit dem DuldG[7] eingefügt.

II. Beschränkung der Entscheidungsgrundlage

1. Aufenthaltsrechtliche Angelegenheiten

2 Die Entscheidungsgrundlage ist nach dem Wortlaut der Vorschrift für alle aufenthaltsrechtlichen Angelegenheiten auf im Bundesgebiet **erreichbare Erkenntnisse** beschränkt. Insbesondere sind Entscheidungen über Aufenthaltstitel, Ausweisung, Abschiebung und deren Aussetzung (Duldung) erfasst; für die Abschiebungshindernisse des § 60 V und VII sieht die Vorschrift im Einzelfall eine Erweiterung vor[8]. Die Beschränkung des Abs. 1 S. 1 soll, wie der Vergleich mit dem Wortlaut von Abs. 1 S. 2 nahelegt, sowohl für Behörden wie auch für Gerichte gelten[9]. Die Durchführung von Ermittlungen mit Auslandsbezug kann aber nicht ohne Weiteres mit dem Hinweis auf die Vorschrift abgelehnt werden[10].

3 Die mit § 79 I 1 bewirkte Beschränkung der behördlichen und gerichtlichen Verpflichtung zu **Amtsaufklärung** und Beweiserhebung (§§ 24, 26 VwVfG bzw. §§ 86, 96 VwGO) ist nicht unbedenklich. Ein Verständnis der Vorschrift, wonach es Behörden und Gerichten untersagt wäre, Ermittlungen im Ausland anzustellen, kollidiert jedenfalls mit dem Auftrag und der Verpflichtung der Verwaltungsgerichte gemäß Art. 19 IV GG effektiven Rechtsschutz gegen staatliche Entscheidungen zu gewähren[11]. Die hierfür vorgebrachten Argumente, Behörden und Gerichte sollten vor Überforderung bewahrt, völkerrechtliche Grenzen der Tätigkeit der Auslandsvertretungen beachtet, Verwaltungsaufwand auf das vertretbare Maß begrenzt und unvertretbare Verzögerungen vermieden werden[12], erscheinen zwar zunächst vernünftig[13], vermögen aber nicht die Erforderlichkeit der Beschränkung zu begründen. Eine schrankenlose Aufklärung des Sachverhalts ist schon nach allgemeinem Verfahrensrecht nicht geboten. So brauchen von vornherein ungeeignete oder unerreichbare Beweismittel (vgl. § 244 III 2, V StPO) nicht ausgeschöpft zu werden[14]. Ob die Ladung eines Zeugen im Ausland ein Gebot der gerichtlichen Aufklärungspflicht ist, darf ggf. auch davon abhängig gemacht werden, welche Ergebnisse von der Beweisaufnahme zu erwarten sind und wie diese Ergebnisse zu würdigen wären[15]. Für die Beweisaufnahme im Ausland gilt § 98 VwGO iVm § 363 ZPO. Zu einer – wie eine Tatsachenfeststellung zu behandelnden – Ermittlung von Inhalt und Rechtspraxis **ausländischen Rechts**, unter Heranziehung aller ihm zugänglichen Erkenntnisquellen, verpflichtet allerdings § 173 VwGO iVm § 293 ZPO[16].

4 Was unter im Bundesgebiet **bekannten Umständen** und **zugänglichen Erkenntnissen** zu verstehen ist und wie zulässige von unzulässigen Ermittlungen zu unterscheiden sind, ist fraglich. Die vom Gesetzgeber verwendeten Begriffe dürfen jedenfalls nicht dahin gehend missverstanden werden, dass möglichst jeder Aufwand und jede Verzögerung vermieden und Behörden wie Gerichte möglichst entlastet werden. Der Einzelfall kann vielmehr eine an den betroffenen Rechtsgütern und der Prognose des Erkenntnisgewinns orientierte Entscheidung über den Ermittlungsumfang erfordern. Wenn sich dadurch die gesetzgeberischen Zwecke nicht vollständig verwirklichen lassen, ist dies mit Blick auf die o. g. rechtsstaatlichen Verfahrenserfordernisse sachgerecht.

---

[1] BT-Drs. 15/420, 30.
[2] BGBl. I S. 313.
[3] Gesetz v. 28.8.2013, BGBl. I S. 3474.
[4] ABl. 2011 L 337, S. 9 (Anerkennungs-RL) die die Qualifikations-RL RL 2004/83/EG v. 29.4.2004 ersetzt.
[5] Gesetz v. 20.7.2017, BGBl. I S. 2780.
[6] Gesetz v. 12.7.2018 BGBl. I S. 1147.
[7] Gesetz v. 8.7.2019 BGBl. I S. 1021.
[8] Dazu → Rn. 11 ff.
[9] Im Einzelnen *Renner* in Barwig ua S. 263, 272.
[10] AA VG Berlin Urt. v. 10.11.2006 – 31 V 32.05.
[11] BayVGH Beschl. v. 15.10.2008 – 19 ZB 08.1966, BeckRS 2008, 28532 Rn. 7.
[12] BT-Drs. 11/6321, 79 zum identischen § 67 I AuslG 1990.
[13] AA wohl *v. Boekel* ZAR 1992, 166.
[14] Vgl. zB OVG NRW Beschl. v. 22.1.1981 – 18 A 10023/80, EZAR 610 Nr. 6.
[15] BVerfG Beschl. v. 21.8.1996 – 2 BvR 1304/96, NJW 1997, 999 f.; vgl. auch BGH Urt. v. 9.6.2005 – 3 StR 269/04, NJW 2005, 2322.
[16] BVerwG Urt. v. 19.7.2012 – 10 C 2.12, ZAR 2013, 71.

Inlandstatsachen sind im Bundesgebiet **bekannt,** bei im Ausland entstandenen oder zu erwartenden 5
Vorgängen und Ereignissen ist dies keineswegs allgemein zu bejahen. Im Ausland gewonnene Wahrnehmungen können aber im Inland vermittelt und damit bekannt gemacht werden. Dafür verlangt das Gesetz **keine allgemeine Bekanntheit,** also keine Kenntnis der Allgemeinheit, der Öffentlichkeit oder bestimmter Gruppen. Es kann weder auf eine durchschnittlich noch auf eine gerade noch ausreichend informierte Behörde oder etwa ein eher dürftig ausgestattetes Gericht abgestellt werden. Bekannt sind vielmehr alle Umstände, die bei einer Person oder Stelle im Bundesgebiet bekannt sind[17]. Behörden und Gerichte haben also nach wie vor insbesondere alle Erkenntnisquellen zu nutzen, die ihnen Bibliotheken, Dokumentationen und EDV-Informationssysteme[18] oder allgemein das Internet bieten.

Im Bundesgebiet **zugänglich** sind alle Erkenntnisse, die ohne besondere Aufklärung oder Ermitt- 6
lung im Ausland zu erhalten sind. Zugänglich sind sie auch dann, wenn sie nur einem beschränkten Personenkreis offenstehen und noch einer gewissen Aufarbeitung bedürfen oder auch erst über Mittelspersonen aus dem Ausland beschafft werden müssen[19]. Darunter fallen zB Tatsachen, die dem Auswärtigen Amt oder anderen Behörden im Bundesgebiet bekannt sind, auch wenn sie noch in die Form einer amtlichen Auskunft gebracht werden müssen. Das können im Einzelfall auch bereits gewonnene Erkenntnisse der Vertrauensärzte der deutschen Auslandsvertretungen oder deren fachliche Einschätzungen sein. Auskünfte des Auswärtigen Amts stellen selbstständige Beweismittel dar, die ohne förmliches Beweisverfahren verwertet werden können. Dadurch soll es ermöglicht werden, das besondere Fachwissen in das Verfahren einzuführen, ohne dass das Gericht gezwungen wäre, den Verfasser der Auskunft oder weiteres bei der Erstellung beitragendes Personal zu vernehmen[20].

Außerdem gehören dazu **wissenschaftliche Erkenntnisse,** etwa eines Max-Planck-Instituts für 7
ausländisches Privat- oder Strafrecht[21], auch wenn fertige schriftliche Gutachten noch nicht vorliegen; es genügt, wenn ein Wissenschaftler aufgrund seiner Fachkenntnisse entsprechende sachverständige Auskünfte geben kann, wobei nicht ausgeschlossen ist, dass er für den Einzelfall noch zusätzliche Informationen im Ausland einholen muss. Zugänglich sind va auch die in allgemeinen Dokumentationen gesammelten Erkenntnisse[22]. Im Grenzbereich dürfte die Aufklärung des Sachverhalts mittels eines im Ausland tätigen Sachverständigen liegen.

Sind die Erkenntnisse **nicht im Bundesgebiet** zugänglich, obliegt es gemäß § 82 I grundsätzlich, 8
dem Ausländer, diese beizubringen und damit der Ausländerbehörde und dem Gericht zugänglich zu machen[23]. Schwierigkeiten können sich daraus ergeben, dass im Ausland befindliche Erkenntnisquellen nicht ohne Weiteres – auch nicht durch Mitwirkung des Ausländers – im Inland zugänglich gemacht werden können. Das gilt etwa für die Gewinnung des unmittelbaren Augenscheins oder des persönlichen Eindrucks von dem im Ausland befindlichen Beteiligten[24] oder Zeugen. Zur Vermeidung einer unangemessenen Beeinträchtigung der Richtigkeitsgewissheit kann daher die Ausdehnung der Ermittlungen auf Erkenntnisquellen außerhalb der des Bundesgebiets zulässig und erforderlich sein. Die Entnahme von Speichelproben für die Durchführung eines Abstammungsgutachten durch ein von dem Ausländer beauftragtes Institut kann nach neuer Praxis der Auslandsvertretungen im Ausland durch einen Vertrauensarzt erfolgen[25]. Auch können die Auslandsvertretungen – etwa zur Überprüfung von Personenstandsdokumenten – Ermittlungen mit Hilfe von Vertrauensanwälten anstrengen.

Insbesondere die Grundrechte des Ausländers oder seiner Familienangehörigen können es im 9
Einzelfall erfordern, einen im Ausland befindlichen Zeugen im Inland zu vernehmen. Dies setzt allerdings voraus, dass die Ladung im Ausland bewirkt werden kann bzw. der Zeuge freiwillig bereit sowie rechtlich und tatsächlich in der Lage ist, in die Bundesrepublik zu reisen[26]. Für den Parteivortrag des Visumsklägers wird es allerdings regelmäßig nicht auf seinen unmittelbaren Eindruck ankommen[27]. Ein generelles, von jeweiligen Einzelfall unabhängiges Recht des den Familiennachzug begehrenden Visumsklägers, ihm die persönliche Teilnahme an einer mündlichen Gerichtsverhandlung zu ermöglichen, besteht nicht[28]. Sofern die Vernehmung eines Zeugen nach Auffassung des Gerichts unerlässlich ist und ein entsprechender Beweisbeschluss vorliegt, wird ihm ein (nationales) Visum und/oder eine Betretenserlaubnis (§ 11 VIII 1)[29] für die Einreise zur Teilnahme an der Beweiserhebung zu erteilen

---

[17] ZT aA *v. Boekel* ZAR 1992, 166.
[18] Dazu zB *Jannasch* ZAR 1990, 69; *Schmid/Praschma* ZAR 2001, 59; *Stanek* ZAR 1998, 227.
[19] BayVGH Beschl. v. 15.10.2008 – 19 ZB 08.1966, BeckRS 2008, 28532 Rn. 7.
[20] BVerwG Beschl. v. 14.10.2013 – 10 B 20.13, BeckRS 2013, 57845 Rn. 4.
[21] Vgl. BVerwG Urt. v. 19.7.2012 – 10 C 2.10, ZAR 2013, 71 mwN.
[22] → Rn. 5.
[23] → § 82 Rn. 9.
[24] Im Visumverfahren befindet sich der Kläger idR im Ausland. Anders als die Auslandsvertretung als zuständige Ausländerbehörde kann sich das Gericht meist keinen eigenen Eindruck verschaffen.
[25] AA Visumhandbuch (www.auswaertiges-amt.de), Abstammungsgutachten.
[26] Vgl. *Geimer* in: Zöller ZPO § 363 Rn. 13 ff.
[27] AA VG Berlin Urt. v. 22.6.2006 – 7 V 34.05.
[28] OVG Bln-Bbg Beschl. v. 4.2.2013 – OVG 12 N 83.11, BeckRS 2013, 47155.
[29] → § 11 Rn. 116.

sein. Ob eine etwaige Einreiseverweigerung entsprechend § 444 ZPO[30] als ein die Beweisführung vereitelndes Verhalten zu werten ist, hängt vom Einzelfall ab und lässt sich daher nicht allgemein beantworten. Es können außerhalb des Verfahrens liegende Gründe – zB nach Art. 32 Ia v oder vi Visakodex – vorliegen, die die Auslandsvertretung an der Erteilung eines Visums hindern. Kann der Beteiligte oder Zeuge als Positivstaater gemäß Art. 20 SDÜ oder gemäß Art. 21 I SDÜ visumfrei einreisen[31], hat er sicherzustellen, dass zum Zeitpunkt der mündlichen Verhandlung die zulässige Dauer seines Aufenthalts im Bundesgebiet nicht überschritten ist. Dies sollte auch bei der Bestimmung des Termins (§ 102 I 1 VwGO) beachtet werden.

10 Die Vernehmung eines Zeugen im Ausland im Wege der Bild- und Tonübertragung gemäß § 102a VwGO berührt die territoriale Souveränität des ausländischen Staates[32] und ist abgesehen von der Videovernehmung innerhalb der Mitgliedstaaten der EU[33] oder des HBÜ[34] nur im Wege der Rechtshilfe zulässig[35].

2. Abschiebungshindernisse gemäß § 60 V und VII

11 Hinsichtlich der Abschiebungshindernisse des § 60 V und VII ist die Entscheidungsgrundlage nach Gesetzeswortlaut und Entstehungsgeschichte eindeutig nur für die Ausländerbehörde beschränkt. Abgesehen von den dargestellten Bedenken gegen ein Abgehen von allgemein anerkannten Verfahrensprinzipien[36] gebieten gerade die dem Ausländer im Falle einer Abschiebung möglicherweise während dieser oder im Zielstaat drohenden Risiken eine besondere **Ermittlungssorgfalt**[37]. Nicht gerechtfertigt erschiene es, wenn die Amtsermittlung der Ausländerbehörde hinter der des BAMF gemäß § 24 I 1 AsylG[38] zurückbliebe.

12 Welche Erkenntnisse der Ausländerbehörde vorliegen, hängt allein von deren **Wissensstand** und allgemeinen **Informationsbedürfnissen** ab. Über diese individuelle Erkenntnislage hinaus hat sie aber auf Antrag oder von Amts wegen alle sonstigen im Bundesgebiet zugänglichen Erkenntnisquellen zu erschließen. Das notwendige Maß an Aufklärung hat sich nach der Schwere der drohenden Gefahr für den Ausländer zu richten und nicht nach der der Ausländerbehörde entstehenden Aufwand.

13 Erforderlichenfalls sind auch die Erkenntnisse zu nutzen, die den Bundesbehörden im Ausland zugänglich sind. Die Erforderlichkeit im Einzelfall ist nicht auf Ausnahmen begrenzt, sondern allein nach der Erheblichkeit der Erkenntnis für die Entscheidung des Einzelfalls zu bestimmen. Die Erkenntnis braucht den Behörden des Bundes nicht schon vorzuliegen, sondern nur erreichbar zu sein. Ggf. sind Auskünfte bei Behörden des betreffenden Staates, bei Vertrauensanwälten der deutschen Auslandsvertretungen oder bei Vertretungen anderer Staaten einzuholen. Deren Zugänglichkeit ist nicht dadurch ausgeschlossen, dass sie zeitlichen oder finanziellen Aufwand verursacht.

14 Im **Gerichtverfahren** ist die Entscheidungsgrundlage hinsichtlich der Abschiebungshindernisse des § 60 V und VII nicht beschränkt. Das Gericht hat also insoweit alle Tatsachen aufzuklären und zu überprüfen, die für die Entscheidung erheblich sind. Die Grenzen werden auch insoweit durch die Erforderlichkeit, Erreichbarkeit und Tauglichkeit der Erkenntnismittel gezogen[39]. Ggf. ist damit eine ausländerbehördliche Entscheidung als rechtswidrig aufzuheben, obwohl sie nach dem für die Ausländerbehörde maßgeblichen Erkenntnisstand rechtmäßig war. Insoweit wird § 113 VwGO modifiziert[40].

III. Verfahrensaussetzung

1. Aussetzung bei Straf- oder Ordnungswidrigkeiten-Verfahren (Abs. 2)

15 Die Aussetzung des ausländerrechtlichen Verfahrens bis zum Abschluss eines strafrechtlichen oder ordnungswidrigkeitenrechtlichen Verfahrens ist **zwingend vorgeschrieben,** falls die zu ermittelnde Tatsache für die Entscheidung erheblich ist (zur Mitteilung vgl. § 87 IV). Das kann auch bei einem Ermittlungsverfahren im Ausland der Fall sein[41]. Die Ausländerbehörde soll den Ermittlungen in dem anderen Verfahren nicht vorgreifen, sondern sie später bei der Antragsbescheidung nutzen. Von der Verpflichtung zur Aussetzung gibt es keine Ausnahme, der Ausländerbehörde steht hier auch kein Ermessen zu. Die Aussetzungspflicht gilt aber nur nach einem Antrag auf Erteilung oder Verlänge-

---

[30] Vgl. BVerwG Urt. v. 26.4.2012 – 2 C 17.10, NVwZ 2012, 1483 Rn. 23.
[31] → § 4 Rn. 16.
[32] Vgl. *Dolderer* in Sodan/Ziekow VwGO § 102a Rn. 29.
[33] VO (EU) 1206/2001, ABl. 2001 L 174, 1.
[34] Dazu *Kohake* DRiZ 2021, 378.
[35] *Ulrich* in: Schoch/Schneider VwGO § 102a Rn. 63.
[36] → Rn. 3.
[37] Vgl. iE *Renner* in Barwig u a S. 263, 272.
[38] → AsylG § 24 Rn. 12.
[39] → Rn. 3.
[40] → § 82 Rn. 26.
[41] OVG LSA Beschl. v. 22.10.2010 – 2 O 116/10, BeckRS 2010, 55867.

rung eines Aufenthaltstitels, und nur dann, wenn hierüber nicht ohne das Ergebnis des anderen Verfahrens entschieden werden kann. Ungehindert durch das anhängige andere Verfahren kann daher in folgenden Fällen entschieden werden: (1) Ausweisung, (2) Antragsablehnung aus anderen Gründen, (3) Erteilung oder Verlängerung des Aufenthaltstitels ohne Rücksicht auf das Ergebnis des anderen Verfahrens. Ist das Verfahren nach § 79 II auszusetzen, ist die **Untätigkeitsklage unzulässig,** weil für die Dauer der Aussetzung des Verfahrens ein zureichender Grund iSd § 75 S. 3 VwGO vorliegt[42].

§ 79 II ist ferner nicht anzuwenden, wenn mit dem Abschluss des Strafverfahrens nicht in absehbarer **16** Zeit gerechnet werden kann, etwa weil die Akten verloren gegangen sind[43] oder weil wegen der Abwesenheit von Antragsteller und Angeklagtem (§ 276 StPO) gemäß § 285 I 1 StPO eine Hauptverhandlung nicht stattfindet[44].

Wird der Ausgang des anderen Verfahrens dagegen **nicht abgewartet,** darf der diesem zugrunde **17** liegende Sachverhalt nicht herangezogen oder verwertet werden, weder positiv noch negativ und auch nicht iRv Ermessenserwägungen. Für ein Ausweisungs- oder Abschiebungsverfahren steht eine Aussetzung des Verfahrens oder ein bloßes Zuwarten mit der Entscheidung im Ermessen der Ausländerbehörde. Sie darf sich aber nicht von sich aus den anderen Verfahrensgegenstand aufklären, bewerten und ihrer Entscheidung zugrunde legen, indem sie ein Ausweisungsinteresse ausschließt (aA Nr. 79.2.3.2 AVV). Damit würde sie nämlich dem anderen Verfahren vorgreifen und müsste, wenn es zu einem anderen Ergebnis gelangt, den eigenen Bescheid korrigieren. Eben dies soll durch die Aussetzung verhindert werden. Unter den Voraussetzungen des § 5 III 2 kann die Ausländerbehörde allerdings gemäß S. 3 darauf hinweisen, dass eine spätere Ausweisung wegen einzeln zu bezeichnender Ausweisungsinteressen, die Gegenstand eines noch nicht abgeschlossenen Straf- oder anderen Verfahrens sind, möglich ist[45].

Das Gesetz zur Ergänzung des Rechts auf Anfechtung der Vaterschaft vom 13.3.2008[46] sah mehrere **18** Verfahrensstufen vor, auf denen dem **Verdacht einer missbräuchlichen Vaterschaftsanerkennung** nachgegangen werden konnte. Abs. 2 S. 1 Nr. 2 aF erlaubte die Aussetzung des aufenthaltsrechtlichen Verfahrens bis zur Klärung einer möglicherweise vorgreiflichen Vaterschaftsanfechtung. Das BVerfG hat die behördliche Vaterschaftsanfechtung gemäß § 1600 I Nr. 5 BGB wegen der Unvereinbarkeit mit Art. 16 I, Art. 6 II 1, Art. 2 I iVm Art. 6 II 1 und Art. 6 I GG für **nichtig** erklärt, ua weil die Behördenanfechtung in ihrer konkreten Ausgestaltung eine absolut verbotene Entziehung der Staatsangehörigkeit bewirke. Zur Bekämpfung von missbräuchlichen Vaterschaftsanerkennungen dient nunmehr das der Beurkundung der Anerkennung vorgelagerte Prüfverfahren nach § 85a. Für die Dauer der Prüfung kann eine Aussetzung der Erteilung oder Verlängerung des Aufenthaltstitels in Betracht kommen, sofern nicht ohne Rücksicht auf die infrage stehende Vaterschaftsanerkennung entschieden werden kann[47].

Die Aussetzung der Entscheidung über den Aufenthaltstitel führt im Einklang mit den §§ 60a, 81 **19** nicht zu einem Rechtsverlust: Personen, die sich nicht rechtmäßig im Bundesgebiet aufhalten, ist gegebenenfalls gemäß § 60a II eine Duldung zu erteilen. Danach ist die Abschiebung eines Ausländers auszusetzen, solange die Abschiebung aus tatsächlichen oder rechtlichen Gründen unmöglich ist und keine Aufenthaltserlaubnis erteilt wird. Für die Dauer des Prüfverfahrens nach § 85a besteht ein ausdrücklicher Duldungsanspruch gemäß § 60a II 13. Für die Personen, die sich bereits rechtmäßig im Bundesgebiet aufhalten, gelten § 81 III und IV.

2. Aussetzung des Familiennachzugs (Abs. 3)

Die **Aussetzung der Entscheidung über den Familiennachzug** zu subsidiär Schutzberechtigten **20** gemäß § 36a dient der Sicherstellung der dem Familiennachzug zwingend entgegenstehenden Ausschlussgründe gemäß § 27 IIIa sowie der **Regelausschlussgründe** von § 36a III Nr. 2. Die Regelung soll eine Entscheidung über den Familiennachzug so lange unterbinden, bis die Voraussetzungen des Familiennachzugs, soweit sie in der Person des Ausländers, zu dem der Familiennachzug erfolgen soll (sog. Stammberechtigter), liegen, geklärt sind. Für die Dauer der Klärung ist der Familiennachzug also ausgesetzt.

Die Aussetzung des Verfahrens hat **zwingend** zu erfolgen, wenn gegen den subsidiär schutzberech- **21** tigten Ausländer, zu dem der Familiennachzug erfolgen soll, wegen eines der in § 27 IIIa genannten Tatbestände oder einer der in § 36a III Nr. 2 genannten Straftaten ein Strafverfahren eingeleitet wurde und dieses noch nicht abgeschlossen ist. Das Gleiche gilt im Hinblick auf § 27 IIIa 1 Nr. 2, wenn der Stammberechtigte zu den Leitern eines Vereins gehört und zu diesem Verein ein behördliches Verbotsverfahren nach § 3 I 1 des VereinsG eingeleitet wurde. Die Aussetzung hat des Weiteren zu erfolgen,

---

[42] OVG RhPf Beschl. v. 19.1.2016 – 7 D 11044/15, BeckRS 2016, 41505 Rn. 5 mwN.
[43] OVG Brem Beschl. v. 4.7.2011 – 1 S 42/11, BeckRS 2011, 52986 Rn. 4 ff.
[44] Vgl. BayVGH Beschl. v. 21.7.2015 – 10 CS 15.859, BeckRS 2015, 49676 Rn. 71 mwN.
[45] → § 5 Rn. 64.
[46] BGBl. 2008 I S. 313.
[47] BVerfG Urt. v. 17.12.2013 – 1 BvL 6.10, BVerfGE 135, 48 ff.

wenn die Zuerkennung des subsidiären Schutzes für den Stammberechtigten aufgrund eines eingeleiteten Widerrufs- oder Rücknahmeverfahrens nach § 73b I 1 bzw. III 1 AsylG einer Überprüfung unterliegt.

22 Für die Dauer der strafgerichtlichen oder behördlichen Klärung ist der **Familiennachzug ausgeschlossen,** sofern nicht unabhängig davon entschieden werden kann. Das wird regelmäßig nur dann der Fall sein, wenn der Familiennachzug nach § 36a bereits aus anderen Gründen zu versagen ist. Ist das Verfahren nach § 79 III auszusetzen, ist die Untätigkeitsklage unzulässig, weil für die Dauer der Aussetzung des Verfahrens ein zureichender Grund iSd § 75 S. 3 VwGO vorliegt[48]

3. Aussetzung der Duldungserteilung (Abs. 4 und 5)

23 Der mit dem DuldG[49] eingefügte Abs. 4 sieht vor, dass während strafrechtlicher Ermittlungen gegen den Ausländer die Entscheidung über die Erteilung einer Beschäftigungsduldung (§ 60c) auszusetzen ist. Die Vorschrift ist der Regelung gemäß Abs. 2 nachempfunden, indem sie die Beschäftigungsduldung wie einen Aufenthaltstitel behandelt. Dies mag mit der Verknüpfung der Beschäftigungsduldung mit einem Aufenthaltszweck zusammenhängen. Die Aussetzung des Verfahrens bewirkt, dass während eines strafrechtlichen Ermittlungsverfahrens keine Beschäftigungsduldung erteilt oder verlängert werden darf, und sichert damit neben § 60c III 1 die Voraussetzung von § 60c I Nr. 7. Unklar bleibt allerdings, was in der Zwischenzeit gelten soll. Anders als bei der Antragstellung nach § 81 I kann der Ausländer, der eine Beschäftigungsduldung begehrt, nicht in den Genuss einer Erlaubnis- oder Fortgeltungsfiktion kommen. Sofern Abschiebungshindernisse vorliegen, ist der Ausländer ohnehin zu dulden[50]. Andernfalls kommt für die Dauer der Aussetzung eine Ermessensduldung (§ 60a I 3) aus dringenden persönlichen Gründen in Betracht. Faktisch bewirkt die Aussetzung des Verfahrens dann lediglich eine andere Befristung der Duldung und gegebenenfalls eine Beschränkung der Möglichkeiten, einer Erwerbstätigkeit nachzugehen.

24 Der aufgrund der Beschlussempfehlung des Innenausschusses[51] mit dem DuldG[52] eingefügte Abs. 5 sieht die Aussetzung der Entscheidung über die Erteilung einer Ausbildungsduldung lediglich für den Fall vor, dass die Staatsanwaltschaft bereits gegen den Ausländer gemäß § 170 I StPO Klage erhoben hat, den Ausländer also der Begehung einer Straftat für hinreichend verdächtig hält. Damit wird verhindert, dass an der zeitweisen Nichterteilung der Ausbildungsduldung möglicherweise die Aufnahme einer Ausbildung scheitert.

§ 80 Handlungsfähigkeit

(1) Fähig zur Vornahme von Verfahrenshandlungen nach diesem Gesetz ist ein Ausländer, der volljährig ist, sofern er nicht nach Maßgabe des Bürgerlichen Gesetzbuchs geschäftsunfähig oder in dieser Angelegenheit zu betreuen und einem Einwilligungsvorbehalt zu unterstellen wäre.

(2) ¹Die mangelnde Handlungsfähigkeit eines Minderjährigen steht seiner Zurückweisung und Zurückschiebung nicht entgegen. ²Das Gleiche gilt für die Androhung und Durchführung der Abschiebung in den Herkunftsstaat, wenn sich sein gesetzlicher Vertreter nicht im Bundesgebiet aufhält oder dessen Aufenthaltsort im Bundesgebiet unbekannt ist.

(3) ¹Bei der Anwendung dieses Gesetzes sind die Vorschriften des Bürgerlichen Gesetzbuchs dafür maßgebend, ob ein Ausländer als minderjährig oder volljährig anzusehen ist. ²Die Geschäftsfähigkeit und die sonstige rechtliche Handlungsfähigkeit eines nach dem Recht seines Heimatstaates volljährigen Ausländers bleiben davon unberührt.

(4) Die gesetzlichen Vertreter eines Ausländers, der minderjährig ist, und sonstige Personen, die an Stelle der gesetzlichen Vertreter den Ausländer im Bundesgebiet betreuen, sind verpflichtet, für den Ausländer die erforderlichen Anträge auf Erteilung und Verlängerung des Aufenthaltstitels und auf Erteilung und Verlängerung des Passes, des Passersatzes und des Ausweisersatzes zu stellen.

(5) Sofern der Ausländer das 18. Lebensjahr noch nicht vollendet hat, müssen die zur Personensorge berechtigten Personen einem geplanten Aufenthalt nach Kapitel 2 Abschnitt 3 und 4 zustimmen.

---

[48] → Rn. 12.
[49] Gesetz v. 15.8.2019, BGBl. I S. 1294.
[50] Vgl. BR-Drs. 8/1/19.
[51] BT-Drs. 19/10707.
[52] Gesetz v. 8.7.2019, BGBl. I S. 1021.

Allgemeine Verwaltungsvorschrift
80 Zu § 80 – Handlungsfähigkeit Minderjähriger
80.1 Handlungsfähigkeit minderjähriger Ausländer
Mit Vollendung des 16. Lebensjahres kann der minderjährige Ausländer ohne Mitwirkung seines gesetzlichen Vertreters alle erforderlichen Anträge stellen und Verfahrenshandlungen vornehmen. Soweit er keinen Bevollmächtigten hat, sind ihm alle Verfügungen bekannt zu geben bzw zuzustellen. Die Handlungsfähigkeit minderjähriger Asylbewerber richtet sich nach § 12 AsylVfG. Im Übrigen soll dem Minderjährigen Gelegenheit zur Äußerung gegeben werden.
80.2 Besondere aufenthaltsrechtliche Maßnahmen
80.2.1 Die Abschiebung Minderjähriger darf ohne Beteiligung des gesetzlichen Vertreters (mangels Anwesenheit oder Erreichbarkeit im Bundesgebiet) nur angeordnet und durchgeführt werden, wenn der Minderjährige kraft Gesetzes vollziehbar ausreisepflichtig ist oder ein die vollziehbare Ausreisepflicht begründender Verwaltungsakt wirksam erlassen worden ist.
80.2.2 In den in § 80 Absatz 2 nicht genannten Fällen können Verwaltungsakte nur gegenüber dem gesetzlichen Vertreter wirksam erlassen werden. Ausländer, die das 16. Lebensjahr noch nicht vollendet haben und die unter elterlicher Sorge oder Vormundschaft stehen, erhalten für Angelegenheiten, an deren Besorgung die Eltern oder der Vormund verhindert sind, einen Pfleger (§ 1909 Absatz 1 Satz 1 BGB). Die Ausländerbehörde hat in einem solchen Fall im Benehmen mit dem zuständigen Jugendamt die Bestellung eines Vormunds oder Pflegers zu veranlassen. Die Jugendämter sind nach § 42 Absatz 1 Satz 1 Nummer 3 SGB VIII berechtigt und verpflichtet, unbegleitete Minderjährige in Obhut zu nehmen und, sofern die Personensorge- oder Erziehungsberechtigten nicht erreichbar sind, nach § 42 Absatz 3 Satz 3 SGB VIII unverzüglich die Bestellung eines Vormunds oder Pflegers zu veranlassen. Die Ausländerbehörde stellt den hierzu erforderlichen Kontakt mit dem zuständigen Jugendamt her.
80.2.3 Eine Unkenntnis der Behörde von der Handlungsunfähigkeit des Ausländers führt nicht zur Wirksamkeit der Bekanntgabe des Verwaltungsaktes. In solchen Fällen ist der Verwaltungsakt dem gesetzlichen Vertreter des Ausländers bekannt zu geben.
80.3 Minderjährigkeit und Geschäftsfähigkeit
Bei der Anwendung des Aufenthaltsgesetzes sind die Vorschriften des BGB dafür maßgebend, ob ein Ausländer als minderjährig oder volljährig anzusehen ist. Die Handlungs- und Geschäftsfähigkeit eines nach dem Recht des Heimatstaates volljährigen Ausländers wird durch § 80 Absatz 3 Satz 1 nicht eingeschränkt. Satz 2 dieser Vorschrift bestimmt, dass unabhängig von den Vorschriften des BGB ein nach dem Heimatrecht geschäftsfähiger Ausländer bei der Anwendung des Aufenthaltsgesetzes als geschäfts- und handlungsfähig anzusehen ist. Demzufolge kann ein Ausländer unter 16 Jahren abweichend von § 80 Absatz 1 in ausländerrechtlichen Angelegenheiten handlungsfähig sein, wenn er nach dem Recht des Heimatstaates volljährig und geschäftsfähig ist.
80.4 Verpflichtung zur Antragstellung
80.4.1 Die gesetzliche Verpflichtung nach § 80 Absatz 4 schließt eine entsprechende Vertretungsmacht ein. Das heißt, die von der verpflichteten Person gestellten Anträge können ihr gegenüber wirksam abgelehnt und bekannt gegeben werden; sie ist befugt, das Rechtsbehelfsverfahren durchzuführen. Die Versagung des Aufenthaltstitels kann mit der Androhung der Abschiebung nach § 80 Absatz 2 Satz 2 verbunden werden.
80.4.2 Die Verpflichtung einer sonstigen Person anstelle des gesetzlichen Vertreters besteht, wenn sich der gesetzliche Vertreter nicht im Bundesgebiet aufhält oder dessen Aufenthaltsort im Bundesgebiet unbekannt ist. Die Verpflichtung der sonstigen Personen setzt nicht eine Übertragung der Personensorge oder eine Vollmacht des gesetzlichen Vertreters voraus. Es genügt die tatsächliche Betreuung, beispielsweise die Aufnahme des Minderjährigen im eigenen Haushalt.
80.4.3 Bei Eheleuten, von denen ein Ehegatte das 16. Lebensjahr nicht vollendet hat, hat der andere Ehegatte die Pflichten nach § 80 Absatz 4 zu erfüllen.
80.4.4 Die Nichterfüllung der Pflicht nach § 80 Absatz 4 kann als Ordnungswidrigkeit nach § 98 Absatz 3 Nummer 6 geahndet werden.

I. Entstehungsgeschichte

Nachdem die Handlungsfähigkeit minderjähriger Ausländer über 16 Jahren für das ausländer- und asylrechtliche Verfahren **lange streitig** war[1], regelte § 80 (wie schon § 68 AuslG) die Handlungsfähigkeit ausländischer Minderjähriger für das Ausländerrecht in derselben Weise wie vormals auch § 12 AsylVfG[2] für das Asylverfahren. Zugleich legte er die Maßgeblichkeit deutschen Rechts fest, schaffte Verpflichtungen gesetzlicher Vertreter und anderer Personen und bestimmte die Folgen mangelnder Handlungsfähigkeit für aufenthaltsbeendende Maßnahmen. Hierzu sah sich der Gesetzgeber ua durch das Schicksal unbegleiteter minderjähriger Flüchtlinge veranlasst[3], die seit Ende der 1970er-Jahre vermehrt nach Europa gekommen waren[4]. Die vorzeitige verfahrensrechtliche Handlungsfähigkeit für das AufenthG wurde vielfältig ua mit Blick auf Art. 1 und 2 **UN-Kinderrechtskonvention (KRK)**[5] als diskriminierend und den ausländischen Jugendlichen benachteiligend kritisiert[6].

---

[1] Zum Streitstand BVerwG Urt. v. 16.8.1983 – 1 CB 162.80, ZAR 1984, 161 f.
[2] Vgl. nunmehr → AsylG § 12 Rn. 2 ff.; *Farahat/Groß* ZAR 2010, 341 f.
[3] BT-Drs. 11/6321, 80.
[4] Dazu *Jockenhövel-Schiecke* ZAR 1987, 171 und 1998, 165.
[5] Übereinkommen über die Rechte des Kindes – Gesetz v. 17.2.1992, BGBl. II S. 990.
[6] Vgl. *Schmahl*, Kinderrechtskonvention 2013, Art. 1 Rn. 12 mwN; *Funke-Kaiser* AufenthG § 80 Rn. 11; aA BVerwG Urt. v. 29.11.2012 – 10 C 4.12, BVerwGE 145, 305 = NVwZ 2013, 947 Rn. 8.

2 Mit dem „**Gesetz zur Verbesserung der Unterbringung, Versorgung und Betreuung ausländischer Kinder und Jugendlicher**"[7] wurde § 80 wie folgt geändert: a) In der Überschrift wird das Wort „Minderjähriger" gestrichen. b) In Abs. 1 wurden die Wörter „das 16. Lebensjahr vollendet hat" durch die Wörter „volljährig ist" ersetzt, die Wörter „im Falle seiner Volljährigkeit" wurden gestrichen. c) In Abs. 4 wurden die Wörter „der das 16. Lebensjahr noch nicht vollendet hat" gestrichen. Die Fähigkeit zur Vornahme von Verfahrenshandlungen besteht damit nicht mehr bereits mit Vollendung des 16. Lebensjahres, sondern erst **mit Volljährigkeit.** Der mit dem AsylVfBeschlG 2015 novellierte § 12 AsylG[8] hat diese Änderung bereits für das Asylverfahren vollzogen. Abs. 5 wurde mit dem FEG[9] eingefügt.

II. Allgemeines

3 Die Handlungsfähigkeit im ausländerrechtlichen Verfahren knüpft an die Geschäftsfähigkeit und damit in der Regel an die **Volljährigkeit** an (§ 12 VwVfG; § 62 VwGO; §§ 53 ff. ZPO; § 2 BGB); die materielle Rechtsfähigkeit ist dafür ohne Bedeutung. Für die Geschäftsfähigkeit von Ausländern ist deren Heimatrecht maßgeblich, falls dieses nicht auf deutsches Recht zurückverweist (Art. 4 I, 7 I EGBGB); für Verfahren im Inland ist aber deutsches Recht maßgeblich[10]. Ein Handlungsunfähiger kann keine wirksame Verfahrenshandlung vornehmen, insbesondere nicht wirksam Anträge stellen oder Klage erheben. Ihm kann ein Verwaltungsakt oder Urteil nicht wirksam bekannt gegeben werden (vgl. §§ 41 I, 43 I VwVfG). Bei Verfahren für oder gegen einen selbst handlungsunfähigen minderjährigen Ausländer muss ein Vormund bestellt werden.

4 Abs. 5 regelt die bisher in § 16 X aF, § 17b III aF und § 18d III aF enthaltene Selbstverständlichkeit, dass ein geplanter Aufenthalt von minderjährigen Ausländern zu Ausbildungs-, Studien- und Erwerbszwecken bzw. für den Europäischen Freiwilligendienst in Umsetzung von Art. 7 REST-RL nicht ohne Zustimmung der sorgeberechtigten Personen, also in der Regel der Eltern, gewährt werden kann.

III. Minderjährigkeit

5 Gemäß Art. 1 **UN-Kinderrechtskonvention (KRK)**[11], die nach Rücknahme der Vorbehaltserklärung nunmehr auch in Deutschland unmittelbar gilt, gilt als Kind jeder Mensch, der das 18. Lebensjahr noch nicht vollendet hat, soweit die Volljährigkeit nach dem auf das Kind anzuwendenden Recht nicht früher eintritt. Gemäß Art. 2 I KRK achten die Vertragstaaten die in diesem Übereinkommen festgelegten Rechte und gewährleisten sie jedem ihrer Hoheitsgewalt unterstehenden Kind ohne jede Diskriminierung, unabhängig ua von der nationalen Herkunft des Kindes, seiner Eltern oder seines Vormunds. Die Minderjährigkeit eines Ausländers iRd AufenthG bestimmt sich nach § 2 BGB; sie endet also mit **Vollendung des 18. Lebensjahres.** Die Vorschriften des BGB sind außerdem maßgeblich für die Frage der Geschäftsunfähigkeit und der altersunabhängigen Beschränkung der Geschäftsfähigkeit. Ein davon abweichendes Heimatrecht (Art. 7 I EGBGB) bleibt jedoch für die Geschäftsfähigkeit und die sonstige Handlungsfähigkeit eines nach seinem Heimatrecht volljährigen Ausländers unberührt.

6 Ein Minderjähriger, der nicht unter elterlicher Sorge steht, erhält gemäß §§ 1773 I, 1774 von Amts wegen einen **Vormund.** Im Zweifel hat das **Familiengericht** gemäß § 26 FamFG dafür das Alter (rechtsmedizinisch-)gutachterlich zu bestimmen, wobei zu beachten ist, dass die medizinische Altersdiagnostik keine exakten Ergebnisse verspricht[12]. Von der Minderjährigkeit eines Ausländers kann zu seinen Gunsten aber nur ausgegangen werden, wenn nach umfassender Ermittlung keine eindeutige Feststellung möglich ist[13]. Die Ausländerbehörde ist mangels Tatbestandswirkung nicht an das Ergebnis eines jugendhilferechtlichen Altersfeststellungsverfahrens gebunden, kann aber die darin gewonnenen Erkenntnisse jenseits formaler Bindungen im aufenthaltsrechtlichen Verfahren berücksichtigen[14]. Aus dem Gebot eines umfassenden Schutzes Minderjähriger folgt aber, dass bei Ungewissheit über den Tag der Geburt des Minderjährigen von dem spätesten möglichen Geburtsdatum innerhalb des bekannten Geburtsjahres auszugehen ist[15]. Bei Zweifeln über das Lebensalter können nach Maßgabe von § 49 III die erforderlichen Maßnahmen getroffen werden[16].

---

[7] Art. 2, Gesetz v. 28.10.2015, BGBl. I S. 1802; BT-Drs. 18/5921.
[8] → AsylG § 12 Rn. 2.
[9] Gesetz v. 15.8.2019, BGBl. I S. 1307.
[10] Vgl. auch → AsylG § 12 Rn. 3.
[11] Gesetz v. 17.2.1992, BGBl. II S. 990; die Rücknahme des Vorbehalts erfolgte mWv 15.7.2010.
[12] Vgl. zB *Nowotny/Eisenberg/Mohnike* Deutsches Ärzteblatt 2014, A 786 mwN; vgl. auch *Neundorf* ZAR 2018, 238, krit. auch *Gundelach* NVwZ 2018, 1849.
[13] VG Bremen Beschl. v. 19.11.2018 – 4 V 2213/18, BeckRS 2018, 30437; OLG Oldenburg Beschl. v. 9.8.2010 – 14 UF 110/10, JAmt 2010, 456.
[14] OVG Brem Urt. v. 2.3.2017 – 1 B 331.16, BeckRS 2017, 104245 Rn. 11.
[15] OLG Köln Beschl. v. 19.1.2012 – 21 UF 19/12, BeckRS 2012, 20573; OVG Bln-Bbg Beschl. v. 13.7.2009 – OVG 3 S 24.09, BeckRS 2010, 54785 unter Hinw. auf BVerwG Urt. v. 31.7.1984 – 9 C 156/83, NJW 1985, 576.
[16] → § 49 Rn. 19.

IV. Verfahrenshandlungsfähigkeit

Unabhängig von der gesetzlichen Vertretung des Minderjährigen regelt Abs. 1 die **Handlungs-** 7
fähigkeit für das Verfahren nach dem AufenthG. Die Regelung ist **umfassend,** also nicht auf die „Vornahme von Verfahrenshandlungen" beschränkt; sie betrifft auch die passive Fähigkeit zur Entgegennahme von Erklärungen und Entscheidungen. Erfasst sind alle Handlungen und Erklärungen aufgrund des AufenthG, also auch betreffend Datenschutz und Kostentragung.

Für das ausländerrechtliche Verfahren beginnt nunmehr die aktive und passive Handlungsfähigkeit 8
ohne Rücksicht auf das jeweilige Heimatrecht mit **Vollendung des 18. Lebensjahres.** Geschäftsunfähigkeit und altersunabhängige Betreuungsbedürftigkeit sind allein nach den Vorschriften des bürgerlichen Rechts[17] zu beurteilen; nur eine evtl. altersbedingte Geschäftsunfähigkeit nach ausländischem Recht geht vor (§ 55 ZPO analog nach § 12 II VwVfG bzw. VwVfG oder § 63 III VwGO)[18].

Unbegleitete minderjährige Ausländer sind vorläufig durch das Jugendamt in Obhut zu nehmen. 9
Das Jugendamt erhält dadurch eine Notkompetenz nach § 42a III 1 SGB VIII, die dazu berechtigt, die Rechtshandlungen vorzunehmen, die zum Wohl des Minderjährigen erforderlich sind[19]. Meldet sich ein unbegleiteter Minderjähriger bei der Ausländerbehörde oder stellt er einen Asylantrag (§ 13 I AsylG) entspricht es ordnungsgemäßer Verfahrensführung, die **Inobhutnahme durch das Jugendamt** (§ 42 I Nr. 3 SGB VIII) zu veranlassen[20]. Sodann ist nach Feststellung des Ruhens der elterlichen Sorge durch das **Familiengericht** ein **Vormund** zu bestellen[21]. Dieser vertritt den minderjährigen Ausländer auch im ausländer- und asylrechtlichen Verfahren. § 42 II 2 SGB VIII[22] stellt nunmehr klar, dass ein ausländischer Minderjähriger grundsätzlich auch dann als unbegleitet anzusehen ist, wenn er verheiratet ist.

Trotz Handlungsunfähigkeit iSv § 80 I soll gemäß Abs. 2 S. 1 die Zurückweisung oder Zurück- 10
schiebung Minderjähriger zulässig sein, ebenso gemäß S. 2 die **Abschiebungsandrohung** und **Abschiebung,** wenn sich der gesetzliche Vertreter nicht im Inland aufhält oder sein Aufenthaltsort unbekannt ist **(unbegleiteter Minderjähriger).** Das setzt allerdings die Bekanntgabe (§§ 41 I, 43 I VwVfG) dieser Entscheidungen voraus; die Bekanntgabe gegenüber dem Minderjährigen selbst scheidet aus[23]. Auch insofern bedarf es der Bekanntgabe gegenüber dem Vormund.

Bei der **Abschiebung** ist die mit dem RLUmsG 2011 eingefügte Vorschrift § 58 Ia, der Art. 10 II 2 11
Rückführungs-RL[24] umsetzt, zu beachten. Danach muss sich die Ausländerbehörde vor der Abschiebung von unbegleiteten Minderjährigen vergewissern, dass der Minderjährige einem Mitglied seiner Familie, einem offiziellen Vormund oder einer geeigneten Aufnahmeeinrichtung im Rückkehrstaat übergeben wird[25]. Solange sich die Ausländerbehörde nicht von der konkreten Möglichkeit der Übergabe des minderjährigen Ausländers an eine in der Vorschrift genannte Person oder Einrichtung vergewissert hat, stellt sich dies als rechtliches Vollstreckungshindernis iSd § 60a II 2 dar[26]. Selbst geltend machen kann der Minderjährige diesen Abschiebungsschutz nicht. Es ist daher zwingend der gesetzliche Vertreter zu ermitteln bzw. wenn dieser nicht erreichbar, ein Vormund zu bestellen[27].

V. Pflichten gesetzlicher Vertreter und anderer Personen

Nach Abs. 4 müssen die gesetzlichen Vertreter des Minderjährigen und sonstige Personen, die 12
anstelle des gesetzlichen Vertreters den Minderjährigen im Inland betreuen, alle für seinen Aufenthalt erforderlichen Anträge zu stellen. Die Nichtbeachtung dieser Verpflichtung, ist ein Verstoß gegen die eigene Mitwirkungspflicht[28]. Unterlässt es aber eine Behörde, zB das Jugendamt, die erforderliche Bemühungen zur Passbeschaffung, ist dies dem minderjährigen Ausländer nicht zuzurechnen[29]. Der gesetzliche Vertreter handelt beim Unterlassen der Antragstellung ordnungswidrig (§ 98 III Nr. 6) und begründet damit gegebenenfalls ein **Ausweisungsinteresse** (54 II Nr. 8). Die Vorschrift erhält ihren Sinn aus der Geltung des Erfordernisses des Aufenthaltstitels für grundsätzlich alle Ausländer ohne Ansehen des Alters. Sie führt gleichwohl zu Anwendungsschwierigkeiten tatsächlicher Art, wenn die Erforderlichkeit von Anträgen nicht auf der Hand liegt. Zudem kann die Vorschrift es letztlich nicht verhindern, dass erforderliche Anträge nicht gestellt werden.

---

[17] §§ 104 ff. BGB.
[18] → AsylG § 12 Rn. 2, 4.
[19] *Bumiller* in: Bumiller/Harders/Bumiller, FamFG § 151 Rn. 34.
[20] *Jockenhövel-Schiecke* ZAR 1998, 165.
[21] Dazu *Baer* ZAR 1991, 135; *Jockenhövel-Schiecke* ZAR 1998, 165.
[22] Vgl. Gesetz zur Bekämpfung von Kinderehen v. 17.6.2017, BGBl. I S. 2428.
[23] OVG Brem Beschl. v. 2.3.2017 – 1 B 331/16, BeckRS 2017, 104245.
[24] RL 2008/115/EG v. 16.12.2008, ABl. 2008 L 348, 98.
[25] → § 58 Rn. 4.
[26] BVerwG Urt. v. 13.6.2013 – 10 C 13.12, BVerwGE 147, 8 Rn. 17.
[27] → Rn. 6; *Renner* AiD Rn. 8/120–122, 126.
[28] NdsOVG Beschl. v. 12.8.2010 – 8 PA 183/10, BeckRS 2010, 52029.
[29] VG Karlsruhe Beschl. v. 29.9.2016 – VG 4 K 4114.16, BeckRS 2016, 55765.

13 **Bedenklich** ist die sanktionsbewehrte Erstreckung der genannten Handlungspflichten auf nur faktische Betreuungspersonen. Als solche kommen aus systematischen Gründen nur Personen in Betracht, die den Minderjährigen anstelle des gesetzlichen Vertreters betreuen[30]. Sie laufen Gefahr, eine Ordnungswidrigkeit (§ 98 III Nr. 6) zu begehen. Das erscheint unangemessen. Die Übernahme der Betreuung erfolgt oftmals nur aus karitativen Gründen, allein aufgrund der tatsächlichen Übernahme der Betreuung, ohne dass die Betreuungspersonen hierzu berechtigt oder verpflichtet wären.

14 Für Verheiratete unter 18 Jahren handeln nicht ihre älteren Ehepartner, da die Ehe nach deutschem Verfassungsverständnis nicht als Betreuungsverhältnis gelten kann (anders Nr. 80.4.3 AVwV, die im Übrigen noch an der Handlungsfähigkeit ab Vollendung des 16. Lebensjahres anknüpft)[31].

15 Die genannten Rechte und Pflichten betreffen nur die in Abs. 4 genannten Anträge. Damit ist keine weitergehende Vertretungsmacht verliehen, zB zur Entgegennahme ablehnender Entscheidungen oder aufenthaltsbeendender Maßnahmen (aA Nr. 80.4.1 S. 2 AVwV). Ihre gesetzliche Vertretungsmacht ist auf die Antragstellung beschränkt und weder auf andere Anträge noch auf das gesamte Antragsverfahren einschließlich der Mitwirkungspflichten nach § 82 I zu erstrecken[32].

§ 81 Beantragung des Aufenthaltstitels

(1) Ein Aufenthaltstitel wird einem Ausländer nur auf seinen Antrag erteilt, soweit nichts anderes bestimmt ist.

(2) ¹Ein Aufenthaltstitel, der nach Maßgabe der Rechtsverordnung nach § 99 Abs. 1 Nr. 2 nach der Einreise eingeholt werden kann, ist unverzüglich nach der Einreise oder innerhalb der in der Rechtsverordnung bestimmten Frist zu beantragen. ²Für ein im Bundesgebiet geborenes Kind, dem nicht von Amts wegen ein Aufenthaltstitel zu erteilen ist, ist der Antrag innerhalb von sechs Monaten nach der Geburt zu stellen.

(3) ¹Beantragt ein Ausländer, der sich rechtmäßig im Bundesgebiet aufhält, ohne einen Aufenthaltstitel zu besitzen, die Erteilung eines Aufenthaltstitels, gilt sein Aufenthalt bis zur Entscheidung der Ausländerbehörde als erlaubt. ²Wird der Antrag verspätet gestellt, gilt ab dem Zeitpunkt der Antragstellung bis zur Entscheidung der Ausländerbehörde die Abschiebung als ausgesetzt.

(4) ¹Beantragt ein Ausländer vor Ablauf seines Aufenthaltstitels dessen Verlängerung oder die Erteilung eines anderen Aufenthaltstitels, gilt der bisherige Aufenthaltstitel vom Zeitpunkt seines Ablaufs bis zur Entscheidung der Ausländerbehörde als fortbestehend. ²Dies gilt nicht für ein Visum nach § 6 Absatz 1. ³Wurde der Antrag auf Erteilung oder Verlängerung eines Aufenthaltstitels verspätet gestellt, kann die Ausländerbehörde zur Vermeidung einer unbilligen Härte die Fortgeltungswirkung anordnen.

(5) Dem Ausländer ist eine Bescheinigung über die Wirkung seiner Antragstellung (Fiktionsbescheinigung) auszustellen.

(5a) ¹In den Fällen der Absätze 3 und 4 gilt die in dem künftigen Aufenthaltstitel für einen Aufenthalt nach Kapitel 2 Abschnitt 3 und 4 beschriebene Erwerbstätigkeit ab Veranlassung der Ausstellung bis zur Ausgabe des Dokuments nach § 78 Absatz 1 Satz 1 als erlaubt. ²Die Erlaubnis zur Erwerbstätigkeit nach Satz 1 ist in die Bescheinigung nach Absatz 5 aufzunehmen.

(6) Wenn der Antrag auf Erteilung einer Aufenthaltserlaubnis zum Familiennachzug zu einem Inhaber einer ICT-Karte oder einer Mobiler-ICT-Karte gleichzeitig mit dem Antrag auf Erteilung einer ICT-Karte oder einer Mobiler-ICT-Karte gestellt wird, so wird über den Antrag auf Erteilung einer Aufenthaltserlaubnis zum Zweck des Familiennachzugs gleichzeitig mit dem Antrag auf Erteilung einer ICT-Karte oder einer Mobiler-ICT-Karte entschieden.

(7) Ist die Identität durch erkennungsdienstliche Behandlung gemäß § 49 dieses Gesetzes oder § 16 des Asylgesetzes zu sichern, so darf eine Fiktionsbescheinigung nach Absatz 5 nur ausgestellt oder ein Aufenthaltstitel nur erteilt werden, wenn die erkennungsdienstliche Behandlung durchgeführt worden ist und eine Speicherung der hierdurch gewonnenen Daten im Ausländerzentralregister erfolgt ist.

Allgemeine Verwaltungsvorschrift
Zu § 81 – Beantragung des Aufenthaltstitels
81.1 Antragserfordernis
81.1.1 Absatz 1 regelt ausdrücklich das grundsätzliche („soweit nichts anderes bestimmt ist", vgl. hingegen § 33 Satz 1) Antragserfordernis als Voraussetzung für die Erteilung eines Aufenthaltstitels. Die Antragstellung ist nach dem Gesetz nicht an eine besondere Form (z. B. Formularvordrucke) gebunden. Sie setzt wenigstens ein erkennbares

---
[30] *Renner* AiD Rn. 8/132.
[31] Vgl. auch § 42 II 2 SGB VIII; → Rn. 9.
[32] AA *Fraenkel* S. 20.

Beantragung des Aufenthaltstitels § 81 AufenthG 1

Begehren auf die Erteilung eines Aufenthaltstitels zu einem bestimmten Aufenthalt im Bundesgebiet voraus; die Bezugnahme auf eine bestimmte Rechtsgrundlage ist hierbei nicht erforderlich. Wegen der nach § 82 bestehenden Darlegungsobliegenheit des Antragstellers wird die Antragstellung dessen ungeachtet regelmäßig in schriftlicher Form unter Angabe der entscheidungserheblichen Umstände und Beifügung von antragsbegründenden Unterlagen erfolgen.

81.1.2 Der Antrag ist durch den Ausländer selbst zu stellen, der hierzu eine Vollmacht erteilen kann. Der Bevollmächtigte hat auf Verlangen seine Vollmacht schriftlich nachzuweisen (§ 14 Absatz 1 Satz 3 VwVfG); von dieser Vorlagemöglichkeit sollte die Ausländerbehörde Gebrauch machen. Ehegatten sind ohne besondere Vollmacht nicht berechtigt, den anderen Ehegatten zu vertreten; etwaiges abweichendes ausländisches Recht ist unerheblich, da sich das Verfahren auf Erteilung eines Aufenthaltstitels nicht nach ausländischem Zivilrecht, sondern nur nach deutschem Verwaltungsverfahrensrecht richtet. Dies ist zur Verhinderung von Zwangsehen insbesondere bei Anträgen auf Erteilung eines Aufenthaltstitels zum Familiennachzug zu beachten. Zur Fristwahrung im Rahmen des § 29 Absatz 2 Satz 2 Nummer 1 ist es ausreichend, wenn der in Deutschland lebende Stammberechtigte den Antrag auch ohne schriftlichen Nachweis der Vollmacht stellt. Die Übereinstimmung der Unterschrift unter einem schriftlichen Antrag mit der Unterschrift im Pass oder Passersatz ist, sofern der Antrag nicht persönlich durch den Antragsteller abgegeben wird, regelmäßig zu prüfen.

81.2 Antrag nach Einreise oder Geburt im Bundesgebiet
81.2.0 In Absatz 2 werden Fälle geregelt, in denen durch Rechtsverordnung bestimmt ist, dass der Aufenthaltstitel innerhalb einer bestimmten Frist nach der Einreise eingeholt werden kann.

81.2.1 Die Fälle, in denen ein Aufenthaltstitel nach der Einreise eingeholt werden kann, sind in §§ 39 bis 41 AufenthV bestimmt. Eine Fristbestimmung enthält § 41 Absatz 3 AufenthV; in allen übrigen Fällen gilt das Erfordernis der unverzüglichen Antragstellung. Sofern die Antragsfrist noch nicht abgelaufen ist, ist der Aufenthalt erlaubt.

81.2.2 Auf die Antragsfrist von sechs Monaten für im Bundesgebiet geborene Kinder und die sich daraus ergebende Verpflichtung zur rechtzeitigen Antragstellung sollte grundsätzlich in geeigneter Form hingewiesen werden (vgl. § 82 Absatz 3 Satz 1). § 33 ist vorrangig zu beachten.

81.2.3 Wird ein Kind in Deutschland geboren, von dem ein Elternteil eine Aufenthaltsgestattung besitzt oder sich nach Abschluss seines Asylverfahrens ohne Aufenthaltstitel oder mit einer Aufenthaltserlaubnis nach § 25 Absatz 5 Satz 1 im Bundesgebiet aufhält, ist dies dem Bundesamt für Migration und Flüchtlinge nach § 14a Absatz 2 AsylVfG unverzüglich anzuzeigen. Die Anzeigepflicht obliegt auch der Ausländerbehörde.

81.3 Erlaubnis- und Duldungsfiktion
81.3.0 Absatz 3 bestimmt Fiktionsfolgen für den Fall der erstmaligen Beantragung eines Aufenthaltstitels im Bundesgebiet. Erfasst werden hier nur Fälle eines zum Zeitpunkt der Antragstellung rechtmäßigen – nicht nur geduldeten – Aufenthalts im Bundesgebiet. Ob der Aufenthalt ohne Aufenthaltstitel zum Zeitpunkt der Antragstellung rechtmäßig ist, ist nach allgemeinen Kriterien festzustellen. Es handelt sich vor allem um die Fälle, in denen zunächst eine Befreiung vom Erfordernis eines Aufenthaltstitels gegeben war (vgl. § 4 Absatz 1 Satz 1; Artikel 20 Absatz 1 SDÜ i. V. m. Artikel 1 Absatz 2 und Anhang II der Verordnung (EG) Nummer 539/2001 des Rates vom 15. März 2001 zur Aufstellung der Liste der Drittländer, deren Staatsangehörige beim Überschreiten der Außengrenzen im Besitz eines Visums sein müssen, sowie der Liste der Drittländer, deren Staatsangehörige von der Visumpflicht befreit sind (ABl. EG Nummer L 81 S. 1; §§ 15 bis 30 AufenthV). Hinsichtlich der Fiktionsfolgen ist danach zu unterscheiden, ob der Antrag rechtzeitig oder verspätet gestellt worden ist.

81.3.1 Wird der Antrag rechtzeitig gestellt, gilt der Aufenthalt des Ausländers bis zur Entscheidung der Ausländerbehörde als erlaubt (Erlaubnisfiktion). Die Ausübung einer Erwerbstätigkeit ist in dieser Zeit ausgeschlossen (vgl. § 4 Absatz 3) mit Ausnahme von türkischen Staatsangehörigen, die nach den Vorschriften des ARB 1/80 zur Ausübung einer Erwerbstätigkeit berechtigt sind.

81.3.2 Verspätet gestellt ist ein Antrag auf Erteilung eines Aufenthaltstitels dann, wenn der Aufenthalt im Zeitpunkt der Antragstellung nicht mehr rechtmäßig war. Ab Antragstellung bis zur Entscheidung über den Antrag gilt dann die Abschiebung des Betroffenen als ausgesetzt (Duldungsfiktion; Rechtsfolgenverweis auf § 60a). Bei Ausreise aus dem Bundesgebiet erlischt die Duldungsfiktion und lebt auch bei einer erneuten Einreise nicht wieder auf. Auf Nummer 38.1.10 wird Bezug genommen.

81.3.3 Von Absatz 3 nicht erfasst sind Ausländer, die unerlaubt eingereist sind (z. B. Negativstaater ohne Visum) oder auf Grund eines vollziehbaren Verwaltungsaktes ausreisepflichtig sind, weil in diesen Fällen kein rechtmäßiger Aufenthalt vorliegt. Ihnen kann keine Fiktionsbescheinigung ausgestellt werden, selbst wenn eine Ausnahmeentscheidung nach § 5 Absatz 2 Satz 2 in Betracht kommt.

81.3.4 Fälle, in denen nach Ablehnung eines Antrags vor der Ausreise ein weiterer, den früheren bloß wiederholender Antrag gestellt wird, fallen nicht unter den Schutzbereich der Regelung und können unter den Gesichtspunkt des Rechtsmissbrauchs die erwünschte Rechtsfolge nicht auslösen. Bei einem bloß wiederholenden Antrag tritt daher keine Fiktionsfolge ein und kommt die Ausstellung einer Fiktionsbescheinigung nicht in Betracht. Dies gilt auch in den Fällen des Absatzes 4.

81.3.5 Türkische Staatsangehörige, die nach den Vorschriften des ARB 1/80 ein Aufenthaltsrecht besitzen, genießen dieses Aufenthaltsrecht kraft Assoziationsrechts, so dass eine Erlaubnisfiktion begrifflich nicht in Betracht kommt. Sofern sie einen deklaratorischen Aufenthaltstitel nach § 4 Absatz 5 beantragen, ist ihnen – soweit nicht Absatz 4 einschlägig ist – auf Wunsch eine Fiktionsbescheinigung nach Absatz 3 Satz 1 zu erteilen, damit sie in der Lage sind, ihr Aufenthaltsrecht vorläufig nachzuweisen. Dies gilt nicht, wenn das Aufenthaltsrecht nach dem ARB 1/80 zum Zeitpunkt der Antragstellung noch genauerer Überprüfung bedarf, die vorübergehende Folge einer verspäteten Antragstellung – die dann angezeigte vorsorgliche Anwendung des Absatzes 3 Satz 2 – muss bei unklarer Rechtslage der betroffene türkische Staatsangehörige tragen.

81.3.6 Nach § 4 Absatz 1 Satz 1 benötigen Ausländer für die Einreise in das Bundesgebiet grundsätzlich einen Aufenthaltstitel. Die Fiktionsbescheinigung, die nach Absatz 3 erteilt wird, ersetzt keinen Aufenthaltstitel, sondern bewirkt nur die Fiktion der Rechtmäßigkeit des Aufenthalts. Dies kommt durch die unterschiedlichen Formulierungen der Absätze 3 und 4 zum Ausdruck. Anders als die Fiktionsbescheinigung, die nach Absatz 4 erteilt wird, ermöglicht die Fiktionsbescheinigung nach Absatz 3 daher keine Einreise in das Bundesgebiet. Vorschriften, wonach die Einreise ohne Aufenthaltstitel aus anderen Gründen zulässig ist (etwa Artikel 20 oder 21 SDÜ, Artikel 1 Absatz 2

Samel

der Verordnung (EG) Nummer 539/2001; §§ 16 bis 30 sowie 41 AufenthV), bleiben unberührt. Um den Unterschied zu verdeutlichen, sollte auf dem Trägervordruck von Fiktionsbescheinigungen, die nach Absatz 3 ausgestellt werden, der Vermerk „Gilt nicht für Auslandsreisen" aufgenommen werden.

81.4 Fortgeltungsfiktion

81.4.0 In Absatz 4 wird eine Sonderregelung für die Fälle getroffen, in denen der Betroffene bereits einen Aufenthaltstitel besitzt. Hiervon erfasst sind auch Fälle, in denen der Betroffene ein nationales Visum besitzt. Für alle auf Grundlage der Altfallregelung nach § 104a erteilten und verlängerten Aufenthaltstitel findet die Fortgeltungsfiktion des Absatzes 4 keine Anwendung (§ 104a Absatz 5 Satz 5).

81.4.1.1 In Fällen der Verlängerung eines Aufenthaltstitels oder der Beantragung eines anderen Aufenthaltstitels (z. B. einer Niederlassungserlaubnis) gilt der bisherige Aufenthaltstitel mit allen sich daran anschließenden Wirkungen einschließlich der Erlaubnis zur Erwerbstätigkeit bis zur Entscheidung der Ausländerbehörde als fortbestehend, wenn der Antrag rechtzeitig – d. h. vor Ablauf der Geltungsdauer des bestehenden Aufenthaltstitels – gestellt wird. Eine Erlaubnisfiktion wäre in diesen Fällen nicht ausreichend, da damit insbesondere die Frage der Berechtigung zur Ausübung einer Erwerbstätigkeit offen bliebe. Sonderregelungen, die diese Frage im sozialrechtlichen Bereich punktuell klären müssten, werden hierdurch entbehrlich. Vielmehr ist die Frage damit für das gesamte Sozialrecht geklärt. Die Fiktionsbescheinigung nach Absatz 4 ermöglicht Reisen im Schengenraum und die Wiedereinreise nach Deutschland (siehe im Einzelnen Nummer 81.5.3).

81.4.1.2 In den Fällen, in denen der Antrag zwar rechtzeitig gestellt wird, die Voraussetzungen für die Verlängerung des Aufenthaltstitels offenkundig nicht vorliegen oder der Aufenthaltstitel aufgrund einer rechtlichen Regelung nicht verlängert werden kann (z. B. zeitlicher Ablauf bei Au-pair-Aufenthalten, Spezialitätenköchen) ist der Antrag unverzüglich abzulehnen. Der Verlängerungsantrag zu einem nicht verlängerungsfähigen Aufenthaltstitel ist als rechtsmissbräuchliche Antragstellung zu werten, die allein dem Zweck dient, die Fortgeltungsfiktion über den ursprünglichen Geltungszeitraum des Aufenthaltstitels hinaus mit der Folge auszulösen, dass eine Erwerbstätigkeit über eine zeitliche Höchstgrenze hinaus ausgeübt werden kann. Eine Fiktionsbescheinigung, etwa mit der Auflage „Erwerbstätigkeit nicht gestattet", ist in diesen Fällen nicht zu erteilen.

81.4.2.1 Wird der Antrag erst nach Ablauf der Geltungsdauer des bestehenden Aufenthaltstitels gestellt, treten keine Fiktionswirkungen ein. In diesem Fall ist der Aufenthalt des Betroffenen unerlaubt. Der Aufenthaltstitel ist mit Ablauf seiner Geltungsdauer gemäß § 51 Absatz 1 Nummer 1 erloschen. Der Ausländer ist gemäß § 50 Absatz 1 zur Ausreise verpflichtet. Eine Beschäftigung ist nicht erlaubt. Dies ergibt sich auch aus § 4 Absatz 3, wonach die Ausübung einer Beschäftigung nur zulässig ist, wenn der Betroffene im Besitz eines Aufenthaltstitels ist und dieser die Erwerbstätigkeit gestattet.

81.4.2.2 Die ursprünglich im Entwurf des Zuwanderungsgesetzes vorgesehene großzügige Regelung, die auch eine Fiktionswirkung in Fällen verspäteter Antragstellung vorsah, ist im Laufe des parlamentarischen Gesetzgebungsverfahrens gestrichen worden. Damit wollte der Gesetzgeber ausdrücklich festschreiben, dass es zu den Obliegenheiten der sich rechtmäßig in Deutschland aufhaltenden Ausländer gehört, rechtzeitig eine Verlängerung ihres Aufenthaltstitels zu beantragen.

81.4.2.3 Eine rigorose Handhabung auch in Fällen, in denen die verspätete Antragstellung aus bloßer Nachlässigkeit und nur mit einer kurzen Zeitüberschreitung erfolgt, kann jedoch im Einzelfall zu übermäßigen, vom Gesetzgeber nicht intendierten Folgen führen. Dem säumigen Antragsteller kann daher in entsprechender Anwendung des § 81 Absatz 5 eine Fiktionsbescheinigung mit der Rechtsfolge des § 81 Absatz 4 (vgl. Nummer 81.4.1.1) ausgestellt werden, sofern er zum Zeitpunkt der Antragstellung die Frist nur geringfügig überschritten hat, die Fristüberschreitung lediglich auf Fahrlässigkeit zurückzuführen ist und nach summarischer Prüfung zu erwarten ist, dass ihm der Aufenthalt nach ordnungsgemäßer Prüfung weiter erlaubt wird. Er hat dazu Tatsachen vorzutragen und glaubhaft zu machen, die belegen, warum ihm eine rechtzeitige Antragstellung nicht möglich war oder die Fristüberschreitung lediglich auf Fahrlässigkeit beruhte (§ 82 Absatz 1). Der Antrag gilt dann als rechtzeitig gestellt.

81.5 Fiktionsbescheinigung

81.5.0 Für die Fiktionsbescheinigung nach Absatz 5 wurde auf Grundlage der Ermächtigungsnorm in § 78 Absatz 7 in der AufenthV ein bundesweites Vordruckmuster eingeführt (vgl. § 58 Nummer 3 AufenthV), das zwingend zu verwenden ist. Die Verwendung anderer Modelle ist rechtswidrig. Der amtliche Vordruck besteht nach Anlage D3 zur AufenthV aus einem sechsseitigen Grundvordruck und dem in diesem Grundvordruck auf Seite 5 aufzubringenden Klebeetikett. Ein Einkleben der Fiktionsbescheinigung in einen Pass oder Passersatz ist unzulässig, weil nach allgemeinen zwischenstaatlichen Gepflogenheiten Vermerke über Anträge (mit Ausnahme von Visumanträgen) in Pässen oder Passersatzpapieren nicht erfolgen.

81.5.1 Die Fiktionsbescheinigung ist nach dem zugrunde liegenden Sicherheitskonzept maximal zweimal verlängerbar. Sollte eine weitere Verlängerung erforderlich werden, ist eine neue Fiktionsbescheinigung auszustellen.

81.5.2 Nach Bescheidung des Antrags entfällt die gesetzliche Fiktionswirkung (vgl. § 81 Absatz 3). Rechtsbehelfe haben hierauf keine Auswirkung (vgl. aber § 84 Absatz 2 Satz 2). Soweit die Fiktionsbescheinigung auf Grund der vorgenommenen Befristung noch gültig ist, ist sie bei Ausstellung/Verlängerung des Aufenthaltstitels bzw. der Bescheinigung über die Aussetzung der Abschiebung unter Beifügung einer Datumsangabe ungültig zu stempeln. Eine Einbehaltung sollte unterbleiben, wenn der Ausländer ein späteres Interesse daran haben kann, die bis dahin bestehende Fiktionswirkung und damit Rechtmäßigkeit des Aufenthalts nachzuweisen. Kommt keine dieser Maßnahmen in Betracht, ist der Ausländer also vollziehbar ausreisepflichtig und zur Vorlage der Fiktionsbescheinigung zum Zweck der Anbringung eines Ungültigkeitsvermerks nicht bereit, kann dies durch Ordnungsverfügung nach § 46 Absatz 1 angeordnet werden (vgl. dazu auch die Hinweise unter Nummer 46.1.4.6).

81.5.3 Die nach Absatz 4 ausgestellten Fiktionsbescheinigungen berechtigen anders als die nach Absatz 3 ausgestellten Bescheinigungen in Verbindung mit einem anerkannten und gültigen Pass oder Passersatz zur Einreise in das Bundesgebiet und nach Artikel 21 SDÜ zu Reisen innerhalb des Schengen-Raums. Voraussetzung ist neben der Verwendung des in der AufenthV vorgeschriebenen amtlichen Vordrucks, dass auf Seite 3 des Trägervordrucks das dritte Ankreuzfeld angekreuzt ist. Ein- und Ausreisekontrollstempel sind im Pass oder Passersatz, nicht aber auf der Fiktionsbescheinigung anzubringen.

81.5.4 Mit der Stellung eines Asylantrags erlöschen die in § 81 Absatz 3 und 4 bezeichneten Wirkungen; hat der Ausländer hingegen einen Aufenthaltstitel mit einer Gesamtgeltungsdauer von mehr als sechs Monaten besessen und dessen Verlängerung beantragt, bleiben die Wirkungen des § 81 Absatz 4 erhalten (vgl. § 55 Absatz 2 AsylVfG). Wenn ein Ausländer während eines laufenden Asylverfahrens erstmalig einen Aufenthaltstitel beantragt, treten die Wirkungen nach § 81 Absatz 3 nicht ein.

Übersicht

	Rn.
I. Entstehungsgeschichte	1
II. Allgemeines	3
III. Antragstellung	7
IV. Fiktive Fortgeltung des Aufenthaltstitels	19
V. Fiktive Aufenthaltserlaubnis	35
VI. Fiktive Duldung	44
VII. Andere Fallgestaltungen	46
VIII. Verwaltungsverfahren und Rechtsschutz	47

I. Entstehungsgeschichte

Die Vorschrift stimmte im Wesentlichen mit dem ursprünglichen **Gesetzesentwurf**[1] überein. Aufgrund des Vermittlungsverfahrens[2] wurden S. 3 in Abs. 2 (Erlaubnisfiktion bei rechtzeitigem Antrag) und S. 2 in Abs. 4 (Duldungsfiktion bei verspätetem Antrag) sowie in Abs. 4 S. 1 die Wörter „vor Ablauf der Geltungsdauer" gestrichen. In Abs. 3 S. 1 wurden die Wörter „ohne einen Aufenthaltstitel zu besitzen" eingefügt und in Abs. 4 S. 1 das Wort „Aufenthaltstitel" durch „bisherige Aufenthaltstitel vom Zeitpunkt seines Ablaufs" ersetzt. Mit dem RLUmsG 2007[3] wurde Abs. 1 mit Rücksicht auf Art. 5 I FamZuRL neu gefasst. MWv 6.9.2013 wurde Abs. 4 S. 2 eingefügt[4]. 1

Der Bundesrat empfahl am 3.5.2007 mit BR-Drs. 224/1/07 dem Abs. 4 folgenden S. 2 anzufügen: „Entsprechendes gilt, wenn der Ausländer die Verlängerung seines Aufenthaltstitels geringfügig verspätet beantragt." Zur Begründung wurde ausgeführt, dass die Ergänzung einer befriedigenden gesetzlichen Regelung der Fälle diene, in denen die Verlängerung eines bestehenden Aufenthaltstitels erst mit geringfügiger Verspätung beantragt werde. Die bisherige Rechtslage lasse eine analoge Anwendung der gesetzlich fiktiven Verlängerung der Gültigkeitsdauer eines Aufenthaltstitels nicht zu, sodass auch bei nur geringfügig verspätet gestellten Verlängerungsanträgen nicht die materiell-rechtliche Verlängerungsvoraussetzungen, sondern die Voraussetzungen für die erstmalige Erteilung eines Aufenthaltstitels heranzuziehen seien. Dies könne in der Praxis zu unvertretbaren Ergebnissen führen und sei auch im Lichte der Regelung in § 81 III 2 nicht zu vertreten, der Ausländern ohne Aufenthaltstitel insoweit eine bessere Rechtsstellung einräume. Eine Änderung wurde zunächst von der Bundesregierung unter Hinweis auf die zwischenzeitliche Klärung der Auswirkungen verspätet gestellter Verlängerungsanträge durch die Rspr. abgelehnt. Mit dem HQRLUmsG[5] wurde mit dem vormaligen Abs. 4 S. 2, jetzt S. 3 schließlich doch eine Härtefallregelung für die Fälle einer verspäteten Antragstellung geschaffen[6]. Wegen anderslautender Rspr.[7] sah sich der Gesetzgeber veranlasst, mit dem neu eingefügten[8] Abs. 4 S. 2 die Fortgeltungsfiktion auf nationale Visa zu beschränken[9]. Mit dem RLUmsG 2017[10] wurde Abs. 6 eingefügt. Abs. 5a wurde durch Art. 7 des Gesetzes zur Stärkung der Sicherheit im Pass-, Ausweis- und ausländerrechtlichen Dokumentenwesen[11] eingefügt. 2

II. Allgemeines

Unter der Geltung des **§ 21 III AuslG 1965** hatte sich die Einrichtung der fiktiven gesetzlichen Aufenthaltserlaubnis nach Antragstellung bis zur Bescheidung bewährt. Die Möglichkeit der Aufrechterhaltung dieser Rechtsposition durch eine gerichtliche Eilentscheidung nach § 80 V VwGO trug den Erfordernissen des Art. 19 IV GG hinreichend Rechnung, obwohl der Stoppantrag selbst anders als nach § 36 III 7 AsylVfG (früher § 10 III 7 AsylVfG 1982) keine aufschiebende Wirkung entfaltete, denn dem Ausländer wurde die Stellung des Antrags auf vorläufigen Rechtsschutz ermöglicht und idR zumindest auch die erstinstanzliche Gerichtsentscheidung abgewartet, bis vollzogen wurde. Missbräuchlicher Inanspruchnahme der Erlaubnisfiktion schob die Rspr. den Riegel vor[12]. So wurde va 3

---

[1] BT-Drs. 15/420, 30.
[2] BT-Drs. 15/3479, 11.
[3] Gesetz v. 19.8.2007, BGBl. I S. 1970.
[4] Gesetz zur Verbesserung der Rechte von international Schutzberechtigten und ausländischen Arbeitnehmern v. 29.8.2013, BGBl. I S. 3484.
[5] Gesetz zur Umsetzung der HQ-RL der EU v. 1.6.2012, BGBl. I S. 1224.
[6] BT-Drs. 17/8682, 22; → Rn. 22 ff.
[7] Vgl. NdsOVG Beschl. v. 31.10.2011 – 11 ME 315/11, BeckRS 2011, 55619.
[8] Gesetz v. 29.8.2013, BGBl. I S. 3484, ber. S. 3899.
[9] Vgl. BT-Drs. 17/13022, 30.
[10] BGBl. 2017 I S. 1106.
[11] Gesetz v. 3.12.2020, BGBl. I S. 2744.
[12] ZB BVerwG Beschl. v. 23.1.1987 – 1 B 213.86, NVwZ 1987, 504; BayVGH Beschl. v. 26.1.1988 – 10 CE 86.01 387, EZAR 102 Nr. 3; OVG Brem Beschl. v. 12.1.1988 – 1 B 105/87, EZAR 102 Nr. 2; VGH BW Beschl. v.

Samel

verhindert, dass die Wiederholung identischer Anträge nach deren Ablehnung immer wieder ein gesetzliches Aufenthaltsrecht auslösen konnte. Zu Unzuträglichkeiten konnte es allerdings kommen, wenn der Ausländer während des Verfahrens aus- und dann ohne Visum wieder einreiste und noch in den Genuss der früher begründeten Fiktion gelangte[13].

4 Aus welchen Gründen aber dieses einfache und gleichzeitig abgewogene Regelungssystem mit den sehr differenzierten Regelungen des § 69 AuslG 1990 darüber hinaus grundlegend verändert und mit zahlreichen Ausnahmen und Rückausnahmen versehen wurde, war der Gesetzesbegründung nicht zu entnehmen und auch sonst nicht zu erkennen[14]. Danach unterschied der Gesetzgeber nicht nur nach dem Aufenthaltsstatus im Zeitpunkt der Antragstellung und nach der Rechtzeitigkeit des Antrags, sondern auch nach der Art der Einreise und des Einreisevisums sowie nach zwischenzeitlichen aufenthaltsbeendenden Maßnahmen. Für die damalige wie für die jetzige Regelung sollte im Auge behalten werden, dass sich unvertretbare Zustände regelmäßig nur dann entwickeln können, wenn – aus welchen Gründen auch immer – es nicht zu einer zeitgerechten Bescheidung des Antrags kommt und der fiktiv erlaubte oder geduldete Aufenthalt unangemessen ausgedehnt wird.

5 Für die mit dem AufenthG unternommene Neuordnung war die Absicht des Gesetzgebers ausschlaggebend, einige Bestimmungen zu übernehmen, überdifferenzierte Regelungen zu vereinfachen und die Verbindung des Aufenthaltstitels mit der Zulassung zur Erwerbstätigkeit zu berücksichtigen. Zugleich hat er jedoch ein bis dahin **unbekanntes System** geschaffen. Während in Abs. 1, 2 und 5 vorwiegend Formalien geregelt sind, sind in Abs. 3 und 4 die Grundlagen für fiktiv zugelassene Verfahrensaufenthalte bestimmt. Der fiktive Fortbestand des Aufenthaltstitels ist eine neue Variante, während fiktive Erlaubnis und Duldung schon von § 69 AuslG her bekannt sind[15]. Eine weitere Gruppe ist nicht besonders erwähnt. Es sind diejenigen Antragsteller, die in den Genuss keiner dieser Verfahrensstellungen kommen.. Eine Sonderregelung für im Bundesgebiet geborene Kinder findet sich in § 33 S. 2 und 3.

6 Abs. 6 dient der Umsetzung von Art. 19 IV ICT-RL, wonach die zeitgleich gestellten Anträge auf Erteilung einer Aufenthaltserlaubnis zum Familiennachzug zu einem innerhalb eines Unternehmens versetzten Arbeitnehmer gleichzeitig mit dem Antrag auf Erteilung des dafür erforderlichen Aufenthaltstitels (ICT-Karte, Mobiler ICT-Karte) zu bearbeiten und zu entscheiden sind[16]. Sie bezweckt dem unternehmensintern Transferierten Gewissheit über die Nachzugsmöglichkeit seiner Familienangehörigen gemäß § 30 I 1 Nr. 3 lit. g und § 32 I, II 2 Nr. 2 zu geben. Die Verortung der Regelung über zeitgleiche Entscheidung in § 81 erscheint systematisch verfehlt.

III. Antragstellung

7 Abs. 1 regelt die grundsätzliche **Antragsbedürftigkeit** für die Erteilung eines Aufenthaltstitels. Der Ausländer muss nicht nur in der nach § 82 geforderten Weise an dem Erlass eines Aufenthaltstitels mitwirken, sondern auch durch **seinen Antrag** bestimmen, für welchen Aufenthaltszweck er den Aufenthaltstitel begehrt. Erteilung und Verlängerung eines Aufenthaltstitels sind mitwirkungsbedürftige Verwaltungsakte. Insoweit wird dem Ausländer Dispositionsfreiheit eingeräumt. Durch die mit dem Antrag getroffene Zweckbestimmung ist der Entscheidungsumfang der Ausländerbehörde beschränkt[17]. Der Gegenstand des auf Erteilung oder Verlängerung eines Aufenthaltstitels gerichteten Verfahrens wird nämlich durch die **Aufenthaltszwecke,** aus denen der Anspruch hergeleitet wird, **bestimmt und begrenzt.** Der Ausländer ist regelmäßig darauf zu verweisen, seine aufenthaltsrechtlichen Ansprüche aus den Rechtsgrundlagen abzuleiten, die der Gesetzgeber für die spezifischen Aufenthaltszwecke geschaffen hat **(Trennungsprinzip)**[18]. Der Antrag ist als empfangsbedürftige einseitige Willenserklärung gegebenenfalls gemäß §§ 133, 157 BGB auszulegen[19]. Das Antragserfordernis hat damit nicht in erster Linie verfahrensrechtliche Bedeutung, sondern einen materiell-rechtlichen Gehalt. Dem Antrag kommt auch die Funktion zu, die Voraussetzungen für den Erlass des begünstigenden Verwaltungsakts zu schaffen, der ohne den Willen des Ausländers nicht zustande kommen soll[20]. Die rückwirkende Erteilung oder Verlängerung des Aufenthaltstitels kann regelmäßig nicht beansprucht werden[21]. Der Ausländerbehörde ist ihrerseits auch keine Befugnis zur Erteilung für

---

15.8.1985 – 11 S 1665/85, EZAR 622 Nr. 3; HmbOVG Beschl. v. 11.12.1987 – Bs V 336/87, EZAR 102 Nr. 1; Beschl. v. 1.11.1989 – Bs IV 433/89, EZAR 102 Nr. 4; HessVGH Beschl. v. 14.3.1989 – 12 TH 741/89, EZAR 105 Nr. 23.

[13] Insoweit zutr. Begr. des GesEntw, BT-Drs. 11/6321, 80.
[14] Dazu *Renner* AiD Rn. 8/178–180.
[15] Nach § 102 I 3 blieben die nach § 69 AuslG 1990 vor dem 1.12.2005 eingetretenen Wirkungen wirksam.
[16] BT-Drs. 18/11136, 58.
[17] → § 4 Rn. 48 f.
[18] Vgl. BVerwG Urt. v. 4.9.2007 – 1 C 43.06, BVerwGE 129, 226 = NVwZ 2008, 333 Rn 26; OVG Bln-Bbg Beschl. v. 28.10.2015 – OVG 11 S 37.15, BeckRS 2015, 55297 Rn. 8.
[19] → § 4 Rn. 49.
[20] Vgl. VGH BW Beschl. v. 9.10.2012 – 11 S 1843/12, BeckRS 2012, 58699.
[21] BVerwG Urt. v. 22.6.2011 – 1 C 5.10, BVerwGE 140, 64 = NVwZ 2011, 1340; VGH BW Beschl. v. 9.10.2012 – 11 S 1843/12, BeckRS 2012, 58699.

Beantragung des Aufenthaltstitels   **§ 81 AufenthG 1**

einen zurückliegenden Zeitraum eingeräumt[22]. Sie kann nur Lücken in der Rechtmäßigkeit des Aufenthalts schließen, indem sie Unterbrechungen (nach § 85) außer Acht lässt.

Antragsbefugt ist nur der Ausländer selbst. Mit der Neufassung von § 81 I durch das RLUmsG 2007 hat sich der Gesetzgeber gegen ein Antragsrecht des Zusammenführenden (Art. 5 I Familienzusammenführungs-RL) entschieden[23]. Lediglich zur Wahrung der Frist nach § 29 II 2 Nr. 1 ist es ausreichend, wenn der im Inland lebende Stammberechtigte einen Antrag (§ 29 II 3) auch ohne schriftlichen Nachweis der Vollmacht stellt. Trotz des Wortlauts handelt es sich bei der „fristwahrenden Anzeige" gemäß § 29 II 3 nicht um einen Antrag iSv § 81 I. Die Anzeige gegenüber der Ausländerbehörde hat regelmäßig nicht den erforderlichen Erklärungsgehalt eines für die Beantragung eines Visums erforderlichen Antrags[24]. Ihre Wirkungen beschränken sich auf die Sicherstellung des privilegierten Familiennachzugs gemäß § 29 II 2. Die Erteilung einer Aufenthaltserlaubnis von Amts wegen nach § 33 ist eine Ausnahme. 8

Der Antrag auf Erteilung eines Schengen-Visums unterliegt den Anforderungen nach Art. 9 ff. **Visakodex.** IÜ sind für den Antrag eines nationalen Visums oder eines Aufenthaltstitels vor der Einreise **keine** besonderen **formellen Anforderungen** zu beachten. Die Verwendung amtlicher Antragsformulare ist nicht vorgeschrieben (vgl. Nr. 81.1.1.1 AVwV), ein Antrag kann also fristwahrend und auch sonst wirksam formlos gestellt werden, solange das Begehren auf Erteilung eines Aufenthaltstitels erkennbar ist[25]. Damit kann der Antrag grundsätzlich auch per **E-Mail** gestellt werden, sofern die Ausländerbehörde dafür den Zugang eröffnet hat (§ 3a I VwVfG). Eine solche Zugangseröffnung kann bereits durch Nennung der E-Mail-Adresse im öffentlichen Internetauftritt einer Ausländerbehörde gesehen werden[26], es sei denn, die E-Mail-Nutzung wird ausdrücklich – etwa auf allgemeine Informationsanfragen – beschränkt. Ob dies auch für die Antragstellung bei den Auslandsvertretungen im Ausland gilt[27], könnte wegen der durch § 2 III Nr. 3 VwVfG ausgeschlossenen direkten Anwendbarkeit der Vorschrift für die deutschen Auslandsvertretungen fraglich sein. Eine Praxis, nach der die Anträge allein nach persönlicher Vorsprache registriert werden und dies einen ausschließlich über ein Online-Terminvergabesystem zu erhaltenden Vorsprachetermin voraussetzt, findet in § 81 I keine Grundlage[28]. 9

Die Buchung eines Termins bei der Ausländerbehörde über eine sog. **„Online-Terminvereinbarung"** zur Vorsprache stellt keine Beantragung der Verlängerung eines Aufenthaltstitels dar[29]. Gleiches gilt für die Eintragung in die Terminliste einer deutschen Auslandsvertretung[30]. Die Terminvereinbarung für die Vornahme einer Rechtshandlung stellt nicht bereits die Rechtshandlung selbst dar oder ersetzt diese. Ist der Antrag nicht bereits zuvor schriftlich gestellt worden, erfolgt die Antragstellung in diesen Fällen üblicherweise erst iRd Vorsprache. Soweit die deutsche Auslandsvertretung gemäß § 73c bei der Beantragung nationaler Visa mit externen Dienstleistungserbringern zusammenarbeiten und sich deren Dienstleistung auf die Vermittlung von Vorspracheterminen beschränkt, gilt bisher nichts anderes. Eine elektronische Antragstellung ist aber bei Eröffnung eines entsprechenden elektronischen Zugangs für die Antragstellung in entsprechender Anwendung von § 3a VwVfG denkbar. 10

Auf einen Antrag beim örtlich unzuständigen Behörde ist der Ausländer an die zuständige zu verweisen (vgl. Nr. 69.0.7 S. 1 AuslG-Verwaltungsvorschrift), der Antrag kann aber auch formlos an die zuständige Behörde abgegeben werden, sofern der Ausländer nicht ausdrücklich eine Bescheidung verlangt[31]. 11

Die **Rechtsfolgen** des Antrags nach Abs. 3 und 4 treten unabhängig von dessen Erfolgsaussicht und ohne Rücksicht auf die Entrichtung der gesetzlichen Gebühren[32] ein. Ungeachtet der gesetzlichen Reihenfolge sind die Fortgeltungsfiktion (Abs. 4) und die Erlaubnisfiktion (Abs. 3 S. 1) wegen ihrer weitergehenden Wirkungen und der daraus folgenden Vorrangs in erster Linie vor der Duldungsfiktion (Abs. 3 S. 2) zu prüfen. Gesondert ist die Rechtsstellung des im Inland geborenen Kindes (Abs. 2 S. 2) zu untersuchen. Die Fiktion des Abs. 3 S. 2 ist als Duldungsfiktion zu behandeln. Dabei ist nur zu beachten, dass die Duldungsfiktion den Aufenthalt ebenso wenig zu legalisieren vermag wie die 12

---

[22] Davon zu unterscheiden ist die sich auf den Zeitpunkt der Antragstellung erstreckende Erteilung; vgl. auch BVerwG Urt. v. 26.10.2010 – 1 C 19.09, NVwZ 2011, 236.
[23] Vgl. VGH BW Urt. v. 17.7.2015 – 11 S 1843/12, BeckRS 2012, 58699.
[24] OVG Bln-Bbg Beschl. v. 24.1.2022 – IVG 3 S 87/21, BeckRS 2022, 616 Rn. 20.
[25] Zur Auslegung des Inhalts des Antrags *Renner* AiD Rn. 8/137–141.
[26] Vgl. *Schmitz* in Stelkens/Bonk/Sachs VwVfG § 3a Rn. 14.
[27] Bejahend VG Berlin Urt. v. 27.2.2012 – 35 K 40.11 V, BeckRS 2012, 49905 – für einen Visumantrag bei einer Auslandsvertretung, der allerdings per E-Mail von dem im Inland ansässigen Prozessbevollmächtigten gestellt wurde; vgl. iÜ *Schmitz* in Stelkens/Bonk/Sachs VwVfG § 2 Rn. 140.
[28] VG Berlin Beschl. v. 10.11.2016 – 11 K 313.16 V; Beschl. v. 28.6.2016 – 4 K 135.16 V (PKH).
[29] BVerwG Urt. v. 15.8.2019 – 1 C 23.18 BVerwGE 166, 219 = NVwZ 2019, 1762 Rn. 28; VG Berlin Beschl. v. 28.3.2012 – VG 24 L 77.12; Beschl. v. 30.9.2014 – 30 L 246.14; aA *Happ* ZAR 2021, 274.
[30] OVG Bln-Bbg Beschl. v. 24.1.2022 – OVG 3 S 87/21, BeckRS 2022, 616; VG Berlin Beschl. v. 1.3.1017 – VG 8 K 13.17 V (PKH).
[31] Vgl. *Funke-Kaiser* § 81 Rn. 22.1; jedenfalls nach VGH BW Beschl. v. 17.6.2010 – 11 S 1050/10, InfAuslR 2010, 355.
[32] Dazu → § 69 Rn. 5; VGH BW Beschl. v. 17.6.2010 – 11 S 1050/10, BeckRS 2010, 50411.

Samel

Duldung selbst. Die Duldungsfiktion stellt keine Auffangposition dar, die in jedem Fall eingreift. Außerhalb der Fälle der drei Fiktionen und der Anordnung der Fortgeltungswirkung gemäß Abs. 4 S. 3 verbleiben die Fälle, in denen das AufenthG kein verfahrenssicherndes Bleiberecht gewährt[33].

13 Besondere Regeln gelten für Anträge auf Ersterteilung oder Verlängerung, die **nach der Einreise** gestellt werden dürfen. Die in dieser Weise begünstigten Personengruppen sind abschließend in §§ 39–41 AufenthV[34] aufgeführt. Sie verfügen entweder über eine Rechtsstellung, die bereits eine Zulassung zum Aufenthalt enthält (§ 39 AufenthV), oder sie begehren die Verlängerung eines visumfreien Kurzaufenthalts (§ 40 AufenthV) bzw. sind als Staatsangehörige eines der in § 41 I und II AufenthV genannten Staaten privilegiert. Ihr Vorteil besteht darin, dass sie die Erteilung eines Aufenthaltstitels im Inland beantragen können, und zwar auch dann, wenn sie ohne bzw. ohne das erforderliche Visum (§ 5 II 1) eingereist sind. Diese Privilegierung ist aber nicht gleichbedeutend mit einer Befreiung vom Visumzwang.

14 In erster Linie begünstigt sind die Besitzer eines **nationalen Visums** gemäß § 6 III oder einer **Aufenthaltserlaubnis (§ 39 Nr. 1 AufenthV)**[35]. Auf den Aufenthaltszweck des Aufenthaltstitels kommt es nicht an. Eine Befreiung vom Erfordernis des Aufenthaltstitels genügt nur dann, wenn sie nicht auf längstens sechs Monate oder örtlich auf einen Teil des Bundesgebiets beschränkt ist **(Nr. 2)**[36]. **Positivstaater**[37] mit rechtmäßigem Aufenthalt und Negativstaater mit einem Schengen-Visum sind nur dann berechtigt, wenn sie einen Anspruch auf einen Aufenthaltstitel besitzen **(Nr. 3)**[38]. Ein solcher Rechtsanspruch liegt nur dann vor, wenn alle zwingenden und regelhaften Tatbestandsvoraussetzungen erfüllt sind und die Behörde kein Ermessen mehr auszuüben hat, weil nur dann der Gesetzgeber selbst eine Entscheidung über das zu erteilende Aufenthaltsrecht getroffen hat[39]. Die Voraussetzungen müssen aber nicht offensichtlich vorliegen. **Asylbewerber** mit Aufenthaltsgestattung (§ 55 AsylG) müssen – von den Verlängerungsfällen des § 10 II abgesehen – entweder einen Rechtsanspruch besitzen oder im Falle wichtiger staatlicher Interessen die Zustimmung der obersten Landesbehörde erhalten **(Nr. 4)**[40]. **Abschiebungsschutzberechtigte** müssen durch Eheschließung, Begründung einer Lebenspartnerschaft oder Geburt eines Kindes während ihres Aufenthalts im Bundesgebiet einen Rechtsanspruch erworben haben **(Nr. 5)**[41]. Inhaber eines von einem anderen Schengen-Staat ausgestellten Aufenthaltstitels, der zum Aufenthalt im Bundesgebiet berechtigt, sind begünstigt, wenn sie einen Anspruch auf einen Aufenthaltstitel besitzen und der Antrag innerhalb von drei Monaten nach der Einreise (§ 43 III) beantragt wird **(Nr. 6)**[42]. Außerdem Ausländer, die seit 18 Monaten Inhaber einer von einem anderen Mitgliedstaat der EU ausgestellten **Blauen Karte EU** sind und für die Ausübung einer **hochqualifizierten Beschäftigung** eine Blaue Karte EU beantragen sowie ihre Familienangehörigen **(Nr. 7)**. Die Inhaber von Aufenthaltstiteln nach der ICT-RL **(Nr. 8 und 9)**[43] und REST-RL **(Nr. 10)**[44] sowie Saisonbeschäftigte mit Arbeitserlaubnis iSv § 15a I 1 Nr. 1 BeschV **(Nr. 11)**[45] können bestimmte Aufenthaltstitel ebenfalls im Inland beantragen.

15 Inhaber eines **Schengen-Visums** können dieses für weitere drei Monate gemäß Art. 33 I, II VK verlängern lassen, wenn es nicht schon ohnehin auf die längste Gültigkeitsdauer ausgestellt ist. Staatsangehörige der in Anhang II EU-VisumVO[46] genannten Staaten können visumfrei einreisen und gemäß § 40 AufenthV eine Aufenthaltserlaubnis für einen Anschlussaufenthalt von längstens drei Monaten beantragen, wenn ein Ausnahmefall gegeben ist[47] und der Ausländer im Bundesgebiet keine Erwerbstätigkeit mit Ausnahme der in § 17 II AufenthV bestimmten ausübt.

16 Anders geartet ist die Berechtigung der Staatsangehörigen der in § 41 **AufenthV** genannten **(befreundeten) Staaten.** Sofern sie auch für einen längeren Aufenthalt visumfrei einreisen und sich im Bundesgebiet aufhalten dürfen (Abs. 1), ist der Antrag ohne vorherige Ausreise zulässig. Für die

---

[33] Vgl. aber → Rn. 42 ff.
[34] Ausf. → § 5 Rn. 114–149.
[35] → § 5 Rn. 118 f.
[36] → § 5 Rn. 120.
[37] Vgl. Art. 4 II Anl. II EU-VisumVO (neu).
[38] → § 5 Rn. 121 ff.
[39] BVerwG Urt. v. 17.12.2015 – 1 C 31.14, BVerwGE 153, 353 = NVwZ 2016, 458 Rn. 20 mwN; vgl. auch → § 5 Rn. 131.
[40] → § 5 Rn. 137 f.
[41] → § 5 Rn. 139 ff.
[42] → § 5 Rn. 143.
[43] → § 5 Rn. 144.
[44] → § 5 Rn. 145.
[45] Vgl. Art. 1 VO zur Umsetzung aufenthaltsrechtlicher RL der EU zur Arbeitsmigration v. 1.8.2017, BGBl. I S. 3066.
[46] VO (EU) 2018/1806 v. 14.11.2018, zur Aufstellung der Liste der Drittländer, deren Staatsangehörigen beim Überschreiten der Außengrenzen im Besitz eines Visums sein müssen, sowie der Liste der Drittländer, deren Staatsangehörigen von dieser Visumpflicht befreit sind, ABl. 2018 L 303, 39, zuletzt geändert durch die VO (EU) 2019/592 v. 10.4.2019, ABl. 2019 L 103, 1, ersetzt die bisherige VO (EG) Nr. 539/2001 v. 15.3.2001, ABl. 2001 L 81, 1.
[47] Dazu → § 6 Rn. 45.

anderen Personen (Abs. 2) ist vorausgesetzt, dass sie keine Erwerbstätigkeit (ausgenommen nach § 17 II AufenthV) ausüben wollen. Nur in diesen Fällen ist eine besondere Antragsfrist festgelegt (§ 41 III AufenthV). Unabhängig von der Aufenthaltsdauer endet die Antragsfrist nach 90 Tagen nach der (letzten) Einreise. Keine Anwendung findet diese Privilegierung auf die Erteilung einer ICT-Karte (§ 41 IV AufenthV).

Sofern keine **Antragsfristen** einzuhalten sind, muss der Antrag ohne schuldhaftes Zögern (§ 121 BGB) nach der Einreise gestellt werden. „Unverzüglich" bedeutet nicht „sofort" und lässt auch keine Bestimmung absoluter Zeiträume zu. Maßgeblich sind vielmehr die Verhältnisse und Umstände im Einzelfall. Mit dem Antrag kann nicht ohne Weiteres bis zum Ende des rechtmäßigen Aufenthalts gewartet werden. Der Antrag muss alsbald nach dem Zeitpunkt gestellt werden, in dem sich der Ausländer für einen weiteren Aufenthalt entschieden hat. Vor einem solchen Entschluss besteht kein Anlass für einen Antrag, danach darf der Ausländer aber nicht unnötig Zeit verlieren, bis er das neue Aufenthaltsbegehren, mit dem er uU einen anderen Aufenthaltszweck verfolgt, der Ausländerbehörde bekannt gibt. Die baldige Antragstellung dürfte ohnehin im Interesse des Ausländers liegen. 17

Für das im Bundesgebiet geborene **Kind** gilt gemäß Abs. 2 S. 2 eine Antragsfrist von sechs Monaten. Ausgenommen sind die Kinder ausländischer Eltern, die mit ihrer Geburt im Inland die deutsche Staatsangehörigkeit erwerben (§ 4 III StAG) oder denen von Amts wegen nach der Geburt gemäß § 33[48] eine Aufenthaltserlaubnis erteilt werden kann (S. 1), erteilt wird (S. 2) und deren Aufenthalt bis zum Ablauf der Visumfreiheit oder des Visums der Mutter als erlaubt gilt (S. 3). Nur wenn das Kind oder seine Eltern die dafür nötigen Voraussetzungen nicht erfüllen, ist der Aufenthaltstitel binnen sechs Monaten nach der Geburt zu beantragen[49]. Eltern und sonstige Betreuungspersonen sind zur Antragstellung verpflichtet (§ 80 IV) und handeln ordnungswidrig, wenn sie dieser gesetzlichen Pflicht nicht nachkommen (§ 98 III Nr. 6). 18

IV. Fiktive Fortgeltung des Aufenthaltstitels

Wer während der Geltung eines Aufenthaltstitels dessen Verlängerung oder die Erteilung eines anderen Aufenthaltstitels beantragt, wird gemäß § 81 IV 1 kraft Gesetzes vorläufig so behandelt, als besitze er weiterhin den bisherigen Aufenthaltstitel. Diese Fiktion der **Weitergeltung** geht über die fiktive Erlaubnis des Aufenthalts (nach Abs. 2 S. 1 und nach § 69 III AuslG 1990) hinaus. Die Regelung stellt sicher, dass auch die mit dem Aufenthaltstitel verbundene Berechtigung zur Ausübung einer Erwerbstätigkeit ohne weitere Mitwirkung der Bundesagentur für Arbeit bis zur Bescheidung des Antrags fortgilt[50]. Der Ausländer wird also insofern so gestellt, als bestünde der bisherige Aufenthaltstitel – einschließlich etwaiger Nebenbestimmungen zB hinsichtlich des Umfangs der Ausübung einer Erwerbstätigkeit – fort. Der Aufenthalt bleibt aber Veränderungen ebenso zugänglich wie zuvor. So sind zB nachträgliche Nebenbestimmungen nach § 12 II 2 oder Anordnungen nach § 47 zulässig. Möglich ist aber zB auch das Erlöschen der Zustimmung der Bundesagentur für Arbeit mit Beendigung des Beschäftigungsverhältnisses (vgl. § 35 IV BeschV). Die Fortgeltungsfiktion erlaubt dem Ausländer grundsätzlich die Ein- und Ausreise aus dem Bundesgebiet, die Fiktionsbescheinigung gemäß § 81 V fungiert insofern als Aufenthaltstitel iSv Art. 21 SDÜ. 19

Die Fortgeltungsfiktion tritt mit dem rechtzeitigen Antrag der Verlängerung des bestehenden oder Erteilung eines anderen Aufenthaltstitels ein. Sie setzt immer einen **bestehenden Aufenthaltstitel** voraus. Ob es sich dabei um ein nationales Visum oder eine Aufenthaltserlaubnis handelt, ist gleichgültig. Keine Fortgeltungsfiktion tritt nach ausdrücklicher Regelung gemäß Abs. 4 S. 2 für nach dem Visakodex erteilte Visa ein[51]. Gleiches gilt für von einem anderen Mitgliedstaat ausgestellte Visa für einen längerfristigen Aufenthalt (§ 18 SDÜ)[52] und gemäß § 104a V 5 für die Aufenthaltserlaubnis nach der Altfallregelung des § 104a[53]. Die Fortgeltungsfiktion soll den Aufenthalt bei Verlängerung oder einer wegen des Wechsels des Aufenthaltszwecks erfolgten Änderung des Aufenthaltstitels absichern, etwa für die Erteilung der Aufenthaltserlaubnis nach Einreise mit einem nationalen Visum oder beim Wechsel von Aufenthaltserlaubnis zur Niederlassungserlaubnis. Für die ohnehin unbefristeten Aufenthaltstitel (Niederlassungserlaubnis, Erlaubnis zum Daueraufenthalt – EU) hat die Fortgeltungsfiktion keine Bedeutung. 20

Abs. 4 verlangt den **Besitz eines Aufenthaltstitels** iSd § 4 I 2, während für Abs. 3 der Aufenthalt ohne Besitz eines Aufenthaltstitels rechtmäßig sein muss. Die Aufenthaltsgestattung (§ 55 AsylG) ist kein Aufenthaltstitel. Der Aufenthalt eines Asylbewerbers ist nach Stellung des Asylantrags zwar recht- 21

---

[48] → § 33 Rn. 8 ff.
[49] Zum zwischenzeitlichen Aufenthalt → Rn. 26.
[50] BT-Drs. 15/420, 96; vgl. auch BVerwG Urt. v. 30.3.2010 – 1 C 6.09, BVerwGE 136, 211 = NVwZ 2010, 1106.
[51] BayVGH Beschl. v. 28.5.2015 – 10 CE 14.2123, BeckRS 2015.
[52] OVG Bln-Bbg Beschl. v. 24.3.2021 – OVG 12 S 10/21, BeckRS 2021, 6786 Rn. 5; HessVGH Beschl. v. 23.4.2014 – 3 B 585/14, BeckRS 2014, 55611; Beschl. v. 4.6.2014 – 3 B 785/14, BeckRS 2014, 55611.
[53] NdsOVG Beschl. v. 30.10.2012 – 11 ME 275/12, BeckRS 2012, 58854; Urt. v. 30.3.2012 – 11 ME 74/12, InfAuslR 2012, 214 (215); vgl. auch → § 104a Rn. 38.

mäßig, gleichwohl hat der Antrag nicht die Erlaubnisfiktion des § 81 III 1 zur Folge[54]. Die Regelungen in § 81 III und IV finden gemäß § 55 II AsylG grundsätzlich keine Anwendung. § 81 IV bleibt aber unberührt, wenn der Ausländer einen Aufenthaltstitel mit einer Gesamtgeltungsdauer von mehr als sechs Monaten besessen und dessen Verlängerung beantragt hat (§ 55 II 2 AsylG). Unerheblich ist die Entwicklung des Aufenthaltsstatus bis zum Erwerb des Aufenthaltstitels und danach (anders noch § 69 II 2, III AuslG). Deswegen kommt es auch nicht darauf an, ob die Einreise erlaubt war und mit welcher Art von Visum der Ausländer eingereist ist. Falls inzwischen aber eine Ausweisung erfolgt oder der Aufenthaltstitel aus einem anderen Grund erloschen ist (§ 51 I), fehlt für die Fiktion die Grundlage. Der Titel ist auch dann erloschen, wenn die Ausweisung oder der sonstige Verwaltungsakt angegriffen und die Vollziehung kraft Gesetzes oder aufgrund behördlicher oder gerichtlicher Entscheidung vorläufig ausgesetzt ist (vgl. § 84 II 1). Befindet sich der Ausländer im Inland, kann er einstweiligen Rechtsschutz nur gegen die Vollziehbarkeit seiner Ausreise erlangen. Nur hinsichtlich der Berechtigung zur Erwerbstätigkeit gilt der Aufenthaltstitel vorübergehend[55] als fortbestehend (§ 84 II 2).

22 Bei Stellung eines **rechtzeitigen Verlängerungsantrags** ändert sich die Rechtsstellung des Ausländers zunächst nicht; hat der Verlängerungsantrag Erfolg, setzt sich der Aufenthalt nahtlos fort. Stellt der Ausländer einen Antrag auf Erteilung eines anderen Aufenthaltstitels, kann er diesen jedoch erst ab dessen Erteilung nutzen. Bis dahin gilt nur der bisherige Aufenthaltstitel fort, selbst dann, wenn der Ausländer ihn wegen Veränderung der Verhältnisse nicht nutzen kann, zB nach Beendigung eines Studiums oder einer Ausbildung und der beabsichtigten Aufnahme einer Erwerbstätigkeit.

23 Auch ein Aufenthaltstitel, der nach § 81 IV fortgilt, erlischt, wenn der Ausländer ausreist und nicht innerhalb von sechs Monaten oder einer von der Ausländerbehörde bestimmten längeren Frist wieder einreist (§ 51 I Nr. 7). Ist dieser Fall eingetreten, kann der Ausländer nicht wieder einreisen und der Anknüpfungspunkt für eine Verlängerung oder Erteilung eines Aufenthaltstitels im Inland ist entfallen.

24 Der automatische Eintritt der Fortgeltungsfiktion setzt nach eindeutiger Klärung durch das BVerwG[56] einen **rechtzeitigen, also vor Ablauf des bisherigen Aufenthaltstitels gestellten Verlängerungsantrag** voraus. Angesichts dieser Klärung und der Regelung gemäß § 81 IV 3 kann die verspätete Antragstellung auch dann keine Fiktionswirkung auslösen, wenn die Antragstellung noch einen unmittelbaren Bezug zum abgelaufenen Aufenthaltstitel aufweist[57].

25 Nach der Rspr. des BVerwG zum AuslG 1965[58], die unter dem AuslG 1990 fortgeführt wurde[59], war die Regelung des § 31 VII VwVfG, der ua eine rückwirkende Verlängerung von Fristen vorsieht, auf befristete Aufenthaltserlaubnisse nicht anwendbar, weil § 7 AuslG 1965 insoweit eine spezielle Regelung getroffen hatte. Diese Rspr. konnte zunächst nicht auf das AufenthG übertragen werden. Hiergegen sprach der Wortlaut des § 58 II 1 Nr. 2 aF, wonach die Ausreisepflicht ua vollziehbar war, „wenn der Ausländer nach Ablauf der Geltungsdauer noch nicht die Verlängerung beantragt hat". Mit dieser Bestimmung war vom Gesetzgeber eine rückwirkende Verlängerung eines Aufenthaltstitels anerkannt worden. Auch wenn die Regelung inhaltlich unsinnig war[60], so änderte dies nichts an dem Ergebnis, dass im AufenthG eine rückwirkende Verlängerung eines Aufenthaltstitels ausdrücklich Erwähnung gefunden hatte[61]. Diese Rechtsauffassung konnte aber über den 28.8.2007 hinaus nicht aufrechterhalten werden, da der Gesetzgeber mit dem RLUmsG 2007 in § 58 II 1 Nr. 2 die Wörter „nach Ablauf der Geltungsdauer" gestrichen hatte. Die Begründung des Gesetzesentwurfs führt hierzu aus, es handele sich um eine „redaktionelle Korrektur", „denn nach § 81 IV AufenthG ist eine **Verlängerung des Aufenthaltstitels nach Ablauf der Geltungsdauer nicht möglich**"[62]. Damit ist der Gesetzgeber zu der unter dem AuslG 1990 bestehenden Rechtslage zurückgekehrt; § 31 VII VwVfG ist nicht (mehr) anwendbar.

26 Mangels gesetzlicher Grundlage ließ sich diese ggf. unbefriedigende Situation auch nicht durch Ausstellung einer Fiktionsbescheinigung gemäß Nr. 81.4.2.3 AVwV in Fällen geringfügiger Säumnis lindern. Aufgrund ihrer lediglich **deklaratorischen Bedeutung** vermag die Fiktionsbescheinigung allenfalls einen Rechtsschein, aber keinen Rechtsstatus zu begründen. Sie ist daher ungeeignet, die fiktive Fortgeltung des Aufenthaltsrechts oder der Erlaubnis zur Ausübung einer Erwerbstätigkeit zu bewirken[63].

27 Zur Vermeidung von im Einzelfall übermäßigen und nicht beabsichtigten Folgen[64] hat der Gesetzgeber des HQRLUmsG mWv 1.8.2012 den Ausländerbehörden die Befugnis zur **Anordnung der**

---

[54] NdsOVG Beschl. v. 11.9.2018 – 13 ME 392/18, BeckRS 2018, 22297 Rn. 4; OVG Brem Beschl. v. 27.10.2009 – 1 B 224/09, ZAR 2010, 32; aA VGH BW Beschl. v. 5.9.2012 – 11 S 1639/12, BeckRS 2012, 57821.
[55] → § 84 Rn. 25, 32.
[56] BVerwG Urt. v. 22.6.2011 – 1 C 5.10, BVerwGE 140, 64 = NVwZ 2011, 1340.
[57] → 9. Aufl., AufenthG § 81 Rn. 19 ff., 28.
[58] BVerwG Urt. v. 1.3.1983 – 1 C 14.81, BVerwGE 67, 47.
[59] BVerwG Beschl. v. 19.8.1993 – 1 B 49.93, InfAuslR 1994, 98 ff.
[60] Funke-Kaiser § 81 Rn. 45 Punkt 4.
[61] Zweifelnd Benassi InfAuslR 2006, 178 (185).
[62] BT-Drs. 16/5065, 184.
[63] Vgl. Funke-Kaiser § 81 Rn. 51.
[64] SchlHOVG Beschl. v. 22.12.2017 – 4 MB 63/17, BeckRS 2017, 137141 Rn. 10.

Fortgeltungswirkung in Fällen verspäteter Verlängerungsanträge gemäß § 81 IV 3 verliehen. Unter der Voraussetzung, dass die durch den Fristablauf eingetretenen Rechtsfolgen eine unbillige Härte darstellen, wird in der Sache eine rückwirkende Verlängerung des bereits gemäß § 51 I Nr. 1 erloschenen Aufenthaltstitels bewirkt und insoweit die bisher[65] für die Fiktion ausgeschlossene **rechtsbegründende Wirkung** eingeführt. Die Anordnung ist Verwaltungsakt iSv § 35 VwVfG und ergeht regelmäßig durch Erteilung einer Fiktionsbescheinigung nach § 81 V. Dies ist aus Gründen der Rechtsklarheit problematisch, weil nur anhand der Fiktionsbescheinigung nicht erkennbar ist, ob die Ausländerbehörde die Anordnung getroffen hat. Erforderlich ist daher zumindest eine aktenmäßige Dokumentation der zugunsten des Ausländers getroffenen Regelung. Denkbar ist aber auch, dass aus dem Handeln der Ausländerbehörde und den Umständen des Einzelfalls auf eine konkludente Anordnung der Fortgeltungswirkung geschlossen werden kann[66]; allein die mehrfache Ausstellung von Fiktionsbescheidungen dürfte aber nicht ausreichend sein[67].

Voraussetzung für die Anordnung der Fortgeltungswirkung sind formell die **Nachholung** des (versäumten) Antrags auf Verlängerung oder Erteilung eines Aufenthaltstitels sowie materiell das Vorliegen einer **unbilligen Härte**. Ein ausdrücklicher Antrag auf Anordnung durch die Behörde erscheint nicht zwingend, dürfte aber zur Klärung der aufenthaltsrechtlichen Situation sachdienlich[68] sein. Liegen diese Voraussetzungen vor, steht die Anordnung im Ermessen[69] der Ausländerbehörde. Dessen Grenzen werden durch die Ausfüllung des unbestimmten Rechtsbegriffs der „unbilligen Härte" bestimmt. 28

Das AufenthG definiert den Begriff der „unbilligen Härte" nicht[70]. Als **unbestimmter Rechtsbegriff** unterliegt er voller gerichtlicher Überprüfung. Seine Schwelle dürfte weit unterhalb der „besonderen Härte" etwa iSv § 31 II 1 liegen. Nach der Gesetzesbegründung[71] liegt eine „unbillige Härte" insbesondere in Fällen vor, in denen der Ausländer die Frist zur Antragstellung nur geringfügig überschritten hat, die Fristüberschreitung unverschuldet oder lediglich auf Fahrlässigkeit zurückzuführen ist und bei summarischer Prüfung davon ausgegangen werden kann, dass der Aufenthaltstitel verlängert oder erteilt werden kann[72]. Damit werden die Fälle erfasst, in denen das Erlöschen des bisherigen Aufenthaltstitels als notwendiger Anknüpfungspunkt für eine Verlängerung wegen einer nur auf Nachlässigkeit beruhenden verspäteten Antragstellung als unverhältnismäßig anzusehen ist. Nicht jede verspätete Antragstellung stellt sich aber als übermäßige, nicht vom Gesetzgeber gewollte Härte dar. „Verlängerungsanträge", die erst Wochen oder gar Monate nach Ablauf des ursprünglichen Aufenthaltstitels gestellt werden, stellen in Wahrheit Anträge auf Erteilung eines neuen Aufenthaltstitels dar[73]. 29

Die Bestimmung, wann eine unbillige Härte vorliegt, kann **nicht** durch Heranziehung der Grundsätze über die **Wiedereinsetzung in den vorigen Stand** (§ 32 I VwVfG) beantwortet werden. Abgesehen davon, dass die Wiedereinsetzung das Versäumen gesetzlicher Fristen und nicht materiellrechtliche Tatbestandsvoraussetzungen betrifft, soll die Anordnung gemäß § 81 IV 3 anders als die Wiedereinsetzung auch den ungewollten Folgen schuldhafter (fahrlässiger) Säumnis rechtzeitiger Antragstellung begegnen. 30

Eine unbillige Härte soll nicht allein darin liegen, dass die Ausländerbehörde nicht gemäß § 82 III 1 an die erforderliche Antragstellung erinnert hat[74]. Eine unbillige Härte kann aber zB darin liegen, dass die Ausländerbehörde wegen Überlastung keinen rechtzeitigen Vorsprachetermin vergeben kann. Probleme können sich auch bei der **Online-Terminbuchung**[75] ergeben. Sagt die Ausländerbehörde zu, den im vereinbarten Termin zu stellenden Antrag als rechtzeitig zu behandeln, liegt darin die Zusicherung, nach § 81 IV 3 zu verfahren. Anderes gilt bei rechtsmissbräuchlich später Terminbuchung[76]. 31

---

[65] Vgl. BVerwG Urt. v. 30.3.2010 – 1 C 6.09, BVerwGE 136, 211 = NVwZ 2010, 1106.
[66] HessVGH Beschl. v. 24.11.2016 – 3 B 2556/16 U. 3 D 2558/16, BeckRS 2016, 110638 Rn. 9.
[67] Vgl. OVG Bln-Bbg Beschl. v. 2.8.2019 – OVG 11 N 122.16, BeckRS 2019, 17130 Rn. 7.
[68] IÜ dürfte es Sachurteilsvoraussetzung für einen Antrag nach § 123 VwGO auf Anordnung der Fiktionswirkung des Antrags im Wege der eA sein.
[69] Zweifelnd Funke-Kaiser § 81 Rn. 54.2.
[70] In der bisher veröffentlichten Rspr. haben die Gerichte das Vorliegen der Voraussetzungen von § 81 IV 3 bisher ohne nähere Begr. verneint – OVG NRW Beschl. v. 9.11.2012 – 18 B 932/12, BeckRS 2012, 59784, OVG Bln-Bbg Beschl. v. 3.9.2012 – OVG 11 S 40.12, BeckRS 2012, 56820.
[71] BT-Drs. 17/8682, 23.
[72] Vgl. BayVGH Beschl. v. 21.9.2016 – 10 ZB 16.1296, BeckRS 2016, 53464 Rn. 8; OVG Bln-Bbg Beschl. v. 8.4.2016 – OVG 11 S 10.16, BeckRS 2016, 44657 Rn. 5.
[73] So bereits zur alten Rechtslage auch OVG NRW Beschl. v. 23.3.2006 – 18 B 120/06, BeckRS 2006, 22697 und Benassi InfAuslR 2006, 178 (185), die auch den Fall des Untertauchens eines Ausländers erfasst sehen.
[74] BayVGH Beschl. v. 10.2.2014 – 10 CS 13.1732, 10 C 13.1733, BeckRS 2014, 48592 Rn. 4; vgl. auch OVG Bln-Bbg Beschl. v. 30.3.2015 – OVG 11 S 19.15, BeckRS 2015, 43580.
[75] → Rn. 9.
[76] BVerwG Urt. v. 15.8.2019 – 1 C 23.18, BVerwGE 166, 219 = NVwZ 2019, 1762 Rn. 28; VG Berlin Beschl. v. 30.9.2014 – VG 30 L 246.14.

32 Die Anordnung der Fortgeltung des bisherigen Aufenthaltstitels im Falle verspäteter Antragstellung privilegiert den Ausländer, indem die angeordnete Fortgeltungswirkung nicht ab Antragstellung, sondern ab Ablauf des ursprünglichen Aufenthaltstitels gilt. Damit wird auch vermieden, dass eine Unterbrechung des rechtmäßigen Aufenthalts eintritt.

33 Die Ausübung der Befugnis der Ausländerbehörde zur Gestaltung des Zeitraums bis zu einer Entscheidung über den beantragten Aufenthaltstitel hat regelmäßig auch Bedeutung für dessen Erteilung. Dies gilt namentlich für Aufenthaltstitel, die an einen vorherigen Aufenthalt anknüpfen. Um die Entscheidung über die Erteilung oder Verlängerung des Aufenthaltstitels nicht zu verkomplizieren, sollte möglichst vermieden werden, die Prüfung und den Streit um das Vorliegen der Voraussetzungen der Erteilung oder Verlängerung des Aufenthaltstitels in das Verfahren nach § 81 IV 3 vorzuverlagern. Da es ohnehin in der Hand der Ausländerbehörde liegt, durch eine Entscheidung über den Antrag die Fiktionswirkung zu beenden, dürfte es sich im Zweifel anbieten, die Fiktionswirkung zunächst anzuordnen und mit einer baldigen Entscheidung über den Aufenthaltstitel eine gerichtliche Klärung zu ermöglichen[77].

34 Der neu eingefügte Abs. 5a trägt dem Interesse des zu Ausbildungs- bzw. Erwerbszwecken eingereisten Ausländers sowie des Arbeitgebers an einer möglichst baldigen Arbeitsaufnahme Rechnung. Die Vorschrift stellt klar, dass die vorgesehene Erwerbstätigkeit bereits ab dem Zeitpunkt als erlaubt gilt, an dem die Ausländerbehörde die Ausstellung des Dokuments nach § 78 I 1 für einen Aufenthalt zu Ausbildungszwecken oder zur Erwerbstätigkeit veranlasst hat. Herstellung und Lieferung des eAT durch die Bundesdruckerei sowie Überprüfung durch die Ausländerbehörde können vier bis sechs Wochen in Anspruch nehmen. Dem Ausländer wird damit die Möglichkeit gegeben, bereits vor der Ausstellung und der Ausgabe des elektronischen Aufenthaltstitels die angestrebte Erwerbstätigkeit oder betriebliche Ausbildung aufzunehmen. Diese Erlaubnis ist gemäß S. 2 in die Fiktionsbescheinigung nach Abs. 5 aufzunehmen[78].

V. Fiktive Aufenthaltserlaubnis

35 Gemäß § 81 III 1 gilt der Aufenthalt des Ausländers nach Antragstellung bis zur Bescheidung als erlaubt, wenn der Ausländer sich rechtmäßig, aber ohne Aufenthaltstitel (§ 4 I) im Bundesgebiet aufhält. Führte die Antragstellung nach altem Recht nicht zur Fiktionswirkung, so änderte sich die Rechtslage nicht mit Inkrafttreten des AufenthG[79]. Nach § 102 I 3 blieben aber die nach § 69 AuslG 1990 vor dem 1.12.2005 eingetretenen Wirkungen bestehen. Die **Erlaubnisfiktion** nach Abs. 3 gilt anders als nach § 21 III AuslG 1965 und § 69 III AuslG 1990 nicht zugunsten von Ausländern, die bereits einen Aufenthaltstitel besitzen.

36 Die Rechtmäßigkeit eines Aufenthalts ohne Aufenthaltstitel kann auf unterschiedlichen Gründen beruhen. Zunächst kommen Personen in Betracht, die entweder dem AufenthG nicht unterliegen (§ 1 II) oder von dem Erfordernis des Aufenthaltstitels oder der Visumpflicht **befreit**[80] sind, etwa als **Positivstaater** gemäß Art. 4 II EU-VisumVO[81] oder aufgrund Rechtsverordnung (§§ 15 ff. AufenthV)[82]. Außerdem diejenigen Drittstaatsangehörigen, die im Besitz eines in einem anderen Mitgliedstaat ausgestellten Aufenthaltstitels sind, der ihnen gemäß Art. 21 SDÜ einen Kurzaufenthalt im übrigen Schengen-Gebiet erlaubt. **Keine analoge Anwendung** findet die Vorschrift auf Inhaber eines von einer deutschen Auslandsvertretung ausgestellten Visums nach dem Visakodex (§ 6 I), für das gemäß Abs. 4 S. 2 die Fortgeltungsfiktion ausdrücklich ausgeschlossen ist[83] und für Inhaber eines von einem **anderen Mitgliedstaat ausgestellten Schengen-Visums**[84].

37 Mit der fiktiven Erlaubnis wird ein sonstiger (aufenthaltstitelloser) rechtmäßiger Aufenthalt fortgesetzt. Der Antrag muss **während des rechtmäßigen Aufenthalts** gestellt werden. Ein späterer Antrag führt zur Duldungsfiktion gemäß Abs. 3 S. 2[85]. Für diese Fiktion kommt es ebenso wie bei der Fortgeltungsfiktion[86] nicht auf die Erlaubtheit der Einreise, auf die Art des Visums oder die spätere Entwicklung des Aufenthaltsstatus an. Der Ausländer muss nur trotz unerlaubter Einreise einen rechtmäßigen Aufenthalt begründet und ihn nicht inzwischen verloren haben (zB nach § 51 I).

38 Beantragt ein nach Anhang II EU-VisumVO von der Visumspflicht befreiter Ausländer, der bereits bei der Einreise einen **Daueraufenthalt** anstrebt, einen Aufenthaltstitel, so entsteht keine Fiktions-

---

[77] → Rn. 45 ff.
[78] BT-Drs. 19/24007, 22.
[79] OVG NRW Beschl. v. 31.1.2005 – 18 B 915/04, AuAS 2005, 123 (124).
[80] → § 5 Rn. 97.
[81] → § 5 Rn. 98 f.
[82] → § 4 Rn. 31 ff.
[83] BayVGH Beschl. v. 28.5.2015 – 10 CE 14.2123, BeckRS 2015, 47040 Rn. 2.
[84] BVerwG Urt. v. 19.11.2019 – 1 C 22.18, BVerwGE 167, 90 = BeckRS 2019, 36255; aA VGH BW Urt. v. 6.4.2018 – 11 S 2583.17, BeckRS 2018, 6543 Rn. 24 f.; Beschl. v. 18.6.2018 – 11 S 816/18, BeckRS 2018, 13629.
[85] Dazu → Rn. 42.
[86] Dazu → Rn. 18.

wirkung, weil der Aufenthalt mangels Einreise mit dem erforderlichen Visum **nicht rechtmäßig** ist[87]. § 4 II EU-VisumVO befreit von der Visumpflicht nur für geplante Aufenthalte von bis zu 90 Tagen je Zeitraum von 180 Tagen. Nur wenn der Ausländer subjektiv diese zeitliche Grenze nicht überschreiten will, ist der nachfolgende Aufenthalt nach Art. 20 I SDÜ rechtmäßig. Der Nachweis eines bereits bei Einreise auf Daueraufenthalt gerichteten Willens bereitet idR Schwierigkeiten, kann sich aber zB daraus ergeben, dass der Ausländer bereits vor der Einreise Hochzeitvorbereitungen getroffen hat[88].

Asylbewerber verfügen zum Nachweis ihres gesetzlichen Aufenthaltsrecht nur über eine Aufenthaltsgestattung (§ 55 AsylG), die nicht zu den Aufenthaltstiteln iSv § 4 I 2 zählt. Der Aufenthalt eines Asylbewerbers ist nach Stellung des Asylantrags zwar rechtmäßig, gleichwohl hat der Antrag nicht die Erlaubnisfiktion des § 81 III 1 zur Folge[89]. Die Regelungen in § 81 III und IV finden gemäß **§ 55 II AsylG keine Anwendung.** § 55 II AsylG sieht zwar nur vor, dass mit der Stellung eines Asylantrags die Erlaubnis-/Duldungsfiktionen nach § 81 III oder IV erlöschen (S. 1); etwas anderes gilt dann, wenn der Ausländer die Verlängerung eines ihm zuvor bereits erteilten längerfristigen Aufenthaltstitels beantragt hat (S. 2). Der Ausländer verliert mit der Asylantragstellung grundsätzlich das vorläufige Bleiberecht nach § 81 III. Es wäre aber widersprüchlich, einen Ausländer, der den Aufenthaltstitel nach der Asylantragstellung beantragt, in dieser Hinsicht günstiger zu behandeln als einen Ausländer, der den Antrag auf Erteilung der Aufenthaltserlaubnis vor dem Asylantrag gestellt hat[90]. Dementsprechend stellt § 43 II AsylG klar, dass der Abschiebung eines unanfechtbar abgelehnten Asylbewerbers § 81 nicht entgegensteht (S. 2), sofern nicht die Verlängerung eines längerfristigen Aufenthaltstitels beantragt worden ist (S. 1). Dagegen gilt der Aufenthalt des erfolgreichen Asylbewerbers bis zur Erteilung der Aufenthaltserlaubnis gemäß § 25 I bzw. § 25 II ohnehin als erlaubt (§ 25 I 3, § 25 II 2). Wird lediglich ein Abschiebungsverbot gemäß § 60 V oder VII festgestellt, ist der Ausländer bis zur Erteilung der Aufenthaltserlaubnis nach § 25 III zu dulden.

Der Aufenthalt von **Kindern**, die im Inland geboren werden und weder die deutsche Staatsangehörigkeit erwerben noch eine Aufenthaltserlaubnis von Amts wegen erhalten[91], ist grundsätzlich während der gemäß § 81 II 2 eingeräumten Antragsfrist von sechs Monaten rechtmäßig, wenn nicht die kürzere Frist des § 33 S. 3 zu beachten ist, weil das Visum oder der visumfreie Aufenthalt des Elternteils endet[92].

Die gesetzliche Erlaubnisfiktion vermittelt einen **rechtmäßigen Aufenthalt,** nicht mehr und nicht weniger. Der Aufenthalt bleibt aufgrund der Fiktion rechtmäßig, der Ausländer wird aber nicht so gestellt, als besitze er einen Aufenthaltstitel. Ebenso wie nach Abs. 4 bleibt auch nach Abs. 3 S. 1 der vor dem Antrag bestehende Zustand erhalten. Es wird aber nicht – was eine zusätzliche Verbesserung darstellen würde – der Besitz des Aufenthaltstitels fingiert, sondern (nur) die Rechtmäßigkeit des Aufenthalts. Wenn dem Ausländer eine Erwerbstätigkeit während des rechtmäßigen Aufenthalts ohne Aufenthaltstitel nicht gestattet war, bleibt es dabei. Der Ausländer ist va von Vergünstigungen ausgeschlossen, wenn das Gesetz den Besitz eines Aufenthaltstitels verlangt (zB §§ 29 I, 30 I; § 1 III BKGG; § 62 II EStG; § 1 IIa UnVorschG; § 8 I Nr. 2, II BAföG; § 1 VII BEEG). Da die Erlaubnisfiktion gemäß § 81 III 1 lediglich den status quo sichert, stellt sie auch keine stillschweigende Billigung für den Daueraufenthalt eines Flüchtlings iSd Art. 2 I 1 EÜÜVF[93] im Bundesgebiet dar[94]. Wenn der Aufenthaltstitel nach Antragsablehnung später im Verfahren erteilt wird, ist der Ausländer nach § 84 II 3 so zu behandeln, als habe er schon vom Ablehnungszeitpunkt an den Titel besessen. Wird in einem Verfahren nach § 80 V VwGO die aufschiebende Wirkung hinsichtlich der Ablehnung des Antrags auf Erteilung einer Aufenthaltserlaubnis angeordnet, so ist der Aufenthalt wegen § 84 II 1 zwar nicht rechtmäßig; auch für die Erlaubnisfiktion gilt aber, dass der Ausländer Vollstreckungsschutz genießt, dh, die Vollziehbarkeit der Ausreisepflicht ist gehemmt.

Die fiktive Erlaubnis ist weder zeitlich noch räumlich noch sonst beschränkt, aber gemäß § 12 IV[95] ebenso **beschränkbar** wie der fiktiv fortgeltende Aufenthaltstitel[96]. Sie erlischt mit der Entscheidung der Ausländerbehörde (Zweckerfüllung) und im Falle der Ausweisung[97], sowie nicht mit der (nur

---

[87] Vgl. VGH BW Beschl. v. 20.9.2018 – 11 S 1973/18, BeckRS 2018, 23535 Rn. 14.
[88] Vgl. HessVGH Beschl. v. 20.10.2016 – 7 B 2174/16, BeckRS 2016, 55440 Rn. 29.
[89] OVG Brem Beschl. v. 27.10.2009 – 1 B 224/09, ZAR 2010, 32; anders VGH BW Beschl. v. 5.9.2012 – 11 S 1639/12, BeckRS 2012, 57821.
[90] NdsOVG Beschl. v. 11.9.2018 – 13 ME 392/18, BeckRS 2018, 22297 Rn. 4; OVG Brem Beschl. v. 27.10.2009 – 1 B 224/09, ZAR 2010, 32; OVG NRW Beschl. v. 17.3.2009 – 18 E 311/09, BeckRS 2009, 32423; krit. dazu Zeitler in HTK-AufenthG § 81 Nr. 7.2.
[91] Dazu → Rn. 17.
[92] Vgl. auch → § 33 Rn. 10.
[93] Europäisches Übereinkommen über den Übergang der Verantwortung für Flüchtlinge vom 16. Oktober 1980 – EÜÜVF BGBl. 1994 I S. 2645.
[94] Vgl. VG Berlin Urt. v. 8.4.2022 – VG 34 K 578.17 A.
[95] § 12 Rn. 5.
[96] Dazu → Rn. 18.
[97] → Vorb. §§ 53–56 Rn. 21.

vorübergehenden) Ausreise[98]. Sie kann nachträglich befristet, mit Bedingungen und Auflagen versehen und auch räumlich beschränkt werden. Die Vorschriften der §§ 4a I und III, 7 II 2, 12 II gelten unmittelbar nur für Aufenthaltstitel, sie sind aber auf den fiktiv erlaubten Aufenthalt entsprechend anwendbar. Es wäre trotz fehlender eigener Regelungen nicht sachgerecht, die für den Titel bestehenden Beschränkungsmöglichkeiten für den fiktiv rechtmäßigen Aufenthalt nicht gelten zu lassen.

43 Wiederholte Anträge auf Erteilung eines Aufenthaltstitels ohne vorherige Ausreise lösen **keine (weitere) Fiktionswirkung** aus[99]. Insofern ist an die zu § 21 III AuslG 1965 von der Rspr. entwickelten Fallgruppen anzuknüpfen, in denen regelmäßig aus Gründen des Rechtsmissbrauchs eine Erlaubnisfiktion ausgeschlossen wurde. Die vom Gesetzgeber erfolgte Vereinheitlichung der von der Rspr. entwickelten Fallgruppen in § 69 II 2 Nr. 1–3 AuslG 1990 wurde ohne ersichtlichen Grund aufgegeben.

VI. Fiktive Duldung

44 Gemäß § 81 III 2 gelangt in den Genuss einer fiktiven Duldung, wer ohne einen Aufenthaltstitel über einen rechtmäßigen Aufenthalt verfügte und erst nach dessen Beendigung einen Aufenthaltstitel beantragt. Begünstigt ist also, wer eigentlich eine Erlaubnisfiktion hätte erreichen können[100], aber den **Antrag verspätet** stellt. Die gesetzliche Aussetzung der Abschiebung tritt unabhängig von der Rechtsgrundlage für den rechtmäßigen Aufenthalt, ohne Rücksicht auf das Ausmaß der Verspätung und die dafür verantwortlichen Gründe und ohne Entscheidung der Ausländerbehörde ein. Wurde die Rechtmäßigkeit des Aufenthalts durch eine Ausweisung beendet, ist für die Duldungsfiktion kein Raum[101]. Der Duldungsfiktion kommt auch keine Auffangfunktion für die Fälle zu, in denen ein Aufenthaltstitel mangels rechtzeitigen Antrags oder abgelehnter Anordnung nicht fiktiv fortgilt. Sie ist unabhängig von der Art der Einreise, der Aufenthalt muss nur zuletzt rechtmäßig gewesen sein.

45 Die **Duldungsfiktion beginnt** nicht ab der Beendigung des rechtmäßigen Aufenthalts, sondern tritt erst ab der Antragstellung ein und gilt bis zur ausländerbehördlichen Entscheidung über den Antrag. Sie ist nicht räumlich auf den Bezirk der Ausländerbehörde beschränkt. Der Aufenthalt ist aber, sofern die Ausreisepflicht vollziehbar ist (vgl. § 58 II), auf das Gebiet des Landes beschränkt und kann durch Bedingungen und Auflagen noch weiter beschränkt werden (§ 61 I). Die Bundesagentur für Arbeit kann ihre Zustimmung für eine Erwerbstätigkeit wie im Falle der Duldung nach § 60a erteilen (vgl. § 32 BeschV). Die gesetzliche **Duldung** erlischt mit der Ausreise (analog § 60a V 1)[102] oder der Stellung eines Asylantrags (§ 55 II 1 AsylG).

VII. Andere Fallgestaltungen

46 Ausländer, die einen Aufenthaltstitel beantragt haben, aber nach alledem über keinen fiktiv weiter geltenden Aufenthaltstitel verfügen und deren Aufenthalt weder als erlaubt noch als geduldet gilt, sind vor einer Beendigung des Aufenthalts **nicht geschützt**. Sie müssen ausreisen und können abgeschoben werden, auch wenn über ihren Antrag noch nicht entschieden ist. Es gibt keinen allgemeinen Grundsatz, wonach während eines behördlichen oder gerichtlichen Verfahrens die Abschiebung ausgesetzt ist oder auszusetzen wäre[103]. Die fiktive Duldung fungiert nicht als allgemeiner Auffangtatbestand[104]. Die Aussetzung kann auch regelmäßig nicht unter Berufung auf **Art. 6 GG** oder **Art. 8 EMRK** verlangt werden[105], wenn ein Aufenthaltstitel nach §§ 27 ff. nicht erteilt und ein verfahrensrechtliches Aufenthalts- oder Bleiberecht nach Abs. 2–4 nicht begründet ist, solange die Vollstreckung nicht nach § 60a II auszusetzen ist[106]. Wenn im Einzelfall solche **Abschiebungshindernisse** vorliegen, ist dies zunächst bei der Ausländerbehörde und ggf. gemäß § 123 VwGO vor Gericht geltend zu machen.

VIII. Verwaltungsverfahren und Rechtsschutz

47 Das Verwaltungsverfahren auf die Erteilung oder Verlängerung eines Aufenthaltstitels wird grundsätzlich durch den Antrag[107] gemäß Abs. 1 bei der zuständigen Behörde (§ 71 S. 1) eingeleitet. Über

---

[98] OVG Bln-Bbg Beschl. v. 28.7.2017 – 11 S 48.17, BeckRS 2017, 155297 Rn. 9; OVG NRW Beschl. v. 11.5.2009 – 18 B 8/09, ZAR 2009, 278.
[99] *Benassi* InfAuslR 2006, 178.
[100] Dazu → Rn. 31.
[101] Vgl. BayVGH Beschl. v. 14.6.2013 – 10 C 13.848, BeckRS 2013, 52725 Rn. 20.
[102] Dazu nach früherem Recht HmbOVG Beschl. v. 12.6.1992 – Bs VII 40/92, EZAR 045 Nr. 3; HessVGH Beschl. v. 12.3.1993 – 13 TH 2742/92, EZAR 622 Nr. 20.
[103] Vgl. aber → Rn. 45 ff.
[104] Ähnlich OVG NRW Beschl. v. 20.2.2001 – 18 B 2025/99, EZAR 622 Nr. 40.
[105] Vgl. OVG Bln-Bbg Beschl. v. 10.1.2012 – 11 S 6/12, BeckRS 2012, 45780.
[106] Vgl. auch → Rn. 43 f.; betr. Unzumutbarkeit einer auch nur kurzfristigen Trennung vgl. VGH BW Beschl. v. 9.7.2002 – 11 S 2240/01, EZAR 045 Nr. 21.
[107] Dazu → Rn. 7 ff.; Ausnahme nach § 33.

die gesetzliche Fiktionswirkung wird eine **Fiktionsbescheinigung** gemäß Abs. 5 ausgestellt (nicht erteilt), die nicht gesondert beantragt werden muss. Mit ihr werden die Fortgeltung des Aufenthaltstitels, die fiktive Erlaubnis und die fiktive Duldung deklaratorisch bestätigt, sie vermag aber nicht konstitutiv einen Rechtsstatus zu begründen[108]. Das Muster (§ 78a V iVm § 58 Nr. 3 AufenthV, Anlage D3[109]) besteht aus sechs Seiten und einem Klebeetikett. Fiktionsbescheinigungen werden nicht als elektronischer Aufenthaltstitel (eAT) erteilt. Die Bescheinigung, die regelmäßig zu befristen ist, wird mit Beendigung der Fiktionswirkung durch Bescheidung des Antrags ungültig; sie kann verlängert, eingezogen und ungültig gestempelt werden.

Wird die Fiktionswirkung im Falle verspäteter Antragstellung durch die Ausländerbehörde gemäß § 81 IV 3 **angeordnet,** handelt es sich um eine Entscheidung durch **Verwaltungsakt.** Dies ist auf dem Vordruck oder zumindest aktenmäßig zu vermerken[110]. Wird die beantragte Anordnung der Fiktionswirkung abgelehnt, sollte dies ausdrücklich und unter Beifügung einer **Rechtsbehelfsbelehrung** geschehen[111]. 48

Gegen den Verlust der mit Ablehnung des begehrten Aufenthaltstitels endenden verfahrensrechtlichen Fiktion – Aufenthaltstitel, Erlaubnis oder Duldung – kann der Ausländer **vorläufigen Rechtsschutz** nach § 80 V VwGO in Anspruch nehmen[112]. Damit kann zwar nicht die Wiederherstellung der für die Dauer des Verwaltungsverfahrens kraft Gesetzes bestehenden Rechtsstellung erreicht werden, sondern nur der **Aufschub des Vollzugs der Ausreisepflicht.** Wird dem Stoppantrag stattgegeben, erlangt der Ausländer also nicht seine vorherige Aufenthaltsposition zurück; es wird vielmehr nur die Vollziehung der gemäß § 50 I bestehenden Ausreisepflicht vorübergehend ausgesetzt (vgl. § 84 II)[113]. Der Ausländer kann nicht abgeschoben werden. Der Aussetzungsantrag selbst hemmt die Vollziehung (anders als nach § 36 III 8 AsylG) nicht. Nur hinsichtlich der Erwerbstätigkeit werden die Rechtspositionen nach Maßgabe des § 84 II 2 gesichert. 49

Zur Gewährleistung effektiven Rechtsschutzes (Art. 19 IV GG) wird üblicherweise bis zur Entscheidung des Gerichts mit dem tatsächlichen Vollzug der Aufenthaltsbeendigung zugewartet (**„Stillhaltezusage").** In der Zusage der Ausländerbehörde gegenüber dem Gericht, vorübergehend von Vollstreckungsmaßnahmen abzusehen, ist keine Aussetzung der Vollziehung iSv § 80 IV VwGO zu sehen. Die auf entsprechende Anfrage eines Gerichts im Rahmen des Verfahrens nach § 80 V VwGO abgegebene Erklärung der Ausländerbehörde, sie werde vorläufig bzw. bis zu einem bestimmten Zeitpunkt von Abschiebungsmaßnahmen absehen, betrifft unmittelbar nur das Verhältnis zwischen Gericht und Verwaltung. Damit soll sichergestellt werden, dass die zu treffende Eilentscheidung nicht durch vorzeitige Vollstreckungshandlungen gegenstandslos wird[114]. Sieht sich die Ausländerbehörde gehindert, eine solche Zusage abzugeben, kann das Gericht (gegebenenfalls der Vorsitzende nach § 80 VIII VwGO allein) zur Verfahrenssicherung die Aussetzung vorläufig befristet anordnen („Hänge-„ oder „Schiebebeschluss"). Die Ausländerbehörde darf den vorläufigen Rechtsschutz nicht planmäßig unterlaufen und während des Eilverfahrens ohne Ankündigung die Abschiebung vollziehen[115]. Über die Begründetheit wird nach den allgemeinen Maßstäben entschieden, also im Wesentlichen nach den Erfolgsaussichten der Rechtsverfolgung in der Hauptsache und den durch einen Sofortvollzug gegebenenfalls verursachten irreparablen Wirkungen[116]. 50

Im Hinblick auf das **Trennungsprinzip**[117] kann es vorkommen, dass die Ausländerbehörde nicht vollständig über den Antrag des Ausländers auf Erteilung oder Verlängerung eines Aufenthaltstitels entschieden hat. Wird nur über einen Teil des Streitgegenstandes entschieden, besteht der bisherige Aufenthaltstitel nach wie vor gemäß § 81 IV vorläufig fort[118]. Die **(nur teilweise) Ablehnung** ist in diesem Fall nicht iSd § 84 I Nr. 1 vollziehbar. Denn dies erfordert, dass die Ablehnungsentscheidung den gesamten Streitgegenstand betrifft und dadurch eine gesetzliche Erlaubnis-, Duldungs- oder Fortgeltungsfiktion nach § 81 III oder IV entfällt[119]. Vorher ist der Ausländer nicht oder nicht vollziehbar ausreisepflichtig, sodass die Abschiebung rechtswidrig wäre. Ob diese Problematik den Betei- 51

---

[108] BVerwG Beschl. v. 21.1.2010 – 1B 17.09, 1 PKH 17.09, InfAuslR 2010, 150 f.; BayVGH Beschl. v. 22.3.2006 – 24 ZB 06.165; OVG NRW Beschl. v. 23.3.2006 – 18 B 120/06, BeckRS 2006, 22697; BVerwG Urt. v. 3.6.1997 – 1 C 7.97, InfAuslR 1997, 391 zu § 69 III AuslG 1990; *Funke-Kaiser* § 81 Rn. 55 mwN; *Benassi* InfAuslR 2006, 178 (182).
[109] Vgl. BGBl. 2021 I S. 3682.
[110] → Rn. 25.
[111] → § 77 Rn. 6.
[112] Zum früheren Recht HessVGH Beschl. v. 28.1.1993 – 12 TH 2385/92, EZAR 024 Nr. 1.
[113] Vgl. OVG LSA Beschl. v. 7.3.2006 – 2 M 130.06, BeckRS 2008, 32699; zum früheren Recht HmbOVG Beschl. v. 12.1.1996 – Bs V 4/96, EZAR 622 Nr. 27.
[114] Vgl. OVG NRW Beschl. v. 8.1.2018 – 4 A 1395/16 BeckRS 2018, 36 Rn. 8.
[115] Dazu HessVGH Beschl. v. 4.4.2000 – 12 TZ 577/00, EZAR 622 Nr. 38; OVG NRW Beschl. v. 12.7.1994 – 18 E 249/94, EZAR 622 Nr. 24; OVG LSA Beschl. v. 29.4.1999 – B 2 S 232/99, InfAuslR 1999, 344; vgl. auch OVG NRW Beschl. v. 15.8.2018 – 17 B 1029/18, NJW 2018, 3264 Rn. 35 ff.
[116] Dazu *Renner* AiD Rn. 8/248–250.
[117] → Rn. 7; Einzelheiten unter § 4.
[118] OVG NRW Beschl. v. 9.11.2012 – 18 B 932/12, BeckRS 2012, 59784; VGH BW Beschl. v. 3.9.2009 – 11 S 1056/09, BeckRS 2009, 37274.
[119] Hierzu VGH BW Beschl. v. 3.9.2009 – 11 S 1056/09, BeckRS 2009, 37274.

ligten im Einzelfall immer bewusst ist, ist allerdings fraglich. Die Ausländerbehörde sollte daher vor ihrer Entscheidung klären, wie die Anträge und Erklärungen des Ausländers unter Berücksichtigung aller erkennbaren Umstände gegebenenfalls unter Fristsetzung zur Mitwirkung (§ 82 I 2) nach Treu und Glauben zu verstehen sind. Sie darf aber davon ausgehen, dass das Antragsbegehren vollständig beschieden wird, wenn dem Ausländer der für ihn günstigste Aufenthaltstitel erteilt wird und dieser ihm zugleich die Verfolgung der übrigen von der Antragstellung umfassten Zwecke ermöglicht[120].

52   Ordnet die Ausländerbehörde im Falle eines verspäteten Antrags auf Erteilung oder Verlängerung eines Aufenthaltstitels nicht gemäß § 81 IV 3 die Fortgeltung des bisherigen Aufenthaltstitels an oder lehnt sie einen entsprechenden Antrag ab, kann der Ausländer diesen begünstigenden Verwaltungsakt im Wege der **einstweiligen Anordnung nach § 123 VwGO** vorläufig, dh bis zu einer Entscheidung über seinen Antrag auf Erteilung oder Verlängerung des Aufenthaltstitels, erstreiten. Dies ist auch im Interesse des Erhalts der tatbestandlichen Voraussetzungen der Verlängerung der Aufenthaltserlaubnis erforderlich. Hat der Ausländer die Anordnung der Fortgeltungswirkung seines Antrags erreicht, steht ihm gegen die Ablehnung der Erteilung oder Verlängerung des Aufenthaltstitels Rechtsschutz nach § 80 V VwGO zu. Ein etwaiges Hauptsacheverfahren dürfte regelmäßig von der Entscheidung über die Erteilung oder Verlängerung des Aufenthaltstitels überholt werden.

53   Hat der Antrag auf einen Aufenthaltstitel weder eine fiktive (gesetzliche oder angeordnete) Fortgeltung noch eine fiktive Erlaubnis noch eine fiktive Duldung bewirkt[121], kann sich der Ausländer gegen den zwangsweisen Vollzug seiner Ausreisepflicht nur mit einem **Eilantrag nach § 123 VwGO** wehren[122]. Sein Begehren kann dahin gehen, die Ausländerbehörde zu verpflichten, im Hinblick auf einen Anspruch auf einen Aufenthaltstitel oder auf eine Duldung die Abschiebung zeitweise bis zur Entscheidung über den Genehmigungs- oder Duldungsantrag auszusetzen[123]. Ein „vorläufiger" Aufenthaltstitel kommt jedenfalls nicht in Betracht, weil sonst die Hauptsache vorweggenommen würde[124].

54   Die **Erfolgsaussichten** dieser Rechtsverfolgung sind **gering**. Für die Sicherung eines Aufenthaltstitel-Anspruchs liegt in der Regel kein Anordnungsgrund vor, weil in der Ausreise nach der Konzeption der §§ 4, 6, 81 III und IV, 84 II, 99 I Nr. 2 und 3 keine wesentliche Erschwerung iSd § 123 I VwGO gesehen werden kann[125]. Eine spezielle Duldung für die Dauer des ausländerbehördlichen Verfahrens bis zur behördlichen oder gerichtlichen Entscheidung kommt nicht in Betracht, weil das Gesetz einen solchen Fall grundsätzlich nicht vorsieht, sondern gerade ausschließt[126]. Eine einstweilige Anordnung kann aber auf einen Anspruch auf Duldung als sicherungsfähigen Anspruch iSd § 123 I VwGO gestützt werden[127]. Insoweit kann auf eine rechtliche oder tatsächliche Unmöglichkeit der Abschiebung (§ 60a II), auf eine Aussetzung nach §§ 60 V oder VII oder dringende tatsächliche oder rechtliche Gründe iSd § 60a III abgestellt werden. Zum Erlass einer einstweiligen Anordnung genügt nicht die Möglichkeit der Duldung, sondern nur ein zumindest sehr wahrscheinlich bestehender Anspruch hierauf. Es muss also dargelegt und glaubhaft (§ 294 I ZPO) gemacht sein, dass die Ausländerbehörde den Duldungsantrag nicht ermessensfehlerfrei ablehnen kann.

55   Ein **Duldungsanspruch,** der nach § 123 I VwGO zu sichern ist, kann sich neben rechtlichen und tatsächlichen Abschiebungshindernissen auch aus dringenden persönlichen Gründen iSv § 60a II 3 ergeben[128]. Beispielhaft können folgende Konstellationen genannt werden: Die Eheschließung des Ausländers mit einem deutschen Staatsangehörigen steht (unmittelbar) bevor[129]. Zur Sicherung des vorübergehenden Aufenthalts des werdenden nichtehelichen Vaters bis zur Niederkunft bzw. Ende des Mutterschutzes der werdenden deutschen Mutter[130]. Ein erfolgloser Asylbewerber lebt in familiärer Gemeinschaft mit einem aus einer früheren Ehe seiner ausländischen Ehefrau stammenden minderjährigen deutschen Stiefkind[131]. Ein ausländischer Vater lebt mit seinem deutschen Kind zusammen und kann das Verfahren um Anerkennung der Vaterschaft und um das Sorgerecht vom Ausland her nicht

---

[120] OVG NRW Beschl. v. 9.11.2012 – 18 B 932/12, BeckRS 2012, 59784.
[121] → Rn. 40.
[122] VGH BW Beschl. v. 6.2.1992 – 1 S 15/92, EZAR 622 Nr. 14; HmbOVG Beschl. v. 4.6.1991 – Bs V 93/91, EZAR 622 Nr. 12; HessVGH Beschl. v. 14.2.1991 – 13 TH 2288/90, EZAR 622 Nr. 9; Beschl. v. 4.4.1991 – 12 TH 2694/90, EZAR 622 Nr. 10; Beschl. v. 30.9.1992 – 12 TG 947/92, EZAR 622 Nr. 17; Beschl. v. 27.10.1992 – 12 TH 1409/92, EZAR 622 Nr. 18; Beschl. v. 14.2.1991 – 12 TH 1568/90, NVwZ-RR 1991, 426.
[123] HmbOVG Beschl. v. 4.6.1991 – Bs V 93/91, EZAR 622 Nr. 12; HessVGH Beschl. v. 14.2.1991 – 13 TH 2288/90, EZAR 622 Nr. 9; Beschl. v. 30.9.1992 – 12 TG 947/92, EZAR 622 Nr. 17; Beschl. v. 27.10.1992 – 12 TH 1409/92, EZAR 622 Nr. 18.
[124] OVG Rh-Pf Beschl. v. 18.2.1991 – 13 B 10 914/90, InfAuslR 1991, 186.
[125] Zum früheren Recht HessVGH Beschl. v. 27.10.1992 – 12 TH 1409/92, EZAR 622 Nr. 18.
[126] SchlHOVG Beschl. v. 11.9.2018 – 4 MB 94/18, BeckRS 2018, 36440 Rn. 2; OVG Bln-Bbg Beschl. v. 26.11.2018 – OVG 2 S 38.18, BeckRS 2018, 30158 Rn. 2; Beschl. v. 28.2.2006 – OVG 7 S 65.05.
[127] VGH BW Beschl. v. 12.12.1991 – 13 S 1800/91, NVwZ-RR 1992, 509; HessVGH Beschl. v. 27.10.1992 – 12 TH 1409/92, EZAR 622 Nr. 18.
[128] → § 60a Rn. 36.
[129] BayVGH Beschl. v. 11.3.2010 – 19 CE 10.364, BeckRS 2010, 31163 Rn. 3 – mwN; OVG Bln-Bbg Beschl. v. 4.4.2011 – 11 S 9/11, BeckRS 2011, 49959.
[130] VGH BW Beschl. v. 13.9.2007 – 11 S 1964/07, NVwZ 2008, 131.
[131] VGH BW Beschl. v. 29.3.2001 – 13 S 2643/00, EZAR 043 Nr. 49.

effektiv betreiben[132]. Gleiches kann auch gelten, wenn der Ausländer vergleichbar gewichtige schützenswerte Kontakte zu einem ausländischen Familienangehörigen im Bundesgebiet unterhält und diesem eine Ausreise nicht zugemutet werden kann[133]. Wird in der Hauptsache eine Aufenthaltserlaubnis nach § 25 V geltend gemacht, kann ausnahmsweise aus denselben rechtlichen oder tatsächlichen Abschiebehindernissen gemäß § 123 VwGO eine vorläufige Duldung begehrt werden. Auch insofern handelt es sich aber nicht um eine bloß verfahrenssichernde Duldung. Ein normierter Fall des dringenden persönlichen Grundes iSv § 60a II 3 ist die Aufnahme oder Durchführung einer qualifizierten Berufsausbildung in einem staatlich anerkannten oder vergleichbar geregelten Ausbildungsberuf nach § 60b I[134].

§ 81a Beschleunigtes Fachkräfteverfahren

(1) Arbeitgeber können bei der zuständigen Ausländerbehörde in Vollmacht des Ausländers, der zu einem Aufenthaltszweck nach den §§ 16a, 16d, 18a, 18b und 18c Absatz 3 einreisen will, ein beschleunigtes Fachkräfteverfahren beantragen.

(2) Arbeitgeber und zuständige Ausländerbehörde schließen dazu eine Vereinbarung, die insbesondere umfasst
1. Kontaktdaten des Ausländers, des Arbeitgebers und der Behörde,
2. Bevollmächtigung des Arbeitgebers durch den Ausländer,
3. Bevollmächtigung der zuständigen Ausländerbehörde durch den Arbeitgeber, das Verfahren zur Feststellung der Gleichwertigkeit der im Ausland erworbenen Berufsqualifikation einleiten und betreiben zu können,
4. Verpflichtung des Arbeitgebers, auf die Einhaltung der Mitwirkungspflicht des Ausländers nach § 82 Absatz 1 Satz 1 durch diesen hinzuwirken,
5. vorzulegende Nachweise,
6. Beschreibung der Abläufe einschließlich Beteiligter und Erledigungsfristen,
7. Mitwirkungspflicht des Arbeitgebers nach § 4a Absatz 5 Satz 3 Nummer 3 und
8. Folgen bei Nichteinhalten der Vereinbarung.

(3) ¹Im Rahmen des beschleunigten Fachkräfteverfahrens ist es Aufgabe der zuständigen Ausländerbehörde,
1. den Arbeitgeber zum Verfahren und den einzureichenden Nachweisen zu beraten,
2. soweit erforderlich, das Verfahren zur Feststellung der Gleichwertigkeit der im Ausland erworbenen Berufsqualifikation oder zur Zeugnisbewertung des ausländischen Hochschulabschlusses bei der jeweils zuständigen Stelle unter Hinweis auf das beschleunigte Fachkräfteverfahren einzuleiten; soll der Ausländer in einem im Inland reglementierten Beruf beschäftigt werden, ist die Berufsausübungserlaubnis einzuholen.
3. die Eingangs- und Vollständigkeitsbestätigungen der zuständigen Stellen dem Arbeitgeber unverzüglich zur Kenntnis zu übersenden, wenn ein Verfahren nach Nummer 2 eingeleitet wurde; bei Anforderung weiterer Nachweise durch die zuständige Stelle und bei Eingang der von der zuständigen Stelle getroffenen Feststellungen ist der Arbeitgeber innerhalb von drei Werktagen ab Eingang zur Aushändigung und Besprechung des weiteren Ablaufs einzuladen,
4. soweit erforderlich, unter Hinweis auf das beschleunigte Fachkräfteverfahren die Zustimmung der Bundesagentur für Arbeit einzuholen,
5. die zuständige Auslandsvertretung über die bevorstehende Visumantragstellung durch den Ausländer zu informieren und
6. bei Vorliegen der erforderlichen Voraussetzungen, einschließlich der Feststellung der Gleichwertigkeit oder Vorliegen der Vergleichbarkeit der Berufsqualifikation sowie der Zustimmung der Bundesagentur für Arbeit, der Visumerteilung unverzüglich vorab zuzustimmen.

²Stellt die zuständige Stelle durch Bescheid fest, dass die im Ausland erworbene Berufsqualifikation nicht gleichwertig ist, die Gleichwertigkeit aber durch eine Qualifizierungsmaßnahme erreicht werden kann, kann das Verfahren nach § 81a mit dem Ziel der Einreise zum Zweck des § 16d fortgeführt werden.

(4) Dieses Verfahren umfasst auch den Familiennachzug des Ehegatten und minderjähriger lediger Kinder, deren Visumanträge in zeitlichem Zusammenhang gestellt werden.

(5) Die Absätze 1 bis 4 gelten auch für sonstige qualifizierte Beschäftigte.

Allgemeine Verwaltungsvorschrift
Nicht belegt.

---

[132] OVG NRW Beschl. v. 19.5.1999 – 17 B 2737/98, EZAR 045 Nr. 10.
[133] Vgl. BVerfG Beschl. v. 10.5.2008 – 2 BvR 588/08, InfAuslR 2008, 347 f.
[134] → § 60b Rn. 2.

I. Entstehungsgeschichte

1   Die Vorschrift wurde mit dem Fachkräfteeinwanderungsgesetz (FEG)[1] eingeführt. Der Vorschlag des Bundesrates[2] das Verfahren im Wesentlichen durch Rechtsverordnungen mit Zustimmung des Bundesrates zu regeln wurde von der Bundesregierung abgelehnt. Der Gesetzesentwurf[3] wurde zuletzt auf Antrag der Regierungsfraktionen[4] geändert.

II. Allgemeines

2   Das beschleunigte Verfahren für die Einreise von Fachkräften in die Bundesrepublik soll Arbeitgebern und Fachkräften ein effektiveres und schnelleres Verfahren zur Ermöglichung der Erwerbsmigration bieten. Die Gesetzesbegründung[5] nennt langwierige Verfahren zur Anerkennung der ausländischen Berufsqualifikation als Hemmnis für die erwünschte Migration von qualifizierten Ausländern nach Deutschland. Voraussetzung für die erwünschte **Bündelung von Kompetenzen und die Optimierung von Arbeitsabläufen** ist dafür zunächst die Einrichtung bzw. Benennung zentraler Ausländerbehörden (§ 71 I 3) durch die Länder[6]. Solange diese nicht eingerichtet sind, bleibt es bei der Zuständigkeit der örtlichen Ausländerbehörde. Auch die Binnenorganisation für die Durchführung des beschleunigten Fachkräfteverfahrens liegt in der Organisationshoheit der Länder. Während mit dem FEG ua das der Gesetzgebungskompetenz des Bundes unterfallende Berufsqualifikationsfeststellungsgesetz (BQFG)[7] an das Verfahren angepasst wurde, obliegt es den Ländern auch die in ihrer Gesetzgebungskompetenz liegenden Anerkennungsgesetze bzw. Fachgesetze an die Anforderungen des Verfahrens nach § 81a anzupassen. Für die angestrebte schnellere Bearbeitung wird aber auch eine in die jeweilige Verantwortung des Bundes und der Länder fallende angemessene personelle Ausstattung der Auslandsvertretungen und der zentralen Ausländerbehörden sowie der weiteren zu beteiligenden Stellen erforderlich sein.

3   Im Verfahren nach § 81a sollen Anträge auf Erteilung von Visa zur Aufnahme einer Berufsausbildung gemäß § 16a, für den Aufenthalt zur Anerkennung ausländischer Berufsqualifikation gemäß § 16d sowie für Aufenthalte zur Beschäftigung als Fachkraft mit Berufsausbildung gemäß § 18a oder akademischer Ausbildung gemäß § 18b bzw. für die Niederlassungserlaubnis als hoch qualifizierte Fachkraft gemäß § 18c beschleunigt geprüft und beschieden werden. Gemäß § 81a V findet das Verfahren auch für sonstige qualifizierte Beschäftigte Anwendung, zB als Forscher (§ 18d) oder gemäß § 19c für sonstige qualifizierte Beschäftigungen iSd der BeschV. In zeitlichem Zusammenhang gestellte Visumsanträge zur Familienzusammenführung (§§ 29, 30 und 32) sollen im beschleunigten Fachkräfteverfahren mitentschieden werden (Abs. 4). Damit soll erreicht werden, dass die Fachkraft im Zeitpunkt der Erteilung des Visums Klarheit darüber hat, ob seine Familienangehörigen gemeinsam mit ihm ihren Lebensmittelpunkt in das Bundesgebiet verlegen können oder ob dafür noch besondere Voraussetzungen (zB § 30 I 2) zu erfüllen sind.

4   Das beschleunigte Fachkräfteverfahren setzt die in Abs. 2 beschriebene **Kooperation** der zentralen Auslandsbehörde mit dem zukünftigen Arbeitgeber des Ausländers voraus. Abs. 3 beschreibt die Aufgaben der zentralen Ausländerbehörde. § 99 V ermächtigt das BMI durch Rechtsverordnungen mit Zustimmung des Bundesrates, Näheres zum beschleunigten Verfahren nach § 81a zu bestimmen. Dies betrifft sowohl das Verfahren bei den Ausländerbehörden (Nr. 1) als auch das Verfahren bei den Ausländervertretungen (Nr. 2). Mit Art. 50 FEG[8] wurde der das Verfahren bei der Auslandsvertretung bestimmende § 31a AufenthV eingefügt. Außerdem hat das BMI Anwendungshinweise zum FEG veröffentlicht[9]. Wegen der seit Anfang 2020 aufgrund der Covid-19-Pandemie getroffenen Einreisebeschränkungen für Drittstaatsangehörige sind die Erfahrungen mit dem beschleunigten Fachkräfteverfahren bisher begrenzt[10].

III. Verfahren

5   Die Erteilung eines Aufenthaltstitels zur Aufnahme einer Beschäftigung in der Bundesrepublik erfordert einen den Zweck des beabsichtigten Aufenthalts bestimmenden Antrag ua unter **Nachweis** eines **Arbeitsplatzes** und der für die beabsichtigte Erwerbstätigkeit erforderlichen **Qualifikation**.

---

[1] Gesetz v. 15.8.2019, BGBl. I S. 1307.
[2] BT-Drs. 19/8285, 164.
[3] BT-Drs. 19/8285, 108.
[4] A-Drs. 19(4)305.
[5] BT-Drs. 19/8285, 108.
[6] Eine Übersicht der zuständigen Behörden stellt die Bundesregierung unter www.make-it-in-germany.com/de/unternehmen/unterstuetzung/wichtige-ansprechpartner bereit.
[7] Art. 3 des Gesetzes v. 15.8.2019, BGBl. I S. 1328.
[8] Gesetz v. 15.8.2019, BGBl. I S. 1335.
[9] Anwendungshinweise vom 21.8.2021, www.bmi.bund.de.
[10] Vgl. *Tonn* ZAR 2021, 14.

Der Antrag ist bei der deutschen Auslandvertretung zu stellen, sofern er nicht ausnahmsweise im Inland gestellt werden kann. Die Auslandsvertretung entscheidet nach Vorlage aller erforderlichen Unterlagen und nach Einholung einer etwaig erforderlichen Zustimmung der örtlichen Ausländerbehörde (§ 31 AufenthV) bzw. der Bundesagentur für Arbeit (§ 39).

Das beschleunigte Fachkräfteverfahren nach § 81a stellt eine **Alternative zum regulären Antrags-** 6 **verfahren** dar[11]. Es ermöglicht eine **Antragstellung** für die in Abs. 1 genannten Aufenthaltstitel zur qualifizierten Beschäftigung iwS durch den zukünftigen Arbeitgeber in Vollmacht des Ausländers im Inland. Damit handelt der Arbeitgeber nicht fremdnützig, er hat in der Regel ein eigenes Interesse an der beschleunigten Einreise der Fachkraft. Ob es sich dabei schon um eine Antragstellung iSv § 81 I handelt oder der eigentliche Antrag auf Erteilung des Aufenthaltstitels iSd Vorschrift letztlich nicht erst bei der Vorsprache des Ausländers bei der Auslandsvertretung gestellt wird, ist fraglich, aber nicht entscheidend. Jedenfalls kann der Arbeitgeber mit der Antragstellung gemäß § 81a I im Namen seines zukünftigen Arbeitnehmers eine Vorbefassung der zentralen Ausländerbehörde und der zu beteiligenden inländischen Behörden mit dem Ziel einer **Vorabzustimmung** zur Visumserteilung gemäß § 31 III AufenthV initiieren[12]. Damit erfolgt ein substanzieller Teil der Prüfung der Erteilungsvoraussetzungen durch die zentrale Ausländerbehörde im Inland, bevor die Auslandsvertretung mit dem Verfahren befasst wird. Wird die Vorabzustimmung erteilt, gelten für die Auslandsvertretung kurze Fristen für die Terminvergabe und Bearbeitung (§ 31a AufenthV). Die Einleitung des Verfahrens durch die Fachkraft selbst ist gemäß § 81a nicht vorgesehen[13]. Sie liefe auch dem Kern der Regelung zuwider, durch die Kooperation der zentralen Ausländerbehörde mit einem umfassend bevollmächtigen Arbeitgeber gemäß Abs. 2, eine Beschleunigung des Verfahrens durch eine weitgehende Abwicklung im Inland zu erreichen.

Entscheiden sich Ausländer (Fachkraft) und Arbeitgeber für das Verfahren gemäß § 81a, erfordert 7 dies eine Kooperation mit der zentralen Ausländerbehörde. Dem dient die nach § 81a II zwischen Arbeitgeber und zentraler Ausländerbehörde zu schließende **Vereinbarung**. Sie fixiert den Umfang der erforderlichen Mitwirkung durch den Ausländer und den Arbeitgeber (ua Vollmachten, Nachweise) und beschreibt die Verfahrensabläufe und Erledigungsfristen. Die **Kooperation mit dem umfassend bevollmächtigten Arbeitgeber** entbindet die zentrale Ausländerbehörde davon, mit dem im Ausland befindlichen Ausländer direkt zu kommunizieren. Gleichzeitig entbinden die Bevollmächtigung des Arbeitgebers durch den Ausländer (Nr. 2) und die Bevollmächtigung der zentralen Ausländerbehörde durch den Arbeitgeber (Nr. 3) den Ausländer davon, selbst mit den zu beteiligenden inländischen Behörden zu kommunizieren. Die notwendigen Gegenstände der zu treffenden Vereinbarung nennt die im Übrigen nicht abschließende Aufzählung in Abs. 2. Zusätzlich drängt sich eine Fixierung der Übernahme der Gebührenhaftung durch den Arbeitgeber als Regelungsgegenstand auf. Es bietet sich an, dass Arbeitgeber oder die jeweiligen Kammern mit den zentralen Ausländerbehörden Mustervereinbarungen erarbeiten. Nach der Gesetzesbegründung sollen die Kammern auch in Untervollmacht für kleine und mittlere Arbeitgeber das Verfahren nach § 81a beantragen können[14].

Ob es sich bei der Vereinbarung nach Abs. 2 um einen öffentlich-rechtlichen Vertrag iSv § 54 8 VwVfG handelt, ist fraglich[15]. Sie ist nicht auf die Regelung eines ansonsten durch Verwaltungsakt zu gestaltenden Rechtsverhältnisses angelegt, sondern dient lediglich der Fixierung der in Abs. 2 genannten **Verfahrenspflichten der Beteiligten** im Einzelfall. Soweit Abs. 2 Nr. 8 die Fixierung der Folgen der Nichteinhaltung der Vereinbarung vorsieht, sind lediglich gesetzlich zulässige Folgen denkbar. Während die Nichterfüllung wesentlicher Verpflichtungen des Ausländers oder Arbeitgebers zu einer Beendigung des beschleunigten Verfahrens durch die zentrale Ausländerbehörde führen kann, dürfte die Nichtbeachtung der gesetzlichen oder fixierten Erledigungsfristen durch die staatlichen Stellen zunächst folgenlos bleiben[16].

Abs. 3 Nr. 1 verpflichtet die zentrale Ausländerbehörde zur Beratung des Arbeitgebers zum Ver- 9 fahren und den einzureichenden Nachweisen. IÜ beschreibt Abs. 3 die Aufgaben der Ausländerbehörde im beschleunigten Verfahren. Die zentrale Ausländerbehörde prüft die im Inland zu klärenden Regelerteilungsvoraussetzungen (§ 5 I) und sonstigen Voraussetzungen, auch für die Familienangehörigen des Ausländers (§§ 30, 32). Sie fungiert als **Schnittstelle** mit den übrigen im Verfahren zu beteiligenden Stellen[17]. Sofern erforderlich leitet sie gemäß Nr. 2 die für Anerkennung einer ausländischen Berufsqualifikation oder Zeugnisbewertung bei den jeweils zuständigen Stellen vorgesehenen Verfahren ein (zB § 14a BQFG). Soll die Beschäftigung in einem reglementierten Beruf erfolgen, holt die zentrale Ausländerbehörde auch die erforderliche Berufsausübungserlaubnis ein (Nr. 2). Sie übermittelt die Eingangs- und Vollständigkeitsbestätigung der zuständigen Stellen dem Arbeitgeber. Fordert die zuständige Stelle weitere Nachweise, lädt die zentrale Ausländerbehörde den Arbeitgeber kurzfristig

---

[11] Vgl. auch *Klaus* NJOZ 2019, 753 (755).
[12] BT-Drs. 19/8285, 108.
[13] Kritisch dazu *Hammer/Klaus* ZAR 2019, 137 (142).
[14] BT-Drs. 19/8285, 108.
[15] Verneinend *Hammer/Klaus* ZAR 2019, 137 (145); aA *Offer* in BeckOK MigR AufenthG § 81a Rn. 11.
[16] Vgl. aber → Rn. 15.
[17] BT-Drs. 19/8285, 108.

zur Klärung („Aushändigung und Besprechung des weiteren Ablaufs") ein (Nr. 3). Die zentrale Ausländerbehörde beteiligt auch die Bundesagentur für Arbeit, sofern deren Zustimmung erforderlich ist (Nr. 4).

10 Die Beteiligung weiterer Stellen durch die zentrale Ausländerbehörde erfolgt unter dem Hinweis auf das beschleunigte Verfahren. Diese werden damit zu einer beschleunigten Behandlung angehalten. Gemäß § 36 II 2 BeschV verkürzt sich im beschleunigten Verfahren die Frist zur Zustimmung der Bundesagentur für Arbeit auf eine Woche. § 14a BQFG sieht für das beschleunigte Verfahren gemäß § 81a **kurze Prüfungs- und Entscheidungsfristen** vor. Damit die angestrebte Beschleunigung bei den zu beteiligenden Stellen erreicht werden kann, ist das Fachrecht an das Verfahren nach § 81a anzupassen. Mit dem FEG wurden bereits für eine Anzahl von Bundesgesetzen besondere Entscheidungsfristen eingeführt bzw. Verordnungsermächtigungen für besondere Fristenregelungen geschaffen[18].

11 Liegen alle von der zentralen Ausländerbehörde zu prüfenden Erteilungsvoraussetzungen vor, stimmt sie der Visumserteilung gemäß § 31 III AufenthV zu **(Vorabzustimmung)** und unterrichtet die zuständige Auslandsvertretung über die bevorstehende Antragstellung durch den Ausländer (Nr. 5). Eine Übermittlung der Vorabzustimmung kann gemäß § 31a I AufenthV nunmehr auch im Wege der **Datenübermittlung durch das Ausländerzentralregister (AZR)** an die Auslandsvertretung erfolgen. Nach Eingang der Vorabzustimmung ist diese zu einer zeitnahen Terminvergabe und Entscheidung verpflichtet. Gemäß dem mWv 12.12.2020 neu gefassten § 31a I AufenthV[19] bietet die Auslandsvertretung unverzüglich nach Vorlage der Vorabzustimmung bzw. deren Übermittlung durch das AZR und nach Eingang der Terminanfrage des Ausländers einen Vorsprachetermin zur persönlichen Visumantragstellung an. Der Termin muss innerhalb der nächsten drei Wochen liegen. Anschließend soll die Auslandsvertretung den Ausländer gemäß § 31a II AufenthV idR binnen drei Wochen bescheiden. Wobei die Frist erst ab Stellung des vollständigen Visumsantrags zu laufen beginnt. Eine Verzögerung ist daher denkbar, wenn der Auslandsvertretung noch nicht alle Unterlagen und Auskünfte auch ggf. noch zu beteiligender Stellen vorliegen.

12 Lehnt die zuständige Stelle die **Gleichwertigkeit** einer ausländischen Berufsqualifikation oder eines Zeugnisses ab, kann die zentrale Ausländerbehörde die Vorabzustimmung nicht erteilen. Die zentrale Ausländerbehörde teilt dies dem Arbeitgeber mit. Kann die Gleichwertigkeit nicht nachgewiesen werden, ist das beschleunigte Verfahren zu beenden. Die Möglichkeit des Ausländers, einen Antrag auf Erteilung des begehrten Visums bei der deutschen Auslandsvertretung zu stellen und das reguläre Visumsverfahren durchzuführen, wird dadurch nicht in Frage gestellt. Allerdings wird es auch im regulären Verfahren auf die Gleichwertigkeit der Qualifikation ankommen.

13 Für den Fall, dass die beteiligte Stelle durch Bescheid feststellt, dass die ausländische Berufsqualifikation bisher nicht als gleichwertig anzusehen ist, die Gleichwertigkeit aber im Inland durch eine **Qualifizierungsmaßnahme** erreicht werden könne, kann das beschleunigte Verfahren im Einverständnis mit dem Ausländer und Arbeitgeber mit dem Ziel der Klärung der Voraussetzungen eines Aufenthalts gemäß § 16d fortgeführt werden. Die Vereinbarung gemäß Abs. 2 ist insoweit anzupassen. Haben der Ausländer oder der Arbeitgeber daran kein Interesse, ist das Verfahren nach § 81a beendet. Besteht der Ausländer auf eine Bescheidung des Antrags, ist das Visum zu versagen.

14 Für das beschleunigte Fachkräfteverfahren gemäß § 81a werden gemäß § 47 I Nr. 15 AufenthV **Gebühren** iHv derzeit 411 EUR erhoben. Angesichts des erhöhten Aufwands (Äquivalenzprinzip) und des besonderen Interesses des Arbeitgebers und Ausländers (Interessens-/Vorteilsprinzip) erscheint die erhöhte Gebühr gerechtfertigt. Als Gebührenschuldner kommen nach § 69 III 1, 2 iVm § 6 II BGebG vorbehaltlich einer Kostenübernahmeerklärung, Arbeitgeber und Ausländer als Gesamtschuldner in Betracht[20]. IÜ bleibt das reguläre Antragsverfahren möglich; für die Erteilung des Visums werden gemäß § 46 II Nr. 1 AufenthV Gebühren iHv derzeit 75 EUR erhoben.

IV. Rechtsschutz

15 Die Erteilung der Vorabzustimmung gemäß § 31 III AufenthV kann nicht mit der Verpflichtungsklage gemäß § 42 I Alt. 2 VwGO erstritten werden[21]. Bei der Vorabzustimmung handelt es sich nicht um einen Verwaltungsakt, sondern um ein Verwaltungsinternum[22]. Gleiches gilt für die Zustimmung der Bundesagentur für Arbeit[23]. Mit der Verpflichtungsklage kann lediglich die Erteilung des Visums begehrt werden. Bei Nichtbeachtung der im Verfahren nach § 81a gebotenen Beschleunigung, der geltenden Fristen, oder einem ausstehenden Angebot zur Vorsprache nach § 31a I AufenthV ist

---

[18] Vgl. zB Art. 4 ff. Gesetz v. 15.8.2019, BGBl. I S. 1329.
[19] Gesetz v. 3.12.2020, BGBl. I S. 2744.
[20] Vgl. dazu auch *Hammer/Klaus* ZAR 2019, 137 (144).
[21] → § 39 Rn. 58.
[22] OVG Bln-Bbg Beschl. v. 21.3.2019 – OVG 3 S 9.19, BeckRS 2019, 4848 Rn. 3 mwN; vgl. auch Nr. 6.4.3.2 AVwV, BT-Drs. 19/8285, 109 und zu § 5 V DVAuslG (1965) BVerwG Urt. v. 18.9.1984 – 1 A 4/83, BVerwGE 70, 127 = NJW 1984, 2775.
[23] → § 39 Rn. 58; BVerwG Urt. v. 8.12.2009 – 1 C 14/08, BVerwGE 135, 325 = NVwZ 2010, 1098 Rn. 15.

gegebenenfalls auch die Erhebung einer Untätigkeitsklage denkbar[24]. Diese setzt gemäß § 75 VwGO in der Regel voraus, dass die Auslandsvertretung ohne zureichenden Grund nicht über den Visumantrag entschieden hat, obwohl der Antragsteller das seinerseits Erforderliche getan, insbesondere die erforderlichen Unterlagen vorgelegt[25] hat. Gegen die Entscheidungen der zuständigen Stellen hinsichtlich der Feststellung der Gleichwertigkeit einer im Ausland erworbenen Berufsausbildung ist gegebenenfalls gesondert Rechtsschutz zu suchen.

§ 82 Mitwirkung des Ausländers

(1) ¹Der Ausländer ist verpflichtet, seine Belange und für ihn günstige Umstände, soweit sie nicht offenkundig oder bekannt sind, unter Angabe nachprüfbarer Umstände unverzüglich geltend zu machen und die erforderlichen Nachweise über seine persönlichen Verhältnisse, sonstige erforderliche Bescheinigungen und Erlaubnisse sowie sonstige erforderliche Nachweise, die er erbringen kann, unverzüglich beizubringen. ²Die Ausländerbehörde kann ihm dafür eine angemessene Frist setzen. ³Sie setzt ihm eine solche Frist, wenn sie die Bearbeitung eines Antrags auf Erteilung eines Aufenthaltstitels wegen fehlender oder unvollständiger Angaben aussetzt, und benennt dabei die nachzuholenden Angaben. ⁴Nach Ablauf der Frist geltend gemachte Umstände und beigebrachte Nachweise können unberücksichtigt bleiben. ⁵Der Ausländer, der eine ICT-Karte nach § 19b beantragt hat, ist verpflichtet, der zuständigen Ausländerbehörde jede Änderung mitzuteilen, die während des Antragsverfahrens eintritt und die Auswirkungen auf die Voraussetzungen der Erteilung der ICT-Karte hat.

(2) Absatz 1 findet im Widerspruchsverfahren entsprechende Anwendung.

(3) ¹Der Ausländer soll auf seine Pflichten nach Absatz 1 sowie seine wesentlichen Rechte und Pflichten nach diesem Gesetz, insbesondere die Verpflichtungen aus den §§ 44a, 48, 49 und 81 hingewiesen werden. ²Im Falle der Fristsetzung ist er auf die Folgen der Fristversäumung hinzuweisen.

(4) ¹Soweit es zur Vorbereitung und Durchführung von Maßnahmen nach diesem Gesetz und nach ausländerrechtlichen Bestimmungen in anderen Gesetzen erforderlich ist, kann angeordnet werden, dass ein Ausländer bei der zuständigen Behörde sowie den Vertretungen oder ermächtigten Bediensteten des Staates, dessen Staatsangehörigkeit er vermutlich besitzt, persönlich erscheint sowie eine ärztliche Untersuchung zur Feststellung der Reisefähigkeit durchgeführt wird. ²Kommt der Ausländer einer Anordnung nach Satz 1 nicht nach, kann sie zwangsweise durchgesetzt werden. ³§ 40 Abs. 1 und 2, die §§ 41, 42 Abs. 1 Satz 1 und 3 des Bundespolizeigesetzes finden entsprechende Anwendung.

(5) ¹Der Ausländer, für den nach diesem Gesetz, dem Asylgesetz oder den zur Durchführung dieser Gesetze erlassenen Bestimmungen ein Dokument ausgestellt werden soll, hat auf Verlangen
1. ein aktuelles Lichtbild nach Maßgabe einer nach § 99 Abs. 1 Nr. 13 und 13a erlassenen Rechtsverordnung vorzulegen oder bei der Aufnahme eines solchen Lichtbildes mitzuwirken und
2. bei der Abnahme seiner Fingerabdrücke nach Maßgabe einer nach § 99 Absatz 1 Nummer 13 und 13a erlassenen Rechtsverordnung mitzuwirken.

²Das Lichtbild und die Fingerabdrücke dürfen in Dokumente nach Satz 1 eingebracht und von den zuständigen Behörden zur Sicherung und einer späteren Feststellung der Identität verarbeitet werden.

(6) ¹Ausländer, die im Besitz einer Aufenthaltserlaubnis nach Kapitel 2 Abschnitt 3 oder 4 sind, sind verpflichtet, der zuständigen Ausländerbehörde innerhalb von zwei Wochen ab Kenntnis mitzuteilen, dass die Ausbildung oder die Erwerbstätigkeit, für die der Aufenthaltstitel erteilt wurde, vorzeitig beendet wurde. ²Der Ausländer ist bei Erteilung des Aufenthaltstitels über seine Verpflichtung nach Satz 1 zu unterrichten.

Allgemeine Verwaltungsvorschrift
82 Zu § 82 – Mitwirkung des Ausländers
82.1 Besondere Mitwirkungspflichten
82.1.1 Aus § 82 Absatz 1 ergeben sich besondere Darlegungs- und Nachweisobliegenheiten des Ausländers. Die Vorschrift geht dem allgemeinen Grundsatz nach § 24 Absatz 1 VwVfG vor. Die Darlegungslast liegt beim Ausländer. Zu den Obliegenheiten des Ausländers gehört etwa die unverzügliche Geltendmachung von Reiseunfähigkeit oder sonstiger persönlicher Lebensumstände, die der Behörde nicht bekannt sind. Die Interessen des Ausländers und die für ihn günstigen Umstände sind nur dann von Amts wegen zu ermitteln, soweit ein öffentliches Interesse an ihnen besteht. Der Ausländer ist in allen Fällen gehalten, nach seinen Möglichkeiten bei der Aufklärung des Sachverhaltes mitzuwirken. Die Nachprüfbarkeit muss im Bundesgebiet gegeben sein. Widersprüchliche Angaben führen dazu, dass

---
[24] → § 6 Rn. 96.
[25] Vgl. OVG Bln-Bbg Beschl. v. 20.1.2014 – OVG 11 B 1.14, BeckRS 2014, 46296.

keine der Sachdarstellungen als glaubhaft gemacht angesehen werden kann. Die Ausländerbehörde ist grundsätzlich nicht verpflichtet, im Ausland gelegene Sachverhalte aufzuklären, die persönliche Verhältnisse des Ausländers betreffen. Zur Mitwirkungspflicht gehört auch, dass der Ausländer fremdsprachige Schriftstücke in deutscher Übersetzung vorlegt (vgl. § 23 VwVfG).

82.1.2 Zu den Mitwirkungsobliegenheiten des Ausländers gehört, dass er nachprüfbare tatsächliche Angaben macht und hierzu geeignete Beweismittel beibringt (Urkunden; sonstige Dokumente; Sachverständigenauskünfte, z. B. ärztliches Attest; anwaltlicher Urkundenüberprüfungsbericht; zum Nachweis der Abstammung durch ein freiwilliges DNA-Gutachten vgl. Nummer 27.0.5). Die Mitwirkungsobliegenheit des Antragstellers besteht auch bei Anhörungen.

82.1.3 Satz 3 dient der Umsetzung von Artikel 18 Absatz 2 der Richtlinie 2004/114/EG des Rates vom 13. Dezember 2004 über die Bedingungen für die Zulassung von Drittstaatsangehörigen zwecks Absolvierung eines Studiums oder Teilnahme an einem Schüleraustausch, einer unbezahlten Ausbildungsmaßnahme oder einem Freiwilligendienst (ABl. EU Nummer L 375 S. 12, so genannte Studentenrichtlinie) und von Artikel 15 Absatz 2 der Richtlinie 2005/71/ EG des Rates vom 12. Oktober 2005 über ein besonderes Zulassungsverfahren für Drittstaatsangehörige zum Zweck der wissenschaftlichen Forschung (ABl. EU Nummer L 289 S. 15, so genannte Forscherrichtlinie) hinsichtlich der Verpflichtung der Behörde, auf die Unvollständigkeit von Anträgen hinzuweisen. Um eine Ungleichbehandlung von Ausländern zu verhindern, sind diese Regelungen nicht auf den persönlichen Anwendungsbereich der vorgenannten Richtlinien beschränkt, sondern finden auf alle Ausländer Anwendung.

82.2 Widerspruchsverfahren

Für die Geltendmachung von Interessen des Ausländers im Widerspruchsverfahren gilt § 82 Absatz 1 entsprechend. Setzt die Widerspruchsbehörde keine Frist nach § 82 Absatz 1 Satz 2 bzw. Absatz 3, hat der Ausländer zumindest bis zum Ablauf der Rechtsbehelfsfrist Gelegenheit, den Widerspruch zu begründen. Bis zur Zustellung des Widerspruchsbescheids sind Belange des Ausländers und für ihn günstige Umstände berücksichtigungsfähig, wenn keine kürzere Frist gemäß § 82 Absatz 1 Satz 2 gesetzt wird. Soweit die Auslandsvertretungen ein nicht-förmliches Remonstrationsverf durchführen, gilt dies sinngemäß.

82.3 Hinweispflicht

Der Ausländer soll auf seine Pflichten nach § 82 Absatz 1 und seine wesentlichen Rechte und Pflichten nach dem Aufenthaltsgesetz und auf die Möglichkeit, dass das Einreise- und Aufenthaltsverbot nach § 11 Absatz 1 auf Antrag befristet werden kann (vgl. hierzu Nummer 11.1.3.3), hingewiesen werden. Die Vorschrift trägt dem Umstand Rechnung, dass die Adressaten des Aufenthaltsgesetzes häufig aus sprachlichen Gründen, mangelnder Vertrautheit mit der deutschen Behördenorganisation sowie der Komplexität der Rechtsmaterie Schwierigkeiten haben, ihre Rechte und Pflichten zu überblicken. Bei der Fristsetzung nach § 82 Absatz 1 Satz 2 ist der Ausländer nach Absatz 3 auf die Folgen einer Fristversäumung hinzuweisen. Geltend gemachte Umstände und beigebrachte Nachweise nach Ablauf der Frist dürfen nur dann nicht mehr berücksichtigt werden, wenn der Ausländer auf die Folgen einer Fristversäumung hingewiesen wurde. Die nach Ablauf der Frist geltend gemachten Umstände und beigebrachten Nachweise sollen im Allgemeinen nur dann in das Verfahren einbezogen werden, wenn die Entscheidung dadurch nicht verzögert wird. Diese Präklusion gilt nur für eine Verwaltungsinstanz. Die Widerspruchsbehörde hat aber ihrerseits die Möglichkeit, den Ausländer mit seinem Vortrag zu präkludieren (vgl. Nummer 82.2).

82.4 Zwangsweise Vorführung

82.4.1 Die Anordnung des persönlichen Erscheinens im Wege des Ermessens unter den Voraussetzungen des § 82 Absatz 4 dient insbesondere der Wahrung und Durchsetzung der Passvorlagepflicht nach § 48. Die Anordnung bedarf nicht der Schriftform. Sie kann mündlich erfolgen, wenn sie nachvollziehbar ist. Einer Anhörung bedarf es nicht unter den Voraussetzungen landesverwaltungsverfahrensrechtlicher Regelungen (z. B. § 28 Absatz 2 Nummer 1 oder Absatz 3 VwVfG). Die Ausländerbehörden können auf Grund der gesetzlichen Klarstellung auch ermächtigte Vertreter der jeweiligen vermuteten Herkunftsstaaten einladen, die dann den betroffenen Ausländer identifizieren.

82.4.2.1 Ein hinreichender Verhinderungsgrund liegt z. B. im Fall einer dringenden ärztlichen Behandlung oder bei vorübergehender Handlungsunfähigkeit des Ausländers (§ 80) bis zum Wegfall des Verhinderungsgrundes vor; insoweit kann die für das persönliche Erscheinen gesetzte Frist verlängert werden. Die Verpflichtung, eine ärztliche Untersuchung zur Feststellung der Reisefähigkeit zu dulden, dient der Durchsetzung der Ausreiseverpflichtung. Der Arzt ist über den Zweck der Untersuchung, die an sie zu stellenden Anforderungen und die möglichen Rechtsfolgen des Untersuchungsergebnisses zeitgleich mit der Bitte, die Untersuchung durchzuführen, zu unterrichten.

82.4.2.2 Die zwangsweise Durchsetzung der Anordnung richtet sich gemäß Absatz 4 Satz 3 nach § 40 Absatz 1 und 2, §§ 41 und 42 Absatz 1 Satz 1 und 3 BPolG. Aus der Verweisung auf die Vorschriften der BPolG folgt keine Zuständigkeit der Bundespolizei für entsprechende Maßnahmen.

82.4.2.3 Plant die Ausländerbehörde zur Durchsetzung einer Anordnung nach § 82 Absatz 4 Satz 1 die zwangsweise Vorführung eines Ausländers vor dessen Auslandsvertretung, ist eine richterliche Entscheidung zuvor herbeizuführen, wenn die Vorführung nach ihrer organisatorischen Ausgestaltung durch die Ausländerbehörde mit einer Freiheitsentziehung verbunden ist. Dabei beschränkt sich die Verweisung in § 82 Absatz 4 Satz 3 auf § 40 Absatz 1 BPolG nicht auf solche Fälle, in denen der Ausländer bereits festgehalten wird. Vielmehr muss die Vorschrift im Hinblick auf die verfassungsrechtlichen Vorgaben in Artikel 104 Absatz 2 Satz 1 GG dahingehend ausgelegt werden, dass nicht nur Spontanmaßnahmen erfasst werden. Die Freiheitsentziehung setzt grundsätzlich eine vorherige richterliche Anordnung voraus.

82.5 Mitwirkungspflichten bei Ausstellung von Dokumenten nach einheitlichem Vordruckmuster

Absatz 5 ergänzt die allgemeinen Mitwirkungspflichten des § 82 um die spezielle gesetzliche Mitwirkungspflicht auf Verlangen der zuständigen Behörden bei der Erhebung von Lichtbildern bzw. Fingerabdrücken im Zusammenhang mit der Ausstellung eines ausländerrechtlichen Dokuments nach einem einheitlichen Vordruckmuster (vgl. §§ 59, 60 AufenthV). Aufgrund der Verordnung (EG) Nummer 380/2008 des Rates vom 18. April 2008 zur Änderung der Verordnung (EG) Nummer 1030/2002 zur einheitlichen Gestaltung des Aufenthaltstitels für Drittstaatenangehörige (ABl. EG Nummer L 1 S. 115 vom 29. April 2008) werden nach Ablauf der Vollzugsfristen künftig eigenständige Aufenthaltstitel in Kartenform (mit Ausnahme von Visa) mit einem Speicher- und Verarbeitungsmedium, das ein Lichtbild und zwei Fingerabdrücke enthält, ausgestellt. Die allgemeine Erhebungsgrundlage des § 86 für alle anderen personenbezogenen Daten bleibt unberührt.

Übersicht

	Rn.
I. Entstehungsgeschichte	1
II. Mitwirkungspflichten und persönliches Erscheinen	2
III. Ausschluss verspäteten Vorbringens	21

I. Entstehungsgeschichte

Die Vorschrift entspricht dem **Gesetzesentwurf**[1], aufgrund des Vermittlungsverfahrens[2] wurde nur in Abs. 3 S. 1 die Bezugnahme auf § 45 durch eine solche auf § 44a ersetzt. Durch das Gesetz zur Umbenennung des Bundesgrenzschutzes in Bundespolizei v. 21.6.2005[3] wurde in Abs. 4 S. 3 die der Bezugnahme angepasst. Durch das **AuslRÄndG 2007** wurde § 82 wie folgt geändert: Nach Abs. 1 S. 2 wurde folgender S. 3 eingefügt: „Sie setzt ihm eine solche Frist, wenn sie die Bearbeitung eines Antrags auf Erteilung eines Aufenthaltstitels wegen fehlender oder unvollständiger Angaben aussetzt, und benennt dabei die nachzuholenden Angaben." In Abs. 4 S. 1 wurden nach dem Wort „Vertretungen" die Wörter „oder ermächtigten Bediensteten" eingefügt. Weiterhin wurde Abs. 5 angefügt. Die mWv 1.9.2011[4] erfolgten Änderungen von Abs. 5 dienten der Anpassung im Zusammenhang mit der Einführung eigenständiger Dokumente mit elektronischem Speicher- und Verarbeitungsmedium. Durch das HQRLUmsG[5] wurde mWv 1.8.2012 Abs. 6 eingefügt, der den Inhabern einer Blauen Karte EU eine Mitteilungspflicht hinsichtlich ihrer Beschäftigung auferlegt. Mit dem RLUmsG 2017[6] wurde Abs. 1 um S. 5 und Abs. 6 S. 2 um die Bezugnahme auf die ICT-Karte und Mobiler ICT-Karte ergänzt. Mit dem FEG[7] wurde Abs. 6 S. 1 neu gefasst und S. 2 aufgehoben, der bisherige S. 3 wurde S. 2. Mit dem 2. RückkehrG[8] wurde die Hinweispflicht auf das bereits mit dem Aufenth-GÄndG 2015 entfallene Antragstellungserfordernis gemäß § 11 I 3 gestrichen. Mit dem 2. DSAnpUG EU[9] wurden in Abs. 5 die Wörter „und genutzt" gestrichen. 1

II. Mitwirkungspflichten und persönliches Erscheinen

Die behördliche **Sachverhaltsermittlung** wird durch eine besondere ausgestaltete Darlegungs- und Nachweisverpflichtung des Ausländers **modifiziert** (früher Obliegenheit nach § 70 I AuslG; zum Asylverfahren §§ 10 I, 15, 16 I, 23, 24, 25 AsylG). 2

Nach § 82 I 1 ist der Ausländer verpflichtet, seine Belange und für ihn günstige Umstände, soweit sie nicht offenkundig oder bekannt sind, unter Angabe nachprüfbarer Umstände unverzüglich geltend zu machen. Die Vorschrift konkretisiert für das Aufenthaltsrecht die allgemeine Mitwirkungspflicht nach §§ 24 I, 26 II VwVfG und findet auch im Widerspruchsverfahren entsprechend Anwendung (§ 82 II). Diese Pflicht verletzt ein Ausländer, wenn er solche Belange und Umstände erst nach Erlass des Widerspruchsbescheids vorträgt, obwohl er wissen musste oder erkennen konnte, dass es für die Ermessensentscheidung der Behörde auf sie würde ankommen können. In einem solchen Fall ist die Ermessensentscheidung der Behörde nicht schon deshalb fehlerhaft, weil sie die nicht vorgetragenen Umstände nicht berücksichtigt hat[10]. Sofern sich aufgrund neuer Umstände die Notwendigkeit einer (neuen) Ermessensausübung erst nach Klageerhebung ergibt, kann die Ausländerbehörde diese bis zum maßgeblichen Zeitpunkt der gerichtlichen Entscheidung nachtragen[11]. 3

Mit S. 5 wird der Inhaber einer ICT-Karte oder Mobiler ICT-Karte verpflichtet, der Ausländerbehörde während des Antragsverfahrens jede für die Erteilung seines Aufenthaltstitels relevante Änderung mitzuteilen. Damit wird die Mitteilungspflicht über den Begriff der „Belange" nach Abs. 1 S. 1 auch auf ggf. ungünstige Umstände erstreckt[12]. Abs. 6 konkretisierte diese Verpflichtung. Danach muss der Ausländer, der eine Aufenthaltserlaubnis zur Ausbildung (§§ 16 ff.) oder Beschäftigung (§§ 18 ff.) besitzt, die Ausländerbehörde informieren, sobald die Ausbildung abgebrochen oder die Erwerbstätigkeit vorzeitig beendet wird. Die Ausländerbehörde muss bei der Erteilung der Aufenthaltserlaubnis auf diese Verpflichtung hinweisen. 4

---

[1] BT-Drs. 15/420, 30 f.
[2] BT-Drs. 15/3479, 11.
[3] BGBl. I S. 1818.
[4] Gesetz v. 12.4.2011, BGBl. I S. 610.
[5] Gesetz v. 1.6.2012, BGBl. I S. 1224.
[6] Gesetz v. 12.5.2017, BGBl. I S. 1106.
[7] Gesetz v. 15.8.2019, BGBl. I S. 1307.
[8] Gesetz v. 15.8.2019, BGBl. I S. 1294.
[9] Gesetz v. 20.11.2019, BGBl. I S. 1626.
[10] Vgl. OVG Brem Beschl. v. 14.6.2007 – 1 B 163/07, InfAuslR 2007, 352; NdsOVG Beschl. v. 5.3.2007 – 10 ME 64/07, BeckRS 2007, 22075.
[11] BVerwG Urt. v. 13.12.2011 – 1 C 14.10, BVerwGE 141, 253 = NVwZ 2012, 698.
[12] BR-Drs. 9/17, 64.

5   Die dem Ausländer obliegende **Mitwirkungspflicht** reicht freilich nicht so weit, dass die Ausländerbehörde sich ohne Weiteres darauf beschränken kann, die Interessen des Ausländers und die für ihn günstigen Umstände nur soweit zu ermitteln, als ein öffentliches Interesse an ihnen besteht. Durch die Mitwirkungspflicht nach § 82 I 1 wird die **Amtsermittlungspflicht der Behörde** modifiziert, nicht beseitigt[13]. Die Ausländerbehörde ist danach gehalten, von sich aus das Verfahren weiter zu betreiben und den Ausländer auf gegebenenfalls nicht bekannte Möglichkeiten aufmerksam zu machen und diese mit ihm zu erörtern (Hinweis- und Anstoßpflicht)[14]. Sie darf nicht einfach abwarten, was der Ausländer von sich aus vorträgt. Weil „die Adressaten des AuslG häufig aus sprachlichen und sozialen Gründen, mangelnder Vertrautheit mit der deutschen Behördenorganisation sowie der Komplexität der Rechtsmaterie Schwierigkeiten haben, ihre Rechte und Pflichten zu überschauen"[15], soll die Ausländerbehörde nach § 82 III auf die Mitwirkungspflichten nach dem AufenthG insbesondere auf die Verpflichtung zur Teilnahme an einem Integrationskurs (§ 44a), die Pflicht zur **Vorlage** und **Überlassung** von **Identitätspapieren** (§ 48 I) sowie zur Mitwirkung an der **Beschaffung von Identitätspapieren** (§ 48 III) und bei der Überprüfung, Feststellung und Sicherung der Identität (§ 49)[16] sowie auf die Pflicht nach Abs. 6 S. 1 hinweisen. Die Ausländerbehörde muss gesetzliche Mitwirkungspflichten zB zur Beschaffung von Identitätspapieren konkret gegenüber dem Ausländer aktualisiert haben, um aus der mangelnden Mitwirkung negative aufenthaltsrechtliche Folgen ziehen zu können[17].

6   Soweit es eines Antrags des Ausländers gemäß § 81 I oder II bedarf, soll auch darauf hingewiesen werden. Unterbleibt ein solcher Hinweis oder wird er irreführend erteilt und unterbleibt daraufhin ein rechtzeitiger Antrag, hat dies nicht notwendig zur Folge, dass der Ausländer so zu behandeln wäre, als wenn er den Antrag rechtzeitig gestellt hätte[18]. Auch wenn die Ausländerbehörde den Ausländer nicht über alle Eventualitäten seines Handelns im Vorfeld belehren muss[19], genügt sie ihrer **Hinweispflicht** nicht schon dadurch, dass sie dem Ausländer vor Erlass der Verfügung den Gesetzeswortlaut des § 82 I übermittelt[20]. Insbesondere bei einem Ausländer, der sich erst kurze Zeit in Deutschland aufhält und nicht anwaltlich vertreten ist, kann nicht erwartet werden, dass er erkennt, welche Belange und Umstände die Behörde iRd von ihr zu treffenden Entscheidung für maßgeblich hält. In einem derartigen Fall bedarf es, damit der Ausländer seiner Mitwirkungspflicht genügen kann, **konkreter Hinweise** darauf, auf welche Fragen sich die Mitwirkung des Ausländers beziehen soll, welche Nachforschungen von ihm erwartet werden[21]. Unterlässt die Behörde eine solche Konkretisierung, muss sie selbst ermitteln[22]. Zu berücksichtigen ist auch, dass (unbegleitete) Minderjährige in ihren Möglichkeiten zur Mitwirkung rechtlich und tatsächlich beschränkt sind[23]. Zu einer Kontaktaufnahme zu Behörden im Heimatland werden sie ohne Hilfestellung regelmäßig nicht in der Lage sein. Auch insofern muss die Ausländerbehörde ggf. über die durch § 79 I 1 gesetzten Grenzen hinaus selbst tätig werden[24].

7   Die **Mitwirkungspflicht** ist allgemein und nicht auf einen bestimmten Anlass hin formuliert. Ihrem Sinn und Zweck zufolge setzt sie aber nur ein, wenn der Ausländer durch einen Antrag ein Verwaltungsverfahren einleitet oder die Behörde ihrerseits an den Ausländer herantritt, weil sie zB aufenthaltsbeendende Maßnahmen ergreifen will. Abgesehen von der Verpflichtung nach § 82 VI 1 ist der Ausländer also nicht gehalten, ohne verfahrensmäßigen Anlass prophylaktisch seine Verhältnisse und die seiner Angehörigen zu offenbaren. Zweifelhaft ist auch, ob die Ausländerbehörde dies aufgrund einer von dem Ausländer zuvor abgegebenen schriftlichen Verpflichtungserklärung verlangen kann. Für die Verpflichtung zur Abgabe einer solchen Erklärung fehlt es an einer Rechtsgrundlage[25]. Sie ergibt sich weder aus § 82 I noch aus 26 II VwVfG. Ein Verstoß gegen eine solche Selbstverpflichtung, deren Folgen für den Ausländer womöglich nicht übersehen kann, muss daher folgenlos bleiben[26]. Wenn die Ausländerbehörde eine besondere Mitwirkungspflicht zB die Benachrichtigung über die Beendigung der ehelichen Lebensgemeinschaft für erforderlich hält, kann diese nach § 12 II

---

[13] BayVGH Beschl. v. 11.9.2014 – 10 CS 14.1581, BeckRS 2014, 56705 Rn. 27; OVG Brem Beschl. v. 14.6.2007 – 1 B 163/07, InfAuslR 2007, 352.
[14] BayVGH Beschl. v. 7.5.2018 – 10 CE 18.464, BeckRS 2018, 8608 Rn. 11.
[15] BT-Drs. 15/420, 96.
[16] Zum Umfang der Mitwirkungspflichten → § 49.
[17] BVerwG Urt. v. 26.10.2010 – 1 C 18.09, NVwZ-RR 2011, 210 Rn. 17; BayVGH Beschl. v. 7.5.2018 – 10 CE 18.464, BeckRS 2018, 8608 Rn. 11.
[18] OVG Bln-Bbg Beschl. v. 30.3.2015 – OVG 11 S 19.15, BeckRS 2015, 43880; BayVGH Beschl. v. 10.2.2014 – 10 CS 13.1732, 10 C 13.1733, BeckRS 2014, 48592 Rn. 4; → § 81 Rn. 25.
[19] OVG NRW Beschl. v. 21.1.2011 – 18 A 2513/10, BeckRS 2011, 46707.
[20] OVG Brem Beschl. v. 14.6.2007 – 1 B 163/07, InfAuslR 2007, 352.
[21] OVG NRW Beschl. v. 5.6.2008 – 18 E 471/08, InfAuslR 2008, 417 ff.
[22] OVG Brem Beschl. v. 14.6.2007 – 1 B 163/07, InfAuslR 2007, 352.
[23] → § 80 Rn. 7 ff.
[24] VG Berlin Urt. v. 23.11.2012 – VG 30 K 2177.11, BeckRS 2012, 60661; vgl. auch → § 79 Rn. 5.
[25] So auch *Funke-Kaiser* § 82 Rn. 28.
[26] AA HessVGH Beschl. v. 9.2.2012 – 9 A 1864/10, BeckRS 2012, 55256 Rn. 48; BVerwG Urt. v. 14.5.2013 – 1 C 16/12, BVerwGE 146, 271 = NVwZ 2013, 1336 Rn. 22.

und § 36 VwVfG auch durch eine der Aufenthaltserlaubnis zum Ehegattennachzug beigefügte **Auflage** gesichert werden[27]. Anders als eine Verpflichtungserklärung kann der Ausländer eine Auflage gerichtlich überprüfen lassen.

Der **Anwendungsbereich** der Vorschrift soll wohl grundsätzlich nicht auf die Ausländerbehörde 8 beschränkt sein, also auch im Verhältnis zu anderen zuständigen Behörden iSd § 71 gelten. Die Fristsetzung nach Abs. 1 S. 2 ist allerdings der Ausländerbehörde vorbehalten. Daraus kann gefolgert werden, dass die allgemeinen Obliegenheiten gegenüber allen mit der Ausführung des AufenthG betrauten Behörde bestehen, insbesondere auch gegenüber den mit der Visaerteilung befassten Auslandsvertretung[28]; dies gilt auch für die Anordnung des persönlichen Erscheinens.

Die besondere Mitwirkungspflicht des Ausländers umfasst alle für ihn günstigen tatsächlichen 9 **Umstände** und die dazu geeigneten **Nachweismittel**. § 82 I geht damit über eine bloße Darlegungsverpflichtung hinaus, weil er auch eine Beweisführungspflicht begründet, indem er die Geltendmachung der Belange des Ausländers und die Beibringung dafür erforderlicher Nachweise einschließt. Ausgenommen sind nur offenkundige und bekannte Tatsachen zB aus den Akten des laufenden oder früheren Verfahrens oder sonst bekannte tatsächliche Umstände[29]. Dazu gehören nur die der zuständigen Behörde zur Kenntnis gelangten Informationen, nicht auch diejenigen, die einer anderen Behörde derselben Körperschaft oder einer anderen Körperschaft vorgetragen sind. Ob die Tatsachen und Umstände den Ausländer persönlich oder die allgemeine Lage betreffen und ob sie im Inland oder im Ausland eingetreten und belegen sind, ist grundsätzlich unerheblich[30]. Die Mitwirkungsverpflichtung ist aber umso stärker, je mehr sich die Tatsachen auf die Person des Ausländers und dessen Sphäre beziehen. Die **Aufklärung im Ausland** ist dem Ausländer wie der Auslandsvertretung und der Ausländerbehörde nicht grundsätzlich unmöglich, sie kann aber nur im Rahmen des dort Zulässigen und Möglichen verlangt werden[31]. Dies schließt die Beschaffung von Identitätspapieren und den Versuch der Klärung der Staatsangehörigkeit durch Kontaktaufnahme mit den zuständigen Stellen des Heimatlands ein[32]. Fremdsprachige Schriftstücke sind grundsätzlich in Übersetzung vorzulegen (vgl. § 23 VwVfG).

Sofern es für die aufenthaltsrechtliche Entscheidung auf die tatsächliche Ausübung der elterlichen 10 Sorge oder der Wahrnehmung eines Umgangs des Ausländers ankommt, erstreckt sich die Darlegungspflicht gegebenenfalls auch auf den Inhalt **familiengerichtlicher Entscheidungen** oder **jugendamtlicher Stellungnahmen,** die sich regelmäßig (auch dann wenn es sich um denselben Rechtsträger handelt) der Kenntnis der Ausländerbehörde entziehen[33]. Da dies für Außenstehende nicht ohne Weiteres erkennbar ist, ist der Ausländer darauf hinzuweisen. Eine Erstreckung der Darlegungspflicht auch auf die Abgabe von DNA-Proben zur **Anfertigung eines Abstammungsgutachtens** ist nicht unproblematisch[34]. Auch wenn § 17 VIII GenDG[35] davon ausgeht, das genetische Untersuchungen an einem Mundschleimhautabstrich, die zum Nachweis eines Verwandtschaftsverhältnisses im Verfahren der Auslandsvertretung und der Ausländerbehörde zum Familiennachzug erfolgen können, enthält das AufenthG dafür keine Rechtsgrundlage, so dass die Beibringung der Abstriche wohl nur freiwillig und unter der Voraussetzung, dass eine anderweitige Aufklärung zumindest erschwert ist, erfolgen kann[36].

Die Einfügung des S. 3 in Abs. 1 diente der Umsetzung des Art. 18 II Studenten-RL und des 11 Art. 15 II Forscher-RL hinsichtlich der Verpflichtung der Behörde, auf die Unvollständigkeit von Anträgen hinzuweisen[37] (nunmehr Art. 34 III REST-RL). Um eine Ungleichbehandlung von Ausländern zu verhindern, sind diese Regelungen nicht auf den persönlichen Anwendungsbereich der vorgenannten RL beschränkt, sondern finden im Grundsatz auf alle Ausländer Anwendung[38].

Da dem Ausländer **unverzügliche** und nicht sofortige Mitwirkung obliegt, wird ihm (nur) ein 12 Tätigwerden **ohne schuldhaftes Zögern** (§ 121 BGB) abverlangt. Die ihm verbleibende Zeitspanne richtet sich also nach seinen individuellen Kenntnissen, Einsichten und Fähigkeiten und nicht nach einem abstrakten Eilmaßstab. Die behördlich bestimmte Frist kann einen Anhaltspunkt dafür abgeben, wirkt aber nicht absolut[39]. Für die Nachweise ist ausdrücklich die Fähigkeit, sie zu erbringen, vorbehalten; dasselbe gilt für die unverzügliche Darlegung von Umständen, weil Verschulden sonst

---

[27] Vgl. BVerwG Urt. v. 14.5.2013 – 1 C 16/12, BVerwGE 146, 271 = NVwZ 2013, 1336 Rn. 22.
[28] So auch Begründung des Gesetzesentwurfs zum AuslG, BT-Drs. 11/6321, 80.
[29] BayVGH Beschl. v. 7.1.2015 – 10 C 14.895, BeckRS 2015, 41000 Rn. 13 unter Hinweis auf *Funke-Kaiser* § 82 Rn. 34.
[30] Dazu auch → AsylG § 15 Rn. 5 ff.; → AsylG § 24 Rn. 4 ff.; → AsylG § 25 Rn. 3 ff.
[31] → § 79 Rn. 6 f.
[32] OVG Saarl Beschl. v. 23.7.2008 – 2 A 151/08, BeckRS 2009, 30560.
[33] Vgl. *Funke-Kaiser* § 82 Rn. 25.
[34] Vgl. *Franßende la Cerda* in Jakober § 82 Rn. 7 d ff.; *derselbe* ZAR 2010, 82 ff. unter Erwiderung auf *Schulz* ZRP 2009, 115 f.
[35] Gesetz über genetische Untersuchungen bei Menschen – Gendiagnostikgesetz v. 31.7.2009, BGBl. I S. 2529, berichtigt S. 3672.
[36] IdS wohl auch *Franßende la Cerda* in Jakober § 82 Rn. 7 d ff.
[37] BT-Drs. 16/5065, 194.
[38] BT-Drs. 16/5065, 194.
[39] → Rn. 17.

nicht feststellbar ist. Der Ausländer darf also sein Vorbringen einschließlich der Beweismittel nicht mehr (beliebig) zurückhalten, etwa bis in das Gerichtsverfahren. Die obligatorische Belehrung über diese Obliegenheiten und die Folgen einer Fristversäumnis soll ihn auf die daraus resultierenden Risiken hinweisen. Andererseits ist er nicht zu Verfahrenshandlungen verpflichtet, zu denen er nicht imstande ist.

13 Ein Ausländer hat gemäß § 82 IV 1 die Pflicht, auf Anordnung bei Vertretungen des Staates oder deren Bediensteten, dessen Staatsangehörigkeit er vermutlich besitzt, persönlich zu erscheinen. Die **Anordnung des persönlichen Erscheinens** vor der zuständigen deutschen Behörde oder der Auslandsvertretung bzw. ermächtigten Bediensteten des (vermutlichen) Heimatstaats soll die Mitwirkung des Ausländers sichern, weil schriftliches Vorbringen allein oft nicht ausreicht und im Verfahren vor der heimischen Botschaft oder dem Konsulat zT die persönliche Anwesenheit verlangt wird, zB für die Passbeschaffung (vgl. § 48)[40]. Bei ungeklärter Staatsangehörigkeit müssen zumindest sachliche Anhaltspunkte[41] für den vermutlichen Heimatstaat sprechen. Die Anordnung muss verhältnismäßig sein, dh dem Ausländer ist Gelegenheit zu geben, der Anordnung freiwillig Folge zu leisten. Wenn davon ausgegangen werden kann, dass der Ausländer der Anordnung Folge leistet, muss es die Ausländerbehörde bei der bloßen Vorspracheanordnung belassen[42].

14 Hinsichtlich der Auslegung, des Begriffs der ausländischen „Vertretungen", dh, ob dieser etwa nur räumlich in Bezug auf Räume einer diplomatischen Vertretung zu verstehen ist oder sich auch in Bezug auf die handelnden Personen, also auf ermächtigtes Personal eines anderen Staates auch in anderen Räumlichkeiten als der jeweiligen Auslandsvertretung, beziehen kann, war die Rspr. uneinheitlich[43]. Es entspricht einem wichtigen praktischen Bedürfnis, dass die Ausländerbehörde auch ermächtigte Vertreter der jeweils vermuteten Herkunftsstaaten einladen können, die dann die betroffenen Ausländer identifizieren. Aus diesem Grund erfolgte die gesetzliche Klarstellung in Abs. 4 S. 1 durch das AuslRÄndG 2007. Eine Rangfolge nach Wahrscheinlichkeit der vermutlichen Staatsangehörigkeit muss nicht eingehalten werden[44], Voraussetzung ist auch nicht die vorherige Feststellung, dass die Abschiebung tatsächlich durchgeführt werden kann[45].

15 Die Anordnung des persönlichen Erscheinens eines Ausländers bei der zuständigen deutschen Behörde oder der Auslandsvertretung bzw. ermächtigten Bediensteten des (vermutlichen) Heimatstaats nach § 82 IV 1 ist ein (Grund-)Verwaltungsakt, dessen zwangsweise Durchsetzung nach § 82 IV 2 sich nach den Vorschriften des jeweiligen Vollstreckungsrechts des Landes richtet[46]. Vollstreckungshandlungen dürfen erst erfolgen, wenn der Ausländer der Anordnung nicht Folge geleistet hat[47]. Die Vorführung als Anwendung des **unmittelbaren Zwanges**[48] setzt danach grundsätzlich eine vorherige Androhung voraus[49]. Der Sofortvollzug gemäß § 6 II VwVG soll allerdings möglich sein, wenn die Gefahr besteht, dass der Ausländer untertaucht und sich der angedrohten Abschiebung entzieht[50]. Die Frage, in welchen Fällen dies noch zulässig ist, wenn eine Vorführung objektiv aussichtslos oder unzumutbar erscheint[51], hat das BVerwG bisher nicht entschieden[52]. Eine Vorführung ohne Ingewahrsamnahme oder Einschließen in einen eng umgrenzten Raum stellt keine Freiheitsentziehung iSv Art 104 II 1 GG dar, sofern sie über ein kurzzeitiges Festhalten nicht hinausgeht und nicht die Intensität einer freiheitsentziehenden Maßnahme erreicht[53], sie bedarf daher keiner richterlichen Anordnung. Ist die Erfüllung der Mitwirkungspflichten aufgrund des bisherigen Verhaltens des Ausländers nicht sichergestellt, besteht unter den Voraussetzungen von § 62 VI die Möglichkeit der Anordnung einer sog. Mitwirkungshaft von bis zu 14 Tagen Dauer[54]. § 97a 2 begründet eine Geheimhaltungspflicht iSv § 353b I und II StGB für Informationen zum konkreten Ablauf, insbesondere zum Zeitpunkt von Anordnungen nach § 82 IV 1. Das in der Gesetzesbegründung[55] angeführte Interesse an der Geheimhaltung von Vorführungen zur Identitätsfeststellung dürfte für die Anordnung nach § 82 IV 1 allerdings lediglich bei Anordnung des Sofortvollzuges (§ 6 II VwVG) bestehen. Die

---

[40] → § 48 Rn. 6.
[41] OVG Bln-Bbg Beschl. v. 1.12.2012 – OVG 3 S 70.10, BeckRS 2010, 56552.
[42] BVerwG Urt. v. 8.5.2014 – 1 C 3.13, BVerwGE 149, 320 = NVwZ-RR 2014, 781 Rn. 23.
[43] OVG NRW Beschl. v. 28.11.2006 – 19 B 1789/06, InfAuslR 2007, 126.
[44] OVG Bln-Bbg Beschl. v. 1.12.2010 – 3 S 70.10, BeckRS 2010, 56552.
[45] OVG Bln-Bbg Urt. v. 2.11.2017 – OVG 11 B 8.16, BeckRS 2017, 131212 Rn. 17 und Hinweis auf OVG Brem Beschl. v. 23.3.2010 – 1 B 397/09, BeckRS 2010, 48119; s. auch SchlHOVG Beschl. v. 23.11.2009 – 4 MB 111/09.
[46] OVG Bln-Bbg Beschl. v. 5.6.2014 – OVG 3 S 71.13, BeckRS 2014, 52708.
[47] BVerwG Urt. v. 8.5.2014 – 1 C 3.13, BVerwGE 149, 320 = NVwZ-RR 2014, 781 Rn. 23.
[48] Vgl. OVG Bln-Bbg Beschl. v. 27.5.2014 – OVG 11 S 32.14, BeckRS 2014, 52026.
[49] OVG NRW Beschl. v. 28.11.2006 – 19 B 1789/06, InfAuslR 2007, 126.
[50] OVG Bln-Bbg Beschl. v. 28.9.2012 – OVG 3 M 154.11, BeckRS 2012, 58008.
[51] Vgl. NdsOVG Beschl. v. 27.9.2013 – 13 LA 99/13, BeckRS 2013, 56491.
[52] *Berlit* jurisPR-BVerwG 16/2014 Anm. 2.
[53] VGH München Beschl. v. 30.8.2021 – 19 C 21.1861, BeckRS 2021, 24945 Rn. 9.
[54] → § 62 Rn. 229 ff.
[55] Vgl. BT-Drs. 19/10047, 48.

Vorführung ist auch gegenüber der Anordnung von Ersatzzwangshaft wegen Uneinbringlichkeit eines festgesetzten Zwangsgeldes zur Durchsetzung der Vorsprache das mildere Mittel[56].

16 Nicht als zwangsweise Durchsetzung der Vorspracheanordnung, sondern als Maßnahme der Vorbereitung und Sicherung der jederzeitigen zwangsweisen Durchsetzung, also als Ausgestaltung der Vorspracheanordnung hat das BVerwG[57] die sog. „**begleitete Vorspracheanordnung**" eingestuft. Falls aufgrund festgestellter tatsächlicher Umstände damit gerechnet werden müsse, dass der Ausländer eine Vorspracheanordnung und damit seine Mitwirkungspflicht nach § 82 missachten werde, soll es regelmäßig nicht zu beanstanden sein, wenn die Ausländerbehörde eine Begleitung während des Vorsprachetermins in den Räumlichkeiten der Botschaft anordnet, um sicherzustellen, dass der Ausländer die ihm im Rahmen der Vorsprache gestellten Fragen sachgerecht beantwortet und damit eine Klärung seiner Identität bzw. Staatsangehörigkeit erleichtert. Wenn darüber hinaus davon auszugehen sei, dass der Ausländer bereits nicht in der Lage oder nicht bereit sein werde, sich von seinem Aufenthaltsort zu der bezeichneten Botschaft bzw. dem zuständigen Konsulat zu begeben, könne die Ausländerbehörde eine Begleitung oder einen begleiteten Transport – jedenfalls auf dem Hinweg – in einem Dienstfahrzeug anordnen[58]. Je nach den Umständen des Einzelfalls können sich bei Maßnahmen wie dieser aber Abgrenzungsprobleme zur Vollstreckung im Wege **unmittelbaren Zwangs** ergeben.

17 Auch für die Anordnung einer ärztlichen Untersuchung muss ein sachlicher Anlass gegeben sein. Die Reisefähigkeit bedarf va einer **ärztlichen Nachprüfung,** wenn sich der Ausländer auf physische oder psychische Hindernisse oder Mängel beruft. Die Mittel der Anordnung des persönlichen Erscheinens oder einer ärztlichen Untersuchung können in allen ausländerrechtlichen Verfahren eingesetzt werden, nicht nur in denen nach dem AufenthG und nicht nur durch die Ausländerbehörde. Unter Maßnahmen sind nicht nur gegen den Ausländer gerichtete zu verstehen, sondern auch auf seinen Antrag hin ergehende, die seinem Begehren stattgeben. Eine Unterscheidung wäre schon deswegen schwierig, weil sich der Ausgang eines Verfahrens im Stadium der Vorbereitung oft nicht absehen lässt. Der Vollzug der Vorführungsanordnung richtet sich nach den Bestimmungen des BPolG, ohne dass der Bundespolizei damit die Zuständigkeit übertragen ist.

18 Die in § 82 ausgeformten allgemein gesetzlichen Mitwirkungspflichten eines Ausländers werden in Abs. 5 um eine **gesetzliche Mitwirkungspflicht bei der Erhebung von Lichtbildern bzw. Fingerabdrücken** ergänzt. Die Vorschrift dient als Rechtsgrundlage für das Verlangen Lichtbilder vorzulegen bzw. für die Mitwirkung bei der Erstellung von Lichtbildern und bei der Abnahme von Fingerabdrücken in als Dokument mit Speicher- und Verarbeitungsmedium ausgestellten elektronischen Aufenthaltstitel (eAT)[59]. Außerdem dürfen Lichtbild und Fingerabdrücke zur Sicherung und einer späteren Feststellung der Identität verarbeitet werden.

19 Auf diese Weise wird zweierlei erreicht. Die bislang nur durch VO in § 60 AufenthV geregelte Mitwirkungspflicht des Ausländers bei der Aufnahme eines Lichtbildes wird formalgesetzlich ausgestaltet. Die Vorschrift dient gleichzeitig als Erhebungsgrundlage für die hier in Rede stehenden besonderen **personenbezogenen Daten,** ohne dass die allgemeine Erhebungsgrundlage des § 86 inhaltlich geändert wird. Eine zwangsweise Erhebung der Daten setzt voraus, dass der Gesetzgeber den Verwendungszweck bereichsspezifisch und präzise bestimmt[60]. Um diesem Erfordernis besser nachzukommen, wurde die spezielle und bereichsspezifische Datenerhebungsvorschrift des Abs. 5 bereits mit dem AuslRÄndG 2007 eingefügt[61] und im Hinblick einheitliche Gestaltung des Aufenthaltstitels für Drittstaatsangehörige[62] für die Erhebung und Speicherung biometrischer Merkmale angepasst[63]. Hinsichtlich der Abnahme von Fingerabdrücken trifft § 61a AufenthV nähere Regelungen.

20 Der mit dem FEG neu gefasste Abs. 6 S. 1 verpflichtet die Inhaber befristeter Aufenthaltstitel zur Ausbildung oder Erwerbstätigkeit dazu, die **Ausländerbehörde binnen zwei Wochen zu informieren,** sofern sie ihre Ausbildung oder Erwerbstätigkeit vorzeitig beenden. Damit soll die Zweckgebundenheit von Aufenthaltstiteln zu Ausbildungs- und Erwerbszwecken überwacht werden. Die Mitteilung soll der Ausländerbehörde die Tatsachengrundlage für eine Entscheidung über den Fortbestand des Aufenthaltsrecht geben[64]. Der Verstoß gegen die Informationspflicht wird gemäß § 98 II Nr. 5 als Ordnungswidrigkeit eingestuft. Der Ausländer muss gemäß S. 2 über seine Pflichten nach S. 1 belehrt werden.

---

[56] HessVGH Beschl. v. 8.9.2021 – 3 E 1270/21, BeckRS 2021, 32247 Rn. 8.
[57] BVerwG Urt. v. 8.5.2014 – 1 C 3.13, BVerwGE 149, 320 = NVwZ-RR 2014, 781 Rn. 23.
[58] BVerwG Urt. v. 8.5.2014 – 1 C 3.13, BVerwGE 149, 320 = NVwZ-RR 2014, 781 Rn. 23.
[59] Vgl. § 78.
[60] BT-Drs. 16/5065, 194.
[61] BT-Drs. 16/5065, 194.
[62] VO (EG) Nr. 380/2008 des Rates v. 18.4.2008 zur Änderung der VO (EG) Nr. 1030/2002 zur einheitlichen Gestaltung des Aufenthaltstitels für Drittstaatsangehörige, vgl. → § 78 Rn. 1.
[63] → Rn. 1.
[64] BT-Drs. 19/8285, 109 ff.

III. Ausschluss verspäteten Vorbringens

21 Die Nichterfüllung der dem Ausländer auferlegten Mitwirkungsobliegenheiten kann nachteilige Folgen nach sich ziehen. Er kann mit seinem Vorbringen und seinen Nachweis nach Ablauf einer ihm gesetzten Frist **ausgeschlossen** werden. Der Präklusion muss eine ordnungsgemäße Fristsetzung einschließlich Belehrung über die Säumnisfolgen vorausgehen. Die Länge der Frist muss auch den individuellen Verhältnissen des Ausländers angepasst und darf nicht nur auf Verfahrensbeschleunigung abgerichtet sein. Eine Belehrung über die Mitwirkungspflichten ist idR ebenfalls unerlässlich. Unterbleiben die für den Regelfall („soll") vorgeschriebenen Belehrungen, dürfen späteres Vorbringen und spätere Nachweise nicht unberücksichtigt bleiben. Nur der Ausländerbehörde und nicht anderen zuständigen Behörden iSd § 71 ist die Befugnis zur Präklusion verliehen, va nicht der Auslandsvertretung und den Grenzbehörden.

22 Der Ausschluss verspäteten Vorbringens für die Entscheidung in der ersten Verwaltungsinstanz und den Widerspruchsbescheid ist nicht zwingend, sondern in das **Ermessen** der Ausländerbehörde gestellt. Die nach § 70 III AuslG zT obligatorische Präklusion von Abschiebungshindernissen[65] wurde nicht in das AufenthG übernommen. Die Ausländerbehörde hat unter Würdigung der Wichtigkeit der Tatsachen und Nachweise und des Verschuldens des Ausländers zu beurteilen, ob der Ausschluss verantwortet werden kann. Dabei kann auch in Rechnung gestellt werden, dass dem Ausländer die Möglichkeit der Nachholung im Widerspruchsverfahren erhalten bleibt.

23 Im **Widerspruchsverfahren** kann der Ausländer zuvor ausgeschlossene Tatsachen und Beweise nachreichen. Die Widerspruchsbehörde kann erneut eine Frist setzen und – nach vorheriger Belehrung – späteres Vorbringen und spätere Nachweise bei der Entscheidung über den Widerspruch unberücksichtigt lassen.

24 Die Präklusion wirkt nicht absolut und reicht nicht in das **gerichtliche Verfahren** hinein[66]. In Abs. 1 fehlt zwar eine Bestimmung (wie die des § 70 III 2 AuslG), wonach die Regeln über die gerichtlichen Kontrollkompetenzen unberührt bleiben. Da mit einer Präklusion aber vom Amtsermittlungsgrundsatz (§ 86 VwGO) und vom Anspruch auf rechtliches Gehör (Art. 103 I GG) abgewichen wird und deshalb eine restriktive Auslegung verfassungsrechtlich geboten ist[67], hätte es einer ausdrücklichen gesetzlichen Bestimmung bedurft, um auch die gerichtliche Rechtskontrolle einzuschränken. Für einen dahingehenden Willen des Gesetzgebers gibt es keinen Hinweis; im Gegenteil: die Gesetzesbegründung hält die Geltendmachung vor Gericht für möglich[68]. Es bleibt bei der Pflicht zur Erforschung des Sachverhalts von Amts wegen (§ 86 I 1 VwGO). Für das Gerichtsverfahren gelten freilich ähnliche Präklusionsvorschriften (§§ 82 II, 87b VwGO), deren Voraussetzungen jedoch selbstständig durch richterliche Anordnung begründet werden müssen.

25 Der Ausschluss weiteren Vorbringens oder weiterer Nachweise im Verwaltungsverfahren hat für das Gerichtsverfahren uU zur Folge, dass sich die **Entscheidungsgrundlage des Gerichts** gegenüber der Widerspruchsbehörde erweitert. Im Hinblick darauf, dass es für die Beurteilung der Sach- und Rechtslage sowohl bei Verpflichtungsklagen auf Erteilung eines Aufenthaltstitels als auch bei Anfechtungsklagen[69] grundsätzlich der **Zeitpunkt der letzten mündlichen Verhandlung** oder Entscheidung in der Tatsacheninstanz maßgeblich ist[70], kann sich die Situation ergeben, dass ein verfahrensfehlerfrei ergangener und zum Zeitpunkt seines Erlasses auch sonst rechtmäßiger VA aufgrund späteren Vorbringens als rechtswidrig zu beanstanden ist. Wenn zB ein bestimmter Vortrag im Verwaltungs- oder im Widerspruchsverfahren nach Belehrung und Fristsetzung als nicht rechtzeitig unberücksichtigt geblieben ist, können die betreffenden Tatsachen (oder Beweismittel), wenn sie das Gericht sie zu beachten hat, der Klage zum Erfolg verhelfen.

26 Dieses Ergebnis verträgt sich eigentlich nicht mit den Bestimmungen des § 113 I 1 und 4 VwGO, wonach ein Verwaltungsakt auf **Anfechtungsklage** hin nur aufzuheben ist, wenn er – bezogen auf den maßgeblichen Zeitpunkt – rechtswidrig ist und den Kläger in seinen Rechten verletzt. Allerdings ist seit dem Inkrafttreten des RLUmsG für die Beurteilung der Rechtmäßigkeit aufenthaltsbeendender Entscheidungen (Ausweisung[71], Rücknahme bzw. Widerruf eines Aufenthaltstitels[72] des Befristungs-

---

[65] → 7. Aufl., AuslG § 70 Rn. 14 ff.
[66] Vgl. *Funke-Kaiser* § 82 Rn. 21; *Hailbronner* § 82 Rn. 19; *Fraenkel* S. 286; dazu tendierend BayVGH Beschl. v. 11.9.2014 – 10 CS 14.1581, BeckRS 2014, 56705 Rn. 27; aA zu § 70 AuslG *v. Boekel* ZAR 1992, 166.
[67] Vgl. BVerfG Beschl. v. 9.2.1982 – 1 BvR 799/78, BVerfGE 59, 330; Beschl. v. 30.1.1985 – 1 BvR 99/84, BVerfGE 69, 126; Beschl. v. 5.5.1987 – 1 BvR 903/85, BVerfGE 75, 302; HessVGH Urt. v. 11.5.1992 – 13 UE 2608/91, EZAR 045 Nr. 2.
[68] BT-Drs. 11/6321, 81.
[69] StRspr, zuletzt BVerwG Urt. v. 24.6.2021 – 1 C 30/20, NVwZ 2021, 1689 Rn. 12; 14.5.2013 – 1 C 13.12, NVwZ-RR 2013, 778 Rn. 9 und Urt. v. 10.7.2012 – BVerwG 1 C 19.11, BVerwGE 143, 277 = NVwZ 2013, 365, Rn. 12 mwN.
[70] StRspr, BVerwG Urt. v. 14.5.2013 – 1 C 16/12, BVerwGE 146, 271 = NVwZ 2013, 1336.
[71] BVerwG Urt. v. 15.11.2007 – 1 C 45.06, InfAuslR 2008, 156; zuletzt Urt. v. 4.10.2012 – 1 C 13.11, BVerwGE 144, 230 = NVwZ 2013, 361; Urt. v. 10.7.2012 – 1 C 19.11, BVerwGE 143, 277 = NVwZ 2013, 365.
[72] BVerwG Urt. v. 13.4.2010 – 1 C 10.09, InfAuslR 2010, 346.

begehrens[73] und der noch nicht vollzogenen Abschiebungsandrohung[74]) bei allen Ausländern ohnehin einheitlich die Sach- und Rechtslage im Zeitpunkt der letzten mündlichen Verhandlung oder Entscheidung des Tatsachengerichts für die rechtliche Beurteilung des Sachverhalts maßgeblich. Insofern ist der Ausländerbehörde Gelegenheit zur Aktualisierung des ihr gegebenenfalls eingeräumten Ermessens zu geben. Die damit verbundene Erweiterung der verwaltungsgerichtlichen Kontrolltätigkeit ist nicht systemfremd, wenngleich die Verlagerung von Verwaltungstätigkeit auf Gerichte zunehmend die Gewaltenteilung verändert (vgl. nur § 77 AsylG).

Für **Verpflichtungsklagen** auf Erteilung oder Verlängerung einer Aufenthaltserlaubnis ist ebenfalls der Zeitpunkt der letzten mündlichen Verhandlung oder Entscheidung in der Tatsacheninstanz maßgeblich[75]. Das gilt auch für das Verpflichtungsbegehren auf Ausstellung einer (deklaratorischen) Aufenthaltserlaubnis nach § 4 II[76]. Auch hier ist zu beachten, ob die Ausländerbehörde ihr Ermessen nach § 114 S. 2 VwGO ergänzt oder erstmals[77] vorgenommen hat. Ist dies nicht geschehen, kommt die Verpflichtung zur Neubescheidung nach der Rechtsauffassung des Gerichts (§ 113 V 2 VwGO) in Betracht. 27

Auch wenn die Präklusionsvorschrift des § 82 I 4 danach nur eingeschränkt Wirkung entfaltet, ist die Fristsetzung nach § 82 I 2 für die Beschleunigung des Verfahrens nicht bedeutungslos. Sie beschreibt den **(vorläufigen) Schlusspunkt** der behördlichen Ermittlungen und benennt damit für den Ausländer erkennbar den Zeitpunkt an dem unter Berücksichtigung der bis dahin erfolgten Mitwirkungshandlungen, entschieden werden soll. Geht es um einen Aufenthaltstitel, muss der Ausländer nach diesem Zeitpunkt mit dessen Versagung und dem Erlöschen der Fiktionen nach § 81 III und IV und den damit einhergehenden Nachteilen rechnen. 28

Die Präklusionsvorschrift ist grundsätzlich auch auf das Vorbringen von **Abschiebungsverboten** und -hindernissen anwendbar. Der obligatorische Ausschluss nach § 70 III 1 (1. Hs.) AuslG wurde allerdings nicht übernommen. Im Wege des Ermessens kann verspäteter Vortrag ausgeschlossen werden, obwohl es oft um die gesamte Existenz bedrohende Gefahren geht. Ausgeschlossen werden können damit Umstände, die gegen die Abschiebung in den ins Auge gefassten oder in der Abschiebungsandrohung benannten Staat sprechen, aber auch allgemeine sonstige Hindernisse persönlicher Art ohne Rücksicht auf den Entstehungszeitpunkt. 29

Ohne **Bezeichnung des Zielstaats** in der Abschiebungsandrohung kann aber keine dieser Präklusionen eingreifen[78]. Für den Regelfall ist die Angabe des Zielstaats vorgeschrieben (§ 59 II), und im Falle politischer Verfolgung bedarf es der Bezeichnung derjenigen Staaten, in die der Ausländer nicht abgeschoben werden darf (§ 60 X 2). 30

Als für die Präklusion maßgeblich können die **Zeitpunkte** des Entstehens der abschiebungshindernden Umstände und der Kenntnisnahme des Ausländers angesehen werden. Auf ein prozessuales Fehlverhalten des Ausländers kann es danach ankommen. Mangelndes Verschulden sollte in der Regel zu Gunsten des Ausländers berücksichtigt werden. Zu berücksichtigen bleibt, dass durch die Präklusion ein späteres Vorbringen vor Gericht im Verwaltungsverfahren ohnehin nicht abgeschnitten wird. 31

Die Möglichkeit der Präklusion offenbart eine gewisse Tendenz zur **Verlagerung** von behördlichen Aufgaben **auf die Gerichte** und kann oft eher zu einer Verlängerung als zu einer Verkürzung der Verfahren insgesamt beitragen. Handelt es sich um vor der Abschiebungsandrohung eingetretene Tatsachen, können diese auf Klage oder Eilantrag hin vom Gericht nicht berücksichtigt werden, wenn die Bestandskraft der Androhung, mit der ua das Vorliegen von Abschiebungshindernissen verneint wurde, entgegensteht. Dem Ausländer verbleibt nur der Antrag auf Wiederaufgreifen des Androhungsverfahrens durch die Ausländerbehörde (§ 51 VwVfG) und im Falle der Ablehnung ein Eilantrag nach § 123 VwGO. 32

Nach der Abschiebungsandrohung eingetretene Tatsachen dürfen, soweit sie die Abschiebung an sich hindern können, ebenfalls nur in einem neuen Verfahren (Widerruf eines ursprünglich rechtmäßigen Verwaltungsakts gemäß § 49 I VwVfG) von der Ausländerbehörde berücksichtigt werden. Nach den prozessualen Regeln der VwGO können sie allenfalls aufgrund eines Antrags nach § 123 VwGO mit dem Ziel der einstweiligen Aussetzung der Vollstreckung vor Gericht gebracht werden. Damit ist trotz gewisser gerichtlicher Befugnisse nicht gleichzeitig das Überprüfungs- und Abänderungsverfahren der Ausländerbehörde endgültig überflüssig gemacht. Hat der Antrag nach § 123 VwGO Erfolg, wird die Ausländerbehörde entgegen der ursprünglichen (fakultativen) Präklusion in eine erneute Überprüfung eintreten müssen. 33

Bedenklich erscheint die Präklusion von Abschiebungshindernissen auch deshalb, weil es nicht in der angedrohten Abschiebung dem Grunde nach entgegenstehenden Tatsachen geht, sondern um 34

---

[73] BVerwG Urt. v. 10.7.2012 – 1 C 19.11, BVerwGE 143, 277 = NVwZ 2013, 365; Urt. v. 22.3.2012 – 1 C 5.11, BVerwG 142, 195 = NVwZ 2012, 1485.
[74] BVerwG Urt. v. 22.3.2012 – 1 C 3.11, BVerwGE 142, 179 = NVwZ-RR 2012, 529.
[75] BVerwG Urt. v. 7.4.2009 – 1 C 17.08, ZAR 2010, 67; Urt. v. 16.6.2004 – 1 C 20.03, BVerwGE 121, 86 = NVwZ 2005, 90.
[76] BVerwG Urt. v. 19.4.2012 – 1 C 10.11, BVerwGE 143, 39 = NVwZ 2012, 1628.
[77] BVerwG Urt. v. 13.12.2011 – 1 C 14.10, BVerwGE 141, 253 = NVwZ 2012, 698.
[78] HessVGH Urt. v. 11.5.1992 – 13 UE 2608/91, EZAR 045 Nr. 2 zu § 70 III AuslG.

Umstände, die eine Aussetzung rechtfertigen können. Solche Tatsachen berühren die Rechtmäßigkeit der Abschiebungsandrohung ohne Rücksicht auf den Zeitpunkt ihres Entstehens nicht (§ 59 III 1). Sie führen aber zur zeitweisen Duldung des Ausländers (§ 60a). Ohne eine vorangehende (ablehnende) Entscheidung der Ausländerbehörde darf das Gericht auch im (hier allein in Betracht kommenden) Verfahren nach § 123 VwGO eine Entscheidung (eigentlich) nicht treffen. Abgesehen davon wird dem Gericht ohne eine fundierte Stellungnahme der Ausländerbehörde eine sachgemäße Beurteilung zumindest erschwert.

§ 83 Beschränkung der Anfechtbarkeit

(1) ¹Die Versagung eines nationalen Visums und eines Passersatzes an der Grenze sind unanfechtbar. ²Der Ausländer wird bei der Versagung eines nationalen Visums und eines Passersatzes an der Grenze auf die Möglichkeit einer Antragstellung bei der zuständigen Auslandsvertretung hingewiesen.

(2) Gegen die Versagung der Aussetzung der Abschiebung findet kein Widerspruch statt.

(3) Gegen die Anordnung und Befristung eines Einreise- und Aufenthaltsverbots durch das Bundesamt für Migration und Flüchtlinge findet kein Widerspruch statt.

Allgemeine Verwaltungsvorschrift
83 Zu § 83 – Beschränkung der Anfechtbarkeit
83.1 Ausschluss von Rechtsbehelfen
§ 83 schließt einen Rechtsbehelf gegen die Versagung eines Visums zu touristischen Zwecken sowie eines Visums oder eines Passersatzpapiers (§ 4 AufenthV) an der Grenze aus. Zugleich besteht die Hinweispflicht nach § 83 Satz 2, den Ausländer auf den gesetzlich vorgeschriebenen Einreiseweg (§ 5 Absatz 2 Nummer 1) und die Einhaltung der Passpflicht (§ 3) zu verweisen.
83.2 Ausschluss des Widerspruchsverfahrens
Gegen die Versagung der Aussetzung der Abschiebung ist das Widerspruchsverfahren ausgeschlossen. Die Aussetzung der Abschiebung kann daher nur im verwaltungsgerichtlichen Verfahren erstritten werden. Der Ausschluss des Widerspruchsverfahrens gilt nicht hinsichtlich der Androhung und Änderung von Nebenbestimmungen zur Duldung (vgl. § 61 Absatz 1).

I. Entstehungsgeschichte

1   Die Vorschrift stimmte ursprünglich im Wesentlichen mit dem **Gesetzesentwurf**[1] überein. Aufgrund des Vermittlungsverfahrens[2] wurde die Erwähnung einer Zuwanderungsmitteilung nach § 20 gestrichen. Im März 2005 wurde Abs. 2 angefügt[3]. Mit dem RLUmsG 2011[4] hat der Gesetzgeber den Anwendungsbereich der Vorschrift auf die Erteilung nationaler Visa iSv § 6 III präzisiert und den Begriff des touristischen Visums[5] aufgegeben. Die Versagung eines Schengen-Visums an der Grenze ist gemäß Art. 35 VII iVm Art. 32 III Visakodex im Einklang mit den Rechtsvorschriften der Mitgliedstaaten anfechtbar[6]. Mit dem AufenthGÄndG 2015[7] wurde Abs. 3 eingefügt.

II. Versagung an der Grenze

2   Die Grenzbehörden sind nur ausnahmsweise zur Erteilung eines Visums oder eines Passsatzes befugt (§ 14 II). Grundsätzlich haben Ausländer dahingehende Anträge bei einer deutschen Auslandsvertretung oder bei einer Ausländerbehörde im Bundesgebiet zu stellen. Die Auffassung, die an der Grenze durch § 14 II eröffneten Möglichkeiten dienten nur der Wahrung staatlicher Interessen und deshalb sei die Grenzbehörde nicht zum Erlass einer anfechtbaren Sachentscheidung verpflichtet[8], kann indes nicht gefolgt werden. Die Versagung einer positiven Entscheidung nach § 14 II verletzt möglicherweise ein subjektives Recht des Ausländers, so dass die Anfechtbarkeit gemäß Art. 19 IV GG nicht wirksam ausgeschlossen werden kann.

3   Für den Reiseausweis und Notreiseausweis als **Passersatz** ist die genannte Auffassung der Bundesregierung schon durch §§ 5 I, 13 AufenthV widerlegt, weil dort die Unzumutbarkeit der Beschaffung eines Passes bzw. der an den Ausländer drohende unbillige Härte vorausgesetzt werden. Gewiss soll die Ausnahmezuständigkeit für den Passersatz an der Grenze wie für das „Ausnahme-Visum" den Grenzverkehr erleichtern. Damit wird aber nicht nur öffentlichen, sondern auch privaten Interessen gedient. Der Reiseverkehr nützt dem Einzelnen mindestens in derselben Weise wie den Staaten. Eine

---

[1] BT-Drs. 15/420, 31.
[2] BT-Drs. 15/3479, 11.
[3] Art. 1 Nr. 11a Gesetz v. 14.3.2005, BGBl. I S. 721.
[4] Gesetz v. 12.4.2011, BGBl. I S. 610.
[5] Vgl. dazu VG Berlin Beschl. v. 25.2.2009 – 19 V 61.08, InfAuslR 2009, 222 f.
[6] Vgl. dazu *Westphal/Brakemeier* NVwZ 2010, 621 ff.; → § 6 Rn. 75.
[7] Gesetz v. 27.7.2015, BGBl. I S. 1385.
[8] Begründung des Gesetzesentwurfs, BT-Drs. 11/6321, 81.

unbillige Härte iSd § 13 I AufenthV kann bei dem einreisewilligen Ausländer vorliegen. Der Entschluss, von der Ausnahmemöglichkeit des § 14 II keinen Gebrauch zu machen, regelt einen Einzelfall verbindlich iSd § 35 VwVfG. Insoweit ist die Grenzbehörde allein zuständig. Die Verweisung an die für den Regelfall zuständige Auslandsvertretung macht die Versagung nicht ungeschehen. Sie ist zu unterscheiden von der Weitergabe eines bei einer unzuständigen Behörde eingereichten Antrags an die für die Sachentscheidung zuständige Behörde.

Da Abs. 1 S. 1 demnach wegen Verstoßes gegen Art. 19 IV GG verfassungswidrig ist[9], kann die Versagung von Visum und Passersatz durch die Grenzbehörde mit **Verpflichtungswiderspruch und -klage** (§§ 42, 68 VwGO) angegriffen werden. **Vorläufiger Rechtsschutz** ist nach § 123 VwGO nachzusuchen. Das Rechtsschutzbegehren richtet sich gegen die Bundesrepublik Deutschland. Unberührt bleibt die Möglichkeit eines Antrags bei der zuständigen Auslandsvertretung. Der Rechtsschutz hinsichtlich der Versagung an der Grenze wird durch § 77 II (Ausschluss von Schriftform, Begründung und Rechtsbehelfsbelehrung) empfindlich erschwert[10]. **4**

III. Ausschluss des Widerspruchs

Der Ausschluss des Widerspruchs gegen die Versagung der Duldung[11] ist **verfassungsrechtlich** **5** nicht zu beanstanden[12]. Mit ihr soll im Falle der Ablehnung einer Duldung bei regelmäßig vollziehbarer Ausreisepflicht das Verfahren gestrafft und beschleunigt werden[13]. Die Duldung gemäß § 60a II unterscheidet sich als Entscheidung über die Aussetzung der Abschiebung so erheblich von den Aufenthaltstiteln, dass Unterschiede im Rechtsbehelfsverfahren nicht als unsachgerecht angesehen werden können. Gegen die Versagung der Duldung kann daher unmittelbar Verpflichtungsklage und gegen Rücknahme und Widerruf unmittelbar Anfechtungsklage erhoben werden[14].

Der Widerspruch gegen die einer Duldung beigefügte **Auflage** ist nicht durch § 83 II ausgeschlos- **6** sen. Dies ergibt sich bereits aus dem eindeutigen Wortlaut, der den Widerspruch lediglich gegen die Versagung einer Duldung ausschließt. Der Sinn und Zweck der Vorschrift (s. o.) erfordert keine erweiternde Auslegung. Für den mit § 83 II verfolgten Beschleunigungsgedanken ist kein Raum, wenn die Duldung selbst nicht unmittelbar im Streit steht, die Behörde also selbst gegenwärtig gar keine Aufenthaltsbeendigung durchsetzen will[15].

Die Sondervorschrift des § 83 II schließt nicht den Widerspruch gegen die **Rücknahme und** **7** **Widerruf einer zunächst erteilten Duldung** aus. Eine erweiternde Anwendung dieser Vorschrift auf den Fall, dass eine ursprünglich erteilte Duldung zurückgenommen wird, verbietet sich, weil dem Ausländer eine bereits innegehabte Rechtsposition entzogen wird, während § 83 II von der Voraussetzung ausgeht, dass eine günstigere Rechtsposition erst erstrebt wird[16].

Gemäß Abs. 3 entfällt der Widerspruch nach § 68 VwGO gegen die Anordnung eines (Wieder-) **8** Einreise- und Aufenthaltsverbots durch das BAMF nach § 11 VII. Dem entspricht, dass für die asylrechtlichen Entscheidungen des BAMF der Widerspruch bereits durch § 11 AsylG ausgeschlossen ist. Von einem allgemeinen Ausschluss des Widerspruchs gegen Entscheidungen nach § 11 wurde aber abgesehen. Die Länder können Regelungen nach § 68 I 2 Hs. 1 VwGO treffen.

§ 84 Wirkungen von Widerspruch und Klage

(1) [1] Widerspruch und Klage gegen
1. die Ablehnung eines Antrages auf Erteilung oder Verlängerung des Aufenthaltstitels,
1a. Maßnahmen nach § 49,
2. die Auflage nach § 61 Absatz 1e, in einer Ausreiseeinrichtung Wohnung zu nehmen,
2a. Auflagen zur Sicherung und Durchsetzung der vollziehbaren Ausreisepflicht nach § 61 Absatz 1e,
3. die Änderung oder Aufhebung einer Nebenbestimmung, die die Ausübung einer Erwerbstätigkeit betrifft,
4. den Widerruf des Aufenthaltstitels des Ausländers nach § 52 Abs. 1 Satz 1 Nr. 4 in den Fällen des § 75 Absatz 2 Satz 1 des Asylgesetzes,

---

[9] Vgl. *Sennekamp/Pietzsch* in Kluth/Hund/Maaßen (Hrsg.), Zuwanderungsrecht, 1. Aufl., § 9 Rn. 9; → § 6 Rn. 75.
[10] → § 77 Rn. 15 f.
[11] → Rn. 1; ebenso schon § 71 III AuslG.
[12] IÜ haben die Länder gemäß § 68 I 2 in unterschiedlichem Umfang, teilweise gerade im Ausländerrecht, das Widerspruchsverfahren abgeschafft; Nachweis bei *Dolde/Porsch* in Schoch/Schneider VwGO § 68 Rn. 14 f.
[13] Vgl. OVG NRW Beschl. v. 8.8.2003 – 18 B 2511/02, AuAS 2003, 272 zu § 71 III AuslG 1990; s. hierzu auch BT-Drs. 11/6321, 81.
[14] → § 60a Rn. 52; zum Suspensiveffekt → § 84 Rn. 13 f.
[15] OVG NRW Beschl. v. 8.8.2003 – 18 B 2511/02, AuAS 2003, 272 zu § 71 III AuslG 1990.
[16] HmbOVG Beschl. v. 23.8.1991 – Bs V 100/91, BeckRS 1991, 8276.

5. den Widerruf oder die Rücknahme der Anerkennung von Forschungseinrichtungen für den Abschluss von Aufnahmevereinbarungen nach § 18d,
6. die Ausreiseuntersagung nach § 46 Absatz 2 Satz 1,
7. die Befristung eines Einreise- und Aufenthaltsverbots nach § 11,
8. die Anordnung eines Einreise- und Aufenthaltsverbots nach § 11 Absatz 6 sowie
9. die Feststellung nach § 85a Absatz 1 Satz 2.[1]

haben keine aufschiebende Wirkung. ²Die Klage gegen die Anordnung eines Einreise- und Aufenthaltsverbots nach § 11 Absatz 7 hat keine aufschiebende Wirkung.

(2) ¹Widerspruch und Klage lassen unbeschadet ihrer aufschiebenden Wirkung die Wirksamkeit der Ausweisung und eines sonstigen Verwaltungsaktes, der die Rechtmäßigkeit des Aufenthalts beendet, unberührt. ²Für Zwecke der Aufnahme oder Ausübung einer Erwerbstätigkeit gilt der Aufenthaltstitel als fortbestehend, solange die Frist zur Erhebung des Widerspruchs oder der Klage noch nicht abgelaufen ist, während eines gerichtlichen Verfahrens über einen zulässigen Antrag auf Anordnung oder Wiederherstellung der aufschiebenden Wirkung oder solange der eingelegte Rechtsbehelf aufschiebende Wirkung hat. ³Eine Unterbrechung der Rechtmäßigkeit des Aufenthalts tritt nicht ein, wenn der Verwaltungsakt durch eine behördliche oder unanfechtbare gerichtliche Entscheidung aufgehoben wird.

Allgemeine Verwaltungsvorschrift
Zu § 84 – Wirkungen von Widerspruch und Klage
84.1 Ausschluss der aufschiebenden Wirkung
84.1.1 Bei § 84 Absatz 1 handelt es sich um eine Bestimmung i. S. v. § 80 Absatz 2 Satz 1 Nummer 3 VwGO. Danach ist die aufschiebende Wirkung von Widerspruch und Klage nur gegen die Versagung des Aufenthaltstitels, gegen die Auflage nach § 61 Absatz 1 Satz 2, in einer Ausreiseeinrichtung zu wohnen, gegen die Änderung oder Aufhebung einer die Ausübung einer Beschäftigung betreffenden Nebenbestimmung, gegen den Widerruf oder die Rücknahme der Anerkennung von Forschungseinrichtungen für den Abschluss von Aufnahmevereinbarungen nach § 20 sowie gegen den Widerruf eines Schengen-Visums nach § 52 Absatz 7 ausgeschlossen. Gegen die Versagung eines Visums durch die Auslandsvertretungen als Teil der einheitlichen obersten Bundesbehörde Auswärtiges Amt (§ 2 GAD) findet gemäß § 68 Absatz 1 Nummer 1 VwGO kein Widerspruchsverfahren statt. Der Antragsteller kann außer im Fall des § 83 Absatz 1 gegebenenfalls nicht-förmliche Gegenvorstellung (Remonstration) erheben. Ob Rechtsmittel gegen Entscheidungen nach dem AsylVfG aufschiebende Wirkung haben, richtet sich nach § 75 AsylVfG.
84.1.2 Die Vollziehbarkeit der Ausreisepflicht gemäß § 58 Absatz 2 Satz 2 entfällt, wenn das Verwaltungsgericht die aufschiebende Wirkung von Widerspruch und Klage gegen die Versagung des Aufenthaltstitels im Verfahren auf vorläufigen Rechtsschutz gemäß § 80 Absatz 5 VwGO angeordnet hat. Die aufschiebende Wirkung von Widerspruch und Klage endet jedoch in den Fällen des § 80b Absatz 1 VwGO. Durch die Aussetzung wird die Ausreisefrist unterbrochen (§ 50 Absatz 3).
84.1.3 Die Wirkung von Widerspruch und Klage gemäß § 84 Absatz 1 gilt unabhängig davon, ob neben der Versagung des Aufenthaltstitels eine Ausweisung verfügt wird, gegen die Widerspruch und Klage aufschiebende Wirkung haben. Dem steht nicht entgegen, dass die Versagung gemäß § 11 Absatz 2 Satz 2 lediglich auf die Ausweisung gestützt wird.
84.1.4 Ist die Vollziehung der Versagung eines Aufenthaltstitels durch die Behörde ausgesetzt oder die aufschiebende Wirkung durch das Verwaltungsgericht angeordnet worden, entfällt dadurch nur die Vollziehbarkeit der Ausreisepflicht. Der Ausländer bleibt in diesem Fall weiterhin ausreisepflichtig, sein Aufenthalt ist daher nicht mehr rechtmäßig (vgl. § 84 Absatz 2 Satz 1). Die Anordnung der aufschiebenden Wirkung von Widerspruch und Klage nach Versagung des Aufenthaltstitels lässt daher die Wirkungen des § 81 Absatz 3 nicht mehr aufleben.
84.2 Wirksamkeit der die Ausreisepflicht begründenden Verwaltungsakte
84.2.1 Widerspruch und Klage gegen die in § 84 Absatz 2 Satz 1 genannten Verwaltungsakte hemmen zwar durch ihre aufschiebende Wirkung die Vollziehbarkeit des angefochtenen Verwaltungsaktes gemäß § 80 Absatz 1 VwGO, die aufschiebende Wirkung lässt jedoch die ausländerrechtliche Wirksamkeit der Maßnahme unberührt. Die aufschiebende Wirkung dieser Rechtsbehelfe hat daher lediglich zur Folge, dass die Vollziehbarkeit der Ausreisepflicht mit Ausnahme der in § 80b Absatz 1 VwGO genannten Fälle entfällt. Lediglich durch die Anordnung der sofortigen Vollziehung des Verwaltungsaktes gemäß § 80 Absatz 2 Satz 1 Nummer 4 VwGO, der die Rechtmäßigkeit des Aufenthalts beendet, kann die Vollziehbarkeit der Ausreisepflicht gemäß § 58 Absatz 2 Satz 2 bewirkt werden. Der Aufenthalt bleibt auch dann weiterhin unerlaubt, wenn im Falle der Versagung des Aufenthaltstitels das Verwaltungsgericht die aufschiebende Wirkung von Widerspruch und Klage angeordnet hat.
84.2.2.1 Mit der Bekanntgabe einer Ausweisungsverfügung oder eines sonstigen die Rechtmäßigkeit des Aufenthalts beendenden Verwaltungsaktes (Versagung in den Fällen des § 81 Absatz 3 Satz 1 und des § 81 Absatz 4, Widerruf und Rücknahme des Aufenthaltstitels, nachträgliche zeitliche Beschränkung des rechtmäßigen Aufenthalts oder des Aufenthaltstitels) wird der Aufenthalt des Ausländers unerlaubt, ohne dass es darauf ankommt, ob der Verwaltungsakt vollziehbar ist. Der Wegfall der Rechtmäßigkeit des Aufenthalts bedeutet, dass ein Familiennachzug zu dem Ausländer ausgeschlossen ist (vgl. § 29 Absatz 1 Nummer 1) und der Ausländer während des Rechtsbehelfsverfahrens nicht in die Aufenthaltsverfestigung hineinwachsen kann. Solange das Aufenthaltsrecht des Ausländers auf diese Weise umstritten ist, liegt keine ordnungsgemäße Beschäftigung i. S. v. Artikel 6 Absatz 1 ARB 1/80 vor.
84.2.2.2 Die Ausweisung (§ 51 Absatz 1 Nummer 5) oder die nachträgliche zeitliche Beschränkung des Aufenthaltstitels haben bis zur Unanfechtbarkeit der Entscheidung zur Folge, dass der Ausländer nicht mehr den ihm

---

[1] Zeichensetzung amtlich.

erteilten Aufenthaltstitel besitzt, er gemäß § 50 Absatz 1 zur Ausreise verpflichtet ist und für ihn bis zum Abschluss des Verfahrens eine rechtliche Verfestigung nicht möglich ist.

84.2.2.3 Die Sperrwirkung des § 11 Absatz 1 Satz 2 tritt ungeachtet dessen ein, ob der Rechtsbehelf gegen die Ausweisung oder Abschiebung aufschiebende Wirkung hat.

84.2.2.4 Zu den Auswirkungen des § 84 Absatz 2 Satz 2 auf die Berechtigung zur Ausübung einer Erwerbstätigkeit vgl. Nummer 4.3.1.2.

84.2.3 Nach § 84 Absatz 2 Satz 3 wird im Falle der Aufhebung des aufenthaltsbeendenden Verwaltungsaktes der Aufenthalt rückwirkend wieder rechtmäßig. Die Aufhebung bewirkt, dass der frühere Rechtszustand wieder eintritt. Der Antrag des Ausländers auf Erteilung eines Aufenthaltstitels, über den erneut zu entscheiden ist, entfaltet nach der wirksamen Aufhebung die in § 81 genannten Wirkungen.

Übersicht

	Rn.
I. Entstehungsgeschichte	1
II. Allgemeines	3
III. Ausschluss der aufschiebenden Wirkung	5
IV. Bedeutung der aufschiebenden Wirkung	20
V. Besonderheiten nach Assoziationsrecht	31
VI. Rechtsschutz	33

I. Entstehungsgeschichte

Die Vorschrift entspricht im Wesentlichen dem **Gesetzesentwurf**[2]. Aufgrund des Vermittlungsverfahrens[3] wurde Abs. 1 neu formuliert und um die Nr. 3 erweitert; außerdem wurde S. 2 in Abs. 2 eingefügt. 1

Durch das RLUmsG 2007[4] wurde § 84 I wie folgt geändert: In Nr. 2 wurden nach der Angabe „Absatz 1" die Angabe „Satz 1" eingefügt und das Wort „und" durch ein Komma ersetzt. Außerdem wurden die Nr. 4–6 angefügt. Novelliert wurde die Vorschrift durch das RLUmsG 2011[5]. Mit dem Gesetz zur Umsetzung der RL 2011/95/EU[6] erfolgte eine Korrektur von Abs. 1 Nr. 4. MWv 6.9.2013[7] wurden in Abs. 1 S. 1 Nr. 3 der Begriff der „Beschäftigung" durch „Erwerbstätigkeit" (§ 2 II) ersetzt und die Ausreiseuntersagung unter Nr. 6 in den Katalog des Abs. 1 aufgenommen, der mit dem AufenthGÄndG 2015[8] um die Nr. 7 und 8 sowie S. 2 erweitert wurde. MWv 5.2.2016[9] wurde Abs. 1 um die Nr. 1a ergänzt. Mit dem Gesetz zur besseren Durchsetzung der Ausreisepflicht[10] wurde Nr. 9 in den Katalog von Abs. 1 S. 1 aufgenommen. Mit dem [11] wurde Abs. 1 Nr. 5 an die Neuordnung der Paragraphenfolge angepasst. Das 2. RückkehrG[12] erstreckt den Anwendungsbereich der Vorschrift auf Auflagen nach § 61 Ie. 2

II. Allgemeines

§ 84 bestimmt die Reichweite des Rechtsschutzes gemäß § 80 VwGO gegen bestimmte Entscheidungen nach dem AufenthG. Die gemäß § 80 I VwGO grundsätzlich bestehende aufschiebende Wirkung von Rechtsbehelfen im Verwaltungsrecht (Suspensiveffekt) ist Ausprägung der verfahrensrechtlichen auch Ausländern verbürgten Garantie wirksamen Rechtsschutzes gegen drohenden irreparablen[13] Rechtsverlust. Gemäß § 80 I ist für den Regelfall die **aufschiebende Wirkung** von Widerspruch und Anfechtungsklage vorgesehen. Allerdings können überwiegende öffentliche Belange es rechtfertigen, den Rechtsschutzanspruch des Einzelnen zu Gunsten der sofortigen Vollziehung zurückzustellen. 3

Die aufschiebende Wirkung entfällt gemäß § 80 II 1 Nr. 3 VwGO in den gesetzlich vorgeschriebenen Fällen – für den Bereich des AufenthG sind dies ua[14] die Fälle des § 84 I – oder im Falle einer Anordnung im Einzelfall nach § 80 II 1 Nr. 4 VwGO. Tritt die aufschiebende Wirkung nicht bereits mit der Einlegung des Rechtsbehelfs ein, kann der betroffene Ausländer die Anordnung der aufschie- 4

---

[2] BT-Drs. 15/420, 31.
[3] BT-Drs. 15/3479, 11.
[4] Gesetz v. 19.8.2007, BGBl. I S. 1970.
[5] Gesetz v. 22.11.2011, BGBl. I S. 2258.
[6] BGBl. 2013 I S. 3483.
[7] BGBl. 2013 S. 3484.
[8] BGBl. 2015 I S. 1385.
[9] BGBl. 2016 I S. 130.
[10] BGBl. 2017 I S. 2780.
[11] BGBl. 2019 I S. 1307.
[12] BGBl. 2019 I S. 1294.
[13] BVerfG Beschl. v. 19.6.1973 – 1 BvL 39/69 ua, BVerfGE 35, 263; *Schoch* in Schoch/Schneider VwGO § 80 Rn. 14b.
[14] → Rn. 9.

benden Wirkung, im Fall der Anordnung der sofortigen Vollziehung nach § 80 II Nr. 4 VwGO die Wiederherstellung der aufschiebenden Wirkung durch einen Antrag bei der Behörde nach § 80 IV VwGO und/oder einen Rechtsschutzantrag nach § 80 V VwGO herbeiführen. Besonderheiten der aufschiebenden Wirkung im Aufenthaltsrecht beschreibt § 84 II.

III. Ausschluss der aufschiebenden Wirkung

5   Für die in § 84 I genannten Entscheidungen ist die grundsätzlich durch Widerspruch und Klage ausgelöste aufschiebende Wirkung (§ 80 I VwGO) von Gesetzes wegen (§ 80 I 1 Nr. 3 VwGO) **ausgeschlossen.** Die genannten Maßnahmen sind sofort vollziehbar. Bedenken bestehen hiergegen unter dem Blickwinkel des Art. 19 IV GG nicht, wenn bei der Anwendung, insbesondere der Interessenabwägung, die Bedeutung des verfahrensrechtlich verankerten Grundsatzes des Suspensiveffekts im Verwaltungsprozess beachtet wird[15]. Auch an anderer Stelle zB in §§ 15a II 4, 24 IV 4, 54a V 2, 58a I 2, 63 II 2, hat der Gesetzgeber die sofortige Vollziehbarkeit ausländerrechtlicher Maßnahmen angeordnet. Eine **Ausdehnung** des Ausschlusses des Suspensiveffekts auf weitere nicht genannte Fälle der Aufenthaltsbeschränkung oder -beendigung, insbesondere auf die Ausweisung oder auf die nachträgliche Befristung des Aufenthaltstitels, ist nicht zulässig, weil der Gesetzgeber hierauf verzichtet hat.

6   Abs. 1 S. 1 Nr. 1 bewirkt im Falle der Ablehnung des Antrags auf Erteilung oder Verlängerung eines Aufenthaltstitels die **(sofortige) Vollziehbarkeit der Ausreisepflicht** (§ 58 II 2), dh die Abschiebung ist unmittelbar möglich, wenn keine Ausreisefrist gewährt wurde (§ 58 I 1). Bereits die Entscheidung der Ausländerbehörde lässt die Fiktionen gemäß § 81 III und IV entfallen und begründet die Ausreisepflicht des Ausländers (§ 50 I).

7   Nr. 1a ordnet die sofortige Vollziehbarkeit von Maßnahmen zur Überprüfung, Feststellung und Sicherung der Identität gemäß § 49 an. Damit soll insbesondere die unmittelbare Durchführung der ersten **erkennungsdienstlichen Maßnahmen zur Identitätssicherung** bei unerlaubt eingereisten oder sich unerlaubt aufhaltenden Ausländern (§ 49 VIII, IX) gesichert werden, um ein Untertauchen zu verhindern.

8   Nr. 2 ordnet die sofortige Vollziehbarkeit einer Auflage gemäß § 61 Ie, in einer Ausreiseeinrichtung (§ 61 II) Wohnung zu nehmen, an. Die Vorschrift geht davon aus, dass es sich bei der Bestimmung, in einer Ausreiseeinrichtung Wohnung zu nehmen, um eine weitere Bedingung oder Auflage handelt[16], für die die Anordnungsbefugnis seit dem 2. RückkehrG in § 61 If geregelt ist. Nr. 2 wurde dem bisher nicht angepasst.

9   Nr. 2a erstreckt die sofortige Vollziehbarkeit auf Auflagen zur Sicherung und Durchsetzung der vollziehbaren Ausreisepflicht gemäß § 61 Ie. Da diese nur in Betracht kommen, wenn konkrete Maßnahmen zur Aufenthaltsbeendigung unmittelbar bevorstehen[17], besteht ein besonderes öffentliches Interesse an der sofortigen Vollziehbarkeit.

10 Nr. 3 ordnet die sofortige Vollziehbarkeit der Aufhebung oder Änderung von **Nebenbestimmungen** an, die die Ausübung einer Erwerbstätigkeit betreffen. Die Vorschrift erfasst die Änderung oder Aufhebung von Nebenbestimmungen, die sowohl die Ausübung einer selbstständigen Tätigkeit (§ 21)[18] als auch einer Beschäftigung (§ 7 SGB IV) betreffen. Da die Erwerbstätigkeit grundsätzlich einen dazu berechtigenden Aufenthaltstitel voraussetzt (§ 4a I 1), ist denkbar, dass die Vorschrift die Zulassung zur Erwerbstätigkeit von geduldeten Ausländern nach § 32 BeschV meint, etwa wenn der Eintrag „selbstständige Erwerbstätigkeit nicht erlaubt, Beschäftigung uneingeschränkt erlaubt" abgeändert wird in „Erwerbstätigkeit nicht gestattet"[19]. Nicht vom Anwendungsbereich erfasst ist die Beifügung einer auflösenden Bedingung zu einer explizit zum Zwecke der Erwerbstätigkeit nach §§ 18 ff. erteilten Aufenthaltserlaubnis[20].

11 Abs. 1 S. 1 Nr. 4 ordnet die sofortige Vollziehbarkeit des **Widerrufs von Aufenthaltstiteln** an, wenn zuvor die Anerkennung als Asylberechtigter oder Flüchtling gemäß § 75 S. 2 AsylG sofort vollziehbar zurückgenommen oder widerrufen wird. Damit soll eine Beschleunigung des ausländerrechtlichen Verfahrens in den Fällen der Asylunwürdigkeit nach § 3 II AsylG und des § 60 VIII 1 bei Vorliegen einer Gefahr für die Sicherheit des Landes oder der Allgemeinheit erreicht werden.

12 Mit Nr. 5 soll die behördliche Entscheidung über den **Widerruf der Anerkennung von Forschungseinrichtungen** für das Verfahren nach § 18d sofort Wirkung entfalten, damit nicht eine Aufenthaltserlaubnis an Forscher erteilt werden, obwohl die Verpflichtungen der Forschungseinrichtung, etwa aufgrund täuschenden Verhaltens oder wegen einer Insolvenz, nicht oder nicht mehr erfüllt werden.

---

[15] BVerfG Beschl. v. 21.3.1985 – 2 BvR 1642/83, BVerfGE 69, 220; *Renner* MDR 1979, 887 zu § 21 III AuslG 1965:
[16] Vgl. zB VG Bayreuth Beschl. v. 7.5.2018 – B 6 S 18.14, BeckRS 2018, 24068 Rn. 37.
[17] → § 61 Rn. 25.
[18] BT-Drs. 17/13022, 22.
[19] Vgl. VG Ansbach Beschl. v. 24.8.2007 – An 19 S 07.01623, An 19 K 07.01624, BeckRS 2007, 100012.
[20] VGH BW Beschl. v. 11.12.2013 – 11 S 2077.13, BeckRS 2014, 46012.

Nr. 6 bestimmt die sofortige Vollziehbarkeit der **Ausreiseuntersagung** nach § 46 II entsprechend 13
§ 10 I, II PassG und nimmt damit eine Anpassung an die für deutschen Staatsangehörigen geltende Regelung gemäß § 14 PassG vor.[21]

Nr. 7 ordnet nach seinem unveränderten Wortlaut die sofortige Vollziehbarkeit der **Befristung** 14
eines Einreise- und Aufenthaltsverbots nach § 11 an. Nach der Gesetzesbegründung[22] soll die Regelung betonen, dass ein Rechtsbehelf des Ausländers gegen die Befristungsentscheidung die Ausreisepflicht unberührt lasse. Für ein Entfallen der aufschiebenden Wirkung von Widerspruch und Anfechtungsklage gegen die Anordnung eines Einreise- und Aufenthaltsverbots gemäß § 11 I und II wäre nach der Neufassung von § 11 durch das 2. RückkehrG auch eine Anpassung von § 84 I 1 Nr. 7 angezeigt gewesen, zumal die sofortige Vollziehbarkeit der Anordnung von Einreise- und Aufenthaltsverboten nach § 11 VI und VII eindeutig geregelt ist. Gleichwohl soll sich der gesetzliche Sofortvollzug der Anordnung des Einreise- und Aufenthaltsverbots aus einer entsprechenden Auslegung von § 84 I 1 Nr. 7 ergeben[23].

Nr. 8 und S. 2 regeln die sofortige Vollziehbarkeit der **Anordnung eines Einreise- und Auf-** 15
enthaltsverbots nach § 11 VI und VII. Damit soll nach der Gesetzesbegründung sichergestellt werden, dass nicht schon die Erhebung des Rechtsbehelfs die Wiedereinreise ermöglicht[24]. Die Wirksamkeit dieser Regelung ist dadurch begrenzt, dass das Einreise- und Aufenthaltsverbot nach § 11 VII 2 erst mit der Bestandskraft der Entscheidung über den Asylantrag wirksam wird. S. 2 trägt dem Umstand Rechnung, dass gemäß § 83 III der Widerspruch bei Entscheidungen des BAMF nach § 11 VII entfällt.

Nr. 9 ordnet die sofortige Vollziehbarkeit der **Feststellung einer missbräuchlichen Vater-** 16
schaftsanerkennung nach § 85a I 2 an. Damit endet der Anspruch auf Duldung gemäß § 60a II 4 für die Dauer der behördlichen Überprüfungsverfahren nach § 85a mit der behördlichen Entscheidung. Für seine weitere Duldung muss der Ausländer daher die Anordnung der aufschiebenden Wirkung seines Widerspruchs oder seiner Anfechtungsklage erstreiten[25]. Für die Beurkundung der Vaterschaftsanerkennung hat die Vorschrift dagegen keine Bedeutung. Diese bleibt bis zur Unanfechtbarkeit der Feststellungsentscheidung ausgesetzt. Die endgültige Ablehnung der Beurkundung setzt gemäß § 1579a II 2 BGB die Unanfechtbarkeit der Missbrauchsfeststellung voraus.

Unabhängig davon ist die aufschiebende Wirkung von Rechtsbehelfen regelmäßig kraft Landes- 17
recht[26] im Bereich der **Verwaltungsvollstreckung** ausgeschlossen (§ 80 II 2 VwGO). Diese Ländervorschriften finden Anwendung, weil die Durchsetzung der Ausreisepflicht im AufenthG nicht abschließend geregelt ist[27]. Hiervon betroffen sind alle Verwaltungsakte in der Verwaltungsvollstreckung, also Abschiebung (§ 58), Abschiebungsandrohung (§ 59). Keine Maßnahme der Zwangsvollstreckung ist die mit der Duldung (§ 60a II) verknüpfte Wohnsitzauflage[28].

Schließlich kann der Sofortvollzug bei anderen Maßnahmen im Einzelfall behördlich angeordnet 18
werden (§ 80 II 1 Nr. 4 VwGO). Hierzu bedarf es – ausgenommen bei Notstandsmaßnahmen – einer schlüssigen Begründung des besonderen öffentlichen Interesses am Sofortvollzug (§ 80 III VwGO), spätestens im Widerspruchsbescheid[29] oder während des Gerichtsverfahrens[30]. Diese darf sich nicht in der Wiedergabe des Gesetzeswortlauts oder formelhaften Wendungen erschöpfen. Zu beachten ist, dass nach der Wertung des Gesetzgebers nur für die in § 84 I aufgeführten Fälle eine sofortige Beendigung des unrechtmäßigen Aufenthalts im öffentlichen Interesse generell angezeigt ist. Für die in § 84 I nicht benannten Fälle bedeutet das im Umkehrschluss, dass allein die Unrechtmäßigkeit des (weiteren) Aufenthalts ohne das Hinzutreten weiterer Umstände ein besonderes Interesse an der sofortigen Vollziehung regelmäßig noch nicht begründet[31]. Mit dem Verzicht der Aufnahme einer Maßnahme oder Anordnung in den Katalog von § 84 I hat der Gesetzgeber vielmehr zum Ausdruck gebracht, dass er es beim Grundsatz des § 80 I VwGO bleiben soll, wonach der Klage aufschiebende Wirkung zukommt[32].

---

[21] BT-Drs. 17/13022, 22.
[22] BT-Drs. 18/4097, 58.
[23] → vor § 53 Rn. 153; VGH BW Beschl. v. 13.11.2019 – 11 S 2996.19, BeckRS 2019, 29732; *Hoppe* in Dörig MigrationsR-HdB § 7 Rn. 172; offengelassen BVerwG Beschl. v. 28.5.2020 – 1 VR 2.19, BeckRS 2020, 13807 Rn. 12.
[24] BT-Drs. 18/4094, 58.
[25] Vgl. BT-Drs. 18/12415, 16.
[26] Vgl. zB Art. 21a BayVwZVG, § 12 LVwVG BW, § 63 I JustG Bln, § 16 VwVG Bbg., § 11 AGVwGO Brem, § 29 I HmbVwVG, § 8 AGVwGO Hmb, § 16 HessAGVwGO, § 70 I NdsVwVG iVm. § 64 IV NPOG, § 112 JustG NRW, § 20 RhPf. AGVwGO, § 20 AGVwGO Saarl., § 9 AGVwGO LSA.
[27] HmbOVG Beschl. v. 19.1.1993 – Bs VII 126/92, EZAR 044 Nr. 4.
[28] OVG NRW Beschl. v. 10.3.2010 – 18 B 1702, AuAS 2010, 176 ff. unter Hinweis auf frühere gegenteilige Rspr. mwN.
[29] HessVGH Beschl. v. 2.9.1988 – 12 TH 3533/87, EZAR 622 Nr. 5.
[30] Str., vgl. *Finkelnburg/Jank* Rn. 599 f.
[31] Für den Fall der nachträglichen Befristung der Aufenthaltserlaubnis vgl. OVG RhPf Beschl. v. 18.1.2017 – 7 B 10722/16, BeckRS 2017, 105580 Rn. 10; für den Fall einer räumlichen Beschränkung gemäß § 61 Ic 2, OVG LSA Beschl. v. 25.4.2018 – 2 M 24/18, BeckRS 2018, 13070 Rn. 5.
[32] NdsOVG Beschl. v. 10.9.2014 – 8 ME 87/14, BeckRS 2014, 56254.

Gleichwohl kann sich im Einzelfall die **Begründung** des Verwaltungsakts mit der des besonderen Vollzugsinteresses decken[33]. Sie kann im Widerspruchsbescheid auch dann nachgeholt werden, wenn dieser erst während des gerichtlichen Eilverfahrens ergeht[34].

19 Durch die Verweisung in § 60b VI findet § 84 II 1 und 3 entsprechend Anwendung auf Klagen gegen die Erteilung einer **Duldung mit dem Zusatz „für Personen mit ungeklärter Identität"**[35].

IV. Bedeutung der aufschiebenden Wirkung

20 § 84 II bestimmt die Rechtsfolgen der aufschiebenden Wirkung von Widerspruch und Anfechtungsklage gegen Ausweisungen und sonstige aufenthaltsbeendende Verwaltungsakte.

21 Der Eintritt der aufschiebenden Wirkung dieser Rechtsbehelfe hat zur **Folge**, dass der angefochtene Verwaltungsakt nicht vollziehbar ist. Dh die mit dem Verwaltungsakt verknüpften Pflichten können zunächst **nicht zwangsweise durchgesetzt** werden. Die Vollziehbarkeit aufenthaltsbeendender Verwaltungsakte ist bis zu einer vollziehbaren Entscheidung über sie gehemmt (§ 58 I, II 2); während dieser Zeit kann der Ausländer nicht abgeschoben werden. Er wird für die Dauer der aufschiebenden Wirkung geduldet (sog. Verfahrensduldung).

22 Gemäß § 84 II 1 wird die **Wirksamkeit der Ausweisung** und eines sonstigen, die Rechtmäßigkeit des aufenthaltsbeendenden Verwaltungsakts von der Hemmung der Vollziehbarkeit nicht berührt. Das bedeutet, dass die Ausweisung oder der sonstige aufenthaltsbeendende Verwaltungsakt unbeschadet des durch die aufschiebende Wirkung vermittelten vorläufigen Rechtsschutzes Rechtwirkungen zu Lasten des Ausländers entfaltet. Mangels eines Aufenthaltsrechts bleiben der Aufenthalt unrechtmäßig (§ 50 I) und die Ausreisepflicht bestehen. Die mit der Versagung beendeten Fiktionen gemäß § 81 III oder IV 1 bzw. die gemäß § 80 IV 3 angeordnete Fortgeltung leben nicht wieder auf.

23 Die Aufrechterhaltung der Wirksamkeit aufenthaltsbeendender Maßnahmen durch Abs. 2 (wie schon § 71 II AuslG; § 21 III AuslG 1965 kannte eine ähnliche Regelung nicht) beschränkt sich nicht auf diese Wirkung. Abgestellt ist nicht ausschließlich auf die Beendigung der Rechtmäßigkeit des Aufenthalts, obwohl dies va Abs. 2 S. 3 entnommen werden könnte, der Abs. 2 S. 1 einschränken soll. Der Wortlaut spricht vielmehr dafür, dass der Eintritt der inneren Wirksamkeit insgesamt nicht gehemmt sein soll[36].

24 Damit löst die Ausweisung unbeschadet der aufschiebenden Wirkung weitere mit ihr verbundene materiellen Rechtswirkungen und Rechtsfolgen aus, insbesondere die allgemeine Bindungs- und Tatbestandswirkung. Ein Einreise- und Aufenthaltsverbot ist damit nicht mehr automatisch verbunden. Das gemäß § 11 I 1 im Falle der Ausweisung zu erlassene Einreise- und Aufenthaltsverbot zu erlassene erfordert keine vollziehbare Ausweisung[37]. Bei gleichzeitiger Ablehnung eines Aufenthaltstitels, Ausweisung und Erlass eines Einreise- und Aufenthaltsverbots erübrigt sich also wegen § 11 I 2 die weitere Begründung der Versagungsentscheidung. Das Gericht überprüft allerdings alle Verfügungen[38]; geht es um die Anordnung der aufschiebenden Wirkung gegen die Versagung des Aufenthaltstitels wird die Rechtmäßigkeit der Ausweisung als Voraussetzung des Einreise- und Aufenthaltsverbots gemäß § 11 I inzident[39] geprüft.

25 Diese Rechtswirkungen zu Lasten des Ausländers entfallen erst mit Aufhebung der Ausweisung oder des sonstigen Verwaltungsakts durch die Behörde oder das Gericht (nur im letzteren Fall ist Unanfechtbarkeit verlangt). Die Aufhebung entfaltet allerdings Rückwirkung, legalisiert also den Aufenthalt mit Wirkung ex tunc und beseitigt damit die Unterbrechung des rechtmäßigen Aufenthalts. Außer der Ausweisung sind auch andere Maßnahmen erfasst, soweit sie die Rechtmäßigkeit des Aufenthalts beenden und daher sofort wirken sollen, zB Befristung (§§ 7 II 2, 12 II 2), Rücknahme oder Widerruf (§ 51 I Nr. 3 und 4).

26 Anders verhält es sich, wenn die **aufschiebende Wirkung** eines Rechtsbehelfs durch behördliche oder gerichtliche Entscheidung **wiederhergestellt oder angeordnet** wird (§ 80 IV oder V VwGO). Der behördliche oder gerichtliche Vollzugsstopp bewirkt nur ein Verbot der Vollziehung, ändert aber nichts an der Unrechtmäßigkeit des weiteren Aufenthalts. Nur die Ausreisefrist wird unterbrochen (§ 59 I 6). Die aufschiebende Wirkung tritt aufgrund gerichtlicher Entscheidung nach § 80 V VwGO

---

[33] HessVGH Beschl. v. 2.9.1988 – 12 TH 3533/87, EZAR 622 Nr. 5; OVG NRW Beschl. v. 3.12.1984 – 17 B 1515/83, NJW 1986, 1449; vgl. auch BVerfG Beschl. v. 21.3.1985 – 2 BvR 1642/83, BVerfGE 69, 220; Beschl. v. 28.3.1985 – 1 BvR 1245/84 ua, BVerfGE 69, 233; HmbOVG Beschl. v. 15.11.1989 – Bs IV 503/88 ua, EZAR 132 Nr. 2.

[34] HessVGH Beschl. v. 2.9.1988 – 12 TH 3533/87, EZAR 622 Nr. 5.

[35] → § 60b Rn. 31.

[36] Vertiefend zur Vollziehbarkeits- und Wirksamkeitshemmung gemäß § 80 I VwGO im Aufenthaltsrecht *Schoch* in Schoch/Schneider VwGO § 80 Rn. 110, 114.

[37] Vgl. zur alten Rechtslage NdsOVG Beschl. v. 20.3.2012 – 8 ME 204/11, BeckRS 2012, 48765.

[38] NdsOVG Urt. v. 11.8.2010 – 11 LB 425/09, BeckRS 2010, 52420; vgl. schon VGH BW Beschl. v. 12.12.1991 – 13 S 1800/90, EZAR 622 Nr. 13.

[39] OVG Bln-Bbg Beschl. v. 22.11.2012 – OVG 11 S 63.12, BeckRS 2012, 60449; vgl. schon VGH BW Beschl. v. 12.12.1991 – 13 S 1800/90, EZAR 622 Nr. 13.

in der Regel rückwirkend ein, aber erst nach deren Unanfechtbarkeit, gegebenenfalls also erst nach Beendigung des Beschwerdeverfahrens[40]. Unabhängig davon bleibt der Aufenthalt unrechtmäßig, bis im Hauptsacheverfahren eine abschließende Entscheidung ergeht.

Wird die Ausweisung bzw. der aufenthaltsbeendende Verwaltungsakt als rechtswidrig **aufgehoben** 27 mit der Folge, dass der Aufenthaltstitel ex tunc wiederauflebt, erteilt oder verlängert wird, tritt gemäß § 84 II 3 (rückblickend)[41] keine Unterbrechung der Rechtmäßigkeit des Aufenthalts ein, wenn der Aufenthalt bei Erlass des Verwaltungsakts rechtmäßig war, also entweder der Aufenthaltstitel gemäß § 81 IV 1 oder 3 fortgalt oder der Aufenthalt gemäß § 81 III 1 als erlaubt fingiert wurde. Anderes gilt, wenn der Aufenthalt bei Erlass des Verwaltungsakts nicht rechtmäßig war, weil nur die Duldungsfiktion galt oder der Ausländer aus anderen Gründen geduldet wurde[42].

Da die Ausübung einer Erwerbstätigkeit grundsätzlich den Besitz eines Aufenthaltstitels voraussetzt, 28 entfällt aufgrund der Ausweisung oder des sonstigen aufenthaltsbeenden Verwaltungsakts die Befugnis diese Tätigkeit weiter auszuüben. In den Fällen des § 84 II 2 wird der durch die wirksame Ausweisung oder den sonstigen aufenthaltsbeendenden Verwaltungsakt entfallene Aufenthaltstitel als Voraussetzung einer Erwerbstätigkeit vorübergehend durch eine – **eingeschränkte – Fortgeltungsfiktion** ersetzt. Diese darf jedoch nicht mit der Fortgeltung des Aufenthaltstitels gemäß § 81 IV verwechselt werden. Es handelt sich vielmehr um eine gesetzliche Regelung nach § 4a IV, aufgrund derer (nur) die Erwerbstätigkeit auch ohne den Besitz eines Aufenthaltstitels ausgeübt werden darf[43]. Solange diese gilt, ist der Ausländer nicht auf das Verfahren für geduldete Ausländer nach § 32 BeschV zu verweisen[44]. Die eingeschränkte Fortgeltungsfiktion nach § 84 II 2 gilt während der Frist zur Einlegung des zulässigen Rechtsbehelfs, während eines Verfahrens nach § 80 V VwGO und solange dem eingelegten Rechtsbehelf aufschiebende Wirkung zukommt.

Da die eingeschränkte Fiktionswirkung gemäß § 84 II 2 nur die **Erwerbstätigkeit**, nicht aber den 29 Aufenthalt erlaubt, berechtigt sie nicht zur Aus- und Wiedereinreise. Soweit der BayVGH[45] kein Erlöschen der Fiktionswirkung bei einer kurzfristigen Ausreise zur Teilnahme an der Beerdigung des im Heimatland verstorbenen Vaters angenommen hat, dürfte dies humanitären Erwägungen geschuldet gewesen und nicht verallgemeinerungsfähig sein.

Nach der Neuregelung des Zugangs von Ausländern zum Arbeitsmarkt durch das ZuwG besteht in 30 den Fällen des § 84 II 2 ein anzuerkennendes Bedürfnis des Ausländers dafür, dass ihm die Ausländerbehörde die fortbestehende Berechtigung zur Aufnahme und Ausübung einer Erwerbstätigkeit in geeigneter Form **bescheinigt**[46]. Die in der Bescheinigung liegende Dokumentation der Rechtslage ist kein Verwaltungsakt[47]. Nicht zu verwechseln ist die **Fortgeltungsbescheinigung** wiederum mit der Fiktionsbescheinigung nach § 81 V oder der Anordnung der Fortgeltung des Aufenthaltstitels (§ 81 IV 3). Gemäß Nr. 4.3.1.2 AVwV soll zur Vermeidung von Missverständnissen daher auch nicht der derselbe Vordruck verwendet werden. Allerdings gibt es bisher keine einheitliche Vorgabe für die Fortgeltungsbescheinigung. Die Ausländerbehörde bedienen sich eigener Formularschreiben oder eines Zusatzes auf der GÜB. Der Inhalt dieser Bescheinigungen ist oft nicht ohne Weiteres zu verstehen und kann daher bei Arbeitgebern zu Verunsicherung führen, ob der Ausländer legal beschäftigt werden kann. Insofern ist Abhilfe geboten. Übergangsweise könnten die Ausländerbehörden erläuterndes Merkblatt für Arbeitgeber herausgeben.

V. Besonderheiten nach Assoziationsrecht[48]

§ 84 I Nr. 1 findet auch auf die Ablehnung eines (deklaratorischen) Aufenthaltstitels nach § 4 II 31 Anwendung[49]. Die Regelung ist nicht assoziationsrechtskonform einschränkend dahin auszulegen, dass die Vorschrift nur für konstitutive Aufenthaltstitel gilt[50]. Zwar führt die Ablehnung der Aufenthaltserlaubnis nicht dazu, dass bei bestehender Rechtsposition nach Art. 6 oder 7 ARB 1/80 die Ausreisepflicht entsteht (50 I). Denn die Rechtsstellung ist vom AufenthG unabhängig. In Fällen, in denen die Rechtsposition entfallen und der Antrag daher abzulehnen ist, führt aber allein der Besitz des Aufenthaltstitels nach § 4 II zu einer privilegierten Rechtsstellung[51]. Dagegen findet

---

[40] VGH BW Beschl. v. 30.3.1990 – 1 S 295/90, EZAR 132 Nr. 3; HessVGH Beschl. v. 5.4.1990 – 13 TH 4801/88, EZAR 132 Nr. 4.
[41] Auch die Ausweisung infolge nachträglicher Änderung der Sach- und Rechtslage wird mit Wirkung „ex tunc" aufgehoben – BVerwG Urt. v. 4.10.2012 – 1 C 13.11, BVerwGE 144, 230 = NVwZ 2013, 361 Rn. 27.
[42] → § 81 Rn. 19 ff., 37, 39.
[43] Vgl. *Welte* InfAuslR 2012, 89.
[44] Vgl. HmbOVG Beschl. v. 21.10.2005 – 4 Bs 222/05, InfAuslR 2006, 60.
[45] BayVGH Beschl. v. 9.8.2011 – 19 CE 11.1573, BeckRS 2011, 32550 Rn. 18 f.
[46] HmbOVG Beschl. v. 21.10.2005 – 4 Bs 222/05, InfAuslR 2006, 60.
[47] BVerwG Beschl. v. 21.1.2010 – 17.09, InfAuslR 2010, 150.
[48] Assoziationsabkommen EWG/Türkei → § 4 Rn. 60 ff.
[49] OVG NRW Beschl. v. 10.4.2008 – 18 B 291/08, BeckRS 2008, 34800.
[50] So aber HmbOVG Beschl. v. 9.5.2007 – 4 Bs 241/06, NVwZ-RR 2008, 60.
[51] → § 4 Rn. 61 f.

§ 84 II 1 keine Anwendung auf die Ausweisung assoziationsberechtigter türkischer Staatsangehöriger[52].

32 Hat der Ausländer noch keine Rechtsposition nach Art. 6 ARB 1/80 erlangt kann er bei fortdauernder gemäß § 84 II 2 erlaubter Beschäftigung während des Verfahrens seinen Aufenthaltsstatus nicht verbessern. Beschäftigungszeiten können nämlich so lange nicht als ordnungsgemäß angesehen werden, wie nicht endgültig feststeht, dass dem Betroffenen während des fraglichen Zeitraums das Aufenthaltsrecht zustand[53]. Im Falle des § 84 II 3 gilt aber insoweit nicht nur der Aufenthalt, sondern auch die Beschäftigung rückwirkend als ordnungsgemäß.

VI. Rechtsschutz

33 Die Möglichkeiten des Ausländers, effektiven Rechtsschutz zu erlangen, hängen zunächst davon ab, ob seinem Rechtsbehelf (Widerspruch oder Klage) eine **aufschiebende Wirkung** unmittelbar zukommt oder ob er die Wiederherstellung oder Anordnung der aufschiebenden Wirkung beantragen kann. Die gerichtliche Wiederherstellung oder Anordnung der aufschiebenden Wirkung setzt voraus, dass der Ausländer aufgrund seines Antrags auf Erteilung oder Verlängerung des Aufenthaltstitels bis zur Entscheidung der Ausländerbehörde in den Genuss einer Fortgeltungs- oder Erlaubnisfiktion nach § 81 III oder § 81 IV 1 kam bzw. die Ausländerbehörde die Fortgeltungswirkung angeordnet hat (§ 81 IV 3)[54]. Gleiches gilt, wenn ihm die Duldungsfiktion zu Gute kam. In den anderen Fällen kann er vorläufigen Rechtsschutz nur gemäß § 123 VwGO erlangen[55]. In den Fällen, in denen die Frage des Eintritts der Rechtsfolgen des § 81 III oder IV AufenthG nicht ohne Weiteres zu beantworten oder umstritten ist, empfiehlt es sich beide Anträge zu stellen. Unabhängig davon ist es in diesen Fällen selbst bei von Anfang an anwaltlich vertretenen Antragsteller geboten, sowohl nach § 80 V VwGO als auch nach § 123 VwGO zu prüfen[56].

34 Durch die Möglichkeit, gemäß § 81 IV 3 die Anordnung der Fortgeltung eines Aufenthaltstitels bei verspäteter Antragstellung zu erreichen, kann sich im Falle einer gleichzeitigen Ablehnung beider Anträge eine Gleichzeitigkeit des vorläufigen Rechtsschutzes nach § 123 I VwGO (auf einstweilige Anordnung der Fortgeltung) und § 80 V VwGO (auf Anordnung der aufschiebenden Wirkung des gegen die Versagung des Aufenthaltstitels eingelegten Rechtsbehelfs) ergeben. In diesem Fall hängt die Statthaftigkeit des Rechtsschutzes nach § 80 V VwGO vom Erfolg des Antrags nach § 123 VwGO ab. Ggf. ist hilfsweise ein weiterer Antrag nach § 123 VwGO zu erheben.

35 Die Aussetzung des Vollzugs kann durch die Ausgangs- oder Widerspruchsbehörde (§ 80 IV 1 VwGO) erfolgen oder das Gericht kann auf Antrag die **aufschiebende Wirkung** ganz oder zT **anordnen oder wiederherstellen** (§ 80 V 1 VwGO). Das Gericht trifft nach § 80 V VwGO eine eigene Ermessensentscheidung. Für diese ist maßgeblich, ob ein besonderes öffentliches Vollzugsinteresse bei der im Eilverfahren allein möglichen summarischen Überprüfung festgestellt werden kann und dieses das Aussetzungsinteresse des Ausländers überwiegt[57].

36 Bei kraft Gesetzes angeordnetem Sofortvollzug besteht ein grundsätzlicher Vorrang des Vollziehungsinteresses. Erweist sich der angegriffene Verwaltungsakt bei dieser eingeschränkten Prüfung als **offensichtlich rechtmäßig**, kann daraus auch ein besonderes öffentliches Interesse am Sofortvollzug abgeleitet werden. Umgekehrt besteht an der sofortigen Vollziehung eines **offensichtlich rechtswidrigen Verwaltungsakts** trotz des gesetzlichen angeordneten Sofortvollzugs idR kein besonderes öffentliches Interesse. Erscheinen Rechtmäßigkeit oder Rechtswidrigkeit des Verwaltungsakts bei überschlägiger Prüfung nicht evident, weil der Fall im Hauptsacheverfahren zu klärende Sach- und Rechtsfragen aufwirft und deshalb die Gewährung vorläufigen Rechtsschutzes nicht von den Erfolgsaussichten in der Hauptsache abhängig gemacht werden kann, ist eine Interessenabwägung im Einzelfall vorzunehmen. Für diese, die Folgen eines Sofortvollzugs einbeziehenden Interessenabwägung, ist es unerheblich, ob der Sofortvollzug einer gesetzlichen (vgl. § 80 II 1 Nr. 1–3 VwGO) oder einer behördlichen Anordnung (vgl. § 80 II 1 Nr. 4 VwGO) entspringt[58]. Auch im Falle des gesetzlichen Ausschlusses des Suspensiveffekts besteht bei offenen Erfolgsaussichten keine Vermutung für ein Überwiegen öffentlicher Interessen[59].

37 Gemäß § 80b I VwGO wirkt die aufschiebende Wirkung der Anfechtungsklage ggf. (bei Abweisung der Klage in der Hauptsache) nur bis drei Monate nach Ablauf der gesetzlichen Begründungsfrist eines Rechtsbehelfs gegen die Abweisung der Klage in erster Instanz. In diesen Fällen kann es erforderlich sein, dass der Ausländer die Anordnung der **Fortdauer der aufschiebenden Wirkung**

---

[52] VGH BW Beschl. v. 16.11.2010 – 11 S 2328/10, InfAuslR 2011, 51 ff.; aA NdsOVG Beschl. v. 28.1.2021 – 13 ME 355/20, BeckRS 2021, 857 Rn. 20 ff.
[53] BVerwG Urt. v. 19.4.2012 – 1 C 10.11, BVerwGE 143, 39 = NVwZ 2012, 16281 Rn. 24.
[54] Vgl. BayVGH Beschl. v. 21.2.2013 – 10 CS 12.2679, BeckRS 2013, 48084 Rn. 18 mwN.
[55] → § 81 Rn. 43; VGH BW Beschl. v. 14.9.2011 – 11 S 2438/11, BeckRS 2011, 54725.
[56] Vgl. VGH BW Beschl. v. 14.9.2011 – 11 S 2438/11, BeckRS 2011, 54725.
[57] Vgl. zB VGH BW Beschl. v. 26.1.2010 – 11 S 2482/09, InfAuslR 2010, 288.
[58] OVG Bln-Bbg Beschl. v. 28.5.2015 – OVG 7 S 10.15, BeckRS 2015, 46563.
[59] *Renner* MDR 1979, 887.

gemäß § 80b II VwGO beim OVG oder BVerwG[60] beantragt. Handelt es sich in der Hauptsache um eine Verpflichtungsklage, also um eine Klage auf Erteilung oder Verlängerung eines Aufenthaltstitels, ist der Anwendungsbereich von § 80b II VwGO im Regelfall nicht eröffnet. Eine analoge Anwendung von § 80b VwGO auf Verpflichtungsklagen kommt aber in Betracht, wenn mit der Ablehnung des Verwaltungsakts eine darüberhinausgehende Belastung verbunden ist[61]. Das ist bei der Versagung der Erteilung oder Verlängerung eines Aufenthaltstitels der Fall, wenn damit die Rechtmäßigkeit des Aufenthalts beendet und eine Ausreisepflicht begründet wird[62].

Der Antrag gemäß § 80 V VwGO gegen die Anordnung eines **Einreise- und Aufenthaltsverbots** nach § 11 VII ist statthaft, weil der Klage jedenfalls nach dem Wortlaut von § 84 I 2 keine aufschiebende Wirkung zukommt. Der gemäß § 36 III 10 AsylG binnen Wochenfrist zu stellende Antrag dürfte aber regelmäßig unzulässig sein[63]. Es besteht in der Regel kein Rechtsschutzbedürfnis[64], wenn gleichzeitig die im selben Bescheid getroffene Asylentscheidung angefochten wird. Das Einreise- und Aufenthaltsverbot nach § 11 VII wird gemäß S. 2 erst mit der Bestandskraft der Entscheidung über den Asylantrag wirksam. Das Rechtsschutzbedürfnis ist dagegen im Falle der nachträglichen Anordnung des Einreise- und Aufenthaltsverbots nach § 11 VII oder bei Verzicht auf eine Anfechtung der Asylentscheidung zu bejahen. Für den erfolglosen Asylbewerber kann die vorläufige Suspendierung des Einreise- und Aufenthaltsverbots nach § 11 VII insbesondere dann von Interesse sein, wenn er einen Anspruch auf Erteilung einer Aufenthaltserlaubnis erworben hat. Einstweiliger Rechtsschutz gegen das Einreise- und Aufenthaltsverbot nach § 11 VII kann im Übrigen mit dem auf Aufhebung bzw. Verkürzung des Einreise- und Aufenthaltsverbots (§ 11 IV) gerichteten Antrag gemäß § 123 VwGO erreicht werden. 38

§ 85 Berechnung von Aufenthaltszeiten

Unterbrechungen der Rechtmäßigkeit des Aufenthalts bis zu einem Jahr können außer Betracht bleiben.

Allgemeine Verwaltungsvorschrift
85 Zu § 85 – Berechnung von Aufenthaltszeiten
85.0 Durch die Möglichkeit, Unterbrechungen der Rechtmäßigkeit des Aufenthalts bis zu einem Jahr unberücksichtigt zu lassen, sollen Unbilligkeiten vermieden werden, die sich im Übrigen bei geringfügigen formalen Nachlässigkeiten des Ausländers (Beispiele siehe Nummer 85.4) ergeben würden.
85.1 Soweit gesetzlich (z.B. in § 104b Nummer 2) gefordert wird, dass ein rechtmäßiger Aufenthalt ununterbrochen vorliegen muss (nicht nur ein rechtmäßiger Aufenthalt von bestimmter Dauer, vgl. etwa § 37 Absatz 1 und 5), hat diese Vorschrift Vorrang und verdrängt § 85.
85.2 § 9b ist bei Prüfung der Voraussetzungen nach § 9a Absatz 2 Satz 1 Nummer 1 vorrangig zu beachten.
85.3 Eine Unterbrechung i.S.v. § 85 erfordert Zeiten unrechtmäßigen Aufenthalts, die zwischen solchen rechtmäßigen Aufenthalts liegen. Die Zeit der Unterbrechung selbst wird nicht dem rechtmäßigen Aufenthalt angerechnet. Denkbar sind auch mehrere Unterbrechungen von jeweils bis zu einem Jahr.
85.4 Die Unterbrechung der Rechtmäßigkeit des Aufenthaltes kann insbesondere auf nicht rechtzeitigem Antrag auf Verlängerung des Aufenthaltstitels oder auf einem Ungültigwerden des Passes beruhen.
85.5 Über die Unbeachtlichkeit der Unterbrechung rechtmäßigen Aufenthaltes nach § 85 hat die Ausländerbehörde nach pflichtgemäßem Ermessen zu entscheiden. Hierbei können Gründe und – z.B. bei mehrfachen Unterbrechungen (siehe Nummer 85.3) – insbesondere Anzahl und Gesamtdauer der Unterbrechungen Berücksichtigung finden. Insbesondere bei Bagatellunterbrechungen, bei denen die Behörde von Ordnungswidrigkeitsverfahren abgesehen hat, ist dem Betreffenden die Unterbrechung des Aufenthaltes in aller Regel nicht mehr entgegenzuhalten.

I. Entstehungsgeschichte

Die Vorschrift entspricht dem **Gesetzesentwurf**[1]. 1

II. Unterbrechungen der Rechtmäßigkeit

Die Vorschrift erlaubt es, Unterbrechungen der Rechtmäßigkeit des Aufenthalts bis zu einem Jahr 2 unberücksichtigt zu lassen (Nr. 85.0 AVwV). Die Unterbrechung kann bei ausländerrechtlichen Entscheidungen, bei denen es auf einen ununterbrochenen rechtmäßigen Aufenthalt ankommt, in dem Sinne außer Betracht bleiben, dass der Aufenthalt als ununterbrochen rechtmäßig gilt. Die Rechtmäßigkeit des Aufenthalts ist unterbrochen, wenn der Aufenthalt **davor und danach rechtmäßig**

---

[60] BVerwG Beschl. v. 13.9.2011 – 1 VR 1/11 (1 C 7/11), AuAS 2012, 39 ff.
[61] OVG NRW Beschl. v. 9.3.2006 – 13 B 1838/05, BeckRS 2006, 22483; SächsOVG Beschl. v. 20.1.2014 – 3 B 354/13.
[62] *Schoch* in Schoch/Schneider VwGO § 80b Rn. 19.
[63] Vgl. VG Berlin Beschl. v. 9.5.2016 – VG 8 L 239.16 A, BeckRS 2016, 45788; VG Stuttgart Beschl. v. 22.7.2016 – A 2 K 2113.16, BeckRS 2016, 49785.
[64] Vgl. *Haderlein* in Heusch/Haderlein/Schönenbroicher, Das neue Asylrecht 2016, Rn. 375.
[1] BT-Drs. 15/420, 31.

war. Damit wird aber die Zeit der Unterbrechung selbst nicht als rechtmäßiger Aufenthalt angerechnet[2] (vgl. auch § 12b StAG), sondern es werden Unbilligkeiten vermieden, die sich ansonsten bei formalen Nachlässigkeiten des Ausländers ergeben würden.

3   Das BVerwG[3] fasst den Anwendungsbereich der Vorschrift aber weiter. § 85 ist über seinen Wortlaut hinaus dahingehend zu verstehen, dass er auch **Unterbrechungen** in Zeiten des Titelbesitzes erfasst. Damit kann, wenn es auf Zeiten des Besitzes des Aufenthaltstitels[4] ankommt, von einem Verfall der vor der Unterbrechung liegenden Zeiten des Titelbesitzes abgesehen werden. Insofern kann die Ausländerbehörde im Rahmen ihres Ermessens Unterbrechungszeiten bis zu einem Jahr außer Betracht zu lassen und damit flexibel etwa auf unverschuldete oder auch nur geringfügige Unterbrechungen – auch iSd Grundsatz der Verhältnismäßigkeit – reagieren[5]. Der Unterbrechungszeitraum gilt jedoch nicht als Zeit des Besitzes eines Aufenthaltstitels. Das Gesetz unterscheidet klar zwischen Besitz eines Aufenthaltstitels, rechtmäßigem und geduldetem Aufenthalt, nicht zuletzt in § 81 IV, III 1 und III 2.

4   Die Unterbrechung kann va auf einem **nicht rechtzeitigen Antrag** auf erstmalige Erteilung oder Verlängerung des Aufenthaltstitels nach dessen Ablauf beruhen, sofern eine rückwirkende Verlängerung ausgeschlossen ist und nicht die Fortgeltung des Aufenthaltstitels angeordnet wird[6]. Die Regelung ist aber nicht iRd § 81 III 1, IV anwendbar[7]. Entfaltet ein Verlängerungsantrag keine Fiktion rechtmäßigen Aufenthalts oder die Fiktion eines Aufenthaltstitels, so fehlt es bereits an der Grundvoraussetzung der Anwendbarkeit der Bestimmung, die sowohl vor als auch nach der Unterbrechung einen rechtmäßigen Aufenthaltsstatus voraussetzt. Verlust oder Ungültigwerden des Passes lassen den Aufenthaltstitel nicht erlöschen und führen daher nicht zur Unrechtmäßigkeit des Weiteren Aufenthalts. Diese Folge tritt erst nach einem Widerruf aufgrund § 52 I 1 Nr. 1 ein.

5   Die Vorschrift soll nach der Rspr. des BVerwG keinen Einfluss auf die Bewertung eines Aufenthalts als **ordnungsmäßig** iSd Art. 3 III ENA haben[8]. Dem ist entgegenzuhalten, dass allein die Vertragsstaaten über Aufenthaltsfragen zu entscheiden haben und daher die Unbeachtlichkeit der Unterbrechung des rechtmäßigen Aufenthalts auch für das Vertragsrecht zu beachten ist[9]. Für die Berechnung der Zeiten ordnungsgemäßer Beschäftigung iSd Art. 6 ARB 1/80 hat die Vorschrift dagegen keine Bedeutung, weil dort ein gesichertes Aufenthaltsrecht vorausgesetzt wird[10].

6   Die Vernachlässigung der Unterbrechung ist **nicht zwingend** (vgl. auch § 12b III StAG). Die Ausländerbehörde muss ihr Ermessen ausüben. Im Ermessen können Gründe, Umstände und Dauer der Unterbrechung wie Dauer des sonstigen Aufenthalts berücksichtigen. Va ist maßgeblich, ob den Ausländer an der Unterbrechung ein Verschulden trifft und welche Folgen die Unterbrechung für den weiteren Aufenthalt hätte. Das Ermessen hat in erster Linie die Ausländerbehörde iRv Verlängerungs- und Verfestigungsentscheidungen auszuüben.

7   Keine Anwendung findet § 85 auf eine Unterbrechung der Aufenthaltszeit durch einen Auslandsaufenthalt also eine tatsächliche Aufenthaltsunterbrechung[11] (anders § 12b StAG).

8   Keine unmittelbare Anwendung findet die Vorschrift bei der Anwendung von § 25b auf Lücken zwischen Duldungszeiträumen, da es sich insofern nicht um Lücken eines rechtmäßigen Aufenthalts handelt[12].

§ 85a Verfahren bei konkreten Anhaltspunkten einer missbräuchlichen Anerkennung der Vaterschaft

(1) ¹Wird der Ausländerbehörde von einer beurkundenden Behörde oder einer Urkundsperson mitgeteilt, dass konkrete Anhaltspunkte für eine missbräuchliche Anerkennung der Vaterschaft im Sinne von § 1597a Absatz 1 des Bürgerlichen Gesetzbuchs bestehen, prüft die Ausländerbehörde, ob eine solche vorliegt. ²Ergibt die Prüfung, dass die Anerkennung

---

[2] HessVGH Beschl. v. 16.7.2007 – 11 TP 1155/07, EzAR-NF 24 Nr. 4.
[3] BVerwG Beschl. v. 10.11.2009 – 1 C 24.08, BVerwGE 135, 225 = NVwZ 2010, 914 Rn. 18 ff.; zuvor bereits OVG Saarl Urt. v. 24.9.2009 – 2 A 287/08, BeckRS 2009, 39628; OVG NRW Beschl. v. 24.7.2009 – 18 B 1661/08, BeckRS 2009, 36323.
[4] ZB gemäß § 26 IV für die Erteilung einer Niederlassungserlaubnis (wie in dem vom BVerwG entschiedenen Fall); § 85 ist auch auf Zeiten des Besitzes einer Aufenthaltsbefugnis oder Duldung iRv § 102 II anwendbar, BVerwG Beschl. v. 10.11.2009 – 1 C 24.08, BVerwGE 135, 225 = NVwZ 2010, 914.
[5] Vgl. BVerwG Beschl. v. 10.11.2009 – 1 C 24.08, BVerwGE 135, 225 = NVwZ 2010, 914 Rn. 18 ff.
[6] Zu Einzelheiten vgl. § 81.
[7] OVG NRW Beschl. v. 23.3.2006 – 18 B 120/06, BeckRS 2006, 22697 mwN; Beschl. v. 1.6.1994 – 18 B 438/93, und Beschl. v. 6.6.1994 – 17 B 1010/94, – zu § 97 AuslG 1990; aA HessVGH Beschl. v. 4.12.1995 – 12 TG 3096/95, InfAuslR 1996, 133.
[8] BVerwG Beschl. v. 19.8.1993 – 1 B 49.93, InfAuslR 1994, 98.
[9] HessVGH Beschl. v. 10.7.1995 – 12 TG 1800/95, EZAR 030 Nr. 3.
[10] → ARB 1/80 Art. 6 Rn. 64 ff.
[11] NdsOVG Beschl. v. 29.3.2012, – 8 LA 26/12, InfAuslR 2012, 213 f.; VGH BW Urt. v. 9.12.2009 – 13 S 2092/09, BeckRS 2010, 45236.
[12] BVerwG Urt. v. 18.12.2019 – 1 C 34/18, BVerwGE 167, 211 = NVwZ 2020, 1044 Rn. 49.

der Vaterschaft missbräuchlich ist, stellt die Ausländerbehörde dies durch schriftlichen oder elektronischen Verwaltungsakt fest. ³Ergibt die Prüfung, dass die Anerkennung der Vaterschaft nicht missbräuchlich ist, stellt die Ausländerbehörde das Verfahren ein.

(2) ¹Eine missbräuchliche Anerkennung der Vaterschaft wird regelmäßig vermutet, wenn
1. der Anerkennende erklärt, dass seine Anerkennung gezielt gerade einem Zweck im Sinne von § 1597a Absatz 1 des Bürgerlichen Gesetzbuchs dient,
2. die Mutter erklärt, dass ihre Zustimmung gezielt gerade einem Zweck im Sinne von § 1597a Absatz 1 des Bürgerlichen Gesetzbuchs dient,
3. der Anerkennende bereits mehrfach die Vaterschaft von Kindern verschiedener ausländischer Mütter anerkannt hat und jeweils die rechtlichen Voraussetzungen für die erlaubte Einreise oder den erlaubten Aufenthalt des Kindes oder der Mutter durch die Anerkennung geschaffen hat, auch wenn das Kind durch die Anerkennung die deutsche Staatsangehörigkeit erworben hat,
4. dem Anerkennenden oder der Mutter ein Vermögensvorteil für die Anerkennung der Vaterschaft oder die Zustimmung hierzu gewährt oder versprochen worden ist

und die Erlangung der rechtlichen Voraussetzungen für die erlaubte Einreise oder den erlaubten Aufenthalt des Kindes, des Anerkennenden oder der Mutter ohne die Anerkennung der Vaterschaft und die Zustimmung hierzu nicht zu erwarten ist. ²Dies gilt auch, wenn die rechtlichen Voraussetzungen für die erlaubte Einreise oder den erlaubten Aufenthalt des Kindes durch den Erwerb der deutschen Staatsangehörigkeit des Kindes nach § 4 Absatz 1 oder Absatz 3 Satz 1 des Staatsangehörigkeitsgesetzes geschaffen werden sollen.

(3) ¹Ist die Feststellung nach Absatz 1 Satz 2 unanfechtbar, gibt die Ausländerbehörde der beurkundenden Behörde oder der Urkundsperson und dem Standesamt eine beglaubigte Abschrift mit einem Vermerk über den Eintritt der Unanfechtbarkeit zur Kenntnis. ²Stellt die Behörde das Verfahren ein, teilt sie dies der beurkundenden Behörde oder der Urkundsperson, den Beteiligten und dem Standesamt schriftlich oder elektronisch mit.

(4) Im Ausland sind für die Maßnahmen und Feststellungen nach den Absätzen 1 und 3 die deutschen Auslandsvertretungen zuständig.

Allgemeine Verwaltungsvorschrift
Nicht belegt.

Übersicht

	Rn.
I. Entstehungsgeschichte	1
II. Allgemeines	2
III. Verfahren	7
1. Aussetzung der Beurkundung	7
2. Feststellung der missbräuchlichen Vaterschaftsanerkennung	13
IV. Rechtsschutz	23

I. Entstehungsgeschichte

Die Vorschrift ist im Laufe des Gesetzgebungsverfahrens in den Entwurf des Gesetzes zur besseren Durchsetzung der Ausreisepflicht[1] aufgenommen worden. Die Regelungen zur Verhinderung missbräuchlicher Vaterschaftsanerkennungen beruhen auf der Beschlussempfehlung des Innenausschusses (4. Ausschuss)[2]. Nachdem der Bundesrat von einer Anrufung des Vermittlungsausschusses gemäß Art. 77 II GG abgesehen hat[3], ist die Vorschrift[4] am 29.7.2017 in Kraft getreten. 1

II. Allgemeines

Mit § 85a und mit dem gleichzeitig eingefügten § 1597a BGB sollen missbräuchliche Vaterschaftsanerkennungen, also solche, die zum Zweck der Erlangung eines anderweitig nicht zu erlangenden Aufenthaltsrechts erklärt werden, bekämpft werden. Die Regelungen ersetzen die mit dem Gesetz zur Ergänzung des Rechts auf Anfechtung der Vaterschaft v. 13.3.2008[5] eingeführte Möglichkeit der **behördlichen Vaterschaftsanfechtung** (§ 1600 I Nr. 5 BGB aF). Diese hat das BVerfG wegen Unvereinbarkeit mit Art. 16 I, 6 II 1, 2 I iVm Art. 6 II und 6 I GG für **nichtig** erklärt, ua weil die Behördenanfechtung in ihrer konkreten Ausgestaltung, als eine absolut verbotene Entziehung der 2

---

[1] BT-Drs. 18/11546, 18/11654, 18/11822 Nr. 9.
[2] Gesetz v. 17.5.2017, BT-Drs. 18/12415.
[3] BR-Drs. 390/17.
[4] Gesetz v. 20.7.2017, BGBl. I S. 2780.
[5] BGBl. 2008 I S. 313.

Staatsangehörigkeit anzusehen sei (Art. 16 I 1 GG), da der mit der Anfechtung verbundene Wegfall der Staatsangehörigkeit durch die Betroffenen teils gar nicht, teils nicht in zumutbarer Weise beeinflussbar sei[6].

3   Anders als die mit § 1600 I Nr. 5 BGB aF gewählte Anfechtungslösung verfolgt die Neuregelung einen präventiven Ansatz zur Verhinderung von Vaterschaftsanerkennungen, die allein dem Zweck dienen, aufgrund der deutschen Staatsangehörigkeit des Kindes ein Aufenthaltsrecht zu erlangen[7]. Solche missbräuchlichen Vaterschaftsanerkennungen sollen nunmehr mittels eines vor ihrer Beurkundung durchzuführenden Überprüfungsverfahrens verhindert werden. Vorgesehen ist ein zweistufiges Verfahren. Sofern **konkrete Anhaltspunkte** für die Annahme eines Missbrauchs bestehen, ist die Beurkundung durch die beurkundende Behörde oder der Urkundsperson **auszusetzen** und die zuständige Ausländerbehörde zu unterrichten. Diese prüft, ob ein Missbrauch tatsächlich vorliegt. Bis zum Abschluss dieser Prüfung kann die Beurkundung der Anerkennung nicht erfolgen.

4   Das Verfahren zur Prüfung des Verdachts einer **missbräuchlichen Vaterschaftsanerkennung** hat vielfältige Kritik erfahren. Sowohl die Erforderlichkeit als auch die Eignung[8] und Handhabbarkeit[9] der Regelung werden in Frage gestellt. Das Kindeswohl und der Schutz der Familie seien nicht hinreichend berücksichtigt worden; die Aussetzung der Vaterschaftsanerkennung erzeuge eine grundsätzlich zu vermeidende Rechtsunsicherheit hinsichtlich des Status der Abstammung[10]. Abgesehen davon wird die Prüfung ausländerrechtlicher Sachverhalte teilweise an die primär mit familienrechtlicher bzw. personenstandsrechtlicher Anliegen befassten beurkundenden Stellen vorverlagert.

5   Mit dem in § 1597a I BGB formulierten zivilrechtlichen Verbot der missbräuchlichen Vaterschaftsanerkennung wird klargestellt, dass die Anerkennung einer Vaterschaft, die gezielt gerade zu dem Zweck abgegeben wird, die rechtlichen Voraussetzungen für die erlaubte Einreise oder den erlaubten Aufenthalt des Kindes, des Anerkennenden oder der Mutter auch durch den Erwerb der deutschen Staatsangehörigkeit des Kindes nach § 4 I oder III 1 StAG zu schaffen, **von der Rechtsordnung missbilligt** wird. Entsprechendes gilt für die Zustimmung der Mutter gemäß § 1595 I BGB. § 1597a V BGB stellt klar, dass eine Vaterschaftsanerkennung nicht missbräuchlich sein kann, wenn der Anerkennende der leibliche Vater des anzuerkennenden Kindes ist.

6   § 1597a BGB lautet:

Verbot der missbräuchlichen Anerkennung der Vaterschaft

(1) Die Vaterschaft darf nicht gezielt gerade zu dem Zweck anerkannt werden, die rechtlichen Voraussetzungen für die erlaubte Einreise oder den erlaubten Aufenthalt des Kindes, des Anerkennenden oder der Mutter zu schaffen, auch nicht, um die rechtlichen Voraussetzungen für die erlaubte Einreise oder den erlaubten Aufenthalt des Kindes durch den Erwerb der deutschen Staatsangehörigkeit des Kindes nach § 4 Absatz 1 oder Absatz 3 Satz 1 des Staatsangehörigkeitsgesetzes zu schaffen (missbräuchliche Anerkennung der Vaterschaft).

(2) [1] Bestehen konkrete Anhaltspunkte für eine missbräuchliche Anerkennung der Vaterschaft, hat die beurkundende Behörde oder die Urkundsperson dies der nach § 85a des Aufenthaltsgesetzes zuständigen Behörde nach Anhörung des Anerkennenden und der Mutter mitzuteilen und die Beurkundung auszusetzen. [2] Ein Anzeichen für das Vorliegen konkreter Anhaltspunkte ist insbesondere:

1. das Bestehen einer vollziehbaren Ausreisepflicht des Anerkennenden oder der Mutter oder des Kindes,
2. wenn der Anerkennende oder die Mutter oder das Kind einen Asylantrag gestellt hat und die Staatsangehörigkeit eines sicheren Herkunftsstaates nach § 29a des Asylgesetzes besitzt,
3. das Fehlen von persönlichen Beziehungen zwischen dem Anerkennenden und der Mutter oder dem Kind,
4. der Verdacht, dass der Anerkennende bereits mehrfach die Vaterschaft von Kindern verschiedener ausländischer Mütter anerkannt hat und jeweils die rechtlichen Voraussetzungen für die erlaubte Einreise oder den erlaubten Aufenthalt des Kindes oder der Mutter durch die Anerkennung geschaffen hat, auch wenn das Kind durch die Anerkennung die deutsche Staatsangehörigkeit erworben hat, oder
5. der Verdacht, dass dem Anerkennenden oder der Mutter ein Vermögensvorteil für die Anerkennung der Vaterschaft oder die Zustimmung hierzu gewährt oder versprochen worden ist.

[3] Die beurkundende Behörde oder die Urkundsperson hat die Aussetzung dem Anerkennenden, der Mutter und dem Standesamt mitzuteilen. [4] Hat die nach § 85a des Aufenthaltsgesetzes zuständige Behörde gemäß § 85a Absatz 1 des Aufenthaltsgesetzes das Vorliegen einer missbräuchlichen Anerkennung der Vaterschaft festgestellt und ist diese Entscheidung unanfechtbar, so ist die Beurkundung abzulehnen.

(3) [1] Solange die Beurkundung gemäß Absatz 2 Satz 1 ausgesetzt ist, kann die Anerkennung auch nicht wirksam von einer anderen beurkundenden Behörde oder Urkundsperson beurkundet werden. [2] Das Gleiche gilt, wenn die Voraussetzungen des Absatzes 2 Satz 4 vorliegen.

(4) Für die Zustimmung der Mutter nach § 1595 Absatz 1 gelten die Absätze 1 bis 3 entsprechend.

(5) Eine Anerkennung der Vaterschaft kann nicht missbräuchlich sein, wenn der Anerkennende der leibliche Vater des anzuerkennenden Kindes ist.

---

[6] Beschl. v. 17.12.2013 – 1 BvL 6/10, BVerfGE 135, 48 ff.
[7] BT-Drs. 18/12415, 16.
[8] Vgl. zB *Dörig* NVwZ 2020, 106.
[9] Vgl. BayVGH Urt. v. 11.3.2019 – 19 BV 16.937, BeckRS 2019, 7797; *Wall* StAZ 2019, 88 mwN; *Bouhatta* NVwZ 2018, 1103 ff.; *Knittel* JAmt 2017, 339 ff.
[10] *Kaesling* NJW 2017, 3686 (3688).

III. Verfahren

1. Aussetzung der Beurkundung

Gemäß § 1597a II 1, IV BGB hat die eine Vaterschaftsanerkennung beurkundende Behörde oder die Urkundsperson die **Beurkundung** von Anerkennung und Zustimmung der Mutter nach Anhörung **auszusetzen** und die zuständige Behörde darüber zu informieren, sofern **konkrete Anhaltspunkte** für eine missbräuchliche Vaterschaftsanerkennung iSv Abs. 1 bestehen. Adressaten der Vorschrift sind beurkundende Behörden (Amtsgericht – Familiengericht –, Standesamt, Jugendamt) oder Urkundspersonen (Notare bzw. im Ausland deutsche Konsularbeamte). Diesen wird die Pflicht zur Prüfung, ob **konkrete Anhaltspunkte** für eine missbräuchliche Vaterschaftsanerkennung vorliegen, mithin ein Verdachtsprüfung, auferlegt[11].

Abs. 2 Nr. 1–5 nennt als **Regelbeispiele für Anzeichen** für das Vorliegen konkreter Anhaltspunkte: Das Bestehen einer vollziehbaren Ausreisepflicht des Anerkennenden, der Mutter oder des Kindes (Nr. 1), wenn eine dieser Personen einen Asylantrag gestellt hat und die Staatsangehörigkeit eines sicheren Herkunftsstaats nach § 29a AsylG besitzt (Nr. 2), das Fehlen persönlicher Beziehungen (Nr. 3), den Verdacht wiederholter missbräuchlicher Vaterschaftsanerkennungen durch den Anerkennenden in der Vergangenheit (Nr. 4) oder den Verdacht, dass dem Anerkennenden oder der Mutter ein Vermögensvorteil für die Anerkennung oder die Zustimmung hierzu gewährt oder versprochen wurde. Weitere denkbare Anhaltspunkte müssen ebenfalls auf konkreten Tatsachen beruhen. Eine Anwendungshilfe soll das Rundschreiben von BMI und BMJV v. 21.12.2017[12] bieten.

Nach dem Wortlaut der Regelung sind die Regelbeispiele nur **Anzeichen** für konkrete Anhaltpunkte. Die beurkundende Behörde oder Urkundsperson hat also auch bei Vorliegen eines Regelbeispiels zu **prüfen,** ob im jeweiligen Fall konkrete Anhaltspunkte für eine missbräuchliche Anerkennung gegeben sindfEin Motiv darf dabei[13]. Die Umstände, dass der anerkennende Vater bereits mehrfach Kinder verschiedener ausländischer Mütter anerkannt hat oder dass eine Geldzahlung anlässlich der Vaterschaftsanerkennung bekannt wird, sind nicht nur hinreichende konkrete Anhaltspunkte[14], sondern begründen gemäß § 85a II 1 Nr. 3 und 4 regelmäßig die Vermutung einer missbräuchlichen Vaterschaftsanerkennung. Im Übrigen haben die in § 1597a II BGB normierten konkreten Anhaltspunkte keine Entsprechung in § 85a II.

Nach der Gesetzesbegründung[15] soll eine Prüfung konkreter Anhaltspunkte erfolgen, wenn keinerlei Hinweise auf eine vorangegangene tatsächliche Begegnung der Mutter mit dem Mann oder eine zwischen ihnen bestehende soziale oder emotionale Verbindung existiert (Nr. 3). Eine fehlende **sozial-familiäre Beziehung** zwischen Vater und Kind (Nr. 3) ist aber ebenso wie das Fehlen einer häuslichen Gemeinschaft kein zuverlässiger Indikator dafür, dass eine allein aufenthaltsrechtlich motivierte Vaterschaftsanerkennung vorliegt[16]. Die Anerkennung der Vaterschaft kann ebenso der erste Schritt der Aufnahme väterlicher Verantwortung für das Kind sein. Insofern sind weitere konkrete Anhaltspunkte für die **Annahme eines Missbrauchsverdachts** erforderlich. Nach der Wertung des Gesetzgebers soll auch eine vollziehbare Ausreisepflicht (Nr. 1) oder der Status als Asylbewerber aus einem sicheren Herkunftsstaat nach § 29a AsylG (Nr. 2) die Prüfung eines konkreten Anhaltspunktes für eine missbräuchliche Vaterschaftsanerkennung nahelegen. Da ein prekärer Aufenthaltsstatus allein nicht den Verdacht missbräuchlichen Handelns begründen kann, sind auch insofern weitere tatsächliche Anhaltspunkte erforderlich, um die Aussetzung der Beurkundung zu rechtfertigen. Eine familienrechtliche zulässige Sorgerechtsregelung kann ohne Hinzutreten anderer Umstände keinen hinreichenden Anhaltspunkt für Zweifel an einer sozial-familiären Beziehung geben. Eine anlasslose Ermittlung durch die beurkundende Stelle ist somit nicht veranlasst[17].

Der Anerkennende und die Mutter sind vor einer Aussetzungsentscheidung gemäß § 1597a II 1 BGB **anzuhören.** Ihnen ist Gelegenheit zu geben, die festgestellten konkreten Anhaltspunkte auszuräumen. Das Ergebnis ist aktenkundig zu machen. Die Dokumentationspflicht ergibt sich auch ohne besondere gesetzliche Regelung zwingend aus der der beurkundende Behörde oder der Urkundsperson auferlegten Anhörungs- und Mitteilungsverpflichtung sowie aus dem Rechtsstaatsprinzip[18]. Mit der Mitteilung an die Ausländerbehörde gemäß § 1597a II 1 BGB sind die von der beurkundenden Stelle getroffenen Feststellungen zu den konkreten Anhaltspunkten für den Missbrauchsverdacht zu übermitteln. Gemäß § 1597a II 3 BGB unterrichtet die beurkundende Behörde oder die Urkunds-

---

[11] *Balzer* in BeckOK BGB § 1597a Rn. 40.
[12] www.famrz.de/gesetzgebung/anwendung-der-gesetzesregelungen-zur-verhinderung-missbr%C3%A4uchlicher-vaterschaftsanerkennungen.html.
[13] BT-Drs. 18/12415, 20.
[14] Vgl. BVerfG Beschl. v. 17.12.2013 – 1 BvL 6/10, BVerfGE 135, 48 = NJW 2014, 1364 Rn. 54.
[15] BT-Drs. 18/12415, 21.
[16] Vgl. BVerfG Beschl. v. 17.12.2013 – 1 BvL 6/10, BVerfGE 135, 48, NJW 2014, 1364 Rn. 59 mwN.
[17] *Grziwotz* FamRB 2018, 282.
[18] Vgl. BVerfG Beschl. v. 6.6.1983 – 2 BvR 244/83, NJW 1983, 2135; VGH BW Urt. v. 12.7.2018 – 2 S 143/18, BeckRS 2018, 17752 Rn. 65; aA *Grziwotz* FamRB 2018, 282 (289).

person den Anerkennenden und die Mutter sowie das Standesamt von der Aussetzung der Beurkundung. Für die Dauer der Aussetzung ist die Beurkundung durch andere Behörden oder Urkundspersonen ausgeschlossen (§ 1597 III, IV BGB). Die Mitteilungspflicht gegenüber dem Standesamt, das den Geburtseintrag führt, soll verhindern, dass eine Eintragung des Anerkennenden als Vater aufgrund einer nach § 1598 I 2 BGB unwirksamen Anerkennung erfolgt. **Folgenlos** bleibt dagegen die unterlassene Aussetzung des Verfahrens trotz Vorliegens und späteren Bekanntwerdens **konkreter Anhaltspunkte** für eine missbräuchliche Vaterschaftsanerkennung[19]. § 1597a BGB bietet keine Rechtsgrundlage für die Anfechtung einer erfolgten Beurkundung.

12 Die Vorschrift trifft auch keine Regelung für den Fall der **Rücknahme eines Beurkundungsantrags** vor einer Aussetzungsentscheidung der beurkundenden Behörde oder der Urkundsperson. Führt die Anhörung des Anerkennenden und der Mutter dazu, dass diese von einer Vaterschaftsanerkennung Abstand nehmen, ist für eine weitere Feststellung von „Anhaltspunkten" kein Raum. Kann nach Rücknahme des Antrags keine Aussetzungsentscheidung mehr ergehen, sperrt die Feststellung etwaiger Anhaltspunkte auch nicht gemäß § 1597a III, IV BGB die Anerkennung durch andere beurkundende Stellen. Das Gesetz sieht eine Mitteilung von Anhaltspunkten für eine missbräuchliche Vaterschaftsanerkennung nur im Falle einer Aussetzungsentscheidung vor[20]. Eine über § 87 hinausgehende Mitteilungspflicht gegenüber der Ausländerbehörde besteht nicht, abgesehen davon verbietet die Schweigepflicht der beurkundenden Behörde oder der Urkundsperson (zB § 18 BNotO) eine Mitteilung ohne Rechtsgrundlage.

2. Feststellung der missbräuchlichen Vaterschaftsanerkennung

13 Im Falle der Mitteilung der Aussetzung der Beurkundung wegen konkreter Anhaltspunkte für eine missbräuchliche Vaterschaftsanerkennung gemäß § 1597a I BGB wird das aufenthaltsrechtliche **Überprüfungsverfahren** gemäß § 85a eingeleitet. Die Einleitung des Verfahrens steht nicht im Ermessen der Behörde. Zuständig für die Prüfung und Feststellung einer missbräuchlichen Vaterschaftsanerkennung sind die Ausländerbehörden und im Ausland die deutschen Auslandsvertretungen. Für die Dauer der Prüfung, ob eine Vaterschaftsanerkennung missbräuchlich ist, ist dem betroffenen Ausländer, sofern erforderlich, eine Duldung gemäß § 60a II 13 zu erteilen.

14 Abs. 2 normiert die **Regelvermutung** einer missbräuchlichen Anerkennung der Vaterschaft. Die Regelvermutung setzt neben dem Vorliegen eines der Tatbestände gemäß Nr. 1–4 voraus, dass eine legale Einreise und Aufenthalt ohne die Anerkennung der Vaterschaft und Zustimmung hierzu voraussichtlich nicht zu erwarten sind. Haben das Kind, der Anerkennende und die Mutter bereits aus anderen Gründen ein Aufenthaltsrecht, kommt die Vermutung einer missbräuchlichen Anerkennung der Vaterschaft gemäß § 85a II nicht in Betracht.

15 Ob Abs. 2 Nr. 1 und 2 in der Praxis relevant werden, erscheint zweifelhaft. Es ist wenig wahrscheinlich, dass der Anerkennende oder die Mutter selbst erklären, dass die Vaterschaftsanerkennung allein dem Zweck dienen solle, die rechtlichen Voraussetzungen für die erlaubte Einreise oder den erlaubten Aufenthalt des Kindes, des Anerkennenden oder der Mutter zu schaffen. Denkbar ist zudem, aber für die Erfüllung des Tatbestandes der Regelvermutung **nicht ausreichend,** dass es sich bei der Sicherung eines Aufenthaltsrechts nur um ein Motiv von mehreren für die Anerkennung und Zustimmung handelt[21]. Ein Motiv darf dabei durchaus die mit der Anerkennung der Vaterschaft verbundene aufenthaltsrechtliche Wirkung für das Kind, den Anerkennenden oder die Mutter sein. Für die Annahme des Missbrauchs muss nämlich der Sache nach die klare, eindeutige und unmissverständliche Erklärung hinzutreten, dass die Anerkennung der Vaterschaft oder die Zustimmung hierzu nicht auch der Begründung, Fortsetzung oder Vertiefung einer Eltern-Kind-Beziehung dient[22], der Erklärende also gerade nicht bereit ist, elterliche Verantwortung zu übernehmen[23].

16 Die Anknüpfung der Regelvermutung an den objektiv feststellbaren Umstand, dass der Anerkennende bereits **mehrfach die Vaterschaft von Kindern verschiedener ausländischer Mütter anerkannt** hat und damit die rechtlichen Voraussetzungen für einen legalen Aufenthalt des Kindes oder der Mutter geschaffen wurden (Nr. 3), erscheint zwar sachgerecht. Sie setzt aber voraus, dass der Anerkennende nicht der leibliche Vater des Kindes ist, weil die Anerkennung eines leiblichen Kindes nicht missbräuchlich sein kann[24]. Erforderlich ist im Übrigen eine genaue Aufklärung der vorherigen Fälle. Dabei dürfte die Gewährung oder das Versprechen eines Vermögensvorteil für die Anerkennung oder Zustimmung (Nr. 4) wohl nicht ohne Weiteres feststellbar sein.

17 Die in Abs. 2 Nr. 1–4 genannten Tatbestände begründen regelmäßig eine **Vermutung** einer missbräuchlichen Vaterschaftsanerkennung, die aber nach der Gesetzesbegründung bei atypischen Kon-

---

[19] VG Magdeburg Beschl. v. 16.11.2018 – 4 B 328/18 BeckRS 2018, 33234 Rn. 21 mwN.
[20] *Knittel* JAmt 2017, 339 ff.
[21] BT-Drs. 18/12415, 17.
[22] BVerwG Urt. v. 24.6.2021 – 1 C 30/20, NVwZ 2021, 1689 Rn. 38.
[23] BT-Drs.18/12415, 16.
[24] BVerwG Urt. v. 24.6.2021 – 1 C 30/20, NVwZ 2021, 1689 Rn. 37

stellationen an den allgemeinen Beweislastregeln im Verwaltungsverfahren nichts ändern soll[25]. Danach trägt die Behörde grundsätzlich die Beweislast für das Vorliegen der Voraussetzungen für die von ihr geplanten Maßnahmen. Wird der den Vermutungstatbestand (Abs. 2) ausfüllende Sachverhalt festgestellt, ist regelmäßig die Grundnorm (Abs. 1 S. 2) anzuwenden[26]. Eine Beweislastumkehr ist damit jedoch nicht verbunden[27]. Das Vorliegen eines der in Abs. 2 genannten Tatbestände bewirkt insofern nur eine Erleichterung der Anforderungen an den zu führenden Beweis, wenn der Fall keine konkreten Anhaltspunkte für abweichende Beweggründe bietet[28]. Eine abweichende Bewertung kann sich etwa ungeachtet der Regelvermutung ergeben, wenn der anerkennende Vater nachweisbar eine sozialfamiliäre Beziehung zu dem Kind begründet hat oder sich in vergleichbarer Weise um das Kind kümmert[29]. Umgekehrt schließt das Nichtvorliegen von Regelvermutungstatbeständen nicht aus, dass andere gewichte Anhaltspunkte auf eine missbräuchliche Vaterschaftsanerkennung schließen lassen[30].

18 Die Ausländerbehörde muss den Sachverhalt umfassend aufklären[31]. Sie muss alle Umstände des Einzelfalls berücksichtigen, welche eine missbräuchliche Vaterschaftsanerkennung belegen oder widerlegen können[32]. Sie darf sich weder auf die Prüfung der in § 1597a II 2 BGB nicht abschließend aufgezählten Anzeichen für konkrete Anhaltspunkte für eine missbräuchliche Vaterschaftsanerkennung noch auf die Regelvermutungstatbestände von Abs. 2 beschränken[33]. Den beteiligten Ausländern obliegt es gemäß § 82 I, die für sie günstigen Umstände vorzubringen. Dabei ist dem grundrechtlichen Schutz von Ehe und Familie im Verfahren Rechnung zu tragen; ein tatsächlich bestehendes oder angestrebtes Familienleben darf im Rahmen des Prüfungsverfahrens nicht unnötig mit behördlichen und gerichtlichen Ausforschungen belastet werden[34].

19 Bei der Befragung des Anerkennenden und der die Zustimmung erteilenden Mutter ist in entsprechender Anwendung von § 185 GVG ein **Dolmetscher** hinzuziehen[35], sofern einer der Beteiligten der deutschen Sprache nicht ausreichend mächtig ist. Wegen der Bedeutung der Anerkennung der Vaterschaft und der Zustimmung der Mutter für die Abstammung des Kindes ist darauf zu achten, dass die Betroffenen den Inhalt und etwaige Folgen ihrer Erklärungen (etwa nach Abs. Nr. 1 und 2) verstehen. Die Befragung ist zum Zwecke der Beweissicherung zu protokollieren.

20 Kommt die Ausländerbehörde zu der Feststellung, dass eine missbräuchliche Anerkennung der Vaterschaft vorliegt, hat sie dies gemäß Abs. 1 S. 2 durch schriftlichem oder elektronischem Verwaltungsakt festzustellen[36]. Dies Feststellung bezieht sich auf die Anerkennung der Vaterschaft durch einen bestimmten Vater als einheitliche, für und gegen alle wirkendende Erklärung, nicht auf die jeweilige Erklärung des Kindesvaters oder der Kindesmutter[37]. Der Feststellungsbescheid ist zu begründen (§ 39 I VwVfG) und mit einer Rechtsbehelfsbelehrung (§ 37 VI VwVfG) zu versehen. Der Feststellungsbescheid gemäß § 85a I 2 ist gemäß § 84 I Nr. 9 **sofort vollziehbar**. Die Verlängerung der Duldung gemäß § 60a II 13 ist ausgeschlossen.

21 Die Ausländerbehörde übermittelt der beurkundenden Behörde oder der Urkundsperson eine beglaubigte Abschrift des Feststellungsbescheides nach Unanfechtbarkeit. Ist die Entscheidung unanfechtbar geworden, so hat die beurkundende Behörde oder die Urkundsperson die **Beurkundung** gemäß § 1597a II 4 BGB **endgültig abzulehnen**.

22 Wird eine missbräuchliche Anerkennung der Vaterschaft nicht festgestellt, ist das Prüfverfahren gemäß Abs. 1 S. 3 einzustellen. Hierüber sind die beurkundende Behörde oder Urkundsperson, die Beteiligten und das Standesamt mit einer **Einstellungsmitteilung,** die kein Verwaltungsakt ist[38], zu informieren. Gleiches gilt im Falle der Aufhebung der Feststellung einer missbräuchlichen Anerkennung der Vaterschaft durch die Ausländerbehörde oder das Verwaltungsgericht. Liegt die Einstellungsmitteilung der beurkundenden Behörde oder Urkundsperson vor, kann die ausgesetzte Beurkundung erfolgen. Ergeben sich nach der Beurkundung weitere konkrete Anhaltspunkte für einen Missbrauch, bleibt dies für die Wirksamkeit der Vaterschaftsanerkennung folgenlos.

---

[25] BT-Drs. 18/12415, S. 17.
[26] Vgl. *Davin* in Schoch/Schneider VwGO § 108 Rn. 108.
[27] BVerwG Urt. v. 24.6.2021 – 1 C 30/20, NVwZ 2021, 1689 Rn. 34.
[28] BT-Drs. 18/12415, 17.
[29] BT-Drs. 18/12415, 17.
[30] BVerwG Urt. v. 24.6.2021 – 1 C 30/20, NVwZ 2021, 1689 Rn. 35.
[31] BVerwG Urt. v. 24.6.2021 – 1 C 30/20, NVwZ 2021, 1689 Rn. 32.
[32] BVerwG Urt. v. 24.6.2021 – 1 C 30/20, NVwZ 2021, 1689 Rn. 34.
[33] BVerwG Urt. v. 24.6.2021 – 1 C 30/20, NVwZ 2021, 1689 Rn. 34.
[34] BVerwG Urt. v. 24.6.2021 – 1 C 30/20, NVwZ 2021, 1689 Rn. 33.
[35] *Schmitz* in Stelkens/Bonk/Sachs VwVfG § 23 Rn. 40.
[36] → § 77 Rn. 5 f.
[37] BVerwG Urt. v. 24.6.2021 – 1 C 30/20, NVwZ 2021, 1689 Rn 11.
[38] Vgl. *Schmitz* in Stelkens/Bonk/Sachs VwVfG § 9 Rn. 200 mwN; BVerwG Urt. v. 24.6.2021 – 1 C 30/20, NVwZ 2021, 1689 Rn. 64.

Samel

IV. Rechtsschutz

23 Gegen **Aussetzungsentscheidung** durch die beurkundende Behörde oder Urkundsperson und die Übermittlung festgestellter Anhaltspunkte für eine rechtsmissbräuchliche Vaterschaftsanerkennung bzw. Zustimmung ist kein Rechtsbehelf gegeben. Für die Dauer des Prüfverfahrens sichert der ausdrückliche Duldungsanspruch gemäß § 60a II 13 den Aufenthalt im Inland; für Personen, die sich bereits rechtmäßig im Bundesgebiet aufhalten, gelten § 81 III und IV. Das Prüfverfahren steht einer Verteilung nach § 15a AufenthG, jedenfalls dann nicht entgegen, wenn selbst für den Fall der erfolgreichen Vaterschaftsanerkennung keine der Verteilung entgegenstehende Vater-Kind-Beziehung zu erwarten ist[39].

24 Gegen die gemäß § 84 I Nr. 9 **sofort vollziehbare** Feststellung einer missbräuchlichen Anerkennung der Vaterschaft gemäß § 85a I 2 sind Widerspruch (sofern dieser nicht landesrechtlich ausgeschlossen ist) und **Anfechtungsklage** statthaft. Die Anfechtungsklage kann mit dem Begehren, einer Verfahrenseinstellung im Wege der Klagehäufung (§ 44 VwGO) verbunden werden[40]. Die Nichtanfechtung der Feststellung der missbräuchlichen Vaterschaftsanerkennung durch einen der Beteiligten lässt das Rechtsschutzbedürfnis für eine Klage des anderen nicht entfallen[41]. Ausreichend ist die Anfechtung durch einen der Beteiligten. Inwieweit aus der Passivität eines Beteiligten Schlüsse für das Vorliegen einer missbräuchlichen Anerkennung gezogen werden können, ist eine Frage der Würdigung des Einzelfalls.

25 Geht die Feststellung mit der Versagung der Aufenthaltserlaubnis einher, ist zur Wahrung der Klagefrist außerdem Widerspruch bzw. Verpflichtungsklage zu erheben. Zur Vermeidung der unmittelbaren Wirkungen der Feststellung ist der Antrag auf Anordnung der aufschiebenden Wirkung gemäß § 80 V 1 Alt. 1 iVm II 1 Nr. 3 VwGO statthaft. Gegebenenfalls ist außerdem ein Antrag gemäß § 123 I 2 VwGO erforderlich, um die Verlängerung der Duldung gemäß § 60a II 13 zu erwirken[42].

Abschnitt 4. Datenschutz

§ 86 Erhebung personenbezogener Daten

¹Die mit der Ausführung dieses Gesetzes betrauten Behörden dürfen zum Zweck der Ausführung dieses Gesetzes und ausländerrechtlicher Bestimmungen in anderen Gesetzen personenbezogene Daten erheben, soweit dies zur Erfüllung ihrer Aufgaben nach diesem Gesetz und nach ausländerrechtlichen Bestimmungen in anderen Gesetzen erforderlich ist. ²Personenbezogene Daten, deren Verarbeitung nach Artikel 9 Absatz 1 der Verordnung (EU) 2016/679 untersagt ist, dürfen erhoben werden, soweit dies im Einzelfall zur Aufgabenerfüllung erforderlich ist.

Allgemeine Verwaltungsvorschrift
86 Zu § 86 – Erhebung personenbezogener Daten
86.0 Allgemeines
86.0.1 Anwendungsbereich der §§ 86 bis 91e
86.0.1.1 Die §§ 86 bis 91e enthalten für die Durchführung des Ausländerrechts bereichsspezifische Regelungen zur Erhebung, Verarbeitung und Nutzung personenbezogener Daten, soweit keine speziellen Regelungen Anwendung finden. Regelungen, die die §§ 86 bis 91e verdrängen, sind z. B. für den Verkehr mit dem Ausländerzentralregister die Vorschriften des AZRG (insbesondere die §§ 6, 15 und 32 AZRG) oder für das Asylverfahren die §§ 7 und 8 AsylVfG.
86.0.1.2 Soweit die §§ 86 bis 91e keine abschließenden Regelungen enthalten und auch keine anderen bereichsspezifischen Bundes- bzw. Landesregelungen einschlägig sind (z. B. auch §§ 12, 13 und 18–22 EGGVG), haben die Behörden des Bundes das BDSG und die Behörden der Länder die Datenschutzgesetze der Länder zu beachten. Dies gilt insbesondere für die allgemeinen datenschutzrechtlichen Regelungen über die Berichtigung, Löschung und Sperrung von Daten sowie die Unterrichtung und das Auskunftsrecht des Betroffenen, die ergänzend heranzuziehen sind (z. B. § 20 BDSG).
86.0.2 Allgemeines zu § 86
§ 86 regelt die Erhebung personenbezogener Daten von Ausländern durch die mit der Durchführung des Aufenthaltsgesetzes betrauten Stellen (§ 71, vor allem die Ausländerbehörden und Auslandsvertretungen). § 86 schafft für die berechtigten Stellen die Befugnis zur Datenerhebung. Über diesen Grundtatbestand der Datenerhebung hinaus finden die Erhebungsvorschriften des BDSG und der Datenschutzgesetze der Länder Anwendung, soweit keine bereichsspezifischen Regelungen in anderen Gesetzen einschlägig sind. § 86 begründet für andere Stellen kein Recht

---

[39] OVG Brem Beschl. v. 12.3.2021 – 2 B 476/20, BeckRS 2021, 4784.
[40] BVerwG Urt. v. 24.6.2021 – 1 C 30/20, NVwZ 2021, 1689 Rn. 61.
[41] Vgl. BVerwG Urt. v. 24.6.2021 – 1 C 30/20, NVwZ 2021, 1689 Rn. 11; aA VG Düsseldorf Urt. v. 23.6.2021 – 7 K 3388/19, BeckRS 2021, 20441 für den Fall der Bestandskraft der dem deutschen Anerkennenden zugestellten Feststellungsentscheidung.
[42] Vgl. VG Berlin Beschl. v. 13.7.2018 – 24 L 243.18, BeckRS 2018, 38165 Rn. 8.

Erhebung personenbezogener Daten § 86 AufenthG 1

zur Übermittlung von Daten (vgl. „Doppeltürmodell" des BVerfG[1]). Dieses muss sich aus anderen Vorschriften ergeben, z. B. für öffentliche Stellen aus § 87 oder für nicht-öffentliche Stellen aus § 28 Absatz 2 und 3 BDSG.

86.1 Datenerhebung
86.1.1 Erheben von Daten iSd § 86 Satz 1 ist das Beschaffen von personenbezogenen Daten beim Betroffenen[2]. Daneben gelten bereichsspezifische Regelungen in anderen Gesetzen und – soweit diese nicht einschlägig sind – die weitgehend inhaltsgleichen Erhebungsvorschriften des BDSG bzw. die der Datenschutzgesetze der Länder. Betroffene sind identifizierte oder identifizierbare natürliche Personen (vgl. Art. 4 Nr. 1 DS-GVO). Erhebungsberechtigt sind die in § 71 bezeichneten Behörden.
86.1.2 Personenbezogene Daten sind Einzelangaben über persönliche oder sachliche Verhältnisse eines Betroffenen (Art. 4 Nr. 1 DS-GVO). Dazu zählen insbesondere Name(n), Geburtsdatum und -ort, Familienstand, Staatsangehörigkeit, Anschriften, tatsächlicher und gewöhnlicher Aufenthalt, Erwerbstätigkeit und Arbeitgeber, Einkommens- und Vermögensverhältnisse, Wohnraumverhältnisse, Familienstand und Verwandtschaftsverhältnisse, Personalien und Aufenthaltstitel von Familienangehörigen, Mitgliedschaft in Vereinen und sonstigen Organisationen, Voraufenthalte im Bundesgebiet, Passbesitz und Rückkehrberechtigung, Vorstrafen im In- oder Ausland. Zu den personenbezogenen Daten gehören auch die im Einzelfall erforderlichen Ergebnisse einer erkennungsdienstlichen Behandlung.
86.1.3.1 Es dürfen nur die für die Aufgabenerfüllung erforderlichen Daten erhoben werden. Dies sind Daten, deren Kenntnis für eine beabsichtigte ausländerrechtliche Entscheidung oder Maßnahme benötigt wird. Die Erhebung von Daten auf Vorrat zu unbestimmten oder noch nicht bestimmbaren Zwecken ist unzulässig. Die Datenerhebung kann bei der Anhörung zu der beabsichtigten Entscheidung stattfinden.
86.1.3.2 Entscheidungen oder Maßnahmen in diesem Sinne sind insbesondere:
- die Erteilung oder Verlängerung eines Aufenthaltstitels (§§ 4 bis 38a)
- Entscheidungen über die Begründung und Durchsetzung der Ausreisepflicht und alle in diesem Zusammenhang erforderlichen Maßnahmen (§§ 50 bis 62),
- die räumliche Beschränkung eines Aufenthaltstitels oder einer Duldung, die Anordnung von Auflagen, Bedingungen oder sonstigen Nebenbestimmungen,
- die Zurückweisung an der Grenze (§ 15),
- die Zurückschiebung nach unerlaubter Einreise (§ 57),
- die Ausstellung eines Passersatzes (§ 4 ff. AufenthV) oder eines Ausweisersatzes (§ 48 Absatz 2),
- die Durchsetzung der Verlassenspflicht (§ 12 Absatz 3),
- die Passvorlageanordnung (§ 48 Absatz 1) oder
- die Identitätsfeststellung und -sicherung (§ 49).

86.2 Erhebung von Daten i. S. d. § 3 Absatz 9 BDSG
Die so genannten „Daten besonderer Kategorien" nach § 86 Satz 2, Art. 9 Abs. 1 DS-GVO sind Angaben über die rassische und ethnische Herkunft, politische Meinungen, religiöse oder philosophische Überzeugungen, Gewerkschaftszugehörigkeit, Gesundheit oder Sexualleben. Einzelfälle, in denen die Erhebung dieser Daten ausnahmsweise zulässig sein kann, können etwa Entscheidungen über die Gewährung von Aufenthaltstiteln aus völkerrechtlichen, humanitären oder politischen Gründen oder die Aussetzung einer Abschiebung oder das Absehen von einer Ausweisung aus diesen Gründen sein.

I. Entstehungsgeschichte

Die Vorschrift entsprach dem **Gesetzesentwurf**[3]. Das AuslG 1965 kannte noch keine speziellen 1 Regelungen vor Dateneingriffen. Informationelle Eingriffe wurden noch nicht als solche erkannt und waren höchstens in Rechtsverordnungen enthalten[4]. Mit den bis Ende 2004 geltenden Normen des AuslG (§§ 75–80) wurden erstmals die nach dem Volkszählungsurteil notwendigen bereichsspezifischen Datenschutzvorschriften eingefügt[5]. Eine abschließende Regelung erfolgt im Abschnitt 4 Datenschutz indes nicht. § 86 I entspricht § 75 I AuslG. § 75 II, III AuslG ist mit Blick auf die Auffangnormen im BDSG/der LDSG ersatzlos entfallen. Weitere Ausformungen sind zudem im AufenthG in §§ 48a, 49, 73, 73a, 82 V und 99 enthalten[6].
Seit 25.5.2018 gilt auch in Deutschland die Datenschutz-Grundverordnung (DS-GVO) der EU. Durch das neue EU-Recht wurden das bisherige Bundesdatenschutzgesetz (BDSG) und die EG-Datenschutz-RL (RL 95/46/EG), auf der das BDSG basierte, abgelöst. Zeitgleich trat ein deutsches ErgänzungsG (Datenschutz-Anpassungs- und -Umsetzungsgesetz – DSAnpUG-EU) in Kraft, das – soweit durch Öffnungsklauseln zugelassen – die DS-GVO zusammen mit den Landes-DSG zT modifiziert und konkretisiert. Durch das 2. DSAnpUG EU vom 20.11.2019, BGBl I S. 1626 wurde S. 2 auf die neue Rechtslage angepasst, indem der Verweis auf die Bezugsnorm geändert wurde, sodass statt auf das inzwischen außer Kraft getretene BDSG aF nun auf die DS-GVO und die dortige Vorschrift zur Verarbeitung besonderer Kategorien personenbezogener Daten (Art. 9 DS-GVO) verwiesen wird.
Die in Art. 5 DS-GVO festgelegten Grundsätze der Datenverarbeitung gleichen im Kern denen des BDSG: Rechtmäßigkeit, Zweckbindung, Datenminimierung (Datensparsamkeit), inhaltliche Richtigkeit, zeitliche Beschränkung der Speicherdauer sowie Integrität und Vertraulichkeit bei der Verarbei-

---

[1] BVerfG Beschl. v. 24.1.2012 – 1 BvR 1299/05, NJW 2012, 1419.
[2] *Schild* in BeckOK DatenschutzR, 38. Edition, DS-GVO Art. 4 Rn. 35.
[3] BT-Drs. 15/420, 31.
[4] Zur Entstehungsgeschichte ausf. *Weichert* in Huber AufenthG S. 616 Rn. 24 mwN.
[5] *Bäumler*, Datenschutz für Ausländer, NVwZ 1995, 239.
[6] *Franßen de la Cerda* AktAR A 1.0.1 Rn. 1.

tung personenbezogener Daten. Auch werden in der DS-GVO insbesondere die Rechtsgrundlagen der Datenverarbeitung, die Rechte der betroffenen Person und die Pflichten der Verantwortlichen geregelt. Hinzu kommen Vorschriften zur Zusammenarbeit der Aufsichtsbehörden und zur Durchsetzung der Rechte der betroffenen Personen.

II. Allgemeines

2   Grundsätzlich gilt die DS-GVO nach ihrem Art. 2 I für die ganz oder teilweise automatisierte Verarbeitung personenbezogener Daten sowie für die nichtautomatisierte Verarbeitung personenbezogener Daten, die in einem Dateisystem gespeichert sind oder gespeichert werden sollen. Die Ausnahmevorschrift des Abs. 2 lit. d, nach welcher die Datenverarbeitung durch die zuständige Behörde zum Zwecke der Verhütung, Ermittlung, Aufdeckung oder Verfolgung von Straftaten oder der Strafvollstreckung einschließlich des Schutzes vor und der Abwehr von Gefahren für die öffentliche Sicherheit von der Anwendung der DS-GVO ausgenommen ist, greift für die Ausländerverwaltung selbst dann nicht, wenn man dieses Rechtsgebiet dem besonderen Polizeirecht zuordnet, weil diese Vorschrift nur die polizeiliche Tätigkeit im Zusammenhang mit der Aufklärung und der Verfolgung von Straftaten betrifft[7].

Art. 6 I lit. e, II und III DS-GVO lässt es zu, dass die Mitgliedstaaten für ihre öffentliche Verwaltung gegenüber der DS-GVO speziellere Vorschriften erlassen, die allerdings inhaltlich den dort genannten Voraussetzungen entsprechen müssen. Die Bundesrepublik Deutschland hat in § 1 I 1 BDSG von dieser Öffnungsklausel insoweit Gebrauch gemacht, als dass die in diesem BundesG aufgeführten Regelungen der DS-GVO vorgehen, wenn es sich um öffentliche Stellen des Bundes handelt, oder wenn die Länder Bundesrecht ausführen und insoweit keine landesrechtlichen Bestimmungen greifen. Allerdings gehen andere bundesgesetzliche Vorschriften wiederum dem BDSG vor (§ 1 II BDSG). Das hat für § 86 zur Folge, dass diese Vorschrift für die in § 71 genannten Ausländerbehörden und Auslandsvertretungen als gegenüber dem BDSG besondere bundesrechtliche Regelung anzusehende Vorschrift gilt, soweit die Länder für die Datenerhebung durch ihre Ausländerbehörden keine eigenen Regelungen erlassen haben (Art. 84 I 1 GG).

3   Auch für die in § 71 genannten Bundes- und Länderpolizeien einschließlich des Zolls (vgl. § 68 BPolG) gilt § 86 für die Datenerhebung abschließend. Ein Rückgriff auf besondere Datenerhebungsvorschriften in den allgemeinen PolizeiG (zB Observation) ist nicht zulässig.

4   Nach Art. 6 DS-GVO ist die Verarbeitung personenbezogener Daten ua nur zulässig, wenn
   – eine wirksame Einwilligung der betroffenen Person vorliegt (Art. 6 I lit. a DS-GVO),
   – die Verarbeitung für die Wahrnehmung einer Aufgabe erforderlich ist, die im öffentlichen Interesse liegt oder in Ausübung öffentlicher Gewalt erfolgt, die dem Verantwortlichen übertragen wurde (Art. 6 I lit. e DS-GVO).

§ 86 stellt eine im Einklang mit der DS-GVO stehende gesetzliche Ermächtigung für die Erhebung personenbezogener Daten durch die Ausländerbehörde dar, die grundsätzlich nicht durch die Einwilligung der betroffenen Person erweitert werden kann[8]. Für landesrechtliche Ergänzungen oder Abweichungen bleibt grundsätzlich kein Raum.

5   **Personenbezogene Daten** sind alle Informationen, die sich auf eine identifizierte oder identifizierbare natürliche Person („betroffene Person") beziehen. Als identifizierbar wird eine natürliche Person angesehen, die direkt oder indirekt, insbesondere mittels Zuordnung zu einer Kennung wie einem Namen, zu einer Kennnummer, zu Standortdaten, zu einer Online-Kennung oder zu einem oder mehreren besonderen Merkmalen, die Ausdruck der physischen, physiologischen, genetischen, psychischen, wirtschaftlichen, kulturellen oder sozialen Identität dieser natürlichen Person sind, identifiziert werden kann (Art. 4 Nr. 1 DS-GVO). Dazu gehören zB Name, Geburtsdatum, und -ort, Familienstand und Verwandtschaftsverhältnisse, Staatsangehörigkeit, Anschriften, Aufenthaltsort, Vorstrafen, gesundheitliche Daten, Mitgliedschaften in Vereinen und Organisationen, Angaben zur Erwerbstätigkeit und zum Arbeitgeber, Personalien und Aufenthaltstitel von Familienangehörigen, Voraufenthalte, Passbesitz und Rückkehrberechtigung sowie biometrische Merkmale.

III. Datenerhebung

6   Erheben ist das Beschaffen von Daten über eine natürliche Person (Art. 4 Nr. 2 DS-GVO). Unter den Begriff fällt sowohl das gezielte Erfragen einer Information wie auch das Bereitstellen eines Formulars oder einer elektronischen Eingabemöglichkeit zur Beschaffung von Erkenntnissen durch eine Behörde, also auch das Unterhalten von Empfangsmöglichkeiten zu einem bestimmten angekündigten Verarbeitungszweck[9]. Keine Datenerhebung erfolgt dagegen, wenn personenbezogene Daten unaufgefordert „aufgedrängt" werden, so im Falle der ungewollten Preisgabe von privaten Informan-

---

[7] Kühling/Buchner/*Kühling/Raab*, DS-GVO, 2. Aufl., Art. 2 Rn. 29.
[8] Vgl. Kühling/Buchner/*Buchner/Kühling*, DS-GVO, 2. Aufl., Art. 7 Rn. 15.
[9] Vgl. Kühling/Buchner/*Herbst*, DS-GVO, 2. Aufl., Art. 4 Nr. 2 Rn. 21 f.

ten. Allerdings ist dann eine weitere Verarbeitung nur zulässig, wenn die Angaben für die Ausländerverwaltung erforderlich sind. Die Datenerhebung sollte grundsätzlich **bei der betroffenen Person selbst** und nur ausnahmsweise bei Dritten erfolgen. Zwar ist der Direkterhebungsgrundsatz in der DS-GVO nicht ausdrücklich festgeschrieben[10], doch ergibt sich diese Verpflichtung aus dem Grundsatz der „Datenminimierung" (Art. 5 I lit. c DS-GVO). Allein durch die Erkundigung über eine betroffene Person können dem Befragten uU nachteilige Erkenntnisse über diese bekannt werden.

Zur Datenerhebung sind alle mit der Ausführung des AufenthG und der damit im Zusammenhang 7 stehenden Gesetze und Rechtsverordnungen (zB AufenthV, FreizügG/EU) iSd § 71 betrauten Behörden berechtigt. Davon umfasst sind nicht die Einbürgerungsbehörde und die Stellen, die mit dem Asylverfahren, der Asylbewerberunterbringung, dem Asylbewerberleistungsrecht und dem Spätaussiedlerrecht betraut sind.

Die **Erforderlichkeit zur Aufgabenerfüllung** muss einzelfallbezogen für jedes Einzeldatum 8 begründet werden und ist nur dann erfüllt, wenn die Daten zur Vorbereitung einer konkreten ausländerrechtlichen Maßnahme erhoben werden. Nützlichkeit allein ist kein Kriterium. Die **Erhebung mittels ganzer Akten** ist unzulässig, da das regelmäßig mit einem Verstoß gegen das Übermaßverbot verbunden ist, soweit nicht ausnahmsweise im Einzelfall alle Daten aus der Akte benötigt werden[11]. Sind mit personenbezogenen Daten, die der Ausländerbehörde übermittelt werden dürfen, weitere personenbezogene Daten der betroffenen Person oder eines Dritten so verbunden, dass eine Trennung nicht oder nur mit unvertretbarem Aufwand möglich ist, so ist die Übermittlung auch dieser Daten zulässig, soweit nicht berechtigte Interessen der betroffenen Person oder eines Dritten an deren Geheimhaltung offensichtlich überwiegen; eine Nutzung dieser Daten ist jedoch unzulässig.

Die Erhebung von Daten, die zu einer besonderen Kategorie iSd Art. 9 DS-GVO gehören, ist in 9 den Fällen des Art. 9 II DS-GVO, § 86 S. 2 zulässig, soweit das im Einzelfall zur Aufgabenerfüllung erforderlich ist. Das betrifft insbesondere die Belange der öffentlichen Sicherheit und des Gesundheitsschutzes. Da die DS-GVO verlangt, dass die Mitgliedstaaten den Schutz der Grundrechte der davon betroffenen Personen sicherzustellen haben, ist insbesondere dem § 22 BDSG Rechnung zu tragen. Die Erhebung von personenbezogenen Daten über strafrechtliche Verurteilungen und Straftaten ist den in § 71 genannten Stellen aufgrund von Art. 10 DS-GVO möglich.

Die Art. 13 f. DS-GVO schreiben für den Verantwortlichen bei der Datenerhebung **Informations-** 10 **pflichten** gegenüber der betroffenen Person vor, wobei danach unterschieden wird, ob die Angaben bei dieser selbst (**Direkterhebung**, Art. 13 DS-GVO) oder bei einer anderen Person oder Institution über die betroffene Person (**Dritterhebung**, Art. 14 DS-GVO) in Erfahrung gebracht werden. Bei der **Direkterhebung** muss die betroffene Person **zum Zeitpunkt** der Datenerhebung über die in Art. 13 I und II DS-GVO genannten Informationen in Kenntnis gesetzt werden. Dazu gehören insbesondere der **Verarbeitungszweck**, die **Empfänger,** die Verarbeitung im **„unsicheren Drittland"** und die **Rechtsgrundlage** für die Datenverarbeitung. Auch ist die betroffene Person über die beabsichtigte **Speicherdauer** oder – wenn das nicht möglich ist – über die für eine **Löschungs- bzw. Weiterspeicherungsentscheidung** maßgeblichen Kriterien zu unterrichten. Von nicht unerheblicher Bedeutung sind die Belehrungen über die **Mitwirkungspflichten** und **-obliegenheiten** nach § 82 und die Folgen der Verweigerung der Angaben bzw. der Mitwirkung des Ausländers (Art. 13 II lit. e DS-GVO). Im Falle der **Dritterhebung** muss die betroffene Person nach Art. 14 DS-GVO zusätzlich insbesondere über die **Kategorie der verarbeiteten Daten** informiert werden. Bei der Dritterhebung ist der Verantwortliche verpflichtet, die Information spätestens **innerhalb eines Monats,** nachdem er in den Besitz der Angaben gekommen ist, zu erteilen (Art. 14 III lit. a DS-GVO). Über die **Zweckänderung** der vom Verantwortlichen oder von Dritten vor der Übermittlung an den Verantwortlichen erhobenen Daten muss spätestens bei der Zweckänderung informiert werden (Art. 13 III 14 IVDS-GVO), soweit das noch nicht bei der Erhebung der Daten **ausreichend** geschehen ist. Von Letzterem kann nur ausgegangen werden, wenn die betroffene Person seinerzeit darüber aufgeklärt wurde, unter welchen Voraussetzungen, die von ihr selbst herbeigeführt werden oder zumindest ohne Weiteres für diese erkennbar sind, die Zweckänderung erfolgt. Der Verantwortliche hat im Hinblick auf das Transparenzgebot und seine Rechenschaftspflicht ggf. den **Nachweis** für die **Erfüllung seiner Informationspflichten** zu erbringen (Art. 5 I lit. a, II DS-GVO). **Verstöße** gegen die Hinweispflichten führen grundsätzlich nicht zur Rechtswidrigkeit der Datenverarbeitung und sind nach Art. 83 VII DS-GVO, § 43 III BDSG für Behörden nicht bußgeldbewehrt. Nach Art. 14 V lit. b DS-GVO müssen diese Informationen nur iRd **Verhältnismäßigkeit** erteilt werden. Auch sehen diese Vorschrift und Art. 23 DS-GVO, §§ 32 f. BDSG Einschränkungen für die Unterrichtungspflicht für Behörden vor. Die Hinweise können – auch – mittels einer per Link abrufbaren elektronischen Information erteilt werden, wenn dem Ausländer diese Art von Kenntnisnahme zumutbar ist.

---

[10] Vgl. *Ziegenhorn/v. Heckel* NJW 2016, 1585 (588).
[11] *Kunkel* ZAR 1991, 77.

IV. Nutzung der erhobenen Daten

11 Eine unzulässige Datenerhebung führt generell zu einer weiteren rechtswidrigen Datennutzung[12]. Rechtswidrig gewonnene Angaben dürfen also grundsätzlich nicht weiterverarbeitet werden[13]. Jede personenbezogene informationelle Maßnahme unterliegt der strikten Beachtung der **Zweckbindung** (Art. 5 I lit. b DS-GVO)[14]. Der **Zweck** der Datenverarbeitung besteht in der Erfüllung der den in § 71 genannten Stellen obliegenden Aufgaben[15]. Diese sind weit gefasst und mit allen Maßnahmen und Entscheidungen identisch, die sich aus dem AufenthG und den darauf beruhenden VO ergeben (vgl. auch Nr. 86.1.3.2 AVwV). Diese müssen konkret zur Erledigung anstehen. Die Erhebung und Sammlung von **Daten auf Vorrat** ist unzulässig. Eine **Zweckänderung** ist nur nach Art. 6 II und III DS-GVO, § 23 BDSG zulässig[16].

V. Rechte der betroffenen Person

12 Die betroffene Person kann nach Art. 16 DS-GVO die Ergänzung bzw. die Berichtigung der erhobenen Daten verlangen. Auch hat sie nach Art. 17 I lit. d DS-GVO einen Löschungsanspruch, wenn die Behörde die inhaltliche Richtigkeit der Angaben nach Art. 18 I lit. a DS-GVO nicht belegen kann oder die Daten rechtswidrig verarbeitet wurden[17].

13 Die betroffene Person kann einen Schadensersatzanspruch nach Art. 82 DS-GVO geltend machen. Dabei handelt es sich um eine eigenständige, unmittelbar geltende datenschutzrechtliche **Haftungsnorm für zivilrechtliche materielle und immaterielle Schadensersatzansprüche** wegen Datenschutzverletzungen. Die Ansprüche nach dieser Vorschrift stehen selbstständig neben deliktischen oder sonstigen Ansprüchen (vgl. § 83 BDSG) nach deutschem Recht[18]. Nach Art. 82 I DS-GVO, Erwägungsgrund 146 sind die wegen eines **Verstoßes gegen die DS-GVO** und gegen die zu deren Konkretisierung erlassenen nationalen Datenschutzvorschriften verursachten **Schäden** grundsätzlich zu ersetzen. Eine **schädigende Handlung** kann darin bestehen, dass der Verantwortliche seine Mitarbeiter und seine Auftragsverarbeiter nicht pflichtgemäß beaufsichtigt. Die betroffene Person hat zu **beweisen,** dass der Verantwortliche ihre personenbezogenen Daten verarbeitet hat und ihr dadurch ein Schaden entstanden ist[19], wobei der EuGH jede Kausalität zwischen der Rechtsverletzung und dem Schaden genügen lässt[20]. Die betroffene Person kann sich in diesem Zusammenhang ihrer datenschutzrechtlicher Auskunftsansprüche gegenüber dem Verantwortlichen bedienen[21]. Den Verantwortlichen trifft die Beweislast, dass dieser Kausalzusammenhang nicht besteht[22].

Die **Schadensersatzpflicht entfällt** nach Art. 82 III DS-GVO nur, wenn der Verantwortliche oder der Auftragsverarbeiter nachweist, dass ihn bzw. seine Mitarbeiter in keiner Hinsicht für den Umstand, der zu dem Schaden geführt hat, ein Verschulden trifft, er also weder fahrlässig noch vorsätzlich gehandelt bzw. eine Verpflichtung zum Handeln unterlassen hat[23]. Eine Exkulpationsmöglichkeit etwa wegen ausreichender Beaufsichtigung der Mitarbeiter oder guter Betriebsorganisation gibt es idR nicht[24]. Ein **Mitverschulden der betroffenen Person** kann die Schadensersatzpflicht des Verantwortlichen bzw. des Auftragsverarbeiters nach § 83 IV BDSG jedoch mindern[25]. **Anspruchsberechtigt** sind alle Personen, die wegen eines Datenschutzverstoßes einen materiellen oder immateriellen Schaden erlitten haben. Die Anspruchsberechtigung ist dabei nicht auf diejenigen beschränkt, deren Daten verarbeitet wurden[26]. Zwar ist es Aufgabe des Haftungsgläubigers, den Eintritt samt der

---

[12] HmbOVG Urt. v. 25.11.2014 – 3 Bf 177/12; weitergehend *Hilbrans* in NK-AuslR, 2. Aufl. 2016, § 86 Rn. 12; aber: BVerfG Urt. v. 3.3.2004 – 1 BvR 2378/98, BVerfGE 109, 279 (320); BVerfG Urt. v. 12.4.2005 – 2 BvR 1027/02, BVerfGE 113, 29 (61).

[13] Vgl. VG Lüneburg Urt. v. 21.12.2016 – 5 A 1/16, ZD 2017, 199; aA BGH Urt. v. 15.5.2018 – VI ZR 233/17, NJW 2018, 2883.

[14] Zweckwechsel ist nur unter den in §§ 14 II, 4a BDSG aF beschriebenen Fällen möglich.

[15] Zur Rechtmäßigkeit einer Sicherheitsanfrage nach § 73 II und III VG Münster Urt. v. 8.10.2009 – 8 K 1498/08, BeckRS 2009, 40144, aus Anlass der Erteilung oder Verlängerung einer Aufenthaltserlaubnis.

[16] Vgl. Kühling/Buchner/*Petri*, DS-GVO, 2. Aufl., Art. 6 Rn. 180.

[17] Vgl. Kühling/Buchner/*Herbst*, DS-GVO, 2. Aufl., Art. 18 Rn. 13 ff.

[18] *Wybitul/Haß/Albrecht* NJW 2018, 113; vgl. *Mester* DuD 2018, 181; *Jacquemain* RDV 2017, 227 (228).

[19] AA *Jacquemain* RDV 2017, 227 (230).

[20] Vgl. *Wybitul/Neu/Strauch* ZD 2018, 202 (206).

[21] *Wybitul/Neu/Strauch* ZD 2018, 202 (203).

[22] Vgl. *Wybitul/Haß/Albrecht* NJW 2018, 115; von Kühling/Buchner/*Bergt* DS-GVO Art. 82 Rn. 46 ff., wird die Auffassung vertreten, dass der Verantwortliche nachweisen muss, dass die von ihm vorgenommene Datenverarbeitung dem DatenschutzR entsprochen hat bzw. dass sein rechtswidriges Verhalten nicht ursächlich für den eingetretenen Schaden war; *Wybitul/Neu/Strauch* ZD 2018, 202 (203).

[23] Vgl. *Jacquemain* RDV 2017, 227 (229); *Wybitul/Neu/Strauch* ZD 2018, 202 (204).

[24] IE dazu Kühling/Buchner/*Bergt* DS-GVO Art. 82 Rn. 55; vgl. *Wybitul/Haß/Albrecht* NJW 2018, 113 (116); *Veil* ZD 2018, 9 (13).

[25] Vgl. *Wybitul/Neu/Strauch* ZD 2018, 202 (207).

[26] *Wybitul/Haß/Albrecht* NJW 2018, 113 (114); *Wybitul/Neu/Strauch* ZD 2018, 202 (203 f.).

Höhe des Schadens nachzuweisen[27], doch sind nach der Rspr. des EuGH diese Schäden der **Höhe** nach in materieller wie immaterieller Hinsicht „großzügig" auszugleichen[28]. Der Schadensersatzanspruch umfasst auch die Aufwendungen der betroffenen Person für die Geltendmachung ihrer berechtigten datenschutzrechtlichen Ansprüche einschließlich ihrer vorgerichtlichen Anwaltskosten[29]. Ein immaterieller Schaden kann in Form der Ehrverletzung, der Verletzung des Persönlichkeitsrechts oder des Ansehensverlusts bestehen, muss aber nicht von besonderem Gewicht sein[30].

Jede betroffene Person hat unbeschadet eines anderweitigen verwaltungsrechtlichen oder gerichtlichen Rechtsbehelfs nach Art. 77 I DS-GVO das Recht auf Beschwerde bei einer Datenschutzaufsichtsbehörde, insbesondere in dem Mitgliedstaat ihres gewöhnlichen Aufenthaltsorts, ihres Arbeitsplatzes oder des Orts des mutmaßlichen Verstoßes, wenn die betroffene Person der Ansicht ist, dass die Verarbeitung der sie betreffenden personenbezogenen Daten gegen diese Verordnung verstößt. Für Beschwerden gegen Bundesbehörden ist der Bundesbeauftragte für den Datenschutz und die Informationsfreiheit (BfDI) zuständig, für Beschwerden gegen Landesbehörden die jeweils zuständigen Landesdatenschutzbeauftragten. Die Art. 13 f. DS-GVO schreiben für den Verantwortlichen bei der Datenerhebung **Informationspflichten** gegenüber der betroffenen Person vor, wobei danach unterschieden wird, ob die Angaben bei dieser selbst (**Direkterhebung**, Art. 13 DS-GVO) oder bei einer anderen Person oder Institution über die betroffene Person (**Dritterhebung**, Art. 14 DS-GVO) in Erfahrung gebracht werden. Erhebung ist sowohl das gezielte Erfragen als auch das Unterhalten von Empfangsmöglichkeiten zu einem bestimmten, angekündigten Verarbeitungszweck. Bei der **Direkterhebung** muss die betroffene Person **zum Zeitpunkt** der Datenerhebung über die in Art. 13 I und II DS-GVO genannten Informationen in Kenntnis gesetzt werden. Dazu gehören insbesondere der **Verarbeitungszweck**, die **Empfänger**, die Verarbeitung im **„unsicheren Drittland"** und ob die Angaben für einen **Vertragsabschluss zwingend** sind. Auch ist die betroffene Person über die beabsichtigte **Speicherdauer** oder – wenn das nicht möglich ist – über die für eine **Löschungs- bzw. Weiterspeicherungsentscheidung** maßgeblichen Kriterien zu unterrichten. Im Falle der **Dritterhebung** muss die betroffene Person nach Art. 14 I DS-GVO zusätzlich insbesondere über die **Kategorie der verarbeiteten Daten** informiert werden. Bei der Dritterhebung ist der Verantwortliche verpflichtet, die Information spätestens **innerhalb eines Monats**, nachdem er in den Besitz der Angaben gekommen ist, zu erteilen (Art. 14 III lit. a DS-GVO). Über die **Zweckänderung** der vom Verantwortlichen oder von Dritten vor der Übermittlung an den Verantwortlichen erhobenen Daten muss spätestens bei der Zweckänderung informiert werden (Art. 13 III, 14 IV DS-GVO), soweit dies noch nicht bei der Erhebung der Daten **ausreichend** geschehen ist. Von Letzterem kann nur ausgegangen werden, wenn die betroffene Person seinerzeit darüber aufgeklärt wurde, unter welchen Voraussetzungen, die von ihr selbst herbeigeführt werden oder zumindest ohne Weiteres für diese erkennbar sind, die Zweckänderung erfolgt. Der Verantwortliche hat im Hinblick auf das Transparenzgebot und seine Rechenschaftspflicht gegebenenfalls den **Nachweis** für die **Erfüllung seiner Informationspflichten** zu erbringen (Art. 5 I lit. a, II DS-GVO). **Verstöße** gegen die Hinweispflichten führen zwar grundsätzlich nicht zur Rechtswidrigkeit der Datenverarbeitung und sind gegenüber Behörden auch nicht bußgeldbewehrt[31], sie können aber zu einer Abhilfemaßnahme der Aufsichtsbehörde, wie bspw. einer Weisung gemäß Art. 58 II lit. c DS-GVO führen. Von der Unterrichtung kann abgesehen werden, soweit die Gefahr besteht, dass durch diese die **Aufgabenerfüllung** der Behörde **erschwert** oder gar **vereitelt** wird (Art. 14 V lit. b, 23 I lit. i DS-GVO, § 32 I Nr. 4, 33 I Nr. 2 lit. a BDSG). Nach Art. 14 V lit. b DS-GVO müssen diese Informationen nur iRd **Verhältnismäßigkeit** erteilt werden. Die Unterrichtung kann insbesondere unterbleiben, wenn die betroffene Person davon ausgehen kann, dass eine Datenerhebung erfolgt und bei der Beantwortung der Anfrage nichts übermittelt wird, das die betroffene Person wissen muss, um sich ggf. dagegen zur Wehr setzen zu können. Die betroffenen Personen können die in Art. 15 ff. DS-GVO vorgesehenen Rechte gegenüber dem Verantwortlichen geltend machen. Diese lassen sich nicht durch Verzicht einschränken oder ausschließen. Der Verantwortliche hat die betroffene Person nach Art. 15 I DS-GVO auf Antrag ua darüber zu informieren, wie lange welche ihrer Daten dort gespeichert werden und welche Kategorien von Daten (Angaben aus einem Vertrag, Bonitätsnegativmerkmale, sonstige Angaben) an Dritte übermittelt worden sind bzw. noch übermittelt werden (**Selbstauskunftsverlangen**). Allerdings besteht dieser Anspruch entsprechend Art. 15 IV DS-GVO, Erwägungsgrund 63, nicht, soweit die Gefahr besteht, dass die Aufgabenerfüllung der Behörde gefährdet wird. Die betroffene Person kann nach Art. 16 S. 2 DS-GVO die **Ergänzung** ihrer Speicherungen verlangen. Sie ist entsprechend den nationalen Prozessordnungen unter Umständen dafür beweispflichtig. Hält die betroffene Person eine Speicherung inhaltlich für unzutreffend, kann sie die **Einschränkung** der Datenverarbeitung verlangen und eine

---

[27] *Jacquemain* RDV 2017, 227 (231).
[28] *Kühling/Buchner/Bergt* DS-GVO Art. 82 Rn. 17 ff.; wegen der Höhe des Schadensersatzanspruchs *Wybitul/Haß/Albrecht* NJW 2018, 113 (114) und *Jacquemain* RDV 2017, 227 (232 ff.).
[29] *Kühling/Buchner/Bergt* DS-GVO Art. 82 Rn. 19.
[30] *Jacquemain* RDV 2017, 227 (232); *Wybitul/Neu/Srauch* ZD 2018, 202 (204 ff.).
[31] Vgl. § 43 III BDSG bzw. jeweilige Landesnormen (bspw. § 28 LDSG-BW).

Überprüfung nach Art. 18 I lit. a DS-GVO erwarten. Das hat zur Folge, dass der Verantwortliche während der von ihm vorzunehmenden Überprüfung diese Angaben nicht weiterübermitteln darf, es sei denn für die Wahrnehmung von Aufgaben aus wichtigen Gründen des öffentlichen Interesses (Art. 18 II DS-GVO). Teilt der Verantwortliche im Anschluss daran der betroffenen Person nach Art. 18 III DS-GVO mit, dass er die Speicherung für zutreffend hält, liegt es an dieser, ihren Löschungsanspruch nach Art. 17 I lit. d, 5 I lit. d DS-GVO gegebenenfalls mit gerichtlicher Hilfe durchzusetzen. Der Verantwortliche ist nach der Diktion des Art. 18 I lit. a DS-GVO für die Richtigkeit der Speicherung beweispflichtig. Legt die betroffene Person nach Art. 21 I DS-GVO **Widerspruch** gegen die Datenverarbeitung ein, kann sie die Löschung der Angaben nach Art. 17 I lit. c DS-GVO verlangen, wenn der Verantwortliche kein berechtigtes Interesse an der weiteren Verarbeitung nachweist, das nicht von höherrangigeren Interessen der betroffenen Person überwogen wird. Die betroffene Person hat einen Anspruch auf **Berichtigung** bzw. **Löschung** ihrer Daten, soweit diese inhaltlich unzutreffend sind (vgl. Art. 16 S. 1, 17 I lit. d, 5 I lit. d DS-GVO) oder der Verantwortliche kein berechtigtes Interesse – mehr – an der Datenverarbeitung hat (Art. 17 I lit. a und c DS-GVO). Dabei ist allerdings zu berücksichtigen, dass der Verantwortliche grundsätzlich personenbezogene Daten Dritter auch nach Erfüllung des Hauptverarbeitungszwecks noch so lange vorzuhalten hat, wie das im Interesse der betroffenen Person selbst (vgl. Art. 18 I lit. c, 5 II DS-GVO) aufgrund von nationalen Aufbewahrungsvorschriften geboten ist. Die Nutzung der Angaben ist dann nur noch für diese Zwecke zulässig. Macht die betroffene Person einen derartigen Berichtigungs- oder Löschungsanspruch geltend, hat der Verantwortliche wegen der ihm nach Art. 18 I lit. a und Art. 21 I DS-GVO obliegenden Prüf- und Nachweisverpflichtungen die Richtigkeit der Angaben bzw. das Bestehen eines **berechtigten Interesses** für die weitere Datenverarbeitung zu beweisen. Entsprechendes gilt nach dem Erwägungsgrund 50 auch für die Rechtmäßigkeit von **Zweckänderungen**.

§ 86a Erhebung personenbezogener Daten zu Förderungen der freiwilligen Ausreise und Reintegration

(1) ¹Die Ausländerbehörden und alle sonstigen öffentlichen Stellen sowie privaten Träger, die staatlich finanzierte rückkehr- und reintegrationsfördernde Maßnahmen selbst oder im Auftrag der öffentlichen Hand durchführen oder den dafür erforderlichen Antrag entgegennehmen, erheben personenbezogene Daten, soweit diese Daten zur Erfüllung der Zwecke nach Satz 2 erforderlich sind. ²Die Datenerhebung erfolgt zum Zweck
1. der Durchführung der rückkehr- und reintegrationsfördernden Maßnahmen,
2. der Koordinierung der Programme zur Förderung der freiwilligen Rückkehr durch das Bundesamt für Migration und Flüchtlinge und
3. der Sicherstellung einer zweckgemäßen Verwendung der Förderung und erforderlichenfalls zu deren Rückforderung.

³Dabei handelt es sich um die folgenden Daten:
– Familienname, Geburtsname, Vornamen, Schreibweise der Namen nach deutschem Recht, Familienstand, Geburtsdatum, Geburtsort, -land und -bezirk, Geschlecht, Doktorgrad, Staatsangehörigkeiten,
– Angaben zum Zielstaat der Fördermaßnahme,
– Angaben zur Art der Förderung und
– Angaben, ob die Person freiwillig ausgereist ist, abgeschoben oder zurückgeschoben wurde, sowie Angaben, ob die Person ausgewiesen wurde.

⁴Angaben zum Umfang und zur Begründung der Förderung müssen ebenfalls erhoben werden. ⁵Die Daten sind spätestens nach zehn Jahren zu löschen.

(2) Die Ausländerbehörden und die mit grenzpolizeilichen Aufgaben betrauten Behörden erheben zur Feststellung der Wirksamkeit der Förderung der Ausreisen Angaben zum Nachweis der Ausreise, zum Staat der Ausreise und zum Zielstaat der Ausreise.

Allgemeine Verwaltungsvorschrift
Nicht belegt.

I. Entstehungsgeschichte

Die Vorschrift wurde mit dem **Zweiten DatenaustauschverbesserungsG**[1] in das AufenthG eingefügt und zuletzt aufgrund des Gesetzes zur Weiterentwicklung des Ausländerzentralregisters vom 9.7.2021 angepasst[2]. Angaben zur Förderung von freiwilligen Ausreisen und Reintegration durch Rückkehrer- und reintegrationsfördernde Programme oder mit Landes- und Kommunalmitteln, bei denen der Bund finanziell nicht beteiligt ist, sollen auf der Grundlage von Einverständniserklärungen

---
[1] BT-Drs. 19/8752, 1131.
[2] BGBl. 2021 I S. 2467.

der betroffenen Personen sowie neben § 86 iVm § 75 Nr. 7 aufgrund eines zusätzlich geschaffenen § 86a zu Steuerungszwecken erhoben und zentral im AZR gespeichert werden, ua, um die Fördermaßnahmen zu verbessern und ungerechtfertigte Inanspruchnahmen von Fördermitteln zu verhindern. Da Förderungen von freiwilligen Ausreisen und Reintegration in den Ländern teilweise auch vom privaten Trägern mit Landes- und Kommunalmitteln, zT auch im Auftrag öffentlicher Stellen, organisiert werden, sollen sowohl alle öffentliche Stellen als auch die privaten Träger im Fall einer staatlichen Finanzierung der Förderung der freiwilligen Ausreise und Reintegration anhand einer neu zu schaffenden Rechtsgrundlage zur Erhebung der Grundpersonalien iSd § 3 I Nr. 4 AZRG verpflichtet werden, um die Durchführung oder Koordinierung der Förderprogramme besser gewährleisten und gegebenenfalls ungerechtfertigte Inanspruchnahmen zu verhindern oder Rückforderungsansprüche prüfen zu können. Darüber hinaus ist zu statistischen Auswertungen mit dem Ziel einer sachgerechten Steuerung der Rückkehrförderung die Angabe des Zielstaates erforderlich. Neben der Angabe zur Art der Förderung sollen auch Angaben zum Umfang und zur Begründung der Förderung verpflichtend erhoben werden, um in Einzelfällen auch Ausnahmen zur erneuten Förderung zulassen zu können.

II. Allgemeines

§ 86a I schafft für die Ausländerbehörde und alle sonstigen öffentlichen Stellen sowie für private **2** Träger, die staatlich finanzierte rückkehr- und reintegrationsfördernde Maßnahmen selbst oder im Auftrag der öffentlichen Hand durchführen oder den dafür erforderlichen Antrag entgegennehmen, eine **Ermächtigungsgrundlage,** die dafür erforderlichen personenbezogenen Daten erheben zu können. Der Datenverarbeitungszweck wird dahingehend festgelegt, dass diese Angaben nur für die Durchführung der rückkehr- und reintegrationsfördernden Maßnahmen, für die Koordinierung der Programme zur Förderung der freiwilligen Rückkehr durch das BAMF sowie für die Sicherstellung einer zweckgemäßen Verwendung der Förderung und erforderlichenfalls für deren Rückforderung genutzt werden dürfen. Um welche Daten es sich dabei handelt, wird iE festgelegt. Die in Abs. 2 genannten Stellen haben zur Feststellung der Wirksamkeit der Förderung der Ausreisen personenbezogene Angaben zum Nachweis der Ausreise, zum Staat der Ausreise und zum Zielstaat zu erheben. Bei dieser Vorschrift handelt es sich um eine Ergänzung zu § 86, der grundsätzlich die Erhebung personenbezogener Daten durch die mit der Ausführung des Aufenthaltsrechts betrauten Stellen regelt.

III. Datenverarbeitung

Personenbezogene Daten dürfen, wenn sie ganz oder teilweise automatisiert oder in einem **3** nichtautomatisierten Dateisystem gespeichert werden oder werden sollen, verarbeitet werden, wenn es dafür eine gesetzliche Ermächtigungsgrundlage gibt oder die betroffene Person eingewilligt hat (Art. 2 I, 6 I DS-GVO). Verarbeiten idS ist neben dem **Erheben** (→ § 86 Rn. 6) insbesondere das Speichern, Nutzen, Übermitteln, Löschen und Vernichten v. Angaben, die sich auf eine natürliche Person beziehen (Art. 4 Nr. 2 DS-GVO). Die EU-Mitgliedstaaten können nach Art. 6 I lit. e, II und III DS-GVO für die öffentliche Verwaltung explizite Vorschriften erlassen, wenn der Zweck der Verarbeitung in dieser Rechtsgrundlage festgelegt und für die Aufgabenerfüllung erforderlich ist. Diese Rechtsgrundlage kann spezifische Bestimmungen zur Anpassung der Anwendung der Vorschriften der DS-GVO enthalten, ua Bestimmungen darüber, welche allgemeinen Bedingungen für die Regelung der Rechtmäßigkeit der Verarbeitung durch den Verantwortlichen gelten, welche Arten von Daten verarbeitet werden, welche Personen betroffen sind, an welche Einrichtungen und für welche Zwecke die personenbezogenen Daten offengelegt werden dürfen, welcher Zweckbindung sie unterliegen, wie lange sie gespeichert werden dürfen und welche Verarbeitungsvorgänge und -verfahren angewandt werden dürfen. Das Unionsrecht oder das Recht der Mitgliedstaaten müssen ein im öffentlichen Interesse liegendes Ziel verfolgen und in einem angemessenen Verhältnis zu dem verfolgten legitimen Zweck stehen.

Diesen Anforderungen genügt § 86a. Die Vorschrift bestimmt die **Daten,** die **erhoben** werden **4** dürfen, den **Verarbeitungszweck** und den **Kreis der betroffenen Personen,** nämlich alle Ausländer, die in den Genuss von Förderprogrammen kommen. Mit solchen werden humanitäre Zwecke verfolgt, was nicht im Widerspruch zum EU-Recht steht. Die **Nutzung der Daten** und der **Datenaustausch** (Übermittlung) zwischen den in § 86a genannten Stellen richtet sich nach den Vorschriften der für diese Stellen einschlägigen LDSG oder nach Art. 6 I lit. e DS-GVO, wonach die Datenverarbeitung iRd Erforderlichkeit für die vorgegebene Aufgabe zulässig ist. Das BDSG, das ergänzend zum AufenthG anwendbar ist (§ 1 I BDSG), regelt dazu nichts. Doch gelten die Hinweispflichten nach Art. 13 f. DS-GVO, die in § 32 BDSG insoweit keine Ausnahme finden. Daher genügt es, wenn die betroffene Person darauf aufmerksam gemacht wird, wo sie sich über ihre Rechte in zumutbarer Weise informieren kann. Eine Zweckänderung ist allenfalls nach den §§ 49, 45 BDSG für Zwecke der Strafverfolgung und zur Gefahrenabwehr zulässig.

Nach Art. 17 I lit. a bzw. lit. d DS-GVO müssen die Daten auch ohne Antrag der betroffenen **5** Person **gelöscht werden,** wenn sie für die Aufgabenerfüllung nicht mehr erforderlich sind bzw. wenn sie bei ihrer Erhebung oder der weiteren Verarbeitung rechtswidrig verarbeitet wurden.[3] Rechtswidrig gewonnene Angaben dürfen grundsätzlich nicht weiterverarbeitet werden.[4] Löschung bedeutet aber nicht die sofortige Vernichtung der Daten. Vielmehr sind diese „gesperrt" entsprechend der nationalen Dokumentationsvorschriften (Verjährungsregelungen) auch weiterhin vorzuhalten[5], solange mit Betroffenenrechten, Datenschutzkontrollen, Strafverfahren und dergleichen zu rechnen ist.

6   Die datenverarbeitenden Stellen haben die betroffene Person nach Art. 15 I DS-GVO auf Antrag ua darüber **zu informieren,** wie lange und welche Kategorien von Daten dort gespeichert werden und welche Daten an andere Stellen übermittelt worden sind bzw. noch übermittelt werden (im Ergebnis s. § 57 BDSG). Dieser Anspruch lässt sich nicht durch Verzicht ausschließen. Allerdings besteht das Auskunftsrecht entsprechend Art. 14 V lit. b, Art. 15 IV DS-GVO, Erwägungsgrund 63 nicht, soweit die Gefahr besteht, dass die betroffene Person dadurch in den Besitz von Informationen kommt, die in öffentlichem Interesse oder zum Schutze Dritter vertraulich behandelt werden müssen (vgl. § 29 BDSG).

7   Die betroffene Person kann nach Art. 16 S. 2 DS-GVO die **Ergänzung ihrer Speicherungen** bei den speichernden Stellen verlangen.

8   Nach Art. 18 I DS-GVO bzw. Art. 21 I DS-GVO hat die betroffene Person das Recht, gegen ihre Speicherungen bei dem Verantwortlichen **Widerspruch** einzulegen und zu verlangen, dass diese daraufhin überprüft werden, ob sie inhaltlich richtig sind und ob an ihrer Verarbeitung ein berechtigtes Interesse besteht. Doch sehen die §§ 36, 58 BDSG dazu Einschränkungen vor.

9   Besteht die Gefahr, dass die verantwortliche Stelle ein Datum zu Unrecht an eine andere Stelle übermittelt oder es in sonstiger Weise rechtswidrig verarbeitet, steht der betr. Person ein **Unterlassungsanspruch nach § 1004 BGB** analog zu.

10 Die betroffene Person kann grundsätzlich nach Art. 17 DS-GVO die **Löschung ihrer Daten** verlangen. Soweit die Datenübermittlung unzulässig war bzw. geworden ist, kann die betroffene Person aufgrund von Art. 19 DS-GVO von der datenverarbeitenden Stelle verlangen, dass diese den Empfänger benachrichtigt, um eine Löschung oder Korrektur der dortigen Speicherungen herbeizuführen.

11 Ist die betroffene Person der Ansicht, dass die Verarbeitung der sie betreffenden Daten gegen die DS-GVO verstößt, so steht ihr unbeschadet obiger Rechte und anderweitiger verwaltungsrechtlicher oder gerichtlicher Rechtsbehelfe das Recht auf **Beschwerde** bei einer Datenschutzaufsichtsbehörde gemäß Art. 77 I DS-GVO zu.

§ 87 Übermittlungen an Ausländerbehörden

(1) Öffentliche Stellen mit Ausnahme von Schulen sowie Bildungs- und Erziehungseinrichtungen haben ihnen bekannt gewordene Umstände den in § 86 Satz 1 genannten Stellen auf Ersuchen mitzuteilen, soweit dies für die dort genannten Zwecke erforderlich ist.

(2) [1]Öffentliche Stellen im Sinne von Absatz 1 haben unverzüglich die zuständige Ausländerbehörde zu unterrichten, wenn sie im Zusammenhang mit der Erfüllung ihrer Aufgaben Kenntnis erlangen von
1. dem Aufenthalt eines Ausländers, der keinen erforderlichen Aufenthaltstitel besitzt und dessen Abschiebung nicht ausgesetzt ist,
2. dem Verstoß gegen eine räumliche Beschränkung,
2a. der Inanspruchnahme oder Beantragung von Sozialleistungen durch einen Ausländer, für sich selbst, seine Familienangehörigen oder für sonstige Haushaltsangehörige in den Fällen des § 7 Absatz 1 Satz 2 Nummer 2 oder Satz 4 des Zweiten Buches Sozialgesetzbuch oder in den Fällen des § 23 Absatz 3 Satz 1 Nummer 2 oder 3, Satz 3, 6 oder 7 des Zwölften Buches Sozialgesetzbuch oder
3. einem sonstigen Ausweisungsgrund;

in den Fällen der Nummern 1 und 2 und sonstiger nach diesem Gesetz strafbarer Handlungen kann statt der Ausländerbehörde die zuständige Polizeibehörde unterrichtet werden, wenn eine der in § 71 Abs. 5 bezeichneten Maßnahmen in Betracht kommt; die Polizeibehörde unterrichtet unverzüglich die Ausländerbehörde. [2]Öffentliche Stellen sollen unverzüglich die zuständige Ausländerbehörde unterrichten, wenn sie im Zusammenhang mit der Erfüllung ihrer Aufgaben Kenntnis erlangen von einer besonderen Integrationsbedürftigkeit im Sinne einer nach § 43 Abs. 4 erlassenen Rechtsverordnung. [3]Die für Leistungen nach dem Zweiten oder Zwölften Buch Sozialgesetzbuch zuständigen Stellen sind über die in Satz 1 geregelten Tatbestände hinaus verpflichtet, der Ausländerbehörde mitzuteilen, wenn ein Ausländer mit einer Aufenthaltserlaubnis nach Kapitel 2 Abschnitt 3 oder 4 für sich oder seine Familienangehörigen entsprechende Leistungen beantragt. [4]Die Auslands-

---

[3] Vgl. *Keppler* DSB 2018, 32.
[4] Vgl. VG Lüneburg Urt. v. 21.12.2016 – 5 A 1/16, ZD 2017, 199; aA BGH Urt. v. 15.5.2018 – VI ZR 233/17, ZD 2018, 422.
[5] EuGH Urt. v. 7.5.2009 – C-553/07, EuZW 2009, 546.

vertretungen übermitteln der zuständigen Ausländerbehörde personenbezogene Daten eines Ausländers, die geeignet sind, dessen Identität oder Staatsangehörigkeit festzustellen, wenn sie davon Kenntnis erlangen, dass die Daten für die Durchsetzung der vollziehbaren Ausreisepflicht gegenüber dem Ausländer gegenwärtig von Bedeutung sein können.

(3) ¹Die Beauftragte der Bundesregierung für Migration, Flüchtlinge und Integration ist nach den Absätzen 1 und 2 zu Mitteilungen über einen diesem Personenkreis angehörenden Ausländer nur verpflichtet, soweit dadurch die Erfüllung der eigenen Aufgaben nicht gefährdet wird. ²Die Landesregierungen können durch Rechtsverordnung bestimmen, dass Ausländerbeauftragte des Landes und Ausländerbeauftragte von Gemeinden nach den Absätzen 1 und 2 zu Mitteilungen über einen Ausländer, der sich rechtmäßig in dem Land oder der Gemeinde aufhält oder der sich bis zum Erlass eines die Rechtmäßigkeit des Aufenthalts beendenden Verwaltungsaktes rechtmäßig dort aufgehalten hat, nur nach Maßgabe des Satzes 1 verpflichtet sind.

(4) ¹Die für die Einleitung und Durchführung eines Straf- oder eines Bußgeldverfahrens zuständigen Stellen haben die zuständige Ausländerbehörde unverzüglich über die Einleitung des Strafverfahrens sowie die Erledigung des Straf- oder Bußgeldverfahrens bei der Staatsanwaltschaft, bei Gericht oder bei der für die Verfolgung und Ahndung der Ordnungswidrigkeit zuständigen Verwaltungsbehörde unter Angabe der gesetzlichen Vorschriften zu unterrichten. ²Satz 1 gilt entsprechend bei Strafverfahren für die Erhebung der öffentlichen Klage sowie den Erlass und die Aufhebung eines Haftbefehls, solange dies nicht den Untersuchungszweck gefährdet. ³Satz 1 gilt entsprechend für die Einleitung eines Auslieferungsverfahrens gegen einen Ausländer. ⁴Satz 1 gilt nicht für Verfahren wegen einer Ordnungswidrigkeit, die nur mit einer Geldbuße bis zu eintausend Euro geahndet werden kann, sowie für Verfahren wegen einer Zuwiderhandlung im Sinne des § 24 des Straßenverkehrsgesetzes oder wegen einer fahrlässigen Zuwiderhandlung im Sinne des § 24a des Straßenverkehrsgesetzes. ⁵Die Zeugenschutzdienststelle unterrichtet die zuständige Ausländerbehörde unverzüglich über Beginn und Ende des Zeugenschutzes für einen Ausländer.

(5) Die nach § 72 Abs. 6 zu beteiligenden Stellen haben den Ausländerbehörden
1. von Amts wegen Umstände mitzuteilen, die einen Widerruf eines nach § 25 Abs. 4a oder 4b erteilten Aufenthaltstitels oder die Verkürzung oder Aufhebung einer nach § 59 Absatz 7 gewährten Ausreisefrist rechtfertigen und
2. von Amts wegen Angaben zur zuständigen Stelle oder zum Übergang der Zuständigkeit mitzuteilen, sofern in einem Strafverfahren eine Beteiligung nach § 72 Abs. 6 erfolgte oder eine Mitteilung nach Nummer 1 gemacht wurde.

(6) Öffentliche Stellen sowie private Träger, die über staatlich finanzierte rückkehr- und reintegrationsfördernde Maßnahmen entscheiden, haben nach § 86a Absatz 1 erhobene Daten an die zuständige Ausländerbehörde zu übermitteln, soweit dies für die in § 86a genannten Zwecke erforderlich ist.

Allgemeine Verwaltungsvorschrift
87 Zu § 87 – Übermittlungen an Ausländerbehörden
87.0 Anwendungsbereich
87.0.1 Während § 86 die Erhebung personenbezogener Daten regelt, enthält § 87 Bestimmungen über die Übermittlung von Daten an die mit der Durchführung des Aufenthaltsgesetzes betrauten Behörden, wobei zwischen der Datenübermittlung auf Ersuchen (Absatz 1) und der Verpflichtung zur Datenübermittlung ohne vorangegangenes Ersuchen (Absatz 2 und 4) unterschieden wird. § 87 Absatz 3 trifft eine Sonderregelung für die Migrationsbeauftragte. Alle Übermittlungen werden durch § 88 begrenzt (besondere gesetzliche Verwendungsregelungen). Die für die übermittelnden Stellen geltenden bereichsspezifischen Regelungen sind stets zu beachten.
87.0.2 Bei den Mitteilungen nach § 87 Absatz 1 und Unterrichtungen nach § 87 Absatz 2 handelt es sich um Übermittlungen personenbezogener Daten i. S. d. § 3 Absatz 4 Satz 2 Nummer 3 Buchstabe a) BDSG (→ § 86 Nr. 86.1.2).
87.0.3 Die Verpflichtung zur Mitteilung an die in § 87 Absatz 1 bezeichneten Behörden und zur Unterrichtung der Ausländerbehörden nach § 87 Absatz 2 besteht nur für öffentliche Stellen. Vorschriften in anderen Gesetzen oder Rechtsverordnungen, die öffentlich- nicht-öffentliche Stellen (zu den Begriffen siehe § 2 BDSG) zur Übermittlung von Daten verpflichten, bleiben unberührt.
87.0.4 Vor einer Übermittlung von Daten ist stets der Grundsatz der Verhältnismäßigkeit zu prüfen. Das durch Artikel 2 Absatz 1 i. V. m. Artikel 1 Absatz 1 GG gewährleistete Recht auf informationelle Selbstbestimmung darf nur soweit eingeschränkt werden, wie es zum Schutz öffentlicher Interessen und unter Berücksichtigung entgegenstehender schutzwürdiger Interessen des Betroffenen erforderlich ist[1].
87.0.5 Es sind nur die Daten zu übermitteln, die der mitteilungspflichtigen Stelle bereits zur Erfüllung ihrer Aufgaben zur Kenntnis gelangt sind. § 87 begründet keine Pflicht und keine Befugnis zur Datenerhebung, um einem Ersuchen der Ausländerbehörde nachkommen zu können.
87.0.6 Unzulässig erhobene oder gespeicherte Daten dürfen nicht übermittelt werden.
87.1 Mitteilungen auf Ersuchen
87.1.0 Das Ersuchen ist zulässig, wenn die Kenntnis der Daten zur Erfüllung der Aufgaben der in § 86 Satz 1 genannten ersuchenden Stellen erforderlich ist und die Daten gemäß Art. 6 Absatz 1 DS-GVO, § 3 BDSG oder den

---

[1] *Di Fabio* in Dürig/Herzog/Scholz GG, 95. EL Juli 2921, Art. 2 Rn. 181.

1 AufenthG § 87   Erster Teil. Aufenthaltsgesetz

einschlägigen Datenschutzbestimmungen der Länder ohne Mitwirkung des Betroffenen erhoben werden dürfen. Ein Ersuchen ist unabhängig davon zulässig, ob eine öffentliche Stelle bereits nach § 87 Absatz 2 und 4 verpflichtet ist, Daten an die zuständige Ausländerbehörde zu übermitteln oder solche bereits übermittelt hat.

87.1.1.1 Zur Mitteilung auf Ersuchen sind alle öffentlichen Stellen (vgl. § 2 BDSG) verpflichtet, auch wenn sie keine ausländerrechtlichen Aufgaben ausführen. Die Verpflichtung zur Mitteilung betrifft insbesondere folgende öffentliche Stellen:
– die Polizeien des Bundes und der Länder sowie die Ordnungsbehörden,
– die Strafverfolgungs-, Strafvollstreckungs- und Strafvollzugsbehörden,
– die Gerichte,
– die Auslandsvertretungen,
– das Bundesamt für Migration und Flüchtlinge,
– die für die Verfolgung und Ahndung von Ordnungswidrigkeiten zuständigen Behörden,
– die Meldebehörden,
– die Vertriebenenbehörde(n), wenn die Ausstellung einer Bescheinigung nach § 15 BVFG abgelehnt wird oder die entsprechende Bescheinigung zurückgenommen wird,
– das Bundesverwaltungsamt, wenn ein Aufnahmebescheid nach der Einreise zurückgenommen worden ist,
– die Standesämter,
– die Finanzämter,
– die Bundesagentur für Arbeit,
– die Träger der Sozialhilfe,
– die Träger der Grundsicherung für Arbeitsuchende,
– die für die Durchführung des AsylbLG zuständigen Behörden und Kostenträger,
– die Jugendämter und
– öffentliche Stellen in den Bereichen Erziehung, Bildung und Wissenschaft.

87.1.1.2 Öffentliche Auskunfts- und Beratungsstellen sind nicht mitteilungspflichtig, soweit nicht besondere Vorschriften eine Mitteilungspflicht vorsehen. Das gilt auch für Beratungen vor Einleitung eines Verwaltungsverfahrens (z. B. vor Antragstellung). Ob eine öffentliche Stelle beratend tätig wird, bestimmt sich nach dem Inhalt der ihr obliegenden Aufgaben. Die Mitteilungspflicht derjenigen Stellen, zu deren Aufgaben auch die Beratung gehört, bestimmt sich danach, ob sie die Kenntnis bei oder im Zusammenhang mit der Beratung oder bei der Wahrnehmung ihrer sonstigen Aufgaben erlangt hat.

87.1.1.3 Für öffentliche Stellen in den Bereichen Erziehung, Bildung und Wissenschaft (insbesondere Schulen, Hochschulen) besteht eine Mitteilungspflicht auf Ersuchen, soweit sie Daten im Rahmen eines Anmeldeverfahrens oder eines Verfahrens zur Entscheidung über die Aufnahme, Einschreibung oder Zulassung erhoben und für die ersuchende Stelle die Kenntnis dieser Daten für die Erfüllung der Aufgaben i. S. v. § 86 Satz 1 erforderlich ist.

87.1.1.4 Öffentliche Stellen im Sozialbereich (Agenturen für Arbeit, Träger der Sozialhilfe und Jugendämter) sind insbesondere zur Mitteilung auf Ersuchen verpflichtet, wenn sie über die Gewährung von Leistungen, die Erteilung von Erlaubnissen oder die Aufnahme in soziale und medizinische Einrichtungen entscheiden.

87.1.1.5 Für Stellen i. S. d. § 12 i. V. m. §§ 18 bis 29 SGB I (Leistungsträger der Sozialleistungen) ist für die Übermittlung personenbezogener Daten § 71 Absatz 2 Satz 1 Nummer 1 SGB X maßgebend.

Zu beachten sind die Einschränkungen der Übermittlungsbefugnis nach § 71 Absatz 2 Satz 2 SGB X (Daten über die Gesundheit eines Ausländers) und die zusätzlichen Einschränkungen nach § 76 Absatz 1 SGB X (schutzwürdige Sozialdaten).

Zu beachten ist ferner die Übermittlungssperre, die sich gemäß § 88 Absatz 2 AufenthG i. V. m. § 203 Absatz 1 Nummer 1, 2, 4 bis 6 und Absatz 3 StGB aus der ärztlichen Schweigepflicht ergibt. Sie wird ausschließlich in den in § 88 Absatz 2 Nummer 1 und 2 genannten Fällen durchbrochen (→ § 88 Nummer 88.2.3 und 88.2.4.0).

87.1.2 Bekannt gewordene Umstände sind Sachverhalte, die der öffentlichen Stelle zur Erfüllung ihrer Aufgaben rechtmäßig zur Kenntnis gelangt sind. Was „zur Erfüllung ihrer Aufgaben" gehört, bestimmt sich nach Landesrecht. Hat ein Bediensteter der öffentlichen Stelle lediglich bei Gelegenheit der Wahrnehmung seiner Aufgaben Kenntnis von einem Sachverhalt erlangt, ist dieser der öffentlichen Stelle nicht bekannt geworden und es besteht für sie keine Mitteilungspflicht. Maßgeblich für die Abgrenzung sind die dem jeweiligen Bediensteten übertragenen Aufgaben. Der Sachverhalt muss nachweisbar sein. Vermutungen oder Gerüchte reichen nicht aus.

87.1.3.1 Die Ausländerbehörde hat in ihrem Ersuchen anzugeben:
– die Personalien, die zur Identifizierung des Betroffenen erforderlich sind,
– Aktenzeichen der ersuchten Stelle, soweit bekannt,
– welche Daten sie benötigt,
– für welche Aufgabenerfüllung sie die Daten benötigt, wobei in eindeutigen Fällen die Angabe der Rechtsvorschrift ausreicht, und
– aus welchen Gründen die Daten ohne Mitwirkung des Betroffenen erhoben werden.

Ein fernmündliches Übermittlungsersuchen ist nur dann zulässig, wenn die mit einem schriftlichen Übermittlungsersuchen verbundene zeitliche Verzögerung aus dringenden Gründen nicht zu vertreten ist. Die Gründe sind aktenkundig zu machen. In der Ausländerakte ist die Begründung des Ersuchens und im Falle eines fernmündlichen Ersuchens ein Hinweis aufzunehmen, für welche Aufgabenerfüllung die angeforderten Daten benötigt werden.

87.1.3.2 Bei einem Ersuchen nach § 71 Absatz 2 Nummer 1 SGB X ist darüber hinaus anzugeben, für welche der in § 71 Absatz 2 Nummer 1 Buchstaben a) bis d) SGB X genannten ausländerrechtlichen Entscheidungen die Auskunft benötigt wird. Eine „Entscheidung über den Aufenthalt" im Sinne dieser Bestimmungen ist die Entscheidung über Erteilung und Verlängerung eines Aufenthaltstitels, über eine aufenthaltsbeendende Maßnahme (nachträgliche zeitliche Beschränkung, Widerruf und Rücknahme der Aufenthaltstitel, Ausweisung) sowie über die Erteilung und Erneuerung einer Duldung.

87.1.4.1 Die Verantwortung für die Zulässigkeit der Übermittlung bestimmt sich vorrangig nach den jeweils einschlägigen bereichsspezifischen Vorschriften (z. B. § 67d SGB X), im Übrigen nach allgemeinem Datenschutzrecht. Soweit öffentliche Stellen des Bundes Daten auf Ersuchen übermitteln, ist bei Fehlen einer bereichsspezifischen

Vorschrift § 19 Absatz 2 Satz 2 bis 4 BDSG maßgebend. Erfolgt die Übermittlung auf Ersuchen der Ausländerbehörde, so hat diese die Erforderlichkeit des Ersuchens zu beurteilen. Die übermittelnde Stelle prüft insoweit nur, ob das Ersuchen im Rahmen der Aufgaben der Ausländerbehörde liegt, es sei denn, dass ein besonderer Anlass zur Prüfung der Rechtmäßigkeit der Übermittlung nach dem Aufenthaltsgesetz besteht. Das ist der Fall, wenn sie begründete Zweifel am Vorliegen der Voraussetzungen einer Erhebung ohne Mitwirkung des Betroffenen hat (→ Nummer 87.1.0). Im Übrigen prüft die übermittelnde Stelle, ob die Voraussetzungen von eigenen speziellen Befugnisnormen vorliegen und gesetzliche oder verfassungsrechtliche Gründe der Übermittlung entgegenstehen.

87.1.4.2 Vertritt die übermittelnde Stelle die Auffassung, dass sie die Daten nicht übermitteln darf oder das Ersuchen nicht die vorgeschriebenen Angaben enthält (→ Nummer 87.1.3.1 und → 87.1.3.2), so hat sie ihre Auffassung der Ausländerbehörde unter Angabe der maßgeblichen Gründe unverzüglich mitzuteilen. Ist zwischen der Ausländerbehörde und der übermittelnden Stelle streitig, ob die Übermittlung rechtmäßig ist, so ist die Auffassung jeder Seite insoweit maßgebend, als sie die Verantwortung für die Rechtmäßigkeit der Übermittlung trägt (→ Nummer 87.1.4.1). Im Zweifel ist die Entscheidung der gemeinsamen Aufsichtsbehörde herbeizuführen. Fehlt eine derartige gemeinsame Aufsichtsbehörde, hat die Ausländerbehörde die Entscheidung der obersten Landesbehörde herbeizuführen.

87.1.5.1 Haben öffentliche Stellen der Ausländerbehörde bereits nach § 87 Absatz 1 Mitteilung gemacht oder haben sie diese nach Absatz 2 und 4 unterrichtet, sind weitergehende Datenübermittlungen zur Vorbereitung von Entscheidungen und Maßnahmen auf Ersuchen der Ausländerbehörde nach § 87 Absatz 1 unter Berücksichtigung der für die datenübermittlungspflichtigen Stellen geltenden speziellen Regelungen zulässig (→ Nummer 87.1.0).

Das gilt insbesondere im Fall von Mitteilungen nach § 87 Absatz 4 Satz 1 und 2, wenn die zuständige Ausländerbehörde die für die Einleitung und Durchführung eines Straf- oder Bußgeldverfahrens zuständigen Stellen (z. B. Staatsanwaltschaften) um die Übermittlung bestimmter zusätzlicher Daten ersucht (z. B. Anklageschrift), die für eine sachgerechte Erfüllung ihrer Aufgaben erforderlich sind. Dazu kann auch die Einsichtnahme in bzw. die Übersendung von Strafakten gehören.

87.1.5.2 Liegt der zuständigen Ausländerbehörde eine Mitteilung nach § 87 Absatz 4 Satz 1 vor, hat sie unverzüglich zu prüfen, ob sie unabhängig vom Ausgang des Straf- oder Bußgeldverfahrens tätig werden muss. Ersuchen auf weitergehende Datenübermittlungen kommen regelmäßig in Fällen in Betracht, in denen die Prüfung von Ausweisungsgründen nach § 54 Nummer 3 bis 5 (z. B. Rauschgiftkriminalität, Versammlungskriminalität oder Terrorismusverdacht) und § 55 Absatz 2 Nummer 1 bis 4 erforderlich erscheint.

87.1.5.3 § 87 Absatz 1 kann auch in Fällen missbräuchlicher Vaterschaftsanerkennungen zur Anwendung kommen. Wesentliches Tatbestandsmerkmal für die Erteilung des Aufenthaltstitels ist z. B. im Fall der ausländischen Mutter die deutsche Staatsangehörigkeit des Kindes, die durch die Vaterschaftsanerkennung vermittelt wird. Die Ausländerbehörde kann hier insbesondere die Stelle, die die Vaterschaftsanerkennung und die Zustimmung der Mutter beurkundet hat, um Mitteilung etwaiger Anhaltspunkte für einen Missbrauch ersuchen. Solche Anhaltspunkte können sich etwa daraus ergeben, dass der anerkennende Vater bereits mehrfach Kinder verschiedener ausländischer Mütter anerkannt hat oder der Urkundsbeamte von Dritten über eine Geldzahlung anlässlich der Vaterschaftsanerkennung unterrichtet wird. Neben den beurkundenden Stellen können auch die Einwohnermeldeämter über sachdienliche Informationen verfügen. So ist die Meldung eines gemeinsamen Wohnsitzes ein Indiz für eine sozialfamiliäre Beziehung, während das Getrenntleben Anlass für weitere Sachverhaltsermittlung sein kann.

87.1.5.4 § 87 Absatz 1 kann auch in Fällen besonderer Integrationsbedürftigkeit zur Anwendung kommen (vgl. § 4 Absatz 3 IntV). Wegen der Einzelheiten wird auf Nummer 87.2.5 verwiesen. Zu den Aufgaben der Ausländerbehörden gehört es, Ausländer, die in besonderer Weise integrationsbedürftig sind, zur Teilnahme am Integrationskurs aufzufordern und hierdurch eine Teilnahmepflicht zu begründen (§ 44a Absatz 1 Satz 1 Nummer 3).

87.2 Unterrichtung ohne Ersuchen

87.2.0.1 Die Gerichte und Staatsanwaltschaften wenden bei Mitteilungen in Strafsachen über Ausländer Nummer 42 MiStra an.

87.2.0.2.1 Die in § 87 Absatz 2 Satz 1 Nummer 1 bis 4 aufgeführten Sachverhalte sind grundsätzlich von allen öffentlichen Stellen (siehe Definition in § 2 BDSG) bei Kenntniserlangung unverzüglich mitzuteilen. Fallen die einen Ausweisungsgrund gemäß § 87 Absatz 2 Satz 1 Nummer 2 begründenden Daten hingegen bei einer öffentlichen Stelle regelmäßig deshalb an, weil die öffentliche Stelle insoweit fachlich zuständig ist, sind diese Daten vorrangig von der fachlich zuständigen Stelle weiterzuleiten. So ist z. B. auf jeden Fall der Träger der Sozialhilfe verpflichtet, den Bezug von Sozialhilfe mitzuteilen. Die Mitteilungspflicht besteht unabhängig davon, ob ein Ersuchen nach § 87 Absatz 1 gestellt ist. Sie entfällt, wenn feststeht oder kein ernsthafter Zweifel besteht, dass der Sachverhalt der Ausländerbehörde bereits bekannt ist, oder wenn die Polizeibehörde in den Fällen des § 87 Absatz 2 Satz 1, 2. Halbsatz unterrichtet wurde.

87.2.0.2.2 Eine Ausnahme gilt (im Fall der Kenntniserlangung i. S. v. § 87 Absatz 2, nicht jedoch im Fall eines Übermittlungsersuchens i. S. v. § 87 Absatz 1) für die Unterrichtungspflicht des Jugendamtes zur Mitteilung nach Nummer 4 (§ 87 Absatz 2 Satz 1 letzter Halbsatz). Für das Jugendamt kann die Mitteilungspflicht nach Nummer 4 in Konflikt insbesondere mit seinem Auftrag aus dem SGB VIII treten, Eltern in Angelegenheiten ihrer Kinder Hilfe und Unterstützung anzubieten. § 87 Absatz 2 Satz 1 letzter Halbsatz sieht daher – entsprechend der Regelung des § 87 Absatz 3 für die Beauftragte der Bundesregierung für Migration, Flüchtlinge und Integration – vor, dass das Jugendamt zur Mitteilung nur verpflichtet ist, soweit dadurch die Erfüllung der eigenen Aufgaben nicht gefährdet wird. Eine Gefährdung der Aufgabenerfüllung des Jugendamts wird i. d. R. insbesondere dann anzunehmen sein, wenn zwischen dem Jugendamt und den betroffenen Eltern ein über die Beurkundung der Vaterschaft hinausgehendes Hilfeverhältnis besteht. Insbesondere in diesen Fällen kann § 27 Absatz 1a Nummer 1 zur Anwendung kommen (siehe hierzu auch Nummer 27.1a.1.3).

87.2.0.3 Unterrichtungspflichtig ist eine öffentliche Stelle nur, wenn sie Kenntnis von den in § 87 Absatz 2 Satz 1 Nummer 1 bis 3 bezeichneten Sachverhalten hat.

87.2.0.4 Eine Unterrichtungspflicht besteht für jede öffentliche Stelle, die Kenntnis von dem Sachverhalt zur Erfüllung der ihr obliegenden Aufgaben erlangt. Der Sachverhalt ist zu konkretisieren. Die Angaben sind auf das notwendige Maß zu beschränken. Eine Kenntnisnahme bei Gelegenheit der Aufgabenwahrnehmung genügt nicht (→ Nummer 87.1.2).

87.2.0.5 Ob eine Mitteilung zulässig und erforderlich ist, beurteilt die öffentliche Stelle, die die Unterrichtung vornehmen müsste, gegebenenfalls im Benehmen mit der nach § 71 zuständigen Behörde.

Ob ausländerrechtliche Maßnahmen wegen eines mitgeteilten Sachverhalts gerechtfertigt sind, entscheidet die Ausländerbehörde.

87.2.0.6 Die Übermittlungspflicht nach § 87 Absatz 2 Satz 1 Nummer 3 ist nicht nur auf den Zweck beschränkt, der Ausländerbehörde die Ausweisung zu ermöglichen. Ausweisungsgründe, die für sich allein eine Ausweisung im Einzelfall nicht rechtfertigen, können als Versagungsgründe bei anstehenden Maßnahmen oder bei Zusammentreffen mit anderen Umständen entscheidungserhebliche Bedeutung erlangen. Da die Kenntnis von Ausweisungsgründen danach für sämtliche Entscheidungen über den Aufenthalt erforderlich ist, ordnet § 87 Absatz 2 Satz 1 Nummer 3 ihre Übermittlung an und beschränkt diese nicht auf Sachverhalte, die eine Ausweisung rechtfertigen. Die Übermittlungspflicht ist insbesondere nicht nach Maßgabe des § 56 eingeschränkt.

87.2.0.7 Die Daten sind an die nach jeweiligem Landesrecht örtlich zuständige Ausländerbehörde zu übermitteln.

87.2.1 Unterrichtung über illegalen Aufenthalt

87.2.1.1 Zur Unterrichtung nach § 87 Absatz 2 Nummer 1 verpflichtet sind insbesondere:
– die Polizeien des Bundes und der Länder sowie die Ordnungsbehörden,
– die Vertriebenenbehörden, wenn ein Antrag nach § 15 BVFG abgelehnt wird oder der entsprechende Bescheid zurückgenommen oder widerrufen wird,
– die Standesämter,
– die Bundesagentur für Arbeit,
– die Träger der Grundsicherung für Arbeitsuchende,
– die Träger der Sozialhilfe und
– die Jugendämter.

87.2.1.2 Einen Aufenthaltstitel benötigen nicht (siehe Nummer 4.1):
– heimatlose Ausländer, die als solche durch ihren Pass ausgewiesen sind,
– Ausländer, auf die das Aufenthaltsgesetz keine Anwendung findet (§ 1 Absatz 2),
– Ausländer, die nach Kapitel 2, Abschnitt 2 der AufenthV vom Erfordernis eines Aufenthaltstitels befreit sind, sowie
– Ausländer, die eine Aufenthaltsgestattung nach dem AsylVfG besitzen.

87.2.1.3 Maßgeblich ist grundsätzlich der Sachverhalt, wie er der öffentlichen Stelle bekannt ist. Liegt hiernach kein Befreiungstatbestand vor, hat die öffentliche Stelle Kenntnis, dass der Ausländer einen erforderlichen Aufenthaltstitel nicht besitzt.

87.2.1.4.1 Daten über den Aufenthalt und die aufenthaltsrechtlichen Verhältnisse des Ausländers sind i. d. R. aus seinem Pass oder Passersatz ersichtlich. Gesondert davon können Aufenthaltstitel oder die Bescheinigung über die Aussetzung der Abschiebung (Duldung) in Form eines Ausweisersatzes nach § 48 Absatz 2 erteilt werden (siehe § 48 Nummer 48).

87.2.1.4.2 Legt ein Ausländer einem Standesbeamten – z. B. bei der Anmeldung der Eheschließung – einen Pass vor, der weder einen Aufenthaltstitel noch eine Duldung enthält, greift die Übermittlungspflicht nach § 87 Absatz 2 Nummer 1. Die unverzügliche Information der Ausländerbehörde ist in diesen Fällen von besonderer Bedeutung, um diese in die Lage zu versetzen, ggf. eine kurzfristige Einziehung des Passes vorzunehmen (vgl. § 50 Absatz 6) oder mit dem Standesbeamten zu vereinbaren, dass dieser der Ausländerbehörde eine Ablichtung des Passes übermittelt.

87.2.1.5 Von einer Unterrichtung ist nur abzusehen, wenn der öffentlichen Stelle bekannt ist oder für sie kein ernsthafter Zweifel besteht, dass die Ausländerbehörde oder die zuständige Polizeibehörde bereits über die Anschrift, den gewöhnlichen und den tatsächlichen derzeitigen und künftigen Aufenthalt des Ausländers unterrichtet ist.

87.2.1.6 Neben den Personalien sind, soweit bekannt, die in Nummer 87.2.1.4 bezeichneten Angaben zu übermitteln. Über die Identifizierung der Person und die aufenthaltsrechtlichen Verhältnisse hinaus sind weitere Angaben nur auf Ersuchen zu übermitteln (§ 87 Absatz 1).

87.2.2 Unterrichtung über den Verstoß gegen eine räumliche Beschränkung

87.2.2.1 Zur Unterrichtung nach § 87 Absatz 2 Nummer 2 verpflichtet sind insbesondere:
– die Polizeien des Bundes und der Länder sowie die Ordnungsbehörden,
– die Standesämter,
– die Träger der Sozialhilfe,
– die Jugendämter,
– die Bundesagentur für Arbeit und
– die Träger der Grundsicherung für Arbeitsuchende.

87.2.2.2 Kraft Gesetzes besteht eine räumliche Beschränkung bei:
– einem vollziehbar ausreisepflichtigen Ausländer nach § 61 Absatz 1 Satz 1 auf das Gebiet des Landes, zu dem die Ausländerbehörde gehört,
– einem Ausländer, gegen den eine vollziehbare Ausweisungsverfügung nach § 54 Nummer 5, 5a oder eine vollziehbare Abschiebungsanordnung nach § 58a besteht (§ 54a Absatz 2) auf den Bezirk der Ausländerbehörde,
– einer Aufenthaltsgestattung nach § 56 Absatz 1 und 2 AsylVfG auf den Bezirk der zuständigen Ausländerbehörde oder der Ausländerbehörde, in deren Bezirk der Ausländer Aufenthalt zu nehmen hat (unbeschadet der in § 58 AsylVfG genannten Ausnahmen).

87.2.2.3 Eine räumliche Beschränkung kann auch aufgrund einer Auflage gegeben sein (§ 12 Absatz 2 und 4, § 61 Absatz 1 Satz 2).

87.2.2.4 Eine im Einzelfall mit dem Aufenthaltstitel verbundene räumliche Beschränkung ergibt sich aus einer entsprechenden Eintragung in dem Aufenthaltstitel oder im Pass des Ausländers. Eine gesetzliche oder im Einzelfall angeordnete räumliche Beschränkung ist aus der Bescheinigung über die vorübergehende Aussetzung der Abschiebung (Duldung) bzw. aus der Bescheinigung über die Aufenthaltsgestattung ersichtlich.

87.2.2.5 Eine Unterrichtungspflicht besteht nach dieser Vorschrift auch, wenn die Stelle erstmalig erfährt, dass ein Ausländer mehrmals gegen eine räumliche Beschränkung verstoßen hat.

87.2.2.6 Nummer 87.2.1.5 und 87.2.1.6 gelten entsprechend.

Übermittlungen an Ausländerbehörden **§ 87 AufenthG 1**

87.2.3 Unterrichtung über sonstige Ausweisungsgründe
87.2.3.0 Sonstige Ausweisungsgründe nach § 87 Absatz 2 Nummer 3 sind alle in den §§ 53, 54 und 55 genannten Ausweisungsgründe. Eine Unterrichtungspflicht ist gegeben, wenn die öffentliche Stelle im Zusammenhang mit der Erfüllung ihrer Aufgaben Kenntnis von einem solchen Ausweisungsgrund erlangt. Nummer 87.2.1.5 und 87.2.1.6 gelten entsprechend.
87.2.3.1 Ausweisungsgründe nach § 55 Absatz 1
Zur Unterrichtung über Ausweisungsgründe nach § 55 Absatz 1 (siehe Nummer 55.1) verpflichtet sind insbesondere:
– die Grenzbehörden sowie die Polizei- und Ordnungsbehörden, soweit es um eine Beeinträchtigung der öffentlichen Sicherheit und Ordnung geht,
– die Verfassungsschutzbehörden des Bundes und der Länder, das Bundeskriminalamt, die Landeskriminalämter, soweit sonstige erhebliche Interessen der Bundesrepublik Deutschland beeinträchtigt sind.
87.2.3.2 Ausweisungsgründe nach § 55 Absatz 2 Nummer 1
Zur Unterrichtung über Ausweisungsgründe nach § 55 Absatz 2 Nummer 1 (siehe Nummer 55.2.1) verpflichtet sind insbesondere:
– die Polizeien des Bundes und der Länder (z. B. Bundeskriminalamt, Landeskriminalämter),
– die Staatsanwaltschaften,
– die Verfassungsschutzbehörden des Bundes und der Länder.
87.2.3.3 Ausweisungsgründe nach § 55 Absatz 2 Nummer 2
87.2.3.3.1 Zur Unterrichtung über Ausweisungsgründe nach § 55 Absatz 2 Nummer 2 (siehe Nummer 55.2.2) verpflichtet ist jeweils die öffentliche Stelle (Gericht oder Behörde), die von einem Verstoß gegen Rechtsvorschriften oder von einer außerhalb des Bundesgebietes begangenen Straftat, die im Bundesgebiet als vorsätzliche Straftat anzusehen ist, Kenntnis erlangt hat.
87.2.3.3.2 Eine Unterrichtungspflicht besteht nach § 87 Absatz 2 Nummer 3 z. B. i. V. m. § 95 Absatz 1 Nummer 1 bis 3, wenn ein Ausländer sich ohne Pass, Passersatz oder Ausweisersatz im Bundesgebiet aufhält.
87.2.3.3.3 Bei einem vereinzelten oder geringfügigen Verstoß gegen Vorschriften des Ordnungswidrigkeitenrechts unterbleibt eine Mitteilung nach § 87 Absatz 2 Nummer 3. Zur Frage, wann ein Verstoß als geringfügig anzusehen ist, siehe Nummer 55.2.2.3.
87.2.3.4 Ausweisungsgründe nach § 55 Absatz 2 Nummer 3
Zur Unterrichtung über Ausweisungsgründe nach § 55 Absatz 2 Nummer 3 (siehe Nummer 55.2.3) verpflichtet sind insbesondere die Polizei-, Ordnungs- und Gesundheitsbehörden. Die Unterrichtungspflicht erstreckt sich nur auf einen Verstoß gegen geltende Rechtsvorschriften oder behördliche Verfügungen, nicht auf Ergebnisse ärztlicher Untersuchungen oder Beratungen.
87.2.3.5 Ausweisungsgründe nach § 55 Absatz 2 Nummer 4
87.2.3.5.1 Zur Unterrichtung über Ausweisungsgründe nach § 55 Absatz 2 Nummer 4 (siehe Nummer 55.2.4) verpflichtet sind insbesondere:
– die Polizeien des Bundes und der Länder,
– die Staatsanwaltschaften,
– die Gerichte,
– die Gesundheitsbehörden und
– die öffentlichen Rehabilitationseinrichtungen.
87.2.3.5.2 Eine Unterrichtungspflicht besteht auch dann, wenn die öffentliche Stelle die Kenntnis durch eine der in § 203 Absatz 1 Nummer 1, 2, 4 bis 6 und Absatz 3 StGB genannten Personen erlangt hat und die Voraussetzungen des § 88 Absatz 2 Nummer 2 bzw § 71 Absatz 2 Satz 2 Nummer 2 SGB X vorliegen (siehe Nummer 88.2).
87.2.3.6 Ausweisungsgründe nach § 55 Absatz 2 Nummer 5
87.2.3.6.1 Zur Unterrichtung über Ausweisungsgründe nach § 55 Absatz 2 Nummer 5 (siehe Nummer 55.2.5) verpflichtet sind insbesondere:
– die Polizeien des Bundes und der Länder sowie die Ordnungsbehörden, die Staatsanwaltschaften, die Gerichte, die Gesundheitsbehörden sowie die öffentlichen Rehabilitationseinrichtungen bei einer Gefährdung der öffentlichen Gesundheit durch das Verhalten des Ausländers und
– die Polizeien des Bundes und der Länder, die Ordnungsbehörden, die Wohnungsämter und die Träger der Sozialhilfe bei einer längerfristigen Obdachlosigkeit (siehe Nummer 55.2.5.2.1).
87.2.3.6.2 Eine Unterrichtungspflicht besteht auch, wenn die öffentliche Stelle die Kenntnis durch eine der in § 203 Absatz 1 Nummer 1, 2, 4 bis 6 und Absatz 3 StGB genannten Personen erlangt hat und die Voraussetzungen nach § 88 Absatz 2 Nummer 1 bzw § 71 Absatz 2 Satz 2 Nummer 1 SGB X vorliegen (siehe Nummer 88.2).
87.2.3.7 Ausweisungsgründe nach § 55 Absatz 2 Nummer 6
87.2.3.7.1 Zur Unterrichtung über Ausweisungsgründe nach § 55 Absatz 2 Nummer 6 (siehe Nummer 55.2.6) verpflichtet ist der im Einzelfall zuständige Träger der Sozialhilfe. Dieser hat die Ausländerbehörden unverzüglich zu unterrichten, wenn der Ausländer für sich, seine Familienangehörigen oder für sonstige Haushaltsangehörigen Sozialhilfe in Anspruch nimmt (vgl. auch § 27 Absatz 3; § 31 Absatz 2 Satz 3; § 35 Absatz 3 Nummer 3).
87.2.3.7.2 Der Träger der Sozialhilfe übermittelt neben den Personalien die erforderlichen Daten über:
– Art, Umfang, Beginn und Einstellung der Sozialhilfeleistung,
– wesentliche Änderungen, sofern laufende Hilfe gewährt wird, und
– den Grund der Hilfeleistung (z. B. Unterhaltspflichtverletzung).

Zum Umfang der Sozialhilfe genügt die Angabe der voraussichtlichen Leistung. Erforderlich sind diejenigen Daten, die die Ausländerbehörde benötigt, um das ihr eingeräumte Ermessen sachgerecht ausüben zu können.
87.2.3.8 Ausweisungsgründe nach § 55 Absatz 2 Nummer 7
87.2.3.8.1 Zur Unterrichtung über Ausweisungsgründe nach § 55 Absatz 2 Nummer 7 (siehe Nummer 55.2.7) verpflichtet ist das Jugendamt, das im Einzelfall für die Hilfeleistung nach dem SGB VIII örtlich und sachlich

zuständig ist. Jugendämter haben die Ausländerbehörden zu unterrichten, wenn der Ausländer Hilfe zur Erziehung außerhalb der eigenen Familie oder Hilfe für junge Volljährige nach SGB VIII erhält und sich die personensorgeberechtigten Elternteile nicht rechtmäßig im Bundesgebiet aufhalten. Bei der Unterrichtung sind die Vorschriften des SGB VIII zu beachten.

87.2.3.8.2 Eine Unterrichtung über die Gewährung von Hilfen nach dem SGB VIII erfolgt nur dann, wenn diese § 55 Absatz 2 Nummer 7 unterfallen (vgl. hierzu Nummer 55.2.7.1 bis 55.2.7.4).

87.2.3.8.3 Eine Unterrichtung unterbleibt, wenn der Minderjährige bzw der junge Volljährige eine Niederlassungserlaubnis oder ein Daueraufenthaltsrecht nach dem FreizügG/EU besitzt.

87.2.3.8.4 Das Jugendamt übermittelt neben den Personalien die erforderlichen Daten über:
– Art und Umfang, Zeitpunkt, Beginn und Einstellung der Leistung,
– wesentliche Änderungen, sofern laufende Hilfe gewährt wird, und
– den Grund der Hilfeleistung.

Hinsichtlich des Umfangs der Hilfe genügt die Angabe des voraussichtlichen Betrages. Nummer 87.2.3.7.2 Satz 3 gilt entsprechend.

87.2.3.9 Ausweisungsgründe nach § 55 Absatz 2 Nummer 8 bis 11
Zur Unterrichtung über die Ausweisungsgründe nach § 55 Absatz 2 Nummer 8 bis 11 (siehe Nummer 55.2.8 und 55.2.9) sind diejenigen öffentlichen Stellen verpflichtet, die den dort genannten Sachverhalt feststellen.

87.2.3.10 Ausweisungsgründe nach §§ 53, 54
Unterrichtungspflichtig über Ausweisungsgründe nach §§ 53 und 54 (siehe Nummer 53 und 54) sind insbesondere:
– die Gerichte und die Staatsanwaltschaften in den Fällen des § 53 und § 54 Nummer 1 und 2 und
– in den Fällen des § 54 Nummer 3 bis 7 diejenige Stelle, die den dort genannten Sachverhalt feststellt.

Wird eine rechtskräftige Verurteilung i. S. d. § 53 oder § 54 Nummer 1 und 2 (z. B. im Wiederaufnahmeverfahren) aufgehoben, so hat insoweit eine Unterrichtung zu erfolgen (vgl. § 20 EGGVG).

87.2.4 Die Unterrichtungspflicht nach § 87 Absatz 2 Satz 1 Nummer 4 hinsichtlich einer missbräuchlichen Vaterschaftsanerkennung ergänzt die Mitteilungspflicht aus § 87 Absatz 1 (siehe hierzu Nummer 87.1.5.3). Die Mitteilungspflicht auf Ersuchen der Ausländerbehörde nach § 87 Absatz 1 reicht jedoch nicht in allen Fällen missbräuchlicher Vaterschaftsanerkennungen aus. Insbesondere gibt es Fälle, in denen die Ausländerbehörde eine Person, die ohne die missbräuchliche Vaterschaftsanerkennung ausreisepflichtig wäre, gar nicht im Blick hat. Dies gilt etwa für Ausländer, die einen Aufenthaltstitel nicht beantragt haben oder deren Antrag abgelehnt oder verweigert wurde. Es gibt auch keine Gewähr dafür, dass die Betroffenen hier nach erfolgter Vaterschaftsanerkennung alsbald die Ausländerbehörde aufsuchen, um einen Aufenthaltstitel zu beantragen. Ebenfalls nicht im Blick der Ausländerbehörden werden häufig die Fälle sein, in denen die Ausländerbehörde eine Aufenthaltserlaubnis, die durch eine missbräuchliche Vaterschaftsanerkennung ermöglicht wurde, vor Inkrafttreten des Gesetzes zur Ergänzung des Rechts auf Anfechtung der Vaterschaft vom 13. März 2008 (BGBl. 2008 I S. 13) am 1. Juni 2008 erteilt hat. Die Aufenthaltserlaubnis nach § 28 Absatz 1 Nummer 3 wird i. d. R. für drei Jahre erteilt. Innerhalb dieses Zeitraums besteht für die Ausländerbehörde grundsätzlich kein Anlass, sich mit dem Vorgang des Ausländers zu befassen, so dass bei ihr keine konkreten Verdachtsmomente auftreten können. Dies gilt erst Recht für die Fälle, in denen die Ausländerbehörde eine Niederlassungserlaubnis erteilt hat. Nach § 28 Absatz 2 ist einem Ausländer, der sich auf den Familiennachzug zu Deutschen, etwa nach § 28 Absatz 1 Nummer 3 beruft, i. d. R. bereits nach drei Jahren eine Niederlassungserlaubnis zu erteilen. Die neue Mitteilungspflicht von öffentlichen Stellen bei konkreten Tatsachen nach § 87 Absatz 2 Nummer 4 ist außerdem geeignet zu vermeiden, dass die Ausländerbehörden im Hinblick auf das neu geschaffene öffentliche Anfechtungsrecht gleichsam „auf Verdacht" in allen Fällen von Vaterschaftsanerkennungen mit Auslandsbezug von ihrem nach § 87 Absatz 1 bestehenden Recht auf Auskunftsersuchen Gebrauch machen müssen, um Kenntnis von möglichen Missbrauchsfällen erlangen zu können. Die Auslandsvertretungen teilen ihnen bekannt gewordene Anfechtungstatsachen nach § 90 Absatz 5 unmittelbar der anfechtungsberechtigten Behörde mit. Insoweit findet § 87 Absatz 2 keine Anwendung; dies schließt im Einzelfall eine fakultative Benachrichtigung der bereits nach § 31 AufenthV beteiligten Ausländerbehörde durch die Auslandsvertretung nicht aus. Durch die Formulierung „konkrete Tatsachen" wird sichergestellt, dass bloße Vermutungen oder Hypothesen nicht mitteilungsfähig sind. Mitteilungsfähig sind hingegen konkret erwiesene Tatsachen, die eine missbräuchliche Vaterschaftsanerkennung indizieren. Geht eine Mitteilung nach § 87 Absatz 2 Satz 1 Nummer 4 bei der Ausländerbehörde ein, hat die Ausländerbehörde sie im Rahmen ihrer eigenen Zuständigkeit zu überprüfen. Dies gilt insbesondere hinsichtlich der aufenthaltsrechtlichen Voraussetzungen des behördlichen Anfechtungsrechts (Schaffung der rechtlichen Voraussetzungen für die erlaubte Einreise oder den erlaubten Aufenthalt i. S. d. § 1600 Absatz 3 BGB). Gelangt die Ausländerbehörde ebenfalls zu dem Ergebnis, dass konkrete Anfechtungstatsachen vorliegen, muss sie diese nach § 90 Absatz 5 der anfechtungsberechtigten Behörde mitteilen.

87.2.5 Unterrichtungspflicht bei besonderer Integrationsbedürftigkeit

87.2.5.0 Nach Absatz 2 Satz 2 sollen öffentliche Stellen die zuständige Ausländerbehörde unverzüglich unterrichten, wenn sie Kenntnisse erlangen von einer besonderen Integrationsbedürftigkeit i. S. d. § 43 Absatz 4 erlassenen Rechtsverordnung. Die Worte „im Zusammenhang mit der Erfüllung ihrer Aufgaben" stellen klar, dass die öffentlichen Stellen nicht verpflichtet sind, eigenständige Ermittlungen anzustellen, sondern nur die Kenntnisse übermitteln sollen, die sie bereits im Zusammenhang mit der Erfüllung ihrer bestehenden Aufgaben erlangt haben. Sobald die Ausländerbehörde von einer besonderen Integrationsbedürftigkeit Kenntnis erlangt, hat sie zu prüfen, ob der Ausländer über einfache Sprachkenntnisse verfügt. Sofern der Ausländer nicht über einfache Sprachkenntnisse verfügt, ist er nach § 44a Absatz 1 Satz 1 Nummer 3 zur Teilnahme am Sprachkurs zu verpflichten.

87.2.5.1 Von einer besonderen Integrationsbedürftigkeit kann ausgegangen werden, wenn auf Grund fehlender sprachlicher Kompetenzen keine Kontakte in das soziale Umfeld (Arbeit, Schule, Kindergarten) bestehen. Als Regelbeispiel hierfür nennt § 4 Absatz 4 IntV einen Ausländer, der sich als Inhaber der Personensorge für ein in Deutschland lebendes minderjähriges Kind nicht auf einfache Art in deutscher Sprache mündlich verständigen kann. Der Bezug sozialer Transferleistungen, wie Sozialhilfe nach dem SGB XII, kann ein weiterer Anhaltspunkt für eine besondere Integrationsbedürftigkeit sein. Die Unterrichtungspflicht ergänzt die Mitteilungspflicht auf Ersuchen der

Ausländerbehörde nach Absatz 1, die in Fällen besonderer Integrationsbedürftigkeit ebenfalls zur Anwendung kommen kann (siehe hierzu Nummer 87.1.5.4). Die Mitteilungspflicht auf Ersuchen der Ausländerbehörde nach § 87 Absatz 1 reicht jedoch nicht in allen Fällen besonderer Integrationsbedürftigkeit aus, da die Ausländerbehörde auf die Mitteilung anderer öffentlicher Stellen angewiesen sein kann. Dies gilt insbesondere für Fälle von besonders integrationsbedürftigen Ausländern, die die Ausländerbehörde gar nicht im Blick hat, weil die betreffenden Ausländer langfristige Aufenthaltserlaubnisse oder Niederlassungserlaubnisse haben und somit kein Anlass und keine Gelegenheit für die Ausländerbehörde besteht, sich mit den Vorgängen zu befassen. Die Regelung ist als Soll-Vorschrift ausgestaltet, damit die öffentlichen Stellen ausnahmsweise in atypischen Fällen, in denen sie durch die Unterrichtung in einen Konflikt mit ihrem gesetzlichen Auftrag treten würden, von einer Unterrichtung absehen können. Hierbei ist jedoch stets zu berücksichtigen, dass die Regelung nicht nur der Integration der besonders integrationsbedürftigen Ausländer dient, sondern auch der Integration der Kinder solcher Ausländer. Deren Integration ist zweifelhaft, wenn die Eltern besonders integrationsbedürftig bleiben.

87.2.6 Die Vorschrift in § 87 Absatz 2 Satz 4 schafft eine bereichsspezifische Rechtsgrundlage für die Übermittlung von personenbezogenen Daten, die für die Durchsetzung der Ausreisepflicht gegenüber vollziehbar ausreisepflichtigen Ausländern notwendig sind, durch die Auslandsvertretung an die zuständige Ausländerbehörde.

87.3 Mitteilungs- und Unterrichtungspflichten der Beauftragten der Bundesregierung für Migration, Flüchtlinge und Integration

Die Erfüllung der eigenen Aufgaben der Beauftragten der Bundesregierung für Migration, Flüchtlinge und Integration wird dann gefährdet, wenn das Vertrauen in ihre Amtsführung oder in die Bedeutung oder Wirksamkeit ihres Amtes beeinträchtigt wird. Das gilt für Ausländerbeauftragte und Ausländerbeiräte der Länder und der Gemeinden entsprechend, wenn die Landesregierung dies durch eine Rechtsverordnung nach § 87 Absatz 3 Satz 2 bestimmt hat.

87.4 Unterrichtung über Straf- und Bußgeldverfahren

87.4.1 Unterrichtung über Strafverfahren

87.4.1.0 Unterrichtungspflichtig über die Einleitung und Durchführung eines Strafverfahrens gegenüber der zuständigen Ausländerbehörde können nach § 87 Absatz 4 Satz 1 sein:
– die Polizeien des Bundes und der Länder, die mit der Bekämpfung der Schwarzarbeit und illegalen Beschäftigung betrauten Behörden der Zollverwaltung, soweit sie als Ermittlungspersonen der Staatsanwaltschaft tätig werden,
– die Staatsanwaltschaften,
– die für Steuerstrafsachen zuständigen Finanzbehörden bis zur Erhebung der öffentlichen Klage oder einer ihr gesetzlich gleichgestellten Verfahrenshandlung (z. B. § 414 Absatz 2 Satz 1 und § 418 Absatz 3 Satz 1 StPO, § 76 Satz 2 JGG),
– die Gerichte und
– die Vollstreckungsleiter (Jugendrichter) als Vollstreckungsbehörden nach der Rechtskraft der Entscheidung in Strafsachen gegen Jugendliche und Heranwachsende (§§ 82, 110 JGG).

Die in § 87 Absatz 4 vorgesehene Unterrichtung ist aktenkundig zu machen.

87.4.1.1.1 Ist die Ausländerbehörde nicht von einer anderen Stelle über die Einleitung eines strafrechtlichen Ermittlungsverfahrens unterrichtet worden, obliegt ihre Unterrichtung der Staatsanwaltschaft.

87.4.1.1.2 Die für eine Steuerstrafsache zuständige Finanzbehörde unterrichtet unverzüglich über:
– die Einleitung eines strafrechtlichen Ermittlungsverfahrens gegen einen Ausländer und
– die Verfahrenserledigung (jede das Verfahren abschließende Entscheidung).

87.4.1.2.1 Die Unterrichtungspflicht entsteht bei Einleitung eines Strafverfahrens. Dies ist der Fall, wenn ein Ermittlungsverfahren förmlich eingeleitet ist oder wenn Maßnahmen getroffen werden, die erkennbar darauf abzielen, gegen einen Verdächtigen wegen einer Straftat vorzugehen. Eine frühzeitige Unterrichtung der Ausländerbehörde ist erforderlich, um ausländerrechtliche Entscheidungen möglichst rasch vorbereiten und Statusverbesserungen bzw. -verfestigungen bei Ausländern, die die öffentliche Sicherheit gefährden, effektiv verhindern zu können. Diese Gesichtspunkte sind bei Überlegungen der Strafverfolgungsbehörden, aus ermittlungstaktischen Erwägungen vorerst von einer Informationsübermittlung an die Ausländerbehörden abzusehen, zu berücksichtigen.

87.4.1.2.2 Die Unterrichtung über die Einleitung eines Verfahrens umfasst die Mitteilung:
– der Personalien des Ausländers (Familiennamen, Geburtsnamen, Vornamen, Tag und Ort mit Angabe des Staates der Geburt, Staatsangehörigkeiten, Anschrift),
– des Aktenzeichens, soweit vorhanden, und
– die Angabe der maßgeblichen gesetzlichen Vorschriften.

87.4.1.2.3 Über die Einleitung eines Strafverfahrens ist auch im Hinblick auf § 72 Absatz 4 und § 79 Absatz 2 die Ausländerbehörde unverzüglich zu unterrichten.

87.4.1.3 Die Unterrichtung über die Verfahrenserledigung umfasst jede das Verfahren endgültig oder – außer in den Fällen des § 153a StPO – vorläufig abschließende Entscheidung mit Begründung, insbesondere:
– die Einstellungsverfügung (Absehen von Strafverfolgung),
– den nicht mehr anfechtbaren Beschluss, der die Eröffnung des Hauptverfahrens ablehnt,
– die vorläufige oder endgültige Einstellung des Verfahrens durch gerichtlichen Beschluss und
– die rechtskräftige Entscheidung (z. B. Urteil, Strafbefehl).

Die Unterrichtung erfolgt durch Übersendung des Urteils, Beschlusses oder Strafbefehls. Hinsichtlich der Übermittlung von Daten anderer Personen ist § 18 EGGVG zu beachten.

87.4.1.4 Ist die Ausländerbehörde unterrichtet worden, ist sie auch über Aufhebung oder Aussetzung dieser Entscheidung bzw. über die Wiederaufnahme des Verfahrens zu unterrichten (vgl. § 20 EGGVG).

87.4.1.5 Bei Datenübermittlungen sind die §§ 12 und 18–22 EGGVG zu beachten.

87.4.2 Unterrichtung über Ordnungswidrigkeiten

87.4.2.1 Unterrichtungspflichtig sind

– die für die Verfolgung und Ahndung von Ordnungswidrigkeiten zuständigen Verwaltungsbehörden,
– die Staatsanwaltschaften und
– die Gerichte,

soweit es sich um eine Ordnungswidrigkeit handelt, die nicht nach § 87 Absatz 4 Satz 3 vom Anwendungsbereich des § 87 Absatz 4 Satz 1 ausgenommen ist (mit einer Geldbuße von bis zu 1000 Euro zu ahndende Ordnungswidrigkeiten sowie Zuwiderhandlungen nach § 24 StVG bzw fahrlässige Zuwiderhandlungen nach § 24a StVG).

87.4.2.2.0 Die Unterrichtung erfolgt unverzüglich nach Einleitung bzw nach Abschluss des Bußgeldverfahrens.

87.4.2.2.1 Die Unterrichtung über die Einleitung eines Verfahrens umfasst die Mitteilung:

– der Personalien des Ausländers, soweit bekannt (Familiennamen, Geburtsnamen, Vornamen, Tag und Ort mit Angabe des Staates der Geburt, Staatsangehörigkeiten, Anschrift),
– des Aktenzeichens, soweit vorhanden, und
– der Angabe der maßgeblichen gesetzlichen Vorschriften.

Die Unterrichtung über den Abschluss des Bußgeldverfahrens erfolgt durch Übersendung der das Verfahren abschließenden Entscheidung.

87.4.2.2.2 Hinsichtlich der Übermittlung von Daten anderer Personen ist § 49a OWiG i. V. m. § 18 EGGVG zu beachten.

87.5 Mitteilungen der nach § 72 Absatz 6 zu beteiligenden Stellen von Amts wegen

Diese Mitteilungspflicht ist das Gegenstück zur Unterrichtungspflicht nach § 90 Absatz 4 sowie zur Beteiligungspflicht nach § 72 Absatz 6. Nach § 87 Absatz 5 sind die in § 72 Absatz 6 genannten Stellen verpflichtet, von Amts wegen der zuständigen Ausländerbehörde

87.5.1 – nach Nummer 1 die Informationen mitzuteilen, die einen Widerruf einer Aufenthaltserlaubnis nach § 25 Absatz 4a gemäß § 52 Absatz 5 sowie die Aufhebung oder Verkürzung einer Fristsetzung nach § 50 Absatz 2a Satz 2 rechtfertigen und

87.5.2 – nach Nummer 2 Angaben zur zuständigen Stelle oder zum Übergang der Zuständigkeit mitzuteilen.

87.6 Unterrichtung über eine Vaterschaftsanfechtungsklage

Nach § 87 Absatz 6 sind die zur Anfechtung einer Vaterschaft berechtigten Behörden und die Familiengerichte zur Unterrichtung gegenüber den Ausländerbehörden und Auslandsvertretungen verpflichtet. Die Ausländerbehörden und Auslandsvertretungen haben im Falle eines Vaterschaftsanfechtungsverfahrens das Verfahren über die Erteilung oder Verlängerung eines Aufenthaltstitels auszusetzen (siehe hierzu Nummer 79.2.1 f.).

Übersicht

	Rn.
I. Entstehungsgeschichte	1
II. Datenübermittlung	2
1. Allgemeines	2
2. Mitteilungspflichten	4
3. Allgemeine Unterrichtungspflichten	6
a) Allgemeines	6
b) Illegaler Aufenthalt	13
c) Verstoß gegen räumliche Beschränkung	16
d) Ausweisungsgrund	17
e) Integrationsbedürftigkeit	20
f) Personenbezogene Daten zur Identitätsfeststellung	25
g) Inanspruchnahme oder Beantragung von Sozialleistungen	27
4. Besondere Unterrichtungspflichten	31
a) Straf- und Ordnungswidrigkeitenverfahren	31
b) Übermittlung aufgrund der AufenthV	32
c) Übermittlung zum Zweck des Opferschutzes	34
5. Ausnahmen	35

I. Entstehungsgeschichte

1 Die Vorschrift wurde mit dem AufenthG eingeführt und stimmte ursprünglich mit dem **Gesetzesentwurf**[2] überein. Mit dem **RLUmsG 2007**[3] wurde zum einen dem Abs. 2 die S. 2 und 3 angefügt. Zum anderen wurde Abs. 5 eingeführt. Durch das Gesetz zur Ergänzung des Rechts auf Anfechtung der Vaterschaft vom 13.3.2008[4] wurden Abs. 6 und Abs. 2 Nr. 4 eingeführt und in S. 1 der 2. Hs. neu aufgenommen. Das **RLUmsG 2011** nahm nochmals Änderungen in Abs. 1 durch Ausnahme von Schulen und Bildungs- sowie Erziehungseinrichtungen vor, änderte Abs. 4 bezüglich der Reduzierung auf Strafverfahren und passte Abs. 5 in Bezug auf Folgeänderungen an. Die Änderung in Abs. 1 erfolgte erst durch die Beschlussempfehlung und Bericht des Innenausschusses (4. Ausschuss) vom 6.7.2011, BT-Drs. 17/6497. Abs. 2a wurde durch Art. 4 des Gesetzes zur Regelung von Ansprüchen ausländischer Personen in der Grundsicherung für Arbeitsuchende nach dem SGB II und in der Sozialhilfe nach dem SGB XII mit Gesetz vom 22.12.2016, BGBl. I S. 3155 mWv 29.12.2016 eingefügt. Durch das Gesetz zur besseren Durchsetzung der Ausreisepflicht[5] ist das Verfahren bei konkreten Anhaltspunkten einer missbräuchlichen Anerkennung der Vaterschaft ua in § 85a neu geregelt worden.

---

[2] BT-Drs. 15/420, 31 f.
[3] Gesetz zur Umsetzung aufenthaltsrechtlicher und asylrechtlicher RL der EU v. 19.8.2007, BGBl. I S. 1970.
[4] BGBl. 2008 I S. 313.
[5] BGBl. 2017 I S. 2780.

Dies war aufgrund des Wegfalls des § 1600 I Nr. 5 BGB geboten. Durch das Zweite Gesetz zur Verbesserung der Registrierung und des Datenaustauschs zu aufenthalts- und asylrechtlichen Zwecken (2. DAVG)[6] wird den öffentlichen und privaten Stellen ermöglicht, ihren Unterrichtungsverpflichtungen gegenüber den Ausländerbehörden nachzukommen. Durch das Gesetz zur Weiterentwicklung des Ausländerzentralregisters vom 9.7.2021, BGBl. I S. 2467 wurde die Übermittlungspflicht im Bereich der Strafverfolgung auf den Erlass bzw. die Aufhebung eines Haftbefehls erweitert und die Voraussetzung für eine Übermittlung der in Abs. 6 benannten Stellen konkretisiert.

II. Datenübermittlung

1. Allgemeines

Grundsätzlich ist für die **Verarbeitung personenbezogener Daten** durch Verwaltungsbehörden die DS-GVO anzuwenden. Doch enthält diese in Art. 6 I lit. e, II und III eine Öffnungsklausel für die Mitgliedstaaten. Diese können die Datenverarbeitung für ihre Behörden iRd Verhältnismäßigkeit selbst regeln. Entsprechend der Gesetzgebungskompetenz des GG regelt § 1 BDSG, dass dieses Bundesgesetz für die Bundesverwaltung und die Landesverwaltungen gilt, wenn Letztere Bundesrecht ausführen und für das Verwaltungsverfahren einschließlich der Datenverarbeitung keine landesgesetzlichen Regelungen geschaffen haben. Doch gelten speziellere bundesrechtliche Vorschriften auch für die Länder, soweit der Bund das Verwaltungsverfahren und damit auch das Recht der Datenverarbeitung regeln darf (vgl. § 1 II BDSG). Damit richtet sich die Übermittlung personenbezogener Angaben der deutschen Verwaltungsbehörden an die Ausländerbehörden iSd § 71 grundsätzlich nach § 87, soweit nicht speziellere bundes- oder landesrechtliche Vorschriften greifen. Für die Rechtmäßigkeit der Übermittlung an die Ausländerbehörden ist nach Art. 4 Nr. 7 DS-GVO, § 74 BDSG die übermittelnde Stelle verantwortlich. Führt die Übermittlung zu einer Zweckänderung der Datenverarbeitung, ist sie nach Art. 6 IV DS-GVO nur zulässig, wenn die ursprüngliche Datenverarbeitung – auch – dazu dient, dass der durch die für die übermittelnde Stelle geltende Vorschrift zu verhindernde Rechtsverstoß ggf. auch aufenthaltsrechtlich von Bedeutung ist. Über die Zweckänderung der vom Verantwortlichen oder von Dritten vor der Übermittlung an den Verantwortlichen erhobenen Daten muss die betroffene Person spätestens bei der Zweckänderung von der übermittelnden Stelle informiert werden (Art. 13 III, 14 IV DS-GVO), soweit das noch nicht bei der Erhebung der Daten ausreichend geschehen ist. Von Letzterem kann nur ausgegangen werden, wenn die betroffene Person seinerzeit darüber aufgeklärt wurde, unter welchen Voraussetzungen, die von ihr selbst herbeigeführt werden oder zumindest ohne Weiteres für diese erkennbar sind, die Zweckänderung bzw. Datenübermittlung erfolgt. Der Verantwortliche hat im Hinblick auf das Transparenzgebot und seine Rechenschaftspflicht ggf. den Nachweis für die Erfüllung seiner Informationspflichten zu erbringen (Art. 5 I lit. a, II DS-GVO). Verstöße gegen die Hinweispflichten führen grundsätzlich zur Rechtswidrigkeit der Datenverarbeitung. Von der Unterrichtung kann abgesehen werden, soweit die Gefahr besteht, dass durch diese die Erfüllung einer öffentlichen Aufgabe erschwert oder gar vereitelt wird oder die übermittelnden Stellen ihre Interessen gefährdet (Art. 14 V lit. b, 23 I lit. i DS-GVO, §§ 32 I Nr. 5, 33 I BDSG). Nach Art. 14 V lit. b DS-GVO müssen diese Informationen nur iRd Verhältnismäßigkeit erteilt werden. Die Unterrichtung kann insbesondere unterbleiben, wenn die betroffene Person davon ausgehen kann, dass eine Datenerhebung erfolgt und bei der Beantwortung der Anfrage nichts übermittelt wird, das die betroffene Person wissen muss, um sich ggf. dagegen zur Wehr setzen zu können.

Adressaten der Datenübermittlungspflichten sind **alle öffentlichen Stellen; seit 26.11.2011**[7] **mit Ausnahme von Schulen sowie Bildungs- und Erziehungseinrichtungen**. Diese Adressaten waren wie die Behörden in § 86 I bislang nicht weiter definiert, sodass auf die Begriffsbestimmung des § 2 BDSG zurückgegriffen werden musste. Nach § 2 BDSG sind öffentliche Stellen „die Behörden, Organe der Rechtspflege und andere öffentlich-rechtlich organisierte Einrichtungen des Bundes, der Länder, der Gemeinden und der Gemeindeverbände sowie die Körperschaften, Anstalten, Stiftungen des öffentlichen Rechts sowie deren Vereinigungen ungeachtet ihrer Rechtsform". Die Aufzählungen in §§ 71 ff. AufenthV können dagegen nicht weiterhelfen, weil sie ersichtlich nur einen kleinen Teil der öffentlichen Stellen darstellen sollen. Den Kreis der übermittlungspflichtigen Stellen nach ihrer Organisationsform oder nach der Art ihrer Aufgaben einzuengen erscheint ebenfalls nicht möglich. Das Gesetz lässt eine solche Begrenzung nirgends erkennen und stellt im Gegenteil mit der Ausnahme für die Ausländerbeauftragten klar, dass die Wahrnehmung von Beratungs- und Betreuungsaufgaben nicht von den Übermittlungspflichten befreien soll. Besondere Verwendungsregeln und Offenbarungsbefugnisse sind in § 77 und in § 71 SGB X behandelt. Nach Maßgabe dieser Vorschriften müssen bzw. können die Sozialbehörden ihre Übermittlungsverpflichtungen erfüllen. Sie beschränken gegebenenfalls den Umfang der Pflicht zur Mitteilung oder Unterrichtung. Mit der Beschlussempfehlung und Bericht des Innenausschusses (4. Ausschuss) vom 6.7.2011, BT-Drs. 17/6497, wurde der Gesetzesentwurf[8] geän-

---

[6] BGBl. 2019 I S. 1131.
[7] Ges. v. 22.11.2011, BGBl. I S. 2258 mWv 26.11.2011.
[8] BT-Drs. 17/5470.

dert durch Ausnahme von den Übermittlungspflichten an die Ausländerbehörde für Schulen sowie Bildungs- und Erziehungseinrichtungen (§ 87 I). Zur **Begründung wurde durch den Innenausschuss** angeführt, dass „Kinder von Menschen, die sich ohne Aufenthaltstitel oder Duldung und ohne Kenntnis der Behörden im Bundesgebiet aufhalten, können nach Angaben von Kirchen, Gewerkschaften und Wohlfahrtsverbänden von ihren Eltern aus Furcht vor Aufdeckung des unerlaubten Aufenthalts vom Schulbesuch und der Nutzung von Bildungs- und Erziehungseinrichtungen ferngehalten werden. Dem daraus resultierenden Fehlen einer Lebensperspektive und drohender geistiger sowie psychischer Verwahrlosung soll entgegengewirkt werden. Um der Zielgruppe die Furcht vor Entdeckung des illegalen Aufenthalts zu nehmen und den Besuch von öffentlichen Schulen sowie Bildungs- und Erziehungseinrichtungen für sie zu erleichtern, sollen diese öffentlichen Stellen von den bisher uneingeschränkt bestehenden aufenthaltsrechtlichen Übermittlungspflichten gegenüber Ausländerbehörden ausgenommen werden. Durch die Ergänzung in § 87 I werden deshalb „Schulen" sowie „Bildungs- und Erziehungseinrichtungen" von der bisher ausnahmslos bestehenden Verpflichtung öffentlicher Stellen ausgenommen, den in § 86 genannten Stellen (insbesondere Ausländerbehörden) auf deren Ersuchen die in Erfüllung eigener Aufgaben bekannt gewordenen Umstände mitzuteilen, soweit dies für die dort genannten Zwecke erforderlich ist. Der Begriff „Schulen" in diesem Sinne umfasst alle von der öffentlichen Hand getragenen Schulen, dh Grund-, Haupt-, Sonder- und Gesamtschulen sowie weiterbildende und berufsbildende Schulen. Mit der Einbeziehung von „Bildungs- und Erziehungseinrichtungen" in den Ausnahmetatbestand wird neben dem Schulbesuch auch die Nutzung von Kindergärten, Kindertagesstätten, kinder- und jugendtherapeutischen Einrichtungen und solchen der Jugendhilfe iSd Gesetzeszwecks erleichtert. Auch insoweit sind ausschließlich von der öffentlichen Hand betriebene Einrichtungen dieser Art umfasst; Schulen sowie Bildungs- und Erziehungseinrichtungen in privater Trägerschaft sind ohnehin schon bisher nicht übermittlungspflichtig[9].
Auf **Freizügigkeitsberechtigte** ist § 87 II Nr. 1–3 gemäß § 11 I FreizügG/EU nur anwendbar, soweit eine Fragestellung nach § 5 V oder § 6 I FreizügG/EU betroffen ist (Aberkennung des Freizügigkeitsrechts/Einreiseverweigerung).

Insgesamt geht die Spanne der Einrichtungen, die zu den **öffentlichen Stellen iSd Abs. 1** zählen, bedenklich weit von Jugendhäusern, Kindergärten und Ausländerbeiräten über Notare, Schornsteinfeger bis hin zu Beratungsstellen und Beliehenen (zB TÜV)[10], mithin nur Organisationen in öffentlich-rechtlicher Rechtsform[11].

3 Die Übermittlungspflichten werden nach dem **Anlass** unterschieden: auf **Ersuchen** der mit der Durchführung des Gesetzes betrauten Behörden (Mitteilung nach Abs. 1) oder ohne ein derartiges Ersuchen, also **von Amts wegen** (Unterrichtung nach Abs. 2, 4). Sie verpflichten nicht gleichzeitig zur Datenerhebung, weder die öffentlichen Stellen noch deren einzelne Bedienstete. Die Übermittlung muss im Einzelfall gerichtsverwertbar **dokumentiert** werden (vgl. Art. 5 II DS-GVO[12]). **Missbräuchliche Übermittlung** von Daten (auch in fälschlicher Annahme der Übermittlungspflicht) kann Straftaten gem. § 203 StGB und § 42 BDSG neu begründen. Rechtswidrig gewonnene Angaben dürfen grundsätzlich nicht weiterverarbeitet werden[13]. Wegen der Datenverarbeitung bei besonderen Verwendungsregelungen s. § 88.

2. Mitteilungspflichten

4 Auf **Ersuchen** der mit dem AufenthG befassten Behörden[14] sind alle öffentlichen Stellen des Abs. 1 zur Mitteilung verpflichtet (vgl. Nr. 87.1.1–87.1.1.5 VAH). Das behördliche Ersuchen darf nur ergehen, wenn die Datenerhebung nach § 75 II 2, 3 ohne Mitwirkung des Ausländers zulässig ist. Wird eine dem SGB X unterliegende Stelle um Übermittlung ersucht, ist zusätzlich § 71 II Nr. 1 SGB X zu beachten[15].

5 Die Art der mitzuteilenden Umstände ist insoweit eingegrenzt, als es sich um den öffentlichen Stellen „**bekannt gewordene**" handeln muss. Hieraus folgt, dass die mitteilungspflichtige Stelle durch § 87 nicht zur Datenerhebung verpflichtet oder befugt wird; außerdem kann daraus der datenschutzfreundliche Schluss gezogen werden, dass nur solche **Tatsachen** gemeint sind, die eine öffentliche Stelle im Rahmen ihrer Aufgabenerfüllung erfahren hat, nicht aber bei Gelegenheit[16]. Private Erkennt-

---

[9] BT-Drs. 17/6497, 14.
[10] Zu Krankenhäusern → Rn. 15.
[11] *Kluth* in Kluth/Hund/Maaßen, Zuwanderungsrecht, S. 616 Rn. 49.
[12] Öffentliche und nichtöffentliche Stellen, die selbst oder im Auftrag personenbezogene Daten erheben, verarbeiten oder nutzen, haben die technischen und organisatorischen Maßnahmen zu treffen, die erforderlich sind, um die Ausführung der Vorschriften dieses Gesetzes, insbes. die in der Anlage zu diesem Gesetz genannten Anforderungen zu gewährleisten (vgl. Art. 25 DS-GVO).
[13] Vgl. VG Lüneburg Urt. v. 21.12.2016 – 5 A 1/16, ZD 2017, 199; aA BGH Urt. v. 15.5.2018 – VI ZR 233/17, ZD 2018, 422 mAnm *Lachenmann*.
[14] → § 86 Rn. 3.
[15] → § 88 Rn. 4.
[16] → § 87 Nr. 87.1.2; *Schriever-Steinberg* ZAR 1991, 66.

nisse eines Bediensteten scheiden aus, weil sie dem Dienstherrn nicht mitzuteilen sind und nur die Stelle selbst mitteilungspflichtig ist. **Telefonisches Ersuchen** ist nur zulässig, wenn die zeitliche Verzögerung durch ein schriftliches Ersuchen unvertretbar ist und die anfragende Stelle sich ausreichend identifiziert. Anfragen per E-Mail sollten verschlüsselt erfolgen.

3. Allgemeine Unterrichtspflichten

a) Allgemeines. Ohne Ersuchen, also von sich aus (**„Spontanmitteilung"**), sind öffentliche 6 Stellen nur eingeschränkt zur Unterrichtung verpflichtet. Einmal kommt als Adressat nur die zuständige Ausländerbehörde in Betracht und nicht andere mit dem AufenthG befasste Stellen[17]. Zum anderen ist die Informationspflicht inhaltlich beschränkt auf: illegalen und nicht geduldeten Aufenthalt, Verstoß gegen räumliche Beschränkung, Ausweisungsgrund. Außerdem gelten die Einschränkungen nach § 77 und § 71 II Nr. 2 SGB X.

Auch hier sind nur Erkenntnisse gemeint, die iRd **Aufgabenerfüllung** der öffentlichen Stelle und 7 nicht bei Gelegenheit einer Amtstätigkeit oder privat gewonnen wurden[18]. Erforderlich ist **definitive Kenntnis** (= **Tatsachen**[19]), nicht Vermutung oder gerüchteweise Kenntniserlangung[20]. Die Kenntniserlangung braucht aber nicht unmittelbar zum Aufgabenfeld der Stelle zu gehören. Hat sich eine Stelle zum Zwecke der Erfüllung eigener Aufgaben über den Aufenthaltsstatus eines Ausländers zu vergewissern, zB Arbeitsagentur oder Sozialamt, ist sie ggf. nach Abs. 2 Nr. 1 meldepflichtig. Ähnlich verhält es sich zB bei einem Verstoß gegen gewerberechtliche Vorschriften für die Gewerbeaufsicht. Die Gefahr, dass fast jede öffentliche Stelle zum „Ausforschungsinstrument der Ausländerbehörde gegen den Ausländer" wird[21], verhindert Art. 6 IV DS-GVO[22]. Die Datenverarbeitung ist unzulässig, wenn sich damit verfolgte Zwecke ausschließen[23]. Damit darf der ausländerrechtliche Zweck der Erhebung nicht durch die Nutzung gefährdet werden. So dürfen Daten nicht übermittelt werden, die erst im Rahmen der Antragstellung bei Hilfebedürftigkeit oder in **Auskunfts- und Beratungstätigkeit** preisgegeben werden. Auch die Information des Standesbeamten an die Ausländerbehörde zwecks Vollstreckung eines Abschiebehaftbefehls ist unverhältnismäßig. Eingriffe in das Fernmeldegeheimnis, etwa durch Auslesen von Handydaten, sind generell unzulässig, da befugnislos[24].

Ob **Lehrer, Erzieher, Sozialberater** und andere Betreuungs- und Beratungspersonen bislang 8 Unterrichtspflichten unterlagen, konnte fraglich sein. Soweit auf sie § 88 I–III anwendbar war, hatte eine Datenübermittlung zu unterbleiben. Soweit sie als Pädagogen gelegentlich ihrer Berufstätigkeit auch private Daten erfuhren, gehörten diese nicht in ihren amtlichen Bereich. Anders wäre es wohl gewesen, wenn zB der Rektor Kenntnis erhielte von der Nichterfüllung der Schulpflicht durch einen Schüler (§ 55 II Nr. 2 aF) oder der Drogenberater vom Abbruch einer Rehabilitations-Behandlung (§ 55 II Nr. 4 aF)[25]. Für die Abgrenzung waren die übertragenen Aufgaben maßgeblich. Aus dem Bildungs- und Sozialbereich kamen nur Daten in Betracht, die in Anmeldungs-, Zulassungs- und Leistungsverfahren anfallen (Nr. 87.1.1.3 und 87.1.1.4 VAH); außerdem sind §§ 71 II 1 Nr. 1, II 2, 76 SGB X zu beachten[26].

Eine Meldung ist nicht schon deshalb **entbehrlich,** weil auch andere Stellen, zB Strafverfolgungs- 9 behörden nach Abs. 4, zur Unterrichtung verpflichtet sind. Irgendein Vorrang ist im Gesetz nicht festgelegt und auf die Sachnähe nicht abgestellt. Abs. 2 Hs. 2 macht deutlich, dass Spontanmitteilungen über Straftaten von allen Stellen erwartet werden. Sie können nur statt der Ausländerbehörde der Polizeibehörde mitgeteilt werden, falls Maßnahmen in Betracht kommen, für die auch die Länderpolizeien zuständig sind (§ 71 V). Eine allgemeine Einschränkung auf „erforderliche" Kenntnisse und Tatsachen erscheint aus datenschutzrechtlicher Sicht notwendig, obgleich sie sich weder dem Gesetzeswortlaut entnehmen noch für einzelne Fallgruppen konkret bestimmen lässt. Die Erforderlichkeit muss von der öffentlichen Stelle aus ausländerrechtlicher Sicht beurteilt werden, unter Umständen im Benehmen mit der nach § 71 zuständigen Behörde.

Die Gefahr einer unzulässigen **Sammlung von Daten auf Vorrat** ohne klare gesetzliche Grund- 10 lage ist gerade wegen der weitgehenden Übermittlungspflichten von Amts wegen nicht zu verkennen. Sie kann insgesamt zur Verfassungswidrigkeit der §§ 86–88 führen[27].

---

[17] → § 86 Rn. 3.
[18] → Rn. 6.
[19] Hofmann/*Hilbrans,* Ausländerrecht, 2. Aufl., AufenthG § 87 Rn. 14.
[20] *Heinhold* in RAV S. 8.
[21] So *Stief* in Barwig AuslR S. 281, 285.
[22] → Rn. 9 ff.
[23] BVerfG Urt. v. 15.12.1983 – 1 BvR 209/83, NJW 1984, 427.
[24] *Petri* in GK-AufenthG § 87 Rn. 25.
[25] Weitere Bsp. bei *Stief* in Barwig AuslR ua S. 281, 286.
[26] Nunmehr ist der Kreis der öffentlichen Stellen eingeengt worden. Schulen, Bildungs- und Erziehungseinrichtungen wurden ausgenommen.
[27] Dazu *Huber* InfAuslR 1990, 41; *Rittstieg* InfAuslR 1990, 221; *Schriever-Steinberg* ZAR 1991, 66; *Spindler* InfAuslR 1993, 5; *Stief* in Barwig AuslR, S. 281, 288.

1 AufenthG § 87

11   Der Umstand, dass die Ausländerbehörde nicht zu den auskunftsberechtigten Stellen gemäß § 61 I BZRG zählt und ihr deshalb Eintragungen im Erziehungsregister nicht aufgrund dieser Rechtsgrundlage mitgeteilt werden dürfen, steht ihrer **Unterrichtung von Straftaten** des Ausländers und deren gerichtlichen Ahndung aufgrund der Spezialvorschrift des § 87 sowie der Aufbewahrung und Verwertung dieser Informationen bis zur Tilgung bzw. Tilgungsreife nicht entgegen. Die Rechte des Betroffenen werden dadurch nicht verkürzt, denn das Verwertungsverbot des § 51 I BZRG wirkt gegenüber der Ausländerbehörde unabhängig davon, auf welche Weise sie die entsprechenden Informationen erhalten hat[28]. Daneben tritt der Löschungsanspruch gem. § 91 II hinsichtlich der Daten, die von öffentlichen Stellen übermittelt worden sind und für eine anstehende und voraussichtlich auch für eine spätere ausländerrechtliche Maßnahme nicht erheblich werden können.

12   Aus § 61 I BZRG folgt kein **Übermittlungsverbot**, da die Norm kein grundsätzliches Verwertungsverbot begründet[29]. Ein solches Verbot sieht das Gesetz nur für getilgte und tilgungsreife Eintragungen vor (§ 63 I und § 63 IV iVm § 51 BZRG), nicht aber für Vorgänge, über die aus dem Register nur beschränkt Auskunft erteilt wird[30].

13   **b) Illegaler Aufenthalt.** Erkenntnisse über illegalen Aufenthalt betreffen die **Aufgaben vieler Behörden** und müssen deshalb von ihnen von Amts wegen übermittelt werden, soweit sie bei ihrer amtlichen Tätigkeit und zur Vorbereitung der ihnen obliegenden Entscheidungen anfallen. Dazu gehören außer Polizei-, Ordnungs- und Staatsangehörigkeitsbehörde und Standesamt va Staatsanwaltschaft, Ordnungswidrigkeitenbehörde, Arbeitsagentur, Sozial- und Jugendamt, Gerichte der Straf-, Verwaltungs-, Arbeits- und Sozialgerichtsbarkeit; nicht jedoch mehr Schulbehörde, Hochschulzulassungsstelle (vgl. Nr. 87.2.1.1 AVwV). Zum Begriff der **Erforderlichkeit eines Aufenthaltstitels**, hier tatbestandsbegründend, → Rn. 17 und ausführlich § 14. Die Pflicht zur Übermittlung positiver Erkenntnisse über illegalen Aufenthalt ist insoweit eingeschränkt, als für den Ausländer ein **Aufenthaltstitel erforderlich** sein muss (vgl. Nr. 87.2.1.2 AVwV). Ausgenommen ist also, wer dem AufenthG nicht unterliegt (§ 1 II; auch heimatlose Ausländer nach HAuslG), vom Erfordernis des Aufenthaltstitels befreit ist (§§ 15 ff. AufenthV) oder als Asylbewerber eine Aufenthaltsgestattung beanspruchen kann (§§ 55, 63 AsylG). Außerdem ist ein illegaler Aufenthalt nur dann meldepflichtig, wenn keine Duldung (§ 60a) vorliegt. Dazu bedarf es zusätzlicher Feststellungen über den Besitz einer Duldungsbescheinigung. Eine Beschränkung auf „erforderliche" Mitteilungen ist anzunehmen (→ Rn. 10); die Erforderlichkeit kann letztlich nur von der Ausländerbehörde bestimmt werden, auch und gerade in Zweifelsfällen, denn sie ist für die ausländerrechtliche Entscheidung allein zuständig und verantwortlich. Die Bewertung und die daraus resultierende Meldung von Ausländern, die keinen erforderlichen Aufenthaltstitel besitzen und deren Abschiebung nicht ausgesetzt ist, erfordert von den meldenden Stellen aufenthaltsrechtliche Rechtskenntnisse[31], die diese ggf. in dem erforderlichen Umfang gar nicht besitzen, sodass die Bewertung der meldepflichtigen Sachverhalte zumeist schwierig ist, soweit die Sache nicht einfach gelagert ist (zB fehlender Pass mit aufenthaltslegitimierenden Dokumenten).

14   Es besteht für **Verwaltungen von Krankenhäusern** keine Pflicht, Erkenntnisse über den Aufenthaltsstatus von Patienten zu gewinnen. Die öffentlichen Krankenhäuser dürfen Patientendaten auf Anfrage oder von sich aus nur an die Ausländerverwaltung übermitteln, wenn das LandeskrankenhausG ausdrücklich zulassen. So ermöglicht bspw. Art. 9 II lit. g DS-GVO, § 46 I 1 Nr. 6 LKHG BW die Datenweitergabe, wenn dies zur Abwehr einer Gefahr für den Patienten oder einen Dritten erforderlich ist und die Gefährdung dieser Rechtsgüter das Geheimhaltungsinteresse des Patienten überwiegt und die Gefahr in vertretbarer Weise nicht anderweitig beseitigt werden kann. Auch bei einer gewünschten Kostenübernahme für die medizinische Behandlung durch das Sozialamt müssen die Patientendaten angegeben werden, wobei das Sozialamt grundsätzlich der Meldepflicht unterliegt.

15   Wegen der ärztlichen Schweigepflicht → § 88 Rn. 4.

16   **c) Verstoß gegen räumliche Beschränkung.** Räumliche Beschränkungen ergeben sich zB **kraft Gesetzes** aus §§ 61 I 1, 54a II AufenthG und § 56 I AsylG sowie aus **Anordnungen** im Einzelfall aufgrund §§ 12 II und 4, 61 I 2 AufenthG sowie § 56 AsylG und begründen nicht zwangsläufig einen Ausweisungsgrund[32]. So stellt ein Erstverstoß gegen eine räumliche Beschränkung eine Ordnungswidrigkeit nach § 98 III Nr. 1 AufenthG dar, die gemäß § 87 IV 3 AufenthG nicht zu übermitteln ist. Ob die Mitteilung von der Ausländerbehörde benötigt wird, kann letztlich nur von dieser entschieden werden[33]. Zur Unterrichtung verpflichtet sind va Polizei- und Ordnungsbehörden, Arbeitsagenturen, Sozial- und Jugendämter. Im Rahmen der Verhältnismäßigkeit ist zu berück-

---

[28] BVerwG Beschl. v. 23.9.2009 – 1 B 16.09, InfAuslR 2009, 447; Urt. v. 7.12.1999 – 1 C 13.99, BVerwGE 110, 140 (149).
[29] BVerwG Beschl. v. 23.9.2009 – 1 B 16.09, InfAuslR 2009, 447.
[30] BVerwG Beschl. v. 23.9.2009 – 1 B 16.09, InfAuslR 2009, 447; Beschl. v. 14.2.1984 – 1 B 10.84, *Buchholz* 402.24 § 10 AuslG Nr. 102, S. 75 (79).
[31] Vgl. *Hilbrans* in Hofmann, Ausländerrecht, 2. Aufl., § 87 Rn. 15.
[32] Hofmann/*Hilbrans*, Ausländerrecht, 2. Aufl., § 87 Rn. 16.
[33] → Rn. 10.

sichtigen, dass der Verstoß gegen die räumliche Beschränkung in der Regel weniger erheblich ist als der unerlaubte Aufenthalt[34].

d) Ausweisungsgrund. Mit dem Gesetz zur Neubestimmung des Bleiberechts und der Aufenthalts- 17 beendigung vom 27.7.2015 wurde das Ausweisungsrecht grundlegend reformiert. Während das bisherige Recht drei verschiedene Arten von Ausweisungen kannte, nämlich die Ist-Ausweisung (§ 53 aF), die Regel-Ausweisung (§ 54 aF) und die Ermessens-Ausweisung (§ 54 aF), die in Anknüpfung an unterschiedliche Tatbestandsvoraussetzungen verschiedene Rechtsfolgen anordneten, gibt es nur noch einen Ausweisungstatbestand. An die Stelle des bisherigen dreistufigen Ausweisungsrechts tritt die Ausweisung als Ergebnis einer unter Berücksichtigung aller Umstände des Einzelfalls durchgeführten Abwägung von Bleibe- und Ausweisungsinteressen[35]. Von den übermittlungspflichtigen Umständen kann va der „Ausweisungsgrund" äußerst problematisch sein, weil er eine nähere Begrenzung nicht erkennen lässt[36]. Unter Ausweisungsgrund ist nunmehr hier das **Ausweisungsinteresse** zu verstehen und nicht mehr wie bisher ein einzelner Ausweisungstatbestand[37]. Das Vorliegen des Ausweisungsinteresses ist nicht nur für die Ausweisung nach § 53 I von Bedeutung, sondern auch Regelerteilungsvoraussetzung (§ 5 I Nr. 2) für einen Aufenthaltstitel. Nur die Ausländerbehörde kann Wichtigkeit und Erheblichkeit des Ausweisungsinteresses in Relation zum Bleibeinteresse (§§ 54–55) zutreffend einordnen und bewerten, nicht aber die informationspflichtige Stelle. Letzterer fehlen nämlich die hierfür notwendigen Kenntnisse über die insoweit bedeutsamen persönlichen Umstände und Verhältnisse iSd § 55[38].

Zu Mitteilungen über die Beeinträchtigung von Sicherheit und Ordnung (§ 54) sind nur die 18 insoweit **allein zuständigen** Polizei- und Ordnungsbehörden verpflichtet. Zum Schutze sonstiger erheblicher Interessen iSd § 54 sind dagegen unter Umständen auch andere öffentliche Stellen berufen. Eine eindeutig geringfügige Beeinträchtigung ist nicht zu übermitteln, weil sie weder nach § 54 noch sonst für aufenthaltsrechtliche Entscheidungen von Bedeutung sein kann.

Der Schutz der Sicherheit iSd § 53 I obliegt nur den Polizei- und Staatsschutzbehörden sowie der 19 Staatsanwaltschaft, nicht anderen öffentlichen Stellen. Auch iRv § 54 II Nr. 9 kommt es für die Mitteilungspflicht auf die jeweilige **Sachzuständigkeit** an[39]. Zusätzlich ist hier die Schwelle der Geringfügigkeit zu beachten. Dagegen spielt es keine Rolle, ob der festgestellte Verstoß vereinzelt ist, denn nur die Ausländerbehörde kann dies aufgrund der Erkenntnisse beurteilen, über die sie allein und nicht die übermittlungspflichtige Stelle verfügt. Frühere Meldeverpflichtungen (§ 55 II Nr. 3–5 aF, öffentliche Gesundheit, und § 55 II Nr. 5 aF, Obdachlosigkeit) sind entfallen. Zur Meldeverpflichtung bei **Sozialhilfebedürftigkeit** → Rn. 32.

e) Integrationsbedürftigkeit. Öffentliche Stellen sollen nach Abs. 2 S. 2 unverzüglich die zustän- 20 dige Ausländerbehörde unterrichten, wenn sie im Zusammenhang mit der Erfüllung ihrer Aufgaben Kenntnis von einer besonderen Integrationsbedürftigkeit erlangen. Die Auslandsvertretungen übermitteln der zuständigen Ausländerbehörde personenbezogene Daten eines Ausländers, die geeignet sind, dessen Identität oder Staatsangehörigkeit festzustellen, wenn sie davon Kenntnis erlangen, dass die Daten für die Durchsetzung der vollziehbaren Ausreisepflicht gegenüber dem Ausländer gegenwärtig von Bedeutung sein können.

Die Wörter „im Zusammenhang mit der Erfüllung ihrer Aufgaben" stellen klar, dass die öffentlichen 21 Stellen **nicht verpflichtet** sind, **eigenständige Ermittlungen anzustellen,** sondern nur die Kenntnisse übermitteln sollen, die sie bereits im Zusammenhang mit der Erfüllung ihrer bestehenden Aufgaben erlangt haben[40].

Von einer **besonderen Integrationsbedürftigkeit** kann ausgegangen werden, wenn aufgrund 22 fehlender sprachlicher Kompetenzen keine Kontakte im sozialen Umfeld (Arbeit, Schule, Kindergarten) bestehen. Als Regelbeispiel hierfür nennt § 4 IV IntV einen Ausländer, der sich als Inhaber der Personensorge für ein in Deutschland lebendes minderjähriges Kind nicht auf einfache Art in deutscher Sprache mündlich verständigen kann. Der Bezug sozialer Transferleistungen wie Sozialhilfe nach dem SGB XII kann ein weiterer Anhaltspunkt für eine besondere Integrationsbedürftigkeit sein.

Die **Unterrichtungspflicht** ergänzt die Mitteilungspflicht auf Ersuchen der Ausländerbehörde nach 23 Abs. 1, die in Fällen besonderer Integrationsbedürftigkeit ebenfalls zur Anwendung kommen kann. Danach haben öffentliche Stellen den mit der Ausführung des AufenthG betrauten Behörden auf Ersuchen die ihnen bekannten Umstände mitzuteilen, die die Behörden für die Ausführung dieses Gesetzes benötigen. Zu den Aufgaben der Ausländerbehörden gehört es, Ausländer, die in besonderer Weise integrationsbedürftig sind, zur Teilnahme am Integrationskurs aufzufordern und hierdurch eine Teilnahmepflicht zu begründen (§ 44a I 1 Nr. 3). Die Mitteilungspflicht auf Ersuchen der Ausländer-

---

[34] *Hailbronner,* AufenthG, § 87 Rn. 22.
[35] Ausf. → Vorb. §§ 53–56 Rn. 1 f.
[36] Zum alten Recht *Schriever-Steinberg* ZAR 1991, 66; *Heldmann/Weichert* § 76 Rn. 17: Abs. 2 verfassungswidrig; *Hoffmann/Hilbrans,* Ausländerrecht, 2. Aufl., § 87 Rn. 15.
[37] S. § 5 I Nr. 2; § 53 I.
[38] AA zum alten Recht *Kunkel* ZAR 1991, 71; dazu im Einzelnen Nr. 87.2.3.2–87.2.3.10 AVwV.
[39] → Rn. 6, 8.
[40] BT-Drs. 16/5065, 195.

1 AufenthG § 87

behörde nach Abs. 1 reicht jedoch nicht in allen Fällen besonderer Integrationsbedürftigkeit aus, da die Ausländerbehörde auf die Mitteilung anderer öffentlicher Stellen angewiesen sein kann. Dies gilt insbesondere für Fälle von besonders integrationsbedürftigen Ausländern, die die Ausländerbehörde gar nicht im Blick hat, weil die betroffenen Ausländer langfristige Aufenthaltserlaubnisse oder Niederlassungserlaubnisse haben und somit kein Anlass und keine Gelegenheit für die Ausländerbehörde besteht, sich mit den Vorgängen zu befassen[41].

24   Die Regelung ist als Soll-Vorschrift ausgestaltet, damit die öffentlichen Stellen ausnahmsweise in **atypischen Fällen,** in denen sie durch die Unterrichtung in einen Konflikt mit ihrem gesetzlichen Auftrag treten würden, von einer Unterrichtung absehen können. Hierbei ist jedoch stets zu berücksichtigen, dass die Regelung nicht nur der Integration der besonders integrationsbedürftigen Ausländer dient, sondern auch der Integration der Kinder solcher Ausländer. Deren Integration ist zweifelhaft, wenn die Eltern besonders integrationsbedürftig bleiben[42].

25   **f) Personenbezogene Daten zur Identitätsfeststellung.** Die Vorschrift in Abs. 2 S. 3 schafft eine bereichsspezifische Rechtsgrundlage für die Übermittlung von personenbezogenen Daten, die für die **Durchsetzung der Ausreisepflicht** gegenüber vollziehbar ausreisepflichtigen Ausländern notwendig sind. Sie beseitigt damit ein bisher bestehendes Hindernis datenschutzrechtlicher Art. In einer Vielzahl von Fällen, die vollziehbar ausreisepflichtige Ausländer betreffen, erlangen Auslandsvertretungen, etwa im Visum- oder im Legalisationsverfahren nach den §§ 13, 14 des Gesetzes über die Konsularbeamten, Kenntnis von personenbezogenen Daten, mit deren Hilfe die Identifikation und Rückführung dieser Ausländer aus dem Bundesgebiet in den Zielstaat möglich wäre[43].

26   In einigen Staaten betreffen 70 Prozent der zur Legalisation eingereichten Urkunden **ausreisepflichtige Ausländer.** Die Vorschrift ermöglicht nur die Übermittlung der Daten, die für eine Durchsetzung der vollziehbaren Ausreisepflicht im Einzelfall von Bedeutung sein können und zum Zeitpunkt der Vorlage der Nachweise bei der Auslandsvertretung auch gegenwärtig erforderlich sind. Eine Datenübermittlung auf Vorrat erfolgt somit nicht[44]. Dem Grundsatz der Verhältnismäßigkeit und dem Grundrecht auf informationelle Selbstbestimmung wird damit in ausreichendem Maße Rechnung getragen.

27   **g) Inanspruchnahme oder Beantragung von Sozialleistungen. Abs. 2 Nr. 2a** begründet eine ausdrückliche Pflicht der Leistungsbehörden zur Unterrichtung der Ausländerbehörde, wenn ein Ausländer für sich selbst, seine Familienangehörigen oder für sonstige Haushaltsangehörige Sozialleistungen in den Fällen des § 7 I 2 Nr. 2 oder S. 4 SGB II oder § 23 III 1 Nr. 2, 3 oder 4, III 3, 6 oder 7 SGB XII in Anspruch nimmt oder beantragt. Daten sind insofern insbesondere in den Fällen zu übermitteln, in denen ein Ausländer Leistungen beantragt, der kein Aufenthaltsrecht hat oder dessen Aufenthaltsrecht sich allein aus dem Zweck der Arbeitssuche ergibt (§ 7 I 2 SGB II oder § 23 III 1 SGB XII), oder in den Fällen, in denen ein Ausländer nach fünfjährigem Aufenthalt auf der Grundlage von § 7 I 4 SGB II oder § 23 III 7 SGB XII Leistungen in Anspruch nimmt. Die Übermittlungsbeschränkungen des § 71 SGB X sind zu beachten.

28   Die **Unterrichtungspflicht** gilt in diesen Fällen auch für Unionsbürger und ihre Familienangehörigen, soweit die Informationen (vgl. § 11 I 1 und 9 FreizügG/EU) für eine Feststellung des Verlusts oder des Nichtbestehens des Freizügigkeitsrechts entscheidungserheblich sein können: Die Verfügung über ausreichende eigene Existenzmittel ist zB Voraussetzung für das Bestehen des Freizügigkeitsrechts nichterwerbstätiger EU-Bürger und ihrer Familienangehörigen (vgl. § 2 II Nr. 5 iVm § 4 FreizügG/EU). Liegt diese Voraussetzung nicht vor, kann die Ausländerbehörde unter Umständen den Verlust des Freizügigkeitsrechts nach § 5 IV FreizügG/EU feststellen.

29   Haben **Unionsbürger** falsche Angaben über ein Arbeitsverhältnis gemacht und stattdessen in erheblichem Umfang Sozialleistungen in Anspruch genommen, ist ferner die Feststellung des Nichtbestehens des Freizügigkeitsrecht nach § 2 VII FreizügG/EU möglich (Vortäuschung einer Voraussetzung des Freizügigkeitsrechts durch Vorspiegelung falscher Tatsachen). Ferner kann die Ausländerbehörde den Verlust des Freizügigkeitsrechts nach § 6 I FreizügG/EU aus Gründen der öffentlichen Ordnung oder Sicherheit feststellen, wenn die Inanspruchnahme der Sozialleistung zB eine Straftat wie Sozialleistungsbetrug begründet. Stellt die Ausländerbehörde den Verlust bzw. das Nichtbestehen des Freizügigkeitsrechts fest, ist dies insbesondere in den Fällen der § 7 I 4 SGB II oder § 23 III 7 SGB XII relevant (kein Leistungsanspruch nach fünfjährigem Aufenthalt bei Feststellung des Verlusts des Freizügigkeitsrechts).

30   Ferner ist im Fall von Drittstaatsangehörigen die **Sicherung des Lebensunterhalts** in der Regel Voraussetzung für die Erteilung eines Aufenthaltstitels (vergleiche § 5 I Nr. 1). Die fehlende Lebensunterhaltssicherung kann bei der Abwägung zwischen Ausweisungsinteresse und Bleibeinteresse (vgl. § 53 II) zum Tragen kommen. Auch kann eine unberechtigte oder unzulässige Leistungsbeanspru-

---

[41] BT-Drs. 16/5065, 195.
[42] BT-Drs. 16/5065, 195.
[43] BT-Drs. 16/5065, 195.
[44] BT-Drs. 16/5065, 195.

chung einen nicht nur vereinzelten oder geringfügigen Verstoß gegen Rechtsvorschriften darstellen und somit auch ein sog. schweres Ausweisungsinteresse nach § 54 II Nr. 9 begründen[45].

4. Besondere Unterrichtungspflichten

a) Straf- und Ordnungswidrigkeitenverfahren. Besondere Pflichten zur Übermittlung von Amts wegen treffen nach Abs. 4 **StA Strafgerichte** und **Bußgeldbehörden** (Nr. 87.4.1.0–87.4.1.1.2 AVwV). Sie stehen neben der Pflicht zur Spontanmitteilung nach Abs. 2. Sie knüpfen an einen bestimmten Verfahrensstand im Straf-, Bußgeld- oder Auslieferungsverfahren an (Einleitung, Anklageerhebung, Erlass/Aufhebung eines Haftbefehls, Erledigung), entstehen also nicht schon mit Kenntnis von einem Ausweisungsgrund. Die nach bisheriger Gesetzeslage vorgesehene Unterrichtung auch über die Einleitung eines Bußgeldverfahrens verursachte einen bürokratischen Aufwand, der – wie sich aus den in der Anwendungspraxis der Vorschrift gewonnenen Erfahrungen ergab – durch den Nutzen für ausländerrechtliche Verfahren nicht gerechtfertigt war. Daher wurde es als sachgerecht eingestuft, die Unterrichtungsverpflichtung hinsichtlich des Stadiums der Verfahrenseinleitung **auf Fälle von Strafverfahren** durch das **RLUmsG 2011** zu beschränken[46]. Der Ausschluss weniger bedeutsamer Ordnungswidrigkeiten (Abs. 4 S. 3) soll die durch das Erreichen formaler Verfahrensstufen ausgelöste Mitteilung nach Abs. 4 beschränken, nicht aber gleichzeitig die Mitteilung eines Ausweisungstatbestands nach Abs. 2 Nr. 3. Ob ein Verstoß danach als vereinzelt anzusehen ist, kann letztlich nur die Ausländerbehörde übersehen, nicht die lediglich für die einzelne Ordnungswidrigkeit zuständige Behörde. Die Unterrichtung über Beginn und Ende eines Zeugenschutzes[47] hat unverzüglich zu erfolgen. § 32 I 3 StAG wurde durch das **RLUmsG 2011** ebenfalls angepasst, sodass in Einbürgerungsverfahren insbesondere die den Ausländerbehörden nach § 87 IV bekannt gewordenen Daten über die Einleitung von Straf- und Auslieferungsverfahren sowie die Erledigung von Straf-, Bußgeld- und Auslieferungsverfahren den Staatsangehörigkeitsbehörden ohne Ersuchen zu übermitteln sind.

Darüber hinaus können die Staatsanwaltschaften und Strafgerichte von sich aus die Ausländerbehörden nach § 13 I Nr. 1 EGGVG unterrichten, wenn ein aufenthaltsrechtlich relevanter Sachverhalt vorliegt. Die Bußgeldbehörden sind nach § 87 II dazu verpflichtet. Für die sonstigen Gerichte fehlt eine Übermittlungsvorschrift iSd Art. 6 I lit. e, II DS-GVO. Die nationalen Übermittlungsmöglichkeiten sind im AufenthG und im EGGVG insoweit abschließend geregelt. Art. 10 DS-GVO steht dem nicht entgegen.

Die Justizvollzugsanstalten haben Anfragen der Ausländerverwaltung zu beantworten bzw. können Angaben zu den betroffenen Personen von sich aus übermitteln. Die Rechtsgrundlagen hierfür finden sich in den jeweiligen Justizvollzugsgesetzen der Länder (bspw. in § 89 II JVollzGB I BW).

b) Übermittlung aufgrund der AufenthV. Die Übermittlungspflichten nach § 99 Nr. 14 iVm §§ 71–76 AufenthV stehen **neben den allgemeinen Verpflichtungen** nach Abs. 2 und 4, die bestimmte Sachverhalte betreffen. Sie bezwecken die Unterrichtung der Ausländerbehörden (nicht anderer Stellen iSd Abs. 1) über alle der Aufgabenerfüllung der Ausländerbehörde dienlichen Erkenntnisse.

Die AufenthV schränkt den **Anwendungsbereich** dieser besonderen Spontanmitteilungen (zulässigerweise) in mehrfacher Hinsicht gegenüber der Ermächtigungsnorm ein. Pass- und Personalausweisbehörden, Sozial- und Jugendämter, Polizei- und Ordnungsbehörden sowie Finanz- und Hauptzollämter sind der besonderen Übermittlungspflicht nicht unterworfen. Die mitzuteilenden Daten (§§ 71 II, 72–76 AufenthV) sind dem Aufgabenbereich der jeweiligen Behörde entnommen.

c) Übermittlung zum Zweck des Opferschutzes. Abs. 5 wurde 2007 eingefügt und dient dem Zweck, die Ausländerbehörden über Gründe für den Widerruf von Aufenthaltstiteln oder für die Abkürzung oder den Wegfall von Ausreisefristen zu informieren[48]. Abs. 5 Nr. 1 wurde durch das **RLUmsG 2011** wegen Folgeänderung in § 25 IVb erweitert. Da die Ausländerbehörde Kenntnis von Gründen für den Widerruf des Aufenthaltstitels nur aufgrund von entsprechenden Mitteilungen der Ermittlungsbehörde erlangen können, wird die betreffende Ermittlungsbehörde – wie im Fall des § 25 IVa – zu solchen Mitteilungen verpflichtet[49].

5. Ausnahmen

Von der Übermittlungsverpflichtung nach Abs. 1 und 2 **ausgenommen** ist nur die **Beauftragte** der Bundesregierung, soweit sonst deren Aufgabenerfüllung gefährdet wird. Die Freistellung ist (entsprechend der weitreichenden Aufgabenzuweisungen in §§ 92–94) nicht auf den Personenkreis der Arbeitnehmer und ihrer Familienangehörigen begrenzt. Die vom Gesetz zugelassene Landes-Rechts-

---

[45] BT-Drs. 18/10211, 17.
[46] BT-Drs. 17/5470, 50.
[47] Nach dem Ges. v. 11.12.2001, BGBl. I S. 3510.
[48] BT-Drs. 16/5065, 196.
[49] BT-Drs. 17/5470, 51.

1 AufenthG § 88

verordnung kann ebenfalls Ausnahmen für Ausländerbeauftragte des Landes und der Gemeinden (wohl auch der Kreise und Gemeindeverbände) allgemein hinsichtlich rechtmäßig im Bundesgebiet lebender Ausländer bestimmen.

36 **Ausländerbeiräte** sind nicht allgemein freigestellt, unter Umständen aber aufgrund ihrer meist nur beratenden Aufgabenstellung[50] nicht betroffen[51].

37 **Abs. 6** ermöglicht den dort genannten Stellen, die gegenüber den Ausländerbehörden bestehende Unterrichtungspflicht zu erfüllen.

§ 88 Übermittlungen bei besonderen gesetzlichen Verarbeitungsregelungen

(1) Eine Übermittlung personenbezogener Daten und sonstiger Angaben nach § 87 unterbleibt, soweit besondere gesetzliche Verarbeitungsregelungen entgegenstehen.

(2) Personenbezogene Daten, die von einem Arzt oder anderen in § 203 Absatz 1 Nummer 1, 2, 4 bis 7 und Absatz 4 des Strafgesetzbuches genannten Personen einer öffentlichen Stelle zugänglich gemacht worden sind, dürfen von dieser übermittelt werden,

1. wenn dies zur Abwehr von erheblichen Gefahren für Leib und Leben des Ausländers oder von Dritten erforderlich ist, der Ausländer die öffentliche Gesundheit gefährdet und besondere Schutzmaßnahmen zum Ausschluss der Gefährdung nicht möglich sind oder von dem Ausländer nicht eingehalten werden oder
2. soweit die Daten für die Feststellung erforderlich sind, ob die in § 54 Absatz 2 Nummer 4 bezeichneten Voraussetzungen vorliegen.

(3) ¹Personenbezogene Daten, die nach § 30 der Abgabenordnung dem Steuergeheimnis unterliegen, dürfen übermittelt werden, wenn der Ausländer gegen eine Vorschrift des Steuerrechts einschließlich des Zollrechts und des Monopolrechts oder des Außenwirtschaftsrechts oder gegen Einfuhr-, Ausfuhr-, Durchfuhr- oder Verbringungsverbote oder -beschränkungen verstoßen hat und wegen dieses Verstoßes ein strafrechtliches Ermittlungsverfahren eingeleitet oder eine Geldbuße von mindestens fünfhundert Euro verhängt worden ist. ²In den Fällen des Satzes 1 dürfen auch die mit der polizeilichen Kontrolle des grenzüberschreitenden Verkehrs beauftragten Behörden unterrichtet werden, wenn ein Ausreiseverbot nach § 46 Abs. 2 erlassen werden soll.

(4) Auf die Übermittlung durch die mit der Ausführung dieses Gesetzes betrauten Behörden und durch nichtöffentliche Stellen finden die Absätze 1 bis 3 entsprechende Anwendung.

Allgemeine Verwaltungsvorschrift
88 Zu § 88 – Übermittlungen bei besonderen gesetzlichen Verarbeitungsregelungen
88.0 Anwendungsbereich
§ 88 regelt Fälle, in denen besondere gesetzliche Verarbeitungsregelungen einer Datenübermittlung nach § 87 entgegenstehen (Absatz 1), und Ausnahmefälle, in denen unter bestimmten Voraussetzungen übermittelt werden dürfen (Absatz 2 und 3). Nach Absatz 4 gilt Entsprechendes auch für Datenübermittlungen durch die mit der Durchführung des Aufenthaltsgesetzes betrauten Stellen (siehe insoweit § 90) sowie durch nicht-öffentliche Stellen.

88.1 Besondere gesetzliche Verarbeitungsregelungen
Besondere Verarbeitungsregelungen, die einer Übermittlung nach § 87 entgegenstehen, können insbesondere sein in § 203 StGB, § 35 SGB I i. V. m. §§ 67 ff. SGB X, § 65 SGB VIII, § 30 AO, § 138 BauGB, § 23 f. BVerfSchG (und entsprechende Regelungen der Landesverfassungsschutzgesetze), §§ 4, 7 G 10, § 21 SÜG oder § 16 BStatG.

88.2 Übermittlung von Daten, die von einer der in § 203 Absatz 1 Nummer 1, 2, 4 bis 6 und Absatz 3 StGB genannten Personen zugänglich gemacht worden sind
88.2.1 Die Vorschrift wendet sich insbesondere an die Gesundheitsbehörden und erfasst nur Fälle, in denen die Stelle nicht selbst der Geheimhaltungspflicht des § 203 StGB unterliegt. Die von einer der in § 203 Absatz 1 Nummer 1, 2, 4 bis 6 und Absatz 3 StGB genannten Personen einer öffentlichen Stelle zugänglich gemachten Daten unterliegen einem grundsätzlichen Übermittlungsverbot. Sie dürfen nur nach Maßgabe dieser Vorschrift an die Ausländerbehörde übermittelt werden.
88.2.2 Liegen die Voraussetzungen des § 88 Absatz 2 Nummer 1 und 2 für eine Datenübermittlung vor, ist die öffentliche Stelle nach Maßgabe des § 87 verpflichtet, die Daten zu übermitteln.
88.2.3 Bei den in § 203 Absatz 1 Nummer 1, 2, 4 bis 6 und Absatz 3 StGB genannten Personen handelt es sich:
– nach Absatz 1 Nummer 1 StGB um Ärzte, Zahnärzte, Tierärzte, Apotheker oder Angehörige eines anderen Heilberufs, der für die Berufsausübung oder die Führung der Berufsbezeichnung eine staatlich geregelte Ausbildung erfordert (z. B. medizinisch technische Assistenten, Hebammen) sowie die berufsmäßig tätigen Gehilfen dieser Berufsgruppen, insbesondere auch das mit der Abrechnung befasste Verwaltungspersonal öffentlicher Krankenhäuser,
– nach Absatz 1 Nummer 2 StGB um Berufspsychologen mit staatlich anerkannter wissenschaftlicher Abschlussprüfung,

---

[50] Dazu *Hoffmann/Even* ZAR 1985, 124; *v. Kodolitsch/Schuleri-Hartje* ZAR 1987, 83.
[51] → Rn. 6, 8.

- nach Absatz 1 Nummer 4 StGB um Ehe- und Familien-, Erziehungs- oder Jugendberater sowie Berater für Suchtfragen in der Beratungsstelle, die von einer Behörde oder Körperschaft, Anstalt oder Stiftung des öffentlichen Rechts anerkannt ist,
- nach Absatz 4a StGB um Mitglieder oder Beauftragte einer anerkannten Beratungsstelle nach den §§ 3 und 8 SchKG,
- nach Absatz 1 Nummer 5 StGB um staatlich anerkannte Sozialarbeiter oder staatlich anerkannte Sozialpädagogen,
- nach Absatz 1 Nummer 6 StGB um Angehörige eines Unternehmens der privaten Kranken-, Unfall- oder Lebensversicherung oder einer privatärztlichen Verrechnungsstelle,
- nach Absatz 3 Satz 2 StGB um berufsmäßig tätige Gehilfen und Personen der o. g. Personen, die bei ihnen zur Vorbereitung auf den Beruf tätig sind, und
- nach Absatz 3 Satz 3 StGB um die vorgenannten zur Wahrung des Geheimnisses Verpflichteten nach deren Tod gleichgestellte Personen, die das Geheimnis von dem Verstorbenen oder aus dessen Nachlass erlangt haben.

88.2.4.0 Die personenbezogenen Daten (siehe Nummer 86.1.2) müssen den in Nummer 88.2.3 genannten Personen als Geheimnis in ihrer Eigenschaft als Angehöriger ihrer Berufsgruppe anvertraut oder sonst bekannt geworden sein.
Die Übermittlungspflicht des § 87 Absatz 2 besteht für Aufgabenträger der öffentlichen Verwaltung aufgrund des Verweises von § 203 Absatz 2 Satz 2, 2. Halbsatz StGB auf § 88 Absatz 2 lediglich in den dort unter Nummern 1 und 2 aufgeführten Ausnahmefällen, eine Übermittlung im Übrigen ist aber untersagt. Die geltende Rechtslage zur „ärztlichen Schweigepflicht" umfasst demnach grundsätzlich auch den so genannten „verlängerten Geheimnisschutz".
88.2.4.1 Bei einem Geheimnis handelt es sich um Tatsachen, die nur einem beschränkten Personenkreis bekannt sind und an deren Geheimhaltung derjenige, den sie betreffen, ein von seinem Standpunkt aus sachlich begründetes Interesse hat oder bei eigener Kenntnis der Tatsache haben würde.
88.2.4.2 Anvertraut ist ein Geheimnis, wenn es einer der genannten Personen mündlich, schriftlich oder auf sonstige Weise unter Umständen mitgeteilt worden ist, aus denen sich die Anforderung des Geheimhaltens ergibt. Sonst bekannt geworden ist ein Geheimnis, wenn die genannte Person es auf andere Weise erfahren hat.
88.2.4.3 In der Eigenschaft als Angehöriger einer Berufsgruppe ist ein Geheimnis anvertraut oder sonst bekannt geworden, wenn personenbezogene Daten im Zusammenhang mit der Ausübung der beruflichen Tätigkeit oder im Hinblick auf diese zur Kenntnis (z. B. auch zwecks Kostenabrechnung öffentlicher Krankenhäuser (vgl. Nummer 88.2.3) gebracht sind. Entsprechendes gilt für die in § 203 StGB genannten anderweitigen Eigenschaften.
88.2.5 Zugänglich gemacht sind Daten, die eine der in Nummer 88.2.3 bezeichneten Personen der öffentlichen Stelle zielgerichtet zur Kenntnis gebracht hat. Dasselbe gilt, wenn Daten einer öffentlichen Stelle bei Zuständigkeitswechsel von der bisher zuständigen Stelle zur Kenntnis gelangt sind.
88.2.6.1 Zum Begriff „Gefährdung der öffentlichen Gesundheit" siehe Nummer 55.2.5.1. Besondere Schutzmaßnahmen sind alle Maßnahmen, die objektiv geeignet sind, eine Gefährdung der öffentlichen Gesundheit auszuschließen. Ein Ausschluss der Gefährdung ist anzunehmen, wenn mit an Sicherheit grenzender Wahrscheinlichkeit keine gesundheitliche Beeinträchtigung der Bevölkerung im größeren Umfang eintritt.
88.2.6.2 Für Stellen, für die das SGB X gilt, enthält § 71 Absatz 3 Satz 2 SGB X eine spezielle Regelung mit Einschränkungen, die denen in Absatz 2 Nummer 1 und 2 entsprechen.

88.3 Übermittlung von Daten, die dem Steuergeheimnis unterliegen
88.3.0 Die Vorschrift wendet sich in erster Linie an Finanzbehörden.
88.3.1 Für personenbezogene Daten, die nach § 30 AO dem Steuergeheimnis unterliegen, besteht ein grundsätzliches Übermittlungsverbot. Sie dürfen nur nach Maßgabe des § 88 Absatz 3 an die Ausländer- und Grenzbehörden übermittelt werden.
88.3.2 Liegen die Voraussetzungen für eine Datenübermittlung nach § 88 Absatz 3 vor, ist die öffentliche Stelle nach Maßgabe des § 87 Absatz 2 verpflichtet, Daten zu übermitteln.
88.3.3 Personenbezogene Daten (siehe Nummer 86.1.2), die nach § 30 AO dem Steuergeheimnis unterliegen, sind solche, die einem Amtsträger bekannt geworden sind:
- in einem Verwaltungsverfahren, einem Rechnungsprüfungsverfahren oder einem gerichtlichen Verfahren in Steuersachen,
- in einem Strafverfahren wegen einer Steuerstraftat oder einem Bußgeldverfahren wegen einer Steuerordnungswidrigkeit oder
- aus anderem Anlass durch Mitteilung einer Finanzbehörde oder durch die gesetzlich vorgeschriebene Vorlage eines Steuerbescheides oder einer Bescheinigung über die bei der Besteuerung getroffenen Feststellungen.

88.3.4 Eine Übermittlung hat zu erfolgen, wenn der Ausländer gegen Vorschriften des Steuerrechts einschließlich des Zollrechts, Monopolrechts, Außenwirtschaftsrechts oder gegen Einfuhr-, Ausfuhr-, Durchfuhr- oder Verbringungsverbote oder -beschränkungen verstößt und wegen dieses Verstoßes ein strafrechtliches Ermittlungsverfahren eingeleitet oder eine Geldbuße von mindestens 500 Euro wegen dieses Verstoßes verhängt worden ist.
88.3.5 Zur Unterrichtung über die Einleitung eines strafrechtlichen Ermittlungsverfahrens siehe Nummer 87.4.1.1.1 und 87.4.1.1.2. Eine Geldbuße ist verhängt, wenn der Bescheid dem Betroffenen zugegangen ist. Rechtsmittel müssen nicht ausgeschöpft sein. Hält die Finanzbehörde darauf einen zulässigen Einspruch des Betroffenen weitere Ermittlungen oder Erklärungen für sachdienlich (§ 69 Absatz 2 Satz 2 und 3 OWiG i. V. m. § 410 Absatz 1 AO), so kann sie bis zur Klärung des Sachverhalts die Übermittlung zurückstellen. Sieht sie davon ab, so hat sie die maßgeblichen Gründe aktenkundig zu machen.
88.3.6 Für den Fall, dass ein Ausreiseverbot nach § 46 Absatz 2 Satz 1 erlassen werden soll, können nach § 88 Absatz 3 Satz 2 auch die mit der polizeilichen Kontrolle des grenzüberschreitenden Verkehrs betrauten Behörden unterrichtet werden.

88.4 Übermittlung von Daten durch die mit der Ausführung des Aufenthaltsgesetzes betrauten Behörden und durch nichtöffentliche Stellen
Die Einschränkungen des § 88 Absatz 1 bis 3 sind auch dann zu beachten, wenn die mit der Ausführung dieses Gesetzes betrauten Behörden und nichtöffentliche Stellen personenbezogene Daten übermitteln.

I. Entstehungsgeschichte

1 Die Vorschrift stimmte im Wesentlichen mit dem **Gesetzesentwurf**[1] überein. Aufgrund des Vermittlungsverfahrens[2] wurde in Abs. 3 S. 2 die Bezugnahme auf § 48 IV durch eine solche auf § 46 II ersetzt. Durch das **RLUmsG 2007**[3] wurden in § 89 I 1 nach dem Wort „erhobenen" die Wörter „und nach § 73 übermittelten" eingefügt. Abs. 2 Nr. 2 wurde durch das AufenthGÄndG 2015 redaktionell geändert. Durch das Gesetz zur besseren Durchsetzung der Ausreisepflicht[4] wurde Abs. 2 Nr. 1 neu gefasst. Durch das 2. DSAnpUG EU vom 20.11.2019, BGBl. I S. 1626, wurde der Begriff der „Verwendung" angepasst auf den datenschutzrechtlichen Begriff der „Verarbeitung" iSd Art. 4 Nr. 2 DS-GVO.

II. Verarbeitungsregelungen

2 Die durch § 86 S. 1 eingeräumte Ermächtigung der Ausländerbehörde, personenbezogene Daten im Einzelfall zu erheben, ist nicht schrankenlos. Ihre Grenze findet sie jedenfalls in **§ 88 I**, wonach eine Übermittlung personenbezogener Daten und sonstiger Angaben nach § 87 unterbleibt, soweit besondere gesetzliche Verarbeitungsregelungen entgegenstehen. Die Vorschrift verfolgt den Zweck, eine Kollision zwischen gesetzlich widerstreitenden Pflichten aus anderen bereichsspezifischen Vorschriften zu vermeiden. § 88 I schreibt den Vorrang gesetzlich geregelter Geheimhaltungspflichten gegenüber den Übermittlungspflichten des § 87 I rechtsverbindlich fest[5]. Bislang kaum ausgelotet ist die datenschutzrechtliche Seite der Beiziehung von Auskünften Dritter und insbesondere der Ausländerakte zum Einbürgerungsbewerber durch die Staatsangehörigkeitsbehörden. § 32 StAG enthält hier eine umfassend formulierte, bereichsspezifische Rechtsgrundlage. Das BVerwG konnte daher weiterhin offenlassen, ob und unter welchen Voraussetzungen Staatsangehörigkeitsbehörden Verurteilungen, von denen sie auf rechtswidrige Weise Kenntnis erlangt haben, bei ihren Entscheidungen außer Acht lassen müssen[6].

3 Besondere Übermittlungsregelungen finden sich je nach Gesetzgebungskompetenz in speziellen bundes- oder landesrechtlichen Regelungen (vgl. Art. 6 I lit. e, II und III DS-GVO, § 6 I, II BDSG). Nach § 19 I BVerfSchG darf das Bundesamt für Verfassungsschutz Daten an die Ausländerbehörden nur übermitteln, soweit diese dort für den Schutz der freiheitlichen demokratischen Grundordnung oder zur Verhinderung von erheblichen Nachteilen für das öffentliche Sicherheit benötigt werden. Vergleichbare Regelungen gibt es in den Landesverfassungsschutzgesetzen (zB § 10 III LVSG BW). Die sog. Spontanübermittlung durch die Verfassungsschutzämter ist danach zulässig.

4 Der **Bundesbeauftragte für den Datenschutz** und die Landesbeauftragten können die Übermittlung von Angaben, die ihnen anlässlich ihrer Tätigkeit zugänglich gemacht wurden, grundsätzlich verweigern (vgl. § 13 III und VI BDSG). Eine sog. Spontanübermittlung ist ohne die Einwilligung der betroffenen Person nur in den Fällen des § 13 IV BDSG zulässig.

5 **Arbeitgeber** können ungeachtet des § 26 BDSG die Ausländerbehörden von sich aus oder auf Anfrage über Arbeitnehmerdaten grundsätzlich informieren, soweit das für deren Aufgabenerfüllung erforderlich ist (Art. 6 I lit. e DS-GVO). Art. 88 DS-GVO lässt nur nationale Einschränkungen iRd jeweiligen Arbeitsverhältnisses durch den Arbeitgeber zu, verhindert aber keine Datenübermittlungen im öffentlichen Interesse. Die Zweckänderung, die mit der Übermittlung an die Ausländerbehörde verbunden ist, ist nach Art. 6 IV DS-GVO, § 24 I Nr. 1 BDSG für die Verhinderung von Verstößen gegen das Aufenthaltsrecht zulässig, soweit keine persönlichen Interessen des Ausländers überwiegen.

6 Die **Standesämter** haben nach §§ 65, 68 PStG Personenstandsdaten auf Anfrage oder von Amts wegen der Ausländerverwaltung zu übermitteln, soweit das in § 86 AufenthG vorgeschrieben ist.

7 Die **öffentlichen Archive** können von sich aus oder auf Anfrage den Ausländerbehörden personenbezogene Daten übermitteln, wenn dafür ein überwiegendes öffentliches Interesse besteht (vgl. § 6 IV LArchG BW).

8 **Sparkassen und Banken** sind grundsätzlich verpflichtet, Anfragen nach § 87 AufenthG zu beantworten. Das **Bankgeheimnis** steht dem grundsätzlich nicht entgegen[7].

9 Wegen der Übermittlungsbefugnisse bzw. Übermittlungspflichten der Ausländerbeauftragten → § 87 Rn. 36, der Schulen und Bildungseinrichtungen → § 87 Rn. 2, des AZR → § 87 Rn. 13 und der Gerichte und Justizbehörden → § 87 Rn. 32.

---

[1] BT-Drs. 15/420, 32.
[2] BT-Drs. 15/3479, 11.
[3] Gesetz zur Umsetzung aufenthaltsrechtlicher und asylrechtlicher RL der EU v. 19.8.2007, BGBl. I S. 1970.
[4] BGBl. 2017 I S. 2780.
[5] Vgl. ausf. Petri in GK-AufenthG § 88 Rn. 3 f., VG Bremen Beschl. v. 15.9.2011 – 4 V 732/11, NVwZ-RR 2012, 143.
[6] BVerwG Urt. v. 14.2.1984 – 1 B 10.84, Buchholz 402.24 § 10 AuslG Nr. 102, BVerwG Urt. v. 5.6.2014 – 10 C 4.14, BeckRS 2014, 54184.
[7] Vgl. EuGH Urt. v. 16.7.2015 – C-580/13, NJW 2015, 3158 – Coty Germany.

Die **ärztliche Schweigepflicht** ist in § 88 II als eine besondere gesetzlich Verarbeitungsregelung 10 angeführt, auf die sich auch eine Krankenhausverwaltung beziehen kann. Allerdings können Ärzte von sich aus oder auf Anfrage der Ausländerbehörde unter den in diesem Absatz genannten Voraussetzungen Patientendaten im Rahmen der Verhältnismäßigkeit aus überwiegenden Sicherheitsgründen übermitteln. Von einem **Arzt** oder einer anderen in § 203 I Nr. 1, 2, 4–6 und III StGB genannten Person einer öffentlichen Stelle zugänglich gemachte personenbezogene Daten dürfen nur nach Maßgabe von **Abs. 2** übermittelt werden. Mit der **Neuregelung in Nr. 1** wird klargestellt, dass geschützte Daten auch zur Abwehr von Gefahren für Leib und Leben übermittelt werden dürfen. In Anbetracht der hochrangigen Rechtsgüter Leben und körperliche Unversehrtheit kann eine solche Datenübermittlung nach Prüfung im Einzelfall gerechtfertigt sein[8]. Die Daten müssen diesen Personen als Geheimnis in ihrer beruflichen Funktion anvertraut worden sein oder sonst bekannt geworden sein (näher Nr. 88.2.4.1–88.2.5 AVwV). Das gilt auch für die Verwaltungen von Krankenhäusern[9] und für Amtsärzte, soweit das die Gesundheitsdienstegesetze der Länder zulassen[10]. Dem steht § 203 StGB nicht entgegen, weil § 88 II AufenthG insoweit eine Offenbarungsbefugnis beinhaltet[11]. Auch steht die Übermittlungsnorm mit Art. 9 II lit. g DS-GVO in Einklang. Dagegen kann § 88 II keine Rechtsgrundlage für eine Übermittlung der Gesundheitsdaten in sog. Drittländer darstellen[12].

Unterzieht sich der Ausländer einer von der Ausländerbehörde erbetenen medizinischen Untersuchung im Rahmen seiner Mitwirkungsobliegenheit nach § 82 I, hat er in die dabei vorgenommene Datenerhebung und in die Übermittlung der Untersuchungsergebnisse an die Behörde konkludent eingewilligt, wenn ihm das Verfahren und die Folgen seiner Mitwirkungsverweigerung einsichtig gemacht worden sind, was aktenkundig zu machen ist. Eine konkludente Einwilligung ist datenschutzrechtlich nach Art. 7 DS-GVO möglich. Auch strafrechtlich kann die betroffene Person konkludent einwilligen[13].

Die **Sozialbehörden** dürfen nach § 71 I SGB X zur Erfüllung der gesetzlichen Mitteilungspflich- 11 ten zur Abwendung geplanter Straftaten nach § 138 StGB, zum Schutz der öffentlichen Gesundheit nach § 8 InfektionsschutzG, zur Bekämpfung von Schwarzarbeit und illegaler Beschäftigung nach dem SchwarzarbeitsbekämpfungsG personenbezogene Angaben der Ausländerverwaltung übermitteln.

Eine **Übermittlung von Sozialdaten** eines Ausländers ist auch zulässig, soweit sie im Einzelfall auf 12 Ersuchen der mit der Ausführung des AufenthG betrauten Behörde nach § 87 I erfolgt, mit der Maßgabe, dass die Angaben nach § 68 SGB X nur mitgeteilt werden können, soweit kein Grund zu der Annahme besteht, dass hierdurch schutzwürdige Interessen des Ausländers beeinträchtigt werden. Ferner besteht diese Befugnis für die Entscheidung über den Aufenthalt des Ausländers oder eines Familienangehörigen des Ausländers für Daten über die Gewährung oder Nichtgewährung von Leistungen, Daten über frühere und bestehende Versicherungen und das Nichtbestehen einer Versicherung, für die Entscheidung über den Aufenthalt oder über die ausländerrechtliche Zulassung oder Beschränkung einer Erwerbstätigkeit des Ausländers, Daten über die Zustimmung nach §§ 4 II 3, 17 I 1, 18 II 1, 18a I, 19 I 1 und § 19a I, für eine Entscheidung über den Aufenthalt des Ausländers, Angaben darüber, ob die in § 54 II Nr. 4 bezeichneten Voraussetzungen vorliegen, und durch die Jugendämter für die Entscheidung über den weiteren Aufenthalt oder die Beendigung des Aufenthalt eines Ausländers, bei dem ein Ausweisungsgrund nach den §§ 53–56 vorliegt, Angaben über das zu erwartende soziale Verhalten.

Ferner ist **die Übermittlung von Sozialdaten zulässig** für die Erfüllung der in § 87 II bezeichne- 13 ten Mitteilungspflichten, für die Erfüllung der in § 99 I Nr. 14 lit. d, f und j bezeichneten Mitteilungspflichten, wenn die Mitteilung die Erteilung, den Widerruf oder Beschränkungen der Zustimmung nach §§ 4 II 3, 17 I 1, 18 II 1, 18a I, 19 I 1 und § 19a I oder eines Versicherungsschutzes oder die Gewährung von Leistungen zur Sicherung des Lebensunterhalts nach dem SGB II betrifft, sowie für die Erfüllung der in § 6 I 1 Nr. 8 AusländerzentralregisterG bezeichneten Mitteilungspflichten.

Daten über die **Gesundheit** eines Ausländers dürfen nur übermittelt werden, wenn der Ausländer 14 die öffentliche Gesundheit gefährdet und besondere Schutzmaßnahmen zum Ausschluss der Gefährdung nicht möglich sind oder von dem Ausländer nicht eingehalten werden oder soweit sie für die Feststellung erforderlich sind, ob die Voraussetzungen des § 54 II Nr. 4 vorliegen.

In § 71 II SGB X sind die Offenbarungsbefugnisse den ausländerrechtlichen Vorschriften über Ausweisung oder Nichtverlängerung des Aufenthaltstitels bei Sozialhilfebezug angeglichen. Der fallbezogene Katalog des § 71 II SGB X umfasst meist präzise Bestimmungen, zT aber auch wenig aussagekräftige wie „das zu erwartende soziale Verhalten" eines Jugendlichen oder Kindes (Nr. 1 Buchst. d), die für den Ausländer ein erhöhtes Risiko bei der Inanspruchnahme von KJHG-Leistungen (dazu § 55 II Nr. 7) bedeuten[14]. Zum **Verhältnis** von Offenbarungsbefugnis und -pflicht einerseits

---

[8] BT-Drs. 18/11546, 22.
[9] → § 87 Rn. 15.
[10] ZB § 19 I Nr. 1 ÖGDG BW.
[11] *Schönke-Schröder*, StGB, 26. Aufl., § 203 Rn. 29.
[12] VG Gelsenkirchen Beschl. v. 4.11.2020 – 11 L 1494/20, BeckRS 2020, 31550.
[13] Vgl. *Schönke/Schröder*, StGB, 29. Aufl., § 203 Rn. 22, 24 ff.
[14] *Schriever-Steinberg* ZAR 1991, 66.

und den Mitteilungspflichten nach § 87 I, II, IV andererseits und zur Einschränkung durch den Grundsatz der Verhältnismäßigkeit, § 76 SGB X und – für das Jugendamt – § 65 SGB VIII[15].

15 Die Erhebung von **Sozialdaten** durch die Ausländerbehörde beim Jugendamt über die Wahrnehmung des begleiteten Umgangsrechts eines ausländischen Vaters mit seinen deutschen Kindern verstößt gegen § 65 I SGB VIII. Der Übermittlung dieser Daten steht § 88 I entgegen[16]. Besondere gesetzliche Verwendungsbeschränkungen sind neben den besonderen Amts- und Berufsgeheimnissen insbesondere die Vorschriften über den Schutz von Sozialdaten iSd § 35 SGB I. Nach § 35 I 1 SGB I hat jeder Anspruch darauf, dass die ihn betreffenden Sozialdaten von den Leistungsträgern nicht unbefugt erhoben, verarbeitet oder genutzt werden (Sozialgeheimnis). Nach § 35 II SGB I dürfen Sozialdaten nur unter den Voraussetzungen des Zweiten Kapitels des SGB X erhoben, verarbeitet und genutzt werden. Die Vorschriften des SGB X werden um bereichsspezifische Sondervorschriften zur Datenerhebung und -verarbeitung ergänzt[17].

16 **Abs. 3** enthält eine bereichsspezifische Durchbrechung des **Steuergeheimnisses** (§ 30 AO) für den Fall, dass der Ausländer gegen eine der zahlreichen genannten Rechtsvorschriften oder Verbote verstößt.

17 **Abs. 4** enthält eine **Anwendungsklausel** für die mit der Ausführung des AufenthG betrauten Behörden und nichtöffentlichen Stellen.

18 Hinsichtlich unbefugt weitergegebener Daten ist ein **Verwertungsverbot** in Betracht zu ziehen, das aus § 78 SGB X abgeleitet werden kann[18]. Es greift ein bei unzulässiger Offenbarung von Sozialdaten, die vollständig oder zT nicht verwendet werden dürfen.

§ 88a Verarbeitung von Daten im Zusammenhang mit Integrationsmaßnahmen

(1) ¹Bei der Durchführung von Integrationskursen ist eine Übermittlung von teilnehmerbezogenen Daten, insbesondere von Daten der Bestätigung der Teilnahmeberechtigung, der Zulassung zur Teilnahme nach § 44 Absatz 4 sowie der Anmeldung zu und der Teilnahme an einem Integrationskurs, durch die Ausländerbehörde, die Bundesagentur für Arbeit, den Träger der Grundsicherung für Arbeitsuchende, die Träger der Leistungen nach dem Asylbewerberleistungsgesetz, das Bundesverwaltungsamt und die für die Durchführung der Integrationskurse zugelassenen privaten und öffentlichen Träger an das Bundesamt für Migration und Flüchtlinge zulässig, soweit sie für die Erteilung einer Zulassung oder Berechtigung zum Integrationskurs, die Feststellung der ordnungsgemäßen Teilnahme, die Feststellung der Erfüllung der Teilnahmeverpflichtung nach § 44a Absatz 1 Satz 1, die Bescheinigung der erfolgreichen Teilnahme oder die Abrechnung und Durchführung der Integrationskurse erforderlich ist. ²Die für die Durchführung der Integrationskurse zugelassenen privaten und öffentlichen Träger dürfen die zuständige Ausländerbehörde, die Bundesagentur für Arbeit, den zuständigen Träger der Grundsicherung für Arbeitsuchende oder den zuständigen Träger der Leistungen nach dem Asylbewerberleistungsgesetz über eine nicht ordnungsgemäße Teilnahme eines nach § 44a Absatz 1 Satz 1 zur Teilnahme verpflichteten Ausländers informieren. ³Das Bundesamt für Migration und Flüchtlinge darf die nach Satz 1 übermittelten Daten auf Ersuchen den Ausländerbehörden, der Bundesagentur für Arbeit, den Trägern der Grundsicherung für Arbeitsuchende oder den Trägern der Leistungen nach dem Asylbewerberleistungsgesetz und den Staatsangehörigkeitsbehörden übermitteln, soweit dies für die Erteilung einer Zulassung oder Berechtigung zum Integrationskurs, zur Kontrolle der Erfüllung der Teilnahmeverpflichtung, für die Verlängerung einer Aufenthaltserlaubnis, für die Erteilung einer Niederlassungserlaubnis oder einer Erlaubnis zum Daueraufenthalt – EU, zur Überwachung der Eingliederungsvereinbarung, zur Integration in den Arbeitsmarkt oder zur Durchführung des Einbürgerungsverfahrens erforderlich ist. ⁴Darüber hinaus ist eine Verarbeitung dieser Daten durch das Bundesamt für Migration und Flüchtlinge nur für die Durchführung und Abrechnung der Integrationskurse sowie für die Durchführung eines wissenschaftlichen Forschungsvorhabens nach § 75 Nummer 4a unter den Voraussetzungen des § 8 Absatz 7 und 8 der Integrationskursverordnung zulässig.

(1a) ¹Absatz 1 gilt entsprechend für die Verarbeitung von Daten aus dem Asylverfahren beim Bundesamt für Migration und Flüchtlinge, soweit die Verarbeitung für die Entscheidung über die Zulassung zum Integrationskurs erforderlich ist. ²Zur Feststellung der Voraussetzungen des § 44 Absatz 4 Satz 2 im Rahmen der Entscheidung über die Zulassung zum Integrationskurs gilt dies entsprechend auch für die Verarbeitung von Daten aus dem Ausländerzentralregister.

---

[15] Vgl. *Kunkel* ZAR 1991, 71 (75 f.).
[16] VG Bremen Beschl. v. 15.9.2011 – 4 V 732/11, NVwZ-RR 2012, 143.
[17] *Petri* in GK-AufenthG § 88 Rn. 13.
[18] *Kunkel* ZAR 1991, 71 (78).

(2) Bedient sich das Bundesamt für Migration und Flüchtlinge gemäß § 75 Nummer 9 privater oder öffentlicher Träger, um ein migrationsspezifisches Beratungsangebot durchzuführen, ist eine Übermittlung von aggregierten Daten über das Beratungsgeschehen von den Trägern an das Bundesamt für Migration und Flüchtlinge zulässig.

(3) ¹Bei der Durchführung von Maßnahmen der berufsbezogenen Deutschsprachförderung nach § 45a ist eine Übermittlung teilnehmerbezogener Daten über die Anmeldung, die Dauer der Teilnahme und die Art des Abschlusses der Maßnahme durch die Ausländerbehörde, die Bundesagentur für Arbeit, den Träger der Grundsicherung für Arbeitsuchende, das Bundesverwaltungsamt und die mit der Durchführung der Maßnahmen betrauten privaten und öffentlichen Träger an das Bundesamt für Migration und Flüchtlinge zulässig, soweit dies für die Erteilung einer Zulassung zur Maßnahme, die Feststellung und Bescheinigung der ordnungsgemäßen Teilnahme oder die Durchführung und Abrechnung der Maßnahme erforderlich ist. ²Das Bundesamt für Migration und Flüchtlinge darf die nach Satz 1 übermittelten Daten auf Ersuchen den Ausländerbehörden, der Bundesagentur für Arbeit, den Trägern der Grundsicherung für Arbeitsuchende und den Staatsangehörigkeitsbehörden übermitteln, soweit dies für die Erteilung einer Zulassung oder Berechtigung zur Maßnahme, zur Kontrolle der ordnungsgemäßen Teilnahme, für die Erteilung einer Niederlassungserlaubnis oder einer Erlaubnis zum Daueraufenthalt-EU, zur Überwachung der Eingliederungsvereinbarung, zur Integration in den Arbeitsmarkt oder zur Durchführung des Einbürgerungsverfahrens erforderlich ist. ³Die mit der Durchführung der berufsbezogenen Deutschsprachförderung betrauten privaten und öffentlichen Träger dürfen die zuständige Ausländerbehörde, die Bundesagentur für Arbeit oder den zuständigen Träger der Grundsicherung für Arbeitsuchende über eine nicht ordnungsgemäße Teilnahme informieren.

(4) ¹Das Bundesamt für Migration und Flüchtlinge darf teilnehmerbezogene Daten über die Anmeldung, die Dauer der Teilnahme und die Art des Abschlusses der Maßnahme nach Absatz 3 Satz 1, die Art des Kurses nach § 12 Absatz 1 oder § 13 Absatz 1 sowie die nach § 26 Absatz 1 Nummer 1 bis 5, 7, 9 und 10 der Deutschsprachförderverordnung übermittelten Daten an staatliche oder staatlich anerkannte Hochschulen und andere Forschungseinrichtungen, deren Tätigkeit überwiegend aus öffentlichen Mittel[1] finanziert wird, übermitteln, soweit
1. dies für die Durchführung eines wissenschaftlichen Forschungsvorhabens über Integrationsfragen erforderlich ist,
2. eine Verwendung anonymisierter Daten zu diesem Zweck nicht möglich oder die Anonymisierung mit einem unverhältnismäßigen Aufwand verbunden ist,
3. die schutzwürdigen Interessen der Betroffenen nicht beeinträchtigt werden oder das öffentliche Interesse an der Durchführung des Forschungsvorhabens die schutzwürdigen Interessen der Betroffenen erheblich überwiegt und der Forschungszweck nicht auf andere Weise erreicht werden kann und
4. das Bundesministerium für Arbeit und Soziales der Übermittlung zustimmt.

²Bei der Abwägung nach Satz 1 Nummer 3 ist im Rahmen des öffentlichen Interesses das wissenschaftliche Interesse an dem Forschungsvorhaben besonders zu berücksichtigen. ³Eine Übermittlung ohne Einwilligung der betroffenen Person ist nicht zulässig. ⁴Angaben über den Namen und Vornamen, die Anschrift, die Telefonnummer, die E-Mail-Adresse sowie die für die Einleitung eines Vorhabens nach Satz 1 zwingend erforderlichen Strukturmerkmale der betroffenen Person können ohne Einwilligung übermittelt werden, wenn dies zur Einholung der Einwilligung erforderlich ist; die Erforderlichkeit ist gegenüber dem Bundesamt für Migration und Flüchtlinge schriftlich zu begründen. ⁵Personenbezogene Daten nach Satz 1 sind zu pseudonymisieren, soweit dies nach dem Forschungszweck möglich ist und keinen in Verhältnis zu dem angestrebten Schutzzweck unverhältnismäßigen Aufwand erfordert. ⁶Die Merkmale, mit denen ein Personenbezug hergestellt werden kann, sind gesondert zu speichern. ⁷Sie dürfen mit den Einzelangaben nur zusammengeführt werden, soweit der Forschungszweck dies erfordert. ⁸Die Merkmale, mit denen ein Personenbezug hergestellt werden kann, sind zu löschen, sobald der Forschungszweck dies erlaubt, spätestens mit der Beendigung des Forschungsvorhabens, sofern ausnahmsweise eine frühere Löschung der Daten noch nicht in Betracht kommt. ⁹Die Daten sind zu anonymisieren, sobald der Forschungszweck dies erlaubt. ¹⁰Die Forschungseinrichtung, an die die Daten übermittelt wurden, darf diese nur zum Zweck der Durchführung des Forschungsvorhabens verarbeiten. ¹¹Die Daten sind gegen unbefugte Kenntnisnahme durch Dritte zu schützen. ¹²Die Forschungseinrichtung hat dafür zu sorgen, dass die Verwendung der personenbezogenen Daten räumlich und organisatorisch getrennt von der Erfüllung solcher Verwaltungsaufgaben oder Geschäftszwecke erfolgt, für die diese Daten gleichfalls von Bedeutung sein können. ¹³Das Bundesamt für Migration und Flüchtlinge soll zudem Forschungseinrichtungen auf Antrag oder Ersuchen anonymisierte Daten, die für die

---
[1] Wortlaut amtlich.

1 AufenthG § 88a Erster Teil. Aufenthaltsgesetz

Durchführung eines wissenschaftlichen Forschungsvorhabens über Integrationsfragen erforderlich sind, übermitteln.

Allgemeine Verwaltungsvorschrift
Nicht belegt.

I. Entstehungsgeschichte

1 Die Vorschrift wurde durch das Gesetz zur Bekämpfung der Zwangsheirat und zum besseren Schutz der Opfer von Zwangsheirat sowie zur Änderung weiterer aufenthalts- und asylrechtlicher Vorschriften[2] mWv 1.7.2011 neu eingefügt. Aus systematischen Gründen wurde die neue Vorschrift in Kap. 7 Abschnitt 4 eingefügt. Durch das AsylVfBeschlG 2015 wurde in Abs. 1 die BA als Datenübermittler eingefügt. Zusätzlich wurden Abs. 1a, bezogen auf die Informationen aus dem Asylverfahren und dem AZR, sowie Abs. 3, bezogen auf die berufsbezogene Sprachförderung, neu aufgenommen. Durch das IntG[3] sind die Datenübermittlungsvorschriften auf die zuständigen Träger der Leistungen nach dem AsylbLG erweitert worden. Abs. 1a S. 1 angepasst worden. Durch das 2. DSAnpUG EU vom 20.11.2019, BGBl. I S. 1626, erfolgten in Abs. 1, 1a und 3 sprachliche Konkretisierungen, wie „Trägern der Grundsicherung" statt bisher „Träger" und „übermitteln" statt bisher „weitergeben" sowie die Aufnahme des weiteren Übermittlungszwecks „zur Integration in den Arbeitsmarkt". Durch Art. 3 des Gesetzes zur Weiterentwicklung des Ausländerzentralregisters vom 9.7.2021, BGBl. I S. 2467 wurde ein neuer Abs. 4 hinzugefügt.

II. Datenübermittlung im Zusammenhang mit Integrationskursen

2 Bis zur Einführung des § 88a fehlte eine ausreichende gesetzliche **Grundlage für die Verarbeitung und Übermittlung der Daten** nach §§ 8, 17 IntV[4], lediglich die Datenerhebung war von § 86 gedeckt. Angesichts der zT hochsensiblen Daten, die zwischen Trägern der Integrationskurse, Ausländerbehörde, nunmehr auch der BA, Trägern der Grundsicherung und dem BAMF – rechtswidrig – flossen, war dies datenschutz- und verfassungsrechtlich besonders problematisch. Daher wurde eine eigenständige Ermächtigungsgrundlage für die in den §§ 8 und 17 IntV enthaltenen Datenübermittlungs- und Verarbeitungsregeln in das AufenthG aufgenommen. Asylbewerber mit guter Bleibeperspektive haben seit Einführung des AsylverfahrensbeschleunigungsG am 24.10.2015 Zugang zu Integrationskursen. Zu der neuen Zielgruppe liegen bislang kaum Erfahrungswerte und Forschungsergebnisse vor. Die Durchführung von Evaluationsstudien durch das Forschungszentrum des BAMF ermöglicht es, die Wirksamkeit und Passgenauigkeit von Integrationskursen für einzelne Zuwanderergruppen – auch der Asylbewerber – zu erkennen und daraufhin anzupassen[5]. Daher erfolgte die Einfügung des Adressaten des zuständigen Trägers der Leistungen nach dem AsylbLG in Abs. 1.

3 Die **Erhebung** der Teilnehmerdaten durch die Kursträger ist in § 7 I IntV geregelt – erhoben werden nicht nur Alter, Geschlecht, Staatsangehörigkeit, Wohnort, sondern auch Angaben zu Sprachstand, Alphabetisierungsgrad und Bildungsstand. § 8 IntV enthält umfassende Datenübermittlungsvorschriften für Kursträger, BAMF, Bundesverwaltungsamt, Ausländerbehörde und Sozialleistungsträger. An das BAMF werden durch die verpflichtenden Stellen die Daten der Bestätigung einer Teilnahmeberechtigung übermittelt. Die Kursträger übermitteln dem BAMF die Anmeldedaten nach § 7 IntV, Daten über die tatsächliche Teilnahme am Kurs und die Ergebnisse des Einstufungstests (§ 8 II IntV). Die Kursträger sind auch verpflichtet, der Ausländerbehörde bzw. dem Sozialleistungsträger mitzuteilen, wenn ein Ausländer nicht ordnungsgemäß am Kurs teilnimmt. Das BAMF übermittelt diesen Behörden dann wiederum auf Ersuchen die Daten über Anmeldung und tatsächliche Kursteilnahme (§ 8 III IntV). Die Teilnehmerdaten (Name, Vorname, Geburtsdatum) dürfen von dem BAMF nach § 8 VI IntV zehn Jahre aufbewahrt werden, die übrigen Daten zwei Jahre. Mit der ÄnderungsVO vom 20.2.2012 wurde zudem in § 8 IV IntV die Möglichkeit der **automatisierten Datenübermittlung** zwischen BAMF und Ausländerbehörde bzw. Trägern der Grundsicherung hinsichtlich Verpflichtungen und Kursteilnahmen eingeführt. Nach § 8 V sind die Abrufe einschließlich des Anlasses und Zwecks zu protokollieren.

4 Eine **Übermittlung** von Daten durch das BAMF an die Staatsangehörigkeitsbehörde ist nur in Ausnahmefällen erforderlich, um in Zweifelsfällen verifizieren zu können, dass die für die Einbürgerung erforderlichen ausreichenden Kenntnisse der deutschen Sprache vorliegen bzw. ob die Voraussetzungen für die Verkürzung der Einbürgerungsfrist vorliegen. In der Regel wird der erfolgreiche Besuch des Integrationskurses durch das (fälschungssichere) Zeugnis nachgewiesen. Durch diese Regelung soll

---
[2] GesEntw BT-Drs. 17/4401; BGBl. 2011 I S. 1266.
[3] BGBl. 2016 I S. 39.
[4] VO über die Durchführung von Integrationskursen für Ausländer und Spätaussiedler (Integrationskursverordnung – IntV) v. 13.12.2004 (BGBl. I S. 3370), zuletzt geändert durch Art. 1 der VO v. 20.2.2012, BGBl. I S. 295.
[5] BT-Drs. 18/8615, 49.

keine neue Datenübermittlungspflicht eingeführt, sondern die auf der Grundlage der §§ 31 und 32 StAngG bereits bisher mögliche Datenübermittlung weiterhin ermöglicht werden. Nur wenn Zweifel an der Echtheit des Zertifikats bestehen, ist das Ersuchen zulässig. Das kann zB der Fall sein, wenn der Einbürgerungsbewerber bei der Vorsprache erkennbar die Sprache nicht ausreichend beherrscht.

In § 45a ist die berufsbezogene **Sprachförderung** gesetzlich verankert. Die zur Umsetzung und 5 Durchführung der berufsbezogenen Sprachförderung erforderlichen Regelungen zur Datenverarbeitung und -nutzung werden in **Abs. 3** geregelt. Die Vorschrift orientiert sich an der bereits bestehenden Regelung zur Verarbeitung von Daten im Zusammenhang mit den Integrationskursen in § 8 I IntV. **Abs. 1a** ist eine Folgeänderung, die sich aus der Zielgruppenerweiterung für die Integrationskurse in § 44 IV ergibt. Die Zielgruppenerweiterung macht eine Rechtsgrundlage für die Verarbeitung von Daten von Asylbewerbern für die Zulassung zum Integrationskurs erforderlich. Die Streichung der Nr. 2 (Erweiterung auf § 44 IV 2) ist notwendig, damit das BAMF die erforderlichen Daten aus dem AZR effektiv im Rahmen des Zulassungsverfahrens für alle in § 44 IV 2 genannten Teilnehmergruppen nutzen kann. Im Rahmen des Zulassungsverfahrens ist es sinnvoll, auch für die anderen Zielgruppen des § 44 IV 2 die bestehenden Aufenthaltstitel im AZR nachzuvollziehen. Dies gilt insbesondere für die Gruppe der Asylbewerber, der zT anstelle bzw. neben der Bescheinigung über die Meldung als Asylsuchender oder Asylsuchender durch die Kommunen unterschiedliche Bescheinigungen ausgestellt wird.[6]

Mit dem neuen **Abs. 4** sollen Daten für die berufsbezogene Deutschförderung nach § 45a dem 6 BAMF bzw. der Forschung zugänglich gemacht werden. Bislang fehlte eine entsprechende Übermittlungsbefugnis, wodurch die Auswirkung der Berufssprachkurse auf die Erfolgschancen am Arbeits- und Ausbildungsmarkt nicht angemessen evaluiert werden konnten. Diese Regelungslücke wurden jetzt geschlossen[7].

III. Datenübermittlung durch die Migrationsberatung

Die **Migrationsberatung** für erwachsene Zuwanderer (MBE) hat die zentrale Aufgabe, in Hilfe- 7 systeme zu vermitteln, den Integrationsverlauf zu begleiten und den Erfolg ihrer eingeleiteten Maßnahmen zu überprüfen (langfristige Wirkungen). Zur Ausübung ihrer gesetzlichen Verpflichtung bedient sich das BAMF öffentlicher und privater Träger. Die Verpflichtung zur Prüfung der zweckgemäßen Verwendung der Mittel durch das BAMF ergibt sich aus den §§ 23, 44 BHO, die Verpflichtung zur Prüfung einer projektbezogenen Erfolgskontrolle aus Nr. 10, 11, 11a Verwaltungsvorschrift zu § 44 BHO. Die projektbezogene Erfolgskontrolle gewährleistet, dass die Beratungsleistungen den Vorgaben der Förderrichtlinien des BMI entsprechend durchgeführt und die darin vorgegebenen mit der Förderung verbundenen Förderziele erreicht und erforderliche steuernde Eingriffe umgesetzt werden können. Die Datensätze werden pseudonymisiert erfasst und als aggregierte Daten übermittelt (aggregierte Daten sind Sammelangaben über Personengruppen, die nicht einer Person zugeordnet und nicht reindividualisiert werden können). Die Übermittlungsvorschrift ist deshalb datenschutzrechtlich nicht erforderlich und hat lediglich mit Blick auf das **Haushaltsrecht** affirmativen Charakter. Für stichprobenartige Vor-Ort-Prüfungen werden pseudonymisierte Daten von den Trägern zur Verfügung gestellt. Diese werden, da es sich nicht um aggregierte Daten handelt, **nicht** von Abs. 2 **erfasst.** Hier gelten die allgemeinen datenschutzrechtlichen Regelungen.

Durch das Gesetz zur **Bekämpfung der Zwangsheirat** und zum besseren Schutz der **Opfer von** 8 **Zwangsheirat** sowie zur Änderung weiterer aufenthalts- und asylrechtlicher Vorschriften wurde auch das FreizügG/EU geändert. Die Ergänzung des FreizügG/EU war erforderlich, da § 88a I 1, 3 und 4 in Teilen Unionsbürger einbezieht, die nach § 11 I 1 FreizügG/EU iVm § 44 IV an Integrationskursen teilnehmen können. Ein neuer Regelungsgehalt im Vergleich zum geltenden Recht in der Integrationskursverordnung wird dadurch nicht geschaffen. Die Anpassung erfolgt entsprechend der Anwendbarkeitsregel in § 2 IntV für Unionsbürger, da aufgrund der verfassungsrechtlichen Relevanz eine eigenständige Ermächtigungsgrundlage für die jetzt schon in den §§ 8 und 17 IntV enthaltenen Datenübermittlungs- und Verarbeitungsregeln in das AufenthG aufgenommen werden musste[8]. Für das Verständnis und die Anwendung dieser Vorschrift haben sich aufgrund von Art. 6 I lit. e, II und III DS-GVO, § 1 I und II BDSG keine Veränderungen ergeben.

§ 89 Verfahren bei identitätsüberprüfenden, -feststellenden und -sichernden Maßnahmen

(1) ¹Das Bundeskriminalamt leistet Amtshilfe bei der Auswertung der nach § 49 von den mit der Ausführung dieses Gesetzes betrauten Behörden erhobenen und nach § 73 übermittelten Daten. ²Es darf hierfür auch von ihm zur Erfüllung seiner Aufgaben gespeicherte

---

[6] BT-Drs. 18/8615, 49.
[7] BT-Drs. 19/28170, 101.
[8] Vgl. BT-Drs. 17/4401, 12.

erkennungsdienstliche Daten verwenden. ³Die nach § 49 Abs. 3 bis 5 sowie 8 und 9 erhobenen Daten werden getrennt von anderen erkennungsdienstlichen Daten gespeichert. ⁴Die Daten nach § 49 Abs. 7 werden bei der aufzeichnenden Behörde gespeichert.

(1a) ¹Im Rahmen seiner Amtshilfe nach Absatz 1 Satz 1 darf das Bundeskriminalamt die erkennungsdienstlichen Daten nach Absatz 1 Satz 1 zum Zwecke der Identitätsfeststellung auch an die für die Überprüfung der Identität von Personen zuständigen öffentlichen Stellen von Drittstaaten mit Ausnahme des Herkunftsstaates der betroffenen Person sowie von Drittstaaten, in denen die betroffene Person eine Verfolgung oder einen ernsthaften Schaden zu befürchten hat, übermitteln. ²Die Verantwortung für die Zulässigkeit der Übermittlung trägt das Bundeskriminalamt. ³Das Bundeskriminalamt hat die Übermittlung und ihren Anlass aufzuzeichnen. ⁴Die empfangende Stelle personenbezogener Daten ist darauf hinzuweisen, dass sie nur zu dem Zweck verarbeitet werden dürfen, zu dem sie übermittelt worden sind. ⁵Ferner ist ihr der beim Bundeskriminalamt vorgesehene Löschungszeitpunkt mitzuteilen. ⁶Die Übermittlung unterbleibt, wenn tatsächliche Anhaltspunkte dafür vorliegen, dass

1. unter Berücksichtigung der Art der Daten und ihrer Erhebung die schutzwürdigen Interessen der betroffenen Person, insbesondere ihr Interesse, Schutz vor Verfolgung zu erhalten, das Allgemeininteresse an der Übermittlung überwiegen oder
2. die Übermittlung der Daten zu den Grundrechten, dem Abkommen vom 28. Juli 1951 über die Rechtsstellung der Flüchtlinge sowie der Konvention zum Schutz der Menschenrechte und Grundfreiheiten in Widerspruch stünde, insbesondere dadurch, dass durch die Verarbeitung der übermittelten Daten im Empfängerstaat Verletzungen von elementaren rechtsstaatlichen Grundsätzen oder Menschenrechtsverletzungen drohen.

(2) ¹Die Verarbeitung der nach § 49 Absatz 3 bis 5 oder Absatz 7 bis 9 erhobenen Daten ist auch zulässig zur Feststellung der Identität oder der Zuordnung von Beweismitteln im Rahmen der Strafverfolgung oder zur polizeilichen Gefahrenabwehr. ²Sie dürfen, soweit und solange es erforderlich ist, den für diese Maßnahmen zuständigen Behörden übermittelt oder bereitgestellt werden.

(3) ¹Die nach § 49 Abs. 1 erhobenen Daten sind von allen Behörden unmittelbar nach Beendigung der Prüfung der Echtheit des Dokuments oder der Identität des Inhabers zu löschen. ²Die nach § 49 Abs. 3 bis 5, 7, 8 oder 9 erhobenen Daten sind von allen Behörden, die sie speichern, zu löschen, wenn

1. dem Ausländer ein gültiger Pass oder Passersatz ausgestellt und von der Ausländerbehörde ein Aufenthaltstitel erteilt worden ist,
2. seit der letzten Ausreise, der versuchten unerlaubten Einreise oder der Beendigung des unerlaubten Aufenthalts zehn Jahre vergangen sind,
3. in den Fällen des § 49 Abs. 5 Nr. 3 und 4 seit der Zurückweisung oder Zurückschiebung drei Jahre vergangen sind oder
4. im Falle des § 49 Abs. 5 Nr. 5 seit der Beantragung des Visums sowie im Falle des § 49 Abs. 7 seit der Sprachaufzeichnung zehn Jahre vergangen sind.

³Die Löschung ist zu protokollieren.

(4) Absatz 3 gilt nicht, soweit und solange die Daten im Rahmen eines Strafverfahrens oder zur Abwehr einer Gefahr für die öffentliche Sicherheit oder Ordnung benötigt werden.

Allgemeine Verwaltungsvorschrift
89 Zu § 89 – Verfahren bei identitätsüberprüfenden, -feststellenden und -sichernden Maßnahmen
89.0 Anwendungsbereich
§ 89 enthält spezielle Vorschriften für die Behandlung biometrischer Daten, die nach § 49 erhoben worden sind. Absatz 1 Satz 1 verpflichtet das Bundeskriminalamt zur Auswertung dieser Daten im Wege der Amtshilfe. Absatz 1 Satz 2 und 3 regeln die Speicherung, Absatz 2 die anderweitige Nutzung und Absatz 3 und 4 die Löschung der Daten.
89.1 Amtshilfe des Bundeskriminalamtes und Speicherung der Daten
89.1.1 Die Amtshilfe des Bundeskriminalamtes bei der Auswertung besteht darin, dass es die ihm übermittelten Daten mit bereits vorliegenden Daten vergleicht, um, je nach Anlass der Maßnahme, die Identität, das Lebensalter oder die Staatsangehörigkeit einer Person festzustellen. Die Amtshilfe umfasst neben dieser Feststellung auch jeweils die Verpflichtung, das Ergebnis der Auswertung an die ersuchende Stelle zu übermitteln.
89.1.2 Übermittlung und Auswertung der nach § 49 Absatz 3 gewonnenen Daten (siehe Nummer 49.3) sind zur Feststellung der Identität, des Lebensalters oder der Staatsangehörigkeit durch das Bundeskriminalamt nur zulässig, wenn die ersuchende Stelle diese Feststellungen nicht selbst treffen kann.
89.1.3 Um Amtshilfe dürfen die in § 71 Absatz 4 und – aufgrund der Vorgaben des § 49 Absatz 1 – auch die in §§ 15 bis 20 AZRG genannten Behörden ersuchen.
89.1.4.0 Bei der Übermittlung der Daten an das Bundeskriminalamt sind das BDSG bzw die datenschutzrechtlichen Regelungen in Landesgesetzen zu beachten.
89.1.4.1 Mit den nach § 49 gewonnenen Daten oder den Daten nach § 73 übermittelt die ersuchende Stelle die bisher bekannten Personalien und den Anlass für die Maßnahme.
89.1.4.2 Das Bundeskriminalamt übermittelt das Auswertungsergebnis an die Stelle, die die Maßnahme angeordnet hat.

89.1.5.1 Das Bundeskriminalamt ist nach Absatz 1 Satz 2 verpflichtet, die Daten nach § 49 Absatz 3 bis 5 (vor allem Fingerabdruckdaten) getrennt von anderen erkennungsdienstlichen Daten zu speichern. Mit der getrennten Speicherung (logische Trennung der Fingerabdruckdaten mit besonderen Zugangsberechtigungen) ist sicherzustellen, dass die nach § 49 Absatz 3 bis 5 gewonnenen Daten nur für ausländerrechtliche Zwecke und für Zwecke nach Absatz 2 genutzt werden können. Unterlagen in Papierform (z. B. Fingerabdruckblätter) sind außerhalb der Akte über die betreffende Person zu führen. Die im Zusammenhang mit der Durchführung der EURODAC-Verordnung anfallenden Daten (vgl. § 49 Absatz 8 und 9) werden vom Bundeskriminalamt auf der Grundlage des § 5AsylZBV oder des BKAG verarbeitet.

89.1.5.2 Die Sprachaufzeichnungen nach § 49 Absatz 7 verbleiben bei der Behörde, die sie angefertigt hat.

89.1.5.3 Die Speicherung der nach § 73 übermittelten Daten richtet sich nach § 73 Absatz 3 Satz 3.

89.2 Nutzung der Daten zu anderen Zwecken

89.2.1 Über die in § 49 genannten Zwecke hinaus ist die Nutzung der Daten nach Absatz 2 Satz 1 auch zur Strafverfolgung und zur polizeilichen Gefahrenabwehr zulässig. Eine Verwendung zu weiteren Zwecken ist nicht zulässig. Innerhalb dieser Aufgabenbereiche dürfen sie allein zum Zweck der Feststellung der Identität und zur Zuordnung von Beweismitteln verwendet werden.

89.2.2.1 Überlassung der Daten i. S. v. Absatz 2 Satz 2 bedeutet Zugänglichmachung zum Zwecke der Nutzung. Die Daten dürfen den zuständigen Behörden nur für den Zeitraum überlassen werden, der notwendig ist, um die Feststellung der Identität bzw. die Zuordnung von Beweismitteln durchzuführen. Danach sind die Daten, soweit diese nicht dort als Beweismittel in Ermittlungs- oder Strafverfahren Verwendung finden, unverzüglich an das Bundeskriminalamt zurückzugeben. Das Bundeskriminalamt hat darauf zu achten, dass die Rückgabe erfolgt. Es hat erforderlichenfalls nachzufragen, welche Gründe es für den weiteren Verbleib der Daten bei den zuständigen Behörden gibt.

89.2.2.2 Für die Maßnahmen nach Absatz 2 Satz 1 sind die Polizei- und Ordnungsbehörden, Staatsanwaltschaften, die für Steuerstrafsachen zuständigen Finanzbehörden, die für Strafsachen zuständigen Zolldienststellen und die Gerichte zuständig.

89.3 Löschung der Daten

89.3.1 Die nach § 49 Absatz 1 zum Zwecke der Identitätsprüfung erhobenen Daten sind von allen Behörden unmittelbar nach Beendigung der Prüfung der Echtheit des Dokuments oder der Identität des Inhabers zu löschen.

89.3.2 Die nach § 49 Absatz 3 bis 5 oder 7 erhobenen Daten sind grundsätzlich mit Fristablauf zu vernichten. Über die Vernichtung ist eine Niederschrift zu fertigen. Liegen die Voraussetzungen von § 89 Absatz 3 Satz 2 Nummer 1 vor, bleiben mögliche längere Aufbewahrungsfristen nach Nummer 2 bis 4 unberücksichtigt.

89.3.3 Die letzte Ausreise i. S. d. Absatzes 3 Satz 2 Nummer kann vor oder nach Entstehen einer Ausreisepflicht erfolgt sein. Unerheblich ist, ob die Ausreise freiwillig oder aufgrund einer Abschiebung erfolgt ist. Unter den Begriff „letzte versuchte unerlaubte Einreise" fällt auch die erstmalige versuchte unerlaubte Einreise (siehe Nummer 14.1).

89.3.4 Die Frist beginnt mit jeder versuchten unerlaubten Einreise erneut.

89.3.5 Die nach § 73 übermittelten Daten sind zu löschen, sobald diese zur Erfüllung der gesetzlichen Aufgaben der speichernden Behörde nicht mehr erforderlich sind (siehe Nummer 73.3.3).

89.4 Ausnahmen von den Löschungsfristen

Die Unterlagen sind über den Fristablauf hinaus zu speichern, soweit und solange sie im Rahmen eines Strafverfahrens oder zur Abwehr einer Gefahr für die öffentliche Sicherheit und Ordnung benötigt werden.

I. Entstehungsgeschichte

Die Vorschrift stimmte mit dem **Gesetzesentwurf**[1] überein. Aufgrund des Vermittlungsverfahrens wurde nur in Abs. 1 S. 2 die Angabe „und 3" durch „bis 3" ersetzt. Dieselbe Änderung erfolgte im März 2005 in Abs. 3 S. 1[2]. Mit dem **RLUmsG 2007**[3] wurde in S. 1 nach dem Wort „gewonnenen" die Worte „und nach § 73 übermittelten" aufgenommen. Damit wurde die Bestimmung um Regelungen zum Konsultationsverfahren erweitert. Durch das AsylVfBeschlG 2015 wurden wegen des Zusammenwirkens mit den Änderungen in § 49 im Falle der unerlaubten Einreise und des unerlaubten Aufenthalts der neue S. 2 eingefügt. Abs. 1 S. 3, Abs. 2 S. 1, Abs. 3 S. 2 sowie Nr. 2 wurden ergänzt. Mit dem Datenaustauschverbesserungsgesetz[4] wurde Abs. 2 redaktionell geändert. Die Änderung dient der Klarstellung, dass die Daten für die genannten Zwecke verwendet werden dürfen, ohne dass diese kumulativ bestehen müssen. Abs. 1a nF ist mit dem Gesetz zur besseren Durchsetzung der Ausreisepflicht eingefügt worden[5]. Durch das 2. DSAnpUG EU vom 20.11.2019, BGBl. I S. 1626, erfolgten sprachliche Angleichungen in den Abs. 1a und 2. 1

II. Daten aufgrund erkennungsdienstlicher Maßnahmen

Der Vorschrift liegen die Bestimmungen des § 49 über erkennungsdienstliche Maßnahmen zugrunde. § 89 regelt das Verfahren der Auswertung und anderweitigen Nutzung, Aufbewahrung und Vernichtung **erkennungsdienstlicher Unterlagen** der über § 49 gewonnenen Daten und nicht deren Anfertigung/Erhebung[6]. Sie trifft ähnliche Regelungen über die **Amtshilfe** des BKA bei erkennungsdienstlichen Maßnahmen und die Behandlung von dabei gewonnenen Daten wie § 16 2

---

[1] BT-Drs. 15/420, 31.
[2] Art. 1 Nr. 57 ÄndG v. 14.3.2005, BGBl. I S. 721.
[3] Gesetz zur Umsetzung aufenthaltsrechtlicher und asylrechtlicher RL der EU v. 19.8.2007, BGBl. I S. 1970.
[4] Ges. v. 2.2.2016, BGBl. I S. 130.
[5] BGBl. 2017 I S. 2780.
[6] *Hailbronner* AufenthG § 89 Rn. 1.

AsylG. Datenschutzrechtlich erfolgt eine Auftragsdatenverarbeitung iSd Art. 28 DS-GVO[7]. Personenbezogene steuerliche Daten sind solche, die einem Amtsträger in einer Steuersache bekannt geworden sind. Die Amtshilfe des BKA besteht in dem Vergleich der übermittelten mit den bei ihm vorhandenen Unterlagen zum Zwecke der Feststellung der Identität einschließlich Staatsangehörigkeit. Für Freizügigkeitsberechtigte gilt diese Bestimmung nicht (vgl. § 11 I 1 FreizügG/EU). Durch § 49 VIII und IX dient die Norm auch der Umsetzung der EURODAC-VO[8].

3   In Ergänzung der bisherigen Regelung wurde mit dem **RLUmsG 2007** eine Regelung zur **Identitätsprüfung** anhand der biometrischen Daten iRd Konsultationsverfahrens nach § 73 aufgenommen. Durch einen Abgleich der im Visumverfahren erhobenen biometrischen Daten des Antragstellers mit den im BKA geführten zentralen Datenbanken können die zu einer Person bekannten Aliasidentitäten festgestellt werden. Dies ist ein notwendiger Zwischenschritt iRd Konsultationsverfahrens, da nur auf diesem Wege eine umfassende Überprüfung der Visumantragsteller durch Sicherheitsbehörden unter Einbeziehung eventueller Aliasidentitäten sichergestellt werden kann. Die Überprüfung der vorgenannten biometrischen Merkmale kann nur das BKA zur Unterstützung und Vorbereitung der Überprüfung durch die anderen Sicherheitsbehörden in Amtshilfe durchführen.

4   Durch den neuen Abs. 1a wird die Übermittlung erkennungsdienstlicher Daten durch das BKA an Drittstaaten zum Zweck der Identitätsfeststellung grundsätzlich ermöglicht. Die Daten unterliegen einer Zweckbindung. Eine Übermittlung an den Herkunftsstaat sowie an Drittstaaten, in denen die betroffene Person eine Verfolgung oder einen ernsthaften Schaden zu befürchten hat, ist ausgeschlossen. Die Regelung gilt nur für Datenübermittlungen im Zusammenhang mit Abs. 1 S. 1; Datenübermittlungen, die auf anderer Rechtsgrundlage möglich sind, werden hierdurch nicht eingeschränkt[9]. Zur Problematik der Europarechtswidrigkeit der Datenübermittlung durch das BKA an ausländische Staaten s. die Kommentierung zum wortgleichen § 16 IIIa AsylG.

5   Getrennte Aufbewahrung der nach § 49 II und III–V, VIII, IX oder VII gewonnenen Unterlagen beim BKA und **Vernichtung nach Zweckerfüllung**[10] sind notwendige Folgerungen aus dem Recht auf informationelle Selbstbestimmung. Damit wird sichergestellt, dass die Unterlagen (va Fingerabdruckblätter) nur für ausländerrechtliche Zwecke und solche nach Abs. 3 genutzt werden. Sprachaufzeichnungen (§ 49 VII) sind keine identitätssichernden Maßnahmen. Die Bestimmung der äußersten **Grenze der Aufbewahrung** bei Beantragung nationaler Visa oder Sprachaufzeichnungen (vgl. Abs. 7: zehn Jahre), öffnet Tür und Tor für eine anlasslose Vorratsspeicherung, bei der die Gefahr der Verfassungswidrigkeit wegen der nicht fachlich zu rechtfertigenden Aufbewahrungsfrist besteht, die auch nicht durch die Begründung des Gesetzesentwurfs durch den Gesetzgeber entkräftet werden konnte[11].

6   Außer der Identitätssicherung sind als **weitere Zwecke** auch die Strafverfolgung und die polizeiliche Gefahrenabwehr zugelassen (vgl. § 14 II Nr. 1 BDSG). Innerhalb dieser Bereiche dürfen nur die Feststellung der Identität und die Zuordnung von Beweismitteln verfolgt werden. Andere Zwecke sind nicht zugelassen. Das BKA darf die Unterlagen den zuständigen Behörden nur für die erforderliche Zeit überlassen und muss sie danach zurückfordern. Rechtswidrig erhobene Daten dürfen weder genutzt noch übermittelt werden[12].

7   Die Einschränkung der **Vernichtung** zugunsten **laufender Strafverfahren** ist klar und vertretbar. Unverhältnismäßig kann die weitere Aufbewahrung aber sein, wenn sie zur Abwehr einer Gefahr für die öffentliche Sicherheit und Ordnung erfolgt; denn dieser Tatbestand ist weit gespannt. Zu beachten ist schließlich auch hier die durch Abs. 3 limitierende Begrenzung der erlaubten Zweckänderung[13].

8   Für das Verständnis und die Anwendung dieser Vorschrift haben sich aufgrund von Art. 6 I lit. e, II und III DS-GVO, § 1 I und II BDSG keine Veränderungen ergeben.

§ 89a *Verfahrensvorschriften für die Fundpapier-Datenbank (aufgehoben)*

(1) Das Bundesverwaltungsamt gleicht die nach § 49 erhobenen Daten eines Ausländers auf Ersuchen der Behörde, die die Daten erhoben hat, mit den in der Fundpapier-Datenbank gespeicherten Daten ab, um durch die Zuordnung zu einem aufgefundenen Papier die Identität oder Staatsangehörigkeit eines Ausländers festzustellen, soweit hieran Zweifel bestehen.

(2) Zur Durchführung des Datenabgleichs übermittelt die ersuchende Stelle das Lichtbild oder die Fingerabdrücke sowie andere in § 49b Nr. 1 genannte Daten an das Bundesverwaltungsamt.

(3) Stimmen die übermittelten Daten des Ausländers mit den gespeicherten Daten des Inhabers eines Fundpapiers überein, so werden die Daten nach § 49b an die ersuchende Stelle übermittelt.

---

[7] HK-AuslR/*Hilbrans* § 89 Rn. 2.
[8] Zu AFIS vgl. *Bäumler* NVwZ 1995, 241; vgl. auch § 5 AsylZBV.
[9] Vgl. BT-Drs. 18/12415, 18.
[10] So auch HK-AuslR/*Hilbrans* § 89 Rn. 6.
[11] *Weichert* § 89 Rn. 16 mwN; BT-Drs. 14/7386, 59; HK-AuslR/*Hilbrans* § 89 Rn. 8.
[12] BVerfGE 113, 29.
[13] *Schriever-Steinberg* ZAR 1991, 66.

Verfahrensvorschriften für die Fundpapier-Datenbank § 89a AufenthG 1

(4) ¹ Kann das Bundesverwaltungsamt die Identität eines Ausländers nicht eindeutig feststellen, übermittelt es zur Identitätsprüfung an die ersuchende Stelle die in der Fundpapier-Datenbank gespeicherten Angaben zu ähnlichen Personen, wenn zu erwarten ist, dass deren Kenntnis die Identitätsfeststellung des Ausländers durch die Zuordnung zu einem der Fundpapiere ermöglicht. ² Die ersuchende Stelle hat alle vom Bundesverwaltungsamt übermittelten Angaben, die dem Ausländer nicht zugeordnet werden können, unverzüglich zu löschen und entsprechende Aufzeichnungen zu vernichten.

(5) ¹ Die Übermittlung der Daten soll durch Datenfernübertragung erfolgen. ² Ein Abruf der Daten im automatisierten Verfahren ist nach Maßgabe des § 10 Abs. 2 bis 4 des Bundesdatenschutzgesetzes zulässig.

(6) ¹ Das Bundesverwaltungsamt gleicht auf Ersuchen
1. *einer zur Feststellung der Identität oder Staatsangehörigkeit eines Ausländers nach § 16 Abs. 2 des Asylgesetzes zuständigen Behörde und*
2. *einer für die Strafverfolgung oder die polizeiliche Gefahrenabwehr zuständigen Behörde zur Feststellung der Identität eines Ausländers oder der Zuordnung von Beweismitteln*

die von dieser Behörde übermittelten Daten mit den in der Fundpapier-Datenbank gespeicherten Daten ab. ² Die Absätze 2 bis 5 gelten entsprechend.

(7) ¹ Die Daten nach § 49b sind zehn Jahre nach der erstmaligen Speicherung von Daten zu dem betreffenden Dokument zu löschen. ² Entfällt der Zweck der Speicherung vor Ablauf dieser Frist, sind die Daten unverzüglich zu löschen.

(8) Die beteiligten Stellen haben dem jeweiligen Stand der Technik entsprechende Maßnahmen zur Sicherstellung von Datenschutz und Datensicherheit zu treffen, die insbesondere die Vertraulichkeit und Unversehrtheit der Daten gewährleisten; im Falle der Nutzung allgemein zugänglicher Netze sind dem jeweiligen Stand der Technik entsprechende Verschlüsselungsverfahren anzuwenden.

Allgemeine Verwaltungsvorschrift
89a Zu § 89a – Verfahrensvorschriften für die Fundpapier-Datenbank
89a.0 Allgemeines
Die Vorschrift regelt das Verfahren des Abgleichs der nach § 49b gespeicherten Daten eines Ausländers.
89a.1 Voraussetzungen für den Abgleich
Absatz 1 regelt, wann ein Abgleich mit der Fundpapier-Datenbank durchzuführen ist. Das Bundesverwaltungsamt gleicht die nach § 49 erhobenen Daten auf Ersuchen der Behörde, die diese zuvor erhoben hat, mit den in der Fundpapier-Datenbank nach den § 49a und 49b gespeicherten Daten ab, wenn Zweifel an der Identität oder Staatsangehörigkeit des Ausländers bestehen. Behörden, die zur Stellung eines Ersuchens um Datenabgleich berechtigt sind, sind die gemäß § 71 Absatz 4 für die identitätsfeststellenden Maßnahmen nach § 49 zuständigen Stellen, insbesondere die Ausländerbehörden, die mit der polizeilichen Kontrolle des grenzüberschreitenden Verkehrs beauftragten Behörden sowie die Polizeien der Länder.
89a.2 Zu übermittelnde Daten
Absatz 2 bestimmt, welche Daten für ein Auskunftsersuchen zu übermitteln sind. Ein Abgleich darf nur dann erfolgen, wenn Zweifel an der Richtigkeit der vom Ausländer angegebenen Personalien bestehen. Da in diesem Fall die bloße Suche mit den alphanumerischen Personalien keinen Erfolg verspricht, ist das Lichtbild und ggf. der Fingerabdruck zu übermitteln, weil diese biometrischen Merkmale weitgehend unveränderlich sind. Diese Daten können zur Einschränkung des Suchbereichs um weitere geeignete Daten, die sich aus § 49b Nummer 1 (etwa Geschlecht oder Augenfarbe) ergeben, ergänzt werden.
89a.3 Datenübermittlung
Absatz 3 regelt die Datenübermittlung nach § 49b an die ersuchende Stelle für den Fall, dass die übermittelten Daten des Ausländers mit den gespeicherten Daten des Inhabers des Fundpapiers übereinstimmen.
89a.4 Verfahren bei Zweifeln an der Identität
Absatz 4 regelt das Verfahren der Datenübermittlung in den Fällen, in denen die Identität des Ausländers nicht eindeutig festgestellt werden kann. Da bei einem elektronischen Lichtbildabgleich damit gerechnet werden muss, dass mehrere Treffer mit Bildern, die der gesuchten Person ähnlich sind, erzielt werden, sind in diesem Fall die Daten ähnlicher Personen zu übermitteln, um der anfragenden Stelle die Möglichkeit zu geben, anhand der zusätzlichen Daten eine erfolgreiche Identifikation des passlosen Ausländers vor Ort durchzuführen. Nach Abschluss der Prüfung sind die übermittelten Daten, bei denen festgestellt worden ist, dass sie nicht zu dem zu identifizierenden Ausländer gehören, wieder zu löschen.
89a.5 Form der Datenübermittlung
Absatz 5 regelt die Form der Datenübermittlung. Satz 1 bestimmt, dass die Übermittlung des Abgleichersuchens, insbesondere der Lichtbilder, durch Datenfernübertragung erfolgen soll. Dabei soll insbesondere das AZR-/Visa-Online-Portal genutzt werden. Satz 2 ermöglicht grundsätzlich die künftige Einrichtung des automatisierten Datenabrufs nach Maßgabe von § 10 Absatz 2 bis 4 BDSG a. F. für die öffentlichen Stellen, die eine Vielzahl von Identitätsfeststellungen in kurzer Zeit durchführen müssen.
89a.6 Weitere Nutzung der Fundpapier-Datenbank
89a.6.0 Absatz 6 regelt die weitere Nutzung der Fundpapier-Datenbank. Der Abgleich erfolgt durch das Bundesverwaltungsamt auf Ersuchen der jeweils zuständigen Behörde.
89a.6.1 Nummer 1 sieht den Abgleich der Daten zur Feststellung der Identität und Staatsangehörigkeit im Asylverfahren vor. Zuständig sind die Behörden, denen nach § 16 Absatz 2 AsylVfG die Feststellung der Identität von Asylsuchenden obliegt. Hierzu zählen das Bundesamt für Migration und Flüchtlinge, aber auch die mit der polizeilichen Kontrolle des grenzüberschreitenden Verkehrs beauftragten Behörden (Grenzbehörden), Ausländerbehörden und die Polizeien der Länder, sofern der Ausländer dort um Asyl nachsucht, sowie die Aufnahmeeinrichtung, bei der sich der Ausländer meldet.

89a.6.2 Nummer 2 sieht die Nutzung zur Feststellung der Identität oder der Zuordnung von Beweismitteln im Bereich der Strafverfolgung und Gefahrenabwehr vor. Zuständig sind die Polizeien des Bundes und der Länder (z. B. das Bundeskriminalamt und die Landeskriminalämter), die Zollfahndungsämter oder die Staatsanwaltschaften. Die Erhebung der Daten, die mit der Fundpapier-Datenbank abgeglichen werden sollen, regelt sich nach der für die jeweilige Stelle geltenden Rechtsgrundlage (etwa § 16 Absatz 1 AsylVfG für das Bundesamt für Migration und Flüchtlinge).

89a.6.3 Satz 2 stellt klar, dass auch für diese Stellen das Abgleichverfahren nach Absatz 2 bis 5 erfolgt.

89a.7 Löschung

89a.7.1 Die nach § 49b zu speichernden Daten sind zehn Jahre nach ihrer erstmaligen Speicherung zu löschen. Vor diesem Zeitpunkt sind die gespeicherten Daten unverzüglich, d. h. ohne schuldhaftes Zögern, zu löschen, sobald der Speicherungszweck wegfällt. Eine Zweckerreichung liegt etwa vor, wenn das Fundpapier einem Ausländer erfolgreich zugeordnet werden konnte.

89a.7.2 Sofern Daten von Dokumenten gespeichert werden, die nach Inbetriebnahme der Fundpapier-Datenbank durch öffentliche Stellen übersandt werden und bei diesen bereits gelagert waren, berechnet sich die Löschfrist ab dem Fundzeitpunkt. Dokumente, deren Fundzeitpunkt mehr als zehn Jahre zurückliegt, werden nicht in die Fundpapier-Datenbank aufgenommen. Dokumente, bei denen der Fundzeitpunkt nicht feststellbar ist, werden nicht in die Fundpapier-Datenbank aufgenommen, wenn ihre Gültigkeitsdauer zum Zeitpunkt des Eingangs beim Bundesverwaltungsamt seit mehr als zehn Jahren abgelaufen ist.

89a.8 Gewährleistung von Datenschutz und Datensicherheit

Absatz 8 verweist auf die Regelungen zur Gewährleistung von Datenschutz und Datensicherheit. Insbesondere sind §§ 9, 12 ff. BDSG zu beachten.

I. Entstehungsgeschichte

1   Die Vorschrift war im **ZuwG** noch nicht enthalten. Sie wurde aufgrund des Gesetzesentwurfs der Bundesregierung[1] zusammen mit §§ 49a, 49b mWv 1.10.2005 eingefügt[2]. Durch das **RLUmsG 2007**[3] wurde Abs. 6 S. 1 Nr. 1 um die Formulierung „einer zur Feststellung der Identität oder Staatsangehörigkeit eines Ausländers nach § 16 II AsylVfG (jetzt AsylG) zuständigen Behörde und" ergänzt. § 89a wurde mit dem 2. DAVG mWv 9.8.2019 aufgehoben[4].

II. Allgemeines

2   Die Vorschrift enthält die Verfahrensbestimmungen, die notwendig sind, um den Inhalt der durch Einfügung der §§ 49a und 49b ermöglichten Datenbank für Fundpapiere auszuwerten. Dies soll durch Abgleich der in der Datenbank gespeicherten Lichtbilder aus den Fundpapieren mit den Bildern passloser Ausländer mithilfe biometrischer Gesichtserkennungssysteme geschehen.

III. Datenabgleich

3   **Anlass** für einen Datenabgleich nach **Abs. 1** geben Zweifel an der Identität oder Staatsangehörigkeit iSd § 49 II. Auch Zweifel von ausländischen Stellen am Lebensalter als Identitätsmerkmal sowie Zugehörigkeit zu einer Familie können abgleichbegründend sein[5]. Das Ersuchen muss von der zuständigen Stelle iSd § 71 IV gestellt werden. Dies sind va Ausländerbehörden und Grenzbehörden sowie die Länderpolizeien. Außerdem sind das BAMF hinsichtlich Asylbewerber und darüber hinaus die Polizei-, die Ordnungs- und die Strafverfolgungsbehörden berechtigt, um einen Datenabgleich zu ersuchen.

4   Der **Vergleich** nach **Abs. 2** wird angestellt zwischen den übermittelten Daten (va Lichtbild oder Fingerabdruck, aber auch Geschlecht und Augenfarbe) und dem Bestand der Datenbank. Der Umfang der zu übermittelnden Daten unterliegt den datenschutzspezifischen Anforderungen an das Gebot der Erforderlichkeit[6]. Lassen sich die Daten einem bestimmten Fundpapier zuordnen, wird dieses Ergebnis an die ersuchende Stelle nach **Abs. 3 und 5** übermittelt. Sonst werden die Daten unähnlicher Fundpapiere ausgeschieden und die **ähnlicher Papiere** übermittelt **(Abs. 4 und 5).** Kritisch ist aus datenschutzrechtlicher Sicht die Übermittlung vermutungsgestützter Daten, soweit die Abfrage zu keinem eindeutigen Treffer geführt hat[7]. Hier sind insbesondere die Vorgaben zur Löschung nicht benötigter Angaben zu beachten (→ Rn. 5). Wenn durch den Abgleich kein eindeutiges Ergebnis erzielt werden kann, soll der ersuchenden Stelle die Zuordnung anhand weiterer bekannter Merkmale ermöglicht werden. Die Datenübertragung selbst erfolgt per Fernübertragung unter Nutzung des **AZR/Visa-Online-Portals,** das vom BVA für den Zugang zum AZR eingerichtet wurde[8].

---

[1] BT-Drs. 15/3784, 8.
[2] Art. 1 Nr. 13 ÄndG v. 14.3.2005, BGBl. I S. 721.
[3] Ges. zur Umsetzung aufenthaltsrechtlicher und asylrechtlicher RL der EU v. 19.8.2007, BGBl. I S. 1970.
[4] BGBl. 2019 I S. 1131.
[5] *Petri* in GK-AufenthG § 89a Rn. 4, 6.
[6] So auch HK-AuslR/*Hilbrans*, 2. Aufl. § 89a Rn. 5. AA BT-Drs. 15/3784, 16, wo grundsätzlich vorgesehen ist, den kompletten Datensatz zu übermitteln. Diese Vorgabe ist mit dem datenschutzrechtlichen Übermaßverbot nicht zu vereinbaren.
[7] Vgl. HK-AuslR/*Hilbrans*, § 89a Rn. 8.
[8] Beachte § 10 II–IV BDSG.

Zu **löschen** sind die Daten gemäß **Abs. 4 S. 2,** die von der ersuchenden Stelle nicht mehr benötigt werden, weil entweder der Abgleich erfolgreich oder nicht erfolgreich abgeschlossen ist. Vom BVA sind alle Daten zu löschen, wenn entweder der Zweck erreicht ist oder zehn Jahre seit der erstmaligen Speicherung vergangen sind **(Abs. 7).** Um ein größtmögliches Maß an Datenschutz und Datensicherheit zu gewährleisten, sind die Methoden, Verfahren und Mittel einzusetzen, die dem jeweiligen Stand der Technik entsprechen.

Das AuslÄndG 2007 bereinigte ein **Redaktionsversehen** in Abs. 6 S. 1 Nr. 1. Nach § 16 II AsylG sind neben dem BAMF auch die in den §§ 18 und 19 AsylG bezeichneten Behörden, sofern der Ausländer dort um Asyl nachsucht, sowie die Aufnahmeeinrichtung, bei der sich der Ausländer meldet, für die Maßnahmen zur Sicherung der Identität zuständig. Auch diesen Behörden muss es ermöglicht werden, das BVA um einen Datenabgleich mit der Fundpapierdatenbank zu ersuchen, sofern diese anstelle des BAMF Maßnahmen zur Identitätsfeststellung durchführen.

§ 90 Übermittlungen durch Ausländerbehörden

(1) Ergeben sich im Einzelfall konkrete Anhaltspunkte für
1. eine Beschäftigung oder Tätigkeit von Ausländern ohne erforderlichen Aufenthaltstitel nach § 4,
2. Verstöße gegen die Mitwirkungspflicht nach § 60 Abs. 1 Satz 1 Nr. 2 des Ersten Buches Sozialgesetzbuch gegenüber einer Dienststelle der Bundesagentur für Arbeit, einem Träger der gesetzlichen Kranken-, Pflege-, Unfall- oder Rentenversicherung, einem Träger der Grundsicherung für Arbeitsuchende oder der Sozialhilfe oder Verstöße gegen die Meldepflicht nach § 8a des Asylbewerberleistungsgesetzes,
3. die in § 6 Absatz 4 Nummer 1 bis 4, 7, 12 und 13 des Schwarzarbeitsbekämpfungsgesetzes bezeichneten Verstöße,

unterrichten die mit der Ausführung dieses Gesetzes betrauten Behörden die für die Verfolgung und Ahndung der Verstöße nach den Nummern 1 bis 3 zuständigen Behörden, die Träger der Grundsicherung für Arbeitsuchende oder der Sozialhilfe sowie die nach § 10 des Asylbewerberleistungsgesetzes zuständigen Behörden.

(2) Bei der Verfolgung und Ahndung von Verstößen gegen dieses Gesetz arbeiten die mit der Ausführung dieses Gesetzes betrauten Behörden insbesondere mit den anderen in § 2 Absatz 4 des Schwarzarbeitsbekämpfungsgesetzes genannten Behörden zusammen.

(3) Die mit der Ausführung dieses Gesetzes betrauten Behörden teilen Umstände und Maßnahmen nach diesem Gesetz, deren Kenntnis für Leistungen nach dem Asylbewerberleistungsgesetz erforderlich ist, sowie die ihnen mitgeteilten Erteilungen von Zustimmungen zur Aufnahme einer Beschäftigung an Leistungsberechtigte nach dem Asylbewerberleistungsgesetz und Angaben über das Erlöschen, den Widerruf oder die Rücknahme von erteilten Zustimmungen zur Aufnahme einer Beschäftigung den nach § 10 des Asylbewerberleistungsgesetzes zuständigen Behörden mit.

(4) Die Ausländerbehörden unterrichten die nach § 72 Abs. 6 zu beteiligenden Stellen unverzüglich über
1. die Erteilung oder Versagung eines Aufenthaltstitels nach § 25 Abs. 4a oder 4b,
2. die Festsetzung, Verkürzung oder Aufhebung einer Ausreisefrist nach § 59 Absatz 7 oder
3. den Übergang der Zuständigkeit der Ausländerbehörde auf eine andere Ausländerbehörde; hierzu ist die Ausländerbehörde verpflichtet, die zuständig geworden ist.

(5) Zu den in § 755 der Zivilprozessordnung genannten Zwecken übermittelt die Ausländerbehörde dem Gerichtsvollzieher auf Ersuchen den Aufenthaltsort einer Person.

(7) [1] ¹Zur Durchführung eines Vollstreckungsverfahrens übermittelt die Ausländerbehörde der Vollstreckungsbehörde auf deren Ersuchen die Angabe über den Aufenthaltsort des Vollstreckungsschuldners. ²Die Angabe über den Aufenthaltsort darf von der Ausländerbehörde nur übermittelt werden, wenn sich die Vollstreckungsbehörde die Angabe nicht durch Abfrage bei der Meldebehörde beschaffen kann und dies in ihrem Ersuchen gegenüber der Ausländerbehörde bestätigt.

Allgemeine Verwaltungsvorschrift
90 Zu § 90 – Übermittlungen durch Ausländerbehörden
90.0 Anwendungsbereich
90.0.1 § 90 verpflichtet in Absatz 1 und 3 die mit der Ausführung des Aufenthaltsgesetzes betrauten Behörden, verschiedene Stellen über bestimmte, einen Ausländer betreffende Sachverhalte zu unterrichten. Nach beiden Absätzen ist die Übermittlung von Daten zulässig. Gemäß Absatz 2 sind die mit der Durchführung des Aufenthaltsgesetzes betrauten Behörden verpflichtet, mit der Bundesagentur für Arbeit und weiteren Behörden bei der Verfolgung und Ahndung von Verstößen gegen das Aufenthaltsgesetz zusammenzuarbeiten.

---

[1] Absatzzählung amtlich.

90.0.2 Die Übermittlung von Daten durch die mit der Ausführung des Aufenthaltsgesetzes betrauten Behörden an andere als die in § 90 genannten Stellen richtet sich – soweit vorhanden – nach bereichsspezifischen Bundes- oder Landesregelungen, ergänzend nach den Vorschriften des BDSG bzw der Datenschutzgesetze der Länder. Sie ist nur insoweit zulässig, als sie zur Erfüllung der Aufgaben des Dritten, an den übermittelt wird, erforderlich ist.

90.0.3 Auf den durch das Terrorismusbekämpfungsgesetz neu in § 18 BVerfSchG eingefügten Absatz 1a Satz 1 wird besonders hingewiesen. Die Vorschrift verpflichtet u. a. die Ausländerbehörden, von sich aus ihnen bekannt gewordene Informationen einschließlich personenbezogener Daten über Bestrebungen oder Tätigkeiten nach § 3 Absatz 1 BVerfSchG der Verfassungsschutzbehörde des Landes zu übermitteln, wenn tatsächliche Anhaltspunkte dafür vorliegen, dass die Übermittlung für die Erfüllung der Aufgaben der Verfassungsschutzbehörde erforderlich ist.

90.1 Unterrichtungspflichten

90.1.0.1 Zur Unterrichtung verpflichtet sind nach § 90 Absatz 1 die mit der Ausführung des Aufenthaltsgesetzes betrauten Behörden. Die Unterrichtung stellt eine Übermittlung personenbezogener Daten i. S. d. Art. 4 Nummer 1 DS-GVO dar (→ Nummer 86.1.2).

90.1.0.2 Konkrete Anhaltspunkte im Einzelfall sind gegeben, wenn Tatsachen darauf schließen lassen, dass ein Ausländer einen der unter § 90 Absatz 1 Nummer 1 bis 3 genannten Verstöße begangen hat.

90.1.0.3 Die Daten sind an die jeweils zuständigen Sozialleistungsträger, insbesondere die Bundesagentur für Arbeit zu übermitteln.

90.1.1 Unterrichtung bei Beschäftigungen oder Tätigkeiten ohne erforderlichen Aufenthaltstitel

90.1.1.1 Der Aufenthaltstitel muss erkennen lassen, dass die Ausübung einer Beschäftigung erlaubt ist. Die Begriffsbestimmung der Beschäftigung richtet sich nach § 2 Absatz 2 i. V. m. § 7 SGB IV. Danach ist Beschäftigung jegliche nichtselbständige Arbeit, insbesondere in einem Arbeitsverhältnis. Von der Erforderlichkeit eines Aufenthaltstitels, der zur Beschäftigung berechtigt, ist daher regelmäßig auszugehen, wenn der Ausländer ein Arbeitsverhältnis aufgenommen hat oder sonst eine nichtselbständige Tätigkeit ausübt, für die ein Entgelt vereinbart oder zumindest üblich ist. Eine Geringfügigkeitsgrenze besteht nicht. Als Beschäftigung gilt außerdem der Erwerb beruflicher Kenntnisse, Fertigkeiten oder Erfahrungen im Rahmen betrieblicher Berufsbildung. Auch für ein Berufsausbildungsverhältnis, Praktikum oder ein Volontariat, soweit es mit einer vertraglichen Verpflichtung zur Arbeitsleistung verbunden ist, ist ein Aufenthaltstitel, der die Beschäftigung erlaubt, erforderlich.

90.1.1.2 Auch in den Fällen, in denen eine Beschäftigung nicht der Zustimmung der Bundesagentur für Arbeit bedarf (§§ 2 bis 15 BeschV), muss der Aufenthaltstitel erkennen lassen, dass die zustimmungsfreie Beschäftigung erlaubt ist.

Nach § 16 BeschV gelten einige Tätigkeiten unter bestimmten Voraussetzungen nicht als Beschäftigung. Gemäß § 17 Absatz 2 Satz 1 und 3 AufenthV ist für entsprechende selbständige Tätigkeiten kein Aufenthaltstitel nach § 4 erforderlich. Hierzu stellt § 59 Absatz 5 AufenthV klar, dass eine Eintragung im Aufenthaltstitel, wonach die Ausübung einer Erwerbstätigkeit nicht gestattet ist, sich nicht auf die in § 17 Absatz 2 AufenthV genannten Tätigkeiten bezieht, sofern der Aufenthaltstitel keine abweichenden Aussagen enthält.

Soweit der Aufenthaltstitel die Erwerbstätigkeit ohne Einschränkungen erlaubt, darf jede Beschäftigung ausgeübt werden. Enthält der Aufenthaltstitel Einschränkungen hinsichtlich der Beschäftigung, darf nur die im Aufenthaltstitel angegebene Beschäftigung ausgeübt werden.

90.1.1.3 Keines Aufenthaltstitels, der die Beschäftigung erlaubt, bedürfen jedoch die Ausländer, denen nach dem Gemeinschaftsrecht Freizügigkeit innerhalb der Europäischen Union gewährt wird. Soweit Übergangsregelungen zum Beitritt zur EU für Arbeitnehmer aus beigetretenen Staaten anzuwenden sind, ist Nummer 39.6 zu beachten.

90.1.2 Unterrichtung bei Verstößen gegen die Mitwirkungspflichten gegenüber der Bundesagentur für Arbeit und anderen Dienststellen der Sozialleistungen sowie gegen die Meldepflicht nach dem AsylbLG

90.1.2.0 Nach § 60 Absatz 1 Satz 1 Nummer 2 SGB I hat derjenige, der Sozialleistungen beantragt oder erhält, Änderungen in den Verhältnissen, die für die Leistung erheblich sind oder über die im Zusammenhang mit der Leistung Erklärungen abgegeben worden sind, unverzüglich mitzuteilen.

90.1.2.1 Eine Mitwirkungspflicht des Ausländers gegenüber den in § 90 Absatz 1 Nummer 2 genannten Leistungsträgern besteht bei Änderungen in den Verhältnissen, die für die Leistung erheblich sind. Es handelt sich um Sachverhalte, die für die Gewährung, Höhe und den Fortbestand der Leistung von Bedeutung sind (z. B. Wegfall der Berücksichtigungsfähigkeit von Kindern bei Leistungen wegen Arbeitslosigkeit, Änderung der Einkommensverhältnisse bei Arbeitslosenhilfe).

90.1.2.2 Eine Mitwirkungspflicht des Ausländers ist darüber hinaus bei Änderungen in den Verhältnissen gegeben, über die im Zusammenhang mit der Leistung Erklärungen abgegeben worden sind. Es handelt sich dabei um Sachverhalte, die erheblich von dem abweichen, was der Leistungsempfänger dem Leistungsträger mitgeteilt hatte, und die für die Gewährung der Leistungen, deren Höhe und deren Fortbestand von Bedeutung sind.

90.1.2.3 Eine Meldepflicht besteht schließlich für Leistungsberechtigte nach dem AsylbLG. Nach § 8a AsylbLG haben sie die Aufnahmen einer selbständigen oder unselbständigen Erwerbstätigkeit binnen drei Tagen der nach § 10 AsylbLG zuständigen Behörde anzuzeigen.

90.1.3 Unterrichtungen bei Verstößen gegen Vorschriften des SchwarzArbG

Die Unterrichtungspflicht nach § 90 Absatz 1 Nummer 3 erstreckt sich auf die in § 6 Absatz 3 Nummer 1 bis 4 SchwarzArbG bezeichneten Verstöße, also auf Verstöße gegen:

– das SchwarzArbG,
– das AÜG,
– Bestimmungen des SGB IV und VII zur Zahlung von Beiträgen und
– die Steuergesetze.

Erforderlich sind konkrete Anhaltspunkte für diese Verstöße. Es müssen also tatsächliche Umstände vorliegen, die für einen derartigen Verstoß sprechen; bloße Vermutungen reichen nicht aus.

90.1.4 Unterrichtung der mit der Bekämpfung der Schwarzarbeit und illegalen Beschäftigung betrauten Behörden der Zollverwaltung

Die Ausländerbehörden unterrichten die mit der Bekämpfung der Schwarzarbeit und illegalen Beschäftigung beauftragten Behörden der Zollverwaltung zeitnah, wenn sich bei der Vorsprache eines ausländischen Staatsangehörigen, durch Hinweise, im Rahmen von Außendiensttätigkeit oder auf sonstige Weise Anhaltspunkte ergeben für

- die Beschäftigung oder Tätigkeit von Ausländern ohne erforderlichen Aufenthaltstitel nach § 4 oder Arbeitsgenehmigung-EU nach § 284 SGB III,
- die Beschäftigung oder Tätigkeit von Ausländern zu ungünstigeren Bedingungen als vergleichbare deutsche Arbeitnehmer,
- die Ausübung einer selbständigen oder unselbständigen Tätigkeit unter gleichzeitigem Bezug von Sozialleistungen nach dem SGB II oder III (z. B. Arbeitslosengeld, Arbeitslosengeld II) ohne erforderliche Anzeige der Tätigkeit an die zuständige Behörde (beispielsweise Bundesagentur für Arbeit, Arge),
- den unerlaubten Verleih oder Entleih ausländischer Arbeitnehmer,
- das Vorenthalten von Beiträgen zur Kranken-, Pflege-, Renten- und Arbeitslosenversicherung oder
- die Beschäftigung von Ausländern unter Missachtung der Mindestarbeitsbedingungen nach Maßgabe des AEntG (z. B. Gewährung des Mindestlohns, Gewährung von bezahltem Urlaub).

Sie übersenden den Hauptzollämtern zu diesem Zweck insbesondere
- die Personalien des Arbeitnehmers und des Arbeitgebers sowie der in Betracht kommenden Zeugen,
- den Aufenthaltstitel in Kopie,
- vorhandene Informationen bezüglich des Verstoßes (beispielsweise Angaben über Art, Ort und Zeiten der Beschäftigung) sowie
- vorhandene Unterlagen (ggf. in Kopie) bezüglich des Verstoßes (beispielsweise Gesprächsvermerke, Erklärungen des Arbeitnehmers, Anzeige, Bericht über eine durchgeführte Außenprüfung).

90.2 Zusammenarbeit der Behörden
90.2.1 Die mit der Ausführung des Aufenthaltsgesetzes betrauten Behörden arbeiten insbesondere mit der Bundesagentur für Arbeit und den Behörden der Zollverwaltung zusammen sowie mit:
- den Finanzbehörden,
- der Bundesnetzagentur für Elektrizität, Gas, Telekommunikation, Post und Eisenbahnen,
- den Einzugsstellen (§ 28i SGB IV),
- den Trägern der Rentenversicherung,
- den Trägern der Unfallversicherung,
- den Trägern der Sozialhilfe,
- den nach dem AsylbLG zuständigen Behörden,
- dem Bundesamt für Güterverkehr,
- den für den Arbeitsschutz zuständigen Landesbehörden,
- den Polizeivollzugsbehörden der Länder auf Ersuchen im Einzelfall und
- den nach Landesrecht für die Verfolgung und Ahndung von Ordnungswidrigkeiten nach dem SchwarzArbG zuständigen Behörden.

90.2.2 Die Zusammenarbeit besteht in der gegenseitigen Unterrichtung und in der Amtshilfe, die sich nach den dafür geltenden Vorschriften richtet. Darüber hinaus sollen die Behörden gemeinsame Maßnahmen zur gezielten Überprüfung verdächtiger Sachverhalte durchführen und ihre Ermittlungen koordinieren.

90.3 Datenübermittlungen an die für die Durchführung des AsylbLG zuständigen Behörden
90.3.0 Die Vorschrift enthält die Rechtsgrundlage für Datenübermittlungen an die für die Gewährung von Leistungen nach dem AsylbLG zuständigen Behörden.

90.3.1 Zur Mitteilung nach § 90 Absatz 3 verpflichtet sind die nach § 71 mit der Ausführung des Aufenthaltsgesetzes betrauten Behörden, d. h. in erster Linie die Ausländerbehörden. Die Mitteilung stellt eine Übermittlung personenbezogener Daten i. S. d. Art. 4 Nummer 1 DS-GVO dar (→ Nummer 86.1.2).

90.3.2 Umstände und Maßnahmen, deren Kenntnis für die Leistung an Leistungsberechtigte nach dem AsylbLG erforderlich ist, sind im Hinblick auf die in den §§ 1 ff. AsylbLG geregelte Leistungsberechtigung alle Entscheidungen, Maßnahmen und Ereignisse, die den ausländerrechtlichen Status des Betroffenen bestimmen oder verändern oder Einfluss auf Art und Umfang der Leistungen haben (z. B. Wechsel von Duldung zu einem Aufenthaltstitel, Vollziehbarkeit der Ausreisepflicht, Mehrfachbezug von Leistungen). Mitzuteilen sind außerdem die bekannt gewordenen Erteilungen von Zustimmungen zur Aufnahme einer Beschäftigung an Leistungsberechtigte nach dem AsylbLG sowie Angaben über deren Erlöschen, Widerruf oder Rücknahme, sobald die mitteilungspflichtige Stelle durch eine entsprechende Unterrichtung seitens der Bundesagentur für Arbeit hiervon Kenntnis erlangt.

90.3.3 Adressat der Mitteilung und damit Empfänger der zu übermittelnden Daten ist die nach § 10 AsylbLG für den Betroffenen zuständige Behörde. Die Zuständigkeit im Einzelnen richtet sich nach Landesrecht. Sie liegt in aller Regel bei den Trägern der Sozialhilfe.

90.4 Unterrichtung der nach § 72 Absatz 6 zu beteiligenden Stellen
Diese Regelung ergänzt die neu eingefügten § 72 Absatz 6 und § 87 Absatz 5. Sie bildet die Rechtsgrundlage für die Mitteilung der Ausländerbehörde an die Staatsanwaltschaften und Strafgerichte, ob in den in Nummern 1 bis 3 vorgesehenen aufenthaltsrechtlichen Maßnahmen getroffen wurde. Der Zuständigkeitsübergang der Ausländerbehörde nach Nummer 3 ist den Staatsanwaltschaften und Strafgerichten mitzuteilen, damit deren Mitteilungen auch bei einem Zuständigkeitsübergang im Rahmen des Strafverfahrens die richtige Behörde erreichen. Die Mitteilung muss durch die Behörde erfolgen, auf die die Zuständigkeit übergegangen ist, damit diese ihre Erreichbarkeiten und ein neues Aktenzeichen mitteilen kann, damit die Mitteilungen zuzuordnen sind.

90.5 Unterrichtung hinsichtlich Anfechtung der Vaterschaft
90.5.1 Absatz 5 verpflichtet die Ausländerbehörden und Auslandsvertretungen zur Unterrichtung der nach Landesrecht bestimmten anfechtungsberechtigten Behörde, wenn sie Kenntnis erlangen von konkreten Tatsachen, die die Annahme rechtfertigen, dass die Voraussetzungen für ein behördliches Anfechtungsrecht einer Vaterschaftsanerkennung vorliegen (siehe hierzu auch Nummer 27.0.5 und 27.1 a.1.3).

Nicht ausreichend ist ein Verdacht auf der Grundlage bloßer Vermutungen oder Hypothesen. Für die Erhebung einer Anfechtungsklage vor dem Familiengericht genügt jedoch ein Anfangsverdacht. In der Mitteilung an die anfechtungsberechtigte Behörde sollen die konkreten Umstände, aus denen die Auslandsvertretungen den Verdacht eines ausländerrechtlichen Missbrauchs schöpfen, dargelegt und wesentliche Unterlagen beigefügt werden.

90.5.2 Die Anfechtung der Vaterschaft setzt voraus, dass der Anerkennende nicht der biologische Vater ist und zwischen ihm und dem Kind auch keine sozial-familiäre Beziehung besteht oder im Zeitpunkt der Anerkennung oder des Todes des Anerkennenden bestanden hat und durch die Anerkennung rechtliche Voraussetzungen für die erlaubte Einreise oder den erlaubten Aufenthalt eines Kindes oder eines Elternteiles geschaffen werden (können) (§ 1600 Absatz 1 Nummer 5, Absatz 3 BGB).

90.5.2.1 Eine sozial-familiäre Beziehung besteht, wenn der Anerkennende für das Kind zum maßgeblichen Zeitpunkt tatsächliche Verantwortung trägt bzw getragen hat (siehe Legaldefinition in § 1600 Absatz 4 Satz 1 BGB). Es kann bereits zum Zeitpunkt der Geburt eine sozial-familiäre Beziehung bestehen, insbesondere wenn der Anerkennende hinreichend intensiv an Schwangerschaft und Geburt Anteil genommen und den Kontakt zum Kind in seine Lebensplanung aufgenommen hat. Lebt der Anerkennende mit dem Kind bereits längere Zeit in häuslicher Gemeinschaft zusammen, spricht bereits die Regelvermutung des § 1600 Absatz 4 Satz 2 BGB für die Übernahme tatsächlicher Verantwortung und damit für eine sozial-familiäre Beziehung. Die Übernahme tatsächlicher Verantwortung kann sich aber auch aus der Wahrnehmung weiterer typischer Elternrechte und -pflichten ergeben: Dazu zählen z. B. der regelmäßige Umgang mit dem Kind, seine Betreuung und Erziehung sowie die Leistung von Unterhalt. Die für eine sozial-familiäre Beziehung erforderliche Übernahme tatsächlicher Verantwortung ist auch in Fällen möglich, in denen ein Elternteil sich im Ausland befindet und im Visumverfahren ein Aufenthaltsrecht aufgrund einer Vaterschaftsanerkennung geltend macht. Eine verantwortungsvoll gelebte und dem Schutzzweck des Artikels 6 GG entsprechende Eltern-Kind-Gemeinschaft lässt sich nicht allein quantitativ etwa nach Daten und Uhrzeiten des persönlichen Kontakts oder genauem Inhalt der einzelnen Betreuungshandlungen bestimmen. Die Entwicklung eines Kindes wird nicht nur durch quantifizierbare Betreuungsbeiträge der Eltern, sondern auch durch die geistige und emotionale Auseinandersetzung geprägt.

90.5.2.2 Weitere Voraussetzung für das behördliche Vaterschaftsanfechtungsrecht (§ 1600 Absatz 1 Nummer 5, Absatz 3 BGB) ist, dass durch die Anerkennung rechtliche Voraussetzungen für die erlaubte Einreise oder den erlaubten Aufenthalt eines Kindes oder eines Elternteiles entstanden sind bzw entstehen könnten. Dies kommt insbesondere in den folgenden Fallkonstellationen in Betracht:

– Ein deutscher Mann erkennt die Vaterschaft für das Kind einer unverheirateten ausländischen Mutter an. Als Kind eines deutschen Staatsangehörigen erwirbt das Kind mit der wirksamen Vaterschaftsanerkennung die deutsche Staatsangehörigkeit (§ 4 Absatz 1 StAG). Für die Mutter des Kindes erfüllt sich durch die deutsche Staatsangehörigkeit des Kindes ein Teil des Tatbestands des § 28 Absatz 1 Satz 1 Nummer 3.
– Ein ausländischer Mann mit gesichertem Aufenthaltsstatus erkennt die Vaterschaft für das Kind einer unverheirateten Ausländerin an. Liegen die Voraussetzungen des § 4 Absatz 3 StAG vor, wird das Kind durch die Anerkennung deutscher Staatsangehöriger. Für die Mutter des Kindes erfüllt sich durch die deutsche Staatsangehörigkeit des Kindes ein Teil des Tatbestands des § 28 Absatz 1 Satz 1 Nummer 3.
– Ein ausländischer Mann ohne gesicherten Aufenthaltsstatus erkennt die Vaterschaft für das Kind einer Deutschen oder das Kind einer Ausländerin mit verfestigtem Aufenthalt an. Ist das Kind deutscher Staatsbürger gemäß § 4 Absatz 1 oder Absatz 3 StAG, erfüllt sich durch seine deutsche Staatsangehörigkeit ein Teil des Tatbestands des § 28 Absatz 1 Satz 1 Nummer 3, wodurch rechtliche Voraussetzungen für die „erlaubte Einreise" oder den „erlaubten Aufenthalt" des die Vaterschaft Anerkennenden geschaffen werden. In diesem Fall ist für die Erteilung der Aufenthaltserlaubnis vorrangig zu ermitteln, ob der Vater die Personensorge i. S. d. § 28 Absatz 1 Satz 1 Nummer 3 ausübt. Ist dies nicht der Fall, so ist die Aufenthaltserlaubnis bereits aus diesem Grund abzulehnen. Dennoch ist die anfechtungsberechtigte Behörde zu unterrichten, da die Voraussetzungen für die Vaterschaftsanfechtung nach § 1600 Absatz 3 BGB vorliegen. Hintergrund hierfür ist, dass anderenfalls dem Anerkennenden bis zur Volljährigkeit des Kindes die Möglichkeit offen stünde, wiederholt einen Antrag auf Erteilung eines Aufenthaltstitels zum Familiennachzug zu stellen. Dies könnte zudem das Vortäuschen der nach § 28 Absatz 1 Satz 1 Nummer 3 erforderlichen Personensorge provozieren.
– Durch eine Vaterschaftsanerkennung können auch die Voraussetzungen für eine Aufenthaltserlaubnis nach § 33 (Geburt eines Kindes im Bundesgebiet) geschaffen werden.

I. Entstehungsgeschichte

1 Die Vorschrift entsprach zunächst dem **Gesetzesentwurf**[2], aufgrund des Vermittlungsverfahrens[3] wurde nur in Abs. 1 Nr. 2 das Wort „Bundesanstalt" durch „Bundesagentur" ersetzt. Sodann wurde Abs. 1 mWv 18.3.2005 an die Veränderungen des SGB II und III angepasst[4]. Mit dem **RLUmsG 2007**[5] wurde Abs. 5 eingeführt. Durch das Gesetz zur Ergänzung des Rechts auf Anfechtung der Vaterschaft vom 13.3.2008[6] wurde Abs. 5 eingeführt. Mit dem **RLUmsG 2011**[7] wurden redaktionelle Folgeänderungen durch Einfügung von „oder 4b" in Abs. 4 S. 1 Nr. 1 und durch „§ 59 Abs 7" in Nr. 2 vorgenommen. Abs. 5 wurde durch das Gesetz zur besseren Durchsetzung der Ausreisepflicht aufgehoben[8].

---

[2] BT-Drs. 15/420, 32.
[3] BT-Drs. 15/3479, 11.
[4] Art. 1 Nr. 14 ÄndG v. 14.3.2005, BGBl. I S. 721.
[5] Ges. zur Umsetzung aufenthaltsrechtlicher und asylrechtlicher RL der EU v. 19.8.2007, BGBl. I S. 1970.
[6] BGBl. 2008 I S. 313.
[7] BT-Drs. 17/5470, 14, 51.
[8] BGBl. 2017 I S. 2780.

II. Allgemeines

Die Vorschrift übernahm die Regelungen des § 79 AuslG (davor § 90a AuslG 1965) über Mitteilungen nicht nur zum Zwecke der Bekämpfung der illegalen Beschäftigung von Ausländern, sondern regelt erweiternd die Unterrichtung bei Verstößen gegen das Arbeitserlaubnisrecht sowie das Sozialrecht. Die Gesetzesüberschrift ist insofern zu eng, als nicht nur die Ausländerbehörde, sondern alle mit der Ausführung des AufenthG betrauten Behörden zur Unterrichtung verpflichtet sind. Anderen als den hier genannten Stellen können entsprechende Daten nur nach anderen Bestimmungen übermittelt werden. Damit erfolgt keine bereichsspezifische Regelung für Übermittlungen an andere öffentliche oder private sowie ausländischen Stellen. Angesichts der dezidierten Übermittlungsregelungen im AufenthG dürfen die mit der Ausführung dieses Gesetzes betrauten Behörden Übermittlungen von personenbezogenen Daten an andere Stellen nur vornehmen, wenn es dafür in diesem Gesetz oder in anderen Gesetzen (zB § 18 BVerfSchG; § 23 I BDSG; § 161 StPO) eine Rechtsgrundlage gibt. Auf die Übermittlungsbeschränkung des § 88 IV ist zu achten.

Eintragungen in den Pass sind grundsätzlich Rechtseingriffe in das autonome Recht des Ausstellers. Diese sind aber nach den Gepflogenheiten im Rechtsverkehr völkerrechtlich zu dulden, soweit diese erforderlich und üblich sind. Insbesondere soweit sie zur Dokumentation des Aufenthaltsrechts notwendig sind und den Inhaber bei einer Rückkehr in den Heimatstaat oder sonst nicht gefährden (vgl. hierzu weiter → § 3 Rn. 7). Unzulässige Übermittlungen[9] liegen jedoch vor, wenn Eintragungen im Pass oder Visum vorgenommen werden, die nicht in völkerrechtlich gewohnter Weise unmittelbar mit Einreise und Aufenthalt zu tun haben und eine Wertung der Behörden in Form einer Aktennotiz darstellen: zB Vermerke wie „Abschiebungshindernis selbst zu vertreten"[10], „nach Schwarzfahrt ausländerrechtlich geprüft", „angetroffen mit Datum, Uhrzeit"[11], „ausgewiesen", „abgeschoben". Wohl aber: „annulliert" oder „aufgehoben" über eine gesetzliche Ermächtigung (vgl. Art. 34 V VK).

III. Unterrichtungspflichten

Unter Unterrichtung ist Datenübermittlung zu verstehen. Zur Übermittlung nach **Abs. 1** sind außer den Ausländerbehörden auch andere mit der Ausführung des AufenthG (und der darauf beruhenden Rechtsverordnung) betraute Behörden verpflichtet. **Konkrete Anhaltspunkte** im Einzelfall sind nur gegeben, wenn personenbezogene Hinweise vorliegen. Nachweise und Belege sind nicht erforderlich; bloße Verdachtsmomente und allgemeine Hinweise genügen aber nicht. Die Daten sind an die zuständigen Sozialleistungsträger und die BA sowie die zuständigen Verfolgungs- und Ahndungsbehörden von sich aus **(Spontanübermittlung)** zu übermitteln oder auf Ersuchen im Einzelfall. Beschäftigung ist iSd § 2 II[12] zu verstehen. Als Tätigkeit ist jede andere Art der Betätigung anzusehen, die nicht durch einen Aufenthaltstitel gedeckt ist.

IV. Zusammenarbeit

Die mit der Ausführung des AufenthG betrauten Behörden sind **verpflichtet,** mit den anderen in § 2 II des SchwarzarbeitsbekämpfungsG genannten Behörden zusammenzuarbeiten, insbesondere mit der BA (vgl. auch Nr. 90.2.1 AVwV). Zusammenarbeit besteht va in gegenseitiger **Unterrichtung und Amtshilfe** sowie in der Abstimmung der jeweiligen Aktivitäten zur Überprüfung verdächtiger Verhaltensweisen. **Abs. 2** enthält damit lediglich aufgabenbezogene Formen der Zusammenarbeit und keine Befugnisse. Diese richten sich nach den jeweils für die genannten Stellen geltenden Vorschriften[13].

V. Datenübermittlung an AsylbLG-Behörden

Va die Ausländerbehörden und die Arbeitsagenturen haben die in **Abs. 3** genannten Daten den nach § 10 AsylbLG zuständigen Behörde (idR den Sozialämtern) mitzuteilen. Die **Leistungsgewährung** setzt die Kenntnis und Bewertung einer Vielzahl von Sachverhalten und Maßnahmen im Bereich des Aufenthaltsrechts und der Zulassung der Beschäftigung voraus.

---

[9] HK-AusR/*Hilbrans* § 90 Rn. 4.
[10] SchlHOVG NVwZ-Beilage I 2000, 34 ff.; *Petri* in GK-AufenthR, § 90 Rn. 3.
[11] Aber: Beachte europarechtliche Vorgaben in Art. 10, 11 SGK.
[12] → § 2 Rn. 8 ff.
[13] Vgl. auch § 308 I 1 SGB III.

VI. Mitteilung bei opferschutzrelevanten Aufenthaltstiteln an Staatsanwaltschaft und Strafgerichte

7 Abs. 4 wurde 2007 neu eingefügt und 2011 ergänzt (→ Rn. 1) und schafft eine Regelung für die Datenübermittlung der Ausländerbehörden an Staatsanwaltschaft und Strafgerichte. Abs. 4 ergänzt damit § 72 VI sowie § 87 VI. Er schafft eine Rechtsgrundlage für die Mitteilung der Ausländerbehörden an die Staatsanwaltschaft und Strafgerichte, ob eine der vorgesehenen aufenthaltsrechtlichen Maßnahmen getroffen wurde. Der Zuständigkeitsübergang der Ausländerbehörden nach Nr. 3 ist den Staatsanwaltschaften und Strafgerichten mitzuteilen, damit deren Mitteilungen auch bei einem Zuständigkeitsübergang die richtige Behörde erreichen. Die Mitteilung muss durch die neu zuständige Behörde erfolgen, damit diese ihre Erreichbarkeiten und ein neues Aktenzeichen mitteilen kann, dem die Mitteilungen zuzuordnen sind. Die Folgeänderung zu **§ 25 IV b** schafft – analog der Regelung zu § 25 IV a – eine Rechtsgrundlage für die Mitteilung der Ausländerbehörden an die Staatsanwaltschaften und Strafgerichte, ob ein Aufenthaltstitel nach § 25 IV b erteilt oder versagt wurde bzw. ein Zuständigkeitsübergang nach Nr. 3 stattgefunden hat[14].

§ 90a Mitteilungen der Ausländerbehörden an die Meldebehörden

(1) ¹Die Ausländerbehörden unterrichten unverzüglich die zuständigen Meldebehörden, wenn sie Anhaltspunkte dafür haben, dass die im Melderegister zu meldepflichtigen Ausländern gespeicherten Daten unrichtig oder unvollständig sind. ²Sie teilen den Meldebehörden insbesondere mit, wenn ein meldepflichtiger Ausländer
1. sich im Bundesgebiet aufhält, der nicht gemeldet ist,
2. dauerhaft aus dem Bundesgebiet ausgereist ist.

³Die Ausländerbehörde unterrichtet die zuständige Meldebehörde über die Erteilung einer Niederlassungserlaubnis oder einer Erlaubnis zum Daueraufenthalt-EU.

(2) Die Mitteilungen nach Absatz 1 sollen folgende Angaben zum meldepflichtigen Ausländer enthalten:
1. Familienname, Geburtsname und Vornamen,
2. Tag, Ort und Staat der Geburt,
3. Staatsangehörigkeiten,
4. letzte Anschrift im Inland,
5. Datum und Zielstaat der Ausreise sowie
6. zum Zweck der eindeutigen Zuordnung die AZR-Nummer in den Fällen und nach Maßgabe des § 10 Absatz 4 Satz 2 Nummer 4 des AZR-Gesetzes.

Allgemeine Verwaltungsvorschrift
90a Zu § 90a – Mitteilungen der Ausländerbehörden an die Meldebehörden
90a.0 Allgemeines
90a.0.1 Zwischen den Zahlen der amtlichen Statistiken über die ausländische Bevölkerung aus der Ausländerstatistik, die aus dem Ausländerzentralregister erstellt wird, und der Bevölkerungsfortschreibung, die auf Angaben aus den Melderegistern der Meldebehörden und von den Standesämtern beruht, bestehen seit Jahren erhebliche Abweichungen. Dies betrifft insbesondere die regionale Aufgliederung der Daten nach Bundesländern. Die Gründe liegen im Wesentlichen in den unterschiedlichen Berichtswegen beider Statistiken sowie der unterschiedlichen Verarbeitung der so genannten Bewegungsfälle (Geburten und Sterbefälle, Zu- und Fortzüge, Staatsangehörigkeitswechsel).
90a.0.2 § 90a schließt eine Lücke in den bestehenden Verpflichtungen zur gegenseitigen Unterrichtung der Meldebehörden und der Ausländerbehörden. Vor Inkrafttreten der Vorschrift waren nur die Meldebehörden verpflichtet, die Ausländerbehörden über den Aufenthalt von Ausländern zu informieren (§ 72 AufenthV), während die Ausländerbehörden bislang nur verpflichtet waren, die Meldebehörden bei konkreten Anhaltspunkten für die Unrichtigkeit oder Unvollständigkeit übermittelter Daten zu unterrichten (§ 4a Absatz 3 MRRG).
90a.0.3 Die Regelung in § 90a geht über die Regelung des § 4a Absatz 3 MRRG hinaus, da es nicht darauf ankommt, bei konkreten Anlässen unrichtige oder unvollständige Daten von den Ausländerbehörden an die Meldebehörden zu übermitteln. Stattdessen wird eine eigene Unterrichtungsverpflichtung der Ausländerbehörden bei melderechtlich relevanten Vorgängen gegenüber den Meldebehörden festgeschrieben.
90a.1 Mitteilungspflicht der Ausländerbehörden
90a.1.1 Absatz 1 Satz 1 entspricht der Mitteilungspflicht in § 4a Absatz 3 MRRG. Die Ausländerbehörden sind zu einer Mitteilung an die zuständige Meldebehörde verpflichtet, wenn sie Anhaltspunkte für eine Unrichtigkeit oder Unvollständigkeit des Melderegisters haben.
90a.1.2.1 Erfahren Ausländerbehörden von den in Absatz 1 Satz 2 aufgeführten melderechtlich relevanten Vorgängen, so sind sie zur Mitteilung an die Meldebehörde verpflichtet. Weitere Anhaltspunkte für die Unrichtigkeit des Melderegisters sind in diesem Fall nicht erforderlich.
90a.1.2.2 Die Regelung unterscheidet zwei melderechtliche relevante Vorgänge: Nach Nummer 1 ist der Aufenthalt eines Ausländers im Bundesgebiet mitzuteilen, wenn dieser nicht gemeldet ist. Nach Nummer 2 ist die dauerhafte Ausreise aus dem Bundesgebiet meldepflichtig.

---

[14] BT-Drs. 17/5470, 51.

90a.2 Zu übermittelnde Daten
Absatz 2 enthält die bei Mitteilungen nach Absatz 1 zu übermittelnden Daten. Es handelt sich um eine Sollvorschrift, d. h., die aufgeführten Angaben sind zu übermitteln, wenn nicht besondere Umstände gegen eine solche Mitteilung sprechen.

I. Entstehungsgeschichte

Die Vorschrift, die mit dem **RLUmsG 2007**[1] eingeführt wurde, entsprach dem **Gesetzesentwurf**. Durch das Zweite Gesetz zur Verbesserung der Registrierung und des Datenaustauschs zu aufenthalts- und asylrechtlichen Zwecken (2. DAVG)[2] wird in den Abs. 1 eingefügt, dass die Meldebehörden von der Ausländerverwaltung auch von Daueraufenthaltsrechten zu unterrichten sind. 1

II. Meldepflicht der Ausländerbehörde

Zwischen den Zahlen der amtlichen Statistiken über die ausländische Bevölkerung aus der Ausländerstatistik, die aus dem AZR erstellt wird, und der Bevölkerungsfortschreibung, die auf Angaben aus den Melderegistern der Meldebehörden und von den Standesämtern beruhen, bestehen seit Jahren erhebliche Abweichungen[3]. Dies betrifft insbesondere die regionale Aufgliederung der Daten nach Bundesländern. Die Gründe liegen im Wesentlichen in den unterschiedlichen Berichtswegen beider Statistiken sowie der unterschiedlichen Verarbeitung der sog. Bewegungsfälle (Geburten und Sterbefälle, Zu- und Fortzüge, Staatsangehörigkeitswechsel). 2

§ 90a schloss eine Lücke in den bestehenden Verpflichtungen zur gegenseitigen Unterrichtung der Meldebehörden und der Ausländerbehörden. Zuvor waren nur die Meldebehörden verpflichtet, die Ausländerbehörden über den Aufenthalt von Ausländern zu informieren (§ 72 AufenthV), während die Ausländerbehörden nur verpflichtet waren, die Meldebehörden bei konkreten Anhaltspunkten für die Unrichtigkeit oder Unvollständigkeit übermittelter Daten zu unterrichten (§ 4a III MRRG). 3

Die Regelung in § 90a geht über die Regelung des § 4a III MRRG hinaus, da es hier nicht darauf ankommt, bei konkreten Anlässen unrichtige oder unvollständige Daten von den Ausländerbehörden an die Meldebehörden zu übermitteln, sondern dass eine eigene Unterrichtungsverpflichtung der Ausländerbehörden bei melderechtlich relevanten Vorgängen gegenüber den Meldebehörden festgeschrieben wird. Übermittlungswürdig sind aus Datenschutzgründen auch hier keine Vermutungen oder vage, nicht belegbare Einschätzungen, sondern ausschließlich Tatsachen[4]. 4

Bei Unklarheiten wird eine Befragung seitens der Ausländerbehörden gegenüber dem Ausländer erforderlich sein, ohne dass dieses ausdrücklich vorgesehen wäre. Die Grenzen der Mitwirkungspflicht liegen jedoch nur in dem Umfang der gesetzlichen Mitwirkungspflichten (vgl. § 82)[5]. Eine Abmeldebefugnis von Amts wegen enthält die Vorschrift für die Ausländerbehörden nicht (§ 4a I MRRG). 5

Die Ausländerbehörden können nach Art. 6 I lit. c, II DS-GVO, § 23 I Nr. 2 BDSG Angaben zu dem Ausländer der zuständigen Meldebehörde zum Abgleich bzw. zur Richtigstellung übermitteln. Die Meldebehörden können nach § 34 BMG die Ausländerbehörden von ihren Einträgen unterrichten. 6

§ 90b Datenabgleich zwischen Ausländer- und Meldebehörden

¹Die Ausländer- und Meldebehörden übermitteln einander jährlich die in § 90a Abs. 2 genannten Daten zum Zweck der Datenpflege, soweit sie denselben örtlichen Zuständigkeitsbereich haben. ²Die empfangende Behörde gleicht die übermittelten Daten mit den bei ihr gespeicherten Daten ab, ein automatisierter Abgleich ist zulässig. ³Die übermittelten Daten dürfen nur für die Durchführung des Abgleichs sowie die Datenpflege verwendet werden und sind sodann unverzüglich zu löschen; überlassene Datenträger sind unverzüglich zurückzugeben oder zu vernichten. ⁴Die Ausländerbehörden übermitteln die im Rahmen des Datenabgleichs erfolgten Änderungen unverzüglich an die Registerbehörde des Ausländerzentralregisters. ⁵Andere gesetzliche Vorschriften zum Datenabgleich bleiben unberührt.

Allgemeine Verwaltungsvorschrift
90b Zu § 90b – Datenabgleich zwischen Ausländer- und Meldebehörden
90b.0 Die Vorschrift regelt den für eine umfassende Datenpflege notwendigen gegenseitigen Datenaustausch zwischen Ausländer- und Meldebehörden, um Differenzen zwischen den Datenbeständen zu erkennen und zu bereinigen. Damit geht die Regelung über § 4a Absatz 3 MRRG hinaus, da es hier zunächst um das Erkennen von falschen oder unvollständigen Daten geht.

---

[1] Ges. zur Umsetzung aufenthaltsrechtlicher und asylrechtlicher RL der EU v. 19.8.2007, BGBl. I S. 1970.
[2] BT-Drs. 19/8752, 1131.
[3] BT-Drs. 16/5095, 196.
[4] HK-AuslR/*Hilbrans* §§ 90a, b Rn. 3.
[5] Vgl. HK-AuslR/*Hilbrans* Rn. 2.

90b.1 Der Datenaustausch hat anlassunabhängig jährlich zu erfolgen. Zum Umfang der zu übermittelnden Daten vgl. § 90a Absatz 2. Daten dürfen nur übermittelt werden, soweit ein übereinstimmender örtlicher Zuständigkeitsbereich gegeben ist. Dies ist von der übermittelnden Stelle zu überprüfen.

90b.2 Ein automatisierter Datenabgleich ist zulässig.

90b.3 Die übermittelten Daten unterliegen einer strikten Zweckbindung. Sie dürfen ausschließlich zur Durchführung des Datenabgleichs und zur Datenpflege verwendet werden. Soweit die übermittelten Daten in den eigenen Datenbestand übernommen werden, kann die empfangende Stelle die Daten als eigene Daten unter den normalen Verarbeitungsvoraussetzungen verwenden. Soweit die übermittelten Daten nicht übernommen werden, besteht das Verwendungsverbot. In diesem Fall sind die Daten unverzüglich zurückzugeben oder zu vernichten.

I. Entstehungsgeschichte

1 Die Vorschrift, die mit dem **RLUmsG 2007**[1] eingeführt wurde, entsprach dem **Gesetzesentwurf**. Mit dem Gesetz zur Weiterentwicklung des Ausländerzentralregisters vom 9.7.2021[2] wurden die S. 4 und 5 eingefügt.

II. Datenaustausch mit der Meldebehörde

2 Zwischen den Zahlen der amtlichen Statistiken über die ausländische Bevölkerung aus der Ausländerstatistik, die aus dem Ausländerzentralregister erstellt wird, und der Bevölkerungsfortschreibung, die auf Angaben aus den Melderegistern der Meldebehörden und von den Standesämtern beruhen, bestehen seit Jahren erhebliche Abweichungen. Dies betrifft insbesondere die regionale Aufgliederung der Daten nach Bundesländern. Die Gründe liegen im Wesentlichen in den unterschiedlichen Berichtswegen beider Statistiken sowie der unterschiedlichen Verarbeitung der sog. Bewegungsfälle (Geburten und Sterbefälle, Zu- und Fortzüge, Staatsangehörigkeitswechsel).

3 § 90b regelt im Rahmen der **Qualitätskontrolle**[3] den für eine umfassende Datenpflege notwendigen gegenseitigen **Datenaustausch zwischen Ausländerbehörden und Meldebehörden**, um Differenzen zwischen den Datenbeständen zu erkennen und zu bereinigen. Dieser Abgleich erfolgt jährlich und anlassunabhängig. Damit geht diese Regelung ebenfalls über § 4a III MRRG hinaus, da es hier zunächst um das Erkennen von falschen oder unvollständigen Daten geht. Der Abgleich kann zwar automatisiert erfolgen, hat jedoch seine Grenzen, wo aufgrund von inhaltlichen Abweichungen eine manuelle Nachprüfung erfolgen muss[4].

4 Die Notwendigkeit der Datenpflege ergibt sich aus Folgendem[5]:
– Der Bundesrechnungshof hat die Bundesregierung mehrfach aufgefordert, Maßnahmen zu einer Reduzierung der Abweichungen in der Ausländerstatistik, insbesondere bzgl. der vorhandenen Differenzen bei den Zahlen zu den in Deutschland aufhältigen Ausländern zwischen dem AZR und der Bevölkerungsfortschreibung, vorzunehmen. Ohne einen regelmäßigen Datenabgleich zwischen Ausländerbehörden und den Meldebehörden kann diese Forderung nicht erfüllt werden.

5 Die Wahlkreiskommission berichtet auf Basis der Zahlen der Bevölkerungsfortschreibung über Änderungen der Bevölkerungszahl und die sich daraus ergebenden notwendigen Änderungen der Wahlkreiseinteilung, wobei bei der Ermittlung der Bevölkerungszahl die Ausländer unberücksichtigt bleiben (§ 3 BWG). Es ist Aufgabe der Bundesregierung, dafür zu sorgen, dass die Empfehlungen der Wahlkreiskommission auf eindeutigen amtlichen Daten beruhen. Basierend auf der Ausländerstatistik und auf der Bevölkerungsfortschreibung entstehen in sich widersprüchliche Angaben über den Anteil der ausländischen Bevölkerung an der Bevölkerung insgesamt und damit auch sich widersprechende Angaben über die deutsche Bevölkerung. Das macht die Empfehlungen der Wahlkreiskommission angreifbar.

6 Der Zensustest hat gezeigt, dass trotz der im ZensustestG geregelten Maßnahmen nach wie vor eine Übererfassungsrate von 2,3 Prozent und eine Fehlbestandsrate von 1,7 Prozent besteht, sodass zusätzliche Maßnahmen ergriffen werden müssen, um die Qualität der Melderegister zu verbessern. Der Datenabgleich zwischen den Ausländerbehörden und den Meldebehörden ist eine dieser Maßnahmen zur Ertüchtigung der Melderegister.

7 Ergibt sich in Folge des Datenabgleichs zwischen Ausländer- und Meldebehörden, dass der jeweilige Datenbestand geändert werden muss, so sind die Ausländerbehörden zur unverzüglichen Übermittlung dieser Änderungen an die das AZR führende Registerbehörde verpflichtet.

8 Die Vorschrift steht in Einklang mit Art. 6 I lit. e, II DS-GVO. Wegen der Löschung s. § 91.

---

[1] Ges. zur Umsetzung aufenthaltsrechtlicher und asylrechtlicher RL der EU v. 19.8.2007 (BGBl. I S. 1970).
[2] BGBl. 2021 I S. 2467.
[3] *Hailbronner* § 90b Rn. 1.
[4] HK-AuslR/*Hilbrans* §§ 90a, b Rn. 4.
[5] Ausf. BT-Drs. 16/5065, 196 f.

§ 90c Datenübermittlungen im Visumverfahren über das Auswärtige Amt

(1) ¹Die Übermittlung von Daten im Visumverfahren von den Auslandsvertretungen an die im Visumverfahren beteiligten Behörden und von diesen zurück an die Auslandsvertretungen erfolgt automatisiert über eine vom Auswärtigen Amt betriebene technische Vorrichtung zur Unterstützung des Visumverfahrens. ²Die technische Vorrichtung stellt die vollständige, korrekte und fristgerechte Übermittlung der Daten nach Satz 1 sicher. ³Zu diesem Zweck werden die Daten nach Satz 1 in der technischen Vorrichtung gespeichert.

(2) In der technischen Vorrichtung dürfen personenbezogene Daten nur verarbeitet werden, soweit dies für den in Absatz 1 Satz 1 und 2 genannten Zweck erforderlich ist.

(3) Die nach Absatz 1 Satz 3 gespeicherten Daten sind unverzüglich zu löschen, wenn die Daten nicht mehr zu dem in Absatz 1 Satz 1 und 2 genannten Zweck benötigt werden, spätestens nach Erteilung oder Versagung des Visums oder Rücknahme des Visumantrags.

Allgemeine Verwaltungsvorschrift
Nicht belegt.

I. Entstehungsgeschichte

Die Vorschrift wurde mit dem **RLUmsG 2011**[1] neu eingefügt und entspricht der Fassung der Beschlussempfehlung und dem Bericht des Innenausschusses (4. Ausschuss)[2]. Durch das 2. DSAnpUG EU vom 20.11.2019, BGBl. I S. 1626 wurde die verschiedenen Datenverarbeitungsarten auf den Oberbegriff der „Verarbeitung" iSd Art. 4 Nr. 2 DS-GVO, der Erhebung und Nutzung mitumfasst, zurückgeführt.

II. Zweck der Vorschrift

In **Abs. 1** wird geregelt, dass Daten im Visumverfahren von den Auslandsvertretungen an die im Visumverfahren beteiligten Behörden und von diesen zurück an die Auslandsvertretungen automatisiert über eine vom AA betriebene technische Vorrichtung zur Unterstützung des Visumverfahrens übermittelt werden. Die technische Vorrichtung soll die vollständige, korrekte und fristgerechte Übermittlung der Visumdaten sicherstellen. Die Daten sollen zu diesem Zweck in der technischen Vorrichtung gespeichert werden.

Aufgrund verschiedener nationaler und europäischer Regelungen können die Auslandsvertretungen über einen Visumantrag in der Regel erst dann entscheiden, wenn weitere Behörden beteiligt wurden. Jährlich werden von den deutschen Auslandsvertretungen über zwei Millionen Visumanträge bearbeitet. Die vorgesehene Übermittlung von Visumdaten über die technische Vorrichtung im AA zur Beteiligung weiterer Behörden bietet daher – im Gegensatz zum Papierverfahren – die Möglichkeit, ein aufwendiges und kompliziertes Verfahren zügig abzuwickeln und gleichzeitig die Einhaltung der gesetzlichen Vorschriften sicherzustellen. Es liegt dabei im überwiegenden Allgemeininteresse, die Datenübermittlung im Visumverfahren auf dem beschriebenen Weg durchzuführen. Auch der Visumantragsteller hat ein großes Interesse daran, dass über seinen Antrag auf Erteilung eines Visums zeitnah entschieden wird, sodass bei dem beschriebenen Verfahren auch die Verhältnismäßigkeit gewahrt wird.

Die Auslandsvertretungen sind nicht unmittelbar und jeweils einzeln mit den im Visumverfahren zu beteiligenden Stellen verbunden. Eine einzelne Anbindung jeder Auslandsvertretung an jede beteiligte Behörde könnte die Sicherheit der Daten nicht genauso gewährleisten wie eine Übermittlung über die technische Vorrichtung im AA und wäre zudem nicht nur aufwendig, sondern auch kostenintensiv. Daher soll die Übermittlung über die technische Vorrichtung im AA, die mit den Auslandsvertretungen verbunden ist, erfolgen. Hierdurch wird die Übermittlung der Anfragen und Antworten der im Visumverfahren zu beteiligenden Stellen sichergestellt.

Abs. 2 regelt den engen Rahmen, in dem die Daten erhoben, verarbeitet und genutzt werden dürfen. Eine Erhebung, Verarbeitung und Nutzung der Daten ist nur zur rechtmäßigen Erfüllung des in Abs. 1 S. 1 und 2 genannten Zwecks zulässig.

Offengelassen wurde mit der Regelung die Frage der datenschutzrechtlichen Verantwortlichkeit iSd Art. 4 Nr. 7 DS-GVO für die in der technischen Vorrichtung übermittelten und gespeicherten Daten. Zwar käme das AA als Betreiber der technischen Vorrichtung denkbar als Verantwortlicher in Betracht, womit das umfangreiche Pflichtenprogramm der DS-GVO (ua Informations-, Berichtigungs-, Löschpflichten) verbunden wäre. Nach hiesiger Auffassung kann die Frage der Verantwortlichkeit des AA jedoch analog zur Regelung der datenschutzrechtlichen Verantwortlichkeit des BKA als Zentralstelle im polizeilichen Informationsverbund gemäß § 32 II 1 BKAG beantwortet werden.

---

[1] Ges. v. 22.11.2011, BGBl. I S. 2258 mWv 26.11.2011.
[2] BT-Drs. 17/6497, 15.

1 AufenthG § 91

Danach gilt infolge des sog. **Besitzerprinzips,** dass die datenschutzrechtliche Verantwortung ausschließlich den Stellen obliegt, welche die Daten unmittelbar eingeben, weshalb auch nur diese Stellen zu Berichtigungen, Änderungen oder Löschungen befugt und verpflichtet sind[3]. Alternativ könnte das AA entsprechend der Verantwortung der Registerbehörde für das AZR gemäß § 8 II AZRG für Einzelfragen der Datenverarbeitung als Verantwortlicher angesehen werden. Dies erscheint jedoch vor dem Hintergrund der Aufgabe des AA als bloße Vermittlungsstelle nach hiesiger Auffassung zu weitgehend.

7   **Abs. 3** regelt die Löschfristen für die in der technischen Vorrichtung gespeicherten Daten. Die Daten sind unverzüglich zu löschen, wenn sie zu dem in Abs. 1 S. 1 und 2 vorgesehenen Zweck nicht mehr benötigt werden. Sie sind spätestens zu löschen, wenn das Visum erteilt oder versagt oder der Visumantrag zurückgenommen wurde. Hierdurch wird konkretisiert, zu welchem Zeitpunkt die Daten in der technischen Vorrichtung spätestens nicht mehr benötigt werden. Wegen der Löschung im Einzelnen → § 91.

§ 91 Speicherung und Löschung personenbezogener Daten

(1) ¹Die Daten über die Ausweisung, Zurückschiebung und Abschiebung sind zehn Jahre nach Ablauf der in § 11 Absatz 2 bezeichneten Frist zu löschen. ²Sie sind vor diesem Zeitpunkt zu löschen, soweit sie Erkenntnisse enthalten, die nach anderen gesetzlichen Bestimmungen nicht mehr gegen den Ausländer verwertet werden dürfen.

(2) Mitteilungen nach § 87 Abs. 1, die für eine anstehende ausländerrechtliche Entscheidung unerheblich sind und voraussichtlich auch für eine spätere ausländerrechtliche Entscheidung nicht erheblich werden können, sind unverzüglich zu vernichten.

Allgemeine Verwaltungsvorschrift
91 Zu § 91 – Speicherung und Löschung personenbezogener Daten
91.0 Anwendungsbereich
§ 91 trifft bereichsspezifische Regelungen über die Löschung bzw Vernichtung von Daten (Absatz 1 und 2).
91.1 Vernichtung von Unterlagen über Ausweisung, Zurückschiebung und Abschiebung
91.1.1 Die Frist für die Vernichtung der zu den Ausländerakten gehörenden Unterlagen über Ausweisung, Zurückschiebung und Abschiebung beginnt erst mit Ablauf der Sperrwirkung, die nach § 11 Absatz 1 Satz 2 als Folge der Ausweisung, Zurückschiebung und Abschiebung eintritt und die nach § 11 Absatz 2 i. d. R. auf Antrag befristet wird. Ist die Sperrwirkung nicht befristet, ist § 91 Absatz 1 nicht anzuwenden. In diesem Fall sind die Unterlagen spätestens fünf Jahre nach dem Tod des Betroffenen oder spätestens mit Ablauf seines 90. Lebensjahres zu vernichten. Um eine fristgerechte und vollständige Vernichtung zu gewährleisten, empfiehlt es sich, die Vorgänge über Ausweisung, Zurückschiebung und Abschiebung in einer Teilakte der Ausländerakte gesondert zu führen. Unterlagen, die Angaben für die Erhebung von Kosten enthalten, unterliegen bis zur Begleichung nicht der Vernichtung.
91.1.2 Ein gesetzliches Verwertungsverbot i. S. d. § 91 Absatz 1 Satz 2 ergibt sich insbesondere aus § 51 BZRG.
91.1.3 Das Vernichten von Unterlagen umfasst auch die Löschung der entsprechenden nach der AufenthV zu speichernden Daten (§ 68 Absatz 2 AufenthV). Soweit die in der Ausländerdatei A aufgenommenen Daten im Falle des „Untertauchens" des Ausländers gemäß § 67 Absatz 1 Nummer 2 AufenthV in die Ausländerdatei B übernommen werden, sind die Daten aus der Ausländerdatei B entsprechend § 68 Absatz 2 Satz 1 AufenthV zu löschen. Die Löschung erfolgt mit Ablauf des 90. Lebensjahres (siehe Nummer 91.1.1).
91.1.4 Ist die Behörde, die die Ausweisung oder Zurückschiebung veranlasst hat, nicht die Behörde, die die Ausweisung verfügt hat, ist die Akte an die Behörde zurückzugeben, die die Ausweisung verfügt hat. Dieser obliegt die Vernichtung der Unterlagen über Ausweisung, Zurückschiebung und Abschiebung.
91.2 Vernichtung von Mitteilungen nach § 87
91.2.1 Die Behörde, der die Mitteilung zuständigkeitshalber übersandt worden ist, hat unverzüglich zu prüfen, ob die Daten für die anstehende ausländerrechtliche Entscheidung noch erheblich sind oder für eine spätere ausländerrechtliche Entscheidung noch erheblich werden können. Sie trifft die Entscheidung, ob diese Voraussetzungen gegeben sind. Die Prüfung der Entscheidungserheblichkeit und die Vernichtung der Mitteilungen sind aktenkundig zu machen. Die Vernichtung unterbleibt, soweit die Mitteilungen für ein bereits eingeleitetes datenschutzrechtliches Kontrollverfahren benötigt werden. Im Fall der Zurückstellung der Löschung hat die Behörde zu prüfen, ob die weitere Speicherung unter Berücksichtigung der Lage des Betroffenen verhältnismäßig ist.
91.2.2 Die Vorschriften des § 91 Absatz 2 und der Nummer 91.2.1 gelten entsprechend für personenbezogene Daten, die nach § 87 Absatz 2 bis 4 oder den auf Grund von § 99 Absatz 1 Nummer 14 erlassenen Rechtsverordnungen ohne Ersuchen übermittelt worden sind. Ohne Bedeutung ist in diesem Zusammenhang, ob die Übermittlung aus Versehen oder aus Unkenntnis der Sachverhalts- oder Rechtslage erfolgt ist.
91.3 Ausschluss des datenschutzrechtlichen Widerspruchs
Gegen die Nutzung der Daten eines Ausländers zu ausländerrechtlichen Zwecken findet kein Widerspruch nach § 20 Absatz 5 BDSG oder entsprechenden Vorschriften der Datenschutzgesetze der Länder statt.

---

[3] *Graulich* in Schenke/Graulich/Ruthig, Sicherheitsrecht des Bundes, 2. Aufl., § 31 BKAG Rn. 4.

I. Entstehungsgeschichte

Die Vorschrift entsprach dem **Gesetzesentwurf**[1]. Mit dem **RLUmsG 2007**[2] wurden in Abs. 1 S. 1 nach dem Wort „Ausweisung" ein Komma und das Wort „Zurückschiebung" eingefügt. Durch das 2. DSAnpUG EU vom 20.11.2019, BGBl. I S. 1626, erfolgte eine lediglich redaktionelle Änderung in Abs. 1 sowie die Streichung des früheren Abs. 3, nachdem dieser durch Außerkrafttreten des BDSG aF obsolet geworden ist.

II. Löschung

Die Bestimmung bildet eine bereichsspezifische Ergänzung zur allgemeinen Regelung von Berichtigung, Speicherung und Löschung[3]. *Hilbrans* bezeichnet die Regelung zutreffend als **Minimalvoraussetzung** rechtmäßiger Datenverarbeitung[4]. Unterlagen über Ausweisung, Abschiebung und Zurückschiebung sind zehn Jahre nach Ablauf der **Sperrfrist** des § 11 II zu vernichten. Ist die Sperrwirkung nicht befristet, soll die Löschung fünf Jahre nach dem Tod des Betroffenen oder spätestens mit Ablauf seines 90. Lebensjahres erfolgen (Nr. 91.1.1 S. 3 AVwV). Ein **Verwertungsverbot** ergibt sich insbesondere aus § 51 BZRG. Außer der Vernichtung der Unterlagen ist auch die Löschung der dazugehörigen gespeicherten Daten erforderlich (§ 68 II AufenthV). Mitteilungen öffentlicher Stellen nach § 87 I sind **unverzüglich zu löschen.** Löschungen haben von Amts wegen zu erfolgen. Der Betroffene hat einen subjektiven Löschungsanspruch schon bei Antragstellung und Feststellung der Nichterforderlichkeit der Daten[5].

Für **Freizügigkeitsberechtigte** hat die Sperrwirkung des § 11 keine Bedeutung; auch nicht für Neu-EU-Bürger nach Statuswechsel. Ebenso wenig die Ausschreibung im AZR und im SIS[6]. Nachdem mit Inkrafttreten des AufenthG neben der Ausweisung und der Abschiebung nunmehr auch die **Zurückschiebung** nach § 11 I 1 und 2 eine Einreisesperre und ein Aufenthaltsverbot nach sich zieht sowie eine Sperrwirkung für die Erteilung eines Aufenthaltstitels entfaltet und die vorgenannten Wirkungen nach § 11 II **von Amts wegen** und nicht erst auf Antrag befristet werden müssten, müssen die Löschungsfristen nach Abs. 1 S. 1, die bislang nur für Daten über die Ausweisung und die Abschiebung gelten, auch auf Daten über Zurückschiebungen erstreckt werden[7].

Im Rahmen des **Abs. 2** dürfen Aktenbestandteile belassen werden, wenn zwar eine konkrete ausländerrechtliche Maßnahme nicht geboten ist, sie bei einer späteren ausländerrechtlichen Maßnahme, zB einer Ausweisungsverfügung, aber erheblich werden können. Bei dieser Prüfung ist der Grundsatz der Verhältnismäßigkeit zu beachten. Es wird dabei einerseits die Schwere des strafrechtlichen Vorwurfs und die Möglichkeit – auch künftiger – ausländerrechtlicher Maßnahmen gegen das Interesse des Betroffenen zum Schutze seiner persönlichen Daten abzuwägen sein. Eine Mitteilung darf nicht in die Akte genommen werden und ist daher zu vernichten, wenn eine weitere ausländerrechtliche Maßnahme überhaupt nicht infrage kommt bzw. nach Sachlage Anhaltspunkte dafür fehlen, dass die Mitteilung zukünftig ausländerrechtlich relevant werden könnte. Eine ausländerrechtliche Relevanz iSv § 91 II liegt nicht nur dann vor, wenn aufenthaltsbeendende Maßnahmen möglich sind, sondern auch dann, wenn Daten für sonstige Zwecke wie zB für die Erteilung eines bestimmten Aufenthaltstitels in Zukunft benötigt werden können[8]. Abs. 3 kommt nach dem Außerkrafttreten des BDSG aF vom 20.12.1990 am 25.5.2018 keine Bedeutung mehr zu und wurde deshalb folgerichtig gestrichen.

Im Übrigen gilt für alle von der Ausländerverwaltung in Dateien gespeicherte personenbezogene Daten:

a) Ergänzung und Berichtigung

Auf Verlangen der betroffenen Person **müssen** nach Art. 16 S. 2 DS-GVO **Zuspeicherungen** zu seinem Datensatz erfolgen, wenn er dafür ein berechtigtes Interesse hat. Ein solches liegt insbesondere dann vor, wenn die bislang bestehende Informationen ein falsches Bild ergeben. Stellt der Verantwortliche – gegebenenfalls nach einem Hinweis der betroffenen Person – fest, dass die Speicherung unzutreffend ist, muss er sie nach Art. 16 S. 1 DS-GVO **berichtigen.** Hinsichtlich des Ergänzungs- und Berichtigungsinteresses trifft die betroffene Person eine Mitwirkungsobliegenheit. Kommt sie dieser trotz Hinweis der Behörde nicht oder nur unzureichend nach, kann die bisherige Speicherung beibehalten werden, es sei denn, die amtlichen Ermittlungen führen zu einer gegenteiligen Erkenntnis.

---

[1] BT-Drs. 15/420, 33.
[2] Ges. zur Umsetzung aufenthaltsrechtlicher und asylrechtlicher RL der EU v. 19.8.2007, BGBl. I S. 1970.
[3] Vgl. *Herbst* in Kühling/Buchner DS-GVO Art. 4 Rn. 36 (Löschen ist das Unkenntlichmachen gespeicherter personenbezogener Daten).
[4] *Hilbrans* in Hofmann/Hoffmann, 2. Aufl., AufenthG § 91 Rn. 1.
[5] Vgl. Art. 17 DS-GVO.
[6] *Eichendorfer* in Huber/Mantel AufenthG/AsylG, 3. Aufl., § 91 Rn. 2.
[7] BT-Drs. 16/5065, 197.
[8] VGH BW Urt. v. 19.5.2009 – 13 S 116/09, BeckRS 2009, 34640.

b) Löschung

Nach Art. 17 I lit. a bzw. lit. d DS-GVO muss die Ausländerverwaltung auch ohne Antrag der betroffenen Person die Daten **löschen,** wenn diese entsprechend ihrer Zweckbestimmung für den Dienstgebrauch **nicht mehr erforderlich** sind bzw. wenn ihre weitere Verarbeitung **rechtswidrig** ist[9]. Rechtswidrig gewonnene Angaben dürfen grundsätzlich nicht weiterverarbeitet werden[10]. Doch müssen zu löschende Angaben nach Maßgabe der gesetzlichen Aufbewahrungsfristen nach Art. 6 I lit. c, Art. 17 III lit. b DS-GVO weiter vorgehalten werden. Ferner können die Behörden die Daten wegen der in Art. 5 II DS-GVO festgeschriebenen Dokumentationsverpflichtung so lange speichern, wie das angesichts von Verjährungsfristen (vgl. § 58 III BDSG) etc erforderlich ist, um sich etwa gegen Schadensersatzansprüche zur Wehr setzen zu können. Die Nutzung dieser Angaben ist nur noch für diese Zwecke zulässig. Die betroffene Person muss davon nach § 58 VI BDSG unterrichtet werden.

c) Benachrichtigung

Soweit die Datenübermittlung durch die Ausländerverwaltung an andere Stellen unzulässig war oder sich nachträglich als unzulässig erweist, muss die Behörde aufgrund von Art. 19 DS-GVO die **Empfänger** der übermittelten Angaben **benachrichtigen,** um eine Korrektur bzw. die Löschung der dortigen Speicherungen herbeizuführen. Die Unterrichtung kann nur unterbleiben, wenn sie mit einem unverhältnismäßigen Aufwand verbunden oder unmöglich ist.

§ 91a Register zum vorübergehenden Schutz

(1) Das Bundesamt für Migration und Flüchtlinge führt ein Register über die Ausländer nach § 24 Abs. 1, die ein Visum oder eine Aufenthaltserlaubnis beantragt haben, und über deren Familienangehörige im Sinne des Artikels 15 Abs. 1 der Richtlinie 2001/55/EG zum Zweck der Aufenthaltsgewährung, der Verteilung der aufgenommenen Ausländer im Bundesgebiet, der Wohnsitzverlegung aufgenommener Ausländer in andere Mitgliedstaaten der Europäischen Union, der Familienzusammenführung und der Förderung der freiwilligen Rückkehr.

(2) Folgende Daten werden in dem Register gespeichert:
1. zum Ausländer:
   a) die Personalien, mit Ausnahme der früher geführten Namen und der Wohnanschrift im Inland, sowie der letzte Wohnort im Herkunftsland, die Herkunftsregion und freiwillig gemachte Angaben zur Religionszugehörigkeit,
   b) Angaben zum Beruf und zur beruflichen Ausbildung,
   c) das Eingangsdatum seines Antrages auf Erteilung eines Visums oder einer Aufenthaltserlaubnis, die für die Bearbeitung seines Antrages zuständige Stelle und Angaben zur Entscheidung über den Antrag oder den Stand des Verfahrens,
   d) Angaben zum Identitäts- und Reisedokument,
   e) die AZR-Nummer und die Visadatei-Nummer,
   f) Zielland und Zeitpunkt der Ausreise,
2. die Personalien nach Nummer 1 Buchstabe a mit Ausnahme der freiwillig gemachten Angaben zur Religionszugehörigkeit der Familienangehörigen des Ausländers nach Absatz 1,
3. Angaben zu Dokumenten zum Nachweis der Ehe, der Lebenspartnerschaft oder der Verwandtschaft.

(3) Die Ausländerbehörden und die Auslandsvertretungen sind verpflichtet, die in Absatz 2 bezeichneten Daten unverzüglich an die Registerbehörde zu übermitteln, wenn
1. eine Aufenthaltserlaubnis nach § 24 Abs. 1 oder
2. ein Visum zur Inanspruchnahme vorübergehenden Schutzes im Bundesgebiet
beantragt wurden.

(4) Die §§ 8 und 9 des AZR-Gesetzes gelten entsprechend.

(5) ¹Die Daten dürfen auf Ersuchen an die Ausländerbehörden, Auslandsvertretungen und andere Organisationseinheiten des Bundesamtes für Migration und Flüchtlinge einschließlich der dort eingerichteten nationalen Kontaktstelle nach Artikel 27 Abs. 1 der Richtlinie 2001/55/EG zum Zweck der Erfüllung ihrer ausländer- und asylrechtlichen Aufgaben im Zusammenhang mit der Aufenthaltsgewährung, der Verteilung der aufgenommenen Ausländer im Bundesgebiet, der Wohnsitzverlegung aufgenommener Ausländer in andere Mitgliedstaaten der Europäischen Union, der Familienzusammenführung und der Förderung der freiwilligen Rückkehr übermittelt werden. ²Die Daten dürfen auf Ersuchen auch den Mitgliedstaaten der Europäischen Union und der Europäischen Kommis-

---
[9] Dazu *Keppler* DSB 2018, 32.
[10] Vgl. VG Lüneburg Urt. v. 21.12.2016 – 5 A 1/16, ZD 2017, 199; aA BGH Urt. v. 15.5.2018 – VI ZR 233/17, ZD 2018, 422.

sion übermittelt werden, um Aufgaben nach den Artikeln 10 und 27 Absatz 1 der Richtlinie 2001/55/EG zu erfüllen.

(6) ¹Die Registerbehörde hat über Datenübermittlungen nach Absatz 5 Aufzeichnungen zu fertigen. ²§ 13 des AZR-Gesetzes gilt entsprechend.

(7) ¹Die Datenübermittlungen nach den Absätzen 3 und 5 erfolgen schriftlich, elektronisch oder im automatisierten Verfahren. ²§ 22 Abs. 2 bis 4 des AZR-Gesetzes gilt entsprechend.

(8) ¹Die Daten sind spätestens zwei Jahre nach Beendigung des vorübergehenden Schutzes des Ausländers zu löschen. ²Für die Auskunft an die betroffene Person und für die Einschränkung der Verarbeitung der Daten gelten § 34 Abs. 1 und 2 und § 37 des AZR-Gesetzes entsprechend.

Allgemeine Verwaltungsvorschrift
91a Zu § 91a – Register zum vorübergehenden Schutz
91a.1 Registerführende Stelle und Registerinhalt
Das Register wird vom Bundesamt für Migration und Flüchtlinge geführt. Die Aufnahme in das Register knüpft an die Beantragung einer Aufenthaltserlaubnis oder eines Visums zum vorübergehenden Schutz nach § 24 Absatz 1 an (siehe unten Nummer 91 a.3).
91a.2 Zu übermittelnde Daten
91a.2.1 Die exakten Daten, die für das Register zu erheben und zu übermitteln sind, bestimmen sich – entsprechend den Vorgaben des Gesetzes – nach der vom Bundesamt für Migration und Flüchtlinge erstellten Eingabemaske für das automatisierte Verfahren bzw nach einem dieser Maske entsprechenden Formblatt.
91a.2.2 Da zu den übermittlungspflichtigen Daten nach § 91a Absatz 2 Nummer 1 Buchstabe c) auch die Angaben zur Entscheidung über den Antrag gehören, ist diese Entscheidung – ggf. in einem zweiten Schritt – an das Register zu übermitteln.
91a.3 Datenübermittlung an die Registerbehörde
Die Verpflichtung zur Datenübermittlung an das Bundesamt entsteht für eine Auslandsvertretung oder eine Ausländerbehörde mit dem Zeitpunkt, in dem dort ein Visum zur Inanspruchnahme vorübergehenden Schutzes oder eine Aufenthaltserlaubnis nach § 24 Absatz 1 beantragt wird. Dabei setzt die Stellung eines solchen Antrags voraus, dass überhaupt ein Beschluss des Rates der Europäischen Union gemäß der Richtlinie 2001/55/EG des Rates vom 20. Juli 2001 über Mindestnormen für die Gewährung vorübergehenden Schutzes im Falle eines Massenzustroms von Vertriebenen und Maßnahmen zur Förderung einer ausgewogenen Verteilung der Belastungen, die mit der Aufnahme dieser Personen und den Folgen dieser Aufnahme verbunden sind, auf die Mitgliedstaaten (ABl. EU 2001 Nummer L 212 S. 12, so genannte Richtlinie zum vorübergehenden Schutz) gefasst worden ist.
91a.4 Verantwortung für Registerinhalt, Datenpflege, Aufzeichnungspflicht bei Speicherung
91a.4.0 Die Vorschriften des AZRG über die Verantwortung für den Registerinhalt und die Datenpflege (§ 8 AZRG) sowie über die Aufzeichnungspflicht bei Speicherung (§ 9 AZRG) gelten entsprechend.
91a.4.1 Die Ausländerbehörden und Auslandsvertretungen sind gegenüber der Registerstelle für die Zulässigkeit der Übermittlung sowie für die Richtigkeit und Aktualität der von ihnen übermittelten bzw von ihnen erfassten Daten verantwortlich. Sie haben die Registerstelle unverzüglich zu unterrichten, wenn:
– die übermittelten Daten unrichtig werden oder sich ihre Unrichtigkeit herausstellt und keine Korrektur im automatisierten Verfahren erfolgt bzw erfolgen kann,
– die Daten zur Aufgabenerfüllung nicht mehr benötigt werden oder
– der Betroffene die Richtigkeit der Daten bestreitet und keine Klärung herbeigeführt werden kann.
91a.4.2 Die Registerbehörde stellt programmtechnisch sicher, dass die zu speichernden Daten zuvor auf ihre Schlüssigkeit und Vollständigkeit (Pflichtangaben) geprüft werden und gespeicherte Daten durch die Verarbeitung nicht ungewollt gelöscht oder geändert werden. Stellt die Registerbehörde bei der Prüfung Fehler fest, teilt sie diese der übermittelnden Stelle mit. Die übermittelnde Stelle ist verpflichtet, diese Fehlermeldung unverzüglich zu bearbeiten und die zutreffenden Daten erneut an die Registerbehörde zu übermitteln.
91a.4.3 Ausländerbehörden und Auslandsvertretungen sind berechtigt und verpflichtet, die von ihnen übermittelten Daten auf Richtigkeit und Aktualität zu prüfen, soweit dazu Anlass besteht (Datenpflege), entweder durch Direktzugriff auf das Register (im automatisierten Verfahren) oder durch entsprechende Ersuchen an die Registerbehörde (in schriftlicher oder elektronischer Form).
91a.4.4 Bei einem Wechsel der Zuständigkeit gelten Nummer 91 a.4.1 und 91 a.4.3 entsprechend für die Stelle, auf die die Zuständigkeit übergegangen ist.
91a.4.5 Die Registerbehörde hat für jede übermittelnde und speichernde Stelle Aufzeichnungen zu fertigen, aus denen sich die übermittelten Daten, die übermittelnde Stelle, die für die Übermittlung verantwortliche Person und der Übermittlungszeitpunkt ergeben müssen.
91a.4.6 Diese Aufzeichnungen dürfen nur für Auskünfte an den Betroffenen (vgl. § 34 AZRG), für die Unterrichtung über die Berichtigung, Löschung oder Sperrung von Daten (vgl. § 38 AZRG), für Zwecke der Datenschutzkontrolle, der Datensicherung oder zur Sicherstellung eines ordnungsgemäßen Betriebes der Datenverarbeitungsanlage verwendet werden. Sie sind durch geeignete Maßnahmen gegen unberechtigten Zugriff zu sichern und werden am Ende des Kalenderjahres, das dem Jahr ihrer Erstellung folgt, vernichtet, sofern sie nicht für ein bereits eingeleitetes Kontrollverfahren benötigt werden.
91a.5 Datenübermittlung durch die Registerbehörde
91a.5.1 Die im Register gespeicherten Daten können – auf entsprechendes Ersuchen – von der Registerbehörde an Ausländerbehörden, Auslandsvertretungen sowie andere Organisationseinheiten des Bundesamtes für Migration und Flüchtlinge, einschließlich der beim Bundesamt eingerichteten nationalen Kontaktstelle, übermittelt werden.
91a.5.2 Eine Übermittlung erfolgt ausschließlich zu folgenden Zwecken:

1 AufenthG § 91a

– Erfüllung von ausländer- und asylrechtlichen Aufgaben im Zusammenhang mit der Aufenthaltsgewährung,
– Verteilung der aufgenommenen Ausländer im Bundesgebiet,
– Wohnsitzverlegung aufgenommener Ausländer in andere Mitgliedstaaten der Europäischen Union,
– Familienzusammenführung oder
– Förderung der freiwilligen Rückkehr.

91a.5.3 Ein Ersuchen um Datenübermittlung hat grundsätzlich in schriftlicher (auch elektronischer) Form an die Registerstelle zu erfolgen (vgl. Nummer 91 a.7.1.1). Im Ersuchen ist der Grund für die Datenübermittlung anzugeben (z. B. Familienzusammenführung).

91a.5.4 Die Antwort der Registerbehörde erfolgt ebenfalls in schriftlicher (auch elektronischer) Form.

91a.6 Aufzeichnungspflicht bei Datenübermittlung

91a.6.0 Hinsichtlich der Protokollierung der Datenübermittlungen findet § 13 AZRG entsprechende Anwendung.

91a.6.1 Die Registerbehörde führt über die von ihr auf Grund von Datenübermittlungsersuchen vorgenommenen Abrufe aus dem Register Aufzeichnungen, in denen der Zweck, die bei der Durchführung des Abrufs verwendeten Daten, die übermittelten Daten, der Tag und die Uhrzeit sowie die Bezeichnung der ersuchenden Stellen und die abrufende und verantwortliche Person erfasst werden.

91a.6.2 Diese Aufzeichnungen dürfen nur für Auskünfte an den Betroffenen (vgl. § 34 AZRG), für die Unterrichtung über die Berichtigung, Löschung oder Sperrung von Daten (vgl. § 38 AZRG) oder zur datenschutzrechtlichen Kontrolle der Zulässigkeit der Abrufe verwendet werden. Sie sind durch geeignete Maßnahmen gegen unberechtigten Zugriff zu sichern und am Ende des Kalenderjahres, das dem Jahr ihrer Erstellung folgt, zu vernichten, sofern sie nicht für ein bereits eingeleitetes Kontrollverfahren benötigt werden.

91a.7 Verfahren der Datenübermittlung, automatisiertes Verfahren

91a.7.1.1 Die Übermittlung von Daten nach Nummer 91 a.2 erfolgt
– im automatisierten Verfahren als Direkteingabe in das Register,
– in elektronischer Form per E-Mail oder
– in schriftlicher Form.

91a.7.1.2 In den Fällen des automatisierten Verfahrens erfolgt die Erfassung der Daten für das Register direkt durch die eingebende berechtigte Stelle, insbesondere durch die Ausländerbehörden. Der Zugang wird dabei durch Benutzernamen und Passwort geschützt. Erfolgt eine elektronische oder schriftliche Übermittlung, nimmt das Bundesamt für Migration und Flüchtlinge die Erfassung im Register anhand der übermittelten Daten selbst vor.

91a.7.1.3 Für die Fälle, in denen das automatisierte Verfahren keine Anwendung findet, stellt das Bundesamt den mit der Datenerhebung befassten Stellen ein Formblatt zur Verfügung. Die Datensätze für das Register werden (außer beim automatisierten Verfahren) ausschließlich unter Nutzung dieses Formblatts an die Registerstelle beim Bundesamt übermittelt.

91a.7.1.4 Die Änderung oder Ergänzung von Daten im Register verläuft analog zur Ersterfassung von Datensätzen.

91a.7.1.5 Die Übermittlung von Daten aus dem Register nach Nummer 91 a.5.1 erfolgt ebenfalls auf den unter Nummer 91 a.7.1.1 genannten Übermittlungswegen.

91a.7.2.0 Im Rahmen des automatisierten Datenabrufverfahrens wird die Möglichkeit geschaffen, den berechtigten Stellen, insbesondere den Ausländerbehörden, den Zugriff auf vorher genehmigte Datenfelder zu erteilen. Die Authentifizierung erfolgt dabei über Benutzernamen und Passwort. Für das automatisierte Abrufverfahren gilt § 22 Absatz 2 bis 4 des AZRG entsprechend.

91a.7.2.1 Das automatisierte Abrufverfahren darf nur eingerichtet werden, soweit es wegen der Vielzahl der Übermittlungsersuchen oder der besonderen Eilbedürftigkeit unter Berücksichtigung der schutzwürdigen Interessen der Betroffenen angemessen ist und die beteiligten Stellen die zur Datensicherung nach Art. 24 und 32 DS-GVO erforderlichen technischen und organisatorischen Maßnahmen getroffen haben.

Im Fall einer Aufnahmeaktion im Zusammenhang mit einer Massenflucht nach § 24 Absatz 1 dürfte im Hinblick auf die Zwecke des Registers (insbesondere Familienzusammenführung) auch unter Berücksichtigung der schutzwürdigen Interessen des Betroffenen eine das automatisierte Verfahren rechtfertigende Eilbedürftigkeit gegeben sein.

91a.7.2.2 Bei jedem Abruf von Daten im automatisierten Verfahren hat die Registerbehörde Aufzeichnungen über den Abruf zu erstellen. Die Aufzeichnungen müssen die in Nummer 91 a.6.1 genannten Angaben enthalten.

91a.7.2.3 Für die Verwendung dieser Aufzeichnungen sowie deren Sicherung gegen unberechtigten Zugriff und Löschung gelten die Ausführungen zu Nummer 91 a.6.2 entsprechend.

91a.7.2.4 Die Verantwortung für die Zulässigkeit des einzelnen Abrufs trägt die abrufende Stelle. Die Registerbehörde überprüft die Zulässigkeit der Abrufe nur, wenn dazu Anlass besteht. Abrufe von Daten aus dem Register im automatisierten Verfahren dürfen nur von Bediensteten vorgenommen werden, die vom Leiter ihrer Behörde hierzu besonders ermächtigt sind.

91a.7.2.5 Die Registerbehörde hat sicherzustellen, dass im automatisierten Verfahren Daten nur abgerufen werden können, wenn die abrufende Stelle einen Verwendungszweck angibt, der ihr den Abruf der Daten erlaubt.

91a.8 Löschung und Sperrung von Daten, Auskunft an den Betroffenen

91a.8.1 Die Daten sind von der Registerbehörde spätestens zwei Jahre nach Beendigung des vorübergehenden Schutzes des Ausländers zu löschen. Für die Beendigung des vorübergehenden Schutzes sind insbesondere die Artikel 4 und 6 der Richtlinie zum vorübergehenden Schutz maßgebend.

91a.8.2 Hinsichtlich der Sperrung der Daten gilt § 37 AZRG entsprechend.

91a.8.3 Auskünfte an den Betroffenen über die zu seiner Person gespeicherten Daten werden ausschließlich von der Registerbehörde vorgenommen. Die Auskünfte, auch soweit sie sich auf Herkunft oder Empfänger der Daten beziehen, werden auf Antrag erteilt. Der Antrag muss die Grundpersonalien (Name, Vornamen, Geburtsname, Geburtsdatum, Geburtsort, Geschlecht, Staatsangehörigkeiten) enthalten. Die Registerbehörde bestimmt das Verfahren, insbesondere die Form der Auskunftserteilung nach pflichtgemäßem Ermessen.

Eine Auskunftserteilung der Registerbehörde unterbleibt, soweit mindestens eines der Kriterien nach § 34 Absatz 2 AZRG vorliegt und deswegen das Interesse des Betroffenen an der Auskunftserteilung zurücktreten muss.

I. Entstehungsgeschichte

Die Vorschrift war in dem **Gesetzesentwurf**[1] nicht enthalten. Sie wurde erst aufgrund des Vermittlungsverfahrens[2] eingefügt. Durch das **RLUmsG 2007**[3] wurde § 91a II Nr. 1a und 1d neu gefasst. Lit. a enthielt folgende Regelung: „die Personalien (Familienname, Geburtsname, Vorname, Geburtsdatum und Geburtsort, Geschlecht, Staatsangehörigkeit, letzter Wohnort im Herkunftsland, Herkunftsregion sowie freiwillig gemachte Angaben zur Religionszugehörigkeit)". Lit. d lautete: „Angaben zu seinen Identitäts- und Reisedokumenten (Art, Nummer, ausstellende Stelle, Ausstellungsdatum und Gültigkeitsdauer)." Durch das 2. DSAnpUG EU vom 20.11.2019, BGBl. I S. 1626, wurde Abs. 8 S. 2 redaktionell an den Wortlaut des § 37 AZRG angepasst. Die aufgrund des Art. 4a des Gesetzes zur Regelung eines Sofortzuschlages und einer Einmalzahlung in den sozialen Mindestsicherungssystemen sowie zur Änderung des Finanzausgleichsgesetzes und weiterer Gesetze (SofZuG) vom 23.5.2022, BGBl. I S. 760 erfolgte Ergänzung des Abs. 5 konnte in der Kommentierung noch nicht berücksichtigt werden. 1

II. Allgemeines

Mit dieser Vorschrift wird ein **Register** für Ausländer eingerichtet, die aufgrund eines EU-Beschlusses nach der RL 2001/55/EG **(„Massenzustrom-RL")**[4] gemäß § 24 aufgenommen werden sollen. 2

III. Datenübermittlung und -speicherung

In **Abs. 2** sind die Daten aufgeführt, die beim BAMF als Registerbehörde gespeichert werden sollen. Zu deren Übermittlung sind Ausländerbehörden und Auslandsvertretungen verpflichtet, bei denen die aufzunehmenden Personen die Erteilung eines entsprechenden Visums oder einer Aufenthaltserlaubnis beantragen. Die Weitergabe der Daten an andere Stellen ist an Verwendungszwecken orientiert in **Abs. 3** geregelt. Die Löschung der Daten erfolgt spätestens zwei Jahre nach Beendigung des vorübergehenden Schutzes. Der Umfang der zu speichernden Daten geht über die RL-Vorgabe hinaus, was die Angaben zu Beruf und berufliche Bildung angeht. Diese Daten werden zur Sicherstellung der Ausübung einer selbstständigen Tätigkeit erhoben (§ 24 VI). Die Speicherung der Religionszugehörigkeit[5] darf nur auf Einwilligungsbasis (Art. 7 DS-GVO) erfolgen. 3

In § 91e werden die Begriffe „Personalien" und „Angaben zum Identitäts- und Reisedokument" im Zusammenhang mit den Bestimmungen der §§ 91a–91d, die der Umsetzung von drei EG-RL dienen, einheitlich geregelt. Um klarzustellen, dass in diesem Zusammenhang einheitliche entsprechende Datensätze generiert und übermittelt werden, sind mit dem **RLUmsG 2007** die entsprechenden Präzisierungen in § 91a zugunsten der neu geschaffenen einheitlichen Regelung erfolgt. 4

Abs. 3 schafft eine Verpflichtung für die genannten Behörden, bei der Registerbehörde die Angaben nach Abs. 2 zu melden. 5

Abs. 4 konkretisiert durch Verweis auf §§ 8 f. AZRG die Verpflichtungen des Art. 5 I lit. d, II DS-GVO, dass sowohl die meldenden Stellen als auch die Registerbehörde Sorge zu tragen haben, dass die Speicherungen inhaltlich richtig sind. Auch wird die Dokumentationsverpflichtung für die Registerbehörde festgeschrieben. Letztere gilt nach Abs. 6, Art. 5 II 2 DS-GVO, § 13 AZRG auch für die nach Abs. 5 zulässigen Datenübermittlungen, 6

Abs. 8 S. 1 legt fest, dass die im Zusammenhang mit Art. 5 II DS-GVO zu wahrende Dokumentationsfrist nach Beendigung der Zweckbestimmung der gespeicherten Daten zwei Jahre beträgt. Der Verweis auf § 34 AZRG gewährt der betroffenen Person das in Art. 15 DS-GVO festgeschriebene Auskunftsrecht. Die Einschränkungen in § 34 II ff. AZRG stehen im Einklang mit Art. 15 IV DS-GVO. § 37 AZRG sieht vor, dass Angaben, deren Richtigkeit sich nach Art. 18 I DS-GVO nicht erweisen lässt, nicht nach Art. 17 I lit. d DS-GVO gelöscht, sondern nur gesperrt werden müssen bzw. nur noch zu Dokumentationszwecken und für die Strafermittlung verwendet werden können. Das ist nach Art. 6 I lit. e, II und III DS-GVO zulässig. 7

---

[1] BT-Drs. 15/420.
[2] BT-Drs. 15/3479, 11 f.
[3] Ges. zur Umsetzung aufenthaltsrechtlicher und asylrechtlicher RL der EU v. 19.8.2007, BGBl. I S. 1970.
[4] ABl. 2001 L 212, 12; §§ 42 f. AufenthV.
[5] Vgl. den nicht umgesetzten Vorschlag in BR-Drs. 224/1/07.

§ 91b Datenübermittlung durch das Bundesamt für Migration und Flüchtlinge als nationale Kontaktstelle

Das Bundesamt für Migration und Flüchtlinge als nationale Kontaktstelle nach Artikel 27 Abs. 1 der Richtlinie 2001/55/EG darf die Daten des Registers nach § 91a zum Zweck der Verlegung des Wohnsitzes aufgenommener Ausländer in andere Mitgliedstaaten der Europäischen Union oder zur Familienzusammenführung an folgende Stellen übermitteln:

1. nationale Kontaktstellen anderer Mitgliedstaaten der Europäischen Union,
2. Organe und Einrichtungen der Europäischen Union,
3. sonstige ausländische oder über- und zwischenstaatliche Stellen nach Maßgabe des Kapitels V der Verordnung (EU) 2016/679 und den sonstigen allgemeinen datenschutzrechtlichen Vorschriften.

Allgemeine Verwaltungsvorschrift
91b Zu § 91b – Datenübermittlung durch das Bundesamt für Migration und Flüchtlinge als nationale Kontaktstelle
91b.1 Die nationale Kontaktstelle ist eine getrennt von der Registerbehörde beim Bundesamt für Migration und Flüchtlinge eingerichtete Arbeitseinheit. Sie ist für die Übermittlung der Registerdaten zum Zweck der Verlegung des Wohnsitzes aufgenommener Ausländer in andere Mitgliedstaaten der Europäischen Union oder zur Familienzusammenführung zuständig. Die Datenübermittlung durch die nationale Kontaktstelle erfolgt an folgende Stellen:
– nationale Kontaktstellen anderer Mitgliedstaaten der Europäischen Union,
– Organe und Einrichtungen der Europäischen Union,
– sonstige ausländische oder über- und zwischenstaatliche Stellen, wenn bei diesen Stellen ein angemessenes Datenschutzniveau nach Maßgabe der Art. 44 ff. DS-GVO (Übermittlung personenbezogener Daten an Drittländer oder an internationale Organisationen) gewährleistet ist.
91b.2 Die Bestimmungen zur Aufzeichnungspflicht bei der Übermittlung von Daten nach Nummer 91a.6 gelten für die nationale Kontaktstelle entsprechend.

I. Entstehungsgeschichte

1   Die Vorschrift war in dem **Gesetzesentwurf**[1] nicht enthalten. Sie wurde erst aufgrund des Vermittlungsverfahrens[2] eingefügt. Durch das **RLUmsG 2011**[3] wurde in Nr. 2 die rechtliche Form der „Europäischen Gemeinschaften" durch „Europäische Union" ersetzt. Die Änderung erfolgt in Anpassung an die durch den Vertrag von Lissabon nunmehr maßgebliche Begrifflichkeit. Nach Art. 1 II der Änderungen des Vertrags über die EU und des Vertrags über die EG tritt die EU an die Stelle der EG, deren Rechtsnachfolgerin sie ist[4]. Durch das 2. DSAnpUG EU vom 20.11.2019, BGBl. I S. 1626, wurde der Verweis auf die Bezugsnorm geändert, sodass statt auf das inzwischen außer Kraft getretene BDSG aF nun auf die DS-GVO und die dortigen Vorschriften zum Datentransfer an sog. Drittländer oder an internationale Organisationen verwiesen wird.

II. Datenübermittlung

2   Mit dieser Vorschrift wird eine Rechtsgrundlage für die Datenübermittlung durch das BAMF als **Kontaktstelle** nach Art. 27 I Schutzgewährungs-RL geschaffen. Diese ist getrennt von der Registerstelle beim BAMF eingerichtet. Die Übermittlung von Daten an die genannten Stellen ist notwendig bei der Familienzusammenführung oder der Wohnsitzverlegung eines vorläufig aufgenommenen Flüchtlings innerhalb der EU. Drittstaaten und Drittstellen haben nach Nr. 3 ein angemessenes **Datenschutzniveau** zu gewährleisten. Bestehen begründete Zweifel an der Einhaltung dieses Niveaus, ist eine Datenübermittlung datenschutzrechtlich unzulässig. Die Datenübermittlung ist nach Art. 6 I lit. e, III DS-GVO nur zulässig, wenn in dem Staat, in dem die empfangende Stelle ihren Sitz hat, ein Datenschutzniveau herrscht, das den Anforderungen der Art. 45 f. DS-GVO entspricht. Ferner sind die §§ 78 ff. BDSG zu beachten.

§ 91c Innergemeinschaftliche Auskünfte zur Durchführung der Richtlinie 2003/109/EG

(1) ¹Das Bundesamt für Migration und Flüchtlinge unterrichtet als nationale Kontaktstelle im Sinne des Artikels 25 der Richtlinie 2003/109/EG die zuständige Behörde eines anderen Mitgliedstaates der Europäischen Union, in dem der Ausländer die Rechtsstellung eines langfristig Aufenthaltsberechtigten besitzt, über den Inhalt und den Tag einer Ent-

---
[1] BT-Drs. 15/420.
[2] BT-Drs. 15/3479, 12.
[3] Ges. v. 22.11.2011, BGBl. I S. 2258 mWv 26.11.2011.
[4] BT-Drs. 17/5470, 51.

§ 91c AufenthG 1

scheidung über die Erteilung oder Verlängerung einer Aufenthaltserlaubnis nach § 38a Abs. 1 oder über die Erteilung einer Erlaubnis zum Daueraufenthalt – EU. ²Die Behörde, die die Entscheidung getroffen hat, übermittelt dem Bundesamt für Migration und Flüchtlinge unverzüglich die hierfür erforderlichen Angaben. ³Der nationalen Kontaktstelle können die für Unterrichtungen nach Satz 1 erforderlichen Daten aus dem Ausländerzentralregister unter Nutzung der AZR-Nummer automatisiert übermittelt werden.

(1a) ¹Das Bundesamt für Migration und Flüchtlinge leitet von Amts wegen Auskunftsersuchen der Ausländerbehörden über das Fortbestehen des internationalen Schutzes im Sinne von § 2 Absatz 13 in einem anderen Mitgliedstaat an die zuständigen Stellen des betroffenen Mitgliedstaates der Europäischen Union weiter. ²Hierzu übermittelt die jeweils zuständige Ausländerbehörde dem Bundesamt für Migration und Flüchtlinge die erforderlichen Angaben. ³Das Bundesamt für Migration und Flüchtlinge leitet die auf die Anfragen eingehenden Antworten an die jeweils zuständige Ausländerbehörde weiter.

(2) ¹Das Bundesamt für Migration und Flüchtlinge leitet von Amts wegen an die zuständigen Stellen des betroffenen Mitgliedstaates der Europäischen Union Anfragen im Verfahren nach § 51 Absatz 8 unter Angabe der vorgesehenen Maßnahme und der von der Ausländerbehörde mitgeteilten wesentlichen tatsächlichen und rechtlichen Gründe der vorgesehenen Maßnahme weiter. ²Hierzu übermittelt die Ausländerbehörde dem Bundesamt für Migration und Flüchtlinge die erforderlichen Angaben. ³Das Bundesamt für Migration und Flüchtlinge leitet an die zuständige Ausländerbehörde die in diesem Zusammenhang eingegangenen Antworten von Stellen anderer Mitgliedstaaten der Europäischen Union weiter.

(3) ¹Das Bundesamt für Migration und Flüchtlinge teilt der zuständigen Behörde eines anderen Mitgliedstaates der Europäischen Union von Amts wegen mit, dass einem Ausländer, der dort die Rechtsstellung eines langfristig Aufenthaltsberechtigten besitzt, die Abschiebung oder Zurückschiebung

1. in den Mitgliedstaat der Europäischen Union, in dem der Ausländer langfristig aufenthaltsberechtigt ist, oder
2. in ein Gebiet außerhalb der Europäischen Union

angedroht oder eine solche Maßnahme durchgeführt wurde oder dass eine entsprechende Abschiebungsanordnung nach § 58a erlassen oder durchgeführt wurde. ²In der Mitteilung wird der wesentliche Grund der Aufenthaltsbeendigung angegeben. ³Die Auskunft wird erteilt, sobald die deutsche Behörde, die nach § 71 die betreffende Maßnahme anordnet, dem Bundesamt für Migration und Flüchtlinge die beabsichtigte oder durchgeführte Maßnahme mitteilt. ⁴Die in Satz 3 genannten Behörden übermitteln hierzu dem Bundesamt für Migration und Flüchtlinge unverzüglich die erforderlichen Angaben.

(4) ¹Zur Identifizierung des Ausländers werden bei Mitteilungen nach den Absätzen 1 bis 3 seine Personalien übermittelt. ²Sind in den Fällen des Absatzes 3 Familienangehörige ebenfalls betroffen, die mit dem langfristig Aufenthaltsberechtigten in familiärer Lebensgemeinschaft leben, werden auch ihre Personalien übermittelt.

(5) ¹Das Bundesamt für Migration und Flüchtlinge leitet an die zuständigen Ausländerbehörden Anfragen von Stellen anderer Mitgliedstaaten der Europäischen Union im Zusammenhang mit der nach Artikel 22 Abs. 3 zweiter Unterabsatz der Richtlinie 2003/109/EG vorgesehenen Beteiligung weiter. ²Die zuständige Ausländerbehörde teilt dem Bundesamt für Migration und Flüchtlinge folgende ihr bekannte Angaben mit:

1. Personalien des betroffenen langfristig aufenthaltsberechtigten Ausländers,
2. aufenthalts- und asylrechtliche Entscheidungen, die gegen oder für diesen getroffen worden sind,
3. Interessen für oder gegen die Rückführung in das Bundesgebiet oder einen Drittstaat oder
4. sonstige Umstände, von denen anzunehmen ist, dass sie für die aufenthaltsrechtliche Entscheidung des konsultierenden Mitgliedstaates von Bedeutung sein können.

³Anderenfalls teilt sie mit, dass keine sachdienlichen Angaben bekannt sind. ⁴Diese Angaben leitet das Bundesamt für Migration und Flüchtlinge von Amts wegen an die zuständige Stelle des konsultierenden Mitgliedstaates der Europäischen Union weiter.

(5a) Das Bundesamt für Migration und Flüchtlinge gibt den zuständigen Stellen der anderen Mitgliedstaaten der Europäischen Union auf Ersuchen innerhalb eines Monats nach Eingang des Ersuchens Auskunft darüber, ob ein Ausländer in der Bundesrepublik Deutschland weiterhin die Rechtsstellung eines international Schutzberechtigten genießt.

(5b) Enthält die durch einen anderen Mitgliedstaat der Europäischen Union ausgestellte langfristige Aufenthaltsberechtigung – EU eines international Schutzberechtigten den Hinweis, dass dieser Staat dieser Person internationalen Schutz gewährt, und ist die Verantwortung für den internationalen Schutz im Sinne von § 2 Absatz 13 nach Maßgaben der einschlägigen Rechtsvorschriften auf Deutschland übergegangen, bevor dem international

Schutzberechtigten eine Erlaubnis zum Daueraufenthalt – EU nach § 9a erteilt wurde, so ersucht das Bundesamt für Migration und Flüchtlinge die zuständige Stelle des anderen Mitgliedstaates, den Hinweis in der langfristigen Aufenthaltsberechtigung – EU entsprechend zu ändern.

(5c) Wird einem in einem anderen Mitgliedstaat der Europäischen Union langfristig Aufenthaltsberechtigten in Deutschland internationaler Schutz im Sinne von § 2 Absatz 13 gewährt, bevor ihm eine Erlaubnis zum Daueraufenthalt – EU nach § 9a erteilt wurde, so ersucht das Bundesamt für Migration und Flüchtlinge die zuständige Stelle des anderen Mitgliedstaates, in die dort ausgestellte langfristige Aufenthaltsberechtigung – EU den Hinweis aufzunehmen, dass Deutschland dieser Person internationalen Schutz gewährt.

(6) Das Bundesamt für Migration und Flüchtlinge teilt der jeweils zuständigen Ausländerbehörde von Amts wegen den Inhalt von Mitteilungen anderer Mitgliedstaaten der Europäischen Union mit,

1. wonach der andere Mitgliedstaat der Europäischen Union aufenthaltsbeendende Maßnahmen beabsichtigt oder durchführt, die sich gegen einen Ausländer richten, der eine Erlaubnis zum Daueraufenthalt – EU besitzt,
2. wonach ein Ausländer, der eine Erlaubnis zum Daueraufenthalt – EU besitzt, in einem anderen Mitgliedstaat der Europäischen Union langfristig Aufenthaltsberechtigter geworden ist oder ihm in einem anderen Mitgliedstaat der Europäischen Union ein Aufenthaltstitel erteilt oder sein Aufenthaltstitel verlängert wurde.

Allgemeine Verwaltungsvorschrift
91c Zu § 91c – Innergemeinschaftliche Auskünfte zur Durchführung der Richtlinie 2003/109/EG (Daueraufenthalt-Richtlinie)
91c.0 Allgemeines
91c.0.1 Entsprechend seiner Überschrift regelt § 91c die Mitteilungspflichten, die zur Durchführung der Richtlinie 2003/109/EG des Rates vom 25. November 2003 betreffend die Rechtsstellung der langfristig aufenthaltsberechtigten Drittstaatsangehörigen (ABl. EU 2004 Nummer L 16 S. 44, so genannte Daueraufenthalt-Richtlinie), insbesondere zur Umsetzung seiner Artikel 19 Absatz 2 Satz 3, Artikel 22 Absatz 2 Satz 2, Absatz 3 Unterabsatz 2 und 3 Satz 2, Artikel 23 Absatz 1 Satz 2 und Artikel 25 Absatz 1 notwendig sind.

91c.0.2 Es bestehen folgende Mitteilungs- und Konsultationspflichten:

91c.0.2.1. – Absatz 1 regelt die Mitteilungspflichten Deutschlands (Zweitstaat) gegenüber dem anderen Mitgliedstaat (Erststaat) in den Fällen der Erteilung und der Verlängerung des Aufenthaltstitels nach § 38a oder der Erteilung einer Erlaubnis zum Daueraufenthalt-EG.

91c.0.2.2 – Absatz 2 regelt die Konsultationspflicht Deutschlands (Zweitstaat) gegenüber dem anderen Mitgliedstaat (Erststaat) in den Fällen, in denen nach § 51 Absatz 8 eine Abschiebung in ein Land außerhalb des Geltungsbereichs der DaueraufenthaltRichtlinie (Drittstaaten sowie Vereinigtes Königreich, Irland und Dänemark) beabsichtigt ist.

91c.0.2.3 – Absatz 3 regelt die Mitteilungspflicht Deutschlands (Zweitstaat) gegenüber dem anderen Mitgliedstaat (Erststaat) in den Fällen der Androhung und des Vollzugs der Abschiebung, Zurückschiebung und der Abschiebungsanordnung.

91c.0.2.4 – Absatz 5 regelt die Mitteilungspflicht Deutschlands (Zweitstaat) gegenüber dem anderen Mitgliedstaat (Zweitstaat), wenn der andere Mitgliedstaat (Zweitstaat) Deutschland (Erststaat) wegen der beabsichtigten Abschiebung in ein Land außerhalb des Geltungsbereichs der Daueraufenthalt-Richtlinie konsultiert.

91c.0.2.5 – Absatz 6 regelt die Mitteilungspflicht des Bundesamtes für Migration und Flüchtlinge an die Ausländerbehörden der Länder in den Fällen, in denen der andere Mitgliedstaat (Zweitstaat) dem Ausländer einen Aufenthaltstitel erteilt oder verlängert (Absatz 6 Nummer 2) bzw aufenthaltsbeendende Maßnahmen gegen den Ausländer bevorstehen oder ergriffen worden sind (Absatz 6 Nummer 1).

91c.0.3 Darüber hinaus wird in Absatz 1 in Ergänzung zu § 75 Nummer 5 die Funktion des Bundesamtes als nationale Kontaktstelle i. S. d. Daueraufenthalt-Richtlinie hervorgehoben.

91c.1 Deutschland erteilt/verlängert Aufenthaltstitel
91c.1.1 § 91c Absatz 1 regelt die Mitteilungspflichten bei Erteilung oder Verlängerung eines Aufenthaltstitels nach § 9a oder § 38a an den Mitgliedstaat, in dem der Ausländer langfristig aufenthaltsberechtigt ist oder war. Hiermit wird Artikel 19 Absatz 2 Satz 3 sowie Artikel 23 Absatz 1 Satz 2 der Daueraufenthalt-Richtlinie umgesetzt.

91c.1.2 Nach Absatz 1 Satz 2 teilen die Ausländerbehörden dem Bundesamt für Migration und Flüchtlinge unverzüglich Entscheidungen nach Satz 1 mit, so dass die Mitteilung an den betroffenen anderen Mitgliedstaat durch das Bundesamt erfolgen kann.

91c.1.3 Durch Satz 3 des Absatzes 1 wird die Kommunikation zwischen den Ausländerbehörden und der nationalen Kontaktstelle erleichtert. Da die Ausländerbehörden der Erteilung oder Verlängerung eines entsprechenden Aufenthaltstitels ohnehin an das Ausländerzentralregister melden müssen, besteht die Möglichkeit, mit der AZR-Meldung zugleich auch die Mitteilung an die nationale Kontaktstelle vorzunehmen. Daher wurde eine Rechtsgrundlage dafür geschaffen, damit das Ausländerzentralregister die wesentlichen von der nationalen Kontaktstelle benötigten Daten automatisiert an diese weiterleiten darf. Auf diese Weise wird der Arbeitsaufwand für die Ausländerbehörden vermindert, weil die entsprechenden Daten nicht zweimal gemeldet werden müssen.

91c.2 Deutschland will in ein Land außerhalb des Geltungsbereichs der Daueraufenthalt-Richtlinie abschieben
91c.2.1 § 91c Absatz 2 setzt Artikel 22 Absatz 3 Unterabsatz 2 und 3 Satz 2 Daueraufenthalt-Richtlinie um. Hier wird die zuständige Ausländerbehörde in jenen Fällen angesprochen, in denen es einen Ausländer, der eine Erlaubnis zum Daueraufenthalt-EG in dem anderen Mitgliedstaat besitzt und sich in Deutschland mit einem Aufenthaltstitel nach § 38a aufhält, nach § 51 Absatz 8 aufenthaltsbeendende Maßnahmen (Aufhebung der Aufenthaltserlaubnis, Ausweisung, Abschiebungsanordnung) ergreifen und die Abschiebung in ein Land außerhalb des Geltungsbereichs der Daueraufenthalt-Richtlinie veranlassen. Dem Mitgliedstaat, der dem Ausländer die Rechtsstellung eines langfristig Aufenthaltsberechtigten

Innergemeinschaftliche Auskünfte　　　　　　　　　　　　　　　　§ 91c AufenthG 1

verliehen hat, ist vor einer solchen Entscheidung wegen der weitreichenden Konsequenzen der beabsichtigten Maßnahme Gelegenheit zur Stellungnahme zu geben. Ihm wird damit insbesondere die Möglichkeit gegeben zu prüfen, ob er selbst dem Ausländer die Rechtsstellung als langfristig Aufenthaltsberechtigter entzieht.

91c.2.2 Um dem anderen Mitgliedstaat eine Beurteilung zu ermöglichen, sind die wesentlichen tatsächlichen und rechtlichen Umstände zu übermitteln, die mit der vorgesehenen Entscheidung im Zusammenhang stehen.

91c.3 Aufenthaltsbeendende Maßnahmen in Deutschland

91c.3.1 § 91c Absatz 3 setzt Artikel 22 Absatz 2 Satz 2 Daueraufenthalt-Richtlinie um. Soweit das Ende des Aufenthalts eines Ausländers, der einen Aufenthaltstitel nach § 38a besitzt, wegen Androhung der Abschiebung, Zurückschiebung oder Erlass einer Abschiebungsanordnung bevorsteht bzw durch Vollzug dieser Maßnahmen bereits eingetreten ist, ist die Mitteilungspflicht nach § 91c Absatz 3 zu beachten.

91c.3.2 Die Mitteilung an den anderen Mitgliedstaat erfolgt durch das Bundesamt für Migration und Flüchtlinge, das hierzu von der Ausländerbehörde über die bevorstehende bzw vollzogene Aufenthaltsbeendigung unterrichtet werden muss. Die für den anderen Mitgliedstaat erheblichen Angaben sind in Absatz 3 Satz 2 aufgeführt. Dem anderen Mitgliedstaat kann damit auch im Wortlaut die aufenthaltsrechtliche Entscheidung der deutschen Behörde mitgeteilt werden, damit der andere Mitgliedstaat bei bevorstehender Abschiebung in das eigene Gebiet in die Lage versetzt wird zu prüfen, ob er dem Betroffenen weiterhin noch ein Aufenthaltsrecht gewährt. Satz 3 verpflichtet die Ausländerbehörden, dem Bundesamt für Migration und Flüchtlinge die für die Mitteilung erforderlichen Angaben zu übermitteln.

91c.4 Übermittlung der Personalien bei Absatz 1 bis 3

Absatz 4 regelt für die Mitteilungen nach Absatz 1 bis 3, dass jeweils die Personalien des Ausländers anzugeben sind, damit der Empfängermitgliedstaat der jeweiligen Mitteilung die betreffende Person identifizieren kann. Im Hinblick auf Artikel 22 Absatz 2 Daueraufenthalt-Richtlinie, der auf Artikel 22 Absatz 1 Daueraufenthalt-Richtlinie Bezug nimmt, sind in den dort erfassten Fällen auch die Personalien der betroffenen Familienangehörigen zu übermitteln, die in Artikel 22 Absatz 1 Daueraufenthalt-Richtlinie ebenfalls genannt sind.

91c.5 Anderer Mitgliedstaat leitet aufenthaltsbeendende Maßnahmen ein

91c.5.1 In der Absatz 5 zugrundeliegenden Fallgestaltung beabsichtigt der andere Mitgliedstaat, aufenthaltsbeendende Maßnahmen gegen einen in Deutschland mit einer Erlaubnis zum Daueraufenthalt-EG aufhältigen Ausländer zu ergreifen und die Abschiebung in ein Land außerhalb des Geltungsbereichs der Daueraufenthalt-Richtlinie zu veranlassen.

91c.5.2 Die Vorschrift regelt daher die Mitteilungspflichten des Bundesamtes für Migration und Flüchtlinge gegenüber der zuständigen Stelle des konsultierenden anderen Mitgliedstaates, der die Rückführungen betreiben will (Beteiligungsverfahren anderer Mitgliedstaaten, spiegelbildlich zu der Konsultationspflicht nach § 91c Absatz 2).

91c.5.3 Zudem konkretisiert die Vorschrift die Daten, die die deutsche Ausländerbehörde über das Bundesamt für Migration und Flüchtlinge dem anderen Mitgliedstaat der Europäischen Union übermittelt, um dort eine sachgerechte Entscheidung über die Aufenthaltsbeendigung und zur Auswahl des Zielstaats einer Rückführungsmaßnahme treffen zu können. Die zu übermittelnden Daten dienen sowohl dem anlassbezogenen Abgleich der ausländerrechtlichen Bestandsdaten (Satz 2 Nummer 1 und 2) als auch der sachgerechten Vorbereitung der Entscheidung des konsultierenden Mitgliedstaates, ob er tatsächlich eine Abschiebung in ein Land außerhalb des Geltungsbereichs der Daueraufenthalt-Richtlinie veranlasst.

91c.5.4 Absatz 5 dient damit der Umsetzung des Artikels 22 Absatz 3, Unterabsatz 2 und 3 Satz 2 Daueraufenthalt-Richtlinie.

91c.6 Mitteilungspflichten des Bundesamtes für Migration und Flüchtlinge gegenüber den Ausländerbehörden

91c.6.0 Anders als Absatz 1 bis 5 regelt Absatz 6 Mitteilungspflichten des Bundesamtes gegenüber den Ausländerbehörden auf der Länder. Er schafft die Grundlage dafür, dass die zuständige Ausländerbehörde von den durch die Richtlinie vorgesehenen Mitteilungen im Rahmen von Beteiligungsverfahren anderer Mitgliedstaaten durch das Bundesamt Kenntnis erhält.

91c.6.1 In Absatz 6 Nummer 1 teilt der andere Mitgliedstaat mit, dass gegen den Ausländer, der sich in Deutschland mit einer Erlaubnis zum Daueraufenthalt-EG aufhält, aufenthaltsbeendende Maßnahmen bevorstehen bzw bereits durchgeführt worden sind (siehe zur spiegelbildlichen Mitteilungspflicht auch § 91c Absatz 3).

91c.6.2 In Absatz 6 Nummer 2 teilt der andere Mitgliedstaat die Erteilung einer Erlaubnis zum Daueraufenthalt-EG bzw die Erteilung bzw Verlängerung eines Aufenthaltstitels (siehe zur spiegelbildlichen Mitteilungspflicht auch § 91c Absatz 1) mit.

I. Entstehungsgeschichte

Die Vorschrift, die mit dem **RLUmsG 2007**[1] eingeführt wurde, entspricht dem **Gesetzesentwurf.** 1 Durch das **RLUmsG 2011**[2] wurde in Nr. 2 eine redaktionelle Änderung vorgenommen. Die Änderung dient der Korrektur des fehlerhaften Verweises auf die Erlöschensregelung des § 51 IX; Bezug genommen werden soll in der Vorschrift auf das Verfahren nach § 51 VIII.

II. Datenaustausch aufgrund der Daueraufenthalts-RL

§ 91c regelt im Einzelnen die nach der **Daueraufenthalts-RL** zwischen den Mitgliedstaaten der 2 EU auszutauschenden Auskünfte und Mitteilungen. Das BAMF ist hier nationale Kontaktstelle iSd RL.

Als nationale Kontaktstelle muss eine Bundesbehörde fungieren, da es mangels vorliegender genauer 3 rer Daten für andere Mitgliedstaaten der EU vielfach nicht möglich wäre, innerhalb Deutschlands ein zuständiges Land festzustellen und sich so an die richtige Kontaktstelle eines Landes zu wenden[3].

---

[1] Ges. zur Umsetzung aufenthaltsrechtlicher und asylrechtlicher RL der EU v. 19.8.2007, BGBl. I S. 1970.
[2] Ges. v. 22.11.2011, BGBl. I S. 2258 mWv 26.11.2011.
[3] BT-Drs. 16/5065, 197.

4 In **Abs. 1** wird die nach Art. 19 II 3 Daueraufenthalts-RL erforderliche Mitteilung über die Erteilung oder Verlängerung eines Aufenthaltstitels sowie die nach Art. 23 I 2 Daueraufenthalts-RL erforderliche Mitteilung über die Zuerkennung der Rechtsstellung eines langfristig Aufenthaltsberechtigten in Deutschland geregelt, die jeweils erfolgen muss, wenn der Betroffene dieselbe Rechtsstellung bereits in einem anderen Mitgliedstaat der EU innehatte. Das BAMF erhält durch eine unverzügliche Mitteilung der Ausländerbehörde von der Entscheidung Kenntnis, sodass die Mitteilung an den betroffenen anderen Mitgliedstaat erfolgen kann. Durch S. 3 dieses Absatzes wird die Kommunikation zwischen den Ausländerbehörden und der nationale Kontaktstelle erleichtert. Da die Ausländerbehörden die Erteilung oder Verlängerung eines entsprechenden Aufenthaltstitels oder die Erteilung der Rechtsstellung eines in Deutschland langfristig Aufenthaltsberechtigten iSd § 9a ohnehin an das AZR melden müssen, besteht die Möglichkeit, mit der AZR-Meldung zugleich auch die Mitteilung an die nationale Kontaktstelle anzustoßen. Daher wird eine Rechtsgrundlage dafür geschaffen, dass das AZR die von der nationalen Kontaktstelle benötigten Daten automatisiert an diese weiterleiten darf. Auf diese Weise wird der Arbeitsaufwand für die Ausländerbehörden vermindert, weil die entsprechenden Daten nicht zweimal gemeldet werden müssen.

5 **Abs. 2** regelt zur Ergänzung der Vorschrift des Abs. 8 in § 51 die Kommunikation des BAMF mit den zuständigen Stellen anderer Mitgliedstaaten im vorgesehenen Beteiligungsverfahren, die von deutscher Seite ausgeht; er dient somit ergänzend der Umsetzung des Art. 22 III, UAbs. 2 Daueraufenthalts-RL. Um dem anderen Mitgliedstaat der EU eine Beurteilung zu ermöglichen, sind die wesentlichen tatsächlichen und rechtlichen Umstände zu übermitteln, die mit der vorgesehenen Entscheidung im Zusammenhang stehen.

6 In **Abs. 3** werden die nach Art. 22 II und III UAbs. 3 Daueraufenthalts-RL erforderlichen Mitteilungen zu Entscheidungen zur Rückführung eines in einem anderen Mitgliedstaat der EU langfristig Aufenthaltsberechtigten in diesen Mitgliedstaat oder zur Rückführung in ein Gebiet außerhalb der EU geregelt. Die Mitteilung an den anderen Mitgliedstaat erfolgt durch das BAMF, das hierzu von der Ausländerbehörde über die beabsichtigte Maßnahme unterrichtet werden muss. Die für den anderen Mitgliedstaat der EU erheblichen Angaben sind in S. 2 aufgeführt. Dem anderen Mitgliedstaat kann damit auch im Wortlaut die aufenthaltsrechtliche Entscheidung der deutschen Behörde mitgeteilt werden, damit der andere Mitgliedstaat in die Lage versetzt wird, zu prüfen, ob er dem Betroffenen selbst noch ein Aufenthaltsrecht gewährt. S. 3 verpflichtet die Ausländerbehörde, dem BAMF die für die Mitteilung erforderlichen Angaben zu übermitteln.

7 **Abs. 4** regelt für die Mitteilungen nach den Abs. 1–3, dass jeweils die Personalien des Ausländers anzugeben sind, damit der Empfängermitgliedstaat der jeweiligen Mitteilung die betroffene Person identifizieren kann. Im Hinblick auf Art. 22 II Daueraufenthalts-RL, der auf Art. 22 I Daueraufenthalts-RL Bezug nimmt, sind in den dort erfassten Fällen auch die Personalien der betroffenen Familienangehörigen zu übermitteln, die nämlich in Art. 22 I Daueraufenthalts-RL ebenfalls genannt sind.

8 **Abs. 5** regelt die Kommunikation des BAMF mit den zuständigen Stellen anderer Mitgliedstaaten der EU in Beteiligungsverfahren anderer Mitgliedstaaten, die die Rückführung von in Deutschland langfristig Aufenthaltsberechtigten in ein Gebiet außerhalb der EU in Betracht ziehen. Auch er dient damit ergänzend der Umsetzung des Art. 22 III UAbs. 2 Daueraufenthalts-RL. Die Vorschrift konkretisiert die Daten, die die deutsche Ausländerbehörde über das BAMF dem anderen Mitgliedstaat der EU übermittelt, um dort eine sachgerechte Entscheidung über die Aufenthaltsbeendigung und Auswahl des Zielstaates einer Rückführungsmaßnahme treffen zu können. Die Daten, die iRd Mitteilung zu übermitteln sind, dienen sowohl dem anlassbezogenen Abgleich der ausländerrechtlichen Bestandsdaten (S. 2 Nr. 1 und 2) als auch der sachgerechten Vorbereitung der Entscheidung des konsultierenden Mitgliedstaates, ob er die Rückführung nach Deutschland vornimmt oder welchen Zielstaat er für die Rückführung vorsieht. Die Wendung in Nr. 4 **„sonstige Umstände"** ist sehr unbestimmt und muss jedenfalls im datenschutzrechtlichen Kontext streng am Grundsatz der Verhältnismäßigkeit ausgelegt werden. Spekulationen sind unzulässig[4].

9 **Abs. 6** schafft die Grundlage dafür, dass die zuständige Ausländerbehörde von den dort genannten, durch die RL vorgesehenen Mitteilungen anderer Mitgliedstaaten der EU Kenntnis erhält.

10 Die Benachrichtigung der betroffenen Person nach Art. 13 DS-GVO und die Erteilung von **Selbstauskünften** nach Art. 15 DS-GVO unterbleiben, soweit dadurch die öffentliche Sicherheit oder der Schutz der betroffenen Person tangiert ist. Die Vorschriften der §§ 56 f. BDSG sind zu beachten.

§ 91d Auskünfte zur Durchführung der Richtlinie (EU) 2016/801

(1) ¹Das Bundesamt für Migration und Flüchtlinge nimmt Anträge nach § 18f entgegen und leitet diese Anträge an die zuständige Ausländerbehörde weiter. ²Es teilt dem Antragsteller die zuständige Ausländerbehörde mit.

---

[4] *Petri* in GK-AufenthG § 91c Rn. 19; HK-AuslR/*Hilbrans* § 91c Rn. 25, 26.

(2) ¹Das Bundesamt für Migration und Flüchtlinge erteilt der zuständigen Behörde eines anderen Mitgliedstaates der Europäischen Union auf Ersuchen die erforderlichen Auskünfte, um den zuständigen Behörden des anderen Mitgliedstaates der Europäischen Union eine Prüfung zu ermöglichen, ob die Voraussetzungen für die Mobilität des Ausländers nach den Artikeln 28 bis 31 der Richtlinie (EU) 2016/801 vorliegen. ²Die Auskünfte umfassen
1. die Personalien des Ausländers und Angaben zum Identitäts- und Reisedokument,
2. Angaben zu seinem gegenwärtigen und früheren Aufenthaltsstatus in Deutschland,
3. Angaben zu abgeschlossenen oder der Ausländerbehörde bekannten strafrechtlichen Ermittlungsverfahren,
4. sonstige den Ausländer betreffende Daten, sofern sie im Ausländerzentralregister gespeichert werden oder die aus der Ausländer- oder Visumakte hervorgehen und der andere Mitgliedstaat der Europäischen Union um ihre Übermittlung ersucht hat.

³Die Ausländerbehörden und die Auslandsvertretungen übermitteln hierzu dem Bundesamt für Migration und Flüchtlinge auf dessen Ersuchen die für die Erteilung der Auskunft erforderlichen Angaben.

(3) ¹Die Auslandsvertretungen und die Ausländerbehörden können über das Bundesamt für Migration und Flüchtlinge Ersuchen um Auskunft an zuständige Stellen anderer Mitgliedstaaten der Europäischen Union richten, soweit dies erforderlich ist, um die Voraussetzungen der Mobilität nach den §§ 16c und 18e und der Erteilung einer Aufenthaltserlaubnis nach § 18f oder eines entsprechenden Visums zu prüfen. ²Sie können hierzu
1. die Personalien des Ausländers,
2. Angaben zu seinem Identitäts- und Reisedokument und zu seinem im anderen Mitgliedstaat der Europäischen Union ausgestellten Aufenthaltstitel sowie
3. Angaben zum Gegenstand des Antrags auf Erteilung des Aufenthaltstitels und zum Ort der Antragstellung

übermitteln und aus besonderem Anlass den Inhalt der erwünschten Auskünfte genauer bezeichnen. ³Das Bundesamt für Migration und Flüchtlinge leitet eingegangene Auskünfte an die zuständigen Ausländerbehörden und Auslandsvertretungen weiter. ⁴Die Daten, die in den Auskünften der zuständigen Stellen anderer Mitgliedstaaten der Europäischen Union übermittelt werden, dürfen die Ausländerbehörden und Auslandsvertretungen zu diesem Zweck verarbeiten.

(4) ¹Das Bundesamt für Migration und Flüchtlinge unterrichtet die zuständige Behörde eines anderen Mitgliedstaates der Europäischen Union, in dem der Ausländer einen Aufenthaltstitel nach der Richtlinie (EU) 2016/801 besitzt, über den Inhalt und den Tag einer Entscheidung über
1. die Ablehnung der nach § 16c Absatz 1 und § 18e Absatz 1 mitgeteilten Mobilität nach § 19f Absatz 5 sowie
2. die Erteilung einer Aufenthaltserlaubnis nach § 18 f.

²Wenn eine Ausländerbehörde die Entscheidung getroffen hat, übermittelt sie dem Bundesamt für Migration und Flüchtlinge unverzüglich die hierfür erforderlichen Angaben. ³Die Ausländerbehörden können der nationalen Kontaktstelle die für die Unterrichtungen nach Satz 1 erforderlichen Daten aus dem Ausländerzentralregister unter Nutzung der AZR-Nummer automatisiert übermitteln.

(5) ¹Wird ein Aufenthaltstitel nach § 16b Absatz 1, den §§ 16e, 18d oder 19e widerrufen, zurückgenommen, nicht verlängert oder läuft er nach einer Verkürzung der Frist gemäß § 7 Absatz 2 Satz 2 ab, so unterrichtet das Bundesamt für Migration und Flüchtlinge unverzüglich die zuständigen Behörden des anderen Mitgliedstaates, sofern sich der Ausländer dort im Rahmen des Anwendungsbereichs der Richtlinie (EU) 2016/801 aufhält und dies dem Bundesamt für Migration und Flüchtlinge bekannt ist. ²Die Ausländerbehörde, die die Entscheidung getroffen hat, übermittelt dem Bundesamt für Migration und Flüchtlinge unverzüglich die hierfür erforderlichen Angaben. ³Die Ausländerbehörden können der nationalen Kontaktstelle die für die Unterrichtungen nach Satz 1 erforderlichen Daten aus dem Ausländerzentralregister unter Nutzung der AZR-Nummer automatisiert übermitteln. ⁴Wird dem Bundesamt für Migration und Flüchtlinge durch die zuständige Behörde eines anderen Mitgliedstaates mitgeteilt, dass ein Aufenthaltstitel eines Ausländers, der sich nach den §§ 16c, 18e oder 18f im Bundesgebiet aufhält, der in den Anwendungsbereich der Richtlinie (EU) 2016/801 fällt, widerrufen, zurückgenommen oder nicht verlängert wurde oder abgelaufen ist, so unterrichtet das Bundesamt für Migration und Flüchtlinge unverzüglich die zuständige Ausländerbehörde.

Allgemeine Verwaltungsvorschrift
91d Zu § 91d – Innergemeinschaftliche Auskünfte zur Durchführung der Richtlinie 2004/114/EG (Studentenrichtlinie)
91d.0 Allgemeines
§ 91d regelt Mitteilungspflichten zwischen den zuständigen Stellen der Mitgliedstaaten, die Studenten die Wahrnehmung der Mobilitätsregelungen nach Artikel 8 der Richtlinie 2004/114/EG des Rates vom 13. Dezember 2004

1 AufenthG § 91d

über die Bedingungen für die Zulassung von Drittstaatsangehörigen zwecks Absolvierung eines Studiums oder zur Teilnahme an einem Schüleraustausch, einer unbezahlten Ausbildungsmaßnahme oder einem Freiwilligendienst (ABl. EU Nummer L 375 S. 12, so genannte Studentenrichtlinie) erleichtern. Das Bundesamt für Migration und Flüchtlinge nimmt hierzu eine zentrale Funktion beim innergemeinschaftlichen Datenaustausch wahr. § 91d setzt Artikel 8 Absatz 3 der Studentenrichtlinie um, der vorsieht, dass die zuständigen Behörden des ersten Mitgliedstaates, in dem der Student zugelassen wurde, auf Antrag der zuständigen Behörde des zweiten Mitgliedstaates, in dem der Student einen Teil seines begonnenen Studiums fortsetzen möchte, sachdienliche Informationen über den Aufenthalt des Studenten in seinem Hoheitsgebiet erteilt. Auskunftserteilungen und Auskunftsersuchen kommen nur in den Fällen in Betracht, in denen Studenten einen Teil des Studiums in einem zweiten Mitgliedstaat absolvieren.

91d.1 Wechsel in einen anderen Mitgliedstaat nach Studienzulassung in Deutschland

91d.1.0 Absatz 1 regelt den Fall, dass ein Student, der in Deutschland bereits zum Studium zugelassen worden ist, dieses nunmehr in einem zweiten Mitgliedstaat fortsetzen will. Auf Ersuchen der zuständigen Behörden des zweiten Mitgliedstaates erteilt das Bundesamt für Migration und Flüchtlinge als nationale Kontaktstelle die erforderlichen Auskünfte.

91d.1.1 Als zu übermittelnde Daten sind neben den zur Identifizierung dienenden Personalien (Satz 2 Nummer 1, Familiennamen(n), Geburtsname, Vorname(n), früher geführte Namen, Geburtsdatum, Geburtsort, Geschlecht, Staatsangehörigkeit und Wohnanschrift im Inland sowie zum vorgelegten Identitäts- und Reisedokument Art, Nummer, ausstellende Behörde, Ausstellungsdatum und Ablauf der Gültigkeit), den Angaben zum Aufenthaltsstatus (Satz 2 Nummer 2, Art des Aufenthaltstitels, ausstellende Behörde, Nummer, Ausstellungsdatum, Ablauf der Gültigkeit) Angaben zu strafrechtlichen Ermittlungsverfahren genannt (Satz 2 Nummer 3), die dazu führen können, dass der zweite Mitgliedstaat aus Gründen der öffentlichen Sicherheit einen Aufenthalt in seinem Hoheitsgebiet ablehnt, sowie andere Angaben, die in dem Ersuchen genannt sind und die im Ausländerzentralregister gespeichert oder in der Ausländer- oder Visumakte enthalten sind (Satz 2 Nummer 4).

91d.1.2 Soweit zur Erteilung der Auskunft der Datenbestand des Ausländerzentralregisters nicht ausreicht, kann das Bundesamt für Migration und Flüchtlinge nach Satz 3 von den Ausländerbehörden oder – wenn die Erteilung von Visa betroffen ist – den Auslandsvertretungen nähere Auskünfte verlangen. Dies kann etwa erforderlich sein, wenn die zuständige Behörde des anderen Mitgliedstaates Angaben benötigt, die nur in der Ausländer- oder Visumakte, nicht aber im Ausländerzentralregister gespeichert sind, wie etwa zu Auskünften, die der Ausländer bei der Beantragung des deutschen Aufenthaltstitels gegeben hat.

91d.2 Studienfortsetzung in Deutschland

91d.2.1 Absatz 2 regelt spiegelbildlich zum Absatz 1 den Fall, dass ein Student bereits in einem Mitgliedstaat zum Studium zugelassen worden ist und dieses nunmehr in Deutschland fortsetzen will. Die Auskunftsersuchen der deutschen Auslandsvertretungen und Ausländerbehörden an andere Mitgliedstaaten der Europäischen Union sind über das Bundesamt für Migration und Flüchtlinge vorzunehmen.

91d.2.2 Die in Satz 2 Nummer 1 genannten Daten dienen der näheren Identifikation des Ausländers; die Daten zum Aufenthaltstitel und zum Identitäts- und Reisedokument (Satz 2 Nummer 2) sollen es ermöglichen, routinemäßig Fälschungen von Aufenthaltstiteln aufzudecken, indem der andere Mitgliedstaat die übermittelten Daten mit den dort gespeicherten Daten abgleichen kann. Durch die in Satz 2 Nummer 3 vorgesehene Angabe zum Gegenstand und Ort des Antrages wird der Anlass der Anfrage näher bestimmt. In besonderen Fällen kann die Auslandsvertretung oder Ausländerbehörde auch gezielte Auskünfte vom anderen Mitgliedstaat anfordern, etwa, wenn Anhaltspunkte für das Vorliegen von Versagungsgründen vorhanden sind und der andere Mitgliedstaat hierzu möglicherweise spezifische Auskünfte erteilen könnte.

I. Entstehungsgeschichte

1   Die Vorschrift, die mit dem **RLUmsG 2007**[1] eingeführt wurde, entsprach dem **Gesetzentwurf** und wurde durch das **Gesetz zur Umsetzung aufenthaltsrechtlicher RL der EU zur Arbeitsmigration**[2] geändert. Die Änderungen waren aufgrund der Umsetzung der **RL 2016/801/EU** des Europäischen Parlaments und des Rates vom 11.5.2016 über die Bedingungen für die Einreise und den Aufenthalt von Drittstaatsangehörigen zu Forschungs- oder Studienzwecken, zur Absolvierung eines Praktikums, zur Teilnahme an einem Freiwilligendienst, Schüleraustauschprogrammen oder Bildungsvorhaben und zur Ausübung einer Au-pair-Tätigkeit (REST-RL) für die neuen Aufgaben der Nationalen Kontaktstelle nach der REST-RL erforderlich. Die Abs. 1–2 (nF) sowie 5–6 wurden hinzugefügt; die ehemaligen Abs. 1 und 2 geändert. Die Vorschrift steht im Einklang mit Art. 6 I lit. e, III DS-GVO. Die durch das 2. DSAnpUG EU vom 20.11.2019, BGBl. I S. 1626, erfolgte Änderung in Abs. 3 dient der sprachlichen Angleichung des Verarbeitungsbegriffs an die Definition des Art. 4 Nr. 2 DS-GVO.

II. Datenaustausch aufgrund der REST-RL

2   Der neu gefasste § 91d regelt im Einzelnen die nach der REST-RL zwischen den Mitgliedstaaten auszutauschenden Auskünfte und Mitteilungen. Das BAMF nimmt hierzu zentrale Funktionen beim innergemeinschaftlichen Datenaustausch – wie bei § 91b und § 91c auch – wahr.

3   **Abs. 1 und 2:** Das BAMF als nationale Kontaktstelle nimmt die Anträge und Mitteilungen für den Wechsel von Forschern und Studenten zwischen verschiedenen europäischen Mitgliedstaaten entgegen und sorgt für den Informationsaustausch zwischen den im Bundesgebiet zuständigen Behörden. Im

---

[1] Gesetz zur Umsetzung aufenthaltsrechtlicher und asylrechtlicher RL der EU v. 19.8.2007, BGBl. I S. 1970.
[2] BGBl. 2017 I S. 1106.

Rahmen der Kurzfristmobilität prüft das BAMF die Vollständigkeit der eingereichten Unterlagen und leitet diese dann an die zuständige Ausländerbehörde weiter. Die Zuständigkeit für die Ablehnung verbleibt bei der Ausländerbehörde. Dementsprechend erfolgt die Kommunikation nach der Weiterleitung durch das BAMF direkt zwischen Antragsteller/Mitteilendem und Ausländerbehörde ohne weitere Einbeziehung des BAMF[3].

Abs. 3 diente bereits als Abs. 1 (aF) der Umsetzung der ehemaligen Vorgaben des Art. 8 III Studenten-RL, wonach die Behörde eines Mitgliedstaates der EU, die einem Studierenden einen Aufenthaltstitel erteilt hatten, einem zweiten Mitgliedstaat, wohin sich der Studierende begeben wollte, sachdienliche Informationen über den Aufenthalt im Hoheitsgebiet des ersten Mitgliedstaates erteilen mussten[4]. Nunmehr erteilt das BAMF die erforderlichen Auskünfte, um den zuständigen Behörden des anderen Mitgliedstaates der EU eine Prüfung der Voraussetzungen für die Mobilität des Ausländers nach Art 28 – 31 REST-RL zu ermöglichen. Die Übermittlung ist nur auf **Ersuchen** möglich. Als zu übermittelnde Daten werden neben den zur Identifizierung dienenden Personalien (S. 2 Nr. 1), den Angaben zum Aufenthaltsstatus (S. 2 Nr. 2) Angaben zu strafrechtlichen Ermittlungsverfahren genannt (S. 2 Nr. 3), die dazu führen können, dass der zweite Mitgliedstaat aus Gründen der öffentlichen Sicherheit einen Aufenthalt in seinem Hoheitsgebiet ablehnt, sowie andere Angaben, die in dem Ersuchen genannt sind und die im AZR gespeichert oder in der Ausländer- oder Visumakte enthalten sind (S. 2 Nr. 4). Die Angaben zu strafrechtlichen Ermittlungsverfahren dürfen nur in dem Rahmen und Umfang gemacht werden, wie in §§ 87 IV, VI, 88 III an die Ausländerbehörde mitzuteilen wären[5]. Grundsätzlich ist aber bei bereits in Deutschland erteilten Aufenthaltstiteln davon auszugehen – wenn nicht ausnahmsweise Ausweisungsgründe parallel zu einem erteilten Aufenthaltstitel vorliegen und wegen besonderer Ausweisungsschutzgründe nicht durchgreifen –, dass keine berücksichtigungsfähige Bedrohung der öffentlichen Sicherheit oder Ordnung vorliegt. Soweit zur Erteilung der Auskunft der Datenbestand des AZR nicht ausreicht, kann das BAMF nach S. 3 von den Ausländerbehörden oder – wenn die Erteilung von Visa betroffen ist – den Auslandsvertretungen nähere Auskünfte verlangen. Dies kann etwa erforderlich sein, wenn die zuständige Behörde des anderen Mitgliedstaates Angaben benötigt, die nur in der Ausländer- oder Visumakte, nicht aber im AZR gespeichert sind, wie etwa zu Auskünften, die der Ausländer bei der Beantragung des deutschen Aufenthaltstitels gegeben hat.

Abs. 4 regelt spiegelbildlich zu Abs. 1 desselben Paragrafen die Auskunftsersuchen, die deutsche Auslandsvertretungen und Ausländerbehörden über das BAMF an andere Mitgliedstaaten der EU richten können. Die in S. 2 Nr. 1 genannten Daten dienen der näheren Identifikation des Ausländers; die Daten zum Aufenthaltstitel und zum Identitäts- und Reisedokument (Nr. 2) sollen es ermöglichen, routinemäßig Fälschungen von Aufenthaltstiteln aufzudecken, indem der andere Mitgliedstaat die übermittelten Daten mit den dort gespeicherten Daten abgleichen kann[6]. Durch die in S. 2 Nr. 3 vorgesehenen Angaben zum Gegenstand und Ort des Antrags wird der Anlass der Anfrage näher bestimmt. In besonderen Fällen kann die Auslandsvertretung oder Ausländerbehörde auch gezielte Auskünfte von anderen Mitgliedstaaten anfordern, etwa wenn Anhaltspunkte für das Vorliegen von Versagungsgründen vorhanden sind und der andere Mitgliedstaat hierzu möglicherweise spezifische Auskünfte erteilen könnte[7].

Abs. 5 und 6: Die Regelung dient der Umsetzung von Art. 29 V und Art. 32 II REST-RL. Das BAMF sorgt für den Informationsaustausch mit den Behörden in anderen Mitgliedstaaten sowie den zuständigen Organen der EU. Beim Informationsaustausch mit den Behörden anderer Mitgliedstaaten geht es vor allem um den Austausch der Informationen, die für die Durchführung der Wechsel zwischen mehreren EU-Mitgliedstaaten erforderlich sind. Eine etwaige Speicherung der Daten erfolgt beim BAMF; für die Löschung der Daten gilt das BDSG. **Abs. 5** sieht vor, dass das BAMF die zuständige Behörde anderen Mitgliedstaats über Ablehnungen nach § 16a und § 20a sowie die Erteilung einer Aufenthaltserlaubnis nach § 20b informiert. Hierfür übermitteln die Ausländerbehörden dem BAMF die erforderlichen Angaben. Die Ausländerbehörden teilen folglich dem BAMF mit, dass sie nach Eingang der nach Abs. 1 weitergeleiteten Mitteilung das Recht auf Einreise und Aufenthalt im Rahmen der kurzfristigen Mobilität abgelehnt haben oder wie sie über einen nach Abs. 2 weitergeleiteten Antrag entschieden haben. Dies umfasst neben dem Inhalt und dem Datum der Entscheidung die für die Zuordnung der Entscheidung zu dem konkreten Ausländer erforderlichen Daten über den Ausländer selbst. **Abs. 6** sieht vor, dass das BAMF die Behörde des anderen Mitgliedstaats über den Widerruf, die Rücknahme, die Nicht-Verlängerung oder die nachträgliche Verkürzung der Erteilungsdauer bei Aufenthaltstiteln nach § 16 I, § 17b, § 18d oder § 20 informiert. Hierfür übermitteln die Ausländerbehörden dem BAMF die erforderlichen Angaben. Die Ausländerbehörden teilen folglich dem BAMF eine derartige Entscheidung mit. Dies umfasst neben dem Inhalt und dem Datum der Entscheidung die für die Zuordnung der Entscheidung zu dem konkreten Ausländer

---

[3] Begr. zum Gesetzentwurf, BT-Drs. 18/11136 v. 13.2.2017.
[4] BT-Drs. 16/5065, 198.
[5] *Petri* in: GK-AufenthG § 91d Rn. 5; vgl. HK-AuslR/*Hilbrans*AufenthG § 91d Rn. 5.
[6] BT-Drs. 16/5065, 198.
[7] S. hier schon zu der aF BT-Drs. 16/5065, 198.

erforderlichen Daten über den Ausländer selbst. Darüber hinaus können auch – soweit erforderlich – Gründe für die Entscheidung übermittelt werden[8].

7 **Ergänzend gelten für die Rechte der betroffenen Person die Art. 12– 21 DS-GVO sowie die §§ 32 ff. BDSG.**

§ 91e Gemeinsame Vorschriften für das Register zum vorübergehenden Schutz und zu innergemeinschaftlichen Datenübermittlungen

Im Sinne der §§ 91a bis 91g sind

1. **Personalien:** Namen, insbesondere Familienname, Geburtsname, Vornamen und früher geführte Namen, Geburtsdatum, Geburtsort, Geschlecht, Staatsangehörigkeiten und Wohnanschrift im Inland,
2. **Angaben zum Identitäts- und Reisedokument:** Art, Nummer, ausgebende Stelle, Ausstellungsdatum und Gültigkeitsdauer.

Allgemeine Verwaltungsvorschrift
91e Zu § 91e – Gemeinsame Vorschriften für das Register zum vorübergehenden Schutz und zu innergemeinschaftlichen Datenübermittlungen
Nicht belegt.

I. Entstehungsgeschichte

1 Die Vorschrift, die mit dem **RLUmsG 2007**[1] eingeführt wurde, entsprach dem **Gesetzentwurf**.

II. Definitionen

2 Im neuen § 91e werden übergreifend für die §§ 91a–91d vier Begriffe definiert. Die Definition der **Personalien** in Nr. 1 lehnt sich an die Aufzählung im vormaligen § 91a I Nr. 1a an. Mit Rücksicht auf den Umstand, dass sich Namen in einigen Rechtsordnungen nicht aus Familien- und Vornamen zusammensetzen und ein Geburtsname festgelegt ist, sondern abweichend gebildet werden, wurde nunmehr festgelegt, dass der Name iSd Vorschriften insbesondere aus Familien-, Vornamen und Geburtsnamen besteht[2]. Die zusätzliche Aufführung früherer Namen, bei denen es sich nicht um den Geburtsnamen handeln muss, berücksichtigt den Umstand, dass es nach einem langjährigen Aufenthalt außerhalb eines anderen Mitgliedstaates denkbar ist, dass der Ausländer dort noch unter einem früheren Namen registriert ist, so dass dieser in Übermittlungen und auch in das Register nach § 91a einzubeziehen ist[3]. Die Definition des **Identitäts- und Reisedokuments** entspricht derjenigen im vormaligen § 91a I Nr. 1 d.

3 Eine Definition der Mitgliedstaaten sowie des Gebiets der EU ist nicht erforderlich. Der Umstand, dass die Richtlinien, die mit den §§ 91a–91d umgesetzt werden, nicht in sämtlichen Mitgliedstaaten Anwendung finden und dass die Mitgliedstaaten, in denen die Richtlinien jeweils nicht Anwendung finden, so zu behandeln sind, als handele es sich nicht um Mitgliedstaaten der EU, ergibt sich bereits aus den Voraussetzungen für die Übermittlung der jeweiligen Daten.

4 Soweit diese Vorschriften nicht abschließend sind, finden die DS-GVO und das BDSG Anwendung.

§ 91f Auskünfte zur Durchführung der Richtlinie 2009/50/EG innerhalb der Europäischen Union

(1) ¹Das Bundesamt für Migration und Flüchtlinge unterrichtet als nationale Kontaktstelle im Sinne des Artikels 22 Absatz 1 der Richtlinie 2009/50/EG die zuständige Behörde eines anderen Mitgliedstaates der Europäischen Union, in dem der Ausländer eine Blaue Karte EU besitzt, über den Inhalt und den Tag einer Entscheidung über die Erteilung einer Blauen Karte EU. ²Die Behörde, die die Entscheidung getroffen hat, übermittelt der nationalen Kontaktstelle unverzüglich die hierfür erforderlichen Angaben. ³Der nationalen Kontaktstelle können die für Unterrichtungen nach Satz 1 erforderlichen Daten aus dem Ausländerzentralregister durch die Ausländerbehörden unter Nutzung der AZR-Nummer automatisiert übermittelt werden.

(2) Das Bundesamt für Migration und Flüchtlinge übermittelt den zuständigen Organen der Europäischen Union jährlich

---

[8] Begr. zum Gesetzentwurf, BT-Drs. 18/11136 v. 13.2.2017.
[1] Gesetz zur Umsetzung aufenthaltsrechtlicher und asylrechtlicher RL der EU v. 19.8.2007, BGBl. I S. 1970.
[2] BT-Drs. 16/5065, 198.
[3] BT-Drs. 16/5065, 198.

Auskünfte zur Durchführung der Richtlinie 2009/50/EG § 91f AufenthG 1

1. die Daten, die nach der Verordnung (EG) Nr. 862/2007 des Europäischen Parlaments und des Rates vom 11. Juli 2007 zu Gemeinschaftsstatistiken über Wanderung und internationalen Schutz und zur Aufhebung der Verordnung (EWG) Nr. 311/76 des Rates über die Erstellung von Statistiken über ausländische Arbeitnehmer (ABl. L 199 vom 31.7.2007, S. 23) im Zusammenhang mit der Erteilung von Blauen Karten EU zu übermitteln sind, sowie
2. ein Verzeichnis der Berufe, für die nach § 18b Absatz 2 Satz 2 ein Gehalt nach Artikel 5 Absatz 5 der Richtlinie 2009/50/EG bestimmt wurde.

Allgemeine Verwaltungsvorschrift
Nicht belegt.

I. Entstehungsgeschichte

Am 1.8.2012 trat das Gesetz[1] zur Umsetzung der BlueCard-RL der EU vom 1.6.2012 in Kraft[2]. **1** Diese enthält Vorgaben zur Angleichung der Einreise- und Aufenthaltsbedingungen, welche hochqualifizierten Drittstaatsangehörigen den Aufenthalt in der gesamten EU erleichtern. Die RL regelt Bedingungen zur Einreise und Rechte bzgl. des Aufenthalts sowohl im ersten Mitgliedstaat, in dem die Blaue Karte EU ausgestellt hat, als auch in anderen Mitgliedstaaten. Das Gesetz führte in Umsetzung der BlueCard-RL die Blaue Karte EU als neuen Aufenthaltstitel (§ 4 I Nr. 2a) in das AufenthG ein. Es enthält Regelungen zur Erleichterung der Zuwanderung von Fachkräften und ihren Angehörigen aus Staaten, die nicht Mitgliedstaaten der EU, des EWR oder der Schweiz sind, sowie zur Privilegierung ihres dauerhaften Verbleibs in Deutschland. § 91f trägt dem im Zusammenhang mit der Blauen Karte EU notwendigen Datenaustausch zwischen den Mitgliedstaaten Rechnung. Durch das **FEG 2019**[3] ist lediglich der Verweis in Abs. 2 Nr. 2 an die neue Rechtslage angepasst worden, ohne dass damit eine materielle Änderung der Rechtslage verbunden wäre.

II. Datenaustausch aufgrund der BlueCard-RL

1. Allgemeines

§ 91f legitimiert – vergleichbar mit den entsprechenden Regelungen in § 91c für die Daueraufent- **2** halts-RL[4] – die nach der BlueCard-RL zwischen den Mitgliedstaaten der EU notwendigen Mitteilungen und Auskünfte. Den Informationsaustausch zwischen den Mitgliedstaaten koordiniert das **BAMF**[5] (§§ 75 Nr. 5, 91f) als „nationale Kontaktstelle" für Deutschland. Wegen der Notwendigkeit eines zentralen Ansprechpartners für die anderen Mitgliedstaaten der EU ist die Aufgabe der nationalen Kontaktstelle auf eine Bundesbehörde übertragen worden.

2. Unterrichtungspflicht über die Erteilung der Blauen Karte EU

Abs. 1 regelt die nach Art. 18 IV BlueCard-RL zwischen den Mitgliedstaaten der EU erforderliche **3** Mitteilung über die Entscheidung über einen Antrag auf Erteilung der Blauen Karte EU. Die **Unterrichtungspflicht** des BAMF, die sich auf den Inhalt und den Tag der Entscheidung erstreckt, tritt in den Fällen ein, in denen der Ausländer eine Blaue Karte EU bereits in einem anderen Mitgliedstaat erhalten hat.

Die Ausländerbehörde, die die Entscheidung getroffen hat, ist nach Abs. 1 S. 2 dazu verpflichtet, **4** dem BAMF als nationaler Kontaktstelle unverzüglich die erforderlichen Angaben zu übermitteln. Die Unterrichtung wird durch die Einrichtung eines aus dem Ausländerzentralregister heraus automatisierten Mitteilungsdienstes nach Abs. 1 S. 3 durchgeführt. Dieses Verfahren erleichtert und verbessert dadurch die Kommunikation zwischen der Ausländerbehörde und der nationalen Kontaktstelle.

Da die Ausländerbehörde die Erteilung oder Verlängerung eines Aufenthaltstitels und somit auch **5** der Blauen Karte EU ohnehin an das AZR melden muss, besteht die Möglichkeit, mit dieser Meldung zugleich die Mitteilung an die nationale Kontaktstelle zu verbinden. Dies reduziert den Verwaltungsaufwand und trägt den Vorgaben der Europäischen Dienstleistungs-RL[6] Rechnung, die das Prinzip des „**One-Stop-Government**" für die öffentliche Verwaltung vorgibt.

---

[1] Art. 1 Nr. 10 Ges. v. 1.6.2012, BGBl. I S. 1224–1234.
[2] BlueCard-RL (ABl. 2009 L 155, 17).
[3] BGBl. 2019 I S. 1307; in Kraft getreten am 1.3.2020.
[4] BT-Drs. 11/848, 5.
[5] Das BAMF ist nach § 75 Nr. 5 auch Kontaktstelle nach weiteren RL, zB Daueraufenth-RL; *Petri* GK-AufenthG II § 91f Rn. 4.
[6] RL 2006/123/EG.

J. Nusser

3. Übermittlungspflicht für statistische Daten (Nr. 1)

6 Abs. 2 regelt zwei Übermittlungspflichten für das BAMF. Mit den zuständigen Organen der EU ist regelmäßig die Europäische Kommission gemeint[7]. Nach Nr. 1 sollen gemäß Art. 20 II BlueCard-RL nach der VO (EG) Nr. 862/2007 die Mitgliedstaaten der Kommission statistische Daten über die Anzahl der Drittstaatsangehörigen – einschließlich ihrer Staatsangehörigkeit und ihres Berufs –, die eine Blaue Karte EU erhalten haben, übermitteln. Die Übermittlungspflicht bezieht sich auch auf die **Verlängerung der Blauen Karte EU und deren Entzug**. Sofern sich die Inhaber der Blauen Karte EU zuvor in einem anderen Mitgliedstaat aufgehalten haben, sollen die zu übermittelnden Daten auch Angaben zum vorherigen Aufenthaltsmitgliedstaat enthalten[8].

7 In gleicher Weise werden Daten zu den zugelassenen Familienangehörigen übermittelt, ausgenommen sind Angaben zu deren Beruf[9].

4. Übermittlungspflicht für Mangelberufe (Nr. 2)

8 Nach Art. 5 V BlueCard-RL ist für den Fall, dass in bestimmten Berufen ein besonderer Bedarf festgestellt wird und dafür geringere Gehaltsgrenzen Anwendung finden, jährlich ein Verzeichnis über die Berufe zu übermitteln. Einmal im Jahr übermittelt somit das BAMF nach Nr. 2 das **Berufsverzeichnis für die Berufe**, für die ein besonderer Bedarf besteht und die niedrigere Gehaltsgrenze des § 41a II BeschV gilt. Mangelberufe sind nach § 41a II BeschV Berufe, die zu den Gruppen 21, 221 und 25 der Internationalen Standardklassifikation der Berufe gehören[10]. Dies sind Naturwissenschaftler, Mathematiker, Ingenieure, Ärzte sowie IT-Fachkräfte[11].

§ 91g Auskünfte zur Durchführung der Richtlinie 2014/66/EU

(1) ¹Das Bundesamt für Migration und Flüchtlinge nimmt Anträge nach § 19b entgegen und leitet diese Anträge an die zuständige Ausländerbehörde weiter. ²Es teilt dem Antragsteller die zuständige Ausländerbehörde mit.

(2) ¹Das Bundesamt für Migration und Flüchtlinge erteilt der zuständigen Behörde eines anderen Mitgliedstaates der Europäischen Union auf Ersuchen die erforderlichen Auskünfte, um den zuständigen Behörden des anderen Mitgliedstaates der Europäischen Union eine Prüfung zu ermöglichen, ob die Voraussetzungen für die Mobilität des Ausländers nach der Richtlinie 2014/66/EU vorliegen. ²Die Auskünfte umfassen
1. die Personalien des Ausländers und Angaben zum Identitäts- und Reisedokument,
2. Angaben zu seinem gegenwärtigen und früheren Aufenthaltsstatus in Deutschland,
3. Angaben zu abgeschlossenen oder der Ausländerbehörde bekannten strafrechtlichen Ermittlungsverfahren,
4. sonstige den Ausländer betreffende Daten, sofern sie im Ausländerzentralregister gespeichert werden oder sie aus der Ausländer- oder Visumakte hervorgehen und der andere Mitgliedstaat der Europäischen Union um ihre Übermittlung ersucht hat.

³Die Ausländerbehörden und die Auslandsvertretungen übermitteln hierzu dem Bundesamt für Migration und Flüchtlinge auf dessen Ersuchen die für die Erteilung der Auskunft erforderlichen Angaben.

(3) ¹Die Auslandsvertretungen und die Ausländerbehörden können über das Bundesamt für Migration und Flüchtlinge Ersuchen um Auskunft an zuständige Stellen anderer Mitgliedstaaten der Europäischen Union richten, soweit dies erforderlich ist, um die Voraussetzungen der Mobilität nach § 19a oder der Erteilung einer Mobiler-ICT-Karte zu prüfen. ²Sie können hierzu
1. die Personalien des Ausländers,
2. Angaben zu seinem Identitäts- und Reisedokument und zu seinem im anderen Mitgliedstaat der Europäischen Union ausgestellten Aufenthaltstitel sowie
3. Angaben zum Gegenstand des Antrags auf Erteilung des Aufenthaltstitels und zum Ort der Antragstellung

übermitteln und aus besonderem Anlass den Inhalt der erwünschten Auskünfte genauer bezeichnen. ³Das Bundesamt für Migration und Flüchtlinge leitet eingegangene Auskünfte an die zuständigen Ausländerbehörden und Auslandsvertretungen weiter. ⁴Die Daten, die in den Auskünften der zuständigen Stellen anderer Mitgliedstaaten der Europäischen Union

---

[7] Vgl. *Petri* GK-AufenthG II § 91f Rn. 7; BT-Drs. 17/8682, 23 zu § 91f II Nr. 1.
[8] Vgl. *Fehrenbacher* in HTK-AuslR AufenthG § 91f zu Abs. 2 Rn. 2.
[9] BR-Drs. 848/11.
[10] Vgl. ABl. 2009 L 292, 31.
[11] Hierzu auch → § 18b Rn. 29.

übermittelt werden, dürfen die Ausländerbehörden und Auslandsvertretungen zu diesem Zweck verarbeiten.

(4) ¹Das Bundesamt für Migration und Flüchtlinge unterrichtet die zuständige Behörde eines anderen Mitgliedstaates der Europäischen Union, in dem der Ausländer eine ICT-Karte besitzt, über den Inhalt und den Tag einer Entscheidung über
1. die Ablehnung der nach § 19a Absatz 1 mitgeteilten Mobilität gemäß § 19a Absatz 4 sowie
2. die Erteilung einer Mobiler-ICT-Karte nach § 19b.

²Wird eine ICT-Karte nach § 19 widerrufen, zurückgenommen oder nicht verlängert oder läuft sie nach einer Verkürzung der Frist gemäß § 7 Absatz 2 Satz 2 ab, so unterrichtet das Bundesamt für Migration und Flüchtlinge unverzüglich die Behörde des anderen Mitgliedstaates, in dem der Ausländer von der in der Richtlinie 2014/66/EU vorgesehenen Möglichkeit, einen Teil des unternehmensinternen Transfers in einem anderen Mitgliedstaat der Europäischen Union durchzuführen, Gebrauch gemacht hat, sofern dies der Ausländerbehörde bekannt ist. ³Die Behörde, die die Entscheidung getroffen hat, übermittelt dem Bundesamt für Migration und Flüchtlinge unverzüglich die hierfür erforderlichen Angaben. ⁴Die Ausländerbehörden können der nationalen Kontaktstelle die für die Unterrichtungen nach Satz 1 erforderlichen Daten aus dem Ausländerzentralregister unter Nutzung der AZR-Nummer automatisiert übermitteln. ⁵Wird dem Bundesamt für Migration und Flüchtlinge durch die zuständige Behörde eines anderen Mitgliedstaates mitgeteilt, dass ein Aufenthaltstitel eines Ausländers, der sich nach den §§ 19a oder 19b im Bundesgebiet aufhält, und der in den Anwendungsbereich der Richtlinie (EU) 2014/66 fällt, widerrufen, zurückgenommen oder nicht verlängert wurde oder abgelaufen ist, so unterrichtet das Bundesamt für Migration und Flüchtlinge unverzüglich die zuständige Ausländerbehörde.

(5) Das Bundesamt für Migration und Flüchtlinge übermittelt den zuständigen Organen der Europäischen Union jährlich
1. die Zahl
   a) der erstmals erteilten ICT-Karten,
   b) der erstmals erteilten Mobiler-ICT-Karten und
   c) der Mitteilungen nach § 19a Absatz 1,
2. jeweils die Staatsangehörigkeit des Ausländers und
3. jeweils die Gültigkeitsdauer oder die Dauer des geplanten Aufenthalts.

Allgemeine Verwaltungsvorschrift
91g Zu § 91g – Auskünfte zur Durchführung der Richtlinie 2014/66/EU
Nicht belegt.

I. Entstehungsgeschichte

Die Vorschrift wurde mit dem **Gesetz zur Umsetzung aufenthaltsrechtlicher RL der EU zur Arbeitsmigration** eingefügt[1]. Durch Art. 49 des 2. DSAnpUG-EU wurde in § 91g I 4 das Wort „nutzen" durch das Wort „verarbeiten" ersetzt[2].   1

Mit dem FEG[3] wurde der ursprüngliche Abs. 1 aufgehoben, da das BAMF für die Durchführung der Mitteilungsverfahren bei der (kurzfristigen) Mobilität nach § 19a zuständig geworden ist. Außerdem wurde Abs. 4 um einen S. 5 ergänzt.   2

II. Im Einzelnen

Die Regelung dient der Umsetzung von Art. 22 VI, 23 II, 24 I und 26 I ICT-RL. Sie entspricht inhaltlich weitestgehend den Änderungen von § 91d. Das BAMF als nationale Kontaktstelle nimmt die Anträge und Mitteilungen für den Wechsel von unternehmensintern Transferierten zwischen verschiedenen Mitgliedstaaten entgegen und sorgt für den Informationsaustausch zwischen den im Bundesgebiet zuständigen Behörde und den Behörden in anderen Mitgliedstaaten sowie den zuständigen Organen der EU. Beim Informationsaustausch mit den Behörden anderer Mitgliedstaaten geht es va um den Austausch von Informationen, die für die Durchführung der unternehmensinternen Transfers in mehreren EU-Mitgliedstaaten erforderlich sind. Eine etwaige Speicherung der Daten erfolgt beim BAMF; für die Löschung der Daten gilt das BDSG.   3

In Bezug auf **Abs. 2** ist auf Folgendes hinzuweisen: Soweit zur Erteilung der Auskunft die Auskünfte nach Abs. 2 Nr. 1–4 und der Datenbestand des AZR nicht ausreichen, kann das BAMF von den Ausländerbehörden oder – wenn die Erteilung von Visa betroffen ist – den Auslandsvertretungen nähere Auskünfte verlangen und diese ebenfalls den zuständigen Behörden des anderen Mitgliedstaates übermitteln. Dies kann etwa erforderlich sein, wenn die zuständige Behörde des   4

---

[1] BGBl. 2017 I S. 1106.
[2] Ges. v. 20.11.2019, BGBl. I S. 1626; in Kraft getreten am 26.11.2019.
[3] Ges. v. 15.8.2019, BGBl. 2019 I S. 1307 v. 20.8.2109; in Kraft getreten am 1.3.2020.

anderen Mitgliedstaats zusätzliche Angaben benötigt, die nur in der Ausländer- oder Visumakte, nicht aber im AZR gespeichert sind, wie etwa zu Auskünften, die der Ausländer bei der Beantragung des deutschen Aufenthaltstitels gegeben hat.

5   **Abs. 3** regelt spiegelbildlich zu Abs. 2 die Auskunftsersuchen, die deutsche Auslandsvertretungen und Ausländerbehörde über das BAMF an andere Mitgliedstaaten der EU richten können. Die in S. 2 Nr. 1 genannten Daten dienen der näheren Identifikation des Ausländers; die Daten zum Aufenthaltstitel und zum Identitäts- und Reisedokument (Nr. 2) sollen es ermöglichen, routinemäßig Fälschungen von Aufenthaltstiteln aufzudecken, indem der andere Mitgliedstaat die übermittelten Daten mit den dort gespeicherten Daten abgleichen kann. Durch die in S. 2 Nr. 3 vorgesehene Angabe zum Gegenstand und Ort des Antrags wird der Anlass der Anfrage näher bestimmt. In besonderen Fällen kann die Auslandsvertretung oder Ausländerbehörde auch gezielte Auskünfte vom anderen Mitgliedstaat anfordern, etwa wenn Anhaltspunkte für das Vorliegen von Versagungsgründen vorhanden sind und der andere Mitgliedstaat hierzu möglicherweise spezifische Auskünfte erteilen könnte.

6   **Abs. 4 S. 1** sieht vor, dass das BAMF die zuständige Behörde eines anderen Mitgliedstaats über Ablehnungen nach § 19a sowie die Erteilung einer Aufenthaltserlaubnis nach § 19b informiert. Abs. 4 S. 2 sieht vor, dass das BAMF die Behörde des anderen Mitgliedstaats über den Widerruf, die Rücknahme, die Nicht-Verlängerung oder die nachträgliche Verkürzung der Erteilungsdauer bei ICT-Karten nach § 19b informiert. Hierfür übermitteln die Ausländerbehörden dem BAMF die erforderlichen Angaben. Die Ausländerbehörden teilen folglich dem BAMF derartige Entscheidungen mit. Dies umfasst neben dem Inhalt und dem Datum der Entscheidung die für die Zuordnung der Entscheidung zu dem konkreten Ausländer erforderlichen Daten über den Ausländer selbst. Darüber hinaus können auch – soweit erforderlich – Gründe für die Entscheidung übermittelt werden. Mit dem FEG wurde Abs. 4 um seinen S. 5 ergänzt. In Fällen, in denen der erste Mitgliedstaat einen Aufenthaltstitel entzieht, muss die nationale Kontaktstelle des zweiten Mitgliedstaats hierüber unterrichtet werden (Art. 23 II ICT-RL). Mit S. 5 wird die rechtliche Grundlage dafür geschaffen, dass das BAMF in den Fällen, in denen Deutschland der zweite Mitgliedstaat ist, diese Information auch an die zuständige Ausländerbehörde weitergeben darf.

7   Nach **Abs. 6** werden den Organen der EU statistische Daten übermittelt[4].

Kapitel 8. Beauftragte für Migration, Flüchtlinge und Integration

§ 92 Amt der Beauftragten

(1) Die Bundesregierung bestellt eine Beauftragte oder einen Beauftragten für Migration, Flüchtlinge und Integration.

(2) [1]**Das Amt der Beauftragten wird bei einer obersten Bundesbehörde eingerichtet und kann von einem Mitglied des Deutschen Bundestages bekleidet werden.** [2]**Ohne dass es einer Genehmigung (§ 5 Abs. 2 Satz 2 des Bundesministergesetzes, § 7 des Gesetzes über die Rechtsverhältnisse der Parlamentarischen Staatssekretäre) bedarf, kann die Beauftragte zugleich ein Amt nach dem Gesetz über die Rechtsverhältnisse der Parlamentarischen Staatssekretäre innehaben.** [3]**Die Amtsführung der Beauftragten bleibt in diesem Falle von der Rechtsstellung nach dem Gesetz über die Rechtsverhältnisse der Parlamentarischen Staatssekretäre unberührt.**

(3) [1]**Die für die Erfüllung der Aufgaben notwendige Personal- und Sachausstattung ist zur Verfügung zu stellen.** [2]**Der Ansatz ist im Einzelplan der obersten Bundesbehörde nach Absatz 2 Satz 1 in einem eigenen Kapitel auszuweisen.**

(4) Das Amt endet, außer im Falle der Entlassung, mit dem Zusammentreten eines neuen Bundestages.

Allgemeine Verwaltungsvorschrift
92–94 Zu den §§ 92–94 – Beauftragte für Migration, Flüchtlinge und Integration
Nicht belegt.

I. Entstehungsgeschichte

1   Die Vorschrift in der Fassung der Neubekanntmachung des AufenthG vom 25.1.2008[1] stimmt mit dem **Gesetzesentwurf** zum ZuwG[2] überein. Vorgänger war § 91a AuslG, der als gesetzliche Grundlage für dieses Amt am 1.11.1997 in Kraft getreten war[3]. Mit dem RLUmsG 2007[4*] wurde dem

---
[4] Begr. zum Gesetzesentwurf v. 13.2.2017, BT-Drs. 18/11136.
[1] BGBl. 2008 I S. 162 (207).
[2] BT-Drs. 15/420.
[3] Gesetz v. 29.10.1997, BGBl. I S. 2584 – damals noch „Beauftragte für Ausländerfragen".
[4*] Gesetz zur Umsetzung aufenthaltsrechtlicher und asylrechtlicher RL der EU v. 19.8.2007, BGBl. I S. 1970.

Umstand Rechnung getragen, dass die Beauftragte seit der 16. Legislaturperiode organisatorisch beim Bundeskanzleramt und nicht mehr beim Bundesministerium für Familie, Senioren, Frauen und Jugend angesiedelt ist.

Zunächst war **seit November 1978** ein „Beauftragter der Bundesregierung für die Integration der ausländischen Arbeitnehmer und ihrer Familien" *(Kühn)* tätig, der ein Jahr später ein Memorandum „Stand und Entwicklung der ausländischen Arbeitnehmer und ihrer Familien in der Bundesrepublik Deutschland" vorlegte. Die zweite Amtsinhaberin *(Funcke)* hatte das Amt von Januar 1981 an über zehn Jahre inne[5]; sie gab ihren Auftrag im Juli 1991 ua mit dem Ziel zurück, Anlass zu geben, „die Integrations- und Migrationspolitik sowie die Gestaltung, Ausstattung und Abstützung des Amtes neu zu überdenken und den gegebenen Aufgaben entsprechend anzupassen"[6]. Ihre Nachfolgerin *(Schmalz-Jacobsen)* trat ihr Amt im November 1991 an, und zwar als „Beauftragte der Bundesregierung für die Belange der Ausländer"[7]. Sie verabschiedete sich im Oktober 1998 mit einem Memorandum (August 1998) über die Notwendigkeit einer besseren Integration der in Deutschland lebenden Ausländer[8]. Im November 1998 wurde die neue Beauftragte *(Beck)* ernannt[9], mit Inkrafttreten des ZuwG erhielt das Amt seine jetzige Bezeichnung. Sie bekleidete als erste Beauftragte gleichzeitig das Amt einer Parlamentarischen Staatssekretärin und verabschiedete sich am Ende der 15. Legislaturperiode ebenfalls mit einem Memorandum, nachdem sie zuvor den „6. Bericht zur Lage der Ausländerinnen und Ausländer in Deutschland" vorgelegt hatte[10]. Ihre Nachfolgerin *(Böhmer)* trat das Amt im November 2005 an. Sie war zugleich Staatsministerin (= Parlamentarische Staatssekretärin) bei der Bundeskanzlerin. In Abkürzung der Amtsbezeichnung wird sie meist „Integrationsbeauftragte" (IntB) genannt. Von Dezember 2013 bis März 2018 bekleidete *Ayden Özoğus*, von März bis Dezember 2021 *Annette Widmann-Mauz* das Amt. Seit dem 9.12.2021 ist *Reem Alabali-Radovan* Staatsministerin im Bundeskanzleramt und Beauftragte der Bundesregierung für Migration, Flüchtlinge und Integration.

II. Allgemeines

Außer der Integrationsbeauftragten der Bundesregierung bestehen **ähnliche Einrichtungen** (Beauftragte und Beiräte) auch auf den Ebenen der Länder[11] und (vieler) Kommunen. Deren Rechtsstellung, Aufgaben und Zuständigkeiten sind nicht einheitlich geregelt[12].

III. Amtsverhältnis

Die **Bestellung** der Integrationsbeauftragten erfolgt durch die Bundesregierung, die sowohl über die Bestellung selbst als auch über die Personenauswahl ohne Mitwirkung anderer befindet. Das Amt war zunächst dem BMA zugeordnet, das va für Fragen ausländischer Arbeitnehmer zuständig war, nicht dem für Aufenthaltsfragen zuständigen BMI. Danach gehörte es dem BMFSJ an, mittlerweile dem Bundeskanzleramt. Das Amt der Integrationsbeauftragten ist nach wie vor als Ehrenamt ausgestaltet. Die Beauftragte als Person kann zugleich Mitglied des Bundestags und auch Parlamentarische Staatssekretärin sein. Die Integrationsbeauftragte ist in ihrer Funktion gegenüber dem Minister oder dem Bundeskanzler nicht weisungsgebunden. § 92 II 2 stellt die Unabhängigkeit der Amtsführung sicher, die von den (weisungsabhängigen) Aufgaben der Parlamentarische Staatssekretäre unberührt bleibt.

Die Integrationsbeauftragte ist organisatorisch in der Weise abgesichert, dass sie die notwendigen Personal- und Sachmittel aus einem eigenen Kapitel des Haushaltsplans des jeweiligen Ressorts erhält. Seit 2007 umfasst ihr Arbeitsstab vier, seit 2010 fünf Referate. Ihr Amt endet wie das der Bundesminister infolge **Entlassung** durch den Bundeskanzler oder mit dem Zusammentreten eines neuen Bundestags. Eine kommissarische Amtsführung zwischen dem Zusammentritt des neuen Bundestages und der Ernennung der (neuen) Beauftragten ist im Gesetz nicht vorgesehen, kann aber durch Kabinettsbeschluss in analoger Anwendung des § 69 III GG im Interesse der Fortführung der Amtsgeschäfte angeordnet werden (so etwa 2005, auch für Behördenbeauftragten).

---

[5] Zu ihrem letzten Bericht vgl. ZAR 1991, 104.
[6] Vgl. ZAR 1991, 106.
[7] ZAR 1992, 50.
[8] ZAR 1998, 242.
[9] Vgl. ZAR 1999, 2.
[10] Vgl. zum Bericht *Kraus* ZAR 2005, 259.
[11] Eine Übersicht der Integrations- und Ausländerbeauftragten der Länder findet sich auf den Seiten der Bundesregierung www.bundesregierung.de/breg-de/suche/integrations-und-auslaenderbeauftragte-der-bundeslaender-456736.
[12] Zu kommunalen Auslandsbeiräten vgl. va *Grindel,* Ausländerbeauftragte, 1984; *Hoffmann,* Beiräte, Wahlrecht, Bürgerrecht, 1986; *Hoffmann/Even* ZAR 1985, 124; *v. Kodolitsch/Schuleri-Hartje* ZAR 1987, 83; *Mann* NWVBl 1990, 222; zur Integrationsgesetzgebung *Eichhofer* ZAR 2016, 251.

Samel

§ 93 Aufgaben

Die Beauftragte hat die Aufgaben,
1. die Integration der dauerhaft im Bundesgebiet ansässigen Migranten zu fördern und insbesondere die Bundesregierung bei der Weiterentwicklung ihrer Integrationspolitik auch im Hinblick auf arbeitsmarkt- und sozialpolitische Aspekte zu unterstützen sowie für die Weiterentwicklung der Integrationspolitik auch im europäischen Rahmen Anregungen zu geben;
2. die Voraussetzungen für ein möglichst spannungsfreies Zusammenleben zwischen Ausländern und Deutschen sowie unterschiedlichen Gruppen von Ausländern weiterzuentwickeln, Verständnis füreinander zu fördern und Fremdenfeindlichkeit entgegenzuwirken;
3. nicht gerechtfertigten Ungleichbehandlungen, soweit sie Ausländer betreffen, entgegenzuwirken;
4. den Belangen der im Bundesgebiet befindlichen Ausländer zu einer angemessenen Berücksichtigung zu verhelfen;
5. über die gesetzlichen Möglichkeiten der Einbürgerung zu informieren;
6. auf die Wahrung der Freizügigkeitsrechte der im Bundesgebiet lebenden Unionsbürger zu achten und zu deren weiterer Ausgestaltung Vorschläge zu machen;
7. Initiativen zur Integration der dauerhaft im Bundesgebiet ansässigen Migranten auch bei den Ländern und kommunalen Gebietskörperschaften sowie bei den gesellschaftlichen Gruppen anzuregen und zu unterstützen;
8. die Zuwanderung ins Bundesgebiet und in die Europäische Union sowie die Entwicklung der Zuwanderung in anderen Staaten zu beobachten;
9. in den Aufgabenbereichen der Nummern 1 bis 8 mit den Stellen der Gemeinden, der Länder, anderer Mitgliedstaaten der Europäischen Union und der Europäischen Union selbst, die gleiche oder ähnliche Aufgaben haben wie die Beauftragte, zusammenzuarbeiten;
10. die Öffentlichkeit zu den in den Nummern 1 bis 9 genannten Aufgabenbereichen zu informieren.

Allgemeine Verwaltungsvorschrift
92–94 Zu den §§ 92–94 – Beauftragte für Migration, Flüchtlinge und Integration
Nicht belegt.

I. Entstehungsgeschichte

1   Die Vorschrift in der Fassung der Neubekanntmachung des AufenthG vom 25.1.2008[1] entspricht dem **Gesetzesentwurf** zum ZuwG[2].

II. Aufgaben

2   Der Aufgabenkatalog sichert der Integrationsbeauftragten die Möglichkeit der umfassenden politischen **Einflussnahme** auf Verwaltung und Gesetzgebung hinsichtlich aller Ausländer und die Integration betreffender Fragen. Darüber hinaus ist ihr eine Ombudsfunktion zugewiesen. Schließlich hat sie Informationspflichten wahrzunehmen, insbesondere hinsichtlich der gesetzlichen Möglichkeiten der Einbürgerung (Nr. 5). Die hier bezeichneten Gegenstände, Ziele und Formen ihrer Tätigkeit reichen über die ursprünglich durch Kabinettsbeschluss v. 14.11.1991 und 7.12.1994 festgelegten Zuständigkeit hinaus[3]. Ihre Aufgabe besteht nicht nur in Beobachtung, Anregungen und Information (Nr. 10), sie umfasst auch Vorschläge, Förderung, Entgegenwirken bezogen auf die jeweils genannten Felder. In § 94 sind einige besonders wichtige Arbeitsfelder und Tätigkeiten ausdrücklich hervorgehoben und als Befugnisse und Pflichten ausgestaltet. Die Integrationsbeauftragte arbeitet dabei mit den korrespondierenden Akteuren aller staatlichen Ebenen einschließlich der anderer Mitgliedstaaten der EU und der EU selbst sowie mit Nichtregierungsorganisationen zusammen (Nr. 9). Gewisse **Überschneidungen** mit den Zuständigkeiten des BAMF (und damit des BMI) sind nicht auszuschließen, zB bei der Beobachtung der Migrationsbewegungen (Nr. 8) und den Anregungen für die Weiterentwicklung der Integrationspolitik (vgl. § 75 Nr. 3, 4 und 9).

3   Der **Personenkreis** ist nicht mehr wie ursprünglich auf Arbeitnehmer und ihre Familien beschränkt. Er besteht aus der dauerhaft ansässigen ausländischen Bevölkerung, schließt aber auch andere im Bundesgebiet befindliche Ausländer ein, insbesondere solche, die vorübergehend in Deutschland leben, hier als Flüchtlinge Schutz suchen oder ohne legalen Aufenthaltsstatus sind. Der Begriff „Migrant" weist hinsichtlich der Integrationsförderung (Nr. 1 und 7) über Ausländer hinaus, denn er schließt Eingebürgerte ein, sofern die Aufgabenbeschreibung sich nicht ausdrücklich allein auf Aus-

---
[1] BGBl. 2008 I S. 162 (207).
[2] BT-Drs. 15/420, 33.
[3] Zur Entwicklung des Amts insgesamt → § 92 Rn. 2.

Amtsbefugnisse   § 94 AufenthG 1

länder beschränkt wie bei der Bekämpfung ungerechtfertigter Ungleichbehandlungen. Nicht genannt sind Spätaussiedler, da die Bundesregierung für diese Personengruppe eine eigene Beauftragte ernannt hat (Beauftragte der Bundesregierung für Aussiedlerfragen und nationale Minderheiten), die dem BMI zugeordnet ist. Für ausländische Familienangehörige von Spätaussiedlern ist die Integrationsbeauftragte allerdings ebenso wie diese zuständig.

Die **Gegenstände** ihrer Tätigkeit sind nicht auf Einreise, Aufenthalt und Integration beschränkt. 4 Eingeschlossen sind vielmehr auch Bekämpfung von Diskriminierungen, Förderung der Einbürgerung und Überwachung der Freizügigkeitsrechte der Unionsbürger und allgemein das Wahren der Belange der Ausländer. Dies schließt neben der Förderung der Integration in allen relevanten Bereichen die Mitwirkung an allen Gesetzesvorhaben und Maßnahmen ein, die den Rechtsstatus von Ausländern in Deutschland betreffen. Dagegen soll die Zuwanderung von außen nur beobachtet, nicht mit Initiativen, Anregungen oder Vorschlägen bedacht werden. Die Anwerbung oder die Gestaltung der Einwanderungspolitik ieS gehören damit nicht zu den originären Aufgaben der Integrationsbeauftragten. Entsprechende Vorhaben oder Maßnahmen fallen jedoch in ihre Zuständigkeit, soweit sie absehbar Auswirkungen auf die Integration von Migranten haben. Dies schließt Vorhaben und Maßnahmen auf EU-Ebene ein.

Die Zuständigkeit für die Förderung der Integration beinhaltet die Unterstützung der Bundes- 5 regierung, die Anregung, Initiierung und Unterstützung von Initiativen auf kommunaler, Länder- und EU-Ebene. Arbeitsmarkt- und Sozialpolitik werden als integrationspolitisch relevante Politikbereiche ausdrücklich genannt. Das Wort „auch" illustriert, dass dies nur Beispiele sind und Integrationspolitik als Querschnittsaufgabe in allen Feldern der Gesellschaftspolitik relevant ist (zB Bildungspolitik).

Eine wichtige Aufgabe ist es, der **ungerechtfertigten Ungleichbehandlung** von Ausländern 6 entgegenzuwirken. Diese Ungleichbehandlungen treten einerseits im Alltagsleben auf (zB Beruf und Arbeitsmarkt, Wohnung, Freizeit, Versicherungen und Bankgeschäfte). Sie sind häufig aber auch rechtlich-struktureller Natur, wenn Ausländer von bestimmten Leistungen und Chancen ausgeschlossen sind (zB Familienleistungen, Arbeitsmarktzugang). „Entgegenwirken" umfasst daher sowohl die Konfliktschlichtung im Einzelfall, öffentliche Informationen über Rechte und Handlungsmöglichkeiten, als auch die Entwicklung bzw. Veränderung von Rechtsnormen. Auch das **AGG** weist der Integrationsbeauftragte im Bereich der Bekämpfung von Diskriminierungen eine wichtige Rolle zu: Nach § 27 II 2 AGG leitet die **Antidiskriminierungsstelle (ADS)** die an sie gerichteten Beschwerden an die Integrationsbeauftragte weiter, sofern die Petenten dem zustimmen. In der Forschung können die ADS und die zuständige Beauftragten der Bundesregierung und des Bundestags zusammenarbeiten (§ 27 IV AGG). Ansonsten sind Öffentlichkeitsarbeit, die Entwicklung von Maßnahmen und Forschung der ADS nur erlaubt, soweit nicht Zuständigkeitsbereiche anderer Beauftragter berührt sind (§ 27 III AGG). Alle vier Jahre legen ADS und alle für die Bekämpfung von Diskriminierungen zuständigen Beauftragten von Bundesregierung und Bundestag einen gemeinsamen Bericht vor (§ 27 IV AGG). Im Oktober 2021 wurde der 4. Gemeinsame Bericht vorgelegt[4].

An die Aufgabenzuweisung nach Nr. 6 anknüpfend ist seit dem 21.5.2016 bei der Integrations- 7 beauftragten in Umsetzung der Richtlinie zur Durchsetzung der Arbeitnehmerfreizügigkeit (RL 2014/54/EU)[5] die „Gleichbehandlungsstelle EU-Arbeitnehmer" eingerichtet[6]. Diese soll gemäß Art. 4 II RL EU-Bürger bei der Wahrnehmung ihrer Arbeitnehmerfreizügigkeit in Deutschland ua rechtlich unterstützen, unabhängige Berichte veröffentlichen und unabhängige Erhebungen durchführen bzw. in Auftrag geben.

§ 94 Amtsbefugnisse

(1) ¹Die Beauftragte wird bei Rechtsetzungsvorhaben der Bundesregierung oder einzelner Bundesministerien sowie bei sonstigen Angelegenheiten, die ihren Aufgabenbereich betreffen, möglichst frühzeitig beteiligt. ²Sie kann der Bundesregierung Vorschläge machen und Stellungnahmen zuleiten. ³Die Bundesministerien unterstützen die Beauftragte bei der Erfüllung ihrer Aufgaben.

(2) Die Beauftragte für Migration, Flüchtlinge und Integration erstattet dem Deutschen Bundestag mindestens alle zwei Jahre einen Bericht.

(3) ¹Liegen der Beauftragten hinreichende Anhaltspunkte vor, dass öffentliche Stellen des Bundes Verstöße im Sinne des § 93 Nr. 3 begehen oder sonst die gesetzlichen Rechte von Ausländern nicht wahren, so kann sie eine Stellungnahme anfordern. ²Sie kann diese Stellungnahme mit einer eigenen Bewertung versehen und der öffentlichen und deren

---

[4] Gemeinsame Berichte der Antidiskriminierungsstelle des Bundes und der in ihrem Zuständigkeitsbereich betroffenen Beauftragten der Bundesregierung und des Deutschen Bundestags BT-Drs. 17/4325, 17/14400, 18/13060, 19/32690.

[5] Richtlinie 2014/54/EU des Europäischen Parlaments und des Europäischen Rates vom 16.4.2014 über Maßnahmen zur Erleichterung der Ausübung der Rechte, die Arbeitnehmern im Rahmen der Freizügigkeit zustehen, ABl. 2014 L 128, 8 ff.

[6] Vgl. Organisationserlasses des Bundeskanzleramts, GMBl. 2016 Nr. 6, S. 118.

vorgesetzter Stelle zuleiten. ³Die öffentlichen Stellen des Bundes sind verpflichtet, Auskunft zu erteilen und Fragen zu beantworten. ⁴Personenbezogene Daten übermitteln die öffentlichen Stellen nur, wenn sich der Betroffene selbst mit der Bitte, in seiner Sache gegenüber der öffentlichen Stelle tätig zu werden, an die Beauftragte gewandt hat oder die Einwilligung des Ausländers anderweitig nachgewiesen ist.

Allgemeine Verwaltungsvorschrift
92–94 Zu den §§ 92–94 – Beauftragte für Migration, Flüchtlinge und Integration
Nicht belegt.

I. Entstehungsgeschichte

1   Die Vorschrift idF der Neubekanntmachung des AufenthG v. 25.1.2008[1] entspricht dem **Gesetzesentwurf** zum ZuwG[2]. Mit dem AufenthGÄndG 2015[3] wurde die Berichterstattung der Integrationsbeauftragten gemäß Abs. 2 durch Streichung der Beschränkung auf die „Lage der Ausländer in Deutschland" weiter gefasst.

II. Allgemeines

2   Die Umschreibung der Amtsbefugnisse geht ebenso wie die der Aufgaben in § 93 über die bis 1997 geltende Rechtslage[4] hinaus. Sie enthält **Befugnisse** und **Pflichten** sowie Verpflichtungen anderer Stellen.

3   Bei **Rechtsetzungsvorhaben** der Bundesregierung oder einzelner Ministerien ist die Integrationsbeauftragte möglichst **frühzeitig** zu beteiligen. Die Vorschrift macht nochmals (neben Anbindung das Bundeskanzleramt) deutlich, dass die Integrationsbeauftragte trotz Weisungsunabhängigkeit Teil der Exekutive ist. Das bedeutet gleichzeitig, dass sie sich nicht unmittelbar an den Bundestag wenden kann (Ausnahme in Abs. 2). Rechtsetzung umfasst neben der förmlichen Gesetzgebung auch den Erlass von Rechtsverordnungen. Unter sonstigen Angelegenheiten sind alle Tätigkeiten der Bundesregierung zu verstehen, gleichgültig, ob sie verwaltungsinterner Natur sind, wie der Erlass von Verwaltungsvorschriften, die Erarbeitung von Förderprogrammen oder das Verhältnis zu den Bundesländern, zur EU oder zu anderen Staaten angehen. Sowohl hinsichtlich Rechtsetzung als auch in den sonstigen Angelegenheiten wird der Integrationsbeauftragten das Recht zu Vorschlägen und Stellungnahmen eingeräumt. Möglichst frühzeitig bedeutet, dass die Beteiligung in einem Stadium zu erfolgen hat, in dem den Anregungen der Integrationsbeauftragten noch Geltung verschafft werden kann. Nach § 21 I der Gemeinsamen Geschäftsordnung der Bundesministerien (GGO) sind die Beauftragten der Bundesregierung bei allen Vorhaben, die ihre Aufgaben berühren, frühzeitig zu beteiligen. Nach § 22 I 6 GGO kann die Integrationsbeauftragte zu Kabinettvorlagen – das betrifft nicht nur Gesetzgebungsvorhaben der Bundesregierung – ein abweichendes Votum abgeben; dh gleichzeitig, dass sie innerhalb der Bundesregierung **kein Vetorecht** hat.

4   Immer aber muss ihr **Aufgabenbereich** betroffen sein. Da die Aufgaben in § 93 nicht nur gegenständlich, sondern auch der Tätigkeit nach festgelegt sind, erscheint die Reichweite dieser Bezugnahme fraglich. Wären die Beteiligungs-, Vorschlags- und Stellungnahmerechte sowohl auf die Tätigkeitsfelder als auch auf die Tätigkeitsformen nach §§ 93, 94 beschränkt, dürfte die Integrationsbeauftragte zB keine Vorschläge für eine Gesetzgebung über erleichterte Einbürgerung vorlegen; denn dies fällt nicht unter den Begriff der Information (vgl. § 93 Nr. 5). Eine derartige Einengung würde indes den Unterschied zwischen „Aufgaben" und „Aufgabenbereich" vernachlässigen und die erwünschte möglichst breite und umfassende Information der Bundesregierung mit dem Erfahrungswissen der Integrationsbeauftragten unangemessen beschneiden.

5   Der Bericht der Integrationsbeauftragten gemäß Abs. 2 ist dem Bundestag mindestens alle zwei Jahre zu erstatten. Die ersten Berichte „über die Lage der Ausländer in der Bundesrepublik Deutschland" datieren von März 1993 und Dezember 1995. Der 3. Bericht wurde im Dezember 1997[5], der 4. Bericht 1999[6], der 5. Bericht 2002[7], der 6. im Jahre 2005[8], der 7. im Dezember 2007[9], der 8. im

---

[1] BGBl. 2008 I S. 162 (207).
[2] BT-Drs. 15/420, 33.
[3] Art. 1 Nr. 44 G v. 27.7.2015, BGBl. I S. 1386.
[4] Kabinettsbeschl. v. 14.11.1991 und v. 7.12.1994.
[5] Dazu ausf. *Kraus* ZAR 1998, 195; dazu auch Handbuch und CD „Migration und Integration in Zahlen".
[6] BT-Drs. 14/2674.
[7] www.bundesregierung.de/nn_56708/Content/DE/Publikation/IB/5-auslaenderbericht.html; dazu ausf. *Kraus* ZAR 2002, 387.
[8] www.bundesregierung.de/nn_56708/Content/DE/Publikation/IB/6-ausl_C3_A4nderbericht-teil-1.html; www.bundesregierung.de/nn_56708/Content/DE/Publikation/IB/6-auslaenderbericht-teil-2.html; www.bundesregierung.de/nn_56708/Content/DE/Publikation/IB/6-auslaenderbericht-teil-3.html; dazu ausf. *Kraus* ZAR 2005, 259.
[9] www.bundesregierung.de/nn_56708/Content/DE/Publikation/IB/7-auslaenderbericht.html.

Juni 2010[10], der 9. im Juni 2012[11] und der 10. im Oktober 2014[12] vorgelegt. Die Berichte enthalten umfassende Darstellungen sämtlicher relevanten Themen wie Arbeitsmarkt und Bildung sowie der Rechtsentwicklung auf nationaler und EU-Ebene im jeweiligen Berichtszeitraum. Der am 9.12.2016[13] veröffentlichte. Bericht trägt entsprechend der Neufassung von Abs. 2 erstmals den Titel „Teilhabe, Chancengleichheit u. Rechtsentwicklung in der Einwanderungsgesellschaft Deutschland"[14]. Der 12. Bericht[15] umfasst den Zeitraum August 2016 bis April 2019 und wurde im Dezember 2019 vorgelegt.

Zwischenzeitlich hatte die Integrationsbeauftragte aufgrund eines Beschl. des Bundestags v. 8.6.2000[16] jährliche Migrationsberichte (insbesondere Einwanderungsdaten) vorgelegt[17]. Seit 2004 ist dafür das BAMF zuständig[18]. Außerdem gibt Integrationsbeauftragte diverse Informationsbroschüren zum Thema Migration heraus[19]. **6**

Die Integrationsbeauftragte hat zudem die Befugnis, zu nicht gerechtfertigten Ungleichbehandlungen oder sonstigen Verstößen gegen Rechte von Ausländern **Stellungnahmen** anzufordern und diese gegenüber der öffentlichen Stelle und deren vorgesetzter Stelle zu bewerten. Die jeweils betroffenen Stellen sind zur **Auskunft** und zur Beantwortung von Fragen verpflichtet. Diese Kompetenz erstreckt sich aufgrund der verfassungsmäßigen Kompetenzverteilung zwischen Bund und Ländern nur auf Stellen des Bundes. Wichtigste Anwendungsbereiche sind diskriminierendes Verhalten von Mitarbeitern von Bundespolizei und Zoll sowie der Bundesagentur für Arbeit bzw. der Arbeitsagenturen gegenüber Ausländern. Mit § 12 AGG rücken Einstellungs- und Beförderungsbedingungen von Bundesbehörden ins Blickfeld; auch der Schutz ausländischer Mitarbeiter von Bundesbehörden vor Diskriminierungen und Beleidigungen durch „Kunden" gemäß § 12 IV AGG gehört zum Aufgabenbereich der Integrationsbeauftragten. **7**

Die Tätigkeit der Ausländerbehörden der Länder ist nicht in den Regelungsbereich des § 94 III einbezogen. Im Rahmen der Kompetenz nach § 93 Nr. 4 (Belangen von Ausländern zur angemessenen Berücksichtigung verhelfen) kann die Integrationsbeauftragte aber sowohl Einzelfälle als auch allgemeine Verhältnisse und Entwicklungen zum Anlass nehmen, tätig zu werden. **8**

Kapitel 9. Straf- und Bußgeldvorschriften

§ 95 Strafvorschriften

(1) Mit Freiheitsstrafe bis zu einem Jahr oder mit Geldstrafe wird bestraft, wer
1. entgegen § 3 Abs. 1 in Verbindung mit § 48 Abs. 2 sich im Bundesgebiet aufhält,
2. ohne erforderlichen Aufenthaltstitel nach § 4 Absatz 1 Satz 1 sich im Bundesgebiet aufhält, wenn
    a) er vollziehbar ausreisepflichtig ist,
    b) ihm eine Ausreisefrist nicht gewährt wurde oder diese abgelaufen ist und
    c) dessen Abschiebung nicht ausgesetzt ist,
3. entgegen § 14 Abs. 1 Nr. 1 oder 2 in das Bundesgebiet einreist,
4. einer vollziehbaren Anordnung nach § 46 Abs. 2 Satz 1 oder 2 oder § 47 Abs. 1 Satz 2 oder Abs. 2 zuwiderhandelt,
5. entgegen § 49 Abs. 2 eine Angabe nicht, nicht richtig oder nicht vollständig macht, sofern die Tat nicht in Absatz 2 Nr. 2 mit Strafe bedroht ist,
6. entgegen § 49 Abs. 10 eine dort genannte Maßnahme nicht duldet,
6a. entgegen § 56 wiederholt einer Meldepflicht nicht nachkommt, wiederholt gegen räumliche Beschränkungen des Aufenthalts oder sonstige Auflagen verstößt oder trotz wiederholten Hinweises auf die rechtlichen Folgen einer Weigerung der Verpflichtung zur Wohnsitznahme nicht nachkommt oder entgegen § 56 Abs. 4 bestimmte Kommunikationsmittel nutzt oder bestimmte Kontaktverbote nicht beachtet,
7. wiederholt einer räumlichen Beschränkung nach § 61 Abs. 1 oder Absatz 1c zuwiderhandelt oder

---

[10] www.bundesregierung.de/Content/DE/Publikation/IB/2010-11-03-8-Lagebericht.html.
[11] www.bundesregierung.de/Content/DE/_Anlagen/IB/2012-06-27-neunterlagebericht.pdf?_blob=publicationFile.
[12] www.bundesregierung.de/Content/DE/Artikel/IB/Artikel/Allgemein/2014-10-29-10-lagebericht.html.
[13] www.bundesregierung.de/Content/DE/Artikel/IB/Artikel/Allgemein/2016-12-06-lagebericht.html.
[14] www.bundesregierung.de/resource/blob/992814/729998/fdcd6fab942558386be0d47d9add51bb/11-lagebericht-09–12-2016-download-ba-ib-data.pdf.
[15] www.integrationsbeauftragte.de/resource/blob/1864184/1864564/478a6d7d9cd3fc2c18131ebfcfef3dac/12-integrationsbericht-data.pdf?download.
[16] Vgl. BT-Drs. 14/1550.
[17] Zum zweiten Bericht *Hagedorn* ZAR 2004, 146.
[18] → § 75 Rn. 11; *Kraus* ZAR 2005, 41.
[19] Vgl. www.integrationsbeauftragte.de/ib-de/medien/publikationen.

8. im Bundesgebiet einer überwiegend aus Ausländern bestehenden Vereinigung oder Gruppe angehört, deren Bestehen, Zielsetzung oder Tätigkeit vor den Behörden geheim gehalten wird, um ihr Verbot abzuwenden.

(1a) Ebenso wird bestraft, wer vorsätzlich eine in § 404 Abs. 2 Nr. 4 des Dritten Buches Sozialgesetzbuch oder in § 98 Abs. 3 Nr. 1 bezeichnete Handlung begeht, für den Aufenthalt im Bundesgebiet nach § 4 Abs. 1 Satz 1 eines Aufenthaltstitels bedarf und als Aufenthaltstitel nur ein Schengen-Visum nach § 6 Abs. 1 Nummer 1 besitzt.

(2) Mit Freiheitsstrafe bis zu drei Jahren oder mit Geldstrafe wird bestraft, wer

1. entgegen § 11 Absatz 1 oder in Zuwiderhandlung einer vollziehbaren Anordnung nach § 11 Absatz 6 Satz 1 oder Absatz 7 Satz 1
   a) in das Bundesgebiet einreist oder
   b) sich darin aufhält,
1a. einer vollstreckbaren gerichtlichen Anordnung nach § 56a Absatz 1 zuwiderhandelt und dadurch die kontinuierliche Feststellung seines Aufenthaltsortes durch eine in § 56a Absatz 3 genannte zuständige Stelle verhindert oder
2. unrichtige oder unvollständige Angaben macht oder benutzt, um für sich oder einen anderen einen Aufenthaltstitel oder eine Duldung zu beschaffen oder das Erlöschen oder die nachträgliche Beschränkung des Aufenthaltstitels oder der Duldung abzuwenden oder eine so beschaffte Urkunde wissentlich zur Täuschung im Rechtsverkehr gebraucht.

(3) In den Fällen des Absatzes 1 Nr. 3 und der Absätze 1a und 2 Nr. 1 Buchstabe a ist der Versuch strafbar.

(4) Gegenstände, auf die sich eine Straftat nach Absatz 2 Nr. 2 bezieht, können eingezogen werden.

(5) Artikel 31 Abs. 1 des Abkommens über die Rechtsstellung der Flüchtlinge bleibt unberührt.

(6) In den Fällen des Absatzes 1 Nr. 2 und 3 steht einem Handeln ohne erforderlichen Aufenthaltstitel ein Handeln auf Grund eines durch Drohung, Bestechung oder Kollusion erwirkten oder durch unrichtige oder unvollständige Angaben erschlichenen Aufenthaltstitels gleich.

(7) In Fällen des Absatzes 2 Nummer 1a wird die Tat nur auf Antrag einer dort genannten zuständigen Stelle verfolgt.

Allgemeine Verwaltungsvorschrift
Vorbemerkung zu den §§ 95 bis 98
Vor 95.0 Allgemeine Vorbemerkungen

Vor 95.0.1 Die §§ 95 bis 98 enthalten die Straf- und Bußgeldvorschriften des Aufenthaltsgesetzes. Daneben sind Straf- und Bußgeldvorschriften im AsylVfG (§§ 84 bis 86 AsylVfG), im Schwarz-ArbG (§§ 10, 11 SchwarzArbG), im SGB III (§ 404 Absatz 1, Absatz 2 Nummer 3 und Nummer 4 SGB III), im AÜG (§§ 15, 16 AÜG) sowie im FreizügG/EU (§§ 9, 10 FreizügG/EU und § 11 Absatz 1 Satz 1 FreizügG/EU i. V. m. § 95 Absatz 1 Nummer 4 und 8, Absatz 2 Nummer 2, Absatz 4, §§ 96, 97 und 98 Absatz 2 Nummer 2, Absatz 2a und 3 Nummer 3, Absatz 4 und 5) zu beachten.

Vor 95.0.2 Die aufenthaltsrechtlichen Straf- und Bußgeldvorschriften sollen die Einhaltung der ausländerrechtlichen Vorschriften gewährleisten. Sie dienen unter anderem der Aufrechterhaltung der öffentl Sicherheit und knüpfen insbesondere an den Besitz eines Aufenthaltstitels und eines Passes oder Passersatzes sowie die ordnungsrechtlichen Vorschriften des Aufenthaltsgesetzes an.

Vor 95.1 Anwendbarkeit des Aufenthaltsgesetzes
Vor 95.1.1 Das aufenthaltsrechtliche Nebenstrafrecht kann nur dann Anwendung finden, wenn das Aufenthaltsrecht einschlägig ist. Dies bestimmt sich maßgeblich nach § 1 sowie nach dem jeweiligen Straftatbestand.

Vor 95.1.2 Soweit tatbestandlich an ein Verhalten des Ausländers angeknüpft wird, kommen als Täter nur Nicht-Deutsche (§ 2 Absatz 1) in Betracht, die nicht unter die Ausnahmen des § 1 Absatz 2 fallen. Damit sind u. a. Unionsbürger sowie weitere nach dem FreizügG/EU Begünstigte ausgenommen. Auf diese sind die §§ 95 ff. jedoch gemäß § 11 Absatz 1 Satz 1 FreizügG/EU teilweise anwendbar.

Vor 95.1.3 Gleichwohl kann jedermann (z. B. jeder Deutsche, Unionsbürger) i. V. m. §§ 26, 27 StGB der Teilnahme strafbar sein. Zu den Einzelheiten siehe Nummer 96.1 ff.

Vor 95.1.4 Handlungen von Personen, die im Rahmen ihres Berufes oder ihres sozial anerkannten Ehrenamtes tätig werden (insbesondere Apotheker, Ärzte, Hebammen, Angehörige von Pflegeberufen, Psychiater, Seelsorger, Lehrer, Sozialarbeiter, Richter oder Rechtsanwälte), werden regelmäßig keine Beihilfe leisten, soweit sich die Handlungen sich objektiv auf die Erfüllung ihrer rechtlich festgelegten bzw anerkannten berufs-/ehrenamtsspezifischen Pflichten beschränken. Zum Rahmen dieser Aufgaben kann auch die soziale Betreuung und Beratung aus humanitären Gründen gehören, mit dem Ziel Hilfen zu einem menschenwürdigen Leben und somit zur Milderung von Not und Hilflosigkeit der betroffenen Ausländer zu leisten.

Vor 95.2 Anwendbarkeit des aufenthaltsrechtlichen Strafrechts (einschließlich des Ordnungswidrigkeitenrechts)
Vor 95.2.1 Weitere Voraussetzung einer aufenthaltsrechtlichen Straftat oder Ordnungswidrigkeit ist die Anwendbarkeit der Norm, der zufolge das Verhalten sanktioniert werden kann. Dies regelt sich nach §§ 2 bis 9 StGB bzw §§ 2 bis 7 OWiG.

Vor 95.2.2 Das deutsche Strafrecht findet nach § 3 StGB grundsätzlich nur auf im Inland begangene Straftaten Anwendung. Für die danach notwendige Bestimmung des Ortes der Tat muss § 9 StGB herangezogen werden. Darüber hinaus findet das deutsche Strafrecht nach §§ 2 und 4 bis 7 StGB Anwendung.

Strafvorschriften   § 95 AufenthG 1

Vor 95.2.3 Ordnungswidrigkeiten können grundsätzlich nur im Geltungsbereich des OWiG begangen werden (vgl § 5 OWiG). Der Ort der Handlung wird nach § 7 OWiG bestimmt.

Vor 95.3 Beteiligungs- und Übermittlungspflichten
Vor 95.3.1 Soweit ein begründeter Verdacht auf Verstöße gegen straf- bzw bußgeldbewehrte Bestimmungen des Ausländerrechts vorliegt, haben die nach §§ 71 f. zuständigen Behörden im Rahmen ihrer Aufgabenerfüllung die Pflicht, dies den Strafverfolgungs- bzw Bußgeldbehörden anzuzeigen. Die Ausländerbehörde unterrichtet die zuständige Staatsanwaltschaft über eine beabsichtigte Ausweisung und Abschiebung, wenn gegen den Ausländer ein strafrechtliches Ermittlungsverfahren eingeleitet oder öffentl Klage erhoben ist (§ 72 Absatz 4; vgl Nummer 72.4). Das staatliche Interesse an der Strafverfolgung kann dem öffentl Interesse an aufenthaltsbeendenden Maßnahmen gegen den Ausländer entgegenstehen.

Vor 95.3.2 Die Strafverfolgungs- und Bußgeldbehörden unterrichten ihrerseits gemäß § 87 Absatz 4 Satz 1 und 3 (sowie Nummer 42 MiStra) die zuständige Ausländerbehörde über die Einleitung eines Straf- bzw Bußgeldverfahrens sowie über die Verfahrenserledigung (vgl Nummer 87.4). Zur örtlichen Zuständigkeit der Ausländerbehörden vgl Nummer 71.1.2 ff.

Vor 95.3.3 Zur Zusammenarbeit mit dem Bundesamt für Migration und Flüchtlinge siehe Nummer 56.4.3.1 und 56.4.3.2. Bei Straftaten im Zusammenhang mit dem Vortäuschen von Identitäten, einer Bezugsberechtigung für soziale Leistungen für nicht hinreichend identifizierbare Personen oder Falschbeurkundungen können Mitteilungen an die nach dem AsylbLG zuständigen Behörden in Betracht kommen (siehe Nummer 90.3.2).

Vor 95.4 Ausweisung auf Grund von strafbarem oder ordnungswidrigem Verhalten
Vor 95.4.1 Unabhängig von einer strafgerichtlichen Verurteilung können Verstöße gegen strafbewehrte Vorschriften den Grund einer Ermessensausweisung darstellen (§ 55 Absatz 2 Nummer 2).
Vor 95.4.2 Voraussetzung einer zwingenden Ausweisung und einer Ausweisung im Regelfall ist hingegen eine rechtskräftige Verurteilung gemäß §§ 96 oder 97 (vgl § 53 Nummer 3 und § 54 Nummer 2) oder wegen vorsätzlich verübter Straftaten allgemein (§ 53 Nummer 1, Nummer 2 und § 54 Nummer 1).

95 Zu § 95 – Strafvorschriften
95.0 Allgemeines
95.0.0.1 § 95 enthält eine Vielzahl aufenthaltsrechtlicher Vergehen (vgl § 12 Absatz 2 StGB). Dabei muss die unterschiedliche Strafobergrenze der Tathandlungen der Absätze 1 und 1a (Bestrafung mit Freiheitsstrafe bis zu einem Jahr oder Geldstrafe) von der des Absatzes 2 (Bestrafung mit Freiheitsstrafe bis zu drei Jahren oder Geldstrafe) unterschieden werden.
95.0.0.2 Strafbar ist gemäß § 15 StGB grundsätzlich nur vorsätzliches Verhalten. Fahrlässiges Verhalten kann unter den Voraussetzungen des § 98 Absatz 1 als Ordnungswidrigkeit geahndet werden.
95.0.1 Absatz 1 stellt die folgenden vorsätzlichen Tathandlungen unter Strafe:
95.0.1.1 – Aufenthalt ohne erforderlichen Pass und ohne Pass- bzw Ausweisersatz (Nummer 1),
95.0.1.2 – Aufenthalt ohne erforderlichen Aufenthaltstitel (Nummer 2),
95.0.1.3 – unerlaubte Einreise (Nummer 3),
95.0.1.4 – Verstoß gegen ein Ausreiseverbot oder das Verbot bzw die Beschränkung der politischen Betätigung (Nummer 4),
95.0.1.5 – falsche Angaben zur Identitätsfeststellung (Nummer 5),
95.0.1.6 – Verstoß gegen Duldungspflichten im Rahmen der Überprüfung, Feststellung und Sicherung der Identität (Nummer 6),
95.0.1.6a – Verstoß gegen auf § 54a beruhende Pflichten (Nummer 6a),
95.0.1.7 – wiederholter Verstoß gegen räumliche Beschränkungen i. S. d. § 61 Absatz 1 (Nummer 7),
95.0.1.8 – Zugehörigkeit zu einer geheimen Ausländervereinigung oder -gruppe (Nummer 8).
95.0.1a Absatz 1a stellt die vorsätzliche unerlaubte Erwerbstätigkeit von Ausländern mit Schengen-Visum unter Strafe.
95.0.2 Absatz 2 stellt die folgenden vorsätzlichen Tathandlungen unter Strafe:
95.0.2.1 – Verstoß gegen ein Einreise- oder Aufenthaltsverbot (Nummer 1),
95.0.2.2 – Falsche Angaben bei der Beantragung eines Aufenthaltstitels oder einer Duldung oder Nutzung einer so beschafften falschen Urkunde (Nummer 2).
95.0.3 Die übrigen Absätze 3 bis 6 regeln die Anordnung der Versuchsstrafbarkeit, die Einziehung, eine besondere Strafbefreiung von Flüchtlingen nach der Genfer Flüchtlingskonvention sowie die Gleichstellung von Handeln ohne Aufenthaltstitel mit dem Handeln mit widerrechtlich erwirktem oder erschlichenem Aufenthaltstitel.

95.1 Straftaten mit einer Strafobergrenze von einem Jahr Freiheitsstrafe
95.1.1 Aufenthalt ohne erforderlichen Pass und ohne Pass- bzw Ausweisersatz
95.1.1.1 § 95 Absatz 1 Nummer 1 stellt nur den Aufenthalt eines Ausländers im Bundesgebiet ohne Pass und ohne Pass- bzw Ausweisersatz unter Strafe (z. B. bei Überschreitung der Gültigkeitsdauer des Passes, sofern diese nicht auf Grund des Europäischen Übereinkommens über die Regelung des Personenverkehrs zwischen den Mitgliedstaaten des Europarats vom 13. Dezember 1957 (BGBl. 1959 II S. 390) oder auf Grund bilateraler Abkommen unerheblich ist); die unerlaubte Einreise ohne Pass unterfällt § 95 Absatz 1 Nummer 3.
95.1.1.2 Soweit der Ausländer nicht von der Passpflicht befreit ist (§ 14 AufenthV) oder ihm eine Ausnahme gemäß § 3 Absatz 2 zugestanden wurde, muss er während seines Aufenthalts im Bundesgebiet – d. h. nach der Einreise – einen gültigen Pass, Passersatz oder Ausweisersatz besitzen (§ 3 Absatz 1, § 14 Absatz 1 Nummer 1 und Absatz 2). Zur Ausweispflicht von Asylbewerbern siehe § 64 AsylVfG.
95.1.1.3 Besitz setzt jedoch nicht voraus, dass der Ausländer die Dokumente bei sich führt. Besitz in diesem Sinne liegt bereits dann vor, wenn der Ausländer binnen angemessener Frist nachweisen kann, dass er über ein entsprechendes Dokument verfügt (vgl Nummer 3.1.4). Die Verwahrung des Passes (§ 50 Absatz 6) oder die Ablieferung des Passes im Rahmen einer Haftverschonung führen nicht zur Passlosigkeit. Der Ausländer hat zur Erfüllung der Passpflicht den ausweisrechtlichen Pflichten nach § 56 AufenthV nachzukommen. Er hat sich insbesondere unverzüglich oder rechtzeitig vor Ablauf um einen gültigen Pass oder Passersatz zu bemühen (vgl § 56 Nummer 1 AufenthV). Nach § 3 Absatz 1 i. V. m. § 56 Absatz 1 Nummer 4 AufenthV ist gegebenenfalls ein Ausweisersatz unverzüglich zu beantragen.

Stephan   1549

95.1.1.4 Ein Ausländer, der mit gültigem Pass einreist, diesen aber vorsätzlich nicht verlängert, erfüllt den Tatbestand des § 95 Absatz 1 Nummer 1.

95.1.1.5 Sofern der Ausländer einen Pass weder besitzt noch in zumutbarer Weise erlangen kann, kommt eine Strafbarkeit nur in Betracht, wenn er seiner Passpflicht vorsätzlich auch nicht durch den Besitz eines Ausweisersatzes nachkommt. Zu der Frage der Zumutbarkeit vgl Nummer 48.2.

95.1.1.6 Von der Passpflicht des Ausländers sind die Passvorlagepflicht (§ 48 Absatz 1 Nummer 1) und die Passmitführungspflicht (§ 13 Absatz 1 Satz 2) zu unterscheiden. Zuwiderhandlungen gegen diese Pflichten sind bußgeldbewehrt (§ 98 Absatz 2 Nummer 2 und Nummer 3, Absatz 3 Nummer 3). Verstöße gegen sonstige ausweisrechtliche Pflichten nach § 56 Nummer 1 bis 7, § 56 Absatz 2 Satz 1 und § 57 AufenthV sind ebenfalls bußgeldbewehrt (§ 98 Absatz 3 Nummer 7, § 99 Absatz 1 Nummer 10, § 77 AufenthV).

95.1.1.7 Hält sich der Ausländer nicht vorsätzlich, sondern fahrlässig im Bundesgebiet ohne erforderlichen Pass, Passersatz oder Ausweisersatz auf, ist eine Ordnungswidrigkeit nach § 98 Absatz 1 gegeben.

95.1.1.8 Bei der Erstattung einer Strafanzeige sind daher die genauen Umstände des Verstoßes gegen § 3 Absatz 1 i. V. m. § 48 Absatz 2 anzugeben, z. B. ob der Ausländer den Pass vernichtet hat, um der zwangsweisen Beendigung seines Aufenthalts zu entgehen.

95.1.1.9 Bei Zweifeln daran, ob eine Vorsatztat in diesen Fällen vorliegt, hat sich die zuständige Behörde mit der Strafverfolgungsbehörde ins Benehmen zu setzen. Gegebenenfalls ist die Sache an die Bußgeldbehörde weiterzuleiten.

95.1.1.10 Für die nach dem FreizügG/EU begünstigten Ausländer – auf welche die Vorschriften des Aufenthaltsgesetzes grundsätzlich nicht anwendbar sind (§ 1 Absatz 2 Nummer 1) – gilt hinsichtlich der Erfüllung der Passpflicht und Passmitführungspflicht der besondere Bußgeldtatbestand des § 10 FreizügG/EU.

95.1.2 Aufenthalt ohne erforderlichen Aufenthaltstitel

95.1.2.1 Der Tatbestand des § 95 Absatz 1 Nummer 2 setzt zunächst einen Aufenthalt im Bundesgebiet – also nach erfolgter Einreise – ohne den nach § 4 Absatz 1 Satz 1 erforderlichen Aufenthaltstitel voraus.

95.1.2.1.1 Ausländer, die vom Erfordernis eines Aufenthaltstitels befreit sind (siehe Nummer 14.1.2.1.1), können den Tatbestand des § 95 Absatz 1 Nummer 2 nicht erfüllen. Dies gilt beispielsweise gemäß § 15 AufenthV für Ausländer, die sich nach Artikel 21 Absatz 1 und 2 SDÜ in einem Schengen-Staat aufhalten dürfen.

95.1.2.1.2 Ein Ausländer verfügt über einen Aufenthaltstitel, wenn ihm einer der in § 4 Absatz 1 Satz 2 genannten Aufenthaltstitel erteilt worden ist. Wie im Falle des § 95 Absatz 1 Nummer 1 kommt es nicht darauf an, ob der Ausländer den Aufenthaltstitel bei sich führt (vgl Nummer 95.1.1.3).

95.1.2.1.3 Das Vorliegen eines Rechtsanspruchs auf Erteilung eines Aufenthaltstitels schließt die Strafbarkeit nach § 95 Absatz 1 Nummer 2 nicht aus.

95.1.2.1.4 Der Begriff „erforderlich" ist so zu verstehen, dass der Ausländer einen formal wirksamen Aufenthaltstitel besitzen muss. Ob der tatsächliche Zweck seines Aufenthaltes durch den ihm erteilten Aufenthaltstitel gedeckt ist, ist insofern unerheblich (z. B. weil der Ausländer den Aufenthaltszweck ändert).

95.1.2.1.4.1 Soweit die ausgeübte Erwerbstätigkeit des Ausländers nicht durch den ihm erteilten Aufenthaltstitel gedeckt ist, kann das Verhalten gemäß § 95 Absatz 1a und § 11 Absatz 1 Nummer 2 Buchstaben b) und d) Schwarz-ArbG strafbar oder gemäß § 98 Absatz 3 Nummer 1 oder § 404 Absatz 2 Nummer 4 SGB III ordnungswidrig sein.

95.1.2.1.4.2 Ein strafbares Verhalten liegt allerdings vor, wenn ein Ausländer – der von dem Erfordernis eines Aufenthaltstitels (z. B. für einen kurzfristigen Aufenthalt) befreit ist – formal rechtmäßig ohne Aufenthaltstitel einreist, dann aber eine Erwerbstätigkeit ausübt, wofür er eines Aufenthaltstitels bedarf.

95.1.2.1.5 Gemäß § 95 Absatz 6 steht einem Handeln ohne erforderlichen Aufenthaltstitel ein Handeln auf Grund eines durch Drohung, Bestechung oder Kollusion erwirkten oder durch unrichtige oder unvollständige Angaben erschlichenen Aufenthaltstitels gleich (z. B. wenn dem Ausländer bereits im Erteilungsverfahren bewusst ist, dass er von den durch den Aufenthaltstitel gedeckten Zwecken abweichen wird). In diesen Fällen ist eine Prüfung der Wirksamkeit des Aufenthaltstitels nicht erforderlich.

95.1.2.2.1 § 95 Absatz 1 Nummer 2 setzt weiterhin voraus, dass der Ausländer vollziehbar ausreisepflichtig ist.

95.1.2.2.2 Zur Vollziehbarkeit der Ausreisepflicht vgl Nummer 58.2 ff.

95.1.2.3.1 Schließlich darf die Abschiebung nicht ausgesetzt sein (vgl § 60a). Maßgeblich sind in dieser Hinsicht auch die in § 60 genannten Abschiebungsverbote, die zur rechtlichen Unmöglichkeit der Abschiebung i. S. d. § 60a Absatz 2 Satz 1 führen.

95.1.2.3.2 Eine Strafbarkeit scheidet auch dann aus, wenn die Aussetzung der Abschiebung zwar nicht formal erfolgt ist, ihre Voraussetzungen aber vorliegen oder wenn die Erfüllung der Ausreisepflicht dem Ausländer auf Grund der besonderen Umstände des Einzelfalles unmöglich oder unzumutbar ist. Soweit konkrete Anhaltspunkte hierfür bestehen, soll die Strafverfolgungsbehörde das Verfahren unter Fristsetzung gemäß § 154d StPO vorläufig einstellen.

95.1.2.3.3 Abweichend von diesem Grundsatz steht der Strafbarkeit das Vorliegen von Aussetzungsgründen dann nicht entgegen, wenn der Ausländer die Entscheidung über die Aussetzung der Vollziehung vereitelt, z. B. indem er von vornherein nicht offenbart, dass er in die Bundesrepublik eingereist ist oder indem er später untertaucht.

95.1.2.3.4 Die gesetzliche Fiktion der Aussetzung der Abschiebung gemäß § 81 Absatz 3 Satz 2 steht der nach § 60a verfügten Aussetzung der Abschiebung gleich.

95.1.2.4.1 Eine Zuwiderhandlung i. S. v. § 95 Absatz 1 Nummer 2 liegt z. B. nicht vor, wenn sich der Ausländer mit einem Schengenvisum im Bundesgebiet aufhält und eine § 4 Absatz 3 Satz 1 widersprechende Erwerbstätigkeit ausübt. Denn in diesen Fällen liegt trotz fehlender Arbeitserlaubnis das Schengenvisum als Aufenthaltstitel vor. Eine solche Tathandlung kann jedoch § 95 Absatz 1a unterfallen.

95.1.2.4.2 Eine Strafbarkeit kann – bei wiederholter Zuwiderhandlung – nach § 95 Absatz 1 Nummer 7 nur i. V. m. einer räumlichen Beschränkung nach § 61 Absatz 1 Satz 1 (vgl auch Nummer 95.1.7.4) sowie nach § 85 Nummer 2 AsylVfG bestehen.

95.1.2.5 Die Erstattung einer Strafanzeige in den Fällen des § 95 Absatz 1 Nummer 2 kommt insbesondere in Betracht, wenn die Ausreisefrist (§ 50 Absatz 2, § 59 Absatz 1) abgelaufen ist, ohne dass der Ausländer der Ausreisepflicht nachgekommen ist und die Voraussetzungen für eine Unterbrechung der Ausreisefrist nicht vorliegen. Liegen Abschiebungsverbote oder Duldungsgründe nach den §§ 60 und 60a vor, hat die zuständige Behörde vor der

Strafvorschriften § 95 AufenthG 1

Erstattung einer Strafanzeige von Amts wegen zu prüfen, ob eine Aufenthaltserlaubnis oder eine Duldung zu erteilen ist. Bei Asylbewerbern hat sie vor der Erstattung einer Strafanzeige stets zu prüfen, ob die Aufenthaltsgestattung erloschen ist (§ 67 AsylVfG).

95.1.2.6 Soweit die durch § 95 Absatz 1 Nummer 2 bezeichnete Handlung nur fahrlässig begangen wird, liegt gemäß § 98 Absatz 1 ein ordnungswidriges Verhalten vor.

95.1.3 Unerlaubte Einreise

95.1.3.1 Der Tatbestand des § 95 Absatz 1 Nummer 3 erfasst die Einreise eines Ausländers in das Bundesgebiet ohne erforderlichen Aufenthaltstitel ohne erforderlichen Pass oder Passersatz. Zu den Voraussetzungen dieser unerlaubten Einreise vgl Nummer 14.1. „Besitz" setzt nicht voraus, dass der Ausländer die Dokumente bei sich führt (gemäß § 98 Absatz 3 Nummer 3 kann dies jedoch eine Ordnungswidrigkeit darstellen). Wegen der Einzelheiten zum Erfordernis des Besitzes vgl Nummer 95.1.1.3.

95.1.3.2 Der Versuch ist nach § 95 Absatz 3 strafbar.

95.1.3.2.1 Stellt sich ein Ausländer ordnungsgemäß einer Grenzübertrittskontrolle und wird er aufgrund des Nichterfüllens der sich aus Artikel 5 Schengener Grenzkodex ergebenden Einreisevoraussetzungen zurückgewiesen, so liegt kein Versuch iS dieser Vorschrift vor. Erst wenn dem Ausländer unterstellt werden kann, dass er die Voraussetzungen für eine Einreise wissentlich nicht erfüllt – was sich gegebenenfalls aus einem im Pass oder Passersatz angebrachten Zurückweisungsstempel ergeben kann –, aber dennoch versucht einzureisen, ist von einem strafbaren Versuch auszugehen.

95.1.3.2.2 Ein Versuch einer unerlaubten Einreise liegt ferner dann vor, wenn ein nicht einreiseberechtigter Ausländer die Einreisekontrolle umgehen oder sich ihr entziehen will. Dies kann beispielsweise durch ein Verstecken im Kofferraum eines KFZ, auf Ladeflächen von LKW oder in Stauräumen von Zügen oder Schiffen gegeben sein. Weiterhin liegt ein Versuch der unerlaubten Einreise vor, wenn ein Ausländer zur Einreise ge- oder verfälschte Dokumente oder Pseudopässe benutzt.

95.1.3.2.3 An einer Schengenbinnengrenze ist die Einreise mit Überschreiten der Grenzlinie beendet. Somit handelt es sich bei einem Versuch einer unerlaubten Einreise nicht um eine versuchte Einreise, sondern um die vollendete Tat. Allerdings ist hier § 9 StGB heranzuziehen. Danach wird der Ort, an dem der Täter den Eintritt des Erfolges beabsichtigt, als Tatort betrachtet. So ist die Feststellung eines „versteckten" Ausländers z. B. durch eine gemeinsame Streife im benachbarten Staat vor Passieren der Grenzlinie als versuchte unerlaubte Einreise zu werten und zu verfolgen.

95.1.3.3 Die Strafbarkeit der unerlaubten Einreise bei Bestehen eines Einreiseverbotes (§ 14 Absatz 1 Nummer 3) ist durch § 95 Absatz 2 Nummer 1 Buchstabe a) unter Strafe gestellt.

95.1.3.4 Gemäß § 95 Absatz 6 steht einer Einreise ohne erforderlichen Aufenthaltstitel eine Einreise auf Grund eines durch Drohung, Bestechung oder Kollusion erwirkten oder durch unrichtige oder unvollständige Angaben erschlichenen Aufenthaltstitels gleich.

95.1.3.5 Bei der unerlaubten Einreise von Schutzsuchenden ist § 95 Absatz 5 zu beachten (vgl Nummer 95.5).

95.1.3.5.1 Handelt es sich um Flüchtlinge i. S. d. Genfer Flüchtlingskonvention, so ist deren unerlaubte Einreise nach Maßgabe von Artikel 31 Absatz 1 der Genfer Flüchtlingskonvention straflos (vgl § 95 Absatz 5).

95.1.3.5.2 Handelt es sich nicht um einen Flüchtling i. S. d. Genfer Flüchtlingskonvention, so ist seine unerlaubte Einreise nur dann straflos, wenn er nach Artikel 16a GG Asyl genießt. Die nach Einreise auf Grund des Asylantrags gesetzlich angeordnete Aufenthaltsgestattung (§ 55 Absatz 1 Satz 1 AsylVfG) beseitigt die eingetretene Strafbarkeit der unerlaubten Einreise nicht rückwirkend.

95.1.4 Verstoß gegen ein Ausreiseverbot oder das Verbot bzw die Beschränkung der politischen Betätigung

95.1.4.0 Die Strafnorm sanktioniert Zuwiderhandlungen gegen vollziehbare Ordnungsverfügungen gemäß § 46 Absatz 2 Satz 1 oder 2 oder § 47 Absatz 1 Satz 2 oder Absatz 2.

95.1.4.1 Nach § 46 Absatz 2 Satz 1 kann einem Ausländer in entsprechender Anwendung von § 10 Absatz 1 und 2 PassG die Ausreise untersagt werden. Nach § 46 Absatz 2 Satz 2 kann einem Ausländer die Ausreise untersagt werden, wenn er in einen Staat reisen will, ohne im Besitz der dafür erforderlichen Dokumente und Erlaubnisse zu sein (vgl Nummer 46.2).

95.1.4.2 Auch die Zuwiderhandlung gegen eine vollziehbare Anordnung nach § 47 Absatz 1 Satz 2 oder Absatz 2 (Verbot oder Beschränkung politischer Betätigung) begründet die Strafbarkeit nach § 95 Absatz 1 Nummer 4. Erkenntnisse und Mitteilungen über Zuwiderhandlungen sind in die Ausländerakten aufzunehmen.

95.1.4.3 Die Vollziehbarkeit der Anordnungen tritt z. B. ein,
– wenn dies gemäß § 80 Absatz 2 Satz 1 Nummer 4 VwGO besonders angeordnet worden ist,
– nach Ablauf der Rechtsbehelfsfrist oder
– wenn die aufschiebende Wirkung des Rechtsbehelfs gemäß § 80b Absatz 1 VwGO endet.

95.1.5 Verstoß gegen Auskunftspflichten des § 49 Absatz 2

95.1.5.1 Die Voraussetzungen sind weiter gefasst als die des § 95 Absatz 2 Nummer 2, der § 92 Absatz 2 Nummer 2 AuslG ersetzt. Die Vorschrift bezweckt, der Verschleierung der Identität und Staatsangehörigkeit entgegenzuwirken, die der Durchsetzung vollziehbarer Rückführungsentscheidungen entgegenstehen und zur Inanspruchnahme von Sozialleistungen führen kann.

95.1.5.2 Tatbestandlich ist vorausgesetzt, dass die Pflichtverletzung nicht bereits durch Absatz 2 Nummer 2 mit Strafe bedroht ist, der eine höhere Strafobergrenze vorsieht.

95.1.5.3 Ein Verstoß gegen die Auskunftspflicht des § 49 Absatz 2 ist gerade im Hinblick auf die Strafandrohung nur dann anzunehmen, wenn die vom Ausländer geforderten Angaben und Erklärungen für diesen erkennbar den ausländerrechtlichen Wirkungskreis der Behörde betreffen (vgl Nummer 49.2.2). Dies ist nicht nur dann anzunehmen, wenn ein Hinweis gemäß § 82 Absatz 3 erfolgt ist, sondern auch dann, wenn sich dies aus den allgemeinen Umständen ergibt.

95.1.5.4 Ein Verstoß liegt vor, wenn der Ausländer keinerlei Angaben macht oder seine Angaben unvollständig oder – wenn auch nur im Hinblick auf einzelne Punkte – falsch sind.

95.1.5.5 Ein Verstoß gegen die ebenfalls durch § 49 Absatz 2 geregelten Erklärungspflichten ist nicht strafbar.

95.1.6 Verstoß gegen Duldungspflichten im Rahmen der Überprüfung, Feststellung und Sicherung der Identität (§ 49 Absatz 10)

95.1.6.1 Die Vorschrift richtet sich gegen die Verletzung der Duldungspflicht nach § 49 Absatz 10. Diese Pflicht erstreckt sich auf die durch § 49 Absatz 1 und Absatz 3 bis 8 geregelten Maßnahmen. Ausreichend ist grundsätzlich eine von dem Ausländer zu vertretende Verhinderung der Maßnahme über einen nicht nur unerheblichen Zeitraum.

95.1.6.2 Die Duldungspflicht entsteht erst mit dem Eintritt der Vollziehbarkeit der Maßnahme. Siehe hierzu Nummer 95.1.4.3.

95.1.6.3 Auf die Frage der Rechtswidrigkeit der Maßnahme kommt es grundsätzlich nicht an, da es für die Verwirklichung des objektiven Tatbestandes auf einen Verstoß gegen die Duldungspflicht des § 49 Absatz 10 ankommt, die lediglich die Vollziehbarkeit der Maßnahme, nicht aber deren Rechtmäßigkeit voraussetzt.

95.1.6.4 Unerheblich ist auch, ob die Anordnung später rückwirkend aufgehoben wird. Die vollendete Verwirklichung des Straftatbestandes wird hierdurch nicht berührt.

95.1.6.5 Die zuständige Behörde hat in ihrer Strafanzeige darzutun, inwiefern sich der Ausländer einer erkennungsdienstlichen Maßnahme entzogen hat. Musste die erkennungsdienstliche Maßnahme gegen den aktiven Widerstand des Ausländers durchgeführt werden, ist im Hinblick auf den Verdacht einer Strafbarkeit wegen Widerstands gegen Vollstreckungsbeamte (§ 113 StGB) Strafanzeige zu erstatten.

95.1.6a Verstoß gegen auf § 54a beruhende Pflichten (Nummer 6a)

95.1.6 a.0 Die Sanktionierung soll die Befolgung der gemäß § 54a angeordneten Maßnahmen fördern und dadurch dem Zweck dieser Vorschrift – der stärkeren Kontrolle gefährlicher, vollziehbar ausreisepflichtiger Ausländer, die sich weiterhin im Bundesgebiet aufhalten – dienen.

95.1.6 a.0.1 Allgemeine Voraussetzung der Überwachung gemäß § 54a – und somit auch für eine Strafbarkeit gemäß § 95 Absatz 1 Nummer 6a – ist, dass eine vollziehbare Ausweisungsverfügung nach 54 Nummer 5 oder 5a oder eine vollziehbare Abschiebungsanordnung nach § 58a besteht. Daneben muss ein Verstoß gegen eine Verpflichtung i. S. d. § 54a Absatz 1 bis 4 gegeben sein.

95.1.6 a.0.2 Das Verhalten des Ausländers in Haft – z. B. in Ab- oder Zurückschiebungshaft, aber auch in Untersuchungs- oder Strafhaft usw. – kann keine Strafbarkeit gemäß § 95 Absatz 1 Nummer 6a begründen, denn gemäß § 54a Absatz 5 Satz 1 ruhen in dieser Zeit die Verpflichtungen nach den § 54a Absatz 1 bis 4. Außerhalb des durch Haft begründeten Gewahrsams gilt:

95.1.6 a.1.1 Erst der wiederholte – also der zweite und jeder darauf folgende – Verstoß gegen die Meldepflicht gemäß § 54a Absatz 1 begründet die Strafbarkeit. Der erstmalige oder fahrlässige Verstoß gegen § 54a Absatz 1 Satz 2 stellt ggf. eine Ordnungswidrigkeit dar (§ 98 Absatz 3 Nummer 4).

95.1.6 a.1.2 Unerheblich ist, ob der erste Verstoß durch Bußgeldbescheid oder eine gerichtliche Entscheidung rechtskräftig geahndet worden ist. Ebenso wenig kommt es darauf an, ob der erste Verstoß vorsätzlich oder fahrlässig begangen wurde. Voraussetzung ist lediglich eine objektive Wiederholung des Verstoßes. In subjektiver Hinsicht ist erforderlich, dass dem Ausländer sein früherer Verstoß zum Zeitpunkt des wiederholten und vorsätzlichen Verstoßes bekannt ist.

95.1.6 a.2 Gleiches (siehe Nummer 95.1.6 a.1.1 f.) gilt für den Verstoß gegen die räumliche Beschränkung i. S. d. § 54a Absatz 2 und gegen sonstige im Zusammenhang mit der Ausweisung gemäß § 54 Nummer 5 oder 5a oder der Abschiebungsanordnung nach § 58a verfügten Auflagen.

Der erstmalige bzw jeder fahrlässige Verstoß stellt ggf. eine Ordnungswidrigkeit dar (§ 98 Absatz 3 Nummer 2).

95.1.6 a.3 Bereits der erste Verstoß gegen eine angeordnete und gemäß § 54a Absatz 5 Satz 2 sofort vollziehbare Wohnungsnahmeverpflichtung i. S. d. § 54a Absatz 3 (zu deren Voraussetzungen vgl Nummer 54 a.3.1) ist strafbar, wenn der Ausländer zuvor wiederholt – also mindestens zwei Mal – auf die rechtlichen Folgen einer Weigerung hingewiesen worden ist (siehe Nummer 54 a.3.2 ff.).

Der fahrlässige Verstoß stellt ggf. eine Ordnungswidrigkeit dar (§ 98 Absatz 3 Nummer 4).

95.1.6 a.4 Der erstmalige Verstoß gegen auferlegte und gemäß § 54a Absatz 5 Satz 2 sofort vollziehbare Beschränkungen bei der Nutzung von Kommunikationsmitteln (§ 54a Absatz 4) genügt unabhängig von einer zuvor erfolgten Belehrung über die rechtlichen Folgen zur Begründung der Strafbarkeit. Auf die Frage der Rechtmäßigkeit der Anordnung kommt es grundsätzlich nicht an.

95.1.7 Wiederholter Verstoß gegen räumliche Beschränkungen i. S. d. § 61 Absatz 1

95.1.7.0 Diese Vorschrift bezweckt die Gleichbehandlung von hierdurch betroffenen vollziehbar Ausreisepflichtigen und Asylbewerbern, deren entsprechendes Verhalten bereits durch § 85 Nummer 2 AsylVfG unter Strafe gestellt ist.

95.1.7.1 Täter kann nur sein, wer vollziehbar ausreisepflichtig ist, vgl hierzu Nummer 95.2.

95.1.7.2 Die Strafbarkeit wird durch den wiederholten – also den zweiten und jeden weiteren – Verstoß gegen räumliche Beschränkungen i. S. d. § 61 Absatz 1 Satz 1, von denen nach Satz 3 abgewichen werden kann, begründet.

95.1.7.3 Wegen der Einzelheiten zu den Anforderungen an den früheren Verstoß wird auf Nummer 95.1.6 a.1.2 verwiesen.

95.1.7.4 Der Verstoß gegen eine räumliche Beschränkung nach § 61 Absatz 1 Satz 2 ist nicht nach § 95 Absatz 1 Nummer 7 strafbar.

95.1.7.5 Die Strafbarkeit ist ausgeschlossen, soweit und solange dem Ausländer das Verlassen des Aufenthaltsbereiches gemäß § 12 Absatz 5 erlaubt ist.

95.1.8 Zugehörigkeit zu einer geheimen Ausländervereinigung oder -gruppe

95.1.8.1 Jedermann, also auch jeder Deutsche und Freizügigkeitsberechtigte (§ 11 Absatz 1 Satz 1) kann als Täter strafbar sein.

95.1.8.2 Der Begriff der Vereinigung stimmt mit dem der Vereinigung i. S. d. §§ 85, 86, 129, 129a StGB überein. Es muss sich um eine auf eine längere Zeit angelegte Vereinigung einer Mehrzahl von – mindestens drei – Personen handeln, die sich zur Verfolgung gemeinsamer Ziele zusammengeschlossen und einer organisierten Willensbildung unterworfen haben. Die Gruppe unterscheidet sich von der Vereinigung dadurch, dass es sich bei ihr um einen nur losen Zusammenschluss von Menschen – auch hier sind mindestens drei Personen zu fordern – handelt, der noch nicht den organisatorischen Verfestigungsgrad einer Vereinigung erreicht haben muss. Die Personen müssen mehrheitlich ausländischer Staatsangehörigkeit – d. h. i. S. d. § 2 Absatz 1 Nicht-Deutsche unter Einschluss der in § 1 Absatz 2 benannten Personengruppen – oder staatenlos sein.

95.1.8.3 Das Geheimhaltungserfordernis beschränkt sich nicht auf die Verheimlichung des Bestehens der Organisation überhaupt, sondern wird darüber hinaus auf die Verheimlichung der – wahren – Zielsetzung (etwa durch

Vortäuschen tatsächlich nicht bestehender Zielsetzungen oder durch die Angabe tatsächlich bestehender, unbedenklicher Zielsetzungen bei gleichzeitiger Verschleierung der daneben bestehenden Zielsetzung, die zum Verbot führen würde) und der – tatsächlichen – Tätigkeit der Organisation erstreckt. Geheimhaltung liegt etwa vor, wenn die Vereinigung Melde- oder Anzeigepflichten nicht befolgt.

95.1.8.4 Ziel, Zweck oder die Tätigkeit der Organisation muss so beschaffen sein, dass die Mitglieder – im Falle des Scheiterns des Geheimhaltungsbestrebens – mit einem behördlichen Verbot rechnen müssen. Sofern die Organisation ihren Sitz im Bundesgebiet hat, ist damit ein Verbot der Organisation insgesamt, insbesondere gemäß § 14 Absatz 1 i. V. m. Absatz 2 VereinsG, nicht aber lediglich ein Betätigungsverbot z. B. nach § 14 Absatz 3 VereinsG gemeint. Sofern die Organisation zwar ihren Sitz im Ausland hat, jedoch über eine Teilorganisation in Deutschland verfügt, ist ein vollständiges Verbot dieser Teilorganisation, insbesondere gemäß § 14 Absatz 1 i. V. m. Absatz 2, §§ 15 Absatz 1, 18 Satz 1 VereinsG, gemeint. Sofern die Organisation über keine Organisationsstrukturen in Deutschland verfügt, ist auch ein drohendes Verbot der Betätigung der Organisation im räumlichen Geltungsbereich des Aufenthaltsgesetzes, insbesondere gemäß § 14 Absatz 1 i. V. m. Absatz 2, §§ 15 Absatz 1, 18 Satz 2 VereinsG, ausreichend.

95.1.8.5 Eine Betätigung des Ausländers zur Erreichung des Zieles ist nicht erforderlich, es reicht bereits die Zugehörigkeit.

95.1a Unerlaubte Erwerbstätigkeit

95.1 a.1 Durch den Absatz 1a wird die unerlaubte Erwerbstätigkeit unter Strafe gestellt, sofern der Ausländer sich auf Grund eines Schengen-Visums im Bundesgebiet aufhält.

95.1 a.2 Ausländern, denen ein nationales Visum, eine Aufenthaltserlaubnis, Aufenthaltsgestattung oder Duldung erteilt ist, handeln bei unerlaubter Erwerbstätigkeit nicht strafbar nach § 95 Absatz 1 a. Bei vorsätzlich beharrlich wiederholter Erwerbstätigkeit ohne den zur Ausübung einer Erwerbstätigkeit berechtigenden Aufenthaltstitel nach § 4 Absatz 3 Satz 1 kann jedoch eine Straftat nach § 11 Absatz 1 Nummer 2 Buchstaben b) und d) SchwarzArbG erfüllt sein. Ansonsten ist das Verwirklichen eines Bußgeldtatbestands (§ 98 Absatz 3 Nummer 1 bzw § 404 Absatz 2 Nummer 4 SGB III) zu prüfen.

Durch § 95 Absatz 1a ist die Strafbewehrung der unerlaubten Erwerbstätigkeit bei Inhabern von Schengen-Visa bezweckt, da diese – auf Grund der mit dem Schengen-Visum gemäß § 6 Absatz 1 einhergehenden engen zeitlichen Begrenzung des Aufenthalts – keine Perspektive der Integration in Deutschland haben.

95.1 a.3 Der Begriff „Erwerbstätigkeit" ist durch § 2 Absatz 2 definiert. Auf die Ausnahmen gemäß § 16 BeschV und § 17 Absatz 2 Satz 1 und 3 AufenthV wird hingewiesen.

95.1 a.4 Der Tatbestand ist nicht erfüllt, wenn das Schengen-Visum den Inhaber zur Ausübung einer bestimmten Erwerbstätigkeit berechtigt. Übt der Ausländer jedoch eine andere als die erlaubte Tätigkeit aus, so ist der Tatbestand gleichwohl erfüllt.

Beispiel: Einem in Irland beschäftigten Drittausländer wurde für eine Entsendung durch den irischen Arbeitgeber nach Deutschland ein Schengen Visum nach „Vander-Elst" erteilt. Während der Gültigkeit des Visums kündigt der Drittausländer jedoch sein Arbeitsverhältnis zum irischen Arbeitgeber und nimmt eine Beschäftigung bei einem in Deutschland ansässigen Arbeitgeber auf.

95.1 a.5 Ein strafbares Verhalten i. S. d. Absatzes 1a stellt zugleich einen zwingenden Widerrufsgrund für ein Schengen-Visum nach § 52 Absatz 7 Satz 1 Nummer 1 dar.

95.1 a.6 Der Versuch ist gemäß § 95 Absatz 3 strafbar.

95.1 a.7 Eine versuchte unerlaubte Arbeitsaufnahme liegt dann vor, wenn sich der nicht arbeitsberechtigte Ausländer bereits im unmittelbaren Bereich der Arbeitstätigkeit befindet und die üblichen Vorbereitungen zur Arbeitsbewältigung begonnen bzw. beendet hat.

95.1 a.8 Die fahrlässige Verwirklichung des Tatbestandes kann eine Ordnungswidrigkeit i. S. d. § 98 Absatz 3 Nummer 1 oder § 404 Absatz 2 Nummer 4 SGB III darstellen.

Durch Anstiftungs- oder Beihilfehandlungen macht sich gemäß § 96 Absatz 1 Nummer 2 als Täter strafbar, wer für seinen Tatbeitrag einen Vermögensvorteil erhält oder sich versprechen lässt, sofern sein Verhalten nicht bereits gemäß § 96 Absatz 2 Nummer 2 strafbar ist. Erfasst sind hiervon beispielsweise inländische Arbeitgeber, welche Inhaber eines Schengen-Visums – vorsätzlich – illegal beschäftigen.

95.2 Straftaten mit einer Strafobergrenze von drei Jahren Freiheitsstrafe

95.2.1 Verstoß gegen ein Einreise- oder Aufenthaltsverbot (Nummer 1)

95.2.1.0.1 Das Einreise- oder Aufenthaltsverbot gemäß § 11 Absatz 1 muss entstanden sein (vgl Nummer 11.1.2.1 f.) und noch fortbestehen. Insbesondere darf im Falle seiner Befristung gemäß § 11 Absatz 1 Satz 3 die Frist noch nicht abgelaufen sein.

95.2.1.0.2 Der Tatbestand des § 95 Absatz 2 Nummer 1 ist nicht erfüllt, wenn der Ausländer eine Betretenserlaubnis besitzt (§ 11 Absatz 2 Satz 1). Besitzt der Ausländer beim Betreten nicht den erforderlichen Aufenthaltstitel, Pass oder Passersatz, findet § 95 Absatz 1 Nummer 3 Anwendung.

95.2.1.1 In den Fällen des § 95 Absatz 2 Nummer 1 Buchstabe a) ist gemäß § 95 Absatz 3 der Versuch strafbar (vgl Nummer 95.1.3.2).

95.2.1.2.1 Eine Strafbarkeit gemäß § 95 Absatz 2 Nummer 1 Buchstabe b) kommt etwa dann in Betracht, wenn sich der Ausländer trotz einer vollziehbaren Ausreiseverpflichtung und ggf. nach dem Verstreichen einer gemäß § 50 Absatz 2 gesetzten Ausreisefrist oder – über die Geltungsdauer der Betretenserlaubnis (§ 11 Absatz 2 Satz 1) hinaus – vorsätzlich im Bundesgebiet aufhält.

95.2.1.2.2 Soweit die § 95 Absatz 2 Nummer 1 Buchstabe b) bezeichnete Handlung nur fahrlässig begangen wird, liegt gemäß § 98 Absatz 1 ein ordnungswidriges Verhalten vor.

95.2.1.2.3 Der Aufenthalt im Bundesgebiet unmittelbar nach einer Ausweisung etwa auf der Grundlage einer Duldung erfüllt nicht den Straftatbestand des § 95 Absatz 2 Nummer 1 Buchstabe b).

95.2.1.2.4 Wegen einer Teilnahmestrafbarkeit bei Handlungen von Personen im Rahmen ihres sozial anerkannten Berufes oder Ehrenamtes vgl Nummer Vor 95.1.4.

95.2.2 Falsche Angaben bei der Beantragung eines Aufenthaltstitels oder einer Duldung oder Nutzung einer so beschafften falschen Urkunde (Nummer 2)

95.2.2.0 Jedermann, also auch jeder Deutsche und Freizügigkeitsberechtigte (§ 11 Absatz 1 Satz 1 FreizügG/EU) kann als Täter strafbar sein.

95.2.2.1 1. Alternative: Erschleichen von Aufenthaltstitel oder Duldung

95.2.2.1.1 Bei den Angaben, die von den nach § 71 zuständigen Behörden für die Entscheidung über die Erteilung eines Aufenthaltstitels oder einer Duldung benötigt werden, handelt es sich insbesondere um solche über Identität, Staatsangehörigkeit, vorhandene Ausweispapiere, Aufenthaltszweck, Beruf, Ausbildung, Gesundheit, Vermögens- und Einkommensverhältnisse, verwertbare strafgerichtliche Verurteilungen im Bundesgebiet und im Ausland, frühere Ausweisungen und/oder Abschiebungen sowie die relevanten familiären Bindungen. Unrichtige Angaben stimmen mit der Wirklichkeit nicht überein; unvollständig sind Angaben, wenn Tatsachen verschwiegen werden. Die Angaben müssen nicht entscheidungserheblich sein. Sie müssen vielmehr geeignet sein, im Allgemeinen, losgelöst vom konkreten Einzelfall, die abstrakte Gefahr zu verwirklichen, einen Aufenthaltstitel oder eine Duldung zu Unrecht verschaffen zu können.

95.2.2.1.2 Unrichtige Angaben werden beispielsweise gemacht, wenn der Ausländer

– ein Visum (auch Ausnahme-Visum) für einen Touristen- oder Besuchsaufenthalt im Bundesgebiet beantragt, in Wirklichkeit jedoch einen Daueraufenthalt oder eine Erwerbstätigkeit im Bundesgebiet anstrebt,
– ein Transitvisum beantragt, jedoch nicht eine Durchreise durch das Bundesgebiet, sondern einen Kurz- oder Daueraufenthalt beabsichtigt, oder
– die Herstellung oder Wahrung einer ehelichen Lebensgemeinschaft vortäuscht (so genannte Scheinehe).

95.2.2.1.3 Unrichtige Angaben können sich auch aus der Vorlage bzw dem Benutzen ge- oder verfälschter oder unzutreffender Unterlagen ergeben. Unvollständige Angaben kann derjenige machen, der wesentliche Tatsachen gegenüber der zuständigen Behörde gezielt verschweigt.

95.2.2.1.4 Unrichtige oder unvollständige Angaben eines Ausländers im Asylverfahren fallen nicht unter § 95 Absatz 2 Nummer 2. Für Schleuser gelten §§ 96 und 97 sowie §§ 84, 84a AsylVfG.

95.2.2.1.5 Unter der Beschaffung eines Aufenthaltstitels oder einer Duldung sind insbesondere der Antrag auf Erteilung oder Verlängerung des Aufenthaltstitels bzw Angaben in Bezug auf die Erteilung oder Erneuerung einer Duldung zu verstehen.

95.2.2.1.6 Die Vorschrift ist nur auf Handlungen gegenüber inländischen Behörden anwendbar. Eine Strafbarkeit nach § 95 Absatz 2 Nummer 2, 1. Alternative liegt dann nicht vor, wenn die Täuschungshandlung und der damit angestrebte Erfolg, nämlich die Erlangung des Aufenthaltstitels, bei einer deutschen Botschaft begangen wurde. Sollte der so erlangte Titel allerdings zur Einreise oder während des Aufenthaltes zur Täuschung im Rechtsverkehr benutzt werden, gelten die Ausführungen zu Nummer 95.2.2.2.

95.2.2.2 2. Alternative: Nutzung einer erschlichenen Urkunde

95.2.2.2.1 Zu den in § 95 Absatz 2 Nummer 2, 2. Alternative genannten Urkunden gehören die in § 4 Absatz 1 genannten Aufenthaltstitel sowie die Bescheinigung i. S. d. § 60a Absatz 4. Hinsichtlich der so beschafften amtlichen Urkunden ist erforderlich, dass diese tatsächlich auf Grund der unrichtigen oder unvollständigen Angaben ausgestellt worden sind.

95.2.2.2.2 Das Gebrauchen i. S. d. § 95 Absatz 2 Nummer 2, 2. Alternative kann durch eine Person erfolgen, die bei der Beschaffung der Urkunde nicht mitgewirkt hat.

95.2.2.2.3 Auch die Verwendung einer Kopie der Urkunde stellt dann ein Gebrauchmachen i. S. d. § 95 Absatz 2 Nummer 2, 2. Alternative dar, wenn die Kopie ihrem äußeren Erscheinungsbild nach geeignet ist, bei der Person, welcher diese zu Beweiszwecken vorgezeigt oder ausgehändigt wird, den Eindruck zu erwecken, es handele sich um das Original der Urkunde.

95.3 Versuchsstrafbarkeit

Absatz 3 erklärt den Versuch in den Fällen des § 95 Absatz 1 Nummer 3, Absatz 1a und 2 Nummer 1 Buchstabe a) für strafbar.

95.4 Einziehung

Urkunden, die durch unrichtige oder unvollständige Angaben erlangt worden sind (insbesondere Aufenthaltstitel und Duldungen) sowie Dokumente und sonstige Gegenstände, die zur Begehung oder Vorbereitung einer Straftat nach § 95 Absatz 2 Nummer 2 bestimmt oder gebraucht worden sind, können nach §§ 74 ff. StGB eingezogen werden.

95.5 Schutz gemäß der Genfer Flüchtlingskonvention

95.5.1 Artikel 31 Absatz 1 der Genfer Flüchtlingskonvention lautet:

„Die vertragsschließenden Staaten werden wegen unrechtmäßiger Einreise oder Aufenthalts keine Strafen gegen Flüchtlinge verhängen, die unmittelbar aus einem Gebiet kommen, in dem ihr Leben oder ihre Freiheit i. S. v. Artikel 1 bedroht waren und die ohne Erlaubnis in das Gebiet der vertragsschließenden Staaten einreisen oder sich dort aufhalten, vorausgesetzt, dass sie sich unverzüglich bei den Behörden melden und Gründe darlegen, die ihre unrechtmäßige Einreise oder ihren unrechtmäßigen Aufenthalt rechtfertigen. ..."

95.5.2 Die unerlaubte Einreise von Flüchtlingen i. S. d. Genfer Flüchtlingskonvention (§ 3 Absatz 4 AsylVfG) ist nach Maßgabe von Artikel 31 Absatz 1 der Genfer Flüchtlingskonvention straflos. Die Regelung trägt dem Gedanken Rechnung, dass Verfolgte häufig nicht in der Lage sind, ihre Zufluchtsstätte auf legalem Weg zu erreichen. Die Regelung betrifft sowohl anerkannte wie noch nicht anerkannte Flüchtlinge. Bei nicht anerkannten Flüchtlingen handelt es sich um Asylbewerber, denen die Flüchtlingseigenschaft noch nicht zuerkannt worden ist.

95.5.3 Die Regelung ist auch anwendbar auf Asylberechtigte, da sie den Flüchtlingen im Sinne dieser Konvention gleichgestellt sind (§ 2 Absatz 1 AsylVfG).

95.5.4 Voraussetzung für die Straflosigkeit ist die unmittelbare Einreise aus dem Verfolgungsgebiet. Die Voraussetzungen liegen nicht nur bei Ausländern vor, die direkt aus dem Verfolgerstaat, sondern grundsätzlich auch bei Personen, die über einen Drittstaat einreisen. Hierfür ist allerdings erforderlich, dass die Flucht nicht bereits im Drittstaat beendet war.

95.5.5 Weitere Voraussetzung für die Straflosigkeit ist die unverzügliche Meldung als Schutzsuchender bei den deutschen Behörden. Unverzüglich ist die Meldung nur dann, wenn sie ohne schuldhaftes Zögern erfolgt (vgl § 121 BGB). Regelmäßig ist hierfür eine Meldung in den ersten Tagen nach der unerlaubten Einreise erforderlich.

95.5.6 Die Prüfung, ob Artikel 31 Absatz 1 der Genfer Flüchtlingskonvention Anwendung findet, obliegt den Strafverfolgungsbehörden und den Strafgerichten. Im Asylverfahren getroffene Entscheidungen sind nach § 4 Satz 1 AsylVfG auch im Strafverfahren verbindlich. Die zuständige Behörde hat Strafanzeige auch dann zu erstatten, wenn

Strafvorschriften   § 95 AufenthG 1

sie der Auffassung ist, dass Artikel 31 Absatz 1 Genfer Flüchtlingskonvention Anwendung findet. In diesem Fall soll ein entsprechender Hinweis ergehen.

95.6 Handeln auf Grund unrechtmäßig erlangtem Aufenthaltstitel
Gemäß Absatz 6 kann auch das Handeln auf Grund eines verfahrenswidrig erlangten Aufenthaltstitels nach § 95 Absatz 1 Nummer 2 und Nummer 3 strafbar sein. Auf die Wirksamkeit des erteilten Titels kommt es danach nicht mehr an (vgl Nummer 95.1.2.1.5 und 95.1.3.4). Absatz 6 orientiert sich an § 330d Nummer 5 StGB und erfasst sämtliche Fälle, in denen die strafbefreiende Genehmigung auf unlautere Weise erlangt wurde. Damit reist der Ausländer zwar nicht unerlaubt i. S. v. § 14 Absatz 1 Nummer 2 ein, ebenso wenig wird der Aufenthalt unerlaubt und der Ausländer ist auch nicht vollziehbar ausreisepflichtig. Das Handeln wird jedoch gleichfalls unter Strafe gestellt.

Übersicht

	Rn.
I. Entstehungsgeschichte	1
II. Allgemeines	4
III. Täter und Teilnehmer	9
IV. Einzelne Straftatbestände	18
1. Anwendung der Rückführungs-RL	18
2. Unerlaubter Aufenthalt durch Nichtbesitz eines Passes (Abs. 1 Nr. 1)	24
3. Unerlaubter Aufenthalt durch Nichtbesitz des erforderlichen Aufenthaltstitels (Abs. 1 Nr. 2)	28
4. Unerlaubte Einreise (Abs. 1 Nr. 3)	45
5. Verstoß gegen Ausreiseverbot (Abs. 1 Nr. 4 Alt. 1)	51
6. Verstoß gegen Beschränkung politischer Betätigung (Abs. 1 Nr. 4 Alt. 2)	55
7. Unrichtige oder unvollständige Angaben (Abs. 1 Nr. 5)	56
8. Nichtduldung erkennungsdienstlicher Maßnahmen (Abs. 1 Nr. 6)	65
9. Verstoß gegen Meldepflicht und andere Beschränkungen und Auflagen von ausgewiesenen Ausländern (Abs. 1 Nr. 6a)	70
10. Verstoß gegen räumliche Beschränkung (Abs. 1 Nr. 7)	75
11. Zugehörigkeit zu geheimem Ausländerverein (Abs. 1 Nr. 8)	82
12. Strafbarer Aufenthalt bei Erwerbstätigkeit (Abs. 1a)	87
13. Verstoß gegen Aufenthaltsverbot (Abs. 2 Nr. 1a und b)	95
14. Verstoß gegen die elektronische Aufenthaltsüberwachung (Abs. 2 Nr. 1a)	103
15. Erschleichen eines Aufenthaltstitels oder einer Duldung (Abs. 2 Nr. 2)	104
V. Subjektiver Tatbestand	115
VI. Rechtswidrigkeit	116
VII. Persönlicher Strafausschließungsgrund (Abs. 5)	117
VIII. Strafbarer Aufenthalt mit einem dem unerlaubten Aufenthalt gleichgestellten Aufenthaltstitels (Abs. 6)	125
IX. Rechtsfolge	128
1. Strafzumessung	128
2. Einziehung	129
X. Prozessuales	131

I. Entstehungsgeschichte

§ 95 in seiner ursprünglichen Fassung[1] stimmte bis auf die erst aufgrund des Vermittlungsverfahrens während des Gesetzgebungsverfahrens zum ZuwG 2004[2] in Abs. 1 eingefügte Nr. 6a mit dem Gesetzesentwurf der Bundesregierung[3] überein. § 95 wurde mehrmals geändert: Das **RLUmsG 2007**[4] fügte Abs. 1a ein. Der Gesetzgeber reagierte damit auf ein Urteil des BGH[5], nach dem ein Ausländer, der sich aufgrund eines Schengen-Visums im Bundesgebiet aufhält und entgegen der Regelung des damaligen § 4 III 1 einer Erwerbstätigkeit nachgeht, nicht unter den Tatbestand des Abs. 1 Nr. 2 fällt[6]. Durch das RLUmsG 2007 wurde weiterhin in den Tatbestand des Abs. 2 Nr. 2 die Duldung aufgenommen – ausweislich des Gesetzesentwurfs der Bundesregierung soll es sich dabei um eine „redaktionelle Korrektur" handeln[7] –, in Abs. 3 die Versuchsstrafbarkeit auf die Fälle des neuen Abs. 1a erstreckt und Abs. 6 angefügt. Das schon vor dem RLUmsG beschlossene, aber im Wesentlichen erst danach in Kraft getretene **Gesetz zur Änderung des PassG und weiterer Vorschriften vom 20.7.2007**[8] führte zu geringfügigen Folgeänderungen in Abs. 1 Nr. 5 und 6. Das **RLUmsG**

1

---

[1] AufenthG v. 30.7.2014, BGBl. I S. 1950.
[2] Vgl. BT-Drs. 15/3479, 12.
[3] BT-Drs. 15/420, 34.
[4] G zur Umsetzung aufenthalts- und asylrechtlicher RL der EU v. 19.8.2007, BGBl. I S. 1970.
[5] BGH Urt. v. 27.4.2005 – 2 StR 457/04, NJW 2005, 2095.
[6] BT-Drs. 16/5065, 199, dort auch zur Ungleichbehandlung gegenüber Ausländern, die sich aufgrund eines nationalen Aufenthaltstitels im Bundesgebiet aufhalten.
[7] BT-Drs. 16/5065, 199.
[8] BGBl. 2007 I S. 1566.

2011[9] fasste in Folge der Änderung des § 58 I Nr. 2 neu und änderte in Folge der Änderung des § 6 Ia geringfügig. Das Gesetz zur Verbesserung der Rechtsstellung von asylsuchenden und geduldeten Ausländern[10] betraf auch Abs. 1 Nr. 7.

2 Mit dem **AufenthGÄndG 2015**[11] wurde Abs. 1 Nr. 6a an die Neuregelung der Überwachungsmaßnahmen nach § 54a aF in § 56 angepasst; auch eine Verletzung des neugeschaffenen Kontaktverbots in § 56 Abs. 4 kann wie schon bisher der Verstoß gegen ein Kommunikationsmittelverbot strafrechtlich sanktioniert werden[12]. Weiter geändert wurden Abs. 2 Nr. 1 und 2 aufgrund der Erwägung, dass es vom Unrechtsgehalt ebenso zu beurteilen ist wie die Begehung von Täuschungshandlungen zur Beschaffung eines Aufenthaltstitels oder einer Duldung, wenn jemand eine der in § 95 II Nr. 2 genannten Täuschungshandlungen begeht, um das Erlöschen oder die nachträgliche Beschränkung eines Aufenthaltstitels abzuwenden[13]. Das **AsylVfBeschlG 2015**[14] änderte in Abs. 2 Nr. 6a zeitweise die Bezugnahmen auf § 56 in solche auf § 54a und schloss damit eine vorübergehende Strafbarkeitslücke, die infolge des teilweise verzögerten Inkrafttretens von Teilen des AufenthGÄndG 2015 entstanden war[15].

3 Zuletzt geändert wurde § 95 durch das **Gesetz zur besseren Durchsetzbarkeit der Ausreisepflicht**[16]. Der Vorschrift wurde ein Abs. 7 angefügt, seinem Abs. 2 Nr. 1 eine Nr. 1a. Diese Änderungen sind eng aufeinander bezogen: Mit Abs. 2 Nr. 1a wird eine Zuwiderhandlung gegen die Anordnung nach § 56a I unter Strafe gestellt; die Einschränkung auf bedeutsame Zuwiderhandlungen wird dadurch erreicht, dass die Strafverfolgung von einem Antrag der Ausländerbehörde oder einer sonstigen zuständigen Stelle, die nach Landesrecht bestimmt wird, abhängig gemacht wird[17].

II. Allgemeines

4 Die Vorschrift ist als Bestandteil des Ausländerstrafrechts primär Nebenstrafrecht verwaltungsrechtlicher Prägung und im **Zusammenhang** mit §§ 96–98, §§ 84–86 AsylG, §§ 9, 10 FreizügG/EU und § 77 AufenthV zu sehen, die als spezielle Straf- bzw. Ordnungswidrigkeitstatbestände grundsätzlich Vorrang genießen.

5 Das **Ausländerstrafrecht** verfolgt als Schutzzweck die Stabilisierung der verwaltungsrechtlichen Ordnungssysteme des AufenthG, der AufenthV, des FreizügG/EU und des AsylG[18]. Es gewann in der polizeilichen und strafgerichtlichen Praxis mit Zunahme der Regelungsdichte mehr und mehr an Bedeutung[19]. Insbesondere spielen die Sanktionsnormen in der Praxis der Ausländerbehörden, der Grenzbehörden und nicht zuletzt der Strafverfolgungsorgane respektive der Gerichte eine große Rolle[20]. Tatbestände der unerlaubten Einreise und des unerlaubten Aufenthalts sind aus ermittlungstechnischer Sicht häufig Ansatzpunkt für weitere qualifizierte Straftaten, die über die Beihilfevorschriften des StGB bis hin zu den Schleusertatbeständen der §§ 96, 97 und weiteren qualifizierten Straftaten im Bereich des Menschenhandels und der unerlaubten Ausländerbeschäftigung reichen. Diese Deliktfelder prägen in der heutigen Zeit maßgeblich das gesamte Spektrum der Organisierten Kriminalität nicht nur in Deutschland, sondern in ganz Europa[21].

6 Ausweislich der **Polizeilichen Kriminalstatistik (PKS)**[22] wurden **2017 179.848 Straftaten gegen das AufenthG, das AsylG und des FreizügG/EU** festgestellt (2016: 487.711; 2015: 402.741; 2014: 156.396; 2013: 110.555; 2012: 89.029; 2011: 78.324; 2010: 74.153; 2009: 74.241). Die Zahl ist damit nach dem Höhepunkt der Flüchtlingskrise deutlich zurückgegangen, allerdings noch deutlich höher als vor ihrem Beginn. Es wurden **50.147 Fälle unerlaubter Einreise** registriert (2016: 248.878; 2015: 154.188; 2014: 49.714; 2013: 33.796; 2012: 26.110; 2011: 24.002; 2010: 21.930; 2009: 25.129), **116.344 Fälle unerlaubten Aufenthalts** (2016: 225.471; 2015: 232.348; 2014: 86.029; 2013: 58.236; 2012: 44.260; 2011: 37.514; 2010: 33.247; 2009: 30.368), **5.594 Fälle des Erschleichens eines Aufenthaltstitels** (2016: 3.575; 2015: 3.668; 2014: 4.348; 2013: 5.029; 2012: 5.139; 2011: 3.521; 2010: 3.772; 2009: 3.592), **2.500 Fälle des Einschleusens von Ausländern nach § 96** (2016: 3.666; 2015: 5.140; 2014: 3.612; 2013: 3.186; 2012: 2.681; 2011: 2.218; 2010: 2.429), **121**

---

[9] G zur Umsetzung aufenthaltsrechtlicher RL der EU und zur Anpassung nationaler Rechtsvorschriften an den VK v. 22.11.2011, BGBl. I S. 2258; dazu BT-Drs. 17/5470.
[10] BGBl. 2014 I S. 2439.
[11] G zur Neubestimmung des Bleiberechts und der Aufenthaltsbeendigung v. 27.7.2015, BGBl. I S. 1386.
[12] BT-Drs. 18/4097, 58.
[13] BT-Drs. 18/4097, 59.
[14] BGBl. 2015 I S. 1722, s. dessen Art. 1 Nr. 14 und Art. 13 Nr. 2.
[15] S. BT-Drs. 18/6185, 51.
[16] BGBl. 2017 I S. 2780.
[17] BT-Drs. 18/11546, 22.
[18] *Aurnhammer*, Spezielles Ausländerstrafrecht, 1995, S. 76 ff.
[19] *Aurnhammer* NStZ 43 ff.; *Ahlf* ZAR 1993, 132; *Steffen* NZSt 1993, 462.
[20] *Westphal/Stoppa*, AusR Polizei-HdB, S. 666 mwN.
[21] Vgl. die Beihilfe-RL zur Definition der Beihilfe zur unerlaubten Ein- und Durchreise und zum unerlaubten Aufenthalt.
[22] www.bka.de, PKS 2017, Zeitreihen.

Fälle des Einschleusens nach § 97 (2016: 250; 2015: 274; 2014: 163; 2013: 229; 2012: 206; 2011: 345; 2010: 881) und **603 Fälle eines Verstoßes gegen § 9 FreizügG/EU** (2016: 463; 2015: 331; 2014: 384; 2013: 354; 2012: 296; 2011: 205; 2010: 223; 2009: 165).

Die Gemeinsamkeit aller Vorschriften ist darin zu sehen, dass sie in der einen oder anderen Form an verwaltungsrechtliche Sachverhalte oder Verwaltungsakte anknüpfen und deshalb ihre Bestimmtheit jeweils sorgfältiger Prüfung bedarf[23]. Die **Verwaltungsakzessorietät**[24] des Ausländerstrafrechts wirft unabhängig davon die Frage auf, ob die Strafbarkeit nur von der Wirksamkeit des Verwaltungsakts oder auch von anderen Kriterien abhängt, insbesondere von dessen Rechtmäßigkeit. Im Wesentlichen unbestritten ist, dass der Verstoß gegen einen nichtigen Verwaltungsakt (vgl. § 44 VwVfG) straflos bleibt und die Strafbarkeit zumindest die Vollziehbarkeit des Verwaltungsakts voraussetzt[25]. Die vom BGH vertretene strikte Abhängigkeit des Strafrechts von den im Zeitpunkt der Handlung maßgeblichen Verhaltenspflichten[26] wird in Literatur und Rspr. va für den Fall der nachträglichen Aufhebung des rechtswidrigen Verwaltungsakts in Zweifel gezogen[27]. 7

In ausländerrechtlichen Strafrechtsnebengesetzen ergibt sich die Strafbarkeit nicht in Gänze aus der Strafnorm, sondern lässt sich zumeist nur nach Bestimmung des ihnen zugrunde liegenden Verwaltungsunrechts ermitteln (sog. **Blankettstrafnormen**). Blankettstrafnormen sind im Hinblick auf Art. 103 II GG nicht unproblematisch. Sie sind zwar förmliche Gesetze, enthalten aber nur die Strafbarkeitsvoraussetzungen und das Strafmaß. Die übrigen Voraussetzungen, etwa die Frage der Einreise, des Aufenthalts oder des Verstoßes gegen eine Wiedereinreisesperre, ergeben sich aus verwaltungsrechtlichen Vorschriften. Im Rahmen des nationalen Rechts wird soweit ersichtlich überwiegend mit **statischen Verweisungen** gearbeitet. Nach der Rspr. des BGH[28] sind solche grundsätzlich verfassungsrechtlich unbedenklich. Blankettstrafnorm und Verweisungsobjekt unterliegen als „Gesamtwertungsakt" den verfassungsrechtlichen Bestimmtheitsanforderungen[29]. Der **Grundsatz der Konnexität** verlangt jedoch eine Gesetzesklarheit, die dem Bestimmtheitsgebot entspricht. Die Gesetzesanwendung bedingt die Beachtung europarechtlicher Bestimmungen, insbesondere die Auswirkungen des Schengener Besitzstandes[30]. Aufgrund der hohen Komplexität der verwaltungsrechtlichen Bestimmungen und der Verwendung von zT **dynamischen Verweisungen** ist mittlerweile fraglich, ob die Blankettvorschriften den verfassungsrechtlichen Anforderungen überhaupt noch entsprechen[31]. Nach dem BGH[32] kann eine Strafbarkeit auch auf eine dynamische Verweisung gestützt werden, wenn und soweit sich über das europäische Recht durchgehend eine eindeutige, aus einer EU-VO hergeleitete Verbotskette ergibt. Es ist Ausländern nicht von vornherein unzumutbar, sich in gleicher Weise Kenntnis von europäischen Rechtsvorschriften wie von nationalen zu verschaffen[33]. Entgegen der Auffassung des BVerfG[34] sind bei dynamischen Verweisungen auf das Unionsrecht nicht dieselben, sondern gegenüber rein innerstaatlichen dynamischen Verweisungen erhöhte Anforderungen zu stellen; insbesondere deshalb, weil sich Unsicherheiten auch über den Normgehalt aus den unterschiedlichen verbindlichen Sprachfassungen ergeben können[35]. Jedenfalls bei Anwendung der Strafnormen ist zu berücksichtigen, inwieweit dem jeweiligen Ausländer iRd subjektiven Tatbestandes und des Anspruchs an ein normgerechtes Verhalten das nötige Unrechtsbewusstsein vorgeworfen werden kann, da strafrechtliche Verweisungen insbesondere des Unionsrechts an einem systemimmanenten Bestimmtheitsmangel leiden können[36]. 8

III. Täter und Teilnehmer

Zum Täterkreis des § 95 können nicht nur Ausländer (Nichtfreizügigkeitsberechtigte[37]) gehören, sondern **auch Deutsche und Unionsbürger bzw. EWR-Bürger sowie Schweizer Staatsbürger**. Die Anwendbarkeit der Strafnormen ist hier nicht nur mit Blick auf § 2 I, sondern unter Berücksichtigung von § 11 II FreizügG/EU (Öffnungsklausel anwendbarer Normen aus dem AufenthG) sowie von völkerrechtlichen Verträgen (Assoziationsrecht) unter dem Aspekt eines integrativen Ansatzes dieses Strafrechtsnebengesetz differenziert zu beurteilen (vgl. § 1 II). 9

---

[23] *Aurnhammer* S. 106 ff.
[24] Zum Begriff und weiterführend solcher sog. Blankettnormen *Westphal/Stoppa*, AusR Polizei-HdB, S. 672.
[25] *Aurnhammer* S. 120 mwN.
[26] BGH Beschl. v. 23.7.1969 – 4 StR 371/68, BGHSt 23, 91; dazu *Odenthal* NStZ 1991, 419; *Wüterich* NStZ 1987, 107.
[27] *Aurnhammer* S. 119 ff. mwN; OLG Frankfurt a. M. Urt. v. 21.8.1987 – 1 Ss 488/86, NVwZ 1988, 286.
[28] BGH Beschl. v. 17.3.2011 – 5 StR 543/10, BeckRS 2011, 7396.
[29] *Satzger/Langheld* HRRS November 2011 (11/2011).
[30] S. dazu ausf. *Winkelmann*, ZAR 2010, 213 und *Winkelmann*, ZAR 2010, 270.
[31] Zur Kritik ausf. bei *Hörich/Bergmann* in Huber/Mantel, AufenthG, Vorb. § 95 Rn. 12 § 95 Rn. 45 f.
[32] BGH Beschl. v. 17.3.2011 – 5 StR 543/10, BeckRS 2011, 7396.
[33] *Satzger/Langheld* HRRS November 2011 (11/2011).
[34] BVerfGE 29, 198 Rn. 27.
[35] *Satzger/Langheld* HRRS November 2011 (11/2011).
[36] *Satzger/Langheld* HRRS November 2011 (11/2011).
[37] Zu den Voraussetzungen des sog. abgeleiteten Freizügigkeitsrechts näher unter Teil 2 (FreizügG/EU).

10 Für die Einreise und den Aufenthalt in Deutschland sind **EU/EWR-Bürger** und ihre Familienangehörigen daher nicht dem allgemeinen Ausländerrecht unterworfen, sondern einem speziellen Gesetz, dem **FreizügG/EU,** das dem nationalen Ausländerrecht vorgeht (s. § 1 II Nr. 1). Unionsbürger genießen Freizügigkeit nach dem europäischen Unionsrecht (= kodifikation des Unionsbürgerrechts: AEUV iVm den sekundärrechtlichen Rechtsakten und der nationalen Umsetzung). Für Schweizer Staatsbürger und deren Familienangehörigen gilt das Freizügigkeitsabkommen EG-Schweiz, das als eines von sieben sog. Sektorenabkommen am 1.6.2002 in Kraft trat. Aufenthaltsrechtlich unterfallen diese Personen primär dem Freizügigkeitsabkommen EG/Schweiz und in Deutschland dem AufenthG (beachte § 28 AufenthV), soweit die unionsrechtlichen Bestimmungen nicht vorgehen.

11 In Bezug auf die Schweiz ist zu beachten, dass die Regelungen zur Familienangehörigeneigenschaft im Art. 3 des Anhang I zum Freizügigkeitsabkommen EG-Schweiz niedergelegt sind. Danach sind nur Familienangehörige mit einbezogen, die die Staatsangehörigkeit eines Vertragsstaates besitzen. Angehörige aus Drittstaaten sind im Gegensatz zur RL 2004/38/EG nicht erfasst. Lediglich gemäß Art. 7 lit. d des Abkommens ist es den Vertragsstaaten überlassen, die mit der Freizügigkeit zusammenhängenden Rechte der Familienangehörigen ungeachtet ihrer Staatsangehörigkeit zu regeln. Die Forderung eines Einreisevisums für diesen Personenkreis, zB für Dienstleistungsempfänger (Touristen), ist damit den einzelnen Vertragsstaaten überlassen. Zu beachten sind daher grundsätzlich die Visumpflicht nach Art. 1 I iVm Anhang I der EUVisumVO für Kurzaufenthalte soweit die Drittstaatsangehörigen nicht ohnehin nach Anhang II visumbefreit sind oder nach Art. 6 Va SGK oder Art. 21 SDÜ Reisefreiheiten in Anspruch nehmen können. Da ungeachtet der Problematik Art. 3 I 3 Anhang I zum Freizügigkeitsabkommen EG-Schweiz vorschreibt, alle Erleichterungen für die Beschaffung der gegebenenfalls benötigten Visa zu gewähren, sind den betroffenen Familienangehörigen dritter Staaten notfalls Ausnahmevisa an der Grenze auszustellen. Analog zu der Regelung in der Freizügigkeits-RL sollte die Erteilung eines Aufenthaltstitels iSd Freizügigkeitsabkommens durch einen Vertragsstaat an Familienangehörige eines Schweizers von der Visumpflicht entbinden.

12 Das Freizügigkeitsabkommen EG-Schweiz enthält selbst keine Sanktionsnormen. Die Anwendung des FreizügG/EU ist nicht zulässig; für Schweizer Bürger und deren drittstaatsangehörigen Familienmitgliedern gilt das AufenthG. Allerdings sind die Verstöße gegen die Pass- oder Personalausweisbesitz- und Mitführpflicht nach dem AufenthG unter Beachtung des Diskriminierungsverbots nach Art. 2 Freizügigkeitsabkommen anwendbar. Die Straf- und Bußgeldbestimmungen sind daher nur in dem Umfang analog anwendbar, wie sie für Unionsbürger vorgesehen sind[38].

13 Für **Asylsuchende** gelten die Sonderbestimmungen aus Art. 16a GG und die nationalen und europäischen Bestimmungen zum Asylrecht. Die qualifizierten Tatbestände der §§ 96, 97 und die Delikte nach §§ 84, 84a AsylG können – ebenso wie die **Teilnahme** in Bezug auf Anstiftung und Beihilfe gemäß §§ 26, 27 StGB zu allen Delikten – durch **jedermann** begangen werden. Falsche Angaben nach Abs. 2 S. 2 sind auch durch Deutsche möglich[39].

14 Für **türkische Staatsangehörige** gelten – soweit sie assoziationsberechtigt sind – besondere Bestimmungen[40]. Die Aufenthaltstitel der danach begünstigten Ausländer haben nur deklaratorische Bedeutung, da sich deren Aufenthaltsrecht direkt aus dem ARB 1/80 ergibt. Der Nichtbesitz des Nachweises über das Aufenthaltsrecht führt somit nicht zum unerlaubten Aufenthalt, ist aber gemäß **§ 98 II Nr. 1 ordnungswidrig.** Die Einreise darf nicht verweigert werden. Die Frage, ob überhaupt noch Visumpflicht für türkische Dienstleistungsempfänger nach der Stand-still-Wirkung des Art. 41 I Zusatzprotokoll (ZP) zum Assoziationsvertrag besteht, kann schuldausschließend sein. Da diese Frage schon von deutschen Juristen nicht eindeutig mit Ja oder Nein beantwortet werden kann, kann von einem rechts- und sprachunkundigen türkischen Staatsangehörigen erst recht nicht verlangt werden, dass er die mögliche Strafbarkeit seines Tuns erkennt bzw. erkennen müsste. Es kann daher dahinstehen, ob diese Unkenntnis als Tatbestandsirrtum nach § 16 StGB oder als Verbotsirrtum nach § 17 StGB einzustufen ist. Bei einem Tatbestandsirrtum entfiele der Tatvorsatz und eine fahrlässige Begehensweise ist vorliegend nicht strafbar; bei einem Verbotsirrtum entfiele die Schuld, wenn dieser unvermeidbar war[41].

15 Bei **Seeleuten** auf Schiffen, die berechtigt sind, die Bundesflagge zu führen, gilt, dass diese gemäß § 4 IV der Aufenthaltstitelpflicht unterliegen. Jedoch erfasst der Anwendungsbereich der korrespondierenden Strafnorm des Abs. 1 Nr. 2 lediglich Verstöße „im Bundesgebiet". Ein außerhalb des Hoheitsgebiets der Bundesrepublik Deutschland operierendes Schiff ist völkerrechtlich kein schwimmender Bestandteil des Bundesgebiets, mithin handeln Seeleute unter Verstoß der Aufenthaltstitelpflicht nicht strafbar.

16 **Anstiftung und Beihilfe** sind nach §§ 26 f. StGB strafbar[42]. Nach stRspr des BGH ist grundsätzlich jede Handlung als Hilfeleistung anzusehen, die die Herbeiführung des Taterfolgs durch den Haupttäter

---

[38] Vgl. auch *Hörich/Bergmann* in Huber/Mantel, AufenthG,, Vorb. § 95 Rn. 27 ff. mit Entsprechungstabelle.
[39] Vgl. *Aurnhammer* S. 151 f.
[40] S. zum Status ausf. *Dienelt* in OK-MNet-ARB 1/80 und Überblick bei *Winkelmann:* Zum völkerrechtlich Status der Türkei.
[41] AG Hannover Urt. v. 7.1.2011 – 286 Os 7911 Js 100048/10 (123/10), BeckRS 2011, 7331.
[42] *Aurnhammer* S. 152 f.; OLG Frankfurt a. M. Urt. v. 31.3.1993 – 2 Ss 65/93, NStZ 1993, 394.

objektiv fördert oder erleichtert; dass sie für den Eintritt des Erfolgs in seinem konkreten Gepräge kausal wird, ist nicht erforderlich[43]. Anders liegt es nur, wenn der Beihilfehandlung jede Eignung zur Förderung der Haupttat fehlt oder sie erkennbar nutzlos für das Gelingen der Tat ist[44]. Beihilfe durch Gewährung von Unterkunft und Verpflegung setzt nicht voraus, dass der Haupttäter seinen weiteren Aufenthalt **davon** abhängig macht[45]. Denn nach allgemeinen Regeln, die auch beim Dauerdelikt keine Änderung erfahren, muss die Hilfeleistung nicht conditio sine qua non für die Fortsetzung des unerlaubten Aufenthalts sein[46]. Beihilfe konnte durch Gewährung von Unterkunft oder Arbeitslohn jedoch bislang ausgeschlossen sein, wenn der Täter zur Fortsetzung seines Tuns unter allen Umständen entschlossen war, der Gehilfe daher den illegalen Aufenthalt nicht objektiv förderte oder erleichterte[47]. Es ist allerdings eine Tatfrage, ob ein Täter durch solche Leistungen zumindest psychisch unterstützt wird.

Der **Täterkreis** ergibt sich damit aus der **Beschreibung von Tathandlungen** und nicht aus einem bestimmten feststehenden Täterbegriff; s. dazu jeweils unter den einzelnen Strafnormen in diesem Abschnitt. 17

IV. Einzelne Straftatbestände
1. Anwendung der Rückführungs-RL

Wie sich sowohl aus dem Titel der Rückführungs-RL[48] als auch aus ihrem Art. 1 ergibt, werden durch diese „gemeinsame Normen und Verfahren" geschaffen, die von jedem Mitgliedstaat bei der Rückführung von illegal aufhältigen Drittstaatsangehörigen anzuwenden sind. Aus der genannten Wendung, aber auch aus dem Aufbau der RL folgt, dass die Mitgliedstaaten von diesen Normen und Verfahren **nur unter den in der RL, insbesondere in deren Art. 4, vorgesehenen Voraussetzungen abweichen dürfen**[49]. Ferner schreibt die Rückführungs-RL genau vor, welches **Verfahren** von jedem Mitgliedstaat bei der Rückführung von illegal aufhältigen Drittstaatsangehörigen **anzuwenden ist,** und legt die Reihenfolge der verschiedenen Schritte fest, die dieses Verfahren nacheinander umfasst[50]. Nach alledem entspricht die Reihenfolge des Ablaufs des durch die Rückführungs-RL geschaffenen Rückführungsverfahrens einer Abstufung der zur Vollstreckung der Rückkehrentscheidung zu treffenden Maßnahmen, die von der die Freiheit des Betroffenen am wenigsten beschränkenden Maßnahme – der Setzung einer Frist für die freiwillige Ausreise – bis zu den diese Freiheit am stärksten beschränkenden Maßnahmen – der Inhaftnahme in einer speziellen Einrichtung – reichen, wobei der Grundsatz der Verhältnismäßigkeit bei all diesen Schritten gewahrt werden muss[51]. Dabei dürfen die Mitgliedstaaten insbesondere keine Regelung – auch strafrechtlicher Art – anwenden, die die Verwirklichung der mit einer RL verfolgten Ziele gefährden und sie damit ihrer **praktischen Wirksamkeit** berauben könnte[52]. Folglich sind die Mitgliedstaaten für den Fall, dass Zwangsmaßnahmen zur Durchführung der zwangsweisen Abschiebung gemäß Art. 8 IV Rückführungs-RL fehlschlagen, nicht befugt, zur Abhilfe eine Freiheitsstrafe allein deshalb zu verhängen, weil sich ein Drittstaatsangehöriger, nachdem ihm eine Anordnung zum Verlassen des Staatsgebiets bekannt gegeben wurde und die darin gesetzte Frist abgelaufen ist, weiterhin illegal im Hoheitsgebiet eines Mitgliedstaats aufhält, sondern sie müssen ihre auf die Vollstreckung der Rückkehrentscheidung, die weiterhin Wirkungen entfaltet, gerichteten Anstrengungen fortsetzen[53]. 18

Der EuGH stellte in seiner Rechtsprechung zum **Vorrang der Rückführungs-RL** klar, dass die RL dem Recht eines Mitgliedstaats nicht per se entgegensteht, das den illegalen Aufenthalt als Straftat einstuft und strafrechtliche Sanktionen vorsieht, um von der Begehung derartiger Verstöße gegen die nationalen aufenthaltsrechtlichen Vorschriften abzuschrecken und sie zu ahnden, und auch nicht entgegensteht, wenn die Inhaftierung zur Ermittlung dient (Polizeigewahrsam), ob der Aufenthalt eines 19

---

[43] BGH Urteil v. 16.11.2006 – 3 StR 139/06, NJW 2007, 384, 388 mwN; BGH Urteil v. 7.2.2008 – 5 StR 242/07, NJW 2008, 1460, 1461.
[44] BGH, Urteil v. 7.2.2008 – 5 StR 242/07, NJW 2008, 1460, 1461; BGH, Beschl. v. 2.9.2009 – 5 StR 266/09, NJW 2010, 248.
[45] So auch OLG Frankfurt a. M. Beschl. v. 25.2.2005 – 1 Ss 9/04, NStZ-RR 2005, 184.; *Mosbacher* in Handbuch Arbeitsstrafr, 2. Aufl. 2008, Rn. 238 ff.; *Senge* in Erbs/Kohlhaas, AufenthG (A 215), Stand 15.7.2009, § 96 Rn. 11 mwN.
[46] BGH Urt. v. 7.2.2008 – 5 StR 242/07, NJW 2008, 1460 (1461).
[47] OLG Karlsruhe Beschl. v. 14.1.2009 – 2 Ss 53/08, BeckRS 2009, 8572; KG Beschl. v. 9.9.2005 – (3) 1 Ss 229/05, StV 2006, 585; BayObLG Beschl. v. 19.10.1999 – 4St RR 205/99, StV 2000, 366; BayObLG Beschl. v. 25.6.2001 – 4St RR 77/01, NJW 2002, 1663; BayObLG Beschl. v. 21.5.1999 – 4 St RR 86/99, NStZ 1999, 627; OLG Düsseldorf Beschl. v. 31.8.2001 – 2a Ss 149/01–46/01 II, EZAR 355 Nr. 28; vgl. auch *Hailbronner*, AuslR, 65. Erg.-Lfg. Aug. 2009, § 95 Rn. 38; → 8. Aufl., AufenthG § 95 Rn. 29.
[48] RL 2008/115/EG.
[49] EuGH Urt. v. 28.4.2011 – C-61/11, NJOZ 2012, 837 Rn. 32 – El Dridi.
[50] EuGH Urt. v. 28.4.2011 – C-61/11, NJOZ 2012, 837 Rn. 34 – El Dridi.
[51] EuGH Urt. v. 28.4.2011 – C-61/11, NJOZ 2012, 837 Rn. 41 – El Dridi.
[52] EuGH Urt. v. 28.4.2011 – C-61/11, NJOZ 2012, 837 Rn. 55 – El Dridi.
[53] EuGH Urt. v. 28.4.2011 – C-61/11, NJOZ 2012, 837 Rn. 58 – El Dridi.

Drittstaatsangehörigen illegal ist oder nicht. Dabei ist den zuständigen Behörden zuzugestehen, dass sie über eine zwar kurze, aber angemessene Zeit verfügen müssen, um die Identität der kontrollierten Personen festzustellen und um die Fakten zu recherchieren, auf deren Grundlage entschieden werden kann, ob es sich bei dieser Person um einen illegal aufhältigen Drittstaatsangehörigen handelt. Stellt sich dabei aber heraus, dass der Aufenthalt illegal ist, müssen die Behörden nach Art. 6 I Rückführungs-RL und unbeschadet der dort vorgesehenen Ausnahmen eine Rückkehrentscheidung erlassen.

20 Aufgrund der Rspr. des EuGH zum Vorrang der Rückführungs-RL sind die Bestimmungen des Abs. 1 Nr. 1–3, Abs. 2 Nr. 1 nur unter Berücksichtigung der Vorgaben und Zielrichtung der Rückführungs-RL anwendbar. § 95 muss insoweit **europarechtskonform einschränkenden ausgelegt** werden[54], da dessen Straftatbestände mit Freiheitsstrafen von bis zu einem Jahr sanktioniert sind, und die Verhängung oder Vollstreckung einer **Freiheitstrafe** dem **RL-Zweck zuwider liefe**.

21 Fraglich ist, in welchen Fällen die Anwendung von Abs. 1 Nr. 2 und 3 mit der Rückführungs-RL zu vereinbaren ist. Die Problematik lässt sich in drei Bereiche aufteilen:

1. Unangetastet bleiben **Freiheitsentziehungen im Vorfeld der Anwendung der Rückführungs-RL** mit dem Ziel, Feststellungen zu treffen, ob die aufgegriffene Person illegal aufhältig ist (Identitätsfeststellungen und Gewahrsamnahmen nach dem Polizeirecht, vorläufige Gewahrsamnahme nach § 62 V, Identitätsfeststellungen und Festnahmen nach der Strafprozessordnung). Da die Strafverfolgungsorgane dem Legalitätsprinzip unterliegen, ist die Einleitung von Strafverfahren zulässig und notwendig. Sobald jedoch die Illegalität festgestellt wurde und das Verfahren nach der Rückführungs-RL greift, müssen die ausschließlich wegen unerlaubter Einreise und unerlaubten Aufenthalts geführten Verfahren eingestellt (§ 154b III StPO), jedenfalls ausgesetzt werden. Die Herbeiführung des Einvernehmens der Staatsanwaltschaft ist nach der geänderten Gesetzeslage (§ 72 IV) für das weitere Verfahren nicht mehr in jedem Fall erforderlich.

2. **Während der Durchführung des Rückkehrverfahrens** nach der Rückführungs-RL gefährdet die Anwendung der strafrechtlichen Regelungen die RL-Ziele. Um den Vorrang des Rückführungsverfahrens auch praktisch wirksam zu sichern, sollen gegen Drittstaatsangehörige, die sich illegal in einem Mitgliedstaat aufhalten oder dort illegal eingereist sind, für diesen illegalen Aufenthalt und die illegale Einreise **keine freiheitsentziehenden Sanktionen** verhängt und vollstreckt werden, weil diese geeignet sind, das Rückführungsverfahren zu verzögern[55]. Dies hat der EuGH auch angenommen, wenn der Aufenthalt des Ausländers den Behörden bis dahin unbekannt war und deshalb bis zur Ergreifung kein Rückführungsverfahren vorgenommen werden konnte[56]. Die **Verhängung und Vollstreckung einer Freiheitsstrafe** während des von der Rückführungs-RL vorgesehenen Rückkehrverfahrens trägt nicht zur Verwirklichung der mit diesem Verfahren verfolgten Abschiebung bei und ist daher **unzulässig**[57]. Auch der Erlass einer **Geldstrafe** ist nur gestattet, wenn weder die Durchführung des Strafverfahrens das Rückführungsverfahren verzögert noch eine Umwandlung der Geldstrafe in eine freiheitsentziehende Sanktion möglich ist[58]. Da das deutsche Strafrecht bei Uneinbringlichkeit einer Geldstrafe regelmäßig die Verbüßung einer Ersatzfreiheitsstrafe vorsieht (§ 43 StGB), ergibt das richtlinienkonforme Auslegung, dass gegen illegal einreisende und hier aufhältige Drittausländer wegen dieser Straftaten weder Freiheits- noch Ersatzfreiheitsstrafen verhängt[59] oder vollstreckt[60] werden dürfen, sofern ein Rückführungsverfahren noch nicht abgeschlossen ist. Für die Straftaten nach Abs. 1 Nr. 1–3, Abs. 2 Nr. 1 darf demnach lediglich die geringstmögliche, in keinem Fall freiheitsentziehende Sanktion verhängt werden. Dies ist bei einem **Absehen von Strafe bei gleichzeitigem Schuldspruch** (§ 60 StGB) der Fall[61].

3. Anders verhält es sich, wenn ein **Rückführungsverfahren** schon **abgeschlossen** ist. Dies betrifft die Fälle der **freiwilligen Rückkehr**, der **zwangsweisen Durchsetzung** der Rückführung und des nicht erfolgreichen Abschlusses des Rückkehrverfahrens (Feststellung der **Uneinbringlichkeit**). Uneinbringlich kann das Verfahren sein, wenn der Betroffene sich durch Untertauchen der ausländerrechtlichen Kontrolle aktiv entzogen und mithin den Zweck einer sachgerechten Zuwanderungspolitik konterkariert hat. Unerlaubter Aufenthalt **nach endgültigem Scheitern des Rückführungsverfahrens** rechtfertigt die strafrechtliche Verfolgung und Sanktionierung der Tat[62], sofern nicht andere Gründe, wie insbesondere der Anspruch auf Duldungserteilung bei den Behör-

---

[54] BGH Urt. v. 24.6.2020 – 5 StR 671/19, NJW 2020, 2816 zu Abs. 1 Nr. 2 und 3.
[55] BGH Urt. v. 24.6.2020 – 5 StR 671/19, NJW 2020, 2816; dazu grundlegend EuGH Urt. v. 6.12.2011 – C-329/11, BeckRS 2011, 81777 – Achughbabian.
[56] BGH Urt. v. 24.6.2020 – 5 StR 671/19, NJW 2020, 2816; vgl. die Fallkonstellation bei EuGH Urt. v. 7.6.2016 – C-47/15 NVwZ 2016, 1078 – Affum/Frankreich.
[57] So fortgesetzt EuGH Urt. v. 7.6.2016 – C-47/15, BeckRS 2016, 81139 – Affum/Frankreich.
[58] BGH Urt. v. 24.6.2020 – 5 StR 671/19, NJW 2020, 2816; EuGH Urt. v. 6.12.2012 – C-430/11, NVwZ-RR 2013, 123 – Sagor.
[59] EuGH Urt. v. 28.4.2011 – C-61/11, NJOZ 2012, 837 Rn. 55 – El Dridi.
[60] EuGH Urt. v. 7.6.2016 – C-47/15, BeckRS 2016, 81139 – Affum/Frankreich.
[61] Vgl. BGH Urt. v. 24.6.2020 – 5 StR 671/19, NJW 2020, 2816.
[62] Vgl. *Kleinlein* NVwZ 2016, 1141 f.

den bekanntem Aufenthalt[63] dem entgegenstehen[64]. Nicht ausgeschlossen ist zudem, Vorschriften – ggf. strafrechtlicher Art – zu erlassen oder beizubehalten, die unter Beachtung der Grundsätze und des Ziels der genannten RL den Fall regeln, dass Zwangsmaßnahmen es nicht ermöglicht haben, einen illegal aufhältigen Drittstaatsangehörigen abzuschieben (also im Anschluss an ein erfolgloses Rückkehrverfahren). Daher sind die Mitgliedstaaten durch die RL erst recht nicht daran gehindert, strafrechtliche Sanktionen gegen einen illegal aufhältigen Drittstaatsangehörigen vorzusehen, bei dem die Anwendung des durch die RL geschaffenen Verfahrens zu seiner Rückführung geführt hat und der unter Verstoß gegen ein **Einreiseverbot** erneut in das Hoheitsgebiet eines Mitgliedstaats einreist. Hält er sich dann illegal hier auf, kann er mit freiheitsentziehenden Sanktionen belegt werden[65]. Strafbar wegen unerlaubten Aufenthalts nach Abs. 1 Nr. 2 ist ein Drittstaatsangehöriger auch ab dem Zeitpunkt, in dem er sich durch **Untertauchen** dem Rückführungsverfahren entzieht, nachdem die Behörden Kenntnis von seinem illegalen Aufenthalt erlangt haben und das Rückführungsverfahren auf ihn anwenden wollen[66].

Die Rückführungs-RL steht einer **Verurteilung wegen passlosen Aufenthalts** nicht entgegen. Durch Passlosigkeit wird die Rückführung eines ausreisepflichtigen Ausländers gerade dauerhaft verhindert. Die Strafvorschrift des Abs. 1 Nr. 1 beeinträchtigt den Ablauf des Rückführungsverfahrens nicht[67]. 22

Prozessual kann der Vorrang des Rückführungsverfahrens durch eine europarechtskonforme (entsprechende) Anwendung von § 154b III StPO (Absehen von der Verfolgung bei Abschiebung) auf die Durchsetzung des Rückführungsverfahrens gesichert werden. Zudem wird beim Vorliegen der Voraussetzungen für ein Absehen von Strafe die Einstellungsmöglichkeit nach § 153b StPO eröffnet. Hierdurch kann gewährleistet werden, dass es aufgrund der Durchführung eines Strafverfahrens nicht zu einer Verzögerung des Rückführungsverfahrens kommt[68]. Hingegen kommt ein Freispruch aufgrund der Annahme eines persönlichen Strafaufhebungsgrundes, die Annahme eines Prozesshindernisses oder die Beachtung eines Vollstreckungshindernisses in europarechtskonformer Handhabung von § 72 IV 1, § 154b III und IV StPO oder § 456a StPO, nicht in Betracht[69]. Denn nach der Rspr. des EuGH dürfen für den illegalen Aufenthalt und die illegale Einreise eines Drittstaatsangehörigen vor Durchführung des Rückführungsverfahrens lediglich keine freiheitsentziehenden Sanktionen verhängt werden. Dies hindert aber nicht, durch einen **Schuldspruch** (mit entsprechender **Kostenfolge**, vgl. § 465 I 2 Alt. 2 StPO) das begangene Unrecht zu kennzeichnen, gerade wenn das Strafverfahren eigentlich wegen anderer Tatvorwürfe geführt wird und deshalb die Verfolgung von Straftaten nach Abs. 1 Nr. 2 und 3 faktisch keine Verzögerung des Rückführungsverfahrens zur Folge hat. Die Annahme eines Vollstreckungshindernisses verlagert die Problematik lediglich in einen späteren Verfahrensabschnitt und erweist sich gerade in Fällen einer Gesamtstrafenbildung als wenig praktikabel[70]. 23

2. Unerlaubter Aufenthalt durch Nichtbesitz eines Passes (Abs. 1 Nr. 1)

Bei Abs. 1 Nr. 1 handelt es sich um ein **echtes Unterlassungsdelikt**[71]. Die Straftat erfordert (bedingten) Vorsatz (§ 15 StGB). Fahrlässiges Handeln ist eine Ordnungswidrigkeit nach § 98 I. Als Täter kommen **nur nichtfreizügigkeitsberechtigte drittstaatsangehörige Ausländer** in Betracht (§§ 1 II, 2 I), die der Passpflicht nach § 3 unterliegen, **nicht** jedoch **Asylantragsteller,** deren Rechtstellung im AsylG geregelt ist. Mit der Bescheinigung über die gesetzlich bestehende Aufenthaltsgestattung (§ 63 I AsylG) verfügen Asylantragsteller gem. § 55 AsylG über die gesetzlich normierte Aufenthaltsgestattung, mit der Folge, dass sie nicht die Passpflicht nach § 3 erfüllen müssen. Diese Ausweispflicht besteht unabhängig von der Regelung des § 48 II Diese das AufenthG überlagernde Sonderregelung lässt die Passpflicht wieder aufleben, wenn das Asylverfahren rechtskräftig abgeschlossen wurde. **Anstiftung** (§ 26 StGB) und **Beihilfe** (§ 27 StGB) durch Dritte sind möglich und sind unter qualifizierten Voraussetzungen gem. §§ 96, 97 strafbar. Schweizer Bürger unterfallen nicht dem FreizügG/EU, grundsätzlich subsidiär dem AufenthG. Eine Anwendung der Vorschriften aus Abs. 1 Nr. 1 ist unter Beachtung der Freizügigkeitsrechte (insbesondere unter Beachtung des Diskrimini- 24

---

[63] Vgl. BVerfG Beschl. v. 6.3.2003 – 2 BvR 397/02, NStZ 2003, 488 mAnm *Mosbacher*.
[64] BGH Urt. v. 24.6.2020 – 5 StR 671/19, NJW 2020, 2816.
[65] EuGH Urt. v. 6.12.2011 – C-329/11, BeckRS 2011, 81777 – Achughbabian; EuGH Urt. v. 6.12.2012 – C-430/11, NVwZ-RR 2013, 123 – Sagor; EuGH Urt. v. 1.10.2015 – C-290/14, NVwZ-RR 2015, 952 Rn. 20 – Celaj.
[66] Vgl. OLG Hamburg Beschl. v. 25.1.2012 – 3-1/12 (Rev) 1 Ss 196/11, BeckRS 2012, 3849; *Gericke* in MüKoStGB, 3. Aufl. 2018, AufenthG § 95 Rn. 32.
[67] OLG Düsseldorf Beschl. v. 25.5.2020 – 2 RVs 35/20, BeckRS 2020, 11648 Rn. 17.
[68] BGH Urt. v. 24.6.2020 – 5 StR 671/19, NJW 2020, 2816.
[69] BGH Urt. v. 24.6.2020 – 5 StR 671/19, NJW 2020, 2816; aA BGH Urt. v. 4.5.2017 – 3 StR 69/17, NStZ 2018, 286; vgl. auch *Gericke* in MüKoStGB, 3. Aufl. 2018, AufenthG § 95 Rn. 33.
[70] BGH Urt. v. 24.6.2020 – 5 StR 671/19, NJW 2020, 2816.
[71] Vgl. OLG München Beschl. v. 8.6.2012 – 4 StRR 92/12, BeckRS 2012, 26015.

rungsverbots in Bezug auf die mangelnde Strafbarkeit bei Unionsbürgern) nicht möglich. Das Freizügigkeitsabkommen EU/Schweiz sieht selbst keine Sanktionen gegen passrechtliche Vorschriften vor[72]. Zusätzlich sieht das Europäische Abkommen über die Regelung des Personenverkehrs zwischen den Mitgliedstaaten des Europarats vom 13.12.1957[73] für Schweizer vor, dass sie mit bis zu fünf Jahren abgelaufenen Pässen in das Bundesgebiet einreisen können[74]. Unter Strafe gestellt ist nicht die Passlosigkeit, sondern der Aufenthalt unter Verstoß gegen §§ 3 I, 48 II. Sinn und Zweck der Norm ist dabei die Sicherung der kurzfristigen Verfügbarkeit des Identitätsnachweises, der Nationalität sowie der völkerrechtlich erforderlichen Rückkehrberechtigung des Ausländers in einen anderen Staat. Der Aufenthalt ist üblicherweise das Verbleiben in Deutschland nach der Einreise und setzt grundsätzlich eine vollendete Einreise iSv § 13 II voraus. In Flughafentransitbereichen zB ist auch ein ausländerrechtlicher Aufenthalt möglich, der denknotwendig keine vollendete ausländerrechtliche Einreise voraussetzt. Die Besonderheit liegt hier in der bereits völkerrechtlich vollendeten Einreise bei gleichzeitigen fehlendem Einreisewillen (so zB bei dauerhaften Verbleiben eines Ausländers im Transitbereich eines internationalen Großflughafens ohne Einreise- oder Weiterreiseabsicht). In diesen Fällen wäre trotz faktischen Aufenthalts eine Zurückweisung an der Grenze nach § 15 II möglich, obgleich sich der Ausländer nach § 95 I Nr. 1 (oder auch Nr. 2) strafbar machen könnte (s. dazu Ausführungen bei § 13)[75]. **Gerechtfertigt** ist die Nichtverfügbarkeit des Passes im Bundesgebiet, wenn der Pass in Erfüllung gesetzlicher Pflichten bei einer Auslandsvertretung oder einer sonstigen zuständigen Behörde hinterlegt wurde oder sonst amtlich in Verwahrung genommen wurde und damit die Handlung normgerechten Verhaltens entspricht (s. dazu Ausführungen bei § 3). Ebenso unzurechenbar ist der Verlust durch Diebstahl.

25 Pass oder Passersatz müssen **erforderlich und anerkannt** sein (§ 3). Ein gefälschtes oder verfälschtes Passpapier ist nicht ausreichend und damit nicht das erforderliche. Anders verhält es sich mit einem unredlich erworbenen Passdokument, das auf den Inhaber ausgestellt ist. Verwahrung des Passes (§ 50 VI) oder Abgabe im Rahmen einer Haftverschonung führen nicht zur Passlosigkeit[76]. Der Pass braucht während des Aufenthalts im Bundesgebiet nicht mitgeführt zu werden, es genügt vielmehr der Besitz[77]. Hieran fehlt es jedoch, wenn das Passdokument abgelaufen, entwendet, „veräußert" oder sonst verloren gegangen ist. Wie sich aus der Bezugnahme auf § 48 II entnehmen lässt, genügt für die Erfüllung der Ausweispflicht bei Aufenthalt in Deutschland auch ein **Ausweisersatz**. Aufenthaltstitel oder Duldung müssen mit Lichtbild versehen und als Ausweisersatz bezeichnet sein.

26 Unklar kann die Rechtslage erscheinen, wenn ein solches Dokument nicht ausgestellt ist. Hier kommt zunächst die Bezugnahme auf § 48 II insofern zum Tragen, als dort beim Fehlen eines erforderlichen Identitätsdokuments **zumutbare Bemühungen** um die Beschaffung eines neuen Passes verlangt werden. Daher macht sich nur strafbar, wer zumutbare Anstrengungen dieser Art unterlässt und passlos bleibt[78]. Falls die Bemühungen unzumutbar sind oder nicht zum Erfolg führen, muss es genügen, wenn der Ausländer einen Anspruch auf einen deutschen Ausweisersatz besitzt und dessen Erteilung beantragt hat[79]. In der Verwaltungspraxis ist ein solcher Anspruch anerkannt, wenn der Ausländer ein Passdokument nicht in zumutbarer Weise erlangen kann (vgl. Nr. 48.2.1 S. 5 AVwV)[80]. Grundsätzlich kann ein Ausländer einen Pass nur dann nicht in zumutbarer Weise erlangen, wenn dieser ihm von seinen Heimatbehörden verweigert wird oder wenn er einen solchen nicht in angemessener Zeit oder nur unter schwierigen Umständen erhalten kann[81]. Der Umstand, dass sich ein ausreisepflichtiger Ausländer durch die Passbeschaffung der Gefahr aussetzt, aus dem Bundesgebiet abgeschoben zu werden, ändert nichts an der Passpflicht und der Zumutbarkeit normgerechten Verhaltens. Denn die Passpflicht dient nicht nur der Feststellung der Identität und Staatsangehörigkeit, sondern soll auch verhindern, dass ausreisepflichtige Ausländer im Bundesgebiet verbleiben, weil sie ohne Ausweispapiere nicht in ihr Heimatland abgeschoben werden können[82]. Eine räumliche Beschränkung des Aufenthaltes steht der Erfüllung der Passpflicht nicht entgegen. Das Verlassen des beschränkten Aufenthaltsbereiches, um Termine bei Behörden und Gerichten, bei denen das persönli-

---

[72] *Westphal/Stoppa*, AusR Polizei-HdB, S. 789.
[73] BGBl. 1957 I S. 389 (395), Einzelheiten unter http://conventions.coe.int.
[74] Vertragsbüro des Europarates unter: http://conventions.coe.int/Treaty/Commun/QueVoulezVous.asp?NT=025&CM=1&DF=1/2/2008&CL=ENG.
[75] AA *Westphal/Stoppa*, AusR Polizei-HdB, S. 698.
[76] *Leopold/Vallone* ZAR 2005, 66.
[77] *Leopold/Vallone* ZAR 2005, 66.
[78] *Heinrich* ZAR 2003, 166; LG Waldshut-Tiengen Urt. v. 5.12.2012 – 6 Ns 24 Js 4035/10, BeckRS 2014, 6745.; OLG Frankfurt a. M. Beschl. v. 8.11.2013 – 1 Ss 137/13, BeckRS 2014, 2849.
[79] *Leopold/Vallone* ZAR 2005, 66; *Hailbronner* AufenthG § 95 Rn. 9; ebenso für den „Besitz" der Duldung nach § 92 I Nr. 1 AuslG: BVerfG-K Beschl. v. 6.3.2003 – 2 BvR 397/02, EZAR 355 Nr. 34 mAnm *Pfaff* ZAR 2003, 148; vgl. OLG Frankfurt a. M. Beschl. v. 19.9.2006 – 1 Ss 167/06, BeckRS 2014, 474.
[80] *Leopold/Vallone* ZAR 2005, 66; aA wohl *Mosbacher* in Kluth/Hund/Maaßen (Hrsg.), Zuwanderungsrecht, 1. Aufl. 2008, § 10 Rn. 5; vgl. dazu OLG München Beschl. v. 8.6.2012 – 4 StRR 92/12, BeckRS 2012, 26015.
[81] OLG Düsseldorf Beschl. v. 25.5.2020 – 2 RVs 35/20, BeckRS 2020, 11648 Rn. 7.
[82] OLG Düsseldorf Beschl. v. 25.5.2020 – 2 RVs 35/20, BeckRS 2020, 11648 Rn. 8.

che Erscheinen erforderlich ist, wahrzunehmen, ist erlaubnisfrei. Behörden in diesem Sinne sind auch Botschaften und Konsulate ausländischer Staaten[83].

Es kann ein Anspruch auf Erteilung einer sog. qualifizierten Duldung bestehen, wenn eine Passbeschaffung unzumutbar ist und damit ein tatbestandsmäßiges Handeln gemäß Abs. 1 Nr. 1, § 48 II nicht vorlag, weil der Betroffene eine geforderte Freiwilligkeitserklärung gegen seinen Willen abgeben müsste, indem zB vor dem iranischen Konsulat notwendige Freiwilligkeitserklärungen sowohl für das Passerteilungsverfahren als auch für die Ausstellung von Heimreisepapieren (Laissez Passer) verlangt werden. Unzumutbarkeit ist regelmäßig dann der Fall, wenn feststeht, dass die **Antragstellung aussichtslos** ist[84]. So auch, wenn die Verlängerung des Passes von der Ableistung des Wehrdienstes in der Türkei abhängt und ein Freikaufen vom Wehrdienst aus finanziellen Gründen nicht möglich ist[85]. Für den unerlaubten Aufenthalt kommt es nicht auf das „fortwirkende Einreiseverschulden" an. Es kommt entscheidend darauf an, ob die zu einer Strafbarkeit nach Abs. 1 Nr. 1 führenden Voraussetzungen im Tatzeitraum vorlagen. Dazu ist die selbstständige Prüfung, ob die gesetzlichen Voraussetzungen für die Erteilung einer Duldung in Form eines Ausweisersatzes (qualifizierte Duldung) im Tatzeitraum gegeben waren, ie ob der Angeklagte seinen ausweisrechtlichen Pflichten nach § 48 II, III in zumutbarer Weise nachgekommen ist, durch das Gericht geboten[86]. Das BVerwG hat am 10.11.2009 entschieden[87], dass grundsätzlich kein Anspruch auf Erteilung einer Aufenthaltserlaubnis aus humanitären Gründen entsteht, nur weil ausreisepflichtige Ausländer nicht freiwillig ausreisen wollen und sich deshalb weigern, die Freiwilligkeit ihrer Ausreise gegenüber der konsularischen Vertretung ihres Heimatstaates zu bekunden. Eine humanitäre Aufenthaltserlaubnis kann nach § 25 V erteilt werden, wenn die Ausreise unmöglich ist, der Ausländer also weder zwangsweise abgeschoben werden noch freiwillig ausreisen kann. Sie darf allerdings nur erteilt werden, wenn der Ausländer unverschuldet an der Ausreise gehindert ist. Die gesetzliche Ausreisepflicht schließt die Verpflichtung für den Ausländer ein, sich auf seine Ausreise einzustellen und dazu bereit zu sein. In diesem Rahmen ist es für einen ausreisepflichtigen Ausländer grundsätzlich nicht unzumutbar, die von der Auslandsvertretung geforderte „Freiwilligkeitserklärung" abzugeben. Zwar kann ein Ausländer zur Abgabe dieser Erklärung nicht gezwungen werden. Gibt er sie nicht ab, trifft ihn allerdings ein Verschulden an der Unmöglichkeit seiner Ausreise, sodass die Erteilung einer humanitären Aufenthaltserlaubnis ausscheidet. Dem steht der Besitz eines Passes oder Passersatzes dem Anspruch eines Ausländers auf einen Ausweisersatz gleich, falls er einen Aufenthaltstitel besitzt oder seine Abschiebung ausgesetzt ist (näher → § 48 Rn. 10 f.). Die Aussetzung der Abschiebung (Duldung) berührt die Passpflicht hingegen nicht. Auch ein geduldeter Ausländer kann daher wegen passlosen Aufenthalts strafbar sein. Hätte der Gesetzgeber beabsichtigt, der Duldung in Bezug auf die Strafbarkeit wegen passlosen Aufenthalts eine Sperr- oder Ausschlusswirkung zukommen zu lassen, wäre es geboten gewesen, dies in Abs. 1 Nr. 1 durch ein einschränkendes Tatbestandsmerkmal („sofern die Abschiebung nicht ausgesetzt ist" oÄ) klarzustellen. Abs. 1 Nr. 2c enthält eben diese Einschränkung. Es ist nicht ersichtlich, weshalb der Gesetzgeber sie dort kodifiziert, im Fall des Abs. 1 Nr. 1 aber als nur ungeschriebenes begrenzendes Tatbestandsmerkmal vorausgesetzt haben soll[88].

3. Unerlaubter Aufenthalt durch Nichtbesitz des erforderlichen Aufenthaltstitels (Abs. 1 Nr. 2)

Bei Abs. 1 Nr. 2 handelt es sich ebenfalls um ein **echtes Unterlassungsdelikt**. Die Straftat erfordert (bedingten) Vorsatz (§ 15 StGB). Fahrlässiges Handeln ist eine Ordnungswidrigkeit nach § 98 I. Als Täter kommen nur nichtfreizügigkeitsberechtigte drittstaatsangehörige Ausländer in Betracht (§ 1 II, § 2 I), die der Aufenthaltstitelpflicht nach § 4 unterliegen, nicht jedoch Asylantragsteller, deren Rechtsstellung im AsylG geregelt ist. Anstiftung (§ 26 StGB) und Beihilfe (§ 27 StGB) durch Dritte sind möglich und sind unter qualifizierten Voraussetzungen gem. §§ 96, 97 strafbar. Schweizer Bürger unterfallen nicht dem FreizügG/EU, grundsätzlich subsidiär dem AufenthG, unterliegen aber als Freizügigkeitsberechtigte nicht der Verpflichtung nach § 4. Erfasst ist der Aufenthalt trotz vollziehbarer Ausreisepflicht (§ 58 II) und **ohne erforderlichen Aufenthaltstitel** iSd § 4 I, wenn der Aufenthalt nicht wenigstens geduldet ist. In den Jahren 2005–2010 hatte die Bundespolizei im Zuge von Fahndungsmaßnahmen nachstehende Anzahl von Personen im Bundesgebiet festgestellt, deren

---

[83] OLG Düsseldorf Beschl. v. 25.5.2020 – 2 RVs 35/20, BeckRS 2020, 11648 Rn. 14.
[84] Anschluss BVerwG Beschl. v. 15.6.2006 – 1 B 54/06, BeckRS 2006, 23900.Rn. 10; OVG Bln-Bbg Urt. v. 14.6.2007 – OVG 3 B 34.05, BeckRS 2008, 32296.; *Burr* in GK-AufenthG § 25 Rn. 177.
[85] OLG Stuttgart Beschl. v. 6.4.2010 – 4 Ss 46/10, NStZ-RR 2011, 28; im Falle der mit der EU assoziierten Türkei, die Mitglied des Europarats ist, liegt jedoch die Unzumutbarkeit einer solchen Rechtsverfolgung jedenfalls nicht offenkundig auf der Hand, OLG München Beschl. v. 8.6.2012 – 4 StRR 92/12 BeckRS 2012, 26015.
[86] OLG Frankfurt a. M. Beschl. v. 12.8.2011 – 1 Ss 233/10, NStZ-RR 2012, 220; OLG Frankfurt a. M. Beschl. v. 27.9.2011 – 22.8.2012 – 1 Ss 210/12, BeckRS 2012, 20563; OLG Frankfurt a. M. Beschl. v. 8.11.2013 – 1 Ss 137/13, BeckRS 2014, 2849.
[87] BVerwG Urt. v. 10.11.2009 – 1 C 19.08, ZAR 2010, 239.
[88] KG Beschl. v. 7.5.2013 – (4) 161 Ss 68/13 (69/13), NStZ-RR 2013, 358.

Visum bzw. Aufenthaltstitel abgelaufen war: 2005 (7.454 Personen), 2006 (6.021 Personen), 2007 (5.485 Personen), 2008 (4.831 Personen), 2009 (4.538 Personen) und 2010 (5.405 Personen)[89].

29 Aufenthaltstitel nach § 50 I sind ausschließlich die in § 4 I 2 aufgelisteten Titel, also derzeit das Visum (§ 6), die Aufenthaltserlaubnis (§ 7), die Niederlassungserlaubnis (§ 9), die Erlaubnis zur Dauer Aufenthaltserlaubnis – EU (§ 9a) oder die Blaue Karte EU (§ 19a).

30 Dem Aufenthalt muss nicht denknotwendig eine vollendete Einreise vorausgehen (s. Abs. 1 Nr. 1). Ein **gefälschter oder verfälschter Aufenthaltstitel** ist nicht der erforderliche, weil er die Identifizierungsfunktion nicht erfüllen kann. Dagegen ist der erschlichene Titel existent und aus strafrechtlicher Sicht ausreichend[90] (vgl. zu § 14). Der Ausländer muss Aufenthaltstitel oder Duldung im Bundesgebiet besitzen; er braucht sie nicht unbedingt mitzuführen. Ein Anspruch auf einen Aufenthaltstitel genügt indes nicht. Anders als bei der Ausstellung der Duldung, die lediglich die Aussetzung der Abschiebung feststellt, bedarf es für die Erteilung eines Aufenthaltstitels eines dahin gehenden Antrags des Ausländers (§ 81 I). Die Erteilung hängt also nicht allein von dem Verhalten der Ausländerbehörde ab, was im Interesse der Bestimmtheit des Straftatbestands nicht hinnehmbar wäre.

31 Einen **Aufenthaltstitel benötigt nicht,** wer vom **Erfordernis des Aufenthaltstitels** befreit ist (§§ 15 ff. AufenthV oder Art. 20 I SDÜ, solange sich der Ausländer auf die Befreiungswirkung aufgrund des Reiserechts berufen kann; vgl. Ausführungen zu § 14)[91]. Dem Sinn und Zweck der Vorschrift zufolge ist auch nicht betroffen, wer sich aus anderen Gründen erlaubt im Bundesgebiet aufhält: als freizügigkeitsberechtigter Unionsbürger oder gleichgestellter EWR-Staater oder Schweizer, als Inhaber einer Betretenserlaubnis (§ 11 II), als Asylbewerber mit Anspruch auf Aufenthaltsgestattung (§§ 55, 63 AsylG; vgl. auch Abs. 5) oder Duldung (§§ 43 III, 71 V 2, 71a III AsylG)[92], als Antragsteller mit fiktiver Rechtsstellung nach § 81 III oder IV oder als Drittstaater mit einem Schengen-Visum sowie einem Visum für den längerfristigen Aufenthalt oder einem Aufenthaltstitel eines anderen Schengen-Staats (Art. 19 I, 21 I SDÜ; → § 14 Rn. 10 ff.).

32 Die Einreise ist gestattet, wenn es sich um „**sichtvermerksfreie Drittausländer**" nach § 15 AufenthV, Art. 20 SDÜ, Art. 6 SGK, Art. 4 I EU-VisaVO[93] iVm Anhang II handelt. Danach dürfen Angehörige der im Anhang II der EU-VisaVO genannten Staaten die EU-Außengrenzen für einen Kurzaufenthalt, der 90 Tage je Zeitraum von 180 Tagen überschreitet, visumfrei passieren (sog. „**Positivstaater**"). Sie sind vom Erfordernis eines Aufenthaltstitels befreit, sofern sie Inhaber eines biometrischen Reisepasses sind[94]. Allerdings entsteht mit Aufnahme einer Erwerbstätigkeit auch für einen sog. „Positivstaater" nach Art. 6 III EU-VisaVO iVm § 17 I AufenthV eine Visumspflicht mit der Folge, dass ab diesem Zeitpunkt bei Fehlen eines solchen der Tatbestand des unerlaubten Aufenthalts gem. Abs. 1 Nr. 2a erfüllt ist[95]. Den Angehörigen der im Anhang II der EU-VisaVO genannten Staaten stehen Personen mit Flüchtlingsstatus und **Wohnsitz in dem EU-Mitgliedstaat** gleich, der ihnen ein Reisedokument ausgestellt hat (vgl. Art. 4 IIc EU-VisaVO). Im Anschluss an das Passieren der EU-Außengrenze gestattet Art. 20 SDÜ den Kurzaufenthalt der nach Art. 4 EU-VisaVO privilegierten Personen im Hoheitsgebiet der Schengen-Staaten und das Überschreiten der Binnengrenzen. Das Tatbestandsmerkmal des Wohnsitzes hat keine andere Bedeutung als der „**gewöhnliche Aufenthalt**". In unionsrechtlichen Rechtsquellen ist unter dem gewöhnlichen Aufenthalt nach der Rspr. des EuGH im Kern der Mittelpunkt der Lebensinteressen einer Person zu verstehen, der aufgrund einer Gesamtabwägung der tatsächlichen Umstände (wie Dauer des Aufenthalts, soziale und familiäre Bindungen, Beweggründe) zu bestimmen ist. Den gewöhnlichen Aufenthalt im Einzelfall festzustellen, ist Sache der nationalen Gerichte[96].

33 Den vom Erfordernis des Aufenthaltstitels befreiten Personen gleichgestellt ist das **hier geborene Kind,** dem von Amts wegen ein Aufenthaltstitel zu erteilen oder dem eine Antragsfrist von sechs Monaten eingeräumt ist (§§ 33, 81 II 2); allerdings muss es auch das erforderliche Passpapier besitzen, weil ihm sonst ein Aufenthaltstitel nicht erteilt werden darf. Ausgenommen sind auch **assoziationsberechtigte Türken,** weil diese über ein unionsrechtliches Aufenthaltsrecht verfügen und ihnen daher die Aufenthaltserlaubnis lediglich zu Beweiszwecken ausgestellt (nicht „erteilt") wird (§ 4 I 1, V). Sie begehen eine Ordnungswidrigkeit, wenn sie das Aufenthaltsrecht nicht nachweisen können (vgl. § 98 II Nr. 1).

---

[89] BT-Drs. 17/8084.
[90] OLG Frankfurt a. M. Beschl. v. 17.3.1998 – 3 Ss 16/98, StV 1999, 95; *Heinrich* ZAR 2003, 166; *Funke-Kaiser* in GK-AuslR § 14 Rn. 9; *Hailbronner* § 14 Rn. 12; *Westphal/Stoppa*, AusR Polizei-HdB, S. 471 f.; BGH, Urt. v. 27.4.2005 – 2 StR 457/04, NJW 2005, 2095 mwN zum Meinungsstreit; Urt. v. 11.2.2000 – 3 StR 308/99, NJW 2000, 1732; BGH Urt. v. 27.4.2005 – 2 StR 457/04, ZAR 2005, 299; aA HessVGH Beschl. v. 16.3.2005 – 12 TG 298/05, NVwZ 2006, 111.
[91] → § 14 Rn. 1 ff. ausf. dazu und zu Folgendem *Heinrich* ZAR 2003, 166.
[92] Zu § 71 V 2 AsylVfG (jetzt AsylG) BayObLG Beschl. v. 22.3.1996 – 4 St RR 39/96, NVwZ-Beilage 1996; 62.
[93] VO (EU) 2018/1806 des Europäischen Parlaments und des Rates vom 14.11.2018.
[94] BGH Beschl. v. 24.3.2021 – 3 StR 22/21, NStZ-RR 2021, 190; BGH Beschl. v. 24.6.2020 – 5 StR 671/19, NJW 2020, 2816; BGH Beschl. v. 22.4.2020 – 2 StR 329/19, BeckRS 2020, 12388.
[95] BGH Beschl. V. 24.3.2021 – 3 StR 22/21, NStZ-RR 2021, 190.
[96] BGH Beschl. v. 25.10.2017 – 1 StR 426/17, BeckRS 2017, 139399.

Einen Aufenthaltstitel braucht ferner nicht, wer als Inhaber einer **Betretenserlaubnis** (§ 11 II), 34
bei dem insbesondere als Positivstaater das Kurzaufenthaltsrecht wieder auflebt, wieder einreisen
möchte. Sie setzt das Verbot des Abs. 1 zeitweilig und zweckgebunden außer Kraft, indem sie zum
Grenzübertritt und zur Hin- und Rückreise zu dem Ort, an dem die Anwesenheit des Ausländers
erforderlich ist, berechtigt. Sie legalisiert Einreise und Aufenthalt unmittelbar („erlaubt") und bedarf
– anders als im Falle des Abs. 1 S. 3 – keiner Ergänzung durch einen anschließenden Aufenthaltstitel
iSd § 4 I 2[97].

Strafbar ist schon der Aufenthalt nach **Versagung des Aufenthaltstitels,** und zwar auch dann, 35
wenn später die Fiktion des § 81 Abs. 3 S. 11 gerichtlich mit Wirkung ex tunc angeordnet wird[98].

Strafbar ist auch der Aufenthalt einer an sich visumbefreiten Prostituierten, die ohne einen Auf- 36
enthaltstitel der Erwerbstätigkeit nachgeht[99]. Insoweit sind die Formen der Prostitutionsausübung
regelmäßig eine Form der Erwerbstätigkeit als Beschäftigung oder in selbstständiger Ausführung (§ 2
II). Unerheblich ist, ob die Ausübung der Prostitution eine in den Arbeitsmarkt integrierbare Tätigkeit
darstellt oder ob nach den Vorschriften der Zustimmung zur Ausübung der Erwerbstätigkeit überhaupt
Aussicht auf Erfolg für die Erteilung eines solchen Aufenthaltstitels besteht[100].

Ebenso strafbar ist der Aufenthalt eines Ausländers, dessen Befreiung nach der EU-VisaVO iVm 37
Art. 20 I SDÜ mit Überschreiten der 90-Tage-Grenze, Ungültigwerden des Passes oder Aufnahme
einer Erwerbstätigkeit endet (zum Erlöschen des Reiserechts ausführlich → § 14 Rn. 11 ff.).

Bei der Frage, ob ein **erforderlicher Aufenthaltstitel iSd § 4 I 1** vorliegt, ist allein auf das 38
objektive Kriterium eines gültigen Aufenthaltstitels abzustellen; auf den individuell verfolgten
Aufenthaltszweck kommt es nicht an. Dies hat der BGH bereits in seiner Grundsatzentscheidung bzgl.
eines für touristische Zwecke ausgestellten **Schengen-Visums** iSv Art. 19 I SDÜ entschieden[101].
Danach liegen eine unerlaubte Einreise und ein unerlaubter Aufenthalt schon dann nicht vor, wenn
der Ausländer über irgendeinen den Aufenthalt im Bundesgebiet erlaubenden Aufenthaltstitel verfügt.
Ausschlaggebend für die strafrechtliche Beurteilung der Rechtmäßigkeit der Einreise und des Aufenthalts von Ausländern nach objektiven Kriterien ist – so der BGH in der damaligen Entscheidung –
das **Bestimmtheitsgebot** des Art. 103 II GG, dem bei der Auslegung von Straftatbeständen Rechnung getragen werden muss. Verwaltungsakzessorische Straftatbestände, die für ein unerlaubtes und
deshalb strafbares Handeln oder Unterlassen das Fehlen einer verwaltungsrechtlichen Erlaubnis vorsehen, bedürfen demnach eines eindeutigen Auslegungsmaßstabs in Bezug auf ihre verwaltungsrechtlichen Vorgaben[102]. Nunmehr hat der BGH dies auch bzgl. eines Drittausländers, der über einen von
einem (anderen) Mitgliedstaat der Europäischen Union ausgestellten **nationalen Aufenthaltstitel**
verfügt und bereits bei der Einreise die Absicht hat, in Deutschland einen dauerhaften Aufenthalt zu
begründen sowie für den parallel zu beurteilende Fall eines **nationalen Visums für den längerfristigen Aufenthalt** iSd Art. 18 I SDÜ entschieden[103]. Die formelle Betrachtung beansprucht auch
für diese Fälle Geltung. Auch insoweit ist lediglich auf das Vorliegen eines gültigen Aufenthaltstitels
abzustellen, welcher nach Art. 21 I SDÜ das Recht zum freien Personenverkehr im Hoheitsgebiet der
anderen Mitgliedstaaten beinhaltet und damit auch zur Einreise und zum Kurzaufenthalt im Bundesgebiet berechtigt. Dafür streitet zunächst, dass der Gesetzgeber im Zuge der Einfügung der Vorschriften des Abs. 1a und Abs. 6 die Auffassung des BGH aus der Grundsatzentscheidung[104] zugrunde
gelegt hat[105]. Zudem wird allein durch dieses Verständnis ein Gleichlauf der die Bewegungsfreiheit für
Drittausländer im Schengen-Raum regelnden Vorschriften gewährleistet. Die einschlägigen Art. 19–
21 SDÜ stellen einheitlich darauf ab, dass die Bewegungsfreiheit von den nunmehr in Art. 6 I SGK
normierten Einreisevoraussetzungen abhängig ist. Für Inhaber von Schengen-Visa, deren Bewegungsfreiheit im Schengen-Raum sich nach Art. 19 SDÜ richtet, ist aber anerkannt, dass die Strafbarkeit
nicht von der subjektiven Zielsetzung bei der Einreise und von dem Vorliegen der weiteren –
unbestimmten – Voraussetzungen des Art. 6 I SGK abhängen darf[106]. Auch für die Beurteilung der
Strafbarkeit der sog. Positivstaater, deren Bewegungsfreiheit unionsrechtlich in Art. 20 SDÜ geregelt
ist, kommt es nicht darauf an, dass diese bei ihrer Einreise die besonderen Einreisevoraussetzungen des
Art. 6 SGK erfüllen. Dem entspricht es, auch bei der Anwendung des Art. 21 SDÜ – im Interesse der

---

[97] *Westphal/Stoppa,* AusR Polizei-HdB, S. 87; aA Nr. 11.2.2 AVwV-AufenthG.
[98] OLG Frankfurt a. M. Urt. v. 21.8.1987 – 1 Ss 488/86, NVwZ 1988, 286..
[99] Vgl. dazu schon BGH Urt. v. 12.6.1990 – 5 StR 614/89, EZAR 355 Nr. 11 für den Fall einer thailändischen Prostituierten; BGH, Urt. v. 8.3.2017 – 5 StR 333/16, NStZ 2017, 478.
[100] Dies ist zB nach Nr. 2.23.112 der DA zur BeschV v. Februar 2009 in Fällen von Tänzerinnen dann regelmäßig ausgeschlossen, wenn sich die auszuübende Tätigkeit auf Darstellungen in einer Peep-Show oder als Stripteasetänzerin beschränkt und jedenfalls bei Beschäftigung als Prostituierte.
[101] BGH Urt. v. 27.4.2005 – 2 StR 457/04, BGHSt 50, 105 (110 ff.) mwN auch zum damaligen Streitstand.
[102] BGH Urt. v. 27.4.2005 – 2 StR 457/04, BGHSt 50, 105 (110 ff.).
[103] BGH, Urt. v. 26.1.2021 – 1 StR 289/20, BeckRS 2021, 5118.
[104] BGH Urt. v. 27.4.2005 – 2 StR 457/04, BGHSt 50, 105 (110 ff.).
[105] Vgl. BT-Drs. 16/5065, 199.
[106] Vgl. BGH Urt. v. 27.4.2005 – 2 StR 457/04, BGHSt 50, 105 (110 ff.).

Rechtssicherheit und -klarheit in dem durch eine internationale Vereinheitlichung überlagerten Ausländerrecht[107] – den formellen Maßstab beizubehalten.[108]

39 Weder wegen Nichtbesitzes eines erforderlichen Aufenthaltstitels noch wegen eines Aufenthaltsverbots macht sich dagegen strafbar, wer einer **räumlichen Beschränkung** des Aufenthaltstitels oder Duldung (§§ 12 I 2, 61 I) zuwiderhandelt[109] (vgl. aber Ausführungen bei Abs. 1 Nr. 7, → Rn. 75 ff.). Zwar besitzt der Ausländer in diesen Fällen keinen für das übrige Bundesgebiet gültigen Aufenthaltstitel, strafbar soll das Verhalten aber nach dem Willen des Gesetzgebers nicht sein, wie wir durch die speziellen Vorschriften der Nr. 7 und des § 98 III Nr. 1 und der §§ 85 Nr. 3, 86 I AsylG bestätigt wird. Anders konnte es sich dagegen bei dem Inhaber einer Grenzgängerkarte verhalten, die von vornherein nur den Aufenthalt für einen bestimmten Aufenthaltsbezirk erlaubte[110].

40 Eine durch die zuständige Behörde **erteilte Ausreisefrist mittels Grenzübertrittsbescheinigung hemmt** nicht die Ausreisepflicht, jedoch die **Strafbarkeit während** des **Fristenlaufs**. So iÜ auch, wenn nach Art. 6 II Rückführungs-RL, umgesetzt in § 50 III, aufgefordert wird, in den Mitgliedstaat zurückzukehren, in dem er sich aufhalten darf. Wenn bis zum Inkrafttreten des VK am 5.4.2010 noch eine völkerrechtliche Verpflichtung nach Art. 23 I und II SDÜ bestand, den Mitgliedstaat zu verlassen, ist durch Art. 6 II Rückführungs-RL zuvor aktives Handeln der Behörde gefordert („sind zu verpflichten"; vgl. § 50 III 2). Somit ist in dieser Phase des „Verpflichtens" in Ermangelung der Erfüllung des subjektiven Tatbestands auch keine Straftat gegeben. Dieser Auffassung wurde durch die Gesetzesänderung vom 25.11.2011 Rechnung getragen. Durch die Einfügung der **Strafbarkeitsausschlussklausel (Abs. 1 Nr. 2b)** soll der Folgeänderung zur Neuregelung von § 58 I 1, der zufolge der Lauf der Ausreisefrist die verwaltungsrechtliche Vollziehbarkeit der Ausreisepflicht nicht berührt, vermieden werden, dass eine Strafbarkeit bereits mit Vollziehbarkeit der Ausreisepflicht eintritt, auch wenn dem Ausländer eine gleichzeitig laufende Ausreisefrist gesetzt wurde. IE bleibt hierdurch der bisherige Umfang der Strafbarkeit unverändert[111].

41 Der Ausreiseverpflichtung kommt nur nach, wer auch tatsächlich das Bundesgebiet vollendet verlässt. Dies setzt voraus, dass eine Einreise in einen anderen Staat tatsächlich erfolgt und nicht etwa durch Zurückweisung vereitelt wird. Wer im Bundesgebiet verbleibt, macht sich strafbar, wenn die Voraussetzungen für die Aussetzung der Abschiebung (Duldung) nicht oder bei Zeitablauf nicht mehr gegeben sind[112]. Bei Ausreise eines Duldungsinhabers über die Landesgrenzen Deutschlands und Einreise in einen anderen Staat erlischt die Aussetzung der Abschiebung kraft Gesetzes (§ 60a V 1). Durch die Wiedereinreise ohne diese Befreiung von der Aufenthaltstitelpflicht kann der anschließende Aufenthalt unerlaubt sein, wenn die Voraussetzungen für die Duldungserteilung nicht mehr gegeben sind.

42 Für die Strafbarkeit ist die **Vollziehbarkeit der Ausreisepflicht** (dazu § 58 II) vorausgesetzt[113]. Danach gilt, wenn der Ausländer die **Verlängerung seines Aufenthaltstitels oder die Erteilung eines anderen Aufenthaltstitels beantragt**, der bisherige Aufenthaltstitel von Zeitpunkt seines Ablaufs bis zur Entscheidung der Ausländerbehörde als fortbestehend. Diese Fiktionswirkung gilt auch im Fall einer verspäteten Antragstellung[114]. Im Strafverfahren kann mit Blick auf Art. 103 II GG nicht der entgegenstehenden, von den Verwaltungsgerichten überwiegend vertretenen Auffassung, wonach für verspätet gestellte Verlängerungsanträge grundsätzlich keine Fortgeltungsfiktion eingreifen könne[115], nicht gefolgt werden[116].

43 Schließlich ist verlangt, dass die **Abschiebung nicht ausgesetzt** ist, **Abs. 1 Nr. 2c**. Die **Duldung** des Aufenthalts schließt also die Strafbarkeit aus. Damit ist die Folgerung aus der Rspr. des BVerfG gezogen, wonach nicht auf den Besitz der Duldung abgestellt werden darf, wenn deren Ausstellung von dem Verhalten der Ausländerbehörde abhängt[117]. Ausgesetzt ist die Abschiebung immer dann, wenn sie aus welchen Gründen auch immer vorübergehend nicht vollzogen wird. Durch das Tatgericht müssen daher Feststellungen dazu getroffen werden, wann der Angeklagte in die Bundesrepublik Deutschland eingereist ist und ob und in welchem Zeitraum er tatsächlich untergetaucht war und damit eine Entscheidung der Ausländerbehörde über die Abschiebung oder die Erteilung einer

---

[107] Vgl. BGH Urt. v. 27.4.2005 – 2 StR 457/04, BGHSt 50, 105 (119 f.).
[108] BGH Urt. v. 26.1.2021 – 1 StR 289/20, BeckRS 2021, 5118.
[109] BVerfG Beschl. v. 28.6.2001 – 2 BvR 1330/95, EZAR 355 Nr. 27; BGH Urt. v. 5.11.1996 – 1 StR 452/96, NJW 1997, 599.
[110] Vgl. BayObLG Beschl. v. 23.11.1999 – 4St RR 219/99, NStZ-RR 2000, 123.
[111] Begr zum GesEntw (BT-Drs. 17/5470, 51).
[112] Vgl. ausf. § 60a und § 48.
[113] Zum früheren Recht ebenso *Aurnhammer* S. 128.
[114] Vgl. § 81 mwN.
[115] Etwa BVerwG, Urt. v. 22.6.2011 – 1 C 5/10, NVwZ 2011, 1340 ff.; OVG Lüneburg Beschl. v. 4.8.2010 – 11 ME 279/10, NVwZ-RR 2010, 902 ff. jew. mwN.
[116] OLG Nürnberg Beschl. v. 30.1.2012 – 2 St OLG Ss 208/11, BeckRS 2012, 8040.
[117] Vgl. BVerfG Beschl. v. 6.3.2003 – 2 BvR 397/02, NStZ 2003, 488 zu § 92 AuslG aF mAnm *Pfaff* ZAR 2003, 148; *Hailbronner* AufenthG § 95 Rn. 14; → Rn. 6; *Leopold/Vallone* ZAR 2005, 66; OLG Frankfurt a. M. Beschl. v. 18.8.2000 – 1 Ws 106/00, EZAR 355 Nr. 26.

Duldung verhindert hat. Ohne diese Feststellungen kann nicht von einem unerlaubten Aufenthalt im Bundesgebiet ausgegangen werden, da nach der Rspr. des BGH ein strafrechtlich relevantes Verhalten nur im Zeitraum angenommen werden könnte, in dem der Angeklagte für die Ausländerbehörde tatsächlich schuldhaft unerreichbar war und diese wegen des unbekannten Aufenthalts eine Duldung nicht erteilen konnte[118]. Soweit ersichtlich, ist strittig, ob eine Duldung unter der Bedingung des Erlöschens „mit Bekanntgabe des Abschiebungstermins" befristet ausgesprochen werden darf[119].

Weder der bloße Eintritt in ein **Kirchenasyl** noch die bloße Untätigkeit der Ausländerbehörde 44 führen zum Wegfall einer Strafbarkeit wegen unerlaubten Aufenthalts gem. Abs. 1 Nr. 2c. Kirchenasyl ist kein in der geltenden Rechtsordnung anerkanntes Rechtsinstitut. Der Eintritt in ein Kirchenasyl begründet deshalb keinen Anspruch auf Erteilung einer Duldung. Unterlässt die Ausländerbehörde die Vollziehung der Abschiebung, weil sie Kirchenasyl grundsätzlich als christlich-humanitäre Tradition toleriert, liegt darin weder eine Ermessensduldung noch eine stillschweigende bzw. faktische Duldung und führt auch nicht zu einem Wegfall der Strafbarkeit. Tritt das BAMF aufgrund einer mit Vertretern der katholischen und evangelischen Kirche getroffenen Vereinbarung in eine erneute Einzelfallprüfung ein, liegt darin ein rechtliches Abschiebungshindernis, das einen Anspruch auf Erteilung einer Duldung gemäß § 60a II begründet, solange die Einzelfallprüfung anhält[120].

4. Unerlaubte Einreise (Abs. 1 Nr. 3)

Bei Abs. 1 Nr. 3 handelt es sich um ein **Begehungsdelikt**. Die Straftat erfordert (zumindest 45 bedingten) Vorsatz (§ 15 StGB). Als Täter kommen nur nichtfreizügigkeitsberechtigte Drittausländer in Betracht (§ 1 II, § 2 I), die der Passpflicht nach § 3 oder der Aufenthaltstitelpflicht nach § 4 unterliegen, nicht jedoch Asylbewerber, deren Rechtsstellung im AsylG geregelt ist. Anstiftung (§ 26 StGB) und Beihilfe (§ 27 StGB) durch Dritte sind möglich und unter qualifizierten Voraussetzungen gem. §§ 96, 97 strafbar. Schweizer Bürger unterfallen nicht dem FreizügG/EU, grundsätzlich subsidiär dem AufenthG, unterliegen aber als Freizügigkeitsberechtigte nicht der Verpflichtung nach § 4 und nur eingeschränkt nach § 3 (→ Rn. 9 ff., 24).

Der **Versuch** ist nach Abs. 3 strafbar. Die Regelungen des StGB über den Versuch gelten für den 46 Strafrechtsnebenbereich gleichermaßen (vgl. §§ 22 f. StGB). Danach macht sich insbesondere strafbar, wer nach seiner Vorstellung von der Tat zu dieser unmittelbar ansetzt[121]. Versuchsstadium und Vollendung können ausländerrechtlich teilweise schwierig abzugrenzen sein. Der Versuch liegt regelmäßig dann vor, wenn der Ausländer sich der grenzpolizeilichen Kontrolle gänzlich entziehen oder sie umgehen will[122]. Weiterhin liegt ein Versuch bei Vorlage gefälschter Einreisedokumente, etwa des Passes, in dem ein Lichtbildaustausch vorgenommen wurde, vor, auch bereits bei Anstellen in der Einreiseschlange vor dem Schalter der Einreisekontrolle (strafloser Rücktritt bei rechtzeitiger Erklärung vor Kontrolle möglich; § 24 I StGB), nicht jedoch bei Vorlage eines erschlichenen Visums (s. dort Abs. 2 Nr. 2). Bei Überschreiten der Landgrenzen und der luftseitigen Grenzen im Schengen-Binnenverkehr ist stets – in Ermangelung von Grenzkontrollen – die Einreise vollendet[123]; mithin ist die Versuchshandlung hier ausgeschlossen. Der mindestens bedingte Vorsatz fehlt generell bei selbstständiger Vorsprache bei der Grenzbehörde zwecks Erteilung eines Ausnahmevisums oder Passersatzes. Vollendet ist die Einreise mit räumlichem Verlassen der Grenzübertrittsstelle bei Einreisen an der Außengrenze[124] bzw. bei Einreisen im Rahmen der Wiedereinführung von Grenzkontrollen nach Art. 23 SGK bei Verlassen des Kontrollpunkts.

Die Einreise muss **unerlaubt iSd § 14 I** Nr. 1 oder Nr. 2 sein. Danach liegt eine unerlaubte 47 Einreise nicht vor, wenn der Ausländer zwar nicht im Besitz der erforderlichen Einreisepapiere ist, er aber nach § 13 III 1 AsylG bereits an der Grenze um Asyl nachsucht und ihm daraufhin von der Grenzbehörde gemäß § 18 II AsylG die Einreise gestattet wird[125]. Es genügt der Besitz irgendeines Visums, der Ausländer muss nicht das für den vorgesehenen Aufenthaltszweck erforderliche Visum besitzen. Kritik ist an der Formulierung des Abs. 1 Nr. 3 in Bezug auf die **mangelnde Bestimmtheit** zu üben, die mit der Wendung „entgegen" § 14 I Nr. 1 oder Nr. 2 genau das *Gegenteil* meint. Bereits im AuslG 1990 war diese Formulierung schon so enthalten und ist nach wie vor sprachlich nicht korrekt. Gemeint ist, wer iSv § 14 I Nr. 1 oder Nr. 2 einreist[126].

---

[118] OLG Frankfurt a. M. Beschl. v. 9.9.2011 – 1 Ss 278/11, nv.
[119] Vgl. OLG Oldenburg Beschl. v. 14.12.2016 – 12 W 200/16 (UK), BeckRS 2016, 112564; dafür VGH Mannheim Urt. v. 24.2.2016 – 11 S 1626/15, BeckRS 2016, 43698; OVG Bl-Bbg Beschl. v. 7.12.2015 – OVG 12 S 77.15, BeckRS 2016, 40315; dagegen VG Hamburg Urt. v. 4.5.2015 – 15 K 4757/13, BeckRS 2015, 49428.
[120] OLG München Urt. v. 3.5.2018 – 4 OLG 13 Ss 54/18, NJW 2018, 3041 ff. mwN.
[121] Näher dazu *Fischer* StGB § 22 Rn. 2 f.
[122] ZB ehemals durch Verstecktshalten im Kofferraum an den Landgrenzenübergängen oder derzeit noch in Schiffs-, LKW- oder Frachtcontainern im Cargo-Bereich eines Flughafens (vgl. hierzu BayObLG Urt. v 16.1.1996 – 4 St RR 280/95, NStZ 1996, 287, zur Ordnungswidrigkeit gem. § 98 II Nr. 2, III Nr. 3, IV s. dort).
[123] Vgl. LG Essen Urt. v. 4.12.2013 – 35 KLs 29/13, BeckRS 2015, 5896.
[124] BGH Beschl. v. 1.8.2012 – 4 StR 226/12, BeckRS 2012, 17665.
[125] VG Stuttgart, Urt. v. 16.3.2010 – 11 K 4295/09, BeckRS 2010, 48200.
[126] So auch *Westphal/Stoppa* AusR Polizei-HdB S. 697.

48 Ein für Kurzaufenthalte von der Visumspflicht befreiter Drittstaatsangehöriger (**„Positivstaater"**) und Inhaber eines biometrischen Reisepasses, der zum Zwecke der Arbeitsaufnahme in das Bundesgebiet einreist, reist nicht unerlaubt iSv Abs. 1 Nr. 3 ein. Auch die bereits bei Einreise bestehende Absicht des Ausländers, in Deutschland eine Erwerbstätigkeit aufzunehmen, führt zu keinem anderen Ergebnis. Die Strafbarkeit des Ausländers bei der Einreise und bis zur Aufnahme der Erwerbstätigkeit bemisst sich ausschließlich nach **objektiven Kriterien**[127]; auf einen individuell verfolgten Aufenthaltszweck kam es bereits bei der Vorgängernorm § 92 AuslG aF nicht an[128]. Die Ersetzung des AuslG durch das AufenthG mit Wirkung zum 1.1.2005[129] gibt laut BGH keinen Anlass zu einer abweichenden rechtlichen Beurteilung. Das folgt schon aus der Begründung zu dem Gesetzentwurf zum AufenthG, wonach sich die Erforderlichkeit des Aufenthaltstitels nach objektiven Kriterien und nicht nach dem beabsichtigten Zweck bemessen soll. Der Gesetzgeber wollte insoweit gerade eine Klarstellung angesichts der unterschiedlichen Auffassungen in Rspr. und Literatur[130]. Aus dem Wortlaut des § 17 I AufenthVO ergibt sich nichts Anderes[131], da § 17 I AufenthVO hinsichtlich der Befreiung von der Visumspflicht nicht darauf abstellt, ob die einreisende Person bei Betreten des Bundesgebiets die Aufnahme einer Erwerbstätigkeit beabsichtigt, sondern ob diese eine solche bei Einreise bereits ausübt[132]. Durch die Aufnahme der Erwerbstätigkeit kann sich der Ausländer aber nach Abs. 1 Nr. 2 strafbar machen[133].

49 Verfügt ein Ausländer über einen rechtmäßig erworbenen nationalen Aufenthaltstitel eines Schengen-Mitgliedstaates, der ihn zur Einreise als Tourist nach Deutschland berechtigt, liegt eine unerlaubte Einreise iSd Abs. 1 Nr. 3 auch dann nicht vor, wenn diese zum Zweck der illegalen Arbeitsaufnahme erfolgt[134]. Zwar ist die Einreise nach Art. 21 SDÜ nur erlaubt, wenn der Ausländer die in Art. 6 I lit. a, c und e SGK genannten Voraussetzungen erfüllt. Danach darf der Ausländer ua **keine Gefahr für die öffentliche Ordnung** darstellen, worunter die **Aufnahme einer illegalen Beschäftigung** fallen könnte[135]. Stellte man aber allein darauf für eine Strafbarkeit des Ausländer nach Abs. 1 Nr. 3 ab, könnte von einem erforderlichen eindeutigen Auslegungsmaßstab iSd verfassungsrechtlich gebotenen Bestimmtheitsgrundsatzes von Strafbestimmungen nach Art. 103 II GG nicht gesprochen werden. Nicht nur lässt der Begriff der Gefahr für die öffentliche Ordnung schon per se Interpretationsspielraum, er wird durch die Regelung des Art. 6 I lit. c SGK auch zusätzlich in der Erkennbarkeit seiner Bedeutung verwässert, weil darin ausdrücklich zugelassen wird, dass die Mittel zur Bestreitung des Lebensunterhalts im Aufnahmemitgliedstaat rechtmäßig, ggf. also auch durch eine legale Erwerbstätigkeit erworben werden[136]. Dies hat zur Folge, dass für die Beurteilung der Rechtmäßigkeit einer Einreise es allein auf objektive Kriterien ankommen kann[137].

50 Die **Einreise** ist in § 13 definiert; danach ist zwischen Einreise am zugelassenen Grenzübergang und anderswo zu unterscheiden[138]. Die Einreise kann auch zum Zwecke der Durchreise erfolgen. Wird der Ausländer bereits an der gemeinsamen Kontrollstelle auf dem Gebiet des Nachbarstaats angehalten, handelt es sich nur um einen **Versuch**, weil die Einreise unter diesen Umständen erst mit Überschreiten der Grenzlinie erfolgen kann. Unzutreffende Angaben eines Asylbewerbers über die Modalitäten seiner Einreise dürfen in einem Strafverfahren auch ohne seine Zustimmung verwertet werden[139]. Unzutreffende Verfolgungsbehauptungen sind nicht strafbar[140]. Inwieweit die Einreise auch zugleich mit der Vollendung strafrechtlich **beendet** ist, hat Auswirkung auf die Strafnormen der §§ 95–97. Überwiegend wird in der Rspr. und ausländerrechtlichen Literatur davon ausgegangen, dass bei der ausländerrechtlichen Einreise Vollendung und Beendung zusammenfallen, also zB sich der Aufenthalt an die soeben erfolgten Grenzübertritt an der Binnengrenze nahtlos anschließt[141]. Der Vorstellung *Cantzlers*[142], es handle sich bei der unerlaubten Einreise um ein Dauerdelikt, das erst mit der Ausreise abgeschlossen ist, wird nicht gefolgt.

---

[127] → Rn. 38.
[128] Vgl. BGH Urt. v. 27.4.2005 – 2 StR 457/04, NJW 2000, 1732 zu § 92 des AuslG (BGBl. 1990 I S. 1354).
[129] Vgl. Art. 15 III Nr. 1 ZuwG, BGBl. 2004 I S. 1950 ff.
[130] Vgl. BT-Dr. 22/03, 64; BT-Dr. 15/420, 73; BGH Urt. v. 26.1.2021 – 1 StR 289/20, BeckRS 2021, 5118.
[131] AA *Gericke* in MüKoStGB, 3. Aufl. 2018, AufenthG § 95 Rn. 40.
[132] BGH Beschl. v. 24.3.2021 – 3 StR 22/21, NStZ-RR 2021, 190.
[133] → Rn. 29.
[134] OLG Celle Beschl. v. 13.5.2014 – 1 Ws 216/14, BeckRS 2014, 10853.
[135] Vgl. VG Düsseldorf Beschl. v. 4.6.2012 – 22 L 613/12, BeckRS 2012, 51626.
[136] Vgl. VG Frankfurt a. M. Urt. v. 14.12.2010 – 7 K 851/10.F, BeckRS 2011, 50722.
[137] Vgl. so auch die GesBegr in BR-Drs. 22/03, 164, OLG Celle Beschl. v. 13.5.2014 – 1 Ws 216/14, BeckRS 2014, 10853.
[138] Anders für § 47 I Nr. 1 AuslG 1965 noch OLG Karlsruhe Urt. v. 20.11.1984 – 4 Ss 95/84, EZAR 355 Nr. 3.
[139] BGH Beschl. v. 15.12.1989 – 2 StR 167/89, EZAR 355 Nr. 9.
[140] Vgl. §§ 34, 35 AsylG; *Krehl* NJW 1991, 1397.
[141] So unter Bezugnahme hierauf bestätigend BGH Beschl. v. 4.5.2016 – 3 StR 358/15, BeckRS 2016, 12555.
[142] *Cantzler* S. 154, Fn. 454, s. bei *Westphal/Stoppa*, AusR Polizei-HdB, S. 699.

5. Verstoß gegen Ausreiseverbot (Abs. 1 Nr. 4 Alt. 1)

Bei Abs. 1 Nr. 4 handelt es sich um ein **echtes Unterlassungsdelikt**. Die Straftat erfordert (zumindest bedingten) Vorsatz (§ 15 StGB). Als Täter kommen alle in Deutschland aufhältigen Ausländer (auch Schweizer) in Betracht. Mit dem **RLUmsG 2007** wurde auch die Anwendbarkeit für Freizügigkeitsberechtigte über § 11 I FreizügG/EU eröffnet. Anstiftung (§ 26 StGB) und Beihilfe (§ 27 StGB) durch Dritte sind möglich. Der fahrlässige Verstoß ist nicht mehr strafbar (anders noch im AusG 1990). Anders als bei Deutschen nach dem PassG ist der Versuch hier nicht strafbar. Unterbleibt die vollendete Ausreise durch den Haupttäter, kann eine strafbare Hilfeleistung wegen der limitierten Akzessorietät nicht erfolgen. 51

Die Untersagung der **Ausreise** (§ 46 II 1 oder 2) muss vollziehbar sein. Die Anordnung ist in Form einer Ordnungsverfügung ein verwaltungsrechtlich eigenständiger Verwaltungsakt (= Ermessensentscheidung), der selbstständig anfechtbar ist. Zu beachten ist der Fristenlauf für Rechtsbehelfe (sofern die Belehrung hierüber vergessen wurde ein Jahr, vgl. § 70 II VwGO). Die Anordnung muss bestandskräftig sein (rechtlich unanfechtbar), idR erst nach Abschluss der gerichtlichen Klagewege im Rahmen der Anfechtungsklage oder die Anordnung wird für sofort vollziehbar erklärt (§ 80 II 1 Nr. 4 VwGO), da ansonsten Widerspruch und Klage aufschiebende Wirkung hätten. 52

Inwieweit Ausreiseuntersagungen der Bundespolizei im Grenzgebiet als unaufschiebbare Anordnungen und Maßnahmen von Polizeivollzugsbeamten zu werten sind und daher geeignet sein sollen, eine aufschiebende Wirkung nach § 80 II Nr. 2 VwGO zu bewirken, war strittig. Nr. 10.1.1 PassVwV vom 17.12.2009[143] bestimmt jedoch: „Nach § 80 Absatz 2 Satz 1 Nummer 3 der Verwaltungsgerichtsordnung iVm § 14 entfällt die aufschiebende Wirkung." 53

Bei gerichtlicher Aussetzung des Vollzugs und Abweisung der Anfechtungsklage in erster Instanz genügt es, wenn drei Monate nach Ablauf der gesetzlichen Begründungsfrist für das Rechtsmittel gegen die Klageabweisung vergangen sind (§ 80b I VwGO). Die Ausreise ist erst mit Überschreiten der Grenzlinie vollendet[144]. Der nur für Ausländer geltende Tatbestand des Abs. 1 Nr. 4 AufenthG ist – anders als die für Deutsche geltende Parallelregelung in § 24 I PassG – nicht als Erfolgs-, sondern als Tätigkeitsdelikt ausgestaltet. Zuvor könnte es sich nur um einen (straflosen) Versuch handeln. Aus diesem Grund lief diese Strafvorschrift bislang weitgehend leer[145]. Besteht gegen einen Ausländer ein vollziehbares Ausreiseverbot nach § 46 II 1 iVm §§ 10 I 2, 7 I Nr. 1 PassG, so hat er den Straftatbestand des Zuwiderhandelns gegen eine solche vollziehbare Anordnung nach Abs. 1 Nr. 4 dann bereits vollendet (und nicht nur – straflos – versucht), wenn er auf dem Weg ins Ausland in einem öffentlichen Verkehrsmittel nach Passieren der letzten planmäßigen Haltestelle im Inland unmittelbar vor dem Grenzübertritt angetroffen wird[146]. Die tatsächliche Einreise in den Nachbarstaat ist nicht erforderlich (keine analoge Anwendung des § 13 Abs. 2). Unerheblich ist, ob der Ausländer in den Nachbarstaat einreisen und dort bleiben darf. Wird das Ausreiseverbot erst nach dem Grenzübertritt vollziehbar, ist der Tatbestand nicht erfüllt[147]. 54

6. Verstoß gegen Beschränkung politischer Betätigung (Abs. 1 Nr. 4 Alt. 2)

Die Strafnorm des Abs. 1 Nr. 4 entspricht dem früheren § 92 I Nr. 4 AuslG. Die Zuwiderhandlung gegen § 47 braucht nicht **wiederholt** zu sein. Sofern für die Auflage zu einem Visum keine Rechtsbehelfsbelehrung erteilt wird, verlängert sich die Klagefrist von einem Monat auf ein Jahr nach Bekanntgabe (§§ 58 II, 74 I VwGO); die Vollziehbarkeit tritt daher bei Auflage zu einem Visum gegebenenfalls erst mit rechtskräftiger Klageabweisung oder ungenutztem Ablauf der Jahresfrist ein. Im Rahmen der objektiven Tatbestands gehören die verbotene öffentliche Meinungsäußerung im Bundesgebiet (inklusive Schiffe oder Luftfahrzeuge; §§ 3, 4 StGB) durch Wort, Schrift, Bild, Ton, Presseveröffentlichung, Internet oder Onlinedienste dazu[148]. 55

7. Unrichtige oder unvollständige Angaben (Abs. 1 Nr. 5)

Nach Abs. 1 Nr. 5 macht sich strafbar, wer entgegen § 49 II eine Angabe nicht, nicht richtig oder nicht vollständig macht, sofern die Tat nicht in Abs. 2 Nr. 2 mit Strafe bedroht ist. Bei Abs. 1 Nr. 5 kann es sich um ein Begehungsdelikt oder – je nach Tathandlungsalternative – auch um ein echtes Unterlassungsdelikt handeln. Strafbar sind sowohl die gänzliche Unterlassung der notwendigen Angaben als auch unvollständige oder falsche Angaben. Als Täter kommen nur **nichtfreizügigkeitsberechtigte Drittausländer** in Betracht (§§ 1 II, 2 I), allerdings keine Asylbewerber, weil deren 56

---

[143] Allg. Verwaltungsvorschrift zur Durchführung des PassG, Passverwaltungsvorschrift – PassVwV), veröffentlicht im GMBl. Nr. 81 am 23.12.2009.
[144] So auch *Westphal/Stoppa*, AusR Polizei-HdB, S. 701.
[145] Dazu *Aumhammer* S. 194; *Heinrich* ZAR 2003, 166.
[146] OLG München Beschl. v. 8.12.2014 – 2 Ws 1190/14, NStZ 2015, 406.
[147] BayVGH Urt. v. 26.7.1995 – 5 B 94.2279, BayVBl. 1996, 50.
[148] *Hörich/Bergmann* in Huber/Mantel AufenthG, 3. Aufl. 2021, § 95 Rn. 109.

Mitwirkungspflichten nicht in § 49 II, sondern in § 15 AsylG geregelt sind, da diese weder einen Aufenthaltstitel noch eine Duldung, sondern eine Aufenthaltsgestattung anstreben und weil der Gesetzgeber das Erschleichen von Asyl nicht unter Strafe stellen wollte, wie sich nicht zuletzt aus § 84 AsylG ergibt, der nur den Dritten unter Strafe stellt, nicht den Asylbewerber selbst[149]. **Anstiftung** (§ 26 StGB) und **Beihilfe** (§ 27 StGB) durch Dritte zu der Haupttat nach Abs. 1 Nr. 5 sind möglich. Dieser Straftatbestand ergänzt die bisherige Strafbarkeit der Täuschungshandlungen gem. Abs. 2 Nr. 2 (Erschleichung eines Aufenthaltstitels) als Auffangnorm. Unberührt bleibt subsidiär eine Ahndung über § 111 OWiG.

57   Gemäß § 49 II ist jeder Ausländer verpflichtet, gegenüber den mit dem Vollzug des Ausländerrechts betrauten Behörden auf Verlangen die erforderlichen Angaben zu seinem Alter, seiner Identität und Staatsangehörigkeit zu machen und die von der Vertretung des Staates, dessen Staatsangehörigkeit er besitzt oder vermutlich besitzt, geforderten und mit dem deutschen Recht in Einklang stehenden Erklärungen iRd Beschaffung von Heimreisedokumenten abzugeben. Die Strafnorm enthält die Verpflichtung, wahrheitsgemäße Angaben zu machen, die geeignet sein können, ihrerseits erst den Ermittlungsansatz zu weiteren Strafnormen (unerlaubter Aufenthalt etc) zu eröffnen. Dies bietet Konfliktpotenzial zu dem verfassungsrechtlich verankerten Grundsatz der Selbstbelastungsfreiheit[150]. Der Grundsatz der Selbstbelastungsfreiheit **(nemo tenetur se ipsum accusare)** ist dann verletzt, wenn der Ausländer in nicht rechtsverjährender Zeit bereits unzutreffende Angaben gemacht hat. Eine verfassungskonforme Auslegung gebietet, Verstöße gegen § 49 II dann nicht zu erfassen, wenn der Ausländer sich durch die Erfüllung selbst der Strafverfolgung aussetzt. Veränderungen von Selbstbezichtigungen in Bezug auf früher verwendete Alias-Personalien sind ebenfalls nicht zu erfassen[151].

58   Die Tat ist mit der Angabe gegenüber einer Behörde vollendet, die mit Vollzug des AufenthG nach § 71 IV betraut ist. Dazu gehören insbesondere die Ausländerbehörden, die Grenzbehörden sowie die Landespolizei und die Auslandsvertretungen. Nur gegenüber der zuständigen Stelle besteht die Auskunftspflicht. Die Bundespolizei ist daher jedenfalls iRd grenzpolizeilichen Aufgaben (§ 2 BPolG), jedoch nicht nach den bahnpolizeilichen Aufgaben zuständig; der Zoll hingegen iR seiner originären Aufgaben gar nicht, weil er nicht eine mit dem Vollzug des Ausländerrechts betraute Behörde ist. Falsche Angaben eines Ausländers gegenüber der Asylbehörde erfüllen als solche den Tatbestand des Abs. 1 Nr. 5 nicht, auch wenn die Ausländerbehörde diese ohne Nachfrage bei dem betroffenen Ausländer für ein sich an das Asylverfahren anschließendes ausländerrechtliches Verfahren übernimmt[152]. Wenn die unzutreffenden Angaben nicht von dem Ausländer stammen, muss er sie im Rahmen seiner Mitwirkungsverpflichtung verwenden, um sich nach Abs. 1 Nr. 5 strafbar zu machen.

59   Nicht zum Tatbestand gehört die Abgabe von Erklärungen bzgl. der Beschaffung von Heimreisedokumenten (§ 49 II Alt. 2) aufgrund eines redaktionellen Fehlers[153]. **Angaben zum Aufenthaltszweck oder Reiseweg** fallen nicht unter § 49 II. Identitätsmerkmale (soweit im konkreten Fall erforderlich) sind Name, Vorname, Geburtsname, Geschlecht, Familienstand, Geburtsdatum, Geburtsort, Wohnort, weiterhin Angaben zur Staatsangehörigkeit und zum Alter. Eine routinemäßige Abfrage prophylaktischer Art ist nicht zulässig (keine Informationsbeschaffung auf Vorrat).

60   Gegen die **Feststellung des Alters** iRd sog. forensischen Altersdiagnostik bestehen diesseits rechtliche Bedenken[154]. Die Kombination der einzelnen medizinischen Methoden (körperliche Untersuchung, Röntgen der linken Hand, Gebissuntersuchung und ggf. Röntgen des Schlüsselbeins) soll eine annähernd Erfolg versprechende Streubreite von +/– einem Jahr ergeben. Da keine medizinische Indikation bei den Untersuchungen vorliegt, wird nach § 25 RöntgenVO eine gesetzliche Grundlage gefordert, die mit **RLUmsG 2007** (vgl. § 49 IV) nachträglich eingefügt wurde. Nach § 49 II steht nur ein eingeschränktes Methodenspektrum zur Verfügung: Begutachtung mit Erfassung der Körpermaße, Reifezeichen, Entwicklungsstörungen und Erhebung des Zahnstatus und Nutzung ggf. vorhandener Untersuchungsergebnisse. Die Einzelmethoden ergeben kaum eine gerichtsverwertbare Aussage, die nach § 26 FamFG (Amtsermittlungspflicht) zur Unaufklärbarkeit führen können (in dubio pro libertate), da die Aussagekraft eine Schwankungsbreite von mehreren Jahren haben dürfte. Daher wird die Anordnung der Altersfeststellung insgesamt weiterhin als problematisch gesehen.

61   Eine unrichtige Angabe ist auch in der **Vortäuschung einer ehelichen Lebensgemeinschaft** zu sehen[155]. Die schlichte Angabe, verheiratet zu sein, ist, sofern dies zutrifft, für sich genommen nicht unrichtig. Ob eine solche Angabe vollständig oder unvollständig ist, erschließt sich auch der Fragestellung. Mehr als gefragt wurde, braucht nicht beantwortet zu werden. Ein nicht zum Ausdruck

---

[149] Vgl. *v. Pollern* ZAR 1996, 175; BGH Urt. v. 24.9.1996 – 5 StR 213/96, NJW 1997, 333.
[150] So auch *Mosbacher* in Kluth/Hund/Maaßen (Hrsg.), Zuwanderungsrecht, 1. Aufl. 2008, § 10 Rn. 16.
[151] LG Berlin Urt. v. 17.2.2015 – (572) 252 Js 3536-13 (139/14), BeckRS 2015, 15201.
[152] LG Aachen Beschl. v. 2.4.2019 – 66 Qs 18/19, BeckRS 2019, 6480 Rn. 12.
[153] S. ausf. bei *Westphal/Stoppa*, AusR Polizei-HdB, S. 702, 479.
[154] S. hierzu näher *Schmeling* Deutsches Ärzteblatt Jg. 101, Heft 18 v. 30.4.2004 und Institut für Rechtsmedizin – Charité Universitätsmedizin Berlin; vgl. auch → § 62 Rn. 107 f.
[155] BayObLG Urt. v. 30.11.1982 – RReg 4 St 93/82, NVwZ 1983, 181; BayObLG Beschl. v. 22.9.1989 – RReg 4 St 200/89, EZAR 355 Nr. 8; betr. Beihilfe des Vermittlers OLG Frankfurt a. M. Urt. v. 31.3.1993 – 2 Ss 65/93, NStZ 1993, 394.

gekommenes subjektives Auskunftsinteresse des Fragenden ist strafrechtlich gesehen nicht von Belang. Die zutreffende bejahende Antwort auf die Frage nach dem Verheiratetsein ist nicht unvollständig. Dem Befragten darf – zumindest in strafrechtlicher Hinsicht – kein unbestimmtes Verantwortungsrisiko überbürdet werden. Konkludent unrichtig könnte die Äußerung, verheiratet zu sein, jedoch sein, wenn es sich dabei nur um eine zwecks Erlangung einer Aufenthaltserlaubnis geschlossene „Scheinehe" handelt. Dies gilt aber nur, wenn der Antrag auf Erteilung der Aufenthaltserlaubnis zugleich – ausdrücklich oder konkludent – damit begründet wird, mit dem Ehegatten in ehelicher Gemeinschaft zu leben. Die Problematik kann dadurch beseitigt werden, dass die Ausländerbehörden den Ausländer explizit dazu befragen, ob eine eheliche Lebensgemeinschaft besteht, und die Antwort auf diese Frage auch in unmissverständlicher Weise dokumentieren.

Die Maßnahme nach § 49 II muss rechtmäßig und vollziehbar sein. Die Falschangaben brauchen **62** aber nicht für den beabsichtigten Zweck geeignet zu sein und diesen zu erfüllen[156]. Das Vorverständnis des Fragenden über Inhalt und Umfang der Antwort ist nicht maßgeblich. Abzustellen ist auf den objektiven Erklärungsinhalt, die diesbezüglich subjektive Vorstellung des Antwortenden und seine damit verbundene Absicht. Diese Merkmale müssen zum Zeitpunkt der Stellung bzw. Begründung des ausländerrechtlichen Antrags vorliegen. Spätere – etwa iRe strafrechtlichen Ermittlungsverfahrens – nacherhobene ergänzende Angaben sind nicht geeignet, einen zunächst vorliegenden Mangel am Tatbestand zu beheben. Die Maßnahme der Polizei wird als eine „unaufschiebbare" Maßnahme gem. § 80 II 1 Nr. 2 VwGO eingestuft. Die Vollziehbarkeit ist damit durch die Bekanntgabe gegenüber dem Betroffenen bewirkt.

Der Ausländer soll gemäß § 82 III im Rahmen der Mitwirkungspflichten auf die Verpflichtungen **63** ua gemäß § 49 hingewiesen werden. Die pflichtwidrige Unterlassung der Belehrung ist grundsätzlich ein **vorsatzausschließendes** Merkmal[157].

Taten nach Abs. 1 Nr. 5 unterliegen im Hinblick auf das gesetzliche Höchstmaß der Freiheitsstrafe **64** von einem Jahr einer dreijährigen Verjährungsfrist (§ 78 III Nr. 5 StGB), die mit der Beendigung der Tat beginnt (§ 78a S. 1 StGB).

8. Nichtduldung erkennungsdienstlicher Maßnahmen (Abs. 1 Nr. 6)

Aufgrund des Gesetzes zur Änderung des PassG[158] und weiterer Vorschriften wurde die verwaltungs- **65** rechtliche Vorschrift des § 49 (Einfügung des neuen Abs. 1, Abs. 3 wurde zu Abs. 10, s. dort zu § 49) geändert, sodass die redaktionelle Änderung im Abs. 1 Nr. 6 erforderlich war. Bei Abs. 1 Nr. 6 handelt es sich um ein **echtes Unterlassungsdelikt**. Die Straftat erfordert (bedingten) Vorsatz (§ 15 StGB). Als Täter kommen nur nichtfreizügigkeitsberechtigte Drittausländer in Betracht (§ 1 II, § 2 I), allerdings ausnahmsweise auch Asylbewerber (§ 49 V 4). Anstiftung (§ 26 StGB) und Beihilfe (§ 27 StGB) durch Dritte sind möglich. Der Ausländer soll gemäß § 82 III im Rahmen der Mitwirkungspflichten auf die Verpflichtungen ua gemäß § 49 hingewiesen werden. Die **pflichtwidrige Unterlassung der Belehrung** ist ein vorsatzausschließendes Merkmal. Zum unvermeidbaren Verbotsirrtum s. unter V. Subjektiver Tatbestand.

Es genügen bei Maßnahmen nach § 49 X (namentlich das Auslesen, Vergleichen der Daten nach **66** Abs. 1, die erkennungsdienstliche Behandlung nach Abs. 3–6a, die Aufzeichnung des gesprochenen Wortes des Ausländers auf Ton- oder Datenträger nach VII **nur aktive Weigerung** und Sichentziehen, auch Nichterscheinen zu einem festgesetzten Termin, also nicht rein passives Verhalten). Es reicht aus, wenn die Maßnahme durch den Ausländer nicht unwesentlich verzögert wird, letztlich aber doch durchgeführt werden kann[159]. Auch wenn der Betroffene erfolglos gewaltsam Widerstand leistet, ist der Tatbestand des Nichtduldens vollendet; es liegt nicht nur ein strafloser Versuch vor. Auf den Erfolg der Verhinderung der Maßnahme kommt es nicht an.

Die tateinheitliche Begehung mit § 113 StGB ist möglich, wenn die Tathandlung nach Abs. 1 Nr. 6 **67** zugleich die Voraussetzungen des Widerstands gegen Vollstreckungsbeamte erfüllt. Ebenso ist Tateinheit mit § 114 StGB möglich, wenn der Täter zugleich den mit der Diensthandlung befassten Amtsträger tätlich angreift.

Die Maßnahmen nach § 49 I, III–VIII müssen rechtmäßig und **vollziehbar** sein. Eine **schriftliche** **68** **Anordnung der erkennungsdienstlichen Behandlung** ist zwar nicht erforderlich (§ 77 I), aber zweckmäßig. Fehlt eine schriftliche Anordnung, obliegt der Behörde die Beweispflicht, dass eine ordnungsgemäße Anordnung ergangen ist.

Gemäß § 49 III, V sind diese Maßnahmen zur Feststellung der Identität nur zulässig, wenn die **69** Identität in anderer Weise, insbesondere durch Anfragen bei anderen Behörden nicht oder nicht rechtzeitig oder nur unter erheblichen Schwierigkeiten festgestellt werden kann. Diese gesetzliche

---

[156] *Aurnhammer* S. 68.
[157] Vgl. OLG München Beschl. v. 30.6.2009 – 4 St RR 007/09, 4St RR 7/09, BeckRS 2009, 19428 – wonach eine Verurteilung nach § 95 I Nr. 5 nicht immer voraussetzt, dass der Ausländer gem. § 82 III 1 über die Strafbarkeit falscher Identitätsangaben iSv § 49 I belehrt worden ist.
[158] BGBl. 2007 I S. 1566.
[159] *Senge* in Erbs/Kohlhaas AuslG § 92 Rn. 19.

Erforderlichkeitsklausel verlangt für die zuständige Behörde stets die Abwägung, ob durch die dort genannten Maßnahmen die Identität festgestellt werden kann. Erst dann, wenn die Möglichkeiten ausgeschöpft sind, darf auf die erkennungsdienstliche Behandlung zurückgegriffen werden. Die Aufzählung der Maßnahmen nach Abs. 6 nennt nicht die **Durchsuchung**. Insbesondere die Durchsuchung von Sachen kann aber im Einzelfall eine mildere Maßnahme darstellen und im Rahmen der Verhältnismäßigkeitsprüfung (Erforderlichkeit) zu berücksichtigen sein[160].

9. Verstoß gegen Meldepflicht und andere Beschränkungen und Auflagen von ausgewiesenen Ausländern (Abs. 1 Nr. 6a)

70 Bei den Tatbeständen des Abs. 1 Nr. 6a kann es sich um ein **Begehungsdelikt oder** – je nach Tathandlungsalternative – um ein **echtes Unterlassungsdelikt** handeln. Die Straftat erfordert (zumindest bedingten) Vorsatz (§ 15 StGB). Als Täter kommen alle nicht freizügigkeitsberechtigten Drittausländer in Betracht (§§ 1 II, 2 I), auch Asylbewerber. Anstiftung (§ 26 StGB) und Beihilfe (§ 27 StGB) durch Dritte sind möglich. Strafbar ist, mit Ausnahme des Benutzens verbotener Kommunikationsmittel (§ 56 IV), nur die **wiederholte** Zuwiderhandlung gegen Meldepflichten im Falle des § 56 sowie gegen räumliche Beschränkungen und sonstige Auflagen; es muss also in den ersten drei Tatbestandsalternativen mindestens der zweite Verstoß sein. Nach Nr. 7 ist der wiederholte Verstoß gegen § 61 I strafbar (s. Nr. 9). In Fällen des Verstoßes gegen die Verpflichtung zur Wohnsitznahme und dem Verbot des Benutzens bestimmter Kommunikationsmittel müssen wiederholte belehrende Hinweise vorausgegangen sein. Der (auch fahrlässige) Erstverstoß ist ansonsten ordnungswidrig gemäß § 98 III Nr. 2, 4.

71 Zu den nach § 56 IV erfassten Kommunikationsmitteln und -diensten gehören technische Kommunikationsmittel wie Telefon, Telegraphie, Satellitenfunk, Druckerzeugnisse in verschiedener Form (Buch, Zeitung, Flugblatt, Plakat, Fotokopie), Rundfunk, Fernsehen und das Internet sowie die Anbieter entsprechender Dienstleistungen.

72 Die sonstige **Auflage** muss vollziehbar sein[161]. Die Auflage/Anordnung ist in Form einer Ordnungsverfügung ein verwaltungsrechtlich eigenständiger Verwaltungsakt (= Ermessensentscheidung), der selbstständig anfechtbar ist. Zu beachten ist der Fristenlauf für Rechtsbehelfe (insbesondere, sofern die Belehrung hierüber vergessen wurde, ein Jahr, vgl. § 70 II VwGO). Die Auflage/Anordnung muss bestandskräftig sein (rechtlich unanfechtbar), in der Regel erst nach Abschluss der gerichtlichen Klagewege im Rahmen der Anfechtungsklage oder die Auflage/Anordnung wird für sofort vollziehbar erklärt (§ 80 II 1 Nr. 4 VwGO), da ansonsten Widerspruch und Klage aufschiebende Wirkung hätten. Mit dem Begriff der „**sonstigen Auflage**" sind nicht die Nebenbestimmungen (so auch die Formulierung in § 84 I Nr. 3) gemeint, mit denen die Berechtigung zur Ausübung einer Erwerbstätigkeit inhaltlich bestimmt wird[162]. Die **sofortige Vollziehung** einer Ausweisung eines Ausländers ist nur ausnahmsweise zulässig und bedarf mit Rücksicht auf den Verhältnismäßigkeitsgrundsatz eines besonderen, über die Voraussetzungen der Ausweisung selbst hinausgehenden öffentlichen Interesses. Das Bestreben der Ausländerbehörde, die Folgen des § 56 I und II eintreten zu lassen, genügt – für sich genommen – nicht, um das erforderliche besondere Vollzugsinteresse zu bejahen. § 54 Nr. 5 aF setzte – insgesamt – voraus, dass von dem Betroffenen eine „gegenwärtige Gefährlichkeit" ausgeht[163].

73 Gemäß § 56 II ist der Aufenthalt des Ausländers auf den **Bezirk der Ausländerbehörde** beschränkt, soweit die Ausländerbehörde keine abweichenden Festlegungen trifft. Wird dem Ausländer in Anwendung des § 12 V das Verlassen erlaubt oder liegt die gesetzliche Ausnahme gemäß § 12 V 3 vor, ist der Tatbestand nicht erfüllt. Durch die Begrenzung auf den Bezirk der Ausländerbehörde ist der Aufenthalt des Betroffenen stärker als nach § 61 I eingeschränkt (dort Bundesland).

74 Das Tatbestandsmerkmal „**wiederholt zuwidergehandelt**" ist erfüllt, wenn der Ausländer den Bereich der Aufenthaltsbeschränkung mindestens zweimal in voneinander unabhängigen Fällen verlassen bzw. ohne Erlaubnis den genehmigten Zeitraum überschritten hat. Ein Zweitverstoß liegt nicht vor, wenn der Ausländer bei einem ungenehmigten Verlassen zwei- oder mehrmals festgestellt wird bzw. nach Aufgriff und Belehrung durch die Polizei den Verstoß fortsetzt. Es kommt im Rahmen der strafrechtlichen Ermittlungen also ganz wesentlich darauf an, dass die jeweils ungenehmigte Reise mit den polizeilichen Feststellungen abgeglichen wird, ob nicht lediglich ein Verstoß vorliegt, der Ausländer dabei aber mehrfach festgestellt wurde.

---

[160] *Westphal/Stoppa*, AusR Polizei-HdB, S. 709.
[161] Zu § 92 I Nr. 3 AuslG BayObLG Urt. v. 1.4.2003 – 4 St RR 15/03, EZAR 355 Nr. 36.
[162] Vgl. § 4 II; zur mangelnden Bestimmtheit der Norm, da sich der Begriff „sonstige Auflage" nicht in § 54a widerspiegelt und damit keine sog. sprachliche Deckungsgleichheit ergibt *Westphal/Stoppa*, AusR Polizei-HdB, S. 710.
[163] VG Stuttgart Beschl. v. 19.11.2010 – 11 K 2430/10, BeckRS 2011, 55288; heute § 54 I Nr. 2, der vorsieht, dass dieses besonders schwerwiegende Ausweisungsinteresse dann nicht (mehr) gegeben sein kann, wenn der Ausländer erkennbar und glaubhaft von seinem sicherheitsgefährdenden Handeln Abstand nimmt.

10. Verstoß gegen räumliche Beschränkung (Abs. 1 Nr. 7)

Nach Abs. 1 Nr. 7 macht sich strafbar, wer wiederholt gegen eine räumliche Beschränkung nach 75 § 61 I oder Ic verstößt. Durch den Wechsel von einer Ordnungswidrigkeit hin zu einer Strafnorm liegt ein Fall der strafbegründenden Gesetzesänderung vor. Es war daher aufgrund des **Rückwirkungsverbots** im Strafrecht (vgl. § 2 StGB, § 4 OWiG; Art. 103 II GG) nicht möglich, Fälle zu bestrafen, bei denen der Erstverstoß vor dem 1.1.2005 begangen worden war[164]. Ein Zweitverstoß gegen die räumliche Beschränkung nach § 61 I 1 iVm § 98 III Nr. 2 ist dann nicht gegeben, wenn der zugrunde liegende Erstverstoß vor dem Inkrafttreten des AufenthG, also vor dem 1.1.2005, erfolgte.

Es handelt sich sowohl um ein **Begehungsdelikt als auch um ein echtes Unterlassungsdelikt**. 76 Eine Zuwiderhandlung kann durch positives Tun begangen werden, in dem der Ausländer den zugewiesenen Bereich ohne Erlaubnis verlässt. Aber auch durch **Unterlassen** kann der Tatbestand erfüllt werden (§ 13 StGB), sofern der Ausländer nach erlaubtem Verlassen verspätet oder gar nicht wieder in den ihm zugewiesenen Bereich zurückkehrt. Die Straftat erfordert (zumindest bedingten) Vorsatz (§ 15 StGB). Als Täter kommen nur nichtfreizügigkeitsberechtigte Drittausländer in Betracht (§ 1 II, § 2 I). Anstiftung (§ 26 StGB) und Beihilfe (§ 27 StGB) durch Dritte sind möglich. Strafbar ist nur die wiederholte Zuwiderhandlung. Der (auch fahrlässige) Erstverstoß ist ordnungswidrig gemäß § 98 III Nr. 2, 4. Dies gilt auch für fahrlässige Wiederholungsverstöße.

Nach § 61 I können weitere **Bedingungen und Auflagen** durch die zuständigen Behörden an- 77 geordnet werden, die aber **nicht** von der Strafnorm erfasst sind (Nr. 95.1.2.4.2 und 95.1.7.4 AVwV)[165]. Insoweit besteht hier eine sprachliche Ungenauigkeit, die in Bezug auf das Bestimmtheitsgebot gemäß Art. 103 II GG bedenklich erscheint[166]. Ebenso wenig erfasst sind Beschränkungen der Ausländerbehörden nach § 61 Ia, die sich auf Fälle des § 60a IIa beziehen.

Die Auflagen müssen **vollziehbar** sein. Eine Zuwiderhandlung liegt nicht vor, wenn dem Ausländer 78 das Verlassen des beschränkten Aufenthaltsbereichs gemäß § 12 V durch die Ausländerbehörden erlaubt wurde oder kraft Gesetzes gestattet ist, um Termine bei Behörden und Gerichten, bei denen sein persönliches Erscheinen erforderlich ist, ohne Erlaubnis wahrzunehmen.

Das Tatbestandsmerkmal **„wiederholt zuwidergehandelt"** ist erfüllt, wenn der Ausländer den 79 Bereich der (gleichen[167]) Aufenthaltsbeschränkung mindestens zweimal in voneinander unabhängigen Fällen verlassen bzw. ohne Erlaubnis den genehmigten Zeitraum überschritten hat. Ein Zweitverstoß liegt nicht vor, wenn der Ausländer bei einem ungenehmigten Verlassen zwei- oder mehrmals festgestellt wird bzw. nach Aufgriff und Belehrung durch die Polizei den Verstoß fortsetzt. Es kommt im Rahmen der strafrechtlichen Ermittlungen also ganz wesentlich darauf an, dass die jeweils ungenehmigte Reise mit den polizeilichen Feststellungen abgeglichen wird, ob nicht lediglich ein Verstoß vorliegt, der Ausländer dabei aber mehrfach festgestellt wurde.

Eine Ahndung des Erstverstoßes durch Bußgeldbescheid oder gerichtliche Entscheidung muss nicht 80 erfolgt sein, um im Wiederholungsfall die Strafbarkeit zu begründen[168] und ergibt sich auch nicht in Auslegung der Entscheidung des BVerfG[169]. Das Tatbestandsmerkmal der wiederholten Zuwiderhandlung nach Abs. 1 Nr. 7 erfordere weder eine Ahndung des Erstverstoßes noch eine sonstige behördliche Reaktion, die geeignet sei, dem Ausländer sein Fehlverhalten vor Augen zu führen, so der BGH[170]. Die Norm verlangt allein eine „wiederholte" Zuwiderhandlung, mithin einen vor der eigentlichen Tat begangenen gleichartigen Verstoß. Verlässt der Ausländer den beschränkten Bereich mit dem Ziel, endgültig aus Deutschland auszureisen, so handelt er nicht strafbar. Die freie Ausreise und das Erfüllen der gesetzlichen Ausreisefrist gehen dem Verstoß gegen die räumliche Beschränkung vor.

Der Ausländer soll gemäß § 82 III im Rahmen der ihm obliegenden Pflichten belehrt werden. Dazu 81 gehört auch die Unterrichtung über die räumliche Beschränkung. Die pflichtwidrige Unterlassung der Belehrung ist ein **vorsatzausschließendes** Merkmal. Die Unkenntnis der Beschränkung kann im Falle unmittelbar eintretender vollziehbarer Ausreisepflicht vorsatzausschließend sein. Ob der Ausländer realisiert, dass er bei Fortfall des schengenrechtlichen Reiserechts zugleich einen Verstoß gegen Abs. 1 Nr. 7 im Falle weiteren Umherreisens begeht, ist fraglich[171].

---

[164] OLG Brandenburg Beschl. v. 22.2.2007 – 1 Ss 96/06, NStZ 2008, 531.
[165] BGH Beschl. v. 17.2.2009 – 1 StR 381/08, NStZ 2009, 339; OLG Karlsruhe Beschl. v. 16.10.2006 – 3 Ss 204/06, BeckRS 2006, 12192; OLG Brandenburg Beschl. v. 22.2.2007 – 1 Ss 96/06, NStZ 2008, 531; OLG Jena Beschl. v. 1.3.2007 – 1 Ss 1/07, BeckRS 2007, 5386; *Westphal/Stoppa*, AusR Polizei-HdB, S. 714.
[166] *Hörich/Bergmann* in Huber/Mantel, AufenthG, 3. Aufl. 2021, § 95 Rn. 171.
[167] OLG Brandenburg Beschl. v. 24.10.2007 – 1 Ss 79/07, BeckRS 2008, 4869.
[168] BGH Beschl. v. 5.7.2011 – 3 StR 87/11, NJW 2011, 3174; vgl. Nr. 95.1.6a.1.2 AVwV.
[169] BVerfG Beschl. v. 10.4.1997 – 2 BvL 45/92, NVwZ 1997, 1109 (1111).
[170] AA *Gericke* in MüKoStGB AufenthG § 95 Rn. 66, 72; *Wingerter* in HK-AuslR AufenthG § 95 Rn. 18; BGH Beschl. v. 5.7.2011 – 3 StR 87/11, NJW 2011, 3174.
[171] So auch *Mosbacher* in Kluth/Hund/Maaßen (Hrsg.), Zuwanderungsrecht, 1. Aufl. 2008, § 10 Rn. 23.

11. Zugehörigkeit zu geheimem Ausländerverein (Abs. 1 Nr. 8)

82 Bei Abs. 1 Nr. 8 handelt es sich um ein **Begehungsdelikt**. Die Straftat erfordert (zumindest bedingten) Vorsatz (§ 15 StGB). Als Täter kommen Drittausländer in Betracht (§§ 1 II, 2 I) und **Freizügigkeitsberechtigte (RLUmsG 2007)**. Anstiftung (§ 26 StGB) und Beihilfe (§ 27 StGB) durch Dritte sind möglich.

83 Aufgrund der Streichung der Anwendbarkeit für Deutsche durch die Aufhebung des § 128 StGB über Geheimbündelei und der nachträglichen Einfügung der Strafbarkeit für Unionsbürger steht zu erwarten, dass diese Vorschrift einer gerichtlichen Überprüfung bezüglich des Diskriminierungsverbots (Art. 18 AEUV) nicht standhalten würde.

84 Die Zugehörigkeit zu einer geheimen Vereinigung (Geheimbündelei) genügt; irgendwelche **Aktivitäten** oder eine hervorgehobene Position sind nicht erforderlich. Ebenso wenig eine formelle Mitgliedschaft, wenn diese nicht üblich oder verlangt ist. „Karteileichen" sind nicht gemeint, aber bloße finanzielle Unterstützung als Mitglied reicht aus. Dagegen erfüllt den Tatbestand nicht, wer den Verein nur unterstützt, ohne ihm anzugehören. Ein Vereinsverbot[172] muss zumindest möglich erscheinen[173].

85 Der enger gefasste Begriff der Vereinigung umfasst wie die Gruppe mindestens drei Personen, setzt jedoch voraus, dass der organisatorische Zusammenschluss zu einem einheitlichen inneren Verbund führt. Die Gruppe hingegen ist auch bei einer losen Verbindung gegeben[174].

86 Nicht erfasst ist die Zugehörigkeit zu einem Ausländerverein nach § 18 VereinsG, der über keine (Teil-)Organisation im Bundesgebiet verfügt.

12. Strafbarer Aufenthalt bei Erwerbstätigkeit (Abs. 1a)

87 Der strafbare Aufenthalt bei Erwerbstätigkeit mit Schengen-Visum ist durch das **RLUmsG 2007** mit Abs. 1a neu eingeführt worden. Die Vorschrift steht in engem Zusammenhang mit der erfolgten Änderung in § 15 II Nr. 2a (s. ausführlich dort). Bei Abs. 1a handelt es sich um ein **Begehungsdelikt**. Die Straftat erfordert (bedingten) Vorsatz (§ 15 StGB). Als Täter kommen nur nichtfreizügigkeitsberechtigte Drittausländer in Betracht (§ 1 II, § 2 I) in Betracht, die als **Negativstaater** nur über ein Schengen-Visum verfügen. Die Ungleichbehandlung gegenüber Titelinhabern in Deutschland ist gewollt und gerechtfertigt, da anders als bei langfristig aufhältigen Ausländern hier keine Integration vorgesehen ist und die Missbrauchsgefahr hoch ist. Anstiftung (§ 26 StGB) und Beihilfe (§ 27 StGB) durch Dritte sind möglich. Die qualifizierte Teilnahme ist über § 96 I Nr. 2 möglich, womit eine Strafbarkeitslücke wegen qualifizierter Hilfe zur unerlaubten Beschäftigung geschlossen wurde. Der **Versuch** ist gemäß Abs. 3 strafbar.

88 „*Durch den neuen Absatz 1a wird die unerlaubte Erwerbstätigkeit unter Strafe gestellt, sofern der Ausländer sich aufgrund eines Schengen-Visums im Bundesgebiet aufhält. Die Einfügung dieser Regelung erfolgt aufgrund eines Urteils des BGH in Strafsachen v. 27.4.2005 (2 StR 457/04) zu § 95 Abs. 1 Nr. 2. Ein Ausländer, der sich aufgrund eines Schengen-Visums im Bundesgebiet aufhält und entgegen der Regelung des § 4 Abs. 3 S. 1 einer Erwerbstätigkeit nachgeht, fällt hiernach nicht mehr unter den Tatbestand des § 95 Abs. 1 Nr. 2. Denn das Visum ist ein Verwaltungsakt und aufgrund der Erwerbstätigkeit rechtswidrig, nicht aber unwirksam. Die so entstandene Strafbarkeitslücke kann nur durch die Aufnahme eines weiteren Straftatbestandes im Aufenthaltsgesetz geschlossen werden. Die mit der Aufnahme des Abs 1a einhergehende Ungleichbehandlung gegenüber Ausländern, die sich aufgrund eines nationalen Aufenthaltstitels im Bundesgebiet aufhalten, ist beabsichtigt. Letztgenannte erfüllen bei unerlaubter Beschäftigung lediglich einen Bußgeldtatbestand. Im Gegensatz zu dieser Gruppe ist die Strafbewehrung der unerlaubten Erwerbstätigkeit bei Schengen-Visa-Pflichtigen geboten, da diese – aufgrund des Schengen-Visums – keine Perspektive der Integration in Deutschland haben. Für die Erteilung eines Schengen-Visums ist hingegen eine notwendige Voraussetzung, dass der Ausländer erklärt, keiner Erwerbstätigkeit im Bundesgebiet nachzugehen. Handelt es sich bei den Fällen nach § 404 II Nr 4 des SGB III um formelle Verstöße gegen das Beschäftigungsverbot, handelt es sich in den Fällen des Abs 1a um formelle u. materielle Verstöße gegen das Verbot der unerlaubten Erwerbstätigkeit. Der Tatbestand des Abs. 1a stellt zugleich einen Widerrufsgrund für ein Schengen-Visum nach dem neuen § 52 Abs. 7 dar.*"[175]

89 Adressat ist ausdrücklich der **Schengen-Visuminhaber** gemäß § 2 V, § 4 I 2 Nr. 1, § 6 (Typ C/ C „Transit")[176] unter Ausübung einer Beschäftigung oder selbstständigen Tätigkeit gemäß § 2 II ohne

---

[172] Dazu BVerwG Urt. v. 25.1.1978 – I A 3.76, BVerwGE 55, 178.
[173] Zur Strafbarkeit nach § 20 I 1 Nr. 4 VereinsG vgl. BVerfG Beschl. v. 15.11.2001 – 1 BvR 98/97, EZAR 355 Nr. 30.
[174] Vgl. auch *Fischer*, StGB, 66. Aufl. 2019, § 88 Rn. 6.
[175] BR-Drs. 224/07, 360. Annullierung und Aufhebung erfolgen seit 5.4.2010 über Art. 34 VK (VO (EG) Nr. 810/2009); → § 4 Rn. 29, → § 6 Rn. 48 f., → § 15 Rn. 10.
[176] Seit 5.4.2010 nach dem dann gültigen VK (VO (EG) Nr. 810/2009): Einheitliches Visum Typ C oder C „Transit".

Strafvorschriften **§ 95 AufenthG 1**

erforderliche Erlaubnis. Mit erfasst sind auch die von anderen Schengen-Staaten ausgestellten und für Deutschland gültigen Schengen-Visa (Art. 2 Nr. 2 VK „Visum": die von einem Mitgliedstaat erteilte Genehmigung im Hinblick auf a) die Durchreise durch das Hoheitsgebiet der Mitgliedstaaten oder einen geplanten Aufenthalt in diesem Gebiet von höchstens drei Monaten je Sechsmonatszeitraum ab dem Zeitpunkt der ersten Einreise in das Hoheitsgebiet der Mitgliedstaaten).

Der Verstoß nach dieser Vorschrift setzt die **Inzidentprüfung der erlaubnispflichtigen Erwerbs-** 90 **tätigkeit** voraus.

Nicht erforderlich ist die Erlaubnis zB in Fällen der sog. Nichtbeschäftigung gemäß § 30 BeschV 91 oder der Ausnahmefälle gemäß § 17 I 2, §§ 23–30 AufenthV bei Bagatellgeschäften sowie in Fällen des § 41 I AufenthV.

Der **Versuch** ist gemäß Abs. 3 strafbar. Erfasst werden erst **beabsichtigte Tätigkeiten,** sofern diese 92 ersichtlich sind (anhand objektiver Kriterien, zB Mitführen von Arbeitswerkzeugen). Ob Fälle bereits an der Außengrenze den Versuchstatbestand erfüllen, erscheint zweifelhaft[177] (vgl. dazu ausschließend Nr. 95.1a.6 AVwV). Dazu ist ein „unmittelbares Ansetzen" zur Arbeitsaufnahme erforderlich. Insoweit bleibt ein Unterschied in der Behandlung gleicher Sachverhalte in Bezug auf einen Positivstaater feststellbar, der bei beabsichtigter Erwerbstätigkeit bei der Einreise Abs. 1 Nr. 3, Abs. 3 erfüllt (Nr. 14.1.2.1.1.7.1 AVwV). Anders jedoch bei Zigarettenschmuggel über die Grenze. Denn wenn der Ausländer – wie beim Schmuggel – schon bei der Einreise erwerbstätig ist und sich diese Erwerbstätigkeit im Bundesgebiet fortsetzen soll, dann ist auch die Einreise (eines an sich von der Visumpflicht befreiten Ausländers) als unerlaubt anzusehen[178]. In diesen vergleichbaren Fällen würde der Schmuggel eines Schengen-Visuminhabers bereits zur Vollendung von Abs. 1a führen.

Das Visum bleibt wirksam und ist im Falle der Aufnahme oder auch bei beabsichtigter Aufnahme 93 der Erwerbstätigkeit **zu annullieren** oder **aufzuheben** (Art. 34 VK).

Zu beachten bleibt indes die Möglichkeit der Durchsetzung der Verlassenspflicht mittels Auswei- 94 sung/Abschiebung bei einem Kurzaufenthalt. §§ 58, 62 knüpfen an die vollziehbare Ausreisepflicht nach § 50 an. Solange das Visum nicht bestandskräftig widerrufen ist, ist keine Durchsetzung der Verlassenspflicht möglich.

13. Verstoß gegen Aufenthaltsverbot (Abs. 2 Nr. 1a und b)

Bei Abs. 2 Nr. 1a handelt es sich um ein Begehungsdelikt, bei Abs. 2 Nr. 1b um ein echtes 95 Unterlassungsdelikt. Die Straftat erfordert (zumindest bedingten) Vorsatz (§ 15 StGB). Fahrlässiges Handeln im Fall des Abs. 2 Nr. 1b stellt gemäß § 98 I eine Ordnungswidrigkeit dar. In Anbetracht der generellen Komplexität des Ausländerrechts und der im Vergleich nicht zuletzt zu Abs. 1 und 1a erhöhten Strafandrohung dürfen keine zu strengen Anforderungen an die Vermeidbarkeit eines Verbotsirrtums gestellt werden. Ungeachtet dessen wird man von einem im Wege des unmittelbaren Zwangs aus dem Bundesgebiet verbrachten Ausländers verlangen können, ihm sei bewusst, dass er Deutschland vor einer Klärung seiner aufenthaltsrechtlichen Situation[179] zunächst nicht betreten darf. Der Ausländer ist daher über die Rechtsfolgen einer gegen ihn ergangenen Ausweisungsverfügung in einer für ihn verständlichen **Art und Weise zu belehren.** Andernfalls scheidet der Straftatbestand des Abs. 2 S. 1 aus, denn der Ausländer irrt über die Rechtsfolgen des § 11 I bzw. handelt in einem unvermeidbaren Verbotsirrtum iSd § 17 StGB. Als Täter kommen nur nichtfreizügigkeitsberechtigte Drittausländer in Betracht (§ 1 II, § 2 I).

Für Unionsbürger/EWR-Bürger und deren freizügigkeitsberechtigte drittstaatsangehörigen Fami- 96 lienangehörigen kommt diese Norm auch nicht in Betracht, wenn deren Freizügigkeitsrecht nach § 7 I FreizügG/EU aberkannt worden ist. § 11 II Hs. 2 FreizügG/EU sieht iVm § 7 II 1 (Wiedereinreisesperre) und § 9 FreizügG/EU eine besondere Regelung vor. Anstiftung (§ 26 StGB) und Beihilfe (§ 27 StGB) durch Dritte sind möglich. Die qualifizierte Begehung iRd Schleusertatbestände ist über § 96 eröffnet. Der Versuch ist im Falle des Abs. 2 Nr. 1a gemäß Abs. 3 strafbar. Bei Ausländern, die als Flüchtlinge vorsätzlich gegen die Wiedereinreisesperre verstoßen, ist Abs. 5 (Strafausschließungsgrund gemäß Art. 31 Abs. 1 GFK) zu beachten.

Strafbar sind Einreise oder Aufenthalt entgegen einem **Verbot** der Wiedereinreise (Abs. 2 Nr. 1a) 97 aufgrund Ausweisung, Zurückschiebung oder Abschiebung, nicht aber bei Zurückweisung oder Zuwiderhandlung einer vollziehbaren Anordnung nach § 11 VI 1 oder VII 1 oder Ausschreibung zur Einreiseverweigerung oder nach Ablauf einer evtl. Betretenserlaubnis (Abs. 2 Nr. 1b). Nach grammatischer Auslegung von § 11 I („Ein Ausländer, der ausgewiesen, zurückgeschoben oder ausgewiesen worden ist, …") setzt dies voraus, dass die Abschiebung oder Zurückschiebung vollzogen sein muss (vgl. Nr. 11.1.2.1 AVwV), ie, der Betroffene wurde außer Landes gebracht. Dies ist behördenseitig nachzuprüfen, um eine ggf. erfolgte freiwillige Ausreise ausschließen zu können.

---

[177] Abl. *Westphal/Stoppa,* AusR Polizei-HdB, S. 732.
[178] OLG Brandenburg Beschl. v. 22.1.2004 – 2 Ss 36/03, OLG-NL 2004, 215.
[179] Ggf. im Wege des § 11 I 3 vorgesehenen Befristungsverfahrens.

98 Die **Ausweisungsverfügung** hingegen muss jedenfalls wirksam sein (materiell bestandskräftig); umstritten ist, ob diese auch formell bestandskräftig, mithin vollziehbar sein muss. Der Gesetzgeber hat sich gegen die Vollziehbarkeit entschieden, indem er in § 84 II 1 bestimmte, dass Widerspruch und Klage, unbeschadet ihrer aufschiebenden Wirkung, die Wirksamkeit der Ausweisung und eines sonstigen Verwaltungsakts, der die Rechtmäßigkeit des Aufenthalts beendet, unberührt lässt. Auch § 58 II 2 lässt diesen Schluss zu: „IÜ ist die Ausreisepflicht erst vollziehbar, wenn die Versagung des Aufenthaltstitels oder der sonstige Verwaltungsakt ... vollziehbar ist." Dem widerspricht allerdings der Wortlaut der Strafnorm in Abs. 2 Nr. 1b, der voraussetzt, dass die Strafbarkeit nur eintritt, wenn zuvor eine Aus- und Wiedereinreise erfolgte, die unter der bestehenden Sperrwirkung zum weiteren Verbleiben führt (aA AVwV Nr. 95.2.1.2.1)[180].

99 Die **Wiedereinreisesperre** greift dann nicht ein, wenn sich die Ausweisung, Zurückschiebung oder Abschiebung nachträglich als rechtswidrig erweisen[181]. Die Sperre kann nur entfallen, wenn die Ausweisungsverfügung tatsächlich als rechtswidrig aufgehoben wird. Nicht ausreichend ist die vollstreckbare Abschiebungsandrohung für die Strafbewehrung. Die Abschiebungsandrohung ist eine Maßnahme der Verwaltungsvollstreckung. Die Androhung soll schriftlich unter Bestimmung einer Frist erfolgen, innerhalb der der Ausländer auszureisen hat. Ziel der Abschiebungsandrohung ist es, dem Ausländer Gelegenheit zur Erfüllung seiner Ausreisepflicht zu geben. Die Androhung und Anordnung der Abschiebung sind unschädlich; mithin muss auch hier der Vollzug erfolgt sein (vgl. § 11). Ein strafbarer Verstoß gegen ein Aufenthaltsverbot kommt nur dann in Betracht, wenn im konkreten Fall die Anwendung des § 11 I ausnahmsweise europarechtskonform erfolgt ist und eine Befristung des Einreiseverbots bereits von der Verwaltungsbehörde von Amts wegen vorgenommen wurde[182]. Ohne eine solche Fristsetzung ist die Abschiebung rechtswidrig. Dabei kommt es nicht darauf an, ob der Ausländer einen Antrag nach § 11 I 3 aF gestellt hat oder nicht. Auch schon vor der aktuellen Gesetzesänderung in § 11 war die Vorschrift im Hinblick auf Art. 11 II Rückführungs-RL unionsrechtskonform dahin gehend anzuwenden, dass von Amts wegen[183] eine individuelle behördliche Entscheidung unter Berücksichtigung der konkreten Umstände des Einzelfalls ergehen musste, so lange die Wirkungen des § 11 I 1 aF galten. Dies galt auch dann, wenn die Abschiebungsandrohung nach § 34 AsylG als Rückkehrentscheidung iSv Art. 6 Rückführungs-RL vor Ablauf der Umsetzungsfrist der Rückführungs-RL am 24.12.2010 ergangenen war[184].

100 Die **Duldung** ist die gesetzlich zwingende Reaktion auf ein grundsätzlich vom Verschulden des Ausländers unabhängiges Abschiebungshindernis (der Ausländer darf allerdings nicht untertauchen[185]). Die **Strafgerichte** haben zu prüfen, ob die **Voraussetzungen einer Duldung im Tatzeitraum** gegeben waren. Ist dies der Fall, so entfällt die Strafbarkeit[186]. Ein unerlaubt eingereister und aufhältiger Drittstaatsangehöriger hat keinen im Wege einstweiliger Anordnung durchsetzbaren Rechtsanspruch auf Erteilung einer Duldung, solange er seine erkennungsdienstliche Behandlung verweigert. Zur Prüfung, ob die Abschiebung vorübergehend auszusetzen (§ 60a) und eine Duldungsbescheinigung zu erteilen ist, bedarf es notwendigerweise zuvor der Identitätsfeststellung im Wege erkennungsdienstlicher Behandlung, wenn der Ausländer keinen Reisepass vorlegt. Dem begünstigenden Verwaltungsakt der Duldungserteilung fehlt es an der hinreichenden Bestimmtheit, wenn die Identität der Person, die begünstigt werden soll, unklar ist[187].

101 Nicht strafbar sind Einreise und Aufenthalt bei Vorliegen einer **Betretenserlaubnis** nach § 11 VIII oder einer Ausnahmeerlaubnis gemäß § 11 V 2. Danach erfolgt eine Befristung nicht, wenn ein Ausländer wegen eines Verbrechens gegen den Frieden, eines Kriegsverbrechens oder eines Verbrechens gegen die Menschlichkeit oder aufgrund einer Abschiebungsanordnung nach § 58a aus dem Bundesgebiet abgeschoben wurde. Die oberste Landesbehörde kann dazu im Einzelfall Ausnahmen zulassen. Ebenso ist die Einreise oder der Aufenthalt nicht strafbar, sofern versehentlich – aber wirksam – ein Visum erteilt worden ist.

102 Zu beachten ist gegebenenfalls der zwischenzeitliche Wechsel zu einem neuen Status des Ausländers als Unionsbürger oder als freizügigkeitsberechtigtes Familienmitglied (Anwendung der §§ 7 II, 9 FreizügG/EU).

---

[180] *Aurnhammer* S. 27, 131; NK-AuslR § 11 Rn. 6 ff., § 95 Rn. 21.
[181] So VGH BW Beschl. v. 2.6.1992 – 11 S 736/92, InfAuslR 1992, 341.
[182] AG Bersenbrück Beschl. v. 5.6.2014 – 6 Cs 940 Js 50521/13 (602/13), BeckRS 2014, 15767.
[183] S. hierzu schon 2010 bei *Winkelmann*, Beitrag zur Umsetzung der Rückführungs-RL, migrationsrecht.net; ausf.
→ 10. Aufl., AufenthG Vor §§ 50–53 Rn. 30 f.
[184] Vgl. VGH Mannheim Beschl. v. 19.12.2012 – 11 S 2303/12, BeckRS 2013, 46193; LG Ulm Beschl. v. 9.9.2014 – 3 T 97/14, BeckRS 2014, 22863.
[185] BGH Urt. v. 6.10.2004 – 1 StR 76/04, BeckRS 2004, 11740.
[186] BVerfG Beschl. v. 6.3.2003 – 2 BvR 397/02, NStZ 2003, 488.
[187] VG Bremen Beschl. v. 11.11.2015 – 2 V 1678/15, BeckRS 2015, 54974.

14. Verstoß gegen die elektronische Aufenthaltsüberwachung (Abs. 2 Nr. 1a)

Abs. 2 Nr. 1a stellt die Zuwiderhandlung gegen die Anordnung nach § 56a I unter Strafe. Die 103
Vorschrift orientiert sich – wegen des gleichen Unrechtsgehalts auch hinsichtlich des Strafmaßes – an der Strafvorschrift des § 87 BKAG. Die Einschränkung auf bedeutsame Zuwiderhandlungen wird dadurch erreicht, dass die Strafverfolgung von einem **Antrag** der Ausländerbehörde oder einer sonstigen zuständigen Stelle, die nach Landesrecht bestimmt wird, abhängig gemacht wird (**Abs. 7**)[188]. Voraussetzung ist, dass es sich um eine vollstreckbare gerichtliche Anordnung nach § 56a I handelt.

15. Erschleichen eines Aufenthaltstitels oder einer Duldung (Abs. 2 Nr. 2)

Bei Abs. 2 Nr. 2 handelt es sich um ein **abstraktes Gefährdungsdelikt**. Die Straftat erfordert 104
(zumindest bedingten) Vorsatz (§ 15 StGB) in der Form, sodass der Ausländer bei Begehung **davon** ausgehen muss, seine Angaben könnten die Ausstellung einer dort genannten Urkunde nach sich ziehen[189]. Der gewünschte Erfolg der tatsächlichen Ausstellung ist nicht verlangt. Als Täter kommt **jedermann** in Betracht, das gilt damit auch für **Deutsche**[190] in der fremdnützigen Variante. Für **Unionsbürger/EWR-Bürger** und deren freizügigkeitsberechtigte drittstaatsangehörige Familienangehörige kommt diese Norm mit dem **RLUmsG 2007** ebenfalls (wieder) in Betracht. Taten, die zwischen dem 1.1.2005 und dem 28.8.2007 begangen wurden, sind damit im Hinblick auf § 2 III StGB (Anwendung des milderen Gesetzes) zu behandeln, sofern diese Verfahren noch nicht zeitgerecht abgeschlossen wurden. Anstiftung (§ 26 StGB) und Beihilfe (§ 27 StGB) durch Dritte sind möglich. Die qualifizierte Begehung im Rahmen der Schleusertatbestände ist über § 96 eröffnet. Beziehungsgegenstände können nach Abs. 4 eingezogen werden. Der Tatbestand nach Abs. 6 gilt subsidiär. Da nach Abs. 2 S. 2 Alt. 1 die Handlung zur Erschleichung einer Urkunde in der Auslandsbehörde nicht unter das deutsche Strafrecht fällt und der bloße Besitz einer solchen erschlichenen Urkunde im Bundesgebiet auch nicht von der Gebrauchsalternative (2. Alt.) dieser Strafnorm erfasst wird, kann im Einzelfall ein durch Abs. 4 erfasster Überhang bestehen. Von der Norm erfasst ist das Vorbringen oder Benutzen unrichtiger oder unvollständiger Angaben mit der Absicht, für sich oder einen anderen einen Aufenthaltstitel (§ 4) zu beschaffen. Nicht erfasst sind ua die Aufenthaltserlaubnis-EU (für Schweizer und deren freizügigkeitsberechtigte Familienangehörige), die (Dauer-)Aufenthaltskarte nach dem FreizügG/EU, die Bescheinigung gemäß § 5 Abs. 1 FreizügG/EU, die Aufenthaltsgestattung, der Reiseausweis für Ausländer, die Fiktionsbescheinigungen (§ 81 V), wohl aber (wieder) mit Einfügung durch das **RLUmsG 2007** die **Duldungsbescheinigung** (§ 60a). Damit besteht nach wie vor eine **Gesetzeslücke** in Bezug auf die Problematik einer Scheinehe oder -partnerschaft zwischen einem nichtdeutschen Unionsbürger und einem Drittstaatsangehörigen. Ausstellung oder Gebrauch der durch falsche Angaben bewirkten Aufenthaltskarte ist nicht nach Abs. 2 strafbar. Die Norm greift daher durch die Reduzierung auf § 4 insgesamt zu kurz.

Das „**Erschleichen**" ist hier kein Tatbestandsmerkmal und dient der Verdeutlichung im gefestigten 105
Sprachgebrauch. Unrichtige Angaben stimmen mit der Wirklichkeit nicht überein; unvollständig sind Angaben, wenn Tatsachen verschwiegen werden, so auch die Verschweigung eines Strafbefehls bei Beantragung einer Niederlassungserlaubnis[191]. Die **Angaben müssen nicht entscheidungserheblich** sein, obgleich die Norm selbst dies nicht ausdrücklich vorsieht. Auch sieht der Tatbestand keine besondere Verwerflichkeit (Rechtsmissbrauch) in Form eines „Erschleichens" vor. Die Angaben müssen vielmehr geeignet sein, im Allgemeinen die abstrakte Gefahr zu verwirklichen, losgelöst vom konkreten Einzelfall, einen Aufenthaltstitel zu Unrecht verschaffen zu können[192]. Abs. 1 Nr. 5 ist hierzu nur ein Auffangtatbestand und tritt gegenüber Abs. 2 Nr. 2 zurück. Strafbarkeit besteht auch dann, wenn trotz der falschen oder unvollständigen Angaben ein Anspruch auf Erteilung eines Aufenthaltstitels besteht[193].

Strafrechtliche Relevanz haben Angaben iRd Abs. 2 Nr. 2 nur, wenn sie gegenüber einer im 106
Verfahren nach dem AufenthG zuständigen Behörde (§ 71) gemacht oder benutzt werden. Angaben gegenüber dem BAMF im Asylverfahren fallen nicht unter Abs. 2 Nr. 2. Der Gesetzgeber hat in den §§ 84 ff. AsylG insoweit von einer Strafandrohung bewusst abgesehen. Aufgrund dieser speziellen Regelungen im AsylG werden falsche Personalangaben im Zusammenhang mit der Asylantragstellung nicht von dem Straftatbestand Abs. 2 Nr. 2, sondern lediglich von § 111 OWiG erfasst, obwohl auch

---
[188] BT-Drs. 18/1546.
[189] *Aurnhammer* S. 146; *Erbs/Kohlhaas/Senge* AuslG § 92 Rn. 37.
[190] BGH Beschl. v. 23.2.2005 – 1 StR 501/04, BeckRS 2005, 3106.
[191] OLG Stuttgart Urt. v. 10.8.2009 – 1 Ss 1161/09, NStZ-RR 2009, 387.
[192] OLG Karlsruhe Beschl. v. 29.7.2004 – 3 Ws 10/04, EZAR 355 Nr. 37; BayVGH Beschl. v. 20.3.2008 – 19 C 08.22, 19 CS 08.21, BeckRS 2008, 27741; hiervon ausgenommen sind bspw. Angaben zum Beruf des Vaters, dem Alter der Geschwister, dem Vorliegen einer Schwangerschaft etc (OLG Stuttgart Urt. v. 10.8.2009 – 1 Ss 1161/09, NStZ-RR 2009, 387, Hinweis auf HK-AuslR/*Wingerter* AufenthG § 95 Rn. 27).
[193] Vgl. BGH Urt. v. 22.7.2015 – 2 StR 389/13, NJW 2016, 419 ff.; OLG Düsseldorf Beschl. v. 30.5.2012 – III-3 RVs 62/12, BeckRS 2012, 13768; *Erbs/Kohlhaas* AufenthG § 95 Rn. 56.

sie darauf zielen, über die Anerkennung als Asylberechtigte oder über die Feststellung der Voraussetzungen der §§ 60, 60a den Aufenthalt zu legalisieren[194]. Werden bei der Visumantragstellung die falschen Angaben im Ausland gemacht, also **außerhalb des Geltungsbereichs des deutschen Strafrechts**, ist das deutsche Strafrecht nicht anwendbar (vgl. §§ 3–7 StGB). Deutsche Auslandsvertretungen sind nicht Teil des Bundesgebiets[195]. Generell ist der unter Falschangabe erlangte Aufenthaltstitel rechtswidrig, aber nicht nichtig[196].

107 **Unrichtige Angaben** können darin bestehen, die Absicht der Aufnahme einer ehelichen Lebensgemeinschaft vorzutäuschen[197]. Dies lässt sich aber nicht feststellen, wenn die Ehepartner eine häusliche Gemeinschaft aufnehmen; der unbedingte Wille zur Ehe auf Lebenszeit ist nicht verlangt[198]. Unwahre Angaben können zB zur Erteilung eines Visums führen, wenn ein Besuch oder eine Durchreise vorgetäuscht werden, in Wirklichkeit aber eine Daueraufenthaltserlaubnis angestrebt wird. Strafbar ist deshalb, wer eine Touristenreise vortäuscht, aber eine Erwerbstätigkeit anstrebt[199]. Unrichtige Angaben macht auch, wer gegenüber der Ausländerbehörde über Jahre seine richtigen Personalien verschweigt bzw. unterschiedliche Angaben zu seinen Personalien und denen seiner Eltern macht. Insbesondere wenn Wohnsitze und Aufenthaltstitel bzw. Pässe in anderen Ländern bestehen[200]. Eine unzutreffende Angabe ist nicht schon dann irrelevant, wenn dem Ausländer aus einem anderen Grund ein Aufenthaltstitel zusteht[201]. Wer den in seinen Reisepass eingestempelten Zurückweisungsvermerk einer ausländischen Behörde durch Überkleben unkenntlich macht, begeht weder Urkundenfälschung noch Urkundenunterdrückung[202], ggf. aber Verändern amtlicher Ausweise (§ 273 StGB). Wird aufgrund unzutreffender Angaben eine Urkunde hergestellt, kommt mittelbare Falschbeurkundung (§ 271 StGB) in Betracht[203], dessen allgemeiner Tatbestand durch die Sonderregelung des Abs. 2 Nr. 2 konsumiert wird[204]. Die Handlung „kraft öffentlichen Amtes", zB durch Einfügen eines Lichtbilds für das Kind durch den Vater kann zudem den Tatbestand der Amtsanmaßung nach § 132 Alt. 2 StGB erfüllen, soweit die Tat im räumlichen Geltungsbereich des StGB begangen wurde.

108 Ein erschlichener Aufenthaltstitel wird zur **Täuschung im Rechtsverkehr** gebraucht (2. Alt.), wenn das Visum zB der Grenzbehörde vorgelegt wird[205]; das Aushändigen ist nicht erforderlich. Das Mitführen bei gelegentlicher Überprüfung der Person aus anderen Gründen im Bundesgebiet reicht hingegen nicht aus. Das Dokument wird insoweit erst gebraucht, wenn es im Rechtsverkehr eingesetzt wird, um damit eine gewisse Nachweis- oder Beweisfunktion zu erlangen[206]. Der Tatbestand wird auch durch späteren wissentlichen Gebrauch noch erfüllt. Die Vorlage einer Kopie in Kenntnis der Unechtheit des Originals reicht dabei aus[207]. Der erschlichene Aufenthaltstitel (zB Visum) ist als Verwaltungsakt so lange bestandskräftig, wie keine Rücknahme/kein Widerruf (= heute Annullierung/Aufhebung) erfolgt[208].

109 Der subjektive Tatbestand des Abs. 2 Nr. 2 setzt voraus, dass der Beschaffungsvorgang bekannt ist und sich der Nutzer der Fehlerhaftigkeit des Dokuments ebenso bewusst ist. Bedingter Vorsatz ist bereits dann gegeben, wenn ein Blanko-Visumantrag unterschrieben wird und die weiteren Angaben anderen überlassen werden[209].

110 **Vorsätzlich falsche Angaben oder vorsätzliches Verschweigen des Hauptreiseziels** im Verfahren um die Ausstellung eines einheitlichen Visums kann eine Täuschungshandlung nach sich ziehen, mit der Folge, dass bei Vorlage des so erschlichenen Aufenthaltstitels zur Täuschung im Rechtsverkehr eine strafrechtliche Folge gem. Abs. 2 Nr. 2 (Alt. 2) eintreten kann, die Annullierung des Visums vorzunehmen sein wird sowie bei Aufenthalt im Bundesgebiet der Ausweisungstatbestand insbesondere des § 54 II Nr. 7, 8 erfüllt sein kann. Jedoch stellt das so – durch wahrheitswidrige Angaben – erschlichene Visum einen bestandskräftigen Aufenthaltstitel dar. Die Einreise mit diesem Visum ist nicht unerlaubt (vgl. aber Ausführungen bei Abs. 6), könnte bei Einreise über eine Außengrenze jedoch zu einer Zurückweisung nach § 15 II Nr. 1, 2, 3 führen.

---

[194] LG Aachen Beschl. v. 2.4.2019 – 66 Qs 18/19, BeckRS 2019, 6480 Rn. 7.
[195] BayObLG Beschl. v. 17.5.2000 – 4St RR 55/2000 ua, EZAR 355 Nr. 23; vgl. aber § 96 IV.
[196] Vgl. BGH Beschl. v. 27.4.2005 – 2 StR 457/04, NJW 2005, 2095.
[197] BayObLG Beschl. v. 22.9.1989 – RReg 4 St 200/89, EZAR 355 Nr. 8 mwN.
[198] BayObLG Beschl. v. 21.12.2000 – 4St RR 166/2000 ua, EZAR 355 Nr. 25.
[199] BGH Urt. v. 11.2.2000 – 3 StR 308/99, EZAR 355 Nr. 24.
[200] VG Würzburg Beschl. v. 19.11.2014 – W 7 K 14.307, BeckRS 2015, 44337.
[201] *Aurnhammer* S. 68; aA VG Koblenz Beschl. v. 12.12.1991 – 3 L 2913/91.KO, InfAuslR 1992, 86.
[202] BayObLG Beschl. v. 21.8.1989 – RReg 4 St 131/89, EZAR 355 Nr. 7.
[203] BGH Urt. v. 16.4.1996 – 1 StR 127/96, NJW 1996, 2170.
[204] BGH Beschl. v. 2.9.2009 – 5 StR 266/09, NJW 2010, 248.
[205] *Heinrich* ZAR 2003, 166; *Lorenz* NStZ 2002, 640.
[206] Dies gilt sowohl für den in erster Linie öffentlich-rechtlichen Rechtsverkehr, aber auch für den Privatrechtsverkehr, so zB durch Vorlage des erschlichenen Aufenthaltstitels zur Erwirkung einer legalen Beschäftigung beim Arbeitgeber; BayObLG NVwZ-Beilage I 8/2000, 95.
[207] Vgl. BGH Beschl. v. 21.7.2020 – 5 StR 146/19, NStZ 2021, 43.
[208] BGH Beschl. v. 27.4.2005 – 2 StR 457/04, NJW 2005, 2095.
[209] BGH Beschl. v. 15.11.2006 – 2 StR 157/06, NStZ 2007, 289.

Fraglich kann im Einzelfall sein, ob die **Inanspruchnahme des unzuständigen Konsulats** über 111
das Vorliegen der Einreisevoraussetzungen nach Art. 6 Ic SGK täuschen kann. Jedenfalls bei gezielter
(absichtlicher) Täuschung liegt der Verdacht einer Straftat gemäß Abs. 2 Nr. 2 und Abs. 6 vor.
Ungeplante, nach Stellen des Visumantrags eingetretene Änderungen dürften regelmäßig nicht zu einer
Visumserschleichung führen, so zB, wenn der Termin für eine Geschäftsreise sich kurzfristig in einen
anderen oder überwiegend anderen Zielstaat ändert und damit der übergeordnete Zweck gleichfalls
erhalten bleibt[210].

Der Verstoß gegen Abs. 2 Nr. 2 ist jedenfalls dann, wenn infolge der Tathandlung ein Aufenthalts- 112
titel oder Duldung erteilt wurde, mit Ablauf der Geltungsdauer der gewährten Aufenthaltstitel oder
Duldung **beendet**[211]. Eine einzelne Tat bezieht sich auf den Zeitraum, der jeweils durch die Dauer des
erteilten Aufenthaltstitels oder Duldung bestimmt wird.

Werden in demselben Verwaltungsverfahren unrichtige **Angaben wiederholt,** liegt nur eine Tat 113
vor[212]. Werden hingegen dieselben unrichtigen oder unvollständigen Angaben in einem weiteren
Antragsverfahren, etwa in einem auf Verlängerung eines Aufenthaltstitels oder einer Duldung gerichteten Verfahrens, wiederholt, so liegt eine neue Tat vor[213]. Die Verpflichtung zu wahrheitsgemäßen und
vollständigen Angaben gemäß § 49 II gilt bei jedem neuen Antrag auf Erteilung einer Duldung
uneingeschränkt. Die Gefahr, sich bei wahrheitsgemäßen Angaben aufgrund vorhergehender falscher
Angaben der Strafverfolgung auszusetzen, berührt den Grundsatz der Selbstbelastungsfreiheit (nemo
tenetur se ipsum accusare) nicht[214].

Taten nach Abs. 2 Nr. 2 unterliegen im Hinblick auf das gesetzliche Höchstmaß der Freiheitsstrafe 114
von drei Jahren einer fünfjährigen Verjährungsfrist (§ 78 III Nr. 4 StGB), die mit der Beendigung der
Tat beginnt (§ 78a S. 1 StGB)[215].

V. Subjektiver Tatbestand

Für jeden Straftatbestand des § 95 ist **Vorsatz** erforderlich; denn Fahrlässigkeit ist nicht ausdrücklich 115
unter Strafe gestellt (§ 15 StGB; vgl. aber § 98 I). Die Vorsatz begründenden Umstände müssen aktiv
und hinreichend festgestellt und gegen fahrlässiges Handeln abgegrenzt werden[216]. Bedingter Vorsatz
genügt, wobei eine besondere Belehrung über bestehende Rechtspflichten nicht vorausgesetzt wird[217].
Fehlende Kenntnis der Rechtsvorschriften schließt Strafe nicht aus. Der Vorsatz kann infolge Irrtums
über Tatumstände ausgeschlossen sein (§ 16 StGB[218], die Strafbarkeit wegen fahrlässiger Begehung
bleibt unberührt). Fehlendes Bewusstsein der Pflichtwidrigkeit gehört zur Schuldseite[219], schließt also
den Vorsatz nicht aus. Bereits aus der Struktur der §§ 16, 17 StGB ergibt sich, dass ein strafrechtlich
relevanter Irrtum entweder ein Tatbestandsirrtum oder ein Verbotsirrtum ist, diese mithin zueinander
in einem Exklusivitätsverhältnis stehen[220]. Im Allgemeinen genügt aber ein Verbotsirrtum nicht, weil
dieser idR auch bei Ausländern nicht unvermeidbar ist (§ 17 StGB). Dabei ist ein strenger Maßstab
anzulegen. Entscheidend ist, ob der Täter aufgrund seiner sozialen Stellung, nach seinen individuellen
Fähigkeiten und bei dem ihm zumutbaren Einsatz seiner Erkenntniskräfte und seiner rechtlich-sitt-
lichen Wertvorstellungen das Unrecht der Tat hätte einsehen können[221], wobei sich der Rechts-
unkundige nicht einfach auf sein unsicheres eigenes Urteil verlassen darf[222], sondern einer Erkundi-
gungspflicht unterliegt[223]. Die Einzelfallumstände und die persönliche Einsichtsfähigkeit entscheiden,
ob der Verbotsirrtum vermeidbar ist. Der Irrtum über Tatumstände gewinnt an Bedeutung, wenn der
Ausländer nicht in Kenntnis eines normativen Tatbestandsmerkmals handelt und daher nicht vom

---

[210] VG München Urt. v. 18.11.2010 – M 12 K 10.2089, BeckRS 2010, 33040.
[211] OLG Celle Beschl. v. 17.2.2015 – 2 Ss 107/15, FD-StrafR 2015, 372038; vgl. BGHSt 58, 262 Rn. 12.
[212] OLG Saarbrücken Beschl. v. 19.2.2016 – Ss 9/16 (8/16), Ss 9/2016 (8/16), StV 2016, 658.
[213] OLG Saarbrücken Beschl. v. 19.2.2016 – Ss 9/16 (8/16), Ss 9/2016 (8/16), StV 2B16, 658; offensichtlich ebenso, wenn auch nicht ausdrücklich OLG Hamm Beschl. v. 26.9.2011 – III-3 RVs 69/11, BeckRS 2011, 26597; OLG Düsseldorf Beschl. v. 30.5.2012 – III-3 RVs 62/12, BeckRS 2012, 13768.
[214] OLG Celle Beschl. v. 20.6.2018 – 2 Ss 56/18, BeckRS 2018, 14590.
[215] LG Aachen Beschl. v. 2.4.2019 – 66 Qs 18/19, BeckRS 2019, 6480.
[216] OLG Frankfurt a. M. Beschl. v. 6.9.2011 – 1 Ss 241/11, nv.
[217] Vgl. OLG München Beschl. v. 30.6.2009 – 4St RR 7/09, BeckRS 2009, 19428 – „Eine Verurteilung nach § 95 I Nr 5 setzt nicht immer voraus, dass der Ausländer gemäß § 82 III 1 über die Strafbarkeit falscher Identitäts-angaben iSv § 49 I belehrt worden ist."
[218] AG Tiergarten Urt. v. 24.11.2008 – (233 Cs) 35 Js 1464/08 (189/08), juris, im Hinblick auf die Annahme der Angeklagten, dass ihre Verteidigerin für sie vorläufigen Rechtsschutz gegen die drohende Abschiebung beantragt hat und dies einen Irrtum über das Vorliegen der tatsächlichen Voraussetzungen eines anerkannten Rechtfertigungs-grundes darstellt.
[219] *Aurnhammer* S. 174 ff.
[220] *Neumann* JuS 1993, 793.
[221] Sog. „Gewissensanspannung" – BGHSt 3, 357; 4, 236.
[222] BGH Urt. v. 2.2.1954 – 5 StR 590/53, NJW 1954, 482; BGH Beschl. V. 27.1.1966 – KRB 2/65, GRUR 1966, 456.
[223] OLG Hamm Beschl. V. 21.9.2005 – 1 Ss OWi 402/05, NJW 2006, 245; OLG Stuttgart Urt. v. 26.6.2006 – 1 Ss 296/05, NJW 2006, 2422.

Appell der Norm angesprochen wird. Dies ist dann der Fall, wenn der Ausländer anlässlich des Erhalts einer Ausweisungsverfügung nicht über deren **Rechtsfolgen** in einer für ihn verständlichen Sprache **aufgeklärt** wurde[224].

VI. Rechtswidrigkeit

116 Das Asylrecht des Art. 16a I GG kommt anders als Art. 31 Nr. 1 GFK (→ Rn. 118) als Rechtfertigungsrund in Betracht[225]. Allerdings ist die Rechtswidrigkeit aufgrund der Restriktionen durch Drittstaatenklausel, Flughafenverfahren und § 13 AsylG praktisch nur noch in den Fällen ausgeschlossen, in denen der Ausländer nicht aus einem sicheren Herkunftsstaat stammt und auf dem Luftweg einreist, ohne dabei einen sicheren Drittstaat zu berühren[226].

VII. Persönlicher Strafausschließungsgrund (Abs. 5)

117 Die unberührt bleibende Geltung von Art. 31 GFK wirkt sich bei den Tatbeständen des Abs. 1 Nr. 1–3 als persönlicher **Strafausschließungsgrund** aus.[227]

118 Bedeutende Grundkonzepte und damit integraler Bestandteil der GFK sind die Auffassung, dass Flüchtlinge nicht an Orte zurückgeschickt werden sollten, an denen sie der Verfolgung ausgesetzt sind oder ihnen Verfolgung droht **(Prinzip des non-refoulement – Art. 33 GFK)**, sowie dass von Personen, die vor Verfolgung fliehen, nicht erwartet werden kann, dass sie beim Verlassen ihres Landes und bei der Einreise in ein anderes Land alle Vorschriften einhalten, und dass sie daher wegen illegaler Einreise in das Land, in dem sie Asyl suchen oder wegen illegalen Aufenthalts in diesem Land nicht bestraft werden sollten **(Prinzip des Schutzes vor Bestrafung – Art. 31 I GFK)**. Mit Aufnahme des Grundsatzes der Nicht-Zurückweisung in Art. 78 AEUV wurde der Stellenwert[228] der GFK zusätzlich mit einem Völkerrechtsvorbehalt unterstrichen. Art. 31 I GFK ist bislang nicht über das Sekundärrecht umgesetzt worden[229]; so bezieht sich Art. 21 Qualifikations-RL nur auf den Schutz vor Zurückweisung – non-refoulement – und nicht auf das Pönalisierungsverbot. Dadurch begründet sich auch die Nicht-Zuständigkeit des EuGH im letzteren Fall. Unstrittig ist die **Bindungswirkung der GFK** als maßgeblicher Teil des internationalen Flüchtlingsschutzes über die Wirkung als Bundesgesetz (Art. 20 III iVm Art. 59 II 1 GG). Aber auch ohne die vertragsgesetzliche Transformation in Bundesrecht gilt die GFK völkergewohnheitsrechtlich über **Art. 25 GG als generellen Transformator.**

119 **Das Pönalisierungsverbot als integraler Bestandteil des Flüchtlingsschutzes:** Art. 31 I GFK sieht vor und erkennt damit grundsätzlich an, dass sich Flüchtlinge unrechtmäßig im Aufnahmeland aufhalten können.

„Die vertragschließenden Staaten werden wegen unrechtmäßiger Einreise oder Aufenthalts keine Strafen gegen Flüchtlinge verhängen, die unmittelbar aus einem Gebiet kommen, in dem ihr Leben oder ihre Freiheit im Sinne von Artikel 1 [GFK] bedroht waren und die ohne Erlaubnis in das Gebiet der vertragschließenden Staaten einreisen oder sich dort aufhalten, vorausgesetzt, dass sie sich unverzüglich bei den Behörden melden und Gründe darlegen, die ihre unrechtmässige Einreise oder ihren unrechtmässigen Aufenthalt rechtfertigen"[230].

Im deutschsprachigen Raum sind wir gewohnt, deutsche Texte zu lesen und zu interpretieren. Den europäischen Rechtsakten ist gemein, dass diese in Deutsch als einer von mittlerweile 24 Amts- und Arbeitssprachen abgefasst werden, wobei Englisch, Französisch und Deutsch traditionell als Arbeitssprache die Verständigung innerhalb der Institutionen vereinfachen sollen[231]. Bei völkerrechtlichen Verträgen sind hingegen die Originalfassungen idR in Französisch oder Englisch verfasst. Die deutsche Fassung der Sprachjuristen ist deshalb bei Interpretationsschwierigkeiten mit den Originalfassungen abzugleichen, um die fragliche Regelung mit juristischen Auslegungsmethoden nach Art. 31 WVK[232] zu prüfen. Die völkerrechtlichen Interpretationsgrundsätze müssen vor dem Hinter-

---

[224] S. insoweit auch AG Tiergarten Urt. v. 24.11.2008 – 35 Js 1464/08, juris.

[225] *Aurnhammer* S. 163 ff.; aA in Bezug auf Art. 31 I GFK *Fischer-Lescano/Horst* ZAR 2011, 81 (90); *El-Ghazi/Fischer-Lescano* StV 2015, 386 f., die insoweit einen rechtfertigenden Notstand annehmen.

[226] Vgl. LG Essen Urt. v. 4.12.2013 – 35 KLs 29/13, BeckRS 2015, 5896.

[227] *Aurnhammer* S. 163 f.: Einstufung als Strafaufhebungsgrund.

[228] Vgl. auch Art. 19 II GRCh.

[229] Vgl. *Fischer-Lescano/Horst* S. 82, Fn. 13.

[230] Nach der amtlichen deutschen Übersetzung (verkündet mit Ges. v. 1.9.1953 (BGBl. II S. 559), in Kraft getreten am 22.4.1954 gem. Bekanntmachung des Bundesministers des Auswärtigen v. 25.4.1954 (BGBl. II S. 619).

[231] Verordnung Nr. 1 des Rates vom 15.4.1958 zur Regelung der Sprachenfrage für die EWG, ABl. Nr. 17 S. 385, die zu Beginn in ihrem Art. 1 Deutsch, Französisch, Italienisch und Niederländisch vorsah.

[232] *v. Arnauld* S. 87, Rn. 223; Wiener Übereinkommen über das Recht der Verträge v. 23.5.1969 (BGBl. 1985 II S. 926 ff., Wiener Vertragsrechtskonvention). Die Auslegungsregeln der WVK sind nicht unmittelbar auf die GFK anwendbar, weil die WVK erst am 27.1.1980 in Kraft getreten ist und für früher geschlossene Verträge ratione temporis unanwendbar ist (vgl. Art. 4 WVK). Nach Auffassung des BVerfG Beschl. v. 8.12.2014 – 2 BvR 450/11, NVwZ 2015, 361, kann auf die einschlägigen Auslegungsregeln der Art. 31 und 32 WVK jedoch für die Auslegung früher entstandener Verträge zurückgegriffen werden.

grund der deutschen Rechtsordnung „methodisch vertretbar" sein[233]. Ausgangspunkt ist der Text des Vertrags; auf den Willen der vertragsschließenden Parteien kommt es zunächst nicht an, sodass die objektivierte Auslegung im Vordergrund steht. Die wörtliche Auslegung geht vom Wortlaut einer Vorschrift aus. Bei mehreren Sprachfassungen, die als authentisch festgelegt wurden, gelten diese gleichermaßen als verbindlich; bei der GFK die englische und französische Fassung[234]. Es ist dabei grundsätzlich zu vermuten, dass Ausdrücke in diesen Texten die gleiche Bedeutung haben (Art. 33 III WVK). Danach sieht die Straffreiheit (lediglich) die unrechtmäßige Einreise oder den unrechtmäßigen Aufenthalt vor („on account of their illegal entry or presence"/„du fait de leur entrée ou de leur séjour irréguliers")[235]. Die systematische Auslegung berücksichtigt den Regelungszusammenhang. Alle späteren Übereinkünfte, Erklärungen und Übungen (opinio juris) werden mit einbezogen, die nach Auffassung des BVerfG auf systematisch Überwiegendes für eine *enge* Auslegung hindeuten, die aber letztlich nicht überzeugt. Das BVerfG stellt mit Bezug auf eine Untersuchung[236] aus dem Jahr 2003 fest, dass lediglich 48 Prozent der untersuchten Konventionsstaaten auch das Strafbedürfnis wegen der Einreise mit gefälschten Personaldokumenten nicht sehen. Die teleologische Auslegung zielt auf die Ermittlung von Ziel und Zweck des Vertrags ab und wird zum Teil als **dynamische Interpretation** („living instruments") unter Berücksichtigung des Effektivitätsgrundsatzes (effet utile) verstanden. Die historisch-genetische Auslegung schließlich berücksichtigt die vorbereitende Arbeiten (travaux préparatoires), die nach Art. 32 WVK aber nur hilfsweise herangezogen werden dürfen[237]. Auch in Bezug auf die letzten beiden Auslegungsmethoden sieht sich das BVerfG in seiner Auffassung bestätigt, dass keine zwingende, jedenfalls aber keine voraussetzungslose Erstreckung des persönlichen Strafaufhebungsgrunds auch auf Begleitdelikte geboten sei[238]. „Allein der Wunsch nach unbedingter „Effektivierung des [...] Schutzes von Flüchtlingen" [...] kann demgegenüber – auch nach dem Sinn und Zweck der Konvention – nicht zu einer Carte blanche für sämtliche deliktischen Handlungen und Unterlassungen des Flüchtlings, die im Zusammenhang mit der Einreise vorgenommen werden, generiert werden"[239]. So geht *Schneider*[240] zunächst schon irrig von der vermeintlich richtigen deutschen Sprachfassung aus. Auch lässt sich nach den genannten Auslegungsmethoden nicht mit vernünftigen Argumenten belegen, dass sich die Formulierung „vorausgesetzt, dass sie sich unverzüglich bei den Behörden melden" nur auf die Handlung des Sich-Aufhaltens beziehe und nicht auch auf die Alternative „der unrechtmäßigen Einreise". Gleiches gilt für die Unmittelbarkeit der Einreise. Damit ist zunächst festzustellen:

1. Die deutsche Sprachfassung weicht in der Bedeutung nicht von den allein verbindlichen[241] englischen und französischen Fassungen ab.
2. Die Handlungsalternativen des Flüchtlings stehen ohne Unterschied gleichberechtigt nebeneinander.

Für die 1. Handlungsalternative der „Einreise" gilt daher: „Die vertragschließenden Staaten werden wegen unrechtmäßiger Einreise keine Strafen gegen Flüchtlinge verhängen, die unmittelbar aus einem Gebiet kommen, in dem ihr Leben oder ihre Freiheit iSv Art. 1 bedroht war und die ohne Erlaubnis in das Gebiet der vertragschließenden Staaten einreisen, vorausgesetzt, dass sie sich unverzüglich bei den Behörden melden und Gründe darlegen, die ihre unrechtmäßige Einreise rechtfertigen".

Die 2. Handlungsalternative des „Aufenthalts" bezieht sich auf die identischen Voraussetzungen. Insbesondere ist auch hier ein „unrechtmäßiger" Aufenthalt „unmittelbar" aus dem Fluchtgebiet kommend unter „unverzüglicher" Meldung bei den Behörden und „Darlegung der rechtfertigenden Gründe" gemeint.

Abs. 5 enthält die gleichfalls schlanke wie bedeutsame Bestimmung, dass Art. 31 I GFK unberührt bleibt. Die Auslegung und Bedeutung dieser Regelung wird in Rspr. und Literatur unterschiedlich

120

---

[233] Vgl. BVerfG Beschl. v. 8.12.2014 – 2 BvR 450/11, NVwZ 2015, 361.
[234] Art. 46 GFK.
[235] BVerfG Beschl. v. 8.12.2014 – 2 BvR 450/11, NVwZ 2015, 361.
[236] BVerfG mit Verweis auf *Goodwin-Gill*, Article 31 of the 1951 Convention relating to the Status of Refugees: non-penalization, detention, and protection, in: *Feller/Türk* ua (ed.), Refugee Protection in International Law, 2003, S. 207.
[237] *v. Arnauld*, https://books.google.de/Völkerrecht, S. 87, Rn. 223.
[238] AA *Fischer-Lescano/Horst* S. 81, 87; vgl. hierzu auch UNHCR in der überarbeiteten UNHCR-Stellungnahme zur Auslegung und Reichweite des Art. 31 I des Abkommens über die Rechtsstellung der Flüchtlinge v. Mai 2004, www.unhcr.de/fileadmin/rechtsinfos/fluechtlingsrecht/3_deutschland/3_2_unhcr_stellungnahmen/FR_GFR-HCR_Art31_052004.pdf, abgerufen am 26.7.2016, 18:27 Uhr, mit Verweis auf *Atle Grahl-Madsen*: Commentary on the Refugee Convention 1951, Geneva 1963, Nachdruck durch den UNHCR 1997, S. 171 f.: „Man diskutierte während der Konferenz sogar einen Vorschlag des Schweizer Delegierten, auch die Beihilfe zum illegalen Grenzübertritt straflos zu halten, wenn sie aus beachtenswerten Beweggründen geleistet wird. Der Vorschlag wurde letztlich verworfen, doch mehrere Delegierte verliehen dem Wunsch Ausdruck, dass die Staaten die liberale Einstellung der Schweizer zur Kenntnis nehmen und diesem Beispiel folgen."
[239] BVerfG Beschl. v. 8.12.2014 – 2 BvR 450/11, NVwZ 2015, 361.
[240] *Schneider*, Rechtsgutachten zum Asyl-, Flüchtlings-, Einwanderungs- und Strafrecht v. 22.8.2015, www.Institut-fuer-Asylrecht.de/26502. pdf, S. 3 (Stand: 19.7.2016).
[241] Vgl. BVerfG Beschl. v. 16.6.1987 – 2 BvR 911/85, NVwZ 1987, 1068.

bewertet. Flüchtling iSv Art. 31 I GFK kann ein in die Bundesrepublik Deutschland eingereister Asylbewerber in aller Regel erst dann sein, wenn er als politisch Verfolgter unanfechtbar anerkannt worden ist, so noch das OLG Frankfurt a. M. 1996 vor Einrichtung des GEAS[242]. Das Asylrecht des Art. 16a I GG kommt anders als Art. 31 I GFK als *Rechtfertigungsgrund* in Betracht[243]. Asylbewerber benötigen insoweit kein Visum (keinen Sichtvermerk)[244], soweit dem Betroffenen die Erfüllung dieser Visumpflicht nicht möglich oder zumutbar ist[245]. Dies gilt jedoch nicht für den Fall, dass die Anerkennung als Asylberechtigter bestandskräftig versagt wird[246]. Allerdings ist die Rechtswidrigkeit aufgrund der Restriktionen durch Drittstaatenklausel, Flughafenverfahren und § 13 AsylG praktisch nur noch in den Fällen ausgeschlossen, in denen der Ausländer nicht aus einem sicheren Herkunftsstaat stammt und auf dem Luftweg einreist, ohne dabei einen sicheren Drittstaat zu berühren[247]. Daher kann als Asylberechtigter nur anerkannt werden, wer nach dem Ergebnis des Asylverfahrens aufgrund der verbindlichen Entscheidung des BAMF als solcher anzusehen ist (§ 2 AsylG). Bei versuchter Einreise über einen sicheren Drittstaat wird ihm die Asylanerkennung (Art. 16a II GG; §§ 2, 26a, 3 AsylG) versagt (§§ 31 I, 34a I AsylG). Ein Ausländer verliert jedoch nicht dadurch die Eigenschaft als „Flüchtling" iSd GFK und reist erlaubt ein, wenn er über einen sicheren Drittstaat einreist, dessen Asylverfahren im Einzelfall jedoch derartige strukturelle Defizite aufweist, dass die Bundesrepublik Deutschland von ihrem Eintritts- bzw. Übernahmerecht iSd Art. 3 II Dublin II-VO Gebrauch gemacht hat (hier Griechenland)[248]. Insoweit ergibt sich aus dem Ziel und Zweck der Vorschrift, Flüchtlingen die Zuflucht in einen schutzbereiten Staat zu ermöglichen, dass derjenige, der sich auf Straffreiheit nach Art. 31 I GFK beruft, so lange als Flüchtling anzusehen ist, bis das Gegenteil in einem Verfahren zur materiellen Prüfung der Flüchtlingseigenschaft rechtskräftig festgestellt wurde. Es ist auch „kaum vorstellbar, dass Art 31 I GFK einen bestimmten „Reiseweg" privilegieren will"[249]. Die hiervon unberührt bleibende Geltung von Art. 31 I GFK wirkt sich bei der unerlaubten Einreise nach Abs. 1 Nr. 3 AufenthG nach *Aurnhammer* als persönlicher Strafaufhebungsgrund aus[250].

121 Die rechtsdogmatische Einordnung als **persönlicher Strafausschließungsgrund** ist aber nach diesseitigem Verständnis angezeigt, da es sich bei den Fällen der unerlaubten Einreisen durch Flüchtlinge um Umstände handelt, die bereits *bei* Tatbegehung vorgelegen haben und von vornherein zum Entfall des Strafbedürfnisses führen, auch wenn diese erst im Nachgang durch die Statusfeststellung des BAMF verifiziert werden[251]. Soweit *Fischer-Lescano/Horst* Art. 31 I GFK ebenso wie Art. 16a GG als Rechtfertigungsgrund sehen und insoweit nach der Strafrechtslehre nicht dogmatisch differenzierend betrachten, wird der Wortlaut des Art. 31 I GFK nicht ausreichend berücksichtigt. Während Art. 16a GG unbedingt ist, setzt Art. 31 I GFK voraus, dass die vertragschließenden Staaten gegen Flüchtlinge keine Strafen wegen unrechtmäßiger Einreise oder Aufenthalt verhängen dürfen[252]. Die Orientierung an den *travaux préparatoires*[253] darf nicht dazu führen, dass über den ausdrücklichen Wortlaut hinaus eine weitergehende Auslegung vorgenommen wird. So darf die Betrachtung der Erwägungsgründe eines

---

[242] OLG Frankfurt a. M. Beschl. v. 28.10.1996 – 1 Ss 232/96, LSK 1997, 080455.
[243] *Aurnhammer* S. 163 ff.; BVerwG, Urt. v. 16.8.1977 – I C 15.76, NJW 1978, 507; BVerwG Beschl. v. 28.4.1981 – 9 B 751.81, BeckRS 1981, 31252805 zu Art. 16 II 2 aF GG; aA in Bezug auf Art. 31 I GFK *Fischer-Lescano/Horst; El-Ghazi/Fischer-Lescano,* die insoweit einen rechtfertigenden Notstand annehmen.
[244] BVerwG Urt. v. 16.8.1977 – I C 15.76, NJW 1978, 507; BVerwG Urt. v. 5.5.1984 – 1 C 59/84, NVwZ 1984, 591.
[245] Insoweit einschränkend BVerfG Beschl. v. 16.6.1987 – 2 BvR 911/85, NVwZ 1987, 1068.
[246] BVerwG Urt. v. 5.5.1984 – 1 C 59/84, NVwZ 1984, 591.
[247] Vgl. LG Essen Urt. v. 4.12.2013 – 35 KLs 29/13, BeckRS 2015, 5896.
[248] BVerfG Beschl. v. 8.12.2014 – 2 BvR 450/11, NVwZ 2015, 361; aA *Schott* S. 187 und *Schott-Mehrings* ZAR 2014, 142 (146).
[249] *Röder* Asylmagazin 5/2015, 146, Strafe muss sein? Neues zur Strafbarkeit illegaler Einreisen von Flüchtlingen, www.asyl.net/arbeitshilfen-publikationen/asylmagazin/beitraege-zum-aufenthaltsrecht/.
[250] *Aurnhammer* S. 163 f.; OLG München Beschl. v. 29.3.2010 – 5St RR (II) 79/10, BeckRS 2010, 37619; so auch ohne Beanstandung durch BVerfG Beschl. v. 8.12.2014 – 2 BvR 450/11, NVwZ 2015, 361; *Gericke* in MüKoStGB, Bd. 8, 2013, § 95 Rn. 110, 112, 118; *Hörich* in Huber, AufenthG, 2. Aufl. 2016, § 95 Rn. 273, der die Wertung des Art. 31 I GFK als Notstandsfall nach § 34 bzw. § 35 StGB verstanden haben will; *Fahlbusch* S. 1416, Rn. 275, der im Falle der Erstreckung des Pönalisierungsverbots auf typische Begleitdelikte, Art. 31 I GFK einschränkend und den Irrtum über die unrechtmäßigen Einreisebedingungen als strafbefreienden Erlaubnistatbestandsirrtum behandeln will; AG Nienburg, Urt. v. 16.5.2013 – 4 Cs 519 Js 24060/12 (319/12), FD-StrafR 2013, 352023: § 35 StGB (in Rechtsanwaltsbeiordnung von *Fahlbusch,* s. zuvor); *Schott* S. 196 und *Schott-Mehrings* S. 145.
[251] Vgl. BayObLG Beschl. v. 27.5.1980 – RReg 4 St 120/80, NJW 1980, 2030; BayObLG Beschl. v. 22.2.1985 – RReg 4 St 241/84, BayObLGSt 1985, 39; AG Kehl Beschl. v. 26.4.2016 – 3 Cs 208 Js 14124/14, BeckRS 2016, 7863; vgl. hierzu auch *Hörich* S. 877, Rn. 275; ausf. und grundlegend: *Lenckner/Sternberg-Lieben* in Schönke/Schröder, StGB, 29. Aufl. 2014, Vorb. §§ 32 ff. Rn. 127 ff.
[252] AG Tiergarten Urt. v. 15.4.2011 – 405 Ds 215/10 Jug, ANA-ZAR 5/2011, 37.
[253] Bei *Weis,* The Refugee Convention, 1951. The Travaux Préparatoires analyzed, 1995, http://www.unhcr.org/protection/travaux/4ca34be29/refugee-convention-1951-travaux-preparatoires-analysed-commentary-dr-paul.htm, abgerufen am 29. Juli 2016, 19:53 Uhr.

Rechtsaktes der EU auch nicht zu einer Tatbestandserweiterung führen, wenn der ausdrückliche Wortlaut der Art dies nicht widerspiegelt. Die strafrechtsdogmatische Einordnung des Art. 31 I GFK als Rechtfertigungsgrund ist auch deshalb problematisch, so dann aber *El-Ghazi/Fischer-Lescano*[254], weil das Pönalisierungsverbot vorbehaltlich der unverzüglichen Meldung bei den Behörden steht und die Gefahr eines relevanten Tatnachverhaltens nach sich zieht. Die Annahme einer fluchtspezifischen Notlage iSe gegenwärtigen, nicht anders abwendbaren Gefahr nach § 34 StGB geht tatbestandserweiternd über Art. 31 I GFK hinaus, sobald der Flüchtling den Verfolgerstaat verlassen konnte und einen (beliebigen) sicheren Drittstaat erreicht hat. Ein „Strafaufhebungsgrund" kann jedoch weiterhin gegeben sein, weil dem Flüchtling aufgrund der Fluchtumstände ein normgerechtes Verhalten nicht zugemutet werden kann. Damit sind – anders als im Falle der direkten Einreise nach Deutschland unter Berufung auf Art. 16a GG[255] – insbesondere die Grenzbehörden ermächtigt (und dem Legalitätsprinzip folgend verpflichtet; vgl. auch Nr. 95.5.6 AVwV-AufenthG), Strafanzeigen gegen Flüchtlinge zu erstatten, die aus einem sicheren Drittstaat einreisen. Denn aufgrund der Fluchtumstände ergeben sich zunächst regelmäßig tatsächliche und zureichende Anhaltspunkte für eine Straftat im Sinne eines strafrechtlich relevanten Anfangsverdachts gemäß §§ 152, 163 I StPO[256]. Das Strafverfahren selbst ist jedoch auszusetzen, solange das Anerkennungsverfahren als Flüchtling noch nicht rechtskräftig abgeschlossen wurde. Da es sich um einen persönlichen „Strafaufhebungsgrund" handelt, können Personen, die dem Flüchtling geholfen haben, gleichwohl bestraft werden[257]. Grundsätzlich kann sich auf die Strafbefreiung nur berufen, wer **unmittelbar** aus dem Verfolgerstaat **einreist** und sich **unverzüglich bei den zuständigen Stellen meldet**[258]. Unverzüglich bedeutet ohne schuldhaftes Zögern[259]. Nach Ansicht des BayObLG[260] ist dies im Einzelfall innerhalb von 24 Stunden jedenfalls, aber auch noch nach bis zu zwei Tagen der Fall. Die erforderliche Beratungszeit über einen Rechtsbeistand ist ebenfalls noch unverzüglich iSd der Bestimmung[261]. Aus diesem Grund dürfte idR eine Frist von zwei Wochen angemessen sein[262]. Ein Flüchtling geht seines Schutzes durch Art. 31 I GFK grundsätzlich nicht schon dadurch verlustig, dass er aus einem Drittstaat einreist und nicht direkt aus dem Herkunftsstaat, sofern er diesen Drittstaat nur als „Durchgangsland" nutzt und sich der Aufenthalt in diesem nicht schuldhaft verzögert[263]. Das OLG Stuttgart[264] stellt in diesem Fall erhöhte Anforderungen an den Begriff der „Unverzüglichkeit" iSe besonders zeitnahen Ersuchens von Asyl – unter Berücksichtigung der physischen und psychischen Verfassung des Ersuchenden – direkt gegenüber den festnehmenden Beamten. Das ist aber nicht mehr der Fall, wenn der Asylsuchende sich zB in einem dritten Staat mehr als zwei Jahre aufgehalten hat[265]. Die Meldung ist nicht mehr unverzüglich bei einer Hinauszögerung von zwölf Tagen[266]. Das BVerfG[267] hält wohl einen Aufenthalt im Einzelfall von bis zu 40 Tagen in einem sicheren Drittstaat für noch vereinbar mit dem Tatbestandsmerkmal „unmittelbar". Art. 31 I GFK will durch das Tatbestandsmerkmal der „Unmittelbarkeit" lediglich verhindern, dass Flüchtlinge, die sich bereits in einem anderen Staat niedergelassen haben, unter Berufung auf die GFK ungehindert weiterreisen können. Eine Gefährdung dieses Schutzzwecks besteht bei einer bloßen Durchreise

---

[254] *El-Ghazi/Fischer-Lescano*, StV 2015, S. 388 mit Verweis auf *Aurnhammer* S. 163.
[255] Entspr. der deklaratorischen Wirkung der Statuszuerkennung kann sich bereits der Asylsuchende auf den „Strafaufhebungsgrund" berufen. *Hailbronner* AufenthG § 95 Rn. 109.
[256] AA *Fischer-Lescano/Horst* S. 81, 90.
[257] Das behördlich asylrechtliche Verfahren, S. 44, www.erlangen-evangelisch.de/sites/default/files/docs/Asylverfahren%20beh%F6rdlich%20 Text.pdf, abgerufen am 20.7.2016, 11:59 Uhr.
[258] BVerwG Urt. v. 25.11.1958 – I C 122/57, NJW 1959, 451; BayObLG Beschl. v. 27.5.1980 – RReg 4 St 120/80, NJW 1980, 2030; OLG Celle Urt. v. 13.1.1987 – 1 Ss 545/86, NVwZ 1987, 533.
[259] BVerfG Beschl. v. 16.6.1987 – 2 BvR 911/85, NVwZ 1987, 1068; BVerwG Beschl. v. 28.4.1981 – 9 B 751.81, BeckRS 1981, 31252805.
[260] BayObLG Beschl. v. 27.5.1980 – RReg 4 St 120/80, NJW 1980, 2030.
[261] BVerfG Beschl. v. 16.6.1987 – 2 BvR 911/85, NVwZ 1987, 1068; AG Kassel Urt. v. 10.11.1989 – 312 Js 146741/89 – 50 Ds, StV 1990.
[262] *Fahlbusch* S. 1414, Rn. 257; *Hörich* S. 878, Rn. 280, mit Hinweis auf *Lutz* InfAuslR 1997, 384 (385) (eine Woche) und AG Kassel Urt. v. 10.11.1989 – 312 Js 146741/89 – 50 Ds, StV 1990, 116 (vier Wochen).
[263] Vgl. AG Frankfurt a. M. Urt. v. 17.6.2015 – 975 Cs 858 Js 53066/14, LSK 2015, 460512; OLG Stuttgart Urt. v. 2.3.2010 – 4 Ss 1558/09, BeckRS 2010, 18830; OLG Düsseldorf Beschl. v. 1.7.2008 – 5 Ss 122-80/08, BeckRS 2012, 8473; OLG Düsseldorf Urt. v. 28.5.1984 – 5 Ss 17/84, MDR 1984, 1043; *Hailbronner* AuslR A 1 AufenthG § 95 Rn. 109; *Stoppa* in Huber, AufenthG, 2010, AufenthG § 95 Rn. 356; *Marx* S. 18; aA *Senge* in Erbs/Kohlhaas, Strafrechtliche Nebengesetze, AufenthG § 95 Rn. 67; OLG Köln Urt. v. 21.10.2003 – Ss 270–271/03 – 141-142, NStZ-RR 2004, 24 mwN; BayObLG Beschl. v. 2.10.1998 – 4 St RR 131/98, BayObLGSt 1998, 172.
[264] Vgl. AG Frankfurt a. M. Urt. v. 17.6.2015 – 975 Cs 858 Js 53066/14, LSK 2015, 460512; OLG Stuttgart Urt. v. 2.3.2010 – 4 Ss 1558/09, BeckRS 2010, 18830; OLG Düsseldorf Beschl. v. 1.7.2008 – 5 Ss 122-80/08, BeckRS 2012, 8473; OLG Düsseldorf Urt. v. 28.5.1984 – 5 Ss 17/84, MDR 1984, 1043; *Hailbronner* AuslR A 1 AufenthG § 95 Rn. 109; *Stoppa* in Huber, AufenthG, 2010, AufenthG § 95 Rn. 356; *Marx* S. 18; aA *Senge* in Erbs/Kohlhaas, Strafrechtliche Nebengesetze, AufenthG § 95 Rn. 67; OLG Köln 21.10.2003 – Ss 270–271/03 – 141-142,NStZ-RR 2004, 24 mwN; BayObLG Beschl. v. 2.10.1998 – 4 St RR 131/98, BayObLGSt 1998, 172.
[265] OLG Zweibrücken Beschl. v. 12.6.1992 – 1 Ss 208/91, BeckRS 9998, 28268.
[266] OLG Düsseldorf Urt. v. 28.5.1984 – 5 Ss 17/84, MDR 1984, 1043.
[267] BVerfG Nichtannahmebeschl. v. 8.12.2014 – 2 BvR 450/11, NVwZ 2015, 361.

hingegen nicht²⁶⁸. Eine unerlaubte Einreise iSd §§ 14 I, 95 I Nr. 3 liegt nicht vor, wenn der Ausländer zwar nicht im Besitz der erforderlichen Einreisepapiere ist, er aber nach § 13 III 1 AsylG bereits an der Außengrenze um Asyl nachsucht und ihm daraufhin von der Grenzbehörde gemäß § 18 II AsylG die Einreise gestattet wird²⁶⁹. Erweiternd zu der bisherigen Rspr. muss das Unmittelbarkeitskriterium nach Art. 31 I GFK lediglich verhindern, dass sich auf ein dauerhaftes Recht unbeschränkter Immigration berufen wird. Damit soll bereits ein Ausschluss zeitweiliger Niederlassung (temporarily settled) verhindert werden²⁷⁰. Letztlich ist die Frage der „Unmittelbarkeit" keine reine Zeitfrage, sondern eine Rechtsfrage, die einzelfallbezogen geklärt werden muss. „Ein bloßer Verstoß gegen die Pflicht der unverzüglichen Meldung" könnte zudem die Androhung einer Freiheitsstrafe unter dem Gesichtspunkt der Angemessenheit infrage stellen²⁷¹. Die Stellung eines Asylantrags unter falschen Personalien lässt jedoch den Strafausschluss von Art. 31 I GFK entfallen, da es durch dieses Verhalten bereits an der erforderlichen Vorstellung der eigenen Person bei den Behörden fehlt, damit hat der Antragsteller auch nicht unverzüglich Gründe für seine unrechtmäßige Einreise dargelegt²⁷².

122   Strittig ist, ob sich der Strafausschließungsgrund auch auf die sog. **Begleitdelikte** wie **Urkundendelikte** (§§ 267, 273, 281 StGB) erstrecken darf²⁷³. Dies wird im Schrifttum und in der Rspr. überwiegend so bewertet²⁷⁴. Die Strafbefreiung des Art. 31 I GFK soll jedenfalls dann nicht sog. Begleitdelikte wie etwa eine Urkundenfälschung durch Gebrauchmachen von einem gefälschten Pass erfassen, wenn deren Begehung für die Geltendmachung von Asyl in der Bundesrepublik Deutschland nicht erforderlich war. Wenn nämlich der Gebrauch einer unechten Urkunde anlässlich der Ankunft des Flüchtlings an einem internationalen Flughafen nicht geboten sei, da vielmehr die Berufung auf das Asylbegehren bei der polizeilichen Kontrolle genüge²⁷⁵. Die Gefahr der Strafverfolgung oder sonstiger Repressionen darf aber nicht dazu führen, dass der Flüchtling von der Flucht ganz absieht, ein anderes, in seinen Augen weniger sicheres Zielland anstrebt oder sich dazu veranlasst sieht, im Zielland „unterzutauchen", um einer Strafverfolgung zu entgehen²⁷⁶. „Diese Auffassung entspricht einer rechtlichen Lehre aus der Tatsache, dass die Offenbarung der wahren Identität des Flüchtlings eine Flucht und das Erreichen eines sicheren Ortes unmöglich machen kann"²⁷⁷. Das BVerfG hat dazu entschieden, dass es, zumindest im Fall des sog. *Flughafenverfahrens* (§ 18a AsylG), von Verfassungs wegen nicht geboten sei, Art. 31 I GFK dahin auszulegen, dass auch Begleitdelikte vom Schutzbereich erfasst werden²⁷⁸ („[…] notstandsähnliche Unmöglichkeit oder Unzumutbarkeit, […] für die Einreise erforderlichen Formalitäten zu erfüllen, […] im Regelfall strukturell ausgeschlossen."). Gleichwohl können die Fachgerichte den noch vorhandenen Spielraum nutzen, da der Umfang einer noch möglichen Erstreckung vom BVerfG letztlich offengelassen wird²⁷⁹. Nach diesseitiger Auffassung verkennt das BVerfG jedoch, dass auch die Einreise auf dem Luftweg nicht frei von Unwägbarkeiten und Gefahren ist, die schnell zum Scheitern der Flucht führen können. In der Praxis dürfte die Flugreise unmöglich sein, wenn der Flüchtling nicht über zureichende Einreisepapiere für das Zielland verfügt, sodass auch gerade hier die Verwendung von ge- oder verfälschten Dokumenten für die erfolgreiche Flucht existenziell ist²⁸⁰. Zumindest kann sich das Pönalisierungsverbot auf solche Delikte erstrecken, die begangen werden, um eine notstandsähnliche Lage zu beenden, in der es unmöglich oder unzumutbar wäre, angesichts einer aktuellen Verfolgungssituation die für die Einreise erforderlichen Formalitäten zu erfüllen²⁸¹. Der persönliche Strafausschließungsgrund des Art. 31 I GFK erfasst daher in einer hier gebotenen weiten Auslegung neben den eigentlichen Einreise- und Aufenthaltsdelikten auch fluchttypische Delikte, ohne dass diese objektiv unverzichtbar zur Zweckerfüllung sein müssen. Insoweit ist auf die Vorstellung und

---

²⁶⁸ Vgl. umfassend *Hailbronner*, AuslR, 71. Erg. 2010, AufenthG § 95 Rn. 109, mwN; BVerfG, Nichtannahmebeschl. v. 8.12.2014 – 2 BvR 450/11, NVwZ 2015, 361.
²⁶⁹ VG Stuttgart Urt. v. 16.3.2010 – 11 K 4295/09, BeckRS 2010, 48200.
²⁷⁰ So *Fischer-Lescano/Horst* ZAR 2011, 81 (89).
²⁷¹ So *Hörich/Bergmann* Asylmagazin 5/13, 146 (148).
²⁷² OLG Hamm Beschl. v. 5.9.2002 – 3 Ss 706/02, BeckRS 2010, 6025.
²⁷³ So AG Frankfurt a. M. Beschl. v. 20.10.1987 – 40 Js 4418/87 Hö 9c Ds, StV 1988, 306; OLG Frankfurt a. M. Beschl. v. 28.10.1996 – 1 Ss 232/96 StV 1997, 78 f.
²⁷⁴ *Marx* S. 18 mit Hinweis auf AG Nienburg Urt. v. 16.5.2013 – 4 CS 519 Js 24060/12, BeckRS 2013, 15697; AG Korbach Urt. v. 13.8.2012 – 4 Cs – 1620 Js 8985/12, LSK 2013, 040827); *Winkelmann*, 10. Aufl. 2013, AufenthG § 95 Rn. 17; *Hathaway*, The Rights of Refugees under International Law, 2005, S. 408; s. hierzu das Vorabentscheidungsersuchen des OLG Bamberg Beschl. v. 29.8.2013 – 3 Ss 59/2013, ZAR 2014, 134; *Hörich/Bergmann* S. 149; aA *Gericke* in MüKoStGB, 2. Aufl., Rn. 118.
²⁷⁵ OLG Bamberg Beschl. v. 24.9.2014 – 3 Ss 59/13, NStZ 2015, 404, mkritBespr bei *El-Ghazi/Fischer-Lescano* StV 2015, 386.
²⁷⁶ Vgl. *Weis*, The Refugee Convention.
²⁷⁷ AG Korbach Urt. v. 13.8.2012 – 4 Cs 1620 Js 8985/12, 4 Cs – 1620 Js 8985/12, LSK 2013, 040827.
²⁷⁸ BVerfG Beschl. v. 8.12.2014 – 2 BvR 450/11, NVwZ 2015, 361.
²⁷⁹ Vgl. AG Kehl Beschl. v. 26.4.2016 – 3 Cs 208 Js 14124/14, BeckRS 2016, 7863.
²⁸⁰ Ähnlich AG München Urt. v. 1.3.2012 – 836 Cs 381 Js 200807/11, juris.
²⁸¹ Vgl. BVerfG Beschl. v. 8.12.2014 – 2 BvR 450/11, NVwZ 2015, 361; AG Kehl Beschl. v. 26.4.2016 – 3 Cs 208 Js 14124/14, BeckRS 2016, 7863; OLG Frankfurt a. M. Beschl. v. 28.10.1996 – 1 Ss 232/96, LSK 1997, 080455.

subjektive Beurteilungsfähigkeit und -möglichkeit des Flüchtlings abzustellen, die Reise nur mit der falschen Urkunde in zumutbarer Weise zu unternehmen. Dieses Unterfangen muss insbesondere unter Vermeidung von erheblichen Gefahren für Leib und Leben, in angemessener Zeit und mit adäquatem finanziellem Aufwand und erforderlichenfalls unter Umgehung staatlicher Maßnahmen der Verhinderung der (weiteren) Flucht, sei es des Heimatstaats oder eines Durchgangslands, auch tatsächlich möglich sein[282]. Die Situation bei einer Einreise aus einem *sicheren Drittland* auf dem Luftweg und dem *Landweg* ist indes von der Rspr. des BVerfG nicht explizit erfasst und daher – da auch tatsächlich unter anderen Flucht- und Einreisevoraussetzungen stattfindend – anders zu beurteilen. Hier erlangt der Ausländer die Aufenthaltsgestattung nach § 55 I 3 AsylG erst mit Stellung des förmlichen Asylantrags. Schon dies spricht für die Annahme einer Notstandslage, wie sie bei Anwendung des Flughafenverfahrens aus strukturellen Gründen gerade nicht bestehen soll, sodass sich die Geltung des Pönalisierungsverbots einschließlich der Begleitdelikte auch auf diese Situationen (iSd effet utile) erstrecken muss[283]. Der ebenfalls weiten Auslegung bei *Fischer-Lescano/Horst* folgend, wird über den ausdrücklichen Wortlaut des Abs. 1 Nr. 1–3 hinaus das Tatbestandsmerkmal „unrechtmäßige Einreise/unrechtmäßiger Aufenthalt" aus Art. 31 I GFK zutreffend nach Sinn und Zweck der Vorschrift ausgelegt. Ein rechtliches Auseinanderreißen dieses einheitlichen Lebenssachverhalts würde durch die Bestrafung des Begleitdelikts die pönalisierungsbefreiende Wirkung des Art. 31 I GFK untergraben. Die Pönalisierungsbefreiung, so entspricht es dem Normzweck, ergibt nur Sinn, wenn der gesamte Lebenssachverhalt umfasst wird[284]. Der Tatbestand ist 1957 untechnisch gemeint gewesen und darf nicht im strikten Sinne eines heutigen Strafrechtsnebengesetzes gelesen werden. Das gilt auch für den Fall, wenn sich der Flüchtling eines Fluchthelfers bedient. Die Strafbarkeit von Flüchtlingen steht nicht in einem akzessorischen Verhältnis zu dem Tun etwaiger **Fluchthelfer.**

Der Wortlaut des Art. 31 I GFK schließt nicht explizit aus, dass eine illegale Einreise nicht auch **123** unter **Mithilfe von Schleusern** geschieht[285]. Die in der Norm genannten Voraussetzungen der Straffreiheit sind insoweit abschließend. Das entspricht den tatsächlichen Gegebenheiten, denn Personen, die vor Verfolgung fliehen, sind meistens nicht in der Lage, die entsprechenden Einreiseformalitäten einzuhalten. Viele von ihnen müssen zur Flucht darüber hinaus die Hilfe Dritter in Anspruch nehmen, „wobei aus dessen Sicht aber gleichgültig ist, ob er [der Flüchtling] sich einem gewinnorientierten oder Mehrfach-Schleuser im rechtlichen Sinne [...] anvertraut, oder einem ideologisch oder humanitär motivierten Einzeleinreisehelfer"[286]. Zwar liegt es nicht im Schutzbereich der Norm, kriminellem Tun Vorschub zu leisten. Dieser Gedanke darf aber nicht so weit führen, dem Flüchtling generell den Schutz von Art. 31 I GFK zu verwehren, weil er sich Schleusern anvertraut hat (zB Durchquerung eines sicheren Drittstaats als Durchgangsland, sofern dort kein schuldhaft verzögerter Aufenthalt vorgelegen hat, indem zB das Verlassen des Lkws des Schleusers unmöglich war). Allerdings sind in einem solchen Fall gesteigerte Anforderungen an die Unverzüglichkeit der Meldung und an die Darlegung der Gründe zu stellen, die die unrechtmäßige Einreise und den unrechtmäßigen Aufenthalt rechtfertigen sollen[287]. Nach Auffassung des BGH sind Drittstaatsangehörige Flüchtlinge, obgleich sie in der Bundesrepublik Deutschland Asylanträge gestellt haben, unerlaubt eingereist, wenn sie nicht über die erforderlichen Legitimationspapiere verfügten und sich auf das Asylgrundrecht des Art. 16a GG nicht berufen können, weil ihre Einreise aus einem sicheren Drittstaat erfolgte. Dies gelte nicht nur für die auf dem Landweg eingereisten, sondern auch für die Asylbewerber, die direkt aus Griechenland in die Bundesrepublik Deutschland gelangt seien. Der Umstand, dass die Bundesrepublik Deutschland im Jahr 2012 bei Asylsuchenden, die sich zuvor in Griechenland aufgehalten haben, das Asylverfahren selbst durchführte und wegen der dort bestehenden Defizite im Asylverfahren von einer Rücküberstellung nach Griechenland absah, ändere daran nichts. Dies habe zur Folge, dass die den Asylbewerber bei der unerlaubten Einreise behilflichen Helfer wegen gewerbsmäßigen Einschleusens strafbar seien. Soweit die Asylbewerber selbst wegen ihrer Flüchtlingseigenschaft nach Art. 31 I GFK straflos blieben, komme dies den Schleusern nicht zugute, weil es sich dabei um einen persönlichen „Strafaufhebungsgrund" handle[288]. Eine Straffreistellung des Asylsuchenden wirkt sich auf die Strafbar-

---

[282] Vgl. AG Kehl Beschl. v. 26.4.2016 – 3 Cs 208 Js 14124/14, BeckRS 2016, 7863.
[283] So auch *Röder*, www.asyl.net/arbeitshilfen-publikationen/asylmagazin/beitraege-zum-aufenthaltsrecht/S. 147.
[284] AG Korbach Urt. v. 13.8.2012 – 4 Cs-1620 Js 8985/12, 4 Cs-1620 Js 8985/12, LSK 2013, 040827.
[285] Insoweit ablehnend OLG Köln OLG Köln Urt. v. 21.10.2003 – Ss 270–271/03 – 141-142, NStZ-RR 2004, 24 mwN; OLG Düsseldorf Beschl. v. 1.7.2008 – 5 Ss 122-80/08, BeckRS 2012, 8473.
[286] *Schott* S. 196 und *Schott-Mehrings* S. 145 (der aber bei Schleusungen aus Griechenland wegen der faktischen Einstufung als derzeit „nicht-sicherer Drittstaat" schon keine Strafbarkeit sieht, S. 147); wohl auch befürwortend *Gericke* Rn. 120.
[287] OLG Stuttgart Urt. v. 2.3.2010 – 4 Ss 1558/09, BeckRS 2010, 18830; aA OLG Köln Urt. v. 21.10.2003 – Ss 270/03, NStZ-RR 2004, 24; OLG Düsseldorf Beschl. v. 1.7.2008 – III-5 Ss 122/08, StV 2009, 138; OLG München, Beschl. v. 29.3.2010 – 5St RR (II) 79/10, BeckRS 2010, 37619; *Senge* Rn. 70.
[288] BGH Urt. v. 26.2.2015 – 4 StR 178/14, NStZ-RR 2015, 184; BGH Urt. v. 26.2.2015 – 4 StR 233/14, NJW 2015, 2274. Der Einwand der Revision, die noch im nichtöffentlichen Bereich der Flughäfen Frankfurt und München von der Bundespolizei kontrollierten syrischen Staatsangehörigen seien erlaubt in die Bundesrepublik Deutschland eingereist, weil ihnen die Einreise von den kontrollierenden Bundespolizeibeamten zur Durchführung des Asylverfahrens nach § 18 I, § 18a AsylVfG gestattet worden sei (vgl. BeckOK AuslR/*Hohoff*, 6. Edition, Auf-

1 AufenthG § 95

keit des Teilnehmers wegen Beihilfe zur unerlaubten Einreise nicht aus und lässt das bereits verwirklichte Unrecht der unerlaubten Einreise unberührt[289]. Nach ständiger Auffassung des UNHCR[290] sollte eine Bestrafung wegen illegaler Einreise auch dann ausgeschlossen sein, wenn der Asylantrag des Asylbewerbers zwar abgelehnt wird, jedoch keine offensichtliche missbräuchliche Asylantragstellung vorliegt. Denn da der Ausgang des Asylverfahrens in der Regel nicht zuletzt auch wegen der sich ständig ändernden Rspr. und der Auslegungsunterschiede zwischen den verschiedenen europäischen Staaten für den Asylbewerber nicht vorhersehbar ist, würde andernfalls auch der im guten Glauben handelnde Asylsuchende für eine Tat bestraft, deren Strafbarkeit im Zeitpunkt der Tat für ihn nicht erkennbar ist. Für die generelle Erstreckung des Art. 31 I GFK auch auf Begleitdelikte spricht, dass Art. 31 I GFK die Funktion innehat, die Flucht überhaupt erst zu effektiv zu ermöglichen (effet utile). Hierfür spricht auch die Änderung des § 72 IV 4, der einen Katalog von Taten enthält, die nur einen geringen Unrechtsgehalt haben. Hierzu gehören auch die Urkundendelikte[291].

124 **Anwendung von Strafausschließungsgründen auf subsidiär Schutzberechtigte?** Aus der völkerrechtlichen Genese der GFK folgt, dass diese „großzügig ausgelegt werden und alle Personen erfassen sollte, die bis dahin als Flüchtlinge angesehen wurden"[292]. Diesen „Geist" atmet auch das Stockholmer Programm und die Entwicklungsgeschichte der Qualifikations-RL, mit dem Ziel der Verwirklichung des GEAS unter der Vorstellung der Gewährung internationalen Schutzes (Art. 2 lit. a Qualifikations-RL). Die Qualifikations-RL sieht ausweislich ihres Erwägungsgrundes 13 „die Angleichung der Rechtsvorschriften über die Zuerkennung und den Inhalt der Flüchtlingseigenschaft u. des subsidiären Schutzes vor". „Der subsidiäre Schutzstatus sollte den in der Genfer Flüchtlingskonvention festgelegten Schutz für Flüchtlinge ergänzen" (Qualifikations-RL, Erwägungsgrund 33). Gemeinsame Kriterien als Grundlage für die Anerkennung subsidiär Schutzberechtigter sollen den völkerrechtlichen Verpflichtungen der Mitgliedstaaten aus Rechtsakten im Bereich der Menschenrechte und bestehenden Praktiken in den Mitgliedstaaten entsprechen (vgl. Qualifikations-RL, Erwägungsgrund 34). Nach Art. 2 lit. f Qualifikations-RL ist eine „Person mit Anspruch auf subsidiären Schutz" ein Drittstaatsangehöriger oder Staatenloser, der die Voraussetzungen für die Anerkennung als Flüchtling nicht erfüllt, der aber stichhaltige Gründe für die Annahme vorgebracht hat, dass er bei einer Rückkehr in sein Herkunftsland tatsächlich Gefahr liefe, einen ernsthaften Schaden iSd Art. 15 Qualifikations-RL zu erleiden, und auf den Art. 17 I, II Qualifikations-RL (Ausschluss) keine Anwendung findet und der den Schutz dieses Landes nicht in Anspruch nehmen kann oder wegen dieser Gefahr nicht in Anspruch nehmen will.

„Der subsidiäre Schutz hat also nach der Qualifikationsrichtlinie zwei Voraussetzungen:

1. Nichterfüllung der Voraussetzungen für die Anerkennung als Flüchtling u.

2. tatsächliche Gefahr des Erleidens eines ernsthaften Schadens iSd Art. 15 Qualifikations-RL"[293]*.*

Soweit das nationale Recht eine Umsetzung von Völkerrecht darstellt, also etwa der GFK oder der EMRK, ist eine völkerrechtsfreundliche Auslegung des nationalen Rechts geboten[294]. Insgesamt sind aber immer noch – trotz Bemühungen durch den EU-Gesetzgeber – erhebliche Unterschiede in der Rechtsstellung subsidiär Schutzberechtigter im Vergleich zu Flüchtlingen gegeben[295]. Auch kannte die GFK 1951 bzw. 1967 das Institut des subsidiären Schutzes als Teil des internationalen Schutzes freilich noch nicht. Somit ist Art. 31 I GFK nicht unmittelbar auf die subsidiär Schutzberechtigten anwendbar.

---

enthG § 95 Rn. 33; *Winkelmann*, 10. Aufl., AufenthG § 95 Rn. 53), geht fehl. Für eine grenzpolizeiliche Einreisegestattung nach § 18 I AsylVfG war kein Raum, weil die angeführten Asylbewerber im Zeitpunkt der Kontrolle durch die Beamten der Bundespolizei bereits eingereist waren. Richtig ist, dass nach Art. 20 SGK Binnengrenzen unabhängig von der Staatsangehörigkeit der betreffenden Personen an jeder Stelle ohne Personenkontrollen überschritten werden dürfen und der damit verbundene Wegfall jedweder Grenzübergangskontrolle und der Abbau aller Grenzübergangsstellen dazu führt, dass sich der Grenzübertritt nicht mehr nach § 13 II 1, sondern nach § 13 II 3 richtet. Ein Ausländer ist über eine Binnengrenze bereits dann eingereist, wenn er die Grenzlinie (physisch) überschritten und das Hoheitsgebiet des Zielstaates betreten hat. *Fehlgehend* ist jedoch die Folgerung, der Ausländer reise mit einem Binnenflug (Art. 2 Nr. 3 SGK) ein, bei dem nach Art. 2 Nr. 1b SGK der „Flughafen" als Binnengrenze gälte, mit der Folge, dass der für die Vollendung der Einreise maßgebliche (physische) Grenzübertritt nicht schon mit dem Überfliegen der (geografischen) Grenzlinie stattfände, sondern erst mit dem Betreten des Hoheitsgebietes des Zielstaates am Flughafen erfolge. Das widerspricht den geltenden völkerrechtlichen Regelungen. Die Einreise war daher mit Grenzüberflug bereits völkerrechtlich und strafrechtlich vollendet.

[289] BGH Urt. v. 4.5.2017 – 3 StR 69/17, NStZ 2018, 286 f.
[290] Überarbeitete UNHCR-Stellungnahme zur Auslegung und Reichweite des Art. 31 I des Abkommens über die Rechtsstellung der Flüchtlinge v. Mai 2004.
[291] *Hörich* S. 879, Rn. 281, 282.
[292] *Marx*, AsylVfG, 8. Aufl., § 3 Rn. 6; vgl. Art. 1 A Nr. 1 GFK.
[293] *Tiedemann* S. 43.
[294] Vgl. BVerfG Beschl. v. 14.10.2004 – 2 BvR 1481/04, NJW 2004, 3407; BVerfG Beschl. v. 19.9.2006 – 2 BvR 2115, 2132-01, 348/03, BeckRS 2006, 14340; BGH Beschl. v. 12.5.2010 – 4 StR 577/09, NStZ 2010, 567.
[295] Ausf. *Marx*, Skript der Vorlesungsreihe im WS 2015/2016, Refugee Law Clinic Trier, S. 50.

Gleichwohl sind aber die Folgen, vor denen die GFK nach Sinn und Zweck der Vorschrift schützen soll, bei Flüchtlingen, wie auch bei subsidiär Schutzberechtigten gleichermaßen zu berücksichtigen und auf vergleichbarem Niveau. So wäre nicht nachzuvollziehen, wenn einem Flüchtling wegen begründeter Furcht vor Verfolgung in Form der Todesstrafe wegen zB seiner Rasse Schutz vor strafrechtlicher Verfolgung einer unerlaubten Einreise im Aufnahmeland gewährt würde, hingegen dem subsidiär Schutzberechtigten, dem ein ernsthafter Schaden wegen Verhängung einer extralegalen Hinrichtung droht, aber nicht. Beiden gemeinsam ist das konkrete Risiko, „real risk", iSd Rspr. des EGMR zu Art. 3 EMRK als Motivation ihrer Flucht: Schutz vor der Todesstrafe in einem sicheren Land. Aus dieser Argumentation heraus wäre eine Gleichstellung auf der Rechtsfolgenseite (= Inanspruchnahme eines Strafausschließungsgrundes) wegen einer nicht anders lösbaren Konfliktsituation (Notstandslage) vertretbar. Dies entspräche auch der hier gebotenen teleologischen Auslegung des Begriffs „Verfolgungsfurcht"[296] iSe dynamischen Interpretation der GFK als „living instrument".

VIII. Strafbarer Aufenthalt mit einem dem unerlaubten Aufenthalt gleichgestellten Aufenthaltstitels (Abs. 6)

Nach **Abs. 6** steht einem Handeln ohne erforderlichen Aufenthaltstitel ein Handeln aufgrund eines durch Drohung, Bestechung oder Kollusion erwirkten oder durch unrichtige oder unvollständige Angaben erschlichenen Aufenthaltstitels gleich. Diese Gleichstellung gilt allerdings nur für die strafrechtliche Beurteilung nach Abs. 1 Nr. 2 und 3. Der unlautere Erwerb führt nicht zur Unwirksamkeit des Titels iSd § 50 I, es liegt auch kein Erlöschensgrund iSv § 51 vor. In verwaltungsrechtlicher Hinsicht bleibt es dabei, dass der Aufenthaltstitel bis zu seinem Widerruf nach § 52 oder seiner Rücknahme nach § 48 VwVfG wirksam ist. Indem ein zwar rechtsmissbräuchlich erlangter, verwaltungsrechtlich aber wirksamer begünstigender Verwaltungsakt wie der Aufenthaltstitel in der strafrechtlichen Überprüfung als nicht existent behandelt wird, wird der iÜ im Ausländerstrafrecht geltende Grundsatz der strengen Verwaltungsakzessorietät durchbrochen. Damit wird ein verwaltungsrechtlich ausdrücklich erlaubtes Verhalten – etwa die Einreise mit einem zwar rechtsmissbräuchlich erlangten, aber wirksamen Visum – strafrechtlich sanktioniert. Im Strafverfahren ist deshalb aufzuklären, ob die genannten Verhaltensweisen – und welche im konkreten Fall – für die Erteilung des Aufenthaltstitels kausal geworden sind[297]. 125

Der Tatbestand hat als Haupttat große Auswirkung auf die qualifizierte Begehung nach § 96. Nach Auffassung des BGH[298] handelt es sich bei Abs. 6 nicht um einen eigenständigen Straftatbestand, sondern um eine **Gleichstellungsklausel** in Bezug auf das in Abs. 1 Nr. 2, 3 normierte (negative) Tatbestandsmerkmal des Fehlens eines erforderlichen Aufenthaltstitels. Die Vorschrift bewirkt in den relevanten Fällen **trotz Vorhandensein eines verwaltungsrechtlich formell bestandskräftigen Aufenthaltstitels** eine Strafbarkeit nach Abs. 1 Nr. 2 und 3, die ihrerseits den Anknüpfungspunkt für die „Schleusungstatbestände" nach §§ 96, 97 bilden können. Die **Ausreisepflichtigkeit** des Ausländers besteht hingegen so lange nicht, bis dieser formell bestandskräftige Aufenthaltstitel nicht gemäß Art. 34 VK annulliert wird. Hierin liegt ein **Widerspruch zur Verwaltungsrechtsordnung,** da nunmehr strafrechtlich ein verwaltungsrechtlich erlaubter Aufenthalt sanktioniert wird. 126

Der durch das **RLUmsG 2007** eingeführte Abs. 6 orientiert sich an § 330d Nr. 5 StGB und erfasst sämtliche Fälle, in denen die strafbefreiende Genehmigung auf unlautere Weise erlangt wurde[299]. **Damit reist der Ausländer nicht etwa unerlaubt iSv § 14 I Nr. 2 ein**[300] oder **wird der Aufenthalt nicht etwa unerlaubt und der Ausländer ist auch nicht vollziehbar ausreisepflichtig,** aber das Handeln wird gleichfalls unter Strafe gestellt. Unter **Kollusion** wird begrifflich eine „gemeinsame rechtswidrige Verabredung" verstanden. Kollusion soll demnach vorliegen, wenn die Genehmigung in bewusstem Zusammenwirken mit der pflichtwidrig handelnden Behörde unter beiderseitiger vorsätzlicher Missachtung des geltenden Rechts erlangt ist[301]. Hintergrund zur Einführung ist die Rspr. des BGH, der feststellte, dass bei der Prüfung des Begriffs „Erforderlichkeit eines Visums" allein auf die formell wirksame Einreise- und Aufenthaltsgenehmigung abzustellen sei[302]. Damit wird in der Praxis jeder rechtsmissbräuchlich erteilte Aufenthaltstitel erfasst, ohne auf die Aufhebung der Wirksamkeit des Verwaltungsakts abstellen zu müssen. Der Tatbestand ist subsidiär zu Abs. 2 Nr. 2, der eine höhere Strafandrohung vorsieht, deckt aber erweiternd Kriminalitätsformen ab, die durch Abs. 2 Nr. 2 nicht erfasst waren[303]. 127

---

[296] *Marx,* AsylVfG, 8. Aufl., § 3 Rn. 8.
[297] BGH Beschl. v. 9.1.2018 – 3 StR 541/17, NStZ 2018, 289 f. mwN.
[298] BGH Beschl. v. 24.5.2012 – 5 StR 567/11, NStZ 2012, 644; zum Hintergrund s. hierzu EuGH Urt. v. 10.4.2012 – C-83/12 PPU, NJW 2012, 1641 – Minh Khoa Vo.
[299] BR-Drs. 224/07, 361.
[300] *Westphal/Stoppa,* AusR Polizei-HdB, S. 734, zur krit. Betrachtung, die auf eine Spaltung der Einheit der Rechtsordnung verweisen.
[301] *Cramer/Heine* in Schönke/Schröder StGB § 330d Rn. 37.
[302] BGH Urteil vom 27.4.2005 – 2 StR 457/04, NJW 2005, 2095.
[303] Ausf. dazu *Westphal/Stoppa,* AusR Polizei-HdB, S. 733 f.

IX. Rechtsfolge

1. Strafzumessung

128 § 95 enthält Vergehenstatbestände. Diejenigen des Abs. 1 sind mit bis zu einem Jahr Freiheitsstrafe oder Geldstrafe und diejenigen des Abs. 2 mit bis zu drei Jahren Freiheitsstrafe oder Geldstrafe bedroht. Die angedrohte **Freiheitsstrafe** von bis zu einem Jahr oder bis zu drei Jahren beträgt mindestens einen Monat (§ 38 II StGB). Die **Geldstrafe** beläuft sich auf fünf bis 360 Tagessätze (§ 40 StGB). Die Strafe für einen Versuch kann gemildert werden (§§ 23 II, 49 I StGB). § 54 II Nr. 9 enthält nunmehr in der aktuellen Formulierung die Einfügung „schwere Straftat". Darunter sind die Tatbestände der unerlaubten Einreise nicht mehr zu subsumieren.

2. Einziehung

129 Gemäß Abs. 4 können sog. Beziehungsgegenstände zu einer Straftat nach Abs. 2 Nr. 2 eingezogen werden. Dabei handelt es sich um Gegenstände, die durch eine vorsätzliche Straftat hervorgebracht oder zu ihrer Begehung oder Vorbereitung gebraucht worden oder bestimmt gewesen sind (§ 74 I StGB), mithin bezogen auf Abs. 2 Nr. 2 die erlangten und vorgelegten falschen Dokumente und Urkunden. Die Einziehung erfolgt im Urteil bzw. Strafbefehl.

130 Dem Willen des Reformgesetzgebers[304] folgend, ist der Einziehungsbetrag nicht in einer Fremdwährung, sondern gemäß dem im Zeitpunkt der Erlangung geltenden Wechselkurs in Euro umzurechnen und entsprechend zu tenorieren[305].

X. Prozessuales

131 Bei Straftaten nach dem AufenthG kann unabhängig von der Schwere der Tat im Hinblick auf die zu erwartende Rechtsfolge ein **Fall der notwendigen Verteidigung** nach § 140 II StPO wegen der **Schwierigkeit der Sach- und Rechtslage** vorliegen. Die Rechtslage ist schwierig, wenn es bei der Anwendung des materiellen oder formellen Rechts auf die **Auslegung von Begriffen aus** dem Nebenstrafrecht wie **den Strafnormen des AufenthG** ankommt. Um den Schwierigkeitsgrad zu beurteilen, ist im konkreten Fall eine Gesamtwürdigung von Sach- und Rechtslage vorzunehmen[306]. Auslegungsschwierigkeiten können bspw. bei der Auslegung des Begriffs Aufenthaltstitel iSd Abs. 2 Nr. 2 gegeben sein[307]. Darüber hinaus kann auch die Subsumtion iRd Abs. 1 Nr. 2a Schwierigkeiten bereiten, wenn im Rahmen der Voraussetzung des unerlaubten Aufenthalts das Vorliegen einer wirksam erlassenen Aufenthaltserlaubnis oder das Vorliegen der Voraussetzungen einer Duldung durch das Strafgericht zu prüfen sind[308]. Allein der Umstand, dass das Gericht das Vorliegen eines persönlichen Strafausschließungsgrundes nach § 95 V zu prüfen hat, macht die Sach- oder Rechtslage noch nicht schwierig iSv § 140 II StPO[309].

132 Einem für die Verteidigung in einer Strafsache **nicht ausreichend sprachkundigen Ausländer** ist nicht stets nach § 140 II Alt. 3 StPO ein Pflichtverteidiger zu bestellen. In der Regel dürfte eine gerichtliche Hinzuziehung eines Dolmetschers sowie die Zustellung einer übersetzten Fassung der Anklage vor der Hauptverhandlung ausreichend sein. Die Beiordnung eines Pflichtverteidigers ist allerdings erforderlich, wenn die auf den sprachlichen Defiziten beruhenden Behinderungen der Verteidigungsmöglichkeiten des ausländischen Angeklagten durch die Hinzuziehung eines Dolmetschers in der Hauptverhandlung nicht völlig ausgeglichen werden können[310].

§ 96 Einschleusen von Ausländern

(1) Mit Freiheitsstrafe von drei Monaten bis zu fünf Jahren, in minder schweren Fällen mit Freiheitsstrafe bis zu fünf Jahren oder mit Geldstrafe wird bestraft, wer einen anderen anstiftet oder ihm dazu Hilfe leistet, eine Handlung
1. nach § 95 Abs. 1 Nr. 3 oder Abs. 2 Nr. 1 Buchstabe a zu begehen und
   a) dafür einen Vorteil erhält oder sich versprechen lässt oder
   b) wiederholt oder zugunsten von mehreren Ausländern handelt oder
2. nach § 95 Abs. 1 Nr. 1 oder Nr. 2, Abs. 1a oder Abs. 2 Nr. 1 Buchstabe b oder Nr. 2 zu begehen und dafür einen Vermögensvorteil erhält oder sich versprechen lässt.

---

[304] Vgl. BT-Drs. 18/9525.
[305] BGH Beschl. v. 16.4.2019 – 5 StR 169/19, BeckRS 2019, 9075.
[306] Vgl. OLG Stuttgart Beschl. v. 24.2.2010 – 5 Ws 37/10, BeckRS 2010, 23632.
[307] LG Göttingen Beschl. v. 28.9.2017 – 2 Qs 65/17, juris.
[308] LG Stade Beschl. v. 9.1.2019 – 70 Qs 112 Js 22748/18 (169/18), BeckRS 2019, 1684.
[309] KG Beschl. v. 14.10.2020 – 121 AR 184/20, BeckRS 2020, 33620.
[310] OLG Frankfurt a. M. Beschl. v. 10.1.2008 – 2 Ss 383/07, BeckRS 2008, 1484.

(2) ¹Mit Freiheitsstrafe von sechs Monaten bis zu zehn Jahren wird bestraft, wer in den Fällen des Absatzes 1
1. gewerbsmäßig handelt,
2. als Mitglied einer Bande, die sich zur fortgesetzten Begehung solcher Taten verbunden hat, handelt,
3. eine Schusswaffe bei sich führt, wenn sich die Tat auf eine Handlung nach § 95 Abs. 1 Nr. 3 oder Abs. 2 Nr. 1 Buchstabe a bezieht,
4. eine andere Waffe bei sich führt, um diese bei der Tat zu verwenden, wenn sich die Tat auf eine Handlung nach § 95 Abs. 1 Nr. 3 oder Abs. 2 Nr. 1 Buchstabe a bezieht, oder
5. den Geschleusten einer das Leben gefährdenden, unmenschlichen oder erniedrigenden Behandlung oder der Gefahr einer schweren Gesundheitsschädigung aussetzt.

²Ebenso wird bestraft, wer in den Fällen des Absatzes 1 Nummer 1 Buchstabe a zugunsten eines minderjährigen ledigen Ausländers handelt, der ohne Begleitung einer personensorgeberechtigten Person oder einer dritten Person, die die Fürsorge oder Obhut für ihn übernommen hat, in das Bundesgebiet einreist.

(3) Der Versuch ist strafbar.

(4) Absatz 1 Nr. 1 Buchstabe a, Nr. 2, Absatz 2 Satz 1 Nummer 1, 2 und 5 und Absatz 3 sind auf Zuwiderhandlungen gegen Rechtsvorschriften über die Einreise und den Aufenthalt von Ausländern in das Hoheitsgebiet der Mitgliedstaaten der Europäischen Union oder eines Schengen-Staates anzuwenden, wenn
1. sie den in § 95 Abs. 1 Nr. 2 oder 3 oder Abs. 2 Nr. 1 bezeichneten Handlungen entsprechen und
2. der Täter einen Ausländer unterstützt, der nicht die Staatsangehörigkeit eines Mitgliedstaates der Europäischen Union oder eines anderen Vertragsstaates des Abkommens über den Europäischen Wirtschaftsraum besitzt.

(5) § 74a des Strafgesetzbuchs ist anzuwenden.

Allgemeine Verwaltungsvorschrift
96 Zu § 96 – Einschleusen von Ausländern
96.0 Allgemeines
96.0.1 § 96 erhebt besondere Formen verselbständigter Teilnahmehandlungen an den in Bezug genommenen Tathandlungen zur Täterschaft.
96.0.2 Jedermann, also auch jeder Deutsche und Freizügigkeitsberechtigte (§ 11 Absatz 1 Satz 1 FreizügG/EU) kann als Täter strafbar sein.
96.0.3 Sind die in § 96 Absatz 1 Nummer 1 und 2 genannten Voraussetzungen nicht erfüllt, kommt im Übrigen auch eine Strafbarkeit wegen Anstiftung und Beihilfe nach den §§ 26, 27 StGB zu den in § 95 aufgeführten Straftaten in Betracht. Für die Anwendung der Strafvorschrift ist es gleichgültig, welche Zwecke die eingeschleusten Ausländer verfolgen oder hatten verfolgen wollen.
96.0.4 Tatbestandlich ist auch das Schleusen durch Deutschland erfasst, sofern sich der Geschleuste auf dem Weg in ein Drittland vorübergehend in Deutschland ohne Aufenthaltstitel, Aufenthaltsgestattung oder Duldung bzw. ohne Pass, Passersatz oder Ausweisersatz aufhält.
96.0.5 Der Versuch ist strafbar gemäß § 96 Absatz 3.
96.1 Grundtatbestand
96.1.0.1 Eine Anstiftung liegt vor, wenn der Ausländer vorsätzlich zu seiner vorsätzlich begangenen rechtswidrigen Tat i. S. d. § 96 Absatz 1 bestimmt wurde. „Bestimmen" bedeutet das Verursachen des Tatentschlusses, gleichgültig durch welches Mittel.
96.1.0.2 Sofern der Tatentschluss bereits bestand, ist eine Anstiftung daher nicht mehr möglich. In Betracht kommt dann eine Hilfeleistung:
96.1.0.2.1 Dem Hilfeleisten unterfällt jede Hilfe und Förderung, die dazu beiträgt, dass ein Ausländer gegen die in § 96 Absatz 1 genannten Vorschriften verstoßen kann. Als Unterstützungshandlungen kommen z. B. die Beschaffung von Beförderungsmöglichkeiten, Unterkünften, Informationen über den Grenzübertritt, das Zusammenführen mit Personen, die sich der unerlaubt eingereisten Ausländer annehmen, Übersetzungsdienste zum Verdecken der Illegalität, das Verstecken oder die Beschäftigung des Ausländers und die Anbahnung und Vermittlung so genannter Scheinehen in Betracht.
96.1.0.2.2 Unerheblich ist, ob der Ausländer beispielsweise zur Fortsetzung seines Aufenthaltes fest entschlossen ist und daher in seinem Tatentschluss nicht mehr zu bestärken ist, sofern die Hilfeleistung seine Tat objektiv erleichtert.
96.1.0.2.3 Zu Handlungen von Personen im Rahmen ihres sozial anerkannten Berufes oder Ehrenamtes vgl. Nummer Vor 95.1.4.
96.1.0.3 Hilfeleistungen können gemäß § 34 StGB gerechtfertigt sein. Im Übrigen können sie ausnahmsweise unter dem Gesichtspunkt der Unzumutbarkeit normgemäßen Verhaltens straffrei sein, wenn hierdurch eine akute Gefährdung höchstpersönlicher Rechtsgüter des Ausländers (z. B. des notwendigen Lebensbedarfs) abgewendet oder abgemildert wird. Dies kann beispielsweise dann in Betracht kommen, wenn die gewährte Unterstützung auf berufliche Verpflichtungen zurückzuführen ist. Zu berücksichtigen ist dabei allerdings, dass z. B. dem „abgetauchten" Ausländer zur Abwendung von Gefahren grundsätzlich das „Auftauchen" zumutbar ist, denn auch wenn seine Abschiebung droht, werden seine Interessen durch die §§ 60 f. ausreichend gewahrt.
96.1.1 Vorteil i. S. d. § 96 Absatz 1 Nummer 1 Buchstabe a) ist jede Leistung materieller oder im materieller Art, die den Täter besser stellt und auf die er keinen rechtlich begründeten Anspruch hat. Darunter fällt beispielsweise das

Einschleusen ausländischer Frauen und Kinder, um hieraus wirtschaftliche Vorteile zu ziehen (z. B. Gewerbsunzucht, Frauen- und Kinderhandel).

96.1.1.1 Ob der Vorteil von einem Ausländer oder Deutschen oder von einer ausländischen oder inländischen Organisation zugesagt oder gewährt worden ist, ist unerheblich.

96.1.1.2 Bei wiederholter Tatbegehung oder bei einer Tat zugunsten von mehreren, also zwei und mehr Ausländern, kommt es nach § 96 Absatz 1 Nummer 1 Buchstabe b) auf das Merkmal des Vorteils nicht an.

96.1.2 Vermögensvorteil i. S. d. § 96 Absatz 1 Nummer 2 ist jede günstigere Gestaltung der Vermögenslage.

Zur Tathandlung des Anstiftens nach § 96 Absatz 1 Nummer 2 gehört beispielsweise auch das Anwerben von Ausländern im In- und Ausland zur illegalen Erwerbstätigkeit (z. B. Schwarzarbeit), wenn der Ausländer nach der Einreise eine Erwerbstätigkeit aufnimmt und dadurch die Befreiung vom Erfordernis des Aufenthaltstitels entfällt.

96.2 Qualifikationstatbestand

96.2.1 Gewerbsmäßiges Einschleusen von Ausländern (Nummer 1) liegt vor, wenn der Täter in der Absicht handelt, sich durch wiederholte Tatbegehung eine fortlaufende Einnahmequelle von einiger Dauer und einigem Umfang zu verschaffen. Die Haupteinnahmequelle braucht sich daraus nicht zu ergeben. Liegt ein solches Gewinnstreben vor, ist schon die erste der ins Auge gefassten Tathandlungen als gewerbsmäßig zu werten.

96.2.2 Bandenmäßiges Einschleusen von Ausländern (Nummer 2) liegt vor, wenn sich mindestens drei Personen mit dem Willen verbunden haben, künftig für eine gewisse Dauer mehrere selbständige, im Einzelnen noch ungewisse Straftaten des im Gesetz genannten Deliktstyps zu begehen.

Die Mitgliedschaft in einer Bande ist nicht ein tatbezogenes Tatbestandsmerkmal, sondern ein besonderes persönliches Merkmal i. S. v. § 28 Absatz 2 StGB. Teilnehmer sind deshalb, soweit sie nicht selbst Mitglied der Bande sind, nach dem Grundtatbestand zu bestrafen.

96.2.3.0 Die in Nummer 3 und 4 geregelten Qualifikationen beziehen sich ausschließlich auf Taten mit Bezug auf strafbare unerlaubte Einreisen bzw. strafbare Einreisen unter Verstoß gegen ein Einreiseverbot.

96.2.3.1 Schusswaffe (Nummer 3) ist ein Werkzeug, bei dem mindestens ein festes, mechanisch wirkendes Geschoss mittels Explosions- oder Luftdruck aus einem Lauf abgefeuert werden kann. In Grenzfällen ist nicht der Schusswaffenbegriff des WaffG, sondern der Schutzzweck des § 96 Absatz 2 Nummer 3 ausschlaggebend. Der Vorschrift bezweckt die wirksamere Bekämpfung der Schleuserkriminalität, wobei gerade auch der Schusswaffen innewohnenden Gefährlichkeit durch eine erhöhte Strafandrohung entgegengewirkt werden soll.

96.2.3.2 Funktionsuntüchtige „Schusswaffen" und Attrappen, die objektiv lediglich zum Aufbau oder Aufrechterhalten einer Drohkulisse geeignet sind, stellen keine Schusswaffe i. S. d. Qualifikation dar.

96.2.3.3 Unerheblich ist hingegen, ob eine funktionstüchtige Schusswaffe bereits durchgeladen und entsichert ist. Ebenso wenig ist von Bedeutung, ob die Waffe geladen ist, sofern der oder die Täter die passende Munition ebenfalls bei sich führen (zu diesem Begriff vgl. Nummer 96.2.3.4).

96.2.3.4 Der Täter führt die Schusswaffe bei sich, wenn diese sich in seiner räumlichen Nähe befindet, dass er sich ihrer ohne nennenswerten Zeitaufwand bedienen kann. Dies ist z. B. der Fall, wenn die Schusswaffe sich griffbereit im Handschuhfach oder in sonstigen Behältnissen befindet, auf die der Täter jederzeit und kurzfristig zugreifen kann.

96.2.4.1 Die in Nummer 4 enthaltene Qualifikation kommt dann in Betracht, wenn es sich bei der Waffe nicht bereits um eine Schusswaffe handelt.

96.2.4.2 Eine Waffe in diesem Sinne ist jeder Gegenstand, welcher seiner Art nach dazu bestimmt ist, erhebliche Verletzungen von Menschen zu verursachen.

96.2.4.3 Zur Frage des bei sich Führens gelten die Ausführungen unter Nummer 96.2.3.4 entsprechend.

96.2.4.4 Auf Grund der gegenüber einer Schusswaffe reduzierten abstrakten Gefährlichkeit der übrigen Waffen ist über das bei sich Führen einer derartigen Waffe hinaus in subjektiver Hinsicht die Verwendungsabsicht erforderlich.

96.2.5.0 Die in Nummer 5 geregelte Qualifikation dient dem Schutz des Geschleusten.

96.2.5.1 Eine Lebensgefährdung braucht nicht konkret eingetreten zu sein. Ausreichend ist, dass die Art der Behandlung nach den Umständen des Einzelfalles zur Herbeiführung einer solchen Gefahr generell geeignet ist. Die Strafbarkeit kann durch ein Unterlassen eintreten, wenn der Täter zur Verhinderung der Gefahr – z. B. auf Grund seines vorangegangenen Verhaltens – verpflichtet ist.

96.2.5.2 Unmenschlich ist eine Behandlung dann, wenn sie ohne Unterbrechung länger andauert und entweder eine Körperverletzung oder intensives physisches oder psychisches Leiden verursacht.

96.2.5.3 Die Behandlung ist dann als erniedrigend anzusehen, wenn sie den Geschleusten erheblich demütigt und seine Selbstachtung nicht nur unerheblich verletzt – beispielsweise durch die Zumutung gravierender hygienischer Unzulänglichkeiten. Bei der Beurteilung ist zu berücksichtigen, ob und inwieweit der Geschleuste in diese Umstände – ausdrücklich oder durch schlüssiges Verhalten – eingewilligt hat.

96.2.5.4 Der Geschleuste wird dann der Gefahr einer schweren Gesundheitsschädigung ausgesetzt, wenn die ihm drohenden Folgen denen des § 226 StGB nahe kommen.

Die Gefahr muss konkret eingetreten sein.

96.3 Strafbarkeit des Versuchs

Der Versuch des Grunddeliktes sowie der Qualifikation ist gemäß Absatz 3 strafbar.

96.4 Schleusungen in das Hoheitsgebiet der Mitgliedstaaten der Europäischen Union, der Republik Island und des Königreichs Norwegen

§ 96 Absatz 4 erweitert den Anwendungsbereich des § 96 Absatz 1 Nummer 1 Buchstabe a), Nummer 2, Absatz 2 Nummer 1, 2 und 5 und Absatz 3 auf Zuwiderhandlungen gegen Rechtsvorschriften über die Einreise in das und den Aufenthalt von Ausländern im Hoheitsgebiet der bezeichneten Staaten. Der Tatbestand kann auch erfüllt sein, wenn die Schleusung über die Schengen-Binnengrenzen erfolgt (z. B. Ausschleusung über die deutsch-französische Grenze nach Frankreich).

96.5 Erweiterter Verfall

Absatz 5 ermöglicht die Anordnung des erweiterten Verfalls gemäß § 73d StGB. Dadurch geht das Eigentum an der betroffenen Sache oder das verfallene Recht unter Umständen auf den Staat über (§ 73e StGB).

Übersicht

	Rn.
I. Entstehungsgeschichte	1
II. Allgemeines	2
III. Täter und Teilnehmer	5
IV. Grundtatbestand (Abs. 1)	6
1. Teilnahmefähige Haupttat	6
2. Tathandlung	8
3. Verwirklichung der Schleusermerkmale (Abs. 1 Nr. 1 und 2)	15
V. Qualifikationen (Abs. 2)	20
1. Gewerbsmäßiges Handeln (Abs. 2 S. 1 Nr. 1)	20
2. Bandenmäßige Begehung (Abs. 2 S. 1 Nr. 2)	21
3. Beisichführen einer Schusswaffe oder einer anderen Waffe (Abs. 2 S. 1 Nr. 3 und Nr. 4)	22
4. Lebens- oder gesundheitsgefährdende, unmenschliche oder erniedrigende Behandlung (Abs. 2 S. 1 Nr. 5)	26
5. Schleusung eines minderjährigen ledigen Ausländers (Abs. 2 S. 2)	30
VI. Subjektiver Tatbestand	31
VII. Versuch (Abs. 3)	32
VIII. Auslandstaten (Abs. 4)	33
IX. Rechtswidrigkeit	40
X. Rechtsfolge	41
1. Strafzumessung	41
2. Einziehung (Abs. 5)	46
XI. Konkurrenzen	47

I. Entstehungsgeschichte

Die Vorschrift in ihrer ursprünglichen Fassung[1] entsprach im Wesentlichen derjenigen im Gesetzesentwurf der Bundesregierung[2]. Durch das **RLUmsG 2007**[3] wurde Abs. 1 neu gefasst und dabei die bisherige Strafbarkeit eingeschränkt. Wiederholtes Handeln und Handeln zugunsten mehrerer sind nur noch bei der unerlaubten Einreise als Haupttat verselbstständigte Teilnahmehandlungen, zugleich wurde der Begriff des Vorteils in Abs. 1 Nr. 1a eingeführt. In der Konsequenz sind Anstiftung und Beihilfe als verselbstständigte Teilnahmehandlungen in Bezug auf den unerlaubten Aufenthalt nur noch möglich, sofern ein Vermögensvorteil erhalten oder versprochen wird. Mit der Änderung wurde die politische Forderung der humanitären Verbände und Kirchen erfüllt und dabei eine Öffnungsklausel der Beihilfe-RL 2002/90/EG genutzt[4]. Die Teilnahme nach §§ 26, 27 StGB ist dennoch möglich. Das RLUmsG 2007 änderte ferner Abs. 4. Dieser war auch Gegenstand einer Änderung durch das **RLUmsG 2011**[5]. Der Verzicht auf die Aufzählung der Anwenderstaaten in Fällen der sog. Schengen-Schleusung trägt dem Beitritt weiterer Staaten zu den Schengener Abkommen Rechnung[6]. Durch das **AsylVfBeschlG 2015** vom 20.10.2015[7] wurde der Strafrahmen in Abs. 1 erhöht und in Abs. 5 die Möglichkeit der erweiterten Einziehung aufgenommen. Mit dem Gesetz zur Reform der strafrechtlichen Vermögensabschöpfung vom 13.4.2017[8] erhielt Abs. 5 seine heutige Gestalt. Zuletzt geändert wurde § 96 durch das FamiliennachzugsneuregelungsG vom 12.7.2018[9]; im Wesentlichen fügte es Abs. 2 S. 2 ein.

II. Allgemeines

Der Begriff „**Schleuserkriminalität**" ist im Anhang zum Europol-Ratsbeschluss 2009/371/JI einheitlich definiert als Aktionen, die vorsätzlich und zu Erwerbszwecken durchgeführt werden, um die Einreise in das Hoheitsgebiet der Mitgliedstaaten, den Aufenthalt oder die Arbeitsaufnahme dort entgegen den in den Mitgliedstaaten geltenden Vorschriften und Bedingungen zu erleichtern[10]. Gemäß „United Nations Convention Against Transnational Organised Crime" (UNTOC) ist unter der Schleusungskriminalität das Herbeiführen der unerlaubten Einreise einer Person in einen Vertragsstaat, dessen Staatsangehörigkeit diese nicht ist oder in dem sie keinen ständigen Aufenthalt hat, mit dem

---

[1] AufenthG v. 30.7.2004, BGBl. I S. 1950.
[2] BT-Drs. 15/420, 34; s. auch Beschlussempfehlung des Vermittlungsausschusses BT-Drs. 15/3479, 12.
[3] G zur Umsetzung aufenthalts- und asylrechtlicher RL der EU v. 19.8.2007, BGBl. I S. 1970.
[4] S. BT-Drs. 16/5065, 199 f.
[5] G zur Umsetzung aufenthaltsrechtlicher RL der EU und zur Anpassung nationaler Rechtsvorschriften an den VK v. 22.11.2011 (BGBl. I S. 2258), s. dessen Art. 1 Nr. 54.
[6] BT-Drs. 17/5470, 28.
[7] BGBl. 2015 I S. 1722, s. dessen Art. 1 Nr. 15.
[8] BGBl. 2017 I S. 872, s. dessen Art. 6 XV Nr. 1.
[9] BGBl. 2018 I S. 1147, s. dessen Art. 1 Nr. 11.
[10] Vgl. BT-Drs. 18/8669, 5.

Ziel, sich unmittelbar oder mittelbar einen finanziellen oder sonstigen materiellen Vorteil zu verschaffen. Diese Handlungen sind in Deutschland in § 96 „Einschleusen von Ausländern" und § 97 „Einschleusen mit Todesfolge; gewerbs- und bandenmäßiges Einschleusen" unter Strafe gestellt.

3 Beim Einschleusen von Ausländern nach Abs. 1 und 2 handelt es sich um **qualifizierte Tatbestände**, die ebenso akzessorisch sind wie die des § 95[11]. Sie sind, va im Strafmaß, durch den Willen des Gesetzgebers zur verstärkten Bekämpfung der unerlaubten Einreise und va des organisierten und gewerbsmäßigen Schlepperwesens gekennzeichnet[12]. Der **Versuch** ist nach Abs. 3 **strafbar**. Abs. 4 betrifft als Nachfolgenorm zur sog. Schengen-Schleusung die „europaweite Schleusung". Geschütztes Rechtsgut ist die „Sicherheit der Grenze" oder das „staatliche Hausrecht"[13].

4 In den Jahren 2015 bis März 2017 sind 4.595 Schleuser festgestellt worden sowie 23.666 geschleuste Personen[14]. Im Jahr 2016 stellten die Grenzbehörden insgesamt 1.008 tatverdächtige Schleuser fest, davon die meisten in den Monaten März, April und Dezember; die fünf am häufigsten betroffenen Herkunftsstaaten waren die Länder Syrien (80), Polen (70), Irak (64), Russische Föderation (62) und Deutschland (59)[15].

III. Täter und Teilnehmer

5 Durch die Strafvorschrift des Abs. 1 werden nach den allgemeinen Regeln (§§ 26, 27 StGB) strafbare Teilnahmehandlungen an den in Abs. 1 genannten Taten nach § 95 zu selbständigen, in Täterschaft (§ 25 StGB) begangenen Straftaten heraufgestuft, wenn der Teilnehmer zugleich eines der in Abs. 1 geregelten Schleusermerkmale erfüllt[16]. **Täter** kann, anders als zT bei § 95, **jedermann**, also auch ein Deutscher sein. Der begünstigte Ausländer kann wegen seiner notwendigen Teilnahme durch Verwirklichung der **Haupttat** nicht bestraft werden („Fluchtgemeinschaft"). Sofern der Haupttäter (Geschleuste) über die erforderliche Tathandlung hinaus bei sog. **„Konvergenzdelikten"** mehr leistet als unbedingt notwendig, führt dies zu einem verselbständigten Tatbeitrag iSv § 96, mit der Folge, dass der Geschleuste nicht mehr straflos in Bezug auf die Qualifizierung ist[17]. Ausnahmsweise sieht Abs. 2 Nr. 5 und § 97 I die Einfügung von Tathandlungen vor, die ein Begehungsdelikt beschreiben, vor, sodass die notwendige Teilnahme des Geschleusten hier nicht in Betracht kommen muss. Die Tatgemeinschaft ist jedenfalls auch **„Gefahrengemeinschaft"** iSv § 13 StGB (Handeln durch Unterlassung; **Garantenstellung**).

IV. Grundtatbestand (Abs. 1)

1. Teilnahmefähige Haupttat

6 Die Strafbarkeit wegen vollendeten Einschleusens von Ausländern gem. Abs. 1 setzt das Vorliegen einer vorsätzlichen und rechtswidrigen Haupttat des Geschleusten voraus[18], dh, die Haupttat muss teilnahmefähig sein. Eine schuldhafte Haupttat ist hingegen nicht erforderlich („**limitierte Akzessorität**", § 29 StGB)[19].

7 Handelt es sich bei den Geschleusten um **Jugendliche** oder sogar **Kinder**, wird nach Maßgabe des jeweiligen Entwicklungsstandes zu prüfen sein, ob den Minderjährigen das unrechtmäßige Passieren der Staatsgrenze zum Bundesgebiet bewusst war. Eine teilnahmefähige Haupttat liegt in der Folge nur dann vor, wenn unter Berücksichtigung des Alters sowie der (Un-)Reife der minderjährigen bzw. jugendlichen Haupttäter eine vorsätzliche Begehungsweise festgestellt werden kann. Entsprechend den gesetzgeberischen Wertungen zur Verantwortlichkeit in den § 3 JGG, § 19 StGB bedarf die Feststellung einer vorsätzlichen Begehungsweise durch einen Jugendlichen, und erst recht durch ein Kind, einer hinreichenden Begründung.[20]

2. Tathandlung

8 Das strafbare **Einschleusen** nach Abs. 1 knüpft an eine der Handlungen des § 95 I Nr. 1, 2, 3, Ia oder II an. Durch § 96 I Nr. 1 in der Tatbestandsalternative des Hilfeleistens werden sonst nur nach

---

[11] Dazu → § 95 Rn. 5.
[12] Vgl. v. Pollern ZAR 1996, 175; *Aurnhammer*, Spezielles Ausländerstrafrecht, S. 153 f.
[13] *Cantzler*, Das Schleusen von Ausländern und seine Strafbarkeit, 2004, S. 103 f.
[14] Vgl. BT-Drs. 18/12317, 1 und 6.
[15] BT-Drs. 18/10949, 17 und 30.
[16] BGH Urt. v. 14.11.2019 – 3 StR 561/18, NStZ-RR 2020, 184.
[17] *Aurnhammer* S. 159 ff.; so auch *Westphal/Stoppa*, AusR Polizei-HdB, S. 742.
[18] BGH Beschl. v. 24.10.2018 – 1 StR 212/18, NJW 2018, 3658 (3659).
[19] *Aurnhammer* S. 156 ff.; *Heinrich* ZAR 2003, 166; BGH Urt. v. 25.3.1999 – 1 StR 344/98, StV 1999, 382. Dies gilt auch bei Anwendung der Rückführungsverfahren: Da bei der Haupttat weder die Tatbestands- noch die Rechtswidrigkeitsebene tangiert ist, verbleibt es nach den Grundsätzen der limitierten Akzessorietät bei der Strafbarkeit des Schleusers, BGH Urt. v. 8.3.2017 – 5 StR 333/16, NJW 2017, 1624.
[20] BGH Beschl. v. 24.10.2018 – 1 StR 212/18, NJW 2018, 3658 (3659 f.).

den allgemeinen Regeln (§ 27 StGB) strafbare Beihilfehandlungen zu Taten nach § 95 I Nr. 3 oder II Nr. 1 zu selbstständigen, in Täterschaft (§ 25 StGB) begangenen Straftaten heraufgestuft, wenn der Gehilfe zugleich eines der in Abs. 1 Nr. 1 unter den lit. a oder b genannten **Schleusermerkmale** erfüllt[21].

Anstiften und Hilfeleisten ist wie **Anstiftung und Beihilfe** (§§ 26, 27 StGB) zu verstehen, also als 9 Fördern und Hilfe in jeder Form. Die Handlung braucht nicht den Grenzübertritt unmittelbar zu betreffen, es genügt, wenn sie die Vorbereitung der Einreise anregt, fördert, unterstützt oder sonst möglich macht. Dazu zählen va Anwerben für Schwarzarbeit, Beschaffen von und Hinweise auf Einreisewege, Beförderungsmittel, Unterkunft, Verpflegung, Beschäftigung, Eheschließung, Übersetzerdienste, aber auch schon Beschaffung und Weiterleitung von Informationen zum Grenzübertritt, Organisation von Reisemöglichkeiten, Beschaffung von gefälschten Reisedokumenten, Anwerbung von Transithelfern[22]. Die Beihilfe muss jedoch bei Förderung der Einreise aus dogmatischen Gründen zum tatbestandsmäßigen Verhalten erfolgen. Beihilfe in der Nachtatphase ist nicht möglich[23]. Die Bundespolizei stellte im Jahr 2013 bei der Kontrolle von Fernverkehrsbussen, Mitfahrgelegenheiten, Taxis und Bahnen 32.533 Personen fest, die nicht über die erforderlichen Aufenthaltstitel verfügten[24].

Als Hilfeleistung kommt grundsätzlich jede Handlung in Betracht, die dazu beiträgt, dass der 10 Ausländer in das Gebiet der Bundesrepublik Deutschland unerlaubt einreist oder darin aufhalten kann. In der **Zusage einer Handlung** kann bereits eine Unterstützungshandlung iSd § 27 StGB für das Einschleusen liegen. Voraussetzung ist, dass die Zusicherung selbst einen **objektiven Nutzen** entfaltet.[25] Wusste der Täter, dass die geschleusten Personen die Einreise in die Bundesrepublik beabsichtigten, besteht der Erfolg der Schleusertätigkeit in der unerlaubten Einreise der Geschleusten in das Bundesgebiet. Die objektive Förderung dieses unerlaubten Grenzübertritts setzt nicht voraus, dass die Hilfeleistung hierzu unmittelbar geleistet wird. Schon eine **Unterstützung im Vorfeld** der Einreise, auch im Ausland, ist ausreichend, wenn sie den Grenzübertritt ermöglicht oder erleichtert.[26]

Nach dem Regelungsgehalt bezieht sich diese Strafvorschrift damit nicht nur auf Einschleusungen, 11 sondern auch auf **Durchschleusungen** von Ausländern, die sich auf dem Weg in ein Drittland vorübergehend in Deutschland ohne Aufenthaltserlaubnis oder Duldung, bzw. ohne Pass oder Ausweisersatz aufhalten, wenn dabei die unerlaubte Einreise oder der unerlaubte Aufenthalt im Bundesgebiet gefördert wird[27].

Nach den Grundsätzen zur sog. **Kettenbeihilfe**[28], die an dieser Stelle ebenfalls Anwendung 12 finden[29], kann ein strafrechtliches Hilfeleisten iSd Abs. 1 Nr. 1 auch dann gegeben sein, wenn sich die Unterstützungshandlung auf die Förderung der Hilfeleistung eines anderen Schleusers (Abs. 1 Nr. 1) oder Gehilfen (§ 95 I Nr. 3, § 27 StGB) beschränkt.

Es genügt (mangels **Haupttat**) nicht das bloße Unterbringen in einer Wohnung[30], die illegale 13 Beschäftigung[31], der Transport heiratswilliger Frauen aus Positivstaaten (vgl. EU-VisaVO). Beim **Kirchenasyl** ist danach zu unterscheiden, welche Hilfeleistungen unter welchen Umständen gewährt werden (beachte die Änderung in Abs. 1 Nr. 2 durch das **RLUmsG 2007**). Eine generelle Straffreiheit war ebenso wenig anzuerkennen wie Sozialadäquanz und Gründe für eine Rechtfertigung oder das Absehen von Strafe; Einzelfallumständen und persönlichen Beweggründen konnten also nur bei der

---

[21] BGH Beschl. v. 6.6.2012 – 4 StR 144/12, NJW 2012, 2821 mwN; BGH Urt. v. 15.11.2006 – 2 StR 157/06, NStZ 2007, 289 (290); Urt. v. 11.7.2003 – 2 StR 31/03, NStZ 2004, 45; Urt. v. 25.3.1999 – 1 StR 344/98, NStZ 1999, 409; *Schott*, Einschleusen von Ausländern, 2011, S. 157 f., 209.
[22] BGH Beschl. v. 6.6.2012 – 4 StR 144/12, NJW 2012, 2821; BGH Urt. v. 27.4.2005 – 2 StR 457/04, NJW 2005, 2095 (2099) mwN; ähnlich *v. Pollern* ZAR 1996, 175.
[23] Vgl. *Kretschmer* AuslStrafR § 4 Rn. 197.
[24] BT-Drs. 18/1791, 3. S. auch BT-Drs. 18/1791, 5: „Die Bundespolizei hat die Taxiunternehmen und gezielt auch Taxifahrer mit Hilfe eines Informationsblattes und Flyern auf die Problematik der Beförderungspraxis unerlaubt eingereister Personen unter gezieltem Missbrauch des Taxigewerbes durch international agierende Schleuser hingewiesen. Ziele dieser Informationskampagne waren, die Taxiunternehmen hinsichtlich des modus operandi international agierender Schleuser zu sensibilisieren, einer möglichen Kriminalisierung des Taxigewerbes entgegenzuwirken und die Taxifahrer dazu anzuhalten, Verdachtsfälle der Bundespolizei mitzuteilen. Die Anbieter von Mitfahrgelegenheiten wurden entsprechend über die Beförderungspraxis informiert. Dazu wurde ein Informationsblatt im Programm Polizeiliche Kriminalprävention der Länder und des Bundes erarbeitet und auf der Internetseite www.polizei-beratung.de eingestellt. Dieses weist auf den Missbrauch von Online-Mitfahrzentralen durch Schleuser hin und gibt Tipps, wie man sich davor schützen kann. Für Busunternehmen hat die Bundespolizei an die drei größten Busverbände Sensibilisierungsschreiben gesandt. Darin hat die Bundespolizei unter anderem Beratungs- und Unterstützungsleistungen angeboten. Diese Maßnahmen werden mit Luftfahrtunternehmen seit Jahren erfolgreich praktiziert."
[25] BGH Urt. v. 14.11.2019 – 3 StR 561/18, NStZ-RR 2020, 184.
[26] BGH Urt. v. 15.3.2021 – 5 StR 627/19, BeckRS 2021, 6675.
[27] BGH Urt. v. 26.5.1999 – 3 StR 570/98, BGHSt 45, 103.
[28] BGH Beschl. v. 6.6.2012 – 4 StR 144/12, NJW 2012, 2821; vgl. BGH Urt. v. 8.3.2001 – 4 StR 453/00, NJW 2001, 2409 (2410).
[29] Vgl. BGH Urt. v. 25.3.1999 – 1 StR 344/98, NStZ 1999, 409 (410).
[30] Vgl. BGH Urt. v. 12.6.1990 – 5 StR 614/89, NJW 1990, 2207.
[31] Vgl. OLG Zweibrücken Beschl. v. 22.6.1992 – 1 Ss 234/91, BeckRS 2014, 258.

Strafzumessung Rechnung getragen werden[32]. Die Bestrafung iRd normalen Anstiftung/Beihilfe zum (weiteren) unerlaubten Aufenthalt bleibt aber unbenommen[33].

14 Die Teilnahme ist sowohl an dem Ort begangen, an dem die Tat begangen ist, als auch an jedem Ort, an dem der Teilnehmer gehandelt hat oder im Falle des Unterlassens hätte handeln müssen oder an dem nach seiner Vorstellung die Tat begangen werden sollte. Hat der Teilnehmer an einer Auslandstat im Inland gehandelt, so gilt für die Teilnahme das deutsche Strafrecht, auch wenn die Tat nach dem Recht des Tatorts nicht mit Strafe bedroht ist (**§ 9 I StGB** – Ort der Tat).

3. Verwirklichung der Schleusermerkmale (Abs. 1 Nr. 1 und 2)

15 Ein **Vorteil (Abs. 1 Nr. 1a)** ist jede günstigere Gestaltung der materiellen oder auch der immateriellen Lage des Begünstigten. Der Begriff Vorteil schließt die Vermögensvorteile (materielle Besserstellung) mit ein und geht darüber hinaus (zB Gewährung von Ehrungen, Ehrenämtern). Die Gewährung sexueller Zuwendungen, nicht aber die bloße Gelegenheit zur sexuellen Annäherung, gehört dazu. Generell genügt nicht die Erwerbsaussicht von Vorteilen (Karrierechancen). Die Befriedigung des Ehrgeizes, der Eitelkeit oder des Geltungsbedürfnisses reicht ebenfalls nicht aus. Die **Unterlassung** von Handlungen kann ein Vorteil sein (Nicht-Geltendmachen von Forderungen, Darlehensgewährung). Die völlig uneigennützigen Beihilfehandlungen oder solche aus humanitären Gründen fallen im Einzelfall nicht unter den Begriff Vorteil. Auch die Erstattung der Unkosten einer Hilfeleistung (zB Benzinkosten) fällt nicht darunter.

16 **Wiederholt (Abs. 1 Nr. 1b Alt. 1)** handelt, wer schon zuvor eine derartige Handlung begangen hat. Diese braucht nicht bestraft oder sonst geahndet worden zu sein[34]. Auf die Bewertung als Handlungsmehrheit oder fortgesetzte Handlung[35] kommt es nicht an. Als Vortat reicht einfache Beihilfe/Anstiftung zu Tathandlungen gemäß § 95 I, II aus. Ein Zusammenhang zur Vortat braucht nicht zu bestehen. Die Vortat muss feststehen (es genügen hier konkrete Ermittlungsergebnisse). Die **Verfolgungsverjährung** steht einer Wiederholungstat nicht entgegen.

17 Der Täter handelt **zugunsten mehrerer Ausländer (Abs. 1 Nr. 1b Alt. 2)**, wenn mindestens zwei Ausländer begünstigt werden[36]. Das gilt auch, wenn die Geschleusten unterschiedliche Haupttaten ausführen. Es reicht aus, wenn einer der Geschleusten vorsätzlich handelt (zB Mutter mit Kleinkind).

18 Unter **Vermögensvorteil (Abs. 1 Nr. 2)** ist jede günstigere Gestaltung der Vermögenslage zu verstehen. Der Täter muss gegen Entgelt handeln[37]. Der Vermögensvorteil braucht nicht rechtswidrig zu sein und von dem begünstigten Ausländer erbracht zu werden, er muss aber in einem finalen Zusammenhang mit der Förderung und Unterstützung des illegalen Verhaltens des Ausländers stehen[38]. Der Vermögensvorteil braucht nicht in Geld zu bestehen. Sach-/Dienstleistungen reichen aus (Ferienwohnung nutzen, vollgetanktes Auto überlassen, Mitnahme von Schmuggelware, Erlass von Schulden, Überlassen von Rechten). Kein Vermögensvorteil besteht bei immateriellen Vorteilen. Kein Vermögensvorteil besteht bei reiner Kostenerstattung (Benzinkosten, aber: die lukrative Taxifahrt, die sonst nicht stattgefunden hätte). Von wem der Vermögensvorteil stammt, ist unwichtig. „Vorteil versprechen lassen" bedeutet die Annahme einer Verpflichtung zur Gegenleistung.

19 Eine **Strafbarkeitslücke** besteht beim Überlassen des Vermögensvorteils an einen Dritten (Verein oÄ). Denn mit Blick auf den insoweit eindeutigen Wortlaut der Norm ist es erforderlich, dass der Täter selbst den Vermögensvorteil erlangt, nicht aber eine andere Person. Die Bereicherung eines Dritten erfüllt den Tatbestand nur dann, wenn der Täter dadurch von Verbindlichkeiten gegenüber dem Empfänger freigestellt wird[39].

V. Qualifikationen (Abs. 2)

1. Gewerbsmäßiges Handeln (Abs. 2 S. 1 Nr. 1)

20 Wer **gewerbsmäßig** handelt, unterliegt einer weiteren Qualifizierung. Er muss sich aus einer wiederholten Tatbegehung eine nicht nur vorübergehende Einnahmequelle von einigem Gewicht verschaffen wollen, wobei diese Absicht schon durch eine einzige Tat bestätigt sein kann[40]. Die Einnahmequelle muss nicht in Geld bestehen. Gewerbsmäßiges Handeln setzt stets Eigennützigkeit

---

[32] Dazu *Aurnhammer* S. 181 ff.; *Huber* ZAR 1988, 153; *Müller* ZAR 1996, 170; *Robbers* AöR 1988, 43; *Rothkegel* ZAR 1997, 121.
[33] Vgl. dazu auch Nr. Vor 95.1.4 AVwV, Ausschluss der Beteiligung bei Handlungen iRd Berufs oder sozial anerkannten Ehrenamts.
[34] BGH Urt. v. 26.5.1999 – 3 StR 122/99, NJW 1999, 2829.
[35] Dazu BGH Beschl. v. 3.5.1994 – GSSt 2/93 ua, BGHSt 40, 138.
[36] BGH Urt. v. 11.7.2003 – 2 StR 31/03, NStZ 2004, 45.
[37] *Heinrich* ZAR 2003, 166; *Westphal/Stoppa* NJW 1999, 2137.
[38] BGH Urt. v. 21.2.1989 – 1 StR 631/88, NJW 1989, 1435.
[39] BGH Beschl. v. 12.12.2017 – 3 StR 303/17, BeckRS 2017, 141240 mwN.
[40] BGH Urt. v. 8.11.1951 – 4 StR 563/51, BGHSt 1, 383; Urt. v. 25.7.1963 – 3 StR 4/63, BGHSt 19, 63.

voraus, sodass sich der Täter von seinem deliktischen Handeln einen eigenen wirtschaftlichen Vorteil versprechen muss[41]. Bedingter Vorsatz in Bezug auf das strafverschärfende persönliche Merkmal notwendig. Das Vergehen nach Abs. 2 Nr. 1 ist im Schuldspruch als gewerbsmäßiges Einschleusen von Ausländern zu bezeichnen, vgl. § 260 IV 2 StPO[42].

2. Bandenmäßige Begehung (Abs. 2 S. 1 Nr. 2)

Der Begriff der **Bande** setzt den Zusammenschluss von mindestens drei Personen voraus, die sich 21 mit dem Willen verbunden haben, künftig für eine gewisse Dauer mehrere selbstständige, iE noch ungewisse, Straftaten des im Gesetz genannten Deliktstyps zu begehen[43]. Es braucht sich nicht notwendig um eine kriminelle Vereinigung iSd § 129 StGB zu handeln. Für die Annahme einer Bandenabrede ist es nicht erforderlich, dass sich sämtliche Mitglieder einer bandenmäßig organisierten Gruppe persönlich verabredet haben und sich untereinander kennen, wenn nur jeder den Willen hat, sich zur künftigen Begehung von Straftaten mit (mindestens) zwei anderen zu verbinden[44]. Ein „gefestigter Bandenwille" oder „ein Tätigwerden in einem übergeordneten Bandeninteresse" ist nicht erforderlich. Eine kurze Verbindung reicht aus (wenige Tage). Eine ausdrückliche oder stillschweigende Abrede genügt. Das gemeinsame Handeln (Mitwirken) ist nicht erforderlich. Eine einfache Mittäterschaft reicht indes nicht aus. Indizien für das Vorliegen einer Bande können sein: die gemeinsame Lebensführung der Beteiligten, die genaue Buchführung, geschäftsmäßige Auftragsverwaltung, die arbeitsteilige Abwicklung. Bedingter Vorsatz in Bezug auf das strafverschärfende persönliche Merkmal ist ebenso wie bei gewerbsmäßigem Handeln notwendig. Der Bandenwille muss sich nach der Verabredung der Bandenmitglieder in mindestens einer Bandentat realisiert haben.

3. Beisichführen einer Schusswaffe oder einer anderen Waffe (Abs. 2 S. 1 Nr. 3 und Nr. 4)

Weitere Qualifikationstatbestände enthalten **Abs. 2 S. 1 Nr. 3** (**Beisichführen einer Schusswaffe**) 22 und **Nr. 4** (**Absicht der Verwendung einer anderen Waffe** – allerdings **nur bei der Einreise** –). Der strafrechtliche Begriff der Schusswaffe ist ein eigenständiger. „Schusswaffen sind Waffen, bei denen Projektile oder Gas durch einen Lauf nach vorne geschossen werden" (nach stRspr des BGH zählen dazu auch Gaspistolen, und in bestimmten Fällen Schreckschusswaffen; aA Nr. 96.2.3.1 AVwV); „bei sich führen" – auch: Gegenstand befindet sich in Griffweite, kann ohne nennenswerten Zeitaufwand bedient werden (Transport im Kofferraum kann ausreichen). Die Schusswaffe muss funktionstüchtig sein; „Unterladung" reicht aus. Ausreichend ist auch das Beisichführen im Zeitraum zwischen Vollendung und Beendung der Tat.

Unter § 1 II Nr. 1 WaffG iVm Anlage 1 Abschnitt 1, UAbs. 1, Ziff. 1 fallen Schusswaffen und 23 ihnen gleichgestellte Gegenstände:

– Ziff. 1.1: Schusswaffen sind Gegenstände, die zum Angriff oder zur Verteidigung, zur Signalgebung, zur Jagd, zur Distanzinjektion, oder Markierung, zum Sport oder zum Spiel bestimmt sind und bei denen Geschosse durch einen Lauf getrieben werden.
– Ziff. 1.2: Den Schusswaffen gleichgestellte Gegenstände sind ua tragbare Gegenstände, die zum Abschießen von Munition für die in Nr. 1.1 genannten Zwecke bestimmt sind (auch Schreckschusspistolen, Gaspistolen, Schießkugelschreiber), sowie bei denen bestimmungsgemäß feste Körper gezielt verschossen werden, deren Antriebsenergie durch Muskelkraft eingebracht und durch eine Sperrvorrichtung gespeichert werden kann (zB Harpunen, Armbrüste). Insoweit kann die Rspr. zum bisherigen Begriff der Schusswaffe aus §§ 244, 250 StGB aF auf die Fälle der qualifizierten Schleusung übertragen werden[45].

Zur **anderen Waffe** in Verwendungsabsicht. Grundsatz: 24
– Der Begriff Waffe ist ein Oberbegriff, der Waffen im technischen und nichttechnischen Sinn umfasst.
– Waffen im technischen Sinn sind bewegliche Sachen, die ihrer bestimmungsgemäßen Art nach zur Verursachung erheblicher Verletzungen von Personen generell geeignet sind. Dazu zählen insbesondere die Schusswaffen, die aber unter Abs. 2 Nr. 3 subsumiert werden. Bezogen auf §§ 125a, 113 StGB, §§ 244, 250 StGB aF werden unter Waffe zunächst die technischen Waffen verstanden.

Die Waffe muss in Verwendungsabsicht geführt werden, ie in der Absicht, das Tatmittel zur 25 Verhinderung oder Überwindung des Widerstands einer anderen Person durch Gewaltanwendung oder Drohung einzusetzen. Unter § 1 II Nr. 2a WaffG iVm Anlage 1 Abschnitt 1, UAbs. 2 fallen insbesondere die Hieb- und Stoßwaffen, tragbare Gegenstände, die ihrem Wesen nach dazu bestimmt

---

[41] BGH Beschl. v. 12.12.2017 – 3 StR 303/17, BeckRS 2017, 141240.
[42] BGH Beschl. v. 10.11.2020 – 2 StR 486/19, BeckRS 2020, 36443; BGH Beschl. v. 6.7.2007 – 2 StR 207/07, BeckRS 2007, 12820.
[43] BGH Beschl. v. 22.3.2001 – GSSt 1/00, NJW 2001, 2266.
[44] Vgl. BGH Urt. v. 16.5.2005 – 3 StR 492/04, NJW 2005, 2629 zu § 30 I Nr. 1, § 30a I BtMG.
[45] Bestätigend *Westphal/Stoppa*, AusR Polizei-HdB, S. 750.

sind, die Angriffs- und Abwehrfähigkeit von Menschen zu beseitigen oder herabzusetzen (zB Dolche, Springmesser, Faustmesser, Fallmesser, Stahlruten, Schlagringe, Gummiknüppel, Handgranaten, Molotow-Cocktails, Elektroimpulsgeräte, Reizstoffsprühgeräte, Präzisionsschleudern). Nach bisheriger Rspr. dürften **Waffen im nichttechnischen Sinn** ebenso dazu zählen[46] (zB Äxte, Beile, Sensen, Schlachtermesser, Schweizer Offiziersmesser, Fahrten- und Taschenmesser, Schraubenzieher, ungeladene Schusswaffen (sofern nicht ohne Weiteres mit bereitliegender Munition ladbar)), sofern diese Waffen eine objektive Eignung zum Verursachen einer Lebensgefahr mit sich bringen (anders bei Spielzeugpistolen (Scheinwaffen))[47].

4. Lebens- oder gesundheitsgefährdende, unmenschliche oder erniedrigende Behandlung (Abs. 2 S. 1 Nr. 5)

26 Für das Qualifikationsmerkmal des Abs. 2 S. 1 Nr. 5 verlangt das Gesetz keinen eigenhändigen auf die Behandlung des Geschleusten gerichteten **Beitrag eines Hilfeleistenden,** dessen Teilnahmehandlung nach dem Grundtatbestand in Abs. 1 zu einer selbständigen in Täterschaft begangenen Straftat heraufgestuft ist. Daher kommt es insoweit auch nicht darauf an, ob der Täter auf Organisation und Durchführung der Überfahrten oder den Zustand der Boote hätte Einfluss nehmen können. Es genügt, dass die geschleusten Personen jeweils einer das Leben gefährdenden Behandlung ausgesetzt waren und der Täter den Schleusungsvorgang mit Vorsatz hinsichtlich der lebensgefährlichen Umstände der Überfahrt gefördert hat[48].

27 Der Qualifikationstatbestand einer **das Leben gefährdenden Behandlung** setzt ebenso wenig wie § 224 I Nr. 5 StGB voraus, dass eine konkrete Lebensgefahr eingetreten ist. Das Merkmal einer das Leben gefährdenden Behandlung nach Abs. 2 S. 1 Nr. 5 entspricht der Vorschrift des § 224 I Nr. 5 StGB, so dass die dazu geltenden Grundsätze zur Auslegung herangezogen werden können. Es reicht aus, dass die Behandlung, welcher der Ausländer während der Schleusung ausgesetzt wird, nach den Umständen des Einzelfalls generell geeignet ist, eine Lebensgefahr herbeizuführen[49]. Um eine konkrete Lebensgefahr durch die Schleusung zu begründen, reicht das bloße Fehlen von Rückhaltesystemen allein nicht aus. Allerdings kann eine konkrete Lebensgefahr aufgrund der Gesamtheit der Umstände der Schleusung gegeben sein, wenn bspw. das Fehlen von Rückhaltesystemen, ein übersetztes und überladenes Fahrzeug, eine lange Fahrzeit sowie eine hohe Geschwindigkeit des Fahrzeugs zusammenkommen, sodass bei einer Gefahrenbremsung, einem Ausweichmanöver und erst recht bei einer Kollision lebensgefährliche Verletzungen drohen[50]. Die Umstände, die eine das Leben gefährdende Behandlung des Geschleusten begründen, müssen dabei im Einzelnen festgestellt und belegt sein; insbesondere müssen die Urteilsgründe erkennen lassen, woraus sich im konkreten Fall die Eignung der Behandlung zur Herbeiführung einer Lebensgefahr für den Geschleusten ergibt[51].

28 Eine erniedrigende Behandlung iSd Qualifikation einer **unmenschlichen oder erniedrigenden Behandlung** ist gegeben, wenn die Behandlung bei dem Geschleusten Gefühle der Angst, Ohnmacht und Minderwertigkeit erzeugt und er so herabgewürdigt und gedemütigt wird. Dies liegt bspw. vor, wenn die geschleusten Ausländer „wie Vieh oder Stückgut" bei Fahrzeiten zwischen vier und acht Stunden ohne die Möglichkeit zum Toilettengang und unter äußerst beengten räumlichen Verhältnissen transportiert werden[52].

29 Bei einer **konkreten Gefährdungssituation** iSv **Abs. 2 S. 1 Nr. 5** muss es zum Eintritt der im Tatbestand bezeichneten Gefahren (nicht Schäden) gekommen sein. Generell (abstrakte) Gefahrensituationen, die durch die Schleusung verwirklicht werden/werden könnten, sind daher vom Grundtatbestand erfasst. Die Gefahr einer schweren Gesundheitsschädigung nach Abs. 2 S. 1 Nr. 5 ist gegeben, wenn der Geschleuste während der Schleusung in die konkrete Gefahr gebracht wird, dass eine der in § 226 I StGB genannten schweren Folgen oder eine diesen nahekommende Schädigung eintritt. Dieses Merkmal entspricht den Qualifikationen unter anderem in § 225 III Nr. 1 StGB, § 250 I Nr. 1c StGB und § 330 II Nr. 1 StGB. Für eine konkrete Gefahr ist erforderlich, dass die Sicherheit des Geschleusten nach objektiv-nachträglicher Prognose so stark beeinträchtigt ist, dass das Eintreten oder Ausbleiben einer schweren Gesundheitsschädigung nur noch vom Zufall abhängt[53]. Unter die konkrete Gefährdung dürften insbesondere folgende Situationen fallen: Geschleusten zwingen, durch einen grenzbildenden Fluss zu schwimmen; Unterbringung in Kofferräumen, sonstigen Hohlräumen, Transportbehältern oder Containern, insbesondere wenn für menschliche Bedürfnisse keine Sorge getragen wird (kein Verrichten der Notdurft, kein Trinkwasser, keine weiteren Nahrungs-

---

[46] AA *Kretschmer* AuslStrafR § 4 Rn. 277.
[47] So auch *Westphal/Stoppa,* AusR Polizei-HdB, S. 751.
[48] BGH Urt. v. 15.3.2021 – 5 StR 627/19, BeckRS 2021, 6675.
[49] BGH Urt. v. 15.3.2021 – 5 StR 627/19, BeckRS 2021, 6675; BGH Urt. v. 14.11.2019 – 3 StR 561/18, NStZ-RR 2020, 184; BGH Beschl. v. 7.5.2019 – 1 StR 8/19, NStZ 2020, 677.
[50] BGH Beschl. v. 24.10.2018 – 1 StR 212/18, NJW 2018, 3658 f.
[51] BGH Beschl. v. 4.10.2019 – 1 StR 282/19, BeckRS 2019, 25903.
[52] BGH Beschl. v. 24.10.2018 – 1 StR 212/18, NJW 2018, 3658 (3659) mwN.
[53] BGH Beschl. v. 7.5.2019 – 1 StR 8/19, NStZ 2020, 677.

mittel, unzureichende Frischluftzufuhr); der Transport auf der Ladefläche, in Fahrzeugen ohne Sitze oder Anschnallmöglichkeiten.

5. Schleusung eines minderjährigen ledigen Ausländers (Abs. 2 S. 2)

Der durch das FamiliennachzugsneuregelungsG[54] eingefügte **Abs. 2 S. 2** hat das eigennützige Anstiften oder Hilfeleisten zur unerlaubten Einreise eines minderjährigen ledigen Ausländers in das Bundesgebiet zum Gegenstand, wenn die unerlaubte Einreise des Minderjährigen ohne Begleitung einer personensorgeberechtigten Peron, die die Fürsorge oder Obhut für ihn übernommen hat, erfolgt. Ein Fürsorge- und Obhutsverhältnis setzt eine nicht nur gelegentliche Übernahme der Verantwortung für das körperliche und psychische Wohl des Minderjährigen voraus[55]. 30

VI. Subjektiver Tatbestand

Der Täter muss mit doppeltem Anstifter- bzw. Gehilfenvorsatz handeln, sodass der Vorsatz sich auf die Haupttat der unerlaubt einreisenden Person und auf den eigenen Tatbeitrag beziehen muss[56]. Dabei ist es ausreichend, dass der Teilnehmer die Haupttat in ihren wesentlichen Merkmalen kannte und das Ausmaß des Erfolgsunrechts im Wesentlichen zutreffend erfasste[57]. Bedingter Vorsatz genügt. 31

VII. Versuch (Abs. 3)

Die **Strafbarkeit im Versuchsfalle** nach Abs. 3 setzt keine Haupttat voraus. Findet die unerlaubte Einreise nicht statt oder wird sie nur versucht, kommt bei dem mit Schleusermerkmalen handelnden Unterstützer eine Strafbarkeit wegen **versuchten Hilfeleistens** nach Abs. 1 Nr. 1, Abs. 3 in Betracht[58]. An einer vollendeten Einreise mangelt es regelmäßig, wenn die Einreise durch Zugriff in anderen Schengen-Ländern erfolgte und damit die Einreise in den Zielstaat Deutschland vereitelt wurde. Es gelten die allgemein zur Versuchsstrafbarkeit entwickelten Grundsätze (§§ 22 ff. StGB). Für die Prüfung des unmittelbaren Ansetzens kann ergänzend die Rspr. zur versuchten Anstiftung nach § 30 I StGB herangezogen werden[59]. Die Strafbarkeit wegen versuchten Hilfeleistens nach Abs. 1 Nr. 1, Abs. 3 beginnt, wenn der Täter eine Handlung vornimmt, mit der er nach seiner Vorstellung von der Tat unmittelbar zu einer Förderung der präsumtiven Bezugstat ansetzt. Angesichts der Vielzahl denkbarer Sachverhaltsgestaltungen, die dem Begriff des Hilfeleistens unterfallen, so der BGH, bedarf das Kriterium der Unmittelbarkeit dabei regelmäßig einer wertenden Konkretisierung im Einzelfall[60]. Maßgebend ist, wie weit sich der Täter bereits dem von ihm anvisierten Unterstützungserfolg angenähert und durch sein Handeln eine Gefahr für das betroffene Rechtsgut begründet hat[61]. Darauf, ob auch die Bezugstat in das Versuchsstadium eingetreten ist, kommt es dagegen nicht an[62]. 32

VIII. Auslandstaten (Abs. 4)

Deutsches Strafrecht ist auch dann anwendbar, wenn der Täter als Ausländer im Ausland gehandelt hat. Ungeachtet des Vorliegens der Voraussetzungen der §§ 5–7 StGB ergibt sich die Strafbarkeit nach deutschem Recht aus Abs. 4. Der Gesetzgeber hat bei dieser Vorschrift jedenfalls durch das Gesetz zur Umsetzung aufenthalts- und asylrechtlicher Richtlinien der EU vom 19.8.2007[63] die Funktion zugewiesen, bestimmte für inländische Taten geltende Regelungen „auch auf Auslandstaten zu beziehen"[64]. Dadurch hat er deutlich gemacht, dass die Anwendung deutschen Strafrechts auf derartige Auslandstaten nicht von den Voraussetzungen der §§ 3 ff. StGB, sondern nur von denjenigen in Abs. 4 abhängen soll[65]. Für eine Strafbarkeit gem. Abs. 4 iVm Abs. 1 ist darzulegen, gegen welche ausländischen oder europäischen Rechtsvorschriften die eingeschleusten Drittausländer verstoßen haben und welcher von Abs. 4 in Bezug genommenen Tathandlung dies entsprach[66]. 33

Bei Zuwiderhandlung gegen Vorschriften über Einreise und Aufenthalt in einem anderen **Mitgliedstaat der EU sowie Norwegen, Island und der Schweiz** greifen in dem in **Abs. 4** genannten 34

---

[54] → Rn. 1.
[55] BT-Drs. 19/2438, 26.
[56] BGH Beschl. v. 25.10.2017 – 1 StR 426/17, BeckRS 2017, 139399.
[57] BGH Urt. v. 14.11.2019 – 3 StR 561/18, NStZ-RR 2020, 184.
[58] BGH Beschl. v. 6.6.2012 – 4 StR 144/12, NJW 2012, 2821; BGH Beschl. v. 12.9.2002 – 4 StR 163/02, NJW 2002, 3642 (3643).
[59] Vgl. BGH Urt. v. 25.3.1999 – 1 StR 344/98, NStZ 1999, 409 f.; Schott, Einschleusen von Ausländern, S. 229.
[60] Vgl. BGH Urt. v. 9.3.2006 – 3 StR 28/06, NStZ 2006, 331 f.
[61] Vgl. BGH Urt. v. 25.10.1955 – 2 StR 282/55, BGHSt 9, 62 (64).
[62] BGH Beschl. v. 26.3.2012 – 5 StR 86/12, BeckRS 2012, 8377 mwN.
[63] BGBl. 2007 I S. 1970.
[64] Vgl. BT-Dr. 16/5065, 200.
[65] BGH Urt. v. 14.11.2019 – 3 StR 561/18, NStZ-RR 2020, 184.
[66] BGH Urt. v. 15.3.2021 – 5 StR 627/19, BeckRS 2021, 6675.

Umfang ebenfalls die Qualifizierungen der Abs. 1–2 sowie die Versuchsstrafbarkeit nach Abs. 3 ein. Die **"Europaweite Schleusung"** des Abs. 4 geht auf Art. 27 SDÜ zurück: Die Vertragsparteien verpflichten sich, angemessene Sanktionen gegen jede Person vorzusehen, die zu Erwerbszwecken einem Drittausländer hilft oder zu helfen versucht, in das Hoheitsgebiet einer der Vertragsparteien unter Verletzung ihrer Rechtsvorschriften in Bezug auf die Einreise und den Aufenthalt von Drittausländern einzureisen oder sich dort aufzuhalten. Die Notwendigkeit der Maßnahmen gem. Art. 61a und 63 Nr. 3b EGV führte zur RL 2002/90/EG (Definition der Beihilfe zur unerlaubten Ein- und Durchreise und zum unerlaubten Aufenthalt vom 28.11.2002). Die Einschleusung (Abs. 1 Nr. 1a, Nr. 2) und das gewerbsmäßige Handeln (Abs. 2 S. 1 Nr. 1), das bandenmäßige Handeln (Abs. 2 S. 1 Nr. 2), die Aussetzungen in eine konkrete Gefährdungslage (Abs. 2 S. 1 Nr. 5) sowie die Versuchshandlungen hierzu sind auf Zuwiderhandlungen gegen **entsprechende Rechtsvorschriften** in den anderen EU-Staaten sowie Norwegen, Island und auch der Schweiz anzuwenden. Sanktioniert wird also der „Schleuser" in Bezug auf seinen verselbstständigten Tatbeitrag, nicht jedoch der Geschleuste.

35 Für die Erfüllung des Tatbestands wird eine entsprechende Anwendung des ausländischen Rechts auf Haupttaten des § 96 herangezogen. Die Ermittlungen beziehen sich somit auf die ausländischen Rechtsvorschriften. Die **Entsprechensklausel** bezieht sich nicht auf entsprechende Schleuserstraftatbestände. Es müssen nicht unbedingt ausländische Strafvorschriften verletzt werden (Verwaltungsunrecht reicht aus). Als mögliche Tathandlungen kommen in Betracht: Einschleusung, Ausschleusung, Durchschleusung und die Auslandsschleusung. Der **Haupttäter darf nicht EU-/EWR-Bürger** sein.

36 Die Vorschrift erweitert damit die Anwendbarkeit deutschen Strafrechts auf Auslandstaten. In diesem Zusammenhang ist die rechtliche Frage nach einem möglichen **Strafklageverbrauch** durch bereits erfolgte Sanktionen in anderen Mitgliedstaaten interessant. Nach **Art. 27 I SDÜ iVm § 6 Nr. 9 StGB** (Auslandstaten gegen international geschützte Rechtsgüter) gilt das deutsche Strafrecht unabhängig vom Recht des Tatorts für Taten, die aufgrund eines für die Bundesrepublik Deutschland verbindlichen zwischenstaatlichen Abkommens auch dann *zu verfolgen sind,* wenn sie im Ausland begangen werden. § 6 Nr. 9 StGB erfasst damit jedoch nur solche Taten, zu deren Verfolgung im Einzelfall eine völkervertragliche Verfolgungspflicht der Bundesrepublik Deutschland besteht, was mit dem Gesetzeswortlaut des § 6 Nr. 9 StGB „zu verfolgen sind" zum Ausdruck gebracht wird[67] Offengelassen, aber letztlich wohl verneinend, hat der BGH[68] die Frage, ob über den Wortlaut des § 6 StGB hinaus ein legitimierender Anknüpfungspunkt im Einzelfall verlangt werden muss, der einen unmittelbaren Bezug der Strafverfolgung im Inland herstellt und die Anwendung innerstaatlichen (deutschen) Strafrechts rechtfertigt. Etwa in der Form, dass der Schleuser in Deutschland, gelebt, gearbeitet, Rente oder Sozialleistungen bezogen hätte. Dieser Bezugspunkt lässt sich weder Art. 27 I SDÜ noch § 6 StGB entnehmen[69].

37 Aufgrund der Umsetzung der Beihilfe-RL (→ Rn. 1) ist nicht nur in Deutschland, sondern auch in den anderen Mitgliedstaaten wegen der Umsetzungstreue und RL-Konformität zu erwarten, dass zB eine Durchschleusung von Griechenland über Italien, Schweiz, Deutschland nach Dänemark bei Feststellung in einem der Einreise-, Transit- oder Zielstaaten zur Sanktion führt, soweit die Schleuser zuvor ergriffen wurden. Nach **Art. 54 SDÜ** darf durch eine andere Vertragspartei wegen derselben Tat nicht verfolgt werden, wer durch eine Vertragspartei rechtskräftig abgeurteilt worden ist, vorausgesetzt, dass im Fall einer Verurteilung die Sanktion bereits vollstreckt worden ist, gerade vollstreckt wird oder nach dem Recht des Urteilsstaats nicht mehr vollstreckt werden kann (**ne bis in idem = Verbot der Doppelbestrafung;** „nicht zweimal in derselben Sache"). Ebenso findet sich der Grundsatz in Art. 103 III GG für innerstaatliche Rechtsanwendung sowie in Art. 4 des 7. Zusatzprotokoll zur EMRK und in Art. 50 der Europäischen Grundrechtecharta (GRCh), die mit Inkrafttreten des Vertrags von Lissabon am 1.12.2009 gemäß Art. 6 I des Vertrags über die EU uneingeschränkt gilt. Darüber hinaus ist der Ne-bis-in-idem-Grundsatz in stRspr des EuGH auch als allgemein ungeschriebener Rechtsgrundsatz des Unionsrechts anerkannt. Art. 54 SDÜ enthält drei Tatbestandsmerkmale: 1. dieselbe Tat, 2. die rechtskräftige Aburteilung, 3. die unmittelbare Vollstreckbarkeit. Art. 50 GRCh enthält abschwächend nicht das Element der Vollstreckbarkeit[70] („Niemand darf wegen einer Straftat, derentwegen er bereits in der Union nach dem Gesetz rechtskräftig verurteilt oder freigesprochen worden ist, in einem Strafverfahren erneut verfolgt oder bestraft werden"). Nach Auffassung des EuGH[71] wird der Begriff **„derselben Tat"** eigenständig, **autonom** nach europäischem Recht ausgelegt:

---

[67] BGH Urt. v. 21.2.2001 – 3 StR 372/00, NJW 2001, 2728; vgl. auch BGH Beschl. v. 17.5.1991 – 2 StR 183/90, NJW 1991, 3104; Eser/Weißer in Schönke/Schröder, StGB, 30. Aufl. 2019, § 6 Rn. 10.

[68] BGH Urt. v. 21.2.2001 – 3 StR 372/00, NJW 2001, 2728.

[69] *Kretschmer* ZAR 2001, 384 (386).

[70] Zur streitigen Auffassung, dass die Vollstreckbarkeit gleichwohl als Schrankenbestimmung gälte, *Kretschmer* ZAR 2001, 384 (388) mwN.

[71] EuGH Urt. v. 18.7.2007 – C-288/05, NJW 2007, 3412 – Kretzinger; EuGH Urt. v. 16.11.2010 – C-261/09, NStZ 2001, 466 – Mantello; vgl. auch BGH Urt. v. 9.6.2008 – 5 StR 342/04, NStZ 2009, 457.

Einschleusen von Ausländern　　　　　　　　　　　　　　　　§ 96 AufenthG 1

„Die rechtliche Einordnung der Tatsachen nach den Strafrechtsordnungen der Vertragsstaaten ist für die Auslegung des Begriffs der Tat im Sinne von Art. 54 SDÜ unbeachtlich. Der EuGH hat klargestellt, dass die Subsumtion des Tatgeschehens unter den Begriff der Tat nach Art. 54 SDÜ von der rechtlichen Qualifizierung der Tatsachen unabhängig ist [...]. Damit richtet sich die Auslegung des Begriffs der Tat gemäß Art. 54 SDÜ nicht nach strafrechtlichen Kriterien der Vertragsstaaten. Vielmehr handelt es sich bei dem Tatbegriff des Art. 54 SDÜ um einen eigenständigen, autonom europarechtlich auszulegenden Begriff des SDÜ [...]. Die Auslegung dieses Begriffs hat sich am Zweck des Art. 54 SDÜ auszurichten, die ungehinderte Ausübung des Rechts auf Freizügigkeit des Unionsbürger zu sichern [...]. Wer wegen eines Tatsachenkomplexes bereits in einem Vertragsstaat abgeurteilt ist, soll sich ungeachtet unterschiedlicher rechtlicher Maßstäbe in den einzelnen Staaten darauf verlassen können, dass er nicht – auch nicht unter einem anderen rechtlichen Aspekt – ein zweites Mal wegen derselben Tatsachen strafrechtlich verfolgt wird [...]. Aus diesem Grund ist es hier für die Auslegung des Begriffs der Tat im Sinne des Art. 54 SDÜ auch ohne Bedeutung, ob das Verhalten des Angeklagten nach dem Rechtsverständnis des deutschen Strafrechts als mehrere Taten im prozessualen Sinn[...] zu werten ist"[72].

Damit stellt das Schleusen von Menschen über mehrere Binnengrenzen der Mitgliedstaaten einen **Komplex unlösbar miteinander verbundener Tatsachen** dar (= einheitlicher, historischer Vorgang).

Das Vollstreckungselement verlangt eine **verfahrensbeendende Entscheidung mit Ahndungsfunktion**[73], ausreichend ist insoweit ein Freispruch, ein Abwesenheitsurteil, eine staatsanwaltschaftliche Einstellung ebenso wie eine Aburteilung mit Bewährungsauflage. Art. 54 SDÜ findet jedoch keine Anwendung auf eine Entscheidung der Gerichte eines Mitgliedstaats, mit der ein Verfahren für beendet erklärt wird, nachdem die Staatsanwaltschaft beschlossen hat, die Strafverfolgung nur deshalb nicht fortzusetzen, weil in einem anderen Mitgliedstaat Strafverfolgungsmaßnahmen gegen denselben Beschuldigten wegen derselben Tat eingeleitet worden sind und ohne dass eine Prüfung in der Sache erfolgt ist[74]. Im Hinblick auf die neuere Entwicklung, insbesondere das Inkrafttreten von Art. 50 GRCh, erscheint es bereits zweifelhaft, ob der Eintritt eines Strafklageverbrauchs allein nach Maßgabe des innerstaatlichen Rechts des Urteilsstaates zu beurteilen ist[75]. 38

Das bloße Verbot der Einreise (bspw. ohne Visum) ist für die Erfüllung des Abs. 4 Nr. 1 ausreichend[76]. 39

IX. Rechtswidrigkeit

Eine **Einwilligung** des Geschleusten entfaltet keine rechtfertigende Wirkung; sie ist unwirksam. Dies gilt insbesondere für den Qualifikationstatbestand der lebensgefährdenden Behandlung als auch für den der unmenschlichen oder erniedrigenden Behandlung[77]. § 96 dient primär der Bekämpfung der Schleuserkriminalität und damit der Kontroll- und Steuerungsfunktion des ausländerrechtlichen Genehmigungsverfahrens und somit einem nicht disponiblen Allgemeininteresse. Zudem dient auch der Grundtatbestand des Abs. 1 dem Schutz der Migranten[78]. Dafür, dass durch den Grundtatbestand bereits Individualinteressen (mit-)geschützt werden, spricht auch die Erfolgsqualifikation in § 97 AufenthG, die – entsprechend allgemeinen strafrechtlichen Grundsätzen – gerade einen gefahrspezifischen Zusammenhang zwischen dem Grunddelikt des § 96 und der besonderen Folge voraussetzt. Damit dient der Qualifikationstatbestand insgesamt dem kumulativen Schutz eines indisponiblen und eines disponiblen Rechtsguts. Die Einwilligungsbefugnis in die Gefährdung individueller Rechtsgüter kann in derartigen Konstellationen nicht abstrakt festgelegt werden, sondern ist im Sachzusammenhang des jeweiligen Normenbereichs zu bestimmen. Maßgeblich ist insoweit, dass Abs. 1 und Abs. 2 vorrangig ein Rechtsgut der Allgemeinheit schützen, das ebenfalls geschützte Individualinteresse des Geschleusten sich lediglich als sekundäres Teilunrecht, also als bloße Steigerung des Unrechts darstellt. Für die Unwirksamkeit einer entsprechenden Einwilligung spricht auch, dass – wie Art. 2 des Zusatzpro- 40

---

[72] BGH Urt. v. 9.6.2008 – 5 StR 342/04, NStZ 2009, 457.
[73] EuGH (Plenum) Urt. v. 11.2.2003 – verb. Rs. C-187/01 u. C-385/01 Hüseyin Gözütok [C-187/01] u. Klaus Brügge [C-385/01], NJW 2003, 1173.; vgl. aber einschränkend EuGH Urt. v. 11.12.2008 – C-297/07, NStZ 2009, 454 – Bourquain: „Das Verbot der Doppelbestrafung findet auf ein Strafverfahren Anwendung, das in einem Vertragsstaat wegen einer Tat eingeleitet wird, für die der Angeklagte bereits in einem anderen Vertragsstaat rechtskräftig abgeurteilt worden ist, auch wenn die Strafe, zu der er verurteilt wurde, nach dem Recht des Urteilsstaats wegen verfahrensrechtlicher Besonderheiten, wie sie im Ausgangsverfahren in Rede stehen, nie unmittelbar vollstreckt werden konnte."
[74] EuGH Urt. v. 10.3.2005 – C-469/03, EuZW 2005, 252 – Miraglia.
[75] *Böse* HRRS 1/2012, 19 (22).
[76] BGH Urt. v. 14.11.2019 – 3 StR 561/18, NStZ-RR 2020, 184.
[77] BGH Beschl. v. 24.10.2018 – 1 StR 212/18, NJW 2018, 3658 (3659).
[78] Vgl. Art. 2 des Zusatzprotokolls gegen die Schleusung von Migranten auf dem Land-, See- und Luftweg zum Übereinkommen der Vereinten Nationen gegen die grenzüberschreitende organisierte Kriminalität v. 15.11.2000, BGBl. 2005 II S. 1007, 1008.

tokolls[79] zeigt – nach Auffassung des nationalen Gesetzgebers und der internationalen Staatengemeinschaft mit einer Schleusung typischerweise Gefahren für Leib und Leben der Geschleusten verbunden sind und im Fall illegaler Migration typischerweise eine Schwächesituation des Geschleusten gegenüber dem Schleuser gegeben ist[80].

X. Rechtsfolge

1. Strafzumessung

41 Durch das **AsylVfBeschlG** vom 20.10.2015[81] wurde der **Strafrahmen** des Abs. 1 angehoben. Das Strafmaß reicht seither von drei Monaten bis zu fünf Jahren Freiheitsstrafe. In der Gesetzesbegründung wurde ausgeführt, dass sich Schleusungen zu einem hoch „profitablen Geschäft" entwickelt haben. Deshalb sei es nicht angemessen, dass der Grundtatbestand des Einschleusens von Ausländern in § 96 bislang als Rechtsfolge auch die Möglichkeit von Geldstrafen vorsehe. Art und Mindestmaß der Strafe müssten die Sozialschädlichkeit des Schleusungsverhaltens widerspiegeln, die Strafzumessungsentscheidung des Gerichts in hinreichender Weise anleiten und sich auch von der für einen Geschleusten drohenden Strafe abheben. Zur tat- und schuldangemessen Einwirkung auf den Täter wie auch aus generalpräventiven Erwägungen sei es geboten, für Schleuser als Regelsanktion allein eine Freiheitsstrafe anzudrohen, deren Mindestmaß drei Monate betrage[82].

42 Eine grundsätzlich zulässige Strafschärfung unter dem Gesichtspunkt der Generalprävention ist rechtsfehlerhaft, wenn sie mit der oben dargestellten Gesetzesbegründung begründet wird, weil diese Umstände bereits zur entsprechenden Erhöhung des Strafrahmens durch Art. 3 Nr. 15 des **AsylVfBeschlG** vom 20.10.2015 führte[83]. Nach stRspr des BGH dürfen bei der Strafzumessung grundsätzlich nur solche Umstände herangezogen werden, die außerhalb der bei Aufstellung eines bestimmten Strafrahmens vom Gesetzgeber bereits berücksichtigten allgemeinen Abschreckung liegen[84].

43 Gleichzeitig wurde durch das **AsylVfBeschlG** vom 20.10.2015[85] eine Regelung zum minder schweren Fall des Abs. 1 in das Gesetz aufgenommen. Für minder schwere Fälle ist eine Freiheitsstrafe bis zu fünf Jahren oder eine Geldstrafe vorgesehen. Ein minder schwerer Fall kann laut Gesetzesbegründung bspw. dann vorliegen, wenn ein altruistischer Schleuser, der eine erst- bzw. einmalige Schleusung ohne kommerzielle Gewinninteressen durchführt, zB indem er mit seinem Privatfahrzeug zwei Ausländer über die Grenze transportiert[86].

44 Für die Qualifizierungsformen des Grundtatbestandes ist in Abs. 2 als Strafrahmen eine Freiheitsstrafe von sechs Monaten bis zu zehn Jahren geregelt.

45 Ein Verstoß gegen das Doppelverwertungsverbot des § 46 Abs. 3 StGB liegt nicht vor, wenn iRd Strafzumessung die „geschäftsmäßige Organisation" der Schleusungsfahrten als Ausdruck besonderer krimineller Energie strafschärfend berücksichtigt wird. Die Organisation einer erheblichen Anzahl an Schleusungen in einem kurzen Zeitraum und für eine Vielzahl an Personen geht über das Qualifikationsmerkmal „gewerbsmäßig" des Abs. 1 Nr. 1, Abs. 2 Nr. 1 hinaus, da gewerbsmäßig lediglich die Absicht umschreibt, sich eine fortlaufende Einnahmequelle zu sichern, aber nicht notwendig eine geschäftsmäßige Organisation umfasst[87].

2. Einziehung (Abs. 5)

46 Bei den von den Schleusern verwendeten Fahrzeugen handelt es sich um **Tatwerkzeuge** iSd § 74 I StGB. Die Einziehung eines Tatwerkzeugs ist nach § 74 I, II Nr. 1 StGB grundsätzlich nur dann möglich, wenn dieses im Eigentum des Täters oder eines Tatbeteiligten steht. Die von den Schleusern verwendeten Fahrzeuge stehen laut **Bundesregierung im Entwurf des AsylVfBeschlG 2015**[88] häufig nicht im Eigentum der Schleuser, sondern von tatunbeteiligten Dritten, weswegen die Ein-

---

[79] Zusatzprotokoll gegen die Schleusung von Migranten auf dem Land-, See- und Luftweg zum Übereinkommen der Vereinten Nationen gegen die grenzüberschreitende organisierte Kriminalität v. 15.11.2000, BGBl. 2005 II S. 1007, 1008.
[80] Vgl. BGH Beschl. v. 7.5.2019 – 1 StR 8/19, NStZ 2020, 677.
[81] BGBl. 2015 I S. 1729 f. s. dessen Art. 3 Nr. 15.
[82] BT-Drs. 18/6185, 51 f.
[83] S. bereits BayObLG Beschl. v. 18.6.1999 – 4 St RR 51/9, BayObLGSt 1999, 113 (119) zur rechtsfehlerhaften Strafschärfung unter dem Gesichtspunkt der Generalprävention, wenn sie allein mit der Notwendigkeit der Bekämpfung des zunehmenden Schlepperunwesens begründet wird, weil dieser Umstand bereits zur Erhöhung des Strafrahmen durch Art. 2 Nr. 6 des VerbrechensbekämpfG v. 28.10.1994 (BGBl. I S. 3186) führte.
[84] BGH Urt. v. 29.1.1992 – 2 StR 427/91, NStZ 1992, 275.
[85] BGBl. 2015 I S. 1729 f. s. dessen Art. 3 Nr. 15.
[86] So auch BGH Urt. v. 30.4.2003 – 3 StR 386/02, BeckRS 2003, 04476; Gericke in MüKoStGB 3. Aufl. 2018, AufenthG § 97 Rn. 10.
[87] BGH Beschl. v. 25.10.2017 – 1 StR 426/17, BeckRS 2017, 139399.
[88] BT-Drs. 18/6185, 51 f.

ziehung nach § 74 StGB ausscheidet. Nach **§ 74a StGB** kann ein **Tatmittel** allerdings eingezogen werden, wenn es nicht im Eigentum des Täters oder eines Tatbeteiligten, sondern eines Dritten steht, sofern dieser Dritte wenigstens leichtfertig (dh grob fahrlässig) dazu beigetragen hat, dass der Gegenstand als Tatwerkzeug verwendet wurde. § 74a StGB ist nur dann anwendbar, wenn der verwirklichte Straftatbestand § 74a StGB ausdrücklich für anwendbar erklärt. Abs. 5 regelt die Anwendung von § 74a StGB. Durch diese Verweisung ist die **erweiterte Einziehung** abweichend von § 74 III StGB bei Dritten möglich. Dadurch soll gemäß der Gesetzesbegründung die Verfügbarkeit von Fahrzeugen für die Schleuserbanden reduziert werden. Dritte, wie Mietwagen- und Verleihfirmen, Speditionen und andere gewerbliche sowie private Fahrzeugvermieter und -verleiher müssen nunmehr damit rechnen, dass ihre Fahrzeuge eingezogen werden, wenn sie leichtfertig dazu beigetragen haben, dass diese für Schleusungen verwendet worden sind. Dies zwingt die Verleiher und Vermieter von Fahrzeugen zu größerer Sorgfalt bei der Abgabe ihrer Fahrzeuge, insbesondere wenn sich ein Missbrauch geradezu aufdrängt[89].

XI. Konkurrenzen

§ 97 II steht zu Abs. 2 Nr. 5 im Verhältnis der Tateinheit. Zwar wird vertreten, dass die banden- und gewerbsmäßige Schleusung gemäß § 97 II den § 96 wegen Spezialität verdrängt, jedoch kann der Grundsatz der Spezialität im Verhältnis zwischen § 97 II 2 nicht im Hinblick auf alle Tatmodalitäten des Abs. 2 gelten. Im Hinblick Abs. 2 Nr. 1 und 2 ist der Grundsatz der Spezialität unbestritten, wohingegen insbesondere der durch die Verwirklichung des Abs. 2 Nr. 5 zu Tage getretenen Unrechtsgehalt nicht von § 97 II 2 erfasst wird[90]. 47

Tateinheit ist zudem möglich mit §§ 223, 239, 267, 276, 276a, 281, 315b ff. StGB, Delikten nach dem WaffenG und §§ 84, 84a AsylG. Mit § 181a StGB ist sowohl Tateinheit als auch Tatmehrheit möglich. Stellen die den Tatbestand der Zuhälterei unterfallenden Tathandlungen zugleich Unterstützungshandlungen für den illegalen Aufenthalt des der Prostitution zugeführten Ausländers dar, so ist von Tateinheit auszugehen[91]. Dies gilt auch bzgl. Unterstützungshandlungen die den Tatbeständen der §§ 180a und 232 ff. StGB unterfallen. 48

§ 97 Einschleusen mit Todesfolge; gewerbs- und bandenmäßiges Einschleusen

(1) Mit Freiheitsstrafe nicht unter drei Jahren wird bestraft, wer in den Fällen des § 96 Abs. 1, auch in Verbindung mit § 96 Abs. 4, den Tod des Geschleusten verursacht.

(2) Mit Freiheitsstrafe von einem Jahr bis zu zehn Jahren wird bestraft, wer in den Fällen des § 96 Abs. 1, auch in Verbindung mit § 96 Abs. 4, als Mitglied einer Bande, die sich zur fortgesetzten Begehung solcher Taten verbunden hat, gewerbsmäßig handelt.

(3) In minder schweren Fällen des Absatzes 1 ist die Strafe Freiheitsstrafe von einem Jahr bis zu zehn Jahren, in minder schweren Fällen des Absatzes 2 Freiheitsstrafe von sechs Monaten bis zu zehn Jahren.

(4) § 74a des Strafgesetzbuches ist anzuwenden.

Allgemeine Verwaltungsvorschrift
97 Zu § 97 – Einschleusen mit Todesfolge; gewerbs- und bandenmäßiges Einschleusen
97.0 Allgemeines
97.0.1 Da es sich bei den Taten um Verbrechen i. S. d. § 12 Absatz 1 StGB handelt, ist der Versuch gemäß § 23 Absatz 1, 1. Alternative StGB strafbar. Dabei ist gemäß § 12 Absatz 3 StGB unerheblich, ob im konkreten Fall ein minderschwerer Fall i. S. d. § 97 Absatz 3 anzunehmen ist.
97.0.2 Aus demselben Grund kann bereits der Versuch der Beteiligung (einschließlich der so genannten Verbrechensverabredung) gemäß § 30 StGB strafbar sein.
97.1 Einschleusen mit Todesfolge
Die Strafbarkeit ist gegeben, wenn der Täter den Straftatbestand des § 96 Absatz 1 – auch i. V. m. § 96 Absatz 4 – vorsätzlich erfüllt und dadurch den Tod des Geschleusten wenigstens fahrlässig verursacht (§ 18 StGB).
97.2 Gewerbs- und bandenmäßiges Einschleusen
Erfüllt der Täter in den Fällen des § 96 Absatz 1, auch i. V. m. § 96 Absatz 4, zugleich die zu § 96 Absatz 2 Nummer 1 und 2 näher dargestellten Voraussetzungen (vgl. Nummer 96.2.1 und 96.2.2), greift der – gegenüber § 96 Absatz 2 erhöhte – Strafrahmen des § 97 Absatz 2.
97.3 Minder schwerer Fall
Ein minder schwerer Fall liegt dann vor, wenn auf Grund einer Gesamtwürdigung aller für die Wertung von Tat und Täter in Betracht kommenden Umstände (vgl. § 46 StGB) anzunehmen ist, dass das gesamte Tatbild einschließlich aller subjektiven Momente und der Täterpersönlichkeit von dem Durchschnitt der erfahrungsgemäß vorkommenden Fälle in so erheblichem Maße abweicht, dass der Strafrahmen des Absatzes 1 bzw des Absatzes 2 nicht mehr angemessen ist.

---

[89] Vgl. BT-Drs. 18/6185, 51 f.
[90] LG Weiden Urt. v. 5.2.2019 – 1 KLs 23 Js 2015/18, BeckRS 2019, 29107 Rn. 531.
[91] BGH Beschl. v. 4.6.2019 – 2 StR 202/18, NStZ 2020, 357.

1 AufenthG § 97

97.4 Erweiterter Verfall
Die Ausführungen unter Nummer 96.5 gelten entsprechend.

I. Entstehungsgeschichte

1   Die Vorschrift in ihrer ursprünglichen Fassung[1] entsprach im Wesentlichen derjenigen im Gesetzesentwurf der Bundesregierung[2]. Das AsylVfBeschlG 2015[3] fasste Abs. 4 neu und ordnete dabei auch die Anwendung des § 74a StGB an. Seine heutige Gestalt erhielt Abs. 4 durch das Gesetz zur Reform der strafrechtlichen Vermögensabschöpfung vom 13.4.2017.[4]

II. Allgemeines

2   Der Tatbestand des Einschleusens mit Todesfolge in Abs. 1 enthält eine **Erfolgsqualifikation** und knüpft an die Verwirklichung des § 96 I, IV als Grundtatbestand an. § 96 normiert in Abs. 1 bei Erfüllung zusätzlicher Voraussetzungen eine Täterschaft für Teilnahmehandlungen an bestimmten – in § 96 I Nr. 1 und Nr. 2 im Einzelnen benannten – Vergehen nach § 95[5]. Es handelt sich um Tatbestände, die durch den **Tod des Geschleusten** und die **banden- und gewerbsmäßige Begehung** verschärft sind. Auch in diesen Begehungsweisen ist Vorsatz erforderlich. Der Gesetzgeber sah sich angesichts der zunehmenden Skrupellosigkeit in diesem Deliktfeld veranlasst, auch den Schutz des Lebens der geschleusten Ausländer als eigenen Tatbestand zu normieren[6]. Sowohl Abs. 1 als auch Abs. 2 sind als **Verbrechenstatbestand** ausgestaltet, sodass gemäß §§ 12 I, 23 StGB der Versuch stets strafbar ist und auch der Versuch der Beteiligung über § 30 StGB unter Strafe gestellt ist. Bei Abs. 1 handelt es sich um eine Erfolgsqualifikation, sodass der **Tod des Geschleusten** nur **fahrlässig herbeigeführt** werden braucht (§ 18 StGB), wobei der Tod kausale Folge des Einschleusens sein muss. Abs. 2 stellt das gewerbs- und bandenmäßige Handeln unter Strafe und ist als Qualifikationstatbestand ausgestaltet.

III. Täter und Teilnehmer

3   Täter kann **jedermann** sein, also sowohl Ausländer als auch Deutscher.

IV. Tathandlungen

4   Die Tathandlung des Abs. 1 besteht in der vorsätzlichen Verwirklichung des § 96 I, auch iVm § 96 IV, wenn dadurch der **Tod** des geschleusten Ausländers wenigstens fahrlässig verursacht wird. Nur die **Auslegung** des Merkmals der **„Geschleusten"**, die darin jeden geschleusten Menschen unabhängig von seinem Alter und seiner (strafrechtlichen) Handlungsfähigkeit sieht, ist mit Sinn und Zweck des Qualifikationstatbestandes zu vereinbaren. Dies soll zur Bekämpfung der zunehmenden Skrupellosigkeit der Schleuser dienen. Andernfalls würden gerade die schwächsten Personen (Kinder) aus dem Schutzbereich der Erfolgsqualifikation ausgenommen.[7]

5   Eine besondere **kausale Verbindung** ist durch den Tatbestand nicht gefordert. Dadurch erfüllt auch jede Todesfolge, die durch den Schleusungsvorgang eintritt, den Tatbestand (zB Herzversagen, Unterzuckerung, Schlaganfall etc). Jedoch gebietet es der normative Zusammenhang aus strafrechtlichem Handeln und der noch möglichen Folge dieses deliktischen Handelns, dass ein **Unmittelbarkeitszusammenhang** zwischen dem Einschleusen und dem Todeseintritt gegeben ist. Die Todesfolge darf nicht völlig fern liegen; eines konkreten Risikos bedarf es hingegen nicht (mögliche Handlungen gegenüber dem Geschleusten: zB Liegenlassen der erschöpften Person bei eisiger Kälte, Einschweißen oder Einschließen in Transportbehältnissen, Lkw-Chassis oder -Aufbauten oder Containern im Lkw-, Schiff- oder Luftfrachtbereich, sodass die Personen erfrieren, ersticken, verhungern oder verdursten bzw. durch Hitzschlag zu Tode kommen können).

6   Für die an § 96 I, IV anknüpfende Strafbarkeit gemäß Abs. 1 ist ein **mittäterschaftliches Handeln** der Beteiligten ausreichend, bei dem der Eintritt der Todesfolge den Mittätern gemäß § 25 II StGB zugerechnet wird. Beteiligen sich also mehrere Täter an dem Grunddelikt des § 96 I, kann für die schwere Folge, die einer der Tatbeteiligten durch seine Handlungen herbeiführt, auch derjenige weitere Beteiligte bestraft werden, der den Grundtatbestand nicht selbst erfüllt, jedoch aufgrund eines gemeinsamen Tatentschlusses mit dem Willen zur Tatherrschaft zur Verwirklichung des Grunddelikts beiträgt. Voraussetzung ist, dass die zur schweren Folge führende Handlung des anderen iRd beidersei-

---

[1] AufenthG v. 30.7.2004, BGBl. I S. 1950.
[2] BT-Drs. 15/420, 34; s. auch die Beschlussempfehlung des Vermittlungsausschusses BT-Drs. 15/3479, 12.
[3] BGBl. 2015 I S. 1722, s. dessen Art. 3 Nr. 16.
[4] BGBl. 2017 I S. 872, s. dessen Art. 6 XV Nr. 2.
[5] BGH Urt. v. 4.12.2018 – 1 StR 255/18, NStZ 2019, 287.
[6] Vgl. BT-Drs. 15/420, 98.
[7] Vgl. *Gericke* in MüKoStGB, 3. Aufl., AufenthG, § 97 Rn 5 mwN; dahin tendierend wohl auch BGH Urt. v. 14.11.2019 – 3 StR 561/18, NStZ-RR 2020, 184, letztlich aber offen gelassen.

tigen ausdrücklichen oder stillschweigenden Einverständnisses lag und dem Mittäter hinsichtlich des Erfolgs Fahrlässigkeit zur Last fällt[8].

Abs. 2 besteht in einer **Kumulation der banden- und der gewerbsmäßigen Verwirklichung** des § 96 I (→ § 96 Rn. 20 f.) hin zu einem Verbrechenstatbestand. 7

V. Rechtswidrigkeit

Eine **Einwilligung** des Geschleusten entfaltet keine rechtfertigende Wirkung; sie ist unwirksam. § 97 8 dient primär der Bekämpfung der Schleuserkriminalität und damit der Kontroll- und Steuerungsfunktion des ausländerrechtlichen Genehmigungsverfahrens und somit einem nicht disponiblen Allgemeininteresse. Zudem dienen die Strafvorschriften §§ 96, 97 – auch im Grundtatbestand des § 96 I 1– dem Schutz der Migranten[9]. Dafür, dass durch den Grundtatbestand bereits Individualinteressen (mit-)geschützt werden, spricht auch die Erfolgsqualifikation in § 97, die – entsprechend allgemeinen strafrechtlichen Grundsätzen – gerade einen gefahrspezifischen Zusammenhang zwischen dem Grunddelikt des § 96 und der besonderen Folge voraussetzt. Damit dient der Qualifikationstatbestand insgesamt dem **kumulativen Schutz** eines **indisponiblen und** eines **disponiblen Rechtsguts.** Die Einwilligungsbefugnis in die Gefährdung individueller Rechtsgüter kann in derartigen Konstellationen nicht abstrakt festgelegt werden, sondern ist im Sachzusammenhang des jeweiligen Normenbereichs zu betrachten. Maßgeblich ist insoweit, dass § 96 I und II vorrangig ein Rechtsgut der Allgemeinheit schützt, das ebenfalls geschützte Individualinteresse des Geschleusten sich lediglich als sekundäres Teilunrecht, also als bloße Steigerung des Unrechts darstellt. Für die Unwirksamkeit einer entsprechenden Einwilligung spricht auch, dass – wie Art. 2 des Zusatzprotokolls[10] zeigt – nach Auffassung des nationalen Gesetzgebers und der internationalen Staatengemeinschaft mit einer Schleusung typischerweise Gefahren für Leib und Leben der Geschleusten verbunden sind und im Fall illegaler Migration typischerweise eine Schwächesituation des Geschleusten gegenüber dem Schleuser gegeben ist.[11]

VI. Rechtsfolge

Der Strafrahmen (in Abs. 1 eine Freiheitsstrafe nicht unter drei Jahren; in Abs. 2 von einem bis zu 9 zehn Jahren) ist gegenüber § 96 erhöht und den §§ 227 I, 235 V StGB angenähert. Der Versuch kann milder bestraft werden als die vollendete Tat, §§ 23 II, 49 I StGB.

Abs. 3 sieht für **minder schwere Fälle** geringere Strafrahmen von einem bis zehn Jahren (Abs. 1) 10 bzw. sechs Monaten bis zehn Jahren (Abs. 2) vor. Durch Abs. 3 soll ein Wertungswiderspruch zwischen gewerbs- und bandenmäßiger Begehungsweise in einem minder schweren Fall und der gewerbsmäßigen oder bandenmäßigen Begehungsweise verhindert werden[12]. Ein minder schwerer Fall kann gegeben sein, wenn der Täter zumindest auch aus altruistischen Motiven handelt[13]. Weder bei der Wahl des Strafrahmens, noch bei der Strafzumessung im engeren Sinne darf berücksichtigt werden, dass der Täter planmäßig und koordiniert handelt, da der Tatbestand des Abs. 2 gerade das arbeitsteilige, planvolle und koordinierte Vorgehen der Beteiligten einer organisierten Bande voraussetzt. Eine strafschärfende Wertung ist im Hinblick auf § 46 III StGB rechtsfehlerhaft.[14]

Durch die Verweisung in Abs. 4 auf § 74a StGB ist die **erweiterte Einziehung** von Gegenständen 11 (Tatprodukten, Tatmitteln und Tatobjekten) abweichend von § 74 III StGB bei Dritten möglich[15].

VII. Konkurrenzen

Abs. 2 steht zu § 96 II Nr. 5 im Verhältnis der Tateinheit. Zwar wird vertreten, dass die banden- 12 und gewerbsmäßige Schleusung gemäß Abs. 2 den § 96 wegen Spezialität verdrängt, jedoch kann der Grundsatz der Spezialität im Verhältnis zwischen Abs. 2 nicht im Hinblick auf alle Tatmodalitäten des § 96 II gelten. Im Hinblick § 96 II Nr. 1 und 2 ist der Grundsatz der Spezialität unbestritten, wohingegen insbesondere der durch die Verwirklichung des § 96 II Nr. 5 zu Tage getretenen Unrechtsgehalt nicht von Abs. 2 erfasst wird.[16]

---

[8] BGH Urt. v. 4.12.2018 – 1 StR 255/18, NStZ 2019, 287; BGH Urt. v. 4.12.2018 – 1 StR 255/18, BeckRS 2018, 33169.

[9] Vgl. Art. 2 des Zusatzprotokolls gegen die Schleusung von Migranten auf dem Land-, See- und Luftweg zum Übereinkommen der Vereinten Nationen gegen die grenzüberschreitende organisierte Kriminalität v. 15.11.2000, BGBl. 2005 II S. 1007, 1008.

[10] Zusatzprotokoll gegen die Schleusung von Migranten auf dem Land-, See- und Luftweg zum Übereinkommen der Vereinten Nationen gegen die grenzüberschreitende organisierte Kriminalität v. 15.11.2000, BGBl. 2005 II S. 1007, 1008.

[11] Vgl. BGH Beschl. v. 7.5.2019 – 1 StR 8/19, NStZ 2020, 677.

[12] Vgl. BT-Drs. 15/420, 98 f.

[13] BGH Urt. v. 30.4.2003 – 3 StR 386/02, BeckRS 2003, 04476.

[14] BGH Beschl. v. 31.3.2020 – 1 StR 73/20, BeckRS 2020, 8567.

[15] Weitere Ausführungen zur Dritteinziehung → § 96 Rn. 46.

[16] LG Weiden Urt. v. 5.2.2019 – 1 KLs 23 Js 2015/18, BeckRS 2019, 29107 Rn. 531.

§ 97a Geheimhaltungspflichten

¹Informationen zum konkreten Ablauf einer Abschiebung, insbesondere Informationen nach § 59 Absatz 1 Satz 8 sind Geheimnisse oder Nachrichten nach § 353b Absatz 1 oder Absatz 2 des Strafgesetzbuches. ²Gleiches gilt für Informationen zum konkreten Ablauf, insbesondere zum Zeitpunkt von Anordnungen nach § 82 Absatz 4 Satz 1.

Allgemeine Verwaltungsvorschrift
Nicht belegt.

I. Entstehungsgeschichte

1   Die Vorschrift wurde durch das **2. RückkehrG** vom 15.8.2019[1] zur besseren Durchsetzung der Ausreisepflicht („Geordnete-Rückkehr-G") neu eingefügt.

II. Allgemeines

2   Hintergrund der Einfügung dieser Vorschrift ist, dass Abschiebungen häufig scheitern, weil das Aufgreifen der abzuschiebenden Person an ihrem bekannten Aufenthaltsort undurchführbar ist. Die Geheimhaltungspflichten des § 97a sollen deshalb zur **effektiveren Durchführung der Abschiebungen** beitragen. Zur Verhinderung eines Untertauchens ist in § 59 I 8 geregelt, dass nach Ablauf der freiwilligen Ausreisefrist der Termin der Abschiebung dem Ausländer nicht angekündigt werden darf. Sofern Amtsträger oder besonders verpflichtete Personen den Abzuschiebenden, aber auch Dritten entsprechende Informationen zugänglich machen, konterkariert dies nach der Gesetzesbegründung das in § 59 I 8 enthaltene Normziel, den rechtsstaatlichen Vollzug des Aufenthaltsrechts sicherzustellen. Dies gelte auch, wenn Dritte solche ihnen weitergegebene Informationen öffentlich machen oder diese an die betroffenen Ausländer weitergeben. Laut Gesetzesbegründung gebietet es die Bewährung des Rechtsstaats, Handlungen zu unterbinden, die die Durchsetzung der Ausreisepflicht behindern. Im Bereich der Durchsetzung der Ausreisepflicht solle daher die Strafbewährung des § 353b I und II StGB (Verletzung des Dienstgeheimnisses und einer besonderen Geheimhaltungspflicht) greifen. Gleiches gelte für Informationen über geplante Maßnahmen zur Feststellung der Identität ausreisepflichtiger Ausländer, die bei Gewahrwerden der betroffenen Personen deren Identifizierung und damit die Durchsetzung der Ausreisepflicht behindern. Namentlich gelte dies für Vorführungen zur Identitätsfeststellung durch die Botschaft des Herkunftsstaats nach § 82 IV 1[2]. Daher sieht § 97a vor, dass Informationen zum konkreten Ablauf einer Abschiebung als Geheimnisse im strafrechtlichen Sinne eingestuft werden.

III. Täter und Teilnehmer

3   In erster Linie ist **Normadressat** der Amtsträger[3]. Mithin machen sich insbesondere Mitarbeiter des BAMF und der Ausländerbehörde[4], die entsprechende Informationen unbefugt weitergeben, gemäß § 353 I oder II StGB wegen Verletzung des Dienstgeheimnisses und einer besonderen Geheimhaltungspflicht strafbar. Die Gesetzesbegründung weist darüber hinaus ausdrücklich darauf hin, dass Personen, die nicht Amtsträger, nicht für den öffentlichen Dienst besonders Verpflichtete oder nicht von einer anderen amtlichen Stelle förmlich Verpflichtete sind, sich iRd Bestimmungen des StGB wegen Anstiftung (§ 26 StGB) und Beihilfe (§ 27 StGB) zur Haupttat strafbar machen[5]. Demnach können sich insbesondere Flüchtlingshelfer und Helfer oder Beschäftigte von Beratungsstellen strafbar machen, wenn sie Informationen zum konkreten Ablauf einer Abschiebung verbreiten. Journalisten sind gemäß § 353b IIIa StGB privilegiert. Beihilfehandlungen von Journalisten sind danach nicht strafbar, wenn sie sich auf die Entgegennahme, Auswertung oder Veröffentlichung des Geheimnisses oder der geheimhaltungsbedürftigen Nachrichten beschränken[6].

IV. Umfang der Geheimhaltungspflichten

4   Laut Gesetzesbegründung wird durch § 97a „klargestellt", dass es sich bei Informationen zum konkreten Ablauf einer Abschiebung oder zu Anordnungen bzgl. besonderer Mitwirkungspflichten des Ausländers nach § 82 IV 1 um **Geheimnisse** bzw. Nachrichten iSd Vorschrift des § 353b I und II StGB handelt. Relevante Informationen sind danach insbesondere **Zeitpunkte, Orte und Namen**

---

[1] BGBl. 2019 I S. 1294; in Kraft getreten am 21.8.2019.
[2] BT-Drs. 19/10047, 48.
[3] www.bmi.bund.de/SharedDocs/faqs/DE/themen/migration/rueckkehr/geordnete-rueckkehr-gesetz.html.
[4] *Kretschmer* ZAR 2020, 33 (34).
[5] BT-Drs. 19/10047, 48.
[6] www.bmi.bund.de/SharedDocs/faqs/DE/themen/migration/rueckkehr/geordnete-rueckkehr-gesetz.html.

betroffener Personen, Vorhaben und geplante Behördenabläufe[7]. Im Rahmen der Stellungnahmen von Interessensverbänden zu dem Gesetzesentwurf wurde kritisiert, dass das Verhältnis zu Vorschriften des AufenthG, die die vorherige Ankündigung von Abschiebungen ausdrücklich vorsehen (vgl. etwa §§ 59 IV, 60a V 4) nicht klargestellt werde und darüber hinaus unklar sei, ob Informationen zum konkreten Abschiebungstermin noch Bestandteil der Ausländerakte sein dürfen und damit bei einer Akteneinsicht Dritten (Rechtsanwälten) offenbart werden könnten[8]. Auch wird allgemein kritisiert, dass der Gesetzeswortlaut weder abschließend noch eindeutig, sondern sehr weit gefasst und ungenau sei, weshalb viel Raum für Interpretationen und Auslegung bestehe und deshalb erhebliche Rechtsunsicherheit und Verunsicherung insbesondere für Ehrenamtliche und Berater bestehe. Gleichwohl gehen die Interessenverbände in ihren Stellungnahmen übereinstimmend mit der Gesetzesbegründung davon aus, dass von der Geheimhaltungspflicht jedenfalls Informationen über Zeitpunkte, Orte, Namen betroffener Personen, Vorhaben und geplante Behördenabläufe in Bezug auf Abschiebungen sowie Informationen zu konkreten Zwangsmaßnahmen (wie Abschiebungen) ebenso wie vorbereitende Maßnahmen (wie eine Vorführung zur Identitätsfeststellung oder eine ärztliche Feststellung der Reisefähigkeit) erfasst sein dürften[9].

V. Tatbestand des § 353b StGB

Die Vorschrift des § 97a verweist für eine weitere Konkretisierung auf den Tatbestand des § 353b I 5 und II StGB. Nach § 353b I StGB steht unter Strafe, wenn ein Amtsträger (Nr. 1) oder andere dort genannten Personen ein Geheimnis, das ihm anvertraut worden oder sonst bekanntgeworden ist, unbefugt offenbart und dadurch wichtige öffentliche Interessen gefährdet. Das ist etwa der Fall, wenn ein Mitarbeiter einer Ausländerbehörde aufgrund seiner dienstlichen Stellung und daher als Amtsträger Daten beispielsweise aus dem Ausländerzentralregister oder der Visadatei unberechtigten Personen zugänglich macht. Bei derartigen Informationen handelt es sich um Dienstgeheimnisse iSd § 353b I StGB, weil sie grundsätzlich nur den berechtigten Nutzern innerhalb der zugriffsberechtigten Behörden und damit einem begrenzten Personenkreis zugänglich sind. Sie gelten daher als geheimhaltungsbedürftig[10]. Es handelt sich folglich um Tatsachen, deren Geheimhaltung dem Behördenmitarbeiter nach seiner dienstrechtlichen Verschwiegenheitspflicht obliegen, weil sie nicht von vornherein als so belanglos angesehen werden können, dass sie ihrer Bedeutung nach der Geheimhaltung nicht bedürfen, zumal es sich beim Ausländerzentralregister und der Visadatei gerade nicht um Register handelt, aus denen bei Darlegung eines besonderen Interesses jedermann Auskünfte erhält. Durch die Offenbarung derartiger Dienstgeheimnisse werden wichtige öffentliche Interessen gefährdet, weil die Weitergabe von geheimhaltungsbedürftigen Informationen dazu geeignet ist, das Vertrauen der Öffentlichkeit in die Integrität und Verschwiegenheit der Verwaltung, insbesondere der Ausländerbehörden, tiefgreifend zu stören. Schließlich bedarf es in Fällen dieser Art einer Gesamtabwägung aller Umstände des Einzelfalls, um dem Merkmal der Gefährdung wichtiger öffentlicher Interessen seinen eigenständigen, nach der Intention des Gesetzgebers den Tatbestand einschränkenden Bedeutungsgehalt zu erhalten. In diesem Rahmen müssen Inhalt und Umfang der geheimhaltungsbedürftigen Daten, deren in Aussicht genommene Verwendung und die Person des Amtsträgers Berücksichtigung finden[11].

Keine unbefugte Offenbarung eines Geheimnisses iSd § 353b I StGB liegt daher vor, wenn 6 Daten oder andere Informationen an die **Justiz** zur (erleichterten) **Wahrnehmung ihrer Aufgabe** sowie insbesondere der **Gewährung effektiven Rechtsschutzes** übermittelt werden. In diesen Fällen wird das Vertrauen der Öffentlichkeit in die Integrität und Verschwiegenheit der Verwaltung, insbesondere der Ausländerbehörden, in keiner Weise gestört. Wenn also dem mit der Entscheidung über die Anordnung von Abschiebehaft befassten AG oder dem für ein einstweiliges Rechtsschutzverfahren zuständigen VG von einer Ausländerbehörde bspw. der konkrete Zeitpunkt einer geplanten Abschiebung (vorab) mitgeteilt wird, so dient dies vor allem der Sicherstellung der tatsächlichen Erreichbarkeit der Gerichte, da sodann entsprechende organisatorische und vorbereitende Maßnahmen zur möglichst umfassenden Gewährung von Rechtsschutz zu erwarten sind. Wird den Gerichten durch eine Vorabmitteilung von geheimhaltungsbedürftigen Informationen im ausländerrechtlichen (Vollstreckungs-)Verfahren die **Gewährung effektiven Rechtsschutzes** erleichtert oder außerhalb der üblichen Bürozeiten erst ermöglicht, wird hierdurch das Vertrauen der Öffentlichkeit in eine ordnungsgemäße und faire Arbeitsweise der Ausländerbehörden gesteigert. Gegen die Strafbarkeit der Weitergabe von eigentlich geheimhaltungsbedürftigen Informationen nach § 97a an Gerichte spricht

---

[7] BT-Drs. 19/10047, 48.
[8] www.bundestag.de/resource/blob/645274/1a71ba0fdf8c90c2ea100e4e1e05a631/A-Drs-19-4-286-A-data.pdf.
[9] Vgl. hierzu https://drk-wohlfahrt.de/fileadmin/user_upload/Blog/GE_GRG_STN_DRK.pdf; www.proasyl.de/wp-content/uploads/PRO-ASYL_Stellungnahme-zum-Geordnete-R%C3%BCckkehr-Gesetz-1.pdf; https://fluchtpunkt-hamburg.de/wp-content/uploads/Gem.-Stellungnahme-Kirchen-Geordnete-R%C3%BCckkehrG-2019-4-15.pdf; www.ekd.de/gemeinsame-stellungnahme-geordnete-rueckkehr-gesetzentwurf-45640.htm.
[10] BGH Urt. v. 19.10.2017 – 3 StR 211/17, BeckRS 2017, 141429.
[11] Vgl. zu alledem BGH Urt. v. 19.10.2017 – 3 StR 211/17, BeckRS 2017, 141429 teilw. mwN.

daher, dass es an der Verwirklichung eines **tatbestandlichen Erfolgs fehlt,** weil die Mitteilung des Abschiebungszeitpunkts an das jeweils zuständige Gericht, beispielsweise im Rahmen des Sicherungshaftverfahrens, **keine wichtigen öffentlichen Interessen gefährdet,** sondern lediglich den individuellen Rechtsanspruch des betroffenen Ausländers auf Zugang zu den Gericht schützt. Nur diese Auffassung lässt sich auch mit der gesetzgeberischen Intention des § 97a in Einklang bringen. Nach der Gesetzesbegründung ist es Sinn und Zweck der Vorschrift, die Effektivität der Durchführung der Abschiebung sicherzustellen und damit die Vollstreckung einer vollziehbaren Ausreisepflicht eines betroffenen Ausländers zu gewährleisten[12]. Durch die Weitergabe der Informationen iSd § 97a der Ausländerbehörde an das zuständige Gericht wird diese gesetzgeberische Intention in keiner Weise beeinträchtigt. Es ist nicht ersichtlich, wie dadurch die Vollstreckung in rechtswidriger Weise vereitelt werden könnte.

VI. Sanktionierung bei Verletzung der Geheimhaltungspflichten

7   § 353b StGB sieht bei der Verletzung eines Geheimnisses in Abs. 1 einen Strafrahmen von bis zu fünf Jahren Freiheitsstrafe oder Geldstrafe (S. 1) vor, bei Fahrlässigkeit hinsichtlich der konkreten Gefährdung des wichtigen öffentlichen Interesses einen entsprechend niedrigeren Strafrahmen von einer Freiheitsstrafe bis zu einem Jahr oder Geldstrafe (S. 2). Für die Verletzung einer besonderen Geheimhaltungspflicht nach Abs. 2 ist ein Strafrahmen von bis zu drei Jahren Freiheitsstrafe oder Geldstrafe eröffnet.

§ 98 Bußgeldvorschriften

(1) Ordnungswidrig handelt, wer eine in § 95 Abs. 1 Nr. 1 oder 2 oder Abs. 2 Nr. 1 Buchstabe b bezeichnete Handlung fahrlässig begeht.

(2) Ordnungswidrig handelt, wer

1. entgegen § 4 Absatz 2 Satz 1 einen Nachweis nicht führt,
2. entgegen § 13 Abs. 1 Satz 2 sich der polizeilichen Kontrolle des grenzüberschreitenden Verkehrs nicht unterzieht,
2a. entgegen § 47a Satz 1, auch in Verbindung mit Satz 2, oder entgegen § 47a Satz 3, ein dort genanntes Dokument nicht oder nicht rechtzeitig vorlegt oder einen Abgleich mit dem Lichtbild nicht oder nicht rechtzeitig ermöglicht,
3. entgegen § 48 Abs. 1 oder 3 Satz 1 eine dort genannte Urkunde oder Unterlage oder einen dort genannten Datenträger nicht oder nicht rechtzeitig vorlegt, nicht oder nicht rechtzeitig aushändigt oder nicht oder nicht rechtzeitig überlässt,
4. einer vollziehbaren Anordnung nach § 44a Abs. 1 Satz 1 Nr. 3, Satz 2 oder 3 zuwiderhandelt oder
5. entgegen § 82 Absatz 6 Satz 1, auch in Verbindung mit § 60d Absatz 3 Satz 4, eine Mitteilung nicht oder nicht rechtzeitig macht.

(2a) Ordnungswidrig handelt, wer vorsätzlich oder leichtfertig

1. entgegen § 4a Absatz 5 Satz 1 einen Ausländer mit einer nachhaltigen entgeltlichen Dienst- oder Werkleistung beauftragt, die der Ausländer auf Gewinnerzielung gerichtet ausübt,
2. entgegen § 4a Absatz 5 Satz 3 Nummer 3 oder § 19a Absatz 1 Satz 2 oder 3 eine Mitteilung nicht, nicht richtig oder nicht rechtzeitig macht,
3. entgegen § 19b Absatz 7 eine Anzeige nicht, nicht richtig, nicht vollständig oder nicht rechtzeitig erstattet oder
4. entgegen § 60c Absatz 5 Satz 1 oder § 60d Absatz 3 Satz 3 eine Mitteilung nicht, nicht richtig, nicht vollständig, nicht in der vorgeschriebenen Weise oder nicht rechtzeitig macht.

(3) Ordnungswidrig handelt, wer vorsätzlich oder fahrlässig

1. entgegen § 4a Absatz 3 Satz 4 oder Absatz 4, § 6 Absatz 2a, § 7 Absatz 1 Satz 4 erster Halbsatz, § 16a Absatz 3 Satz 1, § 16b Absatz 3, auch in Verbindung mit Absatz 7 Satz 3, § 16b Absatz 5 Satz 3 zweiter Halbsatz, § 16c Absatz 2 Satz 3, § 16d Absatz 1 Satz 4, Absatz 3 Satz 2 oder Absatz 4 Satz 3, § 16f Absatz 3 Satz 4, § 17 Absatz 3 Satz 1, § 20 Absatz 1 Satz 4, auch in Verbindung mit Absatz 2 Satz 2, § 23 Absatz 1 Satz 4 erster Halbsatz oder § 25 Absatz 4 Satz 3 erster Halbsatz, Absatz 4a Satz 4 erster Halbsatz oder Absatz 4b Satz 4 erster Halbsatz eine selbständige Tätigkeit ausübt,
2. einer vollziehbaren Auflage nach § 12 Abs. 2 Satz 2 oder Abs. 4 zuwiderhandelt,
2a. entgegen § 12a Absatz 1 Satz 1 den Wohnsitz nicht oder nicht für die vorgeschriebene Dauer in dem Land nimmt, in dem er zu wohnen verpflichtet ist,

---

[12] BT-Drs. 19/10047, 48.

Bußgeldvorschriften § 98 AufenthG 1

2b. einer vollziehbaren Anordnung nach § 12a Absatz 2, 3 oder 4 Satz 1 oder § 61 Absatz 1c zuwiderhandelt,
3. entgegen § 13 Abs. 1 außerhalb einer zugelassenen Grenzübergangsstelle oder außerhalb der festgesetzten Verkehrsstunden einreist oder ausreist oder einen Pass oder Passersatz nicht mitführt,
4. einer vollziehbaren Anordnung nach § 46 Abs. 1, § 56 Absatz 1 Satz 2 oder Abs. 3 oder § 61 Absatz 1e zuwiderhandelt,
5. entgegen § 56 Absatz 1 Satz 1 eine Meldung nicht, nicht richtig oder nicht rechtzeitig macht,
5a. einer räumlichen Beschränkung nach § 56 Absatz 2 oder § 61 Absatz 1 Satz 1 zuwiderhandelt,
5b. entgegen § 60b Absatz 2 Satz 1 nicht alle zumutbaren Handlungen vornimmt, um einen anerkannten und gültigen Pass oder Passersatz zu erlangen,
6. entgegen § 80 Abs. 4 einen der dort genannten Anträge nicht stellt oder
7. einer Rechtsverordnung nach § 99 Absatz 1 Nummer 3a Buchstabe d, Nummer 7, 10 oder 13a Satz 1 Buchstabe j zuwiderhandelt, soweit sie für einen bestimmten Tatbestand auf diese Bußgeldvorschrift verweist.

(4) In den Fällen des Absatzes 2 Nr. 2 und des Absatzes 3 Nr. 3 kann der Versuch der Ordnungswidrigkeit geahndet werden.

(5) Die Ordnungswidrigkeit kann in den Fällen des Absatzes 2a Nummer 1 mit einer Geldbuße bis zu fünfhunderttausend Euro, in den Fällen des Absatzes 2a Nummer 2, 3 und 4 mit einer Geldbuße bis zu dreißigtausend Euro, in den Fällen des Absatzes 2 Nr. 2 und des Absatzes 3 Nr. 1 und 5b mit einer Geldbuße bis zu fünftausend Euro, in den Fällen der Absätze 1 und 2 Nr. 1, 2a und 3 und des Absatzes 3 Nr. 3 mit einer Geldbuße bis zu dreitausend Euro und in den übrigen Fällen mit einer Geldbuße bis zu tausend Euro geahndet werden.

(6) Artikel 31 Abs. 1 des Abkommens über die Rechtsstellung der Flüchtlinge bleibt unberührt.

Allgemeine Verwaltungsvorschrift
98 Zu § 98 – Bußgeldvorschriften
98.0 Allgemeines
98.0.1 § 98 regelt sämtliche Ordnungswidrigkeitentatbestände nach dem Aufenthaltsgesetz. Die Bußgeldandrohung kann sich gegen Ausländer und Deutsche richten. Hinsichtlich der nach Europäischem Gemeinschaftsrecht freizügigkeitsberechtigten Ausländer gelten gemäß § 11 Absatz 1 Satz 1 FreizügG/EU § 98 Absatz 2 Nummer 2, Absatz 2a, Absatz 3 Nummer 3, Absatz 4 und Absatz 5 entsprechend.
98.0.2 Die Zuständigkeit für die Verfolgung und Ahndung von Ordnungswidrigkeiten richtet sich nach § 78 AufenthV, § 71a (Behörden der Zollverwaltung) und im Übrigen nach §§ 35 ff. OWiG. Die Verfolgung der Ordnungswidrigkeiten liegt im pflichtgemäßen Ermessen der zuständigen Behörden (Opportunitätsprinzip).
98.1 Fahrlässiges Begehen von Straftatbeständen
98.1.1 Soweit Straftaten nach § 95 Absatz 1 Nummer 1 oder 2 oder Absatz 2 Nummer 1 Buchstabe b) fahrlässig begangen worden sind, können sie nach § 98 Absatz 1 als Ordnungswidrigkeit geahndet werden.
98.1.2 Fahrlässig handelt, wer objektiv gegen eine Sorgfaltspflicht verstößt und wenn dieser Pflichtverstoß eine Rechtsgutverletzung zur Folge hat, die der Täter nach seinen subjektiven Kenntnissen und Fähigkeiten vorhersehen und vermeiden konnte.
98.1.3 § 98 Absatz 1 erfasst insbesondere Fälle, in denen sich der Ausländer ohne erforderlichen Aufenthaltstitel, Duldung oder Pass im Bundesgebiet aufhält, weil er es nach den Umständen des Einzelfalles versehentlich – und dabei sorgfaltswidrig – versäumt hat, sich die entsprechenden amtlichen Urkunden rechtzeitig zu beschaffen.
98.2 Einzelne Ordnungswidrigkeitentatbestände
98.2.1 Zum Umfang der Verpflichtung gemäß § 4 Absatz 5 vgl. Nummer 4.5.
98.2.2 Entzieht sich der Ausländer beim Grenzübertritt i. S. v. § 13 Absatz 1 der polizeilichen Kontrolle, begeht er unabhängig davon, ob er den übrigen Anforderungen für einen ordnungsgemäßen Grenzübertritt entspricht, eine Ordnungswidrigkeit nach § 98 Absatz 2 Nummer 2 (z. B. Missachtung eines Anhaltezeichens, Einreise über gesperrten Kontrollstelle, Verborgenhalten der eigenen Person im Kofferraum oder unter Sitzbänken in Zügen). Dieser Tatbestand kann auch außerhalb einer zugelassenen Grenzübergangsstelle dadurch verwirklicht werden, dass der Ausländer nach dem Grenzübertritt ein Haltegebot missachtet.
98.2.2.1 Gemäß § 98 Absatz 4 kann der Versuch geahndet werden.
98.2.2.2 Führt der Ausländer zwar einen gültigen Pass oder Passersatz mit, händigt er jedoch die entsprechende Urkunde bei der polizeilichen Kontrolle nicht aus, handelt er nach § 98 Absatz 2 Nummer 3 ordnungswidrig. Erfüllt er hingegen die Passmitführungspflicht gemäß § 13 Absatz 1 Satz 2 unabhängig von einer Kontrolle nicht, kann sein Verhalten als Ordnungswidrigkeit nach § 98 Absatz 3 Nummer 3, 3. Alternative geahndet werden. Der Nichtbesitz eines Passes oder Passersatzes bei der Einreise kann, anders als bei den Verstößen gegen die Passmitführungs- oder Passvorlagepflicht, gemäß § 95 Absatz 1 Nummer 3 strafbar sein.
98.2.3 § 98 Absatz 2 Nummer 3 ist in Fällen erheblich, in denen der Ausländer die in § 48 Absatz 1 genannten Urkunden besitzt und dem behördlichen Vorlageverlangen nicht nachkommt. Andernfalls ist zu prüfen, ob sich der Ausländer nach § 95 Absatz 1 Nummer 1, 2 oder 3 strafbar gemacht hat.
98.2.4 Gemäß § 98 Absatz 2 Nummer 4 verhält sich ordnungswidrig, wer einer vollziehbaren Anordnung im Zusammenhang mit der Verpflichtung zur Teilnahme an einem Integrationskurs zuwiderhandelt (vgl. Nummer 44 a.1.3.2). Die Regelung verfolgt das Ziel, differenzierter auf eine Verletzung der Teilnahmepflicht an einem Integra-

tionskurs reagieren zu können. Denn die Festsetzung eines Bußgeldes ist im Vergleich mit den aufenthaltsrechtlichen Konsequenzen nach § 8 Absatz 3 und § 55 Absatz 2 Nummer 2 ein milderes Mittel. Im Fall des § 44a Absatz 1 Satz 1 Nummer 2 i. V. m. § 31 SGB II ist es notwendig, zunächst die sachnähere Kürzung des Arbeitslosengeldes II Anwendung finden zu lassen.

98.2a Beauftragung eines Ausländers zu einer nachhaltigen entgeltlichen Dienst- oder Werkleistung
98.2 a.1 Durch die Regelung des Absatzes 2a ist die Beauftragung zu einer nachhaltig unerlaubten Dienst- oder Werkleistung bußgeldbewehrt. Daneben ist zu prüfen, ob die Voraussetzungen der Strafvorschriften des Schwarz-ArbG (§ 11 SchwarzArbG) erfüllt sind.
98.2 a.2 Auch ein leichtfertiges Nichterkennen der fehlenden Erlaubnis wird sanktioniert.
98.2 a.2.1 Leichtfertigkeit ist ein erhöhter Grad von Fahrlässigkeit, welcher der groben Fahrlässigkeit des bürgerlichen Rechts entspricht. Sie liegt vor, wenn einfachste und ganz nahe liegende Überlegungen nicht angestellt werden und dasjenige unbeachtet bleibt, was unter den gegebenen Umständen einleuchten muss. Objektiv ist eine das gewöhnliche Maß der Fahrlässigkeit erheblich übersteigende Schwere des Sorgfaltsverstoßes und in subjektiver Hinsicht die persönliche Vorwerfbarkeit erforderlich. Die persönlichen Fähigkeiten und Kenntnisse des Täters sind bei der Beurteilung zu berücksichtigen.
98.2 a.2.2 Leichtfertigkeit liegt jedenfalls dann nicht vor, wenn die Prüfungsverpflichtung des § 4 Absatz 3 Satz 4 nicht eingreift oder erfüllt wurde.

98.3 Weitere Ordnungswidrigkeitentatbestände
98.3.1 Ordnungswidrig handelt gemäß § 98 Absatz 3 Nummer 1, wer vorsätzlich oder fahrlässig eine selbständige Tätigkeit ausübt, ohne dass der Aufenthaltstitel hierzu berechtigt. Diesen Tatbestand erfüllt allerdings nicht, wem gemäß § 4 Absatz 3 Satz 3 auf Grund einer zwischenstaatlichen Vereinbarung, eines Gesetzes oder einer Rechtsverordnung die Erwerbstätigkeit gestattet ist, ohne dass er hierzu durch einen Aufenthaltstitel berechtigt sein muss.
98.3.1.1 Sofern der Ausländer eine vorsätzliche Tat beharrlich wiederholt, kommt eine Strafbarkeit gemäß § 11 Absatz 1 Nummer 2 Buchstabe d) SchwarzArbG in Betracht.
98.3.1.2 Bei Inhabern eines Schengen-Visums ist die Strafbarkeit gemäß § 95 Absatz 1a zu prüfen.
98.3.2 Bei einem vorsätzlichen oder fahrlässigen Verstoß gegen eine der in § 98 Absatz 3 Nummer 2 genannten vollziehbaren Auflagen oder räumlichen Beschränkungen liegt eine Ordnungswidrigkeit vor.
98.3.3.1 Ordnungswidrig handelt, wer entgegen § 13 Absatz 1
– außerhalb einer zugelassenen Grenzübergangsstelle (1. Alternative) oder
– außerhalb der festgesetzten Verkehrsstunden (2. Alternative) ein- oder ausreist oder
– weder einen Pass noch einen Passersatz mit sich führt (3. Alternative).
98.3.3.2 Der Versuch kann gemäß § 98 Absatz 4 geahndet werden.
98.3.3.3.1 Kein ordnungswidriges Verhalten liegt vor, soweit das Überschreiben der Grenze abweichend von § 13 Absatz 1 durch andere Rechtsvorschriften, zwischenstaatliche Vereinbarungen – insbesondere Artikel 20 Schengener Grenzkodex – oder auf Grund einer Grenzerlaubnis i. S. d. § 61 Absatz 3 BPolG erlaubt ist.
98.3.3.3.2 Wird dem Ausländer an der Grenze ein Passersatz gemäß § 14 Absatz 2 ausgestellt, begeht er keine Zuwiderhandlung gegen die Pflicht des § 13 Absatz 1 Satz 2 und damit keine Ordnungswidrigkeit i. S. d. 3. Alternative.
98.3.4 Verstoß gegen vollziehbare Anordnungen (Nummer 4)
98.3.4.1 Alternative 1 betrifft den Verstoß gegen Anordnungen gemäß § 46 Absatz 1 gegenüber vollziehbar ausreisepflichtigen Ausländern. Die Anordnung muss gerade der Förderung der Ausreise dienen (vgl. Nummer 46.1.3). Mögliche Anordnungsinhalte sind in Nummer 46.1.4 dargestellt.
98.3.4.2 Alternative 2 beinhaltet Verstöße gegen Anordnungen, welche aus Gründen der inneren Sicherheit getroffen wurden (§ 54a Absatz 1 Satz 2, Absatz 3). Wegen der Einzelheiten vgl. Nummer 54 a.1.2. und 54 a.3.
98.3.4.3 Alternative 3 betrifft Verstöße gegen Anordnungen gemäß § 61 Absatz 1 Satz 2. Zu den Inhalten derartiger Anordnungen vgl. Nummer 61.1.2.
98.3.5 § 98 Absatz 3 Nummer 5 ergänzt Nummer 4 2. Alternative im Hinblick auf die Meldepflichten aus Gründen der inneren Sicherheit; siehe hierzu Nummer 54 a.1.1.
98.3.6 § 98 Absatz 3 Nummer 6 bestimmt die Ordnungswidrigkeit des Verstoßes der gesetzlichen Vertreter bzw. sonstiger Personen, die an Stelle der gesetzlichen Vertreter einen minderjährigen Ausländer vertreten, gegen die Pflicht zur Antragstellung gemäß § 80 Absatz 4; vgl. hierzu Nummer 80.4.
98.3.7 Ordnungswidrig ist der Verstoß gegen eine Rechtsverordnung (§ 98 Absatz 3 Nummer 7), wenn die Verordnung auf der Ermächtigung des § 99 Absatz 1 Nummer 7 oder Nummer 10 beruht und für einen bestimmten Tatbestand auf § 98 Absatz 3 Nummer 7 verweist. Eine solche Regelung beinhaltet z. B. § 77 AufenthV.

98.4 Versuch
Im Falle des Absatzes 2 Nummer 2 sowie des Absatzes 3 Nummer 3 kann der Versuch als Ordnungswidrigkeit geahndet werden.

98.5 Bußgeldrahmen
Absatz 5 bestimmt die Obergrenze des Bußgeldrahmens. Dabei wird die regelmäßige Obergrenze, die gemäß § 17 Absatz 1 OWiG 1.000 Euro beträgt, zum Teil erheblich überschritten. Das Mindestmaß der Geldbuße beträgt fünf Euro (§ 17 Absatz 1 OWiG).

98.6 Schutz gemäß der Genfer Flüchtlingskonvention
Vgl. hierzu Nummer 95.5.

Übersicht

	Rn.
I. Entstehungsgeschichte	1
II. Allgemeines	2
III. Täter und Teilnehmer	6

	Rn.
IV. Einzelne Bußgeldtatbestände	8
1. Fahrlässige Erfüllung der Tatbestände des § 95 I Nr. 1 oder 2, II Nr. 1b (Abs. 1)	9
2. Bußgeldtatbestände des Abs. 2	10
a) Nachweis des Aufenthaltsrechts türkischer Staatsangehöriger (Abs. 2 Nr. 1)	10
b) Sich-Entziehen der grenzpolizeilichen Kontrolle (Abs. 2 Nr. 2)	11
c) Verletzung von Mitwirkungspflichten bei der Identitätsfeststellung (Abs. 2 Nr. 2a)	12
d) Verletzung ausweisrechtlicher Pflichten (Abs. 2 Nr. 3)	13
e) Nichtteilnahme am Integrationskurs (Abs. 2 Nr. 4)	14
f) Verletzung der Meldepflicht bei Arbeitsaufgabe (Abs. 2 Nr. 5)	15
3. Bußgeldtatbestände des Abs. 2a	16
a) Beauftragung eines Ausländers mit einer Dienst- oder Werkleistung (Abs. 2a Nr. 1)	18
b) Verstoß gegen Mitteilungspflichten (Abs. 2a Nr. 2)	19
c) Verstoß gegen Anzeigepflicht (Abs. 2a Nr. 3)	21
d) Verstoß gegen Mitteilungspflicht (Abs. 2a Nr. 4)	22
4. Bußgeldtatbestände des Abs. 3	23
a) Unerlaubte Ausübung selbstständiger Erwerbstätigkeit (Abs. 3 Nr. 1)	23
b) Verstoß gegen vollziehbare Auflage oder räumliche Beschränkung (Abs. 3 Nr. 2)	27
c) Verstoß gegen Verpflichtung zur Wohnsitznahme (Abs. 3 Nr. 2a)	28
d) Zuwiderhandlung gegen vollziehbare Anordnungen nach § 12a II, III oder IV 1 oder § 61 Ic (Abs. 3 Nr. 2b)	29
e) Ein- und Ausreise außerhalb zugelassener Grenzübergangsstelle und Verstoß gegen Passmitführungspflicht (Abs. 3 Nr. 3)	30
f) Zuwiderhandlung vollziehbar ausreisepflichtiger Ausländer gegen Bedingungen und Auflagen (Abs. 3 Nr. 4)	31
g) Verstoß gegen Meldepflichten (Abs. 3 Nr. 5)	32
h) Zuwiderhandlung gegen räumliche Beschränkungen (Abs. 3 Nr. 5a)	33
i) Nichtvornahme aller zumutbaren Handlungen zur Passbeschaffung (Abs. 3 Nr. 5b)	34
j) Antragspflicht für minderjährige Ausländer (Abs. 3 Nr. 6)	36
k) Verstoß gegen Rechtsverordnung (Abs. 3 Nr. 7)	37
V. Keine Ahndung bei Flucht (Abs. 6)	38

I. Entstehungsgeschichte

Die Vorschrift in ihrer ursprünglichen Fassung[1] stimmte im Wesentlichen mit derjenigen im Gesetzesentwurf der Bundesregierung[2] überein[3]. Das Gesetz zur Änderung des AufenthG und weiterer Gesetze vom 14.3.2005[4] beinhaltete Änderungen des Abs. 3; in Nr. 1 und 3 wurden Bezugnahmen auf den damaligen § 54a eingefügt und nach Nr. 3 wurde eine neue Nr. 3a angefügt. Das RLUmsG 2007[5] ergänzte Abs. 2 um eine Nr. 4 und fügte ihm einen neuen Abs. 2a an, fügte in Abs. 3 eine neue Nr. 1 ein, passte die Bezeichnung der Nr. an und fasste Abs. 5 neu. In den Jahren 2011 und 2013 folgten geringfügige Änderungen in Abs. 3 Nr. 7.[6] Das Gesetz zur Verbesserung der Rechtsstellung von asylsuchenden und geduldeten Ausländern[7] betraf auch Abs. 3. Das AufenthGÄndG 2015[8] brachte Folgeänderungen in Abs. 2 Nr. 3 und Abs. 3 Nr. 2, 4 und 5 mit sich, das AsylVfBeschlG 2015[9] (erneut) in Abs. 3 Nr. 2, 4 und 5. Das IntG[10] fügte Abs. 2a einen neuen Abs. 2b, Abs. 3 Nr. 2 neue Nr. 2a und 2b sowie dem Abs. 3 Nr. 5 eine neue Nr. 5a an; es änderte außerdem Abs. 3 Nr. 2 und Abs. 5. Mit dem Gesetz zu bereichsspezifischen Regelungen der Gesichtsverhüllung und zur Änderung weiterer dienstrechtlicher Vorschriften[11] wurde Abs. 2 Nr. 2a eingefügt und in Abs. 5 eine Folgeänderung vorgenommen. Das RLUmsG 2017[12] fasste Abs. 2a neu, hob Abs. 2b auf und änderte Abs. 5. Zuletzt wurde § 98 durch das **FEG** vom 15.8.2019[13], das **DuldG** vom 8.7.2019[14] und das

1

---

[1] AufenthG v. 30.7.2004, BGBl. I S. 1950.
[2] BT-Drs. 15/420, 34 f.
[3] S. auch die Beschlussempfehlung des Vermittlungsausschusses BT-Drs. 15/3479, 12.
[4] BGBl. 2004 I S. 721.
[5] G zur Umsetzung aufenthalts- und asylrechtlicher RL der EU v. 19.8.2007, BGBl. I S. 1970.
[6] Art. 1 Nr. 7 Ges. v. 12.4.2011, BGBl. I S. 610 und Art. 1 Nr. 30 Ges. v. 29.8.2013, BGBl. I S. 3484.
[7] BGBl. 2014 I S. 2439.
[8] G zur Neubestimmung des Bleiberechts und der Aufenthaltsbeendigung v. 27.7.2015, BGBl. I S. 1386.
[9] BGBl. 2015 I S. 1722, s. dessen Art. 3 Nr. 17 und Art. 13 Nr. 2.
[10] BGBl. 2016 I S. 1939, s. dessen Art. 5 Nr. 13.
[11] BGBl. 2017 I S. 1570, s. dessen Art. 7 Nr. 3.
[12] G zur Umsetzung aufenthaltsrechtlicher RL der EU zur Arbeitsmigration v. 12.5.2017, BGBl. I S. 1106, s. dessen Art. 1 Nr. 33.
[13] BGBl. 2019 I S. 1307; in Kraft getreten am 1.3.2020.
[14] BGBl. 2019 I S. 1021; in Kraft getreten am 1.1.2020.

2. **RückkehrG** vom 15.8.2019[15] geändert. Durch das FEG 2019 wurden in Abs. 2 Nr. 1, 3 und 4, in Abs. 2a Nr. 1, 2 und 3 sowie in Abs. 3 Nr. 1 Folgeänderungen vorgenommen und nach Abs. 2 Nr. 4 eine neue Nr. 5 eingeführt. In Abs. 2a Nr. 4 wurde durch das DuldG 2019 eine Folgeänderung vorgenommen. Mit dem 2. RückkehrG 2019 wurde in Abs. 3 die Nr. 2 geändert und die Nr. 5b eingeführt sowie in Abs. 5 eine entsprechende Folgeänderung vorgenommen.

II. Allgemeines

2   Die Vorschrift ging auf § 48 AuslG 1965 zurück. Sie ist in enger Beziehung zu §§ 95–97 und im **Zusammenhang** mit den Bußgeld- und Strafvorschriften der §§ 84–86 AsylG und § 10 FreizügV/EU zu sehen[16].

3   Der Täter muss grundsätzlich **vorsätzlich** handeln (§ 10 OWiG). Nur in den Fällen der Abs. 1 und 3 ist Fahrlässigkeit ausreichend. Ein vermeidbarer Verbotsirrtum wirkt nur vorwerfbarkeitsausschließend (§ 11 II OWiG). Vermeidbar ist er grundsätzlich auch bei Ausländern, und zwar trotz der Herkunft aus einem anderen Rechts- und Kulturkreis. Die Höhe der Geldbußen ist in **Abs. 5** im Ergebnis auf **Höchstbeträge** begrenzt. Sonst beträgt sie fünf und höchstens 1.000 EUR (§ 17 I OWiG).

4   Der **Versuch** kann über Abs. 4 in den Fällen des Abs. 2 Nr. 2 und Abs. 3 Nr. 3 geahndet werden.

5   Die Bestimmungen für die Verfolgung und Ahndung der **zuständigen Verwaltungsbehörde** ergibt sich aus § 78 AufenthV, soweit nicht aus §§ 35, 36 OWiG die Bundesländer zuständig sind oder die Zollverwaltung nach § 71a.

III. Täter und Teilnehmer

6   Täter kann in den meisten Fällen nur ein nichtfreizügigkeitsberechtigter **Ausländer** sein (§ 1 II, § 2 I); für Abs. 2a, Abs. 3 Nr. 6 und ggf. Nr. 7 kommen auch **Deutsche** als Täter in Betracht. Auf EU/EWR-Bürger und freizügigkeitsberechtigte Familienangehörige werden seit dem **RLUmsG 2007** über § 11 I FreizügG/EU auch die Abs. 2 Nr. 2, Abs. 2a, Abs. 3 Nr. 3, Abs. 4 und 5 angewendet. Zwischen Tätern und Teilnehmern wird nicht unterschieden (§ 14 I OWiG).

7   Bedenken bestehen bei Anwendung von Abs. 2 Nr. 1 gegenüber den assoziationsrechtlich begünstigten türkischen Staatsangehörigen wegen des Diskriminierungsverbots aus dem EU-Recht[17]. Die Freizügigkeits-RL sieht in Art. 9 III vor, dass die Nichterfüllung der Pflicht zur Beantragung einer Aufenthaltskarte mit verhältnismäßigen und nicht diskriminierenden Sanktionen geahndet werden kann. Dies ist jedoch durch den deutschen Gesetzgeber nicht umgesetzt worden, sodass die vergleichbare Verpflichtung für assoziationsberechtigte türkische Staatsbürger zu einer nicht gerechtfertigten Ungleichbehandlung führt. Die Übertragung der Rechtsverhältnisse des unionsrechtlichen **Diskriminierungsverbots** durch den EuGH und das BVerwG auf die Rechtsstellung dieser begünstigten Türken lässt eine Ahndung nach § 98 I Nr. 1 daher nicht zu. Zu beachten ist der den Bußgeldtatbestand ausschließende **Art. 31 I GFK** nach Abs. 6.

IV. Einzelne Bußgeldtatbestände

8   Die Tathandlungen bestehen aus Zuwiderhandlungen gegen Ordnungsvorschriften. Das **unterschiedliche Gewicht** kommt in der Staffelung der Geldbußen nach Abs. 5 zum Ausdruck.

1. Fahrlässige Erfüllung der Tatbestände des § 95 I Nr. 1 oder 2, II Nr. 1b (Abs. 1)

9   In den Fällen des Abs. 1 geht es um die fahrlässige Erfüllung der Tatbestände des § 95 I Nr. 1 oder 2 oder II Nr. 1b[18]. **Fahrlässig** handelt, wer die Sorgfalt außer Acht lässt, die er nach den Umständen und seinen persönlichen Fähigkeiten zu beachten verpflichtet und imstande ist. Da die Notwendigkeit des Besitzes gültiger Reise- und Identitätsdokumente zum allgemeinen Erfahrungswissen zählt, kann von Ausländern allgemein insbesondere verlangt werden, dass sie deren Geltungsdauer überprüfen und ggf. die erforderlichen Schritte zur Verlängerung oder zur Beschaffung neuer Dokumente unternehmen. Die Geldbuße beträgt bis zu 3.000 EUR.

2. Bußgeldtatbestände des Abs. 2

10   **a) Nachweis des Aufenthaltsrechts türkischer Staatsangehöriger (Abs. 2 Nr. 1).** Assoziationsberechtigte **Türken** müssen die Aufenthaltserlaubnis zu Nachweiszwecken beantragen. Sonst ver-

---

[15] BGBl. 2019 I S. 1294; in Kraft getreten am 21.8.2019.
[16] Dazu iE v. Pollern ZAR 1987, 12 und 1996, 175.
[17] Vgl. dazu *Westphal/Stoppa*, AusR Polizei-HdB, S. 759.
[18] → § 95 Rn. 24, 28, 98.

stoßen sie gegen § 4 II. Das Aufenthaltsrecht ergibt sich aus der völkerrechtlichen Rechtstellung und wird nicht durch den (deklaratorischen) Nachweis erlaubt. Der Nichtbesitz führt nicht zum unerlaubten Aufenthalt, aber zur Verwirklichung des Bußgeldtatbestands. Zum Problem des entgegenstehenden Diskriminierungsverbots gem. Art. 18 AEUV. Der Verstoß wird mit einem Bußgeld von bis zu 3.000 EUR geahndet.

b) Sich-Entziehen der grenzpolizeilichen Kontrolle (Abs. 2 Nr. 2). Ordnungswidrig ist hier das **vorsätzliche Sich-nicht-Unterziehen der grenzpolizeilichen Kontrolle**. Das vorsätzliche **Umgehen der Kontrollen an den Außengrenzen** ist hier nur (subsidiär) erfasst, soweit es nicht unter Abs. 3 Nr. 3 fällt. Also erfüllt den Tatbestand nach Abs. 2 Nr. 2 zB, wer entgegen § 13 I 2 an einem Haltezeichen oder Kontrollbeamten ohne Weiteres vorbeifährt, sich an einem Kontrollbeamten vorbeischleicht, aus dem Flughafentransitbereich entweicht oder sich in einem Fahrzeug oder einem sonstigen Verkehrsmittel versteckt oder einen Pass, den er mitführt (im Unterschied zu Abs. 3 Nr. 3), nicht vorzeigt. Eine Gestellungspflicht, anders als beim Zoll, besteht nicht. Ein **Sich-nicht-Unterziehen der grenzpolizeilichen Kontrolle** ist an den Binnengrenzen, außer in den Fällen des Art. 25 f. SGK, oder anlässlich sonstiger Kontrollen im Grenzraum nicht möglich. Anders als bei der tatbestandlich notwendigen Bestimmung der zugelassenen Grenzübergangsstelle bei Verstößen nach Abs. 3 Nr. 3 (→ Rn. 30) genügt zum sanktionierbaren Verhalten nach Abs. 2 Nr. 2, dass der Betroffene sich in Kenntnis und willentlich (also vorsätzlich) der nach grundsätzlichen Wiedereinführung von Grenzkontrollen im Grenzraum eingerichteten Grenzkontrolle nicht unterzieht. In diesen Fällen bedarf es nicht der Veröffentlichung im BAnz (§ 61 II BPolG)[19]. Vorsatzbegründend ist insoweit auch die allgemeine Kenntnisnahme über Medien nach Bekanntgabe der Wiedereinführung der Grenzkontrollen oder Verlängerung derselben. Das bedeutet, Grenzübertritte können – ohne ausdrückliche Festlegung von zugelassenen Grenzübergangsstellen – weiterhin jederzeit an jedem Ort im Grenzraum erfolgen. Die Betroffenen sind jedoch anhalte- und kontrollpflichtig, soweit dort anlass- und lageabhängig im Einzelfall Grenzkontrollen stattfinden (vgl. hierzu Ausführungen zu § 13). Der Bußgeldrahmen beträgt 5.000 EUR. Die vorwerfbare Handlung ist auch im **Versuch** mit einem Bußgeld bedroht. Die Tat kann auch durch Freizügigkeitsberechtigte begangen werden.

c) Verletzung von Mitwirkungspflichten bei der Identitätsfeststellung (Abs. 2 Nr. 2a). Durch die Einführung des Abs. 2 Nr. 2a handelt ebenfalls ordnungswidrig, wer bei der Identitätsfeststellung gegen die durch das GVerhDRÄndG[20] in § 47a eingeführten Pflichten verstößt. Die Formulierung entspricht den Änderungen von § 32 I Nr. 2 PAuswG und § 10 Ia FreizügG/EU. Nach § 47a ist ein Ausländer verpflichtet, seinen Pass, seinen Passersatz oder seinen Ausweisersatz auf Verlangen einer zur Identitätsfeststellung befugten Behörde (bspw. der Polizei) vorzulegen und es ihr zu ermöglichen, sein Gesicht mit dem Lichtbild im Dokument abzugleichen. Dies gilt ebenfalls für einen Ausländer, der im Besitz eines Ankunftsnachweises iSd § 63a I 1 AsylG ist. Die Ordnungswidrigkeit wird mit einer Geldbuße bis zu 3.000 EUR geahndet. Die Höhe des Bußgelds entspricht den korrespondierenden Regelungen im FreizügG/EU sowie dem PAuswG[21].

d) Verletzung ausweisrechtlicher Pflichten (Abs. 2 Nr. 3). Die Nichtvorlage oder nicht rechtzeitige Vorlage von Urkunden iSd § 48 I oder Unterlagen gemäß § 48 III 1 setzt deren Besitz voraus. Sonst macht sich der Ausländer eventuell nach § 95 I Nr. 1 oder 2 strafbar. Der strafbare unerlaubte Aufenthalt bleibt ohnehin unberührt und kann zugleich begangen werden (§§ 21, 41 OWiG). Die Aufforderung zur Aushändigung darf nur zweckgebunden für Maßnahmen mit Eingriffscharakter durch die zuständige Behörde erfolgen. Die sonstige Nichtmitwirkung oder das Nichtdulden der Durchsuchung ist nicht ordnungswidrig. Zur Nichtangabe des Alters oder zum Nichtdulden der erkennungsdienstlichen Maßnahmen → § 95 Rn. 56 ff., 65 ff. Die Ordnungswidrigkeit kann mit bis zu 3.000 EUR geahndet werden.

e) Nichtteilnahme am Integrationskurs (Abs. 2 Nr. 4). Nach Abs. 2 Nr. 4 wird die Pflicht zur Teilnahme an einem Integrationskurs iSd § 43 mit einer Ordnungswidrigkeit bewehrt. Mit diesem Bußgeldtatbestand wird das Ziel verfolgt, differenziert auf eine Verletzung der Teilnahmepflicht an einem **Integrationskurs** reagieren zu können[22]. Voraussetzung ist eine Aufforderung zur Teilnahme nach § 44a I 1 Nr. 3, S. 2 oder 3 durch einen Verwaltungsakt. Diese Anordnung muss vollziehbar sein. Da § 44a I vom Katalog des § 84 I nicht erfasst wird, entfalten Widerspruch und Klage aufschiebende Wirkung, § 80 I VwGO. Eine Ahndung der Zuwiderhandlung kommt deshalb erst nach Ablauf der einmonatigen Widerspruchsfrist aus § 70 VwGO in Betracht. Die Tat kann nur bei vorsätzlichem Handeln geahndet werden[23]. Der Verstoß wird mit einer Geldbuße von bis zu 1.000 EUR geahndet.

---

[19] Insoweit nicht zutreffend *Fahlbusch* in NK-AuslR 2. Aufl., § 98 Rn. 15.
[20] BGBl. I S. 1570 f. s. dessen Art. 7 Nr. 2 und 3.
[21] BT-Drs. 18/11180.
[22] *Westphal/Stoppa* S. 767.
[23] Insoweit fehlgehend HK-AuslR/*Wingerter* § 98 Rn. 7.

15 **f) Verletzung der Meldepflicht bei Arbeitsaufgabe (Abs. 2 Nr. 5).** Nach Abs. 2 Nr. 5, eingefügt durch das **FEG** vom 15.8.2019[24], handelt ordnungswidrig, wer entgegen § 82 VI 1 eine Mitteilung nicht oder nicht rechtzeitig macht. Nach § 82 VI 1 sind Ausländer, die im Besitz einer Aufenthaltserlaubnis zum Zweck der Ausbildung oder Erwerbstätigkeit sind, verpflichtet, der zuständigen Ausländerbehörde innerhalb von zwei Wochen ab Kenntnis mitzuteilen, dass die Ausbildung oder die Erwerbstätigkeit, für die der Aufenthaltstitel erteilt wurde, vorzeitig beendet wurde. Aus den Gesetzesmaterialien geht hervor, dass die Ahndung eines Verstoßes gegen diese Mitwirkungspflicht als Ordnungswidrigkeit erforderlich ist, da die Mitwirkung Grundlage für die Entscheidung der Ausländerbehörde über das weitere Aufenthaltsrecht und mithin statusrelevant sei[25]. Verpflichtet wird nach § 82 VI der Ausländer, sodass Täter dieser Ordnungswidrigkeit nur der Ausländer sein kann. Die Bußgeldvorschrift wird flankiert durch die entsprechende Ahndung des Arbeitgebers nach Abs. 2a Nr. 2, wenn dieser entgegen seiner Verpflichtung aus § 4a V 3 Nr. 3 die vorzeitige Beendigung des Beschäftigungsverhältnisses nicht mitteilt. Anders als der Arbeitgeber nach § 4a V 3 Nr. 3 ist der Ausländer nach § 82 VI nicht nur bei erteilten Aufenthaltstiteln zum Zwecke der Erwerbstätigkeit zur Mitteilung der vorzeitigen Beendigung verpflichtet, sondern auch, wenn der Aufenthaltstitel zum Zwecke der Ausbildung erteilt wurde. Der Verstoß gegen diesen Bußgeldtatbestand wird mit einer Geldbuße von bis zu 1.000 EUR geahndet.

3. Bußgeldtatbestände des Abs. 2a

16 Die Abgrenzung zu § 4 III 2 iVm § 404 II Nr. 3 SGB III besteht in dem Vorhandensein des Aufenthaltstitels in Fällen des Abs. 2a. Der Inhaber eines Schengen-Visums (Arbeitnehmer) kann sich hingegen nach § 95 Ia strafbar machen; der grundsätzlich visumbefreite Positivstaater hingegen wegen unerlaubter Einreise und/oder unerlaubten Aufenthalts. Weitere (Straf-)Taten können zugleich erfüllt sein bei beharrlicher Wiederholung durch den Arbeitgeber oder bei gleichzeitiger Beschäftigung von mehr als fünf Ausländern (§ 11 I Nr. 1 oder 2 SchwarzArbG). Die Tat muss vollendet sein; der nicht sanktionierbare Versuch der Beteiligung kann gegeben sein bei Beauftragung und nicht begonnener Arbeitsleistung.

17 In allen Bußgeldtatbeständen des Abs. 2a muss der Betroffene vorsätzlich oder leichtfertig handeln. **Leichtfertigkeit** ist enger als die bloße Fahrlässigkeit und wird von der Rspr. als vorsatznahe Schuldform verstanden, die eine besondere Gleichgültigkeit oder grobe Unachtsamkeit voraussetzt[26], vergleichbar der groben Fahrlässigkeit im Zivilrecht. Dazu gehört das grob pflichtwidrige Handeln, welches zB bei Unterlassung ganz naheliegender Überlegungen vorliegen kann. Bei Leichtfertigkeit wird das Bußgeld zu reduzieren sein. Droht das Gesetz für vorsätzliches und fahrlässiges Handeln Geldbuße an, ohne im Höchstmaß zu unterscheiden, so kann fahrlässiges Handeln im Höchstmaß nur mit der Hälfte des angedrohten Höchstbetrags der Geldbuße geahndet werden, § 17 II OWiG.

a) Beauftragung eines Ausländers mit einer Dienst- oder Werkleistung (Abs. 2a Nr. 1).
18 Abs. 2a Nr. 1 sieht die Bußgeldbewehrung iRd **Beauftragung (Arbeitgeber) zu einer unerlaubten Dienst- oder Werkleistung** iSv § 4a V vor. Die Tatbestände nach §§ 8 ff. SchwarzArbG bleiben unberührt. Als Täter kann jedermann den Tatbestand erfüllen. Die Geldbuße kann bis zu 500.000 EUR betragen. Die zuständige Behörde ist die Zollverwaltung. Als Erwerbstätigkeit gilt gemäß § 2 II AufenthG iVm § 7 SGB IV: „Erwerbstätigkeit ist die selbständige Tätigkeit und die Beschäftigung iSv § 7 des Vierten Buches Sozialgesetzbuch."

19 **b) Verstoß gegen Mitteilungspflichten (Abs. 2a Nr. 2).** Mit dem AMEURLUmsG vom 12.5.2017[27] ist die RL 2014/66/EU vom 15.5.2014 über die Bedingungen für die Einreise und den Aufenthalt von Drittstaatsangehörigen iRe unternehmensinternen Transfers (ICT-Richtlinie) in nationales Recht umgesetzt worden[28]. Ausnahmsweise bedürfen Ausländer abweichend von § 4 I **keinen Aufenthaltstitel** für einen Aufenthalt zum Zweck eines **unternehmensinternen Transfers,** der eine Dauer von **bis zu 90 Tagen** innerhalb eines Zeitraums von 180 Tagen nicht überschreitet. Die aufnehmende Niederlassung in dem anderen Mitgliedstaat hat dem **BAMF mitzuteilen,** dass der Ausländer die Ausübung einer Beschäftigung im Bundesgebiet beabsichtigt und mit der Mitteilung die erforderlichen Unterlagen nach § 19a I 1 Nr. 1–5 vorzulegen. Nach § 19a I 2 ist die Mitteilung zu dem Zeitpunkt zu machen, wenn der Ausländer in dem anderen Mitgliedstaat den Antrag auf Erteilung eines Aufenthaltstitels im Anwendungsbereich der RL 2014/66/EU stellt, spätestens wenn der Niederlassung bekannt wird, dass der Ausländer einen Transfer in eine Niederlassung im Bundesgebiet beabsichtigt, § 19a I 3. Die Verletzung der Mitteilungspflicht durch die Niederlassung kann mit einer Geldbuße bis zu 30.000 EUR geahndet werden.

---

[24] BGBl. 2019 I S. 1307; in Kraft getreten am 1.3.2020.
[25] BR-Drs. 7/19, 130.
[26] BGH Beschl. v. 20.5.2010 – 5 StR 138/10, BeckRS 2010, 17849.
[27] BGBl. 2017 I S. 1106.
[28] *Huber* NVwZ 2017, 1160 (1163).

Durch das **FEG** vom 15.8.2019[29] wurde der Bußgeldtatbestand des Abs. 2a Nr. 2 neu gefasst, wonach nunmehr auch ein Verstoß gegen die Mitteilungspflicht des § 4a V 3 Nr. 3 sanktioniert wird. Nach § 4a V 3 Nr. 3 muss der zuständigen Ausländerbehörde innerhalb von vier Wochen ab Kenntnis mitgeteilt werden, wenn die Beschäftigung, für die ein Aufenthaltstitel zum Zweck der Erwerbstätigkeit erteilt wurde, vorzeitig beendet wurde. Aus den Gesetzesmaterialien geht die Intention des Gesetzgebers hervor, der neuen Mitteilungspflicht durch diesen Bußgeldtatbestand zur effektiven Wirksamkeit zu verhelfen[30]. Verpflichtet wird nach § 4a V 3 Nr. 3 der Arbeitgeber. Diese Verpflichtung flankiert die Pflicht des Ausländers nach § 86 VI 1, die vorzeitige Beendigung gegenüber der zuständigen Ausländerbehörde mitzuteilen. Laut Gesetzesbegründung bestehe ein praktisches Bedürfnis für eine derartige Mitteilungspflicht des Arbeitgebers, weil Ausländer ihrer Mitteilungspflicht oftmals nicht nachkommen würden[31]. Geahndet wird die verspätete, unrichtige oder unterbliebene Meldung der vorzeitigen Arbeitsaufgabe. Die Verletzung dieser Mitteilungspflicht kann mit einer Geldbuße bis zu 30.000 EUR geahndet werden. 20

c) Verstoß gegen Anzeigepflicht (Abs. 2a Nr. 3). Ausländische **Führungskräfte, Spezialisten** oder **Trainees,** deren **unternehmensinterner Transfer mehr als 90 Tage** dauert, weshalb sie nicht mehr von der Befreiung nach § 19a I (s. Verstoß gegen Mitteilungspflichten nach Abs. 2a Nr. 1) erfasst werden, können eine **Mobiler-ICT-Karte** nach § 19b I (Aufenthaltstitel nach der RL 2014/66/EU) zum Zwecke eines unternehmensinternen Transfers iSd § 19 I 2 erhalten, wenn sie für die Dauer des Antragsverfahrens einen gültigen, nach der RL 2014/66/EU erteilten Aufenthaltstitel eines anderen Mitgliedstaats besitzen und einen gültigen Arbeitsvertrag sowie ein Abordnungsschreiben über die Modalitäten des Aufenthalts nachweisen (§ 19b II Nr. 1–3). Die inländische aufnehmende Niederlassung hat der zuständigen Ausländerbehörde alle Änderungen bezüglich der in § 19b II genannten Voraussetzungen unverzüglich, in der Regel binnen einer Woche, anzuzeigen, § 19b VII. Verstößt die aufnehmende Niederlassung gegen diese Anzeigepflicht, wird dies nach **Abs. 2a Nr. 3** mit einer Geldbuße von bis zu 30.000 EUR geahndet. 21

d) Verstoß gegen Mitteilungspflicht (Abs. 2a Nr. 4). Durch das **DuldG** vom 8.7.2019[32] wurde der Bußgeldtatbestand des Abs. 2a Nr. 4 neu gefasst. Bezüglich der Verweisung auf § 60c V 1 handelt es sich lediglich um eine Folgeänderung. In Bezug auf § 60d wird die in § 60d III enthaltene Mitteilungspflicht des Beschäftigungsbetriebs zu ihrer Wirksamkeit mit einer Sanktionsnorm flankiert[33]. Nach § 60c V 1 ist der Ausbildungsbetrieb bzw. nach § 60d III 3 und 4 der Beschäftigungsbetrieb verpflichtet, unverzüglich, in der Regel innerhalb einer Woche, der zuständigen Ausländerbehörde schriftlich mitzuteilen, wenn die Ausbildung bzw. das Beschäftigungsverhältnis durch einen Ausländer nicht betrieben oder abgebrochen wird, da das Ausbildungs- bzw. Beschäftigungsverhältnis Grundlage für die Ausbildungs- bzw. Beschäftigungsduldung ist. In der Mitteilung sind neben den mitzuteilenden Tatsachen und dem Zeitpunkt ihres Eintritts die Namen, Vornamen und die Staatsangehörigkeiten der Ausländer anzugeben. Nach Abs. 2a Nr. 4 wird das **pflichtwidrige Unterlassen der Anzeige durch den Ausbildungs- bzw. Beschäftigungsbetrieb** mit einem Bußgeld bewehrt, was mangels anderer wirksamer Sanktionen erforderlich ist[34]. Der Verstoß gegen den Bußgeldtatbestand wird mit einer Geldbuße von bis zu 30.000 EUR geahndet. 22

4. Bußgeldtatbestände des Abs. 3

a) Unerlaubte Ausübung selbstständiger Erwerbstätigkeit (Abs. 3 Nr. 1). Wer im Rahmen **selbstständiger Erwerbstätigkeit** entgegen § 4a IV (auch fahrlässig) handelt, begeht eine Ordnungswidrigkeit nach **Abs. 3 Nr. 1.** Die Strafbewehrung nach § 92 I Nr. 3 und die Vorschrift der korrespondierenden Ordnungswidrigkeit des § 93 I AuslG 1990 im Rahmen eines Verstoßes gegen eine vollziehbare Auflage wurden mit dem ZuwandG seit 1.1.2005 abgeschafft. Das **RLUmsG 2007**[35] behob diese Gesetzeslücke durch die Einführung einer neuen Nr. 1 in Abs. 3. 23

Durch das **FEG** vom 15.8.2019[36] wurde eine Folgeänderung in Abs. 3 Nr. 1 vorgenommen, da die bisherigen allgemeinen Regelungen zur Erwerbstätigkeit in § 4 II und IIIa aufgehoben und zur Schaffung von mehr Transparenz mit dem FEG 2019 nunmehr in eine eigene Norm, dem § 4a, überführt, neu strukturiert und neu gefasst wurden[37]. Laut Gesetzesbegründung erfolgt durch die Verschiebung und geänderte Formulierung in § 4a keine Rechtsänderung für Ausländer ohne Aufenthaltstitel. Sie unterlägen einem Verbot mit Erlaubnisvorbehalt. Ergänzend sei nunmehr klargestellt 24

---

[29] BGBl. 2019 I S. 1307; in Kraft getreten am 1.3.2020.
[30] BR-Drs. 7/19, 130.
[31] BT-Drs. 19/8285, 88.
[32] BGBl. 2019 I S. 1021; in Kraft getreten am 1.1.2020.
[33] BT-Drs. 19/8286, 19.
[34] BT-Drs. 18/8615, 49.
[35] BGBl. 2007 I S. 1970.
[36] BGBl. 2019 I S. 1307; in Kraft getreten am 1.3.2020.
[37] BT-Drs. 19/8285, 86.

worden, dass eine Berechtigung zur Erwerbstätigkeit sich auch aus einer behördlichen Erlaubnis ergeben kann. Soweit bereits nach alter Rechtslage auch ohne Besitz eines Aufenthaltstitels die Erwerbstätigkeit durch die Ausländerbehörde erlaubt werden kann (zB Duldung, Aufenthaltsgestattung), gelte dies weiter.[38]

25 Die Tat kann mit einer Geldbuße von bis zu 5.000 EUR geahndet werden. Zuständig ist hierfür die Zollverwaltung.

26 In Abgrenzung zum Begriff der Beschäftigung ist die selbstständige Erwerbstätigkeit wie folgt gekennzeichnet:
– Verrichtung ohne Dienstvertrag (auf eigene Rechnung)
– keine soziale Abhängigkeit von seinem Auftraggeber:
   a) nicht in den Betrieb des Auftraggebers eingegliedert
   b) muss den Anweisungen des Auftraggebers nicht folgen
   c) trägt eigenes unternehmerisches Risiko.
   So zB im Falle der Betätigung als Unternehmer, Geschäftsführer oder Handelsvertreter. Nicht jedoch schon bei Auftritten von Straßenmusikern[39]; wohl aber bei Prostitution als selbstständiger Tätigkeit[40].

27 **b) Verstoß gegen vollziehbare Auflage oder räumliche Beschränkung (Abs. 3 Nr. 2).** Die vorsätzlichen oder fahrlässigen Verstöße gegen vollziehbare **Auflagen** iSd **Abs. 3 Nr. 2, 2a, 2b und 5a** betreffen andere Auflagen als nach § 95 I Nr. 4 (vgl. § 95 I Nr. 6a). Nach Abs. 3 Nr. 2 können Verstöße gegen Auflagen (insbesondere räumliche Beschränkungen) des Visums und der Aufenthaltserlaubnis nach **§ 12 II 2** geahndet werden. Gemäß **§ 12 IV** kann der Aufenthalt eines Ausländers, der keines Aufenthaltstitels bedarf, zeitlich und räumlich beschränkt sowie von Bedingungen und Auflagen abhängig gemacht werden. Diese belastenden Verwaltungsakte sind gegenüber der Ausweisung die verhältnismäßigere Maßnahme. Der Aufenthalt eines Positivstaaters kann zB in Fällen von mangelnden finanziellen Mitteln reduziert werden, bevor eine aufenthaltsbeendende Maßnahme getroffen wird. Die Geldbuße kann bis zu 1.000 EUR betragen.

28 **c) Verstoß gegen Verpflichtung zur Wohnsitznahme (Abs. 3 Nr. 2a).** Nach Abs. 3 Nr. 2a handelt ein Ausländer ordnungswidrig, der entgegen § 12a I 1 den Wohnsitz nicht oder nicht für die vorgeschriebene Dauer in dem Land nimmt, in dem er zu wohnen verpflichtet ist. Die Verpflichtung besteht für den Zeitraum von drei Jahren ab Anerkennung oder Erteilung der Aufenthaltserlaubnis. Ein Verstoß gegen die Verpflichtung zur Wohnsitznahme wird mit einem Bußgeld von bis zu 1.000 EUR geahndet.

29 **d) Zuwiderhandlung gegen vollziehbare Anordnungen nach § 12a II, III oder IV 1 oder § 61 Ic (Abs. 3 Nr. 2b).** Nach **Abs. 3 Nr. 2b** handelt ordnungswidrig, wer einer **vollziehbaren Anordnung** nach § 12a II, III oder IV 1 (Wohnsitznahmeverpflichtung) oder § 61 Ic (räumliche Beschränkung bei Straftätern (Nr. 1), BtMG-Verdächtigen (Nr. 2) und solchen Ausländern, denen konkrete Maßnahmen zur Aufenthaltsbeendigung bevorstehen (Nr. 3)) zuwiderhandelt. Die Anordnung muss vollziehbar sein. Widerspruch und Klage entfalten – wenn nicht die sofortige Vollziehbarkeit besonders angeordnet wird – aufschiebende Wirkung, § 80 I VwGO. Die Anordnungen nach § 12a II 2–4 sind gemäß § 12a VIII sofort vollziehbar. Der Gesetzgeber hat darüber hinaus in § 84 I 1 die auf der Grundlage des AufenthG ergehenden Verwaltungsakte aufgezählt, bei denen Widerspruch und Klage kraft Gesetzes keine aufschiebende Wirkung haben. Dazu zählt etwa gemäß § 84 I 1 Nr. 2 die Auflage, nach § 61 Ie in einer Ausreiseeinrichtung Wohnung zu nehmen. Damit hat der Gesetzgeber zum Ausdruck gebracht, dass er ua in den Fällen des § 61 Ic 2 nicht schlechthin ein Bedürfnis für eine sofortige Durchsetzbarkeit der Anordnung gesehen hat, das dem Abwarten des Hauptsacheverfahrens entgegensteht[41]. Dann aber ist es der Verwaltung verwehrt, für die Fälle des § 61 Ic 2 generell – ohne Rücksicht auf die Umstände des Einzelfalls – durch eine Vollzugsanordnung nach § 80 II 1 Nr. 4 die aufschiebende Wirkung entfallen zu lassen[42]. Die Verwirklichung dieses Bußgeldtatbestandes wird mit einer Geldbuße von bis zu 1.000 EUR geahndet.

30 **e) Ein- und Ausreise außerhalb zugelassener Grenzübergangsstelle und Verstoß gegen Passmitführungspflicht (Abs. 3 Nr. 3).** Das vorsätzliche oder fahrlässige Verhalten gegenüber Grenzkontrollen an den **Außengrenzen** ist nach Abs. 3 Nr. 3 in den dort bestimmten Formen – bereits auch schon im **Versuch** – ordnungswidrig. S. hierzu in Abgrenzung bei § 95 I Nr. 3 (Passbesitzpflicht im Gegensatz zum hier ordnungswidrigen Nicht-Mitführen des Passes; zur Passmitführungspflicht bei Binnengrenzübertritten s. ausführlich zu § 13). Vgl. bei § 13 zum akzessorischen Tatbestand. Die **zugelassene Grenzübergangsstelle** oder die **festgesetzten Verkehrsstunden**

---

[38] BT-Drs. 19/8285, 87.
[39] Bei *Fahlbusch* in Hofmann, Ausländerrecht, 2. Aufl., § 98 Rn. 36 mwN.
[40] EuGH Urt. v. 20.11.2001 – C-268/99, EuR 2003, 458.
[41] Vgl. NdsOVG Beschl. v. 10.9.2014 – 8 ME 87/14, EZAR NF 27 Nr. 9.
[42] OVG LSA Beschl. v. 25.4.2018 – 2 M 24/18, BeckRS 2018, 13070 Rn. 5.

Bußgeldvorschriften **§ 98 AufenthG 1**

existieren nur an der Außengrenze oder im Falle der **Wiedereinführung von Grenzkontrollen**, jedoch nur soweit dies ausdrücklich vorgesehen und im BAnz bekannt gegeben worden ist (§ 61 I, II BPolG). Binnengrenzen kennen per se keine Grenzübergangsstellen. Das **Missachten von Anhaltezeichen** von Beamten der Grenzbehörde während der Wiedereinführung von Grenzkontrollen nach dem SGK – ohne dass zuvor zugelassene Grenzübergangsstellen ausdrücklich bestimmt worden sind – ist nicht ordnungswidrig nach dieser Vorschrift, wohl aber bei Vorsatz nach Abs. 2 Nr. 2 (→ Rn. 11). Eine Ordnungswidrigkeit nach Abs. 3 Nr. 3 wird mit einer Geldbuße von bis zu 3.000 EUR geahndet.

f) **Zuwiderhandlung vollziehbar ausreisepflichtiger Ausländer gegen Bedingungen und Auflagen (Abs. 3 Nr. 4).** Ordnungswidrig sind Verstöße gegen vollziehbare Ordnungsverfügungen (Maßnahmen zur Förderung der Ausreise, insbesondere Verpflichtungen zur Wohnsitznahme an einem bestimmten Ort), vollziehbare Überwachungsmaßnahmen (Meldeauflage/Wohnort- oder Unterkunftnahme) oder weitere Verstöße gegen vollziehbare Bedingungen und Auflagen, die auf § 61 Ie gestützt werden. Der Gesetzgeber hat in § 84 I 1 die auf der Grundlage des AufenthG ergehenden Verwaltungsakte aufgezählt, bei denen Widerspruch und Klage kraft Gesetzes keine aufschiebende Wirkung haben. Dazu zählt gemäß § 84 I 1 Nr. 2 die Auflage, nach § 61 Ie in einer Ausreiseeinrichtung Wohnung zu nehmen. Die Verwirklichung dieses Bußgeldtatbestands wird mit einer Geldbuße von bis zu 1.000 EUR geahndet. 31

g) **Verstoß gegen Meldepflichten (Abs. 3 Nr. 5).** Ein Ausländer, gegen den eine Ausweisungsverfügung aufgrund eines Ausweisungsinteresses nach § 54 I Nr. 2–5 oder eine Abschiebungsanordnung nach § 58a besteht, begeht eine Ordnungswidrigkeit nach Abs. 3 Nr. 5, wenn er eine Meldung gem. § 56 I 1 nicht, nicht richtig oder nicht rechtzeitig macht. Die wiederhole Zuwiderhandlung gegen die Meldepflicht aus § 56 I 1 ist strafbar nach § 95 I Nr. 6a. Die Verwirklichung dieses Bußgeldtatbestands wird mit einer Geldbuße von bis zu 1.000 EUR geahndet. 32

h) **Zuwiderhandlung gegen räumliche Beschränkungen (Abs. 3 Nr. 5a).** Nach **Abs. 3 Nr. 5a** (vormals in Abs. 3 Nr. 2 aF geregelt) handelt ordnungswidrig, wer gegen eine räumliche Beschränkung nach **§ 56 II** (räumliche Beschränkung auf den Bezirk der Ausländerbehörde in Fällen der Überwachung ausgewiesener Ausländer aus Gründen der inneren Sicherheit) oder § 61 I 1 (räumliche Beschränkung auf das Gebiet eines Landes) verstößt. Diese Beschränkungen erfolgen kraft Gesetzes und bedürfen daher nicht der gesonderten Vollziehbarkeit. Der **wiederholte Verstoß** gegen die räumliche Beschränkung nach § 61 I 1 stellt eine Straftat dar (s. dazu § 95 I Nr. 7). Die Verwirklichung dieses Bußgeldtatbestands wird mit einer Geldbuße von bis zu 1.000 EUR geahndet. 33

i) **Nichtvornahme aller zumutbaren Handlungen zur Passbeschaffung (Abs. 3 Nr. 5b).** Ordnungswidrig nach Abs. 3 Nr. 5b handelt, wer entgegen § 60b I 2 nicht alle zumutbaren Handlungen vornimmt, um einen anerkannten und gültigen Pass oder Passersatz zu erlangen. Mit dem **2. RückkehrG** vom 15.8.2019[43] wurde ein neuer Status, die sog. **Duldung mit ungeklärter Identität** (§ 60b), eingeführt. Diesen Status erhalten Personen, denen die Verantwortung für die Nichtaufklärung ihrer Identität zugeschrieben wird. Nach der Gesetzesbegründung ist die Nichtvornahme der zumutbaren Handlungen zur Erfüllung der besonderen Passbeschaffungspflicht zu sanktionieren[44]. Die Ordnungswidrigkeit kann mit einer Geldbuße bis 5.000 EUR geahndet werden. 34

Bereits im Gesetzgebungsverfahren wurde aufgezeigt, dass es problematisch ist, wann welche Handlungen als **„zumutbar"** und welche als „unzumutbar" einzuordnen seien. Beispielhaft verlange es § 60b III Nr. 3 als zumutbare Pflicht, eine Erklärung abzugeben, freiwillig in den Herkunftsstaat auszureisen, wie der Iran sie zB verlangt, unabhängig von den tatsächlichen Gegebenheiten. Angesichts der in der Praxis mit der Passbeschaffung verbundenen Schwierigkeiten erscheine es unverhältnismäßig, generell von einer Zumutbarkeit auszugehen. Zudem erscheine es problematisch, dass Menschen aufgrund der negativen Folgen der Unterlassung entsprechender Erklärungen faktisch gezwungen sind, Erklärungen abzugeben, die uU nicht den Tatsachen entsprechen. Zudem sei nicht absehbar, inwieweit ein Zuwiderhandeln gegen derartige Erklärungen in den Herkunftsländern zu nachteiligen Konsequenzen führen kann. Entsprechend der geübten Praxis in Überstellungsverfahren solle anstelle derart problematischer Eigenerklärungen auf eine Verständigung zwischen den beteiligten Staaten gesetzt werden[45]. 35

j) **Antragspflicht für minderjährige Ausländer (Abs. 3 Nr. 6).** Nach § 80 IV sind die **gesetzlichen Vertreter** eines Ausländers, der minderjährig ist, und sonstige Personen, die an Stelle der gesetzlichen Vertreter den Ausländer im Bundesgebiet betreuen, verpflichtet, für den Ausländer die **erforderlichen Anträge** auf Erteilung und Verlängerung des Aufenthaltstitels und auf Erteilung und Verlängerung des Passes, des Passersatzes und des Ausweisersatzes zu stellen. Ein Verstoß hiergegen ist ordnungswidrig. Er wird mit einer Geldbuße von bis zu 1.000 EUR geahndet. 36

---

[43] BGBl. 2019 I S. 1294; in Kraft getreten am 21.8.2019.
[44] BT-Drs. 19/10047, 46.
[45] BR-Drs. 179/1/19.

37 **k) Verstoß gegen Rechtsverordnung (Abs. 3 Nr. 7).** Ordnungswidrig handelt auch, wer entgegen einer Rechtsverordnung nach § 99 I Nr. 3a lit. d, Nr. 7, 10 oder 13a S. 1 lit. j zuwiderhandelt, soweit sie für einen bestimmten Tatbestand auf diese Bußgeldvorschrift verweist (vgl. § 77 AufenthV für Verstöße gegen §§ 38c, 56, 57 und 57a AufenthV). Die Verwirklichung dieses Bußgeldtatbestands wird mit einer Geldbuße von bis zu 1.000 EUR geahndet.

V. Keine Ahndung bei Flucht (Abs. 6)

38 Ausländer, die sich auf **Art. 31 I GFK** berufen können, nämlich **Flüchtlinge**, die unmittelbar aus einem Gebiet kommen, in dem ihr Leben oder ihre Freiheit iSv Art. 1 GFK bedroht waren und die ohne Erlaubnis in das Gebiet der vertragschließenden Staaten einreisen oder sich dort aufhalten, vorausgesetzt, dass sie sich unverzüglich bei den Behörden melden und Gründe darlegen, die ihre unrechtmäßige Einreise oder ihren unrechtmäßigen Aufenthalt rechtfertigen, bleiben von der Ahndung ausgenommen. Die Vorschrift entspricht dem persönlichen Strafaufhebungsgrund in § 95 V, sodass auf die dortigen Ausführungen verwiesen wird.

Kapitel 9a. Rechtsfolgen bei illegaler Beschäftigung

§ 98a Vergütung

(1) ¹Der Arbeitgeber ist verpflichtet, dem Ausländer, den er ohne die nach § 284 Absatz 1 des Dritten Buches Sozialgesetzbuch erforderliche Genehmigung oder ohne die nach § 4a Absatz 5 erforderliche Berechtigung zur Erwerbstätigkeit beschäftigt hat, die vereinbarte Vergütung zu zahlen. ²Für die Vergütung wird vermutet, dass der Arbeitgeber den Ausländer drei Monate beschäftigt hat.

(2) Als vereinbarte Vergütung ist die übliche Vergütung anzusehen, es sei denn, der Arbeitgeber hat mit dem Ausländer zulässigerweise eine geringere oder eine höhere Vergütung vereinbart.

(3) Ein Unternehmer, der einen anderen Unternehmer mit der Erbringung von Werk- oder Dienstleistungen beauftragt, haftet für die Erfüllung der Verpflichtungen dieses Unternehmers nach Absatz 1 wie ein Bürge, der auf die Einrede der Vorausklage verzichtet hat.

(4) Für den Generalunternehmer und alle zwischengeschalteten Unternehmer ohne unmittelbare vertragliche Beziehung zu dem Arbeitgeber gilt Absatz 3 entsprechend, es sei denn, dem Generalunternehmer oder dem zwischengeschalteten Unternehmer war nicht bekannt, dass der Arbeitgeber Ausländer ohne die nach § 284 Absatz 1 des Dritten Buches Sozialgesetzbuch erforderliche Genehmigung oder ohne die nach § 4a Absatz 5 erforderliche Berechtigung zur Erwerbstätigkeit beschäftigt hat.

(5) Die Haftung nach den Absätzen 3 und 4 entfällt, wenn der Unternehmer nachweist, dass er auf Grund sorgfältiger Prüfung davon ausgehen konnte, dass der Arbeitgeber keine Ausländer ohne die nach § 284 Absatz 1 des Dritten Buches Sozialgesetzbuch erforderliche Genehmigung oder ohne die nach § 4a Absatz 5 erforderliche Berechtigung zur Erwerbstätigkeit beschäftigt hat.

(6) Ein Ausländer, der im Geltungsbereich dieses Gesetzes ohne die nach § 284 Absatz 1 des Dritten Buches Sozialgesetzbuch erforderliche Genehmigung oder ohne die nach § 4a Absatz 5 erforderliche Berechtigung zur Erwerbstätigkeit beschäftigt worden ist, kann Klage auf Erfüllung der Zahlungsverpflichtungen nach Absatz 3 und 4 auch vor einem deutschen Gericht für Arbeitssachen erheben.

(7) Die Vorschriften des Arbeitnehmer-Entsendegesetzes bleiben unberührt.

Richtlinie über Sanktionen bei illegaler Beschäftigung (RL 2009/52/EG)
Art 6. Vom Arbeitgeber zu leistende Nachzahlungen

(1) Bezüglich aller Zuwiderhandlungen gegen das in Artikel 3 niedergelegte Verbot stellen die Mitgliedstaaten sicher, dass der Arbeitgeber folgende Zahlungen leisten muss:

a) dem illegal beschäftigten Drittstaatsangehörigen noch zustehende Vergütungen. Als vereinbarte Höhe der Vergütung wird von dem in anwendbaren Gesetzen über Mindestlöhne, in Tarifverträgen oder gemäß den Gepflogenheiten in den entsprechenden Beschäftigungsbranchen mindestens vorgesehenen Lohn ausgegangen, es sei denn entweder der Arbeitgeber oder der Arbeitnehmer kann diese Annahme durch Gegenbeweis ausräumen; dabei sind gegebenenfalls die verbindlichen innerstaatlichen Lohnvorschriften einzuhalten;

b) einen Betrag, der den Steuern und Sozialversicherungsbeiträgen, die der Arbeitgeber hätte entrichten müssen, wenn der Drittstaatsangehörige rechtmäßig beschäftigt gewesen wäre, entspricht, einschließlich Säumniszuschläge und diesbezüglicher Geldbußen;

c) gegebenenfalls die Kosten der Überweisung ausstehender Beträge in das Land, in das der Drittstaatsangehörige zurückgekehrt ist oder zurückgeführt wurde.

Vergütung § 98a AufenthG 1

(2) ¹Um zu gewährleisten, dass wirksame Verfahren für die Anwendung von Absatz 1 Buchstaben a und c verfügbar sind sowie unter angemessener Berücksichtigung des Artikels 13 richten die Mitgliedstaaten Mechanismen ein, um sicherzustellen, dass illegal beschäftigte Drittstaatsangehörige

a) unter Einhaltung einer im innerstaatlichen Recht festgelegten Verjährungsfrist einen Anspruch gegen den Arbeitgeber für alle ausstehenden Vergütungen geltend machen und eine diesbezügliche gerichtliche Entscheidung vollstrecken lassen können, und zwar auch nach ihrer Rückkehr oder Rückführung; oder
b) sich, soweit in den innerstaatlichen Rechtsvorschriften vorgesehen, an die zuständige Behörde des betreffenden Mitgliedstaats wenden können, um ein Verfahren einzuleiten, um ausstehende Vergütungen einzuziehen, ohne dass sie in diesem Fall selbst einen Anspruch geltend machen müssen.

² Illegal beschäftigte Drittstaatsangehörige werden vor der Vollstreckung einer Rückführungsentscheidung systematisch und objektiv über ihre Rechte gemäß diesem Absatz und gemäß Artikel 13 informiert.

(3) In Bezug auf die Anwendung von Absatz 1 Buchstaben a und b sehen die Mitgliedstaaten vor, dass ein Beschäftigungsverhältnis von mindestens dreimonatiger Dauer vermutet wird, es sei denn unter anderem der Arbeitgeber oder der Arbeitnehmer kann diese Vermutung durch Gegenbeweis ausräumen.

(4) Die Mitgliedstaaten tragen dafür Sorge, dass die erforderlichen Mechanismen zur Verfügung stehen, um zu gewährleisten, dass illegal beschäftigte Drittstaatsangehörige die in Absatz 1 Buchstabe a genannte Nachzahlung der Vergütung erhalten können, die gemäß den in Absatz 2 genannten Ansprüchen erlangt wurde, und zwar auch nach ihrer Rückkehr bzw. Rückführung.

(5) In Fällen, in denen befristete Aufenthaltstitel nach Artikel 13 Absatz 4 erteilt wurden, legen die Mitgliedstaaten nach innerstaatlichen Rechtsvorschriften die Bedingungen fest, unter denen die Gültigkeitsdauer dieser Titel verlängert werden kann, bis der Drittstaatsangehörige die gemäß Absatz 1 dieses Artikels eingezogenen Beträge der Vergütung erhalten hat.

Art 7. (…)
Art 8. Vergabe von Unteraufträgen
(1) Handelt es sich bei dem Arbeitgeber um einen Unterauftragnehmer, tragen die Mitgliedstaaten unbeschadet der innerstaatlichen Rechtsvorschriften über Regressansprüche und Rückgriffsrechte oder der innerstaatlichen Rechtsvorschriften im Bereich der sozialen Sicherheit dafür Sorge, dass der Auftragnehmer, dessen unmittelbarer Unterauftragnehmer der Arbeitgeber ist, neben oder an Stelle des Arbeitgebers für folgende Zahlungen haftbar gemacht werden kann:

a) etwaige finanzielle Sanktionen gemäß Artikel 5 sowie
b) etwaige Nachzahlungen gemäß Artikel 6 Absatz 1 Buchstaben a und c sowie Artikel 6 Absätze 2 und 3.

(2) Handelt es sich bei dem Arbeitgeber um einen Unterauftragnehmer, so tragen die Mitgliedstaaten dafür Sorge, dass der Hauptauftragnehmer und jeder zwischengeschaltete Unterauftragnehmer neben oder anstelle des beschäftigenden Unterauftragnehmers oder des Auftragnehmers, dessen unmittelbarer Unterauftragnehmer der Arbeitgeber ist, für die in Absatz 1 genannten Zahlungen haftbar gemacht werden können, sofern ihnen bekannt war, dass der beschäftigende Unterauftragnehmer Drittstaatsangehörige ohne rechtmäßigen Aufenthalt beschäftigt hat.

(3) Ein Auftragnehmer, der seiner im innerstaatlichen Recht festgelegten Sorgfaltspflicht nachgekommen ist, haftet nicht nach Absatz 1 oder 2.

(4) Die Mitgliedstaaten können nach innerstaatlichem Recht strengere Haftungsvorschriften vorsehen.

Allgemeine Verwaltungsvorschrift
Nicht belegt.

I. Entstehungsgeschichte

Durch Art. 1 Ziff. 55 **RLUmsG 2011** ist Kap. 9a über die Rechtsfolgen bei illegaler Beschäftigung (§§ 98ac) neu in das AufenthG eingefügt worden. Es dient der (verspäteten) **Umsetzung der Richtlinie 2009/52/EG vom 18.6.2009** (**Sanktions-Richtlinie – Sanktions-RL,** ABl. 2009 L 168, S. 24, ber. ABl. 2012 L 208, S. 22). Das **FEG** von **2019**[1] ersetzte als Folgeänderung zum neu gefassten § 4a in Abs. 1 S. 1, Abs. 4, 5 und 6 jeweils die Angabe „§ 4 Absatz 3" durch die Angabe „§ 4a Absatz 5".

II. Allgemeines

Die den §§ 98a–98c zugrunde liegende **Sanktions-RL bezweckt die Bekämpfung rechtswidriger Einwanderung** und sieht dazu als zentrales Element ein EU-weites Verbot der Beschäftigung von Drittstaatsangehörigen ohne rechtmäßigen Aufenthalt vor[2]. Zur Verwirklichung ihrer Zielsetzung wählt die Sanktions-RL den Ansatz, nicht die illegal Beschäftigten zu sanktionieren, sondern deren Arbeitgeber, die von der illegalen Beschäftigung profitieren, indem für diese weitreichende Sanktionen, insbesondere finanzielle Sanktionen im weiteren Sinn sowie Ausschlüsse von öffentlichen Zuwendungen und Vergabeverfahren (vgl. hierzu §§ 98b, 98c), vorgesehen werden[3]. Um den Anreiz für Arbeitgeber, Ausländer illegal zu beschäftigen, weiter zu reduzieren, zielt die Sanktions-RL zudem auf eine Verbesserung der Rechtsstellung illegal Beschäftigter ab (vgl. hierzu § 98a)[4]. Auf diese Weise

---
[1] BGBl. 2019 I S. 1307; in Kraft getreten am 1.3.2020.
[2] Vgl. 1. und 3. Erwägungsgrund sowie Art. 1 und Art. 3 Sanktions-RL.
[3] Vgl. 13. und 18. Erwägungsgrund sowie Art. 5 und Art. 7 Sanktions-RL.
[4] Vgl. 14. und 26. Erwägungsgrund sowie Art. 6 und Art. 13 Sanktions-RL.

sollen die finanziellen Anreize und Wettbewerbsvorteile aufgehoben werden, die sich Arbeitgeber durch illegale Beschäftigung verschaffen, und damit zugleich die Nachfrage nach illegalen Arbeitskräften verringert werden. Durch die Sanktions-RL werden ausdrücklich lediglich Mindeststandards aufgestellt, sodass es den Mitgliedstaaten unbenommen bleibt, weitergehende Regelungen vorzusehen[5].

3   Der **Anwendungsbereich** der Sanktions-RL beschränkt sich auf die unerlaubte Beschäftigung illegal aufhältiger Drittstaatsangehöriger[6]. Der deutsche Gesetzgeber ist bei der Umsetzung deutlich über diesen Anwendungsbereich hinausgegangen[7]. So wird von §§ 98a–98c auch der unionsrechtlich nicht einbezogene Bereich der unerlaubten Beschäftigung bei grundsätzlich legalem Aufenthalt von Drittstaatsangehörigen erfasst[8]. Darüber hinaus erstreckten sich §§ 98a–98c bis zum 30.6.2015 auch auf kroatische Staatsangehörige, die die nach dem damals geltenden § 284 I SGB III erforderliche Arbeitsgenehmigung nicht besaßen. Diese Personen fallen als Unionsbürger nicht in den Anwendungsbereich der Sanktions-RL; eine Aufnahme in §§ 98a–98c erfolgte jedoch, weil kroatische Staatsangehörige bis 30.6.2015 keine volle Arbeitnehmerfreizügigkeit genossen haben. Nachdem der deutsche Gesetzgeber von der Möglichkeit, den Arbeitsmarktzugang für weitere drei Jahre einzuschränken, keinen Gebrauch gemacht hat und kroatische Staatsangehörige nunmehr seit dem 1.7.2015 uneingeschränkte Arbeitnehmerfreizügigkeit genießen, entfällt seither das Erfordernis einer Arbeitsgenehmigung-EU für kroatische Staatsangehörige. Die Vorschrift des § 284 SGB III und damit auch die in §§ 98a–98c vorgesehene Verweisung sind damit zwischenzeitlich gegenstandslos geworden[9].

III. Vergütungsanspruch

1. Fortbestand des Vergütungsanspruchs (Abs. 1 S. 1)

4   § 98a I 1 setzt Art. 6 I lit. a S. 1 Sanktions-RL um. Die Bestimmung bildet **keine eigenständige Anspruchsgrundlage,** sondern dient dazu, den vertraglichen Vergütungsanspruch des illegal Beschäftigten gegen die rechtshindernde Einwendung des § 134 BGB abzusichern[10]. Das Arbeitsverhältnis bleibt damit trotz fehlender aufenthalts- bzw. arbeitsgenehmigungsrechtlicher Zulassung wirksam. Die Beachtlichkeit sonstiger Einwendungen ist im Einzelfall durch richtlinienkonforme Auslegung zu bestimmen. Aufgrund der denkbar weitreichenden Zielrichtung der Sanktions-RL (vgl. 14. Erwägungsgrund der Sanktions-RL: „In jedem Fall sollte der Arbeitgeber verpflichtet sein, Drittstaatsangehörigen ausstehende Vergütung für geleistete Arbeit zu zahlen (…)") müssen Einwendungen jedenfalls insoweit, als sie an den Umstand der illegalen Beschäftigung des Ausländers anknüpfen, ausgeschlossen sein. Losgelöst davon können Einwendungen beachtlich bleiben. Hiervon ist zB bei Geltendmachung des Erfüllungseinwands oder im Fall der Anfechtung wegen widerrechtlicher Drohung nach § 123 BGB, in dem aufgrund des bewusst rechtsuntreuen Verhaltens des Ausländers dessen Schutzwürdigkeit entfällt, auszugehen. Als vertraglicher Primäranspruch besteht der Vergütungsanspruch zudem unabhängig davon, ob der Arbeitgeber seinen Verpflichtungen nach § 4 III 4 nachgekommen ist oder nicht[11].

2. Bemessung des Vergütungsanspruchs (Abs. 1 S. 2, Abs. 2)

5   Die Vorgaben zur Bemessung des Vergütungsanspruchs in § 98a I 2, II setzen Art. 6 I lit. a S. 2 und III Sanktions-RL um.

6   Zum Schutz des Ausländers sieht Abs. 1 S. 2 zur Berechnung des Vergütungsanspruchs die **widerlegbare Vermutung** vor, dass das Arbeitsverhältnis **mindestens drei Monate** bestanden hat. Zweck dieser Vorschrift ist die Abfederung von Beweisschwierigkeiten des in der Illegalität verhafteten Ausländers, dem meist keine oder nur unzureichende Nachweise über den Bestand und die Dauer des Arbeitsverhältnisses zur Verfügung stehen[12]. Die gesetzlich vorgesehene Vermutungsregelung (vgl. § 292 ZPO) zieht die dafür allgemein geltenden Regeln des Beweisrechts nach sich, mit der Folge, dass derjenige, der sich auf eine abweichende, für ihn günstigere Regelung berufen will, hierfür darlegungs- und beweispflichtig ist und die Vermutung durch den Beweis des Gegenteils ausräumen kann[13].

---

[5] Vgl. Art. 1 S. 2 Sanktions-RL.
[6] Vgl. zur Entstehungsgeschichte *Voglrieder* ZAR 2009, 168 (170 f.).
[7] Vgl. im Einzelnen *Deinert* NZA 2018, 71.
[8] Näher *Funke-Kaiser* in GK-AufenthG § 98a Rn. 2, 4.
[9] *Janda* in Schlegel/Voelzke, jurisPK-SGB III, 2. Aufl. 2019, SGB III § 284 Rn. 11 f. Durch das Gesetz zur Änderung des Zwölften Buches Sozialgesetzbuch und weiterer Vorschriften v. 21.12.2015 (BGBl. 2015 I S. 2257) ist der Bezug auf konkrete Staaten in § 284 I SGB III aufgegeben worden. Die Norm wurde so gefasst, dass im Falle des Beitritts neuer EU-Mitgliedstaaten übergangsweise eine Arbeitsgenehmigung-EU Voraussetzung für die Erwerbstätigkeit ist, soweit sich dies aus den Beitrittsverträgen ergibt.
[10] Vgl. BT-Drs. 17/5470, 28.
[11] Ebenso *Funke-Kaiser* in GK-AufenthG § 98a Rn. 12.
[12] Vgl. *Funke-Kaiser* in GK-AufenthG § 98a Rn. 11.
[13] *Greger* in Zöller ZPO § 292 Rn. 1 f.

Vergütung § 98a AufenthG 1

Auch hinsichtlich der **Höhe der Vergütung** sieht das Gesetz eine Vermutung vor. Ist über die 7 Höhe der Vergütung keine Vereinbarung getroffen worden, diese unwirksam oder im Einzelnen zwischen dem Ausländer und dem Arbeitgeber streitig, wird nach Abs. 2 zum Schutz des sich regelmäßig in Beweisnot befindenden Ausländers als vereinbarte Vergütung die **übliche Vergütung** vermutet. Die übliche Vergütung kann sich insbesondere aus einem für allgemein verbindlich erklärten Tarifvertrag oder einer sonstigen Rechtsvorschrift bzw. aus einem für die Mehrheit der Beschäftigten eines Betriebs geltenden Tarifvertrag ergeben. Sollten derartige Orientierungspunkte nicht gegeben sein, hat sich die übliche Vergütung an den in der jeweiligen Beschäftigungsbranche gezahlten Durchschnittslöhnen zu orientieren[14]. Auch die gesetzliche Vermutung der Vereinbarung der üblichen Vergütung ist sowohl für die Arbeitgeber- als auch für die Arbeitnehmerseite widerlegbar. Erforderlich ist hierfür der Nachweis, dass eine andere als die übliche Vergütung zulässigerweise vereinbart wurde. Entscheidend ist dabei die Zulässigkeit der vereinbarten abweichenden Vergütungsvereinbarung. Während von der Wirksamkeit der Vereinbarung einer höheren als der üblichen Vergütung regelmäßig auszugehen sein wird, kann sich die Zulässigkeit einer niedrigeren Vergütung als problematisch erweisen. Unwirksam (mit der Folge der Ersetzung durch die übliche Vergütung) ist eine entsprechende Vereinbarung jedenfalls dann, wenn sie die Grenzen der Sittenwidrigkeit nach § 138 BGB überschreitet. Ungeachtet dieser äußeren Grenze der Sittenwidrigkeit ist eine Unzulässigkeit aber auch bereits dann anzunehmen, wenn in einem Arbeitsmarktsegment, für das ein Mindestlohn festgesetzt ist, dessen Niveau unterschritten wird[15].

Nach der Sanktions-RL umfassen die vom Arbeitgeber zu leistenden Zahlungen auch die in Art. 6 I 8 lit. c Sanktions-RL ausdrücklich genannten und mitunter erheblichen Kosten der Überweisung für noch ausstehende Zahlungen in das Land, in das der Arbeitnehmer zurückgekehrt ist. Der deutsche Gesetzgeber hat eine entsprechende rechtsverbindliche Regelung nicht vorgenommen. Dieses nationale **Umsetzungsdefizit** kann auch nicht durch die Annahme einer unmittelbaren Wirkung der Sanktions-RL kompensiert werden, da die Vorschrift des Art. 6 I lit. c Sanktions-RL zur Tragung der **Überweisungskosten** eine horizontal belastende Wirkung gegenüber dem Arbeitgeber entfaltet[16].

IV. Haftung des Unterauftraggebers (Abs. 3)

§ 98a III setzt Art. 8 I lit. b Sanktions-RL um und regelt die Haftung des Unterauftraggebers, der 9 die Auftragserledigung an einen Unterauftragnehmer, der Ausländer illegal beschäftigt, delegiert hat. Durch die Regelung des Abs. 3 soll sichergestellt werden, dass auch Unternehmer, die entsprechende Subunternehmen beauftragen, in die Verantwortung genommen werden; schließlich profitieren auch sie regelmäßig von den günstigeren Preisen, die aus dem illegalen Beschäftigungsverhältnis zwischen Ausländer und Unterauftragnehmer resultieren.

Der Gesetzgeber hat sich dazu entschieden, die Haftungsbeziehung zwischen dem Unterauftrag- 10 geber und dem Ausländer für dessen Vergütungsanspruch als eine **Bürgenhaftung, bei der der Unterauftraggeber auf die Einrede der Vorausklage verzichtet hat (§§ 765, 773 I Nr. 1 BGB)**, auszugestalten. Durch den Verzicht auf die Einrede der Vorausklage ist es dem Unterauftraggeber verwehrt, seine Inanspruchnahme durch den Ausländer zunächst unter Verweis auf einen fehlenden erfolglosen Vollstreckungsversuch beim unmittelbaren Arbeitgeber abzuwehren. Dies hat zur Folge, dass die grundsätzliche Subsidiarität der Bürgenhaftung aufgehoben ist und damit der Unterauftraggeber dem Ausländer gegenüber bedingungslos wie der Unterauftragnehmer haftet. Es bleibt jedoch auch bei dieser besonderen Form der Bürgenhaftung dabei, dass es sich um eine akzessorische Haftung für die Hauptschuld, hier den Vergütungsanspruch, handelt. Dabei kann der Unterauftraggeber auch selbst die dem Unterauftragnehmer gegen den Vergütungsanspruch zustehenden Einreden geltend machen (§ 768 BGB), wobei insoweit ebenso die zu Abs. 1 dargelegten Ausführungen zur Beachtlichkeit von Einwendungen (→ Rn. 4) zu berücksichtigen sind.

Zum Schutz des illegal Beschäftigten besteht die gesetzlich konstruierte akzessorische Bürgenhaftung 11 unabhängig von der Art, Ausgestaltung und fortdauernden Wirksamkeit der vertraglichen Beziehung des Unterauftraggebers zum Unterauftragnehmer. Entscheidend ist allein, dass der Ausländer Werk- oder Dienstleistungen erbringt, die einem vom Unterauftraggeber erteilten Unterauftrag zuzurechnen sind[17].

---

[14] BT-Drs. 17/5470, 28.
[15] So unter Verweis auf Art. 6 I lit. a S. 2 Sanktions-RL auch *Huber* NZA 2012, 477 (478); zum Fall der Einschlägigkeit des gesetzlichen Mindestlohns vgl. auch *Schubert* AuR 2015, 430 (435).
[16] So auch *Funke-Kaiser* in GK-AufenthG § 98a Rn. 16 sowie zu weiteren Umsetzungsmängeln *Funke-Kaiser* in GK-AufenthG § 98a Rn. 8.
[17] Näher dazu *Funke-Kaiser* in GK-AufenthG § 98a Rn. 17 ff.

V. Haftung des Generalunternehmers und aller zwischengeschalteten Unternehmer (Abs. 4)

12   § 98a IV setzt Art. 8 II Sanktions-RL um und erstreckt die in Abs. 3 normierte Haftung auf den Generalunternehmer und alle weiteren zwischengeschalteten Unternehmer ohne unmittelbare vertragliche Beziehung zum Ausländer, um auf diese Weise eine **Haftung der gesamten Kette** zu ermöglichen. Abweichend von Abs. 3 sieht **Abs. 4 Hs. 2** die **Möglichkeit eines Haftungsausschlusses** vor, wenn dem Generalunternehmer oder den zwischengeschalteten Unternehmern die illegale Beschäftigung im letzten Glied der Kette nicht bekannt war. Durch die vom Gesetzgeber gewählte Formulierung („(...) es sei denn, dem Generalunternehmer oder dem zwischengeschalteten Unternehmer war nicht bekannt, (...)") ist eine im Vergleich zu Art. 8 II Sanktions-RL strengere Haftungsvorschrift implementiert worden[18]. So trifft nicht den Ausländer die Beweislast der positiven Kenntnis des Generalunternehmers u./oder der zwischengeschalteten Unternehmer; vielmehr haben diese – wollen sie sich auf den Haftungsausschluss berufen – den (in der Praxis überaus schwierigen) Nachweis fehlender Kenntnis zu führen.

VI. Exkulpationsmöglichkeiten von der Haftung nach Abs. 3 und Abs. 4 (Abs. 5)

13   § 98 V setzt Art. 8 III Sanktions-RL um und sieht eine Exkulpationsmöglichkeit von der Haftung nach Abs. 3 sowie eine – neben Abs. 4 Hs. 2 zusätzliche[19] – Exkulpationsmöglichkeit von der Haftung nach Abs. 4 vor.

14   Für eine erfolgreiche Exkulpation trifft den jeweiligen **Unternehmer** die **Darlegungs- und Beweislast** dafür, dass er nach sorgfältiger Prüfung davon ausgehen durfte, dass der Arbeitgeber keine Ausländer beschäftigt, die nicht die nach § 4 III erforderliche Berechtigung zur Erwerbstätigkeit besitzen. Die Anforderungen, die an eine sorgfältige Prüfung zu stellen sind, lassen sich nicht allgemeingültig formulieren, sondern richten sich nach den konkreten Umständen des Einzelfalls. Dabei müssen zum einen die Eigenheiten der jeweils betroffenen Branche im Allgemeinen, allen voran ihre Anfälligkeit für illegale Beschäftigung, zum anderen die Besonderheiten der individuellen Fallkonstellation wie etwa das Näheverhältnis des Unternehmers zum Arbeitgeber oder sich offenkundig aufdrängende Anhaltspunkte für eine illegale Beschäftigung berücksichtigt werden und ein entsprechend angepasster Sorgfaltsmaßstab zugrunde gelegt werden[20]. Die Exkulpation kann insbesondere durch den Nachweis tatsächlich erfolgter Erkundigungen, Nachforschungen oder stichprobenartiger Kontrollen bzw. turnusmäßiger Überwachungsmaßnahmen geführt werden. Eine rein schriftliche Vereinbarung, wonach sich der Arbeitgeber dazu verpflichtet, Ausländer nicht illegal zu beschäftigen, genügt ohne den Nachweis eines praktizierten Kontroll- und Aufsichtsmechanismus nicht, um sich von der Haftung nach Abs. 3 oder 4 freizuzeichnen[21].

VII. Rechtsweg (Abs. 6)

15   Im Interesse einer effektiven und prozessökonomischen Durchsetzung der Ansprüche des illegal Beschäftigten eröffnet Abs. 6 dem Ausländer die Möglichkeit, auch die **Ansprüche aus der Bürgenhaftung** nach Abs. 3 und 4, für die grundsätzlich der Rechtsweg zu den ordentlichen Gerichten eröffnet ist, ebenso wie die originär den Arbeitsgerichten zugewiesenen Rechtsstreitigkeiten mit dem Arbeitgeber (§ 2 I Nr. 3 ArbGG) vor den **Arbeitsgerichten** geltend zu machen. Auch wenn sich Abs. 6 ausdrücklich nur auf die Rechtswegzuständigkeit bezieht, so muss der Vorschrift über ihren Wortlaut hinaus im Interesse einer effektiven Umsetzung der Sanktions-RL dahin gehend ausgelegt werden, dass damit zugleich eine Koppelung an den vom Ausländer für seine Klage aus dem Arbeitsverhältnis gewählten zulässigen Gerichtsstand verbunden und so eine identische örtliche Zuständigkeit gewährleistet ist[22].

§ 98b Ausschluss von Subventionen

(1) ¹Die zuständige Behörde kann Anträge auf Subventionen im Sinne des § 264 des Strafgesetzbuches ganz oder teilweise ablehnen, wenn der Antragsteller oder dessen nach Satzung oder Gesetz Vertretungsberechtigter

---

[18] Dies sieht Art. 8 IV Sanktions-RL ausdrücklich vor.
[19] BT-Drs. 17/5470, 29.
[20] Vgl. BT-Drs. 17/5470, 29; *Funke-Kaiser* in GK-AufenthG § 98a Rn. 26.
[21] Ebenso *Funke-Kaiser* in GK-AufenthG § 98a Rn. 26.
[22] Vgl. ausf. *Funke-Kaiser* in GK-AufenthG § 98a Rn. 28.

1. nach § 404 Absatz 2 Nummer 3 des Dritten Buches Sozialgesetzbuch mit einer Geldbuße von wenigstens Zweitausendfünfhundert[1] Euro rechtskräftig belegt worden ist oder
2. nach den §§ 10, 10a oder 11 des Schwarzarbeitsbekämpfungsgesetzes zu einer Freiheitsstrafe von mehr als drei Monaten oder einer Geldstrafe von mehr als 90 Tagessätzen rechtskräftig verurteilt worden ist.

[2] Ablehnungen nach Satz 1 können je nach Schwere des der Geldbuße oder der Freiheits- oder der Geldstrafe zugrunde liegenden Verstoßes in einem Zeitraum von bis zu fünf Jahren ab Rechtskraft der Geldbuße, der Freiheits- oder der Geldstrafe erfolgen.

(2) Absatz 1 gilt nicht, wenn
1. auf die beantragte Subvention ein Rechtsanspruch besteht,
2. der Antragsteller eine natürliche Person ist und die Beschäftigung, durch die der Verstoß nach Absatz 1 Satz 1 begangen wurde, seinen privaten Zwecken diente, oder
3. der Verstoß nach Absatz 1 Satz 1 darin bestand, dass ein Unionsbürger rechtswidrig beschäftigt wurde.

Richtlinie über Sanktionen bei illegaler Beschäftigung (RL 2009/52/EG)
Art 7. Sonstige Maßnahmen
(1) Die Mitgliedstaaten treffen die erforderlichen Maßnahmen, um sicherzustellen, dass gegen Arbeitgeber gegebenenfalls auch folgende Maßnahmen ergriffen werden können:
a) Ausschluss von einigen oder allen öffentlichen Zuwendungen, Hilfen oder Subventionen, einschließlich der von den Mitgliedstaaten verwalteten EU-Mittel, für die Dauer von bis zu fünf Jahren;
b) Ausschluss von öffentlichen Vergabeverfahren gemäß der Richtlinie 2004/18/EG des Europäischen Parlaments und des Rates vom 31. März 2004 über die Koordinierung der Verfahren zur Vergabe öffentlicher Bauaufträge, Lieferaufträge und Dienstleistungsaufträge für die Dauer von bis zu fünf Jahren;
c) Einziehung einiger oder aller öffentlicher Zuwendungen, Hilfen oder Subventionen, einschließlich der von den Mitgliedstaaten verwalteten EU-Mittel, die dem Arbeitgeber in einem Zeitraum von bis zu zwölf Monaten vor Feststellung der illegalen Beschäftigung gewährt wurden;
d) vorübergehende oder endgültige Schließung der Betriebsstätten, die zur Begehung der Zuwiderhandlung genutzt wurden, oder vorübergehender oder endgültiger Entzug einer Lizenz zur Ausübung der betreffenden Unternehmenstätigkeit, wenn dies aufgrund der Schwere der Zuwiderhandlung gerechtfertigt ist.

(2) Die Mitgliedstaaten können beschließen, Absatz 1 nicht anzuwenden, wenn es sich bei den Arbeitgebern um natürliche Personen handelt und die Beschäftigung deren privaten Zwecken dient.

§ 264 StGB Subventionsbetrug
(1)–(7) (...)
(8) [1] Subvention im Sinne dieser Vorschrift ist
1. eine Leistung aus öffentlichen Mitteln nach Bundes- oder Landesrecht an Betriebe oder Unternehmen, die wenigstens zum Teil
   a) ohne marktmäßige Gegenleistung gewährt wird und
   b) der Förderung der Wirtschaft dienen soll;
2. eine Leistung aus öffentlichen Mitteln nach dem Recht der Europäischen Union, die wenigstens zum Teil ohne marktmäßige Gegenleistung gewährt wird.
[2] Betrieb oder Unternehmen im Sinne des Satzes 1 Nr 1 ist auch das öffentliche Unternehmen.
(9) (...)

§ 404 SGB III Bußgeldvorschriften
(1) (...)
(2) Ordnungswidrig handelt, wer vorsätzlich oder fahrlässig
...
3. entgegen § 284 Abs. 1 oder § 4a Absatz 5 Satz 1 oder 2 des Aufenthaltsgesetzes eine Ausländerin oder einen Ausländer beschäftigt,
(3) (...)

SchwarzArbG
§ 10 Beschäftigung von Ausländern ohne Genehmigung oder ohne Aufenthaltstitel und zu ungünstigen Arbeitsbedingungen
(1) Wer vorsätzlich eine in § 404 Abs 2 Nr 3 des Dritten Buches Sozialgesetzbuch bezeichnete Handlung begeht und den Ausländer zu Arbeitsbedingungen beschäftigt, die in einem auffälligen Missverhältnis zu den Arbeitsbedingungen deutscher Arbeitnehmer und Arbeitnehmerinnen stehen, die die gleiche oder eine vergleichbare Tätigkeit ausüben, wird mit Freiheitsstrafe bis zu drei Jahren oder mit Geldstrafe bestraft.
(2) [1] In besonders schweren Fällen des Absatzes 1 ist die Strafe Freiheitsstrafe von sechs Monaten bis zu fünf Jahren.
[2] Ein besonders schwerer Fall liegt in der Regel vor, wenn der Täter gewerbsmäßig oder aus grobem Eigennutz handelt.
§ 10a Beschäftigung von Ausländern ohne Aufenthaltstitel, die Opfer von Menschenhandel sind
Mit Freiheitsstrafe bis zu drei Jahren oder mit Geldstrafe wird bestraft, wer entgegen § 4a Absatz 5 Satz 1 des Aufenthaltsgesetzes einen Ausländer beschäftigt und hierbei eine Lage ausnutzt, in der sich der Ausländer durch eine gegen ihn gerichtete Tat eines Dritten nach § 232a Absatz 1 bis 5 oder 232b des Strafgesetzbuchs befindet.

---

[1] Großschreibung amtlich.

§ 11 Erwerbstätigkeit von Ausländern ohne Genehmigung oder ohne Aufenthaltstitel in größerem Umfang oder von minderjährigen Ausländern
(1) Wer
1. gleichzeitig mehr als fünf Ausländer entgegen § 284 Abs. 1 des Dritten Buches Sozialgesetzbuch beschäftigt oder entgegen § 4a Abs. 5 Satz 1 des Aufenthaltsgesetzes beschäftigt oder mit Dienst- oder Werkleistungen beauftragt,
2. eine in
   a) § 404 Abs 2 Nr. 3 des Dritten Buches Sozialgesetzbuch,
   b) § 404 Abs. 2 Nr. 4 des Dritten Buches Sozialgesetzbuch,
   c) § 98 Absatz 2a Nummer 1 des Aufenthaltsgesetzes oder
   d) § 98 Abs. 3 Nr. 1 des Aufenthaltsgesetzes
   bezeichnete vorsätzliche Handlung beharrlich wiederholt oder
3. entgegen § 4a Absatz 5 Satz 1 des Aufenthaltsgesetzes eine Person unter 18 Jahren beschäftigt,
wird mit Freiheitsstrafe bis zu einem Jahr oder mit Geldstrafe bestraft.
(2) Handelt der Täter in den Fällen des Absatzes 1 Nummer 1, Nummer 2 Buchstabe a oder Buchstabe c oder Nummer 3 aus grobem Eigennutz, ist die Strafe Freiheitsstrafe bis zu drei Jahren oder Geldstrafe.

Allgemeine Verwaltungsvorschrift
Nicht belegt.

I. Entstehungsgeschichte und Allgemeines

1   Die Vorschrift des § 98b dient der Umsetzung von Art. 7 I lit. a, II Sanktions-RL und eröffnet die Möglichkeit, einen Arbeitgeber, der Ausländer illegal beschäftigt hat, von öffentlichen Subventionen auszuschließen. Durch die Einführung des § 98b wurde das AufenthG um eine **subventionsrechtliche Vorschrift mit Sanktionscharakter** ergänzt. Zur Entstehungsgeschichte, den Hintergründen und dem Anwendungsbereich des Kap. 9a (§§ 98a–98c) im Allgemeinen vgl. die Ausführungen bei → § 98a Rn. 1–3.

II. Möglichkeit des Subventionsausschlusses (Abs. 1)

2   Innerhalb der in § 98b I normierten Grenzen besteht für die zuständige Behörde die Möglichkeit, Anträge auf Subventionen ganz oder teilweise abzulehnen. Dabei regelt **Abs. 1 S. 1 die sachlichen Voraussetzungen für einen Ausschluss, Abs. 1 S. 2 die mögliche Dauer des Ausschlusses.** Sowohl die Entscheidung über das „Ob" des Ausschlusses als auch über die Dauer des Ausschlusses stehen nach dem Gesetzeswortlaut im **Ermessen der Bewilligungsbehörde.** Bei der Ausübung dieses Ermessens hat die Behörde jedoch zwingend dem gesetzgeberischen Zweck der Vorschrift sowie der zugrunde liegenden Bestimmungen der Sanktions-RL, eine effektive Sanktionierung illegaler Beschäftigung zu gewährleisten, Rechnung zu tragen, wodurch der Ermessensspielraum eingeschränkt wird[2]. Die abschließende behördliche Entscheidung über den Subventionsausschluss ergeht innerhalb des jeweiligen fachspezifischen Bewilligungsverfahrens und auch die ggf. gegen eine ablehnende Entscheidung gerichteten Rechtsbehelfe bestimmen sich allein nach den dafür allgemein geltenden Verfahrensregeln[3].

1. Sachliche Voraussetzungen für den Subventionsausschluss (Abs. 1 S. 1)

3   Ein Ausschluss von Subventionen – iSd Legaldefinition des § 264 VII StGB[4] – kann nur im Fall des **Vorliegens einer der beiden in Abs. 1 S. 1 Nr. 1 oder Nr. 2 angeführten Sachverhaltskonstellationen** erfolgen. Abs. 1 S. 1 Nr. 1 erfordert eine rechtskräftige Ahndung einer Ordnungswidrigkeit nach § 404 II Nr. 3 SGB III zu einer Geldbuße von mindestens 2.500 EUR; Abs. 1 S. 1 Nr. 2 erfasst rechtskräftige Verurteilungen nach den §§ 10, 10a oder 11 SchwarzArbG zu einer Freiheitsstrafe von mehr als drei Monaten bzw. einer Geldstrafe von mehr als 90 Tagessätzen. Beide Anwendungsalternativen setzen voraus, dass Ausländer ohne die nach § 4 III 4 AufenthG notwendige aufenthaltsrechtliche Zulassung beschäftigt werden, wobei die Straftatbestände der §§ 10, 10a und 11 SchwarzArbG zusätzlich von der Erfüllung weiterer qualifizierter Tatbestände abhängig sind.

4   Dass der Gesetzgeber die Möglichkeit des Subventionsausschlusses an die Überschreitung bestimmter, in Nr. 1 und Nr. 2 normierter **Relevanzschwellen** gekoppelt hat, ist mit den Vorgaben der Sanktions-RL vereinbar, auch wenn diese selbst in Art. 7 I lit. a Sanktions-RL keine entsprechenden Relevanzschwellen vorsieht. Denn durch die Formulierung des RL-Textes („Die Mitgliedstaaten treffen die erforderlichen Maßnahmen, um sicherzustellen, dass gegen Arbeitgeber *gegebenenfalls* auch folgende Maßnahme ergriffen werden können (…) [Herv. durch Verf.]") wird den Mitgliedstaaten ein

---

[2] Die Annahme eines weiten Ermessensspielraums, von der die GesBegr ausgeht (BT-Drs. 17/5470, 29 f.), dürfte mithin nicht gerechtfertigt sein, vgl. dazu auch *Huber* AufenthG § 98b Rn. 3 f.; *Huber* NZA 2012, 477 (479); *Funke-Kaiser* in GK-AufenthG § 98b Rn. 24.
[3] Vgl. *Funke-Kaiser* in GK-AufenthG § 98b Rn. 27.
[4] Näher dazu *Funke-Kaiser* in GK-AufenthG § 98b Rn. 9.

Gestaltungsspielraum eingeräumt, selbst zu bestimmen, in welchen Sachverhaltskonstellationen Sanktionen vorgesehen werden sollen[5]. Ob dem Gesetzgeber allerdings die konkret vorgenommene Auswahl und Festlegung der Relevanzschwellen unter dem Blickwinkel der Vergleichbarkeit beider Anwendungsalternativen gelungen ist – insbesondere unter Würdigung des unterschiedlich gewichtigen Unrechtsgehalts der von Nr. 1 erfassten ordnungswidrigkeitsrechtlichen Ahndung und der in Nr. 2 vorgesehenen strafrechtlichen Verurteilung auf der Grundlage qualifizierter Straftatbestände –, begegnet Bedenken; Zweifel hinsichtlich der Vereinbarkeit mit dem allgemeinen Gleichheitssatz sind jedenfalls nicht von der Hand zu weisen[6].

Für den Subventionsausschluss ist nach § 98b I grundsätzlich der **Eintritt der Rechtskraft** erforderlich[7]. Zieht die zuständige Behörde einen Ausschluss in Betracht, kann sie zur Feststellung eines Verstoßes nach Abs. 1 S. 1 Nr. 1 oder Nr. 2 den Antragsteller unter Fristsetzung dazu auffordern, in den Fällen der Nr. 1 einen Auszug aus dem – nach § 149 II Nr. 3 GewO relevante ordnungswidrigkeitsrechtliche Eintragungen enthaltenden – Gewerbezentralregister (§ 150 GewO) bzw. in den Fällen der Nr. 2 einen Auszug aus dem Bundeszentralregister (§ 30 I BZRG) vorzulegen. Sollte der Antragsteller dieser Aufforderung binnen der gesetzten Frist nicht nachkommen und gleichwohl am Subventionsantrag festhalten, kann die Behörde in den Fällen der Nr. 2 nach § 31 BZRG selbst ein Führungszeugnis anfordern. In den Fällen der Nr. 1 steht der Behörde hingegen ein entsprechendes eigenes Antragsrecht nach § 150a GewO nicht zu; sie kann den Antrag dann jedoch wegen Verletzung der Mitwirkungspflicht ablehnen[8]. 5

Bezugspunkt für die rechtskräftige Ahndung einer Ordnungswidrigkeit iSv Nr. 1 bzw. der strafrechtlichen Verurteilung iSv Nr. 2 ist nach dem Gesetzeswortlaut der **Antragsteller** selbst oder **dessen nach Satzung oder Gesetz Vertretungsberechtigter**. Durch die Erweiterung um die „nach Satzung oder Gesetz Vertretungsberechtigten" soll vermieden werden, dass der sanktionierte Arbeitgeber im Nachhinein eine juristische Person gründet, über diese Subventionen beantragt und sich so hinter der juristischen Person verstecken kann. Auch wenn der Wortlaut des § 98b I 1 dies nicht ausdrücklich vorsieht, so ist für den Subventionsausschluss bei richtlinienkonformer Auslegung zudem Voraussetzung, dass der sanktionierte Arbeitgeber mit dem späteren Antragsteller wirtschaftlich identisch ist, sodass die illegale Beschäftigung bei wirtschaftlicher Betrachtung zugunsten des Antragstellers erfolgte[9]. 6

Zu den **kraft Satzungsbestimmung oder Gesetzes Vertretungsberechtigten** zählen insbesondere der Geschäftsführer einer GmbH (§ 35 I GmbHG), der Vorstand eines Vereins (§ 26 I BGB) oder einer AG (§ 78 I AktG) oder die nach Maßgabe des Gesellschaftsvertrags vertretungsberechtigten Gesellschafter einer GbR (§ 714 BGB), einer OHG (§ 125 I HGB) oder die vertretungsbefugten Komplementäre einer KG (§§ 170, 161 II iVm § 125 I HGB). Bei Personengesellschaften, deren Gesellschafter zumindest zu einem Teil juristische Personen sind – wie insbesondere im Fall der GmbH & Co. KG – sind auch die mittelbar Vertretungsberechtigten als unter den Begriff der „nach Satzung und Gesetz Vertretungsberechtigten" zu fassen (so etwa im Fall der GmbH & Co. KG, die gesetzlich durch die GmbH als Komplementärin vertreten wird, auch der die GmbH ihrerseits vertretungsberechtigte Geschäftsführer)[10]. Nicht unter die Formulierung fallen die gewillkürten Vertreter wie insbesondere der Prokurist (§§ 48 ff. HGB), der Handlungsbevollmächtigte (§ 54 HGB) oder der „einfache" Stellvertreter (§§ 164 ff. BGB), deren Vertretungsberechtigung **nicht** wie in den zuvor genannten Fällen aus einer organschaftlichen, sondern aus einer **rechtsgeschäftlich eingeräumten Vertretungsmacht** resultiert[11]. In der Praxis kann die gesetzlich gewählte Formulierung „Antragsteller oder dessen nach Satzung oder Gesetz Vertretungsberechtigter" eine Reihe von Umgehungsproblemen insbesondere bei sog. faktischer Organstellung, den Fällen der Schattengeschäftsführung oder bei Ring- und Tauschmodellen nach sich ziehen[12]. 7

2. Dauer des Ausschlusses (Abs. 1 S. 2)

Im Hinblick auf die Dauer des Subventionsausschlusses eröffnet Abs. 1 S. 2 der Behörde die Möglichkeit, einen Subventionsantrag in einem **Zeitraum von bis zu fünf Jahren ab Rechtskraft** der letzten Ahndung bzw. Verurteilung abzulehnen. Als entscheidungserhebliches Kriterium für die behördliche Ermessensentscheidung ist dabei auf die Schwere des der Geldbuße, Freiheits- oder Geldstrafe zugrunde liegenden Verstoßes abzustellen[13]. 8

---

[5] Vgl. dazu auch *Funke-Kaiser* in GK-AufenthG § 98b Rn. 8.
[6] Vgl. dazu ausf. *Funke-Kaiser* in GK-AufenthG § 98b Rn. 7, der sich iE für die Verfassungswidrigkeit der Regelung des § 98b I 1 Nr. 1 ausspricht.
[7] Zu dem Fall, dass noch keine Rechtskraft eingetreten ist, s. *Funke-Kaiser* in GK-AufenthG § 98b Rn. 17.
[8] So auch *Funke-Kaiser* in GK-AufenthG § 98b Rn. 19.
[9] Näher dazu *Hörich/Bergmann* ZAR 2012, 327 (328 f.).
[10] So auch *Hörich/Bergmann* ZAR 2012, 327 (328 f.) mwBsp.
[11] So auch *Hörich/Bergmann* ZAR 2012, 327 (330); *Funke-Kaiser* in GK-AufenthG § 98b Rn. 16.
[12] Vgl. dazu ausf. *Hörich/Bergmann* ZAR 2012, 327 (330 ff.).
[13] Zu grundsätzlichen Bedenken an der in das Ermessen der zuständigen Behörde gestellten Beurteilung der Schwere des Verstoßes vgl. *Hörich/Bergmann* ZAR 2012, 327 (332 f.).

9 Neben der in Abs. 1 S. 2 vorgesehenen Regelung zu der maximalen zeitlichen Obergrenze des Ausschlusses ab Eintritt der Rechtskraft hat der Gesetzgeber demgegenüber keine Regelung getroffen, die „die Einziehung einiger oder aller öffentlicher Zuwendungen, Hilfen oder Subventionen, einschließlich der von den Mitgliedstaaten verwalteten EU-Mittel, die dem Arbeitgeber in einem Zeitraum von bis zu zwölf Monaten vor Feststellung der illegalen Beschäftigung gewährt wurden" normiert, wie dies in **Art. 7 I lit. c** Sanktions-RL vorgesehen ist. Auch wenn die Sanktions-RL den Mitgliedstaaten grundsätzlich einen gewissen Gestaltungsspielraum bei der Einführung und Ausgestaltung solcher Sanktionen einräumt, ist zumindest die gänzliche Untätigkeit des Gesetzgebers als unionsrechtswidrig anzusehen[14].

III. Ausnahmen vom Subventionsausschluss (Abs. 2)

10 Abs. 2 sieht drei Ausschlussgründe vor, in denen der Behörde die Möglichkeit des Subventionsausschlusses nach Abs. 1 nicht eröffnet ist. Ausschließlich der Ausnahmefall des Abs. 2 Nr. 2 dient dabei der Umsetzung der Sanktions-RL (Art. 7 II Sanktions-RL). Aufgrund ihres Charakters als Ausnahmevorschriften sowie iSe effektiven Umsetzung der Sanktions-RL sind die Ausschlussgründe des Abs. 2 grundsätzlich **restriktiv auszulegen**.

1. Ausschluss bei bestehendem Rechtsanspruch (Abs. 2 Nr. 1)

11 Die in Abs. 2 Nr. 1 vorgesehene Ausnahme vom Subventionsausschluss in Fällen eines bestehenden Rechtsanspruchs auf die beantragte Subvention ist in der Sanktions-RL nicht vorgesehen und erweist sich – trotz des grundsätzlich bestehenden mitgliedstaatlichen Gestaltungsspielraums – unionsrechtlich als überaus bedenklich[15]. Insbesondere eröffnet die Ausnahme in dem in der Praxis relevanten Anwendungsbereich vertraglich geregelter Subventionsvergabe eine weitreichende Umgehungsmöglichkeit der sanktionsrechtlichen Zielsetzung des Subventionsausschlusses, denn sie lässt in allen Fällen vertraglich eingeräumter Subventionsansprüche den von Art. 7 I lit. a Sanktions-RL sowie § 98b I grundsätzlich vorgesehenen Subventionsausschluss leerlaufen. ISe am Telos der Sanktions-RL orientierten Auslegung ist unter den Begriff des „Rechtsanspruchs" **nicht** der dem Subventionsrecht typische Fall des Subventionsanspruchs aufgrund einer **Ermessensreduzierung auf null** unter dem Aspekt der Gleichbehandlung nach Art. 3 I GG und dem Grundsatz der Selbstbindung der Verwaltung zu fassen[16]. Als Rechtsanspruch iSd Abs. 2 Nr. 1 werden vielmehr ausschließlich die (wenigen) Fälle (spezial-)**gesetzlich normierter Anspruchsgrundlagen** zu verstehen sein.

2. Ausschluss bei rein privater Zweckrichtung (Abs. 2 Nr. 2)

12 Mit der Ausnahmevorschrift in Abs. 2 Nr. 2 hat der Gesetzgeber von der in Art. 7 II Sanktions-RL eingeräumten Option Gebrauch gemacht, von einem Subventionsausschluss dann abzusehen, wenn es sich bei dem Arbeitgeber um eine natürliche Person handelt und die illegale Beschäftigung deren privaten Zwecken dient. Hauptanwendungsfall dieser Ausnahmevorschrift sind haushaltsnahe Dienstleistungen, wie insbesondere Haushalts-, Pflege- oder Betreuungshilfen. Ein Ausnahmefall nach Abs. 2 Nr. 2 kann dabei nur dann angenommen werden, wenn es – seitens des Antragstellers – erwiesen ist, dass die **illegale Beschäftigung des Ausländers ausschließlich zu privaten Zwecken** erfolgte.

3. Ausschluss bei Unionsbürgern (Abs. 2 Nr. 3)

13 Der Ausnahmevorschrift des Abs. 2 Nr. 3 ist konstitutiv **kein selbstständiger Anwendungsbereich** zuzusprechen. Nachdem mit Wirkung vom 1.7.2015 nunmehr auch kroatische Staatsangehörige uneingeschränkte Arbeitnehmerfreizügigkeit genießen, verbleibt kein Raum für eine weitere Normanwendung des § 98c II Nr. 3.

§ 98c Ausschluss von der Vergabe öffentlicher Aufträge

(1) [1] Öffentliche Auftraggeber nach § 99 des Gesetzes gegen Wettbewerbsbeschränkungen können einen Bewerber oder einen Bieter vom Wettbewerb um einen Liefer-, Bau- oder Dienstleistungsauftrag ausschließen, wenn dieser oder dessen nach Satzung oder Gesetz Vertretungsberechtigter

---

[14] Vgl. dazu auch *Funke-Kaiser* in GK-AufenthG § 98b Rn. 12; *Huber* NZA 2012, 477 (480); zur weiteren Untätigkeit des Gesetzgebers im Hinblick auf Art. 7 I lit. d Sanktions-RL vgl. ebenso *Funke-Kaiser* in GK-AufenthG § 98b Rn. 12.

[15] So auch *Funke-Kaiser* in GK-AufenthG § 98b Rn. 20; *Huber* NZA 2012, 477 (479); *Huber* AufenthG § 98b Rn. 6. Die Frage der Vereinbarkeit von Abs. 2 Nr. 1 mit Unionsrecht bleibt einer Überprüfung etwa iRe Vorabentscheidungsverfahrens vor dem EuGH vorbehalten.

[16] So auch *Funke-Kaiser* in GK-AufenthG § 98b Rn. 21.

Ausschluss von der Vergabe öffentlicher Aufträge　　　　　　　**§ 98c AufenthG 1**

1. nach § 404 Absatz 2 Nummer 3 des Dritten Buches Sozialgesetzbuch mit einer Geldbuße von wenigstens Zweitausendfünfhundert Euro rechtskräftig belegt worden ist oder
2. nach den §§ 10, 10a oder 11 des Schwarzarbeitsbekämpfungsgesetzes zu einer Freiheitsstrafe von mehr als drei Monaten oder einer Geldstrafe von mehr als 90 Tagessätzen rechtskräftig verurteilt worden ist.

[2] Ausschlüsse nach Satz 1 können bis zur nachgewiesenen Wiederherstellung der Zuverlässigkeit, je nach Schwere des der Geldbuße, der Freiheits- oder der Geldstrafe zugrunde liegenden Verstoßes in einem Zeitraum von bis zu fünf Jahren ab Rechtskraft der Geldbuße, der Freiheits- oder der Geldstrafe erfolgen.

(2) Absatz 1 gilt nicht, wenn der Verstoß nach Absatz 1 Satz 1 darin bestand, dass ein Unionsbürger rechtswidrig beschäftigt wurde.

(3) Macht ein öffentlicher Auftraggeber von der Möglichkeit nach Absatz 1 Gebrauch, gilt § 21 Absatz 2 bis 5 des Arbeitnehmer-Entsendegesetzes entsprechend.

Richtlinie über Sanktionen bei illegaler Beschäftigung (RL 2009/52/EG)
Art 7. Sonstige Maßnahmen

(1) Die Mitgliedstaaten treffen die erforderlichen Maßnahmen, um sicherzustellen, dass gegen Arbeitgeber gegebenenfalls auch folgende Maßnahmen ergriffen werden können:

...

b) Ausschluss von öffentlichen Vergabeverfahren gemäß der Richtlinie 2004/18/EG des Europäischen Parlaments und des Rates vom 31. März 2004 über die Koordinierung der Verfahren zur Vergabe öffentlicher Bauaufträge, Lieferaufträge und Dienstleistungsaufträge für die Dauer von bis zu fünf Jahren;

...

(2) (...)

§ 99 GWB. Öffentliche Auftraggeber
Öffentliche Auftraggeber sind
1. Gebietskörperschaften sowie deren Sondervermögen,
2. andere juristische Personen des öffentlichen und des privaten Rechts, die zu dem besonderen Zweck gegründet wurden, im Allgemeininteresse liegende Aufgaben nichtgewerblicher Art zu erfüllen, sofern
   a) sie überwiegend von Stellen nach Nummer 1 oder 3 einzeln oder gemeinsam durch Beteiligung oder auf sonstige Weise finanziert werden,
   b) ihre Leitung der Aufsicht durch Stellen nach Nummer 1 oder 3 unterliegt oder
   c) mehr als die Hälfte der Mitglieder eines ihrer zur Geschäftsführung oder zur Aufsicht berufenen Organe durch Stellen nach Nummer 1 oder 3 bestimmt worden sind;
   dasselbe gilt, wenn diese juristische Person einer anderen juristischen Person des öffentlichen oder privaten Rechts einzeln oder gemeinsam mit anderen die überwiegende Finanzierung gewährt, über deren Leitung die Aufsicht ausübt oder die Mehrheit der Mitglieder eines zur Geschäftsführung oder Aufsicht berufenen Organs bestimmt hat,
3. Verbände, deren Mitglieder unter Nummer 1 oder 2 fallen,
4. natürliche oder juristische Personen des privaten Rechts sowie juristische Personen des öffentlichen Rechts, soweit sie nicht unter Nummer 2 fallen, in den Fällen, in denen sie für Tiefbaumaßnahmen, für die Errichtung von Krankenhäusern, Sport-, Erholungs- oder Freizeiteinrichtungen, Schul-, Hochschul- oder Verwaltungsgebäuden oder für damit in Verbindung stehende Dienstleistungen und Wettbewerbe von Stellen, die unter die Nummern 1, 2 oder 3 fallen, Mittel erhalten, mit denen diese Vorhaben zu mehr als 50 Prozent subventioniert werden.

§ 21 AEntG. Ausschluss von der Vergabe öffentlicher Aufträge
(1) (...)

(2) Die für die Verfolgung oder Ahndung der Ordnungswidrigkeiten nach § 23 zuständigen Behörden dürfen öffentlichen Auftraggebern nach § 99 des Gesetzes gegen Wettbewerbsbeschränkungen und solchen Stellen, die von öffentlichen Auftraggebern zugelassene Präqualifikationsverzeichnisse oder Unternehmer- und Lieferantenverzeichnisse führen, auf Verlangen die erforderlichen Auskünfte geben.

(3) [1] Öffentliche Auftraggeber nach Absatz 2 fordern im Rahmen ihrer Tätigkeit beim Gewerbezentralregister Auskünfte über rechtskräftige Bußgeldentscheidungen wegen einer Ordnungswidrigkeit nach § 23 Abs 1 oder 2 an oder verlangen von Bewerbern oder Bewerberinnen eine Erklärung, dass die Voraussetzungen für einen Ausschluss nach Absatz 1 nicht vorliegen. [2] Im Falle einer Erklärung des Bewerbers oder der Bewerberin können öffentliche Auftraggeber nach Absatz 2 jederzeit zusätzlich Auskünfte des Gewerbezentralregisters nach § 150a der Gewerbeordnung anfordern.

(4) Bei Aufträgen ab einer Höhe von 30 000 Euro fordert der öffentliche Auftraggeber nach Absatz 2 für den Bewerber oder die Bewerberin, der oder die den Zuschlag erhalten soll, vor der Zuschlagserteilung eine Auskunft aus dem Gewerbezentralregister nach § 150a der Gewerbeordnung an.

(5) Vor der Entscheidung über den Ausschluss ist der Bewerber oder die Bewerberin zu hören.

S. a. § 404 II Nr 3 SGB III und §§ 10, 10a, 11 SchwarzArbG, abgedruckt bei § 98b.

Allgemeine Verwaltungsvorschrift
Nicht belegt.

I. Entstehungsgeschichte und Allgemeines

1   Die Vorschrift des § 98c dient der Umsetzung von Art. 7 I lit. b, II Sanktions-RL und eröffnet die Möglichkeit, einen Arbeitgeber, der Ausländer illegal beschäftigt hat, von bestimmten öffentlichen Vergabeverfahren auszuschließen. Durch die Einführung des § 98c wurde das AufenthG um eine **vergaberechtliche Vorschrift mit Sanktionscharakter** ergänzt. Zur Entstehungsgeschichte, den Hintergründen und dem Anwendungsbereich des Kap. 9a (§§ 98ac) im Allgemeinen vgl. die Ausführungen bei → § 98a Rn. 1–3.

II. Möglichkeit des Ausschlusses von der Vergabe öffentlicher Aufträge (Abs. 1)

2   Innerhalb der in § 98c I normierten Grenzen besteht für öffentliche Auftraggeber die Möglichkeit, einen Bewerber oder Bieter von der Vergabe öffentlicher Liefer-, Bau- oder Dienstaufträge auszuschließen. Dabei regelt **Abs. 1 S. 1** die **sachlichen Voraussetzungen für einen Ausschluss**, **Abs. 1 S. 2** die mögliche **Dauer des Ausschlusses**. Sowohl die Entscheidung über das „Ob" des Ausschlusses als auch über die Dauer des Ausschlusses stehen im **Ermessen des öffentlichen Auftraggebers**.

1. Sachliche Voraussetzungen für den Ausschluss vom Vergabeverfahren (Abs. 1 S. 1)

3   In den sachlichen Anwendungsbereich der Norm fallen ausweislich des Gesetzeswortlauts ausschließlich **Vergabeverfahren, die von öffentlichen Auftraggebern iSd § 99 GWB** durchgeführt werden. Die Bezugnahme des Gesetzgebers auf die Vorschrift des § 99 GWB sowie der ausdrückliche Verweis in Art. 7 I lit. b Sanktions-RL auf die zwischenzeitlich aufgehobene RL 2004/18/EG[1] hat zur Folge, dass von § 98c **ausschließlich öffentliche Liefer-, Bau- oder Dienstleistungsaufträge**, wie sie in § 103 I–IV GWB legal definiert sind, erfasst werden.

4   Entsprechend zum Subventionsausschluss nach § 98b I setzt auch der Ausschluss nach § 98c I voraus, dass hinsichtlich des Bewerbers bzw. Bieters oder dessen nach Satzung oder Gesetz Vertretungsberechtigten eine rechtskräftige Ahndung nach § 404 II Nr. 3 SGB III mit einer Geldbuße von mindestens 2.500 EUR oder eine rechtskräftige Verurteilung nach §§ 10, 10a oder 11 SchwarzArbG zu einer Freiheitsstrafe von mehr als drei Monaten oder einer Geldstrafe von mehr als 90 Tagessätzen vorliegt. Vgl. zu den Einzelheiten die Ausführungen zu → § 98b Rn. 3–7 unter Berücksichtigung der verfahrensrechtlichen Besonderheiten des § 98c (→ Rn. 6 f.).

2. Dauer des Ausschlusses (Abs. 1 S. 2)

5   Wie bei § 98b I 2 eröffnet auch § 98c II 2 die Möglichkeit, einen Ausschluss von Vergabeverfahren in einem **Zeitraum von bis zu fünf Jahren ab Rechtskraft** der letzten Ahndung bzw. Verurteilung vorzunehmen. Als entscheidungserhebliches Kriterium für die behördliche Ermessensentscheidung dient auch dabei die Schwere der Geldbuße, Freiheits- oder Geldstrafe des dem Verstoß zugrunde liegenden Verstoßes[2]. Als weitere Rechtsgrenze für den Ausschluss sieht § 98c I 2 die **nachgewiesene Wiederherstellung der Zuverlässigkeit** des Bewerbers oder Bieters vor, für die dieser die – praktisch schwer zu erbringende – volle Darlegungs- und Beweislast trägt. Neben der zeitlichen Obergrenze von fünf Jahren kommt dieser Ausschlussgrenze eine untergeordnete Bedeutung zu, da in der Praxis nur unter besonderen Umständen bereits vor Ablauf des Zeitraums von fünf Jahren der Nachweis der wiederhergestellten Zuverlässigkeit gelingen wird[3].

3. Verfahren

6   Die im Ermessen des öffentlichen Auftraggebers stehende **Entscheidung über den Ausschluss** erfolgt **innerhalb des Vergabeverfahrens** und nach den dafür geltenden vergaberechtlichen Bestimmungen der §§ 97 ff. GWB. Dabei ergeht über die Ausschlussentscheidung kein selbstständig angreifbarer förmlicher Bescheid; dem Betroffenen verbleibt im Fall des Ausschlusses vielmehr ausschließlich der Antrag an die Vergabekammer zur Durchführung eines vergaberechtlichen Nachprüfungsverfahrens nach §§ 160 ff. GWB. Auch wenn der vom Ausschluss Betroffene grundsätzlich bereits nach allgemeinen vergaberechtlichen Grundsätzen nach § 134 GWB vor Erteilung des Zuschlags an einen

---

[1] Die Richtlinie 2004/18/EG ist gem. Art. 91 RL 2014/24/EU v. 26.2.2014 über die öffentliche Auftragsvergabe und zur Aufhebung der RL 2004/18/EG (ABl. 2014 L 94, S. 65) mit Wirkung zum 18.4.2016 aufgehoben worden.

[2] Zu grundsätzlichen Bedenken an der in das Ermessen der zuständigen Behörde gestellten Beurteilung der Schwere des Verstoßes vgl. *Hörich/Bergmann* ZAR 2012, 327 (332 f.).

[3] Vgl. dazu auch *Funke-Kaiser* in GK-AufenthG § 98c Rn. 11.

anderen Bieter über die Gründe der beabsichtigten Nichtberücksichtigung zu informieren ist, eröffnet die Verweisung in § 98c III auf die Bestimmung des § 21 V AEntG, dem Betroffenen ein **zusätzliches Anhörungsrecht,** durch das gewährleistet wird, dass speziell die Gründe für die Ausschlussentscheidung nach Abs. 1 dargelegt werden.

Die weitere Verweisung auf § 21 II–IV AEntG dient der Angleichung der Befugnisse öffentlicher Auftraggeber an das Verfahren nach dem AufenthG. Wie bereits bei → § 98b Rn. 5 ausgeführt, besteht zur Feststellung eines Verstoßes nach Abs. 1 S. 1 oder 2 grundsätzlich die Möglichkeit, den Betreffenden zur Vorlage eines Auszugs aus dem Bundeszentral- bzw. Gewerbezentralregister aufzufordern. Abweichend zu § 98b ist dem Auftraggeber innerhalb des Vergabeverfahrens durch den Verweis auf § 21 III und IV AEntG ein eigenes Antragsrecht zur Anforderung einer Auskunft aus dem Gewerbezentralregister nach § 150a GewO eingeräumt. Darüber hinaus normiert § 21 IV AEntG bei Aufträgen ab einer Höhe von 30.000 EUR eine Verpflichtung zur Einholung einer Auskunft aus dem Gewerbezentralregister. In diesen Fällen wird auch eine Verpflichtung zur Anforderung eines Führungszeugnisses anzunehmen sein[4]. 7

III. Ausnahmen vom Ausschluss vom Vergabeverfahren (Abs. 2)

§ 98c II enthält ausschließlich eine § 98b II Nr. 3 entsprechende Ausnahmevorschrift; vgl. insoweit die Ausführungen zu → § 98b Rn. 13. Anders als in § 98b II Nr. 2 hat der Gesetzgeber in § 98c II nicht auch von der in Art. 7 II Sanktions-RL eingeräumten Möglichkeit Gebrauch gemacht, eine Ausschlussklausel für den Fall einer natürlichen Person, die einen Ausländer ausschließlich zu privaten Zwecken illegal beschäftigt hat, vorzusehen. Mithin kann auch eine natürliche Person, die Ausländer illegal zu privaten Zwecken beschäftigt hat und dies zu einer rechtskräftigen Ahndung bzw. Verurteilung iSv Abs. 1 S. 1 Nr. 1 oder Nr. 2 führte, von einem Vergabeverfahren ausgeschlossen werden. 8

Kapitel 10. Verordnungsermächtigungen; Übergangs- und Schlussvorschriften

§ 99 Verordnungsermächtigung

(1) Das Bundesministerium des Innern, für Bau und Heimat wird ermächtigt, durch Rechtsverordnung mit Zustimmung des Bundesrates
1. zur Erleichterung des Aufenthalts von Ausländern Befreiungen vom Erfordernis des Aufenthaltstitels vorzusehen, das Verfahren für die Erteilung von Befreiungen und die Fortgeltung und weitere Erteilung von Aufenthaltstiteln nach diesem Gesetz bei Eintritt eines Befreiungsgrundes zu regeln sowie zur Steuerung der Erwerbstätigkeit von Ausländern im Bundesgebiet Befreiungen einzuschränken,
2. zu bestimmen, dass der Aufenthaltstitel vor der Einreise bei der Ausländerbehörde oder nach der Einreise eingeholt werden kann,
3. zu bestimmen, in welchen Fällen die Erteilung eines Visums der Zustimmung der Ausländerbehörde bedarf, um die Mitwirkung anderer beteiligter Behörden zu sichern,
3a. Näheres zum Verfahren zur Erteilung von Aufenthaltstiteln an Forscher nach § 18d zu bestimmen, insbesondere
    a) die Voraussetzungen und das Verfahren sowie die Dauer der Anerkennung von Forschungseinrichtungen, die Aufhebung der Anerkennung einer Forschungseinrichtung und die Voraussetzungen und den Inhalt des Abschlusses von Aufnahmevereinbarungen nach § 18d Absatz 1 Satz 1 Nummer 1 zu regeln,
    b) vorzusehen, dass die für die Anerkennung zuständige Behörde die Anschriften der anerkannten Forschungseinrichtungen veröffentlicht und in den Veröffentlichungen auf Erklärungen nach § 18d Absatz 3 hinweist,
    c) Ausländerbehörden und Auslandsvertretungen zu verpflichten, der für die Anerkennung zuständigen Behörde Erkenntnisse über anerkannte Forschungseinrichtungen mitzuteilen, die die Aufhebung der Anerkennung begründen können,
    d) anerkannte Forschungseinrichtungen zu verpflichten, den Wegfall von Voraussetzungen für die Anerkennung, den Wegfall von Voraussetzungen für Aufnahmevereinbarungen, die abgeschlossen worden sind, oder die Änderung sonstiger bedeutsamer Umstände mitzuteilen,
    e) beim Bundesamt für Migration und Flüchtlinge einen Beirat für Forschungsmigration einzurichten, der es bei der Anerkennung von Forschungseinrichtungen unterstützt und die Anwendung des § 18d beobachtet und bewertet,
    f) den Zeitpunkt des Beginns der Bearbeitung von Anträgen auf Anerkennung von Forschungseinrichtungen,

---

[4] So auch *Funke-Kaiser* in GK-AufenthG § 98c Rn. 15.

3b. selbständige Tätigkeiten zu bestimmen, für deren Ausübung stets oder unter bestimmten Voraussetzungen kein Aufenthaltstitel nach § 4a Absatz 1 Satz 1 erforderlich ist,
4. Ausländer, die im Zusammenhang mit der Hilfeleistung in Rettungs- und Katastrophenfällen einreisen, von der Passpflicht zu befreien,
5. andere amtliche deutsche Ausweise als Passersatz einzuführen oder zuzulassen,
6. amtliche Ausweise, die nicht von deutschen Behörden ausgestellt worden sind, allgemein als Passersatz zuzulassen,
7. zu bestimmen, dass zur Wahrung von Interessen der Bundesrepublik Deutschland Ausländer, die vom Erfordernis des Aufenthaltstitels befreit sind und Ausländer, die mit einem Visum einreisen, bei oder nach der Einreise der Ausländerbehörde oder einer sonstigen Behörde den Aufenthalt anzuzeigen haben,
8. zur Ermöglichung oder Erleichterung des Reiseverkehrs zu bestimmen, dass Ausländern die bereits bestehende Berechtigung zur Rückkehr in das Bundesgebiet in einem Passersatz bescheinigt werden kann,
9. zu bestimmen, unter welchen Voraussetzungen ein Ausweisersatz ausgestellt werden kann und wie lange er gültig ist,
10. die ausweisrechtlichen Pflichten von Ausländern, die sich im Bundesgebiet aufhalten, zu regeln hinsichtlich der Ausstellung und Verlängerung, des Verlustes und des Wiederauffindens sowie der Vorlage und der Abgabe eines Passes, Passersatzes und Ausweisersatzes sowie der Eintragungen über die Einreise, die Ausreise, das Antreffen im Bundesgebiet und über Entscheidungen der zuständigen Behörden in solchen Papieren,
11. Näheres zum Register nach § 91a sowie zu den Voraussetzungen und dem Verfahren der Datenübermittlung zu bestimmen,
12. zu bestimmen, wie der Wohnsitz von Ausländern, denen vorübergehend Schutz gemäß § 24 Abs. 1 gewährt worden ist, in einen anderen Mitgliedstaat der Europäischen Union verlegt werden kann,
13. für die bei der Ausführung dieses Gesetzes zu verwendenden Vordrucke festzulegen:
    a) Näheres über die Anforderungen an Lichtbilder und Fingerabdrücke,
    b) Näheres über das Verfahren und die technischen Anforderungen für die Aufnahme, elektronische Erfassung, Echtheitsbewertung und Qualitätssicherung des Lichtbilds,
    c) Regelungen für die sichere Übermittlung des Lichtbilds an die zuständige Behörde sowie einer Registrierung und Zertifizierung von Dienstleistern zur Erstellung des Lichtbilds,
    d) Näheres über Form und Inhalt der Muster und über die Ausstellungsmodalitäten,
    e) Näheres über die Aufnahme und die Einbringung von Merkmalen in verschlüsselter Form nach § 78a Absatz 4 und 5,
13a. Regelungen für Reiseausweise für Ausländer, Reiseausweise für Flüchtlinge und Reiseausweise für Staatenlose mit elektronischem Speicher- und Verarbeitungsmedium nach Maßgabe der Verordnung (EG) Nr. 2252/2004 des Rates vom 13. Dezember 2004 über Normen für Sicherheitsmerkmale und biometrische Daten in von den Mitgliedstaaten ausgestellten Pässen und Reisedokumenten (ABl. L 385 vom 29.12.2004, S. 1) und der Verordnung (EG) Nr. 444/2009 des Europäischen Parlaments und des Rates vom 28. Mai 2009 zur Änderung der Verordnung (EG) Nr. 2252/2004 des Rates über Normen für Sicherheitsmerkmale und biometrische Daten in von den Mitgliedstaaten ausgestellten Pässen und Reisedokumenten (ABl. L 142 vom 6.6.2009, S. 1) zu treffen sowie Näheres über die Ausfertigung von Dokumenten mit elektronischem Speicher- und Verarbeitungsmedium nach § 78 nach Maßgabe der Verordnung (EG) Nr. 1030/2002 des Rates vom 13. Juni 2002 zur einheitlichen Gestaltung des Aufenthaltstitels für Drittstaatenangehörige (ABl. L 157 vom 15.6.2002, S. 1) in der jeweils geltenden Fassung zu bestimmen und insoweit für Reiseausweise und Dokumente nach § 78 Folgendes festzulegen:
    a) das Verfahren und die technischen Anforderungen für die Aufnahme, elektronische Erfassung, Echtheitsbewertung und Qualitätssicherung des Lichtbilds und der Fingerabdrücke sowie Regelungen für die sichere Übermittlung des Lichtbilds an die zuständige Behörde sowie für die Registrierung und Zertifizierung von Dienstleistern zur Erstellung des Lichtbilds sowie den Zugriffsschutz auf die im elektronischen Speicher- und Verarbeitungsmedium abgelegten Daten,
    b) Altersgrenzen für die Erhebung von Fingerabdrücken und Befreiungen von der Pflicht zur Abgabe von Fingerabdrücken und Lichtbildern,
    c) die Reihenfolge der zu speichernden Fingerabdrücke bei Fehlen eines Zeigefingers, ungenügender Qualität des Fingerabdrucks oder Verletzungen der Fingerkuppe,
    d) die Form des Verfahrens und die Einzelheiten über das Verfahren der Übermittlung sämtlicher Antragsdaten von den Ausländerbehörden an den Hersteller der Dokumente sowie zur vorübergehenden Speicherung der Antragsdaten bei der Ausländerbehörde und beim Hersteller,

Verordnungsermächtigung § 99 AufenthG 1

e) die Speicherung der Fingerabdrücke und des Lichtbildes in der Ausländerbehörde bis zur Aushändigung des Dokuments,

f) das Einsichtsrecht des Dokumenteninhabers in die im elektronischen Speichermedium gespeicherten Daten,

g) die Anforderungen an die zur elektronischen Erfassung des Lichtbildes und der Fingerabdrücke, deren Qualitätssicherung sowie zur Übermittlung der Antragsdaten von der Ausländerbehörde an den Hersteller der Dokumente einzusetzenden technischen Systeme und Bestandteile sowie das Verfahren zur Überprüfung der Einhaltung dieser Anforderungen,

h) Näheres zur Verarbeitung der Fingerabdruckdaten und des digitalen Lichtbildes,

i) Näheres zur Seriennummer und zur maschinenlesbaren Personaldatenseite,

j) die Pflichten von Ausländern, die sich im Bundesgebiet aufhalten, hinsichtlich der Ausstellung, Neubeantragung und Verlängerung, des Verlustes und Wiederauffindens sowie der Vorlage und Abgabe von Dokumenten nach § 78.

Das Bundesministerium des Innern, für Bau und Heimat wird ferner ermächtigt, durch Rechtsverordnung mit Zustimmung des Bundesrates Einzelheiten des Prüfverfahrens entsprechend § 34 Satz 1 Nummer 4 des Personalausweisgesetzes und Einzelheiten zum elektronischen Identitätsnachweis entsprechend § 34 Satz 1 Nummer 5 bis 8a und Satz 3 des Personalausweisgesetzes festzulegen,

14. zu bestimmen, dass die

a) Meldebehörden,

b) Staatsangehörigkeits- und Bescheinigungsbehörden nach § 15 des Bundesvertriebenengesetzes,

c) Pass- und Personalausweisbehörden,

d) Sozial- und Jugendämter,

e) Justiz-, Polizei- und Ordnungsbehörden,

f) Bundesagentur für Arbeit,

g) Finanz- und Hauptzollämter,

h) Gewerbebehörden,

i) Auslandsvertretungen und

j) Träger der Grundsicherung für Arbeitsuchende

ohne Ersuchen den Ausländerbehörden personenbezogene Daten von Ausländern, Amtshandlungen und sonstige Maßnahmen gegenüber Ausländern sowie sonstige Erkenntnisse über Ausländer mitzuteilen haben, soweit diese Angaben zur Erfüllung der Aufgaben der Ausländerbehörden nach diesem Gesetz und nach ausländerrechtlichen Bestimmungen in anderen Gesetzen erforderlich sind; die Rechtsverordnung bestimmt Art und Umfang der Daten, die Maßnahmen und die sonstigen Erkenntnisse, die mitzuteilen sind; Datenübermittlungen dürfen nur insoweit vorgesehen werden, als die Daten zur Erfüllung der Aufgaben der Ausländerbehörden nach diesem Gesetz oder nach ausländerrechtlichen Bestimmungen in anderen Gesetzen erforderlich sind,

15. Regelungen über die fachbezogene elektronische Datenübermittlung zwischen den mit der Ausführung dieses Gesetzes beauftragten Behörden zu treffen, die sich auf Folgendes beziehen:

a) die technischen Grundsätze des Aufbaus der verwendeten Standards,

b) das Verfahren der Datenübermittlung und

c) die an der elektronischen Datenübermittlung im Ausländerwesen beteiligten Behörden,

16. Regelungen für die Qualitätssicherung der nach § 49 Absatz 6, 8 und 9 erhobenen Lichtbilder und Fingerabdruckdaten festzulegen.

(2) ¹Das Bundesministerium des Innern, für Bau und Heimat wird ferner ermächtigt, durch Rechtsverordnung mit Zustimmung des Bundesrates zu bestimmen, dass

1. jede Ausländerbehörde ein Dateisystem über Ausländer führt, die sich in ihrem Bezirk aufhalten oder aufgehalten haben, die bei ihr einen Antrag gestellt oder Einreise und Aufenthalt angezeigt haben und für und gegen die sie eine ausländerrechtliche Maßnahme oder Entscheidung getroffen hat,

2. jede Auslandsvertretung ein Dateisystem über beantragte, erteilte, versagte, zurückgenommene, annullierte, widerrufene und aufgehobene Visa sowie zurückgenommene Visumanträge führen darf und die Auslandsvertretungen die jeweils dort gespeicherten Daten untereinander sowie mit dem Auswärtigen Amt und mit dem Bundesamt für Auswärtige Angelegenheiten austauschen dürfen sowie

3. die mit der Ausführung dieses Gesetzes betrauten Behörden ein sonstiges zur Erfüllung ihrer Aufgaben erforderliches Dateisystem führen.

²Nach Satz 1 Nr. 1 werden erfasst die Personalien einschließlich der Staatsangehörigkeit und der Anschrift des Ausländers, Angaben zum Pass, über ausländerrechtliche Maßnahmen und über die Erfassung im Ausländerzentralregister sowie über frühere Anschriften des Ausländers, die zuständige Ausländerbehörde und die Abgabe von Akten an eine andere Ausländerbehörde. ³Erfasst werden ferner Angaben zur lichtbildaufnehmenden Stelle und

zur Nutzung eines Dokuments nach § 78 Absatz 1 zum elektronischen Identitätsnachweis einschließlich dessen Ein- und Ausschaltung sowie Sperrung und Entsperrung. ⁴Die Befugnis der Ausländerbehörden, weitere personenbezogene Daten zu speichern, richtet sich nach der Verordnung (EU) 2016/679 und nach den datenschutzrechtlichen Bestimmungen der Länder.

(3) Das Bundesministerium des Innern, für Bau und Heimat wird ermächtigt, durch Rechtsverordnung im Einvernehmen mit dem Auswärtigen Amt ohne Zustimmung des Bundesrates die zuständige Stelle im Sinne des § 73 Absatz 1 und des § 73a Absatz 1 zu bestimmen.

(3a) Das Bundesministerium des Innern, für Bau und Heimat wird ermächtigt, durch Rechtsverordnung im Einvernehmen mit dem Auswärtigen Amt ohne Zustimmung des Bundesrates nach Maßgabe von Artikel 3 Absatz 2 der Verordnung (EG) Nr. 810/2009 die Staaten festzulegen, deren Staatsangehörige zur Durchreise durch die internationalen Transitzonen deutscher Flughäfen im Besitz eines Visums für den Flughafentransit sein müssen.

(4) ¹Das Bundesministerium des Innern, für Bau und Heimat kann Rechtsverordnungen nach Absatz 1 Nr. 1 und 2, soweit es zur Erfüllung einer zwischenstaatlichen Vereinbarung oder zur Wahrung öffentlicher Interessen erforderlich ist, ohne Zustimmung des Bundesrates erlassen und ändern. ²Eine Rechtsverordnung nach Satz 1 tritt spätestens drei Monate nach ihrem Inkrafttreten außer Kraft. ³Ihre Geltungsdauer kann durch Rechtsverordnung mit Zustimmung des Bundesrates verlängert werden.

(5) Das Bundesministerium des Innern, für Bau und Heimat wird ferner ermächtigt, durch Rechtsverordnung zum beschleunigten Fachkräfteverfahren nach § 81a
1. mit Zustimmung des Bundesrates Näheres zum Verfahren bei den Ausländerbehörden sowie
2. im Einvernehmen mit dem Auswärtigen Amt ohne Zustimmung des Bundesrates Näheres zum Verfahren bei den Auslandsvertretungen

zu bestimmen.

(6) Die Bundesregierung wird ermächtigt, durch Rechtsverordnung mit Zustimmung des Bundesrates Staaten zu bestimmen, an deren Staatsangehörige bestimmte oder sämtliche Aufenthaltstitel nach Kapitel 2 Abschnitt 3 und 4 nicht erteilt werden, wenn bei diesen Staatsangehörigen ein erheblicher Anstieg der Zahl der als offensichtlich unbegründet abgelehnten Asylanträge im Zusammenhang mit einem Aufenthalt nach Kapitel 2 Abschnitt 3 oder 4 zu verzeichnen ist.

Allgemeine Verwaltungsvorschrift
99 Zu § 99 – Verordnungsermächtigung
Nicht belegt.

I. Entstehungsgeschichte

1   Die Vorschrift entspricht zum größten Teil dem **Gesetzesentwurf**[1]. Aufgrund des Vermittlungsverfahrens[2] wurden aber zahlreiche Veränderungen vorgenommen. Va wurden Nr. 6, 9 und 12 eingefügt und Nr. 1, 8 und 11 neu gefasst. Mit Wirkung vom 18.3.2005 wurde Abs. 1 Nr. 14 neu gefasst[3]. Mit dem RLUmsG 2007 wurden die Nr. 3a und 3b sowie der Abs. 3 neu aufgenommen. Der bisherige Abs. 3 wurde Abs. 4. Außerdem wurde Nr. 13 geändert. Es handelt sich um eine Folgeänderung im Hinblick auf die vorgesehene Ergänzung des § 82 V. Die gleichfalls erfolgte Ergänzung der Nr. 14 hatte klarstellende Funktion. Darüber hinaus wurde mit dem RLUmsG 2007 eine einheitliche Verordnungsermächtigung für den Visabereich geschaffen, was zur Aufnahme der neuen Nr. 2 in Abs. 2 S. 1 und des geänderten S. 2 führte. Weitere Änderungen bzw. Erweiterungen erfuhr die Vorschrift durch das 380/2008/EG-AnpG[4] sowie das RLUmsG 2011[5]. Das **2. DAVG**[6] ergänzte Abs. 1 um Nr. 16. Mit dem **FEG**[7] wurden die Abs. 5 und 6 neu eingefügt und durch das 2. DSAnpUG EU v. 20.11.2019, BGBl. I S. 1626, erfolgten Änderungen in Abs. 2.

---

[1] BT-Drs. 15/420, 35.
[2] BT-Drs. 15/3479, 12 f.
[3] Art. 1 Nr. 16 ÄndG v. 14.3.2005, BGBl. I S. 721.
[4] Ges. zur Anpassung des deutschen Rechts an die VO (EG) Nr. 380/2008 des Rates v. 18.4.2008 zur Änd. der VO (EG) Nr. 1030/2002 zur einheitlichen Gestaltung des Aufenthaltstitels für Drittstaatsangehörige (380/2008/EG-AnpG) v. 12.4.2011 (BGBl. I S. 610), BT-Drs. 17/3354, 18 f.
[5] BT-Drs. 17/5470, 30.
[6] BGBl. 2019 I S. 1131.
[7] BGBl. 2019 I S. 1307; in Kraft getreten am 1.3.2020.

II. Ermächtigungen

In dieser Vorschrift sind **alle notwendigen Ermächtigungen des BMI für den Erlass von Rechtsverordnungen** zusammengefasst. Die Ermächtigungen für den BMAS befinden sich in § 42 III. Die Ermächtigungen erfüllen grundsätzlich die Anforderungen des Art. 80 I GG. Danach müssen in der Ermächtigungsnorm nicht nur die Zwecke geregelt sein, sondern das gesamte Programm der Rechtsverordnung[8]. Zudem muss das Ausmaß der Ausfüllung der Ermächtigungen vorhersehbar sein[9]. Diese Anforderungen sind erfüllt, weil der Gesetzgeber va das Verhältnis zwischen Aufenthalt und Beschäftigung neu geordnet und die Berechtigung zur Ausübung einer Erwerbstätigkeit in Grundsätzen wie Einzelheiten selbst ausführlich geregelt hat.

Eine umfassende Ergänzung erfuhr die Norm mit dem RLUmsG 2007. Mit der neu aufgenommenen Verordnungsermächtigung der Nr. 3a erfasst der Gesetzgeber die mit dem ÄndG vorgenommenen Neuregelungen der §§ 38a–38f AufenthV, der sich mit der Anerkennung von Forschungseinrichtungen und dem Abschluss von Aufnahmevereinbarungen befasst. In der Gesetzesbegründung wird klargestellt, dass der Beginn der Anerkennungsverfahren nicht nach dem Tag des Ablaufs der Umsetzungsfrist nach Art. 17 I UAbs. 1 Forscher-RL liegen darf[10].

Nr. 3b ermächtigt infolge der ausdrücklichen **Sanktionierung der unerlaubten selbstständigen Tätigkeit** analog § 42 I Nr. 4 sowie § 16 BeschV, gewisse selbstständige Tätigkeiten zu definieren, die nicht der Erlaubnispflicht nach § 4 III 1 unterfallen. Infolgedessen ist § 17 II AufenthV angepasst worden.

Nr. 16 schafft eine Verordnungsermächtigung zur **Sicherung der Qualität bei der Erhebung der Daten** nach § 49 VI, VIII und IX. Damit soll ein bundesweit gleichmäßig hohes Niveau der Datenqualität von erkennungsdienstlichen Behandlungen gewährleistet und zugleich eine Voraussetzung für eine weitgehende Automatisierung des Abgleichverfahrens erfüllt werden.

Der Aufnahme der Nr. 2 in Abs. 2 lag der Wunsch zugrunde, eine **einheitliche Verordnungsermächtigung für den Visabereich** zu schaffen[11]. Die Verordnungsermächtigung bezog sich zuvor nur auf die nach § 69 AufenthV von den Auslandsvertretungen zu führende Visadatei, während die nach § 70 AufenthV ebenfalls von den Auslandsvertretungen zu führende Datei über Visaversagungen auf die Verordnungsermächtigung des § 99 II 1 Nr. 3 gestützt wurde. Wegen des sachlichen Zusammenhangs beider Dateien wurde mit dem RLUmsG 2007 eine einheitliche Verordnungsermächtigung geschaffen. Zugleich sollte die Ermächtigung für einen vorgesehenen Austausch der in beiden Dateien erfassten Daten unter den Auslandsvertretungen zur Bekämpfung der Schleusungskriminalität geschaffen werden.

Mit dem **FachkräfteeinwanderungsG** wurden die Abs. 5 und 6 eingefügt. Der Gesetzgeber ermächtigt in Abs. 5 das BMI dazu, mit einer Rechtsverordnung Einzelheiten zum beschleunigten Verfahren nach § 81a zu bestimmen. Dies betrifft sowohl das Verfahren bei den Ausländerbehörden (Nr. 1) als auch das Verfahren bei den Auslandsvertretungen (Nr. 2, im Einvernehmen mit dem Auswärtigen Amt). Mit dem Abs. 6 wird die Bundesregierung ermächtigt, mit einer Rechtsverordnung, die der Zustimmung des Bundesrats bedarf, eine Zuwanderungssperre für die Herkunftsstaaten einzuführen, deren Staatsangehörige nach der Einreise zu Bildungs- oder Erwerbstätigkeitszwecken in signifikanter Zahl Asylanträge stellen, die dann als offensichtlich unbegründet abgelehnt werden. Die Zuwanderungssperre kann sich dabei auf den gesamten Bereich des Kapitels 2 Abschnitt 3 und 4 oder auch nur auf bestimmte Aufenthaltstitel aus diesen Abschnitten beziehen. Bei der Rechtsetzung hat das BMI die Vorgaben des europäischen Rechts, insbesondere der europäischen Richtlinien zur Arbeitsmigration, zu achten.

§ 100 Sprachliche Anpassung

¹**Das Bundesministerium des Innern, für Bau und Heimat kann durch Rechtsverordnung ohne Zustimmung des Bundesrates die in diesem Gesetz verwendeten Personenbezeichnungen, soweit dies ohne Änderung des Regelungsinhalts möglich und sprachlich sachgerecht ist, durch geschlechtsneutrale oder durch maskuline und feminine Personenbezeichnungen ersetzen und die dadurch veranlassten sprachlichen Anpassungen vornehmen.** ²**Das Bundesministerium des Innern, für Bau und Heimat kann nach Erlass einer Verordnung nach Satz 1 den Wortlaut dieses Gesetzes im Bundesgesetzblatt bekannt machen.**

Allgemeine Verwaltungsvorschrift
100 Zu § 100 – Sprachliche Anpassung
Nicht belegt.

---

[8] BVerfG Beschl. v. 20.10.1981 – 1 BvR 640/80, BVerfGE 58, 257.
[9] BVerfG Beschl. v. 8.1.1981 – 2 BvL 3, 9/77, BVerfGE 56, 1.
[10] BT-Drs. 16/5065, 200.
[11] BT-Drs. 16/5065, 201.

I. Entstehungsgeschichte

1 Die Vorschrift entspricht dem **Gesetzesentwurf**[1].

II. Anpassung

2 Unter sprachlicher Anpassung ist die Formulierung nach Maßgabe von § 4 III BundesgleichstellungsG vom 24.4.2015[2] gemeint.

§ 101 Fortgeltung bisheriger Aufenthaltsrechte

(1) ¹Eine vor dem 1. Januar 2005 erteilte Aufenthaltsberechtigung oder unbefristete Aufenthaltserlaubnis gilt fort als Niederlassungserlaubnis entsprechend dem ihrer Erteilung zu Grunde liegenden Aufenthaltszweck und Sachverhalt. ²Eine unbefristete Aufenthaltserlaubnis, die nach § 1 Abs. 3 des Gesetzes über Maßnahmen für im Rahmen humanitärer Hilfsaktionen aufgenommene Flüchtlinge vom 22. Juli 1980 (BGBl. I S. 1057) oder in entsprechender Anwendung des vorgenannten Gesetzes erteilt worden ist, und eine anschließend erteilte Aufenthaltsberechtigung gelten fort als Niederlassungserlaubnis nach § 23 Abs. 2.

(2) Die übrigen Aufenthaltsgenehmigungen gelten fort als Aufenthaltserlaubnisse entsprechend dem ihrer Erteilung zu Grunde liegenden Aufenthaltszweck und Sachverhalt.

(3) Ein Aufenthaltstitel, der vor dem 28. August 2007 mit dem Vermerk „Daueraufenthalt-EG" versehen wurde, gilt als Erlaubnis zum Daueraufenthalt – EU fort.

(4) Ein Aufenthaltstitel nach Kapitel 2 Abschnitt 3 und 4, der vor dem 1. März 2020 erteilt wurde, gilt mit den verfügten Nebenbestimmungen entsprechend dem der Erteilung zu Grunde liegenden Aufenthaltszweck und Sachverhalt im Rahmen seiner Gültigkeitsdauer fort.

Allgemeine Verwaltungsvorschrift
Zu § 101 – Fortgeltung bisheriger Aufenthaltsrechte
101.0 Allgemeines
Die Übergangsvorschrift in § 101 ordnet die Fortgeltung bestehender Aufenthaltsrechte an und regelt die Kraft gesetzlicher Anordnung automatisch eintretende („gilt fort als") Überleitung von nach dem AuslG erteilten Aufenthaltsgenehmigungen auf die nach dem Aufenthaltsgesetz vorgesehenen Aufenthaltstitel. Sie entfaltet hingegen keine rückwirkenden Folgen für die Zeit vor dem 1. Januar 2005. Es ist daher grundsätzlich nicht erforderlich und auch nicht vorgesehen, bestehende Aufenthaltsgenehmigungen nach dem AuslG vor Ablauf ihrer Geltungsdauer durch Erteilung eines Aufenthaltstitels nach dem Aufenthaltsgesetz zu ersetzen. Soweit dennoch entsprechende Anträge gestellt werden sollten, ist zu prüfen, ob diesbezüglich ein Rechtsschutzinteresse angenommen werden kann (vgl. näher hierzu Nummer 101.1.1.2 und 101.2.2).
101.1 Aufenthaltsberechtigung; unbefristete Aufenthaltserlaubnis
101.1.1 Nach Absatz 1 Satz 1 gilt eine vor dem 1. Januar 2005 erteilte Aufenthaltsberechtigung oder unbefristete Aufenthaltserlaubnis als Niederlassungserlaubnis (vgl. § 9 Absatz 1) fort.
101.1.1.1 Durch die von Gesetzes wegen mit unmittelbarer Wirkung eintretende Überleitung können die Inhaber einer derartigen Aufenthaltsgenehmigung nach altem Recht daher seit dem 1. Januar 2005 die für Inhaber einer Niederlassungserlaubnis vorgesehenen Rechte (z. B. den besonderen Ausweisungsschutz nach § 56 Absatz 1 Nummer 1) in Anspruch nehmen, ohne dass es der förmlichen Erteilung einer Niederlassungserlaubnis bedarf.
101.1.1.2 Im Gegensatz zu den befristeten Aufenthaltsgenehmigungen, bei denen es nach Fristablauf ohnehin zur förmlichen Erteilung eines neuen Aufenthaltstitels nach dem Aufenthaltsgesetz kommt, entfällt dies bei der Aufenthaltsberechtigung und der unbefristeten Aufenthaltserlaubnis wegen ihres Charakters als Verwaltungsakt mit Dauerwirkung. Hier kann aus Gründen der Rechtssicherheit, vor allem für Inhaber einer unbefristeten Aufenthaltserlaubnis, grundsätzlich ein Rechtsschutzinteresse im Hinblick auf die förmliche Erteilung einer Niederlassungserlaubnis angenommen werden.
101.1.1.3 Die Überleitung erfolgt entsprechend dem der Erteilung der Aufenthaltsberechtigung oder unbefristeten Aufenthaltserlaubnis zugrunde liegenden Aufenthaltszweck und Sachverhalt, so dass eine entsprechende Zuordnung zu erfolgen hat.
101.1.2 Das Aufenthaltsgesetz nimmt aus Gründen der Klarstellung in Absatz 1 Satz 2 selbst eine Zuordnung für unbefristete Aufenthaltserlaubnisse vor, die nach § 1 Absatz 3 HumHAG oder in entsprechender Anwendung dieses Gesetzes (insbesondere bei jüdischen Emigranten aus der ehemaligen Sowjetunion) erteilt wurden. Diese gelten als Niederlassungserlaubnisse nach § 23 Absatz 2 fort. Gleiches gilt in diesen Fällen für nachfolgend auf Grund der Verfestigung des Aufenthalts erteilte Aufenthaltsberechtigungen.
101.1.2.1 Die gesetzliche Klarstellung war u. a. deshalb erforderlich, weil nur bei Überleitung zum Regelungsbereich des § 23 Absatz 2 die Möglichkeit eröffnet ist, abweichend von § 9 Absatz 1, wonach die Niederlassungserlaubnis grundsätzlich nicht beschränkt werden kann, eine wohnsitzbeschränkende Auflage zu erteilen (vgl. § 23 Absatz 2 Satz 4). Dies entspricht der geltenden Verwaltungspraxis in Fällen der Leistungsberechtigung nach SGB II

---

[1] BT-Drs. 15/420, 36.
[2] BGBl. 2015 I S. 642.

und XII von Inhabern bestimmter Aufenthaltstitel nach Abschnitt 5 des Aufenthaltsgesetzes (vgl. aber Nummer 12.2.5.2.3).

101.1.2.2 Für den vorgenannten Personenkreis enthält § 103 eine weitere Sonderregelung, durch die Rechtsnachteile vermieden werden sollen, die sonst mit dem Außerkrafttreten des HumHAG verbunden wären (vgl. die Erläuterungen hierzu unter Nummer 103).

101.1.3 Asylberechtigte, die im Besitz einer unbefristeten Aufenthaltserlaubnis oder einer Aufenthaltsberechtigung sind, erhalten im Hinblick auf den humanitären Aufenthaltszweck eine Niederlassungserlaubnis nach § 26 Absatz 3.

101.1.4 Weitere in Betracht kommende Überleitungsziele sind:
- § 9 Absatz 2 (Regeltatbestand bei Aufenthaltsverfestigung) in Fällen der Erteilung einer unbefristeten Aufenthaltserlaubnis nach § 24 AuslG bzw einer Aufenthaltsberechtigung nach § 27 AuslG,
- § 26 Absatz 4 (Mehrjähriger humanitär bedingter Aufenthalt) in Fällen der Erteilung einer unbefristeten Aufenthaltserlaubnis nach § 35 Absatz 1 AuslG,
- § 28 Absatz 2 (Familiennachzug zu Deutschen) in Fällen der Erteilung einer unbefristeten Aufenthaltserlaubnis nach § 25 Absatz 3 AuslG,
- § 31 Absatz 3 (Eigenständiges Aufenthaltsrecht der Ehegatten) in Fällen der Erteilung einer unbefristeten Aufenthaltserlaubnis nach § 25 Absatz 2 AuslG,
- § 35 Absatz 1 (Eigenständiges Aufenthaltsrecht der Kinder) in Fällen der Erteilung einer unbefristeten Aufenthaltserlaubnis nach § 26 Absatz 1 AuslG i. V. m. § 21 Absatz 3 AuslG.

101.2 Übrige Aufenthaltsgenehmigungen

101.2.1 Unter dem Begriff der „übrigen Aufenthaltsgenehmigungen" in Absatz 2 fallen die befristete Aufenthaltserlaubnis, die Aufenthaltsbewilligung und die Aufenthaltsbefugnis. Diese Aufenthaltsgenehmigungen alten Rechts werden nach Absatz 2 unmittelbar kraft Gesetzes in eine Aufenthaltserlaubnis nach dem Aufenthaltsgesetz (vgl. § 7) übergeleitet.

101.2.2 Auf Grund dieser Fortgeltung bestehender Aufenthaltsrechte und ihrer unmittelbaren Überleitung erhalten die Rechtsinhaber alle mit dem neuen Recht verbundenen Vorteile, auch wenn sie nur im Besitz eines Dokuments sind, das noch den alten Rechtszustand dokumentiert. Da nach Ablauf der befristeten Geltungsdauer ohnehin die förmliche Erteilung eines Aufenthaltstitels nach dem Aufenthaltsgesetz erforderlich wird und den Betroffenen in der Übergangszeit keine Rechtsnachteile entstehen, dürfte es bei einem Antrag auf vorzeitige Erteilung einer Aufenthaltserlaubnis nach neuem Recht i. d. R. an dem erforderlichen Rechtsschutzinteresse fehlen, so dass Anträge dieser Art grundsätzlich abgelehnt werden können.

101.2.3 Entsprechend der im Aufenthaltsgesetz angelegten Ausrichtung der Aufenthaltstitel auf bestimmte Aufenthaltszwecke richtet sich die Fortgeltung der nach dem AuslG erteilten Aufenthaltsbewilligungen, Aufenthaltsbefugnisse und befristeten Aufenthaltserlaubnisse als Aufenthaltserlaubnisse nach dem Aufenthaltsgesetz nach ihrer ursprünglichen Zweckbestimmung:

101.2.3.1 – Aufenthaltsbewilligungen, die nach § 28 AuslG zu Studien- und Ausbildungszwecken erteilt wurden, gelten als Aufenthaltserlaubnisse nach §§ 16, 17 fort.

101.2.3.2 – Aufenthaltserlaubnisse und Aufenthaltsbewilligungen, die nach § 10 AuslG i. V. m. den hierzu ergangenen Rechtsverordnungen (AAV, IT-AV) zum Zwecke einer unselbständigen Erwerbstätigkeit erteilt wurden, gelten als Aufenthaltserlaubnisse nach § 18 Absatz 3 und 4 fort.

101.2.3.3 – Aufenthaltserlaubnisse und Aufenthaltsbewilligungen, die nach § 7 Absatz 1 i. V. m. § 15 oder § 28 AuslG zum Zweck der Ausübung einer selbständigen Erwerbstätigkeit erteilt wurden, gelten als Aufenthaltserlaubnisse nach § 21 fort.

101.2.3.4 – Aufenthaltsbefugnisse, die nach § 30, §§ 32 bis 33 AuslG zur Gewährung eines Aufenthalts aus völkerrechtlichen, humanitären oder politischen Gründen erteilt wurden, gelten als Aufenthaltserlaubnisse nach §§ 22 bis 26 fort.

101.2.3.5 – Aufenthaltserlaubnisse, die nach den §§ 17 ff. AuslG, Aufenthaltsbewilligungen, die nach § 29 AuslG und Aufenthaltsbefugnisse, die nach § 31 AuslG zum Zwecke des Familiennachzugs erteilt wurden, gelten als Aufenthaltserlaubnisse nach §§ 27 bis 36 fort.

101.2.3.6 – Aufenthaltserlaubnisse, die nach § 16 AuslG aus Gründen der Wiederkehr erteilt wurden, gelten als Aufenthaltserlaubnisse nach § 37 fort.

101.2.3.7 – Vor dem 1. Januar 2005 erteilte Aufenthaltserlaubnisse sind als Aufenthaltserlaubnisse i. S. d. Aufenthaltsgesetzes zu werten. Die Zeiten des Besitzes einer nach dem AuslG erteilten Aufenthaltserlaubnis sind deshalb wie Zeiten des Besitzes einer nach dem Aufenthaltsgesetz erteilten Aufenthaltserlaubnis anzurechnen (etwa im Rahmen von § 9 Absatz 2 Nummer 1 und § 26 Absatz 4).

101.3 Daueraufenthalt-EG

101.3.1 Nach § 101 Absatz 3 gelten Aufenthaltstitel, die auf Grund unmittelbarer Anwendung der Daueraufenthalt-Richtlinie vor dem 28. August 2007 mit dem Vermerk „Daueraufenthalt-EG" versehen wurden, als Erlaubnis zum Daueraufenthalt-EG fort.

101.3.2 In den Fällen, in denen der Aufenthaltstitel vor dem 28. August 2007 nach § 51 Absatz 1 Nummer 6 oder 7 erloschen wäre, ohne dass die Rechtsstellung eines langfristig Aufenthaltsberechtigten erlischt, gilt der Aufenthaltstitel ab dem 28. August 2007 als nicht erloschen.

101.3.3 Die zeitlich beschränkte Fortgeltungsfiktion des Aufenthaltstitels ist notwendig, um die Folgeprobleme der unmittelbaren Anwendbarkeit der Richtlinie 2003/109/EG des Rates vom 25. November 2003 betreffend die Rechtsstellung der langfristig aufenthaltsberechtigten Drittstaatsangehörigen (ABl. EU 2004 Nummer L 16 S. 44, so genannte DaueraufenthaltRichtlinie) – in der vor dem 23. Januar 2006 bis zum 28. August 2007 – zu lösen.

101.3.4 Die Regelung des § 51 Absatz 9 kann daher auch auf das Erlöschen des Aufenthaltstitels Anwendung finden, dem dem Ausländer anstelle des noch nicht geltenden § 9a vom 23. Januar 2006 bis zum 28. August 2007 ausgestellt worden war. So wird in diesen Fällen ein Auseinanderfallen von Aufenthaltstitel und Rechtsstellung verhindert. Dies gilt insbesondere vor dem Hintergrund, dass ansonsten dem Ausländer ein Visum zur Wiedereinreise in das Bundesgebiet bzw eine Erlaubnis zum Daueraufenthalt-EG auszustellen wäre.

1 AufenthG § 101

Übersicht

	Rn.
I. Entstehungsgeschichte	1
II. Allgemeines	2
III. Fortgeltung alter Aufenthaltstitel	8
1. Systematik	8
2. Wirksamkeitsvoraussetzungen	11
3. Fortgeltung unbefristeter Titel	18
4. Fortgeltung befristeter Titel	24
5. Aufenthaltstitel mit dem Vermerk „Daueraufenthalt-EU"	37

I. Entstehungsgeschichte

1   Die Vorschrift stimmt mit dem Gesetzesentwurf überein[1], in den lediglich noch das Datum eingefügt wurde. Mit dem RLUmsG 2007 wurde Abs. 3 angefügt. Er regelt die Überleitung der unmittelbar auf die Daueraufenthalts-RL iVm den Erlassen der Länder gestützten Aufenthaltserlaubnisse, die mit dem Vermerk „Daueraufenthalt-EU"[2] versehen wurden.

II. Allgemeines

2   Das AufenthG kannte mit seinem Inkrafttreten neben dem Visum (§ 6) nur noch zwei Aufenthaltstitel, die – befristete – Aufenthaltserlaubnis (§ 7) und die – unbefristete – Niederlassungserlaubnis (§ 9). Nach der Gesetzesbegründung wurde das AuslG 1990 als „zu starr durchnormiert und schwer zu durchschauen" angesehen. Dabei war es gerade das Anliegen des 1991 in Kraft getretenen AuslG, dadurch mehr Transparenz in die Aufenthaltstitel zu bringen, dass bestimmte Titel für bestimmte Aufenthaltszwecke geschaffen wurden (vgl. § 5 AuslG 1990). Anstelle der im AuslG 1965 vorgesehenen befristeten und unbefristeten Aufenthaltserlaubnis und der Aufenthaltsberechtigung brachte das AuslG 1990 die Aufgliederung in Aufenthaltserlaubnis (diese nochmals unterteilt in befristete und unbefristete), Aufenthaltsberechtigung, Aufenthaltsbewilligung und Aufenthaltsbefugnis.

3   Der Aufgabe, die bisherigen Aufenthaltstitel in das neue System zu überführen, hat der Gesetzgeber sich in § 101 gestellt. Dabei hat er zwischen den unbefristeten und den befristeten Titeln unterschieden und sie entweder der Niederlassungserlaubnis oder der (neuen) Aufenthaltserlaubnis zugewiesen.

4   Unter „Fortgeltung" ist dabei eine **automatische Umwandlung kraft Gesetzes** zu verstehen, die keiner behördlichen Umsetzung mehr bedarf, also insbesondere keines Verwaltungsakts. Soweit es bei den bisherigen Aufenthaltstiteln Zweifel geben mag bei der Bestimmung des „ihrer Erteilung zugrunde liegenden Aufenthaltszwecks und Sachverhalts", sind dies nur Erkenntnisprobleme, aber keine echten Entscheidungsspielräume für die Ausländerbehörde. Dem steht nicht entgegen, dass eine Behörde in Zweifelsfällen einen feststellenden Verwaltungsakt erlassen kann, um die Möglichkeit zu einer Überprüfung in einem Rechtsmittelverfahren zu eröffnen.

5   Die praktische Notwendigkeit, einen bisherigen Titel „umschreiben" zu lassen (dh, sich eine amtliche Bescheinigung der Inhaberschaft des neuen Titels nach dem neuen Vordruckmuster (§ 78) ausstellen zu lassen), hat auf den kraft Gesetzes eintretenden Rechtswechsel keine Auswirkungen.

6   Zum Begriff der Fortgeltung gehört ferner, dass es auf die sonstigen Voraussetzungen der neuen Aufenthaltstitel nicht ankommt, selbst wenn der bisherige Titel diesen Voraussetzungen nicht entsprach. Das wirkt sich insbesondere bei der „Aufstufung" einer bisherigen unbefristeten Aufenthaltserlaubnis zu einer Niederlassungserlaubnis aus, bei der die Voraussetzungen des § 9 II–IV nicht vorliegen müssen. Entsprechendes gilt für neue Voraussetzungen einer Niederlassungserlaubnis, die bisher für eine Aufenthaltsberechtigung nicht verlangt wurden (vgl. einerseits § 27 II AuslG 1990, andererseits § 9 II).

7   Andererseits gelten die (neuen) **Privilegierungen**, die mit den jeweiligen konkreten Aufenthaltstiteln verbunden sind, in die bisherigen Rechte übergeleitet wurden, ab 1.1.2005 automatisch auch für diese übergeleiteten Rechtspositionen. Beispiel: Wer bisher Abschiebungsschutz nach § 51 I AuslG 1990 genoss, hatte nur einen nachrangigen Arbeitsmarktzugang; nach der Fortgeltung seiner Aufenthaltsbefugnis (§ 70 I AsylVfG 1990) als Aufenthaltserlaubnis nach § 25 II ist er insoweit einem unanfechtbar anerkannten Asylberechtigten (§ 25 I 1) gleichgestellt und erhält die Berechtigung zur Ausübung einer Erwerbstätigkeit (§ 25 II 2 iVm I 4).

---

[1] BT-Drs. 15/420, 36.
[2] Die Aufenthaltserlaubnis wurde zunächst als „Daueraufenthalt-EG" bezeichnet; durch Art. 1 Nr. 32 des Ges. v. 29.8.2013 (BGBl. I S. 3484) wurde sie in „Daueraufenthalt-EU" umbenannt.

III. Fortgeltung alter Aufenthaltstitel

1. Systematik

Im Einzelnen sieht die Aufteilung wie folgt aus: Nach § 101 I 1 gilt eine vor dem 1.1.2005 erteilte **Aufenthaltsberechtigung oder eine unbefristete Aufenthaltserlaubnis fort als Niederlassungserlaubnis** „entsprechend dem ihrer Erteilung zu Grunde liegenden Aufenthaltszweck und Sachverhalt". 8

Soweit einem Ausländer nach § 1 HumHAG[3] oder in entsprechender Anwendung dieses Gesetzes eine unbefristete Aufenthaltserlaubnis oder anschließend eine Aufenthaltsberechtigung erteilt worden ist, gelten diese fort als Niederlassungserlaubnis nach § 23 II, also mit der Möglichkeit einer wohnsitzbeschränkenden Auflage (§ 23 II 4). Dies ist – neben der in § 9 I 3 vorbehaltenen Beschränkung und Untersagung der politischen Tätigkeit (§ 47) – der einzige Fall, in dem das AufenthG die Beifügung einer Nebenbestimmung zu einer Niederlassungserlaubnis ausdrücklich erlaubt. Nötig war diese Sonderregelung deshalb, weil die Niederlassungserlaubnis grundsätzlich zeitlich und räumlich unbeschränkbar ist und nicht mit einer Nebenbestimmung versehen werden darf (§ 9 I 2). 9

Alle übrigen Aufenthaltsgenehmigungen gelten nach § 101 II fort als Aufenthaltserlaubnis, wiederum „entsprechend dem ihrer Erteilung zu Grunde liegenden Aufenthaltszweck und Sachverhalt". Der Wortlaut der Vorschrift einschließlich ihrer denknotwendigen Ergänzung legt folgende **Prüfungsreihenfolge** nahe: 10
– War die Aufenthaltsgenehmigung am Stichtag schon erteilt?
– Bestand die Aufenthaltsgenehmigung am Stichtag noch?
– Welchem neuen Titel (Aufenthaltserlaubnis oder Niederlassungserlaubnis) entspricht die bisherige Genehmigung?
– Welchem der heutigen Aufenthaltszwecke ist der Aufenthaltstitel zuzuordnen?

2. Wirksamkeitsvoraussetzungen

Die jeweilige **Aufenthaltsgenehmigung muss vor dem 1.1.2005 wirksam erteilt worden sein.** Die Wirksamkeit tritt ein mit der Bekanntgabe an den Betroffenen (§ 43 I (L)VwVfG). Ein Antrag auf Erteilung oder Verlängerung der Aufenthaltsgenehmigung genügt nicht, auch dann nicht, wenn der Antrag die Fiktionswirkung des § 69 III AuslG 1990 ausgelöst hat. Der Fall, dass eine vor dem Stichtag beantragte, aber noch nicht endgültig (bestands- oder rechtskräftig) abgelehnte Genehmigung nachträglich doch noch erteilt bzw. verlängert wird – dann regelmäßig mit Rückwirkung auf den Zeitpunkt der Antragstellung bzw. den Ablauf der früheren Genehmigung –, wird nicht von § 101 erfasst, sondern von § 104. 11

Das Wirksamkeitserfordernis hat der Gesetzgeber zwar ausdrücklich nur für die Aufenthaltsberechtigung und die Niederlassungserlaubnis aufgestellt (§ 101 I 1). Es kann aber keinem Zweifel unterliegen, dass es ebenso gilt für die – direkt oder entsprechend – auf dem HumHAG beruhenden unbefristeten Titel (§ 101 I 2) sowie für die übrigen Aufenthaltsgenehmigungen (§ 101 II). 12

Die jeweilige **Aufenthaltsgenehmigung muss am Beginn des Stichtages 1.1.2005 noch wirksam gewesen sein,** darf also insbesondere nicht erloschen sein[4]. Diese Voraussetzung ist zwar in § 101 nicht ausdrücklich enthalten, ergibt sich aber aus der Natur der Sache, weil nur eine noch nicht erloschene Genehmigung fortgelten kann. 13

Die Erlöschenstatbestände können sich naturgemäß nur aus dem alten Recht ergeben, das bis zum 31.12.2004 in Kraft war. Erlöschensgründe können sein 14
– Ablauf der Geltungsdauer,
– nachträgliche zeitliche Beschränkung (§ 12 II 2 AuslG 1990),
– Rücknahme (§ 48 (L)VwVfG),
– Widerruf (§ 43 AuslG 1990),
– Eintritt einer auflösenden Bedingung,
– Ausweisung (§ 44 I Nr. 1 AuslG 1990),
– Ausreise (§ 44 I Nr. 2 und 3 AuslG 1990).

Für die Rechtsstellung nach § 1 HumHAG gab es in den §§ 2a und 2b HumHAG gesonderte Rechtsgrundlagen über Erlöschen und Widerruf. 15

Bei allen auf einem **Verwaltungsakt beruhenden Erlöschensgründen** ist zu beachten, dass nach § 72 II 1 AuslG 1990 ihre Wirkung ungeachtet der aufschiebenden Wirkung von Widerspruch und Klage eintritt. Die Erlöschenswirkung stellt sich daher nicht nur bei der Anordnung der sofortigen Vollziehung nach § 80 II 1 Nr. 4 VwGO ein, sondern stets bei Wirksamwerden eines solchen Ver- 16

---

[3] Ges. über Maßnahmen für im Rahmen humanitärer Hilfsaktionen aufgenommene Flüchtlinge v. 22.7.1980 (BGBl. I S. 1057), zuletzt geändert durch Art. 3 des Ges. v. 19.10.1997 (BGBl. I S. 2584).
[4] BayVGH Urt. v. 10.5.2006 – 24 BV 05.2703, BeckRS 2009, 40986.

waltungsakts, selbst wenn ein Rechtsbehelf aufschiebende Wirkung hat oder diese durch die Behörde (§ 80 IV VwGO) oder das VG (§ 80 V VwGO) angeordnet wird.

17 Allerdings entfällt diese Wirkung nachträglich, wenn der Verwaltungsakt durch eine behördliche oder unanfechtbare gerichtliche Entscheidung aufgehoben wird (§ 72 II 2 AuslG 1990). Dadurch kann unter Umständen erst weit im Laufe des Jahres 2005 festgestellt werden, dass eine Aufenthaltsgenehmigung am Stichtag 1.1.2005 doch noch wirksam war, weil der Verwaltungsakt, der zu ihrem Erlöschen führen sollte, nachträglich endgültig aufgehoben wurde.

3. Fortgeltung unbefristeter Titel

18 Von der Fortgeltung als Niederlassungserlaubnis wird zum einen jede unbefristete Aufenthaltserlaubnis erfasst, also die nach den §§ 24–26, 27a S. 2 AuslG 1990 erteilten unbefristeten Aufenthaltstitel. Im Unterschied zu einer Aufenthaltsberechtigung, die nach § 27 I AuslG 1990 zeitlich und räumlich unbeschränkt ist und – mit Ausnahme politischer Betätigung – nicht mit Bedingungen und Auflagen verbunden werden konnte, gab es für eine unbefristete Aufenthaltserlaubnis – natürlich mit Ausnahme der zeitlichen Unbeschränkbarkeit – keine derartige Sperre. Vielmehr bestand grundsätzlich die Möglichkeit, im Ermessenswege Auflagen und Bedingungen beizufügen (§ 14 AuslG 1990).

19 Was wird aus derartigen **Nebenbestimmungen bei der Überleitung einer unbefristeten Aufenthaltserlaubnis** in eine definitionsgemäß nebenbestimmungsfreie Niederlassungserlaubnis? Diese vorhersehbare und regelungsbedürftige Frage hat der Gesetzgeber nicht eindeutig beantwortet. Denn grundsätzlich hat er in § 102 I 1 angeordnet, dass ausländerrechtliche Maßnahmen wie insbesondere zeitliche und räumliche Beschränkungen sowie Bedingungen und Auflagen, die vor dem 1.1.2005 getroffen wurden, wirksam bleiben. Dies würde aber dazu führen, dass eine grundsätzlich nebenbestimmungsfeindliche Niederlassungserlaubnis auf Dauer mit einer solchen verknüpft würde. Es ist nicht erkennbar, dass der Gesetzgeber dies gewollt hat. Damit würden betroffene Ausländer uU schlechter gestellt als nach dem bisherigen Recht, unter dem sie bei Vorlage aller sonstigen Voraussetzungen eine nebenbestimmungsfreie Aufenthaltsberechtigung bekommen hätten. Eine derartige Verschlechterung des Rechtsstatus soll durch die Übergangsvorschriften aber vermieden werden.

20 Zur Beantwortung der Frage, was aus derartigen Nebenbestimmungen im Falle der Fortgeltung einer unbefristeten Aufenthaltserlaubnis als Niederlassungserlaubnis wird, muss auf die **Typenklarheit der beiden neuen Titel** abgestellt werden. Hierzu findet sich zum einen die Aussage in § 9 I, wonach die Niederlassungserlaubnis unbefristet sowie zeitlich und räumlich unbeschränkt ist und – mit Ausnahme des § 47 – nicht mit einer Nebenbestimmung versehen werden darf. Zum anderen findet sich dort, wo der Gesetzgeber hiervon abweichen will, die Zulassung einer ausdrücklich als solche bezeichnete Abweichung (vgl. § 23 II 2 AuslG 1990). Dass der Gesetzgeber von diesem System auch iRd Übergangsbestimmungen nicht abgegangen ist, zeigt § 101 I 2. Dort wird für die Fortgeltung von unbefristeten Aufenthaltserlaubnissen und Aufenthaltsberechtigungen nach oder entsprechend dem HumHAG ausdrücklich (nur) auf die einschränkbare Niederlassungserlaubnis nach § 23 II verwiesen[5]. Daraus lässt sich der Umkehrschluss ziehen, dass es in allen anderen Fällen – auch im Übergangsbereich – bei der Typenreinheit der Niederlassungserlaubnis bleiben soll. Dies kann konsequenterweise nur bedeuten, dass Nebenbestimmungen zu einer unbefristeten Aufenthaltserlaubnis bei einer Fortgeltung als Niederlassungserlaubnis erlöschen.

21 Erfasst von der Fortgeltung als Niederlassungserlaubnis wird auch eine unbefristete Aufenthaltserlaubnis, die ein **Flüchtling nach dem HumHAG** bekam, wenn er als sog. Kontingentflüchtling die Rechtsstellung nach § 1 HumHAG genoss. Ausdrücklich gleichgestellt werden die Fälle, in denen in entsprechender Anwendung des § 1 HumHAG eine unbefristete Aufenthaltserlaubnis erteilt worden ist. Das betraf insbesondere jüdische Emigranten aus der ehemaligen Sowjetunion. Für den Anwendungsbereich dieses Gesetzes sah der Gesetzgeber keinen Bedarf mehr, weshalb es durch Art. 15 III Nr. 3 des ZuwG aufgehoben wurde[6].

22 Eine Aufenthaltsberechtigung (§ 27 AuslG 1990), die am 1.1.2005 (schon und noch) wirksam war, gilt ebenfalls fort als Niederlassungserlaubnis iSd § 9 (§ 101 I 1).

23 Für eine Aufenthaltsberechtigung, die einem Kontingentflüchtling im Anschluss an eine nach § 1 HumHAG erteilte unbefristete Aufenthaltserlaubnis erteilt wurde, ist in § 101 I 2 eine Fortgeltung (nur) als Niederlassungserlaubnis nach § 23 II vorgesehen, also mit der Möglichkeit einer wohnsitzbeschränkenden Auflage.

---

[5] Vgl. zur Möglichkeit der Erteilung aufenthaltsbeschränkender Auflagen zur Niederlassungserlaubnis nach § 23 II auch BVerwG Urt. v. 15.1.2013 – 1 C 7.12, BeckRS 2013, 48417.

[6] Mit Inkrafttreten des ZuwG am 1.1.2005 ist die Rechtsstellung jüdischer Emigranten aus der ehemaligen Sowjetunion in entsprechender Anwendung des § 1 I HumHAG erloschen, so BVerwG Urt. v. 4.10.2012 – 1 C 12.11, BeckRS 2012, 60250; vorgehend aA VGH BW Urt. v. 13.7.2011 – 11 S 1413/10, DVBl 2011, 1096.

4. Fortgeltung befristeter Titel

Alle übrigen Aufenthaltsgenehmigungen (befristete Aufenthaltserlaubnis, Aufenthaltsbewilligung, Aufenthaltsbefugnis) gelten nach § 101 II fort als Aufenthaltserlaubnis nach neuem Recht (§ 7), und zwar ebenfalls **„entsprechend dem ihrer Erteilung zu Grunde liegenden Aufenthaltszweck und Sachverhalt"**[7]. Dieses zusätzliche, neue Erfordernis beruht auf der Abschaffung der nach Aufenthaltszwecken definierten Aufenthaltstitel (Aufenthaltserlaubnis, Aufenthaltsbewilligung, Aufenthaltsbefugnis). Da aber auch nach dem AufenthG nach verschiedenen Aufenthaltszwecken differenziert wird (ohne dass dies in der Bezeichnung des Aufenthaltstitels zum Ausdruck kommt – für die Aufenthaltserlaubnis vgl. den Hinweis auf die Abschnitte 3–7 in § 7 I 2), hat der Gesetzgeber die Fortwirkung auch dieser ursprünglichen Zwecke und Entstehungsgründe vorgeschrieben. 24

Denn nunmehr kann etwa eine Aufenthaltserlaubnis zu ganz verschiedenen Zwecken (etwa zur Ausbildung, zur Erwerbstätigkeit, aus völkerrechtlichen, humanitären oder politischen oder schließlich aus familiären Gründen) erteilt werden und unterliegt deshalb auch ganz unterschiedlichen Regelungen. Deshalb spielt bei der Fortgeltung früherer Aufenthaltsgenehmigungen dieser bisherige Aufenthaltszweck, der sich im Regelfall bereits aus dem Namen des Titels ergab, eine maßgebliche Rolle. Dies ergibt sich auch aus § 7 II 1, wonach die Befristung der Aufenthaltserlaubnis sich nach dem beabsichtigten Aufenthaltszweck richtet („unter Berücksichtigung"). 25

Zur **Konkretisierung des Aufenthaltszwecks** ist dabei gegebenenfalls zusätzlich auf den Sachverhalt abzustellen, worunter regelmäßig die tatsächlichen Angaben des Ausländers bei der Antragstellung zu verstehen sind. Die praktische Umsetzung dieses Vorbehalts erfolgt – für Neuerteilungen – in den Ausführungsbestimmungen, zu denen § 99 ermächtigt, etwa nach § 59 II AufenthV iVm EG VO 1030/2002 vom 13.6.2002[8]. 26

Bei einer nach § 101 I 1 als Niederlassungserlaubnis fortgeltenden Aufenthaltsberechtigung wirkt das Abstellen auf den Aufenthaltszweck und den zugrunde liegenden Sachverhalt allerdings systemwidrig, weil die Aufenthaltsberechtigung nach § 27 I AuslG 1990 grundsätzlich nebenbestimmungsfeindlich und einer Zweckbindung entzogen war. Weder bei ihren Voraussetzungen noch bei ihrem Fortbestand spielte der Aufenthaltszweck (noch) eine Rolle. Angesichts der Verfestigung des Aufenthalts, die Voraussetzung einer Aufenthaltsberechtigung war, erschiene es auch sinnwidrig, wieder auf den Zweck des vorangegangenen Aufenthalts mit einer Aufenthaltserlaubnis zurückzugreifen. Aber auch eine übergeleitete unbefristete Aufenthaltserlaubnis wurde nach §§ 24–26 AuslG 1990 unabhängig vom früheren Aufenthaltszweck erteilt. Nur für den Sonderfall, dass eine Aufenthaltsberechtigung im Anschluss an eine unbefristete Aufenthaltserlaubnis aufgrund des HumHAG oder entsprechend dieser Norm erteilt wurde, gibt das Gesetz in § 101 I 2 selbst einen Hinweis. Für diese Fälle wird die Fortgeltung ausdrücklich nur als eine einschränkbare Niederlassungserlaubnis nach § 23 II angeordnet. Da der Gesetzgeber die Berücksichtigung des der Erteilung zugrunde liegenden Aufenthaltszwecks und Sachverhalts aber ausdrücklich auch für die Fortgeltung „als NE" vorgeschrieben hat, bleibt lediglich die Vermutung, dass diese ihre Bedeutung bei einer Niederlassungserlaubnis (nur) für den Fall der „Rückabwicklung" bei Verlust der privilegierten Rechtsstellung hat. 27

Bei allen nach § 101 II als Aufenthaltserlaubnis neuen Rechts fortgeltenden Aufenthaltsgenehmigungen kommt der dem Erteilung zugrunde liegende **Aufenthaltszweck und Sachverhalt** dagegen besondere Bedeutung zu. Das gilt nicht nur für die sich aus dem bisherigen Aufenthaltstitel unmittelbar ergebende Zweckbindung (wie etwa bei der Aufenthaltsbefugnis: vorübergehender Aufenthalt), sondern auch für den konkreten Sachverhalt (zum Zwecke des Studiums der deutschen Sprache). Der bei der Erteilung vorliegende bzw. vorgetragene Lebenssachverhalt konkretisiert dabei die Zweckbestimmung im Einzelfall. 28

Das AuslG 1990 hat das **Visum** nicht als selbstständigen Aufenthaltstitel verstanden, sondern als Form der Aufenthaltsgenehmigung, die vor der Einreise als **Sichtvermerk** einzuholen war (§ 3 III 1 AuslG 1990). Demgegenüber zählt das AufenthG das Visum jetzt als **eigenständigen Titel** neben der Aufenthaltserlaubnis und der Niederlassungserlaubnis (§ 4 I 2 Nr. 1). Die in § 6 enthaltene weitere Aufteilung entspricht den Vorgaben des SDÜ. Sowohl ein Schengen-Visum als auch ein nationales Visum (vgl. § 6 IV), das vor dem 1.1.2005 erteilt worden und an diesem Tage noch nicht erloschen war, **gilt bis zum Ablauf seiner Geltungsdauer weiter,** alle Nebenbestimmungen bleiben erhalten. Hinsichtlich einer Verlängerung gelten die allgemeinen Regeln. 29

Kennzeichen der **Aufenthaltsbewilligung** war die enge Bindung an einen **konkreten,** seiner Natur nach nur **vorübergehenden Aufenthaltszweck** (§ 28 I AuslG 1990). Dies kam sowohl durch den Titel selbst als auch durch seine **eingeschränkten Befristungsmöglichkeiten** (§ 28 II AuslG 1990) und das grundsätzliche **Verbot des Zweckwechsels** (§ 28 III AuslG 1990) zum Ausdruck. Studium, sonstige Ausbildung oder eine befristete privilegierte Arbeitnehmertätigkeit (Saisonarbeit) waren die hauptsächlichen Erscheinungsformen. 30

---

[7] Dabei kommt es lediglich darauf an, dass ein überzuleitender Aufenthaltstitel vorliegt; dass dieser rechtmäßig erteilt wurde, setzt § 101 II nicht voraus, OVG NRW Urt. v. 26.1.2010 – 18 A 1147/08, BeckRS 2010, 55452.
[8] ABl. 2002 L 157, 1.

31 Sowohl die Zweckbestimmung als auch die gesetzlichen Beschränkungen wirken nach § 101 II fort. Das bedeutet, dass eine derartige Bewilligung vom Typ her entweder zu einer Aufenthaltserlaubnis **zum Zwecke der Ausbildung** (Abschnitt 3) oder zu einer Aufenthaltserlaubnis **zum Zwecke der Erwerbstätigkeit** wird (Abschnitt 4), in der weiteren Aufgliederung etwa zur **Studienbewerbung** oder zum **Studium** (§ 16 I–III), zur Teilnahme an einem **Sprachkurs** (§ 16 V) oder zum Zweck der betrieblichen **Aus- oder Weiterbildung** (§ 17). Bei einer **Verlängerungsentscheidung** (§ 8 I) sind der konkrete Zweck sowie die allgemeinen (§§ 8 II, 12 II) und konkreten Beschränkungen wie Berechtigungen (etwa § 16 I 2 und 3, II–V) zu berücksichtigen.

32 Die **Aufenthaltsbefugnis** nach §§ 30 ff. AuslG 1990 fungierte überwiegend als **humanitärer Auffangtitel** und kam insbesondere dann in Betracht, wenn sonst kein anderer Titel erteilt werden durfte. Sie durfte nur auf höchstens zwei Jahre befristet werden und nur, solange das Abschiebehindernis oder die sonstigen einer Aufenthaltsbeendigung entgegenstehenden Gründen noch vorlagen (§ 34 AuslG 1990). Nach acht Jahren konnte sich die Rechtsstellung zu einer unbefristeten Aufenthaltserlaubnis verfestigen, wobei es Privilegierungen bei der Anrechnung von Vorzeiten (Asylverfahren, Duldung) gab (§ 35 I AuslG 1990).

33 Der mit einer bisherigen Aufenthaltsbefugnis verbundene Aufenthaltszweck auf der Basis des jeweiligen Sachverhalts ist der Maßstab für ihre **Fortgeltung als Aufenthaltserlaubnis** in den Formen des 5. Abschnitts des AufenthG. Bei einem Vergleich der insoweit einschlägigen Regelungen des AuslG 1990 mit dem AufenthG ergeben sich folgende **Entsprechungen dem Grund nach:**

- § 30 I AuslG 1990 entspricht § 22 (Aufnahme aus dem Ausland aus völkerrechtlichen, also aufgrund internationaler Verpflichtungen beruhenden oder dringenden humanitären Gründen),
- § 30 II AuslG 1990 entspricht § 25 IV 2 (Verlängerung eines rechtmäßigen Aufenthalts bei außergewöhnlicher Härte),
- § 30 III–IV AuslG 1990 entsprechen dem erst im Vermittlungsverfahren neu gefassten § 25 V. Eine gem. § 30 IV AuslG 1990 erteilte Aufenthaltsbefugnis gilt auch dann als Aufenthaltserlaubnis aus humanitären Gründen nach § 25 V AufenthG fort, selbst wenn sie nur wegen eines Abschiebungshindernisses nach Art. 8 I EMRK wegen des Schutzes der Ehe erteilt wurde[9].
- § 31 AuslG 1990 findet seine Entsprechung in §§ 29 III, IV, 30 (Familien- bzw. Ehegattennachzug)[10]. Dabei ist zu beachten, dass zwar nach § 29 III 3 kein Familiennachzug stattfindet zu Ausländern, die nur eine Aufenthaltserlaubnis nach § 25 IV, IV b u V, 25a II oder 25b IV haben, dass diese Einschränkung gegenüber § 31 AuslG 1990 aber nicht gelten kann im Überleitungsbereich. Eine auf § 31 I beruhende, dem Familienangehörigen eines Ausländers mit einer Aufenthaltsbefugnis nach § 30 III oder IV AuslG 1990 erteilte Aufenthaltsbefugnis gilt fort als Aufenthaltserlaubnis iSv § 29, wobei mangels direkter Entsprechung eine entsprechende Anwendbarkeit von Abs. 3 S. 1 in Betracht kommt.
- § 32 AuslG 1990 entspricht § 23 I (gruppenweise Aufenthaltsgewährung durch die obersten Landesbehörden). Etwaige Nebenbestimmungen gelten nach § 102 I weiter. § 23 II erfasst dagegen die bisher im HumHAG geregelten sog. Kontingentflüchtlinge.

34 Nach § 15 AuslG 1990 war die Aufenthaltserlaubnis eine Aufenthaltsgenehmigung, die ohne Bindung an einen bestimmten Aufenthaltszweck erteilt wurde. Mit dieser Programmvorschrift ging die Praxis jedoch bekanntlich nicht konform. Vielmehr wurde die Aufenthaltserlaubnis **zunächst grundsätzlich zweckgebunden** erteilt, sei es nach § 10 AuslG 1990 (Aufenthaltserlaubnis zur unselbstständigen Erwerbstätigkeit), § 16 AuslG 1990 (Aufenthaltserlaubnis für Wiederkehrer) oder nach den §§ 17 ff. AuslG 1990 (Aufenthaltserlaubnis zum Schutze von Ehe und Familie). Lediglich aufgrund bi- oder multinationaler Privilegierungen kam etwa eine Aufenthaltserlaubnis zum Zwecke selbstständiger Erwerbstätigkeit in Betracht.

35 Eine **zweckfreie** Aufenthaltserlaubnis war im Übrigen erst als **Qualifizierungsstufe** erreichbar, etwa nach § 19 AuslG 1990 (eigenständiges Aufenthaltsrecht der Ehegatten), § 21 III AuslG 1990 (eigenständiges Aufenthaltsrecht der Kinder) oder nach § 26 AuslG 1990 (unbefristete Aufenthaltserlaubnis für nachgezogene Kinder). Soweit eine solche Stufe der Verselbstständigung mit Ablauf des 31.12.2004 noch nicht erreicht war, **gelten die Zweckbindung** nach § 101 II und etwaige **Nebenbestimmungen** nach § 102 I 1 fort.

36 Der **Familiennachzug** findet sich in den §§ 27–36, die besonderen Aufenthaltsrechte für **„Wiederkehrer"** in § 37. Die jeweiligen Entsprechungen zum bisherigen Recht (§§ 17–23 bzw. § 16 AuslG 1990) erschließen sich weitgehend problemlos, sodass hier auf eine Konkordanzliste verzichtet werden kann.

---

[9] HmbOVG Urt. v. 5.9.2006 – 3 Bf 113/06, ZAR 2007, 70; aA HmbOVG Beschl. v. 6.1.2005 – 1 Bs 513/04, NVwZ 2005, 469.

[10] Differenzierend hierzu OVG NRW Urt. v. 26.1.2010 – 18 A 1147/08, BeckRS 2010, 55452.

Fortgeltung ausländerrechtlicher Maßnahmen und Anrechnung § 102 AufenthG 1

5. Aufenthaltstitel mit dem Vermerk „Daueraufenthalt-EU"

Nach § 101 III gelten Aufenthaltstitel, die aufgrund **unmittelbarer Anwendung der Daueraufenth-RL** vor dem 28.8.2007 mit dem Vermerk „Daueraufenthalt-EG" versehen wurden, als Erlaubnis zum Daueraufenthalt – EU fort. Um den aufenthaltsrechtlichen Status dieser Personen ohne Änderung des Aufenthaltstitels zu gewährleisten, bedarf es dieser Fortgeltung. Dies gilt auch für den Fall einer befristeten Aufenthaltserlaubnis (Befristung auf fünf Jahre ist aufgrund Art. 8 II Daueraufenthalts-RL möglich gewesen), die mit dem Zusatz versehen wurde. 37

In den Fällen, in denen der Aufenthaltstitel vor dem 28.8.2007 nach § 51 I Nr. 6 oder 7 erloschen wäre, ohne dass die Rechtsstellung eines langfristig Aufenthaltsberechtigten erlischt[11], gilt der Aufenthaltstitel bis zum 28.8.2007 als nicht erloschen, sodass die Regelung des § 51 IX auch auf das Erlöschen des Aufenthaltstitels Anwendung finden kann, um ein Auseinanderfallen von Aufenthaltstitel und Rechtsstellung zu verhindern. Dies gilt insbesondere vor dem Hintergrund, dass ansonsten dem Ausländer ein Visum zur Wiedereinreise in das Bundesgebiet bzw. eine Erlaubnis zum Daueraufenthalt – EG auszustellen wäre. Die unter die Regelung fallenden Aufenthaltstitel sind im AZR auf der Grundlage des § 21 AZRG-DV nachträglich zu erfassen. 38

§ 102 Fortgeltung ausländerrechtlicher Maßnahmen und Anrechnung

(1) ¹Die vor dem 1. Januar 2005 getroffenen sonstigen ausländerrechtlichen Maßnahmen, insbesondere zeitliche und räumliche Beschränkungen, Bedingungen und Auflagen, Verbote und Beschränkungen der politischen Betätigung sowie Ausweisungen, Abschiebungsandrohungen, Aussetzungen der Abschiebung und Abschiebungen einschließlich ihrer Rechtsfolgen und der Befristung ihrer Wirkungen sowie begünstigende Maßnahmen, die Anerkennung von Pässen und Passersatzpapieren und Befreiungen von der Passpflicht, Entscheidungen über Kosten und Gebühren, bleiben wirksam. ²Ebenso bleiben Maßnahmen und Vereinbarungen im Zusammenhang mit Sicherheitsleistungen wirksam, auch wenn sie sich ganz oder teilweise auf Zeiträume nach Inkrafttreten dieses Gesetzes beziehen. ³Entsprechendes gilt für die kraft Gesetzes eingetretenen Wirkungen der Antragstellung nach § 69 des Ausländergesetzes.

(2) Auf die Frist für die Erteilung einer Niederlassungserlaubnis nach § 26 Abs. 4 wird die Zeit des Besitzes einer Aufenthaltsbefugnis oder einer Duldung vor dem 1. Januar 2005 angerechnet.

Allgemeine Verwaltungsvorschrift
102 Zu § 102 – Fortgeltung ausländerrechtlicher Maßnahmen und Anrechnung
102.1 Fortgeltung ausländerrechtlicher Maßnahmen
102.1.0 Neben der Fortgeltung bisheriger Aufenthaltsrechte (vgl. § 101) ordnet das Aufenthaltsgesetz auch die Fortgeltung der vor dem 1. Januar 2005 getroffenen wirksamen, nicht bestandskräftigen sonstigen ausländerrechtlichen Maßnahmen an.
102.1.1 Das Gesetz enthält keine abschließende Aufzählung der in Betracht kommenden sonstigen ausländerrechtlichen Maßnahmen (vgl. den Wortlaut: „insbesondere"). Ausdrücklich genannt sind in Satz 1 und 2:
– zeitliche und räumliche Beschränkungen (§ 3 Absatz 5, § 12 Absatz 1 und 2 AuslG),
– Bedingungen und Auflagen (§ 14 AuslG),
– Verbote und Beschränkungen der politischen Betätigung (§ 37 AuslG),
– Ausweisungen (§§ 45 bis 47 AuslG), Abschiebungsandrohungen (§ 50 AuslG) und Abschiebungen (§ 49 AuslG) einschließlich ihrer Rechtsfolgen (insbesondere Sperrwirkung nach § 8 Absatz 2 Satz 1 und 2 AuslG) und der Befristung ihrer Wirkungen (Befristung der Sperrwirkung nach § 8 Absatz 2 Satz 3 AuslG),
– Anerkennung von Pässen und Passersatzpapieren und Befreiungen von der Passpflicht (§ 4 Absatz 2 AuslG i. V. m. der DVAuslG),
– sonstige „begünstigende Maßnahmen",
– Entscheidungen über Kosten und Gebühren (§ 81 AuslG i. V. m. AuslGebV, §§ 82 ff. AuslG),
– Maßnahmen und Vereinbarungen im Zusammenhang mit Sicherheitsleistungen (§ 82 AuslG), auch wenn sie sich ganz oder teilweise auf Zeiträume nach Inkrafttreten des Zuwanderungsgesetzes beziehen; eine am Sinn der Vorschrift orientierte Auslegung ergibt, dass auch Vereinbarungen mit den Ausländerbehörden nach § 84 AuslG über die Kosten des Lebensunterhalts erfasst werden.
102.1.2 In Absatz 1 Satz 1 ebenfalls ausdrücklich genannt sind Aussetzungen der Abschiebung. Damit bleiben auch vor dem 1. Januar 2005 erteilte Duldungen (vgl. § 55 Absatz 1 AuslG) für den Zeitraum ihrer Geltungsdauer weiter wirksam. Nach Ablauf der Geltungsdauer muss entschieden werden, ob nach § 25 Absatz 3 und 5 eine Aufenthaltserlaubnis bzw – unter Anrechnung der Duldungszeiten (vgl. hierzu Nummer 102.2) – nach § 26 Absatz 4 eine Niederlassungserlaubnis erteilt werden kann oder der Duldung nach § 60a zu verlängern ist (vgl. hierzu den bundeseinheitlichen Vordruck nach § 58 Nummer 2 i. V. m. Anlage D2 a und ggf. D2 b zur AufenthV).
102.1.3 Die Fiktionswirkungen nach § 69 AuslG gelten nach Absatz 1 Satz 3 fort. Nach Ablauf der Geltungsdauer einer Fiktionsbescheinigung ist eine Fiktionsbescheinigung nach § 81 Absatz 5 auszustellen (vgl. hierzu den bundeseinheitlichen Vordruck nach § 58 Nummer 3 i. V. m. Anlage D3 zur AufenthV), soweit über den Antrag auf

---
[11] S. § 9a.

Erteilung einer Aufenthaltsgenehmigung, der in die Beantragung eines Aufenthaltstitels nach dem Aufenthaltsgesetz umzudeuten ist, noch nicht entschieden werden kann. Die Fiktionswirkung gilt aus Gründen des Vertrauensschutzes auch dann fort, wenn nach § 81 Absatz 3 oder 4 keine Fiktionswirkung eintreten würde.

102.2 Anrechnung

102.2.0 Nach § 26 Absatz 4 kann – abweichend vom Regeltatbestand in § 9 – bei humanitären Aufenthalten unter erleichterten Voraussetzungen eine Niederlassungserlaubnis erteilt werden. Die Übergangsvorschrift in Absatz 2 sieht diesbezüglich vor, dass auf die Frist von sieben Jahren für die Erteilung einer Niederlassungserlaubnis auch die vor dem 1. Januar 2005 liegenden Zeiten des Besitzes einer Aufenthaltsbefugnis nach dem AuslG sowie die Zeiten des Besitzes einer Duldung anzurechnen sind.

102.2.1 Durch diese spezielle Anrechnungsvorschrift soll zum einen eine Benachteiligung von Ausländern ausgeschlossen werden, die nach neuem Recht zwar eine Aufenthaltserlaubnis erhalten (vgl. § 25 Absatz 3), für die nach dem AuslG jedoch lediglich die Duldung vorgesehen war, so dass sie nur deshalb die Voraussetzungen für eine Aufenthaltsverfestigung nach § 26 Absatz 4 nicht erfüllen würden.

102.2.2 Die Regelung erfasst zum anderen Personen, die nach neuem Recht ebenfalls eine Aufenthaltserlaubnis erhalten (vgl. § 25 Absatz 2), wohingegen ihnen nach dem AuslG nur eine Aufenthaltsbefugnis erteilt wurde. Durch die Überleitungsvorschrift in § 101 Absatz 2 gelten diese Aufenthaltsbefugnisse mit Wirkung ab 1. Januar 2005 als Aufenthaltserlaubnis nach neuem Recht. Dadurch ist Konventionsflüchtlingen, denen bereits vor Inkrafttreten des Zuwanderungsgesetzes das so genannte „kleine Asyl" zuerkannt worden war, drei Jahre nach Inkrafttreten des Zuwanderungsgesetzes nach § 26 Absatz 3 i. V. m. § 101 Absatz 2 eine Niederlassungserlaubnis zu erteilen. Bei Konventionsflüchtlingen, die bereits vor Ablauf dieser drei Jahre insgesamt seit sieben Jahren eine Anerkennung nach § 51 Absatz 1 AuslG besitzen, kommt die Anrechnungsvorschrift in Absatz 2 zum Tragen. Diese bewirkt, dass Zeiten des Besitzes einer Aufenthaltserlaubnis auf die nach § 26 Absatz 4 erforderlichen Zeiten des Besitzes einer Aufenthaltserlaubnis angerechnet werden. Danach kann beispielsweise ein Ausländer, der zum 1. Januar 2005 seit fünf Jahren als Konventionsflüchtling anerkannt war, bereits nach zwei Jahren gemäß § 26 Absatz 4 i. V. m. § 101 Absatz 2, § 102 Absatz 2 eine Niederlassungserlaubnis erhalten. Diese Regelungen bewirken entsprechend der vom Zuwanderungsgesetz intendierten Angleichung der Rechtsstellung von Asylberechtigten und Flüchtlingen mit „kleinem Asyl" eine Privilegierung von anerkannten Flüchtlingen gegenüber der Rechtslage nach dem AuslG, wo sie gemäß § 35 Absatz 1 AuslG frühestens nach acht Jahren eine unbefristete Aufenthaltserlaubnis erhalten konnten. Insgesamt ergibt sich aus dem Regelungszusammenhang des § 26 Absatz 3 und 4 i. V. m. § 101 Absatz 2, § 102 Absatz 2 für Ausländer mit so genanntem „kleinem Asyl" ein von der Dauer der Flüchtlingsanerkennung abhängiger gestufter Übergang zum neuen Recht.

102.2.3 Die Zeiten des Besitzes einer nach dem AuslG erteilten Aufenthaltserlaubnis sind ebenfalls anzurechnen (vgl. Nummer 101.2.3.7).

102.2.4 Anzurechnen sind auch die Zeiten des Besitzes einer Fiktionsbescheinigung nach § 69 Absatz 3 AuslG. Eine Differenzierung zwischen Duldungszeiten und Zeiten des Besitzes einer Fiktionsbescheinigung, in denen der Aufenthalt als erlaubt galt, sind nicht gerechtfertigt.

Übersicht

	Rn.
I. Entstehungsgeschichte	1
II. Fortgeltende Maßnahmen und Anrechnungen	2
1. Fortgeltung behördlicher Maßnahmen	2
2. Wirksambleiben von Fiktionswirkungen	29
3. Anrechnung von Zeiten des Besitzes einer Aufenthaltsbefugnis oder Duldung	32

I. Entstehungsgeschichte

1   Die Vorschrift stimmt im Wesentlichen mit dem **Gesetzesentwurf**[1] überein. Aufgrund des Vermittlungsverfahrens[2] wurde S. 2 angefügt.

II. Fortgeltende Maßnahmen und Anrechnungen

1. Fortgeltung behördlicher Maßnahmen

2   Die Vorschrift soll gewährleisten, dass abgeschlossene ausländerrechtliche Verwaltungsverfahren von der Neuregelung des Ausländerrechts unberührt bleiben. Nebenbestimmungen sollen fortgelten; die Anrechnung von Voraufenthalten soll eine Schlechterstellung von Flüchtlingen verhindern, die früher nur eine Duldung besaßen[3].

3   Die im Gesetz angeführten Beispiele zeigen, dass grundsätzlich **nur behördliche Maßnahmen** einschließlich ihrer gesetzlichen Folgen fortgelten sollen und sonst nur die nicht auf Gesetz beruhenden aufenthaltsrechtlichen Rechtspositionen nach § 69 AuslG 1990. Auch bei Letzteren ist zu beachten, dass die Voraussetzungen wie die Folgen der Fiktionen sich grundsätzlich verändert haben.

4   Neben der „Fortgeltung" bisheriger Aufenthaltsrechte (§ 101) – die in Wirklichkeit eine Überführung bisheriger Aufenthaltstitel in das neue Titelsystem meint – und der Fortgeltung bisheriger

---

[1] BT-Drs. 15/420, 36.
[2] BT-Drs. 15/3479, 13.
[3] Vgl. BT-Drs. 15/420, 100; → § 26 Rn. 9.

Arbeitsgenehmigungen (§ 105) ordnet der Gesetzgeber in § 102 I an, dass **alle sonstigen, vor dem 1.1.2005 getroffenen Maßnahmen wirksam bleiben,** wofür er eine Reihe von Beispielen gibt. Dies betrifft belastende und begünstigende Maßnahmen gleichermaßen. Regelmäßig wird es sich dabei um Verwaltungsakte der Ausländerbehörde handeln; das ausdrücklich genannte Beispiel der Abschiebung zeigt jedoch, dass auch rechtlich bedeutsame **Realhandlungen** erfasst werden.

Allerdings muss es sich um „**Maßnahmen**" handeln oder um die **Rechtsfolgen sowie Wirkungen solcher Maßnahmen.** Kraft Gesetzes eintretende Rechtsfolgen und Wirkungen werden daher von § 102 I nicht erfasst: das Erlöschen einer Aufenthaltsgenehmigung (§ 44 AuslG 1990) oder der Eintritt der Ausreisepflicht (§ 42 AuslG 1990). Diese kraft Gesetzes eingetretenen Rechtsfolgen bleiben aber selbstverständlich ebenfalls wirksam, aber aus allgemeinen Grundsätzen (zum Sonderfall der Wirkungen der Antragstellung nach § 69 AuslG 1990 → Rn. 29 ff.). Auch die noch unter Geltung des HumHAG erworbene Rechtsstellung als Kontingentflüchtling stellt keine Maßnahme iSv § 102 I dar[4]. 5

Die Begründung des Gesetzesentwurfs stellt ausdrücklich ab auf die einer Aufenthaltsgenehmigung beigefügten **Nebenbestimmungen** sowie auf die Wirkungen der Ausweisung und Abschiebung[5]. Der Anwendungsbereich geht weit darüber hinaus. 6

Auch wenn es sich nur um eine beispielhafte Aufzählung handelt („insbesondere"), lassen sich die von § 102 I erfassten Maßnahmen doch in bestimmte **Sachgruppen** einteilen. 7

Zum einen werden echte **Nebenbestimmungen** iSd § 36 II (L)VwVfG erfasst: 8
– räumliche Beschränkungen (§ 12 I 1 AuslG 1990),
– Befristungen (§ 12 II 1 AuslG 1990),
– Bedingungen (§ 14 I AuslG 1990),
– Auflagen (§ 14 II AuslG 1990)[6],
– Verbote oder Beschränkungen der politischen Tätigkeit (§ 37 AuslG 1990).

Zum anderen erstreckt sich die Fortgeltung auf **selbstständige rechtliche Regelungen mit Verwaltungsakt-Qualität:** 9
– nachträgliche zeitliche Beschränkungen (§ 12 II 2 AuslG 1990),
– Widerruf der Aufenthaltsgenehmigung (§ 43 AuslG 1990),
– Rücknahme der Aufenthaltsgenehmigung (§ 48 (L)VwVfG),
– Ausweisungen (§§ 45–47 AuslG 1990),
– Abschiebungsandrohungen (§ 50 AuslG 1990),
– Duldungen (§§ 54, 56 AuslG 1990),
– Befristungen der Wirkung der Ausweisung oder Abschiebung (§ 8 II 3 AuslG 1990).

Realakte, die sich (zunächst) in reinem Vollzug erschöpfen: 10
– Abschiebungen (§ 49 AuslG 1990),
– Abschiebungsankündigungen (§ 56 VI 2 AuslG 1990),
– ausländerbehördliche „Verwarnungen" bei Straffälligkeit.

Nach der ausdrücklichen Erwähnung bleiben auch die vor dem 1.1.2005 eingetretenen **Rechtsfolgen ausländerrechtlicher Maßnahmen** wirksam, insbesondere also die 11
– Sperrwirkungen der Ausweisung[7] und die
– Sperrwirkungen der Abschiebung (§ 8 II 1 und 2 AuslG 1990).

Altausweisungen von Unionsbürgern, die unter der Geltung des AuslG 1990 und des AufenthG/EWG unanfechtbar geworden sind, gelten grundsätzlich unabhängig von der Rechtslage kraft ihrer materiellen Bestandskraft als freizügigkeitsbeschränkende Maßnahmen auch nach dem 1.1.2005 fort[8]. Der Eintritt der materiellen Bestandskraft bewirkt die Bindung der Behörde und der Beteiligten an die getroffene Regelung. Ausnahmen gelten nur, wenn eine Änderung der Sach- und Rechtslage eingetreten ist, die zu ihrer Gegenstandslosigkeit geführt hat. Hierzu genügt es nicht, dass der bestandskräftige Verwaltungsakt wegen einer Gesetzesänderung so nicht mehr erlassen werden dürfte[9]. 12

§ 102 dient nicht dazu, die Geltung der Bestandskraft von bestandskräftigen Ausweisungen zu erhalten. Sie lässt schon ihrem Wortlaut nach die Bestandskraft (oder die sonstige Vollziehbarkeit) unberührt und knüpft allein an die Wirksamkeit der Ausweisung an. Mit der Übergangsregelung soll 13

---

[4] BVerwG Urt. v. 22.3.2012 – 1 C 3.11, NVwZ-RR 2012, 529.
[5] BR-Drs. 22/03, 234 f.
[6] Zu einer Auflage mit dem Vermerk „Gewerbeausübung und Arbeitsaufnahme nicht gestattet", s. BayVGH Beschl. v. 23.8.2007 – 24 ZB 05.1403, BeckRS 2007, 30435.
[7] HmbOVG Beschl. v. 21.10.2005 – 4 Bs 22/05, InfAuslR 2006, 60.
[8] Ebenso HmbOVG Urt. v. 22.3.2005 – 3 Bf 294/04, EzAR-NF 014 Nr. 3 und Beschl. v. 14.12.2005 – 3 Bs 79/05, InfAuslR 2006, 305; VGH BW Urt. v. 24.1.2007 – 13 S 451/06, InfAuslR 2007, 182; BayVGH Beschl. v. 21.3.2006 – 19 CE 06.721,BeckRS 2009, 34836; *Groß* ZAR 2005, 81 (86); *Lüdke* InfAuslR 2006, 177 (178); aA OVG Bln-Bbg Beschl. v. 15.3.2006 – 8 S 123.05, InfAuslR 2006, 256 und *Gutmann* InfAuslR 2005, 125 (126); unklar *Jakober* VBlBW 2006, 15 (19).
[9] Zum Ganzen vgl. *Kopp/Ramsauer* VwVfG § 43 Rn. 44; BVerwG Urt. v. 7.12.1995 – 3 C 15.94, NVwZ 1997, 321.

1 AufenthG § 102

nicht die Bestandskraft von Ausweisungen fortgeführt bzw. erhalten werden, sondern lediglich eine Klarstellung dahin gehend erfolgen, dass die gesetzlichen Rechtsfolgen des § 8 II AuslG 1990, die an die Wirksamkeit der Ausweisung anknüpfen, in laufenden aufenthaltsrechtlichen Verfahren nach dem neuen AufenthG weiter gelten[10]. Dies ist erforderlich, weil die Bestandskraft nur die Regelungen des Verwaltungsakts erfasst, nicht aber die gesetzlichen Rechtsfolgen. Damit ist die Übergangsregelung nicht nur für anfechtbare, sondern auch für unanfechtbare Ausweisungen bedeutsam.

14   **Altausweisungen von Unionsbürgern werden von § 102 I erfasst, weil Unionsbürger nach § 11 II FreizügG/EU infolge der Ausweisung dem AufenthG unterfallen**[11]. Die Vorschrift, die nur die Rechtslage ab dem 1.1.2005 regelt, ist entsprechend auf Fälle ausgewiesener Unionsbürger anzuwenden. Denn Unionsbürger verlieren ihr Freizügigkeitsrechte unmittelbar aufgrund der Ausweisung, unabhängig von den weiteren gesetzlichen Rechtsfolgen. Dem steht auch nicht der fehlende Verweis in § 11 I FreizügG/EU entgegen, da diese Regelung zum einen die Rechtslage nur für die Zukunft gestaltet und zum anderen voraussetzt, dass der Ausländer freizügigkeitsberechtigt ist.

15   Die **Wirkungen von Abschiebungen von Unionsbürgern** gelten trotz der Regelung des § 102 I nicht weiter. Insoweit hat der Gesetzgeber in § 7 II FreizügG/EU eine abweichende Regelung getroffen[12].

16   **Nicht** zu den Wirkungen und Rechtsfolgen in diesem Sinne gehören die **Versagungsgründe** des § 8 I AuslG 1990, insbesondere die **unerlaubte Einreise**, da sie nicht auf einer ausländerrechtlichen Maßnahme beruhen, sondern auf einem Verhalten des Ausländers.

17   Der Kreis der **begünstigenden Maßnahmen** ist im Gesetz nicht weiter spezifiziert. Als Kategorie ist der Begriff in dieser Aufzählung überraschend, weil auch eine Auflage durchaus begünstigenden Charakter haben kann („unselbstständige Erwerbstätigkeit gestattet"). Vermutlich wollte der Gesetzgeber nur – wie in § 95 I AuslG 1990 – sicherstellen, dass alle begünstigenden Maßnahmen – auch wenn sie schon in den vorherigen typenbezogenen Aufzählungen enthalten waren – der Wirksamkeitsanordnung unterfallen. Ausdrücklich benannt werden

– die Anerkennung von Pässen und Passersatzpapieren und
– die Befreiung von der Passpflicht (§ 4 II Nr. 1 AuslG 1990 iVm § 5 DVAuslG 1990).

18   Die weiterhin erwähnten Entscheidungen über Kosten und Gebühren (§ 81 AuslG 1990 iVm der AusländergebVO: Verfahrenskosten; § 82 AuslG 1990: Kosten der Abschiebung) passen nicht in die zuvor angesprochene Kategorie, da sie sowohl belastend als auch begünstigend sein können und keineswegs etwa nur die begünstigenden Entscheidungen gemeint sein können. Ihre Fortgeltung ist unproblematisch, auch wenn eine terminologische Unsicherheit auffällt: „Kosten" wurden in § 81 I AuslG 1990 in Übereinstimmung mit dem sonstigen Kostenrecht definiert als „Gebühren und Auslagen". Warum dann die „Gebühren" noch selbstständig erwähnt wurden, erschließt sich nicht.

19   Für **Inhaber einer Duldung** (§ 55 II oder III AuslG 1990) **bleibt** die **Abschiebung** bis zu ihrem regulären Ablauf **ausgesetzt**. Die der Duldung beigefügten Nebenbestimmungen bleiben wirksam (§ 102 II 1).

20   Die ursprünglich geplante Abschaffung der Duldung (vgl. § 60 XI AufenthG 2003), die im Wege der „Kettenduldung" als Ersatztitel missbraucht worden war, ließ sich nicht völlig durchhalten, zumal schon die frühere Gesetzesfassung (§ 60 IX 3 und 4 AufenthG 2003) an versteckter Stelle die Aussetzung der Abschiebung bei Unmöglichkeit sowie die Erteilung einer Bescheinigung hierüber vorsah. Jetzt findet sich die – nur im Titel als Duldung definierte – **Aussetzung der Abschiebung** in § 60a[13].

21   Nach dem Ablauf der Geltungsdauer einer nach § 102 I 1 weiter geltenden Duldung kommt es auf die Fallgestaltung an:

– Ist die Abschiebung aus tatsächlichen oder rechtlichen Gründen weiterhin unmöglich (bisher § 55 II AuslG 1990), so **wird** dem Ausländer zumindest eine **Verlängerung seiner Duldung** erteilt (§ 60a II).
– Im Ermessenswege **kann** ihm nach § 25 IV 1 sogar eine **Aufenthaltserlaubnis** erteilt werden, solange dringende humanitäre oder persönliche Gründe oder erhebliche öffentliche Interessen seine vorübergehende weitere Anwesenheit im Bundesgebiet erfordern (wie früher in § 55 III AuslG 1990). Die Ermessensduldung nach § 60a II 3 ist erst mit dem RLUmsG 2007 wieder in das AufenthG aufgenommen worden. Zugleich wurde § 25 IV 1 auf Ausländer beschränkt, die sich rechtmäßig im Bundesgebiet aufhalten. Für die Überleitung ist aber die Rechtslage zum 1.1.2005 maßgeblich.
– Bei vollziehbarer Ausreisepflicht **kann** eine **Aufenthaltserlaubnis** erteilt werden (§ 25 V), wenn die **Ausreise** (nicht Abschiebung!) aus tatsächlichen oder rechtlichen Gründen weiterhin **unmöglich** ist,
– mit dem Wegfall des Ausreisehindernisses **in absehbarer Zeit** nicht zu rechnen ist und

---

[10] OVG RhPf Urt. v. 8.2.2007 – 7 A 11318/06, BeckRS 2007, 21835.
[11] Vgl. mwN BVerwG Urt. v. 25.3.2015 – 1 C 18.14, ZAR 2015, 190; Urt. v. 4.9.2007 – 1 C 21.07, NVwZ 2008, 82; vgl. differenzierend BayVGH Beschl. v. 9.8.2012 – 19 CE 11.1893, BeckRS 2012, 55614.
[12] AA OVG Brem Urt. v. 28.9.2010 – 1 A 116/09, InfAuslR 2011, 2.
[13] Eingefügt auf Vorschlag des Vermittlungsausschusses (BT-Drs. 15/3479, 10).

– der Ausländer **unverschuldet** an der Ausreise (!) **gehindert** ist. Ein Verschulden in diesem Sinne liegt insbesondere vor bei falschen Angaben, bei Täuschung über Identität oder Staatsangehörigkeit oder bei Nichterfüllung zumutbarer Anforderungen zur Beseitigung der Ausreisehindernisse (§ 25 V 4).

Bei Vorliegen der genannten Voraussetzungen **soll** eine Aufenthaltserlaubnis erteilt werden, wenn 22 die Abschiebung **seit 18 Monaten** ausgesetzt ist (§ 25 V 2). Auf dieses Zeiterfordernis werden Duldungszeiträume vor Inkrafttreten des AufenthG selbstverständlich angerechnet.

Ausdrücklich hervorgehoben wird die Fortwirkung von **Maßnahmen und Vereinbarungen im** 23 **Zusammenhang mit Sicherheitsleistungen** (§ 102 I 1), und zwar auch dann, „wenn sie sich ganz oder teilweise auf Zeiträume nach Inkrafttreten dieses Gesetzes beziehen". In zeitlicher Hinsicht sind damit Maßnahmen oder Vereinbarungen gemeint, die sich kostenmäßig nach dem 1.1.2005 **auswirken**, etwa weil die abzusichernde Maßnahme oder der sonstige Entstehungstatbestand oder die Fälligkeit erst unter dem neuen AufenthG wirksam werden, die Anforderung oder eine entsprechende Vereinbarung aber noch unter dem alten Recht erging bzw. getroffen wurde. Inhaltlich sind hiermit insbesondere die Sicherheitsleistungen nach § 82 V AuslG 1990 gemeint, also für die **Kosten künftiger** (dh nach dem 1.1.2005 erfolgender) **Abschiebung, Zurückschickung oder Zurückweisung**.

Ob als „Sicherheitsleistung" auch **Verpflichtungserklärungen** nach § 84 AuslG 1990 zu ver- 24 stehen sind, muss vom Wortlaut her eher bezweifelt werden. Denn der Begriff der Sicherheitsleistung – bei der der Betrag der vorausichtlichen Kosten einer Maßnahme vorab hinterlegt wird – unterscheidet sich doch erheblich von der Haftungsübernahme iSe Erstattungsverpflichtung. Gleichwohl dürfte kein Zweifel bestehen, dass der Gesetzgeber eine Haftungserstreckung auch auf Zeiträume nach dem Inkrafttreten des AufenthG gewollt hat.

Ein Streit zu diesem Punkt dürfte aber unnütz sein, weil die gesetzliche Regelung wohl ohnehin **nur klarstellenden Charakter** hat. Durch die Rechtsänderung ist die Geschäftsgrundlage der Sicherheitsleistung oder der Haftungsübernahme nicht entfallen. Anders wäre es nur dann, wenn sich durch das neue Recht das Risiko des Gefahrtragenden erhöht hätte. Davon kann aber – insbesondere angesichts der wohlwollenden Übergangsvorschriften – keine Rede sein.

Um wirksam bleiben zu können, müssen die genannten ausländerrechtlichen Maßnahmen vor dem 25 1.1.2005 **wirksam** geworden sein. Dies setzt nach allgemeinen Regeln nur ihre **Bekanntgabe** (§ 43 I (L)VwVfG) voraus, nicht ihre Unanfechtbarkeit. Im Falle der **Unanfechtbarkeit** (also bei Ablauf der Rechtsbehelfsfrist) steht die Wirksamkeit endgültig fest, ohne Rücksicht auf eine etwaige Rechtswidrigkeit (außer im Falle der Nichtigkeit, vgl. § 43 I und II (L)VwVfG). Nach § 72 II 1 AuslG 1990 ließen zudem Widerspruch und Klage unbeschadet ihrer aufschiebenden Wirkung die Wirksamkeit der Ausweisung unberührt. Die „Sperrwirkung" der Ausweisung gegenüber der Neuerteilung oder Verlängerung einer Aufenthaltsgenehmigung trat deshalb kraft Gesetzes auch dann ein, wenn die Ausweisung nicht sofort vollziehbar bzw. nicht bestandskräftig gewesen ist[14]. Bei **späterer** (Extunc-) **Aufhebung** im Abhilfe-, Widerspruchs- oder Klageverfahren entfallen die zunächst fortgeltenden Maßnahmen natürlich mit Rückwirkung – was sich positiv wie negativ auswirken kann.

Bei einer **gerichtlichen Entscheidung** nach dem 1.1.2005 über eine **angefochtene** früher erlassene 26 **Maßnahme** ist nach den bisherigen prozessualen Grundsätzen regelmäßig auf den **Zeitpunkt der letzten Behördenentscheidung** abzustellen, also den Zeitpunkt des Erlasses des Widerspruchsbescheids – in den Ländern, in denen es noch ein Widerspruchsverfahren gibt – oder auf den der Erstentscheidung. Sollte es zum danach bestimmten maßgeblichen Zeitpunkt keine Rechtsgrundlage für die Maßnahme mehr geben oder gegeben haben, müsste sie schon deshalb aufgehoben werden.

Für den Bereich der **EU-Angehörigen** sowie privilegierter türkischer Arbeitnehmer muss man dies 27 nach der Entscheidung des EuGH in Sachen *Orfanopoulous* zwar anders sehen[15], aber das AufenthG findet ohnehin keine Anwendung auf Ausländer, deren Rechtsstellung durch das Gesetz über die allgemeine Freizügigkeit von Unionsbürgern geregelt ist (§ 1 II Nr. 1).

Im Bereich der **Verpflichtungsklagen** (§ 113 V VwGO) kommt es dagegen bei der Prüfung der 28 Frage, ob die Voraussetzungen eines Anspruchs vorliegen, immer auf den **Zeitpunkt der gerichtlichen Entscheidung** an. Hier findet selbstverständlich das in diesem Zeitpunkt geltende Recht Anwendung, also regelmäßig das **neue Recht**, allerdings unter Einbeziehung aller einschlägigen **Übergangsvorschriften**.

2. Wirksambleiben von Fiktionswirkungen

Das Wirksambleiben der kraft Gesetzes eingetretenen „**Wirkungen der Antragstellung nach** 29 **§ 69 des AuslG**" (§ 102 I 3) wurde erst auf Vorschlag des Vermittlungsausschusses eingefügt[16]. Es

---

[14] VGH BW Beschl. v. 26.3.2001 – 11 S 2111/00, VBlBW 2001, 327; HmbOVG Beschl. v. 21.10.2005 – 4 Bs 22/05, InfAuslR 2006, 60; NdsOVG Beschl. v. 13.4.2005 – 4 ME 73/05, InfAuslR 2005, 264.
[15] EuGH Urt. v. 29.4.2004 – C-482/01, NVwZ 2004, 1099: Gefahrbeurteilung im Zeitpunkt der gerichtlichen Entscheidung; dazu BVerwG Urt. v. 3.8.2004 – 1 C 30.02, NVwZ 2005, 220 hinsichtlich EU-Bürger; BVerwG Urt. v. 3.8.2005, 1 C 29/02, NVwZ 2005, 224 hinsichtlich türkischer Arbeitnehmer.
[16] BT-Drs. 15/3479, 13.

schließt eine Lücke, die sonst unvermeidlich entstanden wäre. Denn die angesprochenen Wirkungen beruhten nicht auf „ausländerrechtlichen Maßnahmen", sondern auf dem Gesetz und wären daher von der Fortgeltung nach § 102 I 1 nicht erfasst. Die Wirkungen der Antragstellung waren nach § 69 AuslG 1990 entweder die **Fiktion einer Duldung** (§ 69 II 1 AuslG 1990) oder die **Fiktion eines erlaubten Aufenthalts** (§ 69 III AuslG 1990), **sofern nicht** die **Hinderungstatbestände** des § 69 II 2 AuslG 1990 vorlagen.

30 Bei Inkrafttreten der Neuregelung ist ein Antragsteller daher **bis zur Entscheidung der Ausländerbehörde** entweder als geduldet anzusehen oder sein Aufenthalt gilt als erlaubt – und zwar ohne Rücksicht darauf, ob er diesen Status auch nach neuem Recht hätte erhalten können. Allerdings zeigt ein Blick auf das neue Recht, dass darin auch einige günstigere Regelungen enthalten sind. Denn es **fehlen** die bekannten **Hinderungstatbestände**, die den Eintritt der jeweiligen Fiktionswirkung ausschlossen (§ 69 II 2, III 3 AuslG 1990). Sie wurden als „Überdifferenzierung" empfunden[17]; sie werden nunmehr wie unter dem AuslG 1964 von der Rspr. entwickelt werden.

31 Im AufenthG werden die **Wirkungen einer Antragstellung neu geregelt** (§ 81 III–V). Die neue Rechtsfolge des § 81 IV wird nicht auf die Fiktionswirkung nach § 69 III 1 AuslG 1990 übertragen, sodass die durch die Titelfiktion bewirkte Besserstellung durch Überleitung nicht erworben werden kann.

3. Anrechnung von Zeiten des Besitzes einer Aufenthaltsbefugnis oder Duldung

32 Nach § 102 II werden auf die Frist für die Erteilung einer Niederlassungserlaubnis[18] sowohl die Zeiten des Besitzes einer Aufenthaltsbefugnis als auch die Zeiten einer **Duldung** vor dem 1.1.2005 **angerechnet**. Die Übergangsregelung ändert nichts an dem in § 26 IV 1 geregelten Erfordernis, wonach derjenige, der die Niederlassungserlaubnis beantragt, aktuell, dh seit dem 1.1.2005, im Besitz einer Aufenthaltserlaubnis sein muss[19].

33 Die Anknüpfung an den Besitz einer Aufenthaltsbefugnis nach § 102 II schließt nicht die **Anrechnung von Zwischenzeiten** aus, in denen der Aufenthalt ohne Aufenthaltsgenehmigung rechtmäßig war. Erforderlich ist allerdings, dass der rechtmäßige Aufenthalt nach seinem Grund und Zweck einem aufgrund einer Aufenthaltsbefugnis genehmigten Aufenthalt entspricht[20]. Auch Zeiten, in denen der Ausländer zwar keinen Aufenthaltstitel besessen hat, er aber nach einer vom Gericht inzident vorzunehmenden Prüfung einen Rechtsanspruch auf einen Aufenthaltstitel gehabt hat, stehen den Zeiten des Titelbesitzes gleich[21].

34 Damit übernimmt das Gesetz im Bereich des Daueraufenthalts aus humanitären Gründen jedenfalls für den Übergang eine Regelung, die vorher in § 35 I 3 AuslG 1990 bestanden hat, dort allerdings beschränkt auf Duldungen nach § 55 II AuslG 1990 auf der Grundlage des § 53 I, II, IV oder V AuslG 1990 oder des § 54 AuslG.

35 Da § 102 II nicht nach Duldungsgründen oder danach unterscheidet, ob der Ausländer sie verschuldet hat, dürften sämtliche Zeiten des Besitzes einer Duldung und ohne Rücksicht darauf anzurechnen sein, ob sie nach dem AufenthG für die Erteilung einer Aufenthaltserlaubnis qualifizieren[22]. Auf den Grund der Erteilung der Duldung vor dem 1.1.2005 kommt es nicht an, deshalb fallen auch im Ermessenswege erteilte Duldungen (§ 55 III AuslG 1990) unter die Anrechnung.

36 Zur Anrechnung nach § 26 IV muss die Aufenthaltsbefugnis oder Duldung allerdings für einen zusammenhängenden Zeitraum vorgelegen haben, der mindestens bis einschließlich 31.12.2004 gegolten haben muss. Die Anrechnung setzt mithin grundsätzlich einen **ununterbrochenen bzw. nahtlos ineinander übergehenden Titelbesitz** voraus[23]. Duldungszeiten nach dem 1.1.2005 sind auf den Zeitraum nicht anzurechnen[24].

---

[17] BR-Drs. 22/03, 224.
[18] Durch das AufenthGÄndG 2015 ist die bisherige siebenjährige Frist des § 26 IV 1 aufgehoben worden; es gelten seither die allgemeinen Voraussetzungen nach § 9, vgl. BT-Drs. 18/4097, 13, 46.
[19] OVG LSA Beschl. v. 21.6.2006 – 2 M 167/06, BeckRS 2008, 32702.
[20] VGH BW Beschl. v. 29.5.2007 – 11 S 2093/06, AuAS 2007, 179; vgl. zu § 35 I AuslG 1990 BVerwG Urt. v. 21.1.1992 – 1 C 49.88, NVwZ 1992, 211.
[21] BVerwG Urt. v. 10.11.2009 – 1 C 24.08, NVwZ 2010, 914; Urt. v. 13.9.2011 – 1 C 17/10, NVwZ-RR 2012, 41.
[22] VGH BW Beschl. v. 29.5.2007 – 11 S 2093/06, AuAS 2007, 179.
[23] BVerwG Urt. v. 13.9.2011 13.9.2011 – 1 C 17.10, NVwZ-RR 2012, 41; Urt. v. 10.11.2009 – 1 C 24/08, NVwZ 2010, 914; VGH BW Beschl. v. 19.5.2008 – 11 S 942/08, InfAuslR 2008, 300; BayVGH Beschl. v. 7.12.2015 – 10 C 15.1129, BeckRS 2015, 56396; zu der Konstellation einer „unbedeutenden Unterbrechung von weniger als einem Jahr" vgl. HessVGH Beschl. v. 17.5.2010 – 3 D 433/10,ZAR 2010, 290; BayVGH Beschl. v. 7.12.2015 – 10 C 15.1129, BeckRS 2015, 56396; allg. zur Problematik der Anrechnung nach § 26 IV vgl. auch OVG LSA Beschl. v. 26.5.2015 – 2 L 18/14, BeckRS 2015, 51054.
[24] BVerwG Urt. v. 13.9.2011 – 1 C 17.10, NVwZ-RR 2012, 41; VGH BW Beschl. v. 19.5.2008 – 11 S 942/08, InfAuslR 2008, 300 mwN.

§ 103 Anwendung bisherigen Rechts

¹Für Personen, die vor dem Inkrafttreten dieses Gesetzes gemäß § 1 des Gesetzes über Maßnahmen für im Rahmen humanitärer Hilfsaktionen aufgenommene Flüchtlinge vom 22. Juli 1980 (BGBl. I S. 1057) die Rechtsstellung nach den Artikeln 2 bis 34 des Abkommens über die Rechtsstellung der Flüchtlinge genießen, finden die §§ 2a und 2b des Gesetzes über Maßnahmen für im Rahmen humanitärer Hilfsaktionen aufgenommene Flüchtlinge in der bis zum 1. Januar 2005 geltenden Fassung weiter Anwendung. ²In diesen Fällen gilt § 52 Abs. 1 Satz 1 Nr. 4 entsprechend.

Allgemeine Verwaltungsvorschrift
103 Zu § 103 – Anwendung bisherigen Rechts
103.1 Zum 1. Januar 2005 trat das HumHAG außer Kraft (vgl. Artikel 15 Absatz 3 Nummer 3 Zuwanderungsgesetz). Personen, die zuvor dem Anwendungsbereich des HumHAG unterfielen, haben den Status eines Flüchtlings nach den Artikeln 2 bis 34 der Genfer Flüchtlingskonvention inne (vgl. § 1 Absatz 1 HumHAG). Die Übergangsvorschrift in § 103 Satz 1 bestimmt, dass für diese Personen die §§ 2a und 2b HumHAG in der bis zum 1. Januar 2005 geltenden Fassung weiterhin Anwendung finden. Damit wird sichergestellt, dass die speziellen Regelungen über das Erlöschen und den Widerruf der Rechtsstellung als Flüchtlinge i. S. d. Genfer Flüchtlingskonvention weiterhin Anwendung finden.
103.2 Im Fall des Statusfortfalls ist gleichzeitig zu prüfen, ob die Niederlassungserlaubnis nach § 23 Absatz 2 bzw. die nach Überleitung als Niederlassungserlaubnis nach § 23 Absatz 2 fortgeltende unbefristete Aufenthaltserlaubnis oder Aufenthaltsberechtigung zu widerrufen ist. Nach der Übergangsvorschrift in § 103 Satz 2 ist dabei die Regelung in § 52 Absatz 1 Satz 1 Nummer 4 entsprechend anzuwenden.

I. Entstehungsgeschichte

Die Vorschrift stimmt im Wesentlichen mit dem **Gesetzesentwurf**[1] überein. Aufgrund des Vermittlungsverfahrens[2] wurde in S. 2 „S. 1" eingefügt.

II. Anwendung bisherigen Rechts

Das ZuwG hat das Gesetz über Maßnahmen für im Rahmen humanitärer Hilfsaktionen aufgenommene Flüchtlinge vom 22.7.1980[3], zuletzt geändert durch Art. 3 des Gesetzes vom 29.10.1997[4] – HumHAG – mit Ablauf des 31.12.2004 ersatzlos außer Kraft treten lassen (Art. 15 III Nr. 3 ZuwG), weil der Gesetzgeber keinen Bedarf mehr dafür sah[5].

Durch den ersatzlosen Wegfall des HumHAG sind allerdings auch dessen spezielle Vorschriften über das Erlöschen und den Widerruf der Rechtsstellung nach § 1 HumHAG entfallen. Da der Gesetzgeber für diese Möglichkeiten aber noch einen Bedarf sah, ordnet § 103 die **Weitergeltung der §§ 2a und 2b HumHAG** in der bis zum 1.1.2005 geltenden Fassung für den Personenkreis an, der vor diesem Tage nach § 1 HumHAG die Rechtsstellung nach den Art. 2–34 der Genfer Flüchtlingskonvention (GFK) genießt. Damit bleiben die **Vorschriften über das Erlöschen der Rechtsstellung (§ 2a HumHAG) ebenso** weiter anwendbar **wie die über ihren Widerruf (§ 2b HumHAG)**. Der **unmittelbar kraft Gesetzes entstandene Kontingentflüchtlingsstatus** besteht demnach fort[6].

Auch die Rechtsstellung jüdischer Emigranten aus der ehemaligen Sowjetunion in entsprechender Anwendung des § 1 I HumHAG ist mit dem Inkrafttreten des ZuwG am 1.1.2005 erloschen. Ihre zukünftige Rechtsstellung hat der Gesetzgeber allerdings mit der Neuregelung des § 23 II abschließend neu ausgestaltet[7].

Für alle anwendbaren Fälle gilt nach § 103 S. 2 die entsprechende Anwendung von § 52 I 1 Nr. 4, also nach dem Erlöschen oder Unwirksamwerden der Rechtsstellung als Flüchtling die Möglichkeit des Widerrufs des Aufenthaltstitels im Ermessenswege. In diesem Fall dürfte auch die Erstreckung der Widerrufsmöglichkeit auf Familienangehörige ohne eigenständigen Titel-Anspruch eingreifen (§ 52 I 2).

---

[1] BT-Drs. 15/420, 36.
[2] BT-Drs. 15/3479, 13.
[3] BGBl. 1980 I S. 1057.
[4] BGBl. 1997 I S. 2584.
[5] BT-Drs. 14/7387, 60.
[6] BVerwG Urt. v. 4.10.2012 – 1 C 12.11, BeckRS 2012, 60250; Urt. v. 22.3.2012 – 1 C 3.11, NVwZ-RR 2012, 529.
[7] Vgl. hierzu BVerwG Urt. v. 4.10.2012 – 1 C 12.11, BeckRS 2012, 60250; Urt. v. 22.3.2012 – 1 C 3.11, NVwZ-RR 2012, 529.

§ 104 Übergangsregelungen

(1) ¹Über vor dem 1. Januar 2005 gestellte Anträge auf Erteilung einer unbefristeten Aufenthaltserlaubnis oder einer Aufenthaltsberechtigung ist nach dem bis zu diesem Zeitpunkt geltenden Recht zu entscheiden. ²§ 101 Abs. 1 gilt entsprechend.

(2) ¹Bei Ausländern, die vor dem 1. Januar 2005 im Besitz einer Aufenthaltserlaubnis oder Aufenthaltsbefugnis sind, ist es bei der Entscheidung über die Erteilung einer Niederlassungserlaubnis oder einer Erlaubnis zum Daueraufenthalt – EU hinsichtlich der sprachlichen Kenntnisse nur erforderlich, dass sie sich auf einfache Art in deutscher Sprache mündlich verständigen können. ²§ 9 Abs. 2 Satz 1 Nr. 3 und 8 findet keine Anwendung.

(3) Bei Ausländern, die sich vor dem 1. Januar 2005 rechtmäßig in Deutschland aufhalten, gilt hinsichtlich der vor diesem Zeitpunkt geborenen Kinder für den Nachzug § 20 des Ausländergesetzes in der zuletzt gültigen Fassung, es sei denn, das Aufenthaltsgesetz gewährt eine günstigere Rechtsstellung.

(4) *(aufgehoben)*

(5) Auch für Ausländer, die bis zum Ablauf des 31. Juli 2015 im Rahmen des Programms zur dauerhaften Neuansiedlung von Schutzsuchenden einen Aufenthaltstitel nach § 23 Absatz 2 erhalten haben, sind die Regelungen über den Familiennachzug, das Bleibeinteresse, die Teilnahme an Integrationskursen und die Aufenthaltsverfestigung auf Grund des § 23 Absatz 4 entsprechend anzuwenden.

(6) ¹§ 23 Abs. 2 in der bis zum 24. Mai 2007 geltenden Fassung findet in den Fällen weiter Anwendung, in denen die Anordnung der obersten Landesbehörde, die auf Grund der bis zum 24. Mai 2007 geltenden Fassung getroffen wurde, eine Erteilung einer Niederlassungserlaubnis bei besonders gelagerten politischen Interessen der Bundesrepublik Deutschland vorsieht. ²§ 23 Abs. 2 Satz 5 und § 44 Abs. 1 Nr. 2 sind auf die betroffenen Ausländer und die Familienangehörigen, die mit ihnen ihren Wohnsitz in das Bundesgebiet verlegen, entsprechend anzuwenden.

(7) Eine Niederlassungserlaubnis kann auch Ehegatten, Lebenspartnern und minderjährigen ledigen Kindern eines Ausländers erteilt werden, die vor dem 1. Januar 2005 im Besitz einer Aufenthaltsbefugnis nach § 31 Abs. 1 des Ausländergesetzes oder einer Aufenthaltserlaubnis nach § 35 Abs. 2 des Ausländergesetzes waren, wenn die Voraussetzungen des § 26 Abs. 4 erfüllt sind und sie weiterhin die Voraussetzungen erfüllen, wonach eine Aufenthaltsbefugnis nach § 31 des Ausländergesetzes oder eine Aufenthaltserlaubnis nach § 35 Abs. 2 des Ausländergesetzes erteilt werden durfte.

(8) § 28 Absatz 2 in der bis zum 5. September 2013 geltenden Fassung findet weiter Anwendung auf Familienangehörige eines Deutschen, die am 5. September 2013 bereits einen Aufenthaltstitel nach § 28 Absatz 1 innehatten.

(9) ¹Ausländer, die eine Aufenthaltserlaubnis nach § 25 Absatz 3 besitzen, weil das Bundesamt oder die Ausländerbehörde festgestellt hat, dass Abschiebungsverbote nach § 60 Absatz 2, 3 oder 7 Satz 2 in der vor dem 1. Dezember 2013 gültigen Fassung vorliegen, gelten als subsidiär Schutzberechtigte im Sinne des § 4 Absatz 1 des Asylgesetzes und erhalten von Amts wegen eine Aufenthaltserlaubnis nach § 25 Absatz 2 Satz 1 zweite Alternative, es sei denn, das Bundesamt hat über das Vorliegen von Ausschlussstatbeständen im Sinne des § 25 Absatz 3 Satz 2 Buchstabe a bis d in der vor dem 1. Dezember 2013 gültigen Fassung unterrichtet. ²Die Zeiten des Besitzes der Aufenthaltserlaubnis nach § 25 Absatz 3 Satz 1 in der vor dem 1. Dezember 2013 gültigen Fassung stehen Zeiten des Besitzes einer Aufenthaltserlaubnis nach § 25 Absatz 2 Satz 1 zweite Alternative gleich. ³§ 73b des Asylgesetzes gilt entsprechend.

(10) Für Betroffene nach § 73b Absatz 1, die als nicht entsandte Mitarbeiter des Auswärtigen Amts in einer Auslandsvertretung tätig sind, findet § 73b Absatz 4 ab dem 1. Februar 2016 Anwendung.

(11) Für Ausländer, denen zwischen dem 1. Januar 2011 und dem 31. Juli 2015 subsidiärer Schutz nach der Richtlinie 2011/95/EU oder der Richtlinie 2004/38/EG unanfechtbar zuerkannt wurde, beginnt die Frist nach § 29 Absatz 2 Satz 2 Nummer 1 mit Inkrafttreten dieses Gesetzes zu laufen.

(12) Im Falle einer Abschiebungsandrohung nach den §§ 34 und 35 des Asylgesetzes oder einer Abschiebungsanordnung nach § 34a des Asylgesetzes, die bereits vor dem 1. August 2015 erlassen oder angeordnet worden ist, sind die Ausländerbehörden für die Anordnung eines Einreise- und Aufenthaltsverbots nach § 11 zuständig.

(13) ¹Die Vorschriften von Kapitel 2 Abschnitt 6 in der bis zum 31. Juli 2018 geltenden Fassung finden weiter Anwendung auf den Familiennachzug zu Ausländern, denen bis zum 17. März 2016 eine Aufenthaltserlaubnis nach § 25 Absatz 2 Satz 1 zweite Alternative erteilt worden ist, wenn der Antrag auf erstmalige Erteilung eines Aufenthaltstitels zum Zwecke

Übergangsregelungen § 104 AufenthG 1

des Familiennachzugs zu dem Ausländer bis zum 31. Juli 2018 gestellt worden ist. ²§ 27 Absatz 3a findet Anwendung.

(14) *(aufgehoben)*

(15) Wurde eine Duldung nach § 60a Absatz 2 Satz 4 in der bis zum 31. Dezember 2019 geltenden Fassung erteilt, gilt §§¹ 19d Absatz 1 Nummer 4 und 5 nicht, wenn zum Zeitpunkt der Antragstellung auf eine Aufenthaltserlaubnis nach §§² 19d Absatz 1a der Ausländer die erforderlichen und ihm zumutbaren Maßnahmen für die Identitätsklärung ergriffen hat.

(16) Für Beschäftigungen, die Inhabern einer Duldung bis zum 31. Dezember 2019 erlaubt wurden, gilt § 60a Absatz 6 in der bis zu diesem Tag geltenden Fassung fort.

Allgemeine Verwaltungsvorschrift
104 Zu § 104 – Übergangsregelungen
104.1 Anträge auf unbefristete Aufenthaltserlaubnis / Aufenthaltsberechtigung
104.1.0 Anträge auf Erteilung einer unbefristeten Aufenthaltserlaubnis oder einer Aufenthaltsberechtigung, die vor dem 1. Januar 2005 gestellt wurden, sind nach dem bis dahin geltenden Recht zu entscheiden. Die Übergangsregelung in § 101 Absatz 1 über die Fortgeltung bisheriger Aufenthaltsrechte gilt entsprechend. Damit sollen Rechtsnachteile vermieden werden, die sich aus der Systemänderung im Bereich der Aufenthaltstitel sonst ergeben würden, wonach mit der Niederlassungserlaubnis nur noch ein unbefristeter Aufenthaltstitel vorgesehen ist, an dessen Erteilung – vor allem gegenüber der unbefristeten Aufenthaltserlaubnis – weitergehende Anforderungen gestellt werden.
104.1.1 Aus der entsprechenden Anwendbarkeit der Übergangsregelung in § 101 Absatz 1 folgt zunächst, dass Anträge auf Erteilung einer unbefristeten Aufenthaltserlaubnis oder einer Aufenthaltsberechtigung als Anträge auf Erteilung einer Niederlassungserlaubnis fortgelten, also weiterhin Gültigkeit behalten, und das Antragsziel entsprechend umzudeuten ist.
104.1.2 Als materielle Beurteilungsgrundlage für die Entscheidung nach altem Recht kommen in Betracht:
– §§ 24 bis 26, 27a AuslG, § 68 AsylVfG und § 1 Absatz 3 HumHAG bei Anträgen auf Erteilung einer unbefristeten Aufenthaltserlaubnis,
– §§ 27, 27a AuslG bei Anträgen auf Erteilung einer Aufenthaltsberechtigung.

Soweit die Anträge danach positiv zu entscheiden sind, ist in entsprechender Anwendung der Übergangsregelung in § 101 Absatz 1 eine Niederlassungserlaubnis zu erteilen.
104.2 Erteilung einer Niederlassungserlaubnis nach § 9
Absatz 2 enthält eine Übergangsregelung für die Erteilung einer Niederlassungserlaubnis nach § 9. Sie gilt für Personen, die vor dem 1. Januar 2005 bereits im Besitz einer Aufenthaltserlaubnis oder einer Aufenthaltsbefugnis gewesen sind. In diesem Fall gelten folgende – für den Antragsteller günstige – Abweichungen von den Erteilungsvoraussetzungen des § 9 Absatz 2:
104.2.1 – § 9 Absatz 2 Satz 1 Nummer 3 findet keine Anwendung: Für die Erteilung einer unbefristeten Aufenthaltserlaubnis nach § 24 AuslG war es nicht erforderlich, eine Alterssicherung in Höhe von Pflichtbeiträgen oder freiwilligen Beiträgen zur gesetzlichen Rentenversicherung von mindestens 60 Monaten oder vergleichbarer Absicherung nachzuweisen. Die Beibehaltung dieser Rechtslage dient der Vermeidung von Rechtsnachteilen, die sich infolge der Systemänderung im Bereich der Aufenthaltstitel sonst ergeben würden, weil mit der Niederlassungserlaubnis nur noch ein unbefristeter Aufenthaltstitel mit gegenüber der unbefristeten Aufenthaltserlaubnis strengeren Erteilungsvoraussetzungen vorgesehen ist.
104.2.2 – § 9 Absatz 2 Satz 1 Nummer 7: Hinsichtlich der Sprachkenntnisse genügt es, dass sich der Ausländer auf einfache Art in deutscher Sprache mündlich verständigen kann (vgl. § 24 Absatz 1 Nummer 4 AuslG). Auf die weitergehende Anforderung in § 9 Absatz 2 Satz 1 Nummer 7, wonach ausreichende Kenntnisse der deutschen Sprache erforderlich sind, wird verzichtet, da der betroffene Personenkreis an dem neu geschaffenen staatlichen Grundangebot zur Integration (vgl. §§ 43–45) noch nicht partizipieren konnte. Daraus soll kein Rechtsnachteil erwachsen. Zur Feststellung, ob sich der Ausländer auf einfache Art in der deutschen Sprache mündlich verständigen kann, vgl. Nummer 30.1.2.1.
104.2.3 – § 9 Absatz 2 Satz 1 Nummer 8 findet keine Anwendung: Die unter Nummer 104.2.2 genannte Intention gilt auch hinsichtlich der nach § 9 Absatz 2 Satz 1 Nummer 8 erforderlichen Grundkenntnisse der Rechts- und Gesellschaftsordnung und der Lebensverhältnisse im Bundesgebiet, die erst mit den neuen Recht allen Neuzuwanderern mit dauerhafter Aufenthaltsperspektive in einem Orientierungskurs vermittelt werden.
104.3 Meistbegünstigungsklausel zum Kindernachzug
104.3.0 Absatz 3 enthält eine Meistbegünstigungsklausel zum Kindernachzug für Ausländer, die sich bereits vor dem 1. Januar 2005 rechtmäßig in Deutschland aufgehalten haben. Erfasst werden hiervon alle Kinder, die noch vor dem 1. Januar 2005 geboren worden sind.
104.3.1 Soweit die Regelungen des Aufenthaltsgesetzes jedoch günstiger sind, finden diese Anwendung. Dies kommt beispielsweise bei Kindern in Betracht, die das 16. Lebensjahr bereits vollendet haben, aber die deutsche Sprache beherrschen oder bei denen gewährleistet erscheint, dass sie auf Grund ihrer bisherigen Ausbildung und Lebensverhältnisse in die Lebensverhältnisse in der Bundesrepublik Deutschland einfügen können. Nach § 32 Absatz 2 besteht in diesem Fall ein Nachzugsanspruch, während in § 20 Absatz 4 Nummer 1 AuslG nur eine Nachzugsmöglichkeit im Ermessenswege eingeräumt war.
104.4 Volljährig gewordene Kinder
104.4.0 Mit der Übergangsregelung in Absatz 4 wird erreicht, dass den vor Inkrafttreten des Aufenthaltsgesetzes während des Verfahrens im Bundesgebiet volljährig gewordenen Kindern eine Aufenthaltserlaubnis erteilt werden kann. Nach der bisher geltenden Rechtslage war dies nicht der Fall, da die Kinder lediglich eine Aufenthaltsbefugnis

---
¹ Paragraphenzeichen amtlich.
² Paragraphenzeichen amtlich.

nach § 31 des AuslG erhalten konnten, wenn sie auch zum Zeitpunkt der rechtskräftigen Zuerkennung der Voraussetzungen des § 51 des AuslG an den Elternteil noch minderjährig waren. Während des Verfahrens volljährig gewordene Kinder hatten dagegen keine Möglichkeit, einen Aufenthaltstitel zu erhalten. Auf Grund der Übergangsregelung ist hinsichtlich der Minderjährigkeit der Kinder auf den Zeitpunkt der Asylantragstellung abzustellen, so dass sie auch dann Anspruch auf einen Aufenthaltstitel haben, wenn sie im Zeitpunkt des Abschlusses des Verfahrens bereits volljährig geworden sind. Ist die Anerkennung erst aufgrund eines Asylfolgeantrages erfolgt, ist maßgeblicher Zeitpunkt für die Bestimmung der Minderjährigkeit des Kindes der Zeitpunkt der ersten Asylantragstellung, soweit der Ausländer zwischenzeitlich nicht ausgereist war.

104.4.1 Die Aufenthaltserlaubnis für das Kind wird in entsprechender Anwendung des § 25 Absatz 2 erteilt, d. h. soweit die Rechtsfolgen an den Aufenthaltszweck anknüpfen, gilt die Aufenthaltserlaubnis als eine Aufenthaltserlaubnis nach § 25 Absatz 2. Für die Erteilung der Niederlassungserlaubnis gilt § 26 Absatz 3 entsprechend.

104.4.2 Dies gilt jedoch nicht uneingeschränkt bei erheblichen Straftaten. Die Erteilung der Aufenthaltserlaubnis kann versagt werden, wenn das Kind in den letzten drei Jahren wegen einer vorsätzlichen Straftat zu einer Jugend- oder Freiheitsstrafe von mindestens sechs Monaten oder einer Geldstrafe von mindestens 180 Tagessätzen verurteilt worden ist.

104.4.3 Weitere Voraussetzung ist, dass sich das Kind mindestens seit der Unanfechtbarkeit der Feststellung der Voraussetzungen des § 51 AuslG im Bundesgebiet aufhält und seine Integration zu erwarten ist. Es muss also damit zu rechnen sein, dass sich das Kind in die hiesigen Lebensverhältnisse einordnen und ausreichende Kenntnisse der deutschen Sprache erwerben wird. Bei der Beurteilung dieser Voraussetzungen ist maßgeblich auf die bisherige Aufenthaltsdauer und die Lebensumstände abzustellen. Je länger der Aufenthalt bereits gedauert hat und die Schule besucht worden ist, desto höher müssen die Anforderungen an Sprachkenntnisse und soziale und berufliche Perspektiven sein.

104.5 Anspruch auf Teilnahme am Integrationskurs
Unter den genannten Umständen haben Ausländer einen Anspruch auf die erstmalige kostenlose Teilnahme an einem Integrationskurs nach § 44 Absatz 1, wenn sie nicht vor dem 1. Januar 2005 mit der Teilnahme an einem Deutsch-Sprachlehrgang begonnen haben.

104.6 Anwendung von § 23 Absatz 2
104.6.1 Mit der Übergangsregelung des § 104 Absatz 6 Satz 1 wird sichergestellt, dass eine Anordnung der obersten Landesbehörde, die bereits bei Inkrafttreten der Neufassung des § 23 Absatz 2 am 24. Mai 2007 vorsah, dass eine Niederlassungserlaubnis nach § 23 Absatz 2 in der bisherigen Fassung erteilt wird, auch weiterhin vollziehbar bleibt. Damit wird gewährleistet, dass jüdische Zuwanderer (Altfälle und Übergangsfälle I), die mit einer Aufnahmezusage eines Landes nach Deutschland einreisen und denen nach den Beschlüssen der Innenministerkonferenz vom Dezember 2004, Juni und November 2005 sowie der darauf basierenden Anordnung der obersten Landesbehörde eine Niederlassungserlaubnis zu erteilen ist, auch bei Einreisen nach Inkrafttreten des 7. Gesetzes zur Änderung des Bundesvertriebenengesetzes am 24. Mai 2007 (Neufassung des § 23 Absatz 2) auf der Grundlage der Übergangsregelung eine Niederlassungserlaubnis erhalten. Der Aufenthaltstitel ist dementsprechend wie folgt auszustellen:
„*Niederlassungserlaubnis gemäß § 23 Absatz 2 i. V. m. § 104 Absatz 6 Satz 1 AufenthG*".

104.6.2 Nach § 104 Absatz 6 Satz 2 wird für den nicht selbst berechtigten mitreisenden Familienangehörigen der o. g. jüdischen Zuwanderer (Altfälle und Übergangsfälle I) ein Arbeitsmarktzugang kraft Gesetzes sowie ein Anspruch auf Teilnahme am Integrationskurs geschaffen. Der Aufenthaltstitel ist dann entsprechend wie folgt auszustellen:
„*Aufenthaltserlaubnis gemäß § 23 Absatz 2 i. V. m. § 104 Absatz 6 Satz 2 AufenthG*".

104.7 Niederlassungserlaubnis für Ehegatten, Lebenspartner und minderjährige Kinder
Absatz 7 dient dazu, den Ehegatten, Lebenspartnern und minderjährigen ledigen Kindern, die vor dem 1. Januar 2005 im Besitz einer Aufenthaltsbefugnis nach § 31 Absatz 1 oder § 35 Absatz 2 AuslG waren und denen nach fünf bzw acht Jahren gemäß § 35 Absatz 1 AuslG eine unbefristete Aufenthaltserlaubnis hätte erteilt werden können, auch nach dem Aufenthaltsgesetz eine Verfestigung ihres Aufenthaltsstatus unter Anrechnung ihrer Aufenthaltsbefugniszeiten zu ermöglichen. Eine Aufenthaltsbefugnis nach § 31 Absatz 1 AuslG bzw § 35 Absatz 2 AuslG gilt unter dem Aufenthaltsgesetz als Aufenthaltserlaubnis aus Gründen des Familiennachzugs fort. Die Erteilung der Niederlassungserlaubnis nach § 26 Absatz 4 ist bisher in diesen Fällen i. d. R. nicht möglich, da keine Aufenthaltserlaubnis nach Kapitel 2, Abschnitt 5 des Aufenthaltsgesetzes vorliegt. Nach Absatz 7 kann in diesen Fällen eine Niederlassungserlaubnis nach § 26 Absatz 4 erteilt werden, wenn die Voraussetzungen des § 26 Absatz 4 vorliegen und der Rechtsgrund für die Erteilung der Aufenthaltserlaubnis nach § 31 Absatz 1 AuslG bzw § 35 Absatz 2 AuslG weiterhin besteht. Zum Zeitpunkt der Erteilung einer Niederlassungserlaubnis nach § 26 Absatz 4 i. V. m. § 104 Absatz 7 und § 31 Absatz 1 AuslG muss das Kind insbesondere noch minderjährig und ledig sein. Die Anrechnung der Aufenthaltsbefugniszeiten erfolgt gemäß § 102 Absatz 2. Mit der Vorschrift des § 104 Absatz 7 wird eine Ausnahme von dem im Aufenthaltsgesetz verankerten Trennungsprinzip normiert, da es ohne eine solche Sonderregelung nicht gestattet, Zeiten eines legalen Aufenthalts aus familiären Gründen auf den Erwerb einer Niederlassungserlaubnis aus humanitären Gründen anzurechnen (siehe hierzu auch Nummer 31.0.1).

Übersicht

	Rn.
I. Entstehungsgeschichte	1
II. Übergangsregelungen	2
1. „Hängende Anträge"	2
2. Erleichterter Erwerb einer Niederlassungserlaubnis	8
3. Meistbegünstigung für Kindernachzug	12
4. Programm zur dauerhaften Neuansiedlung von Schutzsuchenden	19
5. Jüdische Zuwanderer	20
6. Familienangehörige mit Aufenthaltsbefugnis	22

Übergangsregelungen **§ 104 AufenthG 1**

Rn.
7. Subsidiär Schutzberechtigte 25
8. Fortführung der Tätigkeit von „Ortskräften" 28
9. Zuständigkeit für Befristungsentscheidungen 29
10. Aussetzung des Familiennachzugs 30
11. Fortgeltung der Wohnsitzregelung 31
12. Ausbildungs- und Beschäftigungsduldung 32

I. Entstehungsgeschichte

Die Vorschrift stimmt in weiten Teilen mit dem **Gesetzesentwurf**[3] überein. Aufgrund des Vermittlungsverfahrens[4] wurde in Abs. 2 „S. 1" eingefügt. Mit Wirkung vom 18.3.2005 wurde Abs. 5 angefügt[5], der durch das AufenthGÄndG 2015[6] eine Neufassung erhalten hat. Mit dem RLUmsG 2007[7] wurden die Abs. 6 und 7 eingefügt. Sodann folgte mit dem Gesetz zur Verbesserung der Rechte von internationalen Schutzberechtigten und ausländischen Arbeitnehmern vom 29.8.2013[8] Abs. 8 und mit dem Gesetz zur Umsetzung der RL 2011/95/EU vom 28.8.2013[9] Abs. 9. Die Abs. 10 und 11 wurden mit dem AufenthGÄndG 2015[10], Abs. 12 mit dem AsylVfBeschlG 2015[11] angefügt. IRd Asylpakets II wurden durch Art. 2 Nr. 4 des am 17.3.2016 in Kraft getretenen Gesetzes zur Einführung beschleunigter Asylverfahren[12] ein weiterer Abs. 13 angefügt. Der mit Art. 5 Nr. 14 des IntG vom 31.7.2016[13] eingefügte Abs. 14 wurde durch das **GesEntfIntGes**[14] wieder aufgehoben. Mit dem **DuldG** werden Abs. 15–17 neu eingefügt[15]. Das **FEG** führte zu einer redaktionellen Anpassung des Abs. 15.[16] 1

II. Übergangsregelungen

1. „Hängende Anträge"

Unter der Überschrift „Übergangsregelungen" fasst das Gesetz in § 104 I zunächst diejenigen Fälle 2 zusammen, in denen über einen vor dem 1.1.2005 gestellten **Antrag** auf Erteilung einer **unbefristeten Aufenthaltserlaubnis** oder einer **Aufenthaltsberechtigung nicht mehr vor Inkrafttreten des AufenthG entschieden** worden ist.

Wenn hierfür vorgesehen wird, dass hierüber „nach dem bis zu diesem Zeitpunkt geltenden Recht 3 zu entscheiden" ist, bedeutet dies nicht etwa, dass insoweit noch nach altem Recht eine unbefristete Aufenthaltserlaubnis oder eine Aufenthaltsberechtigung zu erteilen wären. Vielmehr lässt das Gesetz **die bis zur Rechtsänderung geltenden Anforderungen** an den jeweils unbefristeten Titel **ausreichen**. Eine Vergabe der alten Titel kommt jedoch nicht mehr in Betracht, weil es sie nicht mehr gibt.

Soweit § 104 I 2 dann § 101 I für entsprechend anwendbar erklärt, bedeutet dies, dass bei Vorliegen 4 der für die früheren Titel (§§ 24–27, 35 AuslG 1990) geltenden Voraussetzungen anschließend ohne Weiteres eine **Niederlassungserlaubnis** erteilt wird, ohne dass die Voraussetzungen des § 9 vorliegen müssen. Zur entsprechenden Anwendung gehört allerdings auch, dass die Niederlassungserlaubnis „**entsprechend** dem ihrer Erteilung zu Grunde liegenden **Aufenthaltszweck** und **Sachverhalt**" erteilt wird, wobei sich diese Voraussetzungen auf den ursprünglich beantragten Titel beziehen, also die unbefristete Aufenthaltserlaubnis oder die Aufenthaltsberechtigung.

War ein Antrag auf Erteilung einer Aufenthaltsberechtigung zwar vor dem 1.1.2005 gestellt, war zu 5 diesem Zeitpunkt aber die vorherige unbefristete Aufenthaltserlaubnis noch wirksam, hat der Antrag sich **erledigt**, weil die unbefristete Aufenthaltserlaubnis ohnehin nach § 101 I 1 als Niederlassungserlaubnis fortgilt. Dies gilt **auch** dann, **wenn** der unbefristeten Aufenthaltserlaubnis **belastende Nebenbestimmungen** beigefügt waren, da diese bei der Fortgeltung als Niederlassungserlaubnis erlöschen.

Die **Übergangsregelung** dürfte sich in den meisten Fällen trotz der Erleichterungen nach § 104 II 6 als **vorteilhaft** erweisen, weil bereits bei Erfüllung der Voraussetzungen für eine unbefristete Auf-

---
[3] BT-Drs. 15/420, 36.
[4] BT-Drs. 15/3479, 13.
[5] Art. 1 Nr. 17 ÄndG v. 14.3.2005, BGBl. I S. 721.
[6] BGBl. 2015 I S. 1386.
[7] Ges. zur Umsetzung aufenthaltsrechtlicher und asylrechtlicher RL der EU v. 19.8.2007, BGBl. I S. 1970.
[8] BGBl. 2013 I S. 3484.
[9] BGBl. 2013 I S. 3474.
[10] BGBl. 2015 I S. 1386.
[11] BT-Drs. 18/6185, 20.
[12] BGBl. 2016 I S. 390.
[13] BGBl. 2016 I S. 1939.
[14] BGBl. 2019 I S. 914.
[15] BGBl. 2019 I S. 1021; in Kraft getreten am 1.1.2020.
[16] BGBl. 2019 I S. 1307; in Kraft getreten am 1.3.2020.

enthaltserlaubnis die Fortgeltung als Niederlassungserlaubnis erreicht werden kann, ohne dass deren spezifische Voraussetzung vorliegen müssen.

7   Soweit dies im Einzelfall anders sein kann, wird man dem Ausländer ein **Wahlrecht** einräumen, statt nach § 104 I direkt nach dem neuen Recht beschieden zu werden. Da die Vorschrift ausschließlich das Vertrauen des Ausländers schützen und Rechtsnachteile für ihn in der Umstellungsphase vermeiden will, schließt sie die Anwendung des neuen Rechts zu seinen Gunsten nicht aus, zumal der Ausländer jederzeit einen neuen Antrag stellen könnte, der nach neuem Recht zu beurteilen wäre[17].

2. Erleichterter Erwerb einer Niederlassungserlaubnis

8   Erhebliche Erleichterungen beim Erwerb einer Niederlassungserlaubnis bietet das Gesetz nach § 104 II übergangsweise den Ausländern, die vor dem 1.1.2005 im Besitz einer **Aufenthaltserlaubnis** oder einer **Aufenthaltsbefugnis** waren. Sie werden – wenn es irgendwann zur Entscheidung über einen Antrag auf Erteilung einer Niederlassungserlaubnis kommt – spürbar privilegiert, selbst dann, wenn darüber erst geraume Zeit nach dem Inkrafttreten des AufenthG entschieden wird[18].

9   Zum einen werden von ihnen **nicht** die bei der Niederlassungserlaubnis im Vergleich zur Aufenthaltsberechtigung **erhöhten Anforderungen an die Integration** verlangt. Dies soll seine Berechtigung darin finden, dass diesem Personenkreis das neue Angebot zur Förderung der Integration (§§ 43 ff.) noch nicht zur Verfügung stand, woraus ihnen kein Rechtsnachteil entstehen soll[19]. Das überzeugt allerdings nur für diejenigen, die die längste Zeit schon einen der genannten Aufenthaltstitel unter dem alten Recht besaßen – wer ihn etwa erst im Jahre 2003 erstmals erworben hat, könnte bis zum Ablauf der Fünfjahresfrist des § 9 II Nr. 1 wohl durchaus noch sinnvoller Weise an einem Integrationskurs teilnehmen.

10 Der Gesetzgeber ist jedoch großzügiger:
    – **Grundkenntnisse der Rechts- und Gesellschaftsordnung und der Lebensverhältnisse** im Bundesgebiet (§ 9 II Nr. 8) werden überhaupt **nicht verlangt**,
    – anstelle der ansonsten erforderlichen „ausreichenden Kenntnissen der deutschen Sprache" (§ 9 II Nr. 7) **genügt** es, wenn der Ausländer sich „auf **einfache Art in deutscher Sprache mündlich verständigen** kann". Die ist der Maßstab, der früher für die unbefristete Aufenthaltserlaubnis galt (§ 24 I Nr. 4 AuslG 1990).

11 Zum anderen **verzichtet** das Gesetz auf die sonst erforderlichen mindestens **60 Monate** Pflicht- oder freiwillige **Beiträge zur gesetzlichen Rentenversicherung** (§ 9 II Nr. 3). Dieser Grund hat mit der Vermeidung von Rechtsnachteilen im Übergangszeitraum wenig zu tun, denn dieselbe Voraussetzung bestand auch schon für die Aufenthaltsberechtigung (§ 27 I Nr. 3 AuslG 1990). Die Gesetzesbegründung stellt auf den Vergleich mit § 24 AuslG 1990 ab, bei dem diese Voraussetzung auch noch nicht Erteilungsvoraussetzung gewesen sei[20]. Dies überzeugt weniger, weil die Niederlassungserlaubnis doch eher auf der Ebene der früheren Aufenthaltsberechtigung angesiedelt sein dürfte. Vielmehr dürfte der Gesetzgeber beabsichtigt haben, **möglichst viele Erlaubnis- und Befugnisinhaber in den gehobenen Status einer Niederlassungserlaubnis** zu bringen.

3. Meistbegünstigung für Kindernachzug

12 Anlass für diese Sonderregelung beim Kindernachzug war wiederum das Bemühen, Ausländer durch die gesamte Rechtsänderung **nicht schlechter zu stellen,** die sich darauf in ihrer Lebensplanung nicht einstellen konnten[21]. Dabei muss jedoch gesehen werden, dass gegenüber dem eingebrachten Gesetzesentwurf **im Vermittlungsverfahren erhebliche Änderungen** gerade im Bereich des Kindernachzugs vorgenommen wurden[22].

13 Für Ausländer, die sich vor dem 1.1.2005 **rechtmäßig** im Bundesgebiet aufgehalten haben, erklärt § 104 III für den Nachzug der vor diesem Zeitpunkt geborenen Kinder die bisherige Regelung des **§ 20 AuslG 1990** in der zuletzt gültigen Fassung für **weiterhin anwendbar,** falls nicht das AufenthG eine günstigere Rechtsstellung gewährt.

14 Nach § 20 II iVm III 1 AuslG 1990 konnte eine Aufenthaltserlaubnis erteilt werden, wenn die **Eltern nicht miteinander verheiratet** sind. Diese Vorschrift ist über § 104 III weiterhin anwendbar. Sie gewährt zwar nur einen Anspruch auf ermessensfehlerfreie Entscheidung. Dennoch ist sie gegenüber der Anspruchsregelung in § 32 II zT günstiger, da sie abgesehen von der Altersgrenze

---

[17] BVerwG Urt. v. 19.4.2011 – 1 C 2.10, NVwZ 2012, 56.
[18] Nach OVG NRW Beschl. v. 1.4.2015 – 18 A 1240/14, BeckRS 2015, 44648 ist § 104 II weder unmittelbar noch analog auf Ausländer anwendbar, die als sog. „unechte Ortskräfte" gem. § 27 I AufenthV vom Erfordernis einer Aufenthaltserlaubnis befreit sind.
[19] BR-Drs. 22/03, 235 f.
[20] BR-Drs. 22/03, 236.
[21] BR-Drs. 22/03, 236; VGH BW Beschl. v. 14.9.2011 – 11 S 2438/11, InfAuslR 2011, 443.
[22] Vgl. die Gesetz gewordene Beschlussempfehlung des Vermittlungsausschusses, BT-Drs. 15/3479, 5 f.

Übergangsregelungen § 104 AufenthG 1

von 16 Jahren (vgl. § 20 II 2 AuslG 1990) von keinen weiteren Tatbestandsvoraussetzungen abhängt[23].

Gleiches gilt hinsichtlich eines Anspruchs nach § 20 IV AuslG 1990. Danach kann dem minderjährigen ledigen Kind eines Ausländers eine Aufenthaltserlaubnis erteilt werden, wenn das Kind die deutsche Sprache beherrscht oder gewährleistet erscheint, dass es sich aufgrund seiner bisherigen Ausbildung und Lebensverhältnisse in die Lebensverhältnisse in Deutschland einfügen kann (§ 20 IV Nr. 1 AuslG 1990) oder es aufgrund der Umstände des Einzelfalls zur Vermeidung einer besonderen Härte erforderlich ist (§ 20 IV Nr. 2 AuslG 1990). Auch insoweit enthält das AufenthG keine günstigere Regelung. Denn ein Nachzugsanspruch nach § 32 II setzt – wie § 32 III – voraus, dass beide Elternteile oder der allein personensorgeberechtigte Elternteil eine Aufenthaltserlaubnis, Niederlassungserlaubnis oder Erlaubnis zum Daueraufhalt-EG besitzen; ein Ermessensanspruch nach § 32 IV hängt von den gleichen materiell-rechtlichen Voraussetzungen ab wie § 20 IV Nr. 2 AuslG 1990. § 20 IV AuslG 1990 kommt hier gegenüber der Ermessensregelung des § 20 II iVm III 1 AuslG auch eine eigenständige Bedeutung zu, da die Vorschrift auch für **minderjährige Kinder nach Vollendung des 16. Lebensjahres** gilt[24]. 15

Ob die – im Vermittlungsverfahren erheblich reduzierte – Härtefallregelung des § 32 IV durch die Verpflichtung zur „Berücksichtigung des Kindeswohls und der familiären Situation" (§ 32 IV 2) sich tatsächlich noch als günstiger darstellt als die Rechtslage nach § 20 IV Nr. 2 AuslG 1990, muss bezweifelt werden, weil das Umstände des Einzelfalls sind, die nach jeder Gesetzesfassung ohnehin zu berücksichtigen sind. 16

Im Übrigen muss in jedem **Einzelfall** durch **Vergleich** der alten Nachzugsregelung mit der neuen festgestellt werden, **welche Regelung günstiger** ist. Auf ihre Anwendung besteht ein **Anspruch**. 17

Die **Rechtmäßigkeit** des Aufenthalts **vor** dem Stichtag beurteilt sich nach allgemeinen Regeln. **Ausreichend** ist daher ein genehmigungsfreier Aufenthalt, aber auch die **Fiktion** eine **Aufenthaltserlaubnis** (§ 69 III AuslG 1990). 18

4. Programm zur dauerhaften Neuansiedlung von Schutzsuchenden

Durch den 2015 neu eingefügten Abs. 5[25] soll die Verbesserung der Rechtsstellung für Resettlement-Flüchtlinge auch für die Personen gelten, die iRd deutschen Pilotprogramms zur dauerhaften Neuansiedlung von Schutzsuchenden eine Aufenthaltserlaubnis nach § 23 II erhalten haben[26]. 19

5. Jüdische Zuwanderer

Mit der Übergangsregelung des § 104 VI 1 sollte sichergestellt werden, dass eine Anordnung der obersten Landesbehörde, die bereits bei Inkrafttreten der Neufassung des § 23 II am 24.5.2007 vorsah, dass eine Niederlassungserlaubnis nach § 23 II in der bisherigen Fassung erteilt wird, auch weiterhin vollziehbar bleibt. Damit wird Folgendes gewährleistet: **Jüdische Zuwanderer,** die mit einer Aufnahmezusage eines Landes nach Deutschland einreisen, denen nach den Beschlüssen der IMK vom Dezember 2004, Juni und November 2005 sowie der darauf basierenden Anordnung der obersten Landesbehörde eine Niederlassungserlaubnis zu erteilen ist, erhalten auch bei Einreisen nach Inkrafttreten des 7. Gesetzes zur Änderung des Bundesvertriebenengesetzes am 24.5.2007[27] (Neufassung des § 23 II) auf der Grundlage der Übergangsregelung eine Niederlassungserlaubnis. 20

Nach § 104 VI 2 wird für die nicht selbst berechtigten **mitreisenden Familienangehörigen** der o. g. jüdischen Zuwanderer ein Arbeitsmarktzugang kraft Gesetzes sowie ein Anspruch auf Teilnahme am Integrationskurs geschaffen. Der Aufenthaltstitel ist gem. § 23 I iVm § 104 VI 2 in Form einer Aufenthaltserlaubnis auszustellen. 21

6. Familienangehörige mit Aufenthaltsbefugnis

Die Regelung des § 104 VII dient dazu, den **Ehegatten und minderjährigen ledigen Kindern, die vor dem 1.1.2005 im Besitz einer Aufenthaltsbefugnis nach § 31 I AuslG 1990 oder § 35 II AuslG 1990 waren** und denen nach fünf bzw. acht Jahren gem. § 35 I AuslG 1990 eine unbefristete Aufenthaltserlaubnis hätte erteilt werden können, auch nach dem AufenthG eine Verfestigung ihres Aufenthaltsstatus unter Anrechnung ihrer Aufenthaltsbefugniszeiten zu ermöglichen. Eine Aufenthaltsbefugnis nach § 31 I AuslG 1990 bzw. § 35 II AuslG 1990 gilt unter dem AufenthG als Aufenthaltserlaubnis aus Gründen des Familiennachzugs fort. Die Erteilung einer Niederlassungserlaubnis nach § 26 IV war in diesen Fällen nicht möglich, da keine Aufenthaltserlaubnis nach Kap. 2 Abschnitt 5 AufenthG vorlag. 22

---

[23] BVerwG Urt. v. 7.4.2009 – 1 C 17/08, InfAuslR 2009, 270.
[24] BVerwG Urt. v. 7.4.2009 – 1 C 17.08, InfAuslR 2009, 270.
[25] BGBl. 2015 I S. 1386.
[26] BT-Drs. 18/4097, 59.
[27] BT-Drs. 16/4444.

23 Aufgrund der Neuregelung kann in diesen Fällen zukünftig eine Niederlassungserlaubnis nach § 26 IV erteilt werden, wenn die Voraussetzungen des § 26 IV vorliegen und der Rechtsgrund für die Erteilung der Aufenthaltsbefugnis nach § 31 I AuslG 1990 bzw. § 35 II AuslG 1990 weiterhin besteht. Mit der Übergangsregelung wird eine **Regelungslücke geschlossen,** die mit der Überleitung der Aufenthaltstitel zum 1.1.2005 entstanden ist. Dennoch wird eine Schlechterstellung von Kindern, die die Voraussetzungen für eine unbefristete Aufenthaltserlaubnis nach § 35 I AuslG 1990 erfüllt hätten, in den Fällen nicht vermieden, in denen die Kinder volljährig geworden sind oder geheiratet haben. Denn die Übergangsregelung nach Abs. 7 setzt voraus, dass zum Zeitpunkt der Erteilung einer Niederlassungserlaubnis nach § 26 IV iVm § 104 VII iVm § 31 I AuslG 1990 das Kind insbesondere noch minderjährig und ledig sein muss. Die Anrechnung der Aufenthaltsbefugniszeiten erfolgt gem. § 102 II.

24 Die 2013 neu aufgenommene Bestimmung des **§ 104 VIII**[28] ermöglicht darüber hinaus ausländischen Familienangehörigen, die schon vor dem 5.9.2013 im Besitz einer Aufenthaltserlaubnis nach § 28 I waren, eine Niederlassungserlaubnis unter den bisherigen Voraussetzungen zu erlangen. Demnach genügt es für die Erteilung einer Niederlassungserlaubnis, wenn sich der Familienangehörige auf einfache Art in deutscher Sprache verständigen kann; die nunmehr nach § 28 II geforderten ausreichenden Kenntnisse der deutschen Sprache[29] sind nicht erforderlich.

7. Subsidiär Schutzberechtigte

25 Die 2013 ebenfalls neu aufgenommene Bestimmung des **§ 104 IX**[30] stellt eine Übergangsvorschrift dar, die darauf abzielt, diejenigen Ausländer, die aufgrund des Vorliegens eines Abschiebungsverbots nach § 60 II, III und VII 2 aF eine Aufenthaltserlaubnis nach § 25 III aF erhalten haben, internationalen subsidiär Schutzberechtigten iSv § 4 I AsylG gleichzustellen. Sie erhalten von der Ausländerbehörde von Amts wegen eine Aufenthaltserlaubnis nach § 25 II 1 Alt. 2, es sei denn, das BAMF hat die Ausländerbehörde über das Vorliegen von Ausschlusstatbeständen iSv § 25 III 2ad aF unterrichtet.

26 Die Übergangsvorschrift erfasst ausschließlich Fälle, in denen der Ausländer schon eine **Aufenthaltserlaubnis nach § 25 III aF tatsächlich im Besitz** hat. Ein **Anspruch** auf Erteilung einer Aufenthaltserlaubnis nach § 25 III aF ist dem tatsächlichen Besitz **nicht gleichzustellen;** auch die **bloße Feststellung,** dass **Abschiebungsverbote** vorliegen, **genügt nicht**[31] Durch das Abstellen allein auf den Besitz einer Aufenthaltserlaubnis nach § 25 III aF im Zeitpunkt des Inkrafttretens der neuen Rechtslage hat der Gesetzgeber eine eindeutige und klar zu handhabende Abgrenzung der Überleitungsfälle vorgenommen und alle nicht abgeschlossenen Verfahren dem neuen Recht mit der nun eingeführten richtlinienkonformen Statusentscheidung unterstellt.

27 Darüber hinaus eröffnet die mit dem AufenthGÄndG 2015 neu eingefügte Vorschrift des **§ 104 XI** für diejenigen subsidiär Geschützten, denen in Deutschland zwischen dem 1.1.2011 und der Verkündung des AufenthGÄndG 2015 subsidiärer Schutz nach der Qualifikations-RL bzw. der Qualifikations-RL aF zuerkannt worden ist, die erleichterte Möglichkeit des Familiennachzugs nach § 29 II 2. Die Übergangsregelung soll den Ablauf der Drei-Monats-Frist des § 29 II 2 Nr. 1 in zahlreichen Fällen von subsidiär Geschützen bei Inkrafttreten des AufenthGÄndG 2015 verhindern[32].

8. Fortführung der Tätigkeit von „Ortskräften"

28 Die mit dem AufenthGÄndG 2015 des Weiteren neu aufgenommene Bestimmung des § 104 X[33] enthält eine Übergangsvorschrift für Personen, die bereits vor dem Inkrafttreten des AufenthGÄndG 2015 als Beschäftigte des Auswärtigen Amtes in einer Auslandsvertretung Aufgaben im Visumverfahren wahrgenommen haben (sog. **„Ortskräfte"**). Im Interesse einer ordnungsgemäßen und zügigen Durchführung der Visaverfahren sieht Abs. 10 vor, dass diese Personen ihre Tätigkeit entgegen § 73b IV auch nach Inkrafttreten der neuen Gesetzeslage und vor Abschluss der nach § 73b I vorgesehenen Zuverlässigkeitsprüfung fortführen können. Die nach § 73b II erforderlichen Zuverlässigkeitsüberprüfungen sind für diese Beschäftigten innerhalb der in Abs. 10 genannten Frist durchzuführen[34].

---

[28] Eingef durch Art. 1 Nr. 31 Ges. v. 29.8.2013, BGBl. I S. 3484 mWv 6.9.2013.
[29] Diese entsprechen nach § 2 XI dem Niveau B 1 des Gemeinsamen Europäischen Referenzrahmens für Sprachen.
[30] Eingeführt durch Art. 2 Nr. 12 G v. 28.8.2013, BGBl. I S. 3474 mWv 1.12.2013.
[31] BVerwG Urt. v. 25.3.2015 – 1 C 16.14,NVwZ-RR 2015, 634; VGH BW Urt. v. 11.12.2013 – 11 S 1770/13, ZAR 2014, 204.
[32] BT-Drs. 18/4097, 59.
[33] BGBl. 2015 I S. 1386.
[34] BT-Drs. 18/4097, 20, 59.

9. Zuständigkeit für Befristungsentscheidungen

Die mit dem AsylVfBeschlG 2015 neu eingefügte Bestimmung des § 104 XII enthält eine Übergangsbestimmung für all jene Fälle, in denen das BAMF bereits vor dem Inkrafttreten des AufenthÄndG 2015 eine Abschiebungsandrohung bzw. -anordnung erlassen hat und die Entscheidung über die Befristung eines Einreise- und Aufenthaltsverbots nachträglich erlassen müsste. In diesen Altfällen soll im Interesse der Verfahrensbeschleunigung und -ökonomie[35] die Zuständigkeit für die Befristung eines Einreise- und Aufenthaltsverbots nach § 11 II bei den Ausländerbehörden der Länder belassen werden. 29

10. Aussetzung des Familiennachzugs

Die mit dem Asylpaket II 2016 neu eingefügte Bestimmung des § 104 XIII setzt den Familiennachzug zu **subsidiär Schutzberechtigten** bis 16.3.2018 aus. Diese politisch hoch umstrittene, weil humanitär ausgesprochen problematische Regelung dürfte kaum praktische Wirksamkeit entfalten[36]. Aufgrund der großzügigen Zuerkennung der Flüchtlingseigenschaft an Asylsuchende aus Syrien, Irak und Eritrea mithilfe eines schriftlichen Fragebogens, die aufgrund Art. 9 ff. Familienzusammenführungs-RL den grundsätzlich unbeschränkten Nachzug auch bei Abhängigkeit von Sozialleistungen garantiert, wurden 2015 durchschnittlich nur rund fünf Prozent der Schutzberechtigten (lediglich) der subsidiäre Status zuerkannt, sodass der neue Abs. 13 nur relativ wenige Personen treffen dürfte. Zum anderen ermöglichen die (deklaratorisch genannten) vorrangigen spezialgesetzlichen **humanitären Aufenthaltserlaubnis-Normen der §§ 22 f.**, insbesondere § 22 I 1, den Nachzug schon vor Ablauf der Zwei-Jahres-Frist, wobei gemäß § 5 III 2 von der notwendigen Lebensunterhaltssicherung abgesehen werden kann. Solche Anträge sind im Visumverfahren bei den konsularischen Auslandsvertretungen zu stellen, wobei das behördliche Ermessen nach allgemeinen Regeln überprüfbar ist, einschließlich grundrechtskonformer Auslegung[37]. Die Einschränkung des Familiennachzugs gem. Abs. 13 ist grundrechtspolitisch ganz sicher hoch fragwürdig, dürfte dennoch in aller Regel keinen Verstoß gegen Verfassungs- oder Europarecht darstellen[38]. 30

11. Fortgeltung der Wohnsitzregelung

Der im Zuge des IntG vom 31.7.2016[39] neu eingeführte Abs. 14 stellt eine Folgeänderung zu dem ebenfalls neu eingeführten § 12a dar[40], der im Interesse einer verbesserten Steuerung der Wohnsitznahme von Schutzberechtigten erstmals eine umfassende Wohnsitzregelung im AufenthG verankert. Er ordnet die Fortgeltung des § 12a in der bis zum 6.8.2019 geltenden Fassung für diejenigen Ausländer an, für die bereits vor dem 6.8.2019 eine Verpflichtung nach § 12a I–IV oder VI begründet wurde. Wegen der Einzelheiten zur Wohnsitzregelung vgl. die Kommentierung zu § 12a. 31

12. Ausbildungs- und Beschäftigungsduldung

Mit dem neuen Abs. 15 soll nach dem Willen des Gesetzgebers der Bruch behoben werden, der sich aus den unterschiedlichen Voraussetzungen für die Erteilung der Ausbildungsduldung nach § 60a II 4–12 und der Aufenthaltserlaubnis nach § 18a Ia ergibt. Im Gegensatz zu § 18a ist die Erteilung der Ausbildungsduldung nach den derzeit bestehenden Regelungen auch dann möglich, wenn der Ausländer, bevor ihm eine Beschäftigungserlaubnis erteilt wurde, über seine Identität getäuscht hat oder es zu vertreten hatte, dass aufenthaltsbeendende Maßnahmen nicht vollzogen werden konnten. Hiervon musste er zwar Abstand genommen haben, da anderenfalls wegen § 60a VI Nr. 2 die für die Erteilung der Ausbildungsduldung erforderliche Beschäftigungserlaubnis nicht hätte erteilt werden können. Die spätere Erteilung der Aufenthaltserlaubnis nach § 18a schließt jedoch alle Fälle aus, in denen in der Vergangenheit über die Identität getäuscht wurde oder es der Ausländer zu vertreten hatte, dass aufenthaltsbeendende Maßnahmen nicht vollzogen werden konnten. Somit wären Fälle möglich, in denen zwar die Ausbildungsduldung erteilt werden konnte, nicht aber nach erfolgreichem Abschluss der Berufsausbildung die Aufenthaltserlaubnis nach § 18a. Diesen Widerspruch hat der Gesetzgeber erkannt und mit der Regelung des neuen Abs. 15 aufgelöst. Erfasst sind im Zuge der Ermessensausübung auch die Fälle, in denen die Klärung der Identität nicht herbeigeführt werden konnte, 32

---

[35] BT-Drs. 18/6185, 71.
[36] Zur bisherigen Rspr. vgl. OVG Bln-Bbg Beschl. v. 16.9.2016 – OVG 3 S 42.16, BeckRS 2016, 52489; Beschl. v. 28.9.2016 – OVG 3 S 55.16, BeckRS 2016, 52927; Beschl. v. 28.4.2017 – OVG 3 S 23.17, BeckRS 2017, 109031.
[37] Vgl. *Thym* NVwZ 2016, 413 f. mwN.
[38] Ausf. zur Rspr. des BVerfG, EGMR und EuGH, die regelmäßig kein Individualrecht auf Zusammenleben im Bundesgebiet annehmen, *Thym* NVwZ 2016, 414 mwN.
[39] BGBl. 2016 I S. 1939.
[40] BT-Drs. 18/8615, 49.

obwohl der Ausländer alle erforderlichen und ihm zumutbaren Maßnahmen für die Identitätsklärung ergriffen hat[41].

33 Mit Abs. 16 hat der Gesetzgeber im DuldG 2019 eine Übergangsregelung zu § 60a für die Fälle getroffen, in denen bereits vor Inkrafttreten des Gesetzes eine Beschäftigungserlaubnis erteilt wurde. Diese Übergangsregelung hat zur Folge, dass die neuen tatbestandlichen Versagungsgründe nicht zu einer nachträglichen Versagung der Beschäftigungserlaubnis führen[42].

34 Abs. 17 beinhaltet eine Übergangsregelung zu § 60b für Ausländer, die vor dem 1.1.2017 eingereist sind. Die Übergangsregelung gilt für die Aufnahme von Berufsausbildungen bis zum 1.10.2020. In diesen Fällen wird vom Besitz einer Duldung abgesehen. Die Regelung tritt am 2.10.2020 außer Kraft.

§ 104a Altfallregelung

(1) [1]Einem geduldeten Ausländer soll abweichend von § 5 Abs. 1 Nr. 1 und Abs. 2 eine Aufenthaltserlaubnis erteilt werden, wenn er sich am 1. Juli 2007 seit mindestens acht Jahren oder, falls er zusammen mit einem oder mehreren minderjährigen ledigen Kindern in häuslicher Gemeinschaft lebt, seit mindestens sechs Jahren ununterbrochen geduldet, gestattet oder mit einer Aufenthaltserlaubnis aus humanitären Gründen im Bundesgebiet aufgehalten hat und er
1. über ausreichenden Wohnraum verfügt,
2. über hinreichende mündliche Deutschkenntnisse im Sinne des Niveaus A2 des Gemeinsamen Europäischen Referenzrahmens für Sprachen verfügt,
3. bei Kindern im schulpflichtigen Alter den tatsächlichen Schulbesuch nachweist,
4. die Ausländerbehörde nicht vorsätzlich über aufenthaltsrechtlich relevante Umstände getäuscht oder behördliche Maßnahmen zur Aufenthaltsbeendigung nicht vorsätzlich hinausgezögert oder behindert hat,
5. keine Bezüge zu extremistischen oder terroristischen Organisationen hat und diese auch nicht unterstützt und
6. nicht wegen einer im Bundesgebiet begangenen vorsätzlichen Straftat verurteilt wurde, wobei Geldstrafen von insgesamt bis zu 50 Tagessätzen oder bis zu 90 Tagessätzen wegen Straftaten, die nach dem Aufenthaltsgesetz oder dem Asylgesetz nur von Ausländern begangen werden können, grundsätzlich außer Betracht bleiben.

[2]Wenn der Ausländer seinen Lebensunterhalt eigenständig durch Erwerbstätigkeit sichert, wird die Aufenthaltserlaubnis nach § 23 Abs. 1 Satz 1 erteilt. [3]Im Übrigen wird sie nach Satz 1 erteilt; sie gilt als Aufenthaltstitel nach Kapitel 2 Abschnitt 5; die §§ 9 und 26 Abs. 4 finden keine Anwendung. [4]Von der Voraussetzung des Satzes 1 Nr. 2 kann bis zum 1. Juli 2008 abgesehen werden. [5]Von der Voraussetzung des Satzes 1 Nr. 2 wird abgesehen, wenn der Ausländer sie wegen einer körperlichen, geistigen oder seelischen Krankheit oder Behinderung oder aus Altersgründen nicht erfüllen kann.

(2) [1]Dem geduldeten volljährigen ledigen Kind eines geduldeten Ausländers, der sich am 1. Juli 2007 seit mindestens acht Jahren oder, falls er zusammen mit einem oder mehreren minderjährigen ledigen Kindern in häuslicher Gemeinschaft lebt, seit mindestens sechs Jahren ununterbrochen geduldet, gestattet oder mit einer Aufenthaltserlaubnis aus humanitären Gründen im Bundesgebiet aufgehalten hat, kann eine Aufenthaltserlaubnis nach § 23 Abs. 1 Satz 1 erteilt werden, wenn es bei der Einreise minderjährig war und gewährleistet erscheint, dass es sich auf Grund seiner bisherigen Ausbildung und Lebensverhältnisse in die Lebensverhältnisse der Bundesrepublik Deutschland einfügen kann. [2]Das Gleiche gilt für einen Ausländer, der sich als unbegleiteter Minderjähriger seit mindestens sechs Jahren ununterbrochen geduldet, gestattet oder mit einer Aufenthaltserlaubnis aus humanitären Gründen im Bundesgebiet aufgehalten hat und bei dem gewährleistet erscheint, dass er sich auf Grund seiner bisherigen Ausbildung und Lebensverhältnisse in die Lebensverhältnisse der Bundesrepublik Deutschland einfügen kann.

(3) [1]Hat ein in häuslicher Gemeinschaft lebendes Familienmitglied Straftaten im Sinne des Absatzes 1 Satz 1 Nr. 6 begangen, führt dies zur Versagung der Aufenthaltserlaubnis nach dieser Vorschrift für andere Familienmitglieder. [2]Satz 1 gilt nicht für den Ehegatten eines Ausländers, der Straftaten im Sinne des Absatzes 1 Satz 1 Nr. 6 begangen hat, wenn der Ehegatte die Voraussetzungen des Absatzes 1 im Übrigen erfüllt und es zur Vermeidung einer besonderen Härte erforderlich ist, ihm den weiteren Aufenthalt zu ermöglichen. [3]Sofern im Ausnahmefall Kinder von ihren Eltern getrennt werden, muss ihre Betreuung in Deutschland sichergestellt sein.

(4) Die Aufenthaltserlaubnis kann unter der Bedingung erteilt werden, dass der Ausländer an einem Integrationsgespräch teilnimmt oder eine Integrationsvereinbarung abgeschlossen wird.

---
[41] BT-Drs. 19/8286, 19.
[42] BT-Drs. 19/8286, 19.

Altfallregelung   § 104a AufenthG 1

(5) ¹Die Aufenthaltserlaubnis wird mit einer Gültigkeit bis zum 31. Dezember 2009 erteilt. ²Sie soll um weitere zwei Jahre als Aufenthaltserlaubnis nach § 23 Abs. 1 Satz 1 verlängert werden, wenn der Lebensunterhalt des Ausländers bis zum 31. Dezember 2009 überwiegend eigenständig durch Erwerbstätigkeit gesichert war oder wenn der Ausländer mindestens seit dem 1. April 2009 seinen Lebensunterhalt nicht nur vorübergehend eigenständig sichert. ³Für die Zukunft müssen in beiden Fällen Tatsachen die Annahme rechtfertigen, dass der Lebensunterhalt überwiegend gesichert sein wird. ⁴Im Fall des Absatzes 1 Satz 4 wird die Aufenthaltserlaubnis zunächst mit einer Gültigkeit bis zum 1. Juli 2008 erteilt und nur verlängert, wenn der Ausländer spätestens bis dahin nachweist, dass er die Voraussetzung des Absatzes 1 Satz 1 Nr. 2 erfüllt. ⁵§ 81 Abs. 4 findet keine Anwendung.

(6) ¹Bei der Verlängerung der Aufenthaltserlaubnis kann zur Vermeidung von Härtefällen von Absatz 5 abgewichen werden. ²Dies gilt bei
1. Auszubildenden in anerkannten Lehrberufen oder in staatlich geförderten Berufsvorbereitungsmaßnahmen,
2. Familien mit Kindern, die nur vorübergehend auf ergänzende Sozialleistungen angewiesen sind,
3. Alleinerziehenden mit Kindern, die vorübergehend auf Sozialleistungen angewiesen sind, und denen eine Arbeitsaufnahme nach § 10 Abs. 1 Nr. 3 des Zweiten Buches Sozialgesetzbuch nicht zumutbar ist,
4. erwerbsunfähigen Personen, deren Lebensunterhalt einschließlich einer erforderlichen Betreuung und Pflege in sonstiger Weise ohne Leistungen der öffentlichen Hand dauerhaft gesichert ist, es sei denn, die Leistungen beruhen auf Beitragszahlungen,
5. Personen, die am 31. Dezember 2009 das 65. Lebensjahr vollendet haben, wenn sie in ihrem Herkunftsland keine Familie, dafür aber im Bundesgebiet Angehörige (Kinder oder Enkel) mit dauerhaftem Aufenthalt bzw. deutscher Staatsangehörigkeit haben und soweit sichergestellt ist, dass für diesen Personenkreis keine Sozialleistungen in Anspruch genommen werden.

(7) ¹Die Länder dürfen anordnen, dass aus Gründen der Sicherheit der Bundesrepublik Deutschland eine Aufenthaltserlaubnis nach den Absätzen 1 und 2 Staatsangehörigen bestimmter Staaten zu versagen ist. ²Zur Wahrung der Bundeseinheitlichkeit bedarf die Anordnung des Einvernehmens mit dem Bundesministerium des Innern, für Bau und Heimat.

Allgemeine Verwaltungsvorschrift
104a Zu § 104a – Altfallregelung
104a.0 Allgemeines
104a.0.1 Mit der gesetzlichen Altfallregelung der §§ 104a und 104b soll dem Bedürfnis der seit Jahren im Bundesgebiet geduldeten und hier integrierten Ausländer nach einer dauerhaften Perspektive in Deutschland Rechnung getragen werden. Im Zuge dieser Neuregelung wurden darüber hinaus Vorschriften geändert, die auch bzw. ausschließlich geduldete Ausländer betreffen, die nicht unter die gesetzliche Altfallregelung fallen:
– Geduldete erhalten nach vier Jahren Aufenthalt einen gleichrangigen Arbeitsmarktzugang (§ 10 Satz 3 BeschVerfV).
– Die Residenzpflicht nach § 61 Absatz 1 Satz 1 wird gelockert, damit Geduldete die ihnen gleichrangig eingeräumte Möglichkeit, einer Erwerbstätigkeit nachzugehen, überregional nutzen können.
– Die Dauer des Bezugs abgesenkter Leistungen nach dem AsylbLG wird von 36 auf 48 Monate angehoben (§ 2 Absatz 1 AsylbLG).

104a.0.2 Seit dem 28. August 2007 noch nicht beschiedene Anträge auf Erteilung oder Verlängerung einer Aufenthaltserlaubnis nach § 23 Absatz 1 i. V. m. dem Beschluss der Ständigen Konferenz der Innenminister und -senatoren der Länder (IMK) vom 17. November 2006 können – nach dem Günstigkeitsprinzip – weiterhin hiernach oder nach der gesetzlichen Altfallregelung beschieden werden.
104a.0.3 Die Aufenthaltserlaubnis nach der gesetzlichen Altfallregelung wird nur auf Antrag erteilt (§ 81 Absatz 1).
104a.0.4 Rechtsgrundlage für die Aufenthaltserlaubnis auf Probe ist § 104a Absatz 1 Satz 1. Im Übrigen ist die Rechtsgrundlage § 23 Absatz 1 i. V. m. den unterschiedlichen Varianten der §§ 104a und 104 b. Die gesetzliche Altfallregelung sieht im Wesentlichen fünf verschiedene, eigenständige Rechtsgrundlagen für Aufenthaltsrechte vor, die im Ausländerzentralregister wie folgt gesondert aufgeschlüsselt sind:
– § 104a Absatz 1 Satz 1 (Aufenthaltserlaubnis auf Probe) ist die Rechtsgrundlage für eine Aufenthaltserlaubnis für Familien oder Einzelpersonen, die bei mangelnder Lebensunterhaltssicherung zum Entscheidungszeitpunkt erteilt wird.
– § 23 Absatz 1 Satz 1 i. V. m. § 104a Absatz 1 Satz 2 ist die Rechtsgrundlage für die Aufenthaltserlaubnis für Einzelpersonen und die mit ihnen in häuslicher Gemeinschaft lebenden eigenen minderjährigen Kinder, deren Lebensunterhalt eigenständig durch Erwerbstätigkeit bzw. durch Erfüllung der Unterhaltspflichten des Ehegatten zum Entscheidungszeitpunkt gesichert ist. Außerdem ist zu berücksichtigen, dass der Lebensunterhalt der Einzelperson nur gesichert ist, wenn er seine Unterhaltspflichten gegenüber seinen Familienangehörigen erfüllen kann (vgl. Nummer 2.3.2). Mit Eintritt der Volljährigkeit kann den Kindern eine Aufenthaltserlaubnis unter den erleichterten Voraussetzungen des § 104a Absatz 2 Satz 1 erteilt werden. Ehegatten müssen die Voraussetzungen des § 104a in eigener Person erfüllen.
– § 23 Absatz 1 Satz 1 i. V. m. § 104a Absatz 2 Satz 1 (Altfallregelung für volljährige Kinder von Geduldeten) enthält eine besondere Rechtsgrundlage für volljährige ledige Kinder geduldeter Ausländer.

Samel   1655

- § 23 Absatz 1 Satz 1 i. V. m. § 104a Absatz 2 Satz 2 (Altfallregelung für unbegleitete Minderjährige) enthält eine besondere Rechtsgrundlage für unbegleitete Minderjährige.
- § 23 Absatz 1 Satz 1 i. V. m. § 104b (integrierte Kinder von Geduldeten) sieht ein elternunabhängiges Aufenthaltsrecht für ledige 14- bis 17-jährige Kinder vor, deren Eltern die Voraussetzungen für die Erteilung oder Verlängerung einer Aufenthaltserlaubnis nach der gesetzlichen Altfallregelung nicht erfüllen.

104a.0.5 Bei Ausländern, deren Lebensunterhaltssicherung ohne Inanspruchnahme öffentlicher Mittel bereits zum Zeitpunkt der ersten Antragstellung auf Erteilung der Aufenthaltserlaubnis nach § 104a Absatz 1 nicht gewährleistet ist, kommt der das Ermessen bindenden Formulierung in § 104a Absatz 1 „soll erteilt werden" eine besondere Bedeutung zu. Ist bereits zu diesem Zeitpunkt der Lebensunterhalt nicht ohne Inanspruchnahme öffentlicher Mittel gesichert und liegen auch keine begründeten Anhaltspunkte dafür vor, dass zukünftig die Inanspruchnahme öffentlicher Mittel entfällt, ist damit ein hinreichender Grund gegeben, von dem im Regelfall ermessensbindenden „soll" abzuweichen, denn es ist mit den Zielen des § 104a nicht vereinbar, Ausländern eine Aufenthaltserlaubnis zu erteilen, wenn bereits bei Erteilung feststeht, dass eine Verlängerung nicht erfolgen kann.

104a.1 Voraussetzungen für die Erteilung der Aufenthaltserlaubnisse nach Absatz 1

104a.1.1 Voraussetzung für die Erteilung der Aufenthaltserlaubnis nach § 104a Absatz 1 ist, dass sich der Ausländer am 1. Juli 2007 seit mindestens acht bzw sechs Jahren ununterbrochen geduldet, gestattet oder mit einer Aufenthaltserlaubnis aus humanitären Gründen im Bundesgebiet aufgehalten hat. Zum Zeitpunkt der Antragstellung müssen die Voraussetzungen zur Erteilung einer Duldung vorliegen; nicht erforderlich ist, dass sich der Ausländer im Besitz einer Duldung befindet. Zur Einschlägigkeit der verkürzten Aufenthaltsdauer von sechs Jahren am 1. Juli 2007 genügt auch, wenn bis zum 1. Juli 2007 minderjährige Kinder geboren bzw eingereist sind. Bei Kindern, die bereits vor dem 1. Juli 2007 in Deutschland lebten, genügt, dass sie am 1. Juli 2007 minderjährig waren.

104a.1.2 Die gesetzliche Voraussetzung, über hinreichende Deutschkenntnisse i. S. d. Stufe A 2 des Gemeinsamen Europäischen Referenzrahmens für Sprachen (GER) zu verfügen, beinhaltet die folgenden sprachlichen Fähigkeiten:

- Kann eine einfache Beschreibung von Menschen, Lebens- oder Arbeitsbedingungen, Alltagsroutinen, Vorlieben oder Abneigungen usw. geben, und zwar in kurzen listenhaften Abfolgen aus einfachen Wendungen und Sätzen.
- Kann die Familie, Lebensverhältnisse, die Ausbildung und die gegenwärtige oder die letzte berufliche Tätigkeit beschreiben. Kann mit einfachen Worten Personen, Orte, Dinge beschreiben.
- Kann sich in einfachen, routinemäßigen Situationen verständigen, in denen es um einen unkomplizierten und direkten Austausch von Informationen über vertraute Routineangelegenheiten in Zusammenhang mit Arbeit und Freizeit geht. Kann sehr kurze Kontaktgespräche führen, versteht aber kaum genug, um das Gespräch selbst in Gang halten zu können.
- Kann verstehen, was in einem einfachen Alltagsgespräch langsam, deutlich und direkt an sie/ihn gerichtet gesagt wird, vorausgesetzt die sprechende Person gibt sich Mühe, ihm/ihr verstehen zu helfen.
- Kann sehr kurze Kontaktgespräche führen, versteht aber kaum genug, um selbst das Gespräch in Gang zu halten; versteht jedoch, wenn die Gesprächspartner sich Mühe geben, sich ihm/ihr verständlich zu machen. Kann einfache, alltägliche Höflichkeitsformeln verwenden, um jemanden zu grüßen oder anzusprechen.
- Kann jemanden einladen und auf Einladungen reagieren.
- Kann um Entschuldigung bitten und auf Entschuldigungen reagieren.
- Kann sagen, was er/sie gerne hat und was nicht.
- Kann in einem Interview einfache Fragen beantworten und auf einfache Feststellungen reagieren.

Bezüglich der Abgrenzung zur niedrigeren Sprachstufe A 1 GER siehe Nummer 30.1.2.1.

104a.1.3 Wie bei der Niederlassungserlaubnis nach § 9 und beim Ehegattennachzug kann vom Sprachnachweis bei körperlicher, geistiger oder seelischer Krankheit oder Behinderung abgesehen werden. Darüber hinaus ist in der gesetzlichen Altfallregelung ausdrücklich vorgesehen, dass vom Spracherfordernis auch aus Altersgründen abzusehen ist. Altersgründe liegen jedenfalls bei allen Personen vor, die am 31. Dezember 2009 das 65. Lebensjahr vollendet haben werden, sowie bei allen noch nicht schulpflichtigen Kindern. Ferner kann von der Voraussetzung hinreichender Sprachkenntnisse bis zum 1. Juli 2008 abgesehen werden; sie müssen jedoch spätestens dann nachgewiesen werden.

104a.1.4 Der tatsächliche Schulbesuch der Kinder ist in geeigneter Weise nachzuweisen.

104a.1.5 Hinsichtlich der vorsätzlichen Täuschung der Ausländerbehörde und des vorsätzlichen Hinauszögerns oder Behinderns behördlicher Maßnahmen zur Aufenthaltsbeendigung ist – entsprechend dem Willen des Gesetzgebers, an die großzügige Verständnis der IMK-Bleiberechtsregelung vom 17. November 2006 anknüpfen und das Problem der langjährig Geduldeten lösen zu wollen – ein großzügiger Maßstab anzulegen.

104a.1.5.1 Eine Täuschung der Ausländerbehörde über aufenthaltsrechtliche Umstände kommt insbesondere dann in Betracht, wenn der Ausländer vorsätzlich Falschangaben über seine Identität – einschließlich Alter und Herkunftsstaat –, über das Bestehen einer familiären Lebensgemeinschaft oder über den (mangelnden) Besitz eines Passes macht.

104a.1.5.2.1 Der Ausschlussgrund des vorsätzlichen Hinauszögerns oder Behinderns behördlicher Maßnahmen zur Aufenthaltsbeendigung kann z. B. dann vorliegen, wenn ein Ausländer

- nachweislich Identitätsnachweise oder Personaldokumente vernichtet und unterdrückt hat, um seine Abschiebung zu verhindern,
- seinen personenstandsrechtlichen Verpflichtungen im Hinblick auf Eintragungen in den Registern des Herkunftslandes (z. B. Registrierung von Geburten der Kinder in Familienregistern) oder der Verpflichtung zur Beschaffung von Nationalpässen und sonstigen Dokumenten für sich und seine Familienangehörigen nicht eigeninitiativ nachkommt. Dies gilt jedenfalls dann, wenn der Ausländer diesbezügliche Hinweise und Aufforderungen der Ausländerbehörde nicht beachtet,
- im Rahmen der Dokumentenbeschaffung zu einem konkreten Termin oder innerhalb eines bestimmten Zeitraums zur Vorsprache bei der Vertretung eines ausländischen Staates aufgefordert worden ist und dieser Aufforderung nicht gefolgt ist bzw bei Staaten, die statt dessen ein schriftliches Verfahren durchführen, die Unterschrift entsprechender Anträge verweigert,
- sich durch Untertauchen behördlichen Maßnahmen entzogen hat,
- der bereits in Abschiebehaft saß, sich beharrlich geweigert hat, an der Durchsetzung seiner Ausreisepflicht mitzuwirken oder sonst seine Abschiebung durch sein persönliches Verhalten verhindert hat.

104a.1.5.2.2 Das Verhalten des Ausländers muss für die Verzögerung oder Verhinderung der Abschiebung allein ursächlich gewesen sein. An dieser Ursächlichkeit fehlt es, wenn es unabhängig vom Verhalten des Ausländers Gründe gab, die einer Abschiebung entgegenstanden. Das Verhalten muss darüber hinaus von einigem Gewicht gewesen sein. Dies ist von der Ausländerbehörde an Hand einer Gesamtbetrachtung des jeweiligen Einzelfalles festzustellen. Dabei kann zugunsten des Ausländers zu berücksichtigen sein, dass die Täuschung bereits länger zurückliegt, der Ausländer später seine zunächst falschen Angaben korrigiert hat oder er sich erfolgreich um eine Integration bemüht hat, so dass der Vorwurf aus heutiger Sicht weniger schwer wiegt.

104a.1.5.2.3 Das Einlegen von Rechtsmitteln allein fällt nicht unter den Ausschlussgrund des vorsätzlichen Hinauszögerns oder Behinderns behördlicher Maßnahmen zur Aufenthaltsbeendigung.

104a.1.6 Der Ausschlussgrund nach § 104a Absatz 1 Satz 1 Nummer 5 ist verwirklicht, wenn der Ausländer entweder Bezüge zu extremistischen bzw. terroristischen Organisationen hat oder diese unterstützt. Ein gleichzeitiges Vorliegen beider Varianten ist nicht notwendig. Unter Bezügen zu extremistischen oder terroristischen Organisationen sind Beziehungen bzw. Kontakte zu verstehen, die über bloße zufällige Begegnungen hinausgehen müssen. Die Beziehungen dürfen nicht nur loser Natur sein, d. h. sich grundsätzlich nicht auf einmalige oder gelegentliche bzw. vereinzelte Kontakte beschränken. Sie müssen jedenfalls derart ausgestaltet sein, dass Anhaltspunkte dafür bestehen, dass der betroffene Ausländer um die extremistische oder terroristische Ausrichtung der mit ihm in Kontakt getretenen Personen weiß oder wissen müsste. Auch in der Vergangenheit liegende Kontakte sind als Bezüge i. S. d. § 104a Absatz 1 Satz 1 Nummer 5 zu verstehen, wenn nicht die dadurch geschaffene Verbindung zu der Organisation später erkennbar gelöst wurde. Zum Begriff „Unterstützen" vgl. Nummer 54.2.1.2.1.

104a.1.7 Aufenthaltserlaubnis auf Probe nach § 104a Absatz 1 Satz 1

104a.1.7.1 Geduldete, die ihren Lebensunterhalt noch nicht eigenständig durch Erwerbstätigkeit sichern, jedoch die übrigen Voraussetzungen des § 104a erfüllen, erhalten eine Aufenthaltserlaubnis auf Probe. Sie wird nach § 104a Absatz 1 Satz 1 erteilt, gilt jedoch als Aufenthaltstitel nach Kapitel 2 Abschnitt 5 (Aufenthalt aus völkerrechtlichen, humanitären oder politischen Gründen), um auch hier die Anwendbarkeit der Vorschriften dieses Abschnitts und der Normen, die hierauf Bezug nehmen (insbesondere § 10 Absatz 3 Satz 1), sicherzustellen. Insbesondere gilt § 10 Absatz 3 Satz 1 und 2. Eine Aufenthaltsverfestigung ist im Falle der Aufenthaltserlaubnis nach § 104a Absatz 1 Satz 1 ausgeschlossen, um den Anreiz zur Arbeitsplatzsuche aufrechtzuerhalten und eine Zuwanderung in die Sozialsysteme zu vermeiden. Der Familiennachzug zu Personen, die eine Aufenthaltserlaubnis nach § 104a Absatz 1 Satz 1 besitzen, ist ausgeschlossen (§ 29 Absatz 3 Satz 3).

104a.1.7.2 Zu wohnsitzbeschränkenden Auflagen siehe Nummer 12.2.5.1.1 ff.

104a.1.8 Aufenthaltserlaubnis bei Lebensunterhaltssicherung durch Erwerbstätigkeit nach § 23 Absatz 1 Satz 1

Erteilt wird die Aufenthaltserlaubnis nach § 23 Absatz 1 Satz 1, wenn der Lebensunterhalt der gesamten Bedarfsgemeinschaft eigenständig durch Erwerbstätigkeit gesichert ist. Es handelt sich hierbei um eine Rechtsfolgenverweisung. Durch die Erteilung der Aufenthaltserlaubnis nach § 23 Absatz 1 Satz 1 wird die Anwendbarkeit von Vorschriften, die auf die Regelung bzw. Kapitel 2 Abschnitt 5 (Aufenthalt aus völkerrechtlichen, humanitären oder politischen Gründen) Bezug nehmen, gewährleistet, ohne dass Folgeänderungen in anderen Vorschriften des Aufenthaltsgesetzes und anderer Gesetze, die an die Vorschrift anknüpfen, erforderlich sind. Der Familiennachzug richtet sich – wie stets bei Personen mit einer Aufenthaltserlaubnis gemäß § 23 Absatz 1 – nach § 29 Absatz 3 Satz 1, kann also nur aus völkerrechtlichen oder humanitären Gründen oder zur Wahrung politischer Interessen der Bundesrepublik Deutschland erteilt werden.

104a.1.9 Einbezogene minderjährige Kinder

Einbezogen sind entsprechend dem IMK-Beschluss vom 17. November 2006 die minderjährigen ledigen Kinder von Ausländern mit einer Aufenthaltserlaubnis nach der gesetzlichen Altfallregelung, wenn sie mit ihnen in häuslicher Gemeinschaft leben. Für die Anwendung des § 104a Absatz 1 genügt es, dass die Kinder in häuslicher Gemeinschaft mit ihren Verwandten leben und diese als Vormund/ Pfleger bestellt sind. Sie sind dann nicht unbegleitet i. S. d. Absatzes 2 Satz 2. Die Kinder erhalten in der Regel nicht ein der Aufenthaltserlaubnis der Eltern bzw. eines Elternteiles abhängiges Aufenthaltsrecht auf der gleichen Rechtsgrundlage wie die Eltern. Sie müssen die Voraussetzungen zur Erteilung der Aufenthaltserlaubnis – bis auf die Voraufenthaltszeit und die eigenständige Erwerbstätigkeit (da es bei § 104a stets nur darauf ankommt, dass der Bedarf der gesamten Bedarfsgemeinschaft erfüllt ist, auch wenn dies durch die Erwerbstätigkeit von einem anderen Familienmitglied sichergestellt ist) – auch in eigener Person erfüllen (zum Nachweis hinreichender mündlicher Deutschkenntnisse siehe Nummer 104 a.1.2 f.). Dem minderjährigen Kind kann in den Fällen des § 30 Absatz 3 Nummer 7 AsylVfG die Aufenthaltserlaubnis abweichend von § 10 Absatz 3 Satz 2 erteilt werden. Mit Eintritt der Volljährigkeit kann ihnen eine Aufenthaltserlaubnis unter den erleichterten Voraussetzungen des § 104a Absatz 2 Satz 1 erteilt werden.

104a.2 Volljährige ledige Kinder und unbegleitete Minderjährige

104a.2.0 Bei Vorliegen der Voraussetzungen des Absatzes 2 kann als Rechtsfolge eine Aufenthaltserlaubnis nach § 23 Absatz 1 Satz 1 erteilt werden. Bei der Ermessensausübung ist, soweit dies nicht schon im Rahmen der Integrationsprognose in Ansatz gebracht wurde, das Vorliegen eines Versagungsgrundes nach Nummer 4, 5 und 6 des Absatzes 1 zu berücksichtigen.

104a.2.1 § 104a Absatz 2 Satz 1 sieht ein Aufenthaltsrecht im Falle einer positiven Integrationsprognose für geduldete volljährig gewordene Kinder von geduldeten Ausländern vor, die die Voraufenthaltszeiten nach Absatz 1 erfüllen. Mangels ausdrücklichen Ausschlusses gelten die allgemeinen Erteilungsvoraussetzungen des § 5, es muss also insbesondere die Sicherung des Lebensunterhalts nachgewiesen sein. Nach § 5 Absatz 3 Satz 2 kann hiervon abgesehen werden, wobei § 104a Absatz 6 Nummer 1 bis 3 in diesem Zusammenhang Anhaltspunkte für die Ermessensausübung bietet. Bei volljährig gewordenen Schülern einer Fachschule oder eines Gymnasiums, die ihre begonnene Schulausbildung zügig beenden werden, kann ebenfalls von der Lebensunterhaltssicherung abgesehen werden. Als Nachweis, dass diese Voraussetzungen erfüllt werden, kann eine Prognoseentscheidung der Schule eingeholt werden. Der Lebensunterhalt von Studenten, die BAföG beziehen, gilt ebenfalls als gesichert.

Von den Voraussetzungen des § 5 Absatz 2 (ordnungsgemäßes Visumverfahren) sollte vom Sinn und Zweck der Regelung des § 104a Absatz 2 und im Gleichklang mit den Aufenthaltserlaubnissen nach § 104a Absatz 1, bei denen § 5 Absatz 2 gar nicht zur Anwendung kommt, abgesehen werden.

Samel

104a.2.2 § 104a Absatz 2 Satz 2 gewährt minderjährigen oder volljährig gewordenen Ausländern ein Aufenthaltsrecht, die als unbegleitete Minderjährige ins Bundesgebiet eingereist sind, wenn sie sich am Stichtag seit mindestens sechs Jahren, also mindestens seit dem 1. Juli 2001, geduldet, gestattet oder mit einer Aufenthaltserlaubnis aus humanitären Gründen im Bundesgebiet aufgehalten haben und eine positive Integrationsprognose vorliegt. Auch hier ist § 5 mangels ausdrücklichen Ausschlusses anwendbar, ebenso kann gemäß § 5 Absatz 3 von der Anwendung von dessen Absätzen 1 und 2 abgesehen werden. Zu den Ermessenserwägungen siehe Nummer 104 a.2.0.

104a.3 Ausschluss bei Straftaten von Familienangehörigen
104a.3.1 § 104a Absatz 3 Satz 1 sieht in Anlehnung an den IMK-Beschluss vom 17. November 2006 vor, dass die Begehung von Straftaten nach § 104a Absatz 1 Nummer 6 durch einen Ausländer die Versagung der Aufenthaltserlaubnis auch für die mit ihm in häuslicher Gemeinschaft lebenden Familienmitglieder zur Folge hat. Für minderjährige Kinder, deren Eltern straffällig geworden sind, entspricht dies dem Grundsatz, dass das minderjährige Kind das aufenthaltsrechtliche Schicksal der Eltern teilt. Hinzu kommt, dass auf Grund der häuslichen Gemeinschaft ein negativer Einfluss auf die übrigen Familienmitglieder nicht auszuschließen ist. Dies gilt auch für das Verhältnis von Geschwistern untereinander. Für die Fälle, in denen Kinder eine Straftat begangen haben, ist der Ausschluss der Eltern im Hinblick auf ihre Aufsicht- und Erziehungspflicht gerechtfertigt.

104a.3.2 § 104a Absatz 3 Satz 2 enthält eine Ausnahmeregelung für den Ehegatten des Ausländers; für seine Kinder kommt eine Aufenthaltserlaubnis nach § 104a in Betracht. Eine besondere Härte i. S. d. § 104a Absatz 3 Satz 2 wird insbesondere auf Grund von Umständen vorliegen, aufgrund derer das Verlassen der Bundesrepublik wegen eigener Integrationsleistungen schlechterdings unzumutbar wäre. Allein die Aufenthaltsdauer etwa kann eine solche Härte nicht begründen, weil insoweit keine Besonderheit gegenüber anderen Adressaten der gesetzlichen Altfallregelung besteht.

104a.3.3 Auf die Vorschriften des Familiennachzugs kann sich der straffällig gewordene Familienangehörige bei der Aufenthaltserlaubnis auf Probe gemäß § 29 Absatz 3 Satz 3 nicht und im Übrigen nur unter den Voraussetzungen des § 29 Absatz 3 Satz 1 sowie der allgemeinen Erteilungsvoraussetzungen berufen. Bei der Ermessensausübung, etwa im Rahmen des § 27 Absatz 3 Satz 2, ist darauf zu achten, dass hinsichtlich des straffällig gewordenen Familienangehörigen die Wertung des § 104a Absatz 3 nicht unterlaufen wird.

104a.4 Integrationsvereinbarung
Nach Absatz 4 Satz 1 kann die Aufenthaltserlaubnis entsprechend dem IMK-Beschluss unter der Bedingung erteilt werden, dass der Ausländer an einem Integrationsgespräch teilnimmt und eine Integrationsvereinbarung abgeschlossen wird. Den Ausländerbehörden wird mit dieser Bestimmung die Möglichkeit der individuellen Beratung sowie der Kontrolle der Integrationsfortschritte gegeben. Wurde eine Integrationsvereinbarung abgeschlossen, ist eine Verlängerung der Aufenthaltserlaubnis von der Erfüllung der eingegangenen Integrationsverpflichtung abhängig. Sofern ein Aufenthaltstitel nach Absatz 1 ausgestellt worden ist, kann der Ausländer nach § 44 Absatz 4 vom Bundesamt für Migration und Flüchtlinge zum Integrationskurs zugelassen werden.

104a.5 Verlängerung gemäß § 104a Absatz 5
104a.5.1 § 104a Absatz 5 enthält zunächst die Festlegung, dass die Aufenthaltstitel nach Absatz 1 und 2 mit einer Gültigkeit bis zum 31. Dezember 2009 erteilt werden.

104a.5.2 In Fällen, in denen der Ausländer bei Erteilung der Aufenthaltserlaubnis nach Maßgabe des Absatzes 1 nicht über hinreichende mündliche deutsche Sprachkenntnisse i. S. d. Stufe A 2 GER verfügt, wird die Aufenthaltserlaubnis lediglich bis zum 1. Juli 2008 erteilt. Weist der Ausländer zum Zeitpunkt der erforderlichen Verlängerung dieser so befristeten Aufenthaltserlaubnis die erforderlichen Sprachkenntnisse nach, wird die Aufenthaltserlaubnis unter den Voraussetzungen des Absatzes 1 mit einer Befristung bis zum 31. Dezember 2009 verlängert.

104a.5.3 Im Gegensatz zu § 104a Absatz 1, wonach bei Erteilung der Aufenthaltserlaubnis auf die Erfüllung der Voraussetzung nach § 5 Absatz 1 Nummer 1 verzichtet wird, wird für die Verlängerung der Aufenthaltserlaubnis bzw Erteilung über den 31. Dezember 2009 hinaus vorausgesetzt, dass im zu betrachtenden Zeitraum der Lebensunterhalt überwiegend eigenständig durch Erwerbstätigkeit gesichert war. Dies ist der Fall, wenn entweder im überwiegenden Teil des zu betrachtenden Zeitraums der Lebensunterhalt vollständig ohne öffentliche Leistungen gesichert war oder im gesamten Zeitraum trotz zusätzlichen Bezugs öffentlicher Mittel jedenfalls das Einkommen aus Erwerbstätigkeit insgesamt überwog. Dabei werden öffentliche Leistungen nicht angerechnet, die auf Beitragsleistungen beruhen wie z. B. Leistungen aus der Kranken- oder Rentenversicherung und das Arbeitslosengeld I. Dagegen sind Leistungen nach dem SGB II und SGB XII keine auf einer Beitragsleistung beruhenden öffentlichen Mittel und werden als öffentliche Leistungen angerechnet. Zu Wohngeld vgl. Nummer 2.3.1.3. Für die Zukunft gilt hinsichtlich der überwiegenden Lebensunterhaltssicherung der gleiche Maßstab wie für den zurückliegenden Zeitraum. Sofern Anhaltspunkte dafür vorliegen, dass der Ausländer auch in Zukunft auf ergänzende Sozialleistungen angewiesen sein wird, ist für die Verlängerung der Aufenthaltserlaubnis zu verlangen, dass im Laufe der Zeit eine vollständige eigenständige Lebensunterhaltssicherung gelingen kann. Wie auch bei der sofortigen Erteilung der Aufenthaltserlaubnis nach § 23 Absatz 1 (im Rahmen des § 104a Absatz 1 Satz 2) muss bei der Frage der Lebensunterhaltssicherung die gesamte Familie einbezogen werden.

104a.5.4 Das Gleiche gilt, wenn der Ausländer im Zeitraum vom 1. April 2009 bis zum 31. Dezember 2009 aus eigener Erwerbstätigkeit den Lebensunterhalt ohne Inanspruchnahme öffentlicher Leistungen bestreiten konnte und es sich nicht nur um eine vorübergehende Beschäftigung handelt. Die Annahme, dass in diesen Fällen für die Zukunft der Lebensunterhalt überwiegend gesichert sein wird, kann auch dann gerechtfertigt sein, wenn der Erwerbstätigkeit zugrunde liegende Arbeitsvertrag lediglich eine bei dem Abschluss vergleichbarer Arbeitsverträge übliche Befristung des Arbeitsverhältnisses beinhaltet. Liegen die Voraussetzungen für die Verlängerung nach § 104a Absatz 5 – ggf. i. V. m. § 104a Absatz 6 – vor, wird die Aufenthaltserlaubnis nach § 23 Absatz 1 Satz 1 um zwei Jahre verlängert. Liegen die Voraussetzungen nicht vor, ist eine Verlängerung der nach § 104a Absatz 1 Satz 1 erteilten Aufenthaltserlaubnis nach § 104a Absatz 1 oder § 8 Absatz 1 oder § 26 Absatz 1 nicht möglich, da die Verlängerungsregelung von § 104a Absatz 5 Satz 2 als lex specialis die Anwendung anderer Verlängerungsregelungen ausschließt.

104a.5.5 Ausschluss der Fiktionswirkung nach § 81 Absatz 4
Nach § 104a Absatz 5 Satz 5 ist die Fiktionswirkung des § 81 Absatz 4 ausgeschlossen. Die Regelung gilt für alle auf Grund von § 104a erteilten und verlängerten Aufenthaltserlaubnisse.

Altfallregelung § 104a AufenthG 1

Die Regelung geht auf die politische Forderung zurück zu verhindern, dass sich ein auf die gesetzliche Altfallregelung berufender Ausländer allein durch Stellen eines Verlängerungsantrags der Aufenthaltsbeendigung entziehen kann. Sie unterstreicht zudem die gesetzgeberische Intention, dass eine Verlängerung nicht in Betracht kommt, wenn die Verlängerungsvoraussetzungen erst nach Ablauf der erstmals erteilten Aufenthaltserlaubnis erfüllt werden.

104a.6 Ausnahmen bei der Verlängerung der Aufenthaltserlaubnis zur Vermeidung von Härtefällen

104a.6.0 Mit § 104a Absatz 6 werden Ausnahmen festgelegt, in denen die Aufenthaltserlaubnis zur Vermeidung von Härtefällen auch dann verlängert werden kann, wenn der Lebensunterhalt nicht, wie in § 104a Absatz 5 gefordert, eigenständig durch Erwerbstätigkeit gesichert wird.

104a.6.1 In Nummer 1 werden Ausnahmen für Jugendliche oder junge Erwachsene geschaffen, die sich in Ausbildung oder Berufsvorbereitung befinden. Sie sollen ihre individuellen Bildungschancen nutzen können, um ihre weitere Integration in Deutschland zu ermöglichen, sofern sie die Regelausbildungsdauer nicht um mehr als ein Jahr überschreiten. Unter beruflicher Ausbildung werden Ausbildungsgänge erfasst, die zu einem beruflichen Abschluss führen. Hierunter fallen zum einen staatlich anerkannte Ausbildungsberufe, wenn die Ausbildung betrieblich oder außerbetrieblich durchgeführt und ein dafür vorgeschriebener Ausbildungsvertrag abgeschlossen wird. Zum anderen werden darunter die außerhalb des dualen Ausbildungssystems an Berufsfachschulen und anderen Schulformen durchzuführenden voll qualifizierenden Berufsausbildungen verstanden, die mit einem beruflichen Abschluss enden. Staatlich geförderte Maßnahmen der Berufsausbildungsvorbereitung zielen nach dem SGB III und dem BBiG darauf ab, lernbeeinträchtigten und sozial benachteiligten Jugendlichen Ausbildungsreife zu vermitteln. Hierunter fallen auch das Berufsvorbereitungsjahr oder Berufsgrundbildungsjahr, sowie die betriebliche Einstiegsqualifizierung nach der Richtlinie zur Durchführung des Sonderprogramms Einstiegsqualifizierung Jugendlicher (EQJ-Programm).

Die Regelung gilt entsprechend für Schüler an Oberstufen der allgemeinbildenden Schulen und Studenten an (Fach-)Hochschulen, sofern sie seit der erstmaligen Erteilung der Aufenthaltserlaubnis ihre Ausbildung zügig weiter betrieben haben und zu erwarten ist, dass sie diese erfolgreich beenden werden. Nummern 16.1.1.6.2 f. finden Anwendung. Für den Studiengangwechsel gilt Nummer 16.2.5.

Das Vorliegen der Voraussetzungen des Absatzes 6 Nummer 1 wirkt sich so aus, dass die in Nummer 104 a.6.1 genannten Personen bei der Berechnung des Lebensunterhalts für die Gesamtfamilie außer Betracht bleiben.

104a.6.2 Mit Nummer 2 werden Ausnahmen in den Fällen zugelassen, in denen die Familien mit Kindern nur vorübergehend auf ergänzende Sozialleistungen angewiesen sind. Der Begriff „Kinder" bezieht sich dabei nicht nur auf minderjährige Kinder, sondern auf alle Kinder der Familie, für die die Eltern zur Leistung von Unterhalt verpflichtet sind und tatsächlich einen Beitrag leisten. Der Bezug der „ergänzenden Sozialleistungen" muss sich darüber hinaus in den Kindern begründen, das bedeutet, dass die eigenen Einkünfte aus Erwerbstätigkeit zwar zur überwiegenden Bestreitung des Lebensunterhalts der Eltern ausreichen würden, nicht jedoch zur Deckung des überwiegenden Lebensunterhalts der gesamten Familie genügen. In diesen Fällen kann also auch bei Unterschreitung der nach § 104a Absatz 5 für die Prognoseentscheidung vorgeschriebenen Maßstäbe der Titel verlängert werden. Ebenso gilt es auch den Begriff „vorübergehend" im Zusammenhang mit der Voraussetzung vorhandener Kinder zu sehen. Insofern berücksichtigt diese Ausnahme, dass durch Kinder in der Familie die überwiegende eigenständige Sicherung des Lebensunterhalts erschwert sein kann, dies insbesondere wenn Kinder im Vorschulalter vorhanden sind. Es kann damit keine feste zeitliche Grenze festgelegt werden, die den Begriff „vorübergehend" definiert. Es müssen jedoch berechtigte Anhaltspunkte dafür gegeben sein, dass der Bezug dieser ergänzenden Sozialleistungen nicht dauerhaft erfolgen wird.

104a.6.3 Nach Nummer 3 kommen Ausnahmen für Alleinerziehende mit einem oder mehreren Kindern in Betracht, die vorübergehend auf Sozialleistungen angewiesen sind, weil ihnen die Ausübung einer Erwerbstätigkeit nicht zumutbar ist, wenn diese die Erziehung eines oder der Kinder gefährden würde. Die Erziehung eines Kindes, das dritte Lebensjahr vollendet hat, ist nach § 10 Absatz 1 Nummer 3 SGB II i. d. R. nicht gefährdet, soweit seine Betreuung in einer Tageseinrichtung oder in Tagespflege i. S. d. Vorschriften des SGB VIII oder auf sonstige Weise sichergestellt ist.

104a.6.4 Nummer 4 erfasst die Ausländer, die vor Erreichen der Altersgrenze von 65 Jahren auf Grund von Erwerbsunfähigkeit eine eigenständige Lebensunterhaltssicherung aus eigener Erwerbstätigkeit nicht erbringen können. Es muss sich um eine Erwerbsunfähigkeit im rentenrechtlichen Sinne handeln. Voraussetzung ist jedoch, dass der Lebensunterhalt einschließlich ausreichenden Krankenversicherungsschutzes und einer erforderlichen Betreuung und Pflege in sonstiger Weise ohne Leistungen der öffentlichen Hand dauerhaft gesichert ist. Leistungen, die auf Beitragszahlungen beruhen, bleiben außer Betracht.

104a.6.5.1 Die Anwendung der Ausnahme von Nummer 5 kommt nur unter den kumulativ genannten Voraussetzungen in Betracht. Maßgeblich ist das Lebensalter, das der Ausländer zum Zeitpunkt der am 1. Januar 2010 anstehenden Verlängerung der Aufenthaltserlaubnis erreicht hat. Damit werden auch die Ausländer erfasst, die zum Zeitpunkt der Erteilung der Aufenthaltserlaubnis nach § 104a Absatz 1 noch nicht das 65. Lebensjahr vollendet haben, dieses aber im Verlauf der Geltungsdauer der ersten Aufenthaltserlaubnis vollenden werden. Zum Zeitpunkt der Verlängerung muss der Ausländer Kinder oder Enkel in Deutschland haben, die über einen dauerhaften Aufenthalt in Deutschland verfügen. Es ist nicht erforderlich, dass diese im Besitz einer Niederlassungserlaubnis sind, es reicht aus, wenn die Aufenthaltserlaubnis des Kindes oder Enkels eine Aufenthaltsverfestigung ermöglicht. Dies ist insbesondere dann jedoch nicht gegeben, wenn die Verlängerung der Aufenthaltserlaubnis des Kindes oder des Enkels nach § 8 Absatz 2 ausgeschlossen wurde.

104a.6.5.2 Für den Personenkreis der Ausländer, die die genannte Altersgrenze erreicht haben, dürfen keine Sozialleistungen in Anspruch genommen werden. Dies gilt sowohl für Leistungen zum Lebensunterhalt als auch für Leistungen für die Versorgung im Krankheitsfalle und bei Pflegebedürftigkeit. Sofern der Lebensunterhalt nicht aus eigenen Mitteln (z. B. Altersrente) gesichert ist, kann von einer Sicherung des Lebensunterhaltes ausgegangen werden, wenn sichergestellt ist, dass (durch Gesetz oder Verpflichtungserklärung) unterhaltsverpflichtete Familienangehörige auch durchsetzbar in die Unterhaltsverpflichtung genommen werden können.

Übersicht

	Rn.
I. Entstehungsgeschichte	1
II. Allgemeines	2
III. Aufenthaltserlaubnis	5
IV. Berechtigter Personenkreis	8
1. Geduldete mit Mindestaufenthalt	8
2. Ehegatten und Lebenspartner	12
3. Minderjährige Kinder	15
4. Volljährig gewordene Kinder und unbegleitete Minderjährige	16
V. Erteilungsvoraussetzungen	20
1. Allgemeine Erteilungsvoraussetzungen und Sperrwirkung des § 10 III	20
2. Keine Täuschung und keine Behinderung aufenthaltsbeendender Maßnahmen	23
3. Keine Bezüge zu oder Unterstützung von extremistischen oder terroristischen Organisationen	25
4. Straffreiheit der gesamten Familie	29
5. Weitere Voraussetzungen	33
VI. Verlängerung	37
1. Allgemeines	37
2. Sicherung des Lebensunterhalts	40
3. Ausnahmen von der Lebensunterhaltssicherung für bestimmte Personengruppen	43
VII. Ausnahmen für Staatsangehörige bestimmter Staaten	48

I. Entstehungsgeschichte

1   Die Vorschrift wurde mit dem RLUmsG 2007[1] eingefügt. Mit ihr wurde die „Bleiberechtsregelung" der – auf dem Vorschlag des hessischen Innenministers beruhenden – IMK von November 2006 aufgenommen, verstetigt und modifiziert. Die IMK-Regelung hatte ca. 20.000 von 175.000 Geduldeten ein Bleiberecht gebracht[2] und war damit hinter den Hoffnungen von Politik, Flüchtlingsorganisationen und Wohlfahrtsverbänden deutlich zurückgeblieben. Hintergrund für IMK- und gesetzlichen Regelung war die enttäuschte Erwartung, dass, wie vom Gesetzgeber des ZuwG beabsichtigt, mit der Schaffung des § 25 V die Praxis der „Kettenduldungen" abgeschafft und **langjährig Geduldeten** ein Aufenthaltsrecht eingeräumt würde.

II. Allgemeines

2   Die gesetzliche Altfallregelung bezweckte in großzügiger Absicht[3] die Erteilung von Aufenthaltserlaubnissen an am 1.7.2007 (Stichtag) langjährig Geduldete. Gleichzeitig sollten im Interesse der Vermeidung der Zuwanderung in die Sozialsysteme und im Bestreben, unredliches oder sicherheitsgefährdendes Verhalten nicht zu honorieren bzw. zu tolerieren, bestimmte Ausländer ausgeschlossen blieben. Mit § 104a I 1 wurde die Erteilung einer **Aufenthaltserlaubnis „auf Probe"** – dh ohne die Voraussetzung einer eigenständigen Sicherung des Lebensunterhalts – befristet bis zum 31.12.2009 vorgesehen. Damit sollte dem Ausländer die Möglichkeit eröffnet werden, eine Erwerbstätigkeit zu finden[4]. Eine Verlängerung der Aufenthaltserlaubnis um weitere zwei Jahre sollte bei einer überwiegenden bzw. nicht nur vorübergehenden eigenständigen Lebensunterhaltssicherung in der Vergangenheit und einer positiven Lebensunterhaltssicherungsprognose erfolgen (§ 104a V 2, 3). Im Dezember 2009 beschlossen die Innenminister eine Anschlussregelung[5]. Danach wurde den Inhaber einer **Aufenthaltserlaubnis „auf Probe"** unter bestimmten Bedingungen eine Aufenthaltserlaubnis nach § 23 I 1 bis zum 31.12.2011 erteilt[6]. Eine ausdrückliche Fortsetzung dieser Altfallregelung nach dem 1.1.2012 wurde im Hinblick auf die Verlängerungsmöglichkeiten gemäß § 8 I als nicht erforderlich[7] angesehen. Die Forderungen nach einer neuen stichtagsfreien, über die sich durch §§ 18a und 25a bietenden Möglichkeiten hinausgehenden Bleiberechtsregelung haben im Bundesrat zu diversen Bleiberechtsinitiativen der Länder zur Einführung eines „§ 25b – Aufenthaltsgewährung bei nach-

---

[1] Gesetz v. 19.8.2007, BGBl. I S. 1970.
[2] Vgl. Antwort der Bundesregierung auf die Kleine Anfrage der Fraktion DIE LINKE, BT-Drs. 16/7089; ausf. zur IMK-Regelung *Marx* ZAR 2007, 43.
[3] Auch in den VAH des BMI und den Anwendungshinweis bzw. VV der Länder war an verschiedenen Stellen von „großzügiger Auslegung" die Rede, vgl. jetzt AVwV 104a 1.5.
[4] BT-Drs. 16/5065; *Wolff* ZAR 2011, 54.
[5] Vgl. Ständige Konferenz der Innenminister und -senatoren der Länder: Sammlung der zur Veröffentlichung freigegebenen Beschlüsse der 189. Sitzung am 4.12.2009 in Bremen (Beschluss Nr. 13); abgedruckt in InfAuslR 2010, 115.
[6] Vgl. dazu *Deibel* InfAuslR 2011, 7 ff.
[7] Beschl. der IMK v. 9.12.2011 zur Verlängerung der Altfallregelung ab 1.1.2012.

Altfallregelung § 104a AufenthG 1

haltiger Integration[8] –" und letztlich zu dem mit dem AufenthGÄndG 2015[9] eingefügten § 25b geführt. Der Regelung kommt heute keine praktische Bedeutung mehr zu. Neben den Möglichkeiten der Erlangung eines Aufenthaltstitels nach § 25a und § 25b soll nunmehr auch mit der Weiterentwicklung der Duldung zur Ausbildung (§ 60b) und Einführung einer Duldung zur Beschäftigung (§ 60c) durch das DuldG[10] Ausländern, die eine qualifizierte Berufsausbildung aufnehmen oder ihren Lebensunterhalt selbst sichern, eine Bleibeperspektive aufgezeigt werden[11].

Wie viele Ausländer theoretisch aufgrund der vorgesehenen Aufenthaltsdauer in den Genuss der 3 Altfallregelung kommen konnten, ist unklar: 90.685 von insgesamt 158.112 Geduldeten hielten sich am 30.6.2007 seit mehr als sechs Jahren, 62.654 seit mehr als acht Jahren in Deutschland auf[12]. Am 31.3.2008 waren es noch 64.698 Geduldete, die sich am 1.7.2007 seit mehr als sechs Jahren. Bei der gebotenen familienbezogenen Betrachtung ist deshalb davon auszugehen, dass auf jeden Fall deutlich mehr als **70.000** Personen die **zeitlichen** Voraussetzungen für die Erteilung einer Aufenthaltserlaubnis nach § 104a erfüllten. Am 31.3.2009 waren 24.217 Aufenthaltserlaubnis nach der IMK-Regelung und – nach AZR – 35.950 Aufenthaltserlaubnis nach §§ 104a, 104b erteilt worden, der größte Teil davon – 29.244 – als Aufenthaltserlaubnis „auf Probe" nach § 104a I 2[13].

Nachdem die Bedeutung der zeitlich begrenzten Bleiberechtsregelung erwartungsgemäß stark abge- 4 nommen hat, waren die Zahlen entsprechend **rückläufig**. Waren zum 31.12.2010 von den Ländern noch 19.293 Anträge auf Verlängerung einer Aufenthaltserlaubnis „auf Probe" gemeldet worden[14], verfügten zum 31.11.2010 rund 9.900 Personen[15] über eine Aufenthaltserlaubnis nach den Altfallregelungen, zum 30.6.2011 rund 8.800 Personen[16] und am 30.6.2012 waren noch rund 3.400 Personen im Besitz einer Aufenthaltserlaubnis nach diesen Vorschriften[17]. Zum gleichen Zeitpunkt besaßen aber rund 46.100 Personen eine Aufenthaltserlaubnisse nach § 23 I, ca. weitere 1.450 Personen eine Aufenthaltserlaubnis nach § 25a I und II und nur 132 Personen eine Aufenthaltserlaubnis nach § 18a[18]. Die Zahl der Geduldeten mit einem Aufenthalt von länger als sechs Jahren hat sich mit 39.015 von insgesamt 85.138 (geduldeten) Personen[19] im Vergleich zu 2007 immerhin mehr als halbiert, ohne dass dieser Befund allein auf die Altfallregelung zurückgeführt werden kann. Zum 31.12.2013 waren insgesamt 94.508 Personen mit Duldung erfasst, davon 32.640 Personen mit einem Aufenthalt von länger als sechs Jahren[20]. Zum 31.12.2014 waren es 113.221 geduldete Personen, davon 31.245 Personen mit einem Aufenthalt von länger als sechs Jahren[21]; zum 31.12.2015 waren es 155.308 davon 29.441 Personen mit einer Duldungsdauer von mehr als sechs Jahren[22]. Zum 31.12.2016 verzeichnete das AZR 153.047 Personen als geduldet, davon 28.154 Personen mit einer Duldungsdauer von mehr als sechs Jahren[23]; am 31.12.2017 waren es 166.068 bzw. 26.075 Personen[24]. Zum 31.12.2018 verzeichnete das AZR 180.124 Personen als geduldet, davon 25.629 Personen mit einer Duldungsdauer von mehr als sechs Jahren[25]. In den Jahren 2019 und 2020 setzte sich der Anstieg der Zahl der Geduldeten fort. Zum 31.12.2019 verzeichnete das AZR 202.387 Personen als geduldet, davon 27.088 Personen mit einer Duldungsdauer von mehr als sechs Jahren[26]. Zum 31.12.2020 verzeichnete das AZR 235.771 Personen als geduldet, davon 35142 mit einer Duldungsdauer von mehr als sechs Jahren[27].

III. Aufenthaltserlaubnis

Nach § 104a wurden an vormals Geduldete zwei Arten der Aufenthaltserlaubnis erteilt: die Auf- 5 enthaltserlaubnis nach § 104a I 2 iVm § 23 I 1 und die Aufenthaltserlaubnis nach § 104a I 1. Wer zum Zeitpunkt der Beantragung der Aufenthaltserlaubnis alle Voraussetzungen erfüllte, erhielt eine

---

[8] Ua Gesetzesanträge des Landes Niedersachsens BR-Drs. 333/12, der Freien und Hansestadt Hamburg, BR-Drs. 505/12; vgl. Bundesrat Beschl. v. 22.3.2013, BR-Drs. 505/12.
[9] Gesetz v. 27.7.2015, BGBl. I S. 1386.
[10] Gesetz v. 8.7.2019, BGBl. I S. 1021.
[11] BR-Drs. 8/19, 1.
[12] Vgl. Antwort der Bundesregierung auf die Kleine Anfrage der Fraktion DIE LINKE, BT-Drs. 16/8362.
[13] Vgl. Antwort der Bundesregierung auf die Kleine Anfrage der Fraktion DIE LINKE, BT-Drs. 16/13163.
[14] Vgl. Antwort der Bundesregierung auf die Kleine Anfrage der Fraktion DIE LINKE, BT-Drs. 17/4631.
[15] Vgl. Antwort der Bundesregierung auf die Kleine Anfrage der Fraktion DIE LINKE, BT-Drs. 17/4631.
[16] Vgl. Antwort der Bundesregierung auf die Kleine Anfrage der Fraktion DIE LINKE, BT-Drs. 17/6816.
[17] Vgl. Antwort der Bundesregierung auf die Kleine Anfrage der Fraktion DIE LINKE, BT-Drs. 17/10451.
[18] Vgl. Antwort der Bundesregierung auf die Kleine Anfrage der Fraktion DIE LINKE, BT-Drs. 17/10451.
[19] Vgl. Antwort der Bundesregierung auf die Kleine Anfrage der Fraktion DIE LINKE, BT-Drs. 17/10451.
[20] Vgl. Antwort der Bundesregierung auf die Kleine Anfrage der Fraktion DIE LINKE, BT-Drs. 18/1033.
[21] Vgl. Antwort der Bundesregierung auf die Kleine Anfrage der Fraktion DIE LINKE, BT-Drs. 18/3987.
[22] Vgl. Antwort der Bundesregierung auf die Kleine Anfrage der Fraktion DIE LINKE, BT-Drs. 18/8700.
[23] Vgl. Antwort der Bundesregierung auf die Kleine Anfrage der Fraktion DIE LINKE, BT-Drs. 18/11388.
[24] Vgl. Antwort der Bundesregierung auf die Kleine Anfrage der Fraktion DIE LINKE, BT-Drs. 19/633.
[25] Vgl. Antwort der Bundesregierung auf die Kleine Anfrage der Fraktion DIE LINKE, BT-Drs. 19/5258.
[26] Vgl. Antwort der Bundesregierung auf die Kleine Anfrage der Fraktion DIE LINKE, BT-Drs. 19/19333.
[27] Vgl. Antwort der Bundesregierung auf die Kleine Anfrage der Fraktion DIE LINKE, BT-Drs. 19/28234.

Aufenthaltserlaubnis nach § 23 I. Wer die Voraussetzungen allein wegen fehlender Lebensunterhaltssicherung nicht erfüllte, erhielt zunächst die **Aufenthaltserlaubnis „auf Probe"** nach § 104a, die abweichend von § 5 I 1 Nr. 1 erteilt wird[28]. Beide Aufenthaltserlaubnisse sind humanitäre Aufenthaltstitel nach Kapitel 2 Abschnitt 5; sie waren bis zum 31.12.2009 befristet. Die (erstmalige) Erteilung einer Aufenthaltserlaubnis nach § 104a für einen nach dem 31.12.2009 liegenden Zeitraum ist ausgeschlossen[29], sie konnte aber noch nach Ablauf des Ersterteilungszeitraum rückwirkend bis zu diesem Datum erteilt werden[30].

6   Auf die Erteilung der Aufenthaltserlaubnis nach § 104a besteht idR ein Anspruch: die Aufenthaltserlaubnis „soll" erteilt werden, wenn die übrigen Voraussetzungen vorliegen. Nur wenn ein atypischer Fall vorliegt, kann trotz Vorliegens der Voraussetzungen bei fehlender Lebensunterhaltssicherung ausnahmsweise von der Erteilung der Aufenthaltserlaubnis abgesehen werden. Ein atypischer Fall liegt nicht schon vor, wenn Antragsteller erwerbsunfähig, behindert oder im Rentenalter sind. Für solche Personengruppen normiert Abs. 6 Nr. 4 und 5 die Voraussetzungen der Verlängerung der Aufenthaltserlaubnis; dies schließt insofern die Annahme eines atypischen Falls aus[31]. Wenn allerdings schon zum Zeitpunkt der erstmaligen Beantragung mit hinreichender Sicherheit davon ausgegangen werden kann, dass die Lebensunterhaltssicherung auch zukünftig nicht möglich sein wird, kann ein atypischer Fall vorliegen[32]. Dabei ist allerdings zu beachten, dass bei der Erteilung der „endgültigen" Aufenthaltserlaubnis nach § 23 I ab 1.1.2010 gemäß Abs. 6 vom Erfordernis der Lebensunterhaltssicherung abgesehen werden kann.

7   Beide Aufenthaltserlaubnisse berechtigten zur Ausübung einer Erwerbstätigkeit, dh jeder selbständigen oder unselbständigen Tätigkeit unabhängig von einer Genehmigung durch Ausländerbehörde oder Bundesagentur für Arbeit (§ 104a IV 2); damit stehen den Inhabern dieser Aufenthaltserlaubnis regelmäßig auch die an dieses Merkmal anknüpfenden Leistungen offen.

IV. Berechtigter Personenkreis

1. Geduldete mit Mindestaufenthalt

8   Voraussetzung für die Erteilung der Aufenthaltserlaubnis nach § 104a ist das Vorliegen einer Duldung oder von Duldungsgründen[33] bei Bestehen einer **vollziehbaren Ausreisepflicht** zum Zeitpunkt der Antragstellung. In laufenden Verfahren, auch Gerichtsverfahren, auf Erteilung einer Aufenthaltserlaubnis aus humanitären Gründen ist ggf. hilfsweise auch die Möglichkeit der Erteilung einer Aufenthaltserlaubnis nach § 104a zu prüfen[34]. Asylantragsteller im Besitz einer Gestattung können erst nach Rücknahme des Asylerst- oder Folgeantrages in den Genuss der Altfallregelung kommen[35].

9   Erforderlich war zum **Stichtag 1.7.2007** eine Mindestaufenthaltsdauer von acht Jahren, die sich auf sechs Jahre verkürzte, wenn der Ausländer zu diesem Stichtag mit minderjährigen ledigen Kindern in einem Haushalt lebte[36]. Dabei kommt es darauf an, ob die Kinder am Stichtag minderjährig waren. Sind sie zwischenzeitlich volljährig geworden, so ist das unschädlich. Wurden Kinder erst nach dem 1.7.2007 geboren oder sind erst danach eingereist, verkürzt sich die erforderliche Aufenthaltsdauer der Eltern auf sechs Jahre[37].

10 Der Aufenthalt muss ununterbrochen geduldet oder gestattet gewesen sein, oder es muss eine Aufenthaltserlaubnis aus humanitären Gründen vorgelegen haben. Ausländer, die innerhalb der Mindestaufenthaltsdauer im Besitz einer **Aufenthaltserlaubnis zu einem anderen Aufenthaltszweck** als nach Kapitel 2 Abschnitt 5 waren (zB Studienaufenthalt, Familiennachzug), sind ausgeschlossen. Etwas anderes gilt, wenn ein Ausländer unter Fortbestehen des humanitären Aufenthaltsrechts zwischenzeitlich eine Aufenthaltserlaubnis zu einem anderen Aufenthaltszweck erhalten hat (zB durch Eheschließung oder Aufnahme eines Studiums); die Tatsache, dass die Aufenthaltserlaubnis jeweils nur einen, den vorrangigen, Aufenthaltszweck nennt, kann dem Ausländer nicht entgegengehalten werden. Die Nichtberücksichtigung des Voraufenthalts aufgrund einer Niederlassungserlaubnis aus humanitären Gründen nach § 26, die im Zuge eines Asylwiderrufs nach § 52 I 1 Nr. 4 widerrufen wurde[38], ist – soweit ersichtlich – vereinzelt geblieben.

---

[28] BT-Drs. 16/5065, 202.
[29] Ausdrücklich OVG Bln-Bbg Urt. v. 18.12.2011 – OVG 3 B 18.11, BeckRS 2013, 45414.
[30] BVerwG Urt. v. 11.1.2011 – 1 C 22.09, BVerwGE 138, 336 = NVwZ 2011, 939.
[31] So auch HK-AuslR/*Fränkel* § 104a Rn. 17.
[32] BT-Drs. 16/5065, 203; vgl. auch NdsOVG Beschl. v. 31.3.2009 – 10 LA 411/08, BeckRS 2009, 32908.
[33] Vgl. BayVGH Beschl. v. 28.6.2011 – 10 ZB 10.705, BeckRS 2011, 33310 Rn. 9.
[34] Vgl. zB BVerwG Urt. v. 27.1.2009 – 1 C 40.07, BVerwGE 133,72 = NVwZ 2009, 979; Urt. v. 11.1.2011 – 1 C 22.09, BVerwGE 138, 336 = NVwZ 2011, 939.
[35] GK-AufenthG/*Funcke-Kaiser* § 104a Rn. 19.
[36] BVerwG Beschl. v. 25.8.2009 – 1 C 20.08, NVwZ-RR 2010, 286.
[37] Vgl. iE AVwV 104 a.1.1.
[38] Vgl. NdsOVG Beschl. v. 20.11.2007 – 8 ME 108/07, BeckRS 2007, 28210.

Nur kurzzeitige Unterbrechungen des Aufenthalts durch erlaubte Auslandsreisen dürften un- 11
schädlich sein[39]; sie sind ohnehin nur Inhabern von Aufenthaltserlaubnis möglich, da eine Duldung mit
der Ausreise erlischt (§ 60a V 1). Bei einem erfolglosen Versuch eines Geduldeten zur Ausreise in
einen anderen Staat, der in einer Zurückschiebung endet, erlischt die Duldung dagegen nicht[40], so dass
in diesen Fällen keine Unterbrechung des Voraufenthalts vorliegt. Eine Unterbrechung kann der
Erteilung einer Aufenthaltserlaubnis ebenfalls nicht entgegenstehen, wenn sie die Folge einer behördlichen Pflichtverletzung, zB einer rechtswidrigen Abschiebung mit anschließend zugelassener Wiedereinreise oder der Verweigerung der Ausstellung einer Duldung ist.

2. Ehegatten und Lebenspartner

Erwachsene müssen die Erteilungsvoraussetzungen insbesondere Duldung bzw. Ausreisepflicht zum 12
Stichtag einschließlich der Mindestaufenthaltsdauer grundsätzlich in eigener Person erfüllen. Bei
Ehegatten ist jedoch ausreichend, wenn nur einer die Mindestaufenthaltsdauer des Abs. 1 erfüllt.

Für die Voraussetzung der **Sicherung des Lebensunterhalts** aus eigener Erwerbstätigkeit für die 13
Erteilung der Aufenthaltserlaubnis nach § 104a I 2 iVm § 23 I kommt es auf den Lebensunterhalt der
Bedarfsgemeinschaft (§ 7 II SGB II) an[41].

Eine Einbeziehung gleichgeschlechtlicher Lebenspartner in den Anwendungsbereich des § 104a ist 14
nicht vorgesehen. Da jedoch in § 27 II die Grundentscheidung getroffen ist, Lebenspartner ausländerrechtlich wie Ehegatten zu behandeln, muss dies auch für § 104a gelten[42].

3. Minderjährige Kinder

Sofern ein Elternteil oder ein minderjähriges Geschwisterkind die Voraussetzungen erfüllt, erhalten 15
auch die übrigen minderjährigen Kinder eine Aufenthaltserlaubnis nach § 104a. Insofern mussten sie
die Mindestaufenthaltsdauer nicht erfüllen. Auch Kinder, die nach dem 1.7.2007 geboren oder eingereist sind, werden von der Regelung erfasst.

4. Volljährig gewordene Kinder und unbegleitete Minderjährige

Volljährig gewordene ledige Kinder von Geduldeten können gemäß § 104a II 1 eine Aufenthalts- 16
erlaubnis nach § 23 I erhalten, wenn sie nicht (mehr) im Haushalt der Eltern leben und mindestens ein
Elternteil am Stichtag die zeitlichen Voraussetzungen für die Erteilung der Aufenthaltserlaubnis nach
§ 104a erfüllt[43]. Darauf, ob die Eltern die anderen Voraussetzungen für die Erteilung der Aufenthaltserlaubnis erfüllen, kommt es nicht an. Ledig ist ein Kind auch dann noch, wenn es ausschließlich nach
religiösem Recht verheiratet ist, da die religiöse Ehe in Deutschland keine Rechtswirkung entfaltet[44].
Die Erteilung der Aufenthaltserlaubnis steht anders als die der Aufenthaltserlaubnis nach Abs. 1 im
Ermessen der Ausländerbehörde. Ermessensleitendes Kriterium ist die Prognose des künftigen Integrationserfolgs.

Auch als **unbegleitete Minderjährige eingereiste** Geduldete sind in den Anwendungsbereich des 17
Abs. 2 einbezogen. Sie benötigen lediglich eine Aufenthaltsdauer von sechs Jahren, um in den Genuss
der Altfallregelung zu gelangen. Unbegleitet ist ein Minderjähriger, der ohne personensorgeberechtigten (Begleit-)Person eingereist ist und keine solche im Inland vorfindet. Die spätere Einrichtung einer
Amtspflegschaft und die Inobhutnahme nach dem SGB VIII ändern daran nichts[45]. Anders als der
Wortlaut suggeriert, kommt es für die Anwendung von § 104a II auf das Alter zum Zeitpunkt der
Antragstellung oder am Stichtag nicht an.

Auch hier ist Voraussetzung für die Aufenthaltserlaubnis nach §§ 104a II, 23 I, dass eine Integration in 18
die deutschen Lebensverhältnisse aufgrund der bisherigen Ausbildung und Lebensverhältnisse gewährleistet erscheint. Anknüpfungspunkte für die **positive Prognose** im Einzelfall sind insbesondere Sprachkenntnisse, Schulabschluss, Ausbildung, das Vorhandensein eines festen Wohnsitzes und persönlicher Beziehungen zu dritten Personen außerhalb der eigenen Familie, weiter die Ausübung einer
Erwerbstätigkeit, etwaiges bürgerschaftliche Engagement, die Dauer des Aufenthalts, das Lebensalter im
Zeitpunkt der Einreise und die Rechtstreue, insbesondere das Fehlen strafgerichtlicher Verurteilungen[46].
Die erforderliche positive Integrationsprognose kann bei der Verurteilung zu einer Strafe, die doppelt so
hoch ist wie die Tagessatzgrenze in § 104a I 1 Nr. 6, in aller Regel nicht getroffen werden[47].

---

[39] Vgl. VGH BW Urt. v. 9.12.2009 – 13 S 2092/09, BeckRS 2010, 45236.
[40] HK-AuslR/*Fränkel* § 57 Rn. 15.
[41] So auch AVwV 104 a.1.8.
[42] Ausf. GK-AufenthG/*Funcke-Kaiser* § 104a Rn. 38, 113.
[43] Vgl. BVerwG Urt. v. 25.8.2009 – 1 C 20.08, NVwZ-RR 2010, 286.
[44] BVerwG Urt. v. 27.1.2009 – 1 C 40.07, BVerwGE 133,72 = NVwZ 2009, 979.
[45] GK-AufenthG/*Funcke-Kaiser* § 104a Rn. 47.
[46] OVG Brem Beschl. v. 6.8.2007 – 1 B 315/07, InfAuslR 2007, 447 ff.; NdsOVG Beschl. v. 19.3.2010 – 8 ME 42/10, BeckRS 2010, 47588.
[47] BVerwG Urt. v. 27.1.2009 – 1 C 40.07, BVerwGE 133,72 = NVwZ 2009, 979.

19 Die Voraussetzungen des Abs. 1 S. 1 Nr. 1–6 sind auf die Aufenthaltserlaubnis nach Abs. 2 nicht anwendbar, da die Vorschrift vollkommen eigenständige Voraussetzungen normiert[48]. Allerdings konnten insbesondere die Tatbestände des Abs. 1 S. 1 Nr. 3–6 in die Integrationsprognose einfließen[49].

V. Erteilungsvoraussetzungen

1. Allgemeine Erteilungsvoraussetzungen und Sperrwirkung des § 10 III

20 Die Erteilung der Aufenthaltserlaubnis nach Abs. 1 erfolgt abweichend von § 5 II (Einreise mit erforderlichem Visum und vollständige Angaben im Visumsverfahren). Für die Erteilung der Aufenthaltserlaubnis „auf Probe" nach Abs. 1 S. 1 wird zudem von dem Erfordernis der Lebensunterhaltssicherung abgesehen. Da die Aufenthaltserlaubnis als eine nach Kapitel 2 Abschnitt 5 gilt, kann nach § 5 III 2 im Ermessenswege auch von den übrigen Erteilungsvoraussetzungen abgesehen werden. Hinsichtlich des Vorliegens von Ausweisungsgründen[50] (= Ausweisungstatbeständen) aufgrund von Straftaten verdrängt die Sonderregelung des Abs. 1 S. 1 Nr. 6 die allgemeine Regelung des § 55 I 2 aF.

21 Auf die Erteilung der Aufenthaltserlaubnis nach **Abs. 2** finden mangels Verweisung auf Abs. 1 die allgemeinen Erteilungsvoraussetzungen nach § 5 dagegen grundsätzlich Anwendung. In der Regel wird von § 5 II abzusehen sein, da andernfalls § 104a II leer laufen würde[51]. Auf die Anforderung der Lebensunterhaltsicherung nach § 5 I Nr. 1 wird bei **Schülern und Auszubildenden** ebenfalls regelmäßig zu verzichten sein, da andernfalls gerade Personen mit guten Integrationsprognose ausgeschlossen würden. Bei **Studierenden** ist der Lebensunterhalt gesichert, wenn sie BAföG bekommen[52].

22 Die **Sperrwirkung** des § 10 III 1 steht der Erteilung einer Aufenthaltserlaubnis nach § 104a **nicht entgegen**, da es sich bei der Aufenthaltserlaubnis nach § 104a um eine solche nach dem Kapitel 2 Abschnitt 5 handelt (Abs. 1 S. 3). Ob die Sperrwirkung des **§ 10 III 2** – kein Aufenthaltstitel nach als offensichtlich unbegründet abgelehntem Asylantrag – der Erteilung einer Aufenthaltserlaubnis nach § 104a entgegensteht, ist bisher nicht eindeutig beantwortet. Nicht anwendbar ist § 10 III 2 auf Altfälle, in denen die Ablehnung als offensichtlich unbegründet vor dem Inkrafttreten des ZuwG, also dem 1.1.2005 bestandskräftig wurde[53]. Ob für nach 1.1.2005 bestandkräftig abgelehnte Asylanträge die Sperrwirkung aufgrund § 10 III 3 entfällt, ist angesichts der Soll-Regelung des § 104a I 1 eher fraglich[54].

2. Keine Täuschung und keine Behinderung aufenthaltsbeendender Maßnahmen

23 Die Erteilung der Aufenthaltserlaubnis ist nach Abs. 1 S. 1 Nr. 4 ausgeschlossen, wenn der Ausländer die Ausländerbehörde über **aufenthaltsrechtlich relevante** Tatsachen **getäuscht** hat, also zB eine falsche Identität angegeben oder Passlosigkeit nur vorgetäuscht hat. Es muss sich um eine aktive, vorsätzliche und kausale Täuschung gehandelt haben. Entsprechend der Intention der Altfallregelung, das Problem der langjährig Geduldeten zu lösen, war bei der Anwendung der Ausschlusstatbestände ein großzügiger Maßstab anzulegen[55].

24 Angesichts des klaren Wortlauts sind nur **Täuschungen** der **Ausländerbehörde,** nicht aber des BAMF oder anderer staatlichen Stellen von Bedeutung[56].

3. Keine Bezüge zu oder Unterstützung von extremistischen oder terroristischen Organisationen

25 „Bezüge" des Ausländers zu **extremistischen** oder **terroristischen Organisationen** oder die **Unterstützung** dieser Organisationen stehen der Erteilung der Aufenthaltserlaubnis ebenso wie in § 18a aF[57] entgegen. Abs. 1 S. 1 Nr. 5 formuliert damit jeweils eigenständige wenn auch schwer voneinander abgrenzbare Tatbestandsalternativen[58].

---

[48] HmbOVG Beschl. v. 8.12.2008 – 3 Bs 31/08, BeckRS 2009, 31266; so auch *Huber/Göbel-Zimmermann* Rn. 610; aA AVwV 104 a.2.0.

[49] Vgl. zur Berücksichtigung von Verurteilungen zu einer Strafe BVerwG Urt. v. 27.1.2009 – 1 C 40.07, BVerwGE 133,72 = NVwZ 2009, 979.

[50] Nunmehr Ausweisungsinteressen, vgl. § 54.

[51] Ebenso iE AVwV 104 a.2.1.

[52] AVwV 104a.2.1.

[53] BVerwG Urt. v. 25.8.2009 – 1 C 20.08, NVwZ-RR 2010, 286; Urt. v. 25.8.2009 – 1 C 30.08, BVerwGE 134, 335 = NVwZ 2010, 386.

[54] Verneinend NdsOVG Beschl. v. 8.12.2008 – 13 PA 145/08, BeckRS 2009, 30129.

[55] Vgl. BayVGH Beschl. v. 21.12.2009 – 19 C 09.2958, BeckRS 2009, 44065 – unter Bezugnahme auf die Hinweise des BMI zum RLUmsetzG v. 2.10.2007, Rn. 333.

[56] BayVGH Beschl. v. 21.12.2009 – 19 C 09.2958, BeckRS 2009, 44065 mwN; aA wohl OVG LSA Beschl. v. 12.9.2011 – 2 O 90/11, BeckRS 2011, 55355.

[57] 11. Aufl. § 18a Rn. 20.

[58] BVerwG Urt. v. 26.10.2010 – 1 C 19.09, NVwZ 2011, 236.

Unter dem Begriff des **Extremismus** wird „die prinzipielle, unversöhnliche Gegnerschaft gegen- 26
über Ordnungen, Regeln und Normen des demokratischen Verfassungsstaates sowie die fundamentale
Ablehnung der mit ihm verbundenen gesellschaftlichen und ökonomischen Gegebenheiten"[59] verstanden. Der politische Extremismus zeichnet sich dadurch aus, dass er den demokratischen Verfassungsstaat ablehnt und beseitigen will[60]. **Terrorismus** ist eine Form des politischen Extremismus
unter systematischer Anwendung von Gewalt[61]. Der Begriff des Terrorismus ist normativ definiert[62].
Terroristische Taten richten sich danach gegen Leib, Leben und Freiheit von Zivilpersonen und
verfolgen das Ziel, die Bevölkerung einzuschüchtern oder Regierungen oder internationale Organisationen zu einem bestimmten Verhalten (Tun oder Unterlassen) zu nötigen[63].

Eine **Organisation** ist dann eine extremistische oder terroristische, wenn sie die genannten Ziele 27
und Mittel als Organisation insgesamt verfolgt und anzuwenden bereit ist. Wenn einer Organisation
lediglich **Personen** angehören, die individuell extremistische oder terroristische Bestrebungen verfolgen, ohne dass dies Zweck oder Ziel der Organisation ist, kann von einer Unterstützung oder von
Bezügen zu einer extremistischen oder terroristischen Organisation nicht gesprochen werden.

Die **Unterstützung** einer solchen Organisation ist gegeben, wenn dem Ausländer persönliche 28
Unterstützungshandlungen nachweisbar sind. Es kann sich dabei um eine Mitgliedschaft, aber auch um
die Teilnahme an Werbeaktionen, Spenden oder andere logistische Unterstützungen handeln[64]. Ohne
rechte Konturen und rechtsstaatlich daher bedenklich[65] ist dagegen das Tatbestandsmerkmal der
„Bezüge" zu einer solchen Organisation. Tatsächlich ist wohl gemeint, dass Sicherheitsbedenken iSd
§ 73 II die Versagung der Erteilung der Aufenthaltserlaubnis rechtfertigen sollen, ohne dass damit die
Konturen schärfer würden. Nach Auffassung des BVerwG[66] ist mit dem Begriff „Bezüge" die Schwelle
für das Eingreifen des Ausschlusstatbestandes gemäß Abs. 1 Nr. 5 AufenthG bewusst unterhalb der des
Versagungsgrundes nach § 5 IV bzw. des Ausweisungsgrundes gemäß § 54 Nr. 5 aF[67] gelegt worden.
Schon bloße – auch nicht strafrechtlich relevante – Bezüge zu einer extremistischen oder terroristi-
schen Organisation sollen zu einem Ausschluss führen, ohne dass es darauf ankommt, ob von dem
Ausländer tatsächlich eine Gefahr ausgeht[68].

4. Straffreiheit der gesamten Familie

Verurteilungen wegen vorsätzlich begangenen **Straftaten** stehen der Erteilung der Aufenthalts- 29
erlaubnis nach Abs. 1 S. 1 Nr. 6 dann entgegen, wenn sie 50 Tagessätze überschreiten. Für Straftaten,
die nur von Ausländern begangen werden können (§ 95 AufenthG, § 85 AsylG), liegt die Grenze bei
90 Tagessätzen. Relevant sind nur Straftaten, die im Bundesgebiet begangen wurden und im BZR
noch nicht getilgt sind. Gegebenenfalls kann, um die Erteilung einer Aufenthaltserlaubnis zu ermöglichen, ein im besonderen Fall – zB aus Härtegründen – nach Erledigung der Vollstreckung möglicher
Anspruch auf vorzeitige **Tilgung** nach § 49 I BZRG bestehen[69]. Im Übrigen werden alle Verurteilungen berücksichtigt, die noch nicht getilgt sind, auch wenn sie vor der erforderlichen Voraufenthaltszeit erfolgten[70]. Verurteilungen nach **§ 92 AuslG** – also für vor 2005 begangenen Straftaten – bleiben
auch dann **außer Betracht,** wenn sie noch nicht getilgt sind, da der klare Gesetzeswortlaut auf
Straftaten nach dem AufenthG abstellt und eine Erweiterung gegen den Wortlaut, also die zu Lasten
des Antragstellers gehende Füllung einer möglicherweise bestehenden Regelungslücke durch analoge
Anwendung, erheblichen rechtsstaatlichen Bedenken begegnen würde[71].

Da Freiheitsstrafen immer der Erteilung einer Aufenthaltserlaubnis entgegenstehen, gilt dies auch für 30
Jugendstrafen[72]. Die Verhängung von Erziehungsmaßnahmen nach §§ 9–12 JGG oder von Zuchtmitteln einschließlich des Jugendarrests nach §§ 13–16 JGG bleiben dagegen außer Betracht[73].

---

[59] *Schubert/Klein*, Das Politiklexikon, 5. Aufl. 2011, Bundeszentrale für politische Bildung (http://www.bpb.de).
[60] *Andersen/Woyke* Handwörterbuch des politischen Systems der Bundesrepublik Deutschland, 5. Aufl. 2003,
Bundeszentrale für politische Bildung (http://www.bpb.de).
[61] *Andersen/Woyke* Handwörterbuch des politischen Systems der Bundesrepublik Deutschland, 5. Aufl. 2003,
Bundeszentrale für politische Bildung (http://www.bpb.de).
[62] Art. 2 (b) Internat Abk. zur Bekämpfung der Finanzierung des Terrorismus, BGBl. 2003 II S. 1923; Rahmenb.
des Rates zur Terrorismusbekämpfung v. 13.6.2002, ABl. 2002 L 164, 3.
[63] Ausf. → § 54 Rn. 17 ff.
[64] S. Kommentar § 54 V.
[65] Ebenso zu GK AufenthG/*Funke-Kaiser* § 104a Rn. 92; Definition der „Bezüge" offen gelassen bei HK-AuslR/
Fränkel § 104a Rn. 14.
[66] BVerwG Urt. v. 26.10.2010 – 1 C 19.09, NVwZ 2011, 236.
[67] Vgl. mWv 1.1.2016 Ausweisungsinteresse gem. § 54 I Nr. 2 idF des AufenthGÄndG 2015.
[68] BVerwG Urt. v. 26.10.2010 – 1 C 19.09, NVwZ 2011, 236.
[69] Vgl. OVG NRW Beschl. v. 27.11.2007 – 17 B 1779/07, NVwZ-RR 2008, 493.
[70] Vgl. NdsOVG Beschl. v. 17.11.2008 – 10 LA 260/08, NVwZ-RR 2009, 497.
[71] IE ebenso zu § 104a GK AufenthG/*Funke-Kaiser* Rn. 103.
[72] Vgl. OVG RhPf Beschl. v. 22.2.2008 – 7 B 10027/08 BeckRS 2008, 33623.
[73] Ebenso GK AufenthG/*Funke-Kaiser* § 104a Rn. 101; HK-AuslR/*Fränkel* Rn. 15.

31 Die Verurteilung eines Familienmitglieds zu einer Strafe iSd Abs. 1 S. 1 Nr. 6 schließt nach Abs. 3 auch die Erteilung der Aufenthaltserlaubnis für alle anderen in häuslicher Gemeinschaft lebenden **Familienangehörige** aus. Dies gilt sowohl für Straftaten, die von einem Elternteil als auch für Straftaten, die von einem jugendlichen oder volljährig gewordenen Kind begangen wurden. Begründet wird diese **„Sippenhaftregelung"** damit, dass bei straffälligen Jugendlichen die Eltern ihrer Aufsichts- und Erziehungspflicht nicht ordnungsgemäß nachgekommen seien und mit dem schädlichen Einfluss, der von den Delinquenten auf die gesamte Familie ausgeht[74]. Die Regelung begegnet erheblichen verfassungsrechtlichen Bedenken, da sie für die betroffenen Familienmitglieder eine negative Rechtsfolge pauschal an das eigenverantwortliche Verhalten eines anderen Familienmitglieds knüpft, ohne konkret eine eigene „Schuld" zu prüfen[75]. Nachdem das BVerfG[76] die Vorlage des VGH BW[77] zur Prüfung der Verfassungsmäßigkeit der Vorschrift gemäß Art. 100 I GG als unzulässig zurückgewiesen hat, hat das BVerwG[78] die Zurechnung von Straftaten bei häuslichen Gemeinschaften als mit Art. 6 und 3 GG vereinbar angesehen[79]. Ein hinreichend sachlicher Grund für die Zurechnung sei darin zu sehen, dass andernfalls über ein Bleiberecht des nicht straffällig gewordenen Ehegatten ein durch Art. 6 GG und Art. 8 EMRK abgeleitetes Aufenthaltsrecht für den nach Abs. 1 Nr. 6 ausgeschlossenen Ausländer entstehen könnte, so dass dieser Versagungsgrund praktisch häufig leerliefe[80]. Wenigstens an der Erforderlichkeit der Regelung bleiben angesichts des Ausschlusses von Familiennachzug im Anwendungsbereich von § 104a Zweifel bestehen[81].

32 Handelt es sich bei dem Straftäter um ein Elternteil, kann bei Vorliegen der sonstigen Voraussetzungen nach Abs. 1 den übrigen Familienmitgliedern eine Aufenthaltserlaubnis erteilt werden, wenn die Versagung der Aufenthaltserlaubnis eine **besondere Härte** darstellen würde, etwa weil – abgesehen von der (wohl) ohnehin tatsächlichen oder rechtlichen unmöglichen Ausreise – das Verlassen der Bundesrepublik wegen eigener Integrationsleistungen schlechterdings unzumutbar wäre[82]. Der faktische Zwang, die eheliche Lebensgemeinschaft mit dem gemäß Abs. 1 Nr. 6 ausgeschlossenen Familienmitglied zu beenden, wird regelmäßig unzumutbar und damit als besondere Härte anzusehen sein[83].

5. Weitere Voraussetzungen

33 Die Voraussetzung des ausreichenden **Wohnraums** (Abs. 1 S. 1 Nr. 1) kann abweichend von der üblichen Handhabung der Anforderung des § 2 IV zumindest bei der erstmaligen Erteilung einer Aufenthaltserlaubnis auch bei Unterbringung in einer Gemeinschaftsunterkunft erfüllt sein oder wenn die Wohnungsgröße kleiner ist als an sich erforderlich. Die Erlasse der meisten Bundesländer zur Altfallregelung der IMK und zu § 104a interpretieren die Wohnraumanforderung in dieser Weise[84].

34 Obwohl Geduldete keinen Anspruch auf Teilnahme am Integrationskurs nach § 44 haben, müssen sie für die Aufenthaltserlaubnis nach § 104a mündliche **Deutschkenntnisse** auf dem Niveau A2 des GER nachweisen (Abs. 1 S. 1 Nr. 2). Eine **Befreiung ist nach Abs. 1 S. 5 und den AVwV** vergleichbar § 9 II 3 im Falle einer körperlichen, seelischen oder geistigen Krankheit oder Behinderung oder aus Altersgründen möglich.

35 Soweit Ausländer mit minderjährigen, schulpflichtigen Kindern in häuslicher Gemeinschaft leben, ist der Nachweis des tatsächlichen – nicht des erfolgreichen[85] – **Schulbesuchs,** Erteilungsvoraussetzung (Abs. 1 S. 1 Nr. 3) und durch geeignete Bescheinigungen der Schule nachzuweisen. Erhebliche unentschuldigte Fehlzeiten können zur Versagung der Aufenthaltserlaubnis führen[86].

36 Nach Abs. 4 S. 1 kann die Erteilung der Aufenthaltserlaubnis schließlich an die Bedingung geknüpft werden, dass der Ausländer an einem Integrationsgespräch teilnimmt oder eine **Integrationsvereinbarung**[87] abschließt, etwa um die tatsächlichen Voraussetzungen einer Verfestigung des Aufenthalts

---

[74] BT-Drs. 16/5095, 386.
[75] Für *Funke-Kaiser* ist die Regelung unter mehreren Aspekten mit Verfassungsrecht nicht vereinbar – GK AufenthG/*Funke-Kaiser* § 104a Rn. 108 ff.; sehr krit. *Huber/Göbel-Zimmermann* Rn. 615.
[76] Beschl. v. 16.12.2010 – 2 BvL 16/09, InfAuslR 2011, 141.
[77] Beschl. v. 24.6.2009 – 13 S 519/09, InfAuslR 2009, 350.
[78] BVerwG Urt. v. 11.1.2011 – 1 C 22.09, BVerwGE 138, 336 = NVwZ 2011, 939.
[79] Abl. *Mayer* InfAuslR 2011, 7. Die Frage, ob die Zurechnung auch bei nicht-ehelichen Lebensgemeinschaften Anwendung finden kann, ist bisher nicht grundsätzlich geklärt, vgl. BVerfG Beschl. v. 7.11.2013 – 2 BvR 1895/11, BeckRS 2013, 59948.
[80] BVerwG Urt. v. 11.1.2011 – 1 C 22.09, BVerwGE 138, 336 = NVwZ 2011, 939.
[81] *Mayer* InfAuslR 2011, 7.
[82] Vgl. AVwV 104a 3.2.
[83] So wohl *Mayer* InfAuslR 2011, 7.
[84] Vollständige Übersicht über die Ländererlasse unter http://www.fluechtlingsrat-berlin.de/bleiberecht.php.
[85] Wie nunmehr § 25a I 1 Nr. 2 verlangt.
[86] Vgl. NdsOVG Beschl. v. 24.3.2009 – 10 LA 377/08, BeckRS 2009, 32907.
[87] Vgl. zum Instrument der Integrationsvereinbarung *Thym* ZAR 2012, 46.

VI. Verlängerung

1. Allgemeines

Alle Aufenthaltserlaubnisse nach § 104a sind bis zum 31.12.2009 befristet. Für alle Aufenthalts- 37
erlaubnisse gilt, dass nach Ablauf der Frist gemäß Abs. 5 S. 5 die **Fiktionswirkung** des § 81 IV
ausgeschlossen ist. Das bedeutet, dass auch Inhaber von Aufenthaltserlaubnissen, die rechtzeitig, bis
dahin nicht beschiedene Verlängerungsanträge gestellt haben, am 1.1.2010 vollziehbar ausreisepflichtig
wurden. Die Regelung bezweckt zu verhindern, dass Betroffene, die die Verlängerungsvoraussetzungen nicht erfüllen, sich allein durch das Stellen eines Verlängerungsantrages einer Abschiebung
entziehen können[89]. Insofern standen diese Personen am 1.1.2009 gegebenenfalls aufenthaltsrechtlich
schlechter da als vor Erhalt der Aufenthaltserlaubnis, als sie immerhin eine Duldung hatten. An dem
Vorhandensein von Abschiebungshindernissen dürfte sich in der Regel jedoch nichts geändert haben.
Ist die Verlängerung zu irgendeinem Zeitpunkt nach dem 1.1.2010 erfolgt, kann nach § 85 die
Unterbrechung der Rechtmäßigkeit des Aufenthalts außer Betracht bleiben, weil dem Ausländer nicht
der von der Ausländerbehörde zu vertretende rechtlose Zustand zugerechnet werden. Dies kann im
Hinblick auf die Anforderung des ununterbrochenen Aufenthalts für die Erteilung der Niederlassungs-
erlaubnis nach § 26 IV, für die Anpruchseinbürgerung nach § 10 StAG sowie für die Anwendung des
jus soli auf später geborene Kinder bedeutsam werden.

Die erstmalige **Verlängerung** der Aufenthaltserlaubnis nach § 104a I 3 erfolgt unter der Voraus- 38
setzung des gesicherten Lebensunterhalts für **zwei Jahre als Aufenthaltserlaubnis nach § 23 I**. Die
Aufenthaltserlaubnis „soll" verlängert werden, wenn die Voraussetzungen vorliegen; nur in atypischen
Fällen kann also die Verlängerung versagt werden. Davon unberührt ist die Möglichkeit für Inhaber
der Aufenthaltserlaubnis nach Abs. 1 S. 2 und nach Abs. 2, bei Erfüllung der sonstigen Voraussetzungen eine **Niederlassungserlaubnis nach § 26 IV** zu bekommen, wenn die übrigen Voraussetzungen erfüllt sind, da diese Aufenthaltserlaubnis bereits solche nach § 23 I sind und damit das
Verbot des Übergangs in die Niederlassungserlaubnis (Abs. 1 S. 3) nicht anwendbar ist. Ehemalige
Inhaber der Aufenthaltserlaubnis „auf Probe" können erst aus der verlängerten Aufenthaltserlaubnis
heraus eine Niederlassungserlaubnis beantragen.

Eine weitere Verlängerung der ursprünglich gemäß § 104a iVm § 23 I erteilten Aufenthaltserlaubnis 39
kann in Anwendung von § 8 I iVm dem jeweiligen Ländererlass[90] nach den allgemeinen Regelungen
des AufenthG erfolgen. Insoweit setzt sich auch der Ausschluss der Fiktionswirkung nach § 104a V 5
fort[91].

2. Sicherung des Lebensunterhalts

Voraussetzung für die Verlängerung der Aufenthaltserlaubnis ist, dass der Lebensunterhalt in der 40
Vergangenheit überwiegend durch eigene Erwerbstätigkeit gesichert war und dass Tatsachen die
Erwartung begründen, dass eine **überwiegende Lebensunterhaltssicherung** auch in der Zukunft zu
erwarten ist (Abs. 5 S. 2 und 3). Sozialleistungen, die auf Beitragszahlungen beruhen, sind in entsprechender Anwendung des § 2 ebenso unschädlich wie der Bezug von Kindergeld, Elterngeld,
BAföG oder Ausbildungsförderung nach SGB III. Die Regelung stellt in Rechnung, dass die Aufenthaltserlaubnis „auf Probe" dem Ausländer erst die Möglichkeit geben sollte, eine Erwerbstätigkeit
zu finden[92], um den Lebensunterhalt zu sichern.

Auch für die Zukunft wird zunächst nur eine **überwiegende Sicherung des Lebensunterhalts** 41
verlangt. Damit wird auch dem Umstand Rechnung getragen, dass geduldete Ausländer häufig in
besonderen prekären und unstetigen Arbeitsverhältnissen beschäftigt sind. Zunächst weiterhin bestehende Ansprüche auf ergänzende Leistungen nach dem SGB II (zB bei Arbeitnehmern im Nied-
riglohnsektor oder in Teilzeitbeschäftigung, Auszubildenden) sind daher ebenso unschädlich wie Zahlungen in voller Höhe, bei denen aber absehbar ist, dass sie nicht dauerhaft in Anspruch genommen
werden müssen (zB bei Schülern, Familien und Alleinerziehenden mit kleinen Kindern). Eine vollständige Lebensunterhaltsicherung wird nur von denjenigen nicht verlangt, die nicht erwerbsfähig sind
(Abs. 6 Nr. 4 und 5)[93]. Bei der Prognose über die zukünftige Fähigkeit des Antragstellers, seinen
Lebensunterhalt aus Erwerbstätigkeit überwiegend selbst zu bestreiten, sind Ausbildungsstand und
bisherige Erwerbsbiografie zu berücksichtigen.

---

[88] *Thym*, Migrationsverwaltungsrecht, S. 318 Fn. 305.
[89] BT-Drs. 16/5065, 203.
[90] Vgl. AVwV 104a 3.2.
[91] NdsOVG Beschl. v. 31.10.2012 – 11 ME 275/12, BeckRS 2012, 58854.
[92] BT-Drs. 16/5065, 202 f.
[93] → Rn. 47.

42 Der **Vermeidung eines Verlustes der Aufenthaltserlaubnis** diente die von der IMK getroffene Anschlussregelung vom 4.12.2009[94], nach der auch bei Nichtvorliegen der Voraussetzungen von Abs. 5 eine weitere Aufenthaltserlaubnis „auf Probe" nach § 23 I 1 bis zum 31.12.2011 erteilt werden konnte, sofern nachgewiesen wurde, dass sie sich um die Lebensunterhaltssicherung bemüht haben und eine positive Erwerbsprognose vorliegt[95]. Eine weitere Verlängerung kann aufgrund des IMK-Beschluss vom 9.12.2011[96] in Anwendung des § 8 I erfolgen, wenn eine günstige Integrationsprognose erstellt werden kann und die Begünstigten sich nachweislich um die Sicherung des Lebensunterhalts durch Aufnahme einer Erwerbstätigkeit bemühen[97].

3. Ausnahmen von der Lebensunterhaltssicherung für bestimmte Personengruppen

43 Abs. 6 lässt zur Vermeidung von Härtefällen das Abweichen von den Voraussetzungen des Abs. 5, also der überwiegenden Lebensunterhaltssicherung in der Vergangenheit und der Zukunftsprognose des überwiegend gesicherten Lebensunterhalts, in bestimmten Fällen im Ermessenswege zu. Es handelt sich um eine abschließende Aufzählung von fünf Personengruppen[98]. Es ist keine besondere oder außergewöhnliche Härte erforderlich, so dass bei Vorliegen eines unter die Ausnahmen subsumierbaren Tatbestandes das Ermessen auf Null reduziert ist, wenn nicht außergewöhnliche, in der Person des Antragstellers liegende Gründe gegen die Verlängerung der Aufenthaltserlaubnis sprechen. Unberührt bleibt die Möglichkeit der Erteilung einer Aufenthaltserlaubnis nach § 25 IV 2 (Verlängerung einer Aufenthaltserlaubnis zur Vermeidung einer außergewöhnlichen Härte) sowie nach § 25 V (Unmöglichkeit der Ausreise), wenn kein Tatbestand nach den Nr. 1–5 vorliegt; in beiden Fällen kann nach § 5 III 2 von der Lebensunterhaltssicherung abgesehen werden.

44 Eine Härte, die eine Verlängerung trotz fehlender Lebensunterhaltssicherung rechtfertigt, wird bei **Auszubildenden** in anerkannten Ausbildungsberufen und Teilnehmenden an staatlich geförderten **Berufsvorbereitungsmaßnahmen** angenommen (Nr. 1). Anerkannte Ausbildungsberufe sind alle Berufe nach dem BBiG sowie solche, die auf anderer rechtlicher Grundlage über Ausbildungsordnungen verfügen (zB nichtärztliche Heilberufe). Ob es sich um eine betriebliche, außerbetriebliche oder fachschulische Ausbildung handelt, ist unerheblich. **Schüler** weiterführender Schulen werden in Nr. 1 nicht eigens erwähnt, sie sind jedoch ebenfalls in die Ausnahmeregelung einbezogen[99]. Das Gleiche gilt für **Studierende**; deren Lebensunterhalt wird aber durch den Bezug von BAföG ohnehin regelmäßig gesichert sein.

45 **Familien mit Kindern** können von dem Erfordernis der Lebensunterhaltssicherung ausgenommen werden, wenn sie nur vorübergehend ergänzende Leistungen nach dem SGB II in Anspruch nehmen (Nr. 2). Bei **Alleinerziehenden** kann auch der vorübergehende Bezug der vollen Leistungen unschädlich sein, wenn ihnen eine Arbeitsaufnahme nach § 10 I 3 SGB II nicht zumutbar ist. Das ist der Fall, wenn die Arbeitsaufnahme die Erziehung des Kindes gefährden würde.

46 **Erwerbsunfähige** Ausländer können nach Nr. 4 die Verlängerung ohne eigene Erwerbstätigkeit erhalten, wenn ihr Lebensunterhalt einschließlich einer erforderlichen Betreuung und Pflege dauerhaft aus anderen Einnahmequellen als Leistungen nach dem SGB XII gesichert ist. Auf Beiträgen beruhende Sozialleistungen, wie die der Pflegeversicherung oder der gesetzlichen Unfallversicherung, sind unschädlich. Es kann sich bei den Einnahmen iÜ zB um die Unterhaltszahlungen von Verwandten, nachzuweisen durch Verpflichtungserklärung (§ 68 II), Mieteinnahmen oder sonstige Einkünfte handeln. Tatsächlich wird hier also nicht von der zukünftigen Lebensunterhaltssicherung abgesehen, sondern nur von der Anforderung, dass der Lebensunterhalt aus eigener Erwerbstätigkeit gesichert sein muss. Die Anforderungen sind deckungsgleich mit den denen nach §§ 2, 5, so dass von einer Ausnahme nicht die Rede sein kann. Unter Berücksichtigung des Umstandes, dass eine (private) Kranken- und Pflegeversicherung für vormals geduldete Ausländer ohne Bestehen einer gesetzlichen Versicherungspflicht nach § 5 SGB V aufgrund einer Beschäftigung kaum zu bezahlen ist[100], dürfte die Härteregelung **weitgehend gegenstandslos** sein.

---

[94] Vgl. IMK-Sammlung der zur Veröffentlichung freigegebenen Beschlüsse der 189. Sitzung am 4.12.2009 in Bremen (Beschl. Nr. 13); abgedruckt in InfAuslR 2010, 115.
[95] Vgl. IMK-Sammlung der zur Veröffentlichung freigegebenen Beschlüsse der 189. Sitzung am 4.12.2009 in Bremen (Beschl. Nr. 13); abgedruckt in InfAuslR 2010, 115.
[96] Beschl. der IMK v. 9.12.2011 zur Verlängerung der Altfallregelung ab 1.1.2012.
[97] IdS wohl NdsOVG Beschl. v. 24.7.2012 – 2 LB 278/11, BeckRS 2012, 54137 – auch unter Berücksichtigung des nds. Runderlasses v. 19.12.2011 (42.12–12230.1–8 (§ 23), Verlängerung von AEs nach der Bleiberechtsregelung 2009).
[98] Vgl. *Deibel* InfAuslR 2011, 7.
[99] Vgl. AVwV 104 a.6.1.
[100] Zwar besteht mittlerweile eine umfassende Versicherungspflicht in der gesetzlichen oder privaten Krankenversicherung, verbunden mit einem Kontrahierungszwang für die privaten Krankenversicherungen. Der ihnen vorgeschriebene Basistarif darf jedoch den höchsten Tarif der GKV erreichen.

Aufenthaltsrecht für integrierte Kinder von geduldeten Ausländern § 104b AufenthG 1

Auch Ausländer, die am 31.12.2009 das **65. Lebensjahr** vollendet haben, erhalten die Verlängerung unabhängig von einer eigenen Erwerbstätigkeit, wenn sie ihren Lebensunterhalt ohne Inanspruchnahme von Leistungen nach dem SGB XII (Grundsicherung im Alter) sichern können. Weitere Voraussetzung ist, dass sie im Herkunftsstaat keine Familie, dafür in Deutschland Angehörige mit sicherer Aufenthaltsperspektive haben. Selbst wenn die Lebensunterhaltssicherung aus anderen Einnahmequellen gelingt, ist für diese Gruppe wie für die Erwerbsunfähigen die Finanzierung einer Krankenversicherung in der Regel aussichtslos, sofern nicht eine Pflicht zur gesetzlichen Krankenversicherung als Rentner besteht. Auch für Nr. 5 gilt, dass hier im Interesse der Vermeidung der Zuwanderung in die Sozialsysteme **keine echte Härteregelung** geschaffen wurde. Sowohl bei Erwerbsunfähigen als auch bei Ausländern im Rentenalter mit Familie ausschließlich in Deutschland liegt jedoch aufgrund der persönlichen Umstände die Erteilung einer **Aufenthaltserlaubnis nach § 25 IV 2 oder § 25 V** sehr nahe. 47

VII. Ausnahmen für Staatsangehörige bestimmter Staaten

Nach Abs. 7 dürfen einzelne Länder aus Gründen der Sicherheit im Einvernehmen mit dem BMI anordnen, dass Staatsangehörige bestimmter Staaten die Aufenthaltserlaubnis nach § 104a generell zu versagen ist. Zweck der Regelung ist, aus Sicherheitsgründen potenziellen Islamisten oder gar islamistischen Terroristen keinen rechtmäßigen Aufenthalt zu erlauben. Die Vorschrift hat, soweit ersichtlich, keine praktische Bedeutung entfaltet. 48

§ 104b Aufenthaltsrecht für integrierte Kinder von geduldeten Ausländern

Einem minderjährigen ledigen Kind kann im Fall der Ausreise seiner Eltern oder des allein personensorgeberechtigten Elternteils, denen oder dem eine Aufenthaltserlaubnis nicht nach § 104a erteilt oder verlängert wird, abweichend von § 5 Abs. 1 Nr. 1, Abs. 2 und § 10 Abs. 3 Satz 1 eine eigenständige Aufenthaltserlaubnis nach § 23 Abs. 1 Satz 1 erteilt werden, wenn

1. es am 1. Juli 2007 das 14. Lebensjahr vollendet hat,
2. es sich seit mindestens sechs Jahren rechtmäßig oder geduldet in Deutschland aufhält,
3. es die deutsche Sprache beherrscht,
4. es sich auf Grund seiner bisherigen Schulausbildung und Lebensführung in die Lebensverhältnisse der Bundesrepublik Deutschland eingefügt hat und gewährleistet ist, dass es sich auch in Zukunft in die Lebensverhältnisse der Bundesrepublik Deutschland einfügen wird und
5. seine Personensorge sichergestellt ist.

Allgemeine Verwaltungsvorschrift
104b Zu § 104b – Aufenthaltsrecht für integrierte Kinder von geduldeten Ausländern
104b.1 § 104b sieht im Falle der Ausreise der Eltern ein eigenständiges Aufenthaltsrecht für integrierte Kinder im Alter zwischen 14 und 17 Jahren vor, die sich am 1. Juli 2007 seit sechs Jahren in Deutschland aufgehalten und das 14. Lebensjahr vollendet haben, wenn ihren Eltern oder dem allein personensorgeberechtigten Elternteil eine Aufenthaltserlaubnis nach § 104a nicht erteilt oder verlängert wird. Dies kommt insbesondere in Betracht, wenn die Eltern die Ausländerbehörde vorsätzlich über aufenthaltsrechtlich relevante Umstände getäuscht oder Straftaten begangen haben (§ 104a Absatz 1 Satz 1 Nummer 4 und 6). Die Eltern müssen nach ihrer Ausreise das Kind im Bundesgebiet zurückgelassen haben. Eine Ausreise der Eltern in einen anderen Mitgliedstaat der Europäischen Union genügt dabei nur dann, wenn sich die Eltern dort rechtmäßig aufhalten.
104b.2 Die Aufenthaltserlaubnis kann abweichend von § 5 Absatz 1 Nummer 1 und Absatz 2 sowie § 10 Absatz 3 Satz 1 erteilt werden.
104b.3 Sonstige besondere Erteilungsvoraussetzungen sind in § 104b Nummer 1 bis 5 geregelt.
104b.3.1 Wann die deutsche Sprache beherrscht wird, ist entsprechend der Definition der Stufe C 1 des Gemeinsamen Europäischen Referenzrahmens für Sprachen (GER) zu bestimmen. Dazu gehört, dass ein Kind sich altersangemessen fließend mündlich und schriftlich ausdrücken kann, dass es auch in einem Gespräch über komplexere Sachverhalte nicht mehrfach erkennbar nach Worten suchen muss und derartige Sachverhalte auch strukturiert aufschreiben kann. Der Nachweis kann im Rahmen eines kurzen Gesprächs sowie anhand der Schulnoten im Deutschunterricht erfolgen.
104b.3.2 Eine positive Integrationsprognose ist i. d. R. anzunehmen, wenn das Kind regelmäßig zur Schule geht, sich in einer Berufsausbildung befindet, die zu einem anerkannten Berufsabschluss führt, oder wenn es einen entsprechenden Schulabschluss erworben hat. Das Begehen von nicht unerheblichen und vorsätzlichen Straftaten steht einer positiven Integrationsprognose i. d. R. entgegen.
104 b.3.3 Die Personensorge ist dann sichergestellt, wenn ein Vormund für das Kind bestellt ist und eine angemessene Unterbringung und Pflege gewährleistet ist.
104b.4 Wird eine Aufenthaltserlaubnis erteilt, bestimmt § 104b, dass sich die Rechtsfolgen nach § 23 Absatz 1 Satz 1 richten. Die Verlängerung der Aufenthaltserlaubnis erfolgt nicht nach § 104a Absatz 5, sondern nach § 8 Absatz 1.

Samel

I. Entstehungsgeschichte

1   Die Vorschrift wurde mit dem RLUmsG 2007[1] eingefügt.

II. Allgemeines

2   Die Vorschrift bezweckte, gut integrierten Jugendlichen ein Aufenthaltsrecht einzuräumen, deren Eltern die Voraussetzungen für die Erteilung der Aufenthaltserlaubnis nach § 104a nicht erfüllen, zB wegen Verzögerung oder Behinderns aufenthaltsbeendender Maßnahmen. Es handelt sich dabei um eine Aufenthaltserlaubnis nach § 23 I. Die Aufenthaltserlaubnis darf erst erteilt werden, wenn die **Eltern ausgereist** sind und führt damit im Ergebnis dazu, dass Eltern die Entscheidung treffen müssen, sich im Interesse ihrer Kinder von diesen zu trennen. Die Bedingungen der Vorschrift werfen wegen des gezielten Auseinanderreißens von Familien erhebliche verfassungsrechtliche (Art. 6 GG) und menschenrechtliche (Art. 8 EMRK) Bedenken[2] auf. Wohl aus diesem Grund wurde die Norm kaum angewandt[3]. Im Übrigen verdrängt die Altfallregelung nach §§ 104a, 104b bei Verwurzelung nicht § 25 V AufenthG iVm Art 8 I EMRK als Anspruchsgrundlage. Beide Regelungen stehen selbstständig nebeneinander[4]. Inzwischen bestehen mit § 25a und § 25b **stichtagsfreie und zukunftsoffene Bleiberechtsregelungen** für gut integrierte Jugendliche und Heranwachsende, die auch den Eltern ein abgeleitetes Aufenthaltsrecht vermitteln können.

§ 105 Übergangsregelung zur Duldung für Personen mit ungeklärter Identität

(1) Die Ausländerbehörde entscheidet bei geduldeten Ausländern über die Ausstellung einer Bescheinigung über die Duldung nach § 60a Absatz 4 mit dem Zusatz „für Personen mit ungeklärter Identität" frühestens aus Anlass der Prüfung einer Verlängerung der Duldung oder der Erteilung der Duldung aus einem anderen Grund.

(2) Auf geduldete Ausländer findet § 60b bis zum 1. Juli 2020 keine Anwendung, wenn sie sich in einem Ausbildungs- oder Beschäftigungsverhältnis befinden.

(3) Ist ein Ausländer Inhaber einer Ausbildungsduldung oder einer Beschäftigungsduldung oder hat er diese beantragt und erfüllt er die Voraussetzungen für ihre Erteilung, findet § 60b keine Anwendung.

Allgemeine Verwaltungsvorschrift
Nicht belegt.

I. Entstehungsgeschichte

1   Die durch das am 21.8.2019 in Kraft getretene Zweite Gesetz zur besseren Durchsetzung der Ausreisepflicht vom 15.8.2019[1*] (2. RückkehrG) neu ins AufenthG aufgenommene Bestimmung enthält Übergangsvorschriften zur Duldung mit dem Zusatz „für Personen mit ungeklärter Identität" nach § 60b. Diese Übergangsvorschriften bezwecken **Vertrauensschutzregeln zugunsten ausreisepflichtiger Ausländer,** die Inhaber von aufenthaltsrechtlichen „besseren" Duldungen nach § 60a II, § 60c oder § 60d sind.

II. Erläuterung

2   Nach § 105 I ist eine **erstmalige Duldung light** nach § 60b bei der ersten regelhaften Befassung der Ausländerbehörde **mit der Verlängerung der Duldung oder ihrer Neuerteilung** aus einem anderen Grund möglich. Anders formuliert, bei der erstmaligen Erteilung einer Duldung darf § 60b nicht angewandt werden. Die erstmalige Duldungserteilung richtet sich nach § 60a II. Die Regelung bezweckt, dass die Ausländerbehörden nicht sofort nach Inkrafttreten der Norm alle Inhaber von Duldungsbescheinigungen von Amts wegen bezüglich des Zusatzes „für Personen mit ungeklärter

---

[1] Gesetz v. 19.8.2007, BGBl. I 1970.
[2] Vgl. zB Huber/Göbel-Zimmermann Rn. 627.
[3] Am 30.9.2008 bundesweit 28 Aufenthaltserlaubnisse nach § 104b erteilt; vgl. Antwort der BReg auf die Kleine Anfrage der Fraktion DIE LINKE, BT-Drs. 16/10986, 3; bis zum 31.3.2009 58 Aufenthaltserlaubnisse erteilt, vgl. Antwort der BReg auf die Kleine Anfrage der Fraktion DIE LINKE, BT-Drs. 16/13163; am 30. 9. Bzw. 30.11.2010 besaßen 102 Personen diese Aufenthaltserlaubnis, vgl. Antwort der BReg auf die Kleine Anfrage der Fraktion DIE LINKE, BT-Drs. 17/4631; am 30.6.2011 92 Personen, vgl. Antwort der BReg auf die Kleine Anfrage der Fraktion DIE LINKE, BT-Drs. 17/6816 und am 30.6.2012 49 Personen, vgl. Antwort der BReg auf die Kleine Anfrage der Fraktion DIE LINKE, BT-Drs. 17/10451.
[4] Vgl. OVG Brem Beschl. v. 22.11.2010 – 1 A 383/09; VGH BW Beschl. v. 2.6.2009 – 11 – S 933/09, InfAuslR 2009, 386.
[1*] BGBl. 2019 I 1294.

Identität" überprüfen müssen[2]. Sie haben vielmehr abzuwarten („frühestens"[3]), bis eine Duldung zur Verlängerung oder Neuerteilung ansteht. Der Entscheidungszeitpunkt über die Verlängerung oder Neuerteilung der Duldung muss nach dem Inkrafttreten der Norm – 21.8.2019 – liegen.

Für geduldete Ausländer, die zum Zeitpunkt der Prüfung der Voraussetzungen des Vorliegens des § 60b durch die Ausländerbehörde **beruflich ausgebildet werden oder beschäftigt** sind, gilt gemäß § 105 II ein **erweiterter Übergangszeitraum**. Bis zum **1.7.2020** findet § 60b keine Anwendung auf geduldete Ausländer, wenn diese sich tatsächlich in einem Ausbildungs- oder Beschäftigungsverhältnis befinden[4]. Damit wird der Ausbildung und Erwerbstätigkeit dieser Personengruppen Rechnung getragen. § 105 II findet jedoch dann keine Anwendung, wenn das Ausbildungs- oder Beschäftigungsverhältnis tatsächlich nicht ausgeübt wird oder die Ausbildungs- oder Beschäftigungsaufnahme oder -fortführung zuvor untersagt wurde[5]. Ausweislich der Gesetzesbegründung dient die Übergangsregelung des § 105 II allein dazu, der Ausbildung und der Erwerbstätigkeit der betroffenen Gruppen Rechnung zu tragen[6]. Damit sollen integrationsschädliche Auswirkungen vermeiden werden, indem bestehende tatsächliche Beschäftigungs- und Ausbildungsverhältnisse nicht kurzfristig zulasten des Ausländers nachteilig verändert werden. Dies greift aber nicht, wenn kein schutzwürdiges Beschäftigungsverhältnis (mehr) besteht.

Für **Geduldete, die eine Ausbildungsduldung (§ 60c) oder eine Beschäftigungsduldung (§ 60d)** besitzen oder diese beantragt haben, gilt der neue **§ 105 III**. Danach unterliegen Ausländer, die die Voraussetzungen für eine Ausbildungs- oder Beschäftigungsduldung erfüllen[7] oder eine solche Duldung bereits besitzen, nicht den Beschränkungen des § 60b, einschließlich der besonderen Passbeschaffungspflicht. Dies gilt auch für die – allein – bei der Ausbildungsduldung vorgesehene Zeit für die Suche eines neuen Ausbildungsplatzes nach § 60c VI. An den Voraussetzungen für die Erteilung einer Ausbildungs- oder Beschäftigungsduldung fehlt es etwa, wenn aufenthaltsbeendende Maßnahmen bei dem Ausländer aus Gründen, die er selbst zu vertreten hat, nicht vollzogen werden können[8].

Ausbildungsgeduldete erhalten eine Duldung nach § 60c I, Beschäftigungsgeduldete eine solche nach § 60d I. Sie **dürfen nicht in eine Duldung light nach § 60b herabgestuft** werden. Auf die Übergangsvorschrift nach § 105 III können sich aber nur Ausländer berufen, die zum Zeitpunkt des Inkrafttretens der Vorschrift – 21.8.2019 – eine Duldung nach § 60c I oder § 60d I bereits besessen oder sie beantragt haben. Im letzteren Fall müssen sie die Erteilungsvoraussetzungen im Zeitpunkt der Antragstellung erfüllt haben.

§ 105a Bestimmungen zum Verwaltungsverfahren

Von den in § 4 Absatz 2 Satz 2, § 15a Abs. 4 Satz 2 und 3, § 23 Abs. 1 Satz 3, § 23a Abs. 1 Satz 1, Abs. 2 Satz 2, § 43 Abs. 4, § 44a Abs. 1 Satz 2, Abs. 3 Satz 1, § 61 Absatz 1d, § 72 Absatz 2, § 73 Abs. 2, Abs. 3 Satz 1 und 2, den §§ 78, 78a, § 79 Abs. 2, § 81 Abs. 5, § 82 Abs. 1 Satz 3, Abs. 3, § 87 Absatz 1, Absatz 2 Satz 1 und 2, Absatz 4 Satz 1, 3 und 5 und Absatz 5, § 89 Abs. 1 Satz 2 und 3, Abs. 3 und 4, den §§ 90, 90a, 90b, 91 Abs. 1 und 2, § 91a Abs. 3, 4 und 7, § 91c Abs. 1 Satz 2, Abs. 2 Satz 2, Abs. 3 Satz 4 und Abs. 4 Satz 2, § 99 Absatz 1 bis 4 und § 104a Abs. 7 Satz 2 getroffenen Regelungen und von den auf Grund von § 43 Abs. 4 und § 99 Absatz 1 bis 4 getroffenen Regelungen des Verwaltungsverfahrens kann durch Landesrecht nicht abgewichen werden.

Allgemeine Verwaltungsvorschrift
105a Zu § 105a – Bestimmungen zum Verwaltungsverfahren
Nicht belegt.

Übersicht

	Rn.
I. Entstehungsgeschichte	1
II. Einzelheiten	2
1. § 4 II 2	2
2. § 15a IV 2 und 3	3
3. § 23 I 3	4

---

[2] *Hailbronner*, AuslR, April 2020, § 105 Rn. 2.
[3] NdsOVG Beschl. v. 9.6.2021 – 13 ME 587/20, BeckRS 2021, 13437.
[4] VG München Beschl. v. 27.4.2020 – M 24 K 19.6363, BeckRS 2020, 13725.
[5] VG Potsdam Beschl. v. 9.3.2020 – 8 L 1095/19, BeckRS 2020, 7756; VG Gelsenkirchen Urt. v. 10.10.2019 – 8 K 9489/17, BeckRS 2019, 26559.
[6] BR-Drs. 179/19 S. 49; BT-Drs. 19/10047, S. 48.
[7] NdsOVG Beschl. v. 9.6.2021 – 13 ME 587/20, BeckRS 2021, 13437.
[8] Vgl. zB VG München Beschl. v. 27.4.2020 – M 24 K 19.6363, BeckRS 2020, 13725.

		Rn.
4. § 23a I 1 und II 2		5
5. § 43 IV		6
6. § 44a I 2 und III 1		8
7. § 72 II		9
8. § 73 II 2 und III 1 und 2		11
9. § 78, § 78a, § 81 V		12
10. § 79 II		13
11. § 82 I 3 und III		15
12. § 87 I, II 1 und 2, IV 1, 3 und 5, V		17
13. § 89 I 2 und 3, III und IV, § 91 I und II		18
14. § 90		21
15. §§ 90a und 90b		22
16. § 91a III, IV und VII		23
17. § 91c I 2, II 2, III 4 und IV 2		24
18. § 99 I–IV		25
19. § 104a VII 2		26
20. § 43 IV und § 99 I–IV – Regelungen des Verwaltungsverfahrens		27

I. Entstehungsgeschichte

1 Die Regelung wurde durch das RLUmsG 2007[1] eingeführt. Das besondere Bedürfnis nach bundeseinheitlicher Regelung iSd Art. 84 I 5 GG ergibt sich aus der umfassenden Begründung des Gesetzesentwurfs[2]. Durch das Gesetz zur Ergänzung des Rechts auf Anfechtung der Vaterschaft vom 13.3.2008[3] wurde der Verweis auf § 87 VI eingeführt. Weitere Änderungen folgten durch das AufenthGÄndG 2015[4] und das 2. DAVG[5]. Mit dem FEG[6] hat der Gesetzgeber die Regelung des § 4a (§ 4 II und III aF) aus dem bisherigen Katalog an abweichungsfesten Normen gestrichen. Mit der Änderung in Bezug auf § 99 hält das FEG am bisherigen Bestand der abweichungsfesten Regelungen fest. Lediglich der neu hinzugefügte Abs. 5 unterliegt nicht der Abweichungsfestigkeit.

II. Einzelheiten

1. § 4 II 2

2 Die in § 4 II 2 enthaltene Regelung ist Ausfluss der durch das ZuwG geschaffenen Verknüpfung der Entscheidung über den Aufenthaltstitel und den Arbeitsmarktzugang. Das doppelte Genehmigungsverfahren (separate Arbeits- und Aufenthaltsgenehmigung) wurde durch ein Zustimmungsverfahren ersetzt. Hierdurch ergeht die arbeits- und aufenthaltsrechtliche Entscheidung einheitlich gegenüber dem Ausländer und es wird mit dem Aufenthaltstitel nur noch ein Genehmigungsakt erstellt (mehrstufiger Verwaltungsakt). Bei einem Abweichen auch nur eines einzigen Landes würde der mit dem ZuwG bundeseinheitlich eingeführte Verfahrensgrundsatz des One-stop-Government aufgegeben[7]. Es müssten nicht nur wieder eine Arbeitserlaubnis in Form eines separaten Verwaltungsakts eingeführt, sondern auch sämtliche Verfahrensabläufe im Zusammenspiel von Ausländerbehörde und Arbeitsverwaltung neu gestaltet werden bzw. parallel ausgestaltet werden für Länder mit und ohne One-stop-Government. Bei abweichenden Verfahrensregelungen der Länder wäre darüber hinaus eine effektive Kontrolle von Ausländern mit Arbeitsmarktberechtigung erheblich erschwert. Aus dem Aufenthaltstitel wäre dann nicht erkennbar, ob der betroffene Ausländer über eine Arbeitsberechtigung verfügt. Auch ließe sich nicht ohne Weiteres feststellen, ob derjenige Ausländer, der im Rahmen einer Kontrolle eine Arbeitsberechtigung vorzeigt, noch über einen Aufenthaltstitel verfügt.

2. § 15a IV 2 und 3

3 § 15a IV 2 und 3 regelt die Meldepflicht gegenüber der zentralen Verteilungsstelle. Ziel dieser Regelung ist eine ausgeglichene Verteilung von Ausländern zwischen den Bundesländern. Aufgrund des notwendigerweise länderübergreifenden Verfahrens müssen sowohl die Meldepflicht als auch die der Meldung unterliegenden Daten bundeseinheitlich geregelt werden[8].

---

[1] Ges. zur Umsetzung aufenthaltsrechtlicher und asylrechtlicher RL der EU v. 19.8.2007 (BGBl. I S. 1970).
[2] BT-Drs. 16/5065, 204 ff.
[3] BGBl. 2008 I S. 313.
[4] BGBl. 2015 I S. 1386.
[5] BGBl. 2019 I S. 1131.
[6] BGBl. 2019 I S. 1307.
[7] BT-Drs. 16/5065, 204.
[8] BT-Drs. 16/5065, 204.

3. § 23 I 3

Die Regelung des § 23 I beinhaltet die Anordnung der obersten Landesbehörde an die Ausländerbehörde, bestimmten Ausländergruppen eine Aufenthaltserlaubnis zu erteilen. Bereits die Notwendigkeit der besonderen Anordnung macht den Ausnahmecharakter dieser Regelung deutlich. Um eine Einheitlichkeit der Anwendung dieser Ausnahmeregelung sicherzustellen, ist die Herstellung des Einvernehmens mit dem BMI unverzichtbar[9].

4. § 23a I 1 und II 2

Ziel der Regelung des § 23a ist es, die Möglichkeit einzuräumen, in Ausnahmefällen vollziehbar ausreisepflichtigen Ausländern eine Aufenthaltserlaubnis zu gewähren, ohne weitere verfahrensbedingte Aufenthalte zu ermöglichen. Die Struktur der Härtefallregelung trägt daher einen jegliche Subjektivierung ausschließenden Rechtscharakter. Die ein Härtefallverfahren auslösenden Entscheidungen sind daher aus dem Entscheidungsbereich der Ausländerbehörde/obersten Landesbehörde herausgenommen und in den Bereich der einer gerichtlichen Nachprüfung grundsätzlich nicht zugänglichen Einschätzungsprärogative der Härtefallkommission verlagert. Ein Abweichen hiervon würde daher die gesamte beschränkende Konstruktion des § 23a aufheben[10]. Auch die Regelung in Abs. 2 S. 2, wonach die Härtefallkommission ausschließlich im Wege der Selbstbefassung tätig werden, stellt in dem Sinne sicher, dass weder ein subjektives Recht auf Befassung mit einem bestimmten Fall noch auf eine bestimmte Entscheidung gegenüber der Härtefallkommission besteht. Dies wäre aufgehoben, wenn ein Land hier abweichend ein Antragsrecht betroffener Ausländer einführen würde. In der Folge könnte es zu einer großen Abweichung in der Zahl von Härtefällen zwischen den Bundesländern kommen. Dies auszuschließen war Grundlage für die iRd Zuwanderungskompromisses aufgenommene Härtefallregelung[11].

5. § 43 IV

Auf der Grundlage des § 43 IV hat die Bundesregierung die VO über die Durchführung von Integrationskursen für Ausländer und Spätaussiedler (Integrationskursverordnung – IntV) erlassen. Der Integrationskurs ist ein bundeseinheitliches Förderangebot des Bundes; unter den Voraussetzungen des § 44a sind Ausländer zur Teilnahme an einem Kurs zu verpflichten. Mit der Verordnung wurden auch die Verfahren zur Feststellung der Teilnahmeberechtigung und die Übermittlung von Teilnehmerdaten zwischen den beteiligten Bundes- und Landesbehörden geregelt. So sieht § 8 IntV auch Meldepflichten der Ausländerbehörde vor. Diese Meldepflichten dienen verschiedenen Zwecken wie der Umsetzung der Verpflichtungsregelungen und der für die Kostenerstattung notwendigen Kontrolle der Teilnehmerdaten.

Eine Abweichung von den Verfahrensregelungen könnte die bundeseinheitliche Regelung zur Teilnahmeverpflichtung gefährden, da der hierfür vorgesehene Datenaustausch zwischen den beteiligten Behörden dann nicht mehr sichergestellt wäre[12]. Auch hätte eine Abweichung ggf. Konsequenzen für die ordnungsgemäße Bewirtschaftung der im Bundeshaushalt für die Durchführung der Integrationskurse bereit gestellten Haushaltsmittel. Das BAMF ist darauf angewiesen, dass es die Daten der nach § 4 IntV teilnahmeberechtigten Ausländer von den Ausländerbehörde erhält. Bei einer Abweichung von dieser Regelung wären Missbrauchstatbestände zulasten des Bundeshaushaltes nicht auszuschließen.

6. § 44a I 2 und III 1

Die Verpflichtung von Ausländern zur Teilnahme an Integrationskursen ist ein wichtiges Instrument zur Integration von Ausländern in Deutschland. Es handelt sich hierbei um ein gesamtstaatliches Problem, das eine bundeseinheitliche Rechtsgrundlage für die Ausländerbehörde erfordert[13]. Dies gilt auch für den Zeitpunkt der Verpflichtung zur Teilnahme am Integrationskurs. Aufgrund der Bedeutung der Integration von Ausländern für die Gesellschaft sowie für den Ausländer selbst muss möglichst früh mit der Integration durch Teilnahmeverpflichtung begonnen werden.

7. § 72 II

Mit dem AufenthGÄndG 2015 wurde die Bezugnahme auf § 72 auf dessen Abs. 2 beschränkt. Damit ist seither ein Abweichen durch Landesrecht von den übrigen Regelungen des § 72 möglich.

---

[9] BT-Drs. 16/5065, 205.
[10] BT-Drs. 16/5065, 205.
[11] BT-Drs. 16/5065, 205.
[12] BT-Drs. 16/5065, 205.
[13] BT-Drs. 16/5065, 205.

10 Durch die Einbeziehung des § 72 I soll eine bundesweite Einheitlichkeit in der Bewertung zielstaatsbezogener Abschiebungshindernisse durch die Ausländerbehörde gewährleistet werden und zugleich sichergestellt werden, dass Entscheidungen auf einer fundierten und aktuellen Tatsachengrundlage gründen. Dazu ist die Beteiligung des hinsichtlich dieser Auslandssachverhalte über besondere Sachkenntnis verfügenden BAMF notwendig. Könnten einzelne Bundesländer von der Beteiligungspflicht abweichen, dann würde damit ein Anreiz geschaffen, Asylanträge zu stellen, was zur Zuständigkeit des BAMF (auch) für die Prüfung zielstaatsbezogener Abschiebungshindernisse führen würde. Dies widerspräche in erheblichem Maße staatlicher Interessen[14].

8. § 73 II 2 und III 1 und 2

11 § 73 II 2 regelt die zwingende Beteiligung der aufgeführten Sicherheitsbehörden im Rahmen der Erteilung einer Niederlassungserlaubnis. Die Ausländerbehörden müssen bei Vorliegen von Versagungsgründen nach § 5 IV oder beim Vorliegen von Sicherheitsbedenken Ausländer durch die Sicherheitsbehörden überprüfen lassen, die eine Erlaubnis erhalten, sich unbefristet im Bundesgebiet aufhalten zu dürfen. Im Gegenzug sind die Sicherheitsbehörden verpflichtet, den Ausländerbehörden unverzüglich Versagungsgründe nach § 5 IV oder Sicherheitsbedenken mitzuteilen (§ 73 III 1). Um die Sicherheit der Bundesrepublik Deutschland zu gewährleisten, müssen einheitliche Sicherheitsstandards bei der Erteilung von Niederlassungserlaubnissen eingehalten werden. Hierzu zählen insbesondere die Bestimmungen, die den Überprüfungsanlass und das Überprüfungsverfahren einschließlich der zu beteiligenden Behörden regeln.

9. § 78, § 78a, § 81 V

12 Inhalt dieser Regelungen ist die Festlegung einheitlicher Vordrucke für Aufenthaltstitel, Ausweisersatzpapiere sowie für Fiktions- und Duldungsbescheinigungen. Ziel ist es, einer Missbrauchsgefahr durch unterschiedlich gestaltete Bescheinigungen vorzubeugen. Zudem können durch die Vereinheitlichung der Vordruckmuster biometrische Merkmale in die Legitimationspapiere aufgenommen werden, die bundesweit lesbar und einfach zu kontrollieren sind. Gleiches gilt für die Bescheinigung nach § 81 V.

10. § 79 II

13 Hintergrund für die Regelung des § 79 II Nr. 1 ist, das die Begehung einer Straftat oder Ordnungswidrigkeit auch ohne rechtskräftige Verurteilung ein Ausweisungsinteresse iSd AufenthG darstellt. Der Vorschrift liegt der Gedanke zugrunde, dass die Strafgerichte bzw. Ordnungsbehörden im Allgemeinen fachlich kompetenter sind, über die Tatbestandsverwirklichung zu entscheiden. Daher soll deren Entscheidung Grundlage für die Entscheidung der Ausländerbehörde über den Aufenthaltstitel sein. Es bedarf hier einer bundeseinheitlichen Regelung, da ein Auseinanderfallen der aufenthaltsrechtlichen Entscheidung einerseits und der straf- bzw. ordnungswidrigkeitsrechtlichen Entscheidung andererseits im gesamten Bundesgebiet zu verhindern ist.

14 Durch die Neufassung des § 79 II Nr. 2 wird die Regelung auf Fälle ausgeweitet, in denen ein Vaterschaftsanfechtungsverfahren in Vorbereitung oder anhängig ist. Die Neuregelung trägt dem Umstand Rechnung, dass eine zivilrechtlich wirksame Vaterschaftsanerkennung auch für aufenthaltsrechtliche Verfahren Bindungswirkung entfaltet, die jedoch durch ein Anfechtungsverfahren aufgehoben werden kann. Die Aufnahme der Vorschrift in den § 105a dient dazu, das Verhältnis zwischen der zivilrechtlichen Vaterschaftsanerkennung und der ausländerrechtlichen Entscheidung bundeseinheitlich klarzustellen. Anderenfalls droht ein unterschiedlicher und ggf. die Bindungswirkung nicht beachtender Gesetzesvollzug.

11. § 82 I 3 und III

15 Über den persönlichen Anwendungsbereich der Forscher- und der Studenten-RL hinaus muss die Regelung des Abs. 1 S. 3 insgesamt abweichungsfest ausgestaltet werden. Durch den Antrag auf Verlängerung gilt der Aufenthaltstitel als fortbestehend (vgl. § 81 IV). Kann die Ausländerbehörde den Antrag auf Verlängerung aufgrund fehlender oder unvollständiger Angaben nicht bescheiden und setzt sie das Verfahren aus, so würde die Dauer des rechtmäßigen Aufenthalts durch Fiktion in das Belieben des Ausländers gestellt. Die Ausländerbehörde muss daher in diesen Fällen gezwungen sein, dem Ausländer eine Frist zur Beibringung der notwendigen Unterlagen zu setzen[15].

16 Die in Abs. 3 geregelte Hinweispflicht der Ausländerbehörde muss aufgrund der grundsätzlich bestehenden Freizügigkeit von Ausländern im Bundesgebiet (vgl. § 12 I 1) einheitliche Geltung im Bundesgebiet beanspruchen[16].

---

[14] BT-Drs. 16/5065, 205.
[15] BT-Drs. 16/5065, 206.
[16] BT-Drs. 16/5065, 206.

12. § 87 I, II 1 und 2, IV 1, 3 und 5, V

Die in § 87 I, II 1 und 2, IV 1, 3 und 5 und V geregelten Unterrichtspflichten anderer Behörden gegenüber den Ausländerbehörden sind notwendig, um die Ausländerbehörden in die Lage zu versetzen, ihren gesetzlichen Prüfpflichten iR aufenthaltsrechtlicher Entscheidungen nachkommen zu können. Da die materiellen Voraussetzungen aufenthaltsrechtlicher Entscheidungen bundeseinheitlich vorgegeben sind, muss dies auch für die komplementären Unterrichtspflichten zur Erfüllung der materiellen Vorgaben gelten[17]. Gleiches gilt für die in § 87 V geregelte Unterrichtspflicht. Sie versetzt – über die Mitteilungspflicht der Ausländerbehörden nach § 90 IV – die nach Landesrecht bestimmte öffentliche Anfechtungsbehörde in die Lage, darüber zu entscheiden, ob sie eine Vaterschaft anficht. Auch die Voraussetzungen für die Anfechtung der Vaterschaft sind bundeseinheitlich geregelt (§ 1600 I Nr. 5 BGB). 17

13. § 89 I 2 und 3, III und IV, § 91 I und II

Die datenschutzrechtlichen Regelungen in § 89 I 2 und 3, III und IV sind aufgrund der spezifischen Eingriffsermächtigungen in § 49 II und III notwendig. Die Verwendung der Daten ist auf den gesetzlich bestimmten Zweck beschränkt. Ausfluss dieser Zweckbeschränkung sind Weitergabe- und Verwertungsverbote sowie Aufklärungs-, Auskunfts- und Löschungspflichten (BVerfGE 65, 1 (46) – Volkszählungsurteil). Da die Erhebung, Speicherung, Übermittlung und Löschung von Daten aus datenschutzrechtlicher Sicht einheitlich beurteilt werden, müssen die bereichsspezifischen Regelungen des § 89 I 2 und 3, III und IV den allgemeinen datenschutzrechtlichen Regelungen des Bundes und der Länder vorgehen. Sie sind daher abweichungsfest auszugestalten[18]. 18

Darüber hinaus wird in Abs. 3 das Ziel verfolgt, durch die Festlegung von spezifischen Löschungsfristen die Verfügbarkeit von bestimmten Daten über einen bundeseinheitlichen Zeitraum nach Erfassung zu gewährleisten. 19

Gleiches gilt für § 91 I und II. 20

14. § 90

Um eine Bekämpfung der in § 90 I–IV geregelten Missbrauchsfälle bundesweit zu ermöglichen, ist eine bundeseinheitliche Unterrichtungspflicht der Ausländerbehörden gegenüber anderen zuständigen Behörden notwendig. Insbesondere hinsichtlich des § 90 IV und V ist die Mitteilungspflicht der Ausländerbehörden zudem erforderlich, um dem materiellen Recht zur Wirksamkeit zu verhelfen. Ohne eine entsprechende Mitteilungspflicht der Ausländerbehörden ist die anfechtungsberechtigte Behörde nicht in der Lage, die Voraussetzungen für die Anfechtung einer Vaterschaft nach § 1600 I Nr. 5 BGB prüfen zu können, denn die hierfür erforderlichen Informationen liegen in der Regel den Ausländerbehörden und den nach § 87 II Nr. 4 zur Unterrichtung verpflichteten Behörden vor. Etwas anderes gilt nur für den Fall, dass die Ausländerbehörden selbst anfechtungsberechtigt sind. Da jedoch nach § 1600 V 1 BGB die Länder bestimmen können, welche öffentliche Stelle anfechtungsberechtigt ist, bedarf es hier insoweit einer bundeseinheitlichen Regelung[19]. Ohne die Mitteilung nach Abs. 5 drohte die Möglichkeit der Erteilung eines Aufenthaltstitels nach § 25 IVa leerzulaufen. 21

15. §§ 90a und 90b

Der in den §§ 90a und 90b geregelte Datenabgleich zwischen Ausländerbehörden und Meldebehörden hat das Ziel, die Abweichungen in der Ausländerstatistik hinsichtlich der Daten des AZR sowie der Daten der Bevölkerungsfortschreibung zu reduzieren. Dies kann nur durch eine bundeseinheitliche Geltung dieser Regelung erreicht werden[20]. 22

16. § 91a III, IV und VII

Das Register zum vorübergehenden Schutz ist ein bundeseinheitliches Register, das der Erfassung und Verteilung von Ausländern nach § 24 I dient. Über die den Registerinhalt betreffenden. Regelungen hinaus bedürfen insbesondere auch die Regelungen der Übermittlungspflicht einschließlich der Übermittlungsform sowie die Regelungen der Datenpflege einer bundeseinheitlichen Geltung[21]. 23

---

[17] BT-Drs. 16/5065, 206.
[18] BT-Drs. 16/5065, 207.
[19] BT-Drs. 16/5065, 207.
[20] BT-Drs. 16/5065, 207.
[21] BT-Drs. 16/5065, 207.

17. § 91c I 2, II 2, III 4 und IV 2

24 Die in § 91c I 2, II 2, III 4 und IV 2 geregelten Informationspflichten gewährleisten den zur Durchführung der Daueraufenthalts-RL unbedingt erforderlichen Informationsfluss unter den Mitgliedstaaten der EU. Diese Informationen müssen den jeweils anderen Mitgliedstaat in die Lage versetzen, eine sachgerechte Entscheidung über den Aufenthaltsstatus des langfristig Aufenthaltsberechtigten oder über dessen Rückführung zu treffen. Die Informationspflichten bedürfen deshalb einer bundeseinheitlichen Regelung[22].

18. § 99 I–IV

25 Die AufenthV enthält zahlreiche Regelungen des Verwaltungsverfahrens der Länder. Dabei handelt es sich im Wesentlichen um Zustimmungs- und Mitteilungspflichten (Kap. 2). Darüber hinaus sind die Regelung von Vordruckmustern sowie Dateiführungspflichten (Kap. 5) Regelungsgegenstand der AufenthV[23].

19. § 104a VII 2

26 Die Regelung des § 104a VII beinhaltet die Anordnung der obersten Landesbehörde an die Ausländerbehörden, Staatsangehörige bestimmter Staaten aus Gründen der Sicherheit der Bundesrepublik die Erteilung einer Aufenthaltserlaubnis nach § 104a I–III zu versagen. Bereits die Notwendigkeit der besonderen Anordnung macht den Ausnahmecharakter dieser Regelung deutlich. Um eine Einheitlichkeit der Anwendung dieser Ausnahmeregelung sicherzustellen, ist die Herstellung des Einvernehmens mit dem BMI unverzichtbar[24].

20. § 43 IV und § 99 I–IV – Regelungen des Verwaltungsverfahrens

27 Die Regelungen des Verwaltungsverfahrens sind ganz überwiegend Zustimmungs- und Mitteilungspflichten, die zur verfahrensrechtlichen Umsetzung materiell-rechtlicher Prüfungsvoraussetzungen des Aufenthaltsrechts notwendig sind. Dies gilt insbesondere für § 4 III, § 11 II und III, § 12 I 1, die §§ 31 und 38a IV, die §§ 42, 43 II und die §§ 71–74 und 76 AufenthV.

28 Hinsichtlich der in den §§ 58, 59 und 80 AufenthV geregelten Vordruckmuster wird auf die Begründung zu § 78 verwiesen.

29 Die Regelung der Dateiführungspflichten in den §§ 62–68 AufenthV verpflichtet die Ausländerbehörden, die Ausländerdatei A und B sowie die Datei über Passersatz zu führen und legen darüber hinaus auch Löschungsregeln fest. Die bundesweite Vereinheitlichung bestimmter Dateien in den Ausländerbehörden ist notwendig, um die Kommunikation sowohl zwischen den Ausländerbehörden untereinander als auch mit anderen Behörden zu unterstützen. Hinsichtlich der datenschutzrechtlichen Regelungen wird auf die Begründung zu § 89 I 2 und 3, III und IV verwiesen.

30 Aufgrund der Notwendigkeit, eine Vielzahl von Regelungen der AufenthV abweichungsfest auszugestalten, ist es sachgerecht, § 99 selbst – und damit die auf dieser Verordnungsermächtigung beruhenden Regelungen der AufenthV – abweichungsfest zu gestalten[25].

31 Soweit verfahrensrechtliche Bestimmungen des AufenthG nicht in § 105a genannt und damit aus Gründen eines besonderen Bedürfnisses nach bundeseinheitlicher Regelung für abweichungsfest erklärt worden sind, folgt daraus nicht im Umkehrschluss, dass von allen anderen im AufenthG enthaltenen Regelungen zum Verwaltungsverfahren der Länder seitens der Länder durch landesgesetzliche Regelung abgewichen werden könnte.

32 Grenzen für die Abweichungsrechte der Länder nach Art. 84 I GG können sich auch aus innerstaatlich umgesetzten EU-RL ableiten, da die Länder hiervon nicht abweichen können. Beispiele hierfür sind etwa die verfahrensrechtlichen Regelungen in § 24 VII, § 51 VIII, § 77 I 3, § 78 I, § 82 I 3 sowie §§ 91c und 91d.

33 Eine Bindung der Länder an verfahrensrechtliche Regelungen im AufenthG besteht aber auch dann, wenn sie zugleich materiell-rechtlichen Charakter haben (sog. doppelgesichtige Normen). Die Länder würden bei einem Abweichen auch in den materiell-rechtlichen Gehalt der Norm eingreifen, was ihnen aber verwehrt ist[26]. So ist etwa nach § 60a V 4 die durch Widerruf einer Duldung vorgesehene Abschiebung mindestens einen Monat vorher anzukündigen, wenn die Abschiebung länger als ein Jahr ausgesetzt ist. Diese Regelung beinhaltet neben dem verfahrensrechtlichen Element auch einen materiell-rechtlichen Schutzgehalt für den Betroffenen iSd Gewährung eines Anspruchs (vgl. BVerfGE

---

[22] BT-Drs. 16/5065, 207.
[23] BT-Drs. 16/5065, 207.
[24] BT-Drs. 16/5065, 207.
[25] BT-Drs. 16/5065, 208.
[26] BT-Drs. 16/5065, 208.

55, 274 (320 f.); 75, 108 (152)), in den die Länder nicht eingreifen können. Weitere idS doppelgesichtige Regelungen sind bspw. in § 58a IV, § 59 I–III, § 60 X 2 und § 60a IV enthalten.

§ 105b Übergangsvorschrift für Aufenthaltstitel nach einheitlichem Vordruckmuster

¹Aufenthaltstitel nach § 4 Absatz 1 Satz 2 Nummer 2 bis 4, die bis zum Ablauf des 31. August 2011 nach einheitlichem Vordruckmuster gemäß § 78 in der bis zu diesem Zeitpunkt geltenden Fassung dieses Gesetzes ausgestellt wurden, sind bei Neuausstellung, spätestens aber bis zum Ablauf des 31. August 2021 als eigenständige Dokumente mit elektronischem Speicher- und Verarbeitungsmedium nach § 78 auszustellen. ²Unbeschadet dessen können Inhaber eines Aufenthaltstitels nach § 4 Absatz 1 Satz 2 Nummer 2 bis 4 ein eigenständiges Dokument mit elektronischem Speicher- und Verarbeitungsmedium nach § 78 beantragen, wenn sie ein berechtigtes Interesse an der Neuausstellung darlegen.

Allgemeine Verwaltungsvorschrift
Nicht belegt.

I. Entstehungsgeschichte

Die Vorschrift entspricht dem **Gesetzesentwurf**¹ und wurde durch das RLUmsG 2011 nur hinsichtlich der Fristen angepasst². 1

II. Bedeutung

Die Vorschrift dient der **Umsetzung der Vorgaben der eAT-Verordnung**³. Danach sind Aufenthaltstitel künftig grundsätzlich als mit biometrischen Merkmalen versehene, eigenständige Dokumente auszugeben. Das neue Format ist in § 78 normiert. § 105b S. 1 stellt sicher, dass Aufenthaltstitel bei Neuausstellung nach diesem neuen Format auszustellen sind und maximal bis zum 31.8.2021 im bisherigen Format genutzt werden können. Unter den Begriff der „Neuausstellung" sind dabei alle Fälle zu fassen, in denen nach bisherigen Regeln die herkömmlichen Klebeetiketten zu ersetzen wären. § 105b S. 2 ermöglicht die vorzeitige Ausstellung eines Aufenthaltstitels im neuen Format. Erforderlich hierfür ist jedoch ein „berechtigtes Interesse", dass der Ausländer der Behörde im konkreten Einzelfall darzulegen hat. 2

§ 105c Überleitung von Maßnahmen zur Überwachung ausgewiesener Ausländer aus Gründen der inneren Sicherheit

Maßnahmen und Verpflichtungen nach § 54a Absatz 1 bis 4 in der bis zum 31. Dezember 2015 geltenden Fassung, die vor dem 1. Januar 2016 bestanden, gelten nach dem 1. Januar 2016 als Maßnahmen und Verpflichtungen im Sinne von § 56 in der ab dem 1. Januar 2016 geltenden Fassung.

Allgemeine Verwaltungsvorschrift
Nicht belegt.

Die Vorschrift wurde durch das **AsylVfBeschlG 2015**¹* neu in das AufenthG eingeführt. Sie dient dazu sicherzustellen, dass Maßnahmen und Verpflichtungen, die auf der Grundlage des bisherigen § 54a galten, auch in Zukunft fortgelten (sog. Fortgeltungsanordnung) und ein Zuwiderhandeln nach den §§ 95 und 98 sanktioniert werden kann²*. 1

Ist eine Maßnahme nach § 54a aF allerdings zum 1.1.2016 noch rechtshängig, ist ihre Rechtmäßigkeit aufgrund der Maßgeblichkeit der letzten mündlichen Verhandlung oder Entscheidung der Tatsacheninstanz³* unmittelbar nach der Neufassung des § 56 zu bestimmen. 2

---

¹ BT-Drs. 17/3354, 10 f., 19.
² BT-Drs. 17/5470, 11, 30.
³ VO (EG) Nr. 380/2008 des Rates v. 18.4.2008 zur Änderung der VO (EG) Nr. 1030/2002 zur einheitlichen Gestaltung des Aufenthaltstitels für Drittstaatsangehörige (ABl. 2008 L 115, 1).
1* BGBl. 2015 I S. 1722.
2* Vgl. BT-Drs. 18/6185, 70.
3* → Vorb. §§ 53–56.

§ 106 Einschränkung von Grundrechten

(1) Die Grundrechte der körperlichen Unversehrtheit (Artikel 2 Abs. 2 Satz 1 des Grundgesetzes) und der Freiheit der Person (Artikel 2 Abs. 2 Satz 2 des Grundgesetzes) werden nach Maßgabe dieses Gesetzes eingeschränkt.

(2) [1]Das Verfahren bei Freiheitsentziehungen richtet sich nach Buch 7 des Gesetzes über das Verfahren in Familiensachen und in den Angelegenheiten der freiwilligen Gerichtsbarkeit. [2]Ist über die Fortdauer der Zurückweisungshaft oder der Abschiebungshaft zu entscheiden, so kann das Amtsgericht das Verfahren durch unanfechtbaren Beschluss an das Gericht abgeben, in dessen Bezirk die Zurückweisungshaft oder Abschiebungshaft jeweils vollzogen wird.

Allgemeine Verwaltungsvorschrift
106 Zu § 106 – Einschränkung von Grundrechten
Nicht belegt.

I. Entstehungsgeschichte

1 Die Vorschrift entspricht im Wesentlichen dem ursprünglichen Gesetzentwurf. Abs. 2 wurde durch das **RLUmsG 2007**[1] im Zusammenhang mit der Einfügung der Zurückweisungshaft und des Transitaufenthalts in § 15 V und VI und durch das FGG-ReformG vom 17.12.2008[2] geändert.

II. Einschränkung der Grundrechte aus Art. 2 II GG (Abs. 1)

2 Abs. 1 trägt dem **Zitiergebot** des Art. 19 I 2 GG Rechnung[3]. Nach Art. 19 I 2 GG muss ein Gesetz, das ein Grundrecht einschränkt, dieses Grundrecht unter Angabe des Artikels nennen[4]. Nach gefestigter Rechtsprechung des BVerfG greift das Zitiergebot allerdings nur dann, wenn das Gesetz gerade darauf abzielt, das Grundrecht über die in ihm selbst angelegten Grenzen hinaus einzuschränken[5]. Es bedarf dann eines zielgerichteten (finalen) Grundrechtseingriffs, um das Zitiererfordernis auszulösen[6]. Art. 19 I 2 GG soll verhindern, dass neue, dem bisherigen Recht fremde Möglichkeiten des Eingriffs in Grundrechte geschaffen werden, ohne dass der Gesetzgeber darüber Rechenschaft ablegt und dies ausdrücklich zu erkennen gibt[7]. Ein bloßer Hinweis in der Gesetzesbegründung genügt dem Formerfordernis des Art. 19 I 2 GG nicht[8].

3 Die **Warn- und Besinnungsfunktion** betrifft nicht nur eine erstmalige Grundrechtseinschränkung, sondern wird bei jeder **erheblichen Veränderung der Eingriffsvoraussetzungen** bedeutsam, die zu neuen Grundrechtseinschränkungen führt. Wird die Eingriffsgrundlage deutlich erweitert, greift das Zitiergebot[9]. Bei Gesetzen, die lediglich bereits geltende Grundrechtseinschränkungen unverändert oder mit geringen Abweichungen wiederholen, findet das Zitiergebot hingegen keine Anwendung[10]. Das Zitiergebot wird zudem nicht verletzt, wenn der Gesetzgeber in Ausführung der im GG vorgesehenen Gestaltungsaufträge, Inhaltsbestimmungen oder Schrankenziehungen tätig wird.

4 Die in Abs. 1 genannten Grundrechte können nach Maßgabe des AufenthG eingeschränkt werden. Da das AufenthG nach § 1 I nur auf Ausländer iSd § 2 I Anwendung findet, ist der **betroffene Personenkreis** auf Drittstaatsangehörige, Asylsuchende und Staatenlose beschränkt. Freizügigkeitsberechtigte werden wegen § 1 Nr. 1 nur erfasst, sofern das AufenthG auf sie Anwendung findet.

5 Grundsätzlich gilt, dass sich Ausländer auf Grundrechte berufen können, wenn diese nicht Deutschen vorbehalten sind. Das Zitiergebot erfasst das **Grundrecht auf Leben und körperliche Unversehrtheit** (Art. 2 II 1 GG)[11] sowie die **Freiheit der Person** (Art. 2 II 2 GG), nicht aber die allgemeine Handlungsfreiheit (Art. 2 I GG)[12], die von vornherein nur unter dem Vorbehalt der verfassungsmäßigen Ordnung gewährleistet wird[13].

6 Art. 2 II 1 GG wird insbesondere durch erkennungsdienstliche Maßnahmen (§ 49) – zB körperliche Eingriffe zur Feststellung des Alters nach § 49 VI 1 – tangiert, Art. 2 II 2 GG durch freiheitsentzie-

---
[1] Gesetz zur Umsetzung aufenthalts- und asylrechtlicher Richtlinien der Europäischen Union v. 19.8.2007, BGBl. I 1970.
[2] BGBl. 2008 I 2586.
[3] BT-Drs. 15/420, 101.
[4] BVerwG Urt. v. 19.4.2018 – 1 C 1.17.
[5] Vgl. nur BVerfG Beschl. v. 18.2.1970 – 2 BvR 531/68, NJW 1970, 1268.
[6] BVerfG Beschl. v. 11.8.1999 – 1 BvR 2181/98 ua.
[7] BVerfG Beschl. v. 25.5.1956 – 1 BvR 190/55.
[8] BVerfG Urt. v. 27.7.2005 – 1 BvR 668/04.
[9] BVerfG Beschl. v. 12.10.2011 – 2 BvR 236/08 ua; Urt. v. 27.7.2005 – 1 BvR 668/04.
[10] BVerfG Beschl. v. 12.10.2011 – 2 BvR 236/08 ua.
[11] BVerfG Beschl. v. 11.8.1999 – 1 BvR 2181/98 ua.
[12] BVerfG Beschl. v. 11.8.1999 – 1 BvR 2181/98 ua.
[13] BVerfG Urt. v. 29.7.1959 – 1 BvR 394/58.

hende Maßnahmen wie die Zurückweisungs-, Zurückschiebungs- und Abschiebungshaft (§ 15 V, § 57 III, § 62 II und III, §§ 62a, 62b) sowie die vorläufige Gewahrsamnahme (§ 62 V).

III. Freiheitsentziehungsverfahren (Abs. 2)

Das Verfahren bei Freiheitsentziehungen richtet sich nach Buch 7 des FamFG (§§ 415–432 FamFG). Dies stellt Abs. 2 S. 1 klar. Daneben ist aber auch das Buch 1 des FamFG anwendbar, weil dies den allgemeinen Teil regelt, auf den zwangsläufig auch die Vorschriften des Buches 7 zurückgreifen[14]. 7

Nach § 416 FamFG ist grundsätzlich das Gericht örtlich zuständig, in dessen Bezirk die Person, der die Freiheit entzogen werden soll, ihren gewöhnlichen Aufenthalt hat. Das Gericht der Erstanordnung bleibt grundsätzlich auch für **Verlängerungsentscheidungen** örtlich zuständig. Ein anderes Gericht (AG) darf nur über die Fortdauer der Haft entscheiden, wenn eine Abgabeentscheidung des Erstgerichts vorliegt. Mit dem Abgabebeschluss gemäß Abs. 2 S. 2 wird die Zuständigkeit des Gerichts, in dessen Bezirk die Haft vollzogen wird, begründet. Die Entscheidung über die Abgabe ist nach dem eindeutigen Wortlaut des Abs. 2 S. 2 allein in die Hände des zunächst zuständigen Gerichts gelegt und deshalb für das andere Gericht in jedem Fall bindend[15]. Nach dem heutigen Beziehungsgeflecht der haftrechtlich relevanten Normen ist die Frage des zuständigen Gerichts – auch eingedenk der vorgenannten Aussage – nicht einfach zu beantworten. Zu den anerkannten Grundsätzen gehört allerdings die **perpetuatio fori** (Fortbestehen des Gerichtsstands): Aus Gründen der Rechtssicherheit und Rechtsklarheit bleibt ein einmal örtlich oder sachlich zuständiges Gericht zuständig, solange nicht gesetzliche Zuständigkeitsregeln etwas Anderes bestimmen. Die Abgabemöglichkeit nach Abs. 2 S. 2 ist im Hinblick auf den **gesetzlichen Richter** (Art. 101 I 2 GG) nicht unproblematisch, sieht das Gesetz doch keine Kriterien für ihre Ausübung vor[16]. 8

Eine Abgabe an das AG, in dessen Bezirk die Zurückweisungs- oder Abschiebungshaft vollzogen wird, zur Entscheidung über deren Fortdauer, erfolgt nicht schon dadurch, dass die Übersendung der Akten dorthin verfügt wird. Nach Abs. 2 S. 2 muss das AG vielmehr die Abgabeentscheidung durch einen **Beschluss** treffen[17]. 9

§ 107 Stadtstaatenklausel

Die Senate der Länder Berlin, Bremen und Hamburg werden ermächtigt, die Vorschriften dieses Gesetzes über die Zuständigkeit von Behörden dem besonderen Verwaltungsaufbau ihrer Länder anzupassen.

Allgemeine Verwaltungsvorschrift
107 Zu § 107 – Stadtstaatenklausel
Nicht belegt.

I. Entstehungsgeschichte

Die Vorschrift entspricht dem **Gesetzesentwurf**[1]. 1

II. Bedeutung

Die Vorschrift ermöglicht eine **Anpassung der Zuständigkeit an die Besonderheiten der Stadtstaaten.** 2

---

[14] *Brinktrine* in Kluth/Heusch Rn. 6.
[15] BVerfG Beschl. v. 5.3.2009 – 2 BvR 1615/06.
[16] Vgl. auch *Stahmann* in NK-AuslR Rn 12.
[17] LG Mannheim Beschl. v. 17.2.2011 – 4 T 19/11.
[1] BT-Drs. 15/420, 36.

Zweiter Teil. Freizügigkeitsgesetz/EU

Gesetz über die allgemeine Freizügigkeit von Unionsbürgern (Freizügigkeitsgesetz/EU – FreizügG/EU)

Vom 30. Juli 2004 (BGBl. I S. 1950, 1986);

zuletzt geändert durch Art. 4 Gesetz zur Weiterentwicklung des Ausländerzentralregisters vom 9.7.2021 (BGBl. I S. 2467)

Vorbemerkung

Allgemeine Verwaltungsvorschrift
0 Vorbemerkung
0.1 Allgemeines
0.1.1 Das Freizügigkeitsgesetz/EU regelt das Recht auf Einreise und Aufenthalt der Unionsbürger und ihrer Familienangehörigen. Es handelt sich um eine eigenständige, abschließende Regelung für diese Personengruppe. Das Aufenthaltsgesetz ist grundsätzlich nicht anwendbar (zu den Ausnahmen vgl. insbesondere Nummer 11).
0.1.2 Das Aufenthaltsrecht der Unionsbürger und ihrer Familienangehörigen wird wesentlich durch das europäische Unionsrecht bestimmt. Im Freizügigkeitsgesetz/EU sind die europarechtlichen Vorgaben in nationales Recht umgesetzt.
0.1.3 Das europäische Unionsrecht genießt im Kollisionsfall Anwendungsvorrang vor dem Freizügigkeitsgesetz/EU, es sei denn, das nationale Recht enthält günstigere Regelungen (vgl. § 11 Absatz 1 Satz 11). Bei der Anwendung und Auslegung des nationalen Rechts ist das Unionsrecht durch die zuständigen Behörden zu berücksichtigen.
0.2 Unionsrecht
0.2.1 Das Recht von Unionsbürgern auf Einreise und Aufenthalt ergibt sich bereits unmittelbar aus dem primären Unionsrecht. Artikel 21 Absatz 1 des Vertrages über die Arbeitsweise der Europäischen Union (AEUV) – Allgemeine Freizügigkeit – vermittelt allen Staatsangehörigen der Mitgliedstaaten, den Unionsbürgern, das Recht, sich innerhalb der Europäischen Union frei zu bewegen und aufzuhalten. Spezielle Freizügigkeitsgewährleistungen für bestimmte Personengruppen (Arbeitnehmer, Selbständige, Dienstleistungserbringer) ergeben sich aus Artikeln 45 (Arbeitnehmerfreizügigkeit), 49 (Niederlassungsfreiheit), 56 (Dienstleistungsfreiheit) AEUV. Das Recht der Unionsbürger aus Artikel 21 AEUV steht unter dem Vorbehalt der europarechtlichen Durchführungsbestimmungen. Grundlegende Bedeutung hierbei hat die Richtlinie 2004/38/EG des Europäischen Parlaments und des Rates vom 29. April 2004 über das Recht der Unionsbürger und ihrer Familienangehörigen, sich im Hoheitsgebiet der Mitgliedstaaten der Europäischen Union frei zu bewegen und aufzuhalten, zur Änderung der Verordnung (EWG) Nummer 1612/68 und zur Aufhebung der Richtlinien 64/221/EWG, 68/360/EWG, 72/194/EWG, 73/148/EWG, 75/34/EWG, 75/35/EWG, 90/364/EWG, 90/365 EWG und 93/96/EWG (ABl. EU Nummer L 229 S. 35, so genannte Freizügigkeitsrichtlinie), die durch das Freizügigkeitsgesetz/EU umgesetzt wird.
0.2.2 Gegenstand der Freizügigkeitsrichtlinie sind die Bedingungen, unter denen Unionsbürger und ihre Familienangehörigen das Recht auf Freizügigkeit und Aufenthalt innerhalb des Hoheitsgebiets der Mitgliedstaaten genießen, das Recht auf Daueraufenthalt im Hoheitsgebiet der Mitgliedstaaten sowie die Beschränkungen dieser Rechte aus Gründen der öffentlichen Ordnung, Sicherheit oder Gesundheit. Artikel 35 Freizügigkeitsrichtlinie bestimmt, dass die durch diese Richtlinie verliehenen Rechte im Fall von „Rechtsmissbrauch oder Betrug" verweigert, aufgehoben oder widerrufen werden können (zur Umsetzung dieser Vorschrift im nationalen Recht sowie zu den konkreten Tatbeständen im Einzelnen vgl. Nummer 2.7 ff.).

Übersicht

	Rn.
I. Freizügigkeit	1
II. Unionsbürgerrichtlinie	26
III. Umsetzung in Deutschland	29
IV. Wirkung des EU-Rechts zum nationalen Recht	34
1. Anwendungsvorrang	34
2. Richtlinienkonforme Auslegung	43
3. Bedeutung der Urteile des EuGH	52

I. Freizügigkeit

1   Die Entwicklung der EU seit den Römischen Verträgen hat ihren sichtbaren Ausdruck stets in der **Freizügigkeit der Menschen** gefunden. Grundsätzlich gehen die besonderen Grundfreiheiten für erwerbstätige Unionsbürger dem allgemeinen Freizügigkeitsrecht der Unionsbürger (Art. 20 II lit. a, 21 AEUV) als speziellere Regelungen vor. Als besondere Ausprägung der in Art. 21 AEUV gewährleisteten allgemeinen Freizügigkeit bleiben die wirtschaftlichen Grundfreiheiten jedoch integraler Bestandteil der Unionsbürgerschaft, sodass auch ihre Beschränkungsmöglichkeiten entsprechend der allgemeinen Freizügigkeit auszulegen sind[1]. Auch das in Art. 45 GRCh garantierte Unionsgrundrecht auf Freizügigkeit hat keinen weiteren Anwendungsbereich, da dessen Ausübung nach Art. 52 II GRCh im Rahmen der unionsvertraglich und damit insbesondere durch die in Art. 21 AEUV festgelegten Bedingungen und Grenzen erfolgt. Ungeachtet der wirtschaftlichen Bedeutung der sonstigen Marktfreiheiten haben die Personenverkehrsfreiheiten immer einen wichtigen Rang bei der Heranbildung eines europäischen Bewusstseins eingenommen. Die weitreichenden Fortschritte bei der Einigung Europas lassen sich an den Vertragswerken der letzten fünf Jahrzehnten ablesen, zuletzt an den Verträgen von Maastricht (1993), Amsterdam (1999), Nizza (2003) und Lissabon (2009). Der aktuelle Stand ergibt sich aus den konsolidierten Fassungen des EUV und des AEUV, der Grundrechtecharta, den Beitrittsverträgen aus den Jahren 2003, 2007 und 2013 sowie dem EWR-Vertrag und den Abkommen mit der Schweizerischen Eidgenossenschaft.

2   Die Personenverkehrsfreiheiten der Staatsangehörigen der Mitgliedstaaten wurden mit einer Reihe von VO und RL näher geregelt, zuletzt Anfang der 1990er-Jahre. Die weitere Entwicklung wird dokumentiert durch die Einrichtung der Unionsbürgerschaft und das darauf beruhende Freizügigkeit im gesamten Hoheitsgebiet der Mitgliedstaaten (Art. 20 und 21 AEUV). Mit der Freizügigkeits-RL von 2004 (RL 2004/38/EG, im Folgenden Freizügigkeits-RL[2]) werden die bisher erreichten Rechtspositionen zusammengefasst und vereinfacht und zugleich weitere Verbesserungen auf dem Weg zu einer vollständigen Angleichung der Aufenthaltsrechte von Inländern und Unionsbürgern erreicht[3]. Zusammen mit der weitreichenden Europäisierung des Rechts der Einreise und des Aufenthalts der Drittstaatsangehörigen sind damit die Grundlagen für ein einheitliches europäisches Migrationsrecht geschaffen. Die eigenständigen Ausländerrechts-Ordnungen der EU-Mitgliedstaaten sind durch ein sehr dichtes Netz unionsrechtlicher Regelungen abgelöst worden.

3   Grundlage der **Freizügigkeit der Arbeitnehmer** innerhalb der EU bildet – neben der Freizügigkeits-RL – die VO (EU) Nr. 492/2011 des EU-Parlaments und des Rates vom 5.4.2011[4], der nach Art. 41 die VO (EWG) Nr. 1612/68 des Rates vom 15.10.1968[5] aufhebt. Diese regelte den Zugang zur Beschäftigung. Jeder Staatsangehörige eines Mitgliedstaats ist berechtigt, eine Tätigkeit im Lohn- oder Gehaltsverhältnis im Hoheitsgebiet eines anderen Mitgliedstaats nach den für die Arbeitnehmer dieses Staates geltenden Rechtsvorschriften aufzunehmen und auszuüben. Dieses Recht steht gleichermaßen Dauerarbeitnehmern, Saisonarbeitern, Grenzarbeitnehmern oder Arbeitnehmern zu, die ihre Tätigkeit im Zusammenhang mit einer Dienstleistung ausüben. Er hat im Hoheitsgebiet eines anderen Mitgliedstaats mit dem gleichen Vorrang Anspruch auf Zugang zu den verfügbaren Stellen wie die Staatsangehörigen dieses Staates. Er erhält dort die gleichen Hilfen, wie sie die Arbeitsämter dieses Staates den eigenen Staatsangehörigen gewähren, die eine Beschäftigung suchen. Wird er für eine Beschäftigung angeworben, so darf bei ihm hinsichtlich des Gesundheitszustands, des Berufs oder sonstiger Anforderungen aufgrund der Staatsangehörigkeit kein anderer Maßstab angelegt werden.

4   **Ausübung der Beschäftigung und Gleichbehandlung:** Ein Arbeitnehmer, der Staatsangehöriger eines Mitgliedstaats ist, darf aufgrund seiner Staatsangehörigkeit im Hoheitsgebiet der anderen Mitgliedstaaten hinsichtlich der Beschäftigungs- und Arbeitsbedingungen (insbesondere im Hinblick auf Kündigung und Entlohnung) nicht anders behandelt werden als die inländischen Arbeitnehmer. Auch kann er Berufsschulen und Umschulungszentren in Anspruch nehmen. Er genießt dort die gleichen sozialen und steuerlichen Vergünstigungen wie die inländischen Arbeitnehmer. Ein Arbeitnehmer, der Staatsangehöriger eines Mitgliedstaats und im Hoheitsgebiet eines anderen Mitgliedstaats beschäftigt ist, hat Anspruch auf gleiche Behandlung hinsichtlich der Zugehörigkeit zu Gewerkschaften und der Ausübung gewerkschaftlicher Rechte einschließlich des Wahlrechts und des Zugangs zu Verwaltungs- oder Führungsämtern in einer Gewerkschaft; er kann von der Teilnahme an der Verwaltung von Körperschaften des öffentlichen Rechts und der Ausübung eines öffentlich-rechtlichen

---

[1] EuGH Urt. v. 23.3.2004 – C-138/02 Rn. 63 – Collins; EuGH Urt. v. 15.9.2005 – C-258/04 Rn. 22 – Ioannidis.
[2] RL 2004/38/EG des EU Parlaments und des Rates v. 29.4.2004 über das Recht der Unionsbürger und ihrer Familienangehörigen, sich im Hoheitsgebiet der Mitgliedstaaten frei zu bewegen und aufzuhalten, zur Änd. der VO (EWG) Nr. 1612/68 und zur Aufhebung der RL 64/221/EWG, 68/360/EWG, 72/194/EWG, 73/148/EWG, 75/34/EWG, 75/35/EWG, 90/364/EWG, 90/365/EWG und 93/96/EWG (ABl. 2004 L 158, S. 77).
[3] Zum Inhalt *Hailbronner* ZAR 2004, 259; vgl. auch *Groß* ZAR 2005, 81.
[4] ABl. 2011 L 141, 1.
[5] ABl. 1968 L 257, 13.

Vorbemerkung **FreizügG/EU 2**

Amtes ausgeschlossen werden. Er hat ferner das Recht auf Wählbarkeit zu den Organen der Arbeitnehmervertretung in den Betrieben.

Soziale Sicherheit: Um eine einfache Ausübung des Rechts auf Freizügigkeit zu gewährleisten, ist 5 es von größter Bedeutung, dass die Wanderarbeitnehmer aus der Gemeinschaft keine Nachteile im Hinblick auf ihre Rechte im Bereich der sozialen Sicherheit erleiden. Ursprünglich regelte die VO Nr. 1408/71[6] ein System zur Koordinierung der Systeme der sozialen Sicherheit; sie wurde durch die DurchführungsVO (EWG) Nr. 574/72 ergänzt, in der ihre praktische Anwendung im Einzelnen geregelt wurde[7]. Um die Regeln für die Koordinierung der Systeme der sozialen Sicherheit der Mitgliedstaaten einfacher und klarer zu gestalten, haben das Europäische Parlament und der Rat die VO (EG) Nr. 883/2004[8] verabschiedet. Sie stellt den neuen Bezugspunkt für die Koordinierung der Systeme der sozialen Sicherheit der Mitgliedstaaten dar. Sie erleichtert das Leben der Unionsbürger, die nun ihr Recht auf Freizügigkeit innerhalb der EU problemloser ausüben können, erheblich. Schließlich verstärkt sie die Verpflichtungen zur Zusammenarbeit zwischen den Verwaltungen im Bereich der sozialen Sicherheit. Durch die vorliegende VO wurden die VO (EWG) Nr. 1408/71 und Nr. 574/72 zum Zeitpunkt des Inkrafttretens der neuen DurchführungsVO, dh zum 1.4.2004, aufgehoben[9].

Für die **Grenzgänger** ergeben sich angesichts ihrer durch den Bezug zu zwei Mitgliedstaaten 6 gekennzeichneten Situation häufig praktische Probleme, was die soziale Sicherheit und die sozialen Vergünstigungen, aber auch die Einkommensteuer und die Situation bei ihrer Verrentung angeht. Grundsätzlich erhalten die Grenzgänger zwar alle Leistungen, die Wanderarbeitnehmern im Beschäftigungsmitgliedstaat gewährt werden; manche Mitgliedstaaten sehen für soziale Vergünstigungen aber noch Wohnsitzvoraussetzungen vor. Anspruch auf Leistungen bei Arbeitslosigkeit haben die Grenzgänger im Wohnstaat und nicht im Beschäftigungsstaat. Sie können wählen, in welchem Staat sie Sachleistungen bei Krankheit in Anspruch nehmen wollen; dieses Recht, zwischen dem Beschäftigungsstaat und dem Wohnstaat zu wählen, besteht jedoch nicht mehr, wenn sie Rentner sind.

Die **Arbeitnehmer des öffentlichen Sektors** sind Arbeitnehmer iSd Art. 45 AEUV und somit 7 gelten für sie im Allgemeinen die Bestimmungen über die Freizügigkeit der Arbeitnehmer. Der Umstand, dass in den Mitgliedstaaten Sonderregelungen für die Beschäftigung im öffentlichen Sektor gelten, schafft jedoch zusätzliche Diskriminierungsprobleme, die es im privaten Sektor nicht gibt. Art. 45 IV AEUV ermächtigt die Mitgliedstaaten gemäß der Rspr. des EuGH, Stellen in ihrem öffentlichen Dienst den eigenen Staatsangehörigen vorzubehalten, wenn die Aufgaben mit der Ausübung hoheitsrechtlicher Befugnisse und mit der Wahrung der allgemeinen Belange des Staates verbunden sind. Es handelt sich dabei nicht um eine Verpflichtung; die Mitgliedstaaten können eine stärkere Mobilität erlauben und ihren öffentlichen Dienst ohne Einschränkungen für die Wanderarbeitnehmer öffnen. Mit Ausnahme der Stellen, die den Bürgern des Aufnahmestaates vorbehalten werden dürfen, haben die Wanderarbeitnehmer grundsätzlich unter denselben Bedingungen wie die Inländer Zugang zu den Stellen des öffentlichen Sektors dieses Staates. Es gibt keinen absoluten Anspruch auf Entsendung oder auf unmittelbaren Zugang zum öffentlichen Dienst eines anderen Mitgliedstaates. Einige Mitgliedstaaten haben jedoch bilaterale Möglichkeiten für eine Entsendung und für den Austausch von Arbeitnehmern zwischen ihren Diensten geschaffen. Wenn ein Wanderarbeitnehmer Zugang zum öffentlichen Dienst des Aufnahmestaates erhält, darf er nicht anders behandelt werden als die Inländer. So muss ein Mitgliedstaat, der Bestimmungen über Berufserfahrung und Dienstalter anwendet, die in einem vergleichbaren Tätigkeitsbereich in einem anderen Mitgliedstaat zurückgelegten Beschäftigungszeiten auf die gleiche Art behandeln, ohne die Wanderarbeitnehmer zu benachteiligen. Was die reglementierten Berufe angeht, so gilt das System der gegenseitigen Anerkennung von Diplomen und Qualifikationen auch im öffentlichen Sektor. Jedoch wird für Posten in diesem Sektor häufig ein Diplom verlangt, das den Abschluss eines gewissen Bildungsgangs bescheinigt, ohne dass ein spezifischer Inhalt verlangt wird, oder ein Diplom, das einen Bildungsabschluss bescheinigt, der bestimmte inhaltliche Kriterien erfüllt; in diesem Fall ist nur eine Berufung auf Art. 45 AEUV möglich.

Ungeachtet der Einzelheiten der allmählichen Fortentwicklung der EU-Freizügigkeit[10] sind zwei 8 **Grundzüge** des EU-Migrationsrechts zu beachten: die von Anfang an bestehende **Familienfreundlichkeit** und der qualitative Sprung durch die Schaffung der **Unionsbürgerschaft**. Obgleich der EWGV hierfür keine ausdrücklichen Kompetenzen vorsah, wurde die Freizügigkeit der Arbeitnehmer durch Titel III der VO/EWG 1612/68[11] auch den Angehörigen der Großfamilie des Arbeitnehmers

---

[6] ABl. 1971 L 149, 2.
[7] ABl. 1972 L 74, 1.
[8] VO (EG) Nr. 883/2004 des Europäischen Parlaments und des Rates v. 29.4.2004 zur Koordinierung der Systeme der sozialen Sicherheit (ABl. 2004 L 166, 1). Die VO wurde zweifach berichtigt: Berichtigung, ABl. 2004 L 166, 1 und Berichtigung, ABl. 2004 L 200, 1 und ABl. 2007 L 204, 30.
[9] Die VO Nr. 1408/71 wurde eingeschränkt aufrechterhalten, um Verweisungen aus anderen Regelungswerken Rechnung zu tragen.
[10] Dazu *Hailbronner* ZAR 2002, 7; *Welte* ZAR 2003, 273.
[11] Aufgehoben durch Art. 41 VO (EU) Nr. 492/2011 des EU-Parlaments und des Rates v. 5.4.2011; ABl. 2011 L 141, 1.

gewährleistet, und zwar ungeachtet deren Staatsangehörigkeit[12]. Begründet wurde diese weitreichende Regelung allein mit der Menschenwürde des aus ökonomischen Gründen an der Marktfreiheit teilnehmenden Arbeitnehmers (ähnlich Begründungserwägung Nr. 5 zur Freizügigkeits-RL). Besondere Aufmerksamkeit verdient auch die Anknüpfung der Freizügigkeit an die Staatsangehörigkeit zusammen mit der Einrichtung der Unionsbürgerschaft durch Art. 20 und 21 AEUV.

9   Mit den Entscheidungen Ruiz Zambrano[13], McCarthy[14], Dereci[15], O. und S.[16] hat der EuGH wichtige Grundsätze zur Bedeutung der Unionsbürgerschaft nach Art. 20 AEUV aufgestellt. Dem Verbot der **Inländerdiskriminierung,** die die Generalanwältin *Sharpston* in ihren Schlussanträgen vom 30.9.2010 gefordert hatte, hat der EuGH insoweit eine partielle Absage erteilt. Er hat zugleich klargestellt, dass eine drohende Verletzung des Kernbereichs der Unionsbürgerschaft ein Aufenthaltsrecht für Drittstaatsangehörige nach sich ziehen kann, ohne dass ein grenzüberschreitender Sachverhalt vorliegen muss.

10   Der EuGH hat in der Rechtssache Ruiz Zambrano ausgeführt, dass der jedem Staatsangehörigen eines Mitgliedstaates der EU nach Art. 20 AEUV verliehene Status eines Unionsbürgers dazu bestimmt ist, der grundlegende Status der Angehörigen der Mitgliedstaaten zu sein[17]. Danach steht Art. 20 AEUV nationalen Maßnahmen entgegen, die bewirken, dass dem Unionsbürger der tatsächliche Genuss des Kernbestands der Rechte, die ihnen der Unionsbürgerstatus verleiht, verwehrt wird[18]. **Der EuGH hat damit die aus der Unionsbürgerschaft fließenden Rechte auch auf rein innerstaatliche Sachverhalte erstreckt,** während er bisher einen Verzicht auf ein grenzüberschreitendes Element und damit eine Ausweitung des sachlichen Anwendungsbereichs des Vertrags ablehnte[19].

11   Ein Antasten des **Kernbestands der aus dem Unionsbürgerstatus fließenden Rechte,** speziell des Freizügigkeitsrechts, sah der EuGH in der Rechtssache Ruiz Zambrano in der Verweigerung einer Aufenthaltserlaubnis für zwei Drittstaatsangehörigen angenommen, die mit ihren minderjährige Kindern diesem Mitgliedstaat angehörten, dort lebten und unterhaltsbedürftig waren[20]. Eine solche Verweigerung hat nach Ansicht des EuGH zur Folge, dass die minderjährigen und unterhaltsbedürftigen Unionsbürger gezwungen sind, den Hoheitsbereich der EU zu verlassen, um bei ihren nicht einreise- und aufenthaltsberechtigten Eltern zu leben, sodass ihnen die tatsächliche Inanspruchnahme des Kernbestands ihrer durch die Unionsbürgerschaft verliehenen Rechte, insbesondere ihres unionsbürgerlichen Freizügigkeitsrechts, verwehrt bliebe.

12   Die Entscheidung Ruiz Zambrano, mit der erstmals Aufenthaltsrecht für die Drittstaatsangehörigen unmittelbar aus Art. 20 AEUV hergeleitet wurde, beruht auf einer besonderen Ausnahmesituation und kann nicht herangezogen werden, um aus der Unionsbürgerschaft eines Ehegatten ein Verbot der Verweigerung eines Aufenthaltsrechts für den drittstaatsangehörigen anderen Ehegatten abzuleiten.

13   **Die Rechtssache Ruiz Zambrano beruht im Wesentlichen auf zwei Entscheidungen, die von dem EuGH kombiniert und verknüpft wurden: den Entscheidungen in den Rechtssachen Zhu und Chen[21] sowie Rottmann[22].**

– In der Rechtssache Zhu und Chen entschied der EuGH, dass sich ein Unionsbürger bereits seit seinem Kleinkindalter auf die ihm unionsrechtlich gewährleisteten Rechte berufen kann und dass es deshalb auch seinem drittstaatsangehörigen Elternteil, der für den Unionsbürger tatsächlich sorgt, zu erlauben ist, sich im Aufnahmemitgliedstaat des Unionsbürgers aufzuhalten. Während im Fall Zhu und Chen das Aufenthaltsrecht des drittstaatsangehörigen Elternteils gegenüber dem Aufnahmestaat des Unionsbürgers geltend gemacht wurde und das Urteil daher die Ausübung der Freizügigkeit durch den Unionsbürger betrifft, sieht das Urteil Zambrano ein elterliches Aufenthaltsrecht im Herkunftsmitgliedstaat sogar dann vor, wenn es an einem grenzüberschreitenden Bezug fehlt und das Kind, dessen Unionsbürgerschaft maßgeblich ist, sich nach wie vor in dem Mitgliedstaat aufhält, dessen Staatsbürgerschaft es innehat.

– In der Rechtssache Rottmann ging es um einen Unionsbürger, der durch Rücknahme seiner Einbürgerung Gefahr lief, ein Staatenloser zu werden. Herr *Rottmann* hatte von seinem Recht auf Freizügigkeit nicht mehr Gebrauch gemacht, nachdem er in Deutschland eingebürgert worden war. Das Urteil Rottmann befand, dass die Situation eines Unionsbürgers, der durch die Rücknahme seiner Einbürgerung „in die Lage versetzt wird, die zum Verlust des durch (Art 20 AEUV) verliehenen Statuts und der damit verbundenen Rechte führen kann, in ihrem Wesen und in ihren Folgen nach unter das Unionsrecht fällt".

---

[12] *Renner* NVwZ 2004, 792.
[13] EuGH Urt. v. 8.3.2011 – C-34/09, EuGRZ 2011, 142 – Ruiz Zambrano.
[14] EuGH Urt. v. 5.5.2011 – C-434/09 – McCarthy.
[15] EuGH Urt. v. 15.11.2011 – C-256/11 – Dereci.
[16] EuGH Urt. v. 6.12.2012 – C-356/11 – verbunden mit C-357/11 – Maahanmuuttovirasto.
[17] Vgl. EuGH Urt. v. 8.3.2011 – C-34/09 Rn. 41 – Ruiz Zambrano mwN.
[18] EuGH Urt. v. 8.3.2011 – C-34/09 Rn. 42 – Ruiz Zambrano.
[19] So noch EuGH Urt. v. 2.10.2003 – C-148/02, Slg. 2003, I-11613 – Garcia Avello.
[20] EuGH Urt. v. 8.3.2011 – C-34/09 Rn. 43 ff. – Ruiz Zambrano.
[21] EuGH Urt. v. 19.10.2004 – C-200/02 – Zhu und Chen.
[22] EuGH Urt. v. 2.3.2010 – C-135/08 – Rottmann.

Das Urteil Ruiz Zambrano zieht nun diese beide Ideenstränge zusammen: Das aus der Unions- 14
bürgerschaft abgeleitete elterliche Aufenthaltsrecht im Herkunftsmitgliedstaat der minderjährigen
Unionsbürger beruht nämlich darauf, dass diese andernfalls „gezwungen sind, das Gebiet der Union zu
verlassen, um ihre Eltern zu begleiten". Mit der Rechtssache Dereci führt der EuGH die Rechtssache
McCarthy weiter und stellt klar, dass abgeleitete Aufenthaltsrechte auf Ausnahmesituationen beschränkt
sind. Wie bereits in den Rechtssachen Ruiz Zambrano und McCarthy entschieden wurde, sind
Sachverhalte, die einen Staatsbürger eines Mitgliedstaates und seinen drittstaatsangehörigen Familienangehörigen in gerade diesem Mitgliedstaat betreffen, grundsätzlich als interne Sachverhalte anzusehen
sind, die nicht vom Unionsrecht erfasst sind. Das Unionsrecht greift bei solchen Sachverhalten nur
unter besonderen Umständen ein, nämlich dann, wenn eine nationale Maßnahme zur Folge hätte, dass
der Betroffene seiner aus der Unionsbürgerschaft rührenden Rechte verlustig gehen könnte. Dabei ist
es unerheblich, ob diese Gefahr rechtlicher (durch die Ausbürgerung, wie im Fall Rottmann) oder
tatsächlicher Natur (durch den Zwang der Kinder ihren Eltern aus der Union zu folgen, wie im Fall
Zambrano) ist.

In der Rechtssache Dereci hebt der EuGH die **tatsächliche Beeinträchtigung** des Gebrauchma- 15
chens der Rechte als Unionsbürger hervor, indem er ausführt, „dass sich das Kriterium der Verwehrung des Kernbestands der Rechte, der der Unionsbürgerstatus verleiht, (sich) auf Sachverhalte
bezieht, die dadurch gekennzeichnet sind, dass sich der Unionsbürger de facto gezwungen sieht, nicht
nur das Gebiet des Mitgliedstaats, dem er angehört, zu verlassen, sondern **das Gebiet der Union als
Ganzes**"[23].

Weiter führt er aus: 16

*„Diesem Kriterium kommt somit insofern ein ganz besonderer Charakter zu, als es Sachverhalte betrifft, in
denen – obwohl das das Aufenthaltsrecht von Drittstaatsangehörigen betreffende abgeleitete Recht nicht
anwendbar ist – einem Drittstaatsangehörigen, der Familienangehöriger eines Staatsbürgers eines Mitgliedstaats ist, ein Aufenthaltsrecht ausnahmsweise nicht verweigert werden darf, da sonst die Unionsbürgerschaft
der letztgenannten Person ihrer praktischen Wirksamkeit beraubt würde[24]. Infolgedessen rechtfertigt die bloße
Tatsache, dass es für einen Staatsbürger eines Mitgliedstaats aus wirtschaftlichen Gründen oder zur Aufrechterhaltung der Familiengemeinschaft im Gebiet der Union wünschenswert erscheinen könnte, dass sich
Familienangehörige, die nicht die Staatsbürgerschaft eines Mitgliedstaats besitzen, mit ihm zusammen im
Gebiet der Union aufhalten können, für sich genommen nicht die Annahme, dass der Unionsbürger
gezwungen wäre, das Gebiet der Union zu verlassen, wenn kein Aufenthaltsrecht gewährt würde."*[25]

Diese Rspr.-Linie hat der EuGH in der Rechtssache O. und S.[26] weiter vertieft. In diesem Fall ging 17
es um eine **Patchworkfamilie,** bei der die Mutter mit einem minderjährigen EU-Bürger aus erster
Ehe in einem EU-Staat lebte und mit einem Drittstaatsangehörigen, mit dem sie in zweiter Ehe
verheiratet war, ein weiteres Kind hatte. Der Drittstaatsangehörige begehrte ein Visum bzw. eine
Aufenthaltserlaubnis, um mit seiner Frau und seinem Kind zusammenleben zu können. Der EuGH
hebt hervor, dass das Kriterium der Verwehrung des Kernbestands der Rechte, die der Unionsbürgerstatus verleiht, sich in den Rechtssachen Ruiz Zambrano und Dereci auf Sachverhalte bezog, die
dadurch gekennzeichnet waren, dass sich der Unionsbürger de facto gezwungen sah, nicht nur das
Gebiet des Mitgliedstaats, dem er angehörte, sondern **das Gebiet der Union als Ganzes** zu verlassen[27].

Der EuGH führte weiter aus[28]: 18

*„Für die Prüfung, ob es den betroffenen Unionsbürgern de facto unmöglich wäre, den Kernbestand der
Rechte, die ihnen ihr Unionsbürgerstatus verleiht, in Anspruch zu nehmen, sind auch die Frage nach dem
Sorgerecht für die Kinder der Zusammenführenden und der Umstand, dass diese bei Patchworkfamilien
angehören, von Bedeutung. Da Frau S. u. Frau L. das alleinige Sorgerecht für die betroffenen minderjährigen
Unionsbürger ausüben, hätte einerseits eine von ihnen getroffene Entscheidung, mit dem Ziel, die Familiengemeinschaft aufrechtzuerhalten, das Gebiet des Mitgliedstaats zu verlassen, dem diese Kinder angehören,
zur Folge, dass diesen Unionsbürgern jeglicher Kontakt zu ihren leiblichen Vätern – falls ein solcher Kontakt
bisher bestanden hat – genommen würde. Andererseits würde eine Entscheidung, in diesem Mitgliedstaat zu
bleiben, um die etwaige Beziehung der minderjährigen Unionsbürger zu ihren leiblichen Vätern zu erhalten,
dazu führen, die Beziehung zwischen den anderen Kindern, die Drittstaatsangehörige sind, und deren
leiblichen Vätern zu beeinträchtigen."*

Allein die bloße Tatsache, dass es aus wirtschaftlichen Gründen oder zur Aufrechterhal- 19
tung der Familiengemeinschaft im Gebiet der Union wünschenswert erscheinen könnte,
dass sich Angehörige einer Familie, die aus Drittstaatsangehörigen und einem minderjäh-

---

[23] EuGH Urt. v. 15.11.2011 – C-256/11 Rn. 66 – Dereci.
[24] EuGH Urt. v. 15.11.2011 – C-256/11 Rn. 67 – Dereci.
[25] EuGH Urt. v. 15.11.2011 – C-256/11 Rn. 68 – Dereci.
[26] EuGH Urt. v. 6.12.2012 – C-356/11 – verbunden mit C-357/11 – Maahanmuuttovirasto.
[27] EuGH Urt. v. 6.12.2012 – C-356/11 – verbunden mit C-357/11 Rn. 47 – Maahanmuuttovirasto.
[28] EuGH Urt. v. 6.12.2012 – C-356/11 – verbunden mit C-357/11 Rn. 51 – Maahanmuuttovirasto.

rigen Unionsbürger besteht, zusammen mit diesem im Gebiet der Union in dem Mitgliedstaat, dem der Unionsbürger angehört, aufhalten können, rechtfertigt aber für sich genommen nicht die Annahme, dass der Unionsbürger gezwungen wäre, das Gebiet der Union zu verlassen, wenn ein solches Aufenthaltsrecht nicht gewährt wird[29].

20   Damit stellt der EuGH zum einen klar, dass es zwar keiner biologischen Beziehung zwischen dem drittstaatsangehörigen und dem minderjährigen EU-Bürger bedarf, um ein Aufenthaltsrecht aus Art. 20 AEUV ableiten zu können[30]. Zum anderen wurde festgestellt, dass allein die autonome Entscheidung der Mutter, mit ihrem drittstaatsangehörigen Ehemann die Ehe führen zu wollen, keine Sachlage begründet, die dazu führt, dass dem betroffenen Unionsbürger verwehrt wird, den Kernbestand der Rechte, die ihm sein Unionsbürgerstatus verleiht, in Anspruch zu nehmen[31].

21   War die autonome Entscheidung eines Elternteils, zusammen mit dem minderjährigen Unionsbürger die EU zu verlassen, um die Familieneinheit in einem Drittland herzustellen, kein Grund, um Rechte aus Art. 20 AEUV zu gewähren, so hat der Gerichtshof diese Rspr.-Linie in der Rechtssache K. A. weiter differenziert. Die Weigerung, einem Drittstaatsangehörigen ein Aufenthaltsrecht zu gewähren, könne die praktische Wirksamkeit der Unionsbürgerschaft beeinträchtigen, wenn zwischen diesem und dem Unionsbürger ein **Abhängigkeitsverhältnis** besteht, das dazu führen würde, dass der Unionsbürger gezwungen wäre, den betreffenden Drittstaatsangehörigen zu begleiten und das Gebiet der Union als Ganzes zu verlassen[32]. Damit wird auch erstmals ein **Nachzugsanspruch** für möglich erklärt.

22   **Der Gerichtshof hat in der Rechtssache K. A. nochmals deutlich gemacht, dass das Auseinanderreißen einer Familie keinesfalls automatisch wegen eines Verstoßes gegen Art. 20 AEUV unzulässig ist. Lebt ein deutsches Kind mit seiner Mutter im Bundesgebiet und verweigert man dem drittstaatsangehörigen Vater den Nachzug, so kann nicht ohne Weiteres davon ausgegangen werden, dass wegen der gesicherten Versorgung des Kindes kein Abhängigkeitsverhältnis zum drittstaatsangehörigen Vater besteht**[33].

23   Die Feststellung eines Abhängigkeitsverhältnisses, das ein Aufenthaltsrecht aus Art. 20 AEUV begründen könnte, muss im Interesse des Kindeswohls sämtliche Umstände des Einzelfalls berücksichtigen, insbesondere das Alter des Kindes, seine körperliche und emotionale Entwicklung, Grad seiner affektiven Bindung sowohl an den Elternteil, der Unionsbürger ist, als auch an den Elternteil mit Drittstaatsangehörigkeit und das Risiko, das mit der Trennung von Letzterem für das innere Gleichgewicht des Kindes verbunden wäre[34].

24   **Damit steht fest, dass die vorübergehende Trennung von Ehegatten, etwa zur Durchführung eines Visumverfahrens, nicht geeignet ist, den Kernbereich des Unionsbürgerrechts zu beeinträchtigen. Auch eine länger andauernde Trennung der Ehegatten, zB infolge einer Ausweisung des Ehegatten, führt idR nicht zu einer unzulässigen Beeinträchtigung des Kernbereichs des Unionsbürgerrechts nach Art. 20 AEUV.** Denn in diesen Fällen wird es dem Grundsatz der Verhältnismäßigkeit, den der EuGH in der Rechtssache Rottmann betont hatte, genügen, wenn der straffällige Ehepartner vom Bundesgebiet ferngehalten wird. Die Trennung der Ehegatten beruht insoweit auf einer autonomen Entscheidung des Unionsbürgers, dem es freisteht, sich zwischen der Aufrechterhaltung der familiären Lebensgemeinschaft oder dem Gebrauchmachen der Unionsbürgerrechte zu entscheiden.

25   Die Grundsätze zum Schutz der Familieneinheit aus Art. 20 AEUV lassen sich wie folgt zusammenfassen:
   – Bei einem **erwachsenen Unionsbürger** kommt ein Abhängigkeitsverhältnis, das geeignet ist, die Gewährung eines abgeleiteten Aufenthaltsrechts nach dieser Vorschrift gegenüber dem betreffenden Drittstaatsangehörigen zu rechtfertigen, **nur in außergewöhnlichen Fällen** in Betracht, in denen die betreffende Person in Anbetracht aller relevanten Umstände keinesfalls von dem Familienangehörigen getrennt werden darf, von dem sie abhängig ist.
   – Bei einem **minderjährigen Unionsbürger** muss der Beurteilung des Bestehens eines solchen Abhängigkeitsverhältnisses im Interesse des Kindeswohls die Berücksichtigung sämtlicher Umstände des Einzelfalls zugrunde liegen, insbesondere des Alters des Kindes, seine körperliche und emotionale Entwicklung, der Grad seiner affektiven Bindung an jeden Elternteil und das Risiko, das für sein inneres Gleichgewicht mit der Trennung von dem Elternteil mit Drittstaatsangehörigen verbunden wäre. Zur Feststellung eines solchen Abhängigkeitsverhältnisses reicht weder das Bestehen einer familiären Bindung an den Drittstaatsangehörigen, sei sie biologischer oder rechtlicher Natur, aus, noch ist ein Zusammenleben mit ihm erforderlich.

---

[29] EuGH Urt. v. 6.12.2012 – C-356/11 – verbunden mit C-357/11 Rn. 52 – Maahanmuuttovirasto.
[30] EuGH Urt. v. 6.12.2012 – C-356/11 – verbunden mit C-357/11 Rn. 55 – Maahanmuuttovirasto.
[31] EuGH Urt. v. 6.12.2012 – C-356/11 – verbunden mit C-357/11 Rn. 58 – Maahanmuuttovirasto.
[32] EuGH Urt. v. 8.5.2018 – C-82/16 Rn. 52 – K. A. unter Hinweis auf EuGH Urt. v. 15.11.2011 – C-256/11 Rn. 65–67 – Dereci, EuGH Urt. v. 6.12.2012 – C-356/11 und C-357/11, ECLI:EU:C:2012:776 Rn. 56 – O. sowie EuGH Urt. v. 10.5.2017 – C-133/15 – Chavez-Vilchez.
[33] EuGH Urt. v. 8.5.2018 – C-82/16 Rn. 72 – K. A. ua.
[34] EuGH Urt. v. 8.5.2018 – C-82/16 Rn. 72 – K. A. ua; Urt. v. 10.5.2017 – C-133/15 Rn. 71 – Chavez-Vilchez.

II. Unionsbürgerrichtlinie

Das Recht der Unionsbürger und ihrer Familienangehörigen, sich im Hoheitsgebiet der Mitglied- 26
staaten frei zu bewegen und aufzuhalten ist mit der Freizügigkeits-RL[35] näher kodifiziert worden. Die Union hat auf der Grundlage der Art. 18, 21, 46, 50 und 59 AEUV eine RL über das Recht der Unionsbürger erlassen, sich im Hoheitsgebiet der Mitgliedstaaten frei zu bewegen und aufzuhalten, in die sämtliche Rechtsvorschriften eingegangen sind, die diesen komplexen Bereich bisher geregelt haben. Mit den neuen Maßnahmen soll ua Folgendes erreicht werden: Erleichterung der Ausübung der Freizügigkeit und des Rechts der Unionsbürger auf Einreise, Aufenthalt und Verbleib in einem anderen Mitgliedstaat der Union; Beschränkung des Verwaltungsaufwands auf das absolut Notwendige; eine breite Definition des Begriffs „Familienangehörige"; eine präzisere Begrenzung der Möglichkeit, das Aufenthaltsrecht eines Unionsbürgers und seiner Familienangehörigen zu versagen oder zu beenden.

Die RL fasst in einem **einzigen Rechtsakt** die umfangreichen Rechtsvorschriften – zwei VO und 27
neun RL – zusammen, die bisher die Einreise und den Aufenthalt der Unionsbürger geregelt haben. Diese Vereinfachung kommt nicht nur den Bürgern zugute, sondern hilft auch den nationalen Behörden bei der Rechtsanwendung. Zudem sollen die mit der Ausübung des Aufenthaltsrechts verbundenen Formalitäten für Unionsbürger und ihre Familienangehörigen so weit wie möglich vereinfacht werden. Diese RL regelt die Bedingungen, unter denen Unionsbürger (Art. 20 AEUV) und ihre Familienangehörigen ihr Recht auf Freizügigkeit und Aufenthalt ausüben können, das Recht auf Daueraufenthalt sowie die Beschränkungen dieser Rechte aus Gründen der öffentlichen Ordnung, Sicherheit und Gesundheit. Die Konkretisierung der Rechte durch die Freizügigkeits-RL impliziert nicht, dass entsprechendes Sekundärrecht eine konstituierende Funktion für das Entstehen des Bewegungs- und Aufenthaltsrecht hätte. Vielmehr soll das auf die Freizügigkeit bezogene Sekundärrecht dessen Ausübung erleichtern.

Der EuGH hat in mehreren Entscheidungen betont, dass die erfolgte Kodifizierung nicht 28
dazu führen darf, dass sich die Rechtsstellung der EU-Bürger verschlechtern darf[36]. Denn „die RL 2004/38/EG bezweckt, wie aus ihrem dritten Erwägungsgrund hervorgeht, das Freizügigkeits- und Aufenthaltsrecht aller Unionsbürger zu vereinfachen und zu verstärken, so dass es nicht in Betracht kommt, dass die Unionsbürger aus dieser Richtlinie weniger Rechte ableiten als aus den Sekundärrechtsakten, die sie ändert oder aufhebt"[37].

III. Umsetzung in Deutschland

Die Umsetzung der unionsrechtlichen Regelungen für Angehörige der Mitgliedstaaten einerseits 29
und der Drittstaatsangehörigen andererseits erfolgte in Deutschland systemgerecht in unterschiedlicher Form. Die besonders in den letzten Jahren ergangenen EU-Regelungen für Nicht-Unionsbürger wurden und werden in der innerstaatlichen Rechtsordnung in der Weise berücksichtigt, dass sie in das sonstige Ausländerrecht einbezogen werden, zuletzt durch das ZuwG in das AufenthG und das AsylG. Die Freizügigkeit wurde und wird dagegen in einem eigenen Gesetz gesondert umgesetzt. Zunächst geschah dies in dem **AufenthG/EWG** vom 22.7.1969[38] mit seinen späteren Änderungen, zuletzt im Jahre 2003[39]. Mit diesen Änderungen wurde zT verspätet und unzureichend versucht, die Entwicklungen des Unionsrechts formell nachzuzeichnen. So wurden die RL vom Beginn der 1990er-Jahre 1997 in der VO über die allgemeine Freizügigkeit für Staatsangehörigen der Mitgliedstaaten der EU[40] umgesetzt. Seit Anfang 2005 sind das AufenthG/EWG und die FreizügV/EG durch das FreizügG/EU ersetzt (Art. 2, 15 III Nr. 2 und 8 ZuwG).

Die zentrale **Bedeutung** des gesamten EU-Migrationsrechts für Deutschland und der damit einher- 30
gehende Schwund der mitgliedstaatlichen Kompetenzen wird nicht zuletzt an dem hohen Anteil der davon unmittelbar betroffenen ausländischen Wohnbevölkerung deutlich. Am Jahresende 2004 stammten von den 6,7 Mio. Ausländern in Deutschland 31,1 Prozent aus EU-Mitgliedstaaten und 26,3 Prozent aus der Türkei. Mehr als ein Fünftel aller Ausländer in Deutschland (21,4 Prozent) wurde hier geboren, von den Türken sogar 35 Prozent. Da von den türkischen Staatsangehörigen mehr als die Hälfte die Voraussetzungen für ein Aufenthaltsrecht als Arbeitnehmer oder Familienangehöriger aufgrund Art. 6 und 7 ARB 1/80 erfüllen dürfte, unterliegt damit der Aufenthalt von etwa der Hälfte der

---

[35] RL 2004/38/EG des EU-Parlaments und des Rates v. 29.4.2004 über das Recht der Unionsbürger und ihrer Familienangehörigen, sich im Hoheitsgebiet der Mitgliedstaaten frei zu bewegen und aufzuhalten, zur Änd. der VO (EWG) Nr. 1612/68 und zur Aufhebung der RL 64/221/EWG, 68/360/EWG, 72/194/EWG, 73/148/EWG, 75/34/EWG, 75/35/EWG, 90/364/EWG, 90/365/EWG und 93/96/EWG (ABl. 2004 L 158, 77).
[36] Grundlegend EuGH Urt. v. 25.7.2008 – C-127/08 Rn. 59 – Metock.
[37] EuGH Urt. v. 25.7.2008 – C-127/08 Rn. 59 – Metock.
[38] Text in *Kanein*, Ausländergesetz, erläuterte Ausgabe, 1974, S. 203 ff.
[39] Gesetz v. 23.12.2003, BGBl. I S. 2848.
[40] FreizügV/EG, BGBl. 1997 I S. 1810.

ausländischen Wohnbevölkerung schon jetzt unmittelbar dem EU-Recht (vgl. auch § 4 I und V AufenthG).

31 Der deutsche Gesetzgeber wollte mit einer ersten **Gesamtrevision** der Freizügigkeitsregeln für Unionsbürger den veränderten europäischen Rahmenbedingungen Rechnung tragen[41]. Er hat sich mit dem FreizügG/EU zT an der Freizügigkeits-RL orientiert, diese aber noch nicht formell und in materieller Hinsicht vollständig umgesetzt[42]. Die noch fälligen weiteren **Anpassungen** wurden mit dem RLUmsG 2007 erst verspätet, dh nach der Umsetzungsfrist der Freizügigkeits-RL, die am 30.4.2006 ablief, transformiert. Das FreizügG/EU verfolgt bei der Umsetzung ein eigenständiges Konzept, das die **Vorgaben der Freizügigkeits-RL vereinfachend zusammenfasst**. Das „schlanke" Normkonzept birgt die Gefahr, dass die Vorgaben der Freizügigkeits-RL nur unzureichend umgesetzt werden. Ein Vergleich mit den Vorgaben der RL ist daher Grundvoraussetzung, um sich abschließend ein Bild von der Rechtslage machen zu können. Werden Umsetzungsmängel festgestellt, so greifen die im Abschnitt IV dargelegten Grundsätze des Anwendungsvorrangs und der richtlinienkonformen Auslegung.

32 Das FreizügG/EU ist ein grundsätzlich **abschließendes Spezialgesetz,** das dem AufenthG vorgeht (§ 1 II Nr. 1 AufenthG). Das AufenthG ist nur anwendbar, soweit das FreizügG/EU es für anwendbar erklärt: § 3 III 2, V 2, VI und § 11 I, II. Besondere Bedeutung kommt § 11 I 11 zu. Das **Günstigkeitsprinzip** führt nicht nur dazu, dass die Regelungen des AufenthG über Drittstaatsangehörige zur Anwendung kommen, soweit diese eine günstigere Rechtsstellung vermitteln, sondern über das **Diskriminierungsverbot des Art. 18 AEUV** finden auch die Regelungen Anwendung, die Deutsche betreffen. Ein Unionsbürger kann verlangen, so gestellt zu werden, wie ein deutscher Staatsangehöriger. Dies kann insbesondere bei Nachzugsfällen zu minderjährigen EU-Bürgern bedeutsam sein, in denen der Lebensunterhalt des drittstaatsangehörigen Elternteils nicht gedeckt ist; hier sind die Nachzugsregelungen für den Nachzug zu einem deutschen Kind heranzuziehen.

33 Der derzeit **geltende Inhalt** der Unionsbürgerfreizügigkeit kann nur anhand der einschlägigen Bestimmungen des Vertrags und der noch gültigen VO und RL bestimmt werden. Denn das FreizügG/EU setzt die Vorgaben der Freizügigkeits-RL nur unzureichend um, sodass in vielen Fällen eine richtlinienkonforme Auslegung erforderlich ist. Dabei ist maßgeblich die inzwischen weit fortentwickelte und umfangreiche Rspr. des EuGH zu berücksichtigen, die auch Eingang in die Freizügigkeits-RL gefunden hat.

IV. Wirkung des EU-Rechts zum nationalen Recht

1. Anwendungsvorrang

34 Das Verhältnis zwischen der EU-Rechtsordnung und dem nationalen Recht ist durch einen **Anwendungsvorrang** des Unionsrechts gekennzeichnet. Dabei ist zwischen RL und EU-VO zu differenzieren. Während EU-VO unmittelbar gelten und daher im Wege des Anwendungsvorrangs das nationale Recht überlagern, gilt dies bei RL nur eingeschränkt.

35 Die Wirkung von RL war häufig Gegenstand von Vorabentscheidungen des EuGH (Art. 267 AEUV). Zunächst entwickelte der EuGH in seiner Rspr. die Möglichkeit der unmittelbaren Anwendbarkeit von RL. Diese beruht auf der Verpflichtung der Mitgliedstaaten, alle zur Erreichung des durch eine RL vorgeschriebenen Zieles erforderlichen Maßnahmen zu treffen.

36 Die Pflicht zur **Umsetzung des RL-Ziels** entsteht unmittelbar mit dem Inkrafttreten der RL. Dabei werden nach Art. 297 II UAbs. 3 AEUV die RL und Beschlüsse denjenigen, für die sie bestimmt sind, bekannt gegeben und werden durch diese Bekanntgabe wirksam. Aus dieser Vorschrift, die auf die Freizügigkeits-RL Anwendung findet, ergibt sich, dass eine RL gegenüber dem Mitgliedstaat, an den sie gerichtet ist, schon vom Zeitpunkt ihrer Bekanntgabe an Rechtswirkungen entfaltet.

37 Nach **Ablauf der Umsetzungsfrist** kann sich ein Bürger bei fehlender oder unzureichender Umsetzung auf ein in einer RL ihm hinreichend bestimmt und unbedingt eingeräumtes Recht gegenüber Behörden und Gerichten berufen. Der EuGH hat in der Rechtssache C-236/92 hierzu entschieden[43]: „Die einzelnen können sich in all den Fällen, in denen Bestimmungen einer Richtlinie inhaltlich als unbedingt und hinreichend genau erscheinen, vor dem nationalen Gericht gegenüber dem Staat auf diese Bestimmungen berufen, wenn der Staat die Richtlinie nicht fristgemäß oder unrichtig in nationales Recht umgesetzt hat. Eine Gemeinschaftsbestimmung ist in dieser Hinsicht unbedingt, wenn sie eine Verpflichtung begründet, die weder an eine Bedingung geknüpft ist noch zu ihrer Erfüllung und Wirksamkeit einer Maßnahme der Gemeinschaftsorgane oder der Mitgliedstaaten bedarf, und sie ist hinreichend genau, um von einem einzelnen herangezogen und vom Gericht angewandt zu werden, wenn sie unzweideutig eine Verpflichtung begründet."

---

[41] BT-Drs. 15/420, 65, 101.
[42] Dazu näher *Groß* ZAR 2005, 81.
[43] EuGH Urt. v. 23.2.1994 – C-236/92 – Comitato di Coordinamento per la Diesfesa della cava ua/Regione Lombardia ua.

Dabei gilt die unmittelbare Wirkung einer RL **nur zugunsten des Bürgers** gegenüber dem Staat 38
bzw. öffentlichen Unternehmen. Eine unmittelbare Wirkung einer RL zulasten eines Bürgers wurde
vom EuGH abgelehnt. Denn die Rspr. zur unmittelbaren Anwendbarkeit von RL wird maßgeblich
von dem Gedanken geprägt, dass der Staat nicht berechtigt sein kann, dem Bürger sein unionswidriges
nationales Recht zur Begründung von Pflichten oder Verweigerung von unionsrechtlich gewährten
Rechten vorzuenthalten.

Der Vorrang des Unionsrechts wirkt sich bei RL, die nicht rechtzeitig in nationales Recht umgesetzt 39
wurden, wie folgt aus:
– Die den nicht umgesetzten RL entgegenstehenden nationalen Vorschriften können, soweit sie für
 den Einzelnen Belastungen bringen und nicht mit der umgesetzten RL in Übereinstimmung sind,
 nicht mehr angewendet werden.
– Die den nicht umgesetzten RL entgegenstehenden national Vorschriften sind den Einzelnen gegenüber nach wie vor anzuwenden, soweit sie Begünstigungen enthalten.
– Die die Einzelnen belastenden RL-Bestimmungen können erst nach ordnungsgemäßer Umsetzung
 derselben vom Umsetzungszeitpunkt an gegenüber dem Einzelnen angewendet werden.

Wenn einem Mitgliedstaat das Recht zur Ausnahme zugestanden wird, ist eine RL gleichwohl nicht 40
bedingt und damit ohne Wirkung, sondern unmittelbar zugunsten des Einzelnen wirksam, wenn der
Mitgliedstaat nicht innerhalb der Transformationsfrist von seinem Ausnahmerecht Gebrauch gemacht
hat.[44] Dazu stellte der EuGH in der Rechtssache Francovich[45] in einem Fall, in dem die Mitgliedstaaten
im Fall der rechtzeitigen Umsetzung einer RL für eine Zahlungsgarantie eine Höchstgrenze festsetzen
können, fest: Es sei davon auszugehen, „dass ein Mitgliedstaat, der seine Verpflichtungen zur Umsetzung einer Richtlinie verletzt hat, nicht die durch die Richtlinie begründeten Rechte des Einzelnen
unter Berufung darauf vereiteln kann, dass es den Garantiebetrag hätte begrenzen können, wenn er die
notwendigen Maßnahmen zur Durchführung der Richtlinie getroffen hätte."

Der Vorrang des Unionsrechts gilt auch für die in EU-Normen verwendeten Begriffe. Diese sind 41
ausschließlich nach Unionsrecht auszulegen. Dies gilt für Begriffsbildungen, die nur im EU-Recht
auftreten, wie für solche, die auch dem nationalen Recht bekannt sind und von ihm definiert sind. So
ist die Erwerbstätigkeit für das Aufenthaltsrecht in § 2 II AufenthG unter Bezugnahme auf das deutsche
Sozialrecht definiert, das Unionsrecht kennt aber eigene Begriffsbestimmungen für Erwerbstätigkeit
und Arbeitnehmer.

Der Vorrang des Unionsrechts ist auch insoweit zu berücksichtigen, als bei einzelnen Ausführungs- 42
bestimmungen auf den Inhalt der **Freizügigkeits-RL** geachtet wird und nicht auf die danach aufgehobenen Rechtsakte. In der neuen RL ist nämlich die aktuelle Auffassung des EU-Normgebers vom
Inhalt des Freizügigkeitsrechts zum Ausdruck gelangt. Bei alledem darf nur nicht außer Acht gelassen
werden, dass die Freizügigkeit nicht auf Sekundärrechten beruht, sondern auf der wirtschaftlichen
Grundfreiheiten und der allgemeinen Freizügigkeit nach Art. 21 AEUV. Danach aber haben alle
Unionsbürger iSd Art. 20 AEUV aufgrund ihrer Staatsangehörigkeit das Recht, sich vorbehaltlich der
im Vertrag und in den Durchführungsvorschriften vorgesehenen Beschränkungen und Bedingungen
frei im Hoheitsgebiet der Mitgliedstaaten zu bewegen und aufzuhalten.

2. Richtlinienkonforme Auslegung

Von der unmittelbaren Anwendbarkeit ist die **richtlinienkonforme Auslegung nationalen** 43
Rechts zu unterscheiden. Wie der EuGH in Marleasing SA[46] unter Hinweis auf das Urteil in der
Rechtssache von Colson und Kamann[47] entschieden hat, „obliegen die sich aus einer Richtlinie
ergebende Verpflichtung der Mitgliedstaaten, das in dieser Richtlinie vorgesehene Ziel zu erreichen,
sowie die Pflicht der Mitgliedstaaten gemäß Art 5 EWGV, alle zur Erfüllung dieser Verpflichtung
geeigneten Maßnahmen allgemeiner oder besonderer Art zu treffen, allen Trägern öffentlicher Gewalt
in den Mitgliedstaaten".

Daraus folgt, dass Behörden und Gerichte, soweit sie bei der Anwendung des nationalen Rechts – 44
gleich, ob es sich um vor oder nach der RL erlassene Vorschriften handelt – dieses Recht auszulegen
haben, die Auslegung so weit wie möglich am Wortlaut und Zweck der RL ausrichten müssen, um das
mit der RL verfolgte Ziel zu erreichen und auf diese Weise Art. 288 III AEUV nachzukommen.

Dabei ging der EuGH in der Rechtssache von Colson und Kamann[48] davon aus, dass die **Ver-** 45
pflichtung zur richtlinienkonformen Interpretation des nationalen Rechts auch und gerade
in den Fällen zum Tragen kommt, in denen die betreffende RL-Bestimmung keine un-
mittelbare Wirkung entfaltet. Anders als die unmittelbare Wirkung von RL setzt daher die richt-

---

[44] *Leonard*, Die Rechtsfolgen der Nichtumsetzung von EG-RL, 1997, S. 94 f.
[45] EuGH Urt. v. 19.11.1991 – C-6 und 9/90 – Francovich.
[46] EuGH Urt. v. 13.11.1990 – C-106/89 – Marleasing SA.
[47] EuGH Urt. v. 10.4.1984 – 14/83 Rn. 26 – von Colson und Kamann.
[48] EuGH Urt. v. 10.4.1984 – 14/83 Rn. 26 – von Colson und Kamann.

linienkonforme Auslegung weder die ausreichende Bestimmtheit noch die Unbedingtheit der anzuwendenden RL-Bestimmung voraus.

46 Ein bedeutsamer Unterschied zur unmittelbaren Anwendbarkeit von RL besteht darin, dass die richtlinienkonforme Auslegung auch **zulasten des Bürgers** erfolgen kann.[49] In der Rechtssache Kolpinghuis[50] (Rechtssache 80/86 vom 8.10.1987) hat der EuGH zwar die unmittelbare Anwendbarkeit einer RL abgelehnt, weil sie zulasten des Bürgers gehen würde, aber zugleich darauf verwiesen, dass eine richtlinienkonforme Auslegung in Betracht komme. Dieser Rspr. kann nicht entgegengehalten werden, dass sie zur Umgehung der Beschränkung der unmittelbaren RL-Wirkung führe. Denn die aus einer richtlinienkonformen Auslegung folgende Belastung des Einzelnen ergibt sich nicht direkt aus der jeweiligen RL-Bestimmung, sondern folgt aus der in Übereinstimmung mit der RL interpretierten nationalen Norm, die Belastungen infolge des ihr eigenen Auslegungsspielraums zulässt.

47 Von dem auf primärem EU-Recht fußenden Gebot richtlinienkonformer Auslegung ist die sich aus nationalem Recht ergebende Verpflichtung zu richtlinienkonformer Auslegung zu unterscheiden.[51] Wenn der nationale Gesetzgeber eine RL umsetzt, dann spricht eine Vermutung für seinen Willen, mit der nationalen Regelung den Auftrag der RL erfüllen zu wollen. Dies führt zu einer richtlinienkonformen Auslegung der nationalen Umsetzungsvorschriften, die nicht durch das Unionsrecht geboten ist, sondern auf nationalem Recht beruht.

48 Der Unterschied zwischen beiden Auslegungsarten wird in Fällen bedeutsam, in denen die den Mitgliedstaaten eröffnete Umsetzungsfrist noch nicht abgelaufen ist, der nationale Gesetzgeber aber gleichwohl schon vorzeitig die RL-Bestimmungen in nationales Recht umgesetzt hat. Hier kommt ausschließlich eine richtlinienkonforme Auslegung aufgrund nationalen Rechts in Betracht[52].

49 Sowohl die richtlinienkonforme Auslegung aufgrund von Unionsrecht als auch die aufgrund national Rechts findet ihre **Grenzen in der Auslegungsfähigkeit der Norm**[53]. So verpflichtet der EuGH die nationalen Gerichte nur im Rahmen ihrer Zuständigkeit und Kompetenzen zur innerstaatlichen Verwirklichung unionsrechtlich RL. Für die staatlichen Stellen bedeutet dies, dass sie die Grenzen der Auslegungsfähigkeit einer Norm gemäß dem national Methodenrecht als Grenze einer Pflicht zur richtlinienkonformen Auslegung zu betrachten haben[54]. Aus der Beschränkung der richtlinienkonformen Auslegung durch die nach national Recht bestehenden Auslegungsspielräume ergibt sich, dass die EU-Recht konforme Auslegung einer nach Wortlaut und Sinn eindeutigen national Regelung keinen entgegen gesetzten Sinn verleihen darf.

50 Nach den vorstehenden Grundsätzen wird das FreizügG/EU durch die RL-Bestimmungen im Wege des Anwendungsvorrangs verdrängt, wenn diese unmittelbar anwendbar sind. Sofern die Freizügigkeits-RL lediglich Zielvorgaben enthalten und die Mitgliedstaaten **Gestaltungsspielräume** belassen, so kann das nationale Recht nur im Wege der richtlinienkonformen Auslegung beeinflusst werden.

51 Problematisch stellt sich die Anwendung von nationalem Recht in Fällen dar, in denen die Mitgliedstaaten durch die RL das Recht eröffnet bekommen, die in ihr enthaltenen unbedingten Rechte, die unmittelbar anwendbar sind, inhaltlich zu beschränken. Da RL-Bestimmungen niemals zulasten der Bürger unmittelbar angewendet werden dürfen, hat dies zur Folge, dass die **Beschränkungsmöglichkeiten** so lange ohne Belang sind, bis der Gesetzgeber ein TransformationsG erlässt.

3. Bedeutung der Urteile des EuGH

52 Die **Urteile des EuGH** entfalten keine allgemeine Bedeutung in demselben Sinne wie die Entscheidungen des BVerfG, die zum Teil gesetzesgleich wirken (vgl. Art. 93 GG). Soweit der EuGH in Verfahren über Vorlagen nationaler Gerichte oder in Vertragsverletzungsverfahren die Unvereinbarkeit des mitgliedstaatlichen Rechts mit EU-Recht feststellt (Art. 19 EUV, Art. 260, 267 AEUV), sind die Gerichte in dem betreffenden. Verfahren und die Mitgliedstaaten hieran gebunden. Der EuGH kann weder entgegenstehende Gerichtsentscheidungen aufheben noch Gesetze der Mitgliedstaaten für nichtig erklären. Gleichwohl werden seine Entscheidungen im Rahmen der EU-Rechtsetzung wie bei dessen Auslegung durch Gesetzgeber, Verwaltung und Gerichte der Mitgliedstaaten berücksichtigt.

§ 1 Anwendungsbereich; Begriffsbestimmungen

(1) Dieses Gesetz regelt die Einreise und den Aufenthalt von
1. Unionsbürgern,

---

[49] Leonard, Die Rechtsfolgen der Nichtumsetzung von EG-RL, 1997, S. 122 f.
[50] EuGH Urt. v. 8.10.1987 – 80/86 – Kolpinghuis.
[51] Leonard, Die Rechtsfolgen der Nichtumsetzung von EG-RL, 1997, S. 116; s. auch Weiß DVBl 1998, 568 (575).
[52] Weiß DVBl 1998, 568 (757).
[53] Brechmann, Die richtlinienkonforme Auslegung, S. 284 f.; Leonard, Die Rechtsfolgen der Nichtumsetzung von EG-Richtlinien, 1997, S. 117 f.
[54] Brechmann, Die richtlinienkonforme Auslegung, S. 284; Leonard, Die Rechtsfolgen der Nichtumsetzung von EG-RL, 1997, S. 118.

2. Staatsangehörigen der EWR-Staaten, die nicht Unionsbürger sind,
3. Staatsangehörigen des Vereinigten Königreichs Großbritannien und Nordirland nach dessen Austritt aus der Europäischen Union, denen nach dem Austrittsabkommen Rechte zur Einreise und zum Aufenthalt gewährt werden,
4. Familienangehörigen der in den Nummern 1 bis 3 genannten Personen,
5. nahestehenden Personen der in den Nummern 1 bis 3 genannten Personen sowie
6. Familienangehörigen und nahestehenden Personen von Deutschen, die von ihrem Recht auf Freizügigkeit nach Artikel 21 des Vertrages über die Arbeitsweise der Europäischen Union nachhaltig Gebrauch gemacht haben.

(2) Im Sinne dieses Gesetzes
1. sind Unionsbürger Staatsangehörige anderer Mitgliedstaaten der Europäischen Union, die nicht Deutsche sind,
2. ist Lebenspartner einer Person
   a) ein Lebenspartner im Sinne des Lebenspartnerschaftsgesetzes sowie
   b) eine Person, die auf der Grundlage der Rechtsvorschriften eines Mitgliedstaates der Europäischen Union oder eines EWR-Staates eine eingetragene Partnerschaft eingegangen ist,
3. sind Familienangehörige einer Person
   a) der Ehegatte,
   b) der Lebenspartner,
   c) die Verwandten in gerader absteigender Linie der Person oder des Ehegatten oder des Lebenspartners, die das 21. Lebensjahr noch nicht vollendet haben oder denen von diesen Unterhalt gewährt wird, und
   d) die Verwandten in gerader aufsteigender Linie der Person oder des Ehegatten oder des Lebenspartners, denen von diesen Unterhalt gewährt wird,
4. sind nahestehende Personen einer Person
   a) Verwandte im Sinne des § 1589 des Bürgerlichen Gesetzbuchs und die Verwandten des Ehegatten oder des Lebenspartners, die nicht Familienangehörige der Person im Sinne der Nummer 3 sind,
   b) ledige Kinder, die das 18. Lebensjahr noch nicht vollendet haben, unter Vormundschaft von oder in einem Pflegekindverhältnis zu der Person stehen und keine Familienangehörigen im Sinne von Nummer 3 Buchstabe c sind, sowie
   c) eine Lebensgefährtin oder ein Lebensgefährte, mit der oder dem die Person eine glaubhaft dargelegte, auf Dauer angelegte Gemeinschaft eingegangen ist, die keine weitere Lebensgemeinschaft gleicher Art zulässt, wenn die Personen beide weder verheiratet noch Lebenspartner einer Lebenspartnerschaft im Sinne der Nummer 2 sind,
5. ist das Austrittsabkommen das Abkommen über den Austritt des Vereinigten Königreichs Großbritannien und Nordirland aus der Europäischen Union und der Europäischen Atomgemeinschaft (ABl. L 29 vom 31.1.2020, S. 7) und
6. sind britische Staatsangehörige die in Artikel 2 Buchstabe d des Austrittsabkommens genannten Personen.

Allgemeine Verwaltungsvorschrift
1 Zu § 1 – Anwendungsbereich

1.1 Aus der Definition des Anwendungsbereichs in § 1 ergibt sich i. V. m. § 11, dass es sich beim Freizügigkeitsgesetz/EU um Spezialregelungen zur Freizügigkeit der Unionsbürger und ihrer Familienangehörigen handelt, die dem allgemeinen Aufenthaltsrecht vorgehen. Gleiches gilt für Staatsangehörige der EWR-Staaten und ihre Familienangehörigen (vgl. Nummer 12).

1.2 Das Freizügigkeitsgesetz/EU enthält nur speziell aufenthaltsrechtliche Regelungen. Soziale Rechte werden in den jeweiligen Leistungsgesetzen festgelegt.

1.3 Deutsche Staatsangehörige sind nicht als Unionsbürger i. S. d. § 1 anzusehen, wenn sie von ihrem Freizügigkeitsrecht noch keinen Gebrauch gemacht haben. Die Freizügigkeitsrichtlinie regelt das Einreise- und Aufenthaltsrecht von freizügigkeitsberechtigten Unionsbürgern innerhalb der Europäischen Union. Während sich Unionsbürger im Rahmen der Ausübung des Freizügigkeitsrechts in einem anderen Mitgliedstaat aufhalten, fließt das Recht auf Aufenthalt im Herkunftsmitgliedstaat nicht aus dem Unionsrecht, sondern aus der Staatsangehörigkeit (EuGH, Urteil vom 7. Juli 1992, Rs. C-3 70/90 – Singh, Rn. 22, weiterführend EuGH, Urteil vom 11. Dezember 2007, Rs. C-291/05 – Eind). Allerdings können sich Deutsche und ihre drittstaatsangehörigen Familienangehörigen auf das Unionsrecht über die Freizügigkeit berufen, wenn sie während oder nach Beendigung der Ausübung der Freizügigkeit in einem EU-/EWR-Mitgliedstaat nach Deutschland zurückkehren. Solche so genannten „Rückkehrfälle" treten häufig im Zusammenhang mit der Frage auf, welche Regelungen auf den Familiennachzug drittstaatsangehöriger Familienangehöriger zu einem Deutschen anzuwenden sind (hierzu ausführlich unten Nummer 3.0.2).

1.4.1 Ein Deutscher, der zugleich Staatsangehörige eines anderen EU-Mitgliedstaates ist, kann sich für die Einreise und den Aufenthalt seiner drittstaatsangehörigen Familienangehörigen in Deutschland nicht allein aufgrund der Doppelstaatsangehörigkeit auf die Anwendung von Freizügigkeitsrecht berufen. Auf einen Doppelstaatsangehörigen, der sich immer nur in ein und demselben Mitgliedstaat, dessen Staatsangehörigkeit er besitzt, aufgehalten hat und der sich im Übrigen auch im Besitz der Staatsangehörigkeit eines anderen Mitgliedstaates befindet, findet das Freizügigkeitsrecht keine Anwendung (EuGH, Urteil vom 5. Mai 2011, Rs. C-434/09 – McCarthy). Erforderlich ist vielmehr stets ein grenzüberschreitender Bezug. Insofern kommt Freizügigkeitsrecht auf den Familiennachzug zu einem Doppelstaatsangehörigen, der neben der deutschen noch die Staatsangehörigkeit eines anderen Mitgliedstaates der Europäischen Union besitzt, dann zur Anwendung, wenn er einen grenzüberschreitenden Bezug hergestellt hat, indem er aus einem anderen Mitgliedstaat nach Deutschland umgezogen ist oder nach Ausübung der Freizügigkeit in einem anderen Mitgliedstaat hierher zurückgekehrt ist (vgl. Nummer 1.3).

1.4.2 Ein grenzüberschreitender Bezug ist beispielsweise dann gegeben, wenn ein Deutscher mit Doppelstaatsangehörigkeit in einem Mitgliedstaat gelebt hat, dessen Staatsangehörigkeit er ebenfalls besitzt, und im Anschluss nach Deutschland umzieht oder hierher zurückkehrt (vgl. auch Nummer 3.0.2). Das Vorliegen eines grenzüberschreitenden Bezugs ist dabei allerdings unabhängig davon zu beurteilen, ob der Deutsche die Staatsangehörigkeit des anderen Mitgliedstaates, in dem er sich zuvor aufgehalten hat, innehat oder nicht; ein Doppelstaatsangehöriger kann insofern einen grenzüberschreitenden Bezug auch herstellen, wenn er aus einem dritten Mitgliedstaat, dessen Staatsangehörigkeit er nicht besitzt, nach Deutschland umzieht oder hierher zurückkehrt.

1.4.3 Gleiches gilt, wenn Unionsbürger durch Einbürgerung die deutsche Staatsangehörigkeit erwerben: Auf den Familiennachzug zu diesen Personen kommt dann Freizügigkeitsrecht zur Anwendung, wenn sie einen grenzüberschreitenden Bezug hergestellt haben, indem sie aus einem anderen Mitgliedstaat nach Deutschland umgezogen sind oder nach Ausübung der Freizügigkeit in einem anderen Mitgliedstaat hierher zurückgekehrt sind. Dies gilt ungeachtet der Tatsache, ob der Unionsbürger seine bisherige Staatsangehörigkeit aufgibt oder diese neben der deutschen Staatsangehörigkeit weiterhin beibehält (vgl. auch § 12 Absatz 2 Staatsangehörigkeitsgesetz). Ausschlaggebend ist hier die Herstellung eines grenzüberschreitenden Bezugs durch Ausübung der Freizügigkeit. Insofern kommt auf Familienangehörige, die einen Unionsbürger in das Bundesgebiet begleitet haben oder zu ihm nachgezogen sind, auch weiterhin Freizügigkeitsrecht zur Anwendung, wenn der Unionsbürger sein Freizügigkeitsrecht ausgeübt hat und dann durch Einbürgerung die deutsche Staatsangehörigkeit erwirbt.

Übersicht

	Rn.
I. Entstehungsgeschichte	1
II. Verhältnis zum AufenthG	5
III. Anwendungsbereich	9
1. Unionsbürger	9
2. EWR-Staaten	18
3. Staatsangehörige des Vereinigten Königreichs	20
4. Familienangehörige	27
5. Nahestehende Personen	40
a) Seitenlinien, Familienangehörige ohne Unterhaltsgewährung	40
b) Vormundschaft/Pflegekind	53
6. Familienangehörige und nahestehende Personen Deutscher	89
IV. Täuschungsfälle	96
V. Grenzüberschreitender Sachverhalt	110

I. Entstehungsgeschichte

1 Die Umsetzung der unionsrechtlichen Regelungen für Angehörige der Mitgliedstaaten einerseits und der Drittstaatsangehörigen andererseits erfolgte in Deutschland systemgerecht in unterschiedlicher Form. Die besonders in den letzten Jahren ergangenen EU-Regelungen für Nicht-Unionsbürger (Familienzusammenführungs-RL, Daueraufenth-RL, Forscher-RL, Studenten-RL, Qualifikations-RL usw) wurden und werden in der innerstaatlichen Rechtsordnung in der Weise berücksichtigt, dass sie in das sonstige Ausländerrecht einbezogen werden, zuletzt durch das RLUmsG 2007 in das AufenthG und das AsylG.

2 Die Freizügigkeit wurde und wird dagegen in einem eigenen Gesetz gesondert umgesetzt. Zunächst geschah dies in dem **AufenthG/EWG** vom 22.7.1969[1] mit seinen späteren Änderungen, zuletzt im Jahre 2003[2]. Mit diesen Änderungen wurde zT verspätet und unzureichend versucht, die Entwicklungen des Unionsrechts formell nachzuzeichnen. So wurden die RL vom Beginn der 1990er-Jahre 1997 in der VO über die allgemeine Freizügigkeit von Staatsangehörigen der Mitgliedstaaten der EU (FreizügV/EG)[3] umgesetzt. Seit Anfang 2005 wurden das AufenthG/EWG und die FreizügV/EG durch das FreizügG/EU ersetzt (Art. 2, 15 III Nr. 2 und 8 ZuwG).

3 Der deutsche Gesetzgeber wollte mit einer ersten **Gesamtrevision** der Freizügigkeitsregeln für Unionsbürger den veränderten europäischen Rahmenbedingungen Rechnung tragen[4]. Er hatte sich mit dem FreizügG/EU zT an der Freizügigkeits-RL orientiert, diese aber noch nicht formell und in materieller Hinsicht vollständig umgesetzt[5]. Die noch fälligen weiteren **Anpassungen** wurden mit dem RLUmsG 2007 erst verspätet, dh nach der Umsetzungsfrist der Freizügigkeits-RL, die am 30.4.2006 ablief, transformiert. Die Vorschrift des § 1 entsprach dem **Gesetzesentwurf**[6]; sie wurde durch Art. 2 des RLUmsG 2007 nicht verändert[7].

---

[1] Text in *Kanein*, Ausländergesetz, erläuterte Ausgabe, 1974, S. 203 ff.
[2] Gesetz v. 23.12.2003, BGBl. I S. 2848.
[3] FreizügV/EG, BGBl. 1997 I S. 1810.
[4] BT-Drs. 15/420, 65, 101.
[5] Dazu näher *Groß* ZAR 2005, 81.
[6] BT-Drs. 15/420, 37.
[7] BT-Drs. 16/5065, 33.

Anwendungsbereich; Begriffsbestimmungen **§ 1 FreizügG/EU 2**

Eine maßgebliche Änderung des § 1 erfolgte durch Art. 1 des Gesetzes zur aktuellen Anpassung des 4
FreizügG/EU und weiterer Vorschriften an das Unionsrecht vom 12.11.2020[8]. Mit diesem Änderungsgesetz wurde der Anwendungsbereich systematisch neu gefasst und insbesondere Problemfälle, wie die fehlende Umsetzung der Freizügigkeits-RL zu nahestehenden Personen, sowie die Rückkehrerfälle in den Anwendungsbereich des Gesetzes einbezogen. Der Gesetzgeber trennt zwischen dem Anwendungsbereich des FreizügG/EU und den materiellen Voraussetzungen der Rechtsstellung. § 1 eröffnet ausschließlich den Anwendungsbereich, ohne Aussagen zur materiellen Freizügigkeitsberechtigung zu treffen.

II. Verhältnis zum AufenthG

Das FreizügG/EU ist ein **SpezialG**, das dem AufenthG vorgeht (§ 1 II Nr. 1 AufenthG). Das 5
AufenthG ist danach nur anzuwenden, wenn ausdrücklich darauf verwiesen wird (§ 11), wenn es eine günstigere Behandlung enthält (§ 11 XIV 2) oder wenn das Freizügigkeitsrecht nicht besteht oder entfallen ist (§ 11 XIV 1).

Das AufenthG findet auf Unionsbürger und ihre Familienangehörigen in folgenden Fällen kraft 6
Gesetzes Anwendung:
– Das Freizügigkeitsgesetz/EU enthält einen Verweis auf das Aufenthaltsgesetz (siehe ua § 11 I–VI und VIII–XIV).
– Das Aufenthaltsgesetz vermittelt Unionsbürgern oder ihren Familienangehörigen eine günstigere Rechtsstellung (§ 11 XIV 1).
– Die Ausländerbehörde hat das Nichtbestehen oder den Verlust des Rechts auf Freizügigkeit festgestellt (§ 11 XIV 2).
– Ein Unionsbürger kann sich aufgrund des in Art. 18 AEUV und in Art. 21 II GRCh normierten Diskriminierungsverbot auf Regelungen im Aufenthaltsgesetz berufen, die die deutsche Staatsangehörige begünstigen[9].

Das **Günstigkeitsprinzip** nach § 11 XIV 1 führt nicht nur dazu, dass die Regelungen des Auf- 7
enthG über Drittstaatsangehörige zur Anwendung gelangen, soweit diese eine günstigere Rechtsstellung vermitteln, sondern über das **Diskriminierungsverbot des Art. 18 AEUV** finden auch die Regelungen Anwendung, die Deutsche betreffen. Ein Unionsbürger kann verlangen, so gestellt zu werden wie ein deutscher Staatsangehöriger. Dies kann insbesondere bei Nachzugsfällen zu minderjährigen EU-Bürgern bedeutsam sein, in denen der Lebensunterhalt des drittstaatsangehörigen Elternteils nicht gedeckt ist; hier sind die Nachzugsregelungen für den Nachzug zu einem deutschen Kind heranzuziehen.

Das FreizügG/EU verfolgt bei der Umsetzung der Freizügigkeits-RL ein eigenständiges Konzept, 8
das die **Vorgaben der RL vereinfachend zusammenfasst.** Das „schlanke" Normkonzept birgt die Gefahr, dass die Vorgaben der Freizügigkeits-RL nur unzureichend umgesetzt werden. Ein Vergleich mit den Vorgaben der RL ist daher Grundvoraussetzung, um sich abschließend ein Bild von der Rechtslage machen zu können. Werden Umsetzungsmängel festgestellt, so greifen die in → Vorb Rn. 34 ff. dargelegten Grundsätze des Anwendungsvorrangs und der richtlinienkonformen Auslegung. Abs. 1 umschreibt den Anwendungsbereich des Gesetzes. Wenn dabei der Begriff der **Regelung** verwendet wird, darf dies nicht über den primären Charakter des Gesetzes als Umsetzungsakt hinwegtäuschen. Eine materielle Regelung konstitutiver Art kann in den einzelnen Bestimmungen nur insoweit gesehen werden, als dem mitgliedstaatlichen Gesetzgeber angesichts der EU-Kompetenzen eine Befugnis hierzu verblieben ist. Diese Ausgangslage kommt auch in der Systematik des neuen Gesetzes zum Ausdruck.

III. Anwendungsbereich

1. Unionsbürger

Das FreizügG/EU findet nach § 1 I Nr. 1 auf Unionsbürger Anwendung. Nach der Begriffsbestim- 9
mung in § 1 II Nr. 1 sind Unionsbürger Staatsangehörige anderer Mitgliedstaaten der EU, die nicht Deutsche sind. Damit entspricht die gesetzliche Regelung der bis 2020 gültigen Fassung des FreizügG/ EU, die den Anwendungsbereich auf Staatsangehörige „anderer" Mitgliedstaaten beschränkte.

Durch die Definition des Begriffs „Unionsbüger" werden deutsche Staatsangehörige ausgenommen. 10
Diese **Inländerdiskriminierung**[10] ist nur dann mit Unionsrecht vereinbar, wenn kein grenzüberschreitender Sachverhalt vorliegt. So fehlt es – anders als bei sog. Rückkehrerfällen (siehe unten zu § 1 I Nr. 6) – an dem erforderlichen EU-Bezug in Fällen, in denen ein deutscher Staatsangehöriger,

---

[8] BGBl. 2020 I S. 2416.
[9] HessVGH Urt. v. 16.11.2016 – 9 A 242/15, Rn. 21; Einzelheiten unter § 11 und abrufbar unter: www.migrationsrecht.net, OK-MNet zu § 1 FreizügG/EU, Abschnitt II 2.
[10] *Riese/Noll* NVwZ 2007, 516 ff.

Dienelt

der niemals das Recht auf Freizügigkeit innerhalb der EU ausgeübt hat, sich auf das Gesetz beruft. Denn das Unionsrecht gilt grundsätzlich nicht für Sachverhalte, die sich ausschließlich innerhalb eines Mitgliedstaats abspielen[11].

11 Die Anwendung des AufenthG auf Familienangehörige inländischer Unionsbürger, denen kein unionsrechtliches Aufenthaltsrecht zusteht, verstößt auch nicht nach nationalem Recht gegen Art. 3 I GG[12]. Dabei kann dahinstehen, ob angesichts der Verpflichtung zur Umsetzung unionsrechtliche Vorgaben und der dadurch bedingten Betroffenheit unterschiedlicher Rechtskreise überhaupt gleiche oder vergleichbare Sachverhalte iSd Art. 3 I GG vorliegen[13]. Denn die aus dem Nebeneinander von Unionsrecht und nationalem Recht entstehende Ungleichbehandlung ist jedenfalls sachlich gerechtfertigt. Ist eine Übertragung des unionsrechtlichen Aufenthaltsrechts auf Familienangehörige von inländischen Unionsbürgern, die von ihrem Freizügigkeitsrecht keinen Gebrauch gemacht haben, unionsrechtlich nicht geboten, liegen hinreichend gewichtige Gründe vor, dass in diesen Fällen die für alle nicht freizügigkeitsberechtigten Ausländer geltenden Bestimmungen des nationalen Aufenthaltsrechts zur Anwendung kommen[14].

12 **Unionsbürger** ist jede Person, die die Staatsangehörigkeit eines anderen Mitgliedstaats besitzt: Belgien, Dänemark, Finnland, Frankreich, Griechenland, Irland, Italien, Luxemburg, Niederlande, Österreich, Portugal, Schweden, Spanien. Seit 1.5.2004: Estland, Lettland, Litauen, Malta, Polen, Slowakei, Slowenien, Tschechische Republik, Ungarn, Zypern. Seit 1.1.2007: Bulgarien, Rumänien. Seit 1.7.2013: Kroatien.

13 Wer **Staatsangehöriger eines Mitgliedstaats** und damit Unionsbürger ist, bestimmt allein und ausschließlich der Mitgliedstaat. Erwerb und Verlust der Staatsangehörigkeit richten sich allein nach innerstaatlichem Recht[15]. Die Mitgliedstaaten können erforderlichenfalls angeben, wer für die Zwecke des Unionsrechts als ihr Staatsangehöriger anzusehen ist[16]. So hat die Bundesrepublik Deutschland bei ihrem Beitritt erklärt, dass alle Deutschen iSd Art. 116 I GG als ihre Staatsangehörigen anzusehen sind (BGBl. 1975 II S. 764). Frankreich und das Vereinigte Königreich haben Erklärungen zur Rechtsstellung der Bewohner ihrer außereuropäischen Gebiete abgegeben[17].

14 Der vom Gesetz erfasste **Personenkreis** ist mit den Staatsangehörigen anderer Mitgliedstaaten und ihren Familienangehörigen umschrieben. Der begünstigte Personenkreis wird – soweit es Unionsbürger betrifft – weder durch die RL noch durch den AEUV unmittelbar unionsrechtlich autonom definiert. Zur Bestimmung der Unionsbürgerschaft (Art. 20 I 2 AEUV) ist auf die Staatsangehörigen eines Mitgliedstaats und damit auf die nationalen Rechtsordnungen der Mitgliedstaaten über den Erwerb bzw. den Verlust der nationalen Staatsbürgerschaft abzustellen.

15 **Besitzt ein Unionsbürger zugleich die deutsche Staatsangehörigkeit, so findet das FreizügG/EU auf ihn keine Anwendung.** Anders als bei Unionsbürgern, die zugleich auch eine Staatsangehörigkeit eines Drittstaats haben, sperrt die deutsche Staatsangehörigkeit sowohl den Rückgriff auf das FreizügG/EU als auch die ihr zugrunde liegende Freizügigkeits-RL[18]. Der EuGH hat hinsichtlich der Rechtslage von **Doppelstaatern** in der Rechtssache Lounes klargestellt, „dass vor dem Hintergrund, dass ein Mitgliedstaat nach völkerrechtlichen Grundsätzen seinen eigenen Staatsangehörigen das Recht, in sein Hoheitsgebiet einzureisen und dort zu bleiben, nicht verwehren kann und diese Staatsangehörigen dort folglich über ein nicht an Bedingungen geknüpftes Aufenthaltsrecht verfügen, diese RL nicht dazu bestimmt ist, das Recht eines Unionsbürgers auf Aufenthalt in dem Mitgliedstaat, dessen Staatsangehörigkeit er besitzt, zu regeln"[19]. **Um zu vermeiden, dass die Integration von Unionsbürgern durch Erlangung der deutschen Staatsangehörigkeit nicht zum Verlust der Aufenthaltsrechte von drittstaatsangehörigen Familienangehörigen führt, können sich Doppelstaater auf Art. 21 AEUV berufen**[20]. Dabei wird die Freizügigkeits-RL entsprechend angewendet, um einen Rechtsverlust zu vermeiden. Für Doppelstaater hat dies aber gleichwohl die Folge, dass die **Freizügigkeitsvermutung** nicht eingreift, da diese eine unmittelbare Anwendbarkeit des FreizügG/EU voraussetzt.

---

[11] EuGH Urt. v. 18.10.1990 – C-297/88 ua, EZAR 811 Nr. 12 Ls. 1; Urt. v. 27.10.1982 – 35 und 36/82, EZAR 811 Nr. 2.

[12] BVerwG Urt. v. 22.6.2011 – 1 C 11.10, Rn. 11; BVerwG Urt. v. 4.9.2007 – 1 C 43.06, DVBl 2008, 108; OVG NRW Beschl. v. 21.1.2011 – Beschl. v. 17.3.2008 – 18 B 191/08, AuAS 2008, 125; OVG Brem Beschl. v. 15.11.2010 – 1 B 156/10; BayVGH Beschl. v. 21.6.2010 – 10 ZB 09.2959; OVG RhPf Beschl. v. 3.7.2001 – 10 B 10646/01, InfAuslR 2001, 429; HmbOVG Beschl. v. 3.8.1993 – Bs VII 90/93, VGH BW Beschl. v. 7.8.1995 – 13 S 329/95, NJW 1996, 72.

[13] Vgl. BVerfG Beschl. v. 8.11.1989 – 1 BvR 986/89, NJW 1990, 1033 und Beschl. v. 13.6.2006 – 1 BvR 1160/03, BVerfGE 116, 135 (159).

[14] BVerwG Urt. v. 22.6.2011 – 1 C 11.10, Rn. 11.

[15] *Renner* AiD Rn. 5/77 ff.

[16] Vgl. 2. Erklärung zur Schlussakte des EUV, BGBl. 1992 II S. 1251.

[17] Näher *Renner* AiD Rn. 5/80.

[18] EuGH Urt. v. 14.11.2017 – C-165/16 Rn. 33 ff. – Lounes.

[19] EuGH Urt. v. 14.11.2017 – C-165/16 Rn. 37 – Lounes.

[20] EuGH Urt. v. 14.11.2017 – C-165/16 Rn. 51 ff. – Lounes, s. auch OK-Mnet FreizügG/EU § 1 Ziff. 4 zu Doppelstaatern.

Besitzt ein Drittstaatsangehöriger eine **weitere Staatsangehörigkeit eines EU-Staates**, dann 16
kann er sich immer auf diese Unionsbürgerschaft berufen. Denn der EuGH hat in der Rechtssache
Micheletti[21] klargestellt, dass es unzulässig sei, wenn ein Mitgliedstaat versuchen würde, die Wirkungen
der Staatsangehörigkeit, die ein anderer Mitgliedstaat dem Ausländer verliehen hat, dadurch zu
beschränken, dass er eine zusätzliche Voraussetzung für die Anerkennung dieser Staatsangehörigkeit im
Hinblick auf die Ausübung der im Vertrag vorgesehenen Grundfreiheiten verlangt. Damit werden die
EU-Staaten letztlich verpflichtet, die Staatsangehörigkeit anderer Mitgliedstaaten zu akzeptieren; sie
dürfen einen EU-Bürger nicht wegen seiner weiteren Staatsangehörigkeit ausgrenzen. Maßgebliche
Staatsangehörigkeit ist damit stets die eines anderen Mitgliedstaats der EU, mag effektive Staatsangehörigkeit im Einzelfall auch die eines Drittstaats sein. Denn die Unionsbürgerschaft knüpft für die
Zwecke des Unionsrechts nicht an die „effektive" Staatsangehörigkeit eines anderen Mitgliedstaats an,
sondern nur an die Staatsangehörigkeit eines Mitgliedstaats. Den Mitgliedstaaten ist es insoweit verwehrt, bei Vorliegen weiterer Staatsangehörigkeiten Untersuchungen darüber anzustellen, ob die des
Drittstaates die effektivere Staatsangehörigkeit ist[22].

Der Anwendungsbereich differenziert nicht danach, ob Unionsbürger eines **Beitrittsstaats** bereits 17
vollständige Freizügigkeit genießen oder nicht.

2. EWR-Staaten

Außerdem findet das Gesetz über § 1 I Nr. 2 auf Staatsangehörige der **EWR-Staaten** und ihre 18
Familienangehörigen Anwendung. Das in Deutschland am 1.1.1994 in Kraft getretene Assoziierungsabkommen über den EWR erfasst neben den EU-Mitgliedstaaten, die ohnehin durch Nr. 1 in den
Anwendungsbereich des FreizügG/EU einbezogen werden, die Staaten Island, Liechtenstein und
Norwegen. Einzelheiten finden sich bei der Kommentierung zu → § 12.

Die **Schweiz** ist weder EU- noch EWR-Mitglied, sie ist aber durch eine Reihe von bilateralen 19
Verträgen mit der EU verbunden. In vielen Bereichen sind Schweizer Staatsangehörige daher EU-Bürgern gleichgestellt, ohne dass das FreizügG/EU auf sie Anwendung findet.

3. Staatsangehörige des Vereinigten Königreichs

Für das Vereinigte Königreich gilt nach dem Brexit § 1 I Nr. 3. Die materielle Rechtsstellung wird 20
im Austrittsvertrag geregelt, auf den § 16 verweist.

Die Rechtsstellung von Staatsangehörigen des Vereinigten Königreichs Großbritannien und Nord- 21
irland musste nach dessen Austritt neu geregelt werden. Das Europäische Parlament hat am 29.1.2020
das Austrittsabkommen des Vereinigten Königreichs angenommen, das die Europäische Union und das
Vereinigte Königreich am 24.1.2020 unterzeichnet hatten. Der Rat hat im Wege des schriftlichen
Verfahrens den Beschluss über den Abschluss des Austrittsabkommens im Namen der EU angenommen. Das Austrittsabkommen ist mit dem Austritt des Vereinigten Königreichs aus der EU, dh.am
31.1.2020 um Mitternacht, in Kraft getreten. Von diesem Zeitpunkt an ist das Vereinigte Königreich
kein Mitgliedstaat der Europäischen Union und gilt als Drittstaat.

Der Brexit hätte unmittelbar zur Folge, dass sich die Rechtsstellung von britischen Staatsangehöri- 22
gen und ihren Familienangehörigen nicht mehr nach dem FreizügG/EU richtet, sondern nach dem
AufenthG. Dieses Ergebnis wurde zunächst durch das Gesetz für den Übergangszeitraum nach dem
Austritt des Vereinigten Königreichs Großbritannien und Nordirland aus der Europäischen Union[23],
vermieden. Denn dieses Gesetz, das nach § 4 mit dem Austritt in Kraft gesetzt wurde, bestimmte in
§ 1, dass das Vereinigte Königreich während des Übergangszeitraums, der am 31.12.2020 endete, fiktiv
als Mitgliedstaat der EU anzusehen ist:

Auf die Staatsangehörigen des Vereinigte Königreichs wurde daher während des Übergangszeitraums 23
weiterhin das Unionsrecht angewendet. Nachdem von der in Art. 132 Abs. 1 des Austrittsabkommens
verankerten Möglichkeit, den Übergangszeitraum um höchstens ein oder zwei Jahre zu verlängern,
kein Gebrauch gemacht wurde (Fristablauf war der 1.7.2020), musste für den Zeitraum ab dem
1.1.2021 eine gesetzliche Regelung in das FreizügG/EU aufgenommen werden, um sicherzustellen,
dass britische Staatsangehörige nach Ablauf der Übergangsphase weiterhin kraft Gesetzes Unionsbürgern weitgehend gleichgestellt werden.

Mit § 1 I Nr. 3 wurde diese Regelung in das FreizügG/EU aufgenommen. Sie stellt sicher, dass die 24
Rechte von Staatsangehörigen des Vereinigten Königreichs, die sich aus dem Austrittsabkommen auch
nach Ablauf der Übergangsfrist ergeben, im Rahmen des FreizügG/EU behandelt werden. Ohne die
gesetzliche Neuregelung wäre die Umsetzung der Rechtsstellung aus dem Austrittsvertrag ähnlich der
Situation für Schweizer gewesen. Auch sie werden durch ein Assoziierungsabkommen unionsrechtlich
begünstigt, ohne in den Anwendungsbereich des FreizügG/EU zu fallen.

---

[21] EuGH Urt. v. 7.7.1992 – C-369/90, Slg. 1992, I-4239 – Micheletti.
[22] *Schönberger*, Unionsbürger, 2005, S. 290.
[23] Brexit-Übergangsgesetz – BrexitÜG – G. v. 27.3.2019 BGBl. I S. 402 (Nr. 11), zuletzt geändert durch Artikel 9
G v. 21.12.2019 BGBl. I S. 2875.

25 Für Staatsangehörige des Vereinigten Königreichs, die bislang freizügigkeitsberechtigt waren und bis zum Ende des Übergangszeitraums von ihrem Freizügigkeitsrecht Gebrauch gemacht hatten, bestimmt sich die Rechtsstellung nach dem Austrittsabkommen, das als unmittelbar geltendes Recht auch nicht im Bundesrecht umgesetzt werden muss. Für diese Personengruppe gilt daher über § 1 I Nr. 3 das FreizügG/EU weiterhin unmittelbar.

26 Für Briten, die erst nach Ablauf des Übergangszeitraums einreisen und sich in Deutschland aufhalten wollen, sieht das Austrittsabkommen nur in Einzelfällen besondere Aufenthaltsrechte vor, etwa für Kinder, die nach Ablauf des Übergangszeitraums geboren werden. Für Staatsangehörige des Vereinigten Königreichs, die erst ab dem 1.1.2021 in das Bundesgebiet einreisen, gilt daher – vorbehaltlich des Austrittsvertrags sowie etwaiger künftiger Vereinbarungen der EU mit dem Vereinigten Königreich – das für Drittstaatsangehörige geltende AufenthG.

4. Familienangehörige

27 **Familienangehörige iSd § 1 sind nur die in § 1 II Nr. 3 genannten Personen.** Sonstige Angehörige, die nicht ausdrücklich in § 1 II Nr. 3 aufgeführt sind, unterfallen daher dem AufenthG[24], sofern sie nicht nach § 1 II Nr. 4 lit. a unter den Anwendungsbereich des FreizügG/EU fallen. Damit werden neben dem Ehegatten und Lebenspartner nur Familienangehörige gerader aufsteigender und absteigender Linie erfasst. Nicht erfasst werden damit **Familienangehörige der Seitenlinien** (Tante, Onkel, Bruder usw) und andere Familienangehörige im weiteren Sinne werden als nahestehende Personen von § 1 II Nr. 4 erfasst. In Umsetzung des Art. 3 II Freizügigkeits-RL unterfallen auch De-facto-Lebenspartnerschaften dem Anwendungsbereich des FreizügG/EU. Einzelheiten zu dieser Personengruppe finden sich unter der Kommentierung zu § 3a.

28 Keine Familienangehörigen in absteigender Linie sind Personen, bei denen nur ein durch **Kafala** begründetes Rechtsverhältnis besteht. **Denn die Kafala begründet – anders als die Adoption – kein Verwandtschaftsverhältnis**[25]. Diese Ansicht hat auch der EGMR, der sich in zwei Urteilen mit den Problemen der Kafala im Verhältnis zur Adoption aus dem Blickwinkel der EMRK beschäftigt hat, bestätigt. In der Rechtssache Harroudi wies hat er auf der Grundlage einer rechtsvergleichenden Studie darauf hin, dass „kein Staat die Kafala mit einer Adoption gleichstellt, sie aber in diesem Staat [Frankreich] und in anderen eine mit einer Vormundschaft, einer Pflegschaft oder einer Unterbringung im Hinblick auf eine Adoption vergleichbare Wirkungen entfaltet"[26]. Im der Rechtssache Chbihi hat der EGMR erneut das Recht auf Familienleben gem. Art. 8 der EGMR geprüft und eine Feststellung wiederholt, dass das Vorhandensein von „faktischen familiären Beziehungen" für die Anwendbarkeit dieser Bestimmung kennzeichnend sei[27]. Dieser Einschätzung hat sich auch der EuGH in der Rechtssache SM angeschlossen und darauf hingewiesen, dass die Kafala anders als eine Adoption dem Kind nicht die Stellung eines Erbens vermittelt und mit Volljährigkeit ende. Es fehle an einem Abstammungsverhältnis biologischer oder rechtlicher Art[28]. Diese Gruppe unterfällt der Regelung des § 1 II Nr. 4 lit. b, sodass ein Aufenthaltsrecht für nahestehende Personen nach § 3a I Nr. 2 in Betracht kommt.

29 Nachfolgende (drittstaatsangehörige) Familienangehörige unterfallen daher dem Gesetz:
– Ehegatten,
– Lebenspartner,
– Familienangehörige in absteigender Linie bis zum 21. Lebensjahr, dh Kinder und Enkelkinder,
– Familienangehörige in absteigender Linie ab dem 21. Lebensjahr, wenn ihnen Unterhalt gewährt wird,
– Familienangehörige in aufsteigender Linie, dh Eltern und Urgroßeltern, wenn ihnen Unterhalt gewährt wird.

30 Familienangehöriger ist man in den beiden letzten Fallgruppen daher nur dann, wenn das **Merkmal Unterhalt gewähren** vorliegt[29]. Für drittstaatsangehörige Familienangehörige von EU-Bürgern, die in den Anwendungsbereich der Freizügigkeits-RL fallen, geht auch der EuGH davon aus, dass die Beschränkungen in Art. 2 Nr. 2 Freizügigkeits-RL („Unterhalt gewähren") auf den Anwendungsbereich der RL durchschlagen[30].

31 **Die Einbeziehung von Familienangehörigen in absteigender Linie, die das 21. Lebensjahr vollendet haben, sowie von Familienangehörigen in aufsteigender Linie in den Anwendungsbereich des FreizügG/EU setzt daher zwingend die Gewährung von Unterhalt voraus.**

---

[24] BVerwG Urt. v. 25.10.2017 – 1 C 34.16, Ls.
[25] BVerwG Urt. v. 26.10.2010 – 1 C 16.09, BVerwGE 138, 77 Rn. 8.
[26] EGMR Urt. v. 4.10.2012 – 43631/09 Rn. 48 – Harroudj/Frankreich.
[27] EGMR Urt. v. 16.12.2014 – 52265/10 Rn. 78 f. – Chbihi Loudoudi/Belgien.
[28] EuGH Urt. v. 26.3.2019 – C-129/18 Rn. 44 ff. – SM.
[29] Hierzu ausf. → § 3.
[30] EuGH Urt. v. 8.11.2012 – C-40/11 Rn. 51 ff. – Iida.

Das Anknüpfen an die Unterhaltsgewährung führt dazu, dass der Anwendungsbereich des Frei- 32
zügG/EU nicht eröffnet sein kann, aber die betroffene Person Freizügigkeit aufgrund des AEUV
genießt. Insbesondere bei minderjährigen Unionsbürgern kommt es vor, dass diese von ihren drittstaatsangehörigen Eltern begleitet werden, die den Unterhalt der gesamten Familie decken. Mangels
Unterhaltsbedarfs liegt hier keine Unterhaltsgewährung des Kindes an die Eltern vor. Da das Kind aber
nur mithilfe seiner Eltern von dem Freizügigkeitsrecht nach § 4 Gebrauch machen kann, genießen
auch die drittstaatsangehörigen Eltern Freizügigkeit; sie werden von dem Freizügigkeitsrecht des
Kindes aus Art. 21 I AEUV mit umfasst[31], was die Einbeziehung dieser Personengruppe unter § 1 II
Nr. 4 lit. a rechtfertigt.

Die Definition des Familienangehörigen iSv § 1 I Nr. 4 hat aber im Übrigen – ebenso wie die des 33
Unionsbürgers – anhand **formaler Kriterien** zu erfolgen. **Für die Anwendbarkeit des FreizügG/
EU ist es daher nicht erheblich, ob die Familienangehörigen tatsächlich Freizügigkeit
genießen**[32]. Soweit das BVerwG die Auffassung vertritt, dass bei den in § 3 II Nr. 2 aF benannten
Personen der Anwendungsbereich und das Recht auf Einreise und Aufenthalt (§ 2 I iVm § 3)
zusammenfallen, weicht diese Ansicht von der Systematik der Freizügigkeits-RL ab. Denn anders als
das FreizügG/EU trennt die Freizügigkeits-RL zwischen Freizügigkeit und Definition des Familienangehörigen. Diese Trennung vollzieht nunmehr auch das FreizügG/EU in seiner Fassung vom
12.11.2020.

Die Definition des Familienangehörigen richtet sich daher ausschließlich nach den in 34
**§ 1 II Nr. 3 genannten Kriterien und nicht nach den weiteren Voraussetzungen oder der
Frage, ob der Unionsbürger dem Familienangehörigen tatsächlich Freizügigkeit vermitteln
kann.**

Daher spielt es für die Anwendbarkeit des FreizügG/EU keine Rolle, ob der Familienangehörige 35
tatsächlich den Unionsbürger begleitet oder ihm nachzieht. Ausreichend ist, dass der Unionsbürger
sich im Bundesgebiet aufhält, da die Anwendbarkeit des FreizügG/EU nur davon abhängig ist, dass ein
grenzüberscheitender Sachverhalt vorliegt, der dadurch gekennzeichnet ist, dass sich ein Unionsbürger
eines anderen Mitgliedstaats in Deutschland aufhält. Nicht erheblich ist auch, ob der Unionsbürger
dem Familienangehörigen tatsächlich Freizügigkeit vermitteln kann, weil er etwa Arbeitnehmer,
Selbstständiger oder Dienstleistungserbringer ist.

Diese Auslegung ist auch mit der abdrängenden Verweisungsnorm in § 1 II Nr. 1 AufenthG ver- 36
einbar. Nach dieser findet das AufenthG keine Anwendung auf Ausländer, deren Rechtsstellung nach
dem FreizügG/EU geregelt ist, soweit nicht durch Gesetz etwas anderes bestimmt ist. Damit nimmt
die Regelung Ausländer bereits dann aus dem Anwendungsbereich des AufenthG aus, wenn deren
Rechtsstellung vom FreizügG/EU (lediglich) geregelt wird. Insoweit kommt es nicht darauf an, ob
diese Ausländer tatsächlich freizügigkeitsberechtigt sind[33].

Das FreizügG/EU differenziert insoweit zwischen den seinem Regelungsbereich unterfallenden und 37
nach formalen Kriterien definierten Unionsbürgern und Familienangehörigen sowie den durch zusätzliche materielle Kriterien näher bestimmten Freizügigkeitsberechtigten.

Gegen die Annahme, dass nur Familienangehörige, die freizügigkeitsberechtigt sind, von § 1 erfasst 38
werden, spricht, dass diese Rechtsstellung aufgrund der Akzessorität der Rechtsstellung nicht geklärt
werden kann, ohne zu prüfen, ob der Unionsbürger, von dem die Freizügigkeit abgeleitet werden soll,
selbst Freizügigkeit genießt. Eine derartige Prüfung ist aber im Rahmen des Anwendungsbereichs für
Unionsbürger nicht vorgesehen.

Die zur Bestimmung des Anwendungsbereichs anzulegende formale Betrachtungsweise hat zur 39
Folge, dass auch bei einem Familienangehörigen eines Unionsbürgers, der nach den Vorgaben des
FreizügG/EU nicht freizügigkeitsberechtigt ist, das FreizügG/EU so lange Anwendung findet, bis das
Nichtbestehen oder der Verlust des Freizügigkeitsrechts festgestellt wurde[34].

5. Nahestehende Personen

a) Seitenlinien, Familienangehörige ohne Unterhaltsgewährung. Das Freizügigkeitsgesetz 40
unterscheidet zwischen nahestehenden Personen (§ 1 II Nr. 4) und Familienangehörigen (§ 1 II
Nr. 3).

Diese Unterscheidung hat auch Auswirkungen auf die materielle Rechtsstellung: 41
– Familienangehörige haben **Rechtsansprüche** auf Nachzug und Aufenthalt (Einzelheiten bei → § 3).
– Nahestehende Personen haben nur einen **im Ermessen stehenden Besserbehandlungs-
anspruch/Erleichterungsregelung** gegenüber Drittstaatsangehörigen (Einzelheiten bei → § 3a).

---

[31] EuGH Urt. v. 19.10.2004 – C-200/02 – Zhu und Chen, Leitsatz.
[32] AA BVerwG Urt. v. 25.10.2017 – 1 C 34.16, Rn. 14.
[33] OVG NRW Beschl. v. 20.11.2015 – 18 B 665/15, Rn. 3; VG Aachen Urt. v. 7.9.2016 – 8 K 2191/14, Rn. 27;
aA BVerwG Urt. v. 25.10.2017 – 1 C 34.16, Ls.
[34] BayVGH Urt. v. 25.11.2015 – 10 B 13.2080, Rn. 20; OVG NRW Beschl. v. 20.11.2015 – 18 B 665/15,
Rn. 14; VG Aachen Urt. v. 7.9.2016 – 8 K 2191/14, Rn. 34.

42 Die Regelung des § 1 II Nr. 4 lit. a knüpft die Anwendbarkeit des FreizügG/EU an zwei Voraussetzungen:
– Es muss sich um Verwandte iSd § 1589 BGB handeln und
– diese dürfen keine Familienangehörige iSd § 1 II Nr. 3 sein.

43 Wichtig bei der Bestimmung des Anwendungsbereichs des § 1 II Nr. 4 lit. a ist die Kenntnis, dass die Eigenschaft eines Familienangehörigen iSd Nr. 3 bei Verwandten in gerader aufsteigender und gerader absteigender Linie von der **Gewährung von Unterhalt** durch den Unionsbürger abhängig gemacht wird. Hieran fehlt es aber beispielsweise in Fällen, in denen ein leiblicher Vater, der nicht mit der Mutter verheiratet ist, von seinem minderjährigen Kind, das Unionsbürger ist, ein Freizügigkeitsrecht ableiten will. Das minderjährige Kind leistet dem Vater keinen Unterhalt, sodass dieser kein Familienangehöriger iSd Nr. 3 ist.

44 **Der Anwendungsbereich der Nr. 4 lit. a erstreckt damit sich auch auf den Teil der Familienangehörigen, bei denen das Merkmal „Unterhaltsgewähren" fehlt.**

45 Weitere Voraussetzung ist das Vorliegen der Voraussetzungen des § 1589 I BGB. Da diese Norm nach der Streichung des Abs. 2 keinen weiteren Absatz hat, beschränkt sich der Verweis zurzeit auf den Abs. 1, der folgenden Wortlaut hat: „(1) Personen, deren eine von der anderen abstammt, sind in gerader Linie verwandt. Personen, die nicht in gerader Linie verwandt sind, aber von derselben dritten Person abstammen, sind in der Seitenlinie verwandt. Der Grad der Verwandtschaft bestimmt sich nach der Zahl der sie vermittelnden Geburten."

46 Erfasst werden sowohl Angehörige in gerader Linie, die zugleich auch Familienangehörigen nach § 1 II Nr. 3 sein können (aber nicht müssen – siehe oben), als auch Verwandte in der Seitenlinie.

47 Damit werden vom Anwendungsbereich des § 1 II Nr. 4 lit. a auch Verwandte in gerader aufsteigender und absteigender Linie erfasst, denen kein Unterhalt gewährt wird.

48 Die **Seitenlinie** wird in § 1589 I 2 BGB definiert. Danach gilt Folgendes: „Personen, die nicht in gerader Linie verwandt sind, aber von derselben dritten Person abstammen, sind in der Seitenlinie verwandt."

49 **Verwandtschaft in der Seitenlinie liegt daher vor, wenn die betreffenden Personen einen gemeinsamen Vorfahren haben.** Sie stammen nicht voneinander ab, sondern von derselben dritten Person. Dies gilt insbesondere für Geschwister. Aber auch für Onkel/Tante, Neffe/Nichte sowie Cousins und Cousinen.

50 Diese Differenzierung ist mit Unionsrecht vereinbar. Die Definition des Begriffs „Familienangehörigen" war einer der umstrittensten Punkte der Freizügigkeits-RL und hat im Verlauf des Legislativverfahrens einen erheblichen Wandel erfahren.

51 Eine breite Definition, wie sie der erste Richtlinienvorschlag noch vorsah, konnte sich nicht durchsetzen. Eine beträchtliche Ausweitung der geltenden Definition hätte die ursprünglich vorgeschlagene Einbeziehung von De-facto-Beziehungen auch heterogener Unverheirateter, verallgemeinernd „ledige" Lebenspartner, sowie in der Abschaffung der Bedingungen hinsichtlich Alter und Abhängigkeitsverhältnis (Unterhaltsgewährung) bei Verwandten in auf- und absteigender Linie, auch Seitenlinien umfassend, bedeutet.

52 Für sonstige nicht von Art. 2 Nr. 2 Freizügigkeits-RL umfasste Familienangehörige ungeachtet ihrer Staatsangehörigkeit verpflichtet Art. 3 II Freizügigkeits-RL die Mitgliedstaaten nach Maßgabe der innerstaatlichen Rechtsvorschriften diese Einreise und Aufenthalt – ohne nähere Konkretisierung – zu erleichtern, wenn alternativ
– der aufenthaltsberechtigte Unionsbürger dem Angehörigen im Herkunftsland Unterhalt gewährt,
– der Angehörige mit ihm im Herkunftsland in häuslicher Gemeinschaft gelebt hat,
– schwerwiegende gesundheitliche Gründe die persönliche Pflege des Angehörigen durch den Unionsbürger zwingend erforderlich machen oder
– der Unionsbürger mit dem De-facto-Lebenspartner eine ordnungsgemäß bescheinigte dauerhafte Beziehung eingegangen ist.

53 **b) Vormundschaft/Pflegekind. aa) Allgemeine personelle Voraussetzungen.** Nach § 1 II Nr. 4 lit. b FreizügG/EU sind ledige Kinder, die das 18. Lebensjahr noch nicht vollendet haben, unter Vormundschaft von oder in einem Pflegekindverhältnis zu der Person stehen und keine Familienangehörigen iSv Nr. 3 lit. c sind, nahestehende Personen. Eine bloße Vormundschaft, ein Pflegekindverhältnis oder Kafala sind nicht ausreichend, um die Eigenschaft als Familienangehöriger zu begründen. Diese Personen werden von § 1 II Nr. 4 lit. b erfasst.

54 Die Begünstigten müssen **ledige Kinder** sein. Dabei definiert die Regelung den Begriff „Kind" abweichende vom juristischen Sprachgebrauch, der „Kind" als eine **Person vor Vollendung des 14. Lebensjahres** umschreibt. Demgegenüber werden von § 1 II Nr. 3 lit. b auch Jugendliche erfasst, da die Norm nur verlangt, dass die Person das 18. Lebensjahr noch nicht vollendet hat.

55 Maßgeblich ist damit ausschließlich das Überschreiten der Altersgrenze. **Es kommt nicht auf die Volljährigkeit an,** da sich diese nach Art. 7 I EGBGB nach dem Recht des Herkunftsstaates beurteilt und damit auch Personen erfasst, die älter als 18 Jahre sein können. Art. 7 I EGBGB bestimmt: „Die

Rechtsfähigkeit und die Geschäftsfähigkeit einer Person unterliegen dem Recht des Staates, dem die Person angehört. Dies gilt auch, soweit die Geschäftsfähigkeit durch Eheschließung erweitert wird."

Durch den Verweis in § 11 I FreizügG/EU auf § 80 III AufenthG sind zudem auch bei der Anwendung des FreizügG/EU „die Vorschriften des Bürgerlichen Gesetzbuchs dafür maßgebend, ob ein Ausländer als minderjährig oder volljährig anzusehen ist". 56

Das FreizügG/EU legt in Kenntnis dieser Rechtslage eine **Altersgrenze** mit dem Erreichen des 18. Geburtstages verbindlich fest. Damit ist der Gesetzgeber nicht der Anregung des Paritätischen Wohlfahrtsverbandes gefolgt, der vorschlug § 1 II Nr. 4 lit. b folgendermaßen zu fassen: „b) Junge Menschen, die nach dem Recht des zuständigen Herkunftsstaats noch minderjährig sind, die unter Vormundschaft von oder in einem Pflegekindverhältnis zu der Person stehen und keine Familienangehörigen im Sinne der Nummer 3 Buchstabe c sind". 57

bb) Pflegekindverhältnis. Die Norm verwendet den Rechtsbegriff **„Pflegekindverhältnis"** um den Anwendungsbereich des FreizügG/EU zu eröffnen. Damit wird ist der Anwendungsbereich der Norm abhängig von der Definition dieser Vorschrift. Bei der Konkretisierung ist zu beachten, dass dieses Fallgruppe nicht unmittelbar von Art. 3 II Freizügigkeits-RL erfasst wird. Insofern unterscheidet sich lit. b von den weiteren Fallgruppen nahestehender Personen in den lit. a und c. 58

Die Definition des Rechtsbegriffs ist insoweit problematisch, als der Gesetzgeber im Rahmen der materiellen Regelung des § 3a I Nr. 2, Tatbestandsmerkmale verwendet, die bereits Teil des Rechtsbegriffs „Pflegekindverhältnis" sind. Wenn § 3a I Nr. 2 verlangt, dass „der Unionsbürger mit ihr im Bundesgebiet für längere Zeit in familiärer Gemeinschaft zusammenleben wird und sie vom Unionsbürger abhängig ist", so handelt es sich dabei – wie gleich dargelegt werden wird – um zwingende Voraussetzungen für das Vorliegen des Pflegekindverhältnisses. 59

Die **Ergänzungspflegschaft** nach § 1909 BGB dient – wie die Vormundschaft – der Fürsorge für Minderjährige, wenn ihre Angelegenheiten nicht von dem Sorgeberechtigten (Eltern oder Vormund) wahrgenommen werden können. 60

Der **Umfang der Pflegschaft** wird im Bestellungsbeschluss festgelegt. Durch die Formulierung „Pflegekindverhältnis" wird nur eine umfassende Betreuung des Kindes erfasst. Insoweit kann zur Konkretisierung auf die Legaldefinition in § 32 I Nr. 2 EStG zurückgegriffen werden. Danach sind Pflegekinder: „Personen, mit denen der Steuerpflichtige durch ein familienähnliches, auf längere Dauer berechnetes Band verbunden ist, sofern er sie nicht zu Erwerbszwecken in seinen Haushalt aufgenommen hat und das Obhuts- und Pflegeverhältnis zu den Eltern nicht mehr besteht." 61

Ein **Pflegekind** ist nach dem in § 32 I Nr. 2 EStG enthaltenen Klammerzusatz eine Person, mit der der Steuerpflichtige durch ein familienähnliches, auf längere Dauer berechnetes Band verbunden ist, sofern er sie nicht zu Erwerbszwecken in seinem Haushalt aufgenommen hat und das Obhuts- und Pflegeverhältnis zu den Eltern nicht mehr besteht. Der Klammerzusatz ist eine Legaldefinition, dh die hierin enthaltenen Umstände sind echte Tatbestandsvoraussetzungen und nicht nur erläuternde Nebenbestimmungen.[35] 62

Folgende **Kriterien** müssen erfüllt sein: 63
– Haushaltsaufnahme
– familienähnliches Band auf längere Dauer
– kein Obhuts- und Pflegeverhältnis zu den Eltern
– keine Haushaltsaufnahme zu Erwerbszwecken

Maßgebend sind grundsätzlich die tatsächlichen Umstände im Einzelfall. Die einzelnen Merkmale sind dabei im Zusammenhang zu würdigen, wobei die einzelnen Merkmale in unterschiedlichem Maß erfüllt sein können. 64

Ein familienähnliches Band liegt vor, wenn das Kind wie zur Familie angehörig angesehen und behandelt wird[36]. Dies setzt voraus, dass zwischen dem Steuerpflichtigen und dem Kind ein Aufsichts-, Betreuungs- und Erziehungsverhältnis wie zwischen Eltern und leiblichen Kindern besteht: Aus der Parallele zum Eltern-Kind-Verhältnis ergibt sich zudem, dass das Aufsichts-, Erziehungs- und Betreuungsverhältnis seine Grundlage in einer ideellen Dauerbindung findet; dabei ist nicht allein auf die äußeren Lebensumstände, sondern auch darauf abzustellen, ob das Pflegekind in der Familie eine natürliche Einheit von Versorgung, Erziehung und „Heimat" findet – also nicht nur Kostgänger ist, sondern wie zur Familie gehörig angesehen und behandelt wird. Aus der Parallele zum Eltern-Kind-Verhältnis ergibt sich zudem, dass zwischen dem Pflegeelternteil und dem Pflegekind ein Autoritätsverhältnis bestehen muss, aufgrund dessen sich das Pflegekind der Aufsichts-, Erziehungs- und Betreuungsmacht des Pflegeelternteils unterwirft.[37] 65

Unter **Haushaltsaufnahme** ist das örtlich gebundene Zusammenleben von Pflegekind und Pflegeperson in einer gemeinsamen Familienwohnung zu verstehen. Das örtliche Merkmal der Haushalts- 66

---

[35] BFH Urt. v. 17.3.2020 – III R 9/19, Rn. 11, BFH Urt. v. 19.10.2017 – III R 25/15, Rn. 26.
[36] BFH Urt. v. 17.3.2020 – III R 9/19, Rn. 12.
[37] BFH Urt. v. 17.3.2020 – III R 9/19, Rn. 12.

aufnahme bezieht sich auf die gemeinsame Familienwohnung als ortsbezogener Mittelpunkt der gemeinschaftlichen Lebensinteressen[38].

67 Das Pflegekind muss in diesem Haushalt seine persönliche Versorgung und Betreuung finden und sich hier grundsätzlich nicht nur zeitweise, sondern durchgängig aufhalten. Eine Haushaltsaufnahme ist dann gegeben, wenn das Pflegekind in die Familiengemeinschaft mit einem dort begründeten Betreuungs- und Erziehungsverhältnis aufgenommen worden ist. Neben dem örtlich gebundenen Zusammenleben müssen Voraussetzungen materieller (Versorgung, Unterhaltsgewährung) und immaterieller Art (Fürsorge, Betreuung) erfüllt sein[39].

68 Bei einem Kind, das in einem eigenen Haushalt lebt, liegen die Voraussetzungen zur Berücksichtigung als Pflegekind nicht (mehr) vor. Etwas anderes kann aber gelten, wenn das Kind wegen einer Ausbildung oder eines Studiums nicht bei den Pflegeeltern lebt. Eine Haushaltsaufnahme liegt noch vor, wenn eine auswärtige Unterbringung des Kindes nur von vorübergehender Dauer ist (zB zur Schul- oder Berufsausbildung). Voraussetzung für das Weiterbestehen der Aufnahme in den Haushalt ist jedoch, dass das Kind im Rahmen der Möglichkeiten regelmäßig in den Haushalt der Pflegeperson zurückkehrt.

69 Ein Kind, das sich wechselweise bei der Pflegeperson und bei seinen Eltern aufhält, ist nicht in den Haushalt der Pflegeperson aufgenommen.

70 Bei **behinderten Pflegekindern** wird die Haushaltsaufnahme durch eine vollstationäre Heimunterbringung nicht beendet[40].

71 Der Status eines Pflegekinds setzt weiterhin voraus, dass das Kind nicht nur für vorübergehend aufgenommen wurde. Das Tatbestandsmerkmal „auf längere Dauer berechnetes Band" zielt darauf ab, wie sich die zukünftige Entwicklung des Verhältnisses zwischen der pflegenden Person und der gepflegten Person darstellt.

72 Aus Sicht der pflegenden Person muss nur beabsichtigt sein, die bereits entstandene familiäre Bindung auch zukünftig langjährig aufrecht zu erhalten. Dies wird auch durch § 3a I Nr. 2 bestätigt, der verlangt, dass das ledige Kind mit dem Unionsbürger im Bundesgebiet für längere Zeit in familiärer Gemeinschaft „zusammenleben wird". Da es nur auf die beabsichtigte Dauer ankommt, ist nicht entscheidend, dass die tatsächliche Dauer im Rückblick kürzer oder länger ausfällt[41].

73 Ein **Obhuts- und Pflegeverhältnis** zu den leiblichen Eltern ist nicht mehr anzunehmen, wenn das Kind im Wesentlichen nur noch von den Pflegeeltern betreut wird. Wann dieser Zustand erreicht ist, hängt von den Umständen des einzelnen Falls ab[42].

74 Hinzukommen muss, dass zwischen dem Kind und seinen leiblichen Eltern über einen längeren Zeitraum kein für die Wahrung des Obhuts- und Pflegeverhältnisses ausreichender Kontakt mehr bestanden hat. Bei noch nicht schulpflichtigen Kindern wird in der Regel ein Zeitraum von einem Jahr, bei schulpflichtigen Kindern ein Zeitraum von zwei Jahren als maßgebend angesehen[43].

75 **cc) Vormundschaft.** Die 2. Alternative des lit. b setzt die **Vormundschaft** voraus. Anders als das Tatbestandsmerkmal „Pflegekindverhältnis" ist diese nicht an bestimmte materielle Voraussetzungen gebunden. Besteht bei Angehörigen fremder Staaten ein Fürsorgebedürfnis, so kommt, wenn diese minderjährig sind, die Anordnung einer Vormundschaft in Betracht. Die Vormundschaft erstreckt sich kraft Gesetzes auf alle Angelegenheiten der Personen- und Vermögenssorge. Nur ein Minderjähriger kann einen Vormund haben.

76 Nach § 1773 I BGB erhält ein „Minderjähriger […] einen Vormund, wenn er nicht unter elterlicher Sorge steht oder wenn die Eltern weder in den die Person noch in den das Vermögen betreffenden Angelegenheiten zur Vertretung des Minderjährigen berechtigt sind". Außerdem regelt § 1773 II BGB, dass ein Minderjähriger auch dann einen Vormund erhält, wenn sein Familienstand nicht zu ermitteln ist.

77 § 1773 BGB nennt drei Fallgruppen, in denen ein Bedürfnis für eine allgemeine Fürsorge für den Minderjährigen besteht:
– fehlende elterliche Sorge für den Minderjährigen
– fehlende Vertretungsmacht der Eltern und
– fehlende Ermittelbarkeit des Familienstands des Minderjährigen

78 Steht das Kind unter gemeinsamer Sorge, so ist die Vormundschaft erst dann anzuordnen, wenn keinem der Elternteile die elterliche Sorge mehr zusteht.

79 Als Grund für eine Vormundschaft kommt der Tod der personensorgeberechtigten Elternteile in Betracht. Als Hinderungsgrund für die Ausübung der elterlichen Sorge kommen darüber hinaus der Entzug der elterlichen Sorge durch gerichtliche Entscheidung (§§ 1666, 1666a BGB) sowie das Ruhen

---

[38] BFH Beschl. v. 14.1.2011 – III B 96/09, Rn. 7.
[39] BFH Beschl. v. 14.1.2011 – III B 96/09, Rn. 7.
[40] BFH Beschl. v. 14.1.2011 – III B 96/09, Rn. 7.
[41] BFH Urt. v. 19.10.2017 – III R 25/15, Rn. 32.
[42] BFH Urt. v. 19.10.2017 – III R 25/15, Rn. 33.
[43] BFH Urt. v. 19.10.2017 – III R 25/15, Rn. 33.

derselben in Betracht. Solange die elterliche Sorge ruht, ist der Elternteil nicht berechtigt, diese wahrzunehmen (§ 1675 BGB); an der Inhaberschaft des Sorgerechts ändert sich dadurch aber nichts.

Weiter ruht die elterliche Sorge, wenn ein – vom Gericht festzustellendes – längerfristiges tatsächliches Ausübungshindernis vorliegt (§ 1674 I BGB). Diese Fallkonstellation kommt vor allem bei unbegleitet einreisenden ausländischen Minderjährigen in Betracht (zum Begriff der unbegleiteten Einreise § 42a I 2 SGB VIII). 80

Neben der normalen Vormundschaft besteht die Möglichkeit einer **Amtsvormundschaft**. Es wird unterschieden zwischen der bestellten Amtsvormundschaft (§ 1791b BGB) und der gesetzlichen Amtsvormundschaft (§ 1791c BGB). 81

Von einer bestellten Amtsvormundschaft spricht man, wenn sich keine geeignete Person als Vormund findet – oder: vorgeschlagen wurde. In diesem Fall tritt das Jugendamt als Vormund ein. Erforderlich für die **Bestellung des Jugendamtes zum Vormund** ist neben den allgemeinen Voraussetzungen des § 1773 BGB, dass kein anderer geeigneter Vormund vorhanden ist. Eine Amtsvormundschaft kommt insbesondere bei minderjährigen unbegleiteten Flüchtlingen in Betracht, da das Jugendamt gemäß § 42 I 1 Nr. 3 SGB VIII berechtigt und verpflichtet ist, ein ausländisches unbegleitetes Kind in Obhut zu nehmen. 82

Das Jugendamt kann sich also bei Fehlen einer zur Vormundschaft geeigneten Person nicht gegen seine Bestellung wehren, da eine Amtsvormundschaft nur subsidiär in Betracht kommt. 83

Eine **gesetzliche Vormundschaft** liegt automatisch dann vor, wenn kein gerichtlicher Entzug des Sorgerechts vorliegt und eine minderjährige Mutter ein uneheliches Kind zur Welt bringt. Das gleich gilt bei einem noch nicht abgeschlossenen Adoptionsverfahren. 84

dd) Kafala. Die Kafala ist keine eigenständige Alternative innerhalb des lit. b, sondern eine besondere Form eines Betreuungsverhältnisses, welches im arabischen Raum zur Anwendung gelangt. **Anders als bei der Volladoption eines minderjährigen Kindes begründet die Kafala kein Abstammungsverhältnis.** Durch eine Adoption eines Minderjährigen wird ein der Verwandtschaft in gerader Linie entsprechendes Rechtsverhältnis zwischen dem Adoptierten und dem Adoptierenden mit allen Rechten und Pflichten hergestellt, sofern nicht das Gesetz ausnahmsweise von „leiblichen" Verwandten spricht. Zugleich enden die Rechte und Pflichten des adoptierten Minderjährigen gegenüber den leiblichen Verwandten (§ 1755 BGB). 85

An dem erforderlichen Abstammungsverhältnis fehlt es bei der Kafala: „Da die Betreuung eines Kindes unter der Regelung der algerischen „Kafala" kein Abstammungsverhältnis zwischen dem Kind und seinem Vormund begründet, kann ein Kind wie SM, das nach dieser Regelung unter die gesetzliche Vormundschaft von Unionsbürgern gestellt ist, nicht als ein „Verwandter in gerader absteigender Linie" eines Unionsbürgers im Sinne von Art. 2 Nr. 2 lit. c der Richtlinie 2004/38 angesehen werden."[44] 86

Auch wenn es an dem erforderlichen Verwandtschaftsverhältnis bei der Kafala fehlt, so sind die Pflegekinder als nahestehende Personen anzusehen. Zur Kafala führt der EuGH Folgendes aus: Allerdings fällt, wie das vorlegende Gericht hervorgehoben hat, ein solches Kind unter den Begriff eines „[sonstigen] Familienangehörigen" nach Art. 3 II lit. a der Freizügigkeits-RL. Nach dieser Vorschrift erleichtern die Mitgliedstaaten nach Maßgabe ihrer innerstaatlichen Rechtsvorschriften die Einreise und den Aufenthalt „jedes ... Familienangehörigen ..., dem der primär aufenthaltsberechtigte Unionsbürger im Herkunftsland Unterhalt gewährt oder der mit ihm im Herkunftsland in häuslicher Gemeinschaft gelebt hat". 87

Die in dieser Vorschrift verwendeten Formulierungen sind daher geeignet, die Situation eines Kindes zu erfassen, das von Unionsbürgern unter einer Regelung der gesetzlichen Vormundschaft wie der algerischen „Kafala" betreut wird und für das die betreffenden Unionsbürger den Unterhalt, die Erziehung und den Schutz gemäß einer auf der Grundlage des Rechts des Herkunftslands des Kindes eingegangenen Verpflichtung übernehmen.[45] 88

6. Familienangehörige und nahestehende Personen Deutscher

Mit § 1 I Nr. 6 wird an einen **deutschen Staatsangehörigen als Bezugspunkt** der Eröffnung des Anwendungsbereichs des FreizügG/EU angeknüpft. Die Regelung dient aber nicht der Eröffnung von Rechten für Deutsche, sondern ausschließlich der Begünstigung ihrer Familienangehörigen sowie ihrer nahestehenden Personen. 89

Die Regelung ist erforderlich, weil Familienangehörige deutscher Staatsangehöriger nicht von § 1 I Nr. 4 erfasst werden. Denn Deutsche sind zwar kraft Unionsrechts (Art. 20 AEUV) „Unionsbürger", sie werden aber nicht von der Definition des Unionsbürgers in § 1 II Nr. 1 erfasst. Danach sind Unionsbürger Staatsangehörige anderer Mitgliedstaaten der Europäischen Union, „die nicht Deutsche sind". Gleiches gilt für den Anwendungsbereich des § 1 I Nr. 5. 90

---

[44] EuGH Urt. v. 26.3.2019 – C-129/18 Rn. 56 – SM.
[45] EuGH Urt. v. 26.3.2019 – C-129/18 Rn. 56 ff. – SM.

91   Ist der Anwendungsbereich des § 1 für deutsche Staatsangehörige nicht eröffnet, so gilt dies auch für Doppelstaater, die neben der deutschen Staatsangehörigkeit zugleich die Staatsangehörigkeit eines anderen Mitgliedstaats besitzen. Denn auch insoweit ist der Unionsbürger, der zugleich die deutsche Staatsangehörigkeit besitzt, Deutscher iSd § 1 II Nr. 1.

92   Insofern hat der EuGH in der Rechtssache Lounes für den Anwendungsbereich der Freizügigkeits-RL klargestellt, dass „diese Richtlinie nicht dazu bestimmt ist, das Recht eines Unionsbürgers auf Aufenthalt in dem Mitgliedstaat, dessen Staatsangehörigkeit er besitzt, zu regeln"[46].

93   Die fehlende Anwendbarkeit der Freizügigkeits-RL führt aber nicht zu dem Ergebnis, dass auf EU-Bürger, die zugleich die deutsche Staatsangehörigkeit besitzen, Unionsrecht nicht anwendbar wäre. Der Gerichtshof hat nämlich bereits anerkannt, „dass bei Personen, die Angehörige eines Mitgliedstaats sind und sich rechtmäßig im Hoheitsgebiet eines anderen Mitgliedstaats aufhalten, dessen Staatsangehörigkeit sie ebenfalls besitzen, ein Bezug zum Unionsrecht besteht"[47].

94   Der Unionsbürger behält daher auch dann, wenn er Deutscher ist, das Recht seinen Familienangehörigen ein unionsrechtliches Aufenthaltsrecht aus Art. 21 Abs. 1 AEUV zu vermitteln[48].

95   Der Gesetzgeber hat die fehlende Anwendbarkeit des Freizügigkeitsgesetzes/EU erkannt und mit § 12a einer Lösung zugeführt, die der Rechtsprechung des EuGH Rechnung trägt. Hier werden alle vom EuGH entwickelten abgeleiteten Rechte von deutschen Staatsangehörigen zusammengefasst. Dazu gehören neben Deutschen, die zugleich auch eine andere Unionsbürgerschaft besitzen, die sog. Rückkehrerfälle. Wegen der Einzelheiten wird auf die Kommentierung zu → § 12a Bezug genommen.

IV. Täuschungsfälle

96   Problematisch sind Fälle, in denen über die Eigenschaft als Familienangehöriger eines Unionsbürger (etwa durch Vorlage einer gefälschten Heiratsurkunde) oder über den Unionsbürgerstatus selbst (etwa durch Vorlage eines falschen Passes) getäuscht wird. Hier geht es um die **Täuschung hinsichtlich des Anwendungsbereichs des FreizügG/EU.**

97   Diese Täuschungshandlungen sind von **Täuschungen über die materiellen Voraussetzungen der Freizügigkeit** zu unterscheiden, die nach § 2 VII zu behandeln sind, der Art. 35 Freizügigkeits-RL umsetzt. Denn die systematische Stellung sowohl des § 2 VII als auch des Art. 35 Freizügigkeits-RL im FreizügG/EU machen deutlich, dass der persönliche Anwendungsbereich dieses Gesetzes eröffnet sein muss, mithin der Ausländer also Unionsbürger oder Familienangehöriger eines Unionsbürgers ist[49].

98   Denn ebenso wie die Freizügigkeits-RL regelt auch das FreizügG/EU ausschließlich die Rechtsstellung der Unionsbürger und ihrer Familienangehörigen. Unter Rechtsmissbrauch und Betrug iSv Art. 35 Freizügigkeits-RL kann daher nur die missbräuchliche Inanspruchnahme des Freizügigkeitsrechts durch den Personenkreis zu verstehen sein, der von dem Regelungsbereich der RL erfasst ist, dh durch Unionsbürger und ihre – gegebenenfalls auch nur formalen – Familienangehörigen[50].

99   Andere – drittstaatsangehörigen – Ausländer sind weder vom Anwendungsbereich der Freizügigkeits-RL noch vom FreizügG/EU erfasst. Für die Regelung der Rechtsstellung drittstaatsangehöriger Ausländer, die sich missbräuchlich auf das Unionsrecht berufen, fehlte dem Unionsgesetzgeber im Übrigen auch die erforderliche Gesetzgebungskompetenz (vgl. Art. 21 I, Art. 79 AEUV)[51].

100 Vor diesem Hintergrund ist auch § 2 VII, der diese RL-Bestimmung umsetzt, dahin zu verstehen, dass hiervon nur Unionsbürger und ihre Familienangehörigen erfasst sind, die über das Vorliegen der Voraussetzungen des Freizügigkeitsrechts täuschen, nicht aber auch sonstige drittstaatsangehörige Ausländer, die den Unionsbürgerstatus vortäuschen[52]. Es ist auch nicht anzunehmen, dass der nationale Gesetzgeber diesen Personenkreis über die unionsrechtlichen Vorgaben hinaus in den Anwendungsbereich des FreizügG/EU einbeziehen wollte. Denn dann kämen diese Ausländer allein wegen der Täuschungshandlung in den Genuss der verfahrensrechtlichen Privilegierungen des FreizügG/EU, wofür weder ein entsprechender Wille des nationalen Gesetzgebers noch ein sachlicher Grund erkennbar sind.[53]

101 Ist die Täuschung über den Anwendungsbereich des FreizügG/EU nachweisbar, so ist der Anwendungsbereich des Gesetzes nicht eröffnet. **Der für die Beurteilung der Täuschung maßgebliche Zeitpunkt ist der Zeitpunkt der gerichtlichen Entscheidung.** Es kommt daher nicht darauf an, ob die Behörde zunächst glaubte, dass der Ausländer Unionsbürger sei, wenn nachträglich erwiesen ist, dass der Pass gefälscht war.

---

[46] EuGH Urt. v. 14.11.2017 – C-165/16 Rn. 37 – Lounes.
[47] EuGH Urt. v. 14.11.2017 – C-165/16 Rn. 50 – Lounes unter Hinweis auf EuGH Urt. v. 8.6.2017 – C-541/15 Rn. 34 – Freitag.
[48] EuGH Urt. v. 14.11.2017 – C-165/16 Rn. 51 ff. – Lounes.
[49] Zutreffend VG Aachen Beschl. v. 2.5.2017 – 4 L 95/17, Rn. 17.
[50] VG Aachen Beschl. v. 2.5.2017 – 4 L 95/17, Rn. 19.
[51] VG Aachen Beschl. v. 2.5.2017 – 4 L 95/17, Rn. 19.
[52] VG Aachen Beschl. v. 2.5.2017 – 4 L 95/17, Rn. 19.
[53] VG Aachen Beschl. v. 2.5.2017 – 4 L 95/17, Rn. 19.

Anwendungsbereich; Begriffsbestimmungen **§ 1 FreizügG/EU 2**

Für die Dauer der Prüfung einer etwaigen Täuschungshandlung, etwa bei Zweifel an der Echtheit **102**
eines Passes oder sonstigen Urkunden, ist zugunsten des Ausländers vom Anwendungsbereich des
FreizügG/EU auszugehen, sofern die Täuschung nicht evident ist. Auch wenn sich der Ausländer
zunächst auf das FreizügG/EU berufen kann, so hat er keinen Anspruch auf Beibehaltung der Vorteile
dieses Gesetzes, sobald ihm die Täuschung nachgewiesen werden kann.

Für **Täuschungsfälle** ist auch nach der Rspr. des EuGH geklärt, dass eine missbräuchliche oder **103**
betrügerische Berufung auf das Unionsrecht nicht gestattet ist[54]. Der Täuschende kann sich daher nicht
auf die Vorteile des Unionsrechts berufen, die er sich angemaßt hat. Daher finden auch Verfahrensrechte zugunsten des Täuschenden, anders als im Rahmen des § 2 VII (siehe unten), keine Anwendung.

Führt eine Überprüfung der Unionsbürgerschaft oder der Eigenschaft als Familienangehöriger zu **104**
keinem eindeutigen Ergebnis, so muss die Ausländerbehörde eine Verlustfeststellung erlassen. Auf
dieses Weise ist gewährleistet, dass der betroffene Ausländer während des Laufs des gerichtlichen
Verfahrens im Genuss der Privilegierungen des FreizügG/EU bleibt. Zugunsten einer möglichen
Freizügigkeit muss sichergestellt sein, dass sowohl die Freizügigkeitsvermutung als auch der freie
Zugang zum Arbeitsmarkt gewährleistet sind.

Gleiches gilt in seltenen Fällen, in denen der Ausländer die Täuschungshandlung bestreitet und **105**
dieser Vortrag nicht evident ungeeignet ist[55].

Im Unterschied zu Täuschungen über den Anwendungsbereich des FreizügG/EU werden Täuschungen über das Vorliegen der Freizügigkeit im Rahmen einer Verlustfeststellung nach § 2 VII **106**
abgehandelt[56].

Dies ergibt sich auch aus dem Sinn und Zweck sowie der Entstehungsgeschichte der Vorschrift. **107**
Denn § 2 VII dient der Umsetzung von Art. 35 Freizügigkeits-RL[57]. Diese Norm regelt, dass die
Mitgliedstaaten Maßnahmen erlassen können, die notwendig sind, um die durch diese RL verliehenen
Rechte im Fall von Rechtsmissbrauch oder Betrug – wie zB durch Eingehen von Scheinehen – zu
verweigern, aufzuheben oder zu widerrufen. Bei Durchführung solcher Maßnahmen ist aber der
Grundsatz der Verhältnismäßigkeit zu beachten. Außerdem unterliegen die Maßnahmen den Verfahrensgarantien nach den Art. 30 und 31 Freizügigkeits-RL.

Damit hat der Unionsgesetzgeber klargestellt, dass eine Täuschung – auch wenn sie für die **108**
Zuerkennung der Freizügigkeit maßgeblich gewesen ist – nicht zum Wegfall der verfahrensrechtlichen
Privilegierungen der Freizügigkeits-RL führen soll. Verbleibt nämlich der Ausländer, der über einen
Freizügigkeit vermittelnden Sachverhalt getäuscht hat, bis zur Klärung des Status im Schutzbereich der
RL, folgt daraus, dass das FreizügG/EU bis zur Klärung des Status des Ausländers anwendbar bleibt[58].

Für die Anwendbarkeit des FreizügG/EU spricht der Umstand, dass die Frage, ob eine Täuschung **109**
über den Freizügigkeit vermittelnden Sachverhalt vorliegt, streitig sein kann. Ob eine Scheinehe
vorliegt oder die Ehe nachträglich gescheitert ist, kann im Einzelfall schwierig zu entscheiden sein. In
derartigen Fällen wird häufig erst nach einer längeren Prüfung feststehen, dass kein Freizügigkeit
vermittelnder Sachverhalt bestand. Bis zur Klärung der Rechtsstellung wird aber zugunsten des
Betroffenen von einer Anwendbarkeit des FreizügG/EU auszugehen sein, um diesem die damit
verbundenen Privilegierungen zu erhalten[59].

V. Grenzüberschreitender Sachverhalt

Der Anwendungsbereich des FreizügG/EU wird durch personelle und sachliche Gesichtspunkte **110**
festgelegt. Während der **Personenkreis**, der begünstigt werden soll, sich unmittelbar aus der Formulierung des § 1 ergibt, ist der **sachliche Geltungsbereich** über den Wortlaut hinaus dahin gehend zu
ergänzen, dass er die Einreise und den Aufenthalt grundsätzlich nur erfasst, sofern der Vorgang dem
Unionsrecht unterfällt. Das Unionsrecht erfasst im Regelfall nur grenzüberschreitende Sachverhalte.

Wie auch die übrigen Grundfreiheiten findet auch das Freizügigkeitsrecht nach Art. 21 **111**
AEUV keine Anwendung auf rein innerstaatliche Sachverhalte[60]. In der Rechtssache Uecker
und Jacquet[61] hat der EuGH bestätigt, dass „die in Art 8 EGV (jetzt Art 20 AEUV) vorgesehene
Unionsbürgerschaft nicht bezweckt, den sachlichen Anwendungsbereich des Vertrages auf rein interne

---

[54] S. EuGH Urt. v. 3.12.1974 – 33/74, Slg. 1974, 1299 – Van Binsbergen; Urt. v. 2.5.1996 – C-206/94, Slg. 1996, I-2357 – Paletta; Urt. v. 9.3.1999 – C-212/97, Slg. 1999, I-1459 – Centros; Urt. v. 21.2.2006 – C-255/02, Slg. 2006, I-1609 – Halifax; Urt. v. 21.2.2008 – C-425/06, Slg. 2008, I-897 – Part Service Srl uva; zur Dogmatik des Missbrauchs im europäischen Recht vgl. auch *Fleischer* JZ 2003, 865 ff. sowie *Schön* FS Wiedemann, 2002, 1271 ff.
[55] So VG Darmstadt Urt. v. 3.3.2011 – 5 K 9/10, Rn. 30 ff.
[56] BayVGH Beschl. v. 4.9.2017 – 10 ZB 16.569, Rn. 4.
[57] Vgl. BT-Drs. 17/10746, 9.
[58] Zutreffend VG Aachen Beschl. v. 2.5.2017 – 4 L 95/17, Rn. 17, VG Darmstadt Urt. v. 3.3.2011 – 5 K 9/10, Rn. 32.
[59] VG Darmstadt Urt. v. 3.3.2011 – 5 K 9/10, Rn. 33.
[60] EuGH Urt. v. 19.10.2004 – C-200/02 Rn. 19 – Zhu und Chen.
[61] EuGH Urt. v. 5.6.1997 – C-64/96 und C-65/96, Slg. 1997, I-3171 Rn. 23 – Uecker und Jacquet.

Dienelt

Sachverhalte auszudehnen, die keinerlei Bezug zum Unionsrecht aufweisen. (...) Etwaige Benachteiligungen, denen Staatsangehörige eines Mitgliedstaats aus der Sicht des Rechts dieses Staates ausgesetzt sein könnten, fallen in dessen Anwendungsbereich, so dass über sie im Rahmen des internen Rechtssystems dieses Staates zu entscheiden ist."

112 Während sich das **grenzüberschreitende Moment** im Fall des Rechts auf Bewegungsfreiheit aus einem (bevorstehenden oder erfolgten) Aufenthaltswechsel ergibt, ist ein tatsächlicher Grenzübertritt für die Geltendmachung des Aufenthaltsrecht nicht zwingend erforderlich[62]. In der Rechtssache Zhu und Chen erwarb das Kind chinesischer Eltern nach dem Ius-soli-Grundsatz mit der Geburt in Nordirland die irische Staatsangehörigkeit. Ohne mit der Tochter das Vereinigte Königreich verlassen zu haben, berief sich die Mutter im Namen ihrer Tochter auf Art. 18 EG (jetzt Art. 21 AEUV). Der EuGH hält Art. 21 AEUV für einschlägig und führt aus: „Die Situation des Angehörigen eines Mitgliedstaats, der im Aufnahmemitgliedstaat geboren wurde und von dem Recht auf Freizügigkeit keinen Gebrauch gemacht hat, kann nicht allein aufgrund dieser Tatsache einer rein internen Situation gleichgestellt werden, in der dieser Staatsangehörige im Aufnahmemitgliedstaat die unionsrechtlichen Vorschriften über die Freizügigkeit und den Aufenthalt nicht geltend machen kann."[63]

113 Mit dieser Entscheidung knüpft der EuGH an die Rechtssache Gracia Avello[64] an, in der ein Bezug zum Unionsrecht für Kinder angenommen wurde, die neben einer Staatsangehörigkeit eines anderen Mitgliedstaats zugleich die Staatsangehörigkeit des Mitgliedstaats, in dem sich seit ihrer Geburt aufhalten, besitzen. Auch wenn die Kinder niemals die Grenze ihres Heimatstaats überschritten haben, können sie sich auf die Unionsbürgerschaft, die ihnen die zweite Staatsangehörigkeit vermittelt, berufen. Es ist nämlich nicht Sache eines Mitgliedstaats, die Wirkungen der Verleihung der Staatsangehörigkeit eines anderen Mitgliedstaats dadurch zu beschränken, dass er eine zusätzliche Voraussetzung für die Anerkennung dieser Staatsangehörigkeit im Hinblick auf die Ausübung der im Vertrag vorgesehenen Grundfreiheiten verlangt[65].

114 Indem der EuGH das Vorliegen einer mitgliedstaatlichen Staatsangehörigkeit genügen lässt, führt er eine Entkopplung des Rechts auf freien Aufenthalt von der Ausübung wirtschaftlicher Tätigkeiten herbei und stärkt die eigenständige Bedeutung des Art. 21 AEUV. Beim Vorliegen der deutschen Staatsangehörigkeit und der Staatsangehörigkeit eines anderen Mitgliedstaats der EU (doppelte Staatsangehörigkeit) bedarf es keines grenzüberschreitenden Sachverhalts, um den Anwendungsbereich des FreizügG/EU zu eröffnen[66].

115 Ein grenzüberschreitender Sachverhalt ist auch nicht erforderlich, soweit es um die **Ausreisefreiheit** eines Unionsbürgers geht. Die Ausreisefreiheit ist in dem FreizügG/EU nicht ausdrücklich geregelt. Gem. Art. 4 I Freizügigkeits-RL haben alle Unionsbürger, die einen gültigen Personalausweis oder Reisepass mit sich führen, das Recht, das Hoheitsgebiet eines Mitgliedstaats zu verlassen und sich in einen anderen Mitgliedstaat zu begeben[67]. Der Anwendungsbereich von Art. 4 I Freizügigkeits-RL ist sehr weit, da er allen Unionsbürgern, die sich im Besitz eines gültigen Personalausweises oder Reisepasses befinden, das Recht verleiht, das Hoheitsgebiet jedes Mitgliedstaats, einschließlich ihres eigenen Herkunftsmitgliedstaats, zu verlassen und sich in einen anderen Mitgliedstaat zu begeben. Außerdem darf nach Art. 4 II Freizügigkeits-RL für die Ausreise von Unionsbürgern weder ein Visum noch eine gleichartige Formalität verlangt werden, und nach Art. 4 III Freizügigkeits-RL haben die Mitgliedstaaten ihren Staatsangehörigen einen Personalausweis oder einen Reisepass auszustellen, der ihre Staatsangehörigkeit angibt, und diese Dokumente zu verlängern.

116 Nach der neueren Rspr. des EuGH kann unter bestimmten Umständen allerdings auch bei Familienangehörigen eines Unionsbürgers, der von seinem Freizügigkeitsrecht keinen Gebrauch gemacht hat, das Unionsrecht einer Aufenthaltsverweigerung im Herkunftsmitgliedstaat des Unionsbürgers entgegenstehen[68]. In diesem Zusammenhang hat sich der EuGH aber nicht der – weitergehenden – Forderung der Generalanwältin Sharpston in ihren Schlussanträgen vom 30.9.2010 in der Rechtssache Ruiz Zambrano angeschlossen. Die Generalanwältin ist für die Anerkennung eines unmittelbar aus dem Unionsbürgerstatus und dem Verbot umgekehrter Diskriminierung abgeleiteten bedingungslosen Aufenthaltsrechts eingetreten, auf das sich ein Unionsbürger gegenüber dem Staat seiner Staatsangehörigkeit auch ohne vorheriges Gebrauchmachen von seiner Freizügigkeit – einschließlich des damit verbundenen Anspruchs auf Familiennachzug nach unionsrechtlichen Regelungen – berufen kann. Der EuGH betont demgegenüber, dass nach stRspr der Vertragsbestimmungen über die Freizügigkeit und die zur Durchführung dieser Bestimmungen erlassenen Maßnahmen auch weiterhin nicht auf

---

[62] Ebenso *Kubicki* EuR 2006, 489 (491); aA VG Ansbach Urt. v. 2.8.2011 – AN 19 K 11.00279, Rn. 18.
[63] IdS EuGH Urt. v. 2.10.2003 – C-148/02, Slg. 2003, I-11613 Rn. 13 und 27 – Garcia Avello.
[64] EuGH Urt. v. 2.10.2003 – C-148/02, Slg. 2003, I-11613 – Garcia Avello.
[65] Vgl. idS insbes. EuGH Urt. v. 7.7.1992 – C-369/90, Slg. 1992, I-4239 Rn. 10 – Micheletti.
[66] AA VG Ansbach Urt. v. 2.8.2011 – AN 19 K 11.00279, Rn. 18.
[67] Der EuGH hat mit Urt. v. 17.11.2011 – C-430/10 – in der Rechtssache Hristo Gaydarov entschieden, unter welchen Voraussetzungen eine Ausreisesperre aus Gründen der öffentlichen Ordnung gegenüber einem Unionsbürger verhängt werden darf.
[68] Vgl. EuGH Urt. v. 5.5.2011 – C-434/09 – McCarthy; Urt. v. 8.3.2011 – C-34/09, EuGRZ 2011, 142 – Ruiz Zambrano; BVerwG Urt. v. 22.6.2011 – 1 C 11.10, Rn. 10; Einzelheiten → Vorb Rn. 1 ff.

Sachverhalte anwendbar sind, die keine Berührung mit irgendeinem der Sachverhalte aufweisen, auf die das Unionsrecht abstellt, und die mit keinem relevanten Element über die Grenzen eines Mitgliedstaats hinausweisen.

Nach Auffassung des EuGH begründet aber allein der Umstand, dass ein Unionsbürger von seinem Recht auf Freizügigkeit keinen Gebrauch gemacht hat, noch keinen rein innerstaatlichen Sachverhalt[69]. In diesem Zusammenhang weist er darauf hin, dass der Unionsbürgerstatus dazu bestimmt ist, der grundlegende Status der Angehörigen der Mitgliedstaaten zu sein. Art. 20 AEUV steht daher nationalen Maßnahmen entgegen, die bewirken, dass Unionsbürgern der tatsächliche Genuss des Kernbestands der Rechte, die ihnen der Unionsbürgerstatus verleiht, verwehrt wird[70]. 117

Der erforderliche Bezug zum Unionsrecht liegt demgegenüber nach Auffassung des EuGH vor, wenn sich ein Staatsangehöriger eines Mitgliedstaats mit seinem Ehegatten, einem Drittausländer, in das Hoheitsgebiet eines anderen Mitgliedstaats begeben hat, um dort eine unselbstständige Tätigkeit auszuüben, und anschließend in sein Heimatland zurückkehrt, um sich dort niederzulassen und eine selbstständige Tätigkeit auszuüben (**sog. Rückkehrerfälle**)[71]. In einem derartigen Fall muss der Drittausländer bei der Rückkehr in den Heimatstaat des Ehegatten nach Auffassung des EuGH mindestens in den Genuss der Rechte kommen, die das Unionsrecht ihm gewähren würde, wenn sein Ehegatte in einen anderen Mitgliedstaat einreiste und sich dort aufhielte[72]. 118

Dieser Entscheidung kann nicht entnommen werden, dass sich die Rechtsstellung eines Drittausländers bei dem erstmaligen Familiennachzug zu einem Deutschen nach EU-Recht richten müsste, weil der deutsche Ehegatte zuvor einmal von seinem Freizügigkeits- oder Niederlassungsrecht Gebrauch gemacht hat. Denn wesentlich für das Verständnis der Entscheidung des EuGH in der Rechtssache Singh ist der Umstand, dass der freizügigkeitsberechtigte EU-Bürger nicht davon abgehalten werden soll, in sein Heimatland zurückzukehren, weil sein Ehegatte hierdurch einen schlechteren Rechtsstatus erlangen würde. Insoweit ist maßgeblich für die Anwendbarkeit des Unionsrechts, dass der drittstaatsangehörige Ehegatte, der Freizügigkeit genossen hat, bei einer Rückkehr in den Heimatstaat des Ehegatten nicht in seiner Rechtsstellung beeinträchtigt wird. Andernfalls bestünde die Möglichkeit, dass der freizügigkeitsberechtigte EU-Bürger in seiner Niederlassungsfreiheit oder seiner Freizügigkeit beschränkt würde, weil er im Hinblick auf die Verschlechterung der Rechtsstellung seines Ehegatten von einer Rückkehr in sein Heimatland absieht. 119

Reist aber ein Drittausländer erstmals im Wege des Familiennachzugs in das Bundesgebiet, so besteht nicht die Möglichkeit, dass der deutsche Ehepartner im Hinblick auf eine drohende Einschränkung der Rechtsstellung seines Ehegatten in seiner Niederlassungsfreiheit oder Freizügigkeit beschränkt würde; der drittstaatsangehörige Ehepartner hatte noch keinen Rechtsstatus, der eingeschränkt werden könnte. 120

Ein grenzüberschreitender Sachverhalt, der die Anwendbarkeit des Gesetzes eröffnet, liegt auch vor, wenn ein deutscher Staatsangehöriger von den Grundfreiheiten des Unionsrechts Gebrauch macht. So hat der EuGH in der Rechtssache Carpenter[73] darauf hingewiesen, dass die Bestimmungen des Vertrags über den freien Dienstleistungsverkehr und die zu ihrer Durchführung erlassenen Vorschriften keine Anwendung auf Sachverhalte finden können, die keinerlei Anknüpfungspunkt zu irgendeinem der vom Unionsrecht erfassten Sachverhalte aufweisen[74]. In der Rechtssache Carpenter sei aber zu beachten, dass die Berufstätigkeit von Herrn *Carpenter* zu einem erheblichen Teil in der **Erbringung von Dienstleistungen gegen Entgelt für in anderen Mitgliedstaaten** ansässige Anzeigenkunden bestehe. Solche Leistungen fallen sowohl dann unter den Begriff der Dienstleistungen iSd Art. 56 AEUV, wenn sich der Leistungserbringer zu diesem Zweck in den Mitgliedstaat des Empfängers begibt, als auch dann, wenn er die grenzüberschreitenden Leistungen erbringt, ohne aus dem Mitgliedstaat, in dem er wohnt, auszureisen[75]. 121

§ 2 Recht auf Einreise und Aufenthalt

(1) Freizügigkeitsberechtigte Unionsbürger und ihre Familienangehörigen haben das Recht auf Einreise und Aufenthalt nach Maßgabe dieses Gesetzes.

(2) Unionsrechtlich freizügigkeitsberechtigt sind:

1. Unionsbürger, die sich als Arbeitnehmer oder zur Berufsausbildung aufhalten wollen,

---

[69] Einzelheiten unter → Vorb. Rn. 9 ff.
[70] EuGH Urt. v. 5.5.2011 – C-434/09 Rn. 44 ff. – McCarthy; Urt. v. 8.3.2011 – C-34/09, EuGRZ 2011, 142 Rn. 42 ff. – Ruiz Zambrano; BVerwG Urt. v. 22.6.2011 – 1 C 11.10, Rn. 10.
[71] EuGH Urt. v. 7.7.1992 – C-370/90, InfAuslR 1992, 341 – Singh; zu den Rückkehrerfällen s. auch BVerwG Urt. v. 16.11.2010 – 1 C 17.09, NVwZ 2011, 495 Rn. 10 ff.; Urt. v. 22.6.2011 – 1 C 11.10, Rn. 9.
[72] EuGH Urt. v. 7.7.1992 – C- 370/90, InfAuslR 1992, 341 – Singh.
[73] EuGH Urt. v. 11.7.2002 – C-60/00 – Carpenter.
[74] Vgl. idS ua EuGH Urt. v. 21.10.1999 – C-97/98, Slg. 1999, I-7319 Rn. 42–45 – Jägersköld.
[75] Vgl. zur Praxis des sog. cold calling EuGH Urt. v. 10.5.1995 – C-384/93, Slg. 1995, I-1141 Rn. 15 und 20–22 – Alpine Investments.

1a. Unionsbürger, die sich zur Arbeitsuche aufhalten, für bis zu sechs Monate und darüber hinaus nur, solange sie nachweisen können, dass sie weiterhin Arbeit suchen und begründete Aussicht haben, eingestellt zu werden,
2. Unionsbürger, wenn sie zur Ausübung einer selbständigen Erwerbstätigkeit berechtigt sind (niedergelassene selbständige Erwerbstätige),
3. Unionsbürger, die, ohne sich niederzulassen, als selbständige Erwerbstätige Dienstleistungen im Sinne des Artikels 57 des Vertrages über die Arbeitsweise der Europäischen Union erbringen wollen (Erbringer von Dienstleistungen), wenn sie zur Erbringung der Dienstleistung berechtigt sind,
4. Unionsbürger als Empfänger von Dienstleistungen,
5. nicht erwerbstätige Unionsbürger unter den Voraussetzungen des § 4,
6. Familienangehörige unter den Voraussetzungen der §§ 3 und 4,
7. Unionsbürger und ihre Familienangehörigen, die ein Daueraufenthaltsrecht erworben haben.

(3) ¹Das Recht nach Absatz 1 bleibt für Arbeitnehmer und selbständig Erwerbstätige unberührt bei
1. vorübergehender Erwerbsminderung infolge Krankheit oder Unfall,
2. unfreiwilliger durch die zuständige Agentur für Arbeit bestätigter Arbeitslosigkeit oder Einstellung einer selbständigen Tätigkeit infolge von Umständen, auf die der Selbständige keinen Einfluss hatte, nach mehr als einem Jahr Tätigkeit,
3. Aufnahme einer Berufsausbildung, wenn zwischen der Ausbildung und der früheren Erwerbstätigkeit ein Zusammenhang besteht; der Zusammenhang ist nicht erforderlich, wenn der Unionsbürger seinen Arbeitsplatz unfreiwillig verloren hat.
²Bei unfreiwilliger durch die zuständige Agentur für Arbeit bestätigter Arbeitslosigkeit nach weniger als einem Jahr Beschäftigung bleibt das Recht aus Absatz 1 während der Dauer von sechs Monaten unberührt.

(4) ¹Unionsbürger bedürfen für die Einreise keines Visums und für den Aufenthalt keines Aufenthaltstitels. ²Familienangehörige und nahestehende Personen, die nicht Unionsbürger sind, bedürfen für die Einreise eines Visums nach den Bestimmungen für Ausländer, für die das Aufenthaltsgesetz gilt. ³Der Besitz einer gültigen Aufenthaltskarte, auch der eines anderen Mitgliedstaates der Europäischen Union, entbindet nach Artikel 5 Abs. 2 der Richtlinie 2004/38/EG des Europäischen Parlaments und des Rates vom 29. April 2004 über das Recht der Unionsbürger und ihrer Familienangehörigen, sich im Hoheitsgebiet der Mitgliedstaaten frei zu bewegen und aufzuhalten und zur Änderung der Verordnung (EWG) Nr. 1612/68 und zur Aufhebung der Richtlinien 64/221/EWG, 68/360/EWG, 73/148/EWG, 75/34/EWG, 75/35/EWG, 90/364/EWG, 90/365/EWG und 93/96/EWG (ABl. EU Nr. L 229 S. 35) von der Visumpflicht.

(5) ¹Für einen Aufenthalt von Unionsbürgern von bis zu drei Monaten ist der Besitz eines gültigen Personalausweises oder Reisepasses ausreichend. ²Familienangehörige, die nicht Unionsbürger sind, haben das gleiche Recht, wenn sie im Besitz eines anerkannten oder sonst zugelassenen Passes oder Passersatzes sind und sie den Unionsbürger begleiten oder ihm nachziehen.

(6) ¹Für die Ausstellung des Visums werden keine Gebühren erhoben. ²Für die Ausstellung des Visums an nahestehende Personen werden Gebühren erhoben. ³Die Gebühren entsprechen denjenigen, die von Ausländern erhoben werden, für die das Aufenthaltsgesetz gilt.

(7) ¹Das Nichtbestehen des Rechts nach Absatz 1 kann festgestellt werden, wenn feststeht, dass die betreffende Person das Vorliegen einer Voraussetzung für dieses Recht durch die Verwendung von gefälschten oder verfälschten Dokumenten oder durch Vorspiegelung falscher Tatsachen vorgetäuscht hat. ²Das Nichtbestehen des Rechts nach Absatz 1 kann bei einem Familienangehörigen, der nicht Unionsbürger ist, außerdem festgestellt werden, wenn feststeht, dass er dem Unionsbürger nicht zur Herstellung oder Wahrung der familiären Lebensgemeinschaft nachzieht oder ihn nicht zu diesem Zweck begleitet. ³Einem Familienangehörigen, der nicht Unionsbürger ist, kann in diesen Fällen die Erteilung der Aufenthaltskarte oder des Visums versagt werden oder seine Aufenthaltskarte kann eingezogen werden. ⁴Entscheidungen nach den Sätzen 1 bis 3 bedürfen der Schriftform.

Allgemeine Verwaltungsvorschrift
2 Zu § 2 – Recht auf Einreise und Aufenthalt
2.1 Freizügigkeitsrecht
Absatz 1 beschreibt den Wesensgehalt des Freizügigkeitsrechts der Unionsbürger und ihrer Familienangehörigen. Bei Vorliegen der unionsrechtlichen Voraussetzungen gewährt das Unionsrecht unmittelbar das Recht auf Einreise und Aufenthalt und damit auch freie Wahl des Wohnsitzes im Hoheitsgebiet der Mitgliedstaaten der Europäischen Union. Dieses Recht steht sowohl dem freizügigkeitsberechtigten Unionsbürger selbst als auch seinen Familienangehörigen unter den Voraussetzungen der §§ 3 und 4 – unabhängig von deren Staatsangehörigkeit – zu. Für die Einreise der drittstaatsangehörigen Familienangehörigen ist gegebenenfalls nach § 2 Absatz 4 Satz 2 ein Visum

erforderlich. Das Freizügigkeitsrecht schließt das Recht ein, den Arbeitsplatz frei von Benachteiligungen aus Gründen der Staatsangehörigkeit und ungerechtfertigten Beschränkungen oder Behinderungen zu suchen und sich an einem frei gewählten Ort niederzulassen.

2.2 Freizügigkeitsberechtigte
2.2.0 Absatz 2 benennt die nach Unionsrecht (Primär- und Sekundärrecht) freizügigkeitsberechtigten Personengruppen. Unionsrechtliche Begriffe, wie z. B. der durch die Rechtsprechung des Europäischen Gerichtshofs konkretisierte Arbeitnehmerbegriff, werden vom Freizügigkeitsgesetz/EU vorausgesetzt und nicht modifiziert.
2.2.1 Unionsrechtlicher Begriff des „Arbeitnehmers"
2.2.1.1 Nach ständiger Rechtsprechung des EuGH ist der Begriff des Arbeitnehmers nach Unionsrecht zu bestimmen und nicht eng auszulegen. Arbeitnehmer ist nur, wer eine tatsächliche und echte Tätigkeit ausübt, wobei Tätigkeiten außer Betracht bleiben, die einen so geringen Umfang haben, dass sie sich als völlig untergeordnet und unwesentlich darstellen. Das wesentliche Merkmal des Arbeitsverhältnisses besteht darin, dass jemand während einer bestimmten Zeit für einen Anderen nach dessen Weisung Leistungen erbringt, für die er als Gegenleistung eine Vergütung erhält. Dabei ist nur auf objektive Kriterien abzustellen. Die rechtliche Einordnung des Verhältnisses zwischen Empfänger und Erbringer der Arbeitsleistung nach nationalem Recht ist unerheblich. Unerheblich ist ferner, woher die Mittel für die Vergütung des Arbeitnehmers stammen, ob das Rechtsverhältnis nach nationalem Recht in Rechtsverhältnis eigener Rechtsform ist oder wie hoch die Produktivität des Betroffenen ist (vgl. nur EuGH, Urteil vom 7. September 2004, Rs. C-456/02 – Trojani; EuGH, Urteil vom 6. November 2003, Rs. C-413/01 – Ninni-Orasche; EuGH, Urteil vom 4. Juni 2009, verb. Rs. C-22/08 und C-23/08 – Vatsouras und Koupatantze). Das Vorliegen der Arbeitnehmereigenschaft ist im Rahmen einer Gesamtschau aller Umstände der fraglichen Tätigkeiten als auch des fraglichen Vertragsverhältnisses zu entscheiden. Der EuGH hat bereits Tätigkeiten mit einer Wochenarbeitszeit von 10 bis 12 sowie von 5,5 Wochenstunden für die Begründung des Arbeitnehmerstatus ausreichen lassen (EuGH, Urteil vom 3. Juni 1986, Rs. 139/85 – Kempf; EuGH, Urteil vom 4. Februar 2010, Rs. 14/09 – Genc). Der EuGH hat auch keinen Mindestbetrag für eine Vergütung festgelegt, unterhalb derer ein Unionsbürger nicht oder nicht mehr als Arbeitnehmer anzusehen ist. Er hat bereits ein Monatseinkommen von 175 Euro ausreichen lassen. Der Gerichtshof hat allerdings weitere Kriterien benannt, die zur Klärung herangezogen werden können, ob es sich um eine tatsächliche und echte Tätigkeit handelt, darunter ein Anspruch auf bezahlten Urlaub und Lohnfortzahlung im Krankheitsfall, die Anwendung eines gültigen Tarifvertrags der Branche auf dieses Beschäftigungsverhältnis oder die bereits bestehende Dauer des Arbeitsverhältnisses (EuGH, Urteil vom 4. Februar 2010, Rs. C-14/09 – Genc). Eine nach nationalem Recht geringfügige Beschäftigung kann eine Arbeitnehmereigenschaft begründen. Als Arbeitnehmer gilt auch, wer eine Berufsausbildung im dualen System absolviert.
2.2.1.2 Das Merkmal der Weisungsgebundenheit dient in erster Linie der Abgrenzung der unselbständigen (Arbeitnehmer) von den selbständigen Tätigkeiten, die entweder von der Niederlassungsfreiheit gemäß Artikel 49 ff. AEUV oder von der Dienstleistungsfreiheit gemäß Artikel 56 ff. AEUV erfasst werden. Anhaltspunkte für die Ausübung einer selbständigen Tätigkeit sind die Beteiligung an Gewinn und Verlust, die freie Bestimmung der Arbeitszeit, die Weisungsfreiheit und die Auswahl der Mitarbeiter (vgl. auch Nummer 2.2.2 f.).
2.2.1.3 Die Arbeitnehmereigenschaft endet, wenn der Unionsbürger den deutschen Arbeitsmarkt endgültig verlassen hat, etwa weil er das Rentenalter erreicht hat oder auf Dauer in seinen Herkunftsstaat zurückgekehrt ist oder weil er vollständig und dauernd erwerbsunfähig wurde. Im letzteren Fall ist zu prüfen, ob die Voraussetzungen für ein Daueraufenthaltsrecht, insbesondere gemäß § 4a Absatz 2, vorliegen. Die Arbeitnehmereigenschaft kann allerdings auch nach Beendigung eines Arbeitsverhältnisses in bestimmtem Umfang fortwirken (vgl. Nummer 2.3).
2.2.1a.1 Zur Freizügigkeit der Arbeitnehmer aus Artikel 45 AEUV (ex-Artikel 39 EGV) gehört nach der Rechtsprechung des EuGH auch das Recht, sich in einem anderen Mitgliedstaat aufzuhalten, um dort nach einer Arbeitsstelle zu suchen (EuGH, Urteil vom 4. Juni 2009, verb. Rs. C-22/08 und C-23/08 – Vatsouras und Koupatantze). Das Aufenthaltsrecht von Unionsbürgerinnen und -bürgern zur Arbeitssuche kann allerdings zeitlich begrenzt werden. Die Mitgliedstaaten sind berechtigt, hierfür einen angemessenen Zeitraum festzulegen (EuGH, Urteil vom 26. Februar 1991, Rs. C-292/89 – Antonissen; EuGH, Urteil vom 23. März 2004, Rs. C-138/02 – Collins). § 2 Absatz 2 Nummer 1a sieht in Übereinstimmung mit der Rechtsprechung des EuGH vor, dass sich ein Unionsbürger für einen Zeitraum von bis zu sechs Monaten zum Zweck der Arbeitssuche in Deutschland aufhalten darf. Nach Ablauf dieses Zeitraums besteht das Aufenthaltsrecht nur fort, solange die Betroffene nachweisen kann, dass er weiterhin Arbeit sucht und begründete Aussicht hat, eingestellt zu werden (vgl. auch Artikel 14 Absatz 4 Buchstabe b Freizügigkeitsrichtlinie).
2.2.1a.2 Ein Fortbestand des Aufenthaltsrechts ist zu verneinen, wenn aufgrund objektiver Umstände anzunehmen ist, dass der Betroffene keinerlei ernsthafte Absichten verfolgt, eine Beschäftigung aufzunehmen, oder dass keine begründete Aussicht auf Erfolg der Arbeitssuche besteht. Begründete Aussicht, einen Arbeitsplatz zu finden, ist anzunehmen, wenn der Arbeitsuchende aufgrund seiner Qualifikation und des aktuellen Bedarfs am Arbeitsmarkt voraussichtlich mit seinen Bewerbungen erfolgreich sein wird.
2.2.1a.3 Werden bereits vor Ablauf des Zeitraums von sechs Monaten Umstände bekannt, die darauf schließen lassen, dass ein Aufenthaltsrecht zur Arbeitsuche nicht oder nicht mehr besteht (z. B. weil die betroffene Person gar nicht nach Arbeit sucht), liegt ein besonderer Anlass für eine Überprüfung der Freizügigkeitsvoraussetzungen im Sinne von § 5 Absatz 3 vor. In der Folge kann es zur Feststellung des Verlusts des Freizügigkeitsrechts auf der Grundlage von § 5 Absatz 4 kommen. Dabei ist zu beachten, dass ein Unionsbürger während der ersten drei Monate keinen besonderen Bedingungen unterworfen werden darf (§ 2 Absatz 5). Nach Ablauf des Zeitraums von sechs Monaten ist die Ausländerbehörde auch ohne Vorliegen eines besonderen Anlasses im Sinne des § 5 Absatz 3 berechtigt zu prüfen, ob das Aufenthaltsrecht zur Arbeitsuche noch besteht und gegebenenfalls den Verlust des Freizügigkeitsrechts auf der Grundlage von § 5 Absatz 4 festzustellen.
2.2.2 Niedergelassene Erwerbstätige (Artikel 49 ff. AEUV) sind Personen, die eine nicht weisungsgebundene und nicht untergeordnete, auf Kontinuität angelegte selbständige Erwerbstätigkeit in einem Mitgliedstaat aufnehmen und ausüben (vgl. auch Nummer 2.2.1.2).
2.2.3 Erbringer von Dienstleistungen behalten ihren Sitz im Herkunftsmitgliedstaat bei und erbringen ihre Leistungen grenzüberschreitend während eines begrenzten Zeitraums in einem anderen Mitgliedstaat (aktive Dienst-

leistungsfreiheit). Das Merkmal „vorübergehend" grenzt die Dienstleistung von der Niederlassung ab, die auf Dauer angelegt ist.

2.2.4 Empfänger von Dienstleistungen begeben sich zur Inanspruchnahme von Dienstleistungen in einen anderen Mitgliedstaat (passive Dienstleistungsfreiheit). Der Europäische Gerichtshof nennt als Beispiele für Empfänger von Dienstleistungen Touristen, Personen, die medizinische Behandlung nehmen, Studien- und Geschäftsreisende (EuGH, Urteil vom 31. Januar 1984, Rs. 286/82 und 26/83 – Luisi und Carbone). Der Empfang von Dienstleistungen vermittelt kein auf Dauer angelegtes Aufenthaltsrecht. Die Dauer des Aufenthaltsrechts orientiert sich an der Dauer der Dienstleistung. Sobald ein Unionsbürger seinen Hauptaufenthalt in einen anderen Mitgliedstaat verlegt, empfängt er nicht mehr vorübergehend Dienstleistungen (EuGH, Urteil vom 5. Oktober 1988, Rs. 196/87 – Steymann, Rn. 16).

2.2.5 Nichterwerbstätige sind alle übrigen, nicht von § 2 Absatz 2 Nummer 1 bis 4 und Nummer 7 erfassten Unionsbürger. Hierunter fallen Rentner, Studierende und sonstige Nichterwerbstätige. Die Voraussetzungen für ihren Aufenthalt ergeben sich aus § 4.

2.2.6 Familienangehörige von Unionsbürgern sind nach Maßgabe der §§ 3 und 4 freizügigkeitsberechtigt (siehe auch unten Nummer 3 und 4).

2.2.7 Ebenfalls freizügigkeitsberechtigt sind Unionsbürger und deren Familienangehörige, die ein Daueraufenthaltsrecht erworben haben (siehe unten Nummer 4a).

2.3 Aufrechterhaltung des Freizügigkeitsrechts für Erwerbstätige

2.3.0 Absatz 3 nennt die von Artikel 7 Absatz 3 Freizügigkeitsrichtlinie unionsrechtlich vorgegebenen Gründe, unter denen das Freizügigkeitsrecht nach § 2 Absatz 2 Nummer 1 bis 3 erhalten bleibt, obwohl tatsächlich keine Erwerbstätigkeit mehr ausgeübt wird.

2.3.1.1 Das Freizügigkeitsrecht bleibt erhalten, wenn die infolge von Krankheit oder Unfall eingetretene Erwerbsminderung nur vorübergehend ist (§ 2 Absatz 3 Satz 1 Nummer 1). Sie ist dann als vorübergehend anzusehen, wenn aufgrund einer ärztlichen Prognose mit der Wiederherstellung der Arbeitsfähigkeit, gegebenenfalls auch eingeschränkt, gerechnet werden kann. Zweifel an der Wiederherstellung begründen den Wegfall des Rechts nicht.

2.3.1.2 Nach einer durchgängigen Beschäftigung von einem Jahr oder länger besteht das Freizügigkeitsrecht grundsätzlich unbefristet fort, wenn die Agentur für Arbeit die Unfreiwilligkeit des Eintretens der Arbeitslosigkeit bestätigt (§ 2 Absatz 3 Satz 1 Nummer 2; zum Erhalt des Aufenthaltsrechts nach kürzeren Beschäftigungszeiten vgl. Nummer 2.3.2). Bei unmittelbar aneinander anschließenden Beschäftigungen für verschiedene Arbeitgeber sind die Beschäftigungszeiten zusammen zu rechnen. Das unfreiwillige Eintreten von Arbeitslosigkeit liegt dann vor, wenn der Arbeitnehmer die Gründe, die zur Beendigung des Arbeitsverhältnisses (Kündigung, Aufhebungsvertrag) geführt haben, nicht zu vertreten hat. Die Bestätigung der Agentur für Arbeit über die Unfreiwilligkeit der Arbeitslosigkeit ist Voraussetzung für das Fortbestehen des Freizügigkeitsrechts. Die Bestätigung erfolgt, wenn der Arbeitnehmer sich arbeitslos meldet, den Vermittlungsbemühungen der zuständigen Arbeitsagentur zur Verfügung steht und sich selbst bemüht, seine Arbeitslosigkeit zu beenden (§ 138 SGB III). Das Recht nach § 2 Absatz 1 bleibt für Arbeitnehmer für die Zeit zwischen Beginn der unfreiwilligen Arbeitslosigkeit und Bestätigung der Agentur für Arbeit über die Unfreiwilligkeit des Eintretens der Arbeitslosigkeit bestehen. Entsprechendes gilt, wenn die – gegebenenfalls auch nur vorübergehende – Einstellung einer selbständigen Tätigkeit in Umständen begründet liegt, auf die der Selbständige keinen Einfluss hatte. Das kann z. B. bei einer unverschuldeten Geschäftsaufgabe aus gesundheitlichen Gründen der Fall sein oder wenn eine Geschäftsaufgabe während des gesetzlichen Mutterschutzes erfolgt.

2.3.1.3 Beginnt der Unionsbürger eine Berufsausbildung, die im Zusammenhang mit der früheren Erwerbstätigkeit steht, behält er ebenfalls das Recht nach Absatz 1 (§ 2 Absatz 3 Satz 1 Nummer 3). Anforderungen an die Dauer der vorangegangenen Erwerbstätigkeit bestehen i. d. R. nicht.

Der Zusammenhang der Berufsausbildung zur vorherigen Tätigkeit ist dann entbehrlich, wenn der Unionsbürger unfreiwillig arbeitslos geworden ist (vgl. oben Nummer 2.3.1.2).

2.3.2 Sofern die nach der Arbeitsagentur bestätigte unfreiwillige Arbeitslosigkeit nach weniger als einjähriger Beschäftigung eintritt, bleibt das Aufenthaltsrecht nach § 2 Absatz 1 während der Dauer von sechs Monaten unberührt (§ 2 Absatz 3 Satz 2).

2.4 Einreise und Aufenthalt

2.4.1 Unionsbürger benötigen für die Einreise nach Deutschland kein Visum und für den Aufenthalt keinen Aufenthaltstitel, § 2 Absatz 4 Satz 1.

2.4.2.1 Für drittstaatsangehörige Familienangehörige verweist § 2 Absatz 4 Satz 2 unter Berücksichtigung der unionsrechtlichen Vorgaben auf die allgemeinen, für Drittstaatsangehörige geltenden Regeln zur Visumpflicht. Damit gilt die Regelung zur Visumpflicht gemäß Anhang I der Verordnung (EG) Nummer 539/2001 des Rates zur Aufstellung der Liste der Drittländer, deren Staatsangehörige beim Überschreiten der Außengrenze im Besitz eines Visums sein müssen, sowie der Liste der Drittländer, deren Staatsangehörige von der Visumpflicht befreit sind vom 15. März 2001 (Abl.[2] L 81 S. 1) in der zur Zeit gültigen Fassung, aus der sich die Visumpflicht der Staatsangehörigen bestimmter Staaten ergibt. Die Befreiungstatbestände gemäß Anhang II der Verordnung (EG) Nummer 539/2001 sowie nach den nationalen Regelungen, insbesondere nach der AufenthV, sind bei Erfüllung der jeweiligen tatbestandlichen Voraussetzungen ebenfalls anwendbar. Die Verweisung in § 2 Absatz 4 Satz 2 auf das Aufenthaltsgesetz bezieht sich ausschließlich auf die Regelung der Visumpflichtigkeit. Bei dem Visum handelt es sich um einen nach den materiellen Voraussetzungen des Freizügigkeitsgesetzes/EU erteilten Aufenthaltstitel, d. h. das Visum ist zu erteilen, wenn die in § 2 Absatz 2 Nummer 6 i. V. m. §§ 3 und 4 geregelten Voraussetzungen für die Begleitung oder den Nachzug eines Familienangehörigen eines freizügigkeitsberechtigten Unionsbürgers vorliegen. Dies wird durch die Anmerkung „Familienangehöriger eines Unionsbürgers/EWR-Bürgers" im Auflagenfeld des Visumetiketts kenntlich gemacht. Nach § 11 Absatz 1 i. V. m. § 14 Absatz 2 AufenthG ist auch die Erteilung eines Ausnahmevisums an der Grenze möglich (siehe Nummer 11.1.2.1).

2.4.2.2 Auch wenn grundsätzlich Visumpflicht für die Einreise von drittstaatsangehörigen Familienangehörigen besteht, kann eine Zurückweisung an der Grenze bei einer Einreise ohne Visum unverhältnismäßig sein. Der EuGH hat in der einschlägigen Entscheidung vom 25. Juli 2002 (EuGH, Urteil vom 25. Juli 2002, Rs. C-459/99 – MRAX) festgestellt, dass die Einreise in diesen Fällen von einem vorherigen Visumverfahren abhängig gemacht werden kann und dass bei Fehlen eines solchen Visums eine Zurückweisung an der Grenze nicht ausgeschlossen ist.

Sie ist jedoch dann unverhältnismäßig und deshalb untersagt, wenn der Staatsangehörige des Drittstaates, der mit dem Unionsbürger verheiratet oder aufgrund anderer familiärer Verbundenheit nachzugsberechtigt ist, seine Identität sowie die Ehe bzw. das Verwandtschaftsverhältnis nachweisen kann und es keine Anhaltspunkte dafür gibt, dass er eine Gefahr für die öffentliche Ordnung, Sicherheit oder Gesundheit im Sinne des § 6 darstellt. Unter diesen Umständen kann ihm auch nicht allein aufgrund einer unerlaubten Einreise oder eines abgelaufenen Visums im Inland die Ausstellung einer Aufenthaltskarte verweigert werden. Zu den Anforderungen für eine Zurückweisung an der Grenze aus Gründen der öffentlichen Ordnung, Sicherheit oder Gesundheit vgl. Nummer 6. Gibt es Anhaltspunkte dafür, dass eine Zurückweisung an der Grenze unverhältnismäßig sein könnte, so ist die Erteilung eines Ausnahmevisums zu prüfen (zur Ausstellung eines Ausnahmevisums nach Freizügigkeitsgesetz/EU an der Grenze vgl. Nummer 11.1.2.1).

2.4.3 Sofern ein visumpflichtiger Familienangehöriger eine in Deutschland oder einem anderen Mitgliedstaat ausgestellte gültige Aufenthaltskarte für Familienangehörige eines Unionsbürgers gemäß Artikel 10 Freizügigkeitsrichtlinie besitzt, entfällt das Visumerfordernis in den Fällen, in denen der Familienangehörige den Unionsbürger begleitet oder zu ihm nachzieht (§ 2 Absatz 4 Satz 3, § 3 Absatz 1; vgl. dazu Nummer 3.1.1 sowie auch Artikel 5 Absatz 2 Satz 2 Freizügigkeitsrichtlinie).

2.4.4 Im Fall der Visumpflicht sollen die Auslandsvertretungen alle erforderlichen Vorkehrungen treffen, um den Betroffenen die Beschaffung des Visums zu erleichtern. Im Rahmen der örtlichen Gegebenheiten sind ihre Anträge unverzüglich anzunehmen, zu bearbeiten und zu entscheiden. Ein Zustimmungsverfahren nach § 31 AufenthV findet nicht statt. Das Visum kann gemäß § 6 Absatz 1 Satz 2 versagt werden, wenn der Einreise des Familienangehörigen Gründe der öffentlichen Ordnung, Sicherheit oder Gesundheit entgegenstehen. Um festzustellen, ob entsprechende Gründe vorliegen, ist eine AZR/SIS-Abfrage zulässig (vgl. Nummer 6.1.2). Sicherheitsabfragen gemäß § 11 Absatz 1 Satz 1 und 2 i. V. m. § 73 Absatz 1 AufenthG sind zulässig (vgl. 11.1.2.1 ff.).

2.5 Aufenthaltsrecht bis zu drei Monaten

2.5.1 Absatz 5 führt ausdrücklich ein von materiellen Voraussetzungen unabhängiges Aufenthaltsrecht für Unionsbürger und ihre Familienangehörigen mit gültigem Ausweisdokument für die Dauer von drei Monaten (Artikel 6 Freizügigkeitsrichtlinie) ein. Von diesem voraussetzungslosen Aufenthaltsrecht kann auch zur Vorbereitung eines längerfristigen Aufenthalts (Artikel 7 Freizügigkeitsrichtlinie) Gebrauch gemacht werden.

2.5.2 Ob Familienangehörige aus Drittstaaten, die den Unionsbürger begleiten oder ihm nachziehen, im Besitz eines anerkannten oder sonst zugelassenen Ausweisdokuments sind, ergibt sich aus den Bestimmungen des AufenthG und der AufenthV.

2.6 Gebührenfreie Ausstellung des Visums

Die gebührenfreie Ausstellung des Visums ergibt sich aus Artikel 5 Absatz 2 Unterabsatz 2 Freizügigkeitsrichtlinie. Kosten, die gegebenenfalls im Zusammenhang mit der Glaubhaftmachung der Freizügigkeitsvoraussetzungen entstehen (z. B. Überprüfungen der Nachweise über das Verwandtschaftsverhältnis; Beschaffung von amtlichen Unterhaltsnachweisen) trägt der Visumantragsteller.

2.7 Feststellung des Nichtbestehens des Freizügigkeitsrechts im Fall von Rechtsmissbrauch oder Betrug

2.7.0 Nach Artikel 35 Freizügigkeitsrichtlinie können die Mitgliedstaaten der EU die erforderlichen Maßnahmen erlassen, um das Freizügigkeitsrecht im Fall von Rechtsmissbrauch oder Betrug – wie z. B. durch Eingehung von Scheinehen – zu verweigern, aufzuheben oder zu widerrufen. Typische Fallkonstellationen sind insbesondere das nur formale Eingehen von Ehen sowie Vaterschaftsanerkennungen ohne das Ziel, eine familiäre Lebensgemeinschaft zu führen, unterschiedliche Formen des Gebrauchs ge- oder verfälschter Dokumente sowie Täuschungen über eine Voraussetzung für die Ausübung des Freizügigkeitsrechts, etwa über einen tatsächlich nicht bestehenden Wohnsitz oder ein tatsächlich nicht bestehendes Arbeitsverhältnis.

2.7.1.1 In den Fällen des § 2 Absatz 7 Satz 1 kann das Nichtbestehen des Freizügigkeitsrechts festgestellt werden, wenn nach umfassender Ermittlung und Prüfung aller maßgeblichen Umstände des Einzelfalles zur Überzeugung der zuständigen Behörde feststeht, dass die betroffene Person das Vorliegen einer Voraussetzung des Freizügigkeitsrechts durch die Vorspiegelung falscher Tatsachen vorgetäuscht hat, etwa durch falsche Angaben über ein tatsächlich nicht bestehendes Arbeitsverhältnis oder falschen Angaben über einen tatsächlich nicht im Bundesgebiet bestehenden Wohnsitz. Gleiches gilt, wenn das Vorliegen einer Voraussetzung für das Freizügigkeitsrecht durch Verwendung von ge- oder verfälschten Dokumenten lediglich vorgetäuscht wurde.

2.7.1.2 Dient die Verwendung von ge- oder verfälschten Dokumenten oder die Vorspiegelung falscher Tatsachen der widerrechtlichen Beschaffung einer Aufenthaltskarte, einer Daueraufenthaltskarte oder einer Bescheinigung über das Daueraufenthaltsrecht, so ist eine mögliche Strafanzeige wegen einer Strafbarkeit nach § 9 Absatz 1 zu prüfen (vgl. Nummer 9.1).

2.7.2.1 Bei Familienangehörigen, die nicht Unionsbürger sind, kann das Nichtbestehen des Freizügigkeitsrechts außerdem festgestellt werden, wenn nach umfassender Ermittlung und Prüfung aller maßgeblichen Umstände des Einzelfalles zur Überzeugung der zuständigen Behörde feststeht, dass das Begleiten des Unionsbürgers oder der Nachzug zu dem Unionsbürger nicht der Herstellung oder Wahrung einer familiären Lebensgemeinschaft mit einem Unionsbürger dient (§ 2 Absatz 7 Satz 2). Damit knüpft die Vorschrift nicht am formalen Bestand der Ehe, der Lebenspartnerschaft oder des sonstigen Verwandtschaftsverhältnisses an; vielmehr ist für den Zweck des Begleitens oder Nachziehens zu dem für die Entstehung des Freizügigkeitsrechts maßgebenden Zeitpunkt entscheidend: Sofern feststeht, dass nicht das Führen einer ehelichen oder familiären Lebensgemeinschaft im Bundesgebiet Ziel des Begleitens des Unionsbürgers oder des Nachzugs zu dem Unionsbürger ist, sondern die missbräuchliche Erlangung eines Rechts auf Einreise und Aufenthalt als Freizügigkeitsrecht, kann das Nichtbestehen des Freizügigkeitsrechts festgestellt werden. In Bezug auf Umstände, die für oder gegen die Herstellung einer ehelichen Lebensgemeinschaft sprechen, wird auf Nummer 27.1a.1.1.6 f. AVV zum AufenthG vom 26. Oktober 2009 hingewiesen. Allerdings kann es nach der Rechtsprechung des EuGH nicht zur Voraussetzung gemacht werden, dass der drittstaatsangehörige Ehepartner ständig in gemeinsamer Wohnung mit dem Unionsbürger lebt (EuGH, Urteil vom 10. Juli 2014, Rs. C-244/13 – Ogieriakhi; EuGH, Urteil vom 16. Juli 2015, Rs. C-218/14 – Singh).

2.7.2.2 Werden unrichtige oder unvollständige Angaben gemacht oder benutzt – hier im Hinblick auf die Absicht, einen Unionsbürger zur Herstellung oder Wahrung der familiären Lebensgemeinschaft zu begleiten oder zu diesem

Zweck zu ihm nachzuziehen, – um sich oder einem Dritten eine Aufenthaltskarte oder Daueraufenthaltskarte zu verschaffen, so ist eine mögliche Strafanzeige wegen einer Strafbarkeit nach § 9 Absatz 1 zu prüfen. Unter Beachtung von § 9 Absatz 1 kann sich die Prüfung in diesem Fall sowohl auf den drittstaatsangehörigen Familienangehörigen als auch auf den Unionsbürger erstrecken, den der drittstaatsangehörige Familienangehörige vorgeblich begleitet oder zu dem er vorgeblich nachzieht (vgl. Nummer 9.1).

2.7.2.3 Für die Anwendung von § 2 Absatz 7 ist nicht zwischen einem Erstzuzug in das Unionsgebiet und der Freizügigkeit innerhalb der Europäischen Union zu unterscheiden. Insofern ist es hier unerheblich, ob sich der Drittstaatsangehörige bereits in einem Mitgliedstaat aufhält oder zuvor aufgehalten hat oder ob er den Unionsbürger erstmals in das Unionsgebiet begleitet oder ihm dorthin nachzieht. Ebenso wenig ist es für die Prüfung entscheidend, ob die Begründung des Verwandtschaftsverhältnisses zu dem oder die Eheschließung mit dem Unionsbürger vor oder nach der Zuwanderung in die Europäische Union erfolgt ist (EuGH, Urteil vom 25. Juli 2008, Rs. C-127/08 – Metock u.a.). Auf die entsprechenden Ausführungen unter Nummer 3.0.3 wird hingewiesen.

2.7.2.4 Das Freizügigkeitsrecht entsteht bereits originär aufgrund von Unionsrecht. Daher ist bei Unionsbürgern und ihren Familienangehörigen grundsätzlich vom Bestehen des Freizügigkeitsrechts auszugehen. Eine Überprüfung, ob die Voraussetzungen für eine Feststellung des Nichtbestehens des Freizügigkeitsrechts auf der Grundlage von § 2 Absatz 7 vorliegen, ist nach § 5 Absatz 3 im Einzelfall zulässig, wenn begründete Zweifel am Vorliegen einer Voraussetzung für das Freizügigkeitsrecht oder hinreichende Anhaltspunkte dafür bestehen, dass die betreffende Person über freizügigkeitsrechtlich relevante Umstände getäuscht hat. Dagegen sind systematische oder anlasslose Prüfungen nicht gestattet. Die Beweislast bezüglich der Voraussetzungen für die Feststellung des Nichtbestehens liegt bei der prüfenden Behörde. Dies entbindet die Betroffenen nicht von ihrer Mitwirkungsobliegenheit, gegebenenfalls auch im Rahmen einer Befragung durch die zuständige Behörde. Die beweispflichtige Behörde hat die Möglichkeit zur Beweiserhebung, zum Beispiel durch Fragen an die Betroffenen.

2.7.3.1 In der Konsequenz einer Feststellung des Nichtbestehens des Rechts auf Einreise und Aufenthalt nach dem Freizügigkeitsgesetz/EU kann bei Familienangehörigen, die nicht Unionsbürger sind, die Aufenthaltskarte versagt oder eingezogen oder das erforderliche Visum versagt werden (§ 2 Absatz 7 Satz 3).

2.7.3.2 Ist das Nichtbestehen des Rechts auf Einreise und Aufenthalt auf der Grundlage von § 2 Absatz 7 festgestellt worden, sind die betroffenen Unionsbürger oder ihre Familienangehörigen gemäß § 7 Absatz 1 ausreisepflichtig (vgl. Nummer 7.1). Eine befristete Untersagung von erneuter Einreise und Aufenthalt im Bundesgebiet ist auf der Grundlage von § 7 Absatz 2 Satz 2 bis 6 zu prüfen (vgl. Nummer 7.2).

2.7.4 Bei der Anwendung von § 2 Absatz 7 sind die Verfahrensgarantien der Artikel 30 und 31 Freizügigkeitsrichtlinie zu beachten. Das gilt insbesondere für das Erfordernis der Schriftform (§ 2 Absatz 7 Satz 4).

Übersicht

	Rn.
I. Entstehungsgeschichte	1
II. Allgemeines	5
III. Einreisefreiheit und Aufenthaltsrecht	11
IV. Personengruppen	33
1. Allgemeines	33
2. Arbeitnehmer	36
3. Arbeitsuchende	65
4. Selbstständige	81
5. Dienstleistungserbringer	92
6. Dienstleistungsempfänger	98
7. Nichterwerbstätige	100
8. Familienangehörige	102
9. Daueraufenthaltsberechtigte	103
10. Verbleibeberechtigte	104
V. Erhalt der Erwerbstätigeneigenschaft	105
VI. Aufenthaltsrecht für drei Monate	156
VII. Gebührenfreiheit	162
VIII. Bekämpfung von Missbrauch und Scheinehen	165
1. Voraussetzungen der Feststellung	165
2. Sonderregelung für drittstaatsangehörige Familienangehörige	175
3. Besonderheiten für Altfälle (vor 2013)	183
4. Verwaltungsverfahren und Rechtsschutz	186

I. Entstehungsgeschichte

1 Die Vorschrift stimmt im Wesentlichen mit dem **Gesetzesentwurf**[1] überein. Aufgrund des Vermittlungsverfahrens[2] wurden in Abs. 3 S. 2 das „Arbeitsamt" durch die „Agentur für Arbeit" und in Abs. 6 das Wort „Erteilung" durch „Ausstellung" ersetzt.

2 Mit dem RLUmsG 2007 wurde die Norm umfassend geändert. In Abs. 2 wurde die frühere Nr. 5, die Verbleibeberechtigte iSd VO 1251/70/EWG (ehemalige Arbeitnehmer)[3] und der RL 75/34/EWG

---

[1] BT-Drs. 15/420, 37.
[2] BT-Drs. 15/3479, 13.
[3] ABl. L 142, S. 24; ABl. 1975 L 324, S. 31.

(ehemalige Selbstständige)[4] erfasste, gestrichen und in Abs. 5 und § 4 neu geregelt. Es wurden außerdem die Nr. 7 angefügt und Abs. 3 völlig neu gefasst. Die Neufassung des Abs. 3 setzt Art. 7 III Freizügigkeits-RL um[5]. Dabei wird der bisherige Wortlaut einerseits präzisiert und neu strukturiert, andererseits werden die zeitlichen Vorgaben der RL hinsichtlich des Erhalts der Freizügigkeitsberechtigung als Erwerbstätiger in den Gesetzestext aufgenommen. Der neue Abs. 3 Nr. 3 bildet Art. 7 IIId Freizügigkeits-RL ab, der seinerseits die Rspr. des EuGH aufnimmt, wonach zwischen dem Gegenstand des Studiums und der früheren Berufstätigkeit ein Zusammenhang bestehen muss.

Abs. 4 wurde wie folgt geändert: In S. 2 wurden nach den Wörtern „eines Visums" das Komma und der Satzteil nach dem Komma gestrichen und die Wörter „nach den Bestimmungen für Ausländer, für die das Aufenthaltsgesetz gilt" eingefügt. Weiterhin wurde der S. 3 angefügt. Die Neuformulierung dient der Präzisierung. Der bisherige Wortlaut ließ die Interpretation zu, dass es einer zusätzlichen gesonderten Anordnung der Visumpflicht für drittstaatsangehörige Familienangehörige bedarf. Die Begründung zum damaligen Gesetzesentwurf belegt, dass die Formulierung die Aussage trifft, dass die Visumpflicht für drittstaatsangehörige Familienangehörige sich nach den allgemeinen Regeln richtet, dh nach den für Drittstaater geltenden Bestimmungen zur Visumpflicht[6]. Die Änderung nimmt dies nun ausdrücklich in den Gesetzestext auf[7]. 3

Mit ÄnderungsG 2013[8] wurde § 2 VII eingeführt, der der Umsetzung des § 35 Freizügigkeits-RL dient[9]. Mit Gesetz vom 2.12.2014[10] wurde die Nr. 1a (**Arbeitssuche**) neu in das Gesetz aufgenommen. Mit Blick auf die Einführung der Rechtsstellung **nahestehender Personen** wurde in Abs. 4 S. 2 nach dem Wort „Familienangehörige" die Wörter „und nahestehende Personen" eingeführt[11]. Außerdem wurde mit § 2 VI 2 und 3 ein neuer Gebührentatbestand durch Art. 1 Nr. 2 des Gesetzes zur aktuellen Anpassung des FreizügG/EU und weiterer Vorschriften an das Unionsrecht mit Wirkung zum 24.11.2020 eingeführt[12]. 4

II. Allgemeines

Die Vorschrift **beschreibt** den Kreis der Freizügigkeitsberechtigten und den Umfang ihrer Rechte bei Einreise und Aufenthalt sowie die Gebührenfreiheit der vorgesehenen Dokumente. Für Nichterwerbstätige und ihre Familien ist das Nähere in § 4 bestimmt, für Familienangehörige Erwerbstätiger in § 3. Auch insoweit ist auf den Anwendungsvorrang des primären und des sekundären Unionsrechts Bedacht zu nehmen, mit dem es nicht vereinbar ist, wenn das Gesetz den Eindruck erwecken sollte, es treffe eigenständige Regelungen. Daher ist zu Recht in Abs. 1 formuliert „haben das Recht ..." und der Begriff der Erteilung in Abs. 6 durch „Ausstellung" ersetzt worden. Missverständnisse könnten allenfalls noch dadurch entstehen, dass die Rechte der Unionsbürger „nach Maßgabe dieses Gesetzes" bestehen sollen. Diese Formulierung kann indes ohne Weiteres so verstanden werden, dass in diesem Gesetz der Bestand der Rechte beschrieben werden soll. Abschließende Vollständigkeit und Verbindlichkeit gegenüber dem Anwendungsvorrang des EU-Rechts sind damit nicht gemeint. 5

Soweit § 2 I den Familien ein Recht zuspricht, setzt dies bei **Minderjährigen** die Fähigkeit voraus, Träger des Freizügigkeits- und Aufenthaltsrechts sein zu können. Dabei ist zwischen der Fähigkeit einer Person, Träger von Rechten und Pflichten zu sein (**Rechtsfähigkeit**), und ihrer Fähigkeit, Handlungen vorzunehmen, die Rechtswirkungen entfalten (**Handlungsfähigkeit**), zu unterscheiden. Dass ein Minderjähriger sein Freizügigkeitsrecht nicht eigenständig ausüben kann, bedeutet nicht, dass er nicht die Fähigkeit besitzt, Adressat einer Rechtsnorm zu sein, auf der dieses Recht beruht[13]. Vielmehr können andere – von der Rechtsordnung bestimmte – Rechtssubjekte (Eltern, Vormünder usw) seine Rechte geltend machen und zwar nicht, weil sie die Träger dieser Rechte wären, sondern weil sie im Namen und für Rechnung des Minderjährigen, der selbst unmittelbar Träger dieser Rechte ist, handeln. 6

Beschränkungen des personellen Anwendungsbereichs ergeben sich für Unionsbürger, die dieses Recht nach § 6 I verloren haben und die aus diesem Grund nach § 7 II 1 nicht erneut in das Bundesgebiet einreisen dürfen. Nicht erfasst von der Einreisesperre sind Unionsbürger und ihre Familienangehörigen, bei denen nach § 5 IV (vormals § 5 V aF) festgestellt wurde, dass die Voraussetzungen des § 2 I nicht mehr vorliegen. 7

---

[4] ABl. 1975 L 14, S. 10.
[5] BT-Drs. 16/5065, 208.
[6] BT-Drs. 15/420, 102 f.
[7] BT-Drs. 16/5065, 209.
[8] Gesetz zur Änderung des FreizügigkeitsG/EU und weiterer aufenthaltsrechtlicher Vorschriften.
[9] BT-Drs. 17/10746, 9. Begr. zu § § 2 VII.
[10] BGBl. 2014 I S. 1922; in Kraft getreten am 9.12.2014.
[11] BGBl. 2011 I S. 2416.
[12] BGBl. 2011 I S. 2416.
[13] EuGH Urt. v. 19.10.2004 – C-200/02 Rn. 20 – Zhu und Chen zur Rechtsfähigkeit von Kleinkindern im Hinblick auf Art. 18 EG.

8 Auch bestandskräftig ausgewiesene Unionsbürger genießen kein Recht auf Einreise und Aufenthalt, sofern die Alt-Ausweisung die Unionsbürgereigenschaft berücksichtigte (Einzelheiten → § 7).

9 Beschränkungen des personellen Anwendungsbereichs können sich auch aus Protokollerklärungen einzelner Mitgliedstaaten nach Art. 355 V AEUV ergeben.

10 Das Aufenthaltsrecht erfasst das **gesamte Hoheitsgebiet des Mitgliedstaats** (Art. 22 Freizügigkeits-RL). Die Mitgliedstaaten können nach Art. 22 S. 2 Freizügigkeits-RL das Aufenthaltsrecht und das Recht auf Daueraufenthalt nur in den Fällen räumlich beschränken, in denen sie dieselben Beschränkungen auch für ihre eigenen Staatsangehörigen vorsehen. Räumliche Beschränkungen sind außerdem aus Gründen der öffentlichen Ordnung, Sicherheit oder Gesundheit zulässig.

III. Einreisefreiheit und Aufenthaltsrecht

11 § 2 I legt fest, dass freizügigkeitsberechtigte Unionsbürger und ihre Familienangehörigen das Recht auf Einreise und Aufenthalt nach Maßgabe des Gesetzes haben. Nach Abs. 4 benötigen Unionsbürger für die Einreise kein Visum.

12 Sowohl der Kreis der berechtigten Personen als auch Art und Umfang der ihnen zustehenden Einreise- und Aufenthaltsrechte ergeben sich allein aus dem EU-Recht. Darauf weisen die Formulierungen des Gesetzes mehrfach hin. Welcher Unionsbürger freizügigkeitsberechtigt ist und welche Rechte damit im Einzelnen verbunden sind, lässt sich letztlich allein dieser supranationalen Rechtsordnung entnehmen. Zu den besonderen Bedingungen und Auswirkungen der Personenverkehrsfreiheiten gehören außer der Einreise und dem Aufenthalt auch die Art und Weise der verwaltungsmäßigen Bestätigung und der Beendigung des Rechtsstatus. Diese sind va in §§ 5–8 deklaratorisch niedergelegt.

13 Anders als EU-Bürger **benötigen drittstaatsangehörige Familienangehörige grundsätzlich ein Visum** nach § 2 IV 2, sofern sie nicht im Besitz einer Aufenthaltskarte oder nach der EU-VisaVO aufgrund ihrer Staatsangehörigkeit von der Visumpflicht befreit sind. Das FreizügG/EU transformiert mit dieser Regelung Art. 5 II Freizügigkeits-RL. Nach dieser Norm ist von einem drittstaatsangehörigen Familienangehörigen nach der VO 539/2001/EG oder gegebenenfalls den einzelstaatlichen Rechtsvorschriften ein Einreisevisum zu fordern, sofern der Familienangehörige keine Aufenthaltskarte nach Art. 10 Freizügigkeits-RL besitzt.

14 Die Regelung des Art. 5 II Freizügigkeits-RL wirft eine Reihe von Fragen auf. So kann die VO 539/2001/EG unmittelbar für freizügigkeitsberechtigte Familienangehörige keine Visumpflicht einführen, da die VO im Verfahren nach Art. 67 EG ergangen ist, in dem das EU-Parlament nur ein Anhörungsrecht hat. Freizügigkeitsbeschränkende Maßnahmen von EU-Bürgern und deren (auch drittstaatsangehörigen) Familienangehörigen ergehen aber aufgrund des Art. 251 EG im Mitbestimmungsverfahren[14].

15 Über den Verweis in Art. 5 II Freizügigkeits-RL können drittstaatsangehörige Familienangehörige der Visumpflicht nach der VO 539/2001/EG unterworfen werden, wobei die in Bezug genommene **EU-VisaVO nur entsprechend** anzuwenden ist. Denn die EU-VisaVO regelt zum einen nur Kurzaufenthalte von bis zu drei Monaten und zum anderen nur Grenzübertritte über die Schengen-Außengrenzen. Sinnvoll ist der Verweis in Art. 5 II Freizügigkeits-RL auf die VO 539/2001/EG aber nur, wenn er der **Konkretisierung des Personenkreises der Drittausländer dient, der verpflichtet sein soll, ein Visum einzuholen.** Der EU-Gesetzgeber wollte offenkundig drittstaatsangehörige Familienangehörige eines EU-Bürgers, die aufgrund ihrer Staatsangehörigkeit nach der EU-VisaVO von der Visumpflicht befreit sind, insgesamt, dh nicht nur für Kurzaufenthalte, von der Visumpflicht befreien. Dieser erkennbare Zweck spricht für eine entsprechende Anwendung der EU-VisaVO.

16 Soweit die Regelung auf den **Besitz einer Aufenthaltskarte** abstellt, die ein anderer EU-Staat ausgestellt hat, so entfaltet diese ausschließlich für die Einreise rechtliche Bedeutung. Ein Recht auf Aufenthalt kann aus der Aufenthaltskarte nicht abgeleitet werden, diese entfaltet **in anderen Mitgliedstaaten keine Bindungswirkung**[15].

17 Familienangehörige, die nicht Staatsangehörige eines Mitgliedstaats der EU sind, haben lediglich ein abgeleitetes Freizügigkeitsrecht[16]. Voraussetzung für das Aufenthaltsrecht in einem anderen Mitgliedstaat ist, dass der Familienangehörige dem freizügigkeitsberechtigten Unionsbürger „begleitet oder ihm nachzieht". Eine gemeinsame Wohnung ist nicht (mehr) erforderlich, solange jedenfalls eine schutzwürdige Ehe- und Familienbeziehung zu einem Unionsbürger besteht.

18 Noch nicht abschließend geklärt ist die Frage, ob das abgeleitete Freizügigkeitsrecht streng akzessorisch ist, also eine Einreise und ein bis zu drei Monate befristeter Aufenthalt eines Drittstaatsangehörigen in einem Mitgliedstaat davon abhängt, dass er jeweils mit dem EU-Bürger gemeinsam in

---

[14] Auf dieses Problem weist auch *Westphal/Stoppa*, Ausländerrecht für die Polizei, 3. Aufl., S. 320, hin.
[15] EuGH Urt. v. 11.9.2007 – C-291/05 Rn. 26 – Eind.
[16] Vgl. EuGH Urt. v. 30.3.2006 – C-10/06 Rn. 30 – Mattern und Cikotok; VG München Beschl. v. 4.1.2011 – M 25 S. 11.58.

einen anderen Mitgliedstaat einreist oder sich der EU-Bürger bereits in dem anderen Mitgliedstaat aufhält[17].

Auch wenn die Freizügigkeit der drittstaatsangehörigen Familienangehörigen von dem Aufenthaltsrecht des Unionsbürgers abhängt, erlangen sie mit dem Freizügigkeitsstatus ein Reiserecht, das ihnen – wie Art. 21 SDÜ – ein unabhängiges Aufenthaltsrecht von drei Monaten in anderen Mitgliedstaaten einräumt[18]. Andernfalls wäre die Visumfreiheit für drittstaatsangehörige Familienangehörige weitgehend sinnentleert[19]. Außerdem soll die Freizügigkeits-RL nach ihrem 8. Erwägungsgrund die „Ausübung der Freizügigkeit für Familienangehörigen, die nicht die Staatsangehörigkeit eines Mitgliedstaats besitzen, (...) erleichtern". Die RL geht damit davon aus, dass drittstaatsangehörige Familienmitglieder freizügigkeitsberechtigt sind. Die unmittelbar aus dem AEUV bestehende Freizügigkeit der Unionsbürger würde zudem nicht unerheblich beeinträchtigt, wenn ihre Familienangehörigen von der Freizügigkeit nur dann Gebrauch machen können, wenn und soweit sie selbst innerhalb der EU davon Gebrauch machen[20]. Hält sich ein Unionsbürger im Rahmen seiner Freizügigkeit vorübergehend in einem anderen Mitgliedstaat auf, würde diese Freizügigkeit beeinträchtigt, wenn er gezwungen wäre, in einen anderen Mitgliedstaat reisen zu müssen, um seinem Familienangehörigen die Einreise zu ermöglichen. Muss im umgekehrten Fall der Unionsbürger vorübergehend den anderen Mitgliedstaat verlassen, könnte ihn die Tatsache, dass das Aufenthaltsrecht des Familienangehörigen mit der Ausreise entfällt, in seiner Freizügigkeit behindern. Schließlich würden drittstaatsangehörige Familienangehörige von Unionsbürgern hierdurch sogar schlechter gestellt als drittstaatsangehörige Familienangehörige von Nicht-Unionsbürgern, die über einen Aufenthaltstitel verfügen und sich nach Art. 21 SDÜ bis zu drei Monate im Hoheitsgebiet der anderen Vertragsparteien aufhalten dürfen, wenn sie die Voraussetzungen des Art. 5 SGK erfüllen.

Unterliegen damit drittstaatsangehörige Familienangehörige eines EU-Bürgers der Visumpflicht, wenn sie weder aufgrund ihrer Staatsangehörigkeit befreit noch im Besitz einer Aufenthaltskarte sind, so besagt dies nichts über die Voraussetzungen, die ein Mitgliedstaat an das Visumverfahren stellen darf. Auch wenn von Familienangehörigen von Unionsbürgern grundsätzlich ein Visum verlangt werden kann[21], hat der EuGH in der Rechtssache MRAX festgestellt, dass sich das Recht auf Einreise allein aus der familiären Beziehung zum Unionsbürger ergibt[22].

Daraus folgt, dass auch im Visumverfahren allein

– Identität,
– familiäre Beziehung zum Unionsbürger,
– Nachzugs- oder Begleitungsabsicht sowie
– evtl. entgegenstehende Gefahren für die öffentliche Ordnung, Sicherheit oder Gesundheit geprüft werden dürfen[23].

Hinsichtlich der Einreise besteht ein Spannungsverhältnis, das aus den Befugnissen der Mitgliedstaaten auf dem Gebiet der Einwanderung auf der einen Seite und auf den unionsrechtlichen Vorschriften über die Freizügigkeit in der EU auf der anderen Seite resultiert. Aus der Zuständigkeit der Mitgliedstaaten auf dem Gebiet der Einwanderung folgt, dass die erstmalige Zulassung der Einreise eines Drittstaatsangehörigen in ihr Hoheitsgebiet und in das Gebiet der EU von einer vorherigen individuellen Beurteilung des Betroffenen abhängig gemacht werden kann. Im Gegensatz dazu verleiht das geltende Unionsrecht über die Freizügigkeit den Ehegatten und bestimmten anderen Familienangehörigen von Unionsbürgern, die ihr Recht auf Freizügigkeit innerhalb der Union ausüben, ohne Rücksicht auf die Staatsangehörigkeit der Familienangehörigen ein Einreise- und Aufenthaltsrecht.

In der Rechtssache Akrich[24] schien der EuGH dieses Problem gelöst zu haben. Diese Rechtssache betraf einen marokkanischen Staatsangehörigen, der sich unrechtmäßig im Vereinigten Königreich aufgehalten hatte, während seines Aufenthalts eine Reihe von Straftaten begangen hatte und infolgedessen abgeschoben worden war. Akrich kehrte illegal in das Vereinigte Königreich zurück und heiratete dort eine Britin. Nach einer sechsmonatigen Beschäftigung in Irland versuchte das Ehepaar, in das Vereinigte Königreich zurückzukehren, und berief sich dabei auf die Rechte der Ehegatten von Arbeitnehmern in der EU aus Art. 10 VO 1612/69/EWG (aufgehoben durch Art. 38 RL 2004/38/

---

[17] Vgl. *Winkelmann* ZAR 2010, 213 (270, 277); *Welte* ZAR 2009, 61; abl. VG München Beschl. v. 4.1.2011 – M 25 S 11.58; VG Darmstadt Beschl. v. 5.6.2008 – 5 L 277/08.DA, Rn. 19. Das Reiserecht würde auch der Gesetzesentwurf der SPD-Fraktion v. 7.3.2012 BT-Drs. 17/8921 einräumen, mit dem § 2 IV ergänzt werden sollte.
[18] *Winkelmann* ZAR 2010, 213 (270, 277).
[19] VG Berlin Urt. v. 15.6.2011 – 35 K 55.11, Rn. 37; *Winkelmann* ZAR 2010, 213 (270, 277); *Welte* ZAR 2009, 61; aA VG München Beschl. v. 4.1.2011 – M 25 S 11.58,.
[20] So VG Berlin Urt. v. 15.6.2011 – 35 K 55.11 Rn. 37.
[21] Hierzu EuGH Urt. v. 25.7.2002 – C-459/99 Rn. 56 ff. – MRAX.
[22] EuGH Urt. v. 25.7.2002 – C-459/99 Rn. 59 – MRAX; so auch Gesetzesentwurf der SPD-Fraktion v. 7.3.2012 BT-Drs. 17/8921, 7.
[23] So auch Gesetzesentwurf der SPD-Fraktion v. 7.3.2012 BT-Drs. 17/8921, 7.
[24] EuGH Urt. v. 23.9.2003 – C-109/01 – Akrich.

EG). Hier hat der EuGH betont, dass die VO 1612/69/EWG nur die **Freizügigkeit innerhalb der EU** betreffe und dass sie nichts sage über das Bestehen von Rechten eines mit einem Unionsbürger verheirateten Drittstaatsangehörigen im Hinblick auf den Zugang zum Unionsgebiet. Um in den Genuss der Rechte aus Art. 10 VO 1612/69/EWG kommen zu können, müsse sich der mit einem Unionsbürger verheiratete Drittstaatsangehörige **rechtmäßig in einem Mitgliedstaat aufhalten**, wenn er sich in einen anderen Mitgliedstaat begebe, in den der Unionsbürger abwandere oder abgewandert sei[25]. Nachdem der EuGH jedoch die nationale und die unionsrechtliche Zuständigkeit in dieser Weise abgegrenzt hatte, hat er anschließend die Voraussetzungen qualifiziert, unter denen die nationale Zuständigkeit wahrgenommen werden müsse, indem er auf das in Art. 8 EMRK verankerte Recht auf Schutz des Familienlebens hingewiesen hat.

24 Durch die Rechtssache Jia[26] sind die Grundsätze aus der Rechtssache Akrich nochmals bestätigt worden. Dem in Rede stehenden Familienangehörigen konnte nicht vorgeworfen werden, sich rechtswidrig in einem Mitgliedstaat aufzuhalten oder sich missbräuchlich den nationalen Einreisevorschriften entziehen zu wollen. Im Gegenteil, Frau Jia befand sich rechtmäßig in Schweden, als sie den Antrag auf Erteilung eines Aufenthaltstitels stellte, und das schwedische Recht ermöglichte es, ihr ein langfristiges Aufenthaltsrecht zu gewähren, sofern die Unterhaltsgewährung hinreichend belegt ist. Daraus folgerte der EuGH, dass die Voraussetzung eines vorherigen rechtmäßigen Aufenthalts in einem Mitgliedstaat, wie sie in der Rechtssache Akrich aufgestellt worden ist, nicht auf einen Fall übertragen werden könne, in dem die Einreise für einen Besuchsaufenthalt durch Erteilung eines Visums erlaubt wurde[27]. Mit der Rechtssache Jia sind die Anforderungen an den rechtmäßigen Aufenthalt präzisiert worden; offen bleibt, ob etwas anderes gelten würde, wenn das nationale Recht die Beantragung eines Aufenthaltstitels nach einer Einreise zu Besuchszwecken nicht ermöglicht hätte.

25 Diese Entscheidungen stehen im Gegensatz zu anderen Urteilen, die aus der Zeit sowohl vor als auch nach ihrer Verkündung stammen und in denen der EuGH unmissverständlich ausgeführt hat, dass sich die Rechte der mit einem Staatsangehörigen eines Mitgliedstaats verheirateten Staatsangehörigen eines Drittstaats auf Einreise in das Hoheitsgebiet eines Mitgliedstaats und auf dortigen Aufenthalt allein aus der familiären Beziehung ergäben[28]. So hat der EuGH in der Rechtssache MRAX ausgeführt, dass sich **das Recht des mit einem Staatsangehörigen eines Mitgliedstaats verheirateten Staatsangehörigen eines Drittstaats auf Einreise in das Hoheitsgebiet der Mitgliedstaaten nach dem Unionsrecht allein aus der familiären Beziehung ergibt.**

26 Der EuGH hat zwar darauf hingewiesen, dass die Mitgliedstaaten die Ausübung dieses Rechts vom Besitz eines Visums abhängig machen können (wobei „Visum" definiert ist als eine von einem Mitgliedstaat ausgestellte Genehmigung oder eine von einem Mitgliedstaat getroffene Entscheidung, die für die Einreise in das Hoheitsgebiet dieses Mitgliedstaats erforderlich ist), jedoch hat er bemerkt, dass die Mitgliedstaaten verpflichtet seien, den genannten Personen zur Erlangung der erforderlichen Sichtvermerke alle Erleichterungen zu gewähren. Eine Politik eines Mitgliedstaats, den mit einem Unionsbürger verheirateten Staatsangehörigen eines Drittstaats, der versuche, in sein Hoheitsgebiet einzureisen, ohne über einen gültigen Personalausweis, Reisepass oder ein Visum zu verfügen, an der Grenze zurückzuweisen, wenn der Betroffene seine Identität und die Ehe nachweisen könne und es keine Anhaltspunkte dafür gebe, dass er eine Gefahr für die öffentliche Ordnung, Sicherheit oder Gesundheit darstelle, verletze die **unionsrechtlichen Einreiseregelungen, die im Licht des Grundsatzes der Verhältnismäßigkeit auszulegen seien.**

27 Als Nächstes hat der EuGH ausgeführt, dass die Visaregelungen es einem Mitgliedstaat nicht gestatteten, dem Staatsangehörigen eines Drittstaats, der seine Identität und die Tatsache, dass er mit einem Staatsangehörigen eines Mitgliedstaats verheiratet sei, nachweisen könne, die Erteilung einer Aufenthaltserlaubnis zu verweigern und ihm gegenüber eine Maßnahme zur Entfernung aus dem Hoheitsgebiet zu ergreifen, nur weil er illegal in das Hoheitsgebiet des betreffenden Mitgliedstaats eingereist sei.

28 Der EuGH hat in der Rechtssache MRAX insoweit klargestellt, dass die Mitgliedstaaten im Visumverfahren nur prüfen dürfen, ob die Familienangehörigen nach Art. 10 VO 1612/69/EWG (aufgehoben durch Art. 38 RL 2004/38/EG) freizügigkeitsberechtigt sind[29]. **Die Prüfung im Visumverfahren beschränkt sich daher auf die Frage, ob der Familienangehörige Ehegatte des EU-Bürgers ist und ein abgeleitetes Freizügigkeitsrecht beanspruchen kann**[30]. Steht aufgrund der Prüfung fest, dass der Familienangehörige Freizügigkeit genießt, kann das Visum nicht versagt werden, weil der Ehegatte unzureichende deutsche Sprachkenntnisse hat oder die Eheleute noch keine 18 Jahre alt sind.

---

[25] EuGH Urt. v. 23.9.2003 – C-109/01 Rn. 50 – Akrich.
[26] EuGH Urt. v. 9.1.2007 – C-1/05 – Jia.
[27] EuGH Urt. v. 9.1.2007 – C-1/05 Rn. 31 – Jia.
[28] EuGH Urt. v. 25.7.2002 – C-459/99 Rn. 59 – MRAX und Urt. v. 14.4.2005 – C 157/03, Slg. 2005, I-2911 Rn. 28 – Kommission/Spanien.
[29] EuGH Urt. v. 25.7.2002 – C-459/99 Rn. 62 – MRAX.
[30] *Westphal/Stoppa*, Ausländerrecht für die Polizei, 3. Aufl., S. 324.

Die Auflösung des **Widerspruchs in der Rspr.**, der aus den voneinander abweichenden Ansätzen 29
in den Urteilen MRAX und Kommission/Spanien einerseits und der Entscheidungen Akrich und Jia
andererseits resultiert, ist mit der Rechtssache Metock[31] erfolgt. Der EuGH stellt ausdrücklich fest, dass
an dem Ansatz aus der Rechtssache Akrich nicht mehr festzuhalten sei. Mit der Entscheidung wurde
klargestellt, dass sich drittstaatsangehörige Familienangehörige eines Unionsbürgers auch auf die
Freizügigkeit nach Art. 3 I Freizügigkeits-RL berufen können, wenn sie sich zuvor nicht legal,
sondern zB als Asylbewerber in einem EU-Staat aufgehalten haben.

Die Freizügigkeits-RL ist in dem Sinne auszulegen, dass sie für jeden Drittstaatsangehörigen gilt, der 30
Familienangehörige eines Unionsbürgers iSv Art. 2 Nr. 2 Freizügigkeits-RL ist und den Unionsbürger
in einen anderen Mitgliedstaat als den, dessen Staatsangehörigkeit dieser besitzt, begleitet oder diesem
dorthin nachzieht, und ihm hinsichtlich dieses Mitgliedstaats das Recht auf Einreise und Aufenthalt
verleiht, **ohne danach zu unterscheiden, ob sich der betr. Drittstaatsangehörige bereits rechtmäßig in einem anderen Mitgliedstaat aufgehalten hat oder nicht**[32].

Neben dieser wichtigen Klärung hat die Entscheidung auch weitere weitreichende Folgen für die 31
Anforderungen an das Visumverfahren. Der EuGH stellte fest, dass die Mitgliedstaaten keine Regelungsbefugnis haben, um den Nachzug von drittstaatsangehörigen Familienangehörigen zu regeln. Die
Auffassung, wonach die Mitgliedstaaten, vorbehaltlich Titel IV des Dritten Teils des Vertrags, die
ausschließliche Zuständigkeit dafür behielten, den erstmaligen Zugang von Familienangehörigen eines
Unionsbürgers, die die Staatsangehörigkeit eines Drittlands besäßen, zum Unionsgebiet zu regeln,
wurde vom EuGH zurückgewiesen[33]: Würde man den Mitgliedstaaten die ausschließliche Zuständigkeit dafür einräumen, Drittstaatsangehörige, die Familienangehörige eines Unionsbürgers sind und sich
nicht bereits in einem anderen Mitgliedstaat aufgehalten haben, die Einreise und den Aufenthalt auf
ihrem Hoheitsgebiet zu gestatten oder zu verweigern, so hätte dies zur Folge, dass die Freizügigkeit der
Unionsbürger in einem Mitgliedstaat, dessen Staatsangehörigkeit sie nicht besitzen, je nach dem
nationalen Zuwanderungsrecht unterschiedlich ausgestaltet wäre, weil einige Mitgliedstaaten Familienangehörigen eines Unionsbürgers die Einreise und den Aufenthalt gestatten, während andere ihnen
dies verweigern.

Ein solches Ergebnis ist nach Ansicht des EuGH mit dem in Art. 3 Ic EG genannten Ziel eines 32
Binnenmarkts, der durch die Beseitigung der Hindernisse für den freien Personenverkehr zwischen
den Mitgliedstaaten gekennzeichnet ist, unvereinbar[34]. Die Schaffung eines Binnenmarkts setzt voraus,
dass die Bedingungen, unter denen ein Unionsbürger in einem Mitgliedstaat, dessen Staatsangehörigkeit er nicht besitzt, einreisen und sich dort aufhalten darf, in allen Mitgliedstaaten gleich sind. Für
Deutschland bedeutet dies, dass die derzeitige Praxis des AA, die von drittstaatsangehörigen Ehegatten
eines Unionsbürgers, zB von der indischen Ehefrau eines in Deutschland arbeitenden Österreichers,
Deutschsprachkurse und -sprachtests vor der Einreise verlangt, rechtswidrig ist[35].

IV. Personengruppen

1. Allgemeines

Hinsichtlich der einzelnen Gruppen von Freizügigkeitsberechtigten ist vorab kurz an die **Entwick-** 33
lung und den derzeitigen Stand der Freizügigkeitsrechte zu erinnern. Ausgangspunkt der Freizügigkeitsvorschriften war die Entwicklung des Wirtschaftslebens der EU[36]. Mit Art. 8a EGV und den RL
des EU-Rats vom 28.6.1990 und 29.10.1993 zugunsten von Studenten und anderen Personen war
dann jedoch die unmittelbare Beziehung zum Wirtschaftsverkehr gelockert und zT aufgegeben[37].
Danach folgt die Freizügigkeit unmittelbar aus Art. 18 EG, heute aus Art. 21 AEUV.

Diesem **System** folgt auch die Freizügigkeits-RL, indem sie die Freizügigkeit als elementares Recht 34
des Unionsbürgers und als eine der Grundfreiheiten des Binnenmarkts bezeichnet und sich zum Ziel
setzt, die bisherige getrennte Behandlung und die geltenden bereichsspezifischen und fragmentarischen
Ansätze zu überwinden, um die Ausübung des Freizügigkeitsrechts zu vereinfachen, zu erleichtern und
zu verstärken (Erwägungsgründe Nr. 1–4). Diesen Ausgangsthesen folgend sind in der RL nicht mehr
einzelne Gruppen von Berechtigten aufgeführt, sondern nur noch die Unionsbürger und ihre Familienangehörigen genannt, die sich in einen anderen Mitgliedstaat als den ihrer Staatsangehörigkeit
begeben oder sich dort aufhalten (Art. 3 I). Eine Unterscheidung zwischen Arbeitnehmern und Selbstständigen, Studenten und anderen Auszubildenden sowie sonstigen Personen wird zB insofern getroffen, als die zuerst genannten Erwerbstätigen ausreichende Existenzmittel und einen umfassenden
Krankenversicherungsschutz nicht nachzuweisen brauchen (Art. 7). Ansonsten hat die Zugehörigkeit

---

[31] EuGH Urt. v. 25.7.2008 – C-127/08 Rn. 58 – Metock ua.
[32] EuGH Urt. v. 25.7.2008 – C-127/08 Rn. 54 – Metock ua.
[33] EuGH Urt. v. 25.7.2008 – C-127/08 Rn. 67 f. – Metock ua.
[34] EuGH Urt. v. 25.7.2008 – C-127/08 Rn. 68 – Metock ua.
[35] So auch *Dienelt*, News v. 25.7.2008, http://www.migrationsrecht.net.
[36] Dazu *Hailbronner* ZAR 1984, 176.
[37] Näher dazu *Fischer* ZAR 1998, 159.

zu einer bestimmten Personengruppe ihre frühere grundlegende Bedeutung verloren[38]. So gesehen hat die deklaratorische Aufzählung in Abs. 2 nur noch eingeschränkte Bedeutung.

35 Die in der Freizügigkeits-RL enthaltenen Voraussetzungen sind als Beschränkung aufzufassen und im Lichte dieses **Grundstatus** der Unionsbürger auszulegen. Zur näheren Bestimmung sind va die Grundsätze der Verhältnismäßigkeit und der Nicht-Diskriminierung aus Gründen der Staatsangehörigkeit heranzuziehen.

2. Arbeitnehmer

36 **Definition:** Der **unionsrechtliche Arbeitnehmerbegriff** wird weder durch den AEUV noch durch das sekundäre Unionsrecht definiert[39]. Nach der stRspr des EuGH ist der Begriff des Arbeitnehmers ein Begriff des Unionsrechts, der nicht eng auszulegen ist[40]. Dabei definiert der EuGH den Arbeitnehmerbegriff anhand objektiver Kriterien, die das Arbeitsverhältnis im Hinblick auf die Rechte und Pflichten der betroffenen Personen kennzeichnen[41]. Das wesentliche Merkmal des Arbeitsverhältnisses besteht darin, dass jemand während einer bestimmten Zeit für einen anderen nach dessen Weisung Leistung erbringt, für die er als Gegenleistung eine Vergütung erhält[42].

37 Der EuGH definiert den Arbeitnehmerbegriff damit unter Zugrundelegung dreier Voraussetzungen, die kumulativ erfüllt sein müssen:
– die Dauerhaftigkeit der Tätigkeit
– ein Über-/Unterordnungsverhältnis und
– ein Entgelt

38 Dabei gilt als weitere einschränkende Voraussetzung, dass als Arbeitnehmer nur angesehen werden kann, wer eine tatsächliche und echte Tätigkeit ausübt, die nicht einen so geringen Umfang hat, dass es sich um völlig untergeordnete und unwesentliche Tätigkeiten handelt[43]. Ohne Bedeutung ist die Art des Rechtsverhältnisses zwischen dem Arbeitnehmer und dem Arbeitgeber[44]. Insoweit hat der EuGH auch ein Beschäftigungsverhältnis, bei dem die Arbeitnehmerin ihre Arbeitskraft „auf Abruf" zu erbringen hatte und lediglich wenige Tage in der Woche und/oder nur wenige Stunden pro Tag gearbeitet hatte, grundsätzlich als geeignet angesehen, die Arbeitnehmereigenschaft nach Art. 45 AEUV zu begründen[45].

39 Allein der **Abschluss eines Arbeitsvertrags** begründet keine Arbeitnehmereigenschaft. Denn der Vertrag gibt weder Aufschluss über die tatsächlich ausgeübte Beschäftigung noch über das tatsächlich gezahlte Entgelt. Der Arbeitsvertrag lässt nur erkennen, dass der Ausländer nunmehr mit begründeter Aussicht auf Erfolg Arbeit sucht und damit nach § 2 II Nr. 1a Freizügigkeit genießt.

40 **Umfang und Dauer der Beschäftigung:** In der Praxis stellt sich regelmäßig die Frage, welchen **Umfang die Beschäftigung** annehmen muss, um die Arbeitnehmereigenschaft noch begründen zu können. Dabei ist zur Feststellung des Vorliegens der Arbeitnehmereigenschaft insbesondere die Dauer der vom Ausländer verrichteten Tätigkeit zu berücksichtigen. Um die Arbeitnehmereigenschaft festzustellen, ist nach der Entscheidung des EuGH in der Rechtssache Genc eine **Gesamtbewertung des Sachverhalts** erforderlich[46]. Dabei sind für den EuGH folgende Gesichtspunkte zu berücksichtigen:
– Arbeitszeit
– Höhe der Vergütung
– Anspruch auf bezahlten Urlaub
– Geltung von Lohnfortzahlung im Krankheitsfall
– die Anwendung des Tarifvertrags in der jeweils ültigen Fassung auf den Arbeitsvertrag sowie
– Dauer des Arbeitsverhältnisses

41 Das BSG hat für die Gesamtbewertung der Ausübung einer Tätigkeit als Beschäftigung und damit die Zuweisung des Arbeitnehmerstatus insbesondere auf die Arbeitszeit, den Inhalt der Tätigkeit, eine

---

[38] Vgl. dazu auch *Groß* ZAR 2005, 81; *Hailbronner* ZAR 2004, 259.
[39] SächsOVG Beschl. v. 2.2.2016 – 3 B 267/15, Rn. 4.
[40] EuGH Urt. v. 3.7.1986 – 66/85, Slg. 1986, 2121 Rn. 16 f. – Larrie-Blum; Urt. v. 12.5.1998 – C-85/96, Slg. 1998, I-2691 Rn. 32 – Martniez Sala; Urt. v. 8.6.1999 – C-337/97, Slg. 1999, I-3289 Rn. 13 – Meensen; Urt. v. 23.3.2004 – C-138/02, Slg. 2004, I-2703 Rn. 26 – Collins; SächsOVG Beschl. v. 2.2.2016 – 3 B 267/15, Rn. 4.
[41] SächsOVG Beschl. v. 2.2.2016 – 3 B 267/15, Rn. 4.
[42] Vgl. insbes. EuGH Urt. v. 3.7.1986 – 66/85, Slg. 1986, 2121 Rn. 16 und 17 – Lawrie-Blum; Urt. v. 12.5.1998 – C-85/96, Slg. 1998, I-2691 Rn. 32 – Martinez Sala; Urt. v. 8.6.1999 – C-337/97, Slg. 1999, I-3289 Rn. 13 – Meeusen.
[43] EuGH Urt. v. 3.7.1986 – 66/85, Slg. 1986, 2121 Rn. 17 – Lawrie-Blum; Urt. v. 26.2.1992 – C-3/90, Slg. 1992, I-1071 Rn. 14 – Bernini; Urt. v. 26.2.1992 – C-357/89, Slg. 1992, I-1027 Rn. 10 – Raulin.
[44] S. hierzu EuGH Urt. v. 12.2.1974 – 152/73, Slg. 1994, 153 Rn. 5 – Sotgiu. Dort hat der EuGH festgestellt, dass der Art. 48 EGV (nach Änderung Art. 39 EG) zwischen Beschäftigungsverhältnissen, die dem öffentlichen Recht unterliegen und solchen, die dem PrivatR unterliegen, nicht unterscheidet. Außerdem EuGH Urt. v. 31.5.1989 – 344/87, Slg. 1989, 1621 Rn. 16 – Bettray.
[45] EuGH Urt. v. 26.2.1992 – C-357/89, Slg. 1992, I-1027 Rn. 6 f. – Raulin.
[46] EuGH Urt. v. 4.2.2010 – C 14/09 Rn. 25 ff. – Genc; BSG Urt. v. 12.9.2018 – B 14 AS 18/17 R Rn. 19 f.

Weisungsgebundenheit, den wirtschaftlichen Wert der erbrachten Leistung, die Vergütung als Gegenleistung für die Tätigkeit, den Arbeitsvertrag und dessen Regelungen sowie die Beschäftigungsdauer abgestellt[47]. Nicht alle einzelnen dieser Merkmale müssen schon je für sich genügen, um die Arbeitnehmereigenschaft zu begründen; maßgeblich ist ihre Bewertung in einer Gesamtschau[48].

Mit dem **Weisungsrecht** wird an das Direktionsrecht des Arbeitgebers angeknüpft, der Art, Zeit 42 und Ort der Arbeit im Rahmen des Arbeitsverhältnisses näher konkretisieren kann. Auch wenn die klassischen Weisungsrechte zunehmend eine geringere Rolle spielen, weil den Arbeitnehmern mehr Eigenverantwortung, Eigeninitiative und auch mehr Selbstständigkeit zugestanden werden, so bleibt es als Indiz für eine Beschäftigung von Bedeutung.

Das Kriterium der **Eingliederung in die Arbeitsorganisation des Weisungsgebers** ermöglicht 43 die Berücksichtigung struktureller und organisatorischer Gegebenheiten, in deren Rahmen sich die Ausübung der Beschäftigung vollzieht. Eine Beschäftigung liegt daher in der Regel dann vor, wenn die personellen und räumlichen Mittel zu seiner Bewältigung, mithin der betriebliche Rahmen, vom Arbeitgeber gestellt oder organisiert werden. Außerdem bestimmt der Arbeitgeber das Ziel der Beschäftigung und die Mittel, die er zur Erreichung des Ziels einsetzt.

Indizien für das Vorliegen einer abhängigen Beschäftigung sind: 44
– Abschluss eines als „Arbeitsvertrag" bezeichneten Vertrags
– feste Vergütung, bei der die Arbeitsleistung nicht mit einem besonderen Verlustrisiko (Unternehmerrisiko) verbunden ist
– Anwendbarkeit eines Tarifvertrags auf den Arbeitsvertrag
– Abführen von Lohnersatzleistungen an die Sozialversicherung
– Arbeitsleistung ist höchstpersönlich zu erbringen
– Fehlzeiten bei Krankheit oder Arbeitsverhinderung werden vom Arbeitgeber überbrückt.
– Anwesenheitskontrollen, insbesondere durch Zeiterfassungssysteme
– Eingliederung in den Arbeitsprozess durch Eingliederung in die arbeitsteilige Produktion oder im Rahmen von Teamarbeit oder der Aufnahme in einen Dienstplan
– feste Arbeitszeiten
– Arbeitsplatz im Betrieb des Arbeitgebers
– Betriebsmittel (Computer, Fahrzeuge, Werkzeug usw) werden vom Arbeitgeber gestellt
– Gewährung von Urlaubs-, Weihnachtsgeld oder eines 13. Monatsgehalts

Die Rspr. des EuGH zur **Dauer des Beschäftigungsverhältnisses** hat kasuistischen Charakter. 45 Der EuGH hat sich ua bereits zu der möglichen Arbeitnehmerstellung von Schulabgängern, die auf der Suche nach ihrem ersten Arbeitsverhältnis sind, Teilzeitarbeitnehmern, Referendaren und Gelegenheitsarbeitskräften geäußert. Schulabgänger, die eine einzige Beschäftigung suchen, haben noch keinen Zugang zum Arbeitsmarkt gefunden und haben folglich keine tatsächliche und echte Berufstätigkeit ausgeübt[49].

Hingegen hat der EuGH **Teilzeitbeschäftigungen** für geeignet angesehen, um die Arbeitnehmer- 46 eigenschaft zu begründen[50]. Maßgeblich für die Einbeziehung von Teilzeitbeschäftigungen war der Gesichtspunkt, dass diese Möglichkeit der Arbeitsaufnahme für eine große Anzahl von Personen ein wirksames Mittel zur Verbesserung ihrer Lebensbedingungen darstellt, auch wenn sie möglicherweise zu Einkünften führt, die unter dem liegen, was als Existenzminimum angesehen wird. Deshalb würde die praktische Wirksamkeit des Unionsrechts beeinträchtigt, wenn allein Personen in den Genuss der mit der Freizügigkeit der Arbeitnehmer zuerkannten Rechte kommen würden, die einer Vollzeitbeschäftigung nachgehen und daher regelmäßig ein Arbeitseinkommen beziehen, das mindestens dem in der betreffenden. Branche garantierten Mindesteinkommen entspricht.

Die Begriffe des Arbeitnehmers und der Tätigkeit im Lohn- und Gehaltsverhältnis sind deshalb nach 47 Ansicht des EuGH dahin zu verstehen, dass die Vorschriften über die Freizügigkeit der Arbeitnehmer auch für Personen gelten, die nur eine Teilzeittätigkeit im Lohn- oder Gehaltsverhältnis ausüben oder aufnehmen wollen und daraus ein nur unter dem in der betreffenden Branche garantierten Mindesteinkommen liegendes Einkommen erzielen oder erzielen würden[51].

Vermag eine Teilzeitbeschäftigung damit grundsätzlich die Arbeitnehmerstellung zu begründen, so 48 stellt sich in der Praxis die Frage nach dem zu fordernden **Umfang der Berufsausübung.** In der Rechtssache Raulin[52] hat der EuGH entschieden, dass die Tatsache, dass der Betroffene im Rahmen des Arbeitsverhältnisses nur sehr wenige Stunden gearbeitet hat, ein Anhaltspunkt dafür sein kann, dass die **ausgeübte Tätigkeiten nur untergeordnet und unwesentlich gewesen** sind.[53] Die Betroffene hatte im Rahmen eines Arbeitsvertrags auf Abruf 60 Stunden in einem Zeitraum von gut zwei Wochen

---

[47] BSG Urt. v. 12.9.2018 – B 14 AS 18/17 R Rn. 20.
[48] BSG Urt. v. 12.9.2018 – B 14 AS 18/17 R Rn. 20.
[49] S. hierzu EuGH Urt. v. 11.7.2002 – C-224/98, Slg. 2002, I-6191 Rn. 18 – D'Hoop.
[50] EuGH Urt. v. 23.3.1982 – 53/81, Slg. 1982, 1035 Rn. 17 – Levin.
[51] EuGH Urt. v. 23.3.1982 – 53/81, Slg. 1982, 1035 – Levin.
[52] EuGH Urt. v. 26.2.1992 – C-357/89, Slg. 1992, I-1027 ff. – Raulin.
[53] EuGH Urt. v. 26.2.1992 – C-357/89, Slg. 1992, I-1027 Rn. 14 – Raulin.

gearbeitet; eine abschließende Entscheidung über das Vorliegen der Arbeitnehmereigenschaft wurde dem mitgliedstaatlichen Gericht überlassen.

49 **Die Grenze der Unwesentlichkeit ist bei einer Wochenarbeitszeit von sechs Stunden erreicht**[54]. Nur in ganz besonderen Fällen vermag hier eine Gesamtabwägung noch eine Arbeitnehmereigenschaft begründen. Demgegenüber hat der EuGH in der Rechtssache Kempf[55] zur Feststellung einer tatsächlichen und echten Erwerbstätigkeit die Begründung der Arbeitnehmereigenschaft durch eine Teilzeitarbeit von zwölf Wochenstunden als Musiklehrer für möglich gehalten. Gleiches galt für eine Beschäftigung von zwei Stunden pro Woche in der Rechtssache Meeusen.[56] In der Rechtssache Brown[57] ließ der EuGH eine voruniversitäre praktische Ausbildung von rund acht Monaten zur Begründung der Arbeitnehmereigenschaft genügen[58].

50 Aus den vorstehenden Ausführungen ergibt sich, dass die Entscheidungen des EuGH stark vom jeweiligen Einzelfall abhängig sind. Lediglich **Tätigkeiten, die einen so geringen Umfang haben, dass sie sich als völlig untergeordnet und unwesentlich darstellen, sind danach nicht geeignet, die Arbeitnehmereigenschaft zu begründen**[59]. Zwar kann der Umstand, dass im Rahmen eines Arbeitsverhältnisses nur sehr wenige Arbeitsstunden geleistet werden, ein Anhaltspunkt dafür sein, dass die ausgeübten Tätigkeiten nur untergeordnet und unwesentlich sind, doch lässt es sich unabhängig von der begrenzten Höhe des aus einer Berufstätigkeit bezogenen Entgelts und des begrenzten Umfangs der insoweit aufgewendeten Arbeitszeit nicht ausschließen, dass die Tätigkeit aufgrund einer **Gesamtbewertung** des betreffenden Arbeitsverhältnisses von den nationalen Stellen als tatsächlich und echt angesehen werden kann und es somit ermöglicht, dem Beschäftigten die Arbeitnehmereigenschaft im vorgenannten Sinne zuzuerkennen (zu einem Fall mit einer Wochenarbeitszeit von fünf bis sechs Stunden bei einem Verdienst von 180– bis 240 EUR[60]).

51 Die ergänzende Inanspruchnahme von Sozialleistungen schließt die Arbeitnehmereigenschaft nur dann aus, wenn sich der Betroffene ausschließlich aus diesem Grund im Bundesgebiet aufhält und die Freizügigkeit somit missbräuchlich in Anspruch nimmt[61].

52 Außerdem ist – abgesehen vom Fall des Missbrauchs – in jedem Einzelfall zu prüfen, ob das Arbeitsverhältnis das **Merkmal der Dauerhaftigkeit** aufweist. Dieses Merkmal wird man dahingehend konkretisieren können, dass es nur anzunehmen ist, wenn derjenige, der die Arbeit verrichtet, sich mit der Arbeit vertraut machen kann und/oder die verrichtete Arbeit für den Arbeitgeber einen wirtschaftlichen Wert hat.

53 Der Umstand, dass der EU-Bürger **Rentner** ist und eine (geringe) Altersrente bezieht, steht seiner Eigenschaft als Arbeitnehmer nicht entgegen. Rentnern ist es nicht verboten, weiter zu arbeiten; im Gegenteil sehen sie sich nicht selten wegen der Höhe ihrer Rente veranlasst, weiter erwerbstätig zu sein, um ihren Lebensunterhalt vollständig zu sichern[62].

54 **Berufsausbildung und Praktikum:** In den Rechtssache Lawrie-Blum[63] und Bernini[64] hat der EuGH anerkannt, dass jemand, der im Rahmen einer Berufsausbildung ein Praktikum ableistet, als Arbeitnehmer anzusehen ist, wenn das Praktikum unter den Bedingungen einer tatsächlichen und echten Tätigkeit im Lohn- oder Gehaltsverhältnis durchgeführt wird[65]. Art. 7 III d Freizügigkeits-RL legt insoweit fest, dass die Arbeitnehmerfreizügigkeit erhalten bleibt, wenn der Unionsbürger eine Berufsausbildung beginnt. **Die Aufrechterhaltung der Erwerbstätigeneigenschaft setzt voraus, dass zwischen dieser Ausbildung und der früheren beruflichen Tätigkeit ein Zusammenhang besteht**, es sei denn, der Betroffene hat zuvor seinen Arbeitsplatz unfreiwillig verloren (§ 2 III 1 Nr. 3).

55 Bei der Einstufung eines Praktikantenverhältnisses als Tätigkeit im Lohn- und Gehaltsverhältnis war der Umstand der geringen Produktivität des Praktikanten, der geringen Anzahl von geleisteten Wochenstunden und der beschränkten Vergütung nicht maßgeblich. Erforderlich ist vielmehr, dass der Betroffene iRd Entwicklung der beruflichen Fähigkeiten genug Stunden geleistet hat, um sich mit der Arbeit vertraut zu machen.

56 **Missbrauchsfälle:** Ein Missbrauch ist anzunehmen, wenn eine Gesamtwürdigung der objektiven Umstände ergibt, dass trotz formaler Einhaltung der unionsrechtlichen Bedingungen das Ziel der

---

[54] Der HessVGH hat eine Wochenarbeitszeit von 3,78 Stunden für unwesentlich angesehen, HessVGH Beschl. v. 25.1.2017 – 9 D 108/17.
[55] EuGH Urt. v. 26.6.1986 – 139/85, Slg. 1986, 1741 ff. – Kempf.
[56] EuGH Urt. v. 8.6.1999 – C-337/97, Slg. 1999, I-3289 Rn. 7 – Meeusen.
[57] EuGH Urt. v. 21.6.1988 – C-197/86, Slg. 1988, 3205 ff. – Brown.
[58] EuGH Urt. v. 21.6.1988 – C-197/86, Slg. 1988, 3205 Rn. 21 – Brown.
[59] EuGH Urt. v. 23.3.1982 – 53/81, Slg. 1982, 1053 – Levin.
[60] EuGH Urt. v. 4.2.2010 – C-14/09, Rn. 19 ff. mwN – Genc.
[61] EuGH Urt. v. 21.6.1988 – 39/86, Slg. 1988, 3161 ff. – Lair.
[62] EuGH Urt. v. 4.2.2010 – C-14/09, Rn. 19 ff. mwN – Genc; HmbOVG Beschl. v. 5.1.2012 – 3 Bs 179/11, Rn. 12 zu einem 81-jährigen Arbeitnehmer.
[63] EuGH Urt. v. 3.7.1986 – 66/85, Slg. 1986, 2121 ff. – Lawrie-Blum.
[64] EuGH Urt. v. 26.2.1982 – C-3/90, Slg. 1992, I-1071 ff. – Bernini.
[65] EuGH Urt. v. 3.7.1986 – 66/85, Slg. 1986, 2121 Rn. 19–21 – Lawrie-Blum; Urt. v. 26.2.1982 – C-3/90, Slg. 1992, I-1071 Rn. 15 – Bernini.

Regelung nicht erreicht wurde und der Betroffene in der Absicht handelte, sich einen unionsrechtlich vorgesehenen Vorteil dadurch zu verschaffen, dass die entsprechenden Voraussetzungen willkürlich geschaffen wurden[66]. Ein Missbrauch liegt bei **Schwarzarbeit** vor, dh in Fällen, in denen der Ausländer im kollusiven Zusammenwirken mit dem Arbeitgeber keine Sozialversicherungsbeiträge abführt[67]. Auch in Fällen, in denen die Gesamtwürdigung aller Umstände dafür spricht, dass die Aufnahme des Arbeitsverhältnisses einzig dem Ziel dient, dem Unionsbürger einen Aufenthalt im Bundesgebiet und damit auch den Erhalt der gewährten finanziellen Leistungen unter Umgehung der Vorgaben des FreizügG/EU bzw. der Freizügigkeits-RL zu ermöglichen, liegt ein Missbrauch vor[68].

Anhaltspunkte für einen Missbrauch sind: 57

- Aufnahme eines Arbeitsverhältnisses nach Androhung der Abschiebung[69]
- Anpassung des Umfangs der Beschäftigung im Rahmen eines Arbeitsvertrags nach Ergehen einer Verlustfeststellung[70]
- die nur formale Erfüllung der Mindestvoraussetzungen der Freizügigkeit, die dem Sinn und Zweck der Freizügigkeits-RL nicht entspricht, sondern lediglich das Ziel verfolgt, sich dadurch soziale Vorteile des Unionsrechts zu verschaffen[71]
- generelles Fehlen eigenen Bemühens um eine Arbeitsstelle, aber die dennoch (plötzlich) erfolgte Aufnahme einer geringfügigen Beschäftigung in unmittelbarem zeitlichem Zusammenhang mit einer drohenden Verlustfeststellung, die darüber hinaus definitiv am unteren Rand dessen liegt, was überhaupt noch die Annahme einer Arbeitnehmereigenschaft zulassen kann[72].

Der EuGH hat in der Rechtssache Lair[73] einschränkend ausgeführt, dass Missbräuche durch die 58 Bestimmung über die Freizügigkeit der Arbeitnehmer nicht gedeckt würden und dass es sich um einen Missbrauch handele, wenn sich ein Arbeitnehmer **nur mit der Absicht** in einen Mitgliedstaat begibt, um dort nach einer sehr kurzen Berufstätigkeit **Sozialleistungen in Anspruch zu nehmen**[74]. Dabei hat der EuGH in der Rechtssache Ninni-Orasche[75] aber klargestellt, dass eine zeitlich befristete Beschäftigung von zweieinhalb Monaten grundsätzlich geeignet ist, die Arbeitnehmereigenschaft nach Art. 39 EG zu begründen, ohne dass daraus allein schon ein Missbrauch geschlossen werden kann[76].

Vergütung: Neben der Dauerhaftigkeit des Arbeitsverhältnisses muss dem Beschäftigten als 59 Gegenleistung in Form einer Vergütung gewährt werden. Dabei kann den Entscheidungen des EuGH in den Rechtssache Lawrie-Blum[77] und Bernini[78] entnommen werden, dass auch Personen, die ein **Praktikum** im Rahmen ihrer **Berufsausbildung** ableisten, als Arbeitnehmer angesehen werden können, obwohl sie lediglich ein geringes Arbeitsentgelt beziehen. Der EuGH verlangt insbesondere nicht, dass das Arbeitsentgelt so hoch ist, dass der Betroffene damit seinen Lebensunterhalt vollständig bestreiten kann. Vielmehr hat er in der Rechtssache Levin[79] festgestellt, dass das Arbeitsentgelt auch unter „dem in der betreffenden Branche garantierten Mindesteinkommen [liegen kann]. Insoweit kann nicht zwischen Personen, die sich mit ihren Einkünften mit einer derartigen Tätigkeit begnügen wollen, und Personen differenziert werden, die diese Einkünfte durch andere Einkünfte, sei es aus Vermögen oder aus der Arbeit eines sie begleitenden Familienmitglieds, ergänzen[80]."

Als Entgelt für die ausgeübte Beschäftigung reicht es aber nicht aus, wenn eine Person iRe einer 60 **Arbeitsbeschaffungsmaßnahme zur Erhaltung, Wiederherstellung oder Förderung der Arbeitsfähigkeit** eingesetzt wird. In der Rechtssache Bettray[81] hat der EuGH entscheidend darauf abgestellt, dass die im Rahmen der Arbeitsbeschaffungsmaßnahmen ausgeübten Tätigkeiten nicht als tatsächliche und echte wirtschaftliche Tätigkeiten angesehen werden können, da sie nur ein Mittel der Rehabilitation oder der Wiedereingliederung der Arbeitnehmer in das Arbeitsleben darstellen. Die betreffenden Beschäftigungen seien Personen vorbehalten, die infolge von Umständen, die in ihrer

---

[66] HessVGH Beschl. v. 5.3.2019 – 9 B 56/19; OVG NRW Beschl. v. 28.3.2017 – 18 B 274/17, Rn. 3 f.; OVG RhPf Beschl. v. 20.9.2016 – 7 B 10406/16, Rn. 34; EuGH Urt. v. 12.3.2014 – C-456/12, Rn. 58 mwN – O. und B.; Urt. v. 16.10.2012 – C-364/10 – Ungarn/Slowakische Republik.
[67] HessLSG Beschl. v. 13.9.2007 – L 9 AS 44/07 ER, FEVS 59, 110; LSG NRW Beschl. v. 29.4.2015 – L 2 AS 2388/14 B ER.
[68] HessVGH Beschl. v. 5.3.2019 – 9 B 56/19; OVG NRW Beschl. v. 28.3.2017 – 18 B 274/17, Rn. 3 f.
[69] OVG NRW Beschl. v. 28.3.2017 – 18 B 274/17, Rn. 3 f.
[70] HessVGH Beschl. v. 5.3.2019 – 9 B 56/19.
[71] OVG RhPf Beschl. v. 20.9.2016 – 7 B 10406/16, Rn. 36.
[72] OVG RhPf Beschl. v. 20.9.2016 – 7 B 10406/16, Rn. 40.
[73] EuGH Urt. v. 21.6.1988 – 39/86, Slg. 1988, 3161 ff. – Lair.
[74] EuGH Urt. v. 21.6.1988 – 39/86, Slg. 1988, 3161 Rn. 43 – Lair; in der Entscheidung ging es um die Dauer einer Studienfinanzierung.
[75] EuGH Urt. v. 6.11.2003 – C-413/01 – Ninni-Orasche.
[76] EuGH Urt. v. 6.11.2003 – C-413/01 Rn. 32 – Ninni-Orasche.
[77] EuGH Urt. v. 3.7.1986 – 66/85, Slg. 1986, 2121 Rn. 19–21 – Lawrie-Blum.
[78] EuGH Urt. v. 26.2.1992 – C-93/90, Slg. 1992, I-1071 Rn. 15 – Bernini.
[79] EuGH Urt. v. 23.3.1982 – 53/81, Slg. 1982, 1035 ff. – Levin.
[80] EuGH Urt. v. 23.3.1982 – 53/81, Slg. 1982, 1035 Rn. 16 – Levin.
[81] EuGH Urt. v. 31.5.1989 – C-344/87, Slg. 1989, 1621 ff. – Bettray.

Person begründet liegen, nicht in der Lage seien, einer Beschäftigung unter normalen Bedingungen nachzugehen[82]. Demgegenüber wurde in der Rechtssache Steymann[83] entschieden, dass ein Mitglied der Bhagwan-Vereinigung durchaus unter den Arbeitnehmerbegriff fällt, auch wenn die Gegenleistung, die diese Person erhält, nur mittelbar aus der tatsächlich erbrachten Arbeit herrührt[84].

61 Diesen Entscheidungen lässt sich als Grundsatz entnehmen, dass jedenfalls Gegenleistungen dann nicht als Arbeitsentgelt anzusehen sind, wenn sie im Rahmen von Maßnahmen gewährt werden, die lediglich als Instrument zur Integration von Personen mit persönlichen Unzulänglichkeiten gewährt werden und daher nicht als Form von Arbeit angesehen werden können.

62 **Erlöschen der Arbeitnehmereigenschaft:** Mit der Rspr. des EuGH ist davon auszugehen, dass der Betroffene grundsätzlich mit der **Beendigung des Arbeitsverhältnisses** die Arbeitnehmereigenschaft verliert[85], diese Eigenschaft nach Beendigung des Arbeitsverhältnisses aber dennoch bestimmte Folgewirkungen zeitigt. In den vom EuGH bisher zu entscheidenden Fällen zur Beziehung zwischen einer Erwerbstätigkeit und einer **späteren Berufsausbildung bzw. einem Studium** hat der EuGH durchaus auch Folgewirkungen der Arbeitnehmereigenschaft anerkannt. Zu Einzelheiten siehe § 2 III 1 Nr. 2.

63 **Bereich der öffentlichen Verwaltung:** Von der Arbeitnehmerfreizügigkeit ausgenommen ist der Bereich der **öffentlichen Verwaltung** (Art. 45 IV AEUV). Dieser Begriff ist unionsrechtlich auszulegen und nicht nach Maßgabe des jeweiligen nationalen Rechts[86]. Entscheidend ist, ob die Stelle eine mittelbare oder unmittelbare Teilnahme an der Ausübung hoheitlicher Befugnisse und an der Wahrnehmung von Aufgaben mit sich bringt, die auf die Wahrnehmung der allgemeinen Belange des Staates oder anderer öffentlichen Körperschaften gerichtet ist[87]. Ausgenommen sind dagegen nicht solche Tätigkeiten, die zum **allgemeinen Wirtschaftsverkehr** gehören, etwa die eines Lokomotivführers, eines Kantinenarbeiters oder einer Säuglingsschwester[88]. Ein Studienreferendar ist während des Vorbereitungsdienstes für ein Lehramt als Arbeitnehmer außerhalb des öffentlichen Dienstes iSd Art. 45 IV AEUV anzusehen, wenn er Unterricht erteilt und eine Vergütung erhält; die Rechtsnatur des Beschäftigungsverhältnisses ist gleichgültig[89]. Dasselbe gilt für einen Fremdsprachenlektor, der an einer Universität angestellt ist[90].

64 Die Ausnahme des Art. 45 IV AEUV bedeutet nur, dass anderen Unionsbürgern der Zugang zu diesen Beschäftigungen verwehrt werden darf. Wenn ein Mitgliedstaat von diesem **Vorbehalt** zugunsten von Inländern keinen Gebrauch macht (generell oder im Einzelfall), dann genießt der dort beschäftigte Unionsbürger in vollem Umfang Freizügigkeit als Arbeitnehmer.

3. Arbeitsuchende

65 Mit Gesetz vom 2.12.2014[91] wurde die Nr. 1a neu in das Gesetz aufgenommen. Die Vorschrift vermittelt das Recht, sich um tatsächlich angebotene Stellen zu bewerben und sich zu diesem Zweck im Hoheitsgebiet der Mitgliedstaaten auch nach Ablauf von drei Monaten (§ 2 V) frei zu bewegen.

66 Die Annahme, dass der Betreffende begründete Aussicht hat, eingestellt zu werden, ist nur dann gerechtfertigt, wenn der Unionsbürger nachweisen kann, dass er – was **objektivierbar nach außen hin zum Ausdruck gebracht werden muss** – ernsthaft und mit begründeter Aussicht auf Erfolg Arbeit sucht[92]. Die Neuregelung ändert die Rechtslage nicht. Denn zur Freizügigkeit der Arbeitnehmer nach Art. 45 AEUV gehört auch das Recht der Angehörigen der Mitgliedstaaten, sich in den anderen Mitgliedstaaten frei bewegen zu können und sich dort aufzuhalten, um eine Stelle zu suchen. Art. 45 III lit. a und b AEUV gibt – vorbehaltlich der aus Gründen der öffentlichen Ordnung, Sicherheit und Gesundheit gerechtfertigten Beschränkungen – den Arbeitnehmern das Recht,

a) sich um tatsächlich angebotene Stellen zu bewerben
b) sich zu diesem Zweck im Hoheitsgebiet der Mitgliedstaaten frei zu bewegen.

67 Die Bestimmung des § 2 II Nr. 1a knüpft an diese Bestimmung des primären Unionsrechts an und sieht vor, dass Arbeitnehmer, die sich auf Arbeitsuche befinden, freizügigkeitsberechtigt sind. **Das**

---

[82] EuGH Urt. v. 31.5.1989 – C-344/87, Slg. 1989, 1621 Rn. 5 – Bettray.
[83] EuGH Urt. v. 5.10.1988 – 196/87, Slg. 1988, 6159 ff. – Steymann.
[84] EuGH Urt. v. 5.10.1988 – 196/87, Slg. 1988, 6159 Rn. 11 – Steymann.
[85] S. EuGH Urt. v. 21.6.1988 – 39/86, Slg. 1988, 3161 – Lair; Urt. v. 26.2.1992 – C-357/89, Slg. 1992, I-1027 – Raulin.
[86] EuGH EuGRZ 1981, 129.
[87] EuGH EZAR 811 Nr. 3 und 7; EuGH Slg. 1980, I-3881; dazu *Hailbronner* ZAR 1988, 3 und 1984, 176; vgl. auch §§ 4 I Nr. 1, II BRRG und dazu *Battis* NJW 1994, 1093; *Everling* DVBl 1990, 225; *Höllscheidt/Baldus* NWVBl. 1997, 41.
[88] EuGH EZAR 811 Nr. 3.
[89] EuGH EZAR 811 Nr. 7.
[90] EuGH EZAR 811 Nr. 9.
[91] BGBl. I S. 1922; in Kraft getreten am 9.12.2014.
[92] SächsOVG Beschl. v. 2.2.2016 – 3 B 267/15, InfAuslR 2016, 173 Rn. 10; Beschl. v. 7.8.2014 – 3 B 507/13, Rn. 9; Beschl. v. 20.8.2012 – 3 B 202/12, Rn. 10; BayVGH Beschl. v. 11.2.2014 – 10 C 13.2241, Rn. 5.

FreizügG/EU legt dabei für die Arbeitssuche keine starre Frist fest und verzichtet insbesondere auf die vom EuGH bereits mehrfach beanstandete Regelung, dass EU-Bürger sich nur für die Dauer der ersten drei Monate nach der Einreise zum Zwecke der Arbeitssuche aufhalten dürfen (so aber noch § 8 I AufenthG/EWG)[93]. Festgelegt wird jedoch, dass sich Unionsbürger über einen Zeitraum von mehr als sechs Monaten nur dann zum Zwecke der Arbeitssuche aufhalten können, wenn sie weiterhin Arbeit suchen und begründete Aussicht haben, eingestellt zu werden.

Der Aufenthaltszweck Arbeitssuche ist kein Auffangtatbestand, der zur Anwendung gelangt, wenn ein anderer Aufenthaltszweck nicht feststellbar ist[94]. Die Neigung der Sozialgerichte, im Hinblick auf den Ausschlusstatbestand des § 7 I 2 Nr. 2 SGB II im Zweifel von dem Aufenthaltszweck der Arbeitssuche auszugehen, verkennt, dass die Freizügigkeit zum Zwecke der Arbeitssuche an konkrete Voraussetzungen geknüpft ist. Der EU-Bürger muss **ernsthaft** im Aufnahmestaat einen Arbeitsplatz suchen, sich ernsthaft und **nachhaltig** um eine Arbeitsstelle bemühen und sein **Bemühen darf objektiv nicht aussichtslos sein**[95]. Es muss sich grundsätzlich um die Ausübung einer tatsächlichen und echten Tätigkeit handeln, damit die Eigenschaft als Arbeitnehmer im unionsrechtlichen Sinn verschafft wird. 68

Die Meldung beim Arbeitsamt und die Wahrnehmung sämtlicher von dort angebotener Vermittlungen genügen nicht, um als Arbeitsuchender zu gelten[96]. Daneben bedarf es vielmehr **intensiver Eigeninitiativen**[97]. Die Stellensuche muss im Einzelnen in nachprüfbarer Weise dokumentiert werden. Dazu gehört auch die Vorlage von Bewerbungs- und Antwortschreiben. 69

Die Neuregelung ist für die Praxis insoweit von Bedeutung, als der EU-Bürger nach Ablauf der sechs Monate den Nachweis führen muss, dass er noch mit begründeter Aussicht auf Erfolg Arbeit sucht. Nach Ablauf von sechs Monaten steigen zudem die Obliegenheiten deutlich, um davon ausgehen zu können, ob der Ausländer mit begründeter Aussicht auf Erfolg Arbeit sucht. 70

Nach der Rspr. des EuGH ist ein arbeitsuchender **EU-Bürger so lange freizügigkeitsberechtigt, als er mit begründeter Aussicht auf Erfolg Arbeit sucht**[98]. Die Annahme, dass der arbeitsuchende Unionsbürger iSv § 2 II Nr. 1a begründete Aussicht hat, eingestellt zu werden, ist nur dann gerechtfertigt, wenn er nachweisen kann, dass er – was objektivierbar nach außen hin zum Ausdruck gebracht werden muss – ernsthaft und mit begründeter Aussicht auf Erfolg Arbeit sucht[99]. Denn der EuGH hat in der Rechtssache Antonissen zur Freizügigkeit von Stellungsuchenden ausgeführt (1. Ls.): 71

„Zur Freizügigkeit der Arbeitnehmer nach Art 48 EGV (Anm: nach Änderung jetzt Art 39 EG) gehört auch das Recht der Angehörigen der Mitgliedstaaten, sich in den anderen Mitgliedstaaten frei bewegen zu können und sich dort aufzuhalten, um eine Stelle zu suchen. Der Aufenthalt des Stellensuchenden kann zeitlich begrenzt werden; die praktische Wirksamkeit des Art 48 ist jedoch nur gewahrt, wenn dem Betroffenen ein angemessener Zeitraum eingeräumt wird, um im Aufnahmemitgliedstaat von Stellenangeboten, die seinen beruflichen Qualifikationen entsprechen, Kenntnis zu nehmen und sich gegebenenfalls bewerben zu können. Das Unionsrecht regelt die Länge dieses Zeitraums nicht. Es verwehrt es daher dem Recht eines Mitgliedstaats nicht, einen Angehörigen eines anderen Mitgliedstaats, der zum Zwecke der Stellensuche in sein Gebiet eingereist ist, unbeschadet einer Klagemöglichkeit auszuweisen, wenn er nach sechs Monaten keine Stelle gefunden hat, sofern der Betroffene nicht nachweist, dass er weiterhin und mit begründeter Aussicht auf Erfolg Arbeit sucht."

Entsprechend dieser richterrechtlich entwickelten Grundsätze sieht auch Art. 14 IVb Freizügigkeits-RL ausdrücklich vor, dass gegen Unionsbürger, die zum Zwecke der Arbeitssuche eingereist sind, in keinem Fall eine Ausweisung verfügt werden darf, solange diese nachweisen können, dass sie weiterhin Arbeit suchen und sie eine begründete Aussicht haben, eingestellt zu werden[100]. Gleiches ergibt sich iÜ auch aus Erwägungsgrund Nr. 16 Freizügigkeits-RL, wonach gegen Arbeitnehmer – außer aus Gründen der öffentlichen Ordnung oder Sicherheit – keine Ausweisungsmaßnahmen erlassen werden sollen. 72

---

[93] BayVGH Beschl. v. 16.1.2009 – 19 C 08.3271, InfAuslR 2009, 144.
[94] So auch SG Darmstadt Beschl. v. 4.5.2012 – S 16 AS 282/12 ER, Rn. 35 ff.
[95] Öst. VwGH Urt. v. 23.2.2012 – 2012/22/0011; HessVGH Beschl. v. 16.4.2021 – 9 A 2282/19.
[96] HessVGH Beschl. v. 16.4.2021 – 9 A 2282/19, Rn. 28.
[97] HessVGH Beschl. v. 16.4.2021 – 9 A 2282/19 Rn. 28.
[98] EuGH Urt. v. 26.2.1991 – C 292/89, InfAuslR 1991, 151 – Antonissen. Der EuGH Urt. v. 26.5.1993 – C-171/91, InfAuslR 1993, 252 hat den Grundsatz nochmals bestätigt, dass der eine Arbeitsstelle suchende EU-Bürger nicht außer Landes verwiesen werden darf, wenn er mit begründeter Aussicht auf Erfolg Arbeit sucht. In einer weiteren Entscheidung (EuGH Urt. v. 20.2.1997 – C-344/95, Slg. 1997, I-1035) stellte er fest, dass das Königreich Belgien dadurch gegen seine Verpflichtung aus Art. 48 EGV(nach Änd. jetzt Art. 39 EG) und aus der RL 68/360/EWG verstoßen habe, dass es Angehörige anderer Mitgliedstaaten, die in Belgien Arbeit suchen, verpflichtet, das Hoheitsgebiet nach Ablauf von drei Monaten zu verlassen, ohne die Voraussetzungen der Verlängerung des Aufenthalts zuzulassen, die der EuGH im Urteil Antonissen (s. o.) aufgestellt hat. BayVGH Beschl. v. 16.1.2009 – 19 C 08.3271, InfAuslR 2009, 144.
[99] OVG LSA Beschl. v. 23.6.2016 – 2 O 165/15, Rn. 6.
[100] Vgl. hierzu auch EuGH Urt. v. 26.5.1993 – C-171/91, InfAuslR 1993, 252 (253) – Tsiotras.

73 Wenn der Ausländer eine **realistische Chance auf einen Arbeitsplatz** besitzt, hat er daher auch über die Drei-Monats-Frist des § 2 V hinaus ein Aufenthaltsrecht zum Zwecke der Arbeitsuche; konkrete Verhandlungen über einen Arbeitsvertrag sind nicht erforderlich. Ein Wegfall des „Erwerbstätigenstatus" kommt danach nur dann in Betracht, wenn aufgrund objektiver Umstände davon auszugehen ist, dass der Unionsbürger in Wirklichkeit keinerlei ernsthafte Absichten verfolgt, eine Beschäftigung aufzunehmen[101].

74 Keine Einschränkungen bestehen auch für **Staatsangehörige aus Kroatien**. Durch den Beitrittsvertrag wird zwar die Arbeitnehmerfreizügigkeit eingeschränkt. Staatsangehörige Kroatiens dürfen deshalb gem. § 284 I SGB III eine Beschäftigung nur mit Zustimmung der Arbeitsverwaltung ausüben und von Arbeitgebern nur beschäftigt werden, wenn sie eine solche Genehmigung besitzen[102]. Auch ohne eine Arbeitsgenehmigung können Kroaten aber ihr Freizügigkeitsrecht aus Art. 21 AEUV zur Arbeitssuche (Bewerbungen, Vorstellungsgespräche etc) nutzen. Durch die Genehmigungsbedürftigkeit der Beschäftigung ist die Arbeitssuche zwar – zulässigerweise – erschwert, aber nicht von vornherein rechtlich beschränkt[103].

75 Die Aufenthaltsfrist darf auch nicht deshalb **automatisch** verkürzt werden, weil der Ausländer während der Stellensuche **Sozialhilfe** beantragt[104]. Nach Art. 14 III Freizügigkeits-RL darf nicht einmal die tatsächliche Inanspruchnahme von Sozialhilfeleistungen durch einen Unionsbürger automatisch zu dessen Ausweisung führen. Im 16. Erwägungsgrund der Freizügigkeits-RL heißt es hierzu ausdrücklich, eine Ausweisung solle nicht erfolgen, solange Sozialhilfeleistungen „nicht unangemessen" in Anspruch genommen werden. Hierzu soll der Aufnahmemitgliedstaat die individuellen Umstände (vorübergehender Charakter der Schwierigkeiten, Dauer des Aufenthalts, Höhe der gewährten Hilfe, persönliche Umstände) näher prüfen. Regelmäßig wird daher entweder die dauerhafte Unfähigkeit, für den eigenen Lebensunterhalt aufzukommen, die Beendigung des Aufenthalts rechtfertigen können, oder der Wegfall des „Erwerbstätigenstatus", dh Fälle, in denen der Unionsbürger in Wirklichkeit keinerlei ernsthafte Absichten verfolgt, überhaupt eine Beschäftigung aufzunehmen[105].

76 Seit dem 1.4.2006 sind Ausländer, deren Aufenthaltsrecht sich allein aus dem Zweck der Arbeitsuche ergibt, vom ALG II ausgeschlossen (§ 7 I 2 Nr. 2 SGB II). Seit dem 7.12.2006 enthält § 23 III SGB XII eine inhaltsgleiche Regelung für die Sozialhilfe; Sozialhilfe zum Lebensunterhalt kann daher nur noch im Ermessenswege beansprucht werden. In der Rspr. war umstritten, ob der **Leistungsausschluss nach § 7 I 2 Nr. 2 SGB II europarechtskonform** ist[106].

77 Durch die Rspr. des EuGH in den Rechtssachen Brey[107] und Dano[108] ist geklärt, dass SGB II-Leistungen als Sozialhilfe iSd § 24 II Freizügigkeits-RL anzusehen sind. Hiernach ist der Aufnahmemitgliedstaat „nicht verpflichtet, anderen Personen als Arbeitnehmern oder Selbstständigen, Personen, denen dieser Status erhalten bleibt, und ihren Familienangehörigen während der ersten drei Monate des Aufenthalts oder gegebenenfalls während des längeren Zeitraums nach Art 14 IVb UnionsbürgerRL einen Anspruch auf Sozialhilfe (...) zu gewähren". Art. 14 IVb Freizügigkeits-RL regelt das Aufenthaltsrecht von Unionsbürgern, die „eingereist sind, um Arbeit zu suchen". Nr. 10 der Gründe der Freizügigkeits-RL erläutert, dass „Personen, die ihr Aufenthaltsrecht ausüben, während ihres ersten Aufenthalts die Sozialleistungen des Aufnahmemitgliedstaats nicht unangemessen in Anspruch nehmen" sollten.

78 In der Rechtssache Alimanovic[109] hat der EuGH weiterhin klargestellt, dass der **Leistungsausschluss für arbeitsuchende Unionsbürger verhältnismäßig ist, wenn diese zuvor Arbeitnehmer waren**[110]: „Aus der in Art 24 II der UnionsbürgerRL vorgenommenen Verweisung auf deren Art 14 IV b ergibt sich nämlich ausdrücklich, dass der Aufnahmemitgliedstaat einem Unionsbürger, dem ein Aufenthaltsrecht allein aufgrund der letztgenannten Vorschrift zusteht, jegliche Sozialhilfeleistung verweigern darf." Die Besonderheit dieser Fallkonstellation liegt darin begründet, dass der EU-Bürger von seiner Grundfreiheit nach Art. 45 III AEUV Gebrauch macht, mithin Freizügigkeit genießt.

---

[101] BayVGH Beschl. v. 16.1.2009 – 19 C 08.3271, InfAuslR 2009, 144.
[102] S. § § 13.
[103] BayVGH Beschl. v. 16.1.2009 – 19 C 08.3271, InfAuslR 2009, 144.
[104] EuGH Urt. v. 19.9.2013 – C-140/12 Rn. 77 – Brey.
[105] BayVGH Beschl. v. 16.1.2009 – 19 C 08.3271, InfAuslR 2009, 144.
[106] Die Europarechtskonformität wird aufgrund der VO 833/2004/EG v. 29.4.2004 zur Koordinierung der Systeme der sozialen Sicherheit zunehmend bezweifelt (vgl. LSG Bln-Bbg Beschl. v. 30.6.2011 – L 25 AS 535/11 B ER, Rn. 2 mwN; Beschl. v. 30.9.2011 – L 14 AS 1148/11 B ER, Rn. 6; LSG Brem Beschl. v. 11.8.2011 – L 15 AS 188/11 B ER, Rn. 24; HessLSG Beschl. v. 14.7.2011 – L 7 AS 107/11 B ER, Rn. 18. Die Unvereinbarkeit der Regelung mit dem Europ. Fürsorgeabk (EFA – v. 11.12.1953 BGBl. II S. 564) ist geklärt, BSG Urt. v. 19.10.2010 – B 14 AS 23/10 R.
[107] EuGH Urt. v. 19.9.2013 – C-140/12 Rn. 61 – Brey.
[108] EuGH Urt. v. 11.11.2014 – C-333/13 Rn. 63 – Dano.
[109] EuGH Urt. v. 15.9.2015 – C-67/14, ECLI:EU:C:2015:597 – Alimanovic.
[110] EuGH Urt. v. 15.9.2015 – C-67/14, ECLI:EU:C:2015:597 Rn. 58 – Alimanovic.

Der EuGH erklärt den Leistungsausschluss ohne jede Einzelfallprüfung für zulässig. Er 79
geht davon aus, dass in Fällen, in denen der EU-Bürger zuvor über einen Zeitraum von weniger als
einem Jahr beschäftigt war, auch bei unfreiwilliger Arbeitslosigkeit keine Einzelfallprüfung im Hinblick
auf den Ausschluss von Sozialleistungen erforderlich ist. Zur Begründung bezieht er sich auf Art. 7 IIIc
Freizügigkeits-RL, der in der vorgenannten Fallkonstellation bei unfreiwilliger Arbeitslosigkeit nach
vorheriger Erwerbstätigkeit von weniger als einem Jahr die Fortdauer der Arbeitnehmereigenschaft für
mindestens sechs Monate vorsieht. Da die Einschränkung in Art. 24 II Freizügigkeits-RL diesen
Zeitraum nicht erfasst, da der Unionsbürger Arbeitnehmer ist, besteht der unionsrechtlich gebotene
Gleichbehandlungsanspruch auf Zugang zu Sozialleistungen wie denen des SGB II über die Dauer von
sechs Monaten fort. Diese sozialrechtliche Absicherung während der Arbeitsuche erachtet der EuGH
als ausreichend[111].

Nicht entschieden ist seitens des EuGH, ob der Leistungsausschluss auch ohne Einzelfallprüfung 80
möglich ist, sofern der Unionsbürger zuvor kein Arbeitnehmer war. Der Unterschied der Rechtssache
Alimanovic zu dieser Fallgruppe liegt darin begründet, dass der Unionsbürger in der Rechtssache
Alimanovic während der Zeitdauer der Fortgeltung der Arbeitnehmereigenschaft (§ 2 III) dem Leistungsausschluss nicht unterlag und daher Zeit hatte, eine neue Arbeitsstelle zu finden.

4. Selbstständige

Mit der **selbstständigen Tätigkeit** ist die Erwerbstätigkeit gemeint, die nicht als Beschäftigung, 81
sondern selbstständig durch einen Niedergelassenen ausgeübt wird (zum deutschen Recht vgl. § 2
AufenthG). Eine allgemeine Definition des Selbstständigen und seiner auf Gewinn ausgerichteten
Tätigkeit gibt es für das Unionsrecht nicht. Eine selbstständige Tätigkeit setzt eine nachhaltige Tätigkeit
mit **Absicht der Gewinnerzielung** voraus[112]. Selbstständige, die sich auf ein Freizügigkeitsrecht
berufen wollen, müssen auch tatsächlich eine wirtschaftliche Tätigkeit mittels einer **festen Einrichtung im Aufnahmestaat** auf unbestimmte Zeit ausüben und damit wirtschaftlich integriert sein. Ein
formaler Akt, wie die Registrierung eines Gewerbes, ist nicht ausreichend[113].

Ausschlaggebend ist auch hier das Gesamtbild der Tätigkeit. Grundsätzlich entscheiden die Merkma- 82
le der Eigenverantwortlichkeit und des unternehmerischen Risikos. Im Einzelnen können für Selbstständigkeit die persönliche Unabhängigkeit und die freie Wahl von Zeit, Ort und Dauer der Tätigkeit
sowie der Art der Durchführung der Aufgabe sprechen. Die Abgrenzung zwischen Arbeitnehmerbeschäftigung und selbstständiger Dienstleistung kann Schwierigkeiten bereiten, wenn die wahren
Verhältnisse verschleiert werden sollen. Für die Freizügigkeit kann die Zuordnung aber letztlich
offenbleiben, weil die Angehörigen beider Personengruppen berechtigt sind.

Der **Begriff der Niederlassung** wird durch Art. 49 AEUV gesetzlich nicht bestimmt. Der EuGH 83
definiert diesen Begriff als die tatsächliche Ausführung einer wirtschaftlichen Tätigkeit mittels einer
festen Einrichtung in einem anderen Mitgliedstaat auf unbestimmte Zeit[114]. Die Definition beruht
damit auf drei Abgrenzungskriterien:
– einem **zeitlichen Element** („auf unbestimmte Dauer"),
– einem **räumlichen Element** („mittels einer festen Einrichtung in einem anderen Mitgliedstaat")
und
– einem **qualitativen Element** in Bezug auf die ausgeübte Tätigkeit („wirtschaftliche Tätigkeit").

Entscheidendes Merkmal der Niederlassungsfreiheit in **Abgrenzung zur Dienstleistungsfreiheit** 84
ist die Dauerhaftigkeit der Ansiedlung. Dabei schließen sich die Niederlassung und Erbringung von
Dienstleistungen gegeneinander aus; denn aus Art. 57 AEUV geht klar hervor, dass die Bestimmung
über den freien Dienstleistungsverkehr nur unter der Bedingung anwendbar ist, dass die Bestimmungen
über die Niederlassungsfreiheit nicht anwendbar sind.

In der Praxis wird der Abgrenzung beider Freiheiten besondere Bedeutung zukommen, da die 85
Voraussetzungen für die Niederlassung im Mitgliedstaat der Tätigkeit strenger sind als für die bloße
Erbringung von Dienstleistungen. Insoweit muss verhindert werden, dass ein Wirtschaftsteilnehmer
der strengeren Voraussetzungen des Niederlassungsrechts dadurch umgeht, dass er sich als Erbringer von
Dienstleistungen ausgibt, während er seine Tätigkeit unter den gleichen Bedingungen wie ein im Staat
der Tätigkeit niedergelassener Wirtschaftsteilnehmer ausübt. Aus diesem Grund hat der EuGH in der
Rechtssache Van Binsbergen[115] ausgeführt: Einem Mitgliedstaat kann „nicht das Recht zum Erlass von
Vorschriften abgesprochen werden, die verhindern sollen, dass der Erbringer einer Leistung, dessen
Tätigkeit ganz oder vorwiegend auf das Gebiet dieses Staates ausgerichtet ist, sich die durch Art. 59

---

[111] EuGH Urt. v. 15.9.2015 – C-67/14, ECLI:EU:C:2015:597 Rn. 61 – Alimanovic.
[112] LSG Bln-Bbg Beschl. v. 19.9.2016 – L 32 AS 1688/16 B ER, Rn. 50 mwN, HessVGH Beschl. v. 6.8.2018 – 9 A 2765/16 S. 3.
[113] LSG Bln-Bbg Beschl. v. 19.9.2016 – L 32 AS 1688/16 B ER, Rn. 50 mwN, HessVGH Beschl. v. 6.8.2018 – 9 A 2765/16 S. 3.
[114] EuGH Urt. v. 25.7.1991 – C-221/89 Rn. 24 – Factortame Ltd. ua.
[115] EuGH Urt. v. 3.12.1974 – 33/74.

(nunmehr Art 56 AEUV) garantierte Freiheit zunutze macht, um sich den Berufsregelungen zu entziehen, die auf ihn Anwendung fänden, wenn er im Gebiet dieses Staates ansässig wäre; denn es ist denkbar, dass auf einen solchen Fall nicht das Kapitel über die Dienstleistungen, sondern das über das Niederlassungsrecht anwendbar wäre[116]."

86 **Maßgebliches Abgrenzungskriterium ist dabei nicht die Dauerhaftigkeit der Dienstleistungserbringung, sondern die Dauerhaftigkeit der Ansiedlung.** Hat der Aufenthalt nicht nur vorübergehenden Charakter, sondern ist die Teilnahme am Wirtschaftsleben des Aufnahmestaates stetig und dauerhaft, sind die Vorschriften über das Niederlassungsrecht anwendbar. Demgegenüber ist in Fällen, in denen die Dauer der Tätigkeit begrenzt ist, die Dienstleistungsfreiheit einschlägig.

87 Die **vorübergehende Dauer des Aufenthalts** schließt dabei nicht die Möglichkeit für den Dienstleistungserbringer aus, sich im Aufnahmemitgliedstaat mit einer bestimmten Infrastruktur auszustatten, soweit diese Infrastruktur für die Erbringung der Dienstleistung erforderlich ist[117].

88 Das Niederlassungsrecht steht sowohl juristischen Personen iSd Art. 54 AEUV als auch natürlichen Personen zu, die Angehörige eines Mitgliedstaats der Union sind. Grundsätzlich erfasst die Niederlassungsfreiheit die Aufnahme und Ausübung selbstständiger Tätigkeiten jeder Art, die Gründung und Leitung von Unternehmen und die Errichtung von Agenturen, Zweigniederlassungen oder Tochtergesellschaften im Hoheitsgebiet jedes anderen Mitgliedstaats[118]. Demgemäß kann eine Person in mehr als einem Mitgliedstaat iSd Vertrags niedergelassen sein, und zwar namentlich im Fall von Gesellschaften durch die Errichtung von Agenturen, Zweigniederlassungen oder Tochtergesellschaften (Art. 49 AEUV) und, wie der EuGH im Fall von Angehörigen der freien Berufe ausgeführt hat, durch die Errichtung eines weiteren Berufsdomizils[119].

89 Neben dem Erfordernis, dass die **Tätigkeit über eine feste Einrichtung im Aufnahmestaat** ausgeübt wird, liegt eine Niederlassung nur vor, wenn eine wirtschaftliche Tätigkeit erbracht wird. Dies setzt voraus, dass zumindest auch ein **Erwerbszweck** verfolgt wird, wobei alle Tätigkeiten erfasst werden, sofern sie entgeltlich erbracht werden und eine Teilnahme am Wirtschaftsleben darstellen.[120]

90 Zur effektiven Gewährleistung des freien Niederlassungsrechts bedarf es flankierender Rechte, insbesondere des Rechts auf Einreise und Aufenthalt. Denn zur Gründung einer Niederlassung in einem anderen Mitgliedstaat ist die Einreise in den betreffenden Staat Voraussetzung, um von der Niederlassungsfreiheit überhaupt Gebrauch machen zu können. Ein entsprechendes Einreiserecht lässt sich daher unmittelbar aus dem in dem EGV verankerten Niederlassungsrecht nach Art. 49 AEUV herleiten[121]. Gleiches gilt für das Recht auf Aufenthalt im Mitgliedstaat zum Zwecke der Ausübung der selbstständigen Erwerbstätigkeit.

91 Setzt die Niederlassungsfreiheit voraus, dass den Selbstständigen oder dem Schlüsselpersonal juristischer Personen die Einreise und der Aufenthalt in den Mitgliedstaaten gestattet wird, so wird es zukünftig – ebenso wie unter Geltung der Europa-Abkommen – zu Abgrenzungsschwierigkeiten kommen. Unter Geltung der Europa-Abkommen, die gleichfalls den Einsatz und die Mitnahme sog. Schlüsselpersonals eines Unternehmens ermöglichten[122], ist es immer wieder zu Umgehungen des Anwerbestopps für ausländische Arbeitnehmer gekommen. So traten Gesellschaften des bürgerlichen Rechts als Auftragnehmer auf, an denen osteuropäische Arbeitnehmer als Gesellschafter beteiligt waren. Anlässlich von Baustellenüberprüfungen zeigten diese den Behörde einen „Gesellschafterausweis" vor und wiesen darauf hin, dass sie als leitende Angestellte nicht arbeitserlaubnispflichtig seien. Bei diesem Personenkreis handelte es sich regelmäßig um abhängig beschäftigte Arbeitnehmer, die sowohl eine Arbeitserlaubnis als auch eine Aufenthaltsgenehmigung benötigt hätten. Der Mitgliederbestand derartiger Gesellschaften wechselte ständig, wobei die ausscheidenden Gesellschafter durch Arbeitnehmer ersetzt wurden, die das in der jeweiligen Bauphase benötigte Gewerk beherrschten[123].

5. Dienstleistungserbringer

92 Unter den Begriff der grenzüberschreitenden Dienstleistung fallen alle Arten gewerblicher oder beruflicher Leistungen, die gegen Entgelt erbracht werden. Eine besondere Stellung nehmen Dienstleister insofern ein, als ihre Tätigkeit durch die VO/EG 96/71 Beschränkungen unterworfen ist, wenn als **entsandte Arbeitnehmer** eingesetzt werden. Ähnliche Ausnahmen von der Dienstleistungsfreiheit gelten im Verhältnis einiger Mitgliedstaaten zu den Beitrittsstaaten (§ 13).

93 Die Dienstleistungsfreiheit ergänzt und vervollständigt den Schutz der wirtschaftlichen Betätigungsfreiheit im Binnenmarkt, indem sie das grenzüberschreitende Angebot von Dienstleistungen garantiert.

---

[116] EuGH Urt. v. 3.12.1974 – 33/74 Rn. 13 – Van Binsbergen.
[117] EuGH Urt. v. 25.7.1991 – C-221/89 Rn. 27 – Factortame Ltd. ua.
[118] EuGH Urt. v. 25.7.1991 – C-221/89 Rn. 23 – Factortame Ltd. ua.
[119] EuGH Urt. v. 12.7.1984 – 107/83 Rn. 19 – Klopp.
[120] Schlag in Schwarze, EU-Kommentar, EG Art. 43 Rn. 16.
[121] So auch Schlag in Schwarze, EU-Kommentar, EG Art. 43 Rn. 50 mwN.
[122] Ausf. hierzu Vogt S. 229 ff.
[123] Zu Einzelheiten s. Vogt S. 294 mwN.

Recht auf Einreise und Aufenthalt **§ 2 FreizügG/EU 2**

Die Definition der Dienstleistung iSd Art. 57 AEUV erfasst als unionsrechtlicher Begriff[124] insbesondere **grenzüberschreitende gewerbliche, kaufmännische, handwerkliche oder freiberufliche Leistungen,** die idR gegen Entgelt erbracht werden und nicht den Vorschriften über den freien Waren- und Kapitalverkehr und über die Freizügigkeit der Personen unterliegen. **Insoweit wird die Dienstleistungsfreiheit aufgrund des negativen definitorischen Ansatzes von den anderen Grundfreiheiten abgrenzt**[125].

Die Dienstleistungsfreiheit wird von der Niederlassungsfreiheit dadurch abgegrenzt, dass sich im 94 Falle der Erbringung einer Dienstleistung der Leistungserbringer nur **vorübergehend im anderen Mitgliedstaat** aufhält[126]. Die Dienstleistungserbringung ist daher mit keinem Daueraufenthalt verbunden, sondern erfolgt im Rahmen einzelner, grundsätzlich inhaltlich und zeitlich begrenzter Tätigkeiten im Beschäftigungsland. Dabei hat der EuGH aber festgestellt, dass der „EGV keine Vorschrift enthält, die eine abstrakte Bestimmung der Dauer oder Häufigkeit ermöglicht, von der an die Erbringung einer Dienstleistung oder einer bestimmten Art von Dienstleistung in einem anderen Mitgliedstaat nicht mehr als eine Dienstleistung im Sinne der EGV angesehen werden kann"[127].

Dabei schließt der freie Dienstleistungsverkehr die Freiheit der Leistungsempfänger ein, sich zur 95 Inanspruchnahme einer Dienstleistung in einen anderen Mitgliedstaat zu begeben, ohne durch Beschränkungen daran gehindert zu werden.[128] Die Dienstleistungsfreiheit umfasst das Recht des Dienstleistungserbringers, zur Durchführung der Dienstleistung eigene Arbeitnehmer in den anderen Mitgliedstaat zu entsenden[129].

Um ab dem Jahr 2010 einen echten Binnenmarkt für Dienstleistungen zu schaffen, soll die RL 2006/ 96 123/EG[130] den Dienstleistern die Wahrnehmung ihrer Niederlassungsfreiheit erleichtern und den freien Dienstleistungsverkehr zwischen den Mitgliedstaaten einfacher machen. Die RL soll im Interesse der Verbraucher und der Unternehmen, die die Dienstleistungen in Anspruch nehmen, die Auswahl und die Qualität der Dienstleistungen verbessern. Diese RL fügt sich in die „Lissabonstrategie" ein und verfolgt vier Hauptziele zur Schaffung eines europäischen Binnenmarkts für Dienstleistungen:
– Erleichterung der Niederlassungsfreiheit und der Dienstleistungsfreiheit innerhalb der EU;
– Stärkung der Rechte der Dienstleistungsempfänger;
– Verbesserung der Dienstleistungsqualität;
– Schaffung einer wirksamen Verwaltungszusammenarbeit zwischen den Mitgliedstaaten;
– die RL schafft einen allgemeinen Rechtsrahmen, der bei gleichzeitiger Gewährleistung einer hohen Qualität der Dienstleistungen die Wahrnehmung der Niederlassungsfreiheit durch Dienstleistungserbringer sowie den freien Dienstleistungsverkehr erleichtern soll.

Die **Dienstleistungs-RL** schafft einen allgemeinen Rechtsrahmen für alle Dienstleistungen, die 97 gegen Entgelt erbracht werden (jedoch nicht für die ausgenommenen Bereiche) und trägt den Besonderheiten einiger Berufe oder Tätigkeiten Rechnung. Folgende Dienstleistungen sind ausgeschlossen:
– Dienstleistungen von allgemeinem Interesse und ohne wirtschaftliche Gegenleistung;
– Finanzdienstleistungen (einschließlich Bankdienstleistungen und Dienstleistungen im Zusammenhang mit einer Kreditgewährung, Versicherung einschließlich Rückversicherung, mit betrieblicher oder individueller Altersversorgung, mit Wertpapiere, Geldanlagen, Zahlungen);
– elektronische Kommunikationsdienste, soweit sie nicht von den für diesen Bereich geltenden RL erfasst werden;
– Verkehrsdienstleistungen einschließlich Hafendienste;
– Dienstleistungen von Leiharbeitsagenturen;
– Gesundheitsdienstleistungen;
– audiovisuelle Dienste;
– Glücksspiele;
– Tätigkeiten, die mit der Ausübung von öffentlicher Gewalt verbunden sind;
– bestimmte soziale Dienstleistungen (im Zusammenhang mit Sozialwohnungen, Kinderbetreuung und der Unterstützung hilfsbedürftiger Personen);
– private Sicherheitsdienste;
– Tätigkeiten von staatlich bestellten Notaren und Gerichtsvollziehern;
– Verwaltungsvereinfachung.

---

[124] Der Dienstleistungsbegriff kann daher nicht durch zivilrechtliche oder volkswirtschaftliche Definitionen konkretisiert werden, s. *Kluth* in Calliess/Ruffert EG Art. 50 Rn. 5.
[125] Ausf. *Rolshoven* S. 48 ff.
[126] Diff. *Randelzhofer/Forsthoff* in Grabitz/Hilf EG Art. 49/50 Rn. 33.
[127] EuGH Urt. v. 29.4.2004 – C-171/02 Rn. 26 – Kommission/Rat/Portugal unter Bezugnahme auf Urt. v. 11.12.2003 – C 215-01, Slg. 2003, I-14847 Rn. 30 und 31 – Schnitzer.
[128] EuGH Urt. v. 31.1.1984 – 286/82 und 26/83, Slg. 1984, 277 Rn. 16 – Luisi und Carbone.
[129] EuGH Urt. v. 27.3.1990 – C-113/89, Slg. 1990, I-1417 Rn. 12 – Rush Portuguesa; Urt. v. 9.8.1994 – C-43/93, Slg. 1994, I-3803 Rn. 26 – Vander Elst.
[130] RL 2006/123/EG des EU-Parlaments und des Rates v. 12.12.2006 über Dienstleistungen im Binnenmarkt.

Dienelt

6. Dienstleistungsempfänger

98 Nach anfänglichen Zweifeln in einem Teil des Schrifttums ist inzwischen anerkannt, dass Unionsbürger auch dann freizügigkeitsberechtigt sind, wenn sie während des Aufenthalts in dem anderen Mitgliedstaat lediglich **Dienstleistungen** in Anspruch nehmen wollen, zB als Touristen, Patienten oder Studienreisende.

99 Der freie Dienstleistungsverkehr schließt für EU-Bürger die Freiheit der Leistungsempfänger ein, sich zur Inanspruchnahme einer Dienstleistung in einen anderen Mitgliedstaat zu begeben, ohne durch Beschränkungen daran gehindert zu werden[131]. Nachdem der EuGH in der vorgenannten Entscheidung die Auffassung vertrat, dass Touristen sowie Personen, die eine medizinische Behandlung in Anspruch nehmen, und solche, die Studien- oder Geschäftsreisen unternehmen, als Empfänger von Dienstleistungen anzusehen seien, hat er diese Auffassung in den Rechtssache Cowan[132] sowie Calfa[133] nochmals bestätigt.

7. Nichterwerbstätige

100 § 2 II Nr. 5 erfasst nicht erwerbstätige Unionsbürger unter den Voraussetzungen des § 4. Der Begriff hat eine gewisse **Auffangfunktion,** die aus den RL 90/364/EWG, 90/365/EWG und 93/96/EWG herrührt. Erfasst sind Rentner, die in einem anderen Mitgliedstaat erwerbstätig waren, Studenten und andere Auszubildende und sonstige Personen, die über kein Einkommen aus Erwerbstätigkeit verfügen. Die für sie wegen ihrer wirtschaftlichen Stellung geltenden besonderen Voraussetzungen sind in § 4 aufgenommen.

101 Nach Art. 21 AEUV hat jeder Unionsbürger das Recht, sich im Hoheitsgebiet der Mitgliedstaaten vorbehaltlich der in diesem Vertrag und in den Durchführungsvorschriften vorgesehenen Beschränkungen und Bedingungen frei zu bewegen und aufzuhalten. Die Vorschrift begründet ein **subjektiv-öffentliches Recht,** das dem Unionsbürger unabhängig vom Zweck seiner Inanspruchnahme unmittelbar zusteht und gewährleistet das Recht, aus einem Mitgliedstaat auszureisen, in einen anderen Mitgliedstaat einzureisen und sich dort ohne zeitliche und grundsätzlich ohne inhaltliche Begrenzung aufzuhalten[134]. Es handelt sich insoweit um eine „politische Grundfreiheit", welche das aus den wirtschaftlich motivierten Verkehrsfreiheiten folgende Aufenthaltsrecht überlagert. Einem Angehörigen eines Mitgliedstaates kann deshalb bereits aufgrund seiner Unionsbürgerschaft in unmittelbarer Anwendung von Art. 21 AEUV ein Aufenthaltsrecht zustehen[135]. Dies gilt auch für die am 1.1.2007 neu hinzugekommenen Mitgliedstaaten Bulgarien und Rumänien. Übergangsregelungen bestehen insoweit nicht[136].

8. Familienangehörige

102 § 2 II Nr. 6 begünstigt Familienangehörige unter den Voraussetzungen der §§ 3 und 4. Familienangehörige bilden eine **heterogene Gruppe.** Hier sind die Mitglieder der Familie eines Freizügigkeitsberechtigten ungeachtet ihrer eigenen Staatsangehörigkeit versammelt. Es sind nicht nur Ehegatten und minderjährige ledige Kinder, und sie können entweder die Staatsangehörigkeit eines Nicht-EU-Staats besitzen oder staatenlos sein. Ihre Rechtspositionen sind in § 3 und für Nichterwerbstätige in § 4 näher behandelt, Visumfragen dagegen in § 2 IV 2. Wegen der Einzelheiten wird auf die Kommentierung zu § 3 Bezug genommen.

9. Daueraufenthaltsberechtigte

103 Das Daueraufenthaltsrecht wurde mit dem RLUmsG 2007 in § 4a eingeführt. Die Regelung setzt die Art. 16 und 17 Freizügigkeits-RL um. Vor der Einführung des § 4a konnte ein Daueraufenthaltsrecht weder aus primärem noch aus sekundärem Unionsrecht abgeleitet werden (Einzelheiten → § 4a).

10. Verbleibeberechtigte

104 Zum weiteren Verbleib in dem Aufenthaltsmitgliedstaat berechtigt waren nach der § 2 II Nr. 5 FreizügG/EU aF auch Verbleibeberechtigte. Berechtigt war, wer aus dem Erwerbsleben ausgeschieden ist, nachdem er dort zuvor als Arbeitnehmer oder als Selbstständiger erwerbstätig war. Während

---

[131] Grundlegend EuGH Urt. v. 31.1.1984 – 286/82 und 26/83, Slg. 1984, I-377 – Luisi und Carbone.
[132] EuGH Urt. v. 6.12.1988 – 186/87 – Cowan.
[133] EuGH Urt. v. 19.1.1999 – C-348/96, InfAuslR 1999, 165 – Calfa mAnm *Gutmann* = Slg. 1999, I-11.
[134] BayVGH Beschl. v. 16.1.2009 – 19 C 09.3271, InfAuslR 2009, 144.
[135] BayVGH Beschl. v. 16.1.2009 – 19 C 09.3271, InfAuslR 2009, 144 unter Hinweis auf EuGH Urt. v. 17.9.2002 – C-413/99, NJW 2002, 3610 – Baumbast; Urt. v. 7.9.2004 – C-456/02, InfAuslR 2004, 417 – Trojani; Urt. v. 7.6.2007 – C-50/06, InfAuslR 2007, 266 (267) – Kommission/Niederlande.
[136] BayVGH Beschl. v. 16.1.2009 – 19 C 09.3271, InfAuslR 2009, 144; zu Einzelheiten → § 13.

zunächst die besonderen Anforderungen der VO/EWG 1251/70 und der RL 72/194/EWG, 75/34/ EWG und 75/35/EWG galten, wird diese Personengruppe nunmehr als Daueraufenthaltsberechtigte gem. § 4a erfasst. Rechtssystematisch ist das **frühere Verbleiberecht ein Unterfall des Daueraufenthaltsrechts** geworden und unterfällt dem neu eingeführtem § 2 II Nr. 7. Rentner, die zuvor anderswo berufstätig waren, fallen unter die Gruppe der Nichterwerbstätigen nach § 4.

V. Erhalt der Erwerbstätigeneigenschaft

Abs. 3 regelt den **Erhalt der Erwerbstätigeneigenschaft** (Arbeitnehmer und Selbstständige) und dient der Umsetzung des Art. 7 III Freizügigkeits-RL. Nach dieser Regelung bleibt die Erwerbstätigeneigenschaft dem Unionsbürger, der seine Erwerbstätigkeit als Arbeitnehmer oder Selbstständiger nicht mehr ausübt, für das Recht auf Aufenthalt im Hoheitsgebiet eines anderen Mitgliedstaats für einen Zeitraum von mindestens sechs Monaten erhalten. 105

Die Fortgeltungswirkung des § 2 III erfasst nur Unionsbürger, nicht aber ihre drittstaatsangehörigen Familienangehörigen. Dies ergibt sich unmittelbar aus Art. 7 III Freizügigkeits-RL, über den der deutsche Gesetzgeber mit der Regelung nicht hinausgehen wollte. Anders als in Art. 7 II werden Familienangehörige von Unionsbürgern, die selbst keine Staatsangehörigkeit eines Mitgliedstaats besitzen, nicht begünstigt. 106

Die deutsche Regelung erstreckt sich in Übereinstimmung mit Art. 7 III lit. b Freizügigkeits-RL auch auf Selbstständige[137]. Auch den verschiedenen Sprachfassungen von Art. 7 III lit. b Freizügigkeits-RL kann nicht entnommen werden, dass der Gesetzgeber die Aufrechterhaltung der „Erwerbstätigeneigenschaft" bloß auf Bürger beschränken wollte, die mehr als ein Jahr lang eine unselbstständige Erwerbstätigkeit ausgeübt haben[138]. 107

Insbesondere enthalten nicht alle **Sprachfassungen** einen Bezug auf die Tatsache, „beschäftigt gewesen zu sein". Zwar finden wir diese Formulierung in der spanischen („haber estado empleado"), der englischen („having been employed"), der französischen („avoir été employé") und auch der slowenischen („ko je bil zaposlen") Fassung, jedoch werden in anderen Sprachfassungen völlig neutrale Termini oder Ausdrücke verwendet. So verwenden bspw. die niederländische („te hebben gewerkt") und die finnische („työskenneltyään") Fassung den Ausdruck „nachdem sie gearbeitet haben", und in der griechischen („επαγγελματική δραστηριότητα") Fassung wird von einer „Berufstätigkeit" gesprochen, während in der italienischen („aver esercitato un'attività") Fassung bloß von der Ausübung einer „Tätigkeit" im Allgemeinen die Rede ist. Wenn man berücksichtigt, in welchem Zusammenhang die Ausdrücke in der Vorschrift verwendet werden, so können die bulgarischen und deutschen Wörter „зает" und „Beschäftigung" auch mit dem allgemeinen Terminus „Beruf" ohne weitere Konnotationen übersetzt werden[139]. 108

Die **Fiktion der Erwerbstätigeneigenschaft endet,** sobald der Unionsbürger erneut eine Erwerbstätigkeit aufnimmt, dh als Arbeitnehmer einer Beschäftigung nachgeht oder wieder selbstständig tätig wird. 109

Die **Fiktion der Erwerbstätigeneigenschaft endet** auch, wenn der Arbeitnehmer oder Selbstständige nicht innerhalb eines angemessenen Zeitraums zur Wiedereingliederung in den Arbeitsmarkt des Aufnahmemitgliedstaats fähig ist oder nicht zur Verfügung steht[140]. Zum einen betrifft § 2 III 1 Nr. 1 (entspricht Art. 7 III lit. a Freizügigkeits-RL) nämlich Unionsbürger, die infolge einer Krankheit oder eines Unfalls vorübergehend arbeitsunfähig wurden, was bedeutet, dass sie wieder eine Erwerbstätigkeit als Arbeitnehmer oder Selbstständiger ausüben können, sobald die vorübergehende Arbeitsunfähigkeit beendet ist[141]. Zum anderen müssen sich nicht erwerbstätige Unionsbürger nach § 2 III 1 Nr. 2 und S. 2 (entspricht Art. 7 III lit. b und c Freizügigkeits-RL) dem zuständigen Arbeitsamt zur Verfügung stellen, während sie nach § 2 III 1 Nr. 3 (entspricht Art. 7 III lit. d Freizügigkeits-RL) zu festgelegten Bedingungen eine Berufsausbildung beginnen müssen. **Da Art. 7 III lit. c Freizügigkeits-RL ausdrücklich verlangt, dass der unfreiwillig Arbeitslose dem zuständigen Arbeitsamt zur Verfügung stehen muss, setzt die Fortgeltung der Arbeitnehmerstellung voraus, dass er den Aufforderungen der Arbeitsverwaltung oder des Jobcenters nachkommt.** Sperrzeiten oder Leistungsabsenkungen bei fehlender Mitwirkung lassen die Fortgeltung der Arbeitnehmereigenschaft entfallen. 110

Damit führt eine **dauerhafte Erwerbsunfähigkeit** wie auch der **Eintritt in das Rentenalter,** wenn keine Erwerbstätigkeit mehr ausgeübt werden soll, zum Wegfall der Rechtsposition aus § 2 III. Insoweit gelten ähnliche Grundsätze wie beim Wegfall der Arbeitnehmereigenschaft nach Art. 6 I ARB 1/80. 111

---

[137] EuGH Urt. v. 19.6.2014 – C-507/12 Rn. 27 – Saint Prix.
[138] Ausf. Schlussanträge des Generalanwalts *Wathelet* v. 26.7.2017 – C-442/16 Rn. 48 – Gusa.
[139] Ausf. Schlussanträge des Generalanwalts *Wathelet* v. 26.7.2017 – C-442/16 Rn. 49 – Gusa.
[140] EuGH Urt. v. 13.9.2018 – C-618/16 Rn. 37 – Prefeta unter Hinweis auf Urt. v. 19.6.2014 – C-507/12 Rn. 38–41 – Saint Prix.
[141] EuGH Urt. v. 13.9.2018 – C-618/16 Rn. 38 – Prefeta.

112 Die Regelung über die Fortgeltung der Arbeitnehmerstellung sowie der **Eigenschaft als Selbstständiger nach § 2 III ist nicht abschließend**[142]. Insoweit hat der EuGH in der Rechtssache Saint-Prix festgestellt, dass Art. 7 III Freizügigkeits-RL „keine abschließende Aufzählung der Umstände enthält, unter denen einem Wanderarbeitnehmer, der sich nicht mehr in einem Arbeitsverhältnis befindet, dennoch weiterhin die Arbeitnehmereigenschaft nach Art 45 AEUV zuerkannt werden kann[143],. Neben den ausdrücklich geregelten Fallgruppen in Abs. 3 gibt es Fallgruppen, etwa die Auswirkung von Schwangerschaft[144] auf die Arbeitnehmerstellung (siehe unten), die der EuGH entwickelt hat und die unmittelbar auf Art. 45 AEUV beruhen.

113 § 2 III Nr. 1 schreibt – ebenso wie Art. 7 III lit. a Freizügigkeits-RL – keine besondere Voraussetzung bezüglich der **Dauer der von dem Unionsbürger ausgeübten Erwerbstätigkeit als Arbeitnehmer oder Selbstständiger** vor, die erforderlich wäre, um die Arbeitnehmereigenschaft zu behalten. Es genügt, dass der Unionsbürger eine tatsächliche und echte Tätigkeit ausübt, wobei Tätigkeiten außer Betracht bleiben, die einen so geringen Umfang haben, dass sie sich als völlig untergeordnet und unwesentlich darstellen[145].

114 Nach § 2 III Nr. 1 bleibt das Aufenthaltsrecht bei vorübergehender **Erwerbsminderung** infolge Krankheit oder Unfall erhalten. Die Regelung des § 2 III 1 verwendet den **Begriff der vorübergehenden Erwerbsminderung** und weicht damit von den Vorgaben des Art. 7 III lit. a Freizügigkeits-RL ab, der in Übereinstimmung mit dem englischen Text („temporarily unable to work") von vorübergehender Arbeitsunfähigkeit spricht. Der Unterschied zwischen beiden Formulierungen besteht darin, dass der Begriff der Arbeitsunfähigkeit anders als der im Rentenversicherungsrecht verwendete Begriff der Erwerbsminderung arbeitsplatzbezogen ist[146].

115 **Daher ist der Begriff der Erwerbsfähigkeit so auszulegen, dass auf eine vorübergehende Arbeitsunfähigkeit abzustellen ist**[147]. Eine Erwerbsminderung iSv § 2 III Nr. 1 ist dann als vorübergehend anzusehen, wenn aufgrund einer ärztlichen Prognose mit der Wiederherstellung der Arbeitsfähigkeit in angemessener Zeit gerechnet werden kann[148].

116 Nach § 2 III Nr. 1 bleibt die Freizügigkeit als Beschäftigter auch bei unfreiwilliger durch die zuständige Agentur für Arbeit bestätigter Arbeitslosigkeit oder Einstellung einer selbstständigen Tätigkeit infolge von Umständen, auf die der Selbstständige keinen Einfluss hatte, **nach mehr als einem Jahr Tätigkeit** erhalten. Wortlaut und Zweck der Vorschrift sprechen dafür, dass verschiedene Tätigkeiten, die aneinander anschließen, zusammenzurechnen sind[149]. Dies gilt auch für das Zusammenrechnen einer abhängigen Beschäftigung und einer selbstständigen Tätigkeit[150]. Auch die AVV zum FreizügG/EU geht davon aus, dass unmittelbar aneinander anschließende Tätigkeiten zusammenzuzählen sind[151]. **Es können aber nur Beschäftigungszeiten zusammen als Einheit betrachtet werden, die sich lückenlos aneinanderreihen.**

117 Die Aufrechterhaltung des Freizügigkeitsrechts setzt grundsätzlich eine ununterbrochene Tätigkeit von sechs Monaten bzw. einem Jahr voraus[152]. Denn die Freizügigkeits-RL sieht ein abgestuftes System der Verfestigung auf dem Arbeitsmarkt vor, dass nicht dadurch unterlaufen werden darf, indem Unterbrechungen ohne jede Differenzierung für unschädlich erklärt werden. Wird ein Arbeitnehmer nach acht Monaten unfreiwillig arbeitslos und findet vier Wochen später eine Arbeitsstelle, so gibt es keinen Grund, bei einer neuerlichen unfreiwilligen Arbeitslosigkeit nach acht Monaten von einer Fortgeltungsdauer von mehr als sechs Monaten auszugehen. Denn der Arbeitnehmer wird in diesem Fall unmittelbar durch die Fortgeltung der Arbeitnehmereigenschaft für die Dauer von sechs Monaten geschützt, sodass auch keine Regelungslücke besteht.

118 Ausnahmen sind in Fällen anzunehmen, in denen Arbeitsverhältnisse grundsätzlich weniger als ein Jahr andauern, aber ständig fortgesetzt werden. Wenn bereits bei Beendigung eines befristeten Arbeitsvertrags unmittelbar ein neues Arbeitsverhältnis vertraglich begründet wurde, so mag dies dazu führen, dass die Lücke ausnahmsweise unschädlich ist. Andernfalls wäre eine Verfestigung aufgrund der Natur der Beschäftigung ausgeschlossen. Dies hat der EuGH auch im Rahmen des Art. 6 I ARB 1/80 bei Seefahrern anerkannt. Außerdem werden Zeiten kurzfristiger Arbeitslosigkeit in Fällen unschädlich sein, in denen ein Ausländer sein Arbeitsverhältnis unter Einhaltung einer Kündigungsfrist kündigt, weil er bereits einen neuen Arbeitsvertrag geschlossen hat.

---

[142] EuGH Urt. v. 19.6.2014 – C-507/12 Rn. 38 – Saint Prix.
[143] EuGH Urt. v. 19.6.2014 – C-507/12 Rn. 38 – Saint Prix.
[144] EuGH Urt. v. 19.6.2014 – C-507/12 Rn. 40 – Saint Prix.
[145] Generalanwalt *Wathelet* in seinen Schlussanträgen v. 28.2.2018 – C-618/16 Rn. 64 – Prefeta.
[146] Zur Arbeitsunfähigkeit nach Unionsrecht s. EuGH Urt. v. 3.6.1992 – C-45/90, InfAuslR 1992, 305 – Paletta; Urt. v. 2.5.1996 – C-206/94, NJW 1996, 1881 – Paletta II.
[147] BayLSG Beschl. v. 20.6.2016 – L 16 AS 284/16 B, Rn. 23.
[148] 2.3.1.1. AVV zum FreizügG/EU; VG Aachen, B. v. 19.10.2020 – 8 L 1413/19 Rn. 23.
[149] BayLSG Beschl. v. 20.6.2016 – L 16 AS 284/16 B, Rn. 24.
[150] BayLSG Beschl. v. 20.6.2016 – L 16 AS 284/16 B, Rn. 24.
[151] 2.3.1.2. AVV zum FreizügG/EU.
[152] OVG NRW Beschl. v. 22.5.2015 – 12 B 312/15, Rn. 20; aA BSG Urt. v. 13.7.2017 – B 4 AS 17/16 R, Rn. 24.

Nach dem Wortlaut der Vorschrift wird unterschieden zwischen 119
- unfreiwilliger, durch die zuständige Agentur für Arbeit bestätigter Arbeitslosigkeit und
- der Einstellung einer selbstständigen Tätigkeit infolge von Umständen, auf die der Selbstständige keinen Einfluss hatte.

In beiden Fällen bleibt der Beschäftigungsstatus unberührt. Der letzte Halbsatz des § 2 III 1 Nr. 2 „nach mehr als einem Jahr Tätigkeit", bezieht sich nach dem Wortlaut auf beide zuvor aufgezählten Alt. der unfreiwilligen Arbeitslosigkeit.

Die **Freizügigkeit als Selbstständiger** nach § 2 II Nr. 2 bleibt nach § 2 III 1 Nr. 2 erhalten, 120 wenn die Einstellung der selbstständigen Tätigkeit infolge von Umständen erfolgt, auf die der Selbstständige keinen Einfluss hatte, sofern die selbstständige Tätigkeit mehr als ein Jahr ausgeübt wurde. Eine entsprechende Regelung kennt die Freizügigkeits-RL nicht. Der Art. 7 III Freizügigkeits-RL erfasst nur die Fälle, in denen der Selbstständige
- wegen einer Krankheit oder eines Unfalls vorübergehend arbeitsunfähig ist (lit. a) oder
- eine Berufsausbildung aufnimmt (lit. d).

Erweitert der § 2 III Nr. 2 und 3 die Fortgeltungswirkung auf die Situation, in der die Aufgabe 121 der selbstständigen Tätigkeit infolge von Umständen erfolgt, auf die der Selbstständige keinen Einfluss hatte, sofern die selbstständige Tätigkeit mehr als ein Jahr ausgeübt wurde, so hat dies nicht zur Folge, dass von der zuständigen Agentur für Arbeit eine Bestätigung ausgestellt werden muss. Denn eine **Bestätigung über die Unfreiwilligkeit der Arbeitslosigkeit** sieht das FreizügG/EU ausschließlich für den Fall der unfreiwilligen Arbeitslosigkeit vor[153]. Die Fallgruppe der „unfreiwilligen" Aufgabe der selbstständigen Tätigkeit wird durch ein „oder" von der Fallgruppe der unfreiwilligen Arbeitslosigkeit getrennt. In Fällen, in denen der Ausländer keinen Anspruch auf Arbeitslosengeld erworben hat, ist für das Ausstellen der Bescheinigung das Jobcenter und nicht die Agentur für Arbeit zuständig.

Finden sich die in § 2 III 1 Nr. 2 für Selbstständige genannten Voraussetzungen nicht in der 122 Freizügigkeits-RL, so sprechen Sinn und Zweck der Vorschrift dafür, dass auch der Selbstständige einen Nachweis zur Arbeitssuche erbringen muss und sich arbeitslos zu melden hat[154].

Der Erhalt der Erwerbstätigeneigenschaft bei **Arbeitnehmern** ist idR davon abhängig, dass die 123 **Arbeitslosigkeit unfreiwillig** ist. Unfreiwillig ist die Arbeitslosigkeit, wenn sie vom Willen des Arbeitnehmers unabhängig oder durch einen legitimen Grund gerechtfertigt ist[155]. Hieran fehlt es in der Regel, wenn er sich nicht bei der Arbeitsverwaltung als arbeitssuchend meldet und seinen **Obliegenheiten gegenüber der Arbeitsverwaltung** nicht nachkommt. Maßstab für die Praxis dürfte die **Verhängung einer Sperrzeit** durch die Arbeitsverwaltung sein. Wird keine Sperrzeit verhängt, so ist in der Regel auch ein Fall der unfreiwilligen Arbeitslosigkeit gegeben. Wird hingegen eine Sperrzeit verhängt, so deutet dies auf einen Fall freiwilliger Arbeitslosigkeit hin.

Das Verhältnis von der Fortwirkung der Arbeitnehmereigenschaft und der Freizügigkeit aus Gründen der Arbeitssuche wird in § 2 III ebenso wenig geregelt wie in Art. 7 III Freizügigkeits-RL. Die Fortwirkungsregelung führt dazu, dass der EU-Bürger als selbstständige arbeitssuchender Arbeitnehmer ist. Der Aufenthalt des EU-Bürgers ist nicht etwa zweckfrei, sondern wird ihm deshalb eingeräumt, um eine Wiedereingliederung in den Arbeitsmarkt zu erreichen. Der Unionsbürger muss sich daher arbeitslos melden und die erforderlichen Eigenbemühungen unternehmen, um eine Arbeitsstelle zu finden. Lediglich die Beweislastumkehr nach Ablauf von sechs Monaten vergeblicher Arbeitssuche findet keine Anwendung.

Läuft die Fortwirkungsdauer aus, dann schließt sich nicht erneut der Zeitraum von sechs 125 **Monaten zur Arbeitssuche an, sondern der Zeitraum der Fortwirkung wird auf die Arbeitssuche angerechnet.** Nach Ablauf der sechs Monate kann der EU-Bürger daher nur dann noch Freizügigkeit beanspruchen, wenn er nachweist, mit begründeter Aussicht auf Erfolg nach Arbeit zu suchen. Etwas anderes gilt nur dann, wenn der Ausländer während der Fortgeltungsdauer erkrankt war oder etwa aufgrund gesetzlicher Arbeitsverbote keine Arbeit suchen konnte. Hier muss sichergestellt werden, dass der Zeitraum zur Arbeitssuche nicht unzulässig auf weniger als sechs Monate verkürzt wird.

In Literatur und Rspr. war lange Zeit umstritten, in welchem Umfang die Arbeitnehmereigenschaft 126 erhalten bleibt, wenn ein Unionsbürger nach mehr als einem Jahr Beschäftigung unfreiwillig arbeitslos wird. § 2 III 1 Nr. 2, der die Regelung des Art. 7 III lit. b Freizügigkeits-RL umsetzt, lässt anders als bei einer Beschäftigung von weniger als einem Jahr (§ 2 III 2) nicht erkennen, ob es eine zeitliche Höchstgrenze gibt[156]. Diese ungeklärte Rechtsfrage wurde nunmehr durch die Entscheidung des EuGH in der Rechtssache Tarola endgültig geklärt: **Die Erwerbstätigeneigenschaft bleibt zeitlich**

---

[153] BayLSG Urt. v. 26.2.2019 – L 11 AS 899/18, Rn. 32.
[154] BayLSG Beschl. v. 20.6.2016 – L 16 AS 284/16 B, Rn. 26.
[155] BayLSG Beschl. v. 20.6.2016 – L 16 AS 284/16 B, Rn. 25; EuGH Urt. v. 10.1.2006 – C-230/03 Rn. 52 – Sedef.
[156] HessVGH Beschl. v. 16.4.2021 – 9 A 2282/19 Rn. 35.

unbeschränkt erhalten, sofern sich der Unionsbürger dem zuständigen Arbeitsamt zur Verfügung stellt[157].

127 Kommt eine Begrenzung der Erwerbstätigeneigenschaft nicht mehr über eine Begrenzung der Dauer der Fortgeltungswirkung in Betracht, so verlagert sich die Begrenzung der Rechtsstellung auf die materiellen Anforderungen, die zum Erhalt der Erwerbstätigeneigenschaft vorauszusetzen sind. **Der Gerichtshof hat insoweit entschieden, „dass ein Unionsbürger, der seine Erwerbstätigkeit als Arbeitnehmer oder Selbstständiger vorübergehend aufgegeben hat, die Erwerbstätigeneigenschaft [...] und das damit verbundene Aufenthaltsrecht [...] nur behalten kann, wenn er innerhalb eines angemessenen Zeitraums zur Wiedereingliederung in den Arbeitsmarkt des Aufnahmemitgliedstaats fähig ist und hierfür zur Verfügung steht"**[158].

128 Zum einen betrifft die Regelung über den Erhalt der Erwerbstätigeneigenschaft Unionsbürger, die infolge einer Krankheit oder eines Unfalls vorübergehend arbeitsunfähig wurden, was bedeutet, dass sie wieder eine Erwerbstätigkeit als Arbeitnehmer oder Selbstständiger ausüben können, sobald die vorübergehende Arbeitsunfähigkeit beendet ist. Zum anderen müssen sich nicht erwerbstätige Unionsbürger nach Art. 7 III lit. b und c Freizügigkeits-RL dem zuständigen Arbeitsamt zur Verfügung stellen oder eine Berufsausbildung beginnen[159].

129 Die Regelung über die Fortgeltung der Erwerbstätigeneigenschaft „betrifft somit Situationen, in denen innerhalb eines angemessenen Zeitraums mit der Wiedereingliederung des Unionsbürgers in den Arbeitsmarkt des Aufnahmemitgliedstaats gerechnet werden kann"[160].

130 Die Möglichkeit für einen Unionsbürger, die Erwerbstätigeneigenschaft zu behalten, ist somit an den Nachweis gebunden, dass er zur Verfügung steht oder fähig ist zur Ausübung einer beruflichen Tätigkeit und damit zur Wiedereingliederung in den Arbeitsmarkt binnen angemessener Frist[161]. Eine angemessene Frist ist unter Heranziehung des Zeitraums des Bezugs von Arbeitslosengeld sowie der Entstehungsgeschichte des Art. 7 III Freizügigkeits-RL zu bestimmen. **In der Regel ist nach zwei Jahren Arbeitslosigkeit nicht mehr davon auszugehen, dass der Unionsbürger zur Wiedereingliederung in den Arbeitsmarkt fähig ist.**

131 **Zeitliche Grenzen der Fortgeltung der Arbeitnehmereigenschaft** ergeben sich aus der Entstehungsgeschichte des Art. 7 III Freizügigkeits-RL. Art. 8 VII lit. c des Kommissionsentwurfs[162] zur Freizügigkeits-RL sah folgende Regelung vor: „c) er [der Unionsbürger] sich bei unfreiwilliger Arbeitslosigkeit infolge des Ablaufs seines auf weniger als ein Jahr befristeten Arbeitsvertrags dem zuständigen Arbeitsamt zur Verfügung stellt; in diesem Fall bleibt die Erwerbstätigeneigenschaft während mindestens sechs Monaten aufrechterhalten; hat er Anspruch auf eine Arbeitslosenleistung, bleibt die Erwerbstätigeneigenschaft erhalten, bis der Anspruch erlischt [...]".

132 Zur Begründung[163] wurde ausgeführt, dass „in diesen Absatz [...] das Wesentliche einiger Bestimmungen der RL 68/360/EWG übernommen und präzisiert [wurde]. Dabei wurde auch die Rechtsprechung des Gerichtshofs im Zusammenhang mit der Aufrechterhaltung der Arbeitnehmereigenschaft beim Ausscheiden aus der abhängigen oder selbständigen Erwerbstätigkeit aufgenommen."

133 Maßgeblich sind insoweit die Rechtsstellungen, die ein Unionsbürger nach den durch die Freizügigkeits-RL aufgehobenen RL bei gleicher Sachlage gehabt hätte. Denn der EuGH hat in mehreren Entscheidungen betont, dass die erfolgte Kodifizierung des sekundären Unionsrechts nicht dazu führen darf, dass sich die Rechtsstellung der EU-Bürger verschlechtern darf[164]. Denn „die RL 2004/38/EG bezweckt, wie aus ihrem dritten Erwägungsgrund hervorgeht, das Freizügigkeits- und Aufenthaltsrecht aller Unionsbürger zu vereinfachen und zu verstärken, so dass es nicht in Betracht kommt, dass die Unionsbürger aus dieser Richtlinie weniger Rechte ableiten als aus den Sekundärrechtsakten, die sie ändert oder aufhebt."[165]

134 Art. 7 I RL 68/360/EWG[166] sah die Regelung vor, dass eine gültige Aufenthaltserlaubnis einem Arbeitnehmer nicht allein deshalb entzogen werden konnte, „weil er keine Beschäftigung mehr hat, sei es, weil er infolge Krankheit oder Unfall vorübergehend arbeitsunfähig ist, sei es, weil er unfreiwillig

---

[157] EuGH Urt. v. 11.4.2019 – C-483/17 Rn. 27 – Tarola. BayLSG Urt. v. 26.2.2019 – L 11 AS 899/18, Rn. 27.
[158] EuGH Urt. v. 11.4.2019 – C-483/17 Rn. 40 – Tarola; Urt. v. 13.9.2018 – C-618/16 Rn. 37 – Prefeta; Urt. v. 19.6.2014 – C 507/12 Rn. 38–41 – Saint Prix; HessVGH Beschl. v. 16.4.2021 – 9 A 2282/19 Rn. 37.
[159] EuGH Urt. v. 13.9.2018 – C-618/16 Rn. 38 – Prefeta.
[160] EuGH Urt. v. 13.9.2018 – C-618/16 Rn. 39 – Prefeta.
[161] EuGH Urt. v. 11.4.2019 – C-483/17 Rn. 40 – Tarola; Urt. v. 13.9.2018 – C-618/16 Rn. 37 – Prefeta; Urt. v. 19.6.2014 – C 507/12 Rn. 38–41 – Saint Prix; HessVGH Beschl. v. 16.4.2021 – 9 A 2282/19 Rn. 38.
[162] KOM(2001) 257 endg.
[163] Begr. zu Art. 8 VIIIc des Kommissionsentwurfs KOM(2001) 257 endg.
[164] Grundlegend EuGH Urt. v. 25.7.2008 – C-127/08 Rn. 59 – Metock.
[165] EuGH Urt. v. 25.7.2008 – C-127/08 Rn. 59 – Metock.
[166] Auf Art. 7 RL 68/360/EWG hat auch der Generalanwalt *Wathelet* in seinen Schlussanträgen v. 28.2.2018 – C-618/16 Rn. 57 – Prefeta zurückgegriffen: „Der Wortlaut von Art 7 der RL 68/360 ist aber dem Wortlaut des Art 7 III der RL 2004/38 im Wesentlichen sehr ähnlich. Diese beiden Vorschriften sehen nämlich die Umstände vor, unter denen ein Unionsbürger, der nicht länger als Arbeitnehmer oder Selbständiger erwerbstätig ist, die Erwerbstätigeneigenschaft behält."

arbeitslos geworden ist, wenn letzterer Fall vom zuständigen Arbeitsamt ordnungsgemäß bestätigt wird". In Bezug auf die Fortgeltungsdauer der Arbeitnehmereigenschaft sah Art. 7 II RL 68/360/EWG vor, dass „bei der ersten Verlängerung [...] die Gültigkeitsdauer der Aufenthaltserlaubnis, wenn der Arbeitnehmer im Aufnahmestaat länger als zwölf aufeinanderfolgende Monate unfreiwillig arbeitslos ist, beschränkt werden [kann]; sie darf jedoch zwölf Monate nicht unterschreiten". Die Regelung sieht ein Aufenthaltsrecht von einem weiteren Jahr vor, sofern der EU-Bürger länger als zwölf Monate am Stück unfreiwillig arbeitslos ist.

Überträgt man diese Regelung auf die aktuelle Rechtslage, so kann ein EU-Bürger, der mehr als ein Jahr erwerbstätig war, über die Dauer von zumindest zwei Jahren seine Arbeitnehmereigenschaft erhalten, wenn er während dieses Zeitraums unfreiwillig arbeitslos ist[167]. Der Arbeitnehmer muss sich daher während dieses Zeitraums nicht nur der Arbeitsverwaltung zur Verfügung stellen, sondern auch die notwendigen Eigenbemühungen vornehmen, um eine Arbeitsstelle zu finden. 135

Neben der Regelung des Art. 7 RL 68/360/EWG ergibt sich aus der Entstehungsgeschichte, dass die Kommission die Dauer der Fortwirkungsdauer bei Arbeitsverhältnissen, die weniger als ein Jahr bestanden, auf **mindestens** sechs Monate bzw. die Dauer des Anspruchs auf Arbeitslosengeld festlegen wollte. Der deutsche Gesetzgeber hat die Umsetzung nur insoweit vorgenommen, als er das Wort „mindestens" gestrichen hat und damit eine Umsetzung gewählt hat, die mit dem Wortlaut der RL-Bestimmung in Einklang steht. Denn der weitere Teil der ursprünglichen Regelung ist nicht in die Endfassung der RL übernommen worden. 136

Die noch in dem Bericht des EU-Parlaments vom 23.1.2003, A5–0009/2003 zu Art. 7 IIa enthaltene Formulierung, dass die Erwerbstätigeneigenschaft eines EU-Bürgers bei unfreiwilliger Arbeitslosigkeit infolge des Ablaufs seines auf weniger als ein Jahr befristeten Arbeitsvertrags bis zum Erlöschen des Anspruchs auf eine Arbeitslosenleistung erhalten bleibt, wurde in dem Gemeinsamer Standpunkt (EG) Nr. 6/2004, vom Rat festgelegt, am 5.12.2003[168] gestrichen. Die Änderung des Art. 7 III wurde damit begründet, dass diese Abänderung keine Änderungen am Text, sondern lediglich eine Neuplatzierung des Art. 8 VII mit sich bringe. Der Rat habe den Wortlaut von lit. c geändert, „um zu präzisieren, dass in diesem besonderen Fall die Erwerbstätigeneigenschaft während mindestens sechs Monaten aufrechterhalten bleibt". 137

Beschränkt sich der Wortlaut des Art. 7 III lit. c auf die Formulierung „mindestens sechs Monaten", so ist die Regelung in § 2 III in Bezug auf Kurzzeitarbeitsverhältnisse richtlinienkonform. 138

Ergibt sich für den Fall des § 2 III 1 Nr. 2 bereits aus der Entstehungsgeschichte eine Mindestfrist von zwei Jahren hinsichtlich der Fortgeltung der Erwerbstätigeneigenschaft, so wird diese Frist nicht durch die Dauer des Bezugs von Arbeitslosengeld verlängert. Denn die Höchstdauer des Anspruchs auf Arbeitslosengeld beträgt grundsätzlich zwölf, für über 50-jährige Arbeitnehmer bis zu 15, für über 55-jährige Arbeitnehmer bis zu 18 und für über 58-jährige Arbeitnehmer bis zu 24 Monate. 139

Die Dauer des Anspruchs auf Arbeitslosengeld hängt von der Dauer des Versicherungspflichtverhältnisses innerhalb der um drei Jahre erweiterten Rahmenfrist und dem bei Entstehung des Anspruchs vollendetem Lebensjahr des Arbeitslosen ab: 140

Versicherungspflicht in den letzten fünf Jahren (Monate)	vollendetes Lebensjahr	Höchstanspruchsdauer (Monate)
12		6
16		8
20		10
24		12
30	50.	15
36	55.	18
48	58.	24

Personen mit überwiegend kurzen befristeten Beschäftigungen können unter bestimmten Voraussetzungen einen erleichterten Zugang zur Versicherungsleistung Arbeitslosengeld erhalten. Sie erhalten aber nicht mehr als fünf Monate Arbeitslosengeld, sodass die sechs Monate, die § 3 III insoweit für Kurzzeitarbeitsverhältnisse vorsieht, immer günstiger sind. 141

---

[167] HessVGH Beschl. v. 16.4.2021 – 9 A 2282/19 Rn. 40; BayLSG Beschl. v. 20.6.2016 – L 16 AS 284/16 B Rn. 27 sieht hierin eine Höchstfrist; BayLSG Urt. v. 26.2.2019 – L 11 AS 899/18 Rn. 27 sieht hierin eine Mindestfrist; offengelassen BSG Urt. v. 13.7.2017 – B 4 AS 17/16 R Rn. 33; BayLSG Beschl. v. 19.7.2018 – L 11 AS 329/18B ER Rn. 16.

[168] ABl. 2004 C 54 E, S. 12.

142 Die Bezugsdauer kann jedoch von Ruhezeiten und Sperrzeiten negativ beeinflusst werden. Ruhezeiten treten bspw. ein, wenn Kranken- oder Mutterschaftsgeld bezogen wird. Sperrzeiten werden verhängt, wenn der Leistungsempfänger sich „versicherungswidrig" verhält, ohne dafür einen wichtigen Grund zu haben.

143 **Verlängern kann sich die Bezugsdauer, wenn der Leistungsempfänger innerhalb der letzten vier Jahre schon einmal einen Anspruch auf Arbeitslosengeld erworben, die Anspruchsdauer aber nicht voll ausgeschöpft hat. Die aktuelle Dauer erhöht sich dann um den Rest des vorherigen Anspruchs.** Wer also etwa arbeitslos war und einen Anspruch auf zwölf Monate Arbeitslosengeld hatte, aber schon nach vier Monaten eine neue Anstellung gefunden hat, kann die „unverbrauchten" acht Monate an einen in den nächsten vier Jahren entstehenden Anspruch anhängen, wenn er wieder arbeitslos werden sollte.

144 Mit der Rspr. des EuGH ist davon auszugehen, dass mit der **Beendigung des Arbeitsverhältnisses** die Arbeitnehmereigenschaft verloren geht[169], diese Eigenschaft nach Beendigung des Arbeitsverhältnisses aber dennoch bestimmte Folgewirkungen zeitigt.

145 In den vom EuGH bisher zu entscheidenden Fällen zur Beziehung zwischen einer Erwerbstätigkeit und einer **späteren Berufsausbildung bzw. einem Studium** hat der EuGH durchaus auch Folgewirkungen der Arbeitnehmereigenschaft anerkannt. Im Urteil Lair[170] hat der EuGH ausgeführt, dass der Anspruch auf Studienfinanzierung nicht vom Fortbestehen eines Arbeitsverhältnisses abhänge[171], sodass er auch dann garantiert sei, wenn die Personen nicht in einem Arbeitsverhältnis stünden[172]. Der EuGH hat jedoch festgestellt, dass eine Kontinuität zwischen der zuvor ausgeübten Tätigkeit und dem aufgenommenen Studium in dem Sinne bestehen müsse, dass zwischen dem Gegenstand des Studiums und der früheren Berufstätigkeit ein Zusammenhang gegeben sei[173].

146 Die in der Rspr. des EuGH geforderte Kontinuität zwischen der früheren Tätigkeit und dem später aufgenommenen Studium ist in vernünftiger Weise auszulegen, dh nicht zu wörtlich, aber auch nicht so weit, dass das Erfordernis inhaltslos wird. Studien, die es einem Arbeitnehmer ermöglichen, seine Stellung in dem „Wirtschaftszweig", in dem er beschäftigt ist, zu verbessern, weisen einen ausreichenden Zusammenhang mit der früheren Tätigkeit auf, auch wenn der Arbeitnehmer durch die Fortbildung in diesem Wirtschaftszweig eine höherwertige oder eine stärker spezialisierte Aufgabe übernehmen kann[174].

147 In den Rechtssachen Lawrie-Blum[175] und Bernini[176] hat der EuGH anerkannt, dass jemand, der im Rahmen einer **Berufsausbildung ein Praktikum** ableistet, als Arbeitnehmer anzusehen ist, wenn das Praktikum unter den Bedingungen einer tatsächlichen und echten Tätigkeit im Lohn- oder Gehaltsverhältnis durchgeführt wird[177]. Art. 7 III lit. d Freizügigkeits-RL legt insoweit fest, dass die Arbeitnehmerfreizügigkeit erhalten bleibt, wenn der Unionsbürger eine Berufsausbildung beginnt. **Die Aufrechterhaltung der Erwerbstätigeneigenschaft setzt voraus, dass zwischen dieser Ausbildung und der früheren beruflichen Tätigkeit ein Zusammenhang besteht,** es sei denn, der Betroffene hat zuvor seinen Arbeitsplatz unfreiwillig verloren (§ 2 III 1 Nr. 3).

148 Bei der Einstufung eines Praktikantenverhältnisses als Tätigkeit im Lohn- und Gehaltsverhältnis war der Umstand, der geringen Produktivität des Praktikanten, der geringen Anzahl von geleisteten Wochenstunden und der beschränkten Vergütung nicht maßgeblich. Erforderlich ist vielmehr, dass der Betroffene im Rahmen der Entwicklung der beruflichen Fähigkeiten genug Stunden geleistet hat, um sich mit der Arbeit vertraut zu machen.

149 **Auch Arbeitslosigkeit führt nicht zum Verlust der Freizügigkeit, solange der Arbeitslose mit Aussicht auf Erfolg in den Arbeitsmarkt integriert werden kann** (siehe Arbeitssuche). Dies gilt auch für Fälle freiwilliger Arbeitslosigkeit.

150 Hingegen bedeutet der Umstand, dass der EU-Bürger während seiner **Haft** dem Arbeitsmarkt nicht zur Verfügung gestanden hat, nicht grundsätzlich, dass er während dieser Zeit nicht weiterhin in den Arbeitsmarkt des Aufnahmemitgliedstaats eingegliedert ist, sofern er innerhalb eines angemessenen Zeitraums nach der Haftentlassung wieder eine Beschäftigung findet[178].

---

[169] S. EuGH Urt. v. 21.6.1988 – 39/86, Slg. 1988, 3161 – Lair; Urt. v. 26.2.1992 – C-357/89, Slg. 1992, I-1027 – Raulin.
[170] EuGH Urt. v. 21.6.1988 – 39/86, Slg. 1988, 3161 – Lair.
[171] EuGH Urt. v. 21.6.1988 – 39/86, Slg. 1988, 3161 Rn. 35 – Lair.
[172] EuGH Urt. v. 21.6.1988 – 39/86, Slg. 1988, 3161 Rn. 36 – Lair.
[173] EuGH Urt. v. 21.6.1988 – 39/86, Slg. 1988, 3161 Rn. 37 – Lair.
[174] So auch der Generalanwalt *Van Gerven* in seinen Schlussanträgen v. 11.7.1991 in der Rs C-357/89 Rn. 14 – Raulin.
[175] EuGH Urt. v. 3.7.1986 – 66/85, Slg. 1986, 2121 ff. – Lawrie-Blum.
[176] EuGH Urt. v. 26.2.1982 – C-3/90, Slg. 1992, I-1071 ff. – Bernini.
[177] EuGH Urt. v. 3.7.1986 – 66/85, Slg. 1986, 2121 Rn. 19–21 – Lawrie-Blum; Urt. v. 26.2.1982 – C-3/90, Slg. 1992, I-1071 Rn. 15 – Bernini.
[178] EuGH Urt. v. 10.2.2000 – C-340/97, Slg. 2000, I-957 Rn. 40 – Nazli; Urt. v. 29.4.2004 – C-482/01 und C-493/01 Rn. 50 – Orfanopoulos und Oliveri.

Eine der unmittelbar aus Art. 45 AEUV abgeleiteten Fallgruppen, in denen die Arbeitnehmer- 151
eigenschaft fortwirkt, ist der Fall der **Schwangerschaft**[179]. Der EuGH hat klargestellt, dass Schwangerschaft keine Krankheit ist und daher nicht unter Art. 7 III lit. a Freizügigkeits-RL gefasst werden kann[180]. Die Tatsache, dass die mit der Schwangerschaft verbundenen Belastungen eine Frau zwingen, die Ausübung einer Arbeitnehmertätigkeit während des für ihre Erholung erforderlichen Zeitraums aufzugeben, ist nach der Rspr. des EuGH grundsätzlich geeignet, ihr die Arbeitnehmereigenschaft iSv Art. 45 AEUV zu erhalten.

Im Hinblick auf den weitgehenden Mutterschutz wird die vom EuGH entwickelte Fallgruppe ins- 152
besondere in Fällen zur Anwendung kommen, in denen die Schwangerschaft die werdende Mutter dazu zwingt, eine selbstständige Beschäftigung freiwillig aufzugeben, weil sie diese wegen der Schwangerschaft nicht mehr ausüben kann, oder in Fällen, in denen ein Arbeitsverhältnis ohne Kündigung während der Schwangerschaft endet. In Betracht kommt auch die Anwendung im Rahmen der bereits eingetretenen Fortgeltung der Arbeitnehmereigenschaft nach unfreiwilliger Beendigung des Arbeitsverhältnisses.

Die Frage, wie lange der Zeitraum der Fortgeltung der Beschäftigteneigenschaft andau- 153
ert, lässt sich nicht abstrakt bestimmen; maßgeblich ist immer der Einzelfall. Wann eine Schwangerschaft die Frau zwingt, ihre Beschäftigung aufzugeben, ist individuell zu bestimmen. Bei einer Risikoschwangerschaft kann die Aufgabe der Beschäftigung medizinisch sehr früh vor dem Entbindungstermin liegen. Im Normalfall wird die Beendigung der Beschäftigung sechs Wochen vor der Entbindung zur Fortgeltung der Arbeitnehmereigenschaft führen.

Auch das **Ende der Frist** lässt sich nur aufgrund der konkreten Umstände des Einzelfalls ermitteln. 154
Der Gerichtshof knüpft die Fortgeltung der Arbeitnehmereigenschaft in der Rechtssache Sanit Prix an einen Zeitraum, der mit der Eigenkündigung im sechsten Monat der Schwangerschaft begann und nach einem angemessen Zeitraum nach der Entbindung, der sich an den Mutterschutzfristen orientieren kann, endete. Grundsätzlich wird man – wenn nicht atypische Umstände vorliegen – davon ausgehen können, dass eine Frau erst mit Ablauf der Mutterschutzfrist die Arbeitnehmerstellung verliert. Da die deutschen Regelungen des Mutterschutzrechts richtlinienkonform sind[181] (sechs Wochen vor der Entbindung und acht Wochen nach der Entbindung), wird zur Bestimmung des Endes der Fortgeltungsdauer der Beschäftigteneigenschaft in der Regel auf die Mutterschutzfrist nach § 6 I MuSchG, dh auf die Dauer von acht Wochen nach der Entbindung, zurückzugreifen sein.

Da der EuGH den Ablauf des Zeitraums der Fortgeltung der Arbeitnehmereigenschaft an die für die 155
„Erholung" der Mutter notwendige Zeit knüpft, kann die Frist nicht durch **Erziehungsurlaub** verlängert werden[182]. Denn der Erziehungsurlaub dient nicht der Erholung der Mutter von den Strapazen der Schwangerschaft, sondern dient der Sorge und Erziehung des Kindes in den ersten Lebensjahren.

VI. Aufenthaltsrecht für drei Monate

Mit der Regelung in § 2 V setzt der Gesetzgeber Art. 6 Freizügigkeits-RL um. Begünstigt sind 156
neben dem Unionsbürger auch die drittstaatsangehörigen Familienangehörigen, die ihn begleiten oder ihm nachziehen. Anders als Unionsbürger haben drittstaatsangehörige Familienangehörige daher nur ein akzessorisches Aufenthaltsrecht. Ohne ihren Ehegatten können sie sich nur nach den Vorschriften des Art. 21 SDÜ in anderen Staaten der EU aufhalten. Das Recht auf Familienzusammenführung aus Art. 6 II Freizügigkeits-RL gewährt den Familienangehörigen kein originäres Freizügigkeitsrecht, es dient vielmehr dem Unionsbürger, zu dessen Familie ein Drittstaatsangehöriger gehört[183].

Die Regelung ist **systematisch missglückt.** Bei dem Aufenthaltsrecht nach Art. 6 Freizügigkeits- 157
RL handelt es sich um ein Freizügigkeitsrecht, das systematisch in den Katalog des § 2 II aufgenommen werden müsste. Durch die fehlende Aufnahme in den abschließenden Katalog der Freizügigkeitsberechtigten (dieser wird nicht mit „insbesondere" für weitere Fallgruppen geöffnet) stellt sich die Frage, ob der nationale Gesetzgeber Unionsbürger und ihre Familienangehörigen, die von dem Recht zum Aufenthalt Gebrauch machen, bewusst nicht als freizügigkeitsberechtigt iSd § 2 I iVm II angesehen hat. Sofern dies der Fall wäre, würden die Rechtsgrundlagen in den §§ 5 IV (vormals § 5 V aF) und 6 auf Unionsbürger und ihre Familienangehörigen keine Anwendung finden. Denn nach den §§ 5 IV (vormals § 5 V aF) und 6 kann nur der Verlust des Rechts nach § 2 I nur für Freizügigkeitsberechtigte, die in § 2 II aufgeführt sind, festgestellt werden. Bei der fehlenden Aufnahme des Freizügigkeitsrechts nach Art. 6 RL 2004/38/EG in Abs. 2 dürfte es sich aber nur um eine Versehen

---

[179] EuGH Urt. v. 19.6.2014 – C-507/12 Rn. 40 – Saint Prix.
[180] EuGH Urt. v. 19.6.2014 – C-507/12 Rn. 29 – Saint Prix mwN.
[181] Maßgeblich ist Art. 8 RL 92/85/EWG des Rates v. 19.10.1992 über die Durchführung von Maßnahmen zur Verbesserung der Sicherheit und des Gesundheitsschutzes von schwangeren Arbeitnehmerinnen, Wöchnerinnen und stillenden Arbeitnehmerinnen am Arbeitsplatz, ABl. 1992 L 348, S. 1.
[182] So auch Schlussantrag des Generalanwalts *Wahl* v. 12.12.2013 – C-507/12 Rn. 24 – Saint Prix.
[183] EuGH Urt. v. 11.12.2007 – C-291/05 Rn. 23 – Eind zu Familienangehörigen von Wanderarbeitern iSd Art. 10 VO 1612/68/EG; vgl. iRv Art. 11 VO 1612/68/EG Urt. v. 30.3.2006 – C-10/05, Slg. 2006, I-3145 Rn. 25 – Mattern und Cikotic.

handeln, sodass die Verlustfeststellungen entsprechend auch auf diese Freizügigkeitsberechtigten Anwendung finden.

158 Das Recht auf Aufenthalt für drei Monate ist nach Art. 6 I Freizügigkeits-RL ausdrücklich **nur an den Besitz eines gültigen Personalausweises oder Reisepasses gebunden.** Der Unionsbürger oder seine Familienangehörigen müssen ansonsten keine weiteren Bedingungen erfüllen oder Formalitäten erledigen.

159 **Das Einreiserecht greift nicht, wenn zuvor eine Verlustfeststellung ergangen ist und der Unionsbürger das Bundesgebiet kurzfristig physisch verlassen hat.** Der EuGH hat insoweit klargestellt, dass der Unionsbürger nicht nur physisch das Hoheitsgebiet des Aufnahmemitgliedstaats verlassen haben muss, um ein neuerliches Aufenthaltsrecht im selben Hoheitsgebiet in Anspruch nehmen zu können, sondern auch seinen **Aufenthalt in diesem Hoheitsgebiet tatsächlich und wirksam beendet** haben muss[184]. Dies ist nicht der Fall, wenn bei seiner Rückkehr in das Hoheitsgebiet des EU-Mitgliedstaats davon ausgegangen werden muss, dass sein Aufenthalt in eben diesem Hoheitsgebiet in Wirklichkeit fortbesteht. Verlässt ein Unionsbürger das Bundesgebiet daher nur formal, ohne tatsächlich seinen Wohnsitz zu verlegen (keine Kündigung der Wohnung, kein Umzug), so erledigt sich eine Verlustfeststellung nach § 5 IV nicht. Der Unionsbürger kann sich nach seiner Einreise nicht erneut auf die Freizügigkeit berufen (Art. 6 I Freizügigkeits-RL). Ein Antrag auf Löschung in einem Einwohnermelderegister, die Kündigung eines Miet- bzw. Pachtvertrags oder eines Vertrags über die Erbringung öffentlicher Dienstleistungen wie Wasser oder Elektrizität, ein Umzug, die Abmeldung von einem Dienst zur Eingliederung in den Arbeitsmarkt oder die Beendigung sonstiger Beziehungen, die mit einer gewissen Integration dieses Unionsbürgers in diesen Mitgliedstaat einhergehen, können insoweit von gewisser Bedeutung sein[185].

160 Ist das Aufenthaltsrecht nach Art. 6 RL 2005/38/EG an keine anderen Voraussetzungen gebunden als an den Besitz eines gültigen Personalausweises oder Reisepasses, so kommt eine **Verlustfeststellung nach § 5 IV (vormals § 5 V aF) bei dem Bezug von Sozialhilfeleistungen** nicht in Betracht. Denn die Verlustfeststellung setzt nach § 5 IV 1 (vormals § 5 V aF) voraus, dass „die Voraussetzungen des Rechts nach § 2 I" entfallen sind. Der fehlende Sozialhilfeleistungsbezug ist aber gerade keine Voraussetzung des Rechts nach § 2 V.

161 Der nationale Gesetzgeber hat damit nicht die Regelung des Art. 14 I Freizügigkeits-RL umgesetzt, wonach Unionsbürgern und ihren Familienangehörigen das Aufenthaltsrecht nach Art. 6 Freizügigkeits-RL zusteht, solange wie die Sozialhilfeleistungen des Aufnahmestaats nicht unangemessen in Anspruch nehmen. Dabei hat der Gesetzgeber offensichtlich willentlich auf eine Umsetzung verzichtet. Denn er hat in § 7 I 2 SGB II für den Kurzaufenthalt einen Leistungsausschluss aufgenommen und damit von der Regelungsoption des Art. 24 II Freizügigkeits-RL Gebrauch gemacht. Ändert sich im Laufe des Kurzaufenthalts der Aufenthaltszweck, so ist der Aufenthalt entsprechend dem neuen Aufenthaltszweck auch über die Dauer von drei Monaten zu ermöglichen.

VII. Gebührenfreiheit

162 Der Gesetzgeber hat mit § 2 VI 1 eine **partielle Gebührenfreiheit** eingeführt und insoweit nicht von der in Art. 25 II Freizügigkeits-RL eröffneten Möglichkeit Gebrauch gemacht, für die Erteilung und Verlängerung von Aufenthaltsdokumenten eine Gebühr zu verlangen, die die Gebühr für die Ausstellung entsprechender Dokumente an Inländer nicht übersteigt. Die Gebührenfreiheit ist nach der Freizügigkeits-RL nur für Visa nach Art. 5 II Freizügigkeits-RL vorgesehen. Für die Ausstellung des Visums an nahestehende Personen werden hingegen nach § 2 VI 2 Gebühren erhoben. Die Gebühren entsprechen denjenigen, die von Ausländern erhoben werden, für die das AufenthG gilt.

163 Für andere Dokumente finden sich die **Gebührentatbestände in der AufenthV.** Nach § 47 III AufenthV wird für die Ausstellung einer Aufenthaltskarte (§ 5 II), die Bescheinigung des Daueraufenthalts (§ 5 V 1) und die Ausstellung einer Daueraufenthaltskarte (§ 5 V 2) jeweils eine Gebühr in Höhe von 8 EUR erhoben. Gebührenfrei bleibt die Ausstellung an Personen, die das 21. Lebensjahr noch nicht vollendet haben.

164 **Auslagen** können über den Verweis in § 11 I 1 auf die Vorschrift des § 69 AufenthG erhoben werden. Nach § 10 II VerwKostG können Auslagen auch erhoben werden, wenn die Amtshandlung nicht gebührenpflichtig ist.

VIII. Bekämpfung von Missbrauch und Scheinehen

1. Voraussetzungen der Feststellung

165 Der neue Abs. 7 des § 2 dient der Umsetzung von Art. 35 Freizügigkeits-RL: Nach dieser Bestimmung können die Mitgliedstaaten die erforderlichen Maßnahmen erlassen, die notwendig sind,

---

[184] EuGH Urt. v. 22.6.2021 – C-719/19 Rn. 81 – FS.
[185] EuGH Urt. v. 22.6.2021 – C-719/19 Rn. 91 – FS.

um das Freizügigkeitsrecht im Fall von Rechtsmissbrauch oder Betrug – wie zB durch Eingehung von Scheinehen – verweigern oder entziehen zu können[186].

Eine **Scheinehe** liegt vor, wenn die Ehe lediglich zum Zweck der Verschaffung eines Aufenthaltsrechts geschlossen wurde. Dass eine solche Ehe nach deutschem Recht gemäß §§ 1313, 1314 II Nr. 5 BGB gegebenenfalls sogar aufhebbar wäre, ändert hieran nichts; die Tatsache einer nachfolgenden Ehescheidung steht der Annahme einer Scheinehe jedenfalls nicht entgegen[187]. § 2 VII 2 knüpft nicht an den formalen Bestand einer Ehe an, sondern an den Zweck des Nachzugs zur Herstellung oder Wahrung der familiären Lebensgemeinschaft. Die Anwendung von § 2 VII 2 wird nicht deshalb ausgeschlossen, weil eine formal wirksame Ehe geschlossen wurde[188]. In den Fällen des § 2 VII 1 kann das Nichtbestehen des Freizügigkeitsrechts nach § 2 I festgestellt werden, wenn nach umfassender Ermittlung und Prüfung aller maßgeblichen Umstände des Einzelfalls zur Überzeugung der zuständigen Behörde feststeht, dass das Vorliegen einer Voraussetzung des Freizügigkeitsrechts lediglich vorgetäuscht wurde. **Die Bestimmung erfasst sowohl Unionsbürger als auch ihre drittstaatsangehörigen Familienangehörigen.** Denn die Formulierung in Abs. 7 S. 2 mit dem Wort „außerdem" zeigt, dass S. 1 auch auf Familienangehörige, die nicht Unionsbürger sind, Anwendung findet. 166

Die Regelung erfasst alle Täuschungsfälle, unabhängig, ob der Unionsbürger oder der Familienangehörige sich zuvor freizügigkeitsberechtigt im Bundesgebiet aufgehalten hat[189]. Die Norm überschneidet sich daher mit dem Anwendungsbereich des § 5 IV, wenn der Betroffene zunächst Freizügigkeit genießt und dann einen Freizügigkeit vermittelnden Sachverhalt vortäuscht[190]. Denn auch in diesen Fällen können die Voraussetzungen der Freizügigkeit nachträglich entfallen sein. **§ 2 VII ist gegenüber § 5 IV (vormals § 5 V aF) lex specialis**[191]. 167

Ausdrücklich geregelt sind folgende Täuschungshandlungen: 168
– Vorlage von gefälschten oder verfälschten Dokumenten oder
– Vorspiegelung falscher Tatsachen.

Die Norm erfasst nicht den Fall, in denen die Meldebehörde zu Unrecht – ohne getäuscht worden zu sein – von dem Vorliegen der Freizügigkeit nach § 2 I ausgegangen ist. Hier wird weiterhin § 5 IV (vormals § 5 V aF) und nicht die Feststellung nach § 2 VII analog angewendet werden müssen. Auch wenn § 2 VII den Fall des Nichtvorliegens der Freizügigkeit von Anfang an erfasst, so ist sie doch eine spezielle Missbrauchsregelung. 169

Nicht erforderlich für eine **Täuschungshandlung** iSd Norm ist die Einleitung eines Strafverfahrens oder eine strafgerichtliche Verurteilung[192]. § 2 VII 1 setzt weder die Einleitung eines Strafverfahrens noch eine strafgerichtliche Verurteilung voraus[193]. Die für die Feststellung des Nichtbestehens eines Freizügigkeitsrechts zuständigen Behörden haben in eigener Verantwortung zu entscheiden, ob eine Vortäuschung nach Abs. 7 S. 1 vorliegt. Denn Zweck des Feststellungsverfahrens ist nicht die Sanktionierung betrügerischer oder rechtsmissbräuchlicher Handelns, sondern eine im Interesse der Rechtssicherheit notwendige Klarstellung über das Nichtbestehen eines behaupteten unionsrechtlichen Freizügigkeitsrechts[194]. Mangels eines Sanktionscharakters der Verlustfeststellung steht auch der Grundsatz „ne bis in idem" einer Verwertung der Ermittlungsergebnisse eines Strafverfahrens, das zum Freispruch geführt hat, nicht entgegen[195]. 170

Ebenfalls nicht erforderlich für die Annahme einer Täuschungshandlung ist, dass bei der für die Vornahme der Amtshandlung zuständigen Behörde in Bezug auf eine Freizügigkeitsberechtigung aufgrund der Angabe des Betroffenen oder der Vorlage von Urkunden ein **Irrtum** über die Freizügigkeitsberechtigung tatsächlich entstanden ist[196]. Denn Zweck des Feststellungsverfahrens ist nicht die Sanktionierung betrügerischer oder rechtsmissbräuchlichen Handelns, sondern eine im Interesse der Rechtssicherheit notwendige Klarstellung über das Nichtbestehen eines behaupteten unionsrechtlichen Freizügigkeitsrechts[197]. 171

§ 2 VII kommt nicht mehr zur Anwendung, wenn der Unionsbürger oder der Familienangehörige ein **Daueraufenthaltsrecht nach § 4a** erlangt hat. Infolge der Täuschungshandlung könnte aber der Erwerb der Rechtstellung nach § 4a selbst infrage stehen, wenn der Unionsbürger oder der Familienangehörige während der Erwerbsphase keinen Freizügigkeit vermittelnden Sachverhalt erfüllte. 172

---

[186] BR-Drs. 461/12, 12.
[187] BayVGH B. v. 10.8.2021 – 19 ZB 21.1142 Rn. 17.
[188] BayVGH B. v. 10.8.2021 – 19 ZB 21.1142 Rn. 17.
[189] VG Darmstadt Beschl. v. 9.3.2018 – 5 L 5388/17 S. 4.
[190] VG Darmstadt Beschl. v. 9.3.2018 – 5 L 5388/17 S. 4.
[191] VG Darmstadt Beschl. v. 9.3.2018 – 5 L 5388/17 S. 4.
[192] VG Darmstadt Beschl. v. 9.3.2018 – 5 L 5388/17 S. 5.
[193] BayVGH Beschl. v. 10.8.2021 – 19 ZB 21.1142 Rn. 15.
[194] BayVGH Beschl. v. 10.8.2021 – 19 ZB 21.1142 Rn. 15.
[195] BayVGH Beschl. v. 10.8.2021 – 19 ZB 21.1142 Rn. 15.
[196] VG Darmstadt Beschl. v. 9.3.2018 – 5 L 5388/17 S. 5.
[197] VG Darmstadt Beschl. v. 9.3.2018 – 5 L 5388/17 S. 5.

173 Sofern der EU-Bürger oder der Familienangehörige keine Freizügigkeit genießen, weil sie einen Freizügigkeit vermittelnden Sachverhalt nur vorgetäuscht haben, so halten sie sich aufgrund der **Freizügigkeitsvermutung** gleichwohl rechtmäßig im Bundesgebiet auf, bis die Verlustfeststellung ergeht. Bei evidenten **Täuschungshandlungen,** bei denen der Ausländer nicht einmal selbst ernsthaft geltend macht, Unionsbürger zu sein, fehlt es häufig bereits an der Anwendbarkeit des FreizügG/EU[198]. Geht die Ausländerbehörde zugunsten des Ausländers davon aus, dass er dem FreizügG/EU unterliegt, so wird dieser durch die Verlustfeststellung nicht in eigenen Rechten verletzt und damit nicht beschwert.

174 § 2 VII 1 stellt ausweislich des klaren Wortlauts der Norm („kann") die Feststellung des Verlusts des Rechts auf Freizügigkeit in das Ermessen der Ausländerbehörde. Gem. § 40 VwVfG hat die Behörde ihr Ermessen entsprechend dem Zweck der Ermächtigung auszuüben und die gesetzlichen Grenzen des Ermessens einzuhalten. Die Gesichtspunkte, von denen die Behörde bei der Ausübung ihres Ermessens ausgegangen ist, sollen in der Begründung des VA zu erkennen sein (§ 39 I 3 VwVfG). Die Ermessensentscheidung ist dabei nach § 114 I 1 VwGO nur eingeschränkt gerichtlich überprüfbar. Das Ermessen nach § 2 VII stellt dabei einen Fall **intendierten Ermessens** dar[199]. Mithin darf die Ausländerbehörde nur in besonderen Ausnahmefällen von der Verlustfeststellung absehen[200].

2. Sonderregelung für drittstaatsangehörige Familienangehörige

175 Bei Familienangehörigen, die nicht Unionsbürger sind, kann das Nichtbestehen des Freizügigkeitsrechts außerdem festgestellt werden, wenn nach umfassender Ermittlung und Prüfung aller maßgeblichen Umstände des Einzelfalls zur Überzeugung der zuständigen Behörde feststeht, dass das Begleiten des Unionsbürgers oder der Nachzug zu dem Unionsbürger nicht der Herstellung oder Wahrung einer familiären Lebensgemeinschaft mit einem Unionsbürger dienen (§ 2 VII 2).

176 Der S. 2 ist ein Spezialfall des Täuschens über Tatsachen, die die Freizügigkeit begründen. Das Freizügigkeitsrecht besteht dann nicht, wenn die Stellung eines Ehegatten im Wege einer Scheinehe erlangt worden ist (vgl. Art. 35 Freizügigkeits-RL). Eine Scheinehe ist eine Ehe, die lediglich zum Zweck der Gewährung des Freizügigkeits- und Aufenthaltsrechts nach Maßgabe der Rechtsvorschriften geschlossen wird, um dem Familienangehörigen ein ansonsten nicht zustehendes Aufenthaltsrecht zu vermitteln[201].

177 **Damit knüpft die Vorschrift nicht an den Bestand der Ehe, der Lebenspartnerschaft oder des sonstigen Verwandtschaftsverhältnisses an; vielmehr ist der Zweck des Begleitens oder Nachziehens zu dem für die Entstehung des Freizügigkeitsrechts maßgebenden Zeitpunkt entscheidend:** Sofern feststeht, dass nicht das Führen einer ehelichen oder familiären Lebensgemeinschaft im Bundesgebiet Ziel des Begleitens des Unionsbürgers oder des Nachzugs zu dem Unionsbürger ist, sondern die missbräuchliche Erlangung des Freizügigkeitsrechts, kann das Nichtbestehen des Freizügigkeitsrechts festgestellt werden.

178 Mit Blick auf die Rechtssache Metock[202] ist dabei nicht zwischen einem Erstzuzug in das Unionsgebiet und der Freizügigkeit innerhalb der EU zu unterscheiden. Insofern ist es hier unerheblich, ob sich der Drittstaatsangehörige bereits in einem Mitgliedstaat aufhält oder zuvor aufgehalten hat oder er den Unionsbürger erstmals in das Unionsgebiet begleitet oder ihm dorthin nachzieht. Ebenso wenig ist es für die Prüfung entscheidend, ob die Begründung des Verwandtschaftsverhältnisses zu dem oder die Eheschließung mit dem Unionsbürger vor oder nach der Zuwanderung in die EU erfolgt ist.

179 Grundsätzlich ist bei Unionsbürgern und ihren Familienangehörigen vom Bestehen der Voraussetzungen für die Ausübung des Freizügigkeitsrechts auszugehen. Eine Prüfung, ob die Voraussetzungen für die Ausübung des Freizügigkeitsrechts vorliegen, ist nur im Einzelfall zulässig, wenn begründete Zweifel an der Absicht bestehen, dass das Begleiten oder Nachziehen erfolgt, um eine eheliche oder familiäre Lebensgemeinschaft im Bundesgebiet zu führen. Dagegen sind systematische oder anlasslose Prüfungen nicht gestattet.

180 Das Freizügigkeitsrecht entsteht bereits originär aufgrund des Unionsrechts. Die **Beweislast** bzgl. der Voraussetzungen für die Feststellung des Nichtbestehens liegt bei der prüfenden Behörde, welche bei der Prüfung das aus dem Unionsrecht fließende Freizügigkeitsrecht zu berücksichtigen hat[203]. Insbesondere sind nach Art. 5 II Freizügigkeits-RL etwaige Visa für freizügigkeitsberechtigte Familienangehörige von Unionsbürgern so bald wie möglich nach einem beschleunigten Verfahren unentgeltlich zu erteilen. Dies entbindet die Betroffenen nicht von ihrer Mitwirkungsobliegenheit, gegebe-

---

[198] → § 1 Rn. 1 ff.
[199] VG Darmstadt Beschl. v. 9.3.2018 – 5 L 5388/17 S. 7, bestätigt durch HessVGH Beschl. v. 6.11.2018 – 9 B 598/18S. 6.
[200] VG Würzburg Urt. v. 27.4.2015 – W 7 K 14.533 mwN.
[201] Handbuch der Europäischen Kommission zum Vorgehen gegen mutmaßliche Scheinehen zwischen EU-Bürgern und Nicht-EU-Bürgern im Zusammenhang mit den EU-Rechtsvorschriften zur Freizügigkeit von EU-Bürgern vom 26.9.2014, S. 9. HessVGH Urt. v. 27.2.2018 – 6 A 2148/16 Rn. 26.
[202] EuGH Urt. v. 25.7.2008 – C-127/08 – Metock ua.
[203] BT-Drs. 17/10746, 9. Begründung zu § 2 VII.

nenfalls auch im Rahmen einer Befragung durch die zuständige Behörde. Die beweispflichtige Behörde hat die Möglichkeit zur Beweiserhebung, zB durch Fragen an den Antragsteller.

Das Nichtbestehen des Freizügigkeitsrechts gem. § 2 VII 1 kann nur in den Fällen festgestellt **181** werden, in denen das Vorliegen der Tatbestandsvoraussetzungen des § 2 VII zur Überzeugung der zuständigen Behörde feststeht. In der Konsequenz einer Feststellung des Nichtbestehens des Rechts auf Einreise und Aufenthalt nach dem FreizügG/EU kann bei Familienangehörigen, die nicht Unionsbürger sind, die Aufenthaltskarte versagt oder eingezogen oder das erforderliche Visum nicht erteilt werden (§ 2 VII 3).

§ 2 VII 3 enthält eine spezielle Regelung, die zur Einziehung der Aufenthaltskarte oder des Visums **182** berechtigt[204].

3. Besonderheiten für Altfälle (vor 2013)

Für drittstaatsangehörige Familienangehörige, die vor Inkrafttreten des ÄnderungsG 2013 **183** eine Aufenthaltskarte erhalten haben, ist zu beachten, dass die Feststellung des Nichtbestehens des Freizügigkeitsrechts nur möglich ist, wenn zuvor die Aufenthaltskarte zurückgenommen wurde[205]. Aufenthaltskarten, die vor dem 28.1.2013 erteilt wurden, sind – anders als die danach ausgestellten – feststellende VA, die verbindlich feststellen, dass die Voraussetzungen des § 2 I in der Person des betroffenen Ausländers erfüllt sind[206]. Diese Regelungswirkung gilt bis zu einer neuen behördlichen Entscheidung auch dann fort, wenn die für ihre Entscheidung erforderlichen Voraussetzungen nicht mehr vorliegen[207]. Dies gilt auch dann, wenn die Bescheinigung zu Unrecht ausgestellt worden war, weil der Ausländer über das Freizügigkeitsrecht getäuscht hat.

Dementsprechend vermag die Aufenthaltskarte **konstitutive Bedeutung** erlangen, **wenn die** **184** **Voraussetzungen des § 2 I infolge einer Täuschung zu Unrecht angenommen wurden.** Eine rechtliche Bedeutung kommt der feststellenden Wirkung der deklaratorischen Aufenthaltskarte insofern zu, als gerade nach außen dokumentiert wird, dass der Ausländer Freizügigkeit genießt. Dies hat insbesondere bei einer drohenden Aufenthaltsbeendigung zur Konsequenz, dass einem drittstaatsangehörigen Familienangehörigen, der eine gültige Aufenthaltskarte besitzt, nicht entgegengehalten werden kann, er erfülle nicht die Voraussetzungen nach § 2 I[208]. **Daher muss im Rahmen der Verlustfeststellung nach § 2 VII von der Ausländerbehörde zugleich die Rücknahme der Aufenthaltskarte verfügt werden.**

Die Rechtslage für EU-Bürger hat sich hingegen nicht verändert. Anders als die Aufenthaltskarte ist **185** auch die alte **Bescheinigung über das Aufenthaltsrecht** nach § 5 I **kein VA.** Dies wird aus § 5 V aF deutlich, in dem geregelt war, dass die Bescheinigung nach Wegfall des Rechts nach § 2 I „eingezogen" und nicht wie die Aufenthaltskarte „widerrufen" wird. Die unterschiedliche Rechtsfolge verdeutlicht, dass die Bescheinigung über das Aufenthaltsrecht nicht als feststellender VA einzustufen ist und damit auch nicht die Bindungswirkung auslöst, die eine Aufenthaltskarte mit sich bringt. Daher kann auch bei alten Aufenthaltsbescheinigungen von Unionsbürgern unmittelbar die Feststellung nach § 2 VII ergehen.

4. Verwaltungsverfahren und Rechtsschutz

Auf die Entscheidungen nach § 2 VII finden die **unionsrechtlichen Verfahrensvorschriften** der **186** Art. 30 und 31 Freizügigkeits-RL über Art. 35 S. 2 Freizügigkeits-RL sinngemäß Anwendung[209].

Entscheidungen nach § 2 VII müssen dem Betroffenen nach Art. 30 I iVm Art. 35 S. 2 Freizügig- **187** keits-RL **schriftlich** in einer Weise **mitgeteilt** werden, dass er deren Inhalt und Wirkung nachvollziehen kann. Dem Betroffenen sind die Gründe, die der ihn betreffenden Entscheidung zugrunde liegen, genau und umfassend mitzuteilen, es sei denn, dass Gründe der Sicherheit des Staates dieser Mitteilung entgegenstehen (Art. 30 II iVm Art. 35 S. 2 Freizügigkeits-RL). Diese Vorgaben werden durch § 2 VII 4 nur unzureichend wiedergegeben, da dort nur die Schriftlichkeit der Entscheidung festgelegt ist. Die übrigen Verfahrensgarantien der Art. 30 und 31 Freizügigkeits-RL sind nach Auffassung des Gesetzgebers durch bestehende Vorschriften verwirklicht, insbesondere durch die einschlägigen Bestimmungen des (L)VwVfG sowie durch die VwGO[210].

Problematisch erscheint, ob eine unionsrechtlich vorgeschriebene fehlende Begründung nach § 46 **188** (L)VwVfG unbeachtlich ist. Hierbei geht es um die Frage, ob das Fehlerfolgenregime der nationalen Rechtsordnung zum Zuge kommt, wenn **unionsrechtliche Verfahrensregelungen** in Form des

---

[204] HessVGH Urt. v. 27.2.2018 – 6 A 2148/16 Rn. 28.
[205] HessVGH Urt. v. 27.2.2018 – 6 A 2148/16 Rn. 26.
[206] HessVGH Urt. v. 27.2.2018 – 6 A 2148/16 Rn. 26.
[207] So zutreffend BVerwG Beschl. v. 23.5.2001 – 1 B 125.00, InfAuslR 2001, 312 zu einer Aufenthaltserlaubnis-EG.
[208] Zu einer Aufenthaltserlaubnis-EG s. BVerwG Beschl. v. 23.5.2001 – 1 B 125.00, InfAuslR 2001, 312.
[209] BT-Drs. 17/10746, 10. Begr zu § 2 VII 4.
[210] BT-Drs. 17/10746, 10. Begr zu § 2 VII 4.

indirekten Vollzugs durchgeführt werden. Der EuGH[211] hat für den indirekten unmittelbaren Vollzug einer VO folgenden Grundsatz aufgestellt: „Obliegt der Vollzug einer Gemeinschaftsverordnung den nationalen Behörden, so ist davon auszugehen, dass er grundsätzlich nach den Form- und Verfahrensvorschriften des nationalen Rechts zu geschehen hat. Um der einheitlichen Anwendung des Gemeinschaftsrechts willen ist jedoch der Rückgriff auf innerstaatliche Rechtsvorschriften nur in dem zum Vollzug der Verordnung notwendigen Umfang zulässig."

189 Auch in der Rechtssache Deutsches Milch-Kontor[212] wurde dieser Grundsatz bestätigt: „Soweit das Gemeinschaftsrecht einschließlich der allgemeinen gemeinschaftsrechtlichen Grundsätze hierfür keine gemeinsamen Vorschriften enthält, gehen die nationalen Behörden bei dieser Durchführung der Gemeinschaftsregelungen nach den formellen und materiellen Bestimmungen ihres nationalen Rechts vor, wobei dieser Rechtszug freilich, (...) mit den Erfordernissen der einheitlichen Anwendung des Gemeinschaftsrechts in Einklang gebracht werden muss, die notwendig ist, um zu vermeiden, dass die Wirtschaftsteilnehmer ungleich behandelt werden."

190 Danach gelangt im indirekten Vollzug des Unionsrechts in Ermangelung EU-einheitlicher Vorschriften das nationale (L)VwVfG zur Anwendung[213]. Die den einzelnen Mitgliedstaaten durch den EuGH zugestandene Verfahrensautonomie, dh die Freiheit der Mitgliedstaaten, das Verwaltungsverfahren individuell auszuformen, besteht aber nicht grenzenlos. Der EuGH hat die Freiheit zur Ausgestaltung an zwei Bedingungen geknüpft: Das nationale Verfahrensrecht darf weder diskriminierend wirken noch darauf hinauslaufen, dass die Verwirklichung der unionsrechtlichen Regelung praktisch unmöglich wird[214].

191 Während sich das **Diskriminierungsverbot** nicht begrenzend auf die Anwendung des § 46 (L) VwVfG auszuwirken vermag, weil diese Vorschrift gleichermaßen in rein nationalen wie in gemeinschaftsrelevanten Verfahren einen kausalitätsunabhängigen Aufhebungsanspruch versagt[215], erscheint eine Verletzung des mit dem Begriff der praktischen Unmöglichkeit angesprochenen **Effektivitätsgebots**, bei dessen Anwendung es entscheidend darauf ankommt, ob die in Rede stehende nationale Vorschrift die Ausübung des europäischen Rechts tatsächlich unmöglich macht oder übermäßig erschwert, bedenkenswert[216]. Immerhin läuft der durch § 46 (L)VwVfG angeordnete Ausschluss des Aufhebungsanspruchs darauf hinaus, dass die verfahrensrechtliche Regelung (zB Art. 30 I iVm Art. 35 S. 2 Freizügigkeits-RL) leerläuft, und zwar schlicht deshalb, weil ihre Nichtbeachtung durch § 46 (L) VwVfG sanktionslos gestellt wird. Damit würde iE der mit der Verfahrensvorschrift bezweckte Erfolg „praktisch unmöglich" gemacht. Um dieses Ergebnis zu vermeiden, gebietet das Effektivitätsgebot grundsätzlich in Bezug auf europarechtliche Verfahrensvorschriften eine Sanktionierung von Verfahrensverstößen, um deren Beachtung auf nationaler Ebene zu erzwingen[217].

192 **Das Prinzip der effektiven Durchsetzung europäischen Rechts auf nationaler Ebene** ist aber auch aus Sicht des EuGH nicht grenzenlos gewährleistet; dies zeigt bereits die Verwendung der Begriffe „praktische Unmöglichkeit" bzw. „übermäßiges Erschweren". Damit wird nicht die maximale Verwirklichung unionsrechtlicher Verfahrensvorschriften bzw. sonstigen materiellen Unionsrechts gefordert. Der EuGH hat insoweit ausgeführt, dass „jeder Fall, in dem sich die Frage stellt, ob eine nationale Verfahrensvorschrift die Anwendung des Gemeinschaftsrechts unmöglich macht oder übermäßig erschwert, unter Berücksichtigung der Stellung dieser Vorschriften im gesamten Verfahren vor den verschiedenen nationalen Stellen sowie des Ablaufs und der Besonderheiten dieser Verfahren zu prüfen ist"[218].

193 Die Wesentlichkeit einer Verletzung einer Form- oder Verfahrensbestimmung, auf die es maßgeblich ankommt, beurteilt sich daran, ob ihre Nichtbeachtung **Einfluss auf die inhaltliche Gestaltung des Rechtsakts** gehabt haben könnte[219].

194 Wenn das Begründungserfordernis erst an die Ablehnungsentscheidung selbst anknüpft (zB Art. 30 I und II Freizügigkeits-RL) und keine Verfahrensregelung darstellt, die die Richtigkeit des Ergebnisses

---

[211] EuGH Urt. v. 11.2.1971 – 39/70, Slg. 1971, 49 (58) – Fleischkontor.
[212] EuGH Urt. v. 21.9.1983 – 205–215/82, Slg. 1983, 2633 (2665) – Deutsches Milch-Kontor.
[213] Dass im Bereich des indirekten Vollzugs, der den Regelfall darstellt, in Ermangelung gemeinschaftsrechtlicher Regelungen grundsätzlich die Vorschriften des nationalen VwVfG heranzuziehen sind, entspricht auch der allg. Ansicht in der Lit., *Kahl* VerwArch Bd. 95, 2004, 1 (13 f.); *Sachs* in Stelkens/Bonk/Sachs VwVfG § 45 Rn. 185.
[214] Hierzu EuGH Urt. v. 21.9.1983 – 205 bis 215/82, Slg. 1983, 2633 (2665) – Deutsches Milch-Kontor; Urt. v. 14.12.1995 – C-430/93 und C-431/93, Slg. 1995, I-4705 (4737) – Van Schijndel und Van Veen. Aus der Lit. *Classen* Die Verwaltung Bd. 31, 1998, 307 (308 f.) mwN; *Kment* AöR 130 (2005), 570 (575).
[215] So auch *Gellermann* DÖV 1996, 433 (441).
[216] So *Kment* AöR 130 (2005), 570 (579).
[217] S. hierzu *Kment* AöR 130 (2005), 570 (579 f.).
[218] EuGH Urt. v. 21.11.2002 – C-473/00, Slg. 2002, I-10875 Rn. 37 – Cofidis SA.
[219] *Kahl* VerwArch Bd. 95, 2004, 1 (22); *Gaitanides* in von der Groeben/Schwarze EG Art. 230 Rn. 124 zu Beteiligungs- und Anhörungsrechten; *Schwarze* in von der Groeben/Schwarze EG Art. 230 Rn. 60. Zum Grundsatz der Wahrung rechtlichen Gehörs wurde vom EuGH entschieden, dass die Nichtbeachtung einer Verfahrensvorschrift einen Verfahrensfehler darstellt, der aber nur dann als wesentlich zu bewerten ist und zur Aufhebung der Sachentscheidung zwingt, „wenn das Verfahren ohne die Verletzung zu einem anderen Ergebnis hätte führen können" (EuGH Urt. v. 14.2.1990 – C-301/87 – Frankreich/Kommission, Ls. 3).

sicherstellen will, ist sie nicht wesentlich, sodass eine Unbeachtlichkeit des Fehlers nach § 46 (L) VwVfG bei Verletzung der Begründungspflicht möglich ist. Andernfalls ist die Verletzung der Begründungspflicht geeignet, zur Rechtswidrigkeit des VA zu führen, wenn es um die Sicherung wichtiger materieller Rechte durch Verfahrensvorgaben geht.

Das Unionsrecht geht im Hinblick auf eine geringere gerichtliche Kontrolldichte in anderen Mitgliedstaaten von der Vorstellung aus, dass die **materielle Richtigkeit einer Verwaltungsentscheidung durch ein konkretes Verwaltungsverfahren** gesichert wird. Dies hat zur Folge, dass die Verletzung von Verfahrensregelungen nicht allein mit dem Hinweis auf die Kontrolldichte im gerichtlichen Verfahren für unbeachtlich erklärt werden kann. 195

In der Mitteilung ist nach Art. 30 III 1 iVm Art. 35 S. 2 Freizügigkeits-RL in einer Rechtsbehelfsbelehrung anzugeben, bei welchem Gericht oder bei welcher Behörde der Betroffene einen Rechtsbehelf einlegen kann, innerhalb welcher Frist der Rechtsbehelf einzulegen ist und gegebenenfalls binnen welcher Frist er das Hoheitsgebiet des Mitgliedstaats zu verlassen hat. 196

Außer in ordnungsgemäß begründeten dringenden Fällen muss die **Frist zum Verlassen des Hoheitsgebiets mindestens einen Monat,** gerechnet ab dem Zeitpunkt der Mitteilung, betragen (Art. 30 III 2 iVm Art. 35 S. 2 Freizügigkeits-RL). 197

Gegen die Entscheidung nach § 2 VII müssen die Betroffenen nach Art. 31 I iVm Art. 35 S. 2 Freizügigkeits-RL einen Rechtsbehelf bei einem Gericht und gegebenenfalls bei einer Behörde des Aufnahmemitgliedstaats einlegen können. Wird neben dem Rechtsbehelf gegen die Entscheidung, mit der die Ausweisung verfügt wurde, auch ein Antrag auf vorläufigen Rechtsschutz gestellt, um die Vollstreckung dieser Entscheidung auszusetzen, so darf nach Art. 31 II iVm Art. 35 S. 2 Freizügigkeits-RL die **Abschiebung aus dem Hoheitsgebiet nicht erfolgen, solange nicht über den Antrag auf vorläufigen Rechtsschutz entschieden wurde,** es sei denn, 198
– die Entscheidung stützt sich auf eine frühere gerichtliche Entscheidung,
– oder die Betroffenen hatten bereits früher die Möglichkeit, eine gerichtliche Überprüfung zu beantragen, oder
– die Entscheidung, mit der die Ausweisung verfügt wird, beruht auf zwingenden Gründen der öffentlichen Sicherheit nach Art. 28 III Freizügigkeits-RL.

Durch diese Verfahrensregelung, die mit § 7 II 5 umgesetzt wurde, wird die **Vollzugsmöglichkeit der Behörde nach Anordnung des Sofortvollzugs nach § 80 II 1 Nr. 4 VwGO beschränkt.** Der deutsche Gesetzgeber verzichtet dabei auf die in Art. 31 II Freizügigkeits-RL aufgeführten Ausnahmeregelungen, da er den Vollzug grundsätzlich erst nach einer Entscheidung über den Antrag auf vorläufigen Rechtsschutz nach § 80 V VwGO ermöglicht. 199

Im Rechtsbehelfsverfahren sind nach Art. 31 III iVm Art. 35 S. 2 Freizügigkeits-RL die Rechtmäßigkeit der Entscheidung sowie die Tatsachen und die Umstände, auf denen die Entscheidung beruht, zu überprüfen. Es gewährleistet, dass die Entscheidung nicht unverhältnismäßig ist. 200

Die Mitgliedstaaten können gem. Art. 31 IV iVm Art. 35 S. 2 Freizügigkeits-RL dem Betroffenen verbieten, sich während des anhängigen Rechtsbehelfsverfahrens in ihrem Hoheitsgebiet aufzuhalten, dürfen ihn jedoch nicht daran hindern, sein Verfahren selbst zu führen, es sei denn, die öffentliche Ordnung oder Sicherheit können durch sein persönliches Erscheinen ernsthaft gestört werden oder der Rechtsbehelf richtet sich gegen die Verweigerung der Einreise in das Hoheitsgebiet. 201

§ 3 Familienangehörige

(1) ¹Familienangehörige der in § 2 Abs. 2 Nr. 1 bis 5 genannten Unionsbürger haben das Recht nach § 2 Abs. 1, wenn sie den Unionsbürger begleiten oder ihm nachziehen. ²Für Familienangehörige der in § 2 Abs. 2 Nr. 5 genannten Unionsbürger gilt dies nach Maßgabe des § 4.

(2) Familienangehörige, die nicht Unionsbürger sind, behalten beim Tod des Unionsbürgers ein Aufenthaltsrecht, wenn sie die Voraussetzungen des § 2 Abs. 2 Nr. 1 bis 3 oder Nr. 5 erfüllen und sich vor dem Tod des Unionsbürgers mindestens ein Jahr als seine Familienangehörigen im Bundesgebiet aufgehalten haben.

(3) Die Kinder eines freizügigkeitsberechtigten Unionsbürgers und der Elternteil, der die elterliche Sorge für die Kinder tatsächlich ausübt, behalten auch nach dem Tod oder Wegzug des Unionsbürgers, von dem sie ihr Aufenthaltsrecht ableiten, bis zum Abschluss einer Ausbildung ihr Aufenthaltsrecht, wenn sich die Kinder im Bundesgebiet aufhalten und eine Ausbildungseinrichtung besuchen.

(4) Ehegatten oder Lebenspartner, die nicht Unionsbürger sind, behalten bei Scheidung oder Aufhebung der Ehe oder Aufhebung der Lebenspartnerschaft ein Aufenthaltsrecht, wenn sie die für Unionsbürger geltenden Voraussetzungen des § 2 Abs. 2 Nr. 1 bis 3 oder Nr. 5 erfüllen und wenn

1. die Ehe oder die Lebenspartnerschaft bis zur Einleitung des gerichtlichen Scheidungs- oder Aufhebungsverfahrens mindestens drei Jahre bestanden hat, davon mindestens ein Jahr im Bundesgebiet,
2. ihnen durch Vereinbarung der Ehegatten oder der Lebenspartner oder durch gerichtliche Entscheidung die elterliche Sorge für die Kinder des Unionsbürgers übertragen wurde,
3. es zur Vermeidung einer besonderen Härte erforderlich ist, insbesondere weil dem Ehegatten oder dem Lebenspartner wegen der Beeinträchtigung seiner schutzwürdigen Belange ein Festhalten an der Ehe oder der Lebenspartnerschaft nicht zugemutet werden konnte, oder
4. ihnen durch Vereinbarung der Ehegatten oder der Lebenspartner oder durch gerichtliche Entscheidung das Recht zum persönlichen Umgang mit dem minderjährigen Kind nur im Bundesgebiet eingeräumt wurde.

Allgemeine Verwaltungsvorschrift
3 Zu § 3 – Familienangehörige
3.0 Allgemeines
3.0.1 Das Aufenthaltsrecht von Familienangehörigen von Unionsbürgern richtet sich allein nach dem Freizügigkeitsgesetz/EU. Voraussetzungen des Aufenthaltsgesetzes zum Familiennachzug (§§ 27 ff. AufenthG), wie zum Beispiel das Erfordernis von Sprachkenntnissen, finden keine Anwendung. Lediglich einzelne Bestimmungen des Aufenthaltsgesetzes werden in § 11 Absatz 1 Satz 1 bis 10 für anwendbar erklärt. Darüber hinaus findet das Aufenthaltsgesetz dann Anwendung, wenn dieses für Freizügigkeitsberechtigte günstigere Regelungen beinhaltet (§ 11 Absatz 1 Satz 11). So kann die Erteilung einer Aufenthaltserlaubnis nach § 28 AufenthG für einen mit einer/einem Deutschen verheirateten Unionsbürger aus einem neuen EU-Mitgliedstaat, für den noch Übergangsbeschränkungen im Bereich der Arbeitnehmerfreizügigkeit gelten, wegen des hiermit verbundenen uneingeschränkten Zugangs zum Arbeitsmarkt (§ 27 Absatz 5 AufenthG) günstiger sein als ein auf das Freizügigkeitsrecht gestützter Aufenthalt. Die Rechtsstellung des Betroffenen als freizügigkeitsberechtigt bleibt durch die Anwendung günstigeren Rechts im Einzelfall unberührt. In Fällen, in denen die Ausländerbehörde das Nichtbestehen bzw. den Verlust des Freizügigkeitsrechts festgestellt hat, weil die Voraussetzungen für einen Familiennachzug nicht gegeben sind (§§ 2 Absatz 7, 5 Absatz 4, 6 Absatz 1), kommt für Familienangehörige gegebenenfalls die Erteilung einer Aufenthaltserlaubnis aus humanitären Gründen nach dem Aufenthaltsgesetz in Betracht (vgl. Nummer 11.2).

3.0.2 Da deutsche Staatsangehörige grundsätzlich nicht in den Anwendungsbereich des Freizügigkeitsgesetzes/EU bzw. der Freizügigkeitsrichtlinie fallen, wenn sie von ihrem Freizügigkeitsrecht noch keinen Gebrauch gemacht haben (vgl. Nummer 1.3), können sich ihre Familienangehörigen nicht auf § 3 berufen. Das Aufenthaltsrecht dieser Familienangehörigen richtet sich nach dem Aufenthaltsgesetz. Allerdings kann drittstaatsangehörigen Familienangehörigen von Deutschen in bestimmten Konstellationen ein abgeleitetes Freizügigkeitsrecht zustehen. Dies ist der Fall, wenn der deutsche Staatsangehörige aus einem anderen EU-/EWR-Mitgliedstaat vorübergehend (z. B. zu familiären Besuchen) oder dauerhaft nach Deutschland zurückkehrt, nachdem er sein Freizügigkeitsrecht ausgeübt hat (so genannte „Rückkehrfälle") und seine Familienangehörigen ihn begleiten oder zu ihm nachziehen. Dies gilt auch, wenn der Deutsche zugleich Staatsangehöriger des *EU-/EWR Mitgliedstaates[5]* ist, von dem aus er nach Deutschland kommt oder zurückkehrt, sofern der vorherige Aufenthalt in dem anderen *EU-/EWR Mitgliedstaat[6]* eine gewisse Qualität und Nachhaltigkeit aufweist (BVerwG, Urteil vom 16. November 2010 - 1 C 17/09; BVerwG, Urteil vom 11. Januar 2011 - 1 C 23/09). In den vorstehend *beschriebene[7]* Konstellationen liegt ein grenzüberschreitender Bezug vor, bei dem sich der Deutsche und seine Familienangehörigen in einer Situation befinden, die der Situation des Unionsbürgers gleicht, der von seinem Freizügigkeitsrecht Gebrauch macht und von seinem Herkunftsstaat mit seiner Familie nach Deutschland kommt. Wenn ein solcher grenzüberschreitender Bezug vorliegt, sind ausnahmsweise die Regelungen des Freizügigkeitsgesetzes/EU auch auf die drittstaatsangehörigen Familienangehörigen Deutscher anwendbar. Unerheblich ist dabei, ob die Ehe oder das Verwandtschaftsverhältnis erst während des Aufenthalts des Deutschen in einem anderen EU-/EWR-Mitgliedstaat begründet worden ist. Es muss jedoch darauf geachtet werden, ob es sich um eine „echte" Rückkehr bzw. Aufenthaltsverlagerung nach Deutschland handelt. Besteht ein hinreichender Verdacht, dass die Ausreise lediglich vorübergehend war und dem Zweck der Umgehung nationaler Familiennachzugsregelungen diente, ist das Recht auf Freizügigkeit wegen Rechtsmissbrauchs zu versagen.

3.0.3 Zur Frage der Reichweite der Familiennachzugsregelungen hat der Europäische Gerichtshof in seinem Urteil vom 25. Juli 2008 (Rs. C-127/08 – Metock u.a.) entschieden, dass die Freizügigkeitsrichtlinie drittstaatsangehörigen Familienangehörigen von Unionsbürgern das Recht einräumt, sich bei ihren Familienangehörigen in der EU aufzuhalten. Dieses Recht besteht unabhängig davon, ob sich der Drittstaatsangehörige bereits in einem EU-Mitgliedstaat rechtmäßig aufhält oder ob die Eheschließung mit dem Unionsbürger vor oder nach der Zuwanderung in das Unionsgebiet erfolgt ist. Der Europäische Gerichtshof hat seine anders lautende Rechtsprechung (EuGH, Urteil vom 23. September 2003, Rs. C-109/01 – Akrich) ausdrücklich aufgegeben.

Für alle drittstaatsangehörigen Familienangehörigen von Unionsbürgern gilt damit unabhängig von ihrer bisherigen aufenthaltsrechtlichen Situation, dass ein Aufenthaltsrecht auf Grundlage der Freizügigkeitsrichtlinie besitzt, wer seinen Status als Familienangehöriger eines Unionsbürgers nachgewiesen hat und die in der Freizügigkeitsrichtlinie aufgestellten Voraussetzungen erfüllt. Nachzuweisen ist außerdem, dass der Unionsbürger von seinem Freizügigkeitsrecht Gebrauch gemacht hat und dass der Familienangehörige diesen begleitet oder ihm nachzieht sowie beim Nachzug zum Nichterwerbstätigen, dass ausreichende Existenzmittel vorhanden sind bzw. ein umfassender Krankenversicherungsschutz besteht. Als Konsequenz aus dem Urteil ergibt sich, dass der Familiennachzug zu Unionsbürgern ausschließlich auf der Grundlage des Freizügigkeitsgesetzes/EU stattfindet. Dies bedeutet, dass ein drittstaatsangehöriger Familienangehöriger eines Unionsbürgers u. a. keine einfachen deutschen Sprachkenntnisse nachweisen muss.

Der Familiennachzug zu Drittstaatsangehörigen und zu eigenen Staatsangehörigen in das eigene Staatsgebiet ist von der Entscheidung des Gerichtshofs grundsätzlich nicht betroffen. Dieser hat klargestellt, dass sich das Freizügigkeitsrecht ausschließlich auf Sachverhalte mit einem grenzüberschreitenden Bezug erstreckt und die Zuständigkeit des nationalen Gesetzgebers, im Übrigen strengere Regelungen des Familiennachzugs zu treffen, davon unberührt bleibt.

3.1 Voraussetzungen des abgeleiteten Aufenthaltsrechts von Familienangehörigen

Familienangehörige   § 3 FreizügG/EU 2

3.1.0 Absatz 1 stellt klar, dass die Familienangehörigen von Unionsbürgern ein abgeleitetes Aufenthaltsrecht genießen. Die Freizügigkeit der Familienangehörigen dient primär dem Zweck, die Ausübung der Freizügigkeit durch die Unionsbürger zu erleichtern. Die Freizügigkeit der Familienangehörigen ist daher auch auf die Herstellung der Familieneinheit ausgerichtet und in Bestand und Dauer mit dem Aufenthaltsrecht des freizügigkeitsberechtigten Unionsbürgers verknüpft. Das Aufenthaltsrecht des Ehegatten knüpft an die bestehende Ehe an. Dies hat zur Folge, dass auch ein Ehegatte aus einem Drittstaat, der von dem freizügigkeitsberechtigten Unionsbürger getrennt lebt, bis zur rechtskräftigen Scheidung ein Aufenthaltsrecht besitzt, sofern der Unionsbürger nicht durch dauerhaften Wegzug ins Ausland sein Freizügigkeitsrecht aufgibt. Zum Aufenthaltsrecht des drittstaatsangehörigen Ehegatten eines Unionsbürgers bei Scheidung oder Aufhebung der Ehe siehe Nummer 3.5.
Eingetragene Lebenspartner von Unionsbürgern sind ebenfalls freizügigkeitsberechtigt. Lebenspartnerschaften sind eingetragene Partnerschaften zwischen zwei Personen gleichen Geschlechts (vgl. z.B. § 1 Absatz 1 Satz 1 LPartG). Dagegen entfalten im Ausland eingetragene verschiedengeschlechtliche Partnerschaften in Deutschland keine rechtliche Wirkung, da das deutsche Recht derartige Partnerschaften nicht kennt. Beim Kindernachzug sind die Sorgeberechtigung bzw. das Aufenthaltsbestimmungsrecht der nachholenden Elternteile nach § 3 Absatz 1 keine Voraussetzungen für Einreise und Aufenthalt des Kindes (vgl. auch Umkehrschluss aus § 3 Absatz 4). Bestehen allerdings begründete Anhaltspunkte dafür, dass die Einreise und der Aufenthalt des Kindes von der Sorgeberechtigung bzw. dem Aufenthaltsbestimmungsrecht eines Elternteils nicht gedeckt ist, kann zur Verhinderung von rechtsmissbräuchlicher Ausübung des Freizügigkeitsrechts (insbesondere Kindesentziehung) eine Versagung der Einreise oder eine Feststellung des Verlustes in Betracht kommen. Zu sorgerechtlichen Entscheidungen ausländischer Gerichte oder Behörden und Auslandsadoptionen vgl. die Ausführungen zu Nummer 28.1.3 und 28.1.2.1 AVV zum AufenthG vom 26. Oktober 2009. Beim Visum zum Kindernachzug nach § 2 Absatz 4 Satz 2 kann das elterliche Sorgerecht auch hinsichtlich der Handlungsbefugnis eines Elternteils zur alleinigen Antragstellung zu beachten sein.
3.1.1 Den Familienangehörigen von Unionsbürgern steht das abgeleitete Aufenthaltsrecht nur dann zu, wenn sie den Unionsbürger begleiten oder ihm nachziehen. Der Begriff „begleiten oder ihm nachziehen" ist dahin gehend auszulegen, dass er sowohl die Familienangehörigen eines Unionsbürgers umfasst, die mit diesem in den Aufnahmemitgliedstaat eingereist sind, als auch diejenigen, die sich mit ihm dort aufhalten, ohne dass im letztgenannten Fall danach zu unterscheiden wäre, ob die Drittstaatsangehörigen vor oder nach dem Unionsbürger eingereist sind oder nachdem sie dessen Familienangehörige wurden, in den Aufnahmemitgliedstaat eingereist sind (vgl. EuGH, Urteil vom 25. Juli 2008, Rs. C-127/08 – Metock u.a.). Eine gemeinsame Wohnung ist keine zwingende Voraussetzung. Es ist vom Sinn und Zweck der Gewährung des „abgeleiteten" Aufenthaltsrechts des Familienangehörigen auszugehen, nämlich der Herstellung und Wahrung der bestehenden familiären Lebensgemeinschaft des Unionsbürgers. Der Begriff „begleiten oder nachziehen" impliziert eine im Sinne des Ehe- und Familienschutzes schutzwürdige tatsächliche Beziehung.
3.1.2 Die Familienangehörigen von Dienstleistungsempfängern (Personen, die gemäß § 2 Absatz 1 Nummer 4 freizügigkeitsberechtigt sind) haben ebenfalls das Recht, den Unionsbürger zu begleiten. Da es sich um ein abgeleitetes Aufenthaltsrecht handelt, richtet sich dessen Dauer nach der Dauer des Aufenthaltsrechts des Dienstleistungsempfängers. Es kann nur zum vorübergehenden Aufenthalt berechtigen (siehe Nummer 2.2.4).
3.1.3 Das Freizügigkeitsrecht von Familienangehörigen nicht erwerbstätiger Unionsbürger gilt nach Maßgabe des § 4. Zu den weiteren Voraussetzungen vgl. Nummer 4.
3.1.4 Das abgeleitete Recht des drittstaatsangehörigen Familienangehörigen eines Unionsbürgers besteht unabhängig davon, ob der Familienangehörige sich bislang in der EU aufhält oder zwecks Begleitung oder Nachzug zum Unionsbürger erstmals in die EU einreist. Unerheblich ist auch, ob die Ehe bzw. Familie erst nach dem Zuzug des freizügigkeitsberechtigten Unionsbürgers nach Deutschland begründet worden ist, oder ob der Drittstaatsangehörige sich bislang unrechtmäßig in einem anderen Mitgliedstaat aufgehalten hat (siehe Nummer 3.0.3).

3.2 Begriff des Familienangehörigen
3.2.1 Absatz 2 enthält die Legaldefinition der Familienangehörigen. Sie entspricht der Definition in Artikel 2 Nummer 2 Freizügigkeitsrichtlinie. Familienangehörige sind der Ehegatte, der Lebenspartner und die Verwandten in gerader absteigender Linie freizügigkeitsberechtigter Unionsbürger oder ihrer Ehegatten oder Lebenspartner, die noch nicht 21 Jahre alt sind (§ 3 Absatz 2 Nummer 1), sowie die Verwandten in gerader aufsteigender und in gerader absteigender Linie freizügigkeitsberechtigter Unionsbürger oder ihrer Ehegatten oder Lebenspartner, denen die Unionsbürger oder ihre Ehegatten oder Lebenspartner Unterhalt gewähren (§ 3 Absatz 2 Nummer 2); zum Begriff des Familienangehörigen vgl. auch Nummer 3.1.0.
3.2.2.1 Die in Absatz 2 Nummer 2 genannten Verwandten haben ein Aufenthaltsrecht, wenn ihnen Unterhalt gewährt wird (EuGH, Urteil vom 18. Juni 1987, Rs. 316/85 – Lebon). Eine solche Unterhaltsgewährung liegt vor, wenn dem Verwandten tatsächlich Leistungen zukommen, die vom Ansatz her als Mittel der Bestreitung des Lebensunterhalts angesehen werden können. Dazu gehört eine fortgesetzte regelmäßige Unterstützung in einem Umfang, der es ermöglicht, zumindest einen Teil des Lebensunterhalts regelmäßig zu decken. Maßstab ist dabei das Lebenshaltungsniveau in dem Land, in dem sich der Familienangehörige aufhält. Es ist nicht erforderlich, dass derjenige, dem Unterhalt gewährt wird, einen Anspruch auf Unterhaltsgewährung hat. Auf die Gründe für die Inanspruchnahme der Unterstützung kommt es ebenfalls nicht an. Erforderlich ist jedoch ein Nachweis des Vorliegens eines tatsächlichen Abhängigkeitsverhältnisses. Diese Abhängigkeit ergibt sich aus einer tatsächlichen Situation, die dadurch gekennzeichnet ist, dass der materielle Unterhalt des Familienangehörigen durch den Unionsbürger oder durch dessen Ehegatten oder Lebenspartner sichergestellt wird. Um zu ermitteln, ob eine solche Abhängigkeit vorliegt, ist zu prüfen, ob der Familienangehörige in Anbetracht seiner wirtschaftlichen und sozialen Lage nicht selbst für die Deckung seiner Grundbedürfnisse aufkommt. Der Unterhaltsbedarf muss im Herkunfts- oder Heimatland des Familienangehörigen in dem Zeitpunkt bestehen, in dem er beantragt, dem Unionsbürger nachzuziehen. Der Nachweis einer solchen Unterhaltsleistung kann mit jedem dafür geeigneten Mittel geführt werden. Eine bloße Verpflichtungserklärung des Unionsbürgers oder seines Ehegatten oder Lebenspartners, dem Betroffenen Unterhalt zu gewähren, genügt dagegen nicht.
Ein tatsächliches Abhängigkeitsverhältnis ist beispielsweise gegeben, wenn ein Unionsbürger dem Familienangehörigen regelmäßig während eines beachtlichen Zeitraums einen Geldbetrag zahlt, den Letzterer zur Deckung seiner Grundbedürfnisse im Herkunftsland benötigt. Unter diesen Umständen kann von dem Familienangehörigen nicht

Dienelt   1741

verlangt werden, dass er – über das Bestehen eines tatsächlichen Abhängigkeitsverhältnisses hinaus – nachweist, dass er vergeblich versucht hat, Arbeit zu finden, von den Behörden seines Herkunftslands Hilfe zum Lebensunterhalt zu erlangen und/oder auf andere Weise seinen Lebensunterhalt zu bestreiten (EuGH, Urteil vom 9. Januar 2007, Rs. C-1/05 – Jia; EuGH, Urteil vom 16. Januar 2014, Rs. C-423/12 – Reyes). Die Tatsache, dass der Unterhaltsberechtigte ergänzend Sozialleistungen in Anspruch nimmt, steht einer tatsächlichen Unterhaltsgewährung als Voraussetzung für ein Bestehen des Freizügigkeitsrechts nicht entgegen.

3.2.2.2 Aus § 3 Absatz 2 Nummer 2 kann in bestimmten Fällen auch dann ein freizügigkeitsrechtliches Aufenthaltsrecht abgeleitet werden, wenn nicht der EU-Bürger seinem Verwandten den Unterhalt gewährt, sondern es sich umgekehrt verhält: Dies ist der Fall, wenn es sich bei dem EU-Bürger um einen freizügigkeitsberechtigten Minderjährigen handelt, der von einem drittstaatsangehörigen Elternteil tatsächlich betreut wird, diese Betreuung erforderlich ist und keine öffentlichen Mittel in Anspruch genommen werden (vgl. EuGH, Urteil vom 19. Oktober 2004, Rs. C 200/02 – Zhu/Chen, Rn. 42 ff.). Unter Umständen kommt in diesen Fallkonstellationen auch eine Erteilung einer Aufenthaltserlaubnis auf der Grundlage von § 28 Absatz 1 Satz 1 Nummer 3 AufenthG in Betracht, sofern dies dem Betroffenen eine günstigere Rechtsstellung vermittelt, als die Anwendung von Freizügigkeitsrecht (§ 11 Absatz 1 Satz 11).

3.3 Hinterbliebene eines Unionsbürgers

3.3.0 Nach Absatz 3 erhalten drittstaatsangehörige Familienangehörige eines verstorbenen Unionsbürgers unter bestimmten Voraussetzungen ein eigenständiges Aufenthaltsrecht.

3.3.1 Die Voraussetzung des rechtmäßigen Voraufenthalts von einem Jahr als Familienangehöriger des Verstorbenen in Deutschland bedeutet, dass ein Aufenthalt aus anderen Gründen nicht ausreicht. Es ist auf die objektive Rechtslage abzustellen. Nicht notwendig ist, dass das sich aus dem Unionsrecht ergebende Aufenthaltsrecht als Familienangehöriger bescheinigt wurde. Zur Kontinuität des Aufenthaltes vgl. § 4a Absatz 6.

3.3.2 Der Verweis in Absatz 3 Satz 1 auf die Voraussetzungen des § 2 Absatz 2 Nummer 1 bis 3 oder Nummer 5 – Erfüllung der Freizügigkeitsvoraussetzungen in der eigenen Person – bedeutet für die drittstaatsangehörigen Hinterbliebenen, dass sie entweder Arbeitnehmer, Selbständige oder Erbringer von Dienstleistungen sein oder als nicht Erwerbstätige die Voraussetzungen des § 4 erfüllen müssen. Die Aussparung des § 2 Absatz 2 Nummer 4 in dem Verweis macht deutlich, dass der Empfang von Dienstleistungen für das Verbleiberecht nicht ausreicht. Soweit der Hinterbliebene als Dienstleistungserbringer i. S. d. § 2 Absatz 2 Nummer 3 freizügigkeitsberechtigt ist, bleibt sein Aufenthaltsrecht für die Dauer der Dienstleistungserbringung erhalten.

3.3.3 Die Familienangehörigen behalten den Status, der sich aus der Aufenthaltskarte ergibt, grundsätzlich bei. Dies entspricht den Vorgaben des Artikels 12 Absatz 2 Freizügigkeitsrichtlinie.

3.3.4 Der künftige Aufenthaltsstatus eines Familienangehörigen nach Absatz 3 Satz 1 entspricht jedoch nicht vollständig dem eines Unionsbürgers oder privilegierten Familienangehörigen. Nach der Richtlinie behalten diese ihr Aufenthaltsrecht ausschließlich auf persönlicher Grundlage (Artikel 12 Absatz 2 Unterabsatz 3 Freizügigkeitsrichtlinie). Dies bedeutet, dass die betroffenen Personen in einigen Bereichen (Familiennachzug, Schutz vor Verlust des Aufenthaltsrechts) nicht nach den privilegierenden Vorschriften des Freizügigkeitsgesetzes/EU behandelt werden. Satz 2 ordnet daher an, dass § 3 Absatz 1 und 2 sowie §§ 6 und 7 auf diesen Personenkreis keine Anwendung finden, sondern das AufenthG.

3.3.5 Soweit die Regelungen für ein Aufenthaltsrecht des verbleibenden Familienangehörigen nach dem AufenthG ausnahmsweise günstiger sein sollten, finden sie über § 11 Absatz 1 Satz 11 Anwendung.

3.4 Aufenthaltsrecht für Kinder und sorgeberechtigten Elternteil nach Tod oder Wegzug des Unionsbürgers

3.4.1 Absatz 4 regelt die Frage des Aufenthaltsrechts für Kinder und den Elternteil, der die elterliche Sorge tatsächlich wahrnimmt, wenn der Unionsbürger aus dem Aufnahmemitgliedstaat wegzieht oder verstirbt. Unter der Voraussetzung, dass die Kinder sich in Deutschland aufhalten und sie eine Bildungseinrichtung zu Ausbildungszwecken besuchen, bleibt das Aufenthaltsrecht bis zum Abschluss der Ausbildung erhalten (Artikel 12 Absatz 3 Freizügigkeitsrichtlinie). Die Einschränkung, dass das Recht ausschließlich auf persönlicher Grundlage (vgl. Nummer 3.3.4) erhalten bleibt, gilt hier nicht.

3.4.2 Ausbildungseinrichtungen i. S. d. Absatzes 4 sind staatliche und anerkannte private Ausbildungseinrichtungen, die zum Abschluss einer Ausbildung im Sinne einer beruflichen Qualifikation führen. Dazu gehören auch allgemeinbildende Schulen. Das Kind „besucht" diese Einrichtung, wenn es der Ausbildung ernsthaft nachgeht, d. h. die Einschreibung allein reicht nicht aus.

3.5 Aufenthaltsrecht des drittstaatsangehörigen Ehegatten oder Lebenspartners eines Unionsbürgers bei Scheidung oder Aufhebung der Ehe oder Aufhebung der Lebenspartnerschaft

3.5.1 Absatz 5 betrifft die Frage, inwieweit das Aufenthaltsrecht eines drittstaatsangehörigen Ehegatten oder Lebenspartners nach Scheidung oder Aufhebung der Ehe oder Aufhebung der Lebenspartnerschaft erhalten bleibt. Voraussetzung ist, dass der Ehegatte oder Lebenspartner in seiner eigenen Person die Freizügigkeitsvoraussetzungen erfüllt und zudem ein in Absatz 5 unter den *Nummer[9]* 1 bis 4 aufgeführter Fall vorliegt. Zur Erfüllung der Freizügigkeitsvoraussetzungen in der eigenen Person siehe Nummer 3.3.2. Die Familienangehörigen behalten ihren Status, der sich in der Aufenthaltskarte ausdrückt, grundsätzlich bei. Dies entspricht den Vorgaben des Artikels 13 Absatz 2 Freizügigkeitsrichtlinie.

3.5.2 Auch für die Familienangehörige nach Absatz 5 hat das Aufenthaltsrecht ausschließlich auf persönlicher Grundlage (Artikel 13 Absatz 2 Unterabsatz 3 Freizügigkeitsrichtlinie). Dies ist in Absatz 5 Satz 2 angeordnet. Die Ausführungen zu Nummer 3.3.4 gelten entsprechend.

Übersicht

	Rn.
I. Entstehungsgeschichte	1
II. Allgemeines	7
III. Hinterbliebene eines Unionsbürgers	24
IV. Kinder eines Unionsbürgers in Ausbildung	38
1. Abgrenzung der anwendbaren Normen	38

	Rn.
2. Aufenthaltsrecht aus Art. 10 VO 492/2011/EU	44
3. Aufenthaltsrecht aus § 3 III	65
4. Akzessorisches Aufenthaltsrecht der Eltern	70
V. Scheidung oder Aufhebung der Ehe	78

I. Entstehungsgeschichte

Die Vorschrift stimmte mit dem ursprünglichen **Gesetzesentwurf**[1] überein. Mit dem RLUmsG 2007 wurde die Norm umfassend verändert und ergänzt. In Abs. 1 wurde das Merkmal „Wohnung nehmen", das Art. 10 I VO 1612/68/EWG (aufgehoben durch Art. 38 Freizügigkeits-RL) entnommen worden war, durch die Terminologie der Freizügigkeits-RL „begleiten oder nachziehen" ersetzt. Außerdem wurde Abs. 1 um den Verweis auf § 4 ergänzt. Die Neufassung passt Abs. 1 an Art. 7 Id Freizügigkeits-RL an und berücksichtigt die Änderung in § 2 II und die Streichung des bisherigen § 4 S. 2[2]. Der bisherige Abs. 3 wurde zu § 4a III; der bisherige Abs. 4 wird zu § 4a IV[3]. 1

Neu aufgenommen wurden die Abs. 3–5. Der neu gefasste Abs. 3 setzt Art. 12 II Freizügigkeits-RL um, der nach dem Tod des Unionsbürgers unter bestimmten Voraussetzungen das Fortbestehen des Aufenthaltsrechts für die drittstaatsangehörigen Familienangehörigen von Unionsbürgern vorsieht. Nach Art. 12 II UAbs. 3 Freizügigkeits-RL behalten die Familienangehörigen, die diese Voraussetzungen erfüllen, ihr Aufenthaltsrecht ausschließlich auf persönlicher Grundlage. Hierzu führt die Gesetzesbegründung aus[4]: 2

„*Nach Art 12 II UAbs 3 RL 2004/38/EG behalten die Familienangehörigen, die diese Voraussetzungen erfüllen, ihr Aufenthaltsrecht ausschließlich auf persönlicher Grundlage. Dies bedeutet, dass sie nicht in allen Belangen wie Unionsbürger zu behandeln sind. Sie sollen zwar grundsätzlich ihren Status, der sich in der Aufenthaltskarte ausdrückt, behalten. Zu ihnen soll jedoch nicht nach den privilegierenden Vorschriften des FreizügG/EU Familiennachzug stattfinden können. Auch der erweiterte Schutz vor dem Verlust des Aufenthaltsrechts aus Gründen der öffentlichen Sicherheit und Ordnung soll nicht zur Anwendung kommen. Die entsprechenden Vorschriften des FreizügG/EU werden daher um S. 2 ausgeschlossen. Die Anwendbarkeit des AufenthG wird insoweit angeordnet. Soweit die Regelungen des AufenthG im Einzelfall günstiger sind, finden sie über § 11 IV Anwendung.*"

Der neu gefasste § 3 III setzt Art. 12 III Freizügigkeits-RL um, der nach dem Tod oder dem Wegzug des Unionsbürgers unter bestimmten Voraussetzungen das Fortbestehen des Aufenthaltsrechts für die Kinder und den Elternteil, der die elterliche Sorge ausübt, vorsieht[5]. Der neu gefasste Abs. 4 setzt Art. 13 II Freizügigkeits-RL um. Es wird geregelt, unter welchen Voraussetzungen ein drittstaatsangehöriger Ehegatte sein Aufenthaltsrecht bei Scheidung oder Aufhebung der Ehe nicht verliert. Art. 13 II UAbs. 3 Freizügigkeits-RL schränkt dieses Aufenthaltsrecht dahingehend ein, dass es ausschließlich auf persönlicher Grundlage erhalten bleibt. § 11 VIII 1 dient der Umsetzung dieser Einschränkung[6]. 3

Mit ÄndG 2013 wurde in Abs. 1 jeweils der Lebenspartner eingefügt. Außerdem wurde der ursprüngliche Abs. 6, wonach auf die Einreise und den Aufenthalt des nicht freizügigkeitsberechtigten Lebenspartners einer nach § 2 II Nr. 1–4 zur Einreise und zum Aufenthalt berechtigten Person, die für den Lebenspartner eines Deutschen geltenden Vorschriften des AufenthG anzuwenden waren, gestrichen. 4

Durch Gesetz vom 2.12.2014[7] wurde das Tatbestandsmerkmal „gerade" in den früher geltenden Abs. 2 Nr. 2 eingeführt. Damit erfasst die Definition der Familienangehörigen – wie auch die Freizügigkeits-RL – Verwandte der Seitenlinie (zB Geschwister) nicht mehr. 5

Durch Art. 1 Nr. 2 des Gesetzes zur aktuellen Anpassung des FreizügG/EU und weiterer Vorschriften an das Unionsrecht erfolgte eine Anpassung an die neue Systematik des FreizügG/EU[8]. Die Definition der Familienangehörigen erfolgt unmittelbar im Anwendungsbereich, sodass die entsprechende Regelung in Abs. 2 mit Wirkung zum 24.11.2020 aufgehoben wurde[9]. Weiterhin wurde die Regelung über die Anwendbarkeit des AufenthG in den ursprünglichen Regelungen des § 2 III 2 und V 2 aufgehoben und in § 11 VIII verschoben. 6

---

[1] BT-Drs. 15/420, 38.
[2] BT-Drs. 16/5065, 209.
[3] BT-Drs. 16/5065, 210.
[4] BT-Drs. 16/5065, 209.
[5] BT-Drs. 16/5065, 210.
[6] BT-Drs. 16/5065, 210.
[7] BGBl. 2014 I S. 1922; in Kraft getreten am 9.12.2014.
[8] BGBl. 2020 I S. 2416.
[9] BGBl. 2020 I S. 2416.

II. Allgemeines

7 Mit dieser Vorschrift werden das Einreise- und das Aufenthaltsrecht von Familienangehörigen zusammengefasst. Das Aufenthaltsrecht von Familienangehörigen von Unionsbürgern richtet sich allein nach dem FreizügG/EU. Das Visumverfahren für Drittstaatsangehörige ist in § 2 IV geregelt.

8 Der EuGH stellte in der Rechtssache Metock fest, dass die **Mitgliedstaaten keine Regelungsbefugnis haben, um den Nachzug von drittstaatsangehörigen Familienangehörigen zu regeln.** Die Auffassung, wonach die Mitgliedstaaten, vorbehaltlich von Titel IV des Dritten Teils des Vertrags, die ausschließliche Zuständigkeit dafür behielten, den erstmaligen Zugang von Familienangehörigen eines Unionsbürgers, die die Staatsangehörigkeit eines Drittlands besäßen, zum Unionsgebiet zu regeln, wurde vom EuGH zurückgewiesen[10]: „Würde man den Mitgliedstaaten die ausschließliche Zuständigkeit dafür einräumen, Drittstaatsangehörigen, die Familienangehörige eines Unionsbürgers sind und sich nicht bereits in einem anderen Mitgliedstaat aufgehalten haben, die Einreise und den Aufenthalt auf ihrem Hoheitsgebiet zu gestatten oder zu verweigern, so hätte dies zur Folge, dass die Freizügigkeit der Unionsbürger in einem Mitgliedstaat, dessen Staatsangehörigkeit sie nicht besitzen, je nach dem nationalen Zuwanderungsrecht unterschiedlich ausgestaltet wäre, weil einige Mitgliedstaaten Familienangehörigen eines Unionsbürgers die Einreise und den Aufenthalt gestatten, während andere ihnen dies verweigern."

9 Ein solches Ergebnis ist nach Ansicht des EuGH mit dem Ziel eines Binnenmarkts, der durch die Beseitigung der Hindernisse für den freien Personenverkehr zwischen den Mitgliedstaaten gekennzeichnet ist, unvereinbar[11]. Die Schaffung eines Binnenmarkts setzt voraus, dass die Bedingungen, unter denen ein Unionsbürger in einen Mitgliedstaat, dessen Staatsangehörigkeit er nicht besitzt, einreisen und sich dort aufhalten darf, in allen Mitgliedstaaten gleich sind.

10 Voraussetzungen des AufenthG zum Familiennachzug (§§ 27 ff. AufenthG), wie zB das Erfordernis von Sprachkenntnissen, finden keine Anwendung. **Das AufenthG findet nur über § 11 Anwendung.**

11 Wie die Bezugnahme auf § 2 I verdeutlicht, unterscheidet sich dieses Freizügigkeitsrecht nicht von dem des Stammberechtigten. Die **Freizügigkeit** ist nicht auf bestimmte Vorgänge und Situationen wie gemeinsamer Zuzug oder Nachzug beschränkt, sondern besteht allgemein für das familiäre Zusammenleben, für die Herstellung und Beibehaltung der Familieneinheit[12].

12 Die Freizügigkeits-RL benutzt die Begriffe „**begleiten**" oder „**nachziehen**" (zB in Art. 6 II und Art. 7 Id). Eine am Wortlaut der deutschen Fassung orientierte Auslegung der Worte „begleiten oder ihm nachziehen" würde zu dem Resultat führen, dass nur der Familiennachzug ieS – also jene Fälle, in denen die Familienangehörigen den Unionsbürger entweder unmittelbar in den Aufnahmemitgliedstaat begleiten oder ihm später nachziehen – vom Schutzbereich der RL erfasst wäre. Eine Person, die unabhängig vom Unionsbürger in den Aufnahmemitgliedstaat gelangt ist und erst dort die Angehörigeneigenschaft bzw. das Familienleben mit dem Unionsbürger begründet, könnte sich damit nicht auf die Begünstigungen der RL berufen. Schon ein Blick auf die englischsprachige Fassung der RL weckt indes Zweifel an diesem Ergebnis. So wird dort der Kreis der berechtigten Familienangehörigen von Unionsbürgern (Art. 2 Nr. 2 Freizügigkeits-RL) in deren Art. 3 I derart umschrieben, dass es sich um Personen handeln muss, „who accompany or join them". In den Art. 6 II und Art. 7 Id sowie II Freizügigkeits-RL wird auf Personen abgestellt, „accompanying or joining the Union citizen". Das Verb „join" scheint weniger den Gesichtspunkt eines „Nachzugs", sondern vielmehr allgemein eines „Zusammenziehens" zum Ausdruck zu bringen.

13 Erfasst werden daher auch Fälle, in denen die **familiäre Lebensgemeinschaft erst im Bundesgebiet hergestellt** wurde[13]. Es spielt daher keine Rolle, ob Drittstaatsangehörige, die Familienangehörige eines Unionsbürgers sind, in den Aufnahmemitgliedstaat eingereist sind, bevor oder nachdem sie Familienangehörige des Unionsbürgers wurden, da die Weigerung des Aufnahmemitgliedstaats, ihnen ein Aufenthaltsrecht einzuräumen, gleichermaßen geeignet ist, den betroffenen Unionsbürger davon abzuhalten, sich weiter in diesem Mitgliedstaat aufzuhalten[14].

14 Auch „Begleiten" bzw. „Nachziehen" sind in Anlehnung an die Rspr. des EuGH zur Vorläuferregelung in Art. 10, 11 VO 1612/68/EWG[15], der das Merkmal „Wohnung nehmen" enthielt, so zu interpretieren, dass grundsätzlich eine **gemeinsame Wohnung**, wenn auch nur vorübergehend, vorhanden sein muss. **Der Begriff „begleiten oder nachziehen" impliziert nämlich eine iSd Ehe- und Familienschutzes schutzwürdige tatsächliche Beziehung**[16]. Der Gedanke der Herstellung

---

[10] EuGH Urt. v. 25.7.2008 – C-127/08 Rn. 67 f. – Metock ua.
[11] EuGH Urt. v. 25.7.2008 – C-127/08 Rn. 68 – Metock ua.
[12] EuGH Urt. v. 25.7.2008 – C-127/08 Rn. 92 – Metock ua.
[13] EuGH Urt. v. 25.7.2008 – C-127/08 Rn. 92 – Metock ua.
[14] EuGH Urt. v. 25.7.2008 – C-127/08 Rn. 92 – Metock ua.
[15] Verordnung (EWG) Nr. 1612/68 des Rates v. 15.10.1968 über die Freizügigkeit der Arbeitnehmer innerhalb der Gemeinschaft (ABl. L 257, 2), aufgehoben durch Freizügigkeits-RL.
[16] BVerwG Urt. v. 16.7.2015 – 1 C 22.14, InfAuslR 2015, 420 Rn. 23.

der Familieneinheit zur Unterstützung der Freizügigkeit des Unionsbürgers setzt aber nicht voraus, dass der Familienangehörige ständig in der Wohnung des Wanderarbeitnehmers wohnen muss[17].

Nach der Rspr. des EuGH ist die Voraussetzung, dass der Drittstaatsangehörige den 15 **Unionsbürger begleiten oder ihm nachziehen muss, so zu verstehen, dass sie nicht auf die Verpflichtung der Eheleute abstellt, unter demselben Dach zusammenzuwohnen, sondern auf diejenige, dass beide in demselben Mitgliedstaat bleiben, in dem der Ehegatte, der Unionsbürger ist, von seinem Recht auf Freizügigkeit Gebrauch macht**[18]. Kann aus beruflichen Gründen keine gemeinsame Wohnung bezogen werden, so ist dies unschädlich. Leben die Eheleute zu keinem Zeitpunkt in einer Wohnung zusammen, so muss geprüft werden, ob nicht eine Scheinehe vorliegt.

Grundsätzlich bleibt das **familiär abgeleitete Freizügigkeitsrecht akzessorisch**[19], kann sich aber 16 verselbstständigen. Die Freizügigkeit der Familienangehörigen dient zum einen dem Zweck, die Ausübung der Freizügigkeit durch die Unionsbürger zu erleichtern[20]. Daher verweist der erste Erwägungsgrund der Freizügigkeits-RL darauf, dass die Unionsbürgerschaft jedem Bürger der Union das elementare und persönliche Recht verleiht, sich im Hoheitsgebiet der Mitgliedstaaten vorbehaltlich der in den Verträgen und den Durchführungsvorschriften vorgesehenen Beschränkungen und Bedingungen frei zu bewegen und aufzuhalten. Aus diesem Blickwinkel folgt das Recht auf Familienzusammenführung aus dem Recht des Unionsbürgers auf Freizügigkeit, ausgehend von dem Gedanken, dass er davon abgeschreckt werden könnte, von einem Mitgliedstaat in einen anderen zu ziehen, wenn er sich nicht von seinen Familienangehörigen begleiten lassen könnte[21]. Die Familienzusammenführung genießt somit einen Schutz auf Umwegen, der indirekt gewährt wird, und zwar wegen der möglichen Beeinträchtigung der praktischen Wirksamkeit der Unionsbürgerschaft.

Die Freizügigkeit der Familienangehörigen dient zum anderen der **Herstellung der Familien-** 17 **einheit**[22]. Nach dem sechsten Erwägungsgrund der Freizügigkeits-RL soll auch die Einheit der Familie gewahrt werden. Die Freizügigkeit der Familienangehörigen des Unionsbürgers wird somit nicht ausschließlich als vom Recht des Unionsbürgers auf Freizügigkeit abgeleitetes Recht geschützt, sondern genießt auch Schutz mittels des Rechts auf Wahrung der Einheit der Familie iwS.

Nicht endgültig geklärt ist die Frage, ob es ausnahmsweise möglich ist, dass ein Drittstaatsangehöri- 18 ger sich nach Scheidung von dem EU-Bürger in dem bisherigen Mitgliedstaat aufhalten darf, um die Personensorge für ein gemeinsames Kind, das in einem anderen EU-Staat mit der Mutter lebt, auszuüben. In der Rechtssache Iida stellt sich die Frage, ob unmittelbar aus Art. 24 III GRCh ein europarechtliches Aufenthaltsrecht des drittstaatsangehörigen Vaters abgeleitet werden kann, jedenfalls solange er das Sorgerecht für sein Unionsbürgerkind besitzt und tatsächlich ausübt, auch wenn sich das Kind überwiegend in einem anderen EU-Mitgliedstaat aufhält[23].

Die **Familienangehörigen von Dienstleistungsempfängern** (Personen, die gem. § 2 I Nr. 4 19 freizügigkeitsberechtigt sind) haben ebenfalls das Recht, den Unionsbürger zu begleiten. Da es sich um ein abgeleitetes Aufenthaltsrecht handelt, richtet sich dessen Dauer nach der Dauer des Aufenthaltsrechts des Dienstleistungsempfängers. Es kann nur zum vorübergehenden Aufenthalt berechtigen. Das Freizügigkeitsrecht von Familienangehörigen nichterwerbstätiger Unionsbürger gilt nach Maßgabe des § 4.

Die **Grundlagen** der EU-Familienfreizügigkeit finden sich in der Freizügigkeits-RL. Sie beruhen 20 auf der Erkenntnis, dass die Freizügigkeit sonst nicht in Freiheit und Würde ausgeübt werden kann (vgl. Begründungserwägung Nr. 5 zur Freizügigkeits-RL). In der Freizügigkeits-RL sind sowohl der weite Familienbegriff, die weitgehende Gleichstellung und die Verselbstständigung bestätigt als auch zusätzlich Erleichterungen für Familienangehörige empfohlen (Art. 2, 3 II, 5 II, 6 II, 7 II, 9, 12–14, 20 Freizügigkeits-RL). Zudem sind ausdrücklich die Verpflichtungen zur **Gleichbehandlung** mit Inländern in jeder Beziehung, die Maßgeblichkeit der materiellen Berechtigung, die begrenzte Funktion von Ordnungsbestimmungen und die grundlegende Bedeutung des **Verhältnismäßigkeitsprinzips** hervorgehoben (Art. 24–26, 28, 35, 36 Freizügigkeits-RL). Schließlich sind bei der Auslegung und Anwendung der familienbezogenen Regeln die EMRK und va deren Art. 8[24] sowie das **Verbot der Diskriminierung aus Gründen der Staatsangehörigkeit** (Art. 18 I AEUV) besonders zu beachten.

Die EU-Regeln weichen im Grundsatz und in Einzelheiten von den Nachzugsvoraussetzungen des 21 AufenthG (dazu §§ 27 ff. AufenthG) ab[25]. Im Rahmen der Familienzusammenführung wirkt sich die

---

[17] EuGH Urt. v. 13.2.1985 – 267/83 Rn. 18 – Diatta, ebenso Urt. v. 17.9.2002 – C-413/99 Rn. 62 – Baumbast und R.
[18] EuGH Urt. v. 16.7.2015 – C-218/14, ECLI:EU:C:2015:476 Rn. 54 – Singh ua.
[19] EuGH Urt. v. 30.3.2006 – C-10/05 Rn. 25 – Mattern.
[20] Generalanwalt *Bot* in seinen Schlussanträgen zur Rechtssache C-83/11 Rn. 36 – Rahman ua.
[21] Generalanwalt *Bot* in seinen Schlussanträgen zur Rechtssache C-83/11 Rn. 36 – Rahman ua.
[22] Generalanwalt *Bot* in seinen Schlussanträgen zur Rechtssache C-83/11 Rn. 37 – Rahman ua.
[23] Vorlage VGH BW – C-40/11, BeckEuRS 2011, 572361 – Iida.
[24] Vgl. Art. 6 II EUV; dazu *Weichselbaum* ZAR 2003, 359.
[25] Dazu auch *Hailbronner* ZAR 2004, 259; *Renner* NVwZ 2004, 792.

ungleiche Behandlung von Unionsbürgern und Deutschen aus. Da deutsche Staatsangehörige grundsätzlich nicht in den Anwendungsbereich des FreizügG/EU bzw. der Freizügigkeits-RL fallen, können sich ihre Familienangehörigen nicht auf § 3 berufen. Das Aufenthaltsrecht dieser Familienangehörigen richtet sich nach dem AufenthG.

22 Ausnahmsweise können sich drittstaatsangehörige Familienangehörige von Deutschen auf Unionsrecht berufen (s. § 1). Die **Inländerungleichbehandlung** kommt dadurch zustande, dass Unionsrecht nur auf Unionsbürger anzuwenden ist, die bereits von ihrer Freizügigkeit Gebrauch gemacht haben, und dass das deutsche Recht den Kreis der Nachzugsberechtigten enger fasst als das EU-Recht und auch hinsichtlich des Zusammenlebens strengere Grundsätze verficht.

23 Nach stRspr des EuGH sind die Vertragsbestimmungen über die Freizügigkeit und die zur Durchführung dieser Bestimmungen erlassenen Maßnahmen nicht auf Tätigkeiten anwendbar, die keine Berührung mit irgendeinem der Sachverhalte aufweisen, auf die das Unionsrecht abstellt, und die mit keinem relevanten Element über die Grenzen eines Mitgliedstaats hinausweisen[26]. Rein inlandsbezogene Sachverhalte fallen nicht unter EU-Recht und damit auch nicht unter die Freizügigkeits-RL[27]. Gegen Art. 3 GG verstößt diese Ungleichbehandlung nicht, weil hier unterschiedliche Kompetenz- und Rechtsordnungen in Widerstreit geraten. Während das FreizügG/EU dieses Problem nicht klar zu erkennen gibt, lässt sich der Entstehungsgeschichte der Freizügigkeits-RL entnehmen, dass ursprünglich die Beseitigung dieser Diskriminierung vorgeschlagen, dies aber auch am Widerstand Deutschlands gescheitert ist[28].

III. Hinterbliebene eines Unionsbürgers

24 § 3 II enthält für drittstaatsangehörige Familienangehörige eines verstorbenen Unionsbürgers unter bestimmten Voraussetzungen ein eigenständiges Aufenthaltsrecht. Die Regelung umfasst alle Personen, die nach der Definition des § 1 II Nr. 3 Familienangehörige iSd Gesetzes sind. Erfasst werden daher nicht nur gleichgeschlechtliche Ehen, sondern auch Lebenspartnerschaften sowie Verwandte in gerader aufsteigender und absteigender Linie. Die Regelung dient der Umsetzung des Art. 12 II Freizügigkeits-RL, der die VO 1251/70/EG abgelöst hat[29].

25 **§ 3 II erfasst ausschließlich drittstaatsangehörige Familienangehörige von Unionsbürgern.** Für Familienangehörige, die die Unionsbürgerschaft besitzen, ist eine Gleichstellung nicht erforderlich, da diese unter den Voraussetzungen des Abs. 2 unmittelbar selbst Freizügigkeit genießen. Denn Voraussetzung des eigenständigen Aufenthaltsrechts nach dieser Vorschrift ist, dass der Familienangehörige in seiner eigenen Person die Freizügigkeitsvoraussetzungen nach § 2 II Nr. 1–3 oder Nr. 5 erfüllen muss.

26 Die Voraussetzung des **rechtmäßigen Voraufenthalts von einem Jahr** als Familienangehöriger des Verstorbenen in Deutschland bedeutet, dass ein Aufenthalt aus anderen Gründen nicht ausreicht. Es ist auf die objektive Rechtslage abzustellen. Nicht notwendig ist, dass das sich aus dem Unionsrecht ergebende Aufenthaltsrecht als Familienangehöriger bescheinigt wurde.

27 Der in dieser Bestimmung vorgeschriebene **einjährige Aufenthalt muss dem Tod des EU-Bürgers unmittelbar vorhergehen**[30]. Hätte der Unionsgesetzgeber gewollt, dass auch vom Zeitpunkt des Todes des EU-Bürgers weiter entfernt liegende Aufenthaltszeiten berücksichtigt werden könnten, wäre es sachgerecht gewesen, eine entsprechende zeitliche Begrenzung sowie Voraussetzungen aufzunehmen.

28 Fehlt es an dem Voraufenthalt von einem Jahr, so kann über das **Günstigkeitsprinzip** des § 11 XIV 1 iVm § 31 I AufenthG ein nationales Aufenthaltsrecht entstanden sein, wenn der Tod des Ehegatten oder Lebenspartners während des Bestandes der ehelichen Lebensgemeinschaft in Deutschland eingetreten ist. Der Hinterbliebene erhält in diesem Fall eine Aufenthaltserlaubnis mit der Gültigkeitsdauer von einem Jahr; ein Anspruch auf eine Aufenthaltskarte besteht in diesem Fall nicht.

29 Weitere Voraussetzung des eigenständigen Aufenthaltsrechts nach § 3 II ist, dass der Hinterbliebene **im Zeitpunkt des Todes noch die Rechtsstellung eines Familienangehörigen** innehat. Ist die Ehe bereits geschieden oder wird den volljährigen Kindern kein Unterhalt geleistet, so kann das eigenständige Aufenthaltsrecht nicht zur Entstehung gelangen.

---

[26] EuGH Urt. v. 25.7.2008 – C-127/08 Rn. 77 f. – Metock ua unter Hinweis auf EuGH Urt. v. 1.4.2008 – C-212/06, Slg. 2008, I-0000 Rn. 33 – Gouvernement de la Communauté française u. Gouvernement wallon.

[27] Krit. *Walter*, Inländerdiskriminierung bei Familiennachzug, 2008. Sie weist darauf hin, dass die Frage, ob ein Sachverhalt intern ist, logisch von der Frage zu trennen sei, ob ein Bezug zum Unionsrecht bestehe. Auch Sachverhalte, die sich ausschließlich im Inland realisieren, unterfallen dem Unionsrecht. Vgl. auch die Generalanwältin *Sharpston* in den Schlussanträgen v. 28.6.2007 – C-212/06 Rn. 135 f.

[28] Dazu *Hauschild* ZAR 2003, 266.

[29] Die VO (EWG) Nr. 1251/70 über das Recht der Arbeitnehmer, nach Beendigung einer Beschäftigung im Hoheitsgebiet eines Mitgliedstaats zu verbleiben, wurde durch die VO 635/2006/EG v. 25.4.2006 aufgehoben (ABl. 2006 L 112, 9).

[30] So EuGH Urt. v. 9.1.2003 – C-257/00 Rn. 49 ff.– Givane zu der zweijährigen Frist in VO 1251/70/EG.

Familienangehörige § 3 FreizügG/EU 2

Lagen die Voraussetzungen hingegen vor, so führt aber der nachträgliche Verlust der Eigenschaft als 30
Familienangehöriger nicht zum Wegfall des eigenständigen Aufenthaltsrechts.
Hinsichtlich des personellen Anwendungsbereichs weicht § 3 II von den unionsrecht- 31
lichen Vorgaben ab. Denn nach Art. 12 II Freizügigkeits-RL wird das Recht der hinterbliebenen
drittstaatsangehörigen Familienangehörigen daran geknüpft, dass sie entweder Arbeitnehmer oder
Selbständige sind oder für sich und ihre Familienangehörige über ausreichende Existenzmittel iSv
Art. 8 IVUnionsbürger-RL, nach der keine festen Beträge für die erforderlichen Existenzmittel festgelegt werden dürfen, und über umfassenden Krankenversicherungsschutz verfügen.

Demgegenüber behalten Familienangehörige beim Tod des Unionsbürgers nach dem FreizügG/EU 32
ein Aufenthaltsrecht, wenn sie die Voraussetzungen des § 2 II Nr. 1 bis 3 oder Nr. 5 erfüllen. Neben
Arbeitnehmern und Selbständigen sind damit auch Drittstaatsangehörige erfasst, die sich als Arbeitssuchende oder als Dienstleistungserbringer im Bundesgebiet aufhalten.

Ansprüche auf die Aufrechterhaltung eines Aufenthaltsrechts von **Dienstleistungserbringern** im 33
Zusammenhang mit § 3 II erschließen sich nicht ohne weiteres. Ein drittstaatsangehöriger Angehöriger eines verstorbenen Unionsbürgers muss das Bundesgebiet verlassen haben, um als Dienstleistungserbringer wirtschaftlich aktiv zu werden.

Das Aufenthaltsrecht von Dienstleistungserbringern ist darüber hinaus vorübergehender Natur. Es 34
besteht aber die Möglichkeit, dass der drittstaatsangehörige Familienangehörige eines verstorbenen
Unionsbürgers eine andere Tätigkeit, etwa als Arbeitnehmer oder Selbstständiger aufnimmt, um das
eigenständige Aufenthaltsrechts zu erhalten.

Hinterbliebene eines eingetragenen Lebenspartners werden von § 3 II nicht erfasst. Hier findet aber 35
über das Günstigkeitsprinzip des § 11 XIV 1 die Vorschriften des § 31 AufenthG Anwendung.

Das eigenständige Aufenthaltsrecht nach Abs. 2 besteht nur so lange fort, bis die Voraussetzungen 36
für ein **Daueraufenthaltsrecht** vorliegen. Art. 12 II UAbs. 2 Freizügigkeits-RL regelt ausdrücklich,
„bevor die Betroffenen das Recht auf Daueraufenthalt erwerben", bleibt ihr eigenständiges Aufenthaltsrecht an bestimmte Voraussetzungen gebunden. Damit ist zugleich klargestellt, dass die **Zeiten
des eigenständigen Aufenthaltsrechts auf das Daueraufenthaltsrecht anrechenbar sind.**

Bevor die betroffenen Familienangehörigen ein Daueraufenthaltsrecht erwerben, behalten sie ihr 37
Aufenthaltsrecht ausschließlich auf persönlicher Grundlage. Die Regelung dient der Umsetzung der unionsrechtlichen Vorgaben (Art. 12 II UAbs. 3 Freizügigkeits-RL; § 11 VIII).

IV. Kinder eines Unionsbürgers in Ausbildung

1. Abgrenzung der anwendbaren Normen

§ 3 III regelt die Aufenthaltsrecht von Kindern in Ausbildung sowie die akzessorischen Aufenthalts- 38
rechte von Eltern, die die tatsächliche Personensorge für das Kind wahrnehmen. Die Norm erfasst die
Aufenthaltsrechte von Kindern in Ausbildung nur unvollständig. Sie dient der Umsetzung des
Art. 12 III Freizügigkeits-RL, der unionsrechtlich nur einen Teilbereich der Ausbildungsaufenthalte
regelt.

Neben § 3 III ist auch unmittelbar **Art. 10 I VO 492/2011/EU** anwendbar, der folgenden Wort- 39
laut hat: „Die Kinder eines Staatsangehörigen eines Mitgliedstaats, der im Hoheitsgebiet eines anderen
Mitgliedstaats beschäftigt ist oder beschäftigt gewesen ist, können, wenn sie im Hoheitsgebiet dieses
Mitgliedstaats wohnen, unter den gleichen Bedingungen wie die Staatsangehörigen dieses Mitgliedstaats am allgemeinen Unterricht sowie an der Lehrlings- und Berufsausbildung teilnehmen."

Dieses Diskriminierungsverbot, das die gleichlautende Bestimmung in Art. 12 VO 1612/ 40
68/EWG ablöst[31]**, entfaltet aufenthaltsrechtliche Wirkungen.** Denn eine Teilnahme am Unterricht oder die Aufnahme einer Ausbildung setzen zwingend ein Aufenthaltsrecht voraus. Eine Rechtsfigur, die auch in anderen Bereichen des Unionsrechts – etwa dem Art. 6 I ARB 1/80 – Anwendung
findet.

Ergibt sich das Aufenthaltsrecht von Kindern in Ausbildung unmittelbar aus Art. 10 VO 492/2011/ 41
EU, so geht diese Regelung dem nationalen Recht im Wege des Anwendungsvorrangs vor. § 3 III
kommt nur zur Anwendung, soweit der Anwendungsbereich über das durch die VO eingeräumte
Aufenthaltsrecht hinausgeht.

Vergleicht man die Voraussetzungen beider Normen, so fällt auf, dass sie keinesfalls deckungsgleich 42
sind[32]. **Einerseits ist der persönliche Anwendungsbereich des § 3 III weiter gefasst als
Art. 10 I VO 492/2011/EU,** weil er auch die Kinder von Selbstständigen, Dienstleistungserbringern und wirtschaftlich nicht aktiven Unionsbürgern mit einbezieht. Außerdem be-

---

[31] Aufgehoben durch Art. 41 VO (EU) Nr. 492/2011 des EU-Parlaments und des Rates v. 5.4.2011; ABl. 2011 L 141, 1.
[32] Schlussanträge der Generalanwältin *Kokott* in der Rechtssache C-480/08 Rn. 52 – Teixeira zum gleichlautenden Art. 12 VO 1612/68/EWG.

günstigt § 3 III ausdrücklich auch den Elternteil, der die tatsächliche elterliche Sorge für das Kind ausübt[33].

43 Andererseits vermittelt § 3 III nur für den Fall des Todes oder des Wegzugs eines Unionsbürgers ein Aufenthaltsrecht. Für alle anderen Fälle ist auf Art. 10 VO 492/2011/EU zurückzugreifen.

2. Aufenthaltsrecht aus Art. 10 VO 492/2011/EU

44 Grundsätzlich ist davon auszugehen, dass die § 3 III nur einen Teilbereich des Aufenthaltsrechts nach Art. 10 VO 492/2011/EU erfasst.

45 **Anders als § 3 III erfasst Art. 10 I VO 492/2011/EU ausschließlich Kinder von freizügigkeitsberechtigten Arbeitnehmern**[34].

46 Der EuGH hat klargestellt, dass das den Kindern nach Art. 10 I VO 492/2011/EU zustehende Recht nicht vom Recht ihrer Eltern auf Aufenthalt im Aufnahmemitgliedstaat abhängt, **da die Regelung nur verlangt, dass das Kind mit seinen Eltern oder einem Elternteil in einem Mitgliedstaat lebte, als dort zumindest ein Elternteil als Arbeitnehmer im Bundesgebiet beschäftigt war**[35].

47 Die Teilnahme am Unterricht ist nach dem Wortlaut des Art. 10 VO 492/2011/EU auf Kinder beschränkt, die zur Familie des Wanderarbeitnehmers und seines Ehegatten gehören. **Es ist nicht erforderlich, dass der betroffene Arbeitnehmer mit den Kindern im Familienverband lebt**[36]. Die Vorschrift begründet aber kein Recht für ein Kind, das geboren wurde, als der Arbeitnehmer bereits nicht mehr im Gastland arbeitete und wohnte[37].

48 Art. 10 I VO 492/2011/EU macht das Aufenthaltsrecht eines Kindes nicht davon abhängig, dass der Elternteil, der ehemaliger Wandererwerbstätiger ist, zu dem Zeitpunkt, zu dem das Kind seine schulische oder universitäre Ausbildung beginnt, noch in Deutschland wohnt oder dass er während der Schul- oder Studienzeit im Bundesgebiet verbleibt[38]. Ob sich der ehemalige EU-Arbeitnehmer zum Zeitpunkt der Einschulung des Kindes noch im Bundesgebiet aufhält oder nicht, ist insoweit unerheblich[39].

49 Ohne Belang ist weiterhin, dass die Eltern der betroffenen Kinder inzwischen geschieden sind, dass nur ein Elternteil Unionsbürger ist und dass der Unionsbürger, der das Aufenthaltsrecht ursprünglich an das Kind vermittelte, nicht mehr als Arbeitnehmer im Bundesgebiet beschäftigt ist[40]. Es ist auch nicht notwendig, dass die Kinder selbst EU-Bürger sind[41].

50 Ein Aufenthaltsrecht besteht auch, wenn die Familie des Kindes in das Herkunftsland zurückkehrt und das Kind – gegebenenfalls nach einer bestimmten Unterbrechung – im Aufnahmeland verbleibt, um dort seine Ausbildung fortzusetzen, die es im Herkunftsland nicht weiterführen konnte[42]. Die Kinder dürfen daher sogar nach einem zeitweiligen Aufenthalt im Herkunftsland nach Deutschland zurückkehren, um dort ihre Ausbildung fortzusetzen.

51 **Der Anwendungsbereich von Art. 10 I VO 492/2011/EU ist weder altersmäßig beschränkt noch hängt er von einer Unterhaltsberechtigung der in Ausbildung befindlichen Person ab**[43].

52 Die Ansprüche aus Art. 10 I VO 492/2011/EU knüpfen nur daran an, dass die Kinder in der Vergangenheit einmal ihre Freizügigkeit von einem Elternteil, der Arbeitnehmer war, abgeleitet haben. Auch Kinder, die ein Studium im Bundesgebiet aufgenommen haben und daher älter als 21 Lebensjahre sind und die von ihren Eltern keinen Unterhalt mehr erhalten, werden von Art. 10 I VO 492/2011/EU begünstigt[44].

53 Der **Eintritt der Volljährigkeit** hat keine unmittelbaren Auswirkungen auf die dem Kind durch Art. 10 I VO 492/2011/EU gewährten Rechte, da sowohl das in diesem Artikel niedergelegte Recht auf Zugang zur Ausbildung als auch das zugehörige Aufenthaltsrecht des Kindes nach ihrem Sinn und

---

[33] Schlussanträge der Generalanwältin *Kokott* in der Rechtssache C-480/08 Rn. 52 – Teixeira zum gleichlautenden Art. 12 VO 1612/68/EWG.
[34] Vgl. EuGH Urt. v. 6.9.2012 – C-147/11 und C-148/11 Rn. 33 – Czop und Punakova.
[35] Zum gleichlautenden Art. 12 VO 1612/68/EWG EuGH Urt. v. 23.2.2010 – C-310/08 Rn. 40 – Ibrahim; Urt. v. 23.2.2010 – C-480/08 Rn. 52 – Teixeira; Urt. v. 30.6.2016 – C-115/15 Rn. 57 – NA.
[36] Schlussanträge des Generalanwalts *Geelhoed* v. 5.7.2001 – C 413/00 Rn. 42 – Baumbast und R.
[37] EuGH Urt. v. 21.6.1988 – 197/86 Rn. 30 – Brown.
[38] EuGH Urt. v. 30.6.2016 – C-115/15 Rn. 59 – NA.
[39] EuGH Urt. v. 30.6.2016 – C-115/15 Rn. 63 – NA.
[40] EuGH Urt. v. 8.5.2013 – C-529/11 Rn. 27 – Alarape und Tijani.
[41] EuGH Urt. v. 17.9.2002 – C-413/99 Rn. 63 – Baumbast und R; Urt. v. 23.2.2010 – C-480/08 Rn. 37 – Teixeira.
[42] Schlussanträge des Generalanwalts *Geelhoed* v. 5.7.2001 – C 413/00 Rn. 41 – Baumbast und R unter Hinweis auf EuGH Urt. v. 15.3.1989 – 389/87 und 390/87 – Echternach und Moritz.
[43] Zum gleichlautenden Art. 12 VO 1612/68/EWG Schlussanträge der Generalanwältin *Kokott* in der Rechtssache C-480/08 Rn. 52 – Teixeira; EuGH Urt. v. 4.5.1995 – C-7/94 Rn. 25 – Gaal; Urt. v. 23.2.2010 – C-310/08 Rn. 36 – Ibrahim.
[44] EuGH Urt. v. 4.5.1995 – C-7/94 Rn. 25 – Gaal zum gleichlautend Art. 12 VO 1612/68/EWG.

Familienangehörige § 3 FreizügG/EU 2

Zweck bis zum Abschluss seiner Ausbildung fortbestehen[45]. Da nach gefestigter Rspr. des Gerichtshofs der Anwendungsbereich von Art. 10 I VO 492/2011/EU auch ein Hochschulstudium einschließt, kann somit der Zeitpunkt, zu dem das Kind seine Ausbildung abschließt, nach dem Eintritt der Volljährigkeit liegen[46].

Art. 10 VO 492/2011/EU betrifft die **Teilnahme am allgemeinen Unterricht** sowie an der 54 **Lehrlings- und Berufsausbildung**[47]. Anknüpfungspunkt für das Recht der Kinder auf Teilnahme am Unterricht ist nicht die Arbeitnehmereigenschaft eines der beiden Elternteile, sondern das weitere Kriterium, dass einer von ihnen beschäftigt ist oder gewesen ist. Auch wenn der betreffende Elternteil nicht Arbeitnehmer ist oder nicht mehr ist, dürfen die Kinder am Unterricht teilnehmen.

Ausbildungseinrichtungen iSd Abs. 4 sind staatliche und anerkannte private Ausbildungseinrich- 55 tungen, die zum Abschluss einer Ausbildung führen. Denn mit der Umschreibung des Einrichtungsbegriffs wird an die Definition aus Art. 2e Studenten-RL[48] angeknüpft. Danach bezeichnet der **Ausdruck „Einrichtung"** eine öffentliche oder private Einrichtung, die von dem Aufnahmemitgliedstaat anerkannt ist und/oder deren Studienprogramme gemäß seinen Rechtsvorschriften oder seiner Verwaltungspraxis zu den in dieser RL genannten Zwecken anerkannt sind.

Die Ausbildung muss nicht zu einer beruflichen Qualifikation führen, auch der **Besuch einer** 56 **allgemeinbildenden Schule** erfüllt den Tatbestand. Art. 12 III Freizügigkeits-RL spricht von einer „Bildungseinrichtung", in der das Kind zu „Ausbildungszwecken" eingeschrieben sein muss. Damit wird nicht der Begriff der „Berufsausbildung" (hierzu § 4) wie in Art. 7 Ic Freizügigkeits-RL verwendet. Das Kind muss die Einrichtung besuchen, dh der Ausbildung ernsthaft nachgehen oder im Rahmen der allgemeinen Schulpflicht die Schule besuchen. Allein die Einschreibung in einen Studiengang genügt hierfür nicht.

Das Aufenthaltsrecht des Kindes nach Art. 10 VO 492/2011/EU (vormals Art. 12 VO (EWG) 57 Nr. 1612/68/EWG) begründet zugleich auch ein **Aufenthaltsrecht für den Elternteil**, der die **Personensorge für das Kind tatsächlich wahrnimmt**[49]. Dass die Eltern dieser Kinder inzwischen geschieden sind, dass nur einer von ihnen EU-Bürger und nicht mehr Wanderarbeitnehmer im Aufnahmemitgliedstaat ist und dass die Kinder selbst nicht Bürger der EU sind, ist dabei ohne Belang. Dem Elternteil wird ungeachtet seiner Staatsangehörigkeit der Aufenthalt beim Kind erlaubt, um diesem die Wahrnehmung des Rechts aus Art. 10 VO 492/2011/EU zu erleichtern[50]. Das Recht zum Aufenthalt, das der Elternteil genießt, dem die elterliche Sorge für ein Kind tatsächlich zukommt, hängt nicht vom Vorhandensein ausreichender Existenzmittel oder einer umfassenden Krankenversicherungsschutzes ab[51]. Das Aufenthaltsrecht des Elternteils endet mit der Volljährigkeit des Kindes, soweit es nicht weiterhin der Anwesenheit und der Fürsorge dieses Elternteils bedarf[52].

Die Frage, in welchem Umfang durch den Schulbesuch der Kinder Freizügigkeitsrechte für die 58 Kinder sowie ihre Eltern aufgrund des Art. 10 VO 492/2011/EU (vormals Art. 12 VO 1612/68/ EWG) entstehen können, ist vom EuGH noch nicht entschieden worden.

Die Entscheidung in der Rechtssache Alimanovic[53] ließ ansatzweise erkennen, dass der Gerichtshof 59 an einer Beschränkung der Wirkungen seiner bisherigen Rspr. zu Art. 10 VO 492/2011/EU interessiert war. Denn der EuGH bestätigte in diesem Fall den Ausschluss von SGB II-Leistungen während der Arbeitssuche nach vorangegangener Beschäftigung mit Blick auf Art. 24 II iVm Art. 14 IVb Freizügigkeits-RL, obwohl die Kinder von Frau *Alimanovic* sich in einer Schulausbildung iSd Art. 10 VO 492/ 2011/EU befanden, worauf der Generalanwalt *Wathelet* in seinen Schlussanträgen auch hingewiesen hatte[54]. Insoweit hätte es nahegelegen, wenn der EuGH aus der Schulausbildung der Kinder für die Mutter einen Anspruch auf SGB II-Leistungen abgeleitet hätte[55]. Nachdem der Gerichtshof in der späteren Rechtssache JD[56] die Leistungsgewährung nur an Grenze des Rechtsmissbrauchs[57] knüpfte, kann der Rechtssache Alimanovic keine beschränkende Wirkung zuerkannt werden.

---

[45] EuGH Urt. v. 23.2.2010 – C-480/08 Rn. 78 f. – Teixeira; Urt. v. 8.5.2013 – C-529/11 Rn. 24 – Alarape und Tijani.
[46] EuGH Urt. v. 23.2.2010 – C-480/08 Rn. 80 – Teixeira; Urt. v. 8.5.2013 – C-529/11 Rn. 25 – Alarape und Tijani.
[47] Schlussanträge des Generalanwalts *Geelhoed* v. 5.7.2001 – C 413/00 Rn. 41 – Baumbast und R.
[48] RL 2004/114/EG des Rates v. 13.12.2004 über die Bedingungen für die Zulassung von Drittstaatsangehörige zur Absolvierung eines Studiums oder zur Teilnahme an einem Schüleraustausch, einer unbezahlten Ausbildungsmaßnahme oder einem Freiwilligendienst (ABl. 2004 L 375, 12).
[49] EuGH Urt. v. 17.9.2002 – C-413/99 Rn. 75 – Baumbast und R; Urt. v. 23.2.2010 – C-480/08 Rn. 61 – Teixeira.
[50] EuGH Urt. v. 17.9.2002 – C-413/99 Rn. 75 – Baumbast und R zur Art. 10 VO 1612/68/EWG.
[51] EuGH Urt. v. 23.2.2010 – C-480/08 – Teixeira, Ls. 2; Urt. v. 23.2.2010 – C-310/08 – Ibrahim, Ls.
[52] EuGH Urt. v. 23.2.2010 – C-480/08 – Teixeira, Ls. 4.
[53] EuGH Urt. v. 15.9.2015 – C-67/14 – Alimanovic.
[54] Schlussanträge des Generalanwalts *Wathelet* v. 26.3.2015 – C-67/14 Rn. 119 ff.
[55] Schlussanträge des Generalanwalts *Wathelet* v. 26.3.2015 – C-67/14 Rn. 122.
[56] EuGH Urt. v. 6.10.2020 – C-181/19 – JD.
[57] EuGH Urt. v. 6.10.2020 – C-181/19 Rn. 76– JD.

60 Dass ein Aufenthaltsrecht aufgrund der Aufnahme einer Ausbildung nicht grenzenlos gewährt wird, lässt sich zwar der Entstehungsgeschichte des Art. 12 III Freizügigkeits-RL entnehmen, wird aber von der Rechtsprechung nicht geteilt[58]. Das BVerwG stellte ausdrücklich fest, dass „das Aufenthaltsrecht aus Art. 10 Abs. 1 VO (EU) Nr. 492/2011 [...] auch nicht unter dem Vorbehalt [steht], dass es den Kindern des (vormaligen) Wanderarbeitnehmers unzumutbar sein muss, auf eine Schule in dessen Herkunftsmitgliedstaat zu wechseln". Eine entsprechende Einschränkung, für die der Wortlaut der Norm keine Anhaltspunkte liefert, stünde in Widerspruch zu dem Ziel der Vorschrift, die Integration der Familienangehörigen der Wanderarbeitnehmer zu fördern. Es habe daher keiner Klärung bedurft, ob es den schulpflichtigen polnischen Kindern zuzumuten gewesen wäre, ihre Schulausbildung in Polen fortzuführen[59].

61 Gegen diese Rechtsansicht spricht aber die Entstehungsgeschichte des Art. 12 III Freizügigkeits-RL: Diese Regelung, die durch § 3 III umgesetzt wird, hatte das Ziel, die Rspr. des EuGH zur Vorgängerregelung des Art. 10 VO 492/2011/EU, dh dem Art. 12 VO 1612/68/EWG, in eine gesetzliche Regelung umzusetzen. Die Begrenzung des sich aus der EuGH-Rspr. ergebenden Freizügigkeitsrecht aufgrund von Ausbildungsaufenthalten wird aus der Begründung des von der Kommission am 23.5.2001 vorgelegten RL-Vorschlag[60] deutlich, in dem es heißt, dass „[i]n diesen Absatz ... ein Grundsatz festgeschrieben [ist], der sich aus dem Urteil des Gerichtshofs in den verbundenen Rs 389/87 und 390/87, Echternach und Moritz, vom 15. März 1989 [(Slg. 1989, 723)] ergibt. Er stellt auf die Situation der Kinder von Unionsbürgern ab, die selbst nicht EU-Bürger sind, die zur Schule gehen, sich in das Schulsystem im Aufnahmestaat integriert haben und sich aufgrund sprachlicher, kultureller oder anderer Gründe schwierig in ein neues Schulsystem einfügen könnten: [F]ür diese Personen kann es sich nachteilig auswirken, dass ein Elternteil, der Unionsbürger ist, aus beruflichen oder anderen Gründen das Hoheitsgebiet des Aufnahmemitgliedstaats verlässt. **Ihr Aufenthaltsrecht, das auf die Dauer des Studiums begrenzt werden kann, ist an die Bedingung geknüpft, dass sie in einer weiterführenden oder darauf aufbauenden Bildungseinrichtung eingeschrieben sind, da es in diesem Stadium der Ausbildung viel schwieriger wird, sich in ein neues Schulsystem zu integrieren.**"

62 Die Kommission hat mit ihrem Entwurf, der auch vom EU-Parlament insoweit unverändert belassen worden war, die Grenzen eines Aufenthaltsrechts, das aus einer Schulausbildung fließen kann, gekennzeichnet. Warum die ursprüngliche Fassung des Art. 12 Freizügigkeits-RL mit seiner Beschränkung auf weiterführende Schulen geändert wurde, lässt sich der Gesetzgebungshistorie nicht entnehmen. Das durch die Kommission und das EU-Parlament geäußerte Verständnis zum Umfang eines Aufenthaltsrechts aufgrund eines Ausbildungsaufenthalts kann herangezogen werden, um die Grenzen des Art. 10 VO 492/2011/EU zu konkretisieren.

63 **Ein Aufenthaltsrecht für das Kind und die Eltern, die die Schulausbildung tatsächlich ermöglichen, besteht – entgegen der Rechtsprechung des BVerwG[61] – erst dann, wenn der Schulwechsel nicht mehr zumutbar ist.** Mit der ursprünglichen Formulierung in Art. 12 III Freizügigkeits-RL „weiterführende Schule" wird deutlich, dass der Besuch einer Grundschule keinesfalls ein dauerhaftes Aufenthaltsrecht nach sich ziehen kann. Hier ist ein Schulwechsel immer zumutbar und möglich, sodass idR nur die Beendigung des Ausbildungsabschnitts, dh der Abschluss des Halbjahrs oder der Jahrgangsstufe, aus Gründen der Verhältnismäßigkeit abgewartet werden muss.

64 Da der Begriff der weiterführenden Schule in vielen Staaten Europas auf Schulen bezogen wird, die nach Wegfall der Schulpflicht besucht werden (etwa in Österreich), dürfte auch ein Schulwechsel bis zum Erreichen der neunten Schulstufe zumutbar sein. Dies gilt insbesondere dann, wenn vor dem Erreichen der Sekundarstufe II ein mehrjähriger Schulbesuch im Heimatland erfolgt ist. **Die Frage der Zumutbarkeit des Abbruchs einer Ausbildung ist immer einzelfallbezogen unter Berücksichtigung des Grundsatzes der Verhältnismäßigkeit zu entscheiden.**

3. Aufenthaltsrecht aus § 3 III

65 Grundsätzlich ist davon auszugehen, dass die § 3 III nur einen Teilbereich des Aufenthaltsrechts nach Art. 10 VO 492/2011/EU (→ Rn. 44 ff.) erfasst. Der **Anwendungsbereich** des § 3 III setzt voraus:
– Es muss sich um ein Kind handeln, dessen Staatsangehörigkeit ohne Bedeutung ist.
– Das Kind muss sich im Bundesgebiet aufhalten.
– Das Kind muss eine Ausbildungseinrichtung besuchen.
– Ein Elternteil muss freizügigkeitsberechtigter Unionsbürger eines anderen EU-Mitgliedstaates sein (grenzüberschreitender Sachverhalt, siehe § 1).

---

[58] Zuletzt EuGH Urt. v. 6.10.2020 – C-181/19 – JD, BVerwG Urt. v. 11.9.2019 – 1 C 48.18 Rn. 23.
[59] Zuletzt EuGH Urt. v. 6.10.2020 – C-181/19 – JD, BVerwG Urt. v. 11.9.2019 – 1 C 48.18 Rn. 23.
[60] KOM(2001) 257 endg., 16.
[61] BVerwG Urt. v. 11.9.2019 – 1 C 48.18 Rn. 24; BSG Urt. v. 3.12.2015 – B 4 AS 43/15 R Rn. 27 und Urt. v. 12.9.2018 – B 14 AS 18/17 R Rn. 24.

– Der Unionsbürger muss aus dem Bundesgebiet weggezogen oder verstorben sein.
– Das Kind muss sein Aufenthaltsrecht von dem Unionsbürger abgeleitet haben.
– Der andere Elternteil, der Drittstaatsangehöriger sein kann, muss die elterliche Sorge für das Kind tatsächlich ausüben.

Ein Vergleich mit der RL-Bestimmung zeigt, dass der Begriff „aufhalten" richtlinienkonform im Sinne von „wohnhaft" auszulegen ist. Die Formulierung, dass das Kind sein Aufenthaltsrecht von dem Unionsbürger abgeleitet haben muss, lässt sich aus dem Wortlaut des Art. 12 III nicht unmittelbar ableiten. Auch ein EU-Kind, das mit seiner Ausbildungsvergütung seinen Lebensunterhalt decken kann, mithin selbst freizügigkeitsberechtigt ist, kann sich auf das Ausbildungsrecht berufen, wenn der Elternteil, der Unionsbürger eines anderen EU-Staates ist, verstirbt oder wegzieht. Entfällt die eigene Freizügigkeit des Kindes nachträglich, so gibt es keinen Grund, das abgeleitete Aufenthaltsrecht zu Ausbildungszwecken zu versagen. 66

Da die beiden unionsrechtlichen Regelungen nicht inhaltsgleich sind, findet § 3 III unmittelbar neben Art. 10 I VO 492/2011/EU Anwendung, soweit es die Begünstigung von Kindern von Unionsbürgern betrifft, die keine Arbeitnehmer sind. Damit steht zudem fest, dass für den verbleibenden Anwendungsbereich der Leistungsausschluss nach § 7 I 2c SGB II keine Anwendung findet. Denn in Bezug auf den überschießenden Teil der Regelung des Art. 12 III Freizügigkeits-RL gegenüber Art. 10 I VO 492/2011/EU wird die nationale Umsetzungsvorschrift des § 3 III nicht durch vorrangig anzuwendendes unionsrechtliches VO-Recht (sog. Anwendungsvorrang) verdrängt. 67

Weiterhin bedarf es der Klärung, ob die Aufenthaltszeiten, die auf der Regelung des Art. 12 III Freizügigkeits-RL beruhen, auf das **Daueraufenthaltsrecht nach § 4a** anzurechnen sind. Denn der EuGH hat die Anrechnung der Aufenthaltszeiten, die auf Art. 10 I VO 492/2011/EU beruhen, für das Daueraufenthaltsrecht mit der Begründung ausgeschlossen, dass diese Aufenthaltszeiten nicht auf der Freizügigkeits-RL beruhen. 68

Abs. 3 setzt die Rechte der Kinder und des Elternteils, der die elterliche Sorge tatsächlich wahrnimmt, für den Fall um, dass der Unionsbürger wegzieht oder verstirbt. Die Einschränkung, dass das Recht ausschließlich auf persönlicher Grundlage erhalten bleibt, gilt hier nicht. 69

4. Akzessorisches Aufenthaltsrecht der Eltern

Das etwaige Aufenthaltsrecht eines Elternteils als Betreuungsperson ist gegenüber dem Aufenthaltsrecht des Kindes akzessorisch; es hängt also davon ab, dass das Kind selbst ein Aufenthaltsrecht genießt[62]. 70

Dem Elternteil eines volljährig gewordenen Kindes, das auf der Grundlage des Art. 10 VO 492/2011/EU oder des § 3 III FreizügG/EU Zugang zu Bildung erhalten hat, kann ein abgeleitetes Aufenthaltsrecht zustehen, wenn dieses Kind weiterhin der Anwesenheit und der Fürsorge des Elternteils bedarf, um seine Ausbildung fortsetzen und abschließen zu können[63]. 71

Das Recht auf Zugang zur Ausbildung impliziert daher nach der Rspr. des EuGH ein Aufenthaltsrecht des Elternteils, **der die elterliche Sorge für dieses Kind tatsächlich wahrnimmt**[64]. Auch wenn der EuGH bisher nur Verfahren entschieden hat, in denen die elterliche Sorge von einem Elternteil nach Scheidung oder Wegzug eines Elternteils ausgeübt wurde, so kann sich das Aufenthaltsrecht auf beide Elternteile erstrecken, wenn dies zur Ermöglichung der Ausbildung erforderlich ist. 72

Das Aufenthaltsrecht des Elternteils des seine Ausbildung absolvierenden Kindes muss als ein „bedingtes" und „zweckgebundenes" Recht verstanden werden, dessen Verlängerung über die **Volljährigkeit des Kindes** hinaus nur zulässig ist, wenn sie unerlässlich ist, damit es seine Ausbildung abschließen kann[65]. 73

Das Recht des Elternteils kann sich daher über das Volljährigkeitsalter hinaus verlängern, wenn das Kind weiterhin der Anwesenheit und der Fürsorge des Elternteils bedarf, um seine Ausbildung fortsetzen und abschließen zu können[66]. 74

Bedarf das Kind hingegen der Anwesenheit und der Fürsorge des Elternteils, dem die elterliche Sorge für ihn zukam, nicht mehr, um seine Ausbildung im Aufnahmemitgliedstaat fortsetzen und abschließen zu können, endet das abgeleitete Aufenthaltsrecht dieses Elternteils in dem betreffenden Staat mit der Volljährigkeit des Rechteinhabers[67]. 75

---

[62] AA BVerwG Urt. v. 11.9.2019 – 1 C 48.18 Rn. 23.
[63] EuGH Urt. v. 8.5.2013 – C-529/11 Rn. 31 – Alarape und Tijani.
[64] EuGH Urt. v. 13.6.2013 – C-45/12 Rn. 46 – Hadj Ahmed; Urt. v. 30.6.2016 – C-115/15 Rn. 64 – NA.
[65] Schlussanträge des Generalanwalts *Bot* v. 15.1.2013 in der Rs C-529/11 Rn. 31 – Alarape und Tijani; Schlussanträge der Generalanwältin *Kokott* in der Rs C-480/08 Rn. 36 – Teixeira jeweils zum gleichlautenden Art. 12 VO 1612/68/EWG.
[66] EuGH Urt. v. 8.5.2013 – C-529/11 Rn. 28 – Alarape und Tijani.
[67] EuGH Urt. v. 8.5.2013 – C-529/11 Rn. 29 – Alarape und Tijani.

76 Die Frage, ob das volljährige Kind weiterhin der Anwesenheit und der Fürsorge des Elternteils bedarf, um seine Ausbildung fortsetzen und abschließen zu können, ist eine Tatsachenfrage, die die Behörden und Gerichte zu beurteilen haben. Dabei können Indizien, insbesondere
– das Alter des Kindes,
– seinen Wohnsitz im Familienhaushalt oder
– seinen Bedarf an finanzieller oder emotionaler elterlicher Unterstützung, um seine Ausbildung fortsetzen und abschließen zu können,
berücksichtigt werden[68].

77 Entfällt das Freizügigkeitsrecht des Kindes, so gilt Gleiches für das abgeleitete Freizügigkeitsrecht der Eltern, die die tatsächliche Personensorge ausüben.

V. Scheidung oder Aufhebung der Ehe

78 § 3 IV enthält ein Aufenthaltsrecht des drittstaatsangehörigen Familienangehörigen eines Unionsbürgers für den Fall der Scheidung oder Aufhebung der Ehe in vier enumerativ aufgezählten Fällen. **Die Regelung umfasst alle Personen, die nach der Definition des § 1 II Nr. 3 Familienangehörige im Sinne des Gesetzes sind.** Erfasst werden daher nicht nur gleichgeschlechtliche Ehen, sondern auch Lebenspartnerschaften sowie Verwandte in gerader aufsteigender und absteigender Linie. Damit geht das nationale Recht über die Vorgaben der Freizügigkeits-RL hinaus, die ausschließlich an die Ehe oder die eingetragene Partnerschaft anknüpft.

79 Das Aufenthaltsrecht wird Familienangehörigen nur auf persönlicher Grundlage erteilt (§ 11 VIII).

80 Es handelt sich um eine **Spezialregelung** gegenüber § 31 I, der nur dann zur Anwendung kommt, wenn das Aufenthaltsgesetz eine günstigere Rechtsstellung vermittelt oder die Voraussetzungen der Spezialregelung nicht vorliegen (§ 11 XIV 1).

81 **Der personelle Anwendungsbereich der Regelung ist auf Drittstaatsangehörige beschränkt.** Ist der geschiedene Ehegatte des Unionsbürgers selbst EU-Bürger, so wird sich sein Aufenthaltsrecht unmittelbar aus den Grundfreiheiten des AEUV ergeben. Ist der geschiedene Ehegatte selbst Arbeitnehmer, Selbstständiger oder Dienstleistungserbringer etc., so genießt er uneingeschränkte Freizügigkeit.

82 Die Besonderheit der Regelung besteht darin, dass mit der Scheidung die Eigenschaft eines Familienangehörigen entfällt und damit grds. auch die weitere Anwendbarkeit des FreizügG/EU. § 3 IV führt daher dazu, dass die Anwendbarkeit des Gesetzes grds. beibehalten wird. Eine Ausnahme bildet § 11 VIII 1.

83 Hinsichtlich des **personellen Anwendungsbereichs** weicht § 3 IV von den unionsrechtlichen Vorgaben ab. Denn nach Art. 13 II Freizügigkeits-RL wird das Recht der hinterbliebenen drittstaatsangehörigen Familienangehörigen daran geknüpft, dass sie Arbeitnehmer oder Selbständige sind oder für sich und ihre Familienangehörigen über ausreichende Existenzmittel im Sinne von Art. 8 Abs. 4 der Unionsbürgerrichtlinie, nach der keine festen Beträge für die erforderlichen Existenzmittel festgelegt werden dürfen, und über umfassenden Krankenversicherungsschutz verfügen.

84 Demgegenüber behalten Familienangehörige bei Scheidung oder Auflösung der Ehe des Unionsbürgers nach dem Freizügigkeitsgesetz ein Aufenthaltsrecht, wenn sie die Voraussetzungen des § 2 II Nr. 1 bis 3 oder Nr. 5 erfüllen. Neben Arbeitnehmern und Selbständigen sind damit auch Drittstaatsangehörige erfasst, die sich als **Arbeitsuchende** oder als **Dienstleistungserbringer** im Bundesgebiet aufhalten.

85 Auch wenn die Einbeziehung von Arbeit suchenden geschiedenen Ehegatten oder Lebenspartnern ohne Einkommen unionsrechtlich ausgeschlossen ist, so handelt es sich insoweit um eine anzuwendende Privilegierung des nationalen Rechts, die durch Einfügung der Nr. 1a in § 2 II unwillentlich entstanden ist.

86 Die Einbeziehung von Arbeitsuchenden hat folgende Konsequenz: Ein geschiedener drittstaatsangehöriger Familienangehörige, der auf **Arbeitssuche** ist, hat, wenn die weiteren Voraussetzungen vorliegen, einen Anspruch auf ein eigenständiges Aufenthaltsrecht nach § 3 IV Nr. 1. Dem Bezug von SGB II-Leistungen steht § 7 I 2 Nr. 2 SGB II nicht entgegen, da das Aufenthaltsrecht sich nicht allein aus der Arbeitsuche ergibt, sondern auf dem eigenständigen Aufenthaltsrecht nach Scheidung der Ehe mit einem Unionsbürger beruht.

87 Ansprüche auf die Aufrechterhaltung eines Aufenthaltsrechts von Dienstleistungserbringern im Zusammenhang mit § 3 II erschließen sich nicht ohne weiteres. Ein drittstaatsangehöriger Angehöriger eines Unionsbürgers muss das Bundesgebiet verlassen haben, um als Dienstleistungserbringer wirtschaftlich aktiv zu werden.

88 Das Aufenthaltsrecht von Dienstleistungserbringern ist darüber hinaus vorübergehender Natur. Es besteht aber die Möglichkeit, dass der drittstaatsangehörige Familienangehörige eines Unionsbürgers

---

[68] EuGH Urt. v. 8.5.2013 – C-529/11 Rn. 30 – Alarape und Tijani.

Familienangehörige § 3 FreizügG/EU 2

eine andere Tätigkeit, etwa als Arbeitnehmer oder Selbstständiger aufnimmt, um das eigenständige Aufenthaltsrechts zu erhalten.

Die **erste Fallgruppe (§ 3 IV Nr. 1)** regelt das Entstehen eines eigenständigen von der Ehe 89 losgelösten Aufenthaltsrechts von Drittstaatsangehörigen, wenn die Ehe oder die Lebenspartnerschaft bis zur Einleitung des gerichtlichen Scheidungs- oder Aufhebungsverfahrens mindestens drei Jahre bestanden hat, davon mindestens ein Jahr im Bundesgebiet. Hier kommt es anders als bei § 31 AufenthG nicht auf den Bestand der familiären Gemeinschaft an. Auch wenn die Ehegatten lange getrennt gelebt haben, sind diese Zeiten anrechnungsfähig.

Damit setzt sich eine seit langem erhobene Forderung der Kommission durch. Die Kommission 90 unterbreitete bereits am 14.10.1998 sowohl einen Vorschlag für eine Änderung der VO 1612/68/EWG[69] als auch einen Vorschlag zur Änderung der RL 68/360/EWG[70]. Ziel der Änderungsvorschläge war u.a. die Schaffung eines eigenständigen Aufenthaltsrechts des Ehegatten nach Auflösung der Ehe. Art. 10 VI des Entwurfs zur Änderung der VO 1612/68/EWG sah insoweit vor, dass drittstaatsangehörige Ehegatten im Fall der Auflösung der Ehe ihr Aufenthaltsrecht im Aufenthaltsmitgliedstaat behalten, wenn sie dort während dreier aufeinanderfolgender Jahre aufgrund des Art. 10 VO 1612/68/EWG ansässig waren.

Die näheren Voraussetzungen unter denen das eigenständige Aufenthaltsrecht verliehen werden 91 sollte, sollten in Art. 4a II und III des Entwurfs zur Änderung der RL 64/221/EWG geregelt werden. Familienangehörige, die keiner Erwerbstätigkeit nachgehen, sollte das Aufenthaltsrecht gewährt werden, wenn sie nachweisen konnten, dass sie für sich und die Personen, denen sie Unterhalt gewähren, über ausreichende Existenzmittel sowie über eine Krankenversicherung verfügten, die alle Risiken im Aufenthaltsmitgliedstaat abdeckt (Art. 4a II des Entwurfs zur Änderung der RL 64/221/EWG). Familienangehörige, die einer Erwerbstätigkeit nachgehen, sollte das Aufenthaltsrecht bei Vorlage eines Arbeitsvertrags, einer Arbeitsbescheinigung oder der Erklärung, dass eine selbstständige Tätigkeit ausgeübt werde, gewährt werden (Art. 4a III des Entwurfs zur Änderung der RL 64/221/EWG). Dieser Entwurf wurde später von der Kommission zurückgezogen[71].

§ 3 IV Nr. 1, der der Umsetzung des Art. 13 II UAbs. 1 lit. a Freizügigkeits-RL dient, 92 **erfasst ausschließlich drittstaatsangehörige Familienangehörige von Unionsbürgern.** Ist der Ehegatte des Unionsbürgers selbst EU-Bürger, so ergibt sich sein Aufenthaltsrecht auch unmittelbar aus den Grundfreiheiten des AEUV.

Die Besonderheit der Regelung besteht darin, dass mit der Scheidung die Eigenschaft eines 93 Familienangehörigen entfällt und damit grds. auch die weitere Anwendbarkeit des FreizügG/EU. § 3 IV führt daher dazu, dass die Anwendbarkeit des Gesetzes grundsätzlich beibehalten wird. Eine Ausnahme bildet § 11 VIII 1.

Ist der geschiedene Familienangehörige Drittstaatsangehöriger, so vermittelt § 3 IV Nr. 1 – wie 94 auch § 31 AufenthG – ein eigenständiges Aufenthaltsrecht nach der Scheidung. Im Unterschied zu § 31 AufenthG führt erst die Scheidung und nicht bereits die Auflösung der ehelichen Lebensgemeinschaft zum Entstehen des eigenständige Aufenthaltsrechts. Denn bis zur Scheidung behalten Ehegatten ihre akzessorische Rechtsstellung als Familienangehörige eines Unionsbürgers. Die Aufhebung der Akzessorietät des Aufenthaltsrechts nach Scheidung hat zur Folge, dass „die betreffenden Familienangehörigen [...] ihr Aufenthaltsrecht ausschließlich auf persönlicher Grundlage [behalten]" (Art. 13 II UAbs. 3 Freizügigkeits-RL).

Verlässt der Unionsbürger, von dem der drittstaatsangehörige Ausländer sein Aufenthalts- 95 **recht ableitet, vor Einreichung der Scheidung das Bundesgebiet, so besteht kein Raum mehr für ein eigenständiges Aufenthaltsrecht nach § 3 IV Nr. 1,** da das akzessorische Aufenthaltsrecht des drittstaatsangehörigen Ehegatten bereits mit dem Wegzug erloschen ist[72]. Ist das Aufenthaltsrecht aber bereits mit der Verlagerung des Aufenthaltsortes aus dem Bundesgebiet erloschen, so bleibt für die Aufrechterhaltung eines eigenständigen Aufenthaltsrechts nach Art. 13 Freizügigkeits-RL bei einem späteren Scheidungsantrag schon begrifflich kein Raum[73].

Ein späterer Scheidungsantrag kann nicht zum Wiederaufleben dieses Rechts führen, da Art. 13 96 Freizügigkeits-RL nur von der „Aufrechterhaltung" eines bestehenden Aufenthaltsrechts spricht[74]. In diesem Zusammenhang hat der EuGH entschieden, dass sich der mit einem Drittstaatsangehörigen verheiratete Unionsbürger bis **zum Zeitpunkt der Einleitung des gerichtlichen Scheidungsverfahrens** in Deutschland aufhalten muss, damit der Drittstaatsangehörige auf der Grundlage von Art. 13 II Freizügigkeits-RL eine Aufrechterhaltung seines Rechts auf Aufenthalt beanspruchen kann[75].

---

[69] ABl. 1998 C 344, 9.
[70] ABl. 1998 C 344, 12.
[71] ABl. 2005 C 75, 10 iVm KOM(2004) 542.
[72] EuGH Urt. v. 30.6.2016 – C-115/15 Rn. 34 f. – NA; EuGH Urt. v. 16.7.2015 – C-218/14 Rn. 67 – Singh.
[73] EuGH Urt. v. 16.7.2015 – C-218 Rn. 61 (66) – Singh ua; Schlussanträge der GA Kokott v. 7.5.2015 – C-218/14 Rn. 34 – Singh ua.
[74] EuGH Urt. v. 30.6.2016 – C-115/15 Rn. 35 – NA; EuGH Urt. v. 16.7.2015 – C-218 Rn. 67 – Singh.
[75] EuGH Urt. v. 30.6.2016 – C-115/15 Rn. 36 – NA; EuGH Urt. v. 16.7.2015 – C-218 Rn. 66 – Singh.

97 Bestand die Ehe bis zur Einleitung des gerichtlichen Scheidungs- oder Aufhebungsverfahrens noch keine drei Jahre, aber die familiäre Lebensgemeinschaft bereits zwei Jahre im Bundesgebiet, so kann über § 11 XIV 1 iVm § 31 AufenthG ein eigenständiges Aufenthaltsrecht entstehen. Dieses wird nicht deklaratorisch durch eine Aufenthaltskarte, sondern konstitutiv durch eine Aufenthaltserlaubnis dokumentiert.

98 Die **zweite Fallgruppe (§ 3 IV Nr. 2)** setzt voraus, dass dem drittstaatsangehörigen Ehegatten durch Vereinbarung der Ehegatten oder durch gerichtliche Entscheidung die elterliche Sorge für die Kinder des Unionsbürgers übertragen worden sein muss.

99 Mit dem Begriff „**Sorgerecht**" wird nicht nur das alleinige Sorgerecht, sondern auch das gemeinsame Sorgerecht erfasst[76]. Außerdem muss nicht das Sorgerecht für alle gemeinsamen Kinder übertragen worden sein. Ausreichend ist, wenn das gemeinsame Sorgerecht für ein Kind übertragen wurde.

100 Bei dem Tatbestandsmerkmal „Sorgerecht" handelt es sich um einen unionsrechtlichen Begriff, der nicht mit den Vorgaben der Vorschriften des deutschen Familienrechts (§§ 1626 ff. BGB) identisch zu sein braucht. Einen unmittelbaren Rückgriff auf das nationale Recht ermöglicht die Freizügigkeits-RL – anders als bei der Bestimmung der eingetragenen Lebenspartnerschaft – nicht.

101 Eine **unionsrechtliche Definition des Sorgerechts** findet sich in der VO 2201/2003/EG. Nach Art. 2 Nr. 9 VO 2201/2003/EG bezeichnet der Ausdruck Sorgerecht „die Rechte und Pflichten, die mit der Sorge für die Person eines Kindes verbunden sind, insbesondere das Recht auf die Bestimmung des Aufenthaltsortes des Kindes". Nr. 11b S. 2 VO 2201/2003/EG bestimmt weiter: „Von einer gemeinsamen Ausübung des Sorgerechts ist auszugehen, wenn einer der Träger der elterlichen Verantwortung aufgrund einer Entscheidung oder kraft Gesetzes nicht ohne die Zustimmung des anderen Trägers der elterlichen Verantwortung über den Aufenthaltsort des Kindes bestimmen kann."

102 Die **dritte Fallgruppe (§ 3 IV Nr. 3)** enthält eine Härtefallregelung und ist damit § 31 II AufenthG angenähert. Das eigenständige Aufenthaltsrecht nach § 3 IV Nr. 3 muss zur Vermeidung einer besonderen Härte erforderlich sein, insbesondere weil dem Ehegatten wegen der Beeinträchtigung seiner schutzwürdigen Belange ein Festhalten an der Ehe nicht zugemutet werden konnte. Art. 13 II UAbs. 2 lit. c Freizügigkeits-RL verlangt keine Härte, sondern „besondere schwierige Umstände", wie etwa bei **Opfern von Gewalt im häuslichen Bereich** während der Ehe.

103 **§ 3 IV Nr. 3 dient der Umsetzung von Art. 13 II UAbs. 2 lit. c Freizügigkeits-RL und erfasst ausschließlich drittstaatsangehörige Familienangehörige von Unionsbürgern.** Da das Aufenthaltsrecht des Ehegatten eines Unionsbürgers nicht von dem Bestehen der familiären Lebensgemeinschaft abhängig ist, führt eine Trennung der Ehegatten nicht zum Wegfall des akzessorischen Aufenthaltsrechts. Der Schutz durch § 3 IV Nr. 3 greift daher erst dann, wenn die Differenzen der Eheleute zur Scheidung führen[77]. Die Regelung kompensiert daher nur die bei Nr. 1 notwendige Ehebestandszeit. Diese wird durch eine besondere Härte ersetzt.

104 Im Unterschied zu Nr. 1 ist die Regelung des § 3 IV Nr. 3 dahin gehend auszulegen, dass ein Drittstaatsangehöriger, der von einem Unionsbürger geschieden wurde, dessen Gewalttaten im häuslichen Bereich er während der Ehe ausgesetzt war, auf der Grundlage dieser Bestimmung auch dann einen Anspruch auf Aufrechterhaltung seines Aufenthaltsrechts in Deutschland hat, wenn das gerichtliche Scheidungsverfahren erst nach dem Wegzug des Ehegatten mit Unionsbürgerschaft aus diesem Mitgliedstaat eingeleitet wurde[78].

105 Das Unionsrecht spricht nicht von einer **besonderen Härte,** sondern von besonders schwierigen Umständen wie etwa häuslicher Gewalt während der Ehe oder der eingetragenen Partnerschaft. Damit wird zugleich deutlich, dass die Gewalt im häuslichen Bereich vor der Scheidung liegen muss.

106 Ziel der Regelung ist, „diesen Personen einen gewissen Rechtsschutz zu bieten, da ihr Aufenthaltsrecht von der durch die Ehe ausgedrückten familiären Bindung abhängig ist, und sie daher mit einer Scheidungsandrohung unter Druck gesetzt werden könnten"[79].

107 Bevor die Betroffenen das Recht auf Daueraufenthalt erwerben, bleibt ihr Aufenthaltsrecht an die Voraussetzung geknüpft, dass sie nachweisen können, dass sie Arbeitnehmer oder Selbstständige sind oder für sich und ihre Familienangehörigen über ausreichende Existenzmittel verfügen, sodass sie während ihres Aufenthalts keine Sozialhilfeleistungen des Aufnahmemitgliedstaats in Anspruch nehmen müssen, und dass sie über einen umfassenden Krankenversicherungsschutz im Aufnahmemitgliedstaat verfügen oder dass sie bereits im Aufnahmemitgliedstaat als Familienangehörige einer Person gelten, die diese Voraussetzungen erfüllt.

---

[76] Die Materialien der Freizügigkeits-RL sind hier nicht eindeutig. Nach dem Kommissionsvorschlag v. 23.5.2001 (KOM(2001) 257 endg.) dient diese Bestimmung (Art. 13 des Entwurfs) dem Interesse sowohl der Kinder, die dem Aufnahmemitgliedstaat, in den sie vielleicht schon integriert sind, nicht verlassen müssen, als auch dem Unionsbürger, dem das Besuchs- und Aufsichtsrecht so erleichtert wird. Der Hinweis auf das Aufenthaltsrecht der Kinder und das Besuchs- und Aufsichtsrecht des anderen Elternteils sprechen für eine alleinige Sorgerechtsübertragung. Denn nur dann, wenn das Aufenthaltsbestimmungsrecht auf den drittstaatsangehörigen Elternteil übergegangen ist, besteht die Gefahr, dass die Kinder das Bundesgebiet verlassen müssen.

[77] So zu Art. 13 II UAbs. 1 lit. c Freizügigkeits-RL EuGH Urt. v. 30.6.2016 – C-115/15 Rn. 47 – NA.

[78] EuGH Urt. v. 2.9.2021 – C-930/19 Rn. 43 – X.

[79] RL-Vorschlag KOM(2001) 257 endg. zu Art. 13.

Die **vierte Fallgruppe (§ 3 IV Nr. 4)** erfordert, dass dem drittstaatsangehörigen Ehegatten durch Vereinbarung der Ehegatten oder durch gerichtliche Entscheidung das Recht zum persönlichen Umgang mit dem minderjährigen Kind nur im Bundesgebiet eingeräumt wurde. 108

§ 3a Aufenthalt nahestehender Personen

(1) Einer nahestehenden Person eines Unionsbürgers, die selbst nicht als Unionsbürger und nicht nach den §§ 3 oder 4 freizügigkeitsberechtigt ist, kann auf Antrag das Recht zur Einreise und zum Aufenthalt im Bundesgebiet verliehen werden, wenn
1. es sich um eine nahestehende Person im Sinne des § 1 Absatz 2 Nummer 4 Buchstabe a handelt und
    a) der Unionsbürger ihr zum Zeitpunkt der erstmaligen Antragstellung seit mindestens zwei Jahren und nicht nur vorübergehend Unterhalt gewährt,
    b) der Unionsbürger mit ihr in dem Staat, in dem sie vor der Verlegung des Wohnsitzes in das Bundesgebiet gelebt hat oder lebt, in häuslicher Gemeinschaft gelebt hat und die häusliche Gemeinschaft zwischen dem Unionsbürger und ihr mindestens zwei Jahre bestanden hat oder
    c) nicht nur vorübergehend schwerwiegende gesundheitliche Gründe zum Antragszeitpunkt die persönliche Pflege von ihr durch den Unionsbürger zwingend erforderlich machen,
2. es sich um eine nahestehende Person im Sinne des § 1 Absatz 2 Nummer 4 Buchstabe b handelt und der Unionsbürger mit ihr im Bundesgebiet für längere Zeit in familiärer Gemeinschaft zusammenleben wird und sie vom Unionsbürger abhängig ist oder
3. es sich um eine nahestehende Person im Sinne des § 1 Absatz 2 Nummer 4 Buchstabe c handelt und der Unionsbürger mit ihr im Bundesgebiet nicht nur vorübergehend zusammenleben wird.

(2) Bei der Entscheidung über die Verleihung eines Rechts nach Absatz 1 ist nach einer eingehenden Untersuchung der persönlichen Umstände maßgeblich zu berücksichtigen, ob der Aufenthalt der nahestehenden Person unter Berücksichtigung ihrer Beziehung zum Unionsbürger sowie von anderen Gesichtspunkten, wie dem Grad der finanziellen oder physischen Abhängigkeit oder dem Grad der Verwandtschaft zwischen ihr und dem Unionsbürger, im Hinblick auf einen in Absatz 1 genannten Anlass des Aufenthalts erforderlich ist.

(3) § 3 Absatz 2 findet entsprechende Anwendung.

Allgemeine Verwaltungsvorschrift
Nicht belegt.

Übersicht

	Rn.
I. Entstehungsgeschichte	1
II. Allgemeines	2
III. Nahestehende Person	9
1. Begriffsbestimmung	9
2. Verwandte der Seitenlinien	11
IV. Erleichterungsgebot	16
V. Eigenständiges Aufenthaltsrecht	38
VI. Verfestigung des Aufenthalts	43
VII. Familiennachzug	50

I. Entstehungsgeschichte

Durch Art. 1 Nr. 2 des Gesetzes zur aktuellen Anpassung des und weiterer Vorschriften an das Unionsrecht wurde mit Wirkung dem 24.11.2020 die Rechtsstellung nahestehender Personen nach § 3a in das FreizügG/EU aufgenommen[1]. Die Neuregelung erfolgte zur Abwendung einer Verurteilung in einem Vertragsverletzungsverfahren der der Europäischen Kommission (Nummer 2011/2086). 1

II. Allgemeines

§ 3a setzt die Regelung des Art. 3 II Freizügigkeits-RL in nationales Recht um. Nach Aufforderung der Europäischen Kommission und erneuter Prüfung im Lichte der zwischenzeitlich ergangenen Rechtsprechung, insbesondere des Urteils des EuGH vom 5.9.2012 in der Rs. C-83/11 (Rahman), 2

---
[1] BGBl. 2020 I S. 2416.

kam die Bundesregierung zu der Auffassung, dass die Umsetzung der Richtlinienbestimmung des Art. 3 II Freizügigkeits-RL in deutsches Recht nicht ausreichend sei.

3 Die Aufnahme des § 3a wirft eine Reihe von Fragen auf, da der Gesetzgeber mit dieser Regelung den Anwendungsbereich des AufenthG und des FreizügG/EU vermischt. Denn insbesondere die Regelung des § 11 V verdeutlicht, dass es sich nicht um einen Freizügigkeitssachverhalt handelt, bei dem eine unionsrechtliche Rechtsstellung nur deklaratorisch umgesetzt wird. **Vielmehr handelt es sich bei § 3a im Kern um einen nationalen Aufenthaltstitel, der konstitutiv die Rechte nahestehender Personen begründet**[2]. Folgerichtig wird die Rechtsstellung verliehen und nicht nur – wie sonst üblich – bescheinigt. Stellt sich nach der Verleihung des Rechts nach § 3a heraus, dass der Tatbestand des § 3a nicht mehr erfüllt ist, kommt eine Fristverkürzung nach § 7 II 2 AufenthG iVm § 11 V in Betracht. Diese Befristung der Gültigkeitsdauer der Aufenthaltskarte steht der Entstehung eines Daueraufenthaltsrechts und der Erteilung der Daueraufenthaltskarte entgegenstehen.

4 Weiterhin werden die Rechte nicht vom Amts wegen bescheinigt, sondern es bedarf eines Antrags. Nimmt man die Notwendigkeit der Lebensunterhaltssicherung, der Einhaltung des Visumverfahrens sowie die Möglichkeit der nachträglichen Verkürzung der Geltungsdauer des Aufenthaltsrechts hinzu (siehe § 11 V), so drängt sich der Gedanke auf, dass die Neuregelung besser in § 36 AufenthG angesiedelt worden wäre.

5 Am 18.2.2009 wurde mit der Antwort der Bundesregierung auf eine Kleine Anfrage (Drs. 16/12013) die Anpassung des nationalen Rechts unter Hinweis auf § 36 II AufenthG abgelehnt: „Die Einreise und der Aufenthalt von Personen, die kein persönliches Recht auf Freizügigkeit und Aufenthalt haben und deren Aufenthalt nach Art. 3 II lit. a der Freizügigkeits-RL erleichtert werden soll, richtet sich nach § 36 II AufenthG. Danach kann sonstigen Familienangehörigen zum Familiennachzug eine Aufenthaltserlaubnis erteilt werden, wenn es zur Vermeidung einer außergewöhnlichen Härte erforderlich ist."[3]

6 Es bedurfte erst eines Vertragsverletzungsverfahrens der Europäischen Kommission (Nr. 2011/2086), das die Umsetzung des Art. 3 II Freizügigkeits-RL sowie der damit korrespondierenden Formvorschriften des Art 10 III lit. e und f Freizügigkeits-RL betrifft, um den Gesetzgeber zum Handeln zu bewegen.

7 Da der EuGH in der Rechtssache Rahman[4] klargestellt hatte, dass das Unionsrecht kein Recht auf Einreise und Aufenthalt verlangt, sondern lediglich die Verpflichtung enthält, ein Erleichterungsregelung in das nationale Recht aufzunehmen, die die vorgenannte Personengruppe gegenüber sonstigen Drittstaatsangehörigen besser stellt (→ Rn. 16 ff.), war eine Aufnahme in das FreizügG/EU nicht zwingend geboten.

8 Die Aufnahme dieser Rechtsstellung wird eine Reihe von Anwendungsproblemen mit sich bringen, die mit der Grundkonzeption des Freizügigkeitsrechts nur schwer in Einklang zu bringen sein werden.

III. Nahestehende Person

1. Begriffsbestimmung

9 Der Begriff der nahestehenden Person wird in § 1 II Nr. 4 definiert. Danach sind nahestehende Personen Verwandte iSd § 1589 BGB, die nicht Familienangehörige der Person iSd § 1 II Nr. 3 sind.

10 Wegen der Definition der begünstigten Personengruppe wird auf die Kommentierung zu § 1 verwiesen.

2. Verwandte der Seitenlinien

11 § 3a setzt neben den Tatbestandsmerkmalen, die die Regelung des Anwendungsbereichs in § 1 II Nr. 4 enthält, weitere Voraussetzungen voraus.

12 Soweit es sich um eine nahestehende Person iSd § 1 II Nr. 4 lit. a handelt, wird die Erfüllung der folgenden weitere Tatbestandsvoraussetzungen verlangt (**§ 3a I Nr. 1**):

a) Der Unionsbürger muss der nahestehenden Person zum Zeitpunkt der erstmaligen Antragstellung seit mindestens zwei Jahren und nicht nur vorübergehend Unterhalt gewährt haben,

b) der Unionsbürger muss mit der nahestehenden Person in dem Staat, in dem sie vor der Verlegung des Wohnsitzes in das Bundesgebiet gelebt hat oder lebt, in häuslicher Gemeinschaft gelebt haben und die häusliche Gemeinschaft zwischen dem Unionsbürger und der nahestehenden Person muss mindestens zwei Jahre bestanden haben oder

---

[2] *Dienelt*, www.migrationsrecht.net/nachrichten-auslaenderrecht-politik-gesetzgebung/erleichterung-des-aufenthaltsrechts-nahestehender-personen-im-freizuegigkeitsrecht.html.

[3] *Dienelt*, www.migrationsrecht.net/nachrichten-gesetzgebung-auslaenderrecht/geplante-aenderung-des-freizuegg-eu-mit-unionsrecht-unzureichend.html.

[4] EuGH Urt. v. 5.9.2012 – C–83/11 – Rahman ua.

c) schwerwiegende gesundheitliche Gründe zum Antragszeitpunkt muss die persönliche Pflege der nahestehenden Person durch den Unionsbürger nicht nur vorübergehende zwingend erforderlich machen.

Mit der Formulierung **„mindestens zwei Jahre"** wird eine Voraussetzung aufgestellt, die mit Unionsrecht nicht vereinbar sein wird, da sie verhindert, dass ein Recht auf Einreise und Aufenthalt in Ausnahmefällen zur Entstehung gelangt. Der Gesetzgeber wäre daher gut beraten, entweder unbestimmte Rechtsbegriffe „nicht nur vorübergehend" zu verwenden oder eine Härtefallklausel in den § 3a aufzunehmen. 13

In der Fallgruppe des § 3a I Nr. 1 lit. a werden zudem eine Zwei-Jahresfrist und die Formulierung „nicht nur vorübergehend" verwendet. Hierbei dürfte es sich um ein Redaktionsversehen handeln, da eine Unterhaltsgewährung über die Dauer von zwei Jahren nicht nur vorübergehend ist. Insoweit verbleibt für das Tatbestandsmerkmal „nicht nur vorübergehend" kein Anwendungsbereich. Wegen der Einzelheiten zum Merkmal „Unterhalt gewähren" wird auf die Kommentierung unter § 1 Bezug genommen. 14

Offensichtlich hält der Gesetzgeber die Fallgruppen „Unterhalt gewähren" in lit. a und „Bestehen einer familiären Gemeinschaft" in lit. b für gleichwertig. In beiden Fallgruppen wird die Zwei-Jahresfrist als ausreichend angesehen. Sind die Fallgruppen a) und b) gleichwertig, so wird auch eine Kombination aus beiden Fallgruppen ausreichen müssen, um die materiellen Voraussetzungen zu erfüllen. Lebt beispielsweise ein Unionsbürger mit einem Verwandten der Seitenlinie für ein Jahr in familiärer Gemeinschaft im Ausland und kommt er nach seinem Wegzug ins Bundesgebiet für den Unterhalt des Verwandten für ein weiteres Jahr auf, so sind beide Zeiträume zu kombinieren. Es ist daher nicht erforderlich, dass der Unionsbürger für eine Zeitraum von zwei Jahren Unterhalt leistet. 15

IV. Erleichterungsgebot

Den Inhalt der für andere Verwandte geltenden **„Erleichterungsregelung"** gemäß Art. 3 II Freizügigkeits-RL hat der EuGH in der Entscheidung Rahman klargestellt[5]. 16

In diesem Urteil wurden die **drei Dimensionen dieser Regelung** hervorgehoben: 17
– es besteht kein automatisches Einreise- und Aufenthaltsrecht
– die Mitgliedstaaten sind verpflichtet, nach Maßgabe der innerstaatlichen Rechtsvorschriften eine gesetzliche Erleichterungsregelung zu erlassen, hinsichtlich derer ihnen Ermessen eingeräumt ist
– die Tatsache, dass dieses Ermessen nicht unbegrenzt ist

Art. 3 II Freizügigkeits-RL gewährt den anderen Verwandten **kein Recht auf Einreise oder Aufenthalt.** Es wird unterschieden zwischen Familienangehörigen iSv Art. 2 Nr. 2 Freizügigkeits-RL, die ein Recht auf Einreise und Aufenthalt haben, und denjenigen iSv Art. 3 II Freizügigkeits-RL, deren Einreise und Aufenthalt „lediglich zu erleichtern sind". 18

Die Freizügigkeits-RL verpflichtet die Mitgliedstaaten somit nicht, Anträgen auf Einreise oder Aufenthalt von sonstigen Familienangehörigen in allen Fällen stattzugeben. 19

Verwandte können nicht unmittelbar aus der Freizügigkeits-RL Rechte auf Einreise und Aufenthalt ableiten, da die **Richtlinienbestimmung nicht unmittelbar anwendbar** ist. Schließlich – und im Gegensatz zu den Rechten, die Unionsbürger und ihre Familienangehörigen genießen – ist Art. 3 II Freizügigkeits-RL „nicht so bestimmt ..., dass sich derjenige, der einen Antrag auf Einreise oder Aufenthalt stellt, unmittelbar auf diese Bestimmung berufen könnte, um Beurteilungskriterien geltend zu machen, die seiner Auffassung nach auf seinen Antrag anzuwenden wären"[6]. 20

Der materiell-rechtliche Gehalt der in Art. 3 II Freizügigkeits-RL geregelten Erleichterungspflicht ist im Gegensatz zum Aufenthaltsrecht dahin definiert worden, dass die Mitgliedstaaten verpflichtet sind, dafür Sorge zu tragen, dass ihre Rechtsvorschriften Kriterien enthalten, die es den Familienangehörigen im weiteren Sinne ermöglichen, eine Entscheidung über ihren Antrag auf Einreise und Aufenthalt zu erwirken. Diese Entscheidung muss, wie Art. 3 III Freizügigkeits-RL hervorhebt, auf einer eingehenden Untersuchung ihrer persönlichen Umstände beruhen und ist im Fall der Ablehnung zu begründen[7]. 21

Zur Auslegung kann die **6. Begründungserwägung der Freizügigkeits-RL** herangezogen werden: 22

„Um die Einheit der Familie im weiteren Sinne zu wahren und unbeschadet des Verbots der Diskriminierung aus Gründen der Staatsangehörigkeit sollte die Lage derjenigen Personen, die nicht als Familienangehörige im Sinne dieser Richtlinie gelten und die daher kein automatisches Einreise- und Aufenthaltsrecht im Aufnahmemitgliedstaat genießen, von dem Aufnahmemitgliedstaat auf der Grundlage seiner eigenen innerstaatlichen Rechtsvorschriften daraufhin geprüft werden, ob diesen Personen die Einreise und der Aufenthalt gestattet werden könnte, wobei ihrer **Beziehung zu dem Unionsbürger sowie anderen**

---

[5] EuGH Urt. v. 5.9.2012 – C–83/11 – Rahman ua.
[6] EuGH Urt. v. 5.9.2012 – C–83/11 Rn. 25 – Rahman ua.
[7] EuGH Urt. v. 5.9.2012 – C–83/11 Rn. 22 – Rahman ua.

Aspekten, wie ihre finanzielle oder physische Abhängigkeit von dem Unionsbürger, Rechnung zu tragen ist. " Aus dem Gemeinsamen Standpunkt (EG) Nr. 6/2004 des Rates der Europäischen Union vom 5.12.2003[8] geht hervor, dass dieser den sechsten Erwägungsgrund hinzugefügt hat, „um den in Artikel 3 enthaltenen Begriff der Erleichterung zu präzisieren".

23   Da die Richtlinie eine **eingehende Untersuchung der persönlichen Umstände** verlangt, kann der Nachzug nicht an das Vorliegen einer außergewöhnlichen Härte gebunden werden. Denn eine derartige nationale Beschränkung wäre weder mit dem Gebot, eine Privilegierung vorzusehen, vereinbar und würde zudem der Nachzugsregelung ihre praktische Wirksamkeit nehmen.

24   Aus diesem Grund muss im Rahmen einer Ermessensentscheidung geprüft werden, ob der Nachzug gestattet wird, wenn der Familienangehörige die in Art. 10 II lit a Freizügigkeits-RL geforderten Dokumente vorgelegt hat. Hierbei ist zu berücksichtigen, dass die Ausübung des Rechts des Unionsbürgers, sich im Hoheitsgebiet der Mitgliedstaaten frei zu bewegen und aufzuhalten, behindert würde, wenn er seine Familienangehörigen zurücklassen muss.

25   Mit diesem Ermessen geht zwangsläufig einher, dass die Mitgliedstaaten die spezifischen Bedingungen und Kriterien für die Umsetzung dieser Bestimmung in ihre innerstaatlichen Rechtsvorschriften und die zu berücksichtigenden Faktoren bestimmen können.

26   Es ist auch klar, dass dieses Ermessen notwendigerweise bedeutet, dass diese Bedingungen, Kriterien und Faktoren von einem Mitgliedstaat zum anderen unterschiedlich sein können, da die Mitgliedstaaten ihre Verpflichtungen zur Umsetzung dieser Regelung unter Umständen auf verschiedene Weise erfüllen[9].

27   **Gleichwohl ist das durch Art. 3 II Freizügigkeits-RL eingeräumte Ermessen nicht unbeschränkt.** Das Erleichterungsgebot enthält die spezifischen Grenzen, die den den Mitgliedstaaten gewährten Spielraum umschreiben:

– Die einschlägigen innerstaatlichen Vorschriften müssen mit dem Begriff der „Erleichterung" in Einklang stehen und
– den Anforderungen im Hinblick auf die eingehende Untersuchung der persönlichen Umstände und die Begründung im Ablehnungsfall genügen.

28   Die erste Grenze ergibt sich aus dem Wortlaut der Regelung und dem Begriff der „Erleichterung". Das Wort „erleichtert" besagt, dass Art. 3 II Freizügigkeits-RL „[die Mitgliedstaaten verpflichtet,] Anträge auf Einreise und Aufenthalt ... gegenüber den Anträgen anderer Drittstaatsangehöriger in gewisser Weise bevorzugt zu behandeln" [10].

29   Deshalb hat „[d]er Aufnahmemitgliedstaat ... dafür Sorge zu tragen, dass seine Rechtsvorschriften Kriterien enthalten, die sich mit der gewöhnlichen Bedeutung des Ausdrucks ‚erleichtert' vereinbaren lassen ..."[11].

30   Auch wenn die **Mitgliedstaaten eine großen Ermessensspielraum zur Konkretisierung der Erleichterungspflicht** haben, dürfen die innerstaatlichen Bestimmungen der unionsrechtlichen Regelung des Art. 3 II Freizügigkeits-RL nicht seine praktische Wirksamkeit nehmen[12].

31   Kurz gesagt, den Mitgliedstaaten ist hinsichtlich der materiell- und verfahrensrechtlichen Voraussetzungen, auf die sie für die „Erleichterung" abstellen, beträchtlicher Spielraum eingeräumt. Auf jeden Fall müssen aber die „Familienangehörigen im weiteren Sinne" besser gestellt sein als die allgemeine Gruppe der Drittstaatsangehörigen[13].

32   Die zweite Grenze ergibt sich aus dem letzten Satz des Erleichterungsgebots nach Art. 3 II Freizügigkeits-RL. Durch diese Bestimmung wird den Mitgliedstaaten eine doppelte Verpflichtung auferlegt:
„– eine eingehende Untersuchung der persönlichen Umstände [durchzuführen] und
– eine etwaige Verweigerung der Einreise oder des Aufenthalts dieser Personen [zu begründen]".

33   Die Mitgliedstaaten müssen daher vorsehen, dass Antragsteller „eine Entscheidung über ihren Antrag erhalten können, die auf einer eingehenden Untersuchung ihrer persönlichen Umstände beruht und im Fall der Ablehnung begründet wird" [14].

34   Die eingehende Untersuchung erfordert nach dem sechsten Erwägungsgrund die Berücksichtigung verschiedener relevanter Faktoren, wobei zB der Beziehung zum Unionsbürger sowie anderen Aspekten (etwa der finanziellen oder physischen Abhängigkeit vom Unionsbürger) Rechnung zu tragen ist[15].

35   Daraus ist der Schluss zu ziehen, dass aus dem Wortlaut von Art. 3 II Freizügigkeits-RL kein automatisches Aufenthaltsrecht ergibt. Der Aufnahmemitgliedstaat kann nach Art. 3 II 2 Freizügigkeits-RL eine eingehende Untersuchung der persönlichen Umstände durchführen und soll eine

---

[8] ABl. 2004 C 54 E, 12.
[9] Vgl. in diesem Sinne Schlussanträge des Generalanwalts *Bot* – C–83/11 Rn. 64 – Rahman.
[10] EuGH Urt. v. 5.9.2012 – C–83/11 Rn. 21 – Rahman ua; Urt. v. 26.3.2019 – C–129/18 Rn. 61 – SM.
[11] EuGH Urt. v. 5.9.2012 – C–83/11 Rn. 24 – Rahman ua.
[12] EuGH Urt. v. 5.9.2012 – C–83/11 Rn. 24 – Rahman ua; Urt. v. 26.3.2019 – C–129/18 Rn. 63 – SM.
[13] Vgl. in diesem Sinne Schlussanträge des Generalanwalts *Bobek* v. 10.4.2018 – C–89/17 Rn. 58 – Banger.
[14] EuGH Urt. v. 5.9.2012 – C–83/11 Rn. 22 – Rahman ua.
[15] EuGH Urt. v. 5.9.2012 – C–83/11 Rn. 23 – Rahman ua.

etwaige Verweigerung der Einreise oder des Aufenthalts dieser Personen – mithin abweichend von § 77 II AufenthG – begründen.

Die nationale Umsetzung des Erleichterungsgebots privilegiert die anderen Verwandten 36 **gegenüber der sonst anzuwendenden Nachzugsregelung des § 36 II AufenthG. Denn diese setzt anders als § 3a eine außergewöhnliche Härte voraus.**

Eine außergewöhnliche Härte wird nach nationaler Rechtsprechung angenommen, wenn die mit 37 der Versagung der Aufenthaltserlaubnis eintretenden Schwierigkeiten nach ihrer Art und Schwere so ungewöhnlich und groß sind, dass die Ablehnung der Erlaubnis schlechthin unvertretbar ist[16].

V. Eigenständiges Aufenthaltsrecht

In § 3a III wird eine entsprechende Anwendung des § 3 II vorgesehen: „Familienangehörige, die 38 nicht Unionsbürger sind, behalten beim Tod des Unionsbürgers ein Aufenthaltsrecht, wenn sie die Voraussetzungen des § 2 II Nr. 1 bis 3 oder Nr. 5 erfüllen und sich vor dem Tod des Unionsbürgers mindestens ein Jahr als seine Familienangehörigen im Bundesgebiet aufgehalten haben." Durch diesen Verweis wird sichergestellt, dass nahestehende Personen ein eigenständiges Aufenthaltsrecht erhalten, wenn der „stammberechtigte" Unionsbürger versterben sollte.

Damit beschränkt der Gesetzgeber das eigenständige Aufenthaltsrecht auf den Tod des Unions- 39 bürgers. Allein die Trennung und Aufhebung der Beziehung zum Unionbürger vermag daher kein eigenständiges Aufenthaltsrecht zu begründen. Bereits im Anhörungsverfahren beim Innenausschuss wurde darauf hingewiesen, dass die **Beschränkung auf den Tod des das Aufenthaltsrecht vermittelnden Unionsbürgers** in anderen Fällen zu Härten führen wird[17].

Dies gilt insbesondere für den **Eintritt der Volljährigkeit eines Pflegekindes**. In diesem Fall 40 entfällt die Möglichkeit einer weiteren Erteilung des Aufenthaltsrechts nach § 3a I Nr. 1 lit. b. Für eine weitere Anwesenheit des (vormaligen) Pflegekindes im Bundesgebiet ist eine eigenständige Reglung erforderlich, zumal § 34 II AufenthG als Auffangnorm nicht anwendbar ist, da es sich bei dem Pflegekind familienrechtlich nicht um ein Kind handelt[18].

Aufenthaltsrechtlich werden diese Fälle über humanitäre Aufenthaltsrechte gelöst werden können, 41 da der Aufenthalt häufig mit einer Verwurzelung in die hiesigen Lebensverhältnisse (Spracherwerb, Schulausbildung usw) einhergehen wird.

Die **Aufhebung der ordnungsgemäß bescheinigten Gemeinschaft** führt gleichfalls nicht zu 42 einem eigenständigen Aufenthaltsrecht.

VI. Verfestigung des Aufenthalts

Eine Verfestigung des Aufenthalts ist für andere Verwandte im FreizügG/EU vorgesehen. Das 43 Daueraufenthaltsrecht nach § 4a I 2 erfasst ausdrücklich auch nahestehende Personen und ist nicht auf Unionsbürger und ihre Familienangehörigen beschränkt.

Duch die Aufnahme dieser Personengruppe in § 4a I 2 wird bewirkt, dass auch nahestehenden 44 Personen, die Inhaber eines Rechts nach dem neuen § 3a I sind, ein Daueraufenthaltsrecht erteilt wird, wenn sie die entsprechenden Voraussetzungen erfüllen.

Allein die formale Erfüllung eines Tatbestandes des § 3a ist nicht ausreicht, sondern das 45 **ermessensabhängig zu verleihende Recht muss auch tatsächlich verliehen worden sein.**

Stellt sich nach der Verleihung des Rechts nach § 3a heraus, dass der Tatbestand des § 3a nicht mehr 46 erfüllt ist, kommt eine **Fristverkürzung** nach § 7 II 2 AufenthG iVm § 11 V in Betracht. Diese Befristung der Gültigkeitsdauer der Aufenthaltskarte steht der Entstehung eines Daueraufenthaltsrechts und der Erteilung der Daueraufenthaltskarte entgegenstehen.

Der Verweis in § 5 VII 3 auf § 5 II 2 stellt sicher, dass nahestehende Personen mit Erwerb des 47 Daueraufenthaltsrechts auch eine Daueraufenthaltskarte erhalten. Dabei wird das Daueraufenthaltsrecht als **„Bescheinigung"** ausgestellt und setzt daher anders als die Erteilung der Aufenthaltskarte keine konstitutive Entscheidung der Ausländerbehörde voraus.

Nahestehenden Personen, die Unionsbürger sind, erhalten auf Antrag gemäß § 5 V 1 eine Beschei- 48 nigung über ihr Daueraufenthaltsrecht.

Im Übrigen findet § 5 auf Fälle des § 3a keine Anwendung, weil diese Vorschriften hinsichtlich 49 ihrer Wortwahl und Systematik auf Fälle zugeschnitten sind, denen Rechte kraft Gesetzes entstehen, was bei § 3a nicht der Fall ist[19].

---

[16] BVerwG Beschl. v. 25.6.1997 – 1 B 236.96 – zu der früheren Familiennachzugsregelung in § 22 AuslG 1990.
[17] Stellungnahme des Paritätischen Gesamtverbands v. 1.10.2020, A-Drs. 19(4)585 B.
[18] Stellungnahme des Paritätischen Gesamtverbands v. 1.10.2020, A-Drs. 19(4)585 B.
[19] BT-Drs. 19/21750, 42.

VII. Familiennachzug

50   Der Familiennachzug zu anderen Verwandten richtet sich nicht nach § 3 I, da diese Regelung durch § 11 VIII 3 ausgeschlossen ist. Daher kann ein Nachzug nur über § 11 VIII 4 nach den Vorschriften des AufenthG erfolgen.

51   Da andere Verwandte nur im Besitz einer Aufenthaltskarte nach § 5 VII 1 sind, fehlt Ihnen der einen Nachzug erst ermöglichende Aufenthaltstitel nach § 4 I 2 AufenthG. **Der fehlende Aufenthaltstitel wird durch § 11 XV 1 ersetzt.** Denn die dort verankerte Gleichstellungs- und Anrechnungsregelung stellt andere Verwandte, die sich im Einklang mit dem FreizügG/EU rechtmäßig im Bundesgebiet aufhalten, mit Inhabern einer Aufenthaltserlaubnis gleich.

§ 4 Nicht erwerbstätige Freizügigkeitsberechtigte

¹Nicht erwerbstätige Unionsbürger und ihre Familienangehörigen, die den Unionsbürger begleiten oder ihm nachziehen, haben das Recht nach § 2 Abs. 1, wenn sie über ausreichenden Krankenversicherungsschutz und ausreichende Existenzmittel verfügen. ²Hält sich der Unionsbürger als Student im Bundesgebiet auf, haben dieses Recht nur sein Ehegatte, Lebenspartner und seine Kinder, denen Unterhalt gewährt wird.

Allgemeine Verwaltungsvorschrift
4 Zu § 4 – Nicht erwerbstätige Freizügigkeitsberechtigte
4.1 Voraussetzungen des Freizügigkeitsrechts
4.1.0 Voraussetzungen für das Aufenthaltsrecht Nichterwerbstätiger, ihrer Familienangehörigen und Lebenspartner, die ihn begleiten oder ihm nachziehen, sind die eigenständige Existenzsicherung und der ausreichende Krankenversicherungsschutz. Die Voraussetzungen ergeben sich aus Artikel 7 Absatz 1 Buchstaben b) und c) Freizügigkeitsrichtlinie.

4.1.1 Ausreichender Krankenversicherungsschutz
Der notwendige, unionsrechtlich vorausgesetzte Krankenversicherungsschutz muss für alle in § 4 genannten Personen bestehen. Er ist als ausreichend anzusehen, wenn er im Umfang der gesetzlichen Krankenversicherung folgende Leistungen umfasst:
4.1.1.1 – ärztliche und zahnärztliche Behandlungen,
4.1.1.2 – Versorgung mit Arznei-, Verband-, Heil- und Hilfsmitteln,
4.1.1.3 – Krankenhausbehandlung,
4.1.1.4 – medizinische Leistungen zur Rehabilitation und
4.1.1.5 – Leistungen bei Schwangerschaft und Geburt.

4.1.2 Ausreichende Existenzmittel
4.1.2.1 Existenzmittel sind alle gesetzlich zulässigen Einkommen und Vermögen in Geld oder Geldeswert oder sonstige eigene Mittel, insbesondere Unterhaltsleistungen von Familienangehörigen oder Dritten, Stipendien, Ausbildungs- oder Umschulungsbeihilfen, Arbeitslosengeld, Invaliditäts-, Hinterbliebenen-, Vorruhestands- oder Altersrenten, Renten wegen Arbeitsunfall, Berufs- oder Erwerbsunfähigkeit oder sonstige auf einer Beitragsleistung beruhende öffentliche Mittel. Dazu zählen nicht die nach SGB II zur Sicherung des Lebensunterhalts an Arbeitsuchende und an die mit ihnen in einer so genannten Bedarfsgemeinschaft zusammenlebenden Personen zu gewährenden Mittel.
4.1.2.2 Die Ausländerbehörde kann drei Monate nach der Einreise die Glaubhaftmachung der Voraussetzungen des Freizügigkeitsrechts und somit auch den Nachweis ausreichender Existenzmittel verlangen (§ 5 Absatz 2 Satz 1). Grundsätzlich ist davon auszugehen, dass ausreichende Existenzmittel vorliegen, wenn während des Aufenthalts keine Leistungen nach SGB II oder SGB XII in Anspruch genommen werden. Wenn allerdings im Einzelfall nachträglich ein Antrag auf entsprechende Leistungen gestellt wird, liegt ein besonderer Anlass i. S. d. § 5 Absatz 3 für eine Überprüfung des Fortbestands der Voraussetzungen des Freizügigkeitsrechts vor.
4.1.2.3 Das Gesetz nennt keinen festen Betrag für die Höhe der Existenzmittel. Dies wäre gemäß Artikel 8 Absatz 4 Freizügigkeitsrichtlinie unzulässig. Es ist eine Vergleichsberechnung unter Einbeziehung der regionalen, sozialhilferechtlichen Bedarfssätze erforderlich. Zugleich müssen die persönlichen Umstände in jedem Einzelfall berücksichtigt werden. Der danach erforderliche Betrag darf nicht über dem Schwellenwert liegen, unter dem Deutschen Sozialhilfe gewährt wird. Ein bestimmter Schwellenwert kann hier nicht genannt werden, da die Werte regional unterschiedlich sind. Zur Prüfung der Plausibilität der Angaben des Antragstellers kann die Auslandsvertretung im Visumverfahren nach § 2 Absatz 4 Satz 2 gegebenenfalls die Behörde am Zuzugsort um nähere Informationen (insbesondere zu Unterkunftskosten) ersuchen.
4.1.3 Familienangehörige und Lebenspartner von nicht erwerbstätigen Unionsbürgern, **der diesen begleiten oder ihm nachziehen, sind unter den gleichen Bedingungen wie der Unionsbürger freizügigkeitsberechtigt.** Der ausreichende Krankenversicherungsschutz und die ausreichenden Existenzmittel müssen bei allen in § 4 genannten Personen vorliegen. Es ist jedoch nicht erforderlich, dass auch die nachziehenden oder begleitenden Familienangehörigen und der Lebenspartner selbst über ausreichende Existenzmittel verfügen. Insoweit kann auf die finanziellen Mittel des Unionsbürgers, von dem die Familienangehörigen bzw. der Lebenspartner sein Aufenthaltsrecht ableitet, abgestellt werden. Diese Voraussetzung muss während des gesamten Aufenthalts vorliegen (Artikel 14 Freizügigkeitsrichtlinie, § 5 Absatz 2).

4.2 Familienangehörige von studierenden Unionsbürgern
4.2.1 Studierender i. S. d. Gesetzes ist eine Person, die eine Zulassung zu einer staatlichen oder nach Landesrecht staatlich anerkannten Universität, pädagogischen Hochschule, Kunsthochschule, Fachhochschule oder sonstigen

anerkannten Lehranstalt, die eine über die Allgemeinbildung hinausgehende berufliche Qualifikation vermittelt, besitzt oder an einer solchen immatrikuliert ist.

4.2.2 Der Kreis der familiennachzugsberechtigten Familienangehörigen ist bei Studierenden enger gezogen als bei den übrigen freizügigkeitsberechtigten Unionsbürgern. Er ist auf die Kernfamilie, d. h. den Ehegatten, Kinder, denen Unterhalt gewährt wird, sowie Lebenspartner beschränkt (vgl. Artikel 7 Absatz 4 Freizügigkeitsrichtlinie). Zu beachten ist, dass der Lebensunterhalt ohne Inanspruchnahme öffentlicher Mittel gesichert sein muss (Artikel 7 Absatz 1 Buchstabe c) Freizügigkeitsrichtlinie). Zur Unterhaltsgewährung vgl. Nummer 3.2.2.1.

Übersicht

	Rn.
I. Entstehungsgeschichte	1
II. Allgemeines	2
III. Nichterwerbstätige und ihre Familienangehörigen	8
IV. Existenzmittel und Krankenversicherungsschutz	25
V. Bezug von Sozialleistungen	34

I. Entstehungsgeschichte

Die ursprüngliche Vorschrift entsprach dem **Gesetzesentwurf**[1]. Sie wurde durch das RLUmsG 1 2007 neu gefasst und geändert. Die Neufassung passt die Norm an Art. 7 Id Freizügigkeits-RL an; als Folge der Streichung des ursprünglichen S. 2 werden die Lebenspartner in S. 1 aufgenommen. Die Änderung setzt auch Art. 7 IV Freizügigkeits-RL um. Dort wird die faktische Unterhaltsleistung und nicht der rechtliche Unterhaltsanspruch – wie zuvor in § 4 S. 3 aF für Studenten geregelt – als Voraussetzung genannt[2].

II. Allgemeines

Das Aufenthaltsrecht der Nichterwerbstätigen und deren Familienmitglieder ist in § 4 gesondert 2 geregelt. Das Freizügigkeitsrecht stößt immer dann an Grenzen der EU-Kompetenzordnung, wenn öffentliche Hilfen zur Sicherung des Existenzminimums in Anspruch genommen werden müssen, denn die allgemeinen Sozialhilfesysteme der Mitgliedstaaten sind (anders als die Sozialversicherungen) weder vereinheitlicht noch harmonisiert noch wenigstens einander angeglichen. Die wirtschaftliche Selbstversorgung muss bei Nichterwerbstätigen immer gesichert sein (vgl. jeweils Art. 1 RL 90/364/EWG, 90/365/EWG und 93/96/EWG sowie Art. 7 Ib Freizügigkeits-RL).

Diese Grundanforderungen bereiten immer dann Schwierigkeiten, wenn sie mit der Garantie der 3 **Gleichbehandlung** mit Inländern (Art. 18, 45 II AEUV; Art. 24 Freizügigkeits-RL; Art. 6ff. VO/EWG) zusammenstoßen. Die Diskriminierungsverbote erzwingen nicht nur eine Gleichstellung bei Betätigungen allgemeiner Art in dem Aufenthaltsmitgliedstaat, sondern in gewissem Umfang auch bei der Gewährung allgemeiner Sozialleistungen[3]. Nach Art. 24 II Freizügigkeits-RL sind die Mitgliedstaaten während der ersten drei Monate nicht zur Leistung von Sozialhilfe und bis zum Erreichen des Daueraufenthaltsrecht auch nicht zu Studienbeihilfen verpflichtet. Das Aufenthaltsrecht der Unionsbürger und ihrer Familienangehörigen ist aber nur dann gefährdet, wenn sie Sozialhilfeleistungen in unangemessener Weise in Anspruch nehmen (Art. 14 I Freizügigkeits-RL).

Kennzeichnend für Art. 21 I AEUV ist das **Vorliegen eines grenzüberschreitenden Moments.** 4 Wie auch die übrigen Grundfreiheiten findet auch das Freizügigkeitsrecht nach Art. 21 AEUV keine Anwendung auf **rein innerstaatliche Sachverhalte**[4]. In der Rechtssache Uecker und Jacquet[5] hat der EuGH bestätigt, dass „die in Art 8 EGV [jetzt Art 20 AEUV] vorgesehene Unionsbürgerschaft nicht bezweckt, den sachlichen Anwendungsbereich des Vertrages auf rein interne Sachverhalte auszudehnen, die keinerlei Bezug zum Unionsrecht aufweisen. ... Etwaige Benachteiligungen, denen Staatsangehörige eines Mitgliedstaats aus der Sicht des Rechts dieses Staates ausgesetzt sein könnten, fallen in dessen Anwendungsbereich, so dass über sie im Rahmen des internen Rechtssystems dieses Staates zu entscheiden ist."

Während sich das **grenzüberschreitende Moment** im Fall des Rechts auf Bewegungsfreiheit 5 aus einem (bevorstehenden oder erfolgten) Aufenthaltswechsel ergibt, ist ein tatsächlicher Grenzübertritt für die Geltendmachung des Aufenthaltsrechts nicht zwingend erforderlich[6]. In der Rechtssache Zhu und Chen erwarb das Kind chinesischer Eltern nach dem Ius-soli-Grundsatz mit der Geburt in Nordirland die irische Staatsangehörigkeit. Ohne mit der Tochter das Vereinigte

---

[1] BT-Drs. 15/1420, 38.
[2] BT-Drs. 16/5065, 210.
[3] Dazu krit. *Hailbronner* ZAR 2004, 259.
[4] EuGH Urt. v. 19.10.2004 – C-200/02 Rn. 19 – Zhu und Chen.
[5] EuGH Urt. v. 5.6.1997 – C-64/96 und C-65/96, Slg. 1997, I-3171 Rn. 23 – Uecker und Jacquet.
[6] Ebenso *Kubicki* EuR 2006, 489 (491).

Königreich verlassen zu haben, berief sich die Mutter im Namen ihrer Tochter auf Art. 18 EG (heute Art. 21 AEUV). Der EuGH hält Art. 18 EG für einschlägig und führt aus: „Die Situation des Angehörigen eines Mitgliedstaats, der im Aufnahmemitgliedstaat geboren wurde und von dem Recht auf Freizügigkeit keinen Gebrauch gemacht hat, kann nicht allein aufgrund dieser Tatsache einer rein internen Situation gleichgestellt werden, in der dieser Staatsangehörige im Aufnahmemitgliedstaat die unionsrechtlichen Vorschriften über die Freizügigkeit und den Aufenthalt nicht geltend machen kann[7]."

6   Mit dieser Entscheidung knüpft der EuGH an die Rechtssache Gracia Avello[8] an, in der ein Bezug zum Unionsrecht für Kinder angenommen wurde, die neben einer Staatsangehörigkeit eines anderen Mitgliedstaats zugleich die Staatsangehörigkeit des Mitgliedstaats, in dem sie sich seit ihrer Geburt aufhalten, besitzen. Auch wenn die Kinder niemals die Grenze ihres Heimatstaats überschritten haben, können sie sich auf die Unionsbürgerschaft, die ihnen die zweite Staatsangehörigkeit vermittelt, berufen. Es ist nämlich nicht Sache eines Mitgliedstaats, die Wirkungen der Verleihung der Staatsangehörigkeit eines anderen Mitgliedstaats dadurch zu beschränken, dass er eine zusätzliche Voraussetzung für die Anerkennung dieser Staatsangehörigkeit im Hinblick auf die Ausübung der im Vertrag vorgesehenen Grundfreiheiten verlangt[9].

7   Indem der EuGH das Vorliegen einer mitgliedstaatlichen Staatsangehörigkeit genügen lässt, führt er eine Entkopplung des Rechts auf freien Aufenthalt von der Ausübung wirtschaftlicher Tätigkeiten herbei und stärkt die eigenständige Bedeutung des Art. 21 I AEUV.

III. Nichterwerbstätige und ihre Familienangehörigen

8   Der freizügigkeitsberechtigte **Personenkreis** besteht einmal aus den nicht erwerbstätigen Unionsbürgern selbst. Diese Personen sind nicht mehr im Einzelnen (zB als Studenten oder Rentner) benannt, sie sind nur negativ definiert im Unterschied zu den Erwerbstätigen. Die freizügigkeitsberechtigten Familienangehörigen sind dagegen bei Rentnern, Studenten und sonstigen Nichterwerbstätigen unterschiedlich bestimmt.

9   Bei Studenten sind nur der Ehegatte, Lebenspartner und seine Kinder, denen Unterhalt gewährt wird, nachzugsberechtigt. Auf die Unterhaltsberechtigung der Kinder wird seit der Neufassung des § 4 durch das RLUmsG 2007 nicht mehr abgestellt.

10 Bei den sonstigen Unionsbürgern wird allgemein auf die Definition der Familienangehörigen in § 3 II Bezug genommen. Damit wird der Kreis der Nachzugsberechtigten gegenüber Studenten um Familienangehörige aufsteigender Linie erweitert, denen Unterhalt gewährt wird. Der Personenkreis ist nicht auf Familienangehörige ersten Grades beschränkt, sodass außer den Großeltern auch Onkel und Tanten nachzugsberechtig sein können.

11 Die Freizügigkeits-RL verwendet den **Begriff des Studenten** nicht. Sie spricht in Art. 7 Ic Freizügigkeits-RL von einem Unionsbürger, der an „einer privaten oder öffentlichen Einrichtung, die von dem Aufnahmemitgliedstaat aufgrund seiner Rechtsvorschriften oder seiner Verwaltungspraxis anerkannt oder finanziert wird, zur Absolvierung einer Ausbildung einschließlich einer Berufsausbildung als Hauptzweck eingeschrieben ist".

12 Mit der Umschreibung des Einrichtungsbegriffs wird die Definition aus Art. 2 lit. e Studenten-RL[10] angeknüpft. Danach bezeichnet der **Ausdruck „Einrichtung"** eine öffentliche oder private Einrichtung, die von dem Aufnahmemitgliedstaat anerkannt ist und/oder deren Studienprogramme gemäß seinen Rechtsvorschriften oder seiner Verwaltungspraxis zu den in dieser Richtlinie genannten Zwecken anerkannt sind.

13 Der Ausdruck Student bezeichnet nach Art. 2 lit. b Studenten-RL einen Drittstaatsangehörigen, der von einer höheren Bildungseinrichtung angenommen und in das Hoheitsgebiet eines Mitgliedstaats zugelassen wurde, um als Haupttätigkeit ein Vollzeitstudienprogramm zu absolvieren, das zu einem von dem Mitgliedstaat anerkannten höheren Abschluss wie einem Diplom, Zertifikat oder Doktorgrad von höheren Bildungseinrichtungen führt, einschließlich Vorbereitungskursen für diese Studien gemäß dem einzelstaatlichen Recht. Der Begriff ist deutlich enger als die Beschreibung des begünstigten Personenkreises in Art. 7 Ic Freizügigkeits-RL, der auch Personen erfasst, die eine Ausbildung oder Berufsausbildung an einer Einrichtung absolvieren.

14 Der EuGH hat den **Begriff „Berufsausbildung"** iSd Vertrags weit ausgelegt. So erfasst dieser Begriff nach der Rspr. jede Form der Ausbildung, die auf eine Qualifikation für einen bestimmten Beruf oder eine bestimmte Beschäftigung vorbereitet oder die die besondere Befähigung zur Ausübung eines solchen Berufs oder einer solchen Beschäftigung verleiht, und zwar unabhängig vom Alter und

---

[7] IdS EuGH Urt. v. 2.10.2003 – C-148/02, Slg. 2003, I-11613 Rn. 13 u. 27 – Garcia Avello.
[8] EuGH Urt. v. 2.10.2003 – C-148/02, Slg. 2003, I-11613 – Garcia Avello.
[9] Vgl. idS insbes. EuGH Urt. v. 7.7.1992 – C-369/90, Slg. 1992, I-4239 Rn. 10 – Micheletti.
[10] RL 2004/114/EG des Rates v. 13.12.2004 über die Bedingungen für die Zulassung von Drittstaatsangehörigen zur Absolvierung eines Studiums oder zur Teilnahme an einem Schüleraustausch, einer unbezahlten Ausbildungsmaßnahme oder einem Freiwilligendienst (ABl. 2004 L 375, 12).

vom Ausbildungsniveau der Schüler und Studenten, und selbst dann, wenn der Lehrplan auch allgemeinbildenden Unterricht enthält[11].

Wie der EuGH schon in der Rechtssache Blaizot festgestellt hat, erfüllen die Hochschulstudiengänge im Allgemeinen diese Voraussetzungen. Wie er ferner ausgeführt hat, gilt etwas anderes nur für bestimmte besondere Studiengänge, die sich aufgrund ihrer Eigenart an Personen richten, die eher ihre Allgemeinkenntnisse vertiefen wollen, als einen Zugang zum Berufsleben anstreben[12].

Zum **Merkmal der Unterhaltsgewährung** hat der EuGH zuletzt in der Rechtssache Jia[13] folgende grundlegenden Ausführungen gemacht. Der EuGH hat entschieden, dass die Eigenschaft als Familienangehöriger, dem Unterhalt gewährt wird, **keinen Unterhaltsanspruch** voraussetzt, da sie sonst von den nationalen Rechtsvorschriften abhinge, die von einem Staat zum anderen unterschiedlich sind. Nach Ansicht des EuGH ist es weiterhin nicht erforderlich, die Gründe des Unterhaltsbedarfs zu ermitteln und zu fragen, ob der Betroffene in der Lage ist, seinen Lebensunterhalt durch Ausübung einer entgeltlichen Tätigkeit zu bestreiten. Diese Auslegung ist durch den Grundsatz geboten, dass die Vorschriften über die Freizügigkeit der Arbeitnehmer, die zu den Grundlagen der EU gehört, weit auszulegen sind.

Um zu ermitteln, ob den Verwandten in aufsteigender Linie des Ehegatten eines Unionsangehörigen von diesem der erforderliche Unterhalt gewährt wird, muss der Aufnahmemitgliedstaat prüfen, ob sie in Anbetracht ihrer wirtschaftlichen und sozialen Lage **nicht in der Lage sind, ihre Grundbedürfnisse selbst zu decken.** Der Unterhaltsbedarf muss im Herkunftsland dieser Verwandten in dem Zeitpunkt bestehen, in dem sie beantragen, dem Unionsangehörigen zu folgen. Der **Nachweis des Unterhaltsbedarfs** kann mit jedem geeigneten Mittel geführt werden. Es ist aber zulässig, die bloße Verpflichtungserklärung des Unionsangehörigen oder seines Ehegatten, diesem Familienmitglied Unterhalt zu gewähren, nicht als Nachweis dafür anzusehen, dass dieses tatsächlich unterhaltsbedürftig ist[14].

Der EuGH hat in der Rechtssache Zhu und Chen weiterhin ausgeführt, es sei erforderlich, dass der aufenthaltsberechtigte Unionsbürger den Familienangehörigen, der sein Recht von dem Unionsbürger ableitet, materiell unterstützt: Aus der Rspr. des EuGH ergibt sich nämlich, dass sich die Eigenschaft des Familienangehörigen, dem der Aufenthaltsberechtigte „Unterhalt gewährt", aus einer tatsächlichen Situation ergibt, die dadurch gekennzeichnet ist, dass der **Familienangehörige gerade vom Aufenthaltsberechtigten materiell unterstützt wird**[15]. Hieran fehlt es, wenn der minderjährige Unionsbürger, von dem das Aufenthaltsrecht abgeleitet werden soll, Unterhalt von dem drittstaatsangehörigen Elternteil erhält.

Ein Aufenthaltsrecht genießt aber unter bestimmten Voraussetzungen auch der drittstaatsangehörige Elternteil, der für ein freizügigkeitsberechtigtes Kleinkind tatsächlich sorgt[16]. In persönlicher Hinsicht knüpft Art. 21 I AEUV an die Unionsbürgerschaft in Art. 20 I AEUV an. Drittstaatsangehörige Elternteile, die keinen Unterhalt von einem Unionsbürger erhalten, werden daher weder von dem EGV noch Art. 2 Nr. 2d RL 2004/38/EG unmittelbar erfasst. Die Einbeziehung der Mutter in den persönlichen Schutzbereich des Art. 21 I AEUV kann aber zur **Sicherung des Aufenthaltsrechts des Kindes** erforderlich sein, da andernfalls das Aufenthaltsrecht aus Art. 21 AEUV seiner **praktischen Wirksamkeit** beraubt würde[17]: „Würde aber dem Elternteil mit Staatsangehörigkeit eines Mitgliedstaats oder eines Drittstaats, der für ein Kind, dem Art 18 EG und der RL 90/364 ein Aufenthaltsrecht zuerkennen, tatsächlich sorgt, nicht erlaubt, sich mit diesem Kind im Aufnahmemitgliedstaat aufzuhalten, so würde dem Aufenthaltsrecht des Kindes jede praktische Wirksamkeit genommen. Offenkundig setzt nämlich der Genuss des Aufenthaltsrechts durch ein Kind im Kleinkindalter voraus, dass sich die für das Kind tatsächlich sorgende Person bei diesem aufhalten darf und dass es demgemäß dieser Person ermöglicht wird, während dieses Aufenthalts mit dem Kind zusammen im Aufnahmemitgliedstaat zu wohnen."

Die Einbeziehung weiterer Familienangehöriger wurde auf den Elternteil beschränkt, der für diesen Staatsangehörigen tatsächlich sorgt. Daher ist nicht eine „familiäre Beziehung" ausreichend, sondern die **tatsächliche Ausübung der Personensorge** erforderlich.

In der Rechtssache Baumbast und R[18] waren bereits zuvor die Voraussetzungen einer Einbeziehung in die Freizügigkeit über Art. 8 EMRK (hier in Bezug auf Kinder, die sich auf Art. 12 VO 1612/68/EWG berufen konnten) dahin gehend konkretisiert worden, dass die **Personensorge vom Elternteil „effektiv" ausgeübt** werden muss: „Das dem Kind eines Wanderarbeitnehmers in Art 12 der VO Nr. 1612/68 zuerkannte Recht, im Aufnahmemitgliedstaat weiterhin unter den bestmöglichen Vo-

---

[11] EuGH Urt. v. 30.5.1989 – 242/87, Slg. 1989, 1425 Rn. 24 – Kommission/Rat; erstmals das Urt. v. 13.2.1985 – 293/83, Slg. 1985, 593 – Gravier.
[12] EuGH Urt. v. 30.5.1989 – 242/87, Slg. 1989, 1425 Rn. 25 – Kommission/Rat unter Bezugnahme auf EuGH Urt. v. 2.2.1988 – 24/86, Slg. 1988, 379 – Blaizot.
[13] Zu Art. 1 Id RL 73/148 EuGH Urt. v. 9.1.2007 – C-1/05 Rn. 36 ff. – Jia.
[14] EuGH Urt. v. 9.1.2007 – C-1/05 Rn. 36 ff. – Jia.
[15] EuGH Urt. v. 19.10.2004 – C-200/02 Rn. 43 – Zhu und Chen und idS auch zu Art. 10 VO 1612/68/EWG EuGH Urt. v. 18.6.1987 – 316/85, Slg. 1987, 2811 Rn. 20–22 – Lebon.
[16] Hierzu EuGH Urt. v. 19.10.2004 – C-200/02 – Zhu und Chen.
[17] So ausdrücklich EuGH Urt. v. 19.10.2004 – C-200/02 Rn. 45 – Zhu und Chen.
[18] EuGH Urt. v. 17.9.2002 – C-413/99 Rn. 73 – Baumbast und R.

raussetzungen am Unterricht teilzunehmen, umfasst unabdingbar das Recht, dass sich die die Personensorge tatsächlich wahrnehmende Person bei ihm aufhält und dass es demgemäß dieser Person ermöglicht wird, während der Ausbildung des Kindes mit diesem zusammen in dem betreffenden Mitgliedstaat zu wohnen. Würde dem Elternteil, der effektiv die Personensorge für ein Kind ausübt, das sein Recht auf weitere Teilnahme am Unterricht im Aufnahmemitgliedstaat wahrnimmt, die Aufenthaltserlaubnis versagt, so würde dieses Recht verletzt."

22 Einen weitergehenden Ansatz verfolgte der EuGH in der Rechtssache Carpenter[19]. Dort führte er unter der Rn. 60 aus, dass die Dienstleistungsfreiheit nicht ihre volle Wirkung entfalten könne, wenn der Dienstleistungserbringer von der Wahrnehmung der Grundfreiheit durch Hindernisse abgehalten würde, die in seinem Herkunftsland für die Einreise und den Aufenthalt seines Ehegatten bestünden. Hierbei ging es um die Betreuung der Kinder eines Unionsbürgers durch den drittstaatsangehörigen Ehegatten. Die Verschlechterung des Status eines Ehegatten im Herkunftsstaat des Unionsbürgers war geeignet, dessen Freizügigkeit zu beeinträchtigen: Wenn sich der Unionsbürger um seine Kinder kümmern muss, dann kann er nicht von seiner Wirtschaftsverkehrsfreiheit Gebrauch machen.

23 Die **Erweiterung des persönlichen Schutzbereichs** ist mit der Forderung verbunden, dass nicht nur der Unionsbürger, sondern auch dessen Begleitperson ihren Lebensunterhalt einschließlich einer ausreichenden Krankenversicherung abdecken muss. Hierfür spricht der Sinn und Zweck der Freizügigkeits-RL. Wenn die Mitgliedstaaten verhindern wollen, dass ihnen zusätzliche Soziallasten auferlegt werden, so kann dies nicht nur für den freizügigkeitsberechtigten Unionsbürger gelten, wenn dieser notwendigerweise auf die Unterstützung eines Familienmitglieds angewiesen ist.

24 Das Aufenthaltsrecht des Familienangehörigen – der nach Art. 8 EMRK einbezogen wird – ist von der eigenen Unterhaltssicherung (durch eigene oder fremde Mittel) abhängig. Bei fehlenden Mitteln ist aus Gründen der Verhältnismäßigkeit eine Abwägung erforderlich, die auch im gerichtlichen Verfahren getroffen werden kann. Hierbei ist den durch Art. 8 EMRK geschützten familiären Bindungen Rechnung zu tragen.

IV. Existenzmittel und Krankenversicherungsschutz

25 Ausreichende **Existenzmittel** und ausreichender **Krankenversicherungsschutz** werden nach § 4 S. 1 verlangt, um die Inanspruchnahme öffentlicher Hilfen im Bedarfsfall zu verhindern. Was unter ausreichenden Existenzmittel zu verstehen ist, wird im FreizügG/EU – anders als in der Freizügigkeits-RL – nicht näher konkretisiert. Das Tatbestandsmerkmal „ausreichende Existenzmittel" in § 4 S. 1 kann nicht mit dem Tatbestandsmerkmal des gesicherten Lebensunterhalts in § 5 I Nr. 1 AufenthG gleichgesetzt werden, sondern bedarf unionsrechtlicher Auslegung[20]. Freizügigkeitsrechtlich betrachtet verfügt derjenige über ausreichende Existenzmittel, der während seines Aufenthalts keine Sozialhilfeleistungen des Aufnahmemitgliedstaats iSv § 7 Ib Freizügigkeits-RL in Anspruch nimmt.

26 Art. 21 AEUV verleiht jedem Unionsbürger das Recht, sich im Hoheitsgebiet der Mitgliedstaaten vorbehaltlich der im Vertrag und in den Vorschriften des sekundären Rechts vorgesehenen **Beschränkungen und Bedingungen** frei zu bewegen und aufzuhalten. Für den vorliegenden Fall ergeben sich diese Beschränkungen und Bedingungen aus der Freizügigkeits-RL. Insbesondere gewährt Art. 7 Ib Freizügigkeits-RL den Angehörigen der Mitgliedstaaten, denen das Aufenthaltsrecht nicht aufgrund anderer Bestimmungen des Unionsrechts zuerkannt ist, das Aufenthaltsrecht unter der „Bedingung, dass sie für sich und ihre Familienangehörigen über eine Krankenversicherung, die im Aufnahmemitgliedstaat alle Risiken abdeckt, sowie über ausreichende Existenzmittel verfügen, durch die sichergestellt ist, dass sie während ihres Aufenthalts nicht die Sozialhilfe des Aufnahmemitgliedstaats in Anspruch nehmen müssen". **Einen festen Betrag für die Existenzmittel dürfen die Mitgliedstaaten** nach Art. 8 IV Freizügigkeits-RL **nicht festlegen**.

27 Dabei verlangt Art. 7 Ib Freizügigkeits-RL für das Aufenthaltsrecht nach Art. 21 AEUV nur, dass die Personen, die dieses Recht geltend machen, „über **ausreichende Existenzmittel** verfügen". Da die Richtlinie eine Schranke des Freizügigkeits- und Aufenthaltsrechts bildet, sind die in ihr aufgestellten Bedingungen – wie alle Ausnahmen und Beschränkungen der im Vertrag verankerten Freiheiten – eng auszulegen. Der EuGH hat insoweit auch festgestellt, dass die **Herkunft der Mittel keine Bedeutung spielen darf**[21]. Insbesondere darf nicht verlangt werden, dass es persönliche Mittel sind[22]. Es reicht aus, wenn dem Unionsbürger diese Mittel zur Verfügung stehen, ohne dass die

---

[19] EuGH Urt. v. 11.7.2002 – C-60/00 – Carpenter.
[20] SächsOVG Beschl. v. 2.2.2016 – 3 B 267/15, InfAuslR 2016173, 13; Beschl. v. 7.8.2014 – 3 B 507/13 Rn. 13.
[21] So hat er in der Rs. Zhu und Chen (EuGH Urt. v. 19.10.2004 – C-200/02 Rn. 30 – Zhu und Chen) ausgeführt: „Nach dem Wortlaut von Art 1 I der Richtlinie 90/364 genügt es, dass die Angehörigen der Mitgliedstaaten über die erforderlichen Mittel ‚verfügen'; irgendwelche Anforderungen in Bezug auf die Herkunft dieser Mittel enthält diese Bestimmung nicht."
[22] Diesen Ansatz folgend hat die Kommission eine Reihe von Verfahren eingeleitet: Am 3.4.2003 richtete die Kommission eine mit Gründen versehene Stellungnahme an die Niederlande, weil die innerstaatlichen Rechtsvorschriften ua verlangen, dass die Unionsbürger über ausreichende Existenzmittel für mindestens ein Jahr verfügen und die Existenzmittel persönlicher Natur sein müssen. Am 30.9.2003 reichte die Kommission beim EuGH Klage gegen

Bestimmung Anforderungen an die Herkunft der Mittel stellt[23]. Die Existenzmittel, über die der Unionsbürger verfügt, können daher auch aus Mitteln von dem einem Drittstaat angehörenden Ehegatten stammen[24].

Auch zur **Höhe des erforderlichen Existenzminimums** gibt es Vorgaben. So bestimmt Art. 8 IV Freizügigkeits-RL, dass die Mitgliedstaaten keinen festen Betrag vorschreiben dürfen. Hierdurch sollen die Mitgliedstaaten gezwungen werden, die individuelle Situation des Betroffenen zu berücksichtigen. Der individuelle Wert darf aber den Schwellenwert für die Sozialhilfe oder gegebenenfalls die Mindestrente nicht übersteigen. Der Nachweis kann durch eine Erklärung oder ein gleichwertiges Mittel erbracht werden und darf sich ebenfalls nicht auf einen bestimmten Betrag beziehen; es muss glaubhaft gemacht werden, dass während des Aufenthalts keine Sozialhilfe bezogen werden muss (Art. 7 I lit. c, 8 III Freizügigkeits-RL). 28

Der EuGH hat zudem festgestellt, dass die Mitgliedstaaten bei der Festlegung des erforderlichen Existenzminimums einen gewissen **Spielraum** haben[25]. Dieser Spielraum lässt es zu, dass von Familienangehörigen unterschiedliche Beträge für den Nachzug verlangt werden, solange die Obergrenze des Schwellenwerts für die Sozialhilfe oder gegebenenfalls die Mindestrente nicht überstiegen wird. 29

Die Mitgliedstaaten dürfen von **Studenten,** die in den Genuss der Freizügigkeits-RL kommen, keinen Nachweis darüber verlangen, dass sie über Existenzmittel in bestimmter Höhe verfügen, sondern sie müssen sich damit zufrieden geben, dass der Student nach Wahl **mittels einer Erklärung** oder einem anderen gleichwertigen Mittel den zuständigen Behörden glaubhaft macht, dass er über ausreichende Existenzmittel für sich und seine Familienangehörigen verfügt (Art. 8 III Freizügigkeits-RL)[26]. 30

Die **Krankenversicherung** muss „umfassend" sein, dh alle gesundheitlichen Risiken im Bundesgebiet abdecken. Damit muss sie die üblichen Leistungen umfassen wie auch nach § 2 III AufenthG: Arzt, Zahnarzt, Krankenhaus, Rehabilitation, Schwangerschaft und Geburt[27]. Die Herkunft der Existenzmittel ist gleichgültig, die Höhe richtet sich nach den persönlichen Verhältnissen. Bei der Bewertung des Krankenversicherungsschutzes ist der **Grundsatz der Verhältnismäßigkeit** zu beachten. Insoweit hatte der EuGH in der Rechtssache Baumbast ausgeführt, dass es ein „unverhältnismäßiger Eingriff in das Aufenthaltsrecht aus Art 18 I EG (sei), wenn Herrn Baumbast dessen Ausübung in Anwendung der RL 90/364 mit der Begründung versagt würde, dass seine Krankenversicherung eine Notversorgung im Aufnahmemitgliedstaat nicht abdecke". 31

Einem wirtschaftlich nicht aktiven Unionbürger darf der Beitritt zum öffentlichen Krankenversicherungssystem nicht verweigern werden. Der Mitgliedstaat kann aber vorsehen, dass der Zugang zu diesem System nicht unentgeltlich ist, um zu vermeiden, dass der betreffende Unionsbürger die öffentlichen Finanzen dieses Mitgliedstaats unangemessen in Anspruch nimmt[28]. 32

§ 4 macht das Aufenthaltsrecht des Unionsbürgers nicht davon abhängig, dass er den Lebensunterhalt für seine Familienangehörigen sichern kann. Fehlt es an den erforderlichen Mitteln, so kann nach einer einzelfallbezogenen Abwägung unter Berücksichtigung des Grundsatzes der Verhältnismäßigkeit dessen Aufenthalt beendet werden. Die Freizügigkeits-RL verfolgt einen restriktiveren Ansatz: Nach Art. 7 Ib Freizügigkeits-RL hat der Unionsbürger ein Aufenthaltsrecht, wenn er sowohl für sich als auch für seine Familienangehörigen über ausreichende Existenzmittel verfügt[29]. Nur der Unionsbürger ist zum Nachweis der Existenzmittel und des Krankenversicherungsschutzes verpflichtet, sodass auch 33

Belgien ein (C-408/03) wegen Nichterfüllung seiner Verpflichtungen aus Art. 18 EG und der RL 90/364/EG, da das Aufenthaltsrecht von Unionsbürgern davon abhängig gemacht wurde, dass sie über ausreichende persönliche Existenzmittel verfügen. Der Generalstaatsanwalt unterstützte in seinen Schlussanträgen v. 25.10.2005 die Position der Kommission. Aufgrund einer Beschwerde in dieser Sache wurde ein zweites Vertragsverletzungsverfahren gegen Belgien eingeleitet. Am 18.10.2004 erging ein Mahnschreiben an Luxemburg wegen der Beschwerde einer deutschen Staatsangehörigen, der das Aufenthaltsrecht nach der RL 90/364/EG mit der Begründung verweigert wurde, sie verfüge über keine persönlichen Existenzmittel, obwohl sie ihre Eltern und die Mutter ihres Verlobten bereit erklärt hatten, für ihre Aufenthaltskosten aufzukommen.

[23] EuGH Urt. v. 16.7.2015 – C-218/14, ECLI:EU:C:2015:476 Rn. 74 – Singh ua.
[24] EuGH Urt. v. 16.7.2015 – C-218/14, ECLI:EU:C:2015:476 Rn. 76 – Singh ua; BVerwG Urt. v. 16.7.2015 – 1 C 22.14, InfAuslR 2015, 420 Rn. 25.
[25] EuGH Urt. v. 25.5.2000 – C-424/98 – Kommission/Italienische Republik.
[26] In Bezug auf diese Anforderungen gab es eine Reihe von Verfahren der Kommission gegen die Mitgliedstaaten: Am 19.12.2002 hatte die Kommission eine mit Gründen versehene Stellungnahme wegen des Erfordernis in Dekret Nr. 94–211 v. 11.3.1994 und eines Rundschreibens v. 19.6.1999 abgegeben, wonach Studenten den zuständigen Behörde glaubhaft machen müssen, dass sie über Existenzmittel in bestimmter Höhe verfügen und einen Kontoauszug vorlegen müssen. Das Verfahren wurde eingestellt, nachdem Frankreich am 26.11.2003 das Gesetz 2003 – 1119 erlassen hatte, mit dem das Erfordernis eines Aufenthaltstitels für alle Unionsbürger aufgehoben und die strittigen Bestimmungen geändert wurden. Am 30.3.2004 stellte die Kommission auch ein Verfahren gegen die Niederlande wegen unkorrekter Anwendung nationaler Umsetzungsmaßnahmen ein; einem deutschen Studenten war eine Aufenthaltskarte mit der Begründung verweigert worden, er habe kein Bankkonto nachgewiesen. Nach dem Eingreifen der Kommission wurde dem Studenten eine Aufenthaltskarte ohne einen solchen Nachweis ausgestellt.
[27] HessVGH Beschl. v. 16.4.2021 – 9 A 2282/19 Rn. 30.
[28] EuGH Urt. v. 15.7.2021 – C-535/19 Rn. 58 – A.
[29] So auch *Harms* in Storr ua FreizügG/EU § 4 Rn. 3.

sein eigenes Aufenthaltsrecht von der Lebensunterhaltssicherung des Familienangehörigen abhängig ist. Dieser engere Ansatz wurde vom deutschen Gesetzgeber zu Recht nicht umgesetzt, da eine Aufenthaltsbeendigung bei fehlenden Mitteln für den Ehegatten in der Regel unverhältnismäßig sein dürfte.

V. Bezug von Sozialleistungen

34   Gemäß § 2 II Nr. 5 iVm § 4 S. 1 sind Unionsbürger losgelöst von einer Erwerbstätigeneigenschaft bzw. sonstiger wirtschaftlicher Tätigkeit freizügigkeitsberechtigt, wenn sie über ausreichenden Krankenversicherungsschutz sowie ausreichende Existenzmittel verfügen. Damit soll sichergestellt werden, dass der einreisende Unionsbürger die Sozialhilfe des Aufnahmestaates nicht in Anspruch nehmen muss[30].

35   Dies darf jedoch nicht dahingehend ausgelegt werden, dass allein die Inanspruchnahme von Sozialleistungen im Aufenthaltsstaat automatisch und ohne Berücksichtigung der konkreten Umstände des Einzelfalls den sofortigen Verlust der materiellen Freizügigkeitsberechtigung nach § 4 S. 1, Art. 7 I lit. b Freizügigkeits-RL zur Folge hat.[33]

36   Ein derartig **pauschalisierender Automatismus** wäre eine unverhältnismäßige und folglich unzulässige Einschränkung der in Art. 21 I AEUV gewährten unionsbürgerlichen Freizügigkeit[31].

37   Insoweit hat der EuGH für einen Studenten in der Rechtssache Grzelczyk[32] darauf hingewiesen, dass der **Bezug von Sozialleistungen nicht automatisch zum Verlust des Aufenthaltsrechts** führen darf. Aus der 6. Begründungserwägung der RL 90/364/EG ergäbe sich, dass die öffentlichen Finanzen des Aufnahmemitgliedstaats nicht „über Gebühr" belastet werden dürfen. Diese Rspr. wird durch Art. 14 I Freizügigkeits-RL dahin gehend umgesetzt, dass aufenthaltsrechtliche Maßnahmen erst ergriffen werden dürfen, wenn Unionsbürger **Sozialhilfeleistungen**[33] in unangemessener Weise in Anspruch nehmen.

38   So sind Einschränkungen der Freizügigkeit zum Schutz der Funktionsfähigkeit der Sozialsysteme des jeweiligen Mitgliedstaates zwar prinzipiell zulässig. Jedoch darf die hierfür vorgenommene Einschränkung der unionsbürgerlichen Freizügigkeit entsprechend dem Grundsatz der Verhältnismäßigkeit nicht derart pauschal umgesetzt werden, dass der Unionsbürger automatisch und ohne Berücksichtigung weiterer Umstände sein Aufenthaltsrecht verliert, sobald er Sozialleistungen bezieht. Vielmehr bedarf es hierfür einer einzelfallbezogenen Abwägung[34].

39   In diesem Zusammenhang sind – vergleichbar etwa der im Rahmen von Art. 14 I, Art. 6 Freizügigkeits-RL zur Frage der „Unangemessenheit" der Inanspruchnahme von Sozialhilfeleistungen vorgenommenen Prüfung[35] – insbesondere zu berücksichtigen: Die (absehbare) Dauer der Inanspruchnahme, sprich die Frage, ob die die Inanspruchnahme begründenden finanziellen Schwierigkeiten nicht nur vorübergehender Natur sind, sowie die Höhe des gewährten Sozialhilfebetrages. Des Weiteren die konkreten persönlichen Umstände des Betroffenen, aus welchen sich dessen Hilfsbedürftigkeit ergibt sowie die Aufenthaltsdauer[36].

40   Insbesondere darf eine Bewertung nicht ohne eine umfassende Beurteilung der Frage vorgenommen werden, welche Belastung dem nationalen Sozialhilfesystem in seiner Gesamtheit aus der Gewährung dieser Leistung nach Maßgabe der individuellen Umstände, die für die Lage des Betroffenen kennzeichnend sind, konkret entstünde[37].

41   Diese Ausführungen sprechen dafür, dass beim Fehlen einer der Voraussetzungen für das Freizügigkeitsrecht eine einzelfallbezogene Abwägung erforderlich ist, was einem automatischen Wegfall der Rechtsposition entgegensteht[38]. Damit dürfte es sich beim **Nachweis von Existenzmitteln nicht um eine Bedingung für das Aufenthaltsrecht handeln, sondern bei seinem Fehlen um einen Beendigungstatbestand**[39].

---

[30] BVerwG Urt. v. 16.7.2015 – 1 C 22/14 Rn. 21.
[31] VG München Urt. v. 22.7.2021 – M 12 K 20.555 Rn. 42.
[32] EuGH Urt. v. 20.9.2001 – C-184/99 Rn. 44 – Grzelczyk.
[33] Hier stellt sich in Bezug auf Art. 24 II RL 2004/38/EG (Ausschuss von Leistungen der Sozialhilfe) die Frage nach dem Sozialhilfecharakter der finanziellen Leistungen nach SGB II (EuGH Urt. v. 4.6.2009 – C-22/08 – Vatsouras).
[34] EuGH Urt. v. 17.9.2002 – C-413/99 Rn. 91 ff. – Baumbast u. R.
[35] VG München Urt. v. 22.7.2021 – M 12 K 20.555 Rn. 42.
[36] EuGH Urt. v. 7.9.2004 – C-456/02 – Trojani.
[37] BVerwG Urt. v. 16.7.2015 – 1 C 22/14 Rn. 21.
[38] *Kubicki* EuR 2006, 489 (496); *Scheuing* EuR 2003, 744 (770 f.); *Westphal/Stoppa* InfAuslR 2004, 133 (134).
[39] Dies hat Generalanwalt *Alber* in den Schlussanträgen v. 28.9.2000 in der Rechtssache Grzelczyk (Slg. 2001, I-6193 Rn. 110) in gleicher Weise eingeschätzt: „Allerdings ist die Glaubhaftmachung von Existenzmitteln unter den Voraussetzungen für das Aufenthaltsrecht der Studenten zu finden. Zwar lässt sich hier berechtigterweise die Frage stellen, ob es sich beim Nachweis von Existenzmitteln um eine Bedingung für das Aufenthaltsrecht handelt oder ob die Inanspruchnahme der Sozialhilfe des Aufnahmemitgliedstaates einen möglichen Beendigungstatbestand für das Aufenthaltsrecht darstellt. Gestützt auf das Urteil in der Rs C-424/98 erscheint die letzte Deutung zutreffend. Das Vorhandensein von Existenzmitteln wäre dann keine konstitutive Voraussetzung für das Aufenthaltsrecht."

Die Nichtinanspruchnahme von Sozialhilfeleistungen belegt für sich allein noch nicht positiv, dass 42
ausreichende Existenzmittel vorhanden sind, wenn unklar ist, aus welchen Mitteln die Existenz tatsächlich gesichert gewesen ist[40]. Zu prüfen ist in diesem Zusammenhang aber immer, ob der Unionbürger im maßgeblichen Zeitraum möglicherweise deshalb über ausreichende Existenzmittel verfügte, weil nahe Angehörige Unterhalt und familiäre Unterstützung gewährten[41].

Eine materielle Freizügigkeitsberechtigung nach § 2 II Nr. 5 iVm § 4 S. 1 (bzw. Art. 7 I lit. b 43
Freizügigkeits-RL iVm Art. 21 I AEUV) darf demnach insbesondere nur dann verneint werden, wenn die staatliche Unterstützung nicht nur zur vorübergehenden Überbrückung einer finanziellen Notlage dient und der Betroffene ohne eine Ausnahme vom Grundsatz der Eigenverantwortlichkeit rechtfertigenden Grund sozialhilfebedürftig wurde bzw. bleibt[42].

Die Regelung des § 4 ist richtlinienkonform[43] auszulegen. Der Aufenthalt eines Unionsbürgers oder 44
eines ihn begleitenden drittstaatsangehörigen Familienangehörigen ist nach Art. 6 Freizügigkeits-RL für eine Aufenthaltsdauer von drei Monaten nur von dem Besitz eines gültigen Personalausweises bzw. Reisepasses abhängig. Die Verpflichtung, seine Lebensunterhaltssicherung nachzuweisen, entsteht nach der Freizügigkeits-RL erst bei Aufenthalt von mehr als drei Monaten (Art. 7 Ib, 8 II und 4 Freizügigkeits-RL). Besteht aber keine Verpflichtung, die Lebensunterhaltssicherung für sich und die Familienangehörigen nachzuweisen, so kann das Aufenthaltsrecht für Zeiträume bis zu drei Monaten nicht von diesen Voraussetzungen abhängig gemacht werden[44].

Die Freizügigkeitsgewährleistung des Art. 21 AEUV findet nach ihrem Wortlaut ihre Schranke „in 45
den Verträgen und in den Durchführungsvorschriften vorgesehenen Beschränkungen und Bedingungen". Bewegungs- und Aufenthaltsfreiheit des Art. 21 AEUV stehen damit nicht nur unter der Beschränkungsmöglichkeit aufgrund des Ordre-public-Vorbehalts, sondern wird auch nur vorbehaltlich der in dem EUV und dem AEUV und in den Durchführungsvorschriften vorgesehenen „Bedingungen" gewährleistet. Der Vorbehalt soll sicherstellen, dass durch Einreise- und Aufenthaltsrecht nicht zur Entstehung gelangen, wenn der Ausländer nicht über ausreichende finanzielle Mittel verfügt. Damit könnte dem **Bedingungsvorbehalt** die Bedeutung einer Wirksamkeits- und Geltungsvoraussetzung zukommen[45].

Der EuGH hat in der Rechtssache Trojani die Auffassung geäußert, dass ein Unionsbürger, der aus 46
Mangel an Existenzmitteln eine Sozialleistung (hier Minimex) beantragt, sich unter keinen Umständen auf Art. 18 EG (heute: Art. 21 AEUV) berufen könnte[46]. Dabei hat der EuGH hervorgehoben, dass die Schranken des Art. 18 EG (heute: Art. 21 AEUV) unter dem Grundsatz der Verhältnismäßigkeit stehen. Zu dem **Grundsatz der Verhältnismäßigkeit** hatte der EuGH bereits in der Rechtssache Baumbast und R[47] ausgeführt, dass es ein „unverhältnismäßiger Eingriff in das Aufenthaltsrecht aus Art 18 I EG (sei), wenn Herrn Baumbast dessen Ausübung in Anwendung der RL 90/364 mit der Begründung versagt würde, dass seine Krankenversicherung eine Notversorgung im Aufnahmemitgliedstaat nicht abdecke".

Damit kann bei einem Sozialhilfebezug **kein automatisches Erlöschen des Aufenthaltsrechts** 47
angenommen werden. Dies bedeutet aber nicht, dass die Rechtsposition nur dann entfällt, wenn dem Betreffenden die Rechtsposition entzogen wurde[48]. Der EuGH will mit seiner Rspr. offensichtlich nur verhindern, dass Aufenthaltsbeendigungen automatisch, dh ohne Einzelfallwürdigung, erfolgen (die Parallele zum Ausweisungsrecht drängt sich auf). Die geforderte Verhältnismäßigkeitsprüfung kann aber auch im behördlichen oder gerichtlichen Verfahren vorgenommen werden, wenn ein Dritter Rechte von einem Unionsbürger ableiten will, der Sozialleistungen bezieht. Dies erscheint insbesondere in Fällen sachgerecht, in denen das Aufenthaltsrecht des Unionsbürgers, von dem die Aufenthaltsrechte abgeleitet werden sollen, zu keinem Zeitpunkt infrage steht.

Es bestehen erhebliche Zweifel an der europarechtlichen Wirksamkeit des Leistungsausschlusses im 48
SGB II (§ 7 I 2 Nr. 1 und 2 SGB II). Nach der Rspr. des EuGH wird der Unionbürgerschaft ein sozialrechtlicher Gehalt zugesprochen, der sich zu einem **„social citizenship"** auf europäischer Ebene

---

[40] BVerwG Urt. v. 16.7.2015 – 1 C 22/14 Rn. 22.
[41] BVerwG Urt. v. 16.7.2015 – 1 C 22/14 Rn. 21.
[42] VG München Urt. v. 22.7.2021 – M 12 K 20.555 Rn. 42.
[43] Zu richtlinienkonformen Auslegung s. Vorb.
[44] Ebenso *Harms* in Storr ua FreizügG/EU § 4 Rn. 3.
[45] So noch *Dienelt*, Freizügigkeit nach der EU-Osterweiterung, S. 37 ff.; aA *Kubicki* EuR 2006, 489 (496); *Scheuing* EuR 2003, 744 (770 f.); *Westphal/Stoppa* InfAuslR 2004, 133 (134).
[46] EuGH Urt. v. 7.9.2004 – C-456/02 Rn. 35 f. – Trojani: „Unter solchen Umständen erwächst einem Unionsbürger, der sich in einer Situation wie der des Klägers befindet, aus Art 18 EG kein Recht zum Aufenthalt im Hoheitsgebiet eines Mitgliedstaats, dessen Staatsangehörigkeit er nicht besitzt, da es ihm an ausreichenden Existenzmitteln im Sinne der Richtlinie 90/364 fehlt."
[47] EuGH Urt. v. 17.9.2002 – C-413/99 Rn. 93 – Baumbast u. R.
[48] Etwas anders ergibt sich auch nicht aus der Rs. Bidar (EuGH Urt. v. 15.3.2005 – C-209/03 – Bidar). Hier ist zunächst anzumerken, dass nach Rn. 20 dieses Urt. der Kläger bei seiner Großmutter aufwuchs und auf deren Kosten lebte, „ohne jemals Sozialhilfe beantragt zu haben". Mit der Formulierung unter Rn. 36: „(...) ohne dass ihm entgegengewirkt wird, nicht über ausreichende Mittel und eine Krankenversicherung zu verfügen", war daher nur über das Fehlen ausreichender Mittel für den Lebensunterhalt entschieden worden. Vielmehr ist davon auszugehen, dass der EuGH klarstellen wollte, dass die Rechtsstellung aus Art. 18 EG nicht automatisch entfällt.

Dienelt

hin entwickelt⁴⁹. Das Recht auf Inländergleichbehandlung von Unionsbürgern wird auf das Diskriminierungsverbot nach Art. 18 AEUV gestützt, ohne dass es auf die Teilnahme am Erwerbsleben ankommt⁵⁰.

49 Anknüpfend an diese Rspr. stellt sich die Frage der **Europarechtskonformität der Leistungsausschlüsse für Unionsbürger in § 7 I 2 Nr. 1 und 2 SGB II im Hinblick auf einen möglichen Widerspruch zu dem in Art. 4 VO 883/2004/EG enthaltenen Diskriminierungsverbot.** SGB II-Leistungen fallen nach Art. 3 III VO 883/2004/EG als besonders beitragsunabhängige Leistungen nach Art. 70 VO 883/2004/EG in den Anwendungsbereich der VO. Eine Prüfung anhand der in Art. 70 VO 883/2004/EG aufgestellten Kriterien ist nicht erforderlich, da das SGB II als beitragsunabhängige Sonderleistung im Anhang X der Verordnung aufgenommen wurde⁵¹. Das Diskriminierungsverbot des Art. 4 VO 883/2004/EG ist als „lex specialis" zu Art. 18 AEVU einzuordnen. Es steht Regelungen entgegen, die Leistungsansprüche im Wirkungsbereich der Verordnung an die inländische Staatsangehörigkeit binden, ohne Unionsbürger von derartigen Ausschlussklauseln auszunehmen⁵². Erfasst werden auch wirtschaftlich inaktive Personen, da nach Art. 2 I VO 883/2004/EG der Wohnort maßgebliches Kriterium für den Anwendungsbereich ist⁵³.

50 Auch wenn die Inanspruchnahme von aus Steuermitteln finanzierter Leistungen wie der Sozialhilfe (SGB XII) und der Grundsicherung für Arbeitssuchende (SGB II) nicht automatisch zum Wegfall des Aufenthaltsrechts führt, so ist die **Inanspruchnahme der Sozialhilfeleistungen ein Indiz für das Fehlen ausreichender Existenzmittel**⁵⁴. Den Unionsbürger trifft die Darlegungs- und Beweislast, dass der Leistungsbezug nur vorübergehend ist und damit aus Gründen der Verhältnismäßigkeit hinzunehmen ist. Gleiches gilt nicht, wenn der Unionsbürger aus Beiträgen finanzierte Leistungen der Arbeitsförderung nach dem SGB III bezieht.

§ 4a Daueraufenthaltsrecht

(1) ¹Unionsbürger, die sich seit fünf Jahren ständig rechtmäßig im Bundesgebiet aufgehalten haben, haben unabhängig vom weiteren Vorliegen der Voraussetzungen des § 2 Abs. 2 das Recht auf Einreise und Aufenthalt (Daueraufenthaltsrecht). ²Ihre Familienangehörigen und nahestehenden Personen, die Inhaber eines Rechts nach § 3a Absatz 1 sind,¹ die nicht Unionsbürger sind, haben dieses Recht, wenn sie sich seit fünf Jahren mit dem Unionsbürger ständig rechtmäßig im Bundesgebiet aufgehalten haben.

(2) ¹Abweichend von Absatz 1 haben Unionsbürger nach § 2 Abs. 2 Nr. 1 bis 3 vor Ablauf von fünf Jahren das Daueraufenthaltsrecht, wenn sie

1. sich mindestens drei Jahre ständig im Bundesgebiet aufgehalten und mindestens während der letzten zwölf Monate im Bundesgebiet eine Erwerbstätigkeit ausgeübt haben und
   a) zum Zeitpunkt des Ausscheidens aus dem Erwerbsleben das 65. Lebensjahr erreicht haben oder
   b) ihre Beschäftigung im Rahmen einer Vorruhestandsregelung beenden oder
2. ihre Erwerbstätigkeit infolge einer vollen Erwerbsminderung aufgeben,
   a) die durch einen Arbeitsunfall oder eine Berufskrankheit eingetreten ist und einen Anspruch auf eine Rente gegenüber einem Leistungsträger im Bundesgebiet begründet oder
   b) nachdem sie sich zuvor mindestens zwei Jahre ständig im Bundesgebiet aufgehalten haben oder
3. drei Jahre ständig im Bundesgebiet erwerbstätig waren und anschließend in einem anderen Mitgliedstaat der Europäischen Union erwerbstätig sind, ihren Wohnsitz im Bundesgebiet beibehalten und mindestens einmal in der Woche dorthin zurückkehren; für den Erwerb des Rechts nach den Nummern 1 und 2 gelten die Zeiten der Erwerbstätigkeit in

---

⁴⁹ *Davy* ZESAR 2010, 307.
⁵⁰ EuGH Urt. v. 12.5.1998 – C-85/96 – Martinez Sala; Urt. v. 20.9.2001 – C-184/99 – Grzelczyk; Urt. v. 7.9.2004 – C-456/02 – Trojani; Urt. v. 15.3.2005 – C-209/03 – Bidar; Urt. v. 18.11.2008 – C-158/07 – Förster.
⁵¹ VO (EG) 988/2009 v. 16.9.2009 (ABl. 2009 L 284, 43).
⁵² Zunehmend werden die Leistungsausschlüsse nach § 7 I 2 SGB II von den SG als unvereinbar mit Art. 4 VO 883/2004/EG gewertet. Zweifel an der Vereinbarkeit äußerte zunächst das LSG Bln-Bbg Urt. v. 30.11.2010 – L 34 AS 1501/10 B ER; Urt. v. 29.11.2010 – L 34 AS 1001/10 B ER. Viel beachtet wurde die Entscheidung des HessLSG Urt. v. 14.7.2011 – L 7 AS 107/11 B ER die einen Leistungsanspruch gestützt auf das Diskriminierungsverbot des Art. 4 VO 883/2004/EG zumindest dann als unzweifelhaft ansah, wenn im gleichen Zeitraum Familienleistungen bezogen werden; so auch LSG LSA Urt. v. 14.11.2011 – L 5 AS 406/11 B ER. In neueren Entscheidungen der SG wird ohne Einschränkung von einem Verstoß der Ausschlussklauseln gegen das Gleichbehandlungsgebot des Art. 4 VO 883/2004/EG ausgegangen: LSG Brem Urt. v. 11.8.2011 – L 15 AS 188/11 B; LSG Bln-Bbg Urt. v. 30.9.2011 – L 14 AS 1148/11 B ER; LSG BW Urt. v. 24.10.2011 – L 12 AS 3938/11 ER; SG Berlin Urt. v. 24.5.2011 – S 149 AS 17644/09.
⁵³ *Schulte* ZESAR 2010, 201 (206).
⁵⁴ SächsOVG Beschl. v. 2.2.2016 – 3 B 267/15, InfAuslR 2016, 173 Rn. 14.
¹ Zeichensetzung amtlich.

einem anderen Mitgliedstaat der Europäischen Union als Zeiten der Erwerbstätigkeit im Bundesgebiet.

²Soweit der Ehegatte oder der Lebenspartner des Unionsbürgers Deutscher nach Artikel 116 des Grundgesetzes ist oder diese Rechtsstellung durch Eheschließung mit dem Unionsbürger bis zum 31. März 1953 verloren hat, entfallen in Satz 1 Nr. 1 und 2 die Voraussetzungen der Aufenthaltsdauer und der Dauer der Erwerbstätigkeit.

(3) Familienangehörige und nahestehende Personen eines verstorbenen Unionsbürgers nach § 2 Abs. 2 Nr. 1 bis 3, die im Zeitpunkt seines Todes bei ihm ihren ständigen Aufenthalt hatten, haben das Daueraufenthaltsrecht, wenn

1. der Unionsbürger sich im Zeitpunkt seines Todes seit mindestens zwei Jahren im Bundesgebiet ständig aufgehalten hat,
2. der Unionsbürger infolge eines Arbeitsunfalls oder einer Berufskrankheit gestorben ist oder
3. der überlebende Ehegatte oder Lebenspartner des Unionsbürgers Deutscher nach Artikel 116 des Grundgesetzes ist oder diese Rechtsstellung durch Eheschließung mit dem Unionsbürger vor dem 31. März 1953 verloren hat.

(4) Die Familienangehörigen und die nahestehenden Personen eines Unionsbürgers, der das Daueraufenthaltsrecht nach Absatz 2 erworben hat, haben ebenfalls das Daueraufenthaltsrecht, wenn sie bei dem Unionsbürger ihren ständigen Aufenthalt haben.

(5) Familienangehörige nach § 3 Absatz 2 bis 4 und nahestehende Personen nach § 3a Absatz 3 erwerben das Daueraufenthaltsrecht, wenn sie sich fünf Jahre ständig rechtmäßig im Bundesgebiet aufhalten.

(6) Der ständige Aufenthalt wird nicht berührt durch

1. Abwesenheiten bis zu insgesamt sechs Monaten im Jahr oder
2. Abwesenheit zur Ableistung des Wehrdienstes oder eines Ersatzdienstes sowie
3. eine einmalige Abwesenheit von bis zu zwölf aufeinander folgenden Monaten aus wichtigem Grund, insbesondere auf Grund einer Schwangerschaft und Entbindung, schwerer Krankheit, eines Studiums, einer Berufsausbildung oder einer beruflichen Entsendung.

(7) Eine Abwesenheit aus einem seiner Natur nach nicht nur vorübergehenden Grund von mehr als zwei aufeinander folgenden Jahren führt zum Verlust des Daueraufenthaltsrechts.

Allgemeine Verwaltungsvorschrift
4a Zu § 4a – Daueraufenthaltsrecht
4a.0 Allgemeines
4a.0.1 In § 4a sind die Daueraufenthaltsrechte zusammengefasst. Mit dem Erwerb des Daueraufenthaltsrechts erhalten Unionsbürger und ihre Familienangehörigen – unabhängig von deren Staatsangehörigkeit – eine verbesserte Rechtsstellung. Ihr Aufenthaltsrecht geht auch dann nicht mehr verloren, wenn sie die Voraussetzung des § 2 Absatz 2 nicht mehr erfüllen, weil sie beispielsweise die Arbeitnehmereigenschaft oder durch Scheidung die Ehegatteneigenschaft verloren haben. Darüber hinaus erhöht sich der Ausweisungsschutz (vgl. § 6 Absatz 4).
4a.0.2 Der Familiennachzug zu Daueraufenthaltsberechtigten ist im Freizügigkeitsgesetz/EU nicht geregelt. §§ 3, 4, 4a Freizügigkeitsgesetz/EU sowie Artikel 6, 7, 16 ff. Freizügigkeitsrichtlinie regeln den abgeleiteten Erwerb des Aufenthaltsrechts und den eigenständigen Erwerb des Daueraufenthaltsrechts von Familienangehörigen. Es fehlt jedoch eine Regelung über den Erwerb eines Aufenthaltsrechts, wenn der Unionsbürger, zu dem der Nachzug erfolgen soll, bereits ein Daueraufenthaltsrecht erlangt hat, der Familienangehörige die Voraussetzungen für den Daueraufenthalt selbst aber noch nicht erfüllt. Da Familienangehörige von freizügigkeitsberechtigten, aber noch nicht daueraufenthaltsberechtigten Unionsbürgern in Aufenthaltsrecht haben, muss dies erst recht für Familienangehörige von daueraufenthaltsberechtigten Unionsbürgern gelten. Letztere haben eine stärkere aufenthaltsrechtliche Position als „gewöhnlich" freizügigkeitsberechtigte Unionsbürger. Anknüpfungspunkt für die Beurteilung entsprechender Fälle ist das Freizügigkeitsrecht, das der Daueraufenthaltsberechtigte derzeit innehat. Ist der daueraufenthaltsberechtigte Unionsbürger Erwerbstätiger, richtet sich der Familiennachzug nach den entsprechenden Bestimmungen des Freizügigkeitsgesetzes/EU für Familienangehörige von Erwerbstätigen, ansonsten nach den Bestimmungen dieses Gesetzes für Familienangehörige von Nichterwerbstätigen. Damit sind die daueraufenthaltsberechtigten den „gewöhnlich" freizügigkeitsberechtigten Unionsbürgern hinsichtlich des Familiennachzugs gleichgestellt (zum Familiennachzug zu daueraufenthaltsberechtigten Drittstaatsangehörigen vgl. Nummer 4a.1.3). Zu beachten ist dabei, dass auch in diesen Fällen für die Kernfamilie, also dem Ehegatten, dem minderjährigen ledigen Kind sowie beim Elternteil eines minderjährigen ledigen Unionsbürgers, der die Personensorge ausübt, eine entsprechende Anwendung der Bestimmungen des Aufenthaltsgesetzes für den Nachzug zu Deutschen in Betracht kommen kann, sofern dies den Betroffenen eine günstigere Rechtsstellung vermittelt als das Freizügigkeitsgesetz/EU (§ 11 Absatz 1 Satz 11 i. V. m. § 28 AufenthG; vgl. dazu auch Nummer 3.2.2.2).
4a.0.3 Zur Bescheinigung und zum Verlust des Daueraufenthaltsrechts vgl. Nummer 5.6 und 5.7.
4a.1 Allgemeine Voraussetzungen
4a.1.1 Absatz 1 enthält die Grundnorm. Nach fünfjährigem ständigen rechtmäßigen Aufenthalt im Bundesgebiet entsteht das voraussetzungslose Daueraufenthaltsrecht. „Rechtmäßig" im Sinne des § 4a Absatz 1 ist der fünfjährige ständige Aufenthalt nur dann, wenn er nach den Regeln des Freizügigkeitsrechts (bis 1. Januar 2005 Aufenthaltsgesetz/EWG, seitdem Freizügigkeitsgesetz/EU) rechtmäßig war (vgl. EuGH, Urteil vom 21. Dezember 2011, verb. Rs. C-424/10 u. C-425/10 – Ziolkowski und Szeja). Ein auf der Grundlage nationaler Vorschriften (Aufenthaltsgesetz) rechtmäßiger Aufenthalt ist daher nur zu berücksichtigen, wenn zugleich die Voraussetzungen des Freizügig-

keitsrechts erfüllt wurden. Es ist unerheblich, ob die rechtmäßigen Aufenthaltszeiten vor oder nach dem Beitritt des Herkunftsmitgliedstaates zur Europäischen Union zurückgelegt wurden. Ein Recht auf Daueraufenthalt kann sich insofern auch aus Aufenthaltszeiten in Deutschland ergeben, bevor der Herkunftsstaat der Europäischen Union beigetreten ist. Bedingung ist jedoch in jedem Fall, dass diese Aufenthaltszeiten gemessen an den Maßstäben des Freizügigkeitsrechts rechtmäßig waren (zu Auswirkungen vorübergehender Abwesenheiten auf den ständigen Aufenthalt vgl. Nummer 4a.6).

4a.1.2 Familienangehörige von Unionsbürgern müssen sich zum Erwerb eines Daueraufenthaltsrechts nach § 4a fünf Jahre lang mit dem Unionsbürger ständig rechtmäßig im Bundesgebiet aufgehalten haben (zu den Anforderungen an den rechtmäßigen Aufenthalt vgl. Nummer 4a.1.1). Bei einem Familienangehörigen eines Unionsbürgers eines neuen Mitgliedstaates ist die Anrechnung eines Voraufenthalts im Bundesgebiet vor dem Beitritt dieses Mitgliedstaates möglich, wenn der Aufenthalt als Familienangehöriger im Sinn des Freizügigkeitsrechts rechtmäßig war. Dieser Grundsatz gilt entsprechend für die Fälle des § 4a Absatz 4 und 5.

4a.1.3 Auf den Nachzug von Familienangehörigen von Drittstaatsangehörigen, die gemäß § 4a Absatz 1 Satz 2 nach fünfjährigen ständigen rechtmäßigen Aufenthalt mit dem Unionsbürger im Bundesgebiet ein eigenständiges Daueraufenthaltsrecht erworben haben, findet das Freizügigkeitsrecht dann weiterhin Anwendung, wenn die Voraussetzungen eines Familiennachzugs zu einem Unionsbürger gemäß § 3 Absatz 1 und 2 weiterhin erfüllt sind. Dies kann zum Beispiel dann der Fall sein, wenn der Drittstaatsangehörige – nach Erwerb des freizügigkeitsrechtlichen Daueraufenthaltsrechts – weiterhin mit dem stammberechtigten Unionsbürger verheiratet ist und daher die Rechtsstellung des Unionsbürgers als freizügigkeitsberechtigt vermittelt.

Dagegen handelt es sich um einen Familiennachzug zu Drittstaatsangehörigen, welcher in der Freizügigkeitsrichtlinie nicht geregelt ist, wenn sich der Anspruch auf Familiennachzug allein auf die Rechtsstellung aus § 4a Absatz 1 Satz 2 stützt. Dies kann dann der Fall sein, wenn die familiäre Beziehung zu dem Unionsbürger endet – etwa durch Scheidung oder Fortzug des Unionsbürgers aus dem Bundesgebiet –, nachdem der drittstaatsangehörige Familienangehörige ein eigenständiges Daueraufenthaltsrecht erworben hat. Der Familiennachzug zu Drittstaatsangehörigen fällt in den Anwendungsbereich der Richtlinie 2003/86/EG, die den Nachzug zu Drittstaatsangehörigen regelt. Die Vorschriften dieser Richtlinie werden im Aufenthaltsgesetz umgesetzt. Beim Familiennachzug unterfallen die betroffenen Personen insofern nicht den Vorschriften des Freizügigkeitsgesetzes/EU: § 4a Absatz 1 Satz 3 stellt daher klar, dass § 3 Absatz 1 und 2 auf diesen Personenkreis keine Anwendung findet, sondern die Vorschriften des Aufenthaltsgesetzes zum Familiennachzug zu Inhabern einer Erlaubnis zum Daueraufenthalt-EU. Dies erscheint sachgerecht, da die Erlaubnis zum Daueraufenthalt-EU und das Recht nach § 4a Absatz 1 Satz 2 im Hinblick auf die Rechtsstellung, die sie vermitteln, vergleichbar sind. Mit der Verweisung in das Aufenthaltsgesetz in Bezug auf den Familiennachzug folgt die Vorschrift im Übrigen den Regelungen zum Familiennachzug zu Drittstaatsangehörigen mit eigenständigem freizügigkeitsrechtlichem Aufenthaltsrecht in § 3 Absatz 3 Satz 2 sowie § 3 Absatz 5 Satz 2 (vgl. Nummer 3.3.4).

4a.2 Daueraufenthaltsrecht bei Beendigung einer Erwerbstätigkeit
Absatz 2 legt die Bedingungen für den Erwerb des Daueraufenthaltsrechts für Erwerbstätige fest, die ihre Erwerbstätigkeit beenden, bevor sie ein Daueraufenthaltsrecht gemäß Absatz 1 erworben haben. Er bildet die Vorgaben des Artikels 17 Freizügigkeitsrichtlinie ab.

4a.3 Familienangehörige verstorbener Unionsbürger
Absatz 3 regelt das eigenständige Aufenthaltsrecht der Familienangehörigen, wenn der Erwerbstätige im Laufe seines Erwerbslebens stirbt, ohne zuvor ein Daueraufenthaltsrecht erworben zu haben. Er setzt Artikel 17 Absatz 4 Freizügigkeitsrichtlinie um.

4a.4 Familienangehörige daueraufenthaltsberechtigter Unionsbürger
Absatz 4 regelt das eigenständige Aufenthaltsrecht der Familienangehörigen, wenn der Erwerbstätige, von dem sie ihr Aufenthaltsrecht ableiten, ein Daueraufenthaltsrecht gemäß § 4a Absatz 2 erworben hat. Er setzt Artikel 17 Absatz 3 Freizügigkeitsrichtlinie um.

4a.5 Familienangehörige nach § 3 Absatz 3 bis 5
Absatz 5 betrifft die drittstaatsangehörigen Familienangehörigen, die gemäß § 3 Absatz 3 bis 5 nach Tod, Wegzug, Scheidung, Aufhebung der Ehe oder der Lebenspartnerschaft ihr Aufenthaltsrecht unter bestimmten Bedingungen behalten. Sie erwerben nach Ablauf von fünf Jahren ständigen rechtmäßigen Aufenthalts das Daueraufenthaltsrecht.

4a.6 Abwesenheitszeiten
Absatz 6 nennt die vom Unionsrecht vorgegebenen vorübergehenden Abwesenheiten vom Bundesgebiet, die bei der Fristberechnung zum Erwerb des Daueraufenthaltsrechts unbeachtlich sind.

4a.7 Verlust
Absatz 7 enthält eine Regelung für den Verlust des Daueraufenthaltsrechts bei einer Abwesenheit von mehr als zwei aufeinander folgenden Jahren. Zur Auslegung des Begriffs „Abwesenheit aus einem seiner Natur nach nicht nur vorübergehenden Grund" siehe Nummer 51.1.5.1 AVV zum AufenthG vom 26. Oktober 2009.

Übersicht

	Rn.
I. Entstehungsgeschichte	1
II. Allgemeines	6
III. Aufenthaltsrecht nach fünf Jahren ständigen rechtmäßigen Aufenthalts	9
1. Unionsbürger	9
2. Familienangehörige und Lebenspartner	38
IV. Daueraufenthaltsrecht bei Beendigung einer Erwerbstätigkeit	47
V. Daueraufenthaltsrecht für Familienangehörige nach Tod, Wegzug, Scheidung, Aufhebung der Ehe	67

VI. Familiennachzug zum Daueraufenthaltsberechtigten 75
VII. Unschädlichkeit von Abwesenheitszeiten 84
VIII. Verlust des Daueraufenthaltsrechts durch Abwesenheit vom Bundesgebiet 89
IX. Überleitung der vor 2007 erteilten nationalen Daueraufenthaltsrechte 101

I. Entstehungsgeschichte

Die Bestimmung wurde durch das RLUmsG 2007 in das FreizügG/EU eingefügt und löste das nationale gesetzliche Daueraufenthaltsrecht nach § 2 V idF des Gesetzes vom 30.7.2004 ab, das die unionsrechtliche Einführung des Daueraufenthaltsrechts teilweise vorwegnahm[2]. Im Unterschied zur Neuregelung erfasste § 2 V aF nur die Kernfamilie, dh Unionsbürger, Ehegatte bzw. Lebenspartner und ihre unterhaltsberechtigten Kinder. Außerdem wurden die Daueraufenthaltsrechte, die zuvor in einer Reihe von Bestimmungen (§§ 2 II Nr. 5, 3 III, IV und V) verankert waren, in § 4a konzentriert[3]. **1**

Bereits unter dem AufenthG/EWG gab es nach einem fünfjährigen Aufenthalt eine besondere Rechtsstellung, die unbefristete Aufenthaltserlaubnis nach § 7a AufenthG/EWG, die ebenso wie das Daueraufenthaltsrecht erhöhten Ausweisungsschutz mit sich brachte. Der Kreis der Begünstigten war nach § 7a AufenthG/EWG beschränkt. Erfasst wurden: Arbeitnehmer, Selbstständige, Erbringer und Empfänger von Dienstleistungen sowie Verbleibeberechtigte und Ehegatten. **2**

Mit dem ÄnderungsG 2013 wurde in Abs. 1 die Wörter „ihre Familienangehörigen und Lebenspartner" gestrichen und der S. 2 angefügt. In Abs. 4 werden die Wörter „oder vor seinem Tod erworben hatte" und „bereits bei Entstehen seines Daueraufenthaltsrechts" gestrichen und das Wort „hatten" durch das Wort „haben" ersetzt[4]. Die Altfassung von § 4a I 1 lautete: „Unionsbürger, ihre Familienangehörigen und Lebenspartner, die sich seit fünf Jahren ständig rechtmäßig im Bundesgebiet aufgehalten haben, haben unabhängig vom weiteren Vorliegen der Voraussetzungen des § 2 II das Recht auf Einreise und Aufenthalt (Daueraufenthaltsrecht)." Die Altfassung von Abs. 4 lautete: „Die Familienangehörigen eines Unionsbürgers, der das Daueraufenthaltsrecht nach Absatz 2 erworben hat oder vor seinem Tod erworben hatte, haben ebenfalls das Daueraufenthaltsrecht, wenn sie bereits bei Entstehen seines Daueraufenthaltsrechts bei dem Unionsbürger ihren ständigen Aufenthalt hatten." **3**

§ 4a I 3 wurde angefügt durch Gesetz vom 27.7.2015 mit Wirkung vom 1.8.2015[5]. Diese Regelung wurde durch Art. 1 Nr. 2 des Gesetzes zur aktuellen Anpassung des FreizügG/EU und weiterer Vorschriften an das Unionsrecht wieder aufgehoben und in § 11 IX aufgenommen[6]. **4**

Durch Art. 1 Nr. 2 des Gesetzes zur aktuellen Anpassung des FreizügG/EU und weiterer Vorschriften an das Unionsrecht erfolgte zudem eine Anpassung an die neue Systematik des FreizügG/EU[7]. Die Definition der Familienangehörigen wurde um die Gruppe der nahestehenden Personen ergänzt[8]. Weiterhin wurde Abs. 5 an die neue Fassung des § 3 angepasst. **5**

II. Allgemeines

In § 4a sind die Daueraufenthaltsrechte zusammengefasst. Mit dem Erwerb des Daueraufenthaltsrechts erhalten Unionsbürger, ihre Familienangehörigen und ihre nahestehenden Personen – unabhängig von deren Staatsangehörigkeit – eine verbesserte Rechtsstellung. Das Daueraufenthaltsrecht wird unabhängig vom Zweck des vorherigen Aufenthalts erlangt[9]. **6**

Die Rechtsstellung besteht **unabhängig von dem weiteren Vorliegen der Voraussetzungen des § 2 II**. Die Verselbstständigung des Aufenthaltsrechts hat zur Folge, dass der Wegfall der Freizügigkeitsvoraussetzungen nach § 2 II keinen Einfluss auf das Daueraufenthaltsrecht mehr haben kann. Weder die fehlende Lebensunterhaltssicherung noch die Scheidung vermögen die Rechtsstellung infrage zu stellen. Darüber hinaus erhöht sich der Ausweisungsschutz (vgl. § 6 IV). **7**

Das Daueraufenthaltsrecht ist ein Freizügigkeitsrecht iSd § 2 I (s. § 2 II Nr. 7), das nur durch längere Abwesenheit vom Bundesgebiet (§ 4a VII iVm § 5 V) oder durch eine Verlustfeststellung nach § 6 I, IV entfallen kann. **8**

---

[2] Zur Überleitungsproblematik → Rn. 62 ff.
[3] Hierzu BT-Drs. 16/5065, 405.
[4] Gesetz v. 21.1.2013 (BGBl. I S. 86), in Kraft getreten am 29.1.2013.
[5] BGBl. I S. 1386, in Kraft getreten am 1.8.2015.
[6] Art. 1 Gesetz v. 12.11.2020 (BGBl. I S. 2416), in Kraft getreten am 24.11.2020.
[7] BGBl. 2020 I S. 2416.
[8] BGBl. 2020 I S. 2416.
[9] VG Berlin Urt. v. 11.1.2007 – 11 A 259.06, InfAuslR 2007, 228 (229).

III. Aufenthaltsrecht nach fünf Jahren ständigen rechtmäßigen Aufenthalts

1. Unionsbürger

9 Abs. 1 enthält die Grundnorm. Nach einem fünfjährigen ständigen rechtmäßigen Aufenthalt im Bundesgebiet entsteht das Daueraufenthaltsrecht. **Das Daueraufenthaltsrecht entsteht unmittelbar kraft Gesetzes.** Die Ausstellung einer Daueraufenthaltskarte für Familienangehörige nach § 5 V 2 ist nur deklaratorisch für die Rechtsstellung. Für nahestehende Personen bestimmt § 5 VII 3 eine entsprechende Anwendung des § 5 V 2.

10 Der Erwerb der Rechtsstellung setzt voraus, dass sich der Unionsbürger oder der Familienangehörige bzw. Lebenspartner fünf Jahre ständig rechtmäßig im Bundesgebiet aufgehalten hat. **Der Ausländer ist verpflichtet, den Nachweis zu führen, dass die anrechnungsfähigen Aufenthaltszeiten erfüllt wurden.** Dies gilt zum einen für den tatsächlichen Aufenthalt im Bundesgebiet und zum anderen für die materiellen Voraussetzungen, die für die Anrechnungsfähigkeit von Aufenthaltszeiten erfüllt sein müssen.

11 Aus der Rechtssache Ziolkowski und Szeja geht eindeutig hervor, dass der EuGH zwischen den Aufenthaltszeiten, die den Erwerb eines Rechts auf Daueraufenthalt zulassen, und denen, die diesen Erwerb nicht zulassen, **nicht anhand des Ursprungs dieses Rechts, sondern anhand seiner Natur unterschieden hat.** Der EuGH hat mit anderen Worten nicht das Unionsrecht dem nationalen Recht gegenübergestellt, sondern die Aufenthaltszeiten, die die in Art. 7 I Freizügigkeits-RL aufgeführten wirtschaftlichen Voraussetzungen erfüllen, den Aufenthaltszeiten, die diesen Voraussetzungen nicht genügen.

12 Der genannte Artikel verlangt von den Betroffenen den Nachweis, dass sie **Arbeitnehmer** oder **Selbstständige** sind oder für sich und ihre Familienangehörigen **über ausreichende Existenzmittel** verfügen, sodass sie während ihres Aufenthalts keine Sozialhilfeleistungen des Aufnahmemitgliedstaats in Anspruch nehmen müssen, und über einen umfassenden Krankenversicherungsschutz im Aufnahmemitgliedstaat verfügen oder dass sie bereits im Aufnahmemitgliedstaat als **Familienangehörige** einer Person gelten, die diese Voraussetzungen erfüllt.

13 So hat der EuGH in der Rechtssache Ziolkowski festgestellt, dass „ein Unionsbürger, der im Hoheitsgebiet des Aufnahmemitgliedstaats eine Aufenthaltszeit von über fünf Jahren nur aufgrund des nationalen Rechts dieses Staates zurückgelegt hat, nicht so betrachtet werden kann, als habe er das Recht auf Daueraufenthalt nach dieser Bestimmung erworben", wenn er während dieser Aufenthaltszeit die Voraussetzungen eines Freizügigkeitstatbestandes nach Art. 7 I Freizügigkeits-RL nicht erfüllt hat[10]. Hieraus ist e contrario zu entnehmen, dass der Betroffene ein Recht auf Daueraufenthaltsrecht hätte erwerben können, wenn seinem Aufenthalt zwar das nationale Recht zugrunde gelegen hätte, er jedoch im Übrigen die genannten Voraussetzungen erfüllt hätte.

14 Voraufenthaltszeiten, die **vor dem Beitritt zur EU** zurückgelegt wurden, können berücksichtigungsfähig sein, obwohl die von dem Angehörigen eines anderen Staates vor dessen Beitritt zur Union im Aufnahmemitgliedstaat zurückgelegten Aufenthaltszeiten nicht unter das Unionsrecht, sondern nur unter das nationale Recht dieses Aufnahmemitgliedstaats fielen[11]. **Die Berücksichtigungsfähigkeit hängt davon ab, ob der Ausländer einen Freizügigkeitstatbestand erfüllt hätte, wenn er während des Voraufenthaltszeitraums als Unionsbürger anzusehen gewesen wäre**[12]. Für diese Auslegung spricht auch der 17. Begründungserwägung der Freizügigkeits-RL. Diese bestimmt, dass ein Recht auf Daueraufenthalt für Unionsbürger und ihre Familienangehörigen vorgesehen werde, „die sich gemäß den in dieser Richtlinie festgelegten Bedingungen fünf Jahre lang ununterbrochen in dem Aufnahmemitgliedstaat aufgehalten haben".

15 Können damit Aufenthaltszeiten, die auf einem nationalen Aufenthaltsrecht beruhen, grds. anerkannt werden, so hat der EuGH auch die Frage geklärt, ob umgekehrt Aufenthaltszeiten berücksichtigt werden können, die auf der Grundlage des Unionsrechts zurückgelegt wurden, jedoch nicht die Voraussetzungen des Art. 7 Freizügigkeits-RL erfüllen.

16 In der Rechtssache Alarape und Tijani[13] hat der EuGH klargestellt, dass **Aufenthaltszeiten, die ausschließlich auf Art. 10 VO 492/2011/EU (vormals gleichlautend Art. 12 VO 1612/68)**

---

[10] EuGH Urt. v. 21.12.2011 – C-424/10 u. C-425/10 Rn. 63, NVwZ-RR 2012, 121 – Ziolkowski u. Szeja.
[11] EuGH Urt. v. 21.12.2011 – C-424/10 u. C-425/10 Rn. 60 ff., NVwZ-RR 2012, 121 – Ziolkowski u. Szeja. So auch der Bericht der Kommission zur Umsetzung der Freizügigkeits-RL: „Belgium and the UK incorrectly take no account of periods of residence acquired by EU citizens before their countries acceded to the EU." Da die Rechtmäßigkeit des Voraufenthalts von EU-Bürgern aus den Beitrittsstaaten nicht auf Freizügigkeit, sondern nur auf nationalem Recht beruhen kann, lässt sich der an Belgien und das Vereinigte Königreich gerichtete Vorwurf nur dahin gehend verstehen, dass die Kommission auch national Aufenthaltszeiten für anrechnungsfähig hielt.
[12] EuGH Urt. v. 21.12.2011 – C-424/10 u. C-425/10 Rn. 63, NVwZ-RR 2012, 121 – Ziolkowski und Szeja.
[13] EuGH Urt. v. 8.5.2013 – C-529/11, NVwZ-RR 2013, 662 – Alarape u. Tijani.

beruhen, auf ein Daueraufenthaltsrecht nicht anzurechnen sind, sofern sie nicht zugleich die Voraussetzungen des Art. 7 I Freizügigkeits-RL erfüllen[14].

Weiterhin sind auch Aufenthaltszeiten, die allein auf § 3 IV (Art. 12 III Freizügigkeits-RL) beruhen, nicht zu berücksichtigen, da der Art. 18 Freizügigkeits-RL nur auf Art. 12 II Freizügigkeits-RL verweist und damit Ausbildungszeiten auf der Grundlage des Art. 12 III Freizügigkeits-RL gerade nicht umfasst[15].

§ 4a erweitert den begünstigten Personenkreis nicht über die europarechtlichen Vorgaben. Dies ergibt sich aus der Formulierung „unabhängig von den weiteren Voraussetzungen des § 2 II". Mit dem Wort „weiteren" wird ein unmittelbarer Bezug zum Voraufenthalt hergestellt. Dabei kann die Regelung nicht dahin gehend verstanden werden, dass nur im Zeitpunkt des Entstehens der Rechtsstellung ein Freizügigkeitsrecht nach § 2 II vorliegen muss.

Auch wenn Voraufenthaltszeiten anrechnungsfähig sind, so sind **nur solche Zeiträume berücksichtigungsfähig, in denen der damalige Drittausländer auf einen Verbleib im Bundesgebiet vertrauen durfte.** Denn aus der 17. Begründungserwägung sowie den Materialien der Freizügigkeits-RL geht hervor, dass dem Integrationsgedanken eine besondere Bedeutung zukommt. So führt die Kommission in ihrem ersten Entwurf zum Daueraufenthaltsrecht aus[16]: „Es ist davon auszugehen, dass der Unionsbürger nach einem hinreichend langen Aufenthalt im Aufnahmemitgliedstaat enge Bindungen entwickelt hat und sich in die Gesellschaft dieses Staates integriert hat. Das rechtfertigt die Gewährung eines Aufenthaltsrechts, das als verfestigtes Recht bezeichnet werden könnte. Im Übrigen trägt die Integration der Unionsbürger, die sich in einem Mitgliedstaat dauerhaft niedergelassen haben, entscheidend zur Förderung des sozialen Zusammenhalts bei, der ein grundlegendes Ziel der EU ist."

Daher kommen weder die Anrechnung von **Aufenthaltszeiten eines Asylverfahrens**[17] noch die Berücksichtigung von **Zeiten des Besitzes eines humanitären Aufenthalts,** bei dem der Ausländer jederzeit mit einer Aufenthaltsbeendigung rechnen musste, in Betracht. Erst recht vermag eine **Duldung** keinen rechtmäßigen Aufenthalt zu begründen.

Rechtmäßig im Sinne der Bestimmung und damit berücksichtigungsfähig ist aber der Aufenthalt, der auf dem FreizügG/EU oder dem AufenthG/EWG beruht. Hat die Aufenthaltskarte bei bestehender Freizügigkeit lediglich deklaratorische Bedeutung als Bescheinigung zum Nachweis des Aufenthaltsrechts, so ist sie, wenn sie vor 29.1.2013 ausgestellt worden war, gleichwohl ein **feststellender Verwaltungsakt,** weil sie verbindlich feststellt, dass die Voraussetzungen des § 2 I in der Person des betroffenen Ausländers erfüllt. Diese Regelungswirkung gilt bis zu einer neuen behördlichen Entscheidung auch dann fort, wenn die für ihre Entscheidung erforderlichen Voraussetzungen nicht mehr vorliegen[18]. Für Aufenthaltskarten, die nach dem 29.1.2013 ausgestellt wurden gilt dies nicht, da diese lediglich Bescheinigungen und keine feststellenden Verwaltungsakte sind.

Dementsprechend vermag die früher ausgestellte Aufenthaltskarte ebenso wie die vormalige Aufenthaltserlaubnis-EG **konstitutive Bedeutung** zu erlangen, **wenn der die Freizügigkeit vermittelnde Sachverhalt entfällt** oder das Vorliegen der Voraussetzungen des § 2 I zu Unrecht angenommen wurden. Denn in diesen Fällen begründet die bis zum 29.1.2013 ausgestellte Aufenthaltskarte – solange sie nicht zeitlich beschränkt wird – den rechtmäßigen Aufenthalt im Bundesgebiet. Eine rechtliche Bedeutung kommt der feststellenden Wirkung der deklaratorischen Aufenthaltskarte nämlich insofern zu, als gerade nach außen dokumentiert wird, dass der Ausländer Freizügigkeit genießt[19].

Anders als die vor dem 29.1.2013 ausgestellte Aufenthaltskarte sind die jetzige Aufenthaltskarte und die frühere **Bescheinigung über das Aufenthaltsrecht** nach § 5 I aF **keine Verwaltungsakte.** Dies wird in Bezug auf die heutige Aufenthaltskarte aus Abs. 4 deutlich, in dem geregelt ist, dass die Aufenthaltskarte nach Wegfall des Rechts nach § 2 I „eingezogen" und nicht wie die frühere Aufenthaltskarte „widerrufen" wird.

Ein rechtmäßiger Aufenthalt, der anrechnungsfähig ist, kann sich nicht aus der Freizügigkeitsvermutung ergeben. Ein Unionsbürger und ein drittstaatsangehöriger Familienangehöriger halten sich so lange rechtmäßig auf und unterliegen dem FreizügG/EU, bis die Ausländerbehörde eine Feststellung des Nichtbestehens oder des Verlusts des Rechts auf Einreise und Aufenthalt nach § 2 I erlassen hat.

Die **Freizügigkeitsvermutung** begründet keine Freizügigkeit, sondern ist eine nationale Verfahrensstellung, die bis zur Klärung des Freizügigkeitssachverhalts verhindert, dass der Unionsbürger oder sein Familienangehöriger in die Illegalität abrutscht. Das nationale Recht vermittelt ihm bis zum Abschluss der Prüfung rechtmäßigen Aufenthalt. Da nur Aufenthaltszeiten anrechnungsfähig sind, die zugleich auch die Anforderungen des Art. 7 I Freizügigkeits-RL erfüllen, vermittelt die Freizügigkeitsvermutung keine anrechnungsfähige Aufenthaltszeiten.

---

[14] EuGH Urt. v. 8.5.2013 – C-529/11 Rn. 48, NVwZ-RR 2013, 662 – Alarape u. Tijani.
[15] So Generalanwalt *Bot* in seinen Schlussanträgen zu C-529/11 Rn. 89 – Alarape u. Tijani.
[16] KOM(2001) 257 endg. v. 23.5.2001 S. 17 zu Art. 14 des Entwurfs.
[17] AA *Epe* in GK-AufenthG IX-2 § 4a Rn. 11.
[18] So zutr. BVerwG Beschl. v. 23.5.2001 – 1 B 125.00, InfAuslR 2001, 312 zu einer Aufenthaltserlaubnis-EG.
[19] Zu einer Aufenthaltserlaubnis-EG s. BVerwG Beschl. v. 23.5.2001 – 1 B 125.00, InfAuslR 2001, 312.

26 Rechtmäßig und anrechungsfähig im Sinne der Bestimmung ist ein Aufenthalt eines EU-Bürgers oder Familienangehörigen auch dann, wenn dieser seiner Meldepflicht nicht nachgekommen ist, sofern der Ausländer tatsächlich die Voraussetzungen des Art. 7 I Freizügigkeits-RL erfüllt. Das Einreise- und Aufenthaltsrecht der freizügigkeitsberechtigten Angehörigen von EU-Staaten und ihrer Familienangehörigen nach § 2 I **wurzelt im Unionsrecht** und richtet sich daher hinsichtlich Begründung und Beendigung insgesamt nicht nach nationalem Recht[20]. Die Freizügigkeit ist von keinem Aufenthaltstitel abhängig, ein irgendwie gestaltetes Dokument hat grundsätzlich nur deklaratorische Bedeutung. Besteht Streit über die genauen Aufenthaltszeiten, so ist der Ausländer zum Nachweis der Zeiten rechtmäßigen Aufenthalts verpflichtet.

27 Der Aufenthalt muss **ununterbrochen rechtmäßig im Bundesgebiet bestanden haben** („seit"). Ausnahmen ergeben sich aus Abs. 6, der bestimmte Abwesenheitszeiten für unschädlich erklärt. **Zeiträume der Verbüßung einer Freiheitsstrafe, die nicht zur Bewährung ausgesetzt wurde, dürfen nicht für die Zwecke des Erwerbs des Daueraufenthaltsrechts berücksichtigt werden**[21].

28 Die Verhängung einer **Freiheitsstrafe ohne Bewährung** durch ein nationales Gericht ist dazu angetan, deutlich zu machen, dass der Betroffene die von der Gesellschaft des Aufnahmemitgliedstaats in dessen Strafrecht zum Ausdruck gebrachten Werte nicht beachtet, sodass die Berücksichtigung von Zeiträumen der Verbüßung einer Freiheitsstrafe dem Zweck des Daueraufenthaltsrechts, das Ausfluss der gefestigten Integration im Aufnahmestaat ist, eindeutig zuwiderlaufen würde[22].

29 Die Kontinuität des Aufenthalts wird durch Zeiträume **unterbrochen**[23]. Die vorangehenden und die folgenden Zeiträume können daher nicht zusammengerechnet werden, um die Mindestdauer von fünf Jahren zu erreichen, die für die Erlangung eines Daueraufenthaltsrechts erforderlich ist.

30 Die **Feststellungen nach § 5 IV** bzw. § 6 I beenden den kraft Gesetzes bestehenden rechtmäßigen Aufenthalt auch dann, wenn der Ausländer gegen den feststellenden Verwaltungsakt Widerspruch einlegt oder Anfechtungsklage erhebt.

31 Der **Suspensiveffekt** (§ 80 I VwGO) lässt die Wirksamkeit des Verwaltungsakts unberührt und führt nur zu einem umfassenden Verwirklichungs- und Ausnutzungsverbot, da dem Suspensiveffekt nur Vollzugs- und keine Wirksamkeitshemmung zukommt[24]. Da das Erlöschen des rechtmäßigen Aufenthalts kraft Gesetzes eintritt und nicht aufgrund der Regelungswirkung des Verwaltungsakts, tritt die Rechtsfolge unmittelbar mit Bekanntgabe des Verwaltuingsakts ein.

32 Die rechtsgestaltende Wirkung der Feststellungen nach den §§ 5 V, 6 I auf die nationale Rechtsposition, die durch die Freizügigkeitsvermutung hervorgerufen wird, beendet den rechtmäßigen Aufenthalt. Während des Zeitraums bis zur Entscheidung der Widerspruchsbehörde oder des Gerichts ist der Aufenthalt geduldet und entspricht damit der Rechtsstellung eines ausgewiesenen Ausländers nach § 84 II 1 AufenthG. Insoweit tritt eine Beendigung nicht erst mit Vollstreckung der Feststellung ein, wie dies Art. 21 S. 2 Freizügigkeits-RL mit der Formulierung „Jede rechtmäßig vollstreckte Ausweisungsverfügung gegen den Betroffenen stellt eine Unterbrechung des Aufenthalts dar" nahelegt.

33 Art. 21 S. 1 Freizügigkeits-RL legt fest, dass für die Zwecke der Richtlinie die Kontinuität des Aufenthalts durch eines der im Aufenthaltsmitgliedstaat üblichen Beweismittel nachgewiesen wird.

34 Das Daueraufenthaltsrecht setzt nicht voraus, dass der Fünf-Jahres-Zeitraum unmittelbar vor dem Erwerb der Rechtsstellung liegen muss[25]. **Intertemporal ist die Bestimmung,** die der Umsetzung des Art. 16 I Freizügigkeits-RL dient, **aber auf Fälle begrenzt, in denen zumindest im Zeitpunkt des Auslaufens der Transformationsfrist (dh 1.5.2006) ein rechtmäßiger Aufenthalt im Bundesgebiet bestand, der mit Voraufenthaltszeiten zum Erwerb der Rechtsstellung geführt hat**[26]. Denn die Erweiterung des Freizügigkeitsrechts gegenüber dem bisherigen Unionsrecht soll erkennbar erst mit Umsetzung der Freizügigkeits-RL eintreten und nicht abgeschlossene Sachverhalt in der Vergangenheit begünstigen[27].

35 Hielt sich ein EU-Bürger oder sein Familienangehöriger zum 1.5.2006 rechtmäßig im Bundesgebiet auf, so konnte unter Hinzurechnung von Voraufenthaltszeiten ein Daueraufenthaltsrecht erworben werden. Ausgeschlossen sind indes Sachverhalte, in denen ein EU-Bürger oder Familienangehöriger vor dem 1.5.2006 fünf Jahre rechtmäßig als Freizügigkeitsberechtigter im Bundesgebiet gelebt hat und die Rechtsstellung wegen § 4a VI erloschen ist, weil seit dem Inkrafttreten des RLUmsG 2007 eine Abwesenheit aus einem seiner Natur nach nicht nur vorübergehenden Grund von mehr als zwei Jahren vorliegt (Art. 16 IV Freizügigkeits-RL).

---

[20] Dazu schon *Hailbronner* ZAR 1984, 176.
[21] EuGH Urt. v. 16.1.2014 – C-378/12 Rn. 22 – Onuekwere.
[22] EuGH Urt. v. 16.1.2014 – C-378/12 Rn. 26 – Onuekwere zum Aufenthaltsrecht von Familienangehörigen.
[23] EuGH Urt. v. 16.1.2014 – C-378/12 Rn. 32 – Onuekwere zum Aufenthaltsrecht von Familienangehörigen.
[24] Ebenso *Epe* in GK-AufenthG IX-2 § 4a Rn. 15.
[25] So OVG Bln-Bbg Urt. v. 28.4.2009 – 2 B 23.07; aA aber *Epe* in GK-AufenthG IX-2 § 4a Rn. 12.
[26] Ähnlich zu § 2 VaF VG Stuttgart Urt. v. 23.12.2005 – 2 K 1956/04; aA OVG Bln-Bbg Urt. v. 28.4.2009 – 2 B 23.07; *Hoffmann* in Hofmann/Hoffmann § 4a Rn. 4.
[27] Weitergehend OVG Bln-Bbg Urt. v. 28.4.2009 – 2 B 23.07.

Daueraufenthaltsrecht § 4a FreizügG/EU 2

Der Einbeziehung dieser Fälle steht entgegen, dass die Freizügigkeits-RL die „gegenwärtige" 36
Integration von EU-Bürgern und ihren Familienangehörigen privilegieren will[28]. So bestimmt die 17.
Begründungserwägung der Freizügigkeits-RL:

> „Wenn Unionsbürger, die beschlossen haben, sich dauerhaft in dem Aufnahmemitgliedstaat niederzulassen,
> das Recht auf Daueraufenthalt erhielten, würde dies ihr Gefühl der Unionsbürgerschaft verstärken und
> entscheidend zum sozialen Zusammenhalt – einem grundlegenden Ziel der Union – beitragen. Es gilt daher,
> für alle Unionsbürger und ihre Familienangehörigen, die sich gemäß den in dieser Richtlinie festgelegten
> Bedingungen fünf Jahre lang ununterbrochen in dem Aufnahmemitgliedstaat aufgehalten haben und gegen
> die keine Ausweisungsmaßnahme angeordnet wurde, ein Recht auf Daueraufenthalt vorzusehen."

Zu berücksichtigen ist weiterhin, dass EU-Bürger aufgrund des im nationalen Recht wurzelnden 37
§ 2 V FreizügG/EU aF bereits ein Daueraufenthaltsrecht erworben haben können, das sowohl von der
Freizügigkeits-RL als auch dem RLUmsG 2007 unberührt bleibt[29].

2. Familienangehörige und Lebenspartner

Begünstigt sind auch Familienangehörige und Lebenspartner. Hier bestimmte § 4a I 1 aF 38
ursprünglich nicht, dass diese in familiärer Lebensgemeinschaft zusammengelebt haben müssen. Erst
mit dem ÄnderungsG 2013 wurde S. 2 mit der Formulierung „mit dem Unionsbürger" eingefügt.
Hierdurch wurde Art. 16 II Freizügigkeits-RL umgesetzt, der bestimmt: „Absatz 1 gilt auch für
Familienangehörigen, die nicht die Staatsangehörigkeit eines Mitgliedstaats besitzen und die sich rechtmäßig fünf Jahre lang ununterbrochen *mit dem Unionsbürger* im Aufnahmemitgliedstaat aufgehalten
haben."

Die Kommission hat in ihrem ersten Entwurf zur RL ausgeführt[30]: „Auch die Familienangehörigen, 39
die nicht Unionsbürger sind, können das Recht auf Daueraufenthalt erwerben, nachdem sich vier
Jahre mit dem Unionsbürger, von dem sie abhängen, im Aufnahmemitgliedstaat aufgehalten haben *(im
weitesten Sinne des Wortes).*" Der EuGH hat in der Rechtssache Ogieriakhi klargestellt, dass kein
familiäres Zusammenleben erforderlich ist[31]. Der EuGH sieht die Voraussetzungen eines Daueraufenthaltsrechts auch dann noch als gegeben an, wenn sich die Ehegatten in dem Fünf-Jahres-Zeitraum
getrennt und jeweils mit einem anderen Partner zusammengelebt haben und die von dem Drittstaatsangehörigen genutzte Wohnung diesem nicht mehr von seiner Ehefrau, einer Unionsbürgerin, beschafft oder zur Verfügung gestellt wurde[32].

Es genügt aber nicht jeder fünfjährige rechtmäßige Aufenthalt, sondern **nur der fünfjährige recht-** 40
mäßige Aufenthalt als Familienangehöriger eines Unionsbürgers. Dies dürfte bereits aus
Art. 16 II RL 2004/39/EG folgen, der verlangt, dass Familienangehörige, die nicht die Staatsangehörigkeit eines Mitgliedstaates haben, sich rechtmäßig fünf Jahre lang „ununterbrochen mit dem Unionsbürger im Aufnahmemitgliedstaat aufgehalten haben" (have legally resided with the Union citizen in
the host Member State/qui ont séjourné légalement pendant une période ininterrompue de cinq ans
avec le citoyen de l'Union dans l'État membre d'accueil)[33]. **Kurzfristige Unterbrechungen** hindern
den Rechtserwerb nicht.

Auch bei dem Daueraufenthaltsrecht für drittstaatsangehörige Familienangehörige ist die **strenge** 41
Akzessorietät des Aufenthaltsrechts zu beachten. Bei Anwendung von § 4a I 2 hängt das Dauer-
aufenthaltsrecht des Familienangehörigen des Unionsbürgers, der nicht die Staatsangehörigkeit eines
Mitgliedstaats besitzt, in jedem Fall davon ab, dass der Unionsbürger selbst Voraussetzungen für ein
Daueraufenthaltsrecht erfüllt[34]. **Ein drittstaatsangehöriger Familienangehöriger vermag daher
ein Daueraufenthaltsrecht erst zu erwerben, wenn der Unionsbürger, von dem er sein
Aufenthaltsrecht ableitet, gleichfalls ein Daueraufenthaltsrecht erworben hat**[35].

Erwirbt der Unionsbürger, von dem der drittstaatsangehörige Familienangehörige sein Dauerauf- 42
enthaltsrecht ableiten will, kein Daueraufenthaltsrecht, weil er sich etwa in Strafhaft befand[36], so steht
dies unmittelbar dem Erwerb des Daueraufenthaltsrechts entgegen.

Gleiches gilt nicht, wenn der **Familienangehörige selbst Unionsbürger** ist. Denn in diesem Fall 43
ist sein Aufenthaltsstatus nicht streng akzessorisch, sodass der Familienangehörige nur die Voraussetzungen des fünfjährigen Freizügigkeitszeitraums erfüllen muss.

---

[28] Ein ähnliches Problem stellt sich bei § 4a III Nr. 1; hierzu EuGH Urt. v. 9.1.2003 – C–257/00, Slg. 2003, I-
345 Rn. 50 – Givane.
[29] Zur Überleitungsproblematik s. unten und Abschnitt 8.
[30] KOM(2001) 257 endg. v. 23.5.2001, S. 17 zu Art. 14 des Entwurfs.
[31] EuGH Urt. v. 10.7.2014 – C–244/13 Rn. 47 – Ogieriakhi.
[32] EuGH Urt. v. 10.7.2014 – C–244/13 Rn. 47 – Ogieriakhi.
[33] OVG NRW Beschl. v. 21.1.2011 – 18 A 2513/10 Rn. 37.
[34] EuGH Urt. v. 8.5.2013 – C–529/11 Rn. 34 – Alarape; Urt. v. 16.1.2014 – C–378/12 Rn. 18 – Onuekwere.
[35] EuGH Urt. v. 8.5.2013 – C–529/11 Rn. 34 – Alarape; Urt. v. 16.1.2014 – C–378/12 Rn. 18 – Onuekwere.
[36] → Rn. 27 f.

Dienelt

44 Sofern der Fünf-Jahres-Zeitraum noch nicht abgelaufen sein sollte, ist zu beachten, dass bereits nach drei Jahren über § 28 II 1 AufenthG dem Ehegatten eines Deutschen eine Niederlassungserlaubnis erteilt werden kann. Über § 11 I findet das AufenthG auch auf Unionsbürger und ihre Familienangehörigen Anwendung, wenn es eine günstigere Rechtsstellung vermittelt als das FreizügG/EU.

45 Diese Günstigkeitsklausel ist Ausfluss des im AEUV-Vertrag **primärrechtlich verankerten Diskriminierungsverbots.** Nach Art. 18 AEUV entfaltet das Diskriminierungsverbot seine Wirkungen im Anwendungsbereich des Vertrags „unbeschadet besonderer Bestimmungen der Verträge". Mit dieser Wendung verweist Art. 18 AEUV auf andere Bestimmungen des Vertrags, in denen das allgemeine Verbot des Art. 18 für besondere Anwendungsfälle konkretisiert ist. Art. 18 AEUV, in dem der allgemeine Grundsatz der Nichtdiskriminierung aus Gründen der Staatsangehörigkeit verankert ist, findet daher eigenständig nur auf dem Unionsrecht unterfallende Sachverhalte Anwendung, für die der Vertrag keine spezifischen Antidiskriminierungsvorschriften (etwa Art. 45 AEUV oder Art. 7 VO 492/2011/EU für Arbeitnehmer) bereithält[37].

46 Der **Familiennachzug zu Daueraufenthaltsberechtigten** ist im FreizügG/EU nicht ausdrücklich geregelt. § 3 I regeln den Nachzug zu Unionsbürgern nach § 2 II Nr. 1–5, nicht aber den Nachzug zu Daueraufenthaltsberechtigten nach Nr. 7. Da Familienangehörige von freizügigkeitsberechtigten, aber noch nicht daueraufenthaltsberechtigten Unionsbürgern ein Aufenthaltsrecht haben, muss dies erst recht für Familienangehörige von daueraufenthaltsberechtigten Unionsbürgern gelten. Letztere haben eine stärkere aufenthaltsrechtliche Position als „gewöhnlich" freizügigkeitsberechtigte Unionsbürger.

IV. Daueraufenthaltsrecht bei Beendigung einer Erwerbstätigkeit

47 Abs. 2 legt die Bedingungen für den Erwerb des Daueraufenthaltsrechts für Erwerbstätige fest, die ihre Erwerbstätigkeit beenden, bevor sie ein Daueraufenthaltsrecht gem. Abs. 1 erworben haben. Er ersetzt die bisherigen Regelungen über das Verbleiberecht der Arbeitnehmer und Selbstständigen.

48 Das Daueraufenthaltsrecht wird für folgende Unionsbürger geregelt:

– Personen, die das Rentenalter erreichen (Nr. 1a)
– Vorruheständler (Nr. 1b)
– Personen, die dauernd arbeitsunfähig sind (Nr. 2), und
– Grenzgänger (Nr. 3).

49 Das Verbleiberecht ist für Arbeitnehmer primärrechtlich verankert. Art. 45 IIId AEUV begründet iRd Freizügigkeit der Arbeitnehmer für Staatsangehörige der Mitgliedstaaten das Recht, nach Beendigung einer Beschäftigung im Hoheitsgebiet eines Mitgliedstaats unter Bedingungen zu verbleiben, die die Kommission in DurchführungsVO festlegt. Die Voraussetzungen des Rechts auf Daueraufenthalt der Arbeitnehmer im Aufnahmemitgliedstaat waren ursprünglich in Art. 2 VO 1251/70/EWG in Form eines Verbleiberechts geregelt. Nachdem diese VO aufgehoben wurde[38], werden diese Rechte durch Art. 17 Freizügigkeits-RL konkretisiert.

50 Der **begünstigte Personenkreis** wird durch Verweis auf § 2 II Nr. 1–3 festgelegt: Neben Arbeitnehmern (§ 2 II Nr. 1) werden von Abs. 2 auch Selbstständige (§ 2 II Nr. 2) und Dienstleistungserbringer (§ 2 II Nr. 3) erfasst. Soweit Dienstleistungserbringer erfasst werden, geht das nationale Recht nicht über die Freizügigkeits-RL hinaus. Art. 17 Freizügigkeits-RL spricht zwar nur von Arbeitnehmern und Selbstständigen, jedoch ist der Begriff des Selbstständigen weit gefasst und umfasst auch Dienstleistungserbringer[39].

51 Wesentliche Voraussetzung für den Erwerb des Daueraufenthaltsrechts nach § 4a II 1 ist eine gewisse **Verwurzelung im Aufnahmemitgliedstaat,** die sich in einem dreijährigen ständigen Aufenthalt (Nr. 1 und 3) bzw. einem zweijährigen ständigen Aufenthalt (Nr. 2) im Bundesgebiet ausdrückt.

52 Diese Vorgaben stehen in Bezug auf Nr. 1a im Einklang mit Art. 17 Ia Freizügigkeits-RL, der Folgendes bestimmt: „Arbeitnehmer oder Selbstständige, die zum Zeitpunkt des Ausscheidens aus dem Erwerbsleben das in dem betreffenden Mitgliedstaat für die Geltendmachung einer Altersrente gesetzlich vorgesehene Alter erreicht haben, oder Arbeitnehmer, die ihre abhängige Erwerbstätigkeit im Rahmen einer Vorruhestandsregelung beenden, sofern sie diese Erwerbstätigkeit in dem betreffenden Mitgliedstaat mindestens während der letzten zwölf Monate ausgeübt und sich dort seit mindestens drei Jahren ununterbrochen aufgehalten haben." Bei der unionsrechtlichen Regelung bleibt unklar, ob sich der Aufenthalt über den Zeitraum von drei Jahren sowie die Mindestbeschäftigungszeit auch auf die Fallgruppe, die den Eintritt in das Rentenalter regelt, erstrecken sollen.

---

[37] EuGH Urt. v. 15.1.2002 – C-55/00 Rn. 21 – Gottardo unter Hinweis auf Urt. v. 2.2.1989 – 186/87, Slg. 1989, 195 Rn. 14 – Cowan; vgl. auch Urt. v. 11.1.2007 – C-40/05, Slg. 2007, I-99 Rn. 33 und 34 – Lyyski, Urt. v. 29.4.2004 – C-387/01, Slg. 2004, I-4981 Rn. 57–59 – Weigel.

[38] VO (EG) Nr. 635/2006 der Kommission v. 25.4.2006 zur Aufhebung der VO (EWG) Nr. 1251/70 über das Recht der Arbeitnehmer, nach Beendigung einer Beschäftigung im Hoheitsgebiet eines Mitgliedstaats zu verbleiben (ABl. 2004 L 112, S. 9).

[39] So auch *Epe* in GK-AufenthG IX-2 § 4a Rn. 21.

Dass dies beabsichtigt war, ergibt sich zweifelsfrei aus den Materialien der Freizügigkeits-RL. Der 53 erste Entwurf der Kommission führte zu Art. 15 des Entwurfs aus[40]: „Ziel dieses Artikels ist es, die bereits geltenden Bestimmungen über das Verbleiberecht aufrechtzuerhalten." Weiterhin wird klargestellt: „Art 2 der VO (EWG) Nr. 1251/70 der Kommission und Art 2 der RL 75/34/EWG des Rates regeln die Bedingungen, unter denen Erwerbstätige, die im Aufnahmemitgliedstaat ihre Beschäftigung aufgegeben haben, nach einem Aufenthalt von weniger als vier Jahren das Recht erwerben können, auf Dauer in dem betreffenden Mitgliedstaat zu verbleiben."

Da Arbeitnehmer nach Art. 2 Ia VO 1251/70/EWG[41] und Selbstständige über Art. 2 Ia RL 75/34/ 54 EWG[42] das Verbleiberecht erst nach einer Mindestbeschäftigungsdauer von zwölf Monaten und einem Mindestaufenthalt von drei Jahren erwarben und eine Absenkung der materiellen Voraussetzungen durch die Freizügigkeits-RL nicht beabsichtigt war, gelten sowohl die Mindestaufenthaltsdauer als auch die Mindestbeschäftigungsdauer für die Fallgruppe (Nr. 1a), die den Eintritt in das Rentenalter, dh nach § 35 SGB VI derzeit das 65. Lebensjahr, erfasst.

Neben einem ständigen Aufenthalt über den Zeitraum von drei Jahren im Bundesgebiet verlangen 55 Nr. 1 und 3 **Mindestbeschäftigungszeiten:**
– das Daueraufenthaltsrecht nach den beiden Alt. der Nr. 1 erfordert eine Erwerbstätigkeit während der letzten zwölf Monate im Bundesgebiet
– das Daueraufenthaltsrecht nach Nr. 3 erfordert drei Jahre ständige Erwerbstätigkeit im Bundesgebiet vor Aufnahme der Grenzgängerbeschäftigung.

Beide Alternativen setzen voraus, dass die Erwerbstätigkeit unmittelbar vor dem Eintritt in die 56 Rente, den Vorruhestand oder der Aufnahme der Grenzgängertätigkeit vorlag.

Nach § 4a II 2 **entfallen in Nr. 1 und 2** die Voraussetzungen der **Aufenthaltsdauer und der** 57 **Dauer der Erwerbstätigkeit**, soweit der Ehegatte des Unionsbürgers Deutscher nach Art. 116 GG ist oder diese Rechtsstellung durch Eheschließung mit dem Unionsbürger bis zum 31.3.1953 verloren hat. Die Regelung setzt Art. 17 II Freizügigkeits-RL um.

Art. 17 I letzter UAbs. Freizügigkeits-RL bestimmt, dass **Zeiten unfreiwilliger Arbeitslosigkeit,** 58 die vom zuständigen Arbeitsamt ordnungsgemäß festgestellt werden, oder vom Willen des Betroffenen unabhängige **Arbeitsunterbrechungen sowie krankheits- oder unfallbedingte Fehlzeiten oder Unterbrechungen** als Zeiten der Erwerbstätigkeit gelten. Diese **Anrechnungsregelung** gilt mangels Umsetzung unmittelbar kraft Anwendungsvorrangs im nationalen Recht.

Haben bestimmte Kategorien von Selbstständigen nach den Rechtsvorschriften des Aufnahmemit- 59 gliedstaats keinen Anspruch auf eine Altersrente, so gilt nach Art. 17 Ia UAbs. 2 Freizügigkeits-RL die Altersvoraussetzung als erfüllt, wenn der Betroffene das 60. Lebensjahr vollendet hat. Diese Regelung musste nicht in nationales Recht umgesetzt werden, da die gesetzliche Rentenversicherung nach § 4 II SGB VI auf Antrag auch Selbstständigen offensteht, ohne dass bestimmte Kategorien Selbstständiger ausgeschlossen wären. Wird von der Regelung Gebrauch gemacht, so erwerben Selbstständige in gleicher Weise wie Arbeitnehmer einen Anspruch auf Altersrente mit Vollendung des 65. Lebensjahres.[43]

Das Daueraufenthaltsrecht nach § 4 II 1 Nr. 2 setzt voraus, dass Unionsbürger ihre Erwerbstätigkeit 60 infolge einer **vollen Erwerbsminderung** aufgeben. Mit der Formulierung „vollen Erwerbsminderung" weicht die FreizügG/EU von der Art. 17 Ib Freizügigkeits-RL ab, die verlangt, dass die „Erwerbstätigkeit infolge einer dauernden Arbeitsunfähigkeit aufgegeben" wurde. **Der Begriff der Arbeitsunfähigkeit ist arbeitsplatzbezogen und stimmt nicht mit demjenigen der Erwerbsunfähigkeit überein**[44].

Mit Inkrafttreten des Gesetzes zur Reform der Renten wegen verminderter Erwerbsfähigkeit zum 61 1.1.2001[45] sind die Begriffe Berufs- und Erwerbsunfähigkeit vollständig entfallen. Bis zum 31.12.2000 galt der **alte Begriff der Erwerbsunfähigkeit.** Erwerbsunfähig iSd gesetzlichen Rentenversicherung (§ 44 II SGB VI idF bis 31.12.2000) waren Versicherte, die wegen Krankheit oder Behinderung auf nicht absehbare Zeit außerstande sind, eine Erwerbstätigkeit in gewisser Regelmäßigkeit auszuüben

---

[40] KOM(2001) 257 endg. v. 23.5.2001, S. 17 zu Art. 15 des Entwurfs.
[41] Art. 2 I VO 1251/70/EWG (ABl. 1970 L 142, S. 24): „Folgende Arbeitnehmer haben das Recht, im Hoheitsgebiet eines Mitgliedstaats zu verbleiben: a) der Arbeitnehmer, der zu dem Zeitpunkt, an dem er seine Beschäftigung aufgibt, das nach der (...) Gesetzgebung dieses Staates vorgeschriebene Alter für die Geltendmachung einer Altersrente erreicht hat, dort mindestens in den letzten zwölf Monaten eine Beschäftigung ausgeübt u. sich dort seit mindestens drei Jahren ständig aufgehalten hat; (...)".
[42] Art. 2 I RL 75/34/EWG (ABl. 1975 L 14, S. 10): „Die Mitgliedstaaten erkennen folgenden Selbstständigen das Recht auf ständiges Verbleiben in ihrem Hoheitsgebiet zu: a) dem Selbstständigen, der zu dem Zeitpunkt, an dem er seine Tätigkeit aufgibt, das nach der Gesetzgebung dieses Mitgliedstaats vorgeschriebene Alter für die Geltendmachung einer Altersrente erreicht hat, in diesem Mitgliedstaat mindestens in den letzten zwölf Monaten seine Tätigkeit ausgeübt und sich dort seit mindestens drei Jahren ständig aufgehalten hat."
[43] Epe in GK-AufenthG IX-2 § 4a Rn. 30.
[44] Gutmann, Ausländische Arbeitnehmer, 2005, S. 108; Epe in GK-AufenthG IX-2 § 4a Rn. 35.
[45] BGBl. 2000 I S. 1827.

oder Arbeitsentgelt oder Arbeitseinkommen zu erzielen, das ein Siebtel der monatlichen Bezugsgröße (bis 31.12.2000: 630 DM/322,11 EUR) übersteigt.

62 Erwerbsunfähig ist nicht, wer
– eine selbstständige Tätigkeit ausübte oder
– eine Tätigkeit vollschichtig ausüben konnte.

Dabei war die jeweilige Arbeitsmarktlage nicht zu berücksichtigen.

63 Erwerbsunfähigkeit ist somit danach zu beurteilen, ob der Versicherte auf dem allgemeinen Arbeitsfeld, ohne Begrenzung auf zumutbare Tätigkeit wie bei der Berufsunfähigkeit, noch entsprechende Tätigkeiten verrichten bzw. Arbeitseinkommen erzielen kann.

64 Demgegenüber liegt **Arbeitsunfähigkeit** bereits vor, wenn der Arbeitnehmer aufgrund seines Gesundheitszustands nicht fähig ist, seine zuletzt ausgeübte oder eine ähnlich geartete Beschäftigung auszuüben. Unbeachtet bleibt hierbei, ob der Versicherte noch in der Lage ist, eine sonstige Tätigkeit (zB Verweisungsberufe) zu verrichten. Auch längere Arbeitsunfähigkeitszeiten beweisen noch nicht das Vorliegen von Erwerbsunfähigkeit. Auch der sog. Grad der Behinderung nach dem SchwerbehindertenG ist für das Vorliegen von Erwerbsunfähigkeit allenfalls ein Indiz.

65 § 4a II 1 Nr. 2 setzt voraus, dass die Arbeitsunfähigkeit **kausal** für die Aufgabe der Beschäftigung gewesen sein muss. Nicht erfasst werden damit Fälle, in denen die Beschäftigung freiwillig aufgegeben wird und erst anschließend eine Arbeitsunfähigkeit eintritt.

66 Soweit § 4a II 1 Nr. 3 den Erwerb des Daueraufenthaltsrechts bei **Grenzgängern** davon abhängig macht, dass diese ihren Wohnsitz im Bundesgebiet beibehalten und mindestens einmal in der Woche dorthin zurückkehren, ist diese Regelung aufgrund der unionsrechtlichen Vorgaben nicht erweiterungsfähig. Denn Art. 17 Ic Freizügigkeits-RL sieht einen strengeren Maßstab vor: „Arbeitnehmer oder Selbstständige, die nach drei Jahren ununterbrochener Erwerbstätigkeit und ununterbrochenen Aufenthalt im Aufnahmemitgliedstaat eine abhängige oder selbstständige Erwerbstätigkeit in einem anderen Mitgliedstaat ausüben, ihren Wohnsitz jedoch im Aufnahmemitgliedstaat beibehalten und *in der Regel jeden Tag* oder mindestens einmal in der Woche dorthin zurückkehren."

V. Daueraufenthaltsrecht für Familienangehörige nach Tod, Wegzug, Scheidung, Aufhebung der Ehe

67 Abs. 3 regelt das **Daueraufenthaltsrecht der Familienangehörigen und nahestehenden Personen,** wenn der Erwerbstätige im Laufe seines Erwerbslebens stirbt, ohne zuvor ein Daueraufenthaltsrecht erworben zu haben. Durch den Tod des Arbeitnehmers wird das Recht zum Daueraufenthalt der Familienangehörigen zu einem eigenen Recht. Art. 17 IV RL 2003/38/EG sieht vor, dass die Familienmitglieder des Arbeitnehmers oder Selbstständigen, der im Laufe seines Erwerbslebens verstorben ist, bevor er das Recht auf Daueraufenthalt im Aufnahmemitgliedstaat erworben hat, das Recht haben, sich dort ständig aufzuhalten, sofern
– der Arbeitnehmer oder Selbstständige sich zum Zeitpunkt seines Todes seit zwei Jahren im Hoheitsgebiet dieses Mitgliedstaats ununterbrochen aufgehalten hat oder
– der Tod infolge eines Arbeitsunfalls oder einer Berufskrankheit eingetreten ist oder
– der überlebende Ehegatte die Staatsangehörigkeit dieses Mitgliedstaats durch Eheschließung mit dem Arbeitnehmer oder dem Selbstständigen verloren hat.

68 **Der Familienangehörige** oder die nahestehende Person **muss sich unmittelbar vor dem Tod des Unionsbürgers zwei Jahre im Bundesgebiet aufgehalten haben.** Es ist nicht erkennbar, dass das Unionsrecht gegenüber der VO 1251/70/EWG weitergehende Rechte einräumen wollte. Zu Art. 3 II 1. Gedankenstrich VO 1251/70/EWG, der die Formulierung „seit mindestens zwei Jahren" enthielt, hatte der EuGH in der Rechtssache Givane[46] entschieden, dass der zweijährige ständige Aufenthalt dem Tod des Arbeitnehmers unmittelbar vorhergehen muss. Es muss aber die Unschädlichkeitsregelung in Abs. 6 beachtet werden.

69 Abs. 3 Nr. 3 geht insoweit über die Vorgaben der Freizügigkeits-RL hinaus, als er das eigenständige Daueraufenthaltsrecht nicht nur vermittelt, wenn die deutsche Staatsangehörigkeit infolge der Eheschließung mit dem Unionsbürger bis zum 31.3.1953 verloren gegangen ist, sondern auch in Fällen, in denen der überlebende Ehegatte die deutsche Staatsangehörigkeit besitzt. Damit schreibt die Regelung die früheren unionsrechtlichen Vorgaben, die sich aus Art. 3 II 2. Spiegelstrich VO 1251/70/EWG und Art. 3 II 2. Spiegelstrich RL 75/34/EWG ergaben, fort. Diese Zubilligung eines Daueraufenthaltsrechts hat kaum praktische Bedeutung, da deutsche Staatsangehörige ohnehin nach Art. 11 GG Freizügigkeit genießen. Sie ist nach Art. 37 Freizügigkeits-RL aber mit der Freizügigkeits-RL vereinbar.

70 Soweit die nationale Regelung den Verlust der deutschen Staatsangehörigkeit an das Datum 31.3.1953 bindet, erklärt sich dies daraus, dass bis zu diesem Zeitpunkt die Eheschließung deutscher Frauen mit einem Ausländer gem. § 17 Nr. 6 RuStAG idF v. 22.7.1913[47] zum Verlust der deutschen

---

[46] EuGH Urt. v. 9.1.2003 – C-257/00, Slg. 2003, I-345 Rn. 50 – Givane.
[47] RGBl. S. 583.

Staatsangehörigkeit führte. Mit Inkrafttreten des GleichberechtigungsG am 1.4.1953 ist diese Bestimmung außer Kraft getreten (vgl. Art. 117 GG).

Die Unionsbürgerschaft des verstorbenen Ehegatten muss erst im Zeitpunkt des Todes vorliegen. Sofern man auf den Zeitpunkt der Eheschließung, die zum Verlust der deutschen Staatsangehörigkeit geführt hat, abstellen wollte, käme der Norm keine Bedeutung zu, da die Bestimmung über die Unionsbürgerschaft erst am 1.11.1993 in Kraft getreten ist[48]. 71

Abs. 4 regelt das **eigenständige Aufenthaltsrecht der Familienangehörigen und der nahestehenden Personen,** wenn der Erwerbstätige, von dem sie ihr Aufenthaltsrecht ableiten, ein Daueraufenthaltsrecht gem. § 4a II erworben hat. Sie setzt Art. 17 III RL 2003/38/EG um, der bestimmt, dass die Familienangehörigen eines Arbeitnehmers oder eines Selbstständigen, die sich mit ihm im Hoheitsgebiet des Aufnahmemitgliedstaats aufhalten, ungeachtet ihrer Staatsangehörigkeit das Recht auf Daueraufenthalt in diesem Mitgliedstaat erhalten, wenn der Arbeitnehmer oder Selbstständige für sich das Recht auf Daueraufenthalt in diesem Mitgliedstaat erworben hat. Die Änderung durch das ÄnderungsG 2013 diente der korrekten Umsetzung der unionsrechtlichen Vorgaben. In der vormaligen Fassung umfasste § 4a IV weitergehende Voraussetzungen für den Erwerb des Daueraufenthaltsrechts. Das galt insbesondere für die in Art. 17 III Freizügigkeits-RL nicht enthaltene Forderung, dass der Familienangehörige seinen Aufenthalt bereits bei Entstehen des Daueraufenthaltsrechts haben musste[49]. Voraussetzung des Daueraufenthaltsrechts für Familienangehörige ist, wie bei Abs. 1, nur, dass die Familienangehörigen sich mit dem Unionsbürger im Bundesgebiet aufgehalten haben. **Ein ständiger Aufenthalt ist nach der RL nicht erforderlich, sodass auch kurzfristige Unterbrechungen den Rechtserwerb nicht hindern.** 72

Abs. 5 betrifft die drittstaatsangehörigen Familienangehörigen und nahestehenden Personen, die gemäß § 3 II–IV nach Tod, Wegzug, Scheidung, Aufhebung der Ehe ihr Aufenthaltsrecht unter bestimmten Bedingungen behalten. Sie erwerben nach Ablauf von fünf Jahren das Daueraufenthaltsrecht. Mit dieser Regelung wird Art. 18 Freizügigkeits-RL umgesetzt. 73

Die Fünf-Jahres-Frist wird unter Einbeziehung der bisherigen Aufenthaltszeiten als Familienangehörige eines Unionsbürgers berechnet. Auch die Beschränkungen in § 11 VIII (§ 3 III 2 und V 2 aF) entfallen mit Erlangung eines Daueraufenthaltsrechts. 74

VI. Familiennachzug zum Daueraufenthaltsberechtigten

Für den Fall, dass ein **Unionsbürger nach § 4a II ein Daueraufenthaltsrecht** erlangt hat, ergibt sich unmittelbar aus § 4a IV, dass auch die Familienangehörigen ein Daueraufenthaltsrecht innehaben. Auch der Status der Familienangehörigen ist von dem Vorliegen weiterer Voraussetzungen (Lebensunterhalt usw) unabhängig. 75

Für die Fälle, in denen der **Unionsbürger nach § 4a I ein Daueraufenthaltsrecht** besitzt, gibt es keine entsprechende Regel. Auch das Daueraufenthaltsrecht nach Art. 16 I Freizügigkeits-RL räumt drittstaatsangehörigen Familienangehörigen keinen besonderen Status ein. Das Daueraufenthaltsrecht nach § 4a I kann aber nicht so ausgelegt werden, dass es kein Recht auf ein Zusammenleben mit dem Familienangehörigen enthält oder dergestalt eingeschränkt ist, dass es Familienangehörigen nur ein von einem anderen, niedrigeren Status abgeleitetes Aufenthaltsrecht einräumt[50]. 76

Könnte ein Unionsbürger, der den Status eines Daueraufenthaltsberechtigten erlangt hat, seine Familie nicht nachholen, so würde das Recht wesentlich entwertet. Er wäre uU gezwungen, den Aufnahmestaat zu verlassen, obwohl er sich dort integriert hat. Dies spricht dafür, der Kernfamilie iSd § 1 I Nr. 4 ein Aufenthaltsrecht einzuräumen, dass von den Voraussetzungen des § 2 II unabhängig ist. **Auch wenn das akzessorische Aufenthaltsrecht der Familienangehörigen unabhängig von den Voraussetzungen eines sonstigen Familiennachzugs verliehen wird, so ist es nicht mit dem Daueraufenthaltsrecht gleichzustellen.** Insbesondere muss der Familienangehörige das Aufnahmeland verlassen, wenn die Voraussetzungen für den Nachzug entfallen sind und kein eigenständiges Aufenthaltsrecht entstanden ist. 77

Weder in § 4a noch in Art. 16 RL 2004/38/EG ist geregelt, welche Voraussetzungen an die Entstehung der Freizügigkeit des nachziehenden Familienangehörigen geknüpft werden. Es ist in § 4a I 2 nur geregelt, unter welchen Voraussetzungen der Familienangehörige selbst ein Daueraufenthaltsrecht erlangen kann. 78

Der Nachzug zu einem Daueraufenthaltsberechtigten wird daher nur nach den allgemeinen Voraussetzungen des Art. 7 II 1 Freizügigkeits-RL erfolgen können[51]. Auch wenn der Daueraufenthaltsberechtigte ein Aufenthaltsrecht erlangt hat, welches von den materiellen Freizügigkeitsvoraussetzungen unabhängig ist, ist die Freizügigkeit der nachziehenden Familienangehörigen erst dann von der Erfüllung der Freizügigkeitsvoraussetzungen unabhängig, wenn diese selbst den Status 79

---

[48] So *Epe* in GK-AufenthG IX-2 § 4a Rn. 46.
[49] BT-Drs. 17/10746, 10 zu § 4a.
[50] So EFTA-Gerichtshof Urt. v. 26.7.2011 – E-4/11, InfAuslR 2012, 6 (7) – Clauder.
[51] So OK-MNet-FreizügG/EU § 4a.

Dienelt

eines Daueraufenthaltsberechtigten erlangt haben. Familienangehörige genießen nur dann Freizügigkeit, wenn entweder der Daueraufenthaltsberechtigte oder sie selbst die Voraussetzungen eines Freizügigkeitstatbestandes erfüllen, dh Arbeitnehmer, Selbstständiger, Dienstleistungserbringer usw sind.

80 Insoweit ist die Freizügigkeit des Daueraufenthaltsberechtigten zwar nicht mehr an die Erfüllung eines Freizügigkeitstatbestands gebunden, jedoch kann dieser erforderlich sein, wenn einem Familienangehörigen durch den Nachzug ein akzessorisches Aufenthaltsrecht vermittelt werden soll.

81 Diese Auslegung hat zur Folge, dass ein nachziehender Ehegatte keine Freizügigkeit genießt, wenn der Daueraufenthaltsberechtigte Sozialleistungen bezieht, ohne zugleich von einer der Grundfreiheiten Gebrauch zu machen. Unproblematisch sind hingegen Fälle, in denen der Daueraufenthaltsberechtigte, zu dem der Nachzug erfolgt, selbst von einer Grundfreiheit Gebrauch macht, zB Arbeitnehmer ist. Hier ist, wie auch sonst beim Nachzug zu einem EU-Bürger, der Arbeitnehmer ist, der ergänzende Bezug von Sozialleistungen unbeachtlich.

82 Wegen des **Diskriminierungsverbots** ist aber zu beachten, dass für den Nachzug der Kernfamilie zumindest das Niveau erreicht werden muss, dass das AufenthG für den Nachzug zu Deutschen enthält (Art. 24 I Freizügigkeits-RL, § 11 I). In diesem Fall wird aber eine Aufenthaltserlaubnis nach dem jeweiligen Titel des AufenthG ausgestellt.

83 Der Familiennachzug zu Drittstaatsangehörigen mit Daueraufenthaltsrecht war mit Wirkung zum 1.8.2015 neu geregelt worden[52]. § 4a I 3 regelte bis zum 24.11.2020, dass drittstaatsangehörige Familienangehörige oder nahestehenden Personen eines Daueraufenthaltsberechtigten, der nicht Unionsbürger ist, keinen Anspruch auf den Nachzug nach dem FreizügG/EU haben. Diese Regelung findet sich nunmehr in § 11 IX.

VII. Unschädlichkeit von Abwesenheitszeiten

84 Abs. 6 nennt die vom Unionsrecht vorgegebenen Gründe, die bei der Fristberechnung zum Erwerb des Daueraufenthaltsrechts unbeachtlich sind, dh mitberechnet werden. Die Regelung dient der Umsetzung des Art. 16 III Freizügigkeits-RL. Diese bestimmt:

85 *„Die Kontinuität des Aufenthalts wird weder durch vorübergehende Abwesenheiten von bis zu insgesamt sechs Monaten im Jahr, noch durch längere Abwesenheiten wegen der Erfüllung militärischer Pflichten, noch durch eine einzige Abwesenheit von höchstens zwölf aufeinander folgenden Monaten aus wichtigen Gründen wie Schwangerschaft und Niederkunft, schwere Krankheit, Studium oder Berufsausbildung oder berufliche Entsendung in einen anderen Mitgliedstaat oder einen Drittstaat berührt."*

86 Bei der **Berechnung der Sechs-Monats-Frist** ist zu beachten, dass diese auf das Kalenderjahr bezogen ist. Hält sich der Familienangehörige über die Jahreswende außerhalb des Bundesgebiets auf, so werden die Zeitabschnitte für das jeweilige Kalenderjahr getrennt berechnet, sodass auch zusammenhängende Abwesenheitszeiträume von bis zu einem Jahr in zwei Kalenderjahren denkbar sind[53].

87 Beruht die Abwesenheit auf der **Ableistung des Wehrdienstes** oder eines Ersatzdienstes, so findet über § 11 XIV 1 die Regelung des § 51 III AufenthG entsprechende Anwendung. Es genügt daher, wenn die Wiedereinreise innerhalb von drei Monaten nach der Entlassung aus dem Wehrdienst erfolgt[54].

88 Über § 11 XIV 1 findet außerdem § 51 I 1 Nr. 7, III AufenthG entsprechende Anwendung, sodass auch längere Abwesenheitszeiten unschädlich sind, wenn die Ausländerbehörde eine längere Frist bestimmt hat[55].

VIII. Verlust des Daueraufenthaltsrechts durch Abwesenheit vom Bundesgebiet

89 Abs. 7 enthält eine Regelung für den Verlust des Daueraufenthaltsrechts. Die Regelung dient der Umsetzung des Art. 16 IV Freizügigkeits-RL. Sie geht aber über den dort geregelten Erlöschensgrund hinaus. Denn nach Art. 16 IV Freizügigkeits-RL erlischt das Daueraufenthaltsrecht bereits bei einer „Abwesenheit vom Aufnahmemitgliedstaat, die zwei aufeinanderfolgende Jahre überschreitet".

90 **Nach deutschem Recht ist neben der Abwesenheit von zwei Jahren zusätzlich zu prüfen, ob die Abwesenheit auf einem nicht nur vorübergehenden Grund beruht.** Die weitergehenden Anforderungen haben bei einer Abwesenheit von mindestens zwei Jahren kaum praktische Bedeutung, sie führen aber zu Unsicherheit, weil die Feststellung des Erlöschens ohne Würdigung der konkreten Gegebenheiten des Einzelfalls kaum möglich sein wird.

91 Der Gesetzgeber hat sich mit dieser Formulierung an § 51 I 1 Nr. 6 AufenthG orientiert[56]. Es muss **objektiv feststehen,** dass der Unionsbürger Deutschland nicht nur vorübergehend verlässt[57]. Ent-

---

[52] § 4a I 3 angefügt durch Gesetz v. 27.7.2015 (BGBl. I S. 1386); in Kraft getreten am 1.8.2015.
[53] Ebenso *Harms* in Storr ua § 4a Rn. 11.
[54] Ebenso *Epe* in GK-AufenthG IX-2 § 4a Rn. 54.
[55] *Epe* in GK-AufenthG IX-2 § 4a Rn. 54.
[56] BT-Drs. 16/5065, 405.
[57] BT-Drs. 16/5065, 405.

scheidend ist, ob der Zweck seines Auslandsaufenthalts eine nur vorübergehende Ausreise erfordert oder nicht. Indizien für eine endgültige Ausreise sind die Aufgabe von Arbeitsstelle und Wohnung und die Ausreise unter Mitnahme des Eigentums[58].

Wegen der weiteren Einzelheiten zum Tatbestand der nicht nur vorübergehenden Einreise wird auf die Kommentierung zu § 51 I 1 Nr. 6 AufenthG Bezug genommen. **92**

Die Bescheinigung über das Daueraufenthaltsrecht für Unionsbürger und die Daueraufenthaltskarte für Familienangehörige nach § 5 V begründen grundsätzlich nicht konstitutiv ein Aufenthaltsrecht, sondern stellen deklaratorisch das Vorliegen des Rechts nach § 4a fest. Insoweit hat die **Bescheinigung und die Daueraufenthaltskarte** – ebenso wie die Aufenthaltserlaubnis nach § 4 II bei türkischen Staatsangehörigen – **lediglich deklaratorische Bedeutung**[59] und die Funktion eines Nachweismittels. **93**

Dies wird auch vom FreizügG/EU anerkannt, da § 5 V von einer Bescheinigung für Unionsbürger spricht und für Familienangehörige für den Nachweis des Bestehens des Daueraufenthaltsrechts das „Ausstellen" einer Daueraufenthaltskarte vorsieht. Mit dem Tatbestandsmerkmal „ausstellen" wird anders als mit dem Wort „erteilen" der deklaratorische Charakter der Daueraufenthaltskarte hervorgehoben. **94**

Damit liegt eine deklaratorische Regelung vor, die nach der Konzeption des Gesetzgebers gerade kein Verwaltungsakt sein soll. Dies ist keinesfalls selbstverständlich, da für Altfälle bei einer Daueraufenthaltskarte vom Vorliegen eines **feststellenden Verwaltungsakt** ausgegangen wurde. **95**

Der Verlust des Daueraufenthaltsrechts nach § 4a VII tritt zwar kraft Gesetzes ein. Gleichwohl sieht § 5 VI eine entsprechende Anwendung des § 5 IV 1 für diesen Fall vor. Damit muss eine Verlustfeststellung ergehen, wenn die Ausländerbehörde von einem Erlöschen des Daueraufenthaltsrechts nach § 4a VII ausgehen will[60]. **96**

Damit trägt der Gesetzgeber zugleich dem Umstand Rechnung, dass das gesetzliche Erlöschen des Daueraufenthaltsrechts nicht automatisch zur Rechtswidrigkeit des Aufenthalts führt. Anders als die Freizügigkeits-RL geht das FreizügG/EU von einer **Freizügigkeitsvermutung** aus[61]. Ein Unionsbürger und ein drittstaatsangehöriger Familienangehöriger unterliegen dem FreizügG/EU so lange, bis die Ausländerbehörde eine Feststellung des Verlusts des Daueraufenthaltsrechts nach § 5 IV erlassen hat. Um die Ausreisepflicht nach § 7 I herbeizuführen, ist daher eine Verlustfeststellung zwingend erforderlich. **97**

Besonderheiten gelten in Bezug auf Daueraufenthaltskarten, die bis zum Inkrafttreten des ÄnderungsG 2013 am 29.1.2013 ausgestellt wurden. Diese haben hingegen konstitutive Bedeutung, wenn das Daueraufenthaltsrecht nachträglich entfällt oder die Voraussetzungen des § 4a I 2 zu Unrecht angenommen wurden. Denn erst mit Wirkung zum 29.1.2013 wurde die Notwendigkeit des Widerrufs oder Rücknahme der Daueraufenthaltskarte zur Begründung der Ausreisepflicht in § 7 I 1 aufgehoben. **98**

Eine rechtliche Bedeutung kommt der feststellenden Wirkung der deklaratorischen Daueraufenthaltskarte, die vor dem 29.1.2013 erteilt worden war, auch nach Inkrafttreten der Neuregelung 2013 zu, da sie während ihrer Geltungsdauer als feststellender Verwaltungsakt das Vorliegen des Daueraufenthaltsrechts dokumentiert. Dies hat insbesondere bei einer drohenden Aufenthaltsbeendigung zur Konsequenz, dass einem drittstaatsangehörigen Familienangehörigen, der eine gültige Daueraufenthaltskarte besitzt, nicht entgegengehalten werden kann, er erfülle nicht die Voraussetzungen nach § 4 I 2[62]. Für Altfälle muss daher immer ein Widerruf oder eine Rücknahme der Daueraufenthaltskarte erfolgen, um die Bindungswirkung des feststellenden Verwaltungsakts zu beenden. Eine derartige Regelung wird auch in der Feststellung des Verlusts des Daueraufenthaltsrechts zu sehen sein. **99**

Für Daueraufenthaltskarten ab dem 29.1.2013 gibt es hingegen keine Bindungswirkung der Ausländerbehörde. Diese sind als bloße Bescheinigungen keine feststellenden Verwaltungsakte. Denn mit dem ÄnderungsG 2013 hat der Gesetzgeber in den §§ 5 IV 1, 6 I 1 ausdrücklich geregelt, dass Daueraufenthaltskarten nicht mehr widerrufen werden müssen, sondern eingezogen werden. Folgerichtig wurde in § 7 I der S. 2 gestrichen, der die Ausreisepflicht zu drittstaatsangehörigen Familienangehörigen von Unionsbürgern von dem Widerruf oder der Rücknahme der Daueraufenthaltskarte abhängig machte. Der Bescheinigungscharakter der neuen Daueraufenthaltskarte kommt auch in der Gesetzesbegründung zum Ausdruck, in der der Gesetzgeber ausdrücklich klarstellt, dass ein Widerruf nicht mehr erforderlich ist[63]. Aber auch für diese Daueraufenthaltsrechte ist § 5 VI zu beachten. **100**

---

[58] BT-Drs. 16/5065, 405.
[59] EuGH Urt. v. 27.6.2018 – C-246/17 Rn. 49 – Diallo; EuGH Urt. v. 25.7.2008 – C-127/08 Rn. 52 – Metock; EuGH Urt. v. 21.7.2011 – C-325/09 Rn. 54 – Dias.
[60] Zum Streitstand s. VGH BW Beschl. v. 21.11.2018 – 11 S 2019/18 Rn. 12 mwN.
[61] Zu Einzelheiten s. § 11.
[62] Zu einer Aufenthaltserlaubnis-EG BVerwG Beschl. v. 23.5.2001 – 1 B 125.00, InfAuslR 2001, 312.
[63] BT-Drs. 17/10746, 11 zu § 5: „Als Bescheinigung, die das Recht auf Einreise und Aufenthalt als Familienangehöriger eines Unionsbürgers bestätigt, kann die Aufenthaltskarte im Fall des Verlusts des Freizügigkeitsrechts *eingezogen* werden." Weiter zu § 7: „Da auch Familienangehörige von Unionsbürgern ausreisepflichtig sind, wenn die

IX. Überleitung der vor 2007 erteilten nationalen Daueraufenthaltsrechte

101 Mit Einführung des unionsrechtlichen Daueraufenthaltsrechts nach § 4a I durch das RLUmsG 2007 stellt sich die Frage, was aus den bis dahin erteilten nationalen Daueraufenthaltsrechten nach § 2 V idF des Gesetzes vom 30.7.2004 geworden ist. Die in § 15 enthaltene Übergangsregelung erfasst diese Fallgruppe nicht.

102 Hat der Gesetzgeber keine Übergangsregelung getroffen, so bleibt die Rechtsstellung nach § 2 V aF grundsätzlich erhalten. In der Regel wird der Inhaber des Daueraufenthaltsrechts nach § 2 V aF zugleich auch die gleichlautenden Voraussetzungen für ein Daueraufenthaltsrecht nach § 4a I erfüllen. Insoweit wird die Rechtsstellung unverändert weitergeführt, wobei nur die formellen Voraussetzungen nach § 5 V (vormals § 5 VI aF) zu beachten sind.

103 Problematisch ist die Überleitung der Rechtsstellung in Bezug auf die **Bestandsicherheit des Daueraufenthaltsrechts.** Denn anders als § 4a VII enthielt § 2 V aF keinen Erlöschensgrund. Auch die Erlöschenstatbestände nach § 51 I 1 Nr. 6 und 7 AufenthG galten nicht, da sie nicht in § 11 I 1 aF aufgeführt waren.

104 Es ist davon auszugehen, dass der Gesetzgeber alle Daueraufenthaltsrechte mit Inkrafttreten des RLUmsG 2007 einheitlich dem Erlöschenstatbestand des § 4a VII unterwerfen wollte. Damit werden auch die bereits bestehenden Daueraufenthaltsrechte nach § 2 V aF der Erlöschensregelung für die Zukunft unterworfen. Da der Gesetzgeber die Rechtsstellung nicht rückwirkend für die Vergangenheit neu geregelt hat, sondern nur für die Zukunft einen Erlöschenstatbestand einführte, liegt **kein Verstoß gegen das rechtsstaatliche Rückwirkungsverbot** vor.

105 Damit steht aber zugleich fest, dass der Erlöschensgrund nur auf Abwesenheitszeiten anzuwenden ist, die nach dem 28.8.2007 eingetreten sind. Die rückwirkende Anwendung der Erlöschensregelung auf Abwesenheitszeiträume ab dem 1.1.2005 würde gegen den Grundsatz des Vertrauensschutzes verstoßen[64].

§ 5 Aufenthaltskarten, Bescheinigung über das Daueraufenthaltsrecht

(1) ¹Freizügigkeitsberechtigten Familienangehörigen, die nicht Unionsbürger sind, wird von Amts wegen innerhalb von sechs Monaten, nachdem sie die erforderlichen Angaben gemacht haben, eine Aufenthaltskarte für Familienangehörige von Unionsbürgern ausgestellt, die fünf Jahre gültig sein soll. ²Eine Bescheinigung darüber, dass die erforderlichen Angaben gemacht worden sind, erhält der Familienangehörige unverzüglich.

(2) ¹Die zuständige Ausländerbehörde kann verlangen, dass die Voraussetzungen des Rechts nach § 2 Abs. 1 drei Monate nach der Einreise glaubhaft gemacht werden. ²Für die Glaubhaftmachung erforderliche Angaben und Nachweise können von der zuständigen Meldebehörde bei der meldebehördlichen Anmeldung entgegengenommen werden. ³Diese leitet die Angaben und Nachweise an die zuständige Ausländerbehörde weiter. ⁴Eine darüber hinausgehende Verarbeitung oder Nutzung durch die Meldebehörde erfolgt nicht.

(3) Das Vorliegen oder der Fortbestand der Voraussetzungen des Rechts nach § 2 Absatz 1 kann aus besonderem Anlass überprüft werden.

(4) ¹Sind die Voraussetzungen des Rechts nach § 2 Abs. 1 innerhalb von fünf Jahren nach Begründung des ständigen rechtmäßigen Aufenthalts im Bundesgebiet entfallen oder liegen diese nicht vor, kann der Verlust des Rechts nach § 2 Abs. 1 festgestellt und bei Familienangehörigen, die nicht Unionsbürger sind, die Aufenthaltskarte eingezogen werden. ²§ 4a Abs. 6 gilt entsprechend.

(5) ¹Auf Antrag wird Unionsbürgern unverzüglich ihr Daueraufenthaltsrecht bescheinigt. ²Ihren daueraufenthaltsberechtigten Familienangehörigen, die nicht Unionsbürger sind, wird innerhalb von sechs Monaten nach Antragstellung eine Daueraufenthaltskarte ausgestellt.

(6) Für den Verlust des Daueraufenthaltsrechts nach § 4a Abs. 7 gilt Absatz 4 Satz 1 entsprechend.

(7) ¹Bei Verleihung des Rechts nach § 3a Absatz 1 stellt die zuständige Behörde eine Aufenthaltskarte für nahestehende Personen, die nicht Unionsbürger sind, aus, die fünf Jahre gültig sein soll. ²Die Inhaber des Rechts dürfen eine Erwerbstätigkeit ausüben. ³Absatz 5 Satz 2 findet entsprechende Anwendung.

---

zuständige Behörde den Verlust des Freizügigkeitsrechts festgestellt hat, kann Satz 2 gestrichen werden. Die *Einziehung* der deklaratorischen Aufenthaltskarte oder Daueraufenthaltskarte kann als Folge der Verlustfeststellung angeordnet werden und muss daher in Bezug auf das Entstehen der Ausreisepflicht in § 7 nicht gesondert genannt werden."

[64] Ebenso *Harms* in Storr ua § 4a Rn. 5.

Allgemeine Verwaltungsvorschrift
5 Zu § 5 – Aufenthaltskarten, Bescheinigung über das Daueraufenthaltsrecht
5.0 Allgemeines

Für keine Gruppe von Unionsbürgern (Erwerbstätige und Nichterwerbstätige) ist ein Aufenthaltstitel erforderlich (§ 2 Absatz 4 Satz 1). Das Freizügigkeitsrecht entsteht bereits originär aufgrund von Unionsrecht. Daher ist bei Unionsbürgern und ihren Familienangehörigen grundsätzlich vom Bestehen der Voraussetzungen für die Ausübung des Freizügigkeitsrechts auszugehen. Drittstaatsangehörigen Familienangehörigen wird – wenn sie die erforderlichen Angaben gemacht haben – von Amts wegen eine Aufenthaltskarte ausgestellt (vgl. Nummer 5.1). Sind die Voraussetzungen für den Erwerb eines Daueraufenthaltsrechts nach § 4a erfüllt, wird dem betroffenen Unionsbürger auf Antrag das Daueraufenthaltsrecht bescheinigt. Einem drittstaatsangehörigen Familienangehörigen, der ein Daueraufenthaltsrecht erworben hat, wird auf Antrag eine Daueraufenthaltskarte ausgestellt (vgl. Nummer 5.5).

5.1 Aufenthaltskarte für Familienangehörige von Unionsbürgern

5.1.1 Die drittstaatsangehörigen Familienangehörigen eines Unionsbürgers erhalten von Amts wegen eine Aufenthaltskarte auf einem bundeseinheitlich vorgegebenen Vordruck (§ 58 Satz 1 Nummer 13 i. V. m. Anlage D15 zur AufenthV). Die Aufenthaltskarte ist deklaratorisch, d. h. das Freizügigkeitsrecht entsteht originär durch das Unionsrecht und nicht durch die Ausstellung einer Aufenthaltskarte. Sie dient dem Nachweis des Aufenthaltsrechts und ermöglicht eine visumfreie Einreise in die Mitgliedstaaten (vgl. Nummer 2.4.3).

5.1.2 Die Aufenthaltskarte wird i. d. R. mit einem Gültigkeitszeitraum von fünf Jahren ausgestellt, es sei denn, dem Aufenthaltsrecht des Unionsbürgers, von dem das Recht des drittstaatsangehörigen Familienangehörigen ableitet, ergibt sich ein kürzerer Zeitraum. Die Ausstellung der Aufenthaltskarte erfolgt unabhängig davon, ob der Familienangehörige mit einem nach § 2 Absatz 4 Satz 2 ausgestellten Visum eingereist ist.

5.1.3 Die Aufenthaltskarte ist innerhalb von sechs Monaten, nachdem der Familienangehörige die erforderlichen Angaben gemacht hat, von Amts wegen auszustellen (Umsetzung des Artikels 10 Absatz 1 Satz 1 Freizügigkeitsrichtlinie). Eine Bescheinigung darüber, dass die für das Verfahren erforderlichen Angaben gemacht wurden, wird unverzüglich ausgestellt. Einen bundeseinheitlichen Vordruck für diese Bescheinigung gibt es nicht. Die Bescheinigung kann mit folgendem Text ausgegeben werden: „Der Inhaber/die Inhaberin dieser Bescheinigung hat als Familienangehöriger eines Unionsbürgers die Angaben gemacht, die für die Ausstellung der Aufenthaltskarte erforderlich sind."

5.1.4 In diesem Zusammenhang wird auf das Urteil des Europäischen Gerichtshofs vom 25. Juli 2002, Rs. C-459/99 – MRAX, hingewiesen: Danach kann die Zurückweisung eines drittstaatsangehörigen Familienangehörigen, der ohne gültiges Visum einreisen möchte, unverhältnismäßig sein, wenn er seine Identität und das Verwandtschaftsverhältnis nachweisen kann und wenn es keine Anhaltspunkte dafür gibt, dass er eine Gefahr für die öffentliche Ordnung, Sicherheit oder Gesundheit darstellt (vgl. auch Nummer 2.4.2.2 f.).

5.1.5 Auf der Aufenthaltskarte für Familienangehörige von Unionsbürgern aus Beitrittsstaaten, für die noch Übergangsbeschränkungen im Bereich der Arbeitnehmerfreizügigkeit gelten, ist der Hinweis „SIEHE ZUSATZBLATT" aufzunehmen, auf dem die Einschränkungen der Erwerbstätigkeit zu vermerken sind (siehe Nummer 13).

5.1.6 Für die Ausstellung der Aufenthaltskarte wird gemäß § 47 Absatz 3 AufenthV zur Entlastung der öffentlichen Haushalte eine Gebühr in Höhe von 28,80 Euro erhoben. Bei Personen, die zu einem der in § 47 Absatz 3 Satz 2 AufenthV genannten Zeitpunkten noch nicht 24 Jahre alt sind, beträgt die Gebühr jeweils 22,80 Euro. Die Festlegung der Gebührenhöhen in § 47 Absatz 3 AufenthV orientiert sich dabei an der europarechtlichen Vorgabe, maximal eine Gebühr in Höhe der Gebühr für entsprechende Dokumente der eigenen Staatsangehörigen (z. B. Personalausweis) zu erheben.

5.1.7 Gemäß § 15 gilt eine vor dem 28. August 2007 unter der bisherigen Bezeichnung ausgestellte Aufenthaltserlaubnis-EU als Aufenthaltskarte eines Familienangehörigen eines EU-Bürgers bis zum Ablauf des Gültigkeitsdatums fort.

5.2 Glaubhaftmachung der aufenthaltsrechtlichen Voraussetzungen

5.2.1 Die Ausländerbehörde kann die Glaubhaftmachung der aufenthaltsrechtlichen Voraussetzungen durch Angaben und Vorlage der erforderlichen Nachweise sowohl bei Unionsbürgern als auch bei deren Familienangehörigen verlangen. Dies ist jedoch erst drei Monate nach Einreise zulässig (Artikel 8 Absatz 2 Freizügigkeitsrichtlinie). Davor besteht das voraussetzungslose Aufenthaltsrecht gemäß § 2 Absatz 5. Hinsichtlich des Verfahrens ist zwischen Unionsbürgern einerseits und drittstaatsangehörigen Familienangehörigen andererseits zu unterscheiden.

5.2.1.1 Unionsbürger

5.2.1.1.1 Bei einem Unionsbürger ist grundsätzlich vom Bestehen der Freizügigkeitsvoraussetzungen auszugehen, wenn er erklärt, dass eine der geforderten Ausübungsvoraussetzungen vorliegt und keine Zweifel an seiner Erklärung bestehen. In diesem Fall ist von der Vorlage entsprechender Dokumente zur Glaubhaftmachung der Voraussetzungen des Freizügigkeitsrechts abzusehen. Eine Überprüfung der Angaben findet nicht statt.

5.2.1.1.2 Für den Fall, dass auf eine Prüfung verzichtet werden kann, können von einem freizügigkeitsberechtigten Unionsbürger nur die in § 5 Absatz 1 genannten und von einem Familienangehörigen, der ebenfalls Unionsbürger ist, nur die in § 5a Absatz 2 genannten Dokumente verlangt werden (zu drittstaatsangehörigen Familienangehörigen vgl. Nummer 5.2.1.2).

5.2.1.1.3 Sollten die Voraussetzungen für ein Aufenthaltsrecht nicht vorliegen, stellt die Ausländerbehörde dies fest und teilt es dem Betroffenen mit. Die Ausreisepflicht entsteht mit der Feststellung der fehlenden Freizügigkeitsvoraussetzungen. Die Unanfechtbarkeit der Feststellung muss nicht abgewartet werden. Die Pflicht zur Ausreise gilt unabhängig von der Bestandskraft des feststellenden Bescheids (§ 7 Absatz 1, vgl. im Einzelnen Nummer 7.1.1.1 f.).

5.2.1.1.4 Um auszuschließen, dass dem Aufenthaltsrecht bereits von Anfang an Gründe der öffentlichen Ordnung, Sicherheit und Gesundheit entgegenstehen, ist i. d. R. entsprechend des nach Maßgabe des Urteils des EuGH vom 16. Dezember 2008 in der Rs. C-524/06 – Huber, geänderten Gesetzes über das Ausländerzentralregister eine AZR-Abfrage durchzuführen. Hierbei ist auch die Dokumentennummer des vorgelegten Identitätsdokuments zu prüfen. Ergeben sich aus der Abfrage mögliche Gründe, die dem Bestehen eines Aufenthaltsrechts entgegenstehen (Einreise- und Aufenthaltsverbote, Ausschreibung zur Einreiseverweigerung), ist zu prüfen, ob aufenthaltsbeendende Maßnahmen im Einzelfall unter Beachtung der unionsrechtlichen Anforderungen gerechtfertigt sind. Maßstab ist § 6 (vgl. Nummer 6 ff.). Zur Frage der Befristung sowie Aufhebung oder Verkürzung von bestehenden Einreise- und Aufenthaltsverboten – auch in Fällen von sog. Altausweisungen – vgl. Nummer 7.2.8.1 ff.

Um festzustellen, ob der Betroffene eine Gefahr für die öffentliche Ordnung und Sicherheit darstellt, können gemäß Artikel 27 Absatz 3 Freizügigkeitsrichtlinie auch Auskunftsersuchen zu Vorstrafen an den Herkunftsmitgliedstaat oder falls erforderlich an einen anderen Mitgliedstaat gerichtet werden, wenn dies für unerlässlich angesehen wird. Diese Anfragen dürfen nur einzelfallbezogen und nicht systematisch erfolgen. Entsprechende Anfragen sind über das Bundesamt für Justiz an den entsprechenden Mitgliedstaat zu richten.

5.2.1.2 Familienangehörige von Unionsbürgern aus Drittstaaten

5.2.1.2.1 Bei Familienangehörigen aus Drittstaaten ist das Vorliegen der Freizügigkeitsvoraussetzungen vor Ausstellung einer Aufenthaltskarte durch die Ausländerbehörde zu prüfen. Die aktuelle Rechtsprechung des Europäischen Gerichtshofs zum Aufenthaltsrecht drittstaatsangehöriger Familienangehöriger (vgl. unter Nummer 3.0.3) ist bei der Entscheidung zu beachten.

5.2.1.2.2 Von den drittstaatsangehörigen Familienangehörigen können nur die in § 5a Absatz 2 genannten Dokumente verlangt werden.

5.2.1.2.3 Eine AZR-Abfrage ist durchzuführen.

5.2.1.2.4 Ggf. ist zu prüfen, ob aufenthaltsbeendende Maßnahmen zu ergreifen sind (siehe Nummer 5.3.1.1.4, bei bestehender Wiedereinreisesperre siehe Nummer 5.3.1.1.5 und 7.2.4).

5.2.2 Unionsbürger und ihre Familienangehörigen können die für die Glaubhaftmachung des Freizügigkeitsrechts erforderlichen Angaben und Nachweise im Zusammenhang mit der meldebehördlichen Anmeldung gegenüber der zuständigen Meldebehörde abgeben.

5.2.2.1 Für Unionsbürger ist i. d. R. keine persönliche Vorsprache in der Ausländerbehörde erforderlich. Die Verfahrensausgestaltung im Einzelnen ist den Ländern überlassen.

5.2.2.2 Die Vorschrift des § 17 Absatz 1 des Bundesmeldegesetzes sieht eine Pflicht zur Anmeldung bei der Meldebehörde innerhalb einer Frist von zwei Wochen nach Beziehen einer Wohnung vor. Zu diesem Zeitpunkt besteht zumindest bei einem Erstzuzug in das Bundesgebiet i. d. R. das von materiellen Voraussetzungen unabhängige Aufenthaltsrecht nach § 2 Absatz 5 für einen Aufenthalt von bis zu drei Monaten. Die Ausländerbehörde kann die Glaubhaftmachung der Voraussetzungen für das Freizügigkeitsrecht insofern erst drei Monate nach der Einreise fordern (siehe Nummer 2.5.1). Geben der Unionsbürger und seine Familienangehörigen die erforderlichen Angaben und Nachweise nicht gegenüber der Meldebehörde ab, so müssen sie daher darauf hingewiesen werden, dass die erforderlichen Angaben zum Freizügigkeitsrecht auch gesondert zu einem späteren Zeitpunkt vor der Ausländerbehörde gemacht werden können.

5.2.2.3 Auch wenn Unionsbürger erforderliche Angaben und Nachweise bereits im Zusammenhang mit der meldebehördlichen Anmeldung abgeben haben und ihnen keine Aufenthaltsbescheinigung o. ä. ausgestellt wird, fällt ein Verwaltungsvorgang an, der in geeigneter Weise zu dokumentieren ist. Für Unionsbürger sind weiterhin Ausländerakten zu führen, in denen alle wesentlichen Aspekte des Einzelfalles nachvollziehbar und ersichtlich dokumentiert sind. Dies kann sowohl in elektronischer Form als auch in Papierform erfolgen.

5.2.3 Hat die Meldebehörde entsprechende Angaben oder Nachweise des Unionsbürgers entgegengenommen, leitet sie diese an die Ausländerbehörde weiter. Die Festlegung des Verfahrensablaufs im Einzelnen bleibt den Ländern überlassen.

5.2.4 Eine über die dargestellte „Botenfunktion" der Meldebehörde hinausgehende Kompetenz bezüglich aufenthaltsrechtlicher Datenverarbeitung besteht nicht. Eine darüber hinausgehende Verarbeitung oder Nutzung dieser Angaben und Nachweise durch die Meldebehörde erfolgt nicht.

5.3 Überprüfung des Vorliegens oder des Fortbestands der Voraussetzungen des Freizügigkeitsrechts

5.3.1 Die Ausländerbehörde kann das Vorliegen oder den Fortbestand der Voraussetzungen des Freizügigkeitsrechts aus besonderem Anlass prüfen.

5.3.2 Ein besonderer Anlass für eine Überprüfung des Vorliegens oder des Fortbestands der Voraussetzungen des Freizügigkeitsrechts liegt insbesondere dann vor, wenn nichterwerbstätige Unionsbürger oder deren Familienangehörige Leistungen nach SGB II oder SGB XII in Anspruch nehmen wollen (vgl. auch Nummer 4.1.2 f.). Dies entspricht Artikel 14 Absatz 2 Freizügigkeitsrichtlinie. Der Bezug von Leistungen nach den genannten Sozialgesetzbüchern darf jedoch nicht automatisch zur Verlustfeststellung führen.

Ob im jeweiligen Einzelfall gegebenenfalls die Anspruchsvoraussetzungen für eine Gewährung öffentlicher Leistungen wegen Nichtvorliegens der Freizügigkeitsvoraussetzungen nicht erfüllt sind, ist von der jeweiligen Leistungsbehörde in eigener Zuständigkeit unter Berücksichtigung der im jeweiligen Leistungsrecht geltenden Regeln für die Darlegungs- und Beweislast zu entscheiden. Falls erforderlich, kann die zuständige Ausländerbehörde hinzugezogen werden. Allein die Ausländerbehörde ist zu einer auch mit aufenthaltsrechtlichen Konsequenzen verbundenen Feststellung des Verlusts des Freizügigkeitsrechts befugt (zur Datenübermittlung durch öffentliche Stellen an die Ausländerbehörde vgl. § 11 Absatz 1 Satz 9 sowie Nummer 11.1.4).

5.3.3 Ein besonderer Anlass für eine Überprüfung des Vorliegens der Voraussetzungen des Freizügigkeitsrechts liegt auch vor, wenn hinreichende Anhaltspunkte bekannt werden, dass die betreffende Person über freizügigkeitsrechtlich relevante Umstände getäuscht haben (z. B. Täuschung über nicht vorhandene Existenzmittel). Vgl. dazu Nummer 2.7.

5.4 Feststellung des Verlusts des Freizügigkeitsrechts

5.4.1.1 Der Verlust des Freizügigkeitsrechts kann auf Grundlage von § 5 Absatz 4 festgestellt werden, wenn die Voraussetzungen des Freizügigkeitsrechts entfallen sind oder nicht vorliegen. Im Rahmen einer Entscheidung über eine Verlustfeststellung ist im jeweiligen Einzelfall zu prüfen, ob die Voraussetzungen des Freizügigkeitsrechts innerhalb von fünf Jahren nach Begründung des ständigen rechtmäßigen Aufenthalts im Bundesgebiet entfallen sind oder ob diese Voraussetzungen zu keinem Zeitpunkt vorgelegen haben.

5.4.1.2 Der Verlust des Freizügigkeitsrechts aufgrund des Entfalls der Voraussetzungen (§ 5 Absatz 4 Satz 1, erste Alternative) kann nur innerhalb der ersten fünf Jahre nach Begründung des ständigen rechtmäßigen Aufenthalts festgestellt werden. Maßgeblich hierfür ist allein die Begründung eines im Sinn des Freizügigkeitsrechts rechtmäßigen Aufenthalts. Nach Ablauf von fünf Jahren ständigen rechtmäßigen Aufenthalts ist der Entfall der Freizügigkeitsvoraussetzungen nicht mehr relevant, da das vom Fortbestehen der Voraussetzungen des § 2 Absatz 2 unabhängige Daueraufenthaltsrecht erworben wurde (vgl. Nummer 4a).

Aufenthaltskarten, Bescheinigung über das Daueraufenthaltsrecht § 5 FreizügG/EU 2

5.4.1.3 Eine Feststellung gemäß § 5 Absatz 4 Satz 1 kann nach fünf Jahren ständigen rechtmäßigen Aufenthalts aufgrund des damit verbundenen Erwerbs des Daueraufenthaltsrechts nicht mehr getroffen werden (vgl. dazu BVerwG, Urteil vom 16. Juli 2015 – BVerwG 1 C 22.14). Sowohl nach den europarechtlichen Vorgaben (Artikel 16 Absatz 1 Freizügigkeitsrichtlinie) als auch nach nationalem Recht (§ 4a Absatz 1) ist für den Erwerb des Daueraufenthaltsrechts ein rechtmäßiger Aufenthalt von fünf Jahren gemäß dem Freizügigkeitsrecht Voraussetzung (zu den Anforderungen an die Rechtmäßigkeit vgl. Nummer 4a.1.1). Der Aufenthalt ist dementsprechend nicht rechtmäßig, wenn spätestens im Zeitpunkt der Vollendung der Fünf-Jahresfrist eine Feststellung über den Verlust oder das Nichtbestehen des Freizügigkeitsrechts vorliegt. Sinn der Vorschrift zum Daueraufenthaltsrecht ist es, nach einem gewissen Zeitraum des rechtmäßigen Aufenthalts (fünf Jahre) für den Unionsbürger Rechtssicherheit hinsichtlich seines Aufenthaltsstatus herzustellen und somit seine Integration zu fördern (Erwägungsgründe 17 und 18 der Freizügigkeitsrichtlinie).

5.4.1.4 Liegen die Voraussetzungen für die Ausübung des Freizügigkeitsrechts nicht vor (§ 5 Absatz 4 Satz 1, zweite Alternative), kommt nach einer Prüfung im jeweiligen Einzelfall eine Verlustfeststellung gegebenenfalls auch nach mehr als fünf Jahren nach der Einreise und Begründung des Aufenthalts im Bundesgebiet in Betracht. Dies kann z. B. dann der Fall sein, wenn die entsprechenden Aufenthaltszeiten allein auf der Grundlage eines nationalen Aufenthaltstitels zurückgelegt wurden, jedoch nicht die Voraussetzungen des Freizügigkeitsrechts erfüllten. In diesen Fällen wird das vom Fortbestehen der Voraussetzungen des § 2 Absatz 2 unabhängige Daueraufenthaltsrecht nicht erworben, da hierfür ebenfalls allein der im Sinn des Freizügigkeitsrechts rechtmäßige Aufenthalt maßgeblich ist (vgl. dazu BVerwG, Urteil vom 16. Juli 2015 – BVerwG 1 C 22.14 sowie Nummer 4a.1.1).

5.4.1.5 Die Feststellung des Verlusts des Rechts nach § 2 Absatz 1 auf der Grundlage von § 5 Absatz 4 ist eine Ermessensentscheidung. Im Fall von (vormals) unselbständig Erwerbstätigen umfasst dies insbesondere eine Prüfung, ob der Betroffene nicht mehr als Arbeitnehmer im Sinn des Unionsrechts in seiner Auslegung durch den EuGH anzusehen ist (und auch nicht der Fortwirkung der Arbeitnehmereigenschaft nach § 2 Absatz 3 unterliegt) oder diese Voraussetzungen zu keinem Zeitpunkt erfüllt hat (vgl. Nummer 2.2.1.1). Entsprechendes gilt für selbständig Erwerbstätige. Im Fall von Arbeitsuchenden ist insbesondere auch darauf abzustellen, ob sich der Betroffene sechs Monate oder weniger im Bundesgebiet aufgehalten hat; im Fall eines über sechs Monate hinausgehenden Aufenthalts gelten erhöhte Anforderungen an den Nachweis in Bezug auf die Arbeitsuche durch den Betroffenen (vgl. Nummer 2.2.1a.1 ff.). Nichterwerbstätige müssen für sich und ihre Familienangehörigen über ausreichenden Krankenversicherungsschutz sowie ausreichende Existenzmittel verfügen (vgl. Nummer 4.1.2 ff.). Wollen nichterwerbstätige Unionsbürger oder deren Familienangehörige Leistungen nach SGB II oder SGB XII in Anspruch nehmen, liegt insofern ein besonderer Anlass für eine Überprüfung des Vorliegens der Freizügigkeitsvoraussetzungen vor (vgl. Nummer 5.3.2) sowie in der Folge gegebenenfalls für eine Feststellung des Verlusts des Freizügigkeitsrechts auf der Grundlage von § 5 Absatz 4 vor. Erforderlich ist dabei immer eine Prüfung des jeweiligen Einzelfalles. Dagegen kommt eine automatische Verlustfeststellung wegen des Bezugs oder der Beantragung von Sozialleistungen nicht in Betracht. In den genannten Fällen ist zu beachten, dass Unionsbürger und ihre Familienangehörigen, die den Unionsbürger begleiten oder ihm nachziehen, für einen Aufenthalt von bis zu drei Monaten gemäß § 2 Absatz 5 lediglich über ein gültiges Ausweisdokument verfügen müssen. Ihr Aufenthalt kann in dieser Zeit nicht von den oben genannten weiteren Voraussetzungen abhängig gemacht werden. Zu beachten ist auch, dass ein erloschenes Freizügigkeitsrecht wieder aufleben kann, z. B. wenn ein Arbeitsuchender eine Beschäftigung findet oder ein Nichterwerbstätiger – wieder – über ausreichende eigene Existenzmittel verfügt.

5.4.1.6 Das Freizügigkeitsrecht entsteht originär aufgrund von Unionsrecht. Daher ist bei Unionsbürgern und ihren Familienangehörigen grundsätzlich vom Bestehen des Freizügigkeitsrechts auszugehen. Eine Überprüfung, ob die Voraussetzungen für eine mit aufenthaltsrechtlichen Konsequenzen verbundene Feststellung des Verlusts des Freizügigkeitsrechts auf der Grundlage von § 5 Absatz 4 vorliegen, ist daher nach § 5 Absatz 3 nur bei besonderem Anlass zulässig (vgl. Nummer 5.3.2 f.).

5.4.1.7 Die Feststellung des Verlustes des Freizügigkeitsrechts ist bei drittstaatsangehörigen Familienangehörigen mit dem Einzug der Aufenthaltskarte zu verbinden.

5.4.2 Absatz 4 Satz 2 verweist auf § 4a Absatz 6 (siehe Nummer 4a.6). Die dort aufgeführten Abwesenheitszeiten berühren den ständigen Aufenthalt nicht.

5.5 Bescheinigung des Daueraufenthaltsrechts, Daueraufenthaltskarte

5.5.0 Unionsbürgern wird auf Antrag unverzüglich ihr Daueraufenthaltsrecht bescheinigt. Drittstaatsangehörigen Familienangehörigen, die zum Daueraufenthalt berechtigt sind, wird innerhalb von sechs Monaten nach Antragstellung eine Daueraufenthaltskarte ausgestellt.

5.5.1 Die Bescheinigung über das Daueraufenthaltsrecht wird ausgestellt, nachdem die Dauer des Aufenthalts überprüft worden ist (Artikel 19 Absatz 1 Freizügigkeitsrichtlinie). Eine Überprüfung kann sich auf die Zeitspanne des Aufenthalts sowie erforderlichenfalls auch auf die Rechtmäßigkeit der zurückgelegten Aufenthaltszeiten richten. Rechtmäßig für den Erwerb des Daueraufenthaltsrechts sind nur diejenigen Aufenthaltszeiten, während derer die Voraussetzungen des Freizügigkeitsrechts erfüllt worden sind (EuGH, Urteil vom 21. Dezember 2011, verb. Rs. C-424/10 u. C-425/10, Ziolkowski u. Szeja; vgl. auch Nummer 4a.1.1). Entsprechendes gilt für die Ausstellung der Daueraufenthaltskarte. Etwaige Überprüfungsmaßnahmen müssen verhältnismäßig sein und die zeitlichen Vorgaben von § 5 Absatz 5 beachten: Die Bescheinigung über das Daueraufenthaltsrecht ist Unionsbürgern nach Antragstellung unverzüglich auszustellen, wenn die Voraussetzungen für das Daueraufenthaltsrecht erfüllt werden. Die Daueraufenthaltskarte für drittstaatsangehörige Familienangehörige ist innerhalb von sechs Monaten nach Antragstellung bei Vorliegen der Voraussetzungen auszustellen.

Abwesenheitszeiten, die den ständigen Aufenthalt nicht berühren und insofern für den Erwerb des Daueraufenthaltsrechts unschädlich sind, sind in § 4a Absatz 6 niedergelegt; diese sind mit anzurechnen (vgl. auch Nummer 4a.6).

5.5.2 Für die Ausstellung der Daueraufenthaltskarte wird gemäß § 47 Absatz 3 AufenthV zur Entlastung der öffentlichen Haushalte eine Gebühr in Höhe von 28,80 Euro erhoben. Bei Personen, die zu einem der in § 47 Absatz 3 Satz 2 AufenthV genannten Zeitpunkte noch nicht 24 Jahre alt sind, beträgt die Gebühr jeweils 22,80 Euro. Für die Ausstellung der Bescheinigung des Daueraufenthaltsrechts wird eine Gebühr von 8 Euro erhoben.

Dienelt

5.5.3 Die Bestätigung des Daueraufenthaltsrechts erfolgt auf einem bundeseinheitlich vorgegebenen Vordruck (§ 58 Satz 1 Nummer 14 i. V. m. Anlage D16 zur AufenthV).

5.6 Verlust des Daueraufenthaltsrechts

Der Verlust des Daueraufenthaltsrechts nach § 4a Absatz 7 tritt nicht automatisch ein, sondern muss festgestellt werden. Die das Daueraufenthaltsrecht bestätigenden Dokumente sind gleichzeitig einzuziehen.

Übersicht

	Rn.
I. Entstehungsgeschichte	1
II. Allgemeines	6
III. Anmeldebescheinigung für Unionsbürger	10
IV. Aufenthaltskarte für Familienangehörige (Abs. 1)	19
V. Bescheinigung über das Daueraufenthaltsrecht (Abs. 5)	43
VI. Überprüfungen (Abs. 3)	53
VII. Verlustfeststellung, Einziehung der Bescheinigung (Abs. 4) – Widerruf der Aufenthaltskarte	58
VIII. Dokumente für nahestehende Personen (Abs. 7)	76
IX. Verwaltungsverfahren und Rechtsschutz	81

I. Entstehungsgeschichte

1   Die Vorschrift entspricht im Wesentlichen dem **Gesetzesentwurf** (BT-Drs. 15/420, 38). Aufgrund des Vermittlungsverfahrens (BT-Drs. 15/420, 13) wurde Abs. 2 S. 2 neu gefasst, in Abs. 1 wurde das Wort „erteilt" durch „ausgestellt" ersetzt.

2   Die Vorschrift wurde durch Art. 2 RLUmsG 2007 umfassend geändert[1]. Neben der Änderung der Überschrift, die an die Terminologie der Freizügigkeits-RL angepasst wurde, wurde in Abs. 1 das Wort „unverzüglich" eingefügt und für drittstaatsangehörige Familienangehörige von EU-Bürgern das Ausstellen einer Aufenthaltskarte (zuvor Aufenthaltserlaubnis-EU) geregelt. In Abs. 2 S. 1 wurden die Wörter „innerhalb angemessener Fristen" durch die Wörter „drei Monate nach der Einreise" ersetzt. Weiterhin wurde in Abs. 4 aF das Wort „Erteilungsvoraussetzungen" durch das Wort „Ausstellungsvoraussetzungen" ersetzt. Abs. 4 wurde redaktionell angepasst.

3   Der neu aufgenommene Abs. 5 setzt die Art. 19, 20 Freizügigkeits-RL um. Die Richtlinie verlangt die Einführung von Dokumenten, mit denen Unionsbürgern und ihren Familienangehörigen ihr Daueraufenthaltsrecht bescheinigt wird (Art. 19 und 20 Freizügigkeits-RL). Da es sich dabei um Dokumente handelt, die dem Unionsbürger und seinen Familienangehörigen den Nachweis ihrer besonderen Rechtsposition ermöglichen, konnte auf die Einführung der Regelung – trotz des damit verbundenen Verwaltungsaufwands – nicht verzichtet werden[2]. Die Dokumente zur Bescheinigung des Daueraufenthaltsrechts für Unionsbürger und die Daueraufenthaltskarte für drittstaatsangehörige Familienangehörige werden – abweichend vom sonstigen Verfahren im FreizügG/EU – nur auf Antrag ausgestellt. Bei Abs. 6 handelt es sich um eine Folgeänderung. Der neue Absatz passt die Vorgaben der RL (ua Art. 20 III RL 2003/38/EG) an die Systematik des nationalen Rechts an, wonach das Nichtbestehen oder der Verlust eines Rechts nicht automatisch eintritt, sondern durch die zuständige Behörde festzustellen ist[3].

4   Durch das ÄnderungsG 2013 wurde die deklaratorische Bescheinigung über das Aufenthaltsrecht für Unionsbürger (sog. Freizügigkeitsbescheinigung) abgeschafft, mit der Folge, dass Abs. 1 aF aufgehoben wurde und alle Folgeabsätze nummerisch abgestuft wurden[4]. In dem neuen Abs. 3 (vormals Abs. 4) wurde die Formulierung „Der Fortbestand der Ausstellungsvoraussetzungen" durch „Das Vorliegen oder der Fortbestand der Voraussetzungen des Rechts nach § 2 Absatz 1" ersetzt. Weiterhin wurde in dem neuen Abs. 4 in S. 1 die Regelung über die Einziehung der Bescheinigung über das gemeinschaftsrechtliche Aufenthaltsrecht gestrichen, da dieses aufgrund der Streichung des Abs. 1 entfallen ist. Außerdem wurde in Bezug auf die Aufenthaltskarte von drittstaatsangehörigen Familienangehörigen und der Daueraufenthaltskarte geregelt, dass diese nicht mehr „widerrufen", sondern „eingezogen" werden[5].

5   Durch Art. 1 Nr. 2 des Gesetzes zur aktuellen Anpassung des FreizügG/EU und weiterer Vorschriften an das Unionsrecht wurde ein neuer Abs. 7 aufgenommen, der die Dokumente für nahestehende Personen iSd § 3a regelt[6].

---

[1] BT-Drs. 16/5065, 34.
[2] BT-Drs. 16/5065, 211.
[3] BT-Drs. 16/5065, 211.
[4] BT-Drs. 17/10746, 6.
[5] BT-Drs. 17/10746, 6.
[6] BGBl. 2029 I S. 2416.

II. Allgemeines

Einreise- und Aufenthaltsrecht der freizügigkeitsberechtigten Angehörigen von EU-Staaten und ihrer Familienangehörigen nach § 2 I **wurzeln im Unionsrecht** und richten sich daher hinsichtlich Begründung und Beendigung insgesamt nicht nach nationalem Recht[7]. Die Freizügigkeit ist von keinem Aufenthaltstitel abhängig, ein irgendwie gestaltetes Dokument hat grundsätzlich nur deklaratorische Bedeutung[8].

Die Regelung enthält zum einen die Verwaltungsformalitäten für die Ausstellung der Bescheinigungen und Nachweismittel und zum anderen enthält sie eine Befugnisnorm, die ein Einschreiten ermöglicht, wenn vor Erreichen des Daueraufenthaltsrechts die Voraussetzungen des Einreise- und Aufenthaltsrechts entfallen sind (Abs. 4). Die Eingriffsregelung findet auch bei dem Erlöschen des Daueraufenthaltsrechts durch eine Abwesenheit aus einem seiner Natur nach nicht nur vorübergehenden Grund von mehr als zwei aufeinanderfolgenden Jahren Anwendung (Abs. 5 iVm § 4a VII).

§ 5 richtet sich an den Vorgaben der Freizügigkeits-RL aus, die vereinfachte Verwaltungsformalitäten für Unionsbürger und deren Angehörige vorsieht (Art. 8, 9 Freizügigkeits-RL). Sie sollen nicht nur zur Vereinfachung und Beschleunigung beitragen, sondern auch deutlich machen, dass Freizügigkeitsberechtigte hinsichtlich Einreise und Aufenthalt wie Inländer zu behandeln sind, weil sie sich nur hinsichtlich der Staatsangehörigkeit von diesen unterscheiden und diese eben nicht zur Diskriminierung führen darf.

Die Unionsbürger erhalten eine bloße Anmeldebescheinigung und ihre freizügigkeitsberechtigten Familienmitglieder eine Aufenthaltskarte. Damit wird in beiden Fällen der besondere Charakter der Bestätigung des Freizügigkeitsrechts ausgedrückt. Unionsbürger müssen sich anmelden und erhalten hierüber unverzüglich eine Bescheinigung, die Freizügigkeitsbescheinigung, die bis 2013 nach § 5 I aF erteilt worden war, ist abgeschafft worden. Ihre Angehörigen erhalten auf Antrag eine Aufenthaltskarte für fünf Jahre. Sowohl die Melde- als auch die Antragsfrist beträgt drei Monate. In den ersten drei Monaten sind überhaupt keine Formalitäten zu erfüllen.

III. Anmeldebescheinigung für Unionsbürger

Mit dem ÄnderungsG 2013 ist die Freizügigkeitsbescheinigung für Unionsbürger ersatzlos abgeschafft und durch die auch für Inländer übliche Anmeldebescheinigung ersetzt worden. Der bisherige § 5 I aF, der die Formalitäten über die Ausstellung der Freizügigkeitsbescheinigungen für das Aufenthaltsrecht von EU-Bürgern regelte, wurde aufgehoben. Nach Art. 8 I Freizügigkeits-RL, der die **Verwaltungsformalitäten für Unionsbürger** regelt, kann der Aufnahmemitgliedstaat von Unionsbürgern für Aufenthalte von über drei Monaten verlangen, dass sie sich bei den zuständigen Behörden anmelden. Art. 8 II Freizügigkeits-RL sieht vor, dass die Frist für die Anmeldung mindestens drei Monate ab dem Zeitpunkt der Einreise betragen muss. Eine Anmeldebescheinigung soll unverzüglich ausgestellt werden; darin werden Name und Anschrift der die Anmeldung vornehmenden Person sowie der Zeitpunkt der Anmeldung angegeben. Die Nichterfüllung der Anmeldepflicht kann mit verhältnismäßigen und nicht diskriminierenden Sanktionen geahndet werden.

Die **von Amts wegen auszustellende Bescheinigung** erfüllt die Funktion einer Anmeldebescheinigung. Da die Anmeldebescheinigung keinen Aufschluss über die Erfüllung der Freizügigkeitsvoraussetzungen für ein mehr als dreimonatiges Aufenthaltsrecht gibt, sah der nationale Gesetzgeber bis 2013 die Notwendigkeit, abweichend von der Freizügigkeits-RL eine Bescheinigung über das Aufenthaltsrecht einzuführen, die der Nachweiserleichterung gegenüber öffentlichen Stellen diente und keinen Ersatz für einen Aufenthaltstitel darstellen sollte (Freizügigkeitsbescheinigung nach § 5 I aF)[9].

Anders als Art. 8 Freizügigkeits-RL, der lediglich die Ausstellung einer Anmeldebescheinigung regelt, verlangte § 5 I aF die Ausstellung einer Bescheinigung über das Aufenthaltsrecht. **Ging § 5 I aF über die bloße Meldebescheinigung hinaus, so war dies nur zulässig, wenn hierdurch die formalen Anforderungen gegenüber der von der Freizügigkeits-RL geforderten Anmeldebescheinigung nicht unzulässig verschärft wurden.** Dies schloss das Erfordernis einer Vorsprache des Unionsbürgers in der Ausländerbehörde nicht grundsätzlich aus[10].

Da die deklaratorische Bescheinigung über das Aufenthaltsrecht für Unionsbürger (Freizügigkeitsbescheinigung) durch Aufhebung von § 5 I aF abgeschafft wurde, kann nach § 5 III aus besonderem Anlass anstelle einer Überprüfung der Voraussetzungen für die Ausstellung einer Bescheinigung bei

---

[7] Dazu schon *Hailbronner* ZAR 1984, 176.
[8] BT-Drs. 17/10746, 11.
[9] *Maximowitz* in OK-MNet-FreizügG/EU III zu § 5.
[10] So führte die Kommission in ihrem 2. RL-Entwurf (KOM(2003)199 endg. v. 15.4.2003, S. 6) aus, dass „sich ihrer Ansicht nach die Verwaltungsformalitäten, die ein Mitgliedstaat für die eigenen Staatsangehörigen vorsieht, nicht mit denen vergleichen lassen, die für Staatsangehörige anderer Mitgliedstaaten bestimmt sind. Daher sollte es nach Meinung der Kommission den Mitgliedstaaten freigestellt sein, eine Anmeldung zu verlangen, auch wenn dieselbe Formalität für die eigenen Staatsangehörigen nicht vorgeschrieben ist."

Unionsbürgern das Vorliegen oder der Fortbestand der Voraussetzungen für die Ausübung des Freizügigkeitsrechts nach § 2 I überprüft werden.

14 § 5 III setzt die Kenntnis der Ausländerbehörde von der Anwesenheit des Unionsbürgers durch Erfüllung der Meldepflicht nach den Meldegesetzen voraus. Da ein Bundesmeldegesetz nach der Föderalismusreform I wegen „unterschiedlicher Vorstellungen über die künftige Struktur des Meldewesens" nicht eingebracht wurde[11], gelten weiterhin die Meldegesetze der Länder.

15 **Die Ausstellung der Anmeldebescheinigung darf durch die Meldebehörde nicht verweigert werden, weil ein Nachweis der Freizügigkeit nicht geführt wird**[12]. Denn für die Eintragung ins Melderegister kommt es allein auf das Vorliegen der im Melderecht normierten Voraussetzungen an, nicht darauf, ob der Ausländer nach ausländerrechtlichen Bestimmungen berechtigt ist, Wohnsitz zu nehmen[13]. Außerdem kann ein Ausländer bereits dann zur Anmeldung bei der Meldebehörde verpflichtet sein, obwohl er sich nicht länger als drei Monate im Bundesgebiet aufhalten will. Denn das Aufenthaltsrecht bis zu drei Monaten ist an keine weiteren Bedingungen als die Erfüllung der Ausweispflicht geknüpft. Einer Glaubhaftmachung bedarf es somit frühestens nach drei Monaten und nur für einen darüber hinaus gehenden Aufenthalt[14].

16 Die für die Glaubhaftmachung erforderlichen Angaben und Nachweise zum Bestehen der Freizügigkeit gem. § 2 I können im Einzelfall zur Ermöglichung der Überprüfung nach § 5 III von der zuständigen Meldebehörde entgegengenommen werden. Diese leitet die Angaben und Nachweise an die Ausländerbehörde weiter, die weiterhin die alleinige Zuständigkeit für die Feststellung des Nichtbestehens der Freizügigkeit nach den §§ 2 VII und 5 IV besitzt[15].

17 **Ein Unionsbürger kann verlangen, dass ihm eine Anmeldebescheinigung auch während des Aufenthaltszeitraums von drei Monaten ausgestellt wird**[16]. Denn nur die Verpflichtung zur Anmeldung und zur Glaubhaftmachung entsteht frühestens nach Ablauf von drei Monaten nach der Einreise. Für ihre Ausstellung dürfen nur die in § 5a genannten Dokumente verlangt werden.

18 **Die ersatzlos entfallene Bescheinigung über das Aufenthaltsrecht nach § 5 I aF (sog. Freizügigkeitsbescheinigung) war kein Verwaltungsakt**[17]. Dies wurde aus Abs. 5 aF deutlich, in dem geregelt war, dass die Bescheinigung nach Wegfall des Rechts nach § 2 I „eingezogen" und nicht wie vormals die Aufenthaltskarte „widerrufen" werden konnte. Die bis Anfang 2013 bestehende unterschiedliche Rechtsfolge in Bezug auf Freizügigkeitsbescheinigungen und Aufenthaltskarten führte dazu, dass die Bescheinigung über das Aufenthaltsrecht nicht als feststellender Verwaltungsakt einzustufen war und damit auch nicht die Bindungswirkung auslöste, die eine Aufenthaltskarte nach alter Rechtslage mit sich brachte.

IV. Aufenthaltskarte für Familienangehörige (Abs. 1)

19 Im Unterschied zu EU-Bürgern, deren **Freizügigkeitsvermutung** sich bereits aus der Vorlage eines Passes oder Ausweises ableiten lässt, benötigen drittstaatsangehörige Familienangehörige ein Nachweismittel in Form einer Aufenthaltskarte. § 5 I (§ 5 II aF) setzt Art. 10 I Freizügigkeits-RL um, der regelt, dass einem drittstaatsangehörigen Familienangehörigen eines Unionsbürgers zum Nachweis des Aufenthaltsrechts spätestens sechs Monate nach Einreichung des betreffenden Antrags eine „Aufenthaltskarte für Familienangehörige eines Unionsbürgers" ausgestellt wird.

20 Der Begriff „Ausstellung" in Art. 10 I Freizügigkeits-RL bedeutet, dass die zuständigen nationalen Behörden binnen der in dieser Vorschrift vorgesehenen sechsmonatigen Frist den Antrag prüfen, eine Entscheidung erlassen und, falls der Antragsteller die Voraussetzungen für ein Aufenthaltsrecht auf der Grundlage der Freizügigkeits-RL erfüllt, ihm die Aufenthaltskarte erteilen müssen[18].

21 Die Freizügigkeits-RL enthält keine Vorschrift über die Wirkungen einer Überschreitung der zwingenden[19] Sechs-Monats-Frist. Der Ablauf der Frist kann aber nicht dazu führen, dass die Aufenthaltskarte als erteilt gilt oder ohne weitere Prüfung auszustellen ist[20].

22 Anders als § 5 I 2 sieht Art. 10 I 2 Freizügigkeits-RL vor, dass dem Familienangehörigen eine **Bescheinigung über die Einreichung des Antrags auf Ausstellung einer Aufenthaltskarte** unverzüglich ausgestellt wird. Damit wird die Bescheinigung – die kein Verwaltungsakt ist – unabhän-

---

[11] Antwort auf die Kleine Anfrage BT-Drs. 16/7383.
[12] Hierzu *Maximowitz* in OK-MNet-FreizügG/EU III zu § 5.
[13] OVG NRW Beschl. v. 30.1.1997 – 25 B 2973/96, InfAuslR 2000, 502.
[14] Ebenso *Maximowitz* in OK-MNet-FreizügG/EU III zu § 5.
[15] *Maximowitz* in OK-MNet-FreizügG/EU III zu § 5.
[16] So führte die Kommission in ihrem 1. RL-Entwurf (KOM(2001)257 endg. v. 23.5.2001 zu § 8) aus: „Die Anmeldefrist muss mindestens sechs Monate betragen; diese Bestimmung stimmt mit Art 6 (Recht auf Aufenthalt bis zu sechs Monaten ohne Formalitäten) überein, hindert den Unionsbürger jedoch nicht daran, sich früher anzumelden, wenn er es für zweckmäßig hält."
[17] HmbOVG Beschl. v. 5.1.2012 – 3 Bs 179/11 Rn. 15.
[18] EuGH Urt. v. 27.6.2018 – C-246/17 Rn. 36 – Diallo.
[19] EuGH Urt. v. 27.6.2018 – C-246/17 Rn. 38 – Diallo.
[20] EuGH Urt. v. 27.6.2018 – C-246/17 Rn. 51 – Diallo.

gig von der Glaubhaftmachung der Voraussetzungen des Freizügigkeitsrechts ausgestellt. Von der Ausstellung einer Bescheinigung über die Antragstellung wurde abgesehen, weil die Ausstellung der Aufenthaltskarte von Amts wegen erfolgt. In Fällen, in denen die Prüfung der Voraussetzungen des Aufenthaltsrechts sich hinziehen, besteht aber ein Anspruch auf Ausstellung einer Bescheinigung über die Antragstellung, um einen ordnungsgemäßen Aufenthalt nachweisen zu können. § 5 I 2 ist daher richtlinienkonform dahin gehend auszulegen, dass mit der Anmeldung eine Bescheinigung auszustellen ist[21].

Bis zur Entscheidung über den Antrag auf Ausstellung der Aufenthaltskarte hält sich der Familienangehörige rechtmäßig im Bundesgebiet auf. Insoweit wird man auf die Regelung des § 5 I UAbs. 2 RL 64/221/EWG zurückgreifen können, der ausdrücklich regelte, dass der Betroffene sich „bis zur Entscheidung über die Erteilung oder die Verlängerung der Aufenthaltserlaubnis vorläufig im Hoheitsgebiet aufhalten" darf. Hinter diese Verfahrensregelung darf die Freizügigkeits-RL nicht zurückfallen, da sie ausschließlich eine Verbesserung der Rechtsstellung für EU-Bürger und ihre Familienangehörigen herbeiführen soll[22].

Die Bescheinigung über die Antragstellung kann analog § 5 IV eingezogen werden, wenn der Familienangehörige die nach § 5a II erforderlichen Unterlagen trotz Erinnerung an die hierzu bestehende Verpflichtung nicht fristgerecht vorlegt.

§ 5 I 1 sieht vor, dass die **Aufenthaltskarte von Amts wegen ausgestellt** wird, wenn die erforderlichen Angaben gemacht wurden. Damit löst sich die Regelung von dem Antragserfordernis der Freizügigkeits-RL (Art. 9 II und 10 I Freizügigkeits-RL). Was unter den erforderlichen Angaben zu verstehen ist, ergibt sich aus § 5a II.

Eine Aufenthaltskarte muss nur bei geplanten Aufenthalten von mehr als drei Monaten eingeholt werden, zuvor gilt § 2 V. Nach Art. 9 I Freizügigkeits-RL besteht die **Verpflichtung der Mitgliedstaaten**, den drittstaatsangehörigen Familienangehörigen eines Unionsbürgers **eine Aufenthaltskarte auszustellen**, wenn ein Aufenthalt von über drei Monaten geplant ist. Die Aufenthaltskarte muss daher auch ausgestellt werden, wenn der Familienangehörige sich noch nicht drei Monate im Bundesgebiet aufhält; allein die Absicht eines Aufenthalts von mehr als drei Monaten löst die Verpflichtung zur Ausstellung des Nachweismittels aus.

Die Frist für die Einreichung des Antrags auf Ausstellung der Aufenthaltskarte muss nach Art. 9 II RL 2004/38/EG mindestens drei Monate ab dem Zeitpunkt der Einreise betragen. Damit wird der zuvor bestehenden Freizügigkeit, die nur an den Besitz eines Passes oder Passersatzes geknüpft ist (§ 2 V), Rechnung getragen. Die Nichterfüllung der Pflicht zur Beantragung einer Aufenthaltskarte kann nach Art. 9 III RL 2004/38/EG mit verhältnismäßigen und nicht diskriminierenden Sanktionen geahndet werden.

Ungeachtet dessen gelten die **Meldepflichten aufgrund Landesrechts** für Freizügigkeitsberechtigte wie für Deutsche. Grundsätzlich wird dies weder als Diskriminierung noch als unzulässige Behinderung für die Inanspruchnahme der Freizügigkeit angesehen werden können. Bedenken könnten sich aus der geradezu bunten Vielfalt der Melderechte der Bundesländer ergeben, die einen Unionsbürger vor einer Reise durch Deutschland zu diffizilen Erkundigungen über die jeweils geltenden Fristen und sonstigen Formalien (wie amtliche Vordrucke, Vermieterbestätigungen ua) zwingt. Auch wenn damit die Freizügigkeit nicht unzulässig behindert wird, wäre eine Vereinheitlichung gerade deshalb angezeigt, weil mit der Meldung auch die Ermöglichung der ausländerrechtlichen Prüfung nach § 5 III verbunden ist: Es ist unzweckmäßig, wenn die aufenthaltsrechtlichen Meldepflichten unkoordiniert neben den polizeirechtlichen bestehen und erfüllt werden sollen.

Die zuständige Ausländerbehörde kann verlangen, dass die Voraussetzungen des Rechts nach § 2 I drei Monate nach der Einreise glaubhaft gemacht werden. Durch diese Regelung wird der Umfang der Nachweispflicht in § 5a II erweitert. Die **Glaubhaftmachung** erstreckt sich ausschließlich auf die vorzulegenden Nachweise nach § 5a II. Für die Glaubhaftmachung erforderliche Angaben und Nachweise können von der zuständigen Meldebehörde bei der meldebehördlichen Anmeldung entgegengenommen werden. Diese leitet die Angaben und Nachweise an die zuständige Ausländerbehörde weiter. Eine darüber hinausgehende Verarbeitung oder Nutzung durch die Meldebehörde erfolgt nicht.

Die Aufenthaltskarte für Familienangehörige nach § 5 I begründet – ebenso wie die bis 2013 ausgestellte Bescheinigung des Aufenthaltsrechts bei EU-Bürgern – grundsätzlich nicht konstitutiv ein Aufenthaltsrecht, sondern stellt das Vorliegen der Freizügigkeit fest. Insoweit hat die **Aufenthaltskarte** – ebenso wie die Aufenthaltserlaubnis nach § 4 V bei türkischen Staatsangehörigen – **lediglich deklaratorische Bedeutung**[23] und die Funktion eines Nachweismittels. Dies wird auch vom FreizügG/EU anerkannt, da § 5 I für den Nachweis des Bestehens der Freizügigkeit das „Ausstellen" einer

---

[21] Ebenso *Harms* in Storr ua FreizügG/EU § 5 Rn. 5.
[22] EuGH Urt. v. 25.7.2008 – C-127/08 Rn. 59 – Metock.
[23] EuGH Urt. v. 27.6.2018 – C-246/17 Rn. 49 – Diallo; EuGH Urt. v. 25.7.2008 – C-127/08 Rn. 52 – Metock; EuGH Urt. v. 21.7.2011 – C-325/09 Rn. 54 – Dias.

Aufenthaltskarte vorsieht. Mit dem Tatbestandsmerkmal „ausstellen" wird anders als mit dem Wort „erteilen" der deklaratorische Charakter der Aufenthaltskarte hervorgehoben.

31 Liegt eine deklaratorische Regelung vor, so ist damit aber noch nichts über die **Rechtsnatur der Aufenthaltskarte** ausgesagt. Hat die Aufenthaltskarte bei bestehender Freizügigkeit lediglich deklaratorische Bedeutung als Bescheinigung zum Nachweis des Aufenthaltsrechts, so kann sie gleichwohl ein **feststellender Verwaltungsakt** sein, weil sie verbindlich feststellt, dass die Voraussetzungen des § 2 I in der Person des betreffenden. Ausländers erfüllt sind. Diese Regelungswirkung würde bis zu einer neuen behördlichen Entscheidung auch dann fortgelten, wenn die für ihre Entscheidung erforderlichen Voraussetzungen nicht mehr vorliegen.

32 **Für Altfälle bis 2013 gelten folgende Besonderheiten: Aufenthaltskarten, die bis zum Inkrafttreten des ÄnderungsG 2013 ausgestellt wurden, erlangen konstitutive Bedeutung, wenn der die Freizügigkeit vermittelnde Sachverhalt entfällt oder die Voraussetzungen des § 2 I zu Unrecht angenommen wurden.** Denn in diesen Fällen begründet die Aufenthaltskarte – solange sie nicht zeitlich beschränkt wird – den rechtmäßigen Aufenthalt im Bundesgebiet. In Bezug auf diese feststellenden Verwaltungsakte kann die Ausreisepflicht nach § 7 auch nur entstehen, wenn die Aufenthaltskarten widerrufen oder zurückgenommen wurden[24].

33 Eine rechtliche Bedeutung kommt der feststellenden Wirkung der deklaratorischen Aufenthaltskarte auch nach Inkrafttreten der Neuregelung 2013 insofern zu, als sie während ihrer Geltungsdauer nach außen dokumentiert, dass der Ausländer Freizügigkeit genießt. Dies hat insbesondere bei einer drohenden Aufenthaltsbeendigung zur Konsequenz, dass einem drittstaatsangehörigen Familienangehörigen, der eine gültige Aufenthaltskarte besitzt, nicht entgegengehalten werden kann, er erfülle nicht die Voraussetzungen nach § 2 I[25].

34 **Dem Widerruf der Aufenthaltskarte steht nicht entgegen, dass die Behörde noch keine Feststellung zum Nichtbestehen der Freizügigkeit getroffen hat.** Der Status der Unionsbürger und ihrer Familienangehörigen, die kein Recht auf Einreise und Aufenthalt nach § 2 I genießen, bei denen die Ausländerbehörde noch keine Feststellung des Nichtbestehens oder Verlusts des Freizügigkeitsrechts erlassen hat, ist im FreizügG/EU nur unvollkommen geregelt. Wie § 7 I entnommen werden kann, geht das FreizügG/EU von einer Freizügigkeitsvermutung aus. Ein Unionsbürger und ein drittstaatsangehöriger Familienangehöriger unterliegen dem FreizügG/EU so lange, bis die Ausländerbehörde eine Feststellung des Nichtbestehens oder des Verlusts des Rechts auf Einreise und Aufenthalt nach § 2 I erlassen hat.

35 **Diese Freizügigkeitsvermutung vermittelt bis zur Feststellung des Nichtbestehens der Freizügigkeit nach §§ 2 VII, 5 IV nur rechtmäßigen Aufenthalt, nicht aber auch Freizügigkeit**[26]. Das Bestehen der Freizügigkeitsvermutung steht damit der im Rahmen der Rücknahme zu treffenden rechtlichen Bewertung, dass der Ausländer keine Freizügigkeit genießt, nicht entgegen.

36 **Für Aufenthaltskarten ab 2013 ergibt es hingegen keine Bindungswirkung der Ausländerbehörde. Diese sind als bloße Bescheinigungen keine feststellenden Verwaltungsakte.** Denn mit dem ÄnderungsG 2013 hat der Gesetzgeber in den §§ 5 IV 1, 6 I 1 ausdrücklich geregelt, dass Aufenthaltskarten nicht mehr widerrufen werden müssen, sondern eingezogen werden. Folgerichtig wurde in § 7 I der S. 2 gestrichen, der die Ausreisepflicht von drittstaatsangehörigen Familienangehörigen von Unionsbürgern von dem Widerruf oder der Rücknahme der Aufenthaltskarte abhängig machte. Der Bescheinigungscharakter der neuen Aufenthaltskarte kommt auch in der Gesetzesbegründung zum Ausdruck, in der der Gesetzgeber ausdrücklich klarstellt, dass ein Widerruf nicht mehr erforderlich ist[27].

37 Anders als bei der Aufenthaltserlaubnis nach § 4 V AufenthG für türkische Staatsangehörige entfaltet die Aufenthaltskarte – unabhängig davon, ob sie als feststellender Verwaltungsakt zu qualifizieren ist oder nicht – keine „überschießende" konstitutive Wirkung in Bezug auf das Aufenthaltsrecht. Denn der rechtmäßige Aufenthalt entfällt aufgrund des FreizügG/EU – anders als bei Art. 6 I ARB 1/80 – nicht automatisch, sondern es bedarf grundsätzlich eines Verwaltungsakts, mit dem der Verlust des Freizügigkeit vermittelnden Aufenthaltsrechts nach §§ 2 VII, 5 IV oder § 6 I festgestellt wird.

38 Im Rahmen der erforderlichen Verlustfeststellung wird die Ausländerbehörde zugleich den Widerruf der Aufenthaltskarte verfügen, sofern es sich um eine Aufenthaltskarte handelt, die bis zum Inkraft-

---

[24] → § 7.
[25] Zu einer Aufenthaltserlaubnis-EG s. BVerwG Beschl. v. 23.5.2001 – 1 B 125.00, InfAuslR 2001, 312.
[26] VG Darmstadt Urt. v. 3.3.2011 – 5 K 11/10 Rn. 44 ff.; SG Darmstadt Beschl. v. 4.5.2012 – S 16 AS 282/12 ER Rn. 44.
[27] BT-Drs. 17/10746, 11 zu § 5: „Als Bescheinigung, die das Recht auf Einreise und Aufenthalt als Familienangehöriger eines Unionsbürgers bestätigt, kann die Aufenthaltskarte im Fall des Verlusts des Freizügigkeitsrechts *eingezogen* werden." Weiter zu § 7: „Da auch Familienangehörige von Unionsbürgern ausreisepflichtig sind, wenn die zuständige Behörde den Verlust des Freizügigkeitsrechts festgestellt hat, kann Satz 2 gestrichen werden. Die *Einziehung* der deklaratorischen Aufenthaltskarte oder Daueraufenthaltskarte kann als Folge der Verlustfeststellung angeordnet werden und muss daher in Bezug auf das Entstehen der Ausreisepflicht in § 7 nicht gesondert genannt werden."

treten des ÄnderungsG 2013 ausgestellt worden war. Wurde die Verlustfeststellung mit Sofortvollzug versehen, kann der Widerruf unmittelbar verfügt werden. Andernfalls sollte er aufschiebend bedingt auf den Zeitpunkt der Vollziehbarkeit der Verlustfeststellung erfolgen, da der Suspensiveffekt des Widerspruchs gegen die Verlustfeststellung dem Widerruf die Grundlage entziehen würde. Erst die Verlustfeststellung führt zum Wegfall der Freizügigkeit und damit zur Möglichkeit des Widerrufs oder gegebenenfalls der Rücknahme der Aufenthaltskarte. Da ab 2013 ein Widerruf der Aufenthaltskarten mangels Verwaltungsaktsqualität entfällt, bedarf es nur noch einer Feststellung nach §§ 2 VII, 5 IV oder § 6 I, um den rechtmäßigen Aufenthalt zu beenden.

Eine **Erlöschensregelung für längerfristige Auslandsaufenthalte** wurde – anders als für das Daueraufenthaltsrecht (§ 4a VII) – nicht aufgenommen. Art. 11 II Freizügigkeits-RL regelt die Unschädlichkeit von Unterbrechungen. Danach wird die Gültigkeit der Aufenthaltskarte weder durch vorübergehende Abwesenheiten von bis zu sechs Monaten im Jahr noch durch längere Abwesenheiten wegen der Erfüllung militärischer Pflichten noch durch eine einzige Abwesenheit von höchstens zwölf aufeinanderfolgenden Monaten aus wichtigen Gründen wie Schwangerschaft und Niederkunft, schwere Krankheit, Studium oder Berufsausbildung oder berufliche Entsendung in einen anderen Mitgliedstaat oder einen Drittstaat berührt. Der Gesetzgeber wäre daher berechtigt gewesen, darüber hinausgehende Aufenthaltsunterbrechungen als Erlöschensgrund anzusehen. Auf § 51 I Nr. 6 und 7 AufenthG kann nicht zurückgegriffen werden, weil diese Regelungen nicht von § 11 I erfasst werden und damit nicht anwendbar sind. 39

Soweit § 5 IV 2 die Regelung des § 4a VI für entsprechend anwendbar erklärt, wird damit nicht auf einen Erlöschensgrund, sondern auf die Umsetzungsregelung des Art. 11 II Freizügigkeits-RL, in der die Unschädlichkeit bestimmter Unterbrechungen festgelegt wird, Bezug genommen. 40

Ein Erlöschen durch einen Auslandsaufenthalt kann unter **entsprechender Anwendung des § 4a VII** bei einer Abwesenheit aus einem seiner Natur nach nicht nur vorübergehenden Grund von nicht mehr als zwei aufeinanderfolgenden Jahren angenommen werden. Aber auch unterhalb dieser Schwelle führen Auslandsaufenthalte – die nicht ausnahmsweise nach Art. 11 Freizügigkeits-RL als unschädlich anzusehen sind – zum Wegfall des Freizügigkeitsrechts. Denn anders als das Daueraufenthaltsrecht, das besondere Rechte vermittelt, besteht Freizügigkeit nur während des Aufenthalts in dem anderen Mitgliedstaat. Reist der EU-Bürger oder der Familienangehörige aus dem Bundesgebiet aus, so führt dies idR zum Wegfall des Rechts nach § 2 I. 41

Die Ausnahmeregelung in § 11 Freizügigkeits-RL dient nicht primär dem Erhalt der Rechtsstellung, da diese bei einer Wiedereinreise ohnehin kraft Unionsrecht erneut auflebt, sondern der Vereinfachung des Verfahrens. Die Aufenthaltskarte bleibt bestehen, sodass keine neue Meldepflicht besteht, wenn der Familienangehörige kurzfristig das Bundesgebiet verlässt und wieder einreist. 42

V. Bescheinigung über das Daueraufenthaltsrecht (Abs. 5)

§ 5 V dient der Umsetzung der Regelungen über die Dokumente für Unionsbürger (S. 1) und ihrer drittstaatsangehörigen Familienangehörigen (S. 2) zur Bescheinigung des Daueraufenthaltsrecht nach Art. 19 und 20 Freizügigkeits-RL. 43

Nach Art. 19 I Freizügigkeits-RL stellen die Mitgliedstaaten den **zum Daueraufenthalt berechtigten Unionsbürgern** auf Antrag nach Überprüfung der Dauer ihres Aufenthalts ein Dokument zur Bescheinigung ihres Daueraufenthalts aus. Das Dokument zur Bescheinigung des Daueraufenthalts wird nach Art. 19 II Freizügigkeits-RL so bald wie möglich ausgestellt. 44

Ebenso wie die Aufenthaltskarte über das Aufenthaltsrecht von drittstaatsangehörigen Familienangehörigen von EU-Bürgern nach § 5 I ist die **Bescheinigung über das Daueraufenthaltsrecht** nach § 5 V 1 deklaratorisch. Es handelt sich um **keinen feststellenden Verwaltungsakt**. Der Unterschied wird durch die Formulierung „bescheinigt" anstelle von „ausstellen" deutlich. 45

Art. 20 Freizügigkeits-RL enthält eine Bestimmung für die Ausstellung einer **Daueraufenthaltskarte für drittstaatsangehörige Familienangehörige**. Die Mitgliedstaaten stellen den Familienangehörigen, die nicht die Staatsangehörigkeit eines Mitgliedstaats besitzen und die zum Daueraufenthalt berechtigt. sind, binnen sechs Monaten nach Einreichung des Antrags nach Art. 20 I Freizügigkeits-RL eine Daueraufenthaltskarte aus. Anders als die Freizügigkeits-RL, die eine Befristung auf zehn Jahre für möglich hält, sieht § 5 V 2 eine unbefristete Ausstellung vor. 46

Die Aufenthaltskarte für Familienangehörige nach § 5 V 2 begründet – ebenso wie die Aufenthaltskarte nach Abs. 1 – grundsätzlich nicht konstitutiv ein Aufenthaltsrecht, sondern stellt das Vorliegen der Voraussetzungen des Freizügigkeit vermittelnden Daueraufenthaltsrechts fest. Insoweit hat die **Aufenthaltskarte deklaratorische Bedeutung**. 47

Dies wird auch vom FreizügG/EU anerkannt, da § 5 V 2 ein Ausstellen des Nachweismittels vorsieht. Mit dem Tatbestandsmerkmal „ausstellen" wird anders als mit dem Wort „erteilen" der deklaratorische Charakter der Aufenthaltskarte hervorgehoben. 48

Hat die Aufenthaltskarte bei bestehender Freizügigkeit lediglich deklaratorische Bedeutung als Bescheinigung zum Nachweis des Aufenthaltsrechst, so stellt sich die Frage nach ihrer Rechtsqualität. **Daueraufenthaltskarten, die bis zum Inkrafttreten des ÄnderungsG 2013 ausgestellt wurden,** 49

sind feststellende Verwaltungsakte, die verbindlich feststellen, dass die Voraussetzungen des § 2 I, II Nr. 7 in der Person des betroffenen Ausländers erfüllt sind. Diese Regelungswirkung gilt bis zu einer neuen behördlichen Entscheidung auch dann fort, wenn die für ihre Entscheidung erforderlichen Voraussetzungen nicht mehr vorliegen[28].

50   In Bezug auf diese feststellenden Verwaltungsakte kann die Ausreisepflicht nach § 7 auch nur entstehen, wenn die Aufenthaltskarten widerrufen oder zurückgenommen wurden[29]. Eine rechtliche Bedeutung kommt der feststellenden Wirkung der deklaratorischen Aufenthaltskarte auch nach Inkrafttreten der Neuregelung 2013 insofern zu, als sie während ihrer Geltungsdauer nach außen dokumentiert, dass der Ausländer Freizügigkeit genießt. Dies hat insbesondere bei einer drohenden Aufenthaltsbeendigung zur Konsequenz, dass einem drittstaatsangehörigen Familienangehörigen, der eine gültige Aufenthaltskarte besitzt, nicht entgegengehalten werden kann, er erfülle nicht die Voraussetzungen nach § 2 I[30].

51   **Daueraufenthaltskarten ab 2013 sind hingegen bloße Bescheinigungen und keine feststellenden Verwaltungsakte.** Denn mit dem ÄnderungsG 2013 hat der Gesetzgeber in § 6 I 1 ausdrücklich geregelt, dass Daueraufenthaltskarten nicht mehr widerrufen werden müssen, sondern eingezogen werden. Folgerichtig wurde in § 7 I der S. 2 gestrichen, der die Ausreisepflicht von drittstaatsangehörigen Familienangehörigen von Unionsbürgern von dem Widerruf oder der Rücknahme der Daueraufenthaltskarte abhängig machte. Der Bescheinigungscharakter der neuen Daueraufenthaltskarte kommt auch in der Gesetzesbegründung zum Ausdruck, in der der Gesetzgeber ausdrücklich klarstellt, dass ein Widerruf nicht mehr erforderlich ist[31].

52   Hinsichtlich des Verlustes des Daueraufenthaltsrechts nach § 4a VII bei einer Abwesenheit aus einem seiner Natur nicht nur vorübergehenden Grund von mehr als zwei aufeinanderfolgenden Jahren gilt nach § 5 VI die Regelung des § 5 IV 1 entsprechend.

VI. Überprüfungen (Abs. 3)

53   Aus § 5 III ergibt sich, dass die Ausländerbehörde nach Erteilung der Aufenthaltskarte nicht systematisch ohne Anlass das Vorliegen der Voraussetzungen des Rechts nach § 2 I prüfen darf. Es sind begründete Zweifel, etwa der Bezug von Sozialhilfe oder Leistungen nach dem SGB II, erforderlich. Die Einschränkung gilt nicht für die Erteilung eines Daueraufenthaltsrechts nach § 4a.

54   Ungeachtet dieser formellen Vereinfachungen ist zu berücksichtigen, dass aus materiellen Gründen das Freizügigkeitsrecht entweder nicht zum Entstehen gelangen oder enden kann. So können die Voraussetzungen des § 2 I entfallen oder die entgegenstehenden Gründe der öffentlichen Sicherheit und Ordnung iSd § 6 von Anfang an vorliegen oder während des Aufenthalts entstehen. Aus diesem Grunde erscheint es angezeigt, für entsprechende **Überprüfungen** eine Aktengrundlage zu schaffen. Es sind also Akten bei der Ausländerbehörde anzulegen für den Fall, dass der Anmeldende kein Freizügigkeitsrecht besitzt oder es verliert und damit dem AufenthG unterfällt.

55   Routinemäßige Überprüfungen finden nicht statt. Ein **besonderer Anlass** iSd Abs. 3 kann bestehen, wenn es zB Hinweise auf einen nicht beanstandungsfreien früheren Aufenthalt gibt. Aufgrund einer dann gerechtfertigten AZR-Abfrage können sich Anhaltspunkte für Ausweisungsgründe oder Aufenthaltssperren ergeben. Bei Angehörigen neuer Mitgliedstaaten können Bedenken auftreten, ob sich der Aufenthalt in den zugelassenen Bereichen hält oder Verstöße gegen die Übergangsregelungen vorliegen. Nachprüfungen können also nicht nur beim Fortfall von Freizügigkeitsvoraussetzungen veranlasst sein, sondern schon bei der Anmeldung.

56   Auch der **Bezug von Leistungen nach dem SGB II** (Grundsicherung für Arbeitsuchende bzw. ALG II) oder eine Verlängerung der Bescheinigung bzw. der Aufenthaltskarte kann Anlass zu einer Überprüfung geben[32]. Die ursprünglich vom Bundesrat vorgeschlagene Einführung eines § 11a, der die unverzügliche Unterrichtung der Ausländerbehörde bei einem Sozialhilfeleistungsbezug durch einen EU-Bürger sicherstellen sollte[33], wurde von der Bundesregierung unter Hinweis auf mangelnde Erkenntnisse über das Ausmaß eines Missbrauchs des Freizügigkeitsrechts beim Bezug von ALG II abgelehnt. Außerdem wurde darauf hingewiesen, dass bereits nach geltendem Recht eine Datenübermittlung auf der Grundlage des § 11 I 1 und 2 iVm § 87 II Nr. 1–3 AufenthG erfolgen könnte[34].

---

[28] So zutreffend BVerwG Beschl. v. 23.5.2001 – 1 B 125.00, InfAuslR 2001, 312 zu einer Aufenthaltserlaubnis-EG.
[29] → § 7.
[30] Zu einer Aufenthaltserlaubnis-EG s. BVerwG Beschl. v. 23.5.2001 – 1 B 125.00, InfAuslR 2001, 312.
[31] BT-Drs. 17/10746, 11 zu § 7: „Da auch Familienangehörige von Unionsbürgern ausreisepflichtig sind, wenn die zuständige Behörde den Verlust des Freizügigkeitsrechts festgestellt hat, kann Satz 2 gestrichen werden. Die *Einziehung* der deklaratorischen Aufenthaltskarte oder Daueraufenthaltskarte kann als Folge der Verlustfeststellung angeordnet werden und muss daher in Bezug auf das Entstehen der Ausreisepflicht in § 7 nicht gesondert genannt werden."
[32] BT-Drs. 15/420, 104.
[33] BR-Drs. 224/07, 20 f.
[34] BT-Drs. 16/5527, 43.

Das **Ergebnis** der Überprüfungen kann darin bestehen, dass das Nichtentstehen oder der Verlust des 57
Freizügigkeitsrechts nach Maßgabe von § 6 festgestellt werden. Dann sind die dort genannten materiellen und formellen Voraussetzungen einzuhalten. Kann dagegen ein Freizügigkeitsrecht iSd § 2 I
von Anfang an nicht festgestellt werden, ist die Ausstellung der Bescheinigung oder der Aufenthaltskarte abzulehnen.

VII. Verlustfeststellung, Einziehung der Bescheinigung (Abs. 4) – Widerruf der Aufenthaltskarte

§ 5 IV 1 ermöglicht in Fällen, in denen das Recht nach § 2 I innerhalb von fünf Jahren nach 58
Begründung des ständigen Aufenthalts im Bundesgebiet entfällt, die **Feststellung des Verlusts des
Freizügigkeitsrechts.**

Die Verlustfeststellung ist auf alle Freizügigkeitsrecht anwendbar, die von § 2 I erfasst 59
werden. Das FreizügG/EU dient der Umsetzung primären und sekundären Unionsrechts und bezieht
sich nicht nur auf die in der Freizügigkeits-RL zusammengefassten, sondern auf sämtliche sich aus dem
Unionsrecht ergebenden Freizügigkeitsrechte[35]. Der Aufzählung in § 2 II kommt insoweit nur eine
deklaratorische Bedeutung zu. Wer freizügigkeitsberechtigter Unionsbürger oder dessen Familienangehöriger ist, bestimmt mit konstitutiver Wirkung allein das Unionsrecht[36]. Freizügigkeitsberechtigt
im Sinne des § 2 I sind somit auch solche unionsrechtlich freizügigkeitsberechtigten Personen, die
nicht oder nur unzureichend von § 2 II erfasst werden[37]. Dafür spricht ganz wesentlich die Regelung
des § 7 I, nach der eine Verlustfeststellung die Ausreisepflicht des betroffenen Unionsbürgers bzw.
Familienangehörigen eines Unionsbürgers begründet. Der anderenfalls entstehende Widerspruch zwischen einer kraft Gesetzes eintretenden Ausreisepflicht und einem gleichwohl kraft Unionsrechts
bestehenden Freizügigkeitsrecht wird vermieden, wenn alle unionsrechtlichen Freizügigkeitsrechte
von § 2 I als erfasst angesehen werden[38]. Das durch Art. 10 I VO (EU) Nr. 492/2011 begründete
Freizügigkeitsrecht wird daher gleichfalls von § 2 I erfasst[39] und unterfällt damit einer Verlustfeststellung nach § 5 IV.

Zugleich enthält § 5 IV 2 die **Befugnis, die Aufenthaltskarte** nach Abs. 1 **einzuziehen.** Es 60
besteht kein subjektiv öffentliches Recht auf Erlass einer Verlustfeststellung.

Eine Verlustfeststellung nach § 5 IV ist aber nicht bereits dann ausgeschlossen, wenn ein 61
Unionsbürger sich fünf Jahre ständig im Bundesgebiet aufgehalten hat[40]. Denn das Entstehen
eines Daueraufenthaltsrechts nach § 4a I setzt voraus, dass der Betroffene während einer Aufenthaltszeit
von mindestens fünf Jahren ununterbrochen die Freizügigkeitsvoraussetzungen des Art. 7 I Freizügigkeits-RL erfüllt hat. Nicht der rechtmäßige Aufenthalt, sondern der freizügigkeitsberechtigte Aufenthalt über einen Zeitraum von fünf Jahren schließt eine Verlustfeststellung aus.

§ 5 IV 1 gilt entsprechend für den **Verlust des Daueraufenthaltsrechts** nach § 4a VII. Abgren- 62
zungsfragen ergeben sich zu § 2 VII. Diese Regelung erfasst alle Täuschungsfälle, unabhängig, ob der
Unionsbürger oder der Familienangehörige sich zuvor freizügigkeitsberechtigt im Bundesgebiet aufgehalten hat. Die Norm überschneidet sich daher mit dem Anwendungsbereich des § 5 IV, wenn der
Betroffene zunächst Freizügigkeit genießt und dann einen Freizügigkeit vermittelnden Sachverhalt
vortäuscht. Denn auch in diesen Fällen können die Voraussetzungen der Freizügigkeit nachträglich
entfallen sein. § 2 VII ist gegenüber § 5 IV (vormals § 5 V aF) lex specialis.

Ausdrücklich geregelt sind folgende Täuschungshandlungen: 63
– Vorlage von gefälschten oder verfälschten Dokumenten oder
– Vorspiegelung falscher Tatsachen.

Die Norm erfasst nicht den Fall, in denen die Meldebehörde zu Unrecht – ohne getäuscht worden 64
zu sein – von dem Vorliegen der Freizügigkeit nach § 2 ausgegangen ist. Hier wird weiterhin § 5 IV
(vormals § 5 V aF) und nicht die Feststellung nach § 2 VII analog angewandt werden müssen. Auch
wenn § 2 VII den Fall des Nichtvorliegens der Freizügigkeit von Anfang erfasst, so ist sie doch eine
spezielle Missbrauchsregelung.

Über die gesetzlich geregelten Fälle hinaus findet § 5 IV entsprechende Anwendung in folgenden 65
Fällen:
– Feststellung des **Nichtbestehens des Freizügigkeitsrechts** (siehe auch § 11 XIV 2) bei irrtümlicher Annahme des Rechts nach § 2 I.
– **Versagung eines Visums** an einen drittstaatsangehörigen Familienangehörigen eines Unionsbürgers nach § 2 IV.
– **Rücknahme der Aufenthaltskarte** (s. auch § 7 II 2).

---

[35] BVerwG Urt. v. 11.9.2019 – 1 C 48.18 Rn. 30; BT-Drs. 15/420 S. 102.
[36] BVerwG Urt. v. 11.9.2019 – 1 C 48.18 Rn. 30.
[37] BVerwG Urt. v. 11.9.2019 – 1 C 48.18 Rn. 30.
[38] BVerwG Urt. v. 11.9.2019 – 1 C 48.18 Rn. 30.
[39] BVerwG Urt. v. 11.9.2019 – 1 C 48.18 Rn. 31.
[40] BVerwG Urt. v. 16.7.2015 – 1 C 22.14, InfAuslR 2015, 420 Rn. 17.

– **Einzug der Bescheinigung** über die Meldung des Familienangehörigen nach § 5 I 2 (§ 5 II 2 aF).

66 Die Feststellung bildet die Grundlage der **Ausreisepflicht** nach § 7 I 1 für Unionsbürger und ihre Familienangehörigen.

67 **Die Feststellung nach § 5 IV führt zu keiner Wiedereinreisesperre.** Diese ist nach § 7 II 1 von einer Verlustfeststellung nach § 6 I abhängig. Diese Rechtsfolge wird durch Art. 15 III Freizügigkeits-RL vorgegeben. Danach darf der Entzug des Aufenthaltsrechts aus anderen Gründen als denen der öffentlichen Sicherheit oder Ordnung nicht mit einem Einreiseverbot einhergehen. Dies ist konsequent, da die im Unionsrecht wurzelnde Freizügigkeit jederzeit neu aufleben kann.

68 Der EuGH hat in der Rechtssache FS jedoch klargestellt, dass ein Unionsbürger, der wegen des Wegfalls der Freizügigkeitsvoraussetzungen den EU-Aufenthaltsstaat verlassen muss, unmittelbar nach seiner Ausreise nicht berechtigt ist, erneut in den EU-Mitgliedstaat einzureisen, um von seiner Freizügigkeit Gebrauch machen zu können[41]. Mit seinem Urteil hat der Gerichtshof entschieden, dass ein Unionsbürger nicht allein deshalb ein vorübergehendes Aufenthaltsrecht in dem Hoheitsgebiet des EU-Mitgliedstaats genießt, weil er das Hoheitsgebiet physisch innerhalb der in dieser Entscheidung gesetzten Frist für seine freiwillige Ausreise verlassen hat[42]. **Der EuGH hat zudem festgestellt, dass der Unionsbürger nicht nur physisch das Hoheitsgebiet des Aufnahmemitgliedstaats verlassen haben muss, um ein neuerliches Aufenthaltsrecht im selben Hoheitsgebiet in Anspruch nehmen zu können, sondern auch seinen Aufenthalt in diesem Hoheitsgebiet tatsächlich und wirksam beendet haben muss**[43]. Dies ist nicht der Fall, wenn bei seiner Rückkehr in das Hoheitsgebiet des EU-Mitgliedstaats davon ausgegangen werden muss, dass sein Aufenthalt in eben diesem Hoheitsgebiet in Wirklichkeit fortbesteht. Diese Entscheidung hat folgende Konsequenzen: Verlässt ein Unionsbürger das Bundesgebiet nur formal, ohne tatsächlich seinen Wohnsitz zu verlegen (keine Kündigung der Wohnung, kein Umzug), so erledigt sich eine Verlustfeststellung nach § 5 IV nicht. Der Unionsbürger kann sich nach seiner Einreise nicht erneut auf die Freizügigkeit nach § 2 V berufen.

69 Die Feststellung des Nichtbestehens des Freizügigkeitsrechts bewirkt nach § 11 XIV 2 die **Anwendbarkeit des AufenthG**, sofern das FreizügG/EU keine besonderen Regelungen trifft.

70 Sowohl die Entscheidung über die Verlustfeststellung als auch der Widerruf bzw. die Rücknahme der Aufenthaltskarte stehen im **Ermessen** der Behörde (§ 40 (L)VwVfG). § 5 IV (vormals § 5 V aF) sieht es nicht als zwingend oder auch nur regelmäßig geboten an, auf den materiellen Verlust des Freizügigkeitsrechts die förmliche Verlustfeststellung folgen zu lassen. Der Gesetzgeber geht nicht von einem Regel-/Ausnahmeverhältnis aus, sondern sieht ein offenes umfassendes Ermessen vor[44]. Daher muss die Ausländerbehörde einzelfallbezogen begründen, was neben dem materiellen Wegfall des Freizügigkeitsrechts für die Verlustfeststellung spricht[45]. IRd Abwägung ist etwa die Dauer des Aufenthalts im Bundesgebiet, mithin der Grad der Aufenthaltsverfestigung sowie eine erwartbare Einkommensverbesserung auf Seiten des Unionsbürgers zu berücksichtigen[46].

71 Bei der Entscheidung ist zudem § 6 VII zu beachten. Hiernach rechtfertigt die Ungültigkeit des Personalausweises oder Reisepasses keinen Entzug des Aufenthaltsrechts.

72 Außerdem ist der Grundsatz der Verhältnismäßigkeit zu beachten. Damit kann bei einem Wegfall der Freizügigkeitsvoraussetzungen **kein automatisches Erlöschen des Aufenthaltsrechts** angenommen werden. Der EuGH hat immer wieder hervorgehoben, dass Aufenthaltsbeendigungen nicht automatisch, dh ohne Einzelfallwürdigung, erfolgen dürfen. Für den Fall des **Sozialhilfebezugs** stellt Art. 14 III Freizügigkeits-RL dies ausdrücklich klar: „Die Inanspruchnahme von Sozialhilfeleistungen durch einen Unionsbürger oder einen seiner Familienangehörigen im Aufnahmemitgliedstaat darf nicht automatisch zu einer Ausweisung führen."

73 Bei der Ermessensausübung ist zu berücksichtigen, dass der **Grundsatz der Gemeinschaftssolidarität** auch bei einem vorübergehenden Bezug von Sozialhilfeleistungen keine Aufenthaltsbeendigung als automatische Folge nach sich zieht. Nach Art. 7 Ib Freizügigkeits-RL sind zwar ausreichende Existenzmittel erforderlich, mithin solche, die sicherstellen, dass der Freizügigkeitsberechtigte die Sozialhilfe des Aufnahmemitgliedstaats nicht in Anspruch nehmen muss. Zu berücksichtigen ist aber, dass nach der Rspr. des EuGH die Inanspruchnahme von Sozialhilfeleistungen nicht automatisch einen Verlust des Freizügigkeitsrechts zu begründen vermag. Erforderlich ist vielmehr eine **unangemessene Inanspruchnahme von Sozialhilfeleistungen**.

74 Die Feststellung des Verlusts des Freizügigkeitsrechts nach § 2 I führt ebenso wie die Ausweisung zur Beendigung des unionsrechtlichen Aufenthaltsrechts sowie zur Verlassenspflicht des Unionsbürgers

---

[41] EuGH Urt. v. 22.6.2021 – C-719/19 LS – FS.
[42] EuGH Urt. v. 22.6.2021 – C-719/19 Rn. 81 – FS.
[43] EuGH Urt. v. 22.6.2021 – C-719/19 Rn. 83 – FS.
[44] HessVGH Beschl. v. 24.10.2016 – 3 B 2352/16 Rn. 7; OVG LSA Beschl. v. 23.6.2016 – 2 O 165/15 Rn. 8; VG Oldenburg Beschl. v. 27.1.2012 – 11 A 2117/11 Rn. 4; VG des Saarlandes Urt. v. 30.3.2017 – 6 K 1758/15 Rn. 33.
[45] HessVGH Beschl. v. 24.10.2016 – 3 B 2352/16 Rn. 7.
[46] HessVGH Beschl. v. 24.10.2016 – 3 B 2352/16 Rn. 7.

und unterliegt damit dem Erfordernis der Verhältnismäßigkeit[47]. Zwar kann der Umstand, dass ein nicht erwerbstätiger Unionsbürger zum Bezug von Sozialhilfeleistungen berechtigt ist, einen Anhaltspunkt dafür darstellen, dass er nicht über ausreichende Existenzmittel verfügt[48]. Insbesondere dem 10. Erwägungsgrund der Freizügigkeits-RL ist jedoch zu entnehmen, dass die in Art. 7 Ib Freizügigkeits-RL genannte Voraussetzung va verhindern soll, dass die hierin genannten Personen die Sozialhilfeleistungen des Aufnahmemitgliedstaats **unangemessen** in Anspruch nehmen.

Zur Beurteilung der Frage, ob ein Ausländer Sozialhilfeleistungen in unangemessener Weise in Anspruch nimmt, ist, wie aus dem 16. Erwägungsgrund der Freizügigkeits-RL hervorgeht, zu prüfen, ob der Betreffende vorübergehende Schwierigkeiten hat, und die Dauer des Aufenthalts, die persönlichen Umstände des Betreffenden und der ihm gewährte Sozialhilfebetrag zu berücksichtigen. Von einer unangemessenen Inanspruchnahme von Sozialhilfeleistungen kann zudem nicht ohne eine umfassende Beurteilung der Frage ausgegangen werden, „welche Belastung dem nationalen Sozialhilfesystem in seiner Gesamtheit aus der Gewährung dieser Leistung nach Maßgabe der individuellen Umstände, die für die Lage des Betroffenen kennzeichnend sind, konkret entstünde"[49]. 75

VIII. Dokumente für nahestehende Personen (Abs. 7)

Die Aufnahme des § 3a wirft eine Reihe von Fragen auf, da der Gesetzgeber mit dieser Regelung den Anwendungsbereich des AufenthG und des FreizügG/EU vermischt. Denn insbesondere die Regelung des § 11 V verdeutlicht, dass es sich nicht um einen Freizügigkeitssachverhalt handelt, bei dem eine unionsrechtliche Rechtsstellung nur deklaratorisch umgesetzt wird. **Vielmehr handelt es sich bei § 3a im Kern um einen nationalen Aufenthaltstitel, der konstitutiv die Rechte nahestehender Personen begründet**[50]. Folgerichtig wird die Rechtsstellung verliehen und nicht nur – wie sonst üblich – bescheinigt. 76

Weiterhin werden die Rechte nicht vom Amts wegen bescheinigt, sondern auf Antrag eine **konstitutive** Aufenthaltskarte ausgestellt. Hierbei handelt es sich um einen Verwaltungsakt, der – wie eine Aufenthaltserlaubnis nach dem AufenthG – das Recht zum Aufenthalt verleiht. Es handelt sich daher nicht – wie beim der Daueraufenthaltskarte für drittstaatsangehörigen Familienangehörige eines Unionsbürgers nach § 5 V 2 – nur um einen feststellenden Verwaltungsakt, der ein unionsrechtliches Aufenthaltsrecht mit Bindungswirkung bescheinigt. 77

Der Verweis in § 5 VII 3 auf den § 5 V 2 stellt sicher, dass nahestehende Personen mit Erwerb des Daueraufenthaltsrechts auch eine **Daueraufenthaltskarte** erhalten. Dabei wird das Daueraufenthaltsrecht als „Bescheinigung" ausgestellt und setzt daher anders als die Erteilung der Aufenthaltskarte nach § 5 VII 1 keine konstitutive Entscheidung der Ausländerbehörde voraus. 78

Nahestehenden Personen, die Unionsbürger sind, erhalten auf Antrag gemäß § 5 V 1 eine Bescheinigung über ihr Daueraufenthaltsrecht; auf sie findet Abs. 7 keine Anwendung. 79

Im Übrigen findet § 5 auf Fälle des § 3a keine Anwendung, weil diese Vorschriften hinsichtlich ihrer Wortwahl und Systematik auf Fälle zugeschnitten sind, denen Rechte kraft Gesetzes entstehen, was bei § 3a nicht der Fall ist[51]. 80

IX. Verwaltungsverfahren und Rechtsschutz

Die Rechtmäßigkeit einer Verlustfeststellung bestimmt sich grundsätzlich allein anhand der Sach- und Rechtslage im **Zeitpunkt der letzten mündlichen Verhandlung oder Entscheidung** des Tatsachengerichts mit der Folge, dass die Verlustfeststellung insgesamt rechtswidrig ist, wenn im maßgeblichen Zeitpunkt ein Freizügigkeitsrecht besteht[52]. 81

Das BVerwG hat aber erkennen lassen, diese Rspr. nicht auf Fälle einer Verlustfeststellung nach § 5 IV zu übertragen, die nachträglich wegen des Wiederstehens einer Freizügigkeitsberechtigung zeitlich beschränkt, mit Wirkung ab einem bestimmten Zeitpunkt wieder aufgehoben oder auf andere Weise erledigt angesehen worden ist[53]. **Dies hat zur Folge, dass die Ausländerbehörde eine Verlustfeststellung für einen Zeitabschnitt in der Vergangenheit aufrechterhalten kann.** 82

---

[47] BVerwG Urt. v. 16.7.2015 – 1 C 22.14, InfAuslR 2015, 420 Rn. 21 unter Hinweis auf EuGH Urt. v. 20.9.2001 – C-184/99 Rn. 43 f. – Grzelczyk; Urt. v. 17.9.2002 – C-413/99 Rn. 91 ff. – Baumbast; Urt. v. 7.9.2004 – C-456/02 Rn. 45 ff. – Trojani.
[48] BVerwG Urt. v. 16.7.2015 – 1 C 22.14, InfAuslR 2015, 420 Rn. 21; EuGH Urt. v. 19.9.2013 – C-140/12 Rn. 63 – Brey.
[49] BVerwG Urt. v. 16.7.2015 – 1 C 22.14, InfAuslR 2015, 420 Rn. 21; EuGH Urt. v. 19.9.2013 – C-140/12 Rn. 64 – Brey.
[50] Dienelt, www.migrationsrecht.net/nachrichten-auslaenderrecht-politik-gesetzgebung/erleichterung-des-aufenthaltsrechts-nahestehender-personen-im-freizuegigkeitsrecht.html.
[51] BT-Drs. 19/21750, S. 42.
[52] BVerwG Urt. v. 11.9.2019 – 1 C 48.18 Rn. 12 mwN.
[53] BVerwG Urt. v. 11.9.2019 – 1 C 48.18 Rn. 13.

Während dieses Zeitraums besteht keine Freizügigkeit, sodass auch keine Daueraufenthaltsrecht nach § 4a entstehen kann. Außerdem ist der Ausländer während der Dauer des Zeitraums der Verlustfeststellung ausreisepflichtig.

83 Für eine **zeitabschnittsweise Teilbarkeit einer Verlustfeststellung** spricht, dass sich der Regelungsgehalt der Verlustfeststellung nicht – wie bei der Ausweisung – auf die konstitutive Beendigung des (rechtmäßigen) Aufenthalts konzentriert, sondern nach § 7 I die Ausreisepflicht nur eine Rechtsfolge ist; sie steht zudem – wegen der lediglich feststellenden Natur der Verlustfeststellung nach § 5 IV 1 – unter dem Vorbehalt, dass in der Folgezeit nicht erneut eine Freizügigkeitsberechtigung entsteht[54]. Die durch die Verlustfeststellung nach § 5 IV 1 bewirkte Beseitigung der Freizügigkeitsvermutung schließt das neuerliche Entstehen eines Aufenthaltsrechts und in der Folge den Wegfall der Ausreisepflicht nicht aus[55]. Damit verliert ein wichtiger Gesichtspunkt für die Unteilbarkeit der Ausweisung an Bedeutung, dass ihre titelvernichtende (§ 51 I Nr. 5 AufenthG) Wirkung bei einer Aufhebung lediglich mit Wirkung für die Zukunft nicht entfiele; das Recht zur Einreise und Aufenthalt nach § 2 I be- und entsteht bei materiellem Bestand einer Freizügigkeitsberechtigung kraft Unionsrechts unabhängig von einer entsprechenden behördlichen Genehmigung[56]. Die Verlustfeststellung weist zudem durch den Gesetzgeber an den Wegfall der Freizügigkeit infolge einer Verlustfeststellung sozialrechtlichen Leistungsausschlüsse knüpft[57].

84 Auf die Entscheidungen nach § 5 IV (vormals § 5 V aF) finden die **unionsrechtlichen Verfahrensvorschriften** der Art. 30 und 31 Freizügigkeits-RL über Art. 15 I Freizügigkeits-RL sinngemäß Anwendung.

85 Entscheidungen nach § 5 IV müssen dem Betroffenen nach Art. 30 I iVm Art. 15 I Freizügigkeits-RL **schriftlich** in einer Weise **mitgeteilt** werden, dass er deren Inhalt und Wirkung nachvollziehen kann. Dem Betroffenen sind die Gründe, die der ihn betreffenden Entscheidung zugrunde liegen, genau und umfassend mitzuteilen, es sei denn, dass Gründe der Sicherheit des Staates dieser Mitteilung entgegenstehen (Art. 30 II iVm Art. 15 I Freizügigkeits-RL).

86 Problematisch erscheint, ob eine unionsrechtlich vorgeschriebene fehlende Begründung nach § 46 (L)VwVfG unbeachtlich ist. Hierbei geht es um die Frage, ob das Fehlerfolgenregime der nationalen Rechtsordnung zum Zuge kommt, wenn **unionsrechtliche Verfahrensregelungen** in Form des indirekten Vollzugs durchgeführt werden. Der EuGH[58] hat für den indirekten unmittelbaren Vollzug einer VO folgenden Grundsatz aufgestellt: „Obliegt der Vollzug einer Gemeinschaftsverordnung den nationalen Behörden, so ist davon auszugehen, dass er grundsätzlich nach den Form- und Verfahrensvorschriften des nationalen Rechts zu geschehen hat. Um der einheitlichen Anwendung des Unionsrechts willen ist jedoch der Rückgriff auf innerstaatliche Rechtsvorschriften nur in dem zum Vollzug der Verordnung notwendigen Umfang zulässig." Auch in der Rechtssache Deutsches Milch-Kontor GmbH[59] wurde dieser Grundsatz bestätigt: „Soweit das Unionsrecht einschließlich der allgemeinen unionsrechtlichen Grundsätze hierfür keine gemeinsamen Vorschriften enthält, gehen die nationalen Behörden bei dieser Durchführung der Gemeinschaftsregelungen nach den formellen und materiellen Bestimmungen ihres nationalen Rechts vor, wobei dieser Rechtssatz freilich, (...), mit den Erfordernissen der einheitlichen Anwendung des Unionsrechts in Einklang gebracht werden muss, die notwendig ist, um zu vermeiden, dass die Wirtschaftsteilnehmer ungleich behandelt werden."

87 Danach gelangt im indirekten Vollzug des Unionsrechts in Ermangelung unionseinheitlicher Vorschriften das nationale (L)VwVfG zur Anwendung[60]. Die den einzelnen Mitgliedstaaten durch den EuGH zugestandene Verfahrensautonomie, dh die Freiheit der Mitgliedstaaten, das Verwaltungsverfahren individuell auszuformen, besteht aber nicht grenzenlos. Der EuGH hat die Freiheit zur Ausgestaltung an zwei Bedingungen geknüpft: Das nationale Verfahrensrecht darf weder diskriminierend wirken noch darauf hinauslaufen, dass die Verwirklichung der unionsrechtlichen Regelung praktisch unmöglich wird[61].

88 Während sich das **Diskriminierungsverbot** nicht begrenzend auf die Anwendung des § 46 (L) VwVfG auszuwirken vermag, weil diese Vorschrift gleichermaßen in rein nationalen wie in unionsrelevanten Verfahren einen kausalitätsunabhängigen Aufhebungsanspruch versagt[62], erscheint eine Ver-

---

[54] BVerwG Urt. v. 11.9.2019 – 1 C 48.18 Rn. 13.
[55] BVerwG Urt. v. 11.9.2019 – 1 C 48.18 Rn. 13.
[56] BVerwG Urt. v. 11.9.2019 – 1 C 48.18 Rn. 13.
[57] BVerwG Urt. v. 11.9.2019 – 1 C 48.18 Rn. 14.
[58] EuGH Urt. v. 11.2.1971 – 39/70, Slg. 1971, 49 (58) – Fleischkontor.
[59] EuGH Urt. v. 21.9.1983 – 205–215/82, Slg. 1983, 2633 (2665) – Deutsches Milch-Kontor.
[60] Dass im Bereich des indirekten Vollzugs, der den Regelfall darstellt, in Ermangelung unionsrechtlicher Regelungen grundsätzlich die Vorschriften des nationalen VwVfG heranzuziehen sind, entspricht auch der allgemeinen Ansicht in der Lit. (*Kahl* VerwArch Bd. 95, 2004, 1 (13 f.); *Sachs* in Stelkens/Bonk/Sachs, 6. Aufl., VwVfG § 45 Rn. 185).
[61] Hierzu EuGH Urt. v. 21.9.1983 – 205–215/82, Slg. 1983, 2633 (2665) – Deutsches Milch-Kontor; Urt. v. 14.12.1995 – C-430/93 und C-431/93, Slg. 1995, I-4705 (4737) – Van Schijndel und Van Veen; aus der Lit. *Classen* Die Verwaltung Bd. 31, 1998, 307 (308 f.) mwN; *Kment* AöR 130 (2005), 570 (575).
[62] So auch *Gellermann* DÖV 1996, 433 (441).

letzung des mit dem Begriff der praktischen Unmöglichkeit angesprochenen **Effektivitätsgebots,** bei dessen Anwendung es entscheidend darauf ankommt, ob die in Rede stehende nationale Vorschrift die Ausübung des europäischen Rechts tatsächlich unmöglich macht oder übermäßig erschwert, bedenkenswert[63]. Immerhin läuft der durch § 46 (L)VwVfG angeordnete Ausschluss des Aufhebungsanspruchs darauf hinaus, dass die verfahrensrechtliche Regelung (zB Art. 30 I iVm Art. 15 I Freizügigkeits-RL) leerläuft, und zwar schlicht deshalb, weil ihre Nichtbeachtung durch § 46 (L)VwVfG sanktionslos gestellt wird. Damit würde iE der mit der Verfahrensvorschrift bezweckte Erfolg „praktisch unmöglich" gemacht. Um dieses Ergebnis zu vermeiden, gebietet das Effektivitätsgebot grundsätzlich in Bezug auf europarechtliche Verfahrensvorschriften eine Sanktionierung von Verfahrensverstößen, um deren Beachtung auf nationaler Ebene zu erzwingen[64].

Das **Prinzip der effektiven Durchsetzung europäischen Rechts auf nationaler Ebene** ist aber 89 auch aus Sicht des EuGH nicht grenzenlos gewährleistet; dies zeigt bereits die Verwendung der Begriffe „praktische Unmöglichkeit" bzw. „übermäßiges Erschweren". Damit wird nicht die maximale Verwirklichung unionsrechtlicher Verfahrensvorschriften bzw. sonstigen materiellen Unionsrechts gefordert. Der EuGH hat insoweit ausgeführt, dass „jeder Fall, in dem sich die Frage stellt, ob eine nationale Verfahrensvorschrift die Anwendung des Unionsrechts unmöglich macht oder übermäßig erschwert, unter Berücksichtigung der Stellung dieser Vorschriften im gesamten Verfahren vor den verschiedenen nationale Stellen sowie des Ablaufs und der Besonderheiten dieser Verfahren zu prüfen ist"[65].

Die Wesentlichkeit einer Verletzung einer Form- oder Verfahrensbestimmung, auf die es maßgeblich 90 ankommt, beurteilt sich daran, ob ihre Nichtbeachtung **Einfluss auf die inhaltliche Gestaltung des Rechtsakts** gehabt haben könnte[66].

Wenn das Begründungserfordernis erst an die Ablehnungsentscheidung selbst anknüpft (zB Art. 30 I 91 und II Freizügigkeits-RL) und keine Verfahrensregelung darstellt, die die Richtigkeit des Ergebnisses sicherstellen will, ist sie nicht wesentlich, sodass eine Unbeachtlichkeit des Fehlers nach § 46 (L) VwVfG bei Verletzung der Begründungspflicht möglich ist. Andernfalls ist die Verletzung der Begründungspflicht geeignet, zur Rechtswidrigkeit des Verwaltungsakts zu führen, wenn es um die Sicherung wichtiger materieller Rechte durch Verfahrensvorgaben geht.

Das Unionsrecht geht im Hinblick auf eine geringere gerichtliche Kontrolldichte in anderen Mit- 92 gliedstaaten von der Vorstellung aus, dass die **materielle Richtigkeit einer Verwaltungsentscheidung durch ein konkretes Verwaltungsverfahren** gesichert wird. Dies hat zur Folge, dass die Verletzung von Verfahrensregelungen nicht allein mit dem Hinweis auf die Kontrolldichte im gerichtlichen Verfahren für unbeachtlich erklärt werden kann.

In der Mitteilung ist nach Art. 30 III 1 iVm Art. 15 I Freizügigkeits-RL in einer **Rechtsbehelfs-** 93 **belehrung** anzugeben, bei welchem Gericht oder bei welcher Behörde der Betroffene einen Rechtsbehelf einlegen kann, innerhalb welcher Frist der Rechtsbehelf einzulegen ist und gegebenenfalls binnen welcher Frist er das Hoheitsgebiet des Mitgliedstaats zu verlassen hat.

Außer in ordnungsgemäß begründeten dringenden Fällen muss die **Frist zum Verlassen des** 94 **Hoheitsgebiets mindestens einen Monat,** gerechnet ab dem Zeitpunkt der Mitteilung, betragen (Art. 30 III 2 iVm Art. 15 I Freizügigkeits-RL).

Gegen die Entscheidung nach § 5 IV (vormals § 5 V aF) müssen die Betroffenen nach Art. 31 I 95 iVm Art. 15 I Freizügigkeits-RL einen Rechtsbehelf bei einem Gericht und gegebenenfalls bei einer Behörde des Aufnahmemitgliedstaats einlegen können. Wird neben dem Rechtsbehelf gegen die Entscheidung, mit der die Ausweisung verfügt wurde, auch ein Antrag auf vorläufigen Rechtsschutz gestellt, um die Vollstreckung dieser Entscheidung auszusetzen, so darf nach Art. 31 II iVm Art. 15 I Freizügigkeits-RL die **Abschiebung aus dem Hoheitsgebiet nicht erfolgen, solange nicht über den Antrag auf vorläufigen Rechtsschutz entschieden wurde,** es sei denn,
– die Entscheidung stützt sich auf eine frühere gerichtliche Entscheidung,
– oder die Betroffenen hatten bereits früher die Möglichkeit, eine gerichtliche Überprüfung zu beantragen, oder
– die Entscheidung, mit der die Ausweisung verfügt wird, beruht auf zwingenden Gründen der öffentlichen Sicherheit nach Art. 28 III Freizügigkeits-RL.

Durch diese Verfahrensregelung, die mit § 7 II 5 umgesetzt wurde, wird die **Vollzugsmöglichkeit** 96 **der Behörde nach Anordnung des Sofortvollzugs nach § 80 II 1 Nr. 4 VwGO beschränkt.** Der deutsche Gesetzgeber verzichtet dabei auf die in Art. 31 II Freizügigkeits-RL aufgeführten Aus-

---

[63] So *Kment* AöR 130 (2005), 570 (579).
[64] S. hierzu *Kment* AöR 130 (2005), 570 (579 f.).
[65] EuGH Urt. v. 21.11.2002 – C-473/00, Slg. 2002, I-10875 Rn. 37 – Cofidis SA.
[66] *Kahl* VerwArch Bd. 95, 2004, 1 (22); *Gaitanides* in von der Groeben/Schwarze (Hrsg.) EG Art. 230 Rn. 124 zu Beteiligungs- und Anhörungsrecht; *Schwarze* EG Art. 230 Rn. 60; zum Grundsatz der Wahrung rechtlichen Gehörs wurde vom EuGH entschieden, dass die Nichtbeachtung einer Verfahrensvorschrift einen Verfahrensfehler darstellt, der aber nur dann als wesentlich zu bewerten ist und zur Aufhebung der Sachentscheidung zwingt, „wenn das Verfahren ohne die Verletzung zu einem anderen Ergebnis hätte führen können" (EuGH Urt. v. 14.2.1990 – C-301/87 – Frankreich/Kommission, Ls. 3).

nahmeregelungen, da er den Vollzug grundsätzlich erst nach einer Entscheidung über den Antrag auf vorläufigen Rechtsschutz nach § 80 V VwGO ermöglicht.

97 Im Rechtsbehelfsverfahren sind nach Art. 31 III iVm Art. 15 I Freizügigkeits-RL die Rechtmäßigkeit der Entscheidung sowie die Tatsachen und die Umstände, auf denen die Entscheidung beruht, zu überprüfen. Es gewährleistet, dass die Entscheidung nicht unverhältnismäßig ist.

98 Die Mitgliedstaaten können gem. Art. 31 IV iVm Art. 15 I Freizügigkeits-RL dem Betroffenen verbieten, sich während des anhängigen Rechtsbehelfsverfahrens in ihrem Hoheitsgebiet aufzuhalten, dürfen ihn jedoch nicht daran hindern, sein Verfahren selbst zu führen, es sei denn, die öffentliche Ordnung oder Sicherheit können durch sein persönliches Erscheinen ernsthaft gestört werden oder der Rechtsbehelf richtet sich gegen die Verweigerung der Einreise in das Hoheitsgebiet.

§ 5a Vorlage von Dokumenten

(1) ¹Die zuständige Behörde darf in den Fällen des § 5 Absatz 2 von einem Unionsbürger den gültigen Personalausweis oder Reisepass und im Fall des
1. § 2 Abs. 2 Nr. 1 eine Einstellungsbestätigung oder eine Beschäftigungsbescheinigung des Arbeitgebers,
2. § 2 Abs. 2 Nr. 2 einen Nachweis über seine selbständige Tätigkeit,
3. § 2 Abs. 2 Nr. 5 einen Nachweis über ausreichenden Krankenversicherungsschutz und ausreichende Existenzmittel

verlangen. ²Ein nicht erwerbstätiger Unionsbürger im Sinne des § 2 Abs. 2 Nr. 5, der eine Bescheinigung vorlegt, dass er im Bundesgebiet eine Hochschule oder andere Ausbildungseinrichtung besucht, muss die Voraussetzungen nach Satz 1 Nr. 3 nur glaubhaft machen.

(2) Die zuständige Behörde darf von Familienangehörigen in den Fällen des § 5 Absatz 2 oder für die Ausstellung der Aufenthaltskarte einen anerkannten oder sonst zugelassenen gültigen Pass oder Passersatz und zusätzlich Folgendes verlangen:
1. einen Nachweis über das Bestehen der familiären Beziehung, bei Verwandten in absteigender und aufsteigender Linie einen urkundlichen Nachweis über Voraussetzungen des § 1 Absatz 2 Nummer 3,
2. eine Meldebestätigung des Unionsbürgers, den die Familienangehörigen begleiten oder dem sie nachziehen.

(3) Die zuständige Behörde verlangt in den Fällen des § 3a für die Ausstellung der Aufenthaltskarte über die in Absatz 2 genannten Nachweise hinaus
1. ein durch die zuständige Behörde des Ursprungs- oder Herkunftslands ausgestelltes Dokument, aus dem hervorgeht,
   a) in Fällen nach § 3a Absatz 1 Nummer 1 Buchstabe a, dass und seit wann die nahestehende Person vom Unionsbürger Unterhalt bezieht,
   b) in Fällen nach § 3a Absatz 1 Nummer 1 Buchstabe b, dass und wie lange die nahestehende Person mit dem Unionsbürger in häuslicher Gemeinschaft gelebt hat,
2. in Fällen nach § 3a Absatz 1 Nummer 1 Buchstabe c den Nachweis schwerwiegender gesundheitlicher Gründe, die die persönliche Pflege der nahestehenden Person durch den Unionsbürger zwingend erforderlich machen,
3. in Fällen nach § 3a Absatz 1 Nummer 2 den urkundlichen Nachweis des Bestehens der Vormundschaft oder des Pflegekindverhältnisses sowie einen Nachweis der Abhängigkeit der nahestehenden Person vom Unionsbürger und
4. in den Fällen nach § 3a Absatz 1 Nummer 3 den Nachweis über die Umstände für das Bestehen einer dauerhaften Beziehung nach § 1 Absatz 2 Nummer 4 Buchstabe c zwischen dem Unionsbürger und der nahestehenden Person.

Allgemeine Verwaltungsvorschrift
5a Zu § 5a – Vorlage von Dokumenten
5a.0 Allgemeines
Die Dokumente, die für die Glaubhaftmachung der Voraussetzungen für die Ausübung des Freizügigkeitsrechts bzw. die Ausstellung der Aufenthaltskarte nach § 5 verlangt werden dürfen, sind in § 5a abschließend aufgezählt. Die Vorschrift setzt Artikel 8 Absatz 3 und 5 sowie Artikel 10 Absatz 2 Freizügigkeitsrichtlinie um.
5a.1 Dokumente, deren Vorlage von Unionsbürgern verlangt werden kann
5a.1.1 Absatz 1 betrifft die Nachweise, welche die Ausländerbehörde zur Glaubhaftmachung der Voraussetzungen des Freizügigkeitsrechts nach § 5 Absatz 2 von einem Unionsbürger verlangen kann. Der gültige Personalausweis oder Reisepass kann von allen Unionsbürgern gleichermaßen verlangt werden.
5a.1.2 Im Übrigen ist bei den Nachweisen, welche die Ausländerbehörde gemäß Absatz 1 verlangen kann, nach den Kategorien freizügigkeitsberechtigter Unionsbürger zu unterscheiden (Absatz 1 Satz 1 Nummer 1 bis 3, Satz 2).
5a.1.2.1 Unter dem Begriff „andere Ausbildungseinrichtung" sind auch außeruniversitäre Forschungseinrichtungen zu verstehen, soweit die ausländischen Wissenschaftlerinnen und Wissenschaftler dort im Rahmen eines Praktikums von mehr als drei Monaten, in der Vorbereitung auf eine Promotion oder in der Postdoc-Phase erste praktische Erfahrungen in der Forschung machen.

5a.1.2.2 Ein besonderer Nachweis für Dienstleistungserbringer und -empfänger (§ 2 Absatz 2 Nummer 4 und 5), die Unionsbürger sind, ist nicht vorgesehen.

5a.2 Dokumente, deren Vorlage von Familienangehörigen eines Unionsbürgers verlangt werden kann
Absatz 2 betrifft die Nachweise, welche die Ausländerbehörde von einem Familienangehörigen eines Unionsbürgers verlangen kann. Dabei betrifft Absatz 2 sowohl Familienangehörige mit Staatsangehörigkeit eines Mitgliedstaates der EU, die die Voraussetzungen des Freizügigkeitsrechts in den Fällen des § 5 Absatz 2 glaubhaft machen müssen, als auch Familienangehörige, die nicht Unionsbürger sind, denen eine Aufenthaltskarte nach § 5 Absatz 1 auszustellen ist.

I. Entstehungsgeschichte

Die Regelung des § 5a wurde durch Art. 2 des RLUmsG 2007 in das FreizügG/EU aufgenommen[1]. Weder das AufenthG/EWG noch die FreizügV/EG enthielten eine vergleichbare Bestimmung. Mit dem ÄnderungsG 2013 wurde der Normtext an die geänderte Absatznummerierung des § 5 angepasst und in § 5 II Nr. 2 die Formulierung „Bescheinigung nach § 5 I" durch das Wort „Meldebestätigung" ersetzt. Außerdem wurde in Abs. 2 die Nr. 3 („einen Nachweis über die Lebenspartnerschaft im Fall des § 3 VI oder des § 4 S. 1") aufgehoben. Durch Art. 1 Nr. 2 des Gesetzes zur aktuellen Anpassung des FreizügG/EU und weiterer Vorschriften an das Unionsrecht wurde die Vorschrift zum einen wegen der Aufnahme der Regelung für nahestehende Personen um einen Abs. 3 ergänzt und zum anderen erfolgt ein Verweis auf die Definition der Familienangehörigen in § 1 II Nr. 3 (vormals: § 3 II aF)[2]. 1

II. Anforderungen an die Nachweispflichten

Der neue § 5a setzt Art. 8 III und V sowie Art. 10 II Freizügigkeits-RL um[3]. Die Bestimmung ist dahin gehend auszulegen, dass das Aufenthaltsrecht eines Unionsbürgers oder seines Familienangehörigen nicht davon abhängig gemacht werden kann, dass der Betroffene einen **gültigen Personalausweis oder Reisepass** vorlegt, sofern seine Identität und seine Staatsangehörigkeit zweifelsfrei mit anderen Mitteln nachgewiesen werden können[4]. 2

Das Recht eines Familienangehörigen auf Einreise und Aufenthalt folgt allein aus der familiären Beziehung zu dem freizügigkeitsberechtigten Unionsbürger[5]. Das Erfordernis eines gültigen Nationalpasses dient in diesem Zusammenhang allein dem Nachweis seiner Identität als Familienangehöriger eines Unionsbürgers; lässt sich diese auf andere Art und Weise nachweisen, bedarf es dessen nicht[6]. Das Erfordernis eines gültigen Reisepasses oder Personalausweises ist nicht Voraussetzung des Freizügigkeitsrechts, sondern erleichtert nur dessen Feststellung[7]; es stellt „eine Verwaltungsformalität dar, die nur der Feststellung eines aus der Eigenschaft des Betroffenen unmittelbar fließenden Rechts durch die nationalen Behörden dient". 3

§ 5a II muss beim Nachweis von Familienangehörigen, die selbst EU-Bürger sind, richtlinienkonform ausgelegt werden. Denn nach Art. 8 V Freizügigkeits-RL ist die Vorlage eines gültigen Personalausweises ausreichend, sodass nicht nur ein gültiger Pass oder Passersatz (§§ 3, 4 AufenthV) als Nachweismittel gefordert werden darf[8]. 4

§ 5a I und II verlangt nicht zwingend die Vorlage der im Einzelnen aufgeführten Dokumente, sondern räumt über die Formulierung „darf" der Behörde einen **Ermessensspielraum** ein. Diese kann zur Verfahrensvereinfachung und -erleichterung auch eine bloße Erklärung des Betroffenen von seiner Freizügigkeit ausreichen lassen, sofern an der Richtigkeit der Angaben keine Zweifel bestehen. 5

Diese geringeren Anforderungen an den Nachweis waren ursprünglich von der Kommission für den gesamten Bereich der Freizügigkeit vorgesehen[9]. Der RL-Vorschlag sah vor, dass der Unionsbürger bei seiner Anmeldung erklärt, dass er entweder abhängig oder selbstständig erwerbstätig ist oder, wenn das nicht der Fall ist, über ausreichende Existenzmittel und eine Krankenversicherung verfügt. Das System, das dem für Studenten vergleichbar war und die Ausübung des Aufenthaltsrechts beträchtlich erleichtert hätte, lehnte sich an das von einigen Mitgliedstaaten praktizierte **System der „Selbstbescheinigung"** an. Der Mitgliedstaat sollte nicht überprüfen, ob der Unionsbürger die Bedingungen erfüllt, sondern seiner Erklärung vertrauen. Dieses vereinfachte System konnte sich bei den Beratungen über die RL nicht durchsetzen. Der Rat setzte mit Billigung des EU-Parlaments die weitergehenden Anforderungen durch[10]. 6

---

[1] BT-Drs. 16/5065, 35.
[2] BGBl. 2020 I S. 2416.
[3] BT-Drs. 16/5065, 211.
[4] EuGH Urt. v. 17.2.2005 – C-215/03 Rn. 26 – Oulane.
[5] EuGH Urt. v. 25.7.2002 – C-459/99, Slg. 2002, I-6591 = InfAuslR 2002, 417 Rn. 59 – MRAX; vgl. auch EuGH Urt. v. 25.7.2008 – C-127/08, NVwZ 2008, 1097 Rn. 93 – Metock.
[6] EuGH Urt. v. 17.2.2005 – C-215/03, Slg. 2005, I-1215 = NJW 2005, 1033 Rn. 26 – Oulane.
[7] EuGH Urt. v. 17.2.2005 – C-215/03, Slg. 2005, I-1215 = NJW 2005, 1033 Rn. 22 – Oulane.
[8] So auch OVG Brem Beschl. v. 31.7.2009 – 1 B 169/09, InfAuslR 2009, 370.
[9] Kommissionsvorschlag v. 23.5.2001 (2001 (257) endg.), ABl. C 270 E, S. 150.
[10] Gemeinsamer Standpunkt v. 5.12.2003, ABl. 2004 C 54 E, S. 12.

7　Die in § 5a verankerten **Nachweispflichten sind mit Unionsrecht vereinbar.** Identitätskontrollen und die entsprechende Verpflichtung eines reisenden EU-Bürgers, sich dieser Kontrolle durch Vorlage eines gültigen Personalausweises oder Reisepasses zu unterziehen, dienen dem Ziel, sicherzustellen, dass der Betreffende tatsächlich als Angehöriger eines Mitgliedstaats Freizügigkeit genießt. **Es ist Sache der EU-Bürger, die sich im Bundesgebiet aufhalten, die Nachweise dafür zu erbringen, dass ihr Aufenthalt ordnungsgemäß ist.**

8　Speziell zu den Voraussetzungen für die Ausübung des Rechts, sich im Hoheitsgebiet der Mitgliedstaaten frei zu bewegen und aufzuhalten, und der Kontrollbefugnis der Mitgliedstaaten hat der EuGH in der Rechtssache Wijsenbeek[11] klargestellt, dass, „(s)oweit keine gemeinschaftlichen Bestimmungen für die Kontrolle der Außengrenzen der Gemeinschaft (...) erlassen worden sind, (...) die Ausübung dieser Rechte voraus(setzt) (...), dass der Betroffene belegen kann, dass er die Staatsangehörigkeit eines Mitgliedstaats besitzt". Der **Nachweis der Eigenschaft, Staatsangehöriger eines Mitgliedstaats zu sein,** gehört somit immer noch zu den „in diesem Vertrag und in den Durchführungsvorschriften vorgesehenen Beschränkungen und Bedingungen der Ausübung des Rechts der Angehörigen der Mitgliedstaaten, sich im Hoheitsgebiet anderer Mitgliedstaaten frei zu bewegen und aufzuhalten". In Ermangelung solcher Nachweise kann unter Beachtung der vom Unionsrecht gezogenen Grenzen ihre Abschiebung angeordnet werden[12].

9　Eine **Inhaftnahme eines EU-Bürgers zum Zweck der Abschiebung,** die wegen der unterbliebenen Vorlage eines gültigen Personalausweises oder Reisepasses – ohne Vorliegen einer Beeinträchtigung der öffentlichen Ordnung – angeordnet wird, ist unverhältnismäßig und daher mit Unionsrecht unvereinbar[13].

10　Das Gesetz enthält in § 5a III Anforderungen an den Nachweis der personellen Rechtsstellung einer nahestehenden Person. Die zuständige Behörde verlangt in den Fällen des § 3a für die Ausstellung der Aufenthaltskarte **über die in Abs 2 genannten Nachweise hinaus** ein durch die zuständige Behörde des Ursprungs- oder Herkunftslands ausgestelltes Dokument, aus dem hervorgeht,
- in Fällen nach § 3a I Nr. 1 lit. a, dass und seit wann die nahestehende Person vom Unionsbürger Unterhalt bezieht,
- in Fällen nach § 3a I Nr. 1 lit. b, dass und wie lange die nahestehende Person mit dem Unionsbürger in häuslicher Gemeinschaft gelebt hat,
- in Fällen nach § 3a I Nr. 1 lit. c den Nachweis schwerwiegender gesundheitlicher Gründe, die die persönliche Pflege der nahestehenden Person durch den Unionsbürger zwingend erforderlich machen,
- in Fällen nach § 3a I Nr. 2 den urkundlichen Nachweis des Bestehens der Vormundschaft oder des Pflegekindverhältnisses sowie einen Nachweis der Abhängigkeit der nahestehenden Person vom Unionsbürger und
- in den Fällen nach § 3a I Nr. 3 den Nachweis über das Bestehen einer dauerhaften Beziehung nach § 1 II Nr. 4 lit. c zwischen dem Unionsbürger und der nahestehenden Person.

11　Der Ausländer muss alle für ihn günstigen Umstände gemäß § 11 V iVm § 82 I 1 und 2 AufenthG darlegen und nachweisen.

III. Diskriminierungsverbot

12　Es steht den Mitgliedstaaten frei, Zuwiderhandlungen gegen die Verpflichtung zur Vorlage eines Personalausweises oder Reisepasses zu ahnden, sofern die Sanktionen denjenigen vergleichbar sind, die für entsprechende nationale Zuwiderhandlungen gelten und verhältnismäßig sind[14].

13　Das **Diskriminierungsverbot** des Art. 18 AEUV steht – ebenso wie die speziellen Diskriminierungsverbote in Art. 45 und 56 AEUV – der Verpflichtung entgegen, zum Nachweis der Staatsangehörigkeit einen gültigen Personalausweis oder Reisepass vorzulegen, wenn für deutsche Staatsangehörige keine allgemeine Ausweispflicht gilt, sondern diesen erlaubt ist, ihre Identität mit jedem nach nationalem Recht zulässigen Mittel nachzuweisen[15].

14　Auch die **im AZR gespeicherte Datenmenge über Unionsbürger verstößt gegen das Diskriminierungsverbot** und ist mit Unionsrecht nicht vereinbar[16]. Die Registrierung von Unionsbürgern ist nach der Freizügigkeits-RL nur zu dem Zweck zulässig, den Aufenthaltsstatus und das Aufenthaltsrecht einer Person festzustellen. Folglich können die Mitgliedstaaten nur solche Daten

---

[11] EuGH Urt. v. 21.9.1999 – C-378/97 Rn. 42 – Wijsenbeek.
[12] EuGH Urt. v. 17.2.2005 – C-215/03 Rn. 54 f. – Oulane.
[13] EuGH Urt. v. 17.2.2005 – C-215/03 Rn. 40 – Oulane unter Hinweis auf Urt. v. 3.7.1980 – 157/79, Slg. 1980, 2171 Rn. 18 f. – Pieck; Urt. v. 12.12.1989 – C-265/88, Slg. 1989, I-4209 Rn. 14 – Messner; Urt. v. 25.7.2002 – C-459/99, Slg. 2002, I-6591 Rn. 78 – MRAX.
[14] EuGH Urt. v. 17.2.2005 – C-215/03 Rn. 38 – Oulane unter Hinweis auf Urt. v. 21.9.1999 – C-378/97, Slg. 1999, I-6207 Rn. 44 – Wijsenbeek.
[15] EuGH Urt. v. 17.2.2005 – C-215/03 Rn. 34 f. – Oulane.
[16] Generalanwalt M. Poiares Maduro, Schlussanträge v. 3.4.2008 in der Rechtssache C-524/06, Huber/BR Deutschland.

rechtmäßig erheben und verarbeiten, die das Aufenthaltsrecht von Unionsbürgern betreffen. Art. 8 I Freizügigkeits-RL sieht die Möglichkeit einer Anmeldepflicht vor und bestimmt in Abs. 3, welche Informationen und Unterlagen die nationalen Behörden für die Ausstellung einer Anmeldebescheinigung verlangen dürfen. Von Unionsbürgern darf verlangt werden, dass sie ihre Identität durch die Vorlage ihres Reisepasses oder ihres Personalausweises beweisen und Unterlagen betreffend ihre Beschäftigung oder ihr Studium im Gastland (wenn sie als Studenten oder Arbeitnehmer kommen) oder einen Nachweis über ihre finanziellen Mittel vorlegen.

Diese **Aufzählung ist nicht beispielhaft, sondern abschließend.** Durch den Erlass von Art. 8 III Freizügigkeits-RL haben das EU-Parlament und der Rat zum Ausdruck gebracht, dass die Informationen, auf die in dieser Bestimmung Bezug genommen wird, ausreichen, damit ein Mitgliedstaat sein Recht ausüben kann, zu überwachen, wer in das Land einreist und sich dort niederlässt. Folglich kann die Erhebung, Speicherung und Verarbeitung von mehr als den in Art. 8 III Freizügigkeits-RL genannten Daten nicht durch das Erfordernis gerechtfertigt werden, die aufenthaltsrechtlichen und zuwanderungsrechtlichen Bestimmungen durchzusetzen.

Das Diskriminierungsverbot steht auch der Speicherung der Daten aus Gründen der Verbrechensbekämpfung entgegen. Eine andere Bewertung liefe auf die Behauptung hinaus, ausländische Unionsbürger stellten eine größere Gefährdung der Sicherheit dar und begingen eher Verbrechen als Inländer.

IV. Lebensunterhalt bei Familienangehörigen eines nicht erwerbstätigen Unionsbürgers

§ 5a II verlangt beim Nachzug von **Familienangehörigen eines nichterwerbstätigen Unionsbürgers** (§ 2 II Nr. 5, § 4) für die Ausstellung der Bescheinigung – anders als § 5a I 1 Nr. 3 – keinen **Nachweis über ausreichenden Krankenversicherungsschutz und ausreichende Existenzmittel.** Hierbei handelt es sich erkennbar um eine Regelungslücke, die im Wege einer analogen Anwendung zu schließen ist.

§ 4 macht das Aufenthaltsrecht des Unionsbürgers nicht davon abhängig, dass er den Lebensunterhalt für seine Familienangehörigen sichern kann. Fehlt es an den erforderlichen Mitteln, so kann nach einer einzelfallbezogenen Abwägung unter Berücksichtigung des Grundsatzes der Verhältnismäßigkeit dessen Aufenthalt beendet werden. Die Freizügigkeits-RL verfolgt einen restriktiveren Ansatz: Nach Art. 7 Ib Freizügigkeits-RL hat der Unionsbürger ein Aufenthaltsrecht, wenn er sowohl für sich als auch für seine Familienangehörigen über ausreichende Existenzmittel verfügt[17]. Nur der Unionsbürger ist zum Nachweis der Existenzmittel und des Krankenversicherungsschutzes verpflichtet, sodass auch sein eigenes Aufenthaltsrecht von der Lebensunterhaltssicherung des Familienangehörigen abhängig ist. Dieser engere Ansatz wurde vom deutschen Gesetzgeber zu Recht in § 4 nicht umgesetzt, da eine Aufenthaltsbeendigung bei fehlenden Mitteln für den Ehegatten idR unverhältnismäßig sein dürfte.

IRd Nachweispflicht des § 5a II ist aber anknüpfend an den abweichenden Ansatz in § 4 versäumt worden, von dem Familienangehörigen den Nachweis über ausreichenden Krankenversicherungsschutz und ausreichende Existenzmittel zu verlangen. Diese **Regelungslücke ist im Wege der Analogie zu § 5a I 1 Nr. 3 zu schließen**, wobei bei Familienangehörigen von Unionsbürgern, die eine Hochschule oder andere Ausbildungseinrichtung besuchen, die Glaubhaftmachung nach § 5a I 2 ausreichend ist.

Unter „**andere Ausbildungseinrichtung**" iSd Abs. 1 S. 2 sind auch außeruniversitäre Forschungseinrichtungen zu verstehen, soweit die ausländischen Wissenschaftler dort im Rahmen eines Praktikums von mehr als drei Monaten, in der Vorbereitung auf eine Promotion oder in der Postdoc-Phase erste praktische Erfahrungen in der Forschung machen[18].

§ 6 Verlust des Rechts auf Einreise und Aufenthalt

(1) ¹Der Verlust des Rechts nach § 2 Abs. 1 kann unbeschadet des § 2 Absatz 7 und des § 5 Absatz 4 nur aus Gründen der öffentlichen Ordnung, Sicherheit oder Gesundheit (Artikel 45 Absatz 3, Artikel 52 Absatz 1 des Vertrages über die Arbeitsweise der Europäischen Union) festgestellt und die Bescheinigung über das Daueraufenthaltsrecht oder die Aufenthaltskarte oder Daueraufenthaltskarte eingezogen werden. ²Aus den in Satz 1 genannten Gründen kann auch die Einreise verweigert werden. ³Die Feststellung aus Gründen der öffentlichen Gesundheit kann nur erfolgen, wenn es sich um Krankheiten mit epidemischem Potenzial im Sinne der einschlägigen Rechtsinstrumente der Weltgesundheitsorganisation und sonstige übertragbare, durch Infektionserreger oder Parasiten verursachte Krankheiten handelt, sofern gegen diese Krankheiten Maßnahmen im Bundesgebiet getroffen werden. ⁴Krankheiten, die nach Ablauf einer Frist von drei Monaten ab dem Zeitpunkt der Einreise auftreten, stellen keinen Grund für eine Feststellung nach Satz 1 dar.

---

[17] So auch *Harms* in Storr ua FreizügG/EU § 4 Rn. 3.
[18] BT-Drs. 16/5065, 211.

(2) ¹Die Tatsache einer strafrechtlichen Verurteilung genügt für sich allein nicht, um die in Absatz 1 genannten Entscheidungen oder Maßnahmen zu begründen. ²Es dürfen nur im Bundeszentralregister noch nicht getilgte strafrechtliche Verurteilungen und diese nur insoweit berücksichtigt werden, als die ihnen zu Grunde liegenden Umstände ein persönliches Verhalten erkennen lassen, das eine gegenwärtige Gefährdung der öffentlichen Ordnung darstellt. ³Es muss eine tatsächliche und hinreichend schwere Gefährdung vorliegen, die ein Grundinteresse der Gesellschaft berührt.

(3) Bei der Entscheidung nach Absatz 1 sind insbesondere die Dauer des Aufenthalts des Betroffenen in Deutschland, sein Alter, sein Gesundheitszustand, seine familiäre und wirtschaftliche Lage, seine soziale und kulturelle Integration in Deutschland und das Ausmaß seiner Bindungen zum Herkunftsstaat zu berücksichtigen.

(4) Eine Feststellung nach Absatz 1 darf nach Erwerb des Daueraufenthaltsrechts nur aus schwerwiegenden Gründen getroffen werden.

(5) ¹Eine Feststellung nach Absatz 1 darf bei Unionsbürgern und ihren Familienangehörigen, die ihren Aufenthalt in den letzten zehn Jahren im Bundesgebiet hatten, und bei Minderjährigen nur aus zwingenden Gründen der öffentlichen Sicherheit getroffen werden. ²Für Minderjährige gilt dies nicht, wenn der Verlust des Aufenthaltsrechts zum Wohl des Kindes notwendig ist. ³Zwingende Gründe der öffentlichen Sicherheit können nur dann vorliegen, wenn der Betroffene wegen einer oder mehrer vorsätzlicher Straftaten rechtskräftig zu einer Freiheits- oder Jugendstrafe von mindestens fünf Jahren verurteilt oder bei der letzten rechtskräftigen Verurteilung Sicherungsverwahrung angeordnet wurde, wenn die Sicherheit der Bundesrepublik Deutschland betroffen ist oder wenn vom Betroffenen eine terroristische Gefahr ausgeht.

(6) Die Entscheidungen oder Maßnahmen, die den Verlust des Aufenthaltsrechts oder des Daueraufenthaltsrechts betreffen, dürfen nicht zu wirtschaftlichen Zwecken getroffen werden.

(7) Wird der Pass, Personalausweis oder sonstige Passersatz ungültig, so kann dies die Aufenthaltsbeendigung nicht begründen.

(8) ¹Vor der Feststellung nach Absatz 1 soll der Betroffene angehört werden. ²Die Feststellung bedarf der Schriftform.

Allgemeine Verwaltungsvorschrift
6 Zu § 6 – Verlust des Rechts auf Einreise und Aufenthalt
6.0 Allgemeines
6.0.1 Das Freizügigkeitsgesetz/EU regelt im Grundsatz abschließend und umfassend die Gründe, die zum Verlust des Aufenthaltsrechts von Unionsbürgern und ihren freizügigkeitsberechtigten Familienangehörigen führen können. Die Vorschriften nach Kapitel 5 des Aufenthaltsgesetzes sind, solange das Freizügigkeitsrecht besteht, mit Ausnahme einiger allgemeiner Regeln (§ 50 Absatz 3 bis 6, § 59 Absatz 1 Satz 6 und 7) auf diesen Personenkreis nicht anwendbar (vgl. § 11 Absatz 1 Satz 1). Erst wenn festgestellt worden ist, dass das Freizügigkeitsrecht des Unionsbürgers oder seiner Familienangehörigen nicht mehr besteht, richtet sich die Durchsetzung der Ausreisepflicht gemäß § 11 Absatz 2 nach dem Aufenthaltsgesetz (vgl. auch Nummer 11.2.1).
6.0.2 Das Freizügigkeitsgesetz/EU unterscheidet zwischen dem Verlust des Rechts auf Einreise und Aufenthalt aus Gründen der öffentlichen Ordnung, Sicherheit oder Gesundheit, der in § 6 geregelt ist, der Feststellung des Nichtbestehens des Freizügigkeitsrechts in Fällen von Rechtsmissbrauch und Betrug (§ 2 Absatz 7) und dem Verlust des Freizügigkeitsrechts, wenn die Voraussetzungen für ein unionsrechtliches Aufenthaltsrecht innerhalb von fünf Jahren nach Begründung des ständigen rechtmäßigen Aufenthalts im Bundesgebiet entfallen sind oder nicht vorliegen (so genannte „administrative Ausweisung", § 5 Absatz 4).
6.0.3 In § 6 Absatz 1, 4 und 5 ist die Differenzierung der Freizügigkeitsrichtlinie zwischen Betroffenen, die lediglich ein Aufenthaltsrecht genießen, solchen, die ein Daueraufenthaltsrecht genießen, und denjenigen, die ihren Aufenthalt in den letzten zehn Jahren im Bundesgebiet hatten oder minderjährig sind, gesetzlich nachvollzogen. Die Eingriffsschwellen für die Feststellung des Verlusts des Freizügigkeitsrechts liegen jeweils höher. Dies spiegelt die Intention der Freizügigkeitsrichtlinie wider, wonach der Schutz vor Ausweisung in dem Maße zunehmen soll, je stärker die Unionsbürger und ihre Familienangehörigen in den Aufnahmemitgliedstaat integriert sind (Freizügigkeitsrichtlinie, Erwägungsgrund 24).
6.0.4 Während für die Verlustfeststellung von Unionsbürgern und deren Familienangehörigen die allgemeinen Grundsätze (vgl. Nummer 6.1.1 ff.) Anwendung finden, können im Fall eines Daueraufenthaltsberechtigten nur schwerwiegende Gründe der öffentlichen Ordnung und Sicherheit eine Verlustfeststellung rechtfertigen (vgl. Nummer 6.4.1 f.). Eine noch höhere Schwelle besteht bei Unionsbürgern und ihren Familienangehörigen, die entweder ihren Aufenthalt in den letzten zehn Jahren im Bundesgebiet hatten oder minderjährig sind. In diesen Fällen kann eine Verlustfeststellung nur aus zwingenden Gründen der öffentlichen Sicherheit getroffen werden (vgl. Nummer 6.5 ff.).
6.0.5 Für die Feststellung des Verlusts des Rechts auf Einreise und Aufenthalt nach § 6 kann eine vormals nach Ausländergesetz bzw. Aufenthaltsgesetz verfügte Ausweisung von Belang sein. Dies ist der Fall, wenn es sich um Personen handelt, die nach Erlass der Ausweisung durch den Beitritt ihrer Heimatstaaten zur Europäischen Union zu Unionsbürgern wurden, oder die zwischenzeitlich Familienangehörige von Unionsbürgern geworden sind (z. B. durch Heirat, Vaterschaftsanerkennung). In diesen Fällen können aus dem Sachverhalt, welcher der vormaligen Ausweisung zugrunde liegt, gegebenenfalls Gründe auch für die Feststellung des Verlustes des Freizügigkeitsrechts nach dem Maßstab des § 6 ergeben. Insoweit kommt es nicht auf den vormals verwirklichten Ausweisungsgrund nach

Ausländergesetz bzw. Aufenthaltsgesetz an, sondern auf das dahinter stehende persönliche Verhalten der Person. Ein persönliches Verhalten, das seinerzeit *zu einer Ermessensausweisungen[4]* nach dem Ausländer- bzw. Aufenthaltsgesetz – also insbesondere nach dem bis 31. Dezember 2015 geltenden § 55 AufenthG oder nach den bis 31. Dezember 2004 geltenden §§ 45, 46 AuslG (Kann-Ausweisung) – geführt hat, erfüllt im Regelfall nicht die Anforderungen für einen Rechtsverlust bzw. die Einreiseversagung nach § 6. Wenn allerdings – insbesondere bei einer spezialpräventiv motivierten Regel- oder Ist-Ausweisung nach den bis 31. Dezember 2015 geltenden §§ 53 und 54 AufenthG bzw. bei einer Ausweisung nach dem bis 31. Dezember 2004 geltenden § 47 AuslG – das der Ausweisung zugrunde liegende Verhalten Ausdruck einer fortbestehenden und entsprechend schwerwiegenden Gefährdung ist, kann eine an den Anforderungen des § 6 ausgerichtete Prüfung ergeben, dass im Einzelfall ein Verlustgrund nach § 6 vorliegt. Zu Wiedereinreisesperren, die aufgrund einer bereits vormals nach Freizügigkeitsrecht verfügten Ausweisung gegen Unionsbürger oder ihre drittstaatsangehörigen Familienangehörigen fortbestehen („Altausweisungen"), siehe Nummer 7.2.8.3.

6.1 Verlustgründe
6.1.1 Ein freizügigkeitsberechtigter Unionsbürger oder sein Familienangehöriger kann sein Aufenthaltsrecht nur aus Gründen der öffentlichen Ordnung, Sicherheit oder Gesundheit im Sinne der Artikel 45 Absatz 3 und Artikel 52 Absatz 1 AEUV, Artikel 27 ff. Freizügigkeitsrichtlinie verlieren (*ordrepublic-Klausel[3]*). Der Verlust muss durch die zuständige Behörde festgestellt werden. Es handelt sich um ein eigenständiges, vom ausländerrechtlichen Ausweisungsverfahren gemäß Aufenthaltsgesetz unabhängiges Feststellungsverfahren. Die Vorschriften des Aufenthaltsgesetzes über die Ausweisung finden auf Unionsbürger und ihre Familienangehörigen keine Anwendung.
6.1.1.1 Die Begriffe der öffentlichen Ordnung oder Sicherheit sind als Einschränkung des Prinzips der Freizügigkeit grundsätzlich eng auszulegen. Nach ständiger Rechtsprechung des Europäischen Gerichtshofs handelt es sich um einen unionsrechtlichen Begriff, dessen Auslegung durch die nationalen Behörden und Gerichte der Nachprüfung durch die Organe der Union zugänglich ist (vgl. u. a. EuGH, Urteil vom 22. Mai 2012, Rs. C-348/09 – Infusino). Der Begriff der öffentlichen Ordnung im Sinn des Unionsrechts ist mit dem Begriff der öffentlichen Ordnung des allgemeinen Polizeirechts nicht identisch. Den mitgliedstaatlichen Behörden wird nur in sehr beschränktem Maße ein Ermessensspielraum eröffnet. Es können vielmehr nur solche Verhaltensweisen den Verlust des Freizügigkeitsrechts rechtfertigen, die eine tatsächliche und hinreichend schwerwiegende Gefährdung eines Grundinteresses der Gesellschaft darstellen. Eine Verletzung der ungeschriebenen Regeln des menschlichen Zusammenlebens reicht hierfür grundsätzlich nicht aus. Auch eine strafbare Handlung, die zu einer Verurteilung führt, reicht für sich genommen nicht aus, um das Vorliegen einer Gefährdung der öffentlichen Ordnung im Sinn des Unionsrechts zu begründen (vgl. Nummer 6.2.1). Es muss zudem eine besonders schwerwiegende Beeinträchtigung gewichtiger Rechtsgüter vorliegen.
6.1.1.2 Auch der unionsrechtliche Begriff der öffentlichen Sicherheit ist mit dem des deutschen Polizeirechts nicht identisch. Es wird unionsrechtlich keine scharfe Trennung zwischen öffentlicher Sicherheit und Ordnung vorgenommen. Vielmehr versteht der Europäische Gerichtshof den „ordre public-Vorbehalt" als eine umfassende Freizügigkeitsbeschränkungsklausel, für deren Auslegung die in der Freizügigkeitsrichtlinie geltenden Grundsätze maßgeblich sind.
6.1.1.3 Der Begriff der öffentlichen Gesundheit ist unter Berücksichtigung von Artikel 29 Freizügigkeitsrichtlinie auszulegen. Danach gelten als Krankheiten, die eine Verlustfeststellung rechtfertigen, ausschließlich Krankheiten mit epidemischem Potential im Sinne der einschlägigen Rechtsinstrumente der Weltgesundheitsorganisation (WHO) und sonstige übertragbare, durch Infektionserreger oder Parasiten verursachte Krankheiten, sofern gegen diese Krankheiten Maßnahmen zum Schutz der Staatsangehörigen des Aufnahmemitgliedstaates getroffen werden.
6.1.1.3.1 Krankheiten mit epidemischem Potential i. S. d. einschlägigen Rechtsinstrumente der WHO sind die in der Anlage 2 der Internationalen Gesundheitsvorschriften (2005) (IGV) ausdrücklich genannten Krankheiten: Pocken, Poliomyelitis durch Wildtyp-Poliovirus, die durch einen neuen Subtyp des Virus verursachte humane Influenza, schweres akutes Atemwegssyndrom (SARS), Cholera, Lungenpest, Gelbfieber, virale hämorrhagische Fieber (Ebola, Lassa, Marburg), West-Nil-Fieber sowie andere Krankheiten besonderer nationaler oder regionaler Bedeutung, z. B. Dengue-Fieber, Rift-Tal-Fieber und Meningokokken-Krankheit. Ferner sind dies übertragbare Krankheiten, zu denen die Generaldirektorin/der Generaldirektor der WHO aufgrund eines Ereignisses gemäß Artikel 12 der IGV eine gesundheitliche Notlage von internationaler Tragweite festgestellt hat.
6.1.1.3.2 Sonstige übertragbare, durch Infektionserreger oder Parasiten verursachte Krankheiten, gegen die Maßnahmen zum Schutz der Staatsangehörigen des Aufnahmemitgliedstaates getroffen werden, sind die in § 30 Infektionsschutzgesetz (IfSG) genannten Krankheiten: Lungenpest, von Mensch zu Mensch übertragbares hämorrhagisches Fieber. Ferner sind dies Krankheiten, zu denen die Gesundheitsverwaltung situationsabhängig Schutzmaßnahmen nach §§ 28 bis 31 IfSG trifft.
6.1.1.3.3 Erfasst sind Kranke, Krankheitsverdächtige, Ansteckungsverdächtige, Ausscheider (§ 2 IfSG) sowie sonstige Personen, die Krankheitserreger so in oder an sich tragen, dass im Einzelfall die Gefahr einer Weiterverbreitung besteht. Eine ordnungsgemäße Heilbehandlung einschließlich der Befolgung der erforderlichen Präventionsmaßnahmen schließt die Gefahr einer Weiterverbreitung der Krankheit weitgehend aus. Ein Verlustgrund wegen Gefahr für die öffentliche Gesundheit ist daher nicht gegeben, wenn nachgewiesen wird, dass die Krankheit auch im Inland ordnungsgemäß unter Beachtung des Arztprivilegs nach § 24 IfSG behandelt werden wird und erforderliche Präventionsmaßnahmen befolgt werden.
6.1.2.1 Satz 2 stellt klar, dass die in Satz 1 genannten Gründe auch bereits zur Verweigerung der Einreise, insbesondere auch zur Versagung eines nach § 2 Absatz 4 erforderlichen Visums eines drittstaatsangehörigen Familienangehörigen, führen können. Eine vorherige Feststellung des Verlusts des Freizügigkeitsrechts durch die Ausländerbehörde ist vor der Einreiseverweigerung nicht erforderlich. Im Visumverfahren nach § 2 Absatz 4 ist dazu eine AZR/SIS-Abfrage durchzuführen. Im Fall einer AZR/SIS-Ausschreibung soll die Auslandsvertretung zum Zweck der Entscheidung über eine Visumversagung aus Gründen der öffentlichen Ordnung oder Sicherheit die ausschreibende Behörde um ergänzende Informationen über den zugrunde liegenden Sachverhalt ersuchen. Zur Feststellung von Gründen gemäß § 6 Absatz 1, die einer Einreise entgegenstehen, sind Sicherheitsabfragen gemäß § 11 Absatz 1 Satz 1 und 2 i. V. m. § 73 Absatz 1 AufenthG zulässig (vgl. Nummer 11.1.2.1 ff.).
6.1.2.2 Die Einreise kann aus Gründen der öffentlichen Ordnung, Sicherheit oder Gesundheit – ohne vorherige Feststellung des Verlusts des Freizügigkeitsrechts – nur verweigert werden, wenn der strenge Maßstab des § 6 erfüllt

ist. Dies ist bei drittstaatsangehörigen Familienangehörigen auch vor einer Ausschreibung zur Einreiseverweigerung im SIS zu prüfen. Bei der Ausschreibung wird im SIS kenntlich gemacht, dass der Ausländer zum Zeitpunkt der Ausschreibung freizügigkeitsberechtigt war und die Ausschreibung die besonderen rechtlichen Anforderungen insbesondere des § 6 berücksichtigt.

6.1.3 Satz 3 setzt Artikel 29 Freizügigkeitsrichtlinie um und regelt, bei Vorliegen welcher Krankheiten die Feststellung des Verlusts des Freizügigkeitsrechts aus Gründen der öffentlichen Gesundheit erfolgen kann. Gleichzeitig wird klargestellt, dass die Verlustfeststellung aus Gründen der öffentlichen Gesundheit nur erfolgen kann, wenn die Krankheit innerhalb der ersten drei Monate nach Einreise auftritt. Die Ausländerbehörde trägt die Beweislast dafür, dass eine Gesundheitsgefährdung i. S. d. § 6 Absatz 1 vorliegt und dass der Unionsbürger sich noch nicht länger als drei Monate seit Einreise im Bundesgebiet aufhält.

6.2 Verlust nach einer strafrechtlichen Verurteilung

6.2.0 Absatz 2 nennt die unionsrechtlichen, durch die Rechtsprechung des Europäischen Gerichtshofs konkretisierten, in Artikel 27 und 28 Freizügigkeitsrichtlinie genannten Vorgaben zum Verlust des Freizügigkeitsrechts aufgrund einer auf dem persönlichen Verhalten des Betroffenen beruhenden Gefährdung der öffentlichen Ordnung.

6.2.1 Die Tatsache einer strafrechtlichen Verurteilung allein darf auch bei schwereren Straftaten nicht zur automatischen Feststellung des Rechtsverlusts führen. Die Ausländerbehörde muss das zu Grunde liegende persönliche Verhalten eigenständig bewerten und eine Prognose für die Zukunft erstellen, ob von dem straffällig gewordenen Unionsbürger eine Wiederholungsgefahr ausgeht, die eine gegenwärtige Gefährdung der öffentlichen Ordnung darstellt und darüber hinaus ein Grundinteresse der Bundesrepublik Deutschland berührt (siehe Nummer 6.2.3). Es ist notwendig, alle für die Entscheidung über den Verlust des Freizügigkeitsrechts wesentlichen Gesichtspunkte umfassend und schlüssig zu begründen.

6.2.2.1 Entscheidend ist das der Straftat zu Grunde liegende persönliche Verhalten. Bei der Entscheidung über den Verlust des Freizügigkeitsrechts ist daher außerdem Folgendes zu beachten.

6.2.2.1.1 Vom Einzelfall losgelöste Erwägungen oder eine generalpräventive Begründung der Feststellung des Verlusts des Freizügigkeitsrechts sind unzulässig.

6.2.2.1.2 Ein erheblicher Verstoß wird auch bei wiederholter Begehung von Ordnungswidrigkeiten oder von Delikten leichter Kriminalität nicht zu bejahen sein. Bei mittelschwerer oder schwerer Delinquenz müssen eine sorgfältige Prüfung sowie eine prognostische Bewertung durch die Ausländerbehörde erfolgen.

6.2.2.1.3 Die Gefahrenprognose ist zu begründen. Für die individuelle Würdigung aller Umstände des Einzelfalles sind die einschlägigen strafrechtlichen Entscheidungen heranzuziehen, soweit sie für die Prüfung der Wiederholungsgefahr bedeutsam sind.

6.2.2.1.4 Rückschlüsse dürfen nur aus den noch nicht getilgten Eintragungen zu strafrechtlichen Verurteilungen im Bundeszentralregister gezogen werden.

6.2.2.1.5 Eine rechtliche Bindung an die tatsächlichen Feststellungen und an die Beurteilungen des Strafrichters besteht für die Ausländerbehörde grundsätzlich nicht (vgl. Vor Nummer 53.3.1.5 AVV zum AufenthG vom 26. Oktober 2009).

6.2.2.1.6 Zur Vollziehung der Feststellungsentscheidung vgl. Nummer 7.1.1.2.

6.2.3 Gemäß Satz 3 muss eine tatsächliche und hinreichend schwere Gefährdung vorliegen, die ein Grundinteresse der Gesellschaft berührt. Das „Grundinteresse der Gesellschaft" ist ein unbestimmter Rechtsbegriff. Ob dieses berührt ist, muss im jeweiligen Einzelfall entschieden und begründet werden. Von einem Grundinteresse kann in diesem Zusammenhang ausgegangen werden, wenn die von dem Unionsbürger ausgehende Gefahr allgemein anerkannte und gesetzlich festgelegte Werte und Normen in einem Maße beeinträchtigt, das ein Einschreiten seitens des Staates erforderlich macht. Zu den Grundinteressen der Gesellschaft gehören beispielsweise die effektive Bekämpfung von Drogenhandel und des sexuellen Missbrauchs von Kindern.

6.2.4 Die Feststellung, dass eine tatsächliche und hinreichend schwere Gefährdung vorliegt, die ein Grundinteresse der Gesellschaft berührt, bedeutet im Allgemeinen, dass Wiederholungsgefahr bestehen muss. Aus der Schwere eines begangenen Delikts allein lässt sich eine Wiederholungsgefahr nicht ableiten. Dies schließt jedoch nicht aus, dass in Einzelfällen nach Verurteilung wegen schwerwiegender Straftaten auf Grund des abgeurteilten, von der zuständigen Behörde gründlich und prognostisch ausgewerteten Verhaltens eine hinreichende Besorgnis neuer Verfehlungen anzunehmen ist. Im Einzelfall kann die Annahme einer Wiederholungsgefahr und eine hierauf gestützte Feststellung des Verlusts des Freizügigkeitsrechts bei erheblichen Straftaten schon bei einer einzigen Verurteilung möglich sein.

6.3 Ermessenserwägungen

Absatz 3 nennt in nicht abschließender Weise („insbesondere") die Faktoren, die bei einer Entscheidung über eine mögliche Verlustfeststellung in Bezug auf die individuelle Situation des Betroffenen zu beachten sind. Er setzt Artikel 28 Absatz 1 Freizügigkeitsrichtlinie um.

6.4 Verlust nach Erwerb des Daueraufenthaltsrechts

6.4.1 Ob schwerwiegende Gründe, die nach Erwerb des Daueraufenthaltsrechts gemäß § 4a noch zum Verlust des Aufenthaltsrechts führen können, vorliegen (§ 6 Absatz 4), ist im Einzelfall zu entscheiden. Dies ist insbesondere bei drohender Wiederholung von Verbrechen und besonders schweren Vergehen anzunehmen, wenn der Betroffene wegen eines einzelnen Deliktes rechtskräftig zu einer Freiheitsstrafe von mindestens drei Jahren verurteilt und die Strafe nicht zur Bewährung ausgesetzt worden ist.

6.4.2 Erfolgt die Feststellung des Verlustes des Freizügigkeitsrechts zu Recht, wird weder die anteilige Dauer des zunächst rechtmäßigen Aufenthalts noch die anschließende Dauer des ausländerbehördlichen bzw. verwaltungsgerichtlichen Verfahrens bei einer erneuten Einreise nach Ablauf oder Aufhebung der Wiedereinreisesperre für den (erneuten) Erwerb eines Daueraufenthaltsrechts berücksichtigt. Zusätzlich zum Vorliegen schwerwiegender Gründe sind auch die in Absatz 2 (Nummer 6.2.1. ff.) und Absatz 3 (Nummer 6.3) aufgeführten Entscheidungskriterien zu beachten und ausreichend zu erläutern.

Für die Feststellung des Verlustes des Daueraufenthaltsrechts ist es nicht erforderlich, dass das Recht aufgrund von § 5 Absatz 5 bescheinigt wurde bzw. dass bei Familienangehörigen, die nicht Unionsbürger sind, eine Daueraufenthaltskarte ausgestellt wurde.

6.5 Verlust bei zehnjährigem Aufenthalt im Bundesgebiet und bei Minderjährigen

6.5.0 Die höchste Schwelle für den Verlust des Freizügigkeitsrechts besteht bei Unionsbürgern und ihren Familienangehörigen, die ihren Aufenthalt in den letzten zehn Jahren im Bundesgebiet hatten, und bei Minderjährigen.
6.5.1 Die Verlustfeststellung kann nur aus zwingenden Gründen der öffentlichen Sicherheit getroffen werden. Nach den Erwägungsgründen der Freizügigkeitsrichtlinie (Nummer 24) liegen solche zwingenden Gründe nur unter außergewöhnlichen Umständen vor.
6.5.2 Nach Satz 2 kommt bei Minderjährigen eine Verlustfeststellung auch ohne Vorliegen zwingender Gründe in Betracht, wenn der Verlust des Aufenthaltsrechts zum Wohl des Kindes erforderlich ist. Die Auslegung des Begriffs „Wohl des Kindes" richtet sich gemäß Artikel 28 Absatz 3 Buchstabe b Freizügigkeitsrichtlinie nach den Vorgaben des Übereinkommens der Vereinten Nationen vom 20. November 1989 über die Rechte des Kindes. Eine Anwendung der Vorschrift aus Satz 2 kommt in Betracht, wenn das Kindeswohl eine Rückkehr des Kindes zu seinen im Ausland lebenden Eltern oder ein gemeinsames Verlassen des Bundesgebietes zusammen mit seinen Eltern oder einem Elternteil erforderlich macht.
6.5.3 Das Freizügigkeitsgesetz/EU bestimmt als zwingende Gründe der öffentlichen Sicherheit die rechtskräftige Verurteilung des Betroffenen wegen einer oder mehrerer Straftaten zu einer Freiheits- oder Jugendstrafe von mindestens fünf Jahren, die Anordnung von Sicherheitsverwahrung bei der letzten rechtskräftigen Verurteilung, die Betroffenheit der Sicherheit der Bundesrepublik Deutschland oder eine vom Betroffenen ausgehende terroristische Gefahr. Liegt einer dieser zwingenden Gründe vor, muss die Ausländerbehörde unter Abwägung sämtlicher Gesichtspunkte des Einzelfalls eine individuelle Entscheidung treffen (zum Begriff der öffentlichen Sicherheit vgl. Nummer 6.1.1.2).
6.5.3.1 Zum Begriff „rechtskräftige Verurteilung des Betroffenen wegen einer oder mehrerer vorsätzlicher Straftaten zu einer Freiheits- oder Jugendstrafe von mindestens fünf Jahren" wird auf Nummer 53.1.1 AVV zum AufenthG vom 26. Oktober 2009 Bezug genommen, soweit die gesetzlichen Voraussetzungen übereinstimmen. Gleiches gilt für die „Anordnung von Sicherheitsverwahrung bei der letzten rechtskräftigen Verurteilung" (vgl. Nummer 53.1.2.2 AVV zum AufenthG vom 26. Oktober 2009).
6.5.3.2 Zur Betroffenheit der Sicherheit der Bundesrepublik Deutschland vgl. Nummer 54.2.2.2 bis 54.2.2.2.2 AVV zum AufenthG vom 26. Oktober 2009, soweit die gesetzlichen Voraussetzungen übereinstimmen.
6.5.3.3 Zu einer vom Betroffenen ausgehenden terroristischen Gefahr vgl. Nummer 58a.1.2.3 AVV zum AufenthG vom 26. Oktober 2009, soweit die gesetzlichen Voraussetzungen übereinstimmen.
6.5.3.4 Bei Auslegung der Begriffe „Sicherheit der Bundesrepublik Deutschland betroffen" und „vom Betroffenen ausgehende terroristische Gefahr" ist die Schrankensystematik des Unionsrechts zu beachten, wonach zwingende Gründe nur unter außergewöhnlichen Umständen vorliegen. Eine Aufenthaltsbeendigung ist deshalb nur bei schwersten Straftaten in Verbindung mit einer Wiederholungsgefahr möglich. Die Schwelle der Freiheitsstrafe von fünf Jahren oder Sicherungsverwahrung entspricht diesem Anforderungsprofil. In ihrer Schwere und ihrem Gefährdungspotential müssen auch die beiden anderen Varianten dem Anforderungsprofil entsprechen.
6.5.3.5 Nach der Rechtsprechung des EuGH können auch besonders schwerwiegende Straftaten gegen Individualrechtsgüter wie die in Artikel 83 Absatz 1 Unterabsatz 2 AEUV genannten Straftaten unter den Begriff der zwingenden Gründe der öffentlichen Sicherheit fallen und somit einen Verlust des Freizügigkeitsrechts auch nach einem Aufenthalt von mehr als zehn Jahren rechtfertigen. Der EuGH sah dies etwa bei bandenmäßigem Handel mit Betäubungsmitteln sowie bei fortgesetztem sexuellem Missbrauch eines Kindes als gegeben an. Allerdings darf das Vorliegen einer entsprechenden Straftat nicht zwangsläufig zu einer Verlustfeststellung führen. Voraussetzung hierfür ist immer eine Prüfung des Einzelfalles; das persönliche Verhalten des Betroffenen muss eine tatsächliche und gegenwärtige Gefahr darstellen, die ein Grundinteresse der Gesellschaft berührt, wobei dies im Allgemeinen bedeutet, dass Wiederholungsgefahr bestehen muss. Außerdem sind die in § 6 Absatz 3 genannten Umstände des Einzelfalles zu berücksichtigen (EuGH, Urteil vom 23. November 2010, Rs. C-145/09 – Tsakouridis; EuGH, Urteil vom 22. Mai 2012, Rs. C-348/09 – Infusino).
6.5.4 Das Vorliegen zwingender Gründe führt nicht automatisch zum Verlust des (Dauer-)Aufenthaltsrechts. Es muss eine Ermessensentscheidung nach Absatz 1 getroffen werden, bei der die Vorgaben der Absätze 2 (vgl. Nummer 6.2.1. ff.) und 3 (vgl. Nummer 6.3) zu beachten sind.
6.6 Nicht belegt.
6.7 Nicht belegt.
6.8 Anhörung
Die Anhörung richtet sich nach den Vorschriften des allgemeinen Verwaltungsverfahrensrechts.

Übersicht

	Rn.
I. Entstehungsgeschichte	1
II. Allgemeines	4
III. Befugnisnorm	9
IV. Verlustgründe	13
1. Öffentliche Ordnung	13
2. Öffentliche Sicherheit	39
3. Öffentliche Gesundheit	47
V. Verlustfeststellung nach Erwerb des Daueraufenthaltsrechts	65
VI. Verlustfeststellung nach zehnjährigem Aufenthalt oder Minderjährigkeit	69
VII. Ermessen	96
VIII. Verfahren und Rechtsschutz	103
1. Maßgebliche Sach- und Rechtslage	103
2. Verfahrensregelungen der Unionsbürgerrichtlinie	112
3. Vier-Augen-Prinzip	129
IX. Anwendbarkeit auf türkische Staatsangehörige	142

I. Entstehungsgeschichte

1 Die Vorschrift entsprach ursprünglich dem **Gesetzesentwurf**[1]. Sie wurde durch das RLUmsG 2007 umfassend geändert und an die Vorgaben der Freizügigkeits-RL angepasst. In Abs. 1 S. 1 wurden nach dem Wort „Aufenthaltsrecht" die Wörter „oder über den Daueraufenthalt" eingefügt und das Wort „Aufenthaltserlaubnis-EU" durch die Wörter „Aufenthaltskarte oder Daueraufenthaltskarte" ersetzt. Es handelte sich hierbei um eine Folgeänderung, die durch die Einführung eines Dokuments zur Bescheinigung des Daueraufenthaltsrechts erforderlich wurde. Zudem wurde Abs. 1 S. 1 an die Terminologie der Freizügigkeits-RL angepasst. Weiterhin wurde in Umsetzung des Art. 29 II Freizügigkeits-RL folgender Satz angefügt: „Die Feststellung aus Gründen der öffentlichen Gesundheit kann nur erfolgen, wenn die Krankheit innerhalb der ersten drei Monate nach Einreise auftritt." Abs. 3 wurde durch die Abs. 3–5 ersetzt. Der bisherige Abs. 5 wurde Abs. 7 und der bisherige Abs. 6 wurde Abs. 8 und das Wort „persönlich" gestrichen. Der neue Abs. 3 setzt Art. 28 I Freizügigkeits-RL um. Die Neufassung des Abs. 4 ist zum einen eine Folgeänderung, die durch die Einführung des Daueraufenthaltsrechts in § 4a erforderlich wurde, zum anderen wurde das Niveau des Ausweisungsschutzes an die RL angepasst[2]. Abs. 5 setzt Art. 28 III Freizügigkeits-RL um.

2 Mit dem ÄnderungsG 2013 wurde der Normtext an die Neuregelung des § 2 VII und die geänderte Absatznummerierung in § 5 angepasst. Außerdem wurde in S. 3 die Formulierung „es sich um Krankheiten mit epidemischem Potenzial im Sinne der einschlägigen Rechtsinstrumente der Weltgesundheitsorganisation und sonstige übertragbare, durch Infektionserreger oder Parasiten verursachte Krankheiten handelt, sofern gegen diese Krankheiten Maßnahmen im Bundesgebiet getroffen werden" eingefügt[3]. Die Einfügung diente der vollständigen Umsetzung von Art. 29 I Freizügigkeits-RL: Danach können nur bestimmte Krankheiten eine Beschränkung des Freizügigkeitsrechts aus Gründen der öffentlichen Gesundheit rechtfertigen[4].

3 Durch Art. 1 Nr. 2 des Gesetzes zur aktuellen Anpassung des FreizügG/EU und weiterer Vorschriften an das Unionsrecht wurde die Formulierung in Abs. 1 Satz 3, „wenn die Krankheit innerhalb der ersten drei Monate nach Einreise auftritt", gestrichen und Satz 4 angefügt[5].

II. Allgemeines

4 Die Vorschrift ist maßgeblich von der Freizügigkeits-RL geprägt, die die RL 64/221/EWG, die zuvor den Ordre-public-Vorbehalt konkretisierte, zum 30.4.2006 aufgehoben hat. Die Freizügigkeits-RL enthält in den Art. 27–29 materiell-rechtliche und in Art. 30–33 verfahrensrechtliche Vorgaben. § 6 differenziert entsprechend den Vorgaben der Freizügigkeits-RL zwischen Unionsbürgern, die lediglich ein Aufenthaltsrecht genießen, solchen, die ein Daueraufenthaltsrecht genießen, und denjenigen, die ihren Aufenthalt in den letzten zehn Jahren im Bundesgebiet hatten oder minderjährig sind. Der Schutz vor Aufenthaltsbeendigungen aus Gründen der öffentlichen Ordnung, Sicherheit oder Gesundheit soll nach den Vorgaben der Freizügigkeits-RL in dem Maße zunehmen, wie die Unionsbürger und Familienangehörige in den Aufnahmemitgliedstaat stärker integriert sind (Erwägungsgrund 24 Freizügigkeits-RL). Gegen Unionsbürger, die sich viele Jahre im Hoheitsgebiet aufgehalten haben, insbesondere in Fällen, in denen sie dort geboren sind und dort ihr ganzes Leben lang ihren Aufenthalt gehabt haben, soll nur unter außergewöhnlichen Umständen aus zwingenden Gründen der öffentlichen Sicherheit aufenthaltsbeendende Maßnahmen verfügt werden können.

5 Nach der Rspr. des EuGH ist die mit der Freizügigkeits-RL geschaffene Regelung zum Schutz im Aufnahmestaat auf das Maß der Integration der betroffenen Person im Aufnahmemitgliedstaat gestützt, sodass dieser Schutz umso stärker ist, je besser der Unionsbürger in den Aufnahmestaat integriert ist[6]. Diesem Konzept folgend sieht § 6 unterschiedlich hohe Eingriffsschwellen vor. Während für die Verlustfeststellung von Unionsbürgern die allgemeinen Grundsätze Anwendung finden, darf einem daueraufenthaltsberechtigten Unionsbürger nur aus schwerwiegenden Gründen der öffentlichen Ordnung und Sicherheit das Freizügigkeitsrecht entzogen werden. Bei Unionsbürgern, die entweder ihren Aufenthalt in den letzten zehn Jahren im Bundesgebiet hatten oder minderjährig sind, ist ein Einschreiten nur aus zwingenden Gründen der öffentlichen Sicherheit zulässig.

6 Im Verfahren P.I. hat der Generalanwalt ausgeführt, Art. 28 III Freizügigkeits-RL enthalte eine nach zehnjährigem Aufenthalt vermutete Integration, die im konkreten Fall aufgrund der während dieses Zeitraums begangenen schwerwiegenden Straftat zu verneinen sei[7]. Der EuGH hatte diese

---

[1] BT-Drs. 15/420, 38.
[2] BT-Drs. 16/5065, 211.
[3] BT-Drs. 17/10746, 6.
[4] BT-Drs. 17/10746, 12.
[5] BGBl. 2020 I S. 2416.
[6] EuGH Urt. v. 23.11.2010 – C-145/09 Rn. 24 f. – Tsakouridis; Urt. v. 16.1.2014 – C-400/12 Rn. 30 f. – M. G.; VGH BW Beschl. v. 27.4.2016 – 11 S 2081/15 Rn. 31.
[7] Schlussanträge des Generalanwalts *Bot* v. 6.3.2012 Rn. 55 ff.

Argumentation zunächst nicht aufgegriffen, aber im Verfahren M. G. nunmehr festgestellt, dass Zeiträume der Verbüßung einer Freiheitsstrafe grundsätzlich die Kontinuität des für die Gewährung des verstärkten Schutzes erforderlichen Aufenthalts iSv Art. 28 IIIa Freizügigkeits-RL unterbrechen[8]:

„Da der Grad der Integration der Betroffenen die wesentliche Grundlage sowohl für das Daueraufenthaltsrecht als auch für die Regelung zum Schutz vor Ausweisungsmaßnahmen, [...], bildet, sind die Gründe, die es rechtfertigen, dass Zeiträume der Verbüßung einer Freiheitsstrafe für die Zwecke des Erwerbs des Daueraufenthaltsrechts nicht berücksichtigt werden, oder dass sie die Kontinuität des Aufenthalts für die Zwecke dieses Rechtserwerbs unterbrechen, auch bei der Auslegung des Art 28 IIIa dieser Richtlinie heranzuziehen.

Daraus folgt, dass Zeiträume der Verbüßung einer Freiheitsstrafe für die Zwecke der Gewährung des verstärkten Schutzes nach Art 28 IIIa der Richtlinie 2004/38 keine Berücksichtigung finden können und dass diese Zeiten die Kontinuität des Aufenthalts im Sinne dieser Bestimmung grundsätzlich unterbrechen."

Diese neue Rspr.-Linie führt zur Frage, ob der personelle Anwendungsbereich des besonderen Ausweisungsschutzes nach § 6 IV und V durch das Verbüßen von Strafhaft auf den normalen Ausweisungsschutz reduziert wird[9]. Insoweit ist darauf hinzuweisen, dass starke Bindungen in die hiesige Gesellschaft nicht durch den Vollzug einer Freiheitsstrafe automatisch verloren gehen[10]. Der hohe Ausweisungsschutz auf der letzten Stufe würde seine Wirksamkeit verlieren, wenn bei einem zehnjährigen rechtmäßigen Aufenthalt die Verhängung und der Vollzug einer nach diesem Zeitraum begangenen Straftat, die Anlass für die Ausweisung ist, gleichzeitig als Beleg für die Unterbrechung der Kontinuität des Aufenthalts durch ein Abreißen der Integrationsverbindungen anzusehen wäre. Dies gilt insbesondere dann, wenn – wie in Deutschland – nach dem nationalen Recht des Mitgliedstaats die Verlustfeststellung nur aufgrund einer verwaltungsrechtlichen Entscheidung der Ausländerbehörde ergehen kann, die ihrerseits die rechtskräftige Verurteilung zu einer Freiheitsstrafe voraussetzt und die Strafhöhe mit fünf Jahren Freiheitsstrafe nach nationalem Recht bedingt, dass sich der Betreffende in Strafhaft befindet. 7

Mit der Bezugnahme auf Art. 39 III und 46 I EG (heute Art. 45 III und 52 I AEUV) wird klargestellt, dass der Gesetzgeber hinsichtlich der Eingriffsvoraussetzungen nur unionsrechtliche Vorgaben nachzeichnen kann, nicht aber einen eigenständigen Gestaltungsspielraum im Hinblick auf die Ausgestaltung der Eingriffstatbestände besitzt. Da weder das primäre noch das sekundäre Unionsrecht einen Eingriffstatbestand enthält, kann der nationale Gesetzgeber aber die konkrete Ausgestaltung der Befugnisnorm (Ausweisung/Verlustfeststellung) regeln. 8

III. Befugnisnorm

Die Vorschrift beschreibt die Gründe für die Beendigung des Freizügigkeitsrechts aus Gründen der öffentlichen Ordnung, Sicherheit oder Gesundheit, die zur Verweigerung der Einreise und zur Beendigung des Aufenthalts führen. Die Bestimmung erfasst damit nicht den Verlust des Freizügigkeitsrechts wegen Wegfalls der Voraussetzungen für ein unionsrechtliches Freizügigkeitsrecht (sog. „administrative Ausweisung"), der in § 5 IV geregelt ist. Außerdem nicht die Feststellung in Missbrauchsfällen nach § 2 VII, bei denen aber insoweit eine Ähnlichkeit besteht, als diese häufig aufgrund von Täuschungshandlungen, dh aus Gründen der öffentlichen Ordnung, ergehen. Auch wenn eine klare Abgrenzung beider Rechtsgrundlagen besteht, so findet § 6 I auch auf Unionsbürger und ihre Familienangehörigen Anwendung, die keine Freizügigkeit genießen, aber aus Gründen der öffentlichen Ordnung, Sicherheit oder Gesundheit das Bundesgebiet verlassen sollen. Denn durch die Feststellung nach § 5 IV (vormals § 5 V aF) wird zwar die Ausreisepflicht nach § 7 I ausgelöst, nicht aber die Wiedereinreisesperre nach § 7 II. 9

Das FreizügG/EU regelt abschließend und umfassend die Beendigung bzw. Beschränkung des Aufenthaltsrechts von Unionsbürgern und ihrer freizügigkeitsberechtigten Familienangehörigen. **Ermächtigungsgrundlage ist stets § 6 I**, dessen Abs. 4 und 5 enthalten lediglich erhöhte Anforderungen[11]. Gem. § 6 III sind bei der Entscheidung über eine Feststellung des Verlusts des Rechts auf Einreise und Aufenthalt eines Unionsbürgers insbesondere die Dauer des Aufenthalts in Deutschland, sein Alter, sein Gesundheitszustand, seine familiäre und wirtschaftliche Lage, seine soziale und kulturelle Integration in Deutschland und das Ausmaß seiner Bindungen zum Herkunftsstaat zu berücksichtigen. Dieser Katalog ist nicht abschließend[12]. 10

---

[8] EuGH Urt. v. 16.1.2014 – C-400/12 Rn. 32 f. – M. G. unter Anknüpfung an Überlegungen aus dem Urt. v. 16.1.2014 – C-378/12 Rn. 25 f. – Onuekwere; VGH BW Beschl. v. 27.4.2016 – 11 S 2081/15 Rn. 33.
[9] EuGH Vorlage des VGH BW Beschl. v. 27.4.2016 – 11 S 2081/15 Rn. 30 ff.
[10] Dies hat der EuGH in Urt. zum ARB 1/80 aus angenommen: EuGH Urt. v. 16.2.2006 – C-502/04, ECLI:EU: C:2006:112 Rn. 18 ff., insbes. Rn. 26 – Torun zu Art. 7 II Nr. 1/80; Urt. v. 7.7.2005 – C-373/03 Rn. 28 – Aydinli zu Art. 7 I 2. Spiegelstrich.
[11] BT-Drs. 16/5065, 212.
[12] BayVGH Beschl. v. 17.12.2015 – 10 ZB 15.1394 Rn. 11.

11 § 6 findet auf bestimmte Personengruppen keine Anwendung. § 11 VIII schließt die Anwendbarkeit auf drittstaatsangehörige Unionsbürger mit einem eigenständigen Aufenthaltsrecht nach § 3 II, IV aus. Außerdem findet die Verlustfeststellung nicht auf nahestehende Personen nach § 3a Anwendung. Des Weiteren gibt es eine Beschränkung für britische Staatsangehörige, wenn ein Verhalten, auf Grund dessen eine Beendigung des Aufenthalts eines Inhabers eines Rechts nach § 16 erfolgt oder durchgesetzt wird, nach dem Ende des Übergangszeitraums stattgefunden hat (§ 11 XII).

12 Weder aus dem nationalen Recht noch aus Unionsrecht ergeben sich Vorgaben für den **Zeitpunkt**, zu dem die Behörde die Verlustfeststellung nach § 6 ausspricht. Diese kann ermessensfehlerfrei auch geraume Zeit vor dem Ende einer zu verbüßenden Strafhaft erfolgen[13]. Die Ausländerbehörde muss daher nicht das Ende des Vollzugs abwarten, damit bei der Beurteilung der vom Unionsbürger ausgehenden Gefährdung (mögliche) zukünftige positive Wirkungen des Strafvollzugs nicht unberücksichtigt bleiben. Einer positiven Entwicklung des Unionsbürgers nach Erlass der Verlustfeststellung kann durch eine nachträgliche Verkürzung des Einreise- und Aufenthaltsverbots nach § 7 II Rechnung getragen werden[14]. Diese Sichtweise steht auch mit der Rspr. des EuGH im Einklang, da dieser fordert, eine umfassende Beurteilung der Situation des Betroffenen „jeweils zu dem genauen Zeitpunkt vorzunehmen, zu dem sich die Frage der Ausweisung stellt"[15].

IV. Verlustgründe

1. Öffentliche Ordnung

13 Ein freizügigkeitsberechtigter Unionsbürger kann sein Aufenthaltsrecht nur aus Gründen der öffentlichen Ordnung, Sicherheit oder Gesundheit iSd Art. 45 III und Art. 52 I AEUV, Art. 27 ff. Freizügigkeits-RL verlieren (Ordre-public-Vorbehalt). Der Verlust muss durch die zuständige Behörde festgestellt werden. Es handelt sich um ein eigenständiges, vom ausländerrechtlichen Ausweisungsverfahren nach dem AufenthG unabhängiges Feststellungsverfahren. § 6 I 2 stellt klar, dass die in S. 1 genannten Gründe auch bereits zur **Verweigerung der Einreise** führen können. Eine entsprechende Feststellung durch die Ausländerbehörde ist vor der Einreiseverweigerung nicht erforderlich. Weder im AEUV noch in der abgeleiteten Gesetzgebung werden die Begriffe öffentliche Ordnung, öffentliche Sicherheit und öffentliche Gesundheit definiert, sodass es den Mitgliedstaaten überlassen bleibt, ihren Geltungsbereich nach Maßgabe der nationalen Gesetzgebung und Rspr. festzulegen. Dh jedoch nicht, dass ein Mitgliedstaat, der Maßnahmen hiermit begründet, diese Begriffe seiner eigenen Rechtspraxis entsprechend und in der eigenen Tradition frei definieren und interpretieren kann.

14 Die im AEUV vorgesehene Einschränkung der Freizügigkeit aus Gründen der öffentlichen Ordnung, Sicherheit oder Gesundheit stellt **keine negative Voraussetzung für den Erwerb des Rechts auf Einreise und Aufenthalt** dar, sondern erlaubt es, in Einzelfällen und mit ordnungsgemäßer Begründung ein unmittelbar aus dem AEUV begründetes Recht zu beschränken[16]. Die Mitgliedstaaten dürfen mithin nicht generell und ohne konkrete Begründung die Ausnahmeregelung im Zusammenhang mit der öffentlichen Ordnung, Sicherheit oder Gesundheit geltend machen, um die Freizügigkeit und das Aufenthaltsrecht zu beschränken. In der Rechtssache Van Duyn[17] hat der EuGH hervorgehoben, dass der **Begriff der öffentlichen Ordnung** als Ausnahme vom Grundsatz der Freizügigkeit der Arbeitnehmer im Unionsrecht eng zu verstehen ist. Die Tragweite des Vorbehalts kann nicht von jedem Mitgliedstaat einseitig ohne Nachprüfung durch die Organe der EU bestimmt werden.

15 Dies schließt nicht aus, dass aufgrund besonderer Umstände die Berufung auf den Begriff der öffentlichen Ordnung von Mitgliedstaat zu Mitgliedstaat verschieden sein kann, da den zuständigen innerstaatlichen Behörde ein Beurteilungsspielraum innerhalb der durch den AEUV und die zu seiner Anwendung erlassenen Vorschriften gesetzten Grenzen zuzubilligen ist[18]. Wird den mitgliedstaatlichen Behörden nur in sehr beschränktem Maße ein Ermessensspielraum eröffnet, so schließt dies einen Rückgriff auf den weiten Begriff der öffentlichen Ordnung des allgemeinen deutschen Polizeirechts aus. Eine Verletzung der ungeschriebenen Regeln des menschlichen Zusammenlebens, die nicht zugleich eine strafbare Handlung begründet, reicht hierfür grundsätzlich nicht aus.

16 Gründe der öffentlichen Ordnung, Sicherheit oder Gesundheit dürfen nicht für **wirtschaftliche Zwecke** geltend gemacht werden; dies wird in § 6 VI, in Umsetzung des Art. 27 I 2 Freizügigkeits-RL, ausdrücklich untersagt. Das Fehlen ausreichender Finanzmittel allein rechtfertigt daher noch keine Maßnahme aus Gründen der öffentlichen Ordnung, Sicherheit oder Gesundheit bei der Einreise in einen Mitgliedstaat. In diesem Punkt geht das Unionsrecht weiter als die EMRK, nach der Maß-

---

[13] BVerwG Beschl. v. 11.9.2015 – 1 B 39.15, InfAuslR 2016, 1 Rn. 21.
[14] BVerwG Beschl. v. 11.9.2015 – 1 B 39.15, InfAuslR 2016, 1 Rn. 21.
[15] Vgl. EuGH Urt. v. 16.1.2014 – C–400/12 Rn. 35 – M.G; Urt. v. 23.11.2010 – C–145/09 Rn. 32 – Tsakouridis.
[16] EuGH Urt. v. 3.7.1980 – 157/79, Slg. 1980, 2171 – Regina/Pieck.
[17] EuGH Urt. v. 4.12.1974 – 41/74, Slg. 1974, 1337 ff. – Van Duyn.
[18] EuGH Urt. v. 4.12.1974 – 41/74, Slg. 1974, 1337 Rn. 24 – Van Duyn.

nahmen zulässig sind, die für das wirtschaftliche Wohlergehen des Landes als notwendig erachtet werden.

Nach § 6 II 2 darf bei Maßnahmen der öffentlichen Ordnung oder Sicherheit **ausschließlich das** 17 **persönliche Verhalten** der betroffenen Einzelpersonen ausschlaggebend sein. Abs. 2 bestimmt, dass strafrechtliche Verurteilungen allein ohne Weiteres diese Maßnahmen nicht begründen können. Eine **strafrechtliche Verurteilung** darf daher nach § 6 II 3 nur insoweit berücksichtigt werden, als die ihr zugrunde liegenden Umstände ein persönliches Verhalten erkennen lassen, das eine gegenwärtige Gefährdung der öffentlichen Ordnung darstellt[19]. Eine **Vielzahl kleinerer Straftaten,** die für sich allein genommen nicht geeignet sind, eine tatsächliche und hinreichend schwere Gefährdung eines Grundinteresses der Gesellschaft zu begründen, kann eine Feststellung nach § 6 nicht rechtfertigen[20].

Entscheidend ist das der Straftat zugrunde liegende persönliche Verhalten. Dieses Verhalten muss zu 18 dem Schluss führen, dass eine gegenwärtige Gefährdung der öffentlichen Ordnung und Sicherheit vorliegt, **wobei diese Feststellung im Allgemeinen bedeutet, dass eine Neigung des Betroffenen bestehen muss, das Verhalten in Zukunft beizubehalten**[21]. Hinzukommen muss eine **konkrete Wiederholungsgefahr.** Vom Einzelfall losgelöste Erwägungen oder eine generalpräventive Begründung der Feststellung des Verlusts des Freizügigkeitsrechts sind unzulässig. Rückschlüsse dürfen nur aus den noch nicht **getilgten Eintragungen** zu strafrechtlichen Verurteilungen im Bundeszentralregister gezogen werden[22].

Diese Grundsätze belegen, dass Beschränkungen und Beendigung des Aufenthalts nur zur Abwehr 19 erheblicher Störungen der öffentlichen Ordnung oder Sicherheit zugelassen sind, die aktuell von dem Unionsbürger selbst ausgehen. Nur eine derart aktuelle, konkrete und auf die Einzelperson bezogene **Gefährdungsprognose** kann eine Grundlage für Beschränkungen und die Beendigung des Freizügigkeitsrechts bilden.

Aus der Schwere eines begangenen Delikts allein lässt sich eine Wiederholungsgefahr nicht ableiten. 20 Dies schließt jedoch nicht aus, dass in Einzelfällen nach Verurteilung wegen schwerwiegender Straftaten aufgrund des abgeurteilten, von der zuständigen Behörde gründlich und prognostisch ausgewerteten Verhaltens eine hinreichende Besorgnis neuer Verfehlungen anzunehmen ist. Im Einzelfall kann die Annahme einer Wiederholungsgefahr und eine hierauf gestützte Feststellung des Verlusts des Freizügigkeitsrechts bei erheblichen Straftaten schon bei einer einzigen Verurteilung möglich sein.

Die **Gefahrenprognose** ist zu begründen. Für die individuelle Würdigung aller Umstände des 21 Einzelfalls sind die einschlägigen strafrechtlichen Entscheidungen heranzuziehen, soweit sie für die Prüfung der Wiederholungsgefahr bedeutsam sind. Eine rechtliche Bindung an die tatsächlichen Feststellungen und an die Beurteilungen des Strafrichters besteht für die Ausländerbehörde grundsätzlich nicht.

Einer **Strafaussetzungsentscheidung der Strafvollstreckungskammer** kommt eine erhebliche 22 indizielle Bedeutung zu. Die Ausländerbehörde und die Verwaltungsgerichte sind für die Frage der Beurteilung der Wiederholungsgefahr aber nicht an diese Entscheidung gebunden; es bedarf jedoch einer substantiierten Begründung, wenn von der strafgerichtlichen Entscheidung abgewichen wird[23].

Sie haben auch nicht zur Folge, dass die **Wiederholungsgefahr** zumindest in der Regel wegfällt. 23 Dies gilt auch dann, wenn die Strafvollstreckungskammer zur Vorbereitung ihrer Entscheidung ein Sachverständigengutachten eingeholt hat. Denn auch dieses orientiert sich inhaltlich an den materiellen strafrechtlichen Voraussetzungen einer Aussetzungsentscheidung.

Die **vorzeitige Haftentlassung** und Verlustfeststellung verfolgen unterschiedliche Zwecke und 24 unterliegen deshalb unterschiedlichen Regeln: Bei Aussetzungsentscheidungen nach § 57 StGB geht es um die Frage, ob die Wiedereingliederung eines in Haft befindlichen Straftäters weiter im Vollzug stattfinden muss oder durch vorzeitige Entlassung für die Dauer der Bewährungszeit gegebenenfalls unter Auflagen „offen" inmitten der Gesellschaft verantwortet werden kann[24].

Bei dieser Entscheidung stehen naturgemäß vor allem Resozialisierungsgesichtspunkte im Vorder- 25 grund; zu ermitteln ist, ob der Täter das Potenzial hat, sich während der Bewährungszeit straffrei zu führen. Demgegenüber geht es im ausländerrechtlichen Verlustfeststellungsverfahren um die Frage, ob das Risiko eines Misslingens der Resozialisierung von der deutschen Gesellschaft oder von der Gesellschaft im Heimatstaat des Ausländers getragen werden muss. Der der Verlustfeststellung zugrunde liegende Prognoseentscheidung bezieht sich folglich nicht nur auf die Dauer der Bewährungszeit, sondern hat einen längeren Zeithorizont in den Blick zu nehmen. Denn es geht hier um die Beurteilung, ob es dem Ausländer gelingen wird, über die Bewährungszeit hinaus ein straffreies Leben zu führen.

Bei dieser längerfristigen Prognose kommt dem **Verhalten des Betroffenen während der Haft** 26 und nach einer vorzeitigen Haftentlassung zwar erhebliches tatsächliches Gewicht zu. Dies hat aber

---

[19] EuGH Urt. v. 27.10.1977 – 30/77, Slg. 1977, 1999 Rn. 27/28 – Bouchereau.
[20] EuGH Urt. v. 4.10.2007 – C-349/06 Rn. 28 ff. – Polat.
[21] BayVGH Beschl. v. 26.10.2016 – 19 C 15.2217 Rn. 3.
[22] BayVGH Beschl. v. 26.10.2016 – 19 C 15.2217 Rn. 3.
[23] BVerfG, Beschl. v. 19.10.2016 – 2 BvR 1943/16 Rn. 21; BVerwG, Urt. v. 15.1.2013 – 1 C 10.12 Rn. 18.
[24] BVerwG, Urt. v. 15.1.2013 – 1 C 10.12 Rn. 19.

nicht zur Folge, dass mit einer strafrechtlichen Aussetzungsentscheidung ausländerrechtlich eine Wiederholungsgefahr zwangsläufig oder zumindest regelmäßig entfällt. Maßgeblich ist vielmehr, ob der Täter im entscheidungserheblichen Zeitpunkt auf tatsächlich vorhandene Integrationsfaktoren verweisen kann; das Potenzial, sich während der Bewährungszeit straffrei zu führen, ist nur ein solcher Faktor, genügt aber für sich genommen nicht[25].

27 Bei der Prognose, ob eine Wiederholung vergleichbarer Straftaten mit hinreichender Wahrscheinlichkeit droht, sind die besonderen Umstände des Einzelfalls zu berücksichtigen, insbesondere die Höhe der verhängten Strafe, die Schwere der konkreten Straftat, die Umstände ihrer Begehung, das Gewicht des bei einem Rückfall bedrohten Rechtsguts, sowie die Persönlichkeit des Täters und seine Entwicklung und Lebensumstände bis zum maßgeblichen Entscheidungszeitpunkt[26].

28 An die Wahrscheinlichkeit des Schadenseintritts sind bei dieser Prognose umso geringere Anforderungen zu stellen, je größer und folgenschwerer der möglicherweise eintretende Schaden ist[27].

29 Bei Straftaten, die auch auf der **Suchterkrankung** des Ausländers beruhen, kann von einem Wegfall der Wiederholungsgefahr zudem nicht ausgegangen werden, solange der Ausländer nicht eine Drogentherapie beziehungsweise eine andere Suchttherapie erfolgreich abgeschlossen und die damit verbundene Erwartung künftig drogen- und straffreien Verhaltens auch nach Therapieende glaubhaft gemacht hat. Angesichts der erheblichen Rückfallquoten während einer andauernden Drogentherapie und auch noch in der ersten Zeit nach dem erfolgreichen Abschluss einer Drogentherapie kann allein aus der begonnenen Therapie noch nicht auf ein künftiges straffreies Leben geschlossen werden[28]. Selbst eine erfolgreich abgeschlossene Drogentherapie schließt eine Rückfall- und Wiederholungsgefahr nicht per se aus[29].

30 Bloße Regelwidrigkeiten scheiden von vornherein aus. **Fehlen oder Ungültigkeit des Passes oder Personalausweises** (Abs. 7) reichen hierfür ebenso wenig[30] wie die „nicht unangemessene" Inanspruchnahme von Sozialhilfeleistungen (vgl. Art. 14 II Freizügigkeits-RL).

31 Für die Frage, ob von einem Unionsbürger eine **relevante Gefährdung** ausgeht, ist auch danach zu fragen, in welcher Weise der Aufenthaltsmitgliedstaat in Fällen dieser Art gegen eigene Staatsangehörige vorgeht. Gehen seine repressiven Maßnahmen nicht über Geldstrafen oder Freiheitsstrafen auf Bewährung hinaus, ist damit belegt, dass es insoweit nicht ein wichtiges Gemeinschaftsgut zu schützen gilt. Daher genügt grundsätzlich eine Verurteilung zu einer zur Bewährung ausgesetzten Freiheitsstrafe nicht für die Prognose einer hinreichend schweren Gefährdung. Wenn einerseits öffentliche Interessen nicht gegen die Erprobung eines Lebens in Freiheit sprechen, kann andererseits nicht festgestellt werden, dass dies die öffentliche Ordnung hinreichend schwer gefährdet.

32 **Dabei kann ein Verhalten aufgrund der Rspr. des EuGH grundsätzlich nicht als hinreichend schwerwiegend angesehen werden, wenn der die freiheitsbeschränkenden Maßnahmen verhängende Staat gegenüber dem gleichen Verhalten, das von eigenen Staatsangehörigen ausgeht,** keine Sanktionen ergreift[31]. Von einem Grundinteresse kann in diesem Zusammenhang nur ausgegangen werden, wenn die Gefahr, die verhindert werden soll, dann, wenn sie von einem deutschen Staatsangehörigen ausginge, repressive oder andere tatsächliche und effektive Maßnahmen zur Folge hat, also auch dann das individuelle Verhalten im Grundsatz nicht sanktionslos bliebe.

33 Gegen die Notwendigkeit, auch gegen eigene Staatsangehörige mit geeigneten Mitteln vorgehen zu müssen, sprach ursprünglich die Rspr. des EuGH in der Rechtssache Van Duyn[32]. In diesem Urteil, bei dem es darum ging, dass eine holländische Staatsbürgerin, die in Großbritannien bei der Church of Scientology hatte arbeiten wollen, nicht einreisen durfte, hatte der EuGH festgestellt, dass ein Mitgliedstaat, der aus Gründen der öffentlichen Ordnung gerechtfertigte Beschränkungen geltend macht, als persönliches Verhalten des Betroffenen berücksichtigen darf, dass dieser einer Vereinigung oder Organisation angehört, deren Betätigung von dem Mitgliedstaat als eine Gefahr für die Gesellschaft angesehen wird, ohne indessen verboten zu sein; dies gelte auch dann, wenn den eigenen Staatsangehörigen dieses Staates, die eine vergleichbare Beschäftigung aufnehmen wollen, wie sie der

---

[25] BVerwG, Urt. v. 15.1.2013 – 1 C 10.12 Rn. 20.
[26] BayVGH, Urt. v. 30.10.2012 – 10 B 11.2744 Rn. 33.
[27] BVerwG, Urt. v. 4.10.2012 –1 C 13.11 Rn. 18; BayVGH, Beschl. v. 8.3.2016 – 10 B 15.180 Rn. 31.
[28] BayVGH, Beschl. v. 16.8.2021 – 19 ZB 19.2491 Rn. 14; Beschl. v. 26.11.2015 – 10 ZB 14.1800 Rn. 7; Beschl. v. 13.5.2015 – 10 C 14.2795 Rn. 4; Beschl. v. 21.2.2014 – 10 ZB 13.1861 Rn. 6.
[29] BayVGH, Beschl. v. 24.5.2012 – 10 ZB 11.2198 Rn. 13.
[30] Insbes. dürfen bei Unionsbürgern keine strengeren Anforderungen an den Nachweis der Identität gestellt werden als bei Inländern, EuGH Urt. v. 17.2.2005 – C-215/03 Rn. 25/34, InfAuslR 2005, 126 – Oulane. Außerdem sind Verstöße gegen die Passvorschriften nicht ausreichend, um einen Eingriff in die Freizügigkeit zu rechtfertigen; EuGH Urt. v. 25.7.2002 – C-459/99 Rn. 79, InfAuslR 2002, 417 – MRAX.
[31] StRspr des EuGH Urt. v. 16.7.1998 – C-171/96, Slg. 1998, I-4607 Rn. 50 f. – Pereira Roque; Urt. v. 20.11.2001 – C-268/99, Slg. 2001, I-8615 Rn. 61 f. – Jany; Urt. v. 26.11.2002 – C-100/01, Slg. 2002, I-10981 Rn. 42 – Olazabal. Auf die Inländergleichbehandlung weisen auch *Hailbronner* AuslR AufenthG/EWG § 12 Rn. 20 und *Renner* Diss. S. 62 hin.
[32] EuGH Urt. v. 4.12.1974 – 41/74, Slg. 1974, 1337 ff. – Van Duyn.

Staatsangehörige eines anderen Mitgliedstaats bei denselben Vereinigungen oder Organisationen anstrebt, keine entsprechenden Beschränkungen auferlegt werden[33]. Der EuGH traf folgende Schlussfolgerung: „Sonach kann ein Mitgliedstaat aus Gründen der öffentlichen Ordnung gegebenenfalls einem Angehörigen eines anderen Mitgliedstaats die Rechtsvorteile aus der Anwendung des Grundsatzes der Freizügigkeit der Arbeitnehmer im Hinblick auf die Ausübung einer bestimmten entgeltlichen Beschäftigung versagen, obwohl er seinen eigenen Staatsangehörigen keine vergleichbare Beschränkung auferlegt."[34]

Von dieser frühen Entscheidung ist der EuGH mit dem Urteil Adoui und Cornuaille[35] abgewichen und hat gegenüber der früheren Van-Duyn-Rspr. einen entscheidenden und offenkundigen Kurswechsel vollzogen[36]. In jenem Fall ging es um die Feststellung, ob die belgischen Behörden aufgrund von Art. 48 und 56 EWG-Vertrag (heute Art. 45 und 52 AEUV) zwei französischen Staatsbürgerinnen die Aufenthaltserlaubnis verweigern durften, weil sie in Belgien einer angeblich gegen die öffentliche Ordnung verstoßenden Tätigkeit (der Prostitution) nachgingen, die für belgische Staatsbürger jedoch in keiner Hinsicht strafbar oder verboten war. Der EuGH wies bei der Prüfung dieser Frage zunächst darauf hin, dass die Vorbehalte in Bezug auf die öffentliche Ordnung es den Mitgliedstaaten erlauben, gegenüber den Staatsangehörigen anderer Mitgliedstaaten Maßnahmen zu ergreifen, die sie bei ihren eigenen Staatsangehörigen insoweit nicht anwenden könnten, als sie nicht die Befugnis haben, diese aus dem nationalen Hoheitsgebiet zu entfernen oder ihnen die Einreise in das nationale Hoheitsgebiet zu untersagen. Aus diesem Grund müsse dieser Unterschied in der Behandlung, der mit dem Wesen der zu ergreifenden Maßnahmen zusammenhängt, somit hingenommen werden, doch dürfe die für den Erlass dieser Maßnahmen zuständige Stelle eines Mitgliedstaats die Ausübung ihrer Befugnisse nicht auf eine Beurteilung bestimmter Verhaltensweisen stützen, die zur Folge hätte, dass gegenüber Staatsangehörigen anderer Mitgliedstaaten ein willkürlicher Unterschied gemacht wird[37]. 34

Damit es nicht zu derartigen Folgen kommt, so der EuGH weiter, könne ein Verhalten nicht als hinreichend schwerwiegend betrachtet werden, „um im Gebiet eines Mitgliedstaats Beschränkungen der Einreise oder des Aufenthalts eines Angehörigen eines anderen Mitgliedstaats zu rechtfertigen, wenn der erstgenannte Staat gegenüber dem gleichen Verhalten, das von eigenen Staatsangehörigen ausgeht, keine Zwangsmaßnahmen oder andere tatsächliche und effektive Maßnahmen zur Bekämpfung dieses Verhaltens ergreift"[38]. 35

Aufgrund dessen kam der EuGH zu dem Ergebnis, dass ein Mitgliedstaat aufgrund des in den Art. 48 und 56 EWG-Vertrag (heute Art. 45 und 52 AEUV) enthaltenen Vorbehalts der öffentlichen Ordnung wegen eines Verhaltens, das bei den Angehörigen des Mitgliedstaats keine Veranlassung zu Zwangsmaßnahmen oder zu anderen tatsächlichen und effektiven Maßnahmen zur Bekämpfung dieses Verhaltens gibt, nicht berechtigt ist, Staatsangehörige eines anderen Mitgliedstaats aus seinem Hoheitsgebiet zu entfernen oder ihnen die Einreise in sein Hoheitsgebiet zu verweigern"[39]. 36

Mit diesem Urteil, das in der Folge mehrfach bestätigt wurde[40], wurde der Grundsatz aufgestellt, dass Ausnahmen von der Freizügigkeit der Arbeitnehmer genauso wie Ausnahmen von den anderen Grundfreiheiten keine **willkürlichen Diskriminierungen** beinhalten dürfen und sich daher, wenn es keine objektiven Rechtfertigungsgründe hierfür gibt, nicht in Maßnahmen niederschlagen dürfen, die gegenüber Angehörigen anderer Mitgliedstaaten strenger und schärfer ausfallen als gegenüber Inländern. 37

Mit der Rechtssache Polat hat der EuGH – ohne Auseinandersetzung mit der bisherigen Rspr. – aber den Grundsatz aufgestellt, dass eine aufenthaltsbeendende Maßnahme gegenüber einem türkischen Staatsangehörigen und damit auch in Bezug auf einen Unionsbürger möglich ist, auch wenn der Mitgliedstaat gegen Inländer, die der gleichen Straftaten schuldig befunden werden, neben der strafrechtlichen Verurteilung keine zusätzliche Sanktion verhängt[41]. Insoweit erfolgte in der Rechtssache 38

---

[33] EuGH Urt. v. 4.12.1974 – 41/74, Slg. 1974, 1337 Rn. 24 – Van Duyn.
[34] EuGH Urt. v. 4.12.1974 – 41/74, Slg. 1974, 1337 Rn. 21/23 – Van Duyn.
[35] EuGH Urt. v. 18.5.1982 – 115 und 116/81, Slg. 1982, 1665 – Adoui und Cornuaille.
[36] *Wölker/Grill* in von der Groeben/Schwarze EG Art. 39 Rn. 127 mwN.
[37] EuGH Urt. v. 18.5.1982 – 115 und 116/81, Slg. 1982, 1665 Rn. 7 – Adoui und Cornuaille.
[38] EuGH Urt. v. 18.5.1982 – 115 und 116/81, Slg. 1982, 1665 Rn. 8 – Adoui und Cornuaille. Diesen Ansatz verfolgte der Generalanwalt *La Pergola* in seinem Schlussantrag in der Rechtssache Calfa v. 17.1.1998: „Auch wenn das Unionsrecht den Mitgliedstaaten hinsichtlich der Beurteilung von Verhaltensweisen, die als im Widerspruch zur öffentlichen Ordnung stehend angesehen werden können, keine einheitliche Werteskala vorschreibt, ist doch festzustellen, dass ein Verhalten nicht als hinreichend schwerwiegend betrachtet werden kann, um im Gebiet eines Mitgliedstaats Beschränkungen der Einreise oder des Aufenthalts eines Angehörigen eines anderen Mitgliedstaats zu rechtfertigen, wenn der erstgenannte Staat gegenüber dem gleichen Verhalten, das von eigenen Staatsangehörigen ausgeht, keine Zwangsmaßnahmen oder andere tatsächliche und effektive Maßnahmen zur Bekämpfung dieses Verhaltens ergreift."
[39] EuGH Urt. v. 18.5.1982 – 115 und 116/81, Slg. 1982, 1665 Rn. 9 – Adoui und Cornuaille.
[40] EuGH Urt. v. 18.5.1989 – 249/86, Slg. 1989, 1263 Rn. 19 – Kommission/Deutschland; Urt. v. 16.7.1998 – C-171/96, Slg. 1998, I-4607 Rn. 50 f. – Pereira Roque; Urt. v. 20.11.2001 – C-268/99, Slg. 2001, I-8615 Rn. 61 f. – Jany; Urt. v. 26.11.2002 – C-100/01, Slg. 2002, I-10981 Rn. 42 – Olazabal.
[41] EuGH Urt. v. 4.10.2007 – C-349/06 Rn. 37 f. – Polat.

Polat nur der Hinweis, „dass die in den Art 39 EG und 46 EG (heute Art 45 und 52 AEUV) enthaltenen Vorbehalte es den Mitgliedstaaten erlauben, gegenüber den Staatsangehörigen anderer Mitgliedstaaten unter anderem aus Gründen der öffentlichen Ordnung Maßnahmen zu ergreifen, die sie insofern bei ihren eigenen Staatsangehörigen nicht anwenden könnten, als sie nicht die Befugnis haben, diese auszuweisen oder ihnen die Einreise in das nationale Hoheitsgebiet zu untersagen"[42].

2. Öffentliche Sicherheit

39 Die Schutzgüter der öffentlichen Ordnung und der öffentlichen Sicherheit haben einen unterschiedlichen Anwendungsbereich. In der Rechtssache Campus Oil[43] stellte der EuGH fest, dass allein der Begriff der öffentlichen Sicherheit, nicht aber der der öffentlichen Ordnung einschlägig sei. Hieraus ergibt sich, dass die Begriffe nicht deckungsgleich sind. Der **Begriff der öffentlichen Ordnung ist als Oberbegriff gegenüber den anderen Schutzgütern anzusehen**[44]. Die öffentliche Sicherheit wird als Unterfall der öffentlichen Ordnung häufig nicht genannt, sondern es wird allgemein von dem Ordre-public-Vorbehalt gesprochen. Damit dient die öffentliche Sicherheit als Rechtsbegriff – wie im französischen Recht[45] – der näheren Bestimmung der öffentlichen Ordnung.

40 Der Begriff der öffentlichen Sicherheit iSd Art. 36, 45, 52, 346 AEUV umfasst nach der Rspr. des EuGH sowohl die **innere Sicherheit eines Mitgliedstaats als auch seine äußere Sicherheit**[46]. Der EuGH hat bislang davon abgesehen, den Begriff verbindlich zu definieren[47]. Als unbestimmter Rechtsbegriff erfasst er nur ganz bestimmte **außergewöhnliche Fälle**[48] und kann sich, da die Rechtsgüter, deren Schutz es zu gewährleisten gilt, nicht festgelegt wurden, flexibel der politischen und sozialen Lage in den Mitgliedstaaten anpassen[49].

41 In der Rechtssache Tsakouridis[50] hat der EuGH entschieden, dass Art. 28 III Freizügigkeits-RL dahin auszulegen sei, dass die Bekämpfung der mit dem **bandenmäßigen Handel mit Betäubungsmitteln** verbundenen Kriminalität unter den Ausdruck „zwingende Gründe der öffentlichen Sicherheit" fallen könne, mit denen eine Ausweisungsmaßnahme in Bezug auf einen Unionsbürger, der seinen Aufenthalt in den letzten zehn Jahren im Aufnahmemitgliedstaat gehabt habe, gerechtfertigt werden könne. Der EuGH hat zunächst darauf hingewiesen, dass der bandenmäßige Handel mit Betäubungsmitteln eine diffuse Kriminalität darstelle, die mit beeindruckenden wirtschaftlichen und operativen Mitteln ausgestattet sei und sehr häufig über internationale Verbindungen verfüge[51]. In Anbetracht der verheerenden Auswirkungen der mit diesem Handel verbundenen Kriminalität heiße es im ersten Erwägungsgrund des Rahmenbeschlusses 2004/757/JI[52], dass der illegale Drogenhandel eine Bedrohung der Gesundheit, Sicherheit und Lebensqualität der Bürger der Union sowie der legalen Wirtschaftstätigkeit, der Stabilität und der Sicherheit der Mitgliedstaaten darstelle[53]. Der EuGH hat dann im Anschluss an die Feststellung, dass die Rauschgiftsucht ein großes Übel für den Einzelnen und eine soziale und wirtschaftliche Gefahr für die Menschheit sei, erläutert, dass ein solcher Handel ein Maß an Intensität erreichen könnte, durch das die Ruhe und die physische Sicherheit der Bevölkerung insgesamt oder eines großen Teils derselben unmittelbar bedroht würden[54].

42 Mit der Rechtssache Tsakouridis hat der EuGH deutlich gemacht, dass allein eine schwere Straftat, die eine besonders schwere Verletzung eines grundlegenden gesellschaftlichen Wertes darstellen kann, nicht automatisch unter den Begriff „öffentliche Sicherheit" iSv Art. 28 III Freizügigkeits-RL fällt. **Ob ein Straftäter durch sein Verhalten eine Gefahr für die öffentliche Sicherheit darstellt, hängt nicht nur von der Schwere der begangenen Straftat ab, für die die verwirkte oder**

---

[42] EuGH Urt. v. 4.10.2007 – C-349/06 Rn. 38 – Polat mwN. Damit folgt der EuGH nicht den Schlussanträgen des Generalanwalts *La Pergola* in der Rs. Calfa (C-348/96, Slg. 1999, I-11 Rn. 7) v. 17.1.1998, der die Unzulässigkeit einer Ausweisung aus der Überlegung abgeleitet hatte, dass die Straftat des Besitzes von Betäubungsmitteln zum Eigenverbrauch im griechischen Recht unterschiedlich bestraft werde, je nachdem, ob sie von einem griechischen Staatsangehörigen oder von einem Ausländer begangen werde. Im ersten Fall könne eine Freiheitsstrafe verhängt werden, im zweiten käme noch eine Zusatzstrafe hinzu, nämlich die Ausweisung aus dem nationalen Hoheitsgebiet.
[43] EuGH Urt. v. 10.7.1984 – 72/83 Rn. 33, Slg. 1984, 2727 ff.
[44] *Wieschhörster*, Die Aufrechterhaltung der öffentlichen Ordnung und der Schutz der inneren Sicherheit gemäß Art. 64 Abs. 1 EGV, S. 70.
[45] *Wieschhörster* S. 118.
[46] EuGH Urt. v. 26.10.1999 – C-273/97 Rn. 17 – Sirdar; Urt. v. 11.1.2000 – C-285/98 Rn. 17 – Kreil; Urt. v. 4.10.1991 – C-367/89, Slg. 1991, I-4621 Rn. 22 – Richardt und „Les Accessoires Scientifiques"; Urt. v. 17.10.1995 – C-83/94, Slg. 1995, I-3231 Rn. 26 – Leifer ua.
[47] *Wieschhörster* S. 136.
[48] EuGH Urt. v. 26.10.1999 – C-273/97 Rn. 16 – Sirdar.
[49] *Wieschhörster* S. 136.
[50] EuGH Urt. v. 23.11.2010 – C-145/09 – Tsakouridis.
[51] EuGH Urt. v. 23.11.2010 – C-145/09 Rn. 46 – Tsakouridis.
[52] Rahmenbeschluss des Rates v. 25.10.2004 zur Festlegung von Mindestvorschriften über die Tatbestandsmerkmale strafbarer Handlungen und die Strafen im Bereich des illegalen Drogenhandels (ABl. L 335, S. 8).
[53] EuGH Urt. v. 23.11.2010 – C-145/09 Rn. 46 – Tsakouridis.
[54] EuGH Urt. v. 23.11.2010 – C-145/09 Rn. 47 – Tsakouridis.

verhängte Strafe einen Anhaltspunkt darstellt, sondern va von ihrer Art[55]. Daher ist allein die Strafbarkeitsschwelle von fünf Jahren nicht ausreichend, um einen Verstoß gegen die öffentliche Sicherheit zu konkretisieren. Denn durch das Strafrecht legt jeder Mitgliedstaat den Rahmen seiner öffentlichen Ordnung fest, da er die Verhaltensweisen definiert, die er unter Androhung von Strafe verbietet[56]. Die Verletzung dieser Regeln führt zu einer Störung der öffentlichen Ordnung des Mitgliedstaats, einer Störung, die je nach Art der begangenen Handlung mehr oder weniger schwer wiegt, wobei sich die Störung der öffentlichen Ordnung normalerweise im Schweregrad der Strafe widerspiegelt, die der nationale Gesetzgeber als Sanktion für das verbotene Verhalten vorgesehen hat. Ihren Ausdruck, und gegebenenfalls ihre Gewichtung findet diese Wertung in jedem Einzelfall in der tatsächlich verhängten Strafe, die anhand der dem konkreten Fall eigenen Umstände den Grad der tatsächlich verursachten Störung erkennen lässt[57].

Die Bezugnahme auf den Begriff der öffentlichen Sicherheit folgt offensichtlich nicht automatisch aus der bloßen Tatsache, dass eine Zuwiderhandlung begangen wurde, sondern aus einem Verhalten, das sowohl dem Grundsatz nach als auch hinsichtlich seiner Folgen, die über den individuellen Schaden für das oder die Opfer hinausgehen, einen besonders schwerwiegenden Verstoß darstellt[58]. Die beiden Begriffe sind somit nicht identisch, und während jedes Verhalten, das eine Gefahr für die öffentliche Sicherheit darstellt, definitionsgemäß die öffentliche Ordnung stört, gilt dies nicht umgekehrt, auch wenn die begangene Tat, sobald sie bekannt wird, in der öffentlichen Meinung Empfindungen auslösen kann, in denen sich die durch den Verstoß verursachte Störung widerspiegelt[59]. 43

Aufgrund dieses weiten Ansatzes ist der Begriff der öffentlichen Sicherheit **nicht auf den Schutz der Staatssicherheit beschränkt.** Es ist vielmehr zu prüfen, ob strafbare Handlungen geeignet sind, die Ruhe und die physische Sicherheit der Bevölkerung insgesamt oder eines großen Teils derselben unmittelbar zu bedrohen. Geeignet sind daher neben dem **Drogenhandel** insbesondere auch **terroristische Straftaten**. 44

In der Rechtssache P. I. hat der EuGH den **Begriff der zwingenden Gründe der öffentlichen Sicherheit** im Hinblick auf Kindesmissbrauch weiter konkretisiert. Der Begriff „zwingende Gründe der öffentlichen Sicherheit" ist unter Berücksichtigung des Art. 83 I AEUV zu konkretisieren[60]. Nach dieser Norm kann das EU-Parlament und der Rat durch RL-Mindestvorschriften zur Festlegung von Straftaten und Strafen in Bereichen besonders schwerer Kriminalität festlegen, die aufgrund der Art oder der Auswirkungen der Straftaten oder aufgrund einer besonderen Notwendigkeit, sie auf einer gemeinsamen Grundlage zu bekämpfen, eine grenzüberschreitende Dimension haben. **Derartige Kriminalitätsbereiche sind: Terrorismus, Menschenhandel und sexuelle Ausbeutung von Frauen und Kindern, illegaler Drogenhandel, illegaler Waffenhandel, Geldwäsche, Korruption, Fälschung von Zahlungsmitteln, Computerkriminalität und organisierte Kriminalität.** 45

Es steht den Mitgliedstaaten frei, Straftaten wie die in Art. 83 I UAbs. 2 AEUV angeführten als besonders schwere Beeinträchtigung eines grundlegenden gesellschaftlichen Interesses anzusehen, die geeignet ist, die Ruhe und die physische Sicherheit der Bevölkerung unmittelbar zu bedrohen. Zudem dürfte es nicht ausgeschlossen sein, jenseits potenziell grenzüberschreitender oder in irgendeiner Form organisierter Straftaten auch Delikte, die den von elementaren menschenrechtlichen Wertvorstellungen geprägten Kernbestand des strafrechtlichen Rechtsgüterschutzes betreffen, im Einzelfall als besonders schwerwiegende Beeinträchtigung eines grundlegenden gesellschaftlichen Interesses anzusehen, die geeignet ist, die Ruhe und die physische Sicherheit der Bevölkerung unmittelbar zu bedrohen[61]. Derartige Straftaten können unter den Begriff der zwingenden Gründe der öffentlichen Sicherheit fallen und damit nach Art. 28 III Freizügigkeits-RL eine Ausweisungsverfügung rechtfertigen, **sofern die Art und Weise der Begehung solcher Straftaten besonders schwerwiegende Merkmale aufweist**[62]; dies ist auf der Grundlage einer individuellen Prüfung des konkreten Falls zu klären[63]. 46

3. Öffentliche Gesundheit

§ 6 gibt den Schutz vor Maßnahmen aus Gründen der öffentlichen Gesundheit nur unzureichend wieder. Es findet sich in Abs. 1 S. 3 der Hinweis, dass die Feststellung aus Gründen der öffentlichen Gesundheit nur erfolgen kann, wenn die Krankheit innerhalb der ersten drei Monate nach der Einreise auftritt. Damit wird Art. 29 II Freizügigkeits-RL umgesetzt. Die Freizügigkeits-RL regelt aber in 47

---

[55] Schlussanträge des Generalanwalts *Bot* v. 6.3.2012 – C-348/09 Rn. 39 – P. I.
[56] Schlussanträge des Generalanwalts *Bot* v. 6.3.2012 – C-348/09 Rn. 36 – P. I.
[57] Schlussanträge des Generalanwalts *Bot* v. 6.3.2012 – C-348/09 Rn. 37 – P. I.
[58] Schlussanträge des Generalanwalts *Bot* v. 6.3.2012 – C-348/09 Rn. 38 – P. I.
[59] Schlussanträge des Generalanwalts *Bot* v. 6.3.2012 – C-348/09 Rn. 38 – P. I.
[60] EuGH Urt. v. 22.5.2012 – C-348/09 Rn. 25 – P. I.
[61] VGH BW Beschl. v. 27.4.2016 – 11 S 2081/15 Rn. 27; OVG Saarl. Urt. v. 30.4.2015 – 2 A 265/14UA S. 25 bzgl. Mord.
[62] EuGH Urt. v. 22.5.2012 – C-348/09 Rn. 28 – P. I.
[63] EuGH Urt. v. 22.5.2012 – C-348/09 Rn. 28 – P. I.

Art. 29 I konkretisierend, dass nur bestimmte Krankheiten die Freizügigkeit beschränkende Maßnahmen rechtfertigen. Dazu gehören zum einen ausschließlich die **Krankheiten mit epidemischem Potenzial** iSd einschlägigen Rechtsinstrumente der Weltgesundheitsorganisation und zum anderen sonstige **übertragbare, durch Infektionserreger oder Parasiten verursachte Krankheiten,** sofern gegen diese Krankheiten Maßnahmen zum Schutz der Staatsangehörigen des Aufnahmemitgliedstaats getroffen werden. Aus diesem Grund erfolgte mit dem ÄnderungsG 2013 die Konkretisierung der öffentlichen Gesundheit in § 6 I 3.

48 Die Freizügigkeits-RL präzisiert damit die Krankheiten und Gebrechen, die die Verweigerung der Einreise oder des Aufenthalts aus Gründen der öffentlichen Gesundheit rechtfertigen können. Einige dieser Krankheiten waren im Anhang der RL 64/221/EWG aufgelistet. Andere wurden, weil als überholt angesehen, nicht übernommen.

49 Die Neuregelung in der Freizügigkeits-RL unterscheidet sich in einem wichtigen Punkt von den Vorgaben der RL 64/221/EWG. Diese regelte in Art. 4 I, dass als Krankheiten oder Gebrechen, die eine Verweigerung der Einreise oder der ersten Aufenthaltserlaubnis rechtfertigen, nur diejenigen galten, die im Anhang aufgeführt waren. Der Anhang differenzierte zwischen Krankheiten, welche die öffentliche Gesundheit gefährden können (Anhang A: quarantänepflichtige Krankheiten, Tuberkulose, Syphilis sowie andere ansteckende oder übertragbare parasitäre Krankheiten und Leiden) und Krankheiten und Gebrechen, welche die öffentliche Ordnung oder Sicherheit gefährden können (Anhang B: Suchtkrankheiten sowie schwere geistige und seelische Störungen; offensichtliche Psychosen mit Erregungszuständen, Wahnvorstellungen oder Sinnestäuschungen und Verwirrungszuständen).

50 Da Krankheiten, die die öffentliche Ordnung und Sicherheit gefährden, nicht mehr aufgenommen wurden, ist eine klare **Abgrenzung zwischen Eingriffen aus Gründen der öffentlichen Gesundheit und der öffentlichen Ordnung bzw. Sicherheit** möglich[64]. Scheidet eine Beendigung des Aufenthalts nach der Einreise allein aus Gründen der öffentlichen Gesundheit aus, so kann gleichwohl eine Beschränkung der Freizügigkeit aus Gründen der öffentlichen Ordnung oder der öffentlichen Sicherheit des Mitgliedstaats gerechtfertigt sein.

51 Anders als die Regelung des § 12 VI AufenthG/EWG findet sich im FreizügG/EU kein ausdrücklicher Hinweis mehr, dass zum Schutz der öffentlichen Gesundheit Maßnahmen nur getroffen werden dürfen, wenn der Ausländer an einer Krankheit iSv § 6 InfektionsschutzG[65] leidet oder mit einem Krankheitserreger iSv § 7 InfektionsschutzG infiziert ist. Dennoch wird das Spektrum der Erkrankungen, die ein Einschreiten aus Gründen der öffentlichen Ordnung rechtfertigt, weiterhin durch die §§ 6, 7 InfektionsschutzG zutreffend abgebildet.

52 Der Rückgriff auf diese Bestimmungen darf nur in Ausnahmefällen erfolgen und muss von zwei Bedingungen abhängig gemacht werden:
– Es müssen **ernsthafte Anhaltspunkte** dafür vorliegen, dass die betroffene Person an einem Gebrechen oder einer Krankheit leidet, die die Einreise- oder Aufenthaltsverweigerung rechtfertigen und
– der Aufnahmemitgliedstaat muss die Kosten dieser Untersuchung tragen (Art. 29 III 1 Freizügigkeits-RL).

53 Derartige Untersuchungen dürfen auf keinen Fall systematisch durchgeführt werden, um zu vermeiden, dass die praktische Wirksamkeit der Bestimmungen über die Erteilung der Aufenthaltsbescheinigung oder der Aufenthaltskarte beeinträchtigt werden (Art. 29 III 2 Freizügigkeits-RL).

54 § 6 I 4 dient der Bewältigung der Corona-Pandemie. Auf Grundlage der von den Staats- und Regierungschefs der Europäischen Union indossierten „Mitteilung der Kommission an das Europäische Parlament, den Europäischen Rat und den Rat – COVID-19: Vorübergehende Beschränkung von nicht unbedingt notwendigen Reisen in die EU" (COM (2020) 115 final) kann die Einreise von Unionsbürgern und ihren Familienangehörigen aufgrund der COVID-19-Pandemie versagt werden, es sei denn, sie kehren in ihren Wohnort zurück.

55 Die Vorschrift des Art. 29 I Freizügigkeits-RL lässt den Mitgliedstaaten zur Umsetzung des Beschlusses einen weiten Spielraum und knüpft die Versagung der Einreise ausschließlich daran, dass „gegen diese (übertragbaren) Krankheiten Maßnahmen zum Schutz der Staatsangehörigen des Aufnahmemitgliedstaates getroffen werden." Die Regelung des Art. 29 II Freizügigkeits-RL soll lediglich verhindern, dass Unionsbürger und ihre Familienangehörigen ausgewiesen werden, wenn sie sich bereits länger als drei Monate im Inland befinden.

56 Die weltweite Ausbreitung des **Coronavirus SARS-CoV-2** ist eine Krankheit mit epidemischem Potenzial, da die Weltgesundheitsorganisation eine Pandemie festgestellt hat. Danach kann einem mit dem Coronavirus infiziertem Unionsbürger die Einreise gemäß § 6 I 2 verweigert werden, da er eine Gefahr für die öffentliche Gesundheit darstellt. Die Reisebeschränkungen sind aber auch über Fälle

---

[64] Zur alten Rechtslage VGH BW Urt. v. 21.7.2004 – 11 S 535/04, EZAR 034 Nr. 18; HessVGH Beschl. v. 28.9.2004 – 12 TG 1986/04, InfAuslR 2004, 425; BayVGH Beschl. v. 19.5.1988 – 10 CS 89.1202 – Anm. *Hofmann* ZAR 1991, 186.
[65] Gesetz zur Verhütung und Bekämpfung von Infektionskrankheiten beim Menschen – InfektionsschutzG v. 20.7.2000 (BGBl. I S. 1045), zuletzt geändert durch Art. 2 Gesetz v. 13.12.2007, BGBl. I S. 2904.

festgestellter Infektionen hinaus im Falle von Einreisen aus einem Virusvarianten-Gebiet iSd § 3 II 1 Nr. 2 Coronavirus-Einreiseverordnung (CoronaEinreiseV) rechtmäßig. **Krankheiten mit epidemischem Potential dürfen durch generalisierte Einschränkungen bekämpft werden**[66].

Die Empfehlung (EU) 2020/1475 des Rates vom 13.10.2020 für eine koordinierte Vorgehensweise bei der Beschränkung der Freizügigkeit aufgrund der COVID-19-Pandemie sieht in Ziffer 17 vor, dass die Mitgliedstaaten im Prinzip die Einreise aus anderen Mitgliedstaaten der Europäischen Union nicht verweigern sollen[67]. 57

Diese Empfehlung hat der Rat zwischenzeitlich gerade mit Blick auf die Verbreitung von risikobehafteten Virusvarianten aktualisiert und modifiziert (vgl. Empfehlung (EU) 2021/119 des Rates vom 1.2.2021 zur Änderung der Empfehlung (EU) 2020/1475 für eine koordinierte Vorgehensweise bei der Beschränkung der Freizügigkeit aufgrund der COVID-19-Pandemie)[68]. 58

Solche **Empfehlungen der Unionsorgane sind nach Art. 288 V AEUV nicht verbindlich**, sie sind aber vom Gericht bei der Auslegung von § 6 I 2 und 3, das zur Umsetzung der Richtlinie 2004/38/EG ergangen ist, zu berücksichtigen[69]. 59

Nach Ziffer 17 der Empfehlung (EU) 2020/1475 sollen Mitgliedstaaten die Einreise aus anderen Mitgliedstaaten der EU nur im Prinzip nicht verweigern. Daraus folgt bereits, dass Ausnahmen von diesem Grundsatz im Einklang mit den allgemeinen Grundsätzen des Unionsrechts, insbesondere dem Grundsatz der Verhältnismäßigkeit und dem Grundsatz der Nichtdiskriminierung, zulässig sind. Nur pauschale Reiseverbote sollen gemäß Erwägungsgrund 12 der Empfehlung (EU) 2021/119 ausgeschlossen sein: „Es sollten keine pauschalen Reiseverbote verhängt werden. Allerdings können Einschränkungen für nicht unbedingt notwendige Reisen in der EU erforderlich sein, um die Ausbreitung des Virus einzudämmen." 60

Ausnahmen von dem grundsätzlichen Ausschluss von Einreiseverboten kommen insbesondere dann in Betracht, wenn ein Gebiet als „dunkelrot" gekennzeichnet wird, weil dort das Virus – auch aufgrund der ansteckenderen besorgniserregenden Varianten (vgl. Ergänzungsgrund 9 der Empfehlung (EU) 2021/119) – sehr stark verbreitet ist. 61

Dies ergibt sich aus Ziffer 11 der Empfehlung (EU) 2021/119, wonach die Mitgliedstaaten von allen nicht unbedingt notwendigen Reisen in und aus als „dunkelrot" eingestuften Gebieten nachdrücklich abraten sollten. „Aufgrund des hohen Maßes an Übertragung in der Bevölkerung in den Mitgliedstaaten stellen Reisen weiterhin eine besondere Herausforderung dar. Von allen nicht unbedingt notwendigen Reisen, insbesondere in Hochrisikogebiete und aus solchen Gebieten, sollte insbesondere angesichts neu auftretender Virusvarianten bis zu einer erheblichen Verbesserung der epidemiologischen Lage nachdrücklich abgeraten werden." 62

Nach diesen Kriterien war es möglich, für alle Einreisen aus der Tschechischen Republik in das Bundesgebiet grundsätzlich ein Einreiseverbot anzuordnen. Die Tschechische Republik zählt zu den gemäß Ziffer 2 der Empfehlung (EU) 2021/119 als „dunkelrot" eingestuften Gebieten[70]. Zudem wurde sie als Virusvariantengebiet eingestuft[71]. 63

Es ist aber zu prüfen, ob Arbeitnehmer und Dienstleistungserbringer einer der Kategorien von Personen, die gemäß Ziffer 19 der Empfehlung (EU) 2020/1475 von den dort vorgesehenen Einreisebeschränkungen ausgenommen sein sollen, unterfallen. Dies gilt etwa bei Arbeitnehmern die iSv Ziffer 19 lit. a) der Empfehlung, die systemrelevante Funktionen wahrnehmen, gemäß den Leitlinien zur Ausübung der Freizügigkeit der Arbeitskräfte während des COVID-19-Ausbruches vom 30.3.2020 (2020/C 102 I/03). Diese sind ohnehin auch nach dem angegriffenen Erlass des BMI von dem Einreiseverbot ausgenommen[72]. 64

V. Verlustfeststellung nach Erwerb des Daueraufenthaltsrechts

Nach fünf Jahren rechtmäßigen Aufenthalts tritt eine **Verfestigung** ein, die als Daueraufenthaltsrecht ausgestaltet ist (vgl. § 4a; Art. 16 ff. Freizügigkeits-RL). § 6 IV lässt eine Verlustfeststellung nur aus „schwerwiegenden Gründen" zu und bleibt damit scheinbar hinter dem bis dahin geltenden § 6 III im Schutzumfang zurück, da dieser bei Personen, die das nationale Daueraufenthaltsrecht erlangt hatten, eine Verlustfeststellung nur aus „besonders schwerwiegenden Gründen" ermögliche. Der 65

---

[66] VG Berlin Beschl. v. 17.3.2021 – 6 L 117/21 Rn. 35 unter Hinweis auf *Thym*, Expertise zu den europarechtlichen Vorgaben für Binnengrenzkontrollen und Freizügigkeitsbeschränkungen vom 7.4.2020, S. 13.
[67] „(17) Die Mitgliedstaaten sollten Beschränkungen der Freizügigkeit nur dann in Betracht ziehen, wenn ausreichend nachgewiesen werden kann, dass der Nutzen für die öffentliche Gesundheit diese Beschränkungen rechtfertigt, und wenn hinreichende Gründe für die Annahme vorliegen, dass die Beschränkungen wirksam sind."
[68] VG Berlin Beschl. v. 17.3.2021 – 6 L 117/21 Rn. 38.
[69] VG Berlin Beschl. v. 17.3.2021 – 6 L 117/21 Rn. 39; BayVGH Beschl. v. 24.11.2020 – 20 NE 20.2605 Rn. 33; SachsOVG, Beschl. v. 3.3.2021 – 3 B 15/21 Rn. 37.
[70] www.ecdc.europa.eu/en/covid-19/situation-updates/weekly-maps-coordinated-restriction-free-movement.
[71] VG Berlin Beschl. v. 17.3.2021 – 6 L 117/21 Rn. 40.
[72] VG Berlin Beschl. v. 17.3.2021 – 6 L 117/21 Rn. 43.

Unterschied zwischen beiden Regelungen liegt aber va darin, dass der neue § 6 IV der Umsetzung des Art. 28 II Freizügigkeits-RL dient und damit eine unionsrechtliche Regelung ist, deren Auslegung sich ausschließlich nach den Vorgaben des Unionsrechts ausrichtet. Daher kann trotz des abweichenden Wortlauts gegenüber dem alten § 6 III, der einen weiterreichenden nationalen Schutz vor aufenthaltsbeendenden Maßnahmen erhielt, nicht davon ausgegangen werden, dass das Schutzniveau durch Streichung des Wortes „besonders" abgesenkt wurde.

66 Begünstigt sind EU-Bürger und ihre Familienangehörigen unabhängig von der Staatsangehörigkeit, sofern sie ein Daueraufenthaltsrecht nach § 4a erlangt haben. Dabei kommt es nicht darauf an, dass die Betroffenen im **Besitz der Bescheinigung oder Daueraufenthaltskarte** sind, da die Rechtsstellung kraft Gesetzes entsteht und die Bescheinigung bzw. Daueraufenthaltskarte bei Vorliegen der gesetzlichen Voraussetzungen nur deklaratorische Wirkung haben.

67 Ob schwerwiegende Gründe, die nach Erwerb des Daueraufenthaltsrechts gemäß § 4a zu einer Verlustfeststellung führen können, vorliegen, ist im Einzelfall zu entscheiden. Die unionsrechtlichen Vorgaben für eine Verlustfeststellung müssen gewichtiger sein als bei einem Einschreiten im „Normalfall". Durch das Tatbestandsmerkmal „schwerwiegende" wird an das geschützte Rechtsgut angeknüpft, sodass **gesteigerte Anforderungen an das berührte Grundinteresse der Gesellschaft** zu stellen sind. Eine Erhöhung des Gefahrengrades iSe unmittelbar bevorstehenden Gefahr ist hingegen nicht erforderlich[73]. Ausreichend ist auch insoweit eine konkrete Wiederholungsgefahr. Die Voraussetzungen sind insbesondere bei drohender Wiederholung von Verbrechen und besonders schweren Vergehen anzunehmen.

68 Aus der **Schwere eines begangenen Delikts** allein lässt sich eine Wiederholungsgefahr nicht ableiten. Das Strafmaß selbst ist nur insoweit ein Anhaltspunkt, als Bewährungsstrafen die Voraussetzungen für eine Verlustfeststellung nicht begründen können. Dies schließt jedoch nicht aus, dass in Einzelfällen nach Verurteilung wegen schwerwiegender Straftaten aufgrund des abgeurteilten, von der zuständigen Behörde gründlich und prognostisch ausgewerteten Verhaltens eine hinreichende Besorgnis neuer Verfehlungen anzunehmen ist. Im Einzelfall können die Annahme einer Wiederholungsgefahr und eine hierauf gestützte Feststellung des Verlusts des Freizügigkeitsrechts bei erheblichen Straftaten schon bei einer einzigen Verurteilung möglich sein.

VI. Verlustfeststellung nach zehnjährigem Aufenthalt oder Minderjährigkeit

69 Die höchste Schwelle für den Verlust des Freizügigkeitsrechts besteht in Umsetzung des Art. 28 III Freizügigkeits-RL bei Unionsbürgern und ihren Familienangehörigen, die ihren Aufenthalt in den letzten zehn Jahren im Bundesgebiet hatten, und bei Minderjährigen. Hier kann die Verlustfeststellung nur aus **zwingenden Gründen der öffentlichen Sicherheit** getroffen werden. Mit dem Tatbestandsmerkmal „zwingend" wird das Gewicht der Gründe, die zu einer Aufenthaltsbeendigung führen können, gegenüber der Aufenthaltsbeendigung nach der zweiten Stufe, die schwerwiegende Gründe voraussetzt, nochmals erhöht.

70 Was zwingende Gründe sind, legt die Freizügigkeits-RL nicht fest, sondern räumt den Mitgliedstaaten einen Beurteilungsspielraum ein. Nach der Konzeption der Freizügigkeits-RL soll der Schutz vor Aufenthaltsbeendigung in dem Maße zunehmen, wie die Unionsbürger und ihre Familienangehörigen in den Aufnahmemitgliedstaat stärker integriert sind. Der Erwägungsgrund Nr. 24 stellt hierzu fest: „Gegen Unionsbürger, die sich viele Jahre im Hoheitsgebiet des Aufnahmemitgliedstaats aufgehalten haben, insbesondere in Fällen, in denen sie dort geboren sind und dort ihr ganzes Leben lang ihren Aufenthalt gehabt haben, sollte nur unter außergewöhnlichen Umständen aus zwingenden Gründen der öffentlichen Sicherheit eine Ausweisung verfügt werden."

71 Gemäß § 6 V ist die rechtskräftige Verurteilung wegen einer vorsätzlichen Straftat zu **einer Freiheitsstrafe von mindestens fünf Jahren** eine Fallgruppe, bei der eine Verlustfeststellung aus zwingenden Gründen der öffentlichen Sicherheit in Betracht kommt. Diese Fallgruppe stellt nur auf die tatsächlich verhängte Freiheitsstrafe wegen einer Vorsatztat ab. Sie nimmt keine Verknüpfung mit einem bestimmten Delikt oder einer bestimmten Gruppe von Straftaten vor. Um den unionsrechtlichen Anforderungen der Bestimmung und Auslegung der öffentlichen Sicherheit zu genügen und gleichzeitig auch eine hinreichende Abgrenzung zur öffentlichen Ordnung sicherzustellen, bedarf es im nationalen Recht stets noch einer Einzelfallwürdigung, ob aus der Straftat selbst zu schließen ist, dass der Betroffene in Zukunft eine Gefahr für die innere oder äußere Sicherheit der Bundesrepublik Deutschland darstellt[74].

72 **Maßgeblicher Zeitpunkt der Überprüfung der Voraussetzungen des gesteigerten Ausweisungsschutzes ist der Zeitpunkt der Bekanntgabe der Verlustfeststellung**[75]. Denn nach der

---

[73] AA *Harms* in Storr ua FreizügG/EU § 6 Rn. 17.
[74] VGH BW Beschl. v. 27.4.2016 – 11 S 2081/15 Rn. 25 und Beschl. v. 9.4.2009 – 13 D 342/09 Rn. 21; OVG Saarl Urt. v. 30.4.2015 – A 265/14UA S. 23 ff.
[75] BVerfG Urt. v. 16.12.2021 – 1 C 60.20 Rn. 15.

§ 6 FreizügG/EU 2

Rspr. des EuGH ist für die Frage, ob eine Person den „Aufenthalt in den letzten zehn Jahren im Aufnahmemitgliedstaat" gehabt hat, auf den Zeitpunkt abzustellen, zu dem die ursprüngliche Ausweisungsverfügung ergeht[76]. Daraus folgt insbesondere, „dass die für die Gewährung des verstärkten Schutzes gemäß Art 28 III lit. a der RL 2004/38 erforderliche Aufenthalt von zehn Jahren vom Zeitpunkt der Verfügung der Ausweisung der betreffenden Person an zurückzurechnen ist"[77].

Es ist daher zu prüfen, ob ein Ausländer im Zeitpunkt des Wirksamwerdens der Verlustfeststellung die Voraussetzung eines zehnjährigen Aufenthalts erfüllt. Der zehnjährige Aufenthalt wird rückwirkend ab dem Zeitpunkt der Verlustfeststellung betrachtet. 73

Das Ausweisungsschutzsystem des § 6 wird durch die Systematik des Art. 28 Freizügigkeits-RL vorgegeben. Es beruht auf einem **dreistufigen System aufeinander aufbauender Schutzstufen**, die Ausfluss der fortschreitenden Integration des Unionsbürgers sind[78]. Nach der Konzeption des Ausweisungsschutzes des Art. 28 Freizügigkeits-RL besteht ein dreistufiges System aufeinander aufbauender Schutzstufen, die **Ausfluss der fortschreitenden Integration** des Unionsbürgers sind: Wortlaut, Zweck und Entstehungsgeschichte[79]. 74

Bei dem integrationsabhängigen gestuften Schutzsystem erwirbt der Unionsbürger bei entsprechender Aufenthaltsdauer den höchsten Grad der erreichbaren Integrations- und Schutzstufe nur, wenn zuvor das in § 4a vorgesehene Recht auf Daueraufenthalt erlangt worden ist[80]. Andernfalls würde das Recht auf Daueraufenthalt und seine ihm nach der Freizügkeits-RL zugemessene Bedeutung als wirksames Instrument für die Integration in die Gesellschaft des Aufnahmemitgliedstaats relativiert und entwertet. Die Privilegierung minderjähriger Unionsbürger, bei der keine Mindestzeit des Aufenthalts vorausgesetzt wird, beruht auf der besonderen Schutzbedürftigkeit dieses Personenkreises[81]. 75

In Bezug auf Strafhaft sind zwei Gesichtspunkte zu beachten: Zum einen hindert Strafhaft nicht nur das Entstehen eines Daueraufenthaltsrechts, sondern führt idR auch zum Erlöschen eines Daueraufenthaltsrechts. Entfällt durch eine Straftat das Daueraufenthaltsrecht, so kann der Ausländer sich nicht auf den besonderen Schutz des § 6 V berufen, da dieser voraussetzt, dass die vorherige Schutzstufe erreicht und beibehalten worden ist. 76

Auch wenn Zeiten von **Strafhaft** regelmäßig zum Erlöschen eines Daueraufenthaltsrechts führen können, kann der Aufenthalt in den letzten zehn Jahren im Aufnahmemitgliedstaat trotz des Verbüßens einer Freiheitsstrafe weiterhin erfüllt sein, wenn eine umfassende Beurteilung der Situation des Betroffenen ergibt, dass die Integrationsbande, die ihn mit dem Aufnahmemitgliedstaat verbinden, trotz der Haft nicht abgerissen sind[82]. Zu diesen Gesichtspunkten gehören insbesondere die Stärke der vor der Inhaftierung des Betroffenen zum Aufnahmemitgliedstaat geknüpften Integrationsbande, die Art der die verhängte Haft begründenden Straftat und die Umstände ihrer Begehung sowie das Verhalten des Betroffenen während des Vollzugs[83]. 77

Für die Zwecke der Feststellung, ob Strafhaft zu einem Abreißen des zuvor geknüpften Bandes der Integration zum Aufnahmemitgliedstaat dergestalt geführt haben, dass der Betroffene nicht mehr in den Genuss des verstärkten Schutzes nach § 6 V kommen kann, ist eine umfassende Beurteilung der Situation des Betroffenen zu dem genauen Zeitpunkt vorzunehmen, zu dem sich die Frage der Ausweisung stellt[84]. 78

Insbesondere bei einem Unionsbürger, der früher, noch vor der Begehung einer seine Inhaftierung begründenden Straftat, bereits die Voraussetzung eines ununterbrochenen Aufenthalts von zehn Jahren im Bundesgebiet erfüllte, kann nämlich der Umstand, dass er in Haft genommen wurde, nicht als geeignet angesehen werden, ohne Weiteres seine zuvor zum Aufnahmemitgliedstaat geknüpften Integrationsbande abreißen zu lassen sowie die Kontinuität seines Aufenthalts zu unterbrechen und ihn damit um den verstärkten Ausweisungsschutz zu bringen[85]. 79

---

[76] EuGH Urt. v. 17.4.2018 – C-316/16 und C-424/17, InfAuslR 2018, 254 Rn. 88 – B und Vomero; VGH BW Beschl. v. 21.11.2018 – 11 S 2019/18 Rn. 7.
[77] EuGH Urt. v. 17.4.2018 – C-316/16 und C-424/17, InfAuslR 2018, 254 Rn. 65 – B und Vomero.
[78] Zutreffend BayVGH Urt. v. 21.12.2011 – 10 B 11.182, 2.4.5.; aA VG Düsseldorf Urt. v. 4.5.2006 – 24 K 6197/04, InfAuslR 2006, 356. Auf die Kohärenz zwischen dem Grad der Integration und dem Ausweisungsschutz hat auch der EuGH hingewiesen: EuGH Urt. v. 8.12.2011 – C 371/08 Rn. 70 – Ziebell mwN; s. auch Schlussanträge des Generalanwalts *Bot* v. 6.3.2012 – C-348/09 Rn. 53 ff. – P. I.
[79] VGH BW Beschl. v. 27.4.2016 – 11 S 2081/15 Rn. 30; vgl. auch den ursprünglichen Kommissionsentw. KOM (2001) 0257 endg. – COD 2001/0111, ABl. 2001 270 E, S. (150–160).
[80] BVerwG Urt. v. 16.12.2021 – 1 C 60.20 Rn. 34; BayVGH Urt. v. 21.12.2011 – 10 B 11.182, 2.4.5; aA VG Düsseldorf Urt. v. 4.5.2006 – 24 K 6197/04, InfAuslR 2006, 356.
[81] BayVGH Urt. v. 21.12.2011 – 10 B 11.182, 2.4.6.
[82] EuGH Urt. v. 17.4.2018 – C-316/16 und C-424/17, InfAuslR 2018, 254 Rn. 83 – B und Vomero VGH BW Beschl. v. 21.11.2018 – 11 S 2019/18 Rn. 8.
[83] EuGH Urt. v. 17.4.2018 – C-316/16 und C-424/17, InfAuslR 2018, 254 Rn. 83 – B und Vomero VGH BW Beschl. v. 21.11.2018 – 11 S 2019/18 Rn. 8.
[84] EuGH Urt. v. 17.4.2018 – C-316/16 und C-424/17, InfAuslR 2018, 254 Rn. 70 – B und Vomero.
[85] EuGH Urt. v. 17.4.2018 – C-316/16 und C-424/17, InfAuslR 2018, 254 Rn. 71 – B und Vomero.

Dienelt

80 Der **Aufenthalt über den Zeitraum von zehn Jahren muss rechtmäßig gewesen sein**[86]; der **bloße tatsächliche Aufenthalt genügt nicht**[87]. Da es sich bei dem Ausweisungsschutz um ein gestuftes System handelt, muss der Unionsbürger zunächst ein Daueraufenthaltsrecht erworben haben. Der Erwerb dieser Rechtsstellung setzt voraus, dass sich der Unionsbürger oder Familienangehörige bzw. Lebenspartner fünf Jahre ständig rechtmäßig im Bundesgebiet aufgehalten hat.

81 Der **rechtmäßige Aufenthalt im Aufenthaltszeitraum von fünf Jahren setzt einen Aufenthalt voraus, der auf Freizügigkeit beruht**[88]. So hat der EuGH in der Rechtssache Ziolkowski festgestellt, dass „ein Unionsbürger, der im Hoheitsgebiet des Aufnahmemitgliedstaats eine Aufenthaltszeit von über fünf Jahren nur aufgrund des nationalen Rechts dieses Staates zurückgelegt hat, nicht so betrachtet werden kann, als habe er das Recht auf Daueraufenthalt nach dieser Bestimmung erworben", wenn er während dieser Aufenthaltszeit die Voraussetzungen eines Freizügigkeitstatbestandes nach Art. 7 I Freizügigkeits-RL nicht erfüllt hat[89].

82 **Voraufenthaltszeiten, die vor dem Beitritt zur EU zurückgelegt wurden, können berücksichtigungsfähig sein,** obwohl die von dem Angehörigen eines anderen Staates vor dessen Beitritt zur Union im Aufnahmemitgliedstaat zurückgelegten Aufenthaltszeiten nicht unter das Unionsrecht, sondern nur unter das nationale Recht dieses Aufnahmemitgliedstaats fielen[90]. **Die Berücksichtigungsfähigkeit hängt davon ab, ob der Ausländer einen Freizügigkeitstatbestand erfüllt hätte, wenn er während der Voraufenthaltszeitraums als Unionsbürger anzusehen gewesen wäre**[91].

83 Nach Erwerb des Daueraufenthaltsrechts ist der Aufenthalt des Unionsbürgers rechtmäßig, da er von den Freizügigkeitsvoraussetzungen unabhängig ist.

84 Der Aufenthalt kann auch **Unterbrechungen** aufweisen, sofern diese von § 4a VI erfasst werden. Für eine Anwendbarkeit der Unterbrechungsregelung spricht Art. 16 Freizügigkeits-RL: Wird die Entstehung des Daueraufenthaltsrechts, das gleichfalls erhöhten Ausweisungsschutz vermittelt und ausdrücklich einen ununterbrochenen rechtmäßigen Aufenthalt über einen Zeitraum von fünf Jahren voraussetzt, durch Unterbrechungen iSd § 4a VI nicht gefährdet, so kann bei Art. 28 III Freizügigkeits-RL, der keinen ununterbrochenen Aufenthalt fordert, nichts anderes gelten[92].

85 Zum Schutz der familiären Bande werden solche außergewöhnlichen Gründe auch bei Maßnahmen gefordert, die auf eine **Aufenthaltsbeendigung Minderjähriger** gerichtet sind. Zwingende Gründe müssen dagegen nach § 6 V 2 bei Minderjährigen dann nicht vorliegen, wenn der Verlust des Aufenthaltsrechts zum Wohl des Kindes erforderlich ist. Der Begriff „Wohl des Kindes" orientiert sich nach Art. 28 IIIb Freizügigkeits-RL an den Vorgaben des Gesetzes zu dem Übereinkommen der Vereinten Nationen vom 20.11.1989 über die Rechte des Kindes[93].

86 Nach Art. 9 I des Übereinkommens stellen die Vertragsstaaten sicher, dass ein Kind nicht gegen den Willen seiner Eltern von diesen getrennt wird, es sei denn, dass die zuständigen Behörde in einer gerichtlich nachprüfbaren Entscheidung nach den anzuwendenden Rechtsvorschriften und Verfahren bestimmen, dass diese Trennung zum Wohl des Kindes notwendig ist. Eine solche Entscheidung kann im Einzelfall notwendig werden, wie etwa wenn das Kind durch die Eltern misshandelt oder vernachlässigt wird oder wenn bei getrennt lebenden Eltern eine Entscheidung über den Aufenthaltsort des Kindes zu treffen ist. Eine Anwendung der Klausel kommt außerdem in Betracht, wenn die **Einhaltung der Familieneinheit** eine Rückkehr des Kindes zu seinen Eltern oder zusammen mit seinen Eltern oder einem Elternteil erforderlich macht.

87 Soweit Art. 28 III Freizügigkeits-RL bestimmt, dass die Mitgliedstaaten die zwingenden Gründe der öffentlichen Sicherheit festlegen, ist damit keine Befugnis eingeräumt, den bestehenden unionsrechtlichen Ausweisungsschutz der dritten Stufe abzusenken. Der **Gestaltungsspielraum der Mitgliedstaaten** beschränkt sich darauf, innerhalb der dritten Stufe Fallgestaltungen festzulegen, die eine Aufenthaltsbeendigung rechtfertigen. Damit können die Mitgliedstaaten nicht hinter der unionsrechtlich festgelegten Schwelle, die einerseits durch den Begriff der öffentlichen Sicherheit und andererseits

---

[86] Ebenso OVG NRW Beschl. v. 26.9.2016 – 18 B 816/16, AuAS 2016, 244 Rn. 4; BayVGH Urt. v. 21.12.2011 – 10 B 11.182, 2.4.6; aA *Harms* in Storr ua FreizügG/EU § 6 Rn. 19.
[87] OVG NRW Beschl. v. 26.9.2016 – 18 B 816/16, AuAS 2016, 244 Rn. 4.
[88] Ebenso OVG Bln-Bbg Urt. v. 28.4.2009 – 2 B 23.07; *Harms* in Storr ua § 4a Rn. 6; *Hailbronner*, AuslR, Stand: 10/2007, § 4a Rn. 9; aA *Hoffmann* in Hofmann/Hoffman § 4a Rn. 8; *Epe* in GK-AufenthG IX-2 § 4a Rn. 11; *Huber/Göbel-Zimmermann* Rn. 1444; aA auch VG Berlin GB. v. 14.2.2007 – 27 A 11/07; VG Sigmaringen Urt. v. 26.7.2007 – 8 K 1339/06.
[89] EuGH Urt. v. 21.12.2011 – C-424/10 und C-425/10 Rn. 63 – Ziolkowski und Szeja.
[90] EuGH Urt. v. 21.12.2011 – C-424/10 und C-425/10 Rn. 60 ff. – Ziolkowski und Szeja. So auch der Bericht der Kommission zur Umsetzung der Freizügigkeits-RL: „Belgium and the UK incorrectly take no account of periods of residence acquired by EU citizens before their countries acceded to the EU." Da die Rechtmäßigkeit des Voraufenthalts von EU-Bürgern aus den Beitrittsstaaten nicht auf Freizügigkeit, sondern nur auf nationalem Recht beruhen kann, lässt sich der an Belgien und das Vereinigte Königreich gerichtete Vorwurf nur dahin gehend verstehen, dass die Kommission auch nationale Aufenthaltszeiten für anrechnungsfähig hielt.
[91] EuGH Urt. v. 21.12.2011 – C-424/10 und C-425/10 Rn. 63 – Ziolkowski und Szeja.
[92] Ebenso *Harms* in Storr ua FreizügG/EU § 6 Rn. 19; VG Düsseldorf Urt. v. 4.5.2006 – 24 K 6197/04, InfAuslR 2006, 356.
[93] BGBl. 1992 II S. 121.

durch die sich aus der Systematik des Art. 28 Freizügigkeits-RL ergebenden erhöhten Anforderungen gegenüber der zweiten Stufe[94] festgelegt wird, zurückfallen[95].

Zwingend sind daher nur Gründe, wenn sie noch gewichtiger sind als die schwerwiegenden Gründe der zweiten Stufe nach § 6 IV[96]. Der Ausdruck „zwingende Gründe der öffentlichen Sicherheit" setzt nicht nur das Vorliegen einer Beeinträchtigung der öffentlichen Sicherheit voraus, sondern auch, dass die Beeinträchtigung einen besonders hohen Schweregrad aufweist, der im Gebrauch des Ausdrucks „zwingende Gründe" zum Ausdruck kommt[97]. Aus dem Gemeinsamen Standpunkt des Rates vom 5.12.2003[98] ergibt sich, dass es sich um „unabweisbare Gründen der öffentlichen Sicherheit" handeln muss. 88

§ 6 V bestimmt als zwingende Gründe der öffentlichen Sicherheit die rechtskräftige Verurteilung des Betroffenen wegen einer oder mehrerer Straftaten zu einer Freiheits- oder Jugendstrafe von mindestens fünf Jahren, die Anordnung von Sicherheitsverwahrung bei der letzten rechtskräftigen Verurteilung, die Betroffenheit der Sicherheit der Bundesrepublik Deutschland oder eine vom Betroffenen ausgehende terroristische Gefahr. 89

Soweit der Gesetzgeber an eine rechtskräftige Verurteilung des Betroffenen wegen einer oder mehrerer Straftaten zu einer Freiheits- oder Jugendstrafe von mindestens fünf Jahren anknüpft, wird damit nur die Unschädlichkeitsschwelle festgelegt. Es ist immer eine umfassende Prüfung erforderlich, ob die konkrete Tat Anlass gibt, von einer zwingenden Gefahr für die öffentliche Sicherheit auszugehen. Die „Sicherheit der Bundesrepublik Deutschland" wird idR nur bei **schwersten Straftaten** iVm einer **Wiederholungsgefahr** betroffen sein. Dies wird – außer bei terroristischen Gefahren – regelmäßig nur bei Taten der Fall sein, die geeignet sind, die Bevölkerung allgemein zu gefährden (BtMG-Straftaten, gemeingefährliche Straftaten, organisierte Kriminalität) und bei Sicherungsverwahrung[99]. 90

Nach Auffassung des Generalanwalts *Bot* in der Rechtssache P. I., die der EuGH in seiner Entscheidung aber nicht berücksichtigt hat, kommt der besondere Ausweisungsschutz nur für Ausländer zur Anwendung, die sich in die Lebensverhältnisse integriert haben[100]. Aus dem 23. Erwägungsgrund der Freizügigkeits-RL geht hervor, dass die Ausweisung von Unionsbürgern und ihren Familienangehörigen aus Gründen der öffentlichen Ordnung oder Sicherheit Personen, die ihre Rechte und Freiheiten aus dem Vertrag in Anspruch genommen haben und in den Aufnahmemitgliedstaat vollständig integriert sind, sehr schaden kann[101]. 91

Aus diesem Grund wird mit der RL, wie in ihrem 24. Erwägungsgrund zum Ausdruck kommt, eine auf das Maß der Integration des Unionsbürgers im Aufnahmemitgliedstaat gestützte Regelung zum Schutz vor Ausweisungsmaßnahmen geschaffen, sodass dieser Schutz umso stärker ist, je besser der Unionsbürger und seine Familienangehörigen in den Aufnahmemitgliedstaat integriert sind[102]. Hierzu führte der Generalanwalt *Bot* in der Rechtssache P. I. aus[103]: „Der Unionsgesetzgeber ist nämlich von dem Grundsatz ausgegangen, dass die Dauer des Aufenthalts Aufschluss über eine gewisse Integration in den Aufnahmemitgliedstaat gibt. Nach einem Zeitraum von zehn Jahren, die im Hoheitsgebiet dieses Staats verbracht wurden, wird vermutet, dass zwischen dem Unionsbürger, der von seiner Freizügigkeit Gebrauch gemacht hat, und dem genannten Staat so enge Bindungen bestehen, dass sie diesem Bürger das Gefühl geben können, Teil der Gesellschaft des betreffenden Staates zu sein, wobei dies, wie bereits ausgeführt, zum sozialen Zusammenhalt, einem grundlegenden Ziel der Union, beitragen soll." 92

Die in den Ausweisungsschutzbestimmungen des Art. 28 II und III Freizügigkeits-RL zum Ausdruck kommende Vermutung der Integration kann durch eine Straftat so erschüttert werden, dass der Ausweisungsschutz entfällt. Die Integration eines Unionsbürgers beruht zwar tatsächlich auf räumlichen und zeitlichen Umständen, aber auch auf qualitativen Faktoren. Daher kann eine Straftat Ausdruck für eine fehlende Integration sein, die der Anwendbarkeit des Ausweisungsschutzes entgegensteht[104]. 93

Liegt einer dieser zwingenden Gründe vor, so rechtfertigt dies noch nicht die Verlustfeststellung. Vielmehr muss die Ausländerbehörde unter Abwägung sämtlicher Gesichtspunkte des Einzelfalls – insbesondere unter Berücksichtigung der Vorgaben der Abs. 2 und 3 – eine individuelle Entscheidung treffen[105]. Rechtsgrundlage der Verlustfeststellung ist § 6 I. 94

---

[94] S. Gemeinsamer Standpunkt (EG) Nr. 6/2004 v. Rat festgelegt am 5.12.2003 (ABl. 2004 C 54 E, S. 12 (32)).
[95] EuGH Urt. v. 22.5.2012 – C-348/09 Rn. 19 – P. I.
[96] So auch *Harms* in Storr ua FreizügG/EU § 6 Rn. 19.
[97] EuGH Urt. v. 22.5.2012 – C-348/09 Rn. 20 – P. I.; Urt. v. 23.11.2010 – C-145/09 Rn. 41 – Tsakouridis.
[98] Gemeinsamer Standpunkt (EG) Nr. 6/2004 v. Rat festgelegt am 5.12.2003 (ABl. 2004 C 54 E, S. 12 (32)).
[99] S. oben die Anforderungen an die öffentliche Sicherheit.
[100] Schlussanträge des Generalanwalts *Bot* v. 6.3.2012 – C-348/09 Rn. 53 ff. – P. I.
[101] EuGH Urt. v. 23.11.2010 – C-145/09 Rn. 24 – Tsakouridis.
[102] Schlussanträge des Generalanwalts *Bot* v. 6.3.2012 – C-348/09 Rn. 54 – P. I.
[103] Schlussanträge des Generalanwalts *Bot* v. 6.3.2012 – C-348/09 Rn. 57 – P. I.
[104] Schlussanträge des Generalanwalts *Bot* v. 6.3.2012 – C-348/09 Rn. 54 ff. – P. I.
[105] Grundlegend BVerfG Beschl. v. 24.10.2011 – 2 BvR 1969/09, InfAuslR 2012, 7 (9); VG München Urt. v. 19.6.2008 – M 12 K 08.967 Rn. 43; VG Ansbach Urt. v. 15.2.2012 – AN 5 K 11.02002 Rn. 22; Beschl. v. 22.4.2008 – AN 19 K 08.00319 Rn. 30; *Brinkmann* in Huber, AufenthG, 2010, FreizügG/EU § 6 Rn. 28.

95 Hinsichtlich der Tatbestandsmerkmale „**rechtskräftige Verurteilung** des Betreffenden wegen einer oder mehrerer vorsätzlicher Straftaten zu einer Freiheits- oder Jugendstrafe von mindestens fünf Jahren" sowie „**Anordnung von Sicherheitsverwahrung** bei der letzten rechtskräftigen Verurteilung" wird auf die Kommentierung unter § 53 AufenthG Bezug genommen. Der Begriff der **terroristischen Gefahr** ist unter § 58a AufenthG näher erläutert.

VII. Ermessen

96 Die Entscheidung über die Verlustfeststellung nach § 6 steht im Ermessen der Behörde. **Die Verlustfeststellung nach § 6 I 1 erfordert stets eine die persönliche Lebenssituation des Betroffenen berücksichtigende Ermessensentscheidung**[106].

97 Das Erfordernis einer Ermessensentscheidung setzt die unionsrechtliche Anforderung um, unter Wahrung des Verhältnismäßigkeitsgrundsatzes und der Grundrechte die Gefahr, die das persönliche Verhalten des Unionsbürgers darstellt, gegen den Schutz der diesem nach der Richtlinie 2004/38/EG zustehenden Rechte abzuwägen[107].

98 Die Einräumung eines Wertungs- oder Handlungsermessens widerspricht der Konstruktion der Freizügigkeit im Unionsrecht. Weder das Entstehen noch die Beendigung des Freizügigkeitsrechts hängen von einer Verwaltungsentscheidung ab, sie ergeben sich vielmehr aus dem Vertrag. Beginn und Ende der Freizügigkeit können nur deklaratorisch festgestellt werden. Ob der weitere Aufenthalt trotz einer gewissen Gefährdungen der öffentlichen Ordnung und Sicherheit bei Abwägung der widerstreitenden Rechte und Interessen (noch) hinzunehmen ist, kann nur bejaht oder verneint werden. Weder den Mitgliedstaaten noch ihren Regierungen oder Verwaltungen ist insoweit eine Dispositionsbefugnis eingeräumt.

99 Wenn in den Normen des Unionsrechts in diesem Zusammenhang die Begriffe „Dürfen" und „Können" verwendet werden, steht es den Mitgliedstaaten frei, Unionsbürgern, die nicht oder nicht mehr freizügigkeitsberechtigt sind, ein Aufenthaltsrecht nach ihren eigenen Vorschriften zu gewähren. Dann sind diese Personen aber im Verhältnis zu den anderen Mitgliedstaaten als Drittstaatsangehörige zu behandeln.

100 **Wegen der unionsrechtlichen Vorgaben, ist die Abwägungsentscheidung gerichtlich voll überprüfbar. Der eingeschränkte Prüfungsrahmen des § 114 S. 1 VwGO gilt nicht.** Die Ermessensentscheidung tritt daher neben die unionsrechtlich gebotene Abwägung. Damit geht das nationale Recht über die Anforderungen des Unionsrechts hinaus. Auch wenn die unionsrechtlichen Gründe für die Verlustfeststellung vorliegen, lässt dies das Ermessen der Behörde nicht entfallen[108].

101 Da die inhaltlichen Anforderungen der Ermessensentscheidung durch § 6 III, der die unionsrechtlichen Vorgaben umsetzt, konkretisiert werden, verbleibt nur ein geringer Spielraum für die Ermessensabwägung. Diese reduziert sich im Wesentlichen auf folgende Punkte:

– Liegen die Tatbestandsvoraussetzungen des § 6 vor, hat die Behörde zu prüfen, ob sie eine Verlustfeststellung erlässt oder gegebenenfalls anderweitige Maßnahmen – etwa der Erlass einer sofort vollziehbaren Verlustfeststellung nach § 5 IV nebst Abschiebungsandrohung – oder Maßnahmen auf der Grundlage des allgemeinen Polizeirechts ausreichen **(Entschließungsermessen)**.

– Weiterhin wird ein Ermessensfehler in Betracht kommen, wenn die Behörde den Sachverhalt nicht richtig ermittelt, insbesondere den rechtlichen Status des Unionsbürgers verkennt. Verkennt die Behörde etwa das Vorliegen eines Daueraufenthaltsrechts nach § 4a, so kann der besondere Ausweisungsschutz des § 6 IV, der von Amts wegen zu prüfen ist, zwar objektiv vorliegen, jedoch wäre die Entscheidung wegen der Verkennung dieser Rechtsstellung nach § 114 S. 1 VwGO ermessensfehlerhaft.

– Außerdem sind Nachteile zu berücksichtigen, die den Ausländer in seinem Herkunftsland erwarten und sich insbesondere auf seine durch Art. 7 GRCh/Art. 8 EMRK geschützten Belange auswirken (etwa drohende lange Haftstrafe)[109].

102 **Die Verlustfeststellung ist nicht allein deshalb ermessensfehlerhaft, weil die Behörde das Wort „Ermessen" nicht verwendet.** Entscheidend ist vielmehr, ob durch den Inhalt der Verfügung deutlich wird, dass eine ergebnisoffenen Abwägungsentscheidung erfolgt ist; die Behörde mithin keine Rechtspflicht zum Handeln als gegeben ansieht. Eine gute Verfügung wird den bestehenden Handlungsspielraum aber immer durch einen Hinweis auf das gesetzlich eröffnete Ermessen verdeutlichen.

---

[106] BVerwG Urt. v. 16.12.2021 – 1 C 60.20 Rn. 48 ff.; BayVGH, Beschl. v. 2.8.2012 – 10 ZB 11.2751 Rn. 4; VGH BW Urt. v. 16.12.2020 – 11 S 955/19 Rn. 89.
[107] VGH BW Urt. v. 16.12.2020 – 11 S 955/19 Rn. 89.
[108] BVerwG Urt. v. 16.12.2021 – 1 C 60.20 Rn. 48.
[109] BVerwG Urt. v. 16.12.2021 – 1 C 60.20 Rn. 50.

VIII. Verfahren und Rechtsschutz

1. Maßgebliche Sach- und Rechtslage

Das Nichtbestehen und der Fortfall der Freizügigkeit sind von der Ausländerbehörde **festzustellen**. Bescheinigung und Aufenthaltskarte verlieren damit ihre materielle Grundlage in dem Sinne, dass sie unrichtig werden. Sie sind daher einzuziehen, damit nicht ein unrichtiger Rechtsschein erweckt werden kann. 103

Die Feststellung der Beendigung des Freizügigkeitsstatus stellt einen VA iSd § 35 (L)VwVfG dar. Daher kann sie mit Widerspruch – sofern das Landesrecht dies vorsieht – und Klage **angefochten** werden (§§ 42 I, 68 VwGO). 104

Entgegen der früher üblichen gerichtlichen Praxis[110] ist **maßgeblicher Beurteilungszeitpunkt** der zu treffenden Gefahrenprognose der **Zeitpunkt der gerichtlichen Entscheidung**[111]. Bereits in der Rechtssache Bouchereau[112] hatte der EuGH das Ermessen der Mitgliedstaaten, Maßnahmen der öffentlichen Sicherheit oder Ordnung mit früheren strafrechtlichen Verurteilungen zu rechtfertigen, mit folgender Begründung eingeschränkt: „Somit darf eine frühere strafrechtliche Verurteilung nur insoweit berücksichtigt werden, als die ihr zugrundeliegenden Umstände ein persönliches Verhalten erkennen lassen, das eine gegenwärtige Gefährdung der öffentlichen Ordnung darstellt."[113] 105

Dabei lässt sich weder der Freizügigkeits-RL noch der Rspr. des EuGH Genaueres zur **anzuwendenden Rechtslage** in Bezug auf den Zeitpunkt entnehmen, der der Feststellung der „Gegenwärtigkeit" der Gefährdung zugrunde zu legen ist[114]. Gerade in der Rechtssache Polat[115] hat der EuGH ausgeführt, dass für die Beurteilung einer aufenthaltsbeendenden Maßnahme nicht die Freizügigkeits-RL herangezogen werden könne, obwohl die Umsetzungsfrist der RL im Zeitpunkt der ausstehenden gerichtlichen Entscheidung abgelaufen war. 106

Die Freizügigkeits-RL enthält keine ausdrückliche Übergangsvorschrift, der entnommen werden könnte, dass die materiellen Anforderungen an eine Ausweisung, die noch unter der Geltung der RL 64/221/EWG erlassen wurde, jetzt an den Maßstäben der neuen Regelungen in Art. 28 Freizügigkeits-RL überprüft werden sollen. Eine etwaige Rückwirkung einer Unionsvorschrift lässt sich aber nicht nur aus einer ausdrücklichen Übergangsregelung ableiten, sondern kann sich ebenfalls durch Auslegung ergeben. So hat der EuGH in den verbundenen Rechtssache Salumi[116] und Bout[117] auf den Ausnahmecharakter einer Rückwirkung hingewiesen. In der Rechtssache Salumi (aaO, Rn. 9 f.) wurde der Unterschied zwischen Verfahrensrecht und materiellem Recht hervorgehoben und ausgeführt: „Zwar ist bei Verfahrensvorschriften im Allgemeinen davon auszugehen, dass sie auf alle zum Zeitpunkt ihres Inkrafttretens anhängigen Rechtsstreitigen anwendbar sind; dies gilt jedoch nicht für materiellrechtliche Vorschriften. Diese werden vielmehr im Allgemeinen so ausgelegt, dass sie für vor ihrem Inkrafttreten entstandene Sachverhalte nur gelten, wenn aus ihrem Wortlaut, ihrer Zielsetzung oder ihrem Aufbau eindeutig hervorgeht, dass ihnen eine solche Wirkung beizumessen ist." 107

Er führte in der Entscheidung Bout weiter aus: „[...] dass nach der ständigen Rechtsprechung des EuGH, [...], die Vorschriften des materiellen Unionsrechts, um die Beachtung der Grundsätze der Rechtssicherheit und des Vertrauensschutzes zu gewährleisten, so auszulegen sind, dass sie für vor ihrem Inkrafttreten entstandene Sachverhalte nur gelten, soweit aus ihrem Wortlaut, ihrer Zielsetzung oder ihrem Aufbau eindeutig hervorgeht, dass ihnen eine solche Wirkung beizumessen ist." Die Formulierung lässt erkennen, dass der Grundsatz der Nicht-Rückwirkung den Normalfall darstellt. 108

---

[110] Grundlegend BVerwG Beschl. v. 23.5.2001 – 1 B 125.00, Buchholz 402.26 § 1 AufenthG/EWG Nr. 6 = InfAuslR 2001, 312 = NVwZ 2001, 1288, Ls. 1: Die Tatsachengerichte sind hinsichtlich der Prüfung von Ausweisungsgründen berechtigt und verpflichtet zu prüfen, ob sich die von der Ausländerbehörde – bezogen auf die Sach- und Rechtslage zum Zeitpunkt der Widerspruchsentscheidung – getroffene Einschätzung des Sachverhalts, insbesondere. bzgl. einer für die Ausweisung maßgebenden Gefahr neuer Verfehlungen, als richtig erweist oder nicht. Ls. 2: Die Tatsachengerichte dürfen und müssen auch Erkenntnismittel heranziehen und auswerten, die nach Erlass des Widerspruchsbescheids entstanden oder zugänglich geworden sind, wenn diesen Erkenntnismitteln Anhaltspunkte für die Richtigkeit der im Zeitpunkt des Erlasses des Widerspruchsbescheids getroffenen Einschätzung entnommen werden können. Zweifelnd bereits BVerwG Urt. v. 26.2.2002 – 1 C 21.00, wo auf die Stellungnahme der Kommission in den Verfahren – C-482/01 und C-493/01 – Orfanopoulos und Oliveri Bezug genommen wird. Für die Lit. s. *Hailbronner* AuslR AufenthG/EWG § 12 Rn. 84; *Klöesel/Christ/Häußer* AufenthG/EWG § 12 Rn. 15 mwN; aA bereits *Schmid/Beichel* in Barwig ua S. 189.
[111] EuGH Urt. v. 29.4.2004 – C-482/01 und C-493/01 Rn. 82 – Orfanopoulos und Oliveri.
[112] EuGH Urt. v. 27.10.1977 – 30/77, Slg. 1977, 1999 ff. – Bouchereau.
[113] EuGH Urt. v. 27.10.1977 – 30/77, Slg. 1977, 1999 Rn. 27 f. – Bouchereau.
[114] EuGH Urt. v. 29.4.2004 – C-482/01 und C-493/01 Rn. 77 – Orfanopoulos und Oliveri.
[115] EuGH Urt. v. 4.10.2007 – C-349/06 – Polat, Anm. *Dienelt*, http://www.migrationsrecht.net.
[116] EuGH Urt. v. 12.11.1981 – 212–217/80, Slg. 1981, 2735 Rn. 8 – Salumi.
[117] EuGH Urt. v. 10.2.1982 – 21/81, Slg. 1982, 381 Rn. 13 – Bout.

109 Keine Behörde muss sich daher die Verschärfung der Ausweisungsmaßstäbe entgegenhalten lassen, die im Zeitpunkt des Verwaltungsverfahren noch nicht galten. Ob dies der EuGH so entscheiden wollte, bleibt angesichts der wenig brauchbaren Argumentation letztlich offen; auch wenn nach meiner Ansicht einiges für eine dahin gehende Interpretation der Entscheidung spricht.

110 Das BVerwG geht in stRspr davon aus, dass das Prozessrecht einen Grundsatz, wonach iRe Anfechtungsklage die Rechtmäßigkeit des VA stets nach der Sach- und Rechtslage im Zeitpunkt der letzten Verwaltungsentscheidung zu beurteilen ist, nicht kennt[118], sondern letztlich dem materiellen Recht nicht nur die tatbestandlichen Voraussetzungen für die Rechtmäßigkeit eines VA, sondern auch die Antwort auf die Frage zu entnehmen ist, zu welchem Zeitpunkt diese Voraussetzungen erfüllt sein müssen[119]. Dies hat der EuGH in der Rechtssache Polat aber verbindlich festgelegt.

111 Hingegen besteht Klarheit in Bezug auf die für die **Beurteilung maßgebliche Sachlage.** In den Rechtssachen Orfanopoulos und Oliveri zieht der EuGH aus der Notwendigkeit, Ausnahmen vom Grundsatz der Freizügigkeit eng auszulegen, den Schluss, dass die Voraussetzung des Vorliegens einer gegenwärtigen Gefährdung grundsätzlich zu dem Zeitpunkt erfüllt sein muss, zu dem die Ausweisung erfolgt[120]. Demnach steht das Unionsrecht einer innerstaatlichen Praxis entgegen, „wonach die innerstaatliche Gerichte nicht verpflichtet sind, bei der Prüfung der Rechtmäßigkeit der gegen einen Angehörigen eines anderen Mitgliedstaats verfügten Ausweisung einen Sachvortrag zu berücksichtigen, der nach der letzten Behördenentscheidung erfolgt ist und der den Wegfall oder eine nicht unerhebliche Verminderung der gegenwärtigen Gefährdung mit sich bringen kann, die das Verhalten des Betreffenden für die öffentliche Ordnung darstellen würde. Dies ist va dann der Fall, wenn ein längerer Zeitraum zwischen dem Erlass der Entscheidung über die Ausweisung und der Beurteilung dieser Entscheidung durch das zuständige Gericht liegt"[121].

2. Verfahrensregelungen der Unionsbürgerrichtlinie

112 Auf die Entscheidungen nach § 6 finden die **unionsrechtlichen Verfahrensvorschriften** der Art. 30 und 31 Freizügigkeits-RL Anwendung. Ergänzt werden die Regelungen in der Freizügigkeits-RL durch allgemeine Grundsätze und die GRCh. So ergibt sich ein **Anhörungsrecht** aus Art. 41 GRCh, wonach jede Person das Recht hat, gehört zu werden, bevor ihr gegenüber eine für sie nachteilige individuelle Maßnahme getroffen wird. Die Gewährung rechtlichen Gehörs in allen Verfahren, die zu einer den Betroffenen beschwerenden Maßnahme führen können, ist zudem ein fundamentaler Grundsatz des Unionsrechts, der auch dann sichergestellt werden muss, wenn eine besondere Regelung fehlt[122].

113 Entscheidungen nach § 6 müssen dem Betroffenen nach Art. 30 I Freizügigkeits-RL **schriftlich** in einer Weise **mitgeteilt** werden, dass er deren Inhalt und Wirkung nachvollziehen kann. Dem Betroffenen sind die Gründe, die der ihn betreffenden Entscheidung zugrunde liegen, genau und umfassend mitzuteilen, es sei denn, dass Gründe der Sicherheit des Staates dieser Mitteilung entgegenstehen (Art. 30 II Freizügigkeits-RL).

114 Mit dieser Regelung wird die Begründungspflicht aus Art. 6 RL 64/221/EWG fortgeführt, hinter die die Verfahrensrechte der Freizügigkeits-RL nicht zurückfallen dürfen[123]. Nach Art. 6 RL 64/221/EWG sind dem Betroffenen die Gründe der öffentlichen Ordnung, Sicherheit oder Gesundheit, die der ihn betreffenden Entscheidung zugrunde liegen, bekannt zu geben, es sei denn, dass Gründe der Sicherheit des Staates dieser Bekanntgabe entgegenstehen. Aus der Zielsetzung der RL ergibt sich, dass die Mitteilung der Gründe hinreichend detailliert und genau sein muss, um es dem Betroffenen zu ermöglichen, seine Interessen wahrzunehmen[124].

115 Problematisch erscheint, ob eine unionsrechtlich vorgeschriebene fehlende Begründung nach § 46 (L)VwVfG unbeachtlich ist. Hierbei geht es um die Frage, ob das Fehlerfolgenregime der nationalen Rechtsordnung zum Zuge kommt, wenn **unionsrechtliche Verfahrensregelungen** in Form des indirekten Vollzugs durchgeführt werden. Der EuGH[125] hat für den indirekten unmittelbaren Vollzug einer VO folgenden Grundsatz aufgestellt: „Obliegt der Vollzug einer Gemeinschaftsverordnung den nationalen Behörden, so ist davon auszugehen, dass er grundsätzlich nach den Form- und Verfahrensvorschriften des nationalen Rechts zu geschehen hat. Um der einheitlichen Anwendung des Unionsrechts willen ist jedoch der Rückgriff auf innerstaatlichen Rechtsvorschriften nur in dem zum Vollzug

---

[118] Vgl. BVerwG Urt. v. 15.11.2007 – 1 C 45.07, BVerwGE 130, 20 (22 f.); Urt. v. 25.11.1981 – 8 C 14.81, BVerwGE 64, 218 (221).
[119] BVerwG Urt. v. 15.11.2007 – 1 C 45.07, BVerwGE 130, 20 (22 f.); Urt. v. 3.11.1986 – C 254.86, BVerwGE 78, 243 (244).
[120] EuGH Urt. v. 29.4.2004 – C-482/01 und C-493/01 Rn. 79 – Orfanopoulos und Oliveri.
[121] EuGH Urt. v. 29.4.2004 – C-482/01 und C-493/01 Rn. 82 – Orfanopoulos und Oliveri.
[122] Vgl. EuGH Urt. v. 10.7.1986 – 234/84 und 40/85, Slg. 1986 (2263 und 2321) – Königreich Belgien/Kommission; Urt. v. 11.11.1987 – 259/85, Slg. 1987, 4393 – Französische Republik/Kommission.
[123] EuGH Urt. v. 25.7.2008 – C-127/08 Rn. 59 – Metock.
[124] EuGH Urt. v. 18.5.1982 – 115/81, Slg. 1982, 1665 Rn. 13 – Adoui und Cornuaille.
[125] EuGH Urt. v. 11.2.1971 – 39/70, Slg. 1971, 49 (58) – Fleischkontor.

Verlust des Rechts auf Einreise und Aufenthalt § 6 FreizügG/EU 2

der Verordnung notwendigen Umgang zulässig." Auch in der Rechtssache Deutsches Milch-Kontor GmbH[126] wurde dieser Grundsatz bestätigt: „Soweit das Unionsrecht einschließlich der allgemeinen unionsrechtlichen Grundsätze hierfür keine gemeinsamen Vorschriften enthält, gehen die nationalen Behörde bei dieser Durchführung der Gemeinschaftsregelungen nach den formellen und materiellen Bestimmungen ihres nationalen Rechts vor, wobei dieser Rechtssatz freilich, ..., mit den Erfordernissen der einheitlichen Anwendung des Unionsrechts in Einklang gebracht werden muss, die notwendig ist, um zu vermeiden, dass die Wirtschaftsteilnehmer ungleich behandelt werden."

Danach gelangt im indirekten Vollzug des Unionsrechts in Ermangelung unionseinheitlicher Vorschriften das nationale (L)VwVfG zur Anwendung[127]. Die den einzelnen Mitgliedstaaten durch den EuGH zugestandene Verfahrensautonomie, dh, die Freiheit der Mitgliedstaaten das Verwaltungsverfahren individuell auszuformen, besteht aber nicht grenzenlos. Der EuGH hat die Freiheit zur Ausgestaltung an zwei Bedingungen geknüpft: Das nationale Verfahrensrecht darf weder diskriminierend wirken noch darauf hinauslaufen, dass die Verwirklichung der unionsrechtlichen Regelung praktisch unmöglich wird[128]. **116**

Während sich das **Diskriminierungsverbot** nicht begrenzend auf die Anwendung des § 46 (L) VwVfG auszuwirken vermag, weil diese Vorschrift gleichermaßen in rein nationalen wie in unionsrelevanten Verfahren einen kausalitätsunabhängigen Aufhebungsanspruch versagt[129], erscheint eine Verletzung des mit dem Begriff der praktischen Unmöglichkeit angesprochenen **Effektivitätsgebots,** bei dessen Anwendung es entscheidend darauf ankommt, ob die in Rede stehende nationale Vorschrift die Ausübung des europäischen Rechts tatsächlich unmöglich macht oder übermäßig erschwert, bedenkenswert[130]. **117**

Immerhin läuft der durch § 46 (L)VwVfG angeordnete Ausschluss des Aufhebungsanspruchs darauf hinaus, dass die verfahrensrechtliche Regelung (zB Art. 30 I Freizügigkeits-RL) leerläuft, und zwar schlicht deshalb, weil ihre Nichtbeachtung durch § 46 (L)VwVfG sanktionslos gestellt wird. Damit würde iE der mit der Verfahrensvorschrift bezweckte Erfolg „praktisch unmöglich" gemacht. Um dieses Ergebnis zu vermeiden, gebietet das Effektivitätsgebot grundsätzlich in Bezug auf europarechtliche Verfahrensvorschriften eine Sanktionierung von Verfahrensverstößen, um deren Beachtung auf nationaler Ebene zu erzwingen[131]. **118**

Das **Prinzip der effektiven Durchsetzung europäischen Rechts auf nationaler Ebene** ist aber auch aus Sicht des EuGH nicht grenzenlos gewährleistet; dies zeigt bereits die Verwendung der Begriffe „praktische Unmöglichkeit" bzw. „übermäßiges Erschweren". Damit wird nicht die maximale Verwirklichung unionsrechtlicher Verfahrensvorschriften bzw. sonstigen materiellen Unionsrechts gefordert. Der EuGH hat insoweit ausgeführt, „jeder Fall, in dem sich die Frage stellt, ob eine nationale Verfahrensvorschrift die Anwendung des Unionsrechts unmöglich macht oder übermäßig erschwert, unter Berücksichtigung der Stellung dieser Vorschriften im gesamten Verfahren vor den verschiedenen nationalen Stellen sowie des Ablaufs und der Besonderheiten dieser Verfahren zu prüfen ist"[132]. **119**

Die Wesentlichkeit einer Verletzung einer Form- oder Verfahrensbestimmung, auf die es maßgeblich ankommt, beurteilt sich daran, ob ihre Nichtbeachtung **Einfluss auf die inhaltliche Gestaltung des Rechtsakts** gehabt haben könnte[133]. **120**

Wenn das Begründungserfordernis erst an die Ablehnungsentscheidung selbst anknüpft (zB Art. 30 I und II Freizügigkeits-RL) und keine Verfahrensregelung darstellt, die die Richtigkeit des Ergebnisses sicherstellen will, ist sie nicht wesentlich, sodass eine Unbeachtlichkeit des Fehlers nach § 46 (L) VwVfG bei Verletzung der Begründungspflicht möglich ist. Andernfalls ist die Verletzung der Begründungspflicht geeignet, zur Rechtswidrigkeit des VA zu führen, wenn es um die Sicherung wichtiger materieller Rechte durch Verfahrensvorgaben geht. **121**

---

[126] EuGH Urt. v. 21.9.1983 – 205 bis 215/82, Slg. 1983, 2633 (2665) – Deutsches Milch-Kontor.
[127] Dass im Bereich des indirekten Vollzugs, der den Regelfall darstellt, in Ermangelung unionsrechtlicher Regelungen grundsätzlich die Vorschriften des nationalen VwVfG heranzuziehen sind, entspricht auch der allgemeinen Ansicht in der Lit. (*Kahl* VerwArch Bd. 95, 2004, 1 (13 f.); *Sachs* in Stelkens/Bonk/Sachs, 6. Aufl., VwVfG § 45 Rn. 185).
[128] Hierzu EuGH Urt. v. 21.9.1983 – 205 bis 215/82, Slg. 1983, 2633 (2665) – Deutsches Milch-Kontor; Urt. v. 14.12.1995 – C-430/93 und C-431/93, Slg. 1995, I-4705 (4737) – Van Schijndel und Van Veen. Aus der Lit. *Classen* Die Verwaltung Bd. 31, 1998, 307 (308 f.) mwN; *Kment* AöR 130 (2005), 570 (575).
[129] So auch *Gellermann* DÖV 1996, 433 (441).
[130] So *Kment* AöR 130 (2005), 570 (579).
[131] S. hierzu *Kment* AöR 130 (2005), 570 (579 f.).
[132] EuGH Urt. v. 21.11.2002 – C-473/00, Slg. 2002, I-10875 Rn. 37 – Cofidis SA.
[133] *Kahl* VerwArch Bd. 95, 2004, 1 (22); *Gaitanides* in von der Groeben/Schwarze (Hrsg.), EG Art. 230 Rn. 124 zu Beteiligungs- und Anhörungsrechten; *Schwarze* EG Art. 230 Rn. 60. Zum Grundsatz der Wahrung rechtlichen Gehörs wurde vom EuGH entschieden, dass die Nichtbeachtung einer Verfahrensvorschrift einen Verfahrensfehler darstellt, der aber nur dann als wesentlich zu bewerten ist und zur Aufhebung der Sachentscheidung zwingt, „wenn das Verfahren ohne die Verletzung zu einem anderen Ergebnis hätte führen können" (EuGH Urt. v. 14.2.1990 – C-301/87 – Frankreich/Kommission, Ls. 3).

Dienelt

122 Das Unionsrecht geht im Hinblick auf eine geringere gerichtliche Kontrolldichte in anderen Mitgliedstaaten von der Vorstellung aus, dass die **materielle Richtigkeit einer Verwaltungsentscheidung durch ein konkretes Verwaltungsverfahren** gesichert wird. Dies hat zur Folge, dass die Verletzung von Verfahrensregelungen nicht allein mit dem Hinweis auf die Kontrolldichte im gerichtlichen Verfahren für unbeachtlich erklärt werden kann.

123 In der Mitteilung ist nach Art. 30 III 1 Freizügigkeits-RL in einer **Rechtsbehelfsbelehrung** anzugeben, bei welchem Gericht oder bei welcher Behörde der Betroffene einen Rechtsbehelf einlegen kann, innerhalb welcher Frist der Rechtsbehelf einzulegen ist und gegebenenfalls binnen welcher Frist er das Hoheitsgebiet des Mitgliedstaats zu verlassen hat.

124 Außer in ordnungsgemäß begründeten dringenden Fällen muss die **Frist zum Verlassen des Hoheitsgebiets mindestens einen Monat,** gerechnet ab dem Zeitpunkt der Mitteilung, betragen (Art. 30 III 2 Freizügigkeits-RL).

125 Gegen die Entscheidung nach § 6 I müssen die Betroffenen nach Art. 31 I Freizügigkeits-RL einen Rechtsbehelf bei einem Gericht und gegebenenfalls bei einer Behörde des Aufnahmemitgliedstaats einlegen können. Wird neben dem Rechtsbehelf gegen die Entscheidung, mit der die Ausweisung verfügt wurde, auch ein Antrag auf vorläufigen Rechtsschutz gestellt, um die Vollstreckung dieser Entscheidung auszusetzen, so darf nach Art. 31 II Freizügigkeits-RL die **Abschiebung aus dem Hoheitsgebiet nicht erfolgen, solange nicht über den Antrag auf vorläufigen Rechtsschutz entschieden wurde,** es sei denn,
– die Entscheidung stützt sich auf eine frühere gerichtliche Entscheidung,
– oder die Betroffenen hatten bereits früher die Möglichkeit, eine gerichtliche Überprüfung zu beantragen, oder
– die Entscheidung, mit der die Ausweisung verfügt wird, beruht auf zwingenden Gründen der öffentlichen Sicherheit nach Art. 28 III Freizügigkeits-RL.

126 Durch diese Verfahrensregelung, die mit § 7 II 5 umgesetzt wurde, wird die **Vollzugsmöglichkeit der Behörden nach Anordnung des Sofortvollzugs nach § 80 II 1 Nr. 4 VwGO** beschränkt. Der deutsche Gesetzgeber verzichtet dabei auf die in Art. 31 II Freizügigkeits-RL aufgeführten Ausnahmeregelungen, da er den Vollzug grundsätzlich erst nach einer Entscheidung über den Antrag auf vorläufigen Rechtsschutz nach § 80 V VwGO ermöglicht.

127 Im Rechtsbehelfsverfahren sind nach Art. 31 III Freizügigkeits-RL die Rechtmäßigkeit der Entscheidung sowie die Tatsachen und die Umstände, auf denen die Entscheidung beruht, zu überprüfen. Es gewährleistet, dass die Entscheidung nicht unverhältnismäßig ist.

128 Die Mitgliedstaaten können gem. Art. 31 IV Freizügigkeits-RL dem Betroffenen verbieten, sich während des anhängigen Rechtsbehelfsverfahrens in ihrem Hoheitsgebiet aufzuhalten, dürfen ihn jedoch nicht daran hindern, sein Verfahren selbst zu führen, es sei denn, die öffentliche Ordnung oder Sicherheit können durch sein persönliches Erscheinen ernsthaft gestört werden oder der Rechtsbehelf richtet sich gegen die Verweigerung der Einreise in das Hoheitsgebiet.

3. Vier-Augen-Prinzip

129 Die Abschaffung des Widerspruchsverfahrens führte vor Ablauf der Transformationsfrist der Freizügigkeits-RL zur zwingenden, unheilbaren Rechtswidrigkeit der Verlustfeststellungen wegen des Verstoßes gegen die verfahrensrechtliche Regelung des Art. 9 RL 64/221/EWG (sog. **Vier-Augen-Prinzip**), es sei denn, es hätte ein „dringender Fall" iSv Art. 9 I RL 64/221/EWG vorgelegen. Nur in solchen dringenden Fällen kann von der Beteiligung einer zweiten Stelle ausnahmsweise abgesehen werden[134].

130 Im System der durch die RL 64/221/EWG verbürgten Verfahrensgarantien stellt das Merkmal der **Dringlichkeit einen Ausnahmetatbestand** dar. Als Ausnahme damit auch vom unionsrechtlichen Grundsatz der Freizügigkeit der Arbeitnehmer ist dieses Merkmal besonders eng auszulegen. Ein dringender Fall kann sich daher nicht schon aus der mit einer Ausweisung stets verbundenen Gefährdung der öffentlichen Ordnung ergeben, sondern kann erst dann angenommen werden, wenn ein Zuwarten mit der Vollziehung der aufenthaltsbeendenden Maßnahme im Einzelfall nicht zu verantworten ist. **Ein dringender Fall kommt demnach nur in Betracht, wenn die begründete Besorgnis besteht, die von dem Ausländer ausgehende erhebliche Gefahr werde sich schon vor Abschluss des Hauptsacheverfahrens realisieren.** Dann ist auch eine Verzögerung durch Einschaltung einer zweiten Behörde nicht hinnehmbar[135].

131 Für alle **Verlustfeststellungen, bei denen das Verwaltungsverfahren vor dem 30.4.2006 noch nicht abgeschlossen war,** richtet sich das Verfahren nach der Unionsbürger-RL. Welche verfahrensrechtlichen Anforderungen bei aufenthaltsbeendenden Entscheidungen aus Gründen der öffentlichen Ordnung, Sicherheit und Gesundheit gegen Unionsbürger zu beachten sind, bestimmt sich nach der

---

[134] BVerwG Urt. v. 13.9.2005 – 1 C 7.04, BVerwGE 124, 217 (221) = InfAuslR 2006, 110; Urt. v. 6.10.2005 – 1 C 5.04, BVerwGE 124, 243 = InfAuslR 2006, 114; Urt. v. 20.3.2008 – 1 C 33.07.
[135] BVerwG Urt. v. 13.9.2005 – 1 C 7.04, BVerwGE 124, 217 = InfAuslR 2006, 110.

Freizügigkeits-RL, die die europarechtliche Vorgaben für die Ausweisung sowohl in formeller als auch in materiell-rechtlicher Hinsicht neu regelt und nach Art. 38 II ausdrücklich die RL 64/221/EWG mit Wirkung vom 30.4.2006 aufhebt.

Die Verfahrensregelungen finden sich nunmehr in Art. 31 Freizügigkeits-RL. Nach Abs. 3 dieser 132 Bestimmung müssen im Rechtsbehelfsverfahren die Rechtmäßigkeit der Ausweisung sowie die Tatsachen und Umstände, auf denen sie beruht, überprüft werden können. Außerdem muss gewährleistet sein, dass sie insbesondere im Hinblick auf die Erfordernisse gem. Art. 28 Freizügigkeits-RL nicht unverhältnismäßig ist. Damit enthält die Freizügigkeits-RL keine Bestimmung, die dem Art. 9 I RL 64/221/EWG entspricht.

Der **Wegfall des „Vier-Augen-Prinzips"** lässt sich auch aus der Entstehungsgeschichte der 133 Freizügigkeits-RL belegen. Der ursprüngliche Vorschlag der RL vom 23.5.2001 sah unter Art. 29 II noch folgende Regelung vor[136]:

„Ist der behördliche Weg vorgesehen, entscheidet die Behörde, außer bei Dringlichkeit, erst nach Stellungnahme der zuständigen Stelle des Aufnahmemitgliedstaates, vor der es dem Betroffenen möglich sein muss, auf seinen Antrag hin seine Verteidigung vorzubringen – es sei denn, dem stehen Gründe der Staatssicherheit entgegen – und nach den innerstaatlichen verfahrensrechtlichen Vorschriften Beistand zu erhalten oder sich vertreten zu lassen. Diese Stelle darf nicht die Behörde sein, die befugt ist, die in Absatz 1 genannten Entscheidungen zu treffen."

Zur Begründung wurde auf S. 24 des Kommissionsvorschlags ausgeführt: „Ein lückenloser Rechts- 134 schutz schließt nicht aus, dass ein Mitgliedstaat vorsieht, dass ein Rechtsbehelf bei einer Behörde eingelegt werden kann. In diesem Fall müssen die in Art 9 der RL 64/221/EWG genannten Objektivitätsgarantien gegeben sein, insbesondere die vorherige Stellungnahme einer anderen Behörde, als der, die Einreiseverweigerung oder die Ausweisung verfügen soll, sowie Garantie in Bezug auf die Rechte der Verteidigung."

Auch der geänderte Vorschlag für die Freizügigkeits-RL vom 15.4.2003[137] enthielt noch den an 135 Art. 9 RL 64/221/EWG angelehnten Regelungsvorschlag.

Hat die Kommission an der Verfahrensregelung zunächst festgehalten, erschließt sich der Grund für 136 deren Streichung aus einer Mitteilung der Kommission an das EU-Parlament betreffend den Gemeinsamen Standpunkt des Rates im Hinblick auf den Erlass der Freizügigkeits-RL[138]. Die Mitteilung, die in dem Protokoll vom 12.1.2004 (Nr. 5191/04) festgehalten ist, führt zu den Gründen der Streichung der Verfahrensregelung auf S. 15 Folgendes aus:

„Ehemaliger Art. 29 II: Der Rat hat mit Zustimmung der Kommission die Streichung dieses Absatzes beschlossen. Mit der Bestimmung wurde der Inhalt von Art. 9 der RL 64/221/EWG aufgegriffen, wonach die Mitgliedstaaten, bevor sie eine Ausweisungsentscheidung treffen, eine unabhängige Behörde konsultieren müssen, wenn der Aufnahmemitgliedstaat keine Rechtsmittel vorsieht oder die Rechtsmittel nur zur Überprüfung der Gesetzmäßigkeit der Entscheidung dienen oder keine aufschiebende Wirkung haben. Da jedoch im gemeinsamen Standpunkt die Verpflichtung der Mitgliedstaaten, stets vorzusehen, dass ein Rechtsbehelf eingelegt werden kann (Art. 31 I), bekräftigt wird, sich dieser Rechtsbehelf auf den Sachverhalt und die Umstände beziehen muss (Art. 31 II) und die Aussetzung der Ausweisungsmaßnahme möglich ist (Art. 31 III), ist der Rat im Einvernehmen mit der Kommission zu der Auffassung gelangt, dass dieser Absatz überflüssig ist."

Aus der Entstehungsgeschichte der Freizügigkeits-RL lässt sich daher zweifelsfrei ableiten, dass 137 willentlich von der Aufnahme einer Verfahrensregelung, die in Anlehnung an Art. 9 I RL 64/221/EWG ein „Vier-Augen-Prinzip" festgeschrieben hätte, Abstand genommen wurde[139].

Der Verstoß gegen Art. 9 I RL 64/221/EWG wird bei **Altfällen** nicht dadurch unschädlich oder 138 geheilt, weil das Vier-Augen-Prinzip durch Art. 38 II und Art. 31 Freizügigkeits-RL aufgehoben wurde[140]. Die Verfahrensgarantie der Kontrolle von Ausweisungsentscheidungen durch Einschaltung einer zweiten Verwaltungsinstanz nach Art. 9 I RL 64/221/EWG wurde in Art. 31 Freizügigkeits-RL durch Erweiterung des gerichtlichen Rechtsschutzes ersetzt. So hat das Gericht nunmehr im Rechtsbehelfsverfahren nicht nur die Rechtmäßigkeit der ausländerbehördlichen Entscheidung zu überprüfen, sondern auch die Tatsachen und Umstände, auf denen die Entscheidung beruht (Art. 31 III Freizügigkeits-RL).

Für die Beurteilung, welche Konsequenzen die Verletzung der verfahrensrechtlichen Garantie des 139 Art. 9 I RL 64/221/EWG hat, ist auf die bei Abschluss des Verwaltungsverfahrens geltende Rechtslage

---

[136] Im Folgenden KOM(2001) 257 endg., S. 45.
[137] KOM(2003) 199 endg., S. 36.
[138] Gemeinsamer Standpunkt (EG) Nr. 6/2004 v. Rat festgelegt am 5.12.2003 (ABl. 2004 C 54 E, S. 12).
[139] IE ebenso BVerwG Urt. v. 9.8.2007 – 1 C 47.06; NdsOVG Urt. v. 16.5.2006 – 11 LC 324/05, InfAuslR 2006, 350 ff.; VGH BW Urt. v. 18.10.2006 – 13 S 192/06, InfAuslR 2007, 49 ff. und Urt. v. 29.6.2006 – 11 S 2299/05, EZAR-NF 40 Nr. 5; BayVGH Beschl. v. 30.1.2006 – 24 B 05.1832; aA VG Düsseldorf Beschl. v. 10.2.2006 – InfAuslR 2006, 263 (265), ohne Begründung.
[140] BVerwG Urt. v. 9.8.2007 – 1 C 47.06, BVerwGE 129, 162 = InfAuslR 2007, 431.

abzustellen[141]. Dafür spricht zunächst die Tatsache, dass die RL 64/221/EWG durch die Freizügigkeits-RL erst mit Wirkung vom 30.4.2006 aufgehoben wurde. Diese Regelung deutet darauf hin, dass die Verfahrensbestimmungen in Art. 9 I RL 64/221/EWG für bis zu diesem Zeitpunkt ergehende Ausweisungsentscheidungen weiterhin uneingeschränkt beachtet und Verstöße dagegen in gleicher Weise wie bisher sanktioniert werden sollten. Andernfalls würden die Verfahrensvorschriften der RL 64/221/EWG praktisch schon vor Ablauf ihrer Geltungsdauer wirkungslos. Für die **fortdauernde Rechtswirkung des begangenen Verfahrensverstoßes** spricht auch der Umstand, dass die in Art. 9 I RL 64/221/EWG eingeräumten Verfahrensgarantien bei Ausweisungen nicht ersatzlos aufgehoben, sondern durch neue Verfahrensgarantien in Art. 31 Freizügigkeits-RL ersetzt wurden. Verfahrensgarantien wurden insofern nicht nachträglich als entbehrlich angesehen, sondern durch neue abgelöst. Neue Verfahrensgarantien können von der Verwaltung und den Gerichten aber jedenfalls bei abgeschlossenen Verfahren grundsätzlich nicht mehr beachtet werden[142].

140 Die allgemeinen Grundsätze des intertemporalen Verfahrensrechts sprechen ebenfalls dafür, abgeschlossene Verwaltungsverfahren nicht an nachträglich in Kraft getretenen Verfahrensvorschriften zu messen. Ein allgemeiner Grundsatz des intertemporalen Verfahrensrechts, wie er auch in § 96 I (Hess) VwVfG zum Ausdruck kommt, besagt zwar, dass das neue Verfahrensrecht vom Zeitpunkt seines Inkrafttretens an regelmäßig auch bereits anhängige Verfahren erfasst[143]. Daraus folgt aber im Umkehrschluss, dass sich das neue Recht grundsätzlich nicht mehr auf bereits abgeschlossene Verwaltungsverfahren erstreckt[144].

141 Allein die Verletzung des Vier-Augen-Prinzips führt aber nicht dazu, dass der Ausländer nachträglich einen **Anspruch auf Aufhebung der Ausweisung oder Verlustfeststellung** nach § 48 (L)VwVfG hätte[145]. Mit Blick auf das Gebot der materiellen Gerechtigkeit besteht ausnahmsweise dann ein Anspruch auf Rücknahme eines bestandskräftigen VA, wenn dessen Aufrechterhaltung „schlechthin unerträglich" erscheint. Allein die Rechtswidrigkeit des VA begründet keinen Anspruch auf Rücknahme, da der Rechtsverstoß lediglich die Voraussetzung einer Ermessensentscheidung der Behörde ist. Das Festhalten an dem VA ist insbesondere dann „schlechthin unerträglich", wenn die Behörde durch unterschiedliche Ausübung der Rücknahmebefugnis in gleichen oder ähnlich gelagerten Fällen gegen den allgemeinen Gleichheitssatz verstößt oder wenn Umstände gegeben sind, die die Berufung der Behörde auf die Unanfechtbarkeit als einen Verstoß gegen die guten Sitten oder das Gebot von Treu und Glauben erscheinen lassen[146].

IX. Anwendbarkeit auf türkische Staatsangehörige

142 Nachdem es in der Rspr. lange umstritten war, ob die Vorgaben der Freizügigkeits-RL auf türkische Staatsangehörige übertragen werden können[147], ist diese Frage mit der Entscheidung in der Rechtssache Ziebell[148] entschieden worden. Der Übertragbarkeit des Unionsrechts hat der EuGH in der Rechtssache Ziebell hinsichtlich der Konkretisierung des Ordre-public-Vorbehalts in Art. 28 Freizügigkeits-RL Grenzen gesetzt. Er hat die Regelungen zum Schutz der Unionsbürger vor Ausweisung, wie sie in Art. 28 IIIa Freizügigkeits-RL vorgesehen sind, auf den Ordre-public-Vorbehalt des Art. 14 ARB 1/80 für nicht übertragbar erklärt.

143 Dabei stützte der EuGH seine Entscheidung zum einen auf den Wortlaut der Ausweisungsregelungen in der Freizügigkeits-RL: Der Begriff der „zwingenden Gründe" der öffentlichen Sicherheit in Art. 28 IIIa Freizügigkeits-RL, der eine Beeinträchtigung der öffentlichen Sicherheit betrifft, die einen besonders hohen Schweregrad aufweist und den Erlass einer Ausweisungsmaßnahme nur unter außergewöhnlichen Umständen zulässt, findet keine Entsprechung in Art. 14 I ARB 1/80.

144 Zum anderen hob der EuGH auf die Zielrichtung des Assoziierungsabkommens ab. Um festzustellen, ob sich eine Vorschrift des Unionsrechts für eine entsprechende Anwendung iRd Assoziation EWG-Türkei eignet, sind Zweck und Kontext des Assoziierungsabkommens mit Zweck und Kontext des Rechtsakts des Unionsrechts, der entsprechend angewandt werden soll, zu vergleichen. Der primäre Zweck des Assoziierungsabkommens EWG-Türkei besteht nach Ansicht des EuGH in einer wirtschaftlichen Zielrichtung. Dabei überrascht, dass der EuGH mit keinem Wort die Zielrichtung des

---

[141] BVerwG Urt. v. 9.8.2007 – 1 C 47.06, BVerwGE 129, 162 = InfAuslR 2007, 431.
[142] BVerwG Urt. v. 9.8.2007 – 1 C 47.06, BVerwGE 129, 162 = InfAuslR 2007, 431.
[143] Vgl. BVerwG Urt. v. 9.8.2007 – 1 C 47.06, BVerwGE 129, 162 = InfAuslR 2007, 431; Urt. v. 21.11.2006 – 1 C 10.06, NVwZ 2007, 465; Urt. v. 18.2.1992 – C 59.91, Buchholz 402.25 § 7 AsylVfG Nr. 1.
[144] BVerwG Urt. v. 9.8.2007 – 1 C 47.06, BVerwGE 129, 162 = InfAuslR 2007, 431.
[145] BVerwG Urt. v. 20.3.2008 – 1 C 33.07.
[146] BVerwG Urt. v. 20.3.2008 – 1 C 33.07.
[147] Nach Auffassung des HessVGH und des OVG RhPf konnten sich auch türkische Staatsangehörige, die nach dem ARB 1/80 aufenthaltsberechtigt sind, auf den erhöhten Ausweisungsschutz berufen, den Art. 28 RL 2004/38/EG für Unionsbürger vorsieht. Das OVG NRW, der BayVGH, OVG Saarl und das NdsOVG waren dem entgegengetreten. Der VGH BW hatte die Frage dem EuGH abermals zur Entscheidung vorgelegt, nachdem sie in der Rs. Polat nicht geklärt wurde.
[148] EuGH Urt. v. 8.12.2011 – C-371/08 – Ziebell; Einzelheiten bei Art. 14 ARB 1/80.

Ausreisepflicht § 7 FreizügG/EU 2

Vertrags, den Beitritt der Türkei zur EU vorzubereiten, erwähnt. Ist doch gerade die Beitrittsperspektive das maßgebliche Abgrenzungskriterium zu den überwiegend wirtschaftlichen Zwecken dienenden Kooperations- und Europa-Mittelmeer-Abkommen. Im Unterschied zu den Assoziierungsabkommen beruht nach Ansicht des EuGH die Freizügigkeits-RL nicht nur auf den wirtschaftlichen Grundfreiheiten, sondern insbesondere auch auf der Unionsbürgerschaft, die nach stRspr des EuGHs dazu bestimmt ist, der grundlegende Status der Angehörigen der Mitgliedstaaten zu sein.

§ 7 Ausreisepflicht

(1) ¹Unionsbürger oder ihre Familienangehörigen sind ausreisepflichtig, wenn die Ausländerbehörde festgestellt hat, dass das Recht auf Einreise und Aufenthalt nicht besteht. ²In dem Bescheid soll die Abschiebung angedroht und eine Ausreisefrist gesetzt werden. ³Außer in dringenden Fällen muss die Frist mindestens einen Monat betragen. ⁴Wird ein Antrag nach § 80 Abs. 5 der Verwaltungsgerichtsordnung gestellt, darf die Abschiebung nicht erfolgen, bevor über den Antrag entschieden wurde.

(2) ¹Unionsbürger und ihre Familienangehörigen, die ihr Freizügigkeitsrecht nach § 6 Abs. 1 verloren haben, dürfen nicht erneut in das Bundesgebiet einreisen und sich darin aufhalten. ²Unionsbürgern und ihren Familienangehörigen, bei denen das Nichtbestehen des Freizügigkeitsrechts nach § 2 Absatz 7 festgestellt worden ist, kann untersagt werden, erneut in das Bundesgebiet einzureisen und sich darin aufzuhalten. ³Dies soll untersagt werden, wenn ein besonders schwerer Fall, insbesondere ein wiederholtes Vortäuschen des Vorliegens der Voraussetzungen des Rechts auf Einreise und Aufenthalt, vorliegt oder wenn ihr Aufenthalt die öffentliche Ordnung und Sicherheit der Bundesrepublik Deutschland in erheblicher Weise beeinträchtigt. ⁴Bei einer Entscheidung nach den Sätzen 2 und 3 findet § 6 Absatz 3, 6 und 8 entsprechend Anwendung. ⁵Das Verbot nach den Sätzen 1 bis 3 wird von Amts wegen befristet. ⁶Die Frist ist unter Berücksichtigung der Umstände des Einzelfalles festzusetzen und darf fünf Jahre nur in den Fällen des § 6 Absatz 1 überschreiten. ⁷Die Frist beginnt mit der Ausreise. ⁸Ein nach angemessener Frist oder nach drei Jahren gestellter Antrag auf Aufhebung oder auf Verkürzung der festgesetzten Frist ist innerhalb von sechs Monaten zu bescheiden.

Allgemeine Verwaltungsvorschrift
7 Zu § 7 – Ausreisepflicht
7.1 Ausreisepflicht
7.1.0 Gemäß Absatz 1 sind Unionsbürger und ihre Familienangehörigen ausreisepflichtig, wenn die Ausländerbehörde festgestellt hat, dass ein Freizügigkeitsrecht nicht besteht. Dies ist der Fall bei einer Feststellung des Nichtbestehens des Freizügigkeitsrechts nach § 2 Absatz 7, bei einer Feststellung des Verlusts des Freizügigkeitsrechts gemäß § 5 Absatz 4 sowie bei einer Feststellung des Verlusts des Rechts auf Einreise und Aufenthalt aus Gründen der öffentlichen Ordnung, Sicherheit oder Gesundheit gemäß § 6.
7.1.1.1 Die Ausreisepflicht eines Unionsbürgers oder seines Familienangehörigen entsteht mit der Feststellung des Nichtbestehens des Freizügigkeitsrechts gemäß § 2 Absatz 7 oder des Verlusts dieses Rechts wegen Fehlens/Wegfalls der Freizügigkeitsvoraussetzungen (§ 5 Absatz 4) oder mit der Feststellung des Verlusts des Rechts auf Einreise und Aufenthalt aus Gründen der öffentlichen Ordnung, Sicherheit oder Gesundheit (§ 6 Absatz 1). Sie beginnt mit der ordnungsgemäßen Bekanntgabe der Feststellungsentscheidung nach den VwVfG der Länder.
7.1.1.2 Mit wirksamer Bekanntgabe der Feststellung des Nichtbestehens des Rechts auf Einreise und Aufenthalt ist der Betroffene nach § 7 Absatz 1 ausreisepflichtig. Die Ausreisepflicht besteht unabhängig von der Bestandskraft des feststellenden Bescheids. Wird ein Rechtsbehelf eingelegt, ist die Ausreisepflicht aufgrund der mit Widerspruch und Klage verbundenen aufschiebenden Wirkung allerdings nicht vollziehbar. Abweichend hiervon kann die Ausreisepflicht trotz Einlegung eines Rechtsbehelfs durchgesetzt werden, wenn die Ausländerbehörde im jeweiligen Einzelfall die sofortige Vollziehung angeordnet hat. Das besondere Vollzugsinteresse muss eingehend begründet werden. Bei Anordnung der sofortigen Vollziehung kann das Gericht die aufschiebende Wirkung auf Antrag des Betroffenen oder seines Rechtsbeistands gemäß § 80 Absatz 5 Verwaltungsgerichtsordnung (VwGO) wiederherstellen. Eine Abschiebung darf insofern trotz Anordnung der sofortigen Vollziehung durch die Ausländerbehörde nicht erfolgen, wenn ein Antrag auf Wiederherstellung der aufschiebenden Wirkung nach § 80 Absatz 5 VwGO gestellt worden ist und das Gericht noch nicht über diesen Antrag entschieden hat.
Auch die Freizügigkeitsrichtlinie macht keine Vorgaben zum Zeitpunkt, in dem die Ausreisepflicht entsteht; ein Erfordernis der Unanfechtbarkeit gibt sie nicht vor. Sie verlangt allerdings in Artikel 31 Absatz 2, dass eine Abschiebung nicht erfolgen darf, wenn ein Antrag auf einstweiligen Rechtsschutz gestellt wurde und über diesen noch nicht entschieden worden ist. Dem tragen die vorstehenden Regelungen des Freizügigkeitsgesetzes/EU Rechnung.
7.1.2 Die Ausreisepflicht drittstaatsangehöriger Familienangehöriger von Unionsbürgern entsteht ebenfalls mit der Feststellung des Nichtbestehens oder Verlusts des Freizügigkeitsrechts aus den unter Nummer 7.1.1.1 genannten Gründen. In der Folge dieser Feststellung ist die Aufenthaltskarte (§ 2 Absatz 7 Satz 3, § 5 Absatz 4, § 6 Absatz 1 Satz 1) oder Daueraufenthaltskarte (§ 6 Absatz 1 Satz 1) einzuziehen. Zur Vollziehbarkeit der Ausreisepflicht vgl. Nummer 7.1.1.2.
7.1.3 Die Durchsetzung der Ausreisepflicht (Aufenthaltsbeendigung) richtet sich nach dem Aufenthaltsgesetz, soweit das Freizügigkeitsgesetz/EU keine abweichenden Regelungen enthält (§ 11 Absatz 2). Solche Sonderregelungen treffen Absatz 1 Satz 2 bis 4. Im Übrigen gelten die Vorschriften über die Durchsetzung der Ausreisepflicht in Kapitel 5 Abschnitt 2 des Aufenthaltsgesetzes (§§ 57 ff. AufenthG).

Dienelt

7.1.4.1 Über die Verweisung des § 11 Absatz 1 auf § 50 Absatz 3 bis 6 AufenthG sind folgende Regelungen über die Ausreisepflicht aus dem Aufenthaltsgesetz anwendbar:
– Absatz 3: Erfüllung der Ausreisepflicht durch Einreise in einen anderen EU- oder Schengen-Staat,
– Absatz 4: Anzeigepflicht bei Wohnungswechsel oder Verlassen des Bezirks der Ausländerbehörde,
– Absatz 5: Inverwahrungnahme des Passes oder Passersatzes,
– Absatz 6: Ausschreibung zur Aufenthaltsermittlung/Festnahme/Zurückweisung.

7.1.4.2 Die Anordnung von Abschiebungshaft gegen Unionsbürger ist grundsätzlich nur in den Fällen möglich, in denen die Ausländerbehörde den Verlust oder das Nichtbestehen des Freizügigkeitsrechts festgestellt hat (§ 11 Absatz 2) und die entsprechenden gesetzlichen Voraussetzungen für eine Inhaftnahme nach §§ 62 ff. AufenthG erfüllt sind. Darüber hinaus kann Abschiebungshaft angeordnet werden, wenn gegen Unionsbürger eine bestandskräftige so genannte Altausweisung verfügt worden ist und eine Prüfung ergeben hat, dass die Voraussetzungen für eine Aufhebung des Einreise- und Aufenthaltsverbots nicht vorliegen (vgl. Nummer 7.2.8.3).

7.1.5 Bei der Anwendung der Bestimmungen des Aufenthaltsgesetzes sind trotz des festgestellten fehlenden Freizügigkeitsrechts des Unionsbürgers die Grundsätze des Unionsrechts über die Einschränkung des Freizügigkeitsrechts von Unionsbürgern innerhalb der Union zu beachten. Die Vorschriften des Aufenthaltsgesetzes sind daher unter Umständen einschränkend auszulegen (vgl. dazu auch Nummer 11.0.3). So ist bei Einschränkungen des Freizügigkeitsrechts aus Gründen der öffentlichen Sicherheit und Ordnung immer auf das persönliche Verhalten des Betroffenen abzustellen (Artikel 27 Absatz 2 Freizügigkeitsrichtlinie). Maßnahmen zu generalpräventiven Zwecken kommen insofern nicht in Betracht.

7.2 Einreise- und Aufenthaltsverbote

7.2.0 Ein Einreise- und Aufenthaltsverbot nach § 7 Absatz 2 gilt kraft Gesetzes für Feststellungen auf Grundlage des § 6 Absatz 1. Bei Feststellungen gemäß § 2 Absatz 7 kann es zur Anwendung kommen, nicht dagegen im Fall des § 5 Absatz 4 (so genannte „administrative Ausweisung").

7.2.1 Im Fall einer Verlustfeststellung nach § 6 Absatz 1 tritt das Einreise- und Aufenthaltsverbot kraft Gesetzes ein. Nach § 7 Absatz 2 Satz 5 ist das Verbot von Amts wegen zu befristen (vgl. Nummer 7.2.5 ff.).

7.2.2 Dagegen tritt ein Einreise- und Aufenthaltsverbot im Fall einer Feststellung des Nichtbestehens des Freizügigkeitsrechts nach § 2 Absatz 7 nicht kraft Gesetzes ein. Im Fall einer Feststellung auf der Grundlage von § 2 Absatz 7 kann die betroffene Person nach der Ausreise grundsätzlich unmittelbar wieder in das Bundesgebiet zurückkehren, denn das Freizügigkeitsrecht lebt nach der Ausreise wieder auf. Da dies die Effektivität einer aufenthaltsbeendenden Maßnahme beeinträchtigen kann, bedarf es einer Prüfung und Entscheidung der zuständigen Ausländerbehörde nach Maßgabe von § 7 Absatz 2: In den Fällen des § 2 Absatz 7 kann die betroffene Person der Wiedereinreise in das Bundesgebiet befristet untersagt werden, wenn eine Prüfung aller Umstände des Einzelfalles ergeben hat, dass ein solches Wiedereinreiseverbot angemessen und verhältnismäßig ist (§ 7 Absatz 2 Satz 2; vgl. auch Nummer 2.7 ff.).

7.2.3.1 Ein Einreise- und Aufenthaltsverbot soll nach Maßgabe von § 7 Absatz 2 Satz 3 in der Regel verhängt werden, wenn dies aufgrund der besonderen Art und Schwere des Rechtsmissbrauchs gerechtfertigt ist, insbesondere im Fall eines wiederholten Vortäuschens des Vorliegens der Voraussetzungen des Rechts auf Einreise und Aufenthalt gegenüber der Ausländerbehörde oder einer anderen Behörde, z. B. der Familienkasse. Dies ist etwa dann der Fall, wenn der Betroffene auf der Grundlage eines missbräuchlich erlangten Aufenthaltsrechts weitere Vorteile zu erlangen sucht (wie z. B. den Bezug von Kindergeld), für die ebenfalls das Bestehen des Freizügigkeitsrechts Voraussetzung ist, und dabei erneut vorsätzlich über das Vorliegen einer Voraussetzung für die Ausübung des Freizügigkeitsrechts täuscht.

7.2.3.2 Dagegen reicht die bloße, mit der Beantragung einer entsprechenden Leistung verbundene (unzutreffende) Behauptung, freizügigkeitsberechtigt und daher anspruchsberechtigt zu sein, für eine Anwendung von § 7 Absatz 2 Satz 3 nicht aus. Dies ist etwa dann der Fall, wenn der Betroffene bei der Beantragung einer entsprechenden Leistung (wie z. B. Kindergeld) lediglich irrtümlich unzutreffend angibt, eine Voraussetzung für das Freizügigkeitsrecht zu erfüllen, z. B. Arbeitnehmer zu sein.

7.2.3.3 Ein Wiedereinreiseverbot soll ebenfalls in der Regel verhängt werden, wenn der weitere Aufenthalt des Betroffenen die öffentliche Ordnung und Sicherheit der Bundesrepublik Deutschland in erheblicher Weise beeinträchtigt. Dies ist etwa dann der Fall, wenn der Betroffene auf der Grundlage des missbräuchlich erlangten Aufenthaltsrechts weitere erhebliche Rechtsverstöße begeht oder wenn weitere Rechtsverstöße von erheblicher Bedeutung zeigen, dass auch in Zukunft keine rechtmäßige Ausübung des Freizügigkeitsrechts zu erwarten ist.

7.2.4 § 6 Absatz 3, 6 und 8 finden bei der Verhängung eines Wiedereinreiseverbotes nach § 7 Absatz 2 Satz 2 und 3 entsprechend Anwendung.

7.2.5 Ein Verbot von Einreise und Aufenthalt im Bundesgebiet auf der Grundlage von § 7 Absatz 2 ist von Amts wegen zu befristen. Über die Länge der Frist entscheidet die Ausländerbehörde unter Berücksichtigung aller Umstände des Einzelfalles. Es handelt sich um eine gebundene Entscheidung, die auch hinsichtlich der Dauer gerichtlich voll überprüfbar ist (BVerwG, Urteil vom 25. März 2015 – BVerwG 1 C 18.14). Entscheidungserheblich sind insbesondere das Gewicht des Grundes für die Feststellung des Verlusts bzw. des Nichtbestehens sowie der mit der Maßnahme verfolgte spezialpräventive Zweck.

7.2.6.1 Für die Bestimmung der Dauer der Frist bedarf es einer prognostischen Einschätzung im jeweiligen Einzelfall, wie lange das Verhalten des Betroffenen, das der Verlustfeststellung zu Grunde liegt, das öffentliche Interesse daran, dass er das Bundesgebiet nicht erneut betritt, zu tragen vermag. Die in § 6 Absatz 3 genannten persönlichen Umstände im jeweiligen Einzelfall, insbesondere die Dauer des Aufenthalts sowie seine soziale und kulturelle Integration in Deutschland, sein Alter und Gesundheitszustand sowie seine familiäre Situation, sind bei der Festsetzung der Dauer eines Wiedereinreiseverbots zu berücksichtigen (im Hinblick auf die Möglichkeit einer nachträglichen Aufhebung bzw. Verkürzung der Frist vgl. Nummer 7.2.8.1 f.).

7.2.6.2 Die Dauer eines Einreise- und Aufenthaltsverbots darf fünf Jahre nur in den Fällen des § 6 Absatz 1 überschreiten. Dabei soll eine Höchstdauer von maximal zehn Jahren jedoch im Regelfall nicht überschritten werden. Dazu ist das Bundesverwaltungsgericht davon ausgegangen, dass ein Zeitraum von zehn Jahren in der Regel den Zeithorizont darstellt, für den eine Prognose realistischer Weise noch gestellt werden kann (BVerwG, Urteil vom 13. Dezember 2012 – BVerwG 1 C 20.11; BVerwG, Urteil vom 14. Mai 2013 – BVerwG 1 C 13.12). Erforderlich ist eine Bewertung, wie lange von dem Betroffenen voraussichtlich weiterhin eine Gefahr für die öffentliche Ordnung oder Sicherheit ausgehen wird, was im Allgemeinen eine Beurteilung bedeutet, wie lange Rückfall- bzw. Wiederholungsgefahr besteht (vgl. auch Nummer 6.2.4). Im Fall einer langfristig fortbestehenden Rückfall- bzw. Gefährdungsprognose ist ein entsprechend langfristiges Verbot der Wiedereinreise nicht ausgeschlossen (vgl. BVerwG, Urteil vom 25. März 2015 - 1 C 18.14, m. w. N.; BVerwG, Urteil vom 28. April 2015 - 1 C 20.14).

7.2.6.3 In den Fällen einer behördlichen Untersagung der erneuten Einreise und des Aufenthalts im Bundesgebiet im Zusammenhang mit der Feststellung des Nichtbestehens des Freizügigkeitsrechts nach § 2 Absatz 7 darf die Frist fünf Jahre nicht überschreiten. Bei der Festlegung der Frist ist zu berücksichtigen, ob die Untersagung auf der Grundlage von § 7 Absatz 2 Satz 2 getroffen worden ist oder ob ein besonders schwerer Fall im Sinn von § 7 Absatz 2 Satz 3 vorliegt.

7.2.7 Fristbeginn eines Verbots von Einreise und Aufenthalt ist der Zeitpunkt der Ausreise. Die Wirkung eines befristeten Einreise- und Aufenthaltsverbots, nämlich das Wiederaufleben des Freizügigkeitsrechts, darf nach Fristablauf nicht von weiteren Voraussetzungen – wie etwa der Begleichung von Kosten, die durch eine vorherige Abschiebung entstanden sind – abhängig gemacht werden.

7.2.8.1 Der Betroffene kann nach angemessener Frist, in jedem Fall aber drei Jahre nach Ausreise einen Antrag auf Aufhebung eines Einreise- und Aufenthaltsverbots oder auf Verkürzung der festgesetzten Frist stellen, wenn sich die für das Verbot oder für die Festsetzung der Frist maßgeblichen Tatsachen nachweislich geändert haben. Über einen demgemäß eingereichten Antrag ist innerhalb von sechs Monaten zu entscheiden. Solange der Antrag auf Aufhebung oder Fristverkürzung geprüft wird, darf der Betroffene nicht erneut in das Bundesgebiet einreisen (Artikel 32 Absatz 2 Freizügigkeitsrichtlinie).

7.2.8.2 Eine Entscheidung über eine Aufhebung oder Befristung eines Einreise- und Aufenthaltsverbots ist auf der Grundlage einer aktuellen Tatsachenbewertung zu treffen. Hierbei ist auch das Verhalten des Betroffenen nach der Ausreise zu würdigen. Sofern die der seinerzeitigen Feststellung des Verlusts bzw. des Nichtbestehens (oder einer Ausweisung) zu Grunde liegenden tatsächlichen Umstände nachweislich entfallen sind oder sich maßgeblich zu Gunsten des Betroffenen geändert haben, ist nach Maßgabe des 7[10] Absatz 2 Satz 8 eine Aufhebung eines Einreise- und Aufenthaltsverbots oder eine Verkürzung der ursprünglich gesetzten Frist vorzunehmen. Ergibt eine aktuelle Gefahrenprognose dagegen, dass die der seinerzeitigen Feststellung bzw. Ausweisungsentscheidung zu Grunde liegende Gefährdung fortdauert, kann der Antrag abgelehnt oder im Falle eines zuvor unbefristeten Einreiseverbots eine entsprechend lange Frist festgesetzt werden. Erforderlich hierfür ist eine prognostische Einschätzung, ob und gegebenenfalls wie lange von dem Betroffenen weiterhin eine schwerwiegende Gefahr für bedeutende Rechtsgüter ausgeht. Bei der Vornahme der Prognose ist auf den aktuellen Entscheidungszeitpunkt abzustellen und nicht auf den seinerzeitige Zeitpunkt der Ausreise. Dies kann im Einzelfall u. U. dazu führen, dass gegebenenfalls eine Befristung auf null erfolgen muss, wenn keine Ausreise stattgefunden hat, weil die Ausreisepflicht des Betroffenen aus tatsächlichen oder rechtlichen Gründen nicht durchgesetzt werden darf oder er unverschuldet nicht ausreisen kann, und eine Prüfung ergibt, dass von dem Betroffenen keine Gefahr für die öffentliche Ordnung oder Sicherheit mehr ausgeht. Die entsprechenden zeitlichen Schranken für eine Maximaldauer sind bei der Fristsetzung zu beachten (vgl. Nummer 7.2.6.2 f.). Dabei sind die persönlichen Umstände im jeweiligen Einzelfall zu berücksichtigen (vgl. Nummer 6.3 und 7.2.6.1), darunter gegebenenfalls auch für den Kläger nachteilige Veränderungen. Bei Fortbestehen einer entsprechend schwerwiegenden Gefährdung kommt insofern die Festsetzung einer entsprechend langen Frist bei einer zuvor unbefristeten Ausweisungsentscheidung oder u. U. auch eine nachträgliche Verlängerung einer einmal getroffenen Befristung in Betracht (vgl. BVerwG, Urteil vom 25. März 2015 – BVerwG 1 C 18.14, m. w. N.; BVerwG, Urteil vom 28. April 2015 – BVerwG 1 C 20.14).

7.2.8.3 „Altausweisungen" (d. h. solche, die vor Inkrafttreten des Freizügigkeitsgesetzes/EU am 1. Januar 2005 bestandskräftig waren) von Unionsbürgern bleiben weiter wirksam. Ein Wiederaufgreifen des rechtskräftig abgeschlossenen Ausweisungsverfahrens gemäß § 51 Absatz 1 Nummer 1 VwVfG kommt nicht in Betracht, da die Rechtslage nicht nachträglich zugunsten des Betroffenen geändert hat. Dies folgt aus § 102 Absatz 1 Satz 1 AufenthG (Fortgeltung ausländerrechtlicher Maßnahmen), so dass keine für den Unionsbürger günstige Änderung der Rechtslage eingetreten ist. Zwar ist das Aufenthaltsgesetz für Freizügigkeitsberechtigte nicht anwendbar und § 11 Absatz 1 sieht eine entsprechende Anwendbarkeit von § 102 AufenthG nicht vor. Jedoch greift § 11 Absatz 2, so dass eine bestandskräftige Ausweisung in ihrer Wirkung der Verlustfeststellung gemäß Freizügigkeitsgesetz/EU gleichsteht. Das an die Altausweisung anknüpfende gesetzliche Einreise- und Aufenthaltsverbot bleibt auch nach dem Inkrafttreten des Freizügigkeitsgesetzes bis zum Ablauf der Befristung bestehen. Für betroffene Unionsbürger besteht somit ein Einreiseverbot. Bei gleichwohl erfolgter Einreise kann bei Vorliegen der entsprechenden gesetzlichen Voraussetzungen Abschiebungshaft angeordnet werden (§ 62 AufenthG).

Will ein nach altem Recht ausgewiesener Unionsbürger wieder einreisen, muss er im Fall einer noch wirksamen Einreisesperre zunächst deren Aufhebung beantragen. Diesem Antrag muss entsprochen werden, wenn die Gründe, die zur Ausweisung führten, keine Feststellung des Verlustes der Freizügigkeit nach § 6 (mehr) begründen können (siehe Nummer 7.2.8.1 f.). Anders verhält es sich mit Unionsbürgern, die ohne vorherige Ausweisung abgeschoben wurden. Da es im Freizügigkeitsgesetz/EU keine dem § 11 Absatz 1 AufenthG entsprechende Regelung in Bezug auf Abschiebungen gibt, gibt es für diese Fälle nach dem Inkrafttreten des Freizügigkeitsgesetz/EU kein Einreise- und Aufenthaltsverbot.

7.2.8.4 Bei einer vormals nach AuslG bzw. AufenthG verfügten Ausweisung gegenüber einer Person, die inzwischen (z. B. aufgrund Heirat, Vaterschaftsanerkennung, Beitritt des Herkunftsstaates zur Europäischen Union) dem Freizügigkeitsgesetz/EU unterfällt, kommt die Feststellung des Verlustes des Rechtes auf Einreise und Aufenthalt nach § 6 Absatz 1 unter den in Nummer 6.0.5 beschriebenen Voraussetzungen in Betracht.

Übersicht

	Rn.
I. Entstehungsgeschichte	1
II. Ausreisepflicht, Ausreisefrist und Abschiebungsandrohung	6
III. Sperrwirkung und Aufenthaltsverbot	51

I. Entstehungsgeschichte

1 Die Vorschrift entsprach ursprünglich im Wesentlichen dem **Gesetzesentwurf**[1]. Aufgrund des Vermittlungsverfahrens[2] wurde nur in Abs. 1 S. 4 das Wort „erteilt" durch „ausgestellt" ersetzt.

2 Mit dem RLUmsG 2007 wurde die Regelung umfassend geändert[3]. In Abs. 1 S. 1 wurde das Wort „unanfechtbar" gestrichen. Auch in S. 2 wurden die Wörter „Aufenthaltserlaubnis-EU unanfechtbar" durch die Wörter „Aufenthaltskarte oder Daueraufenthaltskarte" ersetzt. Zur Begründung führte der Gesetzesentwurf aus, dass durch die vorher bestehende Regelung, wonach die Ausreisepflicht für Unionsbürger erst entstand, wenn die Unanfechtbarkeit der Feststellungsentscheidung eingetreten ist, in der Praxis Probleme entstanden wären[4]. Beim Verlust des Freizügigkeitsrechts aus Gründen der öffentlichen Sicherheit und Ordnung erweise sich die damit verbundene zeitliche Verzögerung als zusätzliche Hürde für die Ausweisung. Die Freizügigkeits-RL gebe dies nicht vor. Sie mache keine Vorgaben zum Zeitpunkt, in dem die Ausreisepflicht entstehen müsse. Sie verlange lediglich in Art. 31 II RL 2004/38/EG, dass eine Abschiebung nicht erfolgen dürfe, wenn ein Antrag auf einstweiligen Rechtsschutz gestellt und über diesen noch nicht entschieden worden sei. Mit der Änderung werde das Entstehen der Ausreisepflicht zeitlich vorverlagert[5]. Die Ausreisepflicht könne dann sofort durchgesetzt werden, es sei denn, es werden Rechtsmittel eingelegt.

3 Außerdem wurde S. 4 wie folgt gefasst: „Außer in dringenden Fällen muss die Frist mindestens einen Monat betragen." Neben diesen Änderungen wurden in Abs. 1 der S. 5 und in Abs. 2 der S. 3 angefügt. Weiterhin wurde in Abs. 2 S. 1 die Angabe „oder Absatz 3" gestrichen und in S. 2 die Wörter „auf Antrag" eingefügt[6]. Dabei ging der Gesetzgeber davon aus, dass die bisherige Regelung, wonach eine Einreisesperre von Amts wegen zu befristen war, über die RL hinausgegangen sei. Die Sperre sollte daher mit der Neuregelung nur auf Antrag befristet werden[7].

4 Eine weitere Änderung erfolgte durch das ÄnderungsG 2013, mit dem mit Wirkung ab dem 29.1.2013 die Freizügigkeitsbescheinigung für Unionsbürger abgeschafft und die Aufenthaltskarte für drittstaatsangehörige Familienangehörige von Unionsbürgern von einem Verwaltungsakt in eine Bescheinigung ohne Regelungscharakter verändert wurde. § 7 I 1 wurden nach dem Wort „Unionsbürger" die Wörter „oder ihre Familienangehörigen" eingefügt und der S. 2 aufgehoben[8].

5 Im Dezember 2014 erfolgte eine umfassende Änderung des § 7[9]. Der Abs. 2 wurde durch Aufnahme der Regelungen zur Sperrwirkung in Fällen des § 2 VII um die S. 2–4 ergänzt Außerdem wurde in S. 5 klargestellt, dass in den S. 1–3 die Befristung nicht auf Antrag, sondern von Amts wegen zu erfolgen hat. Insoweit bestimmt der neu eingefügte S. 6, dass die Frist unter Berücksichtigung des Einzelfalls festzusetzen ist und nur in den Fällen des § 6 I fünf Jahre überschreiten darf. In S. 8 wurde nach dem Wort „Aufhebung" die Wörter „oder auf Verkürzung der festgesetzten Frist" eingefügt.

II. Ausreisepflicht, Ausreisefrist und Abschiebungsandrohung

6 Der Erlass einer Abschiebungsandrohung nach § 7 I 2 setzt voraus, dass Unionsbürger oder ihre Familienangehörigen ausreisepflichtig sind. Die **Ausreisepflicht** wird in § 7 I 1 speziell geregelt. Sie wird nur an eine Feststellung des Nichtbestehens der Freizügigkeit geknüpft. Rechtsgrundlagen einer Verlustfeststellung können die §§ 2 VII, 5 IV oder 6 I sein. Da Bescheinigungen nach § 5 I 2, Aufenthaltskarten für Familienangehörige nach § 5 I 1 und Daueraufenthaltskarten nach § 5 V nur deklaratorische Bescheinigungen ohne jede Regelungswirkung sind, stehen sie der Ausreisepflicht nicht entgegen.

7 Für Familienangehörige, die keine Unionsbürger sind, ist für Altfälle, in denen ihnen vor dem 29.1.2013 einer Daueraufenthaltskarte ausgestellt wurde, eine **Übergangsproblematik** zu beachten, die der Gesetzgeber übersehen hat. Die Daueraufenthaltskarte für drittstaatsangehörige Familienangehörige von Unionsbürgern nach § 5 V 2 war bis zum 29.1.2013 ein feststellender Verwaltungsakt und nicht nur eine deklaratorische Bescheinigung. Die Rechtsnatur einer Daueraufenthaltskarte, die vor dem 29.1.2013 ausgestellt wurde, ändert sich nicht nachträglich dadurch, dass der Gesetzgeber diese neu regelt und nunmehr nur noch als deklaratorische Bescheinigung ohne jede Bindungswirkung ausstellen lässt.

8 Eine vor dem 29.1.2013 ausgestellte Daueraufenthaltskarte regelte als Verwaltungsakt nicht das Bestehen der Freizügigkeit, da diese Rechtsstellung unmittelbar aus dem Unionsrecht fließt. Die

---

[1] BT-Drs. 15/420, 39.
[2] BT-Drs. 15/3479, 13.
[3] BT-Drs. 16/5065, 36.
[4] BT-Drs. 16/5065, 211.
[5] BT-Drs. 16/5065, 211.
[6] BT-Drs. 16/5065, 36.
[7] BT-Drs. 16/5065, 212.
[8] Gesetz v. 21.1.2013 (BGBl. I S. 86) mWv 2.1.2013.
[9] BT-Drs. 18/2581.

Regelungswirkung des feststellenden Verwaltungsaktes beschränkt sich darauf, mit Bindungswirkung auszusprechen, dass die Voraussetzungen eines unionsrechtlichen Daueraufenthaltsrechts nach § 4a vorliegen. Diese Bindungswirkung hat zur Folge, dass die Ausländerbehörde bis zur Aufhebung des Verwaltungsaktes vom Vorliegen der Voraussetzungen eines Daueraufenthaltsrechts ausgehen muss. Erst die Aufhebung des feststellenden Verwaltungsaktes (Widerruf oder Rücknahme) beseitigt diese Bindungswirkung.

Da der feststellende Verwaltungsakt selbst keine Freizügigkeit vermittelt, sondern nur (möglicherweise fehlerhaft) das Vorliegen der Freizügigkeitsvoraussetzungen für das Daueraufenthaltsrecht regelt, steht er keiner Verlustfeststellung entgegen. Denn die Feststellung des Nichtbestehens der Freizügigkeit knüpft an den Wegfall der Freizügigkeit an, deren Vorliegen objektiv zu beurteilen ist. **Die Daueraufenthaltskarte nach altem Recht hindert daher nur das Entstehen der Ausreisepflicht.** 9

Um diesem Umstand Rechnung tragen zu können, wird man die Fassung des § 7 I 2 aF anwenden müssen, die vor dem 29.1.2013 galt: „Familienangehörige, die nicht Unionsbürger sind, sind ausreisepflichtig, wenn die Ausländerbehörde die Aufenthaltskarte oder Daueraufenthaltskarte widerrufen oder zurückgenommen hat." 10

Eine ähnliche Problematik in Bezug auf Aufenthaltskarten, die vor dem 29.1.2013 ausgestellt wurden, hat sich zwischenzeitlich durch Zeitablauf erledigt. Denn die für fünf Jahre ausgestellten Aufenthaltskarten wurden nach neuem Recht verlängert und unterliegen damit der ab dem 29.1.2013 geltenden Rechtslage. 11

Nicht ausdrücklich geregelt ist der Status der Unionsbürger und Familienangehörigen, die kein Recht auf Einreise und Aufenthalt nach § 2 I genießen, bei denen die Ausländerbehörde aber noch keine Feststellung des Nichtbestehens oder Verlusts des Freizügigkeitsrechts erlassen hat. Anders als die Freizügigkeits-RL geht das FreizügG/EU von einer **Freizügigkeitsvermutung** aus[10]. Diese wird im FreizügG/EU nicht ausdrücklich erwähnt. Gem. § 7 I 1 sind Unionsbürger und Familienangehörige aber erst ausreisepflichtig, wenn die Ausländerbehörde festgestellt hat, dass das Recht auf Einreise und Aufenthalt nicht besteht[11]. Die Ausreisepflicht für Unionsbürger und ihre Familienangehörigen knüpft mit der Perfekt-Formulierung („festgestellt hat") an das Vorliegen einer Feststellung nach § 2 VII, § 5 IV oder § 6 I an[12]. Die fehlende Ausreisepflicht vor Feststellung des Nichtbestehens der Freizügigkeit verdeutlicht, dass es nicht um die Aufrechterhaltung der Freizügigkeit, sondern um die Beibehaltung des rechtmäßen Aufenthalts geht. 12

Die Freizügigkeitsvermutung vermittelt bis zur Feststellung des Nichtbestehens der Freizügigkeit nach § 5 IV analog nur rechtmäßigen Aufenthalt, nicht aber auch Freizügigkeit[13]. Der Begriff „Freizügigkeitsvermutung" ist daher irreführend; richtigerweise müsste das Wort „Rechtmäßigkeitsvermutung" genutzt werden. Das Bestehen der Freizügigkeitsvermutung steht damit iRd Rücknahme zu treffenden rechtlichen Bewertung, dass der Ausländer keine Freizügigkeit genießt, nicht entgegen. Die Freizügigkeitsvermutung ist eine nationale Verfahrensstellung, die bis zur Klärung des Freizügigkeitssachverhalts verhindert, dass der Unionsbürger und sein Familienangehöriger in die Illegalität abrutschen. Das nationale Recht vermittelt ihm bis zum Abschluss der Prüfung rechtmäßigen Aufenthalt. Ein Unionsbürger und ein drittstaatsangehöriger Familienangehöriger unterliegen dem FreizügG/EU so lange, bis die Ausländerbehörde eine Feststellung des Nichtbestehens oder des Verlusts des Rechts auf Einreise und Aufenthalt nach § 2 I erlassen hat[14]. 13

Die Gesetzesmaterialien stellen hierzu fest[15]: „Auf Unionsbürger und ihre Familienangehörigen, die nicht oder nicht mehr nach Unionsrecht freizügigkeitsberechtigt sind und auch kein Aufenthaltsrecht nach § 2 V genießen, findet dieses Gesetz keine Anwendung, sondern die Betreffenden unterliegen dem allgemeinen Ausländerrecht. Entsprechend dem Grundsatz, dass Unionsbürger und ihre Angehörigen weitestgehend aus dem Geltungsbereich des allgemeinen Ausländerrechts herausgenommen werden, setzt dies einen – nicht notwendigerweise unanfechtbaren – Feststellungsakt der zuständigen Behörden voraus. Damit gilt für den in § 1 beschriebenen Personenkreis zunächst eine Vermutung der Freizügigkeit." 14

---

[10] BVerwG Urt. v. 16.11.2010 – 1 C 17.09 Rn. 11; Urt. v. 11.1.2011 – 1 C 23.09 Rn. 12; Urt. v. 16.7.2015 – 1 C 22.14 Rn. 12; OVG NRW Beschl. v. 20.11.2015 – 18 B 665/15 Rn. 11; BSG Urt. v. 20.1.2016 – B 14 AS 35/15 R Rn. 25; Urt. v. 16.12.2015 – B 18 AS 15/14 R Rn. 22; Urt. v. 16.12.2015 – B 14 AS 33/14 R Rn. 21; Urt. v. 3.12.2015 – B 4 AS 44/15 R Rn. 34; Urt. v. 3.12.2015 – B 4 AS 44/15 R Rn. 34; LSG NRW Urt. v. 11.4.2016 – L 19 AS 555/15 Rn. 37; LSG RhPf Beschl. v. 5.11.2015 – L 3 AS 479/15 B ER Rn. 4; BayLSG Beschl. v. 22.7.2015 – L 11 AS 420/15 B ER Rn. 19; LSG BW Beschl. v. 29.6.2015 – L 1 AS 2338/15 ER ua Rn. 34; LSG NRW Urt. v. 1.6.2015 – L 19 AS 1923/14 Rn. 47; HessLSG Beschl. v. 22.5.2015 – L 4 SO 31/15 B ER Rn. 12; Beschl. v. 7.4.2015 – L 6 AS 62/15 B ER Rn. 16; SG Halle Beschl. v. 14.4.2016 – S 32 AS 1109/16 ER Rn. 24; SG Berlin Urt. v. 24.2.2016 – S 2 EG 11/13 Rn. 19; *Schreiber* ZAR 2015, 46 (49) mwN.
[11] BT-Drs. 17/10746, 12.
[12] VG Sigmaringen Urt. v. 19.9.2006 – 7 K 1190/05, EzAR-NF 14 Nr. 7.
[13] VG Darmstadt Urt. v. 3.3.2011 – 5 K 11/10 Rn. 44 ff.
[14] OVG Brem Beschl. v. 21.1.2011 – 1 B 242/10 Rn. 3; HessVGH Beschl. v. 29.12.2004 – 12 TG 3212/04.
[15] BT-Drs. 15/420, 106 zu § 11.

15 Mit der Freizügigkeitsvermutung wird der besonderen Bedeutung der Unionsbürgerschaft und der allgemeinen Freizügigkeit nach Art. 21 AEUV Rechnung getragen. Da ein Unionsbürger und seine Familienangehörigen nach § 2 V für die Dauer von drei Monaten nach der Einreise rechtmäßigen Aufenthalt genießen, wenn sie im Besitz eines Ausweises oder Passes sind, ist davon auszugehen, dass der Rechtsstatus sich nicht automatisch nach Ablauf der drei Monate ändert. Die Annahme eines geduldeten Aufenthalts bei fehlender Freizügigkeit wäre gerade im Hinblick auf den schnellen Wechsel der Rechtspositionen vom Recht auf Einreise nach § 2 V zur Arbeitssuche oder zum Empfang von Dienstleistungen nicht sachgemäß und trüge dem besonderen Status der Unionsbürgerschaft nach Art. 20 AEUV nicht hinreichend Rechnung.

16 Die Freizügigkeitsvermutung knüpft an die Staatsangehörigkeit eines anderen Mitgliedstaats der EU an. Hält sich ein Unionsbürger eines anderen Mitgliedstaats in Deutschland auf, so liegt erkennbar ein grenzüberschreitender Sachverhalt vor, der Anknüpfungspunkt für eine Freizügigkeitsvermutung sein kann. **Hier fehlt es hier an der Grundlage der Freizügigkeitsvermutung.**

17 EU-Bürger und ihre Familienangehörigen werden auch dann von § 7 I 1 erfasst, wenn sie nicht das Bestehen ihres Freizügigkeitsrechts nach §§ 2–4 dargetan haben[16]. Dies ergibt sich außer aus dem bereits eindeutigen Wortlaut auch aus der Systematik des FreizügG/EU: Nach § 5 II (vormals § 5 III aF) kann die zuständige Ausländerbehörde verlangen, dass die Voraussetzungen des Freizügigkeitsrechts innerhalb angemessener Fristen glaubhaft gemacht werden. Dies bedeutet, dass erst im Anschluss an das Misslingen der Glaubhaftmachung seitens der Ausländerbehörde die Feststellung getroffen werden kann, einem bestimmten Unionsbürger stehe das Freizügigkeitsrecht nicht zu (§ 11 II Alt. 1: Feststellung des Nichtbestehens des Freizügigkeitsrechts) und hieraus dann rechtliche Konsequenzen gezogen werden können[17]. Dieser Wille des Gesetzgebers kommt ferner zum Ausdruck darin, dass die Norm in § 7 von „Unionsbürgern oder ihren Familienangehörigen" und nicht etwa wie in § 2 von „freizügigkeitsberechtigten Unionsbürgern und ihren Familienangehörigen" spricht[18].

18 Auch in Täuschungsfällen, in denen über das Vorliegen der (weiteren) Voraussetzungen der Freizügigkeit (etwa tatsächliche Beschäftigung als Arbeitnehmer) getäuscht wird, findet die Freizügigkeitsvermutung Anwendung (siehe hierzu § 1). Zwar ist nach der Rspr. des EuGH die missbräuchliche oder betrügerische Berufung auf das Unionsrecht nicht gestattet[19], jedoch führt eine Täuschung über die Voraussetzungen des Vorliegens der Freizügigkeit weder zu einem Verlust der Verfahrensrecht noch zu einer automatischen Anwendbarkeit des AufenthG, wenn dem Betroffenen vom Anwendungsbereich des FreizügG/EU erfasst wird.

19 Verbleibt ein Ausländer, der über einen Freizügigkeit vermittelnden Sachverhalt getäuscht hat, bis zu Klärung des Status im Schutzbereich der Freizügigkeits-RL, so spricht dieses Ergebnis dafür, das FreizügG/EU bis zur Klärung des Status des Ausländers, dem eine Freizügigkeitsbescheinigung oder Aufenthaltskarte ausgestellt worden war, für anwendbar anzusehen[20].

20 Für die Anwendbarkeit des FreizügG/EU spricht außerdem der Umstand, dass die Frage, ob eine Täuschung über den Freizügigkeit vermittelnden Sachverhalt vorliegt, streitig sein kann. Ob eine **Scheinehe** vorliegt oder die Ehe nachträglich gescheitert ist, kann im Einzelfall schwierig zu entscheiden sein. Gleiches gilt für Fragen des Bestehens oder des Verlustes von Staatsangehörigkeiten. In derartigen Fällen wird häufig erst nach einer längeren Prüfung feststehen, dass kein Freizügigkeit vermittelnder Sachverhalt bestand. Bis zur Klärung der Rechtsstellung wird aber zugunsten des Betroffenen von einer Anwendbarkeit des FreizügG/EU auszugehen sein, um diesem die damit verbundenen Privilegierungen zu erhalten[21].

21 Die Feststellungen nach §§ 2 VIII, 5 IV bzw. § 6 I beenden den rechtmäßigen Aufenthalt auch dann, wenn der Ausländer gegen den feststellenden Verwaltungsakt Widerspruch einlegt oder Anfechtungsklage erhebt[22]. Der **Suspensiveffekt** (§ 80 I VwGO) lässt die Wirksamkeit des Verwaltungsakts unberührt und führt nur zu einem umfassenden Verwirklichungs- und Ausnutzungsverbot, da dem Suspensiveffekt nur Vollzugs- und keine Wirksamkeitshemmung zukommt. Die rechtsgestaltende Wirkung der Feststellungen nach den §§ 5 V, 6 I auf die nationale Rechtsposition, die durch die Freizügigkeitsvermutung hervorgerufen wird, beendet den rechtmäßigen Aufenthalt. Während des Zeitraums bis zur Entscheidung der Widerspruchsbehörde oder des Gerichts ist der Aufenthalt geduldet und entspricht damit der Rechtsstellung eines ausgewiesenen Ausländers nach § 84 II 1 AufenthG.

---

[16] HessVGH Beschl. v. 29.12.2004 – 12 TG 3212/04, InfAuslR 2005, 130.
[17] HessVGH Beschl. v. 29.12.2004 – 12 TG 3212/04, InfAuslR 2005, 130.
[18] HessVGH Beschl. v. 29.12.2004 – 12 TG 3212/04, InfAuslR 2005, 130.
[19] S. EuGH Urt. v. 3.12.1974 – 33/74, Slg. 1974, 1299 – Van Binsbergen; Urt. v. 2.5.1996 – C-206/94, Slg. 1996, I-2357 – Paletta; Urt. v. 9.3.1999 – C-212/97, Slg. 1999, I-1459 – Centros; Urt. v. 21.2.2006 – C-255/02, Slg. 2006, I-1609 – Halifax; Urt. v. 21.2.2008 – C-425/06, Slg. 2008, I-897 uva – Part Service Srl. Zur Dogmatik des Missbrauchs im europäischen Recht vgl. auch *Fleischer* JZ 2003, 865 ff. sowie *Schön* FS Wiedemann, 2002, 1271 ff.
[20] → § 1; VG Darmstadt Urt. v. 3.3.2011 – 5 K 9/10 Rn. 32.
[21] VG Darmstadt Urt. v. 3.3.2011 – 5 K 9/10 Rn. 33.
[22] Ebenso HessVGH Urt. v. 18.8.2011 – 6 B 821/11 Rn. 20.

Ausreisepflicht § 7 FreizügG/EU 2

Dass die Rechtmäßigkeitsvermutung unmittelbar mit Wirksamkeit des Feststellungsbescheids entfällt, entspricht auch der ratio legis der Vermutungsregelung. Es besteht kein Raum mehr für eine Vermutung, wenn die Ausländerbehörde durch eine Prüfung festgestellt hat, dass keine Freizügigkeit mehr vorliegt. Dies gilt gerade auch für die oben genannten Täuschungsfälle, bei denen eine Privilegierung allenfalls im Hinblick auf die Einhaltung von Verfahrensstandards bis zum Erlass des Feststellungsbescheids eine Berechtigung hat. 22

Die **Feststellung des Nichtbestehens des Rechts auf Einreise und Aufenthalt** nach §§ 2 VII, 5 IV oder § 6 I **muss wirksam sein,** um die Ausreisepflicht auszulösen. Liegt kein Fall des § 6 vor, so ist eine Abschiebung eines Ausländers, der zu dem in § 1 genannten Personenkreis gehört, wegen der **Freizügigkeitsvermutung**[23] nur möglich, wenn zuvor eine Feststellung des Nichtbestehens der Freizügigkeit des Rechts nach § 2 I ergangen ist[24]. 23

Dass die Feststellung nicht vollziehbar sein muss, entspricht auch dem Willen des Gesetzgebers. Denn die bis zum 28.8.2007 anwendbare Fassung des § 7 I sah vor, dass die Ausreisepflicht nur eintrat, wenn die Feststellung des Nichtbestehens der Freizügigkeit „unanfechtbar" war. Indem der Gesetzgeber die Notwendigkeit der Unanfechtbarkeit gestrichen hat, hat er zugleich zum Ausdruck gebracht, dass die Rechtsfolge mit Wirksamkeit des Feststellungsbescheids eintreten sollte. 24

Durch Abschiebung kann die Ausreisepflicht erst vollstreckt werden, wenn sie vollziehbar ist. Der Suspensiveffekt von Widerspruch und/oder Klage nach § 80 I VwGO lässt zwar den rechtmäßigen Aufenthalt aufgrund der Freizügigkeitsvermutung nicht mehr aufleben, es führt aber dazu, dass die Durchsetzung der Ausreisepflicht durch eine Abschiebung unzulässig ist. § 83 I Nr. 1 AufenthG finden auf die Feststellung mangels Verweises in § 11 II keine Anwendung. 25

Nach dem Wirksamwerden der Feststellung ergibt sich daher für den Unionsbürger oder seinen Familienangehörigen folgende Rechtsstellung: Er ist ausreisepflichtig, die Ausreisepflicht ist aber nicht vollziehbar. Damit hat er zwar keinen unmittelbaren Anspruch auf eine Duldung nach § 60a AufenthG, da diese eine vollziehbare Ausreisepflicht voraussetzt, aber er hat gleichwohl Anspruch auf eine Verfahrensduldung. Für den Leistungsbezug hat dies zur Folge, dass er nicht SGB II-Leistungen erhält, sondern Leistungen nach dem AsylbLG. 26

Damit wird auch den **verfahrensrechtlichen Vorgaben der RL 2003/38/EG** ausreichend Rechnung getragen: Nach Art. 15 iVm Art. 31 RL 2004/38/EG darf eine Abschiebung eines Unionsbürgers grundsätzlich nicht erfolgen, solange nicht über den Antrag auf vorläufigen Rechtsschutz entschieden wurde, wenn neben dem Rechtsbehelf gegen die Feststellung auch ein Antrag auf vorläufigen Rechtsschutz gestellt worden ist (Art. 15 iVm Art. 31 II); die Mitgliedstaaten können dem Betroffenen verbieten, sich während des Rechtsbehelfsverfahrens in ihrem Hoheitsgebiet aufzuhalten (Art. 15 iVm Art. 31 IV). Hiernach ist eine Abschiebung nach Abschluss des vorläufigen Rechtsschutzverfahrens **vor Eintritt der Unanfechtbarkeit** hinsichtlich des Feststellungsausspruchs zulässig[25]. 27

Die **Ausreisepflicht entfällt,** wenn der Grund für die Feststellung nach § 5 IV entfällt, weil der Betroffene erneut Freizügigkeit erlangt hat[26]. Da die Freizügigkeit dem Unionsbürger und seinem Familienangehörigen unmittelbar kraft EU-Rechts rechtmäßigen Aufenthalt vermittelt, ist die Feststellung mit Exnunc-Wirkung aufzuheben. Eine Aufhebung der Feststellung über das Nichtbestehen der Rechts ist erforderlich, weil damit die Freizügigkeitsvermutung wieder auflebt und zugleich für Dritte – etwa Sozialleistungsbehörden – erkennbar wird, dass der Betroffene sich wieder rechtmäßig im Bundesgebiet aufhält. 28

Erlangt ein Unionsbürger oder sein Familienangehöriger nach dem Entstehen der Ausreisepflicht nachträglich wieder einen Status als Freizügigkeitsberechtigter, so muss die Ausländerbehörde diesem Umstand Rechnung tragen. Sie muss die Verlustfeststellung auf den Zeitpunkt der Wiedererlangung der Freizügigkeit begrenzen. Die zeitliche **Begrenzung der Feststellung des Nichtbestehens der Freizügigkeit auf dem Zeitpunkt des Wiedererlangens der Freizügigkeit** hat zur Folge, dass für das Daueraufenthaltsrecht nach § 4a eine schädlichen Zäsur entsteht und die Absenkung der Leistungen durch den Sozialleistungsträger mit Rechtsgrund erfolgt ist und nachträglich nicht korrigiert werden muss. Dabei besteht keine Rechtsgrundlage für eine positive Feststellung dahin gehend, dass „der Ausländer wieder Freizügigkeit ab einem bestimmten Zeitpunkt genießt, sondern nur die Möglichkeit eines Widerrufs der nunmehr rechtswidrig gewordenen Feststellung". 29

Ist eine Abschiebungsandrohung zugleich mit der Feststellung verfügt worden, so ist diese aufzuheben, da die Ausreisepflicht Rechtmäßigkeitsvoraussetzung der Androhung ist. Ist bereits Bestandskraft eingetreten, so ist die Abschiebungsandrohung entweder auf Antrag nach § 51 VwVfG wegen Änderung der Sachlage oder vom Amts wegen aufzuheben. Eine Vollstreckung ist nicht mehr möglich, da hierdurch unverhältnismäßig in das Freizügigkeitsrecht eingegriffen wird. Bei Feststellungen nach § 6 I führt allein die Änderung der Verhältnisse nicht zum Wegfall der Ausreisepflicht, sondern es 30

---

[23] Hierzu § 11.
[24] OVG Brem Beschl. v. 21.1.2011 – 1 B 242/10 Rn. 3.
[25] AA HessVGH Beschl. v. 29.12.2004 – 12 TG 3212/04, InfAuslR 2005, 130.
[26] So auch *Harms* in Storr ua § 7 Rn. 3.

Dienelt

bedarf der Befristung der Wirkung der Feststellung nach § 6 I. Der Befristungsantrag kann vor der Ausreise gestellt werden.

31   Die **Ausreisepflicht erlischt,** wenn der Unionsbürger oder der Familienangehörige endgültig ausreist und damit seinen Aufenthalt tatsächlich dauerhaft aus dem Bundesgebiet verlegt. Die Einreise in einen anderen EU-Mitgliedstaat stellt nur dann eine Erfüllung der Ausreisepflicht dar, wenn ihm Einreise und Aufenthalt dort erlaubt sind (§ 11 II iVm § 50 IV AufenthG).

32   Eine **unanfechtbare Altausweisung** kann eine Ausreisepflicht begründen, wenn der Unionsbürgerstatus bei Erlass der Verfügung hätte beachten werden müssen[27]. Verkannte die Ausländerbehörde bei Erlass die Freizügigkeit des Unionsbürgers und wurde die Ausweisung bestandskräftig, so begründet diese die Ausreisepflicht; der Unionsbürger wird im Hinblick auf den Zeitablauf aber in der Regel einen Befristungsanspruch nach § 7 II 2 haben.

33   **Altausweisungen von Unionsbürgern werden nach § 102 I AufenthG erfasst, weil Unionsbürger nach § 11 II infolge der Ausweisung dem AufenthG unterfallen.** Die Regelung des § 11 II, die nur die Rechtslage ab dem 1.1.2005 regelt, ist entsprechend auf Fälle ausgewiesener Unionsbürger anzuwenden. Denn Unionsbürger verlieren ihr Freizügigkeitsrecht unmittelbar aufgrund der Ausweisung, unabhängig von den weiteren gesetzlichen Rechtsfolgen. Dem steht auch nicht der fehlende Verweis in § 11 I auf § 102 AufenthG entgegen, da § 11 I zum einen die Rechtslage nur für die Zukunft gestaltet und zum anderen voraussetzt, dass der Ausländer freizügigkeitsberechtigt ist.

34   Betrifft die **Altausweisung einen Unionsbürger der Beitrittsstaaten oder seinen Familienangehörigen** und ist sie vor dem Beitritt ergangen, so kann sie keine Ausreisepflicht begründen. Der EuGH hatte in der Rechtssache Ciola[28] über die Frage zu befinden, ob ein Verstoß gegen ein durch bestandskräftigen Verwaltungsakt festgelegtes Verbot im Rahmen eines Bußgeldverfahrens dem Kläger entgegengehalten werden kann, wenn es im Hinblick auf den erfolgten Beitritt Österreichs wegen Unvereinbarkeit mit der Dienstleistungsfreiheit nicht mehr verhängt werden dürfte. Im Hinblick auf die spezielle Übergangsproblematik, bei der Österreich aufgrund der Beitrittsakte verpflichtet war, sein Recht an das Unionsrecht anzupassen, hat der EuGH entschieden, dass ein gegen die Dienstleistungsfreiheit verstoßender Verwaltungsakt bei der Beurteilung einer Geldstrafe, die nach dem Zeitpunkt des Beitritts wegen der Nichtbeachtung des in dem Verwaltungakt ausgesprochenen Verbots verhängt wurde, unangewendet bleiben muss. Diese Entscheidung ist aufgrund der speziellen Übergangsproblematik aber nicht auf Fälle übertragbar, in denen die Ausweisung eines freizügigkeitsberechtigten Unionsbürgers erfolgt ist[29].

35   Auf die nach Feststellung des Verlusts des Freizügigkeitsrechts des Unionsbürgers oder seines Familienangehörigen vor der Ausländerbehörde nach § 7 I 2 zu erlassende Abschiebungsandrohung ist gem. § 11 II das AufenthG mit den sich aus § 7 I 3 und 4 ergebenden Besonderheiten (Länge der Ausreisefrist, Vollzugsaussetzung im Falle der Stellung eines Antrags nach § 80 V VwGO) anwendbar. **Für den Erlass der Abschiebungsandrohung ist die hierfür nach Landesrecht bestimmte Ausländerbehörde zuständig**[30]. Die in § 71 I AufenthG geregelte Zuständigkeit der Ausländerbehörde ist eine über das AufenthG hinausgehende, generalklauselartige Kompetenzzuweisung und gilt auch für aufenthaltsrechtliche Maßnahmen und Entscheidungen gegenüber Unionsbürgern nach dem FreizügG/EU[31].

36   Nach § 1 II Nr. 1 AufenthG findet das AufenthG zwar grundsätzlich keine Anwendung auf Unionsbürger. Dies steht aber unter dem Vorbehalt, dass nicht „durch Gesetz" etwas anderes bestimmt ist. Solch eine abweichende gesetzliche Regelung ist § 71 I AufenthG. Diese Vorschrift enthält ausdrücklich eine über das AufenthG hinausgehende, generalklauselartige Kompetenzzuweisung, die auch aufenthaltsrechtliche Maßnahmen und Entscheidungen nach dem FreizügG/EU erfasst. Insoweit bedurfte es keiner Rückverweisung in § 11 auf das AufenthG[32].

37   Die Abschiebung als Vollstreckungsmaßnahme zur Durchsetzung der Ausreisepflicht ist im FreizügG/EU nur in Ansätzen geregelt. So soll nach § 7 I 2 die Abschiebung unter Setzung einer

---

[27] Ausweisungen, die unter der Geltung des AuslG 1990 und des AufenthG/EWG unanfechtbar geworden sind, gelten grundsätzlich unabhängig von der Rechtslage kraft ihrer materiellen Bestandskraft als freizügigkeitsbeschränkende Maßnahmen auch nach dem 1.1.2005 fort; ebenso BVerwG Urt. v. 23.10.2007 – 1 C 10.07, BVerwGE 129, 367 = InfAuslR 2008, 116; Urt. v. 4.9.2007 – 1 C 21.07, BVerwGE 129, 243 = InfAuslR 2008, 1; HmbOVG Urt. v. 22.3.2005 – 3 Bf 294/04, EzAR-NF 014 Nr. 3 und Beschl. v. 14.12.2005 – 3 Bs 79/05, InfAuslR 2006, 305; VGH BW Urt. v. 24.1.2007 – 13 S 451/06, InfAuslR 2007, 182; BayVGH Beschl. v. 21.3.2006 – 19 CE 06.721; *Groß* ZAR 2005, 81 (86); *Lüdke* InfAuslR 2006, 177 (178); aA OVG Bln-Bbg Beschl. v. 15.3.2006 – 8 S. 123.05, InfAuslR 2006, 256 und *Gutmann* InfAuslR 2005, 125 (126); unklar *Jakober* VBlBW 2006, 15 (19).
[28] EuGH Urt. v. 29.4.1999 – C-224/97, Slg. 1999, I-2517 – Ciola.
[29] IE ebenso VGH BW Urt. v. 24.1.2007 – 13 S 451/06, InfAuslR 2007, 182; BayVGH Beschl. v. 21.3.2006 – 19 CE 06.721; aA *Gutman* InfAuslR 2005, 125 (126).
[30] HessVGH Urt. v. 18.8.2011 – 6 B 821/11, AuAS 2011, 245; BVerwG Urt. v. 28.6.2011 – 1 C 18.10, InfAuslR 2011, 248 Rn. 9 mit dem die Entscheidung VGH BW Urt. v. 14.12.2010 – 11 S 1415/10, InfAuslR 2010, 420 abgeändert wurde.
[31] BVerwG Urt. v. 28.6.2011 – 1 C 18.10, InfAuslR 2011, 248 Rn. 9.
[32] BVerwG Urt. v. 28.6.2011 – 1 C 18.10, InfAuslR 2011, 248 Rn. 9 ff.

Ausreisefrist angedroht werden. Eine **Ausnahme** von der grundsätzlichen Pflicht zur Androhung der Abschiebung mit Fristsetzung ist gegeben, wenn die Androhung allgemein ihren Zweck nicht erfüllen kann oder entbehrlich ist. Grundsätzlich kann ein Verzicht auf die Androhung bei akuter Gefahr für die öffentliche Sicherheit oder Gesundheit oder des Untertauchens oder der Nichtrückführbarkeit veranlasst sein. Ausnahmen sind danach geboten und gerechtfertigt zB zur Vermeidung von schwerwiegenden Störungen der auswärtigen Beziehungen des Bundes oder der öffentlichen Sicherheit oder der öffentlichen Gesundheit, falls diese durch sonstige Vorkehrungen nicht zuverlässig verhindert werden können. Ausnahmen sind aber auch dann zulässig, wenn zB wegen nur noch kurzer Geltungsdauer des Passes oder wegen des früheren Verhaltens des Ausländers (mehrmalige illegale Einreisen und Abschiebungen) mit einer Befolgung der Ausreisepflicht nach Androhung mit Fristsetzung nicht zu rechnen ist.

Die Länge der **Ausreisefrist** ist mit einem Monat grundsätzlich gesetzlich vorgegeben. Sie kann 38 dem Datum nach festgelegt oder nach dem Zeitpunkt der Zustellung oder sonstigen Bekanntgabe der Feststellung oder des Widerrufs bzw. Rücknahme bestimmt werden. Die Berechnung nach Zeitpunkten birgt Unsicherheiten, andererseits muss die fixe Benennung des Fristendes uU korrigiert werden, wenn sich die Bekanntgabe des Grundveraltungsakts verzögert. Das Fristende darf nicht in der Weise festgesetzt werden, dass es noch in die Zeit des rechtmäßigen Aufenthalts fällt; dann ist nämlich keine Frist eingeräumt. Ausnahmsweise **entbehrlich** kann die Fristsetzung sein, wenn ein dringender Fall vorliegt. Ein **dringender Fall** setzt ein besonderes öffentliches Interesse daran voraus, die Ausweisung sofort zu vollziehen, um damit einer weiteren, unmittelbar drohenden und unzumutbaren Gefährdung der öffentlichen Ordnung durch den Ausländer zu begegnen[33].

Bei der Entscheidung über die **Bemessung der Ausreisefrist** hat die Behörde trotz der gesetzli- 39 chen Mindestfrist zwischen dem öffentlichen Interesse an der baldigen Ausreise des Ausländers und dessen privaten Belangen abzuwägen. So kann die Verhängung der Mindestfrist unverhältnismäßig und damit rechtswidrig sein. Die Ausreisefrist soll es dem Ausländer ermöglichen, seine beruflichen und persönlichen Lebensverhältnisse im Bundesgebiet abzuwickeln und einer Abschiebung durch eine freiwillige Ausreise zuvorzukommen[34]. Die Frist ist mithin so zu bemessen, dass der Ausländer noch diejenigen Angelegenheiten regeln kann, die seine Anwesenheit erfordern.

Darüber hinaus gewährleistet die Ausreisefrist im Hinblick auf die Rechtsschutzgarantie des 40 Art. 19 IV 1 GG, dass der Ausländer wirksamen Rechtsschutz erlangen kann[35]. Neben der Art des bisherigen Aufenthalts ist regelmäßig dessen Dauer von Bedeutung, weil nach längerem Aufenthalt im Bundesgebiet die vor der Ausreise erforderliche Regelung der Angelegenheiten des Ausländers im Allgemeinen mehr Zeit beansprucht als nach einem kurzfristigen Verbleiben[36]. Welche Frist dem einzelnen Ausländer über die Mindestfrist hinaus einzuräumen ist, beurteilt sich unter Berücksichtigung der dargestellten Gesichtspunkte nach den Umständen des Einzelfalls[37].

Die Setzung der Ausreisefrist kann von der Abschiebungsandrohung rechtlich getrennt 41 **werden**[38]. Die Ausreisefrist kann unabhängig von der Abschiebungsandrohung zum Gegenstand einer gerichtlichen Nachprüfung gemacht werden[39]. Eine untrennbare Verknüpfung zwischen der Fristsetzung für die Ausreisepflicht und der Abschiebungsandrohung besteht nicht.

Außerdem bestimmt § 7 I 3, dass eine Abschiebung nicht erfolgen darf, bevor über einen anhängi- 42 gen Antrag auf Gewährung vorläufigen Rechtsschutzes nach § 80 V VwGO entschieden wurde. Damit sieht S. 3 eine **Aussetzung der Vollziehung kraft Gesetzes** vor, die anders als Art. 31 II Freizügigkeits-RL **keine Ausnahmen** enthält. Nach der Freizügigkeits-RL darf die Abschiebung aus dem Hoheitsgebiet nicht erfolgen, solange nicht über den Antrag auf vorläufigen Rechtsschutz entschieden wurde, es sei denn,
– die Entscheidung, mit der die Ausweisung verfügt wird, stützt sich auf eine frühere gerichtliche Entscheidung oder
– die Betroffenen hatten bereits früher die Möglichkeit, eine gerichtliche Überprüfung zu beantragen, oder
– die Entscheidung, mit der die Ausweisung verfügt wird, beruht auf zwingenden Gründen der öffentlichen Sicherheit nach Art. 28 III Freizügigkeits-RL.

---

[33] So BVerwG Urt. v. 13.9.2005 – 1 C 7.04 – zu Art. 9 I RL 64/221/EWG.
[34] Vgl. BVerwG Urt. v. 22.12.1997 – 1 C 14.96, InfAuslR 1998, 217 mit Verweis auf die Begründung des RegE zu § 42 III AuslG, BT-Drs. 11/6321, 70 f.
[35] BVerwG Urt. v. 22.12.1997 – 1 C 14.96, InfAuslR 1998, 217 unter Hinweis auf Urt. v. 12.6.1979 – 1 C 70.77, Buchholz 402.24 § 10 AuslG Nr. 65.
[36] BVerwG Beschl. v. 2.6.1988 – 1 B 66.88, InfAuslR 1988, 316 (317).
[37] BVerwG Urt. v. 22.12.1997 – 1 C 14.96, InfAuslR 1998, 217.
[38] Zum AuslG 1990 BVerwG Urt. v. 3.4.2001 – 9 C 22.00, BVerwGE 114, 122 (124); VGH BW Urt. v. 29.4.2003 – 11 S 1188/02, InfAuslR 2003, 341.
[39] Zum Asylrecht BVerwG Urt. v. 3.4.2001 – 9 C 22.00, BVerwGE 114, 122 (124); ebenso VGH BW Urt. v. 11.11.1997 – VGH A 14 S 412/97, VBlBW 1998, 271; aA, allerdings jeweils zum allg. Ausländerrecht, VGH BW Beschl. v. 10.6.1998 – VGH 13 S 173/98, DÖV 1998, 889; HmbOVG Beschl. v. 30.7.1997 – OVG Bs VI 42/97, InfAuslR 1998, 28 (29); OVG NRW Beschl. v. 19.9.1996 – OVG 18 B 3505/95, NWVBl 1997, 108 (109).

43 Diese **Ausnahmeregelungen können zulasten des Betroffenen nicht unmittelbar angewendet werden.** Denn die Rspr. zur unmittelbaren Anwendbarkeit von RL wird maßgeblich von dem Gedanken geprägt, dass der Staat nicht berechtigt sein kann, dem Bürger sein unionswidriges nationales Recht zur Begründung von Pflichten oder Verweigerung von unionsrechtlich gewährten Rechten vorzuenthalten.

44 Zur Konkretisierung der Zulässigkeit der Abschiebung kann über § 11 I ergänzend auf § 50 II–VI sowie § 59 I 6 und 7 AufenthG zurückgegriffen werden.

45 Erweist sich die Abschiebungsandrohung als rechtswidrig bzw. teilweise rechtswidrig, zB wegen unzureichender Fristsetzung, so bleibt die Feststellung des Nichtbestehens der Freizügigkeit oder der Widerruf bzw. die Rücknahme der (Dauer)Aufenthaltskarte davon unberührt[40].

46 Die Abschiebungsandrohung setzt – anders als der Vollstreckungsakt, dh die Abschiebung – nicht voraus, dass die Ausreisepflicht vollziehbar ist[41]. Insoweit ist nicht erforderlich, dass die Feststellung des Nichtbestehens der Freizügigkeit oder der Widerruf bzw. die Rücknahme der (Dauer)Aufenthaltskarte vollziehbar ist. Dies folgt schon daraus, dass die Androhung und der Vollzug der Abschiebung bei rechtlicher Betrachtung strikt zu trennen sind. Insoweit sieht § 7 I 3 ausdrücklich vor, dass die Abschiebung nicht erfolgen darf, bevor über den Antrag auf § 80 V VwGO entschieden wurde.

47 Auch wenn unmittelbar mit Bekanntgabe der Verlustfeststellung die Rechtmäßigkeit des Aufenthalts endet und der Ausländer ausreisepflichtig wird, so ist der Suspensiveffekt eines Widerspruchs oder einer Klage zu beachten, da sie der Vollziehbarkeit der Verluststellung entgegensteht[42].

48 Solange die aufschiebende Wirkung andauert, ist es der Ausländerbehörde nicht gestattet, den festgestellten Verlust des Freizügigkeitsrechts des Antragstellers zu vollziehen. Die Behörde darf aus ihrem Verwaltungsakt daher keine Maßnahmen treffen, die rechtlich als Vollziehung der wirksamen Verlustfeststellung zu qualifizieren sind[43].

49 Um eine solche Maßnahme der Vollziehung handelt es sich, wenn die Ausländerbehörde die Abschiebung durchführen will oder während der aufschiebenden Wirkung gestützt auf eine Rechtsgrundlage im Aufenthaltsgesetz einen belastenden Verwaltungsakt, der beispielsweise die Abschiebung vorbereiten oder ermöglichen soll, gegenüber dem Ausländer erlässt[44].

50 Im Unterschied zu einer Abschiebung ergeht die Abschiebungsandrohung im „Vorfeld" einer möglichen Abschiebung. Ihr muss sich nicht zwangsläufig eine nachfolgende Abschiebung anschließen. Vielmehr bleibt es dem ausreisepflichtigen Ausländer überlassen, die Durchführung einer angedrohten Abschiebung innerhalb der gesetzten Ausreisefrist zu vermeiden und freiwillig das Bundesgebiet zu verlassen. Die Abschiebungsandrohung dient damit dem Zweck, dem Ausländer einen rechtzeitigen Hinweis auf Zwangsmaßnahmen zu erteilen und es ihm zu ermöglichen, seine Ausreise vorzubereiten und freiwillig auszureisen.

III. Sperrwirkung und Aufenthaltsverbot

51 § 7 II enthält die Sperrwirkung für folgende Fälle:
– S. 1: Verlustfeststellung nach § 6 I.
– S. 2: Feststellung des Nichtbestehens der Freizügigkeit nach § 2 VII.
– S. 3 Alt. 1: Feststellung des Nichtbestehens der Freizügigkeit nach § 2 VII in einem schweren Fall, insbesondere wiederholtes Vortäuschen des Vorliegens der Voraussetzungen des Rechts auf Einreise und Aufenthalt.
– S. 3 Alt. 2: Feststellung des Nichtbestehens der Freizügigkeit nach § 2 VI; wenn ihr Aufenthalt die öffentliche Ordnung und Sicherheit der Bundesrepublik Deutschland in erheblicher Weise beeinträchtigt.

52 Alle vier Fallgruppen des § 7 II 1–3 haben zur Folge, dass betroffene Unionsbürger und ihre Familienangehörigen ihr Recht auf Einreise und Aufenthalt im Bundesgebiet für eine gewisse Dauer nicht ausüben können. Trotz der Befristung bedeutet das Verbot der Wiedereinreise einen besonders schweren Eingriff in die allgemeine unionsrechtliche Freizügigkeit gem. Art. 21 AEUV, da für die Dauer der Einreisesperre das Recht auf Freizügigkeit vollständig entzogen wird[45].

53 **Reist ein Unionsbürger, gegen den eine Einreisesperre verhängt wurde, erneut in das Bundesgebiet ein, so kann er ohne erneute Prüfung der Freizügigkeit in sein Heimatland abgeschoben werden.** Die zuständige Ausländerbehörde ist nicht verpflichtet, bei dieser Gelegenheit zu prüfen, ob der Betroffene noch eine tatsächliche Gefahr für die öffentliche Ordnung darstellt.

---

[40] AA auch *Harms* in Storr ua § 7 Rn. 6.
[41] Ebenso *Maximowitz* in OK-MNet-FreizügG/EU III 3e zu § 7.
[42] OVG BB Beschl. v. 27.5.2021 – OVG 2 S 15/21 Rn. 10.
[43] OVG BB Beschl. v. 27.5.2021 – OVG 2 S 15/21 Rn. 10.
[44] OVG BB Beschl. v. 27.5.2021 – OVG 2 S 15/21 Rn. 10.
[45] Für die Qualifizierung einer Wiedereinreisesperre als besonders drastische Einschränkung des europäischen Freizügigkeitsrechts vgl. EuGH – C-348/96 Rn. 18 – Calfa sowie KOM(2013) 837 endg. S. 10 f.

Nach Art. 32 I Freizügigkeits-RL können nämlich Personen, gegen die ein Aufenthaltsverbot 54 verhängt worden ist, nach einem entsprechend den Umständen angemessenen Zeitraum, in jedem Fall aber drei Jahre nach Vollstreckung des Aufenthaltsverbots, dessen Aufhebung beantragen. Hierfür müssen sie dartun, dass eine materielle Änderung der Umstände eingetreten ist, die den Erlass des Aufenthaltsverbots gerechtfertigt haben. Art. 32 II Freizügigkeits-RL stellt jedoch klar, dass diese Personen „nicht berechtigt" sind, während der Prüfung ihres Antrags in das Hoheitsgebiet des betreffenden Mitgliedstaats einzureisen[46]. Insoweit ist zu beachten, dass die Freizügigkeits-RL die Voraussetzungen festlegt, unter denen die zuständigen Behörden ein Aufenthaltsverbot wegen geänderter Umstände aufheben dürfen.

Es ergibt sich daher ausdrücklich aus dem Wortlaut des Art. 32 II Freizügigkeits-RL, dass 55 **die Ausländerbehörden bei einer Wiedereinreise keineswegs daran gehindert sind, eine Rückkehrentscheidung gegenüber einer Person zu erlassen, solange die Prüfung des Antrags auf Aufhebung des Einreiseverbots nicht mit positivem Ergebnis abgeschlossen ist**[47].

Die Sperrwirkung von Ausweisung und Abschiebung (§ 11 I AufenthG) ist auf Freizügig- 56 keitsberechtigte nicht anwendbar (vgl. § 11 I). Die Feststellung des Verlusts des Freizügigkeitsrechts hat aber ähnliche Folgen. Den Betroffenen sind Einreise und Aufenthalt verwehrt, diese Wirkung ist seit dem RLUmsG 2007 nicht mehr von Amts wegen zu befristen, sondern nur noch auf Antrag.

Auch in Bezug auf drittstaatsangehörige Familienangehörige ist die Sperrwirkung von 57 **Ausweisung und Abschiebung nicht anwendbar.** Zwar war es bis zum 9.12.2014 möglich, mit der Feststellung des Nichtbestehens der Freizügigkeit zugleich eine Ausweisung zu verfügen, um eine Wiedereinreisesperre unterhalb der Schwelle des § 6 I auszulösen. Diese Möglichkeit ist mit Einführung der Wiedereinreisesperre, die aufgrund von Maßnahmen nach § 2 VII verhängt werden, unzulässig geworden. Denn nach § 11 II aE liegen nun spezielle Regelungen vor, die einen Rückgriff auf § 11 AufenthG ausschließen. **Die Möglichkeit, über eine Ausweisung die Sperrwirkung für einen Nicht-EU-Bürger herbeizuführen, wird durch die speziellen Regelungen des § 7 II 2 und 3 verhindert (§ 11 II aE).** Die speziellen Regelungen, die bei Maßnahmen nach § 2 VII zur Anwendung gelangen, verdrängen insoweit § 11 AufenthG mit der Folge, dass eine Ausweisung in Bezug auf die Verhängung einer Wiedereinreisesperre ins Leere geht.

Die Einführung von Wiedereinreisesperren, die nicht auf § 6 I beruhen, ist unionsrechtlich nicht 58 gerechtfertigt. Das Recht der Staatsangehörigen eines Mitgliedstaats, sich im Hoheitsgebiet eines anderen Mitgliedstaats frei zu bewegen und aufzuhalten, wird nicht uneingeschränkt gewährt, sondern unterliegt den in den Verträgen und in den Durchführungsvorschriften vorgesehenen Beschränkungen und Bedingungen. Dementsprechend ermöglicht die Freizügigkeits-RL zwei Einschränkungsmöglichkeiten:

– Maßnahmen, die auf den Art. 27 ff. Freizügigkeits-RL aus Gründen der öffentlichen Sicherheit, Ordnung oder Gesundheit getroffen werden und
– Maßnahmen, die im Falle von Rechtsmissbrauch oder Betrug nach Art. 35 Freizügigkeits-RL erlassen werden.

Entsprechend der Vorgabe, dass das Freizügigkeitsrecht den in den Verträgen und in den Durch- 59 führungsvorschriften vorgesehenen Beschränkungen und Bedingungen unterliegt, müssen freizügigkeitsbeschränkende Maßnahmen der Mitgliedstaaten den unionsrechtlichen Anforderungen genügen. Das Recht auf Freizügigkeit begrenzt als grundlegendes Prinzip des Unionsrechts den primär- und sekundärrechtlich eröffneten Ermessensspielraum einschließlich der Befugnis zur Ausweisung aus dem bzw. zum Verbot der Wiedereinreise in das Hoheitsgebiet, über den die Mitgliedstaaten in Bezug auf Ausländer aus der Union verfügen. Die Mitgliedstaaten dürfen diesen Ermessensspielraum nicht in einer Weise nutzen, die das Hauptziel der Freizügigkeits-RL, die Wahrnehmung des Freizügigkeitsrechts der Unionsbürger im Hoheitsgebiet der Mitgliedstaaten zu erleichtern und zu verstärken, sowie die praktische Wirksamkeit der Richtlinie beeinträchtigen würde. Angesichts des Freizügigkeitsrechts als grundlegendes Prinzip des Unionsrechts sind die Bestimmungen der Freizügigkeits-RL, auf deren Grundlage die Freizügigkeit gewährt wird, dementsprechend weit auszulegen, während die Grundlagen für aufenthaltsbeendende oder aufenthaltsunterbindende Maßnahmen restriktiv zu handhaben und als Ausnahmen vom fundamentalen Grundsatz der Freizügigkeit eng auszulegen sind.

In diesem Rahmen ist ein Einreise- und Aufenthaltsverbot für Unionsbürger grundsätzlich recht- 60 fertigungsfähig[48]. Wurde gegenüber dem Unionsbürger der Verlust der Freizügigkeit nach § 6 I FreizügG/EU festgestellt, so kann eine Wiedereinreisesperre verhängt werden, mit der dem Betroffenen das Betreten des Hoheitsgebiets des betreffenden Staates verboten wird.

Demgegenüber steht einer Wiedereinreisesperre, die auf Art. 35 Freizügigkeits-RL und damit auf 61 § 7 II 2 und 3 gestützt wird, **Art. 15 III Freizügigkeits-RL entgegen.**

---

[46] EuGH Urt. v. 14.9.2017 – C-184/16 Rn. 43 ff. – Petrea.
[47] EuGH Urt. v. 14.9.2017 – C-184/16 Rn. 46 – Petrea.
[48] EuGH Urt. v. 18.5.1982 – 115 und 116/81, Slg. 1982, 1665 Rn. 12 – Adoui und Cornuaille.

62 Die Freizügigkeits-RL unterscheidet zwischen Maßnahmen aus Gründen der öffentlichen Sicherheit oder Ordnung, die im Kap. VI (Art. 27–33) geregelt sind, und sonstigen Maßnahmen, mit denen die Freizügigkeit eines Unionsbürgers oder ihrer Familienangehörigen beschränkt wird. Eine Wiedereinreisesperre sieht Art. 32 Freizügigkeits-RL ausschließlich für Personen vor, gegen die nach dem Kap. VI aus Gründen der öffentlichen Ordnung oder Sicherheit ein Aufenthaltsverbot verhängt worden ist.

63 **Alle anderen Maßnahmen,** die – wie Art. 35 Freizügigkeits-RL – nicht nach Kapitel VI Freizügigkeits-RL aus Gründen der öffentlichen Sicherheit oder Ordnung ergehen und insbesondere auch nicht die strengen Anforderungen nach Art. 27 und 28 Freizügigkeits-RL erfüllen, dürfen daher **nicht mit einer Wiedereinreisesperre verbunden** werden.

64 Diese Differenzierung erscheint mit Blick auf die strengen Anforderungen an Maßnahmen nach dem Kap. VI gerechtfertigt. Bei Maßnahmen aus Gründen der öffentlichen Ordnung oder Sicherheit nach Art. 27 ff. Freizügigkeits-RL ist nicht nur der Grundsatz der Verhältnismäßigkeit zu wahren, sondern auch zu beachten, dass ausschließlich das persönliche Verhalten des Betroffenen ausschlaggebend sein darf. Strafrechtliche Verurteilungen allein können ohne Weiteres diese Maßnahmen nicht begründen. Das persönliche Verhalten muss eine tatsächliche, gegenwärtige und erhebliche Gefahr darstellen, die ein Grundinteresse der Gesellschaft berührt. Vom Einzelfall losgelöste oder auf Generalprävention verweisende Begründungen sind nicht zulässig. Diese besonderen Anforderungen sieht Art. 35 Freizügigkeits-RL nicht vor. Auch § 7 II 4 verweist daher konsequenterweise nicht auf § 6 II.

65 Gegen die Einordnung einer auf Art. 35 Freizügigkeits-RL gestützten Wiedereinreisesperre als Maßnahme aus Gründen der öffentlichen Ordnung, Sicherheit oder Gesundheit spricht zudem die systematische Stellung dieser Norm in der Freizügigkeits-RL. Denn das Kap. VI Freizügigkeits-RL „Beschränkungen des Einreise- und Aufenthaltsrecht aus Gründen der Öffentlichen Ordnung, Sicherheit oder Gesundheit" umfasst den Art. 35 Freizügigkeits-RL nicht, da dieser in dem Kapitel VII „Schlussbestimmungen" steht. Auch wenn man wegen der Bezugnahme auf die Verfahrensregelungen der Art. 30 und 31 Freizügigkeits-RL Maßnahmen, die auf den Art. 35 gestützt werden, als aus Gründen der öffentlichen Ordnung, Sicherheit oder Gesundheit erlassen ansehen würde, so fehlt ein Verweis auf Art. 32 RL 2004/38/EG, der die zeitliche Wirkung eines Aufenthaltsverbots regelt. **Insoweit können auf Art. 35 Freizügigkeits-RL zwar aufenthaltsbeendende Maßnahmen gestützt werden, nicht aber Wiedereinreiseverbote.**

66 § 2 VII, an die § 7 II 2 und 3 anknüpft, ermöglicht daher keine Maßnahme, die eine Wiedereinreisesperre nach sich zieht. Der Gestaltungsspielraum beschränkt sich auf Maßnahmen nach Art. 15 I Freizügigkeits-RL, die auf eine Beendigung des Aufenthalts gerichtet sind. Ein Betrug oder eine Scheinehe können daher zum Anlass genommen werden, den Aufenthalt des Unionsbürgers im Bundesgebiet zu beenden, die Maßnahme rechtfertigt aber nicht das Verbot der Einreise ins Bundesgebiet.

67 § 7 II 3 leidet nicht nur – wie oben dargelegt – an dem fehlenden Verweis auf § 6 II, **sondern auch an einem europarechtlich nicht zulässigen Automatismus.** Durch die Formulierung als Regelfall („soll") wird ein gewisser Automatismus oder jedenfalls eine Vermutung aufgestellt, dass eine Wiedereinreisesperre zu verhängen ist. Dies widerspricht der durch das Unionsrecht geforderten umfassenden Prüfung des Einzelfalls[49].

68 **Art. 35 Freizügigkeits-RL lässt keine automatische Sperrwirkung zu**[50]. Die von den zuständigen nationalen Behörden hinsichtlich eines etwaigen Rechts auf Einreise oder Aufenthalts auf der Grundlage der Freizügigkeits-RL getroffenen Entscheidungen oder Maßnahmen dienen nämlich dazu, die individuelle Situation eines Angehörigen eines Mitgliedstaats oder seiner Familienangehörigen im Hinblick auf die RL festzustellen[51].

69 Außerdem unterliegen, wie aus Art. 35 Freizügigkeits-RL ausdrücklich hervorgeht, die auf der Grundlage dieses Artikels erlassenen Maßnahmen den Verfahrensgarantien nach den Art. 30 und 31 Freizügigkeits-RL. Wie sich aus dem 25. Erwägungsgrund der Freizügigkeits-RL ergibt, sollen diese Verfahrensgarantien insbesondere im Fall eines Verbots, in einen anderen Mitgliedstaat einzureisen oder sich dort aufzuhalten, einen hohen Schutz der Rechte des Unionsbürgers und seiner Familienangehörigen gewährleisten[52]. Da die Freizügigkeits-RL individuelle Rechte verleiht, sollen die Rechtsbehelfsverfahren es dem Betroffenen erlauben, Umstände und Erwägungen in Bezug auf seine individuelle Situation geltend zu machen, um vor den zuständigen nationalen Behörden und/oder Gerichten die Anerkennung des ihm zustehenden individuellen Rechts erreichen zu können[53].

70 Aus den vorstehenden Erwägungen folgt, dass die von den nationalen Behörden auf der Grundlage von Art. 35 Freizügigkeits-RL erlassenen Maßnahmen, mit denen ein durch diese RL verliehenes

---

[49] Zur Europarechtswidrigkeit der Ist- und Regelausweisung s. EuGH Urt. v. 29.4.2004 – C-482/01 Rn. 92 – Orfanopoulos.
[50] EuGH Urt. v. 18.12.2014 – C-202/13 Rn. 52 – McCarthy Rodriguez.
[51] EuGH Urt. v. 18.12.2014 – C-202/13 Rn. 49 – McCarthy Rodriguez.
[52] EuGH Urt. v. 18.12.2014 – C-202/13 Rn. 50 – McCarthy Rodriguez.
[53] EuGH Urt. v. 18.12.2014 – C-202/13 Rn. 51 – McCarthy Rodriguez.

Ausreisepflicht   § 7 FreizügG/EU 2

Recht verweigert, aufgehoben oder widerrufen werden soll, auf eine **individuelle Prüfung des Einzelfalls** gestützt werden müssen[54].

Zudem führt die Regelung des § 7 II 3 zu einem systematisch kaum auflösbaren Widerspruch zur Verlustfeststellung nach § 6 I, da die Regelung auch zur Anwendung gelangen soll, „wenn ihr Aufenthalt die öffentliche Ordnung und Sicherheit der Bundesrepublik Deutschland in erheblicher Weise beeinträchtigt". Die Spezialregelung ist nicht mit § 6 I vereinbar, da das Eingreifen aus Gründen der öffentlichen Sicherheit oder Ordnung nicht nur eine „erhebliche Beeinträchtigung" voraussetzt, sondern verlangt, dass das persönliche Verhalten eine tatsächliche, gegenwärtige und erhebliche Gefahr darstellen muss, die ein „Grundinteresse der Gesellschaft berührt". Die Regelung in § 7 II 3 ist daher geeignet, eine unionsrechtlich unzulässige Absenkung der Gefahrenschwelle zu normieren. 71

Die Entscheidung über die Befristung der Wirkungen der Verlustfeststellung ist hinsichtlich der Dauer der Befristung gerichtlich voll überprüfbar. 72

Die Vorschrift gewährt Unionsbürgern einen **strikten Rechtsanspruch auf Befristung** („ob")[55]. Dabei ist die Befristungsentscheidung auch hinsichtlich der Dauer der Frist eine gebundene Entscheidung[56]. Damit geht § 7 II 5 über die unionsrechtlichen Vorgaben in Art. 32 I Freizügigkeits-RL hinaus, die lediglich einen fristgebundenen Verbescheidungsanspruch vorsehen. Mit der Ausgestaltung der Befristung als gebundener Entscheidung und einem damit korrespondierenden Anspruch bringt der Gesetzgeber den hohen Rang zum Ausdruck, den er dem unionsrechtlichen Freizügigkeitsrecht beimisst. Denn als Ausnahme vom Grundprinzip der Freizügigkeit darf das an eine Verlustfeststellung anknüpfende Einreise- und Aufenthaltsverbot nicht unbegrenzt gelten, sondern ein davon betroffener **Unionsbürger hat nach angemessener Zeit Anspruch auf erneute Prüfung und Entscheidung nach Maßgabe der aktuellen Sachlage**[57]. **Ein lebenslängliches Aufenthaltsverbot ist idR unzulässig**[58]. 73

Bei einer nach alter Rechtslage unbefristet ergangenen Verlustfeststellung ist die Befristung von Amts wegen nachzuholen[59]. Entsprechendes gilt für eine vor Inkrafttreten des FreizügG/EU gegen einen Unionsbürger unbefristet verfügte Ausweisung[60]. 74

Nach § 7 II 5 wird das durch die Verlustfeststellung ausgelöste Verbot der Einreise und des Aufenthalts von Amts wegen befristet. Gem. § 7 II 6 ist die Frist unter Berücksichtigung aller Umstände des Einzelfalls festzusetzen und darf fünf Jahre nur in den Fällen des § 6 überschreiten[61]. Die Ausländerbehörde muss die Sperrwirkung einer Verlustfeststellung nur dann sogleich im Zeitpunkt ihres Erlasses befristen, wenn das Übermaßverbot im Hinblick auf Art. 6 GG und Art. 8 EMRK im Einzelfall diesen frühen Entscheidungszeitpunkt gebietet. Für die Befristung der Wirkungen einer Verlustfeststellung nach § 7 II 5 gelten in dieser Hinsicht keine anderen Maßstäbe als für die Befristung der Wirkungen einer Ausweisung nach § 11 I 3 AufenthG[62]. Auch die Befristung ist – ebenso wie § 11 I 3 – als Ausprägung des Übermaßverbots anzusehen, die es der Ausländerbehörde ermöglicht, die gegenläufigen öffentlichen und privaten Interessen zeitlich abgestuft auszutarieren[63]. 75

Nach § 7 II 6 ist die Frist unter Berücksichtigung der Umstände des Einzelfalles festzusetzen und darf die Dauer von fünf Jahren nur in den Fällen des § 6 I überschreiten. Für Verlustfeststellungen nach § 6 I und ihnen gleichzustellende Altausweisungen ist weiterhin keine Höchstfrist vorgesehen[64]. Bei dem Gebot zur Berücksichtigung der Umstände des Einzelfalls handelt es sich nach der Intention des Gesetzgebers lediglich um eine Klarstellung[65]. 76

Die neu eingeführte Höchstfrist von fünf Jahren betrifft nur Fälle, in denen nach § 2 VII festgestellt worden ist, dass ein Recht auf Einreise und Aufenthalt nicht besteht und dem Betroffenen deshalb nach § 7 II 2 untersagt worden ist, erneut in das Bundesgebiet einzureisen oder sich darin aufzuhalten. Für Verlustfeststellungen nach § 6 I und ihnen gleichzustellende „Altausweisungen" ist weiterhin keine Höchstfrist vorgesehen. Der Gesetzgeber geht nach der Gesetzesbegründung zum Zuwanderungsgesetz davon aus, dass bei Unionsbürgern ein langfristiger Ausschluss der Wiedereinreise bei fort- 77

---

[54] EuGH Urt. v. 18.12.2014 – C-202/13 Rn. 52 – McCarthy Rodriguez.
[55] BVerwG Urt. v. 25.3.2015 – 1 C 18.14 Rn. 22; Urt. v. 4.9.2007 – 1 C 21.07, BVerwGE 129, 243 = InfAuslR 2008, 1 Rn. 18 f.
[56] VGH BW Urt. v. 24.3.2016 – 11 S 992/15 Rn. 22.
[57] EuGH Urt. v. 17.6.1997 – C-65/95 und C 111/95, Slg. 1997, I-3343 Rn. 40 ff. – Shingara und Radiom.
[58] EuGH Urt. v. 19.1.1999 – C-348/96, Slg. 1999, I-11 – Calfa.
[59] BVerwG Urt. v. 25.3.2015 – 1 C 18.14 Rn. 22.
[60] BVerwG Urt. v. 25.3.2015 – 1 C 18.14 Rn. 22.
[61] VGH BW Urt. v. 24.3.2016 – 11 S 992/15 Rn. 23.
[62] OVG NRW Beschl. v. 10.10.2009 – 19 E 514/09.
[63] BVerwG Beschl. v. 20.8.2009 – 1 B 13.09 Rn. 4, 8; Urt. v. 4.9.2007 – 1 C 21.07, BVerwGE 129, 243 = InfAuslR 2008, 1 Rn. 21.
[64] BVerwG Urt. v. 25.3.2015 – 1 C 18.14 Rn. 23.
[65] Vgl. BT-Drs. 18/2581, 17 zu Nr. 5 Buchst. c.

bestehender Rückfall- bzw. Gefährdungsprognose nicht ausgeschlossen ist[66]. Dies gilt auch für die Neufassung.

78   Ein Wertungswiderspruch liegt in den unterschiedlichen Regelungen zur Höchstfrist nicht vor, weil die Verlustfeststellung nach § 6 I materiell eine vom Unionsbürger ausgehende Gefahr für die öffentliche Ordnung, Sicherheit oder Gesundheit voraussetzt, was bei § 2 VII nicht der Fall ist[67]. Die Gründe für die Einschränkung des Freizügigkeitsrechts wiegen damit im Fall einer Verlustfeststellung schwerer als in den Fällen des § 2 VII[68].

79   Weitergehende Vorgaben für die Bestimmung der Fristdauer ergeben sich auch nicht aus dem Unionsrecht. Nach der Rspr. des EuGH darf das Einreise- und Aufenthaltsverbot nicht auf Lebenszeit verhängt werden, seine Berechtigung ist vielmehr nach Ablauf angemessener Fristen auf Antrag des Betroffenen zu überprüfen. Dabei ist jeweils auf die aktuelle Tatsachenlage im Zeitpunkt der Überprüfungsentscheidung abzustellen[69]. Diese Rspr. wird im 27. Erwägungsgrund der Freizügigkeits-RL aufgegriffen, in dem es heißt:

„Im Sinne der Rechtsprechung des Gerichtshofs, wonach die Mitgliedstaaten gegen die Begünstigten dieser Richtlinie kein Aufenthaltsverbot auf Lebenszeit verhängen dürfen, sollte bestätigt werden, dass ein Unionsbürger oder einer seiner Familienangehörigen, gegen den ein Mitgliedstaat ein Aufenthaltsverbot verhängt hat, nach einem angemessenen Zeitraum, in jedem Fall aber nach Ablauf von drei Jahren nach Vollstreckung des endgültigen Aufenthaltsverbots, einen neuen Antrag auf Aufhebung des Aufenthaltsverbots stellen kann."

80   **Bei der Bestimmung der Länge der Frist sind das Gewicht des Grundes für die Verlustfeststellung sowie der mit der Maßnahme verfolgte spezialpräventive Zweck zu berücksichtigen**[70]. **Die Behörde hat hierbei kein Auswahlermessen**[71].

81   Die Befristungsentscheidung nach § 7 II 5 ist auf der Grundlage einer aktuellen Gefährdungsprognose und Verhältnismäßigkeitsprüfung zu treffen[72]. Hierzu bedarf es der prognostischen Einschätzung im jeweiligen Einzelfall, wie lange das Verhalten des Betroffenen, das der zu spezialpräventiven Zwecken verfügten Verlustfeststellung zugrunde liegt, das öffentliche Interesse an der Gefahrenabwehr mit Blick auf die im vorliegenden Fall bedeutsame Gefahrenschwelle des § 6 I zu tragen vermag[73].

82   **Im Fall einer langfristig fortbestehenden Rückfall- bzw. Gefährdungsprognose ist ein langfristiger Ausschluss der Wiedereinreise nicht ausgeschlossen**[74]. Die sich an der Erreichung des Zwecks der Verlustfeststellung orientierende äußerste Frist muss sich in einem zweiten Schritt an höherrangigem Recht, dh unionsrechtlichen Vorgaben und verfassungsrechtlichen Wertentscheidungen messen und gegebenenfalls relativieren lassen[75]. Dieses normative Korrektiv bietet ein rechtsstaatliches Mittel dafür, fortwirkende einschneidende Folgen des Einreise- und Aufenthaltsverbots für die persönliche Lebensführung des Betroffenen zu begrenzen[76]. Dabei sind insbesondere die in § 6 III genannten schutzwürdigen Belange des Unionsbürgers in den Blick zu nehmen. Die Abwägung nach Maßgabe des Grundsatzes der Verhältnismäßigkeit, die auf der Grundlage der Umstände des Einzelfalls nach Gewichtung der jeweiligen Belange vorzunehmen ist, kann im Extremfall auch zu einer **Befristung auf den Jetzt-Zeitpunkt** führen[77].

83   IdR stellt ein **Zeitraum von maximal zehn Jahren** den Zeithorizont dar, für den eine Prognose realistischerweise noch gestellt werden kann. Weiter in die Zukunft lässt sich die Persönlichkeitsentwicklung – insbesondere von jüngeren Menschen – kaum abschätzen, ohne spekulativ zu werden[78].

84   Die sich an der Erreichung des Zwecks der Verlustfeststellung orientierende äußerste Frist muss sich zudem an höherrangigem Recht, dh unionsrechtlichen Vorgaben und verfassungsrechtlichen Wertentscheidungen, messen und gegebenenfalls relativieren lassen. Dieses normative Korrektiv bietet ein rechtsstaatliches Mittel, fortwirkende einschneidende Folgen des Einreise- und Aufenthaltsverbots für die persönliche Lebensführung des Betroffenen zu begrenzen[79]. Dabei sind insbesondere die in § 6 III genannten schutzwürdigen Belange des Unionsbürgers in den Blick zu nehmen. Haben zB familiäre Belange des Betroffenen durch die Geburt eines Kindes im Bundesgebiet nach der Ausweisung an

---

[66] BT-Drs. 15/420, 105 zu § 7.
[67] VGH BW Urt. v. 24.3.2016 – 11 S 992/15 Rn. 24.
[68] VGH BW Urt. v. 24.3.2016 – 11 S 992/15 Rn. 24.
[69] EuGH Urt. v. 17.6.1997 – C-65/95, C-111/95 Rn. 39 ff.
[70] BVerwG Urt. v. 4.9.2007 – 1 C 21.07, BVerwGE 129, 243 = InfAuslR 2008, 1 Rn. 19b.
[71] BVerwG Urt. v. 25.3.2015 – 1 C 18.14 Rn. 29 unter Aufgabe der Rspr. Urt. v. 4.9.2007 – 1 C 21.07, BVerwGE 129, 243 = InfAuslR 2008, 1 Rn. 19.
[72] BVerwG Urt. v. 25.3.2015 – 1 C 18.14 Rn. 23.
[73] VGH BW Urt. v. 24.3.2016 – 11 S 992/15 Rn. 25.
[74] BVerwG Urt. v. 25.3.2015 – 1 C 18.14 Rn. 27; Urt. v. 4.9.2007 – 1 C 21.07, BVerwGE 129, 243 Rn. 19; VGH BW Urt. v. 24.3.2016 – 11 S 992/15 Rn. 24.
[75] VGH BW Urt. v. 24.3.2016 – 11 S 992/15 Rn. 25.
[76] VGH BW Urt. v. 24.3.2016 – 11 S 992/15 Rn. 25.
[77] VGH BW Urt. v. 24.3.2016 – 11 S 992/15 Rn. 25.
[78] BVerwG Urt. v. 25.3.2015 – 1 C 18.14 Rn. 27; Urt. v. 13.12.2012 – 1 C 14.12, Buchholz 402.242 § 11 AufenthG Nr. 10 Rn. 14.
[79] BVerwG Urt. v. 25.3.2015 – 1 C 18.14 Rn. 29.

Gewicht gewonnen, folgt daraus eine Ermessensverdichtung in Richtung auf eine kürzere Frist. Die Abwägung nach Maßgabe des Grundsatzes der Verhältnismäßigkeit, die auf der Grundlage der Umstände des Einzelfalls nach Gewichtung der jeweiligen Belange vorzunehmen ist, kann im Extremfall bis zu einer Ermessensreduzierung auf null mit dem Ergebnis einer **Befristung auf den Jetzt-Zeitpunkt** führen[80].

Es bedarf der Prüfung im Einzelfall, ob die vorliegenden Umstände auch jetzt noch das öffentliche Interesse an der Aufrechterhaltung der gesetzlichen Sperrwirkungen als Dauereingriff in das Freizügigkeitsrecht mit Blick auf die hohen Anforderungen des § 6 I, II tragen. Die Behörde hat dazu auch das Verhalten des Betroffenen nach der Verlustfeststellung zu würdigen und im Wege einer Prognose auf der Grundlage einer aktualisierten Tatsachenbasis die (Höchst-)Frist nach dem mutmaßlichen Eintritt der Zweckerreichung zu bemessen[81]. Im Falle einer langfristig fortbestehenden Rückfall- bzw. Gefährdungsprognose ist nach der Vorstellung des Gesetzgebers aber auch bei Unionsbürgern ein langfristiger Ausschluss der Wiedereinreise nicht ausgeschlossen[82]. 85

Für die Bemessung der Frist nach § 7 II 1 gilt keine Höchstfrist von zehn Jahren seit der Ausreise[83]. Gegenteiliges ergibt sich auch nicht aus dem Prognosezeitraum von zehn Jahren, der den Zeithorizont darstellt, für den eine Prognose realistischerweise noch gestellt werden kann[84]. Denn diese zeitliche Grenze ergibt sich allein aus der begrenzten Prognosefähigkeit und ist daher immer **vom Zeitpunkt der Prognoseentscheidung aus zu berechnen und nicht von dem in der Vergangenheit liegenden Zeitpunkt der Ausreise**[85]. 86

Dieses Ergebnis ist auch **mit Unionsrecht vereinbar:** Der EuGH hat in der Rechtssache Adoui und Cornuaille[86] ausgeführt, dass ein EU-Bürger kein Recht auf Zugang zum Hoheitsgebiet eines Mitgliedstaates habe, der ihn unionsrechtlich wirksam ausgewiesen habe: „Ist ihm gegenüber jedoch eine unionsrechtlich wirksame Ausweisungsverfügung erlassen worden, die noch immer in der Weise Rechtsfolgen hat, dass dem Betroffenen das Betreten des Hoheitsgebiets des betreffenden Staates verboten ist, sieht das Unionsrecht zugunsten des Betroffenen kein Recht auf Zugang zu diesem Hoheitsgebiet während der Prüfung seines neuen Antrags vor." Damit hat der EuGH ein Einreise- und Aufenthaltsverbot für ausgewiesene Unionsbürger anerkannt[87]. 87

Eine Einschränkung des primärrechtlichen Freizügigkeitsrechts darf nicht auf unbegrenzte Zeit gelten und ein Unionsbürger hat deshalb das Recht, eine erneute Prüfung seines Falls zu verlangen, wenn die Umstände, die das Einreiseverbot gerechtfertigt hatten, seines Erachtens entfallen sind[88]. Demzufolge ermöglicht die Befristung iRd § 7 II 5 als Ausprägung des Übermaßverbots, die gegenläufigen öffentlichen und privaten Interessen zeitlich abgestuft auszutarieren. **Die Befristungsentscheidung zwingt die Ausländerbehörde zu einer erneuten Rechtfertigung des Einreise- und Aufenthaltsverbots auf aktualisierter Tatsachengrundlage unter Berücksichtigung der Maßstäbe der §§ 6 bzw. 7 II.** Sie verhindert, dass sich die Aufrechterhaltung der Sperrwirkungen als unverhältnismäßiger Dauereingriff ua in das Freizügigkeitsrecht des Betroffenen erweist. Das Freizügigkeitsrecht wird damit für eine bestimmte Zeit ausgesetzt. Die Frist ist nach der voraussichtlichen Dauer der Gefährdung zu bemessen. Andere Maßstäbe als Gefährdungskriterien dürfen bei dieser Prognose nicht verwendet werden. 88

Bei der Bestimmung Fristdauer für das Einreise- und Aufenthaltsverbot ist in einem ersten Schritt eine an dem **Gewicht des Grundes für die Verlustfeststellung** sowie dem mit der Maßnahme verfolgten **spezialpräventiven Zweck** orientierte äußerste Frist zu bestimmen[89]. Hierzu bedarf es der prognostischen Einschätzung im jeweiligen Einzelfall, wie lange das Verhalten des Betroffenen, das der zu spezialpräventiven Zwecken verfügten Verlustfeststellung zugrunde liegt, das öffentliche Interesse an der Gefahrenabwehr mit Blick auf die im vorliegenden Fall bedeutsame Gefahrenschwelle des §§ 6 I bzw. 2 VII zu tragen vermag. Im Fall einer langfristig fortbestehenden Rückfall- bzw. Gefährdungsprognose ist ein langfristiger Ausschluss der Wiedereinreise nicht ausgeschlossen. Die sich an der Erreichung des Zwecks der Verlustfeststellung orientierende äußerste Frist muss sich in einem zweiten Schritt an höherrangigem Recht, dh an unionsrechtlichen Vorgaben und verfassungsrechtlichen Wertentscheidungen, messen und gegebenenfalls relativieren lassen[90]. Dieses normative Korrektiv bietet ein rechtsstaatliches Mittel, fortwirkende einschneidende Folgen des Einreise- und Aufenthaltsverbots für 89

---

[80] BVerwG Urt. v. 25.3.2015 – 1 C 18.14 Rn. 29; Urt. v. 4.9.2007 – 1 C 21.07, BVerwGE 129, 243 Rn. 20.
[81] BVerwG Urt. v. 4.9.2007 – 1 C 21.07, BVerwGE 129, 243 = InfAuslR 2008, 1 Rn. 19b.
[82] BT-Drs. 15/420, 105.
[83] BVerwG Urt. v. 25.3.2015 – 1 C 18.14 Rn. 30, VGH BW Urt. v. 24.3.2016 – 11 S 992/15 Rn. 25.
[84] BVerwG Urt. v. 25.3.2015 – 1 C 18.14 Rn. 27; Urt. v. 13.12.2012 – 1 C 14.12, Buchholz 402.242 § 11 AufenthG Nr. 10 Rn. 14.
[85] BVerwG Urt. v. 25.3.2015 – 1 C 18.14 Rn. 31.
[86] EuGH Urt. v. 18.5.1982 – 115 und 116/81, Slg. 1982, 1665 Rn. 12 – Adoui und Cornuaille.
[87] So auch HmbOVG Urt. v. 22.3.2005 – 3 Bf 294/04, EzAR-NF 014 Nr. 3.
[88] EuGH Urt. v. 17.6.1997 – C-65/95, C-111/95 Rn. 40 – Shingara und Radiom; BVerwG Urt. v. 25.3.2015 – 1 C 18.14 Rn. 12.
[89] VGH BW Urt. v. 24.3.2016 – 11 S 992/15 Rn. 25.
[90] VGH BW Urt. v. 24.3.2016 – 11 S 992/15 Rn. 25.

die persönliche Lebensführung des Betroffenen zu begrenzen. Dabei sind insbesondere die in § 6 III genannten schutzwürdigen Belange des Unionsbürgers in den Blick zu nehmen. Die Abwägung nach Maßgabe des Grundsatzes der Verhältnismäßigkeit, die auf der Grundlage der Umstände des Einzelfalls nach Gewichtung der jeweiligen Belange vorzunehmen ist, kann im Extremfall auch zu einer **Befristung auf den Jetzt-Zeitpunkt** führen[91].

90   Geeignete **Kriterien für die Prognoseentscheidung** sind[92]:
- Gefährlichkeit des Ausländers bis zu seiner Abschiebung (Erarbeitung eines Persönlichkeitsbildes des Klägers; Strafbiografie; Einschätzungen und Beurteilungen der Strafgerichte, evtl. durch Beiziehen der Strafakten),
- derzeitige persönliche Situation des Ausländers in seinem Heimatland (va Art und Dauer der Berufstätigkeit; Höhe des Erwerbseinkommens; soziale Integration; Freundeskreis; soziale Konstanz, auch: Straffreiheit),
- Hinweis auf positive Änderungen seines Persönlichkeitsbildes (Abstand zur letzten Tat; Läuterung durch Lebensalter; sonstige Hinweise auf Persönlichkeitswandel, zB soziales Engagement im Heimatland),
- Möglichkeiten der sozialen Reintegration in Deutschland (ausreichender Wohnraum; stabile familiäre Verhältnisse; Sprachkenntnisse; Berufsausbildung; Arbeitsplatz in Aussicht?),
- Herabsetzung der gebotenen Sperrfrist bei familiärer Lebensgemeinschaft (Prüfung der Aufrechterhaltung der familiären Kontakte trotz bestehender Trennung; Klärung, ob Ausländer Unterhalt aus der Heimat geleistet hat; Besuche der Familienangehörigen im Heimatland; Ernsthaftigkeit des Interesses des Ausländers an seiner Familie und ihrem Wohlergehen, gegebenenfalls Anhörung der Familienangehörigen).

91   Unter diesen Umständen bestehen keine Bedenken gegen die Zulässigkeit einer derartigen Sperre aus der Sicht des Unionsrechts. Aus Art. 32 Freizügigkeits-RL lässt sich die Zulässigkeit eines Aufenthaltsverbots entnehmen. Danach kann ein Antrag auf Aufhebung nach einem den Umständen entsprechend angemessenen Zeitraum, spätestens nach drei Jahren, gestellt werden und daraufhin muss geprüft werden, ob das Verbot trotz geänderter Umstände noch gerechtfertigt ist. Damit ist sichergestellt, dass das Freizügigkeitsrecht nur so lange verloren geht, wie die öffentliche Sicherheit oder Ordnung gefährdet sind. Der Unionsbürger und seine Angehörigen können also jederzeit die Gefährdungsprognose anhand geänderter Tatsachen überprüfen lassen. Die Freizügigkeit ist nur so lange aufgehoben wie unbedingt notwendig.

92   Die **Frist** ist, wenn dies aufgrund einer Veränderung der Prognosegrundlagen gerechtfertigt ist, auf Antrag oder von Amts wegen zu **verkürzen**. Dies ist zwar nicht ausdrücklich bestimmt, ergibt sich aber aus der Zulässigkeit des Wiederaufgreifens (§ 51 (L)VwVfG), va aber aus dem Zweck des EU-Einreise- und Aufenthaltsverbots. Dessen Berechtigung entfällt mit dem Ende der Gefährdung. Wenn also eine erneute aktuelle Prognose keine hinreichende Gefährdung mehr ergibt, ist die Frist auf null zu setzen. Die Veränderung der Prognose kann sich aus einer wider Erwarten raschen Resozialisierung oder aus dem Hinzutreten neuer Tatsachen ergeben, die eine günstigere Prognose rechtfertigen, wie zB Eheschließung, Ausbildungsabschluss, Zusage eines Arbeitsplatzes oder Straferlass nach Bewährung. Einer Aufhebung der Sperre steht, wenn die Gefährdung aktuell nicht mehr besteht, auch nicht entgegen, dass der Betroffene noch nicht ausgereist ist.

93   Diese Verfahrensweise stellt sich anders als nach § 11 AufenthG dar. Mit der Fristverkürzung wird nämlich unmittelbar ohne weiteren Akt die Freizügigkeit wiederhergestellt. Anders als nach § 11 I AufenthG wird nicht in zwei Stufen zunächst über die Befristung und dann über einen Aufenthaltstitel entschieden. Anders als dort dürfen keine Auflagen verfügt werden, zB über die **Erstattung der Abschiebungskosten.** Die zwingende Befristung von Anfang an und die jederzeitige Überprüfung führen dazu, dass die Gefährdungsprognose auf einen bestimmten Zeitraum ausgerichtet sein darf und muss und aktualisiert werden muss, wenn hierfür ein triftiger Anlass besteht.

94   Nach § 7 II 5 wird das durch die Verlustfeststellung gem. § 6 ausgelöste Einreise- und Aufenthaltsverbot (§ 7 II 1) von Amts wegen befristet. Mit Blick auf die in § 102 I 1 AufenthG getroffene Übergangsregelung werden von dieser Anspruchsgrundlage in sinngemäßer Anwendung auch die fortwirkenden Rechtsfolgen der **„Alt-Ausweisung" eines Unionsbürgers** erfasst[93].

95   Soweit der HessVGH[94] festgestellt hat, dass Maßnahmen (gemeint sind Ausweisungen) gegenüber EU-Bürgern aufgrund früheren Rechts ihre Rechtsgrundlage verloren hätten, führt dies zu keinem Widerspruch. Denn mit dieser Aussage hat der VGH nur auf die Folgen hingewiesen, die darauf beruhen, dass in Klageverfahren gegen Ausweisungsverfügungen auf die Rechtslage im Zeitpunkt der letzten Tatsacheninstanz abzustellen ist. Dies hat zur Folge, dass für die Aufenthaltsbeendigung ab dem 1.1.2005 eine Feststellung nach § 6 I erforderlich wurde. Eine Altausweisung konnte wegen § 7 I, der

---

[91] VGH BW Urt. v. 24.3.2016 – 11 S 992/15 Rn. 25; BVerwG Urt. v. 25.3.2015 – 1 C 18.14 Rn. 28.
[92] So VG Darmstadt Urt. v. 17.12.2009 – 5 K 115/09.DA zu § 11 AufenthG.
[93] BVerwG Urt. v. 4.9.2007 – 1 C 21.07, BVerwGE 129, 243 = InfAuslR 2008, 1 Rn. 18 ff.; Urt. v. 23.10.2007 – 1 C 10.07, BVerwGE 129, 367 = InfAuslR 2008, 116.
[94] HessVGH Beschl. v. 29.12.2004 – 12 TG 3212/04, InfAuslR 2005, 130.

die Abschiebung an die Unanfechtbarkeit der Feststellung knüpfte, nicht mehr unmittelbar die Grundlage der Vollstreckung der Ausreisepflicht bilden. Eine Aussage zur Frage, welche Auswirkungen bestandskräftige Ausweisungen nach der Rechtsänderung haben, enthält die Entscheidung des HessVGH nicht.

Mit Eintritt der Bestands- oder Rechtskraft entfalten **Ausweisungen,** die nicht mit Unionsrecht in Einklang stehen, wenn sie wirksam sind, das mit ihnen einhergehende Einreise- und Aufenthaltsverbot. Insoweit hat der EuGH in der Rechtssache Kapferer auf die Bedeutung der Rechtskraft hingewiesen und ausgeführt[95]: 96

> „Hierzu ist auf die Bedeutung hinzuweisen, die der Grundsatz der Rechtskraft sowohl in der Gemeinschaftsrechtsordnung als auch in den nationalen Rechtsordnungen hat. Zur Gewährleistung des Rechtsfriedens und der Beständigkeit rechtlicher Beziehungen sowie einer geordneten Rechtspflege sollen nämlich nach Ausschöpfung des Rechtswegs oder nach Ablauf der entsprechenden Rechtsmittelfristen unanfechtbar gewordene Gerichtsentscheidungen nicht mehr in Frage gestellt werden können (U. v. 30.9.2003 in der Rs C-224/01 – Köbler, Slg. 2003, I-10 239, Rn. 38)“.

Somit gebietet das Unionsrecht es einem nationalen Gericht nicht, von der Anwendung innerstaatlicher Verfahrensvorschriften, aufgrund derer eine Entscheidung Rechtskraft erlangt, abzusehen, selbst wenn dadurch ein Verstoß dieser Entscheidung gegen Unionsrecht abgestellt werden könnte[96]. 97

Etwas anderes gilt nur in Fällen, in denen über den die Ausreisepflicht auslösenden Grundverwaltungsakt noch nicht endgültig (bestands- oder rechtskräftig) entschieden wurde. Hier hat der EuGH die Anwendbarkeit des § 8 II 2 AuslG 1990 für rechtswidrig erklärt, wenn die Abschiebung unter Verletzung des Unionsrechts (hier Verkennung des Rechts aus Art. 6 I ARB 1/80) erfolgt ist[97]. 98

An der Fortgeltung des an die Altausweisung geknüpften gesetzlichen Einreise- und Aufenthaltsverbots hat die Rückführungs-RL nichts geändert. Diese RL und ihre nationale Umsetzung in § 11 I AufenthG finden auf Unionsbürger keine Anwendung. Der personale Anwendungsbereich der Rückführungs-RL erfasst nach Art. 2 I nur Drittstaatsangehörige. Gleiches gilt für die nationale Umsetzung der Rückführungs-RL in § 11 I AufenthG (§ 1 II Nr. 1 AufenthG iVm § 1 FreizügG/EU). Diese findet für nicht (mehr) freizügigkeitsberechtigte Unionsbürger auch über die Rückverweisung in § 11 XIV 2 keine Anwendung. Denn die Befristungsregelung in § 7 II stellt eine Sonderregelung iSd § 11 I aE dar[98]. 99

Nichts Gegenteiliges ergibt sich auch aus dem Günstigkeitsprinzip des § 11 XIV 1. Danach findet das AufenthG auch dann Anwendung, wenn es eine günstigere Rechtsstellung vermittelt als das FreizügG/EU, da es bei der gebotenen Gesamtbetrachtung an einer schlechteren Rechtsstellung fehlt[99]. Denn das an die Ausweisung geknüpfte Einreiseverbot führt bei einem Drittstaatsangehörigen regelmäßig zu einer Ausschreibung zur Einreiseverweigerung im Schengener Informationssystem (SIS) nach Art. 96 III Schengener Durchführungsübereinkommen (SDÜ) und damit zu einer Einreisesperre für das gesamte Gebiet der Schengen-Staaten, während das Einreiseverbot nach dem FreizügG/EU nur für den Aufnahmemitgliedstaat gilt. Außerdem können Unionsbürger nach dessen Ablauf ohne erneute behördliche Gebietszulassungsentscheidung wieder von ihrem Freizügigkeitsrecht Gebrauch machen, während bei Drittstaatsangehörigen nur die Titelerteilungssperre des § 11 I 2 AufenthG entfällt, das alte Aufenthaltsrecht aber nicht automatisch wieder auflebt[100]. 100

§ 8 Ausweispflicht

(1) Die Personen, deren Einreise und Aufenthalt nach § 1 Absatz 1 durch dieses Gesetz geregelt ist, sind verpflichtet,
1. bei der Einreise in das oder der Ausreise aus dem Bundesgebiet einen Pass oder anerkannten Passersatz
   a) mit sich zu führen und
   b) einem zuständigen Beamten auf Verlangen zur Prüfung vorzulegen,
2. für die Dauer des Aufenthalts im Bundesgebiet den erforderlichen Pass oder Passersatz zu besitzen,
3. den Pass oder Passersatz sowie die Aufenthaltskarte, die Bescheinigung des Daueraufenthalts und die Daueraufenthaltskarte den mit der Ausführung dieses Gesetzes betrauten Behörden auf Verlangen vorzulegen, auszuhändigen und vorübergehend zu überlassen,

---

[95] EuGH Urt. v. 16.3.2007 – C-234/04 Rn. 20 f.
[96] EuGH Urt. v. 16.3.2007 – C-234/04 Rn. 21 unter Hinweis auf Urt. v. 1.6.1999 – C-126/9, Slg. 1999, I-3055 Rn. 46 f. – Eco Swiss.
[97] EuGH Urt. v. 19.11.2002 – C-188/00 Rn. 64 ff. – Kurz.
[98] Vgl. BVerwG Urt. v. 25.3.2015 – 1 C 18.14 Rn. 16; Urt. v. 4.9.2007 – 1 C 21.07, BVerwGE 129, 243 Rn. 17 zu § 7 II FreizügG/EU aF.
[99] Vgl. BVerwG Urt. v. 25.3.2015 – 1 C 18.14 Rn. 16.
[100] Vgl. BVerwG Urt. v. 25.3.2015 – 1 C 18.14 Rn. 16.

soweit dies zur Durchführung oder Sicherung von Maßnahmen nach diesem Gesetz erforderlich ist.

(1a) Die Personen, deren Einreise und Aufenthalt nach § 1 Absatz 1 durch dieses Gesetz geregelt ist, sind verpflichtet, die in Absatz 1 Nummer 3 genannten Dokumente auf Verlangen einer zur Überprüfung der Identität befugten Behörde vorzulegen und es ihr zu ermöglichen, das Gesicht mit dem Lichtbild im Dokument abzugleichen.

(2) ¹Die mit dem Vollzug dieses Gesetzes betrauten Behörden dürfen unter den Voraussetzungen des Absatzes 1 Nr. 3 die auf dem elektronischen Speicher- und Verarbeitungsmedium eines Dokumentes nach Absatz 1 gespeicherten biometrischen und sonstigen Daten auslesen, die benötigten biometrischen Daten beim Inhaber des Dokumentes erheben und die biometrischen Daten miteinander vergleichen. ²Biometrische Daten nach Satz 1 sind nur die Fingerabdrücke, das Lichtbild und die Irisbilder. ³Die Polizeivollzugsbehörden, die Zollverwaltung und die Meldebehörden sind befugt, Maßnahmen nach Satz 1 zu treffen, soweit sie die Echtheit des Dokumentes oder die Identität des Inhabers überprüfen dürfen. ⁴Die nach den Sätzen 1 und 3 erhobenen Daten sind unverzüglich nach Beendigung der Prüfung der Echtheit des Dokumentes oder der Identität des Inhabers zu löschen.

Allgemeine Verwaltungsvorschrift
8 Zu § 8 – Ausweispflicht
8.1 Ausweispflichten

Absatz 1 regelt die Ausweispflicht der Unionsbürger. Mit den ausweisrechtlichen Vorschriften des § 8 korrespondieren die Bußgeldvorschriften des § 10. Die in § 8 Absatz 1 Nummer 2 enthaltene Verpflichtung zum Besitz des Passes oder Passersatzes für die Dauer des Aufenthaltes beinhaltet die Berechtigung für die zuständigen Behörden, den Unionsbürger und seine Familienangehörigen zu einem entsprechenden Nachweis des Besitzes (Vorzeigen) aufzufordern.

8.2 Erhebung und Abgleich biometrischer Daten

Mit Absatz 2 ist die erforderliche Rechtsgrundlage für die Erhebung und den Abgleich biometrischer Daten von Unionsbürgern und ihren Familienangehörigen in Anlehnung an die passrechtliche Regelung in § 16a PassG geschaffen worden. Im Rahmen der Ausweispflicht ist nunmehr auch die biometriegestützte Identitätsüberprüfung zugelassen. Überprüft werden dürfen nur – soweit vorhanden – das Lichtbild, die Fingerabdrücke und die Iris.

Übersicht

	Rn.
I. Entstehungsgeschichte	1
II. Allgemeines	4
III. Pass- und ausweisrechtliche Pflichten	8
IV. Datenspeicherung im Ausländerzentralregister	19

I. Entstehungsgeschichte

1   Die Vorschrift entsprach ursprünglich dem **Gesetzesentwurf**[1]. Sie wurde durch das RLUmsG 2007[2] geändert und an die Vorgaben der Freizügigkeits-RL angepasst. In Nr. 1 wurden nach den Wörtern „Einreise in das" die Wörter „oder der Ausreise aus dem" eingefügt. In Nr. 2 erfolgte eine redaktionelle Anpassung des Gesetzestexts an die Terminologie der Freizügigkeits-RL: Die Wörter „und die Aufenthaltserlaubnis-EU" wurden durch die Wörter „die Aufenthaltskarte, die Bescheinigung des Daueraufenthalts und die Daueraufenthaltskarte" ersetzt.

2   Durch Art. 7 Nr. 1 des Gesetzes zur Änderung des PassG und weiterer Vorschriften wurde Abs. 2 angefügt[3]. Eine Anpassung an den Wegfall der Freizügigkeitsbescheinigung erfolgte durch das ÄndG 2013, mit dem in Nr. 3 die Wörter „die Bescheinigung über das gemeinschaftsrechtliche Aufenthaltsrecht" gestrichen und nach dem Wort „Behörde" die Wörter „auf Verlangen" eingefügt wurden[4]. In Nr. 1b wurde das Wort „auszuhändigen" durch das Wort „vorzulegen" ersetzt[5].

3   Durch Art. 1 des Gesetzes zur aktuellen Anpassung des Freizügigkeitsgesetzes/EU und weiterer Vorschriften an das Unionsrecht (FreizügG/EU-AnpG) wurde § 8 mit Wirkung zum 24.11.2020 geändert[6]. Der Begriff „Unionsbürger und ihre Familienangehörigen) wurde im Hinblick auf die Erweiterung des personellen Personenkreises, auf den das FreizügG/EU Anwendung findet, durch die Formulierung, „Die Personen, deren Einreise und Aufenthalt nach § 1 Absatz 1 durch dieses Gesetz geregelt ist", in den Abs. 1 und 1a ersetzt.

---

[1] BT-Drs. 15/420, 39.
[2] BT-Drs. 16/5065, 36.
[3] BT-Drs. 16/4138.
[4] BT-Drs. 17/10746, 6.
[5] BT-Drs. 17/10746, 6.
[6] BGBl. 2020 I S. 2416.

II. Allgemeines

Abs. 1 regelt die Ausweispflicht der Personen, auf die das FreizügG/EU nach § 1 Anwendung findet. Die Verpflichtung, einen Pass oder Passersatz mit sich zu führen, ist **keine materielle Voraussetzung des Rechts auf Einreise und Aufenthalt**, wie dies noch in § 10 AufenthG/EWG[7] formuliert war. Die Ausweispflicht wird im Einklang mit dem Unionsrecht zur einzuhaltenden **Formalität**, deren Verletzung nicht automatisch ein Einreiseverbot mit sich bringt. Auch das Ungültigwerden des Passes nach der Einreise rechtfertigt nach Art. 15 II Freizügigkeits-RL keine Aufenthaltsbeendigung. 4

Bislang bezog sich die ausweisrechtliche Pflicht der Nr. 1 nur auf die Einreise, ebenso die daran anknüpfenden Bußgeldvorschriften des § 10 I und II. Bei Deutschen dagegen gelten die ausweisrechtlichen Pflichten sowohl bei Ein- als auch bei Ausreise (§ 1 I PassG), ebenso die korrespondierenden Bußgeldvorschriften des § 25 III Nr. 1 PassG. Die Änderung harmonisiert die Regelungen[8]. 5

Mit Abs. 2 ist die erforderliche Rechtsgrundlage für die Erhebung und den Abgleich biometrischer Daten von Unionsbürgern und ihren Familienangehörigen in Anlehnung an die passrechtliche Regelung in § 16a PassG geschaffen worden. IRd Ausweispflicht ist nunmehr auch eine biometriegestützte Identitätsüberprüfung zugelassen. Überprüft werden dürfen nur – soweit vorhanden – das Lichtbild, die Fingerabdrücke und die Iris. 6

Die Regelung ist Teil der **europaweiten Einführung von Pässen mit biometrischen Merkmalen** durch VO 2252/2004/EG über Normen für Sicherheitsmerkmale und biometrische Daten in von den Mitgliedstaaten ausgestellten Pässen und Reisedokumenten[9]. 7

III. Pass- und ausweisrechtliche Pflichten

Die Unionsbürgerschaft nach Art. 21 I AEUV gewährt den Unionsbürgern das Recht, sich auf dem Gebiet der Mitgliedstaaten frei zu bewegen und aufzuhalten, nur vorbehaltlich der im EU-Vertrag und in den Durchführungsbestimmungen vorgesehenen Beschränkungen und Bedingungen. Nach Art. 21 II AEUV können das Europäische Parlament und der Rat Vorschriften erlassen, mit denen die Ausübung dieser Rechte erleichtert wird. Soweit keine unionsrechtlichen Bestimmungen für die Kontrolle der Außengrenzen der EU, die auch gemeinsame oder harmonisierte Vorschriften über die Einwanderungs-, Visum- und Asylbedingungen umfassen, erlassen worden sind, setzt die Ausübung dieser Rechte voraus, dass der Betroffene belegen kann, dass er die Staatsangehörigkeit eines Mitgliedstaats besitzt[10]. Aus diesem Grund macht auch die Unionsbürger RL in Art. 4 und 5 das Recht auf Einreise von dem Mitführen eines gültigen Personalausweises oder Reisepasses abhängig. 8

Mitführungspflicht und Ausweisbesitzpflicht sind nicht identisch. Die Mitführungspflicht ist nach § 8 I Nr. 1 auf den Grenzübertritt beschränkt, während sich die Besitzpflicht nach § 8 I Nr. 2 auf den gesamten Aufenthalt in Deutschland erstreckt. 9

Selbst soweit die Staatsangehörigen der Mitgliedstaaten nach Art. 21 AEUV iVm Art. 6 Freizügigkeits-RL ein unbedingtes Recht besitzen, sich über einen Zeitraum von drei Monaten in den Mitgliedstaaten frei zu bewegen, behalten die Mitgliedstaaten das Recht, Identitätskontrollen an den Binnengrenzen der EU durchzuführen. Ein Betroffener ist zur Vorlage eines gültigen Personalausweises oder Reisepasses verpflichtet, damit festgestellt werden kann, ob er Staatsangehöriger eines Mitgliedstaats ist und damit in den Mitgliedstaaten das Recht hat, sich frei zu bewegen, oder ob er Staatsangehöriger eines Drittlandes ist, der dieses Recht nicht besitzt. 10

Die Mitgliedstaaten sind mangels einer unionsrechtlichen Regelung zuständig, Zuwiderhandlungen gegen eine solche Verpflichtung zu ahnden, wobei die Sanktionen wegen des **Diskriminierungsverbots** insbesondere hinsichtlich des Verschuldensmaßstabs und des Bußgeldrahmens denjenigen vergleichbar sein müssen, die für entsprechende nationale Vergehen gelten[11]. 11

Das Unionsrecht verbietet einem Mitgliedstaat daher nicht, zu kontrollieren, ob die Verpflichtung zur Vorlage eines Passes eingehalten wird, sofern er seinen eigenen Staatsangehörigen eine entsprechende Verpflichtung hinsichtlich ihres Personalausweises auferlegt[12]. Durch die Änderung des Wort- 12

---

[7] § 10 AufenthG/EWG: „Das Recht auf Einreise und Aufenthalt nach den §§ 2 bis 8 setzt voraus, dass der Ausländer sich durch einen Pass oder amtlichen Personalausweis ausweist. Familienangehörige können sich auch durch einen sonstigen zugelassenen Passersatz ausweisen."

[8] BT-Drs. 16/5065, 212; hierzu auch *Fischer* NVwZ 1990, 1151.

[9] VO 2252/2004 v. 13.12.2004 (ABl. L 385, S. 1). Die VO ist in Kraft, nachdem der EuGH die Nichtigkeitsklage Großbritanniens und Irlands abgewiesen hat, EuGH Urt. v. 18.12.2007 – C-137/05 – Vereinigtes Königreich Großbritanien ua/Rat.

[10] EuGH Urt. v. 21.9.1999 – C-378/97 Rn. 41 f. – Wijsenbeek.

[11] EuGH Urt. v. 21.9.1999 – C-378/97 Rn. 44 – Wijsenbeek; EuGH Urt. v. 17.2.2005 – C-215/03 Rn. 34 – Oulane unter Verweis auf Urt. v. 27.4.1989 – 321/87, Slg. 1989, 997 Rn. 12 – Kommission/Belgien, und Urt. v. 30.4.1998 – C-24/97, Slg. 1998, I-2133 Rn. 13 – Kommission/Deutschland.

[12] EuGH Urt. v. 30.4.1998 – C-24/97 Rn. 13 – Kommission/Deutschland; Urt. v. 27.4.1989 – 321/87, Slg. 1989, 997 Rn. 12 – Kommission/Belgien.

lauts des § 8 I Nr. 1b durch das ÄndG 2013 (vorlegen statt aushändigen) sollte sichergestellt werden, dass Unionsbürger nicht schlechter gestellt werden als Deutsche unter vergleichbaren Bedingungen: Nach § 1 I des hier als Maßstab heranzuziehenden PAuswG kommen Deutsche ihrer Ausweispflicht durch **Vorlage des Ausweises** bei einer zur Feststellung der Identität berechtigten Behörde nach[13].

13 Außerdem dürfen die Mitgliedstaaten für die Verletzung der Pflicht, bei der Einreise einen Personalausweis oder Reisepass vorzulegen, **keine unverhältnismäßige Sanktion** wie etwa eine Gefängnisstrafe vorsehen[14].

14 Auch **Haft- oder Abschiebungsmaßnahmen,** die ausschließlich darauf gestützt sind, dass der Betroffene gesetzliche Formalitäten in Bezug auf die Ausländerüberwachung nicht erfüllt hat, sind unverhältnismäßig, da sie den Kern des unmittelbar vom Unionsrecht verliehenen Aufenthaltsrechts antasten[15].

15 Eine Haftmaßnahme kann nur aufgrund einer ausdrücklichen Ausnahmevorschrift wie etwa § 6 I gerechtfertigt sein, wonach die Mitgliedstaaten das Aufenthaltsrecht von Angehörigen der anderen Mitgliedstaaten aus Gründen der öffentlichen Ordnung, Sicherheit oder Gesundheit beschränken können. Die Tatsache, dass die für Einreise, Ortswechsel und Aufenthalt von Ausländern geltenden gesetzlichen Formalitäten nicht erfüllt sind, rechtfertigt aber keine Maßnahme aufgrund des Ordre-public-Vorbehalts[16].

16 Ein Mitgliedstaat kann die Anerkennung des Aufenthaltsrechts eines Angehörigen eines anderen Mitgliedstaats oder eines drittstaatsangehörigen Familienangehörigen nicht davon abhängig machen kann, dass der Betroffene einen gültigen Personalausweis oder Reisepass vorlegt, sofern seine **Identität und seine Staatsangehörigkeit zweifelsfrei mit anderen Mitteln nachgewiesen werden können**[17].

17 Das Erfordernis, dass der Nachweis der Staatsangehörigkeit nur durch Vorlage eines gültigen Personalausweises oder Reisepasses zu erbringen ist, geht über die Zwecke der Freizügigkeits-RL hinaus. Dass eine Person, um ihre Eigenschaft als Unionsbürger nachzuweisen, einen gültigen Personalausweis oder Reisepass vorlegen muss, stellt nach der Rspr. des EuGH nämlich eine **Verwaltungsformalität** dar, die nur der Feststellung eines aus der Eigenschaft des Betroffenen unmittelbar fließenden Rechts durch die nationale Behörde dient[18].

18 Kann der Betroffene keinen gültigen Personalausweis oder Reisepass vorlegen, seine Staatsangehörigkeit aber zweifelsfrei mit anderen Mitteln nachweisen, so kann der Aufnahmemitgliedstaat dessen Aufenthaltsrecht nicht schon mit der Begründung in Zweifel ziehen, dass er weder das eine noch das andere der genannten Dokumente vorgelegt habe[19].

IV. Datenspeicherung im Ausländerzentralregister

19 Der EuGH hat in der Rechtssache Huber entschieden, dass die Daten von Unionsbürgern nicht mehr wie bei sonstigen Drittausländern im AZR umfassend erfasst, gespeichert und weitergegeben werden dürfen[20]. Es dürfen in der Datenbank nur solche personenbezogenen Daten enthalten sein, die zur Anwendung aufenthaltsrechtlicher Vorschriften für Unionsbürger nach der Freizügigkeits-RL unbedingt erforderlich sind.

20 **Die im AZR gespeicherten Daten sind personenbezogene Daten** iSd RL zum Schutz personenbezogener Daten[21]. Nach dieser RL ist die Verarbeitung solcher Daten nur dann zulässig, wenn sie für die Wahrnehmung einer Aufgabe erforderlich ist, die im öffentlichen Interesse liegt oder in Ausübung öffentlicher Gewalt erfolgt.

21 Da das Aufenthaltsrecht eines Unionsbürgers im Hoheitsgebiet eines Mitgliedstaats, dessen Staatsangehörigkeit er nicht besitzt, nicht uneingeschränkt besteht, sondern Beschränkungen unterworfen werden darf, ist es legitim, dass ein Mitgliedstaat über einschlägige Informationen und Dokumente über Ausländer verfügt und ein Register zur Unterstützung der mit der Anwendung aufenthaltsrecht-

---

[13] BT-Drs. 17/10746, 12.
[14] EuGH Urt. v. 30.4.1998 – C-24/97 Rn. 14 – Kommission/BR Deutschland; EuGH Urt. v. 21.9.1999 – C-378/97 Rn. 44 – Wijsenbeek unter Hinweis auf die Urt. v. 12.12.1989 – C-265/88, Slg. 1989, 4209 Rn. 14 – Messner und Urt. v. 29.2.1996 – C-193/94, Slg. 1996, I-929 Rn. 36 – Skanavi und Chryssanthakopoulos.
[15] EuGH Urt. v. 17.2.2005 – C-215/03 Rn. 40 – Oulane unter Bezugnahme auf Urt. v. 3.7.1980 – 157/79, Slg. 1980, 2171 Rn. 18 f., Pieck, Urt. v. 12.12.1989 – C-265/88, Slg. 1989, I-4209 Rn. 14 – Messner und Urt. v. 25.7.2002 – C-459/99, Slg. 2002, I-6591 Rn. 78 – MRAX.
[16] EuGH Urt. v. 17.2.2005 – C-215/03 Rn. 42 – Oulane; vgl. Urt. v. 25.7.2002 – C-459/99, Slg. 2002, I-6591 Rn. 79 – MRAX.
[17] EuGH Urt. v. 17.2.2005 – C-215/03 Rn. 25 – Oulane unter Hinweis auf Urt. v. 25.7.2002 – C-459/99, Slg. 2002, I-6591 Rn. 62 – MRAX.
[18] EuGH Urt. v. 17.2.2005 – C-215/03 Rn. 24 – Oulane.
[19] EuGH Urt. v. 17.2.2005 – C-215/03 Rn. 25 – Oulane unter Hinweis auf Urt. v. 25.7.2002 – C-459/99, Slg. 2002, I-6591 Rn. 62 – MRAX.
[20] EuGH Urt. v. 16.12.2008 – C-524/06 – Huber.
[21] RL 95/46/EG des EU-Parlaments und des Rates v. 24.10.1995 zum Schutz natürlicher Personen bei der Verarbeitung personenbezogener Daten und zum freien Datenverkehr (ABl. 1995 L 281, 31).

licher Vorschriften betrauten Behörde nutzt, sofern dem **Erforderlichkeitsgebot** iSd RL zum Schutz personenbezogener Daten Genüge getan wird.

Ein System zur Verarbeitung personenbezogener Daten ist mit dem Unionsrecht vereinbar, wenn es 22 nur die Daten enthält, die für die Anwendung der Vorschriften der Freizügigkeits-RL erforderlich sind, und wenn sein zentralisierter Charakter eine effizientere Anwendung dieser Vorschriften in Bezug auf das Aufenthaltsrecht von Unionsbürgern erlaubt, die keine Staatsangehörigen des betreffenden Mitgliedstaats sind[22].

Eine **Speicherung und Verarbeitung von Daten zu statistischen Zwecken** ist den Mitglied- 23 staaten nicht verwehrt, um den nationalen Behörden die genaue Kenntnis der Bevölkerungsbewegungen in ihrem Hoheitsgebiet zu ermöglichen. Diese Statistiken setzen voraus, dass die Staaten eine Reihe von Informationen erheben. Die Ausübung dieser Befugnis macht allerdings die Erhebung und Speicherung von namentlich genannten Personen betreffender Daten, wie sie in dem AZR vorgenommen wird, nicht erforderlich. Folglich hat der EuGH in der Rechtssache Huber entschieden, dass eine individuelle Verarbeitung personenbezogener Daten nicht dem Erforderlichkeitsgebot iSd RL zum Schutz personenbezogener Daten entspricht.

Auch die Nutzung der in dem AZR enthaltenen Daten zur **Bekämpfung der Kriminalität** ist 24 grundsätzlich zulässig. Dies setzt aber voraus, dass mit diesem Ziel auf die Verfolgung von Verbrechen und Vergehen unabhängig von der Staatsangehörigkeit der Täter abgestellt wird. Das AZR enthält jedoch nicht die personenbezogenen Daten deutscher Staatsangehöriger. Demzufolge verstößt eine Nutzung des AZR zur Bekämpfung der Kriminalität gegen das **Diskriminierungsverbot** und damit gegen das Unionsrecht[23].

§ 9 Strafvorschriften

(1) Mit Freiheitsstrafe bis zu drei Jahren oder mit Geldstrafe wird bestraft, wer unrichtige oder unvollständige Angaben macht oder benutzt, um für sich oder einen anderen eine Aufenthaltskarte, eine Daueraufenthaltskarte, eine Bescheinigung über das Daueraufenthaltsrecht, ein Aufenthaltsdokument-GB oder ein Aufenthaltsdokument für Grenzgänger-GB zu beschaffen oder eine so beschaffte Urkunde wissentlich zur Täuschung im Rechtsverkehr gebraucht.

(2) Mit Freiheitsstrafe bis zu einem Jahr oder mit Geldstrafe wird bestraft, wer entgegen § 7 Abs. 2 Satz 1 in das Bundesgebiet einreist oder sich darin aufhält.

(3) Gegenstände, auf die sich eine Straftat nach Absatz 1 bezieht, können eingezogen werden.

Allgemeine Verwaltungsvorschrift
9 Zu § 9 – Strafvorschriften
9.1 Beschaffung von Aufenthaltsbescheinigungen nach dem Freizügigkeitsgesetz/EU durch unrichtige oder unvollständige Angaben
9.1.1 Gemäß § 9 Absatz 1 kann strafrechtlich verfolgt werden, wer unrichtige oder unvollständige Angaben macht oder benutzt, um für sich oder einen anderen eine Aufenthaltskarte (§ 5 Absatz 1), eine Bescheinigung über das Daueraufenthaltsrecht oder eine Daueraufenthaltskarte (§ 5 Absatz 5) zu beschaffen. Ebenfalls unter Strafe steht der wissentliche Gebrauch einer so beschafften Urkunde zur Täuschung im Rechtsverkehr.
9.1.2 Angaben sind unrichtig, wenn sie nicht mit der Wirklichkeit entsprechen; unvollständig sind Angaben, wenn für die Entscheidung bedeutsame Tatsachen verschwiegen werden. Ein „Machen" oder „Benutzen" der Angaben liegt vor, wenn die Angaben gegenüber der Behörde (z. B. in einem Antrag) gemacht oder in einem Verfahren nach dem Freizügigkeitsgesetz/EU der Behörde bekannt werden. Unrichtige Angaben werden beispielsweise gemacht, wenn die Herstellung oder Wahrung einer ehelichen Lebensgemeinschaft gezielt vorgetäuscht wird (so genannte Scheinehe), um ein freizügigkeitsrechtliches Aufenthaltsrecht zu erlangen oder zu vermitteln. Unrichtige Angaben können auch bei der Verwendung ge- oder verfälschter Dokumente oder der Vorspiegelung falscher Tatsachen vorliegen (vgl. auch Nummer 2.7). Die Angaben können sowohl eigen- als auch fremdnützig gemacht werden.
9.1.3 Die unrichtigen oder unvollständigen Angaben müssen für das Verfahren allgemein von Bedeutung und grundsätzlich geeignet sein, sich oder einem Dritten unrechtmäßig eine Aufenthaltskarte oder eine andere Aufenthaltsbescheinigung nach dem Freizügigkeitsgesetz/EU verschaffen zu können. Es ist nicht erforderlich, dass die begehrte Aufenthaltsbescheinigung tatsächlich ausgestellt wurde.
9.1.4 Soweit daneben in § 11 Absatz 1 auch § 95 Absatz 2 Nummer 2 AufenthG für entsprechend anwendbar erklärt wird, ist auf Folgendes hinzuweisen: § 95 Absatz 2 Nummer 2 AufenthG findet grundsätzlich auch auf Unionsbürger und ihre Familienangehörigen entsprechende Anwendung. Dies stellt aber lediglich eine Öffnungsklausel in Bezug auf der Täterkreis i. S. d. § 95 AufenthG dar, nicht jedoch in Bezug auf Aufenthaltsbescheinigungen nach dem Freizügigkeitsgesetz/EU als Tatobjekt. § 95 Absatz 2 Nummer 2 AufenthG ist dann auf Freizügigkeitsberechtigte anwendbar, wenn unrichtige oder unvollständige Angaben gemacht oder benutzt werden, um für sich oder einen anderen einen Aufenthaltstitel oder eine Duldung nach dem Aufenthaltsgesetz zu beschaffen oder eine so beschaffte Urkunde wissentlich zur Täuschung im Rechtsverkehr gebraucht wird (vgl. auch Nummer 11.1). Dies

---
[22] EuGH Urt. v. 16.12.2008 – C-524/06 Rn. 66 – Huber.
[23] EuGH Urt. v. 16.12.2008 – C-524/06 Rn. 79 ff. – Huber.

kann beispielsweise dann der Fall sein, wenn ein Unionsbürger unrichtige Angaben macht, um einem Drittstaatsangehörigen zu einem Aufenthaltstitel zu verhelfen, dessen Voraussetzungen dieser ansonsten nicht erfüllen würde. Beziehen sich die unrichtigen oder unvollständigen Angaben dagegen auf die Beschaffung einer Aufenthaltskarte oder einer anderen Aufenthaltsbescheinigung nach dem Freizügigkeitsgesetz/EU, kann diese Handlung nur nach § 9 Absatz 1 strafbar sein (s.o.).

9.2 Verstoß gegen ein Einreise- und Aufenthaltsverbot
9.2.1 § 9 Absatz 2 sieht eine eigene Strafvorschrift für Unionsbürger bei Verstoß gegen das Einreise- und Aufenthaltsverbot des § 7 Absatz 2 Satz 1 vor.
9.2.2 Die zunehmende Gleichstellung von Unionsbürgern mit Inländern rechtfertigt es, eine unerlaubte Einreise bei Unionsbürgern milder zu bestrafen als bei sonstigen Drittausländern. Das Strafmaß orientiert sich deshalb an der Vorschrift des § 24 PassG, wonach ein Deutscher, der gegen ein Ausreiseverbot verstößt, mit Freiheitsstrafe bis zu einem Jahr oder Geldstrafe bestraft wird.

9.3 Einziehung von Dokumenten
Aufenthaltsbescheinigungen nach dem Freizügigkeitsgesetz/EU, die durch unrichtige oder unvollständige Angaben erlangt worden sind, sowie Dokumente oder sonstige Unterlagen, die zur Begehung oder Vorbereitung einer Straftat nach § 9 Absatz 1 bestimmt oder gebraucht worden sind, können eingezogen werden.

I. Entstehungsgeschichte

1   Die Vorschrift besteht seit dem 1.1.2005, wurde durch das Zuwanderungsgesetz vom 30.7.2004 neu geschaffen[1] und entsprach dem Gesetzesentwurf[2]. Sie wurde zweimal geändert. Durch das Gesetz zur Änderung des Freizügigkeitsgesetzes/EU und weiterer Vorschriften, **gültig ab** 9.12.2014[3], wurden die Abs. 1 und 3 neu eingefügt. Durch die Einführung von Abs. 1 wurde eine Strafbarkeitslücke geschlossen[4]. Denn § 95 II Nr. 2 AufenthG war trotz Verweisung in § 11 I dann nicht auf Unionsbürger und ihre Familienangehörigen entsprechend anwendbar, wenn Tatobjekt eine Aufenthaltsbescheinigung iSd FreizügG/EU ist. Eine Gleichsetzung der Aufenthaltsdokumente iSd FreizügG/EU mit Aufenthaltstiteln oder Duldungen war nicht erfolgt. Eine entsprechende Anwendung des § 95 II Nr. 2 AufenthG schied wegen des strafrechtlichen Analogieverbotes aus[5]. Durch das Gesetz zur aktuellen Anpassung des FreizügG/EU und weiterer Vorschriften an das Unionsrecht, gültig ab 24.11.2020[6], wurden in Abs. 1 weitere Tatobjekte, nämlich die Aufenthaltsdokumente-GB und Aufenthaltsdokumente für Grenzgänger-GB, eingefügt, welche sog. „Alt-Briten", denen durch das Austrittsabkommen UK/EU vom 31.1.2020[7] Bestandsschutz gewährt wurde, ausgestellt werden können.

II. Straftatbestände

1. Unrichtige oder unvollständige Angaben gegenüber der Ausländerbehörde (Abs. 1)

2   Abs. 1 stellt unrichtige oder unvollständige Angaben gegenüber der im Verfahren nach dem FreizügG/EU zuständigen Ausländerbehörde zur Beschaffung von Aufenthaltsdokumenten sowie deren wissentlichen Gebrauch im Rechtsverkehr unter Strafe. Bei Abs. 1 handelt es sich – wie auch bei § 95 II Nr. 2 AufenthG, dem der Abs. 1 zur Schließung von Strafbarkeitslücken nachgebildet wurde – um ein **abstraktes Gefährdungsdelikt**. Mithin müssen die Angaben nicht entscheidungserheblich für die Erteilung des Aufenthaltsdokuments sein. Dem Wortlaut nach können **Täter** nicht nur Unionsbürger bzw. „Alt-Briten" oder deren Familienangehörige sein. Mit Strafe bedroht sind auch Dritte, die unrichtige oder unvollständige Angaben machen oder benutzen, um ein Aufenthaltsdokument für einen anderen zu beschaffen oder die eine so beschaffte Urkunde wissentlich zur Täuschung im Rechtsverkehr gebrauchen. Dem steht der Anwendungsbereich des § 1 nicht entgegen, denn Abs. 1 stellt gerade nicht die Einreise oder den Aufenthalt unter Strafe, sondern vielmehr das Vortäuschen darüber, unter den Anwendungsbereich des § 1 zu fallen. Bezüglich der **Tathandlung** entsprechen die Tatbestandsmerkmale des Abs. 1 „unrichtige oder unvollständige Angaben machen" sowie „Gebrauch der Urkunde zur Täuschung im Rechtsverkehr" denen des § 95 II Nr. 2 AufenthG. **Tatobjekt** kann eine Aufenthaltskarte (§ 5 I), eine Daueraufenthaltskarte (§ 5 V 2), eine Bescheinigung über das Daueraufenthaltsrecht (§ 5 V 1) sowie seit 24.11.2020 ein Aufenthaltsdokument-GB (§ 16 I 1 Nr. 2) oder ein Aufenthaltsdokument für Grenzgänger-GB (§ 16 III) sein. Subjektiv ist (zumindest bedingter) **Vorsatz** (§ 15 StGB) sowohl bezüglich der unrichtigen oder unvollständigen Angaben zur Beschaffung eines Aufenthaltsdokuments als auch bezüglich des Gebrauchs des durch

---

[1] BGBl. 2004 I S. 1950, 1986.
[2] BT-Drs. 15/420, 39.
[3] G zur Änderung des Freizügigkeitsgesetzes/EU und weiterer Vorschriften v. 2.12.2014, BGBl. I S. 1922.
[4] Vgl. BayVGH Beschl. v. 4.9.2017 – 10 ZB 16.569, BeckRS 2017, 124697.
[5] BT-Drs. 18/2581, 18.
[6] G zur aktuellen Anpassung des Freizügigkeitsgesetzes/EU und weiterer Vorschriften an das Unionsrecht v. 12.11.2020, BGBl. I S. 2416.
[7] ABl. 2020 L 29, 7.

Strafvorschriften **§ 9 FreizügG/EU 2**

diese Angaben erlangten Dokuments erforderlich. Aufgrund des Gesetzlichkeitsprinzips gemäß Art. 103 II GG können vor dem 9.12.2014 gemachte Falschangaben nicht sanktioniert werden. Da es sich um ein Vergehen handelt, ist der **Versuch nicht strafbar.**

2. Einreise oder Aufenthalt trotz Einreiseverbot (Abs. 2)

Nach Abs. 2 ist die Einreise **entgegen einem Einreiseverbot mit Strafe bedroht.** Anders als bei 3 § 11 I 1 AufenthG, an den die Strafbestimmung des § 95 II Nr. 1 AufenthG bei Drittstaatsangehörigen anknüpft, ist nicht die Einreise nach einer Abschiebung oder Zurückschiebung strafbar. § 95 II Nr. 1 AufenthG ist sowohl wegen der Sonderregelung in § 9 (besondere Regelung iSd § 11 II) als auch wegen des fehlenden Verweises in § 11 I unanwendbar. Hingegen finden über § 11 I die §§ 96 und 97 AufenthG Anwendung, die ua das Einschleusen von Ausländern unter Strafe stellen.

Ausschließlich eine Verlustfeststellung nach § 6 I führt zu einer Einreisesperre. Auch wenn **Alt-** 4 **ausweisungen** die Sperrwirkung des § 7 II 1 durch eine analoge Anwendung des § 11 II entfalten können[8], scheidet eine Strafbarkeit angesichts des klaren Wortlauts, der nur an eine Feststellung nach § 6 I, nicht aber an eine Ausweisung anknüpft, für Einreisen nach dem 1.1.2005 aus Gründen der Erkennbarkeit aus; die Anknüpfung an eine, wenn auch materiell-rechtlich gleichbedeutende, Ausweisung wäre eine verbotene Analogie[9].

Auch für Einreisen, die vor dem 1.1.2005 erfolgt sind, scheidet eine Strafbarkeit wegen § 2 III StGB 5 aus. Denn nach dieser Regelung ist in Fällen, in denen das Gesetz, das bei Beendigung der Tat gilt, vor der Entscheidung geändert wird, das mildere Gesetz anzuwenden.

Der Gesetzgeber hatte das Problem dieser **Strafbarkeitslücke** gesehen, jedoch von einer klar- 6 stellenden gesetzlichen Regelung abgesehen. So sah der Gesetzentwurf der Bundesregierung vom 3.1.2006 (S. 56) noch eine Ergänzung des § 9 um eine Ziff. 2 vor, wonach mit Freiheitsstrafe bis zu einem Jahr oder Geldstrafe bestraft werden sollte, wer „einem nach § 102 Abs. 1 des AufenthG weiterhin wirksamen Einreise- oder Aufenthaltsverbot nach § 8 Abs. 2 S. 1 des Ausländergesetzes vom 9.7.1999[10] zuwiderhandelt. „Zur Begründung wurde darauf abgestellt, dass die Strafvorschrift des § 9 Abs. 2 lediglich auf Einreisesperren, die nach neuem Recht verfügt wurden, verweise. Es könne eine Strafbarkeitslücke dadurch entstehen, dass die weiterhin gültigen Einreisesperren, die nach bisherigem Recht wirksam verfügt worden seien, nicht ausdrücklich aufgeführt würden und eine weite Auslegung im Rahmen einer Strafvorschrift problematisch sei.

Täter können Unionsbürger und deren Familienangehörige sein. Nicht zum Täterkreis des Abs. 2 7 dürften trotz Erweiterung des Abs. 1 um die Tatobjekte „Aufenthaltsdokument-GB" und „Aufenthaltsdokument für Grenzgänger-GB" die sogenannten „Alt-Briten" zählen, da die Strafbarkeit nach Abs. 2 an die Einreise oder den Aufenthalt entgegen § 7 II anknüpft und die „Alt-Briten" dort nicht aufgezählt werden. Da es sich um ein Vergehen handelt, ist der **Versuch nicht strafbar.**

III. Rechtsfolge

Der Strafrahmen des § 9 I entspricht dem des § 95 II Nr. 2 AufenthG. 8

Der Gesetzgeber hat das Strafmaß in § 9 II bei einem Verstoß gegen das Wiedereinreiseverbot des 9 § 7 II 1 durch Unionsbürger und ihre Familienangehörigen gegenüber entsprechenden Verstößen (§ 95 II Nr. 1 AufenthG) abgesenkt und mit Freiheitsstrafe bis zu einem Jahr oder mit Geldstrafe unter Strafe gestellt. Die zunehmende **Gleichstellung von Unionsbürgern mit Inländern** rechtfertigt es, eine unerlaubte Einreise bei Unionsbürgern milder zu bestrafen als bei sonstigen Ausländern. Dabei hat sich der Gesetzgeber an dem Entwurf der Freizügigkeits-RL orientiert, der wie Art. 36 Freizügigkeits-RL, bereits vorsah, dass die von den Mitgliedstaaten festgelegten Sanktionen den Sanktionen entsprechen, die die Mitgliedstaaten bei geringfügigeren Vergehen gegen ihre eigenen Staatsangehörigen verhängen (vgl. § 24 I PassG)[11].

Gemäß Abs. 3 können die falschen Ausweisdokument als **Tatobjekte** (§ 74 II StPO) eingezogen 10 werden. Die **Einziehung** erfolgt im Urteil bzw. Strafbefehl. Abs. 3 wurde durch das Gesetz zur Änderung des Freizügigkeitsgesetzes/EU und weiterer Vorschriften, gültig ab 9.12.2014, neu eingefügt und entspricht der Regelung des § 95 IV AufenthG[12].

---

[8] Einzelheiten → § 7.
[9] OLG Nürnberg Beschl. v. 17.6.2008 – 1 St OLG Ss 122/08, BeckRS 2011, 18269; AG Passau Urt. v. 21.2.2006 – 2 Ds 310 Js 17754/05, NStZ-RR 2007, 273; OLG Hamburg Beschl. v. 21.11.2005 – 1 Ws 212/05, BeckRS 2005, 30365427.
[10] BGBl. 1999 I 1354.
[11] BT-Drs. 15/420, 105.
[12] BT-Drs. 18/2581, 18.

§ 10 Bußgeldvorschriften

(1) Ordnungswidrig handelt, wer
1. entgegen § 8 Absatz 1 Nummer 1 Buchstabe b oder Nummer 3 ein dort genanntes Dokument nicht oder nicht rechtzeitig vorlegt oder
2. entgegen § 8 Absatz 1a ein dort genanntes Dokument nicht oder nicht rechtzeitig vorlegt oder einen Abgleich mit dem Lichtbild nicht oder nicht rechtzeitig ermöglicht.

(2) Ordnungswidrig handelt, wer vorsätzlich oder leichtfertig entgegen § 8 Abs. 1 Nr. 2 einen Pass oder Passersatz nicht besitzt.

(3) Ordnungswidrig handelt, wer vorsätzlich oder fahrlässig entgegen § 8 Abs. 1 Nr. 1 Buchstabe a einen Pass oder Passersatz nicht mit sich führt.

(4) Die Ordnungswidrigkeit kann in den Fällen der Absätze 1 und 3 mit einer Geldbuße bis zu dreitausend Euro, in den übrigen Fällen mit einer Geldbuße bis zu tausend Euro geahndet werden.

(5) Verwaltungsbehörde im Sinne des § 36 Abs. 1 Nr. 1 des Gesetzes über Ordnungswidrigkeiten ist in den Fällen der Absätze 1 und 3 die in der Rechtsverordnung nach § 58 Abs. 1 des Bundespolizeigesetzes bestimmte Bundespolizeibehörde.

Allgemeine Verwaltungsvorschrift
10 Zu § 10 – Bußgeldvorschriften
Als Ordnungswidrigkeit kann sowohl ein Verstoß gegen die Pflicht geahndet werden, einem zuständigen Beamten bei der Ein- oder Ausreise auf Verlangen einen Pass oder anerkannten Passersatz zur Prüfung vorzulegen (§ 8 Absatz 1 Nummer 1 Buchstabe b), als auch ein Verstoß gegen die Pflicht, den mit der Ausführung des Freizügigkeitsgesetzes/EU betrauten Behörden, insbesondere den zuständigen Ausländerbehörden, auf Verlangen einen Pass oder Passersatz sowie die Aufenthaltskarte, die Bescheinigung über das Daueraufenthaltsrecht oder die Daueraufenthaltskarte auszuhändigen und vorübergehend zu überlassen, soweit dies zur Durchführung des Freizügigkeitsgesetzes/EU oder Sicherung von Maßnahmen nach diesem Gesetz erforderlich ist (§ 8 Absatz 1 Nummer 3).

I. Entstehungsgeschichte

1   Die Vorschrift entspricht dem **Gesetzesentwurf**[1]. In der Gesetzesbegründung wurde darauf hingewiesen, dass § 10 die Regelungen des § 12a AufenthG/EWG übernehme und damit eine inländergleiche, diskriminierungsfreie bußgeldrechtliche Sanktionierung der Pass- und Ausweisverstöße sicherstelle[2]. Die Vorschrift wurde mehrfach redaktionell angepasst: Durch Art. 25 des Gesetz vom 21.6.2005[3] wurde ab dem 1.7.2005 in Abs. 5 das Wort „Grenzschutzämter" durch „Bundespolizeiämter" ersetzt. Außerdem erfolgte eine sprachliche Anpassung durch Art. 7 Nr. 2 des Gesetzes zur Änderung des PassG und weiterer Vorschriften[4]. Mit dem ÄndG 2013 wurde Abs. 1 neu gefasst. Die Formulierung „durch oder entgegen § 8 I Nr 3 ein dort genanntes Dokument" nicht oder nicht rechtzeitig ausgehändigt wurde hinzugefügt[5].

II. Einzelne Bußgeldtatbestände

2   **Täter** aller Bußgeldtatbestände des § 10 können die in § 1 I genannten Personen sein, mithin Unionsbürger, Staatsangehörige der EWR-Staaten, die nicht Unionsbürger sind, sog. „Alt-Briten", Familienangehörige aller vorgenannten Personengruppen sowie Familienangehörige und nahestehende Personen von Deutschen, die von ihrem Recht auf Freizügigkeit nach Art. 21 AEUV nachhaltig Gebrauch gemacht haben.

1. Nichtvorlage eines Passes oder anerkannten Passersatzes (Abs. 1)

3   Ordnungswidrig iSd Abs. 1 Alt. 1 handelt, wer entgegen § 8 I Nr. 1b bei der Einreise in das oder der Ausreise aus dem Bundesgebiet seinen Pass oder anerkannten Passersatz einem zuständigen Beamten auf Verlangen nicht oder nicht rechtzeitig aushändigt. Ordnungswidrig iSd Abs. 1 Alt. 2 handelt, wer entgegen § 8 I Nr. 3 seinen Pass oder Passersatz, die Aufenthaltskarte, die Bescheinigung des Daueraufenthalts oder die Daueraufenthaltskarte den mit der Ausführung dieses Gesetzes betrauten Behörden auf Verlangen nicht vorlegt, aushändigt oder vorübergehend überlässt, soweit dies zur Durchführung oder Sicherung von Maßnahmen nach diesem Gesetz erforderlich ist.

---

[1] BT-Drs. 15/420, 39.
[2] BT-Drs. 15/420, 105.
[3] BGBl. 2005 I S. 1818.
[4] BT-Drs. 16/4138.
[5] BT-Drs. 17/10746, 6.

Anwendung des allgemeinen Aufenthaltsrechts **§ 11 FreizügG/EU 2**

Der Tatbestand des Abs. 1 **Alt. 1** ist auf den Zeitraum der **Ein- und Ausreise** beschränkt. Mithin ist die Begehung einer entsprechenden Ordnungswidrigkeit nur bei Grenzkontrollen möglich. 4

Durch Aufnahme der Aushändigungspflicht nach Nr. 3 in Abs. 1 **Alt. 2** wurde eine **Regelungslücke geschlossen**: Bisher konnte ein Verstoß gegen die § 8 I Nr. 3 normierte gesetzliche Pflicht zur Vorlage von Ausweis- bzw. Aufenthaltsdokumenten bei den zuständigen Behörden nicht als Ordnungswidrigkeit geahndet werden. Diese verstößt auch nicht gegen das Diskriminierungsverbot, da nach § 32 I Nr. 1 iVm § 1 I PAuswG bei Deutschen ebenfalls nur die Verletzung der Pflicht zur Vorlage eines Ausweisdokuments als Ordnungswidrigkeit geahndet werden kann. 5

Nur der **vorsätzliche** Verstoß ist bußgeldbewehrt. 6

2. Nichtbesitz eines Passes oder Passersatzes (Abs. 2)

Ordnungswidrig iSd Abs. 2 handelt, wer entgegen § 8 I Nr. 2 für die Dauer des Aufenthalts in der Bundesrepublik den erforderlichen Pass bzw. Passersatz nicht besitzt. Es ist nicht erforderlich, den Pass jederzeit bei sich zu führen. Der **Besitz** wird durch die tatsächliche Sachherrschaft und Verfügungsgewalt begründet. Subjektiv ist **Vorsatz** oder **Leichtfertigkeit** erforderlich. Die für den inneren Tatbestand erforderliche Leichtfertigkeit bedeutet einen erhöhten Grad von Fahrlässigkeit, der gelegentlich als grobe Fahrlässigkeit verstanden wird, der an Vorsatz grenzt[6]. 7

3. Verstoß gegen Mitführungspflicht (Abs. 3)

Ordnungswidrig iSd Abs. 2 handelt, wer entgegen § 8 I Nr. 1a einen Pass oder anerkannten Passersatz nicht mit sich führt. Der Tatbestand des Abs. 3 ist auf den Zeitraum der **Ein- und Ausreise** beschränkt. Mithin ist die Begehung einer entsprechenden Ordnungswidrigkeit nur bei Grenzkontrollen möglich. In subjektiver Hinsicht kann der Tatbestand **vorsätzlich** oder **fahrlässig** begangen werden. 8

4. Rechtsfolge (Abs. 4)

Für die Bußgeldtatbestände des Abs. 1 und 3 sieht das Gesetz einen Bußgeldrahmen bis zu 3.000 EUR vor, für den Abs. 2 bis zu 1.000 EUR. Gegen die angedrohten Bußgelder bestehen keine durchgreifenden Bedenken. Bei ähnlichem Verhalten von Deutschen bestehen ebenfalls Sanktionsmöglichkeiten (vgl. § 5 I Nr. 1 PAuswG), und das Bußgeld nach § 25 PassG beträgt 2.500 EUR. Gemäß § 17 II OWiG kann fahrlässiges Handeln im Höchstmaß nur mit der Hälfte des angedrohten Höchstbetrags der Geldbuße geahndet werden. 9

5. Zuständigkeiten (Abs. 5)

Gemäß Abs. 5 sind für die Verfolgung und Ahndung von Verstößen nach Abs. 1 und 3, mithin der Ordnungswidrigkeit, die nur auf Ein- und Ausreise an Grenzen beschränkt sind, die in der Rechtsverordnung nach § 58 BPolG bestimmten Bundespolizeibehörden zuständig. Verstöße gegen die Mitführungspflicht (Abs. 2) werden von den Verwaltungsbehörden der Länder verfolgt. 10

§ 11 Anwendung des allgemeinen Aufenthaltsrechts; Ausnahmen von der Anwendung dieses Gesetzes

(1) Auf die Personen, deren Einreise und Aufenthalt nach § 1 Absatz 1 durch dieses Gesetz geregelt ist, finden § 3 Absatz 2, § 11 Absatz 8, die §§ 13, 14 Absatz 2, § 44 Absatz 4, die §§ 45a, 46 Absatz 2, § 50 Absatz 3 bis 6, § 59 Absatz 1 Satz 6 und 7, die §§ 69, 73, 74 Absatz 2, § 77 Absatz 1, die §§ 80, 82 Absatz 5, die §§ 85 bis 88, 90, 91, 95 Absatz 1 Nummer 4 und 8, Absatz 2 Nummer 2, Absatz 4, die §§ 96, 97, 98 Absatz 2 Nummer 2, Absatz 2a, 3 Nummer 3, Absatz 4 und 5 sowie § 99 des Aufenthaltsgesetzes entsprechende Anwendung.

(2) § 73 des Aufenthaltsgesetzes ist nur zur Feststellung von Gründen gemäß § 6 Absatz 1, hiervon abweichend in den Fällen des Absatzes 8 Satz 1 und des Absatzes 12 Satz 2 ohne Einschränkung anzuwenden.

(3) ¹§ 78 des Aufenthaltsgesetzes ist für die Ausstellung von Aufenthaltskarten, Daueraufenthaltskarten, Aufenthaltsdokumenten-GB und Aufenthaltsdokumenten für Grenzgänger-GB entsprechend anzuwenden. ²Sie tragen die nach Maßgabe der nach den §§ 11a und 99 Absatz 1 Nummer 13a Satz 1 des Aufenthaltsgesetzes erlassenen Rechtsverordnung festgelegten Bezeichnungen. ³In der Zone für das automatische Lesen wird anstelle der Abkürzungen nach § 78 Absatz 2 Satz 2 Nummer 1 des Aufenthaltsgesetzes in Aufenthaltskarten

---

[6] BGH Urt. vom 13.1.1988 – 3 StR 450/87, NStZ 1988, 276.

und Daueraufenthaltskarten die Abkürzung „AF" und in Aufenthaltsdokumenten-GB und Aufenthaltsdokumenten für Grenzgänger-GB die Abkürzung „AR" verwendet.

(4) ¹Eine Fiktionsbescheinigung nach § 81 Absatz 5 des Aufenthaltsgesetzes ist auf Antrag auszustellen, wenn nach diesem Gesetz von Amts wegen eine Aufenthaltskarte, ein Aufenthaltsdokument-GB oder ein Aufenthaltsdokument für Grenzgänger-GB auszustellen ist und ein Dokument mit elektronischem Speicher- und Verarbeitungsmedium noch nicht zur Überlassung an den Inhaber bereitsteht. ²In Fällen, in denen ein Recht auf Einreise und Aufenthalt nach diesem Gesetz nur auf Antrag besteht, findet § 81 des Aufenthaltsgesetzes entsprechende Anwendung.

(5) § 5 Absatz 1, 2 und 4, § 6 Absatz 3 Satz 2 und 3, § 7 Absatz 2 Satz 2 und § 82 Absatz 1 und 2 des Aufenthaltsgesetzes sowie § 82 Absatz 3 des Aufenthaltsgesetzes, soweit er sich auf § 82 Absatz 1 des Aufenthaltsgesetzes bezieht, sind in den Fällen des § 3a entsprechend anzuwenden.

(6) § 82 Absatz 4 des Aufenthaltsgesetzes ist in den Fällen des Absatzes 8 Satz 1 und des Absatzes 12 Satz 2 entsprechend anzuwenden.

(7) ¹Die Mitteilungspflichten nach § 87 Absatz 2 Satz 1 Nummer 1 bis 3 des Aufenthaltsgesetzes bestehen insoweit entsprechend, als die dort genannten Umstände auch für die Feststellung nach § 2 Absatz 7, § 5 Absatz 4 und § 6 Absatz 1 entscheidungserheblich sein können. ²Sie bestehen in den Fällen des Absatzes 8 Satz 1 und des Absatzes 12 Satz 2 ohne diese Einschränkung.

(8) ¹Auf den Aufenthalt von Personen, die
1. sich selbst als Familienangehörige im Bundesgebiet aufgehalten haben und nach § 3 Absatz 2 nach dem Tod eines Unionsbürgers ein Aufenthaltsrecht behalten,
2. nicht Unionsbürger sind, sich selbst als Ehegatten oder Lebenspartner im Bundesgebiet aufgehalten haben, und die nach der Scheidung oder Aufhebung der Ehe oder Aufhebung der Lebenspartnerschaft nach § 3 Absatz 4 ein Aufenthaltsrecht behalten, und
3. als nahestehende Personen eines Unionsbürgers ein Aufenthaltsrecht nach § 3a Absatz 1 haben,

sind die §§ 6 und 7 nicht anzuwenden. ²Insoweit findet das Aufenthaltsgesetz entsprechende Anwendung. ³Auf den Aufenthalt von Familienangehörigen der in Satz 1 genannten Personen ist § 3 Absatz 1 nicht anzuwenden. ⁴Insoweit sind die Regelungen des Aufenthaltsgesetzes zum Familiennachzug zu Inhabern von Aufenthaltserlaubnissen aus familiären Gründen entsprechend anzuwenden.

(9) ¹§ 3 Absatz 1 ist für den Aufenthalt von Familienangehörigen von Personen nicht anzuwenden, die selbst Familienangehörige oder nahestehende Personen und nicht Unionsbürger sind und nach § 4a Absatz 1 Satz 2 ein Daueraufenthaltsrecht haben. ²Insoweit sind die Vorschriften des Aufenthaltsgesetzes zum Familiennachzug zu Inhabern einer Erlaubnis zum Daueraufenthalt – EU entsprechend anzuwenden.

(10) Sofern Familienangehörige von Personen, die ein in § 16 Absatz 1 und 2 genanntes Recht zum Aufenthalt in der Bundesrepublik Deutschland ausüben, kein Recht zum Aufenthalt in der Bundesrepublik Deutschland haben, das nach dem Austrittsabkommen geregelt ist, finden die Vorschriften des Aufenthaltsgesetzes zum Familiennachzug entsprechende Anwendung. Dabei werden gleichgestellt
1. Inhaber eines Daueraufenthaltsrechts nach Artikel 15 des Austrittsabkommens den Inhabern einer Erlaubnis zum Daueraufenthalt – EU,
2. Inhaber eines anderen Aufenthaltsrechts nach dem Austrittsabkommen, die britische Staatsangehörige sind, den Inhabern einer Blauen Karte EU und
3. Inhaber eines anderen Aufenthaltsrechts nach dem Austrittsabkommen, die weder britische Staatsangehörige noch Unionsbürger sind, den Inhabern einer Aufenthaltserlaubnis aus familiären Gründen.

(11) § 3a und die übrigen Bestimmungen dieses Gesetzes und des Aufenthaltsgesetzes, die in Fällen des § 3a dieses Gesetzes gelten, sind auf nahestehende Personen britischer Staatsangehöriger entsprechend anzuwenden, wenn die britischen Staatsangehörigen ein in § 16 Absatz 1 genanntes Aufenthaltsrecht im Bundesgebiet ausüben und wenn und solange die Voraussetzungen des Artikels 10 Absatz 2, 3 oder 4 des Austrittsabkommens erfüllt sind.

(12) ¹Die §§ 6 und 7 finden nach Maßgabe des Artikels 20 Absatz 1 des Austrittsabkommens entsprechende Anwendung, wenn ein Verhalten, auf Grund dessen eine Beendigung des Aufenthalts eines Inhabers eines Rechts nach § 16 erfolgt oder durchgesetzt wird, vor dem Ende des Übergangszeitraums stattgefunden hat. ²Im Übrigen findet hinsichtlich der Beendigung des Aufenthalts von Inhabern eines Rechts nach § 16 das Aufenthaltsgesetz Anwendung. ³§ 52 des Verwaltungsverfahrensgesetzes findet entsprechende Anwendung.

Anwendung des allgemeinen Aufenthaltsrechts § 11 FreizügG/EU 2

(13) § 88a Absatz 1 Satz 1, 3 und 4 des Aufenthaltsgesetzes findet entsprechende Anwendung, soweit die Übermittlung von teilnehmerbezogenen Daten im Rahmen der Durchführung von Integrationskursen nach § 44 Absatz 4 des Aufenthaltsgesetzes, zur Überwachung einer Eingliederungsvereinbarung nach dem Zweiten Buch Sozialgesetzbuch oder zur Durchführung des Einbürgerungsverfahrens erforderlich ist.

(14) ¹Das Aufenthaltsgesetz findet auch dann Anwendung, wenn es eine günstigere Rechtsstellung vermittelt als dieses Gesetz. ²Hat die Ausländerbehörde das Nichtbestehen oder den Verlust des Rechts nach § 2 Absatz 1 festgestellt, findet das Aufenthaltsgesetz Anwendung, sofern dieses Gesetz keine besonderen Regelungen trifft.

(15) ¹Zeiten des rechtmäßigen Aufenthalts nach diesem Gesetz unter fünf Jahren entsprechen den Zeiten des Besitzes einer Aufenthaltserlaubnis. ²Zeiten des rechtmäßigen Aufenthalts nach diesem Gesetz über fünf Jahren entsprechen dem Besitz einer Niederlassungserlaubnis.

Allgemeine Verwaltungsvorschrift
11 Zu § 11 – Anwendung des Aufenthaltsgesetzes
11.0 Allgemeines
11.0.1 Das Aufenthaltsgesetz findet nur in den folgenden Fällen Anwendung:
11.0.1.1 – in ausdrücklichen Verweisungsfällen (§ 11 Absatz 1 Sätze 1 bis 10),
11.0.1.2 – in den Fällen, in denen es eine günstigere Rechtsstellung vermittelt als das Freizügigkeitsgesetz/EU (§ 11 Absatz 1 Satz 11),
11.0.1.3 – sowie dann, wenn die Ausländerbehörde das Nichtbestehen oder den Verlust des Rechts nach § 2 Absatz 1 festgestellt hat (§ 11 Absatz 2).
11.0.2 So finden z. B. die allgemeinen Ausweisungsregelungen des Aufenthaltsgesetzes keine Anwendung, da die Rechtsgrundlagen für die Aufenthaltsbeendigung von Unionsbürgern und ihren Familienangehörigen durch eigenständige Normen im Freizügigkeitsgesetz/EU geregelt sind (§ 2 Absatz 7, § 5 Absatz 4, § 6 Absatz 1).
11.0.3 Hat die Ausländerbehörde das Nichtbestehen oder den Verlust des Freizügigkeitsrechts festgestellt, sind die Unionsbürger und ihre Familienangehörigen gemäß § 11 Absatz 2 als „Ausländer" i. S. d. Aufenthaltsgesetzes zu behandeln, es sei denn, das Freizügigkeitsgesetz/EU enthält spezielle Vorschriften, wie z. B. im Hinblick auf ein mögliches Verbot von Einreise und Aufenthalt. Hier enthält § 7 Absatz 2 eine spezielle Regelung. Zudem sind bei der Anwendung der Bestimmungen des Aufenthaltsgesetzes trotz des festgestellten fehlenden Freizügigkeitsrechts die Grundsätze des Unionsrechts über die Einschränkung des Freizügigkeitsrechts von Unionsbürgern und ihren Familienangehörigen zu beachten (vgl. Nummer 7.1.5).

11.1 Anwendbare Bestimmungen des Aufenthaltsgesetzes
11.1.1.0 Absatz 1 regelt, welche Regelungen auf Unionsbürger und ihre Familienangehörigen Anwendung finden, die freizügigkeitsberechtigt sind. Anwendbar sind folgende Bestimmungen des Aufenthaltsgesetzes:
– § 3 Absatz 2 AufenthG – Ausnahmen von der Passpflicht,
– § 11 Absatz 8 AufenthG – Betretenserlaubnis,
– § 13 AufenthG – Grenzübertritt,
– § 14 Absatz 2 AufenthG – Ausnahmevisa und Passersatzpapiere,
– § 36 AufenthG – Nachzug der Eltern und sonstiger Familienangehöriger,
– § 44 Absatz 4 AufenthG – Teilnahme am Integrationskurs nach Maßgabe freier Kapazitäten,
– § 46 Absatz 2 AufenthG – Ausreiseverbot,
– § 50 Absatz 3 bis 6 AufenthG – zur Ausreisepflicht,
– § 59 Absatz 1 Satz 6 und 7 AufenthG – Unterbrechung der Ausreisepflicht,
– § 69 AufenthG – Gebühren für bestimmte Amtshandlungen,
– § 73 AufenthG – sonstige Beteiligungserfordernisse im Visumverfahren und bei der Erteilung von Aufenthaltstiteln,
– § 74 Absatz 2 AufenthG – Weisungsbefugnis der Bundesregierung,
– § 77 Absatz 1 AufenthG – Formvorschriften,
– § 80 AufenthG – Handlungsfähigkeit Minderjähriger,
– § 82 Absatz 5 AufenthG – Mitwirkung des Ausländers bei der Ausstellung von Dokumenten,
– § 85 AufenthG – Berechnung von Aufenthaltszeiten,
– §§ 86 bis 88, 90, 91 AufenthG – Datenübermittlung und Datenschutz,
– § 95 Absatz 1 Nummer 4 und 8, Absatz 2 Nummer 2, Absatz 4 AufenthG – ausgewählte Strafvorschriften,
– §§ 96, 97 AufenthG – Einschleusen von Ausländern,
– § 98 Absatz 2 Nummer 2, Absatz 2a, Absatz 3 Nummer 3, Absatz 4, Absatz 5 AufenthG – ausgewählte Bußgeldvorschriften,
– § 99 AufenthG – Verordnungsermächtigung.
11.1.1.1 Drittstaatsangehörige haben bei einer Antragstellung für ein Ausnahmevisum nach § 11 Absatz 1 Satz 1 i. V. m. § 14 Absatz 2 AufenthG gegenüber den mit der polizeilichen Kontrolle des grenzüberschreitenden Verkehrs beauftragten Behörden glaubhaft zu machen und gegebenenfalls nachzuweisen, dass sie als Familienangehörige von Unionsbürgern die Voraussetzungen eines von einem Unionsbürger „abgeleiteten" Rechts auf Einreise und Aufenthalt in Deutschland erfüllen. Andernfalls erfolgt die Visumbearbeitung nach dem Aufenthaltsgesetz.
11.1.1.2 Die in § 3 Absatz 2 Nummer 2 genannten Verwandten haben bei der Beantragung eines Ausnahmevisums in schriftlicher Form den Nachweis der tatsächlichen Unterhaltsleistung zu erbringen (z. B. durch amtliche Bescheinigungen ihres Aufenthaltsstaats). Eine einfache Erklärung des Familienangehörigen oder des Unionsbürgers selbst, in der diese z. B. bestätigen, dass in der Vergangenheit Unterstützung erfolgt ist und diese künftig fortgesetzt werden soll, genügt nicht (vgl. Nummer 3.2.2.1).
11.1.1.3 Im Fall von Sicherheitsabfragen (vgl. Nummer 11.1.3.1 ff.) ist deren Ergebnis für die Entscheidung über die Erteilung des Ausnahmevisums zu berücksichtigen. Liegen gemäß Ausländerzentralregister und Abfragen im SIS

Dienelt

sicherheitsrelevante Tatsachen vor, ist im Einzelfall sorgfältig zu prüfen, ob Gründe vorliegen, die europarechtlich die Versagung der Einreise rechtfertigen können (§ 6 Absatz 1 Satz 2). Ergibt die SIS-Abfrage die Ausschreibung eines drittstaatsangehörigen Familienangehörigen zur Einreiseverweigerung durch einen anderen Mitgliedstaat, so dürfen die mit der polizeilichen Kontrolle des grenzüberschreitenden Verkehrs beauftragten Behörden das Ausnahmevisum nicht sofort aus diesem Grund ablehnen. Vielmehr haben die Mitgliedstaaten nach der Rechtsprechung des EuGH (EuGH, Urteil vom 31. Januar 2006, Rs. C-503/03 – KOM vs. Spanien) unverzüglich den ausschreibenden Mitgliedstaat zu konsultieren und um ergänzende Informationen zu ersuchen, die es ermöglichen, selbst das Ausmaß einer tatsächlichen, gegenwärtigen und hinreichend schweren Gefährdung der öffentlichen Ordnung zu prüfen, die ein Grundinteresse der Gesellschaft berührt (§ 6 Absatz 2).

11.1.1.4 Das Ausnahmevisum wird als „C-Visum" zur einmaligen Einreise und für einen maximalen Aufenthalt für 15 Tage erteilt. Es wird in Unterscheidung zu nach Schengen-Recht erteilten Visa, insbesondere im Hinblick auf mögliche Inlandskontrollen, durch die Anmerkung „Familienangehöriger eines Unionsbürgers/EWR-Bürgers" im Auflagenfeld des Visumetiketts kenntlich gemacht. Ob u. U. die Voraussetzungen für ein längerfristiges Aufenthaltsrecht gemäß Artikel 7 Freizügigkeitsrichtlinie vorliegen, kann die zuständige Ausländerbehörde dann erforderlichenfalls vor Ausstellung einer Aufenthaltskarte gemäß § 5 Absatz 1 überprüfen.

11.1.2.1 Die Aufnahme von § 73 AufenthG in die Aufzählung des § 11 Absatz 1 Satz 1 ermöglicht Sicherheitsanfragen durch die Auslandsvertretungen und die mit der polizeilichen Kontrolle des grenzüberschreitenden Verkehrs beauftragten Behörden im Rahmen der Visumentscheidung gegenüber drittstaatsangehörigen Familienangehörigen von Unionsbürgern, die in den Anwendungsbereich des Freizügigkeitsgesetz/EU fallen (§ 11 Absatz 1 Satz 1 und 2 i. V. m. § 73 Absatz 1 AufenthG). Die Anfragen sind auf Tatsachen, die für eine Feststellung gemäß § 6 Absatz 1 relevant sind, zu begrenzen.

11.1.2.2 Darüber hinaus können Sicherheitsanfragen anlassbezogen auch durch die Ausländerbehörden gegenüber Unionsbürgern oder ihren drittstaatsangehörigen Familienangehörigen durchgeführt werden (§ 11 Absatz 1 Satz 1 und 2 i. V. m. § 73 Absatz 2 AufenthG). Mit dem einschränkenden Verweis auf § 6 Absatz 1 in § 11 Absatz 1 Satz 2 wird den hohen europarechtlichen Anforderungen für eine Verlustfeststellung Rechnung getragen. Die Anfragen sind auf Tatsachen, die für eine Feststellung gemäß § 6 Absatz 1 relevant sind, zu begrenzen.

11.1.2.3 Von der durch § 73 Absatz 2 AufenthG eingeräumten Befugnis zu einer Sicherheitsanfrage haben die Ausländerbehörden Gebrauch zu machen, wenn tatsächliche Anhaltspunkte dafür vorliegen, dass von der Person des Unionsbürgers bzw. seines drittstaatsangehörigen Familienangehörigen eine Gefahr im Sinne des § 6 Absatz 1 ausgeht. Im Rahmen der Prüfung der tatsächlichen Anhaltspunkte sind die in der Allgemeinen Verwaltungsvorschrift zu § 73 Absatz 2 und 3 Satz 1 Aufenthaltsgesetz vom 25. August 2008 (GMBl 2008, S. 943) genannten Fälle entsprechend zu berücksichtigen. Dabei ist allerdings die hohe Eingriffsschwelle des § 6 zu beachten.

11.1.2.4 Das in § 3 der Allgemeinen Verwaltungsvorschrift zu § 73 Absatz 2 und 3 Satz 1 AufenthG geregelte Verfahren, das bei Sicherheitsanfragen anzuwenden ist, gilt im Rahmen von Sicherheitsanfragen gegenüber Unionsbürgern und drittstaatsangehörigen Familienangehörigen i. S. d. Freizügigkeitsgesetz/EU entsprechend.

11.1.3 Bei Unionsbürgern kann grundsätzlich ein Lichtbild zur Führung der Ausländerdatei A gemäß § 65 Nummer 7 AufenthV benötigt werden. Grundsätzlich ergeben sich die Mitwirkungspflichten bei der Vorlage eines Lichtbildes für Unionsbürger und ihre Familienangehörigen bereits aus dem in § 11 Absatz 1 Satz 1 enthaltenen Verweis auf § 82 Absatz 5 AufenthG. Die dort geregelte Mitwirkungspflicht gilt aber nur für den Fall, dass ein Dokument ausgestellt werden soll. Soweit darüber hinaus ein Lichtbild auch für die Ausländerdatei A benötigt wird, ergibt sich die Mitwirkungspflicht für Unionsbürger aus dem durch § 11 Absatz 1 Satz 8 entsprechend modifizierten Verweis auf § 82 Absatz 5 Satz 1 Nummer 1 AufenthG. Danach ist ein Unionsbürger zu einer Mitwirkung verpflichtet, wenn ein Lichtbild zur Führung der Ausländerdatei benötigt wird.

11.1.4 Die Anwendbarkeit der Datenübermittlungsregelungen für öffentliche Stellen nach § 87 Absatz 2 Nummer 1 bis 3 AufenthG ist auf die Fälle beschränkt, in denen die mitzuteilenden Tatsachen für die Feststellung gemäß § 2 Absatz 7, § 5 Absatz 4 und § 6 Absatz 1 relevant sein können (vgl. § 11 Absatz 1 Satz 9).

11.1.5.1 Die Meistbegünstigungsklausel (§ 11 Absatz 1 Satz 11) stellt sicher, dass es im Einzelfall – *wenn die die Anwendung der Regelungen des Aufenthaltsgesetzes ausnahmsweise eine günstigere Rechtsposition vermittelt* – nicht zu einer unzulässigen Schlechterstellung von Unionsbürgern gegenüber sonstigen Ausländern kommt.

11.1.5.2 Eine Anwendung der Vorschrift aus § 11 Absatz 1 Satz 11 kommt etwa bei Opfern von Menschenhandel durch die Erteilung einer Aufenthaltserlaubnis nach § 25 Absatz 4a AufenthG wegen des hiermit grundsätzlich verbundenen Zugangs zu Leistungen nach dem SGB II in Betracht. Vergleichbares kann bei Opfern von Straftaten nach dem Schwarzarbeitsbekämpfungsgesetz oder dem Arbeitnehmerüberlassungsgesetz bzw. eine Titelerteilung nach § 25 Absatz 4b AufenthG gelten. Das Freizügigkeitsrecht besteht in diesen Fällen grundsätzlich fort, sofern nicht gesondert eine Feststellung über den Verlust oder das Nichtbestehen getroffen wird.

11.2 Anwendbarkeit des Aufenthaltsgesetzes bei Feststellung von Nichtbestehen oder Verlust des Freizügigkeitsrechts

11.2.1 Das Aufenthaltsgesetz insgesamt ist nach § 11 Absatz 2 erst anwendbar, wenn eine Feststellung über das Nichtbestehen oder den Verlust des Freizügigkeitsrechts (§ 2 Absatz 7, § 5 Absatz 4, § 6 Absatz 1) durch die Ausländerbehörde getroffen wurde, da für Unionsbürger und ihre Familienangehörigen zunächst eine Vermutung für die Freizügigkeit gilt. Diese umfassende Verweisung kann zu einer Doppelung von Verweisungen in folgenden Fällen führen: § 11 Absatz 1 Satz 1 verweist auf einige Vorschriften des Aufenthaltsgesetzes, die tatbestandlich erst nach der Feststellung des Nichtbestehens oder des Verlusts des Aufenthaltsrechts zur Anwendung kommen können (z. B. § 11 Absatz 8 AufenthG – Betretenserlaubnis). Diese Doppelung ist überflüssig, aber unschädlich. Die umfassende Verweisung in § 11 Absatz 2 dient als Auffangnorm. Zur Anwendbarkeit der Vorschrift in Fällen der Weitergeltung von so genannten „Altausweisungen" von Unionsbürgern vgl. Nummer 7.2.4.

11.2.2 Sonderregelungen trifft insbesondere § 7 zur Ausreisepflicht sowie zum Verbot von (Wieder-)Einreise und Aufenthalt. Die Durchsetzung der Ausreisepflicht richtet sich dagegen nach den allgemeinen Regeln des Aufenthaltsgesetzes.

11.3 Anrechnung von Zeiten rechtmäßigen Aufenthalts nach dem Freizügigkeitsgesetz/EU

Die Anrechnungsvorschrift des Absatzes 3 stellt sicher, dass bei Verlust des Aufenthaltsrechts nach dem Freizügigkeitsgesetz/EU Zeiten, in denen nach diesem Gesetz ein rechtmäßiger Aufenthalt bestand, für den Erwerb eines Aufenthaltsrechts nach dem Aufenthaltsgesetz Berücksichtigung finden.

Übersicht

	Rn.
I. Entstehungsgeschichte	1
II. Anwendung des Aufenthaltsgesetzes	6
III. Beteiligungserfordernisse im Visumverfahren (Abs. 2)	21
IV. Dokumente mit elektronischem Speicher- und Verarbeitungsmedium (Abs. 3)	24
V. Fiktionsbescheinigung (Abs. 4)	31
1. Fiktionsbescheinigung von Amts wegen	31
2. Antragsgebundene Fiktionsbescheinigung	53
VI. Aufenthaltsrechtliche Regelungen für nahestehende Personen (Abs. 5)	62
VII. Mitwirkungspflichten (Abs. 6)	70
VIII. Mitteilungspflichten (Abs. 7)	71
IX. Anwendbarkeit der Ausweisungsregelungen und Einschränkung des Familiennachzugs (Abs. 8)	72
X. Familiennachzug zu Drittstaatsangehörigen mit Daueraufenthaltsrecht (Abs. 9)	75
XI. Familiennachzug zum britischen Staatsangehörigen (Abs. 10)	79
XII. Regelung über nahestehende Personen britischer Staatsangehöriger (Abs. 11)	82
XIII. Anwendbarkeit der Ausweisungsregelungen auf britische Staatsangehörige (Abs. 12)	83
XIV. Datenverarbeitung bei Integrationsmaßnahmen (Abs. 13)	85
XV. Meistbegünstigungsklausel (Abs. 14 S. 1)/Diskriminierungsverbot	86
XVI. Anwendbarkeit des AufenthG nach Verlustfeststellung (Abs. 14 S. 2)	108
XVII. Anrechnung rechtmäßigen Aufenthalts (Abs. 15)	111

I. Entstehungsgeschichte

Die Vorschrift stimmte ursprünglich im Wesentlichen mit dem **Gesetzesentwurf**[1] überein. Aufgrund des Vermittlungsverfahrens[2] wurde S. 4 (vor dem RLUmsG 2007 S. 2) in Abs. 1 angefügt; außerdem wurde § 86 in der Aufzählung gestrichen sowie „§ 44 III" durch „§ 44 IV" und „§ 74 II" durch „die §§ 69, 74 II" ersetzt. 1

§ 11 wurde durch Art. 2 des RLUmsG 2007 umfassend geändert[3]: In Abs. 1 S. 1 wurde die Angabe „oder Abs 5" gestrichen und die Wörter „die §§ 69, 74 II, die §§ 77, 80, 85 bis 88, 90, 91, 96, 97 und 99 des Aufenthaltsgesetzes" wurden durch die Wörter „§§ 69, 73, 74 II, § 77 I, §§ 85 bis 88, 90, 91, 95 I Nr 4 und 8, II Nr 2, IV, die §§ 96, 97, 98 II Nr 2, IIa, III Nr 3, IV und V sowie § 99 des Aufenthaltsgesetzes" ersetzt. Außerdem wurden die S. 2 und 3 eingefügt; der bisherige S. 2 wurde S. 4. 2

Mit Art. 2 Gesetz zur Einführung des elektronischen Aufenthaltstitels[4] (RLUmsG 2011) wurden die S. 2–9 aufgenommen und insbesondere. Die Vorschriften zum elektronischen Aufenthaltstitel und zu Datenübermittlungsbestimmungen im AufenthG für anwendbar erklärt. Mit Art. 6 RLUmsG 2011[5] wurden die Verweise auf die Ausreisepflicht und Abschiebungsandrohung angepasst. 3

Mit dem ÄndG 2013 wurde der Wortlaut des § 11 an die Änderungen der Absatznummerierung des § 5 angepasst[6]. 4

Eine umfassende Überarbeitung erfolgte durch Art. 1 des Gesetzes zur aktuellen Anpassung des Freizügigkeitsgesetzes/EU und weiterer Vorschriften an das Unionsrecht (FreizügG/EU-AnpG)[7]. Sämtliche Absätze der Regelung sind entweder neu gefasst worden oder wurden – wie die Absätze 4, 5, 6, 8 bis 12 – neu eingeführt. Grund für diese umfassende Veränderung war zum einen eine neue Systematik, bei der alle Verweise in das AufenthG in § 11 konzentriert wurden. Zum anderen die Regelung von Folgewirkungen des Brexit (§ 11 X, XII) und der Aufnahme nahestehender Personen (§ 11 VIII, IX, XI). 5

II. Anwendung des Aufenthaltsgesetzes

Bei dem FreizügG/EU handelt es sich um ein Spezialgesetz, das dem AufenthG vorgeht, soweit nicht durch Gesetz etwas anderes bestimmt ist (§ 1 II Nr. 1 AufenthG). 6

Das **AufenthG findet nur in Fällen Anwendung,** in denen 7
- eine ausdrückliche Verweisung die Anwendbarkeit eröffnet (§ 11),
- es eine günstigere Rechtsstellung vermittelt als das FreizügG/EU (§ 11 XIV 1) oder
- die Ausländerbehörde das Nichtbestehen oder den Verlust des Rechts nach § 2 I oder des Rechts nach § 2 V festgestellt hat (§ 11 XIV 2).

---

[1] BT-Drs. 15/420, 39.
[2] BT-Drs. 15/3479, 14.
[3] BT-Drs. 16/5065, 36.
[4] BGBl. 2011 I S. 610.
[5] BGBl. 2011 I S. 2258.
[6] BT-Drs. 17/19746, 6.
[7] BGBl. 2020 I S. 2416.

8 § 11 I enthält Ausnahmeregelungen, die einzelne Regelungen des AufenthG für freizügigkeitsberechtigte Unionsbürger und ihre Familienangehörigen für anwendbar erklärt, dh auf Ausländer, die nach § 2 I das Recht auf Einreise und Aufenthalt haben.

9 Demgegenüber hat § 11 XIV 2 die Aufgabe, die Anwendbarkeit des AufenthG auf diejenigen Ausländer zu erstrecken, die nicht (mehr) freizügigkeitsberechtigt sind und bei denen die Ausländerbehörde nach §§ 2 VII, 5 IV oder nach § 6 I eine Verlustfeststellung erlassen hat. In § 11 XIV 2 findet sich eine bereichsspezifische Beschränkung, in der folgende Ausnahme normiert wird: „sofern dieses Gesetz keine besonderen Regelungen trifft". Eine Ausnahmeregelung findet sich etwa in § 7, in dem die Ausreisepflicht und Befristung speziell geregelt sind.

10 In Abs. 1 sind diejenigen Vorschriften (positiv) aufgezählt, die auch auf freizügigkeitsberechtigte Unionsbürger und Familienangehörige **entsprechend** anzuwenden sind. **Anwendbar sind folgende Bestimmungen des AufenthG:**

- § 3 II AufenthG – Ausnahmen von der Passpflicht
- § 11 VIII AufenthG – Betretenserlaubnis
- § 13 AufenthG – Grenzübertritt
- § 14 II AufenthG – Ausnahmevisa und Passersatzpapiere
- § 44 IV AufenthG – Teilnahme am Integrationskurs nach Maßgabe freier Kapazitäten
- § 45a – Berufsbezogene Deutschsprachförderung
- § 46 II AufenthG – Ausreiseverbot
- § 50 III–VI AufenthG – zur Ausreisepflicht
- § 59 I 6 und 7 AufenthG – Unterbrechung der Ausreisefrist
- § 69 AufenthG – Gebühren für bestimmte Amtshandlungen
- § 73 AufenthG – sonstige Beteiligungserfordernisse im Visumverfahren und bei der Erteilung von Aufenthaltstiteln
- § 74 II AufenthG – Weisungsbefugnis der Bundesregierung
- § 77 I AufenthG – Formvorschriften
- § 80 AufenthG – Handlungsfähigkeit Minderjähriger
- § 82 V AufenthG – Mitwirkung des Ausländers bei der Ausstellung von Dokumenten
- § 85 AufenthG – Berechnung von Aufenthaltszeiten
- §§ 86–88, 90, 91 AufenthG – Datenübermittlung und Datenschutz
- § 95 I Nr. 4 und 8, II Nr. 2, IV AufenthG – ausgewählte Strafvorschriften
- §§ 96, 97 AufenthG – Einschleusen von Ausländern
- § 98 II Nr. 2, IIa, III Nr. 3, IV, V AufenthG – ausgewählte Bußgeldvorschriften
- § 99 AufenthG – Verordnungsermächtigung

11 Mit dem RLUmsG 2007 wurde ein **Verweis auf § 73 AufenthG** aufgenommen, wonach Sicherheitsabfragen möglich sind, nachdem im Rahmen der Evaluierung des ZuwG festgestellt worden war, dass Sicherheitsanfragen bei drittstaatsangehörigen Familienangehörigen von Unionsbürgern nicht möglich sind[8]. Die Aufnahme des § 73 AufenthG in die Aufzählung ermöglicht entsprechende Abfragen. Sicherheitsabfragen können demnach sowohl durch die Auslandsvertretung iRd Visumentscheidung gegenüber drittstaatsangehörigen Familienangehörigen von Unionsbürgern als auch durch die Ausländerbehörde bei ausländerrechtlichen Entscheidungen gegenüber Unionsbürgern oder ihren drittstaatsangehörigen Familienangehörigen durchgeführt werden. Mit Beschränkung auf die Tatsachen, die für eine Feststellung gemäß § 6 I relevant sind, wird den hohen europarechtlichen Anforderungen für eine Visumversagung oder eine Feststellung des Verlustes des Aufenthaltsrechts Rechnung getragen[9].

12 Der frühere **Verweis auf § 77 II AufenthG,** wonach die Versagung und die Beschränkung eines Visums und eines Passersatzes vor der Einreise keine Begründung und Rechtsbehelfsbelehrung bedürfen und die Versagung an der Grenze nicht der Schriftform unterliegen, wurde wegen Unvereinbarkeit mit Art. 30 iVm Art. 15 Freizügigkeits-RL bzw. Art. 13 SGK durch das RLUmsG 2007 gestrichen[10]. Die Versagung eines Visums zur Familienzusammenführung nach § 2 IV 2 muss dem Betroffenen nach Art. 30 I iVm Art. 15 Freizügigkeits-RL schriftlich in einer Weise mitgeteilt werden, dass er deren Inhalt und Wirkung nachvollziehen kann. Außerdem muss eine Rechtsmittel- oder Rechtsbehelfsbelehrung beigefügt sein (Art. 30 III Freizügigkeits-RL). Art. 13 II, III SGK bestimmt, dass die Einreiseverweigerung nur mittels einer schriftlichen und begründeten Entscheidung unter genauer Angabe der Gründe für die Einreiseverweigerung erfolgen kann. Dabei sollen zugleich Angaben zu Kontaktstellen gemacht werden, die den Ausländer über eine rechtliche Vertretung unterrichten können.

13 Mit S. 3 wird der **Verweis auf § 82 V AufenthG** dem besonderen Rechtsstatus von Unionsbürgern angepasst. Mit der Einführung des neuen Abs. 5 in § 82 AufenthG, der die Vorlage von bzw.

---

[8] BT-Drs. 16/5065, 213.
[9] BT-Drs. 16/5065, 213.
[10] BT-Drs. 16/5065, 212.

die Mitwirkung an der Erstellung von Lichtbildern regelt, wurde eine entsprechende Spezialregelung auch für Unionsbürger erforderlich. Es wurde daher mit dem AuslRÄndG 2007 ein Verweis auf § 82 V AufenthG aufgenommen. Dieser Verweis musste an die spezielle Situation der Unionsbürger angepasst werden. Da die Unionsbürger selbst – anders als ihre drittstaatsangehörigen Familienangehörigen – kein bundeseinheitlich vorgegebenes Dokument erhalten, das mit einem Foto versehen ist, ein Foto aber gleichwohl für die Führung der Ausländerdatei A gemäß § 65 AufenthV benötigt wird, wurde die Verpflichtung des § 82 V AufenthG dahin gehend modifiziert, dass die Verpflichtung, ein Foto vorzulegen oder bei seiner Herstellung mitzuwirken, entsprechend für Unionsbürger gilt, deren Lichtbilder für die Führung der Ausländerdatei benötigt werden[11].

In der Vorschrift des Abs. 1 wurden mit dem RLUmsG 2007 weitere **Verweise auf das AufenthG** **14** **im Bereich der Straftaten und Ordnungswidrigkeiten** aufgenommen[12]. Die Zuwiderhandlung gegen eine Ausreiseuntersagung gemäß § 46 II AufenthG ist auch für Unionsbürger – ebenso wie bei Drittstaatsangehörigen sowie bei Deutschen, denen aus demselben Grund der Pass versagt wurde – strafbar. Der Verweis auf § 95 I Nr. 4 AufenthG dehnt die Strafbarkeit der Tathandlung auf die Unionsbürger aus.

Die Tathandlung des § 95 I Nr. 8 AufenthG (Geheimbündelei) ist auch für Unionsbürger strafbar. **15** Ein Grund für eine Privilegierung von Unionsbürgern gegenüber Drittstaatsangehörigen war nach Auffassung des Gesetzgebers nicht ersichtlich[13].

Die in § 95 II Nr. 2 AufenthG (ua unrichtige Angaben zur Titelbeschaffung sowie – durch das **16** RLUmsG 2007 neu eingeführt – unrichtige Angaben zur Beschaffung einer Bescheinigung über die Aussetzung der Abschiebung) unter Strafe gestellte Handlung ist auch für Deutsche strafbar. Die Strafbarkeit wurde mit dem Verweis in § 11 I auf Unionsbürger ausgedehnt[14]. Abs. 4 ermöglicht die Einziehung von Gegenständen, auf die sich die Straftat des § 95 II Nr. 2 AufenthG bezieht[15].

Der mit dem RLUmsG 2007 neu eingefügte Abs. 2a des § 98 AufenthG (Beauftragung von **17** Ausländern mit der Erbringung einer selbstständigen Dienst- oder Werkleistung, wenn der Ausländer die erforderliche Erlaubnis nicht hat) wurde auch für Unionsbürger für anwendbar erklärt. Deutsche können die Tathandlung nach dem AufenthG ebenfalls begehen und entsprechend belangt werden. Sie kann gem. § 98 V AufenthG mit einer Geldbuße von bis zu 500.000 EUR geahndet werden. § 98 V AufenthG wurde insoweit ebenfalls für anwendbar erklärt[16].

Die Tathandlung des § 98 II Nr. 2 AufenthG (sich der grenzpolizeilichen Kontrolle entziehen) ist **18** für Deutsche nach den passrechtlichen Vorschriften eine Ordnungswidrigkeit. Sie wurde daher auch für Unionsbürger zu einer Ordnungswidrigkeit. Sie kann – wie auch bei Deutschen – mit einem Bußgeld von bis zu 5.000 EUR geahndet werden. § 98 V AufenthG wurde insoweit ebenfalls für anwendbar erklärt[17].

Die gemäß § 98 III Nr. 2 AufenthG als Ordnungswidrigkeit zu ahndende Handlung (Umgehen der **19** Grenzübergangsstellen) ist nach den passrechtlichen Vorschriften auch für Deutsche eine Ordnungswidrigkeit. Die Aufnahme des Verweises in § 11 I machte die Handlung auch für Unionsbürger zur Ordnungswidrigkeit. Nach dem Wortlaut der Vorschrift ist ein Bußgeld von bis zu 5.000 EUR möglich. § 98 V AufenthG wurde insoweit für anwendbar erklärt[18]. Dieser Rahmen kann jedoch für Unionsbürger nicht vollständig ausgeschöpft werden, da Deutsche nach den passrechtlichen Vorschriften nur mit einer Geldbuße von bis zu 2.500 EUR belegt werden können[19]. Daran muss sich aus europarechtlichen Gründen auch die konkrete Bußgeldhöhe bei Unionsbürgern orientieren.

Gemäß § 98 IV AufenthG ist der Versuch nach Abs. 2 Nr. 2 und Abs. 3 Nr. 2 AufenthG ebenfalls eine Ordnungswidrigkeit. Auch dies wurde auf Unionsbürger ausgedehnt. Für Deutsche ist der Versuch der beiden Tathandlungen nach den passrechtlichen Vorschriften ebenfalls eine Ordnungswidrigkeit.

III. Beteiligungserfordernisse im Visumverfahren (Abs. 2)

Die Regelung entspricht im Kern dem § 11 I 2 in der bis zum 24.11.2020 geltenden Fassung, **21** wodurch die Regelungen des § 73 AufenthG zur Beteiligung von Sicherheitsbehörden im Visumverfahren für anwendbar erklärt werden[20]. Nach dem bis zum 24.11.2020 geltenden Recht bezog sich die Beteiligung generell nur auf Sachverhalte, die nach den §§ 6 I für die Verlustfeststellung aus Sicherheitsgründen relevant waren.

---

[11] BT-Drs. 16/5065, 213.
[12] BT-Drs. 16/5065, 212.
[13] BT-Drs. 16/5065, 212.
[14] BT-Drs. 16/5065, 212.
[15] BT-Drs. 16/5065, 212.
[16] BT-Drs. 16/5065, 212.
[17] BT-Drs. 16/5065, 212.
[18] BT-Drs. 16/5065, 212.
[19] BT-Drs. 16/5065, 213.
[20] BT-Drs. 19/21750, 44 zu § 11.

22 Die nunmehr in § 11 VIII 1 erwähnten Fälle, in denen auch nach altem Recht das allgemeine Recht der Aufenthaltsbeendigung nach dem Aufenthaltsgesetz galt, waren systemwidrig bislang nicht als Ausnahme erfasst, in denen der § 73 AufenthG Anwendung fand. Diese Lücke bei den Sicherheitsabfragen wurde mit dem FreizügG/EU-AnpG mit Wirkung zum 24.11.2020 geschlossen[21].

23 Außerdem erfasst die Regelung die Fälle der Aufenthalte nahestehender Personen nach dem neuen § 3a, die im neuen § 11 VIII 1 Nr. 3 aufgeführt sind. Zudem werden die Fälle des § 11 XII miterfasst, die britische Staatsangehörige und ihre Familienangehörigen hinsichtlich der Sachverhalte betrifft, die nach dem Ende der Übergangszeit im Sinne des Austrittsabkommens verwirklicht werden.

IV. Dokumente mit elektronischem Speicher- und Verarbeitungsmedium (Abs. 3)

24 § 11 III entspricht weitgehend dem Regelungsgehalt des § 11 I 3–7 in der bis zum 24.11.2020 geltenden Fassung[22].

25 Anstelle des bisherigen § 11 I 4 wird hinsichtlich der **Dokumentenbezeichnungen** auf eine genaue Bezeichnung des Dokuments verzichtet und anstelle dessen klargestellt, dass sich die ohnehin nach dem Recht der EU vorgegebenen Bezeichnungen im nationalen Recht aus der Aufenthaltsverordnung ergeben[23].

26 Die bisher im Gesetz enthaltene Verweisung auf die Möglichkeit der Verwendung eines **„einheitlichen Vordrucks"**, gemeint war damit ein Papiervordruck, ist entfallen. Aus Gründen der Dokumentensicherheit sollen an Drittstaatsangehörige Aufenthaltsdokumente nach dem FreizügG/EU stets in Kartenform ausgestellt werden[24].

27 Für die **Übergangszeit** zwischen der Beantragung oder Anzeige des Aufenthalts und der Überlassung der dann hergestellten Karte kann auf die Fiktionsbescheinigung zurückgegriffen werden, die nur in Verbindung mit einem gültigen und anerkannten Pass oder Passersatz des Herkunftsstaates verwendbar ist[25].

28 Die bisherige Praxis, Papiervordrucke mit geösten und geklebten Papierlichtbildern zu versehen, ist auch deshalb nicht mehr zeitgemäß, weil diese Dokumente im Alltag faktisch als Ausweis verwendet worden sind. Im Falle der **Aufenthaltsdokumente für Briten,** die unter das Austrittsabkommen fallen, ist die Ausstellung von Papierdokumenten ohnehin nicht zulässig, weil der Durchführungsbeschluss der Kommission C (2020) 1114, der die Form der nach dem Austrittsabkommen auszustellenden Dokumente regelt, nur die Ausgabe von Dokumenten gemäß der Verordnung (EG) 1030/2002 des Rates vom 13. Juni 2002 zur einheitlichen Gestaltung des Aufenthaltstitels für Drittstaatenangehörige vorsieht, also von Dokumenten in Kartenform[26].

29 Sie sollen bundeseinheitlich durch eine gesondert zu erlassende Verordnung in der AufenthV geregelt werden[27].

30 Die **Abkürzungen für die Dokumentenart in der maschinenlesbaren Zone** wurden für die neuen nach dem Austrittsabkommen eingeführten Vordrucke gewählt, um die maschinelle Verarbeitung zu erleichtern. Der Begriff der „Abkürzungen" wurde verwendet, weil er auch in § 78 II Nr. 1 gebraucht wird und darauf Bezug genommen wird. Es handelt sich aber nicht um Abkürzungen im eigentlichen Sinne, sondern um Kennbuchstabenkombinationen, die aus Gründen der einfachen technischen Umsetzbarkeit gewählt worden sind[28].

V. Fiktionsbescheinigung (Abs. 4)

1. Fiktionsbescheinigung von Amts wegen

31 Der Gesetzgeber schafft mit § 11 IV 1 eine Regelung, die den aufenthaltsrechtlichen Status für den Zeitraum zwischen Antragstellung/Behördenkontakt bis zum Ausstellen der im FreizügG/EU vorgesehenen Bescheinigung in Form
– einer Aufenthaltskarte für drittstaatsangehörige Familienangehörige (§ 5 I 1 oder andere Verwandte eines Unionsbürgers nach § 3a I 2),
– einem Aufenthaltsdokument-GB oder
– einem Aufenthaltsdokument für Grenzgänger-GB
regelt.

---

[21] BT-Drs. 19/21750, 44 zu § 11.
[22] BT-Drs. 19/21750, 44 zu § 11.
[23] BT-Drs. 19/21750, 44 zu § 11.
[24] BT-Drs. 19/21750, 44 zu § 11.
[25] BT-Drs. 19/21750, 44 zu § 11.
[26] BT-Drs. 19/21750, 44 zu § 11.
[27] BT-Drs. 19/21750, 44 zu § 11.
[28] BT-Drs. 19/21750, 45 zu § 11.

Damit soll der Zeitraum überbrückt werden, bis ein Dokument mit elektronischem Speicher- und 32
Verarbeitungsmedium zur Überlassung an den Inhaber bereitsteht. Auch in dieser Zeit zwischen der
Veranlassung der Herstellung der Karte (zentral bei der Bundesdruckerei) und ihrer Bereitstellung und
Übergabe an den Inhaber kann das Bedürfnis entstehen, über Schengen-Außengrenzen zu reisen oder
den Aufenthaltsstatus sowie die Berechtigung, eine Erwerbstätigkeit im Inland ausüben zu dürfen, etwa
bei Arbeitgebern, nachzuweisen.

Mit der Regelung in S. 1 werden ausdrücklich drei Aufenthaltsrechte erfasst. Es werden neben den 33
beiden kraft Gesetzes bestehendes Aufenthaltsrechten in Form einer Aufenthaltskarte nach § 5 I und
dem Aufenthaltsdokument-GB nach § 16 II 1 auch das nur auf Antrag auszustellende Aufenthaltsdokument für Grenzgänger-GB (§ 16 III) aufgezählt.

Die Fiktionswirkung hat anders als bei Verlängerung konstitutiver Aufenthaltstitel nach 34
dem Aufenthaltsgesetz nicht die Bedeutung, den rechtmäßigen Aufenthalt und die Mög-
lichkeit der Ausübung einer Erwerbstätigkeit nach Erlöschen des Aufenthaltstitels gemäß § 51 I
Nr. 1 AufenthG sicherzustellen. Denn der Aufenthalt und das Recht auf Ausübung einer
Erwerbstätigkeit bestehen kraft Unionsrechts[29].

Die Regelung steht in unmittelbarer Konkurrenz mit § 5 I 2, der regelt, dass einem freizügigkeits- 35
berechtigten Familienangehörigen, der nicht Unionsbürger ist, unmittelbar nach Beantragung der
Aufenthaltskarte eine Bescheinigung über die Antragstellung auszustellen ist: „Eine Bescheinigung
darüber, dass die erforderlichen Angaben gemacht worden sind, erhält der Familienangehörige unverzüglich."

§ 5 I 2 setzt in Bezug auf die Ausstellung von Aufenthaltskarten für drittstaatsangehörige Familien- 36
angehörige von Unionsbürgern den Art. 10 I 2 Freizügigkeits-RL um. Dieser bestimmt, dass einem
Familienangehörigen, der eine Aufenthaltskarte beantragt, unverzüglich eine Bescheinigung über die
Antragstellung auszustellen ist.

Außerdem findet sich in der Freizügigkeits-RL für Unionsbürger ein Anspruch auf Ausstellung einer 37
Bescheinigung über die Anmeldung in Art. 8 II 2: „Eine Anmeldebescheinigung wird unverzüglich
ausgestellt; darin werden Name und Anschrift der die Anmeldung vornehmenden Person sowie der
Zeitpunkt der Anmeldung angegeben."

Des Weiteren sollte diese Bescheinigung einen Hinweis enthalten: „Diese Bestätigung beinhaltet 38
keine Feststellung eines Aufenthaltsrechts."

Mit der Regelung in § 11 VI 1 wird eine weitergehende Bescheinigung ausgestellt, als mit 39
der Bescheinigung über die Antragstellung nach § 5 I 2. Denn § 11 IV 1 bescheinigt nicht
nur die erfolgte Antragstellung, sondern das Vorliegen der Voraussetzungen eines Aufenthaltsrechts nach dem FreizügG/EU[30].

Die Gesetzesbegründung führt hierzu aus[31]: „Hierzu wird auf das bewährte System der Fiktions- 40
bescheinigungen zurückgegriffen. Es ist vorgesehen, dass der entsprechende Trägervordruck durch eine
mit gesonderter Verordnung erfolgende Änderung der Aufenthaltsverordnung dahin gehend ergänzt
wird, dass die Situation der Ausstellung zum Ausdruck gebracht wird, wonach die Voraussetzungen eines
Aufenthaltsrechts nach dem Freizügigkeitsgesetz/EU vorliegen und vorläufig bescheinigt werden."

Daher kann die Fiktionsbescheinigung auch mit dem Vermerk versehen werden: „Es wird vorläufig 41
und bis zum … bestätigt, dass die Ausübung einer Erwerbstätigkeit erlaubt ist." [32]

Greift die Fiktionsbescheinigung nach § 81 AufenthG iVm § 11 IV 1 nur dann, wenn objektiv ein 42
Freizügigkeit vermittelnder Sachverhalt vorliegt, so ist bei **britischen Staatsangehörigen** zu beachten, dass sie kraft Unionsrechts bereits Anspruch auf eine Bescheinigung haben, die während der
Prüfung der Freizügigkeitsvoraussetzungen materielle Rechte vermittelt. Denn Art. 18 III des Austrittsvertrags sieht vor, dass bis zur Entscheidung der zuständigen Behörden über einen Antrag auf
Ausstellung eines konstitutiven Aufenthaltsdokuments oder bis zum Erlass eines rechtskräftigen Urteils
im Falle eines gerichtlichen Rechtsbehelfs, der gegen die Ablehnung eines solchen Antrags durch die
zuständigen Verwaltungsbehörden eingelegt wurde, die Rechte aus dem Austrittsvertrag umfassend
gewährleistet sein müssen[33]. Die Verpflichtung aus Art. 18 III des Austrittsvertrags wird mit § 11 IV 1
nur unzureichend umgesetzt[34].

Ein drittstaatsangehöriger Familienangehöriger eines Unionsbürger erhält damit bis zu 43
drei Bescheinigungen[35]:

---

[29] OK-MNet § 11 Abschnitt „Fiktionsbescheinigung" Rn. 4.
[30] OK-MNet § 11 Abschnitt „Fiktionsbescheinigung" Rn. 10.
[31] BT-Drs. 19/21750, 45 zu § 11.
[32] OK-MNet § 11 Abschnitt „Fiktionsbescheinigung" Rn. 12.
[33] „(3) Bis zu einer abschließenden Entscheidung der zuständigen Behörden über einen Antrag nach Absatz 1 und
bis zum Erlass eines rechtskräftigen Urteils im Falle eines gerichtlichen Rechtsbehelfs, der gegen die Ablehnung eines
solchen Antrags durch die zuständigen Verwaltungsbehörden eingelegt wurde, wird davon ausgegangen, dass alle in
diesem Teil vorgesehenen Rechte, auch Artikel 21 über Garantien und Rechtsschutz, für den Antragsteller unter den
in Artikel 20 Absatz 4 vorgesehenen Bedingungen gelten."
[34] OK-MNet § 11 Abschnitt „Fiktionsbescheinigung" Rn. 15.
[35] OK-MNet § 11 Abschnitt „Fiktionsbescheinigung" Rn. 16.

- Die Bescheinigung über die Antragstellung nach § 5 I 2.
- Die vorläufige Bescheinigung über das Freizügigkeitsrecht als Familienangehöriger eines Unionsbürgers in Form einer Fiktionsbescheinigung nach § 81 V AufenthG iVm § 11 IV 1.
- Die endgültige Bescheinigung über das Freizügigkeitsrecht als Familienangehörige eines Unionsbürgers in Form einer Aufenthaltskarte nach § 5 I 1.

44 Die Fiktionsbescheinigung nach § 81 V AufenthG ist in den Fällen des § 11 IV 1 nicht an das Vorliegen der Voraussetzungen des § 81 II bis IV AufenthG gebunden. Es handelt sich insoweit nur um einen **Rechtsfolgenverweis**[36]. Die materiellen Voraussetzungen für die Bescheinigung nach § 81 Abs. 5 AufenthG iVm § 11 IV 1 ergeben sich daher ausschließlich aus dem Freizügigkeitsrecht. Die Behörde hat daher zu prüfen, ob der Familienangehörige ein akzessorisches Freizügigkeitsrecht von dem im Bundesgebiet lebenden Unionsbürgers ableiten kann.

45 Ebenso wie die Aufenthaltskarte ist die Fiktionsbescheinigung nach **§ 11 IV iVm § 81 V AufenthG nur deklaratorisch**[37]. Liegen die Freizügigkeitsvoraussetzungen objektiv nicht vor, so kann die Fiktionsbescheinigung dieses Recht nicht konstitutiv begründen.

46 Die Bescheinigung nach § 81 V AufenthG ermöglicht zudem auch **Grenzübertritte in den Schengenraum.** Da die Fiktionsbescheinigung bei Vorliegen der übrigen Voraussetzungen Reisen in andere Mitgliedstaaten nach Art. 21 SDÜ sowie die Ein- und Ausreise über Schengen-Außengrenzen ermöglicht und dementsprechend den anderen Mitgliedstaaten gegenüber notifiziert ist, sollte eine Beantragung angeregt werden, wenn ersichtlich oder von den Betroffenen angegeben wird, dass Reisen außerhalb von Deutschland beabsichtigt sind[38].

47 Da nicht in sämtlichen Fällen, in denen Aufenthaltsrechte nach dem FreizügG/EU bestehen, eine Fiktionsbescheinigung benötigt wird, erfolgt die **Ausstellung** zur Entlastung der Ausländerbehörden **nur auf Antrag.**

48 Für die Fiktionsbescheinigung darf nur das nach der Aufenthaltsverordnung vorgesehene, im Jahr 2020 neu eingeführte Muster verwendet werden. Die Übergangsregelung des § 80 AufenthV findet für die Bescheinigung eines Rechts nach dem Austrittsabkommen keine Anwendung.

49 Auch die **Aufenthaltsdokumente-GB** werden nach § 16 II 2 von Amts wegen ausgestellt. Insoweit ist die Systematik vergleichbar mit den oben dargelegten Regelungen für Unionsbürger und ihre Familienangehörigen. Der Austrittsvertrag sieht für britische Staatsangehörige eine Regelung vor, nach der unverzüglich nach Beantragung eines Aufenthaltsdokument-GB eine Bescheinigung über die Antragstellung auszustellen ist. Art. 18 I lit. b des Austrittsvertrags enthält die Regelung: „Eine Bescheinigung über die Beantragung des Aufenthaltsstatus wird unverzüglich ausgestellt."

50 Außerdem bestimmt Art. 18 IV des Austrittsvertrags, dass für den Fall, dass ein Mitgliedstaat von britischen Staatsangehörigen und ihren Familienangehörigen nicht die Einholung eines konstitutiven Aufenthaltstitels verlangt, die Rechte aus der Freizügigkeits-RL hinsichtlich der Ausstellung von Aufenthaltsdokumenten anzuwenden sind. Insoweit gelten die oben aufgeführten Besonderheiten der Unionsrechts auch nach dem Brexit für britische Staatsangehörige und ihre Familienangehörigen. Besonderheiten gelten für Grenzgänger.

51 **Eine Ausstellung einer Fiktionsbescheinigung ist nur möglich, wenn feststeht, dass auch ein Aufenthaltsdokument-GB auszustellen ist**[39].

52 Nach Überlassung des Aufenthaltsdokuments-GB in Kartenform ist die Fiktionsbescheinigung einzuziehen.

2. Antragsgebundene Fiktionsbescheinigung

53 Der S. 2 erfasst ausschließlich Fälle, in denen eine Rechtsstellung nach dem FreizügG/EU nur auf Antrag verliehen wird. **Damit erfasst die Regelung Rechte nach den §§ 3a, 16 III.**

54 Das Antragserfordernis für ein Aufenthaltsdokument für Grenzgänger-GB nach § 16 III steht im Einklang mit Art. 26 S. 1 des Austrittsvertrags. Art. 26, der die Ausstellung eines Dokuments zur Feststellung der Rechte von Grenzgängern regelt, bestimmt: „Der Arbeitsstaat kann von Unionsbürgern und britischen Staatsangehörigen, die nach diesem Titel Rechte als Grenzgänger haben, verlangen, dass sie ein Dokument beantragen, mit dem bescheinigt wird, dass sie nach diesem Titel solche Rechte haben. Diese Unionsbürger und britischen Staatsangehörigen haben Anspruch darauf, dass ihnen ein solches Dokument ausgestellt wird."

55 Soweit auch ein Aufenthaltsdokument für Grenzgänger-GB nach § 16 III erfasst wird, steht Satz 2 in unmittelbarer Konkurrenz zu S. 1, der diese Bescheinigung ausdrücklich erfasst. Da der Gesetzgeber durch die Erwähnung des Aufenthaltsdokuments für Grenzgänger-GB klargestellt hat, dass die Fikti-

---

[36] OK-MNet § 11 Abschnitt „Fiktionsbescheinigung" Rn. 17.
[37] OK-MNet § 11 Abschnitt „Fiktionsbescheinigung" Rn. 18.
[38] OK-MNet § 11 Abschnitt „Fiktionsbescheinigung" Rn. 19.
[39] OK-MNet § 11 Abschnitt „Fiktionsbescheinigung" Rn. 27.

onsbescheinigung bereits beim Vorliegen der Erteilungsvoraussetzungen des S. 1 ausgestellt werden soll, wird S. 2 insoweit überlagert[40].

§ 11 IV 2 unterscheidet sich dadurch von S. 1, als auf § 81 AufenthG insgesamt und nicht nur auf dessen Abs. 5 verwiesen wird. Damit handelt es sich bei dem Verweis in Satz 2 um eine **Rechtsgrundverweisung**[41]. Die Erteilungsvoraussetzungen für die Fiktionsbescheinigung ergeben sich nicht unmittelbar aus § 11 IV 2, sondern aus § 81 Abs. 1–4 AufenthG.

Zwar besteht das Recht auf die Ausübung der Erwerbstätigkeit bei einem britischen Grenzgänger bereits kraft Unionsrecht; bis zu einer Klärung wird der unsichere Rechtszustand durch die Fiktionswirkung des § 81 III AufenthG einstweilen geklärt, wobei sich die Fiktionswirkung nur auf das beantragte Recht (Einreise und Aufenthalt nur zur Ausübung der Erwerbstätigkeit als Grenzgänger, nicht aber zur Wohnsitznahme) beschränkt.

Auf **Antrag** ist dem Berechtigten bis zur Entscheidung über den Antrag und bis zur Ausgabe eines Aufenthaltsdokuments für Grenzgänger-GB oder der Ablehnung des Antrages eine Fiktionsbescheinigung auszustellen, in der das zweite Ankreuzfeld (Erlaubnisfiktion) zu verwenden ist und zudem der Vermerk angebracht werden sollte: „Erwerbstätigkeit als Grenzgänger erlaubt; kein Hauptwohnsitz in Deutschland". [42]

Da weder Begünstigte nach § 3a noch britische Grenzgänger nach § 16 III im Besitz eines Aufenthaltstitels sind, richtet sich die Ersterteilung der Fiktionsbescheinigung nach § 81 III AufenthG[43]. **Die Bescheinigung nach § 81 III AufenthG i. V. m. § 11 IV 2 berechtigt nicht zum Grenzübertritt über die Schengengrenzen** (Art. 2 Nr. 16 lit. b i Schengener Grenzkodex).

Wird einer **nahestehenden Person** ein Recht nach § 3a erteilt, so richtet sich die Verlängerung des Status nach § 81 IV AufenthG. Auch wenn die Rechtsposition nach § 3a kein Aufenthaltstitel iSd § 4 I AufenthG ist, so gilt § 81 IV AufenthG entsprechend[44].

Der Verweis auf § 81 I AufenthG bewirkt, dass der Ausländer selbst (und nicht etwa der Arbeitgebers oder ein Familienangehöriger) einen Antrag auf eine Bescheinigung stellen muss.

VI. Aufenthaltsrechtliche Regelungen für nahestehende Personen (Abs. 5)

Durch die Regelung in § 11 V 1 werden die auf Antragsfälle passenden Regelungen des AufenthG mit Bezug auf Fälle **nahestehender Personen** nach § 3a für entsprechend anwendbar erklärt.

Die Verweisung auf § 5 AufenthG erfolgt, um grundlegende Anforderungen an jede geregelte Zuwanderung für anwendbar zu erklären. Dabei handelt es sich als Regelerteilungsvoraussetzungen um die **Lebensunterhaltssicherung**, die Identitätsklärung, das Nichtbestehen eines Ausweisungsinteresses in der Person des Nachziehenden, und die Nichtgefährdung der Interessen der Bundesrepublik Deutschland sowie die Erfüllung der Passpflicht (§ 5 I AufenthG).

Zudem ist in entsprechender Anwendung des § 5 II AufenthG die **Visumpflicht** zu erfüllen; § 41 AufenthV und die anderen in der AufenthV vorgesehenen Ausnahmen finden Anwendung. Keine Anwendung findet das Urteil des EuGH in der Rs MRAX[45], das in engen Fällen auch eine visumfreie Einreise zulässt, weil die Möglichkeit der Verleihung eines Aufenthaltsrechts nach dem neuen § 3a kein kraft Gesetzes entstehendes Freizügigkeitsrecht darstellt[46].

Nach § 5 IV AufenthG ist die Erteilung eines Aufenthaltstitels in bestimmten Fällen der Staatsgefährdung ausgeschlossen.

Aufgenommen wurde zudem ein Verweis auf § 6 III 2 und 3 AufenthG, für die Fälle, in denen Aufenthaltsrechte nur auf Antrag verliehen werden. Mit dem Verweis wird verdeutlicht, dass für die Erteilung der entsprechenden **Einreisevisa** an Drittstaatsangehörige die für die Verleihung der entsprechenden Aufenthaltsrechte nach dem FreizügG/EU geltenden Regelungen gelten, und zudem, dass Zeiten der Aufenthalte mit dem entsprechenden Visum den Zeiten der Aufenthalte mit dem entsprechenden Aufenthaltsdokument gleichgestellt werden[47].

Die Regelung zur Verkürzung der Geltungsdauer – hier der Aufenthaltskarte – nach § 7 II 2 AufenthG bei nachträglich eingetretener Nichterfüllung des Erteilungstatstandes ermöglicht eine flexible, einzelfallangemessene Reaktion der zuständigen Behörde[48].

Zudem wird § 82 I und II AufenthG für entsprechend anwendbar erklärt. Für die Hinweispflichten nach § 82 III AufenthG gilt dies nur, soweit sie sich auf §§ 1 und 2 AufenthG beziehen.

---

[40] OK-MNet § 11 Abschnitt „Fiktionsbescheinigung" Rn. 30.
[41] OK-MNet § 11 Abschnitt „Fiktionsbescheinigung" Rn. 31.
[42] OK-MNet § 11 Abschnitt „Fiktionsbescheinigung" Rn. 33.
[43] OK-MNet § 11 Abschnitt „Fiktionsbescheinigung" Rn. 34.
[44] OK-MNet § 11 Abschnitt „Fiktionsbescheinigung" Rn. 35.
[45] EuGH Urt. v. 25.7.2002 – C-459/99 – MRAX.
[46] BT-Drs. 19/21750, 45 zu § 11.
[47] BT-Drs. 19/21750, 45 zu § 11.
[48] BT-Drs. 19/21750, 45 zu § 11.

69 Die Antragsfälle nach der Brexit-Übergangsbestimmung des neuen § 16 III und IV werden hinsichtlich des Verfahrens hingegen durch das Austrittsabkommen umfassend geregelt, so dass hier kein Raum für eine deutsche nationale Regelung verbleibt[49].

VII. Mitwirkungspflichten (Abs. 6)

70 Durch den neuen § 11 VI wird die Regelung des § 82 IV AufenthG (Untersuchung der Reisefähigkeit; Botschaftsvorführung) für die Fälle für anwendbar erklärt, in denen das Regime der Aufenthaltsbeendigung nach dem AufenthG gilt; dies stellt im Hinblick auf die Generalklausel des neuen § 11 VIII 2 eine Klarstellung dar[50].

VIII. Mitteilungspflichten (Abs. 7)

71 Die Regelungen im neuen § 11 VII 1 entsprechen dem § 11 I 9 in der bis zum 24.11.2020 gültigen Fassung. Für die Fälle, in denen das Recht der Aufenthaltsbeendigung des AufenthG unbeschränkt Anwendung findet, wird durch den neuen § 11 VII 2 angeordnet, dass die entsprechenden Mitteilungspflichten anderer Behörden uneingeschränkt gelten[51].

IX. Anwendbarkeit der Ausweisungsregelungen und Einschränkung des Familiennachzugs (Abs. 8)

72 Die Regelung im neuen § 11 VIII 1 und 2 ersetzt die bislang im FreizügG/EU verstreuten Regelungen, wonach nicht das Recht der Aufenthaltsbeendigung nach den §§ 6 und 7, sondern diejenigen des AufenthG Anwendung finden. Diese waren bisher in § 3 III 2, § 3 V 2 enthalten. Eine materiell-rechtliche Änderung ist damit nicht verbunden[52].

73 Hinzu treten die Fälle eines Aufenthaltsrechts nach dem neuen § 3a (Nr. 3). Das Recht der Aufenthaltsbeendigung richtet sich auch in diesen Fällen nach dem Aufenthaltsgesetz und nicht nach dem FreizügG/EU. Das bedeutet, dass bei einem Nichtbestehen oder einem Wegfall der Voraussetzungen für ein Aufenthaltsrecht entweder eine Verkürzung der Geltungsdauer (§ 7 II 2 AufenthG, dessen Anwendbarkeit zudem im neuen § 11 V ausdrücklich klargestellt ist) oder – wenn die Verleihung des Rechts von vornherein rechtswidrig war – durch Rücknahme (nach dem Verwaltungsverfahrensrecht in Verbindung mit § 51 I Nr. 3 AufenthG) erfolgen würde[53]. Für die Einziehung von Aufenthaltskarten in solchen Fällen enthält § 52 VwVfG des Bundes oder eine entsprechende landesrechtliche Bestimmung eine allgemeine Regelung, da die Aufenthaltskarten ein auf einem Verwaltungsakt beruhendes Recht bescheinigen[54].

74 Im neuen § 11 VIII 3 und 4 wird entsprechend der bisherigen Rechtslage und neu für Fälle des neuen § 3a der Familiennachzug zum Familiennachzug nach den Regelungen des FreizügG/EU ausgeschlossen. Zur Präzisierung der bisherigen Rechtslage, die für diese Sachverhalte schlicht auf das AufenthG verwiesen hatte, ohne dass angegeben war, zu Inhabern welchen Aufenthaltstitels die Bezugspersonen gleichzustellen war, wird nunmehr geregelt, dass die Regelungen des Nachzugs zu Inhabern von Aufenthaltserlaubnissen aus familiären Gründen Anwendung finden[55].

X. Familiennachzug zu Drittstaatsangehörigen mit Daueraufenthaltsrecht (Abs. 9)

75 § 11 Abs. 9 entspricht dem § 4a I 3 in seiner bis zum 24.11.2020 geltenden Fassung. Eine materiell-rechtliche Änderung findet nicht statt[56]. Wenn sich der Anspruch auf Familiennachzug allein auf die Rechtsstellung des Daueraufenthaltsberechtigten aus § 4a I 2 stützt, soll es sich nach dem Willen des Gesetzgebers um einen Familiennachzug zum daueraufenthaltsberechtigten Drittstaatsangehörigen handeln, der in den Anwendungsbereich der Familienzusammenführungs-RL fallen soll[57].

76 Dies gilt nicht, wenn der Daueraufenthaltsberechtigte noch mit dem EU-Bürger zusammenlebt, da dann ein Nachzug eines Familienangehörigen zum daueraufenthaltsberechtigten EU-Bürger vorliegt. Art. 4 der Begründung des Gesetzesentwurfs zur Änderung des § 4a I[58] führt hierzu aus:

---

[49] BT-Drs. 19/21750, 45 zu § 11.
[50] BT-Drs. 19/21750, 46 zu § 11.
[51] BT-Drs. 19/21750, 46 zu § 11.
[52] BT-Drs. 19/21750, 46 zu § 11.
[53] BT-Drs. 19/21750, 46 zu § 11.
[54] BT-Drs. 19/21750, 46 zu § 11.
[55] BT-Drs. 19/21750, 46 zu § 11.
[56] BT-Drs. 19/21750, 46 zu § 11.
[57] BT-Drs. 18/4097, 73.
[58] BT-Drs. 18/4097, 73.

"Auf den Familiennachzug von Familienangehörigen dieser Personen (zum Beispiel Stiefkinder oder Schwiegereltern des Unionsbürgers) findet das Freizügigkeitsrecht dann weiterhin Anwendung, wenn die Voraussetzungen eines Familiennachzugs zu einem Unionsbürger gemäß § 3 I und II weiterhin erfüllt sind. Dies kann zum Beispiel dann der Fall sein, wenn der Drittstaatsangehörige – nach Erwerb des freizügigkeitsrechtlichen Daueraufenthaltsrechts – weiterhin mit dem stammberechtigten Unionsbürger verheiratet ist und daher die Rechtsstellung des Unionsbürgers als freizügigkeitsberechtigt den Nachzugsanspruch vermittelt."

Die gesetzliche Beschränkung des Familiennachzugs ist mit Unionsrecht unvereinbar. 77
Denn die Rechtsstellung des Familienangehörigen beruht nicht auf Art. 12 oder 13 Freizügigkeits-RL, sondern auf Art. 18 Freizügigkeits-RL. Diese Norm vermittelt drittstaatsangehörigen Familienangehörigen, die ein eigenständiges Aufenthaltsrecht erhalten haben, ein eigenständiges Daueraufenthaltsrecht, das anders als die eigenständigen Aufenthaltsrechte nach Art. 12 II UAbs. 3, Art. 13 II UAbs. 3 Freizügigkeits-RL nicht auf persönlicher Grundlage beruht.

Anders als Aufenthaltsrechte, die auf persönlicher Grundlage gewährt werden und Beschränkungen 78
unterliegen (vgl. § 3 V 2 aF), unterliegt das eigenständige Daueraufenthaltsrecht nach § 4a I 2 keinerlei Beschränkungen. **Die Rechtsstellung eines Drittstaatsangehörigen mit Daueraufenthaltsrecht nach § 4a I 2 entspricht derjenigen eines EU-Bürgers mit Daueraufenthaltsrecht. Daher richtet sich auch der Nachzug von Familienangehörigen nach den oben genannten Kriterien des Art. 7 II 1 Freizügigkeits-RL und nicht nach den Regelungen des AufenthG.**

XI. Familiennachzug zum britischen Staatsangehörigen (Abs. 10)

Das Austrittsabkommen findet keine Anwendung auf den Familiennachzug zu britischen Staats- 79
angehörigen nach dem Ende der Übergangszeit, mit Ausnahme von Neugeborenen und neu adoptierten Kindern britischer Staatsangehöriger, sowie auf den Familiennachzug zu drittstaatsangehörigen Familienangehörigen und nahestehenden Personen der nach dem Austrittsabkommen Berechtigten. Auch im Hinblick auf die Familienzusammenführungs-RL sind für diese Fälle Regelungen im deutschen Recht zu treffen.

Somit ordnet der neue § 11 X an, dass in diesen Fällen die Vorschriften des AufenthG entsprechen- 80
de Anwendung finden[59]. Da für die Feststellung der tatbestandlichen Voraussetzungen für den Familiennachzug nach dem AufenthG entscheidend ist, welchen Aufenthaltstitel die Bezugsperson besitzt, mussten hier gesetzlich tatbestandliche Analogien geschaffen werden[60].

Dabei entspricht in systematischer Anlehnung an den neuen § 11 IX 2, der mit dem bisherigen 81
§ 4a I 3 inhaltsgleich ist, ein Daueraufenthaltsrecht der Inhaberschaft einer Erlaubnis zum Daueraufenthalt – EU, das Aufenthaltsrecht eines britischen Staatsangehörigen, der ein anderes Aufenthaltsrecht nach dem Austrittsabkommen besitzt, der Inhaberschaft einer Blauen Karte EU und – entsprechend der Systematik des neuen § 11 VIII 4 – die Inhaberschaft eines anderen Aufenthaltsrechts eines Drittstaatsangehörigen, das sich nach dem Austrittsabkommen richtet, der Inhaberschaft einer Aufenthaltserlaubnis aus familiären Gründen[61].

XII. Regelung über nahestehende Personen britischer Staatsangehöriger (Abs. 11)

Die Regelung im neuen § 11 XI erstreckt entsprechend der Vorgabe des Art. 10 II bis IV des 82
Austrittsabkommens die Geltung des neuen § 3a auf Fälle, in denen eine Person mit britischer Staatsangehörigkeit anstelle eines Unionsbürgers die Bezugsperson des Aufenthalts einer nahestehenden Person ist. Entsprechend der zeitlichen Reichweite nach Art. II bis IV4 des Austrittsabkommens bestehen diese Rechtsfolgen nur in bestimmten Fallkonstellationen, nämlich wenn bestimmte Tatbestandsmerkmale bereits vor dem Ende des Übergangszeitraums erfüllt waren und fortgesetzt erfüllt werden[62].

XIII. Anwendbarkeit der Ausweisungsregelungen auf britische Staatsangehörige (Abs. 12)

Das Austrittsabkommen ermöglicht es in seinem Art. 20 II, für das Aufenthaltsrecht der Personen, 83
die Aufenthaltsrechte nach dem Austrittsabkommen wahrnehmen, das Recht der Aufenthaltsbeendigung vorzusehen, das allgemein auf Drittstaatsangehörige Anwendung findet. Das Vereinigte Königreich wird sein allgemeines Recht der Aufenthaltsbeendigung nach dieser Maßgabe auf Unionsbürger, also auch Deutsche, und deren drittstaatsangehörige Familienangehörige anwenden. Entsprechend ist

---

[59] BT-Drs. 19/21750, 46 zu § 11.
[60] BT-Drs. 19/21750, 46 zu § 11.
[61] BT-Drs. 19/21750, 46 zu § 11.
[62] BT-Drs. 19/21750, 46 zu § 11.

auch eine aufenthaltsrechtliche Begünstigung britischer Staatsangehöriger und ihrer Familienangehöriger im Bundesrecht nicht geboten[63]. Dies wird im neuen § 11 XII FreizügG/EU geregelt.

84 Die übrigen Fälle des Fortfalls des Aufenthaltsrechts aus dem Austrittsabkommen sind im Austrittsabkommen selbst geregelt und können daher nicht bundesrechtlich wiederholt oder geändert werden. Fällt das Aufenthaltsrecht weg, ist eine Einziehung des zum Nachweis des Rechts ausgestellten Aufenthaltsdokuments nach § 52 VwVfG des Bundes oder der entsprechenden landesrechtlichen Regelung nicht unmittelbar möglich, weil der Tatbestand der Vorschrift voraussetzt, dass die Urkunde ein auf einem Verwaltungsakt beruhendes Recht verkörpert. Daher wird § 52 VwVfG des Bundes für entsprechend anwendbar erklärt[64].

XIV. Datenverarbeitung bei Integrationsmaßnahmen (Abs. 13)

85 Die Regelung im neuen § 11 XIII entspricht der Regelung in § 11 I 10 in seiner bis zum 24.11.2020 geltenden Fassung.

XV. Meistbegünstigungsklausel (Abs. 14 S. 1)/Diskriminierungsverbot

86 Die Auffangklausel in § 11 XIV 1 stellt sicher, dass das AufenthG darüber hinaus immer dann Anwendung findet, wenn es im Einzelfall eine günstigere Rechtsstellung vermittelt als das FreizügG/EU, sodass es nicht zu einer Schlechterstellung von Unionsbürgern gegenüber deutschen Staatsangehörigen und sonstigen Ausländern kommen kann[65].

87 Dabei handelt es sich um eine **Meistbegünstigungsklausel**, die auf einem allgemeinen Grundsatz des Freizügigkeitsrechts beruht, wonach günstigere innerstaatliche Vorschriften durch die Freizügigkeitsregelungen nicht verdrängt werden, sondern auch für den Unionsbürger und seine Angehörigen gelten, um Diskriminierungen gegenüber der aufenthaltsrechtlichen Position von Drittstaatsangehörigen zu vermeiden[66].

88 **Die Meistbegünstigungsklausel stellt Unionsbürger und ihre Familienangehörigen mit sonstigen Drittstaatsangehörigen, die unmittelbar dem AufenthG unterfallen, gleich.** Weder das FreizügG/EU noch das dem zugrunde liegende Unionsrecht enthalten ein Verbot für Unionsbürger, einen Aufenthaltstitel nach nationalem Aufenthaltsrecht zu erwerben, wenn dieser Aufenthaltstitel dem Freizügigkeitsberechtigten im Freizügigkeitsrecht nicht vorgesehene rechtliche Vorteile bietet. Damit können Unionsbürger grundsätzlich auch einen Aufenthaltstitel des AufenthG beanspruchen, den sonst nur Drittstaatsangehörige erhalten[67].

89 Eine günstigere Rechtsstellung kann sich darüber hinaus aus den in Art. 18 I AEUV und in Art. 21 II GRCh normierten **Diskriminierungsverboten** ergeben, die folgenden Wortlaut haben: „Unbeschadet besonderer Bestimmungen der Verträge ist in ihrem Anwendungsbereich jede Diskriminierung aus Gründen der Staatsangehörigkeit verboten."

90 Nach Art. 18 AEUV entfaltet das Diskriminierungsverbot seine Wirkungen im Anwendungsbereich des Vertrags „unbeschadet besonderer Bestimmungen der Verträge". Mit dieser Wendung verweist Art. 18 AEUV auf andere Bestimmungen des Vertrags, in denen das allgemeine Verbot des Art. 18 für besondere Anwendungsfälle konkretisiert ist. Art. 18 AEUV, in dem der allgemeine Grundsatz der Nichtdiskriminierung aus Gründen der Staatsangehörigkeit verankert ist, findet daher eigenständig nur auf dem Unionsrecht unterfallende Sachverhalte Anwendung, für die der Vertrag keine spezifischen Antidiskriminierungsvorschriften (etwa Art. 45 AEUV oder Art. 7 VO 492/2011/EU für Arbeitnehmer) bereithält[68].

91 **Diese Diskriminierungsverbote ergänzen § 11 XIV 11 insoweit, als sie die Anwendbarkeit der Regelungen des AufenthG eröffnet, die drittstaatsangehörige Familienangehörige von Deutschen begünstigen.**

92 Die Regelung geht über die Vorgaben der Freizügigkeits-RL hinaus, da Art. 24 Freizügigkeits-RL im Anwendungsbereich des Vertrags nur die gleiche Behandlung mit deutschen Staatsangehörigen verlangt. Das Gleichbehandlungsgebot der Freizügigkeits-RL erfasst nicht nur Unionsbürger, die ohnehin durch Art. 18 AEUV begünstigt sind, sondern auch drittstaatsangehörige Familienangehörige.

---

[63] BT-Drs. 19/21750, 46 zu § 11.
[64] BT-Drs. 19/21750, 46 zu § 11.
[65] BT-Drs. 15/420, 106 zu § 11.
[66] Vgl. Begründung zum Gesetzesentwurf der Bundesregierung zum Zuwanderungsgesetz v. 16.1.2003, BR-Drs. 22/03, 250; HessVGH Urt. v. 16.11.2016 – 9 A 242/15 Rn. 20.
[67] HessVGH Urt. v. 16.11.2016 – 9 A 242/15 Rn. 21.
[68] EuGH Urt. v. 15.1.2002 – C-55/00 Rn. 21 – Gottardo unter Hinweis auf Urt. v. 2.2.1989 – 186/87, Slg. 1989, 195 Rn. 14 – Cowan; vgl. auch Urt. v. 11.1.2007 – C-40/05, Slg. 2007, I-99 Rn. 33 und 34 – Lyyski; Urt. v. 29.4.2004 – C-387/01, Slg. 2004, I-4981 Rn. 57–59 – Weigel.

93 Voraussetzung der Anwendbarkeit des Diskriminierungsverbots ist der **rechtmäßige Aufenthalt des EU-Bürgers im Bundesgebiet,** wobei sich die Rechtmäßigkeit auch aus der Freizügigkeitsvermutung (hierzu ausführlich unter § 7 FreizügG/EU) ergeben kann.

94 Bei der iRd Meistbegünstigungsklausel vorzunehmenden vergleichenden Betrachtung ist auf die jeweilige **Rechtsstellung im Ganzen** abzustellen. Ein Aufenthaltstitel nach dem AufenthG kann daher nur erteilt werden, wenn sämtliche Tatbestandsvoraussetzungen des AufenthG erfüllt werden[69].

95 Denn der Grundsatz der Meistbegünstigung soll lediglich sicherstellen, dass es nicht zu einer Schlechterstellung von Unionsbürgern gegenüber Deutschen oder anderen Ausländern kommen kann, und hat nicht zum Ziel, dass Unionsbürger unter erleichterten Voraussetzungen aus dem AufenthG fließende Rechte geltend machen können. Deswegen widerspräche es der Intention des Gesetzgebers, wenn nur die einzelnen Merkmale einer nach dem AufenthG erreichbaren Rechtsstellung in den Blick genommen, isoliert bewertet und die dem Unionsbürger davon günstigen herausgegriffen würden, ohne die jeweilige Vorschrift in ihrer Gesamtheit und in ihrem Kontext zu sehen[70].

96 Ein Günstigkeitsvergleich kommt nicht nur in Bezug auf die Erteilungsvoraussetzungen der Aufenthaltstitel in Betracht, sondern auch in Bezug auf Arbeitsaufnahme und Erlöschenstatbestände. So kann ein Unionsbürger aus den neuen Mitgliedstaaten, der mit einem deutschen Staatsangehörigen verheiratet ist, den unbeschränkten Zugang zur Ausübung einer Erwerbstätigkeit einfordern. Außerdem vermag sich ein Unionsbürger, der mit einem deutschen Staatsangehörigen verheiratet und im Besitz eines Daueraufenthaltsrechts nach § 4a ist, auf die besondere Erlöschensregelung in § 51 II 2 AufenthG berufen.

97 Bei Übertragung einzelner Regelungen aus dem AufenthG ist immer zu beachten, ob diese nicht untrennbar mit der geregelten Rechtsstellung verbunden und daher einer isolierten Übertragung nicht zugänglich sind[71].

98 Die Regelung führt dazu, dass sich ein Unionsbürger darauf berufen kann, rechtlich gestellt zu werden wie ein deutscher Staatsangehöriger oder ein Drittstaatsangehöriger im AufenthG. Erfüllt er nicht die Voraussetzungen eines Freizügigkeitstatbestands, könnte er aber nach dem AufenthG eine Aufenthaltserlaubnis oder Niederlassungserlaubnis erlangen, so kann er diese Rechtsstellung beanspruchen. Er erhält in diesem Fall **konstitutiv den Aufenthaltstitel,** den das AufenthG vorsieht, ohne dass die Erteilungsvoraussetzungen des nationalen Aufenthaltsrechts durch das Unionsrecht modifiziert werden[72].

99 **Der Unionsbürger kann nur verlangen, zusätzlich zu seinem Freizügigkeitsstatus so gestellt zu werden, wie er stünde, wenn er als Unionsbürger nicht unter die Freizügigkeitsbestimmungen fallen würde, sondern allein das AufenthG zur Anwendung käme**[73].

100 Kann ein Unionsbürger Gleichbehandlung mit einem deutschen Staatsangehörigen oder drittstaatsangehörigen Ausländer verlangen, so kann dieses Recht nicht durch das AufenthG oder FreizügG/EU eingeschränkt werden. So gilt etwa die Beschränkung an der **Teilnahme an einem Integrationskurs** auf verfügbare Plätze nach § 44 IV AufenthG nicht für Unionsbürger. Denn diese können aus dem Diskriminierungsverbot einen Anspruch auf Gleichbehandlung mit Spätaussiedlern, die nach § 9 I BVFG einen Anspruch auf kostenlose Teilnahme an einem Integrationskurs haben, ableiten[74].

101 Bedeutsam wird das Diskriminierungsverbot bei minderjährigen Unionsbürgern, die sich mit ihrer drittstaatsangehörigen Mutter im Bundesgebiet aufhalten, ohne ihren Lebensunterhalt decken zu können. Zwar wird die drittstaatsangehörige Mutter über Art. 8 EMRK in den Freizügigkeitstatbestand des § 4 einbezogen, um dem Kind ein Gebrauchmachen der Freizügigkeit zu ermöglichen, aber dies nur, wenn der Lebensunterhalt der Familie gedeckt ist.

102 Demgegenüber bietet § 28 I 1 Nr. 3 AufenthG die Möglichkeit, dass die drittstaatsangehörige Mutter eines minderjährigen Kindes eine Aufenthaltserlaubnis unabhängig von den Erteilungsvoraussetzungen des § 5 I Nr. 1 AufenthG erhält[75]. Die Verleihung eines Aufenthaltsrechts an die Mutter eines minderjährigen Unionsbürgers findet seine Stütze in Art. 18 AEUV, der im Anwendungsbereich des Vertrags jede Diskriminierung aus Gründen der Staatsangehörigkeit verbietet. Das Aufenthaltsrecht fällt in den Anwendungsbereich des EU-Vertrags, da es das Recht eines EU-Bürgers betrifft, sich gem. Art. 21 AEUV und der Freizügigkeits-RL im Hoheitsgebiet eines Mitgliedstaats aufzuhalten; dies gilt auch für das Aufenthaltsrecht der Mutter, das über Art. 8 EMRK mit dem Kind untrennbar verbunden ist.

---

[69] HessVGH Urt. v. 16.11.2016 – 9 A 242/15 Rn. 31.
[70] HessVGH Urt. v. 16.11.2016 – 9 A 242/15 Rn. 31.
[71] HessVGH Urt. v. 16.11.2016 – 9 A 242/15UA, S. 11.
[72] HessVGH Urt. v. 16.11.2016 – 9 A 242/15UA, S. 12.
[73] HessVGH Urt. v. 16.11.2016 – 9 A 242/15 Rn. 34.
[74] BT-Drs. 15/955, 33 sah ursprünglich folgende Änderung vor: In Art. 2 § 11 I 1 ist die Angabe „44 III" durch „44" zu ersetzen. Zur Begründung wurde ausgeführt: „Diese Ergänzung stellt sicher, dass auch EU-Bürger einen Anspruch auf Teilnahme am Integrationskurs erwerben. Der bisherige Ausschluss der Unionsbürger war europarechtlich nicht haltbar."
[75] So auch OK-MNet-FreizügG/EU § 1.

103 Besitzt ein Kind die Unionsbürgerschaft, kann es verlangen, so gestellt zu werden wie ein deutsches Kind. **Voraussetzung des Anspruchs auf Gleichbehandlung ist ein rechtmäßiger Aufenthalt im Bundesgebiet,** sei es aufgrund des Unionsrechts oder aufgrund des nationalen Rechts.

104 An dieser Stelle kommt der **Freizügigkeitsvermutung** besondere Bedeutung zu, da das nationale Recht den Aufenthalt eines Unionsbürgers auch über die drei Monate hinaus so lange als rechtmäßig ansieht, als die Behörde noch keine Feststellung zum Nichtbestehen oder dem Verlust der Freizügigkeit erlassen hat. Der einzige Weg, der einem Mitgliedstaat offensteht, um die Gewährung des Aufenthaltsrechts über das Diskriminierungsverbot zu vermeiden, besteht darin, den Aufenthalt des Unionsbürgers zu beenden[76]. Dabei darf nach Art. 14 III Freizügigkeits-RL die Aufenthaltsbeendigung keine automatische Folge der Bedürftigkeit sein, solange die Leistungen im Aufnahmestaat vom Unionsbürger nicht unangemessen in Anspruch genommen werden.

105 Sofern über das Diskriminierungsverbot **sozialrechtliche Leistungen** begehrt werden, gilt das Diskriminierungsverbot gleichfalls[77]. Ein Unionsbürger hat damit einen Anspruch auf Inländerbehandlung bei Sozialleistungen, wenn er unionsrechtlich aufenthaltsberechtigt ist oder ein Erlöschen des Freizügigkeitsrecht nach den §§ 5 IV (vormals § 5 V aF), 6 I nicht festgestellt worden ist.

106 Der **Ausschluss von Sozialleistungen ohne Aufenthaltsbeendigung** ist gegenüber einem Unionsbürger unter Berücksichtigung des Grundsatzes der Verhältnismäßigkeit nur in engen Grenzen möglich. Ein Mitgliedstaat kann die Leistungsgewährung auf Personen beschränken, die nachgewiesen haben, dass sie sich bis zu einem gewissen Grad in die Gesellschaft dieses Staates integriert haben[78]. Der EuGH war im Urteil Bidar der Auffassung, dass die Voraussetzung einer **hinreichenden Integration in die Gesellschaft** durch die Feststellung als nachgewiesen angesehen werden kann, dass der Betroffene, ein Student, sich für eine gewisse Zeit im Aufnahmemitgliedstaat aufgehalten hat. Er hat das im nationalen Recht vorgesehene Erfordernis eines dreijährigen Aufenthalts als angemessenen Zeitraum angesehen[79].

107 Die Mitgliedstaaten dürfen in einem gewissen Umfang allgemeine Voraussetzungen anwenden, die keine weitere individuelle Prüfung erfordern, wie das in der Rechtssache Bidar streitige Erfordernis eines dreijährigen Aufenthalts. Sie dürfen Betroffene aber nicht unabhängig vom tatsächlichen Grad ihrer Integration in die Gesellschaft systematisch daran hindern, Leistungen zu beantragen. Insoweit ist erforderlich, dass das verwendete Kriterium jedenfalls den Grad der Integration in die Gesellschaft widerspiegeln muss.

XVI. Anwendbarkeit des AufenthG nach Verlustfeststellung (Abs. 14 S. 2)

108 Das AufenthG findet Anwendung, sobald die Ausländerbehörde eine Feststellung des Nichtbestehens oder des Verlusts des Rechts auf Einreise und Aufenthalt nach § 2 I erlassen hat. Diese muss nicht unanfechtbar sein, um die Rechtsfolge Anwendbarkeit des AufenthG auszulösen[80].

109 Die Gesetzesmaterialien stellen hierzu fest[81]:

„*Auf Unionsbürger und ihre Familienangehörigen, die nicht oder nicht mehr nach Unionsrecht freizügigkeitsberechtigt sind und auch kein Aufenthaltsrecht nach § 2 V genießen, findet dieses Gesetz keine Anwendung, sondern die Betreffenden unterliegen dem allgemeinen Ausländerrecht. Entsprechend dem Grundsatz, dass Unionsbürger und ihre Angehörigen weitestgehend aus dem Geltungsbereich des allgemeinen Ausländerrechts herausgenommen werden, setzt dies einen – nicht notwendigerweise unanfechtbaren – Feststellungsakt der zuständigen Behörde voraus. Damit gilt für den in § 1 beschriebenen Personenkreis zunächst eine Vermutung der Freizügigkeit.*"

110 Damit kann die Ausländerbehörde unmittelbar mit dem Feststellungsbescheid gegen einen Drittstaatsangehörigen eine Ausweisung verfügen[82], um die gesetzlichen Rechtsfolgen des AufenthG nach § 11 zum Entstehen zu bringen. Denn die Feststellung des Verlustes des Rechts auf Einreise und Aufenthalt führt bereits mit ihrer Wirksamkeit (vgl. § 43 VwVfG), also mit ordnungsgemäßer

---

[76] EuGH Urt. v. 7.9.2004 – C-456/02 Rn. 40, 44 f. – Trojani.
[77] Zu Sozialhilfe und Leistungen der Grundsicherung in Belgien und dem Vereinigten Königreich: EuGH Urt. v. 20.9.2001 – C-184/99, Slg. 2001, I-6193 – Grzelczyk; Urt. v. 23.3.2004 – C-138/02 – Collins, Urt. v. 7.9.2004 – C-456/02 – Trojani. Zu beitragsunabhängigen Sozialleistungen: EuGH Urt. v. 12.5.1998 – C-85/96, Slg. 1998, I-2691 – Martinez Sala; Urt. v. 11.7.2002 – C-224/98, Slg. 2002, I-6191 – D'Hoop; Urt. v. 15.3.2005 – C-209/03, Slg. 2005, I-2119 – Bidar.
[78] EuGH Urt. v. 15.3.2005 – C-209/03, Slg. 2005, I-2119 Rn. 59 ff. – Bidar.
[79] EuGH Urt. v. 15.3.2005 – C-209/03, Slg. 2005, I-2119 Rn. 59 ff. – Bidar.
[80] HessVGH Urt. v. 27.2.2018 – 6 A 2148/16 Rn. 28.
[81] BT-Drs. 15/420, 106 zu § 11.
[82] HessVGH Urt. v. 27.2.2018 – 6 A 2148/16 Rn. 28.

Bekanntgabe der jeweiligen Entscheidung, zum Entstehen der Ausreisepflicht[83]. Auf die Rechtmäßigkeit der Feststellungsentscheidung kommt es für das Entstehen der Ausreisepflicht nicht an[84].

XVII. Anrechnung rechtmäßigen Aufenthalts (Abs. 15)

§ 11 XV 1 und 2 entspricht der Regelung in § 11 III in seiner bis zum 24.11.2020 gültigen Fassung. § 11 XV regelt die **Anrechenbarkeit der Zeiten rechtmäßigen Aufenthalts nach dem FreizügG/EU** im Hinblick auf das AufenthG. Zeiten unter fünf Jahren rechtmäßigen Aufenthalts werden dem Besitz einer Aufenthaltserlaubnis gleichgestellt, Zeiten über fünf Jahre dem Besitz einer Niederlassungserlaubnis. Wichtig ist hierbei, dass die Anrechenbarkeit für Zeiten rechtmäßigen Aufenthalts und nicht nur für Zeiten des Besitzes des Rechts auf Einreise und Aufenthalt nach § 2 I erfasst. Damit werden auch Zeiten anrechenbar, in denen der Unionsbürger und sein Familienangehöriger nicht freizügigkeitsberechtigt waren, die Ausländerbehörde aber noch keine Verlustfeststellung nach § 5 IV erlassen hat. 111

Da die Freizügigkeit unmittelbar aus dem Unionsrecht fließt und der rechtmäßige Aufenthalt nicht von der Erteilung eines Aufenthaltstitels abhängt, wird mit der Regelung sichergestellt, dass die Zeiten der Freizügigkeit wie Zeiten des Besitzes eines Aufenthaltstitels bei der Anrechnung berücksichtigt werden. 112

Indem die Norm konkret auf die Zeiten des rechtmäßigen Aufenthalts nach diesem Gesetz abstellt, sind auch **Unterbrechungszeiten**, die als rechtmäßiger Aufenthalt nach dem FreizügG/EU anzusehen sind (etwa nach § 4a VI), zu berücksichtigen. Denn maßgeblich für die Anrechnung nach § 11 XV ist nur, dass die Zeiträume als Zeiten rechtmäßigen Aufenthalts nach dem FreizügG/EU gelten. 113

Abs. 15 legt weiterhin fest, dass Zeiten des rechtmäßigen Aufenthalts unter fünf Jahren den Zeiten des Besitzes einer Aufenthaltserlaubnis und Zeiten über fünf Jahren dem Besitz einer Niederlassungserlaubnis entsprechen. 114

§ 11a Verordnungsermächtigung

Das Bundesministerium des Innern, für Bau und Heimat wird ermächtigt, durch Rechtsverordnung mit Zustimmung des Bundesrates die Einzelheiten der Ausstellung von Aufenthaltskarten nach § 5 Absatz 1 Satz 1 und Absatz 7 Satz 1, Daueraufenthaltskarten nach § 5 Absatz 5 Satz 2, Aufenthaltsdokumenten-GB nach § 16 Absatz 2 Satz 1 und Aufenthaltsdokumenten für Grenzgänger-GB nach § 16 Absatz 3 entsprechend § 99 Absatz 1 Nummer 13a Satz 1 des Aufenthaltsgesetzes sowie Einzelheiten des Prüfverfahrens entsprechend § 34 Nummer 4 des Personalausweisgesetzes und Einzelheiten zum elektronischen Identitätsnachweis entsprechend § 34 Nummer 5 bis 7 des Personalausweisgesetzes festzulegen.

Allgemeine Verwaltungsvorschrift
Nicht belegt.

§ 11a wurde durch Art. 2 Nr. 3 des Gesetzes zur Anpassung des deutschen Rechts an die VO 380/2008/EG des Rates vom 18.4.2008 zur Änderung der VO 1030/2002/EG[1] zur einheitlichen Gestaltung des Aufenthaltstitels für Drittstaatsangehörige vom 12.4.2011[2] mit Wirkung zum 16.4.2011 eingeführt. 1

Durch Art. 1 des Gesetzes zur aktuellen Anpassung des FreizügG/EU und weiterer Vorschriften an das Unionsrecht (FreizügG/EU-AnpG) wurde § 11a mit Wirkung zum 24.11.2020 geändert. Die Verweise wurden redaktionell angepasst und die Bezugnahmen auf die Aufenthaltsdokumente-GB und für Grenzgänger-GB neu aufgenommen[3]. 2

Die Verordnungsermächtigung ermöglicht **Vorgaben zur einheitlichen Gestaltung** von Aufenthaltskarten und Daueraufenthaltskarten für Unionsbürger und ihre Familienangehörigen. Unionsrechtlich werden für Freizügigkeitsberechtigte keine Vorgaben hinsichtlich der Ausgestaltung von Aufenthaltskarten bzw. Daueraufenthaltskarten gemacht. Nach Art. 5 gilt die VO 1030/2002/EG nicht für Familienangehörige von Unionsbürgern, die ihr Recht auf Freizügigkeit ausüben, sowie für EWR-Bürger und ihre Familienangehörigen. Anhang I der VO 1030/2002/EG enthält unter Nr. 6.4 S. 2 lediglich eine Regelung für Familienangehörige eines EU-Bürgers, der nicht sein Recht auf Freizügigkeit ausgeübt hat. 3

Der besondere Status von britischen Staatsangehörigen ist zwingend zu bescheinigen, und zwar durch ein Dokument, das auf das Austrittsabkommen verweist. Britische Staatsangehörige, die aufgrund des Austrittsvertrags weiterhin Freizügigkeit genießen, erhalten nach § 16 II das **Aufenthaltsdokument-GB**. Das **Aufenthaltsdokument für Grenzgänger-GB** wird in § 16 III geregelt. 4

---

[83] BayVGH Urt. v. 18.7.2017 – 10 B 17.339 Rn. 27.
[84] BayVGH Urt. v. 18.7.2017 – 10 B 17.339 Rn. 27.
[1] ABl. 2002 L 157, 1.
[2] BGBl. 2011 I S. 610.
[3] BGBl. 2020 I S. 2416.

5   Eine elektronische Bescheinigung würde einen erheblichen Einführungsaufwand bedingen (Bund-Länder-Koordinierung der IT) und praktische Nachteile bereiten (Echtheitsprüfung in allen Situationen). Daher ist es vorzugswürdig, auf ein vorhandenes Dokumentenmuster zurückzugreifen, in dem ein Vermerk zum Austrittsabkommen enthalten ist. Die gegenwärtig vorgelegten Vorschläge der Europäischen Kommission sehen ebenso wie der Gesetzentwurf vor, dass grundsätzlich das **Muster des elektronischen Aufenthaltstitels in modifizierter Form** genutzt wird[4].

§ 12 Staatsangehörige der EWR-Staaten

Die nach diesem Gesetz für Unionsbürger, Familienangehörige von Unionsbürgern und nahestehende Personen von Unionsbürgern geltenden Regelungen finden jeweils auch für Staatsangehörige der EWR-Staaten, die nicht Unionsbürger sind, und für ihre Familienangehörigen und ihre nahestehenden Personen Anwendung.

Allgemeine Verwaltungsvorschrift
12 Zu § 12 – Staatsangehörige der EWR-Staaten
12.1 Die Staatsangehörigen der EWR-Staaten (d. h. Staatsangehörige Norwegens, Islands und Liechtensteins) und ihre Familienangehörigen werden durch diese Regelung in den Anwendungsbereich des Freizügigkeitsgesetz/EU einbezogen. Sie sind damit Unionsbürgern und ihren Familienangehörigen in jeder Beziehung gleichgestellt, ohne jedoch den Status eines Unionsbürgers bzw. eines Familienangehörigen eines Unionsbürgers zu erlangen.
12.2 Die Schweiz gehört nicht zur Europäischen Union und auch nicht zu den EWR-Staaten. Der Aufenthalt von Schweizer Staatsangehörigen richtet sich nach dem Abkommen zwischen der Europäischen Gemeinschaft und ihren Mitgliedstaaten einerseits und der Schweizerischen Eidgenossenschaft andererseits über die Freizügigkeit (BGBl. 2001 II S. 810), das seit 1. Juni 2002 in Kraft ist (vgl. auch Nummer 4.1.1.1 AVV zum AufenthG vom 26. Oktober 2009). Danach sind Schweizer Staatsangehörige den Unionsbürgern weitgehend gleichgestellt und haben das Recht, ihren Arbeitsplatz bzw. Aufenthaltsort innerhalb der Europäischen Union frei zu wählen. Voraussetzung ist, dass sie über einen gültigen Arbeitsvertrag verfügen, selbstständig sind oder – bei Nichterwerbstätigen – ausreichende finanzielle Mittel nachweisen können und krankenversichert sind.

I. Entstehungsgeschichte

1   Die Vorschrift wurde durch Art. 1 des Gesetzes zur aktuellen Anpassung des FreizügG/EU und weiterer Vorschriften an das Unionsrecht (FreizügG/EU-AnpG) mit Wirkung zum 24.11.2020 vollständig neu gefasst[1]. Die Änderung war erforderlich, um die Anwendbarkeit der Regelungen für nahestehende Personen nach § 3a zu gewährleisten.

II. Geltung für EWR-Staater

2   Der vormalige § 12 wurde mit Wirkung zum 24.11.2020 im Zuge der Anpassung des § 1 durch das FreizügG/EU-AnpG geändert. Geregelt wird nicht mehr eine Erweiterung des personellen Anwendungsbereichs des Gesetzes; diese findet sich in § 1 I Nr. 2. Vielmehr wird, normenklarer als zuvor, geregelt, dass die Bestimmungen, die für Unionsbürger gelten, auch auf EWR-Bürger materiell Anwendung finden. Dasselbe gilt jeweils für ihre Familienangehörigen und nahestehenden Personen.
3   Während in § 1 I Nr. 2 der Anwendungsbereich des Gesetzes auf Staatsangehörige der EWR-Staaten erstreckt wird, was vor allem im Hinblick auf § 1 II Nr. 1 AufenthG von Bedeutung ist, bestimmt § 12, welche konkreten Regelungsanalogien sich aus der Erstreckung des Anwendungsbereichs auf EWR-Bürger und deren Familienangehörigen und nahestehenden Personen ergeben[2].
4   Das in Deutschland am 1.1.1994 in Kraft getretene Assoziierungsabkommen über den EWR[3] erfasst seit dem EU-Beitritt von Finnland, Schweden und Österreich nur noch Staatsangehörige aus **Island**[4], **Norwegen und Liechtenstein**.
5   Das Abkommen sieht eine gegenseitige **Gleichstellung** von Unionsbürgern und EWR-Staatern vor. EWR-Recht genießt dabei denselben Anwendungsvorrang wie EU-Recht. Soweit das EWR-Abkommen die Freizügigkeitsbestimmungen primärrechtlich regelt und den unionsrechtlichen Besitzstand übernommen hat, ist der Verweis in § 12 deklaratorisch. Ebenso wie bei EU-Bürgern richtet sich die Rechtsstellung der EWR-Staatsangehörigen nach dem Assoziierungsabkommen und den übernommenen VO, RL und Entscheidungen.
6   Das Abkommen gründet sich auf die primäre Gesetzgebung der EU, die im Lauf der letzten 40 Jahre entwickelt wurde, und auf die darauf folgende sekundäre Gesetzgebung (acquis communautaire). Das

---

[4] BT-Drs. 19/21750, 19.
[1] BGBl. 2020 I S. 2416.
[2] BT-Drs. 19/21750, 48 zu § 12.
[3] ABl. 1994 L 1, S. 1; BGBl. 1993 II S. 266 idF des Anpassungsprotokolls v. 17.3.1993 (ABl. 1993 L 1, 572; BGBl. 1993 II S. 1294).
[4] Island hat am 17.7.2009 seinen Beitrittsantrag eingereicht. Am 27.7.2010 wurden die Beitrittsverhandlungen offiziell aufgenommen.

Staatsangehörige der EWR-Staaten   § 12 FrZügG/EU 2

Hauptabkommen folgt weitgehend dem Aufbau des früheren Vertrages der Europäischen Gemeinschaft (EGV; heute AEUV). Daher ist ein großer Teil des EWR-Abkommens mit den entsprechenden Bestimmungen zu den vier Grundfreiheiten, wie sie im 1957 in Rom unterzeichneten EWGV festgelegt sind, identisch.

7 Das EWR-Abkommen besteht aus dem Hauptabkommen mit 129 Art., 22 Anhängen und 50 Protokollen sowie den EU-Rechtsakten (RL, VO und Entscheidungen), auf die dann verwiesen wird. Im Jahr 2006 wurden insgesamt 340 EU-Rechtsakte in das EWR-Abkommen übernommen. Die Gesamtzahl der in das EWR-Abkommen übernommenen EU-Rechtsakte beläuft sich bis Ende 2006 auf 4.750.[5]

8 Die Übernahme von EWR-relevanten EU-Rechtsakten (sekundäres Unionsrecht) erfolgt laufend und nach Maßgabe der Beschlüsse des Gemeinsamen EWR-Ausschusses. Der **Gemeinsame EWR-Ausschuss** besteht aus Botschaftern der EWR/EFTA-Staaten (Liechtenstein, Island, Norwegen) und aus Vertretern der EU-Kommission bzw. der EU-Mitgliedstaaten und tritt idR einmal pro Monat zusammen. Er ist für die laufende Verwaltung des Abkommens über den EWR zuständig und ist zugleich Forum für den Meinungsaustausch und die einvernehmliche Entscheidungsfindung im Hinblick auf die Übernahme von unionsrechtlichen Rechtsvorschriften in das EWR-Abkommen. Die sog. Beschlüsse des Gemeinsamen EWR-Ausschusses, welche zur Übernahme von neuem EU-Recht in das EWR-Abkommen führen, werden im Einvernehmen zwischen der EU einerseits und mit einer Stimme sprechenden EWR/EFTA-Staaten andererseits gefasst.

9 Auch wenn das EWR-Abkommen immer wieder an den unionsrechtlichen Besitzstand angepasst wird, ist zu beachten, dass bis zur Übernahme der RL, VO oder Entscheidungen diese unionsrechtlichen Regelungen nicht auf EWR-Bürger anzuwenden sind. Die Erstreckung des Unionsrechts erfolgt bis zur Anpassung der Rechtsstellung allein aufgrund der nationalen Bestimmung des § 12. Denn die ursprünglich in § 15c AufenthG/EWG enthaltene Einschränkung („Soweit das Abkommen Freizügigkeit gewährt") ist nicht übernommen worden, sodass § 12 die **Rechtsstellung der EWR-Angehörigen bis zur Übernahme der Rechtsakte konstitutiv regelt.**

10 Am 1.5.2004 erweiterte sich die EU mit Estland, Lettland, Litauen, Malta, Polen, Slowakei, Slowenien, der Tschechischen Republik, Ungarn und Zypern von 15 auf insgesamt 25 Mitgliedstaaten. Zur Gewährleistung der Homogenität mit dem EWR sieht Art. 128 EWR-Abk. vor, dass jeder neue Mitgliedstaat der EU zeitgleich auch Vertragsstaat des Abkommens werden muss. Das EWR-Erweiterungsabkommen wurde am 11.11.2003 in Vaduz unterzeichnet. Es wurde seit 1.5.2004 provisorisch angewendet.

11 Infolge der am 1.1.2007 erfolgten Erweiterung der EU um die Republiken Bulgarien und Rumänien von 25 auf insgesamt 27 Mitgliedstaaten wurde ein weiteres Ergänzungsabkommen erforderlich. Das insoweit notwendige EWR-Erweiterungsabkommen wurde am 25.7.2007 in Brüssel unterzeichnet und wird seit 1.8.2007 auf der Basis einer von allen Vertragsparteien akzeptierten Erklärung provisorisch so lange angewendet, bis die Ratifikationsverfahren in allen Vertragsstaaten abgeschlossen sind.[6]

12 Seit 1.8.2007 umfasst der EWR somit 30 Mitgliedstaaten (27 EU-Mitgliedstaaten sowie die drei EWR/EFTA-Staaten Liechtenstein, Island und Norwegen).[6]

13 Für **Schweizer Bürger** gilt die Vorschrift nicht, weil die Schweiz den Beitritt zum EWR in einer Volksabstimmung im Dezember 1992 abgelehnt hatte. Durch die in einer Volksabstimmung im Mai 2000 gebilligten sektoriellen Verträge mit der EU und ihren Mitgliedstaaten ist jedoch eine weitgehende Gleichstellung von Unionsbürgern und Schweizern vereinbart. Seit Juni 2002 gilt die EU-Freizügigkeit auch im Verhältnis zur Schweiz.[7] Die Schweiz ist zwar weder im AufenthG (lediglich in § 28 AufenthV) noch im FreizügG/EU erwähnt, dies ändert aber nichts an der vorrangigen Geltung des Freizügigkeitsabkommens EU/Schweiz.[8]

14 Am 1.6.2002 ist das bilaterale Abkommen, zwischen der EU und ihren Mitgliedstaaten einerseits und der Schweiz andererseits über die Freizügigkeit von Personen (Freizügigkeitsabkommen) als eines von sieben Sektorenabkommen in Kraft getreten. Das „Personenfreizügigkeitsabkommen" berührt als sog. gemischtes Abkommen, nationale und vergemeinschaftete Kompetenzen und bedurfte deshalb der Ratifizierung. Die anderen Abkommen regeln Bereiche, die in die Zuständigkeit der EU fallen. Alle sieben Abkommen enthalten jeweils eine Klausel, die garantiert, dass alle Abkommen nur parallel in Kraft treten können und ebenso alle beendet sind, falls ein Abkommen gekündigt oder nicht verlängert werden sollte.

---

[5] Quelle: 46th Annual Report of the European Free Trade Association 2006.
[6] Beschl. des Rates v. 23.7.2007 über die Unterzeichnung und die vorläufige Anwendung eines Übereinkommens über die Beteiligung der Republiken Bulgarien und Rumänien am EWR und der vier Nebenabkommen (ABl. 2007 L 221, S. 1).
[7] Dazu Bericht in ZAR 2002, 212; *Fahrenbacher* ZAR 2002, 278; *Kahin* ZAR 2002, 123; *Westphal* InfAuslR 2002, 329.
[8] Zweifelnd wohl *Guttmann* ZAR 2003, 60.

Dienelt 1869

2 FreizügG/EU § 12a

Zweiter Teil. Freizügigkeitsgesetz/EU

15 **D**as Abkommen über die Personenfreizügigkeit musste daher als einziges Abkommen sowohl im Namen der EU (damals noch EG) als auch von den Mitgliedstaaten ratifiziert werden. In Deutschland ist das entsprechende Gesetz bereits im Herbst 2001 verabschiedet worden[9].

16 Ziel des Freizügigkeitsabkommens ist es u.a., Unionsbürgern in der Schweiz und Schweizern in den Mitgliedstaaten der EU die gleichen Lebens-, Beschäftigungs- und Arbeitsbedingungen zu gewähren wie Inländern. Eine Diskriminierung aufgrund der Staatsangehörigkeit ist für den Bereich des freien Personenverkehrs verboten. **Den Schweizern wird damit ein im Wesentlichen dem Freizügigkeitsrecht für Unionsbürger entsprechendes Recht auf Einreise und Aufenthalt eingeräumt.** Gleiches gilt – nach Ablauf von Übergangsfristen – auch für Unionsbürger in der Schweiz.

§ 12a Unionsrechtliches Aufenthaltsrecht

Auf Familienangehörige und nahestehende Personen von Deutschen, die von ihrem Recht auf Freizügigkeit nach Artikel 21 des Vertrages über die Arbeitsweise der Europäischen Union nachhaltig Gebrauch gemacht haben, finden nach diesem Gesetz für Familienangehörige und für nahestehende Personen von Unionsbürgern geltenden Regelungen entsprechende Anwendung.

Allgemeine Verwaltungsvorschrift
Nicht belegt.

Übersicht

	Rn.
I. Entstehungsgeschichte	1
II. Rückkehrerfälle	2
III. Personensorgeberechtigter drittstaatsangehöriger Elternteil eines minderjährigen Unionsbürgers	26
IV. Rechte deutscher Staatsbürger aufgrund der Unionsbürgerschaft im Inland	37

I. Entstehungsgeschichte

1 Die Vorschrift wurde durch Art. 1 des Gesetzes zur aktuellen Anpassung des FreizügG/EU und weiterer Vorschriften an das Unionsrecht mit Wirkung zum 24.11.2020 eingeführt[1].

II. Rückkehrerfälle

2 § 12a erfasst sog. Rückkehrerfälle. Dies sind Fälle, in denen sich ein deutscher Staatsangehöriger in einen anderen EU-Mitgliedstaat begeben hat, um dort nachhaltig von seiner Freizügigkeit Gebrauch zu machen.

3 Dabei richtet sich das Aufenthaltsrecht nach § 12a nicht an den rückkehrenden deutschen Staatsangehörigen, der von seiner Freizügigkeit nach Art. 21 AEUV in einem anderen EU-Mitgliedstaat Gebrauch gemacht hat, sondern an seine Familienangehörige oder eine ihm nahestehende Personen.

4 Der Gesetzgeber verfolgt mit der Regelung das Ziel, Beschränkungen der Freizügigkeit entgegenzuwirken, die dadurch entstehen können, dass ein EU-Bürger von dem Gebrauchmachen der Freizügigkeit abgehalten wird, wenn die Aussicht besteht, zum Zeitpunkt der Rückkehr nach Deutschland ein familiäres Zusammenleben nicht ungehindert fortsetzen zu können.

5 Die **Gesetzesbegründung** enthält hierzu folgenden Hinweis:

„Hintergrund der Regelung ist die Überlegung des Europäischen Gerichtshofes, dass die Ausübung des Freizügigkeitsrechts durch einen Unionsbürger in Fällen, in denen er es gemeinsam mit seinen drittstaatsangehörigen Familienangehörigen und nahestehenden Personen ausübt, nicht dazu führen soll, dass er befürchten muss, bei einer Rückübersiedlung oder einer Aufenthaltsverlagerung in seinen Herkunftsmitgliedstaat dort nicht mehr weiter mit ihnen zusammenleben zu können, weil die Familienangehörigen und nahestehenden Personen dort nur unter engeren Voraussetzungen als zuvor im anderen Mitgliedstaat ein Aufenthaltsrecht erhalten würden."

6 Der EuGH hat in einer Reihe von Entscheidungen anerkannt, dass ein Unionsbürger, der von seiner Arbeitnehmerfreizügigkeit Gebrauch gemacht hat, bei der Rückkehr in sein Heimatland den unionsrechtlichen Status mitnehmen kann[3]. Gleiches gilt nach der Rechtssache Carpenter[4], wenn der

---

[9] BGBl. 2001 II S. 810ff.
[1] BGBl. 2020 I S. 2416.
[2] BT-Drs. 19/21750, 35.
[3] EuGH Urt. v. 7.7.1992 – C-370/90, Slg. 1992, I-4265 – Singh; Urt. v. 23.9.2003 – C-109/01, Slg. 2003, I-9607 – Akrich; Urt. v. 11.12.2007 – C-291/05 Rn. 32ff. – Eind.
[4] EuGH Urt. v. 11.7.2002 – C-60/00 Rn. 29 – Carpenter.

Unionsbürger durch die Erbringung von grenzüberschreitenden Dienstleistungen von seinem Heimatland aus von der Dienstleistungsfreiheit Gebrauch macht. Auch in einem solchen Fall soll ein drittstaatsangehöriger Ehegatte Freizügigkeit beanspruchen können.

Die Regelung zu Rückkehrfällen dient der Abwendung der Gefahr, dass sich die Rechtsstellung 7
des Familienangehörigen in Deutschland gegenüber der Stellung als freizügigkeitsberechtigter Familienangehöriger verschlechtert. Dieser Verschlechterung der Rechtsstellung wurde vor Einführung des § 12a entweder durch eine analoge Anwendung des FreizügG/EU oder durch unmittelbare Anwendung des primären Unionsrechts (Art. 21 AEUV) entgegengewirkt[5].

Mit der Einführung des § 12a wird der Rechtsprechung des EuGH Rechnung getragen, nach der 8
die Voraussetzungen für die Gewährung eines abgeleiteten Aufenthaltsrechts auf der Grundlage von Art. 21 I AEUV grundsätzlich nicht strenger sein dürfen als diejenigen, die die Freizügigkeits-RL für einen Drittstaatsangehörigen vorsieht, der Familienangehöriger eines Unionsbürgers ist, der sein Recht auf Freizügigkeit ausgeübt hat, indem er sich in einem anderen Mitgliedstaat niedergelassen hat als dem, dessen Staatsangehörigkeit er besitzt[6].

Zwar regelt die Freizügigkeits-RL einen solchen Fall der Rückkehr nicht; sie ist jedoch entspre- 9
chend anzuwenden[7].

Unter Berücksichtigung wertender Gesichtspunkte vermag ein deutscher Staatsangehöriger nur bei 10
einer gewissen Nachhaltigkeit in Bezug auf das Gebrauchmachen von Freizügigkeit eine Rechtsstellung zu erlangen, die auch bei einer Rückkehr nach Deutschland fortwirkt[8].

Würde jegliche Form des Gebrauchmachens von dem Recht auf Freizügigkeit oder der Dienst- 11
leistungsfreiheit, sei es aus touristischen oder sonstigen Zwecken, zur Anwendbarkeit des Unionsrechts in Bezug auf drittstaatsangehörige Familienangehörige bei Rückkehr nach Deutschland führen, liefe das Recht der Nationalstaaten auf Regelung von Einreise und Aufenthalt im Falle des Ehegattennachzugs weitgehend leer[9].

Das **Erfordernis der Nachhaltigkeit** findet sich auch in der Gesetzesbegründung[10]: 12

„Eine Fallgruppe umfasst Familienangehörige und nahestehende Personen von Deutschen, die ein Freizügigkeitsrecht aus einem gemeinsamen Aufenthalt mit dem Deutschen in einem anderen Mitgliedstaat erworben haben, weil ein Deutscher, von dem sie ihr Recht auf Freizügigkeit ableiten, nach Artikel 21 des Vertrages über die Arbeitsweise der Europäischen Union von seinem eigenen Freizügigkeitsrecht in dem anderen Mitgliedstaat nachhaltig Gebrauch gemacht hat oder von seinem Freizügigkeitsrecht durch einen Umzug nach Deutschland Gebrauch macht."

Unter Berücksichtigung wertender Gesichtspunkte vermag ein deutscher Staatsangehöriger nur bei 13
einer gewissen **Nachhaltigkeit** in Bezug auf das Gebrauchmachen von Freizügigkeit eine Rechtsstellung zu erlangen, die auch bei einer Rückkehr nach Deutschland fortwirkt[11]. Würde jegliche Form des Gebrauchmachens von dem Recht auf Freizügigkeit oder der Dienstleistungsfreiheit, sei es aus touristischen oder sonstigen Zwecken, zur Anwendbarkeit des Unionsrechts in Bezug auf drittstaatsangehörige Familienangehörige bei Rückkehr nach Deutschland führen, liefe das Recht der Nationalstaaten auf Regelung von Einreise und Aufenthalt im Falle des Ehegattennachzugs weitgehend leer[12].

Erforderlich ist daher – entgegen der von der Generalanwältin *Sharpston* in der Rechtssache Ruiz 14
Zambrano geäußerten Rechtsansicht[13] – eine bestimmte Qualität des Gebrauchmachens von den

---

[5] BVerwG, Urt. v. 16.11.2010 – 1 C 17/09.
[6] EuGH Urt. v. 12.3.2014 – C-456/12 Rn. 50 – O.
[7] EuGH Urt. v. 12.3.2014 – C-456/12 Rn. 50 – O.
[8] BVerwG Urt. v. 16.11.2010 – 1 C 17/09 Rn. 10; Urt. v. 22.6.2011 – 1 C 11.10 Rn 9.
[9] BVerwG, Urt. v. 16.11.2010 – 1 C 17/09 Rn. 10 ff.; Urt. v. 22.6.2011 – 1 C 11.10 Rn. 9.
[10] BT-Drs. 19/21750, S. 35.
[11] BVerwG Urt. v. 16.11.2010 – 1 C 17.09, NVwZ 2011, 495 Rn. 10 ff.; Urt. v. 22.6.2011 – 1 C 11.10, Rn. 9.
[12] Ebenso BVerwG Urt. v. 16.11.2010 – 1 C 17.09, NVwZ 2011, 495 Rn. 10 ff.; Urt. v. 22.6.2011 – 1 C 11.10, Rn. 9; VGH BW Beschl. v. 30.3.2009 – 13 S 389/06; Beschl. v. 8.7.2008 – 11 S 1041/08; Beschl. v. 16.9.2009 – 13 S 1975/09; Beschl. v. 25.1.2010 – 11 S 2181/09; OVG NRW Beschl. v. 6.9.2009 – 18 B 1682/06; Beschl. v. 2.11.2009 – 18 B 1516/08; Beschl. v. 6.1.2011 – 18 B 1662/10; BayVGH Beschl. v. 23.12.2008 – 19 C 08.3068; Beschl. v. 18.5.2009 – 10 CS 09.853; Beschl. v. 17.9.2009 – CS 09.1926; Beschl. v. 29.9.2009 – CS 09.1405; Beschl. v. 12.1.2010 – 10 CS 2705; OVG MV Beschl. v. 22.7.2009 – 2 M 93/09; OVG Bln-Bbg Beschl. v. 16.7.2009 – 2 B 19.08; Beschl. v. 20.11.2009 – 3 M 80.08; HessVGH Beschl. v. 22.1.2010 – 3 B 2948/09; NdsOVG Beschl. v. 28.8.2008 – 13 ME 131/08, Beschl. v. 1.3.2010 – 1 M 3/10; Beschl. v. 19.10.2010 – 8 ME 221/10; OVG Brem Beschl. v. 26.6.2009 – 1 B 552/08; Beschl. v. 26.4.2010 – 1 B 50/10; Beschl. v. 1.7.2010 – 1 B 127/10; VG Darmstadt Beschl. v. 23.10.2009 – 5 L 557/09.DA (2); VG Düsseldorf Beschl. v. 10.9.2009 – 27 L 2043/08; aA *Oberhäuser* NVwZ 2012, 25 (26 ff.); *Hofmann* ANA-ZAR 2011, 10; ausf. zu dieser Problematik *Winkelmann*, MNet-Beiträge, Dänemarkehe, www.migrationsrecht.net/cat_view/350-beitraege-und-vortragsunterlagen/584-beitraege.html.
[13] Großzügiger ist Generalanwältin *Sharpston*, die in ihren Schlussanträgen v. 30.9.2010 (C-34/09 Rn. 82 ff. – Ruiz Zambrano) zahlreiche Bsp. dafür angeführt hat, wann von einem Gebrauchmachen von Grundfreiheiten auszugehen sein kann, ua durch einen Tagesausflug in einen oder ein bis zwei Übernachtungen in einem anderen Mitgliedstaat, also genau in den Fallkonstellationen, die die „Dänemarkehe" kennzeichnen; hierzu *Oberhäuser* NVwZ 2012, 25 (27) und *Hofmann* ANA-ZAR 2011, 10.

Unionsbürgerrechten. **Aus Gründen des effet utile wird es keine feste zeitliche Grenze für die Nachhaltigkeit geben können.** Verlagert ein deutscher Staatsangehöriger mit seinem drittstaatsangehörigen Familienangehörigen seinen Lebensmittelpunkt in einen anderen EU-Staat, so erlischt idR der Aufenthaltstitel des Ehegatten nach § 51 I Nr. 7 AufenthG. Scheitert die Auswanderung, so muss – unabhängig von der Dauer des Aufenthalts in dem anderen EU-Staat – eine Mitnahme der Freizügigkeit möglich sein. Andernfalls würde die Wanderungsfreiheit wegen der drohenden aufenthaltsrechtlichen Folgen für den drittstaatsangehörigen Ehegatten unzulässig erschwert.

15   **Kurzfristige Aufenthalte,** zB in Form eines Urlaubs oder einer Geschäftsreise in andere EU-Staaten, führen hingen nicht dazu, dass ein deutscher Staatsangehöriger den Freizügigkeitsstatus bei seiner Rückkehr in Deutschland beibehält und damit unionsrechtlichen Grundsätze auf den Familiennachzug anzuwenden sind[14]. Auch die in der Praxis häufig vorkommende **Einreise nach Dänemark zum Zwecke der Eheschließung** ist bei wertender Betrachtung nicht ausreichend, um einen unionsrechtlichen Sachverhalt zu begründen, bei dem der deutsche Staatsangehörige sich in Bezug auf den Familiennachzug auf Freizügigkeit berufen könnte[15]. Der Sachverhalt weist zwar einen unionsrechtlichen Bezug auf, da von dem Recht auf Freizügigkeit aus Art. 21 AEUV und durch die entgeltliche Entgegennahme von Transportleistungen, Verpflegung usw von der Dienstleistungsfreiheit des Art. 56 AEUV Gebrauch gemacht wurde. Dieser unionsrechtliche Bezug reicht zur Begründung eines unionsrechtlichen Status des deutschen Staatsangehörigen, der dem drittstaatsangehörigen Familienangehörigen Freizügigkeit vermitteln könnte, nicht aus.

16   Auch der EuGH erkennt das Erfordernis einer wertenden Betrachtung an, wenn er ausführt, dass die Vertragsbestimmungen über die Freizügigkeit nicht auf Tätigkeiten anwendbar sind, die keine Berührung mit irgendeinem der Sachverhalte aufweisen, auf die das Unionsrecht abstellt, und die mit „keinem relevanten Element" über die Grenzen eines Mitgliedstaats hinausweisen[16].

17   Diesen wertenden Ansatz verfolgt der EuGH auch bei der Konkretisierung der Grundfreiheiten. So hat er in Bezug auf die **Arbeitnehmerfreizügigkeit** nach Art. 45 AEUV die einschränkende Voraussetzung aufgestellt, dass als Arbeitnehmer nur angesehen werden kann, „wer eine tatsächliche und echte Tätigkeit ausübt, die nicht einen so geringen Umfang hat, dass es sich um völlig untergeordnete und unwesentliche Tätigkeiten handelt"[17]. Für das Gebrauchmachen von der **Dienstleistungsfreiheit vom Inland** aus hat der EuGH in der Rechtssache Carpenter einschränkend ausgeführt, dass der Unionsbürger „zu einem erheblichen Teil" Dienstleistungen gegen Entgelt in anderen Mitgliedstaaten erbracht haben muss[18].

18   Darüber hinaus spricht auch der **Schutzzweck,** den der EuGH mit seiner weiten Auslegung hinsichtlich **der Mitnahme des Freizügigkeitsstatus eines Inländers bei Rückkehr in das Heimatland** verfolgt, gegen die Einbeziehung kurzfristiger Aufenthalte, bei denen durch Inländer von der Dienstleistungsfreiheit in anderen Mitgliedstaaten Gebrauch gemacht wurde.

19   Der EuGH verfolgt mit seiner Rspr. das Ziel, Beschränkungen der Freizügigkeit entgegenzuwirken, die dadurch entstehen können, dass ein EU-Bürger von dem Gebrauchmachen der Freizügigkeit abgehalten wird, wenn die Aussicht besteht, zum Zeitpunkt der Rückkehr in den Herkunftsstaat ein möglicherweise im Herkunftsstaat begründetes familiäres Zusammenleben nicht ungehindert fortsetzen zu können[19]. Eine Einschränkung des Zusammenlebens oder eine Verschlechterung der Rechtsstellung des Ehegatten bei Rückkehr in den Herkunftsstaat ist geeignet, den EU-Bürger davon abzuschrecken, sich in den Aufnahmemitgliedstaat zu begeben, um dort etwa durch Aufnahme einer Beschäftigung im Lohn- oder Gehaltsverhältnis seiner Freizügigkeit nachzugehen.

---

[14] VG Darmstadt Beschl. v. 23.10.2009 – 5 L 557/09.DA (2); VG Düsseldorf Beschl. v. 10.9.2009 – 27 L 2043/08.

[15] Ebenso BVerwG Urt. v. 16.11.2010 – 1 C 17.09, NVwZ 2011, 495 Rn. 10 ff.; Urt. v. 22.6.2011 – 1 C 11.10, Rn. 9; VGH BW Beschl. v. 30.3.2009 – 13 S 389/06; Beschl. v. 8.7.2008 – 11 S 1041/08; Beschl. v. 16.9.2009 – 13 S 1975/09; Beschl. v. 25.1.2010 – 11 S 2181/09; OVG NRW Beschl. v. 6.9.2009 – 18 B 1682/06; Beschl. v. 2.11.2009 – 18 B 1516/08; Beschl. v. 6.1.2011 – 18 B 1662/10; BayVGH Beschl. v. 23.12.2008 – 19 C 08.3068, Beschl. v. 18.5.2009 – 10 CS 09.853; Beschl. v. 17.9.2009 – 10 CS 09.1926; Beschl. v. 29.9.2009 – 19 CS 09.1405; Beschl. v. 12.1.2010 – 10 CS 09.2705; OVG MV Beschl. v. 22.7.2009 – 2 M 93/09; OVG Bln-Bbg Beschl. v. 16.7.2009 – 2 B 19.08; Beschl. v. 20.11.2009 – 3 M 80.08; HessVGH Beschl. v. 22.1.2010 – 3 B 2948/09; NdsOVG Beschl. v. 28.8.2008 – 13 ME 131/08; Beschl. v. 1.3.2010 – 13 ME 3/10; Beschl. v. 19.10.2010 – 8 ME 221/10; OVG Brem Beschl. v. 26.6.2009 – 1 B 552/08; Beschl. v. 26.4.2010 – 1 B 50/10; Beschl. v. 1.7.2010 – 1 B 217/10; VG Darmstadt Beschl. v. 23.10.2009 – 5 L 557/09.DA (2); VG Düsseldorf Beschl. v. 10.9.2009 – 27 L 2043/08; aA *Oberhäuser* NVwZ 2012, 25 (26 ff.); *Hofmann* ANA-ZAR 2011, 10; ausf. zu dieser Problematik *Winkelmann*, MNet-Beiträge, Dänemarkehe, www.migrationsrecht.net/cat_view/350-beitraege-und-vortragsunterlagen/584-beitraege.html.

[16] EuGH Urt. v. 25.7.2008 – C-127/08 Rn. 77, NVwZ 2008, 1097 – Metock; Urt. v. 1.4.2008 – C-212/06 Rn. 33 – Gouvernement de la Communauté française und Gouvernement wallon.

[17] EuGH Urt. v. 30.6.2006 – C-10/05 Rn. 18 – Mattern; Urt. v. 3.7.1986 – 66/85, Slg. 1986, 2121 Rn. 17 – Lawrie-Blum; Urt. v. 26.2.1992 – C-3/90, Slg. 1992, I-1071 Rn. 14 – Bernini; Urt. v. 26.2.1992 – C-357/89, Slg. 1992, I-1027 Rn. 10 – Raulin.

[18] EuGH Urt. v. 11.7.2002 – C-60/00 Rn. 29 – Carpenter.

[19] S. hierzu VGH BW Beschl. v. 8.7.2008 – 11 S 1041/08, InfAuslR 2008, 444 mwN.

So hat der EuGH in der Rechtssache Eind[20] ausgeführt, dass ein Staatsangehöriger eines Mitglied- 20
staats davon abgeschreckt werden könnte, den Mitgliedstaat, dessen Staatsangehörigkeit er besitzt, zu
verlassen, um im Hoheitsgebiet eines anderen Mitgliedstaats eine Beschäftigung im Lohn- oder
Gehaltsverhältnis auszuüben, wenn nach seiner Rückkehr in seinen Herkunftsmitgliedstaat ein Zusammenleben mit seinen nahen Angehörigen nicht möglich wäre. Die Hindernisse für die Familienzusammenführung können daher das Recht auf Freizügigkeit beeinträchtigen, sodass die praktische
Wirksamkeit des Rechts auf Freizügigkeit dazu führt, die Rückkehr eines EU-Arbeitnehmers in den
Mitgliedstaat, dessen Staatsangehörigkeit er besitzt, nicht als rein inländischen Sachverhalt zu betrachten.

Die erwähnte **abschreckende Wirkung** tritt indes nicht in gleicher Weise ein, wenn ein Staats- 21
angehöriger eines Mitgliedstaats zur Entgegennahme von Dienstleistungen, etwa im Rahmen eines
touristischen Aufenthalts oder der Eheschließung, in einen anderen Mitgliedstaat reist. Denn der
Freizügigkeit im Rahmen der Dienstleistungsfreiheit ist die Rückkehr in den Herkunftsstaat nach
einem vorübergehenden Aufenthalt immanent. Die Dienstleistungserbringung ist mit keinem Daueraufenthalt verbunden, sondern erfolgt im Rahmen einzelner, grundsätzlich inhaltlich und zeitlich
begrenzter Tätigkeiten im Aufnahmeland. Hier besteht – anders als bei der Arbeitsaufnahme oder einer
auf Dauer angelegten Dienstleistungserbringung in einem anderen Mitgliedstaat – nicht in gleicher
Weise das Bedürfnis, die Rückkehr in den Heimatstaat durch Mitnahme der Freizügigkeitsrechtsstellung abzusichern.

Der EU-Bürger, der sich zu touristischen Zwecken, einer Geschäftsreise oder ähnlich kurzfristigen 22
Aufenthalten in einem anderen Mitgliedstaat aufhält, kann nicht auf eine Verbesserung seiner Rechtsstellung bei Rückkehr in sein Heimatland vertrauen. Er steht daher nicht zu erwarten, dass er davon
abgehalten würde, von seiner passiven Dienstleistungsfreiheit oder seiner Rechte aus Art. 21 AEUV
Gebrauch zu machen.

Der EuGH verlangt für das Entstehen einer mitnahmefähigen Rechtsstellung, dass die die Freizügig- 23
keit als Familienangehöriger eines Unionsbürgers „eine gewisse Zeit" angedauert hat[21].

Die geforderte Nachhaltigkeit des Zusammenlebens mit dem Unionsbürger wird anzunehmen sein, 24
wenn der EU-Bürger über einen Zeitraum von drei Monaten mit seinem drittstaatsangehörigen
Familienangehörigen in einem anderen Mitgliedstaat zusammengelebt hat. Erfasst werden Ehegatten
sowie Verwandte in gerader auf- und absteigender Linie ersten Grades (zB Kinder oder Eltern).

Kommt es seitens eines deutschen Staatsangehörigen durch nachhaltiges Gebrauchmachen von 25
Freizügigkeitsrechten zu einer Vermittlung von Rechten nach § 12a, so besteht diese Rechtsstellung
nicht vorbehaltlos. **Familienangehörige oder nahestehende Personen können über § 12a keine
weitergehenden Rechte ableiten als ein Unionsbürger, der in Deutschland von seiner Freizügigkeit Gebrauch gemacht hat.** Es ist daher zu prüfen, wie sich die Rechtslage darstellen würde,
wenn es sich nicht um einen deutschen Staatsangehörigen, sondern um einen Unionsbürger handeln
würde, der sich mit seinen Familienangehörigen oder nahestehenden Personen im Bundesgebiet
aufhält.

III. Personensorgeberechtigter drittstaatsangehöriger Elternteil eines minderjährigen Unionsbürgers

§ 12a verlangt ausdrücklich einen deutschen Staatsangehörigen als Bezugsperson. Über 26
die in den Art. 18 I AEUV und Art. 21 II GRCh normierten **Diskriminierungsverbote** kann der
Anwendungsbereich über deutsche Staatsangehörige auch auf nahe Angehörige von Unionbürgern
erweitert werden. Außerdem kommt Art. 24 I Freizügigkeits-RL zur Anwendung.

Die Diskriminierungsverbote aus Art. 18 AEUV und Art. 21 GRCh verändern den Anwendungs- 27
bereich des § 12a FreizügG/EU unmittelbar dahingehend, dass anstelle des Begriffs „von Deutschen"
die Formulierung „von Unionsbürgern" zu setzen ist.

Voraussetzung der Anwendbarkeit des Diskriminierungsverbots ist der rechtmäßige Aufenthalt des 28
EU-Bürgers im Bundesgebiet, wobei sich die Rechtmäßigkeit auch aus der Freizügigkeitsvermutung
ergeben kann.

Nach Auffassung des BVerwG schützt Art. 21 AEUV das Recht der Unionsbürger auf Freizügigkeit 29
und vermittelt nach der Rechtsprechung des EuGH Familienangehörigen eines freizügigkeitsberechtigten Unionsbürgers auch in bestimmten Fallkonstellationen, die nicht unmittelbar von der Freizügigkeits-RL erfasst werden, ein abgeleitetes Aufenthaltsrecht[22].

**Ein minderjähriger Unionsbürger, der von seiner Freizügigkeit nur mit Unterstützung 30
seines personensorgeberechtigten Elternteils oder einer nahestehenden Person Gebrauch
machen kann, kann diesen das Recht aus Art. 21 AEUV vermitteln, auch wenn kein**

---

[20] EuGH Urt. v. 11.12.2007 – C 291/05 Rn. 35 ff. – Eind.
[21] EuGH Urt. v. 12.3.2014 – C-456/12 Rn. 54 – O.
[22] BVerwG Urt. v. 23.9.2020 – 1 C 27.19.

Unterhalt von dem Unionsbürger geleistet wird und der Drittstaatsangehörige deshalb kein Familienangehöriger ist.

31 Der EuGH hat entschieden, dass auch Verwandte, die mangels Unterhaltsgewährung in aufsteigender Linie keine Familienangehörigen iSd § 1 II Nr. 3 lit. d (entspricht Art. 2 Nr. 2 lit. d Freizügigkeits-RL) sind, ein Aufenthaltsrecht als drittstaatsangehöriger Elternteil beanspruchen können, wenn sie tatsächlich für das Kind sorgen und dieses über die erforderlichen Mittel zum Lebensunterhalt iSv Art. 7 Abs. 1 lit. b Freizügigkeits-RL verfügt. Nur auf diese Weise kann verhindert werden, dass dem Aufenthaltsrecht des Unionsbürgers jede praktische Wirksamkeit genommen wird, da der Genuss des Aufenthaltsrechts durch ein Kleinkind voraussetzt, dass die für das Kind tatsächlich sorgende Person bei diesem aufhalten darf und dass es ihr demgemäß ermöglicht wird, während dieses Aufenthalts mit dem Kind zusammen im Aufnahmemitgliedstaat zu wohnen[23].

32 Beruft sich ein Drittstaatsangehöriger auf ein aus der Freizügigkeitsgarantie für Unionsbürger nach Art. 21 AEUV abgeleitetes Aufenthaltsrecht zur Führung eines normalen Familienlebens in einem anderen EU-Mitgliedstaat als dem, dessen Staatsangehörigkeit der Unionsbürger besitzt, **muss die Referenzperson, von der er das Recht ableitet (hier das Kind) im Aufnahmemitgliedstaat aus eigenem Recht freizügigkeitsberechtigt sein;** ein lediglich vom anderen Elternteil abgeleitetes Freizügigkeitsrecht des Kindes reicht hierfür nicht[24].

33 Erforderlich ist außerdem, dass ausreichende Mittel zur **Deckung des Lebensunterhalts** für den minderjährigen Unionsbürger und den Drittstaatsangehörigen vorhanden sind. Die Mittel können auch von einem Drittstaatsangehörigen stammen[25]. Dies erfordert die Prüfung, ob das Kind durch den tatsächlich sorgenden Elternteil über die erforderlichen Mittel verfügt[26].

34 Allein der Umstand, dass ein Elternteil illegal einer Beschäftigung nachgeht, führt aber nicht dazu, dass eine Sicherung des Lebensunterhalts abgelehnt werden kann[27].

35 Eine weitere Fallgruppe, die unter eine analoge Anwendung des § 12a fallen wird, ist die Unterstützung eines behinderten Unionsbürgers durch Familienangehörige oder nahestehende Personen. Auch in diesen Fällen ist der Unionsbürger nicht in der Lage, ohne Unterstützung durch einen Drittstaatsangehörigen von seiner Freizügigkeit Gebrauch zu machen.

36 Diese Fallgruppe hat zudem den Vorteil, dass der Lebensunterhalt des Unionsbürgers häufig durch eigene Mittel gesichert ist, sodass seine Freizügigkeit originär vorliegt und nicht erst durch finanzielle Leistungen der Betreuungsperson sichergestellt werden muss.

IV. Rechte deutscher Staatsbürger aufgrund der Unionsbürgerschaft im Inland

37 Der Gesetzgeber hat im Rahmen seiner Begründung der Änderung des FreizügG/EU klargestellt, dass § 12a nicht die Fallkonstellationen erfasst, in denen der EuGH Rechte aus Art. 20 AEUV abgeleitet hatte. Die Vorschrift ist insoweit auch keiner Analogie zugänglich, da es an einer planlosen Regelungslücke fehlt.

38 § 12a kann daher nicht auf die Fallkonstellationen erstreckt werden, in denen das Freizügigkeitsrecht nicht ausgeübt wurde, einem deutschen Staatsangehörigen aber nach der Rechtsprechung des EuGH ein aus Art. 20 AEUV abgeleitetes unionsrechtliches Aufenthaltsrecht sui generis zusteht[28].

39 Nach der Rspr. des EuGH verleiht Art. 20 AEUV jeder Person, die die Staatsangehörigkeit eines Mitgliedstaats besitzt, dh auch deutschen Staatsbürgern, den Status eines Unionsbürgers, der dazu bestimmt ist, der grundlegende Status der Angehörigen der Mitgliedstaaten zu sein[29].

40 Die Unionsbürgerschaft verleiht jedem Unionsbürger ein elementares, persönliches Recht, sich vorbehaltlich der im Vertrag vorgesehenen Beschränkungen und Bedingungen und der Maßnahmen zu ihrer Durchführung frei im Hoheitsgebiet der Mitgliedstaaten zu bewegen und aufzuhalten[30].

41 Vor diesem Hintergrund hat der EuGH entschieden, **dass Art. 20 AEUV nationalen Maßnahmen einschließlich Entscheidungen, mit denen Familienangehörige eines Unionsbürgers der Aufenthalt verweigert wird, entgegensteht, die bewirken, dass den Unionsbürgern der tatsächliche Genuss des Kernbestands der Rechte, die ihnen ihr Status verleiht, verwehrt wird**[31].

---

[23] EuGH Urt. v. 10.10.2013 – C-86/12 Rn. 24–29 – Alokpa und Moudoulou.
[24] BVerwG Urt. v. 23.9.2020 – 1 C 27.19.
[25] EuGH Urt. v. 30.6.2016 – C-115/15 Rn. 77 ff. – NA.
[26] EuGH Urt. v. 8.11.2012 – C-40/11 Rn. 68 – Iida.
[27] EuGH Urt. v. 2.10.2019 – C-93/18 – Bajratari.
[28] BT-Drs 19/21750, 36.
[29] EuGH Urt. v. 8.5.2018 – C-82/16 Rn. 47 – K. A. ua; Urt. v. 20.9.2001 – C-189/99 Rn. 31 – Grzelczyk, Urt. v. 8.3.2011 – C-34/09 Rn. 41 – Ruiz Zambrano; Urt. v. 13.9.2016 – C-165/14 Rn. 69 – Rendón Marín.
[30] EuGH Urt. v. 8.5.2018 – C-82/16 Rn. 48 – K. A. ua; Urt. v. 13.9.2016 – C-165/14 Rn. 70 – Rendón Marín.
[31] EuGH Urt. v. 8.5.2018 – C-82/16 Rn. 49 – K. A. ua; Urt. v. 8.3.2011 – C-34/09 Rn. 42 – Ruiz Zambrano; Urt. v. 6.12.2012 – C-356/11 und C-357/11 Rn. 45 – O ua; Urt. v. 10.5.2017 – C-133/15 Rn. 61 – Chavez-Vilchez ua.

Dabei verleihen die Vertragsbestimmungen über die Unionsbürgerschaft Drittstaatsangehörigen 42
keine eigenständigen Rechte. Die etwaigen Rechte, die die Vertragsbestimmungen über die Unionsbürgerschaft den Drittstaatsangehörigen verleihen, sind nämlich nicht deren eigene Rechte, sondern aus den Rechten des Unionsbürgers abgeleitete. Ihr Zweck und ihre Rechtfertigung beruhen auf der Feststellung, dass ihre Nichtanerkennung den Unionsbürger insbesondere in seiner Freizügigkeit beeinträchtigen könnte[32].

Ein möglicher unionsrechtlicher Anspruch aus Art. 20 AEUV auf Sicherung des Aufenthaltsrechts 43
ist kein nationaler Rechtsanspruch iSv § 39 AufenthV[33].

Nach der Rspr. des EuGH kann einem Drittstaatsangehörigen ein unionsrechtliches Aufenthalts- 44
recht sui generis zustehen, das aus Art. 20 AEUV abgeleitet wird. Dieses setzt voraus, dass ein vom Drittstaatsangehörigen abhängiger Unionsbürger ohne den gesicherten Aufenthalt des Drittstaatsangehörigen faktisch gezwungen wäre, das **Unionsgebiet als Ganzes zu verlassen,** und ihm dadurch der tatsächliche Genuss des Kernbestands seiner Rechte als Unionsbürger verwehrt wird[34].

Die Gewährung eines solchen Aufenthaltsrechts kann nach der Rechtsprechung des EuGH jedoch 45
nur „ausnahmsweise" oder bei „Vorliegen ganz besonderer Sachverhalte" erfolgen[35].

Verhindert werden soll nämlich nur eine Situation, in der der Unionsbürger für sich keine 46
andere Wahl sieht, als einem Drittstaatsangehörigen, von dem er rechtlich, wirtschaftlich
oder affektiv abhängig ist, bei der Ausreise zu folgen oder sich zu ihm ins Ausland zu
begeben und deshalb das Unionsgebiet als Ganzes zu verlassen[36].

Gegen eine rechtliche und wirtschaftliche Abhängigkeit spricht etwa die Tatsache, dass ein min- 47
derjähriger Unionsbürger mit einem sorgeberechtigten Elternteil zusammenlebt, der über ein Daueraufenthaltsrecht verfügt und berechtigt ist, einer Erwerbstätigkeit nachzugehen[37].

Allerdings ist es möglich, dass dessen ungeachtet eine so große affektive Abhängigkeit des Kindes 48
von dem nicht aufenthaltsberechtigten Elternteil besteht, dass sich das Kind zum Verlassen des Unionsgebiets gezwungen sähe, wenn dem Drittstaatsangehörige ein Aufenthaltsrecht verweigert würde. Einer solchen Feststellung muss die Berücksichtigung sämtlicher Umstände des Einzelfalls unter Berücksichtigung des Kindeswohls zugrunde liegen, insbesondere das Alter des Kindes, seine körperliche und emotionale Entwicklung, der Grad seiner affektiven Bindung sowohl zu dem Elternteil, der Unionsbürger ist, als auch zu dem Elternteil mit Drittstaatsangehörigkeit und das Risiko, das mit der Trennung von Letzterem für das innere Gleichgewicht des Kindes verbunden wäre[38].

Dabei ist auch die **Dauer einer zu erwartenden Trennung des Kindes** vom drittstaatsangehöri- 49
gen Elternteil zu berücksichtigen. Insoweit spielt eine Rolle, ob der Drittstaatsangehörige das Unionsgebiet – etwa zur Nachholung des Visumverfahrens – für unbestimmte Zeit oder aber nur für einen kurzen, verlässlich zu begrenzenden Zeitraum zu verlassen hat[39].

§ 13 Staatsangehörige der Beitrittsstaaten

Soweit nach Maßgabe des Beitrittsvertrages eines Mitgliedstaates zur Europäischen Union abweichende Regelungen anzuwenden sind, findet dieses Gesetz Anwendung, wenn die Beschäftigung durch die Bundesagentur für Arbeit nach § 284 Absatz 1 des Dritten Buches Sozialgesetzbuch genehmigt wurde.

Allgemeine Verwaltungsvorschrift
13 Zu § 13 – Staatsangehörige von Beitrittsstaaten
13.0 Die Unionsbürger aus den mit Wirkung zum 1. Mai 2004, 1. Januar 2007 sowie 1. Juli 2013 beigetretenen EU-Mitgliedstaaten werden aufenthaltsrechtlich ebenso behandelt, wie die Staatsangehörigen aus den bisherigen Mitgliedstaaten (EU-15). Auch im Falle des Beitritts neuer Mitgliedstaaten („Beitrittsstaaten") können die Beitrittsverträge und die Beitrittsakte grundsätzlich im Bereich der Arbeitnehmerfreizügigkeit unter bestimmten Voraussetzungen für einige Dienstleistungssektoren bis zur Herstellung der vollständigen Arbeitnehmerfreizügigkeit noch Übergangsregelungen vorsehen. Gemäß § 13 gelten für die Staatsangehörigen der Beitrittsstaaten besondere Bestimmungen im Hinblick auf die Aufnahme einer Erwerbstätigkeit.

---

[32] EuGH Urt. v. 8.5.2018 – C-82/16 Rn. 50 – K. A. ua; Urt. v. 10.5.2017 – C-133/15 Rn. 62 – Chavez-Vilchez ua.
[33] BVerwG Urt. v. 12.7.2018 – 1 C 16.17 Rn. 31 zu § 39 S. 1 Nr. 5 AufenthV.
[34] BVerwG Urt. v. 12.7.2018 – 1 C 16.17 Rn. 34 mwN.
[35] EuGH Urt. v. 15.11.2011 – C-256/11 Rn. 67 – Dereci; Urt. v. 8.11.2018 – C-40/11 Rn. 71 – Iida.
[36] BVerwG Urt. v. 12.7.2018 – 1 C 16.17 Rn. 35, EuGH Urt. v. 8.5.2018 – C-82/16 Rn. 52 – K. A. ua; Urt. v. 15.11.2011 – C-256/11 Rn. 65–67 – Dereci ua; Urt. v. 6.12.2012 – C-356/11 und C-357/11 Rn. 56 – O ua; Urt. v. 10.5.2017 – C-133/15 Rn. 69 – Chavez-Vilchez ua.
[37] BVerwG Urt. v. 12.7.2018 – 1 C 16.17 Rn. 35.
[38] BVerwG Urt. v. 12.7.2018 – 1 C 16.17 Rn. 35.
[39] BVerwG Urt. v. 12.7.2018 – 1 C 16.17 Rn. 35.

13.0.1 Es gilt ein flexibles, so genanntes „2 + 3 + 2-Modell". Danach können Arbeitsmarktzugang sowie Erbringung von Dienstleistungen mit entsandten Arbeitnehmern in bestimmten Sektoren (vgl. Nummer 13.3) nach nationalem oder bilateralem Recht geregelt und der Arbeitsmarktzugang für eine Übergangszeit von maximal sieben Jahre beschränkt werden:

13.0.1.1 – Während der ersten, zweijährigen Phase finden die nationalen oder bilateralen Regelungen an Stelle der unionsrechtlichen Arbeitnehmerfreizügigkeit bzw. Dienstleistungsfreiheit Anwendung.

13.0.1.2 – Im Anschluss daran können Mitgliedstaaten der EU-Kommission ausdrücklich mitteilen, dass sie für weitere drei Jahre (2. Phase) Beschränkungen des Arbeitsmarktzugangs vorsehen.

13.0.1.3 – In der dritten Phase können Mitgliedstaaten, die in der zweiten Phase ihre Beschränkungen beibehalten haben, im Fall schwerer Störungen des Arbeitsmarktes oder der Gefahr einer solchen Störung für weitere zwei Jahre nach Mitteilung an die EU-Kommission diese Regelungen weiter aufrecht erhalten.

13.1 Auswirkungen von Übergangsregelungen auf das Aufenthaltsrecht

13.1.1 Die Staatsangehörigen von Beitrittsstaaten benötigen als Unionsbürger zur Einreise kein Visum.

13.1.2 Ohne Einschränkung freizügigkeitsberechtigt sind Staatsangehörige aus Beitrittsstaaten, für die noch Übergangsregelungen im Bereich der Arbeitnehmerfreizügigkeit gelten, in folgenden Fällen – soweit die europarechtlichen Voraussetzungen vorliegen:

13.1.2.1 – niedergelassene selbständige Erwerbstätige,

13.1.2.2 – Arbeitnehmer, die als Mitarbeiter der Erbringer von Dienstleistungen außerhalb der Sektoren Baugewerbe einschließlich verwandter Wirtschaftszweige, Gebäude-, Inventar- und Verkehrsmittelreinigung sowie Innendekoration, tätig sind,

13.1.2.3 – selbständige Erbringer von Dienstleistungen aller Sektoren, soweit sie keine ausländischen Arbeitnehmer einsetzen,

13.1.2.4 – Empfänger von Dienstleistungen,

13.1.2.5 – nicht Erwerbstätige unter den Voraussetzungen des § 4,

13.1.2.6 – Familienangehörige von Unionsbürgern aus anderen Mitgliedstaaten, für die keine Übergangsregelungen gelten, unter den Voraussetzungen der §§ 3 und 4 sowie

13.1.2.7 – Daueraufenthaltsberechtigte.

13.1.3 Für Arbeitnehmer sowie Dienstleistungserbringer mit eigenen Mitarbeitern als Staatsangehörige der Beitrittsstaaten in den den Übergangsregelungen unterliegenden Sektoren gilt, dass sie nur nach Genehmigung durch die Bundesagentur für Arbeit eine Beschäftigung ausüben dürfen. Der Arbeitsmarktzugang, d. h. die Erteilung einer Arbeitsgenehmigung-EU durch die Bundesagentur für Arbeit, begründet in diesen Fällen die Anwendbarkeit des Freizügigkeitsgesetzes/EU in vollem Umfang.

13.2 Anwendung von Übergangsregelungen im Bereich der Arbeitnehmerfreizügigkeit

13.2.1 § 13 verweist auf § 284 SGB III, welcher die Arbeitsgenehmigungspflicht für neue Unionsbürger, die noch Übergangsregelungen unterliegen, festschreibt. Sie benötigen vor Aufnahme einer Beschäftigung eine Arbeitserlaubnis-EU bzw. Arbeitsberechtigung-EU.

13.2.2.1 Der Arbeitsmarktzugang für neue Unionsbürger wird ausschließlich von der Bundesagentur für Arbeit geprüft und abschließend beurteilt. Die Prüfung des Arbeitsmarktzugangs beruht auf den einschlägigen Vorschriften des SGB III und den hierzu zu erlassenen Verordnungen. Auf Grund des Günstigkeitsprinzips nach § 284 Absatz 6 SGB III finden das Aufenthaltsgesetz sowie die Verordnung über die Beschäftigung von Ausländerinnen und Ausländern (Beschäftigungsverordnung – BeschV) auf neue Unionsbürger entsprechende Anwendung, soweit sie gegenüber den zuvor genannten Vorschriften günstigere Regelungen enthalten.

13.2.2.2 Soweit ein Unionsbürger aus einem Beitrittsstaat während seines Voraufenthaltes bereits einen Aufenthaltstitel besaß, der zur Aufnahme einer Beschäftigung berechtigte (z. B. nicht deutscher Ehegatte eines Deutschen, Inhaber einer Niederlassungserlaubnis), bleibt die Berechtigung zur Aufnahme der Beschäftigung bestehen. Ein Unionsbürger aus einem Beitrittsstaat, der Freizügigkeit genießt, aber gleichzeitig die Voraussetzungen für die Erteilung eines Aufenthaltstitels nach dem Aufenthaltsgesetz erfüllt, der zur Aufnahme einer Erwerbstätigkeit berechtigt, soll auf die Antragstellung nach der für ihn günstigeren Rechtsgrundlage hingewiesen werden. Gleiches gilt für den Unionsbürger aus einem Beitrittsstaat, der Familienangehöriger eines „Alt"-Unionsbürgers ist.

13.2.3 Der Hinweis auf die Arbeitsgenehmigungspflicht ist in die Aufenthaltskarte für drittstaatsangehörige Familienangehörige, die ihr Recht von einem Staatsangehörigen der Beitrittsstaaten i. S. d. § 13 ableiten, aufzunehmen (vgl. Nummer 5.1.5).

13.2.4 Die Bundesagentur für Arbeit ist grundsätzlich erste Anlaufstelle für neue Unionsbürger, die eine arbeitsgenehmigungspflichtige Beschäftigung ausüben wollen.

13.3 Anwendung von Übergangsregelungen im Bereich der Dienstleistungsfreiheit

In einem Beitrittsstaat niedergelassene Unternehmen können ihre Mitarbeiter, die die Staatsangehörigkeit des Beitrittsstaats besitzen, zu grenzüberschreitenden Dienstleistungen der Sektoren Baugewerbe einschließlich verwandter Wirtschaftszweige, Gebäude-, Inventar- und Verkehrsmittelreinigung sowie Innendekoration nur in den Grenzen des geltenden deutschen Arbeitsgenehmigungsrechts und der bilateralen Vereinbarungen, insbesondere der Werkvertragsarbeitnehmerabkommen, einsetzen. Im Rahmen von Dienstleistungserbringungen in Wirtschaftsbereichen, für die die Übergangsregelungen keine Anwendung finden, können in einem Beitrittsstaat niedergelassene Unternehmen ihre Mitarbeiter ohne arbeitsgenehmigungsrechtliche Einschränkungen vorübergehend entsenden.

Übersicht

	Rn.
I. Entstehungsgeschichte	1
II. Allgemeines	2
III. Aufbau und Struktur der Beitrittsverträge	7
IV. Geltung des EU-Rechts und völkerrechtlicher Abkommen für die Beitrittsstaaten	14
V. Beschränkungen für Arbeitnehmer und Dienstleistungserbringer	23

Staatsangehörige der Beitrittsstaaten § 13 FreizügG/EU 2

Rn.
VI. Zugang zum Arbeitsmarkt während der Übergangsphase 36
VII. Ausländerrechtliche Rechtsstellung während der Übergangsphase 40
VIII. Rechtsstellung von Familienangehörigen 66
IX. Rechtsstellung von Werkvertragsarbeitnehmern 81

I. Entstehungsgeschichte

Die Vorschrift war in dem **Gesetzesentwurf**[1] noch nicht enthalten. Sie wurde erst aufgrund des 1
Vermittlungsverfahrens[2] **eingefügt**. Die Regelung wurde nach jeder Erweiterung auf die neuen
Beitrittsstaaten, die nicht unmittelbar Freizügigkeit erlangten, geändert. Die aktuelle Fassung erhielt
die Vorschrift durch eine Neufassung durch Art. 6 des Gesetzes zur Änderung des Zwölften Buches
Sozialgesetzbuch und weiterer Vorschriften[3].

II. Allgemeines

Die Regelung findet zurzeit auf keinen der Beitrittsstaaten mehr Anwendung, da auch für 2
die zuletzt beigetretenen Mitgliedstaaten Bulgarien, Rumänien und Kroatien, die Übergangsregelungen ausgelaufen sind.
Die Mitgliedstaaten der EU und die Kandidaten für eine Mitgliedschaft vereinbarten in Kopenhagen 3
ein Gesamtpaket, mit dem der Beitritt der neuen Mitglieder zur Union umfassend geregelt wurde.
Der Beitrittsvertrag 2003 wurde am 16.4.2003 in Athen unterzeichnet[4] und die neuen Mitgliedstaaten sind
zum **1.5.2004** beigetreten. Die Ratifizierung erfolgte in allen Beitrittsländern (mit Ausnahme von
Zypern) nach Volksabstimmungen, die in **Malta** (8.3.2003), **Slowenien** (23.3.2003), **Ungarn**
(12.4.2003), **Litauen** (10./11.5.2003), der **Slowakei** (16./17.5.2003), **Polen** (7./8.6.2003), der
Tschechischen Republik (13./14.6.2003), **Estland** (14.9.2003) und **Lettland** (20.9.2003) mit
positivem Ausgang durchgeführt wurden.
Für **Bulgarien und Rumänien** trat der Beitrittsvertrag 2005[5] mit allen seinen Vertragsbestandteilen 4
am **1.1.2007** in Kraft.
Die letzte Erweiterung erfolgte 2011 mit dem Beitritt **Kroatiens** zur EU[6]. Dieser Vertrag ist zum 5
1.7.2013 wirksam geworden.
Die **Freizügigkeit der Arbeitnehmer** als fundamentaler Aspekt des freien Personenverkehrs und 6
des Binnenmarkts konnte für Arbeitnehmer, die nach der Erweiterung der EU am 1.5.2004, 1.1.2007
und 1.7.2013 aus den neuen Mitgliedstaaten kommen bzw. sich in diese begeben, beschränkt werden.
Während der ersten Erweiterungsverhandlungen äußerten die Länder, die bereits vor dem 1.5.2004
Mitgliedstaaten der EU (EU-15) waren, die Befürchtung, es könne nach der Erweiterung zu einer
massiven Zuwanderung von Arbeitnehmern aus den neuen Mitgliedstaaten kommen. Die Beitrittsverträge trugen dieser Besorgnis dadurch Rechnung, dass sie für die Freizügigkeit der Arbeitnehmer
innerhalb der erweiterten Union eine Übergangsregelung vorsahen.

III. Aufbau und Struktur der Beitrittsverträge

Die Gestaltung der beiden Beitrittsverträge, mit denen die EU-Ost-Erweiterung insgesamt geregelt 7
wird, entspricht der sich iRd vorangegangenen EU-Erweiterungen herausgebildeten einheitlichen
Struktur. Die Beitrittsverträge sind in mehrere Vertragsurkunden aufgegliedert:
– den Beitrittsvertrag ieS
– die Beitrittsakte
– die Anhänge I–XVIII und
– die Protokolle 1–10 (nur Beitrittsvertrag 2004).

Der **Beitrittsvertrag** regelt neben dem Beitritt als solchem (Art. 1) das Inkrafttreten des Vertrags 8
(Art. 2) sowie die Vertragssprachen (Art. 3). Hinsichtlich der Einzelheiten der Aufnahmebedingungen
und die aufgrund der Aufnahme erforderlichen Anpassungen der Union begründenden Verträge
wird auf die Beitrittsakte verwiesen. Dabei bestimmt Art. 1 II 2 des Beitrittsvertrags 2003, dass die
Bestimmungen der Beitrittsakte Bestandteil des Beitrittsvertrags sind. Zentrale Vorschrift für die Ausgestaltung des Beitritts Bulgariens und Rumäniens ist – nach dem Scheitern der EU-Verfassung – der
Art. 2 II im Beitrittsvertrag 2006, in dem festgelegt wird, dass die Aufnahmebedingungen und die
aufgrund der Aufnahme erforderlichen Anpassungen der Verträge, auf denen die Union beruht, in der
dem Beitrittsvertrag beigefügten Akte festgelegt sind; „sie gelten ab dem Tag des Beitritts bis zum Tag

---
[1] BT-Drs. 15/3479.
[2] BT-Drs. 15/3479, 14.
[3] G. v. 21.12.2015, BGBl. I S. 2557; Geltung ab 1.1.2016.
[4] ABl. 2003 L 236, 33, BGBl. 2003 II S. 1408.
[5] ABl. 2005 L 157, 11, BGBl. 2006 II S. 1146.
[6] ABl. 2012 L 112, 6.

des Inkrafttretens des Vertrags über eine Verfassung für Europa. Die Bestimmungen der Akte sind Bestandteil dieses Vertrags."

9   Die **Beitrittsakte** mit ihren Anhängen (und Protokollen) enthält die vertraglich vereinbarten materiellen Anpassungen und Änderungen des Unionsrechts. Sie genießt als integraler Bestandteil des Beitrittsvertrags als Primärrecht den gleichen Rang wie die Gründungsverträge selbst. Soweit durch die Beitrittsakte primäres Unionsrecht verändert wird, so ändert sie entgegenstehendes Primärrecht als lex posterior, Sekundärrecht hingegen als lex superior ab.

10 Die Beitrittsakte gliedert sich wie auch die Beitrittsakte der vorangegangenen EU-Erweiterungen in fünf Abschnitte:
– Grundsätze
– Anpassung der Verträge
– ständige Bestimmungen
– Bestimmungen mit begrenzter Geltungsdauer und
– Bestimmungen über die Durchführung dieser Akte.

11 Die **Beitrittsakte ist als Teil des Beitrittsvertrags** eng mit dem bestehenden Primärrecht verzahnt, mit der Folge, dass die Bestimmungen der Beitrittsakte unter Berücksichtigung der Grundlagen und des Systems der EU, wie sie in den Verträgen niedergelegt worden sind, ausgelegt werden müssen. Die Beitrittsakte bestimmt wiederum ausweislich der Bestimmung des Art. 60 Beitrittsakte 2003 bzw. Art. 59 Beitrittsakte 2006, dass die Anhänge I–XVIII, die Anlagen dazu und die Protokolle 1–10, die der Beitrittsakte beigefügt sind, Bestandteil der Akte sind.

12 Die **Protokolle,** die über Art. 60 der Beitrittsakte in den Beitrittsvertrag 2003 einbezogen werden, sind verbindliche Nebenurkunden des Beitrittsvertrags. Ihnen kommt als integraler Bestandteil des Beitrittsvertrags daher gleichfalls der Rang von Primärrechten zu. Der Beitrittsvertrag 2006 enthält keine Protokolle.

13 Teil des Beitrittsvertrags werden jedoch nicht die **gemeinsamen oder einseitigen Erklärungen,** die in der Schlussakte den Verträgen beigefügt wurden. Sie sind kein Vertragsbestandteil, können jedoch nach Art. 31 II WVRK[7] zur Auslegung des Beitrittsvertrags herangezogen werden. Diese gemeinsamen oder einseitigen Absichts- und Interpretationserklärungen können daher als zusätzliches Interpretationsmittel dienen.

IV. Geltung des EU-Rechts und völkerrechtlicher Abkommen für die Beitrittsstaaten

14 Die Rechtsstellung der Staatsangehörigen der Beitrittsstaaten wird von dem Beitrittsvertrag nur insoweit geregelt, als die Aufnahmebedingungen und die aufgrund der Aufnahme erforderlichen Anpassungen der die Union begründenden Verträge in der dem Beitrittsvertrag beigefügten Akte festgelegt sind. Die Beitrittsakte wiederum bestimmt, dass ab dem Tag des Beitritts die ursprünglichen Verträge und die vor dem Beitritt erlassenen Rechtsakte der Organe und der Europäischen Zentralbank für die neuen Mitgliedstaaten verbindlich sind und in diesen Staaten nach Maßgabe der genannten Verträge und der Beitrittsakte gelten.

15 **Damit wird grundsätzlich das gesamte Unionsrecht mit dem Beitritt auch in den neuen Mitgliedstaaten anwendbar, soweit keine Ausnahmen in dem Beitrittsvertrag selbst bzw. den ihn bildenden Vertragsurkunden enthalten sind**[8].

16 Abweichungen von den Bestimmungen des Unionsrechts sind daher ausschließlich zulässig, wenn die Beitrittsakte entsprechende Regelungen ausdrücklich vorsieht. Außerdem darf die Abweichung vom Grundsatz der Einheitlichkeit des Unionsrechts innerhalb der Union nur temporär zugelassen werden. Insoweit regelt die Beitrittsakte, dass für die Anwendung der ursprünglichen Verträge und der Rechtsakte der Organe vorübergehend die in dieser Akte vorgesehenen abweichenden Bestimmungen gelten. Mit der Wirksamkeit des Beitritts wird daher das gesamte primäre und sekundäre Unionsrecht unmittelbar anwendbar, soweit nicht ausnahmsweise in den Beitrittsverträgen einschränkende, zeitlich befristete Übergangsregelungen enthalten sind.

---

[7] Wiener Übereinkommen über das Recht der Verträge – Wiener Vertragsrechtskonvention – v. 23.5.1969.
[8] EuGH Urt. v. 28.6.1977 – 11/77, Slg. 1977, 1199 Rn. 14, 15 – Patrick; EuGH Urt. v. 8.4.1976 – 43/75, Slg. 1976, 455 Rn. 59 – Defrenne; EuGH Urt. v. 9.12.1982 – 258/81, Slg. 1982, 4261 Rn. 8 – Metallurgiki Halyps, wo ausdrücklich ausgeführt wird, dass sich aus der Regelung des Art. 2 der Beitrittsakte, wonach vom Zeitpunkt des Beitritts die ursprünglichen Verträge und die rechtsstaatlichen Organe der Gemeinschaften für die Republik Griechenland verbindlich sind und in diesem Staat in Übereinstimmung mit den genannten Verträgen und diese Akte gelten sowie Art. 9 I der Beitrittsakte, die bestimmte, dass für die Anwendung der ursprünglichen Verträge und der Rechtsakte der Organe vorübergehend die in dieser Akte vorgesehenen abweichenden Bestimmungen gelten, der Schluss zu ziehen sei, „dass die Beitrittsakte auf dem Grundsatz der sofortigen vollständigen Anwendung der Bestimmungen des Unionsrechts auf die neuen Mitgliedstaaten beruht, wobei Abweichungen nur insoweit zulässig sind, als sie in den Übergangsbestimmungen ausdrücklich vorgesehen sind".

RL und Entscheidungen iSd Art. 228 AEUV und des Art. 161 des EAG-Vertrags gelten nach 17 Art. 53 S. 1 der Beitrittsakte 2003 bzw. Art. 52 S. 1 der Beitrittsakte 2006 vom Tag des Beitritts an als an die neuen Mitgliedstaaten gerichtet, sofern diese RL und Entscheidungen an alle derzeitigen Mitgliedstaaten gerichtet wurden. Außerdem bestimmt Art. 53 S. 2 der Beitrittsakte 2003 bzw. Art. 52 S. 2 der Beitrittsakte 2005, dass die neuen Mitgliedstaaten so behandelt werden, als wären ihnen diese RL und Entscheidungen zum Tag des Beitritts notifiziert worden.

Im Hinblick auf den an sich erforderlichen Transformationszeitraum regelt Art. 54 der Beitrittsakte 18 2003 bzw. Art. 53 der Beitrittsakte 2005, dass die neuen Mitgliedstaaten die erforderlichen Maßnahmen in Kraft setzen, um den RL und Entscheidungen iSd Art. 249 EG vom Tag des Beitritts an nachzukommen. Die Beitrittsstaaten werden verpflichtet, der Kommission diese Maßnahmen spätestens bis zum Tage ihres Beitritts oder gegebenenfalls innerhalb der in dieser Akte festgelegten Frist mitzuteilen. Soweit hierdurch Änderungen der Rechts- und Verwaltungsvorschriften erforderlich sind, sollen diese von den beiden Beitrittsstaaten gleichfalls – wenn nicht ausnahmsweise eine Übergangsfrist eingeräumt wird – bis zum Tag des Beitritts umgesetzt werden.

Neben der **unmittelbaren Anwendbarkeit des primären und sekundären Unionsrechts** führt 19 der Beitritt auch dazu, dass die neuen Mitgliedstaaten den gesamten unionsrechtlichen Besitzstand, den sog. **acquis communautaire,** übernehmen müssen. Damit wird nicht nur das Unionsrecht, sondern auch die rechtlich nicht oder weniger intensiv verfestigten Erklärungen, Übungen und Beschl. auf die neuen Beitrittsstaaten übertragen. Insoweit bestimmt Art. 5 der Beitrittsakte 2003 bzw. Art. 4 der Beitrittsakte 2005 gesondert die Übertragung der Bestimmungen des Schengen-Besitzstandes.

Der Beitrittsvertrag regelt auch die Auswirkungen auf die **völkerrechtlichen Beziehungen der** 20 **EU.** Verträge, die die EG mit Drittstaaten oder anderen internationalen Organisationen geschlossen hat, gelten für die Union in ihrem jeweiligen Bestand mit der Folge, dass die neuen Mitgliedstaaten unmittelbar Vertragspartner dieser Verträge werden. Die Drittstaaten haben damit mit dem Beitritt unmittelbar Rechte und Pflichten gegenüber der erweiterten Union, ohne dass hierfür eine Vertragsänderung in Form eines Anpassungsvertrags vorgenommen werden müsste[9].

Diese Bindungswirkung, die sich unmittelbar aus Art. 218 VII AEUV ergibt, wird in den jeweiligen 21 Beitrittsakten im Einzelnen noch einmal festgestellt. Eine Durchbrechung der unmittelbaren Anwendbarkeit der völkerrechtlichen Verträge der EG auf die neuen Beitrittsstaaten ergibt sich jedoch für sog. **gemischte Verträge,** bei denen sowohl die Mitgliedstaaten selbst als auch die Union Vertragspartner sind. Zwar erfasst auch insoweit Art. 218 VII AEUV die neuen Mitgliedstaaten, soweit die EG selbst Vertragspartner ist, jedoch kann zur vollen Anwendung des Vertrags im Hinblick auf beschränkte Kompetenzen der EU der Beitritt des jeweiligen Mitgliedstaates erforderlich sein.

Nach der Systematik der Beitrittsakten treten die neuen Mitgliedstaaten daher nur unmittelbar in 22 solche völkerrechtlichen Verträge ein, die die EU allein geschlossen hat. Bei gemischten Abkommen hingegen erlangen die neuen Mitgliedstaaten die gleichen Rechte und Pflichten wie die derzeitigen Mitgliedstaaten erst durch einen Beitritt zu den Abkommen Die Verpflichtung, den entsprechenden Abkommen beizutreten, gilt dabei aufgrund der Beitrittsakten nur gegenüber den derzeitigen Mitgliedstaaten, da den Vertragspartnern der gemischten Abkommen nicht ohne Weiteres eine weitere Vertragspartei aufgezwungen werden kann[10].

V. Beschränkungen für Arbeitnehmer und Dienstleistungserbringer

Seit dem Beitritt sind die Staatsangehörigen der neuen EU-Staaten ungeachtet der Übergangsrege- 23 lungen Unionsbürger und nehmen grundsätzlich an allen Rechten und Verpflichtungen teil. Sie genießen damit nach **Art. 21 AEUV** und dem einschlägigen Sekundärrecht allein aufgrund ihrer Staatsangehörigkeit in gleicher Weise wie die Staatsangehörigen der „alten" Mitgliedstaaten **Freizügigkeit** im gesamten Hoheitsgebiet der EU-Staaten[11].

Die Übergangsbestimmungen in den Beitrittsakten 2003 und 2005 beschränken diese Freizügigkeit 24 partiell innerhalb ihres Geltungsbereichs. **Soweit diese Beschränkungen nicht eingreifen, herrscht Freizügigkeit wie innerhalb des Kreises der früheren Mitgliedstaaten.** Auch insoweit gilt der Grundsatz, dass Ausnahmen restriktiv auszulegen sind[12]. Dies hat zur Folge, dass die bisherigen und die EU beitretenden Mitgliedstaaten zwar berechtigt sind, bereits bestehende Einschränkungen beizubehalten, jedoch während der Übergangszeit gegenüber den jeweiligen anderen Staatsangehörigen keinesfalls die Voraussetzungen für den Zugang zu einer Beschäftigung durch die Einführung neuer einschränkender Maßnahmen verschärfen dürfen[13].

Mit Ausnahme von Zypern und Malta enthalten die Anhänge zu den Beitrittsakten für die 25 **Beschränkung des Zugangs zum Arbeitsmarkt** für Arbeitnehmer gleichlautende Bestimmungen.

---

[9] *Meng* EU Art. 49 Rn. 83.
[10] Vgl. hierzu *Meng* EU Art. 49 Rn. 84.
[11] Dazu *Fehrenbacher* ZAR 2004, 240.
[12] EuGH Urt. v. 14.12.1989 – 3/87, Slg. 1989, 4439 Rn. 39 – Agegate Ltd.
[13] EuGH Urt. v. 23.3.1983 – 77/82, Slg. 1983, 1085 – Peskeloglou; EuGH Urt. v. 14.12.1989 – 3/87, Slg. 1989, 4439 Rn. 39 – Agegate Ltd.

Die Anhänge, die das stufenweise Heranwachsen in die Arbeitnehmerfreizügigkeit regeln, enthalten unmittelbar keine aufenthaltsrechtlichen Regelungen, sondern bestimmen, unter welchen Voraussetzungen ein Arbeitnehmer nach der EU-Erweiterung uneingeschränkt das Recht zum Arbeitsmarktzugang hat.

26 Dabei ist zunächst bedeutsam, dass **nur ein Teilbereich der Arbeitnehmerfreizügigkeit – nämlich die Bewegungsfreiheit auf dem Arbeitsmarkt nach Art. 1–6 VO 1612/68/EWG (jetzt Art. 1–6 VO 492/2011/EU) – nicht unmittelbar in Kraft tritt.** Die Rechte freizügigkeitsberechtigter Arbeitnehmer nach dem Titel II VO 492/2011, in Bezug auf Gleichbehandlung hinsichtlich der Beschäftigungs- und Arbeitsbedingungen, insbesondere im Hinblick auf Entlohnung, Kündigung und, falls der Arbeitnehmer arbeitslos geworden ist, im Hinblick auf berufliche Wiedereingliederung und Wiedereinstellung sowie die Gleichstellung bezüglich sozialer und steuerlicher Vergünstigungen (Art. 7 VO 492/2011/EU) und Ausübung der Beschäftigung, insbesondere hinsichtlich der Zugehörigkeit zu Gewerkschaften (Art. 8 VO 492/2011/EU) sowie dem Zugang zu Wohnraum (Art. 9 VO 492/2011/EU) werden hingegen bereits mit dem Beitritt uneingeschränkt gewährleistet.

27 Aus der Formulierung „weiter anwenden" in Nr. 2 des Abschnitts Freizügigkeit der jeweiligen Anhänge lässt sich indes nicht ableiten, dass jeder der derzeitigen Mitgliedstaaten die bestehenden Regelungen beibehalten müsste. Vielmehr bestimmt Nr. 12 des Abschnitts Freizügigkeit innerhalb der jeweiligen Anhänge die Mitgliedstaaten iRd einzelstaatlichen Rechtsvorschriften auch eine größere Freizügigkeit einführen können, als sie am Tag des Beitritts bestand, einschließlich des uneingeschränkten Zugangs zum Arbeitsmarkt. Durch diese Regelung wird den jeweiligen Mitgliedstaaten ein hohes Maß an flexibler Gestaltung des Arbeitsmarktzugangs gestattet, das lediglich durch die **Standstill-Klausel,** die einer Verschärfung der Zugangsvoraussetzungen zum Arbeitsmarkt entgegensteht, begrenzt wird.

28 In den beiden Mitgliedstaaten, die traditionell die meisten Bürger von Bewerberländern auf ihrem Arbeitsmarkt aufgenommen haben, Deutschland und Österreich, gilt das schrittweise Verfahren hinsichtlich des Zugangs zum Arbeitsmarkt auch für einige sehr spezielle Fälle, in denen Unternehmen aus den Beitrittsstaaten Arbeitnehmer schicken wollen, um einen Auftrag für sie zu erledigen, zB um ein Gebäude zu errichten. Hierbei handelt es sich zwar um die **Erbringung von Dienstleistungen,** sodass der Bereich nicht allein der Arbeitnehmerfreizügigkeit, sondern zugleich der uneingeschränkt gewährleisteten Dienstleistungsfreiheit zuzurechnen ist.

29 Eine Liste der Bereiche, für die diese sehr spezielle Beschränkung gilt, ist in Form einer Schutzklausel in den Beitrittsvertrag aufgenommen worden. Diese ermöglicht Deutschland und Österreich, tatsächliche oder drohende schwerwiegende Störungen in bestimmten empfindlichen Dienstleistungssektoren auf ihren Arbeitsmärkten zu begegnen, die sich in bestimmten Gebieten aus der länderübergreifenden Erbringung von Dienstleistungen iSd Art. 1 RL 96/71/EG ergeben könnten. Deutschland und Österreich können danach, solange sie gemäß den vorstehend festgelegten Übergangsbestimmungen nationalen Maßnahmen oder Maßnahmen aufgrund von bilateralen Vereinbarungen auf Arbeitnehmer der Beitrittsstaaten anwenden, von Art. 56 I AEUV abweichen, um die zeitweilige grenzüberschreitende Beschäftigung von Arbeitnehmern durch in den Beitrittsstaaten niedergelassene Unternehmen einzuschränken.

30 Folgende **Dienstleistungssektoren** können in Deutschland von der Abweichung betroffen sein: Baugewerbe, einschließlich verwandte Wirtschaftszweige, Reinigung von Gebäuden, Inventar und Verkehrsmitteln und Tätigkeiten von Innendekorateuren. Soweit die Liste hinsichtlich des Baugewerbes auf den Anhang zur RL 96/71/EG verweist, umfasst dies alle Bauarbeiten, die der Errichtung, der Instandsetzung, dem Umbau oder dem Abriss von Bauwerken dienen, insbesondere

1. Aushub
2. Erdarbeiten
3. Bauarbeiten ieS
4. Errichtung und Abbau von Fertigbauelementen
5. Einrichtung oder Ausstattung
6. Umbau
7. Renovierung
8. Reparatur
9. Abbauarbeiten
10. Abbrucharbeiten
11. Wartung
12. Instandhaltung (Maler- und Reinigungsarbeiten)
13. Sanierung

31 In den nicht eingeschränkten Dienstleistungsbereichen können jedoch Unternehmen aus den Beitrittsstaaten ihre Mitarbeiter im Rahmen der Dienstleistungsfreiheit ohne arbeitsgenehmigungsrechtliche Einschränkungen nach Deutschland entsenden (§ 284 I SGB III). Möglich ist dies ebenso für Drittausländer, die ordnungsgemäß und dauerhaft bei einem Unternehmen mit Sitz in einem EU-Staat beschäftigt sind.

Der Grund für die Aufnahme dieser Liste im Regelungszusammenhang mit der Arbeitnehmerfreizü- 32
gigkeit beruht auf der Rspr. des EuGH, dass sich ein Unternehmen auf die Dienstleistungsfreiheit
berufen kann, sofern es seine Arbeitnehmer in andere Mitgliedstaaten entsendet, ohne an die Beschränkungen der Arbeitnehmerfreizügigkeit durch die Übergangsbestimmungen gebunden zu sein[14].
Denn die Beschränkung der Arbeitnehmerfreizügigkeit erfasst nicht die nur kurzfristig **entsandten
Arbeitnehmer,** obwohl auch diese unter die Beschränkung der Arbeitnehmerfreizügigkeit fallen.

Grundsätzlich hat der unionsrechtliche Begriff des „Arbeitnehmers" einen weiten Inhalt und umfasst 33
alle Staatsangehörigen von Mitgliedstaaten, die auf dem Gebiet eines anderen Mitgliedstaats eine
tatsächliche und echte unselbstständige Erwerbstätigkeit ausüben. Ob das Unternehmen, in dessen
Dienst die Arbeit geleistet wird, in anderen Mitgliedstaaten tätig ist oder aber seinen Sitz in dem
Mitgliedstaat hat, in dem die Arbeit geleistet wird, spielt hierbei keine Rolle. In Übereinstimmung
hiermit heißt es in der 4. Begründungserwägung der VO 492/2011/EU (vormals VO 1612/68), dass
„allen Arbeitnehmern der Mitgliedstaaten (...) das Recht zuerkannt werden (muss), eine von ihnen
gewählte Tätigkeit innerhalb der Gemeinschaft auszuüben", und weiterhin in der 5. Begründungserwägung, dass „dieses Recht (...) gleichermaßen Dauerarbeitnehmern, Saisonarbeitern, Grenzarbeitnehmern oder Arbeitnehmern zu(steht), die ihre Tätigkeit im Zusammenhang mit einer Dienstleistung
ausüben". Die Vorschriften der VO 492/2011/EU sind daher zweifellos auch zum Schutz von
Arbeitnehmern eines Leistungserbringers bestimmt.

Nach dem Wortlaut der Übergangsregelung unter Nr. 13 kann nur der Einsatz von Arbeitnehmern 34
beschränkt werden, nicht aber die **Tätigkeit selbstständiger Handwerker,** die in keinem weisungsgebundenen Beschäftigungsverhältnis stehen. Der Betreiber eines kleinen Handwerksbetriebs mit Sitz
in den Beitrittsstaaten vermag daher trotz der Übergangsregelung auch in Deutschland oder Österreich
uneingeschränkt Dienstleistungen zu erbringen.

Weiterhin werden durch die Übergangsbestimmung nicht Arbeitnehmer erfasst, die einen uneinge- 35
schränkten Zugang zum Arbeitsmarkt aufgrund der Ausnahmeregelungen unter Nr. 2 des Abschnitts
Freizügigkeit in den Anhängen zur Beitrittsakte haben. Setzt ein Unternehmen mit Sitz in einem
Beitrittsstaat Arbeitnehmer in Deutschland oder Österreich ein, die uneingeschränkten Zugang zum
Arbeitsmarkt haben, so ist dieses aufgrund des klaren Wortlauts der Übergangsregelung möglich.

VI. Zugang zum Arbeitsmarkt während der Übergangsphase

Bürger aus Malta und Zypern besitzen bereits volle Arbeitnehmerfreizügigkeit. Sie benötigen 36
daher keine Arbeitsgenehmigung. Diese wird nur erteilt, um die Arbeitsaufnahme im Bundesgebiet zu
erleichtern, da nicht erwartet werden kann, dass Arbeitgeber die unterschiedlichen Rechtsstellungen der
Arbeitnehmer aus den Beitrittsstaaten kennen. Eine illegale Beschäftigung ist aber nicht möglich, da die
uneingeschränkte Freizügigkeit die Arbeitsaufnahme auch ohne Arbeitsgenehmigung erfasst. Die Arbeitsgenehmigung kann daher nach der Einreise eingeholt werden. Für die Einreise als solche besteht
Freizügigkeit, auch wenn die Einreise zum Zweck der Aufnahme einer Erwerbstätigkeit erfolgt.

Sonstige Bürger eines der neuen EU-Mitgliedstaaten dürfen grundsätzlich während der Über- 37
gangszeit eine unselbstständige Beschäftigung nur aufnehmen, wenn ihnen eine Arbeitserlaubnis-EU
(§ 284 SGB III) erteilt wurde, die vor Aufnahme der Beschäftigung bei der Agentur für Arbeit
einzuholen ist. Für die Erteilung der Arbeitserlaubnis-EU finden § 29 II–IV und VI AufenthG
Anwendung (§ 284 III SGB III). Die Ausländerbehörde erteilt dieser Personengruppe eine Freizügigkeitsbescheinigung mit dem Hinweis: „Arbeitsaufnahme nur nach vorheriger Zustimmung der Arbeitsverwaltung gestattet".

Sofern der Unionsbürger bereits **seit mindestens zwölf Monaten rechtmäßig zum Arbeits-** 38
markt zugelassen war – eine tatsächliche Beschäftigung ist nicht erforderlich – genießt er im
Bundesgebiet (nicht in anderen Mitgliedstaaten) Freizügigkeit. Auch ihm kann zur Klarstellung eine
Arbeitserlaubnis-EU ausgestellt werden, um unproblematisch freien Zugang zum Arbeitsmarkt in
Deutschland zu erhalten (§ 12a ArGV aF, § 284 V SGB III). Die Ausländerbehörde stellt grundsätzlich
eine Freizügigkeitsbescheinigung ohne weitere Zusätze aus.

Ist der Bürger aus einem neuen EU-Mitgliedstaat aufgrund einer Regelung des AufenthG zur 39
Arbeitsaufnahme berechtigt (zB Ehegatte eines Deutschen), so benötigt er keine Arbeitsgenehmigung.
Die Ausländerbehörde erteilt eine Freizügigkeitsbescheinigung mit dem Zusatz: „Erwerbstätigkeit
gestattet".

VII. Ausländerrechtliche Rechtsstellung während der Übergangsphase

Freizügigkeitsberechtigte können nach § 6 nur aus **Gründen der öffentlichen Ordnung, Sicher-** 40
heit und Gesundheit ihr Aufenthaltsrecht verlieren und abgeschoben werden. Der in dieser Bestimmung verankerte besondere Schutz der EU-Bürger findet auf die Staatsangehörigen der neuen
Beitrittsstaaten bereits in der Übergangsphase uneingeschränkte Anwendung.

---

[14] EuGH Urt. v. 27.3.1990 – C-11/89, Slg. I–1439 ff. – Rush Portugesa.

41 Die Staatsangehörigen aus den Beitrittsstaaten **Malta und Zypern** genießen bereits mit dem Beitritt volle Freizügigkeit, sodass auf sie das FreizügG/EU nach § 13 uneingeschränkt Anwendung findet. Gleiches für die übrigen Staatsangehörigen der Beitrittsstaaten, sofern sie von der Niederlassungsfreiheit, der Dienstleistungsfreiheit oder ihrem Einreise- und Aufenthaltsrecht Gebrauch machen oder ihnen ein uneingeschränkter Zugang zum Arbeitsmarkt infolge des EU-Beitritts eröffnet wird.

42 Alle anderen Staatsangehörigen genießen nur eingeschränkte Freizügigkeit, sodass das FreizügG/EU nach Maßgabe des § 13 Anwendung findet. Diese Regelung bewirkt eine eingeschränkte Anwendbarkeit des FreizügG/EU auf die Staatsangehörigen der neuen Beitrittsstaaten für die Übergangszeit, bis sie uneingeschränkte Freizügigkeit erlangen. Die Einschränkungen, die in Bezug auf die Anwendbarkeit des FreizügG/EU bis zur Erlangung voller Freizügigkeit zu beachten sind, beschränken sich im Wesentlichen auf Fälle der Erteilung einer Freizügigkeitsbescheinigung für Arbeitnehmer und ihrer Familienangehörigen. **In Bezug auf die übrigen Bestimmungen des FreizügG/EU, insbesondere im Hinblick auf aufenthaltsbeendende Maßnahmen sowie Feststellungen nach § 6, findet das Gesetz daher bereits in der Übergangsphase auf Staatsangehörige der Beitrittsstaaten, die noch keine volle Freizügigkeit für sich in Anspruch nehmen können, uneingeschränkte Anwendung.**

43 Der Grund für die weitgehend uneingeschränkte Geltung des FreizügG/EU liegt in den unterschiedlichen Rechtsstellungen der Staatsangehörigen der Beitrittsstaaten begründet. Zum einen genießen sie als Unionsbürger Freizügigkeit und Bewegungsfreiheit (Art. 21 AEUV, Art. 6 Freizügigkeits-RL). Zum anderen kann der Arbeitsmarktzugang und damit die Freizügigkeit als Arbeitnehmer teilweise beschränkt werden. Da § 13 das FreizügG/EU nur in dem Bereich von einer Arbeitsgenehmigung nach § 284 I SGB III abhängig macht, in dem die Beitrittsverträge Beschränkungen enthalten, gilt das Gesetz für die anderen unbeschränkten Teile unmittelbar.

44 Da jede ausländerrechtliche Maßnahme sich an beiden Rechtsstellungen rechtlich messen lassen muss, ist eine **Aufenthaltsbeendigung nur unter den Voraussetzungen der §§ 6 und 7 möglich.** Dies verdeutlicht auch § 7 I 1, der davon spricht, dass „Unionsbürger" nur ausreisepflichtig sind, wenn die Ausländerbehörde festgestellt hat, dass das Recht auf Einreise und Aufenthalt nicht besteht. Da das FreizügG/EU zunächst von der bestehenden Freizügigkeit der Unionsbürger ausgeht, kann nur bei Vorliegen einer Feststellung nach §§ 6 oder 11 II eine Aufenthaltsbeendigung erfolgen.

45 **Sperrwirkung nach § 7 II 1 entfaltet aber nur eine Aufenthaltsbeendigung, die auf einer Verlustfeststellung nach § 6 I beruht.** Stellt die Ausländerbehörde das Nichtbestehen der Freizügigkeit nach § 11 II fest, so ist die Aufenthaltsbeendigung nicht nach dem AufenthG, sondern nur nach § 7 I möglich. Die Sperrwirkung nach § 11 I 1 AufenthG findet wegen der Spezialregelung in § 7 II keine Anwendung.

46 Vor dem EU-Beitritt wurde eine Vielzahl der Staatsangehörigen der neuen Mitgliedstaaten aus der Bundesrepublik Deutschland abgeschoben oder ausgewiesen. Überwiegend beruhte die Aufenthaltsbeendigung auf illegalem Aufenthalt und/oder illegaler Erwerbstätigkeit, die zu Ausweisungen auf der Grundlage der §§ 45, 46 Nr. 2 AuslG bzw. § 55 AufenthG geführt hatten. Folge dieser Ausweisungen und Abschiebungen war eine Wiedereinreisesperre nach § 11 I AufenthG (gegebenenfalls § 8 II 1 AuslG iVm § 102 AufenthG) sowie das Verbot, den Betroffenen vor der Befristung der Wirkung der Ausweisung und/oder Abschiebung eine Aufenthaltserlaubnis zu erteilen.

47 Die Einreisesperre und das Verbot der Erteilung einer Aufenthaltserlaubnis sind mit dem Beitritt entfallen. Die vor dem Beitritt getroffenen aufenthaltsbeendenden Maßnahmen wurden entsprechend der damals gültigen Rechtslage nicht unter Berücksichtigung unionsrechtlicher Anforderungen, sondern insbesondere aus generalpräventiven Gründen verfügt.

48 Infolge des Beitritts erlangen die Staatsangehörigen der neuen Beitrittsstaaten unmittelbar das Recht, in die anderen Mitgliedstaaten der EU einzureisen und sich dort aufzuhalten (§ 2 I Art. 5 Freizügigkeits-RL). Die Einreise wird nur von der Vorlage eines Reisepasses oder gültigen Personalausweises abhängig gemacht werden. In dieses Recht auf Einreise darf nach § 6 I nur aus Gründen der öffentlichen Ordnung, Sicherheit oder Gesundheit eingegriffen werden. Die Anforderungen an die Möglichkeit, das Recht auf Einreise aus Gründen der öffentlichen Sicherheit und Ordnung zu beschränken, werden dabei durch § 6, der die Art. 27 ff. Freizügigkeits-RL umsetzt, konkretisiert.

49 Unter Beachtung dieser Anforderungen sind **Zurückweisungen an der Grenze** nur dann zulässig, wenn gegenüber den Staatsangehörigen der Beitrittsstaats eine unionsrechtlich wirksame Ausweisungsverfügung erlassen worden wäre. In einem derartigen Fall sieht das Unionsrecht zugunsten des Betroffenen kein Recht auf Zugang zu diesem Hoheitsgebiet vor, bis seitens des Mitgliedstaates geprüft wurde, ob es weiterhin geboten ist, den EU-Bürger aus Gründen der öffentlichen Sicherheit und Ordnung vom eigenen Hoheitsgebiet fernzuhalten[15].

50 Diese Anforderungen werden von **Altausweisungen und Altabschiebungen** zwangsläufig nicht erfüllt, da die weitergehenden materiellen und verfahrensrechtlichen Anforderungen des Unionsrechts nicht zu beachten waren. Zwar mag es möglich sein, dass in einigen Fällen auch unter Berücksichtigung der unionsrechtlichen Anforderungen aufenthaltsbeendende Maßnahmen zulässig gewesen

---

[15] EuGH Urt. v. 18.5.1982 – 115 und 116/81, Slg. 1982, 1665 Rn. 12 – Adoui und Cornuaille.

wären, jedoch ändert dies nicht den tatsächlichen Charakter der Maßnahmen, die unter Außerachtlassung der strengen Anforderungen des EU-Recht ergangen sind.

Der Unterschied zu fehlerhaften Altausweisungen gegenüber Unionsbürgern, für die eine Sperrwirkung besteht, liegt darin begründet, dass bei den Altausweisungen gegenüber EU-Bürgern das Freizügigkeitsrecht zu beachten gewesen wäre. Der EU-Bürger hätte die Bestandskraft der fehlerhaften Ausweisung durch das Einlegen von Rechtsmitteln abwenden und auf diese Weise die Sperrwirkung beseitigen können. Diese Möglichkeit hatten Staatsangehörige aus den Beitrittsstaaten nicht. 51

Die Ausweisungen von Staatsangehörigen der Beitrittsstaaten können mangels ausreichender Tatsachengrundlage idR auch nicht rückwirkend von den Ausländerbehörden verfahrensfehlerfrei dahin gehend überprüft werden, ob der zur Ausweisung führende Lebenssachverhalt unter Beachtung des Unionsrechts eine Ausweisung des betroffenen Ausländers hätte rechtfertigen können. Im Rahmen eines Antrags auf Erteilung einer Aufenthaltsbescheinigung kann gegebenenfalls geprüft werden, ob die ergangene Ausweisung ein Fernhalten des Ausländers heute noch rechtfertigt. Sollte der der Ausweisung zugrunde liegende Sachverhalt so gewichtig sein, dass er eine Ausweisung unter Berücksichtigung der unionsrechtlichen Kriterien gebietet, so könnte unter Beteiligung des betroffenen Staatsangehörigen dessen persönliche Lebenssituation von Amts wegen ermittelt und iRe neuen Feststellungsverfahrens bewertet werden. 52

Zudem steht einer **hypothetischen Betrachtungsweise** der Umstand entgegen, dass in den Ausweisungsverfahren nach Unionsrecht spezielle verfahrensrechtliche Rechte zu berücksichtigen gewesen wären. 53

Kann nach den obigen Ausführungen die Einreisesperre nach § 11 I 1 AufenthG nicht zur Anwendung gelangen, so gilt Gleiches für den besonderen Versagungsgrund des § 11 I 2 AufenthG. 54

Im Rahmen der EU-Erweiterung können zwar Ausschreibungen nach Art. 95 SDÜ fortbestehen, jedoch müssen die Daten von Ausländern aus Drittstaaten, die nach Art. 96 I SDÜ zur Einreiseverweigerung ausgeschrieben wurden, gelöscht werden. Wie bereits der Wortlaut des Art. 96 I SDÜ verdeutlicht, findet die **Ausschreibung im SIS nur Ausländern aus Drittstaaten,** dh auf Personen Anwendung, die nicht Staatsangehörige eines der Mitgliedstaaten der EG sind.

Im Zuge des Beitritts wurden die Staatsangehörigen der neuen Mitgliedstaaten unmittelbar Staatsangehörige der EG mit der Folge, dass ihre Ausschreibung zur Einreiseverweigerung rechtswidrig geworden ist. Aus diesem Grund hat das BMI bereits mit Erlass vom 22.12.2003 (Az. M 2–125 731/0) den Landesinnenministerien und Senatsverwaltungen des Innern mitgeteilt, dass mit Wirkung von 1.5.2004 bzw. 1.1.2007 die generelle Löschung der eingestellten Ausschreibungen von Staatsangehörigen der mittel- und osteuropäischen Beitrittsstaaten veranlasst werde[16]. Die Löschung erfolgte zentral durch das BKA. 56

Wurden die nationalen Ausschreibungen sämtlicher EU-Bürger im SIS von Amts wegen gelöscht, so stellt sich die Frage, wie mit deren **drittstaatsangehörigen Familienmitgliedern** verfahren wird. Der Ausschreibung der drittstaatsangehörigen Familienmitglieder steht der Wortlaut des Art. 96 I SDÜ nicht entgegen, da die Familienangehörigen trotz bestehender Freizügigkeit infolge des EU-Beitritts weiterhin Ausländer aus Drittstaaten im Sinne der Legaldefinition des SDÜ bleiben. Gleichwohl werden Familienangehörige von EU-Bürgern vom personellen Geltungsbereich des SDÜ nicht erfasst, da sie ein Aufenthaltsrecht im Schengen-Gebiet haben und daher ein Fernhalten aus diesem Bereich von vornherein nicht möglich ist. 57

Anders als die neuen EU-Bürger können die drittstaatsangehörigen Familienmitglieder nicht ohne Weiteres im SIS herausgefiltert werden, so dass damit zu rechnen ist, dass diese Personengruppe weiterhin nach Art. 96 SDÜ im SIS zur Einreiseverweigerung ausgeschrieben sein wird. Sollte nach der EU-Erweiterung eine erfolgte Eintragung im SIS noch nicht gelöscht sein, so ist gegen die Ausschreibung Rechtsschutz eröffnet. Dabei kann auf den dem europäischen Datenschutzstandard entsprechenden Auskunfts-, Berichtigungs- und Löschungsanspruch (Art. 109, 110 SDÜ) zurückgegriffen werden[17]. 58

Für die Löschung und Berichtigung ist die ausschreibende Stelle zuständig. Wird der Antrag negativ beschieden, so besteht gemäß Art. 111 SDÜ das Recht, vor einem Gericht wegen einer seine Person betreffenden Ausschreibung insbesondere auf Berichtigung, Löschung, Auskunftserteilung oder Schadensersatz zu klagen[18]. 59

Neben der Ausschreibung zur Einreiseverweigerung im SIS sind auch Einreisesperren im AZR zu löschen. 60

Nach **Art. 21 I SDÜ** darf sich ein Drittausländer, der in einem Schengen-Staat mit einem nationalen Aufenthaltstitel lebt, bis zu drei Monate im gesamten Schengen-Gebiet bewegen, wenn er die Voraussetzungen des Art. 5 Ia, Ic, Id und Ie SGK erfüllt. Das Gleiche gilt nach Art. 21 II SDÜ für Drittausländer, die Inhaber eines von einer der Vertragsparteien ausgestellten vorläufigen Aufenthaltstitels und eines von dieser Vertragspartei ausgestellten Reisedokuments sind. 61

---

[16] S. I. des Erlasses des BMI v. 22.12.2003 (Az. M 2–125 731/0).
[17] Einzelheiten zu den Rechtsschutzfragen bei § 50 VII AufenthG.
[18] Einzelheiten zu den Rechtsschutzfragen bei § 50 VII AufenthG.

62 Ob das Einreise- und Aufenthaltsrecht nach Art. 21 SDÜ in Bezug auf nationale Aufenthaltstitel der Beitrittsstaaten gilt, ist umstritten[19]. Die Anlage I zu Art. 3 der Beitrittsakte 2003 enthält das „Verzeichnis der Bestimmungen (...) des Schengener Besitzstandes (...) die ab dem Beitritt für die neuen Mitgliedstaaten bindend und in ihnen anzuwenden sind (...)". Die enumerative Aufzählung der Bestimmungen des SDÜ unter Nr. 2 enthält die Regelung des Art. 21 SDÜ nicht. Damit gehört diese Bestimmung nicht zu den Vorschriften, die in den Beitrittsstaaten sofort anzuwenden sind.

63 Ist damit unzweifelhaft geregelt, dass Drittstaatsangehörige aus den bisherigen Schengen-Staaten in den Beitrittsstaaten kein Einreise- und Aufenthaltsrecht nach Art. 21 SDÜ für sich in Anspruch nehmen können, so **enthält der Beitrittsvertrag keine Aussage darüber, ob Art. 21 SDÜ in Bezug auf die Aufenthaltstitel der Beitrittsstaaten in den bisherigen Schengen-Staaten gilt.** Die Anwendung des Art. 21 SDÜ unterliegt dem Wortlaut der Übergangsregelungen nach keinen Einschränkungen in den bisherigen Schengen-Staaten. Aufgrund der Regelung des Art. 3 I der Beitrittsakte 2003 ist daher ab dem Tag des Beitritts Art. 21 SDÜ auf Drittstaatsangehörige der neuen Mitgliedstaaten, die sich in den bisherigen Schengen-Staaten aufhalten, anzuwenden.

64 Die Auffassung, die die Anwendbarkeit des Art. 21 SDÜ in den bisherigen Schengen-Staaten ausschließen will, weicht vom Wortlaut der Übergangsregelung ab. Dies verstößt gegen den Grundsatz, dass die Übergangsregelungen eng auszulegen sind. Wie der EuGH in mehreren Verfahren zu den Beitrittsakten Griechenlands, Spaniens und Portugals ausgeführt hat, sind die Bestimmungen im Hinblick auf den Auslegungsgrundsatz des effet utile restriktiv auszulegen[20] mit der Folge, dass Beschränkungen durch die Mitgliedstaaten entgegen dem klaren Wortlaut der Regelung nicht vorgenommen werden dürfen.

65 Auch darf die Erfüllung der Verpflichtungen aus dem EU-Recht nicht an die Bedingung der Gegenseitigkeit geknüpft werden[21]. Etwas anderes gilt nur, soweit das Erfordernis der Gegenseitigkeit ausdrücklich zugelassen wird. Derartige Regelungen finden sich insbesondere in den Abschnitten Freizügigkeit der Anhänge zu Art. 24 der Beitrittsakte 2003. So werden bspw. die neuen EU-Staaten – mit Ausnahme Zyperns und Malta – durch Nr. 13 ausdrücklich berechtigt, in dem Maße, wie Deutschland oder Österreich die Dienstleistungsfreiheit beschränken, nach Unterrichtung der Kommission gleichwertige Maßnahmen zu ergreifen.

VIII. Rechtsstellung von Familienangehörigen

66 Ebenso wie für Arbeitnehmer enthält Nr. 8 der Abschnitt Freizügigkeit in den Anhängen zur Beitrittsakte – mit Ausnahme der Anhänge, die Malta und Zypern betreffen – eine Übergangsregelung, die den Zugang von **Familienangehörigen zum Arbeitsmarkt** erfasst. Danach findet Art. 23 Freizügigkeits-RL, der Art. 11 VO/EWG 1612/68 zum 1.5.2004 ersetzt hat (Art. 38 III Freizügigkeits-RL), auf Staatsangehörige der derzeitigen Mitgliedstaaten in den neuen Beitrittsstaaten während der Übergangszeit nur unter folgenden Bedingungen Anwendung:

67 – Der Ehegatte eines Arbeitnehmers und die Verwandten des Arbeitnehmers und des Ehegatten in absteigender Linie, die das 21. Lebensjahr noch nicht vollendet haben oder denen von diesen Unterhalt gewährt wird und die am Tag des Beitritts bei dem Arbeitnehmer im Hoheitsgebiet eines Mitgliedstaates ihren rechtmäßigen Wohnsitz hatten, haben nach dem Beitritt sofortigen Zugang zum Arbeitsmarkt dieses Mitgliedstaates. Dies gilt nicht für die Familienangehörige eines Arbeitnehmers, der weniger als zwölf Monate rechtmäßig zu dem Arbeitsmarkt des betreffenden Mitgliedstaates zugelassen war.

68 – Der Ehegatte eines Arbeitnehmers und die Verwandten des Arbeitnehmers und des Ehegatten in absteigender Linie, die das 21. Lebensjahr noch nicht vollendet haben oder denen von diesen Unterhalt gewährt wird und die ab einem Zeitpunkt nach dem Beitritt, aber während des Zeitraums der Anwendung der genannten Übergangsregelungen bei dem Arbeitnehmer im Hoheitsgebiet eines Mitgliedstaats ihren rechtmäßigen Wohnsitz hatten, haben Zugang zum Arbeitsmarkt des betreffenden Mitgliedstaates, wenn sie mindestens 18 Monate in dem betreffenden Mitgliedstaat ihren Wohnsitz hatten oder ab dem dritten Jahr nach dem Beitritt, wenn dieser Zeitpunkt früher liegt.

69 **Günstigere nationale oder sich aus bilateralen Abkommen ergebende Maßnahmen bleiben von der Übergangsbestimmung unberührt.**

70 Der Art. 23 Freizügigkeits-RL bezieht sich nicht nur auf Familienangehörige eines Arbeitnehmers, sondern erfasst auch Familienangehörige von Selbstständigen, Dienstleistungserbringern usw. Damit

---

[19] Dafür *Westphal/Stoppa* InfAuslR 2004, 133 (138 f.); dagegen *Fehrenbacher* ZAR 2004, 22 (23) und BMI in Nachtrag zur Bund-Länder-Besprechung. am 4.2.2004 v. 7.4.2004, B.1.
[20] Beispielhaft EuGH Urt. v. 14.12.1989 – 3/87, Slg. 1989, 4439 Rn. 39 – Agegate Ltd.
[21] EuGH Urt. v. 15.10.2001 – C-405/01, Slg. 2003, Rn. 61 – Colegio de Oficiales de la Marina Mercante Española; Urt. v. 29.3.2001 – C-163/99, Slg. 2001, I-2613 Rn. 22 – Portugal/Kommission; Urt. v. 16.5.2002 – C 142/02, Slg. 2002, I-4541 Rn. 7 – Kommission/Italien; ebenso *Westphal/Stoppa* InfAuslR 2004, 133 (138 f.); aA *Fehrenbacher* ZAR 2004, 22 (23) sowie BMI in Nachtrag zur Bund-Länder-Besprechung. am 4.2.2004 v. 7.4.2004, B. 1.

scheint durch die Übergangsregelung unter Nr. 8 auch eine Beschränkung des Zugangs von Familienangehörigen von Selbstständigen im Hinblick auf die Ausübung einer unselbstständigen Erwerbstätigkeit erfolgt zu sein.

Insoweit stellt sich aber die Frage, ob die Übergangsregelung auch für diesen Personenkreis den Art. 23 Freizügigkeits-RL in seiner Anwendbarkeit beschränken wollte. Zweifel an einer derartigen Auslegung sind darin begründet, dass die Voraussetzungen für die Befreiung von der Beschränkung ausschließlich darauf abzielen, dass der Stammberechtigte, zu dem der Familiennachzug erfolgt ist, als Arbeitnehmer über einen längeren Zeitraum zum Arbeitsmarkt zugelassen war. Regelungen für den Nachzug zu Selbstständigen oder Dienstleistungserbringern werden durch die Ausnahmeregelung nicht getroffen, sodass Familienangehörige von Selbstständigen oder Dienstleistungserbringern so lange keinen uneingeschränkten Zugang zum Arbeitsmarkt hätten, solange die Art. 1–6 VO 492/2011/EU (vormals Art. 1–6 VO 1612/68) gem. der Übergangsregelungen ausgesetzt sind. 71

Für eine einschränkende Auslegung der Übergangsregelung spricht auch ein Vergleich mit den Regelungen der Beitrittsakte Spaniens und Portugals. Die Regelung des Art. 57 II der Beitrittsakte Spaniens – ebenso wie die gleichlautende Regelung für Portugal – erfasste nämlich die Familienangehörigen von Selbstständigen, indem sie bestimmte: „(2) Die in Absatz 1 vorgesehene Regelung gilt auch für Familienangehörige eines selbstständig Erwerbstätigen, die mit ihm in einem Mitgliedstaat wohnen." 72

Unter dem Abs. 2 der Bestimmungen in den Beitrittsakten Spaniens und Portugals wurde damit ausdrücklich geregelt, dass die Zugangsbeschränkung auch für Familienangehörige eines selbstständig Erwerbstätigen, die mit ihm in einem Mitgliedstaat wohnen, galt. Diese Bestimmung war auch insoweit schlüssig, als sie das Recht zum Zugang zum Arbeitsmarkt nicht von der Zulassung des Ehegatten als Arbeitnehmer zum Arbeitsmarkt, sondern ausschließlich von dem vorschriftsgemäßen Aufenthalt zum Zeitpunkt der Unterzeichnung oder nach diesem Zeitpunkt über eine bestimmte Zeitdauer hinaus abhängig gemacht hatte. 73

Aufgrund der Fixierung der Übergangsvorschriften auf die Dauer der Zulassung des Arbeitnehmers, zu dem der Zuzug erfolgen soll oder erfolgt ist, zum Arbeitsmarkt sowie die erkennbare Abweichung von früheren Fassungen der Übergangsregelung für Familienangehörige, lässt sich der Schluss ziehen, dass durch die Nr. 8 der Übergangsregelung die Regelung des Art. 23 Freizügigkeits-RL nicht für Familienangehörige von Selbstständigen oder Dienstleistungserbringern beschränkt werden sollte. 74

Die lückenhafte Regelung führt unmittelbar zu einer Besserstellung der Familienangehörigen von Selbstständigen und von Dienstleistungserbringern, da sich deren Recht zur Ausübung einer unselbstständigen Erwerbstätigkeit bereits am Tag des Beitritts unmittelbar nach Art. 11 VO/EWG 1612/68 bzw. ab dem 1.5.2005 nach Art. 23 Freizügigkeits-RL richtet. 75

Familienangehörige, die selbst Staatsangehörige eines Mitgliedstaats der EU sind, sind nicht nur unter den Voraussetzungen der Nr. 8 freizügigkeitsberechtigt, sondern auch, wenn sie die Voraussetzungen der Übergangsregelung für Arbeitnehmer unter Nr. 2 der Anhänge zu den Beitrittsakten erfüllen. Die ergänzende Anwendung der Übergangsregelung für Arbeitnehmer hat zur Folge, dass der uneingeschränkte Zugang zum Arbeitsmarkt auch vorliegt, wenn der Familienangehörige selbst über einen Zeitraum von mindestens zwölf Monaten ordnungsgemäß zum Arbeitsmarkt zugelassen war. 76

Mit dem Tatbestandsmerkmal des **rechtmäßigen Wohnsitzes** am Tag des Beitritts knüpft Nr. 8 der Übergangsregelung für Familienangehörige an einen rechtmäßigen Aufenthaltsstatus im Bundesgebiet an. 77

Die Übergangsregelungen enthalten, soweit sie die Freizügigkeit von Arbeitnehmern regeln, unter Nr. 14 eine Stand-Still-Klausel. Danach darf die Anwendung der Nr. 2–5 und 7–12 nicht zu Bedingungen für den Zugang von Staatsangehörigen der Beitrittsstaaten zu den Arbeitsmärkten der derzeitigen Mitgliedstaaten führen, die restriktiver sind als die zum Zeitpunkt der Unterzeichnung des Beitrittsvertrags geltenden Bedingungen. 78

Mit dieser **Stand-Still-Klausel** wird die Rechtsstellung der Staatsangehörigen der Beitrittsstaaten auch insoweit vor nachteiligen Änderungen durch den Beitrittsvertrag gesichert, als es den Arbeitsmarktzugang von Familienangehörigen betrifft, die durch das Europa-Abkommen begünstigt waren. Diese enthalten begünstigende Regelungen, wonach die rechtmäßig im Gebiet eines Mitgliedstaates wohnhaften Ehegatten und Kinder eines dort rechtmäßig beschäftigten Arbeitnehmers Zugang zum Arbeitsmarkt dieses Mitgliedstaates während der Geltungsdauer der Arbeitserlaubnis dieses Arbeitnehmers haben; Ausnahmen finden sich für Saisonarbeitnehmer und Werkvertragsarbeitnehmer. 79

Durch die Normen der Europa-Abkommen wird den Familienangehörigen, die sich rechtmäßig im jeweiligen Land aufhalten, ein Zugangsrecht zum Arbeitsmarkt vermittelt, welches unabhängig von der eigenen Dauer der Zugehörigkeit zum Arbeitsmarkt ist. Die den Familienangehörigen aufgrund der Europa-Abkommen eingeräumten Rechte auf Zugang zum Arbeitsmarkt sind auch unmittelbar anwendbar. Sie sind klar und eindeutig bestimmt und bedürfen zu ihrer Wirksamkeit keines ausführenden Aktes seitens der EU oder eines Mitgliedstaates. 80

IX. Rechtsstellung von Werkvertragsarbeitnehmern

81 Die Bundesrepublik Deutschland hat mit verschiedenen EU-Beitrittsstaaten Werkvertragsabkommen geschlossen, so mit Polen[22], Ungarn[23], der ehemaligen Tschechischen und Slowakischen Föderativen Republik[24], Rumänien[25] und Bulgarien[26] sowie mit Lettland[27]. Aufgrund dieser Werkvertragsabkommen kann jährlich eine bestimmte Quote von Arbeitnehmern aufgrund von Werkverträgen zwischen einem ausländischen Arbeitgeber und einem in der Bundesrepublik Deutschland ansässigen Unternehmen für eine vorübergehende Tätigkeit nach Deutschland entsandt werden.

82 Grundsätzlich hat der unionsrechtliche Begriff des „Arbeitnehmers" einen weiten Inhalt und umfasst alle Staatsangehörigen von Mitgliedstaaten, die auf dem Gebiet eines anderen Mitgliedstaats eine tatsächliche und echte unselbstständige Erwerbstätigkeit ausüben[28]. Ob das Unternehmen, in dessen Dienst die Arbeit geleistet wird, in anderen Mitgliedstaaten tätig ist oder aber seinen Sitz in dem Mitgliedstaat hat, in dem die Arbeit geleistet wird, spielt hierbei keine Rolle. In Übereinstimmung hiermit heißt es in der 4. Begründungserwägung der VO 492/2011, dass „allen Arbeitnehmern der Mitgliedstaaten (...) das Recht zuerkannt werden (muss), eine von ihnen gewählte Tätigkeit innerhalb der Gemeinschaft auszuüben", und weiterhin in der 5. Begründungserwägung, dass „dieses Recht (...) gleichermaßen Dauerarbeitnehmern, Saisonarbeitern, Grenzarbeitnehmern oder Arbeitnehmern zu (steht), die ihre Tätigkeit im Zusammenhang mit einer Dienstleistung ausüben". Die Vorschriften der VO 492/2011/EU sind daher zweifellos auch zum Schutz von Arbeitnehmern eines Leistungserbringers bestimmt.

83 Steht damit aber fest, dass Arbeitnehmer, die zur Erbringung von Dienstleistungen in einen anderen Mitgliedstaat entsandt werden, unter die Arbeitnehmerfreizügigkeit und damit auch unter die Art. 1–6 der VO 492/2011/EU fallen, so könnten die Übergangsregelungen für Arbeitnehmer auch deren Entsendung im Rahmen der Dienstleistungsfreiheit entgegenstehen. Dieses Ergebnis, das in der Rechtssache Rush Portuguesa[29] sogar vom Generalanwalt *Walter Van Greven* in seinem Schlussantrag vom 7.3.1990[30] dem Grundsatz nach vertreten wurde, hat der EuGH nicht geteilt.

84 Gleichwohl ergibt sich gerade aus dieser Entscheidung, dass **entsandte Werkvertragsarbeitnehmer auch nach zwölf Monaten unselbstständiger Erwerbstätigkeit keinen freien Arbeitsmarktzugang** erlangen. Entscheidend für die Zulassung der Erbringung von Dienstleistungen durch Arbeitnehmer trotz bestehender Beschränkung des Zugangs zum Arbeitsmarkt war für den EuGH nämlich der Gesichtspunkt, dass die Übergangsbestimmungen nicht auf Personen anwendbar sein sollen, die nur vorübergehend in einen anderen Mitgliedstaat entsandt wurden, um eine Dienstleistung zu erbringen[31]. Eine Störung des Arbeitsmarktes des Aufnahmemitgliedstaates sei nämlich in Situationen nicht zu erwarten, in denen es nur um den vorübergehenden Ortswechsel von Arbeitnehmern gehe. Arbeitnehmer, die in einen anderen Mitgliedstaat entsandt werden, um dort im Rahmen von Dienstleistungen ihres Arbeitgebers Bauarbeiten auszuführen, kehrten nämlich nach Erfüllung ihrer Aufgabe in ihr Herkunftsland zurück, ohne zu irgendeinem Zeitpunkt auf dem Arbeitsmarkt des Aufnahmemitgliedstaats aufzutreten[32].

85 Die Notwendigkeit einer Regelung des Zugangs von Arbeitnehmern zum Arbeitsmarkt wurde auch in der Rechtssache Vander Elst[33] geprüft. In dieser Entscheidung wies der EuGH unter Bezugnahme auf die Entscheidung Rush Portuguesa ausdrücklich auf folgenden Gesichtspunkt hin: „Die Arbeitnehmer, die von einem im Mitgliedstaat ansässigen Unternehmen beschäftigt und vorübergehend zur Erbringung einer Dienstleistung in einen anderen Mitgliedstaat entsandt werden, verlangen jedoch keinen Zutritt zum Arbeitsmarkt dieses zweiten Staates, da sie nach Erfüllung ihrer Aufgabe in ihr Herkunfts- oder Wohnsitzland zurückkehren."[34]

86 Würden die Arbeitnehmer, die iRd Dienstleistungserbringung über einen Zeitraum von mindestens zwölf Monaten ununterbrochen im Bundesgebiet eingesetzt waren, einen eigenständigen Anspruch auf schrankenlosen Zugang zum Arbeitsmarkt erwerben, so hätte dies zur Folge, dass sie dauerhaft auf dem

---

[22] Werkvertragsabkommen BGBl. 1990 II S. 602, geändert BGBl. 1992 II S. 93, geändert BGBl. 1993 II S. 1125.
[23] Werkvertragsabkommen, BGBl. 1989 II S. 244, geändert BGBl. 1991 II S. 861, geändert BGBl. 1992 II S. 1151.
[24] Werkvertragsabkommen, BGBl. 1991 II S. 820, geändert BGBl. 1993 II S. 178; mit der Slowakei wurde am 21.5.1996 ein Werkvertragsabkommen geschlossen, BGBl. 1996 II S. 1030.
[25] Werkvertragsabkommen, BGBl. 1991 II S. 666, geändert BGBl. 1993 II S. 822, geändert BGBl. 1996 II S. 1303.
[26] Werkvertragsabkommen, BGBl. 1991 II S. 863, geändert BGBl. 1995 II S. 90.
[27] Werkvertragsabkommen, BGBl. 1992 II S. 1205.
[28] S. auch die Aufstellung bei *Dienelt*, Freizügigkeit nach der EU-Osterweiterung, Rn. 188 ff.
[29] EuGH Urt. v. 27.3.1990 – C-113/89, Slg. 1990, I-1439 ff. – Rush Portuguesa.
[30] Schlussantrag des Generalanwalt *Walter Van Greven* v. 7.3.1990 –Slg. 1990, I-1425 (1432 ff.).
[31] EuGH Urt. v. 27.3.1990 – C-113/89, Slg. 1990, I-1439 Rn. 14 f. – Rush Portuguesa.
[32] EuGH Urt. v. 27.3.1990 – C-113/89, Slg. 1990, I-1439 Rn. 15 – Rush Portuguesa.
[33] EuGH Urt. v. 9.8.1994 – C-43/99, Slg. I-3825 ff. – Vander Elst.
[34] EuGH Urt. v. 9.8.1994 – C-43/99, Slg. I-3825 Rn. 21 – Vander Elst.

Arbeitsmarkt verbleiben würden. Dieses Ergebnis stünde im klaren Widerspruch zu den Entscheidungen des EuGH in den Rechtssache Rush Portuguesa und Vander Elst. Denn dort war gerade der temporäre Verbleib der Arbeitnehmer entscheidend für die Ermöglichung des erstmaligen Zugangs zum Arbeitsmarkt im Rahmen der Dienstleistungsfreiheit.

Demnach sind Werkvertragsarbeitnehmer trotz der unselbstständigen Erwerbstätigkeit aufgrund einer Arbeitserlaubnis nicht iSd Übergangsregelung für Arbeitnehmer im Beitrittsvertrag zum Arbeitsmarkt zugelassen. 87

§ 14 Bestimmungen zum Verwaltungsverfahren

¹Von den in § 11 Abs. 1 in Verbindung mit § 87 Absatz 1, 2 Satz 1 und 2, Absatz 4 Satz 1, 3 und 5, §§ 90, 91 Abs. 1 und 2, § 99 Abs. 1 und 2 des Aufenthaltsgesetzes getroffenen Regelungen des Verwaltungsverfahrens kann durch Landesrecht nicht abgewichen werden. ²Dies gilt nicht im Hinblick auf Verfahren im Zusammenhang mit Aufenthaltsrechten nach § 3a und mit den in den §§ 12a und 16 geregelten Aufenthaltsrechten.

Allgemeine Verwaltungsvorschrift
14 Zu § 14 – Bestimmungen zum Verwaltungsverfahren
Nicht belegt.

I. Entstehungsgeschichte

Die Norm wurde durch Art. 2 des RLUmsG 2007 in das FreizügG/EU aufgenommen[1]. Durch Art. 1 Nr. 2 des Gesetzes zur aktuellen Anpassung des FreizügG/EU und weiterer Vorschriften an das Unionsrecht wurde die Vorschrift um den Satz 2 ergänzt[2]. Durch Gesetz vom 9.7.2021 wurde Satz 1 dahingehend angepasst, dass ein Verweis auf die Sätze 3 und 5 des § 87 Abs. 4 AufenthG erfolgt[3]. 1

II. Allgemeines

§ 14 hat als Verfahrensregelung keinen unionsrechtlichen Hintergrund. Es handelt sich um eine nationale Bestimmung zum Verwaltungsverfahren, die der mit der Föderalismusreform eingeführten Kompetenz der Länder Rechnung trägt, die in Fällen, in denen sie Bundesgesetz als eigene Angelegenheiten ausführen (Art. 86 I 2 GG), trotz bundesgesetzlicher Vorschriften zum Verwaltungsverfahren abweichende Regelungen treffen zu dürfen[4]. Die Übergangsregelung schließt diese Länderkompetenz auf der Grundlage des Art. 84 I 5 GG wegen eines besonderen Bedürfnisses nach einer bundeseinheitlichen Regelung in Bezug auf die **enumerativ aufgezählten Bestimmungen** des AufenthG aus. 2

Soweit Regelungen des Verwaltungsverfahrens aus dem AufenthG entsprechend anwendbar sind (§ 11 I), sollen diese **abweichungsfest** sein, soweit die fragliche Regelung des AufenthG abweichungsfest ausgestaltet wurde. Zur Begründung im Einzelnen verweist der Gesetzgeber auf die Ausführungen zu § 105a AufenthG[5]. 3

Für eine abweichungsfeste Ausgestaltung der Regelungen des Verwaltungsverfahrens, die im FreizügG/EU getroffen wurden, besteht hingegen nach Ansicht des Gesetzgebers kein Bedarf[6]. 4

§ 15 Übergangsregelung

Eine vor dem 28. August 2007 ausgestellte Aufenthaltserlaubnis-EU gilt als Aufenthaltskarte für Familienangehörige eines Unionsbürgers fort.

Allgemeine Verwaltungsvorschrift
15 Zu § 15 – Übergangsregelung
Eine vor dem 28. August 2007 ausgestellte Aufenthaltserlaubnis-EU gilt als Aufenthaltskarte für Familienangehörige eines Unionsbürgers weiter.

I. Entstehungsgeschichte

Die Norm wurde durch Art. 2 des RLUmsG 2007 in das FreizügG/EU aufgenommen[1*]. 1

---

[1] BT-Drs. 16/5065, 36.
[2] BGBl. 2020 I S. 2416.
[3] BGBl. 2021 I S. 2467.
[4] Ebenso *Harms* in Storr ua, ZuwG, 2. Aufl., § 14 Rn. 922.
[5] BT-Drs. 16/5065, 213.
[6] BT-Drs. 16/5065, 213.
[1*] BT-Drs. 16/5065, 36.

II. Allgemeines

2 § 15 enthält eine Übergangsregelung für die Aufenthaltserlaubnis-EU, die den drittstaatsangehörigen Familienangehörigen nach bisherigem Recht ausgestellt wurde. Die Aufenthaltserlaubnis-EU wird im Wege einer **gesetzlichen Fiktion** in eine Aufenthaltskarte übergeleitet. Da die Aufenthaltskarte gleichfalls ein feststellender Verwaltungsakt ist, wird durch die Überleitungsregelung faktisch nur die Bezeichnung des Aufenthaltstitels ausgetauscht.

§ 16 Rechtsstellung britischer Staatsangehöriger und ihrer Familienangehörigen

(1) [1]Das in Teil Zwei Titel II Kapitel 1 des Austrittsabkommens vorgesehene Recht auf Einreise und Aufenthalt im Bundesgebiet kann ausgeübt werden, ohne dass es hierfür eines Antrages bedarf. [2]Dieses Recht ist ein Aufenthaltsrecht im Sinne des Artikels 18 Absatz 4 des Austrittsabkommens.

(2) [1]Denjenigen,
1. die das Recht nach Absatz 1 ausüben oder
2. die das nach Artikel 24 Absatz 2, auch in Verbindung mit Artikel 25 Absatz 2, des Austrittsabkommens bestehende Recht ausüben, im Bundesgebiet zu wohnen,

wird von Amts wegen ein Aufenthaltsdokument im Sinne des Artikels 18 Absatz 4 des Austrittsabkommens (Aufenthaltsdokument-GB) ausgestellt. [2]Sie haben ihren Aufenthalt spätestens innerhalb von sechs Monaten nach dem Ende des Übergangszeitraums im Sinne des Teils Vier des Austrittsabkommens bei der zuständigen Ausländerbehörde anzuzeigen, wenn sie nicht bereits Inhaber einer Aufenthaltskarte oder Daueraufenthaltskarte sind. [3]Die Vorschriften des Artikels 18 Absatz 1 Unterabsatz 2 Buchstabe b Satz 2 Buchstabe c sowie i bis n des Austrittsabkommens finden entsprechende Anwendung.

(3) Britische Staatsangehörige, die nach Teil Zwei Titel II Kapitel 2 des Austrittsabkommens Rechte als Grenzgänger haben, sind verpflichtet, ein Dokument (Aufenthaltsdokument für Grenzgänger-GB) zu beantragen, mit dem diese Rechte bescheinigt werden.

(4) § 2 Absatz 4 Satz 2 und Absatz 7 und § 5 Absatz 3 und 4 finden entsprechende Anwendung.

(5) Für die Anwendung anderer Gesetze als des Aufenthaltsgesetzes und dieses Gesetzes stehen Aufenthaltsrechte, auf die in den Absätzen 1 und 2 Bezug genommen wird, dem Freizügigkeitsrecht nach § 2 gleich, sofern im Austrittsabkommen oder durch Gesetz nichts Abweichendes bestimmt ist.

(6) [1]Aufenthaltskarten und Daueraufenthaltskarten werden eingezogen, sobald der Inhaber infolge des Austritts des Vereinigten Königreichs Großbritannien und Nordirland aus der Europäischen Union kein Recht nach § 2 Absatz 1 mehr besitzt. [2]Sie verlieren ab dem 1. Januar 2022 auf jeden Fall ihre Gültigkeit.

Allgemeine Verwaltungsvorschrift
Nicht belegt.

Übersicht

	Rn.
I. Entstehungsgeschichte	1
II. Aufenthaltsrechte nach dem Austrittsabkommen	2
1. Aufenthaltsrecht vor Ablauf der Übergangsfrist	2
2. Aufenthaltsrecht nach Ablauf der Übergangsfrist	10
III. Ausbildungsaufenthalt von Kindern und ihren Personensorgeberechtigten	13
IV. Verfahrensregelungen/Anzeigepflicht	24
V. Grenzgänger	33
VI. Visumpflicht	45
VII. Rechtsgrundlagen für Verlustfeststellungen	50
VIII. Gleichstellungsregelung	59
IX. Einzug von Aufenthaltskarten und Daueraufenthaltskarten	62

I. Entstehungsgeschichte

1 Die Vorschrift wurde durch Art. 1 des Gesetzes zur aktuellen Anpassung des FreizügG/EU und weiterer Vorschriften an das Unionsrecht mit Wirkung zum 24.11.2020 eingeführt[1].

---

[1] BGBl. 2020 I S. 2416.

II. Aufenthaltsrechte nach dem Austrittsabkommen

1. Aufenthaltsrecht vor Ablauf der Übergangsfrist

Das Recht auf Einreise und Aufenthalt besteht nach dem Austrittsabkommen, das unmittelbar anwendbares Recht darstellt, bereits kraft Gesetzes[2]. Gesetzliche Regelungen des Unionsrechts dürfen im Bundesrecht nicht wiederholt werden. Daher wird das Bestehen des Rechts im neuen § 16 I FreizügG/EU sprachlich vorausgesetzt.

Zur Gewährleistung der Einheitlichkeit des Vorgehens bei der Umsetzung des Austrittsabkommens durch die einzelnen verbliebenen Mitgliedstaaten der EU wurden durch die Regelung des FreizügG/EU keine über das Austrittsabkommen hinausgehenden Rechte gewährt.

Mit § 16 I wird auf Ebene des nationalen Rechts geregelt, dass das Aufenthaltsrecht britischer Staatsangehöriger und ihrer Familienangehörigen, die sich bis zum Ende des Übergangszeitraums, dh bis zum **31.12.2020**, im Einklang mit dem Austrittsvertrag rechtmäßig im Bundesgebiet aufhalten, nicht auf Antrag gewährt wird, sondern kraft Gesetzes besteht. Damit hat der Gesetzgeber von der Regelungskompetenz aus Art. 18 IV des Austrittsvertrages Gebrauch gemacht.

Die Regelung privilegiert nur die britischen Staatsangehörigen und ihre Familienangehörigen, die vor dem Auslaufen des Übergangszeitraums sich im Einklang mit den Bestimmungen des Austrittsvertrages rechtmäßig in Deutschland aufhielten. **Britische Staatsangehörige, die erst nach dem 31.12.2020 ins Bundesgebiet einreisen, werden nicht erfasst.** Außerdem hängt die Privilegierung davon ab, dass ein Freizügigkeitssachverhalt nach Titel II (Rechte und Pflichten), Kapitel 1 (Rechte im Zusammenhang mit Aufenthalt und Aufenthaltsdokumenten) des Austrittsabkommens einschlägig ist.

Besteht das Aufenthaltsrecht britischer Staatsangehöriger, die sich im Einklang mit dem Austrittsvertrag rechtmäßig im Bundesgebiet aufhalten, kraft Unionsrechts, so wird damit zugleich festgelegt, dass das Aufenthaltsdokument-GB nur deklaratorische Wirkung hat[3]. Damit wird die Rechtslage an die Aufenthaltskarte für Familienangehörige mit Drittstaatsangehörigkeit nach § 5 I angeglichen. Allein durch Ausstellung eines Aufenthaltsdokuments-GB kann daher kein Aufenthaltsrecht entstehen.

Das Aufenthaltsdokument-GB ist somit eine Aufenthaltsbescheinigung, kein Aufenthaltstitel[4], die für den britischen Staatsangehörigen und seinen Familienangehörigen die Ausübung der durch den Austrittsvertrag zuerkannten Freizügigkeitsrechte feststellt. Der besondere Status ist nach Art. 18 I lit. q des Austrittsabkommens zwingend zu bescheinigen und zwar durch ein Dokument, das auf das Austrittsabkommen verweist: „Das neue Aufenthaltsdokument muss eine Erklärung enthalten, dass es im Einklang mit diesem Abkommen ausgestellt wurde."

Mit der Einführung der kraft Gesetzes entstehenden Rechtsstellung wollte der Gesetzgeber vermeiden, dass es auf Grund von Versehen zu ungewollten Ausreisepflichten kommt, weil ein Antrag nicht gestellt oder bearbeitet wurde. In der Begründung des Gesetzentwurfs wird hierzu ausgeführt[5]: „Damit „Alt-Briten" nicht wegen eines nicht gestellten Antrages – ohne unmittelbaren Gewinn für öffentliche Interessen – ausreisepflichtig werden, soll der Status entsprechend Artikel 18 IV des Austrittsabkommens von Gesetzes wegen erworben und das EU-rechtlich zwingend vorgeschriebene Aufenthaltsdokument von Amts wegen erteilt werden."

Damit werden britische Staatsangehörige besser behandelt als Deutsche im Vereinigten Königreich. Denn das Vereinigte Königreich Großbritannien und Nordirland sieht für Unionsbürger, die dort nach dem Austrittsabkommen zum Aufenthalt berechtigt sind, ein Antragsverfahren vor („settlement scheme"), das zur Erteilung eines Aufenthaltsstatus führt („settled status")[6].

2. Aufenthaltsrecht nach Ablauf der Übergangsfrist

Nach dem Ende der Übergangszeit können unmittelbar geltende Rechte nach dem Austrittsabkommen nur durch nachgeborene oder dann adoptierte Kinder britischer Staatsangehöriger erworben werden (Art. 10 I lit. c iii des Austrittsvertrags), die weder Deutsche noch sonst Unionsbürger oder Bürger eines EWR-Staates sind.

Ebenso wie drittstaatsangehörige Kinder nach dem AufenthG im Falle der **Geburt im Bundesgebiet** nach § 33 AufenthG einen Aufenthaltstitel von Amts wegen erhalten, sofern ein Elternteil einen Aufenthaltstitel besitzt, bekommen auch die nachgeborenen britischen Kinder ein Aufenthaltsrecht kraft Gesetzes, das unmittelbar aus dem Austrittsvertrag abgeleitet wird. Voraussetzung ist aber, dass ein Elternteil Freizügigkeit nach dem Austrittsabkommen genießt[7]. Durch die Bescheinigung des

---
[2] Ebenso OK-MNet § 16, A. I. Rn. 1; www.migrationsrecht.net.
[3] OK-MNet § 16, A. I. Rn. 5; www.migrationsrecht.net.
[4] OK-MNet § 16, A. I. Rn. 6; www.migrationsrecht.net.
[5] BR-Drs. 263/20, 16.
[6] OK-MNet § 16, A. I. Rn. 8; www.migrationsrecht.net.
[7] OK-MNet § 16, A. I. Rn. 10; www.migrationsrecht.net.

Aufenthaltsrechts von Amts wegen wird eine nicht zu rechtfertigende verfahrensmäßige Schlechterstellung gegenüber drittstaatsangehörigen Kindern sonstiger Ausländer vermieden. Das Erfordernis der Anzeige des Aufenthalts, die bereits für die Ausstellung der entsprechenden Dokumente erforderlich ist, bleibt unberührt.

12 Das Austrittsabkommen sieht für den Familiennachzug zu „Alt-Briten", der nach dem Ende der Übergangszeit stattfindet, keine erleichternden Regelungen vor. Hier bildet § 11 X die Brücke zum Familiennachzug nach dem Ende der Übergangszeit zu „Alt-Briten".

III. Ausbildungsaufenthalt von Kindern und ihren Personensorgeberechtigten

13 Der Austrittsvertrag regelt unmittelbar den **Zugang zum allgemeinen Unterricht sowie zur Lehrlings- und Berufsausbildung.** Er unterscheidet zwischen Verwandten in absteigender Linie eines britischen Staatsangehörigen, der sich im Bundesgebiet aufhält, in dem er als Arbeitnehmer arbeitet (Art. 24 I lit. h), und solchen, die das Bundesgebiet verlassen haben (Art. 25 II).

14 Die Regelungen über Ausbildungsaufenthalte stehen im Teil 2 „Rechte der Bürger" des Austrittsvertrags und unterliegen damit den **Beschränkungen des personellen Anwendungsbereichs** in Art. 10 des Austrittsvertrags. Art. 10 I lit. b des Austrittsvertrags erfasst britische Staatsangehörige, die ihr Recht auf Aufenthalt in einem Mitgliedstaat vor Ende des Übergangszeitraums im Einklang mit dem Unionsrecht ausgeübt haben und danach weiter dort wohnen. Diese vermögen sich daher auch auf Art. 25 und 25 des Austrittsvertrages berufen.

15 Die Regelung in Art. 24 Abs. 1 lit. h des Austrittsvertrages ist dem allgemeinen Diskriminierungsverbot nachgebildet, das dem Art. 10 I VO (EU) Nr. 492/2011 enthalten ist. Über Art. 25 I lit. b des Austrittsvertrags wird das Diskriminierungsverbot auch auf **Selbständige** erstreckt.

16 Der Anwendungsbereich der Art. 24 I lit. h und Art. 25 I lit. b des Austrittsvertrags setzen Folgendes voraus:
– Ein Elternteil muss britischer Staatsangehöriger sein, der Freizügigkeit nach dem Austrittsvertrag genießt.
– Es muss sich um einen Verwandten in absteigender Linie (zB Kind) handeln, dessen Staatsangehörigkeit ohne Bedeutung ist.
– Das Kind muss im Bundesgebiet wohnhaft sein.
– Der britische Staatsangehörige muss in Deutschland als Arbeitnehmer oder als Selbstständiger erwerbstätig sein, während das Kind im Bundesgebiet wohnhaft ist.

17 Das Diskriminierungsverbot regelt unmittelbar den Besuch von Ausbildungseinrichtungen während des Zeitraums, in dem sich der britischen Wanderarbeitnehmer noch im Bundesgebiet aufhält. Die Rechtsstellung entspricht daher weitgehend den Rechten, die auch Kinder von Unionsbürger haben, die sich in einer Ausbildung befinden (Einzelheiten hierzu bei § 3). Die Vorschriften des Austrittsvertrags können nicht isoliert betrachtet werden. Denn der Regelungsgehalt kann ohne Einbeziehung des Art. 10 I VO (EU) Nr. 492/2011 und der hierzu ergangenen Rechtsprechung des Gerichtshofs der EU nicht erfasst werden.

18 Der Ausbildungsaufenthalt von Verwandten gerader absteigender Linie britischer Arbeitnehmer oder Selbstständiger, **die das Bundesgebiet endgültig verlassen haben,** sind sowohl im Austrittsvertrag als auch im FreizügG/EU nicht geregelt.

19 Art. 24 II des Austrittsvertrags regelt ausdrücklich nur das Aufenthaltsrecht des Personensorgeberechtigten eines Verwandten in absteigender Linie für den Fall, dass der britische Staatsangehörige das Bundesgebiet verlassen hat. Art. 24 II des Austrittsvertrags bestimmt: „Besucht ein Verwandter in gerader absteigender Linie eines Arbeitnehmers, der den Aufnahmestaat verlassen hat, in diesem Staat eine Bildungseinrichtung, so hat der Personensorgeberechtigte dieses Verwandten das Recht, in diesem Staat zu wohnen, bis der Verwandte volljährig wird und auch nachdem er volljährig geworden ist, sofern dieser Verwandte weiterhin der Anwesenheit und der Fürsorge des Personensorgeberechtigten bedarf, um seine Ausbildung fortsetzen und abschließen zu können."

20 In § 16 II 1 Nr. 2 wird lediglich geregelt, dass dieser Personengruppe, die das Recht nach Art. 24 II oder Art. 25 II des Austrittsabkommen besitzen, von Amts wegen ein Aufenthaltsdokument-GB ausgestellt wird.

21 Diese Regelungen erfassen nur **mittelbar** das Recht des Kindes auf Fortsetzung seiner Ausbildung. Unmittelbar wird das Aufenthaltsrecht des Personensorgeberechtigten geregelt. **Da das akzessorische Aufenthaltsrecht des Personensorgeberechtigten aber nur dem Zweck dient, dem Kind die Fortsetzung und den Abschluss seiner Ausbildung zu ermöglichen, wird damit zugleich auch das Aufenthaltsrecht des Kindes geregelt**[8].

22 Der Anwendungsbereich wird durch Art. 25 II des Austrittsvertrags auf Verwandte in gerader aufsteigender Linie **Selbstständiger** erweitert.

---

[8] OK-MNet § 16, B. I. Rn. 9; www.migrationsrecht.net.

Wegen des Umfangs des Rechts von Verwandten absteigender Linie, ihre Ausbildung abzuschließen, wird auf die Kommentierung zu § 3 verwiesen. Außerdem wird auf die Erläuterung der Rechtsstellung der Personensorgeberechtigten in § 3 verwiesen.

IV. Verfahrensregelungen/Anzeigepflicht

In § 16 II 1 Nr. 1 wird das Verfahren zur Ausstellung von Dokumenten, die den Status nach § 16 I iVm Teil Zwei Titel II Kapitel 1 Austrittsabkommen erlangt haben, geregelt. Sie erhalten das **Dokument von Amts wegen** ausgestellt.

Erfasst werden nach Art. 10 des Austrittsabkommens im Wesentlichen folgende Personen:
a) britische Staatsangehörige, die ihr Recht auf Aufenthalt in einem Mitgliedstaat vor Ende des Übergangszeitraums im Einklang mit dem Unionsrecht ausgeübt haben und danach weiter dort wohnen
b) britische Staatsangehörige, die ihr Recht als Grenzgänger in einem oder mehreren Mitgliedstaaten vor Ende des Übergangszeitraums im Einklang mit dem Unionsrecht ausgeübt haben und danach weiter ausüben (spezielle Regelung in § 16 III),
c) Familienangehörige der unter a) oder b) genannten Personen, wenn sie vor Ende des Übergangszeitraums im Einklang mit dem Unionsrecht im Bundesgebiet gewohnt haben und weiter dort wohnen,
d) Kinder die nach Ende des Übergangszeitraums geboren wurden oder von einer unter a) oder b) genannten Personen adoptiert wurden.

Weiterhin wird auch das Verfahren für Verwandte in gerader absteigender Linie, die eine Bildungseinrichtung besuchen, obwohl der britische Arbeitnehmer oder Selbstständige das Bundesgebiet verlassen hat, dergestalt geregelt, dass ihnen ein Dokument von Amts wegen ausgestellt wird.

Das Dokument, das im FreizügG/EU als „Aufenthaltsdokument-GB" bezeichnet wird, aber je nach den noch zu erarbeitenden und veränderlichen unionsrechtlichen Vorgaben auch einen anderen Aufdruck tragen kann, wird von Amts wegen ausgestellt. Ein solches Dokument ist auch zur aufenthaltsrechtlichen Unterscheidung zwischen berechtigten Briten und anderen Briten und deren Familienangehörigen erforderlich, die erst nach dem Ende der Übergangszeit einreisen und grundsätzlich keine Vorrechte nach dem Austrittsabkommen geltend machen können.

In § 16 II 2 wird eine **Verpflichtung zur Anzeige des Aufenthaltes** geregelt, damit die entsprechenden Personen ausländerbehördlich erfasst werden, was bei Unionsbürgern sonst nicht der Fall ist. Ihre Einführung ist nach Art. 8 I Freizügigkeits-RL iVm Art. 18 IV des Austrittsabkommens, der auf die genannte Richtlinie verweist, zulässig.

Da Inhaber einer Aufenthaltskarte oder Daueraufenthaltskarte bereits erfasst sind, besteht bei ihnen keine Meldepflicht. Die Meldepflicht ist nicht sanktioniert, etwa durch ein Bußgeld.

Die Ungleichbehandlung zwischen Briten und Unionsbürgern ist gerechtfertigt, weil alle anderen Unionsbürger und EWR-Staatsangehörigen ihre Freizügigkeitsberechtigung ansonsten – außer in Ausnahmefällen nach einer Verlustfeststellung – allein durch ihren Pass oder Personalausweis nachweisen können.

Mit § 16 II 3 werden für das Bescheinigungsverfahren im Übrigen die auf das von Deutschland nicht gewählte Antragsverfahren nach Art. 18 I des Austrittsabkommens anwendbaren Regelungen für anwendbar erklärt. Auch wenn Deutschland von der Ermächtigung des Art. 18 IV des Austrittsabkommens Gebrauch gemacht hat, ist die Einführung von Formalitäten zulässig. Hätte sich Deutschland entscheiden können, das Antragsverfahren allgemein einzuführen, hätte dies ebenfalls zu einer Anwendbarkeit der in § 16 II 3 genannten Vorschriften des Austrittsvertrags geführt.

In welcher Intensität die Prüfung der Voraussetzungen nach dem Abkommen erfolgt, soll im Gesetz bewusst nicht geregelt sein, sondern dem Verfahrensermessen der zuständigen Behörde überlassen bleiben. Es soll vermieden werden, dass die Behörden bekannte Sachverhalte wegen rein formaler Anforderungen aufwändig überprüfen müssen.

V. Grenzgänger

§ 16 III sieht vor, dass Grenzgänger auf Antrag ein Dokument erhalten. Auf die Ausstellung dieses Aufenthaltsdokuments für Grenzgänger-GB haben britische Staatsangehörige einen **Rechtsanspruch**.

Sowohl das Dokument, mit dem der Status bescheinigt wird, als auch das Antragserfordernis werden in Art. 26 des Austrittsabkommens geregelt: „Der Arbeitsstaat kann von Unionsbürgern und britischen Staatsangehörigen, die nach diesem Titel Rechte als Grenzgänger haben, verlangen, dass sie ein Dokument beantragen, mit dem bescheinigt wird, dass sie nach diesem Titel solche Rechte haben. Diese Unionsbürger und britischen Staatsangehörigen haben Anspruch darauf, dass ihnen ein solches Dokument ausgestellt wird."

Als Arbeitsstaat wird in Art. 9 lit. d Austrittsabkommen definiert: „ii) im Falle von britischen Staatsangehörigen einen Mitgliedstaat, in dem sie **vor Ende des Übergangszeitraums** eine wirtschaftliche Tätigkeit als Grenzgänger ausgeübt haben und danach weiter ausüben."

36 Durch die Beschränkung auf britische Staatsangehörige, die bereits vor Ende des Übergangszeitraums, dh bis zum 31.12.2020, eine Erwerbstätigkeit als Grenzgänger ausgeübt haben, wird klargestellt, dass auch dieses Recht keine Anwendung auf Personen findet, die erst nach Ablauf der Übergangsfrist eine Erwerbstätigkeit als Grenzgänger aufnehmen wollen.

37 Vom Wanderarbeitnehmer im klassischen Sinn unterscheidet sich der Grenzgänger darin, dass er in einem Staat wohnt und in einem anderen Staat arbeitet. Der Wanderarbeitnehmer verlässt sein Herkunftsland ganz – alleine oder mit seiner Familie –, um in einem fremden Land zu wohnen und zu arbeiten. Für den Grenzgänger hingegen gilt eine doppelte nationale Zugehörigkeit, die sich von seinem Wohnort und seinem Arbeitsort herleitet.

38 Im Rahmen des § 16 III ist die Definition des Grenzgängers nach Art. 9 lit. b des Austrittsvertrags maßgeblich: b) „Grenzgänger" Unionsbürger oder britische Staatsangehörige, die in einem oder mehreren Staaten, in denen sie nicht wohnen, eine wirtschaftliche Tätigkeit nach Art. 45 oder 49 AEUV ausüben. Die Definition macht deutlich, dass sowohl Arbeitnehmer (Art. 45 AEUV) als auch Selbstständige (Art. 49 AEUV) erfasst werden.

39 Die Definition im Austrittsvertrag lässt nicht erkennen, wie häufig ein britischer Staatsangehöriger über die Grenze in das Vereinigte Königreich zurückkehren muss, um seinen Status als Grenzgänger nicht zu verlieren. Aus Art. 24 III des Austrittsvertrags ergibt sich, dass das Recht davon abhängt, dass der britische Staatsangehörige seinen Wohnsitz nicht nach Deutschland verlagert.

40 **Wie häufig er Deutschland verlassen muss, um zu verhindern, dass Deutschland zu seinem Wohnsitz wird, ist unter Heranziehung des Art. 1 lit. b der VO (EWG) Nr. 1408/71 zu konkretisieren.** Nach dieser Bestimmung wird der Begriff Grenzgänger wie folgt definiert: b) «Grenzgänger»: jeder Arbeitnehmer, der im Gebiet eines Mitgliedstaats beschäftigt ist und im Gebiet eines anderen Mitgliedstaats wohnt, in das er in der Regel täglich, mindestens aber einmal wöchentlich zurückkehrt; der Grenzgänger, der von dem Unternehmen, dem er gewöhnlich angehört, innerhalb des Gebietes des gleichen oder eines anderen Mitgliedstaats entsandt wird, behält jedoch bis zur Höchstdauer von vier Monaten die Eigenschaft eines Grenzgängers, selbst wenn er während dieser Entsendung nicht täglich oder mindestens einmal wöchentlich an seinen Wohnort zurückkehren kann.

41 **Der Tatbestand eines Grenzgängers setzt daher zwei objektive Kriterien voraus:**
 – Es muss ein Arbeitnehmer sein, der im Gebiet eines Mitgliedstaats beschäftigt ist und im Gebiet eines anderen Mitgliedstaats wohnt **(politisches Kriterium)**.
 – Der Arbeitnehmer muss in der Regel täglich, mindestens aber einmal wöchentlich in den Wohnortstaat zurückkehren **(zeitliches Kriterium)**.

42 Die materielle Rechtsposition, an die § 16 III anknüpft, ergibt sich aus Art. 24 III des Austrittsvertrags: „Abhängig beschäftigte Grenzgänger haben das Recht, nach Art. 14 dieses Abkommens in den Arbeitsstaat einzureisen und aus dem Arbeitsstaat auszureisen, und behalten die Rechte, die sie dort als Arbeitnehmer genossen haben, sofern auf sie eine der in Art. 7 III lit. a, b, c, und d der Richtlinie 2004/38/EG aufgeführten Bedingungen zutrifft, selbst wenn sie ihren Wohnsitz nicht in den Arbeitsstaat verlegen."

43 Art. 25 III des Austrittsvertrags erstreckt diese Regelung auf Selbstständige.

44 Von Grenzgängern, die ein Aufenthaltsdokument für Grenzgänger-GB nach § 16 III besitzen kann weder ein Ausreisevisum noch eine Einreisevisum noch eine gleichwertige Formalität" verlangt werden.

VI. Visumpflicht

45 Mit dem neuen § 16 IV werden die Bestimmungen zur Visumpflicht für Familienangehörige (§ 2 IV 2) für entsprechend anwendbar erklärt. Zusätzlich ist Art. 14 III des Austrittsvertrags zu beachten, der hinsichtlich der Einreise von Familienangehörigen britischer Staatsangehöriger nach Ablauf der Übergangsfrist Folgendes bestimmt: „(3) Verlangt der Aufnahmestaat von Familienangehörigen, die den Unionsbürgern oder dem britischen Staatsangehörigen nach Ende des Übergangszeitraums nachziehen, ein Einreisevisum, so trifft der Aufnahmestaat alle notwendigen Maßnahmen, um diesen Personen die Beschaffung der erforderlichen Visa zu erleichtern. Diese Visa werden so bald wie möglich nach einem beschleunigten Verfahren unentgeltlich erteilt."

46 Des Weiteren ist zu beachten, dass von Familienangehörigen, die im Besitz eines Aufenthaltsdokuments-GB sind, nach Art. 14 II des Austrittsvertrags kein Visum verlangt werden darf: „Von Inhabern eines nach Art. 18 oder 26 ausgestellten gültigen Dokuments wird weder ein Ausreisevisum noch ein Einreisevisum noch eine gleichwertige Formalität verlangt."

47 Insoweit entspricht diese Regelung dem Rechtszustand für Unionsbürger nach § 2 IV 3.

48 Das Recht auf Einreise für britische Staatsangehörige und ihre (drittstaatsangehörigen) Familienangehörigen wird in Art. 14 I des Austrittsvertrag geregelt. Danach haben britische Staatsangehörige, ihre jeweiligen Familienangehörigen sowie sonstige im Einklang mit den in diesem Titel vorgesehenen Bedingungen im Hoheitsgebiet des Aufnahmestaats wohnende Personen, die einen gültigen nationalen Personalausweis oder Reisepass beziehungsweise – im Falle ihrer jeweiligen Familienangehörigen und

sonstiger Personen, die keine Unionsbürger oder britischen Staatsangehörigen sind – einen gültigen Reisepass mit sich führen, das Recht, den Aufnahmestaat zu verlassen, und das Recht, wieder in den Aufnahmestaat einzureisen.

Fünf Jahre nach Ende des Übergangszeitraums kann der Deutschland beschließen, für die Einreise in 49 sein Hoheitsgebiet oder die Ausreise aus seinem Hoheitsgebiet nationale Personalausweise nicht mehr anzuerkennen, wenn diese Personalausweise keinen den geltenden Normen der Internationalen Zivilluftfahrt-Organisation für die biometrische Identifizierung entsprechenden Chip enthalten.

VII. Rechtsgrundlagen für Verlustfeststellungen

Da britische Staatsangehörige und ihre Familienangehörigen, solange sie unter den Austrittsvertrag 50 fallen, Unionsbürger weitgehend gleichgestellt sind, bedarf es zur Feststellung des Verlusts des Rechts einer Rechtsgrundlage, um die Rechtsstellung zu entziehen.

Aus diesem Grund wird auf die Möglichkeit von **Verlustfeststellungen nach § 5 IV** verwiesen, 51 mit der einem nachträglichen Wegfall der Freizügigkeit Rechnung getragen werden kann.

Außerdem wird die Regelung für eine **Verlustfeststellung bei Täuschung oder Scheinehe nach** 52 **§ 2 VII** für entsprechend anwendbar erklärt. Dies ist zulässig, da Art. 20 III des Austrittsvertrags ausdrücklich auf den Art. 35 der Freizügigkeits-RL verweist, der durch § 2 VII umgesetzt wurde.

Art. 20 III des Austrittsvertrag lautet: „Der Aufnahmestaat oder der Arbeitsstaat kann die Maß- 53 nahmen erlassen, die notwendig sind, um die durch diesen Titel verliehenen Rechte im Falle eines Missbrauchs dieser Rechte oder von Betrug wie in Art. 35 der Richtlinie 2004/38/EG vorgesehen zu verweigern, aufzuheben oder zu widerrufen. Für diese Maßnahmen gelten die Verfahrensgarantien nach Art. 21 dieses Abkommens."

Im Hinblick auf die entsprechende Anwendung des § 2 VII ist Art. 21 des Austrittsabkommens zu 54 beachten, der die Berücksichtigung der Verfahrensrechte in Kapitel VI der Freizügigkeits-RL verlangt: „Für Entscheidungen des Aufnahmestaats, durch die die Aufenthaltsrechte der in Art. 10 dieses Abkommens genannten Personen beschränkt werden, gelten die in Art. 15 und Kapitel VI der Richtlinie 2004/38/EG vorgesehenen Garantien."

Demgemäß sind die Verfahrensgarantien des Art. 31 Freizügigkeits-RL sowie die Regelung über 55 die zeitliche Wirkung eines Aufenthaltsverbots nach Art. 32 Freizügigkeits-RL zu beachten.

Hinsichtlich der materiellen Maßstäbe des Einschreitens bei Täuschung oder Scheinehe gelten nach 56 dem Austrittsabkommen unterschiedliche Maßstäbe, die allerdings nicht in nationales Recht umgesetzt wurden. Der Austrittsvertrag differenziert nach dem Zeitpunkt des zu beurteilenden Verhaltens:
– Liegt dieses im Übergangszeitraum, so sollen unionsrechtliche Maßstäbe gelten (Art. 20 I Austrittsvertrag).
– Liegt das zu beurteilende Verhalten nach Ablauf des Übergangszeitraums, so sollen nationale Rechtsvorschriften zur Anwendung gelangen (Art. 20 II Austrittsvertrag).

§ 16 IV sieht eine entsprechende Differenzierung nicht vor, sondern wendet einheitliche unions- 57 rechtliche Maßstäbe auf Täuschungshandlungen oder Scheinehen nach § 2 VII an.

Ein Verweis auf eine **Verlustfeststellung nach § 6 I aus Gründen der öffentlichen Ordnung,** 58 **Sicherheit oder Gesundheit** entfällt an dieser Stelle, da der insoweit erforderliche Verweis in § 11 XII enthalten ist.

VIII. Gleichstellungsregelung

Mit § 16 V werden zur Vermeidung umfassender Folgeänderungen die nach § 16 des FreizügG/EU 59 Berechtigten den Inhabern eines Freizügigkeitsrecht außerhalb des Aufenthaltsrechts gleichgestellt. Damit zielt die Regelung in ihrem Anwendungsbereich auf Sachverhalte ab, die außerhalb des Migrationsrechts liegen.

Dies ist insbesondere im Hinblick auf die umfassenden Nichtdiskriminierungsvorschriften im Aus- 60 trittsabkommen, wie sie etwa in den Art. 24 Abs. 1 und 30 ff. des Abkommens niedergelegt sind, sinnvoll.

Sonderregelungen, die im Austrittsabkommen oder im Bundesrecht als Fachrecht vorgesehen sind, 61 gehen vor.

IX. Einzug von Aufenthaltskarten und Daueraufenthaltskarten

§ 16 VI 1 enthält eine Rechtsgrundlage für die Einziehung von Aufenthaltskarten und Daueraufenthalts- 62 kontenskarten, die Personen besitzen, die bislang unter das allgemeine Freizügigkeitsrecht fielen, die nach dem Brexit aber unter das Austrittsabkommen fallen.

Für diese Personengruppen sind nunmehr nach Art. 18 I lit. q des Austrittsabkommens zwingend 63 ein eigenständiges Dokument, das auf das Austrittsabkommen Bezug nimmt, zu erteilen: „Das neue Aufenthaltsdokument muss eine Erklärung enthalten, dass es im Einklang mit diesem Abkommen ausgestellt wurde."

64 Art. 15 des Austrittsabkommens sieht zwar weiterhin ein Daueraufenthaltsrecht vor, aber keine Bescheinigung, die anstelle des besonderen, nach dem Austrittsabkommen zu erteilenden Dokuments dieses Daueraufenthaltsrecht bescheinigt. **Insofern ist auch für Daueraufenthaltskarten die Rechtsgrundlage mit dem Ende der Übergangszeit entfallen.**

65 Zur Schaffung von Rechtssicherheit wird angeordnet, dass die entsprechenden Karten, die sich zum 1.1.2022 noch im Besitz der nicht mehr berechtigten Personen befinden, auf jeden Fall ihre Gültigkeit verlieren.

Dritter Teil. ARB 1/80

Beschluss Nr. 1/80 des Assoziationsrates vom 19. September 1980 über die Entwicklung der Assoziation (ARB 1/80)

ANB 1981 Nr 1 S. 4

(Auszug)[1]

Vorbemerkung

Allgemeine Anwendungshinweise
1. Vorbemerkung
Diese Allgemeinen Anwendungshinweise enthalten Anmerkungen und Erläuterungen zur Anwendung des Assoziationsratsbeschlusses Nummer 1/80 und zur Anwendung des Artikels 41 Absatz 1 des Zusatzprotokolls zum Assoziierungsabkommen. Berücksichtigt sind die bis zum 10. Oktober 2013 ergangenen Entscheidungen des Gerichtshofes der Europäischen Union (EuGH). Die Anwendungshinweise gelten unbeschadet der Allgemeinen Verwaltungsvorschriften zum Aufenthaltsgesetz (AVwV AufenthG) für alle aufenthaltsrechtlichen Maßnahmen im Zusammenhang mit dem Assoziationsrecht. Sie werden nur in elektronischer Form auf der Webseite des Bundesministeriums des Innern veröffentlicht. Der jeweils aktuelle Stand ergibt sich aus der Fußzeile. Die Allgemeinen Anwendungshinweise richten sich insbesondere an die Ausländerbehörden.

2. Allgemeines
2.1. Rechtsentwicklung
Am 12. September 1963 schloss die Europäische Wirtschaftsgemeinschaft mit der Türkei das „Assoziierungsabkommen zwischen der Europäischen Wirtschaftsgemeinschaft und der Türkei" (BGBl. 1964 II S. 509, 510; im Folgenden: AssAbk). Das Abkommen nennt allgemein die Ziele der Assoziierung und legt die Leitlinien für ihre Verwirklichung fest, ohne selbst genaue Regeln dafür aufzustellen, wie diese Verwirklichung zu erreichen ist. Ziel des Abkommens ist die Verstärkung der Handels- und Wirtschaftsbeziehungen, unter anderem durch die schrittweise Errichtung einer Zollunion und die Annäherung der jeweiligen Wirtschaftspolitik (Artikel 2 Absatz 1 und 2, Artikel 4 Absatz 1 Spiegelstrich 2). Vereinbart wurde die schrittweise Herstellung der Freizügigkeit der Arbeitnehmer (Artikel 12), der Niederlassungsfreiheit (Artikel 13) und der Dienstleistungsfreiheit (Artikel 14), wobei sich die Vertragsparteien jeweils von den einschlägigen Artikeln des EWG-Vertrages „leiten lassen" wollen. Zur Verwirklichung dieses Zieles wurde ein Assoziationsrat geschaffen, der befugt ist, verbindliche Beschlüsse zu fassen (Artikel 6).
Am 23. November 1970 verabschiedeten die Vertragsparteien das „Zusatzprotokoll zum Abkommen vom 12. September 1963 zur Gründung einer Assoziation zwischen der Europäischen Wirtschaftsgemeinschaft und der Türkei für die Übergangsphase der Assoziation" (BGBl. 1972 II S. 385; im Folgenden: ZP), das am 1. Januar 1973 in Kraft trat. In diesem Zusatzprotokoll werden die Einzelheiten und der Zeitplan für die Übergangsphase bis zur Verwirklichung der Zollunion festgeschrieben (Artikel 7 ff.). Für die „schrittweise Herstellung" der Arbeitnehmerfreizügigkeit sieht das Zusatzprotokoll eine Frist vor (Artikel 36 Absatz 1). Dem Assoziationsrat wird die hierfür erforderliche Normsetzungskompetenz übertragen (Artikel 36 ff.). Das Zusatzprotokoll enthält außerdem materielle Grundsätze für normative Vorgaben, die sich zum Teil an die Mitgliedstaaten, zum Teil an den Assoziationsrat richten (Artikel 36 ff.). Artikel 41 Absatz 1 ZP, der ein Verschlechterungsverbot in Bezug auf die Niederlassungs- und Dienstleistungsfreiheit postuliert, spielt für die weitere Rechtsentwicklung durch die Rechtsprechung des Gerichtshofs der Europäischen Union eine große Rolle (insbesondere durch die Rechtssachen „Soysal" und „Demirkan").
Im Assoziationsrat konnte indessen zwischen den Mitgliedstaaten und der Türkei keine Einigung über die schrittweise Herstellung der Arbeitnehmerfreizügigkeit erzielt werden. Die im Zusatzprotokoll vorgesehene Frist lief daher ab, ohne dass Freizügigkeitsbeschlüsse gefasst worden wären. Einigen konnte man sich im Bereich der Arbeitnehmerfreizügigkeit lediglich auf die Gewährleistung von nach Aufenthaltsdauer gestuften Zugangsrechten türkischer Arbeitnehmer zum Arbeitsmarkt, sofern sie bereits dem regulären Arbeitsmarkt eines Mitgliedstaates angehören, sowie über Zugangsrechte von deren Familienangehörigen. Die Ergebnisse dieser Einigung finden sich in zwei Assoziationsratsbeschlüssen:
Am 20. Dezember 1976 wurde vom Assoziationsrat der Beschluss Nr 2/76 (ARB 2/76) gefasst. Dieser regelt insbesondere den Zugang türkischer Arbeitnehmer zum Arbeitsmarkt der Mitgliedstaaten der heutigen EU. Der ARB 2/76 trat am 1. Dezember 1976 in Kraft.
Der ARB 2/76 wurde in nahezu allen Bereichen durch den am 19. September 1980 gefassten Assoziationsratsbeschluss Nr 1/80 (ARB 1/80) abgelöst, der die Bestimmungen des ARB 2/76 weitgehend übernahm, aber im sozialen Bereich für türkische Arbeitnehmer und deren Familienangehörige günstigere Bedingungen schuf (vgl. ARB 1/80 Begründungserwägung 3). Der ARB 1/80 trat am 1. Juli 1980 in Kraft. Nach Artikel 16 ARB 1/80 sind aber die Bestimmungen des Kapitels II, Abschnitt 1. erst ab dem 1. Dezember 1980 anwendbar.
2.2. Überblick über die relevanten Regelungen
Kapitel II Abschnitt 1 ARB 1/80 regelt insbesondere, welche Rechte türkischen Staatsangehörigen im Aufnahmemitgliedstaat auf dem Gebiet der Beschäftigung zustehen.

---

[1] Entnommen der amtlichen Publikation „Assoziierungsabkommen und Protokolle EWG – Türkei sowie andere Basisdokumente", Amt für amtliche Veröffentlichungen der Europäischen Gemeinschaften Brüssel-Luxemburg 1992, ISBN 92-824-0903, S. 327–345.

3 ARB 1/80 Vorb

Die Artikel 6 und 7 ARB 1/80 sind dabei die zentralen Vorschriften, aus denen türkische Staatsangehörige, sofern die Voraussetzungen vorliegen, unmittelbar Ansprüche auf Erteilung einer Aufenthalts- und Arbeitserlaubnis herleiten können. Es wird dabei unterschieden zwischen der Stellung türkischer Arbeitnehmer (Artikel 6 ARB 1/80) und der Stellung von Familienangehörigen dieser türkischen Arbeitnehmer (Artikel 7 ARB 1/80).

Artikel 6 Absatz 1 ARB 1/80 regelt die je nach Beschäftigungsdauer abgestuften Rechte türkischer Staatsangehöriger, die im betreffenden Mitgliedstaat eine bestimmte Zeit ordnungsgemäß beschäftigt waren.

Artikel 7 ARB 1/80 regelt die Stellung der Familienangehörigen dieser türkischen Arbeitnehmer im Gebiet des Aufnahmemitgliedstaates. Bei der Personengruppe der Familienangehörigen wird weiter unterschieden zwischen denjenigen Familienangehörigen, die die Genehmigung erhalten haben, zu dem Arbeitnehmer im Mitgliedstaat zu ziehen, und dort für gewisse Zeit ihren ordnungsgemäßen Wohnsitz gehabt haben (Artikel 7 Satz 1 ARB 1/80), und den Kindern eines solchen Arbeitnehmers, die im betreffenden Mitgliedstaat eine Berufsausbildung abgeschlossen haben (Artikel 7 Satz 2 ARB 1/80).

Die türkischen Kinder von Assoziationsberechtigten genießen Gleichbehandlungsrechte in Bezug auf den Zugang zum Schulunterricht und zur beruflichen Bildung (Artikel 9 ARB 1/80).

Artikel 10 ARB 1/80 enthält eine Konkretisierung des allgemeinen Diskriminierungsverbots in Bezug auf die Arbeitsbedingungen, insbesondere das Arbeitsentgelt (Absatz 1), und die Unterstützung der Arbeitsämter bei der Arbeitsbeschaffung (Absatz 2).

Artikel 7 ARB 2/76 enthält eine Stillhalteklausel, nach der die Mitgliedstaaten keine neuen innerstaatlichen Maßnahmen einführen dürfen, die bezwecken oder bewirken, dass die Ausübung der Arbeitnehmerfreizügigkeit durch einen türkischen Staatsangehörigen in diesem Mitgliedstaat strengeren Voraussetzungen unterworfen wird. Artikel 13 ARB 1/80 dehnt diese Stillhalteklausel auf die Familienangehörigen türkischer Arbeitnehmer aus.

Artikel 41 Absatz 1 ZP enthält eine solche Stillhalteklausel für Regelungen, die die Niederlassungsfreiheit und die Dienstleistungsfreiheit betreffen.

Artikel 14 ARB 1/80 enthält die Rechtfertigungsgründe, aufgrund derer die Mitgliedstaaten die Ansprüche türkischer Staatsangehöriger nach dem ARB 1/80 beschränken dürfen.

2.3. Rechtsnatur und alleinige Auslegungskompetenz des EuGH

Die Bestimmungen des ARB 1/80 sind aufgrund des unmittelbaren Sachzusammenhangs mit dem AssAbk und dem ZP nach der Rechtsprechung des EuGH integraler Bestandteil des Unionsrechts (Artikel 216 ff. AEUV). Der EuGH nimmt für sich das alleinige Recht in Anspruch, zur Wahrung der einheitlichen Anwendung des Unionsrechts in den Mitgliedstaaten im Wege des Vorabentscheidungsverfahrens nach Artikel 267 AEUV über die Auslegung sowohl der Abkommens- und Protokollbestimmungen als auch der Assoziationsratsbeschlüsse verbindlich zu entscheiden.

Das Bundesverfassungsgericht geht seit seinem „Solange II"-Beschluss aus dem Jahre 1986 in ständiger Rechtsprechung (vgl. etwa Beschluss vom 9. Januar 2001 - 1 BvR 1036/99) davon aus, dass der EuGH „gesetzlicher Richter" im Sinne von Artikel 101 Absatz 1 Satz 2 des Grundgesetzes (GG) ist. Die Rechtsprechung des EuGH zur Auslegung der Bestimmungen des ARB 1/80 ist daher – auch soweit sie auf richterlicher Rechtsfortbildung beruht – von den zuständigen deutschen Behörden und Gerichten aufgrund ihrer Bindung an Recht und Gesetz (Artikel 20 Absatz 3 GG) zu beachten.

2.4. Bisherige EuGH-Urteile

Bislang sind folgende Urteile des EuGH zur Auslegung des ARB 1/80 und des Artikels 41 Absatz 1 ZP ergangen:

	Datum	Rechtssache	Kurzbezeichnung	Normen	Schlagworte
1	30.9.1987	C-12/86	Demirel	Artikel 48, 177 Absatz 1 Buchstabe b, 228, 238 EWG; Artikel 7, 12 AssAbk; Artikel 36 ZP	Auslegungskompetenz EuGH; unmittelbare Anwendbarkeit Assoziationsrecht; Familiennachzug
2	20.9.1990	C-192/89	Sevince	Artikel 177 Absatz 1 Buchstabe b, 228, 238 EWG	Auslegungskompetenz Assoziationsratsbeschlüsse; Begriff der ordnungsgemäßen Beschäftigung
3	16.12.1992	C-237/91	Kus	Artikel 6 Absatz 1 ARB 1/80	Ehebezogenes Aufenthaltsrecht; Eheauflösung; Verlängerung Aufenthalt nach Assoziationsrecht
4	5.10.1994	C-355/93	Eroglu	Artikel 6 Absatz 1, 7 Absatz 2 ARB 1/80	Erneuerung Aufenthalt türkischer Arbeitnehmer; Arbeitsmarktzugang von Kindern türkischer Arbeitnehmer mit Berufsausbildung
5	6.6.1995	C-434/93	Bozkurt I	Artikel 6 Absatz 1 ARB 1/80	Zugehörigkeit zum regulären Arbeitsmarkt eines Mitgliedstaates; Tätigkeiten im grenzüberschreitenden Verkehr;
6	23.1.1997	C-171/95	Tetik	Artikel 6 Absatz 1 Spiegelstrich 3 ARB 1/80	Aufenthaltsrecht zum Zwecke der Stellensuche
7	17.4.1997	C-351/95	Kadiman	Artikel 7 Absatz 1 Satz 1 ARB 1/80	Aufenthaltsrecht der Kinder türkischer Arbeitnehmer; tatsächliche Lebensgemeinschaft mit dem türkischen Wanderarbeitnehmer

	Datum	Rechtssache	Kurzbezeichnung	Normen	Schlagworte
8	29.5.1997	C-386/95	Eker	Artikel 6 Absatz 1 Satz 1 Spiegelstrich 1 ARB 1/80	Verlängerungsanspruch Aufenthalt; Voraussetzungen ununterbrochene ordnungsgemäße Beschäftigung;
9	5.6.1997	C-285/95	Kol	Artikel 6 Absatz 1 ARB 1/80	Ordnungsgemäße Beschäftigung; Aufenthalt durch Täuschung erlangt
10	30.9.1997	C-98/96	Ertanir	Artikel 6 Absatz 3 ARB 1/80	Beschränkbarkeit ARB 1/80 durch Mitgliedstaaten; Berücksichtigung kurzer Unterbrechungen bei der Rechtmäßigkeit des Aufenthalts
11	30.9.1997	C-36/96	Günaydin	Artikel 6 Absatz 1 ARB 1/80	Begriff regulärer Arbeitsmarkt; ordnungsgemäße Beschäftigung bei befristeten oder bedingten Aufenthaltstiteln, Rechtsmissbrauch
12	19.11.1998	C-210/97	Akman	Artikel 7 Absatz 2 ARB 1/80	Aufenthaltsrecht der Kinder türkischer Arbeitnehmer; Auslandsaufenthalt des türkischen Arbeitnehmers zum Zeitpunkt des Ausbildungsabschlusses
13	26.11.1998	C-1/97	Birden	Artikel 6 Absatz 1 ARB 1/80	Zugehörigkeit zum regulären Arbeitsmarkt bei befristeter und aus öffentlichen Mitteln finanzierter Tätigkeit
14	10.2.2000	C-340/97	Nazli	Artikel 6 Absatz 1 ARB 1/80	Zugehörigkeit zum regulären Arbeitsmarkt bei U-Haft und späterer Bewährungsstrafe; generalpräventive Ausweisung
15	16.3.2000	C-329/97	Ergat	Artikel 7 Satz 1 ARB 1/80	Begriff des ordnungsgemäßen Wohnsitzes; Aufenthalt bei verspätetem Verlängerungsantrag
16	11.5.2000	C-37/98	Savas	Artikel 13 ARB 1/80, Artikel 41 Absatz 1, Absatz 2 ZP	Unmittelbare Wirkung und Umfang der Stillhalteklauseln
17	22.6.2000	C-65/98	Eyüp	Artikel 7 Satz 1 ARB 1/80	Berechnung und Unterbrechung des dreijährigen tatsächlichen Wohnsitzes beim türkischen Wanderarbeitnehmer
18	14.11.2002	C-251/00	Ilumitrónica	Artikel 5 Absatz 2 VO (EWG) Nr 1697/79 des Rates vom 24.7.1979	Einfuhr von TV-Geräten aus der Türkei; Bestimmung des Zollschuldners; Nacherhebung der Zölle
19	19.11.2002	C-188/00	Kurz	Artikel 6 Absatz 1 ARB 1/80	Zugehörigkeit zum regulären Arbeitsmarkt bei entgeltlicher Beschäftigung während einer Berufsausbildung; Wirkungen einer Ausweisung
20	8.5.2003	C-171/01	Wählergruppe „Gemeinsam"	Artikel 10 Absatz 1 ARB 1/80	Unmittelbare Anwendbarkeit; Ausschluss der Wählbarkeit türkischer Arbeitnehmer in Arbeiterkammern
21	21.10.2003	C-317/01	Abatay	Artikel 13 ARB 1/80 und Artikel 41 Absatz 1 ZP	Reichweite Stillhalteklauseln; Arbeitserlaubnis im grenzüberschreitenden Güterkraftverkehr
22	30.9.2004	C-275/02	Ayaz	Artikel 7 ARB 1/80	Begriff des Familienangehörigen; Stiefkind eines türkischen Arbeitnehmers
23	11.11.2004	C-467/02	Cetinkaya	Art 7 Satz 1; Artikel 14 ARB 1/80	Aufenthaltsrecht des Kindes eines türkischen Arbeitnehmers nach Eintritt der Volljährigkeit; Voraussetzungen für eine Ausweisung
24	2.6.2005	C-136/03	Dörr/Ünal	Artikel 8 und 9 RL 64/221/ EWG; Artikel 6 Absatz 1, 7, 14 ARB 1/80	Ausweisung, Rechtsmittel, Suspensiveffekt, Zweckmäßigkeitserwägungen bei Ausweisung; Gesetzmäßigkeit

3 ARB 1/80 Vorb

	Datum	Rechtssache	Kurzbezeichnung	Normen	Schlagworte
25	7.7.2005	C-373/03	Aydinli	Artikel 6, 7, 14 ARB 1/80	Strafrechtliche Verurteilung zu einer Freiheitsstrafe; Auswirkungen auf assoziationsrechtliches Aufenthaltsrecht
26	7.7.2005	C-374/03	Gürol	Artikel 9 ARB 1/80	Zugangsrechte der Kinder türkischer Arbeitnehmer zu Ausbildung und Ausbildungsförderung im Mitgliedstaat
27	7.7.2005	C-383/03	Dogan	Artikel 6, 7, 14 ARB 1/80	Arbeitnehmerbegriff; Zugehörigkeit zum regulären Arbeitsmarkt; Auswirkungen von Strafhaft auf das Aufenthaltsrecht
28	10.1.2006	C-230/03	Sedef	Artikel 6 Absatz 1, Absatz 2 ARB 1/80	Verlängerung Aufenthalt; mehrfache berufsbedingte Unterbrechung der Beschäftigung
29	16.2.2006	C-502/04	Torun	Artikel 7 Satz 2 ARB 1/80	Strafrechtliche Verurteilung; Kind eines türkischen Arbeitnehmers mit abgeschlossener Berufsausbildung; Auswirkungen auf Aufenthaltsrecht
30	26.10.2006	C-4/05	Güzeli	Artikel 10 Absatz 1 ARB 1/80	Nichtverlängerung des Aufenthaltes eines türkischen Arbeitnehmers; Zugehörigkeit zum regulären Arbeitsmarkt; Krankheit
31	18.7.2007	C-325/05	Derin	Artikel 6, 7, 14 ARB 1/80; Artikel 59 ZP	Erwerb eines Aufenthaltsrechts bei erwachsenem Kind eines türkischen Arbeitnehmers; Besserstellungsverbot
32	20.9.2007	C-16/05	Tum/Dari	Artikel 41 Absatz 1 ZP	Reichweite Stillhalteklausel; selbständige Tätigkeit; abgelehnter Asylbewerber
33	4.10.2007	C-349/06	Polat	Artikel 7 Absatz 1, 14 ARB 1/80; Artikel 59 ZP	Rechtmäßigkeit Ausweisung aus spezialpräventiven Erwägungen; Mehrfachstraftäter
34	24.1.2008	C-294/06	Payir	Artikel 6 Absatz 1 Spiegelstrich 1 ARB 1/80	Zugehörigkeit zum regulären Arbeitsmarkt; Einreise als Au-pair/Student; Auswirkungen auf Aufenthaltsrecht
35	25.9.2008	C-453/07	Er	Artikel 7 Absatz 1 ARB 1/80	Aufenthaltsrecht von Kindern türkischer Arbeitnehmer; Voraussetzungen für den Verlust erworbener Rechte
36	18.12.2008	C-337/07	Altun	Artikel 6 Absatz 1, 7 Absatz 1 ARB 1/80	Voraussetzungen für den Verlust erworbener Rechte; Anwendbarkeit des Assoziationsrechts auf Flüchtlinge; Täuschung durch Falschangaben; Rücknahme Aufenthaltsrecht; unverschuldete Arbeitslosigkeit
37	19.2.2009	C-228/06	Soysal	Artikel 41 Absatz 1 ZP	Freier Dienstleistungsverkehr; Visumpflicht für türkische Fahrer von LKW; Reichweite Stillhalteklauseln
38	17.9.2009	C-242/06	Sahin	Artikel 13 ARB 1/80	Reichweite Stillhalteklauseln; Einführung einer Gebühr für die Verlängerung eines Aufenthaltstitels
39	21.1.2010	C-462/08	Bekleyen	Artikel 7 Absatz 2 ARB 1/80	Voraussetzungen für den Aufenthalt von Kindern türkischer Arbeitnehmer
40	4.2.2010	C-14/09	Genc	Artikel 6 Absatz 1 ARB 1/80	Arbeitnehmerbegriff; geringfügige Beschäftigung; Verlust erworbener Rechte
41	29.4.2010	C-92/07	Kommission/Niederlande	Artikel 9 AssAbk; Artikel 41 Absatz 1 ZP; Artikel 10, 13 ARB 1/80	Gebühren für Ausstellung und Verlängerung Aufenthaltserlaubnis; Verhältnismäßigkeit Gebührenhöhe
42	9.12.2010	C-300/09 und 301/09	Top-rak/Oguz	Artikel 13 ARB 1/80	Begriff neuer Beschränkungen für den Arbeitsmarktzugang türkischer Arbeitnehmer

Vorbemerkung   Vorb ARB 1/80 3

	Datum	Rechtssache	Kurzbe-zeichnung	Normen	Schlagworte
43	22.12.2010	C-303/08	Bozkurt II	Artikel 7 Absatz 1 ARB 1/80	Fortbestehen des Aufenthaltsrechts nach Scheidung; Rechtsmissbrauch
44	16.6.2011	C-484/07	Pehlivan	Artikel 7 Absatz 1 ARB 1/80	Aufenthaltsrecht verheirateter volljähriger Kinder türkischer Arbeitnehmer
45	21.7.2011	C-186/10	Oguz	Artikel 41 Absatz 1 ZP	Niederlassungsfreiheit; Versagung Aufenthaltsverlängerung; Verstoß gegen Nebenbestimmungen; Rechtsmissbrauch
46	29.9.2011	C-187/10	Unal	Artikel 6 Absatz 1 ARB 1/80	Familienzusammenführung, Trennung vom Partner; rückwirkende Aufhebung Aufenthaltsrecht; vorsätzliche Täuschung
47	15.11.2011	C-256/11	Dereci	Artikel 13 ARB 1/80; Artikel 41 Absatz 1 ZP	Unionsrechtliches Aufenthaltsrecht von drittstaatsangehörigen Ehegatten von inländischen Unionsbürgern; Inländerdiskriminierung
48	8.12.2011	C-371/08	Ziebell	Artikel 7 Satz 1 Spiegelstrich 2; Artikel 14 ARB 1/80; RL 64/221/EWG; 2003/109/EG; 2004/38/EG	Voraussetzungen für die Ausweisung assoziationsberechtigter türkischer Staatsangehöriger
49	29.3.2012	C-7/10 und C-9/10	Kahveci/Inan	Artikel 6, 7, 9 ARB 1/80	Doppelte Staatsangehörigkeit des türkischen Arbeitnehmers; Zugang zu sozialen Vergünstigungen des Mitgliedstaates
50	19.7.2012	C-451/11	Dülger	Artikel 7 Satz 1 ARB 1/80	Assoziationsrechtliches Aufenthaltsrecht von Drittstaatsangehörigen
51	8.11.2012	C-268/11	Gülbahce	Artikel 6 Absatz 1 Spiegelstrich 1; 10 ARB 1/80	Rechte türkischer Arbeitnehmer auf dem regulären Arbeitsmarkt; Rückwirkende Rücknahme eines Aufenthaltstitels
52	24.9.2013	C-221/11	Demirkan	Artikel 41 Absatz 1 ZP	Passive Dienstleistungsfreiheit; Visumpflicht für türkische Staatsangehörige; Reichweite Stillhalteklausel

2.5. Unmittelbare Wirkung

Nach der Rechtsprechung des EuGH entfalten die Bestimmungen des Assoziierungsabkommens, des Zusatzprotokolls und des ARB 1/80 unmittelbare Wirkung in den Mitgliedstaaten, wenn sie unter Berücksichtigung ihres Wortlauts und im Hinblick auf ihren Sinn und Zweck eine klare und eindeutige Verpflichtung enthalten, deren Erfüllung oder deren Wirkung nicht vom Erlass eines weiteren innerstaatlichen Umsetzungsaktes abhängt. Unter Zugrundelegung dieser Kriterien ist eine unmittelbare Wirkung vom EuGH für Artikel 12 AssAbk und Artikel 36 ZP mit der Begründung verneint worden, bei diesen beiden Bestimmungen handele es sich um noch ausfüllungsbedürftige Programmsätze. Dagegen hat der EuGH den Regelungen in Artikel 6 Absatz 1, Artikel 7, 9 Satz 1, Artikel 10 und 13 ARB 1/80 sowie in Artikel 41 Absatz 1 ZP ausdrücklich unmittelbare Wirkung in den Mitgliedstaaten zuerkannt. Dies bedeutet, dass türkische Staatsangehörige, die die Voraussetzungen dieser Vorschriften erfüllen, sich unmittelbar auf die in diesen Vorschriften gewährten Rechte berufen können.

2.6. Implizites Aufenthaltsrecht

Die Artikel 6 und 7 ARB 1/80 enthalten ihrem Wortlaut nach beschäftigungsrechtliche Regelungen. Der EuGH geht jedoch in ständiger Rechtsprechung davon aus, dass die beschäftigungsrechtlichen Vergünstigungen, die türkischen Staatsangehörigen verliehen werden, zwangsläufig auch ein Aufenthaltsrecht dieser Personen im jeweiligen EU-Mitgliedstaat (nicht unionsweit) beinhalten, weil sonst die in diesen Bestimmungen eingeräumten Arbeitsmarktzugangsrechte wirkungslos wären.

Dieses vom EuGH im Wege der Rechtsfortbildung entwickelte assoziationsrechtliche Aufenthaltsrecht ist somit abgeleiteter Natur. Es benötigt zu seinem Entstehen des Anknüpfungspunktes einer „ordnungsgemäßen Beschäftigung" und besteht bei türkischen Arbeitnehmern grundsätzlich nur so lange, wie sie dem regulären Arbeitsmarkt angehören. Unter bestimmten Voraussetzungen können türkische Arbeitnehmer und ihre Familienangehörigen aber auch ein Aufenthaltsrecht erwerben, ohne dass es hierfür des Anknüpfungspunktes einer „ordnungsgemäßen Beschäftigung" bedarf.

Da das Assoziationsrecht insgesamt integraler Bestandteil des Unionsrechts ist, ist das aus den Bestimmungen des ARB 1/80 abgeleitete Aufenthaltsrecht zugleich supranationaler Rechtsnatur und genießt als solches – nach ständiger Rechtsprechung des EuGH – Anwendungsvorrang gegenüber entgegenstehenden Bestimmungen des innerstaatlichen Rechts. Dies bedeutet, dass türkische Staatsangehörige, die die Voraussetzungen insbesondere der Artikel 6 oder 7 ARB 1/80 erfüllen, ein Recht auf Aufenthalt im Bundesgebiet und auf Zugang zum Arbeitsmarkt haben und ihnen

Dienelt

daher eine Aufenthaltserlaubnis von der Ausländerbehörde grundsätzlich auch dann zu erteilen beziehungsweise zu verlängern ist, wenn sie die formalen Voraussetzungen für die Erteilung eines Aufenthaltstitels nicht erfüllen.

Zum Nachweis des sich bereits aus dem Assoziationsrecht ergebenden Aufenthaltsrechts bedarf es lediglich einer deklaratorischen Aufenthaltserlaubnis (vgl. § 4 Absatz 5 AufenthG). Der Aufenthalt und die Beschäftigung eines solchen türkischen Staatsangehörigen sind ohne weiteres erlaubt, selbst wenn der türkische Staatsangehörige eine Aufenthalts- und/oder Arbeitserlaubnis tatsächlich nicht oder nicht mehr besitzen sollte. Sie ist verwaltungsverfahrensrechtlich als feststellender – und mit Hinblick auf die Feststellungswirkung begünstigender – Verwaltungsakt zu betrachten.

Die deklaratorische Aufenthaltserlaubnis ist für denjenigen Gültigkeitszeitraum auszustellen, für den sie erteilt würde, wenn die Voraussetzungen der Erteilung nach § 18 AufenthG vorliegen würden. Ergibt sich daraus kein hinreichender Maßstab für die Bemessung des Gültigkeitszeitraums, sollte die Aufenthaltserlaubnis jeweils für drei Jahre ausgestellt werden.

Für türkische Staatsangehörige, deren assoziationsrechtliches Aufenthaltsrecht einem Daueraufenthaltsrecht gleichkommt (wie etwa bei Familienangehörigen gemäß Artikel 7 Satz 1 Spiegelstrich 2), ist eine Befristung von mindestens 5 Jahren vorzusehen. Soweit ein anderer Aufenthaltstitel als der nach § 4 Absatz 5 AufenthG erteilt wird, ist das Bestehen des zugrunde liegenden assoziationsrechtlichen Daueraufenthaltsrechts einschließlich seiner Rechtsgrundlage im Aufenthaltstitel eindeutig kenntlich zu machen (BVerwG, Urteil vom 22. Mai 2012, Az. 1 C 6/11).

Regelmäßig wird ein gesonderter Nachweis des Aufenthaltsrechts nicht erforderlich sein, weil den Betroffenen ein Aufenthaltstitel bereits nach den Vorschriften des Aufenthaltsgesetzes – etwa zum Familiennachzug – zu erteilen beziehungsweise zu verlängern ist. Allerdings bedarf es eines gesonderten Nachweises des Aufenthaltsrechts nach Artikel 6 oder 7 ARB 1/80 für den Fall, dass

– für den Erwerb der deutschen Staatsangehörigkeit durch Geburt im Inland *(ius soli)* oder durch Einbürgerung der ursprüngliche Aufenthaltstitel nicht ausreicht,
– der ursprüngliche Aufenthaltszweck entfällt,
– der Aufenthalt durch eine Ausweisung beendet oder der ursprüngliche Aufenthaltstitel aus anderen Gründen nicht mehr verlängert werden soll.

Nach der Rechtsprechung des BVerwG ist die Erteilung mehrerer Aufenthaltserlaubnisse (also zum Beispiel einer Niederlassungserlaubnis gemäß § 9 AufenthG und einer Erlaubnis zum Daueraufenthalt-EG gemäß § 9a AufenthG) nebeneinander (und auch zusätzlich zu der Aufenthaltserlaubnis gemäß § 4 Absatz 5 AufenthG) zulässig (BVerwG, Urteil vom 19. März 2013 - 1 C 12.12 –, juris).

2.7. Anwendung des deutschen Aufenthaltsrechts

Somit ergibt sich für die Anwendung des deutschen Aufenthaltsrechts auf türkische Staatsangehörige, die sich auf Rechte aus den Artikeln 6 und 7 ARB 1/80 berufen können, Folgendes:

Die Einreise eines vom Assoziationsrecht begünstigten türkischen Staatsangehörigen in das Bundesgebiet und sein Aufenthalt im Bundesgebiet sind nicht unerlaubt, selbst wenn er den sonst erforderlichen Aufenthaltstitel nicht oder nicht mehr besitzt. Dies wird durch § 4 Absatz 1 Satz 1 AufenthG klargestellt. Ausreichend ist demnach das Bestehen eines assoziationsrechtlichen Aufenthaltsrechts.

Auch durch kurzfristiges Verlassen des Bundesgebietes verliert der Assoziationsberechtigte sein Aufenthaltsrecht nicht. Die Wiedereinreise ist somit auch ohne gültiges Visum beziehungsweise ohne Visum für einen langfristigen Aufenthalt nicht als unerlaubt anzusehen. Zur Abgrenzung des kurzfristigen Verlassens des Bundesgebiets von einer längeren Abwesenheit siehe Ziffern 3.5.6, 3.6 und 3.8.4).

Der Ablauf der Gültigkeit des Aufenthaltstitels führt nicht zur Ausreisepflicht. Dies wird durch § 50 Absatz 1 AufenthG klargestellt.

Die allgemeinen Erteilungsvoraussetzungen (§ 5 AufenthG) finden auf vom Assoziationsrecht begünstigte türkische Staatsangehörige keine Anwendung. Die Erteilung einer Aufenthaltserlaubnis nach einer anderen Vorschrift (zum Beispiel zum Führen einer familiären Lebensgemeinschaft mit einem deutschen Staatsangehörigen) steht dem Bestehen einer Rechtsposition nach ARB 1/80 jedoch nicht entgegen. Hierdurch können sich weitergehende Rechte ergeben. So kann die Erteilung einer Aufenthaltserlaubnis aufgrund einer anderen Rechtsgrundlage im Einzelfall schon deshalb sinnvoll sein, weil die Aufenthaltserlaubnis nach § 4 Absatz 5 AufenthG nicht kraft Gesetzes die Aufnahme einer selbstständigen Erwerbstätigkeit gestattet.

Auch die Straftatbestände, die den Aufenthalt ohne erforderlichen Aufenthaltstitel unter Strafe stellen (vgl. zum Beispiel § 95 Absatz 1 Nr 2 AufenthG), sind nicht anwendbar. Allerdings ist es eine bußgeldbewehrte Ordnungswidrigkeit, wenn ein türkischer Staatsangehöriger, dem ein assoziationsrechtlich begründetes Aufenthaltsrecht zusteht, seine Aufenthaltsberechtigung nicht durch den deklaratorischen Aufenthaltstitel nachweist (§ 98 Absatz 2 Nummer 1 AufenthG).

2.8. Grundzüge des Assoziationsrechts

Der ARB 1/80 findet auf türkische Staatsangehörige, die im Bundesgebiet als Arbeitnehmer beschäftigt sind oder als Arbeitnehmer tätig werden wollen, und auf ihre Familienangehörigen Anwendung. Selbständig erwerbstätige türkische Staatsangehörige sich hingegen nicht auf seine Regelungen berufen. Grundsätzlich besteht bei ihnen weiterhin das Verbot der Aufnahme einer Beschäftigung. Selbständig Erwerbstätige können sich allerdings auf die Stillhalteklausel des Artikels 41 Absatz 1 ZP berufen.

Der ARB 1/80 regelt nur die Rechtsstellung türkischer Arbeitnehmer, die bereits auf dem regulären deutschen Arbeitsmarkt ordnungsgemäß beschäftigt sind und lässt demgemäß – vorbehaltlich des Eingreifens der Stillhalteklausel des Artikels 13 ARB 1/80 – die Befugnis der Mitgliedstaaten unberührt, die Einreise (Visumverfahren) und die

Vorbemerkung **Vorb ARB 1/80 3**

erstmalige Arbeitsaufnahme türkischer Staatsangehöriger im Bundesgebiet allein gemäß den innerstaatlichen aufenthalts- und beschäftigungsrechtlichen Bestimmungen zu steuern.

Ein Übergang beziehungsweise ein Hineinwachsen in Ansprüche nach dem ARB 1/80 kann im Rahmen des behördlichen Ermessens auf der Grundlage einer Einzelfallprüfung durch eine Auflage (Verbot der Ausübung einer Beschäftigung) und vor allem durch eine strikte zeitliche Befristung unterhalb der Jahresschwelle des Artikel 6 Absatz 1, erster Spiegelstrich ARB 1/80 in zulässiger Weise unterbunden werden kann (vgl. Ziffer 3.5.7).

Ist einem türkischen Staatsangehörigen einmal eine Aufenthaltserlaubnis erteilt worden, sind die Gründe, die ihrer erstmaligen Ausstellung ursprünglich zugrunde lagen, im Rahmen einer späteren Anwendung des ARB 1/80 ohne Belang. Dies hat zur Konsequenz, dass immer und sobald ein türkischer Arbeitnehmer mehr als ein Jahr (Artikel 6 Absatz 1 Spiegelstrich 1 ARB 1/80) auf dem regulären Arbeitsmarkt ununterbrochen bei demselben Arbeitgeber ordnungsgemäß beschäftigt war, er ein assoziationsrechtliches Aufenthaltsrecht besitzt, selbst wenn ihm die Aufenthaltserlaubnis, über die er verfügt, ursprünglich zu anderen Zwecken als zur Ausübung einer abhängigen Beschäftigung erteilt worden war (siehe Ziffer 3.5.4).

Selbst wenn der türkische Arbeitnehmer von Anfang an gewusst hat, dass nach dem deutschen Recht in seinem Einzelfall eine Verfestigung seines Aufenthaltes nicht möglich sein soll und er dies gegenüber der Ausländerbehörde bei Erteilung der Aufenthaltsgenehmigung unter Umständen sogar schriftlich anerkannt hat (Rückkehrzusage), können ihm derartige arbeits- und aufenthaltserlaubnisrechtliche Beschränkungen in der Regel bei einem späteren Verlängerungsantrag nicht unter dem Gesichtspunkt des Rechtsmissbrauchs entgegengehalten werden, es sei denn, er hat die Ausländerbehörde wahrheitswidrig über seine Rückkehrabsicht getäuscht (vgl. Ziffer 3.7.3).

Die Ausländerbehörde hat bei denjenigen türkischen Staatsangehörigen, die erstmals einen Aufenthaltstitel allein zur Ausübung einer abhängigen Beschäftigung anstreben, die spezifischen Verfestigungsregelungen des ARB 1/80 in die zu treffende Ermessensentscheidung einzustellen. Daraus folgt, dass dort, wo die Beschäftigungsverordnung lediglich von einem zeitlich begrenzten Aufenthalt ausgeht, Aufenthaltstitel im Hinblick auf die Verfestigungsregelungen des ARB 1/80 nur in begründeten Ausnahmefällen erteilt und gegebenenfalls auf zunächst höchstens 11 Monate befristet werden können (vgl. Ziffer 3.7.4), es sei denn, der türkische Arbeitnehmer übt keine Tätigkeit auf dem regulären deutschen Arbeitsmarkt aus. Eine zeitliche Befristung kann unterbleiben, wenn die Erteilung des Aufenthaltstitels im öffentlichen Interesse steht (§ 18 Absatz 4 Satz 2 AufenthG).

Ob ein Arbeitnehmer türkischer Staatsangehöriger ist, bestimmt sich nach türkischem Recht. Personen, die neben der türkischen auch noch die Staatsangehörigkeit eines EU-Mitgliedstaates besitzen, sind nach der Rechtsprechung des EuGH (Rs. C-369/90, Slg. I 1992, 4239 – Micheletti) als Unionsbürger zu behandeln. Ist ein türkischer Staatsangehöriger auch Deutscher, geht letztere Rechtsstellung stets vor (Ausnahme: Nichtdeutsche Familienangehörige können sich natürlich unabhängig von der doppelten Staatsangehörigkeit eines Stammberechtigten auch auf die Rechte aus dem ARB 1/80 berufen).

2.9. Rechtliche Grenze

Gemäß Artikel 59 ZP vermögen auch die Bestimmungen des ARB 1/80 türkischen Staatsangehörigen grundsätzlich keine bessere aufenthaltsrechtliche Situation zu vermitteln, als sie das Unionsrecht für Unionsbürger und ihre Familienangehörigen vorsieht. Bei der Anwendung und Auslegung von Bestimmungen des ARB 1/80 ist daher stets eine vergleichende Betrachtung mit der rechtlichen Situation von EU-Staatsangehörigen vorzunehmen.

2.10. Bedeutung für das Staatsangehörigkeitsrecht

Die Rechtmäßigkeit des Aufenthalts und das Bestehen eines nach Artikel 6 oder 7 ARB 1/80 entstandenen Daueraufenthaltsrechts sind unter anderem bei Anwendung der §§ 4, 5 und 8 ff. StAG (Erwerb der deutschen Staatsangehörigkeit durch Geburt im Inland – *ius soli*, Erklärungserwerb und Einbürgerung) zu beachten.

Aufenthaltszeiten nach Artikel 6 oder 7 ARB 1/80 sind auf die jeweilige Dauer des rechtmäßigen gewöhnlichen Aufenthalts, der für den Erwerb der deutschen Staatsangehörigkeit durch Geburt im Inland nach § 4 Absatz 3 Satz 1 Nummer 1, durch Erklärung nach § 5 Nummer 2 sowie durch Einbürgerung nach den §§ 8 ff. StAG erforderlich ist, anzurechnen.

Bei Berechtigung nach Artikel 6 oder 7 ARB 1/80 besteht – unter Berücksichtigung der jeweiligen für den Erwerb der deutschen Staatsangehörigkeit durch Geburt im Inland nach § 4 Absatz 3 Satz 1 Nummer 1 oder durch Einbürgerung nach den §§ 8 ff. StAG erforderlichen Voraufenthaltszeit auch im Falle des Artikels 6 und daher hier unbeschadet der Frage der aufenthaltsrechtlichen Qualifizierung als Daueraufenthaltsrecht – ein „unbefristetes Aufenthaltsrecht" im Sinne des § 4 Absatz 3 Satz 1 Nummer 2 und des § 10 Absatz 1 Satz 1 Nummer 2 StAG.

Die Ausländerbehörde hat daher dem Standesamt auf Anforderung für die Prüfung, ob ein Kind ausländischer (türkischer) Eltern durch Geburt im Inland die deutsche Staatsangehörigkeit nach § 4 Absatz 3 StAG erworben hat, mit Formular nach Anlage 12 zu § 34 PStV in den Fällen, in denen ein Elternteil zum Zeitpunkt der Geburt des Kindes nach Artikel 6 oder 7 ARB 1/80 berechtigt war und seit acht Jahren rechtmäßig seinen gewöhnlichen Aufenthalt im Inland hatte, mitzuteilen, dass dieser Elternteil ein „unbefristetes Aufenthaltsrecht" hatte.

I. Rechtliche Grundlagen des Assoziationsrechts

Die Türkei hat seit dem Europäischen Rat von Helsinki am 11.12.1999 den Status eines offiziellen Beitrittskandidaten der EU zuerkannt bekommen. **Die Beitrittsverhandlungen mit der EU wurden offiziell am 3.10.2005 aufgenommen,** nachdem auch Österreich nach langen Verhandlungen seine Bereitschaft erklärte, die Vollmitgliedschaft der Türkei als Verhandlungsziel festzuschreiben. 1

Die Türkei hat bereits eine lange Assoziierungsphase durchlaufen. Sie bewarb sich bereits 1959 um eine assoziierte Mitgliedschaft in der EWG. Am 12.9.1963 wurde das **Ankara-Abkommen** zwischen der EWG (heute EG) und der Türkei geschlossen (im Folgenden Assoziierungsabkommen) und mit 2

Dienelt

3 ARB 1/80 Vorb

Gesetz vom 13.5.1964[2] verkündet. Das Assoziierungsabkommen nebst dem **Zusatzprotokoll** (im Folgenden ZP) vom 23.11.1970[3] verfolgt das langfristige Ziel, die Türkei über eine verstärkte Koordinierung der Wirtschaftspolitik und die Errichtung einer Zollunion (seit 1.1.1996) auf einen Beitritt zur EU vorzubereiten.

3 Im April 1987 beantragte die Türkei die Vollmitgliedschaft in der EWG. Auch wenn ein konkreter Beitrittstermin derzeit nicht absehbar ist, hat das Assoziierungsabkommen nebst dem ZP die Rechtslage für türkische Staatsangehörige nachhaltig verbessert. Das Assoziierungsabkommen von 1963 nennt in den Art. 12–14 nur allgemein die Ziele der Assoziierung und legt die Leitlinien für ihre Verwirklichung fest, ohne dass diesen Regelungen selbst unmittelbare Wirkung zukommen würde. Hinsichtlich der Verwirklichung der Personenverkehrsfreiheit türkischer Arbeitnehmer eröffnet Art. 36 ZP dem nach den Art. 6 und 22 des Assoziierungsabkommens errichteten Assoziationsrat die verfahrensrechtliche Möglichkeit, Regelungen zur Erreichung der Arbeitnehmerfreizügigkeit festzulegen.

4 Das **2. Zusatzprotokoll** (sog. Ankara-Protokoll – im Folgenden 2. ZP) von 2005 ist noch nicht in Kraft getreten. Das 2. ZP regelt die Ausdehnung der seit 1996 bestehenden Zollunion der EU mit der Türkei auf die zehn neuen Mitglieder, die der EU im Mai 2004 beigetreten sind. Erfasst wird damit auch die von der Türkei nicht anerkannte Republik Zypern. Es wurde zwar am 29.7.2005 vom türkischen Ministerpräsidenten unterzeichnet, jedoch noch nicht vom Parlament ratifiziert. Zudem hat die Türkei bei Unterzeichnung des Protokolls einen Vorbehalt erklärt, wonach die Unterzeichnung keine völkerrechtliche Anerkennung Zyperns bedeute. Der Rat der EU hatte daraufhin am 22.9.2005 erklärt, dass dieser Vorbehalt keine rechtliche Verbindlichkeit habe[4].

5 Gestützt auf die Ermächtigung aus dem ZP hat der Assoziationsrat am 20.12.1976 zunächst den **Beschluss Nr. 2/76** (im Folgenden ARB 2/76) erlassen, der nach seinem Art. 1 eine erste Stufe bei der Herstellung der Freizügigkeit der Arbeitnehmer zwischen der Gemeinschaft und der Türkei bildete. Dieser Beschluss, der durch den ARB 1/80 vom 19.9.1980 ersetzt wurde, ist heute wieder wegen der in Art. 7 ARB 2/76 enthaltenen Stillhalteklausel für Arbeitnehmer bedeutsam geworden; hinsichtlich der übrigen Bestimmungen ist er durch den nachfolgenden **Beschluss Nr. 1/80** abgelöst worden. Das mit dem ARB 1/80 verbundene Ziel, die Verbesserung der Rechtsstellung türkischer Arbeitnehmer und ihrer Familienangehörigen im sozialen Bereich (vgl. die dritte Begründungserwägung), ist erreicht worden. Dabei kam insbesondere der Auslegung der Bestimmungen durch die Rspr. des EuGH besondere Bedeutung zu. Erst sie bewirkte letztlich die heute bestehende deutliche Verbesserung des arbeitsrechtlichen und aufenthaltsrechtlichen Status türkischer Arbeitnehmer und ihrer Familienangehörigen. Der EuGH sieht in den sozialen Bestimmungen des Kap. II, zu denen auch die unten besprochenen Art. 6 und 7 gehören, einen weiteren durch die Art. 48, 49 EG-Vertrag (jetzt Art. 45 und 46 AEUV) und Art. 50 EG-Vertrag (jetzt Art. 47 AEUV) geleiteten Schritt zur Herstellung der Freizügigkeit der Arbeitnehmer und ihrer Familienangehörigen[5]. Jedoch genießen **türkische Staatsangehörige keine Freizügigkeit** innerhalb der Gemeinschaft, sondern sie haben nur bestimmte Rechte in dem Aufnahmemitgliedstaat, sofern sie die Voraussetzungen des Art. 6 I und/oder des Art. 7 erfüllen.

6 Die Art und Weise, mit der der Assoziationsrat die ihm übertragene Aufgabe der Herstellung der vollen Freizügigkeit der Arbeitnehmer zwischen den Mitgliedstaaten der EU und der Türkei herzustellen sucht, entspricht der nach der Gründung der EWG eingeschlagenen Verfahrensweise zur Schaffung der vollen Freizügigkeit der EU-Arbeitnehmer. Denn auch 1961 wurde die Arbeitnehmerfreizügigkeit nicht sofort, sondern in mehreren Schritten hergestellt. An diesen Regelungen, die insbesondere in der heute nicht mehr gültigen VO Nr. 15 über die ersten Maßnahmen zur Herstellung der Freizügigkeit der Arbeitnehmer innerhalb der Gemeinschaft vom 16.8.1961 (im Folgenden VO 15/61/EWG) zum Ausdruck gekommen sind, dürfte sich der Assoziationsrat orientiert haben; sie sind daher für Auslegungsfragen auch heute noch durchaus bedeutsam.

7 Insgesamt sind folgende Normierungen des Assoziationsrechts für das Aufenthaltsrecht türkischer Staatsangehöriger besonders praxisrelevant:
 – Abkommen. zur Gründung einer Assoziation zwischen der EWG und der Türkei vom 12.9.1963[6], am 1.12.1964 in Kraft getreten;
 – ZP zum Abk. EWG/Türkei vom 23.11.1970[7], am 1.1.1973 in Kraft getreten;
 – ARB 1/80 vom 19.9.1980, am 1.7.1980 in Kraft getreten. Nach Art. 16 sind aber die Bestimmungen des Kap. II Abschnitt 1 erst ab dem 1.12.1980 anwendbar.

8 Der auf dem Abkommen basierende ARB 1/80 des Assoziationsrats lässt nach stRspr des EuGH die **Befugnis der Mitgliedstaaten unberührt,** Vorschriften sowohl über die **Einreise türkischer Staatsangehöriger** in ihr Hoheitsgebiet als auch über die **Voraussetzungen für deren erste**

---

[2] BGBl. 1964 II S. 510.
[3] BGBl. 1972 II S. 385, 1973 II S. 113.
[4] Presseerklärung des Rates der EU v. 22.9.2005 Nr. 12541/05 (Presse 243).
[5] EuGH Urt. v. 30.9.1997 – C-98/96, Slg. 1997, I-5179 = InfAuslR 1997, 434 – Ertanir.
[6] BGBl. 1964 II S. 510.
[7] BGBl. 1972 II S. 385, 1973 II S. 113.

Beschäftigung zu erlassen[8]. So hat der EuGH in der Rechtssache Abatay ua ausgeführt[9], dass „die erstmalige Zulassung der Einreise eines türkischen Staatsangehörigen in einen Mitgliedstaat (...) daher im Grundsatz ausschließlich dem Recht dieses Staates (unterliegt); der Betroffene kann sich auf bestimmte Rechte auf dem Gebiet der Ausübung einer Beschäftigung als Arbeitnehmer oder einer selbstständigen Tätigkeit und damit verbunden auf dem Gebiet des Aufenthalts von Gemeinschaftsrechten wegen nur berufen, wenn er sich in dem betreffenden Mitgliedstaat bereits in einer ordnungsgemäßen Situation befindet."

Die nationalen Nachzugsvoraussetzungen werden aber durch **Stillhalteklauseln**[10] der Art. 41 ZP und Art. 13 beeinflusst. Diese verhindern, dass die Mitgliedstaaten nachträglich die Rechtslage zugunsten türkischer Staatsangehöriger und ihrer Familienangehörigen verändern. Indem die Stand-Still-Klausel des Art. 13 daran anknüpft, dass der Aufenthalt in dem Hoheitsgebiet der Vertragspartei ordnungsgemäß sein muss, scheint sie vorauszusetzen, dass nur Personen erfasst werden, denen der Zuzug in das Bundesgebiet gestattet wurde. Dies hätte zur Folge, dass die Stillhalteklausel erst zur Anwendung gelangen würde, wenn dem türkischen Staatsangehörigen die Einreise in das Bundesgebiet gestattet worden war. Insoweit wären die Einreisebestimmungen selbst – jedenfalls für den erstmaligen Zuzug – nicht von der Stillhalteklausel erfasst. Dieser Auslegung ist der EuGH in der Rechtssache Sahin nicht gefolgt. Ohne Berücksichtigung des unterschiedlichen Wortlauts von Art. 13 und Art. 41 ZP hat er den Anwendungsbereich des Art. 13 an die des Art. 41 ZP, der auch den Zuzug türkischer Staatsangehöriger erfasst, angeglichen[11]. In der Rechtssache Dogan hat der Gerichtshof weiterhin klargestellt, dass ein Nachzug eines Familienangehörigen an die Rechtsstellung des bereits im Bundesgebiet lebenden Ehegatten anknüpft[12]. Daher kommt es darauf an, dass zumindest der in Deutschland lebende Ehegatte die Voraussetzungen der Stillhalteklausel erfüllt, dh als Selbstständiger tätig ist oder sich als Arbeitnehmer ordnungsgemäß im Bundesgebiet aufhält[13]. 9

In der ausländerrechtlichen Praxis kommt insbesondere Art. 6 besondere Bedeutung zu, da die Bestimmung die Stellung der türkischen Arbeitnehmer, die bereits ordnungsgemäß in den Arbeitsmarkt des Aufnahmemitgliedstaats eingegliedert sind, regelt. Diese Bestimmung sowie Art. 7, der sich mit der Rechtsstellung von Familienangehörigen befasst, bilden einen integrierenden Teil des Unionsrechts und haben in den Mitgliedstaaten der EU **unmittelbare Wirkung**. Türkische Staatsangehörige, die die Voraussetzungen der genannten Vorschriften erfüllen, können sich deshalb unmittelbar auf die Rechte berufen, die ihnen die einzelnen Bestimmungen gewähren. Ihrem Wortlaut nach regeln Art. 6 und Art. 7 zwar nur die beschäftigungsrechtliche und nicht die aufenthaltsrechtliche Stellung türkischer Staatsangehöriger; beide Aspekte sind jedoch nach Auffassung des EuGH eng miteinander verbunden, sodass türkischen Staatsangehörigen, die die Voraussetzungen der genannten Artikel erfüllen, zwangsläufig ein Aufenthaltsrecht zusteht, weil sonst das Recht auf Zugang zum Arbeitsmarkt und auf Ausübung einer Beschäftigung völlig wirkungslos wäre[14]. 10

II. Bedeutung der Aufenthaltserlaubnis

Die Aufenthaltserlaubnis begründet bei türkischen Staatsangehörigen – anders als bei EU-Bürgern – konstitutiv ein Aufenthaltsrecht, solange keine Rechtsposition aus dem ARB 1/80 erworben wurde. Nachdem der Ausländer die Rechtsposition aus Art. 6 I, 1. Spiegelstrich oder Art. 7 erworben hat, ist sein Aufenthalt jedenfalls so lange kraft Assoziationsrechts rechtmäßig, solange er die Voraussetzungen der Art. 6 I oder Art. 7 erfüllt. **Insoweit hat die Aufenthaltserlaubnis lediglich deklaratorische Bedeutung** und die Funktion eines Nachweismittels. Dies wird auch vom AufenthG anerkannt, da § 4 II (vormals § 4 V) für den Nachweis des Bestehens einer Rechtsposition nach Art. 6 I oder Art. 7 das „Ausstellen" einer Aufenthaltserlaubnis vorsieht. 11

Für eine nach § 4 II ausgestellte Aufenthaltserlaubnis zur Dokumentation eines Aufenthaltsrechts nach dem ARB 1/80 bedeutet dies, dass der Titel seine Rechtsgrundlage sowie das Bestehen eines aufenthaltsrechts erkennen lassen und dass seine Gültigkeitsdauer der Bedeutung des zugrunde liegenden Aufenthaltsrechts gerecht werden muss. Diese Anforderungen werden verfehlt, wenn die Aufenthaltserlaubnis mangels eindeutiger erläuternder Zusätze im Rechtsverkehr den Anschein erwecken kann, ihr Inhaber verfüge lediglich über eine konstitutiv befristete Aufenthaltserlaubnis[15], oder wenn die Gültigkeitsdauer bei Rechtspositionen aus Art. 6 I 1, 3. Spielstrich bzw. Art. 7 ARB 12

---

[8] EuGH Urt. v. 16.12.1992 – C-237/91, Slg. 1992 I, 6781 = InfAuslR 1993, 41 – Kus.
[9] EuGH Urt. v. 21.10.2003 – C-316/01 und C-369/01 Rn. 65 – Abatay unter Hinweis auf Rn. 65 in der Rechtssache Savas.
[10] Einzelheiten bei Art. 13.
[11] EuGH Urt. v. 17.9.2009 – C-242/06, Slg. 2009, I-8465 Rn. 63 ff. – Sahin.
[12] EuGH Urt. v. 10.7.2014 – C-138/13 Rn. 35 – Dogan.
[13] Einzelheiten unter Art. 13.
[14] EuGH Urt. v. 20.9.1990 – C-192/89, Slg. 1990, I-3461 = InfAuslR 1991, 2 – Sevince; Urt. v. 16.12.1992 – C-237/91 – Kus; Urt. v. 5.10.1994 – C-355/93, Slg. 1994, I-5113 = InfAuslR 1994, 385 – Eroglu.
[15] BVerwG Urt. v. 22.5.2012 – 1 C 6.11 Rn. 27.

1/80 deutlich unterhalb der zur Dokumentation eines Daueraufenthaltsrechts üblichen Gültigkeitsdauer bleibt[16].

13 Mit dem Tatbestandsmerkmal „ausstellen" wird anders als mit dem Wort „erteilen" der deklaratorische Charakter der Aufenthaltserlaubnis hervorgehoben[17]. Hat die Aufenthaltserlaubnis bei bestehender Rechtsposition aus dem Assoziationsrecht lediglich deklaratorische Bedeutung als Bescheinigung zum Nachweis des Aufenthaltsrechts, so ist sie gleichwohl ein **feststellender Verwaltungsakt,** weil sie verbindlich feststellt, dass die Tatbestandsvoraussetzungen des ARB 1/80 in der Person des betroffenen Ausländers erfüllt sind (ebenso Nr. 1.5.3 AAH-ARB 1/80). Diese Regelungswirkung gilt bis zu einer neuen behördlichen Entscheidung auch dann fort, wenn die für ihre Entscheidung erforderlichen Voraussetzungen nicht mehr vorliegen[18].

14 Dementsprechend vermag die Aufenthaltserlaubnis **konstitutive Bedeutung** zu erlangen, **wenn die Rechte nach den Art. 6 I oder Art. 7 entfallen** oder die Voraussetzungen einer Aufenthaltserlaubnis im Zeitpunkt der Erteilung zu Unrecht angenommen wurden[19]. Denn in diesen Fällen begründet die Aufenthaltserlaubnis – solange sie nicht zeitlich beschränkt wird – den rechtmäßigen Aufenthalt im Bundesgebiet (zu den Rechtsfolgen des supranationalen Aufenthaltsrechts siehe Nr. 1.5.5 ff. AAH-ARB 1/80). In der Vergangenheit war in der Praxis häufig problematisch, ob die Ausländerbehörde mit der Erteilung der Aufenthaltserlaubnis lediglich einen Rechtsanspruch nach dem ARB 1/80 bescheinigen wollte oder – etwa bei Ehegatten von Deutschen – eine konstitutive Genehmigung erteilen wollte, weil die Voraussetzungen eines Aufenthaltsrechts nach dem AufenthG erfüllt waren. Seit der Einführung des § 4 II AufenthG kann das Problem gelöst werden, da für die Bescheinigung ein eigener Aufenthaltstitel geschaffen wurde. Erteilt die Ausländerbehörde trotz Bestehens einer Rechtsposition nach Art. 6 I oder Art. 7 eine Aufenthaltserlaubnis nach einer anderen Vorschrift, zB zum Führen einer Lebensgemeinschaft mit einem deutschen Ehegatten, dann will sie – schon wegen der weitergehenden Zugangsrechte zum Arbeitsmarkt in Bezug auf die Ausübung einer selbstständigen Erwerbstätigkeit – eine „normale" Aufenthaltserlaubnis erteilen. Dies kann im Einzelfall auch deshalb sinnvoll sein, weil die Aufenthaltserlaubnis nach § 4 II auf kraft Gesetzes die Aufnahme einer selbstständigen Erwerbstätigkeit gestattet. Eine derartige „normale" Aufenthaltserlaubnis ist aber kein feststellender VA und bringt daher nicht die Bindungswirkung hinsichtlich des Bestehens der Rechtsstellung aus Art. 6 und 7 mit sich.

15 Die Zuordnung kann im Einzelfall erhebliche Rechtswirkungen nach sich ziehen: Eine rechtliche Bedeutung kommt der feststellenden Wirkung der deklaratorischen Aufenthaltserlaubnis nämlich insofern zu, als gerade nach außen dokumentiert wird, dass der Ausländer die Rechtsstellung eines Berechtigten nach dem ARB 1/80 innehat. Dies hat insbesondere in Ausweisungsfällen zur Konsequenz, dass einem türkischen Staatsangehörigen, der eine gültige Aufenthaltserlaubnis besitzt, die gerade wegen einer Rechtsposition nach dem ARB 1/80 erteilt worden war, nicht entgegengehalten werden kann, er erfülle nicht die Voraussetzungen nach Art. 6 oder Art. 7[20]. Bei einer Ausweisung genießt ein türkischer Staatsangehöriger, der eine deklaratorische Aufenthaltserlaubnis nach § 4 II AufenthG erhalten hat, daher **besonderen Ausweisungsschutz** nach Maßgabe des Art. 14, selbst wenn er nicht mehr die Voraussetzungen nach Art. 6 oder Art. 7 erfüllt[21].

Kapitel II. Soziale Bestimmungen

Abschnitt 1. Fragen betreffend die Beschäftigung und die Freizügigkeit der Arbeitnehmer

Art. 6

(1) Vorbehaltlich der Bestimmungen in Artikel 7 über den freien Zugang der Familienangehörigen zur Beschäftigung hat der türkische Arbeitnehmer, der dem regulären Arbeitsmarkt eines Mitgliedstaats angehört, in diesem Mitgliedstaat
– nach einem Jahr ordnungsgemäßer Beschäftigung Anspruch auf Erneuerung seiner Arbeitserlaubnis bei dem gleichen Arbeitgeber, wenn er über einen Arbeitsplatz verfügt;
– nach drei Jahren ordnungsgemäßer Beschäftigung – vorbehaltlich des den Arbeitnehmern aus den Mitgliedstaaten der Gemeinschaft einzuräumenden Vorrangs – das Recht, sich für

---

[16] BVerwG Urt. v. 22.5.2012 – 1 C 6.11 Rn. 27 zu Art. 7 ARB 1/80.
[17] BVerwG Urt. v. 19.4.2012 – 1 C 10.11 Rn. 11.
[18] So zutr. BVerwG Beschl. v. 23.5.2001 – 1 B 125.00, InfAuslR 2001, 312 zu einer Aufenthaltserlaubnis-EG.
[19] *Dienelt,* E-Book, Rechtsstellung türkischer Staatsangehöriger nach Art. 6 und 7 ARB 1/80, S. 83 f., www.migrationsrecht.net.
[20] Zu einer Aufenthaltserlaubnis-EG s. BVerwG Beschl. v. 23.5.2001 – 1 B 125.00, InfAuslR 2001, 312.
[21] *Dienelt,* E-Book, Rechtsstellung türkischer Staatsangehöriger nach Art. 6 und 7 ARB 1/80, S. 83 f., www.migrationsrecht.net.

den gleichen Beruf bei einem Arbeitgeber seiner Wahl auf ein unter normalen Bedingungen unterbreitetes und bei den Arbeitsämtern dieses Mitgliedstaates eingetragenes anderes Stellenangebot zu bewerben;
– nach vier Jahren ordnungsgemäßer Beschäftigung freien Zugang zu jeder von ihm gewählten Beschäftigung im Lohn- oder Gehaltsverhältnis.

(2) ¹Der Jahresurlaub und die Abwesenheit wegen Mutterschaft, Arbeitsunfall oder kurzer Krankheit werden den Zeiten ordnungsgemäßer Beschäftigung gleichgestellt. ²Die Zeiten unverschuldeter Arbeitslosigkeit, die von den zuständigen Behörden ordnungsgemäß festgestellt worden sind, sowie die Abwesenheit wegen langer Krankheit werden zwar nicht den Zeiten ordnungsgemäßer Beschäftigung gleichgestellt, berühren jedoch nicht die aufgrund der vorherigen Beschäftigungszeit erworbenen Ansprüche.

(3) Die Einzelheiten der Durchführung der Absätze 1 und 2 werden durch einzelstaatliche Vorschriften festgelegt.

Allgemeine Anwendungshinweise
3. Artikel 6 ARB 1/80
3.2. Unmittelbare Wirkung
Nach der ständigen Rechtsprechung des EuGH entfaltet Absatz 1 in den Mitgliedstaaten der Europäischen Union unmittelbare Wirkung. Türkische Staatsangehörige, die seine Voraussetzungen erfüllen, können sich deshalb unmittelbar auf die Rechte berufen, die ihnen die einzelnen Spiegelstriche der Bestimmung verleihen („Güzeli", Rn. 24 m. w. N.; „Sedef", Rn. 33; „Dörr/Ünal", Rn. 66 m. w. N.).
3.3. Regelungszweck
Absatz 1 bezweckt, die Situation türkischer Arbeitnehmer im Aufnahmemitgliedstaat schrittweise zu festigen („Payir", Rn. 37 m. w. N.; „Sedef", Rn. 34).
3.4. Regelungssystematik
Die Arbeitsmarktzugangsrechte der türkischen Staatsangehörigen nach Absatz 1 hängen von den folgenden Voraussetzungen, die kumulativ erfüllt sein müssen, ab: Der türkische Staatsangehörige muss die Eigenschaft eines Arbeitnehmers haben. Er muss sich im Hoheitsgebiet eines Mitgliedstaates aufhalten, dem regulären Arbeitsmarkt dieses Mitgliedstaates angehören und ordnungsgemäß beschäftigt sein.

Sind diese Voraussetzungen erfüllt, erwirbt der türkische Arbeitnehmer sukzessive die Arbeitsmarktzugangsrechte des Absatzes 1. Diese sind zeitlich gestaffelt und bauen systematisch aufeinander auf. Die drei in den Spiegelstrichen aufgestellten Bedingungen müssen nacheinander erfüllt werden („Sedef", Rn. 37).

Grundsätzlich setzt die Entstehung der durch Absatz 1 bestimmten Zugangsrechte voraus, dass der türkische Arbeitnehmer ununterbrochen beschäftigt war („Sedef", Rn. 47). Unterbrechungen, die das Entstehen der Ansprüche aus Absatz 1 nicht hindern, sind in Absatz 2 aufgezählt (vgl. Ziffer 3.6.2).

Sobald der türkische Arbeitnehmer bereits ordnungsgemäß in den Arbeitsmarkt des Aufnahmestaates integriert ist und Rechte aufgrund des Absatzes 1 erworben hat, ist er berechtigt, sein Arbeitsverhältnis vorübergehend zu unterbrechen („Nazli", Rn. 40; „Sedef", Rn. 45). Nachdem der türkische Arbeitnehmer die Rechte des Absatzes 1 Spiegelstrich 3 einmal erworben hat, kann er diese Rechtsposition nur noch unter bestimmten, eng begrenzten Voraussetzungen verlieren.

Absatz 3 hat keinen eigenständigen Regelungsinhalt, sondern enthält lediglich eine Ermächtigung der Mitgliedstaaten zum Erlass von nationalen Durchführungsbestimmungen zu den Absätzen 1 und 2. Hiervon ist bislang noch kein Gebrauch gemacht worden.
3.5. Arbeitnehmereigenschaft
3.5.1. Begriff des „Arbeitnehmers"
Aus dem Wortlaut von Artikel 12 AssAbk und Artikel 36 ZP sowie aus dem Zweck des ARB 1/80 leitet der EuGH ab, dass die im Rahmen der Artikel 45 bis 47 AEUV (ex Artikel 39 bis 41 EG) geltenden Grundsätze soweit wie möglich auf die türkischen Arbeitnehmer, die die im ARB 1/80 eingeräumten Rechte besitzen, übertragen werden müssen („Payir", Rn. 30; „Genc", Rn. 17). Daher ist für die Prüfung, ob die in Absatz 1 aufgestellten Voraussetzungen erfüllt sind, die Auslegung des Begriffs des „Arbeitnehmers" im Unionsrecht heranzuziehen („Genc", Rn. 18).

Der Begriff des Arbeitnehmers hat eine unionsrechtliche Bedeutung und darf nicht eng ausgelegt werden. Er ist anhand objektiver Kriterien zu definieren, die das Arbeitsverhältnis unter Berücksichtigung der Rechte und Pflichten der betroffenen Person kennzeichnen („Kurz", Rn. 32).

Als „Arbeitnehmer" ist jeder anzusehen, der eine tatsächliche und echte Tätigkeit ausübt, wobei Tätigkeiten außer Betracht bleiben, die einen so geringen Umfang haben, dass sie sich als völlig untergeordnet und unwesentlich darstellen. Das wesentliche Merkmal des Arbeitsverhältnisses besteht darin, dass jemand während einer bestimmten Zeit für einen anderen nach dessen Weisung Leistungen erbringt, für die er als Gegenleistung eine Vergütung erhält („Genc", Rn. 19 m. w. N.; „Payir", Rn. 28).

Unerheblich ist die rechtliche Einordnung des Verhältnisses zwischen Empfänger und Geber der Arbeitsleistung nach nationalem Recht. Unerheblich ist auch, wie hoch die Produktivität des Betroffenen ist und woher die Mittel für die Vergütung des Arbeitnehmers stammen. Schließlich ist es auch unerheblich, wenn sich die Höhe der Vergütung in Grenzen hält („Kurz", Rn. 32).
3.5.2. Geringfügigkeitsgrenze
Ab welcher Grenze eine Tätigkeit als „völlig untergeordnet und unwesentlich" anzusehen ist, hängt von einer Gesamtbewertung des Arbeitsverhältnisses ab („Genc", Rn. 26 ff.). Bei der Gesamtbewertung des Arbeitsverhältnisses sind folgende Gesichtspunkte zu berücksichtigen: die Arbeitszeit, die Höhe der Vergütung, ein Anspruch auf bezahlten Urlaub, die Geltung von Lohnfortzahlung im Krankheitsfall, die Anwendung des Tarifvertrags, die Dauer des Arbeitsverhältnisses im Unternehmen („Genc", Rn. 27).

Insbesondere ist in der Rechtsprechung des EuGH in Bezug auf Arbeitszeit und Entgelt keine bestimmte Grenze festgelegt („Genc", Rn. 29). Der Umstand, dass im Rahmen eines Beschäftigungsverhältnisses nur sehr wenige

Arbeitsstunden geleistet werden, kann zwar ein Anhaltspunkt dafür sein, dass die ausgeübte Tätigkeit nur untergeordnet und unwesentlich ist. Jedoch hat die Zahl der Arbeitsstunden nur indizielle Bedeutung. Für eine absolute Grenze in Bezug auf die Arbeitsstunden haben sich weder der EuGH noch das BVerwG ausgesprochen.

Für den EuGH kann auch eine Person Arbeitnehmer sein, deren normale Arbeitszeit 18, 12 oder selbst 10 Stunden pro Woche nicht übersteigt. Ob eine Arbeitszeit von 5,5 Stunden pro Woche noch ausreicht, ließ der EuGH im konkreten Fall unter Hinweis auf die weiteren, im Rahmen der Gesamtbewertung zu berücksichtigenden Gesichtspunkte (im konkreten Fall: bezahlter Urlaub von 28 Tagen, Geltung von Lohnfortzahlung im Krankheitsfall, Anwendung des Tarifvertrags, Dauer des Arbeitsverhältnisses von 4 Jahren mit demselben Unternehmen) offen („Genc", Rn. 26 f. m. w. N.). Das BVerwG hielt in demselben Fall 5,5 Stunden pro Woche zwar „auch für ein geringfügiges Beschäftigungsverhältnis [für] eher niedrig", ließ dies unter Berücksichtigung weiterer Umstände allerdings genügen (BVerwG, Urteil vom 19. April 2012 – 1 C 10.11 –, juris Rn. 37).

Die Tatsache, dass das Einkommen nicht den ganzen Lebensunterhalt einer Person deckt oder dass die Bezahlung einer Tätigkeit im Lohn- oder Gehaltsverhältnis unter dem Existenzminimum liegt, hindert ebenfalls nicht, den Betroffenen als Arbeitnehmer im Sinne des Artikel 45 AEUV anzusehen („Genc", Rn. 26. m. w. N.).

Unschädlich ist auch, wenn es sich um ein sozialversicherungsfreies geringfügiges Beschäftigungsverhältnis handelt (BVerwG, Urteil vom 19. April 2012 – 1 C 10.11 –, Urteilsabschrift Rn. 19). Damit kann der Umstand, dass das Gehalt die in der Sozialversicherung zum betreffenden Zeitpunkt der Beschäftigung jeweils maßgebliche Geringfügigkeitsgrenze (450 € (Stand: 1. Januar 2013)) nicht überschreitet, allenfalls als eines von mehreren Kriterien bei der Vornahme der Gesamtbewertung des Beschäftigungsverhältnisses angesehen werden.

Auch ein geringfügiges, sozialversicherungsfreies Beschäftigungsverhältnis muss allerdings bei der Sozialversicherung ordentlich angemeldet sein. Für ein solches müssen Pauschalabgaben geleistet werden (Minijob-Zentrale). Nur ein angemeldetes Beschäftigungsverhältnis ist ein „ordentliches" Beschäftigungsverhältnis im Sinne des Assoziationsrechts. Der Nachweis ist über die Gehaltsabrechnung zu führen. Praktischer Hintergrund ist, dass „Gefälligkeitsarbeitsverträge", die nur auf dem Papier stehen und nicht gelebt werden, ausgeschlossen bleiben müssen.

3.5.3. Befristete Arbeitsverhältnisse

Für die Auslegung von Absatz 1 ist es unerheblich, ob die Arbeitsverträge des türkischen Staatsangehörigen befristet waren („Birden", Rn. 39). Würde eine zeitliche Befristung des Arbeitsverhältnisses genügen, um die Ordnungsgemäßheit (zur Auslegung dieses Tatbestandsmerkmals Ziffer 3.7) der Beschäftigung, die der Betroffene rechtmäßig ausübt, oder die Arbeitnehmereigenschaft in Frage zu stellen, könnten die Mitgliedstaaten türkischen Arbeitnehmern, denen sie die Einreise in ihr Hoheitsgebiet gestattet haben und die dort ununterbrochen während eines Jahres eine ordnungsgemäße wirtschaftliche Tätigkeit verrichtet haben, die Rechte vorenthalten, die sie unmittelbar aus Absatz 1 herleiten können („Birden", Rn. 64).

3.5.4. Anderer Einreise- und/oder Aufenthaltszweck unschädlich

Die Ansprüche des Absatzes 1 sind von keiner weiteren Voraussetzung als der Arbeitnehmertätigkeit des türkischen Staatsangehörigen auf dem regulären Arbeitsmarkt abhängig, insbesondere nicht von den Voraussetzungen, unter denen der türkischen Staatsangehörige das Recht auf Einreise und Aufenthalt erlangt hat. Die Zugehörigkeit zum regulären Arbeitsmarkt wird somit allein nach objektiven Kriterien bestimmt. Bei der Prüfung wird der Zweck, zu dem ursprünglich die Einreise in das Hoheitsgebiet gestattet wurde, nicht berücksichtigt („Günaydin", Rn. 52; „Payir", Rn. 40). Maßgebend ist auch nicht, ob („Bozkurt I", Rn. 31) beziehungsweise zu welchem Zweck („Günaydin", Rn. 51 ff.; „Ertanir", Rn. 41 ff.) dem Betroffenen eine Arbeits- oder Aufenthaltserlaubnis ausgestellt worden ist. Es genügt vielmehr, dass legal eine – unter Umständen auch genehmigungsfreie – tatsächliche und echte wirtschaftliche Tätigkeit ausgeübt worden ist und sich die berufliche Situation des türkischen Arbeitnehmers objektiv nicht von derjenigen anderer von demselben Arbeitgeber oder in der betreffenden Branche beschäftigten Arbeitnehmer unterscheidet, die gleiche oder gleichartige Tätigkeiten ausüben.

Sobald ein türkischer Arbeitnehmer seit mehr als einem Jahr erlaubt eine Beschäftigung bei demselben Arbeitgeber ausgeübt hat, erfüllt er somit die Voraussetzungen von Spiegelstrich 1, selbst wenn ihm die Aufenthaltserlaubnis, über die er verfügt, ursprünglich zu anderen Zwecken als zur Ausübung einer Beschäftigung im Lohn- oder Gehaltsverhältnis erteilt worden ist („Kus", Rn. 21–23; „Günaydin", Rn. 53). Absatz 1 verlangt noch nicht einmal, dass der türkische Staatsangehörige überhaupt als Arbeitnehmer in die EU eingereist ist. Er kann die Arbeitnehmereigenschaft auch erst nach seiner Einreise erlangt haben („Payir", Rn. 38).

Ist dem türkischen Staatsangehörigen also beispielsweise die Einreise zum Studium oder als Au-pair-Kraft zum Erlernen der Sprache gestattet worden und war seine Aufenthaltserlaubnis ursprünglich mit einem Verbot der Ausübung einer entgeltlichen Tätigkeit verbunden, hat er anschließend aber rechtmäßig eine Arbeit erhalten und wenigstens ein Jahr bei demselben Arbeitgeber gearbeitet, kann er sich auf Absatz 1 berufen („Payir", Rn. 41 ff.). Dasselbe gilt, wenn der türkische Staatsangehörige ursprünglich die Aufenthaltserlaubnis für das Gebiet eines Mitgliedstaates erhalten hat, um dort mit einer Staatsangehörigen dieses Mitgliedstaates die Ehe zu schließen, selbst wenn seine Ehe zu dem Zeitpunkt, zu dem über seinen Antrag entschieden wird, nicht mehr besteht („Kus", Rn. 26).

Hatte der türkische Staatsangehörige ursprünglich seine Absicht zum Ausdruck gebracht, nach mehrjährigem Aufenthalt im Aufnahmemitgliedstaat in sein Herkunftsland zurückzukehren, kann er sich gleichwohl auf die Rechte aus Absatz 1 berufen („Payir", Rn. 40). Dasselbe gilt, wenn er ursprünglich angegeben hatte, er wolle seine berufliche Laufbahn nach mehrjähriger Beschäftigung im Aufnahmemitgliedstaat, der der Vervollkommnung seiner beruflichen Fähigkeiten dienen sollte, in seinem Herkunftsland fortsetzen, und wenn er sich zunächst mit der Beschränkung seiner Aufenthaltserlaubnis in diesem Staat einverstanden erklärt hatte („Günaydin", Rn. 54).

Etwas anderes gilt nur, wenn der türkische Arbeitnehmer die zuständigen Behörden durch eine wahrheitswidrige Absichtserklärung getäuscht hat, um sie zu veranlassen, ihm zu Unrecht die erforderlichen Erlaubnisse zu erteilen („Payir", Rn. 40 und 46).

3.5.5. Geographische Anknüpfung

Zum deutschen Arbeitsmarkt gehört grundsätzlich nur der türkische Arbeitnehmer, dessen Arbeitsverhältnis im Bundesgebiet lokalisiert werden kann oder eine hinreichend enge Verknüpfung mit diesem Gebiet aufweist („Kurz", Rn. 37).

Bei der grenzüberschreitenden Tätigkeit ist nach der Rechtsprechung des EuGH zur Bestimmung der Frage, ob eine hinreichend enge Anknüpfung an das Bundesgebiet vorliegt, insbesondere auf den Einstellungs- und Beschäftigungsort und auf das Gebiet, von dem aus die Beschäftigung ausgeübt wird, abzustellen. Darüber hinaus sind die nationalen Vorschriften im Bereich des Arbeitsrechts und der sozialen Sicherheit zu berücksichtigen („Kurz", Rn. 37; „Bozkurt I", Rn. 23). Nur wenn diese Kriterien eine hinreichend enge Anknüpfung an die Bundesrepublik Deutschland und zum deutschen Recht ergeben, kann von einer Beschäftigung auf dem (regulären) deutschen Arbeitsmarkt ausgegangen werden.

Das Tatbestandsmerkmal dient der Ausgrenzung von Beschäftigungsverhältnissen türkischer Staatsangehöriger, die bei objektiver Betrachtung keine hinreichend enge, geographische Anknüpfung zum deutschen Arbeitsmarkt aufweisen, wie dies zum Beispiel bei grenzüberschreitenden Tätigkeiten als Fernfahrer (vgl. „Bozkurt I") oder in der Seeschifffahrt (vgl. „Tetik") der Fall sein kann:

Türkische Staatsangehörige, die als Besatzungsmitglied auf dem Seeschiff eines Mitgliedstaates tätig sind, gelten grundsätzlich als Arbeitnehmer im Sinne des Artikels 6 Absatz 1. Jedenfalls sofern das Seeschiff die Bundesflagge führt, das Arbeitsverhältnis deutschem Recht unterliegt, in Deutschland Lohnsteuer gezahlt wird beziehungsweise Einkommensteuerpflicht besteht und Beiträge für eine Versicherung in einem deutschen Sozialversicherungssystem entrichtet werden, besteht eine derart enge Verbindung zum Bundesgebiet, dass von einer Zugehörigkeit zum regulären deutschen Arbeitsmarkt auszugehen ist. Dies gilt ungeachtet der Frage, ob die Tätigkeit an Bord des deutschen Seeschiffes ganz, überwiegend oder nur gelegentlich außerhalb des Bundesgebietes ausgeübt wird. Auch die Tatsache, dass im deutschen Recht für Seeleute zum Teil arbeits- und sozialversicherungsrechtliche Sonderregelungen gelten, ist für diese Beurteilung ohne Bedeutung (vgl. BVerwG, EuGH-Vorlage vom 11. April 1995 – 1 C 20/93, juris Rn. 12 ff.).

3.5.6. Endgültiges Verlassen des Arbeitsmarktes

Das assoziationsrechtliche Aufenthaltsrecht des Absatzes 1 muss der Beschäftigung des Arbeitnehmers dienlich sein. Ist eine spätere Beschäftigung ausgeschlossen, kann das der Beschäftigung dienende Aufenthaltsrecht nicht zu einem Verbleiberecht erstarken („Bozkurt I", Rn. 35–37). Der Arbeitnehmerstatus endet daher, wenn der türkische Staatsangehörige den deutschen Arbeitsmarkt endgültig verlassen hat.

Gründe hierfür können zum Beispiel die Beschäftigungsbeendigung bei Erreichen des Rentenalters oder die dauerhafte Rückkehr in die Türkei sein („Nazli", Rn. 37). Ein endgültiges Verlassen des Arbeitsmarktes ist auch anzunehmen, wenn der türkische Arbeitnehmer vollständig und dauernd erwerbsunfähig wurde („Bozkurt I", Rn. 39 f.; „Nazli", Rn. 37).

Von einer dauerhaften Rückkehr ist – wie bei EU-Staatsangehörigen – vorbehaltlich einer Einzelfallprüfung bei einer mehr als sechsmonatigen Abwesenheit auszugehen (vgl. Artikel 11 Absatz 2 Richtlinie 2004/38/EG, § 4a Absatz 6 Nummer 1 FreizügG/EU). Hinsichtlich der Ableistung des Wehrdienstes sind zudem die Wertungen des § 51 Absatz 3 AufenthG, des Artikels 11 Absatz 2 Richtlinie 2004/38/EG und des § 4a Absatz 6 Nr 2 FreizügG/EU heranzuziehen. Die vor der Ausreise zum Zwecke der Erfüllung der gesetzlichen Wehrpflicht in der Türkei erworbenen Ansprüche erlöschen demnach nicht, sofern der türkische Staatsangehörige binnen drei Monaten nach Entlassung aus dem Wehrdienst wieder einreist. Diese Zeiten sind jedoch nicht als Zeiten ordnungsgemäßer Beschäftigung nach Absatz 2 Satz 1 berücksichtigungsfähig. Der türkische Staatsangehörige hat gegebenenfalls nachzuweisen, dass er sich wegen der Erfüllung der Wehrpflicht außerhalb des Bundesgebietes aufgehalten hat, und dass er rechtzeitig wieder eingereist ist (vgl. Ziffer 51.3 AVwV AufenthG). Die Ableistung freiwilligen Wehrdienstes kann – abhängig von ihrer Dauer – als dauerhafte Rückkehr zu behandeln sein.

Wenn ein türkischer Arbeitnehmer, der bereits über vier Jahre lang im Aufnahmemitgliedstaat eine ordnungsgemäße Beschäftigung ausgeübt hat, seine Arbeit freiwillig aufgibt, um in demselben Mitgliedstaat eine andere Beschäftigung zu suchen, so folgt daraus nicht ohne weiteres, dass er den Arbeitsmarkt dieses Staates endgültig verlassen hat („Tetik", Rn. 40; vgl. genauer Ziffer 3.8.4).

Ein endgültiges Verlassen des Arbeitsmarktes liegt vor, wenn der türkische Staatsangehörige sich dafür entscheidet, sein Einkommen durch Straftaten zu bestreiten und deshalb Bemühungen um die Aufnahme einer regulären Beschäftigung nicht mehr entfaltet (vgl. VGH Mannheim, Urteil vom 15. April 2011 – 11 S 189/11 –, juris Rn. 44).

3.5.7. Einzelfälle
Berufsausbildung sowie Aus-, Fort- und Weiterbildung

Arbeitnehmer ist auch, wer im Rahmen einer Berufsausbildung Tätigkeiten ausübt, die als praktische Vorbereitung der eigentlichen Berufsausübung angesehen werden können, wenn dies unter den Bedingungen einer tatsächlichen und echten Tätigkeit im Lohn- und Gehaltsverhältnis erfolgt („Kurz", Rn. 33). Auch ein Auszubildender, der eine vorübergehende und spezifische Tätigkeit im Rahmen seiner Berufsausbildung ausübt, kann somit Arbeitnehmer sein („Kurz", Rn. 44). Daran ändert sich auch nichts, wenn die Produktivität des Betreffenden gering ist, er keiner Vollzeitbeschäftigung nachgeht und er lediglich dafür eine reduzierte Vergütung erhält („Kurz", Rn. 33). Eine andere Auslegung widerspräche – so der EuGH – Zweck und Systematik der ARB 1/80, wonach die Integration türkischer Staatsangehöriger in den Aufnahmemitgliedstaat gefördert werden soll („Kurz", Rn. 45). So werden auch Beschäftigungen, die betriebsinternen Ausbildungszwecken dienen, grundsätzlich vom Anwendungsbereich des ARB 1/80 erfasst („Günaydin", Rn. 55).

Türkische Schüler und Studenten gelten als Arbeitnehmer im Sinne des Artikels 45 AEUV, wenn sie in zulässiger Weise von ihrer Berechtigung zur Ausübung einer Beschäftigung gemäß § 16 Absatz 3 AufenthG Gebrauch machen und sie dabei auch unter dem Gesichtspunkt nicht nur geringfügiger Beschäftigung unter die vom EuGH entwickelte Arbeitnehmerdefinition fallen (zur Geringfügigkeitsgrenze Ziffer 3.5.2). Dies hat zur Folge, dass sich sodann ihre Aufenthaltsrechte – bei Vorliegen der übrigen Voraussetzungen – nach dem ARB 1/80 richten.

Häusliche Mitarbeit

Keine Arbeitnehmer im Sinne des Assoziationsrechts sind in der Regel türkische Staatsangehörige, die im Rahmen familiärer häuslicher Unterstützung zum Beispiel die Betreuung von Pflegebedürftigen und Kindern übernehmen. Die Beschäftigungsverordnung sieht keine Zulassung zu Beschäftigungen in Privathaushalten vor. Daher können dafür keine Zustimmungen erteilt werden. Die Erbringung derartiger Tätigkeiten erfolgt aufgrund der besonderen familiären Bindungen innerhalb der Haushaltsgemeinschaft zumeist als Familienhilfe außerhalb eines Lohn- oder Gehaltsverhältnisses. Die etwa zur Verfügung gestellte Unterkunft und Verpflegung können allein nicht als „Vergütung" im erwerbswirtschaftlichen Sinne gelten. Sofern weitere Umstände hinzutreten, kann die Haushaltsmitarbeit im Einzelfall aber als echtes Arbeitsverhältnis ausgestaltet sein. Die Ausländerbehörde kann jedoch eine Berufung auf den Arbeitnehmerstatus und damit verbundene assoziationsrechtliche Aufenthaltsrechte zulässigerweise verhindern, wenn sie zuvor eine derartige Ausgestaltung durch eine Auflage (zum Beispiel „Erwerbstätigkeit nicht gestattet") untersagt. Wenn dann die Haushaltsmitarbeit im Rahmen eines Arbeitsverhältnisses erfolgt, ist die Beschäftigung nicht „ordnungsgemäß" im Sinne des Absatzes 1, weil sich der türkische Staatsangehörige über die erteilte Auflage hinwegsetzt und damit aufenthaltsrechtlich unerlaubt handelt (vgl. BVerwG, Urteil vom 24. Januar 1995 - 1 C 2.94 -, BVerwGE 97, 301 = juris Rn. 24 ff.; BVerwG, Urteil vom 22. Februar 1995 - 1 C 11.94 -, BVerwGE 98, 31 = juris Rn. 23 ff.).

Besonderen Zwecken dienende Arbeitsverhältnisse

Durch den Begriff „regulärer Arbeitsmarkt" wird nicht etwa einschränkend ein allgemeiner Arbeitsmarkt bezeichnet, zum Beispiel im Gegensatz zu einem besonderen Arbeitsmarkt, der sozialen Zwecken dient und von öffentlichen Stellen gefördert wird. Die Arbeitnehmereigenschaft kann daher grundsätzlich auch bei Arbeitsverhältnissen gegeben sein, die aus öffentlichen Mitteln finanziert werden. Wenn im Übrigen die Merkmale eines Arbeitsverhältnisses erfüllt sind, schadet es nicht, wenn das Arbeitsverhältnis zum Beispiel im Rahmen von Arbeitsbeschaffungsmaßnahmen zustande gekommen ist („Birden", Rn. 26 ff.). Nach SGB II und III gibt es jedoch keine Beschäftigungen mehr, die (wahlweise) als Arbeits- oder als Sozialrechtsverhältnis gefördert werden. Arbeitsgelegenheiten (zusätzliche und im öffentlichen Interesse liegende Arbeiten) sind keine Arbeitsverhältnisse (§ 16d Absatz 7 SGB II). Im Übrigen werden nur Beschäftigungen im Rahmen von Arbeitsverhältnissen gefördert.

Auch türkische Au-pairs können sich grundsätzlich auf Artikel 6 berufen. Ihr Aufenthaltszweck besteht zwar nicht in der Erzielung von Entgelt, sondern darin, ihnen die Möglichkeit zu geben, ihre Sprachkenntnisse zu verbessern und ihre Kenntnisse über die deutsche Kultur und Gesellschaft zu vertiefen. Dies ändert jedoch nichts daran, dass die von ihnen ausgeübte Tätigkeit „regulär" ist („Payir", Rn. 35). Daher haben türkische Au-pairs entgegen der im Übrigen für Au-pairs geltenden Regelungen (vgl. Ziffer 2.12.010 der Durchführungsanweisungen der Bundesagentur für Arbeit zu § 12 BeschV (Gz. MI11 – 5758.1; Stand: 8/2013)) einen Anspruch auf Erneuerung der Zustimmung zur Tätigkeit bei dem gleichen Arbeitgeber. Zum regulären Arbeitsmarkt im Sinne des Assoziationsrechts gehören Beschäftigungsverhältnisse, in denen gemeinnützige Arbeiten geleistet werden, auch wenn es sich dabei um Arbeiten handelt, die nicht verrichtet würden, wenn sie nicht mit öffentlichen Mitteln gefördert würden, und die dazu bestimmt sind, die Eingliederung eines begrenzten Kreises von Personen, die nicht mit den übrigen Arbeitsuchenden im Wettbewerb stehen, in das Berufsleben zu fördern („Birden", Rn. 40–54).

Etwas anderes gilt nur für Beschäftigungen im Rahmen der Rehabilitation (zum Beispiel der Drogentherapie) oder der Wiedereingliederung von Arbeitnehmern in das Arbeitsleben („Birden", Rn. 29–31). Diese können nicht als tatsächliche und echte wirtschaftliche Tätigkeiten angesehen werden, wenn die entgeltliche Arbeit auf die körperlichen und geistigen Möglichkeiten des einzelnen zugeschnitten ist, sie den Betroffenen früher oder später wieder in die Lage versetzen soll, einer gewöhnlichen Beschäftigung nachzugehen oder eine Lebensweise zu finden, die so „normal wie möglich" ist, und die Tätigkeiten für Unternehmen oder Arbeitsorganisationen ausgeübt werden, die ausschließlich zu diesem Zweck gegründet wurden (vgl. EuGH, Urteil vom 31. Mai 1989 – C-344/87 –, Rs. „Bettray", Rn. 17–20).

Arbeitnehmer in der Türkei ansässiger Arbeitgeber

Nicht zum regulären Arbeitsmarkt gehören solche Beschäftigungsverhältnisse, die bei objektiver Betrachtung ihrer Natur nach nur von türkischen Staatsangehörigen ausgeübt werden können und bei denen die türkischen Arbeitnehmer nicht in Konkurrenz zu anderen Arbeitnehmern im Bundesgebiet stehen.

Dies betrifft zum Beispiel Werkvertragsarbeitnehmer (§ 19 BeschV). Bei türkischen Arbeitnehmern, die auf der Grundlage der deutsch-türkischen Werkvertragsarbeitnehmervereinbarung vom 18. November 1991 (BGBl. 1992 II S. 54; BGBl. 1998 II S. 94) von einem Arbeitgeber mit Sitz in der Türkei zur Erfüllung eines Werklieferungsvertrages vorübergehend ins Bundesgebiet entsandt werden und eine Aufenthaltserlaubnis erhalten, besteht das Beschäftigungsverhältnis mit der entsendenden türkischen Firma fort. Da unter dem in Absatz 1 verwandten Begriff des „Arbeitgebers" stets ein im Gemeinschaftsgebiet ansässiger Arbeitgeber zu verstehen ist, können sich solche türkischen Werkvertragsarbeitnehmer nicht auf ein assoziationsrechtliches Aufenthaltsrecht im Bundesgebiet berufen. Auch türkische Lehrkräfte, die unter der Aufsicht der türkischen berufskonsularischen Vertretung in Schulen muttersprachlichen Unterricht erteilen (§ 11 Absatz 1 BeschV) sind keine Arbeitnehmer im Sinne des Assoziationsrechts. Sie üben ihre Tätigkeit als Landesbedienstete der Türkei aus und unterfallen daher nicht dem ARB 1/80. Ihre Stellen unterliegen im allgemeinen nicht der innerstaatlichen Arbeitsplatzvermittlung, sondern werden durch vorübergehend aus der Türkei entsandte Lehrkräfte nachbesetzt, da die Erteilung muttersprachlichen Unterrichts nicht auf die Förderung fremdsprachlicher Kenntnisse beschränkt ist, sondern auch die Heranführung an die gesellschaftlichen und kulturellen Wertanschauungen des Herkunftsstaates zum Ziel hat. Dieser erzieherische Auftrag kann nicht in gleicher Weise durch die auf dem deutschen Arbeitsmarkt beschäftigten türkischen oder deutschen Lehrpersonen wahrgenommen werden, weil die von ihnen vermittelten Lehrinhalte in aller Regel durch die hier herrschenden Lebensverhältnisse vorgeprägt sind. Inhalt und Zweck der Tätigkeit erfordern deshalb ausschließlich eine Stellenbesetzung durch eine bislang in der Türkei tätige Lehrperson. Einer mit den Arbeitsmarktzugangsregeln des Absatzes 1 verfolgten dauerhaften Eingliederung in den allgemeinen deutschen Arbeitsmarkt steht dieses rollierende System jedoch gerade entgegen.

Soweit im Bundesgebiet türkische Staatsangehörige an öffentlichen oder staatlich anerkannten privaten Schulen als Lehrkräfte der Schulverwaltung des jeweiligen Bundeslandes beschäftigt sind, unterliegen sie dagegen der inländischen Arbeitsplatzvermittlung und dem deutschen Sozialversicherungs- beziehungsweise Beamtenversorgungsrecht. Sie üben ihre Tätigkeit auf dem regulären deutschen Arbeitsmarkt aus und unterfallen dem ARB 1/80.

Spezialitätenköche

Spezialitätenköche (§ 18 Absatz 4 AufenthG in Verbindung mit § 11 Absatz 2 BeschV) gehören dem regulären Arbeitsmarkt an. Nach der Entscheidung des EuGH im Fall „Ertanir" gehört ein türkischer Staatsangehöriger, der im Bundesgebiet ohne Unterbrechung über ein Jahr lang rechtmäßig eine Tätigkeit als Spezialitätenkoch im Dienst desselben Arbeitgebers ausgeübt hat, im Sinne von Absatz 1 dem regulären deutschen Arbeitsmarkt an und ist dort ordnungsgemäß beschäftigt. Ein solcher türkischer Spezialitätenkoch hat einen Anspruch auf Verlängerung seiner Aufenthaltserlaubnis zur Beschäftigung bei demselben Arbeitgeber, auch wenn er bei der erstmaligen Erteilung ausdrücklich darauf hingewiesen worden ist, dass ihm diese nur für ein bis höchstens vier Jahre erteilt wird. Ihm kann insofern nicht der Einwand des Rechtsmissbrauches entgegengehalten werden. Die Zugehörigkeit zum regulären Arbeitsmarkt kann nicht mit der Begründung bestritten werden, dass Spezialitätenköche sich von der Allgemeinheit der Arbeitnehmer dadurch unterschieden, dass sie Staatsangehörige des Landes sein müssten, auf dessen Küche das Restaurant, das sie beschäftige, beschränkt sei („Ertanir", Rn. 41).

Da sich im Bundesgebiet zahlreiche türkische Staatsangehörige mit gesichertem Aufenthaltstitel und türkischstämmige Ausbildung- und Arbeitsuchende aufhalten, sind aus arbeitsmarkt- und einwanderungspolitischen Gründen auch im Bereich der türkischen Spezialitätenrestaurants zur Deckung des Personalbedarfs in erster Linie die auf dem deutschen Arbeitsmarkt vorhandenen Potenziale durch Ausbildung, Umschulung oder betriebliche Einarbeitung vor der Neuzulassung von Köchen aus der Türkei zu nutzen. Aufgrund der Größe des dafür auf dem deutschen Arbeitsmarkt zur Verfügung stehenden Personenkreises werden von der Bundesagentur für Arbeit seit Ende 1997 grundsätzlich keine Zustimmungen zur Beschäftigung neu einreisender Köche aus der Türkei erteilt.

Leitende Angestellte und Spezialisten
Führungskräfte, leitende Angestellte und Spezialisten (§ 18 AufenthG in Verbindung mit §§ 3 und 4 BeschV) können zum regulären Arbeitsmarkt gehören. Aus der Entscheidung des EuGH in der Rechtssache „Günaydin" folgt, dass grundsätzlich auch Beschäftigungsverhältnisse im Sinne der §§ 3 und 4 BeschV zum regulären deutschen Arbeitsmarkt gehören und ein assoziationsrechtliches Aufenthaltsrecht begründen können, sofern sich die berufliche Situation der betreffenden türkischen Führungskräfte im Bundesgebiet nicht objektiv von derjenigen anderer von demselben Arbeitgeber oder in derselben Branche in gleichartiger Tätigkeit beschäftigter inländischer Arbeitnehmer unterscheidet.

Ortskräfte
Mitarbeiter der türkischen Auslandsvertretungen, insbesondere, wenn sie von der Aufenthaltstitelpflicht befreit sind (vgl. § 1 Absatz 2 Nummer 3 AufenthG) sind keine Arbeitnehmer im assoziationsrechtlichen Sinne. Die erstmalige Erteilung eines Aufenthaltstitels auf Grund des ARB 1/80 an türkische Staatsangehörige ist ausgeschlossen, soweit diese zunächst als entsandte Konsulatsmitarbeiter in die Bundesrepublik eingereist sind, während ihres Aufenthalts in den Status einer Ortskraft wechseln und vom Erfordernis eines Aufenthaltstitels nach § 27 AufenthV befreit sind. Gleiches gilt für türkische Staatsangehörige, die im Ausland von ihrem Heimatstaat für diese Tätigkeit angeworben werden. Die assoziationsrechtlichen Begünstigungen sind auf die genannten Personengruppen nicht anwendbar, weil sie nicht für den deutschen Arbeitsmarkt angeworben wurden.

3.6. Vorübergehende Unterbrechung der Beschäftigung
Bei den Rechtsfolgen einer vorübergehenden Unterbrechung der Zugehörigkeit zum regulären Arbeitsmarkt ist danach zu differenzieren, ob sich der türkische Staatsangehörige noch in der Phase der Entstehung der nach Maßgabe der Dauer der Ausübung ordnungsgemäßer Beschäftigung schrittweise erweiterten Rechte befindet (hierzu sogleich) oder ob er bereits das uneingeschränkte Recht auf freien Zugang zu jeder von ihm gewählten Beschäftigung erworben hat (hierzu unter Ziffer 3.8).

3.6.1. Anwendungsbereich von Artikel 6 Absatz 2
Nur für die Phase der Entstehung der Rechte sind bestimmte Rechtsfolgen verschiedener Unterbrechungen geregelt. Absatz 2 nennt ausdrücklich verschiedene Fälle von Unterbrechungen und regelt deren Auswirkungen auf die Berechnung der erforderlichen Beschäftigungszeiten. Dagegen ist von dem Zeitpunkt an, zu dem der türkische Arbeitnehmer die Voraussetzungen des Absatzes 1 Spiegelstrich 3 erfüllt und daher das uneingeschränkte Recht auf freien Zugang zu jeder von ihm gewählten Beschäftigung erworben hat, Absatz 2 nicht mehr anwendbar („Dogan", Rn. 15 und 16).

Nach Erwerb des Rechts aus Absatz 1 Spiegelstrich 3 sind Abwesenheiten vom Arbeitsmarkt in erweitertem Maße zulässig (vgl. Ziffer 3.8).

3.6.2. Grundsatz der ununterbrochenen Beschäftigung
Ein türkischer Arbeitnehmer, der das in Absatz 1 Spiegelstrich 3 vorgesehene Recht noch nicht erworben hat, muss grundsätzlich ohne Unterbrechung eine ordnungsgemäße Beschäftigung von ein, drei beziehungsweise vier Jahren ausüben, um die Voraussetzungen des Absatzes 1 Spiegelstrich 1 bis 3 zu erfüllen. Um die Härte dieser Regel abzumildern, führt Absatz 2 für die Zwecke der Berechnung der unterschiedlichen Zeiten einer ordnungsgemäßen Beschäftigung bestimmte legitime Gründe für die Unterbrechung der unselbständigen Erwerbstätigkeit auf („Sedef", Rn. 47/48).

Absatz 2 regelt dabei, wie sich bestimmte (vorübergehende) Fehlzeiten, in denen der türkische Arbeitnehmer keiner Beschäftigung nachgeht, auf die Berechnung der in Absatz 1 Spiegelstrich 1 bis 3 genannten Zeiten ordnungsgemäßer Beschäftigung auswirken. Dabei ist zwischen den Unterbrechungen nach Satz 1 und nach Satz 2 zu unterscheiden. Die Fehlzeiten nach Satz 1 werden den Zeiten ordnungsgemäßer Beschäftigung im Sinne von Absatz 1 gleichgestellt. Bei den Fehlzeiten nach Satz 2 verliert der Arbeitnehmer wenigstens nicht ihretwegen die durch die vorherigen Zeiten ordnungsgemäßer Beschäftigung erworbenen Ansprüche („Tetik", Rn. 36–39).

Nicht in Absatz 2 genannte Unterbrechungen sind nicht als Beschäftigungszeiten anzusehen und führen – sofern der türkische Staatsangehörige noch nicht Rechte aus dem ARB 1/80 erworben hat – zu einem Verlust der zuvor zurückgelegten Beschäftigungszeiten. Eine Unterbrechung in diesem Sinne ist zum Beispiel die Strafhaft.

Bei der Berechnung der Zeiten ordnungsgemäßer Beschäftigung im Sinne von Absatz 1 sind allerdings kurze Zeiträume, die nicht in den Anwendungsbereich von Absatz 2 fallen und in denen der türkische Arbeitnehmer im Aufnahmemitgliedstaat keine gültige Aufenthalts- oder Arbeitserlaubnis besaß, anzurechnen, wenn die zuständigen Behörden des Aufnahmemitgliedstaats nicht deswegen die Ordnungsmäßigkeit des Aufenthalts des Betroffenen im Inland in Frage gestellt, sondern ihm vielmehr eine neue Aufenthalts- oder Arbeitserlaubnis erteilt haben („Ertanir", Rn. 69).

3.6.3. Jahresurlaub, Mutterschaft, Arbeitsunfall, kurze Krankheit (Absatz 2 Satz 1)
Satz 1 betrifft die Zeiten der Nichtbeschäftigung, die regelmäßig nur zu einer kurzen Unterbrechung der Beschäftigung führen. Diese Abwesenheitszeiten werden bei der Berechnung der Beschäftigungszeiten mitgerechnet. Zeiten der Abwesenheit wegen Jahresurlaubs, wegen Mutterschaft, wegen Arbeitsunfalls und wegen kurzer Krankheit werden somit wie Zeiten ordnungsgemäßer Beschäftigung behandelt. Unbezahlter Urlaub ist grundsätzlich keine anerkannte Abwesenheitszeit.

Nach der Rechtsprechung des Bundesverwaltungsgerichts regelt Absatz 2 zugunsten des türkischen Arbeitnehmers nur die Folgen bestimmter tatsächlicher Beschäftigungsunterbrechungen. Nicht erfasst sind dagegen Unterbrechungen, die darauf beruhen, dass der türkische Staatsangehörige nicht arbeiten darf, weil er die rechtlichen Voraussetzungen für die Ausübung einer ordnungsgemäßen Beschäftigung im Sinne des Absatzes 1 nicht erfüllt. Auf die Folgen einer Unterbrechung der Rechtmäßigkeit der Beschäftigung ist die Vorschrift daher weder unmittelbar noch analog anwendbar (BVerwG, Urteil vom 17. Juni 1998 – C 27.96 –, Rn. 41).

3.6.4. Unverschuldete Arbeitslosigkeit, lange Krankheit (Absatz 2 Satz 2)

Satz 2 legt die Abwesenheitszeiten fest, die zwar nicht wie Zeiten ordnungsgemäßer Beschäftigung behandelt werden, die aber die aufgrund der vorherigen Beschäftigungszeiten bereits erworbene Ansprüche unberührt lassen. Zeiten der Abwesenheit wegen unverschuldeter Arbeitslosigkeit und wegen langer Krankheit beeinträchtigen somit die bereits nach Absatz 1 erworbenen Rechte nicht. Diesen Zeiten ist die Elternzeit gleichgestellt. Die Bestimmung soll nur verhindern, dass die betroffenen türkischen Arbeitnehmer erneut wie türkische Arbeitnehmer behandelt werden, die noch nie eine Beschäftigung ausgeübt haben („Güzeli", Rn. 42).

Die Vorschrift garantiert in diesen Fällen, dass bereits erreichte Beschäftigungsansprüche fortbestehen und setzt daher ihrem Sinn und Zweck nach die grundsätzliche physische Fähigkeit zur Arbeitsfortsetzung – wenn auch nach einer zeitweiligen Unterbrechung – voraus. Türkische Staatsangehörige, bei denen feststeht, dass sie auf Dauer erwerbsunfähig sind, verlieren ihren Arbeitnehmerstatus (vgl. Ziffer 3.5.6) und können sich zur Sicherung ihrer nach Absatz 1 erworbenen Ansprüche daher nicht auf Absatz 2 berufen. Der Zeitraum, ab dem sie dauernd erwerbsunfähig sind, gilt nicht als Zeit „langer Krankheit" im Sinne von Satz 2.

Satz 2 knüpft an bereits erworbene „Ansprüche" an. Daher bleiben nur die Beschäftigungszeiten, die die in den drei Spiegelstrichen von Absatz 1 aufgestellten Voraussetzung bezüglich der Dauer der Beschäftigung erfüllen, von den in Satz 2 genannten Unterbrechungen unberührt („Güzeli", Rn. 43 ff.). Bis zum Erreichen der Jahresschwelle des Absatz 1 Spiegelstrich 1 (also in der „vorassoziationsrechtlichen Anwartschaftsphase") werden keine Ansprüche begründet, die unberührt bleiben könnten. War also ein Arbeitnehmer nur acht Monate lang beschäftigt, reicht dies noch nicht aus, um ihn von der Regelung Satz 2 profitieren zu lassen. Hat der türkische Staatsangehörige – hinsichtlich der jeweiligen Beschäftigung – aufgrund von Absatz 1 noch kein unmittelbares Recht auf Zugang zum Arbeitsmarkt erworben, liegt in jedem Fall eine erhebliche Unterbrechung der Beschäftigung vor. Das bedeutet, dass Unterbrechungen selbst in Fällen eines vorübergehenden Verbots der Erwerbstätigkeit nicht als unschädliche Beschäftigungsunterbrechungen im Sinne von Satz 2 behandelt werden können.

Unschädlich ist, wenn sich der Arbeitnehmer Unterbrechungen seiner Berufstätigkeit zunutze macht, um seine engste Familie in der Türkei zu besuchen, wenn feststeht, dass die vorübergehenden Abwesenheiten vom Hoheitsgebiet des Aufnahmemitgliedstaates auf einem legitimen Grund beruhen und dass ihre Dauer angemessen (im konkreten Fall: einige Wochen) bleibt („Sedef", Rn. 58).

Arbeitslosigkeit ist immer dann „unverschuldet", wenn den türkischen Arbeitnehmer an der Entlassung kein „persönliches Dafürkönnen" trifft. Die Arbeitslosigkeit muss von den Behörden ordnungsgemäß festgestellt worden sein. Das bedeutet, dass der türkische Arbeitnehmer sich als Arbeitsuchender registrieren lassen muss. Dies gilt ausnahmsweise nicht, wenn der Arbeitnehmer bereits einen neuen, erst später zu erfüllenden Arbeitsvertrag oder aber zumindest ernsthafte Aussichten auf die Begründung eines Arbeitsverhältnisses hat und er tatsächlich seine Berufstätigkeit kurze Zeit nach Beendigung seines vorausgegangenen Arbeitsvertrages wieder aufnimmt („Sedef", Rn. 61: „seefahrtstypische" Kurzunterbrechungen).

Im Übrigen haben Beschäftigungsunterbrechungen, die in Satz 2 nicht genannt sind und auch nicht den Zeiten ordnungsgemäßer Beschäftigung nach Satz 1 gleichstehen, grundsätzlich anspruchsschädliche Wirkung (vgl. zum Wehrdienst auch Ziffer 3.5.6).

Zu beachten ist bei der Anwendung von Satz 2, dass kraft Gesetzes ein unmittelbares Recht auf Aufenthalt und Beschäftigung – im jeweils durch Absatz 2 vorgegebenen Rahmen – besteht. Das Fehlen einer Aufenthalts- oder Arbeitserlaubnis ist daher unerheblich. Erheblich ist es hingegen, wenn eine zur Berufsausübung erforderliche Erlaubnis (noch) nicht oder – für den Fall, dass die Verlängerung ausgeschlossen ist – nicht mehr vorliegt.

3.6.5. Fristenberechnung

Der ARB 1/80 enthält keine Bestimmung zur Berechnung der Fristen des Artikels 6 Absatz 1, weshalb hierfür auf die Vorschriften des Bürgerlichen Gesetzbuches (§§ 187 ff. BGB) zurückzugreifen ist.

3.7. Ordnungsgemäßheit der Beschäftigung

Alle drei Spiegelstriche des Absatzes 1 setzen für den jeweils geforderten Zeitraum eine „ordnungsgemäße" Beschäftigung voraus.

3.7.1. Begriff

Eine Beschäftigung ist „ordnungsgemäß", wenn der Arbeitnehmer die Rechts- und Verwaltungsvorschriften des Aufnahmemitgliedstaats über die Einreise in dessen Hoheitsgebiet und über die Beschäftigung befolgt und somit das Recht hat, eine Berufstätigkeit in diesem Staat auszuüben („Nazli", Rn. 32; „Payir", Rn. 29; „Altun", Rn. 24; „Güzeli", Rn. 32; „Birden", Rn. 51).

Die „Ordnungsgemäßheit" der Beschäftigung setzt somit eine „gesicherte und nicht nur vorläufige Position" des türkischen Staatsangehörigen auf dem Arbeitsmarkt des Aufnahmemitgliedstaats („Altun", Rn. 54; „Güzeli", Rn. 38) und damit ein nicht bestrittenes Aufenthaltsrecht („Payir", Rn. 39) voraus. Eine Beschäftigung ist somit immer nur dann „ordnungsgemäß", wenn sie im Einklang mit den aufenthaltsrechtlichen und arbeitserlaubnisrechtlichen Vorschriften des jeweiligen Mitgliedstaates steht.

Auch aufenthaltsgenehmigungs- und/oder arbeitserlaubnisfreie Beschäftigungen können daher „ordnungsgemäß" im Sinne des Artikel 6 sein („Bozkurt I", Rn. 30/31). Unerheblich ist, ob der Arbeitsvertrag befristet ist oder nicht (genauer Ziffer 3.5.3). Des Weiteren ist unerheblich, aus welchem Grund dem türkischen Arbeitnehmer die Einreise gestattet wurde (genauer Ziffer 3.5.4).

3.7.2. Lediglich vorläufiges Aufenthaltsrecht

Die Voraussetzung, ordnungsgemäß beschäftigt zu sein, ist nicht erfüllt, wenn der türkische Arbeitnehmer die Beschäftigung im Rahmen eines Aufenthaltsrechts ausgeübt hat, das ihm nur aufgrund einer nationalen Regelung eingeräumt war, nach der der Aufenthalt während des Verfahrens zur Erteilung einer Aufenthaltserlaubnis im Aufnahmeland erlaubt ist („Kus", Rn. 18). Keine gesicherte, sondern stets nur eine vorläufige Position auf dem Arbeitsmarkt hat ein türkischer Arbeitnehmer in dem Zeitraum, in dem er bis zum Ausgang eines Rechtsstreits über sein Aufenthaltsrecht vorläufig in dem betreffenden Mitgliedstaat bleiben und dort eine Beschäftigung ausüben darf

("Sevince", Rn. 31). Beschäftigungszeiten können folglich so lange nicht als ordnungsgemäß angesehen werden, wie nicht endgültig feststeht, dass dem Betroffenen während des fraglichen Zeitraums das Aufenthaltsrecht von Rechts wegen zustand (BVerwG, Urteil vom 19. April 2012 – 1 C 10.11 –, juris Rn. 24). Dies betrifft Zeiträume, in denen das Aufenthaltsrecht des Betroffenen lediglich verfahrensrechtlich abgesichert ist, also wenn ein Widerspruch oder eine Klage des türkischen Arbeitnehmers gegen behördliche Entscheidungen,

– durch die ihm die Erteilung beziehungsweise die Verlängerung einer Aufenthaltserlaubnis verweigert wurde, oder
– mit der er ausgewiesen wurde, oder
– durch die seine Aufenthaltserlaubnis widerrufen, zurückgenommen oder nachträglich zeitlich beschränkt wurde, oder
– durch die eine zeitliche Beschränkung seines ursprünglich genehmigungsfreien Aufenthalts verfügt wurde,

aufschiebende Wirkung hat (vgl. aber § 84 AufenthG) und ihm bis zum für ihn erfolglosen Ausgang des Rechtsstreits der Aufenthalt und die Ausübung einer Beschäftigung erlaubt wird. Das gleiche gilt für Zeiten, in denen der Aufenthaltstitel aufgrund der Fiktionswirkung eines Antrags nur vorläufig als fortbestehend oder der Aufenthalt als erlaubt gilt (§ 81 Absatz 3 und 4 AufenthG). In diesem Zeitraum zurückgelegte Beschäftigungszeiten zählen ebenfalls nicht als „ordnungsgemäße Beschäftigung" im Sinne des Absatzes 1.

Anderenfalls würde einer späteren behördlichen oder gerichtlichen Entscheidung, durch die das Aufenthaltsrecht endgültig verweigert wird, jede Bedeutung genommen und es dem türkischen Staatsangehörigen ermöglicht, für sich die in Absatz 1 vorgesehenen Rechte während eines Zeitraums zu begründen, in dem er die Voraussetzungen dieser Vorschrift nicht erfüllt („Birden", Rn. 58). Die während des Verfahrens zurückgelegten Beschäftigungszeiten sind daher nur dann als „ordnungsgemäß" im Sinne des Absatzes 1 anrechnungsfähig, wenn dem Betroffenen später ein Aufenthaltsrecht bestands- oder rechtskräftig zuerkannt wird. Bei einer positiven behördlichen oder gerichtlichen Entscheidung ist der Betroffene rückwirkend so zu behandeln, als habe er während des fraglichen Zeitraums ein nicht nur vorläufiges Aufenthaltsrecht und daher eine gesicherte Stellung auf dem Arbeitsmarkt besessen („Kus", Rn. 17).

Auch türkische Asylbewerber mit Aufenthaltsgestattung (§ 55 AsylVfG), die während der Dauer des Asylverfahrens aufgrund einer Arbeitserlaubnis eine Beschäftigung ausgeübt haben, genießen nur ein vorläufiges, auf die Dauer des Asylverfahrens beschränktes Aufenthaltsrecht im Bundesgebiet. Da eine gesicherte aufenthaltsrechtliche Position vom positiven Ausgang ihres Asylverfahrens abhängig ist, kann bei ihnen nicht von einer „ordnungsgemäßen Beschäftigung" ausgegangen werden, bevor ihr Antrag positiv beschieden wurde. Eine Anrechnung vorheriger Arbeitszeiten erfolgt dann in Anwendung von § 55 Absatz 3 AsylVfG.

Türkische Staatsangehörige, die sich geduldet im Bundesgebiet aufhalten, haben keine Rechte nach Artikel 6, weil auch sie keine gesicherte Position auf dem Arbeitsmarkt, die nach nationalem Recht nicht ohne ein entsprechendes Aufenthaltsrecht erworben werden kann, haben. Eine Duldung vermittelt keinen rechtmäßigen Aufenthaltsstatus beziehungsweise kein gesichertes Aufenthaltsrecht im Sinne des § 5 AufenthG. Vielmehr handelt es sich um einen zeitlich befristeten Verzicht auf die zwangsweise Durchsetzung der vollziehbaren Ausreisepflicht. Eine assoziationsrechtliche Begünstigung von türkischen Staatsangehörigen mit geduldetem Aufenthalt wird darüber hinaus bereits vom Wortlaut des Absatzes 1 ausgeschlossen, der ausdrücklich eine ordnungsgemäße Beschäftigung im Sinne einer Eingliederung in den innerstaatlichen Arbeitsmarkt der Mitgliedstaaten während eines rechtmäßigen Aufenthaltes voraussetzt. Auch fortlaufend verlängerte Duldungen sind aufgrund ihrer Rechtsnatur nicht geeignet, Ansprüche aus Artikel 6 entstehen zu lassen, da sie nicht die Gewährung eines Aufenthaltsrechts beinhalten (vgl. VGH Mannheim, Urteil vom 15. April 2011 – 11 S 189/11 –, juris Rn. 46).

Keine ordnungsgemäße Beschäftigung ist auch eine staatlich finanzierte Weiterbildungsmaßnahme, die ein türkischer Staatsangehöriger ausübt, wenn er zuvor in Vollstreckung des staatlichen Strafverfolgungsanspruchs zwangsweise in den Aufnahmemitgliedstaat verbracht wurde und sich dort weiterhin ohne Aufenthaltserlaubnis aufhält (vgl. VGH Mannheim, Urteil vom 15. April 2011 – 11 S 189/11 –, juris Rn. 46).

Hingegen ist für die Annahme ordnungsgemäßer Beschäftigung nicht als schädlich anzusehen, wenn der türkische Arbeitnehmer im Aufnahmemitgliedstaat nur befristete und mit Bedingungen versehene Aufenthalts- und/ oder Arbeitserlaubnisse erhalten hat („Günaydin", Rn. 48).

3.7.3. Durch Täuschung erlangter Aufenthaltstitel

Beschäftigungszeiten, die ein türkischer Arbeitnehmer auf Grund einer durch vorsätzliche Täuschung erwirkten Aufenthaltserlaubnis zurückgelegt hat, sind nicht zu berücksichtigen. Eine durch vorsätzliche Täuschung erwirkte Aufenthaltserlaubnis kann keine gesicherte Position auf dem Arbeitsmarkt vermitteln, da sie nach Aufdeckung der Täuschung wieder in Frage gestellt werden kann („Altun", Rn. 54; „Savas", Rn. 62; „Kol", Rn. 26/27). Ein türkischer Arbeitnehmer gilt daher während des in einer durch vorsätzliche Täuschung erwirkten Aufenthaltserlaubnis zurückgelegten Zeitraumes nicht als „ordnungsgemäß beschäftigt" und kann sich auch nicht auf den Gedanken des Vertrauensschutzes berufen („Altun", Rn. 55). Aufgrund des aus dem Grundsatz von Treu und Glauben abgeleiteten und auch im Assoziationsrecht geltenden Gedankens des Rechtsmissbrauchs ist sein Vertrauen auf den Fortbestand der durch vorsätzliche Täuschung erwirkten Rechtsstellung grundsätzlich nicht schutzwürdig.

Von einer vorsätzlichen Täuschungshandlung ist regelmäßig dann auszugehen, wenn sich eine der Ausländerbehörde gegenüber abgegebene Erklärung als objektiv unrichtig erweist und der türkische Staatsangehörige bei Abgabe der Erklärung über die Bedeutung dieser Erklärung für die Erteilung einer Aufenthaltsgenehmigung ausdrücklich hingewiesen wurde. Dies gilt insbesondere in Fällen sogenannter Schein- oder Zweckehen, in denen trotz formal geschlossener Ehe keine Herstellung einer familiären Lebensgemeinschaft in Deutschland beabsichtigt ist. Dies gilt zum Beispiel auch, wenn dem Betroffenen die Aufenthaltserlaubnis nur erteilt worden ist, weil er der zuständigen Behörde eine Rückkehrabsicht wahrheitswidrig vorgetäuscht hat („Payir", Rn. 40 m. w. N.).

Der Nachweis der Täuschungsabsicht wird allerdings meist nur schwer zu führen sein, da der türkische Staatsangehörige erfolgreich einwenden können wird, er habe die Rückkehrabsicht aus legitimen Gründen erst nach Ausübung einer mehrjährigen unselbständigen Erwerbstätigkeit, jedenfalls aber erst nach der Erteilung der Aufenthaltserlaubnis fallen lassen.

Von einer vorsätzlichen Täuschung abzugrenzen sind die Fälle, in denen sich ein türkischer Arbeitnehmer zunächst mit einer Beschränkung seiner Aufenthaltserlaubnis in einem Mitgliedstaat einverstanden erklärt hatte („Günaydin",

Rn. 57) oder in der Vergangenheit erklärt hatte, dass er den Aufnahmemitgliedstaat nach seiner Vorbereitung auf eine Tätigkeit, die er in seinem Herkunftsland ausüben wolle, zu verlassen gedenke („Günaydin", Rn. 58).

Ob es wegen der Täuschungshandlung außerdem zu einer strafgerichtlichen Verurteilung (vgl. § 95 Absatz 2 Nr 2 AufenthG) gekommen ist, ist im Übrigen für die Verneinung der „Ordnungsgemäßheit" unbeachtlich. Denn tragender Grund, die durch vorsätzliche Täuschung erlangte aufenthaltsrechtliche Position als nicht gefestigt und damit nicht „ordnungsgemäß" anzusehen, ist ihre jederzeitige verwaltungsrechtliche Angreifbarkeit, die nicht davon abhängt, ob wegen der Täuschung außerdem auch noch eine strafrechtliche Verurteilung ausgesprochen wird (BVerwG, Urteil vom 17. Juni 1998 – 1 C 27.96 –, Rn. 54).

Auf der Grundlage eines durch Täuschung erschlichenen Aufenthaltstitels können auch dann keine Rechte nach ARB 1/80 erworben werden, wenn die Ausländerbehörde von einer Rücknahme des Aufenthaltstitels oder einer Ausweisung ausnahmsweise absieht, zum Beispiel zu Gunsten der schlichten Versagung der Verlängerung eines ohnehin nur noch kurzfristig gültigen Aufenthaltstitels absieht. Wurde der Aufenthaltstitel nicht durch Täuschung erschlichen, sondern sind lediglich die Erteilungsvoraussetzungen während der Gültigkeit entfallen, dürfen die nationalen Behörden die Aufenthaltserlaubnis eines türkischen Arbeitnehmers nur widerrufen oder verkürzen, wenn parallel noch keine Rechte nach ARB 1/80 entstanden sind („Unal", Rn. 53). Absatz 1: Abgestufte Eingliederung in den Arbeitsmarkt

Zu unterscheiden ist die Phase der Entstehung der in den drei Spiegelstrichen aufgeführten Rechte und die Phase nach Erfüllung der abgestuften Anforderungen nach Ablauf von vier Jahren. Während der Entstehungsphase müssen, wie sich aus der Systematik und der praktischen Wirksamkeit des mit Absatz 1 geschaffenen Systems einer abgestuften Eingliederung der türkischen Arbeitnehmer in den Arbeitsmarkt des Aufnahmemitgliedstaats ergibt, die in den drei Spiegelstrichen jeweils aufgestellten Bedingungen von den Betroffenen nacheinander erfüllt werden („Sedef", Rn. 37).

3.7.4. Spiegelstrich 1: nach einem Jahr

Spiegelstrich 1 verlangt ein Jahr ordnungsgemäßer Beschäftigung, bevor der türkische Arbeitnehmer die Erneuerung seiner Arbeitserlaubnis bei demselben Arbeitgeber beanspruchen kann. Spiegelstrich 1 gewährleistet somit ausschließlich die Fortsetzung der Beschäftigung bei demselben Arbeitgeber („Eroglu", Rn. 13–15).

Der Anspruch auf Verlängerung der Aufenthaltserlaubnis setzt voraus, dass der türkische Arbeitnehmer zuvor ein Jahr bei demselben Arbeitgeber ununterbrochen ordnungsgemäß beschäftigt war. Spiegelstrich 1 verlangt somit eine vertragliche Beziehung, die eine Verfestigung des Arbeitsverhältnisses erkennen lässt („Eker", Rn. 22).

Er verleiht dem türkischen Arbeitnehmer keinen Anspruch, wenn dieser vor Erreichen der Jahresfrist den Arbeitgeber wechselt und zur Fortsetzung seiner Beschäftigung bei einem neuen Arbeitgeber die Verlängerung seiner Aufenthaltserlaubnis beantragt („Sedef", Rn. 40; „Eker", Rn. 30/31; „Kol", Rn. 19). In diesem Fall entsteht das in Spiegelstrich 1 vorgesehene Recht auf Erneuerung der Arbeits- und Aufenthaltserlaubnis erst nach Ablauf eines neuen Zeitraums ordnungsgemäßer Beschäftigung von einem Jahr („Eker", Rn. 25).

Der türkische Arbeitnehmer kann sich nicht auf die Rechte aus Absatz 1 berufen, wenn er eine Beschäftigung im Lohn- oder Gehaltsverhältnis bei einem zweiten Arbeitgeber ausübt, ohne die Erfordernisse des zweiten Spiegelstrichs dieser Vorschrift zu erfüllen („Güzeli", Rn. 34). Spiegelstrich 1 soll nur die Verlängerung der Arbeitserlaubnis zur Fortsetzung der Beschäftigung bei demselben Arbeitgeber über die ursprüngliche Dauer ordnungsgemäßer Beschäftigung von einem Jahr hinaus gewährleisten („Eker", Rn. 28; „Eroglu", Rn. 13).

Spiegelstrich 1 verleiht ebenfalls kein Recht, wenn der Arbeitnehmer nach Ablauf der Jahresfrist den Arbeitgeber gewechselt hat und sodann die Verlängerung seiner Arbeitserlaubnis beantragt, um wieder in dem Betrieb seines ersten Arbeitgebers zu arbeiten („Sedef", Rn. 39; „Eroglu", Rn. 13–15). Anderenfalls könnte der türkische Arbeitnehmer bereits vor Ablauf der in Spiegelstrich 2 vorgeschriebenen drei Jahre den Arbeitgeber wechseln und die Arbeitnehmer aus den Mitgliedstaaten verlören den Vorrang, den ihnen Spiegelstrich 2 für diesen Fall gegenüber dem türkischen Arbeitnehmer einräumt („Eker", Rn. 29). Daher gehen dem Arbeitnehmer in diesem Fall seine zuvor zurückgelegten Beschäftigungszeiten verloren und müssen beim neuen Arbeitgeber erst wieder aufgebaut werden. Eine gegebenenfalls erteilte Erlaubnis der Ausländerbehörde zu dem vorzeitigen Arbeitgeberwechsel ändert an dieser Rechtsfolge nichts und ist ohne rechtliche Bedeutung.

Die Möglichkeit zum Wechsel des Arbeitgebers eröffnet Absatz 1 erst, wenn die Voraussetzungen des zweiten Spiegelstrichs erfüllt sind.

Absatz 1 steht nicht der Befugnis der Mitgliedstaaten entgegen, die Bedingungen der Beschäftigung türkischer Arbeitnehmer bis zum Ablauf des in Spiegelstrich 1 genannten einen Jahres zu regeln („Unal", Rn. 41).

3.7.5. Spiegelstrich 2: nach drei Jahren

Spiegelstrich 2 erlaubt dem türkischen Arbeitnehmer im Wesentlichen, sich nach drei Jahren ordnungsgemäßer Beschäftigung für den gleichen Beruf bei einem Arbeitgeber seiner Wahl auf ein anderes Stellenangebot zu bewerben. Der Anspruch des türkischen Arbeitnehmers auf Verlängerung seiner Aufenthaltserlaubnis ist daher davon abhängig, dass er zuvor drei Jahre bei demselben Arbeitgeber ununterbrochen ordnungsgemäß beschäftigt war.

Wechselt der türkische Arbeitnehmer vor Erreichen der Dreijahresfrist den Arbeitgeber, gehen seine zuvor zurückgelegten Beschäftigungszeiten verloren und müssen beim neuen Arbeitgeber erst wieder aufgebaut werden. Eine gegebenenfalls erteilte Erlaubnis der Ausländerbehörde zu dem vorzeitigen Arbeitgeberwechsel ändert an dieser Rechtsfolge nichts und ist ohne rechtliche Bedeutung. Die Beschäftigungszeiten gehen auch verloren, wenn der türkische Arbeitnehmer verschiedene Beschäftigungen bei demselben Arbeitgeber ausgeübt hat. Um dies überprüfen zu können, sollten die Ausländerbehörden den zuletzt ausgeübten Beruf in den Aufenthaltstitel eintragen. Wechselt allerdings nicht der türkische Arbeitnehmer den Arbeitgeber, sondern wechselt der Arbeitgeber (weil sich zum Beispiel der Inhaber der Beschäftigungsfirma ändert), gehen die zurückgelegten Beschäftigungszeiten nicht verloren.

3.7.6. Spiegelstrich 3: nach vier Jahren

Spiegelstrich 3 gestattet dem türkischen Arbeitnehmer nach vier Jahren ordnungsgemäßer Beschäftigung freien Zugang zu jeder von ihm gewählten Beschäftigung im Lohn- oder Gehaltsverhältnis.

Die Inanspruchnahme der Rechte, die einem türkischen Arbeitnehmer nach Spiegelstrich 3 zustehen, setzt voraus, dass dieser zuvor den Tatbestand des Spiegelstrichs 2 erfüllt hat. Somit kann ein türkischer Arbeitnehmer ein Recht nach Spiegelstrich 3 nicht allein aufgrund der Tatsache geltend machen, dass er im Aufnahmemitgliedstaat mehr als vier Jahre lang rechtmäßig eine Tätigkeit im Lohn- oder Gehaltsverhältnis ausgeübt hat, wenn er nicht, erstens, mehr als ein Jahr bei demselben Arbeitgeber und, zweitens, zwei weitere Jahre für diesen gearbeitet hat („Sedef", Rn. 43 und 44).

Ein türkischer Arbeitnehmer, der auf dem regulären deutschen Arbeitsmarkt mehr als vier Jahre ununterbrochen ordnungsgemäß beschäftigt war, hat das Recht, seine aktuelle Tätigkeit freiwillig, das heißt einseitig durch Kündigung, aufzugeben und sich im Inland jede beliebige neue abhängige Beschäftigung im Lohn- oder Gehaltsverhältnis zu suchen („Nazli", Rn. 35; „Sedef", Rn. 46; „Tetik", Rn. 31). Spiegelstrich 3 verlangt – anders als die Spiegelstriche 1 und 2 – nicht die grundsätzlich ununterbrochene Ausübung einer Beschäftigung („Dogan", Rn. 18).

3.8. Aufenthaltsrecht

Mit den Rechten, die Absatz 1 dem türkischen Arbeitnehmer im Bereich der Beschäftigung verleiht, geht zwangsläufig ein entsprechendes Aufenthaltsrecht einher, weil anderenfalls das Recht auf Zugang zum Arbeitsmarkt und auf tatsächliche Ausübung einer Beschäftigung wirkungslos wäre („Kus", Rn. 36; „Güzeli", Rn. 25; „Kurz", Rn. 27). Das aus Absatz 1 folgende Aufenthaltsrecht besteht kraft Gesetzes, so dass eine Aufenthaltserlaubnis beziehungsweise die Erlaubnis zur Beschäftigung nur deklaratorischen Charakter hat.

3.8.1. Wegfall des ursprünglichen Aufenthaltszwecks

Nach Erfüllung der jeweiligen in den Spiegelstrichen genannten Voraussetzungen hängt die Rechtsstellung des Arbeitnehmers nicht mehr davon ab, dass diese Voraussetzungen weiterhin erfüllt sind („Sedef", Rn. 46; vgl. auch Ziffer 3.5.4). Das Recht auf Aufenthalt im Aufnahmemitgliedstaat darf nicht zusätzlichen Bedenken hinsichtlich des Bestehens von den Aufenthalt rechtfertigenden Belangen oder der Art der Beschäftigung unterworfen werden („Genc", Rn. 44). Insbesondere hängt die Ausübung der Rechte nach dem ARB 1/80 nicht davon ab, aus welchem Grund (zum Beispiel: Ehegattennachzug) dem türkischen Staatsangehörigen ursprünglich die Einreise- und Aufenthaltsgenehmigung erteilt wurde („Genc", Rn. 39). Dies gilt selbst dann, wenn die Möglichkeit der Fortsetzung einer geringfügigen Beschäftigung im Vertragsstaat nicht als Motivation für einen dortigen Verbleib angesehen werden kann, weil insbesondere ernsthafte Bemühungen um eine stabile wirtschaftliche Integration ohne Inanspruchnahme von Sozialleistungen zur Sicherung des Lebensunterhalts fehlen („Genc", Rn. 14), sofern der türkische Staatsangehörige noch als Arbeitnehmer anzusehen ist.

3.8.2. Rückwirkende Rücknahme

Sind die Voraussetzungen für den Aufenthalt eines türkischen Staatsangehörigen weggefallen (weil etwa die Ehe des türkischen Staatsangehörigen, dessen Aufenthalt auf Familienzusammenführung beruhte, keinen Bestand hatte), darf rückwirkend der Aufenthaltstitel nicht aufgehoben werden, wenn (1) der Arbeitnehmer keine Täuschung begangen hat und (2) die Rücknahme nach Ablauf des in Spiegelstrich 1 genannten Zeitraums von einem Jahr ordnungsgemäßer Beschäftigung erfolgt („Gülbahce", Rn. 56). Eine nachträgliche Befristung der Aufenthaltserlaubnis ist jedoch in diesen Fällen möglich, wenn die berufliche Tätigkeit aufgegeben wird und kein Recht aus Artikel 6 mehr besteht.

3.8.3. Vorübergehende Abwesenheit

Nach Erwerb des Rechts auf freien Zugang zu jeder Beschäftigung gemäß Spiegelstrich 3 sind vorübergehende Abwesenheiten vom Arbeitsmarkt für das Aufenthaltsrecht des türkischen Arbeitnehmers unschädlich (zu den Rechtsfolgen vorübergehender Abwesenheiten vor Erwerb des uneingeschränkten Rechts siehe Ziffer 3.5). Die Zugehörigkeit des türkischen Staatsangehörigen zum regulären Arbeitsmarkt besteht fort, sofern er seine Beschäftigung nur vorübergehend unterbricht. Der Grund für die Abwesenheit ist unerheblich. Absatz 2 findet keine Anwendung mehr („Dogan", Rn. 16).

Die vorübergehende Abwesenheit vom Arbeitsmarkt kann zum Beispiel auch im Verlust des Arbeitsplatzes bestehen. Spiegelstrich 3 muss nach der Rechtsprechung des EuGH so ausgelegt werden, dass er nicht allein die Beschäftigung erfasst, sondern dem Betroffenen, der bereits ordnungsgemäß in den Arbeitsmarkt des Aufnahmemitgliedstaats eingegliedert ist, ein uneingeschränktes Recht auf Beschäftigung verleiht, das zwangsläufig auch das Recht umfasst, eine bestehende Beschäftigung aufzugeben, um eine andere zu suchen, die er frei wählen kann („Dogan", Rn. 18). Anders als die Spiegelstriche 1 und 2 verlangt Spiegelstrich 3 nämlich nicht die grundsätzlich ununterbrochene Ausübung einer Beschäftigung („Dogan", Rn. 18).

Erst wenn der Betroffene objektiv keine Möglichkeit mehr hat, sich in den Arbeitsmarkt wieder einzugliedern, oder wenn er den Zeitraum überschritten hat, der angemessen ist, um nach einer vorübergehenden Beschäftigungslosigkeit eine neue Beschäftigung im Lohn- oder Gehaltsverhältnis zu finden (siehe zum Aufenthaltsrecht zur Arbeitssuche genauer Ziffer 3.8.4), ist die Zugehörigkeit zum Arbeitsmarkt beendet („Dogan", Rn. 20; „Altun", Rn. 24 f.).

Die Rechte aus Artikel 6 gelten auch für arbeitsunfähige Arbeitnehmer, sofern die Arbeitsunfähigkeit nur vorübergehend ist, also nicht die Fähigkeit des Betroffenen beeinträchtigt, sein Recht auf Beschäftigung weiterhin – wenn auch nach einer zeitweiligen Unterbrechung seines Arbeitsverhältnisses – auszuüben („Nazli", Rn. 38).

Als unschädlich wurden vom EuGH insbesondere angesehen:
- Eine Untersuchungshaft von mehr als einem Jahr mit anschließender Verurteilung zu einer Freiheitsstrafe, deren Vollstreckung zur Bewährung ausgesetzt wurde, wenn der türkische Arbeitnehmer innerhalb eines angemessenen Zeitraums nach seiner Haftentlassung wieder eine Beschäftigung findet („Nazli", Rn. 49). Der EuGH sah es als widersprüchlich an, wenn die Verurteilung zu einer Bewährungsstrafe den Betroffenen vom Arbeitsmarkt ausschließen würde, da die Strafaussetzung zur Bewährung gerade die soziale Wiedereingliederung des Verurteilten, insbesondere durch die Ausübung des Berufs ermöglichen solle („Nazli", Rn. 48).
- Eine Inhaftierung des Arbeitnehmers, wenn die daraus folgende Abwesenheit vom Arbeitsmarkt zeitlich begrenzt ist. Im konkreten Fall handelte es sich um die Verbüßung einer dreijährigen Haftstrafe ohne Bewährung („Dogan", Rn. 21 und 22).

Aus dieser Rechtsprechung folgt, dass auch eine Inhaftierung den Betroffenen langfristig nicht zwingend an der Ausübung einer Beschäftigung hindern muss. Er verliert seine Rechte nicht, wenn die Inhaftierung seine weitere Teilnahme am Erwerbsleben nicht ausschließt („Dogan", Rn. 22). Er gehört dem regulären Arbeitsmarkt erst dann endgültig nicht mehr an, wenn er objektiv keine Möglichkeit mehr hat, sich in diesen einzugliedern, oder den Zeitraum überschritten hat, der angemessen ist, um nach dem Ende seiner Inhaftierung eine neue Beschäftigung im Lohn- oder Gehaltsverhältnis zu finden („Dogan", Rn. 23). Hinsichtlich der Bestimmung eines „angemessenen Zeitraumes" sind die besonderen, mit der Haftentlassung verbundenen Umstände zu beachten.

Gehört der türkische Staatsangehörige dem regulären Arbeitsmarkt jedoch nicht mehr an, weil er ausgereist und nicht innerhalb von sechs Monaten oder einer von der Ausländerbehörde bestimmten längeren Frist wieder eingereist ist, gilt § 51 Absatz 1 Nummer 7 AufenthG. In diesem Fall erlischt das assoziationsrechtliche Aufenthaltsrecht unabhängig vom Ausreisegrund.

Sofern die Abwesenheit vom Arbeitsmarkt noch als vorübergehend anzusehen ist, können die Rechte des Arbeitnehmers nur aufgrund des Artikels 14 Absatz 1 eingeschränkt werden („Dogan", Rn. 23).

3.8.4. Arbeitsuche

Wird der türkische Arbeitnehmer arbeitslos, kann sein Aufenthaltsrecht im Aufnahmemitgliedstaat zur Arbeitsuche zunächst fortbestehen. Gelingt es ihm nicht, unmittelbar nach Auflösung des Beschäftigungsverhältnisses eine neue Arbeitsstelle zu finden, besitzt er für einen „angemessenen Zeitraum" ein Aufenthaltsrecht, sofern er tatsächlich eine neue Arbeit sucht und der Arbeitsverwaltung zur Verfügung steht („Dogan", Rn. 19). Dies gilt auch dann, wenn der türkische Arbeitnehmer seinen früheren Arbeitsvertrag selbst gekündigt hat, ohne unmittelbar anschließend ein neues Arbeitsverhältnis einzugehen („Tetik", Rn. 30).

Was als angemessener Zeitraum anzusehen ist, ist von den zuständigen nationalen Behörden festzulegen. Der Zeitraum muss jedenfalls lang genug sein, um das durch Absatz 1 Spiegelstrich 3 gewährte Recht nicht wirkungslos zu machen und die Chancen des türkischen Arbeitnehmers auf eine neue Beschäftigung nicht zu beeinträchtigen („Tetik", Rn. 32). Ein Zeitraum von wenigen Tagen reicht für eine effektive Suche nach einer neuen Beschäftigung nicht aus („Tetik", Rn. 34). Es kann auch nicht verlangt werden, dass der Arbeitnehmer seinen Jahresurlaub zur Suche nach einer neuen Beschäftigung nutzt. Dieser dient anderen Zwecken als die Gewährung des Zeitraums, den der Aufnahmemitgliedstaat einem türkischen Staatsangehörigen einräumen muss, um ihm die Suche nach einer neuen Beschäftigung zu ermöglichen („Tetik", Rn. 47).

Mangels ausdrücklicher Regelung ist Maßstab für die Bestimmung des angemessenen Zeitraums die Zielsetzung des Artikels 12 AssAbk. Danach sind gemäß der Rechtsprechung des EuGH die für EU-Arbeitnehmer im Rahmen der Artikel 45 und 46 AEUV geltenden Grundsätze so weit wie möglich als Leitlinien für die Behandlung türkischer Arbeitnehmer nach dem ARB 1/80 heranzuziehen. Zwar ist die Frage des angemessenen Zeitraumes für eine Beschäftigungssuche auch im Unionsrecht noch nicht ausdrücklich beantwortet, doch hat der EuGH Kriterien vorgegeben, die sich auch auf den ARB 1/80 übertragen lassen.

In der Rechtssache „Antonissen" hat der EuGH für einen Arbeitsuchenden einen Zeitraum von sechs Monaten grundsätzlich als ausreichend angesehen, um im Aufnahmemitgliedstaat von Stellenangeboten Kenntnis nehmen zu können, die den beruflichen Qualifikationen des Betroffenen entsprächen, und sich gegebenenfalls um solche Stellen zu bewerben. Erbringt der Betroffene freilich nach Ablauf dieses Zeitraums den Nachweis, dass er weiterhin und mit begründeter Aussicht auf Erfolg Arbeit sucht, so darf der Aufenthalt vom Aufnahmemitgliedstaat nicht beendet werden (EuGH, Urteil vom 26. Februar 1991 – C-292/89, Rn. 21). In der Rechtssache „Kommission/Belgien" hat es der EuGH als nicht ausreichend angesehen, wenn der Aufnahmemitgliedstaat den Arbeitsuchenden verpflichtet, diesen automatisch nach Ablauf von drei Monaten zu verlassen (EuGH, Urteil vom 20. Februar 1997 – C-344/95 –, Rn. 4).

Überträgt man diese Grundsätze auf das Assoziationsrecht, besitzt der türkische Staatsangehörige zunächst für einen Zeitraum von drei Monaten ein Aufenthaltsrecht zur Beschäftigungssuche. Während dieses Zeitraums gilt sein Aufenthalt als erlaubt. Seine Aufenthaltserlaubnis ist befristet zu verlängern. Ist dieser Zeitraum verstrichen, ohne dass er eine neue Beschäftigung gefunden hat, besteht eine widerlegliche Vermutung (kein Automatismus), dass die Arbeitsuche eingestellt und der deutsche Arbeitsmarkt verlassen wurde.

Das assoziationsrechtliche Aufenthaltsrecht besteht allerdings nur fort, wenn der Betroffene alle Formalitäten erfüllt, die für den Nachweis, dass er weiterhin und mit begründeter Aussicht auf Erfolg über das zuständige Arbeitsamt eine neue Beschäftigung sucht, vorgeschrieben sind. So muss sich der türkische Staatsangehörige als Arbeitsuchender melden und innerhalb einer angemessenen Frist durch Vorlage von entsprechenden Bescheinigungen gegenüber der Arbeitsverwaltung nachweisen, dass er dem Arbeitsmarkt zur Verfügung steht („Tetik", Rn. 41 und 48; vgl. § 82 AufenthG).

Wird der Nachweis auch nach Ablauf der ersten drei Monate erbracht, weiterhin und mit Aussicht auf Erfolg Arbeit zu suchen, ist die Aufenthaltserlaubnis in der Regel um bis zu weitere drei Monate zu verlängern. An den erforderlichen Nachweis sind allerdings mit zunehmender Arbeitslosigkeitsdauer zunehmend strengere Anforderungen zu stellen. In der Regel nach sechs Monaten, spätestens jedoch nach einjährigen erfolglosen Vermittlungsbemühungen des Arbeitsamtes ist davon auszugehen, dass keine tatsächliche Aussicht mehr besteht, eine Beschäftigung zu finden.

Mit diesem Erfordernis lässt sich gewährleisten, dass der türkische Staatsangehörige innerhalb des angemessenen Zeitraums, der ihm zur Begründung eines neuen Arbeitsverhältnisses einzuräumen ist, sein Aufenthaltsrecht in dem betreffenden Mitgliedstaat nicht missbraucht, sondern tatsächlich eine neue Beschäftigung sucht („Tetik", Rn. 42). Die Erfüllung dieser Voraussetzungen ist konstitutiv für den Fortbestand des assoziationsrechtlichen Aufenthaltsrechts, da anderenfalls davon auszugehen ist, dass der türkische Arbeitnehmer den Arbeitsmarkt des Aufnahmemitgliedstaats endgültig verlassen hat und seine aus Absatz 1 Spiegelstrich 3 erworbenen Arbeitsmarktzugangs- und Aufenthaltsrechte erloschen sind.

3.8.5. Kein Daueraufenthaltsrecht

Das Aufenthaltsrecht nach Artikel 6 Absatz 1 ist kein Daueraufenthaltsrecht. Der türkische Staatsangehörige hat nicht das Recht, im Hoheitsgebiet des Aufnahmemitgliedstaates zu verbleiben, wenn er nach Erreichen des Rentenalters nicht mehr arbeitet oder einen Arbeitsunfall erlitten hat, der zu seiner vollständigen und dauernden Unfähigkeit geführt hat, weiterhin eine Beschäftigung im Lohn- oder Gehaltsverhältnis auszuüben. In solchen Fällen ist davon auszugehen, dass der Betroffene den Arbeitsmarkt des betreffenden Mitgliedstaates endgültig verlassen hat, so dass das von ihm begehrte Aufenthaltsrecht keinerlei Bezug zu einer – und sei es auch künftigen – Beschäftigung im Lohn- oder Gehaltsverhältnis aufweist („Bozkurt I", Rn. 35–37; „Nazli", Rn. 37/39). Die Frage, ob Absatz 1 oder nicht wenigstens Absatz 1 Spiegelstrich 3 ein Daueraufenthaltsrecht vermittelt, ist umstritten. Eine Entscheidung des EuGH hierzu liegt noch nicht vor. Bei Berechtigung nach Artikel 6 ARB 1/80 besteht allerdings – unter Berücksichtigung der jeweiligen für den Erwerb der deutschen Staatsangehörigkeit durch Geburt im Inland nach § 4 Absatz 3 Satz 1 Nummer 1 oder durch Einbürgerung nach den §§ 8 ff. StAG erforderlichen Voraufenthaltszeit und daher hier unbeschadet der Frage der aufenthaltsrechtlichen Qualifizierung als Daueraufenthaltsrecht – ein „unbefristetes Aufenthaltsrecht" im Sinne des § 4 Absatz 3 Satz 1 Nummer 2 und des § 10 Absatz 1 Satz 1 Nummer 2 StAG (vgl. Ziffer 2.10.). Türkische Ehegatten, die als Arbeitnehmer beide die Voraussetzungen des Artikels 6 ARB 1/80 erfüllen, vermitteln sich nach dem Günstigkeitsprinzip wechselseitig ein Daueraufenthaltsrecht nach Artikel 7 ARB 1/80.

3.9. Erstmalige Zulassung

Ungeachtet der vorstehenden Ausführungen ist von der Ausländerbehörde stets zu beachten, dass ein türkischer Staatsangehöriger bei der – vom ARB 1/80 nicht geregelten – erstmaligen Erteilung einer Aufenthaltserlaubnis zum Zwecke der Arbeitsaufnahme so zu behandeln ist wie alle anderen Nicht-Unionsbürger, und eine Aufenthaltserlaubnis zum Zweck der Erwerbstätigkeit nur auf der einschränkenden Grundlage der §§ 18 ff. AufenthG erfolgen kann.

3.10. Rechtsverlust

Nach dem allgemeinen Grundsatz der Wahrung wohlerworbener Rechte hängen die Rechte aus Absatz 1, sobald sich der türkische Staatsangehörige wirksam auf sie berufen kann, nicht mehr vom Fortbestehen der Umstände ab, die zu ihrer Entstehung geführt haben („Unal", Rn. 50; genauer Ziffern 3.5.4 und 3.8.1).

Die Rechte, die der ARB 1/80 den türkischen Staatsangehörigen, die die Voraussetzungen dieses Beschlusses erfüllen, verleiht, können nur auf zwei Arten verloren gehen beziehungsweise entzogen werden. Entweder stellt die Anwesenheit des türkischen Staatsangehörigen im Hoheitsgebiet des Aufnahmemitgliedstaates wegen seines persönlichen Verhaltens eine tatsächliche und schwerwiegende Gefahr für die öffentliche Ordnung, Sicherheit oder Gesundheit im Sinne von Artikel 14 Absatz 1 dar, oder der Betroffene hat das Hoheitsgebiet dieses Staates für einen nicht unerheblichen Zeitraum ohne berechtigte Gründe verlassen („Genc", Rn. 42).

Ansprüche türkischer Staatsangehöriger nach Artikel 6 ARB 1/80 erlöschen, da sie an die türkische Staatsangehörigkeit anknüpfen, durch Entlassung aus der türkischen Staatsangehörigkeit. Erfolgt die Entlassung in Hinblick auf den Erwerb der deutschen Staatsangehörigkeit, leben sie auch im Falle eines späteren Verlustes der deutschen Staatsangehörigkeit nicht wieder auf (VG Aachen, Beschluss v. 28. August 2006 – 6 L 328/06 –, juris Rn. 10; VG Karlsruhe, Urteil vom 22. Februar 2007 – 1 K 1889/06 –, juris Rn. 16; OVG Münster, Beschluss vom 31. Januar 2008 – 18 A 4547/06 –, juris; VG Würzburg, Urteil vom 15. Oktober 2008 – W 6 K 07.1028 –, juris Rn. 22). Etwas anderes ergibt sich auch nicht aus Art 41 ZP, da § 38 AufenthG keine neue Einschränkung ist (VG Karlsruhe, a. a. O., juris Rn. 16).

3.11. Absatz 3: Durchführung durch einzelstaatliche Vorschriften

Nach Absatz 3 werden die Einzelheiten der Durchführung von Absatz 1 durch einzelstaatliche Vorschriften festgelegt. Durch diese Regelung wird die ohnehin bestehende Verpflichtung der Mitgliedstaaten zum Erlass derjenigen Verwaltungsmaßnahmen, die zur Durchführung von Artikel 6 erforderlich sind, nur konkretisiert. Die Mitgliedstaaten werden dadurch jedoch nicht ermächtigt, die Ausübung des genau bestimmten und nicht an Bedingungen geknüpften Rechts, das den türkischen Arbeitnehmern aufgrund dieser Bestimmung zusteht, an Bedingungen zu binden oder einzuschränken („Ertanir", Rn. 28).

Absatz 3 ist so auszulegen, dass er einem Mitgliedstaat nicht den Erlass einer nationalen Regelung gestattet, durch die ganze Kategorien von türkischen Arbeitnehmern, wie zum Beispiel Spezialitätenköche, von vornherein von der Inanspruchnahme der durch Absatz 1 Spiegelstriche 1 bis 3 verliehenen Rechte ausgeschlossen werden („Ertanir", Rn. 31).

Auch eine nationale Regelung, durch die die Arbeitstätigkeit und der Aufenthalt bestimmter türkischer Staatsangehöriger im betreffenden Aufnahmemitgliedstaat auf die Ausübung einer bestimmten Tätigkeit bei einem bestimmten Arbeitgeber beschränkt werden und nach der sie keinesfalls drei Jahre überschreiten dürfen, ist als unvereinbar mit der Systematik und dem Zweck des ARB 1/80 anzusehen und kann daher nicht auf der Grundlage von Absatz 3 erlassen werden („Ertanir", Rn. 34). Hierdurch würde nämlich der innere Zusammenhang des durch Absatz 1 geschaffenen Systems der schrittweisen Eingliederung türkischer Arbeitnehmer in den Arbeitsmarkt des Aufnahmemitgliedstaats in Frage gestellt („Ertanir", Rn. 35).

Übersicht

	Rn.
I. Sprachfassungen	1
II. Rechtsstellung	6
III. Aufenthaltsrechte für Arbeitnehmer	15
1. Systematik	15
2. Vorrang des supranationalen Rechts	23
3. Regulärer Arbeitsmarkt	25
4. Arbeitnehmerbegriff	32
5. Ordnungsgemäße Beschäftigung	59
6. Wechsel des Arbeitgebers	69
7. Unterbrechung der Beschäftigung	76
8. Arbeitslosigkeit	81
9. Eigenkündigung	94
10. Straf- und Untersuchungshaft	98
11. Erlöschen der Rechtsstellung	101

I. Sprachfassungen

1 **Englische Fassung:** (1) Subject to Article 7 on free access to employment for members of his family, a Turkish worker duly registered as belonging to the labour force of a Member State:
- shall be entitled in that Member State, after one year's legal employment, to the renewal of his permit to work for the same employer, if a job is available;
- shall be entitled in that Member State, after three years of legal employment and subject to the priority to be given to workers of Member States of the Community, to respond to another offer of employment, with an employer of his choice, made under normal conditions and registered with the employment services of that State, for the same occupation;
- shall enjoy free access in that Member State to any paid employment of his choice, after four years of legal employment.

(2) Annual holidays and absences for reasons of maternity or an accident at work or short periods of sickness shall be treated as periods of legal employment. Periods of involuntary unemployment duly certified by the relevant authorities and long absences on account of sickness shall not be treated as periods of legal employment, but shall not affect rights acquired as the result of the preceding period of employment.

(3) The procedures for applying paragraphs 1 and 2 shall be those established under national rules.

2 **Französische Fassung:** (1) Sous réserve des dispositions de l'article 7 relatif au libre accès à l'emploi des membres de sa famille, le travailleur turc, appartenant au marché régulier de l'emploi d'un Etat membre
- a droit, dans cet Etat membre, après un an d'emploi régulier, au renouvellement de son permis de travail auprès du même employeur, s'il dispose d'un emploi;
- a le droit, dans cet Etat membre, après trois ans d'emploi régulier et sous réserve de la priorité à accorder aux travailleurs des Etats membres de la Communauté, de répondre dans la même profession auprès d'un employeur de son choix à une autre offre, faite à des conditions normales, enregistrée auprès des services de l'emploi de cet Etat membre;
- bénéficie, dans cet Etat membre, après quatre ans d'emploi régulier, du libre accès à toute activité salariée de son choix.

(2) Les congés annuels et les absences pour cause de maternité, d'accident de travail ou de maladie de courte durée sont assimilés aux périodes d'emploi régulier. Lee périodes de chômage involontaire, dûment constatées par les autorités compétentes, et les absences pour cause de maladie de longue durée, sans être assimilées à des périodes d'emploi régulier, ne portent pas atteinte aux droits acquis en vertu de la période d'emploi antérieure.

(3) Les modalités d'application des paragraphes 1 et 2 sont fixées par les réglementations nationales.

3 **Niederländische Fassung:** (1) Behoudens het bepaalde in artikel 7 betreffende de vrije toegang tot arbeid van de gezinsleden, heeft de Turkse werknemer die tot de legale arbeidsmarkt van een Lid-Staat behoort:
- na een jaar legale arbeid in die Lid-Staat recht op verlenging van zijn arbeidsvergunning bij dezelfde werkgever indien deze werkgelegenheid heeft;
- na drie jaar legale arbeid en onder voorbehoud van de aan de werknemers uit de Lid-Staten van de Gemeenschap te verlenen voorrang, in die Lid-Staat het recht om in hetzelfde beroep bi jeen werkgever van zijn keuze te reageren op een ander arbeidsaanbod, gedaan onder normale voorwaarden en geregistreerd bij de arbeidsbureaus van die Lid-Staat;
- na vier jaar legale arbeiud, in die Lid-Staat vrije toegang tot iedere arbeid in loondienst te zijner keuze.

(2) Jaarlijkse vakanties en perioden van afwezigheid wegens zwangerschap, arbeidsongeval of kortdurende ziekte worden gelijkgesteld met tijdvakken van legale arbeid. Tijdvakken van onvrijwillige werkloosheid die naar behoren zijn geconstateerd door de bevoegde autoriteiten, alsmede perioden van afwezigheid wegens langdurige ziekte worden niet gelijkgesteld met tijdvakken van legale arbeid, doch doen geen afbreuk aan de rechten die zijn verkregen uit hoofde van net voorafgaande tijdvak van arbeid.

(3) De wijze van toepassing van de leden 1 en 2 wordt geregeld in de nationale voorschriften.

4 **Italienische Fassung:** (1) Fatte salve le disposizioni dell'articolo 7, relativo allibero accesso dei familiari all'occupazione, il lavoratore turco inserito nel regolare mercato del lavoro di uno Stato membro ha i seguenti diritti:
- rinnovo, in tale Stato membro, dopo un anno di regolare impiego, del permesso di lavoro presso lo stesso datore di lavoro, se dispone di un impiego;
- candidatura in tale Stato membro, ad un altro posto di lavoro, la cui regolare offerta sia registrata presso gli uffici di collocamento dello Stato membro, nella stessa professione, presso un datore di

lavoro di suo gradimento, dopo tre anni di regolare impiego, fatta salva la precedenza da accordare ai lavoratori degli Stati membri della Comunità;
– libero accesso, in tale Stato membro, a qualsiasi attività salariata di suo gradimento, dopo quattro anni di regolare impiego.

(2) Le ferie annuali e le assenze per maternità, infortunio sul lavoro, o malattia di breve durata sono assimilate ai periodi di regolare impiego. I periodi di involontaria disoccupazione, debitamente costatati dalle autorità competenti, e le assenze provocate da malattie di lunga durata, pur senza essere assimilate e periodi di regolare impiego, non pregiudicano i diritti acquisiti in virtù del periodo di impiego anteriore.

(3) Le modalità di applicazione dei paragrafi 1e 2 sono fissate dalle normative nazionali.

Türkische Fassung: (1) Bir Üye Devletin işgücüne ait olduğu usule uygun şekilde tescil edilmiş olan bir Türk işçisi, ailesinin üyelerinin serbest istihdamı konusundaki 7'inci Maddeye tabi olarak;

– bir yıl yasal olarak çalıştıktan sonra bu Üye Devlet'te bir iş mevcutsa aynı işveren için çalışmak üzere çalışma izninin uzatılmasına hak kazanır;
– üç yıl yasal istihdamdan sonra ve Topluluğun Üye Devletlerinin işçilerine öncelik verilmesine tabi olarak bu Üye Devlet'te, aynı meslek için kendi seçeceği bir işveren tarafından yapılan ve bu Devletin işçi bulma kuruluşlarına kaydedilmiş ve normal koşullarda yapılmış olan başka bir istihdam önerisini kabul etmeye hak kazanır;
– bu Üye Devlet'te dört yıl yasal istihdamdan sonra kendi seçeceği herhangi bir ücretli işte serbestçe çalışabilir.

(2) Yıllık tatiller veya doğum veya iş kazası nedeniyle devamsızlık veya kısa hastalık dönemleri, yasal istihdam süreleri olarak kabul edilir. İlgili makamlarca usule uygun olarak onaylanmış olan gayriihtiyari işsizlik ve hastalık nedeniyle uzun süreli devamsızlı k lar, yasal istihdam süreleri olarak kabul edilmezler, ancak daha önceki istihdam dönemi sonucunda kazanılmış olan hakları etkilemezler.

(3) 1'inci ve 2'inci fıkraların uygulanmasına ilişkin usuller, ulusal kurallar çerçevesinde belirlenmiş olan usüllerdir.

II. Rechtsstellung

Liegen die Voraussetzungen des Art. 6 I vor, so hat der türkische Staatsangehörige eine von dem AufenthG **unabhängige Rechtsstellung** erlangt. **Bei Art. 6 I handelt es sich jedenfalls dann um einen Daueraufenthaltsstatus, wenn die Verfestigungsstufe des 3. Spiegelstrichs erreicht wurde**[1]. Denn mit Erreichen des 3. Spiegelstrichs hat der türkische Staatsangehörige eine Rechtsstellung erlangt, die es ihm erlaubt, seinen Arbeitsplatz frei zu wechseln. Auch wenn das Aufenthaltsrecht davon abhängig bleibt, dass der türkische Staatsangehörige dem Arbeitsmarkt zur Verfügung steht, also weder das Rentenalter erreicht hat noch arbeitsunfähig wird, ist der Status so weit verfestigt, dass er einem Daueraufenthaltsrecht gleichsteht.

Bei Erreichen des 2. Spiegelstrichs ist gleichfalls davon auszugehen, dass der Status des türkischen Arbeitnehmers sich weitgehend verselbstständigt hat. Zwar ist auch hier ein Berufswechsel nicht zulässig, jedoch kann der Arbeitgeber gewechselt werden, ohne dass die Rechtsstellung entfällt.

Gleiches gilt nicht für das Aufenthaltsrecht aus dem 1. Spiegelstrich des Art. 6 I. Denn die Rechtsstellung ist davon abhängig, dass der türkische Staatsangehörige weiterhin bei demselben Arbeitgeber beschäftigt bleibt. Wird der Arbeitsplatz gekündigt oder wird der Arbeitnehmer schuldhaft arbeitslos, so erlischt die Rechtsstellung. **Das Aufenthaltsrecht nach dem 1. Spiegelstrich des ARB 1/80 ist daher nicht so weit verselbstständigt, dass es einem Daueraufenthaltsrecht gleichzustellen ist**[2]. Insoweit ist es auch kein unbefristetes Aufenthaltsrecht iSd § 4 III 1 Nr. 2 StAG.

Eine Aufenthaltserlaubnis, die ein assoziationsrechtliches Daueraufenthaltsrecht nach Art. 6 bescheinigt, muss eine Gültigkeitsdauer von wenigstens fünf Jahren aufweisen[3]. Außerdem muss sie eindeutig erkennen lassen, dass ihr ein assoziationsrechtliches Daueraufenthaltsrecht zugrunde liegt. Nur mit diesen Angaben können die betroffenen Ausländer im Rechtsverkehr das ihnen zustehende Daueraufenthaltsrecht auf einfache und praxisgerechte Weise dokumentieren[4]. Auf ein Jahr befristete Aufenthaltstitel, wie sie in der Praxis häufig ausgestellt werden, entsprechen nicht der Rechtsnatur der Rechtsstellung.

Verleiht Art. 6 I 2. und 3. Spiegelstrich ein unbefristetes Aufenthaltsrecht, ohne dass es einer nationalen Bescheinigung bedarf, so hat dies auch Auswirkungen auf das StAG. Denn nach § 4 III 1

---

[1] Weitergehend die Rechtsansicht vom BMI, s. Nr. 4.3.1.3. vorläufige Verwaltungsvorschrift zum StAG und Antwort auf die Kleine Anfrage der Fraktion Die Linke v. 4.6.2010 (BT-Drs. 17/1927).
[2] OVG Brem Urt. v. 8.12.2015 – 1 LC 18/14, InfAuslR 2016, 338 Rn. 23; VG Bremen Urt. v. 9.12.2013 – 4 K 270/13, AuAS 2014, 31 Rn. 14.
[3] So BVerwG Urt. v. 22.5.2012 – 1 C 6.11 zu Art. 7 S. 1 ARB 1/80.
[4] So BVerwG Urt. v. 22.5.2012 – 1 C 6.11 zu Art. 7 S. 1 ARB 1/80.

Nr. 2 StAG **erwirbt ein nach dem 27.8.2007[5] im Bundesgebiet geborenes Kind die deutsche Staatsangehörigkeit,** sofern ein Elternteil

– seit acht Jahren rechtmäßig seinen gewöhnlichen Aufenthalt im Inland hat und
– ein unbefristetes Aufenthaltsrecht besitzt.

11 Inhaber der Rechtsstellung nach Art. 6 I 2. und 3. Spiegelstrich können ihren Kindern die deutsche Staatsangehörigkeit vermitteln, ohne dass der Besitz einer Niederlassungserlaubnis oder einer Erlaubnis zum Daueraufenthalt-EU erforderlich wäre. Voraussetzung ist allein, dass der Elternteil sich seit acht Jahren rechtmäßig im Bundesgebiet aufhält und hier seinen gewöhnlichen Aufenthalt hat[6]. Wurde die deutsche Staatsangehörigkeit nicht richtig ermittelt[7], so kann dieser Fehler nachträglich korrigiert werden. Das Bestehen oder Nichtbestehen der deutschen Staatsangehörigkeit kann nach § 30 StAG festgestellt werden. Dies gilt auch in den Fällen des § 4 III StAG. Der Hinweis im Geburtenregister auf den Staatsangehörigkeitserwerb nach § 4 III StAG wird entsprechend berichtigt (§§ 47 und 21 III Nr. 4 PStG). Fristen hierfür sind nicht vorgesehen.

12 **Verliert der türkische Arbeitnehmer seine türkische Staatsangehörigkeit,** führt dies nicht zum Wegfall von bereits erworbenen Rechtsstellungen der Familienangehörigen nach Art. 7 S. 1[8]. Denn der EuGH hat mehrmals klargestellt, dass die Rechtsstellung der Familienangehörigen nach Erwerb der Rechtsposition nur noch unter zwei Voraussetzungen entfallen kann: Entweder stellt die Anwesenheit des türkischen Wanderarbeitnehmers im Hoheitsgebiet des Aufnahmemitgliedstaates wegen seines persönlichen Verhaltens eine tatsächliche und schwerwiegende Gefahr für die öffentliche Ordnung, Sicherheit oder Gesundheit iSv Art. 14 I dar oder der Betroffene hat das Hoheitsgebiet des Staates für einen nicht unerheblichen Zeitraum ohne berechtigte Gründe verlassen. Dabei ist grundsätzlich vom abschließenden Charakter der beiden genannten Verlustgründe auszugehen[9]. Rechte nach Art. 7 S. 1 sind daher vom Fortbestehen der Voraussetzungen für ihre Entstehung unabhängig[10]. Der **Erwerb der deutschen Staatsangehörigkeit durch einen Familienangehörigen** stellt selbst dann, wenn er dem Betroffenen Rechte verleiht, die weiter gehen als die durch den Beschluss Nr. 1/80 gewährten, keinen Umstand dar, der zum Verlust von Rechten führen kann, die der Betroffene zuvor gemäß Art. 7 S. 1 erworben hat[11].

13 Hiervon zu unterscheiden ist der Fall, dass während der Erwerbsphase der Rechtsstellung nach Art. 7 S. 1 von dem Arbeitnehmer die deutsche Staatsangehörigkeit erworben wird. Tritt diese im Wege der **doppelten Staatsangehörigkeit** neben die deutsche Staatsangehörigkeit, so kann der Familienangehörige weiterhin Rechte von dem türkischen Arbeitnehmer ableiten. Insoweit hat der EuGH in den Rechtssache Kahveci und Inan entschieden, dass Art. 7 dahin auszulegen ist, dass die Familienangehörigen eines türkischen Arbeitnehmers, der dem regulären Arbeitsmarkt eines Mitgliedstaats angehört, sich weiterhin auf diese Bestimmung berufen können, wenn dieser Arbeitnehmer die Staatsangehörigkeit des Aufnahmemitgliedstaats erhalten hat und gleichzeitig die türkische Staatsangehörigkeit beibehält[12]. **Gibt der türkische Arbeitnehmer hingegen während der Erwerbsphase seine bisherige Staatsangehörigkeit auf, so kann er die Rechte aus Art. 7 S. 1 nicht mehr an seine Familienangehörigen vermitteln**[13].

---

[5] Wurde das Kind vor dem 28.8.2007 geboren, findet die aF des § 4 III StAG Anwendung, die noch verlangte, dass der Elternteil – sofern er nicht Unionsbürger, Schweizer oder EWR-Bürger war – im Besitz einer Niederlassungserlaubnis gewesen ist.

[6] Diese Rechtsansicht wird auch vom BMI geteilt, wie sich aus der Antwort auf die Kleine Anfrage der Fraktion Die Linke v. 4.6.2010 (BT-Drs. 17/1927) ergibt.

[7] In der Praxis wird es aus folgenden Gründen Probleme bei der Umsetzung geben: Nach § 34 der VO zur Ausführung des PStV verlangt das Standesamt bei der Anzeige einer Geburt zur Prüfung der deutschen Staatsangehörigkeit Angaben der Eltern dazu, ob ein unbefristetes Aufenthaltsrecht besteht. Wenn diese Voraussetzung erfüllt ist, aber auch wenn Zweifel an der Richtigkeit der Angaben bestehen oder keine Angaben zur Rechtsstellung gemacht werden (§ 34 II PStV), holt das Standesamt durch ein Formblatt (Anlage 12 zu § 34 PStV) Auskunft bei der zuständigen Ausländerbehörde ein, ob die Angaben zutreffen und ob zum Zeitpunkt der Geburt ein unbefristetes Aufenthaltsrecht bzw. ein seit acht Jahren rechtmäßiger gewöhnlicher Aufenthalt im Inland vorlag. In dem Formblatt bzgl. des Aufenthaltsstatus sind zum Ankreuzen die Möglichkeiten vorgesehen: „Freizügigkeitsberechtigter Unionsbürger, EWR-Staatsangehöriger oder deren Familienangehöriger, Niederlassungserlaubnis, Erlaubnis zum DauerAufh-EG, Staatsangehöriger der Schweiz oder dessen Familienangehöriger". Das Aufenthaltsrecht infolge von Art. 6 und 7 fehlt in dieser Auflistung, allenfalls ein Ankreuzen bei „Sonstiges" oder „unbekannt" wäre möglich (http://www.migrationsrecht.net/nachrichten-auslaenderrecht-europa-und-eu/staatsangehoerigkeit-stag-geburt-tuerkei.html).

[8] OVG RhPf Beschl. v. 29.6.2009 – 7 B 10454/09; VG Freiburg Urt. v. 19.1.2010 – 3 K 2399/08.

[9] Vgl. BVerwG Urt. v. 30.4.2009 – 1 C 6.08, NVwZ 2009, 1162, mwN; EuGH Urt. v. 21.10.2020 – C-720/19 Rn. 25 – GR; Urt. v. 25.9.2008 – C-453/07, NVwZ 2008, 1337 – Hakan Er.

[10] EuGH Urt. v. 21.10.2020 – C-720/19 Rn. 23 – GR.

[11] EuGH Urt. v. 21.10.2020 – C-720/19 Rn. 26 – GR.

[12] EuGH Urt. v. 29.3.2012 – C-7/10 und C-9/10 – Kahveci und Inan, Ls.

[13] Vgl. BVerwG Urt. v. 10.12.2014 – 1 C 15.14, InfAuslR 2015, 135 Rn. 14; OVG RhPf Beschl. v. 29.6.2009 – 7 B 10454/09, NVwZ-RR 2009, 978; OVG RhPf Beschl. v. 29.6.2009 – 7 B 10454/09; HessVGH Beschl. v. 23.7.2007 – 11 ZU 601/07, InfAuslR 2008, 7; vgl. auch EuGH Urt. v. 11.11.1999 – C-179/89, InfAuslR 2000, 56

Mit dem Erwerb der deutschen Staatsangehörigkeit bedarf der Betreffende weder eines Beschäftigungs- noch eines davon abhängigen Aufenthaltsrechts nach dem ARB 1/80. Wegen des Erwerbs des Inländerstatus und des Verlusts der türkischen Staatsangehörigkeit kann er für seinen Aufenthalt in Deutschland keine Rechte mehr aus dem Assoziierungsabkommen herleiten, denn Art. 7 dient der Integration der Familienangehörigen im Mitgliedstaat[14]. Beide Zwecke haben sich aber mit dem Erwerb der deutschen und dem gleichzeitigen Verlust der türkischen Staatsangehörigkeit erledigt. Dem kann auch nicht entgegengehalten werden, dass die Betreffenden die türkische bzw. die ausländische Staatsangehörigkeit wieder erwerben und dadurch die deutsche Staatsangehörigkeit verlieren könnten und dann wieder auf die Rechtsstellung aus dem Assoziationsratsbeschluss angewiesen sein könnten. Denn die Einbürgerung in den deutschen Staatsverband ist auf Dauer angelegt und hat grundsätzlich eine Entlassung aus der früheren Staatsangehörigkeit zur Voraussetzung, mit allen aus dem Erwerb der deutschen Staatsangehörigkeit erwachsenden günstigen sowie aus dem Verlust der türkischen bzw. ausländischen Staatsangehörigkeit sich ergebenden negativen Folgen für die Betroffenen[15]. Dazu zählt auch der Verlust der Rechtsstellung aus dem Assoziationsratsbeschluss. 14

III. Aufenthaltsrechte für Arbeitnehmer

1. Systematik

Die in Art. 6 I enthaltenen, zeitlich gestaffelten Zugangsrechte zum Arbeitsmarkt bauen systematisch aufeinander auf und sichern die stufenweise Eingliederung des türkischen Arbeitnehmers in den Arbeitsmarkt des Aufnahmemitgliedstaats. Nach dieser Bestimmung gilt Folgendes: 15

– Nach **einem Jahr** ordnungsgemäßer Beschäftigung hat ein türkischer Arbeitnehmer das Recht, weiterhin eine unselbstständige Erwerbstätigkeit bei demselben Arbeitgeber auszuüben (1. Spiegelstrich).
– Nach **drei Jahren** ordnungsgemäßer Beschäftigung hat er vorbehaltlich des den Arbeitnehmern aus den Mitgliedstaaten einzuräumenden Vorrangs das Recht, sich für den gleichen Beruf bei einem Arbeitgeber seiner Wahl auf ein anderes Stellenangebot zu bewerben (2. Spiegelstrich).
– Nach **vier Jahren** ordnungsgemäßer Beschäftigung hat er das uneingeschränkte Recht, sich für jede frei gewählte Beschäftigung im Lohn- oder Gehaltsverhältnis zu bewerben und Zugang zu ihr zu erhalten (3. Spiegelstrich).

Die Stufen bauen aufeinander auf, sodass ein Arbeitnehmer sich auf die 3. Stufe erst berufen kann, wenn er zuvor die 1. und 2. Stufe durchlaufen hat. Aufgrund der Systematik der Regelung lässt sich auch nicht etwas anderes aus dem Wortlaut des 3. Spiegelstrichs ableiten, der nur an „vier Jahre ordnungsgemäße Beschäftigung" anknüpft. Hierzu hat der EuGH in der Rechtssache Sedef[16] Folgendes klargestellt: „Aus der Systematik und der praktischen Wirksamkeit dieses mit Art 6 I ARB 1/80 geschaffenen Systems einer abgestuften Eingliederung der türkischen Arbeitnehmer in den Arbeitsmarkt des Aufnahmemitgliedstaats folgt, **dass die in den drei Gedankenstrichen dieser Bestimmung jeweils aufgestellten Bedingungen von den Betroffenen nacheinander erfüllt werden müssen.** Jede andere Lösung könnte das Kohärenz des Systems zerstören, das der Assoziationsrat eingerichtet hat, um die Situation der türkischen Arbeitnehmer im Aufnahmemitgliedstaat schrittweise zu festigen." 16

Nach Ansicht des EuGH in der Rechtssache Sedef setzt das Erreichen der 2. Stufe voraus, dass ein türkischer Arbeitnehmer drei Jahre bei demselben Arbeitgeber gearbeitet haben muss. Denn zum Erreichen der 3. Stufe sei nicht allein ausreichend, „dass er im Aufnahmemitgliedstaat mehr als vier Jahre lang rechtmäßig eine Tätigkeit im Lohn- oder Gehaltsverhältnis ausgeübt hat, wenn er nicht, erstens, mehr als ein Jahr bei demselben Arbeitgeber und, zweitens, zwei weitere Jahre für diesen gearbeitet hat"[17]. 17

Auch wenn die Stufen aufeinander aufbauen, so könnte aus Art. 2 ARB 2/76 abzuleiten sein, dass die 2. und 3. Stufe – entgegen der Ansicht des EuGH – nicht erfordern, dass der türkische Arbeitnehmer bei demselben Arbeitgeber gearbeitet haben muss. Hiergegen spricht das Verhältnis des Art. 6 I zu Art. 2 ARB 2/76[18]. Der ARB 1/80 soll nach seiner dritten Begründungserwägung im sozialen Bereich 18

– Mesbah zum Kooperationsabkommen mit Marokko, wonach sich der Familienangehörige eines marokkanischen Wanderarbeitnehmers, der die Staatsangehörigkeit des Aufnahmemitgliedstaates erwirbt, bevor der Familienangehörige beginnt, mit ihm in dem betr. Mitgliedstaat zusammenzuleben, nicht auf das Abk. berufen kann.
[14] VG Freiburg Urt. v. 19.1.2010 – 3 K 2399/08 unter Hinweis auf BVerwG Urt. v. 30.4.2009 – 1 C 6.08, NVwZ 2009, 1162.
[15] VG Freiburg Urt. v. 19.1.2010 – 3 K 2399/08.
[16] EuGH Urt. v. 10.1.2006 – C-230/03 Rn. 37 – Sedef.
[17] EuGH Urt. v. 10.1.2006 – C-230/03 Rn. 44 – Sedef.
[18] Art. 2 lit. a und b des Beschl. Nr. 2/76 bestimmte:
„a) Nach dreijähriger ordnungsgemäßer Beschäftigung in einem Mitgliedstaat der Gemeinschaft hat ein türkischer Arbeitnehmer vorbehaltlich des den Arbeitnehmern aus den Mitgliedstaaten der Gemeinschaft einzuräumenden Vorrangs das Recht, sich auf ein bei den Arbeitsämtern dieses Mitgliedstaates für den gleichen Beruf, den gleichen

zugunsten der Arbeitnehmer und ihrer Familienangehörige nzu einer besseren Regelung führen als die bis dahin bestehenden Regelungen, die durch den am 20.12.1976 erlassenen ARB 2/76 geschaffen worden waren. Die Vorschriften des Kap. II Abschnitt 1, zu denen Art. 6 gehört, bildeten somit einen weiteren, durch die Art. 48, 49 und 50 EG-Vertrag geleiteten Schritt zur Herstellung der Freizügigkeit der Arbeitnehmer[19].

19 Stellt sich der ARB 1/80 aber nur als Fortentwicklung der Rechtsstellung türkischer Staatsangehöriger und ihrer Familienangehörigen dar, so kann er nicht hinter den Rechtsgewährungen zurückfallen, die bereits mit dem ARB 2/76 eingeräumt worden waren[20].

20 Sollte durch die Neufassung der Rechte von Arbeitnehmern die Rechtsstellung aber nicht verschlechtert werden, so könnte sich ein türkischer Arbeitnehmer auch nach Einführung des Art. 6 darauf berufen, dass ihm nach drei Jahren ordnungsgemäßer Beschäftigung – unabhängig von der Anzahl der Arbeitgeberwechsel – ein Anspruch auf Weiterbeschäftigung im gleichen Beruf zusteht[21].

21 Die Zuerkennung eines Anspruchs aus Art. 6 I ist von keinen weiteren Voraussetzungen als den ausdrücklich in dieser Vorschrift aufgeführten abhängig, insbesondere nicht von den Gründen, unter denen das Recht auf Einreise und Aufenthalt erlangt worden ist. Wurde bspw. die Aufenthaltserlaubnis ursprünglich zur Führung einer ehelichen Lebensgemeinschaft ausgestellt, so ist nach Wegfall dieses Aufenthaltszwecks bei Scheitern der Ehe trotzdem die Aufenthaltserlaubnis nach § 4 V zu verlängern, wenn eine Verfestigung auf dem Arbeitsmarkt unter den Mindestvoraussetzungen des Art. 6 I stattgefunden hat[22]. Der EuGH führt dazu aus[23]: „Art. 6 I des Beschlusses Nr. 1/80 des Assoziationsrats EWG/Türkei ist dahin auszulegen, dass ein türkischer Staatsangehöriger, der eine Aufenthaltserlaubnis für das Gebiet eines Mitgliedstaats erhalten hat, um dort mit einer Staatsangehörigen dieses Mitgliedstaats die Ehe zu schließen, und der dort seit mehr als einem Jahr mit gültiger Arbeitserlaubnis bei demselben Arbeitgeber gearbeitet hat, nach dieser Bestimmung einen Anspruch auf Verlängerung seiner Arbeitserlaubnis hat, selbst wenn seine Ehe zu dem Zeitpunkt, zu dem über den Verlängerungsantrag entschieden wird, nicht mehr besteht."

22 Ebenso wie Art. 7 erlischt das Recht aus Art. 6 I unter zwei Voraussetzungen, nämlich nach **Art. 14 I aus Gründen der öffentlichen Ordnung,** Sicherheit und Gesundheit oder weil der Betroffene **den Arbeitsmarkt endgültig verlassen** hat[24]. Zu Einzelheiten siehe unter Ziff. 11.

2. Vorrang des supranationalen Rechts

23 Als Bestandteil des EU-Rechts haben die Bestimmungen des ARB 1/80 **Vorrang vor nationalen Rechtsvorschriften.** Soweit nationale Bestimmungen mit Unionsrecht nicht im Einklang stehen, finden die betreffenden. nationalen Vorschriften auf türkische Arbeitnehmer keine Anwendung. Dies wurde vom EuGH in der Entscheidung Ertanir klargestellt[25]. Für den konkreten Fall bedeutet dies, dass entgegen der damals geltenden Vorschrift des § 4 IV AAV (heute § 26 BeschV), wonach eine Aufenthaltserlaubnis für **Spezialitätenköche** nicht über eine Gesamtgeltungsdauer von drei Jahren hinaus verlängert werden durfte, eine Verlängerung der Aufenthaltserlaubnis für diese Berufsgruppe unter den unionsrechtlichen Voraussetzungen des Art. 6 I in Betracht kommt. Art. 6 III gestattet einem Mitgliedstaat nicht den Erlass einer nationalen Regelung, durch die ganze Kategorien türkischer Wanderarbeitnehmer wie zB Spezialitätenköche von vornherein von der Inanspruchnahme der durch Art. 6 I, Spiegelstriche 1–3 verliehenen Rechte ausgeschlossen werden. In Art. 6 III wird den Mitgliedstaaten lediglich erlaubt, Vorschriften zur Konkretisierung von Art. 6 I zu erlassen. Sie werden jedoch nicht ermächtigt, die dem türkischen Arbeitnehmer zustehenden Rechte aus Art. 6 I an Bedingungen zu knüpfen oder einzuschränken (zu Einzelheiten vgl. Nr. 1.6.2f AAH-ARB 1/80).

24 Diese Rspr. hat dazu geführt, dass die Ausländerbehörde bei der Ausübung ihres Ermessens im Rahmen von Verwaltungsanweisungen angehalten werden, die erstmalige Arbeitsaufnahme und die Erteilung einer Aufenthaltserlaubnis für türkische Spezialitätenköche restriktiv zu handhaben und insofern zu steuern, als durch eine **strikte zeitliche Befristung unterhalb der Jahresschwelle** des Art. 6 I ein Hineinwachsen in Ansprüche nach dem ARB 1/80 grundsätzlich verhindert werden soll (Nr. 1.6.3 AAH-ARB 1/80). Diese Ermessensbindung ist grundsätzlich zulässig, da Art. 6 I die Souveränität der

---

Tätigkeitsbereich und das gleiche Gebiet eingetragenes und zu normalen Bedingungen unterbreitetes Stellenangebot zu bewerben.
b) Nach fünf Jahren ordnungsgemäßer Beschäftigung in einem Mitgliedstaat der Gemeinschaft hat der türkische Arbeitnehmer dort freien Zugang zu jeder von ihm gewählten Beschäftigung im Lohn- oder Gehaltsverhältnis.

[19] EuGH Urt. v. 26.11.1998 – 1 C-1/97 Rn. 52 – Birden.
[20] EuGH Urt. v. 26.11.1998 – 1 C-1/97 Rn. 53 – Birden zur Frage der Bedeutung des Merkmals „regulärer Arbeitsmarkt".
[21] Ebenso Oberhäuser in HK-AuslR ARB 1/60 Art. 6 Rn. 28. Diese Frage bedarf noch der Klärung durch den EuGH.
[22] EuGH Urt. v. 29.9.2011 – C-187/10 Rn. 53 – Unal.
[23] EuGH Urt. v. 16.12.1992 – C-237/91, Slg. 1992, I-6781 = NVwZ 1993, 258 – Kus.
[24] EuGH Urt. v. 6.6.1995 – C-434/93 Rn. 39 – Bozkurt; Urt. v. 10.2.2000 – C-430/97 Rn. 37 – Nazli.
[25] EuGH Urt. v. 30.9.1997 – C-98/96, Slg. 1997, I-5179 = InfAuslR 1997, 434 – Ertanir.

Mitgliedstaaten bei der erstmaligen Zulassung von Arbeitnehmern zum nationalen Arbeitsmarkt nicht beschränkt[26]. Dennoch sind die Ausländerbehörden verpflichtet, eine differenzierte Prüfung des Einzelfalls vorzunehmen und seinen wesentlichen Besonderheiten Rechnung zu tragen[27]. Bei einem Antrag auf Verlängerung einer auf elf Monate befristeten Aufenthaltserlaubnis müssen daher besondere Umstände des Einzelfalls vorgebracht werden, die eine Ausnahme von der ermessensbindenden Weisung angezeigt erscheinen lassen. Diese können bspw. darauf gestützt werden, dass in einem konkreten örtlichen Bereich ein erhebliches Defizit an türkischen Spezialitätenköchen besteht, sodass viele Restaurants Gefahr laufen, ihren Betrieb bei restriktiver Handhabung der AAV ein- oder umstellen zu müssen.

3. Regulärer Arbeitsmarkt

Voraussetzung für den Erwerb eines assoziationsrechtlichen Aufenthaltsrechts ist, dass der türkische 25 Arbeitnehmer dem regulären Arbeitsmarkt des Mitgliedstaats angehört, in dem er die Verlängerung der Aufenthaltserlaubnis begehrt. Hierbei wird auf die Lokalisierung des Arbeitsverhältnisses in dem betreffenden Mitgliedstaat abgestellt. In der Entscheidung Bozkurt führte der EuGH hierzu aus[28]: „Für die Zugehörigkeit eines solchen Arbeitnehmers zum regulären Arbeitsmarkt eines Mitgliedstaats kommt es zunächst darauf an, ob das Arbeitsverhältnis im Hoheitsgebiet eines Mitgliedstaats lokalisiert werden kann oder eine hinreichend enge Verknüpfung mit diesem Gebiet aufweist, wobei insbesondere der Ort der Einstellung des türkischen Staatsangehörigen, das Gebiet, in dem oder von dem aus die Tätigkeit im Lohn- oder Gehaltsverhältnis ausgeübt wurde und die nationalen Vorschriften im Bereich des Arbeitsrechts und der sozialen Sicherheit zu berücksichtigen sind."

Auch bei fehlender Lokalisierung des Arbeitsverhältnisses wird die Zugehörigkeit zum regulären 26 Arbeitsmarkt eines Mitgliedstaats bejaht, wenn ansonsten eine hinreichende Verknüpfung mit dem Mitgliedstaat besteht. Wegen der Sonderfälle **„grenzüberschreitende Tätigkeit als Fernfahrer und türkische Seeleute"** wird auf die Nr. 2.4.3f der Allgemeinen Anwendungshinweise zum ARB 1/80 Bezug genommen. Demgegenüber gehören entsprechend den aufgezeigten Kriterien **Werkvertragsarbeitnehmer** ausländischer Firmen nicht dem regulären Arbeitsmarkt eines Mitgliedstaats an. Sie verfügen regelmäßig allein über einen Arbeitsvertrag mit einer ausländischen Firma und werden für diese bspw. im Bundesgebiet tätig, ohne Zutritt zum hiesigen Arbeitsmarkt zu bekommen[29].

Durch die Entscheidung des EuGH in der Rechtssache Payir ua[30] ist geklärt, dass **Studenten und** 27 **Au-pair-Kräfte** dem regulären Arbeitsmarkt angehören. Schwierigkeiten können sich bei der Abgrenzung von Arbeitsleistungen ergeben, die iRe **Ausbildungs- und Praktikantenverhältnisses** erbracht werden. Grundsätzlich hindert nichts einen Mitgliedstaat daran, einem türkischen Staatsangehörigen die erstmalige Einreise und den Aufenthalt nur zu dem Zweck zu erlauben, in seinem Hoheitsgebiet eine besondere Berufsausbildung, namentlich im Rahmen eines Ausbildungsvertrags, zu absolvieren. Hierfür wird ihm grundsätzlich eine zweckgebundene, zeitlich befristete Aufenthaltserlaubnis erteilt. Für den Fall, dass der Auszubildende jedoch im iRe Ausbildungsverhältnisses Leistungen erbringt und dafür eine Vergütung erhält, mit der der Arbeitgeber zum Ausdruck bringt, dass diese für ihn wirtschaftlich nicht völlig bedeutungslos sind, gehört er aufgrund einer ordnungsgemäßen Beschäftigung als Arbeitnehmer dem regulären Arbeitsmarkt iSd Art. 6 I an[31].

Unerheblich ist bei Vorliegen dieser Voraussetzungen, ob die Vergütung im Rahmen eines Aus- 28 bildungsverhältnisses erfolgt. Die erwerbsbezogenen Elemente des Ausbildungsverhältnisses, die neben den ausbildungsbezogenen Elementen existieren, rechtfertigen, den Auszubildenden während seiner Ausbildung unionsrechtlich als Arbeitnehmer und damit dem regulären Arbeitsmarkt zugehörig anzusehen (aA wohl Nr. 2.4.1 AAH-ARB 1/80). Ein türkischer Auszubildender, dessen Tätigkeit als erwerbsbezogen eingestuft werden kann, hat daher bspw. aufgrund einer dreijährigen Dauer der in einem Ausbildungsverhältnis bei nur einem Arbeitgeber verbrachten Tätigkeit bei Ablauf der Gültigkeitsdauer der zweckgebundenen Aufenthaltserlaubnis die Rechtsposition aus Art. 6 I 2. Spiegelstrich erworben. Er hat damit das Recht zum Arbeitsplatzwechsel unter der Voraussetzung der Beschäftigung im gleichen Beruf. Häufig liegen hier auch die Voraussetzungen des Art. 7 S. 2 vor.

Werden fachliche Qualifikationen im Zusammenhang mit der Ausübung des erlernten Berufs 29 erworben, gehört dieses Beschäftigungsverhältnis dem regulären Arbeitsmarkt an. Der EuGH stellt in der Rechtssache Günaydin nicht darauf ab, dass die Aufenthaltserlaubnis und Arbeitserlaubnis bei einem deutschen Arbeitgeber lediglich vorübergehend zur Vorbereitung auf eine Führungsaufgabe in dessen Tochterunternehmen in der Türkei erteilt wurde, sondern vergleicht das Arbeitsverhältnis in seiner Ausstattung mit gleichartigen Arbeitsverhältnissen von Mitkonkurrenten[32]. Entscheidend ist

---

[26] HessVGH Beschl. v. 22.5.1996 – 12 TG 657/96, InfAuslR 1996, 483.
[27] BayVGH Beschl. v. 14.11.1997 – 10 CS 97.559, InfAuslR 1998, 7.
[28] EuGH Urt. v. 6.6.1995 – C-434/93, Slg. 1995, I-1475 = InfAuslR 1995, 261 – Bozkurt.
[29] EuGH Urt. v. 9.8.1994 – C-43/93, InfAuslR 1994, 388 – Van der Elst.
[30] EuGH Urt. v. 24.1.2008 – C-294/06 – Payir, Ls.; HessVGH Urt. v. 8.4.2009 – 11 A 2264/08.
[31] EuGH Urt. v. 19.11.2002 – C-188/00 – Kurz; BVerwG Urt. v. 19.9.2000 – 1 C 13.00, DVBl 2001, „220"; HessVGH Beschl. v. 12.1.1998 – 12 TG 4426/96, InfAuslR 1998, 207.
[32] EuGH Urt. v. 30.9.1997 – C-36/96, Slg. 1997, I-5153 = InfAuslR 1997, 440 – Günaydin.

somit, ob der türkische Arbeitnehmer, der nach Abschluss seiner Berufsausbildung einer Beschäftigung im Lohn- und Gehaltsverhältnis nachgeht, als in einem **normalen Arbeitsverhältnis** stehend anzusehen ist. Dies ist dann zu bejahen, wenn für ihn bei der Ausübung der tatsächlichen und echten wirtschaftlichen Tätigkeit, die er für einen Arbeitgeber nach dessen Weisung leistet, die gleichen Arbeits- und Vergütungsbedingungen gelten wie für Arbeitnehmer, die in dem betreffenden Unternehmen gleiche oder gleichartige wirtschaftliche Tätigkeiten ausüben und sich seine Situation somit objektiv nicht von derjenigen dieser Arbeitnehmer unterscheidet.

30   In die gleiche Richtung geht die Entscheidung des EuGH in der Rechtssache Birden[33]. Danach gehört ein Arbeitnehmer auch dann dem regulären Arbeitsmarkt an und kann die Rechte aus Art. 6 I in Anspruch nehmen, wenn die Tätigkeit, die er verrichtet hat, mit öffentlichen Mitteln gefördert wurde und dazu bestimmt war, die Eingliederung eines begrenzten Personenkreises in das Berufsleben zu gewährleisten. Nach der Rspr. des EuGH kann der bestimmte Zweck, der mit der Ausübung einer unselbstständigen Tätigkeit verfolgt wird, dem Arbeitnehmer, der die Voraussetzungen des Art. 6 I erfüllt, nicht die ihm dort gewährten abgestuften Rechte nehmen. Andernfalls würde der Beschluss Nr. 1/80 ausgehöhlt und jeder praktischen Wirksamkeit beraubt. Der Begriff „regulärer Arbeitsmarkt" bezeichnet die Gesamtheit der Arbeitnehmer, die den Rechts- und Verwaltungsvorschriften des betroffenen Staates nachkommen und somit das Recht haben, eine Berufstätigkeit in seinem Hoheitsgebiet auszuüben. Der Begriff ist nicht dahin gehend auszulegen, dass es einen allgemeinen und einen einem beschränkten Personenkreis vorbehaltenen besonderen Arbeitsmarkt gibt.

31   Dem regulären Arbeitsmarkt gehört nicht an, wer als **Strafgefangener** in der Vollzugsanstalt Arbeit leistet[34]. Demgegenüber ist durch die Entscheidung des EuGH in der Rechtssache Nazli[35] geklärt, dass ein Freigänger, der außerhalb der Anstalt in einem freien Beschäftigungsverhältnis tätig ist, weiterhin dem regulären Arbeitsmarkt zuzurechnen ist (einschränkend Rn. 2.6.7 AAH-ARB 1/80).

4. Arbeitnehmerbegriff

32   Der in Art. 6 I verwendete Arbeitnehmerbegriff ist ein unionsrechtlicher Begriff, der in gleicher Weise zu verstehen ist wie in den die Freizügigkeit der Arbeitnehmer innerhalb der Gemeinschaft betreffenden Vorschriften, insbesondere Art. 45 AEUV[36]. Der EuGH führte zum Arbeitnehmerbegriff in der Rechtssache Birden[37] Folgendes aus: „Nach ständiger Rechtsprechung hat der **Begriff des Arbeitnehmers** eine unionsrechtliche Bedeutung und ist nicht eng auszulegen. Dieser Begriff ist anhand **objektiver Kriterien** zu definieren, die das Arbeitsverhältnis im Hinblick auf die Rechte und Pflichten der betroffenen Personen kennzeichnen. Arbeitnehmer ist jeder, der eine tatsächliche und echte Tätigkeit ausübt, wobei solche Tätigkeiten außer Betracht bleiben, die wegen ihres **geringen Umfangs völlig untergeordnet und unwesentlich** sind. Das wesentliche Merkmal des Arbeitsverhältnisses besteht darin, dass jemand während einer bestimmten Zeit für einen anderen nach dessen Weisung Leistungen erbringt, für die er als Gegenleistung eine Vergütung erhält. Dagegen ist für die Frage, ob jemand als Arbeitnehmer im Sinne des Unionsrechts anzusehen ist, die Art des Rechtsverhältnisses zwischen dem Arbeitnehmer und dem Arbeitgeber unerheblich."

33   Maßgeblich für die Annahme des Vorliegens eines Arbeitsverhältnisses sind folgende drei Kriterien:
– Der Arbeitnehmer muss Leistungen erbringen;
– seine Tätigkeit muss weisungsgebunden sein;
– er muss eine Vergütung als Gegenleistung erzielen.

34   Um feststellen zu können, ob die Arbeitnehmereigenschaft vorliegt, muss insbesondere die **Dauer der von dem Ausländer verrichteten Tätigkeiten** berücksichtigt werden[38]. Dabei ist die gesamte Berufstätigkeit zu berücksichtigen, die der Ausländer im Bundesgebiet verrichtet, und zu beachten, dass die Inanspruchnahme öffentlicher Mittel die Arbeitnehmereigenschaft nicht ausschließt[39].

35   Bei der Beurteilung der Frage, welchen Umfang die von dem Ausländer ausgeübte Tätigkeit haben muss, um nicht als völlig untergeordnet und unwesentlich zu gelten, kann sich an der Entscheidung des EuGH in der Rechtssache Genc orientiert werden. Der EuGH sieht eine Tätigkeit von **zehn Stunden pro Woche** als eine tatsächliche und echte Tätigkeit an, die nicht iSd Definition des EuGH einen so geringen Umfang hat, dass sie nur völlig untergeordnet und unwesentlich ist[40]. Der EuGH führt aus: „Zwar kann der Umstand, dass im Rahmen eines Arbeitsverhältnisses nur sehr wenige Arbeitsstunden geleistet werden, ein Anhaltspunkt dafür sein, dass die ausgeübten Tätigkeiten nur

---

[33] EuGH Urt. v. 26.11.1998 – C-1/97, DVBl 1999, 182 (Ls.) – Birden.
[34] BVerwG Beschl. v. 8.5.1996 – 1 B 136.95, InfAuslR 1996, 299 = Buchholz 402.240 § 46 Nr. 8.
[35] EuGH Urt. v. 10.2.2000 – C-340/97, InfAuslR 2000, 161 – Nazli.
[36] BVerwG Urt. v. 19.4.2012 – 1 C 10.11 Rn. 15; Urt. v. 19.9.2000 – 1 C 13.00, NVwZ 2001, 333.
[37] EuGH Urt. v. 26.11.1998 – C-1/97 – Birden.
[38] EuGH Urt. v. 26.2.1992 – C-357/89, NJW 1992, 1493 = Slg. 1992, I-1027.
[39] EuGH Urt. v. 3.6.1986 – 139/85, Slg. 1986, I-1741 = Slg. 1986, 1741 – Kempf.
[40] EuGH Urt. v. 4.2.2010 – C-14/09 Rn. 25 – Genc. In der Rs Genc hat sich der EuGH an der Mindeststundenzahl für die Arbeitsaufnahme von Studenten nach Art. 17 II Studenten-RL orientiert, mit der Folge, dass die Mitgliedstaaten rechtlich gehindert sind, den Erwerb der Rechtsstellung nach Art. 6 I zu verhindern.

untergeordnet und unwesentlich sind, doch lässt es sich unabhängig von der begrenzten Höhe des aus einer Berufstätigkeit bezogenen Entgelts und des begrenzten Umfangs der insoweit aufgewendeten Arbeitszeit nicht ausschließen, dass die Tätigkeit aufgrund einer **Gesamtbewertung** des betreffenden Arbeitsverhältnisses (...) als tatsächlich und echt angesehen werden kann" und es somit ermöglicht, dem Beschäftigten die Arbeitnehmereigenschaft iSd Art. 45 AEUV zuzuerkennen.

Das BSG hat für die Gesamtbewertung der Ausübung einer Tätigkeit als Beschäftigung und damit die Zuweisung des Arbeitnehmerstatus insbesondere auf die Arbeitszeit, den Inhalt der Tätigkeit, eine Weisungsgebundenheit, den wirtschaftlichen Wert der erbrachten Leistung, die Vergütung als Gegenleistung für die Tätigkeit, den Arbeitsvertrag und dessen Regelungen sowie die Beschäftigungsdauer abgestellt[41]. Nicht alle einzelnen dieser Merkmale müssen schon je für sich die Arbeitnehmereigenschaft zu begründen genügen; maßgeblich ist ihre Bewertung in einer Gesamtschau[42]. 36

Mit dem **Weisungsrecht** wird an das Direktionsrecht des Arbeitgebers angeknüpft, der Art, Zeit und Ort der Arbeit iRd Arbeitsverhältnisses näher konkretisieren kann. Auch wenn die klassischen Weisungsrechte zunehmend eine geringere Rolle spielen, weil den Arbeitnehmern mehr Eigenverantwortung, Eigeninitiative und auch mehr Selbstständigkeit zugestanden werden, so bleiben sie als Indiz für eine Beschäftigung von Bedeutung. 37

Das Kriterium der **Eingliederung in die Arbeitsorganisation des Weisungsgebers** ermöglicht die Berücksichtigung struktureller und organisatorischer Gegebenheiten, in deren Rahmen sich die Ausübung der Beschäftigung vollzieht. Eine Beschäftigung liegt daher idR dann vor, wenn die personellen und räumlichen Mittel zu seiner Bewältigung, mithin der betriebliche Rahmen, vom Arbeitgeber gestellt oder organisiert werden. Außerdem bestimmt der Arbeitgeber das Ziel der Beschäftigung und die Mittel, die er zur Erreichung des Ziels einsetzt. 38

Indizien für das Vorliegen einer abhängigen Beschäftigung sind: 39

– Abschluss eines als „Arbeitsvertrag" bezeichneten Vertrags
– feste Vergütung, bei der die Arbeitsleistung nicht mit einem besonderen Verlustrisiko (Unternehmerrisiko) verbunden ist
– Anwendbarkeit eines Tarifvertrags auf den Arbeitsvertrag
– Abführen von Lohnersatzleistungen an die Sozialversicherung
– Arbeitsleistung ist höchstpersönlich zu erbringen
– Fehlzeiten bei Krankheit oder Arbeitsverhinderung werden vom Arbeitgeber überbrückt
– Anwesenheitskontrollen, insbesondere durch Zeiterfassungssysteme
– Eingliederung in den Arbeitsprozess durch Eingliederung in die arbeitsteilige Produktion oder im Rahmen von Teamarbeit oder der Aufnahme in einen Dienstplan
– feste Arbeitszeiten
– Arbeitsplatz im Betrieb des Arbeitgebers
– Betriebsmittel (Computer, Fahrzeuge, Werkzeug usw) werden vom Arbeitgeber gestellt
– Gewährung von Urlaubs-, Weihnachtsgeld oder eines 13. Monatsgehalts

Die Rspr. des EuGH zur **Dauer des Beschäftigungsverhältnisses** hat kasuistischen Charakter. Der EuGH hat sich ua bereits zu der möglichen Arbeitnehmerstellung von Schulabgängern, die auf der Suche nach ihrem ersten Arbeitsverhältnis sind, Teilzeitarbeitnehmern, Referendaren und Gelegenheitsarbeitskräften geäußert. Schulabgänger, die eine Beschäftigung suchen, haben folglich keinen Zugang zum Arbeitsmarkt gefunden und haben folglich keine tatsächliche und echte Berufstätigkeit ausgeübt[43]. 40

Hingegen hat der EuGH **Teilzeitbeschäftigungen** für geeignet angesehen, um die Arbeitnehmereigenschaft zu begründen[44]. Maßgeblich für die Einbeziehung von Teilzeitbeschäftigungen war der Gesichtspunkt, dass diese Möglichkeit der Arbeitsaufnahme für eine große Anzahl von Personen ein wirksames Mittel zur Verbesserung ihrer Lebensbedingungen darstellt, auch wenn sie möglicherweise zu Einkünften führt, die unter dem liegen, was als Existenzminimum angesehen wird. Deshalb würde die praktische Wirksamkeit des Unionsrechts beeinträchtigt, wenn allein Personen in den Genuss der mit der Freizügigkeit der Arbeitnehmer zuerkannten Rechte kommen würden, die einer Vollzeitbeschäftigung nachgehen und daher regelmäßig ein Arbeitseinkommen beziehen, das mindestens dem in der betreffenden Branche garantierten Mindesteinkommen entspricht. 41

Die Begriffe des Arbeitnehmers und der Tätigkeit im Lohn- und Gehaltsverhältnis sind deshalb nach Ansicht des EuGH dahin gehend zu verstehen, dass die Vorschriften über die Freizügigkeit der Arbeitnehmer auch für Personen gelten, die nur eine Teilzeittätigkeit im Lohn- oder Gehaltsverhältnis ausüben oder aufnehmen wollen und daraus nur ein unter dem in der betreffenden Branche garantierten Mindesteinkommen liegendes Einkommen erzielen oder erzielen würden[45]. 42

---

[41] BSG Urt. v. 12.9.2018 – B 14 AS 18/17 R Rn. 20.
[42] BSG Urt. v. 12.9.2018 – B 14 AS 18/17 R Rn. 20.
[43] S. hierzu EuGH Urt. v. 11.7.2002 – C-224/98, Slg. 2002, I-6191 Rn. 18 – D'Hoop.
[44] EuGH Urt. v. 23.3.1982 – 53/81, Slg. 1982, 1035 Rn. 17 – Levin.
[45] EuGH Urt. v. 23.3.1982 – 53/81, Slg. 1982, 1035 – Levin.

43 Vermag eine Teilzeitbeschäftigung damit grundsätzlich die Arbeitnehmerstellung zu begründen, so stellt sich in der Praxis die Frage nach dem zu fordernden **Umfang der Berufsausübung.** In der Rechtssache Raulin[46] hat der EuGH entschieden, dass die Tatsache, dass der Betroffene iRd Arbeitsverhältnisses nur sehr wenige Stunden gearbeitet hat, ein Anhaltspunkt dafür sein kann, dass die **ausgeübte Tätigkeiten nur untergeordnet und unwesentlich gewesen** sind.[47] Die Betroffene hatte iRe Arbeitsvertrags auf Abruf 60 Stunden in einem Zeitraum von gut zwei Wochen gearbeitet; eine abschließende Entscheidung über das Vorliegen der Arbeitnehmereigenschaft wurde dem mitgliedstaatlichen Gericht überlassen.

44 **Die Grenze der Unwesentlichkeit ist bei einer Wochenarbeitszeit von sechs Stunden erreicht**[48]. Nur in ganz besonderen Fällen vermag hier eine Gesamtabwägung noch eine Arbeitnehmereigenschaft begründen. Demgegenüber hat der EuGH in der Rechtssache Kempf[49] zur Feststellung einer tatsächlichen und echten Erwerbstätigkeit die Begründung der Arbeitnehmereigenschaft durch eine Teilzeitarbeit von zwölf Wochenstunden als Musiklehrer für möglich gehalten. Gleiches galt für eine Beschäftigung von zwei Stunden pro Woche in der Rechtssache Meeusen.[50] In der Rechtssache Brown[51] ließ der EuGH eine voruniversitäre praktische Ausbildung von rund acht Monaten zur Begründung der Arbeitnehmereigenschaft genügen.[52]

45 Das BVerwG hat bei einer Raumpflegerin, die **5,5 Stunden** wöchentlich mit einer Entlohnung von durchschnittlich etwa 180 EUR im Monat die Arbeitnehmereigenschaft bejaht[53]. Maßgeblich war eine Gesamtbewertung des Arbeitsverhältnisses. Die Arbeitnehmerin hatte 2007 einen Arbeitsvertrag geschlossen, erhielt den Tariflohn und hatte einen Anspruch auf 28 Tage Urlaub sowie 125 EUR Urlaubsgeld.

46 Aus den vorstehenden Ausführungen ergibt sich, dass die Entscheidungen des EuGH stark vom jeweiligen Einzelfall abhängig sind. Lediglich **Tätigkeiten, die einen so geringen Umfang haben, dass sie sich als völlig untergeordnet und unwesentlich darstellen, sind danach nicht geeignet, die Arbeitnehmereigenschaft zu begründen**[54]. Zwar kann der Umstand, dass iRe Arbeitsverhältnisses nur sehr wenige Arbeitsstunden geleistet werden, ein Anhaltspunkt dafür sein, dass die ausgeübten Tätigkeiten nur untergeordnet und unwesentlich sind, doch lässt es sich unabhängig von der begrenzten Höhe des aus einer Berufstätigkeit bezogenen Entgelts und des begrenzten Umfangs der insoweit aufgewendeten Arbeitszeit nicht ausschließen, dass die Tätigkeit aufgrund einer **Gesamtbewertung** des betreffenden Arbeitsverhältnisses von den nationalen Stellen als tatsächlich und echt angesehen werden kann und es somit ermöglicht, dem Beschäftigten die Arbeitnehmereigenschaft im vorgenannten Sinne zuzuerkennen (zu einem Fall mit einer Wochenarbeitszeit von fünf bis sechs Stunden bei einem Verdienst von 180 – 240 Euro[55]).

47 Die ergänzende Inanspruchnahme von Sozialleistungen schließt die Arbeitsnehmereigenschaft nur dann aus, wenn sich der Betroffene ausschließlich aus diesem Grund im Bundesgebiet aufhält und die Freizügigkeit somit missbräuchlich in Anspruch nimmt[56].

48 Außerdem ist – abgesehen vom Fall des Missbrauchs – in jedem Einzelfall zu prüfen, ob das Arbeitsverhältnis das **Merkmal der Dauerhaftigkeit** aufweist. Dieses Merkmal wird man dahingehend konkretisieren können, dass es nicht anzunehmen ist, wenn derjenige, der die Arbeit verrichtet, sich mit der Arbeit vertraut machen kann und/oder die verrichtete Arbeit für den Arbeitgeber einen wirtschaftlichen Wert hat.

49 Der Umstand, dass der EU-Bürger **Rentner** ist und eine (geringe) Altersrente bezieht, steht seiner Eigenschaft als Arbeitnehmer nicht entgegen. Rentnern ist es nicht verboten, weiterzuarbeiten; sie

---

[46] EuGH Urt. v. 26.2.1992 – C-357/89, Slg. 1992, I-1027 ff. – Raulin.
[47] EuGH Urt. v. 26.2.1992 – C-357/89, Slg. 1992, I-1027 Rn. 14 – Raulin.
[48] Der HessVGH hat eine Wochenarbeitszeit von 3,78 Stunden für unwesentlich angesehen, HessVGH Beschl. v. 25.1.017 – 9 D 108/17.
[49] EuGH Urt. v. 26.6.1986 – 139/85, Slg. 1986, 1741 ff. – Kempf.
[50] EuGH Urt. v. 8.6.1999 – C-337/97, Slg. 1999, I-3289 Rn. 7 – Meeusen.
[51] EuGH Urt. v. 21.6.1988 – C-197/86, Slg. 1988, 3205 ff. – Brown.
[52] EuGH Urt. v. 21.6.1988 – C-197/86, Slg. 1988, 3205 Rn. 21 – Brown.
[53] BVerwG Urt. v. 19.4.2012 – 1 C 10.11 Rn. 16. Außerdem können nachfolgende Entscheidungen zum ARB 1/80, die unter Bezugnahme auf die genannten Entscheidungen des EuGH ergangen sind, herangezogen werden: Der HessVGH hat zur Erfüllung des Arbeitnehmerbegriffs eine unselbstständige Erwerbstätigkeit von zwölf und 18 Stunden wöchentlich als ausreichend erachtet. Das OVG Bln-Bbg vertrat die Auffassung, dass die Ausübung einer geringfügigen Beschäftigung – selbst iRe sozialversicherungsfreien Arbeitsverhältnisses – die Arbeitnehmereigenschaft vermittelt. Der Entscheidung lag ein Sachverhalt zugrunde, nach dem die Ausländer im Besitz einer Arbeitserlaubnis war, die eine Arbeit von 7,5 Stunden wöchentlich bei einer Reinigungsfirma ermöglichte. Das OVG NRW sah den Arbeitnehmerbegriff dadurch als erfüllt an, dass ein Ausländer neben seinem Studium als Pflegehelfer in einem Krankenhaus mit einer monatlichen Arbeitszeit von 80 Stunden tätig gewesen ist. In einer weiteren Entscheidung neigte das OVG NRW der Auffassung zu, dass eine Teilzeitbeschäftigung von 55 Stunden monatlich bei einem Verdienst von 550 DM ausreiche, um die Arbeitnehmereigenschaft zu begründen.
[54] EuGH Urt. v. 23.3.1982 – 53/81, Slg. 1982, 1053 – Levin.
[55] EuGH Urt. v. 4.2.2010 – C-14/09 Rn. 19 ff. mwN – Genc.
[56] EuGH Urt. v. 21.6.1988 – 39/86, Slg. 1988, 3161 ff. – Lair.

sehen sich im Gegenteil nicht selten wegen der Höhe ihrer Rente veranlasst, weiter erwerbstätig zu sein, um ihren Lebensunterhalt vollständig zu sichern[57].

Berufsausbildung und Praktikum: In den Rechtssachen Lawrie-Blum[58] und Bernini[59] hat der EuGH anerkannt, dass jemand, der iRe Berufsausbildung ein Praktikum ableistet, als Arbeitnehmer anzusehen ist, wenn das Praktikum unter den Bedingungen einer tatsächlichen und echten Tätigkeit im Lohn- oder Gehaltsverhältnis durchgeführt wird[60]. Art. 7 IIId Freizügigkeits-RL legt insoweit fest, dass die Arbeitnehmerfreizügigkeit erhalten bleibt, wenn der Unionsbürger eine Berufsausbildung beginnt. **Die Aufrechterhaltung der Erwerbstätigeneigenschaft setzt voraus, dass zwischen dieser Ausbildung und der früheren beruflichen Tätigkeit ein Zusammenhang besteht**, es sei denn, der Betroffene hat zuvor seinen Arbeitsplatz unfreiwillig verloren (§ 2 III 1 Nr. 3). 50

Bei der Einstufung eines Praktikantenverhältnisses als Tätigkeit im Lohn- und Gehaltsverhältnis war der Umstand der geringen Produktivität des Praktikanten, der geringen Anzahl von geleisteten Wochenstunden und der beschränkten Vergütung nicht maßgeblich. Erforderlich ist vielmehr, dass der Betroffene iRd Entwicklung der beruflichen Fähigkeiten genug Stunden geleistet hat, um sich mit der Arbeit vertraut zu machen. 51

Missbrauchsfälle: Ein Missbrauch ist anzunehmen, wenn eine Gesamtwürdigung der objektiven Umstände ergibt, dass trotz formaler Einhaltung der unionsrechtlichen Bedingungen das Ziel der Regelung nicht erreicht wurde und der Betroffene in der Absicht handelte, sich einen unionsrechtlich vorgesehenen Vorteil dadurch zu verschaffen, dass die entsprechenden Voraussetzungen willkürlich geschaffen wurden[61]. Ein Missbrauch liegt bei **Schwarzarbeit** vor, dh in Fällen, in denen der Ausländer im kollusiven Zusammenwirken mit dem Arbeitgeber keine Sozialversicherungsbeiträge abführt[62]. Auch in Fällen, in denen die Gesamtwürdigung aller Umstände dafür spricht, dass die Aufnahme des Arbeitsverhältnisses einzig dem Ziel dient, dem Unionsbürger einen Aufenthalt im Bundesgebiet und damit auch den Erhalt der gewährten finanziellen Leistungen unter Umgehung der Vorgaben des FreizügG/EU bzw. der Freizügigkeits-RL zu ermöglichen, liegt ein Missbrauch vor[63]. 52

Anhaltspunkte für einen Missbrauch sind: 53
- die Aufnahme eines Arbeitsverhältnisses nach Androhung der Abschiebung[64]
- die Anpassung des Umfangs der Beschäftigung im Rahmen eines Arbeitsvertrags nach Ergehen einer Verlustfeststellung[65]
- die nur formale Erfüllung der Mindestvoraussetzungen der Freizügigkeit, die dem Sinn und Zweck der Freizügigkeits-RL nicht entspricht, sondern lediglich das Ziel verfolgt, sich dadurch soziale Vorteile des Unionsrechts zu verschaffen[66]
- das generelle Fehlen eigenen Bemühens um eine Arbeitsstelle, aber die dennoch (plötzlich) erfolgte Aufnahme einer geringfügigen Beschäftigung in unmittelbaren zeitlichen Zusammenhang mit einer drohenden Verlustfeststellung, die darüber hinaus definitiv am unteren Rand dessen liegt, was überhaupt noch die Annahme einer Arbeitnehmereigenschaft zulassen kann [67]

Der EuGH hat in der Rechtssache Lair[68] einschränkend ausgeführt, dass Missbräuche durch die Bestimmung über die Freizügigkeit der Arbeitnehmer nicht gedeckt würden und dass es sich um einen Missbrauch handle, wenn sich ein Arbeitnehmer **nur mit der Absicht** in einen Mitgliedstaat begibt, um dort nach einer sehr kurzen Berufstätigkeit **Sozialleistungen in Anspruch zu nehmen**[69]. Dabei hat der EuGH in der Rechtssache Ninni-Orasche[70] aber klargestellt, dass eine zeitlich befristete Beschäftigung von zweieinhalb Monaten grundsätzlich geeignet ist, die Arbeitnehmereigenschaft nach Art. 39 EG zu begründen, ohne dass daraus allein schon ein Missbrauch geschlossen werden kann[71]. 54

---

[57] EuGH Urt. v. 4.2.2010 – C-14/09 Rn. 19 ff. mwN – Genc; HmbOVG Beschl. v. 5.1.2012 – 3 Bs 179/11 Rn. 12 zu einem 81-jährigen Arbeitnehmer.
[58] EuGH Urt. v. 3.7.1986 – 66/85, Slg. 1986, 2121 ff. – Lawrie-Blum.
[59] EuGH Urt. v. 26.2.1982 – C-3/90, Slg. 1992, I-1071 ff. – Bernini.
[60] EuGH Urt. v. 3.7.1986 – 66/85, Slg. 1986, 2121 Rn. 19–21 – Lawrie-Blum; Urt. v. 26.2.1982 – C-3/90, Slg. 1992, I-1071 Rn. 15 – Bernini.
[61] HessVGH Beschl. v. 5.3.2019 – 9 B 56/19; OVG NRW Beschl. v. 28.3.2017 – 18 B 274/17 Rn. 3 f.; OVG RhPf Beschl. v. 20.9.2016 – 7 B 10406/16 Rn. 34; EuGH Urt. v. 12.3.2014 – C-456/12 Rn. 58 mwN – O. und B.; Urt. v. 16.10.2012 – C-364/10 – Ungarn/Slowakische Republik.
[62] HessLSG Beschl. v. 13.9.2007 – L 9 AS 44/07 ER, FEVS 59, 110; LSG NRW Beschl. v. 29.4.2015 – L 2 AS 2388/14 B ER.
[63] HessVGH Beschl. v. 5.3.2019 – 9 B 56/19; OVG NRW Beschl. v. 28.3.2017 – 18 B 274/17 Rn. 3 f.
[64] OVG NRW Beschl. v. 28.3.2017 – 18 B 274/17 Rn. 3 f.
[65] HessVGH Beschl. v. 5.3.2019 – 9 B 56/19.
[66] OVG RhPf Beschl. v. 20.9.2016 – 7 B 10406/16 Rn. 36.
[67] OVG RhPf Beschl. v. 20.9.2016 – 7 B 10406/16 Rn. 40.
[68] EuGH Urt. v. 21.6.1988 – 39/86, Slg. 1988, 3161 ff. – Lair.
[69] EuGH Urt. v. 21.6.1988 – 39/86, Slg. 1988, 3161 Rn. 43 – Lair; in der Entscheidung ging es um die Dauer einer Studienfinanzierung.
[70] EuGH Urt. v. 6.11.2003 – C-413/01 – Ninni-Orasche.
[71] EuGH Urt. v. 6.11.2003 – C-413/01 Rn. 32 – Ninni-Orasche.

55 **Vergütung:** Neben der Dauerhaftigkeit des Arbeitsverhältnisses muss dem Beschäftigten eine Gegenleistung in Form einer Vergütung gewährt werden. Dabei kann den Entscheidungen des EuGH in den Rechtssache Lawrie-Blum[72] und Bernini[73] entnommen werden, dass auch Personen, die ein **Praktikum** im Rahmen ihrer **Berufsausbildung** ableisten, als Arbeitnehmer angesehen werden können, obwohl sie lediglich ein geringes Arbeitsentgelt beziehen. Der EuGH verlangt insbesondere nicht, dass das Arbeitsentgelt so hoch ist, dass der Betroffene damit seinen Lebensunterhalt vollständig bestreiten kann. Vielmehr hat er in der Rechtssache Levin[74] festgestellt, dass das Arbeitsentgelt auch unter „dem in der betreffenden Branche garantierten Mindesteinkommen [liegen kann]. Insoweit kann nicht zwischen Personen, die sich mit ihren Einkünften aus einer derartigen Tätigkeit begnügen wollen, und Personen differenziert werden, die diese Einkünfte durch andere Einkünfte, sei es aus Vermögen oder aus der Arbeit eines sie begleitenden Familienmitglieds, ergänzen."[75]

56 Als Entgelt für die ausgeübte Beschäftigung reicht es aber nicht aus, wenn eine Person iRe **Arbeitsbeschaffungsmaßnahme zur Erhaltung, Wiederherstellung oder Förderung der Arbeitsfähigkeit** eingesetzt wird. In der Rechtssache Bettray[76] hat der EuGH entscheidend darauf abgestellt, dass die iRd Arbeitsbeschaffungsmaßnahmen ausgeübten Tätigkeiten nicht als tatsächliche und echte wirtschaftliche Tätigkeiten angesehen werden könnten, da sie nur ein Mittel der Rehabilitation oder der Wiedereingliederung der Arbeitnehmer in das Arbeitsleben darstellen. Die betreffenden Beschäftigungen seien Personen vorbehalten, die infolge von Umständen, die in ihrer Person begründet liegen, nicht in der Lage sind, einer Beschäftigung unter normalen Bedingungen nachzugehen[77]. Demgegenüber wurde in der Rechtssache Steymann[78] entschieden, dass ein Mitglied der Bhagwan-Vereinigung durchaus unter den Arbeitnehmerbegriff fällt, auch wenn die Gegenleistung, die diese Person erhält, nur mittelbar aus der tatsächlich erbrachten Arbeit herrührt[79].

57 Diesen Entscheidungen lässt sich als Grundsatz entnehmen, dass jedenfalls Gegenleistungen dann nicht als Arbeitsentgelt anzusehen sind, wenn sie im Rahmen von Maßnahmen gewährt werden, die lediglich als Instrument zur Integration von Personen mit persönlichen Unzulänglichkeiten gewährt werden und daher nicht als Form von Arbeit angesehen werden können.

58 **Erlöschen der Arbeitnehmereigenschaft:** Mit der Rspr. des EuGH ist davon auszugehen, dass der Betroffene grundsätzlich mit der **Beendigung des Arbeitsverhältnisses** die Arbeitnehmereigenschaft verliert[80], diese Eigenschaft nach Beendigung des Arbeitsverhältnisses aber dennoch bestimmte Folgewirkungen zeitigt. In den vom EuGH bisher zu entscheidenden Fällen zur Beziehung zwischen einer Erwerbstätigkeit und einer **späteren Berufsausbildung bzw. einem Studium** hat der EuGH durchaus auch Folgewirkungen der Arbeitnehmereigenschaft anerkannt. Zu Einzelheiten siehe unten bei § 2 III 1 Nr. 2.

5. Ordnungsgemäße Beschäftigung

59 Die Ordnungsmäßigkeit einer Beschäftigung iSd Art. 6 I setzt eine **gesicherte und nicht nur vorläufige Position auf dem Arbeitsmarkt** und damit das Bestehen eines nicht bestrittenen Aufenthaltsrechts voraus. Außerdem muss die Beschäftigung im Einklang mit den aufenthaltsrechtlichen und arbeitserlaubnisrechtlichen Vorschriften des jeweiligen Mitgliedstaats stehen[81].

60 Für die Beantwortung der Frage, ob der türkische Arbeitnehmer ordnungsgemäß im regulären Arbeitsmarkt beschäftigt ist, sind **steuer- und sozialversicherungsrechtliche Rechtsverstöße** im Zusammenhang mit der Beschäftigung allenfalls erheblich, wenn der türkische Arbeitnehmer insoweit gegen ihn selbst treffende Rechtspflichten verstößt oder wenn er sich an entsprechenden Rechtsverstößen des Arbeitgebers kollusiv beteiligt, etwa indem er mit ihm die Abrede trifft, dass die Arbeitsvergütung ohne Berücksichtigung von Steuern und Sozialversicherungsbeiträgen – „schwarz" – ausgezahlt werden soll[82]. Keine gesicherte, sondern nur eine vorläufige Rechtsposition auf dem Arbeitsmarkt hat ein türkischer Arbeitnehmer während des Zeitraums, in dem sein Widerspruch oder seine Klage aufschiebende Wirkung gegen eine ablehnende. behördliche Entscheidung entfaltet. Dies gilt auch für Beschäftigungszeiten, in denen sein Aufenthalt gem. § 81 III 1 (vormals § 69 III AuslG) als erlaubt oder nach § 81 III 2 (vormals § 69 II 1 AuslG) als geduldet gilt.

---

[72] EuGH Urt. v. 3.7.1986 – 66/85, Slg. 1986, 2121 Rn. 19–21 – Lawrie-Blum.
[73] EuGH Urt. v. 26.2.1992 – C-93/90, Slg. 1992, I-1071 Rn. 15 – Bernini.
[74] EuGH Urt. v. 23.3.1982 – 53/81, Slg. 1982, 1035 ff. – Levin.
[75] EuGH Urt. v. 23.3.1982 – 53/81, Slg. 1982, 1035 Rn. 16 – Levin.
[76] EuGH Urt. v. 31.5.1989 – C-344/87, Slg. 1989, 1621 ff. – Bettray.
[77] EuGH Urt. v. 31.5.1989 – C-344/87, Slg. 1989, 1621 Rn. 5 – Bettray.
[78] EuGH Urt. v. 5.10.1988 – 196/87, Slg. 1988, 6159 ff. – Steymann.
[79] EuGH Urt. v. 5.10.1988 – 196/87, Slg. 1988, 6159 Rn. 11 – Steymann.
[80] S. EuGH Urt. v. 21.6.1988 – 39/86, Slg. 1988, 3161 – Lair; Urt. v. 26.2.1992 – C-357/89, Slg. 1992, I-1027 – Raulin.
[81] EuGH Urt. v. 20.9.1990 – C-192/89, Slg. 1990, I-3461 = InfAuslR 1991, 2 – Sevince; Urt. v. 16.12.1992 – C-237/91, Slg. 1992, I-6781 = InfAuslR 1993, 41 – Kus; Urt. v. 6.6.1995 – C-434/93, Slg. 1995, I-1475 = InfAuslR 1995, 261 – Bozkurt.
[82] VGH BW Urt. v. 10.10.2007 – 11 S. 2967/06, InfAuslR 2008, 61.

Für das assoziationsrechtliche Aufenthaltsrecht kommt es nicht darauf an, ob die materiell bestehende Rechtsposition durch ein formelles Dokument bescheinigt ist. Unerheblich ist, ob die Ausländerbehörde die bisherige Rechtsposition durch einen Aufenthaltstitel bestätigt oder diese wegen Rechtswidrigkeit aufgehoben hat; entscheidend ist, ob sich der Arbeitnehmer auf eine im Einklang mit den maßgeblichen Vorschriften stehende gesicherte Rechtsposition und damit einen ordnungsgemäßen Aufenthalt berufen kann[83]. 61

Ein türkischer Arbeitnehmer kann Rechte aus Art. 6 I grundsätzlich nur dann herleiten, wenn seine **Beschäftigung ununterbrochen rechtmäßig** war. Allerdings sind bei der Berechnung der Zeiten ordnungsgemäßer Beschäftigung kurze Zeiträume zu berücksichtigen, in denen er keine gültige Aufenthaltserlaubnis oder Arbeitserlaubnis gehabt hat, wenn die zuständige Behörde die Ordnungsmäßigkeit des Aufenthalts nicht infrage gestellt und eine neue Aufenthaltserlaubnis und Arbeitserlaubnis erteilt hat. Insoweit hat der EuGH ausgeführt[84]: „Insoweit ist unerheblich, dass der Kläger zwischen 1985 und 1989 dreimal die Verlängerung seiner befristeten Arbeitserlaubnis jeweils erst nach dem Ablauf von deren Geltungsdauer beantragt hat, so dass er während kurzer Zeiträume nicht im Besitz einer gültigen Arbeitserlaubnis war, denn die zuständigen Behörden des Aufnahmemitgliedstaats haben die Ordnungsgemäßheit seines Aufenthalts deswegen nicht in Frage gestellt, sondern ihm vielmehr jedes Mal eine neue Arbeitserlaubnis erteilt [...]."[85] 62

Maßgeblicher Zeitpunkt für die Beurteilung der ordnungsgemäßen Beschäftigung ist im Falle der Verlängerung der Aufenthaltserlaubnis der letzte Tag der Geltungsdauer der bisher erteilten Aufenthaltstitel[86], im Falle der nachträglichen zeitlichen Beschränkung der Aufenthaltserlaubnis der Zeitpunkt der Befristung.

Eine ordnungsgemäße Beschäftigung ist bereits zum Zeitpunkt der **Täuschung über das Aufenthaltsrecht** nicht mehr gegeben, unabhängig davon, ob der Betroffene noch – formal – über eine Aufenthaltserlaubnis verfügt, zB weil er eine **Scheinehe** eingegangen war oder weil er die Behörde über das Fortbestehen einer ehelichen Lebensgemeinschaft getäuscht hat. Der EuGH sieht in einem solchen Fall die Voraussetzungen für eine ordnungsgemäße Beschäftigung iSv Art. 6 I nicht als gegeben an, da die Beschäftigung aufgrund einer Aufenthaltserlaubnis ausgeübt wurde, die der türkische Arbeitnehmer allein durch eine Täuschung erwirkt hat[87]. Dabei ist nicht erforderlich, dass es wegen der Täuschungshandlung zu einer Verurteilung gekommen ist. Maßgeblich ist lediglich, ob der Betroffene der Behörde gegenüber **nachweislich falsche Angaben zum Bestehen einer ehelichen Lebensgemeinschaft** gemacht hat. In diesem Falle verfügt er über keine gesicherte Rechtsposition, sodass bereits zum Zeitpunkt der Täuschung eine ordnungsgemäße Beschäftigung nicht mehr gegeben ist, auch wenn die Behörde die Aufenthaltserlaubnis erst nachträglich zeitlich beschränkt[88]. 63

In Bezug auf die **Titelfiktion des § 81 IV** fehlt es an einer gesicherten Rechtsstellung[89], wenn der Aufenthaltstitel nicht erteilt wird. Nach der Rspr. des EuGH setzt die Ordnungsgemäßheit der Beschäftigung iSd Art. 6 I „eine **gesicherte und nicht nur vorläufige Position** des Betroffenen auf dem Arbeitsmarkt voraus"[90]. Eine verfahrensrechtliche Rechtsstellung ist daher nicht ausreichend, um einen ordnungsgemäßen Aufenthalt zu begründen. In der Rechtssache Kus (→ Rn. 21) hat der EuGH ausdrücklich im 1. Ls. darauf hingewiesen, dass ein türkischer Arbeitnehmer die Anforderungen an einen ordnungsgemäßen Aufenthalt nicht erfüllt, „wenn er diese Beschäftigung im Rahmen eines Aufenthaltsrechts ausgeübt hat, das ihm nur aufgrund einer nationalen Regelung eingeräumt war, nach der der Aufenthalt während des Verfahrens zur Erteilung einer Arbeitserlaubnis im Aufnahmeland erlaubt ist". Diese Rspr. verneint eine gesicherte Rechtsposition für jedes zur Durchführung eines Verfahrens auf Erteilung einer Aufenthaltserlaubnis eingeräumte Aufenthaltsrecht ohne Rücksicht darauf, ob – wie in dem zugrunde liegenden Sachverhalt – die vorläufige Rechtsposition durch eine gerichtliche Entscheidung begründet worden war oder unmittelbar auf einer Bestimmung des nationalen Ausländerrechts beruhte. In der Rechtssache Demir hat der EuGH diese Rspr.-Linie fortgeführt und festgestellt, dass eine „ordnungsgemäße Beschäftigung" eine gesicherte und nicht nur vorläufige Position auf dem Arbeitsmarkt dieses Mitgliedstaats und damit ein nicht bestrittenes Aufenthaltsrecht voraussetzt. Dies hat zur Folge, dass die Ausübung einer Beschäftigung durch einen türkischen 64

---

[83] HessVGH Beschl. v. 21.9.1998 – 6 TG 2276/97.
[84] EuGH Urt. v. 16.3.2000 – C-329/97, InfAuslR 2000, 217 (218) – Ergat.
[85] Wegen weiterer Einzelheiten wird auf den Abschnitt 2.3 AAH-ARB 1/80 Bezug genommen.
[86] HessVGH Beschl. v. 29.3.1995 – 12 TH 2856/94, NVwZ-RR 1995, 470.
[87] EuGH Urt. v. 5.6.1997 – C-285/95, Slg. 1997, I-3069 = InfAuslR 1997, 338 – Kol.
[88] BVerwG Urt. v. 17.6.1998 – 1 C 27.96, DVBl 1998, 1028.
[89] EuGH Urt. v. 7.11.2013 – C-225/12 Rn. 47 – Demir; BayVGH Beschl. v. 18.8.2014 – 10 CS 14.1324 Rn. 8, Beschl. v. 4.8.2005 – 10 CS 05.1658; SächsOVG Beschl. v. 1.8.2014 – 3 B 104/14 Rn. 9; Beschl. v. 17.5.2010 – 3 B 88/10 Rn. 5; OVG LSA Beschl. v. 7.7.2014 – 2 M 29/14 Rn. 14; HessVGH Beschl. v. 15.10.2008 – 11 B 2104/08, InfAuslR 2009, 177; wohl auch BVerwG Urt. v. 30.3.2010 – 1 C 6.09, BVerwGE 136, 211 Rn. 22; aA *Pfaff* ZAR 2007, 415; *Pfersich* ZAR 2009, 147, Anm. zu HessVGH Beschl. v. 15.10.2008 – 11 B 2104/08, ZAR 2009, 146.
[90] EuGH Urt. v. 20.9.1990 – C-192/89, Slg. 1990, I-3461 = InfAuslR 1991, 2 – Sevince und Urt. v. 16.12.1992 – C-237/91, Slg. 1992, I-6781 = InfAuslR 1993, 41 – Kus.

Arbeitnehmer im Rahmen einer Erlaubnis zum vorläufigen Aufenthalt, die nur bis zur endgültigen Entscheidung über sein Aufenthaltsrecht gilt, nicht als „ordnungsgemäß" eingestuft werden kann[91].

65 Dies gilt auch für die Titelfiktion, denn auch nach § 81 IV „gilt" der bisherige Aufenthaltstitel lediglich vom Zeitpunkt seines Ablaufs bis zur Entscheidung der Ausländerbehörde als fortbestehend. Der Ausländer wird durch die Neuregelung des § 81 IV somit nur graduell bessergestellt, er hält aber gleichwohl noch keine gesicherte Aufenthaltsposition, zumindest nicht iSd Rspr. des EuGH zu Art. 6[92]. In diesem Zeitraum zurückgelegte Beschäftigungszeiten sind nicht ordnungsgemäß, da sie nur auf einer vorläufigen, **verfahrensrechtlichen Rechtsposition** beruhen; andernfalls würde einer behördlichen Entscheidung, durch die das Aufenthaltsrecht abgelehnt würde, jede Bedeutung genommen und dem Arbeitnehmer ermöglicht, für sich die in Art. 6 I vorgesehenen Rechte während eines Zeitraums zu begründen, in dem er die Voraussetzungen dieser Vorschrift nicht erfüllt[93]. Die Annahme einer **materiell-rechtlichen Wirkung der Fiktion** würde die Stellung unbegründeter Verlängerungsanträge und eine Verzögerung des Verfahrens geradezu herausfordern. Sie würde es auch der Ausländerbehörde ermöglichen, durch den Zeitpunkt ihrer Entscheidung Einfluss auf die materielle Rechtslage zu nehmen[94]. Dies war vom Gesetzgeber ersichtlich nicht gewollt[95]. **Eine spätere positive behördliche oder gerichtliche Entscheidung führt jedoch nachträglich zur Ordnungsmäßigkeit der in diesem Zeitraum zurückgelegten Beschäftigungszeiten und deren Anrechnungsfähigkeit**[96].

66 Eine ordnungsgemäße Beschäftigung iSd Art. 6 I liegt auch dann nicht vor, wenn der türkische Staatsangehörige lediglich über eine asylverfahrensrechtliche **Aufenthaltsgestattung** nach § 55 I 1 AsylVfG[97] oder eine **Duldung** verfügt. Ein Anspruch auf eine Aufenthaltsgestattung wird allein durch ein Asylgesuch oder eine Asylantragstellung begründet; sie dient lediglich dem Zweck der Durchführung des Asylverfahrens. Eine behördliche Prüfung des Aufenthaltsbegehrens findet nicht statt. Somit kann auch keine gesicherte aufenthaltsrechtliche Position vermittelt werden.

67 Dagegen begründet der Besitz einer **Aufenthaltserlaubnis zu Studien- oder Ausbildungszwecken** nach den §§ 16 ff. AufenthG ebenso wie zuvor die Aufenthaltsbewilligung eine gesicherte Rechtsposition und damit eine ordnungsgemäße Beschäftigung, zumal der Studienaufenthalt nach § 16 IV AufenthG in ein Daueraufenthaltsrecht einmünden kann. Aber auch dann, wenn der Ausbildungsaufenthalt nach nationalem Recht nicht auf einen Daueraufenthalt ausgerichtet ist, kann allein die Zwecksetzung sowie eine zeitliche Beschränkung eines Aufenthaltstitels dem türkischen Arbeitnehmer, wenn er ansonsten die Voraussetzungen des Art. 6 I erfüllt, nicht die durch diese Vorschrift verliehenen abgestuften Rechte nehmen[98].

68 An dem zeitlichen Erfordernis der Beschäftigung von mindestens einem Jahr mangelt es auch nicht deshalb, weil eine ordnungsgemäße Beschäftigung eine **werktäglich ununterbrochene Tätigkeit** von mindestens einem Jahr voraussetzen würde[99], die ein Student aber nach § 16 III AufenthG in der Regel nicht rechtmäßig ausüben dürfe. Ein solches Erfordernis einer werktäglich ununterbrochenen Tätigkeit lässt sich weder dem Wortlaut des Art. 6 noch der dazu ergangenen maßgeblichen Rspr. des EuGH entnehmen[100]. Denn andernfalls wären nach deutschem Recht sozialversicherungsfreie geringfügige Beschäftigungsverhältnisse von vornherein ungeeignet, dem Betroffenen die Arbeitnehmereigenschaft iSd Art. 6 zu vermitteln, obwohl eine entsprechende Teilzeitbeschäftigung typischerweise nur an einzelnen und nicht an allen Werktagen ausgeübt wird. **Ausreichend ist es daher, wenn die 120 ganzen oder 240 halben Tage Beschäftigung iRe Arbeitsverhältnisses gleichmäßig auf das Jahr verteilt werden**[101]. Sofern die Tage am Stück genommen werden, kann keine Rechtsposition nach Art. 6 erworben werden, da in diesem Fall die Beschäftigung nicht über einen Zeitraum von einem Jahr ausgeübt wird.

---

[91] EuGH Urt. v. 7.11.2013 – C-225/12 Rn. 47 – Demir; BayVGH Beschl. v. 18.8.2014 – 10 CS 14.1324 Rn. 8, Beschl. v. 4.8.2005 – 10 CS 05.1658; SächsOVG Beschl. v. 1.8.2014 – 3 B 104/14 Rn. 9; Beschl. v. 17.5.2010 – 3 B 88/10 Rn. 5; OVG LSA Beschl. v. 7.7.2014 – 2 M 29/14 Rn. 14; HessVGH Beschl. v. 15.10.2008 – 11 B 2104/08, InfAuslR 2009, 177; wohl auch BVerwG Urt. v. 30.3.2010 – 1 C 6.09, BVerwGE 136, 211 Rn. 22; aA *Pfaff* ZAR 2007, 415; *Persich* ZAR 2009, 147, Anm. zu HessVGH Beschl. v. 15.10.2008 – 11 B 2104/08, ZAR 2009, 146.
[92] BayVGH Beschl. v. 4.8.2005 – 10 CS 05.1658.
[93] Zu weiteren Einzelfällen wird auf Nr. 2.3.2 AAH-ARB 1/80 verwiesen.
[94] BVerwG Urt. v. 30.3.2010 – 1 C 6.09, BVerwGE 136, 211 Rn. 22.
[95] BVerwG Urt. v. 30.3.2010 – 1 C 6.09, BVerwGE 136, 211 Rn. 22.
[96] SächsOVG Beschl. v. 1.8.2014 – 3 B 104/14 Rn. 9; Beschl. v. 17.5.2010 – 3 B 88/10 Rn. 5; EuGH Urt. v. 20.9.1990 – C-192/89, Slg. 1990, I-3461 = InfAuslR 1991, 2 – Sevince.
[97] BVerwG Beschl. v. 27.8.1997 – 1 B 169.97, Buchholz 402.240 § 6 AuslG 1990 Nr. 12.
[98] EuGH Urt. v. 30.9.1997 – C-36/96, Slg. 1997, I-5153 = InfAuslR 1997, 440 – Günaydin; NdsOVG Beschl. v. 20.10.2011 – 11 ME 280/11, InfAuslR 2012, 12.
[99] So aber *Welte* ZAR 2010, 53 ff.; *Huber* AufenthG ARB 1/80 Art. 6 Rn. 23.
[100] Ebenso NdsOVG Beschl. v. 20.10.2011 – 11 ME 280/11, InfAuslR 2012, 12; HessVGH Urt. v. 8.4.2009 – 11 A 2264/08 Rn. 34; *Gutmann* GK-AufenthG ARB 1/80 Art. 6 Rn. 64; *Hailbronner* AuslR ARB 1/80 Art. 6 Rn. 37; aA *Welte* ZAR 2010, 53 ff.; *Huber* AufenthG ARB 1/80 Art. 6 Rn. 23.
[101] Ebenso NdsOVG Beschl. v. 20.10.2011 – 11 ME 280/11, InfAuslR 2012, 12; HessVGH Urt. v. 8.4.2009 – 11 A 2264/08 Rn. 34; *Gutmann* GK-AufenthG ARB 1/80 Art. 6 Rn. 64; *Hailbronner* AuslR ARB 1/80 Art. 6 Rn. 37; aA *Welte* ZAR 2010, 53 ff.; *Huber* AufenthG ARB 1/80 Art. 6 Rn. 23.

6. Wechsel des Arbeitgebers

Art. 6 I 1. Spiegelstrich erfordert eine mindestens einjährige ununterbrochene ordnungsgemäße 69
Beschäftigung bei ein und demselben Arbeitgeber, um ein assoziationsrechtliches Aufenthaltsrecht auszulösen[102]. Diese Vorschrift beruht auf dem Rechtsgedanken, dass nur eine vertragliche Beziehung, die ein Jahr lang aufrechterhalten wird, eine Verfestigung des Arbeitsverhältnisses erkennen lässt, die ausreicht, um dem türkischen Arbeitnehmer die Fortsetzung seiner Beschäftigung bei demselben Arbeitgeber zu gewährleisten. Außerdem würde die Systematik der durch die drei Spiegelstriche von Art. 6 I eingeführten Stufen der schrittweisen Eingliederung des türkischen Arbeitnehmers in den Arbeitsmarkt des Aufnahmemitgliedstaats erschüttert, wenn der Betroffene das Recht hätte, eine Beschäftigung bei einem anderen Arbeitgeber aufzunehmen, solange er nicht einmal die im 1. Spiegelstrich von Abs. 1 enthaltene Voraussetzung einer ordnungsgemäßen Beschäftigung von einem Jahr erfüllt hat. **Beschäftigungszeiten von weniger als einem Jahr bei verschiedenen Arbeitgebern können nicht kumuliert werden,** um die erste Verfestigungsstufe des Art. 6 I zu erlangen.

Führt nach den vorstehenden Ausführungen ein **Arbeitgeberwechsel innerhalb des ersten Be-** 70
schäftigungsjahres zum Erlöschen der bis dahin erworbenen anrechenbaren Beschäftigungszeiten, so ist damit aber noch lange nicht die ausländerbehördliche Praxis vereinbar, die häufig mit einer Befristung der Aufenthaltserlaubnis nach § 7 II 2 reagiert. Gegen die Befristung sprechen zwei Gründe:
- Zum einen ist zurzeit umstritten, ob eine Befristung erfolgen kann, sofern der türkische Staatsangehörige bereits in einem neuen Beschäftigungsverhältnis steht und vor dem Inkrafttreten des AufenthG im Besitz einer noch gültigen Arbeitsberechtigung gewesen ist. In diesem Fall könnte das **Diskriminierungsverbot** des Art. 10 im Zusammenwirken mit der Stand-Still-Klausel des Art. 13 einer Befristung der Aufenthaltserlaubnis entgegenstehen[103].
- Zum anderen steht die Entscheidung, die Aufenthaltserlaubnis nach § 4 V AufenthG zu befristen, im **Ermessen** der Ausländerbehörde. Diese darf sich zwar daran orientieren, dass ein gewichtiges öffentliches Interesse daran besteht, den Aufenthalt eines Ausländers im Bundesgebiet zu beenden, dem der Aufenthalt nur im Hinblick auf einen bestimmten Aufenthaltszweck erlaubt wurde, sobald dieser Zweck entfallen ist. Der Gefahr einer unerwünschten Aufenthaltsverfestigung muss aber nicht entgegengewirkt werden, wenn der türkische Staatsangehörige in Kürze eine vom bisherigen Aufenthaltszweck unabhängige Rechtsposition erlangen würde. Vermag der türkische Arbeitnehmer während der Laufzeit der Aufenthaltserlaubnis eine Rechtsanwartschaft nach Art. 6 I 1. Spiegelstrich zu erlangen, so ist dieser Umstand in das Ermessen einzustellen. Je kürzer dabei die Zeitdauer ist, bei der die Anwaltschaft nach dem ARB 1/80 erworben wird, desto gewichtiger ist der Belang des Ausländers am weiteren Verbleib im Bundesgebiet zu bewerten.

Grundsätzlich hat der türkische Arbeitnehmer erst nach drei Jahren ordnungsgemäßer Beschäftigung 71
die Möglichkeit, den Arbeitsplatz zu wechseln, sofern der neue Arbeitgeber derselben Berufsgruppe angehört. Unterhalb der zweiten Verfestigungsstufe führt ein freiwilliger Arbeitgeberwechsel daher grundsätzlich zum Verlust bereits erworbener Rechte aus Art. 6 I 1. Spiegelstrich, dh, Beschäftigungszeiten beim ersten Arbeitgeber gehen verloren; eine andere Sichtweise wäre mit der Systematik des Art. 6 I nicht vereinbar.

Ist bei einem freiwilligen Arbeitgeberwechsel vor Ablauf von drei Jahren ordnungsgemä- 72
ßer Beschäftigung vom Wegfall einer erworbenen Rechtsposition auszugehen, so gilt Gleiches nicht für den unfreiwilligen Arbeitgeberwechsel. Grundlage für die abweichende Beurteilung bildet Art. 6 II 2. Danach berühren die Zeiten unverschuldeter Arbeitslosigkeit (zu diesem Begriff siehe unten) nicht die aufgrund der vorherigen Beschäftigungszeit erworbenen Ansprüche. Verliert ein türkischer Arbeitnehmer nach einem Jahr ordnungsgemäßer Beschäftigung aufgrund einer betriebsbedingten Kündigung seinen Arbeitsplatz und meldet er sich ordnungsgemäß arbeitslos, so bleiben nach Art. 6 II 2 seine Ansprüche aus Art. 6 I 1. Spiegelstrich unberührt. Der dort verwendete Begriff „Ansprüche" beinhaltet, dass es sich nicht um Zeiten von beliebiger – ggf. äußerst kurzer – Dauer handelt, sondern um vorherige Beschäftigungszeiten, die ausreichend lang sind, um einen Anspruch auf die Beschäftigung zu begründen, der nach der Logik dieser Vorschrift – unbeschadet der vorübergehenden Unterbrechung der Erwerbstätigkeit aus Gründen, die dem türkischen Arbeitnehmer nicht angelastet werden können – fortbestehen soll[104]. Diese Vorschrift soll verhindern, dass ein türkischer Arbeitnehmer, der wieder zu arbeiten beginnt, nachdem er wegen langer Krankheit oder unverschuldeter Arbeitslosigkeit nicht arbeiten konnte, von Neuem – wie ein türkischer Arbeitnehmer, der in dem betreffenden Mitgliedstaat noch nie eine Beschäftigung im Lohn- oder Gehaltsverhältnis ausgeübt hat – die in Art. 6 I vorgeschriebenen Zeiten ordnungsgemäßer Beschäftigung zurücklegen muss[105].

---

[102] EuGH Urt. v. 29.5.1997 – C-386/95, Slg. 1997, I-2697 = InfAuslR 1997, 336 – Eker.
[103] Einzelheiten unter § 7 II 2.
[104] EuGH Urt. v. 26.10.2006 – C-4/05 Rn. 44 – Güzeli.
[105] EuGH Urt. v. 26.10.2006 – C-4/05 Rn. 42 – Güzeli.

73 Dient Art. 6 II 2 der Aufrechterhaltung der Ansprüche, die ein türkischer Arbeitnehmer aufgrund vorher zurückgelegter Beschäftigungszeiten bereits erworben hat, kann dies aber nur bedeuten, dass dem türkischen Arbeitnehmer ein Arbeitgeberwechsel außerhalb der gesetzlichen Systematik gestattet wird. Andernfalls bestünde das Problem, dass dem arbeitslos gemeldeten türkischen Arbeitnehmer vom Arbeitsamt eine neue Stelle angeboten wird, die er nicht annehmen dürfte, um seine Rechtsansprüche aufgrund der vorherigen Beschäftigungszeit zu erhalten. Lehnt er aber die seitens der Arbeitsverwaltung angebotene Stelle ab, so ist er nicht mehr unfreiwillig arbeitslos (siehe unten) mit der Folge, dass er nicht mehr die Voraussetzungen des Art. 6 II 2 erfüllt und deshalb seine Rechtsansprüche verliert. Die gesetzliche Konzeption des Art. 6 II 2 gebietet daher, einen Arbeitgeberwechsel zuzulassen, der eine Folge unfreiwilliger Arbeitslosigkeit ist. Die Regelung des Art. 6 II 2 lässt mithin einen Arbeitgeberwechsel ausnahmsweise nach Ablauf eines Jahres ordnungsgemäßer Beschäftigung zu, wenn der türkische Arbeitnehmer unfreiwillig arbeitslos geworden ist (aA wohl Nr. 2.5.2 der AAH-ARB 1/80).

74 Die Systematik des Art. 6 I schließt eine **Rückkehr zum ersten Arbeitgeber** aus. Selbst dann, wenn die erste Verfestigungsstufe nach Art. 6 I 1. Spiegelstrich nach einjähriger ordnungsgemäßer Beschäftigung bei demselben Arbeitgeber erreicht und anschließend eine ordnungsgemäße Beschäftigung unterhalb der zweiten Verfestigungsstufe ausgeübt wird, verleiht Art. 6 I 1. Spiegelstrich kein Recht auf Erneuerung der Arbeitserlaubnis beim ersten Arbeitgeber[106]. Art. 6 I 1. Spiegelstrich soll nur die Fortsetzung einer Beschäftigung bei demselben Arbeitgeber über die ursprüngliche Beschäftigungsdauer von einem Jahr hinaus garantieren. Ein Arbeitgeberwechsel ist erst nach drei Jahren ordnungsgemäßer Beschäftigung bei demselben Arbeitgeber assoziationsrechtlich unschädlich. Jeder frühere Wechsel des Arbeitgebers lässt den bereits erworbenen Anspruch aus Art. 6 I 1. Spiegelstrich wieder erlöschen, es sei denn, es liegt ein Fall des Art. 6 II 2 vor.

75 Nach einer vierjährigen ordnungsgemäßen Beschäftigung eröffnet Art. 6 I 3. Spiegelstrich die Möglichkeit eines uneingeschränkten Zugangs zum Arbeitsmarkt, ohne dass dem türkischen Arbeitnehmer der Vorrang der Arbeitnehmer aus den Mitgliedstaaten der EU entgegengehalten werden kann. Dieses Recht impliziert auch – ebenso wie Art. 45 AEUV, dessen geltende Grundsätze soweit wie möglich als Leitlinien für die Behandlung türkischer Arbeitnehmer im Rahmen der ARB 1/80 herangezogen werden können –, sich im Aufnahmestaat für eine angemessene Zeit aufzuhalten, um dort eine neue Stelle zu suchen. **Der türkische Arbeitnehmer, der die 3. Stufe des Art. 6 I erreicht hat, unterliegt beim Arbeitgeberwechsel nicht mehr den Vorgaben des Art. 6 II, dh, er behält sein Recht auch dann, wenn er den Arbeitsplatz kündigt und eine neue Arbeitsstelle annimmt**[107].

7. Unterbrechung der Beschäftigung

76 Beschäftigungsrechtlich und daraus folgende aufenthaltsrechtliche Ansprüche aus Art. 6 I setzen voraus, dass die erforderliche Beschäftigung nicht durch Fehlzeiten unterbrochen ist, es sei denn, die Unterbrechung ist nach Art. 6 II unschädlich. Erfüllt der türkische Arbeitnehmer den Tatbestand des Art. 6 I 3. Spiegelstrich, so findet Art. 6 II keine Anwendung[108]. Art. 6 II unterscheidet zwischen **zwei Kategorien von Unterbrechungen** der Beschäftigung und sieht für sie unterschiedliche Folgen vor:
– Fälle, in denen ein Arbeitnehmer seinen Arbeitsplatz im Unternehmen behält; sie sind ordnungsgemäßen Beschäftigungszeiten gleichgestellt
– Fälle, in denen der Arbeitnehmer keine Tätigkeit mehr ausübt, ohne dass man ihm dies vorwerfen könnte und ohne dass man vorhersagen könnte, wann er wieder arbeiten wird. Diese Unterbrechungen werden ordnungsgemäßen Beschäftigungszeiten nicht gleichgestellt, haben aber auch nicht zur Folge, dass der Arbeitnehmer wie bei einer vollständigen und dauernden Arbeitsunfähigkeit oder bei einer Rückkehr für lange Zeit in die Türkei vom regulären Arbeitsmarkt ausgeschlossen wird.

77 Art. 6 II 1 betrifft nur Zeiten tatsächlicher **Unterbrechung der Beschäftigung,** ohne dass das Arbeitsverhältnis aufgelöst wird (Jahresurlaub, Abwesenheit wegen Mutterschaft, Arbeitsunfall oder kurze Krankheit). Diese relativ kurzen Zeiten der Abwesenheit des Arbeitnehmers werden Zeiten ordnungsgemäßer Beschäftigung gleichgesetzt und führen zur Anrechnung im Rahmen der Beschäftigungszeiten des Art. 6 I. Dabei sind gemäß dem Rundschreiben der BA vom 24.11.1980[109] Krankheitszeiten bis zu drei Monaten unschädlich und wirken anspruchsbegründend.

---

[106] EuGH Urt. v. 5.10.1994 – C-355/93, Slg. 1994, I-5113 = InfAuslR 1994, 385 – Eroglu.
[107] Der EuGH hat dies in der Rechtssache Sedef (Urt. v. 10.1.2006 – C-230/03 Rn. 54) mit folgenden Worten festgestellt: „Erfüllt der türkische Arbeitnehmer dagegen den Tatbestand des Art. 6 I 3. Gedankenstrich, so setzt die praktische Wirksamkeit des ihm in dieser Bestimmung zuerkannten uneingeschränkten Rechts auf freien Zugang zu jeder von ihm gewählten Beschäftigung im Lohn- oder Gehaltsverhältnis sein Recht voraus, die Ausübung einer Berufstätigkeit vorübergehend aufzugeben und binnen angemessener Frist eine andere zu suchen; Art. 6 II findet in diesem Fall keine Anwendung (vgl U. Dogan, Rn. 16, 18 und 19)."
[108] EuGH Urt. v. 10.1.2006 – C-230/03 Rn. 54 – Sedef mit Verweis auf Dogan Rn. 16, 18 und 19.
[109] ANBA 1981, 2 (3) – abgedr. in *Huber* HdB AuslR und Asylrecht E 402.1.

Die in Art. 6 II 2 genannten beschäftigungslosen Zeiten, die durch lange Krankheit oder **unver- 78 schuldete Arbeitslosigkeit** bedingt sind, werden zwar nicht Zeiten ordnungsgemäßer Beschäftigung gleichgesetzt; die Unterbrechung ist jedoch insofern unschädlich, als der Arbeitnehmer dadurch nicht die aufgrund der vorherigen ordnungsgemäßen Beschäftigungszeiten erworbenen Ansprüche verliert. Aus dem Wortlaut „die [...] erworbenen Ansprüche" wird gefolgert, dass bei Eintritt der längeren Arbeitsunterbrechung bereits assoziationsrechtliche Ansprüche bestehen müssen. Art. 6 II 2 findet daher grundsätzlich vor Erreichen der ersten Verfestigungsstufe keine Anwendung[110]. Etwas anderes könnte in Fällen gelten, in denen ein Arbeitnehmer vor Erreichen des ersten Spiegelstrichs in Untersuchungshaft genommen wird und anschließend vom Arbeitgeber wieder eingestellt wird.

Art. 6 II betrifft nur Unterbrechungen, in denen der Arbeitnehmer aus tatsächlichen Gründen nicht 79 arbeiten kann. Beschäftigungslose Zeiten, in denen er aus **Rechtsgründen nicht arbeiten darf,** weil er bspw. nicht im Besitz eines Aufenthaltstitels oder der erforderlichen Zustimmung zur Ausübung einer Beschäftigung ist, werden von dieser Regelung nicht erfasst[111]. Auch auf den Fall, dass eine tatsächlich nicht unterbrochene Beschäftigung, die zeitweise nicht ordnungsgemäß ist, weil zB der erforderliche Aufenthaltstitel oder die erforderliche Zustimmung zur Ausübung einer Beschäftigung fehlt, ist Art. 6 II nicht, auch nicht entsprechend, anwendbar.

Grundsätzlich setzt die Regelung des Art. 6 II 2 voraus, dass der türkische Staatsangehörige sich bei 80 unfreiwilliger Arbeitslosigkeit der Arbeitsverwaltung zur Verfügung stellt, dh sich arbeitslos meldet[112]: „Hingegen steht unter Berücksichtigung der besonderen tatsächlichen Umstände des Ausgangsverfahrens, wie sie im Vorlagebeschluss dargelegt sind, nichts dem entgegen, dass das vorlegende Gericht diese Unterbrechungen als Zeiten unverschuldeter Arbeitslosigkeit im Sinne von Art. 6 II 2 des Beschlusses ansieht, selbst wenn der Kläger sich **nicht als Arbeitsuchender hat registrieren lassen, wie es diese Bestimmung grundsätzlich verlangt.**" Bei der Berechnung der Zeiten ordnungsgemäßer Beschäftigung iRd Art. 6 I sind kurze Zeiträume zu berücksichtigen, in denen der türkische Arbeitnehmer zwar keine gültige Aufenthaltserlaubnis oder Arbeitserlaubnis besaß, die zuständige Behörde jedoch die Ordnungsmäßigkeit des Aufenthalts nicht infrage gestellt, sondern eine Aufenthaltserlaubnis erteilt bzw. verlängert hat[113]. Art. 6 II verleiht aber nicht das Recht, bei endgültiger. **Arbeitsunfähigkeit** in dem Mitgliedstaat zu verbleiben, da der Betroffene dann nicht mehr dem regulären Arbeitsmarkt angehört.

8. Arbeitslosigkeit

Dass Arbeitslosigkeit nicht automatisch zur Folge hat, dass ein türkischer Staatsangehöriger nicht 81 mehr als Arbeitnehmer anzusehen ist und damit aus dem Anwendungsbereich des ARB 1/80 fällt, ergibt sich unmittelbar aus Art. 8 II, der sich mit der Vermittlung von „regulär als Arbeitslose gemeldeten türkischen Arbeitnehmern" befasst. Aus dieser Norm lässt sich ableiten, dass die Arbeitnehmereigenschaft jedenfalls nicht automatisch entfällt, wenn sich der arbeitslose türkische Staatsangehörige bei der Arbeitsverwaltung regulär als arbeitslos gemeldet hat.

Maßgeblich für die Beurteilung der Auswirkungen von unfreiwilliger Arbeitslosigkeit für türkische 82 Arbeitnehmer, die die erste und zweite Stufe erreicht haben, ist Art. 6 II 2. **Hier richteten sich die Folgen der unfreiwilligen Arbeitslosigkeit nach Art. 6 II 2.** Ob ein türkischer Staatsangehöriger **unfreiwillig arbeitslos** geworden ist, ist nach dem Rundschreiben der BA vom 24.11.1980[114] in sinngemäßer Anwendung des § 119 AFG (heute § 144 SGB III) festzustellen[115].

Unfreiwillig ist die Arbeitslosigkeit, wenn sie vom Willen des Arbeitnehmers unabhängig 83 oder durch einen legitimen Grund gerechtfertigt ist[116]. Dass auch ein schuldhaftes Verhalten im Hinblick auf die Auflösung des Arbeitsverhältnisses schädlich ist, steht im Einklang mit der Rspr. des EuGH. Denn in der Rechtssache Tetik[117] stellt er darauf ab, dass Art. 6 II 2 Zeiten der Beschäftigungslosigkeit betrifft, „die auf eine lange Krankheit oder unverschuldete Arbeitslosigkeit zurückzuführen sind, also den Fall, dass die Beschäftigungslosigkeit des Arbeitnehmers nicht auf einem schuldhaften Verhalten seinerseits beruht (wie sich auch aus der Verwendung des Adjektivs ‚unverschuldet' in der deutschen Fassung ergibt)".

Weiterhin ist zu beachten, dass es nicht nur darauf ankommt, aus welchem Grund ein Arbeits- 84 verhältnis aufgelöst wurde, sondern – Art. 6 II 2 spricht von „Zeiten" – auch zu berücksichtigen ist, ob der Arbeitnehmer sich weigert, eine zumutbare Beschäftigung anzunehmen bzw. sich weigert, an einer beruflichen Ausbildung oder Weiterbildung teilzunehmen (§ 144 I Nr. 2 und 3 SGB III).

---

[110] EuGH Urt. v. 26.10.2006 – C-4/05 Rn. 44 – Güzeli.
[111] BVerwG Urt. v. 29.4.1997 – 1 C 3.95, Buchholz 402.240 § 6 AuslG 1990 Nr. 10 zur alten Rechtslage.
[112] EuGH Urt. v. 10.1.2006 – C-230/03 Rn. 56 – Sedef.
[113] EuGH Urt. v. 30.9.1997 – C-98/96, Slg. 1997, I-5179 = InfAuslR 1997, 434 – Ertanir; Urt. v. 16.3.2000 – C-329/97, InfAuslR 2000, 217 (218) – Ergat.
[114] ANBA 1981, 2 (3) – abgedr. in *Huber* HdB AuslR und Asylrecht E 402.1.
[115] VG Berlin Beschl. v. 13.5.1994 – VG 29A2001.93, InfAuslR 1994, 310.
[116] EuGH Urt. v. 10.1.2006 – C-230/03 Rn. 52 – Sedef.
[117] EuGH Urt. v. 23.1.1997 – C-171/95, InfAuslR 1997, 146 – Tetik.

Insoweit ist ein historischer Rückblick auf die VO 15/61/EWG über die ersten Maßnahmen zur Herstellung der Freizügigkeit der Arbeitnehmer innerhalb der Gemeinschaft vom 16.8.1961 hilfreich. Diese VO enthielt in den Art. 6 und 7 Regelungen, an die sich der Assoziationsrat bei der Schaffung des Art. 6 orientiert haben dürfte[118]. Dieser Vorgängerregelung lässt sich entnehmen, dass Zeiten unfreiwilliger Arbeitslosigkeit jedenfalls so lange unschädlich sind, bis dem EU-Bürger von der Arbeitsagentur eine zumutbare Beschäftigung angeboten wurde, die seine Arbeitslosigkeit beendet hätte. Weigert sich daher ein türkischer Arbeitnehmer, eine ihm angebotene und zumutbare Beschäftigung aufzunehmen, so führt dies zum Verlust der erworbenen Anwartschaften nach Art. 6 I.

85 Die Notwendigkeit, den Obliegenheiten, die mit der Meldung als arbeitslos verbunden sind, nachzukommen, bedeutet auch, dass entgegen der sonstigen Systematik des Art. 6 I 1 ein **Arbeitgeber- oder Berufswechsel unschädlich ist.** Wenn dem türkischen Staatsangehörigen die Anwartschaften, die er iRd Art. 6 I erworben hat, erhalten bleiben sollen, dann kann dies nicht dazu führen, dass er einen Arbeitsplatz, der ihm von der Arbeitsverwaltung angeboten wird, oder den er selbst durch Eigenbemühungen gefunden hat, ablehnen muss, um seine Rechtsstellung nicht zu gefährden. Zumal die Ablehnung zu einer Sperrzeit führen würde, mit der Folge, dass der türkische Staatsangehörige nicht mehr unfreiwillig arbeitslos wäre.

86 Zur **Notwendigkeit, sich arbeitslos zu melden,** hat der EuGH festgestellt[119]: „Hingegen steht unter Berücksichtigung der besonderen tatsächlichen Umstände des Ausgangsverfahrens, wie sie im Vorlagebeschluss dargelegt sind, nichts dem entgegen, dass das vorlegende Gericht diese Unterbrechungen als Zeiten unverschuldeter Arbeitslosigkeit im Sinne von Art. 6 II 2 des Beschlusses ansieht, selbst wenn der Kläger sich nicht als Arbeitsuchender hat registrieren lassen, wie es diese Bestimmung grundsätzlich verlangt." Als Maßstab für Art. 6 II 2 kann nur mit Einschränkung auf die Regelung für kurzeitig beschäftigte Unionsbürger zurückgegriffen werden, da die türkischen Arbeitskräfte noch keinen freien Zugang zu jeder Beschäftigung haben. Es spricht jedoch einiges dafür, dass auch die Rechtsstellung türkischer Staatsangehöriger den Vorgaben des Art. 7 IIIc Freizügigkeits-RL insoweit angenähert werden kann, als die **Frist von sechs Monaten auch hier die Untergrenze bildet, während der die Arbeitnehmereigenschaft erhalten bleibt** (zum Inhalt der Vorschrift siehe oben).

87 Aber auch bezüglich der ersten und zweiten Stufe sollte über die Frist von sechs Monaten hinaus auch der Zeitraum unfreiwilliger Arbeitslosigkeit als unschädlich angesehen werden, für den der Arbeitslose von der BA Leistungen in Gestalt von Arbeitslosengeld II erhält. Dies bedeutet indes nicht, dass der Verlust der Leistungen etwa wegen Ablaufs der Bewilligungsdauer dazu führt, dass die Anwartschaften nach dem ARB 1/80 verloren gehen. Ob die Frist – wie bei türkischen Staatsangehörigen, die die dritte Stufe erreicht haben – verlängert werden kann, wenn die türkischen Staatsangehörigen, die nur die erste und zweite Verfestigungsstufe erreicht haben, weiterhin als arbeitslos und -suchend gemeldet sind und ernsthaft den Wiedereintritt in das Arbeitsleben anstreben, erscheint zweifelhaft. **Unterbrechungen** von einigen Wochen, bei denen sich der türkische Staatsangehörige **nicht arbeitslos gemeldet hat,** können gleichfalls unschädlich sein, wenn der Betroffene anschließend ohne Weiteres einen Arbeitsplatz findet[120].

88 **Ein türkischer Arbeitnehmer, der die dritte Stufe des Art. 6 I erreicht hat, unterliegt nicht mehr den Vorgaben des Art. 6 II,** wie der EuGH in der Rechtssache Sedef[121] festgestellt hat: „Erfüllt der türkische Arbeitnehmer dagegen den Tatbestand des Art. 6 I 3. Gedankenstrich, so setzt die praktische Wirksamkeit des ihm in dieser Bestimmung zuerkannten uneingeschränkten Rechts auf freien Zugang zu jeder von ihm gewählten Beschäftigung im Lohn- oder Gehaltsverhältnis sein Recht voraus, die Ausübung einer Berufstätigkeit vorübergehend aufzugeben und binnen angemessener Frist eine andere zu suchen; Art. 6 II findet in diesem Fall keine Anwendung (vgl U. Dogan, Rn. 16, 18 u. 19)." Der EuGH hat daraus geschlossen, dass ein solcher türkischer Arbeitnehmer das Recht hat, sein Arbeitsverhältnis vorübergehend zu unterbrechen. Trotz einer derartigen Unterbrechung gehört er für den Zeitraum, der angemessen ist, um eine andere Beschäftigung zu finden, weiterhin iSv Art. 6 I dem regulären Arbeitsmarkt des Aufnahmemitgliedstaats an. Er hat daher in diesem Staat Anspruch auf

---

[118] Die Vorschrift des Art. 7 VO 15/61/EWG beinhaltet bzgl. der Folgen unfreiwilliger Arbeitslosigkeit folgende Regelung: (1) Bei Anwendung des Art. 6 gelten Unterbrechungen von bis zu insgesamt 40 Tagen im Jahr sowie der Jahresurlaub wegen Krankheit, Mutterschaft, Arbeitsunfall oder Berufskrankheit als Zeiten ordnungsgemäßer Beschäftigung (2) Die Zeiten einer vom zuständigen Arbeitsamt festgestellten unfreiwilligen Arbeitslosigkeit sowie einer Unterbrechung wegen längerer Krankheit oder Ableistung eines Wehrdienstes gelten nicht als Zeiten ordnungsgemäßer Beschäftigung; sie beeinträchtigen jedoch nicht die Anrechnung der zuvor abgeleisteten oder nach Abs. (1) anerkannten Beschäftigungszeit, wenn der Arbeitnehmer seine Tätigkeit wieder aufnimmt a) bei Arbeitslosigkeit, sobald ihm in Einklang mit den innerstaatlichen Rechtsvorschriften eine Beschäftigung angeboten worden ist; b) innerhalb eines Zeitraumes von höchstens 30 Tagen nach Beendigung der Krankheit oder des Wehrdienstes. Diese Zeiten gelten jedoch bis zu 40 Tagen als Zeiten ordnungsgemäßer Beschäftigung soweit diese 40 Tage nicht bereits durch Unterbrechungen nach Abs. (1) in Anspruch genommen worden sind.
[119] EuGH Urt. v. 10.1.2006 – C-230/03 Rn. 56 – Sedef.
[120] EuGH Urt. v. 10.1.2006 – C-230/03 Rn. 58 ff. – Sedef.
[121] EuGH Urt. v. 10.1.2006 – C-230/03 Rn. 54 – Sedef.

Verlängerung seiner Aufenthaltserlaubnis, um weiter sein Recht auf freien Zugang zu jeder von ihm gewählten Beschäftigung im Lohn- oder Gehaltsverhältnis auszuüben, sofern er tatsächlich eine neue Arbeit sucht und der Arbeitsverwaltung zur Verfügung steht, um innerhalb eines angemessenen Zeitraums eine andere Beschäftigung zu finden[122].

Die vorstehende Auslegung, die auf das durch Art. 6 I eingeführte System und die praktische Wirksamkeit der dem türkischen Arbeitnehmer durch den dritten Spiegelstrich dieser Bestimmung eingeräumten Rechte auf Beschäftigung und Aufenthalt gestützt ist, hat unabhängig davon zu gelten, welchen Grund die Abwesenheit des Betroffenen vom Arbeitsmarkt des Aufnahmemitgliedstaats hat, **sofern diese Abwesenheit vorübergehender Natur ist.** Nach diesen Grundsätzen setzt die Beibehaltung der Arbeitnehmereigenschaft für türkische Arbeitnehmer, die die Rechtsposition des 3. Spiegelstrichs erreicht haben und arbeitslos geworden sind, **drei Kriterien** voraus: 89

– Der türkische Staatsangehörige muss tatsächlich eine neue Arbeit suchen,
– er muss sich der Arbeitsverwaltung zur Verfügung stellen und
– innerhalb eines angemessenen Zeitraums eine Beschäftigung finden.

Langfristige Arbeitslosigkeit stellt sich nach Ablauf eines angemessenen Zeitraums daher nicht als unschädliche Unterbrechung der Beschäftigung dar. Ein türkischer Arbeitnehmer hat kein Recht auf Verbleib im Aufnahmestaat, wenn er wegen dauerhafter Arbeitslosigkeit oder auch Arbeitsunfähigkeit auf dem Arbeitsmarkt nicht mehr vermittelbar ist. In diesem Fall ist davon auszugehen, dass der Betroffene den Arbeitsmarkt des Aufnahmestaates endgültig verlassen hat, sodass das von ihm begehrte Aufenthaltsrecht keinerlei Bezug zu einer – sei es auch künftigen – Beschäftigung aufweist[123]; ein vom Arbeitsmarktzugang losgelöstes Aufenthaltsrecht besteht – anders als bei Art. 7 – nicht. 90

Bei der **Beurteilung, welcher Zeitraum angemessen ist, der einem als arbeitslos gemeldeten türkischen Staatsangehörigen eingeräumt werden muss, um sich eine neue Beschäftigung im Lohn- oder Gehaltsverhältnis zu suchen,** könnte der erworbene Rechtsstatus nach dem ARB 1/80 von Bedeutung sein. Sofern der türkische Staatsangehörige bereits einen uneingeschränkten Zugang zum Arbeitsmarkt erlangt hat (Art. 6 I 3. Spiegelstrich, Art. 7 S. 1 2. Spiegelstrich oder S. 2), wäre zu überlegen, ob er einem EU-Arbeitnehmer gleichgestellt werden kann. Dieser kann sich auf Art. 7 IIIb und IIIc Freizügigkeits-RL berufen, wonach die Arbeitnehmereigenschaft trotz Arbeitslosigkeit in folgenden Fällen erhalten bleibt: 91

– Der Unionsbürger stellt sich bei ordnungsgemäß bestätigter unfreiwilliger Arbeitslosigkeit nach mehr als einjähriger Beschäftigung dem zuständigen Arbeitsamt zur Verfügung (lit. b).
– Der Unionsbürger stellt sich bei ordnungsgemäß bestätigter unfreiwilliger Arbeitslosigkeit nach Ablauf seines auf weniger als ein Jahr befristeten Arbeitsvertrags oder bei im Laufe der ersten zwölf Monate eintretender unfreiwilliger Arbeitslosigkeit dem zuständigen Arbeitsamt zur Verfügung; in dem Fall bleibt die Erwerbstätigeneigenschaft während mindestens sechs Monaten aufrechterhalten (lit. c).

Für eine Übertragung der Bestimmung würde zunächst die Entscheidung des EuGH in der Rechtssache Bozkurt[124] sprechen. Denn dort hebt der EuGH das Ziel des ARB 1/80, geleitet durch die Art. 48, 49 und 50 des Vertrags zu einer weiteren Stufe bei der Herstellung der Freizügigkeit der Arbeitnehmer überzugehen, hervor und führt aus: „Um die Beachtung dieses Ziels sicherzustellen, scheint es unabdingbar, dass auf die türkischen Arbeitnehmer, die die im Beschluss Nr. 1/80 eingeräumten Rechte besitzen, soweit wie möglich die im Rahmen dieser Artikel geltenden Grundsätze übertragen werden." Sind aber türkische Staatsangehörige der 3. Stufe Unionsbürgern nach Art. 7 III lit. b Freizügigkeits-RL gleichzustellen, so hat dies zur Folge, dass eine klare Begrenzung des Aufenthaltsrechts bei unfreiwilliger Arbeitslosigkeit nicht vorhanden ist. Als Grenze gilt nur die Notwendigkeit, „innerhalb eines angemessenen Zeitraums" eine Beschäftigung zu finden. Außerdem lässt die Systematik des Art. 7 III lit. b und III lit. c Freizügigkeits-RL darauf schließen, dass eine **Frist von sechs Monaten zur Arbeitssuche** auf jeden Fall zu gewähren ist; diese Frist bildet die Untergrenze in Bezug auf die Beibehaltung der Arbeitnehmereigenschaft. 92

Solange ein türkischer Staatsangehöriger Arbeitslosengeld bezieht, dürfte von einem angemessenen Zeitraum der Arbeitsplatzsuche und damit von einem Fortbestehen der Rechtsstellung nach Art. 6 I 3. Spiegelstrich auszugehen sein. Eine Grenze, ab der die Angemessenheit nicht mehr gewahrt wäre, wird damit aber nicht markiert. Die Angemessenheit wird vielmehr in einer Abwägung zwischen der Dauer der tatsächlichen Beschäftigungszeit und des Zeitraums der Arbeitslosigkeit zu bestimmen sein. Weitere Einzelheiten unter der Kommentierung zu § 2 III FreizügG/EU. 93

---

[122] EuGH Urt. v. 10.1.2006 – C-230/03 – Sedef unter Hinweis auf Urt. Tetik Rn. 30, 31, 41, 46 und 48, sowie Nazli Rn. 38 und 40.
[123] EuGH Urt. v. 6.6.1995 – C-434/93, Slg. 1995, I-1475 = InfAuslR 1995, 261 – Bozkurt.
[124] EuGH Urt. v. 6.6.1995 – C-434/93, Slg. 1995, I-1475 = InfAuslR 1995, 261 – Bozkurt.

9. Eigenkündigung

94 Anders als die unfreiwillige Arbeitslosigkeit vermag eine **Eigenkündigung des Arbeitnehmers** zum Verlust der erworbenen Rechtsansprüche nach dem ARB 1/80 zu führen. Dies gilt selbst dann, wenn der türkische Arbeitnehmer die höchste Verfestigungsstufe des Art. 6 I 3. Spiegelstrich erreicht hat. Eine andere Ansicht würde gegen Art. 59 des ZP verstoßen, weil selbst EG-Arbeitnehmern, die Freizügigkeit nach Art. 45 AEUV genießen, das Recht zum Aufenthalt im Mitgliedstaat im Falle freiwilliger Arbeitslosigkeit entzogen werden kann. Wenn ein türkischer Arbeitnehmer, der eine **Rechtsposition nach dem 2. oder 3. Spiegelstrich** erworben hat, die es ihm gestattet, seinen Arbeitgeber zu wechseln, seine Arbeitsstelle kündigt, um eine andere Beschäftigung zu suchen, so folgt daraus nicht ohne Weiteres, dass er den Arbeitsmarkt dieses Staates endgültig verlassen hat, sofern er dort weiterhin dem regulären Arbeitsmarkt angehört.

95 In einer Situation, in der es dem Arbeitnehmer nicht gelingt, unmittelbar nach Aufgabe seiner vorherigen Beschäftigung ein neues Arbeitsverhältnis einzugehen, gehört der Arbeitnehmer nach Ansicht des EuGH in der Rechtssache Tetik[125] dem regulären Arbeitsmarkt aber nur dann weiterhin an, „wenn der Betroffene alle Formalitäten erfüllt, die im betreffenden Mitgliedstaat gegebenenfalls vorgeschrieben sind, zum Beispiel indem er sich als Arbeitsuchender meldet und der Arbeitsverwaltung dieses Mitgliedstaats während des dort vorgeschriebenen Zeitraums zur Verfügung steht". Hierdurch sieht der EuGH zugleich gewährleistet, dass der türkische Staatsangehörige innerhalb des angemessenen Zeitraums, der ihm zur Begründung eines neuen Arbeitsverhältnisses einzuräumen ist, sein Aufenthaltsrecht nicht missbraucht, sondern tatsächlich eine neue Beschäftigung sucht.

96 Grundsätzlich geklärt ist auch die Frage, wie lange ein türkischer Arbeitnehmer, der seinen Arbeitsplatz durch Eigenkündigung verloren hat, sich im Bundesgebiet aufhalten darf, um einen neuen Arbeitsplatz zu finden. Denn der EuGH verweist in der Rechtssache Tetik (siehe oben) insoweit auf die Ausführungen in dem Verfahren Antonissen[126]. In Anlehnung an diese Rspr. des EuGH zur Dauer des den EU-Angehörigen für eine Arbeitsuche einzuräumenden Aufenthaltsrecht ist in Fällen, in denen das Arbeitsverhältnis durch Kündigung des Arbeitnehmers aufgelöst wurde, von einer **Zeitdauer von mindestens drei Monaten** auszugehen.

97 Diese Drei-Monats-Frist ist keine starre Frist, sondern – wie auch § 2 II Nr. 1a FreizügG/EU zeigt – im Hinblick auf die Rspr. des EuGH dahin gehend unionsrechtlich auszulegen, dass sie nur dann einem weiteren Aufenthalt entgegensteht, wenn der Betroffene nicht nachweist, dass er weiterhin und mit begründeter Aussicht auf Erfolg Arbeit sucht (s. Art. 14 IIb Freizügigkeits-RL). Denn der EuGH hat in der Entscheidung Antonissen zur Freizügigkeit von Stellungsuchenden ausgeführt (1. Ls.):

„*Zur Freizügigkeit der Arbeitnehmer nach Art. 48 EG-Vertrag (jetzt Art. 45 AEUV) gehört auch das Recht der Angehörigen der Mitgliedstaaten, sich in den anderen Mitgliedstaaten frei bewegen zu können und sich dort aufzuhalten, um eine Stelle zu suchen. Der Aufenthalt des Stellensuchenden kann zeitlich begrenzt werden; die praktische Wirksamkeit des Art. 48 ist jedoch nur gewahrt, wenn dem Betroffenen ein angemessener Zeitraum eingeräumt wird, um im Aufnahmemitgliedstaat von Stellenangeboten, die seinen beruflichen Qualifikationen entsprechen, Kenntnis zu nehmen und sich gegebenenfalls bewerben zu können. Das Unionsrecht regelt die Länge dieses Zeitraums nicht. Es verwehrt es daher dem Recht eines Mitgliedstaats nicht, einen Angehörigen eines anderen Mitgliedstaats, der zum Zwecke der Stellensuche in sein Gebiet eingereist ist, unbeschadet einer Klagemöglichkeit auszuweisen, wenn er nach sechs Monaten keine Stelle gefunden hat, **sofern der Betroffene nicht nachweist, dass er weiterhin und mit begründeter Aussicht auf Erfolg Arbeit sucht.**"*

Diese Grundsätze gelten – wie der Hinweis des EuGH in der Rechtssache Tetik[127] verdeutlicht – auch für türkische Arbeitnehmer.

10. Straf- und Untersuchungshaft

98 In der Praxis war lange Zeit umstritten, ob die Verbüßung einer **Freiheitsstrafe** zum **Erlöschen der assoziationsrechtlichen Rechtsposition** führt. Diese Frage ist für türkische Staatsangehörige, die die dritte Verfestigungsstufe des Art. 6 I erreicht haben, durch die Entscheidung des EuGH in der Rechtssache Dogan[128] geklärt worden. Hier wurde Folgendes zur Auswirkung von Strafhaft ausgeführt: „Nach alledem ist auf die vorgelegte Frage zu antworten, dass ein türkischer Staatsangehöriger, der nach Art. 6 I 3. Gedankenstrich des Beschlusses Nr. 1/80 ein Recht auf freien Zugang zu jeder von ihm gewählten Beschäftigung im Lohn- oder Gehaltsverhältnis hat, dieses Recht nicht deswegen verliert, weil er während seiner – auch mehrjährigen – Inhaftierung keine Beschäftigung ausübt, wenn seine Abwesenheit vom regulären Arbeitsmarkt des Aufnahmemitgliedstaats nur vorübergehend ist.

---

[125] EuGH Urt. v. 23.1.1997 – C-171/95, Slg. 1997, 329 = InfAuslR 1997, 146 – Tetik.
[126] EuGH Urt. v. 26.2.1991 – C-292/89, Slg. 1991, I-745 = InfAuslR 1991, 151 – Antonissen.
[127] EuGH Urt. v. 23.1.1997 – C-171/95, Slg. 1997, 329 = InfAuslR 1997, 146 – Tetik.
[128] EuGH Urt. v. 7.7.2005 – C-383/03 Rn. 29 ff. – Dogan.

Die Rechte, die dem Betroffenen durch diese Bestimmung im Bereich der Beschäftigung und entsprechend im Bereich des Aufenthalts eingeräumt werden, können nur aus Gründen der öffentlichen Ordnung, Sicherheit und Gesundheit gemäß Art. 14 I dieses Beschlusses oder aufgrund des Umstands beschränkt werden, dass der betreffende türkische Staatsangehörige den Zeitraum überschritten hat, der angemessen ist, um nach seiner Freilassung eine neue Beschäftigung im Lohn- oder Gehaltsverhältnis zu finden." Sind die Auswirkungen von Strafhaft für die türkischen Arbeitnehmer, die die dritte Stufe des Art. 6 I erreicht haben, geklärt, so bleibt die Frage offen, welche Auswirkungen derartige Unterbrechungen auf die Rechtspositionen nach Art. 6 I 1. und 2. Spiegelstrich haben. Hier ist grundsätzlich Art. 6 II 2 anwendbar mit der Folge, dass es maßgeblich darauf ankommt, wie lange die Haftzeit im geschlossenen Vollzug erfolgt ist. Solange ein **Strafgefangener im offenen Vollzug** einer Erwerbstätigkeit nachgehen kann, hat er den regulären Arbeitsmarkt nicht verlassen.

Demgegenüber führt langjährige bzw. **lebenslange Strafhaft** zum Verlust der durch Art. 6 eingeräumten Rechte auf Zugang zu Beschäftigung und auf Gewährung des Aufenthaltsrechts. Dabei steht eine endgültige Klärung der Frage, ab welchem Zeitraum die Rechtsstellung verloren geht, noch aus. Zur Beurteilung der Frage, welche Dauer der Strafhaft zum Erlöschen der erworbenen Rechtsstellung nach dem ARB 1/80 führt, könnte auf Regelungen des Unionsrechts zurückgegriffen werden, die sich mit den Auswirkungen von Unterbrechungen des Aufenthalts auf den Aufenthaltsstatus von EU-Bürgern befassen. So regelt Art. 16 IV Freizügigkeits-RL, dass Aufenthaltsunterbrechungen, die zwei aufeinanderfolgende Jahre überschreiten, zum Verlust des Daueraufenthaltsrechts für Unionsbürger führen. Nach dieser Regelung kommt es nicht darauf an, warum ein EU-Bürger das Land verlassen hat. Allein die Unterbrechung des Aufenthalts von mehr als zwei Jahren führt zum Wegfall des Daueraufenthaltsrechts. Entfällt aber eine verfestigte Rechtsposition, der sich rechtmäßig fünf Jahre lang ununterbrochen im Aufnahmemitgliedstaat aufgehalten hat, so könnte dies einen Maßstab für das Erlöschen der Rechtsposition nach Art. 6 I 1. und 2. Spiegelstrich bilden. **Diese Frist könnte auf den geschlossenen Vollzug übertragen werden mit der Folge, dass die Rechtspositionen der ersten und zweiten Stufe aus Art. 6 nach Ablauf von zwei Jahren entfallen würden.**

Gegen eine Übertragbarkeit spricht aber, dass es sich bei der Strafhaft um einen Fall des unfreiwilligen Verlassens des Arbeitsmarkts handelt, während Art. 16 IV RL 2004/38/EG die Rechtsfolge an ein freiwilliges Verlassen des EU-Staates, in dem die Beschäftigung ausgeübt worden war, knüpft. Außerdem sind die Rechtsfolgen bzgl. freizügigkeitsberechtigten EU-Bürgern und türkischen Staatsangehörigen nicht ohne Weiteres gleichzustellen. Denn der EU-Bürger kann jederzeit erneut in den bisherigen EU-Staat einreisen und seine Beschäftigung aufnehmen, während das Erlöschen der Rechtsstellung bei türkischen Arbeitnehmern – sofern das nationale Aufenthaltsrecht keine Ansprüche vermittelt – zum Verlust des Aufenthaltsrechts führt und auch bei einer erneuten Arbeitsaufnahme nicht wieder auflebt.

11. Erlöschen der Rechtsstellung

Ebenso wie Art. 7 erlischt das Recht aus Art. 6 I unter zwei Voraussetzungen, nämlich nach Art. 14 I aus Gründen der öffentlichen Ordnung, Sicherheit und Gesundheit oder weil der Betroffene **den Arbeitsmarkt endgültig verlassen** hat[129]: Art. 6 gilt somit für türkische Arbeitnehmer, die erwerbstätig oder vorübergehend arbeitsunfähig sind. Er bezieht sich dagegen nicht auf die Lage eines türkischen Staatsangehörigen, der den Arbeitsmarkt eines Mitgliedstaats endgültig verlassen hat, weil er zB das **Rentenalter** erreicht hat oder weil er vollständig und dauernd arbeitsunfähig ist[130]: Dabei führt das Erreichen des Rentenalters nicht automatisch dazu, dass die Rechtsstellung entfällt. Soweit der EuGH in der Rechtssache Nazli[131] davon ausgeht, dass im Falle des Erreichens des Rentenalters davon auszugehen sei, dass der Betroffene den Arbeitsmarkt des betreffenden Mitgliedstaates endgültig verlassen habe, wurde hiermit lediglich eine **(widerlegbare) Vermutung** begründet, der Betreffende habe den Arbeitsmarkt endgültig verlassen. Arbeitet der türkische Staatsangehörige nach dem Erreichen der Altersgrenze weiter, ohne gegen gesetzliche Bestimmungen zu verstoßen, so bleibt die Arbeitnehmereigenschaft erhalten. Allein die Möglichkeit, weiterhin einer Beschäftigung nachzugehen, genügt hingegen nicht. Beendet der Arbeitnehmer seine Beschäftigung mit Erreichen des Rentenalters, so entfällt die Rechtsstellung. Die Aufnahme einer Beschäftigung zu einem späteren Zeitpunkt führt nicht zum Wiederaufleben der Rechtsstellung.

Auch bei nicht nur kurzzeitiger Strafhaft, insbesondere lebenslanger Strafhaft oder Sicherungsverwahrung, kann die Rechtsstellung erlöschen[132]. Dabei ist zu beachten, dass ein türkischer Staatsangehöriger auch in der Haft als Strafgefangener die Rechtsstellung nach Art. 6 I ARB 1/80 erwerben kann, wenn ihm auf der Grundlage eines freien Beschäftigungsverhältnisses gemäß § 39

---

[129] EuGH Urt. v. 6.6.1995 – C-434/93 Rn. 39 – Bozkurt; Urt. v. 10.2.2000 – C-430/97 Rn. 37 – Nazli.
[130] EuGH Urt. v. 6.6.1995 – C-434/93 Rn. 39 – Bozkurt; Urt. v. 10.2.2000 – C-430/97 Rn. 37 – Nazli; OVG Bln-Bbg Beschl. v. 6.10.2016 – 18 B 1483/15 Rn. 3.
[131] EuGH Urt. v. 10.2.2000 – C-430/97, InfAuslR 2000, 161 Rn. 37 – Nazli.
[132] OVG Saarl Beschl. v. 4.8.2015 – 2 B 73/15, Ls. 1.

StVollzG gestattet wurde, einer Beschäftigung oder Berufsausbildung nachzugehen, und der Gefangene der Versicherungspflicht in der Sozialversicherung, der Beitragspflicht zur Bundesagentur und der Steuerpflicht wie ein freier Arbeitnehmer (Auszubildender) unterliegt. Daher gehört ein Freigänger, der außerhalb der Vollzugsanstalt in einem freien Beschäftigungsverhältnis steht, dem regulären Arbeitsmarkt an[133].

103 Etwas anderes gilt aber dann, wenn der türkische Staatsangehörige iRd Arbeitspflicht gem. § 41 StVollzG innerhalb oder außerhalb der Justizvollzugsanstalt – regelmäßig und unter Aufsicht – eine zugewiesene Arbeit, Berufsausbildung, sonstige Beschäftigung oder Hilfstätigkeit ausübt, unabhängig, ob hierfür Arbeitsentgelt (§ 43 StVollzG) gewährt wird[134]. Der Unterschied beider Fallgruppen wird auch dadurch erkennbar, dass nur iRd § 39 StVollzG eine Zustimmung der Bundesagentur für Arbeit zur Ausübung der Beschäftigung erforderlich werden kann.

104 Zu den Auswirkungen einer **Einbürgerung** bzw dem **Verlust der türkischen Staatsangehörigkeit** siehe Abschnitt II.

Art. 7

¹ Die Familienangehörigen eines dem regulären Arbeitsmarkt eines Mitgliedstaates angehörenden türkischen Arbeitnehmers, die die Genehmigung erhalten haben, zu ihm zu ziehen,

– haben vorbehaltlich des den Arbeitnehmern aus den Mitgliedstaaten der Gemeinschaft einzuräumenden Vorrangs das Recht, sich auf jedes Stellenangebot zu bewerben, wenn sie dort seit mindestens drei Jahren ihren ordnungsgemäßen Wohnsitz haben;
– haben freien Zugang zu jeder von ihnen gewählten Beschäftigung im Lohn- oder Gehaltsverhältnis, wenn sie dort seit mindestens fünf Jahren ihren ordnungsgemäßen Wohnsitz haben.

² Die Kinder türkischer Arbeitnehmer, die im Aufnahmeland eine Berufsausbildung abgeschlossen haben, können sich unabhängig von der Dauer ihres Aufenthalts in dem betreffenden Mitgliedstaat dort auf jedes Stellengebot bewerben, sofern ein Elternteil in dem betreffenden Mitgliedstaat seit mindestens drei Jahren ordnungsgemäß beschäftigt war.

Allgemeine Anwendungshinweise
4. Artikel 7 ARB 1/80
4.2. Regelungsinhalt
Der Erwerb der in dieser Vorschrift vorgesehenen Rechte hängt von zwei kumulativen Voraussetzungen ab: Zum einen muss die betreffende Person Familienangehöriger eines bereits dem regulären Arbeitsmarkt des Aufnahmemitgliedstaates angehörenden türkischen Arbeitnehmers sein. Zum anderen muss sie von den zuständigen Behörden dieses Staates die Genehmigung erhalten haben, zu diesem Arbeitnehmer zu ziehen. Sind diese Voraussetzungen erfüllt, ist für die Anwendung von Satz 1 noch zu prüfen, ob der betroffene Familienangehörige seit einer bestimmten Zeit im Aufnahmemitgliedstaat seinen ordnungsgemäßen Wohnsitz (bei dem Stammberechtigten) hat. Satz 2 privilegiert aus der Gruppe der Familienangehörigen die Kinder türkischer Arbeitnehmer in besonderer Weise.
4.3. Unmittelbare Wirkung
Satz 1 hat in den Mitgliedstaaten unmittelbare Wirkung, so dass sich die Familienangehörigen, die die Voraussetzungen der Regelung erfüllen, unmittelbar auf die Rechte berufen können, die sie ihnen verleiht („Derin", Rn. 47; „Altun", Rn. 21 m. w. N.; „Er", Rn. 25; „Bozkurt II", Rn. 31). Dasselbe gilt für Satz 2 („Torun", Rn. 19; „Eroglu", Rn. 17; „Akman", Rn. 23).
Demnach sind die Mitgliedstaaten nur noch vor Ablauf der ersten drei Jahre befugt, sowohl Vorschriften über die Einreise der Familienangehörigen türkischer Arbeitnehmer in ihr Hoheitsgebiet zu erlassen als auch die Bedingungen ihres Aufenthalts zu regeln. Nach diesem Zeitraum sind sie nicht mehr befugt, Bestimmungen über den Aufenthalt zu erlassen, die geeignet sind, die Ausübung der Rechte von Personen zu beeinträchtigen, die die Voraussetzungen des Artikels 7 bereits erfüllt haben („Ergat", Rn. 42).
4.4. Regelungszweck
Artikel 7 dient dazu, günstige Voraussetzungen für die Familienzusammenführung im Aufnahmemitgliedstaat zu schaffen. Er dient damit insgesamt der Wahrung der familiären Lebensgemeinschaft („Akman", Rn. 43; „Bekleyen", Rn. 27) und damit auch der allmählichen Integration der türkischen Staatsangehörigen („Derin", Rn. 53). Dabei erfüllt Satz 1 einen doppelten Zweck:
Erstens soll der türkische Arbeitnehmer (also der Stammberechtigte), der bereits ordnungsgemäß im Aufnahmemitgliedstaat beschäftigt ist, durch die Anwesenheit seiner Familienangehörigen gefördert werden („Bozkurt II", Rn. 33). Dies wird durch Satz 1 vor allem vor Ablauf des in Spiegelstrich 1 genannten anfänglichen Zeitraums von drei Jahren bezweckt („Pehlivan", Rn. 45).
Zweitens soll die dauerhafte Eingliederung der Familie des türkischen Arbeitnehmers im Aufnahmemitgliedstaat gefördert werden („Dülger", Rn. 40). Daher wird auch die Stellung der Familienangehörigen des Stammberechtigten gestärkt. Diese sollen die Mittel erhalten, um im Aufnahmemitgliedstaat selbst ihren Lebensunterhalt und sich folglich eine gegenüber der Stellung des Arbeitnehmers selbständige Stellung aufbauen zu können („Bozkurt II", Rn. 34). Auch die allmähliche und nachhaltige Integration der Familienangehörigen soll also gefördert werden („Derin", Rn. 53). Dies soll insbesondere durch Spiegelstrich 2 bewirkt werden („Pehlivan", Rn. 45).

---

[133] EuGH Urt. v. 10.2.2000 – C-340/97, InfAuslR 2000, 161 – Nazli.
[134] BVerwG Beschl. v. 8.5.1996 – 1 B 136.95, InfAuslR 1996, 299.

Der EuGH meint, die Vertragsparteien hätten durch Satz 1 klargestellt, dass die Regelung über rein wirtschaftliche Erwägungen hinausgehe („Dülger", Rn. 45). Dies zeige sich auch daran, dass Artikel 7 in Abschnitt 1 des Kapitels II des Assoziationsratsbeschlusses Nr 1/80 stehe, das die Überschrift „Soziale Bestimmungen" trage („Dülger", Rn. 46).

Anders als Satz 1 dient Satz 2 nicht dazu, günstige Voraussetzungen für die Familienzusammenführung im Aufnahmemitgliedstaat zu schaffen („Akman", Rn. 43). Vielmehr dient Satz 2 dazu, unter den Familienangehörigen der türkischen Arbeitnehmer die Kin-AAH Assoziationsrecht EU-Türkei (Stand: 26. November 2013) der besonders zu behandeln und ihnen den Eintritt in den Arbeitsmarkt nach Abschluss einer Berufsausbildung zu erleichtern („Akman", Rn. 38).

4.5. Regelungssystematik

Die in Satz 1 aufgestellten Voraussetzungen für Familienangehörige sind enger als die Voraussetzung, die nach Satz 2 nur für die Kinder eines türkischen Arbeitnehmers gelten, die im Aufnahmemitgliedstaat eine Berufsausbildung abgeschlossen haben („To-run", Rn. 22; „Akman", Rn. 35):

So hängen die Rechte der Familienangehörigen nach Satz 1 auf dem Gebiet der Beschäftigung von der Wohndauer im Aufnahmemitgliedstaat ab. Die Rechte der Kinder nach Satz 2 sind hingegen unabhängig von der Dauer ihres Aufenthalts in dem betreffenden Mitgliedstaat. Darüber hinaus genießen Arbeitnehmer aus den Mitgliedstaaten gegenüber Familienangehörigen anfangs noch Vorrang beim Zugang zum Arbeitsmarkt. Für Kinder gibt es dagegen in Satz 2 keine derartige Einschränkung (vgl. „Akman", Rn. 36). Außerdem verlangt Satz 2 anders als Satz 1 nicht, dass die Kinder die Genehmigung erhalten haben, zu ihren Eltern im Aufnahmestaat zu ziehen („Akman", Rn. 37).

Daraus folgt, dass Satz 2 nicht restriktiv ausgelegt werden kann als Satz 1 („Torun", Rn. 24). Satz 2 ist vielmehr gegenüber Satz 1 die günstigere Bestimmung („Derin", Rn. 42).

Artikel 7 ist *lex specialis* gegenüber Artikel 6 Absatz 1 („Derin", Rn. 55; „Aydinli", Rn. 19). Das bedeutet, dass Artikel 7 eine für den türkischen Staatsangehörigen günstigere Regelung ist, weil der begünstigte Familienangehörige durch Satz 1 Spiegelstrich 1 (bereits ohne eine ordnungsgemäße Beschäftigung) weitergehende Beschäftigungsrechte erhält als ein Arbeitnehmer durch Artikel 6 Absatz 1 Spiegelstriche 1 und 2. Der Familienangehörige eines türkischen Arbeitnehmers, der die Voraussetzungen des Satz 1 erfüllt und eine Beschäftigung im Aufnahmemitgliedstaat ausüben möchte, ist nicht verpflichtet, die strengeren Voraussetzungen zu erfüllen, die insoweit in Artikel 6 Absatz 1 aufgestellt sind („Aydinli", Rn. 31).

Allerdings kann ein nachgezogener türkischer Familienangehöriger bereits vor Ablauf der in Satz 1 Spiegelstrich 1 enthaltenen Dreijahresfrist assoziationsrechtliche Rechte erwerben. Der nachgezogene türkische Familienangehörige ist nämlich gemäß § 29 Absatz 5 Nr 1 AufenthG selbst zur Ausübung einer Beschäftigung berechtigt. Macht er von diesem Recht Gebrauch und wird selbst als Arbeitnehmer auf dem regulären Arbeitsmarkt tätig wird, erwirbt er nach einem Jahr ordnungsgemäßer Beschäftigung die Rechte des Artikels 6 Absatz 1 Spiegelstrich 1, ohne dass es auf seine aus Artikel 7 abgeleiteten Rechte als Familienangehöriger ankommen würde.

Die durch Artikel 7 verliehenen Rechte können darüber hinaus nicht unter den gleichen Umständen beschränkt werden wie die durch Artikel 6 verliehenen („Derin", Rn. 55).

Rechtmäßig erworbene Rechte nach Satz 1 sind vom Fortbestehen der Voraussetzungen für ihre Entstehung unabhängig („Bozkurt II", Rn. 40). Auch Satz 2 verlangt nicht, dass der türkische Arbeitnehmer noch im Aufnahmemitgliedstaat beschäftigt ist, wenn sein Kind dort in das Arbeitsleben eintreten will („Akman", Rn. 39). Ebenso verlangt Satz 2 nicht, dass der Elternteil zu diesem Zeitpunkt noch dort wohnt („Akman", Rn. 44).

4.6. Aufenthaltsrecht

Die Inanspruchnahme der in Artikel 7 enthaltenen Rechte setzt zwangsläufig auch die Anerkennung eines Aufenthaltsrechtes voraus, da dem Recht auf Zugang zum Arbeitsmarkt und auf tatsächliche Ausübung einer Beschäftigung im Lohn- oder Gehaltsverhältnis sonst die praktische Wirksamkeit genommen würde. Dies gilt sowohl für die auf Satz 1 („Altun", Rn. 21; „Er", Rn. 26; „Bozkurt II", Rn. 31) als auch für die auf Satz 2 („Derin", Rn. 47/52; „Torun", Rn. 20; „Eroglu", Rn. 20/23; „Akman", Rn. 24; „Bekleyen", Rn. 17) beruhenden Rechte. Das aus Artikel 7 folgende Aufenthaltsrecht, das den Charakter eines Daueraufenthaltsrechts hat, besteht kraft Gesetzes, so dass eine Aufenthalts- oder Arbeitserlaubnis nur deklaratorischen Charakter hat. Bei Berechtigung nach Artikel 7 ARB 1/80 besteht ein „unbefristetes Aufenthaltsrecht" im Sinne des § 4 Absatz 3 Satz 1 Nummer 2 und des § 10 Absatz 1 Satz 1 Nummer 2 StAG (vgl. Ziffer 2.10.).

4.7. Befugnisse des Aufnahmemitgliedstaates
4.7.1. Einreiserechtliche Regelungen

Die Befugnis, die erstmalige Zulassung der Einreise des Familienangehörigen zu regeln, unterliegt grundsätzlich dem nationalen Recht des Aufnahmemitgliedstaates („Pehlivan", Rn. 50). Ein Mitgliedstaat, der einem Familienangehörigen die Genehmigung zur Einreise erteilt hat, damit dieser zu dem türkischen Arbeitnehmer ziehen kann, darf ihm im Anschluss daran zwar nicht das Recht verweigern, sich dort zum Zweck der Familienzusammenführung aufzuhalten; dem Mitgliedstaat verbleibt allerdings die Befugnis, dieses Aufenthaltsrecht an Bedingungen zu knüpfen, durch die gewährleistet werden kann, dass die Anwesenheit des Familienangehörigen in seinem Hoheitsgebiet dem Geist und dem Regelungszweck des Artikels 7 Satz 1 entspricht („Kadiman", Rn. 33).

4.7.2. Aufenthaltsrechtliche Regelungen

Auch die Befugnis der Mitgliedstaaten, Vorschriften über den Aufenthalt der Familienangehörigen zu erlassen, bleibt bis zu dem Zeitpunkt unberührt, zu dem diese das Recht haben, sich auf jedes Stellenangebot zu bewerben („Kadiman", Rn. 32). Bis zum Ablauf von drei Jahren gelten danach die allgemeinen aufenthaltsrechtlichen Erteilungs- und Verlängerungsvoraussetzungen.

Da der Aufenthalt im Aufnahmemitgliedstaat während der ersten drei Jahre allein durch die Familienzusammenführung gerechtfertigt ist („Pehlivan", Rn. 54), kann der Mitgliedstaat verlangen, dass der Familienangehörige tatsächlich bei dem betroffenen Arbeitnehmer wohnt („Pehlivan", Rn. 55). Unzulässig ist hingegen eine Regelung, wonach allein die Tatsache, dass ein volljähriges Kind heiratet oder eine Beziehung eingeht, als Auflösung der tatsächlichen Familiengemeinschaft gilt und den Entzug der Aufenthaltserlaubnis nach sich zieht („Pehlivan", Rn. 57).

Unbeachtet der Regelungen zum Verlust der Rechte aus Art. 7 ARB 1/80 (vgl. Ziffer 4.8.) sind die Mitgliedstaaten nach Ablauf des in Spiegelstrich 1 vorgesehenen anfänglichen Zeitraums von drei Jahren nicht mehr berechtigt, den Aufenthalt eines Familienangehörigen eines türkischen Arbeitnehmers im Inland von irgendwelchen Voraussetzungen abhängig zu machen („Pehlivan", Rn. 51).

4.8. Recht der Familienangehörigen auf Zugang zum Arbeitsmarkt (Satz 1)

Der freie Zugang zum Arbeitsmarkt nach Satz 1 setzt zunächst voraus, dass es sich bei dem Anspruchsinhaber um den Familienangehörigen eines türkischen Arbeitnehmers handelt (nachfolgend Ziffer 4.8.1). Dieser muss die Genehmigung erhalten haben, zu dem türkischen Arbeitnehmer zu ziehen (nachfolgend Ziffer 4.8.2). Der Anspruch des Familienangehörigen besteht nur, wenn es einen türkischen Arbeitnehmer gibt und dieser dem regulären Arbeitsmarkt eines Mitgliedstaates angehört (nachfolgend Ziffer 4.8.3). Schließlich muss der Familienangehörige seit mindestens drei (Spiegelstrich 1) oder fünf (Spiegelstrich 2) Jahren seinen ordnungsgemäßen Wohnsitz bei dem türkischen Arbeitnehmer haben (nachfolgend Ziffer 4.8.4).

Diese beiden zuletzt genannten Voraussetzungen müssen gleichzeitig vorliegen („Al-tun", Rn. 33). Das bedeutet, dass der türkische Arbeitnehmer, mit dem der Familienangehörige zusammenlebt, während der gesamten Dauer des Zusammenlebens, die erforderlich ist, damit Letzterer das Recht auf Zugang zum Arbeitsmarkt des Aufnahmemitgliedstaats erwirbt, dem regulären Arbeitsmarkt dieses Staates angehören muss („Altun", Rn. 32).

4.8.1. Begriff des Familienangehörigen

Begriff und Kreis der „Familienangehörigen […], die die Genehmigung erhalten haben, zu ihm zu ziehen", werden weder in Artikel 7 noch an einer anderen Stelle des ARB 1/80 definiert.

Der Begriff ist auf Unionsebene einheitlich auszulegen, um seine homogene Anwendung in den Mitgliedstaaten sicherzustellen („Ayaz", Rn. 39). Seine Bedeutung ist nach dem mit ihm verfolgten Zweck und dem Zusammenhang, in den er sich einfügt, zu bestimmen („Ayaz", Rn. 40). Es ist auf die dem Begriff „Familienangehöriger" im Bereich der Freizügigkeit der Arbeitnehmer aus den Mitgliedstaaten der Gemeinschaft gegebene Auslegung abzustellen, insbesondere auf die Artikel 10 Absatz 1 der Verordnung Nr 1612/68 („Ayaz", Rn. 45; „Dülger", Rn. 49). Die genannte Vorschrift hat folgenden Wortlaut:

„Bei dem Arbeitnehmer, der die Staatsangehörigkeit eines Mitgliedstaats besitzt und im Hoheitsgebiet eines anderen Mitgliedstaats beschäftigt ist, dürfen folgende Personen ungeachtet ihrer Staatsangehörigkeit Wohnung nehmen:

a) sein Ehegatte sowie die Verwandten in absteigender Linie, die noch nicht 21 Jahre alt sind oder denen Unterhalt gewährt wird;

b) seine Verwandten und die Verwandten seines Ehegatten in aufsteigender Linie, denen er Unterhalt gewährt."

Mittlerweile dürfte für Auslegung des Begriffs „Familienangehöriger" auf die Begriffsbestimmung in Artikel 2 Nummer 2 der Richtlinie 2004/38/EG abzustellen sein. In einheitlicher Auslegung des Begriffs des Familienangehörigen mit Artikel 2 Nummer 2 Buchstabe b der Richtlinie 2004/38/EG ist demnach auch der Lebenspartner, mit dem der türkische Arbeitnehmer auf der Grundlage der Rechtsvorschriften eines Mitgliedstaats eine eingetragene Partnerschaft eingegangen ist, Familienangehöriger im Sinne des Artikels 7, sofern nach den Rechtsvorschriften des Aufnahmemitgliedstaates die eingetragene Partnerschaft der Ehe gleichgestellt ist und die in den einschlägigen Rechtsvorschriften des Aufnahmemitgliedstaats vorgesehenen Bedingungen erfüllt sind.

Vom EuGH bejaht wurde die Eigenschaft als Familienangehöriger für einen noch nicht 21 Jahre alten oder Unterhalt beziehenden Stiefsohn eines türkischen Arbeitnehmers („Ayaz", Rn. 48).

Auch Familienangehörige eines türkischen Arbeitnehmers, die die Staatsangehörigkeit eines anderen Drittlandes als der Türkei sind, können sich im Aufnahmemitgliedstaat auf die sich aus Absatz 1 ergebenden Rechte berufen, wenn alle anderen darin vorgesehenen Voraussetzungen erfüllt sind („Dülger", Rn. 65). Die Vorteile, die die Familienzusammenführung für das Familienleben, die Qualität des Aufenthalts und die Integration des türkischen Arbeitnehmers in dem Mitgliedstaat, in dem er arbeitet und wohnt, mit sich bringt, sind unabhängig von der Staatsangehörigkeit seiner Familienangehörigen, die die Erlaubnis erhalten haben, in diesem Staat zu ihm zu ziehen („Dülger", Rn. 47).

In einem außergewöhnlich gelagerten Fall („Eyüp"), in dem ein Ehepaar nach Scheidung weiterhin zusammenlebte, in dieser Zeit gemeinsame Kinder geboren wurden, die Ehegatten später wieder heirateten und die Ausländerbehörde während der Zeit des nichtehelichen Zusammenlebens keine Einwände gegen einen weiteren Verbleib der Ehegatten im betreffenden Mitgliedstaat erhoben haben, hat der EuGH die gesamte Zeit des gemeinsamen Zusammenlebens angerechnet. Hieraus können aber laut Begründung des EuGH keine Schlüsse auf andere Konstellationen gezogen werden.

4.8.2. Aufenthaltserlaubnis zum Zwecke der Familienzusammenführung

Satz 1 regelt den Arbeitsmarktzugang von Familienangehörigen eines türkischen Arbeitnehmers, „die die Genehmigung erhalten haben, zu ihm zu ziehen".

Diese Vorschrift erklärt sich daraus, dass die Befugnis der Mitgliedstaaten unangetastet bleiben soll, Vorschriften über die Einreise türkischer Staatsangehöriger und über die Voraussetzungen für deren erste Beschäftigung zu erlassen, so dass die erstmalige Zulassung der Einreise solcher Staatsangehörigen in einem Mitgliedstaat im Grundsatz ausschließlich dem Recht dieses Staates unterliegt („Cetinkaya", Rn. 22).

Diese Voraussetzung erfüllen nur diejenigen Angehörigen, denen nach Maßgabe des innerstaatlichen Rechts die Aufenthaltsgenehmigung zum Zwecke der Familienzusammenführung (also zur Herstellung und Wahrung der familiären Lebensgemeinschaft mit dem türkischen Arbeitnehmer im Bundesgebiet) erteilt worden ist. Nicht begünstigt sind daher – unbeschadet der familiären Bindungen, die ein Betroffener hat – diejenigen Familienangehörigen türkischer Arbeitnehmer, die zu anderen Zwecken (zum Beispiel Berufsausbildung) nach Deutschland gekommen sind und nur während dieser Ausbildung gelegentlich bei ihren anderen Familienangehörigen wohnen.

Durch die Regelung sollten jedoch nicht diejenigen Familienangehörigen vom Anwendungsbereich ausgeschlossen werden, die im Hoheitsgebiet des Aufnahmemitgliedstaats geboren wurden oder die sich erst in Deutschland kennengelernt und geheiratet haben („Cetinkaya", Rn. 21). Da die Regelung bezweckt, nur diejenigen Familienangehörigen auszuschließen, die unter Verstoß gegen die Vorschriften des Aufnahmemitgliedstaates in dessen Hoheitsgebiet eingereist sind und dort wohnen, kann einem solchen Angehörigen dieser Familie nicht entgegengehalten werden („Cetinkaya", Rn. 23). Satz 1 differenziert demnach nicht nach dem Geburtsort der Kinder des türkischen Arbeitnehmers, dass die im Aufnahmemitgliedstaat geborenen Kinder im Gegensatz zu den Familienangehörigen, deren Zuzug zu dem türkischen Arbeitnehmer der Genehmigung bedurfte, nicht die Rechte auf Zugang zur Beschäftigung und auf Aufenthalt nach Artikel 7 haben sollten („Cetinkaya", Rn. 24).

4.8.3. Türkischer Arbeitnehmer auf dem regulären Arbeitsmarkt

Die Ansprüche des Artikels 7 setzen voraus, dass ein türkischer Arbeitnehmer dem regulären Arbeitsmarkt angehört.

Türkischer Arbeitnehmer

Der Begriff „türkischer Arbeitnehmer" ist grundsätzlich in derselben Weise wie bei der Anwendung des Artikels 6 auszulegen (vgl. Ziffer 3.5). Wenn der Arbeitnehmer die Staatsangehörigkeit des Aufnahmemitgliedstaates erhält und gleichzeitig die türkische Staatsangehörigkeit behält, können sich die Familienangehörigen des türkischen Arbeitnehmers dennoch auch weiterhin auf Artikel 7 berufen („Kahveci/Inan", Rn. 35).

Faktische Zugehörigkeit zum Arbeitsmarkt

Der Begriff der „Zugehörigkeit zum regulären Arbeitsmarkt" ist genauso auszulegen, wie das gleichlautende Tatbestandsmerkmal in Artikel 6 Absatz 1. Anderenfalls würde die Kohärenz des Systems, das der Assoziationsrat eingerichtet hat, beeinträchtigt („Altun", Rn. 27 f.). Mit der Zugehörigkeit des Stammberechtigten zum regulären Arbeitsmarkt ist jedoch nicht die „ordnungsgemäße Beschäftigung" im Sinne von Artikel 6 Absatz 1 gemeint („Altun", Rn. 22).

Demnach gehört ein Arbeitnehmer dem regulären Arbeitsmarkt an, wenn er den Rechts- und Verwaltungsvorschriften des Aufnahmemitgliedstaates nachkommt und somit das Recht hat, eine Berufstätigkeit in dessen Hoheitsgebiet auszuüben („Altun", Rn. 23 m. w. N.). Eine vorübergehende Unterbrechung seines Arbeitsverhältnisses für den Zeitraum, der angemessen ist, um eine andere Beschäftigung zu finden, ist unschädlich. Dies gilt unabhängig davon, welchen Grund die Abwesenheit vom Arbeitsmarkt hat („Altun", Rn. 24 m. w. N.). Ein Arbeitnehmer ist erst dann vom regulären Arbeitsmarkt ausgeschlossen, wenn er objektiv keine Möglichkeit mehr hat, sich in den Arbeitsmarkt wiedereinzugliedern, oder wenn er den Zeitraum überschritten hat, der angemessen ist, um nach vorübergehender Beschäftigungslosigkeit eine neue Beschäftigung im Lohn- oder Gehaltsverhältnis zu finden („Altun", Rn. 25 m. w. N.).

Arbeitnehmereigenschaft während der ersten drei/fünf Aufenthaltsjahre

Aus dem eindeutigen Abstellen auf die Arbeitnehmereigenschaft der Bezugsperson folgt, dass die Arbeitnehmereigenschaft im Zeitpunkt des Familiennachzugs bestehen und die Bezugsperson während der ersten drei Aufenthaltsjahre dem regulären Arbeitsmarkt angehören muss (OVG Berlin-Brandenburg, Beschluss vom 9. Oktober 2008 – 11 N 52.08/11 S 67.08 –, Urteilsabschrift Seite 6).

Wegfall der Zugehörigkeit nach drei/fünf Jahren

Entfällt die Zugehörigkeit des türkischen Arbeitnehmers zum regulären Arbeitsmarkt nach Ablauf von drei oder fünf Jahren tatsächlichen Zusammenlebens, lässt dies das einmal erworbene Recht des Familienangehörigen auf Zugang zum Arbeitsmarkt nicht mehr entfallen („Altun", Rn. 35 f.). Dies gilt auch für den Fall, dass sich im Nachhinein (aber nach Ablauf des maßgeblichen Zeitraums) herausstellt, dass der türkische Arbeitnehmer sein Aufenthaltsrecht ursprünglich auf unrechtmäßige Weise (etwa durch Täuschung) erlangt hatte und ihm deswegen die Aufenthaltserlaubnis entzogen wird („Al-tun", Rn. 51 ff.). Die nach Satz 1 rechtmäßig erworbenen Rechte sind vom Fortbestehen der Voraussetzungen für ihre Entstehung unabhängig (Grundsatz der Wahrung wohlerworbener Rechte, vgl. „Bozkurt II", Rn. 40 f.).

Rechtsgrund der Zugehörigkeit zum Arbeitsmarkt unerheblich

Die Ausübung der Rechte, die den türkischen Staatsangehörigen gemäß ARB 1/80 zustehen, hängen nach der Rechtsprechung des EuGH nicht davon ab, aus welchem Grund ihnen die Einreise- und Aufenthaltsgenehmigung im Aufnahmemitgliedstaat ursprünglich erteilt wurde („Altun", Rn. 42).

Dementsprechend hat der EuGH entschieden, dass ein Familienangehöriger die Rechte aus Satz 1 auch dann in Anspruch nehmen kann, wenn der Stammberechtigte das Recht auf Zugang zum Arbeitsmarkt als politischer Flüchtling erworben hat („Altun", Rn. 41 ff.). Flüchtlinge sind – so der EuGH – damit nicht (aufgrund der Genfer Flüchtlingskonvention und aufgrund des Assoziierungsabkommens) „doppelt begünstigt". Gemäß Artikel 5 der Genfer Flüchtlingskonvention bleiben Rechte und Vergünstigungen, die den Flüchtlingen unabhängig von der Genfer Flüchtlingskonvention gewährt würden, von deren Bestimmungen unberührt. Die Genfer Flüchtlingskonvention kenne aber kein dem Artikel 7 vergleichbares Recht („Altun", Rn. 44 ff.).

Gesicherte Rechtsposition des Stammberechtigten erforderlich

Nach der Rechtsprechung des EuGH setzt die Ordnungsmäßigkeit der Beschäftigung eines türkischen Staatsangehörigen im Aufnahmemitgliedstaat eine gesicherte und nicht nur vorläufige Rechtsposition voraus („Altun", Rn. 53 m. w. N.). Das bedeutet, dass eine etwaige Unrechtmäßigkeit des Aufenthalts eines türkischen Staatsangehörigen auch Auswirkungen auf die Rechtssphäre des Familienangehörigen haben kann. Wird dem türkischen Staatsangehörigen die unrechtmäßig (beispielsweise wegen Täuschung) erlangte Aufenthaltserlaubnis wieder entzogen, kann auch der Familienangehörige keine Rechte mehr vom Stammberechtigten ableiten („Altun", Rn. 56 ff.). Dies gilt aus Gründen der Rechtssicherheit allerdings nur, wenn zum Zeitpunkt der Entziehung der Aufenthaltserlaubnis das eigene Recht des Familienangehörigen auf Zugang zum Arbeitsmarkt noch nicht entstanden ist („Altun", Rn. 59 ff.).

4.8.4. Ordnungsgemäßer Wohnsitz für mindestens 3/5 Jahre

Anders als bei Artikel 6 Absatz 1, in dem auf die Dauer der ordnungsgemäßen Beschäftigung abgestellt wird, ist bei Satz 1 der ordnungsgemäße Wohnsitz des türkischen Staatsangehörigen bei dem Stammberechtigten das maßgebliche Kriterium. Die Beschäftigungssituation des türkischen Staatsangehörigen ist irrelevant („Bozkurt II", Rn. 30).

Erfordernis tatsächlichen Zusammenlebens

Erforderlich ist, dass sich die Familienzusammenführung während einer bestimmten Zeit im tatsächlichen Zusammenleben des Familienangehörigen mit dem türkischen Arbeitnehmer in häuslicher Gemeinschaft manifestiert und dass dieses Zusammenleben so lange andauert, wie der Familienangehörige nicht selbst die Voraussetzungen für den Zugang zum Arbeitsmarkt erfüllt („Kadiman", Rn. 40; „Eyüp", Rn. 28; „Altun", Rn. 31).

Dies ergibt sich zum einen aus dem eindeutigen Wortlaut der Regelung („zu ihm zu ziehen"). Zum anderen folgt dies aber auch aus Sinn und Zweck der Regelung. Die Familienzusammenführung, die der Grund für die Einreise des Familienangehörigen in den Aufnahmemitgliedstaat war, muss dadurch konkret zum Ausdruck kommen, dass sich der Familienangehörige bei dem Arbeitnehmer durchgängig aufhält, das heißt mit ihm zusammenlebt („Pehlivan",

Rn. 47). Ohne diese Bedingung würde das mit der Regelung verfolgte Ziel der Familienzusammenführung in Frage gestellt („Kadiman", Rn. 38). Außerdem bestünde die Gefahr, dass türkische Staatsangehörige die strengeren Anforderungen des Artikels 6 umgehen, indem sie insbesondere durch Schließung von Scheinehen die günstigeren Voraussetzungen des Satzes 1 missbrauchen („Kadiman", Rn. 38).

Ausnahmsweise getrennte Wohnsitznahme

Etwas anderes gilt laut EuGH nur, wenn objektive Gründe es rechtfertigen, dass der Familienangehörige und der türkische Arbeitnehmer getrennt voneinander leben („Kadiman", Rn. 42).

Dies gilt zum Beispiel, wenn der Familienangehörige gezwungen ist, wegen der großen Entfernung zwischen Wohnort und Arbeitsplatz oder Berufsausbildungsstätte eine getrennte Wohnung zu nehmen („Kadiman", Rn. 42).

Aus dem vom EuGH vorgegebenen Regel-/Ausnahmeverhältnis und der Konstruktion als „Rechtfertigungsgrund" ergibt sich, dass die Beweislast hinsichtlich der Frage der objektiven Erforderlichkeit einer getrennten Haushaltsführung den Familienangehörigen trifft (vgl. auch Urteil „Ergat"). Dabei ist nach Auffassung des EuGH zur Verhinderung von missbräuchlichen Gesetzesumgehungen (Schein- oder Zweckehen) grundsätzlich ein strenger Auslegungsmaßstab anzulegen. Allgemein lässt sich sagen, dass eine getrennte Wohnungsnahme immer dann als gerechtfertigt angesehen werden kann, wenn unter Berücksichtigung von individuellen Zumutbarkeitserwägungen keine vernünftigen Zweifel an ihrer Notwendigkeit bestehen.

Ordnungsmäßigkeit der Wohnsitznahme

Die Frage, wann ein Wohnsitz „ordnungsgemäß" begründet ist, richtet sich nach nationalem Recht.

Ein ordnungsgemäßer Wohnsitz im Sinne des Satzes 1 wird nicht bereits durch die Erteilung eines Besuchsvisums begründet (auch nicht durch die wiederholte Erteilung).

Allerdings sieht der EuGH den Aufenthalt eines türkischen Familienangehörigen noch als „ordnungsgemäß" an, wenn dieser für einen begrenzten Zeitraum nicht im Besitz einer gültigen Aufenthaltserlaubnis war, die zuständigen Behörden des Aufnahmemitgliedstaates aber aus diesem Grund die Ordnungsmäßigkeit seines Wohnsitzes im nationalen Hoheitsgebiet nicht in Frage gestellt, sondern ihm vielmehr eine neue Aufenthaltserlaubnis erteilt haben („Kadiman", Rn. 54). Solange der Zeitraum ohne gültige Aufenthaltserlaubnis innerhalb des Dreijahreszeitraums weniger als sechs Monate beträgt, scheint der EuGH dies als unschädlich anzusehen („Kadiman", Rn. 54). Dasselbe gilt, wenn ein türkischer Arbeitnehmer die Verlängerung seiner befristeten Aufenthaltserlaubnis dreimal jeweils erst nach dem Ablauf von deren Geltungsdauer beantragt, so dass er während kurzer Zeiträume nicht im Besitz einer gültigen Aufenthaltserlaubnis ist, wobei aber die zuständigen Behörden des Aufnahmemitgliedstaats die Ordnungsmäßigkeit seines Aufenthalts deswegen nicht in Frage gestellt, sondern ihm jedes Mal eine neue Aufenthaltserlaubnis erteilt hatten („Ergat", Rn. 29). Die Ermessensvorschrift des § 85 AufenthG ist demnach unter Beachtung dieser Vorgaben des EuGH anzuwenden.

Nicht ausreichend ist auch in diesem Zusammenhang, dass der Ausländer lediglich im Besitz einer Erlaubnisfiktion oder einer Duldung ist. Ein fiktiv fortgeltender Aufenthaltstitel gemäß § 81 Abs 3 oder 4 AufenthG und Zeiten geduldeten Aufenthalts vermitteln keinen ordnungsgemäßen Aufenthalt im Sinne des Assoziationsratsbeschlüsses (Hailbronner, in: ders., Ausländerrecht, 77. Erg.lfg. 2012, Artikel 7 ARB 1/80 Rn. 24; OVG Münster, Beschluss vom 10. Januar 1996 – 18 B 1024/94 –, juris, Rn. 16; VG Ansbach, Beschluss vom 25. November 2009 – AN 19 K 09.01454, AN 19 S 09.01453 –, juris Rn. 43).

Unterbrechungen des tatsächlichen Zusammenlebens

Aus dem Geist und dem Regelungszweck des Artikels 7 folgt, dass der Familienangehörige grundsätzlich seinen Wohnsitz während eines zusammenhängenden Zeitraums von drei beziehungsweise fünf Jahren bei dem türkischen Arbeitnehmer haben muss.

Das bedeutet aber nicht, dass der Familienangehörige sich nicht aus berechtigten Gründen für einen angemessenen Zeitraum vom gemeinsamen Wohnsitz entfernen dürfte, zum Beispiel, um Urlaub zu machen oder seine Familie im Heimatland zu besuchen. Solche kurzzeitigen Unterbrechungen des tatsächlichen Zusammenlebens, die ohne die Absicht erfolgen, den gemeinsamen Wohnsitz im Aufnahmemitgliedstaat in Frage zu stellen, müssen den Zeiten gleichgestellt werden, während deren der Familienangehörige tatsächlich mit dem türkischen Arbeitnehmer zusammengelebt hat („Kadiman", Rn. 48).

Dies gilt erst recht für einen weniger als sechsmonatigen Aufenthalt des Betroffenen in seinem Heimatland, wenn dieser Aufenthalt nicht von seinem eigenen Willen abhängig war („Eyüp", Rn. 30; „Kadiman", Rn. 49), etwa wegen Passverlustes, Erkrankung, Unfall oder in Fällen der Zwangsverschleppung oder Zwangsverheiratung. Ferner sind nach Ansicht des EuGH auch solche Zeiten gleichzustellen, in denen der Familienangehörige zwar nicht im Besitz einer gültigen Aufenthaltserlaubnis war, wenn ihm die Ausländerbehörde später – ohne, dass aufenthaltsbeendende Maßnahmen eingeleitet wurden – eine neue Aufenthaltserlaubnis erteilt hat („Ergat", Rn. 67).

Es ist Sache des Familienangehörigen, zu beweisen, dass er in Deutschland geblieben ist oder das Land nur aus berechtigten Gründen verlassen hat.

Nach Ablauf des Dreijahreszeitraumes

Sind die Voraussetzungen des Satzes 1 erfüllt, verleiht diese Vorschrift dem Familienangehörigen eines türkischen Arbeitnehmers ein eigenes Recht auf Zugang zum Arbeitsmarkt im Aufnahmemitgliedstaat und das Recht, sich dort weiter aufzuhalten. Die Mitgliedstaaten sind nicht befugt, den Aufenthalt des Familienangehörigen eines türkischen Arbeitnehmers auch noch nach Ablauf des Dreijahreszeitraumes von Voraussetzungen abhängig zu machen („Cetinkaya", Rn. 30). Die praktische Wirksamkeit des Rechts aus Artikel 7 setzt zwangsläufig die Existenz eines Aufenthaltsrechts voraus, das vom Fortbestehen der Voraussetzungen für den Zugang zu diesen Rechten unabhängig ist („Ergat", Rn. 40). Nach dem maßgeblichen Zeitraum muss der Familienangehörige somit auch nicht mehr mit dem Arbeitnehmer zusammen wohnen („Bozkurt II", Rn. 35 f.).

4.8.5. Fristberechnung

Die Berechnung der Fristen bestimmt sich nach den §§ 187 ff. BGB.

4.9. Recht der Kinder auf Zugang zum Arbeitsmarkt (Satz 2)

4.9.1. Regelungszweck

Satz 2 dient nicht wie Satz 1 dazu, günstige Voraussetzungen für die Familienzusammenführung im Aufnahmemitgliedstaat zu schaffen, sondern soll den Zugang der Kinder türkischer Arbeitnehmer zum Arbeitsmarkt erleichtern („Bekleyen", Rn. 27/32; „Akman", Rn. 46).

4.9.2. Persönlicher Anwendungsbereich

Das Alter des Kindes steht mangels entsprechender Altersbeschränkung in Satz 2 einem Anspruch nicht entgegen. Satz 2 gilt somit nicht nur für minderjährige, sondern auch für volljährige Kinder eines türkischen Arbeitnehmers („Torun", Rn. 27 f.).

Anders als bei Satz 1 („die die Genehmigung erhalten haben, zu ihm zu ziehen") spielen im Rahmen von Satz 2 die für die Aufenthaltsgewährung an das Kind ursprünglich maßgeblichen Gründe keine Rolle. Dies bedeutet, dass diese Vorschrift nicht nur diejenigen Kinder türkischer Arbeitnehmer begünstigt, die zum Zweck der Familienzusammenführung in den Aufnahmemitgliedstaat gekommen waren und während der Aufenthaltszeit eine Ausbildung absolviert haben, sondern auch alle anderen Kinder türkischer Arbeitnehmer, die sich im Aufnahmemitgliedstaat rechtmäßig aufhalten, zum Beispiel, weil ihnen eine Aufenthaltsgenehmigung zu Studienzwecken erteilt wurde („Eroglu", Rn. 22).

4.9.3. Anwendungsvoraussetzungen

Satz 2 macht das dem Kind eines türkischen Arbeitnehmers eingeräumte Recht, sich im Aufnahmemitgliedstaat auf jedes Stellenangebot zu bewerben, von zwei Voraussetzungen abhängig. Das Kind des betreffenden Arbeitnehmers muss erstens im fraglichen Mitgliedstaat eine Berufsausbildung abgeschlossen haben. Zweitens muss ein Elternteil in diesem Staat seit mindestens drei Jahren ordnungsgemäß beschäftigt gewesen sein.

Abgeschlossene Berufsausbildung

Der Begriff „Berufsausbildung" ist im Zweifel weit auszulegen und umfasst sämtliche berufsqualifizierenden Ausbildungsgänge (von der Lehre bis zum Hochschulstudium), sofern diese förmlich durchlaufen und erfolgreich abgeschlossen wurden.

Ordnungsgemäße Beschäftigung eines Elternteils

Es ist nicht erforderlich, dass der Elternteil des Kindes zu dem Zeitpunkt, zu dem das Kind im betreffenden Mitgliedstaat ins Arbeitsleben eintreten will, nach wie vor die Arbeitnehmereigenschaft besitzt oder in diesem Staat wohnt. Die deutsche Sprachfassung („seit mindestens drei Jahren ordnungsgemäß beschäftigt war") ist daher missverständlich, denn sie kann so verstanden werden, dass die Beschäftigung des Elternteils in der Vergangenheit beginnen musste und zu dem Zeitpunkt noch andauern muss, zu dem das Kind durch Abschluss einer Berufsausbildung die andere Voraussetzung erfüllt („Akman", Rn. 31). Nach der Rechtsprechung des EuGH ist es aber ausreichend, dass der Elternteil in der Vergangenheit mindestens drei Jahre lang ordnungsgemäß beschäftigt war („Akman", Rn. 47/51; „Ergat", Rn. 44; „Bekleyen", Rn. 19).

Es ist auch nicht erforderlich, dass zwischen der Beschäftigung oder zumindest dem Aufenthalt eines der Elternteile im Aufnahmemitgliedstaat und dem Beginn der Berufsausbildung des Kindes Gleichzeitigkeit besteht. Hier besteht ein Unterschied zu Satz 1, bei dem es auf den Umstand ankommt, ob der türkische Arbeitnehmer, von dem Rechte abgeleitet werden, gegenwärtig die in jener Vorschrift genannten Voraussetzungen erfüllt. Das Kind kann sich daher auch dann noch auf Satz 2 berufen, wenn es in den betreffenden Mitgliedstaat zur Aufnahme einer Berufsausbildung zu einem Zeitpunkt zurückkehrt, zu dem seine in der Vergangenheit als Arbeitnehmer beschäftigten Eltern türkischer Staatsangehörigkeit den Mitgliedstaat bereits zehn Jahre zuvor auf Dauer verlassen hatten („Bekleyen", Rn. 21 ff.).

Der EuGH meint, dass das Kind, das rechtmäßig in dem betreffenden Mitgliedstaat wohnt, dort seine Ausbildung abgeschlossen hat und dem anschließend die Möglichkeit zur Ausübung einer Beschäftigung in diesem Staat geboten wird, zu diesem Zeitpunkt nicht mehr von der Anwesenheit eines Elternteiles abhängig ist. Vom Eintritt ins Arbeitsleben an sei das Kind nicht mehr unterhaltsbedürftig und könne seinen Lebensunterhalt selbst bestreiten („Akman", Rn. 45).

Voraussetzung ist allerdings, dass die Eltern auch nach dem 1. Dezember 1980 noch ordnungsgemäß im Bundesgebiet beschäftigt waren. Dies ergibt sich aus der Übergangsvorschrift des Artikels 16 Absatz 1 ARB 1/80, wonach die Regelung erst ab dem 1. Dezember 1980 Anwendung findet, sowie aus dem Begriff „seit", der eine zeitliche Kontinuität der Beschäftigungszeiten jedenfalls bis zum Inkrafttreten der Regelung voraussetzt.

4.10. Verlust und Beschränkung gemäß Artikel 7 erworbener Rechte

Der Bestand der Rechte aus Artikel 7 ist vom Fortbestehen der Voraussetzungen für den Zugang zu diesen Rechten unabhängig („Ergat", Rn. 42/44; „Aydinli", Rn. 25; nachfolgend Ziffer 4.10.1). Sind die Rechte aus Artikel 7 daher erst einmal entstanden, kann der Familienangehörige sie nur noch unter zwei Voraussetzungen wieder verlieren („Bozkurt II", Rn. 42; „Torun", Rn. 25; „Cetinkaya", Rn. 36; „Aydinli", Rn. 27): entweder er verlässt den Aufnahmemitgliedstaat ohne berechtigte Gründe für einen nicht unerheblichen Zeitraum (nachfolgend Ziffer 4.10.2) oder er stellt wegen seines persönlichen Verhaltens eine tatsächliche, schwerwiegende und gegenwärtige Gefahr für die öffentliche Sicherheit, Ordnung oder Gesundheit gemäß Artikel 14 dar (nachfolgend Ziffer 4.10.3).

Diese Voraussetzungen gelten unabhängig davon, ob die Rechte auf Satz 1 oder Satz 2 beruhen („Derin", Rn. 45; „Torun", Rn. 24).

Die beiden genannten Verlustgründe sind abschließend („Bozkurt II", Rn. 43). Insbesondere können die durch Artikel 7 verliehenen Rechte nicht unter den gleichen Umständen beschränkt werden wie die durch Artikel 6 verliehenen Rechte („Torun", Rn. 26; „Aydinli", Rn. 31; „Derin", Rn. 55).

Hat ein Familienangehöriger die Rechtsstellung aus Artikel 7 verloren und reist er später wieder in den früheren Aufnahmemitgliedstaat ein, muss er erneut eine Aufenthaltserlaubnis beantragen, deren Erteilung sich allein nach den aufenthaltsrechtlichen Bestimmungen des Mitgliedstaats richtet („Derin", Rn. 67; „Ergat", Rn. 49). Erst in Anknüpfung an einen dann rechtmäßigen Aufenthalt kann eine Berufung auf Artikel 7 in Betracht kommen.

4.10.1. Nichterlöschen des einmal entstandenen Aufenthaltsrechts

Der Bestand der Rechte aus Artikel 7 ist vom Fortbestehen der Voraussetzungen für den Zugang zu diesen Rechten unabhängig. Das einmal nach Artikel 7 erworbene Aufenthaltsrecht des Familienangehörigen erlischt daher nicht allein, weil

– das nachgezogene Kind volljährig wird, seinen Wohnsitz nicht mehr bei dem türkischen Arbeitnehmer hat, von welchem er sein Aufenthaltsrecht ableitet, und ein von diesem unabhängiges Leben führt („Derin", Rn. 49 f./57),
– das nachgezogene Kind sein 21. Lebensjahr vollendet und von dem türkischen Arbeitnehmer, von welchem er sein Aufenthaltsrecht ableitet, keinen Unterhalt erhält (dies stellt keine gemäß Artikel 59 ZP unzulässige Besserstellung türkischer Staatsangehöriger gegenüber Unionsbürgern dar, denn anders als Artikel 10 Absatz 1 und Artikel 11 der VO (EWG) Nr 1612/68 ist das Aufenthaltsrecht nach Artikel 7 davon abhängig, dass dem nachgezogenen

Familienangehörigen nach den nationalen Bestimmungen die Genehmigung für den Nachzug gestattet worden ist und der Umfang des Rechtes auf Ausübung einer Beschäftigung von der Dauer des gemeinsamen Wohnsitzes abhängig („Derin", Rn. 63 ff.)),
– der Familienangehörige zu keiner Zeit gemäß Artikel 6 Absatz 1 Rechte in Bezug auf Beschäftigung und Aufenthalt erworben hat („Derin", Rn. 56),
– der Familienangehörige zu keiner Zeit eine Tätigkeit im Lohn- oder Gehaltsverhältnis ausgeübt hat („Er", Rn. 32; „Polat", Rn. 21, „Derin", Rn. 56),
– der Familienangehörige wegen einer Verurteilung zu einer – auch mehrjährigen – Freiheitsstrafe, deren Vollstreckung nicht zur Bewährung ausgesetzt worden ist, keine Beschäftigung ausgeübt hat („Polat", Rn. 21; „Derin", Rn. 56; „Aydinli", Rn. 28; „Cetinkaya", Rn. 39),
– die Ehe zwischen dem Stammberechtigten und dem Familienangehörigen geschieden wird, auch wenn der Familienangehörige seine Rechte ursprünglich nur von seinem früheren Ehegatten ableiten konnte („Bozkurt II", Rn. 44),
– der türkische Staatsangehörige eine schwere Straftat gegen den Stammberechtigten, von dem er seine Rechte abgeleitet hat, begeht (im Ausgangsfall: Vergewaltigung der früheren Ehefrau durch türkischen Staatsangehörigen) („Bozkurt II", Rn. 47 ff.),
– der Arbeitnehmer, von welchem der Familienangehörige sein Aufenthaltsrecht ableitet, danach aus dem Arbeitsmarkt ausscheidet („Cetinkaya", Rn. 33; „Altun", Rn. 36 m. w. N.) oder
– die befristete Aufenthaltserlaubnis des türkischen Familienangehörigen ausgelaufen ist und er den Antrag auf Verlängerung der Erlaubnis verspätet gestellt hat („Ergat", Rn. 51 ff.).

Selbst wenn der türkische Arbeitnehmer sein Aufenthaltsrecht durch vorsätzliche Täuschung erschlichen hat, und ihm dieses aus diesem Grund später entzogen wird, hat dies grundsätzlich keine Auswirkung auf den Fortbestand der Rechte der Familienangehörigen („Altun", Rn. 59). Dies folgt insbesondere aus dem Grundsatz der Rechtssicherheit und dem daraus abzuleitenden Gebot, dass Betroffenen nachteilige Folgen voraussehbar sein müssen („Altun", Rn. 60). Angesichts dessen kann das bereits entstandene Recht der Familienangehörigen gleichfalls erlöschen, wenn kein schutzwürdiges Vertrauen entstanden ist, weil den Angehörigen die Täuschung des türkischen Arbeitnehmers bekannt war oder weil sie – darüber hinaus gehend – an der Täuschung beteiligt waren.

Da der assoziationsrechtliche Status des Familienangehörigen ist von seiner Staatsangehörigkeit unabhängig (Dülger ...). Darüber hinaus hat es auch keinen Einfluss auf aus Artikel 7 erworbene Rechte, wenn der die Rechte vermittelnden Stammberechtigte seine türkische Staatsangehörigkeit nach Erwerb der Rechte etwa durch Einbürgerung verliert.

4.10.2. Verlassen des Aufnahmemitgliedstaates

Zum einen erlöschen die auf der Grundlage des Artikel 7 bestehenden Rechte, wenn der Betroffene den Aufnahmemitgliedstaat für einen nicht unerheblichen Zeitraum ohne berechtigte Gründe verlässt („Kadiman", Rn. 48; „Polat", Rn. 21; „Altun", Rn. 62 m. w. N.; „Bozkurt II", Rn. 42). Der Verlustgrund gilt nicht nur während des drei- beziehungsweise fünfjährigen Zeitraums, in dem die Rechte des Artikel 7 entstehen, sondern auch nach Erwerb der Rechte durch den Familienangehörigen („Ergat", Rn. 48).

Im Streitfall ist es im allgemeinen Sache des Familienangehörigen, der sich, ohne eine gültige Aufenthaltserlaubnis zu besitzen, auf die ihm durch Artikel 7 verliehenen, die Beschäftigung betreffenden Rechte berufen will, auf jede geeignete Weise zu beweisen, dass er im Gebiet des Aufnahmemitgliedstaates geblieben ist oder dieses nur aus berechtigten Gründen verlassen hat („Ergat", Rn. 50).

„ohne berechtigte Gründe"

Da der ARB das Ziel verfolgt, die Rechtsstellung türkischer Arbeitnehmer und ihrer Familienangehörigen im sozialen Bereich zu verbessern, sind für das Verlassen des Mitgliedstaates dann „berechtigte Gründe" anzunehmen, wenn diese Ausdruck allgemein üblicher, sozialtypischer Verhaltensweisen sind (VGH Mannheim, Urteil vom 15. April 2011 – 11 S 189/11 –, juris Rn. 42). Dies ist etwa bei Auslandsurlauben und Besuchen der Familie im Heimatland anzunehmen („Kadiman", Rn. 48) oder, wenn das Verlassen des Mitgliedstaates durch staatsangehörigkeitsbezogene Rechte oder Pflichten bedingt ist (VGH Mannheim, Beschluss vom 31. Juli 2007 – 11 S 723/07 –, juris Rn. 3 f.; VGH München, Beschluss vom 15. Oktober 2009 – 19 CS 09.2194 –, juris Rn. 5 ff.).

Dies gilt aber nicht, wenn das Verlassen des Aufnahmemitgliedstaates in der Absicht erfolgt, dessen Strafverfolgungsanspruch zu durchkreuzen, denn ein solches Verhalten ist weder schutzbedürftig noch schutzwürdig (VGH Mannheim, Urteil vom 15. April 2011 – 11 S 189/11 –, juris Rn. 42). Ohne berechtigte Gründe verlässt der Betroffene den Aufnahmemitgliedstaat zum Beispiel, wenn er sich in einem anderen Staat niederlässt.

Will er sich später erneut im Erstaufnahmemitgliedstaat niederlassen, können die Behörden dieses Mitgliedstaats verlangen, dass er erneut eine Aufenthaltserlaubnis beantragt. Es gelten dann die Voraussetzungen, die auch gelten würden, wenn der türkische Familienangehörige zum ersten Mal einreisen wollte, zum Beispiel, um zu einem türkischen Arbeitnehmer zu ziehen, wenn er noch von ihm abhängt, oder, um auf der Grundlage des Artikel 6 eine Arbeit aufnehmen zu können („Ergat", Rn. 49).

Personen, die aus dem Bundesgebiet ohne berechtigte Gründe ausreisen, um Straftaten zu begehen, verlieren ihren assoziationsrechtlichen Status unabhängig davon, ob das persönliche Verhalten im maßgeblichen Zeitpunkt eine tatsächliche und schwerwiegende Gefahr für die öffentliche Ordnung, Sicherheit oder Gesundheit im Sinne von Artikel 14 Absatz 1 ARB/80 darstellt (BVerwG, Urteil vom 30. April 2009 – 1 C 6.08 –, juris Rn. 25).

„für einen nicht unerheblichen Zeitraum"

Der Umstand, dass der Verlustgrund auf beide Sätze des Artikels 7 Anwendung findet, schließt es nicht aus, dass es, je nachdem, wie verfestigt die Lebensverhältnisse des Ausländers im Bundesgebiet sind, im Einzelfall geboten sein kann, bei dessen Prüfung die innerhalb des Artikels 7 erreichte „Stufe" mit in den Blick zu nehmen. Wer als – insbesondere hier geborenes und aufgewachsenes – Kind eines türkischen Arbeitnehmers den „Integrationsgrad" des Satzes 2 erreicht hat, läuft bei gleich langem Auslandsaufenthalt weniger Gefahr, den Integrationszusammenhang mit dem Aufnahmemitgliedstaat als derjenige, der sich dort – zum Beispiel als nachgezogener Ehepartner – nach dreijährigem ordnungsgemäßen Aufenthalt gerade erst auf Satz 1 Spiegelstrich 1 berufen kann (VGH Mannheim, Urteil vom 15. April 2011 – 11 S 189/11 –, juris Rn. 37). Unter welchen Voraussetzungen im Übrigen von einem Verlassen des Bundesgebietes für einen nicht unerheblichen Zeitraum auszugehen ist, ist in der Rechtsprechung des

EuGH noch nicht abschließend geklärt. Die entsprechenden Regelungen der Unionsbürgerrichtlinie 2004/38/EG sind allerdings soweit wie möglich auf assoziationsberechtigte türkische Staatsangehörige zu übertragen und damit als „Orientierungsrahmen" heranzuziehen (BVerwG, Urteil vom 30. April 2009 – 1 C 6.08 –, BVerwGE 134, 27). Demnach ist auf Artikel 16 Absatz 3 und 4 Unionsbürgerrichtlinie abzustellen (so auch OVG Berlin-Brandenburg, Urteil vom 11. Mai 2010 – OVG 12 B 26.09 –, InfAuslR 2010, 372 ff.).

Nach Artikel 16 Absatz 3 Alternative 1 Unionsbürgerrichtlinie wird die Kontinuität des Aufenthalts durch vorübergehende Abwesenheiten von bis zu insgesamt sechs Monaten im Jahr – gerechnet ab dem Zeitpunkt der ersten Ausreise – nicht berührt. Damit führen Aufenthaltsunterbrechungen (also etwa durch Urlaubsreisen, Verwandtenbesuche oder auf Grund eines Passverlusts verlängerte Auslandsaufenthalte), die – gerechnet auf ein Jahr – in der Summe 6 Monate nicht überschreiten, nicht zu einem Verlust des Aufenthaltsrechts.

Hat sich der Betroffene – gerechnet ab dem Zeitpunkt der ersten Ausreise – länger als sechs Monate im Ausland aufgehalten, ohne dass er länger als zwölf Monate aufeinanderfolgend von Deutschland abwesend war, lässt dies das Recht aus Artikel 7 (in Anknüpfung an Artikel 16 Absatz 3 Alternative 3 Unionsbürgerrichtlinie) unberührt, wenn die Abwesenheit aus einem wichtigen Grund wie beispielsweise Schwangerschaft, Niederkunft, schwere Krankheit, Studium, Berufsausbildung oder berufliche Entsendung in einen anderen Mitgliedstaat oder Drittstaat erfolgte.

Die Aufzählung in Artikel 16 Absatz 3 Alternative 3 Unionsbürgerrichtlinie ist nicht abschließend. Weitere wichtige Gründe wie etwa die notwendige Pflege enger Familienangehöriger sind denkbar. Allerdings ist der Schulbesuch im Heimatstaat kein solcher Grund. Dies folgt zum einen daraus, dass die Richtlinie Studium und Berufsausbildung als wichtigen Grund nennt, die schulische Ausbildung aber nicht. Durch den Schulbesuch im Ausland geht zum anderen der Integrationszusammenhang des Kindes mit dem Bundesgebiet regelmäßig verloren. Zweck des Artikels 7 ist es aber gerade, die allmähliche Integration der Familienangehörigen des türkischen Arbeitnehmers im Mitgliedstaat zu fördern (so BVerwG, a. a.O, Rn. 29).

Für die Annahme einer Abwesenheit aus einem wichtigen Grund sind immer entsprechende Nachweise zu fordern. Die Beweislast liegt beim Betroffenen.

Aus Artikel 16 Absatz 3 Unionsbürgerrichtlinie folgt im Umkehrschluss auch, dass die Rechtsstellung aus Artikel 7 bei einer Abwesenheit von mehr als zwölf aufeinanderfolgenden Monaten auch bei Vorliegen sonstiger wichtiger Gründe grundsätzlich erlischt, es sei denn, die Abwesenheit dient der Erfüllung militärischer Pflichten, also regelmäßig der Ableitung des Wehrdienstes in der Türkei.

Das Merkmal des „nicht unerheblichen Zeitraums" ist nicht allein nach der tatsächlich außerhalb des Aufnahmemitgliedstaates verbrachten Zeit zu bewerten, sondern im Zusammenhang mit den Gründen und Absichten für die Abwesenheit vom Aufnahmemitgliedstaat, denn der Verlustgrund knüpft daran an, dass der rechtliche Besitzstand, den der türkische Staatsangehörige nach Artikel 7 erworben hat, deshalb verloren geht, weil er diesen freiwillig verlassen hat (VGH Mannheim, Urteil vom 15. April 2011 – 11 S 189/11 –, juris Rn. 37).

Das bedeutet, dass allein das Erreichen der Sechsmonatsfrist des § 51 Absatz 1 Nummer 7 AufenthG für das Erlöschen von Rechten aus Artikel 7 grundsätzlich nicht ausreicht. Bei solchen Abwesenheiten bedarf es somit auch nicht der Klärung, ob die Abwesenheit vorübergehend oder auf Dauer angelegt war (vgl. BVerwG, Urteil vom 30. April 2009 – 1 C 6.08 –, Rn. 26). Auch auf die Wertungen des § 51 Absatz 1 Nummer 6 AufenthG ist nicht abzustellen.

Wenn der türkische Staatsangehörige die mit dem Aufnahmemitgliedstaat geknüpfte Integrationsverbindung freiwillig durchtrennt und damit sein assoziationsrechtliches Aufenthaltsrecht verloren hat, lebt dieses auch nicht wieder auf, wenn er danach (immer wieder) zu Kurzaufenthalten in das Hoheitsgebiet des Aufnahmemitgliedstaats einreist (vgl. VGH Mannheim, Urteil vom 15. April 2011 – 11 S 189/11 –, juris Rn. 41).

Artikel 16 Absatz 4 der Richtline 2004/38/EG ist hingegen nicht unmittelbar auf assoziationsberechtigte türkische Staatsangehörige anzuwenden. Nach dieser Regelung der Unionsbürgerrichtlinie führt nur die Abwesenheit vom Aufnahmemitgliedstaat, die zwei aufeinander folgende Jahre überschreitet, zum Verlust des erworbenen Daueraufenthaltsrechts, ohne dass es nach dem Wortlaut auf die Art der Gründe ankommt. Diese Regelung gilt nur für Unionsbürger und ihre Familienangehörigen. Während dem Assoziationsrecht ein ausschließlich wirtschaftlicher Zweck zugrundeliegt, beschränkt sich die auf die Artikel 12, 18, 40, 44 und 52 EG gestützte Richtlinie 2004/38/EG nicht auf die Verfolgung eines rein wirtschaftlichen Zieles. Sie soll vielmehr die Ausübung des den Unionsbürgern unmittelbar aus dem Vertrag erwachsenden elementaren und persönlichen Rechts, sich im Hoheitsgebiet der Mitgliedstaaten frei zu bewegen und aufzuhalten, erleichtern und bezweckt insbesondere, dieses Recht zu stärken („Ziebell", Rn. 69). Damit wird mit dieser Richtlinie nicht nur eine erheblich stärkere Regelung zum Schutz vor Ausweisungsmaßnahmen getroffen, die nicht ohne weiteres auf assoziationsberechtigte türkische Staatsangehörige übertragbar ist („Ziebell", Rn. 70), sondern auch im Übrigen ist die stärkere Rechtsstellung von Unionsbürgern und ihrer Familienangehörigen nicht vollständig auf assoziationsberechtigte türkische Staatsangehörige übertragbar. Auch bei ARB-Berechtigten tritt daher unabhängig vom Grund des Auslandsaufenthalts ein Erlöschen stets ein, wenn der Betroffene sich zwei aufeinanderfolgende Jahre außerhalb Deutschlands aufgehalten hat.

4.10.3. Gefahr für die öffentliche Ordnung, Sicherheit oder Gesundheit

Zum anderen kommt der Verlust der Rechte aus Artikel 7 nur in Betracht, wenn die Anwesenheit des Ausländers im Aufnahmemitgliedstaat wegen seines persönlichen Verhaltens eine tatsächliche und schwerwiegende Gefahr für die öffentliche Ordnung, Sicherheit oder Gesundheit im Sinne des Artikel 14 Absatz 1 (hierzu Ziffer 9) darstellt („Polat", Rn. 21; „Altun", Rn. 62 m. w. N.; „Bozkurt II", Rn. 42).

4.11. Rechtsschutz

In der Rechtssache „Dörr/Ünal" entschied der EuGH, dass die in den Artikeln 8 und 9 der Richtlinie 64/221/EWG[1] enthaltenen Rechte von Unionsbürgern auf türkische Staatsangehörige übertragbar seien. Nach Artikel 8 der genannten Richtlinie hatten Unionsbürger dasselbe Recht, Rechtsbehelfe gegen die Entscheidung, durch welche die Einreise, die Erteilung oder die Verlängerung der Aufenthaltserlaubnis verweigert wird, oder gegen die Entscheidung über die Entfernung aus dem Hoheitsgebiet einzulegen, wie Inländer. Nach Artikel 9 der genannten Richtlinie durfte

---

[1] Richtlinie 64/221/EWG des Rates vom 25.2.1964 zur Koordinierung der Sondervorschriften für die Einreise und den Aufenthalt von Ausländern, soweit sie aus Gründen der öffentlichen Ordnung, Sicherheit oder Gesundheit gerechtfertigt sind.

die Verwaltungsbehörde, sofern keine Rechtsmittel gegeben waren, die Rechtsmittel nur die Gesetzmäßigkeit der Entscheidung betrafen oder keine aufschiebende Wirkung hatten, erst entscheiden, nachdem eine andere Stelle, vor der sich der Unionsbürger verteidigen durfte, eine Stellungnahme abgegeben hatte. Die Richtlinie 64/221/EWG ist seit dem 29. April 2006 nicht mehr gültig.

An ihre Stelle getreten ist die Richtlinie 2004/38/EG[2] (Freizügigkeitsrichtlinie). Nach deren Artikel 31 müssen Unionsbürger gegen eine Entscheidung, die gegen sie aus Gründen der öffentlichen Ordnung, Sicherheit oder Gesundheit getroffen wurde, einen Rechtsbehelf bei einem Gericht und gegebenenfalls bei einer Behörde einlegen können.

Übersicht

	Rn.
I. Sprachfassungen	1
II. Rechtsstellung	6
III. Rechtsposition aus Art. 7 S. 1	17
1. Begriff des Familienangehörigen	17
2. Genehmigung zum Nachzug	28
3. Türkischer Arbeitnehmer	35
4. Ordnungsgemäßer Wohnsitz	40
5. Erlöschen der Rechtsposition	44
IV. Rechtsposition aus Art. 7 S. 2	66
1. Verhältnis zu Art. 7 S. 1	66
2. Erlöschen der Rechtsposition	74

I. Sprachfassungen

1 **Englische Fassung:** The members of the family of a Turkish worker duly registered as belonging to the labour force of a Member State, who have been authorized to join him:
– shall be entitled – subject to the priority to be given to workers of Member States of the Community – to respond to any offer of employment after they have been legally resident for at least three years in that Member State;
– shall enjoy free access to any paid employment of their choice provided they have been legally resident there for at least five years.

Children of Turkish workers who have completed a course of vocational training in the host country may respond to any offer of employment there, irrespective of the length of time they have been resident in that Member State, provided one of their parents has been legally employed in the Member State concerned for at least three years.

2 **Französische Fassung:** Les membres de la famille d'un travailleur turc appartenant au marché régulier de l'emploi d'un Etat membre, qui ont été autorisée à le rejoindre:
– ont le droit de répondre – sous réserve de la priorité à accorder aux travailleurs des Etats membres de la Communauté – à toute offre d'emploi lorsqu'ils y résident régulièrement depuis trois ans au moins;
– y bénéficent du libre accès à toute activité salariée de leur choix lorsqu'ils y résident régulièrement depuis cinq ans au moins.

Les enfants des travailleurs turcs ayant accompli une formation professionnelle dans le pays d'accueil pourront, indépendamment de leur durée de résidence dans cet Etat membre, à condition qu'un des parents ait légalement exercé un emploi dans l'Etat membre intéressé depuis trois ans au moins, répondre dans ledit Etat membre à toute offre d'emploi.

3 **Niederländische Fassung:** Gezinsleden van een tot de legale arbeidsmarkt van een Lid-Staat behorende Turkse werknemer, die toestemming hebben gekregen om zich bij hem te voegen:
– hebben het recht om – onder voorbehoud van de aan de werknemers uit de Lid-Staten van de Gemeenschap te verlenen voorrang – te reageren op een arbeidsaanbod, wanneer zij sedert ten minste 3 jaar aldaar legaal wonen;
– hebben er vrije toegang tot iedere arbeid izi loondienst te hunner keuze wanneer zij sedert ten minste 5 jaar aldaar legaal wonen.

Kinderen van Turkse werknemers die in het gastland een beroepsopleiding hebben voltooid, kunnen, ongeacht hoe lang zij in de betreffende Lid-Staat wonen, in die Lid-Staat op ieder arbeidsaanbod reageren, op voorwaarde dat één van de ouders gedurende ten minste drie jaar legaal in de betrokken Lid-Staat heeft gewerkt.

---

[2] Richtlinie 2004/38/EG des Europäischen Parlaments und des Rates vom 29.4.2004 über das Recht der Unionsbürger und ihrer Familienangehörigen, sich im Hoheitsgebiet der Mitgliedstaaten frei zu bewegen und aufzuhalten, zur Änderung der Verordnung (EWG) Nr. 1612/68 und zur Aufhebung der Richtlinien 64/221/EWG, 68/360/EWG, 72/194/EWG, 73/148/EWG, 75/34/EWG, 75/35/EWG, 90/364/EWG, 90/365/EWG und 93/96/EWG.

Italienische Fassung: I familiari che sono stati autorizzati a raggiungere un lavoratore turco inserito 4
nel regolare mercato del lavoro di uno Stato membro:
- hanno il diritto di rispondere fatta salva la precedenza ai lavoratori degli Stati membri della
Comunità, a qualsiasi offerta di impiego, se vi risiedono regolarmente da almeno tre anni;
- beneficiano del libero accesso a qualsiasi attività dipendente di loro scelta se vi risiedono regolarmente
da almeno cinque anni,

I figli dei lavoratori turchi che hanno conseguito una formazione professionale nel paese ospitante
potranno, indipendentemente del periodo di residenza in tale Stato membro e purché uno dei genitori
abbia legalmente esercitato un'attività nello Stato membro interessato da almeno tre anni, rispondere a
qualsiasi offerta d'impiego in tale Stato membro.

Türkische Fassung: Bir üye ülkenin işgücüne ait olduğu usule uygun olarak tescil edilmiş olan bir 5
Türk işçisinin, kendisine katılmak için izin almış olan aile üyeleri;
- Topluluğun Üye Ülkelerinin işçilerine verilecek önceliğe tabi olarak, bu Üye Ülke'de en az üç yıl
yasal olarak ikamet ettikten sonra herhangi bir istihdam teklifini kabul etmeye hak kazanırlar;
- burada en az beş yıl yasal olarak ikamet etmiş olmaları koşulu ile kendi seçecekleri herhangi bir
ücretli işte serbestçe çalışabilirler.

Evsahibi ülkede bir mesleki eğitim kursunu tamamlamış olan Türk işçilerinin çocukları, anne veya
babasından birinin ilgili Üye Ülkede en az üç yıl yasal olarak istihdam edilmiş olması koşulu ile bu Üye
Ülkede ikamet ettikleri sürenin uzunluğuna bakılmaksızın bu ülkedeki herhangi bir istihdam teklifini
kabul edebilirler.

II. Rechtsstellung

Art. 7 privilegiert Familienangehörige eines dem regulären Arbeitsmarkt angehörenden türkischen 6
Arbeitnehmers. Nach dieser Vorschrift haben die Familienangehörigen eines dem regulären Arbeitsmarkt eines Mitgliedsstaates angehörenden türkischen Arbeitnehmers, die die Genehmigung erhalten haben, zu ihm zu ziehen, das Recht, sich auf jedes Stellenangebot zu bewerben, wenn sie dort seit mindestens drei Jahren ihren ordnungsgemäßen Wohnsitz haben. Das nach Art. 7 bestehende Recht auf Aufnahme einer Beschäftigung hiernach schließt ein Aufenthaltsrecht ein. Dies gilt auch dann, wenn eine Beschäftigung nicht angestrebt wird[3]. Die Rechtsstellung eines Familienangehörigen wird durch die Scheidung der Ehe nicht beseitigt. Ist dieses Recht einmal erworben, entfällt es nicht nach Aufhebung der familiären Bande oder dem Wegfall des ordnungsgemäßen Wohnsitzes[4].

Wegen des **Arbeitnehmerbegriffs** wird auf Art. 6 I verwiesen. **Es ist nicht erforderlich, dass** 7
der Arbeitnehmer selbst eine Rechtsposition aus dem ARB 1/80 erlangt hat. Auch dann, wenn der Arbeitnehmer noch nicht die Rechtsstellung nach Art. 6 ARB 1/80 erworben hat, kann er seinen Familienangehörigen die Rechtsstellung nach Art. 7 ARB 1/80 vermitteln. Familienangehörige haben, abgestuft nach der Dauer des ordnungsgemäßen Wohnsitzes im Inland, gem. Art. 7 S. 1 freien Zugang zum Arbeitsmarkt. Bei Abschluss einer Berufsausbildung im Aufnahmeland steht ihnen unter den Voraussetzungen des Art. 7 S. 2 unabhängig von der eigenen Aufenthaltsdauer der Arbeitsmarkt offen. **Art. 6 und 7 sind nebeneinander anwendbar.** Art. 7 stellt keine abschließende **Spezialregelung für Familienangehörige** dar. Sind die Voraussetzungen des Art. 6 I erfüllt, so kann ein Familienangehöriger unabhängig von Art. 7 ein Beschäftigungsrecht und daraus folgend ein Aufenthaltsrecht auch aus Art. 6 erwerben[5] (ebenso Rn. 3.2 AAH-ARB 1/80).

Für Art. 7 gelten die vom EuGH zu Art. 6 entwickelten Grundsätze[6]: 8
- Art. 7 kommt ebenso wie Art. 6 **unmittelbare Wirkung** zu, sodass ein türkischer Staatsangehöriger, der die Voraussetzungen dieser Vorschrift erfüllt, die Rechte, die sie ihm verleiht, unmittelbar beanspruchen kann,
- das nach Art. 7 bestehende **Recht auf Aufnahme einer Beschäftigung impliziert ein Aufenthaltsrecht.** Dies gilt auch dann, wenn eine Beschäftigung nicht angestrebt wird (Beschäftigungsoption).

Die Tatsache, dass ein türkischer Arbeitnehmer das Aufenthaltsrecht in einem Mitgliedstaat und damit 9
das Recht auf Zugang zum Arbeitsmarkt in diesem Staat als politischer Flüchtling erworben hat, schließt nicht aus, dass ein Angehöriger seiner Familie die Rechte aus Art. 7 S. 1 in Anspruch nehmen kann[7].

Bei Art. 7 handelt es sich um einen Daueraufenthaltsstatus[8]. Eine Aufenthaltserlaubnis, die 10
ein assoziationsrechtliches Daueraufenthaltsrecht nach Art. 7 S. 1 bescheinigt, muss eine Gültigkeits-

---

[3] SächsOVG Beschl. v. 23.7.2019 – 3 B 174/19 Rn. 9.
[4] SächsOVG Beschl. v. 23.7.2019 – 3 B 174/19 Rn. 9.
[5] EuGH Urt. v. 5.10.1994 – C-355/93, Slg. 1994, I-5113 = InfAuslR 1994, 385 – Eroglu.
[6] EuGH Urt. v. 5.10.1994 – C-355/93, Slg. 1994, I-5113 = InfAuslR 1994, 385 – Eroglu.
[7] EuGH Urt. v. 18.12.2008 – C-337/07 – Altun, Ls. 2.
[8] So BVerwG Urt. v. 22.5.2012 – 1 C 6.11. Diese Rechtsansicht wird auch vom BMI geteilt, s. Nr. 4.3.1.3 Verwaltungsvorschrift zum StAG und Antwort auf die Kleine Anfrage der Fraktion Die Linke v. 4.6.2010 (BT-Drs. 17/1927).

dauer von wenigstens fünf Jahren aufweisen[9]. Außerdem muss sie eindeutig erkennen lassen, dass ihr ein assoziationsrechtliches Daueraufenthaltsrecht zugrunde liegt. Nur mit diesen Angaben können die betroffenen Ausländer im Rechtsverkehr das ihnen zustehende Daueraufenthaltsrecht auf einfache und praxisgerechte Weise dokumentieren[10]. Auf ein Jahr befristete Aufenthaltstitel, wie sie in der Praxis häufig ausgestellt werden, entsprechen nicht der Rechtsnatur der Rechtsstellung.

11   Verleiht Art. 7 ein unbefristetes Aufenthaltsrecht, ohne dass es einer nationalen Bescheinigung bedarf, so hat dies auch Auswirkungen auf das StAG. Denn nach § 4 III 1 Nr. 2 StAG **erwirbt ein nach dem 27.8.2007**[11] **im Bundesgebiet geborenes Kind die deutsche Staatsangehörigkeit,** sofern ein Elternteil

– seit acht Jahren rechtmäßig seinen gewöhnlichen Aufenthalt im Inland hat und
– ein unbefristetes Aufenthaltsrecht besitzt.

12   Nachdem das BVerwG entschieden hat, dass türkische Staatsangehörige, die im Besitz einer Rechtsstellung nach Art. 7 sind, ein Daueraufenthaltsrecht besitzen[12], können sie ihren Kindern die deutsche Staatsangehörigkeit vermitteln, ohne dass der Besitz einer Niederlassungserlaubnis oder einer Erlaubnis zum Daueraufenthalt-EU erforderlich wäre. Voraussetzung ist allein, dass der Elternteil sich seit acht Jahren rechtmäßig im Bundesgebiet aufhält und hier seinen gewöhnlichen Aufenthalt hat[13]. Wurde die deutsche Staatsangehörigkeit nicht richtig ermittelt[14], so kann dieser Fehler nachträglich korrigiert werden. Das Bestehen oder Nichtbestehen der deutschen Staatsangehörigkeit kann nach § 30 StAG festgestellt werden. Dies gilt auch in den Fällen des § 4 III StAG. Der Hinweis im Geburtenregister auf den Staatsangehörigkeitserwerb nach § 4 III StAG wird entsprechend berichtigt (§§ 47 und 21 III Nr. 4 PStG). Fristen hierfür sind nicht vorgesehen.

13   **Verliert der türkische Arbeitnehmer seine türkische Staatsangehörigkeit,** so führt dies nicht zum Wegfall von bereits erworbenen Rechtsstellungen der Familienangehörigen nach Art. 7 S. 1[15]. Denn der EuGH hat mehrmals klargestellt, dass die Rechtsstellung der Familienangehörigen nach Erwerb der Rechtsstellung nur noch unter zwei Voraussetzungen entfallen kann: Entweder stellt die Anwesenheit des türkischen Wanderarbeitnehmers im Hoheitsgebiet des Aufnahmemitgliedstaates wegen seines persönlichen Verhaltens eine tatsächliche und schwerwiegende Gefahr für die öffentliche Ordnung, Sicherheit oder Gesundheit iSv Art. 14 I dar oder der Betroffene hat das Hoheitsgebiet des Staates für einen nicht unerheblichen Zeitraum ohne berechtigte Gründe verlassen. Dabei ist grundsätzlich vom abschließenden Charakter der beiden genannten Verlustgründe auszugehen[16]. Rechte nach Art. 7 S. 1 sind daher vom Fortbestehen der Voraussetzungen für ihre Entstehung unabhängig[17]. Der **Erwerb der deutschen Staatsangehörigkeit durch einen Familienangehörigen** stellt selbst dann, wenn er dem Betroffenen Rechte verleiht, die weiter gehen als die durch den Beschluss Nr. 1/80 gewährten, keinen Umstand dar, der zum Verlust von Rechten führen kann, die der Betroffene zuvor gemäß Art. 7 S. 1 erworben hat[18].

14   Hiervon zu unterscheiden ist der Fall, dass während der Erwerbsphase der Rechtsstellung nach Art. 7 S. 1 von dem Arbeitnehmer die deutsche Staatsangehörigkeit erworben wird. Tritt diese im Wege der doppelten Staatsangehörigkeit neben die deutsche Staatsangehörigkeit, so kann der Familienangehörige weiterhin Rechte von dem türkischen Arbeitnehmer ableiten. Insoweit hat der EuGH in

---

[9] So BVerwG Urt. v. 22.5.2012 – 1 C 6.11.

[10] So BVerwG Urt. v. 22.5.2012 – 1 C 6.11.

[11] Wurde das Kind vor dem 28.8.2007 geboren, findet die aF des § 4 III StAG Anwendung, die noch verlangte, dass der Elternteil – sofern er nicht Unionsbürger, Schweizer oder EWR-Bürger war – im Besitz einer Niederlassungserlaubnis gewesen ist.

[12] BVerwG Urt. v. 22.5.2012 – 1 C 6.11.

[13] Diese Rechtsansicht wird auch vom BMI geteilt, wie sich aus der Antwort auf die Kleine Anfrage der Fraktion Die Linke v. 4.6.2010 (BT-Drs. 17/1927) ergibt.

[14] In der Praxis wird es aus folgenden Gründen Probleme bei der Umsetzung geben: Nach § 34 VO zur Ausführung des PStV verlangt das Standesamt bei der Anzeige einer Geburt zur Prüfung der deutschen Staatsangehörigkeit Angaben der Eltern dazu, ob ein unbefristetes Aufenthaltsrecht besteht. Wenn diese Voraussetzung erfüllt ist, aber auch wenn Zweifel an der Richtigkeit der Angaben bestehen oder keine Angaben zur Rechtsstellung gemacht werden (§ 34 II PStV), holt das Standesamt durch ein Formblatt (Anlage 12 zu § 34 PStV) Auskunft bei der zuständigen Ausländerbehörde ein, ob die Angaben zutreffen und ob zum Zeitpunkt der Geburt ein unbefristetes Aufenthaltsrecht bzw. seit acht Jahren rechtmäßiger gewöhnlicher Aufenthalt im Inland vorlagen. In dem Formblatt bzgl. des Aufenthaltsstatus sind zum Ankreuzen die Möglichkeiten vorgesehen: „Freizügigkeitsberechtigter Unionsbürger, EWR-Staatsangehöriger oder deren Familienangehörige, Niederlassungserlaubnis, Erlaubnis zum Daueraufenthalt-EG, Staatsangehöriger der Schweiz oder dessen Familienangehörige". Das Aufenthaltsrecht infolge von Art. 6 und 7 fehlt in dieser Auflistung, allenfalls ein Ankreuzen bei „Sonstiges" oder „unbekannt" wäre möglich (http://www.migrationsrecht.net/nachrichten-auslaenderrecht-europa-und-eu/staatsangehoerigkeit-stag-geburt-tuerkei.html).

[15] OVG RhPf Beschl. v. 29.6.2009 – 7 B 10454/09; VG Freiburg Urt. v. 19.1.2010 – 3 K 2399/08.

[16] Vgl. BVerwG Urt. v. 30.4.2009 – 1 C 6.08, NVwZ 2009, 1162, mwN; EuGH Urt. v. 21.10.2020 – C-720/19 Rn. 25 – GR; Urt. v. 25.9.2008 – C-453/07, NVwZ 2008, 1337 – Hakan Er.

[17] EuGH Urt. v. 21.10.2020 – C-720/19 Rn. 23 – GR.

[18] EuGH Urt. v. 21.10.2020 – C-720/19 Rn. 26 – GR.

den Rechtssachen Kahveci und Inan entschieden, dass Art. 7 dahin gehend auszulegen ist, dass die Familienangehörigen eines türkischen Arbeitnehmers, der dem regulären Arbeitsmarkt eines Mitgliedstaats angehört, sich weiterhin auf diese Bestimmung berufen können, wenn dieser Arbeitnehmer die Staatsangehörigkeit des Aufnahmemitgliedstaats erhalten hat und gleichzeitig die türkische Staatsangehörigkeit beibehält[19].

Gibt der türkische Arbeitnehmer hingegen während der Erwerbsphase seine bisherige Staatsangehörigkeit auf, so kann er die Rechte aus Art. 7 S. 1 nicht mehr an seine Familienangehörigen vermitteln[20]. Mit dem Erwerb der deutschen Staatsangehörigkeit bedarf der Betreffende weder eines Beschäftigungs- noch eines davon abhängigen Aufenthaltsrechts nach dem ARB 1/80. Wegen des Erwerbs des Inländerstatus und des Verlusts der türkischen Staatsangehörigkeit kann er für seinen Aufenthalt in Deutschland keine Rechte mehr aus dem Assoziierungsabkommen herleiten, denn Art. 7 dient der Integration der Familienangehörigen im Mitgliedstaat[21]. Beide Zwecke haben sich aber mit dem Erwerb der deutschen und dem gleichzeitigen Verlust der türkischen Staatsangehörigkeit erledigt. Dem kann auch nicht entgegengehalten werden, dass die Betroffenen die türkische bzw. die ausländische Staatsangehörigkeit wieder erwerben und dadurch die deutsche Staatsangehörigkeit verlieren könnten und dann wieder auf die Rechtsstellung aus dem Assoziationsratsbeschluss angewiesen sein könnten. Denn die Einbürgerung in den deutschen Staatsverband ist auf Dauer angelegt und hat grundsätzlich eine Entlassung aus der früheren Staatsangehörigkeit zur Voraussetzung, mit allen aus dem Erwerb der deutschen Staatsangehörigkeit erwachsenden günstigen sowie aus dem Verlust der türkischen bzw. ausländischen Staatsangehörigkeit sich ergebenden negativen Folgen für die Betroffenen[22]. Dazu zählt auch der Verlust der Rechtsstellung aus dem Assoziationsratsbeschluss.

Es stellt jedoch eine ungeklärte unionsrechtliche Rechtsfrage dar, ob im Fall einer unterlassenen **Optionserklärung** nach § 29 II StAG in der bis 19.12.2014 geltenden Fassung eine infolge des Erwerbs der deutschen Staatsangehörigkeit verlorene Rechtsstellung nach Art. 7 S. 1 ARB 1/80 wieder auflebt[23]. Die mit der besonderen Rechtsstellung verfolgte Integration des Familienmitglieds wird mit der Einbürgerung vollendet[24]. Diese Sichtweise ist aber nur dann ohne Weiteres konsequent und schlüssig, wenn die Einbürgerung auf Dauer angelegt ist[25], auch wenn sicherlich ein späterer Verlust, etwa im Falle des Erwerbs einer anderen Staatsangehörigkeit (vgl. etwa § 25 StAG), eintreten kann; dies ändert aber nichts daran, dass die Einbürgerung zunächst auf Dauer angelegt ist. Ist diese aber, wie hier, nur auflösend bedingt durch die unterlassene Abgabe einer entsprechenden Erklärung bis zur Vollendung des 23. Lebensjahrs, so drängt sich die Frage auf, ob der unwiederbringliche Verlust der assoziationsrechtlichen Rechtsstellung noch mit deren Geltungsgrund zu vereinbaren ist; dies gilt umso mehr, wenn der Erwerb der auflösend bedingten deutschen Staatsangehörigkeit nach § 4 I StAG kraft Gesetzes erfolgt. Aus der bisherigen Rspr. des EuGH lassen sich keine eindeutigen Aussagen entnehmen, die einen hinreichenden sicheren Schluss in die eine oder andere Richtung zulassen. Der VGH BW neigt allerdings zu der Sichtweise, dass ausgehend von den mit Art. 7 ARB 1/80 verfolgten Zielen und Zwecke mehr dafür spricht, von einem Wiederaufleben der Rechtsstellung auszugehen[26].

III. Rechtsposition aus Art. 7 S. 1

1. Begriff des Familienangehörigen

Der **Begriff des Familienangehörigen** ist – wie der Arbeitnehmerbegriff – ein unionsrechtlicher, der unter Hinzuziehung sekundären Unionsrechts definiert werden kann[27]. Insofern ist der nationale Ansatz, den die AAH-ARB 1/80 (→ Rn. 3.3.4) verfolgen, unrichtig. Da Art. 7 S. 1 selbst den Begriff der Familienangehörigen nicht näher bestimmt, ist für das Verständnis der Vorschrift ein Vergleich mit den Vorschriften geboten, die die Rechte der Familienangehörigen der EU-Wanderarbeitnehmer regeln. Hierbei ist bei der Bestimmung des Kreises der Begünstigten Art. 59 ZP zu beachten. Danach

---

[19] EuGH Urt. v. 29.3.2012 – C-7/10 und C-9/10 – Kahveci und Inan, Ls.
[20] Vgl. OVG RhPf Beschl. v. 29.6.2009 – 7 B 10454/09, NVwZ-RR 2009, 978; OVG RhPf Beschl. v. 29.6.2009 – 7 B 10454/09; HessVGH Beschl. v. 23.7.2007 – 11 ZU 601/07, InfAuslR 2008, 7; vgl. auch EuGH Urt. v. 11.11.1999 – C-179/89, InfAuslR 2000, 56 – Mesbah zum Kooperationsabkommen mit Marokko, wonach sich der Familienangehörige eines marokkanischen Wanderarbeitnehmers, der die Staatsangehörigkeit des Aufnahmemitgliedstaates erwirbt, bevor der Familienangehörige beginnt, mit ihm in dem betreffenden Mitgliedstaat zusammenzuleben, nicht auf das Abkommen berufen kann.
[21] VG Freiburg Urt. v. 19.1.2010 – 3 K 2399/08 unter Hinweis auf BVerwG Urt. v. 30.4.2009 – 1 C 6.08, NVwZ 2009, 1162.
[22] VG Freiburg Urt. v. 19.1.2010 – 3 K 2399/08.
[23] VGH BW Beschl. v. 23.8.2016 – 11 S 1225/16, InfAuslR 2016, 410 Rn. 5.
[24] Vgl. VGH BW Beschl. v. 23.8.2016 – 11 S 1225/16, InfAuslR 2016, 410 Rn. 5 unter Hinweis auf EuGH Urt. v. 15.1.2015 – C-171/13 – Demirci.
[25] So VGH BW Beschl. v. 23.8.2016 – 11 S 1225/16, InfAuslR 2016, 410 Rn. 5; vgl. auch VG Freiburg Urt. v. 19.1.2010 – 3 K 2399/08.
[26] VGH BW Beschl. v. 23.8.2016 – 11 S 1225/16, InfAuslR 2016, 410 Rn. 5.
[27] EuGH Urt. v. 30.9.2004 – C-275/02 Rn. 39 – Ayaz.

darf den Familienangehörigen türkischer Wanderarbeitnehmer in den Mitgliedstaaten keine günstigere Behandlung gewährt werden als diejenige, die sich die Mitgliedstaaten untereinander aufgrund des Vertrags zur Gründung der Gemeinschaft einräumen.

18 Der Begriff „Familienangehöriger" ist auf **Unionsebene einheitlich auszulegen,** um seine homogene Anwendung in den Mitgliedstaaten sicherzustellen[28]. Der EuGH hat in der Rechtssache Ayaz[29] den Umfang der vom Begriff „Familienangehöriger" erfassten Personengruppe dahin gehend bestimmt, dass „auf die dem gleichen Begriff im Bereich der Freizügigkeit der Arbeitnehmer aus den Mitgliedstaaten der Gemeinschaft gegebene Auslegung abzustellen ist, insbesondere auf die Art. 10 I VO 1612/68/EWG zuerkannte Bedeutung". IÜ enthält Art. 7 S. 1 keinen Anhaltspunkt dafür, dass die Bedeutung des Begriffs „Familienangehöriger" des Arbeitnehmers auf dessen Blutsverwandte beschränkt wäre.

19 **Familienangehörige iSd Vorschrift müssen keine türkischen Staatsangehörigen sein**[30]. Hierzu ist darauf hinzuweisen, dass Art. 7 I einem doppelten Zweck dient. Zunächst sollen nach der genannten Vorschrift bis zum Ablauf der ersten drei Jahre Familienangehörige des Wanderarbeitnehmers die Möglichkeit erhalten, bei diesem zu leben, um durch Familienzusammenführung die Beschäftigung und den Aufenthalt des türkischen Arbeitnehmers, der sich bereits ordnungsgemäß in den Aufnahmemitgliedstaat integriert hat, zu begünstigen[31]. Außerdem soll diese Vorschrift eine dauerhafte Eingliederung der Familie des türkischen Wanderarbeitnehmers im Aufnahmemitgliedstaat fördern, indem dem betroffenen Familienangehörigen nach drei Jahren ordnungsgemäßen Wohnsitzes selbst der Zugang zum Arbeitsmarkt ermöglicht wird. Hauptzweck ist also, den Zusammenhalt der Familie, deren Hauptbestandteil, nämlich das Ehepaar, sich bereits in den Aufnahmemitgliedstaat integriert hat, zu festigen[32]. Dadurch, dass der Ehepartner die Möglichkeit erhält, dort seinen Lebensunterhalt selbst zu verdienen, verstärkt diese Vorschrift die potenzielle wirtschaftliche Situation der Familie, eine Situation, die einen unbestreitbaren Integrationsfaktor darstellt. Geht es aber um die Stärkung der Integration und des Zusammenhalts der Familien ist es nicht von Bedeutung, ob der Familienangehörige, der die Genehmigung erhalten hat, zu dem türkischen Arbeitnehmer zu ziehen, die türkische Staatsangehörigkeit besitzt oder nicht. Die Familie definiert sich nicht durch den Besitz derselben Staatsangehörigkeit, sondern durch enge Bindungen, die zwei oder mehrere Personen vereinen, sei es durch rechtliche Bindungen, die zB wie im Ausgangsverfahren durch Heirat entstehen, oder durch Blutsverwandtschaft[33].

20 Hat der EuGH den Begriff des Familienangehörigen mit dem Familienbegriff des Art. 10 VO 1612/68/EWG gleichgestellt, so ist der Kreis der Begünstigten im Gemeinschaftsrecht seit dem 1.5.2006 erweitert worden. Denn nach Art. 38 I Freizügigkeits-RL wurde **Art. 10 VO 1612/68/EWG mWz 30.4.2006 aufgehoben.** Zugleich bestimmt Art. 38 III Freizügigkeits-RL, dass Bezugnahmen auf die aufgehobenen Bestimmungen oder Richtlinien als Bezugnahmen auf die vorliegende RL gelten.

21 Fraglich ist, ob diese Änderung des Unionsbürgerrechts Einfluss auf die Begrifflichkeit des Familienangehörigen im völkerrechtlichen Vertrag mit der Türkei hat. Dies hätte zur Folge, dass nicht nur für Unionsbürger, sondern auch für türkische Staatsangehörige, die Rechte aus Art. 7 ableiten wollen, die **Definition des Familienangehörigen nach Art. 2 Nr. 2 Freizügigkeits-RL** maßgeblich ist; auch wenn die Richtlinie nur durch Übertragung und nicht direkt auf türkische Staatsangehörige Anwendung findet. Danach bezeichnet der Ausdruck „Familienangehöriger":

a) den **Ehegatten;**
b) den **Lebenspartner,** mit dem der Unionsbürger auf der Grundlage der Rechtsvorschriften eines Mitgliedstaats eine eingetragene Partnerschaft eingegangen ist, sofern nach den Rechtsvorschriften des Aufnahmemitgliedstaats die eingetragene Partnerschaft der Ehe gleichgestellt ist und die in den einschlägigen Rechtsvorschriften des Aufnahmemitgliedstaats vorgesehenen Bedingungen erfüllt sind;
c) die **Verwandten in gerader absteigender Linie** des Unionsbürgers und des Ehegatten oder des Lebenspartners iSv lit. b, die das 21. Lebensjahr noch nicht vollendet haben oder denen von diesen Unterhalt gewährt wird;
d) die **Verwandten in gerader aufsteigender Linie** des Unionsbürgers und des Ehegatten oder des Lebenspartners iSv lit. b, denen von diesen Unterhalt gewährt wird.

22 Durch die Erweiterung des Familienbegriffs durch Art. 2 Nr. 2 Freizügigkeits-RL werden auch Lebenspartner, die auf der Grundlage der Rechtsvorschriften eines Mitgliedstaats eine eingetragene Partnerschaft eingegangen sind, erfasst.

---

[28] EuGH Urt. v. 30.9.2004 – C-275/02 Rn. 39 – Ayaz.
[29] EuGH Urt. v. 30.9.2004 – C-275/02 Rn. 37 ff. – Ayaz.
[30] Generalanwalt *Bot* in seinen Schlussanträgen v. 7.6.2012 – C-451/11 Rn. 25 ff. – Dülger.
[31] EuGH Urt. v. 29.3.2012 – C-7/10 und C-9/10 Rn. 32 – Kahveci und Inan.
[32] EuGH Urt. v. 29.3.2012 – C-7/10 und C-9/10 Rn. 33 – Kahveci und Inan.
[33] Generalanwalt *Bot* in seinen Schlussanträgen v. 7.6.2012 – C-451/11 Rn. 32 – Dülger.

Die Frage, ob ein Partner, der eine feste Beziehung zu einem Arbeitnehmer unterhält, als Ehegatte 23
iSd Art. 7 anzusehen ist, hat der EuGH verneint[34]: „Mangels eines Hinweises auf eine allgemeine
gesellschaftliche Entwicklung, die eine weite Auslegung rechtfertigen würde, und mangels eines
gegenteiligen Hinweises in der Verordnung ist festzustellen, dass Art. 10 der Verordnung durch die
Verwendung des Wortes ‚Ehegatte' auf eine Beziehung verweist, die auf der Ehe beruht." Wegen
Art. 59 ZP kann der Begriff des Ehegatten daher auch iRd Art. 7 nicht erweiternd auf **eheähnliche
Beziehungen** erstreckt werden. Etwas anderes ergibt sich auch nicht aus der Rs Eyüp[35], wo der
EuGH erkennbar dem atypischen Einzelfall Rechnung tragen wollte und ausnahmsweise nach der
Scheidung der Ehegatten von einem Fortbestehen der ehelichen Gemeinschaft ausgegangen ist, weil
die Ehefrau auch nach der Auflösung der Ehe bis zur erneuten Eheschließung mit ihrem Ehemann
zusammengelebt hat.

In der Rspr. des EuGH ist auch geklärt, dass die **Scheidung der Ehe keinen Einfluss auf die** 24
Rechtsstellung des Familienangehörigen hat, sobald dieser die Rechtsstellung nach Art. 7 S. 1
erworben hat[36].

Die **Familieneigenschaft von Kindern, die älter als 21 Jahre sind,** ist auch iRd Art. 7 von der 25
tatsächlichen Unterhaltsgewährung durch den Arbeitnehmer abhängig zu machen. Dabei ist die
Eigenschaft als Unterhalt beziehender Familienangehöriger nach der bisherigen Rspr. des EuGH nicht
von einem Unterhaltsanspruch abhängig[37].

Zum Merkmal der Unterhaltsgewährung hat der EuGH zuletzt in der Rechtssache Jia[38] darauf 26
hingewiesen, dass der der Aufnahmemitgliedstaat prüfen muss, **ob die Familienangehörigen in
Anbetracht ihrer wirtschaftlichen und sozialen Lage nicht in der Lage sind, ihre Grundbedürfnisse selbst zu decken.** Der Unterhaltsbedarf muss im Herkunftsland dieser Verwandten in
dem Zeitpunkt bestehen, in dem sie beantragen, dem Familienangehörigen zu folgen. Die bloße
Verpflichtungserklärung, dem Familienmitglied Unterhalt zu gewähren, ist nicht als ausreichender
Nachweis dafür anzusehen, dass der Familienangehörige tatsächlich unterhaltsbedürftig ist.

Es ist ausreichend, wenn die Unterhaltsgewährung durch den Arbeitnehmer erst nach seinem Zuzug 27
in das Bundesgebiet aufgenommen wird. Insoweit ist nicht erforderlich, dass die Unterhaltsleistungen
bereits vor dem Zuzug in das Bundesgebiet gewährt wurden[39].

2. Genehmigung zum Nachzug

Art. 7 dient dem Zweck, günstige Voraussetzungen für die Familienzusammenführung im Auf- 28
nahmemitgliedstaat zu schaffen. Sie begründet **kein eigenständiges Nachzugsrecht** und ist daher
allein iRe Verlängerungsanspruchs relevant. Die Formulierung in Art. 7 S. 1 „die die Genehmigung
erhalten haben, zu ihm zu ziehen" bedeutet, dass dem Familienangehörigen des türkischen Arbeitnehmers nach anderen Rechtsvorschriften als denen des ARB 1/80 ein Recht zur Familienzusammenführung gewährt worden sein muss.

Die englische Fassung („who have been authorized to join him"), die dem Wortlaut des Art. 11 29
entspricht, zeigt aber, dass **die Erteilung eines Aufenthaltstitels nicht zwingend erforderlich** ist.
Denn „authorized" bedeutet nur, dass das Zusammenleben von den Behörden gestattet worden sein
muss. Dies erfasst auch genehmigungsfreie Sachverhalte, bei denen die Behörde nur prüft, ob die
Voraussetzungen für den Verbleib des Familienangehörigen im Bundesgebiet vorliegen.

Der EuGH hat den Normzweck des Tatbestandsmerkmals dahin gehend konkretisiert, dass **„diese** 30
**Voraussetzung bezweckt, diejenigen Familienangehörigen des türkischen Arbeitnehmers
vom Anwendungsbereich des Art. 7 I ARB 1/80 auszunehmen, die unter Verstoß gegen die
Vorschriften des Aufnahmemitgliedstaats in dessen Hoheitsgebiet eingereist sind und dort
wohnen"**[40]. Der Gerichtshof hat in diesem Zusammenhang entschieden, dass den Fall eines
Falls eines türkischen Staatsangehörigen erfasst, der als Familienangehöriger eines türkischen Arbeitnehmers, der dem regulären Arbeitsmarkt des Aufnahmemitgliedstaats angehört oder angehört hat,
entweder die Genehmigung erhalten hat, zum Zweck der Familienzusammenführung dorthin zu
diesem Arbeitnehmer zu ziehen, oder der im Aufnahmemitgliedstaat geboren ist und stets dort gelebt
hat[41].

Dient das Merkmal der Genehmigung zum Nachzug der Ausgrenzung von Familien- 31
angehörigen, die illegal eingereist sind, ist es konsequent, wenn der EuGH die Ausübung

---

[34] EuGH Urt. v. 17.4.1986 – 59/85, EZAR 810 Nr. 4, S. 3 f. = Slg. 1986, I-1283 zu Art. 10 I VO 1612/68/EWG.
[35] EuGH Urt. v. 22.6.2000 – C-65/98, InfAuslR 2000, 329 (330) – Eyüp.
[36] EuGH Urt. v. 22.12.2010 – C-303/08 – Bozkurt, Ls. 1.
[37] EuGH Urt. v. 18.6.1987 – 316/85, EZAR 814 Nr. 1, S. 5 = Slg. 1987, I-2832 – Lebon.
[38] EuGH Urt. v. 9.1.2007 – C-1/05 Rn. 36 ff. – Jia.
[39] Schlussanträge des Generalanwalts Bot in der Rs C-83/11 Rn. 94 ff. – Rahman zu Art. 3 IIa RL 2003/38/EG.
[40] EuGH Urt. v. 21.12.2016 – C-508/15 und C-509/15 Rn. 58 f. – Ucar und Kilic; Urt. v. 11.11.2004 – C-467/02 Rn. 23 – Cetinkaya.
[41] EuGH Urt. v. 21.12.2016 – C-508/15 und C-509/15 Rn. 59 – Ucar und Kilic.

der Rechte, die den türkischen Staatsangehörigen nach Art. 7 ARB 1/80 zustehen, nicht davon abhängig macht, aus welchem Grund ihnen die Einreise- und Aufenthaltsgenehmigung im Aufnahmemitgliedstaat ursprünglich erteilt wurde[42]. Es ist daher ohne Weiteres denkbar, dass der Nachzug zu einem anderen Aufenthaltszweck als dem Familiennachzug erfolgt ist und die familiäre Lebensgemeinschaft mit dem türkischen Arbeitnehmer erst nachträglich begründet wurde. Hier wird man die Nachzugsgenehmigung in der Legalisierung des weiteren Aufenthalts sehen müssen, mit dem die Aufrechterhaltung des familiären Zusammenlebens möglich wurde.

32 Neben dem Normalfall des Familiennachzugs sind eine Reihe von Fällen denkbar, in denen die Rechte des Art. 7 S. 1 zur Entstehung gelangen, ohne dass zuvor eine Genehmigung zum Zwecke der Familienzusammenführung erteilt wurde. Dies betrifft ua folgende Fälle:

– **Geburt eines Kindes** im Bundesgebiet[43],
– **genehmigungsfreier Zuzug eines Kindes** in das Bundesgebiet[44]. Verlangt das nationale Ausländerrecht für den Zuzug der Familienangehörigen die in Art. 7 vorausgesetzte Genehmigung zum Zuzug nicht, steht die genehmigungsfreie Einreise zum Zwecke der Familienzusammenführung jedenfalls dann der Genehmigung gleich, wenn die Behörde von der ihr nach § 3 V AuslG 1990 eingeräumten Befugnis, den Aufenthalt des Familienangehörigen nachträglich zeitlich zu beschränken, keinen Gebrauch gemacht hat[45]. Dies setzt voraus, dass sich das Kind des türkischen Arbeitnehmers ordnungsgemäß im Bundesgebiet angemeldet hat und sich nicht etwa illegal bei seinen Eltern aufhielt. Denn nur bei Anmeldung hatte die Ausländerbehörde die Möglichkeit, den genehmigungsfreien Aufenthalt des Kindes nachträglich zu befristen.

33 Bei einer erst **im Bundesgebiet erfolgten Eheschließung** ist die Rechtsstellung nach Art. 7 S. 1 nicht von einer vorher einzuholenden Genehmigung zum Zuzug abhängig, wenn Fallgestaltungen des § 39 Nr. 3–5 AufenthV oder des § 5 II 2 vorliegen. Macht das nationale Recht die Erteilung einer Aufenthaltserlaubnis nicht von der vorherigen Durchführung eines Visumverfahrens abhängig, so kann einem Ehegatten auch später nicht die Rechtsstellung aus Art. 7 S. 1 unter Hinweis auf die fehlende Zuzugsgenehmigung abgesprochen werden. Gleiches gilt, wenn der Ehegatte bereits eine Aufenthaltserlaubnis oder eine Niederlassungserlaubnis besitzt und keine Aufenthaltserlaubnis zum Zwecke der Familienzusammenführung einholen muss oder als Asylberechtigter, Flüchtling bzw. subsidiär Schutzberechtigter anerkannt wurde. Ist die Durchführung eines Visumverfahrens völkerrechtlich oder unionsrechtlich nicht zumutbar, so kann die Rechtsstellung nach Art. 7 S. 1 hiervon nicht abhängig gemacht werden.

34 Der Anspruch aus Art. 7 S. 1 setzt neben einem aktuell bestehenden Aufenthalt des die Position vermittelnden türkischen Staatsangehörigen voraus, dass dieser Familienangehörige türkischer Staatsangehöriger ist und damit überhaupt Rechte aus dem Assoziationsratsbeschluss vermitteln kann. Verliert der die Position des Art. 7 S. 1 vermittelnde türkische Staatsangehörige die türkische Staatsangehörigkeit, zB infolge des Erwerbs der deutschen Staatsangehörigkeit, bevor zumindest die Drei-Jahres-Frist abgelaufen ist, dann kann ein Familienangehöriger keine Rechte (mehr) gem. Art. 7 S. 1 von ihm ableiten[46]. Dies folgt bereits aus dem klaren Wortlaut der Vorschrift („Die Familienangehörigen eines [...] türkischen Arbeitnehmers [...]"), aber auch aus deren Sinn und Zweck, der darin liegt, neben der erleichterten Familienzusammenführung die schrittweise Eingliederung türkischer Staatsangehöriger in den deutschen Arbeitsmarkt, verbunden mit dem hierfür nötigen Aufenthaltsrecht, zu ermöglichen. Auch der Zweck der assoziationsrechtlichen Bestimmungen dürfte in dieser Situation gegen die Anwendung des Art. 7 sprechen. Denn durch diese Norm soll die Situation der in Deutschland in gefestigter Position auf dem regulären Arbeitsmarkt beschäftigten türkischen Arbeitnehmer dadurch verbessert werden, dass der Nachzug ihrer Familienangehörigen durch deren bevorzugte Integration in den deutschen Arbeitsmarkt erleichtert wird[47].

3. Türkischer Arbeitnehmer

35 Art. 7 S. 1 setzt voraus, dass ein der Zuzug zu einem türkischen Arbeitnehmer erfolgt sein muss. Anders als die Person des Familienangehörigen muss der Arbeitnehmer die türkische Staatsangehörigkeit besitzen. Art. 7 privilegiert Familienangehörige eines dem regulären Arbeitsmarkt angehörenden

---

[42] EuGH Urt. v. 21.12.2016 – C-508/15 und C-509/15 Rn. 73 – Ucar und Kilic unter Hinweis auf Urt. v. 18.12.2008 – C-337/07 Rn. 42 – Altun mwN.
[43] EuGH Urt. v. 7.7.2005 – C-373/03 Rn. 22 – Aydinli.
[44] Die Genehmigung zum Nachzug iSd Art. 7 S. 1 hat auch derjenige Familienangehörige erhalten, der erlaubnisfrei zu einem Elternteil eingereist ist und sich hier aufhalten durfte, wenn die Behörde den zum Zwecke der Familienzusammenführung begründeten Aufenthalt nicht nachträglich zeitlich beschränkt hat, BVerwG Beschl. v. 15.7.1997 – 1 C 24.96, Buchholz 402.240 § 6 AuslG 1990 Nr. 11 zu § 2 II Nr. 1 AuslG idF v. 28.4.1965.
[45] VGH BW Urt. v. 17.8.2000 – 13 S. 950/00, InfAuslR 2000, 476.
[46] Ebenso VG Ansbach Beschl. v. 24.3.2003 – AN 19 S. 03.00 340; anders ist dies nur, wenn die Rechte aus Art. 7 S. 1 bereits vor der Einbürgerung des Stammberechtigten entstanden sind; diese Rechte gehen dann durch die Einbürgerung nicht mehr verloren.
[47] Vgl. HessVGH Beschl. v. 23.7.2007 – 11 UZ 601/07, InfAuslR 2008, 7.

türkischen Arbeitnehmers. Wegen des **Arbeitnehmerbegriffs** wird auf Art. 6 I verwiesen. **Es ist nicht erforderlich, dass der Arbeitnehmer selbst eine Rechtsposition aus dem ARB 1/80 erlangt hat.** Auch dann, wenn der Arbeitnehmer noch nicht die Rechtsstellung nach Art. 6 ARB 1/80 erworben hat, kann er seinen Familienangehörigen die Rechtsstellung nach Art. 7 ARB 1/80 vermitteln. Familienangehörige haben, abgestuft nach der Dauer des ordnungsgemäßen Wohnsitzes im Inland, gemäß Art. 7 S. 1 freien Zugang zum Arbeitsmarkt. Bei Abschluss einer Berufsausbildung im Aufnahmeland steht ihnen unter den Voraussetzungen des Art. 7 S. 2 unabhängig von der eigenen Aufenthaltsdauer der Arbeitsmarkt offen. **Art. 6 und 7 sind nebeneinander anwendbar.** Art. 7 stellt keine abschließende **Spezialregelung für Familienangehörige** dar. Sind die Voraussetzungen des Art. 6 I erfüllt, so kann ein Familienangehöriger unabhängig von Art. 7 ein Beschäftigungsrecht und daraus folgend ein Aufenthaltsrecht auch aus Art. 6 erwerben[48] (ebenso Rn. 3.2 AAH–ARB 1/80).

Auch ein als Asylbewerber eingereister türkischer Staatsangehöriger kann seinen Familienangehörigen ein assoziationsrechtliches Aufenthaltsrecht nach Art. 7 S. 1 vermitteln[49]. 36

Verliert der türkische Arbeitnehmer seine türkische Staatsangehörigkeit, zu führt dies nicht zum Wegfall von bereits erworbenen Rechtsstellungen der Familienangehörigen nach Art. 7 S. 1[50]. Denn der EuGH hat mehrmals klargestellt, dass die Rechtsstellung der Familienangehörigen nach Erwerb der Rechtsstellung nur noch unter zwei Voraussetzungen entfallen kann: Entweder stellt die Anwesenheit des türkischen Wanderarbeitnehmers im Hoheitsgebiet des Aufnahmemitgliedstaates wegen seines persönlichen Verhaltens eine tatsächliche und schwerwiegende Gefahr für die öffentliche Ordnung, Sicherheit oder Gesundheit iSv Art. 14 I dar oder der Betroffene hat das Hoheitsgebiet des Staates für einen nicht unerheblichen Zeitraum ohne berechtigte Gründe verlassen. Dabei ist grundsätzlich vom abschließenden Charakter der beiden genannten Verlustgründe auszugehen[51]. 37

Hiervon zu unterscheiden ist der Fall, dass während der **Erwerbsphase** der Rechtsstellung nach Art. 7 S. 1 von dem Arbeitnehmer die deutsche Staatsangehörigkeit erworben wird. Tritt diese im Wege der doppelten Staatsangehörigkeit neben die deutsche Staatsangehörigkeit, so kann der Familienangehörige weiterhin Rechte von dem türkischen Arbeitnehmer ableiten. Insoweit hat der EuGH in den Rechtssachen Kahveci und Inan entschieden, dass Art. 7 dahin gehend auszulegen ist, dass die Familienangehörigen eines türkischen Arbeitnehmers, der dem regulären Arbeitsmarkt eines Mitgliedstaats angehört, sich weiterhin auf diese Bestimmung berufen können, wenn dieser Arbeitnehmer die Staatsangehörigkeit des Aufnahmemitgliedstaats erhalten hat und gleichzeitig die türkische Staatsangehörigkeit beibehält[52]. 38

Gibt der türkische Arbeitnehmer hingegen während der Erwerbsphase seine bisherige Staatsangehörigkeit auf, so kann er die Rechte aus Art. 7 S. 1 nicht mehr an seine Familienangehörigen vermitteln[53]. Mit dem Erwerb der deutschen Staatsangehörigkeit bedarf der Betreffende weder eines Beschäftigungs- noch eines davon abhängigen Aufenthaltsrechts nach dem ARB 1/80. Wegen des Erwerbs des Inländerstatus und des Verlusts der türkischen Staatsangehörigkeit kann er für seinen Aufenthalt in Deutschland keine Rechte mehr aus dem Assoziierungsabkommen herleiten, denn Art. 7 dient der Integration der Familienangehörigen im Mitgliedstaat[54]. Beide Zwecke haben sich aber mit dem Erwerb der deutschen und dem gleichzeitigen Verlust der türkischen Staatsangehörigkeit erledigt. Dem kann auch nicht entgegengehalten werden, dass die Betreffenden die türkische bzw. die ausländische Staatsangehörigkeit wieder erwerben und dadurch die deutsche Staatsangehörigkeit verlieren könnten und dann wieder auf die Rechtsstellung aus dem Assoziationsratsbeschluss angewiesen sein könnten. Denn die Einbürgerung in den deutschen Staatsverband ist auf Dauer angelegt und hat grundsätzlich eine Entlassung aus der früheren Staatsangehörigkeit zur Voraussetzung, mit allen aus dem Erwerb der deutschen Staatsangehörigkeit erwachsenden günstigen sowie aus dem Verlust der türkischen bzw. ausländischen Staatsangehörigkeit sich ergebenden negativen Folgen für die Betroffenen[55]. Dazu zählt auch der Verlust der Rechtsstellung aus dem Assoziationsratsbeschluss. 39

---

[48] EuGH Urt. v. 5.10.1994 – C-355/93, Slg. 1994, I-5113 = InfAuslR 1994, 385 – Eroglu.
[49] VGH BW Beschl. v. 30.6.2005 – 13 S 881/05 Rn. 17.
[50] OVG RhPf Beschl. v. 29.6.2009 – 7 B 10454/09; VG Freiburg Urt. v. 19.1.2010 – 3 K 2399/08.
[51] Vgl. BVerwG Urt. v. 30.4.2009 – 1 C 6.08, NVwZ 2009, 1162 mwN; EuGH Urt. v. 25.9.2008 – C-453/07, NVwZ 2008, 1337 – Hakan Er.
[52] EuGH Urt. v. 29.3.2012 – C-7/10 und C-9/10 – Kahveci und Inan, Ls.
[53] Vgl. OVG RhPf Beschl. v. 29.6.2009 – 7 B 10454/09, NVwZ-RR 2009, 978; OVG RhPf Beschl. v. 29.6.2009 – 7 B 10454/09; HessVGH Beschl. v. 23.7.2007 – 11 ZU 601/07, InfAuslR 2008, 7; vgl. auch EuGH Urt. v. 11.11.1999 – C-179/89, InfAuslR 2000, 56 – Mesbah zum Kooperationsabk mit Marokko, wonach sich der Familienangehörige eines marokkanischen Wanderarbeitnehmers, der die Staatsangehörigkeit des Aufnahmemitgliedstaates erwirbt, bevor der Familienangehörige beginnt, mit ihm in dem betreffenden Mitgliedstaat zusammenzuleben, nicht auf das Abkommen berufen kann.
[54] VG Freiburg Urt. v. 19.1.2010 – 3 K 2399/08 unter Hinweis auf BVerwG Urt. v. 30.4.2009 – 1 C 6.08, NVwZ 2009, 1162.
[55] VG Freiburg Urt. v. 19.1.2010 – 3 K 2399/08.

4. Ordnungsgemäßer Wohnsitz

40 Beide Alternativen des Art. 7 S. 1 erfordern, bevor Rechte hieraus in Anspruch genommen werden können, einen **mindestens dreijährigen** (bzw. bei der 2. Alt. einen fünfjährigen) **ununterbrochenen ordnungsgemäßen Wohnsitz im Inland.** Während dieses Zeitraums muss eine familiäre Lebensgemeinschaft mit dem türkischen Arbeitnehmer bestehen. In der Rechtssache Kadiman[56] hat der EuGH klargestellt, dass die Mitgliedstaaten berechtigt sind, „die Möglichkeit für die Familienangehörigen, ihre Rechte aus Art. 7 S. 1 zu beanspruchen, davon abhängig zu machen, dass sich die Familienzusammenführung, die der Grund für ihre Einreise war, in einem tatsächlichen Zusammenleben mit dem Arbeitnehmer in häuslicher Gemeinschaft manifestiert".

41 Dabei hat der EuGH in der Rechtssache Kadiman zugleich klargestellt, dass der Familienangehörige nach dem Geist und dem Regelungszweck des Art. 7 S. 1 1. Spiegelstrich zwar grundsätzlich seinen Wohnsitz während dieser drei Jahre ununterbrochen bei dem türkischen Wanderarbeitnehmer haben muss, dass aber für die Zwecke der Berechnung des dreijährigen ordnungsgemäßen Wohnsitzes iSd Vorschrift **kurzfristige Unterbrechungen** der tatsächlichen Lebensgemeinschaft, ohne die Absicht, den gemeinsamen Wohnsitz im Aufnahmemitgliedstaat aufzugeben, wie eine Abwesenheit aus berechtigten Gründen vom gemeinsamen Wohnsitz für einen angemessenen Zeitraum oder ein weniger als sechs Monate währender unfreiwilliger Aufenthalt im Heimatland des Betroffenen zu berücksichtigen sind[57].

42 Für **Unterbrechungen,** in denen der Familienangehörige aus Rechtsgründen keinen ordnungsgemäßen Wohnsitz nachweisen kann – zB weil er nicht im Besitz einer Aufenthaltserlaubnis war –, gilt, dass diese Zeiten ebenfalls anrechenbar sind, wenn die zuständige Behörde die Ordnungsmäßigkeit des Wohnsitzes nicht infrage gestellt, sondern ihm vielmehr eine neue Aufenthaltserlaubnis erteilt hat[58]. Insoweit hat der EuGH ausgeführt[59]:

> „Insoweit ist unerheblich, dass der Kläger zwischen 1985 und 1989 dreimal die Verlängerung seiner befristeten Aufenthaltserlaubnis jeweils erst nach dem Ablauf von deren Geltungsdauer beantragt hat, so dass er während kurzer Zeiträume nicht im Besitz einer gültigen Aufenthaltserlaubnis war, denn die zuständigen Behörden des Aufnahmemitgliedstaats haben die Ordnungsgemäßheit seines Aufenthalts deswegen nicht in Frage gestellt, sondern ihm vielmehr jedes Mal eine neue Aufenthaltsgenehmigung erteilt (…)." Darüber hinaus ist durch die Rspr des EuGH klargestellt, dass die erworbene Rechtsposition nach **Aufhebung der familiären Bande** bzw. **Wegfall des ordnungsgemäßen Wohnsitzes nicht entfällt**[60]: „Die praktische Wirksamkeit dieses Rechts setzt zwangsläufig die Existenz eines entsprechenden Aufenthaltsrechts voraus, das ebenfalls auf dem Gemeinschaftsrecht beruht und vom Fortbestehen der Voraussetzungen für den Zugang zu diesen Rechten unabhängig ist."

43 Weiterhin verlangt die Rechtsposition nach Art. 7 S. 1 von dem Berechtigten nicht, dass er erwerbstätig wird, um die Rechtsstellung zu erhalten. Der EuGH hat bereits in der Rechtssache Eyüp[61] die eigenständige Bedeutung der Familienzusammenführung hervorgehoben. Danach bezweckt Art. 7 S. 1, **die Familienzusammenführung im Aufnahmemitgliedstaat zu fördern,** um die Beschäftigung und den Aufenthalt des türkischen Arbeitnehmers, der dem regulären Arbeitsmarkt des betreffenden Mitgliedstaats angehört, dadurch zu erleichtern, dass die Familienangehörigen, die zu dem Wanderarbeiter ziehen durften, zunächst bei diesem leben dürfen und später zudem das Recht erhalten, in diesem Staat eine Beschäftigung aufzunehmen. Die Bedeutung der Rechtsposition aus Art. 7 S. 1 liegt in der Förderung familiärer Belange mit dem Ziel, die Aufnahmebedingungen für den türkischen Arbeitnehmer, zu denen der Zuzug erfolgt, zu verbessern. Eine endgültige Klärung wurde durch die Entscheidung in der Rechtssache Aydinli[62] herbeigeführt, in der der EuGH ausdrücklich klarstellt, das Art. 7 **den Familienangehörigen keine Verpflichtung auferlegt, eine Beschäftigung im Lohn- oder Gehaltsverhältnis auszuüben,** wie sie in Art. 6 I vorgesehen ist.

5. Erlöschen der Rechtsposition

44 Art. 7 enthält – anders als Art. 6 II – keine Regelung über den Verlust bzw. über den Fortbestand der Rechtsposition oder über die Behandlung von Abwesenheitszeiten türkischer Arbeitnehmer. Dass die Rechtsstellung aus Art. 7 S. 1 nicht schrankenlos gewährleistet ist, hat der EuGH bereits in der

---

[56] EuGH Urt. v. 17.4.1997 – C-351/95, Slg. 1997, I-2133 = InfAuslR 1997, 281 – Kadiman.
[57] EuGH Urt. v. 17.4.1997 – C-351/95, Slg. 1997, I-2133 = InfAuslR 1997, 281 – Kadiman; bestätigt durch Urt. v. 22.6.2000 – C-65/98, InfAuslR 2000, 329 (331) – Eyüp.
[58] EuGH Urt. v. 17.4.1997 – C-351/95, Slg. 1997, I-2133 = InfAuslR 1997, 281 – Kadiman; Urt. v. 16.3.2000 – C-329/97, InfAuslR 2000, 217 (218) – Ergat.
[59] EuGH Urt. v. 16.3.2000 – C-329/97, InfAuslR 2000, 217 (218) – Ergat.
[60] EuGH Urt. v. 16.3.2000 – C-329/97, InfAuslR 2000, 217 (218) – Ergat.
[61] EuGH Urt. v. 22.6.2000 – C-65/98, InfAuslR 2000, 329 (330) – Eyüp.
[62] EuGH Urt. v. 7.7.2005 – C- 373/03 Rn. 29 – Aydinli.

Rechtssache Ergat[63] entschieden. Dort hat er sich zum Wegfall der Rechtsstellung aus Art. 7 S. 1 wie folgt geäußert: „Zweitens verliert ein Familienangehöriger, der die Genehmigung erhalten hat, zu einem türkischen Arbeitnehmer in einen Mitgliedstaat zu ziehen, der jedoch das Gebiet dieses Staates für einen nicht unerheblichen Zeitraum ohne berechtigte Gründe verlässt (vgl. dazu Urteil Kadiman, Rn. 48), grundsätzlich die Rechtsstellung, die er aufgrund des Art. 7 S. 1 erworben hatte."

In der Rs Cetinkaya[64] hat der EuGH ausgeführt, dass das Recht aus Art. 7 S. 1 „nur" unter zwei 45 Voraussetzungen beschränkt werden könne, nämlich nach **Art. 14 I aus Gründen der öffentlichen Ordnung,** Sicherheit und Gesundheit oder weil der Betroffene **das Hoheitsgebiet des Aufnahmemitgliedstaats während eines erheblichen Zeitraums ohne berechtigte Gründe verlassen** hat. In der Rechtssache Aydinli[65] hat der EuGH seine Entscheidung in der Sache Cetinkaya nochmals bestätigt. Dabei ist grundsätzlich vom abschließenden Charakter dieser beiden Verlustgründe auszugehen[66].

Durch die Rspr. des EuGH ist noch nicht abschließend geklärt, was unter einem „nicht unerheb- 46 lichen Zeitraum" oder, worauf die Urteilsgründe in anderen Amtssprachen eher hindeuten (französisch: „pendant une période significative", englisch: „for a significant length of time", italienisch: „per un periodo significativo", spanisch: „durante un periodo de tiempo significativo"), unter einen **bedeutsamen Zeitraum** zu verstehen ist[67].

Durch den EuGH ist geklärt, dass **kurzzeitige Fehlzeiten** jedenfalls dann nicht bedeutsam sind, 47 wenn die Behörden die Ordnungsmäßigkeit des Aufenthalts deswegen durch spätere Verlängerung der Aufenthaltserlaubnis nicht infrage gestellt haben[68]. Der EuGH hat weiterhin entschieden, dass eine freiwillige Abwesenheit vom Bundesgebiet von gut einem Jahr das Recht aus Art. 7 S. 1 nicht erlöschen lasse[69]; daher auch kein Erlöschen des Aufenthaltsrechts aus Art. 7 S. 1 bei Rückkehr aus der Türkei nach mehr als sieben Monaten nach Ende der Wehrdienstableistung[70]. Ob auch längere Abwesenheiten das Recht aus Art. 7 unberührt lassen, ist dagegen in der Rspr. des EuGH nicht geklärt.

Das Verständnis dieses Erlöschensgrundes ist vom Ziel und Zweck des Art. 7 her zu bestimmen[71]. 48 Nach der Rspr. des EuGH dient das System des schrittweisen Erwerbs von Rechten aus Art. 7 I zwei Zwecken:
– Zum einen sollen Familienangehörige des Wanderarbeitnehmers bis zum Ablauf des ersten Zeitraums von drei Jahren die Möglichkeit erhalten, bei diesem zu leben, um durch Familienzusammenführung die Beschäftigung und den Aufenthalt des türkischen Arbeitnehmers, der sich bereits ordnungsgemäß in den Aufnahmemitgliedstaat integriert hat, zu begünstigen.
– Zum anderen soll die Vorschrift eine dauerhafte Eingliederung der Familie des türkischen Wanderarbeitnehmers im Aufnahmemitgliedstaat fördern, indem den Familienangehörigen nach drei Jahren ordnungsgemäßen Wohnsitzes selbst der Zugang zum Arbeitsmarkt ermöglicht wird.

Hauptzweck ist also, die Stellung des Familienangehörigen, der sich in dieser Phase bereits ord- 49 nungsgemäß in den Aufnahmemitgliedstaat integriert hat, dadurch zu festigen, dass er die Mittel erhält, dort selbst seinen Lebensunterhalt zu verdienen und sich folglich eine gegenüber der Stellung des Wanderarbeitnehmers selbstständige Stellung aufzubauen[72].

Art. 7 I zielt demzufolge darauf ab, das assoziationsrechtliche Aufenthaltsrecht nach seiner Ent- 50 stehung aus der Abhängigkeit von der beschäftigungsbezogenen Rechtsstellung des Stammberechtigten zu lösen und dem Familienangehörigen zum Zweck der Integration im Mitgliedstaat eine autonome Rechtsposition zu verschaffen[73].

Mit Blick auf dieses Regelungsziel kommt es im Fall eines längeren Auslandsaufenthalts des 51 assoziationsberechtigten türkischen Staatsangehörigen bei der Bewertung aller Umstände des Einzelfalls, ob er das Bundesgebiet für einen nicht unerheblichen Zeitraum ohne berechtigte Gründe verlassen hat, maßgeblich darauf an, ob er seinen Lebensmittelpunkt aus Deutschland wegverlagert hat[74]. Dabei stehen das zeitliche Moment und die Gründe für das Verlassen des Bundesgebiets nicht isoliert

---

[63] EuGH Urt. v. 16.3.2000 – C- 329/97 Rn. 48.
[64] EuGH Urt. v. 11.11.2004 – C-467/02 Rn. 38 – Cetinkaya.
[65] EuGH Urt. v. 7.7.2005 – C-373/03 Rn. 29 – Aydinli.
[66] BVerwG Urt. v. 25.3.2015 – 1 C 19.14 Rn. 14; Urt. v. 9.8.2007 – 1 C 47.06, BVerwGE 129, 162 Rn. 15 und Urt. v. 30.4.2009 – 1 C 6.08, BVerwGE 134, 27 Rn. 24.
[67] Auf die Sprachfassungen weist das VG Darmstadt Beschl. v. 12.11.2010 – 5 L 1411/10.DA – hin.
[68] EuGH Urt. v. 17.4.1997 – C-351/95, NVwZ 1997, 1104 Rn. 54 – Kadiman.
[69] EuGH Urt. v. 16.3.2000 – C-329/97, NVwZ 2000, 1277 Rn. 51 – Ergat.
[70] BayVGH Beschl. v. 15.10.2009 – 19 CS 09.2194, InfAuslR 2010, 7.
[71] BVerwG Urt. v. 25.3.2015 – 1 C 19.14 Rn. 16.
[72] BVerwG Urt. v. 25.3.2015 – 1 C 19.14 Rn. 16; EuGH Urt. v. 22.6.2000 – C-65/98, ECLI:EU:C:2000:336 Rn. 26 – Eyüp; Urt. v. 11.11.2004 – C-467/02, ECLI:EU:C:2004:708 Rn. 25 – Cetinkaya und Urt. v. 29.3.2012 – C-7/10 und C-9/10, ECLI:EU:C:2012:180 Rn. 33 – Kahveci und Inan.
[73] BVerwG Urt. v. 25.3.2015 – 1 C 19.14 Rn. 17; Urt. v. 9.8.2007 – 1 C 47.06, BVerwGE 129, 162 Rn. 16; EuGH Urt. v. 7.7.2005 – C-373/03, ECLI:EU:C:2005:434 Rn. 23 – Aydinli.
[74] BVerwG Urt. v. 25.3.2015 – 1 C 19.14 Rn. 18.

nebeneinander; vielmehr besteht zwischen ihnen ein Zusammenhang: Je länger der Betroffene sich im Ausland aufhält, desto eher spricht das dafür, dass er seinen Lebensmittelpunkt in Deutschland aufgegeben hat[75]. Ab einem Auslandsaufenthalt von ungefähr einem Jahr müssen gewichtige Anhaltspunkte dafür vorliegen, dass sein Lebensmittelpunkt noch im Bundesgebiet ist[76].

52 Zeitlicher Maßstab für die Auslegung, nach der das Verlassen des Bundesgebiets zum Erlöschen des Daueraufenthaltsrechts nach Art. 7 führt, kann nicht Art. 16 IV Freizügigkeits-RL sein[77]. Soweit danach Unionsbürger und ihre Familienangehörigen, die sich rechtmäßig fünf Jahre lang ununterbrochen im Aufnahmemitgliedstaat aufgehalten haben, ein Daueraufenthaltsrecht erwerben (Art. 16 I, II Freizügigkeits-RL), bestimmt Art. 16 IV Freizügigkeits-RL, dass (nur) die Abwesenheit vom Aufnahmemitgliedstaat, die zwei aufeinanderfolgende Jahre überschreitet, zu einem Verlust des Rechts führt. Nach dieser Vorschrift führt, wenn das Recht auf Daueraufenthalt vom einem Unionsbürger oder seinem Familienangehörigen erworben wurde, nur die Abwesenheit vom Aufnahmemitgliedstaat, die zwei aufeinanderfolgende Jahre überschreitet, zum Rechtsverlust. Das BVerwG hat diese Regelung, die nicht nach Gründen für die Abwesenheit vom Aufnahmemitgliedstaat differenziert, mit Blick auf das Besserstellungsverbot des Art. 59 ZP lediglich als Orientierungsrahmen iSe zeitlichen Höchstgrenze angeführt[78].

53 Nachdem der EuGH seit Aufhebung der RL 64/221/EWG durch die Freizügigkeits-RL den Ausweisungsschutz aus Art. 12 Daueraufenth-RL ableitet[79], wirkt sich dies auch auf die Bestimmung des zeitlichen Rahmens bei dem hier zu prüfenden Erlöschensgrund aus[80]. Denn die vom EuGH im Wege des Vergleichs von Zweck und Kontext des Assoziierungsabkommen EWG–Türkei und der Freizügigkeits-RL angeführten Erwägungen, das Assoziationsabkommen verfolge nur wirtschaftliche Zwecke, während die Freizügigkeits-RL darüber hinaus die Unionsbürgerschaft als grundlegenden Status der Angehörigen der Mitgliedstaaten mit ihrem unmittelbar aus dem Vertrag erwachsenden elementaren Freizügigkeitsrecht ausforme, sind allgemeiner Natur.

54 Daraus folgt indes nicht gleichsam im Gegenschluss, dass Art. 9 I lit. c Daueraufenth-RL entsprechend anzuwenden ist, um den „nicht unerheblichen Zeitraum" iSd Rspr. des EuGH exakt zu fixieren[81]. Nach dieser Vorschrift ist ein Drittstaatsangehöriger nicht mehr berechtigt., die Rechtsstellung eines langfristig Aufenthaltsberechtigten zu behalten, wenn er sich während eines Zeitraums von zwölf aufeinanderfolgenden Monaten nicht im Gebiet der Gemeinschaft aufgehalten hat. Da diese Vorschrift nicht nach den Gründen für den Aufenthalt außerhalb des Gebiets der EU differenziert, erscheint sie als abschließende Regelung zur Konkretisierung des hier maßgeblichen Erlöschensgrundes ungeeignet[82]. **Dennoch sind die Maßstäbe der Daueraufenth-RL als unionsrechtlicher Bezugsrahmen nicht nur für die Bestimmung des Abschiebungsschutzes heranzuziehen, sondern auch für den hier maßgeblichen Verlustgrund.**

55 Ein „nicht unerheblicher Zeitraum" iSd Rspr. ist jedenfalls dann verstrichen, wenn ein türkisches Ehepaar mit seinen minderjährigen, schulpflichtigen Kindern den Aufnahmemitgliedstaat verlässt, um das Familienleben zukünftig auf unabsehbare Dauer im Heimatland fortzuführen[83]. Denn durch die Aufgabe seines Lebensmittelpunkts im Bundesgebiet wird der im Wege des Aufenthaltsrechts aus Art. 7 erreichte Integrationszusammenhang zerrissen[84]. Kurze Besuchsaufenthalte des einen Ehepartners von die übrigen Familienmitglieder im Aufnahmemitgliedstaat können in einem Fall der (Rück-)Übersiedlung in die Türkei das Erlöschen des assoziationsrechtlichen Aufenthaltsrechts dieses Familienmitglieds nicht verhindern[85].

56 Was unter „berechtigten Gründen" zu verstehen ist, hat der EuGH gleichfalls nicht näher präzisiert. Der Begriff ist – wie alle Bestimmungen des ARB – europarechtlich auszulegen. Ob ein Grund „berechtigt" ist, hängt, wie die Urteilsgründe in anderen Amtssprachen nahelegen (französisch: „sans motifs légitimes", englisch: „without legitimate reason", italienisch: „senza motivi legittimi" und spanisch: „sin motivos legítimos"), allein davon ab, ob die Gründe „legitim", also allgemein gesellschaftlich anerkannt sind, mithin nicht, ob sie aus dem subjektiven Blickwinkel des Ausländers berechtigt erscheinen[86]. Es kommt daher darauf an, ob die Gründe ihrer Abwesenheit von Deutschland

---

[75] BVerwG Urt. v. 25.3.2015 – 1 C 19.14 Rn. 18.
[76] BVerwG Urt. v. 25.3.2015 – 1 C 19.14 Rn. 18.
[77] BVerwG Urt. v. 25.3.2015 – 1 C 19.14 Rn. 18; aA die vormalige Kommentierung unter Hinweis auf OVG Bln-Bbg Urt. v. 11.5.2010 – OVG 12 B 26.09, InfAuslR 2010, 372; NdsOVG Beschl. v. 11.1.2008 – 11 ME 418/07; OVG NRW Urt. v. 6.12.2011 – 18 A 2765/07, AuAS 2012, 111; hierzu auch BVerwG Urt. v. 30.4.2009 – 1 C 6.08.
[78] EuGH Urt. v. 8.12.2011 – C-371/08, ECLI:EU:C:2011:809 Rn. 62 ff. – Ziebell.
[79] BVerwG Urt. v. 30.4.2009 – 1 C 6.08, BVerwGE 134, 27 Rn. 27.
[80] BVerwG Urt. v. 25.3.2015 – 1 C 19.14 Rn. 20.
[81] BVerwG Urt. v. 25.3.2015 – 1 C 19.14 Rn. 21; hierzu auch OVG Bln-Bbg Urt. v. 14.4.2016 – OVG 11 B 11.15 Rn. 32.
[82] BVerwG Urt. v. 25.3.2015 – 1 C 19.14 Rn. 21.
[83] NdsOVG Beschl. v. 19.9.2011 – 11 LA 198/11, InfAuslR 2011, 422.
[84] BVerwG Urt. v. 25.3.2015 – 1 C 19.14 Rn. 22.
[85] NdsOVG Beschl. v. 19.9.2011 – 11 LA 198/11, InfAuslR 2011, 422.
[86] So VG Darmstadt Beschl. v. 12.11.2010 – 5 L 1411/10.DA Rn. 21.

von der Allgemeinheit anzuerkennen oder eher zu missbilligen sind. Insoweit hat das BVerwG entschieden, dass legitime Gründe nicht vorliegen, wenn der Betroffene in der Absicht ins Ausland reist, dort **Straftaten** zu begehen, bei deren Entdeckung er mit einer mehrjährigen Freiheitsstrafe zu rechnen hat[87]. Ein türkischer Staatsangehöriger, der das Bundesgebiet verlässt, um sich durch **Flucht** für einen nicht überschaubaren Zeitraum der ihm hier drohenden Strafverfolgung zu entgehen, verliert aus diesem Grund gleichfalls seine Rechte aus Art. 7[88].

Berechtigte Gründe liegen vor, wenn der Abwesenheit vom Aufnahmemitgliedstaat entweder die Verfolgung anerkennenswerter Interessen zugrunde liegt (zB Urlaub, Besuch der Familie im Heimatland) oder der Aufenthalt außerhalb des Hoheitsgebiets des Aufnahmemitgliedstaats nicht vom eigenen Willen abhängig war (zB Unfall, Naturereignisse, Zwangsehe, Passentzug)[89]. Berechtigte Gründe stellen darüber hinaus aber auch die in Art. 6 II sowie Art. 16 III Freizügigkeits-RL benannten Gründe, nämlich Schwangerschaft, Niederkunft, schwere Krankheit, Studium oder Berufsausbildung sowie berufliche Entsendung in einen anderen Mitgliedstaat oder einen Drittstaat dar[90]. 57

In der Rechtssache Kadiman[91] hat der EuGH zum Ausdruck gebracht, dass iRd Beurteilung einer längeren Abwesenheit vom Aufnahmemitgliedstaat auf die Freiwilligkeit abzustellen sei. Es sei zu prüfen, ob der auf längere Zeit angelegte Aufenthalt in der Türkei vom Willen des Betroffenen getragen war oder nicht. Daraus kann aber nicht gefolgert werden, dass ein auf äußerem Zwang beruhender und durch fehlende Freiwilligkeit gekennzeichneter Aufenthalt außerhalb des Aufnahmemitgliedstaats für die Aufrechterhaltung der Rechtsstellung nach Art. 7 stets unschädlich wäre[92]. Hintergrund der Entscheidung des EuGH in der Rechtssache Kadiman war, dass der Ehemann der Klägerin in jenem Verfahren bei einem gemeinsamen Aufenthalt in der Türkei den Pass seiner Ehefrau an sich genommen hatte und ohne sie in das Bundesgebiet zurückgekehrt war. Bei dieser Sachlage kann die Entscheidung des EuGH nur so verstanden werden, dass ein unfreiwilliger Aufenthalt im Heimatland nur dann vorliegt, wenn dieser Aufenthalt des Betroffenen „nicht von seinem eigenen Willen abhängig war". 58

Bei Berücksichtigung dieser Anhaltspunkte spricht Überwiegendes dafür, dass der EuGH schon dann „berechtigte Gründe" annehmen wird, die trotz längerer Abwesenheit die Aufrechterhaltung des aufenthaltsrechtlichen Status nach Art. 7 rechtfertigen, wenn eine türkische Staatsangehörige in einer soziokulturell bedingten psychischen Zwangslage, welche die freie Willensbetätigung wesentlich beeinträchtigt, einen Aufnahmemitgliedstaat verlässt und nach einer **Zwangsheirat** aus denselben Gründen zu einer dauerhaften Rückkehr in den Aufnahmemitgliedstaat (zunächst) nicht in der Lage ist[93]. 59

Die Konkretisierung des Verlassens des Hoheitsgebiets des Aufnahmemitgliedstaats für einen nicht unerheblichen Zeitraum ohne berechtigte Gründe hat sich am Regelungszweck des Art. 7 zu orientieren. Die Vorschrift bezweckt, die Beschäftigung und den Aufenthalt des türkischen Arbeitnehmers, der dem regulären Arbeitsmarkt eines Mitgliedstaats angehört, dadurch zu fördern, dass ihm in diesem Staat die Aufrechterhaltung seiner familiären Bande ermöglicht wird. Zur Förderung der dauerhaften Eingliederung der Familie des türkischen Arbeitnehmers gewährt die Vorschrift den Familienangehörigen des Arbeitnehmers nicht nur ein Aufenthaltsrecht, sondern überdies nach einer bestimmten Zeit das Recht, im Aufnahmemitgliedstaat eine Beschäftigung auszuüben. Die fortschreitende persönliche Integration des türkischen Arbeitnehmers und seiner Familienangehörigen im Aufnahmemitgliedstaat soll erleichtert und gefördert werden[94]. Unter Berücksichtigung dieser Zielsetzung können Abwesenheiten vom Hoheitsgebiet des Aufnahmemitgliedstaats ihrem Zeitraum nach jedenfalls dann nicht mehr als unerheblich angesehen werden, wenn sie der Verfestigung der persönlichen Integration des aufenthaltsberechtigten türkischen Staatsangehörigen entgegenstehen. Die Abwesenheit vom Aufnahmemitgliedstaat darf sich nicht auf einen derart langen Zeitraum erstrecken, dass sie dem Regelungszweck des Art. 7, dem türkischen Arbeitnehmer die Aufrechterhaltung seiner familiären Bande im Aufnahmemitgliedstaat zu ermöglichen und die dauerhafte Eingliederung der Familie zu fördern, zuwiderläuft[95]. 60

Die **Aufnahme einer selbstständigen Erwerbstätigkeit** vermag die Rechtsstellung nach Art. 7 nicht zum Wegfall zu bringen[96]. Dies ergibt sich bereits aus dem Zweck der Rechtsstellung, die auf die 61

---

[87] BVerwG Urt. v. 30.4.2009 – 1 C 6.08, NVwZ 2009, 1162 (1165); OVG Bln-Bbg Beschl. v. 1.3.2012 – OVG 11 S 1.12 Rn. 13.
[88] VGH BW Urt. v. 15.4.2011 – 11 S 189/11 Rn. 43.
[89] Hierzu OVG NRW Urt. v. 6.12.2011 – 18 A 2765/07, AuAS 2012, 111.
[90] OVG NRW Urt. v. 6.12.2011 – 18 A 2765/07, AuAS 2012, 111.
[91] EuGH Urt. v. 17.4.1997 – C-351/95 Rn. 48, NVwZ 1997, 1104 – Kadiman.
[92] So NdsOVG Urt. v. 27.3.2008 – 11 LB 203/06, InfAuslR 2009, 54; BVerwG Urt. v. 30.4.2009 – 1 C 6.08, NVwZ 2009, 1162 (1165); OVG NRW Urt. v. 6.12.2011 – 18 A 2765/07, AuAS 2012, 111.
[93] So HmbOVG Beschl. v. 14.7.2009 – 4 Bs 109/09 Rn. 11.
[94] Vgl. EuGH Urt. v. 17.4.1997 – C-351/95 – Kadiman.
[95] NdsOVG Beschl. v. 11.1.2008 – 11 ME 418/07. Abwesenheit von mehr als sechs Monaten (vgl. *Gutmann* GK-AufenthG ARB 1/80 Art. 6 Rn. 257, Art. 7 Rn. 95; *Huber* AufenthG ARB 1/80 Art. 6 Rn. 71, Art. 7 Rn. 21) oder von mehr als zwei Jahren (vgl. OVG Bln-Bbg Urt. v. 11.5.2010 – 12 B 26/09 Rn. 38; BayVGH Beschl. v. 15.10.2009 – 19 CS 09.2193 und 2194 Rn. 11, jeweils mwN).
[96] BVerwG Urt. v. 9.8.2007 – 1 C 47.06.

Förderung der Familie abzielt. Denn der EuGH folgert den Zweck der verselbstständigten Rechtsposition aus Art. 7 S. 1 aus dem Zweck des ARB 1/80, im sozialen Bereich die rechtliche Situation zugunsten der Arbeitnehmer und ihrer Familienangehörigen zu verbessern, um schrittweise die Freizügigkeit der Arbeitnehmer herzustellen. Dieser Zweck werde nicht erreicht, wenn ein Mitgliedstaat durch aufenthaltsbeschränkende Vorschriften die Rechte aus dem „bedingungslos" gewährten Art. 7 S. 1 2. Spiegelstrich in dem Augenblick nehme, in dem er aufgrund des Zugangs zu einer von ihm gewählten Beschäftigung die Möglichkeit habe, sich dauerhaft in den Aufnahmestaat zu integrieren[97]. Dies zeigt, dass die durch Art. 7 S. 1 eingeräumte Begünstigung zunächst zwar den Stammberechtigten und dessen Interesse an einem Zusammenleben mit seinen Familienangehörigen im Auge hat, dass sich nach einer gewissen Zeit aber die Position des Familienangehörigen verselbstständigt, ohne dass dessen Rechte auf Stellenbewerbung und Zugang zum Arbeitsmarkt gerichtet sein müssen. Der akzessorische Charakter des Aufenthaltsrechts, also seine Abhängigkeit von dem türkischen Arbeitnehmer, von dem der Familienangehörige die Rechtsstellung ableitet, tritt zurück, betont wird demgegenüber die eigenständige Person des Familienangehörigen[98]. Entfällt die Rechtsposition nicht, wenn der Familienangehörige dauerhaft dem Arbeitsmarkt fernbleibt, so wäre nicht nachvollziehbar, wenn die Aufnahme einer selbstständigen Erwerbstätigkeit der Rechtsstellung schaden soll[99].

62 Der Erwerb der Rechtsstellung setzt auch nicht voraus, dass der türkische Staatsangehörige während des gesamten Zeitraums des Rechtserwerbs als Arbeitnehmer beschäftigt gewesen ist. In der Rechtssache Altun hat der EuGH festgestellt[100], dass Art. 7 S. 1 dahin gehend auszulegen ist, „dass das Kind eines türkischen Arbeitnehmers die Rechte aus dieser Bestimmung in Anspruch nehmen kann, wenn der betreffende Arbeitnehmer während des Zeitraums von drei Jahren, in dem das Kind mit ihm zusammengelebt hat, zweieinhalb Jahre lang erwerbstätig und anschließend sechs Monate lang arbeitslos war". Ein türkischer Arbeitnehmer gehört trotz einer **vorübergehenden Unterbrechung seines Arbeitsverhältnisses für den Zeitraum, der angemessen ist, um eine andere Beschäftigung zu finden,** weiterhin dem regulären Arbeitsmarkt des Aufnahmemitgliedstaats an, und zwar unabhängig davon, welchen Grund die Abwesenheit des Betroffenen vom Arbeitsmarkt hat, sofern diese Abwesenheit vorübergehender Natur ist[101].

63 Weiterhin ist der Bestand der Rechtsstellung der Familienangehörigen nicht davon abhängig, dass der die Rechtsstellung vermittelnde türkische **Arbeitnehmer sein Aufenthaltsrecht wegen einer Täuschung verloren** hat. Art. 7 S. 1 ist dahin gehend auszulegen, dass die Rechte, die ein Angehöriger seiner Familie nach dieser Bestimmung hat, nicht mehr infrage gestellt werden können, weil ein türkischer Arbeitnehmer sein Aufenthaltsrecht durch unwahre Angaben erlangt hat[102].

64 Auch nach **Vollendung des 21. Lebensjahres** bleibt die Rechtsstellung türkischer Kinder nach Art. 7 S. 1 erhalten. Der EuGH hat in der Rechtssache Derin entschieden, dass es nicht gegen das Verbot der Besserstellung von türkischen Staatsangehörigen gegenüber Unionsbürgern nach Art. 59 ZP verstößt, dass die aus Art. 7 S. 1 und aus Art. 7 S. 2 abgeleiteten Aufenthaltsrechte von Kindern türkischer Arbeitnehmer nur in den Fällen des Art. 14 I und bei Verlassen des Aufnahmemitgliedstaates für einen nicht unerheblichen Zeitraum ohne berechtigte Gründe erlöschen[103].

65 Diese Entscheidung des EuGH in der Rechtssache Derin ist in zweierlei Hinsicht problematisch: Zum einen stellt sich die Frage nach dem **maßgeblichen Zeitpunkt für das Erlöschen der Rechtsposition;** auch wenn seit dem 30.5.2006 für den Fall der 2. Alt. des Art. 7 S. 1 keine Besserstellung mehr vorliegt, so gilt dies nicht rückwirkend. Zum anderen können iRd Art. 59 ZP nur solche Rechtspositionen zur Abwägung der Rechte von Unionsbürgern und türkischen Staatsangehörigen herangezogen werden, die von dem ZP erfasst werden. Es geht nämlich nicht um eine allgemeine Abwägung, sondern um eine Abwägung der Rechtsstellung „in den vom Protokoll erfassten Bereichen". Beruht das Bleiberecht von Familienangehörigen von Unionsbürgern aber auf Art. 21 AEUV, so könnte diese Rechtsposition nicht herangezogen werden, um eine Gleichstellung der Rechtsstellung von Familienangehörigen von Unionsbürgern mit denen türkischer Familienangehöriger zu begründen.

---

[97] Vgl. EuGH Urt. v. 16.3.2000 – C-329/97 Rn. 43 – Ergat.
[98] Vgl. *Mallmann*, Neuere Rechtsprechung zum assoziationsrechtlichen Aufenthalt türkischer Familienangehöriger, ZAR 2006, 50.
[99] IE ebenso *Gutmann* in GK-AuslR IX-1 Art. 7 Rn. 91.
[100] EuGH Urt. v. 18.12.2008 – C-337/07 – Altun, Ls. 1.
[101] EuGH Urt. v. 18.12.2008 – C-337/07 – Altun, Rn. 24.
[102] EuGH Urt. v. 18.12.2008 – C-337/07 – Altun, Ls. 3 zur täuschungsbedingten Flüchtlingseigenschaft.
[103] EuGH Urt. v. 18.7.2007 – C-325/05 – Derin; BVerwG Urt. v. 9.8.2007 – 1 C 47.06; NdsOVG Urt. v. 16.5.2006 – 11 LC 324/05, InfAuslR 2006, 350 ff.

IV. Rechtsposition aus Art. 7 S. 2
1. Verhältnis zu Art. 7 S. 1

Art. 7 S. 2 stellt eine gegenüber S. 1 des Art. günstigere Bestimmung dar, die darauf abzielt, unter 66
den Familienangehörigen der türkischen Arbeitnehmer die Kinder besonders zu behandeln, indem es
ihnen den Eintritt in den Arbeitsmarkt nach Abschluss einer Berufsausbildung zu erleichtern sucht,
damit gemäß dem Zweck des ARB 1/80 schrittweise die Freizügigkeit der Arbeitnehmer verwirklicht
wird[104]. Anders als Art. 7 S. 1, der verlangt, dass der Familienangehörige eines türkischen Arbeitnehmers bei diesem für gewisse Zeit ununterbrochen seinen Wohnsitz hat, enthält Art. 7 S. 2 keine
Voraussetzung eines tatsächlichen Zusammenlebens in häuslicher Gemeinschaft mit dem Arbeitnehmer[105]. **Art. 7 S. 2 dient nicht dazu, günstige Voraussetzungen für die Familienzusammenführung im Aufnahmemitgliedstaat zu schaffen, sondern soll den Zugang der Kinder von
türkischen Arbeitnehmern zum Arbeitsmarkt erleichtern**[106].

Da Art. 7 S. 2 den Kindern türkischer Arbeitnehmer den Zugang zum Arbeitsmarkt erleichtern soll, 67
ist die Entstehung des Rechts nicht davon abhängig, dass ein Elternteil zu dem Zeitpunkt, zu dem das
Kind seine Berufsausbildung im Aufnahmemitgliedstaat beginnt, nach wie vor die Arbeitnehmereigenschaft besitzt oder in diesem Staat wohnt. **Es ist kein zeitlicher Zusammenhang des Aufenthalts des türkischen Arbeitnehmers und der Aufnahme der Ausbildung erforderlich.**
Art. 7 S. 2 ist daher dahin gehend auszulegen, dass sich das Kind eines türkischen Arbeitnehmers, der
im Aufnahmemitgliedstaat länger als drei Jahre ordnungsgemäß beschäftigt war, in diesem Mitgliedstaat
nach Abschluss seiner Berufsausbildung auch dann auf das Recht auf Zugang zum Arbeitsmarkt und
das entsprechende Aufenthaltsrecht berufen kann, wenn es, nachdem es mit seinen Eltern in den
Herkunftsstaat zurückgekehrt war, allein in den betreffenden Mitgliedstaat zurückkehrte, um dort seine
Ausbildung aufzunehmen[107].

Art. 7 S. 2 verleiht den Kindern türkischer Arbeitnehmer, die **im Bundesgebiet eine Berufsaus-** 68
bildung abgeschlossenn haben, einen uneingeschränkten Bewerbungsanspruch mit dem einhergehenden Aufenthaltsrecht, unabhängig von der Dauer ihres Aufenthalts im Mitgliedstaat und unabhängig vom ursprünglichen Einreisezweck[108]: „Art. 7 S. 2 verleiht nämlich seinem Wortlaut nach klar,
eindeutig und ohne dass dies an Bedingungen geknüpft wäre, das heißt mit unmittelbarer Wirkung, den
Kindern türkischer Arbeitnehmer, die im Aufnahmeland eine Berufsausbildung abgeschlossen haben,
das Recht, sich unabhängig von der Dauer ihres Aufenthalt in dem betreffenden Mitgliedstaat dort auf
jedes Stellenangebot zu bewerben, sofern ein Elternteil dort seit mindestens drei Jahren ordnungsgemäß
beschäftigt war. Ebenso wie das Recht auf Aufnahme und Ausübung jeder Tätigkeit im Lohn- oder
Gehaltsverhältnis ohne Aufenthaltsrecht nicht denkbar ist, beinhaltet das Recht, sich auf jedes Stellenangebot zu bewerben, zwangsläufig die Anerkennung eines Aufenthaltsrecht des Bewerbers."

Das assoziationsrechtliche Aufenthaltsrecht aus Art. 7 S. 2 hängt somit lediglich von folgenden 69
Voraussetzungen ab:
– Das Kind des betroffenen türkischen Arbeitnehmers hat nach rechtmäßiger Einreise eine **Berufsausbildung abgeschlossen** und
– ein Elternteil war in diesem Staat seit mindestens drei Jahren ordnungsgemäß beschäftigt.

Entsprechend dem Sinn und Zweck der Vorschrift, die Integration von Kindern türkischer Arbeit- 70
nehmer zu fördern und diesen nach Abschluss einer Berufsausbildung den Zugang zum Arbeitsmarkt
zu erleichtern, können diese die Verlängerung einer Aufenthaltserlaubnis beanspruchen, wenn ein
Elternteil in der Vergangenheit mindestens drei Jahre lang ordnungsgemäß in diesem Mitgliedstaat
beschäftigt war. **Der Elternteil braucht dagegen zu dem Zeitpunkt, zu dem sein Kind ins
Arbeitsleben eintreten will, nicht mehr dort zu arbeiten oder zu wohnen**[109].

Anders als Art. 7 S. 1 knüpft S. 2 nicht an das Vorliegen der Entstehungsvoraussetzungen im 71
Zeitpunkt der Inanspruchnahme der Rechtsposition an, sondern setzt nur voraus, dass in der Vergangenheit ein Elternteil in dem Mitgliedstaat seit mindestens drei Jahren ordnungsgemäß beschäftigt
war. Dementsprechend enthält die Regelung gerade keine das familiäre Zusammenleben schützende
Rechtsstellung, wie sie dem S. 1 immanent ist.

Das Merkmal Berufsausbildung ist weit auszulegen[110]. Der Begriff der „Berufsausbildung" wird 72
im ARB 1/80 nicht definiert. Seine Bedeutung ist auch vom EuGH bislang nicht bestimmt worden;
allerdings hat er das Ziel der Vorschrift, zu dieser Begriff gehört, herausgearbeitet. Art. 7 S. 2 stellt
nach Auffassung des EuGH eine gegenüber Abs. 1 günstigere Bestimmung dar, weil sie die Kinder

---

[104] EuGH Urt. v. 21.1.2010 – C-462/08 Rn. 25 – Bekleyen.
[105] EuGH Urt. v. 21.1.2010 – C-462/08 Rn. 26 – Bekleyen.
[106] EuGH Urt. v. 21.1.2010 – C-462/08 Rn. 27 – Bekleyen.
[107] EuGH Urt. v. 21.1.2010 – C-462/08 Rn. 45 – Bekleyen.
[108] EuGH Urt. v. 5.10.1994 – C-355/93, Slg. 1994, I-5113 = InfAuslR 1994, 385 – Eroglu.
[109] EuGH Urt. v. 19.11.1998 – C-210/97, NVwZ 1999, 281 – Akman.
[110] Generalanwalt *Bot* in seinen Schlussanträgen v. 11.1.2007 in der Rs C-325/05 – Derin.

eines türkischen Arbeitnehmers insoweit besonders behandeln wolle, als sie ihnen den Eintritt in den Arbeitsmarkt nach Abschluss einer Berufsausbildung zu erleichtern suche, um die Freizügigkeit der Arbeitnehmer gemäß dem Zweck dieses Beschlusses schrittweise zu verwirklichen.

73 Im Hinblick auf dieses Ziel war der Generalanwalt in der Rechtssache Derin der Auffassung, dass der Begriff „Berufsausbildung" eine vergleichbare Auslegung wie der gleiche Begriff in Art. 166 AEUV erfahren sollte, weil beide Vorschriften vergleichbare Ziele verfolgen. Art. 166 AEUV weist nämlich der AEUV die Aufgabe zu, die Maßnahmen der Mitgliedstaaten für die berufliche Bildung zu ergänzen, um insbesondere die berufliche Eingliederung und Wiedereingliederung in den Arbeitsmarkt zu erleichtern. Der EuGH hat den Begriff „Berufsausbildung" iSd Vertrags weit ausgelegt. So erfasst dieser Begriff nach der Rspr. **jede Form der Ausbildung, die auf eine Qualifikation für einen bestimmten Beruf oder eine bestimmte Beschäftigung vorbereitet oder die die besondere Befähigung zur Ausübung eines solchen Berufs oder einer solchen Beschäftigung verleiht,** und zwar unabhängig vom Alter und vom Ausbildungsniveau der Schüler und Studenten und selbst dann, wenn der Lehrplan auch allgemeinbildenden Unterricht enthält[111].

2. Erlöschen der Rechtsposition

74 Die Frage, wann eine Rechtsposition nach Art. 7 S. 2 erlischt, hat der EuGH in der Rechtssache Torun[112] dargelegt. Danach handelt es sich bei dieser Rechtsposition um eine gegenüber S. 1 günstigere Bestimmung, die daher nicht restriktiver ausgelegt werden kann als S. 1. Folglich kann es nur zwei Arten von Beschränkungen der durch Art. 7 S. 2 verliehenen Rechte geben: Entweder stellt die Anwesenheit des türkischen Wanderarbeitnehmers im Hoheitsgebiet des Aufnahmemitgliedstaats wegen seines persönlichen Verhaltens eine tatsächliche und **schwerwiegende Gefahr für die öffentliche Ordnung, Sicherheit oder Gesundheit** iSv Art. 14 I dar oder der Betroffene hat das **Hoheitsgebiet dieses Staates für einen nicht unerheblichen Zeitraum ohne berechtigte Gründe verlassen.** Diese Rechtsansicht hat der EuGH nochmals in der Rechtssache Derin bestätigt[113]. Wegen der Einzelheiten wird auf die Kommentierung zu Art. 7 S. 1 Bezug genommen.

75 Zu den Auswirkungen einer **Einbürgerung** bzw. dem **Verlust der türkischen Staatsangehörigkeit** → Rn. 13 ff., Abschnitt II.

Art. 8

(1) Kann in der Gemeinschaft eine offene Stelle nicht durch die auf dem Arbeitsmarkt der Mitgliedstaaten verfügbaren Arbeitskräfte besetzt werden und beschließen die Mitgliedstaaten im Rahmen ihrer Rechts- und Verwaltungsvorschriften zu gestatten, dass zur Besetzung dieser Stelle Arbeitnehmer eingestellt werden, die nicht Staatsangehörige eines Mitgliedstaates der Gemeinschaft sind, so bemühen sich die Mitgliedstaaten, den türkischen Arbeitnehmern in diesem Falle einen Vorrang einzuräumen.

(2) Die Arbeitsämter der Mitgliedstaaten bemühen sich, die bei ihnen eingetragenen offenen Stellen, die nicht durch dem regulären Arbeitsmarkt dieses Mitgliedstaates angehörende Arbeitskräfte aus der Gemeinschaft besetzt werden konnten, mit regulär als Arbeitslose gemeldeten türkischen Arbeitnehmern zu besetzen, die im Hoheitsgebiet des genannten Mitgliedstaates ihren ordnungsgemäßen Wohnsitz haben.

(nicht kommentiert)

Art. 9

¹ Türkische Kinder, die in einem Mitgliedstaat der Gemeinschaft ordnungsgemäß bei ihren Eltern wohnen, welche dort ordnungsgemäß beschäftigt sind oder waren, werden unter Zugrundelegung derselben Qualifikationen wie die Kinder von Staatsangehörigen dieses Mitgliedstaats zum allgemeinen Schulunterricht, zur Lehrlingsausbildung und zur beruflichen Bildung zugelassen. ² Sie können in diesem Mitgliedstaat Anspruch auf die Vorteile haben, die nach den einzelstaatlichen Rechtsvorschriften in diesem Bereich vorgesehen sind.

Allgemeine Anwendungshinweise
6. Artikel 9 ARB 1/80
6.1. Wortlaut
Artikel 9 ARB 1/80 hat folgenden Wortlaut:
„Türkische Kinder, die in einem Mitgliedstaat der Gemeinschaft ordnungsgemäß bei ihren Eltern wohnen, welche dort ordnungsgemäß beschäftigt sind oder waren, werden unter Zugrundelegung derselben Qualifikationen wie die

---

[111] Generalanwalt *Bot* in seinen Schlussanträgen v. 11.1.2007 in der Rs C-325/05 – Derin.
[112] EuGH Urt. v. 16.2.2006 – C-502/04 Rn. 16 ff. – Torun.
[113] EuGH Urt. v. 18.7.2007 – C-325/05 – Derin.

Kinder von Staatsangehörigen dieses Mitgliedstaates zum allgemeinen Schulunterricht, zur Lehrlingsausbildung und zur beruflichen Bildung zugelassen. Sie können in diesem Mitgliedstaat Anspruch auf die Vorteile haben, die nach den einzelstaatlichen Rechtsvorschriften in diesem Bereich vorgesehen sind."

6.2. Bewertung
Die Vorschrift hat unmittelbare Wirkung und kann daher von Einzelnen vor einem nationalen Gericht zur Stützung des Begehrens geltend gemacht werden, diskriminierende Vorschriften einer Regelung eines Mitgliedstaats unangewendet zu lassen, die die Gewährung eines Anspruchs von einer Voraussetzung abhängig macht, die für Inländer nicht gilt („Gürol", Rn. 23–26).

Satz 1 enthält ein Gleichbehandlungsgebot in Bezug auf den Zugang zum allgemeinen Schulunterricht, zur Lehrlingsausbildung und zur beruflichen Bildung.

Die Vorschrift verlangt nicht, dass ein Elternteil zu dem Zeitpunkt, zu dem das türkische Kind seine durch Artikel 9 verliehenen Rechte in Anspruch nehmen will, ordnungsgemäß dort beschäftigt ist. Sie sieht vielmehr ausdrücklich vor, dass das Kind die ihm aus dieser Bestimmung erwachsenden Rechte nicht dadurch verlieren kann, dass die Eltern nicht mehr im betreffenden Staat arbeiten („Akman", Rn. 41).

Die Voraussetzung des „Wohnens bei den Eltern" schreibt während der Ausbildungszeit keine bestimmte Modalität des Wohnens (etwa im Sinne einer häuslichen Gemeinschaft wischen Kindern und Eltern) und keine bestimmte Form des Wohnens (wie zum Beispiel Hauptwohnsitz anstelle von Nebenwohnsitz) vor. Die Voraussetzung ist auch erfüllt, wenn ein türkisches Kind, nachdem es im Aufnahmemitgliedstaat ordnungsgemäß bei seinen Eltern gewohnt hat, seinen Hauptwohnsitz am im gleichen Staat gelegenen Ort der universitären Ausbildung begründet und bei seinen Eltern nur mit Nebenwohnsitz gemeldet ist („Gürol", Rn. 29–33).

Ausbildungsförderung für ein Auslandsstudium ist türkischen Kindern in derselben Weise zu gewähren wie den Staatsangehörigen des Aufnahmemitgliedstaates. Türkischen Kindern darf die Gleichbehandlung nicht deshalb vorenthalten werden, weil sie die Ausbildung im Herkunftsstaat ihrer Familie absolvieren wollen („Gürol", Rn. 34–35),

Übersicht

	Rn.
I. Sprachfassungen	1
II. Voraussetzungen des Gleichbehandlungsanspruchs	5
III. Aufenthaltsrechtliche Auswirkungen des Gleichbehandlungsanspruchs	24
IV. Sozialrechtliche Gleichbehandlung	29

I. Sprachfassungen

Englische Fassung: Turkish children residing legally in a Member State of the Community with 1 their parents who are or have been legally employed in that Member State, shall be admitted to courses of general education, apprenticeship and vocational training under the same educational entry qualifications as the children of nationals of that Member State. They may in that Member State be eligible to benefit from the advantages provided for under the national legislation in this area.

Französische Fassung: Les enfants turcs, résidant régulièrement dans un État membre de la 2 Communauté avec leurs parents, qui y sont ou y ont été régulièrement employés, seront admis dans cet État membre aux cours d'enseignement général, d'apprentissage et de formation professionnelle sur la base des mêmes qualifications pour l'admission, quant à la formation requise, que les enfants des ressortissants de cet État membre. Ils peuvent bénéficier, dans cet État membre, des avantages prévus dans ce domaine par la législation nationale.

Niederländische Fassung: Turkse kinderen die legaal in een lidstaat van de Gemeenschap wonen 3 bij hun ouders die aldaar legal tewerkgesteld zijn of zijn geweest, hebben in die lidstaat toegang tot het algemeen onderwijs, opleiding in het kader van een leerlingstelsel en beroepsopleiding op basis van dezelfde toelatingseisen ter zake van genoten onderwijs en opleiding als kinderen van onderdanen van die lidstaat. Zij kunnen in die lidstaat de door de nationale wetgeving op dit gebied geboden voordelen genieten.

Italienische Fassung: I figli dei lavoratori turchi che sono o sono stati regolarmente occupati in 4 uno Stato membro [dell'Unione], regolarmente residenti con i loro genitori, sono ammessi in tale Stato ai corsi di insegnamento generale, di tirocinio e di formazione professionale alle stesse condizioni di ammissione richieste, in fatto di istruzione previa, ai figli dei cittadini degli Stati membri. In detto Stato essi possono beneficiare dei vantaggi stabiliti in materia dalla legislazione nazionale.

II. Voraussetzungen des Gleichbehandlungsanspruchs

Aus Art. 9 können sowohl **aufenthaltsrechtliche als auch sozialrechtliche Ansprüche** abge- 5 leitet werden. Ein Anspruch kann aber nur angenommen werden, wenn sämtliche Voraussetzungen der Norm erfüllt sind.

Art. 9 enthält für türkische Kinder, die in einem Mitgliedstaat der Gemeinschaft ordnungsgemäß bei 6 ihren Eltern wohnen, die dort ordnungsgemäß beschäftigt sind oder waren, einen Anspruch darauf, unter Zugrundelegung derselben Qualifikationen wie die Kinder von Angehörigen dieses Mitgliedstaats zum allgemeinen Schulunterricht, zur Lehrlingsausbildung und zur beruflichen Bildung zugelassen zu werden[1].

7   Art. 9 ist **unmittelbar anwendbar,** da die Norm eine klare und eindeutige Verpflichtung enthält, deren Erfüllung oder deren Wirkungen nicht vom Erlass eines weiteren Aktes abhängen[2].

8   Diese Bestimmung enthält ein **Gebot der Gleichbehandlung** von türkischen Kindern und Kindern von Angehörigen des Aufnahmemitgliedstaats in Bezug auf den Zugang zum Schulunterricht und zur beruflichen Bildung in diesem Mitgliedstaat[3]. Das Gleichbehandlungsgebot erstreckt sich auf jede Form von Unterricht, damit auch auf den Zugang zum Universitätsstudium. Türkische Kinder haben daher aus Art. 9 auch einen Anspruch auf Zugang zu einem **Universitätsstudium**[4].

9   Türkischen Kindern wird durch die Norm eindeutig, ohne dass dies an Bedingungen geknüpft wäre, ein Recht auf Zulassung unter Zugrundelegung derselben Vorbildungsanforderungen wie deutschen Staatsangehörigen gewährt. Die Bestimmung enthält eine klare und eindeutige Verpflichtung, in Deutschland wohnhafte deutsche und türkische Auszubildende unter Zugrundelegung derselben Vorbildungsanforderungen gleich zu behandeln. Der durch Art. 9 geschützte Personenkreis muss unter den gleichen Bedingungen, d. h. ohne Diskriminierung aufgrund der Staatsangehörigkeit, zu den Ausbildungseinrichtungen zugelassen werden[5].

10 Bereits aus dem Wortlaut des Art. 9 geht hervor, dass der Erwerb der in ihr vorgesehenen Rechte von zwei **Voraussetzungen** abhängt, die **kumulativ zu erfüllen sind,** nämlich zum einen, dass die türkischen Kinder im Aufnahmemitgliedstaat ordnungsgemäß bei ihren Eltern wohnen, und zum anderen, dass die Eltern in diesem Mitgliedstaat ordnungsgemäß beschäftigt sind oder waren[6].

11 Die erste dieser Voraussetzungen verlangt, dass sich die betroffenen türkischen Kinder im Aufnahmemitgliedstaat ordnungsgemäß bei ihren Eltern aufhalten, damit sie in diesem Mitgliedstaat Zugang zum Schulunterricht und zur beruflichen Bildung haben können[7].

12 Art. 9 verlangt nur, dass die Kinder bei ihren Eltern wohnen. Andere Anforderungen, wie das Bestehen einer ständigen Wohn- und Familiengemeinschaft, werden nicht gestellt. Art. 9 differenziert auch nicht zwischen verschiedenen Formen des Wohnens, etwa in Gestalt eines Haupt- oder eines Nebenwohnsitzes.

13 Ein türkisches Kind, das im Aufnahmemitgliedstaat ordnungsgemäß bei seinen Eltern wohnt und mit Aufnahme eines Studiums seinen Hauptwohnsitz vom Wohnort seiner Eltern an den im selben Staat gelegenen Ort der Schul- oder Ausbildungseinrichtung verlegt und dabei seinen Nebenwohnsitz bei den Eltern anmeldet, erfüllt das Wohnorterfordernis des Art. 9 S. 1[8].

14 Zum einen macht diese Bestimmung die Gewährung des Rechts auf Gleichbehandlung beim Zugang zur schulischen oder beruflichen Ausbildung weder von einer bestimmten Modalität des **Wohnens bei den Eltern während der Ausbildungszeit,** wie z. B. vom Bestehen einer häuslichen Gemeinschaft zwischen Kindern und Eltern, noch von einer bestimmten Form des Wohnens während dieser Zeit, wie zB einem Hauptwohnsitz anstelle eines Nebenwohnsitzes, abhängig[9].

15 Zum anderen ist diese Auslegung geboten, um sicherzustellen, dass das mit dieser Bestimmung verfolgte Ziel, den türkischen Kindern den Schulbesuch und eine Berufsausbildung im Aufnahmemitgliedstaat ihrer Eltern zu ermöglichen, ohne die Wahl der Betroffenen in Bezug auf die Art der schulischen oder beruflichen Ausbildung zu beschränken, erreicht wird[10].

16 Nicht jede Art schulischer oder beruflicher Ausbildung wird nämlich zwangsläufig in der Nähe des Wohnorts der Eltern des Betroffenen angeboten, so dass gegebenenfalls nur dessen Recht, sich an einem anderen Ort als dem Wohnort der Eltern niederzulassen, sicherstellen kann, dass die türkischen Kinder tatsächlich wie die Kinder der Staatsangehörigen des Aufnahmemitgliedstaats die von ihnen gewünschte schulische oder berufliche Ausbildung wählen können[11].

17 **Die zweite Voraussetzung ist dahin zu verstehen, dass ein Elternteil im Aufnahmemitgliedstaat unter Einhaltung der die Ausübung einer Beschäftigung betreffenden Bestimmungen des Beschlusses Nr. 1/80, insbesondere seiner Art. 6 und 7, eine Beschäftigung im Lohn- oder Gehaltsverhältnis ausüben oder ausgeübt haben muss**[12].

18 Hierzu bedarf es ua des Nachweises einer ordnungsgemäßen Beschäftigung der Eltern. Art. 9 S. 1 knüpft mit diesem Erfordernis an die gleichlautende Voraussetzung der „ordnungsgemäßen Beschäftigung" in Art. 6 an. Abgestellt wird – wie schon der systematische Zusammenhang der Regelungen

---

[1] EuGH Urt. v. 3.6.2021 – C-194/20, Rn. 19 – BY ua; Urt. v. 7.7.2005 – C-374/03, Rn. 22 – Gürol.
[2] EuGH Urt. v. 7.7.2005 – C-374/03, Rn. 21, 26 – Gürol.
[3] EuGH Urt. v. 3.6.2021 – C-194/20, Rn. 20 – BY ua; Urt. v. 7.7.2005 – C-374/03, Rn. 23 – Gürol.
[4] OVG NRW Beschl. v. 17.9.2018 – 13 C 65/18, Rn. 5.
[5] Schlussanträge des Generalanwalts *Geelhoed* v. 2.12.2004 – C-374/03, Rn. 29 – Gürol.
[6] EuGH Urt. v. 3.6.2021 – C-194/20, Rn. 21 – BY ua.
[7] EuGH Urt. v. 3.6.2021 – C-194/20, Rn. 23 – BY ua.
[8] EuGH Urt. v. 7.7.2005 – C-374/03, Rn. 29 – Gürol.
[9] EuGH Urt. v. 7.7.2005 – C-374/03, Rn. 30 – Gürol.
[10] EuGH Urt. v. 7.7.2005 – C-374/03, Rn. 31 – Gürol.
[11] EuGH Urt. v. 7.7.2005 – C-374/03, Rn. 32 – Gürol.
[12] EuGH Urt. v. 3.6.2021 – C-194/20, Rn. 24 – BY ua.

zeigt – auf die Rechtsverhältnisse türkischer Arbeitnehmer, also Personen, die einer unselbständigen Beschäftigung nachgehen und hierfür ein Entgelt erhalten. Nicht erfasst werden selbständige Unternehmer[13].

Für die Annahme einer ordnungsgemäßen Beschäftigung der Eltern ist deshalb Voraussetzung, dass während der Beschäftigungszeit sämtliche aufenthaltsrechtlichen und arbeitsrechtlichen Voraussetzungen beachtet werden bzw. worden sind[14]. Wegen der Voraussetzungen einer „ordnungsgemäßen Beschäftigung" wird auf die Kommentierung zu Art. 6 verwiesen. 19

Der EuGH hat weiterhin festgestellt, dass sich türkische Kinder, bei denen keiner der beiden Elternteile die Rechtsstellung des Art. 6 und 7 tatsächlich erlangt haben, nicht auf das Recht auf Zugang zum allgemeinen Schulunterricht und zur beruflichen Bildung nach Art. 9 S. 1 berufen können. Art. 9 kann mithin nicht von türkischen Kindern geltend gemacht werden, deren Eltern die Voraussetzungen der Art. 6 und 7 dieses Beschlusses nicht erfüllen[15]. 20

Da der EuGH darauf abstellt, dass zumindest einer der Elternteile die Rechtsstellung im Zeitpunkt der Geltendmachung von Rechten aus Art. 9 tatsächlich noch besitzen muss, ist es nicht ausreichend, dass die Rechtsstellung zwar zuvor erworben, aber später wieder verloren gegangen ist. 21

Hingegen setzt das Recht des Art. 9 nicht voraus, dass von einem Elternteil tatsächlich eine Beschäftigung ausgeübt wird. So führt etwa die Arbeitslosigkeit eines Elternteils nicht dazu, dass von dem Recht kein Gebrauch gemacht werden könnte. Art. 9 verlangt daher auch nur, dass die Kinder bei ihren Eltern wohnen, „welche dort ordnungsgemäß beschäftigt sind oder waren". 22

Art. 9 knüpft den Gleichbehandlungsanspruch nicht an die türkische Staatsangehörigkeit der Eltern, da in Art. 9 anders als in Art. 7 nicht von Familienangehörigen bzw. Kindern türkischer Arbeitnehmer, sondern von türkischen Kindern die Rede ist[16]. 23

III. Aufenthaltsrechtliche Auswirkungen des Gleichbehandlungsanspruchs

Liegen sämtliche Voraussetzungen des Gleichbehandlungsanspruchs das Art. 9 vor, so kann ein türkisches Kind als Rechtsfolge die gleichen Aufenthaltsrechte geltend machen, wie ein Unionsbürger diese aus Art. 10 Abs. 1 VO 492/2011/EU abzuleiten vermag. 24

Die **Ableitung von Aufenthaltsrechten aus dem Gleichbehandlungsgebot** des Art. 9 war Gegenstand der EuGH-Entscheidung in der Rechtssache BY. Hier wurde ausgeführt: „Mit seinen Fragen, die zusammen zu prüfen sind, möchte das vorlegende Gericht im Wesentlichen wissen, ob Art. 9 S. 1 dahin auszulegen ist, dass er von türkischen Kindern geltend gemacht werden kann, deren Eltern die Voraussetzungen der Art. 6 und 7 dieses Beschlusses nicht erfüllen, und dass er gegebenenfalls ein eigenständiges Aufenthaltsrecht dieser Kinder im Aufnahmemitgliedstaat sowie als Folge davon auch der sorgeberechtigten Eltern impliziert. Für diesen Fall möchte das Verwaltungsgericht wissen, unter welchen Voraussetzungen ein Aufenthaltsrecht nach Art. 9 S. 1 gewährt wird." 25

Auch wenn der EuGH über die aufenthaltsrechtlichen Konsequenzen des Art. 9 nicht entscheiden musste, weil er die Voraussetzungen des Gleichbehandlungsgebots als nicht erfüllt angesehen hat, gibt er zu erkennen, dass die zu Unionbürgern entwickelten Grundsätze auf türkische Kinder in Ausbildung übertragbar sind. 26

Türkische Kinder können daher, wenn sie die Voraussetzungen des Gleichbehandlungsgebots erfüllen, **die gleichen Rechte für sich in Anspruch nehmen, wie Kinder von Unionsbürgern in Ausbildung** nach Art. 10 Abs. 1 VO 492/2011. Wegen der weiteren Einzelheiten wird daher auf die Kommentierung → FreizügG/EU § 3 Rn. 44 ff. verwiesen. 27

Um einem Kind überhaupt die Möglichkeit zu eröffnen, von seinem Recht auf Ausbildung Gebrauch machen zu können, wird auch dem Elternteil ein Aufenthaltsrecht zuerkannt. Das **Aufenthaltsrecht eines Elternteils als Betreuungsperson** ist gegenüber dem Aufenthaltsrecht des Kindes akzessorisch; es hängt also davon ab, dass das Kind selbst ein Aufenthaltsrecht genießt. Wegen der Rechte, die Eltern aus Art. 9 ableiten können, wird daher auf die Kommentierung → FreizügG/EU § 3 Rn. 70 ff. verwiesen. 28

IV. Sozialrechtliche Gleichbehandlung

Art. 9 S. 2 stellt klar, dass die türkischen Kinder im Aufnahmemitgliedstaat „Anspruch auf die Vorteile haben [können], die nach den einzelstaatlichen Rechtsvorschriften in diesem Bereich vorgesehen sind". 29

Nach der Rechtsprechung des EuGH gewährt Art. 9 S. 2 zudem einen **„Anspruch"** auf die Vorteile, die nach den einzelstaatlichen Rechtsvorschriften im Bereich der Ausbildung vorgesehen sind. Das in dieser Regelung enthaltene Wort „können" steht dem nicht entgegen. Es bedeutet nicht, 30

---
[13] OVG NRW Beschl. v. 17.9.2018 – 13 C 65/18, Rn. 9.
[14] OVG NRW Beschl. v. 17.9.2018 – 13 C 65/18, Rn. 14.
[15] EuGH Urt. v. 3.6.2021 – C-194/20, Rn. 31 – BY ua.
[16] Zu dem Problem OVG RhPf Beschl. v. 29.6.2009 – 7 B 10454/09, Rn. 18.

dass den Mitgliedstaaten ein Ermessen eingeräumt wäre. Die Regelung gewährt vielmehr einen Anspruch auf völlige Gleichbehandlung[17].

31   Das Gleichbehandlungsgebot ist dahin zu verstehen, dass die türkischen Staatsangehörigen, wenn die Rechtsvorschriften des Aufnahmemitgliedstaats Vorteile im Bereich der Ausbildung vorsehen, die die Kosten für den Zugang zur Ausbildung und den Lebensunterhalt des Auszubildenden decken sollen, diese ebenso wie die Angehörigen dieses Mitgliedstaats beanspruchen können[18].

32   Satz 2 enthält somit ebenso wie Satz 1 ein Gebot der Gleichbehandlung in Bezug auf die Vorteile, die im Bereich der schulischen und der beruflichen Ausbildung gewährt werden[19]. Der EuGH führt hierzu aus: „Diese Auslegung ist auch die einzige, die es ermöglicht, das mit Art. 9 verfolgte Ziel zu erreichen, die Chancengleichheit der türkischen Kinder und der Staatsangehörigen des Aufnahmemitgliedstaats im Bereich der schulischen und der beruflichen Ausbildung zu gewährleisten. Gälte das Gleichbehandlungsgebot nämlich nicht für Studienaufenthalte im Ausland, hätten Letztere Zugang zu Lehrveranstaltungen, die förderlich für ihre Ausbildung sind, während die türkischen Kinder diese Veranstaltungen, obwohl sie für ihre Ausbildung doch ebenso förderlich wären, nur deshalb nicht besuchen könnten, weil sie für die gewählte Ausbildung nicht unabdingbar sind."[20]

33   Darüber hinaus hätte Art. 9 S. 2 keine praktische Wirksamkeit, wenn mit ihm lediglich der Aufnahmemitgliedstaat ermächtigt werden sollte, in seinen nationalen Rechtsvorschriften vorgesehene Vorteile auch türkischen Kindern zu gewähren; denn einer solchen Ermächtigung bedarf es nicht[21].

34   **Das Gleichbehandlungsgebot hat zur Folge, dass türkische Studenten in Deutschland Anspruch auf BAföG-Leistungen haben.** Da der gleichberechtigte Zugang zu den Maßnahmen der Ausbildungsförderung für türkische Kinder somit gewährleistet ist und der Aufnahmemitgliedstaat es seinen eigenen Staatsangehörigen ermöglicht, Ausbildungsförderung für ein Auslandsstudium zu beziehen, muss türkischen Kindern angesichts des Wortlauts des Art. 9 S. 2 zur Wahrung der Chancengleichheit der Auszubildenden untereinander derselbe Vorteil gewährt werden, wenn sie außerhalb dieses Mitgliedstaats studieren wollen. In diesem Zusammenhang gibt es keine Rechtfertigung dafür, türkischen Kindern die Gleichbehandlung nur deshalb vorzuenthalten, weil sie diese Ausbildung im Herkunftsstaat ihrer Familie absolvieren wollen[22].

Art. 10

(1) **Die Mitgliedstaaten der Gemeinschaft räumen den türkischen Arbeitnehmern, die ihrem regulären Arbeitsmarkt angehören, eine Regelung ein, die gegenüber den Arbeitnehmern aus der Gemeinschaft hinsichtlich des Arbeitsentgeltes und der sonstigen Arbeitsbedingungen jede Diskriminierung aufgrund der Staatsangehörigkeit ausschließt.**

(2) **Vorbehaltlich der Artikel 6 und 7 haben die in Absatz 1 genannten türkischen Arbeitnehmer und ihre Familienangehörigen in gleicher Weise wie die Arbeitnehmer aus der Gemeinschaft Anspruch auf die Unterstützung der Arbeitsämter bei der Beschaffung eines Arbeitsplatzes.**

Allgemeine Anwendungshinweise
7. Artikel 10 ARB 1/80
7.1. Wortlaut
Artikel 10 ARB 1/80 hat folgenden Wortlaut:
„(1) Die Mitgliedstaaten der Gemeinschaft räumen den türkischen Arbeitnehmern, die ihrem regulären Arbeitsmarkt angehören, eine Regelung ein, die gegenüber den Arbeitnehmern aus der Gemeinschaft hinsichtlich des Arbeitsentgeltes und der sonstigen Arbeitsbedingungen jede Diskriminierung auf Grund der Staatsangehörigkeit ausschließt.
(2) Vorbehaltlich der Artikel 6 und 7 haben die in Absatz 1 genannten türkischen Arbeitnehmer und ihre Familienangehörigen in gleicher Weise wie die Arbeitnehmer aus der Gemeinschaft Anspruch auf die Unterstützung der Arbeitsämter bei der Beschaffung eines Arbeitsplatzes."

7.2. Unmittelbare Wirkung
Artikel 10 hat unmittelbare Wirkung in den Mitgliedstaaten, die impliziert, dass die türkischen Staatsangehörigen, für die diese Bestimmung gilt, das Recht haben, sich vor den Gerichten des Aufnahmemitgliedstaats auf sie zu berufen („Wählergruppe Gemeinsam", Rn. 54–67).

7.3. Regelungszweck
Artikel 10 trägt zur schrittweisen Integration der türkischen Arbeitnehmer und der türkischen Staatsangehörigen bei, die einen Ortswechsel vornehmen, um sich in einem Mitgliedstaat niederzulassen oder dort Dienstleistungen anzubieten („Kommission/Niederlande" (nachfolgend: „Niederlande"), Rn. 68).

---

[17] EuGH Urt. v. 7.7.2005 – C-374/03, Rn. 32, 37 ff. – Gürol; OVG NRW Beschl. v. 17.9.2018 – 13 C 65/18, Rn. 7 f.
[18] EuGH Urt. v. 7.7.2005 – C-374/03, Rn. 38 – Gürol.
[19] EuGH Urt. v. 7.7.2005 – C-374/03, Rn. 39 – Gürol.
[20] EuGH Urt. v. 7.7.2005 – C-374/03, Rn. 40 – Gürol.
[21] EuGH Urt. v. 7.7.2005 – C-374/03, Rn. 41 – Gürol.
[22] EuGH Urt. v. 7.7.2005 – C-374/03, Rn. 41 – Gürol.

7.4. Regelungsgehalt

Artikel 10 ist eine Konkretisierung des allgemeinen Verbots der Diskriminierung aus Gründen der Staatsangehörigkeit nach Artikel 9 AssAbk („Niederlande", Rn. 68).

Bei der Bestimmung der Tragweite des in Absatz 1 vorgesehenen Diskriminierungsverbots in Bezug auf die Arbeitsbedingungen ist darauf abzustellen, wie der gleiche Grundsatz im Bereich der Freizügigkeit der Arbeitnehmer, die Angehörige der Mitgliedstaaten der Gemeinschaft sind, ausgelegt wird („Wählergruppe Gemeinsam", Rn. 73).

Dem Begriff „sonstige Arbeitsbedingungen" ist ein weiter Anwendungsbereich zuzuerkennen. Artikel 10 sieht die Gleichbehandlung in Bezug auf all das vor, was sich unmittelbar oder mittelbar auf die Ausübung einer Beschäftigung im Aufnahmemitgliedstaat bezieht (vgl. „Wählergruppe Gemeinsam", Rn. 85).

Anwendungsvoraussetzung des Absatzes 1 ist, dass der türkische Arbeitnehmer dem regulären Arbeitsmarkt des betreffenden Mitgliedstaates angehört.

7.5. Beispiele

Eine nationale Regelung, nach der das Recht auf Wählbarkeit in eine Einrichtung zur Vertretung und Verteidigung der Interessen von Arbeitnehmern vom Besitz der Staatsangehörigkeit des Aufnahmemitgliedstaats abhängt, ist unvereinbar mit Absatz 1.

Werden von einem Mitgliedstaat Gebühren eingeführt, die von türkischen Staatsangehörigen für die Ausstellung oder Verlängerung von Aufenthaltserlaubnissen erhoben werden, und sind diese Gebühren im Vergleich mit den von Unionsbürgern für entsprechende Dokumente verlangten Gebühren unverhältnismäßig, so wird durch diese Gebühren auch eine gegen Artikel 10 verstoßende diskriminierende Arbeitsbedingung eingeführt („Niederlande", Rn. 75).

Übersicht

	Rn.
I. Sprachfassungen	1
II. EuGH-Rechtsprechung	6
III. Anwendungsbereich	16
IV. Auswirkungen	23
1. Rechtslage nach dem 1.1.2005	23
2. Rechtslage vor dem 1.1.2005	31

I. Sprachfassungen

Englische Fassung: (1) The Member States of the Community shall as regards remuneration and other conditions of work grant Turkish workers duly registered as belonging to their labour forces treatment involving no discrimination on the basis of nationality between them and Community workers. 1

(2) Subject to the application of Articles 6 and 7, the Turkish workers referred to in paragraph 1 and members of their families shall be entitled, on the same footing as Community workers, to assistance from the employment services in their search for employment.

Französische Fassung: (1) Les Etats membres de la Communauté accordent aux travailleurs turcs appartenant à leur marché régulier de l'emploi un régime caractérisé par l'absence de toute discrimination fondée sur la nationalité par rapport aux travailleurs communautaires en ce qui concerne la rémunération et les autres conditions de travail. 2

(2) Sous réserve de l'application des articles 6 et 7, les travailleurs turcs visés au paragraphe 1 et les membres de leur famille bénéficient, au même titre que les travailleurs communautaires, de l'assistance des services de l'emploi pour la recherche d'un emploi.

Niederländische Fassung: (1) De Lid-Staten van de Gemeenschap passen op de Turkse werknemers die tot hun legale arbeidsmarkt behoren een stelsel toe dat wordt gekenmerkt door het ontbreken van elke discriminatie op het gebied van de nationaliteit ten opzichte van communautaire werknemers, voor wat betreft de lonen en verdere arbeidsvoorwaarden. 3

(2) Behoudens toepassing van de artikelen 6 en 7 komen de in lid 1 bedoelde Turkse werknemers en hun gezinsleden evenzeer als communautaire werknemers in aanmerking voor hulpverlening door de arbeidsbureaus bij het zoeken naar werk.

Italienische Fassung: (1) Gli Stati membri della Comunità concedono ai lavoratori turchi appartenenti al loro regolare mercato del lavoro un regime caratterizzato dalla mancanza di qualsiasi discriminazione di nazionalità rispetto ai lavoratori comunitari, con riferimento alla retribuzione e alle alter condizioni di lavoro. 4

(2) Fatta salva l'applicazione degli articoli 6e 7, i lavoratori turchi di cui al paragrafo 1e i loro familiari, beneficiano allo stesso titolo dei lavoratori comunitari dell'assistenza die servizi competenti per la ricerca di un posto di lavoro.

Türkische Fassung: (1) Topluluğun Üye Ülkeleri, ücret ve öteki çalışma şartları konusunda, kendi iş güçlerine ait oldukları usule uygun olarak kaydedilmiş olan, Türk işçilerine, bunlarla Topluluk işçileri arasında milliyetlerine ilişkin hiç bir ayrımcılık içermeyen muameled e bulunacaklardır. 5

(2) Madde 6 ve 7'nin uygulanmasına tabi olarak 1'inci fıkrada belirtilen Türk işçileri ve bunların aileleri, Topluluk işçileri ile aynı düzeyde iş ararken iş ve işçi bulma kuruluşlarının yapacağı yardımdan hak kazanırlar.

II. EuGH-Rechtsprechung

6 Trotz mehrerer Entscheidungen des EuGH zu Diskriminierungsklauseln sind die Auswirkungen auf das Aufenthaltsrecht weiterhin unklar. Der EuGH hatte insbesondere das Vorabentscheidungsverfahren Güzeli[1] zu Art. 10 I nicht zum Anlass genommen, klare Grundsätze aufzustellen, sondern hatte mit vagen, ausweichenden Ausführungen zu den unterbreiteten Fragen Stellung genommen. Bei der Bestimmung von Tragweite und Grenzen des Art. 10 I in Bezug auf das sich daraus ggf. ergebende Aufenthaltsrecht eines türkischen Arbeitnehmers für die Dauer der erlaubten Beschäftigung sind diejenigen Grundsätze maßgeblich, die der EuGH für Diskriminierungsverbote in den Bestimmungen des Art. 40 I des Kooperationsabkommens zwischen der EWG und Marokko[2] und des Art. 64 I des Europa-Mittelmeer-Assoziierungsabkommens EG-Tunesien[3] in den Entscheidungen vom 2.3.1999[4] und vom 14.12.2006[5] aufgestellt hat. Denn insbesondere auf die Regelung im Abkommen EWG-Marokko, die inhaltlich dem Diskriminierungsverbot des Art. 10 I entspricht, hatte der EuGH in der Rs Güzeli ausdrücklich Bezug genommen.

7 Nach der Rspr. des EuGH in der Rs El-Yassini untersagt es die Bestimmung des Art. 40 Abk. EWG-Marokko einem Mitgliedstaat grundsätzlich nicht, Maßnahmen in Bezug auf das Aufenthaltsrecht eines Ausländers zu ergreifen, der zunächst die Erlaubnis zum Aufenthalt in diesem Mitgliedstaat und zur Aufnahme einer Berufstätigkeit erhalten hat[6]. Dass ein solches Vorgehen der zuständigen nationalen Behörden den Betroffenen dazu zwingt, sein Arbeitsverhältnis im Aufnahmemitgliedstaat vor dem mit dem Arbeitgeber vertraglich vereinbarten Termin zu beenden, ändert daran grundsätzlich nichts[7]. Anders verhält es sich nach der Rspr. dieses Gerichts nur, wenn dem Betroffenen durch ein derartiges Vorgehen das Recht auf tatsächliche Ausübung seiner Beschäftigung, das ihm durch eine von der zuständigen nationalen Behörde ordnungsgemäß erteilte Arbeitserlaubnis, die länger als die Aufenthaltserlaubnis war, entzogen würde, ohne dass Gründe des Schutzes eines berechtigten Interesses des Staates, namentlich Gründe der öffentlichen Ordnung, Sicherheit und Gesundheit, dies rechtfertigten. Ob dies der Fall ist, ist nach Auffassung des EuGH von dem nationalen Gericht zu beurteilen[8]. Zur Begründung hat der EuGH im Urteil El-Yassini weiter ausgeführt, die praktische Wirksamkeit von Art. 40 I Abk. EWG-Marokko („effet utile") erfordere es, dass ein marokkanischer Staatsangehöriger, dem ordnungsgemäß die Erlaubnis erteilt worden sei, im Gebiet eines Mitgliedstaats für eine bestimmte Zeit eine Beschäftigung auszuüben, während dieser gesamten Zeit seine Rechte aus dieser Bestimmung ausüben könne[9].

8 Im Urteil Güzeli hat der EuGH ausgeführt, dass eine Berufung auf Art. 10 I zur Begründung eines Aufenthaltsrechts (nur) dann ausgeschlossen sei, wenn der türkische Staatsangehörige nach Prüfung durch das nationale Gericht nicht die Voraussetzung der Zugehörigkeit zum regulären Arbeitsmarkt erfülle. Für den gegenteiligen Fall, dass eine Berufung auf das assoziationsrechtliche Diskriminierungsverbot zulässig und bei der Entscheidung über den aufenthaltsrechtlichen Status des türkischen Arbeitnehmers zu beachten sei, hat der EuGH auf seine Auslegung der „vergleichbaren" Vorschrift des Art. 40 Abk. EWG-Marokko hingewiesen[10]. Demnach sei es einem Mitgliedstaat zwar grundsätzlich nicht untersagt, die Verlängerung der Aufenthaltserlaubnis eines marokkanischen Staatsangehörigen, dem dieser Mitgliedstaat die Einreise und die Aufnahme einer Beschäftigung erlaubt habe, abzulehnen, wenn der ursprüngliche Grund für die Gewährung des Aufenthaltsrechts mit Ablauf der Aufenthaltserlaubnis nicht mehr bestehe. Es verhalte sich jedoch anders, wenn der Aufnahmemitgliedstaat dem marokkanischen Wanderarbeitnehmer in Bezug auf die Ausübung einer Beschäftigung weitergehende Rechte als in Bezug auf den Aufenthalt verliehen habe. Weiter hat der EuGH auch in dieser Rechts-

---

[1] EuGH Urt. v. 26.10.2006 – C-4/05, NVwZ 2007, 187 – Güzeli.
[2] BGBl. 1978 II S. 690. Art. 40 I Abk. EWG-Marokko lautet wie folgt: „Jeder Mitgliedstaat gewährt den Arbeitnehmern marokkanischer Staatsangehörigkeit, die in seinem Hoheitsgebiet beschäftigt sind, eine Behandlung, die hinsichtlich der Arbeits- und Entlohnungsbedingungen keine auf der Staatsangehörigkeit beruhende Benachteiligung gegenüber seinen eigenen Staatsangehörigen bewirkt. Marokko gewährt den in seinem Hoheitsgebiet beschäftigten Arbeitnehmern, die Staatsangehörige der Mitgliedstaaten sind, die gleiche Behandlung."
[3] Diese Regelung lautet: „(1) Jeder Mitgliedstaat gewährt den Arbeitnehmern tunesischer Staatsangehörigkeit, die in seinem Hoheitsgebiet beschäftigt sind, eine Behandlung, die hinsichtlich der Arbeits-, Entlohnungs- und Kündigungsbedingungen keine auf der Staatsangehörigkeit beruhende Benachteiligung gegenüber seinen eigenen Staatsangehörigen bewirkt. (2) Abs 1 gilt hinsichtlich der Arbeits- und Entlohnungsbedingungen für alle tunesischen Arbeitnehmer, die dazu berechtigt sind, im Hoheitsgebiet eines Mitgliedstaats eine befristete nichtselbständige Erwerbstätigkeit auszuüben. (3) Tunesien gewährt den in seinem Hoheitsgebiet beschäftigten Arbeitnehmern, die Staatsangehörige der Mitgliedstaaten sind, die gleiche Behandlung."
[4] EuGH Urt. v. 2.3.1999 – C-416/96, NVwZ 1999, 1095 – El-Yassini.
[5] EuGH Urt. v. 14.12.2006 – C-97/05, NVwZ 2007, 430 – Gattoussi.
[6] Hierzu auch BVerwG Urt. v. 8.12.2009 – 1 C 16.08, BVerwGE 135, 334 = InfAuslR 2010, 274 Rn. 15.
[7] EuGH Urt. v. 2.3.1999 – C-416/96, NVwZ 1999, 1095, Ls. 3 und Rn. 66 ff. – El-Yassini.
[8] EuGH Urt. v. 2.3.1999 – C-416/96, NVwZ 1999, 1095 Ls. 3 und Rn. 67 – El-Yassini.
[9] EuGH Urt. v. 2.3.1999 – C-416/96, NVwZ 1999, 1095 Rn. 66 – El-Yassini.
[10] EuGH Urt. v. 26.10.2006 – C-4/05, NVwZ 2007, 187 Rn. 52 – Güzeli.

sache seine Auffassung wiederholt, es sei Sache des vorlegenden (nationalen) Gerichts, festzustellen, ob eine solche Fallgestaltung vorliege[11].

Der EuGH hat seine Rspr. zur Bedeutung eines assoziationsrechtlichen Diskriminierungsverbots für den aufenthaltsrechtlichen Status eines Ausländers in der Rechtssache Gattoussi zu der im Wesentlichen mit Art. 40 Abk. EWG-Marokko und mit Art. 10 I inhaltsgleichen Regelung in Art. 64 Europa-Mittelmeer-Abk. mit Tunesien weiterentwickelt (→ Rn. 36–43): Es sei festzustellen, dass das Europa-Mittelmeer-Abk., das nicht die Verwirklichung der Freizügigkeit der Arbeitnehmer zum Gegenstand habe, es einem Mitgliedstaat grundsätzlich nicht untersage, Maßnahmen in Bezug auf das Aufenthaltsrecht eines tunesischen Staatsangehörigen zu ergreifen, der zunächst die Erlaubnis zum Aufenthalt in diesem Mitgliedstaat und zur Aufnahme einer Berufstätigkeit dort erhalten habe. Dass ein solches Vorgehen den Betroffenen dazu zwinge, sein Arbeitsverhältnis im Aufnahmemitgliedstaat vor dem mit dem Arbeitgeber vertraglich vereinbarten Termin zu beenden, ändere daran grundsätzlich nichts.

Allerdings ergebe sich entgegen der Ansicht der deutschen Regierung aus dieser Auslegung nicht, dass ein tunesischer Staatsangehöriger sich in keinem Fall auf das Diskriminierungsverbot des Art. 64 I Europa-Mittelmeer-Abk.-Tunesien berufen könne, um eine Maßnahme anzufechten, die ein Mitgliedstaat ergriffen hat, um sein Aufenthaltsrecht zu beschränken. Denn es könne nicht angenommen werden, dass die Mitgliedstaaten über das Diskriminierungsverbot verfügten, indem sie dessen praktische Wirksamkeit durch Bestimmungen des nationalen Rechts beschränkten. Eine solche Möglichkeit würde zum einen die Bestimmungen eines von der Gemeinschaft und ihren Mitgliedstaaten geschlossenen Abkommens beeinträchtigen und zum anderen die einheitliche Anwendung dieses Verbots infrage stellen. Insbesondere könne der Aufnahmemitgliedstaat dann, wenn er dem Wanderarbeitnehmer ursprünglich in Bezug auf die Ausübung einer Beschäftigung weitergehende Rechte als in Bezug auf den Aufenthalt verliehen habe, die Situation dieses Arbeitnehmers nicht aus Gründen infrage stellen, die nicht dem Schutz eines berechtigten Interesses des Staates wie der **öffentlichen Ordnung, Sicherheit und Gesundheit** dienten. Der Begriff der öffentlichen Ordnung setze nach stRspr voraus, dass eine tatsächliche und hinreichend schwere Gefährdung vorliege, die ein Grundinteresse der Gesellschaft berührt[12].

Der EuGH hat sodann im Urteil Gattoussi weiter ausgeführt: In Anbetracht der Grundsätze des Vertrauensschutzes und der Rechtssicherheit gelte das zuvor Gesagte erst recht, wenn der Aufnahmemitgliedstaat die Aufenthaltserlaubnis nachträglich befristet hat[13]. Nach allem sei Art. 64 I Europa-Mittelmeer-Abk.-Tunesien dahin auszulegen, dass er Wirkungen auf das Recht eines tunesischen Staatsangehörigen entfalte, sich im Gebiet eines Mitgliedstaats aufzuhalten, wenn dieser Staatsangehörige von diesem Mitgliedstaat eine ordnungsgemäße Genehmigung erhalten habe, eine Berufstätigkeit für eine die Dauer seiner Aufenthaltserlaubnis übersteigende Zeit auszuüben.

Mit dem Erst-Recht-Schluss in der Rechtssache Gattoussi[14] hat der EuGH zu erkennen gegeben, dass es bei einer nachträglichen zeitlichen Verkürzung der Geltungsdauer einer Aufenthaltserlaubnis, mit der zugleich die Berechtigung zur Ausübung einer Beschäftigung entzogen wird, nicht erforderlich ist, dass dem Wanderarbeitnehmer in Bezug auf die Ausübung einer Beschäftigung weitergehende Rechte als in Bezug auf den Aufenthalt verliehen worden sein müssen. Das VG Darmstadt hatte mit seiner EuGH-Vorlage vom 27.11.2019[15] den Gerichtshof daher um zu Klärung folgender Frage aufgefordert: Setzt die Rechtsstellung eines Ausländers aus dem Diskriminierungsverbot des Art. 64 des Europa-Mittelmeer-Abkommens mit Tunesien neben der Aufenthaltserlaubnis die Erteilung einer behördlichen Genehmigung, eine Beschäftigung ausüben zu dürfen, voraus?

Die zitierte Entscheidung des EuGH ist aber, ebenso wie die Entscheidung in der Rechtssache El-Yassini, von der Trennung zwischen Aufenthaltstitel und Arbeitsgenehmigung gekennzeichnet. Ausgehend vom Zweck des Europa-Mittelmeer-Abkommens, eine Erleichterung für tunesische Staatsangehörige zu schaffen, die als Arbeitnehmer in den Mitgliedstaaten tätig sind, und ihre Rechte bei legaler Aufnahme einer Beschäftigung zu sichern, könnte daher Grundlage der Rechtsprechung des Gerichtshofs eine ausdrückliche Eröffnung des Zugangs zum Arbeitsmarkt durch eine eigenständige Genehmigung (Arbeitserlaubnis) sein.

Sollte das Diskriminierungsverbot eine derartige Arbeitserlaubnis voraussetzen, die neben der Aufenthaltserlaubnis besteht, dann stünde Art. 64 I Europa-Mittelmeer-Abk,-Tunesien der zeitlichen Verkürzung der Aufenthaltserlaubnis nicht entgegen. Denn die an den Titel anknüpfende Berechtigung zur Ausübung einer Erwerbstätigkeit beruht allein auf einer unmittelbaren gesetzlichen Gestattung nach § 4a I AufenthG.

---

[11] EuGH Urt. v. 26.10.2006 – C-4/05, NVwZ 2007, 187, Rn. 52 f. – Güzeli.
[12] Insoweit hat der EuGH Bezug genommen auf seine Urt. v. 28.10.1975 – C-36/75, Slg. 1975, 1279 Rn. 28 – Rutili; Urt. v. 10.2.2000 – C-340/97, Slg. 2000, I-957 Rn. 57 – Nazli; Urt. v. 25.7.2002 – C-459/99, Slg. 2002, I-6591 Rn. 79 – MRAX.
[13] EuGH Urt. v. 14.12.2006 – C-97/05 Slg. 2006, I-11917 Rn. 40 – Gattoussi.
[14] EuGH Urt. v. 14.12.2006 – C-97/05 Slg. 2006, I-11917 Rn. 40 – Gattoussi.
[15] VG Darmstadt Beschl. v. 27.11.2019 – 5 K 1511/19.DA, die Vorlage wurde nach Klagerücknahme zurückgezogen, sodass es zu keiner Entscheidung des EuGH gekommen ist.

15 Eine Klärung der Auswirkungen des Art. 10 I auf das Aufenthaltsrecht türkischer Staatsangehöriger wurde auch nicht durch die Entscheidung des EuGH in der Rechtssache **Gülbahce**[16] erreicht[17]. Der EuGH erörtert die Vorlagefragen der HmbOVG nicht, sondern kommt zu dem Ergebnis, dass es dem Mitgliedstaat nicht gestattet sei, nachträglich die Rechtsposition nach Art. 6 I zu entziehen, sofern die Aufenthaltserlaubnis zwar zu Unrecht, aber nicht durch Täuschung, erteilt worden war. Lediglich unter der Rn. 52 findet sich ein Satz, der auf ein mögliches **Aufenthaltsrecht aus dem Diskriminierungsverbot** schließen lässt: „Außerdem stand ihm nach Art. 2 I Nr 2 AEVO sowie nach Art. 2 I Nr 1 und Art. 5 ArGV ein Aufenthaltsrecht zu, das ihm seit dem 29.9.1998, an dem ihm das zuständige Arbeitsamt eine unbefristete Arbeitsgenehmigung erteilt hatte, die freie Ausübung einer Beschäftigung im Lohn- oder Gehaltsverhältnis erlaubte." **Offensichtlich hält der EuGH es für möglich, dass aus einer unbefristeten Arbeitsgenehmigung ein Aufenthaltsrecht abgeleitet wird.** Eine Klärung dieser Frage steht aber weiterhin aus[18].

III. Anwendungsbereich

16 Durch das Diskriminierungsverbot des Art. 10 I werden **nur Arbeitnehmer, die dem regulären Arbeitsmarkt angehören, begünstigt.** Familienangehörige werden durch Abs. 2 erfasst, sodass neben dem eindeutigen Wortlaut auch eine systematische Auslegung gegen deren Einbeziehung in den begünstigten Personenkreis des Diskriminierungsverbots sprechen.

17 **Der sachliche Anwendungsbereich der Norm ist nicht davon abhängig, dass der türkische Arbeitnehmer die Rechtsstellung nach Art. 6 oder 7 erworben hat.** Ein türkischer Arbeitnehmer, der dem regulären Arbeitsmarkt eines Mitgliedstaates angehört und der im Besitz einer ordnungsgemäßen unbefristeten Arbeitsgenehmigung ist, ist daher nicht gehindert, sich auf Art. 10 I zu berufen, auch wenn ihm mangels der erforderlichen Beschäftigungsdauer weder Rechte aus Art. 6 noch die Rechte als Familienangehöriger aus Art. 7 zustehen. Das folgt aus der Rechtssache Güzeli[19], in der der EuGH zunächst Ausführungen dazu gemacht hat, unter welchen Voraussetzungen der Kläger sich ggf. auf Art. 6 berufen könne, und er hat sodann ua ausgeführt, dass eine Berufung auf Art. 10 I zur Begründung eines Aufenthaltsrechts (nur) dann ausgeschlossen sei, wenn der türkische Staatsangehörige nach Prüfung durch das nationale Gericht nicht die Voraussetzung der Zugehörigkeit zum regulären Arbeitsmarkt erfülle. Damit ist der EuGH der gegenteiligen Auffassung des Generalanwalts *Geelhoed* in seinen Schlussanträgen vom 23.3.2006[20] nicht gefolgt. Generalanwalt *Geelhoed* hatte in seinen Schlussanträgen noch die Auffassung vertreten, dass die Bestimmungen des ARB 1/80 über die stufenweise Integration türkischer Arbeitnehmer in den Arbeitsmarkt des Aufnahmemitgliedstaates eine abschließende Regelung enthielten[21]. Er hatte ausgeführt, dass sich die Frage eines Aufenthaltsrechts eines türkischen Staatsangehörigen infolge einer Arbeitsberechtigung daher ausschließlich nach Art. 6 richte und sich im Anwendungsbereich des Beschlusses ARB 1/80 aus dem Diskriminierungsverbot nach Art. 10 I kein Anspruch auf Verlängerung eines Aufenthaltstitels ergeben könne.

18 Auch der Generalanwalt *Bot*[22] geht in der Rechtssache Gülbahce aufgrund der Systematik innerhalb des ARB 1/80 davon aus, dass die Voraussetzungen für den Zugang türkischer Arbeitnehmer zur Beschäftigung allein durch Art. 6 I geregelt werden; Art. 10 I könnte „diese Zugangsvoraussetzungen folglich nicht ebenfalls regeln und es dem Betroffenen damit ermöglichen, seinen Antrag auf Verlängerung der Aufenthaltserlaubnis auf letztgenannte Vorschrift zu stützen".

19 Durch die Rspr. des EuGH ist ferner geklärt, dass eine Bestimmung wie Art. 10 I in den Mitgliedstaaten **unmittelbar anwendbar** ist. Diese Bestimmung enthält unter Berücksichtigung ihres Wortlauts und nach Gegenstand und Art des Abkommens eine klare und eindeutige Verpflichtung, deren Erfüllung oder deren Wirkungen nicht vom Erlass eines weiteren Aktes abhängen[23].

20 Sinn und Zweck der aufenthaltsrechtlichen Wirkung des Diskriminierungsverbots ist es, dem Aufnahmemitgliedstaat zu untersagen, durch nach nationalem Recht zulässige aufenthaltsbeschränkende Maßnahmen die praktische Wirksamkeit des Diskriminierungsverbots zu unterlaufen und für den Wanderarbeitnehmer dadurch die ursprünglich erlaubte weitere tatsächliche Ausübung seiner Beschäftigung aus Gründen infrage zu stellen, die nicht dem Schutz eines berechtigten Interesses des Staates wie der öffentlichen Ordnung, Sicherheit und Gesundheit dienen. Die aufenthaltsrechtliche Wirkung besteht danach in einem erhöhten Schutz vor aufenthaltsbeendenden Maßnahmen. **Eine Verletzung des Diskriminierungsverbots kann nur in einer aufenthaltsbeendenden Maßnahme liegen, die den Aufenthalt des Arbeitnehmers und damit auch die Fortsetzung seiner Beschäftigung**

---

[16] EuGH Urt. v. 8.11.2012 – C-268/11 – Gülbahce.
[17] OVG Bln-Bbg Beschl. v. 15.3.2013 – OVG 7 S 14.13, OVG 7 M 22.13 Rn. 5.
[18] Die Vorlage vom VG Darmstadt (Beschl. v. 27.11.2019 – 5 K 1511/19.DA) wurde nach Klagerücknahme zurückgezogen, sodass es zu keiner Entscheidung des EuGH gekommen ist.
[19] EuGH Urt. v. 26.10.2006 – C-4/05, NVwZ 2007, 187 – Güzeli.
[20] Slg. 2006, I-10279.
[21] Schlussanträge des Generalanwalts *Geelhoed* v. 23.3.2006 – C-4/05, Slg. 2006, I-10279 Rn. 52 ff. – Güzeli.
[22] Schlussanträge des Generalanwalts *Bot* v. 21.6.2012 – C-268/11 Rn. 76 f. – Gülbahce.
[23] EuGH Urt. v. 26.10.2006 – C-4/05, NVwZ 2007, 187 – Güzeli.

infrage stellt, nicht aber in einer aufenthaltsrechtlichen Maßnahme, die lediglich vergangene Zeiträume betrifft, in denen der Wanderarbeitnehmer ungehindert einer Beschäftigung nachgehen konnte[24]. Die Rücknahme einer Aufenthaltserlaubnis wird aber erfasst, wenn hierdurch die gegenwärtige Beschäftigungsmöglichkeit beschränkt wird.

Zudem erfasst das Diskriminierungsverbot neben der Ablehnung der Verlängerung einer Aufenthaltserlaubnis, Befristungen[25] sowie Ausweisungen eines beschäftigten Arbeitnehmers. Das Diskriminierungsverbot untersagt dem Aufnahmemitgliedstaat eine Aufenthaltsbeendigung, die nicht dem Schutz eines berechtigten Interesses des Staates dient, verpflichtet ihn aber nicht zur Erteilung eines bestimmten qualifizierten Aufenthaltstitels namentlich für bereits vergangene Zeiträume[26]. 21

Der EuGH hat die für die Ableitung einer aufenthaltsrechtlichen Rechtsstellung erforderliche arbeitsgenehmigungsrechtliche Position in der Rechtssache El-Yassini[27] dahin gehend konkretisiert, dass der Betroffene ein Recht auf tatsächliche Ausübung einer Beschäftigung innehaben muss, das ihm durch eine von der zuständigen nationalen Behörde ordnungsgemäß erteilte Arbeitserlaubnis erteilt wurde, die länger als die Aufenthaltserlaubnis war. In der Rechtssache Gattoussi[28] hat er an die Entscheidung El-Yassini angeknüpft und ausgeführt, dass dem Wanderarbeitnehmer in Bezug auf die Ausübung einer Beschäftigung weitergehende Rechte als in Bezug auf den Aufenthalt verliehen worden sein müssen. Sowohl der Hinweis auf eine eigenständige Arbeitserlaubnis als auch die Formulierung „verliehene Rechte" zeigen, dass es sich **nicht nur um eine deklaratorische Rechtsstellung handeln darf**. 22

IV. Auswirkungen

1. Rechtslage nach dem 1.1.2005

Türkische Staatsangehörige können aus dem **Diskriminierungsverbot des Art. 10** kein Aufenthaltsrecht ableiten, weil sie in Bezug auf die Ausübung einer Beschäftigung im Bundesgebiet nicht im Besitz einer gegenüber der Aufenthaltserlaubnis weitergehenden verliehenen Rechtsposition sind und sich die Beschränkung des Aufenthaltsrechts deshalb als nach Art. 10 I unzulässige Diskriminierung darstellen würde[29]. Hierbei ist zwischen dem Bestehen einer arbeitsmarktrechtlichen Rechtsposition und ihrer rechtlichen Qualität zu differenzieren. 23

Teilweise wird es schon an einer arbeitsmarktrechtlichen Position fehlen, die über die aufenthaltsrechtliche Rechtsstellung hinausgeht. Denn nach § 14 I BeschVerfV wird die Zustimmung zur Ausübung einer Beschäftigung jeweils zu einem bestimmten Aufenthaltstitel erteilt. Auch wenn die Zustimmung nach § 14 II 1 BeschVerfV im Rahmen ihrer zeitlichen Begrenzung grundsätzlich auch für jeden weiteren Aufenthaltstitel fortgilt, so wird die Zustimmung nach § 13 II BeschVerfV idR nur für die Dauer der Beschäftigung, längstens für drei Jahre erteilt. 24

Aber auch nach Änderung des Arbeitsgenehmigungsrechts und dem Übergang zu dem One-Stop-Government gibt es arbeitsmarktrechtliche Positionen, die von dem Aufenthaltstitel unabhängig sind. Denn § 9 I, IV BeschVerfV schränkt die Befristungsregelung ein. Ausländer, die eine Aufenthaltserlaubnis besitzen und 25

1. zwei Jahre erlaubt eine versicherungspflichtige Beschäftigung im Bundesgebiet ausgeübt haben oder
2. sich seit drei Jahren im Bundesgebiet unterbrochen erlaubt, geduldet oder sich mit einer Aufenthaltsgestattung aufhalten,

erhalten eine Zustimmung, die ohne zeitliche Beschränkung nach § 13 BeschVerfV erteilt wird. **Die Zustimmung ist in diesem Fall unbegrenzt und unbefristet**[30].

Aber auch in Fällen, in denen dem türkischen Staatsangehörigen die Beschäftigung erst nach zuvor erteilter Zustimmung der Bundesagentur für Arbeit (BA) ermöglicht wird, fehlt es an einer verliehenen Rechtsposition. Mit Inkrafttreten des AufenthG am 1.1.2005 wurde das bis dahin geltende doppelte Genehmigungsverfahren aufgegeben. Bedurfte ein Ausländer in der Vergangenheit für den Aufenthalt und die Ausübung einer Erwerbstätigkeit neben dem von der Ausländerbehörde zu erteilenden Aufenthaltstitel einer Arbeitsgenehmigung durch die BA nach §§ 284 ff. SGB III aF, darf er nunmehr nach § 4 III 1 eine Erwerbstätigkeit nur ausüben, wenn der Aufenthaltstitel ihn dazu berechtigt. Zur Erteilung eines solchen Aufenthaltstitels benötigt die Ausländerbehörde nach § 39 die Zustimmung der BA. 26

Der beschäftigungsrechtliche Status des Ausländers richtet sich nicht mehr nach einer ihm erteilten Arbeitsgenehmigung, sondern hängt ausschließlich vom Bestehen eines entsprechenden Aufenthalts- 27

---

[24] BVerwG Urt. v. 8.12.2009 – 1 C 16.08, BVerwGE 135, 334 = InfAuslR 2010, 274 Rn. 16.
[25] *Dienelt* InfAuslR 2004, 45 (49).
[26] BVerwG Urt. v. 8.12.2009 – 1 C 16.08, BVerwGE 135, 334 = InfAuslR 2010, 274 Rn. 16.
[27] EuGH Urt. v. 2.3.1999 – C-416/96 Slg. 1999, I-1209 Rn. 64 f. – El-Yassini.
[28] EuGH Urt. v. 14.12.2006 – C-97/05 Slg. 2006, I-11917 Rn. 40– Gattoussi.
[29] BVerwG Urt. v. 8.12.2009 – 1 C 16.08; OVG NRW Beschl. v. 14.1.2010 – 18 B 471/09, vgl. zum Problemkreis EuGH Urt. v. 26.10.2006 – C-4/05, Slg. 2006, I-10279 = InfAuslR 2007, 1 – Güzeli und Urt. v. 14.12.2006 – C-97/05, Slg. 2006, I-11917 = InfAuslR 2007, 89 – Gattoussi.
[30] S. hierzu auch *Hofmann* HK-AuslR 4.2. Rn. 34.

titels ab. Als bloßes Verwaltungsinternum scheidet die Zustimmung der BA von vornherein als Grundlage für ein gemeinschaftsrechtlich zu gewährendes Aufenthaltsrecht aus, denn sie verleiht dem Ausländer in Bezug auf die Ausübung einer Beschäftigung keine weitergehenden Rechte als der ihm erteilte Aufenthaltstitel in Bezug auf seinen Aufenthalt. Nicht die in den Aufenthaltstitels aufgenommene Zustimmung, sondern der Aufenthaltstitel vermittelt das Recht auf Erwerbstätigkeit. **Die Zustimmung als interner Mitwirkungsakt kann dem Ausländer daher keine eigenständige Rechtsposition vermitteln.**

28   Soweit die Ausübung einer Beschäftigung oder Erwerbstätigkeit kraft Gesetzes erlaubt ist und eine Zustimmung der BA nicht eingeholt werden muss, kommt **dem Hinweis in der Aufenthaltserlaubnis auf die kraft Gesetzes bestehende Berechtigung zur Ausübung einer Erwerbstätigkeit oder Beschäftigung nur die Bedeutung eines deklaratorischen Vermerks zu**[31]. Der unmittelbaren Bindung der Gestattung einer Erwerbstätigkeit an die Erteilung eines Aufenthaltstitels entspricht es, wenn diese Gestattung auch in ihrer Gültigkeitsdauer an den Fortbestand des entsprechenden Aufenthaltsrechts gekoppelt ist und somit auch grundsätzlich mit dem Ablauf der Geltungsdauer einer Aufenthaltserlaubnis erlischt[32].

29   Auch § 84 II 2 vermittelt keine über die Geltungsdauer der ursprünglichen Aufenthaltserlaubnis hinausgehende Rechtsstellung. Denn mit der Gestattung der Erwerbstätigkeit wird dem Ausländer keine eigenständige Rechtsposition auf dem Arbeitsmarkt eingeräumt, die vom Bestehen eines Aufenthaltsrechts unabhängig wäre und deren Entzug durch die Beendigung des Aufenthaltsrechts sich deshalb gegenüber diesen Arbeitnehmern als nach Art. 10 I unzulässige Diskriminierung darstellen könnte. Vielmehr hat das vorläufige Beschäftigungsrecht seinen Grund allein in der gesetzlichen Vermutung, dass das Fehlen eines Anspruchs auf Verlängerung des bisherigen Aufenthaltsrechts bis zu einer Entscheidung der Ausländerbehörde und dem Abschluss eines Verfahrens auf vorläufigen Rechtsschutz noch unsicher ist, sodass es unverhältnismäßig wäre, dem Ausländer die Möglichkeit der Aufnahme oder Fortführung einer Erwerbstätigkeit bereits vor einer entsprechend ablehnenden Entscheidung der Ausländerbehörde und der Verwaltungsgerichte zu nehmen. Das Beschäftigungsrecht des Ausländers ist insoweit nur ein vorläufiges, das unmittelbar mit dem Eintritt der Bestandskraft der ausländerrechtlichen Entscheidung oder des Wegfalls der aufschiebenden Wirkung des Rechtsbehelfs gegen diese wieder entfällt[33].

30   Wegen der dynamischen Stillhalteklausel des Art. 13 ist aber zu beachten, dass sich türkische Staatsangehörige auf die alte, günstigere arbeitsmarktrechtliche Rechtslage berufen können, auch wenn sie erst nach dem 1.1.2005 in das Bundesgebiet eingereist sind. Diese Personengruppe wird aber idR nicht im Besitz einer Arbeitsgenehmigung sein, da entsprechende Genehmigungen von der Arbeitsverwaltung nur noch für EU-Bürger der Beitrittsstaaten Bulgarien und Rumänien ausgestellt werden. Zwar haben türkische Staatsangehörige über **die Stand-Still-Klausel des Art. 13 Anspruch auf eine Anwendung des Arbeitsgenehmigungsrechts in der für sie jeweils günstigen Fassung.** Sie können sich aufgrund der Dynamisierung der Stillhalteklausel dabei nicht nur auf die (Arbeitserlaubnisverordnung – AEVO[34]), die im Zeitpunkt des Inkrafttretens der Stand-Still-Klausel des Art. 13[35] galt, berufen, sondern können auch die günstigeren Regelungen der ArGV für sich in Anspruch nehmen. Um Rechte über das Diskriminierungsverbot geltend machen zu können, muss ein türkischer Staatsangehöriger aber im Besitz einer Arbeitsgenehmigung sein; ein **Anspruch auf eine befristete oder unbefristete Arbeitserlaubnis ist nicht ausreichend.** Damit verlagert sich die aufenthaltsrechtliche Problematik zunächst in das Arbeitsgenehmigungsrecht.

2. Rechtslage vor dem 1.1.2005

31   Für Fälle, in denen türkische Staatsangehörige vor dem 1.1.2005 im Besitz von **Arbeitsberechtigungen** sind, ergeben sich einige Probleme. Hinsichtlich des Schicksals der nach altem Recht erteilten Arbeitsgenehmigungen bestimmt § 105, dass eine vor dem 1.1.2005 (befristet) erteilte Arbeitserlaubnis ihre Gültigkeit bis zum Ablauf ihrer Geltungsdauer behält und als Zustimmung der Bundesagentur für Arbeit (BA) zur Aufnahme einer Beschäftigung gilt, wenn ein Aufenthaltstitel nach dem AufenthG erteilt wird (§ 105 I); eine nach altem Recht (unbefristet) erteilte Arbeitsberechtigung gilt als uneingeschränkte Zustimmung der BA zur Aufnahme einer Beschäftigung (§ 105 II). Diese Übergangsregelung soll nach der Gesetzesbegründung sicherstellen, dass erteilte Arbeitsgenehmigungen ohne Einschränkung fortgelten oder als Zustimmung der BA gelten und der zuvor erworbene Rechtsstatus auch unter dem geänderten Instrumentarium gewahrt bleibt[36]. Eine vor dem 1.1.2005 erteilte Arbeitsberechtigung wird folglich nicht gegenstandslos, sondern in ihrer Rechtswirkung kraft Gesetzes dahin abgeändert, dass sie nicht mehr mit Wirkung gegenüber dem Ausländer die Ausübung einer Beschäfti-

---

[31] S. auch HessVGH Beschl. v. 29.6.2009 – 11 A 787/09.Z; VGH BW Beschl. v. 24.1.2008 – 11 S 2765/07.
[32] HessVGH Beschl. v. 29.6.2009 – 11 A 787/09.Z; VGH BW Beschl. v. 24.1.2008 – 11 S 2765/07.
[33] So zutreffend VGH BW Beschl. v. 24.1.2008 – 11 S 2765/07.
[34] VO über die Arbeitserlaubnis für nichtdeutsche Arbeitnehmer idF der Bekanntmachung v. 12.9.1980 (BGBl. I S. 1754).
[35] VG Darmstadt Beschl. v. 17.9.2009 – 5 L 1411/08.
[36] Vgl. BT-Drs. 15/420, 101.

gung erlaubt, sondern nunmehr verwaltungsintern die Zustimmung der BA bei der Erteilung eines Aufenthaltstitels ersetzt, der die Ausübung einer Beschäftigung erlaubt. **Mit der Umwandlung der Arbeitsgenehmigung in eine fingierte Zustimmung der BA richtet sich der beschäftigungsrechtliche Status des Ausländers nicht mehr nach der ihm erteilten Arbeitsgenehmigung, sondern hängt vom Bestehen eines entsprechenden Aufenthaltstitels ab**[37]. Als bloßes Verwaltungsinternum scheidet die Zustimmung der BA von vornherein als Grundlage für ein gemeinschaftsrechtlich zu gewährendes Aufenthaltsrecht aus, denn sie verleiht dem Ausländer in Bezug auf die Ausübung einer Beschäftigung keine weitergehenden Rechte als der ihm erteilte Aufenthaltstitel in Bezug auf seinen Aufenthalt[38].

Es stellt sich aber die Frage, ob eine derartige Statusveränderung mit der Stillhalteklausel des Art. 13 vereinbar ist. Führt die Überleitung einer Arbeitsberechtigung zu einer Verschlechterung der aufenthaltsrechtlichen Rechtsstellung, so verstößt dies gegen die Stillhalteklausel. Insofern können sich türkische Staatsangehörige auf die Arbeitsberechtigung berufen, sofern sie hieraus weitergehende Aufenthaltsrechte (besonders Ausweisungsschutz, eingeschränkte Befristungsmöglichkeit[39]) ableiten können. Eine Klärung dieser Rechtsfrage ist durch den EuGH in der Rechtssache Gülbahce nicht erfolgt. Der EuGH hat aber – ohne weitere Begründung – zu erkennen gegeben, dass aus einer unbefristeten Arbeitsgenehmigung ein Aufenthaltsrecht abgeleitet werden kann. 32

Die **Rücknahme des Aufenthaltstitels** verstößt nicht gegen die aufenthaltsrechtliche Wirkung des Diskriminierungsverbots; dessen Sinn und Zweck ist es, dem Aufnahmemitgliedstaat zu untersagen, durch nach nationalem Recht zulässige aufenthaltsbeschränkende Maßnahmen die praktische Wirksamkeit des Diskriminierungsverbots zu unterlaufen und für den Wanderarbeitnehmer dadurch die ursprünglich erlaubte weitere tatsächliche Ausübung seiner Beschäftigung aus Gründen infrage zu stellen, die nicht dem Schutz eines berechtigten Interesses des Staates wie der öffentlichen Ordnung, Sicherheit und Gesundheit dienen. 33

Art. 11

Staatsangehörige der Mitgliedstaaten, die dem regulären Arbeitsmarkt der Türkei angehören, und ihre Familienangehörigen, welche die Genehmigung erhalten haben, zu ihnen zu ziehen, genießen dort die in den Artikeln 6, 7, 9 und 10 gewährten Rechte und Vorteile, wenn sie die in diesen Artikeln vorgesehenen Voraussetzungen erfüllen.

(nicht kommentiert)

Art. 12

[1] Wenn in einem Mitgliedstaat der Gemeinschaft oder in der Türkei der Arbeitsmarkt ernsten Störungen ausgesetzt oder von ernsten Störungen bedroht ist, die ernste Gefahren für den Lebensstandard und das Beschäftigungsniveau in einem Gebiet, einem Wirtschaftszweig oder einem Beruf mit sich bringen können, so kann der betreffende Staat davon absehen, automatisch die Artikel 6 und 7 anzuwenden. [2] Der betreffende Staat unterrichtet den Assoziationsrat von dieser zeitweiligen Einschränkung.

(nicht kommentiert)

Art. 13

Die Mitgliedstaaten der Gemeinschaft und die Türkei dürfen für Arbeitnehmer und ihre Familienangehörigen, deren Aufenthalt und Beschäftigung in ihrem Hoheitsgebiet ordnungsgemäß sind, keine neuen Beschränkungen der Bedingungen für den Zugang zum Arbeitsmarkt einführen.

Art. 41 ZP
(1) Die Vertragsparteien werden untereinander keine neuen Beschränkungen der Niederlassungsfreiheit und des freien Dienstleistungsverkehrs einführen.
(2) Der Assoziationsrat setzt nach den Grundsätzen der Artikel 13 und 14 des Assoziierungsabkommens die Zeitfolge und die Einzelheiten fest, nach denen die Vertragsparteien die Beschränkungen der Niederlassungsfreiheit und des freien Dienstleistungsverkehrs untereinander schrittweise beseitigen.

---

[37] BVerwG Urt. v. 8.12.2009 – 1 C 14.08, BVerwGE 135, 325 Rn. 15.
[38] BVerwG Urt. v. 8.12.2009 – 1 C 14.08, BVerwGE 135, 325 Rn. 15.
[39] *Dienelt* InfAuslR 2004, 45 (49).

Allgemeine Anwendungshinweise
8. Artikel 13 ARB 1/80
8.1. Wortlaut
Artikel 13 ARB 1/80 hat folgenden Wortlaut:
„Die Mitgliedstaaten der Gemeinschaft und die Türkei dürfen für Arbeitnehmer und ihre Familienangehörigen, deren Aufenthalt und Beschäftigung in ihrem Hoheitsgebiet ordnungsgemäß sind, keine neuen Beschränkungen für den Zugang zum Arbeitsmarkt einführen."

8.2. Unmittelbare Wirkung
Artikel 13 entfaltet nach der Rechtsprechung des EuGH unmittelbare Wirkung, da die Regelung eine klare, präzise und nicht an Bedingungen geknüpfte Unterlassungspflicht der Mitgliedstaaten begründet („Sevince", Rn. 26; „Abatay", Rn. 58). Daher können sich türkische Staatsangehörige, für die diese Bestimmung gilt, vor den jeweiligen innerstaatlichen Gerichten auf Artikel 13 berufen, um die Anwendung entgegenstehender Vorschriften des innerstaatlichen Rechts auszuschließen („Sahin", Rn. 62 m. w. N.).

8.3. Regelungszweck
Nach der Rechtsprechung des EuGH soll Artikel 13 gerade für die türkischen Staatsangehörigen gelten, die noch keine Rechte in Bezug auf Beschäftigung und entsprechend auf Aufenthalt gemäß Artikel 6 Absatz 1 genießen („Sahin", Rn. 50 f.; „Niederlande", Rn. 45; „Toprak/Oguz", Rn. 45).

8.4. Regelungssystematik
8.4.1. Verhältnis zu Artikel 41 Absatz 1 des Zusatzprotokolls
Die Stillhalteklauseln des Artikels 13 und des Artikels 41 Absatz 1 des Zusatzprotokolls (ZP) verfolgen dasselbe Ziel, nämlich dadurch günstige Bedingungen für die schrittweise Verwirklichung der Arbeitnehmerfreizügigkeit, der Niederlassungsfreiheit und der Dienstleistungsfreiheit zu schaffen, dass den innerstaatlichen Stellen verboten wird, neue Hindernisse für diese Freiheiten einzuführen („Abatay", Rn. 72; „Sahin", Rn. 65 „Toprak/Oguz", Rn. 52).

Artikel 13 hat damit zwar dieselbe Funktion wie Artikel 41 Absatz 1 ZP. Jedoch haben beide Vorschriften jeweils ihren eigenen, genau bestimmten Anwendungsbereich, so dass sie nicht zusammen angewandt werden können („Abatay", Rn. 86; „Dereci", Rn. 82).

Außerdem ist der Anwendungsbereich des Artikels 13 gegenüber dem Artikel 41 Absatz 1 ZP dadurch beschränkt, dass bestimmte besondere Aspekte von dem durch ihn anerkannten Schutzbereich ausgenommen sind („Tum/Dari", Rn. 60).

8.4.2. Verhältnis zu Artikel 6 Absatz 1 ARB 1/80
Artikel 6 Absatz 1 verleiht türkischen Arbeitnehmern konkrete Rechte auf dem Gebiet der Ausübung einer Beschäftigung. Der Schutz dieser Rechte ist daher nicht Gegenstand von Artikel 13. Vielmehr verbietet Artikel 13 den Mitgliedstaaten, den Zugang türkischer Staatsangehöriger zu einer Beschäftigung durch neue Maßnahmen einzuschränken („Abatay", Rn. 78–80). Die Anwendbarkeit von Artikel 13 setzt nicht voraus, dass der betreffende türkische Staatsangehörige die Anforderungen von Artikel 6 Absatz 1 erfüllt. Artikel 13 setzt insbesondere nicht voraus, dass der türkische Staatsangehörige eine Beschäftigung als Arbeitnehmer ausübt („Sahin", Rn. 50). Ein türkischer Staatsangehöriger, der in einem Mitgliedstaat bereits ordnungsgemäß eine Beschäftigung ausübt, muss nicht mehr durch eine Stillhalteklausel in Bezug auf den Zugang zu einer Beschäftigung geschützt werden, da dieser Zugang bereits erfolgt ist und der Betroffene für seine weitere berufliche Laufbahn im Aufnahmemitgliedstaat die Rechte nach Artikel 6 genießt („Abatay", Rn. 81). Die Anwendbarkeit des Artikels 13 ARB 1/80 setzt aber zumindest die Absicht des Betroffenen voraus, eine Tätigkeit als Arbeitnehmer aufzunehmen.

8.5. Anwendungsbereich
8.5.1. Persönlicher Anwendungsbereich
Artikel 13 ist anwendbar auf türkische Staatsangehörige, die Arbeitnehmer sind (zum Arbeitnehmerbegriff Ziffer 3.5). Er gilt darüber hinaus für die Familienangehörigen türkischer Arbeitnehmer (zum Begriff des Familienangehörigen Ziffer 4.8.1). Deren Einreise in das Hoheitsgebiet eines Mitgliedstaates zum Zweck der Familienzusammenführung mit einem türkischen Arbeitnehmer, der sich bereits rechtmäßig in diesem Staat befindet, hängt nicht von der Ausübung einer eigenen Beschäftigung als Arbeitnehmer ab („Abatay", Rn. 82).

8.5.2. Erstmalige Aufnahme
Ungeklärt ist in der Rechtsprechung des EuGH bislang, ob und inwieweit Artikel 13 Anwendung auf türkische Staatsangehörige findet, die noch gar keine Aufnahme in einem Mitgliedstaat gefunden haben.

Nach dem Wortlaut von Artikel 13 gilt das Verschlechterungsverbot nur für Arbeitnehmer und ihre Familienangehörigen, deren Aufenthalt und Beschäftigung in ihrem Hoheitsgebiet „ordnungsgemäß sind".

Der Begriff „ordnungsgemäß" bedeutet nach der Rechtsprechung des Europäischen Gerichtshofs, dass der türkische Arbeitnehmer oder sein Familienangehöriger die Vorschriften des Aufnahmemitgliedstaates auf dem Gebiet der Einreise, des Aufenthalts und gegebenenfalls der Beschäftigung beachtet haben muss, so dass er sich rechtmäßig im Hoheitsgebiet dieses Staates befindet („Abatay", Rn. 84). Daraus folgt für den Gerichtshof, dass die zuständigen nationalen Behörden auch nach dem Inkrafttreten des Beschlusses Nr 1/80 berechtigt sind, die Maßnahmen zu verstärken, die gegenüber türkischen Staatsangehörigen getroffen werden können, die sich nicht in einer ordnungsgemäßen Situation befinden („Abatay", Rn. 85). Ursprünglich legte der Gerichtshof Artikel 13 somit so aus, dass mitgliedstaatliche Regelungen, die die erstmalige Zulassung der Einreise eines türkischen Staatsangehörigen in einen Mitgliedstaat betreffen, ausschließlich dem Recht dieses Staates unterliegen („Abatay", Rn. 65).

Von dieser Auslegung scheint der Europäische Gerichtshof in seiner jüngsten Rechtsprechung abzurücken. Nach neueren Entscheidungen des Gerichtshofs findet Artikel 13 auch Anwendung auf türkische Staatsangehörige, denen noch gar keine Rechte insbesondere in Bezug auf die Beschäftigung gewährt worden sind. Er begründet dies mit dem Regelungszweck von Artikel 13. Dementsprechend meint der Gerichtshof, die Vorschrift stehe der Einführung auch solcher neuer Beschränkungen entgegen, die die Voraussetzungen für den Zugang zur Beschäftigung türkischer Staatsangehöriger im Hoheitsgebiet des fraglichen Mitgliedstaates betreffen, in dort von den wirtschaftlichen Freiheiten Gebrauch machen wollen („Niederlande", Rn. 47/49).

Dies gilt jedoch jedenfalls nicht für die Gruppe der noch nicht bereits in das Hoheitsgebiet des Mitgliedstaates zugezogenen türkischen Staatsangehörigen und ihre Familienangehörigen. Für diejenigen türkischen Staatsangehörigen und diejenigen Familienangehörigen von türkischen Staatsangehörigen, die sich noch außerhalb des Hoheitsgebiets des Mitgliedstaates befinden, ist das Verschlechterungsverbot des Artikels 13 nicht anwendbar. Eine andere Auslegung verstieße gegen den Wortlaut des Artikels 13, wonach die Regelung nur für solche türkischen Arbeitnehmer und ihre Familienangehörigen gilt, deren Aufenthalt (und gegebenenfalls Beschäftigung) in ihrem Hoheitsgebiet „ordnungsgemäß sind". Arbeitnehmer und Familienangehörige von türkischen Staatsangehörigen, die sich außerhalb des Hoheitsgebietes des Mitgliedstaats befinden und von dort den Familiennachzug beantragen, befinden sich nicht ordnungsgemäß „im" Hoheitsgebiet dieses Mitgliedstaats. Zudem gilt Artikel 13 nur für Arbeitnehmer und ihre Familienangehörigen, deren Aufenthalt und Beschäftigung in ihrem Hoheitsgebiet ordnungsgemäß „sind". Da Artikel 13 ARB 1/80 die Präsensform verwendet, erfasst die Vorschrift damit nur solche Personen, die sich bereits im Hoheitsgebiet des fraglichen Mitgliedstaates befinden und denen der Zuzug gestattet wurde. Denn wenn Einreise, Aufenthalt und Beschäftigung erst noch bevorstehen, können diese nicht ordnungsgemäß „sein".

Etwas anderes ergibt sich auch nicht aus der Rechtsprechung des Europäischen Gerichtshofs. Der Gerichtshof hatte bislang nur über Fälle zu befinden, in denen sich die betroffenen türkischen Staatsangehörigen zumindest für einen begrenzten Zeitraum rechtmäßig innerhalb des Hoheitsgebietes des Mitgliedstaates aufgehalten hatten. Für diese Gruppe der bereits zugezogenen, aber noch nicht bereits in den Arbeitsmarkt integrierten türkischen Staatsangehörigen soll das Verschlechterungsverbot gelten („Abatay", Rn. 83; „Sahin", Rn. 50 f.; „Toprak/Oguz", Rn. 45 f.; „Niederlande", Rn. 46 und 50). Keiner der zu Artikel 13 bislang ergangenen Entscheidungen des Gerichtshofs betraf jedoch den Fall, in dem ein Familienangehöriger vom Hoheitsgebiet der Türkei aus den Familiennachzug in einen Mitgliedstaat begehrt (vgl. insbesondere „Abatay", Rn. 89/91; „Sahin", Rn. 54; „Toprak/Oguz", Rn. 15 und 21; „Niederlande"; „Dereci", Rn. 99).

Auch das Bundesverwaltungsgericht hält Artikel 13 nur für anwendbar, wenn dem türkischen Staatsangehörigen bereits der Zugang zum Hoheitsgebiet des Aufnahmestaates gewährt worden ist, da die Vorschrift dessen ordnungsgemäßen Aufenthalt voraussetze (BVerwG, Urteil vom 30. März 2010 – 1 C 8.09, BVerwGE 136, 231, Rn. 20).

8.5.3. „Ordnungsgemäßheit" des Aufenthalts und der Beschäftigung

Artikel 13 findet Anwendung auf türkische Staatsangehörige, deren Aufenthalt und Beschäftigung im Hoheitsgebiet eines Mitgliedstaates ordnungsgemäß sind.

Der Begriff „ordnungsgemäß" im Sinne von Artikel 13 bedeutet, dass der türkische Arbeitnehmer oder sein Familienangehöriger die Vorschriften des Aufnahmemitgliedstaates auf dem Gebiet der Einreise, des Aufenthalts und gegebenenfalls der Beschäftigung beachtet haben muss, so dass er sich rechtmäßig im Hoheitsgebiet dieses Staates befindet („Abatay", Rn. 84 m. w. N.; „Sahin", Rn. 53).

Artikel 13 ist nur dann anzuwenden, wenn sich der betroffene türkische Staatsangehörige im Hoheitsgebiet des Aufnahmemitgliedstaates nicht nur ordnungsgemäß, sondern auch während eines hinreichend langen Zeitraums aufhält, um sich dort schrittweise integrieren zu können („Abatay", Rn. 89–91 und 117).

8.6. Regelungsgehalt

8.6.1. Verschlechterungsverbot

Artikel 13 enthält ein Verschlechterungsverbot (sogenannte Stillhalteklausel). Danach dürfen die Mitgliedstaaten keine neuen innerstaatlichen Maßnahmen einführen, die bezwecken oder bewirken, dass die Ausübung der Arbeitnehmerfreizügigkeit durch einen türkischen Staatsangehörigen oder einen Familienangehörigen in einem Mitgliedstaat strengeren Voraussetzungen als denjenigen unterworfen wird, die zum Zeitpunkt des Inkrafttretens der Bestimmung in dem Mitgliedstaat galten („Sahin", Rn. 63 m. w. N.).

Das Verschlechterungsverbot gilt für alle materiell- und/oder verfahrensrechtlichen Voraussetzungen der Ausübung der Arbeitnehmerfreizügigkeit („Niederlande", Rn. 49). Artikel 13 ist nicht nur auf Bestimmungen in einer Gesetzes- oder Verordnungsvorschrift, sondern auch auf Bestimmungen in einer Rundverfügung anzuwenden, in der die betreffende Regierung darlegt, wie sie das Recht anwenden will („Toprak/Oguz", Rn. 30 ff.).

Es dürfen somit auch keine Beschränkungen eingeführt werden, die den türkischen Staatsangehörigen neue Pflichten auferlegen, die im Vergleich zu denen der Unionsbürger unverhältnismäßig sind („Sahin", Rn. 71).

Nach der Rechtsprechung des EuGH gilt das Verschlechterungsverbot auch für Regelungen, die sich nicht unmittelbar auf ausländische Arbeitnehmer beziehen. Ausreichend ist, dass die betroffene Regelung Auswirkungen auf ausländische (also auch türkische) Arbeitnehmer haben könne („Toprak/Oguz", Rn. 40/41). Im konkret vom EuGH entschiedenen Fall ging es allgemein um die Beendigung des Aufenthaltsrechts ausländischer Staatsangehöriger, die nicht mindestens drei Jahre mit Personen verheiratet waren, die ein unbefristetes Aufenthaltsrecht in den Niederlanden besaßen („Top-rak/Oguz", Rn. 39). Dass eine solche Beendigung des Aufenthaltsrechts auch türkische Arbeitnehmer betreffen könne, hielt der EuGH für ausreichend.

Nach der Rechtsprechung des EuGH gilt das Verschlechterungsverbot auch für Gebührenregelungen. In zwei Urteilen, die sich mit Erhebung von Gebühren für die Erteilung/Verlängerung von Aufenthaltstiteln beschäftigten, nahm der EuGH eine Verhältnismäßigkeitsprüfung anhand eines Vergleichs der von Unionsbürgern mit den von türkischen Staatsangehörigen erhobenen tatsächlichen Gebühren und anhand der (insbesondere durch die Häufigkeit der Gebührenerhebung) beeinflussten finanziellen Auswirkungen für die türkischen Staatsangehörigen vor („Sahin", Rn. 72 ff.; „Niederlande", Rn. 56 und 62 ff.). In beiden Fällen entschied der EuGH, dass die Höhe der von den Niederlanden für die Beantragung der Erteilung/Verlängerung eines Aufenthaltstitels von türkischen Staatsangehörigen erhobenen Gebühren im Vergleich zu den von Gemeinschaftangehörigen verlangten Gebühren unverhältnismäßig war („Sahin", Rn. 75; „Niederlande", Rn. 74).

Das BVerwG hat die von türkischen Staatsangehörigen in Deutschland für die Erteilung und die Verlängerung von Aufenthaltstiteln verlangten Gebühren für mit dem Assoziationsrecht unvereinbar gehalten (BVerwG, Urteil vom 19. März 2013 – 1 C 12.12 –, juris). Die Aufenthaltsverordnung wird derzeit (Stand: Oktober 2013) entsprechend angepasst.

Das AufenthG ist von dem Verschlechterungsverbot in § 31 Absatz 1 Nummer 1 (Mindestbestandzeit der ehelichen Lebensgemeinschaft von drei Jahren zur Erlangung eines eigenständigen Aufenthaltsrechts) betroffen. Für türkische Staatsangehörige, die eine Aufenthaltserlaubnis zum Zweck des Familiennachzugs besitzen und zum Zeitpunkt der Aufhebung der ehelichen Lebensgemeinschaft einer Beschäftigung nachgegangen sind, die ein Recht nach Artikel 6 ARB 1/80 begründet, ist daher bei der Prüfung eines eigenständigen Aufenthaltsrechts die bis Ende Juni 2011 geltende Fassung des § 31 Absatz 1 AufenthG (zweijährige Ehebestandszeit) zu berücksichtigen.

8.6.2. Bezugszeitpunkt des Verschlechterungsverbots

Der Wortlaut von Artikel 13 gibt keinen bestimmten Zeitpunkt an, ab dem die Stillhalteklausel gilt und der der Bezugszeitpunkt für die Beurteilung der Frage ist, ob eine „neue Beschränkung" im Sinne der Vorschrift vorliegt. Der EuGH hat in seiner Rechtsprechung mehrfach auf den Zeitpunkt des Inkrafttretens des ARB 1/80 abgestellt („Toprak/Oguz", Rn. 49). In Deutschland trat die Bestimmung gemäß Artikel 16 Absatz 1 am 1. Dezember 1980 in Kraft.

In seiner neuesten Rechtsprechung meint der EuGH jedoch, dass dies nicht bedeute, dass nur dieser Zeitpunkt maßgebend sei. Vielmehr sei auf das mit Artikel 13 verfolgte Ziel abzustellen, um die Tragweite des Begriffs „neue Beschränkungen" zu bestimmen („Toprak/Oguz", Rn. 51). Dieses Ziel bestehe in der schrittweisen Verwirklichung der Arbeitnehmerfreizügigkeit und werde durch das absolute Verbot von Verschärfungen der zu einem bestimmten Zeitpunkt bestehenden Bedingungen für die Ausübung dieser Freiheit erreicht („Toprak/Oguz", Rn. 52/53). Die Tragweite der Stillhalteverpflichtung erstrecke sich damit auf sämtliche neuen Hindernisse für die Ausübung der Arbeitnehmerfreizügigkeit („Toprak/Oguz", Rn. 54), denn der Mitgliedstaat dürfe sich nicht wieder von dem verfolgten Ziel entfernen („Toprak/Oguz", Rn. 55).

Bezugspunkt für die Beurteilung, ob die Einführung neuer Regelungen zu „neuen Beschränkungen" führt, ist daher der Zeitpunkt des Erlasses solcher Bestimmungen („Top-rak/Oguz", Rn. 56). „Neue" Beschränkungen im Sinne von Artikel 13 sind daher auch solche Bestimmungen, die die für die türkischen Arbeitnehmer geltenden Bedingungen für die Erteilung einer Aufenthaltserlaubnis im Vergleich zu Bedingungen verschärfen, die für sie zuvor unter der *nach* Inkrafttreten des ARB 1/80 in dem betreffenden Hoheitsgebiet geltenden Regelung anwendbar *waren* („Toprak/Oguz", Rn. 60).

8.6.3. Grenzen des Verschlechterungsverbotes

Nach der Rechtsprechung des EuGH ist nicht jede „neue Maßnahme" verboten („Niederlande", Rn. 62).

Verschlechterungen, welche gleichermaßen auf türkische Staatsangehörige und Unionsbürger anwendbar sind, sind durch Artikel 13 nicht ausgeschlossen („Sahin", Rn. 67; „Niederlande", Rn. 62).

Ein türkischer Staatsangehöriger darf durch die neuen Regelungen nicht in eine günstigere Lage als ein Unionsbürger gebracht werden („Sahin", Rn. 67; „Niederlande", Rn. 55 und 62). Dies verstieße gegen Artikel 59 ZP, wonach der Türkei keine günstigere Behandlung gewährt werden darf als diejenige, die sich die Mitgliedstaaten untereinander aufgrund des EG-Vertrages einräumen („Niederlande", Rn. 62).

Verboten sind darüber hinaus nicht solche neuen Verpflichtungen, die im Vergleich zu den für Unionsbürger vorgesehenen verhältnismäßig sind („Niederlande", Rn. 63). Die Maßstäbe für die in einem solchen Fall vorzunehmende Verhältnismäßigkeitsprüfung bleiben in der Rechtsprechung des EuGH aber weitgehend unklar.

Übersicht

	Rn.
I. Sprachfassungen	1
1. Art. 13	1
2. Art. 41 I ZP	6
II. Stillhalteklausel des Art. 13	11
1. Überblick	11
2. Arbeitnehmer und ihre Familienangehörigen	13
a) Wirkungsweise	13
b) Arbeitnehmerbegriff	19
c) Ordnungsgemäßer Aufenthalt	23
d) Familienangehörige	31
e) Beschränkung des Zugangs zum Arbeitsmarkt	34
f) Immanente Schranke der zwingenden Gründe des Allgemeininteresses	38
III. Stillhalteklausel des Art. 41 I ZP	49
1. Selbstständige	49
2. Dienstleistungserbringer und -empfänger	56
IV. Einzelfragen	66
1. Ausweisung	66
2. Erlöschenstatbestände	72
3. Eigenständiges Aufenthaltsrecht von Ehegatten	78
4. Fehlende Lebensunterhaltsdeckung	81
5. Daueraufenthaltsrecht	84
a) Anwendungsbereich der Stillhalteklauseln	84
b) Rechtslage unter dem AuslG 1990	96
c) Rechtslage unter dem AuslG 1965	107
6. Befreiung von der Visumpflicht	115
a) Dienstleistungsfreiheit	115
b) Selbstständigkeit	128
7. Familiennachzug/Sprachanforderungen	132
8. Befreiung vom Erfordernis einer Aufenthaltserlaubnis	147
9. Verlängerung einer Aufenthaltserlaubnis	151
10. Gebühren	153
a) Grundsätze	153
b) Kosten für Aufenthaltstitel für EU-Bürger	160
c) Kosten für Aufenthaltstitel türkischer Staatsangehöriger	169
d) Ergebnis	174
11. Erlaubnisfiktion des § 21 III AuslG 1965	176
12. Vier-Augen-Prinzip	183

I. Sprachfassungen

1. Art. 13

Englische Fassung: The Member States of the Community and Turkey may not introduce new restrictions on the conditions of access to employment applicable to workers and members of their families legally resident and employed in their respective territories.

Französische Fassung: Les Etats membres de la Communauté et la Turquie ne peuvent introduire de nouvelles restrictions concernant les conditions d'accès à l'emploi des travailleurs et des membres de leur famille qui se trouvent sur leur territoire respectif en situation régulière en ce qui concerne le séjour et l'emploi.

Niederländische Fassung: De Lid-Staten van de Gemeenschap en Turkije mogen geen nieuwe beperkingen invoeren met betrekking tot de toegang tot de werkgelegenheid van werknemers en hun gezinsleden wier verblijf en arbeid op hun onderscheiden grondgebied legaal zijn.

Italienische Fassung: Gli Stati membri della Comunità e la Turchia non possono introdurre nuove restrizioni sulle condizioni d'accesso all'occupazione dei lavoratori e dei loro familiari che si trovino sui loro rispettivi territori in situazione regolare quanto al soggiorno e all'occupazione.

Türkische Fassung: Topluluğun Üye Ülkeleri ve Türkiye, kendi ülkelerinde yasal olarak ikamet eden ve istihdam edilen işçiler ve bunların aile üyeleri için geçerli olan istihdam şartları konusunda yeni kısıtlamalar uygulayamazlar.

2. Art. 41 I ZP

Englische Fassung: The Contracting Parties shall refrain from introducing between themselves any new restrictions on the freedom of establishment and the freedom to provide services.

Französische Fassung: Les parties contractantes s'abstiennent d'introduire entre elles de nouvelles restrictions à la liberté d'établissement et à la libre prestation des services.

Niederländische Fassung: De Overeenkomstsluitende Partijen voeren onderling geen nieuwe beperkingen in met betrekking tot de vrijheid van vestiging en het vrij verrichten van diensten.

Italienische Fassung: Le parti contraenti si astengono dall'introdurre tra loro nuove restrizioni alla libertà di stabilimento e alla libera prestazione dei servizi.

Türkische Fassung: Akit Taraflar, aralarında, yerleşme hakkı ve hizmetlerin serbest edimine yeni kısıtlamalar koymaktan sakınırlar.

II. Stillhalteklausel des Art. 13

1. Überblick

Die Stillhalteproblematik erfordert eine Differenzierung zwischen den begünstigten Personengruppen, da sich nicht alle türkischen Staatsangehörigen auf Stillhalteklauseln berufen können und die einschlägigen Bestimmungen zudem unterschiedliche Voraussetzungen aufweisen. Demgemäß muss genau geprüft werden, ob und ggf. welcher der verschiedenen Stillhalteklauseln der jeweilige türkische Staatsangehörige unterfällt. Dabei macht es einen Unterschied, ob es sich um Arbeitnehmer, ihre Familienangehörigen, Selbstständige oder Dienstleistungserbringer bzw. -empfänger handelt. Insgesamt sind folgende Bestimmungen zu unterscheiden:

– für Arbeitnehmer: Art. 7 ARB 2/76,
– für Familienangehörige der Arbeitnehmer: Art. 13 ARB 1/80,
– für Selbstständige: Art. 41 I ZP,
– für Dienstleistungserbringer und -empfänger: Art. 41 I ZP.

Bei der Anwendung der einzelnen Stillhalteklauseln sind nicht nur die unterschiedlichen Tatbestandsvoraussetzungen zu beachten, sondern ist auch dem Umstand Rechnung zu tragen, dass sie zu unterschiedlichen Zeiten wirksam geworden sind. Dabei gilt für die Anwendbarkeit:

– das ZP vom 23.11.1970 ist am 1.1.1973 in Kraft getreten;
– der ARB 1/80 vom 19.9.1980 ist am 1.7.1980 in Kraft getreten, nach Art. 16 ist aber Art. 13 erst ab dem 1.12.1980 anwendbar;
– der ARB 2/76 v. 20.12.1976 ist am 1.12.1976 in Kraft getreten.

2. Arbeitnehmer und ihre Familienangehörigen

a) Wirkungsweise. Der EuGH hatte bereits in der Rechtssache Service[1] klargestellt, dass sowohl Art. 7 ARB 2/76 als auch Art. 13 **unmittelbare Wirkung** haben: „Ebenso enthalten Art. 7 des Beschlusses Nr. 2/76 und Art. 13 des Beschlusses 1/80 eine eindeutige Stillhalteklausel, die die

---

[1] EuGH Urt. v. 20.9.1990 – C-192/89, Slg. 1990, I-3461 = InfAuslR 1991, 2 – Sevince.

Einführung neuer Beschränkungen des Zugangs zum Arbeitsmarkt für Arbeitnehmer verbietet, deren Aufenthalt und Beschäftigung im Hoheitsgebiet ordnungsgemäß sind." Diese Rechtsauffassung wurde in den Rechtssachen Savas[2] und Sahin[3] erneut bestätigt. Nach Art. 13 dürfen die Mitgliedstaaten der Gemeinschaft und die Türkei „für Arbeitnehmer und ihre Familienangehörigen, deren Aufenthalt und Beschäftigung in ihrem Hoheitsgebiet ordnungsgemäß sind, keine neuen Beschränkungen für den Zugang zum Arbeitsmarkt einführen".

14 **Stillhalteklauseln wirken verfahrensrechtlich,** indem sie in zeitlicher Hinsicht festlegen, nach welchen Bestimmungen eines Mitgliedstaates die Situation eines türkischen Staatsangehörigen zu beurteilen ist[4]. Sie verbieten allgemein die Einführung neuer innerstaatlicher Maßnahmen, die bezwecken oder bewirken, dass die Ausübung der Arbeitnehmerfreizügigkeit oder der Dienstleistungs- oder Niederlassungsfreiheit durch einen türkischen Staatsangehörigen in einem Mitgliedstaat strengeren Voraussetzungen als denjenigen unterworfen wird, die für ihn seit Inkrafttreten der Stillhalteklausel in dem betreffenden Mitgliedstaat galten. Damit ist die Wirkung der Stillhalteklausel in den Mitgliedstaaten Europas nicht nur von dem jeweiligen Zeitpunkt ihres Inkrafttretens abhängig[5], sondern auch von den nationalen Regelungen mit der Folge, dass die Wirkung innerhalb der Mitgliedstaaten sehr unterschiedlich sein kann.

15 **Die Vorschrift, die rechtlich eine reine Unterlassungspflicht beinhaltet, verleiht nicht unmittelbar ein Aufenthaltsrecht,** sondern verwehrt den Vertragsparteien, die innerstaatlichen Regelungen für die Begünstigten gegenüber dem Zeitpunkt des Inkrafttretens der Klausel zu erschweren[6].

16 Die Regelung erfasst auch Verschärfungen, die zu einem Zeitpunkt in Kraft getreten sind, zu dem sich der Ausländer noch nicht im Bundesgebiet befand. **Die Stillhalteklausel ist keine Bestandsschutzklausel, die die Rechtsstellung individueller Ausländer schützt, sondern ist eine objektive Ordnungsvorschrift. Es kommt daher für die Anwendung der Stillhalteklausel nicht darauf an, dass der Ausländer bereits zu dem Zeitpunkt im Bundesgebiet seinen Aufenthalt hatte, zu dem eine Verschärfung des Zugangs zum Arbeitsmarkt erfolgte.**

17 Nicht erfasst werden Beschränkungen, die eine Vertragspartei bereits im Zeitpunkt des Inkrafttretens der Stillhalteklausel erlassen hatte; deren Beibehaltung, auch in veränderter Form, ist daher grundsätzlich unschädlich.

18 Der EuGH hat in der Rechtssache Sahin[7] auch eine **belastende Veränderung der Rechtslage** für zulässig erachtet, wenn die Belastung auch für Unionsbürger Geltung beansprucht. Folglich können sich die türkischen Arbeitnehmer und ihre Familienangehörigen nicht erfolgreich auf Art. 13 berufen, um zu verlangen, dass der Aufnahmemitgliedstaat sie aufgrund der Stillhalteklausel nach einer günstigeren nationalen Regelung behandelt, sofern Unionsbürger schlechter behandelt werden[8]. Denn die andere Auslegung wäre mit Art. 59 ZP nicht vereinbar, der den Mitgliedstaaten untersagt, türkischen Staatsangehörigen eine günstigere Behandlung zukommen zu lassen als EU-Angehörigen, die sich in einer vergleichbaren Situation befinden[9]. Dabei richtet sich die Stillhalteklausel nicht nur gegen Beschränkungen durch Gesetze oder Verordnungen, sondern erfasst auch **nachteilige Veränderungen durch Verwaltungsvorschriften**[10].

19 **b) Arbeitnehmerbegriff.** Für Arbeitnehmer ist unmittelbar Art. 7 ARB 2/76 und nicht erst Art. 13 anwendbar. Denn diese Bestimmung enthielt eine Stillhalteklausel, deren Wortlaut sich nur dadurch von Art. 13 unterscheidet, dass sie ausschließlich Arbeitnehmer und nicht auch deren Familienangehörige begünstigte. Erst durch Art. 13 wurden nach „Arbeitnehmer" zusätzlich die Worte „und ihre Familienangehörigen" aufgenommen. Damit stärkt der ARB 1/80 die Rechtsstellung der Familienangehörigen, was auch beabsichtigt war, wie seiner Vorbemerkung entnommen werden kann: „Im sozialen Bereich führen die vorstehenden Erwägungen im Rahmen der internationalen Verpflichtungen jeder der beiden Parteien zu einer besseren Regelung zugunsten der Arbeitnehmer und ihrer Familienangehörigen gegenüber der mit Beschluss Nr. 2/76 des Assoziationsrats eingeführten Regelung."

20 **Die Stillhalteklausel des Art. 7 ARB 2/76 findet neben Art. 13 Anwendung,** sodass alle seither eingetretenen aufenthalts- und arbeitsmarktrechtlichen Beschränkungen auf türkische Arbeit-

---

[2] EuGH Urt. v. 11.5.2000 – C-37/98, InfAuslR 2000, 326 – Savas.
[3] EuGH Urt. v. 17.9.2009 – C-242/06 Rn. 62 – Sahin.
[4] So auch *Hailbronner* NVwZ 2009, 760 (761).
[5] Zu Art. 13 vgl. EuGH Urt. v. 17.9.2009 – C-242/06 Rn. 63 – Sahin; zu Art. 41 ZP vgl. EuGH Urt. v. 29.9.2007 – C-16/05 Rn. 49 – Tum und Dari.
[6] EuGH Urt. v. 11.5.2000 – C-37/98, InfAuslR 2000, 326 – Savas.
[7] EuGH Urt. v. 17.9.2009 – C-242/06 – Sahin.
[8] EuGH Urt. v. 17.9.2009 – C-242/06 Rn. 69 ff. – Sahin.
[9] EuGH Urt. v. 17.9.2009 – C-242/06 Rn. 71 – Sahin; Urt. v. 29.4.2010 – C-92/07 Rn. 62 – Kommission/Niederlande.
[10] EuGH Urt. v. 9.12.2010 – C-300/09 und C-301/09 Rn. 30 f. – Toprak und Oguz; ebenso BVerwG Urt. v. 30.4.2009 – 1 C 6.08.

nehmer nicht erst seit dem 1.12.1980, sondern bereits seit dem 1.12.1976, dh dem Inkrafttreten des ARB 2/76, unanwendbar sind.

Nach Auffassung des EuGH[11] ist der ARB 2/76 zwar grundsätzlich unanwendbar, da der ARB 1/80 für die türkischen Arbeitnehmer und ihre Familienangehörigen günstigere Regelungen enthält. Dieser Vorrang des ARB 1/80 vermag aber nicht für die Stillhalteklausel des Art. 7 ARB 2/76 zu gelten, denn andernfalls würde der Rechtsstatus der Arbeitnehmer in zeitlicher Hinsicht verschlechtert, weil alle negativen aufenthaltsrechtlichen und arbeitsrechtlichen Veränderungen bis zum Inkrafttreten des ARB 1/80 am 1.12.1980 plötzlich wirksam geworden wären[12]. Ein dahin gehender Wille des Assoziationsrates kann dem ARB 1/80 nicht entnommen werden; vielmehr sollte auch die Rechtsstellung der Arbeitnehmer verbessert werden. Darüber hinaus ist zweifelhaft, ob der Assoziationsrat die Kompetenz zur Rücknahme von gewährten aufenthaltsrechtlichen Vergünstigungen hat. 21

Wegen der **Definition des Arbeitnehmerbegriffs** wird auf die ausführliche Kommentierung zu Art. 6 verwiesen[13]. 22

c) **Ordnungsgemäßer Aufenthalt.** Begünstigt werden türkische Staatsangehörige, deren **Aufenthalt und Beschäftigung ordnungsgemäß** sein müssen. Das Tatbestandsmerkmal „ordnungsgemäß" bezieht sich ausdrücklich auch auf den Status und nicht nur – wie Art. 6 – auf die Ausübung einer Beschäftigung. Was den Begriff „ordnungsgemäß" iSv Art. 13 betrifft, so bedeutet dieser nach der Rspr. des EuGH in der Rechtssache Demir, dass der türkische Arbeitnehmer oder sein Familienangehöriger die Vorschriften des Aufnahmemitgliedstaats über die Einreise, den Aufenthalt und ggf. die Beschäftigung beachtet haben muss, sodass seine Lage im Hoheitsgebiet dieses Staates rechtmäßig ist. Demnach kann diese Bestimmung einem türkischen Staatsangehörigen, dessen Lage rechtswidrig ist, nicht zugutekommen[14]. 23

Hinsichtlich der Ordnungsmäßigkeit des Aufenthalts iSv Art. 13 hat der EuGH in der Vergangenheit die Auffassung vertreten, der türkische Arbeitnehmer oder sein Familienangehöriger müssen die Vorschriften des Aufnahmemitgliedstaats auf dem Gebiet der Einreise, des Aufenthalts und ggf. der Beschäftigung beachtet haben, sodass er sich rechtmäßig im Hoheitsgebiet dieses Staates befinde[15]. **Das Merkmal „ordnungsgemäß" stellte damals sicher, dass die türkischen Staatsangehörigen sich im Einklang mit den nationalen Bestimmungen im Bundesgebiet aufhalten müssen, sodass weder aus einem illegalen Aufenthalt noch einer unrechtmäßigen Beschäftigung rechtliche Vorteile abgeleitet werden können**[16]. 24

Der Aufenthalt eines türkischen Staatsangehörigen ist nicht ordnungsgemäß, wenn dieser nur eine vorläufige Aufenthaltserlaubnis besitzt, die nur bis zur endgültigen. Entscheidung über sein Aufenthaltsrecht gilt[17]. **Eine derartige verfahrensrechtliche Rechtsstellung ist nicht ausreichend, um einen ordnungsgemäßen Aufenthalt iSd Art. 13 zu begründen.** Denn insoweit hat der EuGH in der Rechtssache Demir festgestellt, dass eine „ordnungsgemäße Beschäftigung" eine gesicherte und nicht nur vorläufige Position auf dem Arbeitsmarkt dieses Mitgliedstaats und damit ein nicht bestrittenes Aufenthaltsrecht voraussetzt[18]. Mit dieser Entscheidung ist der EuGH von der Rechtssache Dereci abgerückt. Hier hat der EuGH zu Art. 41 I ZP ausgeführt, dass eine illegale Einreise die Ordnungsgemäßheit der Situation nicht infrage stelle, wenn dem türkischen Staatsangehörigen durch nationales Recht gestattet werde, einen Aufenthaltstitel im Inland zu beantragen[19]. Insoweit führt eine **Erlaubnisfiktion nach § 81 III 1** oder eine **Titelfiktion nach § 81 IV** nicht zur Anwendbarkeit der Stillhalteklausel. 25

In der jüngeren Rspr. des EuGH wird betont, dass die Verbürgungen des Art. 13 wegen der Gleichartigkeit und wegen derselben Zielsetzung im Lichte der Parallelvorschrift des Art. 41 I ZP auszulegen seien; diese Vorschrift verbiete bei selbstständig Tätigen neue Beschränkungen der Dienstleistungs- und Niederlassungsfreiheit und verlange insbesondere keinen ordnungsgemäßen Aufenthalt[20]. **Für die Anwendung der Stillhalteklauseln komme es nicht darauf an, ob sich ein türkischer Staatsangehöriger zu dem Zeitpunkt, an dem er einen Antrag auf Nieder-** 26

---

[11] EuGH Urt. v. 6.6.1995 – C-434/93, InfAuslR 1995, 261 – Bozkurt.
[12] Offengelassen VG Berlin Urt. v. 3.7.2002 – VG 11 A 565.01, InfAuslR 2002, 384 (390).
[13] → Art. 6 Rn. 26 ff.
[14] EuGH Urt. v. 7.11.2013 – C-225/12 Rn. 35 – Demir.
[15] EuGH Urt. v. 17.9.2009 – C-242/06, NVwZ 2009, 1551 Rn. 53 – Sahin; Urt. v. 21.10.2003 – C-317/01 und C-369/01, InfAuslR 2004, 32 Rn. 84 – Abatay und Sahin.
[16] Ebenso BVerwG Urt. v. 10.12.2014 – 1 C 15.14, InfAuslR 2015, 135 Rn. 14; VGH BW Beschl. v. 15.2.2001 – 13 S 2500/00; zur Zugehörigkeit zum regulären Arbeitsmarkt s. VG Berlin Urt. v. 3.7.2002 – VG 11 A 565.01, InfAuslR 2002, 384 (390).
[17] EuGH Urt. v. 7.11.2013 – C-225/12 Rn. 47 – Demir.
[18] EuGH Urt. v. 7.11.2013 – C-225/12 Rn. 46 – Demir.
[19] EuGH Urt. v. 15.11.2011 – C-256/11 Rn. 99 f. – Dereci.
[20] EuGH Urt. v. 9.12.2010 – C-300/09 und C-301/09, NVwZ 2011, 349 Rn. 54 – Toprak und Oguz; Urt. v. 29.4.2010 – C-92/07, InfAuslR 2010, 270 Rn. 48 – Kommission/Niederlande; Urt. v. 17.9.2009 – C-242/06, NVwZ 2009, 1551 Rn. 65 – Sahin.

lassung im Gebiet eines Mitgliedstaats stellt, rechtmäßig in diesem Staat aufhält oder nicht[21].

27 Unter Verkennung des unterschiedlichen Wortlauts von Art. 13 und 41 ZP hat der EuGH den Anwendungsbereich des Art. 13 an den des Art. 41 ZP, der auch den Zuzug türkischer Staatsangehörigkeit erfasst, angeglichen[22]. Insoweit führte der EuGH in der Rechtssache Sahin aus: „64 Der EuGH hat demgemäß insbesondere festgestellt, dass Art. 41 I des ZP von dem Zeitpunkt an, zu dem der Rechtsakt, dessen Bestandteil diese Bestimmung ist, in dem Aufnahmemitgliedstaat in Kraft getreten ist, neuen Beschränkungen der Ausübung der Niederlassungsfreiheit oder der Dienstleistungsfreiheit einschließlich solchen entgegensteht, **die die materiell- und/oder verfahrensrechtlichen Voraussetzungen für die erstmalige Aufnahme türkischer Staatsangehöriger im Hoheitsgebiet des fraglichen Mitgliedstaats betreffen,** die dort von diesen wirtschaftlichen Freiheiten Gebrauch machen wollen (…).
65 Da der EuGH bereits entschieden hat, dass die Stillhalteklausel in Art. 13 des Beschlusses Nr. 1/80 und diejenige in Art. 41 I des ZP gleichartig sind und dass die beiden Klauseln dasselbe Ziel verfolgen (…), muss die in der vorstehenden Randnummer wiedergegebene Auslegung ebenso in Bezug auf die Stillhalteverpflichtung gelten, die die Grundlage von Art. 13 im Bereich der Arbeitnehmerfreizügigkeit bildet." Insofern dürfte von der Stillhalteklausel des Art. 13 auch der Zuzug türkischer Staatsangehöriger in die Mitgliedstaaten der EU erfasst sein und nicht nur eine Regelung für türkische Staatsangehörige getroffen worden sein, denen aufgrund der nationalen Einreisebestimmungen die Einreise in das Bundesgebiet gestattet worden ist[23].

28 **Für eine Erweiterung des Art. 13 auch auf die Einreise von Familienangehörigen spricht der Schutzzweck des Art. 7.** Wie der EuGH in der Rechtssache Dülger[24] betont hat, dient Art. 7 I einem doppelten Zweck:
– Erstens sollen bis zum Ablauf des Zeitraums von drei Jahren Familienangehörige die Möglichkeit erhalten, bei dem Arbeitnehmer zu leben, um durch Familienzusammenführung die Beschäftigung und den Aufenthalt des türkischen Arbeitnehmers, der sich bereits ordnungsgemäß in den Aufnahmemitgliedstaat integriert hat, zu begünstigen[25].
– Zweitens soll die dauerhafte Eingliederung der Familie des türkischen Wanderarbeitnehmers im Aufnahmemitgliedstaat fördern, indem dem betroffenen Familienangehörigen nach drei Jahren ordnungsgemäßen Wohnsitzes selbst der Zugang zum Arbeitsmarkt ermöglicht wird[26].

29 **Dient die Vorschrift aber auch dem Schutz des Arbeitnehmers, der sich bereits ordnungsgemäß im Bundesgebiet aufhält, so dürfte es ausreichen, dass sich dieser rechtmäßig im Bundesgebiet aufhält.** Diesen Ansatz hat der EuGH auch in der Rechtssache Dogan[27] verfolgt, in dem es aber um Art. 41 ZP ging. Der Gerichtshof hat in der Entscheidung zunächst klargestellt, dass sich auch der Ehegatte auf die Stillhalteklausel des Art. 41 ZP berufen konnte, obwohl diese – anders als Art. 13 – Familienangehörige nicht ausdrücklich erfasst. Dabei hat der EuGH auch zur Kenntnis genommen, dass die Ehefrau nicht in das Hoheitsgebiet des betreffenden Mitgliedstaats einreisen wollte, um dort von dem freien Dienstleistungsverkehr oder der Niederlassungsfreiheit Gebrauch zu machen, sondern um zu ihrem dort wohnenden Ehemann zu ziehen und mit ihm ein Familienleben zu führen. Die Einbeziehung des Familiennachzugs der Ehefrau wurde auch hier ausschließlich zum Schutz des Selbstständigen ermöglicht. Auf die Entscheidung eines türkischen Staatsangehörigen, sich in einem Mitgliedstaat niederzulassen, um dort dauerhaft einer Erwerbstätigkeit nachzugehen, kann es sich nämlich negativ auswirken, wenn die Rechtsvorschriften dieses Mitgliedstaats die Familienzusammenführung erschweren oder unmöglich machen und sich der türkische Staatsangehörige deshalb unter Umständen zu einer Entscheidung zwischen seiner Tätigkeit in dem betreffenden Mitgliedstaat und seinem Familienleben in der Türkei gezwungen sehen kann[28].

30 Für eine Auslegung, die ausschließlich auf den ordnungsgemäßen Aufenthalt des Arbeitnehmers abstellt, spricht auch, dass von Familienangehörigen nicht verlangt werden kann, dass ihre Beschäftigung ordnungsgemäß ist. Denn der Anwendungsbereich der Stillhalteklausel ist nicht davon abhängig, dass die Familienangehörigen selbst einer Beschäftigung nachgehen. Auch das BVerwG geht mittlerweile davon aus, dass insoweit auf die Person des Arbeitnehmers abzustellen ist[29]. Dieses rechtfertigt

---

[21] EuGH Urt. v. 20.9.2007 – C-16/05, NVwZ 2008, 61 Rn. 59 – Tum und Dari; so auch die Kommission in der Stellungnahme zu Dereci.
[22] EuGH Urt. v. 17.9.2009 – C-242/06, Slg. 2009, I-8465 Rn. 63 ff. – Sahin.
[23] Dienelt in OK-MNet-ARB 1/80 unter II.
[24] EuGH Urt. v. 19.7.2012 – C-451/11 – Dülger.
[25] EuGH Urt. v. 19.7.2012 – C-451/11 Rn. 39 – Dülger; Urt. v. 29.3.2012 – C-7/10 und C 9/10 Rn. 32 – Kahveci und Inan.
[26] EuGH Urt. v. 19.7.2012 – C-451/11 Rn. 39 – Dülger; Urt. v. 29.3.2012 – C-7/10 und C 9/10 Rn. 33 – Kahveci und Inan.
[27] EuGH Urt. v. 10.7.2014 – C-138/13 Rn. 35 – Dogan.
[28] EuGH Urt. v. 10.7.2014 – C-138/13 Rn. 35 – Dogan.
[29] BVerwG Urt. v. 6.11.2014 – 1 C 4.14, InfAuslR 2015, 93.

es, Erschwerungen des Familiennachzugs als von der Stand-Still-Klausel des Art. 7 ARB 2/76 erfasst anzusehen und nicht erst nach der des Art. 13 ARB 1/80 mit der Folge, dass die Einführung der Sichtvermerkspflicht zum 6.10.1980 hieran zu messen ist[30].

d) **Familienangehörige.** Nach der Entscheidung in der Rechtssache Dogan[31] ist davon auszugehen, dass von **Art. 13 Familienangehörige erfasst werden, die sich im Ausland aufhalten und deren Aufenthalt im Bundesgebiet nicht ordnungsgemäß ist.** Die Stillhalteklausel des Art. 13 ist daher auch auf Regelungen des nationalen Rechts anwendbar, die das Recht des türkischen Arbeitnehmers auf Familiennachzug berühren[32]. Eine Beschränkung auf Familienangehörige, die sich selbst im Bundesgebiet ordnungsgemäß aufhalten, entspricht zwar dem Wortlaut des Art. 13, sie würde aber dem Zweck des ARB 1/80 zuwiderlaufen, der gerade auch die Familienzusammenführung fördern wollte. 31

Für die Frage, ob ein **ordnungsgemäßer Aufenthalt iSd Art. 13** vorliegt, ist beim Familiennachzug zu einem türkischen Arbeitnehmer, der sich auf die Arbeitnehmerfreizügigkeit berufen kann, auf die Person des Stammberechtigten abzustellen und nicht auf die Person des nachzugswilligen Familienangehörigen[33]. Dient die Vorschrift des Art. 13 auch dem Schutz des Arbeitnehmers, der sich bereits ordnungsgemäß im Bundesgebiet aufhält, so reicht es aus, dass sich dieser ordnungsgemäß im Bundesgebiet aufhält. Diesen Ansatz hat der EuGH auch in der Rechtssache Dogan verfolgt, in dem es aber um Art. 41 ZP ging. Der Gerichtshof hat in der Entscheidung zunächst klargestellt, dass sich auch der Ehegatte auf die Stillhalteklausel des Art. 41 ZP berufen konnte, obwohl diese – anders als Art. 13 – Familienangehörige nicht ausdrücklich erfasst. Dabei hat der Gerichtshof auch zur Kenntnis genommen, dass die Ehefrau nicht in das Hoheitsgebiet des betreffenden Mitgliedstaats einreisen wollte, um dort von dem freien Dienstleistungsverkehr oder der Niederlassungsfreiheit Gebrauch zu machen, sondern um zu ihrem dort wohnenden Ehemann zu ziehen und mit ihm ein Familienleben zu führen. Die Einbeziehung des Familiennachzugs der Ehefrau wurde auch hier ausschließlich zum Schutz des Selbstständigen ermöglicht. Auf die Entscheidung eines türkischen Staatsangehörigen, sich in einem Mitgliedstaat niederzulassen, um dort dauerhaft einer Erwerbstätigkeit nachzugehen, kann es sich nämlich negativ auswirken, wenn die Rechtsvorschriften dieses Mitgliedstaats die Familienzusammenführung erschweren oder unmöglich machen und sich der türkische Staatsangehörige deshalb uU zu einer Entscheidung zwischen seiner Tätigkeit in dem betreffenden Mitgliedstaat und seinem Familienleben in der Türkei gezwungen sehen kann. 32

Bestärkt wird dieser Ansatz durch die Entscheidung in der Rechtssache Eyüp[34], in der die eigenständige Bedeutung der in Art. 7 S. 1 geregelten Familienzusammenführung hervorgehoben wurde, wonach diese Bestimmung bezweckt, „die Familienzusammenführung im Aufnahmemitgliedstaat zu fördern, um die Beschäftigung und den Aufenthalt des türkischen Arbeitnehmers, der dem regulären Arbeitsmarkt des betreffenden Mitgliedstaats angehört, dadurch zu erleichtern, dass die Familienangehörigen, die zu dem Wanderarbeiter ziehen durften, zunächst bei diesem leben dürfen und später zudem das Recht erhalten, in diesem Staat eine Beschäftigung aufzunehmen". Demgemäß unterfallen der Stillhalteklausel auch Familienangehörige, die lediglich mit dem Arbeitnehmer in häuslicher Gemeinschaft leben, ohne selbst einer Erwerbstätigkeit nachzugehen, sofern ihr Aufenthalt oder der des Arbeitnehmers ordnungsgemäß ist. **Wegen der Einzelheiten zu dem Begriff Familienangehörige wird auf die Kommentierung zu Art. 7 verwiesen.** 33

e) **Beschränkung des Zugangs zum Arbeitsmarkt.** Die Formulierung „keine neuen Beschränkungen der Bedingungen für den Zugang zum Arbeitsmarkt" weist nicht auf eine aufenthaltsrechtliche, sondern allein auf eine Begünstigung der Zugangsmöglichkeiten zum Arbeitsmarkt hin. Insoweit haben die Stillhalteklauseln der Art. 7 ARB 2/76 und 13 zunächst einmal Auswirkungen für alle erfolgten nachteiligen Änderungen des Arbeitsgenehmigungsrechts. Auf Arbeitnehmer sind alle Änderungen, die seit dem 1.12.1976 vorgenommen wurden, nicht anwendbar; für Familienangehörige gilt dies für alle zum 1.12.1980 erfolgen Verschärfungen des Zugangs zum Arbeitsmarkt. War zu dem insoweit maßgeblichen Zeitpunkt eine Tätigkeit arbeitserlaubnisfrei und wird für ihre Ausübung heute eine Zustimmung benötigt, so ist eine derartige Verschärfung des Zugangs zum Arbeitsmarkt auf türkische Arbeitnehmer und ihre Familienangehörigen nicht anzuwenden[35]. 34

Dass auch Familienangehörige erfasst werden, ist insoweit kein Wertungswiderspruch, da Art. 7 gerade auch dieser Personengruppe Zugangsrechte zum Arbeitsmarkt vermittelt. Schützt das Unterlassungsgebot aber seinem Wortlaut nach ausschließlich den unveränderten Zugang zum Arbeitsmarkt, so entfaltet es gleichwohl mittelbar aufenthaltsrechtliche Wirkungen, soweit ausländerrechtliche Maß- 35

---

[30] VGH BW Urt. v. 16.9.2015 – 11 S 1711/15, InfAuslR 2015, 424 Rn. 6.
[31] EuGH Urt. v. 10.7.2014 – C-138/13 Rn. 35 – Dogan.
[32] BVerwG Urt. v. 6.11.2014 – 1 C 4.14, InfAuslR 2015, 93 Rn. 14.
[33] BVerwG Urt. v. 6.11.2014 – 1 C 4.14, InfAuslR 2015, 93 Rn. 15.
[34] EuGH Urt. v. 22.6.2000 – C-65/98, InfAuslR 2000, 329 (330) – Eyüp.
[35] *Gutmann* InfAuslR 2000, 318 (321).

nahmen zur Beeinträchtigung des Arbeitsmarktzugangs führen oder der Aufenthalt eines türkischen Staatsangehörigen im Bundesgebiet beendet werden soll.

36 **Den Stillhalteklauseln des Art. 7 ARB 2/76 und des Art. 13 kommt aufenthaltsrechtlich Bedeutung zu,** soweit

– ausländerrechtliche Maßnahmen zur Beeinträchtigung des Arbeitsmarktzugangs führen,
– die Ersterteilung oder die Verlängerung des Aufenthaltstitels erschwert wird[36] oder
– der Aufenthalt eines türkischen Staatsangehörigen im Bundesgebiet beendet werden soll.

37 Da die Stillhalteklausel nach ihrem Sinn und Zweck nicht dem Erhalt erlangter Rechtspositionen dient, sondern als Ordnungsvorschrift einer weiteren Beschränkung der Zugangsvoraussetzungen zum Arbeitsmarkt vorbeugen will, ist sie dahin gehend auszulegen, dass einem türkischen Arbeitnehmer bzw. seinem Familienangehörigen – unabhängig davon, wann ihnen die Einreise in das Bundesgebiet gestattet wurde – der Aufenthalt zum Zwecke der Ausübung einer Beschäftigung nach den Vorschriften zu eröffnen ist, die im Zeitpunkt des Inkrafttretens der Stillhalteklausel galten, dh, für Arbeitnehmer ist der 1.12.1976 und für Familienangehörige der 1.12.1980 maßgeblich. Gleiches gilt für die Möglichkeit der Beendigung des Aufenthalts.

38 **f) Immanente Schranke der zwingenden Gründe des Allgemeininteresses.** In der jüngeren Rspr. des EuGH wurden die Stillhalteklauseln zu „Beschränkungsverboten mit einer begriffsimmanenten Rechtfertigungsoption" umgebaut[37]. Nach Auffassung des EuGH stellt die Einführung einer neuen Beschränkung keinen Verstoß gegen die Stillhalteklausel dar, sofern sie durch einen zwingenden Grund des Allgemeininteresses gerechtfertigt und[38] geeignet ist, die Erreichung des angestrebten legitimen Zieles zu erreichen, und nicht über das zu dessen Erreichung Erforderliche hinausgeht.

39 Eine Rechtfertigung durch zwingende Erfordernisse des Allgemeinwohls – auch rule of reason genannt – erfordert daher neben dem zwingenden Grund des Allgemeininteresses, dass die Maßnahme verhältnismäßig ist[39]. Die Rspr. des EuGH zu den Stillhalteklauseln enthält bislang keine Definition des Begriffs des „zwingenden Grundes des Allgemeininteresses".

40 Im Anwendungsbereich von Art. 13 prüft der Gerichtshof neben den geschriebenen Rechtfertigungsgründen (Art. 14) auch ungeschriebene Gemeinwohlgründe, die, wie bei den Grundfreiheiten des Unionsrechts, eine Vielzahl von Gemeinwohlbelangen umfassen können. Diese Übertragung einer unionsrechtlichen Rechtsfigur auf das Assoziationsrecht beruht darauf, dass nach ständiger Rspr. des EuGH diejenigen Grundsätze, die nach Unionsrecht für die Freizügigkeit von Unionsbürgern und ihren Familienangehörigen gelten, „soweit wie möglich" als Leitlinien für die Behandlung türkischer Arbeitnehmer, die die im Beschluss Nr. 1/80 eingeräumten Rechte besitzen, herangezogen werden sollen[40].

41 Die ungeschriebene Schranke zwingender Gründe des Allgemeininteresses setzt voraus, dass sie nur zum Tragen kommen kann, soweit die zu rechtfertigenden Eingriffe der Verhältnismäßigkeitsprüfung standhalten und zur Erreichung der in den Verträgen bzw. in der Rspr. des EuGH als Rechtfertigungsgründe anerkannten Ziele geeignet, erforderlich und angemessen erscheinen. Daher können diese einschränkenden Maßnahmen nur dann durch derartige Gründe gerechtfertigt sein, wenn sie zum Schutz der Belange, die sie gewährleisten sollen, erforderlich sind und soweit diese Ziele nicht mit weniger einschränkenden Maßnahmen erreicht werden können[41]. Geklärt ist zudem, dass rein wirtschaftliche Motive keine zwingenden Gründe des Allgemeininteresses darstellen können[42].

42 Aus den Rechtssachen Demir und Dogan lässt sich ableiten, dass es bei den genannten „zwingenden Gründen des Allgemeininteresses" zwar um andere Gründe als die in Art. 14 aufgeführten handelt. Allerdings sind auch die Rechtfertigungsgründe für neue Beschränkungen als Ausnahmen zu den Stillhalteklauseln eng auszulegen und müssen der Natur nach denjenigen des Art. 14 entsprechen, dh grundlegende, zwingend zu berücksichtigende Wertvorstellungen widerspiegeln (ordre public). Dabei können nur solche Gründe als zwingende Gründe des Allgemeininteresses eingestuft werden, die nicht geeignet sind, Ziel und Zweck des Assoziierungsabkommens und der Stillhalteklauseln zu vereiteln und ihnen ihre praktische Wirksamkeit zu nehmen. Insbesondere können nicht

---

[36] Zu Gebühren s. EuGH Urt. v. 17.9.2009 – C-242/06 – Sahin und Urt. v. 29.4.2010 – C-92/07, Slg. 2009, I-8465 Rn. 63 ff.
[37] *Thym* ZAR 2014, 301 (304).
[38] In der deutschen Fassung des Urteils Demir, EuGH Urt. v. 7.11.2013 – C-225/12, NVwZ-RR 2014, 115 Rn. 40 – Demir wird hier das Verbindungswort „oder" verwendet. In anderen Sprachfassungen dieses Urteils, insbesondere der Arbeitssprache des Gerichtshofs, wird hingegen das Wort „und" verwendet, welches so auch im deutschen Text des Urt. Dogan erscheint, EuGH Urt. v. 10.7.2014 – C-138/13, InfAuslR 2014, 322 Rn. 37 – Dogan.
[39] Vgl. EuGH Urt. v. 10.7.2014 – C-138/13, InfAuslR 2014, 322 Rn. 37 – Dogan zu Art. 41 ZP unter Hinw. auf EuGH Urt. v. 7.11.2013 – C-225/12, NVwZ-RR 2014, 115 Rn. 40 – Demir zu Art. 13.
[40] Vgl. mwN aus der Rspr. des EuGH: BVerwG Urt. v. 6.11.2014 – 1 C 4.14 Rn. 21.
[41] EuGH Urt. v. 17.7.2008 – C-389/05 Rn. 67 – Kommission/Frankreich.
[42] EuGH Urt. v. 27.3.2014 – C-322/13 Rn. 25 – Grauel Rüffer; EuGH Urt. v. 22.10.2013 – C-105/12 Rn. 51 – Staat der Nederlanden.

Gründe herangezogen werden, die zu Einschränkungen der aus dem Assoziierungsabkommen ableitbaren Rechte in einer Weise führen, die gerade durch die Stillhalteklauseln verhindert werden sollen.

Bislang hat der EuGH iRd Rechtssachen Demir, Dogan und Tekdemir folgende zwingende Gründe 43 des Allgemeininteresses ausdrücklich anerkannt:
– Verhinderung der rechtswidrigen Einreise und des rechtswidrigen Aufenthalts,
– Steuerung der Migration und
– Gewährleistung einer erfolgreichen Integration der Drittstaatsangehörigen im betreffenden Mitgliedstaat.

Das Ziel, eine erfolgreiche **Integration** zu erreichen, stellt nach Auffassung des EuGH einen 44 zwingenden Grund des Allgemeininteresses dar, wie sich aus Art. 79 IV AEUV, der sich auf die Begünstigung der Integration der Drittstaatsangehörigen in den Aufnahmemitgliedstaaten als zu fördernde und zu unterstützende Bemühungen der Mitgliedstaaten bezieht, ergibt[43]. Die Integration von Drittstaatsangehörigen trägt entscheidend zur Förderung des wirtschaftlichen und sozialen Zusammenhalts bei, der als eines der Hauptziele der Union im Vertrag angegeben ist[44].

Das Ziel einer wirksamen **Steuerung der Migrationsströme** ist gleichfalls ein zwingender Grund 45 des Allgemeininteresses, wie Art. 79 I AEUV erkennen lässt, der ausdrücklich auf dieses Ziel als eines der Ziele hinweist, die mit der von der EU entwickelten gemeinsamen Einwanderungspolitik verfolgt werden[45]. Ferner hat der Gerichtshof anerkannt, dass das Ziel, die **rechtswidrige Einreise und den rechtswidrigen Aufenthalt zu verhindern,** einen zwingenden Grund des Allgemeininteresses für die Zwecke des Art. 13 des Beschlusses Nr. 1/80 darstellt[46].

Offengelassen hat er, ob die **Bekämpfung von Zwangsverheiratungen** eine Rechtfertigung 46 darstellen kann. Der EuGH legt bei der Anerkennung zwingender Gründe des Allgemeininteresses keine sonderlich strengen Maßstäbe an und belässt den Mitgliedstaaten so einen gewissen Handlungsspielraum.

Bei der Beurteilung, ob ein zwingender Grund des Allgemeininteresses vorliegt und ob eine 47 nationale Maßnahme verhältnismäßig ist, darf nicht unberücksichtigt bleiben, dass es sich bei der Assoziation um einen auf den Beitritt der Türkei gerichteten Vertrag mit der Türkei handelt, der gerade im wirtschaftlichen Bereich die Bewegungsfreiheit der Arbeitnehmer, Selbstständigen und Dienstleistungserbringer regeln und hier gegenüber sonstigen Drittstaatsangehörigen Privilegierungen begründen soll[47]. Nach Art. 36 ZP ist die Assoziation auf die schrittweise Herstellung der Freizügigkeit angelegt. Die Regelungen des Art. 7 ARB 2/76, des Art. 13 ARB 1/80 (wie auch des Art. 41 I ZP) haben ersichtlich auch das Ziel, ein Verschlechterungsverbot in Bezug auf Migrationsbewegungen von Arbeitnehmern und Selbstständigen zu begründen.

Türkische Staatsangehörige sind hiernach nicht nur „einfache" Drittstaatsangehörige iSd Art. 79 I 48 AEUV, sondern genießen aufgrund des Beitrittsprozesses erhebliche Privilegien. Daher setzt das Assoziierungsabkommen den Mitgliedstaaten – aber auch der EU – im Bereich des Migrationssteuerung türkischer Arbeitnehmer, Selbstständiger und Dienstleistungserbringer sehr enge Grenzen. Denn die Ziele des Assoziierungsabkommens, eine Angleichung der wirtschaftlichen Verhältnisse und eine schrittweise Herstellung der Freizügigkeit, sind nur schwer erreichbar, wenn der wirtschaftliche Austausch der EU mit der Türkei durch Behinderung der Wanderungsbewegungen Selbstständiger, Dienstleistungserbringer oder Arbeitnehmer und ihrer Familienangehörigen unterbunden oder – wie im Falle der Einführung einer generellen Sichtvermerkspflicht – mehr als nur unwesentlich erschwert wird[48].

III. Stillhalteklausel des Art. 41 I ZP

1. Selbstständige

Neben den speziellen Stillhalteklauseln für türkische Arbeitnehmer und ihren Familienangehörigen 49 findet sich in Art. 41 I ZP eine Stillhalteklausel, die den Vertragsparteien untersagt, neue Beschränkungen der Niederlassungsfreiheit und des freien Dienstleistungsverkehrs einzuführen. Diese Bestimmung, die sich nicht auf Arbeitnehmer bezieht[49] und deren Reichweite unten iE dargelegt wird, ist bereits am 1.1.1973 in Kraft getreten. Sie ist – ebenso wie Art. 7 ARB 2/76 und Art. 13 – unmittelbar anwendbar[50].

---

[43] EuGH Urt. v. 12.4.2016 – C-561/14 Rn. 55 – Genc.
[44] EuGH Urt. v. 12.4.2016 – C-561/14 Rn. 55 – Genc.
[45] EuGH Urt. v. 29.3.2017 – C-652/15 Rn. 39 – Tekdemir.
[46] EuGH Urt. v. 29.3.2017 – C-652/15 Rn. 38 – Tekdemir unter Hinweis auf Urt. v. 7.11.2013 – C-225/12 Rn. 41 – Demir.
[47] VGH BW Urt. v. 16.9.2015 – 11 S 1711/15, InfAuslR 2015, 424 Rn. 8.
[48] VGH BW Urt. v. 16.9.2015 – 11 S 1711/15, InfAuslR 2015, 424 Rn. 8.
[49] VGH BW Beschl. v. 15.2.2001 – 13 S 2500/00, InfAuslR 2001, 262 (264); OVG NRW Beschl. v. 29.1.2001 – 18 B 116/01, AuAS 2001, 137.
[50] EuGH Urt. v. 11.5.2000 – C-37/98, InfAuslR 2000, 326 – Savas.

50 Auch wenn Art. 41 – anders als Art. 13 – **Familienangehörige** nicht ausdrücklich erfasst, so werden diese nach der Rechtssache Dogan[51] in den Schutzbereich der Stillhalteklausel einbezogen. Der EuGH hat in der Rechtssache Dogan zunächst klargestellt, dass sich auch der im Ausland lebende Ehegatte auf die Stillhalteklausel des Art. 41 ZP berufen konnte, obwohl er nicht in das Hoheitsgebiet des betreffenden Mitgliedstaats einreisen wollte, um dort von dem freien Dienstleistungsverkehr oder der Niederlassungsfreiheit Gebrauch zu machen, sondern um zu dem dort wohnenden Ehegatten zu ziehen und mit ihm ein Familienleben zu führen. **Die Einbeziehung des Familiennachzugs des Ehegatten wurde ausschließlich zum Schutz des Selbstständigen ermöglicht.** Auf die Entscheidung eines türkischen Staatsangehörigen, sich in einem Mitgliedstaat niederzulassen, um dort dauerhaft einer Erwerbstätigkeit nachzugehen, kann es sich nämlich negativ auswirken, wenn die Rechtsvorschriften dieses Mitgliedstaats die Familienzusammenführung erschweren oder unmöglich machen und sich der türkische Staatsangehörige deshalb uU zu einer Entscheidung zwischen seiner Tätigkeit in dem betreffenden Mitgliedstaat und seinem Familienleben in der Türkei gezwungen sehen kann[52].

51 Art. 41 ZP bestimmt ua, dass die Vertragsparteien untereinander keine neuen Beschränkungen der Niederlassungsfreiheit einführen werden. Damit gewährt Art. 41 I ZP nicht die **Niederlassungsfreiheit,** sondern setzt diese als Rechtsposition voraus[53]. Gem. Art. 13 des Assoziierungsabkommens EWG/Türkei vereinbarten die Vertragsparteien, sich von den Art. 52–56 und 58 des Vertrages zur Gründung der Gemeinschaft (heute Art. 49 ff. AEUV) leiten zu lassen, um untereinander die Beschränkungen der Niederlassungsfreiheit aufzuheben. Die Zeitfolge und die Einzelheiten setzt gem. Art. 41 II ZP der Assoziationsrat fest. Der einzelne Ausländer kann sich demnach auf die Niederlassungsfreiheit erst berufen, wenn und soweit sie mit innerstaatlicher Wirkung für die jeweilige Erwerbstätigkeit hergestellt worden ist[54].

52 In der Rechtssache Dogan hat der EuGH die Niederlassungsfreiheit für einen Geschäftsführer einer GmbH, deren Mehrheitsgesellschafter er war, angenommen[55].

53 Seit dem Inkrafttreten des ZP wurde der Zugang türkischer Staatsangehöriger zur selbstständigen Erwerbstätigkeit im Inland nicht erschwert, sondern vielmehr durch die Ratifizierung des Europäischen Niederlassungsabkommens (im Folgenden ENA) vom 13.12.1955[56], das für die Türkei am 20.3.1990 in Kraft getreten ist[57], wegen Art. 10 und 12 ENA erleichtert. Außerdem wird den Inhabern von Aufenthaltsberechtigungen (heute Niederlassungserlaubnis) seit dem Inkrafttreten des AuslG 1991 im Unterschied zur früheren Rechtslage der freie Zugang zu selbstständigen Erwerbstätigkeiten gem. § 27 I 2 AuslG 1990 gewährt.

54 Besonderheiten ergeben sich aber mit Blick auf die **Erlangung eines Daueraufenthaltsrechts,** da die Rechtslage nach dem AuslG 1965 und insbesondere nach dem AuslG 1990 günstiger war. Siehe hierzu die Kommentierung unter Einzelfragen.

55 Die Ausländerbehörden durften sich bei der Entscheidung über die Gestattung selbstständiger Erwerbstätigkeit nach § 2 I 2 AuslG 1965 davon leiten lassen, ob von dem Ausländer nach seinem bisherigen Aufenthalt zu erwarten war, dass er sich als Selbstständiger in das Wirtschaftsleben einfügen konnte und die Aufnahme der selbstständigen Tätigkeit nicht von vornherein zum Scheitern verurteilt war[58]. Daher war zu prüfen, ob der Ausländer inzwischen mit den deutschen Lebensverhältnissen und der deutschen Sprache ausreichend vertraut geworden ist. Dabei durfte allerdings kein zu scharfer Maßstab angelegt werden[59]. Art und Umfang der beabsichtigten Erwerbstätigkeit mussten berücksichtigt werden. Entscheidend war, ob die vom Ausländer bisher gesammelten Erfahrungen im Umgang mit Behörden und Geschäftsleuten und seine Sprachkenntnisse für die geplante selbstständige Tätigkeit eine ausreichende Grundlage bildeten. Der festgestellte Sachverhalt musste den Schluss rechtfertigen, der Ausländer werde sich tatsächlich in das Wirtschaftsleben einfügen.

2. Dienstleistungserbringer und -empfänger

56 Das Assoziierungsabkommen und das ZP – und damit auch Art. 41 I ZP – dienen dem Ziel, die wirtschaftliche Entwicklung der Türkei zu fördern[60]. Aufgrund der Stillhalteklausel sind alle seit dem 1.1.1973 erfolgten Verschärfungen im **Dienstleistungsverkehr** mit der Türkei unanwendbar. Ausgenommen sind nur diejenigen Verschärfungen, denen auch Dienstleistungserbringer aus anderen

---

[51] EuGH Urt. v. 10.7.2014 – C-138/13 Rn. 35 – Dogan.
[52] EuGH Urt. v. 10.7.2014 – C-138/13 Rn. 35 – Dogan.
[53] EuGH Urt. v. 11.5.2000 – C-37/98, InfAuslR 2000, 326 – Savas.
[54] So bereits BVerwG Urt. v. 9.5.1986 – 1 C 39.83, InfAuslR 1986, 237.
[55] EuGH Urt. v. 10.7.2014 – C-138/13 Rn. 31.
[56] BGBl. 1959 II S. 998.
[57] BGBl. 1991 II S. 397.
[58] BVerwG Urt. v. 27.9.1978 – I C 28.77, Buchholz 402.24 Nr. 13a zu § 2 AuslG 1965.
[59] BVerwG Urt. v. 9.5.1986 – 1 C 39.83, BVerwGE 74, 165 = NJW 1986, 3037.
[60] EuGH Urt. v. 11.5.2000 – C-37/98, InfAuslR 2000, 326 – Savas.

Art. 13 EWG-Türkei 3

Mitgliedstaaten der Gemeinschaft unterliegen. Denn türkische Dienstleistungserbringer dürfen gem. Art. 59 ZP nicht bessergestellt werden als Letztere.

Der **Begriff der Dienstleistungsfreiheit** ist grundsätzlich nach den Normen des AEUV zu bestimmen[61]. Denn nach Art. 14 des Assoziierungsabkommens[62] haben die Vertragsparteien vereinbart, sich von den Art. 55, 56 und 58–65 des Vertrages zur Gründung der Gemeinschaft (jetzt – zT nach Änderung – Art. 56 ff. AEUV) leiten zu lassen, um untereinander die Beschränkungen des freien Dienstleistungsverkehrs aufzuheben. Jedoch kann die den unionsrechtlichen Vorschriften über den Binnenmarkt – einschließlich der Vertragsbestimmungen – gegebene Auslegung nicht automatisch auf die Auslegung eines von der Union mit einem Drittstaat geschlossenen Abkommens übertragen werden, sofern dies nicht im Abkommen selbst ausdrücklich vorgesehen ist. Insoweit verpflichtet die Verwendung des Verbs „sich leiten lassen" in Art. 14 Assoziierungsabkommen die Vertragsparteien nicht, die Vertragsbestimmungen über den freien Dienstleistungsverkehr oder die zu ihrer Durchführung erlassenen Bestimmungen als solche anzuwenden, sondern nur, sie als Inspirationsquelle für die Maßnahmen zu betrachten, die zur Erreichung der in diesem Abkommen festgelegten Ziele zu erlassen sind[63]. 57

Durch die Entscheidung in der Rechtssache Demirkan ist geklärt, dass die Stillhalteklausel des Art. 41 ZP die passive Dienstleistungsfreiheit nicht umfasst[64]. Die Stillhalteklausel schließt daher nicht die Freiheit der Leistungsempfänger ein, sich zur Inanspruchnahme einer Dienstleistung in einen anderen Mitgliedstaat zu begeben, ohne durch Beschränkungen daran gehindert zu werden[65]. Nachdem der EuGH die Auffassung vertrat, dass Touristen sowie Personen, die eine medizinische Behandlung in Anspruch nehmen, und solche, die Studien- oder Geschäftsreisen unternehmen, als Empfänger von Dienstleistungen anzusehen seien und diese Auffassung in den Rechtssachen Cowan[66] sowie Calfa[67] nochmals bestätigte, stellte sich bis zu der Entscheidung in der Rechtssache Demirkan die Frage, ob auch türkische Staatsangehörige als Dienstleistungsempfänger unter die Bestimmung des Art. 41 I ZP fallen[68]. 58

Die Entscheidung Demirkan beruht auf der Annahme, dass es keinen Anhaltspunkt dafür gibt, „dass die Vertragsparteien des Assoziierungsabkommens und des Zusatzprotokolls bei deren Unterzeichnung davon ausgingen, dass der freie Dienstleistungsverkehr auch die passive Dienstleistungsfreiheit umfasst"[69]. Zahlreiche Mitgliedstaaten hätten nämlich nach dem Inkrafttreten des ZP eine Visumpflicht für touristische Aufenthalte türkischer Staatsbürger eingeführt, ohne sich hieran durch Art. 41 I ZP gehindert zu sehen. Die Republik Türkei selbst verfuhr gegenüber dem Königreich Belgien und dem Königreich der Niederlande in gleicher Weise, indem sie im Oktober 1980 die 1973 in Kraft befindliche Befreiung von der Visumpflicht für belgische und niederländische Staatsangehörige, die keine Arbeitnehmer sind, aufhob[70]. 59

Außerdem hob der EuGH den Zweck des Assoziierungsabkommens hervor, die in der Förderung der wirtschaftlichen Tätigkeit bestehe. Im Rahmen des Unionsrechts beruht der Schutz der passiven Dienstleistungsfreiheit dagegen auf dem Ziel, einen als Raum ohne Binnengrenzen konzipierten 60

---

[61] So auch VGH BW Beschl. v. 15.2.2001 – 13 S. 2500/00, InfAuslR 2001, 261 (264).
[62] Englische Fassung: Article 14. „The Contracting Parties shall refrain from introducing between themselves any new restrictions on the freedom of establishment and the freedom to provide services." Article 14 Association Treaty: „The Contracting Parties agree to be guided by Articles 55, 56 and 58 to 65 of the Treaty establishing the Community for the purpose of abolishing restrictions on freedom to provide services between them." Französische Fassung: L'article 14: „Les Parties contractantes conviennent de s'inspirer des articles (45 CE), (46 CE) et (48 CE) à (54 CE) inclus pour éliminer entre elles les restrictions à la libre prestation des services." Italienische Fassung: L'art. 14: „Le Parti Contraenti convengono di ispirarsi agli articoli (45 CE), (46 CE) e (48 CE) a (54 CE) incluso per eliminare tra loro le restrizioni alla libera prestazione dei servizi." Niederländische Fassung: Artikel 14: „De overeenkomstsluitende partijen komen overeen zich te laten leiden door de artikelen (45 EG), (46 EG) en (48 EG) tot en met (54 EG) inbegrepen, teneinde onderling de beperkingen op het vrij verrichten van diensten op te heffen."
[63] EuGH Urt. v. 24.9.2013 – C-221/11 Rn. 44 f. – Demirkan.
[64] EuGH Urt. v. 24.9.2013 – C-221/11 – Demirkan, Ls.
[65] Grundlegend zur passiven Dienstleistungsfreiheit EuGH Urt. v. 31.1.1984 – 286/82 und 26/83, Slg. 1984, I-377 – Luisi und Carbone.
[66] EuGH Urt. v. 6.12.1988 – 186/87 – Cowan.
[67] EuGH Urt. v. 19.1.1999 – C-348/96, InfAuslR 1999, 165 – Calfa mAnm *Gutmann* = Slg. 1999, I-11.
[68] In der Rspr. und Lit. ist die Einbeziehung der passiven Dienstleistungsfreiheit streitig gewesen. Unter Hinweis auf die Begriffsbestimmung des Unionsrechts wird überwiegend die Auffassung vertreten, dass die Stillhalteklausel des Art. I ZP sowohl die aktive als auch die passive Dienstleistungsfreiheit erfasse (vgl. VG München Urt. v. 9.2.2011 – M 23 K 10.1983; VG Frankfurt a. M. Urt. v. 22.5.2009 – 7 K 3732/08.F, InfAuslR 2009, 327; VG Berlin Beschl. v. 25.2.2009 – VG 19 V 61.08; VG Darmstadt Beschl. v. 28.10.2005 – 8 G 1070/05, InfAuslR 2006, 45; VGH BW Beschl. v. 15.2.2001 – 13 S 2500/00, InfAuslR 2001, 262; *Dienelt* in Barwig/Beichel-Benedetti/Brinkmann (Hrsg.), Hohenheimer Tage zum AuslR 2010, S. 194 ff.; *Dienelt* ZAR 2009, 182 (183 f.); *Westphal* InfAuslR 2009, 133 (134); *Mielitz* NVwZ 2009, 276 (279); *Gutmann* ZAR 2008, 5 (8); *Gutmann* in GK-AufenthG ARB 1/80 Art. 13 Rn. 54.1 unter Aufgabe der früheren Auffassung in InfAuslR 2000, 318; *Funke-Kaiser* in GK-AufenthG § 14 Rn. 13.4; *Blechinger/Weißflog*, Das neue Zuwanderungsrecht, Rn. 3.5.1.6.2).
[69] EuGH Urt. v. 24.9.2013 – C-221/11 Rn. 60 – Demirkan.
[70] EuGH Urt. v. 24.9.2013 – C-221/11 Rn. 61 – Demirkan.

Binnenmarkt zu schaffen, indem alle der Schaffung eines solchen Marktes entgegenstehenden Hemmnisse abgebaut werden. Eben dieses Ziel unterscheidet den Vertrag vom Assoziierungsabkommen, das einen im Wesentlichen wirtschaftlichen Zweck verfolgt[71].

61 Auch wenn die Entscheidung Demirkan argumentativ wenig überzeugend ist[72], beendet sie faktisch durch verbindliche Auslegung des Art. 41 I ZP die Diskussion, ob passive Dienstleistungsempfänger von der Stillhalteklausel erfasst werden oder nicht.

62 Bei der **Bestimmung der begünstigten Personengruppe** ist zu beachten, dass durch die Definition der Dienstleistungsfreiheit sichergestellt werden muss, dass der Status einer Person schon an der Grenze feststeht, dh, bevor sie sich auf dem Territorium eines anderen Mitgliedstaats befindet.

63 Die Dienstleistungsfreiheit wird von der Niederlassungsfreiheit dadurch abgegrenzt, dass sich im Falle der Erbringung einer Dienstleistung der Leistungserbringer nur vorübergehend im anderen Mitgliedstaat aufhält. Die Dienstleistungserbringung ist daher mit keinem Daueraufenthalt verbunden, sondern erfolgt im Rahmen einzelner, grundsätzlich inhaltlich und zeitlich begrenzter Tätigkeiten im Beschäftigungsland. **Wesentliches Merkmal einer Dienstleistung ist ihre zeitliche und sachliche Zweckgebundenheit**[73]. Hinsichtlich der zeitlichen Komponente ist festzustellen, dass das Aufenthaltsrecht für Dienstleistungserbringer und -empfänger der Dauer der Leistung entspricht[74]. Der EuGH hat festgestellt, dass der „EG-Vertrag keine Vorschrift enthält, die eine abstrakte Bestimmung der Dauer oder Häufigkeit ermöglicht, von der an die Erbringung einer Dienstleistung oder einer bestimmten Art von Dienstleistung in einem anderen Mitgliedstaat nicht mehr als eine Dienstleistung im Sinne des EG-Vertrags angesehen werden kann."[75]

64 **Hinsichtlich der sachlichen Komponente ist darauf hinzuweisen, dass die Dienstleistungsfreiheit – anders als das Recht auf Aufenthalt in Art. 21 I AEUV – grundsätzlich auf eine wirtschaftliche Betätigung ausgerichtet ist.** Insoweit hat der Generalanwalt *Léger* in seinen Schlussanträgen vom 21.10.2004 in der Rechtssache C-215/03[76] sich wie folgt geäußert: „Ich halte es jedoch für erforderlich, darauf hinzuweisen, dass der Nachweis des völligen Fehlens von Mitteln für den Lebensunterhalt mit der gemeinschaftlichen Definition von Dienstleistungen unvereinbar wäre, bei denen es sich um Leistungen, die normalerweise gegen Entgelt erbracht werden, handelt." Hierauf hat auch das VG Berlin in seinem PKH-Beschluss[77] hingewiesen, als es ausführte: „Eine solche auf eine wirtschaftliche Betätigung ausgerichtete Zweckbestimmung weist ein Besuchsaufenthalt bei Verwandten oder Freunden nicht auf. Der Empfang von Dienstleistungen erfolgt in diesen Fällen fast denknotwendig und lediglich gelegentlich eines anderen Zwecken dienenden Besuchsaufenthalts und kann daher auch bei einem weiten Verständnis der passiven Dienstleistungsfreiheit nicht die Ratio des Art. 41 I ZP berühren."

65 Besonderheiten gelten bei **Geschäftsreisen**. Diese sind, wenn der Hauptzweck der Abschluss von Verträgen oder die Werbung für Produkte ist, dem Bereich der Warenverkehrsfreiheit zugeordnet[78]. Werden anlässlich der Geschäftsreise auch Dienstleistungen entgegengenommen, zB Hotelaufenthalt, Verkehrsmittel, so sind diese dem Hauptzweck untergeordnet und geben dem Gesamtvorgang nicht das Gepräge eines Empfangs von Dienstleistungen. Etwas anders mag gelten, wenn anlässlich der Geschäftsreise ein Kurzurlaub geplant ist.

IV. Einzelfragen

1. Ausweisung

66 Die Stillhalteklausel erfasst die geänderten Ausweisungsbestimmungen nicht, da es sich nicht um eine Verschärfung des Ausweisungsrechts handelt[79].

---

[71] EuGH Urt. v. 24.9.2013 – C-221/11 Rn. 55 f. – Demirkan.

[72] Zum Meinungsstand: Unter Hinw. auf die Begriffsbestimmung des Unionsrechts wird überwiegend die Auffassung vertreten, dass die Stillhalteklausel des Art. I ZP sowohl die aktive als auch die passive Dienstleistungsfreiheit erfasse (vgl. VG München Urt. v. 9.2.2011 – M 23 K 10.1983; VG Frankfurt a. M. Urt. v. 22.5.2009 – 7 K 3732/08.F, InfAuslR 2009, 327; VG Berlin Beschl. v. 25.2.2009 – VG 19 V 61.08; VG Darmstadt Beschl. v. 28.10.2005 – 8 G 1070/05, InfAuslR 2006, 45; VGH BW Beschl. v. 15.2.2001 – 13 S 2500/00, InfAuslR 2001, 262; *Dienelt* in Barwig/Beichel-Benedetti/Brinkmann (Hrsg.), Hohenheimer Tage zum AuslR 2010, S. 194 ff.; *Dienelt* ZAR 2009, 182 (183 f.); *Westphal* InfAuslR 2009, 133 (134); *Mielitz* NVwZ 2009, 276 (279); *Gutmann* ZAR 2008, 5 (8); *Gutmann* in GK-AufenthG ARB 1/80 Art. 13 Rn. 54.1 unter Aufgabe der früheren Auffassung in InfAuslR 2000, 318; *Funke-Kaiser* in GK-AufenthG § 14 Rn. 13.4; *Blechinger/Weißflog*, Das neue Zuwanderungsrecht, Rn. 3.5.1.6.2.

[73] VG Berlin Beschl. v. 25.2.2009 – 19 V 61.08 – migrationsrecht.net; *Holoubeck* in Schwarze (Hrsg.), EU-Kommentar, 2. Aufl. 2009, Art. 49/50 Rn. 54.

[74] So schon Art. 4 II RL 73/148/EWG, der zwischenzeitlich durch die Freizügigkeits-RL aufgehoben wurde.

[75] EuGH Urt. v. 29.4.2004 – C-171/02 Rn. 26 – Kommission/Portugal unter Bezugnahme auf Urt. v. 11.12.2003 – C 215/01, Slg. 2003 Rn. 30 f. – Schnitzer.

[76] Salah Oulane Rn. 41.

[77] VG Berlin Beschl. v. 25.2.2009 – 19 V 61.08 – http://www.migrationsrecht.net.

[78] Ausf. hierzu *Gutmann* InfAuslR 2009, 149 ff.

[79] BayVGH Urt. v. 28.3.2017 – 10 BV 16.1601 Rn. 31; Beschl. v. 28.6.2016 – 10 B 13.1982 Rn. 29 f.; Beschl. v. 13.5.2016 – 10 ZB 15.492 Rn. 14; VGH BW Urt. v. 13.1.2016 – 11 S 889/15, DVBl 2016, 387 Rn. 141; HessVGH Beschl. v. 15.2.2016 – 3 A 368/16.ZT und 3 B 509/16, InfAuslR 2016, 220 (222); *Welte* InfAuslR 2015, 426.

Für türkische Staatsangehörige, die ein assoziationsrechtliches Aufenthaltsrecht nach 67
Art. 6 oder 7 ARB 1/80 erlangt haben, führt der in § 53 III AufenthG geregelte Ausweisungsschutz zur Einhaltung unionsrechtlicher Vorgaben. Denn dieser Personenkreis kann auch künftig ausschließlich aus spezialpräventiven Gründen und nur dann ausgewiesen werden, wenn sein Verhalten gegenwärtig eine schwerwiegende Gefahr für die öffentliche Sicherheit und Ordnung darstellt; außerdem ist der Grundsatz der Verhältnismäßigkeit zu beachten. Dabei sind unter Abwägung der gegenläufigen Interessen alle Umstände und Besonderheiten des konkreten Einzelfalls einzustellen, sodass sich die materiellen Anforderungen, unter denen ein assoziationsberechtigter türkischer Staatsangehöriger ausgewiesen werden darf, nicht zu seinen Lasten geändert haben[80].

Seit der Rechtsänderung zum 1.1.2016 differenziert das AufenthG nicht mehr zwischen der 68
zwingenden Ausweisung, der Ausweisung im Regelfall und der Ermessensausweisung, sondern verlangt für eine Ausweisung eine Gefährdung der öffentlichen Sicherheit und Ordnung und eine Verhältnismäßigkeitsprüfung, die für ein Ermessen der Ausländerbehörde keinen Raum mehr lässt. Die Ausweisungsentscheidung ist durch das Gericht in vollem Umfang nachprüfbar. Die unionsrechtliche Überlagerung des Ausweisungsrechts hat zur Folge, dass der Verlust der Ermessensebene bei türkischen Staatsangehörigen, die ein Aufenthaltsrecht nach dem ARB 1/80 erworben haben, durch die umfassende gerichtliche Kontrollpflicht in Bezug auf die Frage der Verhältnismäßigkeit aufgewogen wird[81].

Die Stillhalteklauseln sind im Ausweisungsrecht für die türkischen Staatsangehörigen 69
bedeutsam, die nicht unter eine der Rechtspositionen nach Art. 6 oder 7 ARB fallen und sich
damit auch nicht auf Art. 14 I berufen können. Greift eine der vorgenannten Stillhalteklauseln zugunsten des türkischen Staatsangehörigen ein, so kann er nur aufgrund einer **Ermessensausweisung** ausgewiesen werden[82]. Die Stillhalteklauseln der Art. 7 ARB 2/76 und 13 sowie Art. 41 ZP erfordern eine Prüfung, wie sich die Rechtslage im Zeitpunkt des Inkrafttretens des jeweiligen Beschlusses des Assoziationsrats für türkische Staatsangehörige darstellte. Zu diesen Zeitpunkten war das AuslG vom 28.4.1965 (BGBl. I S. 353) mit späteren Änderungen in Kraft getreten. Die Gründe für eine Ausweisung waren in **§ 10 I AuslG 1965** abschließend aufgeführt. Lag einer der dort genannten Tatbestände vor, so hatte die Ausländerbehörde nach pflichtgemäßem Ermessen zu entscheiden, ob eine Ausreise geboten war. Dabei war auch zu prüfen, ob die Ausweisung dem Grundsatz der Verhältnismäßigkeit des Mittels entspricht, wobei sämtliche Umstände des Einzelfalls zu berücksichtigen waren; die Ausweisung war in keinem Fall zwingend.

Im Hinblick auf die immanenten Schranken der Stillhalteklausel, die vom EuGH immer 70
weiter interpretiert werden (→ Rn. 38 ff.), ist davon auszugehen, dass die Harmonisierung des Ausweisungsrechts zur Ermöglichung einer gleichförmigen Ausweisungspraxis einen zwingenden Grund des Allgemeininteresses darstellt. Denn auch nach der neuen Rechtslage muss der Einzelfall umfassend geprüft werden. Mit den am 1.1.2016 in Kraft getretenen Bestimmungen zum Ausweisungsrecht muss nach § 53 I AufenthG unter Berücksichtigung aller Umstände des Einzelfalls eine Abwägung von Bleibe- und Ausweisungsinteressen erfolgen.

Allein der Umstand, dass nach der alten Rechtslage immer eine Ermessensentscheidung ergehen 71
muss, führt nicht dazu, dass es sich hierbei um eine günstigere Rechtslage handelt. Denn das neue Ausweisungsrecht hat zur Folge, dass die Entscheidung der Ausländerbehörde vollständiger gerichtlicher Kontrolle unterliegt und daher nicht an die Grenzen der Kontrolldichte des § 114 VwGO gebunden ist. **Damit führt die neue Rechtslage letztlich zu einer intensiveren Kontrolle des Verwaltungshandelns und damit auch zu einer erhöhten Richtigkeitsgewähr.**

2. Erlöschenstatbestände

Die Stillhalteklausel hat auch Auswirkungen auf die Anwendbarkeit des **Erlöschenstatbestandes** 72
des § 51 I Nr. 7, da das AuslG 1965 anders als das AuslG 1990 keinen Verlusttatbestand für eine Aufenthaltserlaubnis enthielt, der allein an den Ablauf einer zeitlich bestimmten Frist für die Wiedereinreise anknüpfte. Damals galt der Tatbestand des § 9 I 1 Nr. 3 AuslG 1965. Daher ist der **Erlöschenstatbestand des § 51 I Nr. 6 im Geltungsbereich des Art. 13 nicht anwendbar**[83]. Danach erlosch eine Aufenthaltserlaubnis, wenn der Ausländer das Bundesgebiet aus einem seiner Natur nach nicht vorübergehenden Grund verließ. Diese Vorschrift, der die Neufassung in § 51 I Nr. 6 entspricht, greift nicht nur dann, wenn der seiner Natur nach nicht vorübergehende Grund bereits im Zeitpunkt der Ausreise vorlag, sondern auch dann, wenn er erst während des Aufenthalts des Ausländers im Ausland eintrat[84].

---

[80] BayVGH Urt. v. 28.3.2017 – 10 BV 16.1601 Rn. 31; Beschl. v. 28.6.2016 – 10 B 13.1982 Rn. 29 f.; Beschl. v. 13.5.2016 – 10 ZB 15.492 Rn. 14; VGH BW Urt. v. 13.1.2016 – 11 S 889/15, DVBl 2016, 387 Rn. 141. HessVGH Beschl. v. 15.2.2016 – 3 A 368/16.ZT und 3 B 509/16, InfAuslR 2016, 220 (222); *Welte* InfAuslR 2015, 426.
[81] AA *Cziersky-Reis* in NK-AuslR, AufenthG § 53 Rn. 42, der davon ausgeht, dass eine Ausweisung nach Ermessen immer günstiger für den Betroffenen sei als eine gebundene nach § 53 AufenthG nF.
[82] BVerwG Urt. v. 3.8.2004 – 1 C 29.02, AuAS 2005, 26.
[83] BVerwG Urt. v. 30.4.2009 – 1 C 6.08 Rn. 5.
[84] Vgl. hierzu BVerwG Urt. v. 30.4.2009 – 1 C 6.08.

73 **Bei dem Erlöschenstatbestand des § 51 I Nr. 6 ist zu beachten, dass dieser nur die nationalen Aufenthaltstitel erfasst, nicht aber die Rechtsposition aus Art. 6 I oder 7.**
74 Der EuGH hat entschieden, dass Personen, die nicht nur unter die Stillhalteklausel fallen, sondern zugleich auch die Rechtsstellung nach Art. 7 erfüllen, diese Rechtsstellung verlieren, wenn das Hoheitsgebiet der Bundesrepublik Deutschland für einen nicht unerheblichen Zeitraum ohne berechtigte Gründe verlassen hat[85]. Eine zeitliche Grenze, bei deren Überschreitung stets von einem Verlassen des Aufenthaltsstaats für einen nicht unerheblichen Zeitraum auszugehen ist, hat der Gerichtshof nicht festgelegt[86]. Das BVerwG stellt – ausgehend von Ziel und Zweck des Art. 7 – hinsichtlich der Dauer des Auslandsaufenthalts darauf ab, ob dieser geeignet ist, die Integration des türkischen Familienangehörigen im Bundesgebiet grundlegend infrage zu stellen[87].
75 Das BVerwG hat jüngst als unionsrechtlicher Bezugsrahmen für das Erlöschen des Aufenthaltsrechts nach einer Ausreise die Maßstäbe der Daueraufenth-RL herangezogen[88]. **Daraus folgt indes nicht, dass Art. 9 I lit. c Daueraufenth-RL entsprechend anzuwenden ist, um den „nicht unerheblichen Zeitraum" iSd Rspr. des EuGH exakt zu fixieren**[89]. Nach dieser Vorschrift ist ein Drittstaatsangehöriger nicht mehr berechtigt, die Rechtsstellung eines langfristig Aufenthaltsberechtigten zu behalten, wenn er sich während eines Zeitraums von zwölf aufeinanderfolgenden Monaten nicht im Gebiet der Gemeinschaft aufgehalten hat. Da diese Vorschrift nicht nach den Gründen für den Aufenthalt außerhalb des Gebiets der EU differenziert, erscheint sie als abschließende Regelung zur Konkretisierung des hier maßgeblichen Erlöschensgrundes ungeeignet[90].
76 Dennoch liegt es mit Blick auf die Ausführungen des EuGH in der Ziebell-Entscheidung[91] nahe, bei assoziationsberechtigten türkischen Staatsangehörigen die jeweiligen Maßstäbe der Daueraufenth-RL als unionsrechtlichen Bezugsrahmen nicht nur für die Bestimmung des Abschiebungsschutzes heranzuziehen, sondern sie auch für den hier maßgeblichen Verlustgrund assoziationsrechtlicher Rechte als Orientierung fruchtbar zu machen. Deshalb erscheint es gerechtfertigt, der Zwölf-Monats-Frist des Art. 9 I c Daueraufenth-RL jedenfalls eine gewichtige Indizwirkung dafür zu entnehmen, ab wann ein Assoziationsberechtigter – wenn keine berechtigten Gründe vorliegen – seinen Lebensmittelpunkt in Deutschland aufgegeben und dadurch seine assoziationsrechtliche Rechtsstellung verloren hat.
77 Ebenso wie Art. 7 erlischt das Recht aus Art. 6 I unter zwei Voraussetzungen, nämlich nach **Art. 14 I aus Gründen der öffentlichen Ordnung,** Sicherheit und Gesundheit oder weil der Betroffene **den Arbeitsmarkt endgültig verlassen** hat[92]; Art. 6 gilt somit weiterhin für türkische Arbeitnehmer, die erwerbstätig oder vorübergehend arbeitsunfähig sind. Er bezieht sich dagegen nicht auf die Lage eines türkischen Staatsangehörigen, der den Arbeitsmarkt eines Mitgliedstaats endgültig verlassen hat, zB weil er das Rentenalter erreicht hat oder weil er vollständig und dauernd arbeitsunfähig ist[93].

3. Eigenständiges Aufenthaltsrecht von Ehegatten

78 Von besonderer praktischer Bedeutung ist der Umstand, dass die **Anhebung der Ehebestandszeit von zwei auf drei Jahre** nicht gegenüber türkischen Staatsangehörigen wirksam ist. Insoweit hat der EuGH in der Rechtssache Toprak[94] klargestellt, dass auch die Veränderung hinsichtlich des eigenständigen Aufenthaltsrechts nach Auflösung der ehelichen Lebensgemeinschaft von der Stillhalteklausel erfasst wird[95]. Der EuGH hat klargestellt, dass das Verschlechterungsverbot nach Art. 13 dynamisch auszulegen ist. Das Verschlechterungsverbot gilt mithin nicht nur bezogen auf den 1.12.1980, dem Datum des Inkrafttretens des Beschlusses, sondern auch in Bezug auf seitdem erfolgte Begünstigungen.
79 Nach § 31 muss der Ehegatte im **Besitz einer Aufenthaltserlaubnis** sein, die verlängert werden kann. Hierbei ist in der Rspr. umstritten, ob ein Visum zum Zweck der Familienzusammenführung auch ausreichend ist, da das Visum in § 4 I als eigenständiger Aufenthaltstitel neben der Aufenthaltserlaubnis aufgeführt wird. Sofern ein nationales Visum nicht als ausreichender Aufenthaltstitel angesehen werden sollte, so ist über Art. 13 auf § 19 AuslG 1990 zurückzugreifen. Nach altem Recht war ein Visum kein eigenständiger Aufenthaltstitel. Anders als in § 4 I sah § 5 I AuslG 1990 das Visum nicht als eine eigene Art des Aufenthaltstitel vor. Dies beruhte auf der systematischen Überlegung, dass die Aufenthaltsgenehmigung- und Visumpflicht grundsätzlich kongruent sein sollten. Insoweit wurde als Visum die Aufenthaltsgenehmigung in der Form des Sichtvermerks erteilt[96]. Das Visum ist daher

---

[85] Vgl. EuGH Urt. v. 16.3.2000 – C-329/97, Slg. 2000, I-1487 Rn. 45, 46 und 48 – Ergat und Urt. v. 18.12.2008 – C-337/07, NVwZ 2009, 235 Rn. 62 – Altun.
[86] OVG NRW Urt. v. 6.12.2011 – 18 A 2765/07.
[87] BVerwG Urt. v. 30.4.2009 – 1 C 6.08 Rn. 27 f.
[88] Vgl. BVerwG Urt. v. 25.3.2015 – 1 C 19.14 Rn. 21.
[89] OVG Brem Urt. v. 13.4.2015 – 1 B 127/13 Rn. 9; BVerwG Urt. v. 25.3.2015 – 1 C 19.14 Rn. 21.
[90] OVG Brem Urt. v. 13.4.2015 – 1 B 127/13 Rn. 9; BVerwG Urt. v. 25.3.2015 – 1 C 19.14 Rn. 21.
[91] EuGH Urt. v. 8.12.2011 – C-371/08, ECLI:EU:C:2011:809 Rn. 75 ff. – Ziebell.
[92] EuGH Urt. v. 6.6.1995 – C-434/93 Rn. 39 – Bozkurt; Urt. v. 10.2.2000 – C-430/97 Rn. 37 – Nazli.
[93] EuGH Urt. v. 6.6.1995 – C-434/93 Rn. 39 – Bozkurt; Urt. v. 10.2.2000 – C-430/97 Rn. 37 – Nazli.
[94] EuGH Urt. v. 9.12.2010 – C-300/09 und C-301/09 – Toprak und Oguz.
[95] Unklar OVG LSA Beschl. v. 13.1.2012 – 2 M 201/11 Rn. 8.
[96] BT-Drs. 11/6321, 54 zu § 3 I–III.

keine eigene Form der Aufenthaltsgenehmigung gewesen, sondern eine der Formen, in denen eine Aufenthaltsgenehmigung iSv § 5 AuslG 1990 erteilt werden konnte[97]. **Ein Visum ist daher dann ausreichender Anknüpfungspunkt für ein eigenständiges Aufenthaltsrecht, wenn es zum Zweck der Herstellung der familiären Lebensgemeinschaft erteilt wurde.**

Das eigenständige Aufenthaltsrecht nach § 31 ist ausgeschlossen, wenn der Verlängerungsantrag erst nach Ablauf der Geltungsdauer der Aufenthaltserlaubnis gestellt worden ist. Nach dem insoweit eindeutigen Wortlaut der Norm erfasst § 31 nur den Fall, dass der Ausländer sich noch im Besitz einer nicht abgelaufenen Aufenthaltserlaubnis befindet, weil nur eine solche verlängert werden kann[98]. Eine Neuerteilung ist in § 31 nicht vorgesehen[99]. Die Rechtslage unter der Geltung des gemäß Art. 13 auch materiell anzuwendenden AuslG 1965 war demgegenüber anders gestaltet: Die **verspätete Antragstellung** stand einer Verlängerung der Aufenthaltserlaubnis nicht entgegen[100]. Im Unterschied zum jetzigen Recht war über eine Verlängerung der Aufenthaltserlaubnis nach Ermessen zu entscheiden, wenn die sog. Negativschranke des § 2 I 2 AuslG 1965 überwunden werden konnte (§ 7 II 2 AuslG 1965 iVm Nr. 7 Verwaltungsvorschrift-AuslG 1965)[101]. 80

4. Fehlende Lebensunterhaltsdeckung

Auch unter Berücksichtigung der Stillhalteklausel des Art. 13 besteht nach dem AuslG 1965 bei fehlender Lebensunterhaltssicherung kein Anspruch auf eine Ermessensentscheidung hinsichtlich eines Antrags auf Verlängerung der Aufenthaltserlaubnis[102]. Die Verlängerung der Aufenthaltserlaubnis war nach § 2 I 2 iVm § 7 II 2 AuslG 1965 nicht zwingend ausgeschlossen, sondern stand im Ermessen der Behörde. **Eine Ermessensentscheidung war jedoch nur dann erforderlich, wenn dem Verlängerungsantrag des Ausländers nicht die Negativschranke entgegenstand**[103]. Denn nach § 2 I 2 iVm § 7 II 2 AuslG 1965 musste die Verlängerung der Aufenthaltserlaubnis versagt werden, wenn die weitere Anwesenheit des Ausländers Belange der Bundesrepublik Deutschland beeinträchtigte[104]. Die Negativschranke stellte eine rechtlich zwingende Voraussetzung dar, deren Vorliegen uneingeschränkter verwaltungsgerichtlicher Nachprüfung unterlag. Die Entscheidung über die Aufenthaltserlaubnis war insoweit ein rechtlich gebundener Verwaltungsakt; der Behörde verblieben keine Entscheidungsalternativen[105]. 81

Zur Konkretisierung der Negativschranke des § 2 I 2 AuslG 1965 konnte ua auf die Maßstäbe des die Ausweisung regelnden § 10 I AuslG 1965 zurückgegriffen werden[106]. Belange der Bundesrepublik Deutschland konnten danach durch die Anwesenheit eines Ausländers beeinträchtigt sein, wenn dieser seinen Lebensunterhalt nicht ohne **Inanspruchnahme der Sozialhilfe** bestritten hatte oder bestreiten konnte (§ 10 I Nr. 10 AuslG 1965). Da die Negativschranke eine zukunftsbezogene Beurteilung verlangte, genügte es nicht, dass der Ausländer in der Vergangenheit Sozialhilfe bezogen hatte[107]. Erforderlich war die Prognose, dass er seinen Lebensunterhalt auf Dauer nicht ohne Inanspruchnahme von Sozialhilfe wird bestreiten können[108]. 82

Die Negativschranke setzte weiter voraus, dass die Beeinträchtigung der Belange der Bundesrepublik Deutschland von beachtlichem Gewicht war[109]. Sie erforderte ferner eine Güter- und Interessenabwägung, wenn ein anderer öffentlicher Belang für den Aufenthalt des Ausländers sprach. Das Rechtsstaatsprinzip einschließlich der Grundsätze der Verhältnismäßigkeit und des Vertrauensschutzes sowie die Grundrechte und die in ihnen verkörperte Wertordnung mussten bei ihrer Anwendung gewahrt bleiben[110]. Demgemäß war auch bei Vorliegen der Voraussetzungen des § 10 I Nr. 10 AuslG 1965 nicht notwendig ein zwingender Versagungsgrund gegeben. Ein solcher konnte zB zu verneinen sein, wenn der Ausländer nur in geringem Maße, insbesondere nur vorübergehend, auf Sozialhilfe angewiesen war oder wenn ihm ein grundrechtliches Schutzgebot zur Seite stand wie Art. 6 I oder Asyl bzw. Flüchtlingsschutz[111]. 83

---

[97] Renner, 5. Aufl., AuslG 1990 § 5 Rn. 5; GK-AuslR, Stand: 10/1993, AuslG 1990 § 5 Rn. 21.
[98] BVerwG Urt. v. 22.6.2011 – 1 C 5.10 Rn. 13 und 17.
[99] BVerwG Urt. v. 22.6.2011 – 1 C 5.10 Rn. 13 und 17; OVG NRW Beschl. v. 24.7.2009 – 18 B 1661/08 und Beschl. v. 26.6.2009 – 18 B 1695/08.
[100] Ausf. zum AuslG 1965 VG Darmstadt Beschl. v. 28.9.2011 – 5 L 936/11.DA Rn. 21.
[101] VG Darmstadt Beschl. v. 28.9.2011 – 5 L 936/11.DA Rn. 21.
[102] VG Darmstadt Beschl. v. 19.9.2011 – 5 L 996/11.DA.
[103] VG Darmstadt Beschl. v. 19.9.2011 – 5 L 996/11.DA Rn. 40.
[104] BVerwG Urt. v. 5.5.1982 – 1 C 86.78, Buchholz 402.24 § 2 AuslG Nr. 33; VG Darmstadt Beschl. v. 19.9.2011 – 5 L 996/11.DA Rn. 40.
[105] Zusammenfassend mN aus der bisherigen Rspr. BVerwG Beschl. v. 23.1.1987 – 1 B 213.86, NVwZ 1987, 504.
[106] BVerwG Urt. v. 21.10.1980 – 1 C 19.78, NJW 1981, 1917.
[107] VG Darmstadt Beschl. v. 28.9.2011 – 5 L 936/11.DA Rn. 22.
[108] BVerwG Urt. v. 24.6.1982 – 1 C 136.80, NJW 1982, 2742.
[109] BVerwG Urt. v. 21.10.1980 – 1 C 19.78, NJW 1981, 1917.
[110] BVerwG Urt. v. 13.11.1979 – 1 C 12.75, NJW 1980, 2036.
[111] BVerwG Urt. v. 20.5.1980 – 1 C 55.75, NJW 1980, 2657 (2658); Urt. v. 19.5.1981 – 1 C 168.79, NJW 1981, 2653.

5. Daueraufenthaltsrecht

84 **a) Anwendungsbereich der Stillhalteklauseln.** Aus den Stillhalteklauseln des Art. 13 bzw. Art. 41 ZP können türkische Staatsangehörige auch ein **Recht auf unbefristeten Aufenthalt nach dem AuslG 1965 und 1990** ableiten. Die Erlangung eines unbefristeten Aufenthaltsstatus war nach dem AuslG 1965 und 1990 gegenüber den Anforderungen der §§ 9, 9a von deutlich geringeren Anforderungen abhängig gemacht worden. Insbesondere die Integrationsanforderungen waren deutlich reduziert.

85 Da die Stillhalteklausel des Art. 13 nur die Einführung neuer Beschränkungen der Bedingungen für den Zugang zum Arbeitsmarkt verbietet, findet sie keine Anwendung, wenn der türkische Staatsangehörige auch ohne die begehrte Niederlassungserlaubnis bereits wegen seiner Rechtsstellung als Familienangehöriger eines türkischen Arbeitnehmers ein assoziationsrechtliches Daueraufenthaltsrecht aus Art. 7 S. 1 hat[112]. Insofern haben Familienangehörige Anspruch auf Aufenthaltserlaubnis nach § 4 V AufenthG, der dauerhaft einen unbeschränkten Zugang zum Arbeitsmarkt vermittelt. Eine Verschlechterung des Zugangs zum Arbeitsmarkt ist daher auch ohne ein Daueraufenthaltsrecht in Form einer Niederlassungserlaubnis nicht zu befürchten. Zu diesem Ergebnis konnte das BVerwG nur kommen, weil es die Auffassung vertrat, dass die Rechtsstellung nach Art. 7 auch einen Zugang zum Arbeitsmarkt als Selbstständiger erfasst. Diese Ansicht erscheint aber mit Blick auf die Rechtsgrundlage des ARB 1/80, dh den Art. 36 ZP, gewagt.

86 Die Einschränkung im Hinblick auf den Anwendungsbereich der Stillhalteklausel des Art. 13 gilt aber nicht, wenn der türkische Staatsangehörige lediglich eine Rechtsstellung nach Art. 6 innehat oder weder unter Art. 6 noch Art. 7 fällt.

87 Ein Daueraufenthaltsrecht kann sich ua aus folgenden Regelungen ergeben:
– § 24 AuslG 1990 (unbefristete Aufenthaltserlaubnis),
– § 25 I AuslG 1990 (unbefristete Aufenthaltserlaubnis für Ehegatten),
– § 25 II AuslG 1990 (unbefristete Aufenthaltserlaubnis, Verlängerungsanspruch für drittstaatsangehörige Ehegatten),
– § 25 III AuslG 1990 (unbefristete Aufenthaltserlaubnis, Verlängerungsanspruch für deutsche Ehegatten),
– § 26 AuslG 1990 (unbefristete Aufenthaltserlaubnis für Kinder),
– § 27 AuslG 1990 (Aufenthaltsberechtigung),
– § 7 II 1 AuslG 1965 (unbefristete Aufenthaltserlaubnis),
– § 8 I AuslG 1965 (Aufenthaltsberechtigung).

88 **Sofern ein Ausländer eine Niederlassungserlaubnis oder Erlaubnis zum Daueraufenthalt-EU beantragt, so umfasst dieses Begehren, unabhängig davon, ob die Bestimmungen des AuslG 1965 oder 1990 in dem Antrag zitiert werden, auch die Erteilung eines Daueraufenthaltsrechts aus dem alten Recht.** Da die Regelungen über das Daueraufenthaltsrecht nach dem AuslG 1965 und 1990 häufig nicht bekannt sind, besteht die Möglichkeit, dass die Ausländerbehörde ihren Entscheidungsrahmen verkennt und eine Bescheidung eines möglichen Aufenthaltsanspruchs unterbleibt.

89 Auch wenn ein Antrag auf Erteilung einer Niederlassungserlaubnis ein Daueraufenthaltsrecht aus den vorgenannten Regelungen mitumfasst, so hat der türkische Staatsangehörige gleichwohl keinen Anspruch auf eine Niederlassungserlaubnis ohne die besonderen Integrationsanforderungen in § 9 II 1 Nr. 7 und 8. Denn die Niederlassungserlaubnis ist ein eigenständiger Aufenthaltstitel, der ohne diese Integrationsvoraussetzungen zu keinem Zeitpunkt existierte. Die Regelung bietet daher keinen Ansatzpunkt für die Wirkungsweise einer Stillhalteklausel[113]. In dem Antrag auf Erteilung einer Niederlassungserlaubnis steckt aber zugleich ein Antrag auf Erteilung einer unbefristeten Aufenthaltserlaubnis oder Aufenthaltsberechtigung. Wie die Ausländerbehörde ein Daueraufenthaltsrecht nach dem AuslG 1965 oder 1990 umsetzt und ob in Ermangelung anderer Möglichkeiten eine Niederlassungserlaubnis erteilt wird, ändert nichts an der Tatsache, dass die Verpflichtung auf Erteilung einer unbefristeten Aufenthaltserlaubnis oder Aufenthaltsberechtigung gerichtet ist.

90 Die Daueraufenthaltsrechte nach dem AuslG 1965 und 1990 bilden einen eigenen Verfahrensgegenstand, sodass nach dem Trennungsprinzip keine Einbeziehung in Verfahren stattfindet, in denen lediglich ein befristeter Aufenthaltstitel beantragt worden war.

91 **Grundlage der Einbeziehung der Daueraufenthaltsrechte nach dem AuslG 1965 und 1990 in den Anwendungsbereich der Stillhalteklausel des Art. 13 ist die damit verbundene Beschränkung des Arbeitsmarktzugangs.** Der EuGH hat in den Rechtsache Toprak und Oguz festgestellt, dass sich die Stillhalteklausel des Art. 13 „auf sämtliche neuen Hindernisse für die Ausübung der Arbeitnehmerfreizügigkeit erstreckt, die eine Verschärfung der zu einem bestimmten Zeit-

---
[112] BVerwG Urt. v. 28.4.2015 – 1 C 21.14, BVerwGE 152, 76 Rn. 23.
[113] AA wohl BayVGH Urt. v. 3.6.2014 – 10 B 13.2083 Rn. 38.

punkt bestehenden Bedingungen darstellen"[114]. Damit ist eine rein beschäftigungsbezogene Betrachtungsweise ausgeschlossen, die ausschließlich darauf abstellt, ob mit dem unbefristeten Aufenthaltsstatus eine rechtliche Verbesserung des Arbeitsmarktzugangs verbunden ist. Diesen Ansatz verfolgt aber offenkundig das BVerwG, wenn es ausführt, dass ein türkischer Staatsangehöriger auch ohne die begehrte Niederlassungserlaubnis bereits wegen der Rechtsstellung als Familienangehöriger eines türkischen Arbeitnehmers ein assoziationsrechtliches Daueraufenthaltsrecht aus Art. 7 S. 1 2. Spiegelstrich hat. Danach habe der türkische Staatsangehörige Anspruch auf eine Aufenthaltserlaubnis nach § 4 V AufenthG, die ihm dauerhaft auch einen unbeschränkten Zugang zum Arbeitsmarkt vermitteln würde[115].

Auch wenn nach § 9 I BeschV der Zugang zu einer Beschäftigung ohne Zustimmung der BA **92** weitgehend unbeschränkt rechtlich eröffnet ist, kann ein Daueraufenthaltsrecht den Zugang zu einer selbstständigen Tätigkeit verbessern. **Bei der Versagung eines Daueraufenthaltsrechts ist daher immer auch Art. 41 I ZP in Blick zu nehmen, da die Erlangung eines Daueraufenthaltsrechts unmittelbar zu der Möglichkeit führt, eine Erwerbstätigkeit aufzunehmen.** Dies ist insbesondere bei türkischen Staatsangehörigen von Bedeutung, die aufgrund ihres Aufenthaltstitels nicht das Recht haben, eine Erwerbstätigkeit aufzunehmen.

Außerdem kann durch ein Daueraufenthaltsrecht die Aufnahme einer Beschäftigung tatsächlich **93** verbessert werden. Denn faktisch führt ein unbefristeter Aufenthaltsstatus dazu, dass ein Ausländer mit Daueraufenthaltsrecht auf dem Arbeitsmarkt für Arbeitgeber attraktiver ist, da mit seinem dauerhaften Verbleib im Bundesgebiet gerechnet werden kann. Dies ist insbesondere dann von Bedeutung, wenn der Ausländer zur Ausübung einer qualifizierten Beschäftigung fortgebildet werden muss. Ein Arbeitgeber wird eher bereit sein, Qualifizierungsmaßnahmen zu bezahlen, wenn das Aufenthaltsrecht des Ausländers dauerhaft gesichert ist. Die Realisierung von etwaigen Beschäftigungs- und Qualifizierungschancen auf dem Arbeitsmarkt steht auch in direktem, unmittelbarem Zusammenhang mit einem unbeschränkten Zugang zum Arbeitsmarkt. Denn es besteht insbesondere bei qualifizierten Arbeitsplätzen, die eine lange Einarbeitung voraussetzen, die Gefahr, dass ein Arbeitgeber einen Ausländer mit einem unbefristeten Aufenthaltstitel einem Ausländer, der nur einen befristeten Aufenthaltstitel besitzt, vorzieht. Damit ist unmittelbar die Aufnahme einer Beschäftigung und damit der Arbeitsmarktzugang von der Erlangung eines Daueraufenthaltsrechts abhängig[116].

Soweit der BayVGH[117] die Auffassung vertritt, dass die Verschärfung der Erlangung eines Dauerauf- **94** enthaltsrechts durch die neuen Integrationsanforderungen keine Beschränkungen der Bedingungen für den „Zugang" zum Arbeitsmarkt darstellen, ist dem nicht zu folgen. Denn die Verweigerung eines Daueraufenthaltsrechts führt – wie oben ausgeführt – zu einer tatsächlichen unmittelbaren Beschränkung der Zugangsmöglichkeit zum Arbeitsmarkt. **Es kommt bei der Beurteilung, ob eine Änderung der Rechtslage zu einer Beschränkung des Zugangs zum Arbeitsmarkt führt, nicht darauf an, dass die Neuregelung zur Folge hat, dass eine Beschäftigung nicht aufgenommen oder weiter ausgeübt werden kann**[118]**. Ausreichend sind die faktische Erschwerung des Zugangs zur Beschäftigung sowie die Verhinderung der Aufnahme einer selbstständigen Tätigkeit.**

IRd Anwendbarkeit des Art. 41 ZP ist nur erforderlich, dass die Niederlassungs- oder Dienstleis- **95** tungsfreiheit beeinträchtigt ist. Da ein Daueraufenthaltsrecht idR das Recht vermittelt, selbstständig tätig zu werden und den Vorteil hat, unbefristet gültig zu sein, wird es von der Stillhalteklausel des Art. 41 ZP erfasst.

b) Rechtslage unter dem AuslG 1990. Nach der Grundregelung des § 24 I AuslG 1990 war die **96** Aufenthaltserlaubnis für **erwerbstätige Ausländer** unbefristet zu verlängern, wenn der Ausländer

1. die Aufenthaltserlaubnis seit fünf Jahren besitzt,
2. eine Arbeitsberechtigung besitzt, sofern er Arbeitnehmer ist,
3. im Besitz der sonstigen für eine dauernde Ausübung seiner Erwerbstätigkeit erforderlichen Erlaubnisse ist,
4. sich auf einfache Art in deutscher Sprache mündlich verständigen kann,
5. über ausreichenden Wohnraum (§ 17 IV) für sich und seine mit ihm in häuslicher Gemeinschaft lebenden Familienangehörigen verfügt und wenn
6. kein Ausweisungsgrund vorliegt.

Anders als nach § 7 II AuslG 1965 bestand ein **Rechtsanspruch auf eine unbefristete Aufent-** **97** **haltserlaubnis,** sofern die Voraussetzungen erfüllt waren. Der Rechtsanspruch setzte die Ausübung einer Erwerbstätigkeit (§ 12 DVAuslG) voraus, wobei je nach Erwerbstätigkeit die Voraussetzung des Abs. 1 Nr. 2 oder 3 vorliegen musste. Eine eigenständige **Unterhaltssicherung** wurde nicht aus-

---

[114] EuGH Urt. v. 9.12.2010 – C-300/09 und C-301/09 Rn. 54 – Toprak und Oguz.
[115] BVerwG Urt. v. 28.4.2015 – 1 C 21.14, BVerwGE 152, 76 Rn. 23.
[116] So aber BayVGH Urt. v. 3.6.2014 – 10 B 13.2083 Rn. 49.
[117] BayVGH Urt. v. 3.6.2014 – 10 B 13.2083 Rn. 38.
[118] So aber BayVGH Urt. v. 3.6.2014 – 10 B 13.2083 Rn. 42.

drücklich verlangt, war aber mit Rücksicht auf die Ausweisungstatbestände des § 46 Nr. 6 und 7 AuslG 1990 ohnehin nicht erforderlich.

98   Die Aufenthaltserlaubnis musste der Ausländer bei der Antragstellung seit mindestens fünf Jahren **besitzen**. Die Aufenthaltserlaubnis muss ununterbrochen („seit") gegolten haben und bei Antragstellung noch gültig sein. Nicht anzurechnen waren Zeiten rechtmäßigen Aufenthalts während der Strafhaft (§ 6 AuslG 1990).

99   Für die Deutschkenntnisse genügten Sprachschatz, Grammatik und Ausdrucksweisen, die eine Verständigung ermöglichten (Niveau A1 GER).

100 Für **nicht erwerbstätige Ausländer** stellte § 24 II AuslG 1990 als zusätzliche Anforderungen noch das Erfordernis der Lebensunterhaltssicherung auf. War der Ausländer nicht erwerbstätig, wurde die Aufenthaltserlaubnis nach Maßgabe des § 24 I AuslG 1990 nur unbefristet verlängert, wenn der Lebensunterhalt des Ausländers

1. aus eigenem Vermögen oder aus sonstigen eigenen Mitteln oder
2. durch einen Anspruch auf Arbeitslosengeld oder noch für sechs Monate durch einen Anspruch auf Arbeitslosenhilfe

gesichert war. Im Falle des S. 1 Nr. 2 konnte die Aufenthaltserlaubnis nachträglich zeitlich beschränkt werden, wenn der Ausländer nicht innerhalb von drei Jahren nachwies, dass sein Lebensunterhalt aus eigener Erwerbstätigkeit gesichert war. Arbeitslose Arbeitnehmer konnten Ansprüche auf Arbeitslosengeld oder (für weitere sechs Monate) auf **Arbeitslosenhilfe** als eigene Mittel einsetzen. Diese Möglichkeit, die erst durch Gesetz vom 24.12.2003[119] gestrichen worden war, wird von der Stillhalteklausel erfasst. Die Umsetzung in der Praxis ist aber aufgrund des geänderten Systems, das nicht mehr zwischen Arbeitslosengeld und Arbeitslosenhilfe unterscheidet, schwierig. Hier wird man einen SGB-II-Bezug über die Dauer von sechs Monaten für unschädlich erachten müssen.

101 **Da das AufenthG den Status einer unbefristeten Aufenthaltserlaubnis nicht kennt, besteht die Möglichkeit, den Status entweder als sonstigen Aufenthaltstitel nach § 7 I 3 AufenthG oder als Niederlassungserlaubnis zu dokumentieren.** Für die Ausstellung als Niederlassungserlaubnis spricht die Übergangsregelung des § 101 I 1 AufenthG.

102 Das AuslG 1990 enthielt außerdem noch **besondere Erleichterungen der unbefristeten Verlängerung für Ehegatten**. Die Bestimmung des § 25 I AuslG 1990 erleichterte den Erhalt der unbefristeten Aufenthaltserlaubnis allgemein für alle Verheirateten ohne Rücksicht darauf, auf welchem Weg sie ins Bundesgebiet gekommen sind; er begünstigte auch Ehegatten von Deutschen. Bei Ehegatten, die in ehelicher Lebensgemeinschaft zusammenleben, genügte nach § 25 I AuslG 1990, wenn die in § 24 I Nr. 2 und 3 und II 1 bezeichneten Voraussetzungen durch einen Ehegatten erfüllt wurden.

103 Für **nachgezogene Ehegatten** sah § 25 II AuslG 1990 einen Anspruch auf unbefristete Verlängerung nach Aufhebung der ehelichen Lebensgemeinschaft vor. Die einem Ehegatten nach § 18 AuslG 1990 (oder § 98 II, III AuslG 1990) erteilte Aufenthaltserlaubnis wurde nach Aufhebung der ehelichen Lebensgemeinschaft abweichend von § 24 I Nr. 2 und 3 und II 1 AuslG 1990 unbefristet verlängert, wenn der Lebensunterhalt des Ehegatten durch Unterhaltsleistungen aus eigenen Mitteln des vormaligen Ehegatten gesichert war und dieser eine unbefristete Aufenthaltserlaubnis oder Aufenthaltsberechtigung besaß. Der Vergleich mit § 24 II 1 macht deutlich, dass Arbeitslosengeld und -hilfe nicht zu den Eigenmitteln zählten.

104 Die stärkste Erleichterung sah § 25 III AuslG 1990 für **Ehegatten von Deutschen** vor. Ihnen stand – wie auch gemäß § 28 II – nach § 25 III 1 AuslG 1990 ein **Regelanspruch** auf unbefristete Verlängerung unter erheblich vereinfachten Umständen schon nach drei Jahren zu. Die dem Ehegatten eines Deutschen erteilte Aufenthaltserlaubnis war idR nach drei Jahren unbefristet zu verlängern, wenn die eheliche Lebensgemeinschaft mit dem Deutschen fortbestand und die in § 24 I Nr. 4 und 6 bezeichneten Voraussetzungen, dh einfache Sprachkenntnisse, ausreichender Wohnraum und Fehlen eines Ausweisungsgrunds, vorlagen. Im Falle der Aufhebung der ehelichen Lebensgemeinschaft fand § 25 II AuslG 1990 entsprechende Anwendung.

105 § 26 AuslG 1990 sah eine unbefristete Aufenthaltserlaubnis für **nachgezogene Kinder** vor. Die einem minderjährigen Ausländer zum Zwecke der Familienzusammenführung nach § 17 I AuslG 1990 erteilte Aufenthaltserlaubnis war abweichend von § 24 AuslG 1990 unbefristet zu verlängern, wenn der Ausländer im Zeitpunkt der Vollendung seines 16. Lebensjahres seit acht Jahren im Besitz der Aufenthaltserlaubnis war. Diese Regelung ist gegenüber § 35 I ungünstiger, da dieser nur fünf Jahre voraussetzt. Das Gleiche gilt, wenn der Ausländer

1. volljährig und seit acht Jahren im Besitz der Aufenthaltserlaubnis war,
2. über ausreichende Kenntnisse der deutschen Sprache verfügte und
3. seinen Lebensunterhalt aus eigener Erwerbstätigkeit, eigenem Vermögen oder sonstigen eigenen Mitteln bestreiten konnte oder sich in einer Ausbildung befand, die zu einem anerkannten schulischen oder beruflichen Bildungsabschluss führte.

---

[119] BGBl. I S. 2954, in Kraft getreten am 1.1.2005.

Außerdem enthielt § 27 AuslG 1990 mit der **Aufenthaltsberechtigung** einen Aufenthaltstitel, 106
dessen Tatbestandsvoraussetzungen, mit Ausnahme der Integrationsanforderungen, weitgehend den
Anforderungen einer Niederlassungserlaubnis nach § 9 entsprachen. Er setzte voraus, dass der Ausländer entweder acht Jahre eine Aufenthaltserlaubnis besaß oder drei Jahre im Besitz einer unbefristeten
Aufenthaltserlaubnis war, sofern er zuvor im Besitz einer Aufenthaltsbefugnis gewesen ist.

c) Rechtslage unter dem AuslG 1965. § 7 II 1 AuslG 1965 bestimmte: Die Aufenthaltserlaubnis 107
wird befristet oder unbefristet erteilt. Diese Vorgaben wurden durch die Verwaltungsvorschrift[120],
deren Regelungen auch von der Stillhalteklausel erfasst werden[121], konkretisiert. In der ab 1.10.1978
gültigen Fassung wurde unter Nr. 4 zu § 7 AuslG 1965 Folgendes bestimmt:
Nach einem fünfjährigen, ununterbrochenen rechtmäßigen Aufenthalt in der Bundesrepublik 108
Deutschland ist ausländischen Arbeitnehmern auf Antrag in der Regel eine unbefristete Aufenthaltserlaubnis zu erteilen, wenn
a) sie die besondere Arbeitserlaubnis nach § 2 AEVO[122] besitzen,
b) sie sich auf einfache Art in deutscher Sprache mündlich verständlich machen können,
c) ihnen und ihren Familienangehörigen eine Wohnung zur Verfügung steht, die den am Aufenthaltsort geltenden Maßstäben für die Angemessenheit einer Wohnung entspricht und
d) ihre hier lebenden Kinder der gesetzlichen Schulpflicht nachkommen.

Bei **Ehegatten der ausländischen Arbeitnehmer, die in ihrem Haushalt leben,** ist entspre- 109
chend zu verfahren; der Besitz einer Arbeitserlaubnis ist nicht erforderlich. Wenn sie über ausreichende
Kenntnisse der deutschen Sprache verfügen und der ausländische Arbeitnehmer bereits eine unbefristete Aufenthaltserlaubnis besitzt, soll ihnen in der Regel schon vor Ablauf von fünf Jahren eine
unbefristete Aufenthaltserlaubnis erteilt werden.

Bei **Kindern ausländischer Arbeitnehmer, die in ihrem Haushalt leben,** ist entsprechend 110
Abs. 1 zu verfahren; der Besitz einer Arbeitserlaubnis ist nicht erforderlich. Wenn sie über ausreichende
Kenntnisse der deutschen Sprache verfügen und der ausländische Arbeitnehmer bereits eine unbefristete Aufenthaltserlaubnis besitzt, soll ihnen in der Regel schon vor Ablauf von fünf Jahren eine
unbefristete Aufenthaltserlaubnis erteilt werden. Kindern, die das 18. Lebensjahr vollendet haben, ist
in der Regel die unbefristete Aufenthaltserlaubnis zu erteilen, wenn sie sich ununterbrochen fünf Jahre
in der Bundesrepublik Deutschland aufgehalten haben und eine Aufenthaltserlaubnis besitzen. Kindern, die sich vor Vollendung des 16. Lebensjahres ununterbrochen fünf Jahre in der Bundesrepublik
Deutschland aufgehalten haben und weiterhin aufhalten, ist in der Regel schon die erste Aufenthaltserlaubnis unbefristet zu erteilen.

Weiter bestimmte Nr. 9 der Verwaltungsvorschrift[123] zu § 7 AuslG 1965: Die Erteilung einer unbe- 111
fristeten Aufenthaltserlaubnis kommt im Allgemeinen nur in Betracht für Ausländer, bei denen
besonders schutzwürdige Bindungen persönlicher, wirtschaftlicher oder sonstiger Art im Bundesgebiet
bestehen. Ein längerer rechtmäßiger Aufenthalt und ein einwandfreies Verhalten des Ausländers
reichen für sich allein nicht aus, eine unbefristete Aufenthaltserlaubnis zu erteilen.

§ 8 AuslG 1965 regelte die Aufenthaltsberechtigung. Sie bestimmt, dass Ausländer, die sich seit 112
mindestens fünf Jahren rechtmäßig im Geltungsbereich dieses Gesetzes aufhalten und sich in das
wirtschaftliche und soziale Leben in der Bundesrepublik Deutschland eingefügt haben, die Erlaubnis
zum Aufenthalt als Aufenthaltsberechtigte erteilt werden kann. Nr. 2 der Verwaltungsvorschrift zu § 8
AuslG 1965 konkretisierte das Integrationserfordernis.

Eine **Einfügung in das wirtschaftliche und soziale Leben** in der Bundesrepublik Deutschland 113
konnte nur angenommen werden, wenn die wirtschaftliche Existenz des Ausländers gesichert war und
seine Lebensführung mit der rechtlichen und sozialen Ordnung in der Bundesrepublik Deutschland in
Einklang stand. Es reichte nicht aus, dass der Ausländer sich straffrei geführt hat.

Die Aufenthaltsberechtigung stand im **pflichtgemäßen Ermessen** der Ausländerbehörde, sodass in 114
der Regel kein Anspruch auf Erteilung des Daueraufenthaltsrechts bestand. Nr. 4 der Verwaltungsvorschrift zu § 8 AuslG 1965 verdichteten das Ermessen unter bestimmten Voraussetzungen nach
einem achtjährigen rechtmäßigen Aufenthalt zu einem Regelfall.

---

[120] Allg. Verwaltungsvorschrift zur Ausführung des AuslG in der Neufassung v. 10.5.1977 (GMBl. S. 202), in Kraft ab 1.6.1977, zu § 7 und § 8 geändert durch Allg. Verwaltungsvorschrift v. 7.7.1978 (GMBl. S. 368), in Kraft ab 1.10.1978.
[121] EuGH Urt. v. 9.12.2010 – C-300/09 und C-301/09 Rn. 30 – Toprak und Oguz.
[122] Arbeitserlaubnisverordnung idF der Bekanntmachung v. 12.9.1980 (BGBl. I S. 1754).
[123] Allg. Verwaltungsvorschrift zur Ausführung des AuslG in der Neufassung v. 10.5.1977 (GMBl. S. 202), in Kraft ab 1.6.1977, zu § 7 und § 8 geändert durch Allg. Verwaltungsvorschrift v. 7.7.1978 (GMBl. S. 368), in Kraft ab 1.10.1978.

6. Befreiung von der Visumpflicht

115 **a) Dienstleistungsfreiheit.** Nachdem der EuGH in der Rechtssache Savas entschieden hat, dass Art. 41 I ZP unmittelbar anwendbar ist, stellt sich die Frage nach der Visumpflicht von Dienstleistungsempfängern und -erbringern.

116 Die Vorschrift des Art. 41 I ZP führt dazu, dass für die Beurteilung der Einhaltung der Einreisebestimmungen durch türkische Staatsangehörige die Rechtslage des AuslG im Zeitpunkt des Inkrafttretens des ZP, dh am 1.1.1973, zugrunde zu legen ist, sofern diese günstiger ist. Nach § 5 I Nr. 1 DVAuslG vom 10.9.1965[124] idF vom 13.9.1972[125] (im Folgenden DVAuslG 1965) benötigten türkische Staatsangehörige, die entsprechend der Positivliste von der Sichtvermerkspflicht grundsätzlich freigestellt waren, nur dann vor der Einreise einen Sichtvermerk, wenn sie im Bundesgebiet eine Erwerbstätigkeit ausüben wollten. Entgegen der Ansicht von *Westphal*[126] handelt es sich bei § 5 I DVAuslG 1965 um die zentrale Bestimmung für die Regelung der Notwendigkeit der Einholung eines Sichtvermerks vor der Einreise[127]. Die Allgemeine Verwaltungsvorschrift zur Ausführung des AuslG (im Folgenden AuslGVwV) vom 7.7.1967[128] stellte insoweit zu § 5 DVAuslG 1965 unter Nr. 2 für die Verwaltungspraxis verbindlich fest: „Die Fälle, in denen die Aufenthaltserlaubnis vor der Einreise in der Form des Sichtvermerks einzuholen ist, sind in § 5 DVAuslG aufgeführt. In allen anderen Fällen kann die Aufenthaltserlaubnis nach der Einreise eingeholt werden." Diese Norm regelte daher nicht die Voraussetzungen für die Erteilung einer Aufenthaltserlaubnis im Inland, sondern die Visumfreiheit der Einreise selbst.

117 Türkische Staatsangehörige, die entsprechend der Positivliste von der Sichtvermerkspflicht grundsätzlich freigestellt waren, benötigten nach § 5 I Nr. 1 DVAuslG 1965 nur dann vor der Einreise einen Sichtvermerk, wenn sie im Bundesgebiet eine Erwerbstätigkeit ausüben wollten. Als Erwerbstätigkeit in diesem Sinne galt jede selbstständige oder unselbstständige Tätigkeit, die auf Erzielung von Gewinn gerichtet oder für die ein Entgelt vereinbart oder den Umständen nach zu erwarten war[129]. Insbesondere bei Dienstleistungserbringern muss daher immer genau geprüft werden, ob der Aufenthalt nicht der Ausübung einer Erwerbstätigkeit dient[130]. Für sonstige Aufenthalte bestand ohne zeitliche Begrenzung grundsätzlich keine Visumpflicht, da diese erst durch die 11. ÄndVO zur DVAuslG vom 1.7.1980[131] auch für türkische Staatsangehörige eingeführt wurde. Dabei konnte die Sichtvermerkspflicht im Hinblick auf die noch erforderliche Kündigung der deutsch-türkischen Sichtvermerksvereinbarung von 1953 erst am 5.10.1980 in Kraft treten.

118 Die generelle **Beschränkung des visumfreien Aufenthalts auf einen Zeitraum von drei Monaten** ist gleichfalls erst zu einem späteren Zeitpunkt, nämlich durch die 14. ÄndVO zur DVAuslG vom 13.12.1982[132] eingeführt worden; sie gilt demnach gleichfalls nicht für türkische Staatsangehörige, die sich auf die Stillhalteklausel des Art. 41 I ZP berufen können. War ein Visum nur bei Aufnahme einer Erwerbstätigkeit vor der Einreise einzuholen, so ergab sich aus § 1 II Nr. 1–4 DVAuslG 1965, dass bestimmte Zwecke nicht nur vom Sichtvermerksverfahren, sondern insgesamt vom Erfordernis der Einholung einer Aufenthaltserlaubnis befreit waren. Dies bedeutet, dass nach der Einreise der Aufenthalt ohne Einholung einer Aufenthaltsgenehmigung rechtmäßig war.

119 Nach diesen Regelungen bedurften türkische Staatsangehörige, die Inhaber von Nationalpässen waren, keiner Aufenthaltserlaubnis, wenn sie

1. *„sich nicht länger als drei Monate im Geltungsbereich des AuslG aufhalten und keine Erwerbstätigkeit ausüben wollen;*
2. *sich im Dienst eines nicht im Geltungsbereich des AuslG ansässigen Arbeitgebers zu einer ihrer Natur nach vorübergehenden Dienstleistung als Arbeitnehmer im Geltungsbereich des AuslG aufhalten, sofern die Dauer des Aufenthalts zwei Monate nicht übersteigt. Die Befreiung gilt nicht für Ausländer, die im Geltungsbereich des AuslG ein Reisegewerbe (§ 55 GewO) ausüben wollen;*
3. *unter Beibehaltung ihres gewöhnlichen Aufenthalts im Ausland im Geltungsbereich des AuslG in Vorträgen oder Darbietungen künstlerischen, wissenschaftlichen oder sportlichen Charakters tätig werden wollen, sofern die Dauer des Aufenthalts zwei Monate nicht übersteigt;*
4. *Inhaber von Seefahrtbüchern sind, die von Behörden der Bundesrepublik Deutschland ausgestellt worden sind, sofern sie sich lediglich in Ausübung oder im Zusammenhang mit ihrer Tätigkeit als Besatzungsmitglied eines Schiffes im Geltungsbereich des AuslG aufhalten."*

---

[124] BGBl. I S. 1341.
[125] BGBl. I S. 1743.
[126] *Westphal/Stoppa* Report Nr. 19 S. 1, http://www.westphal-stoppa.de.
[127] BVerwG Beschl. v. 6.5.1983 – 1 B 58.83, InfAuslR 1983, 274; *Mielitz* NVwZ 2009, 276 (277); *Dienelt* ZAR 2009, 182 (186); BT-Drs. 16/13327, 10; *Kanein*, Kommentar zum AuslG 1965, 4. Aufl., AuslG § 5 Rn. 9; *Hailbronner*, Handbuch zum AuslR, 2. Aufl. 1998, Rn. 66.
[128] GMBl. S. 231.
[129] BVerwG Beschl. v. 6.5.1983 – 1 B 58.83, InfAuslR 1983, 274, zur Tätigkeit als Imam.
[130] Hierzu *Welte* InfAuslR 2004, 177 (179 f.).
[131] BGBl. 1980 I S. 782.
[132] BGBl. 1982 I S. 1681.

§ 1 II Nr. 2 DVAuslG 1965 befreit Ausländer von der Erlaubnispflicht, wenn sie sich im Dienst **120** eines nicht im Geltungsbereich des AuslG 1965 ansässigen Arbeitgebers zu einer ihrer Natur nach vorübergehenden Dienstleistung als Arbeitnehmer im Bundesgebiet aufhielten, sofern die Dauer des Aufenthalts zwei Monate nicht überstieg. Diese Befreiung war durch die Erwägung begründet, dass ein sehr kurzfristiger Aufenthalt von Arbeitnehmern im Bundesgebiet keine fühlbare Einwirkung auf die deutsche Wirtschafts- und Arbeitsmarktlage zur Folge hatte[133]. **Von § 1 II Nr. 2 DVAuslG 1965 wurden demnach nur Arbeitnehmer erfasst, nicht aber selbstständige Unternehmer**[134]. Der Verordnungsgeber hatte sich bei dieser Bestimmung im Wesentlichen an dem Personenkreis orientiert, der gemäß § 9 Nr. 3 und 4 der VO über die Arbeitserlaubnis für nichtdeutsche Arbeitnehmer (Arbeitserlaubnisverordnung) vom 2.3.1971[135] auch von dem Erfordernis der Arbeitserlaubnis befreit war.

Das BMI hat die Vorgaben aus dem Soysal-Urteil durch Erlass vom 6.5.2009[136] **nur teil-** **121** **weise umgesetzt.** Es wird kein Visum von türkischen Lkw-Fahrern verlangt, die

– als Arbeitnehmer,
– eines Arbeitgebers mit Sitz in der Türkei,
– grenzüberschreitende Lkw-Fahrten in Deutschland durchführen,
– sich nicht länger als zwei Monate im Bundesgebiet aufhalten und
– die angestrebte Transportleistung rechtmäßig erbringen können.

Weiterhin wurde durch den BMI-Erlass eine Visumbefreiung für türkische Staatsangehörige für eine **122** Aufenthaltsdauer von bis zu zwei Monaten angenommen, wenn sie rechtmäßig

– durch Arbeitgeber mit Sitz in der Türkei mit Montage- oder Instandhaltungsarbeiten sowie Reparaturen an gelieferten Anlagen und Maschinen beschäftigt werden,
– durch Arbeitgeber mit Sitz in der Türkei als fahrendes Personal im grenzüberschreitenden Personen- bzw. Güterverkehr eingesetzt werden oder
– in Vorträgen oder Darbietungen von besonderem wissenschaftlichen oder künstlerischen Wert oder bei Darbietungen sportlichen Charakters in kommerzieller Absicht tätig werden wollen.

Für touristische Zwecke muss ein Visum eingeholt werden[137]. **Denn durch die Entschei-** **123** **dung in der Rechtssache Demirkan ist geklärt, dass die Stillhalteklausel des Art. 41 ZP die passive Dienstleistungsfreiheit nicht umfasst**[138]. Die Stillhalteklausel schließt daher nicht die Freiheit der Leistungsempfänger ein, sich zur Inanspruchnahme einer Dienstleistung in einen anderen Mitgliedstaat zu begeben, ohne durch Beschränkungen daran gehindert zu werden[139]. Nachdem der EuGH die Auffassung vertrat, dass Touristen sowie Personen, die eine medizinische Behandlung in Anspruch nehmen, und solche, die Studien- oder Geschäftsreisen unternehmen, als Empfänger von Dienstleistungen anzusehen seien und diese Auffassung in den Rechtssachen Cowan[140] sowie Calfa[141] nochmals bestätigte, stellte sich bis zu der Entscheidung in der Rechtssache Demirkan die Frage, ob auch türkische Staatsangehörige als Dienstleistungsempfänger unter die Bestimmung des Art. 41 I ZP fallen[142].

Die Entscheidung Demirkan beruht auf der Annahme, dass es keinen Anhaltspunkt dafür gibt, „dass **124** die Vertragsparteien des Assoziierungsabkommen und des Zusatzprotokolls bei deren Unterzeichnung davon ausgingen, dass der freie Dienstleistungsverkehr auch die passive Dienstleistungsfreiheit umfasst"[143]. Zahlreiche Mitgliedstaaten hätten nämlich nach dem Inkrafttreten des ZP eine Visumpflicht für touristische Aufenthalte türkischer Staatsbürger eingeführt, ohne sich hieran durch Art. 41 I ZP gehindert zu sehen. Die Republik Türkei selbst verfuhr gegenüber dem Königreich Belgien und dem Königreich der Niederlande in gleicher Weise, indem sie im Oktober 1980 die seit 1973 in Kraft

---

[133] BVerwG Urt. v. 19.2.2015 – 1 C 9.14 Rn. 25; BayVGH Beschl. v. 2.7.2015 – 10 ZB 14.2102 Rn. 5.
[134] BVerwG Urt. v. 19.2.2015 – 1 C 9.14 Rn. 25.
[135] BGBl. 1971 I S. 152.
[136] Az. M I 3–125 156/148.
[137] So auch GA *Villalón* in seinen Schlussanträgen in der Rs. C-221/11 Rn. 70 ff. – Demirkan.
[138] EuGH Urt. v. 24.9.2013 – C-221/11 – Demirkan, Ls.
[139] Grundlegend zur passiven Dienstleistungsfreiheit EuGH Urt. v. 31.1.1984 – 286/82 und 26/83, Slg. 1984, I-377 – Luisi und Carbone.
[140] EuGH Urt. v. 6.12.1988 – 186/87 – Cowan.
[141] EuGH Urt. v. 19.1.1999 – C-348/96, InfAuslR 1999, 165 – Calfa mAnm *Gutmann* = Slg. 1999, I-11.
[142] In der Rspr. und Lit. ist die Einbeziehung der passiven Dienstleistungsfreiheit streitig gewesen. Unter Hinweis auf die Begriffsbestimmung des Unionsrechts wird überwiegend die Auffassung vertreten, dass die Stillhalteklausel des Art. I ZP sowohl die aktive als auch die passive Dienstleistungsfreiheit erfasse (vgl. VG München Urt. v. 9.2.2011 – M 23 K 10.1983; VG Frankfurt a. M. Urt. v. 22.5.2009 – 7 K 3732/08.F, InfAuslR 2009, 327; VG Berlin Beschl. v. 25.2.2009 – VG 19 V 61.08; VG Darmstadt Beschl. v. 28.10.2005 – 8 G 1070/05, InfAuslR 2006, 45; VGH BW Beschl. v. 15.2.2010 – 13 S 2500/00, InfAuslR 2001, 262; *Dienelt* in Barwig/Beichel-Benedetti/Brinkmann (Hrsg.), Hohenheimer Tage zum AuslR 2010, S. 194 ff.; *Dienelt* ZAR 2009, 182 (183 f.); *Westphal* InfAuslR 2009, 133 (134); *Mielitz* NVwZ 2009, 276 (279); *Gutmann* ZAR 2008, 5 (8); *Gutmann* in GK-AufenthG ARB 1/80 Art. 13 Rn. 54.1 unter Aufgabe der früheren Auffassung in InfAuslR 2000, 318; *Funke-Kaiser* in GK-AufenthG § 14 Rn. 13.4; *Blechinger/Weißflog*, Das neue Zuwanderungsrecht, Rn. 3.5.1.6.2).
[143] EuGH Urt. v. 24.9.2013 – C-221/11 Rn. 60 – Demirkan.

befindliche Befreiung von der Visumpflicht für belgische und niederländische Staatsangehörige, die keine Arbeitnehmer sind, aufhob[144].

125 Außerdem hebt der EuGH den wirtschaftlichen Zweck des Assoziierungsabkommens hervor. Im Rahmen des Unionsrechts beruht der Schutz der passiven Dienstleistungsfreiheit dagegen auf dem Ziel, einen als Raum ohne Binnengrenzen konzipierten Binnenmarkt zu schaffen, indem alle der Schaffung eines solchen Marktes entgegenstehenden Hemmnisse abgebaut werden. Eben dieses Ziel unterscheidet den Vertrag vom Assoziierungsabkommen, das einen im Wesentlichen wirtschaftlichen Zweck verfolgt[145].

126 Auch wenn die Entscheidung Demirkan argumentativ wenig überzeugend ist[146], beendet sie faktisch durch verbindliche Auslegung der Reichweite des Art. 41 I ZP die Diskussion, ob passive Dienstleistungsempfänger von der Stillhalteklausel erfasst werden oder nicht.

127 Der Visumfreiheit für den Bereich der aktiven Dienstleistungsfreiheit steht nicht die in der **EG-VisaVO** (im Folgenden VO 574/1999/EG)[147] entgegen[148]. In der VO 574/1999/EG wurde zwar festgelegt, dass türkische Staatsangehörige, die in dem Anhang I aufgeführt werden, beim Überschreiten der Außengrenzen der Mitgliedstaaten im Besitz eines Visums sein müssen (Art. 1 I VO 574/1999/EG). Nach der Rspr. des EuGH geht Völkervertragsrecht dem sekundären Gemeinschaftsrecht vor[149]. Jedoch ist die Rspr. hierzu unklar, worauf Generalanwalt *Tesauro* in seinen Schlussanträgen zutreffend hingewiesen hat[150]. So stellte der EuGH in der vorgenannten Entscheidung nicht etwa eine Ungültigkeit oder Unanwendbarkeit des in jenem Verfahren streitigen Sekundärrechtsakts wegen Unvereinbarkeit mit Völkervertragsrecht fest, sondern führt aus, dass sekundäre Gemeinschaftsrecht sei „nach Möglichkeit" in Übereinstimmung mit den völkerrechtlichen Verträgen auszulegen[151]. Demgegenüber wird in der Literatur einhellig die Auffassung vertreten, sekundäres Gemeinschaftsrecht sei nicht in der Lage, völkerrechtliche Pflichten der Gemeinschaft in der Gemeinschaftsrechtsordnung nach der Lex-posterior-Regel zu derogieren[152]. Geht aber das Assoziationsrecht dem sekundären Gemeinschaftsrecht vor, so vermochte weder die VO 574/1999/EG noch die VO 539/2001/EG für türkische Staatsangehörige nachträglich ein Sichtvermerksverfahren verbindlich vorzuschreiben.

128 **b) Selbstständigkeit.** Kommt der Stillhalteklausel des Art. 41 I ZP für den Bereich der Dienstleistungsfreiheit erhebliche Bedeutung zu, so gilt Gleiches nicht für die **Einreise zur Aufnahme einer selbstständigen Tätigkeit**[153]. Denn einem türkischen Staatsangehörigen, der sich selbstständig erwerbstätig im Bundesgebiet niederlassen will, konnte bereits im Zeitpunkt des Inkrafttretens des ZP entgegengehalten werden, dass seine Einreise nach § 5 I Nr. 1 DVAuslG 1965 visumpflichtig ist[154].

129 Gemäß § 2 I AuslG 1965 bedurften Ausländer vor der Einreise einer Aufenthaltserlaubnis. § 2 III AuslG 1965 übertrug dem Verordnungsgeber die Befugnis, bestimmte Ausländergruppen durch Rechtsverordnung von dem Erfordernis der Aufenthaltserlaubnis zu befreien, soweit durch diesen Verzicht die öffentliche Sicherheit und Ordnung nicht beeinträchtigt wurden. Dieser Ermächtigung war der Verordnungsgeber mit der Verordnung zur Durchführung des AuslG vom 10.9.1965[155] – DVAuslG 1965 nachgekommen. Gemäß § 2 III AuslG 1965 iVm § 1 II Nr. 1 DVAuslG 1965 waren

---

[144] EuGH Urt. v. 24.9.2013 – C-221/11 Rn. 61 – Demirkan.
[145] EuGH Urt. v. 24.9.2013 – C-221/11 Rn. 55 f. – Demirkan.
[146] Zum Meinungsstand: Unter Hinweis auf die Begriffsbestimmung des Unionsrechts wird überwiegend die Auffassung vertreten, dass die Stillhalteklausel des Art. I ZP sowohl die aktive als auch die passive Dienstleistungsfreiheit erfasse (vgl. VG München Urt. v. 9.2.2011 – M 23 K 10.1983; VG Frankfurt a. M. Urt. v. 22.5.2009 – 7 K 3732/08.F, InfAuslR 2009, 327; VG Berlin Beschl. v. 25.2.2009 – VG 19 V 61.08; VG Darmstadt Beschl. v. 28.10.2005 – 8 G 1070/05, InfAuslR 2006, 45; VGH BW Beschl. v. 15.2.2001 – 13 S 2500/00, InfAuslR 2001, 262; *Dienelt* in Barwig/Beichel-Benedetti/Brinkmann (Hrsg.), Hohenheimer Tage zum AuslR 2010, S. 194 ff.; *Dienelt* ZAR 2009, 182 (183 f.); *Westphal* InfAuslR 2009, 133 (134); *Mielitz* NVwZ 2009, 276 (279); *Gutmann* ZAR 2008, 5 (8); *Gutmann* in GK-AufenthG ARB 1/80 Art. 13 Rn. 54.1 unter Aufgabe der früheren Auffassung in InfAuslR 2000, 318; *Funke-Kaiser* in GK-AufenthG § 14 Rn. 13.4; *Blechinger/Weißflog*, Das neue Zuwanderungsrecht, Rn. 3.5.1.6.2).
[147] VO 574/1999/EG zur Bestimmung der Drittländer, deren Staatsangehörige beim Überschreiten der Außengrenzen der Mitgliedstaaten im Besitz eines Visums sein müssen, sowie der Liste der Drittländer, deren Staatsangehörige von dieser Visumpflicht befreit sind (ABl. 2001 L 81, S. 1 zuletzt geändert durch VO 1932/2006/EG v. 21.12.2006, ABl. L 405, S. 23).
[148] AA *Gutmann* InfAuslR 2000, 318 (319 f.).
[149] Vgl. EuGH Urt. v. 10.9.1996 – C-61/94 – Kommission/Deutschland.
[150] Slg. 1996, I-3989 Rn. 23 mwN.
[151] EuGH Urt. v. 10.9.1996 – C-61/94, Slg. 1996, I-3989 Rn. 52 – Kommission/Deutschland.
[152] *Dienelt* ZAR 2009, 182 (185); *Mielitz* NVwZ 2009, 276 (278); *Weber* in v. der Groeben/Schwarz, EU-/EG-Kommentar, 6. Aufl., EG Art. 31 Rn. 45; *Schmalenbach* in Calliess/Ruffert (Hrsg.), EUV/EGV, 1. Aufl., Art. 300 Rn. 79; *Fischer*, Das Assoziationsrecht der Europäischen Gemeinschaften, 1994, S. 239; *Meessen* EuR 1980, 36 (43); VG Berlin Urt. v. 3.7.2002 – VG 11 A 565.01, InfAuslR 2002, 384 (285) mwN; aA *Hailbronner* NVwZ 2009, 760 (763) unter Hinweis auf die primärrechtliche Verankerung des EinreiseR über Art. 14 II EG.
[153] *Dienelt* ZAR 2009, 182 (188).
[154] Ebenso *Gutmann* InfAuslR 2000, 318 (319); *Dienelt* ZAR 2009, 182 (188).
[155] BGBl.1965 I S. 1341.

Staatsangehörige der in der Anlage zu dieser VO aufgeführten Staaten, zu denen auch die Türkei zählte, als Inhaber von Nationalpässen von dem Erfordernis der Aufenthaltserlaubnis befreit, wenn sie sich nicht länger als drei Monate im Geltungsbereich des AuslG 1965 aufhalten und keine Erwerbstätigkeit ausüben wollten. § 5 I DVAuslG 1965 erlegte jedem Ausländer, der eine Erwerbstätigkeit im Geltungsbereich des AuslG 1965 ausüben wollte, die Verpflichtung auf, die Aufenthaltserlaubnis vor der Einreise in der Form eines Sichtvermerks einzuholen.

Als **Erwerbstätigkeit** iSv § 1 II Nr. 1 und § 5 I Nr. 1 DVAuslG 1965 wurde in der Rspr. jede 130 selbstständige oder unselbstständige Tätigkeit angesehen, die auf die Erzielung von Gewinn gerichtet oder für die ein Entgelt vereinbart oder den Umständen nach zu erwarten war[156]. Unter Erwerbstätigkeit falle auch die entgeltliche Erbringung von Dienstleistungen (zB Beratungsdienstleistungen im Softwarebereich), wenn sie über die bloße Durchführung geschäftlicher Besprechungen und die Unterbreitung von Angeboten als Anbahnung von Geschäften hinausgehen[157].

Etwas anderes folgte auch nicht aus dem Niederlassungsabkommen zwischen dem Deutschen Reich 131 und der Türkei vom 12.1.1927[158]. Soweit Art. 4 NAK bestimmt, dass die Staatsangehörigen jedes vertragschließenden Teils berechtigt sind, im Gebiet des jeweils anderen Vertragsstaates jede Art von Industrie und Handel zu betreiben sowie jede Erwerbstätigkeit und jeden Beruf auszuüben, soweit diese nicht den eigenen Staatsangehörigen vorbehalten sind, ist diese Regelung berufsrechtlicher Art und hat zur Voraussetzung, dass sich der Ausländer zu der von ihm beabsichtigten Tätigkeit im Bundesgebiet aufhalten darf. Sie schränkt demnach das nach nationalem Recht für die Erteilung der Aufenthaltserlaubnis bestehende Ermessen der Ausländerbehörde nicht ein. Vorbehaltlich des Gegenseitigkeitsprinzips (Art. 1 NAK) folgt aus Art. 4 NAK für das Aufenthaltserlaubnis-Verfahren lediglich, dass türkische Staatsangehörige von selbstständigen Erwerbstätigkeiten nicht generell ausgeschlossen werden durften. Dagegen lässt sich aus Art. 4 NAK nicht herleiten, dass türkische Staatsangehörige visumfrei in das Bundesgebiet einreisen durften[159]. Gleiches gilt für Art. 12 des Europäischen Niederlassungsabkommens vom 13.12.1955[160], das für die Türkei ohnehin erst am 20.3.1990 in Kraft getreten ist[161].

7. Familiennachzug/Sprachanforderungen

Eine nationale Regelung, die eine Familienzusammenführung zu einem sich legal in Deutschland 132 aufhaltenden türkischen Arbeitnehmer erschwert, ist geeignet, die Ausübung einer Erwerbstätigkeit eines türkischen Staatsangehörigen, der sich auf die Stillhalteklausel berufen kann, zu beeinträchtigen. Sie stellt nämlich eine „neue Beschränkung" iSd Art. 13 ARB 1/80 dar[162].

Der EuGH erstreckt die Stillhalteklausel mit der Begründung auf den Familiennachzug, dass es sich 133 „auf die Entscheidung eines türkischen Staatsangehörigen, sich in einem Mitgliedstaat niederzulassen, um dort dauerhaft einer Erwerbstätigkeit nachzugehen, [...] negativ auswirken [könne], wenn die Rechtsvorschriften dieses Mitgliedstaats die Familienzusammenführung erschweren oder unmöglich machen und sich der türkische Staatsangehörige deshalb unter Umständen zu einer Entscheidung zwischen seiner Tätigkeit in dem betreffenden Mitgliedstaat und seinem Familienleben in der Türkei gezwungen sehen kann"[163].

In der Dogan Entscheidung des EuGH[164] ist klargestellt worden, dass **die Sprachanforderungen** 134 **als neue Beschränkung in den Anwendungsbereich der Stillhalteklausel fallen.** Auf die Entscheidung eines türkischen Staatsangehörigen, sich in einem Mitgliedstaat niederzulassen, um dort dauerhaft einer Beschäftigung nachzugehen, kann es sich nämlich negativ auswirken, wenn die Rechtsvorschriften dieses Mitgliedstaats die Familienzusammenführung erschweren oder unmöglich machen und sich der türkische Staatsangehörige deshalb uU zu einer Entscheidung zwischen seiner Tätigkeit in dem betreffenden Mitgliedstaat und seinem Familienleben in der Türkei gezwungen sehen kann.

Hieraus ist ersichtlich, dass die Bedingung für den Familiennachzug, wonach der nachzugswillige 135 Ehegatte für die erstmalige Erteilung einer Aufenthaltserlaubnis über einfache Deutschkenntnisse verfügen muss, eine unmittelbare Beeinträchtigung des türkischen Erwerbstätigen darstellt und nicht nur eine solche des anderen Ehepartners[165].

---

[156] BVerwG Urt. v. 19.2.2015 – 1 C 9.14 Rn. 21; Beschl. v. 6.5.1983 – 1 B 58.83, Buchholz 402.24 § 5 AuslG Nr. 2; s. auch Nr. 14 Allg. Verwaltungsvorschrift zur Ausführung des AuslG v. 7.71967 (GMBl. 1967 S. 231) idF v. 10.5.1972 (GMBl. 1972 S. 331) zu § 2 AuslG 1965.
[157] BVerwG Urt. v. 19.2.2015 – 1 C 9.14 Rn. 21.
[158] RGBl. S. 76 – Wiederanwendung seit dem 1.3.1952 BGBl. II S. 608 – im Folgenden: NAK.
[159] So bereits BVerwG Urt. v. 9.5.1986 – 1 C 39.83, InfAuslR 1986, 237 (238).
[160] BGBl. 1959 II S. 998.
[161] BGBl. 1991 II S. 397.
[162] EuGH Urt. v. 12.4.2016 – C-561/14 Rn. 67 – Genc.
[163] EuGH Urt. v. 10.7.2014 – C-138/13 Rn. 35 – Dogan.
[164] EuGH Urt. v. 10.7.2014 – C-138/13 – Dogan.
[165] EuGH Urt. v. 10.7.2014 – C-138/13 – Dogan; s. hierzu auch schon die Schlussanträge des Generalanwalts v. 30.4.2014 – C-138/13 Rn. 31 ff.; aA noch BVerwG Urt. v. 30.3.2010 – 1 C 8.09, BVerwGE 136 (231) = InfAuslR 2010, 331 Rn. 20; VG Berlin Urt. v. 10.6.2015 – 4 K 385.14 V Rn. 18 f.; ebenso VGH BW Beschl. v. 21.7.2014 – 11 S 1009/14, InfAuslR 2014, 361 Rn. 11.

136   Nach Auffassung der Bundesregierung kann iRd Ehegattennachzugs gleichwohl ein Spracherfordernis verlangt werden, weil dieses durch zwingende Gründe des Allgemeininteresses gerechtfertigt sei[166]. Die Bundesregierung stützt sich insoweit auf die Rechtssache Demir, in der der EuGH darauf hingewiesen hat, dass ein Mitgliedstaat eine Ausnahme hinsichtlich der Stillhalteklausel machen kann, wenn diese durch zwingende Gründe des Allgemeininteresses gerechtfertigt ist. An diese Rspr. hat der EuGH in der Rechtssache Dogan angeknüpft und gleichfalls auf diese Schranke, die auch auf die Stillhalteklauseln anwendbar ist, hingewiesen[167].

137   Die ungeschriebene Schranke zwingender Gründe des Allgemeininteresses setzt voraus, dass die zu rechtfertigenden Eingriffe der Verhältnismäßigkeitsprüfung standhalten und zur Erreichung der in den Verträgen bzw. in der Rspr. des Gerichtshofs als Rechtfertigungsgründe anerkannten Ziele geeignet, erforderlich und angemessen erscheinen. Daher können diese einschränkenden Maßnahmen nur dann durch derartige Gründe gerechtfertigt sein, wenn sie zum Schutz der Belange, die sie gewährleisten sollen, erforderlich sind und soweit diese Ziele nicht mit weniger einschränkenden Maßnahmen erreicht werden können[168]. Geklärt ist zudem, dass rein wirtschaftliche Motive keine zwingenden Gründe des Allgemeininteresses darstellen können[169]. Damit stellt sich die Frage, ob die Abwehr von Zwangsehen als ein zwingender Grund des Allgemeininteresses anzusehen ist und der vorgeschriebene Erwerb einfacher deutscher Sprachkenntnisse geeignet ist, die Erreichung des angestrebten legitimen Ziels zu erreichen, und nicht über das zu dessen Erreichung Erforderliche hinausgeht.

138   Auch wenn man davon ausgeht, dass die von der deutschen Bundesregierung angeführten Gründe – die Bekämpfung von Zwangsverheiratungen und die Förderung der Integration – zwingende Gründe des Allgemeininteresses darstellen, geht nach Ansicht des EuGH das Spracherfordernis über das hinaus, was zur Erreichung des verfolgten Ziels erforderlich ist, wenn der fehlende Nachweis des Erwerbs hinreichender Sprachkenntnisse automatisch zur Ablehnung des Antrags auf Familienzusammenführung führt, ohne dass besondere Umstände des Einzelfalls berücksichtigt werden.

139   Mit dieser Entscheidung hat der Gerichtshof nicht anerkannt, dass die Bekämpfung von Zwangsverheiratungen und die Förderung der Integration zwingende Gründe des Allgemeininteresses darstellen[170]. Sicherlich steht die Förderung der Integration durch Sprachkenntnisse vor der Einreise im Allgemeininteresse – ist sie aber ein zwingendes Interesse?

140   Erhebliche Zweifel an der Richtigkeit dieser Rechtsansicht kommen auf, wenn man die Schlussanträge des Generalanwalts *Mengozzi* vom 30.4.2014[171] hierzu liest. Denn dieser hält die Notwendigkeit, vor der Einreise einfache deutsche Sprachkenntnisse erwerben zu müssen, für unverhältnismäßig: „Meines Erachtens ist eine Maßnahme unverhältnismäßig, die eine Familienzusammenführung im Hoheitsgebiet des betreffenden Mitgliedstaats unbegrenzt lange hinauszuschieben vermag und vorbehaltlich einer beschränkten Zahl abschließend festgelegter Ausnahmen unabhängig davon Anwendung findet, wie die Gesamtheit der relevanten Umstände des Einzelfalls zu beurteilen ist. Auch teile ich nicht die Auffassung der deutschen Regierung, dass alternative Maßnahmen, z. B. die Verpflichtung zur Teilnahme an Integrations- und Sprachkursen nach der Einreise in das deutsche Hoheitsgebiet für die Verhinderung der sozialen Ausgrenzung der Opfer von Zwangsverheiratungen nicht genauso wirksam seien wie der vorherige Erwerb von Sprachkenntnissen. Im Gegenteil würde eine solche Verpflichtung diese Personen dazu veranlassen, aus ihrem familiären Umfeld herauszutreten, wodurch ihr Kontakt mit der deutschen Gesellschaft erleichtert würde. Ihre Familienangehörigen, die Zwang auf sie ausüben, wären ihrerseits gezwungen, einen solchen Kontakt zuzulassen, der ohne eine solche Verpflichtung trotz vorhandener Grundkenntnisse der deutschen Sprache konkret behindert werden könnte. Außerdem könnten regelmäßig unterhaltene Beziehungen zu für die Durchführung der genannten Sprachkurse verantwortlichen Einrichtungen und Personen dazu beitragen, günstige Voraussetzungen für ein spontanes Hilfeersuchen der Opfer zu schaffen und die Feststellung von Situationen, die ein Eingreifen erfordern, und deren Anzeige an die zuständigen Behörden erleichtern."

141   **Der EuGH hat weiterhin geklärt, dass für den Ehegattennachzug nach § 30 I zu einem ordnungsgemäß beschäftigten türkischen Arbeitnehmer mit Rücksicht auf die Stand-Still-Klausel des Art. 7 ARB 2/76 die Einholung eines nationalen Visums verlangt werden kann**[172]. Die Einführung eines Visumverfahrens unterfällt zwar der Stillhalteklausel, sie kann aber aus Gründen der effektiven Einwanderungskontrolle und der Steuerung der Migrationsströme gerechtfertigt sein; sie ist aber nur zulässig, soweit die Einzelheiten ihrer Umsetzung nicht über das zur

---

[166] Vgl. EuGH Urt. v. 10.7.2014 – C-138/13 Rn. 35 – Dogan unter Hinweis auf EuGH Urt. v. 7.11.2013 – C-225/12 Rn. 40 – Demir.
[167] Vgl. EuGH Urt. v. 10.7.2014 – C-138/13 Rn. 35 – Dogan unter Hinweis auf EuGH Urt. v. 7.11.2013 – C-225/12 Rn. 40 – Demir.
[168] EuGH Urt. v. 17.7.2008 – C-389/05 Rn. 67 – Kommission/Frankreich.
[169] EuGH Urt. v. 27.3.2014 – C-322/13 Rn. 25 – Grauel Rüffer; EuGH Urt. v. 22.10.2013 – C-105/12 Rn. 51 – Staat der Nederlanden.
[170] OVG Bln-Bbg Urt. v. 30.1.2015 – OVG 7 B 22.14 Rn. 27.
[171] EuGH Urt. v. 10.7.2014 – C-138/13, ECLI:EU:C:2014:287 Rn. 41 f. – Dogan.
[172] EuGH Urt. v. 7.8.2018 – C-123/17 Rn. 89 – Yön.

Erreichung des verfolgten Ziels Erforderliche hinausgehen, was zu prüfen Sache des vorlegenden Gerichts ist[173].

Die **Verhältnismäßigkeit** eines Visumverfahrens ist dann nicht mehr gewahrt, wenn der in Deutschland lebende Ehegatte zur Durchführung des Visumverfahrens mit in das Heimatland reisen müsste und gezwungen wäre, seine Erwerbstätigkeit in Deutschland aufzugeben, „ohne dass bei seiner Rückkehr aus der Türkei seine berufliche Wiedereingliederung gewährleistet wäre, obwohl die Voraussetzungen für die Familienzusammenführung von den zuständigen Behörden in Deutschland geprüft werden könnten, so dass die Verwirklichung des genannten Ziels unter Vermeidung der angesprochenen Nachteile sichergestellt werden könnte"[174]. 142

Für den Ehegattennachzug bestand ohne zeitliche Begrenzung grundsätzlich keine Visumpflicht, da diese erst durch die 11. ÄndVO zur DVAuslG vom 1.7.1980[175] auch für türkische Staatsangehörige eingeführt wurde. Da sich bei einer Verschärfung der Anforderungen des Ehegattennachzugs der türkische Arbeitnehmer gegen die Beschränkung des Nachzugs wenden kann, kommt es nicht auf die Stillhalteklausel des Art. 13 ARB 1/80 an, die erst zum 1.12.1980 in Kraft getreten ist, sondern auf Art. 7 ARB 2/76. Diese erfasst die Rechtslage vor der Einführung der Visumpflicht, da die Sichtvermerkspflicht im Hinblick auf die noch erforderliche Kündigung der deutsch-türkischen Sichtvermerksvereinbarung von 1953 erst am 5.10.1980 in Kraft treten konnte. 143

Die generelle Beschränkung des visumfreien Aufenthalts auf einen Zeitraum von drei Monaten ist gleichfalls erst zu einem späteren Zeitpunkt, nämlich durch die 14. ÄndVO zur DVAuslG vom 13.12.1982[176] mWz 18.12.1982 eingeführt worden; sie gilt demnach gleichfalls nicht für türkische Staatsangehörige, die sich auf die Stillhalteklausel berufen können[177]. Da der Ehegattennachzug zu einem längerfristigen Aufenthalt führen soll, musste der Ehegatte nach der Einreise die Aufenthaltserlaubnis beantragen. Denn er konnte sich auf keinen der Ausnahmetatbestände des § 1 II Nr. 1–4 DVAuslG 1965 berufen, der bestimmte Zwecke nicht nur vom Sichtvermerksverfahren, sondern insgesamt vom Erfordernis der Einholung einer Aufenthaltserlaubnis befreite[178]. 144

Nach § 2 I 2 AuslG 1965 durfte eine Aufenthaltserlaubnis erteilt werden, wenn die Anwesenheit des Ausländers Belange der Bundesrepublik Deutschland nicht beeinträchtigt. Soweit diese sog. Negativschranke nicht erfüllt war, war der Ausländerbehörde nach damaliger Rspr. Ermessen eingeräumt, welches allerdings ua durch die Ausstrahlungswirkung des GG begrenzt sein konnte[179]. Insbesondere musste Art. 6 GG bei der Ermessensausübung berücksichtigt werden[180]. **Daraus ergab sich allerdings kein Anspruch für ausländische Familienmitglieder auf Einreise und Aufenthalt**[181], sondern nur ein Anspruch auf ermessensfehlerfreie Entscheidung. 145

Für den Kindernachzug von **Kindern, die das 16. Lebensjahr vollendet haben,** gibt es unter Anwendung der Stillhalteklausel keinen Anspruch auf Erteilung einer Aufenthaltserlaubnis, wenn die Voraussetzungen des § 32 II nicht vorliegen. Denn die Rechtslage war weder zum Zeitpunkt des Beginns der Anwendbarkeit des ARB 1/80 am 1.12.1980 (vgl. Art. 16 I) noch in der Folgezeit, günstiger als die derzeit bestehende Regelung in § 32[182]. Eine allgemein ermessensleitende Verwaltungsvorschrift, wonach minderjährigen Familienangehörigen von türkischen Arbeitnehmern stets oder im Regelfall ein Familiennachzug zu gestatten war, bestand nicht. Die Allgemeine Verwaltungsvorschrift zur Ausführung des AuslG vom 7.7.1967 idF der Bekanntmachung vom 10.5.1977 (GMBl. S. 202), geändert durch Verwaltungsvorschrift vom 7.7.1978 (GMBl. S. 368), enthielt keine entsprechende Regelung. Sie sah lediglich eine Ermessensreduzierung für die Fälle vor, in denen in Anwerbevereinbarungen eine wohlwollende Behandlung von Anträgen auf Familiennachzug in Aussicht gestellt wurde. Bereits im Jahr 1973 wurde der sog. Anwerbestopp beschlossen. Das Bestehen einer günstigeren Rechtslage zum hier maßgeblichen Stichtag ergibt sich auch nicht im Umkehrschluss aus dem Beschluss der Bundesregierung vom 2.12.1981, mit welchem diese die Bundesländer bat, als Sofortregelung zur sozialverantwortlichen Steuerung des Familiennachzugs zu Ausländern aus Nicht-EG-Staaten bundeseinheitlich durch Beschluss der Länder unverzüglich ua 16- und 17-jährige ausländische Jugendliche vom Nachzug auszuschließen[183]. Hierbei handelte es sich selbst nicht um eine verbindliche Verwaltungsvorschrift. Vielmehr erließen die Bundesländer daraufhin ihre eigenen Verwaltungsvor- 146

---

[173] EuGH Urt. v. 7.8.2018 – C-123/17 Rn. 89 – Yön.
[174] EuGH Urt. v. 7.8.2018 – C-123/17 Rn. 88 – Yön.
[175] BGBl. I S. 782.
[176] BGBl. I S. 1681.
[177] AA *Westphal/Stoppa* Report Nr. 19 S. 1, http://www.westphal-stoppa.de unter Hinweis auf die Entscheidung des BVerwG Urt. v. 4.9.1986 – 1 C-19.86, BVerwGE 75, 20 = NJW 1987, 597. Die Entscheidung des BVerwG betraf eine türkische Staatsangehörige, der erst 1984 ein Visum zum Besuch des Ehegatten erteilt worden war. Damit betraf der Fall aber die Rechtslage nach der Änderung des § 5 I Nr. 1 DVAuslG 1965.
[178] BayVGH Urt. v. 4.11.1977 – 262 X 76, MDR 1978, 871.
[179] *Kanein*, Ausländergesetz, 3. Aufl. 1980, § 2 B.3.; BVerwG Urt. v. 26.3.1982 – 1 C 29/81 Rn. 15.
[180] BVerfG Beschl. v. 12.5.1987 – 2 BvR 1226/83 ua Rn. 103.
[181] BVerfG Beschl. v. 12.5.1987 – 2 BvR 1226/83 ua Rn. 960.
[182] VG Berlin Urt. v. 29.7.2014 – 4 K 626.13V Rn. 25 ff.
[183] Zitiert in BVerfG Beschl. v. 12.5.1987 – 2 BvR 1226/83 ua Rn. 10 f.

schriften oder änderten diese ab. Aus der damit verbundenen Beschränkung des Nachzugs von Jugendlichen nach Vollendung des 16. Lebensjahres lässt sich jedoch nicht ableiten, dass dieser davor generell bewilligt wurde[184].

8. Befreiung vom Erfordernis einer Aufenthaltserlaubnis

147   Nach § 2 II Nr. 1 AuslG 1965 benötigten Ausländer, die das 16. Lebensjahr noch nicht vollendet hatten, keine Aufenthaltserlaubnis. Nach § 3 III 2 AuslG 1990 iVm § 2 II DVAuslG 1990 bedurften die Staatsangehörigen von Jugoslawien, Marokko, der Türkei und Tunesien unter 16 Jahren, die einen Nationalpass oder einen als Passersatz zugelassenen Kinderausweis besaßen, keiner Aufenthaltsgenehmigung, wenn sie sich nicht länger als drei Monate im Bundesgebiet aufhalten wollten (Ziff. 2) oder solange ein Elternteil eine Aufenthaltsgenehmigung besaß (Ziff. 2). Nach § 3 V AuslG 1990 konnte der Aufenthalt zeitlich beschränkt werden.

148   Die Einführung einer Aufenthaltserlaubnis-Pflicht durch § 33 S. 1 bewirkt eine „neue Beschränkung" iSd Art. 13, da sie eine Verschlechterung der durch § 2 II Nr. 1 AuslG 1965 gewährten Befreiung von der Aufenthaltserlaubnis-Pflicht darstellt. Die Aufhebung der Befreiung von der Aufenthaltserlaubnis-Pflicht für unter 16-Jährige dient jedoch einem nach Ansicht des BVerwG zwingenden Grund des Allgemeininteresses, nämlich einer effektiven Zuwanderungskontrolle, und ist hier auch nach Art und Umfang gerechtfertigt[185].

149   Das BVerwG hat in Bezug auf die Beschränkung des erlaubnisfreien Zuzugs von Kindern bis zum 16. Lebensjahr die wirksame präventive Zuwanderungskontrolle als zwingendes Allgemeinwohlinteresse angesehen[186]: „Die Aufhebung des erlaubnisfreien Aufenthalts ist demnach dadurch gerechtfertigt und erweist sich als zwingend, weil angesichts steigender Zuwandererzahlen eine effektive Steuerung der Zuwanderung bei einer Befreiung von der AE-Pflicht nicht mehr sichergestellt war." Dabei beruft sich das BVerwG auf § 1 I 1 AufenthG, der das **Ziel der wirksamen Steuerung des Zuzugs von Ausländern** verfolgt[187]. Auch wenn türkische Staatsangehörige nicht mit sonstigen Drittstaatsangehörigen gleichgestellt werden, so wird aufgrund der gegenwärtigen Flüchtlingskrise und der Migrationsströme kaum zu verneinen sein, dass es sich um ein zwingendes Allgemeinwohlinteresse handelt. Bei der Anwendung der immanenten Schranke ist aber erforderlich, dass in jedem Einzelfall der Grundsatz der Verhältnismäßigkeit beachtet wird.

150   Der EuGH kommt in der Rechtssache Tekdemir[188] zwar auch zu dem Ergebnis, dass das Ziel, die Migrationsströme wirksam zu steuern, ein zwingender Grund des Allgemeininteresses zur Rechtfertigung einer neuen Beschränkung iSv Art. 13 sein könne, jedoch ist ein Visumverfahren immer dann unverhältnismäßig, wenn die Ausländerbehörde die Voraussetzungen für die Erteilung einer Aufenthaltserlaubnis im Inland prüfen kann. Denn der EuGH legt dar, dass sich aus den vorliegenden Akten keine Anhaltspunkte dafür ergeben, dass es, um die Rechtmäßigkeit des Aufenthalts des im Bundesgebiet geborenen Kindes zu überwachen und dadurch die Verwirklichung des Ziels einer wirksamen Steuerung der Migrationsströme zu gewährleisten, erforderlich wäre, dass das Kind in die Türkei reist, um von dort aus ein Visumverfahren einzuleiten, in dem die Voraussetzungen eines Aufenthaltstitels geprüft werden. **Die Einhaltung eines Visumverfahrens kann daher nur verlangt werden, wenn die zuständige Behörde nur dadurch in die Lage versetzt würde, die Rechtmäßigkeit des Aufenthalts des im Bundesgebiet geborenen Kindes im Rahmen der Familienzusammenführung zu beurteilen**[189].

9. Verlängerung einer Aufenthaltserlaubnis

151   IRd Verlängerung einer Aufenthaltserlaubnis ist zu beachten, dass türkische Staatsangehörige, die im Anwendungsbereich einer Stillhalteklausel sind, einen **Anspruch auf eine Ermessensentscheidung** hinsichtlich der Verlängerung einer Aufenthaltserlaubnis auf der Grundlage des § 7 II 2 AuslG 1965 haben. Nach § 2 I 2 AuslG 1965 darf die Aufenthaltserlaubnis erteilt bzw. verlängert werden (§ 7 II 2 AuslG 1965), wenn die Anwesenheit des Ausländers die Belange der Bundesrepublik Deutschland nicht beeinträchtigt. In diesen Grenzen hat die Ausländerbehörde über die Erteilung der Aufenthaltserlaubnis unter Abwägung der öffentlichen Interessen einerseits und der Interessen des den Aufenthalt begehrenden Ausländers andererseits nach pflichtgemäßem Ermessen zu entscheiden; das ihr eröffnete Ermessen, das auf zahlreiche wirtschaftliche, soziale und politische Gegebenheiten Bedacht zu nehmen hat, ist weit und grundsätzlich nur durch das im Rechtsstaatsprinzip wurzelnde Willkürverbot gebunden[190].

---

[184] VG Berlin Urt. v. 29.7.2014 – 4 K 626.13V Rn. 26.
[185] So BVerwG Urt. v. 6.11.2014 – 1 C 4.14; aA VG Darmstadt Urt. v. 18.12.2013 – 5 K 310/12.DA (aufgehoben); Einzelheiten zr Schranke der zwingenden Gründe → Rn. 38 ff.
[186] BVerwG Urt. v. 6.11.2014 – 1 C 4.14, InfAuslR 2015, 93 Rn. 24.
[187] BVerwG Urt. v. 6.11.2014 – 1 C 4.14, InfAuslR 2015, 93 Rn. 24.
[188] EuGH Urt. v. 29.3.2017 – C-652/15 – Tekdemir.
[189] EuGH Urt. v. 29.3.2017 – C-652/15 Rn. 48 f. – Tekdemir.
[190] BVerwG Beschl. v. 9.3.1978 – 1 B 38.78 Rn. 7; Beschl. v. 10.2.1978 – 1 B 13/78 Rn. 4; Urt. v. 29.4.1971 – 1 C 7.69, BVerwGE 38, 90 (91) und Urt. v. 3.5.1973 – 1 C 35.72, BVerwGE 42, 148 (156).

Bei der Ermessensentscheidung sind insbesondere die von dem BVerfG[191] entwickelten Kriterien zu berücksichtigen. Danach ist zu beachten, dass der Ermessensspielraum bei der Verlängerung einer Aufenthaltserlaubnis nach § 7 II 2 AuslG 1965 grundsätzlich enger ist als bei der erstmaligen Erteilung. Außerdem ist der Schutz von Ehe und Familie nach Art. 6 I GG im Rahmen der Ermessensentscheidung zu berücksichtigen. 152

10. Gebühren

a) **Grundsätze.** Nachdem das BVerwG die Gebührenerhebung für türkische Staatsangehörige als mit Art. 10 unvereinbar eingestuft hatte, hat der Gesetzgeber reagiert und mit **§ 52a AufenthV eine eigene Gebührenregelung für türkische Staatsangehörige** geschaffen. Nach § 52a II AufenthV sind die Gebühren für Aufenthaltstitel nach den §§ 44–45, 45c I und § 48 I 1 Nr. 15 AufenthV auf einen Betrag in Höhe von 28,80 EUR (Nr. 1a) bzw. für Personen, die zum Zeitpunkt der Antragstellung noch nicht 24 Jahre alt sind, auf 22,80 EUR (Nr. 1b) beschränkt worden. Zugleich findet sich in § 52a II Nr. 2 AufenthV für die Fälle des § 45b II und des § 47 I Nr. 11 AufenthV jeweils iVm § 44 oder mit § 44a AufenthV eine Gebührenfestsetzung auf 8 EUR. Eine gänzliche Gebührenbefreiung enthält § 52a III AufenthV. 153

Nach der Rspr. des EuGH in der Rechtssache Sahin[192] vom 17.9.2009 wird auch die Einführung bzw. Erhöhung einer Gebühr für die Ausstellung eines Aufenthaltstitels von der Stillhalteklausel des Art. 13 erfasst. Dabei liegt ein Verstoß gegen die Stillhalteklausel nicht bereits deshalb vor, weil eine Gebühr gegenüber dem Zeitpunkt des Inkrafttretens der Stillhalteklausel erhöht wird. **Denn weder die Einführung neuer Gebührentatbestände noch die Erhöhungen bestehender Gebühren sind per se mit Art. 13 unvereinbar.** 154

Auch die Anpassung einer Gebühr an die **Inflationsrate** führt zu keiner Verschärfung der Bedingungen für den Aufenthalt, da die tatsächliche Belastung gleich geblieben ist[193]. 155

Maßgeblich für das Vorliegen eines Verstoßes gegen die Stillhalteklausel sind drei Gesichtspunkte: 156
– Die aktuell festgesetzte Gebühr muss inflationsbereinigt die Gebührenhöhe übersteigen, die seit dem Inkrafttreten der Stillhalteklausel für türkische Staatsangehörige am niedrigsten gewesen ist[194].
– Die Gebühr darf nicht geringer sein als die Gebühr, die EU-Bürger zu zahlen haben, um einen Verstoß gegen Art. 59 ZP zu vermeiden[195].
– Die Gebühr darf nicht unverhältnismäßig höher sein als die Gebühr, die EU-Bürger zu zahlen haben[196].

Der EuGH hat festgestellt, dass der nationale Gesetzgeber die Möglichkeit besitzt, ungünstigere Regelungen ohne Verstoß gegen die Stillhalteklausel für türkische Staatsangehörige einzuführen, sofern die Regelungen gleichermaßen auch für EU-Bürger gelten. Eine anderweitige Auslegung würde gegen Art. 59 ZP verstoßen, der es den Mitgliedstaaten untersagt, türkischen Staatsangehörigen eine günstigere Behandlung zukommen zu lassen als Unionsangehörigen, die sich in einer vergleichbaren Situation befinden. Daher können sich die türkischen Arbeitnehmer und ihre Familienangehörigen nicht erfolgreich auf die der Stillhalteklauseln berufen, um zu verlangen, dass der Aufnahmemitgliedstaat sie von der Zahlung einer Gebühr für die Erteilung oder Verlängerung eines Aufenthaltstitels befreit, auch wenn zuvor keine Gebührenpflicht bestand. 157

Allerdings dürfen dem türkischen Arbeitnehmer keine neuen Pflichten auferlegt werden, die im Vergleich zu denen der Unionsbürger unverhältnismäßig sind[197]. In der konkreten Rechtssache Sahin war die zu bezahlende Gebühr für türkische Staatsangehörige mit 169 EUR bedeutend höher und die Geltungsdauer der Aufenthaltserlaubnis kürzer als für EU-Bürger, die nur 30 EUR zu zahlen hatten. Daher hat der EuGH diese Regelung als unverhältnismäßig bewertet und einen Verstoß gegen die Stillhalteklausel des Art. 13 festgestellt. 158

Allein der Umstand, dass eine Amtshandlung bereits zum Zeitpunkt des Inkrafttretens der Stillhalteklausel gebührenpflichtig war, steht der Unvereinbarkeit einer späteren Erhöhung mit der Stillhalteklausel nicht entgegen[198]. Maßgeblich sind vielmehr die genannten Kriterien. 159

---

[191] BVerfG Beschl. v. 26.9.1978 – 1 BvR 525/77, BVerfGE 49, 168 Rn. 39.
[192] EuGH Urt. v. 17.9.2009 – C-242/06 – Sahin.
[193] Zutr. Gutmann InfAuslR 2011, 413.
[194] Gutmann InfAuslR 2011, 413 f.; Dienelt, Beschluss Nr. 1/80, Art. 13 ARB 1/80, http://www.migrationsrecht.net; aA Zeral, EU-Türkei: Stand-Still der Gebühren, ANA-ZAR 2010 (1 f.); offengelassen VG Aachen Urt. v. 14.3.2012 – 8 K 1159/10.
[195] VG Aachen Urt. v. 14.3.2012 – 8 K 1159/10 Rn. 96.
[196] VG Aachen Urt. v. 14.3.2012 – 8 K 1159/10 Rn. 101.
[197] EuGH Urt. v. 17.9.2009 – C-242/06 Rn. 71 – Sahin.
[198] So aber die Bundesregierung in BT-Drs. 17/5884, 12 zur kleinen Anfrage der Fraktion Die Linke (BT-Drs. 17/5539): „Die Bundesregierung ist nach wie vor der Auffassung, dass sowohl die bisherige Gebührenentwicklung als auch die weitere Erhöhung aus Anlass der Einführung des elektronischen Aufenthaltstitels (eAT) keine „neue Beschränkung" iSv Art. 13 ARB 1/80 darstellen, da in Deutschland – anders als in den Niederlanden – bereits zum

160 **b) Kosten für Aufenthaltstitel für EU-Bürger.** In Deutschland waren Unionsbürger und ihre Familienangehörigen von Gebühren für die Erteilung der früher ausgestellten Aufenthaltserlaubnis-EG und eines Visums seit dem 31.1.1980[199] gemäß § 13 AufenthG/EWG befreit. Diesen Rechtszustand schreibt § 2 VI FreizügG/EU nur noch für die Aufenthaltsbescheinigung für EU-Bürger weiter fort, die weiterhin kostenfrei ausgestellt wird.

161 Für EU-Bürger und ihre Familienangehörigen gelten zudem die Vorgaben des Art. 25 II Freizügigkeits-RL. Danach werden die Ausstellung von Aufenthaltsbescheinigungen, Bescheinigungen des Daueraufenthalts, Aufenthaltskarten sowie Daueraufenthaltskarten „unentgeltlich oder gegen Entrichtung eines Betrags ausgestellt, der die Gebühr für die Ausstellung entsprechender Dokumente an Inländer nicht übersteigt". Visa sind nach Art. 5 II UAbs. 2 kostenfrei auszustellen.

162 Hierzu wird in der BR-Drs. 264/11 zu Nr. 8 (§ 47) ausgeführt: „Bei der Aufenthaltskarte beziehungsweise der Daueraufenthaltskarte handelt es sich um ein Dokument, das in der technischen Herstellung und technischen Ausgestaltung dem Personalausweis vergleichbar ist[200]. Es ist demnach höchstens eine Gebühr zu erheben, die der Gebühr für die Ausstellung eines Personalausweises entspricht. Dementsprechend wurden die Gebührensätze in Übereinstimmung mit der Personalausweisgebührenverordnung festgelegt."

163 Diese Vorgaben wurden durch § 79 AufenthV umgesetzt, der bestimmt, dass die in Kap. 3 enthaltenen Regelungen auch auf Ausländer Anwendung finden, deren Rechtsstellung durch das FreizügG/EU geregelt ist. Innerhalb des Kap. 3 der VO enthält § 47 III und IV AufenthV eine spezielle Gebührenregelung.

164 § 47 III AufenthV bestimmt, dass für die Ausstellung einer **Aufenthaltskarte** (§ 5 II 1 FreizügG/EU) und die Ausstellung einer **Daueraufenthaltskarte** (§ 5 VI 2 FreizügG/EU) jeweils eine Gebühr in Höhe von 28,80 EUR zu erheben ist. Wird die Aufenthaltskarte oder die Daueraufenthaltskarte für eine Person ausgestellt, die zum Zeitpunkt der Mitteilung der erforderlichen Angaben nach § 5 II 1 FreizügG/EU oder zum Zeitpunkt der Antragstellung nach § 5 VI 2 FreizügG/EU noch nicht 24 Jahre alt ist, beträgt die Gebühr jeweils 22,80 EUR.

165 Für die Ausstellung einer **Bescheinigung des Daueraufenthaltsrechts** (§ 5 VI 1 FreizügG/EU) ist eine Gebühr in Höhe von 8 EUR zu erheben. Für die **Bescheinigung des Aufenthaltsrechts** (§ 5 I FreizügG/EU) wird mangels Gebührentatbestandes keine Gebühr erhoben.

166 Sollen eine Aufenthaltskarte (§ 5 II 1 FreizügG/EU) oder eine Daueraufenthaltskarte (§ 5 VI 2 FreizügG/EU) in den Fällen des § 78a I AufenthG auf einheitlichem Vordruckmuster ausgestellt werden, ist jeweils eine Gebühr in Höhe von 8 EUR zu erheben (§ 47 IV AufenthV).

167 Der große Kostenunterschied zwischen Aufenthaltskarten (Drittstaatsangehörige) und Aufenthaltsbescheinigungen (EU-Bürger) lässt sich dadurch erklären, dass Aufenthaltskarten nicht mehr in Papierform, sondern als elektronischer Aufenthaltstitel ausgestellt werden.

168 Die festgelegten Gebührensätze entsprechen den Gebühren, die für einen deutschen Personalausweis erhoben werden (§ 1 I PAuswGebV). Diese Gebühren dürften nicht kostendeckend sein, da sich die Produktionskosten, die an den Dokumentenhersteller abzuführen sind, auf 30,80 EUR belaufen sollen, während das bisherige Klebeetikett lediglich 78 Cent kostete[201].

169 **c) Kosten für Aufenthaltstitel türkischer Staatsangehöriger.** Nach § 2 I AuslGebV zum AuslG vom 20.12.1977 (BGBl. I S. 2840) betrugen die Gebühren

- für die Erteilung und Verlängerung einer Aufenthaltserlaubnis von bis zu einem Jahr Gültigkeit 30 DM (= 15,34 EUR),
- für mehr als ein Jahr 40 DM (= 20,45 EUR) und
- für ein unbefristetes Aufenthaltsrecht 50 DM (= 25 EUR).

Inflationsbereinigt[202] entspricht dies gerundet folgenden Beträgen:

- für die Erteilung und Verlängerung einer Aufenthaltserlaubnis von bis zu einem Jahr Gültigkeit 29 EUR,
- für mehr als ein Jahr 38 EUR und
- für ein unbefristetes Aufenthaltsrecht 47 EUR.

170 Für die Verlängerung einer Aufenthaltserlaubnis wurden gem. § 2 II Nr. 6 AuslGebV von 1977 dieselben Gebühren erhoben wie für die Erteilung. Zudem konnten die Antragsteller von der Gebühr

---

Zeitpunkt des Inkrafttretens der Stillhalteklausel im Jahr 1980 von türkischen Staatsangehörigen Gebühren für die Erteilung und Verlängerung von Aufenthaltstiteln erhoben wurden."

[199] BGBl. 1980 I S. 116.
[200] Vgl. auch die Beg. zu Art. 22 des 1. Kommissionsvorschlags für die Freizügigkeits-RL, KOM(2001) 257.
[201] Insoweit wird in der BR-Drs. 264/11 zu Nr. 4–6 (§§ 44, 44a und 45) ausgeführt: „Die Einführung des eaT macht eine Anpassung der für Aufenthaltstitel geltenden Gebühren erforderlich. Diese Notwendigkeit ergibt sich aus dem deutlichen Anstieg der Produktkosten für einen eaT als Vollkunststoff-Karte mit Speichermedium (Chip) im Gegensatz zu dem bisherigen Aufenthaltstitel als Klebeetikett. Die Produktkosten für einen eaT, die künftig an den Dokumentenhersteller abzuführen sind, belaufen sich auf 30,80 Euro (Klebeetikett bislang 0,78 Euro)."
[202] S. *Gutmann* InfAuslR 2011, 413 f.

gemäß § 4 AuslGebV von 1977 befreit werden oder eine Ermäßigung konnte erfolgen, wenn der oder die Gebührenpflichtige bedürftig war.

Nach der AusGebV vom 19.12.1990[203] wurde eine Unterscheidung zwischen der Erteilung und der Verlängerung der Aufenthaltserlaubnis vorgenommen (vgl. § 1 Nr. 1 und 5 AuslGebV 1990). Zugunsten Minderjähriger wurde in § 7 AuslGebV die Gebühr auf die Hälfte der maßgeblichen Gebühr beschränkt. 171

Bei der Erteilung der unbefristeten Aufenthaltserlaubnis zugunsten nachgezogener Kinder wurde diese der Höhe nach auf 25 EUR beschränkt. Außerdem konnte gemäß § 13 AuslGebV von 1990 die Gebühr aus Billigkeitsgründen ermäßigt werden bzw. der oder die Gebührenpflichtige von der Entrichtung der Gebühr befreit werden. 172

In Deutschland wurden– anders als in den Niederlanden – schon zum Zeitpunkt des Inkrafttretens des Beschl. Nr. 1/80 ARB vom 19.9.1980 Gebühren für Aufenthaltserlaubnisse erhoben. Es sind also nicht erst nach Inkrafttreten des Beschl. Nr. 1/80 ARB zulasten von türkischen Staatsangehörigen neue Gebührentatbestände geschaffen worden. 173

d) Ergebnis. Unter Berücksichtigung der oben dargelegten Grundsätze verstoßen die Gebührensätze nach § 52a AufenthV nicht gegen die Stillhalteklausel[204]. 174

Die aktuellen Gebührensätze für türkische Staatsangehörige liegen nur in Bezug auf die Erteilung eines Visums über den Gebühren für Titel für EU-Bürger und ihre Familienangehörigen. **Die Gebühr ist aber nicht unverhältnismäßig, sodass kein Verstoß gegen die Stillhalteklausel gegeben ist.** Zugleich liegt auch kein Verstoß gegen das Diskriminierungsverbot des Art. 10 vor. Danach räumen die Mitgliedstaaten türkischen Arbeitnehmern, die ihrem regulären Arbeitsmarkt angehören, eine Regelung ein, die gegenüber den Arbeitnehmern aus der EU hinsichtlich des Arbeitsentgelts und der sonstigen Arbeitsbedingungen jede Diskriminierung aufgrund der Staatsangehörigkeit ausschließt. Nur dann, wenn die Gebühren für Aufenthaltstitel im Vergleich zu den von Unionsbürgern für entsprechende Aufenthaltsdokumente verlangten Gebühren unverhältnismäßig sind, stellt dies eine gegen Art. 10 verstoßende diskriminierende Arbeitsbedingung dar[205]. Denn auch hier ist nicht jede im Vergleich zur Lage der Unionsbürger höhere Gebühr notwendigerweise unverhältnismäßig. 175

Übersicht über die Höhe der Gebühren von Aufenthaltstiteln (vereinfacht und gerundet)

Art des Aufenthaltstitels	Gebühr in DM	inflationsbereinigte Gebühr in EUR	Gebühr für EU-Bürger in EUR	tatsächliche Gebühr in EUR
Visumerteilung	20	19	keine	28,80/22,80
Aufenthaltserlaubnis bis zu einem Jahr	30	29	28,80/22,80	28,80/22,80
Aufenthaltserlaubnis ab einem Jahr	40	38	28,80/22,80	28,80/22,80
unbefristeter Titel	50	47	28,80/22,80	28,80/22,80

11. Erlaubnisfiktion des § 21 III AuslG 1965

Aufgrund der Stillhalteklauseln der Art. 7 ARB 1/76 und Art. 13 können sich Arbeitnehmer und Familienangehörige auf die Fiktionswirkung des § 21 III AuslG 1965 berufen. Denn am 20.12.1976 galt das AuslG vom 28.4.1965[206], zuletzt geändert durch Gesetz vom 25.6.1975[207]. Gleiches gilt für Selbstständige und Dienstleistungserbringer bzw. -empfänger aufgrund des Art. 41 ZP. 176

Die Fiktionswirkung des § 21 III AuslG 1965 kommt nur zur Anwendung, wenn sich der türkische Staatsangehörige im Zeitpunkt der Antragstellung im Anwendungsbereich einer Stillhalteklausel befindet. Ein Dienstleistungsempfänger- oder -erbringer, der sich nach seiner visumfreien Einreise entschließt, dauerhaft im Bundesgebiet zu bleiben, unterfällt nicht mehr der 177

---

[203] BGBl. 1990 I S. 3002.
[204] Ebenso BVerwG Urt. v. 19.3.2013 – 1 C 12.12, BVerwGE 146, 117 zu VG Aachen Urt. v. 14.3.2012 – 8 K 1159/10, http://www.migrationsrecht.net; aA VG Wiesbaden Urt. v. 16.7.2010 – 4 K 87/10.WI (V).
[205] EuGH Urt. v. 29.4.2010 – C-92/07 Rn. 75 – Kommission/Niederlande; BVerwG Urt. v. 19.3.2013 – 1 C 12.12, BVerwGE 146, 117.
[206] BGBl. I S. 353.
[207] BGBl. I S. 1542.

Stillhalteklausel des Art. 41 ZP, da er keinen vorübergehenden Aufenthalt anstrebt. Dies hat zur Folge, dass die Wirkung seines Antrags nach § 81 beurteilt wird.

178 Nach § 21 III 3 AuslG 1965 galt der Aufenthalt des Ausländers bis zur Entscheidung der Ausländerbehörde vorläufig als erlaubt, wenn der Ausländer nach der Einreise die Aufenthaltserlaubnis oder deren Verlängerung beantragte[208]. Auf die **Einhaltung bestimmter Fristen** kam es nach dieser Vorschrift und der Verwaltungs- und Rechtsprechungspraxis nicht an; insbesondere war es nicht erforderlich, die Verlängerung während der Gültigkeit der bisherigen Aufenthaltserlaubnis zu beantragen[209]. Auch ein nach Erlöschen der bisherigen Aufenthaltserlaubnis gestellter Verlängerungsantrag brachte das vorläufige Aufenthaltsrecht des § 21 III 3 AuslG 1965 – ab dem Zeitpunkt der Antragstellung – zum Entstehen, wenn die Behörde in eine Sachprüfung eintrat[210]. Einem weiteren Verlängerungsantrag nach Erfolglosigkeit des ersten wurde die vorläufig erlaubte Aufenthalt nach der Rspr. des OVG NRW generell[211] und iÜ jedenfalls dann zuerkannt, wenn in ihm nicht nur eine Wiederholung des bereits zurückgewiesenen Aufenthaltsbegehrens lag[212], sondern ein neuer Aufenthaltszweck geltend gemacht wurde[213] oder eine Änderung der Sach- oder Rechtslage vorlag[214]. Das vorläufige Aufenthaltsrecht im Falle einer Erstbeantragung einer Aufenthaltserlaubnis trat auch nach **illegaler Einreise** (ohne das erforderliche Visum) ein[215].

179 Das vorläufige Aufenthaltsrecht nach § 21 III AuslG 1965 entstand lediglich dann nicht, wenn der Antrag missbräuchlich gestellt wurde, um die bevorstehende Aufenthaltsbeendigung abzuwenden[216], der Ausländer keinen gültigen Pass oder Passersatz besaß[217] oder wenn er ausgewiesen worden war[218].

180 Das vorläufige Aufenthaltsrecht, das nach Bescheidung des Antrags durch die Ausländerbehörde zunächst verloren ging, konnte durch einen erfolgreichen Antrag nach § 80 V VwGO oder durch Aufhebung der ausländerbehördlichen Entscheidung – im Unterschied zum jetzigen Recht (vgl. § 84 II) – jederzeit wieder aufleben[219].

181 Art. 13 hat nicht nur Auswirkungen in Bezug auf das Entstehen des fiktiven Aufenthaltsrechts, sondern erfasst auch den Zeitraum nach der Ablehnung des Aufenthaltserlaubnis durch die Ausländerbehörde. **Wird die aufschiebende Wirkung durch das VG angeordnet, so gilt der Aufenthalt des türkischen Staatsangehörigen wieder rückwirkend als rechtmäßig. Die Regelung des § 84 II 1 ist auf türkische Staatsangehörige nicht anwendbar**[220]. Denn das BVerwG hat aus § 21 III AuslG 1965 geschlossen, dass die Anordnung der aufschiebenden Wirkung verlange, den Ausländer während der Geltung dieser Anordnung so zu behandeln, als sei der ablehnende Bescheid nicht ergangen. Sein Aufenthalt sei daher weiterhin entsprechend § 21 III 1 AuslG 1965, der auch für die Fälle der Versagung der Verlängerung einer Aufenthaltserlaubnis gelte (§ 21 III 3 AuslG 1965), vorläufig als erlaubt anzusehen[221].

---

[208] § 21 III AuslG 1965 bestimmte: „Beantragt ein Ausländer nach der Einreise die Aufenthaltserlaubnis, so gilt sein Aufenthalt bis zur Entscheidung der Ausländerbehörde vorläufig als erlaubt. Widerspruch und Anfechtungsklage haben keine aufschiebende Wirkung. Das gleiche gilt, wenn der Ausländer die Verlängerung der Aufenthaltserlaubnis beantragt."

[209] VG Darmstadt Beschl. v. 28.9.2011 – 5 L 936/11.DA Rn. 15.

[210] BVerwG Beschl. v. 21.4.1972 – I B 29.72, DÖV 1972, 797; VG Darmstadt Beschl. v. 28.9.2011 – 5 L 936/11.DA Rn. 15.

[211] OVG NRW Beschl. v. 23.7.1982 – 17 B 756/82, NVwZ 1983, 431 (432); VG Darmstadt Beschl. v. 28.9.2011 – 5 L 936/11.DA Rn. 15.

[212] Vgl. hierzu BVerwG Beschl. v. 23.1.1987 – 1 B 213.86, NVwZ 1987, 504; HmbOVG Beschl. v. 5.1.1990 – Bs V 484/89, HmbJVBl. 1991, 13 (14); OVG Brem Beschl. v. 12.1.1988 – 1 B 105/87; VG Darmstadt Beschl. v. 28.9.2011 – 5 L 936/11.DA Rn. 15.

[213] HessVGH Beschl. v. 10.7.1989 – 12 TH 1938/89, InfAuslR 1989, 302 ff.; Beschl. v. 14.3.1989 – 12 TH 741/89, NVwZ-RR 1989, 432 (433); HmbOVG Beschl. v. 14.1.1985 – Bs V 273/84, InfAuslR 1985, 65 (66); aA BayVGH Beschl. v. 26.1.1988 – 10 CE 86.01387, NVwZ 1988, 660 (661) und VGH BW Beschl. v. 15.8.1985 – 11 S 1665/85.

[214] OVG RhPf Beschl. v. 21.7.1988 – 1 B 105/88, InfAuslR 1989, 44 ff.; HmbOVG Beschl. v. 11.12.1987 – Bs V 336/87, DVBl 1988, 1031 (1032); aA BayVGH Beschl. v. 26.1.1988 – 10 CE 86.01387, NVwZ 1988, 660 (661) und VGH BW Beschl. v. 15.8.1985 – 11 S 1665/85; VG Darmstadt Beschl. v. 28.9.2011 – 5 L 936/11.DA Rn. 15.

[215] HessVGH Beschl. v. 14.2.1991 – 12 TH 1568/90, NVwZ-RR 1991, 426 (427); OVG RhPf Beschl. v. 18.2.1991 – 13 B 10914/90, InfAuslR 1991, 186 (187); VG Darmstadt Beschl. v. 28.9.2011 – 5 L 936/11.DA Rn. 15.

[216] OVG NRW Beschl. v. 23.7.1982 – 17 B 756/82, NVwZ 1983, 431 (432); HmbOVG Beschl. v. 14.1.1985 – Bs V 273/84, InfAuslR 1985, 65 (66); VG Darmstadt Beschl. v. 28.9.2011 – 5 L 936/11.DA Rn. 16.

[217] BayVGH Beschl. v. 10.11.1986 – 10 CS 86.00478; VG Darmstadt Beschl. v. 28.9.2011 – 5 L 936/11.DA Rn. 16.

[218] HmbOVG Beschl. v. 6.11.1986 – Bs IV 509/86; OVG NRW Beschl. v. 1.3.1984 – 18 B 710/83, DÖV 1984, 893.

[219] BVerwG Beschl. v. 3.11.1989 – 1 B 142.89, Buchholz 402.24 § 2 AuslG Nr. 103; Urt. v. 27.10.1987 – 1 C 19.85, NVwZ 1988, 251 (255); Beschl. v. 23.1.1987 – 1 B 213.86, NVwZ 1987, 504; Beschl. v. 14.7.1978 – 1 ER 301.78, NJW 1979, 505; Urt. v. 18.12.1969 – I C 5.69, NJW 1970, 396 (397); vgl. hierzu schon VG Darmstadt Beschl. v. 8.2.2010 – 5 L 1833/09.DA (3); Beschl. v. 28.9.2011 – 5 L 936/11.DA Rn. 17.

[220] VG Darmstadt Beschl. v. 8.2.2010 – 5 L 1833/09.DA Rn. 9 f.

[221] BVerwG Beschl. v. 14.7.1978 – 1 ER 301.78, NJW 1979, 505.

Demgemäß verpflichtet Art. 13, einen türkischen Arbeitnehmer im Falle des Erfolgs seines Eilantrags nicht ungünstiger zu stellen als unter der Geltung des AuslG 1965. Infolgedessen bleibt sein Aufenthalt nach Anordnung der aufschiebenden Wirkung der Klage weiterhin vorläufig erlaubt und damit rechtmäßig. Da dies für die arbeitserlaubnisrechtliche Seite durch § 84 II 2 ohnehin gesetzlich angeordnet ist, hat ein türkischer Arbeitnehmer im Falle der Verlängerung seiner Aufenthaltserlaubnis nach erfolgreichem Eilantrag insgesamt einen **Anspruch auf eine Fiktionsbescheinigung nach § 81 V mit dem Inhalt von § 81 IV und nicht nur auf eine Duldung nach § 60a II**[222]. 182

12. Vier-Augen-Prinzip

In Bezug auf ausländerrechtliche Maßnahmen (Ausweisung, Ablehnung von Anträgen auf Aufenthaltserlaubnis) gegen türkische Staatsangehörige, die Ansprüche nach Art. 6 I oder Art. 7 erworben haben, ist in Ländern zumeist das Vorverfahren insgesamt abgeschafft oder die Ausgangsbehörde zugleich zur Widerspruchsbehörde bestimmt worden. Nach der Rspr. vor Aufhebung der RL 64/221/EWG waren aufenthaltsbeendende Maßnahmen allein wegen des fehlenden Widerspruchsverfahrens unheilbar rechtswidrig[223], es sei denn, es hätte ein „dringender Fall" iSv Art. 9 I RL 64/221/EWG vorgelegen. Nur in solchen dringenden Fällen konnte von der Beteiligung einer zweiten Stelle ausnahmsweise abgesehen werden[224]. 183

Im System der durch die RL 64/221/EWG verbürgten Verfahrensgarantien stellt das Merkmal der **Dringlichkeit einen Ausnahmetatbestand** dar. Als Ausnahme damit auch vom gemeinschaftsrechtlichen Grundsatz der Freizügigkeit der Arbeitnehmer ist dieses Merkmal besonders eng auszulegen. Ein dringender Fall kann sich daher nicht schon aus der mit einer Ausweisung stets verbundenen Gefährdung der öffentlichen Ordnung ergeben, sondern kann erst dann angenommen werden, wenn ein Zuwarten mit der Vollziehung der aufenthaltsbeendenden Maßnahme im Einzelfall nicht zu verantworten ist. **Ein dringender Fall kommt demnach nur in Betracht, wenn die begründete Besorgnis besteht, die von dem Ausländer ausgehende erhebliche Gefahr werde sich schon vor Abschluss des Hauptsacheverfahrens realisieren.** Dann ist auch eine Verzögerung durch Einschaltung einer zweiten Behörde nicht hinnehmbar[225]. 184

Diese Rechtslage kann nach Aufhebung der RL 64/221/EWG durch Art. 38 Freizügigkeits-RL nicht mehr unverändert fortgeführt werden. Kann die RL 64/221/EWG nach der Ziebell-Entscheidung des EuGH nicht mehr analog zur Konkretisierung des Ordre-public-Vorbehalts des Art. 14 I herangezogen werden, so hat dies zugleich zur Folge, dass auch die Verfahrensregelungen dieser RL keine Anwendung mehr auf türkische Staatsangehörige finden. Indem der EuGH die Übertragbarkeit der Verfahrensregelungen der RL 64/221/EWG ausdrücklich über eine Analogie herstellen wollte, setzt er die Existenz der RL voraus. Die Aufhebung der RL führt damit zugleich zu einem Wegfall der Grundlage für die Übertragbarkeit des Art. 9 RL 64/221/EWG (sog. **Vier-Augen-Prinzip**) auf türkische Staatsangehörige[226]. 185

Scheidet eine analoge Anwendbarkeit der RL 64/221/EWG aus, so bleibt zu prüfen, ob die Verfahrensschutzbestimmungen des Art. 9 RL 64/221/EWG über die Stillhalteklauseln der Art. 13 bzw. Art. 41 ZP zur Anwendung gelangen[227]. 186

Einer Anwendung der Stillhalteklausel steht nicht Art. 59 ZP entgegen[228]: Zum einen stellt die Anwendung des Vier-Augen-Prinzips keinen weitergehenden verfahrensrechtlichen Schutzstandard gegenüber den Verfahrensregelungen der Freizügigkeits-RL dar, sodass türkische Staatsangehörige, sofern auf sie Art. 9 RL 64/221/EWG Anwendung fände, nicht bessergestellt würden als EU-Bürger[229]. Dass die Verfahrensregelungen der Freizügigkeits-RL einen gleichen Schutzstandard bieten, ergibt sich aus der Entstehungsgeschichte des Art. 31 RL 2004/38/EG. Der ursprüngliche Vorschlag für die Freizügigkeits-RL vom 15.4.2003[230] enthielt noch einen an Art. 9 RL 64/221/EWG angelehnten Regelungsvorschlag. Die Gründe für die Streichung dieser Verfahrensregelung erschließt sich aus einer Mitteilung der Kommission an das EU-Parlament betreffend den Gemeinsamen Standpunkt 187

---

[222] VG Darmstadt Beschl. v. 8.2.2010 – 5 L 1833/09.DA Rn. 9.
[223] BVerwG Urt. v. 13.9.2005 – 1 C 7.04, BVerwGE 124, 217 (221) = InfAuslR 2006, 110; Urt. v. 6.10.2005 – 1 C 5.04, BVerwGE 124, 243 = InfAuslR 2006, 114; Urt. v. 20.3.2008 – 1 C 33.07.
[224] BVerwG Urt. v. 13.9.2005 – 1 C 7.04, BVerwGE 124, 217 (221) = InfAuslR 2006, 110; Urt. v. 6.10.2005 – 1 C 5.04, BVerwGE 124, 243 = InfAuslR 2006, 114; Urt. v. 20.3.2008 – 1 C 33.07.
[225] BVerwG Urt. v. 13.9.2005 – 1 C 7.04, BVerwGE 124, 217 = InfAuslR 2006, 110.
[226] VGH BW Urt. v. 10.2.2012 – 11 S 1361/11; OVG NRW Urt. v. 22.3.2012 – 18 A 951/09; NdsOVG Urt. v. 28.6.2012 – 11 LC 490/10; BayVGH Beschl. v. 7.3.2011 – 19 ZB 10.2701 Rn. 9; OVG RhPf Beschl. v. 19.2.2009 – 7 B 11328/08 Rn. 27.
[227] Dies verneint BVerwG Urt. v. 13.12.2012 – 1 C 20.11, AuAS 2013, 72 Rn. 34; Urt. v. 10.7.2012 – 1 C 19.11, BVerwGE 143, 277 Rn. 23.
[228] AA BVerwG Urt. v. 10.7.2012 – 1C 19.11, BVerwGE 143, 277 Rn. 25; Beschl. v. 20.2.2014 – 10 B 21.13 Rn. 7; OVG NRW; Urt. v. 22.3.2012 – 18 A 951/09 Rn. 53 f.
[229] VGH BW Urt. v. 10.2.2012 – 11 S 1361/11 Rn. 45; NdsOVG Urt. v. 28.6.2012 – 11 LC 490/10 Rn. 35; BayVGH Beschl. v. 7.3.2011 – 19 ZB 10.2701 Rn. 9.
[230] KOM(2003) 199 endg., S. 36; aA OVG NRW Urt. v. 22.3.2012 – 18 A 951/09 Rn. 53.

des Rates im Hinblick auf den Erlass der Freizügigkeits-RL[231]. Die Mitteilung, die in dem Protokoll vom 12.1.2004 (Nr. 5191/04) festgehalten ist, führt zu den Gründen der Streichung der Verfahrensregelung auf S. 15 Folgendes aus:

> *„Ehemaliger Art. 29 II: Der Rat hat mit Zustimmung der Kommission die Streichung dieses Absatzes beschlossen. Mit der Bestimmung wurde der Inhalt von Art. 9 der RL 64/221/EWG aufgegriffen, wonach die Mitgliedstaaten, bevor sie eine Ausweisungsentscheidung treffen, eine unabhängige Behörde konsultieren müssen, wenn der Aufnahmemitgliedstaat keine Rechtsmittel vorsieht oder die Rechtsmittel nur zur Überprüfung der Gesetzmäßigkeit der Entscheidung dienen oder keine aufschiebende Wirkung haben. Da jedoch im gemeinsamen Standpunkt die Verpflichtung der Mitgliedstaaten, stets vorzusehen, dass ein Rechtsbehelf eingelegt werden kann (Art. 31 I), bekräftigt wird, sich dieser Rechtsbehelf auf den Sachverhalt und die Umstände beziehen muss (Art. 31 II) und die Aussetzung der Ausweisungsmaßnahme möglich ist (Art. 31 III), ist der Rat im Einvernehmen mit der Kommission zu der Auffassung gelangt, dass dieser Absatz überflüssig ist."*

188 Zum anderen hat der EuGH wiederholt entschieden, dass die Freizügigkeits-RL nicht zu einer Verschlechterung der Rechtsstellung der Unionsbürger gegenüber der vormaligen Rechtslage führen darf[232]. „Denn die RL 2004/38/EG bezweckt, wie aus ihrem dritten Erwägungsgrund hervorgeht, das Freizügigkeits- und Aufenthaltsrecht aller Unionsbürger zu vereinfachen und zu verstärken, so dass es nicht in Betracht kommt, dass die Unionsbürger aus dieser RL weniger Rechte ableiten als aus den Sekundärrechtsakten, die sie ändert oder aufhebt."[233] Würde der verfahrensrechtliche Schutzstandard reduziert, hätte auch ein Unionsbürger Anspruch auf Berücksichtigung des Vier-Augen-Prinzips. Damit würde auch keine Besserstellung türkischer Staatsangehöriger gegenüber Unionsbürgern iSd Art. 59 ZP vorliegen.

189 Gegen die Anwendbarkeit des Vier-Augen-Prinzips nach Art. 9 RL 64/221/EWG spricht der Umstand, dass sich Art. 13 an die Mitgliedstaaten der EU und nicht wie Art. 41 ZP an die Vertragsparteien richtet. Damit steht Art. 13 einer Aufhebung und Änderung des Unionsrechts nicht entgegen. Die Stillhalteklausel vermag daher nur der Abschaffung nationaler Verfahrensregelungen entgegenzustehen, wenn sie türkischen Staatsangehörigen eine günstigere Rechtsstellung vermittelten. Anknüpfungspunkt für die Stillhalteklausel kann daher nur das Widerspruchsverfahren sein, das alle Länder im Ausländerrecht vorgesehen hatten.

190 Sieht man das Widerspruchsverfahren als von der Stillhalteklausel erfasst an, so stellt sich die Frage, welche **Fehlerfolge bei einer Nichtdurchführung im nationalen Recht** verankert war. Hier kommen folgende Rechtsfolgen in Betracht:

– Unzulässigkeit der Klage,
– Nachholung des Widerspruchsverfahrens und
– Entbehrlichkeit des Widerspruchsverfahrens aus prozessökonomischen Gründen.

191 Ausgehend von dem Grundsatz, dass ein Vorverfahren entbehrlich ist, wenn sein Zweck auf andere Weise erfüllt ist oder nicht mehr erfüllt werden kann, hält das BVerwG die Klage etwa auch dann ohne erfolglose Durchführung eines Vorverfahrens für zulässig, wenn der Beklagte sich auf die Klage einlässt und deren Abweisung beantragt, ohne das fehlende Vorverfahren zu rügen[234]. Für diese Ansicht sprechen prozessökonomische Gründe: So ist der Antrag auf Klageabweisung zugleich als Widerspruchsentscheidung zu werten, sofern die Beklagte von der Behörde im gerichtlichen Verfahren vertreten wird, die auch für den Erlass des Widerspruchsbescheids zuständig wäre. Außerdem erscheint eine Klageabweisung wegen Unzulässigkeit trotz sachlicher Einlassung des Beklagten als unbilliger Formalismus[235]. Ein Vorverfahren ist außerdem auch dann entbehrlich, wenn die Behörde irrtümlich die Ansicht vertritt, dass es nicht erforderlich sei[236].

192 Kennt das nationale Recht als Fehlerfolge der Nichtdurchführung eines Vorverfahrens nicht die unheilbare Rechtswidrigkeit, so führt auch die Stillhalteklausel des Art. 13 nicht zu einer entsprechenden Rechtsfolge. Eine unheilbare Rechtswidrigkeit, wie sie das BVerwG mit Blick auf die Verfahrensregelung des Art. 9 RL 64/221/EWG ausgesprochen hat, kannte daher weder das nationale Prozessrecht noch das nationale Verwaltungsverfahrensrecht.

193 Kommt Art. 41 ZP zur Anwendung, so stellt sich die Frage, ob die EU als Rechtsnachfolgerin der EWG gehindert war, ihre eigene Rechtslage zuungunsten von türkischen Staatsangehörigen zu verändern. Denn anders als Art. 13 richtet sich Art. 41 ZP an die Vertragsparteien und damit auch an die frühere EWG. Da die Verfahrensregelungen der Daueraufenth-RL nicht den gleichen Schutzstandard wie die vormalige RL 64/221/EWG bietet, dürften die Verfahrensregelungen der Freizügigkeits-RL

---

[231] Gemeinsamer Standpunkt (EG) Nr. 6/2004 vom Rat festgelegt am 5.12.2003 (ABl. 2004 C 54 E, S. 12).
[232] EuGH Urt. v. 25.7.2008 – C-127/08 Rn. 59 – Metock; Urt. v. 7.10.2010 – C-162/09 Rn. 30 – Lassal.
[233] EuGH Urt. v. 25.7.2008 – C-127/08 Rn. 59 – Metock.
[234] *Schoch/Schmidt-Aßmann/Pietzner*, VwGO, VwGO § 68 Rn. 29 mwN.
[235] *Geis* in Sodan/Ziekow (Hrsg.), VwGO, VwGO § 68 Rn. 161; *Geis* in Sodan/Ziekow (Hrsg.), VwGO, VwGO § 68 Rn. 175.
[236] BVerwG Urt. v. 27.3.1968 – V C 3.67, DÖV 1968, 496 (497).

auf türkische Staatsangehörige anwendbar seien[237]. Andernfalls dürfte eine Anwendbarkeit des Vier-Augen-Prinzips nach Art. 9 RL 64/221/EWG gegeben sein[238].

Art. 14

(1) **Dieser Abschnitt gilt vorbehaltlich der Beschränkungen, die aus Gründen der öffentlichen Ordnung, Sicherheit und Gesundheit gerechtfertigt sind.**

(2) **Er berührt nicht die Rechte und Pflichten, die sich aus den einzelstaatlichen Rechtsvorschriften oder zweiseitigen Abkommen zwischen der Türkei und den Mitgliedstaaten der Gemeinschaft ergeben, soweit sie für ihre Staatsangehörigen *keine*[1] günstigere Regelung vorsehen.**

Allgemeine Anwendungshinweise
9. Artikel 14 ARB 1/80
9.1. Wortlaut
Artikel 14 ARB 1/80 hat folgenden Wortlaut:

„(1) Dieser Abschnitt gilt vorbehaltlich der Beschränkungen, die aus Gründen der öffentlichen Ordnung, Sicherheit und Gesundheit gerechtfertigt sind.

(2) Er berührt nicht die Rechte und Pflichten, die sich aus den einzelstaatlichen Rechtsvorschriften oder zweiseitigen Abkommen zwischen der Türkei und den Mitgliedstaaten der Gemeinschaft ergeben, so weit sie für ihre Staatsangehörigen eine günstigere Regelung vorsehen."

9.2. Regelungsgehalt
Die Vorschriften zur Beschäftigung und Freizügigkeit der Arbeitnehmer gelten nur vorbehaltlich der Beschränkungen, die aus Gründen der öffentlichen Ordnung, Sicherheit und Gesundheit gerechtfertigt sind. Durch Artikel 14 werden somit Rechtfertigungsmöglichkeiten für Beschränkungen der Rechte türkischer Arbeitnehmer und ihrer Familienangehörigen sowie für Beschränkungen des Verschlechterungsverbotes des Artikels 13 geschaffen. Diese Rechtfertigungsmöglichkeiten sind Abweichungen vom grundlegenden Prinzip der Arbeitnehmerfreizügigkeit, die als Ausnahmeregelungen eng auszulegen sind und deren Umfang nicht einseitig von den Mitgliedstaaten bestimmt werden kann („Polat", Rn. 33; „Bozkurt II", Rn. 56).

9.3. Begriff der öffentlichen Ordnung
Bei der Bestimmung des Umfangs der in Absatz 1 vorgesehenen Ausnahmen ist – so der EuGH – zu berücksichtigen, wie diese Ausnahmen im Bereich der Freizügigkeit von Unionsbürgern, ausgelegt werden („Nazli", Rn. 56; „Cetinkaya", Rn. 43; „Bozkurt II", Rn. 55). Dies sei umso mehr gerechtfertigt, als Artikel 14 Absatz 1 nahezu denselben Wortlaut wie Artikel 45 Absatz 3 AEUV habe („Polat", Rn. 30 m. w. N.). Daher seien die im Rahmen der Artikel 45 bis 47 AEUV (ex-Artikel 39 bis 41 EGV) geltenden Grundsätze so weit wie möglich auf die Assoziierungsberechtigten zu übertragen („Polat", Rn. 29 m. w. N.).
Es sei – so der EuGH weiter – jedoch nicht möglich, die Regelung zum Schutz der Unionsbürger vor Ausweisung (Artikel 28 Absatz 3 Buchstabe a der Richtlinie 2004/38/EG) auf die Garantien gegen die Ausweisung türkischer Staatsangehöriger zu übertragen („Ziebell", Rn. 60). Während dem Assoziierungsrecht nämlich ein ausschließlich wirtschaftlicher Zweck zugrunde liege, beschränke sich die auf die Artikel 12, 18, 40, 44 und 52 EG gestützte Richtlinie 2004/38/EG nicht auf die Verfolgung eines rein wirtschaftlichen Zieles. Sie solle vielmehr eine Ausübung des den Unionsbürgern unmittelbar aus dem Vertrag erwachsenden elementaren und persönlichen Rechts, sich im Hoheitsgebiet der Mitgliedstaaten frei zu bewegen und aufzuhalten, erleichtern und bezwecke insbesondere, dieses Recht zu verstärken („Ziebell", Rn. 69). Damit werde mit dieser Richtlinie eine erheblich verstärkte Regelung zum Schutz vor Ausweisungsmaßnahmen getroffen, die nicht auf assoziationsberechtigte türkische Staatsangehörige übertragbar sei („Ziebell", Rn. 70).
Für den Mindestschutz vor Ausweisungen sind stattdessen gemäß der Rechtsprechung des EuGH und entsprechend Artikel 12 der Richtlinie 2003/109/EG folgende Punkte bei der Ausweisung zu berücksichtigen („Ziebell", Rn. 79):

– Eine Gefahr im Sinne des Artikels 14 Absatz 1 muss gegenwärtig, tatsächlich und hinreichend schwer sein und überdies ein Grundinteresse der Gesellschaft berühren („Polat", Rn. 32 und 34). Darüber hinaus muss die in Rede stehende staatliche Maßnahme für die Wahrung dieses Grundinteresses unerlässlich sein („Ziebell", Leitsatz).
– Das Erfordernis einer gegenwärtigen Gefahr bedeutet, dass zum Beispiel bei der Prüfung der Rechtmäßigkeit einer Ausweisungsverfügung Tatsachen zu berücksichtigen sind, die nach der letzten Behördenentscheidung eingetreten sind und die den Wegfall oder eine nicht unerhebliche Verminderung der gegenwärtigen Gefährdung mit sich bringen können, die das Verhalten des Betroffenen für die öffentliche Ordnung darstellen würde („Cetinkaya", Rn. 47; „Ziebell", Rn. 84).
– Eine Ausweisung aus generalpräventiven Gründen ist nicht zulässig. Maßgebend darf ausschließlich das persönliche Verhalten des Betroffenen sein. Dieses muss auf die konkrete Gefahr von weiteren schweren Störungen der öffentlichen Ordnung hindeuten. Der Umstand, dass mehrere strafrechtliche Verurteilungen vorliegen, ist hierbei für sich genommen ohne Bedeutung („Polat", Rn. 35 f. m. w. N.; „Dogan", Rn. 24; „Nazli", Rn. 61, 63 f.; „Bozkurt II", Rn. 59). Dasselbe gilt für die Dauer einer Inhaftierung des Betroffenen („Ziebell", Rn. 83).
– Die Ausweisungsverfügung darf auch nicht auf wirtschaftlichen Überlegungen beruhen („Ziebell", Rn. 80).

---

[237] So BayVGH Beschl. v. 7.3.2011 – 19 ZB 10.2701 Rn. 6; offengelassen OVG NRW Urt. v. 22.3.2012 – 18 A 951/09.
[238] AA BVerwG Urt. v. 13.12.2012 – 1 C 20.11, AuAS 2013, 72 Rn. 34; Urt. v. 10.7.2012 – 1 C 19.11, BVerwGE 143, 277 Rn. 23.
[1] Die englische und französische Sprachfassung sprechen dafür, dass es wohl „eine" lauten soll.

– Die zuständigen Behörden des Aufnahmemitgliedstaats haben, bevor sie eine Ausweisungsverfügung erlassen, die Dauer des Aufenthalts der betreffenden Person im Hoheitsgebiet dieses Staates, ihr Alter, die Folgen einer Ausweisung für die betreffende Person und ihre Familienangehörigen sowie ihre Bindungen zum Aufenthaltsstaat oder fehlenden Bindungen zum Herkunftsstaat zu berücksichtigen („Ziebell", Rn. 80).
– Die Ausweisung ist eine Ausnahme vom Grundsatz der Arbeitnehmerfreizügigkeit und als solche eng auszulegen („Ziebell", Rn. 81). Erforderlich ist eine Einzelfallprüfung, bei der der Grundsatz der Verhältnismäßigkeit und die Grundrechte der Betroffenen, insbesondere das Recht auf Achtung des Privat- und Familienlebens, zu wahren sind („Ziebell", Rn. 82).

9.4. Insbesondere: Voraussetzungen der Ausweisung

Hat ein türkischer Arbeitnehmer oder ein Familienangehöriger eines solchen ein Aufenthaltsrecht nach Artikel 6 oder 7 ARB 1/80 erworben, so sind aufenthaltsbeendende Maßnahmen – zumeist die Ausweisung – zusätzlich zu den Anforderungen des nationalen Rechts nur nach Maßgabe von Artikel 14 ARB 1/80 zulässig. Maßgeblicher Zeitpunkt für die Beurteilung der Frage, ob ein türkischer Arbeitnehmer oder ein Familienangehöriger Rechte aus Artikel 6 oder 7 ARB 1/80 geltend machen kann, ist derjenige der letzten Behördenentscheidung. Dieser ist zu unterscheiden von für die Beurteilung der Rechtmäßigkeit der Ausweisung maßgeblichen Zeitpunkt (vgl. Ziffer 9.4.4.). Die besonderen Anforderungen an aufenthaltsbeendende Maßnahmen ergeben sich nicht aus dem Wortlaut des Artikels 14 ARB 1/80 selbst. Der EuGH hat seine zu Artikel 39 Absatz 3 EG entwickelten Grundsätze zum Teil auf die Auslegung von Artikel 14 ARB 1/80 übertragen.

9.4.1. Gefahrenprognose

Wer Rechte aus Artikel 6 oder 7 ARB 1/80 geltend machen kann, darf nur ausgewiesen werden, wenn aufgrund seines persönlichen Verhaltens außer der Störung der öffentlichen Ordnung, die jede Gesetzesverletzung darstellt, eine gegenwärtige, tatsächliche und hinreichend schwere Gefährdung der öffentlichen Ordnung vorliegt, die ein Grundinteresse der Gesellschaft berührt („Nazli", Rn. 61).

Daraus folgt, dass eine Ausweisung nur aus spezialpräventiven Gründen erfolgen darf. Das persönliche Verhalten des Betroffenen muss die Prognose einer gewichtigen Gefahr für ein wichtiges Rechtsgut rechtfertigen. Je gewichtiger das Rechtsgut, desto geringer die Anforderungen an die Wahrscheinlichkeit einer Rechtsgutverletzung durch den Betroffenen (auch für Artikel 14 ARB 1/80 bestätigt durch BVerwG, Urteil vom 4. Oktober 2012 – 1 C 13.11, NVwZ 2013, 120, 121). Das bedeutet aber nicht, dass bei hochrangigen Rechtsgütern bereits jede auch nur entfernte Möglichkeit des Schadenseintritts eine Ausweisung rechtfertigt begründet.

Ob bei der Ausweisung eines Straftäters eine Wiederholungsgefahr besteht, kann nicht bereits aus der Tatsache einer strafrechtlichen Verurteilung geschlossen, sondern nur aufgrund einer individuellen Würdigung der Umstände des Einzelfalles beurteilt werden. Zu prüfen ist unter anderem, ob eine etwaige Verbüßung der Strafe erwarten lässt, dass der Betroffene keine Straftaten mehr begehen wird, und was gegebenenfalls aus einer Strafaussetzung zur Bewährung nach § 56 StGB folgt. Auch für die Wiederholungsgefahr gilt mit zunehmendem Ausmaß des möglichen Schadens ein abgesenkter Grad der Wahrscheinlichkeit des Schadenseintritts. An die Wahrscheinlichkeit des Schadenseintritts sind daher auch hier umso geringere Anforderungen zu stellen, je größer und folgenschwerer der möglicherweise eintretende Schaden ist (BVerwG, Urteil vom 4. Oktober 2012 – 1 C 13/11 –, Rn. 18).

9.4.2. Ermessensentscheidung

Die §§ 53 ff. AufenthG finden zwar Anwendung. Sie müssen aber im Lichte des Assoziationsrechts ausgelegt werden, wobei bei jeder rechtlichen Einzelfrage geprüft werden muss, ob eine diesbezügliche Regelung der Freizügigkeitsrichtlinie 2004/38/EG oder der Daueraufenthaltsrichtlinie 2003/109/EG entsprechend angewendet werden kann (vom EuGH verneint für Artikel 28 Absatz 3 Buchstabe a) der Richtlinie 2004/38/EG, vgl. „Ziebell", Rn. 74).

Eine Ausweisung ist nur auf der Grundlage einer ausländerbehördlichen Ermessensentscheidung zulässig (BVerwG, Urteil vom 14. Mai 2013 – 1 C 13.12 – juris Rn. 16; BVerwG, Urteil vom 3. August 2004 – 1 C 29.02). Das Vorliegen von zwingenden oder von Regel-Ausweisungsgründen verpflichtet nicht zu einer Ausweisung und begründet keinen Regelfall. Die gesetzgeberischen Wertungen der §§ 53, 54 AufenthG sind jedoch bei der Gewichtung des Ausweisungsanlasses im Rahmen der behördlichen Ermessensentscheidung zu berücksichtigen. Das öffentliche Interesse am Schutz der öffentlichen Ordnung im Sinne von Artikel 14 muss das Interesse des Betroffenen an seinem Verbleib im Bundesgebiet deutlich überwiegen. Dabei sind zu Gunsten des Betroffenen insbesondere die in § 55 Absatz 3 AufenthG aufgezählten Umstände zu berücksichtigen, zu denen auch die von Artikel 6 GG und Artikel 8 der Europäischen Menschenrechtskonvention (EMRK) geschützten familiären Beziehungen zu sich rechtmäßig im Bundesgebiet aufhaltenden Familienangehörigen gehören.

Eine Ermessensentscheidung sollte im Bescheid immer deutlich als eine solche bezeichnet werden.

9.4.3. Ausweisungsschutz nach nationalem Recht

Ein etwaiger Ausweisungsschutz nach nationalem Recht ist zusätzlich zu beachten. Der besondere Ausweisungsschutz nach Artikel 14 macht die Prüfung von § 56 AufenthG nicht entbehrlich. Auch wenn ein schwerwiegender Grund der öffentlichen Sicherheit und Ordnung vorliegt, darf über die Ausweisung aber nur nach Ermessen entschieden werden. Zudem ist bei zehnjährigem rechtmäßigem Aufenthalt auch die Ausweisungsschutzvorschrift des Artikels 3 Absatz 3 des Europäischen Niederlassungsabkommens vom 13. Dezember 1955 (BGBl. 1952 II S. 686) – ENA – zu berücksichtigen. Sind die Voraussetzungen für eine Ausweisung nach Artikel 14 erfüllt, sind auch schwerwiegende Gründe der öffentlichen Sicherheit und Ordnung im Sinne von § 56 Absatz 1 Satz 2 AufenthG und Artikel 3 Absatz 3 ENA gegeben (BVerwG, Urteil vom 2.9.2009 – 1 C 2.09 und Urteil vom 10.7.2012 – 1 C 19.11).

9.4.4. Maßgeblicher Zeitpunkt für die Beurteilung der Sach- und Rechtslage

Maßgeblicher Zeitpunkt für die Beurteilung der Ausweisung und insbesondere der von dem Betroffenen ausgehenden Gefahren ist der Zeitpunkt der letzten mündlichen Verhandlung in der letzten Tatsacheninstanz. Auch erst nach der letzten Behördenentscheidung eintretende Umstände sind somit bei der Beurteilung der Rechtmäßigkeit einer Ausweisung zu berücksichtigen. Insbesondere bei lange dauernden Verwaltungsstreitverfahren bedeutet dies, dass die Gefahrenprognose im Verwaltungsstreitverfahren zu aktualisieren und die Ermessenserwägungen unter Berücksichtigung erst nach der letzten Behördenentscheidung eingetretener Umstände gemäß § 114 Satz 2 VwGO zu ergänzen sein können. § 114 Satz 2 VwGO schließt es im Rechtsstreit um die Ausweisung eines Ausländers nicht aus, eine behördliche Ermessensentscheidung erstmals im gerichtlichen Verfahren zu treffen und zur gerichtlichen

Prüfung zu stellen, wenn sich aufgrund neuer Umstände die Notwendigkeit einer Ermessensausübung erst nach Klageerhebung ergibt (BVerwG, Urteil vom 13. Dezember 2011 – 1 C 14.10).

Bei der Gefahrenprognose spielen eine besondere Rolle der Zeitraum nach einer etwaigen Haftentlassung, in dem keine weiteren Straftaten mehr begangen wurden, sowie neu entstandene familiäre Bindungen und/oder eine wirtschaftliche Integration, die nach den Umständen des konkreten Einzelfalles eine Rückkehr zur Straffälligkeit weniger wahrscheinlich machen.

9.4.5. Anwendung des Artikels 12 der Daueraufenthaltsrichtlinie

Vom Bundesverwaltungsgericht ausdrücklich offengelassen wurde bislang die Frage, ob sich für assoziationsrechtlich begünstigte türkische Staatsangehörige die unionsrechtlichen Anforderungen an den Rechtsschutz gegen Ausweisungsentscheidungen grundsätzlich nach Artikel 12 Absatz 4 der Richtlinie 2003/109/EG (betreffend langfristig Aufenthaltsberechtigte) oder nach Artikel 31 der Richtlinie 2004/38/EG (betreffend Unionsbürger) bestimmt (BVerwG, Urteil vom 14. Mai 2013 – 1 C 13.12 –, juris Rn. 19).

Hat der Assoziationsberechtigte sich seit mindestens fünf Jahren ununterbrochen rechtmäßig im Bundesgebiet aufgehalten, ist nach der Feststellung des EuGH ergänzend immer Artikel 12 der Daueraufenthaltsrichtlinie 2003/109/EG zu berücksichtigen („Ziebell", Rn. 79).

Nach Artikel 12 der Daueraufenthaltsrichtlinie kann eine Ausweisung nur erfolgen, wenn der Betreffende eine gegenwärtige, hinreichend schwere Gefahr für die öffentliche Ordnung oder die öffentliche Sicherheit darstellt. Die Ausweisung darf zudem nicht auf wirtschaftlichen Überlegungen beruhen. Zu berücksichtigen sind Dauer des Aufenthalts im Bundesgebiet, Alter, Folgen der Ausweisung für den Betroffenen und seine Familienangehörigen, Bindungen zum Bundesgebiet beziehungsweise fehlende Bindungen zum Herkunftsstaat. Maßgeblich sind also auch nach diesem Maßstab allein spezialpräventive Erwägungen. Allein die Dauer einer Inhaftierung ist als Begründung der Ausweisung nicht ausreichend, kann aber ein Indiz für die Schwere der Straftat sein und ist dann im Rahmen der Gefahrenprognose zu berücksichtigen.

Wie der EuGH in der Rechtssache „Ziebell" ausdrücklich festgestellt hat, ist der unionsrechtliche Bezugsrahmen beim Ausweisungsschutz von Assoziationsberechtigten nicht die Unionsbürgerrichtlinie 2004/38/EG und auch nicht die Richtlinie 64/221/EWG zur Koordinierung der Sondervorschriften für die Einreise und den Aufenthalt von Ausländern, soweit sie aus Gründen der öffentlichen Ordnung, Sicherheit oder Gesundheit gerechtfertigt sind. Insofern findet das FreizügG/EU, insbesondere dessen § 6 Absatz 5 keine Anwendung.

9.4.6. Artikel 9 Richtlinie 64/221/EWG nicht anwendbar

Die Überprüfung der Rechtmäßigkeit einer Ausweisung nach Artikel 14 richtet sich nach Artikel 12 Absatz 4 der Richtlinie 2003/109/EG („Ziebell", Rn. 79).

Die Beteiligung einer unabhängigen Stelle im Ausweisungsverfahren zur Prüfung der Zweckmäßigkeit der Maßnahme („Vier-Augen-Prinzip") ist nicht vorgesehen. Dies folgt insbesondere nicht aus Artikel 9 der Richtlinie 64/221/EWG zur Koordinierung der Sondervorschriften für die Einreise und den Aufenthalt von Ausländern, soweit sie aus Gründen der öffentlichen Ordnung, Sicherheit oder Gesundheit gerechtfertigt sind. Diese Richtlinie ist durch die Unionsbürgerrichtlinie 2004/38/EG aufgehoben worden und kann daher nicht mehr zur Interpretation von Rechten aus dem ARB 1/80 herangezogen werden („Ziebell", Rn. 77). Artikel 9 der Richtlinie 64/221/EWG ist auch nicht aufgrund der Stand-Still-Klauseln der Artikel 13 ARB 1/80 und Artikel 41 Absatz 1 ZP anzuwenden (BVerwG, Urteil vom 10. Juli 2012 – 1 C 19.11 –, NVwZ 2013, 365).

9.4.7. Rechtsfolge der Ausweisung

Mit der Ausweisung verliert der betroffene türkische Staatsangehörige seine aus Artikel 6 oder 7 ARB 1/80 erworbenen Rechte. Er ist somit anderen, nicht aus ARB 1/80 berechtigten Drittstaatsangehörigen, die ausgewiesen worden sind, gleichgestellt. Dies betrifft insbesondere auch § 84 Absatz 2 AufenthG.

Übersicht

	Rn.
I. Sprachfassungen	1
II. Rechtsgrundlage für behördliche Maßnahmen	6
III. Anwendbarkeit der Daueraufenthaltsrichtlinie zur Konkretisierung des Ordre-public-Vorbehalts	16
IV. Voraussetzungen des Ordre-public-Vorbehalts	39
1. Gefahr für ein Grundinteresse der Gesellschaft	39
2. Wahrscheinlichkeitsmaßstab	51
3. Maßgeblicher Zeitpunkt	60
V. Ausweisungsschutz für Selbstständige	61
VI. Vier-Augen-Prinzip	68
VII. Verhältnis zu bilateralen Abkommen	79

I. Sprachfassungen

Englische Fassung: 1. The provisions of this section shall be applied subject to limitations justified on grounds of public policy, public security or public health.

2. They shall not prejudice the rights and obligations arising from national legislation or bilateral agreements between Turkey and the Member States of the Community where such legislation or agreements provide for more favourable treatment for their nationals.

Französische Fassung: 1. Les dispositions de la présente section sont appliquées sous réserve des limitations justifiées par des raisons d'ordre public, de sécurité et de santé publiques.

2. Elles ne portent pas atteinte aux droits et obligations découlant des législations nationales ou don accorde bilatéraux existant entre la Turquie et les Etats membres de la Communauté, dans la mesure où ils prévoient, en faveur de leurs ressortissants, un régime plus favorable.

3   **Niederländische Fassung:** 1. De bepalingen van dit deel worden toegepast onder voorbehoud van beperkingen welke gerechtvaardigd zijn uit hoofde van openbare orde, openbare veiligheid en volksgezondheid.

2. Zij doen geen afbreuk aan de rechten en verplichtingen die voortvloeien uit nationale wetgevingen of uit bilaterale overeenkomsten tussen Turkije en de Lid-Staten van de Gemeenschap, voor zover daarbij voor hun onderdanen een gunstiger regeling is vastgesteld.

4   **Italienische Fassung:** 1. Le disposizioni della presente sezione vengono applicate fatte salve le limitazioni giustificate da motivi d'ordine pubblico, di sicurezza e di sanità pubbliche.

2. Esse non pregiudicano i diritti e gli obblighi derivanti dalle legislazioni nazionali o dagli accordi bilaterali esistenti tra la Turchia e gli Stati membri della Comunità, qualora questi contemplino, a favore dei loro cittadini, un regime più favorevole.

5   **Türkische Fassung:** 1. Bu bölümdeki hükümler, kamu politikası, kamu güvenliği ve kamu sağlığının gerektirdiği sınırlamalara tabi olarak uygulanır.

2. Bu hükümler, ulusal mevzuattan veya Türkiye ile Topluluğun Üye Ülkeleri arasındaki ikili anlaşmalardan kaynaklanan hakları ve yükümlülükleri, bu mevzuat veya anlaşmaların kendi vatandaşları için daha elverişli muamele öngörmesi halinde etkilemez.

II. Rechtsgrundlage für behördliche Maßnahmen

6   Art. 14 I beschränkt die Rechte aus dem Abschnitt 1 (Fragen betreffend die Beschäftigung und die Freizügigkeit der Arbeitnehmer) des Kap. II (Soziale Bestimmungen). Art. 14 I stellt fest, dass die Art. 6–16 „vorbehaltlich der Beschränkungen, die aus Gründen der öffentlichen Ordnung, Sicherheit und Gesundheit gerichtfertigt sind", gelten. Der Ordre-public-Vorbehalt beschränkt damit insbesondere auch die Aufenthaltsrecht aus Art. 6 und 7, aber auch alle sonstigen Rechtspositionen, die aus dem Abschnitt abgeleitet werden können.

7   **Art. 14 I regelt nur die Voraussetzungen für ein Einschreiten aus Gründen der öffentlichen Ordnung, Sicherheit und Gesundheit.** Die Norm enthält keine Befugnisnorm, auf die die Ausländerbehörde ihr Handeln stützen könnte. Insoweit muss ergänzend auf die Rechtsgrundlagen des AufenthG zurückgegriffen werden.

8   Gleiches gilt für Art. 12 Daueraufenth-RL, die der EuGH in der Rs. Ziebell[2] herangezogen hat, um den Ordre-public-Vorbehalt des Art. 14 I zu konkretisieren. Die Daueraufenth-RL enthält Regelungen, die die Voraussetzungen konkretisieren, nach denen die Mitgliedstaaten aus Gründen der öffentlichen Ordnung, der öffentlichen Sicherheit oder (eingeschränkt) der öffentlichen Gesundheit einschreiten können. Denn bei Art. 12 Daueraufenth-RL handelt es sich ebenso wenig wie bei Art. 14 I um eine Rechtsgrundlage, auf die eine ausländerrechtliche Entscheidung gestützt werden kann, sondern um die Konkretisierung der Eingriffsvoraussetzungen für im nationalen Recht des jeweiligen Mitgliedstaates enthaltene Ermächtigungsnormen. Insoweit ist aufgrund des Gesetzesvorbehalts das nationale Recht heranzuziehen und zu beachten. Die unionsrechtlichen Vorgaben sind iRd nationalen Entscheidungen zu beachten und gehen im Wege des **Anwendungsvorrangs** den einschlägigen Bestimmungen des AufenthG vor.

9   Die Ausweisung erfolgt nach dem AufenthGÄndG 2015 vom 27.7.2015 nach § 53 III[3], der die Ermessensausweisung nach § 55 aF[4] ablöst. Mit dem § 53 III hat der Gesetzgeber auf den Entwurf der im Ausländerrecht tätigen Verwaltungsrichter RiBVerwG aD *Prof. Dr. Dörig* und VorsRiVGH *Prof. Dr. Bergmann* zurückgegriffen. In Anknüpfung an wissenschaftliche Diskussionen auf den Deutschen Verwaltungsgerichtstagen 2010[5] und 2013[6] veröffentlichten beide am 1.2.2014 den Entwurf, der in § 56 AufenthG-E für die Ausweisung türkischer Staatsangehöriger folgende Regelung vorsah[7]: „Ein Ausländer, dem nach dem Assoziationsabkommen EWG/Türkei ein Aufenthaltsrecht zusteht, wird nur ausgewiesen, wenn das persönliche Verhalten des Betroffenen gegenwärtig eine tatsächliche und hinreichend schwere Gefahr für ein Grundinteresse der deutschen Gesellschaft darstellt und die Maßnahme für die Wahrung dieses Interesses unerlässlich ist."

10 Anders als § 53 III war die Regelung § 56 AufenthG-E klar als Befugnisnorm erkennbar, die neben den § 54 AufenthG-E trat. Der Gesetzgeber hat die Systematik des Entwurfs nicht beibehalten und mit der Formulierung „darf nicht ausgewiesen werden" zur Verwirrung beigetragen. Soll die

---

[2] EuGH Urt. v. 8.12.2011 – C-371/08 – Ziebell.
[3] BGBl. 2015 I S. 1386.
[4] BVerwG Urt. v. 2.9.2009 – 1 C 2.09, InfAuslR 2010, 3.
[5] 16. Deutscher Verwaltungsgerichtstag 2010, Dokumentation, S. 283 ff. – Arbeitskreis 10 – Europarecht und deutsches Aufenthaltsrecht.
[6] 17. Deutscher Verwaltungsgerichtstag 2013, Dokumentation, S. 211 ff. – Arbeitskreis 5 – Abschied vom deutschen Ausländerrecht? – Europarechtliche Provokation.
[7] BDVR – Rundschreiben 1/2014, S. 3.

Ausweisung türkischer Staatsangehöriger im Ermessen der Ausländerbehörde stehen, wie es bisher der Fall ist, oder enthält § 53 III nur eine Beschränkung, die generalpräventive Ausweisungen ausschließen will, sodass letztlich die gebundene Vorschrift des § 53 I die Befugnisnorm bildet. Welchen Weg die Rspr. bei der Auslegung der Norm gehen wird, bleibt abzuwarten.

Die Formulierung des § 53 III beruht auf der Entscheidung des EuGH in der Rechtssache Ziebell. **11** Danach darf ein türkischer Staatsangehöriger, der ein Aufenthaltsrecht nach dem ARB 1/80 besitzt, nur ausgewiesen werden, wenn sein persönliches Verhalten gegenwärtig eine tatsächliche und hinreichend schwere Gefahr für ein Grundinteresse der Gesellschaft der Bundesrepublik Deutschland darstellt und die Maßnahme für die Wahrung dieses Interesses unerlässlich ist[8]. Diesen Maßstab hat der EuGH Art. 12 Daueraufenth-RL[9] entnommen. Mit dem Begriff der Unerlässlichkeit hat der EuGH lediglich die gebotene Abwägung der öffentlichen mit den privaten Interessen des Betroffenen, dh dessen tatsächlich vorliegenden Integrationsfaktoren, im Hinblick auf den Grundsatz der Verhältnismäßigkeit angesprochen[10].

Sollte § 53 III als Ermessensnorm anwendbar sein, unterliegt die Ausweisung hinsichtlich der **12** qualifizierten Gefahrenschwelle und des Verhältnismäßigkeitsprinzips gleichwohl voller gerichtlicher Kontrolle[11]. **Die Beschränkung der Überprüfung der Ermessensentscheidung durch § 114 S. 2 VwGO ist hinsichtlich der unionsrechtlichen Vorgaben nicht anwendbar.** Bei der Ermessensausweisung besteht nur die Möglichkeit, trotz an sich erfüllter Tatbestandsvoraussetzungen für eine Ausweisung auf der Rechtsfolgenseite davon abzusehen.

Die Entscheidung der Ausländerbehörde erfordert eine sachgerechte Abwägung der gegenläufigen **13** öffentlichen Interessen an der Ausreise des Ausländers mit dessen privaten Interessen an einem weiteren Aufenthalt im Bundesgebiet. Dabei darf sich die Ausländerbehörde in ihrer Abwägung auch an den Fallgruppen der §§ 54 und 55 orientieren, mit denen das Ausweisungsinteresse der Behörde und das Bleibeinteresse des Ausländers normiert wurden. Die darin normierten Tatbestände dürfen allerdings nicht iSe Regelvermutung oder einer sonstigen schematisierenden Entscheidungsdirektive angewendet werden, die auch nur den Anschein eines **Automatismus** begründet. Vielmehr ist stets auf die Umstände und Besonderheiten des Einzelfalls abzustellen[12].

Die unionsrechtlichen Vorgaben hinsichtlich des Ordre-public-Vorbehalts[13] sind bei assoziations- **14** rechtlich begünstigten Ausländern bei jeder ausländischen Maßnahme, die auf eine Aufenthaltsbeendigung abzielt, zu berücksichtigen. Hierzu zählten nicht nur die Ausweisung, sondern auch die **Befristung,** die **Rücknahme** und die **Abschiebungsandrohung.** Wegen des Trennungsprinzips[14] ist bei der Ablehnung eines Aufenthaltstitels zu beachten, dass die Ablehnung eines Aufenthaltstitels nur dann unter die unionsrechtlichen Vorgaben fällt, soweit das unmittelbar ein Art. 6 oder 7 fließende Aufenthaltsrecht, das durch § 4 V deklaratorisch umgesetzt wird[15], betroffen ist. Wird eine Aufenthaltserlaubnis zur Familienzusammenführung abgelehnt, so berührt dies die assoziationsrechtliche Rechtsstellung erst dann, wenn zugleich eine Abschiebungsandrohung erlassen wird. Denn diese setzt die Ausreisepflicht des Ausländers voraus, die nicht vorliegt, wenn der Ausländer weiterhin die Rechtsstellung aus Art. 6 oder 7 innehat. Aus diesem Grund weist § 50 I darauf hin, dass ein Ausländer erst ausreispflichtig ist, wenn er kein Aufenthaltsrecht nach dem Assoziationsabkommen EWG/Türkei besitzt.

Weder im AEUV noch in der abgeleiteten Gesetzgebung werden die Begriffe öffentliche **15** **Ordnung, öffentliche Sicherheit und öffentliche Gesundheit definiert,** sodass es den Mitgliedstaaten überlassen bleibt, ihren Geltungsbereich nach Maßgabe der nationalen Gesetzgebung und Rspr. festzulegen. Dh jedoch nicht, dass ein Mitgliedstaat, der Maßnahmen hiermit begründet, diese Begriffe seiner eigenen Rechtspraxis entsprechend und in der eigenen Tradition frei definieren und interpretieren kann. In seinem Urteil in der Rechtssache Van Duyn[16] hat der EuGH hervorgehoben, dass der Begriff der öffentlichen Ordnung im Unionsrecht eng zu verstehen ist. Dies gelte insbesondere in Fällen, in denen er eine Ausnahme vom Grundsatz der Freizügigkeit der Arbeitnehmer rechtfertige. Aus diesem Grund kann die Tragweite des Vorbehalts nicht von jedem Mitgliedstaat einseitig ohne Nachprüfung durch die Organe der EU bestimmt werden. In der vorgenannten Entscheidung wird aber auch festgestellt, dass die besonderen Umstände, die möglicherweise die Berufung auf den Begriff der öffentlichen Ordnung rechtfertigen, von Mitgliedstaat zu Mitgliedstaat verschieden sein können, sodass den zuständigen innerstaatlichen Behörden ein **Beurteilungsspiel-**

---

[8] EuGH Urt. v. 8.12.2011 – C-371/08, NVwZ 2012, 422 – Ziebell.
[9] RL 2003/109/EG v. 25.11.2003, ABl. L 16, 44.
[10] BVerwG Urt. v. 10.7.2012 – 1 C 19.11, BVerwGE 143, 277; VGH BW Urt. v. 10.2.2012 – 11 S 1361/11, NVwZ-RR 2012, 492.
[11] BVerwG Urt. v. 2.9.2009 – 1 C 2.09, InfAuslR 2010, 3.
[12] BVerwG Urt. v. 2.9.2009 – 1 C 2.09, InfAuslR 2010, 3; Urt. v. 3.8.2004 – 1 C 30.02, BVerwGE 121, 297 (307).
[13] → Rn. 39 ff.
[14] S. hierzu § 4.
[15] Hierzu → Vorb. ARB 1/80.
[16] EuGH Urt. v. 4.12.1974 – 41/74, Slg. 1974, 1337 ff. – Van Duyn.

raum innerhalb der durch den AEUV und die zu seiner Anwendung erlassenen Vorschriften gesetzten Grenzen zuzubilligen ist[17].

III. Anwendbarkeit der Daueraufenthaltsrichtlinie zur Konkretisierung des Ordre-public-Vorbehalts

16   Bis zur Entscheidung des EuGH in der Rechtssache Ziebell[18] wurde der unionsrechtliche Ausweisungsschutz aus Art. 39 III EG (jetzt Art. 45 III AEUV) sowie die erfolgte Konkretisierung im sekundären Unionsrecht durch die RL 64/221/EWG abgeleitet. Grundlage war Art. 12 Assoziierungabkommen EWG/Türkei, der bestimmt, dass sich die Vertragsparteien dazu verpflichten, sich von den Art. 48, 49 und 50 des EWG-Vertrags (jetzt Art. 45, 46 und 47 AEUV) leiten zu lassen, um untereinander die Freizügigkeit der Arbeitnehmer schrittweise herzustellen.

17   Nach stRspr des EuGH müssen die iRd Art. 45–47 AEUV geltenden Grundsätze so weit wie möglich auf die türkischen Arbeitnehmer, die im ARB 1/80 eingeräumten Rechte besitzen, übertragen werden[19]. Daraus folgt, dass bei der Bestimmung des Umfangs der in Art. 14 I vorgesehenen Ausnahme der öffentlichen Ordnung darauf abzustellen ist, wie die gleiche Ausnahme im Bereich der Freizügigkeit der Arbeitnehmer, die Angehörige der Mitgliedstaaten der EU sind, ausgelegt wird. Eine solche Auslegung ist umso mehr gerechtfertigt, als Art. 14 I nahezu denselben Wortlaut wie Art. 45 III AEUV hat[20].

18   Der EuGH hat dabei weiter entschieden, dass nicht nur die Vorgaben des primären EU-Rechts auf türkische Staatsangehörige übertragen werden, sondern dass eine solche Analogie auch für die auf der Grundlage dieser Art erlassenen sekundärrechtlichen Vorschriften, mit denen das Primärrecht durchgeführt und konkretisiert werden soll, gelte[21]. Entsprechend hatte der EuGH zur Bestimmung des Umfangs der in Art. 14 I festgelegten Ausnahme der öffentlichen Ordnung auf die Konkretisierung dieses Vorbehalts durch die RL 64/221/EWG abgestellt[22].

19   Der Übertragbarkeit des Unionsrechts hat der EuGH in der Rs. Ziebell hinsichtlich der Konkretisierung des Ordre-public-Vorbehalts durch Art. 28 III Freizügigkeits-RL Grenzen gesetzt. Er hat die Regelungen zum Schutz der Unionsbürger vor Ausweisung, wie sie in Art. 28 IIIa Freizügigkeits-RL vorgesehen sind, auf den Ordre-public-Vorbehalt des Art. 14 I für nicht übertragbar erklärt[23].

20   Dabei stützte der EuGH seine Entscheidung zum einen auf den **Wortlaut der Ausweisungsregelungen in der Freizügigkeits-RL.** Denn der Begriff der „zwingenden Gründe" der öffentlichen Sicherheit in Art. 28 IIIa Freizügigkeits-RL, der eine Beeinträchtigung der öffentlichen Sicherheit betrifft, die einen besonders hohen Schweregrad aufweist und den Erlass einer Ausweisungsmaßnahme nur unter außergewöhnlichen Umständen zulässt, findet keine Entsprechung in Art. 14 I ARB 1/80.

21   Zum anderen hob der EuGH auf die **Zielrichtung des Assoziierungsabkommens** ab. Um festzustellen, ob sich eine Vorschrift des Unionsrechts für eine entsprechende Anwendung im Rahmen der Assoziation EWG-Türkei eignet, sind Zweck und Kontext des Assoziierungsabkommens mit Zweck und Kontext des Rechtsakts des Unionsrechts, der entsprechend angewendet werden soll, zu vergleichen. **Der primäre Zweck des Assoziierungsabkommens EWG/Türkei besteht nach Ansicht des EuGH in einer wirtschaftlichen Zielrichtung.** Dabei überrascht, dass der EuGH mit keinem Wort die Zielrichtung des Vertrags, den Beitritt der Türkei zur EU vorzubereiten, erwähnt. Ist doch gerade die Beitrittsperspektive das maßgebliche Abgrenzungskriterium zu den überwiegend wirtschaftlichen Zwecken dienenden Kooperations- und Europa-Mittelmeerabkommen.

22   Im Unterschied zu dem Assoziierungsabkommen beruht nach Ansicht des EuGH die Freizügigkeits-RL nicht nur auf den wirtschaftlichen Grundfreiheiten, sondern insbesondere auch auf der Unionsbürgerschaft, die nach stRspr des EuGH dazu bestimmt ist, der grundlegende Status der Angehörigen der Mitgliedstaaten zu sein.

23   Die Freizügigkeits-RL beschränkt sich keineswegs auf die Verfolgung eines rein wirtschaftlichen Ziels. Sie soll die Ausübung des den Unionsbürgern unmittelbar aus dem Vertrag erwachsenden elementaren und persönlichen Rechts, sich im Hoheitsgebiet der Mitgliedstaaten frei zu bewegen und aufzuhalten, erleichtern und bezweckt dieses Recht zu verstärken. Dabei wird mit dieser RL auch eine erheblich verstärkte Regelung zum Schutz vor Ausweisungsmaßnahmen geschaffen, die umso weiter reichende Garantien vorsieht, je besser die Unionsbürger in den Aufnahmemitgliedstaat integriert sind.

---

[17] EuGH Urt. v. 4.12.1974 – 41/74, Slg. 1974, 1337 Rn. 24 – Van Duyn.
[18] EuGH Urt. v. 8.12.2011 – C-371/08 – Ziebell.
[19] EuGH Urt. v. 8.12.2011 – C-371/08 Rn. 39 – Ziebell, Urt. v. 4.10.2007 – C-349/06 Rn. 29 f. – Polat, Urt. v. 6.6.1995 – C-434/93, Slg. 1995, I-1475 Rn. 14, 19 und 20 – Bozkurt; Urt. v. 11.11.2004 – C.467/02, Slg. 2004, I-10895 Rn. 42 – Cetinkaya.
[20] EuGH Urt. v. 4.10.2007 – C-349/06 Rn. 30 – Polat; Urt. v. 10.2.2000 – C-340/97, Slg. 2000, I-957 Rn. 56 – Nazli; Urt. v. 11.11.2004 – C.467/02, Slg. 2004, I-10895 Rn. 43 – Cetinkaya.
[21] EuGH Urt. v. 8.12.2011 – C-371/08 Rn. 39 – Ziebell.
[22] EuGH Urt. v. 8.12.2011 – C-371/08 Rn. 40 – Ziebell.
[23] EuGH Urt. v. 8.12.2011 – C-371/08 – Ziebell, Ls.

Der EuGH kam daher in der Rechtssache Ziebell zu dem Ergebnis[24]: „Wegen der erheblichen 24 Unterschiede, die nicht nur im Wortlaut, sondern auch hinsichtlich des Gegenstands und des Zwecks zwischen den Bestimmungen über die Assoziation EWG-Türkei und dem die Unionsbürgerschaft betreffenden Unionsrecht bestehen, können die beiden fraglichen rechtlichen Regelungen daher nicht als gleichwertig angesehen werden, so dass die Regelung des Ausweisungsschutzes, die für Unionsbürger nach Art. 28 IIIa Unionsbürger-RL gilt, nicht entsprechend angewandt werden kann, um die Bedeutung und die Tragweite von Art. 14 I des Beschlusses Nr. 1/80 zu bestimmen."

Nachdem der EuGH die Vorschriften der Freizügigkeits-RL insgesamt für unanwendbar erklärte, 25 zog er zur Konkretisierung des Ausweisungsschutzes türkischer Staatsangehöriger Art. 12 Daueraufenth-RL heran[25].

Nach dieser Vorschrift kann ein langfristig Aufenthaltsberechtigter nur ausgewiesen werden, wenn 26 er eine gegenwärtige, hinreichend schwere Gefahr für die öffentliche Ordnung oder die öffentliche Sicherheit darstellt (Abs. 1). Außerdem darf die Ausweisungsverfügung nicht auf wirtschaftlichen Überlegungen beruhen (Abs. 2). Schließlich haben die zuständigen Behörden des Aufnahmemitgliedstaats, bevor sie eine solche Verfügung erlassen,
– die Dauer des Aufenthalts der betroffenen Person im Hoheitsgebiet dieses Staates,
– ihr Alter,
– die Folgen einer Ausweisung für die betroffene Person und ihre Familienangehörigen sowie
– ihre Bindungen zum Aufenthaltsstaat oder fehlende Bindungen zum Herkunftsstaat
zu berücksichtigen (Abs. 3).

Nachdem der Ausweisungsschutz für türkische Staatsangehörige unter Hinweis auf eine entspre- 27 chende Anwendbarkeit der Vorgaben der Daueraufenth-RL auf eine neue rechtliche Grundlage gestellt wurde, stellt sich die Frage, ob Art. 12 Daueraufenth-RL auch für türkische Staatsangehörige gilt, die sich noch nicht seit mindestens zehn Jahren im Bundesgebiet aufhalten. Die Rechtssache Ziebell gab für die Einführung der zeitlichen Grenze von mehr als zehn Jahren keinen Anlass, da Herr *Ziebell* 1973 in Deutschland geboren wurde und sich damit im Zeitpunkt der Ausweisung mehr als 30 Jahre im Bundesgebiet aufhielt. Es ist daher davon auszugehen, dass der EuGH mit seinem Verweis auf Art. 12 Daueraufenth-RL ausschließlich eine Antwort auf die ihm vorliegende Frage zur Anwendbarkeit des besonderen Ausweisungsschutzes nach Art. 28 III Freizügigkeits-RL für türkische Staatsangehörige finden wollte. Damit findet die Regelung sowie die hierzu ergangene Rspr. unmittelbar auch auf türkische Staatsangehörige Anwendung, die sich noch keine zehn Jahre rechtmäßig im Bundesgebiet aufhalten.

Für die Übertragung des Art. 12 Daueraufenth-RL auf alle Ausweisungsfälle sowie Ein- 28 **griffe in die Rechtspositionen der Art. 6 und 7 vermeidet auch eine Absenkung des Schutz-niveaus, die andernfalls auftreten würde.** Denn die Daueraufenth-RL enthält außer Art. 12 Daueraufenth-RL nur an zwei weiteren Stellen Regelungen, die ein Einschreiten aus Gründen der öffentlichen Ordnung und Sicherheit sowie Gesundheit ermöglichen:
– Zunächst bestimmt die RL in **Art. 6 I Daueraufenth-RL**, dass die Mitgliedstaaten die Rechtsstellung eines langfristig Aufenthaltsberechtigten aus Gründen der öffentlichen Ordnung oder der öffentlichen Sicherheit versagen können. Diese Regelung knüpft an den Erwerb der Rechtsstellung eines langfristig Aufenthaltsberechtigten an, mit dem besondere Rechte verbunden sind.
– Darüber hinaus enthält **Art. 17 Daueraufenth-RL** eine Bestimmung, die den Aufenthalt eines langfristig Aufenthaltsberechtigten in anderen Mitgliedstaaten betrifft. Danach können die Mitgliedstaaten einem langfristig Aufenthaltsberechtigten oder seinen Familienangehörigen den Aufenthalt versagen, wenn die betroffene Person eine Gefahr für die öffentliche Ordnung oder die öffentliche Sicherheit darstellt.

Sofern man – entgegen der hier vertretenen Auffassung – den Art. 12 Daueraufenth-RL 29 **auf Fälle, in denen der Aufenthalt weniger als zehn Jahre im Bundesgebiet andauert, für unanwendbar hält, müsste der Art. 6 Daueraufenth-RL angewendet werden.** Denn der Eingriffsvorbehalt des Art. 6 Daueraufenth-RL setzt voraus, dass die Erteilungsvoraussetzungen für das Daueraufenthaltsrecht vorliegen, jedoch aus Gründen der öffentlichen Ordnung oder öffentlichen Sicherheit der Aufenthaltsstatus nicht erteilt werden soll. Außerdem konkretisiert der Art. 17 Daueraufenth-RL den Ordre-public-Vorbehalt in Form einer Einreisesperre. Im Unterschied zu Art. 6 Daueraufenth-RL enthält Art. 17 I UAbs. 2 Daueraufenth-RL nicht die ausdrückliche Vorgabe, dass die Mitgliedstaaten bei aufenthaltsbeendenden Entscheidungen der Dauer des Aufenthalts und dem Bestehen von Bindungen im Aufenthaltsstaat angemessen Rechnung tragen müssen. Diese Abweichung ergibt sich aus der Natur der zugrunde liegenden Verwaltungsentscheidung. Denn bei der Maßnahme nach Art. 17 Daueraufenth-RL wird dem Drittstaatsangehörigen der Zugang zu einem weiteren Mitgliedstaat verwehrt, ohne dass er dadurch den Status in dem Mitgliedstaat verliert, der ihm die langfristige Aufenthaltsberechtigung gem. Art. 8 II Daueraufenth-RL erteilt hat. Geht es aber im

---

[24] EuGH Urt. v. 8.12.2011 – C-371/08 Rn. 74 – Ziebell.
[25] BayVGH Urt. v. 3.2.2015 – 10 BV 13.421 Rn. 52.

Kern um eine Einreiseverweigerung, so können regelmäßig weder die Dauer des Aufenthalts noch die Bindungen im Aufnahmestaat berücksichtigt werden. Derartige Rechtspositionen entstehen nämlich erst, wenn dem Drittstaatsangehörigen, der den Status eines langfristig Aufenthaltsberechtigten besitzt, die Einreise und der Aufenthalt in einen anderen Mitgliedstaat gestattet wurde.

30 Erscheint es auf den ersten Blick naheliegend, auf Art. 6 Daueraufenth-RL abzustellen, um den Ausweisungsschutz türkischer Staatsangehöriger, die sich noch keine zehn Jahre in Deutschland aufhalten, zu konkretisieren, so steht einer derartigen Analogie entgegen, dass der Ausweisungsschutz gegenüber den bisherigen Vorgaben des EuGH aufgrund der RL 64/221/EWG abgesenkt würde. Zur Vermeidung von Schutzlücken ist davon auszugehen, dass sich der Ausweisungsschutz türkischer Staatsangehöriger insgesamt nach Art. 12 Daueraufenth-RL richtet.

31 Betrachtet man den **Ordre-public-Vorbehalt in Art. 6 Daueraufenth-RL**, so fällt zunächst auf, dass er nicht als Erteilungsvoraussetzung in den Art. 7 Daueraufenth-RL Eingang gefunden hat[26], sondern als Konkretisierung in Form einer optionalen Eingriffsvoraussetzung. Die Mitgliedstaaten, die einem Ausländer, der sonst alle Voraussetzungen für die Erteilung des Status eines langfristig Aufenthaltsberechtigten erfüllt, diese Rechtsstellung aus Gründen der öffentlichen Ordnung oder der öffentlichen Sicherheit versagen, sind nach Art. 6 I UAbs. 2 Daueraufenth-RL verpflichtet, die Schwere oder die Art des Verstoßes gegen die öffentliche Ordnung oder die öffentliche Sicherheit oder die von der betroffenen Person ausgehende Gefahr zu berücksichtigen, wobei sie auch der Dauer des Aufenthalts und dem Bestehen von Bindungen im Aufenthaltsstaat angemessen Rechnung zu tragen haben. Außerdem bestimmt Art. 6 II Daueraufenth-RL, dass die Versagungsentscheidung nicht aus wirtschaftlichen Gründen getroffen werden darf.

32 Diese Fassung weicht deutlich von der ursprünglich im Kommissionsentwurf[27] vom 13.3.2001 vorgesehenen Regelung des Art. 7 ab, der folgenden Wortlaut hatte: „Die Mitgliedstaaten können den Status eines langfristig Aufenthaltsberechtigten versagen, wenn das persönliche Verhalten der betreffenden Person eine gegenwärtige Gefahr für die öffentliche Ordnung oder die innere Sicherheit darstellt. Die Tatsache einer strafrechtlichen Verurteilung genügt für sich allein nicht, um automatisch eine Versagungsentscheidung im Sinne von Abs. 1 zu begründen. Eine solche darf nicht zu wirtschaftlichen Zwecken getroffen werden."

33 Zur Begründung führte die Kommission in ihrem Vorschlag aus[28]: „Maßgeblich sind hier Kriterien, die teilweise den Kriterien der RL 64/221/EWG des Rates vom 25. Februar 1964 zur Koordinierung der Sondervorschriften für die Einreise und den Aufenthalt von Ausländern, soweit sie aus Gründen der öffentlichen Ordnung, Sicherheit oder Gesundheit gerechtfertigt sind, entsprechen." War damit der ursprüngliche RL-Vorschlag erkennbar an die für EU-Bürger geltende Rechtslage angelehnt, so konnte er sich im weiteren Rechtsetzungsverfahren nicht durchsetzen.

34 Das EU-Parlament unterbreitete mit seinem Bericht vom 30.11.2001[29] zu dem RL-Vorschlag der Kommission in Bezug auf die Regelung des Art. 7 einen Änderungsvorschlag. Die Formulierung „wenn das persönliche Verhalten der betreffenden Person eine gegenwärtige Gefahr für die öffentliche Ordnung oder die innere Sicherheit darstellt" sollte dahingehend umformuliert werden, dass er lautet[30]: „wenn aufgrund persönlichen Verhaltens des Antragstellers von einer Gefahr für die öffentliche Ordnung oder die innere Sicherheit ausgegangen werden kann".

35 Der 2. UAbs. sollte gänzlich neu gefasst werden und folgenden Wortlaut erhalten[31]: „Eine solche Gefährdung liegt insbesondere dann vor, wenn der Betreffende einen nicht nur vereinzelten oder geringfügigen Verstoß gegen Rechtsvorschriften begangen oder außerhalb des Mitgliedstaates eine Straftat begangen hat, die im Mitgliedstaat als vorsätzliche Straftat anzusehen ist. Von einer Gefahr für die öffentliche Ordnung oder die innere Sicherheit ist regelmäßig bei Personen auszugehen, die sich bei der Verfolgung politischer Ziele an Gewalttätigkeiten beteiligen oder öffentlich zur Gewaltanwendung aufrufen oder mit Gewaltanwendung drohen oder bei denen Tatsachen die Annahme rechtfertigen, dass sie einer Vereinigung angehören, die den internationalen Terrorismus unterstützt."

36 Zur Begründung dieses Änderungsvorschlags bezog sich das EU-Parlament ausdrücklich darauf, dass die **Reduzierung der Versagungsgründe schon bei der erstmaligen Erteilung des Rechtsstatus auf die für freizügigkeitsberechtigte EU-Angehörige geltende RL 64/221/EWG nicht akzeptabel** erscheine[32]. Im Folgenden wird ausgeführt: „Bereits bei der Gewährung dieser Rechtsposition weitgehend auf die Wahrung von Sicherheitsaspekten, die sich insbesondere aus der Begehung von Straftaten ableiten, zu verzichten, erscheint unangebracht. Insbesondere kann nicht darauf verzichtet werden, aus generalpräventiven Gründen den privilegierenden Rechtsstatus dann zu versagen,

---

[26] Hierauf hat schon *Hailbronner* ZAR 2004, 163 (164) hingewiesen.
[27] KOM(2001) 127 endg., S. 38.
[28] KOM(2001) 127 endg., S. 19.
[29] Bericht v. 30.11.2001, A5–0436/2001.
[30] S. Änderungsantrag 23 im Bericht des Europäischen Parlaments v. 30.11.2001, A5–0436/2001, S. 17.
[31] S. Änderungsantrag 23 im Bericht des Europäischen Parlaments v. 30.11.2001, A5–0436/2001, S. 17.
[32] S. Änderungsantrag 23 im Bericht des Europäischen Parlaments v. 30.11.2001, A5–0436/2001, S. 17.

wenn es zu Rechtsverstößen etwa im Bereich des Drogenhandels oder der organisierten Kriminalität gekommen ist."

Der Änderungsvorschlag des EU-Parlaments zeigt deutlich, **dass die Regelung des Ordre-** 37 **public-Vorbehalts ausdrücklich auch generalpräventive Gründe umfassen sollte,** um einem Drittstaatsangehörigen den Rechtsstatus eines langfristig Aufenthaltsberechtigten vorenthalten zu können.

Betrachtet man die verschiedenen Änderungsanträge und vergleicht sie mit der verabschiedeten 38 Fassung des Art. 6 Daueraufenth-RL, so wird erkennbar, dass der **Ordre-public-Vorbehalt nicht der Rechtsstellung von EU-Bürgern entspricht**[33]. Vielmehr wurde im Gesetzgebungsverfahren deutlich zum Ausdruck gebracht, dass ein Verzicht auf generalpräventive Gründe in Bezug auf die Möglichkeit der Ablehnung des Status eines langfristig Aufenthaltsberechtigten nicht gewollt war. Dabei hat sich insbesondere das EU-Parlament mit seinen Änderungsanträgen gegen eine Übertragung der für EU-Bürger geltenden Grundsätze in Bezug auf den Ordre-public-Vorbehalt auf Art. 6 Daueraufenth-RL ausgesprochen. Da sich der Ausweisungsschutz türkischer Staatsangehöriger an dem Schutzniveau von Unionsbürgern orientiert, scheidet eine Anwendbarkeit des Art. 6 Daueraufenth-RL aus.

IV. Voraussetzungen des Ordre-public-Vorbehalts

1. Gefahr für ein Grundinteresse der Gesellschaft

Der EuGH hat in der Rechtssache Ziebell auf seine bisherige Rspr. zum Ausweisungsschutz 39 türkischer Staatsangehöriger Bezug genommen. Er betont, dass der Ordre-public-Vorbehalt als **Ausnahmeregelung eng auszulegen** ist und sein Umfang nicht einseitig von den Mitgliedstaaten bestimmt werden kann[34]. Alle Maßnahmen unterliegen **einer strengen Verhältnismäßigkeitsprüfung.**

Dass gegen Inländer bei gleicher Strafbarkeit neben der strafrechtlichen Verurteilung keine zusätzli- 40 che Sanktion verhängt wird, ist kein Verstoß gegen das Diskriminierungsverbot[35].

Maßnahmen, die aus Gründen der öffentlichen Ordnung oder der öffentlichen Sicherheit gerecht- 41 fertigt sind, können nur getroffen werden, wenn sich nach einer **Einzelfallprüfung** durch die zuständige nationale Behörde herausstellt, dass das individuelle Verhalten der betroffenen Person außer der Störung der öffentlichen Ordnung, die jede Gesetzesverletzung darstellt, **eine gegenwärtige, hinreichend schwere Gefahr für ein Grundinteresse der Gesellschaft** darstellt[36]. Anhaltspunkte hierfür können sich insbesondere auch aus einer Verurteilung wegen in § 53 I, II aufgeführter Straftaten ergeben[37]. Dies ist indessen nicht iSe Regelvermutung zu verstehen. Erforderlich und ausschlaggebend ist vielmehr in jedem Fall die unter Berücksichtigung der konkreten Umstände des Einzelfalls vorzunehmende Bewertung des persönlichen Verhaltens des Unionsbürgers und die insoweit anzustellende aktuelle Gefährdungsprognose[38].

Der EuGH ergänzt diese aus der bisherigen Rspr. abgeleiteten Voraussetzungen um ein weiteres 42 Kriterium: Er verlangt, dass die Maßnahme für die Wahrung dieses Interesses unerlässlich ist. Unerlässlich ist mehr als verhältnismäßig, sodass sich die Frage aufdrängt, ob den Anforderungen an den Ausweisungsschutz türkischer Staatsangehöriger verschärft wurden. Da der EuGH dieses Tatbestandsmerkmal, das sich auch nicht aus der Daueraufenth-RL ableiten lässt, in der Entscheidung Ziebell nicht näher erläutert, sondern nur im Tenor verwendet, bleibt abzuwarten, ob hiermit eine Verschärfung der Anforderungen des Ausweisungsschutzes beabsichtigt war. Es spricht einiges dafür, dass der EuGH mit dem **Merkmal der Unerlässlichkeit** nur den Grundsatz der Verhältnismäßigkeit besonders betonen wollte.

Der Maßstab einer gegenwärtigen, hinreichend schweren Gefahr für ein Grundinteresse der Gesell- 43 schaft verweist – anders als der Begriff der Gefahr für die öffentliche Sicherheit und Ordnung im deutschen Polizeirecht – nicht auf die Gesamtheit aller Rechtsnormen, sondern auf einen spezifischen Rechtsgüterschutz, nämlich ein Grundinteresse der Gesellschaft, das berührt sein muss[39].

Eine strafrechtliche Verurteilung kann eine Ausweisung nur insoweit rechtfertigen, als die ihr 44 zugrunde liegenden Umstände ein persönliches Verhalten erkennen lassen, das eine gegenwärtige Gefährdung der öffentlichen Ordnung darstellt[40]. Dabei besteht aber keine dahin gehende Regel, dass

---

[33] So auch *Hailbronner* ZAR 2004, 163 (164).
[34] EuGH Urt. v. 8.12.2011 – C-371/08 – Ziebell.
[35] EuGH Urt. v. 4.10.2007 – C-349/06 Rn. 37 f. – Polat mwN.
[36] EuGH Urt. v. 8.12.2011 – C-371/08 – Ziebell.
[37] BVerwG Urt. v. 2.9.2009 – 1 C 2.09, InfAuslR 2010, 3 Rn. 25.
[38] BVerwG Urt. v. 2.9.2009 – 1 C 2.09, InfAuslR 2010, 3 Rn. 25.
[39] BVerwG Urt. v. 2.9.2009 – 1 C 2.09, InfAuslR 2010, 3; vgl. auch § 6 II 2 und 3 FreizügG/EU.
[40] EuGH Urt. v. 27.10.1977 – 33/77, Slg. 1977, 1999 Rn. 28 – Bouchereau; Urt. v. 19.1.1999 – C-348/96, Slg. 1999, I-11 Rn. 24 – Calfa; Urt. v. 7.6.2007 – C-50/06, Slg. 2007, I-0000 Rn. 41 – Kommission/Niederlande; Urt. v. 29.4.2004 – C-482/01 und C-493/01, Slg. 2004, I-5257 Rn. 67 – Orfanopoulos und Oliveri mwN; BVerwG Urt. v. 2.9.2009 – 1 C 2.09, InfAuslR 2010, 3.

bei schwerwiegenden Taten das abgeurteilte Verhalten die hinreichende Besorgnis neuer Verfehlungen begründet[41].Der Einholung eines **Prognosegutachtens** zur konkreten Gefahr der Begehung weiterer Straftaten ist nur ausnahmsweise, wenn die Prognose aufgrund besonderer Umstände – etwa bei der Beurteilung psychischer Erkrankungen – nicht ohne spezielle, dem Gericht nicht zur Verfügung stehende fachliche Kenntnisse erstellt werden kann, erforderlich[42]. Bei der gerichtlichen Überprüfung der Ausweisung eines strafgerichtlich verurteilten Ausländers ist hinsichtlich der gebotenen Gefahrenprognose nicht allein auf das Strafurteil und die diesem zugrunde liegende Straftat, sondern auf die Gesamtpersönlichkeit des Täters abzustellen. Dabei sind auch nachträgliche Entwicklungen einzubeziehen. Bei dieser Prognoseentscheidung bewegt sich das Gericht regelmäßig in Lebens- und Erkenntnisbereichen, die den Richtern allgemein zugänglich sind[43]. Die inmitten stehende Frage der Wiederholungsgefahr nach strafrechtlichen Verurteilungen kann daher grundsätzlich von den Gerichten regelmäßig ohne Zuziehung eines Sachverständigen beurteilt werden[44]. Ein Sachverständigengutachten kann die eigene Prognoseentscheidung des Tatrichters nicht ersetzen, sondern hierfür allenfalls eine Hilfestellung bieten[45].

45   Eine Ausweisung kann **nicht automatisch aufgrund einer strafrechtlichen Verurteilung oder zum Zweck der Generalprävention,** um andere Ausländer vor der Begehung von Straftaten abzuschrecken, angeordnet werden[46]. Eine vom Einzelfall losgelöste oder auf generalpräventive Gesichtspunkte gestützte Begründung der Ausweisung ist in jedem Fall unzulässig[47].

46   Ist die **Eintragung über eine Verurteilung im Register bereits getilgt worden** „oder ist sie zu tilgen", so dürfen die Tat und die Verurteilung dem Betroffenen im Rechtsverkehr nicht mehr vorgehalten und nicht zu seinem Nachteil verwertet werden. Das BZRG sieht in § 52 eine Ausnahme vor, wonach die frühere Tat abweichend von § 51 I berücksichtigt werden darf, wenn die Sicherheit der Bundesrepublik Deutschland oder eines ihrer Länder eine Ausnahme zwingend gebietet.

47   Ist die Verurteilung berücksichtigungsfähig, so besteht aber keine dahin gehende Regel, dass bei schwerwiegenden Taten das abgeurteilte Verhalten die hinreichende Besorgnis neuer Verfehlungen begründet[48]. Bei **schweren Straftaten, insbesondere Gewalt- und Drogendelikten,** kann sich unter Berücksichtigung des Ausweisungsanlasses, der Tatbegehung und der Persönlichkeit des Delinquenten die **hinreichende** Gefahr neuer Straffälligkeit ergeben[49]. Auch ein einmaliges Rauschgiftdelikt, namentlich die Beteiligung am illegalen Heroinhandel, kann im Hinblick auf den spezialpräventiven Ausweisungszweck einen schwerwiegenden Ausweisungsgrund darstellen. Angesichts der damit verbundenen kriminellen Energie darf die Wiederholungsgefahr bereits bei erstmaliger Bestrafung wegen unerlaubten Handeltreibens mit Heroin in nicht geringer Menge angenommen werden[50].

48   Der EuGH hat in der Rechtssache Polat klargestellt, dass die Qualität einer Gefährdung des Grundinteresses der Gesellschaft nicht durch die Quantität der Anzahl von Straftaten aufgewogen werden kann.[51] **Ein Serienstraftäter, der eine Vielzahl von Diebstählen begangen hat, kann daher nicht ausgewiesen werden, obwohl bei ihm die Rückfallgefährdung erheblich ist.**

49   Wenn der Umstand, dass mehrere frühere strafrechtliche Verurteilungen vorliegen, somit für sich genommen ohne Bedeutung für die Rechtfertigung einer Ausweisung ist, die einem türkischen Staatsangehörigen Rechte nimmt, die er unmittelbar aus dem ARB 1/80 ableitet, gilt Gleiches für die Dauer der Inhaftierung des Betroffenen.

50   Gehen von dem Ausländer konkrete Gefahren für Leib oder Leben anderer Mitmenschen aus, so ist eine Ausweisung – auch auf der Grundlage der Rspr. des EGMR – allein aufgrund der Tatsache der **Geburt im Bundesgebiet** und der **fehlenden Sprachkenntnisse** nicht unverhältnismäßig[52]. Nach dem vom EGMR entwickelten Kriterien- und Prüfkatalog, den sog. Boultif/Üner-Kriterien, sind folgende Gesichtspunkte zu berücksichtigen:

– die Anzahl, Art und Schwere der vom Ausländer begangenen Straftaten;
– das Alter des Ausländers bei Begehung der Straftaten;
– der Charakter und die Dauer des Aufenthalts im Land, das der Ausländer verlassen soll;

---

[41] BVerwG Urt. v. 2.9.2009 – 1 C 2.09, InfAuslR 2010, 3; Beschl. v. 30.6.1998 – 1 C 27.95, InfAuslR 1999, 59.
[42] BVerwG Urt. v. 4.10.2012 – 1 C 13.11 Rn. 11; BayVGH Beschl. v. 19.5.2015 – 10 ZB 15.331 Rn. 9.
[43] BayVGH Beschl. v. 19.5.2015 – 10 ZB 15.331 Rn. 9.
[44] BayVGH Beschl. v. 19.5.2015 – 10 ZB 15.331 Rn. 9; Beschl. v. 18.3.2015 – 10 C 14.2655 Rn. 22 mwN.
[45] BayVGH Beschl. v. 19.5.2015 – 10 ZB 15.331 Rn. 9; BVerwG Beschl. v. 13.3.2009 – 1 B 20.08 Rn. 5.
[46] EuGH Urt. v. 8.12.2011 – C-371/08 – Ziebell.
[47] EuGH Urt. v. 26.2.1975 – 67/74, Slg. 1975, 297 – Bonsignore.
[48] BVerwG Beschl. v. 30.6.1998 – 1 C 27.95, InfAuslR 1999, 59.
[49] OVG RhPf Beschl. v. 19.2.2009 – 7 B 11328/08.
[50] BVerwG Urt. v. 11.6.1996 – 1 C 24.94, InfAuslR 1997, 8; BVerfG Beschl. v. 12.9.1995 – 2 BvR 1179/95, InfAuslR 1995, 397.
[51] EuGH Urt. v. 4.10.2007 – C-349/06 Rn. 36 – Polat.
[52] EGMR Urt. v. 2.8.2001 – 54273/00, InfAuslR 2001, 476 – Boultif; Urt. v. 18.10.2006 – 46410/99, NVwZ 2007, 1279 – Üner; Urt. v. 23.6.2008 – 1683/04, InfAuslR 2008, 333 – Maslov II; Urt. v. 25.3.2010 – 40601/05, InfAuslR 2010, 325 – Mutlag und Urt. v. 13.10.2011 – 41548/06 – Trabelsi.

– die seit Begehen der Straftaten vergangene Zeit und das Verhalten des Ausländers seit der Tat, insbesondere im Strafvollzug;
– die Staatsangehörigkeit aller Beteiligten;
– die familiäre Situation des Ausländers und gegebenenfalls die Dauer der Ehe sowie andere Umstände, die auf ein tatsächliches Familienleben eines Paares hinweisen;
– der Grund für die Schwierigkeiten, die der Partner in dem Land haben kann, in das gegebenenfalls abgeschoben werden soll;
– ob der Partner bei Begründung der familiären Beziehung Kenntnis von der Straftat hatte;
– ob der Verbindung Kinder entstammen, und in diesem Fall deren Alter; das Interesse und das Wohl der Kinder, insbesondere der Umfang der Schwierigkeiten, auf die sie wahrscheinlich in dem Land treffen, in das der Betroffene ggf. abgeschoben werden soll;
– die Intensität der sozialen, kulturellen und familiären Bindungen zum Gastland einerseits und zum Herkunftsland andererseits.

2. Wahrscheinlichkeitsmaßstab

Da die Ausweisung als Ausnahme eng auszulegen ist, ist die Gefahrenprognose zur Beurteilung des 51 Bestehens einer tatsächlichen und hinreichend schweren Gefährdung eines gesellschaftlichen Grundinteresses nur aufgrund einer gesicherten Tatsachenbasis zu treffen. **Ein differenzierter, mit zunehmendem Ausmaß des möglichen Schadens abgesenkter Grad der Wahrscheinlichkeit des Schadenseintritts ist mit Unionsrecht vereinbar**[53]. Demgemäß gelten umso geringere Anforderungen an den Eintritt eines Schadens für ein bedrohtes Rechtsgut, je bedeutender dieses ist. Jedoch reicht auch bei hochrangigen Rechtsgütern nicht jede auch nur entfernte Möglichkeit eines Schadenseintritts für die Annahme einer gegenwärtigen Gefahr aus. Auch insoweit dürfen vielmehr keine zu geringen Anforderungen gestellt werden[54].

Darüber hinaus sind bei der Gefahrenprognose nach der letzten Behördenentscheidung eingetretene 52 Tatsachen zu berücksichtigen, die den Wegfall oder eine nicht unerhebliche Verminderung der gegenwärtigen Gefährdung mit sich bringen können, die das Verhalten des Betroffenen für das in Rede stehende Grundinteresse der Gesellschaft darstellen kann[55].

Bei der Frage, ob eine Wiederholungsgefahr besteht, sind insbesondere die einschlägigen straf- 53 richterlichen Entscheidungen heranzuziehen, soweit sie für die Prüfung der **Wiederholungsgefahr** bedeutsam sind. Zu prüfen ist ua, ob eine etwaige Verbüßung der Strafe erwarten lässt, dass der Unionsbürger künftig keine die öffentliche Ordnung gefährdende Straftaten mehr begehen wird, und was ggf. aus einer Strafaussetzung zur Bewährung (§ 56 StGB) folgt. Fehlt es danach bereits an einer gegenwärtigen und schwerwiegenden Gefahr für wichtige Rechtsgüter, so darf eine Ausweisung nicht verfügt und aufrechterhalten werden[56].

Maßgebliche Aspekte für die Bejahung einer Wiederholungsgefahr können im Rahmen 54 einer zu treffenden Prognoseentscheidung etwa sein: manifestierte Persönlichkeitsprobleme, nicht bewältigte Sucht, sonstige persönliche Situation, Tatmotiv, Situation nach Haftentlassung, kriminelle Energie, Skrupellosigkeit oder niedrige Hemmschwelle, Maß der Einbindung in Rotlichtmilieu, Drogenszene oder andere verbrecherische Strukturen, kriminelle Vorgeschichte, Bewährungsversagen, Kenntnis ausländerrechtlicher Folgen vor (neuer) Tatbegehung[57].

Für die ausländerbehördliche Prüfung der Wiederholungsgefahr ist eine etwaige strafrichterliche 55 Entscheidung über die **Strafaussetzung zur Bewährung** von Bedeutung. Allerdings besteht für die Ausländerbehörde unbeschadet dessen, dass sie idR von der Richtigkeit der strafrichterlichen Entscheidung ausgehen darf, keine rechtliche Bindung an die tatsächlichen Feststellungen und an die Beurteilungen des Strafrichters. Das gilt auch bezüglich der Entscheidung über die Strafaussetzung zur Bewährung[58]. Trotzdem ist diese für die Ausländerbehörde von tatsächlichem Gewicht. Sie stellt eine wesentliche Entscheidungsgrundlage für die Beurteilung der Wiederholungsgefahr und damit zugleich für die Erforderlichkeit der Ausweisung dar. Die Ausländerbehörde wird zwar berücksichtigen, dass dem Strafrecht und dem Ausländerrecht unterschiedliche Gesetzeszwecke zugrunde liegen. Sie muss aber der sachkundigen strafrichterlichen Prognose bei ihrer Beurteilung der Wiederholungsgefahr wesentliche Bedeutung beimessen und wird von ihr grundsätzlich nur bei Vorliegen überzeugender

---

[53] So BVerwG Urt. v. 10.7.2012 – 1 C 19.11, BVerwGE 143, 277 Rn. 16; Urt. v. 15.1.2013 – 1 C 10.12 Rn. 16; aA VGH BW Urt. v. 16.4.2012 – 11 S 4/12 Rn. 41; Urt. v. 4.5.2011 – 11 S 207/11, InfAuslR 2011, 291 und Urt. v. 10.2.2012 – 11 S 1361/11.
[54] So BVerwG Urt. v. 10.7.2012 – 1 C 19.11, BVerwGE 143, 277 Rn. 16; Urt. v. 15.1.2013 – 1 C 10.12 Rn. 16.
[55] EuGH Urt. v. 8.12.2011 – C-371/08 Rn. 84 – Ziebell; BayVGH Urt. v. 3.2.2015 – 10 BV 13.421 Rn. 55.
[56] BVerwG Urt. v. 3.8.2004 – 1 C 30.02, InfAuslR 2005, 18; vgl. auch zur Aussetzung des Strafrests nach § 57 StGB, BVerwG Beschl. v. 16.11.1992 – 1 B 197.92, Buchholz 402.26 § 12 AufenthG/EWG Nr. 8 und Urt. v. 16.11.2000 – 9 C 6.00, BVerwGE 112, 185.
[57] OK-MNet, zu § 6 FreizügG/EU.
[58] BVerwG Urt. v. 27.10.1978 – 1 C 91.76, BVerwGE 57, 61; BVerwG Urt. v. 28.1.1997 – 1 C 17.94, InfAuslR 1997, 296; BVerwG Urt. v. 13.12.2012 – 1 C 20.11, AuAS 2013, 72 Rn. 23.

Gründe abweichen[59]. Solche können zB dann gegeben sein, wenn der Ausländerbehörde umfassenderes Tatsachenmaterial zur Verfügung steht, das genügend zuverlässig eine andere Einschätzung der Wiederholungsgefahr erlaubt[60].

56 Dies gilt namentlich bei einer **Strafaussetzung nach § 56 StGB**, während die **Aussetzung des Strafrestes zur Bewährung iSd § 57 StGB** ausweisungsrechtlich geringeres Gewicht hat[61]. Jedenfalls soweit die Prognose der Wiederholungsgefahr Bedeutung im Rahmen einer grundrechtlich erforderlichen Abwägung hat, bedarf es einer substanziierten Begründung, wenn von der strafgerichtlichen Einschätzung abgewichen werden soll[62].

57 Ob bei der Ausweisung eines Straftäters eine **Wiederholungsgefahr** idS besteht, kann nicht – gleichsam automatisch – bereits aus der Tatsache einer strafrechtlichen Verurteilung geschlossen, sondern nur aufgrund einer individuellen Würdigung der Umstände des Einzelfalls beurteilt werden. Dabei sind insbesondere die einschlägigen strafrichterlichen Entscheidungen heranzuziehen, soweit sie für die Prüfung der Wiederholungsgefahr bedeutsam sind[63]. Zu prüfen ist ua, ob eine etwaige Verbüßung der Strafe erwarten lässt, dass der Unionsbürger künftig keine die öffentliche Ordnung gefährdende Straftaten mehr begehen wird, und was ggf. aus einer Strafaussetzung zur Bewährung (§ 56 StGB) folgt[64]. Fehlt es danach bereits an einer gegenwärtigen und schwerwiegenden Gefahr für wichtige Rechtsgüter, so darf eine Ausweisung nicht verfügt und aufrechterhalten werden[65].

58 Die Zurückstellung der Strafvollstreckung nach § 35 I–IV BtMG schließt die Annahme einer ordnungsrechtlichen Wiederholungsgefahr im Anschluss an eine Verurteilung wegen unerlaubten Erwerbs und unerlaubten gewerbsmäßigen Handeltreibens mit Betäubungsmitteln nicht aus[66]. Der Vorschrift des § 35 BtMG ist ein – gesetzlich normierter – „Vorrang einer Therapie vor einer Ausweisung" nicht zu entnehmen. Diese Vorschrift verfolgt spezifisch strafprozessuale Zwecke dahin gehend, dass bei Verurteilungen aufgrund einer Betäubungsmittelabhängigkeit bis zu einer bestimmten Strafhöhe (Freiheitsstrafe von zwei Jahren bzw. von mehr als zwei Jahren, wenn der zu vollstreckende Strafrest zwei Jahre nicht übersteigt) unter bestimmten weiteren Voraussetzungen (ua der Bereitschaft des Betroffenen zur Durchführung einer Therapie) der Rehabilitation Vorrang vor einer Strafvollstreckung eingeräumt wird. Insbesondere wird damit versucht, der Ursache der Straffälligkeit zu begegnen und – unter dem Druck der Verurteilung – den Betroffenen zu einer Therapie zu bewegen („Therapie statt Strafe").

59 Eine Ausweisung verfolgt demgegenüber eine andere Zielrichtung. Mit der Ausweisung soll nicht in erster Linie ein straffällig gewordener Ausländer zu einer Therapierung seiner Sucht bewegt und von der Begehung weiterer Straftaten abgehalten werden, sondern es soll – bei gegebener Wiederholungsgefahr, insbesondere in Fällen besonders gefährlicher Täter – die Gesellschaft vor derartigen neuerlichen Straftaten durch diesen oder andere Ausländer geschützt werden. Die Unterschiedlichkeit der Zielsetzungen zeigt sich insbesondere auch daran, dass in den Fällen des § 35 BtMG die Strafe nicht erlassen, sondern deren Vollstreckung nur „zurückgestellt" wird. Erfüllt ein Betroffener die vielfältigen Voraussetzungen für die Zurückstellung der Strafvollstreckung nicht (mehr), so weist die Vorschrift eine ganze Reihe von – zwingenden – Widerrufsgründen auf. Damit wird deutlich, dass mit einer solchen Zurückstellung – vergleichbar der Aussetzung eines Strafrests zur Bewährung nach § 57 I StGB und ebenfalls vorrangig unter Resozialisierungsgesichtspunkten – unter Inkaufnahme eines letztlich nicht verlässlich abschätzbaren Risikos der Versuch unternommen wird, zu erproben, ob der Betroffene eine Therapie erfolgreich absolvieren und sich sodann straffrei verhalten wird[67]. Eine Wiederholungsgefahr – zumal in ausländerrechtlicher Hinsicht – wird damit nicht ausgeschlossen.

3. Maßgeblicher Zeitpunkt

60 Bei der Prüfung aufenthaltsbeendender Maßnahmen von ARB-Berechtigten[68] ist auf die letzte mündliche Verhandlung in der Tatsacheninstanz abzustellen. Ob ein belastender Verwaltungsakt den Ausländer iSd § 113 I VwGO in seinen Rechten verletzt, beurteilt sich nach dem materiellen Recht. Diesem sind nicht nur die tatbestandlichen Voraussetzungen einer Befugnis- oder Anspruchsnorm selbst und damit die Maßstäbe administrativen Handelns, sondern auch die Antwort auf die Frage zu

---

[59] BVerfG Beschl. v. 27.8.2010 – 2 BvR 130/10, NVwZ 2011, 35 Rn. 36.
[60] BVerfG Beschl. v. 27.8.2010 – 2 BvR 130/10, NVwZ 2011, 35 Rn. 36.
[61] Vgl. BVerfG Beschl. v. 1.3.2000 – 2 BvR 2120/99, NVwZ 2001, 67; BVerwG Urt. v. 2.9.2009 – 1 C 2.09, NVwZ 2010, 389.
[62] BVerfG Beschl. v. 27.8.2010 – 2 BvR 130/10, NVwZ 2011, 35 Rn. 36.
[63] BVerwG Urt. v. 27.10.1978 – 1 C 91.76; Urt. v. 7.12.1999 – 1 C 13.99.
[64] BVerwG Urt. v. 2.9.2009 – 1 C 2.09, InfAuslR 2010, 3 Rn. 26.
[65] BVerwG Urt. v. 2.9.2009 – 1 C 2.09, InfAuslR 2010, 3 Rn. 26.
[66] VGH BW Beschl. v. 18.2.2003 – 11 S 535/02, AuAS 2003, 136.
[67] Zu § 57 I StGB vgl. BVerwG Urt. v. 16.11.2000 – 9 C 6.00, BVerwGE 112, 185.
[68] BVerwG Urt. v. 3.8.2004 – 1 C 29.02, BVerwGE 121, 315 (321).

entnehmen, zu welchem Zeitpunkt diese Voraussetzungen erfüllt sein müssen[69]. Die Berücksichtigung des Zeitpunkts der letzten mündlichen Verhandlung oder Entscheidung des Tatsachengerichts beruht nicht allein auf unionsrechtlichen Vorgaben. Denn der EuGH hat in der Rs. Polat die Auffassung vertreten, dass er bei Rechtsänderungen die Bestimmungen zugrunde legt, die bei der Ausweisung bzw. der Klageerhebung (noch) in Kraft waren[70]. Demzufolge sind unionsrechtlich zwar Änderungen der Sachlage während des Verfahrens zu berücksichtigen, nicht aber Rechtsänderungen.

V. Ausweisungsschutz für Selbstständige

Zugunsten von Selbstständigen kann der besondere Ausweisungsschutz des Art. 14 I nicht 61
zur Anwendung gelangen. Diese Bestimmung findet nach ihrem Wortlaut sowie ihrer systematischen Stellung lediglich auf türkische Staatsangehörige Anwendung, die Rechtspositionen aus Art. 6 I bzw. Art. 7 erworben haben. Demnach werden von dem besonderen Ausweisungsschutz nur türkische Arbeitnehmer und deren Familienangehörige erfasst, die bereits eine Verfestigungsstufe des ARB 1/80 erreicht haben. Dass die Bestimmungen des Art. 14 I lediglich auf Arbeitnehmer und deren Familienangehörige Anwendung findet, ergibt sich auch aus dem Umstand, dass die Vorschriften des ARB 1/80 Teil eines fortschreitenden dynamischen Prozesses zur Herstellung der „Arbeitnehmerfreizügigkeit" iSd EG-Vertrages sind. Dieser dynamische Prozess beruht auf Art. 12 des Assoziierungsabkommens, wonach sich die Vertragsparteien von den Art. 48, 49 und 50 des Vertrages zur Gründung der Gemeinschaft (nach Änderung jetzt Art. 45, 46 und 47 AEUV) leiten lassen, um untereinander die Freizügigkeit der Arbeitnehmer schrittweise herzustellen. Insoweit wurde mit dem ARB 1/80 nach Art. 36 ZP ein weiterer Schritt auf der Stufe zur Herstellung der Freizügigkeit der Arbeitnehmer zwischen der EU und der Türkei gemacht.

Kann aber aus Art. 14 I kein besonderer Ausweisungsschutz für Selbstständige hergeleitet werden, so 62
ergibt sich dieser für Niederlassungsberechtigte auch nicht unmittelbar aus dem Assoziierungsabkommen bzw. dem hierzu ergangenen ZP. Dabei kann sich ein besonderer Ausweisungsschutz für türkische Staatsangehörige, die sich im Bundesgebiet niedergelassen haben, ohnehin nur mittelbar über Art. 59 ZP ergeben, da eine konkrete Bestimmung, die dem Art. 14 entsprechen würde, weder in dem entsprechenden Assoziierungsabkommen noch in dem hierzu ergangenen ZP enthalten ist[71]. Sofern die Niederlassungsfreiheit unmittelbar durch das primäre Assoziationsrecht gewährt würde, stünde sie jedoch im Hinblick auf das Verbot, türkischen Staatsangehörigen eine günstigere Behandlung zu gewähren, als diejenige, die sich die Mitgliedstaaten untereinander aufgrund des Vertrages zur Gründung der Gemeinschaft einräumen, unter dem Vorbehalt des Art. 52 AEUV (ex-Art. 56 EG-Vertrag). Nach dieser Regelung kann auch die Niederlassungsfreiheit, die EU-Bürgern gewährt wird, aus Gründen der öffentlichen Ordnung, Sicherheit oder Gesundheit beschränkt werden. Insoweit würden die gleichen Gesichtspunkte gelten, die für die Beschränkung der Arbeitnehmerfreizügigkeit nach Maßgabe des Art. 45 III AEUV vom EuGH unter Berücksichtigung der Freizügigkeits-RL entwickelt wurden.

Voraussetzung für die Anwendung eines dahin gehenden besonderen Ausweisungsschutzes wäre 63
jedoch, dass das Assoziierungsabkommen bzw. das ZP die Niederlassungsfreiheit als Rechtsposition vermitteln könnten. Wie der EuGH in der Rechtssache Savas[72] entschieden hat, ergibt sich aber weder aus Art. 13 des Assoziierungsabkommens noch aus Art. 41 II ZP ein Niederlassungs- und damit ein Aufenthaltsrecht für türkische Staatsangehörige. Der EuGH stellt in der vorgenannten Entscheidung vielmehr fest, dass Art. 13 des Assoziierungsabkommens lediglich ganz allgemein und unter Bezugnahme auf die entsprechenden Bestimmungen des EG-Vertrags den Grundsatz aufstellt, dass die Vertragsparteien untereinander die Beschränkungen der Niederlassungsfreiheit aufheben, ohne dass er selbst genaue Regeln für die Erreichung dieses Ziels aufstellt. Dies führt nach dem EuGH zu dem Ergebnis, „dass Art. 13 des Assoziierungsabkommens – übrigens ebenso wenig wie Art. 41 II ZP, der vom vorlegenden Gericht ebenfalls angeführt wird – die Rechtsstellung der einzelnen nicht unmittelbar regeln kann, sodass ihm keine unmittelbare Wirkung zuerkannt werden kann". Ein Niederlassungsrecht könnte sich erst aus Beschlüssen des Assoziationsrats auf der Grundlage des Art. 41 II ZP ergeben. Da der Assoziationsrat von der Möglichkeit, die Einzelheiten und die Zeitfolge festzulegen, nach denen die Vertragsparteien die Beschränkung der Niederlassungsfreiheit schrittweise beseitigen, bislang – anders als bei der Arbeitnehmerfreizügigkeit – keinen Gebrauch gemacht hat, fehlt es an einer Grundlage für die Zubilligung eines Niederlassungsrechts, welches die Voraussetzung für die Zuerkennung eines besonderen Ausweisungsschutzes nach Art. 46 I EG wäre[73]. Nach dem ARB 2/2000 vom

---

[69] Vgl. nur BVerwG Urt. v. 30.10.1969 – 8 C 112.67/115.67, BVerwGE 34, 155 (157 f.); Urt. v. 21.5.1976 – 4 C 80.74, BVerwGE 51, 15 (24); Urt. v. 25.11.1981 – 8 C 14.81, BVerwGE 64, 218 (221); Urt. v. 3.11.1987 – 9 C 254.86, BVerwGE 78, 243 (244); Urt. v. 17.10.1989 – 9 C 58.88, NVwZ 1990, 654 f.; Urt. v. 31.3.2004 – 8 C 5.03, BVerwGE 120, 246.
[70] EuGH Urt. v. 4.10.2007 – C-349/06, Slg. 2007, I-8167 Rn. 25–27 – Polat; dem folgend BVerwG Urt. v. 3.12.2008 – 1 C 35.07, NVwZ 2009, 326 Rn. 11.
[71] VG Darmstadt Beschl. v. 19.4.2001 – 8 G 2866/00.
[72] EuGH Urt. v. 11.5.2000 – C-37/98, InfAuslR 2000, 326 – Savas.
[73] Ebenso VG Darmstadt Beschl. v. 10.4.2001 – 8 G 2866/00.

11.4.2000[74] sind Verhandlungen zwischen der EG und der Türkei über die Liberalisierung des Dienstleistungssektors und die gegenseitige Öffnung der öffentlichen Beschaffungsmärkte im April 2000 aufgenommen worden. Dabei hat der EuGH in der Rechtssache Savas zudem klargestellt, dass Art. 41 I ZP als solcher nicht geeignet ist, einem türkischen Staatsangehörigen ein Niederlassungsrecht und damit verbunden ein Recht auf Aufenthalt in dem Mitgliedstaat zu verleihen.

64 Die Stillhalteklausel des Art. 41 I ZP hat aber zur Konsequenz, dass insbesondere die Verschärfungen im Ausweisungsbereich erfasst werden. **Die Stillhalteklauseln sind im Ausweisungsrecht für die türkischen Staatsangehörigen bedeutsam, die nicht unter eine der Rechtspositionen nach Art. 6 oder 7 fallen und sich damit auch nicht auf Art. 14 I berufen können.** Greift Art. 41 I ZP zugunsten des türkischen Staatsangehörigen ein, so kann er nur aufgrund einer **Ermessensausweisung nach §§ 55, 56 AufenthG aF** ausgewiesen werden[75]. Die Stillhalteklausel des Art. 41 ZP erfordert eine Prüfung, wie sich die Rechtslage im Zeitpunkt des Inkrafttretens des jeweiligen Beschlusses des Assoziationsrats für türkische Staatsangehörige darstellte. Zu diesen Zeitpunkten war das AuslG vom 28.4.1965 (BGBl. I S. 353) mit späteren Änderungen in Kraft getreten. Die Gründe für eine Ausweisung waren in § 10 I AuslG 1965 abschließend aufgeführt. Lag einer der dort genannten Tatbestände vor, so hatte die Ausländerbehörde nach pflichtgemäßem Ermessen zu entscheiden, ob eine Ausreise geboten war. Dabei war auch zu prüfen, ob die Ausweisung dem Grundsatz der Verhältnismäßigkeit des Mittels entspricht, wobei sämtliche Umstände des Einzelfalls zu berücksichtigen waren; die Ausweisung war in keinem Fall zwingend.

65 Mit dem am 1.1.1991 in Kraft getretenen AuslG 1990 sind an die Stelle eines Katalogs von Tatbeständen für die pflichtgemäße Ausübung des Ausweisungsermessens drei verschiedene Arten von Ausweisung getreten: Kann-Ausweisung, Regel-Ausweisung und Ist-Ausweisung. Mit den differenzierten Bestimmungen des AuslG wurden neuartige Tatbestände für die zwingende und die idR anzuordnende Ausweisung geschaffen. Diese Ausweisungstatbestände stellen gegenüber der Rechtslage nach dem AuslG 1965 grundsätzlich eine Beschränkung dar, da den Ausländerbehörden bei der Anwendung der neuen Bestimmungen kein Ermessensspielraum verbleibt[76].

66 Etwas anderes hat das BVerwG lediglich für den Bereich der **Betäubungsmitteldelikte** entschieden[77]. Eine „Verschlechterung" der Situation des Ausländers in Fällen von Betäubungsmitteldelikten, bei denen eine Regelausweisung zur Anwendung gelangt, scheidet danach aus, da wegen Drogendelikten bestrafte Ausländer bereits aufgrund der früheren Rechtslage unter dem AuslG 1965 im Regelfall ausgewiesen wurden:

> „Bei der insoweit maßgeblichen Prüfung, ob ein türkischer Staatsangehöriger seit Inkrafttreten des Stillhaltegebots bei gleicher Fallgestaltung strengeren Bedingungen unterworfen wird (...), sind die Rechtsprechung zu den einschlägigen damaligen Vorschriften und eine mit dieser in Einklang stehende Verwaltungspraxis zu berücksichtigen. Zur Zeit der Geltung des AuslG 1965 hatte die Rechtsprechung Grundsätze herausgearbeitet, die den rechtlichen Rahmen für die behördliche Ermessensausübung bildeten (...). Bereits in der damaligen Rechtsprechung ist wiederholt betont worden, dass Rauschgiftdelikte, namentlich in den Fällen der Beteiligung am illegalen Drogenhandel, zu den gefährlichen und schwer zu bekämpfenden Delikten gehören (...). Wegen der hohen Gefährlichkeit des illegalen Rauschgifthandels stellte es danach regelmäßig eine pflichtgemäße Ermessensbetätigung dar, nach einer entsprechenden Verurteilung die Ausweisung zu verfügen (...). Im Einklang mit dieser Rechtsprechung sah die Allgemeine Verwaltungsvorschrift zur Ausführung des Ausländergesetzes in der geänderten Fassung vom 10.5.1972[78] in Nr. 9a zu § 10 vor, dass ein Ausländer, der gegen eine strafbewehrte Vorschrift des Betäubungsmittelgesetzes verstoßen hat, in der Regel auszuweisen war. Diese frühere Rechtslage und Verwaltungspraxis hat der Gesetzgeber im AuslG 1990 lediglich typisierend festgeschrieben."

67 Die grundsätzliche Unanwendbarkeit der Ist- und Regelausweisungstatbestände verstößt auch nicht gegen Art. 59 ZP, da Unionsbürger ihr Aufenthaltsrecht nach § 6 FreizügG/EU nur auf der Grundlage einer im Ermessen stehenden Feststellung des Verlusts der Freizügigkeit verlieren. Eine unzulässige Besserstellung türkischer Staatsangehöriger gegenüber Unionsbürgern – auch solchen, die keine Freizügigkeit genießen – scheidet damit aus.

VI. Vier-Augen-Prinzip

68 Nach der Rspr. vor Aufhebung der RL 64/221/EWG waren aufenthaltsbeendende Maßnahmen allein wegen des fehlenden Widerspruchsverfahrens unheilbar rechtswidrig[79], es sei denn, es hätte ein

---

[74] ABl. 2000 L 138, 27.
[75] BVerwG Urt. v. 3.8.2004 – 1 C 29.02, AuAS 2005, 26.
[76] So zutr. BayVGH Urt. v. 11.7.2000 – 10 B 99.1889, InfAuslR 2000, 425 (427).
[77] BVerwG Urt. v. 26.2.2002 – 1 C 21.00, BVerwGE 116, 55 = InfAuslR 2002, 338 ff. = Buchholz 451.901 AssoziationsR Nr. 33.
[78] GMBl. 1972 S. 331.
[79] BVerwG Urt. v. 13.9.2005 – 1 C 7.04, BVerwGE 124, 217 (221) = InfAuslR 2006, 110; Urt. v. 6.10.2005 – 1 C 5.04, BVerwGE 124, 243 = InfAuslR 2006, 114; Urt. v. 20.3.2008 – 1 C 33.07.

„dringender Fall" iSv Art. 9 I RL 64/221/EWG vorgelegen. Nur in solchen dringenden Fällen konnte von der Beteiligung einer zweiten Stelle ausnahmsweise abgesehen werden[80].

Im System der durch die RL 64/221/EWG verbürgten Verfahrensgarantien stellt das Merkmal der **Dringlichkeit einen Ausnahmetatbestand** dar. Als Ausnahme vom unionsrechtlichen Grundsatz der Freizügigkeit der Arbeitnehmer ist dieses Merkmal besonders eng auszulegen. Ein dringender Fall kann sich daher nicht schon aus der mit einer Ausweisung stets verbundenen Gefährdung der öffentlichen Ordnung ergeben, sondern kann erst dann angenommen werden, wenn ein Zuwarten mit der Vollziehung der aufenthaltsbeendenden Maßnahme im Einzelfall nicht zu verantworten ist. **Ein dringender Fall kommt demnach nur in Betracht, wenn die begründete Besorgnis besteht, die von dem Ausländer ausgehende erhebliche Gefahr werde sich schon vor Abschluss des Hauptsacheverfahrens realisieren.** Dann ist auch eine Verzögerung durch Einschaltung einer zweiten Behörde nicht hinnehmbar[81]. 69

Diese Rechtslage kann nach Aufhebung der RL 64/221/EWG durch Art. 38 Freizügigkeits-RL nicht mehr unverändert fortgeführt werden. Kann die RL 64/221/EWG nach der Ziebell-Entscheidung des EuGH nicht mehr analog zur Konkretisierung des Ordre-public-Vorbehalts des Art. 14 I herangezogen werden, so hat dies zugleich zur Folge, dass auch die Verfahrensregelungen dieser RL keine Anwendung mehr auf türkische Staatsangehörige finden. Indem der EuGH die Übertragbarkeit der Verfahrensregelungen der RL 64/221/EWG ausdrücklich über eine Analogie herstellen wollte, setzt er die Existenz der RL voraus. Die Aufhebung der RL führt damit zugleich zu einem Wegfall der Grundlage für die Übertragbarkeit des Art. 9 RL 64/221/EWG (sog. **Vier-Augen-Prinzip**) auf türkische Staatsangehörige[82]. 70

Scheidet eine analoge Anwendbarkeit der RL 64/221/EWG aus, so bleibt zu prüfen, ob **die Verfahrensschutzbestimmungen des Art. 9 RL 64/221/EWG über die Stillhalteklauseln der Art. 13 bzw. Art. 41 ZP zur Anwendung gelangen**[83]. 71

Einer Anwendung der Stillhalteklausel steht nicht Art. 59 ZP entgegen[84]: Zum einen stellt die Anwendung des Vier-Augen-Prinzips keinen weitergehenden verfahrensrechtlichen Schutzstandard gegenüber den Verfahrensregelungen der Freizügigkeits-RL dar, sodass türkische Staatsangehörige, sofern auf sie Art. 9 RL 64/221/EWG Anwendung fände, nicht bessergestellt würden als EU-Bürger[85]. Dass die Verfahrensregelungen der Freizügigkeits-RL einen gleichen Schutzstandard bieten, ergibt sich aus der Entstehungsgeschichte des Art. 31 Freizügigkeits-RL. Der ursprüngliche Vorschlag für die Freizügigkeits-RL vom 15.4.2003[86] enthielt noch einen an Art. 9 RL 64/221/EWG angelehnten Regelungsvorschlag. Die Gründe für die Streichung dieser Verfahrensregelung erschließen sich aus einer Mitteilung der Kommission an das EU-Parlament betreffend den Gemeinsamen Standpunkt des Rates im Hinblick auf den Erlass der Freizügigkeits-RL[87]. Die Mitteilung, die in dem Protokoll vom 12.1.2004 (Nr. 5191/04) festgehalten ist, führt zu den Gründen der Streichung der Verfahrensregelung auf S. 15 Folgendes aus: „Ehemaliger Art. 29 II: Der Rat hat mit Zustimmung der Kommission die Streichung dieses Absatzes beschlossen. Mit der Bestimmung wurde der Inhalt von Art. 9 der RL 64/221/EWG aufgegriffen, wonach die Mitgliedstaaten, bevor sie eine Ausweisungsentscheidung treffen, eine unabhängige Behörde konsultieren müssen, wenn der Aufnahmemitgliedstaat keine Rechtsmittel vorsieht oder die Rechtsmittel nur zur Überprüfung der Gesetzmäßigkeit der Entscheidung dienen oder keine aufschiebende Wirkung haben. Da jedoch im gemeinsamen Standpunkt die Verpflichtung der Mitgliedstaaten, stets vorzusehen, dass ein Rechtsbehelf eingelegt werden kann (Art. 31 I), bekräftigt wird, sich dieser Rechtsbehelf auf den Sachverhalt und die Umstände beziehen muss (Art. 31 II) und die Aussetzung der Ausweisungsmaßnahme möglich ist (Art. 31 III), ist der Rat im Einvernehmen mit der Kommission zu der Auffassung gelangt, dass dieser Absatz überflüssig ist." 72

Zum anderen hat der EuGH wiederholt entschieden, dass die Freizügigkeits-RL nicht zu einer Verschlechterung der Rechtsstellung der Unionsbürger gegenüber der vormaligen Rechtslage führen darf[88]. „Denn die RL 2004/38/EG bezweckt, wie aus ihrem dritten Erwägungsgrund hervorgeht, das Freizügigkeits- und Aufenthaltsrecht aller Unionsbürger zu vereinfachen und zu verstärken, so dass es 73

---

[80] BVerwG Urt. v. 13.9.2005 – 1 C 7.04, BVerwGE 124, 217 (221) = InfAuslR 2006, 110; Urt. v. 6.10.2005 – 1 C 5.04, BVerwGE 124, 243 = InfAuslR 2006, 114; Urt. v. 20.3.2008 – 1 C 33.07.
[81] BVerwG Urt. v. 13.9.2005 – 1 C 7.04, BVerwGE 124, 217 = InfAuslR 2006, 110.
[82] BayVGH Urt. v. 3.2.2015 – 10 BV 13.421 Rn. 46; VGH BW Urt. v. 10.2.2012 – 11 S 1361/11; OVG NRW Urt. v. 22.3.2012 – 18 A 951/09; NdsOVG Urt. v. 28.6.2012 – 11 LC 490/10; BayVGH Beschl. v. 7.3.2011 – 19 ZB 10.2701 Rn. 9; OVG RhPf Beschl. v. 2.2.2009 – 7 B 11328/08 Rn. 27.
[83] Dies verneint BVerwG Urt. v. 13.12.2012 – 1 C 20.11, AuAS 2013, 72 Rn. 34; Urt. v. 10.7.2012 – 1 C 19.11, BVerwGE 143, 277 Rn. 23.
[84] AA BVerwG Urt. v. 10.7.2012 – 1 C 19.11, BVerwGE 143, 277 Rn. 25; OVG NRW Urt. v. 22.3.2012 – 18 A 951/09 Rn. 53 f.; BayVGH Urt. v. 3.2.2015 – 10 BV 13.421 Rn. 49.
[85] VGH BW Urt. v. 10.2.2012 – 11 S 1361/11 Rn. 45; NdsOVG Urt. v. 28.6.2012 – 11 LC 490/10 Rn. 35; BayVGH Beschl. v. 7.3.2011 – 19 ZB 10.2701 Rn. 9.
[86] KOM(2003) 199 endg., S. 36; aA OVG NRW Urt. v. 22.3.2012 – 18 A 951/09 Rn. 53.
[87] Gemeinsamer Standpunkt (EG) Nr. 6/2004 v. Rat festgelegt am 5.12.2003 (ABl. 2004 C 54 E, S. 12).
[88] EuGH Urt. v. 25.7.2008 – C-127/08 Rn. 59 – Metock; Urt. v. 7.10.2010 – C-162/09 Rn. 30 – Lassal.

nicht in Betracht kommt, dass die Unionsbürger aus dieser Richtlinie weniger Rechte ableiten als aus den Sekundärrechtsakten, die sie ändert oder aufhebt."[89] Würde der verfahrensrechtliche Schutzstandard reduziert, hätte auch ein Unionsbürger Anspruch auf Berücksichtigung des Vier-Augen-Prinzips. Damit würde auch keine Besserstellung türkischer Staatsangehöriger gegenüber Unionsbürgern iSd Art. 59 ZP vorliegen.

74 Gegen die Anwendbarkeit des Vier-Augen-Prinzips nach Art. 9 RL 64/221/EWG spricht der Umstand, dass sich Art. 13 an die Mitgliedstaaten der EU und nicht wie Art. 41 ZP an die Vertragsparteien richtet. Damit steht Art. 13 einer Aufhebung und Änderung des Unionsrechts nicht entgegen. Die Stillhalteklausel vermag daher nur der Abschaffung nationaler Verfahrensregelungen entgegenzustehen, wenn diese türkischen Staatsangehörigen eine günstigere Rechtsstellung vermittelten. Anknüpfungspunkt für die Stillhalteklausel kann daher nur das Widerspruchsverfahren sein, das alle Länder im Ausländerrecht vorgesehen hatten.

75 Sieht man das Widerspruchsverfahren als von der Stillhalteklausel erfasst an, so stellt sich die Frage, welche **Fehlerfolge bei einer Nichtdurchführung im nationalen Recht** verankert war. Hier kommen folgende Rechtsfolgen in Betracht:

– Unzulässigkeit der Klage,
– Nachholung des Widerspruchsverfahrens und
– Entbehrlichkeit des Widerspruchsverfahrens aus prozessökonomischen Gründen.

76 Ausgehend von dem Grundsatz, dass ein Vorverfahren entbehrlich ist, wenn sein Zweck auf andere Weise erfüllt ist oder nicht mehr erfüllt werden kann, hält das BVerwG die Klage etwa auch dann ohne erfolgreiche Durchführung eines Vorverfahrens für zulässig, wenn der Beklagte sich auf die Klage einlässt und deren Abweisung beantragt, ohne das fehlende Vorverfahren zu rügen[90]. Für diese Ansicht sprechen prozessökonomische Gründe: So ist der Antrag auf Klageabweisung zugleich als Widerspruchsentscheidung zu werten, sofern die Beklagte von der Behörde im gerichtlichen Verfahren vertreten wird, die auch für den Erlass des Widerspruchsbescheids zuständig wäre. Außerdem erscheint eine Klageabweisung wegen Unzulässigkeit trotz sachlicher Einlassung des Beklagten als unbilliger Formalismus[91]. Ein Vorverfahren ist außerdem auch dann entbehrlich, wenn die Behörde irrtümlich die Ansicht vertritt, dass es nicht erforderlich sei[92].

77 Kennt das nationale Recht als Fehlerfolge der Nichtdurchführung eines Vorverfahrens nicht die unheilbare Rechtswidrigkeit, so führt auch die Stillhalteklausel des Art. 13 nicht zu einer entsprechenden Rechtsfolge. Eine unheilbare Rechtswidrigkeit, wie sie das BVerwG mit Blick auf die Verfahrensregelung des Art. 9 RL 64/221/EWG ausgesprochen hat, kannte daher weder das nationale Prozessrecht noch das nationale Verwaltungsverfahrensrecht.

78 **Kommt Art. 41 ZP zur Anwendung, so stellt sich die Frage, ob die EU als Rechtsnachfolgerin der EWG gehindert war, ihre eigene Rechtslage zuungunsten von türkischen Staatsangehörigen zu verändern.** Denn anders als Art. 13 richtet sich Art. 41 ZP an die Vertragsparteien und damit auch an die frühere EWG. Da die Verfahrensregelungen der Daueraufenth-RL nicht den gleichen Schutzstandard wie die vormalige RL 64/221/EWG bieten, dürften die Verfahrensregelungen der Freizügigkeits-RL auf türkische Staatsangehörige anwendbar sein[93]. Andernfalls dürfte eine Anwendbarkeit des Vier-Augen-Prinzips nach Art. 9 RL 64/221/EWG gegeben sein[94].

VII. Verhältnis zu bilateralen Abkommen

79 Nach Art. 14 gelten innerstaatliche Rechtsvorschriften und bilaterale völkerrechtliche Abkommen zwischen der Türkei und Deutschland, die für türkische Staatsangehörige günstiger sind als der ARB 1/80, fort. Diese Günstigkeitsklausel ist eine gegenüber Abs. 1 **selbstständige Regelung,** die unmittelbar zugunsten türkischer Staatsangehöriger Anwendung findet[95].

80 Bedeutung hat die Regelung insbesondere in Bezug auf das **Europäische Fürsorgeabkommen** vom 11.12.1953 (BGBl. 1956 II S. 563, 1958 II S. 18 – EFA). Dieses verbietet die Entziehung eines Aufenthaltsrechts wegen Sozialhilfebedürftigkeit. Nach Art. 6 Abs. a EFA darf ein Vertragschließender den Staatsangehörigen eines anderen Vertragschließenden, der in seinem Gebiet erlaubt seinen gewöhnlichen Aufenthalt hat, nicht allein aus dem Grunde der Hilfsbedürftigkeit rückschaffen. Ihrem Wortlaut und ihrer systematischen Stellung nach setzt diese Bestimmung einen erlaubten Aufenthalt des Ausländers im Bundesgebiet voraus und betrifft nur aufenthaltsbeendende behördliche Maßnah-

---

[89] EuGH Urt. v. 25.7.2008 – C-127/08 Rn. 59 – Metock.
[90] *Schoch/Schmidt-Aßmann/Pietzner,* VwGO, VwGO § 68 Rn. 29 mwN.
[91] *Geis* in Sodan/Ziekow VwGO § 68 Rn. 161, 175.
[92] BVerwG Urt. v. 27.3.1968 – V C 3.67, DÖV 1968, 496 (497).
[93] So BayVGH Beschl. v. 7.3.2011 – 19 ZB 10.2701 Rn. 6; offengelassen OVG NRW Urt. v. 22.3.2012 – 18 A 951/09.
[94] AA BVerwG Urt. v. 13.12.2012 – 1 C 20.11, AuAS 2013, 72 Rn. 34; Urt. v. 10.7.2012 – 1 C 19.11, BVerwGE 143, 277 Rn. 23.
[95] So auch *Gutmann* GK-AuslR IX-1 Art. 14 Rn. 127.

men, die während der Dauer eines erlaubten Aufenthalts, insbesondere während der Geltungsdauer einer Aufenthaltserlaubnis, ergehen[96]. Die Frage, wann die Voraussetzung des erlaubten Aufenthalts erfüllt ist, regelt Teil III des Abkommens, der die Überschrift „Aufenthalt" trägt. Dort ist in Art. 11 Abs. a EFA ausdrücklich vorgesehen, dass der erlaubte Aufenthalt grundsätzlich von dem Besitz einer gültigen Aufenthaltserlaubnis oder einer anderen den Aufenthalt gestattenden Erlaubnis nach den Vorschriften des jeweils anwendbaren nationalen Rechts abhängig ist.

Daneben ist das Europäische Niederlassungsabkommen, das seit dem 20.3.1990 auch auf türkische Staatsangehörige Anwendung findet, und das am 12.1.1927 mit der Türkei abgeschlossene bilaterale Niederlassungsabkommen (NAK) zu beachten.

Art. 15

(1) **Damit der Assoziationsrat in der Lage ist, die ausgewogene Anwendung dieses Abschnitts zu überwachen und sich zu vergewissern, dass sie unter Bedingungen erfolgt, die die Gefahr von Störungen auf den Arbeitsmärkten ausschließen, führt er in regelmäßigen Zeitabständen einen Meinungsaustausch durch, um für eine bessere gegenseitige Kenntnis der wirtschaftlichen und sozialen Lage einschließlich der Lage auf dem Arbeitsmarkt und seiner Entwicklungsaussichten in der Gemeinschaft und in der Türkei zu sorgen.**

Er legt jährlich dem Assoziationsrat einen Tätigkeitsbericht vor.

(2) **Der Assoziationsausschuss ist befugt, sich im Hinblick auf die Durchführung von Absatz 1 von einer Ad-hoc-Gruppe unterstützen zu lassen.**

(nicht kommentiert)

Art. 16

(1) **Die Bestimmungen dieses Abschnitts sind ab 1. Dezember 1980 anwendbar.**

(2) **Ab 1. Juni 1983 prüft der Assoziationsrat insbesondere im Lichte der in Artikel 15 genannten Tätigkeitsberichte die Ergebnisse der Anwendung dieses Abschnitts, um die ab 1. Dezember 1983 möglichen Lösungen auszuarbeiten.**

(nicht kommentiert)

Kapitel III. Wirtschaftliche und technische Zusammenarbeit

Art. 30

Dieser Beschluss tritt am 1. Juli 1980 in Kraft.

(nicht kommentiert)

---

[96] BVerwG Urt. v. 29.7.1993 – 1 C 25.93 Rn. 55.

Vierter Teil. Europäische Menschenrechtskonvention

Konvention zum Schutz der Menschenrechte und Grundfreiheiten

In der Fassung vom 22. Oktober 2010 (BGBl. II S. 1198) SEV 005;

zuletzt geändert durch 15. EMRK-Protokoll vom 24.6.2013
(BGBl. 2014 II S. 1034, 1035)

(Auszug)

Art. 3 Verbot der Folter

Niemand darf der Folter oder unmenschlicher oder erniedrigender Behandlung oder Strafe unterworfen werden.

Übersicht

	Rn.
I. Die Wirkungen der EMRK	1
1. Im nationalen Recht	1
2. Im Unionsrecht	3
II. Schutzgehalt	5
1. Abwehrrecht	6
2. Schutzpflichten mit ausländer- und asylrechtlichem Bezug	12
a) Zugang	13
b) Aufenthaltsbedingungen	14
c) Aufenthaltsbeendigung	16
d) Abschiebehaft	23
e) Abschiebung	24
f) Verfahrensrechtliche Pflichten	25
III. Anwendungsfälle	27
1. Rückführungen ins Herkunftsland	27
a) Gewalt am Zielort	27
b) Behandlung durch private Gruppen	28
c) Schutz im Herkunftsland	29
d) Mitgliedschaft in einer Zielgruppe	30
e) Lebensbedingungen	31
f) Krankheit	32
g) Glaube, Konversion	33
h) Sexuelle Orientierung	34
i) Haft, Haftbedingungen	35
j) Nationale Sicherheit	37
2. Rückführungen in einen Mitgliedstaat	38
a) Allgemeines	38
b) Dublin	39

I. Die Wirkungen der EMRK

1. Im nationalen Recht

Die EMRK entfaltet in ihrer Auslegung durch den EGMR Wirkung auf die Grundrechte des Grundgesetzes[1]. Zwar haben völkervertragliche Bindungen innerstaatlich nicht den Rang von Verfassungsrecht[2]. Die Bestimmungen der EMRK einschließlich ihrer Zusatzprotokolle hat der Bundesgesetzgeber mittels förmlicher Gesetze gemäß Art. 59 Abs. 2 GG zugestimmt[3]. Innerhalb der deutschen Rechtsordnung stehen sie damit **im Rang eines Bundesgesetzes**[4]. Gleichwohl besitzen sie 1

---

[1] Vgl. zuletzt BVerfG Beschl. v. 16.12.2021 – 1 BvR 1541/20 – Triage mwN.
[2] Vgl. BVerfG Beschl. v. 14.10.2004 – 2 BvR 1481/04, BVerfGE 111, 307 (317) – Görgülü.
[3] Vgl. Gesetz über die Konvention zum Schutz der Menschenrechte und Grundfreiheiten vom 7. August 1952, BGBl. II S. 685; Bekanntmachung über das Inkrafttreten der Konvention vom 15. Dezember 1953, BGBl. II 1954 S. 14; Neubekanntmachung der Konvention in der Fassung des 11. Zusatzprotokolls in BGBl. II 2002 S. 1054.
[4] Vgl. BVerfG Beschl. v. 26.3.1987 – 2 BvR 589/79, 2 BvR 740/81, 2 BvR 284/85, BVerfGE 74, 358 (370); Beschl. v. 14.10.2004 – 2 BvR 1481/04, BVerfGE 111, 307 (316 f.) – Görgülü; Urt. v. 4.5.2011 – 2 BvR 2333/08, 2

verfassungsrechtliche Bedeutung als Auslegungshilfe für die Bestimmung des Inhalts und der Reichweite der Grundrechte und rechtsstaatlichen Grundsätze des Grundgesetzes[5]. Ihre Heranziehung ist Ausdruck der Völkerrechtsfreundlichkeit des Grundgesetzes, das einer Einbindung der Bundesrepublik Deutschland in inter- und supranationale Zusammenhänge sowie deren Weiterentwicklung nicht entgegensteht, sondern diese voraussetzt und erwartet. Das Grundgesetz ist nach Möglichkeit so auszulegen, dass ein Konflikt mit völkerrechtlichen Verpflichtungen der Bundesrepublik Deutschland nicht entsteht[6]. Allerdings zielt die Heranziehung als Auslegungshilfe nicht auf eine schematische Parallelisierung einzelner verfassungsrechtlicher Begriffe[7]. Außerdem endet die Möglichkeit völkerrechtsfreundlicher Auslegung dort, wo diese nach den anerkannten Methoden der Gesetzesauslegung und Verfassungsinterpretation nicht mehr vertretbar erscheint[8]. Soweit im Rahmen geltender methodischer Standards Auslegungs- und Abwägungsspielräume eröffnet sind, trifft deutsche Gerichte die Pflicht, der konventions- oder vertragsgemäßen Auslegung den Vorrang zu geben.

2   Im Rahmen der Heranziehung der EMRK als Auslegungshilfe berücksichtigt das BVerfG **Entscheidungen des EGMR**, und zwar auch dann, wenn sie nicht denselben Streitgegenstand betreffen. Dies beruht nach der Rspr. des BVerfG auf der jedenfalls faktischen Orientierungs- und Leitfunktion, die der Rspr. des EGMR für die Auslegung der EMRK auch über den konkret entschiedenen Einzelfall hinaus zukommt[9]. Die innerstaatlichen Wirkungen der Entscheidungen des EGMR erschöpfen sich daher nicht in einer auf den konkreten Lebenssachverhalt begrenzten Berücksichtigungspflicht[10]. Die Heranziehung der Rechtsprechung des EGMR als Auslegungshilfe auf der Ebene des Verfassungsrechts über den Einzelfall hinaus dient dazu, den Garantien der EMRK in der Bundesrepublik Deutschland möglichst umfassend Geltung zu verschaffen, und kann darüber hinaus helfen, Verurteilungen der Bundesrepublik Deutschland zu vermeiden[11]. Während sich die Vertragsparteien durch Art. 46 EMRK verpflichtet haben, in allen Rechtssachen, in denen sie Partei sind, das endgültige Urteil des EGMR zu befolgen[12], sind nach dem BVerfG allerdings jenseits des Anwendungsbereichs des Art. 46 EMRK die konkreten Umstände des Falles im Sinne einer Kontextualisierung in besonderem Maße in den Blick zu nehmen[13].

2. Im Unionsrecht

3   Auch im Unionsrecht entfaltet die EMRK in ihrer Auslegung durch den EGMR Wirkung. Solange ein verbindlicher Grundrechtskatalog für die Herleitung von Grundrechten (bis zum Vertrag von Lissabon) fehlte, zog der EuGH die EMRK (in ihrer Auslegung durch den EGMR), die gemeinsamen Verfassungsüberlieferungen der Mitgliedstaaten sowie damals noch unverbindlich die GRCh heran[14]. Die Grundrechte der GRCh kommen nunmehr gemäß Art. 6 I EUV als gleichrangiges Primärrecht neben den Verträgen verbindlich zur Anwendung[15]. Der EuGH rekurriert zunehmend ausschließlich auf diese[16]. Nach Art. 6 III EUV gehören allerdings weiterhin auch die Grundrechte der EMRK nebst den alle Mitgliedstaaten bindenden Zusatzprotokollen und die gemeinsamen Grundrechtsverfassungstraditionen als allgemeine Grundsätze zum Unionsrecht. Inhaltlich stimmt die Charta im Mindestschutz mit der EMRK überein (Art. 52 III, 53 GRCh). Die Charta kann aber einen höheren Grundrechtsschutz gewährleisten als die EMRK (Art. 52 III 2 GRCh). Insoweit kann

---

BvR 2365/09, 2 BvR 571/10, 2 BvR 740/10, 2 BvR 1152/10, BVerfGE 128, 326 (367) – Sicherungsverwahrung; Beschl. v. 15.12.2015 – 2 BvL 1/12, BVerfGE 141, 1 (19 Rn. 45); Beschl. v. 26.7.2016 – 1 BvL 8/15, BVerfGE 142, 313 (345 Rn. 88); Urt. v. 12.6.2018 – 2 BvR 1738/12, 2 BvR 1395/13, 2 BvR 1068/14, 2 BvR 646/15, BVerfGE 148, 296 Rn. 127 – Beamtenstreikrecht.

[5] Vgl. BVerfG Beschl. v. 26.3.1987 – 2 BvR 589/79, 2 BvR 740/81, 2 BvR 284/85, BVerfGE 74, 358 (370); Beschl. v. 26.7.2016 – 1 BvL 8/15, BVerfGE 142, 313 (345 Rn. 88) mwN – Zwangsbehandlung.

[6] Vgl. BVerfG Beschl. v. 14.10.2004 – 2 BvR 1481/04, BVerfGE 111, 307 (317 f.) – Görgülü; Beschl. v. 15.12.2015 – 2 BvL 1/12, BVerfGE 141, 1 (27 Rn. 65).

[7] Vgl. BVerfG Urt. v. 12.6.2018 – 2 BvR 1738/12, 2 BvR 1395/13, 2 BvR 1068/14, 2 BvR 646/15, BVerfGE 148, 296 Rn. 131 – Beamtenstreikrecht.

[8] Vgl. BVerfG Beschl. v. 14.10.2004 – 2 BvR 1481/04, BVerfGE 111, 307 (329) – Görgülü; Urt. v. 12.6.2018 – 2 BvR 1738/12, 2 BvR 1395/13, 2 BvR 1068/14, 2 BvR 646/15, BVerfGE 148, 296 Rn. 133 – Beamtenstreikrecht.

[9] Vgl. BVerfG Beschl. v. 14.10.2004 – 2 BvR 1481/04, BVerfGE 111, 307 (320) – Görgülü; Urt. v. 12.6.2018 – 2 BvR 1738/12, 2 BvR 1395/13, 2 BvR 1068/14, 2 BvR 646/15, BVerfGE 148, 296 Rn. 129 – Beamtenstreikrecht.

[10] Vgl. BVerfG Beschl. v. 14.10.2004 – 2 BvR 1481/04, BVerfGE 111, 307 (328) – Görgülü; Urt. v. 12.6.2018 – 2 BvR 1738/12, 2 BvR 1395/13, 2 BvR 1068/14, 2 BvR 646/15, BVerfGE 148, 296 Rn. 129 – Beamtenstreikrecht.

[11] Vgl. BVerfG Urt. v. 4.5.2011 – 2 BvR 2333/08, 2 BvR 2365/09, 2 BvR 571/10, 2 BvR 740/10, 2 BvR 1152/10, BVerfGE 128, 326 (367) – Sicherungsverwahrung; Urt. v. 12.6.2018 – 2 BvR 1738/12, 2 BvR 1395/13, 2 BvR 1068/14, 2 BvR 646/15, BVerfGE 148, 296 Rn. 130 – Beamtenstreikrecht.

[12] Vgl. BVerfG Beschl. v. 14.10.2004 – 2 BvR 1481/04, BVerfGE 111, 307 (320) – Görgülü.

[13] Vgl. BVerfG Urt. v. 12.6.2018 – 2 BvR 1738/12, 2 BvR 1395/13, 2 BvR 1068/14, 2 BvR 646/15, BVerfGE 148, 296 Rn. 132 – Beamtenstreikrecht.

[14] Vgl. *Streinz*, EUV/AEUV, 3. Aufl., EUV Art. 6 Rn. 24 ff.

[15] Vgl. EuGH Urt. v. 3.5.2007 – C-303/05 Rn. 46.

[16] Vgl. *Röben*, Das Recht der Europäischen Union, AEUV Art. 67 Rn. 76.

auch der durch die Rechtsprechung des EuGH gewährleistete Schutz über jenen des EGMR hinausgehen.

Als Teil der Unionsgrundrechte bindet die EMRK – in den allerdings nicht besonders engen Grenzen von Art. 51 I GRCh[17] – auch die Mitgliedstaaten. Auf die Einhaltung der derart auch von der EMRK beeinflussten Unionsgrundrechte kann nunmehr auch vor dem BVerfG gedrungen werden[18]. **4**

II. Schutzgehalt

Der EGMR betont regelmäßig, dass in Art. 3 der Konvention einer der **elementarsten Werte einer demokratischen Gesellschaft** verankert ist. Er stellt – im Unterschied zu den meisten materiellrechtlichen Bestimmungen der Konvention – ein absolutes Verbot von Folter oder unmenschlicher oder erniedrigender Behandlung oder Strafe ungeachtet der Umstände und des Verhaltens des Opfers dar, von dem nach Art. 15 II nicht mal im Fall eines öffentlichen Notstands, der das Leben der Nation bedroht, abgewichen werden darf[19]. Auch der EuGH betont die fundamentale Bedeutung und bezeichnet die Gewährleistung in dem inhaltsgleichen Art. 4 GRCh als besonders wichtige Grundentscheidung in einer demokratischen Gesellschaft[20]. Dabei lassen sich dem Folterverbot neben seinen abwehrrechtlichen Gehalten auch Schutzpflichten entnehmen. **5**

1. Abwehrrecht

Bei der **Abgrenzung** zwischen Folter, unmenschlicher und erniedrigender Behandlung und Strafe sind in der Rechtsprechung des EGMR gewisse Unschärfen zu konstatieren[21]. Auch bezüglich der inhaltsgleichen Gewährleistung in Art. 4 GRCh wird von einem nach der Intensität der Verletzungshandlung differenzierten, aber dennoch von einem einheitlichen Grundrecht ausgegangen, weil zwischen den verschiedenen Begriffen nur graduelle, nicht aber kategoriale Unterschiede bestehen[22]. Insgesamt ist die Rspr. insoweit stark einzelfallgeprägt, weshalb hier die Grundsätze einer stärker fallbezogenen Betrachtung vorangestellt werden. **6**

Unter **Folter** wird vorsätzliche unmenschliche Behandlung verstanden, die sehr schwere und grausame Leiden verursacht. Der EGMR greift insoweit der Sache nach auf die Definition in Art. 1 Abs. 1 des UN-Übereinkommens gegen Folter zurück[23]: „Im Sinne dieses Übereinkommens bezeichnet der Ausdruck ‚Folter' jede Handlung, durch die einer Person vorsätzlich große körperliche oder seelische Schmerzen oder Leiden zugefügt werden, zB um von ihr oder einem Dritten eine Aussage oder ein Geständnis zu erlangen, um sie für eine tatsächlich oder mutmaßlich von ihr oder einem Dritten begangene Tat zu bestrafen oder um sie oder einen Dritten einzuschüchtern oder zu nötigen, oder aus einem anderen auf irgendeiner Art von Diskriminierung beruhenden Grund, wenn diese Schmerzen oder Leiden von einem Angehörigen des öffentlichen Dienstes oder einer anderen in amtlicher Eigenschaft handelnden Person, auf deren Veranlassung oder mit deren ausdrücklichem oder stillschweigenden Einverständnis verursacht werden. Der Ausdruck umfasst nicht Schmerzen oder Leiden, die sich lediglich aus gesetzlich zulässigen Sanktionen ergeben, dazu gehören die damit verbunden sind." **7**

Eine (**unmenschliche** oder **erniedrigende**) Behandlung oder Strafe muss ein **Mindestmaß an Schwere** erreichen, um in den Anwendungsbereich von Art. 3 zu fallen. Die Beurteilung dieses Mindestmaßes ist relativ; sie hängt von den gesamten Umständen des Falls ab, zB von der Dauer der Behandlung, ihren körperlichen und seelischen Folgen und zuweilen auch vom Geschlecht, dem Alter und dem Gesundheitszustand des Opfers[24]. **8**

Eine Behandlung wurde vom EGMR für „**unmenschlich**" gehalten, weil sie unter anderem vorsätzlich erfolgte, sich über Stunden erstreckte und entweder zu einer tatsächlichen Verletzung des Körpers oder zu intensivem körperlichen oder mentalen Leiden führte und auch als „erniedrigend", weil sie so geartet war, dass sie bei den Opfern Gefühle der Angst, Qualen und Minderwertigkeit **9**

---

[17] Vgl. ausführlich insbes. *Schwerdtfeger* in Meyer/Hölscheidt, Charta der Grundrechte der Europäischen Union, 5. Aufl., GRCh Art. 51 Rn. 44 ff., die zu Recht darauf hinweist, dass der EuGH seine Formel vom Anwendungsbereich des Unionsrechts zuletzt stärker nachgezeichnet hat (Rn. 46); vgl. außerdem *Nusser*, FS-Assistententagung, S. 591, 593 mwN.
[18] BVerfG Beschl. v. 6.11.2019 – 1 BvR 276/17, NJW 2020, 314 (316 ff. Rn. 42 ff.) – Recht auf Vergessen II; vgl. ferner *Hoffman* NVwZ 2020, 33 (34); *Neumann/Eichberger* JuS 2020, 2079.
[19] Vgl. EGMR Urt. v. 6.4.2000 – 26772/95, Rn. 119 – Labita ./. Italien; Urt. v. 26.10.2000 – 30210/96, Rn. 90 – Kudła ./. Polen; Urt. v. 4.2.2003 – 50901/99, Rn. 46 – Van der Ven ./. Niederlande; Urt. v. 1.6.2010 – 22978/05, Rn. 87 – Gäfgen ./. Deutschland.
[20] Vgl. EuGH Urt. v. 16.2.2017 – C-578/16, Rn. 59 – C. K. ua. ./. Slowenien.
[21] Dahingehend auch *Meyer-Ladewig/Lehnert* in Meyer-Ladewig/ua., EMRK Art. 3 Rn. 20.
[22] Vgl. *Augsberg* in von der Groeben/ua., Europäisches Unionsrecht, 7. Aufl., GRCh Art. 4 Rn. 3.
[23] Vgl. *Meyer-Ladewig/Lehnert* in Meyer-Ladewig/ua., EMRK Art. 3 Rn. 20.
[24] Vgl. EGMR Urt. v. 22.10.2020 – 6780/18 und 30776/18, Rn. 64 – Roth ./. Deutschland; Urt. v. 6.10.2015 – 80442/12, Rn. 92 – Lecomte ./. Deutschland.

hervorrief, die geeignet waren, sie zu demütigen und entwürdigen[25]. Die Frage, ob es Zweck der Behandlung war, das Opfer zu demütigen oder entwürdigen, ist ein weiterer Faktor, der berücksichtigt werden muss, allerdings kann allein die Tatsache, dass ein solcher Zweck nicht vorliegt, nicht abschließend eine Verletzung von Art. 3 ausschließen[26].

10 Bei der Beurteilung der Frage, ob eine Behandlung „**erniedrigend**" iSv Art. 3 ist, berücksichtigt der EGMR, ob ihr Zweck darin besteht, die betroffene Person zu demütigen und zu entwürdigen, und, mit Blick auf die Folgen, ob sie sich in einer Weise negativ auf die Persönlichkeit der betroffenen Person auswirkt, die mit Art. 3 unvereinbar ist[27]. Jedoch schließt das Fehlen eines solchen Zwecks die Feststellung einer Verletzung nicht in jedem Falle aus[28]. Darüber hinaus müssen das Leiden und die Erniedrigung in jedem Fall über das mit einer legitimen Behandlung oder Strafe unweigerlich einhergehende Element des Leidens bzw. der Erniedrigung hinausgehen[29].

11 Bereits die Androhung von Folter kann Folter sein, denn sie verursacht körperliches und seelisches Leiden. Insoweit kommt es auf die Umstände an, ob die Androhung Folter oder unmenschliche Behandlung ist[30].

2. Schutzpflichten mit ausländer- und asylrechtlichem Bezug

12 Der EGMR betont in seiner Rspr., dass die Mitgliedstaaten das Recht haben, den Zugang, den Aufenthalt und die Aufenthaltsbeendigung von Ausländern in ihrem Hoheitsgebiet zu kontrollieren[31]. Auch ein Recht auf Asyl lässt sich der Konvention nicht entnehmen[32]. Dennoch lassen sich Art. 3 Maßgaben mit ausländer- und asylrechtlichem Bezug entnehmen, die hier als Schutzpflichten eingeordnet werden[33].

13 **a) Zugang.** Gemäß seinem allgemeinen Postulat hat der EGMR jüngst entschieden, dass Syrer, die bei der belgischen Botschaft im Libanon Kurzzeitvisen für den Zweck begehren, in Belgien Asyl zu beantragen, sich hierzu ohne Erfolg auf eine ihnen in Syrien drohende Art. 3-Verletzung berufen; nach allerdings zweifelhafter Auffassung sei die EMRK, obwohl Belgien derartige Visumsanträge grundsätzlich ermöglicht und die Beschwerdeführer den belgischen Instanzenzug bewältigt hatten, **mangels territorialem Bezug schon nicht anwendbar**[34]. Die Entscheidung wirft Stimmigkeitszweifel insbesondere insoweit auf, als der EGMR sich darauf bezieht, dass der aus seiner Sicht fehlende „jurisdictional link" nicht mit der Begründung geltend gemacht worden sei, dieser folge aus der Kontrolle der belgischen Behörden über syrisches und libanesisches Gebiet. Auch die weiterin immerhin hilfsweise angeführten Überlegungen dazu, dass nicht jeder der die Botschaft betrete, automatisch in den Anwendungsbereich der Konvention gelange, überzeugen kaum, weil die Beschwerdeführer sich offensichtlich nicht bloß räumlich in die Botschaft, sondern unter Stellung von – vom belgischen Staat grundsätzlich ermöglichten – Visumsanträgen und Weiterverfolgung ihres Begehrens vor belgischen Gerichten in die Gewalt des belgischen Staats begeben hatten[35]. Eine besondere Schärfe erhält die Entscheidung, wenn man Überlegungen in der Union dazu in den Blick nimmt, Asylzentren in Drittländern zu errichten[36], denn dann ist durchaus vorstellbar, dass der EGMR seine Entscheidung in Unkenntnis solcher Überlegungen getroffen hat. Künftige Entwicklungen werden ggf. zeigen, ob sich der Gerichtshof insoweit – unnötigerweise – eines gewichtigen Steuerungsmittels begeben hat.

14 **b) Aufenthaltsbedingungen.** Der EGMR geht davon aus, dass Art. 3 keine Verpflichtung des Staats entnommen werden kann, jedem in seiner Zuständigkeit eine **Unterkunft** zur Verfügung zu stellen[37].

---

[25] Vgl. EGMR Urt. v. 6.10.2015 – 80442/12, Rn. 92 – Lecomte ./. Deutschland; Urt. v. 26.10.2000 – 30210/96, Rn. 92 – Kudła ./. Polen; Urt. v. 15.7.2002 – 47095/99, Rn. 95 – Kalashnikov ./. Russland; Urt. v. 7.7.2011 – 20999/05, Rn. 51 – Hellig ./. Deutschland.
[26] Vgl. EGMR Urt. v. 19.4.2001 – 28524/95, Rn. 7 – Peers ./. Griechenland4; Urt. v. 15.7.2002 – 47095/99 – Kalashnikov ./. Russland Rn. 101.
[27] EGMR Urt. v. 22.10.2020 – 6780/18 und 30776/18, Rn. 64 – Roth ./. Deutschland.
[28] S. EGMR Urt. v. 6.4.2000 – 26772/95 – Labita ./. Italien, Rn. 120; Urt. v. 19.4.2001 – 28524/95, Rn. 67 ff. – Peers ./. Griechenland.
[29] S. EGMR Urt. v. 26.10.2000 – 30210/96, Rn. 92 – Kudła ./. Polen; Urt. v. 24.7.2001 – 44558/98, Rn. 102 – Valašinas ./. Litauen; Urt. v. 11.7.2006 – 54810/00, Rn. 68 – Jalloh ./. Deutschland; Urt. v. 26.9.2006 – 12350/04, Rn. 41 – Wainwright ./. Vereinigtes Königreich.
[30] Vgl. EGMR Urt. v. 1.6.2010 – 22978/05, Rn. 91 – Gäfgen ./. Deutschland.
[31] Vgl. EGMR Urt. v. 23.3.2016 – 43611/11, Rn. 111 – F. G. ./. Schweden.
[32] Vgl. EGMR Urt. v. 23.3.2016 – 43611/11, Rn. 117 – F. G. ./. Schweden; Urt. v. 28.6.2011 – 8319/07 und 11449/07, Rn. 212 und 226 – Sufi und Elmi ./. Vereinigtes Königreich.
[33] Zur Diskussion, ob es tatsächlich um Schutzpflichten geht, s. *Frowein/Peukert* EMRK Art. 3 Rn. 20 ff.; *Grabenwarter/Pabel*, EMRK, 6. Aufl., § 20 Rn. 5 ff.
[34] Vgl. EGMR Beschl. v. 5.5.2020 – 3599/18, Rn. 96 ff. – M. N. ua. ./. Belgien.
[35] Kritisch auch *Thym* ZaöRV 2020, 989 (1007 f.) mwN.
[36] Vgl, dazu *Ritgen* ZAR 2018, 409 (417), unter Bezugnahme auf *Thym* ZAR 2018, 198 f.
[37] Vgl. EGMR Urt. v. 18.1.2001 – 27238/95, Rn. 99 – Chapman . /. Vereinigtes Königreich.

Auch besteht keine generelle Verpflichtung, Flüchtlingen finanzielle Hilfe zukommen zu lassen[38]. Anders ist dies in dem Fall, in dem die Verpflichtung, verarmten Asylwerbern Unterkunft und angemessene Lebensbedingungen zu gewähren, Teil des innerstaatlichen Rechts ist und die Behörden zu dessen Einhaltung verpflichtet sind. Insoweit hat der EGMR dem Status als Asylbewerber und damit als Angehöriger einer in besondere Weise vulnerablen Gruppe mit besonderem Schutzbedarf Bedeutung beigemessen. Art. 3 sei dann betroffen, wenn eine vollständig von staatlicher Unterstützung abhängige Person behördlicher Gleichgültigkeit in einer Situation ausgesetzt sei, die durch mit der Menschenwürde unvereinbare ernsthafte Bedürftigkeit gekennzeichnet sei. In Bezug auf Kinder sei die besondere Verletzlichkeit und Bedürftigkeit ein entscheidender Faktor[39].

Ferner sind die Mitgliedstaaten konventionsrechtlich dazu verpflichtet, **unbegleitete minderjährige Flüchtlinge** in Obhut zu nehmen und ihnen die erforderliche Unterstützung zukommen zu lassen[40].

c) **Aufenthaltsbeendigung.** Weiterhin entnimmt der EGMR der Konvention, insbesondere Art. 3, **begrenzende Wirkung für aufenthaltsbeendigende Maßnahmen** (Ausweisung, Abschiebung, Auslieferung), und zwar dergestalt, dass die betroffene Person nicht als deren Folge Folter oder unmenschlicher oder erniedrigender Behandlung oder Strafe ausgesetzt sein darf.

Diesen Gedanken zum ersten Mal **konkretisierend**[41] führte der EMGR in seiner **wegweisenden**, eine Auslieferung aus dem Vereinigten Königreich in die Vereinigten Staaten, wo dem Betreffenden das sogenannte „death row phenomenon" (psychische Belastung im Zusammenhang mit einem drohenden Todesurteil) drohte, betreffenden **Entscheidung** aus[42]:

„(…) Die Konvention regelt weder die Handlungen von Nichtvertragsstaaten noch bezweckt sie eine Weisung an die Vertragsstaaten, den Konventionsstandard anderer Staaten aufzuerlegen. Art. 1 kann nicht zu einem allgemeinen Grundsatz herangezogen werden, dass ein Vertragsstaat, unbeschadet seiner Auslieferungspflichten, eine Person nicht herausgibt, solange er nicht davon überzeugt ist, dass die Bedingungen, die die Person im Zielland erwartet, in voller Übereinstimmung mit jedem der Schutzrechte der Konvention stehen. (…) Im vorliegenden Fall ist unstreitig, dass das Vereinigte Königreich keine Einflussmöglichkeit auf die Praxis und Regelungen der Behörden in Virginia hat, um die es in den Beschwerdepunkten des Bf. geht. Es trifft ebenfalls zu, dass in anderen internationalen Vertragswerken die Probleme, die mit der Verbringung eines Menschen in einen anderen Herrschaftsbereich, in dem unerwünschte Folgemaßnahmen möglich erscheinen, dort ausdrücklich und detailliert angesprochen werden. (…) Diese Erwägungen können jedoch die Vertragsstaaten nicht aus ihrer Verantwortlichkeit nach Art. 3 für alle und besonders die vorhersehbaren Auslieferungsfolgen außerhalb ihres Herrschaftsbereichs entlassen. Bei der Auslegung der Konvention muss ihr besonderer Charakter als Vertrag für die kollektive Durchsetzung der Menschenrechte und Grundfreiheiten berücksichtigt werden (…). Ziel und Zweck der Konvention als ein Instrument zum Schutz des Individuums verlangen deshalb, dass ihre Vorschriften als Schutzgarantien praktisch wirksam und effektiv gestaltet, verstanden und angewandt werden (…). Darüber hinaus muss jede Auslegung der dort garantierten Rechte und Freiheiten mit dem „allgemeinen Geist der Konvention, die dazu bestimmt ist, die Ideale und Werte einer demokratischen Gesellschaft zu schützen und zu fördern", übereinstimmen (…). Art. 3 sieht keine Ausnahmen vor. Einschränkungen, wie in Art. 15 im Falle eines Krieges oder eines anderen öffentlichen Notstandes, sind nicht zulässig. Dieses absolute Verbot (…) zeigt, dass Art. 3 eines der fundamentalen Werte der demokratischen Gesellschaften bildet, die sich im Europarat zusammengeschlossen haben. Die gleiche Regelung kann heute in ähnlichen Bestimmungen anderer internationaler Vertragswerke gefunden werden (…). Fraglich bleibt jedoch, ob die Auslieferung eines Flüchtigen an einen anderen Staat, in dem er aller Wahrscheinlichkeit nach der Folter oder unmenschlicher oder erniedrigender Behandlung unterworfen wäre, allein schon die Verantwortlichkeit eines Vertragsstaates nach Art. 3 auslöst. Dass die Abscheulichkeit der Folter solche Auswirkungen hat, ist nach Art. 3 der UN-Konvention gegen die Folter anerkannt: „Ein Vertragsstaat darf eine Person nicht an einen anderen Staat (…) ausliefern, wenn schwerwiegende Gründe für die Annahme bestehen, dass sie dort Gefahr liefe, gefoltert zu werden." Die Tatsache, dass ein spezielles Vertragswerk eine detaillierte Verpflichtung im Hinblick auf das Folterverbot ausspricht, bedeutet nicht, dass eine grundsätzlich ähnliche Verpflichtung nicht schon in den allgemeinen Bestimmungen des Art. 3 der Europäischen Menschenrechtskonvention enthalten sein kann. Es wäre mit den der Konvention zugrundeliegenden Werten kaum vereinbar, und auch nicht mit dem „gemeinsamen Erbe an politischen Überlieferungen, Idealen, Achtung der Freiheit und Rechtsstaatlichkeit", auf die sich die Präambel bezieht, wenn ein Vertragsstaat wissentlich einen Flüchtigen an einen anderen Staat ausliefert, obwohl es begründete Anhaltspunkte dafür gibt, dass der Flüchtige dort Gefahr läuft, der

---

[38] Vgl. EGMR Urt. v. 26.4.2005 – 53566/99, Rn. 85 – Müslim ./. Türkei.
[39] Vgl. EGMR Urt. v. 21.1.2011 – 30696/09, Rn. 250 ff. – M. S. S. ./. Belgien und Griechenland; Urt. v. 4.11.2014, Rn. 96 ff. – 29217/12 – Tarakhel ./. Schweiz.
[40] Vgl. EGMR Urt. v. 28.2.2019 12267/16, Rn. 72 ff. – Khan ./. Frankreich; bei Zweifeln hinsichtlich des Alters siehe Beschl. v. 10.10.2019 – 50376/13, Rn. 93 ff. – M. D. ./. Frankreich.
[41] Vgl. zur Entwicklung auch *Nußberger* NVwZ 2016, 815 (818 f.).
[42] EGMR Urt. v. 7.7.1989 – 14038/88, Rn. 86 ff. – Soering ./. Vereinigtes Königreich; zitiert nach der Übersetzung des N. P. Engel Verlags v. 31.10.2010.

Folter ausgesetzt zu werden, gleichgültig welchen schrecklichen Verbrechens er beschuldigt wird. Die Auslieferung steht unter derartigen Umständen, auch wenn der kurz und allgemein gefasste Art. 3 hierzu nichts ausdrücklich sagt, schlicht im Gegensatz zu Geist und Zweck dieses Artikels. Nach Ansicht des Gerichtshofs erstreckt sich die der Vorschrift innewohnende Verpflichtung zur Nichtauslieferung auch auf die Fälle, in denen der Flüchtige im ersuchenden Staat einem realen Risiko unmenschlicher oder erniedrigender Behandlung oder Bestrafung i. S. v. Art. 3 ausgesetzt ist. Was unmenschliche oder erniedrigende Strafe oder Behandlung" ausmacht, hängt von der Gesamtheit der Umstände des Falles ab (…). Darüber hinaus liegt dem gesamten Konventionswerk die Suche nach einem fairen Ausgleich zwischen dem Allgemeininteresse der Gemeinschaft und den Anforderungen für den Schutz der Grundrechte des Einzelnen zugrunde. Die weltweit vereinfachte Mobilität und die internationale Dimension der Kriminalität führt zu einem wachsenden Interesse aller Nationen, dass Tatverdächtige, die ins Ausland fliehen, der Justiz überstellt werden. Umgekehrt wäre die Schaffung sicherer Zufluchtsstätten (…) für Flüchtige im Ergebnis nicht nur eine Gefahr für den Staat, der verpflichtet wäre, der geschützten Person Unterschlupf zu gewähren, sondern auch geeignet, die Grundlagen der Auslieferung zu untergraben. Diese Überlegungen müssen bei Auslegung und Anwendung der Begriffe „unmenschliche oder erniedrigende Strafe oder Behandlung" in Fällen der Auslieferung ebenfalls zum Tragen kommen. Grundsätzlich stellen Konventionsorgane nur das Vorliegen oder das Nichtvorliegen potentieller Konventionsverletzungen fest. Eine Ausnahme von dieser allgemeinen Regel ist allerdings geboten, wenn ein Bf. behauptet, die Auslieferungsentscheidung würde wegen ihrer vorhersehbaren Folgen im ersuchenden Staat Art. 3 verletzen, sobald sie durchgeführt würde. In Anbetracht der schweren, irreparablen Schäden durch die drohenden Leiden, geht es um die Effektivität des Schutzes durch Art. 3 (…). Zusammenfassend kann die Entscheidung eines Vertragsstaates, einen Flüchtigen auszuliefern, Anlass für eine Überprüfung anhand von Art. 3 geben und danach die Verantwortlichkeit dieses Staates aufgrund der Konvention auslösen, wenn begründete Tatsachen für die Annahme vorliegen, dass die betroffene Person nach ihrer Auslieferung einem realen Risiko von Folter oder unmenschlicher oder erniedrigender Strafe oder Behandlung unterworfen ist. Um das Vorliegen einer solchen Verantwortlichkeit festzustellen, ist es unvermeidlich, die Situation in dem ersuchenden Staat dahingehend zu beurteilen, ob sie den Anforderungen des Art. 3 entspricht. Trotzdem stellt sich nicht die Frage, ob über eine Verantwortlichkeit des ersuchenden Staates entschieden wird oder eine solche begründet wird – gleich, ob nach Völkerrecht nach der Konvention oder auf sonstige Weise. Soweit eine Konventionspflicht tatsächlich oder potentiell verletzt wird, handelt es sich um eine Pflichtverletzung des ausliefernden Vertragsstaates, die durch die Auslieferungsmaßnahme bewirkt wurde. Als unmittelbare Folge ist die Person der verbotenen Misshandlung ausgesetzt. "

18 Der EGMR, der EuGH – und mit ihnen auch die mitgliedstaatlichen Gerichte – haben diesen Gedanken in der Folge **auf andere Arten aufenthaltsbeendigender Maßnahmen** übertragen und mit Blick auf unterschiedliche Gefahren ausdifferenziert[43].

19 Hinsichtlich **der subsidiären Natur** der vom EGMR durchzuführenden Prüfung führt dieser aus, dass er selbst keine Asylanträge prüft, sondern dass es ihm wesentlich um die Wahrung effektiver Mechanismen geht, die die betroffene Person vor willkürlichen Verletzungen des Grundsatzes der Nichtzurückweisung geht, seien diese direkter oder indirekter Natur. Denn vorrangig liege die Verantwortung für die Umsetzung der Konvention bei den Mitgliedstaaten. Der Gerichtshof prüfe insoweit nur, ob die Beurteilung der mitgliedstaatlichen Stellen angemessen sei, ob sie ausreichend von einschlägigen Erkenntnismitteln von verlässlichen und unabhängigen Stellen unterstützt werde. Grundsätzlich obliegt es den mitgliedstaatlichen Stellen, den Sachverhalt zu würdigen[44].

20 Wenn der Betroffene noch nicht zurückgeführt worden ist, ist auf den **Zeitpunkt** der Entscheidung des EGMR abzustellen. Demensprechend sind stets auch solche Umstände zu berücksichtigen, die sich erst nach der letzten Behördenentscheidung ergeben haben[45]. Solche Umstände können auch von Amts wegen zu berücksichtigen sein[46]. Soweit ein Betroffener bereits zurückgeführt worden ist, ist für die Beurteilung auf den Rückführungszeitpunkt unter Berücksichtigung der bekannten bzw. erkennbaren Umstände abzustellen[47].

21 Maßstab für die Frage der Verletzung von Art. 3 im Fall aufenthaltsbeendigender Maßnahmen ist, ob eine **tatsächliche Gefahr** („real risk") der Folter bzw. der unmenschlichen oder erniedrigenden Behandlung droht. Die Beurteilung muss die vorhersehbaren Konsequenzen einer Rückführung in den Blick nehmen, im Lichte der generellen Situation dort und der jeweiligen persönlichen Umstände[48]. In den Blick genommen werden muss vor allem das verfügbare Material über das Zielland, unter besonderer Berücksichtigung seiner Unabhängigkeit, Verlässlichkeit und Objektivität[49]. Der EGMR

---

[43] Mit Einzelfällen → Rn. 27 ff.
[44] Vgl. EGMR Urt. v. 23.3.2016 – 43611/11, Rn. 117 f. – F. G. ./. Schweden.
[45] Vgl. EGMR Urt. v. 23.3.2016 – 43611/11, Rn. 115 mwN – F. G. ./. Schweden.
[46] Vgl. EGMR Urt. v. 23.8.2016 – 59166/12, Rn. 87 und 90 – J. K. ua. ./. Schweden.
[47] Vgl. EGMR Urt. v. 26.1.2017 – 16744/14, Rn. 62 – X ./. Schweiz.
[48] Vgl. nur EGMR Urt. v. 28.2.2008 – 37201/06, Rn. 125 ff. – Saadi ./. Italien; Urt. v. 23.3.2016 – 43611/11, Rn. 112 ff. – F. G. ./. Schweden.
[49] Vgl. EGMR Urt. v. 23.8.2016 – 59166/12, Rn. 88 – J. K. ua. ./. Schweden.

nimmt hin, dass Untersuchungen nicht immer vor Ort durchgeführt werden können[50]. Das BVerwG geht insoweit davon aus, dass der Maßstab der tatsächlichen Gefahr seinem – wohl allerdings deutlich ausdifferenzierteren – Maßstab der „beachtlichen Wahrscheinlichkeit" entspreche[51].

Die **Beweislast** liegt grundsätzlich bei der betroffenen Person[52]. Vergangene Verletzungen von **22** Art. 3 geben einen starken Hinweis darauf, dass künftig Verletzungen von Art. 3 drohen[53].

d) **Abschiebehaft.** Die Maßstäbe für die Zulässigkeit von Abschiebehaft ergeben sich weitgehend **23** aus Art. 5 Abs. 1 Buchst. f EMRK[54]. Die Unterbringung entgegen den Anforderungen an das **Kindeswohl** führt zu einer Verletzung von Art 3 (unmenschliche und erniedrigende Behandlung) durch Unterbringung in nicht kindgerechter Umgebung (zB ungesicherte Betten und Automatiktüren). Die die Haft verursachenden Gefühle von Hilflosigkeit, Bedrängnis und Frustration legt bei Trennung von Kindern einen Verstoß gegen Art. 3 EMRK[55] nahe.

e) **Abschiebung.** Die Abschiebung von **erkrankten** Personen muss Art. 3 Genüge tun. Maßgeb- **24** lich ist, ob durch die Abschiebung eine (wesentliche) Verschlechterung des Gesundheitszustands zu erwarten ist. Die Auswirkungen der konkreten Abschiebung auf die konkrete Gesundheit zum Zeitpunkt der Abschiebung müssen auf Grundlage spezifisch medizinischer Beweismittel beurteilt werden[56]. Eine Selbstmordgefahr hindert die Abschiebung dann nicht, wenn der Staat konkrete und ausreichende Maßnahmen trifft, um ihre Verwirklichung zu vermeiden[57]. Auch die Abschiebung von Kleinkindern muss den sich aus dem Alter ergebenden Besonderheiten Rechnung tragen[58]. Art. 3 ist generell eine Verpflichtung zu entnehmen, von Abschiebungen betroffenen Personen die erforderliche medizinische Unterstützung zukommen zu lassen[59].

f) **Verfahrensrechtliche Pflichten.** Weiterhin hat der EGMR Art. 3 verfahrensrechtliche Pflichten **25** der Behörden und Gerichte entnommen. Diese hat er in Bezug auf die Prüfung in einem Asylverfahren wie folgt zusammengefasst[60]:

„Es ist grundsätzlich Sache des Beschwerdeführers, Beweise vorzulegen, die geeignet sind, stichhaltige Gründe für die Annahme darzulegen, dass er einer realen Gefahr ausgesetzt würde, einer gegen Art. 3 EMRK verstoßenden Behandlung unterworfen zu werden, wenn die angefochtene Maßnahme vollstreckt wird. Der Gerichtshof erkennt in diesem Zusammenhang an, dass es wegen der besonderen Situation, in der sich Asylwerber oft wiederfinden, regelmäßig notwendig sein wird, bei der Einschätzung der Glaubwürdigkeit ihrer Aussagen und der zur Unterstützung derselben vorgelegten Dokumente im Zweifel zu ihren Gunsten zu entscheiden (...). Bei Asylanträgen, die auf eine wohlbekannte allgemeine Gefahr gestützt sind, verlangen die Verpflichtungen der Staaten nach (...) Art. 3 EMRK dann, wenn Informationen über eine solche Gefahr aus einer großen Zahl von Quellen frei verfügbar sind, dass die Behörden von Amts wegen eine Einschätzung dieses Risikos vornehmen. Im Gegensatz dazu muss sich die asylsuchende Person bei Asylanträgen, die auf eine individuelle Gefahr gestützt sind, auf diese Gefahr beziehen und sie untermauern. Wenn ein Antragsteller sich entschließt, einen spezifischen individuellen Asylgrund – seien es religiöse oder politische Anschauungen, die sexuelle Orientierung oder andere Gründe – nicht offenzulegen oder ihn nicht geltend zu machen, indem er ihn bewusst nicht erwähnt, kann vom betroffenen Staat nicht erwartet werden, diesen Grund selbst zu entdecken. Wenn der Vertragsstaat allerdings auf Tatsachen aufmerksam gemacht wird, die sich auf eine bestimmte Person beziehen und diese im Fall ihrer Rückkehr in das fragliche Land einer gegen (...) Art. 3 EMRK verstoßenden Misshandlungsgefahr aussetzen würden, beinhalten die Verpflichtungen des Staates nach (...) Art. 3 EMRK angesichts des absoluten Charakters der von diesen Bestimmungen garantierten Rechte und der Position der Verletzlichkeit, in der sich Asylwerber oft befinden, dass die Behörden von Amts wegen eine Einschätzung dieser Gefahr vornehmen. Dies gilt insbesondere in Situationen, wo die nationalen Behörden glaubhaft auf die Tatsache aufmerksam gemacht wurden, dass der Asylwerber Mitglied einer Gruppe ist, die systematisch einer Praxis der Misshandlung ausgesetzt ist, und ernste Gründe für die Annahme einer solchen Praxis und seiner Mitgliedschaft zur betroffenen Gruppe bestehen."

Der EGMR hat im Fall der Verletzung von Art. 3 zudem weitergehende – im Ausländer- und **26** Asylrecht allerdings allenfalls in besonderen Ausnahmekonstellationen bedeutsame – verfahrensrecht-

---

[50] Vgl. EGMR Urt. v. 23.8.2016 – 59166/12, Rn. 89 – J. K. ua. ./. Schweden.
[51] Vgl. BVerwG Urt. v. 17.11.2011 – 10 C 13.10, NVwZ 2012, 454 (455 Rn. 20) mwN; ferner *Markard* NVwZ 2014, 565 (567).
[52] Ausführlich dazu EGMR Urt. v. 23.8.2016 – 59166/12, Rn. 91 bis 98 – J. K. ua. ./. Schweden.
[53] Ausführlich dazu EGMR Urt. v. 23.8.2016 – 59166/12, Rn. 99 bis 102 – J. K. ua. ./. Schweden.
[54] S. EGMR, Guide on the case-law of the European Convention on Human Rights, Immigration, Stand: 31.8.2021, https://echr.coe.int/Documents/Guide_Immigration_ENG.pdf.
[55] Vgl. EGMR Urt. v. 19.1.2012 – 39472/07, Rn. 91 ff. – Popov vs Frankreich.
[56] Vgl. EGMR Urt. v. 24.6.2021 – 59687/17, Rn. 90 ff. – Khachaturov ./. Armenien.
[57] Vgl. EGMR Beschl. v. 7.10.2004 – 33743/03 – Dragan ua. ./. Deutschland.
[58] Vgl. EGMR Urt. v. 12.10.2006 – 13178/3, Rn. 64–71 – Mubilanzila Mayeka und Kaniki Mitunga ./. Belgien.
[59] Vgl. EGMR Urt. v. 20.12.2016 – 19356/07, Rn. 80 ff. – Shioshvili ua. ./. Russland.
[60] Vgl. EGMR Urt. v. 23.3.2016 – 43611/11, Rn. 119 ff. – F. G. ./. Schweden.

liche Pflichten zur **effektiven Untersuchung** begründet[61]. Darüber hinaus verlangt Art. 13 im Fall eines sog. „arguable complaint" einer Verletzung von Art. 3, also der vertretbaren Rüge einer solchen – vergleichbar der Klagebefugnis nach § 42 Abs. 2 VwGO –, die Existenz eines wirksamen Rechtsbehelfs. Dies meint einen Rechtsbehelf, vermittels dessen die Rüge substantiell geprüft werden und gegebenenfalls Abhilfe geschaffen werden kann[62].

III. Anwendungsfälle

1. Rückführungen ins Herkunftsland

27 a) **Gewalt am Zielort.** Nicht jede Situation allgemeiner Gewalt am Zielort steht gemäß Art. 3 aufenthaltsbeendigenden Maßnahmen entgegen. Dies ist nur in Extremfällen, also dann der Fall, wenn, wegen Besonderheiten im konkreten Fall, allein die Rückkehr eine beachtliche Gefahr begründet, der Gewalt ausgesetzt zu sein[63].

28 b) **Behandlung durch private Gruppen.** Wegen des absoluten Charakters von Art. 3, so begründet der EGMR seine Rechtsauffassung, findet dieser nicht nur dort Anwendung, wo die Gefahr von staatlichen Stellen, sondern auch dort, wo eine solche von Privaten ausgeht[64].

29 c) **Schutz im Herkunftsland.** Dem Verweis auf **alternativen Schutz** innerhalb des Herkunftslands steht Art. 3 nach Überzeugung des Gerichtshofs nicht per se entgegen[65]. Voraussetzung dafür ist aber, dass die betroffene Person in den Schutzbereich gelangen kann, dort aufgenommen werden wird und sich niederlassen kann bzw. ob die Möglichkeit besteht, dass die betroffene Person letztlich doch in dem Landesteil enden wird, in dem ihr eine Verletzung ihrer Rechte nach Art. 3 droht[66].

30 d) **Mitgliedschaft in einer Zielgruppe.** Wenn eine betroffene Person geltend machen kann, Mitglied einer Gruppe zu sein, die **systematisch Verstößen** gegen Art. 3 ausgesetzt ist, ist sie von ihrer grundsätzlichen Verpflichtung[67] befreit, darzutun, inwieweit sich ihre eigene Situation von jener anderer im Herkunftsland unterscheidet; andernfalls würde der durch Art. 3 gewährte Schutz in einer solchen Situation sinnentleert, führt der EGMR sinngemäß begründend aus[68].

31 e) **Lebensbedingungen.** Auch aus den Lebensbedingungen im Zielstaat kann sich eine Verletzung von Art. 3 ergeben. So hat der EGMR ausgeführt, dass die Verantwortlichkeit des Staates (nach Art. 3 EMRK) wegen der Behandlung eines Beschwerdeführers begründet sein kann, der vollständig von staatlicher Unterstützung abhängig ist und behördlicher Gleichgültigkeit gegenübersteht, obwohl er sich in so ernsthafter Armut und Bedürftigkeit befindet, dass dies mit der Menschenwürde unvereinbar ist[69]. Das BVerwG teilt diese Einschätzung, indem es unter Bezugnahme auch auf die genannte Rspr. die Voraussetzungen, unter denen die allgemeine wirtschaftliche Lage und die Versorgungslage betreffend **Nahrung, Wohnraum und Gesundheitsversorgung** die Rechte des Schutzsuchenden aus Art. 3 EMRK verletzen, für einen Asylbewerber wie folgt konkretisiert[70]:

> *„Dies ist dann der Fall, wenn er seinen existenziellen Lebensunterhalt nicht sichern kann, kein Obdach findet oder keinen Zugang zu einer medizinischen Basisbehandlung erhält bzw. – nach einer neueren Formulierung des Gerichtshofs der Europäischen Union – sich die betroffene Person ‚unabhängig von ihrem Willen und ihren persönlichen Entscheidungen in einer Situation extremer materieller Not' befindet, ‚die es ihr nicht erlaubt, ihre elementarsten Bedürfnisse zu befriedigen, wie insbesondere, sich zu ernähren, sich zu waschen und eine Unterkunft zu finden, und die ihre physische oder psychische Gesundheit beein-*

---

[61] Vgl. EGMR Urt. v. 28.9.2015 – 23380/09, Rn. 115–123 – Bouyid ./. Belgien; Urt. v. 9.11.2017 – 47274/15, Rn. 79 – Hentschel und Stark ./. Deutschland.
[62] Vgl. EGMR Urt. v. 21.1.2011 – 30696/09, Rn. 286 ff. – M. S. S. ./. Belgien und Griechenland.
[63] Vgl. EGMR Urt. v. 23.3.2016 – 43611/11, Rn. 116 – F. G. ./. Schweden, unter Verweis auf Urt. v. 28.6.2011 – 8319/07 und 11449/07, Rn. 216 and 218 – Sufi und Elmi ./. Vereinigtes Königreich; Urt. v. 15.10.2015 – 40081/14, 40088/14 und 40127/14, Rn. 108 – L. M. ua. ./. Russland; Urt. v. 23.10.2014 – 17239/13, Rn. 132 f. – Mamazhonov ./. Russland.
[64] Vgl. EGMR Urt. v. 23.8.2016 – 59166/12, Rn. 80 – J. K. ua. ./. Schweden; Urt. v. 17.7.2008 – 25904/07, Rn. 110 – NA. ./. Vereinigtes Königreich; Urt. v. 20.1.2009 – 32621/06, Rn. 102 – F. H. ./. Schweden.
[65] Vgl. EGMR Urt. v. 23.8.2016 – 59166/12, Rn. 81 – J. K. ua. ./. Schweden; Urt. v. 11.1.2007 – 1948/04, Rn. 141 – Salah Sheekh ./. Niederlande.
[66] Vgl. EGMR Urt. v. 23.8.2016 – 59166/12, Rn. 82 – J. K. ua. ./. Schweden; unter Verweis auf Urt. v. 11.1.2007 – 1948/04, Rn. 141 – Salah Sheekh ./. Niederlande; Urt. v. 28.6.2011 – 8319/07 und 11449/07, Rn. 266 – Sufi und Elmi ./. Vereinigtes Königreich.
[67] Vgl. dazu EGMR Urt. v. 23.8.2016 – 59166/12, Rn. 94 – J. K. ua. ./. Schweden.
[68] Vgl. EGMR Urt. v. 23.8.2016 – 59166/12, Rn. 103 f. mwN – J. K. ua. ./. Schweden.
[69] Vgl. EGMR Urt. v. 21.1.2011 – 30696/09, Rn. 253 – M. S. S. ./. Belgien und Griechenland.
[70] BVerwG Urt. v. 18.2.2021 – 1 C 4.20, NVwZ 2021, 878 Rn. 65; vgl. ferner BVerwG Urt. v. 31.1.2013 – 10 C 15.12, BVerwGE 146, 12 Rn. 25; Urt. v. 13.6.2013 – 10 C 13.12, BVerwGE 147, 8 Rn. 25 und v. Urt. 4.7.2019 – 1 C 45.18, BVerwGE 166, 113 Rn. 12 f.

trächtigte oder sie in einen Zustand der Verelendung versetzte, der mit der Menschenwürde unvereinbar wäre."

f) Krankheit. Die Verschlechterung einer behandlungsbedürftigen Erkrankung im Zielland kann nur unter außergewöhnlichen Umständen gemäß Art. 3 einer Aufenthaltsbeendigung entgegenstehen. Grundsätzlich besteht kein Anspruch darauf, in einem Land zu bleiben, um weiterhin von medizinischer Unterstützung zu profitieren[71]. Außergewöhnliche Bedingungen hat er in Fällen für erfüllt gehalten, in denen bei einer Aidserkrankung im Endstadium keine Sicherheit dafür bestand, dass im Zielstaat überhaupt medizinische Hilfe erreicht werden könnte[72]. Später hat er die außergewöhnlichen Umstände dahingehend konkretisiert, dass diese vorlägen, wenn einer schwerwiegend erkrankten Person infolge einer Abschiebung keine angemessene Behandlung mehr zuteilwerden würde und infolgedessen eine schwere, schnelle und unwiderrufliche Verschlechterung der Gesundheitssituation zu erwarten sei, die zu einem schweren Leid führen oder die Lebenserwartung substantiell verkürzen könnte[73]. 32

g) Glaube, Konversion. Hinsichtlich (glaubhaft gemachtem) Glaube und (ebenfalls glaubhaft gemachter) Konversion kommt es maßgeblich darauf an, ob die öffentliche Ausübung des – im Herkunftsland sanktionierten – Glaubens wesentlich für die eigene religiöse Identität ist[74]. 33

h) Sexuelle Orientierung. Der EGMR geht davon aus, dass sexuelle Orientierung **einen fundamentalen Bestandteil der Identität** darstellt und dass von niemandem verlangt werden kann, diese zu verstecken, um Verfolgung zu entgehen. Allein Gesetze, die Homosexualität sanktionieren, stehen einer Abschiebung nicht gemäß Art. 3 entgegen. Entscheidend kommt es vielmehr darauf an, ob diese Gesetze auch angewandt werden[75]. 34

i) Haft, Haftbedingungen. Die Überstellung in einen Staat, in dem der betreffenden Person eine lebenslange Haft droht, ohne Entlassungsperspektive und ohne Überprüfungsmöglichkeit, kann eine Verletzung von Art. 3 begründen[76]. 35

Auch **zu erwartende Haftbedingungen** können als unmenschliche oder erniedrigende Behandlung einer Rücküberstellung entgegenstehen. Dies ist der Fall, wenn sie – über das mit einer Haft unvermeidbar verbundene Maß hinaus – erhebliches psychisches oder physisches Leid verursachen, die Menschenwürde beeinträchtigen oder Gefühle von Demütigung oder Erniedrigung erwecken[77]. Der EGMR hatte in einem umfangreichen Bestand an Verfahren Gelegenheit, die Maßstäbe sachbezogen auszudifferenzieren[78]. Grundsätzlich berücksichtigt er alle Umstände des Einzelfalls sowie ihr etwaiges Zusammenwirken (darunter Dauer, Unterbringungsbedingungen, hygienische Bedingungen, Ausstattung mit Kleidung und Schlafmöglichkeiten, Nahrung, Bewegung und Erholung, Durchsuchungen und Kontrollen). Bei seiner Beurteilung zieht der EGMR auch Berichte des CPT heran[79]. Auch einer spezifischen Verletzlichkeit einer betroffenen Person – etwa wegen Krankheit, Alter, Schwangerschaft – muss in der Haft – etwa durch die Bereitstellung angemessener medizinischer Unterstützung – Rechnung getragen werden[80]. Zu diesem Gesichtspunkt nahm der EGMR in einem die Bundesrepublik betreffenden Verfahren mit folgenden Worten Stellung[81]: 36

> „Der Gerichtshof erinnert ferner daran, dass Artikel 3 der Konvention dem Staat die Verpflichtung auferlegt zu gewährleisten, dass eine Person unter Bedingungen festgehalten wird, die mit der Achtung der Menschenwürde vereinbar sind, dass ihr durch die Art und Weise des Vollzugs der Maßnahme nicht Leid oder Härten auferlegt werden, die über das zwangsläufig mit der Haft verbundene Maß an Leiden hinausgehen und dass ihre Gesundheit und ihr Wohlbefinden unter Berücksichtigung der praktischen Erfordernisse der Haft angemessen sichergestellt werden, indem sie u. a. die notwendige medizinische Unterstützung und Behandlung erhält (...). In diesem Zusammenhang bleibt die ‚Angemessenheit' der medizinischen Unterstützung

---

[71] Vgl. EGMR Urt. v. 13.12.2016 – 41738/10, Rn. 172 ff. – Paposhvili ./. Belgien.
[72] Vgl. EGMR Urt. v. 2.5.1997 – 30240/96, Rn. 52 f. – D. ./. Vereinigtes Königreich; für weitere Einzelfälle siehe Urt. v. 16.4.2013 – 17299/12, Rn. 49 – Aswat ./. Vereinigtes Königreich.
[73] Vgl. EGMR Urt. v. 13.12.2016 – 41738/10, Rn. 183 – Paposhvili ./. Belgien.
[74] EuGH Urt. v. 5.9.2012 – C-71/11 und C-99/11 – Bundesrepublik Deutschland ./. Y und Z; EGMR Urt. v. 19.12.2017 – 60342/16, Rn. 41 ff. – A. ./. Schweiz.
[75] Vgl. EGMR Urt. v. 17.11.2020 – 889/19 und 43987/16, Rn. 57 ff. – B und C ./. Schweiz.
[76] Vgl. EGMR Urt. v. 17.1.2017 – 57592/08, Rn. 42 ff. – Hutchinson ./. Vereinigtes Königreich; Urt. v. 26.4.2016 – 10511/10, Rn. 99 f. – Murray ./. Niederlande.
[77] EGMR Urt. v. 10.4.2012 – 24027/07, 11949/07, 36742/08, Rn. 202 – Babar Ahmad ua. ./. Vereinigtes Königreich.
[78] Siehe Überblick bei: Guide on case-law of the European Convention on Human Rights, Prisoners' Rights, Stand: 31.8.2021, httpy://echr.coe.int/Documents/Guide_Prisoners_rights_ENG.pdf.
[79] Meyer-Ladewig/Lehnert, EMRK, 4. Aufl., EMRK Art. 3 Rn. 29 mwN.
[80] Vgl. EGMR Urt. v. 16.4.2013 – 17299/12, Rn. 50 f. – Aswat ./. Vereinigtes Königreich.
[81] Vgl. EGMR Urt. v. 1.9.2016 – 62303/13, Rn. 55 ff. – Wenner/Deutschland, zitiert nach Übersetzung des Bundesministeriums der Justiz und für Verbraucherschutz.

das am schwierigsten zu bestimmende Merkmal. Die medizinische Behandlung in Haftanstalten muss adäquat sein, also auf einem Niveau erfolgen, an das sich die staatlichen Stellen bei der Versorgung der Gesamtbevölkerung gebunden sehen. Dies bedeutet allerdings nicht, dass jedem Inhaftierten dasselbe Niveau medizinischer Behandlung zu garantieren ist, das in den besten medizinischen Einrichtungen außerhalb der Haftanstalten vorzufinden ist (...). Der Gerichtshof hat in diesem Zusammenhang klargestellt, dass es für einen Gefangenen, der an einer schweren Krankheit leidet, unerlässlich ist, von einem auf die fragliche Krankheit spezialisierten Mediziner angemessen auf seinen aktuellen Gesundheitszustand hin untersucht zu werden, damit er die geeignete Behandlung erhalten kann. Die Vollzugsbehörden müssen den Gefangenen entsprechend der Krankheit(en) behandeln, die bei ihm diagnostiziert wurde(n) (...), und zwar wie von den zuständigen Ärzten verordnet (...). Sollten in der Frage, welche Behandlung zur angemessenen Gewährleistung der Gesundheit eines Gefangenen notwendig ist, die Meinungen der Ärzte auseinandergehen, kann es erforderlich sein, dass die innerstaatlichen Behörden und Gerichte zusätzlichen Rat eines spezialisierten medizinischen Sachverständigen einholen, um ihrer positiven Verpflichtung aus Artikel 3 nachzukommen (...). Die behördliche Verweigerung der von einem unter schwerwiegenden Gesundheitsproblemen leidenden Gefangenen beantragten unabhängigen fachspezifischen medizinischen Unterstützung ist ein Aspekt, mit dem sich der Gerichtshof bei der Beurteilung der staatlichen Einhaltung von Artikel 3 bereits auseinandergesetzt hat (...). Im Bewusstsein des subsidiären Charakters seiner Position weist der Gerichtshof außerdem erneut darauf hin, dass es nicht seine Aufgabe ist, über ausschließlich in das Fachgebiet von medizinischen Sachverständigen fallende Angelegenheiten zu entscheiden und festzustellen, inwieweit ein Beschwerdeführer tatsächlich eine bestimmte Behandlung benötigte oder ob die gewählten Behandlungsmethoden im Hinblick auf die Bedürfnisse des Beschwerdeführers angemessen waren (...). Allerdings obliegt es angesichts der Schutzbedürftigkeit von inhaftierten Beschwerdeführern der Regierung, glaubhaft und überzeugend nachzuweisen, dass der Betroffene in der Haft eine umfassende und angemessene medizinische Versorgung erhielt (...)."

37 **j) Nationale Sicherheit.** Der EGMR hat im Zusammenhang mit der Abschiebung von Personen, die eine Bedrohung der nationalen Sicherheit darstellen können, darauf hingewiesen, dass Art. 3 absoluten Charakter hat; dies wird jedenfalls in Deutschland auch praktiziert und rechtlich ua dadurch gesichert, dass die Anwendung von § 60 V durch § 60 VIII nicht ausgeschlossen ist (§ 60 IX 2). Der EGMR – wie auch die nationalen Gerichte[82] – hat zur Vermeidung einer Art. 3-Verletzung aber ausreichen lassen, dass der Zielstaat eine – allerdings unter verschiedenen Gesichtspunkten zu prüfende – Zusicherung dahingehend abgegeben hat, den Art. 3-Standard zu wahren[83].

2. Rückführungen in einen Mitgliedstaat

38 **a) Allgemeines.** Für Rückführungen in Konventionsstaaten gelten die dargestellten Grundsätze. Dass der Zielstaat Konventionsstaat ist, beseitigt nicht die Pflicht des abschiebenden Staates sicherzustellen, dass der Ausländer nicht einer Art. 3 widersprechenden Behandlung ausgesetzt wird. Dabei können die drohenden Gefahren im Einzelfall zusätzlich dadurch relativiert werden, dass der Mitgliedstaat selbst an die Konvention gebunden ist. Mit größerer Vorsicht ist dieser Überlegung freilich dann zu begegnen, wenn Missstände bei der Wahrung der materiellen und auch verfahrensrechtlichen Standards eingewandt werden können.

39 **b) Dublin.** Der EGMR hat seine Rechtsprechung zu Art. 3 als Grenze aufenthaltsbeendender Maßnahmen dahingehend weiterentwickelt, dass diese **in modifizierter Form** auch dort Geltung beanspruche, wo ein Asylbewerber, ohne vorherige Prüfung des Asylbegehrens, in einen Staat abgeschoben werden soll, der nicht sein Heimatstaat ist[84]. Hier ist das maßgebliche Hauptkriterium, **ob im Zielstaat eine angemessene Prüfung des Asylbegehrens zu erwarten sei**. Begründend führt der EGMR aus:

„Die Asylverfahrensrichtlinie sieht (...) eine Möglichkeit vor, nationale Gesetze zu erlassen, die es unter bestimmten Voraussetzungen erlauben, auf eine Prüfung von Anträgen auf internationalen Schutz zu verzichten (...) und stattdessen eine Zulässigkeitsprüfung vorzunehmen (...). Wenn diese Option gewählt und der Asylantrag für unzulässig erklärt wurde, findet in diesem Staat (...) keine Prüfung in der Sache statt. Der ausweisende Staat muss sich vergewissern, dass das Asylverfahren des dazwischenliegenden Staats ausreichende Garantien bietet, die eine direkte oder indirekte Ausweisung des Asylwerbers in sein Herkunftsland ohne angemessene Prüfung der ihm aus dem Blickwinkel des Art. 3 EMRK drohenden Gefahren verhindern. (...) In allen Fällen einer Ausweisung eines Asylbewerbers von einem Konventionsstaat in einen dazwischenliegenden Drittstaat (egal ob es sich dabei um einen EU-Staat oder einen Vertragsstaat der EMRK handelt) ohne Prüfung des Asylantrags in der Sache ist der ausweisende Staat verpflichtet, gründlich

---
[82] BVerwG Beschl. v. 26.3.2018 – 1 VR 1.18, NVwZ 2018, 1395; bestätigt durch BVerfG Beschl. v. 4.5.2018 – 2 BvR 632/18, NVwZ 2018, 1390.
[83] EGMR Urt. v. 17.1.2012 – 8139/09, Rn. 183 ff. – Othman (Abu Qatada) ./. Vereinigtes Königreich.
[84] EGMR Urt. v. 21.11.2019 – 47287/15, NVwZ 2020, 937 Rn. 128 ff. – Ilias und Ahmed ./. Ungarn.

> *zu prüfen, ob dem Asylwerber im empfangenden Drittstaat eine reale Gefahr der Verweigerung des Zugangs zu einem angemessenen Asylverfahren droht, das ihn vor Refoulement schützt. Wenn festgestellt wird, dass die bestehenden Garantien in dieser Hinsicht unzureichend sind, folgt aus Art. 3 EMRK eine Verpflichtung, den Asylwerber nicht in den betreffenden Drittstaat auszuweisen. (...) Die oben genannte Pflicht verlangt von den nationalen Behörden, bei der Anwendung des Konzepts des „sicheren Drittstaats" die relevanten Bedingungen im betreffenden Drittstaat und insbesondere die Zugänglichkeit und Verlässlichkeit seines Asylsystems gründlich zu prüfen."*

Abgesehen davon kann auch in diesen Konstellationen das Risiko einer gegen Art. 3 verstoßenden Behandlung zu bewerten sein, zB die Lebensbedingungen für Asylbewerber im Zielstaat[85]. Hierzu führt der EGMR – unter Entwicklung des **Kriteriums der Vulnerabilität**[86] – aus: **40**

> *„Art. 3 EMRK kann nicht dahingehend ausgelegt werden, dass er die Mitgliedstaaten verpflichtet, jede auf ihrem Hoheitsgebiet befindliche Person mit einer Unterkunft zu versorgen. Auch enthält Art. 3 EMRK keine generelle Verpflichtung, Flüchtlingen finanzielle Unterstützung zu gewähren, um ihnen einen bestimmten Lebensstandard zu ermöglichen. In seinem Urteil M. S. S. ./. Belgien und Griechenland vertrat der Gerichtshof dennoch den Standpunkt, dass die von diesem Fall betroffene Angelegenheit nicht aus dieser Sicht betrachtet werden konnte. Die Verpflichtung, verarmten Asylbewerbern Unterkunft und angemessene Lebensbedingungen zu gewähren, war Teil des innerstaatlichen Rechts und die griechischen Behörden waren verpflichtet, ihre eigenen Gesetze zu befolgen, mit denen Unionsrecht umgesetzt wurde, namentlich die Aufnahmerichtlinie. (...) Im selben Urteil maß der GH dem Status des Beschwerdeführers als Asylwerber und damit als Mitglied einer besonders unterprivilegierten und verletzlichen Bevölkerungsgruppe erhebliche Bedeutung zu. (...) Ebenfalls in M. S. S. ./. Belgien und Griechenland (...) schloss der Gerichtshof nicht aus, dass die Verantwortlichkeit eines Staates unter Art. 3 EMRK gegeben sein kann, wenn ein völlig von staatlicher Unterstützung abhängiger Beschwerdeführer mit Gleichgültigkeit seitens des Staates konfrontiert ist, während er sich in einer mit der Menschenwürde unvereinbaren Situation ernster Bedürftigkeit befindet. Hinblick auf Minderjährige muss beachtet werden, dass die extreme Verletzlichkeit eines Kindes ein entscheidender Faktor ist, der Vorrang vor Überlegungen betreffend den Status illegaler Einwanderer hat."*[87]

Und weiter:

> *„Wie aus dem Urteil M. S. S. ./. Belgien und Griechenland auch klar hervorgeht, ist die Vermutung, dass ein am Dublin-System teilnehmender Staat die in der EMRK garantierten Grundrechte achten wird, nicht unwiderlegbar. Der EuGH hat entschieden, dass die Vermutung, dass ein Dublin-Staat seinen Verpflichtungen nach Art. 4 GRCh entspricht, widerlegt ist, wenn ‚das Asylverfahren und die Aufnahmebedingungen für Asylbewerber (...) systemische Mängel aufweisen, die eine unmenschliche oder erniedrigende Behandlung der an diesen Mitgliedstaat überstellten Asylbewerber implizieren'. Im Fall von Dublin-Überstellungen kann die Vermutung, dass ein Konventionsstaat, der zugleich der Aufnahmestaat ist, Art. 3 EMRK befolgen wird, daher widerlegt werden, wenn stichhaltige Gründe für die Annahme vorgebracht wurden, der Person, deren Rückkehr angeordnet wird, drohe ein reales Risiko, im Aufnahmestaat einer gegen diese Bestimmung verstoßenden Behandlung unterzogen zu werden. Die Quelle dieser Gefahr ändert nichts am Schutzniveau der Konvention oder den aus ihr resultierenden Verpflichtungen des Staates, der die Ausweisung der Person anordnet. Sie befreit diesen Staat nicht davon, eine gründliche und individuelle Prüfung der Situation der betroffenen Person vorzunehmen und die Durchführung der Ausweisung auszusetzen, sollte eine Gefahr einer unmenschlichen oder erniedrigenden Behandlung festgestellt werden. (...)"*[88]

Der EuGH führt – freilich vorrangig zu Art. 4 GRCh – aus: **41**

> *„Art. 4 GRCh ist dahin auszulegen, dass es den Mitgliedstaaten einschließlich der nationalen Gerichte obliegt, einen Asylbewerber nicht an den ‚zuständigen Mitgliedstaat' im Sinne der Dublin-Verordnung zu überstellen, wenn ihnen nicht unbekannt sein kann, dass die systemischen Mängel des Asylverfahrens und der Aufnahmebedingungen für Asylbewerber in diesem Mitgliedstaat ernsthafte und durch Tatsachen bestätigte Gründe für die Annahme darstellen, dass der Antragsteller tatsächlich Gefahr läuft, einer unmenschlichen oder erniedrigenden Behandlung im Sinne dieser Bestimmung ausgesetzt zu werden."*[89]

---

[85] Vgl. EGMR, Urt. v. 21.1.2011 – 30696/09, Rn. 362–368 – M. S. S. ./. Belgien und Griechenland; Urt. v. 4.11.2014 – 29217/12, Rn. 93 bis 99 und 101 bis 104 – Tarakhel ./. Schweiz; Beschl. v. 4.10.2016 – 30474/14, Rn. 30 ff. – Ali ua. ./. Schweiz und Italien; Beschl. v. 14.3.2017 – 64724/10, Rn. 28 f. – Ojei ./. Niederlande.
[86] Zu Recht wird darauf hingewiesen, dass der EGMR den Menschenrechtsschutz von geistig Behinderten, unbegleiteten Minderjährigen und Roma bereits zuvor wegen deren Schutzbedürftigkeit gestärkt hatte, vgl. Thym NVwZ 2018, 609 (613).
[87] EGMR Urt. v. 4.11.2014 – 29217/12, NVwZ 2015, 127 Rn 95 bis 99 – Tarakhel ./. Schweiz.
[88] EGMR Urt. v. 4.11.2014 – 29217/12, NVwZ 2015, 127 Rn 103 bis 105 – Tarakhel ./. Schweiz.
[89] EuGH Urt. v. 21.12.2011 – Rs C-411/10 u. C-493/10, Rn. 86 bis 94, 106 – N. S. ./. Secretary of State fort he Home Department und M. E. ua. ./. Refugee Applications Commissioner.

42 Der EuGH hat diesen Gesichtspunkt unter Bezugnahme auf Art. 4 GRCh zuletzt[90] wie folgt zusammengefasst: Es ist

> „darauf hinzuweisen, dass das Unionsrecht auf der grundlegenden Prämisse beruht, dass jeder Mitgliedstaat mit allen anderen Mitgliedstaaten eine Reihe gemeinsamer Werte teilt – und anerkennt, dass sie mit ihm teilen –, auf die sich, wie es in Art. 2 EUV heißt, die Union gründet. Diese Prämisse impliziert und rechtfertigt die Existenz gegenseitigen Vertrauens zwischen den Mitgliedstaaten bei der Anerkennung dieser Werte und damit bei der Beachtung des Unionsrechts, mit dem sie umgesetzt werden, und gegenseitigen Vertrauens darauf, dass die nationalen Rechtsordnungen der Mitgliedstaaten in der Lage sind, einen gleichwertigen und wirksamen Schutz der in der Charta anerkannten Grundrechte, insbesondere ihrer Art. 1 und 4, in denen einer der Grundwerte der Union und ihrer Mitgliedstaaten verankert ist, zu bieten. Der Grundsatz des gegenseitigen Vertrauens zwischen den Mitgliedstaaten hat im Unionsrecht fundamentale Bedeutung, da er die Schaffung und Aufrechterhaltung eines Raums ohne Binnengrenzen ermöglicht. Konkret verlangt der Grundsatz des gegenseitigen Vertrauens, namentlich in Bezug auf den Raum der Freiheit, der Sicherheit und des Rechts, von jedem Mitgliedstaat, dass er, abgesehen von außergewöhnlichen Umständen, davon ausgeht, dass alle anderen Mitgliedstaaten das Unionsrecht und insbesondere die dort anerkannten Grundrechte beachten." Der EuGH sah jedoch auch die Gefahr systemischer Schwachstellen und urteilte deshalb, dass Art. 4 eine absolute Überstellungsschranke aufrichtet, egal ob der Asylbewerber noch im Verfahren ist oder zB bereits anerkannt wurde. Ein Überstellungsverbot setze aber eine besonders hohe Schwelle der Erheblichkeit voraus: „Diese besonders hohe Schwelle der Erheblichkeit wäre erreicht, wenn die Gleichgültigkeit der Behörden eines Mitgliedstaats zur Folge hätte, dass eine vollständig von öffentlicher Unterstützung abhängige Person sich unabhängig von ihrem Willen und ihren persönlichen Entscheidungen in einer Situation extremer materieller Not befände, die es ihr nicht erlaubte, ihre elementarsten Bedürfnisse zu befriedigen, wie insbesondere sich zu ernähren, sich zu waschen und eine Unterkunft zu finden, und die ihre physische oder psychische Gesundheit beeinträchtigte oder sie in einen Zustand der Verelendung versetzte, der mit der Menschenwürde unvereinbar wäre. Diese Schwelle ist daher selbst in durch große Armut oder eine starke Verschlechterung der Lebensverhältnisse der betreffenden Person gekennzeichneten Situationen nicht erreicht, sofern sie nicht mit extremer materieller Not verbunden sind, aufgrund deren sich diese Person in einer solch schwerwiegenden Lage befindet, dass sie einer unmenschlichen oder erniedrigenden Behandlung gleichgestellt werden kann."

43 Die Frage, ob in der zitierten Entscheidung des EuGH eine Verschärfung des Art. 3-Maßstabs liegt, ist unterschiedlich beantwortet worden. Während teils von einer dahingehenden **Präzisierung** der Rspr. des EGMR ausgegangen wird, dass sich die betroffene Person bei Rückkehr aufgrund ihrer besonderen Verletzbarkeit unabhängig von ihrem Willen und ihren persönlichen Entscheidungen in einer Situation extremer materieller Not befinden müsse, damit allein aufgrund der Lebensbedingungen ein Überstellungsverbot besteht[91], gehen andere jedenfalls von einem sehr **restriktiven Verständnis** des EuGH[92], teilweise aber auch von einer jedenfalls **teilweisen Verschärfung** aus[93]. So führt der VGH BW aus[94]:

> „Mit Urteilen vom 19.3.2019 in der Rechtssache des vor Abschluss des Asylverfahrens in Italien nach Deutschland eingereisten Gambiers Jawo (…) und der Verfahren Ibrahim u. a. (…) dh von in Deutschland asylbeantragenden Klägern, die in Bulgarien bzw. Polen bereits als subsidiär schutzberechtigt anerkannt worden sind, hat der EuGH die Maßstäbe – aufgrund des allgemeinen und absoluten Charakters von Art. 4 GRCh für Asylbewerber und Anerkannte in gleicher Weise – für Rückführungen im Dublinraum präzisiert und partiell verschärft. Hiernach darf ein Asylbewerber aufgrund des fundamental bedeutsamen EU-Grundsatzes des gegenseitigen Vertrauens grundsätzlich immer in den Mitgliedstaat rücküberstellt werden, der nach der Dublin III-VO eigentlich für die Bearbeitung seines Antrags zuständig ist oder ihm bereits Schutz gewährt hat, es sei denn, er würde dort ausnahmsweise aufgrund der voraussichtlichen Lebensumstände dem ‚real risk' einer Lage extremer materieller Not ausgesetzt, die gegen das Verbot unmenschlicher oder erniedrigender Behandlung iSv Art. 4 GRCh bzw. Art. 3 EMRK verstößt, dh die physische oder psychische Gesundheit beeinträchtigte oder in einen Zustand der Verelendung versetzte, der mit der Menschenwürde unvereinbar wäre." Und weiter: „Im Urteil Ibrahim weist der EuGH in Übereinstimmung mit der Tarakhel-Rechtsprechung des EGMR (…) darauf hin, dass unterschieden werden muss zwischen gesunden und arbeitsfähigen Flüchtlingen einerseits, für die diese »harte Linie« gilt, sowie andererseits Antragstellern mit besonderer Verletzbarkeit, also Vulnerablen, die unabhängig von eigenem Willen und persönlichen Entscheidungen in eine Situation extremer materieller Not geraten können. Für Kleinkinder, minderjährige unbegleitete Flüchtlinge, Kranke bzw. sonstige vulnerable Personen ist im Dublinraum mithin von einem anderen, höheren Schutzstandard auszugehen."

---

[90] EuGH Urt. v. 19.3.2019 – C-163/17 – Jawo, Rn. 80 ff.; Urt. v. 19.3.2019 – C-297/17, Rn. 83 ff. – Ibrahim.
[91] *Hruschka*, Hdb. Migrations- und Integrationsrecht, 2. Aufl., § 18 Rn. 166 mwN.
[92] *Calliess*, EUV/AEUV, EU-GRCharta, 6. Aufl., Art. 4 Rn. 19.
[93] Hierzu → AsylG § 29 Rn. 26 mwN.
[94] VGH BW Beschl. v. 27.5.2019 – A 4 S 1329/19, EZAR NF 65 Nr. 76.

Art. 8 Recht auf Achtung des Privat- und Familienlebens

(1) Jede Person hat das Recht auf Achtung ihres Privat- und Familienlebens, ihrer Wohnung und ihrer Korrespondenz.

(2) Eine Behörde darf in die Ausübung dieses Rechts nur eingreifen, soweit der Eingriff gesetzlich vorgesehen und in einer demokratischen Gesellschaft notwendig ist für die nationale oder öffentliche Sicherheit, für das wirtschaftliche Wohl des Landes, zur Aufrechterhaltung der Ordnung, zur Verhütung von Straftaten, zum Schutz der Gesundheit oder der Moral oder zum Schutz der Rechte und Freiheiten anderer.

Übersicht

	Rn.
I. Allgemeines	1
1. Schutzpflicht	3
2. Abwehrrecht	4
3. Margin of appreciation	8
II. Schutzgehalt	9
1. Privatleben	9
2. Familienleben	11
3. Weiterer Schutzgehalt	14
III. Anwendungsfälle	15
1. Aufenthaltsbeendigung	15
a) Familie	15
b) Privatleben	18
c) Drogendelikte	22
2. Anspruch auf einen bestimmten Aufenthaltsstatus	23
3. Familienzusammenführung	24
4. Einreise- und Aufenthaltsverbot	26

I. Allgemeines

Art. 8[1] schützt vier grundsätzlich voneinander verschiedene, sich teils aber auch überlappende **1** Rechte, das **Privatleben**, das **Familienleben**, die **Wohnung** und die **Korrespondenz**. Der EGMR versteht diese Rechte allesamt grundsätzlich weit. Ihnen werden klassische Abwehrgehalte dergestalt entnommen, dass vor **willkürlicher Beeinträchtigung** geschützt wird[2], aber auch die **Pflicht,** sich (auch gegenüber Privaten) schützend vor die Gewährleistungen zu stellen[3]. Ausländer- und asylrechtlich von Bedeutung sind vor allem das Privatleben und das Familienleben. In der Rspr. des EGMR wird hinsichtlich der Prüfung beider unterschieden, wobei die Einordnung der Fälle nicht immer ganz leicht fällt[4]. Die einzelfallgeprägten Rechtsprechung wird hier differenzierend nach Grundsätzen einer- und speziellen Konstellationen mit asyl- und ausländerrechtlichem Bezug andererseits dargestellt.

Entsprechende Gewährleistungen finden sich verteilt über die **GRCh** va in Art. 1, 7, 8, aber auch in **2** weiteren Einzelbestimmungen.

1. Schutzpflicht

Eine konkrete Handlungspflicht – etwa in Gestalt der effektiven strafrechtlichen Sanktionierung und **3** Verfolgung[5] – erkennt der EGMR an nach Gewichtung des Interesses an einer solchen mit Blick auf die gewährleisteten Rechte, unter Berücksichtigung der Auswirkungen auf den betroffenen Staat[6]. Der Gerichtshof selbst weist allerdings darauf hin, dass die genaue Abgrenzung zwischen positiven und negativen Pflichten genauerer Definition entziehe. Die anwendbaren Grundsätze seien aber ohnehin gleich, weshalb es auf die genaue Abgrenzung nicht ankomme. Im Ergebnis müsse stets ein angemessener Ausgleich zwischen den verschiedenen Interessen getroffen werden. Und in beiden Zusammenhängen komme den Staaten ein gewisser Beurteilungsspielraum zu[7].

---

[1] Hinsichtlich der Wirkungen der EMRK im nationalen und europäischen Recht → Art. 3 Rn. 1 ff.
[2] EGMR Urt. v. 27.10.2014 – 18535/91, Rn. 31 – Kroon ua. /. Niederlande.
[3] Grundsätzlich zuletzt EGMR Urt. v. 5.9.2017 – 61496/08, Rn. 108 ff.
[4] → Rn. 3.
[5] Vgl. EGMR Urt. v. 26.3.1985 – 8978/80, Rn. 23 ff. – X und Y /. Niederlande; vgl. hierzu auch ECHR, Guide on Article 8 of the European Convention on Human Rights, letzte Aktualisierung am 31.8.2021, https://echr.coe.int/Documents/Guide_Art_8_ENG.pdf., S. 8 f.
[6] Vgl. EGMR Urt. v. 16.7.2014 – 37359/09, Rn. 66 mwN – Hämäläinen /. Finnland.
[7] EGMR Urt. v. 14.2.2012 – 26940/10, Rn. 68 f. – Antwi und andere /. Norwegen.

2. Abwehrrecht

4 Geht es um die Abwehr eines staatlichen Zugriffs, dann prüft der EGMR – entlang der Vorgaben von Art. 8 II – zunächst, ob dieser eine **hinreichende gesetzliche Grundlage** hat.

5 Hierzu hat der EGMR zuletzt in einem gegen Deutschland gerichteten Beschwerdeverfahren ausgeführt, in dem die gesetzliche Grundlage unter dem Gesichtspunkt divergierender Gerichtsentscheidungen in Frage stand[8]:

> *„Zu der Frage, ob eine Maßnahme* **„gesetzlich vorgesehen"** *war, hat der Gerichtshof den Grundsatz aufgestellt, dass eine Maßnahme zunächst eine Grundlage im innerstaatlichen Recht haben muss. In einem Bereich, der durch kodifiziertes Recht geregelt ist, ist das „Gesetz" die gültige Rechtsvorschrift so wie sie durch die zuständigen Gerichte ausgelegt wird (…). Der Ausdruck „gesetzlich vorgesehen" verweist außerdem auf die Qualität des betreffenden Gesetzes, welches mit dem Grundsatz der Rechtsstaatlichkeit vereinbar und der betroffenen Person zugänglich sein muss, die darüber hinaus die Folgen des Gesetzes für sich vorhersehen können muss (…). Um vorhersehbar zu sein, muss das Gesetz hinreichend präzise formuliert sein und die Person in die Lage versetzen – falls erforderlich, mit geeigneter Beratung – ihr Verhalten danach auszurichten (…). Der Gerichtshof hat jedoch bereits anerkannt, dass es bei der Formulierung von Gesetzen unmöglich ist, absolute Rechtssicherheit zu erreichen, und dass die Bemühung um Rechtssicherheit zu übermäßiger Starrheit führen kann. Es ist nicht zu vermeiden, dass viele Gesetze mehr oder weniger vage formuliert sind und deren Auslegung und Anwendung in der Praxis erfolgen müssen (…). Hinsichtlich widersprüchlicher Entscheidungen innerstaatlicher Gerichte weist der Gerichtshof darauf hin, dass er bereits wiederholt mit Fragen voneinander abweichender Rechtsprechung im Zusammenhang mit Artikel 6 befasst war. Er hat in diesem Zusammenhang konstatiert, dass der Grundsatz der Rechtssicherheit in allen Artikeln der Konvention stillschweigend impliziert sei und eines der grundlegenden Elemente der Rechtsstaatlichkeit darstelle (…). Das Fortbestehen widersprüchlicher Gerichtsentscheidungen kann zu einem Zustand rechtlicher Unsicherheit führen, wodurch das öffentliche Vertrauen in das Rechtssystem nur allzu leicht geschwächt wird, wo doch gerade dieses Vertrauen zweifellos eine der wesentlichen Komponenten eines Rechtsstaats ist (…). Die Forderung nach Rechtssicherheit bedeutet jedoch nicht, dass damit ein Recht auf unbedingte Konsistenz der Rechtsprechung einhergeht (…)."*

6 Ferner muss die Maßnahme einem der in Art. 8 II genannten **legitimen Zwecke** dienen, also der nationalen oder öffentlichen Sicherheit, für das wirtschaftliche Wohl des Landes, zur Aufrechterhaltung der Ordnung, zur Verhütung von Straftaten, zum Schutz der Gesundheit oder der Moral oder zum Schutz der Rechte und Freiheiten anderer.

7 Weiter muss sie in einer **demokratischen Gesellschaft notwendig** sein. Hierzu führt der EGMR jüngst aus[9]:

> *„Ein Eingriff gilt als ‚in einer demokratischen Gesellschaft notwendig' für ein rechtmäßig verfolgtes Ziel, wenn damit auf ein ‚dringendes soziales Bedürfnis' reagiert wird, und wenn er insbesondere in Bezug auf das rechtmäßig verfolgte Ziel verhältnismäßig ist und die zur Rechtfertigung von den innerstaatlichen Behörden angeführten Gründe „erheblich und ausreichend" sind (…). Während eine Würdigung all dieser Aspekte zunächst den nationalen Behörden obliegt, so bleibt die abschließende Beurteilung der Frage, ob der Eingriff notwendig war, einer Überprüfung durch den Gerichtshof auf Vereinbarkeit mit den Anforderungen der Konvention zugänglich. Bei dieser Beurteilung muss den zuständigen nationalen Behörden ein Ermessensspielraum verbleiben (…). Die Weite dieses Spielraums variiert und hängt von einer Reihe von Faktoren ab, darunter die Natur des in Rede stehenden Konventionsrechts, seine Bedeutung für das Individuum, die Art des Eingriffs sowie der mit dem Eingriff verfolgte Zweck. Der Spielraum wird eher enger sein, wenn das betroffene Recht entscheidend dafür ist, dass das Individuum in den tatsächlichen Genuss ‚höchstpersönlicher' oder grundlegender Rechte gelangt. Wo ein ganz besonders wichtiger Aspekt der Existenz oder der Identität eines Individuums auf dem Spiel steht, ist der dem Staat zustehende Spielraum einzuschränken. Wo jedoch unter den Mitgliedstaaten des Europarats keine Einigkeit herrscht, sei es hinsichtlich der relativen Bedeutung des auf dem Spiel stehenden Interesses oder hinsichtlich der Frage, wie dieses am besten zu schützen ist, ist ein weiterer Spielraum zuzugestehen (…). Ein weiter Spielraum besteht normalerweise auch dort, wo der Staat konkurrierende private und öffentliche Interessen oder verschiedene Konventionsrechte gegeneinander abwägen muss (…)."*

3. Margin of appreciation

8 Den Mitgliedstaaten kommt – sowohl bei den Schutzpflichten, als auch bei den Eingriffen – ein **Beurteilungsspielraum** zu („margin of appreciation"), dessen Umfang wiederum flexibel bestimmt wird. Zu berücksichtigen sind dabei nicht nur das Gewicht der betroffenen Interessen, sondern auch

---

[8] EGMR Urt. v. 19.11.2000 – 24173/18, Rn. 48 ff. – Klaus Müller ./. Deutschland, zitiert nach der Übersetzung des Bundesministeriums der Justiz und für Verbraucherschutz.

[9] EGMR Urt. v. 19.11.2000 – 24173/18, Rn. 65 f. – Klaus Müller ./. Deutschland, zitiert nach der Übersetzung des Bundesministeriums der Justiz und für Verbraucherschutz.

das Maß an Konsens innerhalb der Mitgliedstaaten[10]. Ferner ist – ausdrücklich bejaht der Gerichtshof dies besonders bei Art. 8 – die Frage von Bedeutung, ob und in welchem Umfang ein Mitgliedstaat sich mit den Gewährleistungen der EMRK im Lichte der Rechtsprechung im konkreten Fall auseinandergesetzt hat[11]. So hat der EGMR jüngst – letztlich in Konkretisierung des allgemeiner Subsidiaritätsgrundsatzes – klargestellt, dass er seine Kontrolle von Art. 8 in Konstellationen zurücknimmt, in denen die mitgliedstaatlichen Gerichte diese bereits geprüft hatten[12]. Wo die mitgliedstaatlichen Gerichte den Sachverhalt gehaltvoll gewürdigt, das Konventionsrecht angewendet und die persönlichen Interessen eines Betroffenen mit den öffentlichen Interessen abgewogen hätten, sei es nicht Aufgabe des Gerichtshofs, seine eigene Bewertung (auch der Verhältnismäßigkeit) an jene der mitgliedstaatlichen Stellen zu setzen, außer es gibt schwerwiegende Gründe, dies zu tun. In Abgrenzung dazu komme, wo die mitgliedstaatlichen Gerichte ihre Entscheidungen nicht adäquat begründeten oder die Verhältnismäßigkeit nur oberflächlich prüften, dem Gerichtshof durchaus auch eigene Prüfungskompetenz zu[13]. So hat er auch deutlich auf seine Schwierigkeiten mit einer Konstellation hingewiesen, in der er – weil das Aufenthaltsgesetz für eine solche im konkreten Fall letztlich keinen Raum ließ – eine (aktuelle) derartige Prüfung nicht erkennen konnte („gewisse Vorbehalte hinsichtlich des Vorbringens der Regierung, die innerstaatlichen Gerichte seien nicht verpflichtet, im Hinblick auf die Beziehung zwischen dem Beschwerdeführer und seiner Tochter und das Kindeswohl eine explizite Prüfung vorzunehmen, da der Gesetzgeber bereits eine Abwägung der widerstreitenden Interessen vorgenommen und der Pflicht, über einen gültigen Pass zu verfügen, beträchtliches Gewicht beigemessen habe")[14]. Diese Rechtsprechungslinien zeigen, welch erhebliche Bedeutung der ausdrücklichen Auseinandersetzung der mitgliedstaatlichen Gerichte mit den Maßgaben von Art. 8 zukommt; ihr Gewicht beim Feststellen der Konventionskonformität ist wesentlich.

II. Schutzgehalt

1. Privatleben

Der Begriff des „Privatlebens" ist nach Auffassung des EGMR **weitgefasst** und einer abschließenden Definition nicht zugänglich. Entsprechend weitgefächert sind die Fallgestaltungen, auf die er Anwendung findet. Er erfasst die **physische** und **psychische Unversehrtheit** einer Person. Daher kann er zahlreiche Aspekte ihrer physischen und sozialen Identität umfassen. Art. 8 schützt zusätzlich das Recht auf persönliche Entwicklung und das Recht, Beziehungen zu anderen Menschen und zur Außenwelt einzugehen und zu entwickeln. Die weite Fassung des Art. 8 bedeutet jedoch nicht, dass jegliche Handlung schützt, die eine Person mit anderen Menschen anstrebt, um solche Beziehungen einzugehen und zu entwickeln[15]. 9

Zu der Frage, ob man sich hinsichtlich des Kontakts zu einer anderen Person, wenn die Bindung zu dieser kein Familienleben iSv Art. 8 I[16] darstellt, auf das Privatleben berufen kann, hat der EGMR in der jüngeren Vergangenheit ausgeführt[17]: 10

> „Jedoch kann Artikel 8 unter dem Aspekt des Privatlebens nicht so verstanden werden, dass er das Recht an sich schützt, eine Beziehung mit einer bestimmten Person einzugehen. Der Gerichtshof ist bisher in der Regel davon ausgegangen, dass der Kontakt zu einer bestimmten anderen Person in erster Linie unter dem Aspekt des Familienlebens einen grundlegenden Bestandteil von Art. 8 darstellt (...). Nach Ansicht des Gerichtshofs kommt das Privatleben in der Regel nicht in Betracht, wenn ein Beschwerdeführer in Bezug auf diese Person kein ‚Familienleben' im Sinne von Artikel 8 zusteht und wenn die Person den Wunsch nach Kontakt nicht teilt. Dies gilt umso mehr, wenn die Person, zu der der Kontakt aufrechterhalten werden soll, das Opfer eines Verhaltens ist, das von den innerstaatlichen Gerichten als schädlich eingestuft wurde."

Die vom EGMR mit diesen Worten gewürdigte Konstellation trug allerdings spezielle Züge, so dass die möglichen Fernwirkungen der Entscheidung derzeit kaum abgeschätzt werden können.

---

[10] Vgl. EGMR Urt. v. 26.2.2002 – 36515/97, Rn. 41 f. – Fretté ./. Frankreich.
[11] Vgl. *Nusser* in Bretthauer/ua., FS-Assistententagung, S. 591, 604 mwN; vgl. ferner → AufenthG Vorb §§ 53–56 Rn. 113 mwN.
[12] Vgl. EGMR Urt. v. 14.9.2017 – 41215/14, Rn. 76 – Ndidi ./. Vereinigtes Königreich.
[13] Vgl. EGMR Urt. v. 9.7.2019 – 23887/16, Rn. 74 ff. – I. M. ./. Schweiz.
[14] Vgl. EGMR Urt. v. 1.3.2018 – 58681/12, Rn. 62 – T. C. E. ./. Deutschland, zitiert nach der Übersetzung des Bundesministeriums der Justiz und für Verbraucherschutz.
[15] EGMR Urt. v. 28.5.2020 – 17895/14, Rn. 53 mwN – Evers ./. Deutschland.
[16] → Rn. 11.
[17] EGMR Urt. v. 28.5.2020 – 17895/14, Rn. 57 – Evers ./. Deutschland, zitiert nach der Übersetzung des Bundesministeriums der Justiz und für Verbraucherschutz.

2. Familienleben

11 Den **Familienbegriff** hält der EGMR für autonom (**„autonomous concept"**)[18]. Maßgebend ist vor diesem Hintergrund der tatsächlich praktizierte Umfang enger persönlicher Bindungen sowie die ausreichende Dauerhaftigkeit[19]. Das Bestehen der Familie wird allerdings vorausgesetzt; dem bloße Wunsch, eine Familie zu gründen, kommt kein Schutz zu[20]. Eine gemeinsame Wohnung ist nicht erforderlich, wenn die Person etwa regelmäßigen Umgang mit dem Kind hat und sich finanziell an der Ausbildung des Kinds beteiligt[21]. Familie ist insoweit (selbstverständlich) auch die gleichgeschlechtliche Beziehung[22]. Auch eine biologische Bindung und rechtliche Anerkennung ist nicht zwingend erforderlich, um bei „Eltern" und „Kindern" von einer Familie auszugehen[23].

12 Hinsichtlich des Erfordernisses einer **Ehe** führt der EGMR ausdrücklich aus[24]:

> „Art. 8 gewährleistet das Recht auf Achtung des Familienlebens und setzt daher eine bestehende Familie voraus. Dazu merkt der Gerichtshof an, dass (...) Art. 8 zwischen einer ehelichen und einer nichtehelichen Familie keinen Unterschied macht. Eine solche Unterscheidung stünde im Widerspruch zu den Worten ‚jede Person'; Art. 14 bestätigt dies, indem er beim Genuss der in der Konvention niedergelegten Rechte und Freiheiten Diskriminierungen verbietet, die auf der ‚Geburt' beruhen. Überdies merkt der Gerichtshof an, dass das Ministerkomitee des Europarats die alleinstehende Mutter und ihr Kind als eine Familie neben anderen ansieht (...). Art. 8 gilt also für das „Familienleben" der nichtehelichen wie der ehelichen Familie gleichermaßen."

13 Nicht ausreichend zur Begründung einer Familie ist andererseits die bloße Tatsache, dass ein Beschwerdeführer in einem gemeinsamen Haushalt mit einer Frau und deren geistig behinderter Tochter gelebt hatte und er der leibliche Vater des – nach Auffassung der nationalen Gerichte aus sexuellem Missbrauch entstandenen – Kindes dieser Tochter ist[25].

3. Weiterer Schutzgehalt

14 Art. 8 verlangt, dass das **Entscheidungsfindungsprozess** „fair" ist und den durch ihn geschützten Rechten ausreichend Rechnung trägt[26]. Dieser Gesichtspunkt ist eng verwoben mit den Gewährleistungen nach Art. 6.

III. Anwendungsfälle

1. Aufenthaltsbeendigung

15 **a) Familie.** Eine Aufenthaltsbeendigung, die das Familienleben beeinträchtigt, muss sich an Art. 8 messen lassen. In einem seiner insoweit wegweisenden Urteile hat der EGMR hierzu – unter Entwicklung von allerdings nicht abschließenden[27] (sog. **Boultif/Üner**-)Abwägungskriterien – ausgeführt[28]:

> „Der Gerichtshof bestätigt zunächst erneut, dass die Staaten aufgrund eines allgemein anerkannten völkerrechtlichen Prinzips und unbeschadet der sich für sie aus den Verträgen ergebenden Verpflichtungen das Recht haben, die Einreise fremder Staatsangehöriger in ihr Hoheitsgebiet zu kontrollieren (...). Die Konvention sichert einem Ausländer nicht das Recht zu, in einem bestimmten Staat einzureisen oder sich dort aufzuhalten, wobei die Vertragsstaaten bei der Erfüllung ihres Auftrags zur Aufrechterhaltung der öffentlichen Ordnung berechtigt sind, einen straffälligen Ausländer auszuweisen. Jedoch müssen sich ihre Entscheidungen in diesem Bereich, soweit sie ein durch Artikel 8 Abs. 1 geschütztes Recht beeinträchtigen, als in einer demokratischen Gesellschaft notwendig herausstellen, d. h. durch ein herausragendes soziales Bedürfnis gerechtfertigt und insbesondere in Bezug auf das rechtmäßig verfolgte Ziel verhältnismäßig sein (...). Der Gerichtshof ist der Auffassung, dass diese Grundsätze unabhängig davon anwendbar sind, ob ein Ausländer als Erwachsener oder in sehr jungen Jahren in das Gastland eingereist oder dort gar geboren ist. (...) Obwohl eine Reihe von Vertragsstaaten Gesetze oder Verordnungen erlassen haben, wonach langjährig ansässige Einwanderer, die in ihrem Staatsgebiet geboren oder dort in jungen Jahren eingereist sind, auf der Grundlage ihrer Vorstrafen nicht ausgewiesen werden dürfen (...), kann ein solches absolutes Recht auf Nichtausweisung aus Artikel 8 der Konvention nicht abgeleitet werden (...). Selbst wenn ein ausländischer

---

[18] EGMR Urt. v. 13.6.1979 – 6833/74, Rn. 31 – Marckx ./. Belgien.
[19] EGMR Urt. v. 24.1.2017 – 25358/12, Rn. 140 – Paradiso und Campanelli ./. Italien.
[20] EGMR Urt. v. 24.1.2017 – 25358/12, Rn. 141 – Paradiso und Campanelli ./. Italien.
[21] EGMR Urt. v. 21.6.1988 – 10730/84, Rn. 20 – Berrehab ./. Niederlande.
[22] Vgl. EGMR Urt. v. 19.2.2013 – 19010/07, Rn. 96 – X ua. ./. Österreich.
[23] Vgl. EGMR Urt. v. 27.4.2010 – 16318/07, Rn. 48 – Moretti und Benedetti ./. Italien.
[24] EGMR Urt. v. 13.6.1979 – 6833/74, Rn. 31 – Marckx ./. Belgien, zitiert nach der Übersetzung des N. P. Engel Verlags.
[25] EGMR Urt. v. 28.5.2020 – 17895/14, Rn. 52 – Evers ./. Deutschland.
[26] EGMR Urt. v. 12.6.2014 – 56030/07, Rn. 147 – Fernández Martínez ./. Spanien.
[27] → AufenthG Vorb §§ 53–56 Rn. 112.
[28] EGMR Urt. v. 18.10.2006 – 46410/99, Rn. 54 ff. – Üner ./. Niederlande, zitiert nach der Übersetzung des Bundesministeriums der Justiz; zuvor bereits Urt. v. 2.8.2001 – 54273/00, Rn. 48 – Boultif.

Staatsangehöriger einen unbefristeten Aufenthaltsstatus genießt und ein hohes Maß an Integration erreicht hat, kann dem Gerichtshof zufolge dennoch seine Situation nicht mit derjenigen eines Staatsbürgers verglichen werden, wenn es sich um die vorgenannte Befugnis der Vertragsstaaten im Hinblick auf die Ausweisung von Ausländern aus einem oder mehreren der in Artikel 8 Abs. 2 der Konvention aufgeführten Gründen handelt (...). Er ist außerdem der Auffassung, dass die Entscheidung, eine Aufenthaltsgenehmigung zurückzuziehen und/oder eine Ausweisungsmaßnahme in Bezug auf einen langjährig ansässigen Einwanderer im Anschluss an eine Straftat zu treffen, derentwegen der Betroffene strafrechtlich verurteilt wurde, weder im Sinne des Artikels 4 des Protokolls Nr. 7 noch im generellen Sinn eine Doppelbestrafung darstellt. Die Vertragsstaaten haben das Recht, gegenüber Personen, die wegen Straftaten verurteilt worden sind, Maßnahmen zum Schutz der Gesellschaft zu treffen, vorausgesetzt, diese Maßnahmen sind, sofern sie die nach Artikel 8 Abs. 1 der Konvention zugesicherten Rechte beeinträchtigen, auf jeden Fall in einer demokratischen Gesellschaft notwendig und in Bezug auf das verfolgte Ziel verhältnismäßig. Solche Verwaltungsmaßnahmen sind vielmehr als präventiver Natur und weniger als Bestrafung zu werten (...). Selbst wenn Artikel 8 der Konvention unter diesen Umständen irgendeiner Kategorie von Ausländern kein absolutes Recht auf Nichtausweisung verleiht, stellt die Rechtsprechung des Gerichtshofs umfassend unter Beweis, dass es Umstände gibt, unter denen die Ausweisung eines Ausländers gleichwohl eine Verletzung dieser Bestimmung darstellt (...) (...) der Gerichtshof (hat) die Kriterien aufgelistet, die bei der Prüfung der Frage heranzuziehen sind, ob eine Ausweisungsmaßnahme in einer demokratischen Gesellschaft notwendig und gegenüber dem verfolgten Ziel verhältnismäßig ist (...):

– *die Art und Schwere der vom Beschwerdeführer begangenen Straftat;*
– *die Dauer des Aufenthalts des Beschwerdeführers in dem Land, aus dem er ausgewiesen werden soll;*
– *die seit der Tatzeit verstrichene Zeitspanne und das Verhalten des Beschwerdeführers in dieser Zeit;*
– *die Staatsangehörigkeit der einzelnen Betroffenen;*
– *die familiäre Situation des Beschwerdeführers und insbesondere gegebenenfalls die Dauer seiner Ehe und andere Faktoren, welche die Effektivität eines Familienlebens bei einem Paar belegen;*
– *die Frage, ob der Ehegatte von der Straftat wusste, als die familiäre Beziehung aufgenommen wurde;*
– *die Frage, ob aus der Ehe Kinder hervorgegangen sind und wenn ja, welches Alter sie haben, und*
– *das Maß an Schwierigkeiten, denen der Ehegatte in dem Land unter Umständen begegnet, in das der Beschwerdeführer auszuweisen ist. (...)*
– *die Belange und das Wohl der Kinder, insbesondere das Maß an Schwierigkeiten, denen die Kinder des Beschwerdeführers in dem Land begegnen können, in das der Betroffene auszuweisen ist; und*
– *die Festigkeit der sozialen, kulturellen und familiären Bindungen zum Gaststaat und zum Bestimmungsland.*"

In der verwaltungsgerichtlichen Rechtsprechung wird, die vorgenannte Rspr. integrierend, in Bezug auf Ausweisungen ausgeführt, dass bei der Prüfung, ob die das Ausweisungsinteresse das Bleibeinteresse überwiegt und die Ausweisung verhältnismäßig ist, es einer einzelfallbezogenen Würdigung und Abwägung der für die Ausweisung sprechenden öffentlichen Belange und der gegenläufigen Interessen des Ausländers unter Beachtung der insbesondere vom EGMR zu Art. 8 EMRK entwickelten Kriterien bedarf[29]. **16**

Besonderer Berücksichtigung iRv Art. 8 EMRK bedarf das **Wohl des Kinds**, dass grundsätzlich für einen Erhalt der Bindungen zu den Eltern streitet. Nur außergewöhnliche Umstände können zu einem Zerbrechen der familiären Bindung führen; es muss alles unternommen werden, um die persönlichen Beziehungen und die Familiengemeinschaft aufrechtzuerhalten oder die Familie wiederherzustellen[30]. **17**

b) Privatleben. Weil auch die Begründung und Entwicklung persönlicher Beziehungen zu anderen Menschen als Teil des Privatlebens Schutz genießt, muss sich eine Aufenthaltsbeendigung **unabhängig vom Bestehen familiärer Beziehungen** insbesondere dann an Art. 8 messen lassen, wenn die betreffende Person sich schon **länger** in dem Mitgliedstaat **aufhält,** dort womöglich aufgewachsen oder gar geboren ist[31]. Der EGMR weist auch in diesem Zusammenhang darauf hin, dass es bei der Prüfung der „Notwendigkeit in einer demokratischen Gesellschaft" zu berücksichtigen gilt, dass die Mitgliedstaaten den Zugang von Ausländern zu ihrem Gebiet sowie deren Niederlassung dort kontrollieren dürfen. Die Konvention garantiere Ausländern nicht das Recht, Zugang zu einem bestimmten Land zu bekommen und sich dort niederzulassen. Ferner hätten die Mitgliedstaaten, in Erfüllung ihrer Aufgabe, für Sicherheit und Ordnung zu sorgen, die Macht, straffällige Ausländer auszuweisen. **18**

Grundsätzlich wendet der EGMR auf der Rechtfertigungsebene bei sog. „settled migrant" bzw. „faktischer Inländer" auch insoweit die genannten Kriterien aus der Rechtssache Üner an[32]. Ausdrück- **19**

---

[29] Vgl. BVerwG Beschl. v. 21.1.2019 – 1 B 65/19 – BeckRS 2020, 2748 Rn. 6 mwN.
[30] → AufenthG § 25 Rn. 117 mwN.
[31] Vgl. EGMR Urt. v. 23.6.2008 – 1638/03, Rn. 63 – Maslov./. Österreich.
[32] Vgl. EGMR Urt. v. 17.12.2019 – 2967/12, Rn. 46 ff. – Zakharchuk ./. Russland.

lich heißt es, dass es sehr schwerwiegender Gründe bedürfe, um die Ausweisung eines „faktischen Inländers" zu rechtfertigen, der/die rechtmäßig wesentliche Teile seiner/ihrer Kindheit und Jugend in dem betreffenden Mitgliedstaat verbracht habe[33].

20 Aber auch unterhalb der Schwelle des faktischen Inländers genießt ein Betroffener – allerdings wohl geringeren – Schutz unter Art. 8[34].

21 Das BVerwG ist zuletzt ausdrücklich der Auffassung entgegengetreten, eine Aufenthaltsbeendigung wegen unzureichender beruflicher und wirtschaftlicher Integration sei auch dann mit dem Grundsatz der Verhältnismäßigkeit vereinbar, wenn der Betroffene weder über Kenntnisse der Sprache seines Herkunftslandes noch über dortige familiäre Anknüpfungspunkte verfüge. Der Sache nach hat es damit über den Fall hinaus Vorsicht im Umgang mit Art. 8 angemahnt[35]. Maßgeblich sei auch die Integrationsfähigkeit eines Betroffenen in seinem Herkunftsland zu ermitteln, in dem er nie gelebt habe. Erforderlich sei eine gewichtende Gesamtbewertung seiner Lebensumstände, in die sowohl die für eine Verwurzelung als auch die für eine Entwurzelung im Herkunftsland sprechenden Umstände, die zuvor hinreichend aufzuklären sind, eingestellt werden[36].

22 **c) Drogendelikte.** Bei Ausweisungen infolge von Drogendelikten geht der EGMR grundsätzlich mit der Begründung von schwerwiegenden – Ausweisungen trotz gewichtiger Bindungen im Sinne des Familien- oder Privatlebens rechtfertigenden – Delikten aus, dass „in Anbetracht der verheerenden Wirkungen von Drogen auf das Leben der Menschen und auf die Gesellschaft Verständnis dafür hat, dass die Behörden mit großer Entschlossenheit gegen diejenigen vorgehen müssen, die aktiv zur Verbreitung dieses Übels beitragen."[37] Allerdings kann die Schwere einer Tat allein eine Beeinträchtigung der durch Art. 8 geschützten Interessen nicht rechtfertigen; dabei folgt die Gewichtigkeit eines Delikts nicht allein aus der Höhe des Strafausspruchs, sondern ist – auch bei Drogenkriminalität – im Einzelfall in einer Gesamtbetrachtung festzustellen. Vielmehr handelt es sich – unter Berücksichtigung der oben dargestellten sog. Üner-Kriterien – nur um einen Gesichtspunkt unter vielen[38].

2. Anspruch auf einen bestimmten Aufenthaltsstatus

23 Art. 8 begründet grundsätzlich keinen Anspruch auf eine Aufenthaltserlaubnis, solange von den Mitgliedstaaten anderweitige Lösungen zur Verfügung gestellt werden, die die Ausübung der darin begründeten Rechte erlauben. Bei Bestehen verschiedener Aufenthaltsstatus, die die Ausübung der durch Art. 8 gewährleisteten Rechte in gleicher Weise ermöglichen, lässt sich der Konvention kein Anspruch auf einen bestimmten Aufenthaltsstatus entnehmen[39]. Der EGMR versteht die Verpflichtung der Mitgliedstaaten insoweit dahingehen, dass sie **effektive und tatsächlich erreichbare Mittel** zur Verfügung stellen müssen, um einem Betroffenen die Ausübung der durch Art. 8 geschützten Rechte zu ermöglichen[40]. Bezogen auf die Deutschland hat der EGMR eine Duldung („exceptional leave") – allerdings nach skeptischem Hinweis darauf, dass eine bloßer gesetzgeberischer Ausschluss einer Aufenthaltserlaubnis dem in Art. 8 verankerten Anspruch auf Einzelfallprüfung eher nicht Genüge tue – jedenfalls implizit für ausreichend befunden, um die durch Art. 8 geschützten Rechte auszuüben[41].

3. Familienzusammenführung

24 Art. 8 kann unter Umständen einen Anspruch auf Familienzusammenführung, dh den Nachzug von noch im Ausland befindlichen Personen, begründen, der ohne Weiteres auch für Flüchtlinge, subsidiär Schutzberechtigte[42] und Personen gilt, die Abschiebeschutz mit Blick auf Art. 3 genießen[43]. Ein solcher Anspruch hängt von den **Umständen des Einzelfalls** ab; für einen Anspruch streitet insbesondere[44] der rechtmäßige und dauerhafte Status der die Familienzusammenführung begehrenden Person, deren Bindungen in den Mitgliedstaat, dass das Familienleben bereits begründet war, als die begehrende Person ihren Status erlangt hat, dass beide Personen bereits zusammen im Mitgliedstaat

---

[33] EGMR Urt. v. 23.6.2008 – 1638/03, Rn. 75 – Maslov ./. Österreich; vgl. ferner Urt. v. 28.6.2007 – 31753/02, Rn. 64 – Kaya ./. Deutschland.
[34] Siehe dazu EGMR Urt. v. 4.12.2012 – 47017/09, Rn. 78 ff. mwN – Butt ./. Norwegen.
[35] Vgl. BVerwG Urt. v. 15.8.2019 – 1 C 23.19, Rn. 31.
[36] BVerwG Urt. v. 15.8.2019 – 1 C 23.19, Rn. 31, unter Bezugnahme auf BVerfG Beschl. v. 21.2.2011 – 2 BvR 1392/10, NVwZ-RR 2011, 420.
[37] EGMR Urt v. 20.12.2018 – 18706/16, Rn. 46 – Cabucak ./. Deutschland; Urt v. 1.12.2016 – 77036/11, Rn. 66 – Salem ./. Deutschland; Urt. v. 19.3.2013 – 45971/08, Rn. 27 – S. ./. Deutschland, 19. März 2013; außerdem → AufenthG Vorb §§ 53–56 Rn. 114 mwN.
[38] → AufenthG Vorb §§ 53–56 Rn. 114 mwN.
[39] EGMR Urt. v. 26.4.2018 – 63311/14, Rn. 121 – Hoti ./. Kroatien.
[40] EGMR Urt. v. 26.4.2018 – 63311/14, Rn. 123 – Hoti ./. Kroatien.
[41] EGMR Urt. v. 1.3.2018 – 58681/12, Rn. 63 – T. C. E. ./. Deutschland; zum Vergleich Urt. v. 26.4.2018 – 63311/14, Rn. 125 ff. – Hoti ./. Kroatien.
[42] Ausführlich zum Familiennachzug zu subsidiär Schutzberechtigten s. *Thym* NVwZ 2018, 1340.
[43] Ausf. auch → AufenthG § 36a Rn. 14 ff.
[44] Siehe Zusammenfassung in EGMR Urt. v. 9.7.2021 – 66997/18, Rn. 134 ff. mwN – M. A. ./. Dänemark.

gewesen sind, dass Kinder mit besonders gewichtigen Interessen betroffen sind, dass es unüberwindbare Hindernisse für das Zusammenleben im Herkunftsland gibt; einem Anspruch tendenziell entgegen steht es, dass das Familienleben zu einem Zeitpunkt begründet worden ist, zu dem der prekäre Status der Person im Mitgliedstaat bereits bekannt war, dass nur begrenzte Bindungen in den Mitgliedstaat bestehen, dass keine unüberwindbaren Hindernisse dafür bestehen, gemeinsam im Herkunftsland zu leben, dass seitens der begehrenden Person keine ausreichenden finanziellen Mittel vorhanden sind, um die nachziehende Person zu unterstützen.

Auch ergeben sich aus Art. 8 verfahrensrechtliche Anforderungen dergestalt, dass Anträge auf Familienzusammenführung fair, schnell und effektiv bearbeitet werden müssen und eine individuelle Beurteilung erfolgen muss[45]. Soweit Mitgliedstaaten gesetzlich Nachzugsrechte einräumen, müssen sie diese Regelungen auch in Gemäßheit von Art. 14 ausgestalten[46]. 25

4. Einreise- und Aufenthaltsverbot

Auch bei Anordnung eines – ausweisungs-, zurückschiebungs- oder abschiebungsbedingten – Einreise- und Aufenthaltsverbots (§ 11 I, II, III AufenthG) ergeben sich Grenzen aus Art. 8. Bei einer allein unter präventiven Gesichtspunkten vorzunehmenden Befristung der Geltungsdauer des abschiebungsbedingten Einreise- und Aufenthaltsverbots **sind Zweck und Gewicht der das Einreise- und Aufenthaltsverbot veranlassenden Maßnahme und die schützenswerten Belange des Betroffenen** in Einklang zu bringen. Schützenswert sind solche persönlichen Belange, die dem Ausländer eine aufenthaltsrechtlich beachtliche Rückkehrperspektive vermitteln. Einer angemessenen Rückkehrperspektive bedürfen im Lichte des Schutzes des Familienlebens iS (auch) von Art. 8 I insbesondere Ausländer, die im Bundesgebiet in familiärer Lebensgemeinschaft mit einem deutschen oder einem ausländischen langfristig aufenthaltsberechtigten Ehegatten, Lebenspartner oder minderjährigen ledigen Kind leben oder eine sozial-familiäre Beziehung mit einem solchen minderjährigen ledigen Kind pflegen. Entsprechendes gilt für Ausländer, die den verfassungs- und völkerrechtlichen Schutz sog. faktischer Inländer genießen. Aber auch unabhängig davon ist die Gesamtheit der Bindungen zum Bundesgebiet, die das Privatleben des Ausländers ausmachen, wie sie im Kern in den oben genannten Üner-Kriterien zum Ausdruck kommen, zu berücksichtigen[47]. 26

---

[45] Vgl. EGMR Urt. v. 9.7.2021 – 66997/18, Rn. 161 ff. – M. A. ./. Dänemark.
[46] EGMR Urt. v. 6.1.2013 – 22341/09 – Hode und Abdi ./. Vereinigtes Königreich.
[47] Vgl. zuletzt zu BVerwG Urt. v. 7.9.2021 – 1 C 47/20, NVwZ 2021, 1842 Rn. 14 ff.

Fünfter Teil. Grundrechtecharta der EU

Charta der Grundrechte der Europäischen Union (Grundrechtecharta – GRCh)

Am 7. Dezember 2000 vom Europäischen Rat in Nizza feierlich proklamiert (ABl. EU C 364/1); in der am 30. März 2010 verkündeten Fassung (ABl. EU C 83/389), auf die Art 6 Abs 1 EUV des am 1. Dezember 2009 in Kraft getretenen EU-Reformvertrags von Lissabon verweist.

Vorbemerkung
I. Die Grundrechtecharta als integrationspolitischer Meilenstein

Mit dem am 1.12.2009 in Kraft getretenen Reformvertrag von Lissabon erlangte die EU-Grundrechtecharta (GRCh) endlich volle **Rechtsverbindlichkeit**. Seither kann sich jedermann grundsätzlich[1] vor allen Gerichten in der EU auf die Charta berufen – allerdings nur, soweit sie nach ihrem Art. 51 I überhaupt anwendbar ist; dies muss deshalb in jedem Fall zuerst geprüft werden. Für den Bereich des Asylrechts ist dies aufgrund der unionsrechtlichen Überformung insbesondere durch die Qualifikations- oder Anerkennungs-RL 2011/95/EU und die Asylverfahrens-RL 2013/32/EU sowie die Dublin III-VO 604/2013/EU nunmehr (zumindest diesbezüglich) klar zu bejahen[2]. Für den Bereich des Ausländerrechts dürfte die Anwendbarkeit der Charta hingegen im Einzelfall immer ausdrücklich festgestellt werden müssen[3]. 1

Unter strikt europarechtlichem Blickwinkel brachte die Charta eigentlich „nichts Neues". Denn der EuGH hatte beginnend mit der vom VG Stuttgart vorgelegten Rechtssache Stauder[4] schon im Jahr 1969–2009 in zahlreichen Entscheidungen auf der Basis nationaler Verfassungen und insbesondere der EMRK einen effektiven Grundrechtsschutz aufgebaut. Auch das BVerfG sieht diesen seit Langem als hinreichend lückenlos und funktionierend an[5]. Der Lissabon-Vertrag kodifizierte ihn lediglich in der neuen GRCh zum Zwecke der **Sichtbarkeit** für die Bürger. Wirklich neue Grundrechte dagegen weist die Charta nicht auf. Ohnehin gelten die bisherigen (ungeschriebenen) EU-Grundrechte nach Art. 6 III EUV ausdrücklich als allgemeiner Rechtsgrundsatz des Unionsrechts fort[6]. Aus diesem Grund kann selbst das Lissabonner Grundrechteprotokoll[7], das Polen (aus Angst vor liberalen Abtreibungsregeln und der Anerkennung homosexueller Partnerschaften), das Vereinigte Königreich (aus Angst vor den wirtschaftlichen und sozialen „Solidaritäts"-Grundrechten) und möglicherweise demnächst auch noch Tschechien (aus Angst vor möglichen Gebietsansprüchen deutscher Staatsbürger und genereller EU-Skepsis) teilweise vom Anwendungsbereich der Charta ausnehmen will, kaum zu einer Gefährdung oder gar Spaltung des EU-Grundrechtsschutzes führen[8]. 2

---

[1] Gewisse Ausnahmen formuliert das Lissaboner-Protokoll Nr. 30 v. 31.12.2007 über die Anwendung der Charta der Grundrechte der EU auf Polen und das Vereinigte Königreich (und evtl. demnächst auch Tschechien; vgl. ABl. 2007 C 306, S. 154): „Art 1: (1) Die Charta bewirkt keine Ausweitung der Befugnis des Gerichtshofs der Europäischen Union oder eines Gerichts Polens oder des Vereinigten Königreichs zu der Feststellung, dass die Rechts- und Verwaltungsvorschriften, die Verwaltungspraxis oder Maßnahmen Polens oder des Vereinigten Königreichs nicht mit den durch die Charta bekräftigten Grundrechten, Freiheiten und Grundsätze im Einklang stehen. (2) Insbesondere – und um jeden Zweifel auszuräumen – werden mit Titel IV der Charta keine für Polen oder das Vereinigte Königreich geltenden einklagbaren Rechte geschaffen, soweit Polen bzw. das Vereinigte Königreich solche Rechte nicht in seinem nationalen Recht vorgesehen hat. / Art 2: Wird in einer Bestimmung der Charta auf das innerstaatliche Recht und die innerstaatliche Praxis Bezug genommen, so findet diese Bestimmung auf Polen und das Vereinigte Königreich nur in dem Maße Anwendung, in dem die darin enthaltenen Rechte oder Grundsätze durch das Recht oder die Praxis Polens bzw. des Vereinigten Königreichs anerkannt sind." Vgl. hierzu *Cremer* EuGRZ 2011, 545 (553).

[2] Vgl. EuGH Urt. v. 28.7.2011 – C-69/10 Rn. 49 f. – Samba Diouf und Urt. v. 21.12.2011 – C-411/10 – N. S. ua.

[3] S. hierzu etwa die Ausführungen in der Vorlage des VGH BW mit Beschl. v. 20.1.2011 – 11 S 1069/10 = EuGH Urt. v. 8.11.2012 – C-40/11 – Yoshikazu Iida sowie → Art. 51 Rn. 1 ff.

[4] EuGH Urt. v. 12.11.1969 – 29/69, Slg. 1969, 419. Zur Entwicklung des EU-Grundrechtsschutzes vgl. *v. Arnim*, Der Standort der EU-GRCh in der Grundrechtsarchitektur Europas, 2005, S. 36 ff.

[5] Vgl. BVerfGE 102, 147 – Bananenmarktordnung.

[6] Wobei das genaue Verhältnis zu den geschriebenen Charta-Rechten allerdings bisher vom EuGH nicht genauer bestimmt wurde.

[7] Protokoll Nr. 30 über die Anwendung der Charta der Grundrechte der EU auf Polen und das Vereinigte Königreich; s. o. Fn. 1. Nw bei *Mehde* EuGRZ 2008, 269.

[8] Der EuGH hat die primär (innen-)politisch motivierten Ausnahmen in seinem Asylurteil „N. S." v. 21.12.2011 – C-411/10 Rn. 119 ff., zwischenzeitlich bereits rechtlich stark relativiert: „Aus dem Wortlaut dieser Bestimmung

3   Unter primär europapolitischem Blickwinkel stellte und stellt die GRCh hingegen unbestreitbar einen integrationspolitischen Meilenstein in der Fortentwicklung der EU und des EU-Grundrechtsschutzes dar. Erstmals in der Geschichte Europas finden sich seither sowohl politische, wirtschaftliche und soziale als auch Bürger- und Justizgrundrechte rechtsverbindlich gebündelt und inhaltlich ausdifferenziert in einem einzigen Menschenrechtsdokument[9]. Schuf der Römische EWG-Vertrag mit dem Blickwinkel des homo oeconomicus 1958 den „Marktbürger", der Maastrichter Vertrag hieraus mit der Perspektive des homo politicus 1993 den „Unionsbürger", steht nunmehr seit dem Lissabon-Vertrag mit der GRCh der in allen seinen Wesensarten geschützte „Mensch" im Zentrum der EU. Nie zuvor schützte den Menschen ein vergleichbar lückenloser und hochmoderner transnationaler, gerichtlich einklagbarer Grundrechtekatalog. Die Charta hat deshalb bereits heute – auch wegen des unaufhaltsamen **Bedeutungszuwachses** des Europarechts – nicht nur die Rechtsprechung des EuGH, sondern auch die der mitgliedstaatlichen Gerichte nachhaltig befruchtet. Gleiches gilt für den EGMR, dh die Judikatur des EGMR, spätestens nach dem in Art. 6 II EUV vorgesehenen – politisch, rechtlich und symbolisch wichtigen – Beitritt der EU zur EMRK, der sich aufgrund des „abwehrenden" EuGH-Gutachtens 2/13 vom 18.12.2014 nun wohl nachhaltig verzögern wird. Nach einem künftigen Beitritt der EU zur EMRK aber wird der EGMR als zusätzliche „Rechtsmittel"- und Leitinstanz mit Grundrechtsurteilen des Luxemburger EuGH auch zur EMRK konfrontiert werden. Denn die Chartarechte, die denen der EMRK entsprechen, sollen nach der Inkorporationsklausel des Art. 52 III und im Übrigen auch den gemäß Art. 52 VII gebührend zu berücksichtigenden Konvents-Erläuterungen zur Charta ausdrücklich die identische Bedeutung und Tragweite haben wie diejenigen der EMRK. Zwischen den Grundrechteschutz der Charta und den der EMRK soll nach diesem „Identitätskonzept"[10] ebenso wenig ein Blatt Papier passen wie zwischen die Grundrechtsjudikatur in Luxemburg und Straßburg[11]. Auf diese Weise wird der EGMR also mittelbar auch über die Grundrechte der Charta judizieren und sich mit diesen auseinandersetzen. Dies dürfte zugleich wiederum die Auslegung der EMRK-Rechte beeinflussen, die bekanntlich „living instruments" sind[12], und damit zu einer noch vollkommeneren Harmonisierung des mehrebenenverorteten Menschenrechtsschutzes führen. Der Reformvertrag von Lissabon war mithin unbestreitbar ein bedeutender Schritt auf dem Weg zu einer gemeineuropäischen Grundrechtskultur.

II. Freizügigkeitsrechte nach Art. 20 AEUV und die Grundrechtsfundamentalnorm des Art. 6 EUV

4   Nach Art. 6 I EUV erkennt die Union „die Rechte, Freiheiten und Grundsätze an", die in der GRCh niedergelegt sind; diese Charta und die Verträge sind ausdrücklich „gleichrangig". Anders als im gescheiterten Vertrag über eine Verfassung für Europa[13] wurde die Charta im Reformvertrag von Lissabon nicht in den EU-Vertrag eingefügt, sondern durch den Verweis in Art. 6 I EUV rechtsverbindlich gemacht. An der Qualität der Charta als primärrechtlicher Rechtsquelle ändert diese Rechtstechnik nichts. Die Bedeutung der angeordneten Gleichrangigkeit ist in der bisherigen Praxis allerdings hinterfragbar. Hat der EuGH doch im ausländerrechtlich relevanten **Urteil Ruiz Zambrano**[14], indem die Inländerdiskriminierung erstmals europarechtlich verboten und den Eltern eines

---

ergibt sich, (…) dass das Protokoll Nr. 30 nicht die Geltung der Charta für das Vereinigte Königreich oder für Polen in Frage stellt, was in den Erwägungsgründen des Protokolls Bestätigung findet. So sieht nach dem dritten Erwägungsgrund des Protokolls Art. 6 EUV vor, dass die Charta von den Gerichten der Republik Polen und des Vereinigten Königreichs streng im Einklang mit den in jenem Artikel erwähnten Erläuterungen anzuwenden und auszulegen ist. Außerdem bekräftigt die Charta nach dem sechsten Erwägungsgrund dieses Protokolls die in der Union anerkannten Rechte, Freiheiten und Grundsätze und macht diese Rechte besser sichtbar, schafft aber keine neuen Rechte oder Grundsätze. Unter diesen Umständen verdeutlicht Art. 1 Abs. 1 des Protokolls Art. 51 der Charta über deren Anwendungsbereich und bezweckt weder, die Republik Polen und das Vereinigte Königreich von der Verpflichtung zur Einhaltung der Bestimmungen der Charta freizustellen, noch, ein Gericht eines dieser Mitgliedstaaten daran zu hindern, für die Einhaltung dieser Bestimmungen zu sorgen. (…) Deshalb ist auf die (…) Frage (…) zu antworten, dass, soweit sich die davor gestellten Fragen in Bezug auf Verpflichtungen des Vereinigten Königreichs stellen, die Berücksichtigung des Protokolls Nr. 30 keinen Einfluss auf die Beantwortung der Fragen (…) hat."

[9] Die EMRK hingegen umfasst insbes. keine sozialen Grundrechte; diese sind (nicht einklagbar) in der Europäischen Sozialcharta aufgeführt. Der EGMR betont allerdings, es gebe „keine wasserdichte Trennwand zwischen den verschiedenen Grundrechtssphären"; so ausdrücklich im Fall Airey, Urt. v. 9.10.1979 – 6289/73, EuGRZ 1979, 626 (628 f.).

[10] Vgl. bspw. GA *Kokott* im Schlussantrag v. 8.9.2005 in der Rs. C-540/03 Rn. 60: „Soweit hier von Belang, ist Art. 7 der Charta der Grundrechte, der zweite Erwägungsgrund der Richtlinie ausdrücklich in Bezug nimmt, mit Art. 8 EMRK identisch. Er soll auch nach Art. 52 III 1 der Charta die gleiche Bedeutung und Tragweite haben."

[11] Luxemburg folgt Straßburg in Menschenrechtsfragen bisher in aller Regel strikt; s. zB EuGH Urt. v. 3.9.2008 – C-402/05P Rn. 311, 344, 360, 368 – Kadi.

[12] Vgl. zB EGMR Urt. v. 12.7.2001 – 44759/98 Rn. 26 – Ferrazzini: „The Convention is, however, a living instrument to be interpreted in the light of present-day conditions".

[13] Vgl. hierzu *Bergmann* VBlBW 2005, 121 ff.

[14] EuGH Urt. v. 8.3.2011 – C-34/09.

Vorbemerkung **Vorb GRCh 5**

Unionsbürgerkindes direkt aus Art. 20 AEUV ein Aufenthaltsrecht zugesprochen wurde, weil anderenfalls das Unionsbürgerkind die EU verlassen müsste und damit in den Kernbereich seines Unionsbürgerrechts eingegriffen würde, einen zumindest auch grundrechtlichen Sachverhalt ausschließlich mit der Unionsbürgerschaft über Art. 20 AEUV gelöst; die Charta wurde nicht einmal zitiert. Ebenso verfuhr der EuGH im Folgeurteil *McCarthy*[15], indem das Zambrano-Aufenthaltsrecht nicht auf Ehegatten übertragen wurde, weil der Unionsbürger nicht zwingend seinem drittstaatsangehörigen Partner außerhalb der EU hin folgen müsse. Im Zambrano-Folgeurteil *Dereci*[16] wurden wiederum zunächst insbesondere die Freizügigkeits-RL und dann die Unionsbürgerrechte geprüft – und es wurde konkretisiert, dass das Zambrano-Aufenthaltsrecht nur entstehen kann, wenn der Unionsbürger de facto gezwungen wird, das Gebiet der EU als Ganzes zu verlassen[17]; nach Verneinung dieser Unionsbürgerrechte im konkreten Fall wird dann aber immerhin noch auf Art. 7 GRCh und Art. 8 EMRK verwiesen, ohne allerdings das gegenseitige Verhältnis und die materiellen Reichweiten zu konkretisieren. Im Zambrano-Folgeurteil *O./S.+L.*[18] wurde ebenfalls zunächst va mit der Freizügigkeits-RL und Art. 20 AEUV sowie der Familienzusammenführungs-RL 2003/86/EG argumentiert, hierbei dann aber (im Zusammenhang mit Sozialhilfebezug) auch auf den besonderen grundrechtlichen Schutz der Familie und va auf die Kinderrechte nach Art. 7 und 24 der Charta Bezug genommen. Im Folgeurteil *Ymerga*[19] führte der EuGH ergänzend ausdrücklich zur Charta aus: „Zu den vom vorlegenden Gericht angeführten Grundrechten ist darauf hinzuweisen, dass die Bestimmungen der Charta nach ihrem Art 51 Abs 1 für die Mitgliedstaaten ausschließlich bei der Durchführung des Rechts der Union gelten. Nach Art 51 Abs 2 der Charta dehnt diese den Geltungsbereich des Unionsrechts nicht über die Zuständigkeiten der Union hinaus aus und begründet weder neue Zuständigkeiten noch neue Aufgaben für die Union, noch ändert sie die in den Verträgen festgelegten Zuständigkeiten und Aufgaben. Somit hat der Gerichtshof im Licht der Charta das Unionsrecht in den Grenzen der der Union übertragenen Zuständigkeiten zu prüfen." Die Charta wird mithin als Folie genutzt, vor deren Hintergrund im Ausländerrecht insbesondere das unionsrechtliche Freizügigkeits- bzw. Aufenthaltsrecht aus den Art. 20 und 21 AEUV auszulegen ist. Die Folgeurteile *Alokpa & Moudoulou*[20] sowie *NA*[21] weisen ebenfalls in diese Richtung. In den Zambrano-Folgeurteilen *Rendon Martin*[22] sowie *CS*[23], in denen es um das unionsrechtliche Aufenthaltsrecht von vorbestraften drittstaatsangehörigen Eltern von Unionsbürgerkindern ging, wird nun erstmals explizit mit den Art. 7 und 24 GRCh argumentiert[24].

---

[15] EuGH Urt. v. 5.5.2011 – C-434/09.
[16] EuGH Urt. v. 15.11.2011 – C-256/11.
[17] Die restriktive Grundhaltung der Urteile McCarthy und Dereci deutet darauf hin, dass auch das „Zambrano-AufR" nicht unbegrenzt gilt. Insbes. bei einem straffälligen drittstaatsangehörigen Unionsbürger-Elternteil etwa dürfte das AufenthG (und nicht das FreizügG/EU) anwendbar sein, das bloße gemeinsame Sorgerecht nicht genügen (erst wenn bei Dissens der Eltern das Familiengericht bestimmt, dass das Unionsbürgerkind tatsächlich mit dem Straftäter die EU verlassen muss, steht der de-facto-Eingriff in den Kernbereich der Unionsbürgerschaft fest) und das EuGH-Urteil Rottmann (v. 2.3.2010 – C-135/08, selbst die gesamte Unionsbürgerschaft darf wieder entzogen werden, wenn der Verhältnismäßigkeitsgrundsatz gewahrt bleibt) „erst Recht" (auf ein (Freizügigkeits-)Recht aus der Unionsbürgerschaft) angewendet werden können. Auch in Zambrano-Aufenthaltsrecht kann mithin im Rahmen des Verhältnismäßigkeitsgrundsatzes beschränkt werden; dabei sind die sog. Boultif-/Üner-Kriterien des EGMR zu berücksichtigen (so VGH BW Urt. v. 4.5.2011 – 11 S 207/11). Das EuGH-Urteil Gaydarov (v. 17.11.2011 – C-430/10) bestätigt dies; hiernach sind auch Ausreisesperren mit dem Freizügigkeitsrecht des Unionsbürgers vereinbar, wenn insbes. der Verhältnismäßigkeitsgrundsatz beachtet wird.
[18] EuGH Urt. v. 6.12.2012 – C-356/11 und C-357/11.
[19] EuGH Urt. v. 8.5.2013 – C-87/12 Rn. 40.
[20] EuGH Urt. v. 10.10.2013 – C-86/12.
[21] EuGH Urt. v. 30.6.2016 – C-115/15.
[22] EuGH Urt. v. 13.9.2016 – C-165/14: „Art 20 AEUV ist dahin auszulegen, dass er einer solchen nationalen Regelung, nach der einem Drittstaatsangehörigen, der Vater von minderjährigen Kindern ist, die Unionsbürger sind und für die er allein sorgt, allein wegen des Vorliegens von Vorstrafen eine Aufenthaltserlaubnis automatisch zu verweigern ist, entgegensteht, sofern die Verweigerung der Aufenthaltserlaubnis zur Folge hat, dass die Kinder das Unionsgebiet verlassen müssen."
[23] EuGH Urt. v. 13.9.2016 – C-304/14: „Art 20 AEUV ist dahin auszulegen, dass er einer Regelung eines Mitgliedstaats entgegensteht, nach der ein wegen einer Straftat verurteilter Drittstaatsangehöriger auch dann in den Drittstaat auszuweisen ist, wenn er tatsächlich für ein Kleinkind sorgt, das die Staatsangehörigkeit dieses Mitgliedstaats besitzt, in dem es sich seit seiner Geburt aufgehalten hat, ohne von seinem Recht auf Freizügigkeit Gebrauch gemacht zu haben, und das wegen der Ausweisung des Drittstaatsangehörigen das Gebiet der Europäischen Union verlassen müsste, so dass ihm der tatsächliche Genuss des Kernbestands seiner Rechte als Unionsbürger verwehrt würde. Unter außergewöhnlichen Umständen darf ein Mitgliedstaat jedoch eine Ausweisungsverfügung erlassen, sofern sie auf dem persönlichen Verhalten des Drittstaatsangehörigen beruht, das eine tatsächliche, gegenwärtige und erhebliche Gefahr darstellen muss, die ein Grundinteresse der Gesellschaft des Mitgliedstaats berührt, und die verschiedenen einander gegenüberstehenden Interessen berücksichtigt werden. Es ist Sache des nationalen Gerichts, dies zu überprüfen."
[24] Vgl. Urteil Rendon Marin Rn. 66: „Was im Übrigen die etwaige Ausweisung von Herrn Rendón Marín angeht, ist den Grundrechten Rechnung zu tragen, deren Beachtung der Gerichtshof sichert, insbesondere dem in Art 7 der Charta niedergelegten Recht auf Achtung des Privat- und Familienlebens, und der Grundsatz der Verhältnismäßigkeit zu beachten. Art 7 der Charta ist in Verbindung mit der Verpflichtung zu sehen, das Wohl des Kindes zu berücksichtigen, wie es in Art 24 Abs 2 der Charta anerkannt ist." Urteil CS Rn. 48: „Im Rahmen der von ihm

Bergmann

5 Dieser Judikatur kann ein generelles **Rangverhältnis** entnommen werden: Greift ein spezifisches sekundärrechtliches Freizügigkeitsrecht, etwa aus der Freizügigkeits-RL 2004/38/EG oder der FamZu-RL 2003/86/EG, ist das Primärrecht nicht mehr relevant. Ansonsten ist zunächst das unionsbürgerliche Freizügigkeitsrecht aus Art. 20 II 1a bzw. Art. 21 EUV zu prüfen. Sind deren Schutzbereiche eröffnet, wird die Charta weitgehend verdrängt[25]. Inwieweit genau die sekundär- und primärrechtlichen Unionsbürgerrechte die Charta in dieser Weise dogmatisch überlagern, wird allerdings erst die Zukunft zeigen[26] bzw. kann wahrscheinlich immer nur im konkreten Einzelfall entschieden werden.

6 Nach Art. 6 II EUV soll die Union der EMRK gewissermaßen – nach dem Ausschluss Russlands 2022 – als 47. „EMRK-Vertragsstaat" beitreten. Hierdurch könnte dann gegen Urteile auch des EuGH Menschenrechtsbeschwerde in Straßburg erhoben werden. Nach diesem Beitritt wird der Straßburger EGMR mithin eine zusätzliche „Rechtsmittel"- und Leitinstanz. Durch Art. 6 II EUV ist damit auch grundsätzlich geklärt, dass der **EGMR** in Sachen Grundrechtsschutz in Europa das letzte Wort haben soll. Die genauen Modalitäten des Zusammenspiels zwischen Luxemburg und Straßburg sind allerdings derzeit noch nicht abschließend geklärt. Wann genau der EMRK-Beitritt der EU erfolgen wird, ist derzeit nicht absehbar, weil der EuGH in seinem Beitrittsgutachten 2/13 am 18.12.2014 grundsätzliche Bedenken formuliert hat.

7 Nach Art. 6 III EUV sind die bisherigen, im Laufe der Jahrzehnte vom EuGH entwickelten – ungeschriebenen – EU-Grundrechet neben der Charta „als **allgemeiner Grundsatz** Teil des Unionsrechts". Der bisherige primärrechtliche Grundrechtsschutz gilt damit ungeschmälert fort. Dennoch wird jede Grundrechtsprüfung nunmehr ihren Ausgang in den – geschriebenen – Rechten der Charta nehmen; allenfalls ergänzend (etwa bei der Charta-Lücke der allgemeinen Handlungsfreiheit[27]) dürfte noch auf die „allgemeinen Grundsätze" zurückzugreifen sein[28]. Auch der Anwendungsbereich der ungeschriebenen EU-Grundrechte muss, um Ungereimtheiten zu vermeiden, parallel zu Art. 51 I 1 bestimmt werden.

III. Die materiellrechtliche Spannweite der Grundrechtecharta

8 Die Charta präsentiert als Ergebnis eines neunmonatigen, beispiellos basisdemokratisch und transparent organisierten Denk- und Diskussionsprozesses im **1. EU-Konvent** des Jahres 2000 ein beeindruckendes Panoptikum vielfältigster Rechte und Freiheiten[29]. Der Charta-Aufbau – Würde des Menschen/Freiheiten/Gleichheit/Solidarität/Bürgerrechte/Justizgrundrechte/Allg. Bestimmungen – orientiert sich rechtsphilosophisch insbesondere am Kant'schen Menschenbild der Aufklärung[30]. Das rechtspolitische Konventsziel, bürgerfreundlich keinen Artikel mit mehr als drei Absätzen zu formulieren, wurde mit nur einer Ausnahme beim Recht auf gute Verwaltung (Art. 41) realisiert. Die Charta umfasst überwiegend „klassische" subjektive Abwehrrechte, von denen viele allerdings zugleich eine objektive Schutzpflichtendimension aufweisen (wie etwa die Pflicht zur Sicherung der Medienpluralität in Art. 11). Eine ganze Reihe von Normen (wie bspw. der Zugang zu einem Arbeitsvermittlungsdienst in Art. 29 oder das Recht auf Zugang zu Dienstleistungen von allgemein wirtschaftlichem Interesse nach Art. 36) können des Weiteren als derivative Teilhaberechte gelesen werden. Schließlich kennt die Charta auch originäre Leistungsrechte (wie etwa den Anspruch auf Prozesskostenhilfe in Art. 47 S. 4 oder das in Art. 34 II normierte Recht auf Sozialleistungen)[31].

9 Der **inhaltliche Bogen** der Charta spannt sich weit über traditionelle Grundrechtskataloge hinausgehend – willkürlich herausgegriffen: vom Verbot eugenischer Praktiken und des reproduktiven Klonens von Menschen (Art. 3), den Recht auf Datenschutz (Art. 8), die Freiheit der Medien und ihre Pluralität (Art. 11), das Recht auf Bildung und berufliche Ausbildung (Art. 14), den Schutz auch des geistigen Eigentums (Art. 17), das Asylrecht (Art. 18), die verbotene Diskriminierung selbst wegen genetischer Merkmale, des Vermögens oder des Alters (Art. 21), die Vielfalt der Kulturen, Religionen und Sprachen (Art. 22), den Anspruch jedes Kindes auf regelmäßige persönliche Beziehungen und direkte Kontakte zu beiden Elternteilen (Art. 24), die Rechte älterer Menschen und von Menschen mit Behinderung (Art. 25), das Streikrecht (Art. 28), den Kündigungsschutz (Art. 30), das Recht auf

---

vorzunehmenden Abwägung muss das vorlegende Gericht auch die Grundrechte, deren Beachtung der Gerichtshof sichert, und insbesondere das Recht auf Achtung des Privat- und Familienlebens gemäß Art 7 der Charta berücksichtigen und darauf achten, dass der Grundsatz der Verhältnismäßigkeit gewahrt wird."

[25] Obwohl Art. 45 iÜ ebenfalls das Freizügigkeitsrecht normiert.
[26] In diesem Sinne auch EuGH Urt. v. 8.11.2012 – C-40/11 – *Yoshikazu Iida*.
[27] Die allgemeine Handlungsfreiheit gehört zu den vom EuGH anerkannten (ungeschriebenen) EU-Grundrecht, vgl. EuGH Urt. v. 21.5.1987 – Rs. 133/85, Slg. 1987, 2289 Rn. 19 – *Rau*; hierzu *Haratsch/Schiffauer*, Grundrechtsschutz in der EU, 2007, S. 13 ff.
[28] Ebenso *Jarras*, GRCh, 2010, Einl. Rn. 35 mwN.
[29] Zur Entstehungsgeschichte der GRCh *Schmittmann*, Rechte und Grundsätze in der GRCh, 2007, S. 10 ff. mwN.
[30] Vgl. *Bergmann*, Das Menschenbild der EMRK, 1995, S. 181 ff.
[31] Grundlegend hierzu *Kühling* in v. Bogdandy/Bast, Europäisches Verfassungsrecht, 2. Aufl. 2009, S. 674 ff.

Vorbemerkung   **Vorb GRCh 5**

bezahlten Jahresurlaub (Art. 31), den rechtlich geschützten Einklang von Familien- und Berufsleben (Art. 33), das Recht auf ärztliche Versorgung (Art. 35) bis hin zum Umwelt- und Verbraucherschutz (Art. 37 f.), dem Wahl- und Petitionsrecht (Art. 39 f., 44) sowie dem Recht auf einen wirksamen Rechtsbehelf und ein unparteiisches Gericht (Art. 47).

Kritisieren lässt sich hieran natürlich vieles, etwa dass die Chartarechte deutlich über die EU-Kompetenzen hinausgehen[32], dh nicht im Sinne von „negativen Kompetenznormen hoheitlichen Handelns" formuliert wurden, dass die Charta bisweilen wenig substanzreiche Details mit nur begrenztem menschenrechtlichem Bezug (wie zB den Urlaubsanspruch in Art. 31) aufweist, überhaupt mangelnde Stringenz (wie etwa beim Familienschutz, der auf die vier Art. 7, 9, 24 und 33 verstreut wurde) oder eine Art Schaufensterprinzip mit möglicherweise leerem Lager, weil verschiedene Rechte (wie zB das Recht, eine Ehe einzugehen nach Art. 9, oder der Gesundheitsschutz gemäß Art. 35) bloß „nach den einzelstaatlichen Gesetzen" bzw. „nach Maßgabe einzelstaatlicher Rechtsvorschriften und Gepflogenheiten" gewährleistet werden, dh, zahnlose Tiger bleiben könnten. Kritisiert werden kann weiter neben dem Fehlen des Tierschutzes oder dem (aufgrund der Konventserläuterung zu Art. 2) angeblich nicht hinreichend eindeutigen Verbot der Todesstrafe dogmatisch va das Fehlen der allgemeinen Handlungsfreiheit als – weil niemand heute sämtliche Gefährdungen vorhersehen kann – eigentlich unabdingbarem Auffanggrundrecht[33] sowie im Übrigen das Fehlen einer speziellen Grundrechtsbeschwerdemöglichkeit des Bürgers beim EuGH[34]. Nachdem die Individualklagemöglichkeit beim EuG durch Wegfall des Erfordernisses der „individuellen" Betroffenheit im Sinne der alten Plaumann-Formel[35] gemäß Art. 263 IV AEUV jedoch erweitert wurde, besteht insoweit allerdings doch eine gewisse Grundrechtsbeschwerdemöglichkeit[36], die von den Bürgern in Zukunft wohl auch genutzt werden dürfte. **10**

IV. Grundrechtsträger und Grundrechtsprüfung

Hinsichtlich der **Grundrechtsprüfung** brachte die Charta tatsächlich kaum Neues, vielmehr konnte und kann auf Altbewährtes zurückgegriffen werden. Zunächst ist in einem ersten Schritt va der materielle **Schutzbereich** der Chartarechte zu bestimmen, wofür die Erläuterungen des EU-Konvents sowie die EMRK und insbesondere die Rspr. des EGMR herangezogen werden müssen. Der personelle Schutzbereich ergibt sich zunächst aus den Grundrechten selbst, die nach ihrem Wortlaut entweder für jeden Menschen oder jede Person gelten (Art. 1 ff.) oder nur für Unionsbürger (Art. 39 ff.) bzw. etwa nur für Arbeitnehmer sowie ihre Vertreter (Art. 27 ff.). Neben natürlichen Personen können auch juristische Personen Grundrechtsträger sein. Unproblematisch ist dies bei juristischen Personen des Privatrechts. Soweit ein Grundrecht seinem Wesen nach auch auf juristische Personen anwendbar ist, ist deren Grundrechtsberechtigung im Hinblick auf Art. 34 EMRK unstreitig. Problematischer ist die Frage, ob auch juristische Personen des öffentlichen Rechts gleichermaßen grundrechtsberechtigt sein können[37]. Für die Justizgrundrechte ist auch dies einhellig anerkannt. Wiederum in Anlehnung an die Auslegung von Art. 34 EMRK gilt bezüglich der sonstigen Grundrechte, dass eine gewisse Staatsdistanz Voraussetzung ist. Als Beispiel können öffentlich-rechtliche Rundfunkanstalten genannt werden, die zwar einen öffentlichen Auftrag erfüllen, im Wesentlichen jedoch in einer staatsfernen Position stehen und ihre Unabhängigkeit gegenüber der Hoheitsgewalt wahren wollen. Grundrechtsverpflichtet ist entweder die EU oder der Mitgliedstaat. Die Grundrechte der Charta entfalten demgegenüber – anders als teilweise die Grundfreiheiten[38] – wohl prinzipiell[39] keine horizontale Wirkung zwischen Privaten; allerdings können sich aus ihnen Schutzpflichten ergeben wie etwa beim Folterverbot nach Art. 4 oder dem Verbot von Kinderarbeit in Art. 32. **11**

---

[32] Vgl. *Gebauer*, Parallele Grund- und Menschenrechtsschutzsysteme in Europa?, 2007, S. 163 ff.
[33] Die allgemeine Handlungsfreiheit gehört allerdings zu den vom EuGH anerkannten (ungeschriebenen) EU-Grundrechten, vgl. EuGH Urt. v. 21.5.1987 – Rs. 133/85, Slg. 1987, 2289 Rn. 19 – Rau; hierzu *Haratsch/Schiffauer*, Grundrechtsschutz in der EU, 2007, S. 13 ff. Ob der EuGH sie weiterhin „neben" der GRCh judiziert, bleibt abzuwarten.
[34] Hierzu *Lindner* ZRP 2007, 54.
[35] Nach der stRspr des EuGH seit dem Plaumann-Urteil in der Rs 25/62, Slg. 1963, 213 (238) war eine Person nur dann im Rechtssinne „individuell" betroffen, dh klagebefugt, wenn sie wegen bestimmter persönlicher Eigenschaften oder besonders, sie aus dem Kreis aller übrigen Personen heraushebender Umstände berührt und daher in ähnlicher Weise durch den EU-Rechtsakt individuell betroffen war, wie ein Adressat.
[36] Vgl. *Kokott* ua, EuGRZ 2008, 13. *Cremer* DÖV 2010, 64 vertritt allerdings die Auffassung, dass sich Art. 263 IV Alt. 3 AEUV nur auf untergesetzliche Verordnungen, Beschlüsse und Richtlinien ohne Gesetzescharakter beziehe. Für in einem Gesetzgebungsverfahren verabschiedete EU-Rechtsakte dagegen gelte ausschließlich Art. 263 IV Alt. 2 AEUV, der weiterhin eine unmittelbare und individuelle Betroffenheit verlangt. Würde der EuGH dem folgen, wäre insoweit weiterhin der nationale Rechtsweg ggf. über den Weg einer negativen Feststellungsklage iVm dem Vorabentscheidungsverfahren zentral.
[37] Ausf. *v. Arnim*, Der Standort der EU-GRCh in der Grundrechtsarchitektur Europas, 2005, S. 201 ff.
[38] S. etwa zur Warenverkehrsfreiheit die EuGH Urt. v. 22.1.1981 – C-58/80, Slg. 1981, 81 – Danks Supermarked oder zur Personenfreizügigkeit die Rs C-415/93, Slg. 1995, I-4921 – Bosman.
[39] Soweit in Art. 23 GRCh der auch durch Art. 157 AEUV geschützte Grundsatz des gleichen Entgelts für Männer und Frauen enthalten ist, gilt dieser ausnahmsweise für alle die abhängige Erwerbstätigkeit kollektiv regelnden Tarifverträge und alle Verträge zwischen Privatpersonen; vgl. EuGH, 43/75, Slg. 1976, 455 – Defrenne.

Hieraus wiederum dürften einklagbare Schutzgewährrechte des Grundrechtsträgers gegenüber der öffentlichen Gewalt erwachsen[40].

12 Steht der personelle und materielle Schutzbereich fest, ist in einem zweiten Schritt die Frage des **Eingriffs** in das jeweilige Chartarecht zu prüfen. Unter einem Eingriff kann zunächst jede Beeinträchtigung der durch das Grundrecht prinzipiell geschützten Rechtspositionen verstanden werden, wobei der EuGH bei mittelbaren Auswirkungen eine hinreichende Direktheit und Bedeutsamkeit verlangt[41]. Ein Eingriffscharakter kann jedoch mitunter schon bei einer bloßen Gefährdung von Grundrechtspositionen angenommen werden, etwa wenn bereits eine Richtlinie selbst Grundrechtseingriffe fordert, die bei Umsetzung zwangsläufig realisiert werden. In einem dritten Schritt ist schließlich die Rechtfertigung des Eingriffs in das Chartarecht, dh die Grundrechtsschranke zu prüfen. Hierzu ist dann va gemäß Art. 52 I der Gesetzesvorbehalt, die Wesensgehaltsgarantie und der Verhältnismäßigkeitsgrundsatz, dh die Geeignetheit, Erforderlichkeit und Angemessenheit des Eingriffs im konkreten Einzelfall auszuleuchten.

V. Die Erläuterungen des Konvents

13 Der erste und nicht nur historisch **wichtigste Auslegungsansatz** der einzelnen Charta-Bestimmungen hat immer mithilfe der wegweisenden Erläuterungen des Grundrechtekonvents aus dem Jahr 2000 zu erfolgen. Aus diesem Grund sind diese Erläuterungen hier den einzelnen Kommentierungen unmittelbar vorangestellt. Anlässlich des EU-Reformvertrags von Lissabon wurden sie auf den neuesten Stand gebracht, einige Fehler wurden berichtigt und der gesamte Text wurde erneut im Amtsblatt der EU publiziert (ABl. 2007 C 303, S. 17)[42]. Im Vorspann wird nun ausgeführt: „Die nachstehenden Erläuterungen wurden ursprünglich unter der Verantwortung des Präsidiums des Konvents, der die Charta der Grundrechte der Europäischen Union ausgearbeitet hat, formuliert. Sie wurden unter der Verantwortung des Präsidiums des Europäischen Konvents aufgrund der von diesem Konvent vorgenommenen Anpassungen des Wortlauts der Charta (insbesondere der Art 51 und 52) und der Fortentwicklung des Unionsrechts aktualisiert. Diese Erläuterungen haben als solche keinen rechtlichen Status, stellen jedoch eine nützliche Interpretationshilfe dar, die dazu dient, die Bestimmungen der Charta zu verdeutlichen." Es trifft nicht ganz zu, dass die Konventserläuterungen „keinen rechtlichen Status" genießen. Denn die Charta weist alle Gerichte der Union und der Mitgliedstaaten in ihrem Art. 52 VII ausdrücklich an, sie bei der Auslegung „gebührend zu berücksichtigen". Nur auf diese Weise kann insbesondere die Rechtseinheit in der Union gewahrt werden, hinsichtlich der Judikatur der nationalen Gerichte, aber auch hinsichtlich des Gleichklangs von EuGH und EGMR. Denn in den Erläuterungen wird regelmäßig auf die EMRK und die Straßburger Rspr. hierzu verwiesen. Eine Spaltung des europäischen Grundrechtsraums muss und kann auf diese Weise vermieden werden.

VI. Bedeutungszuwachs und Grundrechteagentur

14 Eigentlich spricht alles dafür, dass die Entfaltung der Chartarechte in der nationalen und europäischen Rechtspraxis der nächsten Jahre die **Bedeutung** des EU-Grundrechtsschutzes mindestens faktisch noch deutlich erhöhen wird[43]. Durch die geschaffene Sichtbarkeit der Grundrechtsgarantien, dh ihre anwenderfreundliche Ausformulierung in der Charta, springen dieselben unmittelbar ins Auge und spielen so schon rein quantitativ in vielen Verfahren eine größere Rolle. Der Bürger hat hier ein konkretes Raster, mit dessen Hilfe er vorprüfen kann, ob ihm Unrecht geschehen ist – und was von Beteiligten gerügt wird, wird regelmäßig vom Gericht auch geprüft. Indem die Grundrechtsfrage überhaupt gestellt wird, reduziert sich das Risiko einer – absichtlichen oder unabsichtlichen – Grundrechtsverletzung. Auch hat der EuGH seine Grundrechtskompetenzen durch das Leiturteil **„Åkerberg Fransson"** (26.2.2013 – C-617/10[44]) und den Grundsatz „Wo Unionsrecht hinreicht, gelten die Unionsgrundrechte" deutlich ausgeweitet. Dies alles führt iE zu mehr Rechtssicherheit, die schon dadurch gestärkt wird, dass die Grundrechtsposition des Bürgers nun nicht länger erst Endprodukt eines langwierigen und ggf. kostspieligen Rechtsstreits ist. Die „perspektivische Abschirmung"[45], an der gerade deutsche Gerichte traditionell leiden, indem sie oft allein die deutschen, als ausreichend angesehene Grundrechte prüfen, dürfte Stück um Stück aussterben. Zugleich dürfte die „Erfindung" neuer Grundrechte durch den EuGH – spektakulär kritisiert etwa im Altersdiskriminierungsfall Mangold[46] – vielleicht weder ohne

---

[40] Vgl. *v. Arnim*, Der Standort der EU-GRCh in der Grundrechtsarchitektur Europas, 2005, S. 270 ff.
[41] EuGH Urt. v. 23.9.2004 – C-435/02, Slg. 2004, I-8663 Rn. 49 – Springer.
[42] Abrufbar unter: http://eur-lex.europa.eu/LexUriServ/LexUriServ.do?uri=OJ:C:2007:303:0017:0035:DE:PDF.
[43] Ein plastisches Bsp., das die neue „Wirksamkeit" der GRCh illustriert, ist das Urteil des EuGH Urt. v. 8.4.2014 – C-293/12 – Digital Rights Ireland Ltd. zur Vorratsdatenspeicherung.
[44] Ausf. hierzu → Art. 51 Rn. 5 ff.
[45] Ein plastischer Begriff von *Hess* JZ 2005, 540 (550).
[46] EuGH Urt. v. 22.11.2005 – C-144/04, Slg. 2005, I-9981 – Mangold; die wüsteste Kritik stammt von *Herzog/Gerken*, „Stoppt den EuGH" in FAZ v. 8.9.2008; zur Altersdiskriminierungs-Rspr. → Art. 21 Rn. 1 ff.

Weiteres länger möglich noch im Übrigen notwendig sein[47]. Durch die Entfaltung der GRCh in der Rechtspraxis wird mithin wohl auf jeden Fall horizonterweiternd das Bewusstsein für Grundrechte fortentwickelt. Des Weiteren erhöht die Charta die Legitimation des hoheitlichen Handelns der EU, weil klarer wird, welche Eingriffe in Grundrechte sie vornehmen darf. Dies stärkt zugleich die Glaubwürdigkeit des EU-Menschenrechtssystems, vielleicht sogar der gesamten EU-Außenpolitik.

Die GRCh könnte zudem zu einer inhaltlichen Verschiebung der Gewichte auf den ideellen und politischen Achsen zwischen Freiheit und Gleichheit, individualistisch und kollektivistisch, liberal und sozialstaatlich führen[48]. Denn mit der erstmalig rechtsverbindlichen Verankerung von sozialen Grundrechten im **„Solidaritäts"-Titel IV** der Charta wird, wie auch im neugefassten Art. 3 III EUV, die soziale Dimension der Marktwirtschaft und des EU-Binnenmarkts deutlich unterstrichen. Dies könnte nicht zuletzt auf die Betonung der Sozialorientierung der EuGH-Rspr. Auswirkungen haben, die in den letzten Jahren ebenso lautstark[49] wie übrigens im Ergebnis unzutreffend[50] als unzureichend bewertet wurde. Unterstützt werden könnte eine solche Gewichtsverschiebung durch das wissenschaftliche und politische Wirken der EU-Agentur für Grundrechte (FRA[51]) in Wien, die aus der Europäischen Stelle zur Beobachtung von Rassismus und Fremdenfeindlichkeit (EUMC) hervorgegangen ist. Die Agentur erhebt ua empirisch-analytisch Daten, dh forscht zur tatsächlichen Durchsetzung der EU-Grundrechte in den Mitgliedstaaten; individuelle Beschwerden dagegen darf sie nicht prüfen. Ihre Schwerpunkte liegen insbesondere auf folgenden Themen: Rassismus und Fremdenfeindlichkeit; Diskriminierungen jeglicher Art; Entschädigung von Opfern; Rechte des Kindes; Asyl, Zuwanderung und Integration von Migranten; Achtung der Privatsphäre sowie Zugang zu einer effizienten und unabhängigen Rspr. Die Agentur richtet sich mithin gezielt auch auf soziale Aspekte aus und versucht ihre eigene Legitimation – neben und in Abgrenzung von entsprechenden Aufgaben des Europarats und der OSZE – va dadurch zu stärken, dass sie als „Leuchtturm der EU-Menschenrechtspolitik" strahlt, dh die Stimme des Humanen substanziiert und glaubhaft erhebt[52]. Dies wäre auch iSd Präambel der GRCh, die ausdrücklich „den Menschen in den Mittelpunkt des Handelns der Europäischen Union" stellt. Die Charta stärkt nach alledem in jedem Fall den Menschenrechtsschutz und damit die Seele Europas und das Herz der europäischen Identität.

Präambel

Die Völker Europas sind entschlossen, auf der Grundlage gemeinsamer Werte eine friedliche Zukunft zu teilen, indem sie sich zu einer immer engeren Union verbinden.

¹In dem Bewusstsein ihres geistig-religiösen und sittlichen Erbes gründet sich die Union auf die unteilbaren und universellen Werte der Würde des Menschen, der Freiheit, der Gleichheit und der Solidarität. ²**Sie beruht auf den Grundsätzen der Demokratie und der Rechtsstaatlichkeit.** ³**Sie stellt den Menschen in den Mittelpunkt ihres Handelns, indem sie die Unionsbürgerschaft und einen Raum der Freiheit, der Sicherheit und des Rechts begründet.**

¹Die Union trägt zur Erhaltung und zur Entwicklung dieser gemeinsamen Werte unter Achtung der Vielfalt der Kulturen und Traditionen der Völker Europas sowie der nationalen Identität der Mitgliedstaaten und der Organisation ihrer staatlichen Gewalt auf nationaler, regionaler und lokaler Ebene bei. ²**Sie ist bestrebt, eine ausgewogene und nachhaltige Entwicklung zu fördern und stellt den freien Personen-, Dienstleistungs-, Waren- und Kapitalverkehr sowie die Niederlassungsfreiheit sicher.**

Zu diesem Zweck ist es notwendig, angesichts der Weiterentwicklung der Gesellschaft, des sozialen Fortschritts und der wissenschaftlichen und technologischen Entwicklungen den Schutz der Grundrechte zu stärken, indem sie in einer Charta sichtbarer gemacht werden.

¹Diese Charta bekräftigt unter Achtung der Zuständigkeiten und Aufgaben der Union und des Subsidiaritätsprinzips die Rechte, die sich vor allem aus den gemeinsamen Verfassungstraditionen und den gemeinsamen internationalen Verpflichtungen der Mitgliedstaaten, aus der Europäischen Konvention zum Schutz der Menschenrechte und Grund-

---

[47] Treffend *Busch* DRiZ 2010, 63 (65).
[48] Zu den entsprechenden Grundrechtstheorien s. *Bergmann*, Das Menschenbild der EMRK, 1993, S. 97 ff.
[49] Die Urteile Viking (C-438/05, Slg. 2007, I-10779), Laval (C-341/05, Slg. 2007, I-11767), Rüffert (C-346/06, Slg. 2008, I-1989) sowie Kommission/Luxemburg (C-319/06, Slg. 2008, I-4323) waren als „Generalangriff auf Tarifautonomie und Arbeitnehmerrechte", als „Aushebelung des Streikrechts", als „Freifahrschein für soziales Dumping" oder gar „europäischer Weg zur Knechtschaft" gebrandmarkt worden.
[50] Instruktiv widerlegend *Mayer*, Der EuGH als Feind?, integration 3/2009, 246 ff.
[51] FRA = European Union Agency for Fundamental Rights; Gründung durch VO 168/2007/EG v. 15.2.2007, ABl. 2007 L 53, abrufbar unter: http://fra.europa.eu/de.
[52] In diesem Sinne hat die Agentur etwa am 13.10.2010 Untersuchungen der Öffentlichkeit vorgestellt, in der sie die höchst unterschiedlichen nationalen Standards der Asylverfahren in den EU-Mitgliedstaaten anprangert; vgl. http://www.fra.europa.eu: „The asylum-seeker perspective: access to effective remedies and the duty to inform applicants". Das Asylthema ist iÜ weiterhin im Fokus, s. http://fra.europa.eu/de/theme/asyl-migration-grenzen.

freiheiten, aus den von der Union und dem Europarat beschlossenen Sozialchartas sowie aus der Rechtsprechung des Gerichtshofs der Europäischen Union und des Europäischen Gerichtshofs für Menschenrechte ergeben. ²In diesem Zusammenhang erfolgt die Auslegung der Charta durch die Gerichte der Union und der Mitgliedstaaten unter gebührender Berücksichtigung der Erläuterungen, die unter der Leitung des Präsidiums des Konvents zur Ausarbeitung der Charta formuliert und unter der Verantwortung des Präsidiums des Europäischen Konvents aktualisiert wurden.

Die Ausübung dieser Rechte ist mit Verantwortung und mit Pflichten sowohl gegenüber den Mitmenschen als auch gegenüber der menschlichen Gemeinschaft und den künftigen Generationen verbunden.

Daher erkennt die Union die nachstehend aufgeführten Rechte, Freiheiten und Grundsätze an.

I. Bedeutung

1   Entsprechend der allgemeinen Auslegungsregeln in Art. 31 II des Wiener Übereinkommens über das Recht der Verträge ist die Präambel Teil der Charta und es kommt ihr – bei der **Auslegung** der einzelnen Chartarechte – unmittelbare rechtliche Bedeutung zu[1]. Nach ihrem Abs. 2 stellt die EU „den Menschen in den Mittelpunkt ihres Handelns, indem sie die Unionsbürgerschaft (und einen Raum der Freiheit, der Sicherheit und des Rechts) begründet". Wenn demnach primär die Unionsbürgerschaft dem Schutze des Menschen dient, erscheint es legitim, dieser einen dogmatischen Vorrang vor den Chartarechten einzuräumen, wie dies der EuGH in den ausländerrechtlich relevanten Urteilen Ruiz Zambrano sowie den verschiedenen Folgeurteilen hierzu angedeutet hat[2].

II. Religionsneutralität

2   In Deutschland wurde an der GRCh-Präambel insbesondere der fehlende **Gottesbezug** kritisiert. *Sennekamp*[3] führt hierzu instruktiv aus, dass insoweit im Wesentlichen die französische Sichtweise eines säkularen, laizistischen Staates mit der va katholisch geprägten Auffassung einzelner Mitgliedstaaten wie etwa Polen, Irland oder Italien kollidierte. Ein Kernargument der Befürworter – zu ihnen hätten in Deutschland auch beide großen Kirchen gehört – stelle das Postulat metaphysischer Voraussetzungen der Rechtsordnung dar: Der Verfassungs- und Rechtsstaat bedürfe des Bekenntnisses zu einem vor- und überstaatlichen Normengefüge – zu Normen, die kraft ihrer selbst gelten und daher auch nicht zur Disposition des Gesetzgebers stehen. Ein Gottesbezug symbolisiere diese Bindung an letzte Werte, die der Mensch nicht geschaffen hat. Wenn die GRCh-Präambel stattdessen insbesondere nur auf das „geistig-religiöse Erbe" Europas Bezug nimmt und die „Achtung der Vielfalt der Kulturen und Traditionen der Völker Europas" anmahnt, bekräftigt sie damit allerdings indirekt va die Religionsneutralität der Charta bzw. die Gleichwertigkeit aller Religionen im Rechtsraum der EU.

Titel I. Würde des Menschen

Art. 1 Würde des Menschen

¹**Die Würde des Menschen ist unantastbar.** ²**Sie ist zu achten und zu schützen.**

Erläuterung des Grundrechte-Konvents

Die Würde des Menschen ist nicht nur ein Grundrecht an sich, sondern bildet das eigentliche Fundament der Grundrechte. Die Allgemeine Erklärung der Menschenrechte von 1948 verankert die Menschenwürde in ihrer Präambel: „... da die Anerkennung der allen Mitgliedern der menschlichen Familie innewohnenden Würde und ihrer gleichen und unveräußerlichen Rechte die Grundlage der Freiheit, der Gerechtigkeit und des Friedens in der Welt bildet." In seinem Urteil vom 9. Oktober 2001 in der Rechtssache C-377/98, Niederlande gegen Europäisches Parlament und Rat, Slg. 2001, I-7079, Randnrn. 70–77 bestätigte der Gerichtshof, dass das Grundrecht auf Menschenwürde Teil des Unionsrechts ist.

Daraus ergibt sich insbesondere, dass keines der in dieser Charta festgelegten Rechte dazu verwendet werden darf, die Würde eines anderen Menschen zu verletzen, und dass die Würde des Menschen zum Wesensgehalt der in dieser Charta festgelegten Rechte gehört. Sie darf daher auch bei Einschränkungen eines Rechtes nicht angetastet werden.

---

[1] Ebenso auch *Jarras*, GRCh-Komm, 2010, Präambel Rn. 1; *Meyer*, GRCh-Komm, 3. Aufl. 2011, Präambel Rn. 4.

[2] Ausf. hierzu → Vorb. Rn. 2 mwN.

[3] Vgl. in *Bergmann* (Hrsg.), Handlexikon der EU, 6. Aufl. 2022, S. 490.

I. Oberster Grundwert

Anders als die EMRK stellt die GRCh, ebenso wie das deutsche GG, die Menschenwürde an die Spitze ihrer **Normenpyramide**. Wie der Charta-Aufbau illustriert, folgt aus dem Postulat der Menschenwürde zugleich der Schutz des Menschen als Freier unter Freien (Titel II) sowie als Gleicher unter Gleichen (Titel III). Insoweit steht die Charta eindeutig in der westlich-abendländischen Tradition mit ihren Wurzeln in der antiken Philosophie, im Christentum und in der Aufklärung. Würde, humanitas, das Menschsein, und dignitas, die Würdigkeit, werden demnach aufgrund Gottesebenbildlichkeit und Vernunftbegabung als Wert an sich definiert und nicht etwa als Leistung, dh nicht danach bemessen, was eine Person für die Gemeinschaft geleistet hat[1]. Die Menschenwürde ist der oberste Grundwert in der EU und zugleich Wurzel aller Grundrechte. Sie muss deshalb absolut gelten und kann auch nicht über die horizontale Schrankenbestimmung des Art. 52 I beschränkt werden. Art. 1 geht von einem Wert- und Achtungsanspruch aus, der dem Menschen kraft seines Menschseins zukommt, unabhängig von seinen Eigenschaften, seinem körperlichen oder geistigen Zustand, seinen Leistungen oder seinem sozialen Status. Auch die EU bezieht ihre Legitimation rechtsphilosophisch allein daraus, dass sie den Menschen konkret dient. 1

II. Ethik

Der EuGH hatte zunächst auch in „klassischen Menschenwürdefragen" nicht mit Art. 1 argumentiert. Das war insbesondere im **Stammzellenurteil**[2] durchaus überraschend. Denn der EuGH verbot hier – auch ohne Rückgriff auf die „ethischen Leitplanken" von Art. 3 II – va Patente auf Ergebnisse wissenschaftlicher Stammzellenforschung, die eine Zerstörung menschlicher Embryonen voraussetzen. Damit hätte es nahegelegen, die Kant'sche Formel vom Menschen als „Zweck an sich", der nie lediglich „Mittel zum Zweck sein darf"[3], fruchtbar zu machen, denn in der Sache hat der EuGH genau dies entschieden. Das Stammzellenurteil kann durchaus als Bekräftigung der unter I. skizzierten Wertauffassung gedeutet werden. In Folgeurteil vom 18.12.2014 wurde dies in der Rechtssache C-364/13 (Intern Stern Cell Corp) deutlich (Urt.-Rn. 24): „Der Unionsgesetzgeber wollte jede Möglichkeit der Patentierung ausschließen, sobald dadurch die Menschenwürde geschuldete Achtung beeinträchtigt werden könnte, sodass der Begriff des menschlichen Embryos (…) infolgedessen weit auszulegen ist." 2

III. Asylverfahrensrechtliche Relevanz

Der EuGH betonte im Urteil vom 27.2.2014 in der Rechtssache C-79/13 (Saciri) die Relevanz der Menschenwürde schon bei der **Erstversorgung von Flüchtlingen:** „Art 13 Abs 5 der <AufnahmeRL> ist dahin auszulegen, dass Geldleistungen oder Gutscheine, wenn ein Mitgliedstaat dafür optiert hat, die materiellen Aufnahmebedingungen in dieser Form zu gewähren, gemäß Art. 13 Abs 1 dieser Richtlinie ab dem Zeitpunkt der Stellung des Asylantrags zu gewähren sind und den in Art. 13 Abs 2 der Richtlinie festgelegten Mindestnormen genügen müssen. Der betreffende Mitgliedstaat hat darauf zu achten, dass der Gesamtbetrag der Geldleistungen, durch die die materiellen Aufnahmebedingungen gewährt werden, für ein menschenwürdiges Leben ausreicht, bei dem die Gesundheit und der Lebensunterhalt der Asylbewerber gewährleistet sind, indem sie insbesondere in die Lage versetzt werden, eine Unterkunft zu finden, wobei gegebenenfalls die Wahrung der Interessen besonders bedürftiger Personen im Sinne von Art. 17 der Richtlinie zu berücksichtigen ist. Die Mitgliedstaaten sind nicht an die in Art. 14 Abs. 1, 3, 5 und 8 der Richtlinie vorgesehenen materiellen Aufnahmebedingungen gebunden, wenn sie entschieden haben, diese Bedingungen ausschließlich in Form von Geldleistungen zu gewähren. Die betreffenden Leistungen müssen jedoch so hoch sein, dass minderjährige Kinder von Asylbewerbern bei ihren Eltern wohnen können, so dass die familiäre Gemeinschaft der Asylbewerber aufrechterhalten werden kann." 3

Art. 2 Recht auf Leben

(1) Jeder Mensch hat das Recht auf Leben.
(2) Niemand darf zur Todesstrafe verurteilt oder hingerichtet werden.

Erläuterung des Grundrechte-Konvents
1. Absatz 1 dieses Artikels basiert auf Artikel 2 Absatz 1 Satz 1 der Europäischen Menschenrechtskonvention (EMRK), der wie folgt lautet:
„1. Das Recht jedes Menschen auf Leben wird gesetzlich geschützt …".

---

[1] Ausf. *Bergmann*, Das Menschenbild der EMRK, 1995, S. 181 ff. mwN.
[2] EuGH Urt. v. 18.10.2011 – C-34/10 – Brüstle.
[3] Vgl. *Immanuel Kant*, Grundlegung zur Metaphysik der Sitten II.

2. Satz 2 der genannten Vorschrift, der die Todesstrafe zum Gegenstand hatte, ist durch das Inkrafttreten des Protokolls Nr. 6 zur EMRK hinfällig geworden, dessen Artikel 1 wie folgt lautet:

„[1] Die Todesstrafe ist abgeschafft. [2] Niemand darf zu dieser Strafe verurteilt oder hingerichtet werden."

Auf dieser Vorschrift beruht Artikel 2 Absatz 2 der Charta.

3. Die Bestimmungen des Artikels 2 der Charta entsprechen den Bestimmungen des genannten Artikel der EMRK und des Zusatzprotokolls. Sie haben nach Artikel 52 Absatz 3 der Charta die gleiche Bedeutung und Tragweite. So müssen die in der EMRK enthaltenen „Negativdefinitionen" auch als Teil der Charta betrachtet werden:

a) Artikel 2 Absatz 2 EMRK:

„Eine Tötung wird nicht als Verletzung dieses Artikels betrachtet, wenn sie durch eine Gewaltanwendung verursacht wird, die unbedingt erforderlich ist, um

a) jemanden gegen rechtswidrige Gewalt zu verteidigen;

b) jemanden rechtmäßig festzunehmen oder jemanden, dem die Freiheit rechtmäßig entzogen ist, an der Flucht zu hindern;

c) einen Aufruhr oder Aufstand rechtmäßig niederzuschlagen".

b) Artikel 2 des Protokolls Nr. 6 zur EMRK:

„Ein Staat kann in seinem Recht die Todesstrafe für Taten vorsehen, die in Kriegszeiten oder bei unmittelbarer Kriegsgefahr begangen werden; diese Strafe darf nur in den Fällen, die im Recht vorgesehen sind, und in Übereinstimmung mit dessen Bestimmungen angewendet werden ...".

I. Lebensrecht

1   Das Stammzellenurteil des EuGH (→ Art. 1 Rn. 2) illustriert die innere Verwandtschaft des Rechts auf Leben mit der Menschenwürde, denn ohne Leben sind alle anderen Chartarechte für das Individuum bedeutungslos. Der materielle **Schutzbereich** des Rechts auf Leben wird von der Charta nicht weiter definiert. Gemeint ist die physisch-biologische Existenz des Menschen[1], also sein Recht, am Leben zu bleiben. Von Abs. 1 nicht geschützt ist damit eine Entscheidung gegen das Leben, wie sie bei allen Formen der Sterbehilfe und der Selbsttötung im Vordergrund steht. Insoweit kann allenfalls mit dem vielgestaltigen „Auffanggrundrecht" der Charta, der Achtung des Privatlebens nach Art. 7, argumentiert werden. Ob der Beginn des „Lebens" iSv Abs. 1 rechtlich schon vor den Presswehen der Geburt anzusiedeln ist, steht nach der Rspr. des EGMR im Ermessen der Mitgliedstaaten[2], dh, die Charta schützt nicht zwingend den Embryo. Das juristische Ende des „Lebens" wird – auch zur Ermöglichung von Organspenden – gemeinhin mit dem Gehirntod gleichgesetzt. Ein Eingriff liegt in der (hoheitlichen[3]) Anordnung oder maßgeblichen Verursachung des Todes durch Tun oder, bei Bestehen einer Schutzpflicht[4], durch Unterlassen; das Vorliegen eines Vorsatzes oder sonstigen Verschuldens ist rechtlich irrelevant. Hoheitliche Tötungen können nach den Konventserläuterungen gemäß Art. 52 III GRCh iVm Art. 2 II EMRK bzw. Art. 2 EMRK-ZP Nr. 6 allenfalls in den dort vorgesehenen Einzelfällen gerechtfertigt werden. Diese sind allerdings, wie insbesondere Attac in den Diskussionen um den Lissabon-Vertrag nicht zu Unrecht lautstark kritisierte, wenig konturenscharf. Nach allgemeiner Grundrechtsdogmatik müssen sie jedenfalls sehr eng ausgelegt werden, weil Union und Mitgliedstaaten die grundsätzliche Pflicht trifft, sich schützend und fördernd vor jedes menschliche Leben zu stellen. Zudem müssen natürlich immer die allgemeinen Schranken des Art. 52 I erfüllt sein (Gesetzesvorbehalt, Wesensgehaltsgarantie, Verhältnismäßigkeit).

II. Todesstrafe

2   Zur weltweiten Signalwirkung und Bekräftigung der **EU-Wertegemeinschaft** wurde in Abs. 2 das Verbot der Todesstrafe aufgenommen, eine Schranken-Schranke zum Recht auf Leben und ein zugleich einklagbares subjektiv-öffentliches Recht jedes Menschen[5]. Verboten ist hiernach jede hoheitliche Verurteilung zu und jede Vollstreckung einer Todesstrafe. Die Auslieferung und Ausweisung in einen Staat mit Todesstrafe hingegen ist hiervon nicht umfasst; insoweit greift der spezielle Schutz des Art. 19 II. Die einzige Ausnahme für Kriegszeiten findet sich in Art. 2 EMRK-ZP Nr. 6, worauf auch die Konventserläuterung Bezug nimmt. Diese Ausnahme findet ihr Ende durch das vollständige Verbot der Todesstrafe im EMRK-ZP Nr. 13, das freilich bislang noch nicht von allen Mitgliedstaaten ratifiziert wurde.

Art. 3 Recht auf Unversehrtheit

(1) Jeder Mensch hat das Recht auf körperliche und geistige Unversehrtheit.

(2) Im Rahmen der Medizin und der Biologie muss insbesondere Folgendes beachtet werden:

---

[1] Natürlich nicht hingegen einer Personenvereinigung oder juristische Person.
[2] EGMR Urt. v. 8.7.2004 – 53924/00 – Vo; Urt. v. 10.4.2007 – 6339/05 – Evans.
[3] Dh durch unionale oder mitgliedstaat Gewalt gemäß Art. 51 I 1.
[4] Etwa bei Inhaftierten oder Wehrpflichtigen; vgl. EGMR Urt. v. 7.6.2005 – 40145/98 – Kilinç.
[5] Überzeugend *Jarras*, GRCh-Komm 2010, Art. 2 Rn. 2 mwN.

a) die freie Einwilligung des Betroffenen nach vorheriger Aufklärung entsprechend den gesetzlich festgelegten Einzelheiten,
b) das Verbot eugenischer Praktiken, insbesondere derjenigen, welche die Selektion von Menschen zum Ziel haben,
c) das Verbot, den menschlichen Körper und Teile davon als solche zur Erzielung von Gewinnen zu nutzen,
d) das Verbot des reproduktiven Klonens von Menschen.

Erläuterung des Grundrechte-Konvents
    1. In seinem Urteil vom 9. Oktober 2001 in der Rechtssache C-377/98, Niederlande gegen Europäisches Parlament und Rat, Slg. 2001, I-7079, Randnrn. 70, 78, 79 und 80, bestätigte der Gerichtshof, dass das Grundrecht auf Unversehrtheit Teil des Unionsrechts ist und im Bereich der Medizin und der Biologie die freie Einwilligung des Spenders und des Empfängers nach vorheriger Aufklärung umfasst.
    2. Die Grundsätze des Artikels 3 der Charta sind bereits in dem im Rahmen des Europarates angenommenen Übereinkommen über Menschenrechte und Biomedizin (STE 164 und Zusatzprotokoll STE 168) enthalten. Die Charta will von diesen Bestimmungen nicht abweichen und verbietet daher lediglich das reproduktive Klonen. Die anderen Formen des Klonens werden von der Charta weder gestattet noch verboten. Sie hindert den Gesetzgeber also keineswegs daran, auch die anderen Formen des Klonens zu verbieten.
    3. Durch den Hinweis auf eugenische Praktiken, insbesondere diejenigen, welche die Selektion von Menschen zum Ziel haben, soll die Möglichkeit erfasst werden, dass Selektionsprogramme organisiert und durchgeführt werden, die beispielsweise Sterilisierungskampagnen, erzwungene Schwangerschaften, die Pflicht, den Ehepartner in der gleichen Volksgruppe zu wählen, usw. umfassen; derartige Handlungen werden in dem am 17. Juli 1998 in Rom verabschiedeten Statut des Internationalen Strafgerichtshofs (siehe Artikel 7 Absatz 1 Buchstabe g) als internationale Verbrechen betrachtet.

I. Schutzfunktion

Art. 3 stellt ein einheitliches, primär subjektiv-öffentliches **Abwehrrecht** gegen jegliche hoheitlichen Eingriffe der EU oder Mitgliedstaaten in die körperliche und geistige Unversehrtheit einer Person dar. Mit der „Unversehrtheit" ist va die Gesundheit, dh das Freisein von Krankheiten, gemeint. Art. 3 I schützt umfassend, selbst gegenüber nicht eingewilligten Heileingriffen, wie Abs. 2a illustriert. Wie beim Recht auf Leben folgt auch aus diesem Grundrecht eine – im Einzelnen allerdings mit weitem Ermessen ausgestattete – Pflicht der EU und Mitgliedstaaten, sich schützend und fördernd vor die Bürger zu stellen, gerade auch gegenüber Eingriffen von Privatpersonen. Diese Schutzfunktion wird etwa bei Genitalverstümmelungen oder Umweltbelastungen relevant[1].   1

II. Medizin und Biologie

Ob die Regelungen des Abs. 2 bloße Grundsätze iSd Art. 52 V sind, kann dahinstehen, weil etwaige   2
Verstöße hiergegen über Abs. 1 gerügt werden können. Wie aus der Menschenwürde-Schutzpflicht nach Art. 1 ergeben sich auch aus den Verboten von Abs. 2 lit. b–d **Schranken-Schranken.** Diese absoluten Verbote sind mit Rücksicht auf wissenschaftliche und technologische Entwicklungen (vgl. Präambel Abs. 4) umsichtig zu interpretieren. Unter lit. b kann so etwa nicht die Präimplantationsdiagnostik gefasst werden; trotz lit. c dürfen die Möglichkeiten der Biomedizin-Konvention ausgeschöpft werden; wie der Wortlaut von lit. d klarstellt, ist nur reproduktives Klonen verboten, nicht aber sonstiges Klonen, das vom Gesetzgeber zugelassen oder verboten werden kann. Im Lichte des Menschenwürdeschutzes können sich im Rahmen der Medizin und Biologie allerdings auch sonstige Konstellationen zum Schutz der Unversehrtheit ergeben (Abs. 2 „insbesondere").

Art. 4 Verbot der Folter und unmenschlicher oder erniedrigender Strafe oder Behandlung

Niemand darf der Folter oder unmenschlicher oder erniedrigender Strafe oder Behandlung unterworfen werden.

Erläuterung des Grundrechte-Konvents
    Das Recht nach Artikel 4 entspricht dem Recht, das durch den gleich lautenden Artikel 3 EMRK garantiert ist: „Niemand darf der Folter oder unmenschlicher oder erniedrigender Strafe oder Behandlung unterworfen werden." Nach Artikel 52 Absatz 3 der Charta hat Artikel 4 also die gleiche Bedeutung und Tragweite wie Artikel 3 EMRK.

---

[1] Ausf. hierzu *Borowsky* in Meyer, GRCh-Komm, 3. Aufl. 2011, Art. 3 Rn. 7 ff.; *Jarras*, GRCh-Komm, 2010, Art. 3 Rn. 5 ff.

I. Bedeutung

1 Wie die Konventserläuterung klarstellt, sind Art. 3 EMRK und die breite Rspr. des EGMR[1] hierzu die wichtigsten Auslegungsquellen für Art. 4. Auch Art. 4 ist ein einheitliches, selbstredend einklagbares **Abwehr- und Schutzrecht;**[2] die Folter ist nur ein besonders schwerer Fall einer unmenschlichen Behandlung. Hinter Art. 4 steht wiederum der Menschenwürdeschutz, wie die Kapitelüberschrift verdeutlicht. Die Kant'sche Formel vom Menschen als „Zweck an sich", der nie lediglich „Mittel zum Zweck sein darf", spielt hier mithin eine zentrale Rolle. Ein Eingriff liegt deshalb nicht nur bei hoheitlichem Tun vor. Ebenso ist der EU bzw. den Mitgliedstaaten ein Unterlassen verboten, das zu menschenunwürdigen Eingriffen durch Privatpersonen führt, etwa im Bereich des Strafvollzugs, aber auch bei häuslicher Gewalt bzw. sexuellen Misshandlungen, ganz besonders wenn Kinder betroffen sind[3]. Wann eine „inhuman or degrading"-Behandlung vorliegt, lässt sich nicht abstrakt definieren. Es muss einerseits eine gewisse Intensität und Dauer gegeben sein. Andererseits kann etwa auch eine diskriminierende Behandlung von Bevölkerungsgruppen erfasst sein. Befindet sich eine Person in staatlichem Gewahrsam und liegen Verletzungen vor, folgen aus Art. 4 auch Beweiserleichterungen; dann muss der Staat plausible Erklärungen liefern, um einer Verurteilung zu entgehen[4]. Zudem folgt aus Art. 4 die verfahrensrechtliche Pflicht zur gründlichen, wirksamen und unvoreingenommenen Ermittlung und ggf. Bestrafung, wenn ein Eingriff gegeben ist[5]. Wie Art. 15 II EMRK illustriert, ist Art. 4 vorbehaltlos garantiert. Eingriffe sind mithin nie gerechtfertigt, auch nicht im Kriegs- oder Notstandsfall oder etwa bei Terrorbekämpfung.

II. Folterverbot

2 Als „Folter" definiert der EGMR die besonders **schwere Form** unmenschlicher Behandlung bei meist systematischer, jedenfalls vorsätzlicher Zufügung von großen körperlichen oder seelischen Schmerzen oder Leiden, in der Absicht, auf den Willen der Person oder von Dritten einzuwirken, insbesondere um ein Geständnis zu erlangen oder um Dritte zu terrorisieren oder zu verschrecken[6]. Art. 4 verbietet ausnahmslos jede Form unmenschlicher oder erniedrigender Behandlung und hat somit fundamentale Bedeutung und **allgemeinen und absoluten Charakter,** da er eng mit der Achtung der Würde des Menschen verbunden ist, auf die sich Art. 1 der Charta bezieht[7].

III. Asylrecht

3 Zum Schutz von Asylbewerbern vor einer **Rücküberstellung** in einen Mitgliedstaat, in dem das Asylverfahren unionsrechtswidrig schwere Mängel aufweist[8] (hier Griechenland), s. auch bei § 60 II, V AufenthG, urteilte der EuGH – unter Fruchtbarmachung insbesondere von Art. 4 – in seinem Grundsatzurteil „N. S."[9] wie folgt: „Das Unionsrecht steht der Geltung einer unwiderlegbaren Vermutung entgegen, dass der im Sinne von Art. 3 Abs. 1 der (Dublin II-)VO Nr. 343/2003 als zuständig bestimmte Mitgliedstaat die Unionsgrundrechte beachtet. Art. 4 GRCh ist dahin auszulegen, dass es den Mitgliedstaaten einschließlich der nationalen Gerichte obliegt, einen Asylbewerber nicht an den ‚zuständigen Mitgliedstaat' im Sinne der Dublin-Verordnung zu überstellen, wenn ihnen nicht unbekannt sein kann, dass die systemischen Mängel des Asylverfahrens und der Aufnahmebedingungen für Asylbewerber in diesem Mitgliedstaat ernsthafte und durch Tatsachen bestätigte Gründe für die Annahme darstellen, dass der Antragsteller tatsächlich Gefahr läuft, einer unmenschlichen oder erniedrigenden Behandlung im Sinne dieser Bestimmung ausgesetzt zu werden. Ist die Überstellung eines Antragstellers an einen anderen Mitgliedstaat der EU, wenn dieser Staat nach den Kriterien des Kapitels III der Dublin II-VO 343/2003 als zuständiger Mitgliedstaat bestimmt worden ist, nicht möglich, so hat der Mitgliedstaat, der die Überstellung vornehmen müsste, vorbehaltlich der Befugnis, den Antrag im Sinne des Art. 3 Abs. 2 dieser Verordnung selbst zu prüfen, die Prüfung der Kriterien des genannten Kapitels fortzuführen, um festzustellen, ob anhand eines der weiteren Kriterien ein anderer Mitgliedstaat als für die Prüfung des Asylantrags zuständig bestimmt werden kann. Der Mitgliedstaat, in dem sich der Asylbewerber befindet, hat jedoch darauf zu achten, dass eine Situation, in der die Grundrechte des Asylbewerbers verletzt werden, nicht durch ein unangemessen langes Ver-

---

[1] Vgl. *Sinner* in Karpenstein/Mayer, EMRK-Komm, 2012, Art. 3 Rn. 5 ff.; *Meyer-Ladewig,* EMRK-Komm, 3. Aufl. 2011, Art. 3 Rn. 26 ff., jew. mwN.
[2] → EMRK Art. 3 Rn. 6 ff., 12 ff.
[3] EGMR Urt. v. 23.9.1998 – 25599/94 – A./GB.
[4] EGMR Urt. v. 28.7.1999 – 25803/94 – Selmouni.
[5] EGMR Urt. v. 20.7.2000 – 33951/96 – Mattoccia.
[6] S. schon EGMR Urt. v. 18.1.1978 – 5310/71 – Irland/Vereinigtes Königreich.
[7] EuGH Urt. v. 19.3.2019 – C-163/17 Rn. 78 mwN – Jawo.
[8] → EMRK Art. 3 Rn. 39 ff.
[9] EuGH Urt. v. 21.12.2011 – C-411/10 und C-493/10 – N. S. und M. E. ua, Tenor Ziffer 2; zum europäischen Asylsystem → Art. 18 Rn. 1 ff.

fahren zur Bestimmung des zuständigen Mitgliedstaats verschlimmert wird. Erforderlichenfalls muss er den Antrag nach den Modalitäten des Art. 3 Abs. 2 Dublin II-VO Nr. 343/2003 selbst prüfen." Bezüglich der Dublin-Rücküberstellungen ergänzte der EuGH im Grundsatzurteil Jawo[10] allerdings wie folgt: Es ist „darauf hinzuweisen, dass das Unionsrecht auf der grundlegenden Prämisse beruht, dass jeder Mitgliedstaat mit allen anderen Mitgliedstaaten eine Reihe **gemeinsamer Werte** teilt – und anerkennt, dass sie sie mit ihm teilen –, auf die sich, wie es in Art. 2 EUV heißt, die Union gründet. Diese Prämisse impliziert und rechtfertigt die **Existenz gegenseitigen Vertrauens** zwischen den Mitgliedstaaten bei der Anerkennung dieser Werte und damit bei der Beachtung des Unionsrechts, mit dem sie umgesetzt werden, und gegenseitigen Vertrauens darauf, dass die nationalen Rechtsordnungen der Mitgliedstaaten in der Lage sind, einen gleichwertigen und wirksamen Schutz der in der Charta anerkannten Grundrechte, insbesondere ihrer Art. 1 und 4, in denen einer der Grundwerte der Union und ihrer Mitgliedstaaten verankert ist, zu bieten. Der Grundsatz des gegenseitigen Vertrauens zwischen den Mitgliedstaaten hat im Unionsrecht fundamentale Bedeutung, da er die Schaffung und Aufrechterhaltung eines Raums ohne Binnengrenzen ermöglicht. Konkret verlangt der Grundsatz des gegenseitigen Vertrauens, namentlich in Bezug auf den Raum der Freiheit, der Sicherheit und des Rechts, von jedem Mitgliedstaat, dass er, abgesehen von außergewöhnlichen Umständen, davon ausgeht, dass alle anderen Mitgliedstaaten das Unionsrecht und insbesondere die dort anerkannten Grundrechte beachten." Der EuGH sah jedoch auch die Gefahr systemischer Schwachstellen und urteilte deshalb, dass Art. 4 eine absolute Überstellungsschranke aufrichtet, egal ob der Asylbewerber noch im Verfahren ist oder zB bereits anerkannt wurde. Ein Überstellungsverbot setze aber eine **besonders hohe Schwelle der Erheblichkeit** voraus: „Diese besonders hohe Schwelle der Erheblichkeit wäre erreicht, wenn die Gleichgültigkeit der Behörden eines Mitgliedstaats zur Folge hätte, dass eine vollständig von öffentlicher Unterstützung abhängige Person sich unabhängig von ihrem Willen und ihren persönlichen Entscheidungen in einer **Situation extremer materieller Not** befände, die es ihr nicht erlaubte, ihre elementarsten Bedürfnisse zu befriedigen, wie insbesondere sich zu ernähren, sich zu waschen und eine Unterkunft zu finden, und die ihre physische oder psychische Gesundheit beeinträchtigte oder sie in einen Zustand der Verelendung versetzte, der **mit der Menschenwürde unvereinbar** wäre. Diese Schwelle ist daher selbst in durch große Armut oder eine starke Verschlechterung der Lebensverhältnisse der betreffenden Person gekennzeichneten Situationen nicht erreicht, sofern sie nicht mit extremer materieller Not verbunden sind, aufgrund deren sich diese Person in einer solch schwerwiegenden Lage befindet, dass sie einer unmenschlichen oder erniedrigenden Behandlung gleichgestellt werden kann." Der Asylbewerber könne aber nachweisen, dass in seinem Fall außergewöhnliche Umstände vorliegen, dh, insoweit bürdet der EuGH ihm aufgrund des Vertrauensgrundsatzes gewissermaßen die **Darlegungslast** auf. Wie der EGMR im Urteil Tarakhel[11] ausgeführt hat, dürfte dies bei vulnerable persons nicht gelten.

Art. 5 Verbot der Sklaverei und der Zwangsarbeit

(1) Niemand darf in Sklaverei oder Leibeigenschaft gehalten werden.
(2) Niemand darf gezwungen werden, Zwangs- oder Pflichtarbeit zu verrichten.
(3) Menschenhandel ist verboten.

Erläuterung des Grundrechte-Konvents
1. Das Recht nach Artikel 5 Absätze 1 und 2 entspricht dem gleich lautenden Artikel 4 Absätze 1 und 2 EMRK. Nach Artikel 52 Absatz 3 der Charta hat dieses Recht also die gleiche Bedeutung und Tragweite wie Artikel 4 EMRK. Daraus folgt:
– Eine legitime Einschränkung des Rechts nach Absatz 1 kann es nicht geben.
– In Absatz 2 müssen in Bezug auf die Begriffe „Zwangs- oder Pflichtarbeit" die „negativen" Definitionen nach Artikel 4 Absatz 3 EMRK berücksichtigt werden:
„Nicht als Zwangs- oder Pflichtarbeit im Sinne dieses Artikels gilt
a) eine Arbeit, die üblicherweise von einer Person verlangt wird, der unter den Voraussetzungen des Artikels 5 die Freiheit entzogen oder die bedingt entlassen worden ist;
b) eine Dienstleistung militärischer Art oder eine Dienstleistung, die an die Stelle des im Rahmen der Wehrpflicht zu leistenden Dienstes tritt, in Ländern, wo die Dienstverweigerung aus Gewissensgründen anerkannt ist;
c) eine Dienstleistung, die verlangt wird, wenn Notstände oder Katastrophen das Leben oder das Wohl der Gemeinschaft bedrohen;
d) eine Arbeit oder Dienstleistung, die zu den üblichen Bürgerpflichten gehört."
2. Absatz 3 ergibt sich unmittelbar aus der Menschenwürde und trägt neueren Entwicklungen auf dem Gebiet der organisierten Kriminalität wie der Schleuserkriminalität oder der organisierten sexuellen Ausbeutung Rechnung. Das Europol-Übereinkommen enthält im Anhang folgende Definition, die den Menschenhandel zum Zwecke der sexuellen Ausbeutung betrifft: „Menschenhandel: tatsächliche und rechtswidrige Unterwerfung einer Person unter den Willen anderer Personen mittels Gewalt, Drohung oder Täuschung oder unter Ausnutzung eines Abhängigkeits-

---
[10] EuGH Urt. v. 19.3.2019 – C-163/17 Rn. 80 f. – Jawo.
[11] EGMR Urt. v. 4.11.2014 – 29217/12.

verhältnisses insbesondere mit folgendem Ziel: Ausbeutung der Prostitution, Ausbeutung von Minderjährigen, sexuelle Gewalt gegenüber Minderjährigen oder Handel im Zusammenhang mit Kindesaussetzung." Kapitel VI des Schengener Durchführungsübereinkommens, das in den Besitzstand der Union integriert worden ist und an dem sich das Vereinigte Königreich und Irland beteiligen, enthält in Artikel 27 Absatz 1 folgende auf die Schleuseraktivitäten zielende Bestimmung: „Die Vertragsparteien verpflichten sich, angemessene Sanktionen gegen jede Person vorzusehen, die zu Erwerbszwecken einem Drittausländer hilft oder zu helfen versucht, in das Hoheitsgebiet einer der Vertragsparteien unter Verletzung ihrer Rechtsvorschriften in Bezug auf die Einreise und den Aufenthalt von Drittausländern einzureisen oder sich dort aufzuhalten." Am 19. Juli 2002 nahm der Rat einen Rahmenbeschluss zur Bekämpfung des Menschenhandels (ABl. L 203 vom 1.8.2002, S. 1) an; in Artikel 1 dieses Rahmenbeschlusses sind die Handlungen im Zusammenhang mit dem Menschenhandel zum Zwecke der Ausbeutung von Arbeitskräften oder der sexuellen Ausbeutung näher bestimmt, die die Mitgliedstaaten aufgrund des genannten Rahmenbeschlusses unter Strafe stellen müssen.

I. Bedeutung

1   Auch Art. 5 ist wiederum im Lichte der Menschenwürdegarantie auszulegen und stellt sich als einheitliches, einklagbares **Abwehr- und Schutzrecht** dar. „Slavery and servitude" ist die Behandlung einer Person als eine Art Sacheigentum oder im Sinne eines Pächters[1]. Es geht mithin um Vorenthaltung persönlicher Freiheit zum Zwecke wirtschaftlicher Ausbeutung wie etwa bei „Kinder- oder Frauenkauf". Zwangs- oder Pflichtarbeit ist die Pflicht zu höchstpersönlicher, menschenunwürdiger Arbeit, wobei die Konventserläuterung rechtlich erlaubte Ausnahmen benennt. Bezüglich des Menschenhandels verweist die Konventserläuterung zur Auslegung schlüssig auf die Definition des Europol-Übereinkommens.

II. Geltung

2   Aufgrund der Schutzgarantie der Menschenwürde gelten auch die Verbote des Art. 5 grundsätzlich **vorbehaltslos.** Jegliche Eingriffe sind verboten. Die allgemeine Regel des Art. 52 I greift nicht. Einzig das Verbot der Zwangsarbeit kann wegen Art. 15 EMRK im Kriegs- oder Notstandsfall eingeschränkt werden.

Titel II. Freiheiten

Art. 6 Recht auf Freiheit und Sicherheit

Jeder Mensch hat das Recht auf Freiheit und Sicherheit.

Erläuterung des Grundrechte-Konvents

Die Rechte nach Artikel 6 entsprechen den Rechten, die durch Artikel 5 EMRK garantiert sind, denen sie nach Artikel 52 Absatz 3 der Charta an Bedeutung und Tragweite gleichkommen. Die Einschränkungen, die legitim an diesen Rechten vorgenommen werden können, dürfen daher nicht über die Einschränkungen hinausgehen, die im Rahmen des wie folgt lautenden Artikels 5 EMRK zulässig sind:
„1. Jeder Mensch hat das Recht auf Freiheit und Sicherheit. Die Freiheit darf nur in den folgenden Fällen und nur auf die gesetzlich vorgeschriebene Weise entzogen werden:
a) rechtmäßige Freiheitsentziehung nach Verurteilung durch ein zuständiges Gericht;
b) rechtmäßige Festnahme oder Freiheitsentziehung wegen Nichtbefolgung einer rechtmäßigen gerichtlichen Anordnung oder zur Erzwingung der Erfüllung einer gesetzlichen Verpflichtung;
c) rechtmäßige Festnahme oder Freiheitsentziehung zur Vorführung vor die zuständige Gerichtsbehörde, wenn hinreichender Verdacht besteht, dass die betreffende Person eine Straftat begangen hat, oder wenn begründeter Anlass zu der Annahme besteht, dass es notwendig ist, sie an der Begehung einer Straftat oder an der Flucht nach Begehung einer solchen zu hindern;
d) rechtmäßige Freiheitsentziehung bei Minderjährigen zum Zweck überwachter Erziehung oder zur Vorführung vor die zuständige Behörde;
e) rechtmäßige Freiheitsentziehung mit dem Ziel, eine Verbreitung ansteckender Krankheiten zu verhindern, sowie bei psychisch Kranken, Alkohol- oder Rauschgiftsüchtigen und Landstreichern;
f) rechtmäßige Festnahme oder Freiheitsentziehung zur Verhinderung der unerlaubten Einreise sowie bei Personen, gegen die ein Ausweisungs- oder Auslieferungsverfahren im Gange ist.
2. Jeder festgenommenen Person muss unverzüglich in einer ihr verständlichen Sprache mitgeteilt werden, welches die Gründe für ihre Festnahme sind und welche Beschuldigungen gegen sie erhoben werden.
3. Jede Person, die nach Absatz 1 Buchstabe c von Festnahme oder Freiheitsentziehung betroffen ist, muss unverzüglich einem Richter oder einer anderen gesetzlich zur Wahrnehmung richterlicher Aufgaben ermächtigten Person vorgeführt werden; sie hat Anspruch auf ein Urteil innerhalb angemessener Frist oder auf Entlassung während des Verfahrens. Die Entlassung kann von der Leistung einer Sicherheit für das Erscheinen vor Gericht abhängig gemacht werden.

---

[1] Vgl. *Jarras,* GRCh-Komm, 2010, Art. 5 Rn. 8 ff.; *Behnsen* in Karpenstein/Mayer, EMRK-Komm, 2012, Art. 4 Rn. 3 ff.

4. Jede Person, die festgenommen oder der die Freiheit entzogen ist, hat das Recht, zu beantragen, dass ein Gericht innerhalb kurzer Frist über die Rechtmäßigkeit der Freiheitsentziehung entscheidet und ihre Entlassung anordnet, wenn die Freiheitsentziehung nicht rechtmäßig ist.

5. Jede Person, die unter Verletzung dieses Artikels von Festnahme oder Freiheitsentziehung betroffen ist, hat Anspruch auf Schadensersatz."

Die Rechte nach Artikel 6 müssen insbesondere dann geachtet werden, wenn das Europäische Parlament und der Rat Gesetzgebungsakte im Bereich der justiziellen Zusammenarbeit in Strafsachen auf der Grundlage der Artikel 82, 83 und 85 des Vertrags über die Arbeitsweise der Europäischen Union, insbesondere zur Festlegung gemeinsamer Mindestvorschriften über die Tatbestandsmerkmale strafbarer Handlungen und die Strafen sowie über bestimmte Aspekte des Verfahrensrechts erlassen.

I. Bedeutung

Mit dem Recht auf Freiheit und Sicherheit ist nicht die allgemeine Handlungsfreiheit gemeint, die 1 in der GRCh nicht wie in Art. 2 I GG gewährt wird, sondern primär die **körperliche Bewegungsfreiheit**. Der Aspekt der „Sicherheit" meint in diesem Zusammenhang nur den Schutz vor willkürlicher Verhaftung. Ein Eingriff liegt deshalb bei Festnahmen und sonstigen Freiheitsentziehungen vor. Die Bewegungsfreiheit muss dabei zum einen auf einen engen Raum begrenzt sein, weswegen das Verbot, eine Gemeinde oder einen Landkreis oder auch die Transitzone eines Flughafens zu verlassen, hiervon grundsätzlich nicht erfasst ist. Zum anderen darf die Beschränkung nicht nur ganz kurzfristig sein, weswegen etwa das Festhalten zur Personalfeststellung oder die Pflicht des Soldaten, eine gewisse Zeit in der Kaserne zu bleiben, nicht erfasst wird[1]. Der EGMR formuliert: „Confinement in a particular restricted space for a not negligible length of time."[2] Nur eine wirklich freiwillige, jederzeit widerrufliche Einwilligung in die Freiheitsentziehung schließt einen Eingriff in Art. 6 aus.

II. Schadensersatz

Die **rechtspolitische Bedeutung** von Art. 6 wird insbesondere durch die – verschuldensunabhän- 2 gige – Schadensersatzregelung in Art. 5 V EMRK deutlich, die über Art. 52 III im Rahmen der GRCh anwendbar ist und bei jedem Verstoß gegen Art. 6 den Ersatz materieller und immaterieller Schäden garantiert. Dies gibt es in dieser Klarheit bei keinem anderen Grundrecht.

III. Ausländer- und asylrechtliche Relevanz

Die ausländisch- und asylrechtliche Relevanz des Grundrechtsschutzes vor Inhaftierung ist offen- 3 kundig. Im Urteil **„El Dridi"** vom 28.4.2011 in der Rechtssache C-61/11 hat der EuGH hierzu für den Fall der Abschiebung grundsätzlich Ausführungen gemacht: Die Mitgliedstaaten müssen die Abschiebung unter Einsatz möglichst wenig intensiver Zwangsmaßnahmen vornehmen. Nur wenn der Vollstreckung der Rückkehrentscheidung mittels Abschiebung nach einer anhand jedes Einzelfalls vorzunehmenden Beurteilung durch das Verhalten des Betroffenen gefährdet zu werden droht, können die Mitgliedstaaten ihm durch Inhaftnahme die Freiheit entziehen. Dieser Freiheitsentzug muss so kurz wie möglich sein und darf sich nur auf die Dauer der laufenden Abschiebungsvorkehrungen erstrecken, solange diese mit der gebotenen Sorgfalt durchgeführt werden. Ein solcher Freiheitsentzug muss zudem in gebührenden Zeitabständen überprüft werden und ist zu beenden, wenn sich herausstellt, dass keine hinreichende Aussicht auf Abschiebung mehr besteht. Die Höchstdauer des Freiheitsentzugs ist gemäß der Rückführungs-RL 2008/115 max. 18 Monate; diese Obergrenze gilt für alle Mitgliedstaaten. Darüber hinaus müssen die Betroffenen nach Art. 16 I der Richtlinie in einer speziellen Einrichtung und jedenfalls gesondert von den gewöhnlichen Strafgefangenen untergebracht werden. Wegen des Grundrechtsschutzes und des Grundsatzes der Verhältnismäßigkeit steht die Rückführungs-RL einer nationalen Regelung entgegen, die vorsieht, dass gegen einen illegal aufhältigen Drittstaatsangehörigen allein deshalb eine Haftstrafe verhängt werden kann, weil er entgegen einer Anordnung, das Hoheitsgebiet des betr. Mitgliedstaats innerhalb einer bestimmten Frist zu verlassen, ohne berechtigten Grund in dessen Hoheitsgebiet bleibt.

Ausführungen zum rechtlichen Gehör in Haftsachen machte der EuGH im Urteil **„M. G."** vom 4 10.9.2013 in der Rechtssache C-383/13. Im Urteil **„Mahdi"** vom 5.6.2014 in der Rechtssache C-146/14 hat der EuGH im Licht von Art. 6 und 47 entschieden, dass für Haftentscheidungen zwar Schriftform und Begründungszwang gilt, bei mangelnder Kooperation bzgl. der Beschaffung von Identitätspapieren grundsätzlich aber Inhaftierung möglich ist. Im Urteil **„J. N."** vom 15.2.2016 in der Rechtssache C-601/15 PPU hat der EuGH im Einzelnen ausgeführt, dass seine Prüfung von Art. 8 III UAbs. 1 lit. e EU-Aufnahme-RL 2013/33/EU[3] nichts ergeben habe, was die Gültigkeit dieser Bestimmung im Lichte der Art. 6 und 52 I und III GRCh berühren könnte.

---

[1] EGMR Urt. v. 23.11.1976 – 5100/71 – Engel.
[2] EGMR Urt. v. 16.6.2005 – 61603/00 – Storck.
[3] „(3) Ein Antragsteller darf nur in Haft genommen werden, ... (e) wenn dies aus Gründen der nationalen Sicherheit oder der öffentlichen Ordnung erforderlich ist, ...".

Art. 7 Achtung des Privat- und Familienlebens

Jede Person hat das Recht auf Achtung ihres Privat- und Familienlebens, ihrer Wohnung sowie ihrer Kommunikation.

Erläuterung des Grundrechte-Konvents

Die Rechte nach Artikel 7 entsprechen den Rechten, die durch Artikel 8 EMRK garantiert sind. Um der technischen Entwicklung Rechnung zu tragen, wurde der Begriff „Korrespondenz" durch „Kommunikation" ersetzt.

Nach Artikel 52 Absatz 3 haben diese Rechte die gleiche Bedeutung und Tragweite wie die Rechte aus dem entsprechenden Artikel der EMRK. Ihre möglichen legitimen Einschränkungen sind daher diejenigen, die der genannte Artikel 8 gestattet:

„1. Jede Person hat das Recht auf Achtung ihres Privat- und Familienlebens, ihrer Wohnung und ihrer Korrespondenz.

2. Eine Behörde darf in die Ausübung dieses Rechts nur eingreifen, soweit der Eingriff gesetzlich vorgesehen und in einer demokratischen Gesellschaft notwendig ist für die nationale oder öffentliche Sicherheit, für das wirtschaftliche Wohl des Landes, zur Aufrechterhaltung der Ordnung, zur Verhütung von Straftaten, zum Schutz der Gesundheit oder der Moral oder zum Schutz der Rechte und Freiheiten anderer."

I. Auffanggrundrecht

1   Da die EMRK (ebenso wie die GRCh) die **allgemeine Handlungsfreiheit** nicht garantiert, hat der EGMR das Recht auf Achtung des Privat- und Familienlebens faktisch zu einer Art Auffanggrundrecht gemacht, und zwar für natürliche wie auch für juristische Personen und Personenvereinigungen[1]. Die **„Achtung des Privatlebens"** schützt im weitesten Sinne die Identität und Entwicklung jeder Person sowie das Recht, Beziehungen zu anderen Personen und der Außenwelt einzugehen. Der materielle Schutzbereich reicht so etwa vom Namensrecht über das eigene Bild, die Ehre, das sexuelle Verhalten, private wie berufliche Kontakte, den Schutz vor Umwelteinflüssen bis hin zur Selbsttötung. Da es sich um ein Menschenrecht handelt, das nicht von staatlicher Genehmigung abhängig sein kann, kann der Schutzbereich auch bei bloß Geduldeten eröffnet sein; dies ist insbesondere in der sog. Verwurzelungsrechtsprechung (humanitärer Aufenthaltstitel gemäß § 25 V AufenthG iVm Art. 8 EMRK) von hoher Relevanz[2]. Ein Eingriff in den Schutzbereich von Art. 7 kommt durch staatliches Tun oder Unterlassen (zB der Legalisierung des Aufenthalts) in Betracht.[3] Zentrale Diskussionsebene zur Entscheidung rechtmäßig/rechtswidrig ist die Schranke des Verhältnismäßigkeitsgrundsatzes (vgl. Art. 52 I und 8 II EMRK). Hier werden letztlich alle Streitfragen in der Praxis entschieden. Der Schutz des **„Familienlebens"** umfasst primär die Beziehungen zwischen (auch unverheirateten) Eltern oder Elternteilen und ihren (gegebenenfalls auch schon volljährigen) Kindern, dh, setzt an bei der Geburt oder Adoption. Beziehungen zwischen Großeltern und Enkeln fallen ebenso in den Schutzbereich wie solche zwischen Geschwistern. Die „bloßen" Beziehungen von Ehe- oder Lebenspartnern hingegen fallen hier nicht unter den Rechtsbegriff Familie; insoweit greift das Privatleben. Der Familienschutz kann vom Recht auf Mit-Einreise[4] über das Zusammenbleiben[5], dh den Schutz vor Ausweisung bzw. einen Anspruch auf Befristung derselben, sowie das Erziehungsrecht bis hin zum Vererben reichen[6]. Die **„Wohnung"** schützt den privaten räumlichen Bereich, dh alle Räume, die der allgemeinen Zugänglichkeit durch räumliche Abschottung entzogen und zur Stätte privaten Lebens und Wirkens gemacht wurden. Deshalb fallen hierunter auch Innenhöfe, Terrassen, Keller oder Wohnwagen. Ob Geschäfts- und Betriebsräume erfasst werden können, war lange strittig, wird heute aber „unter bestimmten Umständen", dh grundsätzlich bejaht[7]. Der Schutz der **„Kommunikation"** erstreckt sich im Lichte des Privatlebens insbesondere auf Briefe, Karten, Telefonate und natürlich auch auf elektronische Mitteilungen, soweit diese nicht öffentlich erfolgen[8]. Das strenge EU-Datenschutzrecht gilt aber zB nicht bei dem Betrieb eines von einer natürlichen Person an ihrem Einfamilienhaus zum Zweck des Schutzes des Eigentums, der Gesundheit und des Lebens der Besitzer des Hauses angebrachten Kamerasystems, das Videos von Personen auf einer kontinuierlichen Speichervorrichtung wie einer Festplatte aufzeichnet und dabei auch den öffentlichen Raum überwacht[9]. Art. 7 kann im

---

[1] EuGH Urt. v. 4.10.2001 – C-450/00 – Kommission/Luxemburg.
[2] Ausf. mwN → AufenthG § 25 Rn. 78 ff.
[3] → EMRK Art. 8 Rn. 3 f.
[4] EuGH Urt. v. 27.6.2006 – C-540/03 – Parlament/Rat.
[5] Nach EuGH Urt. v. 9.7.2015 – C-153/14 – K/A – allerdings kann ein Mitgliedstaat von Drittstaatsangehörige im Rahmen des Rechts auf Familienzusammenführung grundsätzlich die erfolgreiche Ablegung einer Integrationsprüfung verlangen.
[6] Ausf. mwN *Jarras*, GRCh-Komm, 2010, Art. 7 Rn. 11 ff.; *Pätzold* in Karpenstein/Mayer, EMRK-Komm, 2012, Art. 8 Rn. 5 ff.
[7] EGMR Urt. v. 16.12.1992 – 13710/88 – Niemietz; EuGH Urt. v. 22.10.2002 – C-94/00 – Roquette Frères.
[8] Vgl. hierzu *Wolffgang* in Lenz/Borchardt, EUV-Verträge, 5. Aufl. 2010, EUV Anhang zu Art. 6 Rn. 31 ff., mwN sowie EuGH Urt. v. 6.10.2015 – C 362/14 – Schrems/Safe-Harbor.
[9] Vgl. EuGH Urt. v. 11.12.2014 – C-212/13 – Rynes.

Übrigen auch etwa im Passrecht Relevanz haben[10] und sich selbst auf gerichtliche Zuständigkeiten auswirken[11]. Art. 7 umfasst allerdings grundsätzlich kein individuelles **Nachzugsrecht**[12].

II. Verwurzelung

Die aufenthaltsrechtliche Bedeutung der Achtung des **Privatlebens** für im Aufnahmestaat „verwurzelte" Ausländer fasst das Urteil des OVG Bremen vom 28.6.2011 – 1 A 141/11, Rn. 46–50 exemplarisch zusammen: „Das Recht auf Achtung des Privatlebens in Art. 8 I EMRK gibt einem Ausländer nach ständiger Spruchpraxis des EGMR keinen Anspruch darauf, sich einen Aufenthaltsort in einem Konventionsstaat frei zu wählen. Vielmehr ist den Konventionsstaaten grundsätzlich ein weiter Ermessensspielraum eingeräumt, ob und unter welchen Voraussetzungen sie Einwanderung in ihr Hoheitsgebiet zulassen wollen. Die Vertragsstaaten haben nach den allgemein anerkannten völkerrechtlichen Grundsätzen das Recht, über Einreise, den Aufenthalt und die Aufenthaltsbeendigung fremder Staatsangehöriger zu entscheiden (vgl. EGMR Urt. v. 16.9.2004 – 11103/03, NVwZ 2005, 1046 – Ghiban; Urt. v. 7.10.2004 – 33743/03, NVwZ 2005, 1043 (1045) – Dragan). Allerdings kann einem Ausländer bei fortschreitender Aufenthaltsdauer aus dem Recht auf Achtung des Privatlebens eine von dem Vertragsstaat zu beachtende Rechtsposition zuwachsen. Dieses Recht umfasst die Summe der persönlichen und wirtschaftlichen Beziehungen, die für die Persönlichkeit eines jeden Menschen konstitutiv sind (EGMR Urt. v. 9.10.2003 – 48321/99, EuGRZ 2006, 560 (561) – Slivenko) und denen angesichts der zentralen Bedeutung dieser Bindungen für die Entfaltung der Persönlichkeit eines Menschen bei fortschreitender Dauer des Aufenthalts wachsende Bedeutung zukommt (vgl. BVerfG Beschl. v. 10.5.2007 – 2 BvR 304/07, BVerfGK 11, 153 (159) und Beschl. v. 21.2.2011 – 2 BvR 1392/10, InfAuslR 2011, 235 (236)). Eine Aufenthaltsbeendigung kann in diesem Fall einen Eingriff in den Schutzbereich von Art. 8 I EMRK darstellen, der sich daran messen lassen muss, ob es sich um eine in einer demokratischen Gesellschaft notwendige Maßnahme handelt, die durch dringende öffentliche Interessen gerechtfertigt ist und mit Blick auf das verfolgte Ziel auch im engeren Sinne verhältnismäßig ist. Eine solche Schrankenprüfung nach Art. 8 II EMRK ist insbesondere dann geboten, wenn der Ausländer in dem Vertragsstaat geboren und aufgewachsen ist, dh die für seine Persönlichkeit maßgebliche Prägung in diesem Staat erfahren hat. Zwar vermittelt Art. 8 EMRK keiner Kategorie von Ausländern – auch nicht jenen, die im Gastland geboren wurden – einen absoluten Schutz vor Aufenthaltsbeendigung. Die Vorschrift verlangt aber, dass die besondere Situation von Ausländern, die den größten Teil oder ihre gesamte Kindheit im Gastland verbracht haben, berücksichtigt wird (EGMR Urt. v. 23.6.2008 – 1638/03, InfAuslR 2008, 333 (334) – Maslov II). Das Interesse an der Aufrechterhaltung der faktisch gewachsenen und von Art. 8 I EMRK geschützten persönlichen Bindungen ist in diesen Fällen mit den öffentlichen Interessen an einer Steuerung und Begrenzung des Zuzugs von Ausländern in die Bundesrepublik Deutschland (vgl. § 1 I 1 AufenthG) und einer Abwehr von Gefahren für die öffentliche Sicherheit und Ordnung abzuwägen. Kriterien für die Verhältnismäßigkeitsprüfung sind dabei ua: die Dauer des Aufenthalts im Bundesgebiet, der Stand der gesellschaftlichen und sozialen Integration (Sprachkenntnisse, Schule/Beruf), das strafrechtlich relevante Verhalten sowie die wirtschaftlichen Verhältnisse des Betreffenden. Darüber hinaus ist in die Prüfung einzubeziehen, wie die Schwierigkeiten zu bewerten sind, auf die dieser bei einer Rückkehr in den Herkunftsstaat treffen würde. Je stärker danach das Ausmaß der Verwurzelung bzw. je nachteiliger die für den Ausländer mit einer Aufenthaltsbeendigung verbundenen Folgen sind, desto schwerer müssen die öffentlichen Interessen wiegen, die die Aufenthaltsbeendigung rechtfertigen. Eine solche Abwägung ist auch dann erforderlich, wenn der Aufenthalt des hier geborenen und aufgewachsenen Ausländers in der Vergangenheit überwiegend oder vollständig geduldet war. Zwar kann der aufenthaltsrechtliche Status, den der Ausländer bislang besessen hat, durchaus ein Kriterium sein, das für die Ermittlung des Ausmaßes der Verwurzelung von Relevanz ist. So kann ein lediglich geduldeter Aufenthalt dazu führen, dass die Schutzwürdigkeit des Interesses an den Fortbestand des Aufenthalts sich mindert. Maßgeblich sind insoweit aber stets die Verhältnisse des Einzelfalls. Nach der Rspr. des EGMR, der auf die Gesamtheit der entstandenen persönlichen Bindungen abstellt, kann nicht angenommen werden, dass der Duldungsstatus einen hier aufgewachsenen Ausländer von vornherein aus dem Schutzbereich des Art. 8 I EMRK ausschließt. Zwar hat der EGMR wiederholt hervorgehoben, dass Personen, die ohne den geltenden Gesetzen zu entsprechen, die Behörde des Vertragsstaates mit ihrer Anwesenheit konfrontieren, im allgemeinen nicht erwarten können, dass ihnen ein Aufenthaltsrecht zugesprochen wird. Auch in diesen Fällen hat der EGMR aber stets auf die Verhältnisse des Einzelfalles abgestellt, dh, ist der Frage nachgegangen, ob bei dem Betreffenden ein schutzwürdiges Vertrauen in den Fortbestand des Aufenthalts entstanden ist (vgl.

---

[10] Vgl. EuGH Urt. v. 2.10.2014 – C-101/13 – U/Karlsruhe.
[11] Im Urt. v. 16.7.2015 – C-184/14 – A./B. – urteilte der EuGH, dass das mit der Entscheidung über die elterliche Verantwortung befasste Gericht auch für die Entscheidung über die Unterhaltspflicht eines Elternteils für seine minderjährigen Kinder zuständig sei. Dies gelte auch dann, wenn über die Ehescheidung oder die Trennung ohne Auflösung des Ehebandes von einem Gericht eines anderen Mitgliedstaats entschieden werde.
[12] Vgl. *Thym* EuR 2018, 672 (678) mwN.

EGMR Urt. v. 31.1.2006 – 50435/99, InfAuslR 2006, 298 (299) – da Silva und Hoogkamer; Urt. v. 8.4.2008 – 21878/05, ZAR 2010, 189 (191) – Nnyanzi). Dass sich diese Frage in besonderer Weise bei hier geborenen und aufgewachsenen Ausländern stellt, die ihre für die Persönlichkeit maßgebliche Prägung in Deutschland erfahren haben, liegt auf der Hand (vgl. OVG Brem Beschl. v. 22.11.2010 – 1 A 383/09, Rn. 15). In diesem Sinne hat der EGMR jüngst noch einmal klargestellt, dass es bei im Vertragsstaat aufgewachsenen Ausländern für die Eröffnung des Schutzbereichs von Art. 8 I EMRK nicht auf die Rechtmäßigkeit des bisherigen Aufenthalts, sondern auf dessen die Persönlichkeit des Ausländers prägenden Charakter ankommt (EGMR Urt. v. 14.6.2011 – 38058/09, http://www.echr.coe.int Rn. 65 – Osman). Auch das BVerwG macht die Eröffnung des Schutzbereichs von Art. 8 I EMRK zwar „grundsätzlich" von einem rechtmäßigen Aufenthalt abhängig (Urt. v. 30.4.2009 – 1 C 3/08, InfAuslR 2009, 333 (335)), lässt dies aber nicht ausnahmslos gelten. Es hat zu Recht auf das Erfordernis einer individuellen Würdigung der Lebensumstände des Betreffenden hingewiesen und sich dagegen gewandt, einzelne Umstände zu isolieren und ihnen gleichsam den Charakter eines Ausschlusskriteriums beizumessen (BVerwG Beschl. v. 19.1.2010 – 1 B 25.09, NVwZ 2010, 707 (708); vgl. Beschl. v. 14.12.2010 – 1 B 30/10, Rn. 3). Soweit teilweise die Ansicht vertreten wird, die Eröffnung des Schutzbereichs von Art. 8 I EMRK setze – auch bei Ausländern, die in dem Vertragsstaat geboren und aufgewachsen sind – stets einen formell legalisierten Aufenthalt voraus (vgl. etwa NdsOVG Beschl. v. 12.8.2010 – 8 PA 182/10, Rn. 6; *Fritzsch*, Die Grenzen des völkerrechtlichen Schutzes sozialer Bindungen von Ausländern nach Art. 8 EMRK, ZAR 2010, 14 (16)), widerspricht dies der Forderung des EGMR nach einer konkreten Betrachtung der Lebensumstände des betroffenen Ausländers."[13]

III. Boultif/Üner-Kriterien

3 Im Rahmen einer **Ausweisung** sind immer die sog. Boultif/Üner-Kriterien des EGMR[14] zu berücksichtigen, die die Achtung des Privat- und Familienlebens insoweit konkretisieren.[15] Danach sind im Rahmen der Verhältnismäßigkeitsprüfung folgende Gesichtspunkte zu berücksichtigen: die Anzahl, Art und Schwere der vom Ausländer begangenen Straftaten; das Alter des Ausländers bei Begehung der Straftaten; der Charakter und die Dauer des Aufenthalts im Land, das der Ausländer verlassen soll; die seit Begehen der Straftaten vergangene Zeit und das Verhalten des Ausländers seit der Tat, insbesondere im Strafvollzug; die Staatsangehörigkeit aller Beteiligten; die familiäre Situation des Ausländers und gegebenenfalls die Dauer der Ehe sowie andere Umstände, die auf ein tatsächliches Familienleben eines Paares hinweisen; der Grund für die Schwierigkeiten, die der Partner in dem Land haben kann, in das gegebenenfalls abgeschoben werden soll; ob der Partner bei Begründung der familiären Beziehung Kenntnis von der Straftat hatte; ob der Verbindung Kinder entstammen und in diesem Fall deren Alter; das Interesse und das Wohl der Kinder, insbesondere der Umfang der Schwierigkeiten, auf die sie wahrscheinlich in dem Land treffen, in das der Betroffene gegebenenfalls abgeschoben werden soll; die Intensität der sozialen, kulturellen und familiären Bindungen zum Gastland einerseits und zum Herkunftsland andererseits. Diese Kriterien sind nicht abschließend[16].

IV. EMRK-Bezug

4 Im Urteil „**McB**"[17] hat der EuGH entschieden, dass eine nationale Regelung, nach der ein Vater, der nicht mit der Mutter des Kindes verheiratet ist, das Sorgerecht nur erlangen kann, wenn es ihm durch eine gerichtliche Entscheidung übertragen wird, nicht das durch Art. 7 (und Art. 24) geschützte Recht auf Achtung des Privat- und Familienlebens verletzt. Hierzu weist der EuGH darauf hin, dass die EU nach Art. 6 EUV die Rechte, Freiheiten und Grundsätze anerkennt, die in der GRCh niedergelegt sind, und dass die GRCh und die Verträge „rechtlich gleichrangig" sind. Die Bestimmungen der GRCh richten sich nach Art. 51 I allerdings ausschließlich an die Mitgliedstaaten, wenn sie Unionsrecht anwenden, woran es im konkreten Fall gefehlt hat. Da die Chartarechte nach Art. 52 III im Einklang mit der EMRK auszulegen sind, nimmt der EuGH ergänzend auf einschlägige Rspr. des EGMR Bezug, der bereits entschieden hat, dass eine nationale Regelung, die das Recht der elterlichen Sorge für ein Kind eines unverheirateten Paares allein der Mutter des Kindes zuweist, Art. 8 EMRK nicht verletzt, sofern sie dem Vater des Kindes, dem die elterliche Sorge nicht zusteht, das Recht einräumt, beim zuständigen nationalen Gericht die Änderung der Zuweisung dieses Rechts zu beantragen[18].

---

[13] Ebenso VGH BW Urt. v. 13.12.2010 – 11 S 2359/10.
[14] Vgl. EGMR Urt. v. 2.8.2001 – 54273/00, InfAuslR 2001, 476 – Boultif, Urt. v. 18.10.2006 – 46410/99, NVwZ 2007, 1279 – Üner, sowie Urt. v. 23.6.2008 – 1683/04, InfAuslR 2008, 333 – Maslov II; Urt. v. 25.3.2010 – 40601/05, InfAuslR 2010, 325 – Mutlag, und Urt. v. 13.10.2011 – 41548/06 – Trabelsi.
[15] → EMRK Art. 8 Rn. 15.
[16] Vgl. VGH BW Urt. v. 16.4.2012 – 11 S 4/12.
[17] EuGH Urt. v. 5.10.2010 – C-400/10 PPU.
[18] EGMR Urt. v. 2.9.2003 – 56838/00 – Guichard.

Art. 8 Schutz personenbezogener Daten

(1) Jede Person hat das Recht auf Schutz der sie betreffenden personenbezogenen Daten.

(2) ¹Diese Daten dürfen nur nach Treu und Glauben für festgelegte Zwecke und mit Einwilligung der betroffenen Person oder auf einer sonstigen gesetzlich geregelten legitimen Grundlage verarbeitet werden. ²Jede Person hat das Recht, Auskunft über die sie betreffenden erhobenen Daten zu erhalten und die Berichtigung der Daten zu erwirken.

(3) Die Einhaltung dieser Vorschriften wird von einer unabhängigen Stelle überwacht.

Erläuterung des Grundrechte-Konvents
Dieser Artikel stützte sich auf Artikel 286 des Vertrags zur Gründung der Europäischen Gemeinschaft und auf die Richtlinie 95/46/EG des Europäischen Parlaments und des Rates zum Schutz natürlicher Personen bei der Verarbeitung personenbezogener Daten und zum freien Datenverkehr (ABl. L 281 vom 23.11.1995, S. 31) sowie auf Artikel 8 EMRK und das Übereinkommen des Europarates vom 28. Januar 1981 zum Schutz des Menschen bei der automatischen Verarbeitung personenbezogener Daten, das von allen Mitgliedstaaten ratifiziert wurde. Artikel 286 EGV wird nunmehr durch Artikel 16 des Vertrags über die Arbeitsweise der Europäischen Union und Artikel 39 des Vertrags über die Europäische Union ersetzt. Es wird ferner auf die Verordnung (EG) Nr. 45/2001 des Europäischen Parlaments und des Rates zum Schutz natürlicher Personen bei der Verarbeitung personenbezogener Daten durch die Organe und Einrichtungen der Gemeinschaft und zum freien Datenverkehr (ABl. L 8 vom 12.1.2001 S. 1) verwiesen. Die genannte Richtlinie und Verordnung enthalten Bedingungen und Beschränkungen für die Wahrnehmung des Rechts auf den Schutz personenbezogener Daten.

I. Bedeutung

Der europäische Rechtsrahmen zum Datenschutz in der EU hat zwei völkerrechtliche bzw. verfassungsrechtliche Grundlagen, nämlich Art. 8 EMRK sowie die Art. 7 und 8 GRCh[1]. Durch Art. 6 EUV wird die GRCh mit den EU-Verträgen rechtlich auf die gleiche Stufe gehoben. Es handelt sich somit um gleichrangiges Primärrecht[2]. Die Grundsätze des effektiven Datenschutzes gehörten schon vor Inkrafttreten der Charta zum **Primärrecht**, weswegen der EuGH auch schon vor 1.12.2009 hierzu judizierte[3]. Unter die durch Art. 8 I geschützten „personal data" lassen sich alle Informationen über eine bestimmte oder bestimmbare natürliche Person fassen[4]. Im Sinne des möglichst weit zu definierenden materiellen Schutzbereichs müssen die personenbezogenen Daten weder „sensibel" noch gar „binnenmarktrelevant" sein. Der personelle Schutzbereich umfasst nicht nur alle natürlichen Personen, auch öffentliche Bedienstete[5], sondern – wie auch beim Privatleben nach Art. 7, der Grundlage des Datenschutzes – auch juristische Personen und Personenvereinigungen[6]. Eine „Verarbeitung" von Daten liegt vor bei jeder Erhebung, Speicherung, Verwendung, Sperrung oder Löschung bzw. der bloßen Weitergabe von Daten, egal, ob dies für den Betroffenen zu irgendeinem Nachteil führt. Art. 8 verpflichtet die Grundrechtsverpflichteten im Übrigen zum effektiven Schutz der ihnen anvertrauten personenbezogenen Daten. Das gilt auch etwa bei der Beantragung eines Aufenthaltstitels und bei Maßnahmen der Ausländerbehörde.

Die GRCh garantiert in Art. 8 II 1 die für die betroffenen Personen **wichtigen Grundsätze** von Rechtmäßigkeit, Treu und Glauben sowie Schutz und Zweckbindung der Datenverarbeitung als Teil des Grundrechts auf Datenschutz. S. 2 gewährleistet einen Anspruch auf Datenberichtigung. Eine Datenverarbeitung darf nur aufgrund einer Einwilligung oder einer gesetzlichen Ermächtigung erfolgen. Auch steht der betroffenen Person ein Auskunftsrecht bzgl. der sie betreffenden Daten zu[7]. Diese Rechte können als Ausprägungen der Grundsätze der Transparenz und der Richtigkeit der Datenverarbeitung und damit als umfassendes europäisches Grundrecht auf Datenschutz angesehen werden[8]. Daraus folgt, dass die Daten einer Person durch die Verarbeitung nicht verfälscht werden dürfen, also inhaltlich richtig sein bzw. bleiben müssen (Art. 8 I, II 2 Hs. 2). Ermittlungsmaßnahmen sind somit rechtswidrig, wenn sie zu einem unzutreffenden tatsächlichen Ergebnis führen. Auch schützt Art. 8 I, II 1, Art. 7 gegen die unzulässige Verarbeitung der Daten, insbesondere gegen „Ausspähen". Behördliche Eingriffe sind aufgrund des in Abs. 2 genannten Vorbehaltes nur im Rahmen der Verhältnismäßigkeit, allerdings aufgrund nationaler Vorschriften möglich (Art. 52 I, V). So akzeptiert der EuGH

---

[1] *Weichert* DANA 2016, 48.
[2] *Dörig* § 24 Rn. 1.
[3] EuGH Urt. v. 29.1.2008 – C-275/06, EuZW 2008, 113 – Promusicae ./. Telefónica de Espana SAU sowie Urt. v. 20.5.2003 – C-465/00, EuR 2004, 276 -Rechnungshof ./. Österreichischer Rundfunk und Urt. v. 6.11.2003 – C-101/01, EuZW 2004, 245 – Königreich Schweden ./. Lindquist.
[4] Insbes. in Anlehnung an Art. 2a RL 95/46.
[5] EuGH Urt. v. 20.5.2003 – C-465/00 – Österr. Rechnungshof ./. Österreichischer Rundfunk; *Skouris* NVwZ 2016, 1359.
[6] Vgl. zur Beschlagnahme von Anwaltsdaten EGMR Urt. v. 3.9.2015 – 27013/10, BeckRS 2015, 81575 – Portugal ./. Rechtsanwaltskanzlei Sérvulo.
[7] Vgl. EuGH Urt. v. 17.7.2014 –C-141/12, ZD 2014, 515 – Niederlande ./. Y. S.
[8] Vgl. *Dörig* § 24 Rn. 1; *Roßnagel* ZD 2018, 339 mwN; kritisch *Veil* NVwZ 2018, 686.

die Veröffentlichung der Empfänger von Subventionen iRd Verhältnismäßigkeit zur Herstellung von Transparenz[9]. Vergleichbares gilt für die Vorratsspeicherung zur Bekämpfung der schweren Kriminalität[10]. Andererseits lässt er die Speicherung von personenbezogenen Daten unter Berufung ua auf Art. 8 nur für eine angemessene Zeit zu[11].

3 **Kollidieren verschiedene Freiheiten** der GRCh miteinander, sind die Vorschriften so auszulegen bzw. anzuwenden, dass ihrer Schutzwirkung optimal Rechnung getragen wird[12]. Gegenüber nationalen Vorschriften genießt das Unionsrecht grundsätzlich Anwendungsvorrang, den alle Behörden einschließlich der Gebietskörperschaften und die Gerichte zu beachten haben[13].

4 Art. 8 III verlangt, dass die Gewährleistung des Schutzes der personenbezogenen Daten einschließlich des Auskunfts- und Berichtigungsanspruchs der betroffenen Person **von unabhängigen Stellen überwacht wird.** Damit wird nicht ausgeschlossen, dass auch andere Behörden – etwa die Gewerbeaufsicht – zum Schutz von Daten tätig werden. Die Unabhängigkeit ist nur gewährleistet, wenn die Datenschutzaufsichtsbehörde keine sachlichen Weisungen einer „höheren" Stelle entgegennehmen und ausführen muss, wenn die Behörde ihr Personal selbst aussuchen darf, das allerdings für die Wahrnehmung der Aufgabe einer Aufsichtsbehörde geeignet sein muss, und wenn diese Stelle mit den notwendigen technischen, personellen und finanziellen Mitteln ausgestattet ist. Die Finanzkontrolle und die persönliche Dienstaufsicht dürfen die Unabhängigkeit der Aufsichtsbehörde nicht beeinträchtigen. Es spricht jedoch nichts dagegen, dass das Verhalten dieser Stelle und ihre Maßnahmen von unabhängigen Gerichten geprüft werden[14]. Art. 8 I verleiht der betroffenen Person einen Anspruch, dass sich die Aufsichtsbörde mit ihrer Datenschutzbeschwerde befassen muss. Wie weit die Befassung geht und ob unter bestimmten Voraussetzungen ein Anspruch auf Erlass einer datenschutzrechtlichen Maßnahme besteht, lässt sich weder Art. 8 III, noch Art. 16 II 2 AEUV entnehmen[15].

II. Anwendungsbeispiele

5 Im Urteil „Schecke"[16] wurde dem EuGH die Frage vorgelegt, ob eine AgrarVO, nach der Informationen über EU-Subventionsempfänger publik gemacht werden müssen, insbesondere wegen des Datenschutzgrundrechts ungültig ist. Der EuGH stellt – gemäß Art. 52 III in enger Anlehnung an die EMRK – in seinem Urteil fest, dass sich die in der Charta anerkannte Achtung des Privatlebens hinsichtlich der Verarbeitung personenbezogener Daten auf jede Information erstreckt, die eine bestimmte oder bestimmbare natürliche Person betrifft. Einschränkungen des Rechts auf Schutz der personenbezogenen Daten könnten allerdings gerechtfertigt sein, wenn sie denen entsprechen, die iRd EMRK geduldet werden. Die Veröffentlichung von Daten auf einer Internetseite mit den Namen der Subventionsempfänger und der genauen Beträge, die sie erhalten haben, stelle jedoch aufgrund der Tatsache, dass Dritte Zugang zu diesen Daten erhalten, eine Verletzung des Rechts der betroffenen Empfänger auf Achtung ihres Privatlebens im Allgemeinen und auf Schutz ihrer personenbezogenen Daten im Besonderen dar. Eine solche Verletzung sei gemäß Art. 52 I nur dann gerechtfertigt, wenn sie gesetzlich vorgesehen sei, den Wesensgehalt dieser Rechte achte und unter Wahrung des Grundsatzes der Verhältnismäßigkeit erforderlich sei und den von der Union anerkannten, dem Gemeinwohl dienenden Zielsetzungen oder den Erfordernissen des Schutzes der Rechte und Freiheiten anderer tatsächlich entspreche. Außerdem müssten sich die Ausnahmen und Einschränkungen in Bezug auf den Schutz der personenbezogenen Daten auf das absolut Notwendige beschränken. Zwar habe der Steuerzahler in einer demokratischen Gesellschaft Anspruch darauf, über die Verwendung von öffentlichen Geldern informiert zu werden. Hinsichtlich natürlicher Personen sei die konkret angeordnete Veröffentlichung der Daten jedoch unverhältnismäßig. Insoweit sei die EU-VO deshalb für ungültig zu erklären. Ein schönes Beispiel dafür, dass die neuen Grundrechte der GRCh in der Praxis des EuGH durchaus „Biss" haben können und wirksamen Bürgerschutz entfalten.

6 Dieser „Biss" wurde besonders deutlich im Urteil „Digital Rights Ireland" v. 8.4.2014 in der Rechtssache C-293/12[17] in dem der EuGH spektakulär die **Vorratsdatenspeicher-RL** 2006/24/EG für unvereinbar mit Art. 8 und damit für ungültig erklärte. Der Unionsgesetzgeber habe beim Erlass der Richtlinie die Grenzen überschritten, die er zur Wahrung des Grundsatzes der Verhältnismäßigkeit im Hinblick auf die Art. 7, 8 und 52 I der Charta einhalten müsse[18].

---

[9] EuGH Urt. v. 9.11.2010 – C 92, 93/09, EuZW 2010, 939.
[10] EuGH Urt. v. 8.4.2014 – C-293/12, C-594/12, NVwZ 2014, 709.
[11] EuGH Urt. v. 13.5.2014 – C-131/12, NVwZ 2014, 857 – Google; im einzelnen *Skouris* NVwZ 2016, 1359.
[12] Vgl. *Herdegen*, Europarecht, 15. Aufl., § 8 Rn. 30, 32; *Veil* NVwZ 2018, 686 (689).
[13] BVerfG Beschl. v. 19.7.2011 – 1 BvR 1916/09, BVerfGE 129, 78 (79); EuGH Urt. v. 15.7.1964 – 6-64-3, NJW 1964, 2371; Urt. v. 4.2.2016 – C 336/14, EuR 2016, 313.
[14] Vgl. Art. 47 I GRCh; vgl. *Boehm* in Kühling/Buchner DS-GVO Art. 52 Rn. 1 f. mwN; *Skouris* NVwZ 2016, 1359 (1363).
[15] Vgl. dazu *Härting ua* CR 2018, 296.
[16] EuGH Urt. v. 9.11.2010 – C-92 u. 93/09, EuZW 2010, 939 Land Hessen ./. Schecke.
[17] EuGH Urt. v. 8.4.2014 – C-293/12, NJW 2014, 2169.
[18] Vgl. hierzu *Kühling* NVwZ 2014, 681.

Im **Google-Urteil** vom 13.5.2014 in der Rechtssache C-131/12[19] entschied der EuGH zur Datenschutz-RL 95/46, dass ein Internetsuchmaschinenbetreiber auch für seine Verarbeitung personenbezogener Daten, die auf Drittseiten stehen, verantwortlich ist. Auf Antrag einer betroffenen Person müsse er unter Umständen Links zu Drittseiten entfernen, selbst wenn diese rechtmäßig ins Netz gestellt worden sind. Die Grundrechte der betroffenen Person seien dabei im Einzelfall gegen das Informationsinteresse der Öffentlichkeit abzuwägen. Diese Abwägung könne bei Privatpersonen anders ausgehen als bei Personen, die ohnehin im öffentlichen Leben stehen. Bezüglich sensibler oder gar diskriminierender Links könne so ein Anspruch auf eine Art **„Recht auf Vergessenwerden"** gegen den Suchmaschinenbetreiber entstehen[20]. 7

Im **Safe-Harbor-Urteil** vom 6.10.2015 in der Rechtssache C-362/14[21] (sog. Schrems-I-Urteil) entschied der EuGH, dass personenbezogene Daten etwa von **Facebook** nur an Drittstaaten mit „angemessenem Datenschutzniveau" übermittelt werden dürfen. 8

Auch nationale Gerichte berücksichtigen das Unionsgrundrecht. So positionierte sich das BVerfG in seinen beiden Beschlüssen vom 6.11.2019 in Abgrenzung zum EuGH zum **Recht auf Vergessen (werden)**[22] und stellte in seiner zweiten Entscheidung klar, dass es zumindest im Rahmen einer Urteilsverfassungsbeschwerde zur unmittelbaren Prüfung der Verletzung von Unionsgrundrechten befugt ist. Zudem griff der BGH das Recht auf Vergessenwerden auf, zuletzt in seinem Urteil vom 22.9.2020 (Apollonia-Prozess II)[23]. 9

Welcher essentiellen Bedeutung die (wirksame) Einwilligung des Betroffenen in die Verarbeitung seiner Daten zukommt, hat der EuGH in seinem Urteil vom 1.10.2019 – **Planet49-Entscheidung**[24] verdeutlicht, wobei die dort formulierten Leitsätze zur Auslegung der RL 2002/58/EG des Europäischen Parlaments und des Rates v. 12.7.2002 über die Verarbeitung personenbezogener Daten und den Schutz der Privatsphäre in der elektronischen Kommunikation (Datenschutz-RL für elektronische Kommunikation) bzw. der RL 2009/136/EG und der DS-GVO auf die hiesige Norm übertragbar sind. 10

Mit dem sog. **Schrems-II-Urteil** vom 16.7.2020[25] hat der EuGH Anforderungen zum Schutz der personenbezogenen Daten von Unionsbürgern bei Datenübermittlung in sog. Drittländer, insbesondere die USA formuliert und entschieden, dass der bis dahin geltende sog. „Privacy Shield" – ein Angemessenheitsbeschluss der Kommission nach Art. 45 DS-GVO (2016/1250 v. 12.7.2016, noch zur Datenschutz-RL 95/46/EC), der die Übermittlung von personenbezogenen Daten in die USA allgemein ermöglicht hatte, ab sofort ungültig sei. Dies begründete der EuGH damit, dass aufgrund der Rechtslage in den USA, insbesondere aufgrund der Befugnisse der US-Geheimdienste, ein angemessenes staatliches Schutzniveau iSd Art. 45 DS-GVO für die in Art. 7, 8 und 47 GRCh verbürgten Unionsgrundrechte nicht sichergestellt werden könne[26]. Mit dem Durchführungsbeschluss (EU) 2021/914 vom 4.6.2021 hat die EU-Kommission deshalb neue Standardvertragsklauseln (Standard Contractual Clauses – „SCC") für die Übermittlung personenbezogener Daten an Drittländer veröffentlicht, auf deren Grundlage Datenübermittlungen auch in die USA möglich sind. Für bestehende Verträge, die auf Grundlage der alten SCCs geschlossen wurden, gilt eine Übergangsfrist bis 27.12.2022[27]. Allerdings ist eine Datenübermittlung auf Basis der alten SCCs nur unter Beachtung zusätzlicher Voraussetzungen datenschutzkonform möglich[28]. 11

Art. 9 Recht, eine Ehe einzugehen und eine Familie zu gründen

Das Recht, eine Ehe einzugehen, und das Recht, eine Familie zu gründen, werden nach den einzelstaatlichen Gesetzen gewährleistet, welche die Ausübung dieser Rechte regeln.

Erläuterung des Grundrechte-Konvents

Dieser Artikel stützt sich auf Artikel 12 EMRK, der wie folgt lautet: „Männer und Frauen im heiratsfähigen Alter haben das Recht, nach den innerstaatlichen Gesetzen, welche die Ausübung dieses Rechts regeln, eine Ehe einzugehen und eine Familie zu gründen." Die Formulierung dieses Rechts wurde zeitgemäßer gestaltet, um Fälle zu

---

[19] EuGH Urt. v. 13.5.2014 – C-131/12, NJW 2014, 2257.
[20] Vgl. hierzu Boehme-Neßler NVwZ 2014, 825; vgl. auch BVerfG Beschl. v. 6.11.2019 – 1 BvR 16/13 u. 1 BvR 276/17 – Recht auf Vergessen I und II.
[21] EuGH Urt. v. 6.10.2015 – C-362/14, NJW 2015, 3151.
[22] BVerfG Beschl. v. 6.11.2019 – 1 BvR 16/13, NJW 2020, 300 -Recht auf Vergessen I; BVerfG Beschl. v. 6.11.2019 – 1 BvR 276/17, NJW 2020, 314 – Recht auf Vergessen II.
[23] BGH Urt. v. 22.9.2020 – VI ZR 476/19, GRUR 2020, 1344.
[24] EuGH Urt. v. 1.10.2019 – C-673/17, MMR 2019, 732.
[25] EuGH Urt. v. 16.7.2020 – C-311/18, NJW 2020, 2613.
[26] Pauly in Paal/Pauly DS-GVO Art. 45 Rn. 24c.
[27] Baumgartner/Hansch/Roth ZD 2021, 608.
[28] Eingehend dazu Orientierungshilfe: Was jetzt in Sachen internationaler Datentransfer? des Landesbeauftragten für den Datenschutz und die Informationsfreiheit BW (https://www.baden-wuerttemberg.datenschutz.de/wp-content/uploads/2021/10/OH-int-Datentransfer.pdf).

erfassen, in denen nach den einzelstaatlichen Rechtsvorschriften andere Formen als die Heirat zur Gründung einer Familie anerkannt werden. Durch diesen Artikel wird es weder untersagt noch vorgeschrieben, Verbindungen von Menschen gleichen Geschlechts den Status der Ehe zu verleihen. Dieses Recht ist also dem von der EMRK vorgesehenen Recht ähnlich, es kann jedoch eine größere Tragweite haben, wenn die einzelstaatlichen Rechtsvorschriften dies vorsehen.

I. Bedeutung

1   Trotz der formellen Teilbereiche bilden das Eheschließungsrecht und das Familiengründungsrecht ein einheitliches, primär **abwehrbezogenes Freiheitsgrundrecht** dar. Wie die Konventserläuterung klarstellt, ist der Charta-Begriff der „Ehe" nicht zwingend auf die Lebensgemeinschaft zwischen Mann und Frau beschränkt, sondern hängt insoweit von der mitgliedstaatlichen Ausgestaltung des nationalen Familienrechts ab (über Art. 8 EMRK fordert der EGMR zB die Anerkennung der sog. Homo-Ehe[1]). Transsexuelle können sich nach Geschlechtsumwandlung auf Art. 9 berufen, wie bereits mehrfach entschieden wurde[2]. Der materielle Schutzbereich bezieht sich allein auf das Eingehen einer Ehe, nicht hingegen ihre Auflösung; für die Scheidung oder ein Handeln in der Ehe bzw. der Familie ist deshalb auf Art. 7 zurückzugreifen.

II. Familie

2   Die Gründung einer „Familie" setzt wie bei Art. 7 immer Eltern (auch Adoptiv- oder Pflegeeltern) und Kinder voraus, unabhängig vom Bestehen einer Ehe. Heiratsverbote oder Geburtenkontrollregelungen bzw. Zwangssterilisierungen sind typische **Eingriffe** in das Recht aus Art. 9.

Art. 10 Gedanken-, Gewissens- und Religionsfreiheit

(1) [1]Jede Person hat das Recht auf Gedanken-, Gewissens- und Religionsfreiheit. [2]Dieses Recht umfasst die Freiheit, die Religion oder Weltanschauung zu wechseln, und die Freiheit, seine Religion oder Weltanschauung einzeln oder gemeinsam mit anderen öffentlich oder privat durch Gottesdienst, Unterricht, Bräuche und Riten zu bekennen.

(2) Das Recht auf Wehrdienstverweigerung aus Gewissensgründen wird nach den einzelstaatlichen Gesetzen anerkannt, welche die Ausübung dieses Rechts regeln.

Erläuterung des Grundrechte-Konvents

Das in Absatz 1 garantierte Recht entspricht dem Recht, das durch Artikel 9 EMRK garantiert ist, und hat nach Artikel 52 Absatz 3 der Charta die gleiche Bedeutung und die gleiche Tragweite wie dieses. Bei Einschränkungen muss daher Artikel 9 Absatz 2 EMRK gewahrt werden, der wie folgt lautet: „Die Freiheit, seine Religion oder Weltanschauung zu bekennen, darf nur Einschränkungen unterworfen werden, die gesetzlich vorgesehen und in einer demokratischen Gesellschaft notwendig sind für die öffentliche Sicherheit, zum Schutz der öffentlichen Ordnung, Gesundheit oder Moral oder zum Schutz der Rechte und Freiheiten anderer."

Das in Absatz 2 garantierte Recht entspricht den einzelstaatlichen Verfassungstraditionen und der Entwicklung der einzelstaatlichen Gesetzgebungen in diesem Punkt.

I. Bedeutung

1   „Religion und Weltanschauung" wollen den Sinn des menschlichen Lebens und der Welt umfassend begründen sowie erklären, weswegen der materielle Schutzbereich von Art. 10 eine gewisse Ernsthaftigkeit und Wichtigkeit voraussetzt. Denn für den Gläubigen ergeben sich hieraus weitreichende und verbindliche Verpflichtungen, von denen nicht ohne Gewissensnot abgewichen werden kann[1*]. Nach **Art. 10 I lit. b Anerkennungs-RL** umfasst der Begriff der Religion „theistische, nichttheistische und atheistische Glaubensüberzeugungen, die Teilnahme bzw. Nichtteilnahme an religiösen Riten im privaten oder öffentlichen Bereich, allein oder in Gemeinschaft mit anderen, sonstige religiöse Betätigungen oder Meinungsäußerungen und Verhaltensweisen Einzelner oder der Gemeinschaft, die sich auf eine religiöse Überzeugung stützen oder von ihr geprägt sind."[2*] Das umfassende Chartagrundrecht schützt grundsätzlich negativ vor jedem „Glaubens- oder Bekenntniszwang" ebenso wie positiv die bloße Auffassung ebenso wie jedes Bekenntnis und jede Werbung sowie jede plausible Ausübung einer Glaubensüberzeugung[3]. Es steht dem einzelnen Menschen zu, aber auch jeder Glaubensgemeinschaft, die sich hierauf auch hinsichtlich ihrer inneren Organisation, der Selbstver-

---

[1] Im Urteil v. 21.7.2015 – 18766/11 u. 36030/11 – Oliari and Others – hat der EGMR Italien zur Anerkennung gleichgeschlechtlicher Partnerschaften aufgefordert. Es verstoße gegen das Menschenrecht auf Achtung des Privat- und Familienlebens, wenn homosexuelle Partnerschaften rechtlich nicht anerkannt würden.
[2] EuGH Urt. v. 7.1.2004 – C-117/01 – K. B. – sowie EGMR Urt. v. 11.7.2002 – 28957/95 – Goodwin.
[1*] Vgl. EGMR Urt. v. 18.12.1996 – 24095/94 – Efstratiou.
[2*] Vgl. hierzu das EuGH-Verfahren in der Rs. C-71/11 und C-99/11 – Y und Z.
[3] EGMR Urt. v. 13.4.2006 – 55170/00 – Kosteski.

waltung und Autonomie oder etwa des Baus von Moscheen, Synagogen oder Kirchen berufen kann. Zum Kopftuchstreit hat der EuGH geurteilt, dass eine unternehmensinterne Regel, die das sichtbare Tragen jedes politischen, philosophischen oder religiösen Zeichens verbietet, keine unmittelbare Diskriminierung darstellt.[4] Die Gedankenfreiheit ist auf das forum internum beschränkt, dh auf das bloße Haben von Gedanken und ist damit von geringer praktischer Bedeutung. Die Gewissensfreiheit schützt an den Kategorien von Gut und Böse orientierte Entscheidungen, die der Betreffende für sich als unbedingt verpflichtend empfindet; wegen der inhaltlichen Nähe zum Begriff der Religion ist hier, bei ausreichend dargelegter Plausibilität, auch das forum externum geschützt. Ein Eingriff liegt nicht nur bei hoheitlichen Verboten vor, sondern ebenso bei erheblichen Behinderungen. Die EU sowie die grundrechtsverpflichteten Mitgliedstaaten müssen im Übrigen ausreichend Schutz insbesondere für die Religionsausübung, aber auch den jederzeitigen Austritt aus einer Gemeinschaft bzw. den religiösen Frieden gewähren[5].

II. Wehrdienstverweigerung

Das in Abs. 2, abhängig von der nationalen Rechtslage garantierte Wehrdienstverweigerungsrecht ist der EMRK fremd; auch Art. 9 EMRK schützt dieses nicht[6]. Nur in Art. 4 IIIc EMRK wird der **Ersatzdienst** angesprochen. 2

III. Asylrechtliche Relevanz

Auch und gerade im Asylrecht kommt der Religionsfreiheit naturgemäß erhebliche Bedeutung zu. Im **Urteil „Y und Z"** vom 5.9.2012 in der Rechtssache C-71/11 stellte der EuGH dies grundsätzlich dar: Nach dem Wortlaut des Art. 2 lit. c Anerkennungs-RL (2011/95/EU) wird mit „Flüchtling" insbesondere ein Drittstaatsangehöriger bezeichnet, der sich „aus der begründeten Furcht vor Verfolgung" wegen seiner Rasse, Religion, Staatsangehörigkeit, politischen Überzeugung oder Zugehörigkeit zu einer bestimmten sozialen Gruppe außerhalb des Landes befindet, dessen Staatsangehörigkeit er besitzt und der den „Schutz" dieses Landes nicht in Anspruch nehmen kann oder „wegen dieser Furcht" nicht in Anspruch nehmen will. Der betreffende. Staatsangehörige muss somit aufgrund der in seinem Herkunftsland gegebenen Umstände und des Verhaltens der Akteure, von denen die Verfolgung ausgehen kann, eine begründete Furcht vor einer Verfolgung haben, die sich aus zumindest einem der fünf in der Richtlinie und der Genfer Konvention genannten Gründe gegen seine Person richtet, wobei einer dieser Gründe seine „Religion" ist. Gemäß Art. 13 Anerkennungs-RL erkennt der betroffene Mitgliedstaat dem Antragsteller die Flüchtlingseigenschaft zu, wenn dieser die insbesondere in den Art. 9 und 10 der Richtlinie festgelegten Voraussetzungen erfüllt. 3

Art. 11 Freiheit der Meinungsäußerung und Informationsfreiheit

(1) ¹Jede Person hat das Recht auf freie Meinungsäußerung. ²Dieses Recht schließt die Meinungsfreiheit und die Freiheit ein, Informationen und Ideen ohne behördliche Eingriffe und ohne Rücksicht auf Staatsgrenzen zu empfangen und weiterzugeben.

(2) Die Freiheit der Medien und ihre Pluralität werden geachtet.

Erläuterung des Grundrechte-Konvents
1. Artikel 11 entspricht Artikel 10 EMRK, der wie folgt lautet:
„1. Jede Person hat das Recht auf freie Meinungsäußerung. Dieses Recht schließt die Meinungsfreiheit und die Freiheit ein, Informationen und Ideen ohne behördliche Eingriffe und ohne Rücksicht auf Staatsgrenzen zu empfangen und weiterzugeben. Dieser Artikel hindert die Staaten nicht, für Hörfunk-, Fernseh- oder Kinounternehmen eine Genehmigung vorzuschreiben.
2. Die Ausübung dieser Freiheiten ist mit Pflichten und Verantwortung verbunden; sie kann daher Formvorschriften, Bedingungen, Einschränkungen oder Strafdrohungen unterworfen werden, die gesetzlich vorgesehen und in einer demokratischen Gesellschaft notwendig sind für die nationale Sicherheit, die territoriale Unversehrtheit oder die öffentliche Sicherheit, zur Aufrechterhaltung der Ordnung oder zur Verhütung von Straftaten, zum Schutz der Gesundheit oder der Moral, zum Schutz des guten Rufes oder der Rechte anderer, zur Verhinderung der Verbreitung vertraulicher Informationen oder zur Wahrung der Autorität und der Unparteilichkeit der Rechtsprechung."
Nach Artikel 52 Absatz 3 der Charta hat dieses Recht die gleiche Bedeutung und Tragweite wie das durch die EMRK garantierte Recht. Die möglichen Einschränkungen dieses Rechts dürfen also nicht über die in Artikel 10 Absatz 2 vorgesehenen Einschränkungen hinausgehen, allerdings unbeschadet der Beschränkungen, die die Möglichkeit der Mitgliedstaaten, Genehmigungsregelungen nach Artikel 10 Absatz 1 Satz 3 der EMRK einzuführen, durch das Wettbewerbsrecht der Union erfahren kann.

---

[4] EuGH Urt. v. 14.3.2017 – C-157/15 – Achbita und C-188/15 – Bougnaoui sowie Urt. v. 15.7.2021 – C-804/18 – IX.
[5] EGMR Urt. v. 20.9.1994 – 13470/87 – Otto-Preminger-Institut.
[6] EGMR Urt. v. 6.4.2000 – 34369/97 – Thlimmenos.

2. Absatz 2 dieses Artikels erläutert die Auswirkungen von Absatz 1 hinsichtlich der Freiheit der Medien. Er stützt sich insbesondere auf die Rechtsprechung des Gerichtshofs bezüglich des Fernsehens, insbesondere in der Rechtssache C-288/89 (Urteil vom 25. Juli 1991, Stichting Collectieve Antennevoorziening Gouda u.a.; Slg. 1991, I-4007), und auf das Protokoll über den öffentlich-rechtlichen Rundfunk in den Mitgliedstaaten, das dem EGV und nunmehr den Verträgen beigefügt ist, sowie auf die Richtlinie 89/552/EWG des Rates (siehe insbesondere Erwägungsgrund 17).

I. Kommunikationsfreiheit

1   Art. 11 schützt im Sinne einer umfassenden „Kommunikationsfreiheit"[1] einheitlich die „freedom of expression" inklusive der **Meinungs- und Informationsfreiheit.** Diese Freiheit stellt eine der wesentlichen Grundlagen einer demokratischen Gesellschaft dar[2] und sichert neben seiner insoweit gesellschaftlichen Funktion zudem Autonomie, Persönlichkeitsentwicklung, ja die Würde des Einzelnen[3]. Aufgrund dieser Bedeutung kann dieses Grundrecht im Rahmen der Verhältnismäßigkeit dem Binnenmarktrecht vorgehen[4]. „Meinungen" sind Werturteile, „Informationen" hingegen Tatsachenbehauptungen; unter „Ideen" lassen sich bspw. Konzepte oder Pläne fassen[5]. Qualität oder Inhalte sind grundrechtlich grundsätzlich irrelevant[6]. Als umfassendes Kommunikationsrecht greift Art. 11 bei jeder Äußerung einer Meinung bzw. jeder Informations- oder Ideenweitergabe bzw. jedem diesbezüglichem Empfang, zudem hinsichtlich des jeweiligen Kommunikationsweges[7].

II. Eingriffe

2   Ein hoheitlicher Eingriff liegt in jeder, also auch faktischen oder mittelbaren **Behinderung** bzw. in jeder vergleichbaren Erschwernis; des Weiteren muss die freie Kommunikation hoheitlich geschützt werden. Werturteile dürfen exzessiv und ungerechtfertigt geäußert werden; die Eingriffsmöglichkeiten bei Tatsachenbehauptungen sind hingegen verhältnismäßig größer[8]. Bei Drittstaatsangehörigen (nicht Unionsbürgern) kann nach Art. 16 EMRK zudem die politische Betätigung grundsätzlich weitreichend beschränkt werden.

Art. 12 Versammlungs- und Vereinigungsfreiheit

(1) Jede Person hat das Recht, sich insbesondere im politischen, gewerkschaftlichen und zivilgesellschaftlichen Bereich auf allen Ebenen frei und friedlich mit anderen zu versammeln und frei mit anderen zusammenzuschließen, was das Recht jeder Person umfasst, zum Schutz ihrer Interessen Gewerkschaften zu gründen und Gewerkschaften beizutreten.

(2) Politische Parteien auf der Ebene der Union tragen dazu bei, den politischen Willen der Unionsbürgerinnen und Unionsbürger zum Ausdruck zu bringen.

Erläuterung des Grundrechte-Konvents

1. Absatz 1 dieses Artikels entspricht Artikel 11 EMRK, der wie folgt lautet:
„1. Jede Person hat das Recht, sich frei und friedlich mit anderen zu versammeln und sich frei mit anderen zusammenzuschließen; dazu gehört auch das Recht, zum Schutz seiner Interessen Gewerkschaften zu gründen und Gewerkschaften beizutreten.
2. Die Ausübung dieser Rechte darf nur Einschränkungen unterworfen werden, die gesetzlich vorgesehen und in einer demokratischen Gesellschaft notwendig sind für die nationale oder öffentliche Sicherheit, zur Aufrechterhaltung der Ordnung oder zur Verhütung von Straftaten, zum Schutz der Gesundheit oder der Moral oder zum Schutz der Rechte und Freiheiten anderer. Dieser Artikel steht rechtmäßigen Einschränkungen der Ausübung dieser Rechte für Angehörige der Streitkräfte, der Polizei oder der Staatsverwaltung nicht entgegen."
Die Bestimmungen des Absatzes 1 dieses Artikels 12 haben die gleiche Bedeutung wie die Bestimmungen der EMRK; sie haben jedoch eine größere Tragweite, weil sie auf alle Ebenen, auch auf die europäische Ebene, Anwendung finden können. Nach Artikel 52 Absatz 3 der Charta dürfen die Einschränkungen dieses Rechts nicht über die Einschränkungen hinausgehen, die als mögliche rechtmäßige Einschränkungen im Sinne von Artikel 11 Absatz 2 EMRK gelten.
2. Dieses Recht stützt sich auch auf Artikel 11 der Gemeinschaftscharta der sozialen Grundrechte der Arbeitnehmer.
3. Absatz 2 dieses Artikels entspricht Artikel 10 Absatz 4 des Vertrags über die Europäische Union.

---

[1] *Calliess* in Calliess/Ruffert EU/EG GRCh Art. 11 Rn. 5.
[2] EuGH Urt. v. 13.12.2001 – C-340/00 P – Cwik.
[3] EGMR Urt. v. 7.12.1976 – 5493/72 – Handyside.
[4] EuGH Urt. v. 12.6.2003 – C- 112/00 – Schmidberger.
[5] *Jarras*, GRCh-Komm, 2010, Art. 11 Rn. 7; *Mensching* in Karpenstein/Mayer, EMRK-Komm, 2012, Art. 10 Rn. 68 ff.
[6] Auch etwa Anwälte dürfen aufgrund ihrer besonderen Stellung als Vermittler zwischen Öffentlichkeit und Gerichten ihre Meinung im Rahmen akzeptabler Kritik über einzelne Richter frei äußern, wenn die Kritik auf einer soliden Tatsachengrundlage beruht; vgl. EGMR Urt. v. 30.6.2015 – 39294/09 – Peruzzi/Italien.
[7] Vgl. *Wolffgang* in Lenz/Borchardt, EU-Verträge, 5. Aufl. 2010, EUV Anhang zu Art. 6 Rn. 31 ff., mwN.
[8] Vgl. bzgl. (hier: zu weitreichender) Richterkritik EGMR Urt. v. 30.6.2015 – 39294/09 – Peruzzi.

I. Bedeutung

Art. 12 umfasst zum einen die Versammlungs-, zum anderen die Vereinigungsfreiheit inklusive der 1
Koalitionsfreiheit, die in Art. 28 weiter geregelt wird. Als „assembly" wird gemeinhin die – stationäre
oder umherziehende – Zusammenkunft mehrerer Menschen zur Verfolgung eines gemeinsamen
Zwecks verstanden; regelmäßig, aber nicht notwendig geht es um die gemeinsame Kundgabe von
Meinungen (Abs. 1 „insbesondere"). Die **Versammlung** muss „frei" von hoheitlichen Anordnungen
sowie „friedlich" sein, also keinen gewalttätigen Zielen dienen und keinen gewalttätigen Ablauf
beinhalten. Art. 12 schützt die Entscheidungen insbesondere über die Nicht-/Teilnahme, das Ob, den
Ort, Dauer und Zeit, Inhalt und Art[1], und zwar nicht nur für Privatpersonen, sondern auch für
juristische Personen und Personenvereinigungen, etwa die ausdrücklich benannten Gewerkschaften.
Eingriffe in Art. 12 sind in Verboten, erheblichen, auch faktischen Behinderungen, mangelndem
Schutz etwa vor Gegendemonstranten, aber auch in Genehmigungsvorbehalten zu sehen[2]. Nach
Art. 11 I 2 EMRK kann allerdings die Versammlungsfreiheit von Angehörigen der Streitkräfte, Polizei
und Staatsverwaltung verhältnismäßig weit beschränkt werden; nach Art. 16 EMRK gilt dies in noch
weitreichenderer Weise für Drittstaatsangehörige (nicht Unionsbürger). Bei politischen Parteien auf
Unionsebene ist hingegen die Regelung des Art. 12 II zu beachten, die nach der Artikelüberschrift
kein eigenständiges Grundrecht darstellt.

II. Reichweite

Die Vereinigungsfreiheit ist wesentliches Element einer freiheitlichen und demokratischen Gesell- 2
schaft und damit von hoher Relevanz für **Pluralismus und Demokratie**[3]. Unter einer „association"
versteht man jeden Zusammenschluss einer Personenmehrheit, unabhängig von der Rechtsform, zu
jedem gemeinsamen Zweck mit einem Mindestmaß an zeitlicher und organisatorischer Stabilität und
Willensbildung[4]. Damit können sich etwa auch Wirtschaftsvereinigungen, politische Parteien oder
selbst Fraktionen des Europäischen Parlaments auf Art. 12 berufen. Die Vereinigung muss wiederum
„frei" sein von hoheitlichem Zwang sowie „friedlich", also weder gewalttätige Zwecke verfolgen noch
solche Mittel einsetzen. Ein Eingriff ist im Verbot oder der Behinderung von Gründung, Beitritt oder
der Entfaltung von Aktivitäten zu sehen. Speziell im Bereich der Koalitionsfreiheit muss dafür Sorge
getragen werden, dass ein Arbeitgeber Gewerkschaftsmitglieder nicht benachteiligt oder einen Zwang
zum Beitritt zu einer bestimmten Gewerkschaft (closed shop) ausübt[5]. Ebenso wie bei der Meinungs-
oder Versammlungsfreiheit können Drittstaatsangehörige (nicht Unionsbürger) gemäß Art. 16 EMRK
auch im Bereich der Vereinigungsfreiheit weitreichenden Beschränkungen unterworfen werden.

Art. 13 Freiheit der Kunst und der Wissenschaft

[1] **Kunst und Forschung sind frei.** [2] **Die akademische Freiheit wird geachtet.**

Erläuterung des Grundrechte-Konvents
Dieses Recht leitet sich in erster Linie aus der Gedankenfreiheit und der Freiheit der Meinungsäußerung ab. Seine
Ausübung erfolgt unter Wahrung von Artikel 1, und es kann den durch Artikel 10 EMRK gestatteten Einschränkun-
gen unterworfen werden.

I. Kunst

In der Rspr. von EuGH und EGMR hat dieses Grundrecht bislang keine wirkliche Rolle gespielt. 1
Als „arts" ist im weitesten Sinne jede **freie schöpferische Gestaltung** – hinsichtlich Werk-(Erstellung) und Wirkbereich (Vermittlung) – geschützt, in der Eindrücke, Erfahrungen oder Erlebnisse des
Künstlers durch das Medium einer bestimmten Formensprache unmittelbar zum Ausdruck gebracht
werden[1*].

II. Wissenschaft

Der Begriff „sciences" bildet den Oberbegriff für **Forschung und akademische Lehre,** also für 2
die methodische, systematische und nachprüfbare Gewinnung von Erkenntnissen sowie die wissen-

---

[1] EuGH Urt. v. 12.6.2003 – C-112/00 – Schmidberger.
[2] Überzeugend *Jarras,* GRCh-Komm, 2010, Art. 12 Rn. 10; *Arndt/Schubert* in Karpenstein/Mayer, EMRK-Komm, 2012, Art. 11 Rn. 9 f.
[3] EGMR Urt. v. 3.5.2007 – 1543/06 – Baczkowski.
[4] *Bernsdorff* in Meyer, GRCh-Komm, 3. Aufl. 2011, Art. 12 Rn. 14 ff.
[5] EGMR Urt. v. 13.8.1981 – 7601/76 – Young, James and Webster.
[1*] *Ruffert* in Calliess/Ruffert EU/EG GRCh Art. 13 Rn. 3.

schaftlich fundierte Übermittlung derselben[2]. Auch Hochschulen und Ausländer können sich auf Art. 13 berufen.

Art. 14 Recht auf Bildung

(1) Jede Person hat das Recht auf Bildung sowie auf Zugang zur beruflichen Ausbildung und Weiterbildung.

(2) Dieses Recht umfasst die Möglichkeit, unentgeltlich am Pflichtschulunterricht teilzunehmen.

(3) Die Freiheit zur Gründung von Lehranstalten unter Achtung der demokratischen Grundsätze sowie das Recht der Eltern, die Erziehung und den Unterricht ihrer Kinder entsprechend ihren eigenen religiösen, weltanschaulichen und erzieherischen Überzeugungen sicherzustellen, werden nach den einzelstaatlichen Gesetzen geachtet, welche ihre Ausübung regeln.

Erläuterung des Grundrechte-Konvents

1. Dieser Artikel lehnt sich sowohl an die gemeinsamen verfassungsrechtlichen Traditionen der Mitgliedstaaten als auch an Artikel 2 des Zusatzprotokolls zur EMRK an, der folgenden Wortlaut hat:
„Niemandem darf das Recht auf Bildung verwehrt werden. Der Staat hat bei Ausübung der von ihm auf dem Gebiete der Erziehung und des Unterrichts übernommenen Aufgaben das Recht der Eltern zu achten, die Erziehung und den Unterricht entsprechend ihren eigenen religiösen und weltanschaulichen Überzeugungen sicherzustellen."
Es wurde für zweckmäßig erachtet, diesen Artikel auf den Zugang zur beruflichen Aus- und Weiterbildung auszudehnen (siehe Nummer 15 der Gemeinschaftscharta der sozialen Grundrechte der Arbeitnehmer sowie Artikel 10 der Europäischen Sozialcharta) und den Grundsatz der Unentgeltlichkeit des Pflichtschulunterrichts einzufügen. In seiner hier vorliegenden Fassung besagt dieser Grundsatz lediglich, dass in Bezug auf den Pflichtschulunterricht jedes Kind die Möglichkeit haben muss, eine schulische Einrichtung zu besuchen, die unentgeltlichen Unterricht erteilt. Er besagt nicht, dass alle – und insbesondere auch die privaten – schulischen Einrichtungen, die den betreffenden Unterricht oder berufliche Ausbildung und Weiterbildung anbieten, dies unentgeltlich tun müssen. Ebenso wenig verbietet er, dass bestimmte besondere Unterrichtsformen entgeltlich sein können, sofern der Staat Maßnahmen zur Gewährung eines finanziellen Ausgleichs trifft. Soweit die Charta für die Union gilt, bedeutet das, dass die Union im Rahmen ihrer bildungspolitischen Maßnahmen die Unentgeltlichkeit des Pflichtunterrichts achten muss, doch es erwachsen ihr daraus selbstverständlich keine neuen Zuständigkeiten. Was das Recht der Eltern anbelangt, so ist dieses in Verbindung mit Artikel 24 auszulegen.

2. Die Freiheit zur Gründung von öffentlichen oder privaten Lehranstalten wird als einer der Aspekte der unternehmerischen Freiheit garantiert, ihre Ausübung ist jedoch durch die Achtung der demokratischen Grundsätze eingeschränkt und erfolgt entsprechend den in den einzelstaatlichen Rechtsvorschriften festgelegten Einzelheiten.

I. Bildung

1   Das in Abs. 1 und 2 garantierte **Teilhaberecht** auf Zugang zu Bildungseinrichtungen taucht in der bisherigen EuGH-Rspr. va hinsichtlich der Grundfreiheiten des Binnenmarkts und des Diskriminierungsverbots auf[1]. Die allgemeine Bildung („education") wird hier ebenso erfasst wie die berufliche Ausbildung („vocational training") sowie Umschulung bzw. Weiterbildung („continuing tranining"). Nur natürliche Personen, auch Ausländer, können sich hierauf berufen. Ein Eingriff liegt in jeder Behinderung oder Ungleichbehandlung, die nicht überzeugend mit der Knappheit der Ressourcen gerechtfertigt werden kann.

II. Schule

2   Die Privatschulfreiheit und das schulbezogene Elternrecht haben ihre Wurzeln ebenfalls in **Art. 2 EMRK-ZP.** Geschützt ist einerseits die Gründung und der Betrieb von Lehranstalten sowie andererseits der Einfluss der Eltern auf Erziehung und Unterricht von Kindern in Schulen – nur – hinsichtlich der religiösen, weltanschaulichen und erzieherischen Überzeugungen. Auf die Privatschulfreiheit können sich natürliche, ausländische und juristische Personen und Personenvereinigungen berufen. Ein Eingriff ist in jeder Behinderung bezüglich Gründung und Betrieb zu sehen. Das schulbezogene Elternrecht steht jedem Elternteil zu, nicht aber den Kindern (insoweit s. Art. 14 I, II und gegebenenfalls Art. 24). Ein Eingriff kann in fehlenden Befreiungsmöglichkeiten oder Alternativangeboten vorliegen oder etwa dann, wenn die Union ihre Mitgliedstaaten daran hindert, auf die elterlichen Überzeugungen Rücksicht zu nehmen.

---

[2] *Ruffert* in Calliess/Ruffert EU/EG GRCh Art. 13 Rn. 6.
[1] EuGH Urt. v. 3.7.1974 – 9/74 – Casagrande; Urt. v. 13.2.1985 – 293/83 – Gravier; Urt. v. 21.6.1988 – 39/86 – Lair.

Art. 15 Berufsfreiheit und Recht zu arbeiten

(1) Jede Person hat das Recht, zu arbeiten und einen frei gewählten oder angenommenen Beruf auszuüben.

(2) Alle Unionsbürgerinnen und Unionsbürger haben die Freiheit, in jedem Mitgliedstaat Arbeit zu suchen, zu arbeiten, sich niederzulassen oder Dienstleistungen zu erbringen.

(3) Die Staatsangehörigen dritter Länder, die im Hoheitsgebiet der Mitgliedstaaten arbeiten dürfen, haben Anspruch auf Arbeitsbedingungen, die denen der Unionsbürgerinnen und Unionsbürger entsprechen.

Erläuterung des Grundrechte-Konvents

Die in Artikel 15 Absatz 1 festgeschriebene Berufsfreiheit ist in der Rechtsprechung des Gerichtshofs anerkannt (siehe u. a. die Urteile vom 14. Mai 1974, Rechtssache 4/73, Nold, Slg. 1974, 491, Randnrn. 12–14; vom 13. Dezember 1979, Rechtssache 44/79, Hauer, Slg. 1979, 3727; vom 8. Oktober 1986, Rechtssache 234/85, Keller, Slg. 1986, 2897, Randnr. 8).

Dieser Artikel lehnt sich ferner an Artikel 1 Absatz 2 der am 18. Oktober 1961 unterzeichneten und von allen Mitgliedstaaten ratifizierten Europäischen Sozialcharta und an Nummer 4 der Gemeinschaftscharta der sozialen Grundrechte der Arbeitnehmer vom 9. Dezember 1989 an. Der Ausdruck „Arbeitsbedingungen" ist im Sinne des Artikels 156 des Vertrags über die Arbeitsweise der Europäischen Union zu verstehen.

In Absatz 2 wurden die drei Freiheiten aufgenommen, die durch die Artikel 26 und 45, 49 und 56 des Vertrags über die Arbeitsweise der Europäischen Union garantiert sind, d. h. die Freizügigkeit der Arbeitnehmer, die Niederlassungsfreiheit und der freie Dienstleistungsverkehr.

Absatz 3 stützt sich auf Artikel 153 Absatz 1 Buchstabe g des Vertrags über die Arbeitsweise der Europäischen Union sowie auf Artikel 19 Absatz 4 der am 18. Oktober 1961 unterzeichneten und von allen Mitgliedstaaten ratifizierten Europäischen Sozialcharta. Somit findet Artikel 52 Absatz 2 der Charta Anwendung. Die Frage der Anheuerung von Seeleuten, die Staatsangehörige von Drittstaaten sind, in der Besatzung von Schiffen unter der Flagge eines Mitgliedstaats der Union wird durch das Unionsrecht und die einzelstaatlichen Rechtsvorschriften und Gepflogenheiten geregelt.

I. Berufsfreiheit

Die Charta erkennt mit Art. 15 I – anders als die EMRK – in Fortführung der in der Konventserläuterung zitierten EuGH-Rspr. ausdrücklich auch die Berufsfreiheit an. Materiell geschützt wird jede (auch unerlaubte) in Erwerbsabsicht verfolgte und auf Dauer angelegte **(Haupt- oder Neben-)Tätigkeit**, und zwar hinsichtlich Wahl und Ausübung. Personell können sich auf Art. 15 I alle natürlichen Personen, auch Drittstaatsangehörige, wie Abs. 3 illustriert, auf Art. 15 II hingegen nur alle Unionsbürger berufen. Das Gleiche gilt auch für juristische Personen, soweit nicht die lex specialis des Art. 16 greift. Ein Eingriff in die Schutzbereiche ist bei Verboten oder erheblichen Behinderungen zu bejahen. Allerdings folgt aus Art. 15 I kein Recht auf Arbeit bzw. einen Arbeitsplatz, weswegen Art. 29 kostenlose Arbeitsvermittlung garantiert. 1

II. Eigenständigkeit

Die Streitfrage, ob Abs. 2 nur auf die Binnenmarktfreiheiten hinweist, ohne eigenständige Rechte zu verleihen, dürfte in der Praxis wenig Relevanz entfalten. Denn alle Unionsbürger können sich (ohne Prüfung der Anwendbarkeit nach Art. 51 I) jedenfalls unmittelbar auf die entsprechenden Rechte im **AEUV** berufen, die auch vom EuGH vorrangig geprüft werden (→ Vorb. Rn. 4 ff.). Das eigenständige Gleichbehandlungsrecht des Abs. 3 hingegen, das auch in der Aufgabennorm des Art. 153 I g AEUV auftaucht, hat als bloßer Grundsatz iSv Art. 52 V keinen Sinn. Es ist deshalb von den begünstigten Drittstaatsangehörigen einklagbar, auch gegenüber privaten Arbeitgebern[1]. 2

Art. 16 Unternehmerische Freiheit

Die unternehmerische Freiheit wird nach dem Unionsrecht und den einzelstaatlichen Rechtsvorschriften und Gepflogenheiten anerkannt.

Erläuterung des Grundrechte-Konvents

Dieser Artikel stützt sich auf die Rechtsprechung des Gerichtshofs, der die Freiheit, eine Wirtschafts- oder Geschäftstätigkeit auszuüben, anerkannt hat, (siehe die Urteile vom 14. Mai 1974, Rechtssache 4/73, Nold, Slg. 1974, 491, Randnr. 14; und vom 27. September 1979, Rechtssache 230/78, SpA Eridania und andere, Slg. 1979, 2749, Randnrn. 20 und 31) und die Vertragsfreiheit (siehe u. a. die Urteile „Sukkerfabriken Nykoebing", Rechtssache 151/78, Slg. 1979, 1, Randnr. 19; und vom 5. Oktober 1999, Rechtssache C-240/97, Spanien gegen Kommission, Slg. 1999, I-6571, Randnr. 99) anerkannt hat, sowie auf Artikel 119 Absätze 1 und 3 des Vertrags über die Arbeitsweise

---

[1] Überzeugend hierzu *Blanke* in Tettinger/Stern GRCh Art. 15 Rn. 59.

der Europäischen Union, in dem der freie Wettbewerb anerkannt wird. Dieses Recht wird natürlich unter Einhaltung des Unionsrechts und der einzelstaatlichen Rechtsvorschriften ausgeübt. Es kann nach Artikel 52 Absatz 1 der Charta beschränkt werden.

I. Bedeutung

1   Die zentralen **Wirtschaftsgrundrecht** der Charta bilden die unternehmerische Freiheit des Art. 16 zusammen mit der Berufsfreiheit nach Art. 15 I und der Eigentumsgarantie nach Art. 17. Dies sieht auch der EuGH so, wenn er einerseits von der „Freedom to pursue an occupation" und andererseits von der „Freedom to conduct a business" spricht[1]. Soweit der speziellere Art. 16 einschlägig ist, wird die allgemeine Berufsfreiheit verdrängt. Auch als unternehmerische Betätigung kann jede auf Dauer angelegte, dem Erwerb dienende Tätigkeit definiert werden. Geschützt ist wiederum im weitesten Sinne Wahl und Ausübung, also auch etwa die freie Wahl des Vertragspartners, Werbung, die Wettbewerbsstellung oder das Geheimnis von Geschäftsunterlagen[2]. Anders als bei Art. 15 I muss es sich bei Art. 16 jedoch um eine selbstständige Betätigung handeln.

II. Reichweite

2   **Grundrechtsträger** sind sowohl alle natürlichen Personen, natürlich auch Drittstaatsangehörige, als auch juristische Personen und Personenvereinigungen des Zivilrechts, nicht hingegen solche des öffentlichen Rechts. Bei öffentlichen Unternehmen, die auch von Privatleuten gehalten werden, ist auf den Grad der „Staatsferne" abzustellen (→ Vorb. Rn. 11 f.). **Eingriffe** sind etwa im (Agrar-)Bereich der gemeinsamen Marktordnungen bei bindenden Produktions- oder Einfuhrquoten zu bejahen oder bei der Ablehnung einer Beteiligung an einem Zollkontingent. Anders stellt sich die Lage regelmäßig bei Referenzquoten oder Referenzmengen dar, die einen erhöhten Preis sichern; deren Einschränkung oder Abschaffung sagt nichts aus über die Zulässigkeit der entsprechenden unternehmerischen Betätigung und beschränkt diese nicht[3].

Art. 17 Eigentumsrecht

(1) ¹Jede Person hat das Recht, ihr rechtmäßig erworbenes Eigentum zu besitzen, zu nutzen, darüber zu verfügen und es zu vererben. ²Niemandem darf sein Eigentum entzogen werden, es sei denn aus Gründen des öffentlichen Interesses in den Fällen und unter den Bedingungen, die in einem Gesetz vorgesehen sind, sowie gegen eine rechtzeitige angemessene Entschädigung für den Verlust des Eigentums. ³Die Nutzung des Eigentums kann gesetzlich geregelt werden, soweit dies für das Wohl der Allgemeinheit erforderlich ist.

(2) Geistiges Eigentum wird geschützt.

Erläuterung des Grundrechte-Konvents
Dieser Artikel entspricht Artikel 1 des Zusatzprotokolls zur EMRK:
„Jede natürliche oder juristische Person hat das Recht auf Achtung ihres Eigentums. Niemandem darf sein Eigentum entzogen werden, es sei denn, dass das öffentliche Interesse es verlangt, und nur unter den durch Gesetz und durch die allgemeinen Grundsätze des Völkerrechts vorgesehenen Bedingungen.
Absatz 1 beeinträchtigt jedoch nicht das Recht des Staates, diejenigen Gesetze anzuwenden, die er für die Regelung der Benutzung des Eigentums im Einklang mit dem allgemeinen Interesse oder zur Sicherung der Zahlung der Steuern oder sonstigen Abgaben oder von Geldstrafen für erforderlich hält."
Es handelt sich um ein gemeinsames Grundrecht aller einzelstaatlichen Verfassungen. Es wurde mehrfach durch die Rechtsprechung des Gerichtshofs – zum ersten Mal in dem Urteil Hauer (13. Dezember 1979, Slg. 1979, 3727) – bekräftigt. Die Formulierung wurde zeitgemäßer gestaltet, doch hat dieses Recht nach Artikel 52 Absatz 3 die gleiche Bedeutung und die gleiche Tragweite wie das in der EMRK garantierte Recht, wobei nicht über die in der EMRK vorgesehenen Einschränkungen hinausgegangen werden darf.
Der Schutz des geistigen Eigentums ist zwar ein Aspekt des Eigentumsrechts, er wird jedoch aufgrund seiner zunehmenden Bedeutung und aufgrund des abgeleiteten Gemeinschaftsrechts in Absatz 2 ausdrücklich aufgeführt. Das geistige Eigentum umfasst neben dem literarischen und dem künstlerischen Eigentum unter anderem das Patent- und Markenrecht sowie die verwandten Schutzrechte. Die in Absatz 1 vorgesehenen Garantien gelten sinngemäß für das geistige Eigentum.

I. Bedeutung

1   Der Schutz des Eigentums als Grundrecht wird von der Regelung des Art. 345 AEUV nicht berührt. Eigentum wird hier zudem – analog zur Rspr. des EGMR zu Art. 1 EMRK-ZP – sehr **weit**

---

[1] EuGH Urt. v. 9.9.2004 – C-184/02 – Spanien und Finnland/Europäisches Parlament und Rat.
[2] Vgl. *Wolffgang* in Lenz/Borchardt, EU-Verträge, 5. Aufl. 2010, EUV Anhang zu Art. 6 Rn. 41; *Jarras*, GRCh-Komm, 2010, Art. 16 Rn. 9 ff.
[3] Ausf. *Jarras*, GRCh-Komm, 2010, Art. 16 Rn. 17 und 31; *Bernsdorff* in Meyer, GRCh-Komm, 3. Aufl. 2011, Art. 16 Rn. 9 ff., jew. mwN.

verstanden („his positions"), dh im Sinne jedes dem Einzelnen zugeordneten – rechtmäßig erworbenen – vermögenswerten Rechts. Damit unterfällt Art. 17 nicht nur jegliches Sacheigentum, sondern etwa auch der Besitz, jedes Sicherungsrecht, eine vertraglich begründete Forderung, ausdrücklich nach Abs. 2 auch eine Urheber-, Marken oder ähnliche Rechtsposition des geistigen Eigentums, selbst vermögenswerte Rechte des öffentlichen Rechts wie etwa Ansprüche aus (selbst steuerfinanzierten) Sozialleistungssystemen[1]. Nicht erfasst werden von Art. 17 hingegen bloße (Erwerbs-)Chancen, Aussichten oder Hoffnungen. Auch weder aus Vermögen/Eigentum noch eigener Berufstätigkeit resultierende Rechtspositionen etwa im Bereich der (Agrar-)Marktordnungen (zB Referenzmengen, Produktionsquoten), also gewissermaßen Marktanteile, sind nach der Rspr. des EuGH nicht eigentumsfähig[2]. Ob das Unternehmen, dh der eingerichtete und ausgeübte Gewerbebetrieb insgesamt dem Eigentumsschutz unterfällt, ist nicht ausjudiziert, aber (jedenfalls hinsichtlich Kundenstamm bzw. good-will) wohl eher zu bejahen[3].

II. Entschädigung

Der vollständige und dauerhafte Verlust der Eigentümerstellung, insbesondere Eigentumsentziehungen, förmliche **Enteignungen**, aber auch De-facto-Enteignungen, also der Ausschluss jeglicher sinnvoller Vermarktungsmöglichkeiten, sind gemäß Abs. 1 S. 2 grundsätzlich nur gegen eine angemessene Entschädigung rechtmäßig. Auch ohne Entschädigung rechtmäßig möglich sind hingegen Nutzungsregelungen iSd Abs. 1 S. 3, wobei der Streit regelmäßig in der Abgrenzung liegt. Den Verfall, die Konfiskation und Einziehung etwa sieht der EGMR als Nutzungsregelung an[4]. Der EuGH hält selbst die Vernichtung des gesetzlichen Tierbestands wegen einer Seuche für entschädigungslos möglich[5]. Träger des Eigentumsgrundrechts sind sowohl natürliche als auch juristische Personen oder Personenvereinigungen, sei es aus dem In- oder Ausland. Der effektive Rechtsschutz muss gerade in diesem Bereich immer gegeben sein, wie der EuGH eindrucksvoll in seiner „Solange"-Entscheidung im Fall Kadi I ausgeführt hat[6]. 2

Art. 18 Asylrecht

Das Recht auf Asyl wird nach Maßgabe des Genfer Abkommens vom 28. Juli 1951 und des Protokolls vom 31. Januar 1967 über die Rechtsstellung der Flüchtlinge sowie nach Maßgabe des Vertrags über die Europäische Union und des Vertrags über die Arbeitsweise der Europäischen Union (im Folgenden „die Verträge") gewährleistet.

Erläuterung des Grundrechte-Konvents

Der Wortlaut des Artikels stützte sich auf Artikel 63 EGV, der nunmehr durch Artikel 78 des Vertrags über die Arbeitsweise der Europäischen Union ersetzt wurde und der die Union zur Einhaltung der Genfer Flüchtlingskonvention verpflichtet. Es sei auf die den Verträgen beigefügten Protokolle über das Vereinigte Königreich und Irland sowie Dänemark verwiesen, um zu bestimmen, inwieweit diese Mitgliedstaaten das diesbezügliche Unionsrecht anwenden und inwieweit dieser Artikel auf sie Anwendung findet. Dieser Artikel berücksichtigt den Verträgen beigefügte Protokoll über die Gewährung von Asyl.

I. Europäisches Asylrecht

Art. 18 selbst gewährt kein subjektives (Grund-)Recht gegenüber der EU auf Einräumung eines 1
Asylstatus, steht mehrfachen Asylanträgen innerhalb der EU entgegen und bekräftigt im Wesentlichen das Refoulment-Verbot[1*]. In Anknüpfung an Art. 33 I GFK bietet er jedoch Schutz vor einer Aus- oder Zurückweisung von Asylberechtigten in Verfolgerstaaten iRd **Gemeinsamen Europäischen Asylsystems** (GEAS). Das GEAS wird in diesem Kommentar ausführlich im Dritten Teil bei **Art. 16a GG** unter X. (→ GG Art. 16a Rn. 131 ff.) sowie im Vierten Teil unter VII. der Vorb. zum AsylG (→ AsylG Vorb Rn. 20 ff.) erläutert. Weitere Ausführungen, insbesondere auch zur **Qualifikations- oder Anerkennungs-RL**, finden sich im Ersten Teil bei § 60 AufenthG[2*]. Zur Auslegung von

---
[1] EGMR Urt. v. 6.7.2005 – 65731/01 – Stec; ob dies generell für alle Sozialansprüche gilt, die nicht auf eigener Leistung beruhen, ist allerdings bislang ungeklärt.
[2] EuGH Urt. v. 30.6.2005 – C-295/03 – Alessandrini; Urt. v. 26.10.2006 – C-275/05 – Kibler.
[3] Vgl. EGMR Urt. v. 25.3.1999 – 31107/96 – Hoerner Bank GmbH.
[4] EGMR Urt. v. 22.2.1994 – 12954/87 – Raimondo.
[5] EuGH Urt. v. 10.7.2003 – C-20/00 – Booker Aquaculture.
[6] Den Tenor des Urteils könnte man wie folgt zusammenfassen: Solange es auf Ebene der UNO keinen effektiven Rechtsschutz (hier: gegen das Einfrieren von Geldern wegen Terrorverdachts) gibt, muss diesen der „Rechtsstaat EU" leisten; vgl. EuGH Urt. v. 3.9.2008 – C-402/05 P – Kadi I.
[1*] Vgl. EuGH Urt. v. 6.9.2017 – C-643/15 und *Thym* EuR 2018, 672 (678) mwN.
[2*] Hinweis: Zum Erlöschen der Flüchtlingseigenschaft urteilte der EuGH im Lichte von Art. 18 in seinem Urt. v. 2.3.2010 – C-175/08 – Salahadin Abdulla ua. Zum Schutz oder Beistand einer Institution der Vereinten Nationen urteilte der EuGH im Urt. v. 17.6.2010 – C-31/09 – Bolbol.

Art. 31 GFK sieht sich der EuGH grundsätzlich nicht als befugt an[3]. Im Urtei vom 26.5.2015 in der Rechtssache C-472/12 – Shepherd – hat der EuGH jedoch nicht nur klargestellt, unter welchen Voraussetzungen einem Deserteur aus einem Drittstaat in der EU Asyl gewährt werden kann. Darüber hinaus hat er grundsätzliche Ausführungen zum Asylrecht nach der Anerkennungs-RL (dort noch aF 2004/83) im Lichte der GFK gemacht: „Erstens geht aus den Erwägungsgründen 3, 16 und 17 der RL 2004/83 hervor, dass die GFK einen wesentlichen Bestandteil des internationalen Rechtsrahmens für den Schutz von Flüchtlingen darstellt und dass die Bestimmungen dieser Richtlinie über die Voraussetzungen der Zuerkennung der Flüchtlingseigenschaft und deren Merkmale erlassen wurden, um die zuständigen Behörden der Mitgliedstaaten bei der Anwendung der GFK auf der Grundlage gemeinsamer Konzepte und Kriterien zu leiten (Urteil X u. a., C-199/12 bis C-201/12). Die Bestimmungen der RL 2004/83 sind daher im Licht der allgemeinen Systematik und des Zwecks der Richtlinie unter Beachtung der GFK und der übrigen in Art 78 Abs 1 AEUV angeführten einschlägigen Verträge auszulegen. Bei dieser Auslegung sind zudem, wie dem zehnten Erwägungsgrund der Richtlinie zu entnehmen ist, die in der GRCh anerkannten Rechte zu achten (Urteil X u.a., EU:C:2013:720, Rn 40). Zweitens bezeichnet nach dem Wortlaut von Art 2 lit. c der RL 2004/83 der Ausdruck ‚Flüchtling' u. a. einen Drittstaatsangehörigen, der sich‚aus der begründeten Furcht vor Verfolgung' wegen seiner Rasse, Religion, Staatsangehörigkeit, politischen Überzeugung oder Zugehörigkeit zu einer bestimmten sozialen Gruppe außerhalb des Landes befindet, dessen Staatsangehörigkeit er besitzt, und der den ‚Schutz' dieses Landes nicht in Anspruch nehmen kann oder ‚wegen dieser Furcht' nicht in Anspruch nehmen will. Der betreffende Staatsangehörige muss somit aufgrund von Umständen in seinem Herkunftsland eine begründete Furcht vor Verfolgung aus zumindest einem der fünf in der Richtlinie und der GFK genannten Gründe haben (Urteil Salahadin Abdulla u. a., C-175/08, C-176/08, C-178/08 und C-179/08). Drittens regelt Art 9 der RL 2004/83, welche Merkmale es erlauben, Handlungen als Verfolgung im Sinne von Art 1 Abschnitt A der GFK zu betrachten. Dabei müssen die fraglichen Handlungen gemäß Art 9 Abs 1 lit. a der RL aufgrund ihrer Art oder Wiederholung so gravierend sein, dass sie eine schwerwiegende Verletzung der grundlegenden Menschenrechte darstellen, insbesondere der absoluten Rechte, von denen gemäß Art 15 Abs 2 der EMRK keine Abweichung zulässig ist. Ferner ist nach Art 9 Abs 1 lit. b der RL auch eine Kumulierung unterschiedlicher Maßnahmen einschließlich einer Verletzung der Menschenrechte, die so gravierend ist, dass eine Person davon in ähnlicher wie der in Art 9 Abs 1 lit. a der RL beschriebenen Weise betroffen ist, als Verfolgung anzusehen. Nach diesen Bestimmungen stellt eine Verletzung von Grundrechten nur dann eine Verfolgung im Sinne von Art 1 Absch A der GFK dar, wenn sie einen bestimmten Schweregrad erreicht. Viertens sind nach Art 4 Abs 3 lit. a, b und c der RL 2004/83 bei der individuellen Prüfung eines Antrags auf internationalen Schutz alle mit dem Herkunftsland verbundenen Tatsachen, die zum Zeitpunkt der Entscheidung über den Antrag relevant sind, die maßgeblichen Angaben des Antragstellers und die von ihm vorgelegten Unterlagen sowie seine individuelle Lage und seine persönlichen Umstände zu berücksichtigen."

II. Gemeinsames Europäisches Asylsystem

2   In seinem **Grundsatzurteil „N. S."**[4] fasst der EuGH das Gemeinsame Europäische Asylsystem **(GEAS)** wie folgt zusammen: „Zur Verwirklichung des vom Europäischen Rat auf seiner Tagung in Straßburg am 8. und 9.12.1989 gesetzten Ziels der Harmonisierung ihrer Asylpolitiken unterzeichneten die Mitgliedstaaten am 15.6.1990 in Dublin das Übereinkommen über die Bestimmung des zuständigen Staates für die Prüfung eines in einem Mitgliedstaat der Europäischen Gemeinschaften gestellten Asylantrags" (ABl. 1997 C 254, S. 1, im Folgenden **Dubliner Übereinkommen**). Dieses Übereinkommen trat für die zwölf ursprünglichen Unterzeichnerstaaten am 1.9.1997, für die Republik Österreich und das Königreich Schweden am 1.10.1997 und für die Republik Finnland am 1.1.1998 in Kraft. Die Schlussfolgerungen der Tagung des Europäischen Rates in **Tampere** am 15. und 16.10.1999 sahen ua die Errichtung eines Gemeinsamen Europäischen Asylsystems vor, das sich auf die uneingeschränkte und umfassende Anwendung der GK stützt, wodurch sichergestellt werden sollte, dass niemand dorthin zurückgeschickt wird, wo er Verfolgung ausgesetzt ist, dh, der Grundsatz der Nichtzurückweisung gewahrt bleibt.

3   Mit dem **Vertrag von Amsterdam** vom 2.10.1997 wurde Art. 63 in den EG-Vertrag aufgenommen, der für die EG die Zuständigkeit für den Erlass der vom Europäischen Rat in Tampere empfohlenen Maßnahmen zuwies. Mit jenem Vertrag wurde dem EG-Vertrag auch das Protokoll (Nr. 24) über die Gewährung von Asyl für Staatsangehörige von Mitgliedstaaten der EU (ABl. 2010 C 83, 305) beigefügt, nach dem diese Staaten füreinander für rechtliche und praktische Zwecke im Zusammenhang mit dem Recht auf Asyl als sichere Herkunftsländer gelten. Der Erlass von Art. 63 EG erlaubte es insbesondere, zwischen den Mitgliedstaaten mit Ausnahme des Königreichs Dänemark das Dubliner Übereinkommen durch die VO Nr. 343/2003 zu ersetzen, die am 17.3.2003 in Kraft trat. Auf der

---

[3] Vgl. EuGH Urt. v. 17.7.2014 – C-481/13 – Qurbani.
[4] EuGH Urt. v. 21.12.2011 – C-411/10 und C-493/10 Rn. 6–33 – N. S. und M. E. ua.

Asylrecht **Art. 18 GRCh 5**

gleichen Rechtsgrundlage wurden auch die auf die Ausgangsrechtssachen anwendbaren Richtlinien im Hinblick auf die Errichtung des Gemeinsamen Europäischen. Asylsystems erlassen, das in den Schlussfolgerungen der Tagung des Europäischen Rates in Tampere vorgesehen war. Seit dem Inkrafttreten des Vertrags von Lissabon bestehen die maßgeblichen Asylbestimmungen in Art. 78 AEUV, der die Errichtung eines Gemeinsamen Europäischen Asylsystems vorsieht, und Art. 80 AEUV, der auf den Grundsatz der Solidarität und der gerechten Aufteilung der Verantwortlichkeiten unter den Mitgliedstaaten hinweist.

Das für die Ausgangsrechtssachen einschlägige **Regelwerk der Union** umfasst die VO Nr. 343/ **4** 2003[5]; die RL 2003/9/EG[6] des Rates vom 27.1.2003 zur Festlegung von Mindestnormen für die Aufnahme von Asylbewerbern in den Mitgliedstaaten (ABl. 2003 L 31, 18); die RL 2004/83/EG[7] des Rates vom 29.4.2004 über Mindestnormen für die Anerkennung und den Status von Drittstaatsangehörigen oder Staatenlosen als Flüchtlinge oder als Personen, die anderweitig internationalen Schutz benötigen, und über den Inhalt des zu gewährenden Schutzes (ABl. 2004 L 304, 12 und Berichtigung, ABl. 2005 L 204, 24); die RL 2005/85/EG[8] des Rates vom 1.12.2005 über Mindestnormen für Verfahren in den Mitgliedstaaten zur Zuerkennung und Aberkennung der Flüchtlingseigenschaft (ABl. 2005 L 326, 13 und Berichtigung, ABl. 2006 L 236, 35). Zu nennen ist auch die RL 2001/55/EG des Rates vom 20.7.2001 über Mindestnormen für die Gewährung vorübergehenden Schutzes im Falle eines Massenzustroms von Vertriebenen und Maßnahmen zur Förderung einer ausgewogenen Verteilung der Belastungen, die mit der Aufnahme dieser Personen und den Folgen dieser Aufnahme verbunden sind, auf die Mitgliedstaaten (ABl. 2001 L 212, 12). Wie aus dem 20. Erwägungsgrund dieser RL hervorgeht, besteht eines ihrer Ziele darin, einen Solidaritätsmechanismus zu schaffen, um dazu beizutragen, dass die Belastungen, die sich im Falle eines Massenzustroms von Vertriebenen aus der Aufnahme dieser Personen und den damit verbundenen Folgen ergeben, auch ausgewogen auf die Mitgliedstaaten verteilt werden. Die Speicherung der Fingerabdruckdaten von Ausländern, die illegal eine Außengrenze der Union überschreiten, gestattet die Bestimmung des für einen Asylantrag zuständigen Mitgliedstaats. Eine solche Speicherung ist in der VO (EG) Nr. 2725/ 2000 des Rates vom 11.12.2000 über die Einrichtung von „Eurodac" für den Vergleich von Fingerabdrücken zum Zwecke der effektiven Anwendung des Dubliner Übereinkommens, novelliert mit der VO 603/2013/EU, vorgesehen.

Die **Dublin III-VO 604/2013/EU** und die **EU-Aufnahme-RL 2013/33/EU**, die **Qualifikati-** **5** **ons- oder Anerkennungs-RL 2011/95/EU** und die **AsylverfRL 2013/32/EU** nehmen in ihrem ersten Erwägungsgrund darauf Bezug, dass eine gemeinsame Asylpolitik einschließlich eines Gemeinsamen Europäischen Asylsystems wesentlicher Bestandteil des Ziels der Union ist, schrittweise einen Raum der Freiheit, der Sicherheit und des Rechts aufzubauen, der allen offensteht, die wegen besonderer Umstände rechtmäßig in der Gemeinschaft um Schutz nachsuchen. Sie verweisen außerdem in ihren Erwägungsgründen auf die Schlussfolgerungen der Tagung des Europäischen Rates in Tampere. In jedem dieser Rechtstexte findet sich der Hinweis, dass er im Einklang mit den Grundrechten und Grundsätzen, die insbesondere mit der Charta anerkannt wurden, steht. Insbesondere heißt es im Erwägungsgrund der Dublin-VO, dass sie darauf abzielt, die uneingeschränkte Wahrung des in Art. 18 der Charta verankerten Rechts auf Asyl zu gewährleisten, im fünften Erwägungsgrund der EU-Aufnahme-RL, dass es va deren Ziel ist, die uneingeschränkte Wahrung der Menschenwürde zu gewährleisten und die Anwendung der Art. 1 und 18 der Charta zu fördern, und im zehnten Erwägungsgrund der Anerkennungs-RL, dass diese insbesondere darauf abzielt, die uneingeschränkte Wahrung der Menschenwürde sowie des Asylrechts für Asylsuchende und die sie begleitenden Familienangehörigen sicherzustellen.

Nach ihrem Art. 1 legen die **Dublin-VOen** die Kriterien und Verfahren fest, die bei der Be- **6** stimmung des Mitgliedstaats, der für die Prüfung eines von einem Drittstaatsangehörigen in einem Mitgliedstaat gestellten **Asylantrags zuständig** ist, zur Anwendung gelangen. In Kap. II der Dublin III-VO werden allgemeine Grundsätze und Schutzgarantien normiert. Die konkreten Kriterien zur Bestimmung des zuständigen Mitgliedstaats finden sich dann in Kap. III. Die Pflichten zur Aufnahme bzw. Wiederaufnahme von Schutzsuchenden regeln die Kap. V und VI.

Die **EU-Aufnahme-RL** legt Mindestnormen für die Aufnahme von Asylbewerbern in den Mit- **7** gliedstaaten fest. Diese Normen betreffen ua die Informationspflichten gegenüber den Asylbewerbern und die Dokumente, die diesen ausgehändigt werden müssen, die Entscheidungen, die von den Mitgliedstaaten in Bezug auf den Wohnsitz und die Bewegung der Asylbewerber in ihrem Hoheitsgebiet, die Familien, medizinische Untersuchungen, die Grundschulerziehung und weiterführende Bildung Minderjähriger sowie die Beschäftigung der Asylbewerber und deren Zugang zur beruflichen Bildung erlassen werden können, die allgemeinen Bestimmungen zu materiellen Aufnahmebedingungen und zur Gesundheitsversorgung der Antragsteller, die Modalitäten der Aufnahmebedingungen und

---

[5] Neugefasst als Dublin III-VO 604/2013/EU.
[6] Neugefasst als EU-Aufnahme-RL 2013/33/EU.
[7] Neugefasst als Qualifikations-RL 2011/95/EU.
[8] Neugefasst als Asylverfahrens-RL 2013/32/EU.

Bergmann 2071

die medizinische Versorgung, die den Asylbewerbern gewährt werden muss. Diese RL sieht auch die Verpflichtung zur Steuerung des Niveaus der Aufnahmebedingungen und die Möglichkeit von Rechtsmitteln in Bezug auf die von ihr erfassten Bereiche und Entscheidungen vor. Außerdem enthält sie Vorschriften über die Ausbildung der Behörde und die Ressourcen, die im Zusammenhang mit den nationalen Durchführungsvorschriften zu der RL erforderlich sind.

8   Die **Qualifikations- oder Anerkennungs-RL** legt Mindestnormen für die Anerkennung von Drittstaatsangehörigen oder Staatenlosen als Flüchtlinge oder als Personen, die anderweitig internationalen Schutz benötigen, und über den Inhalt des zu gewährenden Schutzes fest. Kap. II enthält verschiedene Bestimmungen dazu, wie die Anträge zu prüfen sind. Kap. III stellt die Voraussetzungen klar, die für die Anerkennung als Flüchtling erfüllt sein müssen. Kap. IV betrifft die Flüchtlingseigenschaft. Die Kap. V und VI behandeln die Voraussetzungen für den Anspruch auf subsidiären Schutz und den damit verbundenen Status. Kap. VII enthält verschiedene Vorschriften über den Inhalt des internationalen Schutzes. Die Bestimmungen dieses Kapitels berühren nach Art. 20 I dieser RL nicht die in der GK verankerten Rechte.

9   Die **AsylverfRL** regelt umfassend insbesondere die Rechte der Asylbewerber und die Verfahren zur Prüfung der Anträge. Art. 36 („Europäisches Konzept der sicheren Drittstaaten") RL 2005/85 bestimmt zudem in Abs. 1: „Die Mitgliedstaaten können vorsehen, dass keine oder keine umfassende Prüfung des Asylantrags und der Sicherheit des Asylbewerbers in seiner spezifischen Situation nach Kap. II erfolgt, wenn eine zuständige Behörde anhand von Tatsachen festgestellt hat, dass der Asylbewerber aus einem sicheren Drittstaat nach Abs 2 unrechtmäßig in das Hoheitsgebiet des betreffenden Mitgliedstaats einzureisen versucht oder eingereist ist." Die in Abs. 2 dieser Vorschrift vorgesehenen Voraussetzungen stellen ua ab auf – die Ratifizierung der GK und die Einhaltung ihrer Bestimmungen; – das Bestehen eines gesetzlich festgelegten Asylverfahrens; – die Ratifizierung der am 4.11.1950 in Rom unterzeichneten Europäischen Konvention zum Schutze der Menschenrechte und Grundfreiheiten (EMRK) und die Einhaltung der darin enthaltenen Bestimmungen einschließlich der Normen über wirksame Rechtsbehelfe. Art. 39 Asylverfahrens-RL aF nennt die wirksamen Rechtsbehelfe, die vor den Gerichten der Mitgliedstaaten eingelegt werden können müssen. Sein Abs. 1 lit. a Ziff. iii betrifft die Entscheidungen, keine Prüfung nach Art. 36 der RL vorzunehmen. Dies wurde in Art. 36 –39 Asylverfahrens-RL fortgeschrieben. Die Asylverfahrens-RL wurde bislang nicht vollständig umgesetzt.

III. Dublin-Asylsystem

10 Zum Schutz von Asylbewerbern vor einer Rücküberstellung in einen Mitgliedstaat, in dem das Asylverfahren unionsrechtswidrig systemische Mängel aufweist (hier Griechenland), urteilte der EuGH in seinem **Grundsatzurteil „N. S."** wie folgt[9]: „Das Unionsrecht steht der Geltung einer unwiderlegbaren Vermutung entgegen, dass der im Sinne von Art. 3 Abs. 1 der VO Nr. 343/2003 als zuständig bestimmte Mitgliedstaat die Unionsgrundrechte beachtet. Art. 4 der Charta der Grundrechte der Europäischen Union ist dahin auszulegen, dass es den Mitgliedstaaten einschließlich der nationalen Gerichte obliegt, einen Asylbewerber nicht an den ‚zuständigen Mitgliedstaat' im Sinne der VO Nr. 343/2003 zu überstellen, wenn ihnen nicht unbekannt sein kann, dass die systemischen Mängel des Asylverfahrens und der Aufnahmebedingungen für Asylbewerber in diesem Mitgliedstaat ernsthafte und durch Tatsachen bestätigte Gründe für die Annahme darstellen, dass der Antragsteller tatsächlich Gefahr läuft, einer unmenschlichen oder erniedrigenden Behandlung im Sinne dieser Bestimmung ausgesetzt zu werden. Ist die Überstellung eines Antragstellers an einen anderen Mitgliedstaat der Europäischen Union, wenn dieser Staat nach den Kriterien des Kapitels III der VO Nr. 343/2003 als zuständiger Mitgliedstaat bestimmt worden ist, nicht möglich, so hat der Mitgliedstaat, der die Überstellung vornehmen müsste, vorbehaltlich der Befugnis, den Antrag im Sinne des Art. 3 Abs. 2 dieser VO selbst zu prüfen, die Prüfung der Kriterien des genannten Kapitels fortzuführen, um festzustellen, ob anhand eines der weiteren Kriterien ein anderer Mitgliedstaat als für die Prüfung des Asylantrags zuständig bestimmt werden kann. Der Mitgliedstaat, in dem sich der Asylbewerber befindet, hat jedoch darauf zu achten, dass eine Situation, in der die Grundrechte des Asylbewerbers verletzt werden, nicht durch ein unangemessen langes Verfahren zur Bestimmung des zuständigen Mitgliedstaats verschlimmert wird. Erforderlichenfalls muss er den Antrag nach den Modalitäten des Art. 3 Abs. 2 der VO Nr. 343/2003 selbst prüfen.

11 Im **„Abdullahi"-Urteil** vom 10.12.2013 in der Rechtssache C-394/12 ergänzte der EuGH für die Dublin II-VO, woraus zu folgern war, dass jedenfalls die Überstellungsfristen dem Überzustellenden keine subjektiv-öffentlichen Rechte vermitteln sollen: „Art. 19 Abs. 2 der Dublin II-VO ist dahin auszulegen, dass in einem Fall, in dem ein Mitgliedstaat der Aufnahme eines Asylbewerbers nach Maßgabe des in Art. 10 Abs. 1 der Verordnung niedergelegten Kriteriums zugestimmt hat, d. h. als Mitgliedstaat der ersten Einreise des Asylbewerbers in das Gebiet der Europäischen Union, der Asylbewerber der Heranziehung dieses Kriteriums nur damit entgegentreten kann, dass er systemische

---

[9] EuGH Urt. v. 21.12.2011 – C-411/10 und C-493/10 – N. S. und M. E. ua, Tenor Ziff. 2.

Schutz bei Abschiebung, Ausweisung und Auslieferung **Art. 19 GRCh 5**

Mängel des Asylverfahrens und der Aufnahmebedingungen für Asylbewerber in diesem Mitgliedstaat geltend macht, die ernsthafte und durch Tatsachen bestätigte Gründe für die Annahme darstellen, dass er tatsächlich Gefahr läuft, einer unmenschlichen oder erniedrigenden Behandlung im Sinne von Art. 4 GRCh ausgesetzt zu werden."

Im **„Ghezelbash"-Urteil** vom 7.6.2016 in der Rechtssache C-63/15 (bestätigt in C-155/15 – **Karim**) entschied der EuGH, dass dieser Abdullahi-Grundsatz nicht auf die Dublin III-VO zu übertragen ist. Das BVerwG folgerte mit Urteil vom 9.8.2016 – 1 C 6.16 (Rn. 22) konsequent, dass die Fristenregelungen der Dublin III-VO grundsätzlich individualschützend sind: „Aus dem Vorstehenden folgt, dass sich der Unionsgesetzgeber im Rahmen der Verordnung Nr. 604/2013 nicht darauf beschränkt hat, organisatorische Regeln nur für die Beziehungen zwischen den Mitgliedstaaten zu normieren, um den zuständigen Mitgliedstaat bestimmen zu können, sondern sich dafür entschieden hat, die Asylbewerber an diesem Verfahren zu beteiligen, indem er die Mitgliedstaaten dazu verpflichtete, die Asylbewerber über die Zuständigkeitskriterien zu unterrichten, ihnen Gelegenheit zur Mitteilung der Informationen zu geben, die die fehlerfreie Anwendung dieser Kriterien erlauben, und ihnen einen wirksamen Rechtsbehelf gegen die am Ende des Verfahrens möglicherweise ergehende Überstellungsentscheidung zu gewährleisten. (…) Nach alledem ist auf die erste Frage zu antworten, dass Art. 27 Abs. 1 der Verordnung Nr. 604/2013 im Licht ihres 19. Erwägungsgrundes dahin auszulegen ist, dass in einem Sachverhalt wie dem im Ausgangsverfahren fraglichen ein Asylbewerber im Rahmen eines Rechtsbehelfs gegen eine Entscheidung über seine Überstellung die fehlerhafte Anwendung eines in Kapitel III dieser Verordnung festgelegten Zuständigkeitskriteriums und insbesondere des in Art. 12 der Verordnung festgelegten Kriteriums einer Visumserteilung geltend machen kann."

12

Zur ausführlichen Erläuterung des **Dublin-Asylsystems** insbesondere → AsylG § 29 Rn. 1 ff.

Art. 19 Schutz bei Abschiebung, Ausweisung und Auslieferung

(1) Kollektivausweisungen sind nicht zulässig.

(2) Niemand darf in einen Staat abgeschoben oder ausgewiesen oder an einen Staat ausgeliefert werden, in dem für sie oder ihn das ernsthafte Risiko der Todesstrafe, der Folter oder einer anderen unmenschlichen oder erniedrigenden Strafe oder Behandlung besteht.

Erläuterung des Grundrechte-Konvents

Absatz 1 dieses Artikels hat hinsichtlich der Kollektivausweisungen die gleiche Bedeutung und Tragweite wie Artikel 4 des Zusatzprotokolls Nr. 4 zur EMRK. Hiermit soll gewährleistet werden, dass jeder Beschluss gesondert geprüft wird und dass nicht beschlossen werden kann, alle Menschen, die die Staatsangehörigkeit eines bestimmten Staates besitzen, mit einer einzigen Maßnahme auszuweisen (siehe auch Artikel 13 des Internationalen Pakts über bürgerliche und politische Rechte).

Mit Absatz 2 wird die einschlägige Rechtsprechung des Europäischen Gerichtshofs für Menschenrechte zu Art. 3 EMRK (siehe Ahmed gegen Österreich, Urteil vom 17. Dezember 1996, Slg. EGMR 1996, VI-2206 und Soering, Urteil vom 7. Juli 1989) übernommen. Im Urteil Abdida vom 18.12.2014 in der Rs. C-562/13 hat der EuGH klargestellt (Rn 47f): „Aus der Rechtsprechung des EGMR, die gemäß Art. 52 Abs. 3 der GRCh bei der Auslegung von Art. 19 Abs. 2 der Charta zu berücksichtigen ist, geht hervor, dass Ausländer, die von einer Entscheidung betroffen sind, die ihre Abschiebung ermöglicht, zwar grundsätzlich kein Recht auf Verbleib in einem Staat geltend machen können, um dort weiter medizinische, soziale oder andere Hilfe und Unterstützung durch diesen Staat zu erhalten, dass jedoch die Entscheidung, einen Ausländer, der an einer schweren physischen oder psychischen Krankheit leidet, in ein Land abzuschieben, in dem die Möglichkeiten einer Behandlung dieser Krankheit geringer sind als in dem entsprechenden Staat, in absoluten Ausnahmefällen Fragen unter dem Blickwinkel von Art. 3 EMRK aufwerfen kann, wenn die humanitären Erwägungen, die gegen die Abschiebung sprechen, zwingend sind (vgl. EGMR, Urteil vom 27.5.2008, N./Vereinigtes Königreich). In den absoluten Ausnahmefällen, in denen die Abschiebung eines an einer schweren Krankheit leidenden Drittstaatsangehörigen in ein Land, in dem keine angemessenen Behandlungsmöglichkeiten bestehen, gegen den Grundsatz der Nichtzurückweisung verstieße, dürfen die Mitgliedstaaten somit gemäß Art. 5 der RL 2008/115 iVm Art. 19 Abs. 2 der Charta diese Abschiebung nicht vornehmen."

I. Ausweisungsschutz

Im Unterschied zu Art. 18, dessen Schutz vor Aus- und Zurückweisungen aufgrund der Verwurzelung in der GFK als „Asyl-non-refoulment" bezeichnet wird, spricht man bei Art. 19 – unzweifelhaft selbst ein subjektives (Grund-)Recht – von einem **„Menschenwürde-non-refoulment"**. Denn Grundrechtsträger ist insoweit jede natürliche Person, ganz unabhängig davon, ob sie die materiellen Voraussetzungen für einen internationalen Schutzstatus erfüllt oder ob sie überhaupt einen rechtmäßigen Aufenthaltstitel vorweisen kann[1]. Anders als im Fall des Art. 18 wird somit die Gruppe der subsidiären Schutzberechtigten erfasst. Darüber hinaus ist Art. 19 aufgrund seiner menschenrechtlichen Verankerungen auch auf Flüchtlinge iSd GFK anwendbar, sofern auch in deren Fall die Tatbestands-

1

---

[1] Vgl. EGMR Urt. v. 23.2.2012 – 27765/09 – Hirsi Jamaa ua.

Bergmann

merkmale des Abs. 1 oder 2 erfüllt werden.² Der europäische Ausweisungsschutz wird ausführlich dargestellt im **Ersten Teil** dieses Kommentars bei → AufenthG Vorb §§ 53–56 Rn. 63 ff. unter IV. Unionsrecht.

II. Schutzgarantien

2 Speziell zu den Schutzgarantien des Art. 19 finden sich bei → **AufenthG Vorb §§ 53–56 Rn. 113 ff.** Erläuterungen unter V. Völkerrecht (1. EMRK). Art. 19 II ist lex specialis zu Art. 4; wegen des gesetzlichen Verweises in Art. 3 II UAbs. 2 Dublin III-VO ist im Dublin-Asylsystem aber **nur Art. 4** der auch vom EuGH genutzte **Prüfungsmaßstab**³.

Titel III. Gleichheit

Art. 20 Gleichheit vor dem Gesetz

Alle Personen sind vor dem Gesetz gleich.

Erläuterung des Grundrechte-Konvents
Dieser Artikel entspricht dem allgemeinen Rechtsprinzip, das in allen europäischen Verfassungen verankert ist und das der Gerichtshof als ein Grundprinzip des Gemeinschaftsrechts angesehen hat (Urteil vom 13. November 1984, Rechtssache 283/83, Racke, Slg. 1984, 3791, Urteil vom 17. April 1997, Rechtssache C-15/95, EARL, Slg. 1997, I-1961 und Urteil vom 13. April 2000, Rechtssache C-292/97, Karlsson, Slg. 2000, 2737).

I. Bedeutung

1 Anders als die EMRK betont die Charta – entsprechend dem abendländischen Menschenwürdebegriff (→ Vorb. Rn. 8 ff.) – den Rechtsgrundsatz der Gleichheit, den der EuGH in seiner Judikatur zu verschiedenen Ausprägungen im EGV/AEUV, insbesondere den Antidiskriminierungsnormen, und auch als **allgemeines Grundrecht** immer wieder betont[1]. Er gilt, unabhängig von der Staatsangehörigkeit, für alle natürlichen sowie grundsätzlich auch für juristische Personen und Personenvereinigungen. Im Wesentlichen besagt der Gleichheitssatz, dass vergleichbare Sachverhalte nicht willkürlich, dh ohne sachlichen Grund ungleich, und nicht vergleichbare Sachverhalte nicht willkürlich, dh ohne sachlichen Grund, gleich behandelt werden dürfen. Allerdings verlangt Art. 20 keine Gleichheit im Unrecht. Was sachliche Gründe sind, kann durchaus im hoheitlichen Beurteilungsspielraum, dh außerhalb der gerichtlichen Kontrolle, liegen[2*].

II. Verstöße

2 Verstöße gegen den Gleichheitssatz können gegebenenfalls auch durch Ausweitung der betreffenden Regelung auf die **Vergleichsgruppe** behoben werden; eine Behebung des Verstoßes kann dabei durchaus Sache des Gesetzgebers sein[3*]. Bis dahin können Begünstigungen allerdings auf die Benachteiligten erstreckt werden[4]. Auch kann sich die Verwaltung durch gleichförmige Ermessensausübung selbst binden[5].

Art. 21 Nichtdiskriminierung

(1) Diskriminierungen insbesondere wegen des Geschlechts, der Rasse, der Hautfarbe, der ethnischen oder sozialen Herkunft, der genetischen Merkmale, der Sprache, der Religion oder der Weltanschauung, der politischen oder sonstigen Anschauung, der Zugehörigkeit zu einer nationalen Minderheit, des Vermögens, der Geburt, einer Behinderung, des Alters oder der sexuellen Ausrichtung sind verboten.

(2) Unbeschadet besonderer Bestimmungen der Verträge ist in ihrem Anwendungsbereich jede Diskriminierung aus Gründen der Staatsangehörigkeit verboten.

---

² Ausf. Bundestag: „Obergrenzen für Asylsuchende und Bürgerkriegsflüchtlinge im Lichte des EU-Rechts", PE 6 – 3000 – 153/15, 2015, S. 22 ff., mwN.
³ → AsylG § 29.
[1] Vgl. etwa EuGH Urt. v. 10.3.1998 – 122/95 – Deutschland/Rat; Urt. v. 5.10.1994 – C-280/93 – Deutschland/Rat; Urt. v. 3.5.2007 – C-303/05 – Advocaten voor de Wereld.
[2*] EuGH Urt. v. 16.12.2008 – C-127/07 – Arcelor Atlantique und Lorraine.
[3*] EuGH Urt. v. 19.10.1977 – 117/76 – Ruckdeschel; Urt. v. 29.10.1988 – 300/86 – Van Landschoot.
[4] EuGH Urt. v. 12.12.2002 – C-442/00 – Rodríguez Caballero und Urt. v. 7.9.2006 – C-81/05 – Cordero Alonso.
[5] EuGH Urt. v. 15.6.2000 – C- 13/99 P – TEAM.

Nichtdiskriminierung **Art. 21 GRCh 5**

Erläuterung des Grundrechte-Konvents
Absatz 1 lehnt sich an Artikel 13 EGV, der nun durch Artikel 19 des Vertrags über die Arbeitsweise der Europäischen Union ersetzt wurde, und Artikel 14 EMRK sowie an Artikel 11 des Übereinkommens über Menschenrechte und Biomedizin in Bezug auf das genetische Erbe an. Soweit er mit Artikel 14 EMRK zusammenfällt, findet er nach diesem Artikel Anwendung.

Absatz 1 und Artikel 19 des Vertrags über die Arbeitsweise der Europäischen Union, der einen anderen Anwendungsbereich hat und einen anderen Zweck verfolgt, stehen nicht in Widerspruch zueinander und sind nicht unvereinbar miteinander: In Artikel 19 wird der Union die Zuständigkeit übertragen, Gesetzgebungsakte – unter anderem auch betreffend die Harmonisierung der Rechtsvorschriften der Mitgliedstaaten – zur Bekämpfung bestimmter Formen der Diskriminierung, die in diesem Artikel erschöpfend aufgezählt sind, zu erlassen. Diese Rechtsvorschriften können Maßnahmen der Behörden der Mitgliedstaaten (sowie die Beziehungen zwischen Privatpersonen) in jedem Bereich innerhalb der Grenzen der Zuständigkeiten der Union umfassen. In Absatz 1 des Artikels 21 hingegen wird weder eine Zuständigkeit zum Erlass von Antidiskriminierungsgesetzen in diesen Bereichen des Handelns von Mitgliedstaaten oder Privatpersonen geschaffen noch ein umfassendes Diskriminierungsverbot in diesen Bereichen festgelegt. Vielmehr behandelt er die Diskriminierung seitens der Organe und Einrichtungen der Union im Rahmen der Ausübung der ihr nach den Verträgen zugewiesenen Zuständigkeiten und seitens der Mitgliedstaaten im Rahmen der Umsetzung des Unionsrechts. Mit Absatz 1 wird daher weder der Umfang der nach Artikel 19 zugewiesenen Zuständigkeiten noch die Auslegung dieses Artikels geändert.

Absatz 2 entspricht Artikel 18 Absatz 1 des Vertrags über die Arbeitsweise der Europäischen Union und findet entsprechend Anwendung.

I. Bedeutung

Wiederum ausgehend von der Würde des Menschen entfaltet Art. 21 das Diskriminierungsverbot 1 hinsichtlich personengebundener Merkmale, die dem Menschen nicht oder schwer veränderlich und ohne eigenes Zutun anhaften. Diese Garantien sind **einklagbare Rechte** für alle natürlichen Personen, unabhängig von der jeweiligen Staatsangehörigkeit, ebenso wie für juristische Personen und Personenvereinigungen, soweit es etwa um religiöse, politische oder vermögensrechtliche Fragen geht. Der EuGH ist in seiner Antidiskriminierungsrechtsprechung ausgesprochen streng. Verboten sind nicht nur offene Diskriminierungen, sondern auch versteckte bzw. verschleierte. Der erlittene Nachteil muss lediglich kausal auf eine Diskriminierung zurückzuführen sein[1]. Neben einer vollbewussten Einwilligung[2] kann im Einzelfall allenfalls ein objektiver und verhältnismäßiger, insbesondere angemessener sachlicher Grund, der bei offenen Diskriminierungen zudem gesetzlich geregelt sein muss, eine Diskriminierung rechtfertigen. Insbesondere das Verbot der **Altersdiskriminierung** spielt im gesamten öffentlichen Dienstrecht eine immer größere Rolle[3]. Auch aus Art. 21 lässt sich hingegen **kein allgemeines Verbot der Diskriminierung** (zB wegen Adipositas in Beschäftigung und Beruf) ableiten[4]; bei den geregelten Merkmalen, etwa bei Homosexualität[5] oder der Behandlung von Roma, wird jedoch genau hingesehen[6]. Die Diskriminierungsverbote des Art. 21 können jedoch in vielen **Fallkonstellationen**, selbst im Bereich der Kunst bzw. des Urheberrechts, eine Rolle spielen[7] oder zB im Falle der Urlaubsversagung bei einer „Bestellmutter"[8].

II. Urgrundrecht

Wie die Konventserläuterung ausdrückt, ist Abs. 2 parallel zu Art. 18 I AEUV – und der vielfältigen 2 Rspr. des EuGH hierzu[9] – auszulegen. Das Diskriminierungsverbot aus Gründen der Staatsangehörigkeit

---

[1] Im Urt. v. 16.7.2015 – C-83/14 – Nikolova etwa urteilte der EuGH, dass die Anbringung von Stromzählern in einer unzugänglichen Höhe in einem (bulgarischen) Stadtteil, in dem va Roma wohnen, geeignet sei, eine Diskriminierung aus Gründen der ethnischen Herkunft darzustellen, wenn die gleichen Zähler in anderen Stadtteilen in normaler Höhe angebracht sind. Selbst wenn erwiesen wäre, dass in dem betreffenden Stadtteil Zähler manipuliert oder beschädigt wurden, erscheine eine solche Praxis im Hinblick auf die beiden Ziele, die Sicherheit des Elektrizitätsnetzes und die ordnungsgemäße Erfassung des Stromverbrauchs zu gewährleisten, unverhältnismäßig.
[2] Vgl. EGMR Urt. v. 13.11.2007 – 57325/00 – D. H.
[3] Vgl. zB EuGH Urt. v. 21.7.2011 – C-159/10 – Fuchs und Köhler; Urt. v. 19.6.2014 – C-501/12 – Specht; Urt. v. 11.11.2014 – C-530/13 – Schmitzer; Urt. v. 28.1.2015 – C-417/13 – Starjakob; Urt. v. 13.11.2014 – C-416/13 – Vital Perez.
[4] EuGH Urt. v. 18.12.2014 – C-354/13 – FOA.
[5] Vgl. EuGH Urt. v. 29.4.2015 – C-528/13 – Léger (Blutspendeverbot für Homosexuelle).
[6] Vgl. EuGH Urt. v. 16.7.2015 – C-83/14 Rn. 60 – CHEZ: Nach alledem ist (…) zu antworten, dass der Begriff der „Diskriminierung aufgrund der ethnischen Herkunft" (…) dahin auszulegen ist, dass er auf einen Sachverhalt wie den im Ausgangsverf fraglichen, in dem in einem Stadtviertel, in dem im Wesentlichen Personen mit Roma-Herkunft wohnen, sämtliche Stromzähler in einer Höhe von sechs bis sieben Metern an den Masten des Freileitungsnetzes angebracht sind, während solche Zähler in den anderen Stadtvierteln in einer Höhe von weniger als zwei Metern angebracht sind, unterschiedslos anzuwenden ist, gleichviel ob die fragliche Maßnahme Personen einer bestimmten ethnischen Herkunft oder Personen anderer Herkunft betrifft, die durch diese Maßnahme zusammen mit Ersteren weniger günstig behandelt oder in besonderer Weise benachteiligt werden.
[7] Zum Fall einer Kalenderzeichnung/Parodie vgl. EuGH Urt. v. 3.9.2014 – C-201/13 – Deckmyn.
[8] Vgl. EuGH Urt. v. 18.3.2014 – C-363/12 – Z.
[9] Interessante Einzelfälle sind aufgelistet bei *Jarras*, GRCh-Komm, 2010, Art. 21 Rn. 45.

ist gewissermaßen das „Urgrundrecht" aller Bürger in der Union. Die **europäische Integration** kann nur gelingen, wenn der Mensch von der EU und allen ihren Mitgliedstaaten als gleichberechtigter Mensch und nicht etwa als Deutscher, Franzose, Pole etc wahrgenommen und behandelt wird („Prinzip der Geschwisterlichkeit"). Im Zentrum stehen dementsprechend generell verbotene Ungleichbehandlungen zwischen Unionsbürgern; hier urteilt der EuGH generell streng[10]. Ungleichbehandlungen zwischen Unionsbürgern und Drittstaatsangehörigen können im Einzelfall hingegen gerechtfertigt sein[11]. Auch sog. Inländerdiskriminierungen, dh Benachteiligungen von eigenen Staatsangehörigen im Vergleich zu Unionsbürgern, fallen grundsätzlich nicht in den Anwendungsbereich der Verträge[12].

III. Nichtdiskriminierung im Asylverfahren

3   Im **Urteil „A-B-C"** vom 2.12.2014 in der Rechtssache C-148/13 hat der EuGH ausführlich erläutert, dass das Diskriminierungsverbot (hier bzgl. Homosexualität) selbstverständlich auch im Asylverfahren gilt. Er führte ua aus: „Art. 4 Abs. 3 Buchst. c der Anerkennungs-RL und Art. 13 Abs. 3 Buchst. a der AsylverfahrensRL sind dahin auszulegen, dass die zuständigen nationalen Behörden, die unter der Kontrolle der Gerichte tätig werden, im Rahmen ihrer Prüfung der Ereignisse und Umstände, die die behauptete **sexuelle Ausrichtung eines Asylbewerbers** betreffen, dessen Antrag auf die Furcht vor Verfolgung wegen dieser Ausrichtung gestützt ist, dessen Aussagen und die zur Stützung seines Antrags vorgelegten Unterlagen oder sonstigen Beweise nicht anhand von Befragungen beurteilen dürfen, die allein auf stereotypen Vorstellungen von Homosexuellen beruhen. Art. 4 der Anerkennungs-RL ist im Licht von Art. 7 der GRCh dahin auszulegen, dass die zuständigen nationalen Behörden im Rahmen dieser Prüfung keine detaillierten Befragungen zu den sexuellen Praktiken eines Asylbewerbers durchführen dürfen. Art. 4 der Anerkennungs-RL ist im Licht von Art. 1 der GRCh dahin auszulegen, dass die zuständigen nationalen Behörden im Rahmen dieser Prüfung keine Beweise der Art akzeptieren dürfen, dass der betreffende Asylbewerber homosexuelle Handlungen vornimmt, sich „Tests" zum Nachweis seiner Homosexualität unterzieht oder auch Videoaufnahmen solcher Handlungen vorlegt. Art. 4 Abs. 3 der Anerkennungs-RL und Art. 13 Abs. 3 Buchst. a der Asylverfahrens-RL sind dahin auszulegen, dass die zuständigen nationalen Behörden im Rahmen dieser Prüfung nicht allein deshalb zu dem Ergebnis gelangen dürfen, dass die Aussagen des betreffenden Asylbewerber nicht glaubhaft sind, weil er seine behauptete sexuelle Ausrichtung nicht bei der ersten ihm gegebenen Gelegenheit zur Darlegung der Verfolgungsgründe geltend gemacht hat."

4   Im **Urteil „X-Y-Z"** vom 7.11.2013 in der Rechtssache C-199/12 urteilte der EuGH zum **Flüchtlingsschutz von Homosexuellen** wie folgt: „Art. 10 Abs. 1 Buchst. d der Anerkennungs-RL ist dahin auszulegen, dass das Bestehen strafrechtlicher Bestimmungen wie der im Ausgangsverfahren in Rede stehenden, die spezifisch Homosexuelle betreffen, die Feststellung erlaubt, dass diese Personen als eine bestimmte soziale Gruppe anzusehen sind. Art. 9 Abs. 1 in Verbindung mit Art. 9 Abs. 2 Buchst. c dieser Richtlinie ist dahin auszulegen, dass der bloße Umstand, dass homosexuelle Handlungen unter Strafe gestellt sind, als solcher keine Verfolgungshandlung darstellt. Dagegen ist eine Freiheitsstrafe, mit der homosexuelle Handlungen bedroht sind und die im Herkunftsland, das eine solche Regelung erlassen hat, tatsächlich verhängt wird, als unverhältnismäßige oder diskriminierende Bestrafung zu betrachten und stellt somit eine Verfolgungshandlung dar. Art. 10 Abs. 1 Buchst. d iVm Art. 2 Buchst. c dieser Richtlinie ist dahin auszulegen, dass vom Geltungsbereich der Richtlinie nur homosexuelle Handlungen ausgeschlossen sind, die nach dem nationalen Recht der Mitgliedstaaten strafbar sind. Bei der Prüfung eines Antrags auf Zuerkennung der Flüchtlingseigenschaft können die zuständigen Behörden von dem Asylbewerber nicht erwarten, dass er seine Homosexualität in seinem Herkunftsland geheim hält oder Zurückhaltung beim Ausleben seiner sexuellen Ausrichtung übt, um die Gefahr einer Verfolgung zu vermeiden."

Art. 22 Vielfalt der Kulturen, Religionen und Sprachen

Die Union achtet die Vielfalt der Kulturen, Religionen und Sprachen.

Erläuterung des Grundrechte-Konvents

Dieser Artikel stützte sich auf Artikel 6 des Vertrags über die Europäische Union und auf Artikel 151 Absätze 1 und 4 EGV in Bezug auf die Kultur, der nunmehr durch Artikel 167 Absätze 1 und 4 des Vertrags über die Arbeitsweise der Europäischen Union ersetzt wurde. Die Achtung der kulturellen und sprachlichen Vielfalt ist nunmehr auch in Artikel 3 Absatz 3 des Vertrags über die Europäische Union verankert. Der vorliegende Artikel lehnt sich ebenfalls an die Erklärung Nr. 11 zur Schlussakte des Vertrags von Amsterdam betreffend den Status der Kirchen und weltanschauliche Gemeinschaften an, deren Inhalt nunmehr in Artikel 17 des Vertrags über die Arbeitsweise der Europäischen Union aufgenommen wurde.

---

[10] Vgl. zB EuGH Urt. v. 10.9.2014 – C-270/13 – Haralambidis.
[11] EuGH Urt. v. 4.6.2009 – C-22/08 – Vatsouras.
[12] Zur Ruiz Zambrano-Rspr. des EuGH → Vorb. Rn. 4 ff.

I. Devise

Die Devise der EU ist **„In Vielfalt geeint"**. Dementsprechend dürfen weder EU noch Mitgliedstaaten (die bei der Durchführung von EU-Recht gemäß Art. 51 I Teil der Union sind) die Entfaltung der Kulturen, Religionen und Sprachen behindern, sondern müssen dieselbe sogar fördern. Alle hoheitlichen Maßnahmen, die dem Ziel der kulturellen, religiösen und sprachlichen Vielfalt widersprechen, sind mithin iSd Art. 52 V grundsätzlich verboten bzw. im Einzelfall mit anderen Rechtsgütern abzuwägen.

II. Schutzbereiche

Der Kulturbegriff ist grundsätzlich **weit** zu definieren. Der Begriff der Religion umfasst wie bei Art. 10 auch Weltanschauungen. Unter Sprachen sind nicht nur die EU-Amtssprachen iSv Art. 55 EUV gemeint, sondern auch alle in der jeweiligen EU-Region tatsächlich gesprochenen Sprachen, inklusive der Sprachen der legal Zugewanderten. Der Grundsatz des Art. 22 enthält allerdings kein einklagbares subjektiv-öffentliches Grundrecht.

Art. 23 Gleichheit von Frauen und Männern

Die Gleichheit von Frauen und Männern ist in allen Bereichen, einschließlich der Beschäftigung, der Arbeit und des Arbeitsentgelts, sicherzustellen.
Der Grundsatz der Gleichheit steht der Beibehaltung oder der Einführung spezifischer Vergünstigungen für das unterrepräsentierte Geschlecht nicht entgegen.

Erläuterung des Grundrechte-Konvents

Absatz 1 dieses Artikels stützte sich auf Artikel 2 und Artikel 3 Absatz 2 EGV, die nunmehr durch Artikel 3 des Vertrags über die Europäische Union und Artikel 8 des Vertrags über die Arbeitsweise der Europäischen Union ersetzt wurden und die Union auf das Ziel der Förderung der Gleichstellung von Männern und Frauen verpflichten, sowie auf Artikel 157 Absatz 1 des Vertrags über die Arbeitsweise der Europäischen Union. Er lehnt sich an Artikel 20 der revidierten Europäischen Sozialcharta vom 3. Mai 1996 und an Nummer 16 der Gemeinschaftscharta der Arbeitnehmerrechte an.

Er stützt sich auch auf Artikel 157 Absatz 3 des Vertrags über die Arbeitsweise der Europäischen Union und auf Artikel 2 Absatz 4 der Richtlinie 76/207/EWG des Rates zur Verwirklichung des Grundsatzes der Gleichbehandlung von Männern und Frauen hinsichtlich des Zugangs zur Beschäftigung, zur Berufsbildung und zum beruflichen Aufstieg sowie in Bezug auf die Arbeitsbedingungen.

Absatz 2 übernimmt in einer kürzeren Formulierung Artikel 157 Absatz 4 des Vertrags über die Arbeitsweise der Europäischen Union, wonach der Grundsatz der Gleichbehandlung der Beibehaltung oder der Einführung spezifischer Vergünstigungen zur Erleichterung der Berufstätigkeit des unterrepräsentierten Geschlechts oder zur Verhinderung oder zum Ausgleich von Benachteiligungen in der beruflichen Laufbahn nicht entgegensteht. Nach Artikel 52 Absatz 2 ändert dieser Absatz nicht Artikel 157 Absatz 4.

I. Bedeutung

Auch der Grundsatz der Gleichbehandlung von Männern und Frauen (der auch für Kinder und Ausländer gilt, aber nicht für juristische Personen) folgt aus der Menschenwürde und ist dementsprechend **streng zu interpretieren** und durchzusetzen. Historisch gewachsene Benachteiligungen von Frauen[1] sollen in der Union beseitigt werden. Um dieses Ziel zu erreichen, ist Art. 23 I (anders als Abs. 2) als einklagbares subjektiv-öffentliches Recht zu verstehen und nicht als bloßer Grundsatz iSv Art. 52 V. Die vom EuGH judizierte Bindung von Privatpersonen iRd Art. 157 I AEUV[2] kann allerdings aufgrund des Wesens der Chartarechte nicht auf Privatpersonen erstreckt werden[3]. Insbesondere bezüglich Arbeitgebern sind zivilrechtliche Normen jedoch grundrechtskonform auszulegen; Arbeitgeber können durch Gesetz auch an der Umsetzung der aus Art. 23 folgenden hoheitlichen Schutzpflichten beteiligt werden. Wie bei allen Diskriminierungen kann im Einzelfall allenfalls ein objektiver und verhältnismäßiger, insbesondere angemessener sachlicher Grund, der bei offenen Diskriminierungen zudem gesetzlich geregelt sein muss, eine Ungleichbehandlung von Männern und Frauen rechtfertigen.

---

[1] Oder auch Männern vgl. EuGH Urt. v. 16.7.2015 – C-222/14 – Maïstrellis, wonach die griechischen Rechtsvorschriften, nach denen Beamten, deren Ehefrauen nicht arbeiten, ein Elternurlaub versagt wird, gegen Unionsrecht verstoßen. Denn das Recht auf Elternurlaub sei ein individuelles Recht, das nicht von der Situation des Ehegatten abhängen könne.
[2] EuGH Urt. v. 28.9.1994 – C-28/93 – Van den Akker; Urt. v. 17.9.2002 – C-320/00 – Lawrence.
[3] → Vorb. Rn. 11 f.

II. Quoten

2   Zum Ausgleich für Benachteiligungen primär von Frauen kommen entsprechend **Art. 157 IV AEUV** insbesondere spezifische Vergünstigungen zur Erleichterung der Berufstätigkeit in Betracht. Starre Quoten sind hingegen auch bei (fast) gleichwertig qualifizierten Bewerbern unzulässig[4]. Ebenso grundsätzlich unzulässig ist ein Vorrang von Bewerbern eines Geschlechts bei schlechterer Qualifikation[5].

Art. 24 Rechte des Kindes

(1) [1]Kinder haben Anspruch auf den Schutz und die Fürsorge, die für ihr Wohlergehen notwendig sind. [2]Sie können ihre Meinung frei äußern. [3]Ihre Meinung wird in den Angelegenheiten, die sie betreffen, in einer ihrem Alter und ihrem Reifegrad entsprechenden Weise berücksichtigt.

(2) Bei allen Kinder betreffenden Maßnahmen öffentlicher Stellen oder privater Einrichtungen muss das Wohl des Kindes eine vorrangige Erwägung sein.

(3) Jedes Kind hat Anspruch auf regelmäßige persönliche Beziehungen und direkte Kontakte zu beiden Elternteilen, es sei denn, dies steht seinem Wohl entgegen.

Erläuterung des Grundrechte-Konvents

Dieser Artikel stützt sich auf das am 20. November 1989 unterzeichnete und von allen Mitgliedstaaten ratifizierte Übereinkommen von New York über die Rechte des Kindes, insbesondere auf die Artikel 3, 9, 12 und 13 dieses Übereinkommens.

Mit Absatz 3 wird der Umstand berücksichtigt, dass als Teil der Errichtung des Raums der Freiheit, der Sicherheit und des Rechts die Gesetzgebung der Union in Bereichen des Zivilrechts mit grenzüberschreitenden Bezügen – für die in Artikel 81 des Vertrags über die Arbeitsweise der Europäischen Union die entsprechende Zuständigkeit vorgesehen ist – insbesondere auch das Umgangsrecht umfassen kann, mit dem sichergestellt wird, dass Kinder regelmäßige persönliche Beziehungen und direkte Kontakte zu beiden Elternteilen unterhalten können.

I. Bedeutung

1   Wie die Gegenüberstellung der **Urteile Ruiz Zambrano** (Kinder) und **McCarthy** (Ehegatten) illustriert[1], liegen dem EuGH der Schutz der Kinderrechte offensichtlich besonders am Herzen, die auch nach Art. 3 III und V EUV ein wichtiges Ziel der Union sind. „Kinder" sind alle (geborenen) Menschen vor Vollendung des 18. Lebensjahrs, dh iSd Art. 32 auch Jugendliche; die Staatsangehörigkeit spielt keine Rolle. Art. 24 garantiert dem Kind je nach Alter und Reifegrad selbstständig einklagbare Rechte, die neben und unabhängig von denen der Eltern wahrgenommen werden können, insbesondere im Bereich von Verwaltungs- und auch Gerichtsverfahren (etwa zum Umgangs- bzw. Sorgerecht).

II. Kindeswohl

2   Im Ausländerrecht besonders relevant dürfte der **Anspruch des Kindes** aus Abs. 3 sein. Gerade wenn Eltern getrennt leben, verlangt das (seelische) Kindeswohl regelmäßig das unmittelbare Zusammensein mit beiden Elternteilen. Hieraus dürften sich dann auch Aufenthaltsrechte entweder für das Kind oder aber einen Elternteil ableiten lassen, wie der EuGH exemplarisch im Fall Iida vom VGH BW gefragt wurde[2]. Der EuGH deutet dies etwa im Zambrano-Folgeurteil O./S.+L.[3] an, indem er das Kindeswohl hier ganz besonders betont.

III. Relevanz im Asylverfahren

3   Das Kindeswohl ist selbstverständlich auch in allen Ausländerrecht- und Asylverfahren zu jeder Zeit vorrangig zu beachten. Für das Dublin-Asylsystem hat der EuGH dies im **Urteil „MA"** vom 6.6.2013 in der Rechtssache C-648/11 deutlich gemacht (Urt.-Rn. 57): „Zu diesen Grundrechten gehört nämlich insbesondere das in Art. 24 Abs. 2 der GRCh verankerte Grundrecht, wonach bei allen Kinder betreffenden Maßnahmen öffentlicher Stellen oder privater Einrichtungen das Wohl des Kindes

---

[4] EuGH Urt. v. 17.10.1995 – C-450/93 – Kalanke.
[5] EuGH Urt. v. 6.7.2000 – C-407/98 – Abrahamsson und Anderson.
[1] → Vorb. Rn. 4 ff.
[2] Die ausländerrechtliche Vorlage des VGH BW erfolgte mit Beschl. v. 20.1.2011 – 11 S 1069/10 = EuGH Urt. v. 8.11.2012 – C-40/11 – Yoshikazu Iida. Das EuGH-Urt. v. 8.11.2012 nimmt hierzu allerdings keine Stellung, weil der Anwendungsbereich der GRCh gemäß Art. 51 verneint wurde. Erst in EuGH Urt. v. 10.5.2017 – C-133/15 – Chavcz-Vilchez entschied der EuGH entsprechend pro Aufenthaltsrecht.
[3] EuGH Urt. v. 6.12.2012 – C-356/11 und C-357/11; hierzu → Vorb. Rn. 4 ff.

eine vorrangige Erwägung sein muss." Hieraus folgerte er im Ergebnis, dass der Minderjährige sich im Sinne des ansonsten verbotenen „forum shopping" den für sein Asylverfahren zuständigen Dublin-Staat aussuchen darf, dh immer derjenige Staat verfahrenszuständig ist, in dem sich der Minderjährige nach Asyl-Antragstellung aufhält. Eine Rücküberstellung in andere Dublin-Staaten unterbleibt. Dies hat das BVerwG im Urteil vom 16.11.2015 (1 C 4.15) übernommen. Grundrechtlich „aufgeladene" Dublin-Fristen waren und sind immer einklagbar.

Art. 25 Rechte älterer Menschen

Die Union anerkennt und achtet das Recht älterer Menschen auf ein würdiges und unabhängiges Leben und auf Teilnahme am sozialen und kulturellen Leben.

Erläuterung des Grundrechte-Konvents
Dieser Artikel lehnt sich an Artikel 23 der revidierten Europäischen Sozialcharta und an die Artikel 24 und 25 der Gemeinschaftscharta der sozialen Grundrechte der Arbeitnehmer an. Die Teilnahme am sozialen und kulturellen Leben umfasst natürlich auch die Teilnahme am politischen Leben.

I. Bedeutung

Anders als bei den Kinderrechten enthält Art. 25 **bloße Grundsätze** iSv Art. 52 V, dh zwar EU 1 und im Rahmen der Charta-Anwendung nach Art. 52 I auch die Mitgliedstaaten bindende Vorgaben, jedoch keine vom Bürger einklagbaren subjektiv-öffentlichen Rechte. Zumindest vor dem 60. Lebensjahr dürfte nicht von „elderly" bzw. „personnes agées" gesprochen werden können, wenn nicht ohnehin ganz auf den Renteneintritt abgestellt wird. Zum „würdigen und unabhängigen Leben" gehören ein ausreichender Krankenversicherungsschutz und eine gewisse finanzielle Absicherung im Rentenalter[1].

II. Abwägung

Maßnahmen, die sich negativ auf die Situation älterer Menschen auswirken können, sind der Union 2 mithin verboten. Allerdings ist zum Schutz anderer Grundsätze und Rechtsgüter iRd Art. 52 V eine Abwägung möglich; insoweit ist ein weiter **Gestaltungsspielraum** zuzugestehen.

Art. 26 Integration von Menschen mit Behinderung

Die Union anerkennt und achtet den Anspruch von Menschen mit Behinderung auf Maßnahmen zur Gewährleistung ihrer Eigenständigkeit, ihrer sozialen und beruflichen Eingliederung und ihrer Teilnahme am Leben der Gemeinschaft.

Erläuterung des Grundrechte-Konvents
Der in diesem Artikel aufgeführte Grundsatz stützt sich auf Artikel 15 der Europäischen Sozialcharta und lehnt sich ferner an Nummer 26 der Gemeinschaftscharta der sozialen Grundrechte der Arbeitnehmer an.

I. Bedeutung

Wie bei den Rechten älterer Menschen ist auch bei Art. 26 (nur) von einem **Grundsatz iSv** 1 **Art. 52 V** auszugehen, dh von einer zwar EU und im Rahmen der Charta-Anwendung nach Art. 52 I auch die Mitgliedstaaten bindenden Vorgabe, nicht jedoch von einem vom Bürger einklagbaren subjektiv-öffentlichen Recht. Art. 26 will für Behinderte, dh Menschen mit nicht nur vorübergehenden bzw. länger andauernden Funktionsbeeinträchtigungen, die auf einem regelwidrigen körperlichen, geistigen oder seelischen Zustand beruhen, eine gewisse „independence", „social and occupational integration" sowie „participation in the life oft he community" erreichen. Dies kann etwa von der Bereitstellung von Ausbildungsmöglichkeiten über die Arbeitsplatzvermittlung bis hin zur Mobilitätssteigerung durch den Abbau von Barrieren reichen[1*].

II. Abwägung

Maßnahmen, die sich negativ auf die Situation behinderter Menschen auswirken können, sind der 2 Union mithin verboten. Allerdings ist zum Schutz anderer Grundsätze und Rechtsgüter iRd Art. 52 V eine Abwägung möglich; insoweit ist ein weiter **Gestaltungsspielraum** zuzugestehen.

---

[1] Vgl. auch *Kingreen* in Calliess/Ruffert EU/EG GRCh Art. 25 Rn. 1 ff.
[1*] Ausf. *Jarras*, GRCh-Komm, 2010, Art. 26 Rn. 7; *Hölscheidt* in Meyer, GRCh-Komm, 3. Aufl. 2011, Art. 26 Rn. 14 ff. jew. auch mwN.

Titel IV. Solidarität

Art. 27 Recht auf Unterrichtung und Anhörung der Arbeitnehmerinnen und Arbeitnehmer im Unternehmen

Für die Arbeitnehmerinnen und Arbeitnehmer oder ihre Vertreter muss auf den geeigneten Ebenen eine rechtzeitige Unterrichtung und Anhörung in den Fällen und unter den Voraussetzungen gewährleistet sein, die nach dem Unionsrecht und den einzelstaatlichen Rechtsvorschriften und Gepflogenheiten vorgesehen sind.

Erläuterung des Grundrechte-Konvents

Dieser Artikel ist auch in der revidierten Europäischen Sozialcharta (Artikel 21) und in der Gemeinschaftscharta der sozialen Grundrechte der Arbeitnehmer (Nummern 17 und 18) enthalten. Er gilt unter den im Unionsrecht und in den Rechtsvorschriften der Mitgliedstaaten vorgesehenen Bedingungen. Die Bezugnahme auf die geeigneten Ebenen verweist auf die nach dem Unionsrecht und den einzelstaatlichen Rechtsvorschriften vorgesehenen Ebenen, was die europäische Ebene einschließen kann, wenn die Rechtsvorschriften der Union dies vorsehen. Die Union verfügt diesbezüglich über einen beachtlichen Besitzstand: die Artikel 154 und 155 des Vertrags über die Arbeitsweise der Europäischen Union, die Richtlinien 2002/14/EG (allgemeiner Rahmen für die Unterrichtung und Anhörung der Arbeitnehmer in der Europäischen Gemeinschaft), 98/59/EG (Massenentlassungen), 2001/23/EG (Übergang von Unternehmen) und 94/45/EG (Europäischer Betriebsrat).

I. Bedeutung

1 So wie insbesondere die in der Konventserläuterung dargestellten Sekundärrechtsakte vom Einzelnen gerichtlich **einklagbar** sind, ist auch das Grundrecht des Art. 27 als subjektiv-öffentliches Recht zu begreifen und nicht nur als Grundsatz iSv Art. 52 V. „Worker", dh Menschen aller Staatsangehörigkeiten, die vergütete Leistungen erbringen und weisungsabhängig sind, sowie deren „representatives", können die hier vorgesehenen Informations- und Kommunikationsrechte einklagen[1].

II. Sekundärrecht

2 Art. 27 wird va verletzt, wenn die Mitgliedstaaten von der EU **am Erlass von Vorschriften behindert** werden, die der Unterrichtung und Anhörung der Arbeitnehmer dienen. Wie das aufgeführte Sekundärrecht zeigt, ist diese Gefahr derzeit allerdings kaum realistisch.

Art. 28 Recht auf Kollektivverhandlungen und Kollektivmaßnahmen

Die Arbeitnehmerinnen und Arbeitnehmer sowie die Arbeitgeberinnen und Arbeitgeber oder ihre jeweiligen Organisationen haben nach dem Unionsrecht und den einzelstaatlichen Rechtsvorschriften und Gepflogenheiten das Recht, Tarifverträge auf den geeigneten Ebenen auszuhandeln und zu schließen sowie bei Interessenkonflikten kollektive Maßnahmen zur Verteidigung ihrer Interessen, einschließlich Streiks, zu ergreifen.

Erläuterung des Grundrechte-Konvents

Dieser Artikel stützt sich auf Artikel 6 der Europäischen Sozialcharta sowie auf die Gemeinschaftscharta der sozialen Grundrechte der Arbeitnehmer (Nummern 12 bis 14). Das Recht auf kollektive Maßnahmen wurde vom Europäischen Gerichtshof für Menschenrechte als einer der Bestandteile des gewerkschaftlichen Vereinigungsrechts anerkannt, das durch Artikel 11 EMRK festgeschrieben ist. Was die geeigneten Ebenen betrifft, auf denen die Tarifverhandlungen stattfinden können, so wird auf die Erläuterung zum vorhergehenden Artikel verwiesen. Die Modalitäten und Grenzen für die Durchführung von Kollektivmaßnahmen, darunter auch Streiks, werden durch die einzelstaatlichen Rechtsvorschriften und Gepflogenheiten geregelt; dies gilt auch für die Frage, ob diese Maßnahmen in mehreren Mitgliedstaaten parallel durchgeführt werden können.

I. Bedeutung

1 In der Rspr. des EuGH wurde das heute in Art. 28 garantierte freiheitliche **Tarifvertrags- und Arbeitskampfsystem** schon vor Inkrafttreten der Charta anerkannt[1*], und zwar als einklagbares, subjektiv-öffentliches Recht, dh nicht als bloßer Grundsatz iSv Art. 52 V. Aufgrund des Charakters eines Grundrechts sind nach allgemeiner Dogmatik allerdings nur die Union und iRd Art. 51 I die Mitgliedstaaten durch Art. 28 verpflichtet, nicht aber Privatpersonen. Die Rechte aus Art. 28 rechtfertigen durchaus auch Einschränkungen der Binnenmarktgrundfreiheiten des AEUV[2]. Grundrechts-

---

[1] Vgl. *Krebber* in Calliess/Ruffert EU/EG GRCh Art. 27 Rn. 5 ff.
[1*] EuGH Urt. v. 18.12.2007 – C-341/05 – Laval.
[2] EuGH Urt. v. 18.12.2007 – C-341/05 – Laval.

träger sind (etwa bezüglich des Streikrechts, das im Übrigen nicht zur Durchsetzung allgemeinpolitischer Ziele dient) zum einen Arbeitnehmer, dh Menschen aller Staatsangehörigkeiten, die vergütete Leistungen erbringen und weisungsabhängig sind, zum anderen (etwa bezüglich einer Aussperrung) die Arbeitgeber sowie deren jeweilige Organisationen.

II. Spielräume

Ein Eingriff in den Schutzbereich des Art. 28 ist grundsätzlich in jeder, das freiheitliche Tarifvertrags- und Arbeitskampfsystem behindernden, hoheitlichen Maßnahme zu sehen. EU und Mitgliedstaaten sind im Rahmen der Verhältnismäßigkeit hier jedoch gewisse **Regelungsspielräume** zuzugestehen, insbesondere soweit es thematisch nicht um Arbeitsbedingungen geht[3]. 2

Art. 29 Recht auf Zugang zu einem Arbeitsvermittlungsdienst

Jeder Mensch hat das Recht auf Zugang zu einem unentgeltlichen Arbeitsvermittlungsdienst.

Erläuterung des Grundrechte-Konvents
Dieser Artikel stützt sich insbesondere auf Artikel 1 Absatz 3 der Europäischen Sozialcharta sowie auf Nummer 13 der Gemeinschaftscharta der sozialen Grundrechte der Arbeitnehmer.

I. Bedeutung

Art. 29 konkretisiert das Ziel der **Vollbeschäftigung** nach Art. 3 III 2 EUV, indem es für Arbeitslose und Beschäftigte ein einklagbares Teilhaberecht in der Form eines Menschenrechts (für In- sowie für diejenigen Ausländer, die ein Arbeitsrecht in der EU haben) zur Verfügung stellt. Verpflichtet werden hierdurch, wie ganz grundsätzlich iRd Charta, die EU und iRd Art. 51 I die Mitgliedstaaten, nicht aber Privatpersonen wie etwa private Arbeitsvermittlungsdienste[1]. 1

II. Unentgeltlichkeit

Das Gebot der Unentgeltlichkeit gilt nur für die Arbeitssuchenden (dh nicht zwingend für Arbeitgeber), denen weder irgendwelche **Vermittlungskosten** noch -gebühren auferlegt werden dürfen, auch wenn der Dienst im konkreten Fall von privaten Anbietern erbracht wurde. 2

Art. 30 Schutz bei ungerechtfertigter Entlassung

Jede Arbeitnehmerin und jeder Arbeitnehmer hat nach dem Unionsrecht und den einzelstaatlichen Rechtsvorschriften und Gepflogenheiten Anspruch auf Schutz vor ungerechtfertigter Entlassung.

Erläuterung des Grundrechte-Konvents
Dieser Artikel lehnt sich an Artikel 24 der revidierten Sozialcharta an. Siehe auch die Richtlinien 2001/23/EG über die Wahrung von Ansprüchen der Arbeitnehmer beim Übergang von Unternehmen und 80/987/EWG über den Schutz der Arbeitnehmer bei Zahlungsunfähigkeit des Arbeitgebers, geändert durch die Richtlinie 2002/74/EG.

I. Bedeutung

Wenn Art. 30 auch nach allgemeiner Grundrechtsdogmatik Privatpersonen nicht unmittelbar binden kann, enthält die Norm doch **ein subjektiv-öffentliches Grundrecht** und keinen bloßen Grundsatz iSv Art. 52 V. Grundrechtsträger sind die Arbeitnehmer, dh Menschen aller Staatsangehörigkeiten, die vergütete Leistungen erbringen und weisungsabhängig sind (insbesondere natürlich die Bediensteten der Union selbst). Über Art. 3 RL 89/391 hinaus werden deshalb nicht nur Auszubildende, Lehrlinge und Praktikanten, sondern etwa auch Hausangestellte erfasst. 1

II. Kündigungsschutz

Im Anhang zu **Art. 24 der revidierten Sozialcharta,** an die sich der Konvent ausdrücklich anlehnen wollte, heißt es erläuternd: „Es besteht Einverständnis darüber, dass für die Zwecke dieses Artikels der Ausdruck ‚Kündigung' die Beendigung des Arbeitsverhältnisses durch den Arbeitgeber bedeutet. Es besteht Einverständnis darüber, dass dieser Artikel alle Arbeitnehmer erfasst, dass jedoch eine Vertragspartei die folgenden Arbeitnehmergruppen von seinem Schutz ganz oder teilweise aus- 2

---
[3] Vgl. EuGH Urt. v. 11.12.2007 – C-438/05 – The International Transport Workers' Federation.
[1] Vgl. Riedel in Meyer, GRCh-Komm, 3. Aufl. 2011, Art. 29 Rn. 6 ff. mwN.

nehmen kann: die im Rahmen eines Arbeitsvertrags für eine bestimmte Zeit oder eine bestimmte Aufgabe eingestellten Arbeitnehmer; die Arbeitnehmer, die eine Probe- oder Wartezeit ableisten, sofern diese im Voraus festgesetzt und von angemessener Dauer ist; die zur vorübergehenden Aushilfe eingestellten Arbeitnehmer. Für die Zwecke dieses Artikels gelten insbesondere nicht als triftige Gründe für eine Kündigung: die Zugehörigkeit zu einer Gewerkschaft oder die gewerkschaftliche Betätigung außerhalb der Arbeitszeit oder, mit Zustimmung des Arbeitgebers, während der Arbeitszeit; die Tatsache, dass sich jemand um das Amt eines Arbeitnehmervertreters bewirbt, ein solches Amt ausübt oder ausgeübt hat; die Tatsache, dass jemand wegen einer behaupteten Verletzung von Rechtsvorschriften eine Klage gegen den Arbeitgeber einreicht, an einem Verfahren gegen ihn beteiligt ist oder die zuständige Verwaltungsbehörde anruft; Rasse, Hautfarbe, Geschlecht, Familienstand, Familienpflichten, Schwangerschaft, Religion, politische Anschauung, nationale oder soziale Herkunft; Mutterschaftsurlaub oder Elternurlaub; vorübergehende Abwesenheit von der Arbeit aufgrund einer Krankheit oder eines Unfalls. Es besteht Einverständnis darüber, dass die Entschädigung oder ein anderer zweckmäßiger Ausgleich bei einer Kündigung ohne triftigen Grund durch innerstaatliche Rechtsvorschriften, Gesamtarbeitsverträge oder auf jede andere, den innerstaatlichen Verhältnissen entsprechende Weise festzulegen ist."

Diese Erläuterungen können demnach jedenfalls zur historischen Auslegung des Art. 30 herangezogen werden.

III. Anwendungsbereich

3 Im **Urteil „Poclava"** vom 5.2.2015 in der Rechtssache C-117/14 hat der EuGH auch unter Diskussion der sozialpolitischen Einflüsse des Art. 151 AEUV entschieden, dass der Schutz von Art. 30 beim normalen „nationalen" arbeitsvertraglichen Streit mangels Anwendbarkeit der Charta gemäß Art. 51 I nicht greifen kann.

Art. 31 Gerechte und angemessene Arbeitsbedingungen

(1) Jede Arbeitnehmerin und jeder Arbeitnehmer hat das Recht auf gesunde, sichere und würdige Arbeitsbedingungen.

(2) Jede Arbeitnehmerin und jeder Arbeitnehmer hat das Recht auf eine Begrenzung der Höchstarbeitszeit, auf tägliche und wöchentliche Ruhezeiten sowie auf bezahlten Jahresurlaub.

Erläuterung des Grundrechte-Konvents

1. Absatz 1 dieses Artikels stützt sich auf die Richtlinie 89/391/EWG über die Durchführung von Maßnahmen zur Verbesserung der Sicherheit und des Gesundheitsschutzes der Arbeitnehmer am Arbeitsplatz. Er lehnt sich ferner an Artikel 3 der Sozialcharta und Nummer 19 der Gemeinschaftscharta der Arbeitnehmerrechte sowie hinsichtlich des Rechts auf Würde am Arbeitsplatz an Artikel 26 der revidierten Sozialcharta an. Der Ausdruck „Arbeitsbedingungen" ist im Sinne des Artikels 156 des Vertrags über die Arbeitsweise der Europäischen Union zu verstehen.

2. Absatz 2 stützt sich auf die Richtlinie 93/104/EG über bestimmte Aspekte der Arbeitszeitgestaltung sowie auf Artikel 2 der Europäischen Sozialcharta und auf Nummer 8 der Gemeinschaftscharta der Arbeitnehmerrechte.

I. Bedeutung

1 Auch Art. 31 gewährt den Arbeitnehmern, dh Menschen aller Staatsangehörigkeiten, die vergütete Leistungen erbringen und weisungsabhängig sind, ein **echtes Grundrecht** und formuliert nicht bloß einen Grundsatz iSv Art. 52 V, wenn auch Privatpersonen nach allgemeiner Dogmatik hierdurch nicht gebunden werden können. Der Begriff „working conditions" soll nach der Konventserläuterung wie in Art. 156 I AEUV ausgelegt werden, dh eher restriktiv und in Abgrenzung zu den anderen dort genannten Gebieten: „Beschäftigung, Arbeitsrecht (und Arbeitsbedingungen), berufliche Ausbildung und Fortbildung, soziale Sicherheit, Verhütung von Berufsunfällen und Berufskrankheiten, Gesundheitsschutzes bei der Arbeit, Koalitionsrecht und der Kollektivverhandlungen zwischen Arbeitgebern und Arbeitnehmern. Konkret geht es etwa um die „gesunde, sichere und würdige" Einrichtung des Arbeitsplatzes, der Abwehr von unzumutbaren Arbeitsmitteln, die ordentlicher Einweisung und Ausbildung sowie die Schaffung verträglicher Arbeitsabläufe. Schädliche Emissionen (gesund), betriebsbedingte Gefahren (sicher) sowie Mobbing oder sexuelle Belästigungen (würdig) können mithilfe von Art. 31 abgewehrt werden[1]. Zum Anspruch auf bezahlten Jahresurlaub vgl. das EuGH-Urteil vom 22.5.2014 in der Rechtssache C-539/12 – Lock.

---

[1] Vgl. *Krebber* in Calliess/Ruffert EU/EG GRCh Art. 31 Rn. 2 ff.

II. Höchstarbeitszeiten

Die (va wöchentliche) Höchstarbeitszeit orientiert sich an **Art. 6 RL 93/104/EG:** „Die Mitgliedstaaten treffen die erforderlichen Maßnahmen, damit nach Maßgabe der Erfordernisse der Sicherheit und des Gesundheitsschutzes der Arbeitnehmer: 1. die wöchentliche Arbeitszeit durch innerstaatliche Rechts- und Verwaltungsvorschriften oder in Tarifverträgen oder Vereinbarungen zwischen den Sozialpartnern festgelegt wird; 2. die durchschnittliche Arbeitszeit pro Siebentageszeitraum 48 Stunden einschließlich der Überstunden nicht überschreitet. Die täglichen und wöchentlichen Ruhezeiten sind in Art. 3 (Die Mitgliedstaaten treffen die erforderlichen Maßnahmen, damit jedem Arbeitnehmer pro 24-Stunden-Zeitraum eine Mindestruhezeit von elf zusammenhängenden Stunden gewährt wird) sowie Art. 5 der RL 93/104/EG definiert (Die Mitgliedstaaten treffen die erforderlichen Maßnahmen, damit jedem Arbeitnehmer pro Siebentageszeitraum eine kontinuierliche Mindestruhezeit von 24 Stunden zuzüglich der täglichen Ruhezeit von elf Stunden gemäß Art. 3 gewährt wird. Die Mindestruhezeit gemäß Abs. 1 schließt grundsätzlich den Sonntag ein. Wenn objektive, technische oder arbeitsorganisatorische Umstände dies rechtfertigen, kann eine Mindestruhezeit von 24 Stunden gewählt werden). Der Jahresurlaub wird insbesondere in Art. 7 RL 93/104/EG definiert (Die Mitgliedstaaten treffen die erforderlichen Maßnahmen, damit jeder Arbeitnehmer einen bezahlten Mindestjahresurlaub von vier Wochen nach Maßgabe der Bedingungen für die Inanspruchnahme und die Gewährung erhält, die in den einzelstaatlichen Rechtsvorschriften und/oder nach den einzelstaatlichen Gepflogenheiten vorgesehen sind. Der bezahlte Mindestjahresurlaub darf außer bei Beendigung des Arbeitsverhältnisses nicht durch eine finanzielle Vergütung ersetzt werden)."

Diese Definitionen können auch zur Auslegung von Abs. 2 herangezogen werden.

Art. 32 Verbot der Kinderarbeit und Schutz der Jugendlichen am Arbeitsplatz

¹Kinderarbeit ist verboten. ²Unbeschadet günstigerer Vorschriften für Jugendliche und abgesehen von begrenzten Ausnahmen darf das Mindestalter für den Eintritt in das Arbeitsleben das Alter, in dem die Schulpflicht endet, nicht unterschreiten.

Zur Arbeit zugelassene Jugendliche müssen ihrem Alter angepasste Arbeitsbedingungen erhalten und vor wirtschaftlicher Ausbeutung und vor jeder Arbeit geschützt werden, die ihre Sicherheit, ihre Gesundheit, ihre körperliche, geistige, sittliche oder soziale Entwicklung beeinträchtigen oder ihre Erziehung gefährden könnte.

Erläuterung des Grundrechte-Konvents

Dieser Artikel stützt sich insbesondere auf die Richtlinie 94/33/EG über den Jugendarbeitsschutz sowie auf Artikel 7 der Europäischen Sozialcharta und auf die Nummern 20 bis 23 der Gemeinschaftscharta der sozialen Grundrechte der Arbeitnehmer.

I. Bedeutung

Kinder und Jugendliche sollen, unabhängig von ihrer Staatsangehörigkeit, im Hinblick auf ihnen gerechte Arbeitsverhältnisse besonders geschützt werden. Art. 32 will dies durch ein **subjektiv-öffentliches Grundrecht** garantieren, dh teleologisch kann es sich hier nicht um einen bloßen Grundsatz iSv Art. 52 V handeln[1]. Zur Definition der Begriffe „Kind" und „Jugendlicher" kann nach der Konventserläuterung auf Art. 3 RL 94/33/EG zurückgegriffen werden: „a) ‚junger Mensch': jede Person unter 18 Jahren; b) ‚Kind': jeder jungen Menschen, der noch nicht 15 Jahre alt ist oder gemäß den einzelstaatlichen Rechtsvorschriften noch der Vollzeitschulpflicht unterliegt; c) ‚Jugendlicher': jeder junge Mensch, der mindestens 15, aber noch nicht 18 Jahre alt ist und gemäß den einzelstaatlichen Rechtsvorschriften nicht mehr der Vollzeitschulpflicht unterliegt." Unter 15-jährige bzw. Vollzeitschulpflichtige (nach nationalem Recht idR mindestens neun Schuljahre ab Vollendung des sechsten Lebensjahrs) unterliegen mithin einem strikten Arbeitsverbot, das auch geringfügige Beschäftigungen umfasst.

II. Jugendschutz

Jugendliche hingegen dürfen beschäftigt werden, allerdings nur unter angemessenen Arbeitsbedingungen. Zur näheren Definition kann nach der Konventionserläuterung auf die Aspekte des **Art. 6 RL 94/33/EG** zurückgegriffen werden: „a) Einrichtung und Gestaltung der Arbeitsstätte und des Arbeitsplatzes; b) Art, Grad und Dauer der physikalischen, chemischen und biologischen Einwirkungen; c) Gestaltung, Auswahl und Einsatz von Arbeitsmitteln, insbesondere von Arbeitsstoffen, Maschinen, Geräten und Anlagen sowie den Umgang damit; d) Gestaltung von Arbeitsverfahren und Arbeits-

---

[1] Ausf. *Krebber* in Calliess/Ruffert EU/EG GRCh Art. 32 Rn. 2 ff.

abläufen und deren Zusammenwirken (Arbeitsorganisation); e) Stand von Ausbildung und Unterweisung der jungen Menschen."

Art. 33 Familien- und Berufsleben

(1) Der rechtliche, wirtschaftliche und soziale Schutz der Familie wird gewährleistet.

(2) Um Familien- und Berufsleben miteinander in Einklang bringen zu können, hat jeder Mensch das Recht auf Schutz vor Entlassung aus einem mit der Mutterschaft zusammenhängenden Grund sowie den Anspruch auf einen bezahlten Mutterschaftsurlaub und auf einen Elternurlaub nach der Geburt oder Adoption eines Kindes.

Erläuterung des Grundrechte-Konvents
Artikel 33 Absatz 1 stützt sich auf Artikel 16 der Europäischen Sozialcharta.

Absatz 2 lehnt sich an die Richtlinie 92/85/EWG über die Durchführung von Maßnahmen zur Verbesserung der Sicherheit und des Gesundheitsschutzes von schwangeren Arbeitnehmerinnen, Wöchnerinnen und stillenden Arbeitnehmerinnen am Arbeitsplatz und an die Richtlinie 96/34/EG zu der von UNICE, CEEP und EGB geschlossenen Rahmenvereinbarung über Elternurlaub an. Er stützt sich ferner auf Artikel 8 (Mutterschutz) der Europäischen Sozialcharta und lehnt sich an Artikel 27 (Recht der Arbeitnehmer mit Familienpflichten auf Chancengleichheit und Gleichbehandlung) der revidierten Sozialcharta an. Der Begriff „Mutterschaft" deckt den Zeitraum von der Zeugung bis zum Stillen des Kindes ab.

I. Bedeutung

1   Abs. 1 der Norm definiert **einen bloßen Grundsatz** iSv Art. 52 V, dh kann nur eingeschränkt gerichtlich eingeklagt werden und unterliegt insbesondere der Abwägung mit anderen Rechtsgütern. „Familie" ist wie in Art. 7 zu definieren, es geht mithin um die Beziehungen zwischen (auch unverheirateten) Eltern oder Elternteilen und ihren (gegebenenfalls auch schon volljährigen) Kindern, dh setzt an bei der Geburt oder Adoption. Beziehungen zwischen Großeltern und Enkeln fallen ebenso in den Schutzbereich wie solche zwischen Geschwistern. Die „bloßen" Beziehungen von Ehe- oder Lebenspartnern hingegen fallen hier nicht unter den Rechtsbegriff Familie[1]. Was der angestrebte Familienschutz im Einzelnen bedeutet, illustriert nach der Konventserläuterung Art. 16 der Sozialcharta: „Um die erforderlichen Voraussetzungen für die Entfaltung der Familie als einer Grundeinheit der Gesellschaft zu schaffen, verpflichten sich die Vertragsparteien, den wirtschaftlichen, gesetzlichen und sozialen Schutz des Familienlebens zu fördern, insbesondere durch Sozial- und Familienleistungen, steuerliche Maßnahmen, Förderung des Baues familiengerechter Wohnungen, Hilfen für junge Eheleute und andere geeignete Mittel jeglicher Art."

II. Elternschutz

2   Der Mutter- und Elternschutz nach Abs. 2 hingegen ist als Menschenrecht, dh als einklagbares **subjektiv-öffentliches Grundrecht** formuliert, nicht als bloßer Grundsatz iSv Art. 52 V. Die „Mutterschaft" beginnt mit der Zeugung des Kindes und dauert entsprechend Art. 8 und 10 RL 92/85/EG bis zum Ende des Mutterschaftsurlaubs. Art. 8 der RL regelt den Mutterschaftsurlaub: „(1) Die Mitgliedstaaten treffen die erforderlichen Maßnahmen, um sicherzustellen, dass den Arbeitnehmerinnen iSd Art 2 ein Mutterschaftsurlaub von mindestens 14 Wochen ohne Unterbrechung gewährt wird, die sich entsprechend den einzelstaatlichen Rechtsvorschriften und/oder Gepflogenheiten auf die Zeit vor und/oder nach der Entbindung aufteilen. (2) Der Mutterschaftsurlaub gemäß Abs 1 muss einen obligatorischen Mutterschaftsurlaub von mindestens zwei Wochen umfassen, die sich entsprechend den einzelstaatlichen Rechtsvorschriften und/oder Gepflogenheiten auf die Zeit vor und/oder nach der Entbindung aufteilen." Elternurlaub ist in § 2 Nr. 1 der RL 96/34/EG geregelt: „Nach dieser Vereinbarung haben erwerbstätige Männer und Frauen nach Maßgabe des § 2 Nr 2 ein individuelles Recht auf Elternurlaub im Fall der Geburt oder Adoption eines Kindes, damit sie bis zu einem bestimmten Alter des Kindes – das Alter kann bis zu acht Jahren gehen – für die Dauer von mindestens drei Monaten um dieses Kind kümmern können." Auch in Fragen des Elternurlaubs sind Frauen und Männer gleich zu behandeln[2].

Art. 34 Soziale Sicherheit und soziale Unterstützung

(1) Die Union anerkennt und achtet das Recht auf Zugang zu den Leistungen der sozialen Sicherheit und zu den sozialen Diensten, die in Fällen wie Mutterschaft, Krankheit, Arbeitsunfall, Pflegebedürftigkeit oder im Alter sowie bei Verlust des Arbeitsplatzes Schutz ge-

---

[1] Vgl. *Riedel* in Meyer, GRCh-Komm, 3. Aufl. 2011, Art. 33 Rn. 13 ff.
[2] Vgl. EuGH Urt. v. 16.7.2015 – C-222/14 – Maïstrellis.

währleisten, nach Maßgabe des Unionsrechts und der einzelstaatlichen Rechtsvorschriften und Gepflogenheiten.

(2) Jeder Mensch, der in der Union seinen rechtmäßigen Wohnsitz hat und seinen Aufenthalt rechtmäßig wechselt, hat Anspruch auf die Leistungen der sozialen Sicherheit und die sozialen Vergünstigungen nach dem Unionsrecht und den einzelstaatlichen Rechtsvorschriften und Gepflogenheiten.

(3) Um die soziale Ausgrenzung und die Armut zu bekämpfen, anerkennt und achtet die Union das Recht auf eine soziale Unterstützung und eine Unterstützung für die Wohnung, die allen, die nicht über ausreichende Mittel verfügen, ein menschenwürdiges Dasein sicherstellen sollen, nach Maßgabe des Unionsrechts und der einzelstaatlichen Rechtsvorschriften und Gepflogenheiten.

Erläuterung des Grundrechte-Konvents

Der in Artikel 34 Absatz 1 aufgeführte Grundsatz stützt sich auf die Artikel 153 und 156 des Vertrags über die Arbeitsweise der Europäischen Union sowie auf Artikel 12 der Europäischen Sozialcharta und auf Nummer 10 der Gemeinschaftscharta der Arbeitnehmerrechte. Er ist von der Union zu wahren, wenn sie im Rahmen ihrer Zuständigkeiten nach den Artikeln 153 und 156 des Vertrags über die Arbeitsweise der Europäischen Union tätig wird. Durch den Hinweis auf die sozialen Dienste sollen die Fälle erfasst werden, in denen derartige Dienste eingerichtet wurden, um bestimmte Leistungen sicherzustellen; dies bedeutet aber keineswegs, dass solche Dienste eingerichtet werden müssen, wo sie nicht bestehen. Der Begriff „Mutterschaft" ist iSd vorangehenden Artikels zu verstehen.

Absatz 2 stützt sich auf Artikel 12 Absatz 4 und Artikel 13 Absatz 4 der Europäischen Sozialcharta sowie auf Nummer 2 der Gemeinschaftscharta der sozialen Grundrechte der Arbeitnehmer und spiegelt die Regeln wider, die sich aus den Verordnungen (EWG) Nr 1408/71 und (EWG) Nr. 1612/68 ergeben.

Absatz 3 lehnt sich an Artikel 13 der Europäischen Sozialcharta und die Artikel 30 und 31 der revidierten Sozialcharta sowie an Nummer 10 der Gemeinschaftscharta an. Er ist von der Union im Rahmen der Politiken zu wahren, die auf Artikel 153 des Vertrags über die Arbeitsweise der Europäischen Union beruhen.

I. Bedeutung

Die Regelungen der Abs. 1 und 3 sind **bloße Grundsätze** iSv Art. 52 V, dh – anders als das Grundrecht aus Abs. 2 – keine eigenständig einklagbaren Rechtspositionen. Die in Abs. 1 aufgezählten Leistungen der sozialen Sicherheit sind nicht abschließend; erfasst werden sämtliche sozialversicherungsrechtlichen Leistungen, die bei Eintritt bestimmter Risiken gewährt werden. Soziale Unterstützung iSv Abs. 3 meint hingegen die (regelmäßig steuerfinanzierten) Sozialhilfeleistungen, die zumindest die Kosten einer angemessenen Wohngelegenheit und die sonstige Daseinsvorsorge iSe Mindestversorgung abdecken müssen.

II. Sozialrecht

Das Grundrecht aus Abs. 2 zielt primär auf Gleichbehandlung in den Bereichen der **sozialen Sicherheit und Vergünstigungen.** Nach einem Grenzübertritt innerhalb der EU bestehen (nur) bei Aufenthaltsrecht insoweit umfangreiche Sozialrechte, wie sie der EuGH etwa im Urteil Grzelczyk[1] für studentische Sozialleistungen judiziert hat und wie sie sich seit dem 1.5.2010 insbesondere aus den neuen **SozialrechtsVO 883/2004/EG und 987/2009/EG** (die die zuvor geltenden alten EG-VO 1408/71 und 574/72 abgelöst haben) ergeben. Dieses EU-Sozialrecht gilt derzeit im Wesentlichen in 31 Staaten: den 27 EU-Mitgliedstaaten, den drei EWR-Staaten Island, Liechtenstein und Norwegen sowie in der Schweiz. Es gilt grundsätzlich für alle Staatsangehörigen dieser 31 Staaten, die in einem dieser Länder versichert sind oder waren, sowie für deren Familienangehörige, darüber hinaus für Staatenlose oder Flüchtlinge mit Wohnsitz in einem der 31 Länder, die in einem dieser Länder versichert sind oder waren, sowie für deren Familienangehörige und schließlich für Angehörige von Nicht-EU-Staaten, die sich rechtmäßig in der EU aufhalten und sich von einem dieser 31 Länder in ein anderes begeben haben, sowie für deren Familienangehörige. Nach dem Gleichbehandlungsprinzip des Art. 4 VO 883/2004/EG haben Personen, für die diese VO gilt, die gleichen sozialen Rechte und Pflichten aufgrund der Rechtsvorschriften eines Mitgliedstaats wie die Staatsangehörigen dieses Staates[2]. Weder aus dem EU-Sozialrecht noch aus Art. 34 folgt hingegen der Anspruch eines nicht berufstätigen Unionsbürgers auf allgemeine Sozialhilfe in einem anderen EU-Mitgliedstaat, dh, der EuGH lässt innerhalb der EU keine „Einwanderung in die Sozialsysteme" zu[3]. Beschäftigungszeiten in anderen Mitgliedstaaten sind hingegen grundsätzlich **anzurechnen**[4]; dies gilt nicht vergleichbar für Schulzeiten[5].

---

[1] EuGH Urt. v. 15.3.2005 – C- 209/03 – Bidar.
[2] Ausf. *Bergmann* (Hrsg.), Handlexikon der EU, 6. Aufl. 2022, „Sozialrecht, Europäisches".
[3] Vgl. EuGH Urt. v. 11.11.2014 – C-333/13 – Dano; anders ggf. bei Rentnern, die in das EU-Ausland umziehen, s. EuGH Urt. v. 19.9.2013 – C-140/12 – Brey.
[4] Vgl. EuGH Urt. v. 4.2.2015 – C-647/13 – Melchior.
[5] EuGH Urt. v. 21.1.2015 – C-529/13 – Felber.

III. Asylverfahrensrechtliche Relevanz

3   Im **Urteil „Cimade"** vom 27.9.2012 in der Rechtssache C-179/11 hat der EuGH klargestellt, dass die sozialhilferechtliche Verpflichtung zur Versorgung von Flüchtlingen gem. der EU-Aufnahme-RL (heute 2013/33/EU) einen Mitgliedstaat auch dann trifft, wenn er einen Flüchtling im Dublin-Verfahren an einen anderen Staat überstellen will, und zwar bis zum Zeitpunkt der tatsächlichen Überstellung. Im **Urteil „Saciri"** vom 27.2.2014 in der Rechtssache C-79/13 hat er klargestellt, dass diese Unterstützung für ein „menschenwürdiges Leben" ausreichen muss, insbesondere damit minderjährige Kinder bei ihren Eltern wohnen bleiben können. Allerdings folgt aus Unionsrecht nicht, dass Flüchtlingen ohne subsidiären Schutzanspruch bei Krankheit die in der Anerkennungs-RL garantierte Sozialversorgung geleistet werden muss, wie im **Urteil „M'Bodj"** vom 18.12.2014 in der Rechtssache C-542/13 festgestellt wurde. Auch folgt aus der GRCh bei einem ausreisepflichtigen Ausländer kein Recht auf Verbleib in einem Staat, um dort weiter medizinische, soziale oder andere Hilfe und Unterstützung durch diesen Staat zu erhalten, wie im **Urteil „Abdida"** vom 18.12.2014 in der Rechtssache C-562/13 klargestellt wurde.

Art. 35 Gesundheitsschutz

¹Jeder Mensch hat das Recht auf Zugang zur Gesundheitsvorsorge und auf ärztliche Versorgung nach Maßgabe der einzelstaatlichen Rechtsvorschriften und Gepflogenheiten. ²Bei der Festlegung und Durchführung der Politik und Maßnahmen der Union in allen Bereichen wird ein hohes Gesundheitsschutzniveau sichergestellt.

Erläuterung des Grundrechte-Konvents
Die in diesem Artikel enthaltenen Grundsätze stützen sich auf Artikel 152 EGV, der nunmehr durch Artikel 168 des Vertrags über die Arbeitsweise der Europäischen Union ersetzt wurde, sowie auf die Artikel 11 und 13 der Europäischen Sozialcharta. Satz 2 entspricht Artikel 168 Absatz 1.

I. Bedeutung

1   Der Zugang zu Gesundheitseinrichtungen nach S. 1 ist aufgrund der unmissverständlichen Menschenrechtsformulierung als gerichtlich **einklagbares Grundrecht** aufzufassen (trotz der Konventserläuterung mit dem Begriff „Grundsatz"). Bei der Gesundheitsniveausicherung nach S. 2 hingegen handelt es sich nur um einen Grundsatz iSv Art. 52 V. Mit „Gesundheitsvorsorge" sind Präventivmaßnahmen gegen Erkrankungen gemeint („preventive health care"); mit „ärztlicher Versorgung" die medizinische Versorgung von Erkrankungen („medical treatment"), die natürlich auch von nichtärztlichem Personal erbracht werden kann. Auf Abs. 1 können sich alle Menschen, dh natürliche Personen gleich welcher Staatsangehörigkeit, berufen.

II. Schutzniveau

2   Der Grundsatz des hohen Gesundheitsschutzniveaus nach S. 2 verpflichtet die Union zur Einbeziehung neuester wissenschaftlicher Erkenntnisse, verbietet allerdings nicht die Berücksichtigung wirtschaftlicher Kriterien. Er ist ausdrücklich als **Querschnittsklausel** („aller Politiken und Maßnahmen") formuliert.

Art. 36 Zugang zu Dienstleistungen von allgemeinem wirtschaftlichen Interesse

Die Union anerkennt und achtet den Zugang zu Dienstleistungen von allgemeinem wirtschaftlichen Interesse, wie er durch die einzelstaatlichen Rechtsvorschriften und Gepflogenheiten im Einklang mit den Verträgen geregelt ist, um den sozialen und territorialen Zusammenhalt der Union zu fördern.

Erläuterung des Grundrechte-Konvents
Dieser Artikel steht im Einklang mit Artikel 14 des Vertrags über die Arbeitsweise der Europäischen Union und begründet kein neues Recht. Er stellt lediglich den Grundsatz auf, dass die Union den Zugang zu den Dienstleistungen von allgemeinem wirtschaftlichen Interesse nach den einzelstaatlichen Bestimmungen achtet, sofern diese mit dem Unionsrecht vereinbar sind.

I. Bedeutung

1   Art. 36 enthält einen gerichtlich nur begrenzt einklagbaren **Grundsatz iSv Art. 52 V**. Er verpflichtet die EU, für eine unionsweit flächendeckende Sicherstellung der „services of general economic

Verbraucherschutz

interest" Sorge zu tragen. Der Sache nach geht es iwS etwa um leistungsfähige Strom- und Gasversorgung, die Müllabfuhr, staatliche Arbeitsvermittlungen oder den öffentlich-rechtlichen Rundfunk.

II. Abwägung

Ein **Eingriff** in Art. 36 liegt vor, wenn die Union oder iRd Art. 51 I die Mitgliedstaaten den Zugang des Dienstleistungsempfängers, gleich welcher Staatsangehörigkeit, rechtlich oder faktisch behindern. Da ausdrücklich auf „die einzelstaatlichen Rechtsvorschriften und Gepflogenheiten" abgestellt wird, werden den Mitgliedstaaten jedoch gewisse Gestaltungsspielräume zugestanden. Kollidierende Rechtsgüter sind nach dem Prinzip der praktischen Konkordanz in eine schlüssige Abwägung einzustellen[1]. 2

Art. 37 Umweltschutz

Ein hohes Umweltschutzniveau und die Verbesserung der Umweltqualität müssen in die Politik der Union einbezogen und nach dem Grundsatz der nachhaltigen Entwicklung sichergestellt werden.

Erläuterung des Grundrechte-Konvents
Die in diesem Artikel enthaltenen Grundsätze stützen sich auf die Artikel 2, 6 und 174 EGV, die nunmehr durch Artikel 3 Absatz 3 des Vertrags über die Europäische Union sowie die Artikel 11 und 191 des Vertrags über die Arbeitsweise der Europäischen Union ersetzt wurden.
Er lehnt sich auch an die Verfassungsbestimmungen einiger Mitgliedstaaten an.

I. Bedeutung

Auch Art. 37 enthält einen gerichtlich nur begrenzt einklagbaren **Grundsatz iSv Art. 52 V.** Er verpflichtet die EU zu effektivem und nachhaltigem Umweltschutz auf hohem Niveau, einem gem. Art. 3 III EUV zentralen Ziel der Union. Zur Umwelt zählen außer den Medien Boden, Wasser, Luft auch alle Pflanzen, (allerdings nur die wildlebenden) Tiere und natürlich der Mensch und die von ihm gestaltete Umwelt. Nachhaltigkeit ist nur gegeben, wenn die Interessen künftiger Generationen angemessen berücksichtigt werden[1*]. 1

II. Abwägung

Ein **Eingriff** in Art. 37 liegt vor, wenn die Union oder iRd Art. 51 I die Mitgliedstaaten „ein hohes Umweltschutzniveau und die (nachhaltige) Verbesserung der Umweltqualität" rechtlich oder faktisch behindern. Kollidierende Rechtsgüter sind nach dem Prinzip der praktischen Konkordanz in eine schlüssige Abwägung einzustellen. 2

Art. 38 Verbraucherschutz

Die Politik der Union stellt ein hohes Verbraucherschutzniveau sicher.

Erläuterung des Grundrechte-Konvents
Der in diesem Artikel enthaltene Grundsatz stützt sich vor allem auf Artikel 169 des Vertrags über die Arbeitsweise der Europäischen Union.

I. Bedeutung

Wie die **Querschnittsklausel** des Art. 12 AEUV und die Kompetenznorm des Art. 169 AEUV verdeutlichen, gehört der Verbraucherschutz ebenso wie der Umweltschutz zu den zentralen Anliegen der Union. Auch Art. 38 enthält einen gerichtlich nur begrenzt einklagbaren Grundsatz iSv Art. 52 V. Er verpflichtet die EU zu effektivem Schutz der Gesundheit, Sicherheit und wirtschaftlichen Interessen der Verbraucher sowie der Förderung ihrer zielgerichteten Information und schließlich der Ermöglichung der Bildung von entsprechenden Interessenvereinigungen[1**]. 1

---

[1] Überzeugend *Jarras*, GRCh-Komm, 2010, Art. 36 Rn. 8f.
[1*] Ausf. *Calliess* in Calliess/Ruffert EU/EG GRCh Art. 37 Rn. 8ff.
[1**] Ausf. *Krebber* in Calliess/Ruffert EU/EG GRCh Art. 38 Rn. 4ff.

II. Abwägung

2   Beeinträchtigt wird Art. 38, wenn die Union oder iRd Art. 51 I die Mitgliedstaaten effektiven Verbraucherschutz behindern oder sich negativ hierauf auswirkende Maßnahmen treffen. Wie bei allen Querschnittsklauseln können allerdings kollidierende Rechtsgüter nach dem Prinzip der praktischen Konkordanz in eine schlüssige **Abwägung** eingestellt werden.

Titel V. Bürgerrechte

Art. 39 Aktives und passives Wahlrecht bei den Wahlen zum Europäischen Parlament

(1) Die Unionsbürgerinnen und Unionsbürger besitzen in dem Mitgliedstaat, in dem sie ihren Wohnsitz haben, das aktive und passive Wahlrecht bei den Wahlen zum Europäischen Parlament unter denselben Bedingungen wie die Angehörigen des betreffenden Mitgliedstaats.

(2) Die Mitglieder des Europäischen Parlaments werden in allgemeiner, unmittelbarer, freier und geheimer Wahl gewählt.

Erläuterung des Grundrechte-Konvents

Artikel 39 findet nach Artikel 52 Absatz 2 der Charta im Rahmen der in den Verträgen festgelegten Bedingungen Anwendung. Absatz 1 des Artikels 39 entspricht dem Recht, das durch Artikel 20 Absatz 2 des Vertrags über die Arbeitsweise der Europäischen Union garantiert ist (siehe auch die Rechtsgrundlage in Artikel 22 des Vertrags über die Arbeitsweise der Europäischen Union für die Festlegung der Einzelheiten für die Ausübung dieses Rechts), und Absatz 2 dieses Artikels entspricht Artikel 14 Absatz 3 des Vertrags über die Europäische Union. Artikel 39 Absatz 2 gibt die Grundprinzipien für die Durchführung von Wahlen in einem demokratischen System wieder.

I. Inländergleichbehandlung

1   Primäres Ziel von Abs. 1 ist die durchsetzbare Inländergleichbehandlung im Bereich der **Europawahl**, weswegen insoweit ein gerichtlich einklagbares subjektiv-öffentliches Recht vorliegt und kein bloßer Grundsatz iSv Art. 52 V. Wie die Konventserläuterung illustriert, ist dieses Grundrecht im Einklang mit den dort zitierten sonstigen Primärrechtsnormen auszulegen, die dieses Wahlrecht regeln. Garantiert wird allen (nach nationalem Recht gegebenenfalls sogar minderjährigen) Unionsbürgern, die im EU-Ausland leben, sowohl das aktive als auch das passive Wahlrecht. Die Mitgliedstaaten können auch Drittstaatsangehörigen Wahlrecht einräumen[1]. Der Sache nach sind Ungleichbehandlungen etwa bei der Mindestwohnsitzdauer, dem Wahlrechtsverlust, der Eintragung in ein Wählerverzeichnis oder mit einem Mandat als unvereinbar erklärten Tätigkeiten verboten. Nur ganz ausnahmsweise können mit triftigen sachlichen Gründen unter Wahrung des Verhältnismäßigkeitsprinzips Ausnahmen zulässig sein, wie Art. 22 II 2 AEUV illustriert. Das Europawahlrecht wird derzeit vom Europäischen Parlament reformiert – 2015/2035 (INL) – und soll von nationalen Rahmenbedingungen unabhängiger werden.

II. Wahlgrundsätze

2   Da Art. 3 EMRK-ZP nach der Rspr. des EGMR ein **subjektiv-öffentliches Recht** vermittelt[2], dürfte dies gemäß Art. 52 III 1 auch für Abs. 2 gelten. „Allgemein" bedeutet alle. „Unmittelbar" bedeutet direkt vom Wähler, dh nicht mittels Wahlpersonen oder Auswahlgremien. „Frei" bedeutet, dass der Wahlvorgang ohne jegliche Belastungen, Hindernisse oder Zwänge zugunsten bestimmter Parteien oder Kandidaten durchgeführt wird (die Wahlpflicht wird hierdurch nicht erfasst und dürfte zulässig sein). „Geheim" bedeutet den effektiven Schutz vor jeder Offenbarung des Inhalts der Wahlentscheidung. Nicht in Abs. 2 aufgezählt wird der Grundsatz der Gleichheit der Europawahl. „Gleich" bedeutet gleicher Zähl- und gleicher Erfolgswert. Aufgrund der deutlich unterschiedlichen Staatengröße ist der gleiche Erfolgswert bei den Wahlen zum Europäischen Parlament eindeutig – zu Lasten der großen Mitgliedstaaten – nicht gegeben; in Art. 14 II UAbs. 1 S. 3 EUV ist dies aber ausdrücklich so vorgesehen („degressiv proportional") und faktisch auch kaum anders möglich, will man nicht für kleine Mitgliedstaaten nur maximal einen Abgeordneten oder aber ein Parlament mit Tausenden von Sitzen.

---

[1] Vgl. EuGH Urt. v. 12.9.2006 – C-145/04 – Spanien/Vereinigtes Königreich.
[2] EGMR Urt. v. 2.3.1987 – 9267/81 – Mathieu-Mohin und Clerfayt und EuGH Urt. v. 16.2.2002 – 25144/94 – Selim Sadak.

Art. 40 Aktives und passives Wahlrecht bei den Kommunalwahlen

Die Unionsbürgerinnen und Unionsbürger besitzen in dem Mitgliedstaat, in dem sie ihren Wohnsitz haben, das aktive und passive Wahlrecht bei Kommunalwahlen unter denselben Bedingungen wie die Angehörigen des betreffenden Mitgliedstaats.

Erläuterung des Grundrechte-Konvents

Dieser Artikel entspricht im Wesentlichen dem Recht, das durch Artikel 20 Absatz 2 des Vertrags über die Arbeitsweise der Europäischen Union garantiert ist (siehe auch die Rechtsgrundlage in Artikel 22 des Vertrags über die Arbeitsweise der Europäischen Union für die Festlegung der Einzelheiten für die Ausübung dieses Rechts). Nach Artikel 52 Absatz 2 findet es im Rahmen der in diesen beiden Artikeln der Verträge festgelegten Bedingungen Anwendung.

I. Inländergleichbehandlung

Wie auch bei der Europawahl ist bei den Kommunalwahlen primäres Ziel von Abs. 1 die durchsetzbare **Inländergleichbehandlung**, weswegen auch insoweit ein gerichtlich einklagbares subjektiv-öffentliches Recht vorliegt und kein bloßer Grundsatz iSv Art. 52 V. Wie die Konventserläuterung illustriert, ist dieses Grundrecht im Einklang mit den dort zitierten sonstigen Primärrechtsnormen auszulegen, die dieses Wahlrecht regeln. Garantiert wird allen (nach nationalem Recht gegebenenfalls sogar minderjährigen) Unionsbürgern, die im EU-Ausland leben, sowohl das aktive als auch das passive Wahlrecht[1]. Die Mitgliedstaaten können das Kommunalwahlrecht auch Drittstaatsangehörigen einräumen.

1

II. Reichweite

„Kommunen" sind Körperschaften der unteren Staatsebene, die eine gewisse Verwaltungsautonomie aufweisen und Organe haben, die aus allgemeinen und unmittelbaren Wahlen hervorgehen. Eine „Wahl" iSv Art. 40 liegt vor bei der Entscheidung über Mitglieder, also Personen der Organe der lokalen Gebietskörperschaft; nicht garantiert wird mithin die Teilnahme an Abstimmungen über Sachfragen. Ungleichbehandlungen können nur ausnahmsweise und mit triftigen sachlichen Gründen („besondere Probleme eines Mitgliedstaates") unter Wahrung des **Verhältnismäßigkeitsprinzips** zulässig sein, wie Art. 22 I 2 AEUV illustriert.

2

Art. 41 Recht auf eine gute Verwaltung

(1) Jede Person hat ein Recht darauf, dass ihre Angelegenheiten von den Organen, Einrichtungen und sonstigen Stellen der Union unparteiisch, gerecht und innerhalb einer angemessenen Frist behandelt werden.

(2) Dieses Recht umfasst insbesondere

a) das Recht jeder Person, gehört zu werden, bevor ihr gegenüber eine für sie nachteilige individuelle Maßnahme getroffen wird,
b) das Recht jeder Person auf Zugang zu den sie betreffenden Akten unter Wahrung des berechtigten Interesses der Vertraulichkeit sowie des Berufs- und Geschäftsgeheimnisses,
c) die Verpflichtung der Verwaltung, ihre Entscheidungen zu begründen.

(3) Jede Person hat Anspruch darauf, dass die Union den durch ihre Organe oder Bediensteten in Ausübung ihrer Amtstätigkeit verursachten Schaden nach den allgemeinen Rechtsgrundsätzen ersetzt, die den Rechtsordnungen der Mitgliedstaaten gemeinsam sind.

(4) Jede Person kann sich in einer der Sprachen der Verträge an die Organe der Union wenden und muss eine Antwort in derselben Sprache erhalten.

Erläuterung des Grundrechte-Konvents

Artikel 41 ist auf das Bestehen der Union als eine Rechtsgemeinschaft gestützt, deren charakteristische Merkmale sich durch die Rechtsprechung entwickelt haben, die unter anderem eine gute Verwaltung als allgemeinen Rechtsgrundsatz festgeschrieben hat (siehe u. a. das Urteil des Gerichtshofs vom 31. März 1992 (Rechtssache C-255/90 P, Burban, Slg. 1992, I-2253) sowie die Urteile des Gerichts erster Instanz vom 18. September 1995 (Rechtssache T-167/94, Nölle, Slg. 1995, II-2589) und vom 9. Juli 1999 (Rechtssache T-231/97, New Europe Consulting und andere, Slg. 1999, II-2403). Dieses Recht in der in den ersten beiden Absätzen dargestellten Form ergibt sich aus der Rechtsprechung (Urteile des Gerichtshofs vom 15. Oktober 1987 (Rechtssache 222/86, Heylens, Slg. 1987, 4097, Randnr. 15), vom 18. Oktober 1989 (Rechtssache 374/87, Orkem, Slg. 1989, 3283) und vom 21. November 1991 (Rechtssache C-269/90, TU München, Slg. 1991, I-5469) sowie die Urteile des Gerichts erster Instanz vom 6. Dezember 1994 (Rechtssache T-450/93, Lisrestal, Slg. 1994, II-1177) und vom 18. September 1995 (Rechtssache T-167/94, Nölle, Slg. 1995, II-2589)) und – bezüglich der Pflicht zur Begründung – aus Artikel 296 des Vertrags

---

[1] *Kluth* in Calliess/Ruffert EU/EG GRCh Art. 40 Rn. 4 ff.

über die Arbeitsweise der Europäischen Union, siehe ferner die Rechtsgrundlage in Artikel 298 des Vertrags über die Arbeitsweise der Europäischen Union für die Annahme gesetzlicher Bestimmungen im Interesse einer offenen, effizienten und unabhängigen europäischen Verwaltung.

In Absatz 3 ist das nunmehr durch Artikel 349 des Vertrags über die Arbeitsweise der Europäischen Union garantierte Recht aufgeführt. In Absatz 4 ist das nunmehr durch Artikel 20 Absatz 2 Buchstabe d und Artikel 25 des Vertrags über die Arbeitsweise der Europäischen Union garantierte Recht aufgeführt. Nach Artikel 52 Absatz 2 finden diese Rechte im Rahmen der in den Verträgen festgelegten Bedingungen und Grenzen Anwendung.

Das Recht auf einen wirksamen Rechtsbehelf, das hierbei eine wichtige Rolle spielt, wird durch Artikel 47 der Charta gewährleistet.

I. Einklagbarkeit

1   Das in Abs. 1 und 2 im Einzelnen geregelte Recht aller natürlichen und (ggf. selbst öffentlich-rechtlichen) juristischen Personen auf ein faires Verwaltungsverfahren, das in Abs. 3 geregelte Amtshaftungsrecht und das in Abs. 4 geregelte Korrespondenz- und Sprachenrecht sind allesamt gerichtlich **einklagbare Grundrechte** und nicht etwa bloße Grundsätze iSv Art. 52 V. Art. 41 bündelt die rechtsstaatlichen Verpflichtungen die Union bzw. iRd Art. 51 I 1 der Mitgliedstaaten im Verwaltungsbereich, wie sie in sonstigen Primärrechtsnormen und va der in der Konventserläuterung zitierten umfangreichen EuGH-Rspr. entfaltet wurde. Ergänzt wird Art. 41 durch den im Jahr 2000 von der Kommission als Teil ihrer Geschäftsordnung proklamierten „Kodex für gute Verwaltungspraxis"[1], der sie selbst bindet.

2   Insbesondere das Recht auf gute Verwaltung entfaltet auch im **Asylrecht** ggf. Relevanz, wie der EuGH im **Urteil „H. N."** vom 8.5.2014 in der Rechtssache C-604/12 entschieden hat: „Die AnerkRL sowie der Effektivitätsgrundsatz und das Recht auf eine gute Verwaltung stehen einer nationalen Verfahrensvorschrift wie der im Ausgangsfall in Rede stehenden nicht entgegen, die die Prüfung eines Antrags auf subsidiären Schutz von der vorherigen Ablehnung eines Antrags auf Anerkennung als Flüchtling abhängig macht, solange zum einen der Antrag auf Anerkennung als Flüchtling und der Antrag auf subsidiären Schutz gleichzeitig gestellt werden können und zum anderen die nationale Verfahrensvorschrift nicht dazu führt, dass die Prüfung des Antrags auf subsidiären Schutz erst nach Ablauf einer unangemessen langen Frist abgeschlossen werden kann, was das vorlegende Gericht zu prüfen haben wird."

3   Der EuGH betont im **Urteil „Boudjlida"** vom 11.12.2014 in der Rechtssache C-249/13 (Urt. Rn. 30 ff.) besonders das rechtliche Gehör im **Ausländerrecht**: „Da das vorlegende Gericht in seiner ersten Frage das Recht, gehört zu werden, im Sinne von Art. 41 der Charta anführt, ist darauf hinzuweisen, dass nach ständiger Rechtsprechung des Gerichtshofs die Wahrung der Verteidigungsrechte ein tragender Grundsatz des Unionsrechts ist, mit dem der Anspruch darauf, in jedem Verfahren gehört zu werden, untrennbar verbunden ist. Der Anspruch, in jedem Verfahren gehört zu werden, ist heute nicht nur durch die Art. 47 und 48 der Charta verbürgt, die die Wahrung der Verteidigungsrechte sowie das Recht auf ein faires Verfahren im Rahmen jedes Gerichtsverfahrens gewährleisten, sondern auch durch Art. 41 der Charta, der das Recht auf eine gute Verwaltung sichert. Nach Art. 41 Abs. 2 der Charta umfasst das Recht auf eine gute Verwaltung insbesondere den Anspruch jeder Person, gehört zu werden, bevor ihr gegenüber eine für sie nachteilige individuelle Maßnahme getroffen wird. Wie der Gerichtshof in Rn. 67 des Urteils YS u. a. (C-141/12 und C-372/12) ausgeführt hat, ergibt sich aus dem Wortlaut von Art. 41 der Charta eindeutig, dass sich dieser nicht an die Mitgliedstaaten, sondern ausschließlich an die Organe, Einrichtungen und sonstigen Stellen der Union richtet. Deshalb kann derjenige, der einen Aufenthaltstitel beantragt, einen Anspruch darauf, in jedem seinen Antrag betreffenden Verfahren gehört zu werden, nicht aus Art. 41 Abs. 2 Buchst. a der Charta ableiten. Dieser Anspruch gehört vielmehr untrennbar zur Wahrung der Verteidigungsrechte, die einen allgemeinen Grundsatz des Unionsrechts darstellt. [...] Der Anspruch auf rechtliches Gehör garantiert jeder Person die Möglichkeit, im Verwaltungsverfahren sachdienlich und wirksam ihren Standpunkt vorzutragen, bevor ihr gegenüber eine für ihre Interessen nachteilige Entscheidung erlassen wird. [...] Dieses Recht setzt auch voraus, dass die Verwaltung mit aller gebotenen Sorgfalt die entsprechenden Erklärungen der betroffenen Person zur Kenntnis nimmt, indem sie sorgfältig und unparteiisch alle relevanten Gesichtspunkte des Einzelfalls untersucht und ihre Entscheidung eingehend begründet. [...] Die Pflicht zur Wahrung der Verteidigungsrechte der Adressaten von Entscheidungen, die ihre Interessen spürbar beeinträchtigen, ist somit grundsätzlich den Verwaltungen der Mitgliedstaaten auferlegt, wenn sie Maßnahmen treffen, die in den Geltungsbereich des Unionsrechts fallen."

II. EU-VwVf-VO

4   Die Abs. 1 und 2 fordern va von allen Organen und Einrichtungen der EU die Einhaltung verschiedener Grundsätze eines ordnungsgemäßen Verwaltungsverfahrens. Wird hiergegen verstoßen, sind individuell-konkrete Verwaltungsentscheidungen, auch etwa Beschlüsse iSd Art. 288 IV AEUV

---

[1] ABl. 2000 L 267, S. 63.

rechtswidrig, wenn sich der Verfahrensfehler auf den Inhalt des Ergebnisses ausgewirkt haben kann, dh eine zumindest geringe Möglichkeit der Kausalität anzunehmen ist[2]. Durch Nachholung können Verfahrensfehler nur begrenzt geheilt werden; eine Heilung erst im Gerichtsverfahren scheidet generell aus[3]. Gleiches gilt, wenn etwa keine oder eine nur mangelhafte Begründung vorliegt[4]. Die EU plant derzeit detaillierte Regelungen in einer neuen VwVf-VO (vgl. Europäisches Parlament Bericht vom 12.12.2012, A 7 – 0369/2012).

III. Amtshaftung

Das in Abs. 3 garantierte Amtshaftungsrecht ist auch in Art. 340 AEUV geregelt. Die dortigen Modalitäten sind gemäß Art. 52 II zu beachten. Abs. 3 unterscheidet sich von den Abs. 1 und 2. Einerseits wird durch Abs. 3 ausschließlich die EU verpflichtet, dh, dieses Amtshaftungsrecht gilt nie für die Mitgliedstaaten, auch nicht bei Durchführung des Unionsrechts. Andererseits ist Abs. 3 nicht auf Verwaltungsfehler begrenzt, sondern kann auch bei Rechtsverstößen etwa gegen sonstige Grundrechte zum Tragen kommen. 5

IV. Korrespondenzrecht

Das Korrespondenz- und Sprachenrecht in Abs. 4 gilt über Art. 52 II iRd Art. 24 IV AEUV (nur) für die dort genannten **Organe und Einrichtungen der Union** (Europäisches Parlament, Rat, Kommission, EuGH/EuG/EuGÖD, EZB, ERH, AdR, WSA, Bürgerbeauftragte) und nicht für die Mitgliedstaaten. Sämtliche Anträge, Begehren und sonstigen Stellungnahmen (nur[5]) aller Unionsbürger und juristische Personen mit Sitz in der Union müssen angenommen und in einer der Amtssprachen des Art. 55 I EUV beantwortet werden. 6

Art. 42 Recht auf Zugang zu Dokumenten

Die Unionsbürgerinnen und Unionsbürger sowie jede natürliche oder juristische Person mit Wohnsitz oder satzungsmäßigem Sitz in einem Mitgliedstaat haben das Recht auf Zugang zu den Dokumenten der Organe, Einrichtungen und sonstigen Stellen der Union, unabhängig von der Form der für diese Dokumente verwendeten Träger.

Erläuterung des Grundrechte-Konvents

Das in diesem Artikel garantierte Recht wurde aus Artikel 255 EGV, auf dessen Grundlage in der Folge die Verordnung (EG) Nr 1049/2001 angenommen wurde, übernommen. Der Europäische Konvent hat dieses Recht auf Dokumente der Organe, Einrichtungen, Ämter und Agenturen der Union im Allgemeinen ausgeweitet, ungeachtet ihrer Form (siehe Artikel 15 Absatz 3 des Vertrags über die Arbeitsweise der Europäischen Union). Nach Artikel 52 Absatz 2 der Charta wird das Recht auf Zugang zu Dokumenten im Rahmen der in Artikel 15 Absatz 3 des Vertrags über die Arbeitsweise der Europäischen Union festgelegten Bedingungen und Grenzen ausgeübt.

I. Bedeutung

Art. 42 hat seine rechtspolitischen Wurzeln im **Transparenz-,** allgemeiner: im Demokratieprinzip. Wie sich aus dem Wortlaut der Norm und der Konventserläuterung („Recht") eindeutig ergibt, liegt ein einklagbares, subjektiv-öffentliches Grundrecht vor und kein bloßer Grundsatz iSv Art. 52 V. Als „Dokument" ist im weitesten Sinne jeder Datenträger in Wort, Schrift oder Bild gemeint. Gebunden sind sämtliche EU-Stellen; allerdings muss inhaltlich ein Sachverhalt aus dem Tätigkeitsbereich der Union betroffen sein[1]. Auf Art. 42 kann sich neben den Unionsbürgern ausdrücklich auch jede – ausländische – natürliche oder juristische Person mit Wohnsitz oder satzungsmäßigem Sitz in einem Mitgliedstaat berufen. 1

II. Einschränkungen

Eine Beeinträchtigung des Rechts aus Art. 42 liegt bei Weigerung oder Beschränkung des prompten – Zugangs zu Dokumenten vor bzw. wenn kein möglichst einfaches Verfahren hierzu gegeben ist[2*]. Nach **Art. 52 III iVm Art. 15 III 2 AEUV** können auf „öffentliche oder private Interessen" gestützte Ausnahmen vorgesehen werden, die verhältnismäßig sein müssen und insbeson- 2

---

[2] EuGH Urt. v. 10.7.1980 – 30/78 – Distillers; EuGH Urt. v. 15.3.2000 – T-25/95 – Cimenteries CBR.
[3] EuG Urt. v. 20.4.1999 – T-305/94 – LVM.
[4] EuGH Urt. v. 15.6.1994 – C-137/92 P – Kommission/BASF.
[5] Vgl. Art. 52 II iVm Art. 24 IV AEUV, der ausdrücklich auf Unionsbürger begrenzt ist. Für sonstige Ausländer gilt allerdings die großzügigere Verordnung Nr. 1 zur Sprachenfrage v. 15.4.1958, ABl. 1958 L 17, 385.
[1] Vgl. *Jarras,* GRCh-Komm, 2010, Art. 42 Rn. 6 ff.
[2*] Vgl. auch Art. 1b VO 1049/2001/EG.

dere dem Datenschutz dienen. Jede Zugangsverweigerung bedarf allerdings der einzelfallbezogenen Begründung. Etwa erhobene Kosten dürfen keinesfalls abschreckend sein[3].

Art. 43 Der Europäische Bürgerbeauftragte

Die Unionsbürgerinnen und Unionsbürger sowie jede natürliche oder juristische Person mit Wohnsitz oder satzungsmäßigem Sitz in einem Mitgliedstaat haben das Recht, den Europäischen Bürgerbeauftragten im Falle von Missständen bei der Tätigkeit der Organe, Einrichtungen und sonstigen Stellen der Union, mit Ausnahme des Gerichtshofs der Europäischen Union in Ausübung seiner Rechtsprechungsbefugnisse, zu befassen.

Erläuterung des Grundrechte-Konvents
Das in diesem Artikel garantierte Recht ist das Recht, das durch die Artikel 20 und 228 des Vertrags über die Arbeitsweise der Europäischen Union garantiert ist. Nach Artikel 52 Absatz 2 findet es im Rahmen der in diesen beiden Artikeln festgelegten Bedingungen Anwendung.

I. Bedeutung

1   Auch Art. 43 enthält für alle (auch minderjährigen) in der EU lebenden Menschen und angesiedelten juristischen Personen (sowie Personenvereinigungen) ein echtes, gerichtlich – insbesondere im Wege der Untätigkeitsklage nach Art. 265 I 2 AEUV – einklagbares **subjektiv-öffentliches Grundrecht** und keinen bloßen Grundsatz iSv Art. 52 V. Wird parallel zur Klage eine Petition eingereicht, entfaltet diese keinen Suspensiveffekt[1]. Inhaltlich geht es primär um Verwaltungsmängel der EU-Institutionen („maladministration"); EuGH, EuG und das EuGÖD können ebenfalls nur hinsichtlich solcher Mängel – in allen Amtssprachen – gerügt werden. Art. 43 verpflichtet den Bürgerbeauftragten (nur) zur Prüfung der Beschwerde und zur Verbescheidung; ein Anspruch auf Abhilfe bei Feststellung eines Verwaltungsmangels folgt hieraus nicht. Aus sachlichen Gründen kann das Recht aus Art. 43 beschränkt werden; etwa die Zwei-Jahres-Frist gemäß Art. 2 IV 1 des Bürgerbeauftragten-Beschlusses 94/262/EG und die in Art. 2 IV 2 dieses Beschlusses geregelte Pflicht, zuvor geeignete administrative Schritte bei den gerügten Institutionen einzuleiten, sind sachgerecht.

II. Ombudsmann

2   Ausführliche Informationen zum Europäischen Bürgerbeauftragten und etwa ein Beschwerdeformular finden sich im **Internet** unter www.ombudsman.europa.eu/home/de/default.htm.

Art. 44 Petitionsrecht

Die Unionsbürgerinnen und Unionsbürger sowie jede natürliche oder juristische Person mit Wohnsitz oder satzungsmäßigem Sitz in einem Mitgliedstaat haben das Recht, eine Petition an das Europäische Parlament zu richten.

Erläuterung des Grundrechte-Konvents
Das in diesem Artikel garantierte Recht ist das Recht, das durch die Artikel 20 und 227 des Vertrags über die Arbeitsweise der Europäischen Union garantiert ist. Nach Artikel 52 Absatz 2 findet es im Rahmen der in diesen beiden Artikeln festgelegten Bedingungen Anwendung.

I. Bedeutung

1   Art. 44 enthält ebenso wie Art. 43 ein für alle (auch minderjährigen) in der EU lebenden Menschen und angesiedelten juristischen Personen (sowie Personenvereinigungen) ein echtes, gerichtlich – insbesondere im Wege der Untätigkeitsklage nach Art. 265 I 1 AEUV – einklagbares **subjektiv-öffentliches Grundrecht** und keinen bloßen Grundsatz iSv Art. 52 V. Das Petitionsrecht beim ständigen Petitionsausschuss des Europäischen Parlaments, das Beschwerderecht beim Europäischen Bürgerbeauftragten und das Datenschutzbeschwerderecht nach Art. 8 III stehen voneinander unabhängig nebeneinander. Bis auf die unabhängige Rspr. des EuGH können – in allen Amtssprachen – Bitten, Beschwerden oder sonstige Anliegen zu allen EU-Aktivitäten vorgebracht werden, soweit sie den Beschwerdeführer unmittelbar betreffen, dh irgendeinen persönlichen Bezug auch zu ihm haben. Art. 43 verpflichtet das Europäische Parlament, dem die anderen EU-Institutionen insoweit zur loyalen Zusammenarbeit verpflichtet sind, (nur) zur inhaltlichen Prüfung und zur einzelfallbezogen begründe-

---

[3] S. hierzu *Wolffgang* in Lenz/Borchardt, EU-Verträge, 5. Aufl. 2010, EUV Anhang zu Art. 6 Rn. 65 ff., mwN.
[1] EuGH Urt. v. 10.4.2002 – T-209/00 – Lamberts.

ten Mitteilung des Ergebnisses; ein Anspruch auf Abhilfe besteht nicht.[1] Die Petitionsentscheidung muss allerdings hinreichend begründet sein[2].

II. Formular

Ausführliche Informationen zum Petitionsrecht inklusive eines Online-Petitionsformulars finden sich im **Internet** unter www.europarl.europa.eu/aboutparliament/de/00533cec74/Petitions.html. 2

Art. 45 Freizügigkeit und Aufenthaltsfreiheit

(1) Die Unionsbürgerinnen und Unionsbürger haben das Recht, sich im Hoheitsgebiet der Mitgliedstaaten frei zu bewegen und aufzuhalten.

(2) Staatsangehörigen von Drittländern, die sich rechtmäßig im Hoheitsgebiet eines Mitgliedstaats aufhalten, kann nach Maßgabe der Verträge Freizügigkeit und Aufenthaltsfreiheit gewährt werden.

Erläuterung des Grundrechte-Konvents

Das in Absatz 1 garantierte Recht ist das Recht, das durch Artikel 20 Absatz 2 Buchstabe a des Vertrags über die Arbeitsweise der Europäischen Union garantiert ist (vgl. auch die Rechtsgrundlage in Artikel 21 und das Urteil des Gerichtshofs vom 17. September 2002, Rechtssache C-413/99, Baumbast, Slg. 2002, I-709). Nach Artikel 52 Absatz 2 findet es im Rahmen der in den Verträgen festgelegten Bedingungen und Grenzen Anwendung.

Absatz 2 erinnert an die der Union durch die Artikel 77, 78 und 79 des Vertrags über die Arbeitsweise der Europäischen Union erteilte Zuständigkeit. Daraus folgt, dass die Gewährung dieses Rechts von der Ausübung dieser Zuständigkeit durch die Organe abhängt.

I. FreizügG/EU

Freizügigkeit und Aufenthaltsfreiheit werden **im Zweiten Teil** dieses Kommentars beim FreizügG/EU insbesondere iRd Vorb. (→ FreizügG/EU Vorb. Rn. 1 ff.) erläutert; hierauf wird verwiesen. 1

II. AufenthG

Ergänzend wird auf die Ausführungen zum Einreise- und Aufenthaltsrecht der EU im **Ersten Teil** dieses Kommentars bei → AufenthG § 4 Rn. 9 ff. Bezug genommen. 2

Art. 46 Diplomatischer und konsularischer Schutz

Die Unionsbürgerinnen und Unionsbürger genießen im Hoheitsgebiet eines Drittlands, in dem der Mitgliedstaat, dessen Staatsangehörigkeit sie besitzen, nicht vertreten ist, den Schutz durch die diplomatischen und konsularischen Behörden eines jeden Mitgliedstaats unter denselben Bedingungen wie Staatsangehörige dieses Staates.

Erläuterung des Grundrechte-Konvents

Das in diesem Artikel garantierte Recht ist das Recht, das durch Artikel 20 des Vertrags über die Arbeitsweise der Europäischen Union garantiert ist (siehe auch die Rechtsgrundlage in Artikel 23 des Vertrags). Nach Artikel 52 Absatz 2 findet es im Rahmen der in diesen Artikeln festgelegten Bedingungen Anwendung.

I. Bedeutung

Um den erwünschten effektiven Schutz (nur) der Unionsbürger (wohl nicht aber juristischer Personen) zu erzielen, muss auch Art. 46 teleologisch als echtes, gerichtlich einklagbares **subjektiv-öffentliches Grundrecht** und nicht als bloßer Grundsatz iSv Art. 52 V interpretiert werden. Das Grundrecht richtet sich primär gegen die Mitgliedstaaten bzw. ihre diplomatischen und konsularischen Behörden. Es wird verletzt, wenn der Grundrechtsträger schlechter behandelt wird als ein eigener Staatsangehöriger[1*]. 1

II. Beschluss 95/553/EG

Das Unionsbürgerrecht wurde inhaltlich konkretisiert durch Beschluss 95/553/EG über den Schutz der Bürger der EU durch die diplomatischen und konsularischen Vertretungen[2*]. Hiernach genießt 2

---

[1] Ebenso *Kluth* in Calliess/Ruffert EU/EG GRCh Art. 44 Rn. 3 ff.
[2] Vgl. EuGH Urt. v. 9.12.2014 – C-261/13 – Schönberger.
[1*] *Kluth/Blanke* in Calliess/Ruffert EU/EG GRCh Art. 46 Rn. 2.
[2*] ABl. 1995 L 314, 73; s. auch den Vorschlag vom 14.12.2011 für eine Richtlinie des Rates über den konsularischen Schutz von Unionsbürgern im Ausland (KOM(2011)0881 endg.).

jeder Bürger der EU den **konsularischen Schutz** jeder diplomatischen oder konsularischen Vertretung eines Mitgliedstaats, wenn es in dem Hoheitsgebiet, in dem er sich befindet, weder eine erreichbare ständige Vertretung noch einen erreichbaren zuständigen Honorarkonsul seines Mitgliedstaats oder eines anderen Staates gibt, der die ständige Vertretung für seinen Mitgliedstaat wahrnimmt (Art. 1). Dieser Schutz umfasst a) Hilfe bei Todesfällen, b) Hilfe bei schweren Unfällen oder schwerer Erkrankung, c) Hilfe bei Festnahme oder Haft, d) Hilfe für Opfer von Gewaltverbrechen, e) Hilfeleistungen für Unionsbürger in Not sowie ihre Rückführung. Darüber hinaus können die diplomatischen oder konsularischen Vertretungen der Mitgliedstaaten in einem Drittland, soweit sie hierfür zuständig sind, einem Unionsbürger auf dessen Ersuchen auch in anderen Fällen Hilfe gewähren (Art. 5). Nach Art. 6 I des Beschlusses dürfen einem Unionsbürger, abgesehen von äußersten Notfällen, ohne eine Genehmigung der zuständigen Behörde des Mitgliedstaats, dessen Staatsangehörigkeit er besitzt, keine finanziellen Vorleistungen oder Hilfen gewährt werden und keine Ausgaben für ihn übernommen werden; die Genehmigung wird vom Ministerium für auswärtige Angelegenheiten oder von der nächstgelegenen diplomatischen Vertretung erteilt.[3]

Titel VI. Justizielle Rechte

Art. 47 Recht auf einen wirksamen Rechtsbehelf und ein unparteiisches Gericht

(1) Jede Person, deren durch das Recht der Union garantierte Rechte oder Freiheiten verletzt worden sind, hat das Recht, nach Maßgabe der in diesem Artikel vorgesehenen Bedingungen bei einem Gericht einen wirksamen Rechtsbehelf einzulegen.

(2) ¹Jede Person hat ein Recht darauf, dass ihre Sache von einem unabhängigen, unparteiischen und zuvor durch Gesetz errichteten Gericht in einem fairen Verfahren, öffentlich und innerhalb angemessener Frist verhandelt wird. ²Jede Person kann sich beraten, verteidigen und vertreten lassen.

(3) Personen, die nicht über ausreichende Mittel verfügen, wird Prozesskostenhilfe bewilligt, soweit diese Hilfe erforderlich ist, um den Zugang zu den Gerichten wirksam zu gewährleisten.

Erläuterung des Grundrechte-Konvents
Absatz 1 stützt sich auf Artikel 13 EMRK:
„Jede Person, die in ihren in dieser Konvention anerkannten Rechten oder Freiheiten verletzt worden ist, hat das Recht, bei einer innerstaatlichen Instanz eine wirksame Beschwerde zu erheben, auch wenn die Verletzung von Personen begangen worden ist, die in amtlicher Eigenschaft gehandelt haben."
Im Unionsrecht wird jedoch ein umfassenderer Schutz gewährt, da ein Recht auf einen wirksamen Rechtsbehelf bei einem Gericht garantiert wird. Der Gerichtshof hat dieses Recht in seinem Urteil vom 15. Mai 1986 als allgemeinen Grundsatz des Unionsrechts festgeschrieben (Rechtssache 222/84, Johnston, Slg. 1986, 1651); siehe auch die Urteile vom 15. Oktober 1987 (Rechtssache 222/86, Heylens, Slg. 1987, 4097) und vom 3. Dezember 1992 (Rechtssache C-97/91, Borelli, Slg. 1992, I-6313). Nach Auffassung des Gerichtshofs gilt dieser allgemeine Grundsatz des Unionsrechts auch für die Mitgliedstaaten, wenn sie das Unionsrecht anwenden. Die Übernahme dieser Rechtsprechung des Gerichtshofs in die Charta zielte nicht darauf ab, das in den Verträgen vorgesehene Rechtsschutzsystem und insbesondere nicht die Bestimmungen über die Zulässigkeit direkter Klagen beim Gerichtshof der Europäischen Union zu ändern. Der Europäische Konvent hat sich mit dem System des gerichtlichen Rechtsschutzes der Union, einschließlich der Zulässigkeitsvorschriften, befasst und hat es mit einigen Änderungen, die in die Artikel 251 bis 281 des Vertrags über die Arbeitsweise der Europäischen Union und insbesondere in Artikel 263 Absatz 4 eingeflossen sind, bestätigt. Artikel 47 gilt gegenüber den Organen der Union und den Mitgliedstaaten, wenn diese das Unionsrecht anwenden, und zwar für sämtliche durch das Unionsrecht garantierte Rechte.
Absatz 2 entspricht Artikel 6 Absatz 1 EMRK, der wie folgt lautet:
„Jede Person hat ein Recht darauf, dass über Streitigkeiten in Bezug auf ihre zivilrechtlichen Ansprüche und Verpflichtungen oder über eine gegen sie erhobene strafrechtliche Anklage von einem unabhängigen und unparteiischen, auf Gesetz beruhenden Gericht in einem fairen Verfahren, öffentlich und innerhalb angemessener Frist verhandelt wird. Das Urteil muss öffentlich verkündet werden; Presse und Öffentlichkeit können jedoch während des ganzen oder eines Teiles des Verfahrens ausgeschlossen werden, wenn dies im Interesse der Moral, der öffentlichen Ordnung oder der nationalen Sicherheit in einer demokratischen Gesellschaft liegt, wenn die Interessen von Jugendlichen oder der Schutz des Privatlebens der Prozessparteien es verlangen oder – soweit das Gericht es für unbedingt erforderlich hält – wenn unter besonderen Umständen eine öffentliche Verhandlung die Interessen der Rechtspflege beeinträchtigen würde."
Im Unionsrecht gilt das Recht auf ein Gerichtsverfahren nicht nur für Streitigkeiten im Zusammenhang mit zivilrechtlichen Ansprüchen und Verpflichtungen. Dies ist eine der Folgen der Tatsache, dass die Union eine Rechtsgemeinschaft ist, wie der Gerichtshof in der Rechtssache 294/83, „Les Verts" gegen Europäisches Parlament (Urteil vom 23. April 1986, Slg. 1986, 1339) festgestellt hat. Mit Ausnahme ihres Anwendungsbereichs gelten die Garantien der EMRK jedoch in der Union entsprechend.

---

[3] S. auch im Internet bei ec.europa.eu/justice/citizen/consular-protection/index_de.htm.

Recht auf einen wirksamen Rechtsbehelf und ein unparteiisches Gericht **Art. 47 GRCh 5**

In Bezug auf Absatz 3 sei darauf hingewiesen, dass nach der Rechtsprechung des Europäischen Gerichtshofs für Menschenrechte eine Prozesskostenhilfe zu gewähren ist, wenn mangels einer solchen Hilfe die Einlegung eines wirksamen Rechtsbehelfs nicht gewährleistet wäre (EGMR, Urteil vom 9.10.1979, Airey, Serie A, Band 32, S. 11). Es gibt auch ein Prozesskostenhilfesystem für die beim Gerichtshof der Europäischen Union anhängigen Rechtssachen.

I. Rechtsgemeinschaft

Die Union versteht sich als eine dem rechtsstaatlichen Grundsatz verpflichtete Rechtsgemeinschaft. **1** Das Gebot des **effektiven und fairen Rechtsschutzes,** das die Wirksamkeit des Unionsrechts sichert („effet utile"), ist deshalb eines der zentralen Grundrechte[1], das allen (in- wie ausländischen) nationalen und juristischen Personen oder Personenvereinigungen zusteht, soweit sie auf eine eigene Rechtsposition zurückgreifen können. Selbst solange wie oder soweit gegen Hoheitsakte der UNO auf dortiger Ebene kein Rechtsschutz möglich ist, muss diesen wegen der zentralen Bedeutung von Art. 47 die Union gewähren[2]. Allerdings haben die Mitgliedstaaten einen erheblichen Gestaltungsspielraum bei der konkreten Ausgestaltung des Rechtsschutzsystems[3]. Der EGMR betont, das Recht auf Rechtsschutz bedürfe seiner Natur nach einer Regelung durch den Staat[4]. Der Effet-utile-Grundsatz kann im Einzelfall sogar eine Begrenzung des vorläufigen Rechtsschutzes zulassen[5] oder sogar verlangen[6]. Grundsätzlich gilt, dass effektiver Rechtsschutz von einem auf Gesetz beruhenden und unabhängigen sowie unparteiischen – europäischen oder nationalen – „Gericht" gewährt werden muss. Ein Anspruch auf einen Instanzenzug besteht hiernach nicht[7]. Existiert auf europäischer Ebene keine Klagemöglichkeit (zB wegen restriktiver Auslegung von Art. 263 IV AEUV bzgl. Verordnungen), haben diese die Mitgliedstaaten zu gewähren (zB durch eine negative Feststellungsklage bei einem Verwaltungsgericht). Soweit es um mitgliedstaatliche Handlungen geht, muss zunächst das nationale Rechtsschutzsystem effektiven Rechtsschutz garantieren. Aber auch durch Nichtvorlage trotz entsprechender Pflicht aus Art. 267 III AEUV wird Art. 47 S. 1 verletzt. Primär nach nationalem Recht richtet sich die Frage, in welcher Tiefe der Sachverhalt aufzuklären und mit welcher Dichte gerichtliche Kontrolle ausgeübt wird. Diese nationalen Regelungen müssen aber immer so angewendet werden, dass der Rechtsbehelf iSv Art. 47 S. 1 „wirksam" ist. Die Kontrolle wettbewerbsrechtlicher Zwangsmaßnahmen durch EuG bzw. EuGH ist mit dem Recht auf effektiven gerichtlichen Rechtsschutz vereinbar[8]. Das Gebot des effektiven Rechtsschutzes aus Art. 47 hat auch im Bereich des Verbraucherschutzes[9] oder des Zollrechts[10] bzw. beim Europäischen Haftbefehl[11] oder im Arzneizulassungsrecht[12] hohe Relevanz.

II. Fair Trial

Der Anspruch auf ein „faires Verfahren" nach Abs. 2 setzt auf **Chancen- und Waffengleichheit** **2** und effektive Verteidigungsmöglichkeiten. Dazu gehört natürlich ein hinreichendes **rechtliches Gehör** – auch zB beim Erlass einer Rückkehrentscheidung[13] –, eine mündliche und öffentliche Verhandlung, die keine bloße Farce sein darf, gegebenenfalls eine ordentliche Beweisaufnahme und insbesondere die Verkündung und ausreichende Begründung der Gerichtsentscheidung. Die Beantwortung der

---

[1] Vgl. EuGH Urt. v. 28.7.2011 – C-69/10 Rn. 49 f. – Samba Diouf.
[2] So der EuGH der Sache nach im eindrucksvollen Urteil Kadi I, Urt. v. 3.9.2008 – C-402/05 P.
[3] EGMR Urt. v. 17.1.2008 – 14810/02, NJW 2009, 2873 – Biryukov/RUS: „Die Konventionsstaaten haben bei der Wahl der Mittel zur Gewährleistung, dass ihre Justiz den Anforderungen von Art 6 EMRK entspricht, einen erheblichen Spielraum."
[4] EGMR Urt. v. 20.2.2003 – 47316/99 – Forrer-Niedenthal.
[5] Vgl. EuGH Urt. v. 28.7.2011 – C-69/10 Rn. 54/56 – Samba Diouf: „Insoweit ist zu beachten, dass der Gerichtshof im Urt. v. 11.3.2003, Safalero (C-13/01, Slg. 2003, I-8679, Rn. 54–56) bereits entschieden hat, dass der Grundsatz des effektiven gerichtlichen Schutzes der Rechte, die die Rechtsordnung der Union den Einzelnen verleiht, dahin auszulegen ist, dass er einer nationalen Regelung, nach der ein Einzelner keinen gerichtlichen Rechtsschutz gegen eine Entscheidung der öffentlichen Verwaltung beanspruchen kann, nicht entgegensteht, sofern er über einen Rechtsweg verfügt, der die Wahrung der ihm durch das Unionsrecht verliehenen Rechte gewährleistet und auf dem er eine Gerichtsentscheidung erwirken kann, mit der die Unvereinbarkeit der fraglichen Regelung mit dem Unionsrecht festgestellt wird. (...) Unter diesen Umständen stellt das Fehlen eines Rechtsbehelfs in diesem Verfahrensstadium keine Verletzung des Rechts auf einen wirksamen Rechtsbehelf dar, sofern die Rechtmäßigkeit der im beschleunigten Verfahren ergangenen endgültigen Entscheidung und insbesondere der Gründe, aus denen die zuständige Stelle den Asylantrag als unbegründet abgelehnt hat, im Rahmen des Rechtsbehelfs gegen die Ablehnung des Asylantrags einer eingehenden Prüfung durch den nationalen Richter zugänglich ist."
[6] EuGH Urt. v. 10.7.1990 – 217/88 – Kom./Deutschland.
[7] Vgl. zB EuGH Urt. v. 28.7.2011 – C-69/10 Rn. 69 – Samba Diouf: „Der Grundsatz des effektiven gerichtlichen Rechtsschutzes eröffnet dem Einzelnen den Zugang zu einem Gericht und nicht zu mehreren Gerichtsinstanzen."
[8] EuGH Urt. v. 8.12.2011 – C-272/09 P ua – KME-Gruppe.
[9] Vgl. EuGH Urt. v. 17.7.2014 – C-169/14 – Sanchez Morcillo.
[10] Vgl. EuGH Urt. v. 23.10.2014 – C-437/13 – Unitrading Ltd.
[11] Vgl. EuGH Urt. v. 30.5.2013 – C-168/13 – Jeremy F.
[12] Vgl. EuGH Urt. v. 23.10.2014 – C-104/13 – Olainfarm AS.
[13] Vgl. EuGH Urt. v. 11.12.2014 – C-249/13 – Boudjlida.

Frage, ob die Entscheidung noch in „angemessener Frist" ergangen ist, kommt immer auf den Einzelfall an[14]. Als grobe Faustformel lassen sich sechs Jahre ab Klageerhebung bis Rechtskraft aber als regelmäßig zu lange ansehen[15]. Verstöße hiergegen können zu Schadensersatzansprüchen führen, jedenfalls darf ein Verstoß gegen das Beschleunigungsgebot nicht folgenlos bleiben[16]. Zum „fairen Verfahren" gehört zudem, dass keine Überraschungsentscheidungen ergehen[17].

III. Vorabentscheidung

3   Art. 47 kann auch Auswirkungen auf das nationale Prozessrecht entfalten, wenn dieses einem effektiven Vorabentscheidungsverfahren entgegensteht. Im **Urteil „A"** vom 11.9.2014 in der Rechtssache C-112/13 führte der EuGH hierzu Grundsätzliches aus: „Das Unionsrecht, und insbesondere Art. 267 AEUV, ist dahin auszulegen, dass es einer nationalen Regelung entgegensteht, nach der die ordentlichen Gerichte, die auf ein Rechtsmittel hin oder in letzter Instanz entscheiden, im Rahmen eines bei ihnen anhängigen Verfahrens, wenn ihrer Auffassung nach ein nationales Gesetz gegen Art. 47 der Charta verstößt, das Verfassungsgericht mit einem Antrag auf allgemeine Aufhebung des Gesetzes zu befassen haben, statt sich darauf zu beschränken, das Gesetz im konkreten Fall unangewendet zu lassen, soweit die Vorrangigkeit dieses Verfahrens zur Folge hat, dass die ordentlichen Gerichte – sei es vor einer solchen Antragstellung bei dem für die Kontrolle der Verfassungsmäßigkeit von Gesetzen zuständigen nationalen Gericht, sei es gegebenenfalls nach dessen Entscheidung über den Antrag – an der Wahrnehmung ihrer Befugnis oder der Erfüllung ihrer Verpflichtung gehindert sind, dem Gerichtshof Fragen zur Vorabentscheidung vorzulegen."

IV. Asylrecht

4   Um im Asylbereich effektiven Rechtsschutz vor einer **Rücküberstellung** in einen Mitgliedstaat zu erzielen, in dem das nationale Asylsystem unionsrechtswidrig schwere Mängel aufweist (hier Griechenland), hat der EuGH in seinem **Urteil „N. S."**[18] wie folgt geurteilt: „Das Unionsrecht steht der Geltung einer unwiderlegbaren Vermutung entgegen, dass der iSv Art. 3 Abs. 1 der Dublin II-VO Nr 343/2003 als zuständig bestimmte Mitgliedstaat die Unionsgrundrechte beachtet. Art. 4 der Charta der Grundrechte der EU ist dahin auszulegen, dass es den Mitgliedstaaten einschließlich der natürlichen Gerichte obliegt, einen Asylbewerber nicht an den ‚zuständigen Mitgliedstaat' iSd VO Nr. 343/2003 zu überstellen, wenn ihnen nicht unbekannt sein kann, dass die systemischen Mängel des Asylverfahrens und der Aufnahmebedingungen für Asylbewerber in diesem Mitgliedstaat ernsthafte und durch Tatsachen bestätigte Gründe für die Annahme darstellen, dass der Antragsteller tatsächlich Gefahr läuft, einer unmenschlichen oder erniedrigenden Behandlung im Sinne dieser Bestimmung ausgesetzt zu werden. Ist die Überstellung eines Antragstellers an einen anderen Mitgliedstaat der EU, wenn dieser Staat nach den Kriterien des Kap. III der VO Nr. 343/2003 als zuständiger Mitgliedstaat bestimmt worden ist, nicht möglich, so hat der Mitgliedstaat, der die Überstellung vornehmen müsste, vorbehaltlich der Befugnis, den Antrag iSd Art. 3 Abs. 2 dieser VO selbst zu prüfen, die Prüfung der Kriterien des genannten Kapitels fortzuführen, um festzustellen, ob anhand eines der weiteren Kriterien ein anderer Mitgliedstaat als für die Prüfung des Asylantrags zuständig bestimmt werden kann. Der Mitgliedstaat, in dem sich der Asylbewerber befindet, hat jedoch darauf zu achten, dass eine Situation, in der die Grundrechte des Asylbewerbers verletzt werden, nicht durch ein unangemessen langes Verfahren zur Bestimmung des zuständigen Mitgliedstaats verschlimmert wird. Erforderlichenfalls muss er den Antrag nach den Modalitäten des Art. 3 II VO Nr. 343/2003 selbst prüfen." Insoweit schrieb der EuGH das M. S. S.-Urteil des EGMR schlüssig fort, indem dieser insbesondere wegen der erniedrigenden griechischen Haft- und Lebensbedingungen von Asylbewerbern sowohl Griechenland als auch das nach der Dublin II-VO rücküberstellende Belgien wegen Verstoßes gegen Art. 3 und 13 EMRK verurteilt hat[19]. Hinsichtlich der „besonderen schutzbedürftigen Gruppe" der Asylbewerber haften demnach alle Dublin-II-Staaten kollektiv und gesamtschuldnerisch für menschenrechtskonforme, effektive Asylsysteme[20]. Zum Dublin-Asylsystem s. va die Kommentierung → AsylG § 29.

---

[14] Etwa ein Strafverf gegen einen Untersuchungsgefangenen von drei Jahren und neun Tagen verletzt das Recht auf ein Urteil innerhalb angemessener Frist; so EGMR Urt. v. 9.7.2015 – 8824/09 und 42836/12 – El Khoury/Deutschland.
[15] Vgl. EuGH Urt. v. 19.2.2009 – C-308/07 – Gorostiaga Atxalandabaso.
[16] Hierzu *Jarras*, GRCh-Komm, 2010, Art. 47 Rn. 45; *Wolffgang* in Lenz/Borchardt, EU-Verträge, 5. Aufl. 2010, EUV Anhang zu Art. 6 Rn. 68; *Meyer* in Karpenstein/Mayer, EMRK-Komm, 2012, Art. 6 Rn. 72 ff., jeweils mwN.
[17] Vgl. hierzu etwa BVerwG, Beschl. v. 29.1.2010 – 5 B 21.09, Rn. 18.
[18] EuGH Urt. v. 21.12.2011 – C-411/10 und C-493/10 – N. S. und M. E. ua.
[19] EGMR Urt. v. 21.1.2011 – 30696/09 – M. S. S.
[20] Überzeugend *Thym* ZAR 2011, 368 ff.

V. Prozesskostenhilfe

Voraussetzung des Prozesskostenhilfeanspruchs nach Abs. 3 ist die hinreichende Erfolgsaussicht der 5
Rechtsverfolgung. Wird diese bejaht, umfasst der Anspruch alle Kosten, die für eine sachgemäße Rechtsverfolgung erforderlich sind. Allerdings können aufgrund des weiten gesetzgeberischen **Gestaltungsspielraums** im Bereich der Rechtsschutzgarantie wohl auch entsprechende Dienstleistungen statt eines Kostenersatzes gewährt werden; die Vertretung muss iÜ nicht zwingend durch einen Rechtsanwalt erfolgen, wie sich aus der Entstehungsgeschichte der Regelung ergibt[21]. Im Urteil **DEB**[22] war über die interessante Frage zu entscheiden, ob § 116 Nr. 2 ZPO, wonach juristische Personen nur dann Prozesskostenhilfe erhalten können, wenn sie bedürftig sind und „die Unterlassung der Rechtsverfolgung oder Rechtsverteidigung allgemeinen Interessen zuwiderlaufen würde" mit Art. 47 S. 4 in Einklang steht. Der EuGH urteilte, dass der in Art. 47 verankerte Grundsatz des effektiven gerichtlichen Rechtsschutzes dahin auszulegen sei, dass seine Geltendmachung durch juristische Personen nicht ausgeschlossen ist und er ua die Befreiung von der Zahlung des Gerichtskostenvorschusses und/oder der Gebühren für den Beistand eines Rechtsanwalts umfassen kann. Der nationale Richter habe insoweit zu prüfen, ob die Voraussetzungen für die Gewährung von Prozesskostenhilfe eine Beschränkung des Rechts auf Zugang zu den Gerichten darstellen, die dieses Recht in seinem Wesensgehalt selbst beeinträchtigen, ob sie einem legitimen Zweck dienen und ob die angewandten Mittel in einem angemessenen Verhältnis zum verfolgten Ziel stehen. Im Rahmen dieser Würdigung könne der nationale Richter den Streitgegenstand, die begründeten Erfolgsaussichten des Klägers, die Bedeutung des Rechtsstreits für diesen, die Komplexität des geltenden Rechts und des anwendbaren Verfahrens sowie die Fähigkeit des Klägers berücksichtigen, sein Anliegen wirksam zu verteidigen. Bei der Beurteilung der Verhältnismäßigkeit könne der nationale Richter auch der Höhe der vorzuschießenden Gerichtskosten sowie dem Umstand Rechnung tragen, ob sie für den Zugang zum Recht gegebenenfalls ein unüberwindliches Hindernis darstellen oder nicht. Insbesondere bei juristischen Personen könne der national Richter schließlich deren Verhältnisse in Betracht ziehen. So könne er ua die Gesellschaftsform der in Rede stehenden juristischen Person, das Bestehen oder Fehlen von Gewinnerzielungsabsicht sowie die Finanzkraft ihrer Gesellschafter oder Anteilseigner und deren Möglichkeit berücksichtigen, sich die zur Einleitung der Rechtsverfolgung erforderlichen Beträge zu beschaffen. Ein lehrreiches Urteil zum effektiven Rechtsschutz und ein schönes Beispiel für die Auslegungskunst des EuGH, die gerade in Deutschland gern angezweifelt wird.

Art. 48 Unschuldsvermutung und Verteidigungsrechte

(1) Jeder Angeklagte gilt bis zum rechtsförmlich erbrachten Beweis seiner Schuld als unschuldig.

(2) Jedem Angeklagten wird die Achtung der Verteidigungsrechte gewährleistet.

Erläuterung des Grundrechte-Konvents
Artikel 48 entspricht Artikel 6 Absätze 2 und 3 EMRK, der wie folgt lautet:
„2. Jede Person, die einer Straftat angeklagt ist, gilt bis zum gesetzlichen Beweis ihrer Schuld als unschuldig.
3. Jede angeklagte Person hat mindestens folgende Rechte:
a) innerhalb möglichst kurzer Frist in einer ihr verständlichen Sprache in allen Einzelheiten über Art und Grund der gegen sie erhobenen Beschuldigung unterrichtet zu werden;
b) ausreichende Zeit und Gelegenheit zur Vorbereitung ihrer Verteidigung zu haben;
c) sich selbst zu verteidigen, sich durch einen Verteidiger ihrer Wahl verteidigen zu lassen oder, falls ihr die Mittel zur Bezahlung fehlen, unentgeltlich den Beistand eines Verteidigers zu erhalten, wenn dies im Interesse der Rechtspflege erforderlich ist;
d) Fragen an Belastungszeugen zu stellen oder stellen zu lassen und die Ladung und Vernehmung von Entlastungszeugen unter denselben Bedingungen zu erwirken, wie sie für Belastungszeugen gelten;
e) unentgeltliche Unterstützung durch einen Dolmetscher zu erhalten, wenn sie die Verhandlungssprache des Gerichts nicht versteht oder spricht."
Nach Artikel 52 Absatz 3 hat dieses Recht dieselbe Bedeutung und dieselbe Tragweite wie das durch die EMRK garantierte Recht.

I. Bedeutung

Die Unschuldsvermutung nach Abs. 1 gehört zu den **rechtsstaatlichen Grundlagen** aller Demo- 1
kratien. Sie gilt für alle Gerichte oder strafentscheidenden Stellen[1] der Union und iRd Art. 51 I auch der Mitgliedstaaten bei sämtlichen straf- und strafähnlichen Verfahren. Voraussetzung ist eine „Ankla-

---

[21] Vgl. *Jarras*, GRCh-Komm, 2010, Art. 47 Rn. 46, 51 mwN.
[22] EuGH Urt. v. 22.12.2010 – C-279/09 – DEB, Deutsche Energiehandels- und Beratungsgesellschaft mbH.
[1] Vgl. EGMR Urt. v. 16.12.1988 – 10590/83 – Edwards.

ge", die iwS auf die Verhängung einer Strafe abzielt. Damit sind mithin nicht lediglich Kriminalstrafen gemeint, sondern auch sonstige Geldbußen oder Zwangsgelder, auch wegen Ordnungswidrigkeiten oder Disziplinarmaßnahmen. Primär präventive Maßnahmen hingegen, zu denen etwa eine Abschiebung wegen einer angeblich begangenen Straftat zählt, werden von Abs. 1 nicht erfasst.

II. Reichweite

2   Auch die Verteidigungsrechte bei Strafverfolgung und ähnlichen Verfahren nach Abs. 2 sichern, wie in der Konventserläuterung dargestellt, ein **faires Verfahren** iSd Art. 6 EMRK. Vorausgesetzt wird auch hier eine „Anklage", die (entsprechend Abs. 1) iwS auf die Verhängung einer Strafe abzielt. Abs. 2 gilt als fundamentales Justizgrundrecht für alle natürlichen und juristischen Personen, selbst für solche des öffentlichen Rechts[2]. Ein Verstoß liegt bei möglicher Kausalität vor, dh, wenn die Endentscheidung bei Achtung der „rights of defence" hätte günstiger ausfallen können.

Art. 49 Grundsätze der Gesetzmäßigkeit und der Verhältnismäßigkeit im Zusammenhang mit Straftaten und Strafen

(1) ¹Niemand darf wegen einer Handlung oder Unterlassung verurteilt werden, die zur Zeit ihrer Begehung nach innerstaatlichem oder internationalem Recht nicht strafbar war. ²Es darf auch keine schwerere Strafe als die zur Zeit der Begehung angedrohte Strafe verhängt werden. ³Wird nach Begehung einer Straftat durch Gesetz eine mildere Strafe eingeführt, so ist diese zu verhängen.

(2) Dieser Artikel schließt nicht aus, dass eine Person wegen einer Handlung oder Unterlassung verurteilt oder bestraft wird, die zur Zeit ihrer Begehung nach den allgemeinen, von der Gesamtheit der Nationen anerkannten Grundsätzen strafbar war.

(3) Das Strafmaß darf zur Straftat nicht unverhältnismäßig sein.

Erläuterung des Grundrechte-Konvents
In diesen Artikel ist die klassische Regel des Verbots der Rückwirkung von Gesetzen und Strafen in Strafsachen aufgenommen worden. Hinzugefügt wurde die in zahlreichen Mitgliedstaaten geltende und in Artikel 15 des Internationalen Paktes über bürgerliche und politische Rechte enthaltene Regel der Rückwirkung von milderen Strafrechtsvorschriften.
Artikel 7 EMRK lautet wie folgt:
„1. Niemand darf wegen einer Handlung oder Unterlassung verurteilt werden, die zur Zeit ihrer Begehung nach innerstaatlichem oder internationalem Recht nicht strafbar war. Es darf auch keine schwerere Strafe als die zur Zeit der Begehung angedrohte Strafe verhängt werden.
2. Dieser Artikel schließt nicht aus, dass jemand wegen einer Handlung oder Unterlassung verurteilt oder bestraft wird, die zur Zeit ihrer Begehung nach den von den zivilisierten Völkern anerkannten allgemeinen Rechtsgrundsätzen strafbar war."
Es wurde lediglich in Absatz 2 das Wort „zivilisierten" gestrichen; der Sinn dieses Absatzes, der insbesondere auf die Verbrechen gegen die Menschlichkeit zielt, wird dadurch in keiner Weise verändert. Entsprechend Artikel 52 Absatz 3 hat daher das garantierte Recht dieselbe Bedeutung und dieselbe Tragweite wie das von der EMRK garantierte Recht.
In Absatz 3 wurde der allgemeine Grundsatz der Verhältnismäßigkeit von Straftat und Strafmaß aufgenommen, der durch die gemeinsamen verfassungsrechtlichen Traditionen der Mitgliedstaaten und die Rechtsprechung des Gerichtshofs der Gemeinschaften festgeschrieben worden ist.

I. Bedeutung

1   Ebenso wie die Garantien des Art. 48 gehören diejenigen des Art. 49, die Grundsätze der Gesetzlichkeit und Verhältnismäßigkeit, zur Basis jedes **freiheitlichen Rechtsstaats.** Gebunden sind die Union sowie im Rahmen des Art. 51 I auch die Mitgliedstaaten, etwa wenn sie Unionsrechtsverstöße mittels nationaler Strafverfahren ahnden. Auch auf Art. 49 kann sich jede natürliche und juristische Person berufen, gegen die iwS eine Strafe oder strafähnliche Maßnahme verhängt wird. Nicht erfasst werden hiervon präventive, schuldunabhängige Maßnahmen oder Maßnahmen im Strafvollzug.

II. Grave Violations

2   Die Regelung in Abs. 2 zielt primär auf **Verbrechen gegen die Menschlichkeit** oder Kriegsverbrechen.

---

[2] EuGH Urt. v. 12.2.1992 – C-48/90 – Niederlande und PTT Nederland/Kommission.

Grundsatz „ne bis in idem" **Art. 50 GRCh 5**

III. Verhältnismäßigkeit

Das Verhältnismäßigkeitsprinzip nach Abs. 3 will verhindern, dass Strafen „über den Rahmen des 3 zur Erreichung des verfolgten Ziels unbedingt erforderlichen" hinausgehen[1], was natürlich immer eine **Einzelfallbewertung** erfordert.

Art. 50 Recht, wegen derselben Straftat nicht zweimal strafrechtlich verfolgt oder bestraft zu werden

Niemand darf wegen einer Straftat, derentwegen er bereits in der Union nach dem Gesetz rechtskräftig verurteilt oder freigesprochen worden ist, in einem Strafverfahren erneut verfolgt oder bestraft werden.

Erläuterung des Grundrechte-Konvents
Artikel 4 des Protokolls Nr 7 zur EMRK lautet wie folgt:
„1. Niemand darf wegen einer Straftat, wegen der er bereits nach dem Gesetz und dem Strafverfahrensrecht eines Staates rechtskräftig verurteilt oder freigesprochen worden ist, in einem Strafverfahren desselben Staates erneut verfolgt oder bestraft werden.
2. Absatz 1 schließt die Wiederaufnahme des Verfahrens nach dem Gesetz und dem Strafverfahrensrecht des betreffenden Staates nicht aus, falls neue oder neu bekannt gewordene Tatsachen vorliegen oder das vorausgegangene Verfahren schwere, den Ausgang des Verfahrens berührende Mängel aufweist.
3. Von diesem Artikel darf nicht nach Artikel 15 der Konvention abgewichen werden."
Die Regel „ne bis in idem" wird im Unionsrecht angewandt (siehe in der umfangreichen Rechtsprechung Urteil vom 5. Mai 1966, Rechtssachen 18/65 und 35/65, Gutmann gegen Kommission, Slg. 1966, 150, und in jüngerer Zeit Urteil des Gerichts erster Instanz vom 20. April 1999, verbundene Rechtssachen T-305/94 und andere, Limburgse Vinyl Maatschappij NV gegen Kommission, Slg. 1999, II-931). Es ist darauf hinzuweisen, dass die Regel des Verbots der Doppelbestrafung sich auf gleichartige Sanktionen, in diesem Fall durch ein Strafgericht verhängte Strafen, bezieht.
Nach Artikel 50 findet die Regel „ne bis in idem" nicht nur innerhalb der Gerichtsbarkeit eines Staates, sondern auch zwischen den Gerichtsbarkeiten mehrerer Mitgliedstaaten Anwendung. Dies entspricht dem Rechtsbesitzstand der Union; siehe die Artikel 54 bis 58 des Schengener Durchführungsübereinkommens und Urteil des Gerichtshofes vom 11. Februar 2003, Rechtssache C-187/01 Gözütok (Slg. 2003, I-1345), Artikel 7 des Übereinkommens über den Schutz der finanziellen Interessen der Europäischen Gemeinschaften sowie Artikel 10 des Übereinkommens über die Bekämpfung der Bestechung. Die klar eingegrenzten Ausnahmen, in denen die Mitgliedstaaten nach diesen Übereinkommen von der Regel „ne bis in idem" abweichen können, sind von der horizontalen Klausel des Artikels 52 Absatz 1 über die Einschränkungen abgedeckt. Was die in Artikel 4 des Protokolls Nr 7 bezeichneten Fälle betrifft, nämlich die Anwendung des Grundsatzes in ein und demselben Mitgliedstaat, so hat das garantierte Recht dieselbe Bedeutung und dieselbe Tragweite wie das entsprechende Recht der EMRK.

I. Bedeutung

Auch das Verbot der Mehrfachbestrafung gehört zu den Fundamenten jedes **Rechtsstaats**. Hier 1 findet er sich in seiner transnationalen Ausprägung. Erfasst wird zunächst jedes Strafurteil, auch wenn es in Abwesenheit verhängt wurde oder nicht vollstreckt werden kann. Ob Ordnungswidrigkeiten-, Disziplinar- oder andere strafähnliche Verfahren erfasst werden, ist unsicher. Die Konventserläuterung spricht eher dagegen („durch ein Strafgericht verhängte Strafen"). EuGH und EuG hingegen wenden das in Art. 50 normierte Verbot etwa auch auf EU-Bußgelder an[1*].

II. Reichweite

Materielle Voraussetzung ist eine iwS rechtskräftige **Verurteilung** bzw. ein **Freispruch,** dh eine 2 verfahrensabschließende materielle Beurteilung der Sach- und Rechtslage. Dazu zählen auch etwa Einstellungen der Staatsanwaltschaft, wenn eine Geldbuße zu entrichten ist bzw. Auflagen verhängt wurden[2]. Nicht erfasst werden dementsprechend bloße Prozessurteile oder eine staatsanwaltschaftliche Verfahrenseinstellung, nur weil die Verfolgung in einem anderen Staat eingeleitet wurde[3]. Eine nationale Regelung, wonach die Anwendung des Grundsatzes „ne bis in idem" von der Bedingung abhängig macht, dass im Fall einer Verurteilung die Sanktion „bereits vollstreckt worden ist" oder „gerade vollstreckt wird", ist mit Art. 50 vereinbar[4].

---

[1] Vgl. EuGH Urt. v. 12.7.2001 – C-262/99 – Louloudakis.
[1*] EuGH Urt. v. 15.10.2002 – C-238/99 –Limburgse Vinyl Maatschappij und EuG Urt. v. 9.7.2003 – T-223/00 – Kyowa Hakko Kogyo.
[2] EuGH Urt. v. 11.2.2003 – C-187/01 – Gözütok.
[3] EuGH Urt. v. 10.3.2005 – C-469/03 – Miraglia.
[4] So EuGH Urt. v. 27.5.2014 – C-129/14 – Spasic.

Titel VII. Allgemeine Bestimmungen über die Auslegung und Anwendung der Charta

Art. 51 Anwendungsbereich

(1) ¹Diese Charta gilt für die Organe, Einrichtungen und sonstigen Stellen der Union unter Wahrung des Subsidiaritätsprinzips und für die Mitgliedstaaten ausschließlich bei der Durchführung des Rechts der Union. ²Dementsprechend achten sie die Rechte, halten sie sich an die Grundsätze und fördern sie deren Anwendung entsprechend ihren jeweiligen Zuständigkeiten und unter Achtung der Grenzen der Zuständigkeiten, die der Union in den Verträgen übertragen werden.

(2) Diese Charta dehnt den Geltungsbereich des Unionsrechts nicht über die Zuständigkeiten der Union hinaus aus und begründet weder neue Zuständigkeiten noch neue Aufgaben für die Union, noch ändert sie die in den Verträgen festgelegten Zuständigkeiten und Aufgaben.

Erläuterung des Grundrechte-Konvents

Mit Artikel 51 soll der Anwendungsbereich der Charta festgelegt werden. Es soll klar zum Ausdruck gebracht werden, dass die Charta zuerst auf die Organe und Einrichtungen der Union Anwendung findet, und zwar unter Beachtung des Grundsatzes der Subsidiarität. Bei dieser Bestimmung hielt man sich an Artikel 6 Absatz 2 des Vertrags über die Europäische Union, wonach die Union die Grundrechte zu achten hat, wie auch an das Mandat des Europäischen Rates (Köln). Der Begriff „Organe" ist in den Verträgen festgelegt. Der Ausdruck „Einrichtungen und sonstigen Stellen" wird in den Verträgen üblicherweise als Bezeichnung für alle durch die Verträge oder durch sekundäre Rechtsakte geschaffenen Einrichtungen verwendet (siehe beispielsweise Artikel 15 oder 16 des Vertrags über die Arbeitsweise der Europäischen Union).

Was die Mitgliedstaaten betrifft, so ist der Rechtsprechung des Gerichtshofs eindeutig zu entnehmen, dass die Verpflichtung zur Einhaltung der im Rahmen der Union definierten Grundrechte für die Mitgliedstaaten nur dann gilt, wenn sie im Anwendungsbereich des Unionsrechts handeln (Urteil vom 13. Juli 1989, Rechtssache 5/88, Wachauf, Slg. 1989, 2609, Urteil vom 18. Juni 1991, Rechtssache C-260/89, ERT, Slg. 1991, I-2925, Urteil vom 18. Dezember 1997, Rechtssache C-309/96, Annibaldi, Slg. 1997, I-7493). Der Gerichtshof hat diese Rechtsprechung kürzlich wie folgt bestätigt: „Die Mitgliedstaaten müssen bei der Durchführung der gemeinschaftsrechtlichen Regelungen aber auch die Erfordernisse des Grundrechtsschutzes in der Gemeinschaftsrechtsordnung beachten." (Urteil vom 13. April 2000, Rechtssache C-292/97, Slg. 2000, I-2737, Randnr. 37). Diese in der Charta verankerte Regel gilt natürlich sowohl für die zentralen Behörden als auch für die regionalen oder lokalen Stellen sowie für die öffentlichen Einrichtungen, wenn sie das Unionsrecht anwenden.

Absatz 2, zusammen mit Absatz 1 Satz 2, bestätigt, dass die Charta nicht eine Erweiterung der Zuständigkeiten und Aufgaben bewirken darf, die der Union durch die Verträge zugewiesen sind. Es geht darum, explizit darzulegen, was sich logischerweise aus dem Subsidiaritätsprinzip und dem Umstand ergibt, dass die Union nur über die ihr eigens zugewiesenen Befugnisse verfügt. Die Grundrechte, wie sie in der Union garantiert werden, werden nur im Rahmen dieser von den Verträgen festgelegten Zuständigkeiten wirksam. Folglich kann sich für die Organe der Union nur nach Maßgabe dieser Befugnisse eine Verpflichtung nach Absatz 1 Satz 2 zur Förderung der in der Charta festgelegten Grundsätze ergeben.

Absatz 2 bestätigt auch, dass die Charta sich nicht dahin gehend auswirken darf, dass der Geltungsbereich des Unionsrechts über die in den Verträgen festgelegten Zuständigkeiten der Union hinaus ausgedehnt wird. Der Gerichtshof hat diese Regel bereits in Bezug auf die als Teil des Unionsrechts anerkannten Grundrechte aufgestellt (Urteil vom 17. Februar 1998, Rechtssache C-249/96, Grant, Slg. 1998, I-621, Randnr. 45). Im Einklang mit dieser Regel versteht es sich von selbst, dass der Verweis auf die Charta in Artikel 6 des Vertrags über die Europäische Union nicht dahin gehend verstanden werden kann, dass sie für sich genommen den als „Durchführung des Rechts der Union" betrachteten Aktionsrahmen der Mitgliedstaaten (imSinne von Absatz 1 und der vorstehend genannten Rechtsprechung) ausdehnt.

I. Anwendungsbereich

1   Die Definition des Anwendungsbereichs der Charta wirft verfassungspolitische Fragen auf. Nach Art. 51 I gilt die gemäß Art. 6 EUV mit den EU- und AEU-Verträgen gleichrangige GRCh va für die Organe, Einrichtungen und sonstigen Stellen der EU; für die Mitgliedstaaten gilt sie – ausdrücklich und bewusst – „**ausschließlich bei der Durchführung des Rechts der Union**" und natürlich grundsätzlich nicht hinsichtlich dieses Unionsrechts und erst recht nicht etwa bei der Anwendung von rein nationalem Recht[1]. Was dies auf der normativen sowie administrativen Ebene für die Mitgliedstaaten und die nationalen Gerichte im Einzelnen bedeutet, ist noch immer nicht völlig klar[2]. Für den Bereich des Asylrechts dürfte Art. 51 I aufgrund der unionsrechtlichen Überformung insbesondere durch die Anerkennungs-RL 2011/95/EU und die Asylverfahrens-RL 2013/32/EU nunmehr (zumindest dies-

---

[1] Vgl. EuGH Urt. v. 5.10.2010 – C-400/10 PPU Rn. 52 – J. McB./L. E.
[2] Vgl. schon *Cirkel*, Die Bindung der Mitgliedstaaten an die Gemeinschaftsgrundrechte, 2000, S. 27; *Borowsky* in Meyer (Hrsg.), Kommentar zur GRCh, 2003, Art. 51 Rn. 25 ff.

Anwendungsbereich　　　　　　　　　　　　　　　　　　　　　　　　**Art. 51 GRCh** 5

bezüglich.) grundsätzlich zu bejahen sein[3]. Für den Bereich des Ausländerrechts muss die Anwendbarkeit der Charta hingegen immer im Einzelfall unter Bezugnahme auf Unionsrecht festgestellt werden[4]. Vom EuGH sind bislang nur zwei Konstellationen zur alten Rechtslage weiter ausjudiziert[5], auf die auch die Konventserläuterung verweist: Nach der „Wachauf"-Rechtsprechungslinie[6] binden die Unionsgrundrechte die mitgliedstaatlichen Organe bei Ausführung oder Umsetzung eines vom Unionsrecht initiierten Aktes, dh in der sog. „agency situation"[7]. Wird also etwa eine EU-Verordnung angewendet oder eine Richtlinie umgesetzt, sind die Chartarechte anwendungsvorrangig zu beachten. Nach der „ERT"-Rechtsprechungslinie[8] binden die vorrangigen Unionsgrundrechte die mitgliedstaatlichen Organe iSv Schranken-Schranken weiter dann, wenn sie die durch den AEU-Vertrag gewährleisteten Grundfreiheiten durch nationale Maßnahmen einschränken wollen[9]. Denn diese Grundfreiheiten sind das grundsätzlich umfassend unionsrechtlich geschützte Zentrum des europäischen Binnenmarkts. Das bedeutet allerdings nicht, dass die Präsenz der GRCh nicht dazu führen könnte, dass Kollisionen zwischen EU-Grundrechten und EU-Grundfreiheiten vom EuGH zukünftig öfter zu Gunsten der gewissermaßen moralisch höherrangigen Grund- und Menschenrechte entschieden werden[10]. Räumt ein Unionsrechtsakt den Mitgliedstaaten Ermessen ein, liegt regelmäßig auch bei einer solchen (nationalen) Ermessensentscheidung die „Durchführung des Rechts der Union" iSv Art. 51 I vor[11].

II. Richtlinien

Ob und inwieweit noch eine „Durchführung des Recht der Union" iSv Art. 51 I vorliegt, wenn 2 eine RL einmal in nationales Recht umgesetzt worden ist, ist **streitig**. Nach einer – wohl kaum vertretbaren – Meinung ist das nationale UmsetzungsG idS kein „Durchführungsrecht", sondern rein nationales Recht, weswegen auch nur nationale Grundrechte gelten könnten. Nach der Gegenmeinung ist das nationale Umsetzungsgesetz nichts anderes als materielles Unionsrecht im Kleide eines nationalen Gesetzes, weswegen die Chartarechte voll vorrangig gelten müssten. Nur so könne ein unionsweiter und einheitlicher Grundrechtsmindeststandard gegenüber unionsrechtlich veranlassten Grundrechtseingriffen gewährleistet werden. Die vermittelnde Meinung grenzt schließlich wie folgt ab: Soweit die nationale Norm inhaltlich (allein) 1:1 der Richtlinie entspricht, würden die Chartarechte gelten. Soweit die Mitgliedstaaten aber aus Anlass der Richtlinienumsetzung (darüber hinaus) eigene, rein nationale Regelungen getroffen haben, könnten auch nur die nationalen Grundrechte eingreifen. Das BVerfG neigte schon immer einer dieser vermittelnden Linie zu und ging der Sache nach davon aus, dass sich ein Beschwerdeführer auch insoweit auf die Grundrechte des GG berufen kann, als der Gesetzgeber bei der Umsetzung von Unionsrecht Gestaltungsfreiheit hat und also durch das Unionsrecht nicht determiniert ist[12]. Mit den beiden Beschlüssen des Ersten Senats zum **„Recht auf Vergessen"**[13] vom 6.11.2019 hat das BVerfG eine Dogmatik der „Grundrechtsvielfalt" entwickelt: Gibt es keine nationalen Gestaltungsspielraum, gilt ausschließlich die GRCh, die dann – und das ist revolutionär – aber auch das BVerfG selbst als Prüfungsmaßstab nutzt. Ein Ritterschlag, der der EMRK mit vielerlei Argumenten nie zuteilwurde[14]. Ist das Unionsrecht hingegen gestaltungsoffen, gilt eine

---

[3] Vgl. EuGH Urt. v. 28.7.2011 – C-69/10 Rn. 49 f. – Samba Diouf und Urt. v. 21.12.2011 – C-411/10 – N. S. ua.
[4] S. hierzu die Vorlage des VGH BW mit Beschl. v. 20.1.2011 – 11 S 1069/10 = EuGH Urt. v. 8.11.2012 – C-40/11 – Yoshikazu Iida.
[5] Nachweis bei *Ladenburger* in Kölner Gemeinschafts-Kommentar zur GRCh, Art. 51 Rn. 20. Weitere Ansätze finden sich iÜ in der EuGH-Rspr. zur Unionsbürgerschaft iVm dem Diskriminierungsverbot etwa im Bereich der sozialen Rechte (vgl. nur C-184/99, Slg. 2001, I-6193 – Grzelczyk); hierzu *Gebauer*, Parallele Grund- und Menschenrechtsschutzsysteme in Europa?, 2007, S. 195 ff.
[6] EuGH Urt. v. 13.7.1989 – 5/88 – Wachauf.
[7] Dieser Begriff wurde geprägt von *Weiler*, The Constitution of Europe, 1999, S. 120.
[8] EuGH Urt. v. 18.6.1991 – C-260/89 – ERT.
[9] EuGH Urt. v. 18.6.1991 – C-260/89, Slg. 1991, I-2925 Rn. 42–44 – ERT. Ein besonders plastisches Bsp. findet sich bzgl. des Aufenthaltsrechts von Familienangehörigen in der EuGH-Rechtssache – C-60/00, Slg. 2002, I-6279 – Carpenter.
[10] Prominente Bsp. hierfür sind EuGH Urt. v. 12.6.2003 – C-112/00 – Schmidberger und EuGH Urt. v. 14.10.2004 – C-36/02 – Omega. IÜ fanden sich in der EuGH-Praxis bislang nur wenige Fälle, in denen sich iE die EU-Grundrechte durchsetzen konnten. Ein neues Bsp., das für die diesbzgl. „Wirksamkeit" der GRCh spricht, ist allerdings das EuGH Urt. v. 9.11.2010 – C-92 und 93/09 – Schecke und Eifert zum Datenschutz im AgrarsubventionsR.
[11] So ausdrücklich EuGH Urt. v. 21.12.2011 – C-411/10 und C-493/10 Rn. 68 – N. S. und M. E. ua: „Diese Gesichtspunkte sprechen für die Auslegung, dass das den Mitgliedstaaten durch Art. 3 II VO Nr. 343/2003 verliehene Ermessen Teil der von dieser VO vorgesehenen Verfahren zur Bestimmung des für einen Asylantrag zuständigen Mitgliedstaats ist und daher nur ein Element des Gemeinsamen Europäischen Asylsystems darstellt. Übt ein Mitgliedstaat dieses Ermessen aus, führt er damit das Unionsrecht im Sinne von Art 51 Abs 1 der Charta durch." Dezidiert aA *Cremer* EuGRZ 2011, 545 (551).
[12] BVerfG Urt. v. 2.3.2010 – 1 BvR 256/08 Rn. 182 – Vorratsdatenurteil sowie BVerfGE 121, 1 (15).
[13] BVerfG, Beschlüsse vom 6.11.2019 – 1 BvR 16/13 und 1 BvR 276/17 – Recht auf Vergessen I und II.
[14] Vgl. etwa BVerfG, Beschl. vom 14.10.2004 – 2 BvR 1481/04.

widerlegliche Vermutung für die Anwendung nationaler Menschenrechte; diese Rechte blieben ohnehin „ruhend in Kraft", dh erfüllten eine Reservefunktion. Der EuGH dagegen tendiert weiterhin in Richtung der – praktisch einfach, rechtssicher und klar handhabbaren – Gegenmeinung, bei der das Vorliegen von Umsetzungsspielräumen irrelevant ist, gewissermaßen nach dem Motto: „Alles Richtlinienumsetzungsrecht ist durchgeführtes Unionsrecht."[15] Dies wurde va im Urteil Åkerberg Fransson (→ Rn. 5 ff.) bestätigt[16].

III. Verfassungspolitik

3   Dieser Streit könnte schlagartig schärfer werden, falls der EuGH eines Tages dem rechtspolitisch weitreichenden, ausdrücklich **„verfassungsändernden" Vorschlag** von Generalanwältin *Sharpston* in ihrem Schlussantrag vom 30.9.2010 in der Rechtssache C-34/09 – Ruiz Zambrano folgen würde. Die Generalanwältin schlägt vor, langfristig – und zwar „eher früher als später" – eine Regel zu schaffen, die die Verfügbarkeit des Unionsgrundrechtsschutzes weder von der unmittelbaren Anwendbarkeit einer Vertragsbestimmung noch vom Bestehen abgeleiteter Rechtsakte, sondern allein von Existenz und Umfang einer **sachlichen Unionszuständigkeit** abhängig macht. „Anders formuliert lautet die Regel: Wenn die Union die (ausschließliche oder geteilte) Zuständigkeit in einem bestimmten Rechtsbereich besitzt, dann sollten die Unionsgrundrechte den Bürgern Schutz bieten, selbst wenn diese EU-Zuständigkeit noch nicht wahrgenommen wurde."[17] Einerseits: Dieser Ansatz passt bruchlos-sympathisch in die Tradition der liberalen Grundrechtstheorie, wonach alle Grundrechte primär Abwehrrechte des Bürgers gegen hoheitliche Gewalt sind und damit „negative Kompetenznormen". Wo es Kompetenzen des supranationalen Integrationsverbundes gibt, müssen im Gegenzug Abwehrrechte des Bürgers bestehen. Andererseits: Dieser Ansatz ist nur unter argumentativen Klimmzügen mit dem bewusst eingrenzenden Wortlaut des Art. 51 I in Einklang zu bringen und fügte, wie die Generalanwältin selbst einräumt, ähnlich der Incorporation-Doktrin des US Supreme Court „ein eindeutig bundesstaatliches Element in den Aufbau des rechtlichen und politischen Systems der Union ein", dh, es hätte hochpolitisch „föderalisierende Wirkung"[18]. Denn der Kompetenzkatalog der Art. 3 und 4 AEUV zugunsten der EU greift seit dem Lissabon-Vertrag sachlich weit. Am Beispiel des Art. 24 III wird dies plastisch, wonach jedes Kind grundsätzlich „Anspruch auf regelmäßige persönliche Beziehungen und direkte Kontakte zu beiden Elternteilen hat". Allein aus diesem Unionsgrundrecht und wohl ohne weitere Voraussetzungen wäre mithin etwa zugunsten des illegal eingereisten und sich im Asylverfahren befindlichen, nichtehelichen nigerianischen Vaters eines deutschen Kleinkinds, das nie Stuttgart verlassen und also von seinen Grundfreiheiten Gebrauch gemacht hat, aber von seinem Vater in Stuttgart (auch gegen den Willen der deutschen Mutter) mit betreut wird, ein Daueraufenthaltsrecht zumindest bis zur Volljährigkeit des Kindes abzuleiten. Denn nach der geteilten EU-Kompetenz gemäß Art. 4 II lit. j iVm Art. 79 II AEUV könnte die Union theoretisch zweifellos ein solch weites Familiennachzugsrecht normieren, was sie allerdings ausdrücklich etwa in der Freizügigkeits-RL oder der FamZu-RL so nicht getan hat. Aufgrund des hohen Stellenwerts der neuen EU-Rechte des Kindes dürfte dieser unionsgrundrechtliche Aufenthaltsanspruch aus Art. 24 III wohl selbst dann bestehen, wenn der Vater dauerhaft von Sozialhilfe lebt und keinen Unterhalt leistet und sogar straffällig geworden ist. Das nationale Familiennachzugsrecht hätte damit gewissermaßen sein Ende gefunden.

IV. Machtkampf

4   Der Streit um die „richtige Auslegung" von Art. 51 I hat damit zugleich weitreichende Auswirkungen auf die zukünftige Bedeutung der nationalen Verfassungsgerichte und deren Entscheidungskompetenzen und verleiht dem schwelenden „Machtkampf" va zwischen **Karlsruhe und Luxemburg** neue Brisanz. Denn je weitergehender die Chartarechte für anwendbar erklärt werden, desto größer wird die Judikationsbefugnis des EuGH und desto geringer werden wohl spiegelbildlich die Judikationskompetenzen der nationalen Verfassungsgerichte. Wird das Vorliegen von „Recht der Union" bejaht, muss vor einer Befassung nationaler Verfassungsgerichte der Rechtsstreit immer zunächst dem EuGH gemäß Art. 267 AEUV vorgelegt werden, damit dieser die unionsrechtliche Selbstkontrolle

---

[15] EuGH Urt. v. 27.6.2006 – C-540/03, NVwZ 2006, 1033 – Familienzusammenführung: „Der Umstand, dass die mit einer Nichtigkeitsklage angefochtenen Bestimmungen einer Richtlinie den Mitgliedstaaten einen gewissen Beurteilungsspielraum einräumen und es ihnen erlauben, unter bestimmten Umständen nationale Rechtsvorschriften anzuwenden, die von den mit der Richtlinie vorgegebenen Grundsatzregelungen abweichen, kann nicht dazu führen, dass diese Bestimmungen der Überprüfung ihrer Rechtmäßigkeit durch den EuGH nach Art 230 EG (jetzt: Art 263 AEUV) entzogen werden. Im Übrigen kann es sein, dass derartige Bestimmungen als solche die Grundrechte missachten, wenn sie den Mitgliedstaaten vorschreiben oder ihnen ausdrücklich oder implizit gestatten, nationale Gesetze zu erlassen oder beizubehalten, die die Grundrechte missachten." Vgl. hierzu *Thym* NJW 2006, 3249 (3250); *Ruffert* JZ 2009, 113 (117).
[16] EuGH Urt. v. 26.2.2013 – C-617/10 – Akerberg Fransson.
[17] Generalanwältin *Sharpston*, Schlussantrag v. 30.9.2010 – C-34/09 Rn. 163.
[18] Generalanwältin *Sharpston*, Schlussantrag v. 30.9.2010 – C-34/09 Rn. 172 f.

ausüben kann; diese kooperative Vorlagepflicht trifft im Übrigen auch die nationalen Verfassungsgerichte[19]. Bei Vorliegen von Unionsrecht und jedenfalls ohne vorherige EuGH-Vorlage ist mithin sowohl eine Verfassungsbeschwerde als auch eine Richtervorlage nach Art. 100 I GG in Karlsruhe per se unzulässig[20], mit Ausnahme des wohl doch eher theoretischen Solange II/Maastricht/Lissabon-Extremfalls[21], in dem substantiiert werden kann, dass die EU insgesamt keinen dem deutschen GG mehr vergleichbaren Grundrechtsschutz gewährt[22] bzw. die europarechtliche Norm ohne EU-Kompetenzgrundlage ist und also „ultra vires"[23] bzw. die **„Verfassungsidentität"** Deutschlands nicht mehr gewahrt wird[24]. Wird das Vorliegen von „Recht der Union" also bejaht, leuchtet im blauen Himmel über dem GG ein Kranz aus zwölf goldenen Sternen; der Weg nach Karlsruhe oder Straßburg führt dann zwingend über Luxemburg. Um aus diesem Nebeneinander von nationalem und europäischem Grundrecht womöglich entstehende Interferenzen zwischen Luxemburg und Karlsruhe zu vermeiden, schlägt das Heidelberger MPI eine „umgekehrte Solange II-Doktrin" vor: Außerhalb des Anwendungsbereichs der GRCh bleibt ein Mitgliedstaat grundrechtlich autonom, solange er den Standard des Art. 2 EUV generell gewährleistet. Die Einhaltung wird vermutet. Sollte diese Vermutung jedoch (mit dem Maßstab des Art. 7 EUV) widerlegt werden, können nationale Gerichte die Wesensgehalte der unionsrechtlichen Grundrechte gegen jegliche mitgliedstaatlichen Maßnahmen durchsetzen und der Einzelne kann dies aufgrund seines Unionsbürgerstatus verlangen[25]. Va die Auslegung von Art. 51 I hat mithin unmittelbare prozessuale Auswirkung auf das jeweils zulässige Rechtsmittel und gestaltet zugleich mittelbar und verfassungspolitisch das gerichtliche Miteinander im Europäischen Verfassungsverbund.

V. Åkerberg Fransson

Im Leiturteil „Åkerberg Fransson" (26.2.2013 – C-617/10) zur Anwendbarkeit der GRCh gem. 5 deren Art. 51 I prägte der EuGH der Sache nach den Grundsatz: **„Wo Unionsrecht hinreicht, gelten die Unionsgrundrechte."** Inhaltlich ging es um ein Strafverfahren und eine nationale Strafrechtsnorm wegen Steuerhinterziehung, die nicht einmal zur Umsetzung der Mehrwertsteuer-RL 2006/112/EG erlassen worden war, aber eben auch bzgl. der Hinterziehung von Mehrwertsteuer, die die RL auch zum Schutz der finanziellen Interessen der EU bekämpfen will, angewendet werden kann. Da somit sogar die Anwendung einer solchen, rein nationalrechtlich geformten, aber Unionsinteressen dienenden Norm eine „Durchführung des Rechts der Union" iSv Art. 51 darstellt, liegt der Schluss nahe, dass erst recht jedes nationale Gesetz, durch das auch – aber nicht nur – Richtlinien umgesetzt wurden, durchgeführtes Unionsrecht ist, die Charta also umfassend anwendbar und ein nationales Verfassungsgericht insoweit von vornherein ausgeschlossen ist.

Der EuGH geht in seinem Leiturteil davon aus, dass auch bei Umsetzungsspielräumen, die den 6 Mitgliedstaaten gem. Art. 288 III AEUV zukommen, die Charta grundsätzlich anwendbar ist und er auch insoweit selbst Judikationsherrschaft hat. Diese Auffassung wird, wenig überraschend, nicht in allen Mitgliedstaaten voll geteilt. Im Gegenteil konterte etwa das deutsche **BVerfG** kaum zwei Monate nach Åkerberg Fransson im Urteil zum Antiterrordateigesetz (24.4.2013 – 1 BvR 1215/07): „Die Verfassungsbeschwerde gibt keinen Anlass für ein Vorabentscheidungsverfahren vor dem Europäischen Gerichtshof. Unzweifelhaft stellen das Antiterrordateigesetz und die Tätigkeit auf dessen Grundlage keine Durchführung des Rechts der Union im Sinne des Art. 51 Abs. 1 Satz 1 der Grundrechtecharta der Europäischen Union dar. Das Antiterrordateigesetz verfolgt innerstaatlich bestimmte Ziele, die das Funktionieren der unionsrechtlich geordneten Rechtsbeziehungen nur mittelbar beeinflussen können. Die europäischen Grundrechte sind daher von vornherein nicht anwendbar, und der Europäische Gerichtshof ist insoweit nicht gesetzlicher Richter im Sinne des Art. 101 Abs. 1 Satz 2 GG. Nichts anderes kann sich aus der Entscheidung des Europäischen Gerichtshofs in der Rechtssache Åkerberg Fransson ergeben. Im Sinne eines kooperativen Miteinanders darf dieser Entscheidung keine Lesart unterlegt werden, nach der diese offensichtlich als Ultra-vires-Akt zu beurteilen wäre oder Schutz und Durchsetzung der mitgliedstaatlichen Grundrechte in einer Weise gefährdete, dass dies die Identität der durch das Grundgesetz errichteten Verfassungsordnung in Frage stellte. Der Senat geht davon aus, dass die in der EuGH-Entscheidung enthaltenen Aussagen auf Besonderheiten des Umsatz-

---

[19] Ausf. *Bergmann/Karpenstein* ZEuS 2009, 529. In diesem Sinne nun auch das BVerfG in der Sache „Honeywell", in der über das Mangold-Urteil des EuGH entschieden wurde, vgl. BVerfG Beschl. v. 6.7.2010 – 2 BvR 2661/06.
[20] Vgl. *Bergmann* EuGRZ 2004, 620. Zulässig bleibt nur die auf eine Verletzung des gesetzlichen Richters nach Art. 101 I 2 GG gestützte Verfassungsbeschwerde wegen „willkürlicher Nichtvorlage an den EuGH".
[21] Vgl. die Karlsruher Leiturteile: BVerfGE 73, 339 – Solange II/BVerfGE 89, 155 – Maastricht/BVerfG NJW 2009, 2267 – Lissabon.
[22] Testfrage: Funktioniert grundsätzlich das Schutzsystem von Art. 6 EUV-L?
[23] Testfrage: Ist die von der EU behauptete und übertragbare Kompetenz tatsächlich übertragen worden?
[24] Testfrage: Behauptet die EU eine nach dem GG unübertragbare Kompetenz? Konstruktiv *Hufeld*, Die Legitimationskraft der europäischen Bürgerfreiheit, KAS-Paper v. 8.9.2009, S. 15.
[25] Wegweisend *v. Bogdandy* FAZ v. 29.12.2011, S. 8.

steuerrechts beruhen, aber keine grundsätzliche Auffassung äußern. Die Entscheidung über diese Frage ist im Senat einstimmig ergangen."

Das BVerfG beharrt mithin auf seiner Rechtsprechungslinie, national ausgefüllte Umsetzungsspielräume in EU-Sekundärrechtsakten, die nicht vom Unionsrecht „determiniert" sind, am Maßstab des GG und damit letztverbindlich selbst zu beurteilen. Damit stehen sich EuGH und BVerfG hier wenig versöhnlich gegenüber und der Betroffene kann sich gegebenenfalls über eine doppelte Grundrechtsprüfung freuen. Geht diese allerdings – etwa bei Abwägungsentscheidungen – unterschiedlich aus, setzt sich am Ende doch der EuGH aufgrund des unionsrechtlichen Anwendungsvorrangs durch, soweit hierdurch nicht, was kaum denkbar erscheint, die „Identität" des Grundgesetzes im Sinne des Lissabon-Urteils verletzt wird.

7   Zwischenzeitlich geht der EuGH mit der Bejahung seiner Zuständigkeit allerdings ausgesprochen sorgsam um und lässt nicht nur mittelbare Anknüpfungen an einen unionsrechtlich erfassten Bereich genügen. In zahlreichen Verfahren erklärte er sich seit dem Urteil „Åkerberg Fransson" für unzuständig, weil es bei den Vorlagen letztlich nicht um Unionsrecht gegangen sei. Hierbei wiederholte er immer wieder, dass auch zu bedenken sei, dass der Begriff der „Durchführung des Rechts der Union" iSv Art. 51 der Charta einen **substantiellen und hinreichenden Zusammenhang von einem gewissen Grad** verlange, der darüber hinausgehe, dass die fraglichen Sachbereiche benachbart sind oder der eine von ihnen mittelbare Auswirkungen auf den anderen haben kann. Der EuGH habe schon verschiedentlich darauf hingewiesen, dass er eine nationale Regelung, die nicht in den Rahmen des Unionsrechts fällt, nicht im Hinblick auf die Charta beurteilen könne[26]. Allein der Umstand, dass eine nationale Maßnahme in einen Bereich fällt, in dem die Union über Zuständigkeit verfügt, bringe diese Maßnahme nicht in den Anwendungsbereich des Unionsrechts und führe somit nicht zur Anwendbarkeit der Charta. Zusammenfassend formuliert der EuGH nunmehr: „Um festzustellen, ob eine nationale Maßnahme die Durchführung des Rechts der Union im Sinne von Art. 51 Abs. 1 der Charta betrifft, ist nach ständiger Rechtsprechung des Gerichtshofs u. a. zu prüfen, ob mit der fraglichen nationalen Regelung die Durchführung einer Bestimmung des Unionsrechts bezweckt wird, welchen Charakter diese Regelung hat und ob mit ihr andere als die unter das Unionsrecht fallenden Ziele verfolgt werden, selbst wenn sie das Unionsrecht mittelbar beeinflussen kann, sowie ferner, ob es eine Regelung des Unionsrechts gibt, die für diesen Bereich spezifisch ist oder ihn beeinflussen kann."[27]

VI. Kompetenzen

8   Art. 51 II stellt klar, dass die Chartarechte – anders als sonst gemeinhin im Grundrechtsbereich – **keine „negativen Kompetenznormen"** sind, dh keine Gegenrechte des Bürgers gegen die Hoheitsgewalt der Union und mithin auch kein Kompetenzspiegelbild darstellen. Die Hoheitsrechte der EU sind vielmehr nach dem Prinzip der begrenzten Einzelermächtigung insbesondere im EUV und AEUV abschließend geregelt. Hieran will die Charta nichts ändern.

Art. 52 Tragweite und Auslegung der Rechte und Grundsätze

(1) ¹Jede Einschränkung der Ausübung der in dieser Charta anerkannten Rechte und Freiheiten muss gesetzlich vorgesehen sein und den Wesensgehalt dieser Rechte und Freiheiten achten. ²Unter Wahrung des Grundsatzes der Verhältnismäßigkeit dürfen Einschränkungen nur vorgenommen werden, wenn sie erforderlich sind und den von der Union anerkannten dem Gemeinwohl dienenden Zielsetzungen oder den Erfordernissen des Schutzes der Rechte und Freiheiten anderer tatsächlich entsprechen.

(2) Die Ausübung der durch diese Charta anerkannten Rechte, die in den Verträgen geregelt sind, erfolgt im Rahmen der in den Verträgen festgelegten Bedingungen und Grenzen.

(3) ¹Soweit diese Charta Rechte enthält, die den durch die Europäische Konvention zum Schutz der Menschenrechte und Grundfreiheiten garantierten Rechten entsprechen, haben sie die gleiche Bedeutung und Tragweite, wie sie ihnen in der genannten Konvention verliehen wird. ²Diese Bestimmung steht dem nicht entgegen, dass das Recht der Union einen weiter gehenden Schutz gewährt.

(4) Soweit in dieser Charta Grundrechte anerkannt werden, wie sie sich aus den gemeinsamen Verfassungsüberlieferungen der Mitgliedstaaten ergeben, werden sie im Einklang mit diesen Überlieferungen ausgelegt.

(5) ¹Die Bestimmungen dieser Charta, in denen Grundsätze festgelegt sind, können durch Akte der Gesetzgebung und der Ausführung der Organe, Einrichtungen und sonstigen

---

[26] Vgl. zB EuGH Urt. v. 6.3.2014 – C-206/13 – Siragusa; Urt. v. 10.7.2014 – C-198/13 – Hernández; Urt. v. 5.2.2015 – C-117/14 – Poclava.
[27] So zB ausdrücklich in EuGH Urt. v. 10.7.2014 – C-198/13 Rn. 37 – Hernández.

Stellen der Union sowie durch Akte der Mitgliedstaaten zur Durchführung des Rechts der Union in Ausübung ihrer jeweiligen Zuständigkeiten umgesetzt werden. ²Sie können vor Gericht nur bei der Auslegung dieser Akte und bei Entscheidungen über deren Rechtmäßigkeit herangezogen werden.

(6) Den einzelstaatlichen Rechtsvorschriften und Gepflogenheiten ist, wie es in dieser Charta bestimmt ist, in vollem Umfang Rechnung zu tragen.

(7) Die Erläuterungen, die als Anleitung für die Auslegung dieser Charta verfasst wurden, sind von den Gerichten der Union und der Mitgliedstaaten gebührend zu berücksichtigen.

Erläuterung des Grundrechte-Konvents

Mit Artikel 52 sollen die Tragweite der Rechte und Grundsätze der Charta und Regeln für ihre Auslegung festgelegt werden. Absatz 1 enthält die allgemeine Einschränkungsregelung. Die verwendete Formulierung lehnt sich an die Rechtsprechung des Gerichtshofes an, die wie folgt lautet: „Nach gefestigter Rechtsprechung kann jedoch die Ausübung dieser Rechte, insbesondere im Rahmen einer gemeinsamen Marktorganisation, Beschränkungen unterworfen werden, sofern diese tatsächlich dem Gemeinwohl dienenden Zielen der Gemeinschaft entsprechen und nicht einen im Hinblick auf den verfolgten Zweck unverhältnismäßigen, nicht tragbaren Eingriff darstellen, der diese Rechte in ihrem Wesensgehalt antastet" (Urteil vom 13. April 2000, Rechtssache C-292/97, Randnr. 45). Die Bezugnahme auf die von der Union anerkannte Gemeinwohl erstreckt sich nicht nur auf die in Artikel 3 des Vertrags über die Europäische Union aufgeführten Ziele, sondern auch auf andere Interessen, die durch besondere Bestimmungen der Verträge wie Artikel 4 Absatz 1 des Vertrags über die Europäische Union, Artikel 35 Absatz 3 des Vertrags über die Arbeitsweise der Europäischen Union und die Artikel 36 und 346 dieses Vertrags geschützt werden.

Absatz 2 bezieht sich auf Rechte, die bereits ausdrücklich im Vertrag zur Gründung der Europäischen Gemeinschaft garantiert waren und in der Charta anerkannt wurden und die nun in den Verträgen zu finden sind (insbesondere die Rechte aus der Unionsbürgerschaft). Er verdeutlicht, dass diese Rechte weiterhin den Bedingungen und Grenzen unterliegen, die für das Unionsrecht, auf dem sie beruhen, gelten und die in den Verträgen festgelegt sind. Mit der Charta wird die Regelung hinsichtlich der durch den EG-Vertrag gewährten und in die Verträge übernommenen Rechte nicht geändert.

Mit Absatz 3 soll die notwendige Kohärenz zwischen der Charta und der EMRK geschaffen werden, indem die Regel aufgestellt wird, dass in dieser Charta enthaltene Rechte, die den durch die EMRK garantierten Rechten entsprechen, die gleiche Bedeutung und Tragweite, einschließlich der zugelassenen Einschränkungen, besitzen, wie sie ihnen in der EMRK verliehen werden. Daraus ergibt sich insbesondere, dass der Gesetzgeber bei der Festlegung von Einschränkungen dieser Rechte die gleichen Normen einhalten muss, die in der ausführlichen Regelung der Einschränkungen in der EMRK vorgesehen sind, die damit auch für die von diesem Absatz erfassten Rechte gelten, ohne dass dadurch die Eigenständigkeit des Unionsrechts und des Gerichtshofs der Europäischen Union berührt wird.

Die Bezugnahme auf die EMRK erstreckt sich sowohl auf die Konvention als auch auf ihre Protokolle. Die Bedeutung und Tragweite der garantierten Rechte werden nicht nur durch den Wortlaut dieser Vertragswerke, sondern auch durch die Rechtsprechung des Europäischen Gerichtshofs für Menschenrechte und durch den Gerichtshof der Europäischen Union bestimmt. Mit dem letzten Satz des Absatzes soll der Union die Möglichkeit gegeben werden, für einen weiter gehenden Schutz zu sorgen. Auf jeden Fall darf der durch die Charta gewährleistete Schutz niemals geringer als der durch die EMRK gewährte Schutz sein.

Die Charta berührt nicht die den Mitgliedstaaten offen stehende Möglichkeit, von Artikel 15 EMRK Gebrauch zu machen, der im Falle eines Krieges oder eines anderen öffentlichen Notstands, der das Leben der Nation bedroht, eine Abweichung von den in der EMRK vorgesehenen Rechten erlaubt, wenn sie nach ihren in Artikel 4 Absatz 1 des Vertrags über die Europäische Union und in den Artikeln 72 und 347 des Vertrags über die Arbeitsweise der Europäischen Union anerkannten Verantwortlichkeiten Maßnahmen im Bereich der nationalen Verteidigung im Kriegsfalle oder im Bereich der Aufrechterhaltung der öffentlichen Ordnung treffen.

Die Rechte, bei denen derzeit – ohne die Weiterentwicklung des Rechts, der Gesetzgebung und der Verträge auszuschließen – davon ausgegangen werden kann, dass sie Rechten aus der EMRK im Sinne dieses Absatzes entsprechen, sind nachstehend aufgeführt. Nicht aufgeführt sind die Rechte, die zu den Rechten aus der EMRK hinzukommen.

1. Artikel der Charta, die dieselbe Bedeutung und Tragweite wie die entsprechenden Artikel der Europäischen Menschenrechtskonvention haben:
   - Artikel 2 entspricht Artikel 2 EMRK;
   - Artikel 4 entspricht Artikel 3 EMRK;
   - Artikel 5 Absätze 1 und 2 entsprechen Artikel 4 EMRK;
   - Artikel 6 entspricht Artikel 5 EMRK;
   - Artikel 7 entspricht Artikel 8 EMRK;
   - Artikel 10 Absatz 1 entspricht Artikel 9 EMRK;
   - Artikel 11 entspricht Artikel 10 EMRK unbeschadet der Einschränkungen, mit denen das Unionsrecht das Recht der Mitgliedstaaten auf Einführung der in Artikel 10 Absatz 1 dritter Satz EMRK genannten Genehmigungsverfahren eingrenzen kann;
   - Artikel 17 entspricht Artikel 1 des Zusatzprotokolls zur EMRK;
   - Artikel 19 Absatz 1 entspricht Artikel 4 des Protokolls Nr 4 zur EMRK;
   - Artikel 19 Absatz 2 entspricht Artikel 3 EMRK in der Auslegung durch den Europäischen Gerichtshof für Menschenrechte;
   - Artikel 48 entspricht Artikel 6 Absätze 2 und 3 EMRK;
   - Artikel 49 Absatz 1 (mit Ausnahme des letzten Satzes) und Absatz 2 entsprechen Artikel 7 EMRK.

2. Artikel, die dieselbe Bedeutung haben wie die entsprechenden Artikel der EMRK, deren Tragweite aber umfassender ist:
   - Artikel 9 deckt Artikel 12 EMRK ab, aber sein Anwendungsbereich kann auf andere Formen der Eheschließung ausgedehnt werden, wenn die einzelstaatlichen Rechtsvorschriften diese vorsehen;

- Artikel 12 Absatz 1 entspricht Artikel 11 EMRK, aber sein Anwendungsbereich ist auf die Ebene der Union ausgedehnt worden;
- Artikel 14 Absatz 1 entspricht Artikel 2 des Zusatzprotokolls zur EMRK, aber sein Anwendungsbereich ist auf den Zugang zur beruflichen Ausbildung und Weiterbildung ausgedehnt worden;
- Artikel 14 Absatz 3 entspricht Artikel 2 des Zusatzprotokolls zur EMRK, was die Rechte der Eltern betrifft;
- Artikel 47 Absätze 2 und 3 entsprechen Artikel 6 Absatz 1 EMRK, aber die Beschränkung auf Streitigkeiten in Bezug auf zivilrechtliche Ansprüche und Verpflichtungen oder strafrechtliche Anklagen kommt nicht zum Tragen, wenn es um das Recht der Union und dessen Anwendung geht;
- Artikel 50 entspricht Artikel 4 des Protokolls Nr 7 zur EMRK, aber seine Tragweite ist auf die Ebene der Europäischen Union ausgedehnt worden und gilt zwischen den Gerichten der Mitgliedstaaten;
- schließlich können die Unionsbürgerinnen und -bürger im Anwendungsbereich des Unionsrechts wegen des Verbots jeglicher Diskriminierung aufgrund der Nationalität nicht als Ausländer angesehen werden. Die in Artikel 16 EMRK vorgesehenen Beschränkungen der Rechte ausländischer Personen finden daher in diesem Rahmen auf die Unionsbürgerinnen und -bürger keine Anwendung.

Die Auslegungsregel in Absatz 4 beruht auf dem Wortlaut des Artikels 6 Absatz 3 des Vertrags über die Europäische Union und trägt dem Ansatz des Gerichtshofs hinsichtlich der gemeinsamen Verfassungsüberlieferungen gebührend Rechnung (z. B. Urteil vom 13. Dezember 1979, Rechtssache 44/79, Hauer, Slg. 1979, 3727; Urteil vom 18. Mai 1982, Rechtssache 155/79, AM&S, Slg. 1982, 1575). Anstatt einem restriktiven Ansatz eines „kleinsten gemeinsamen Nenners" zu folgen, sind die Charta-Rechte dieser Regel zufolge so auszulegen, dass sie ein hohes Schutzniveau bieten, das dem Unionsrecht angemessen ist und mit den gemeinsamen Verfassungsüberlieferungen im Einklang steht.

In Absatz 5 wird die Unterscheidung zwischen „Rechten" und „Grundsätzen" in der Charta näher bestimmt. Dieser Unterscheidung zufolge sind subjektive Rechte zu beachten, während Grundsätze einzuhalten sind (Artikel 51 Absatz 1). Grundsätze können durch Rechtsakte oder Durchführungsvorschriften (die von der Union in Einklang mit ihren Zuständigkeiten erlassen werden, von den Mitgliedstaaten aber nur dann, wenn sie Unionsrecht umsetzen) umgesetzt werden; sie erhalten demzufolge nur dann Bedeutung für die Gerichte, wenn solche Rechtsakte ausgelegt oder überprüft werden. Sie begründen jedoch keine direkten Ansprüche auf den Erlass positiver Maßnahmen durch die Organe der Union oder die Behörden den Mitgliedstaaten; dies steht sowohl mit der Rechtsprechung des Gerichtshofs (vgl. insbesondere die Rechtsprechung über das „Vorsorgeprinzip" in Artikel 191 Absatz 2 des Vertrags über die Arbeitsweise der Europäischen Union: Urteil des Gerichts erster Instanz vom 11. September 2002, Rechtssache T-13/99, Pfizer gegen Rat, mit zahlreichen Nachweisen aus der älteren Rechtsprechung, sowie eine Reihe von Urteilen zu Artikel 33 (ex-39) über die Grundsätze des Agrarrechts, z. B. Urteil des Gerichtshofs in der Rechtssache 265/85, Van den Bergh, Slg. 1987, 1155, Prüfung des Grundsatzes der Marktstabilisierung und des Vertrauensschutzes) als auch mit dem Ansatz der Verfassungsordnungen der Mitgliedstaaten zu „Grundsätzen", insbesondere im Bereich des Sozialrechts, in Einklang. Zu den in der Charta anerkannten Grundsätzen gehören beispielsweise die Artikel 25, 26 und 37. In einigen Fällen kann ein Charta-Artikel sowohl Elemente eines Rechts als auch eines Grundsatzes enthalten, beispielsweise Artikel 23, 33 und 34.

Absatz 6 bezieht sich auf die verschiedenen Artikel in der Charta, in denen im Sinne der Subsidiarität auf die einzelstaatlichen Rechtsvorschriften und Gepflogenheiten verwiesen wird.

I. Schrankensystem

1 Abs. 1 regelt das Schrankensystem der Charta, das zweifellos als recht **holzschnittartig** beanstandet werden kann[1]. Denn die tatsächliche Tragweite eines Grundrechts wird maßgeblich nicht nur vom sachlichen Schutzbereich, sondern insbesondere durch dessen Beschränkungsmöglichkeiten bestimmt. Bis auf wenige Ausnahmen (wie zB beim Datenschutz in Art. 8) kennt die Charta dennoch keine individuell angepassten Spezialschranken, sondern – ähnlich der Schrankenregelungen der Art. 8–10 EMRK sowie der bisherigen EuGH-Dogmatik[2] – nur eine einzige horizontale allgemeine Schranke für sämtliche Grundrechte in Abs. 1. Hiernach kann grundsätzlich jedes Chartarecht eingeschränkt werden, wenn der Gesetzesvorbehalt geachtet wird, der Wesensgehalt und also der „Nukleus der Menschenwürde" erhalten bleibt sowie dem Verhältnismäßigkeitsgrundsatz entsprochen wird. Dem Wortlaut nach würde dieses Schrankensystem auch für die über Art. 1 geschützte Menschenwürde selbst gelten, wobei deren ausdrückliche „Unantastbarkeit" allerdings wohl eine generelle Nichteinschränkbarkeit bedeutet.

II. Macht der Judikative

2 Die inhaltlich wenig konturierte allgemeine Grundrechtsschranke der GRCh begründet im Ergebnis va eine erhebliche Macht der Judikative, insbesondere des EuGH. Da es im Recht kein naturwissenschaftliches „Richtig" oder „Falsch" gibt, ist damit immer die jeweilige Auslegung und Abwägung des Richters entscheidend, die gerade im Grundrechtsbereich zweifellos auch von subjektiven **Vorverständnissen** geprägt ist. Um die Entscheidung des Richters zu leiten, wird dieser allerdings nach Art. 52 III verpflichtet, die Chartarechte in gleicher Bedeutung und Tragweite wie in der EMRK auszulegen. Im Übrigen soll der Richter nach Art. 52 VII die beigefügten detaillierten Erläuterungen des EU-Konvents bei seiner Auslegung gebührend berücksichtigen. In den Artikeln der Charta, in

---

[1] Grundlegend krit. bereits *Kenntner* ZRP 2000, 423.
[2] Nw. bei *Alber/Widmann* EuGRZ 2006, 114.

denen auf das nationale Recht verwiesen wird, ist der Richter des Weiteren im Sinne einer vertikalen Schrankenregelung wohl an die Rechtslage des jeweiligen Mitgliedstaats gebunden.

III. Verfassungspolitik

Des Weiteren darf nach der Schutzniveauregelung des **Art. 53** keine Bestimmung der Charta als eine Einschränkung oder Verletzung der Menschenrechte und Grundfreiheiten ausgelegt werden, die in dem jeweiligen Anwendungsbereich durch das Recht der Union und des Völkerrechts sowie durch die Verfassungen der Mitgliedstaaten anerkannt werden. Schließlich ist gemäß **Art. 54** keine Bestimmung der Charta so auszulegen, als begründe sie das Recht, eine Tätigkeit auszuüben oder eine Handlung vorzunehmen, die darauf abzielt, die in der Charta anerkannten Rechte und Freiheiten abzuschaffen oder sie stärker einzuschränken, als dies in der Charta vorgesehen ist. Dies alles kann jedoch nicht darüber hinwegtäuschen, dass das wenig ausdifferenzierte Schrankensystem der GRCh dem Richter erhebliche Macht, besser: Verantwortung überträgt. Jede Grundrechtsexpansion bewirkt in der Verfassungsrealität immer zugleich eine Machtverlagerung von der legislativen und exekutiven Gewalt auf die Rechtsprechungsgewalt. Die Auslegung va der Schranken der Charta ist mithin bisweilen konkrete Verfassungspolitik.

3

IV. Grundsätze

Wie in den jeweiligen Kommentierungen ausgeführt, enthalten einige Vorschriften der Charta bloße Grundsätze („principles") iSv Abs. 5. Diese sind zwar – auf der obersten Stufe der unionsrechtlichen Normenhierarchie stehende – verbindliche objektiv-rechtliche Verpflichtungen, vermitteln jedoch keine subjektiven Rechte. Insoweit kann es mithin **nur Begünstigte** geben, keine Rechtsinhaber. Grundsätze können dementsprechend nur sehr begrenzt eingeklagt und ebenso nur begrenzt gerichtlich überprüft werden. IRe zulässig erhobenen Nichtigkeitsklage gem. Art. 263 IV AEUV muss beim EuGH der angegriffene Sekundärrechtsakt auch im Hinblick auf seine Vereinbarkeit mit den Charta-Grundsatz überprüft werden. Kollidierende Rechtsgüter können aber nach dem Prinzip der praktischen Konkordanz in eine schlüssige Abwägung eingestellt werden. Die Charta-Grundsätze verpflichten die Union auch nicht zum Tätigwerden, dh, sie wirken nicht als Handlungsgebot, begründen allerdings objektiv-rechtliche Eingriffsverbote, an denen insbesondere. EU-Sekundärrecht zu messen ist. Ob die Grundsätze gegenüber den Mitgliedstaaten, die sich nach Art. 51 I 2 hieran zu halten haben, Bindung entfalten, ist streitig[3].

4

V. Konventserläuterungen

Auf die besondere **rechtspolitische Bedeutung** der Erläuterungen des Konvents wird in der Vorb. (→ Vorb. Rn. 4) hingewiesen. Zur Herstellung und Wahrung der Rechtseinheit im europäischen Grundrechtsraum sollte jede Auslegung einer GRCh-Bestimmung an den Erläuterungen ansetzen.

5

Art. 53 Schutzniveau

Keine Bestimmung dieser Charta ist als eine Einschränkung oder Verletzung der Menschenrechte und Grundfreiheiten auszulegen, die in dem jeweiligen Anwendungsbereich durch das Recht der Union und das Völkerrecht sowie durch die internationalen Übereinkünfte, bei denen die Union oder alle Mitgliedstaaten Vertragsparteien sind, darunter insbesondere die Europäische Konvention zum Schutz der Menschenrechte und Grundfreiheiten, sowie durch die Verfassungen der Mitgliedstaaten anerkannt werden.

Erläuterung des Grundrechte-Konvents
Der Zweck dieser Bestimmung ist die Aufrechterhaltung des durch das Recht der Union, das Recht der Mitgliedstaaten und das Völkerrecht in seinem jeweiligen Anwendungsbereich gegenwärtig gewährleisteten Schutzniveaus. Aufgrund ihrer Bedeutung findet die EMRK Erwähnung.

I. Bedeutung

Die Schutzniveausicherungsnorm des Art. 53 regelt die Auswirkungen der Chartarechte auf die im Unionsrecht, Völkerrecht und nationalen Recht verankerten Grundrechte; iSe Parallelität der Grundrechtsordnungen soll die Geltung der jeweiligen anderen Grundrechte unberührt bleiben. Im Überschneidungsfall gilt mithin der Grundsatz der **Meistbegünstigung**[1].

1

---

[3] Verneinend *Cremer* EuGRZ 2011, 545 (554).
[1] Ausf. *Jarras*, GRCh-Komm, 2010, Art. 53 Rn. 4 ff.; *Kingreen* in Calliess/Ruffert EU/EG GRCh Art. 53 Rn. 3 ff.

II. Konkurrenz und Kollision

2 Soweit im Rahmen einer Grundrechtskonkurrenz zwischen EU-Grundrecht innerhalb oder außerhalb der Charta kein Lex-specialis-Verhältnis anzunehmen ist, kommt es zur **kumulativen** Anwendung. In Fällen der Grundrechtskollision mehrerer Grundrechtsträger gilt das Gebot des schonenden Ausgleichs iSd **praktischen Konkordanz**. Vergleichbare Probleme stellen sich regelmäßig nicht mit nationalen Grundrechten, weil diese aufgrund des Anwendungsvorrangs des Unionsrechts nicht gegen dieses in Stellung gebracht werden können.

III. Vorrang des Unionsrechts

3 Im **Urteil „Melloni"** vom 26.2.2013 in der Rechtssache C-399/11 machte der EuGH am Beispiel des Europäischen Haftbefehls grundsätzlich Ausführungen zu Art. 53: „Mit seiner dritten Frage möchte das vorlegende Gericht wissen, ob Art. 53 der Charta dahin auszulegen ist, dass er es dem vollstreckenden Mitgliedstaat gestattet, die Übergabe einer in Abwesenheit verurteilten Person von der Bedingung, dass die Verurteilung im Ausstellungsmitgliedstaat einer Überprüfung unterworfen werden kann, abhängig zu machen, um zu vermeiden, dass das Recht auf ein faires Verfahren und die Verteidigungsrechte, wie sie in seiner Verfassung garantiert sind, verletzt werden. Insoweit zieht das vorlegende Gericht zunächst die Auslegung in Betracht, wonach Art 53 der Charta es einem Mitgliedstaat generell gestatte, den in seiner Verfassung garantierten Schutzstandard für die Grundrechte anzuwenden, wenn er höher als der sich aus der Charta ergebende sei, und ihn gegebenenfalls der Anwendung unionsrechtlicher Vorschriften entgegenzuhalten. Diese Auslegung würde es einem Mitgliedstaat insbesondere erlauben, die Vollstreckung eines zur Vollstreckung eines Abwesenheitsurteils ausgestellten Europäischen Haftbefehls an Bedingungen zu knüpfen, die eine Auslegung verhinderten, durch die die in seiner Verfassung anerkannten Grundrechte eingeschränkt oder verletzt würden, auch wenn die Anwendung dieser Bedingungen nach Art. 4a Abs. 1 des Rahmenbeschlusses 2002/584 nicht zulässig wäre. Einer solchen Auslegung von Art. 53 der Charta kann nicht gefolgt werden. Sie würde nämlich gegen den Grundsatz des Vorrangs des Unionsrechts verstoßen, da sie einem Mitgliedstaat erlauben würde, die Anwendung von mit der Charta vollständig in Einklang stehenden Unionsrechtsakten zu verhindern, wenn sie den in der Verfassung dieses Staats garantierten Grundrechten nicht entsprächen. Nach gefestigter Rechtsprechung kann nämlich nach dem Grundsatz des Vorrangs des Unionsrechts, der die Unionsrechtsordnung wesentlich prägt, die Geltung des Unionsrechts in einem Mitgliedstaat nicht dadurch beeinträchtigt werden, dass dieser Staat Vorschriften des nationalen Rechts, und haben sie auch Verfassungsrang, geltend macht."

Art. 54 Verbot des Missbrauchs der Rechte

Keine Bestimmung dieser Charta ist so auszulegen, als begründe sie das Recht, eine Tätigkeit auszuüben oder eine Handlung vorzunehmen, die darauf abzielt, die in der Charta anerkannten Rechte und Freiheiten abzuschaffen oder sie stärker einzuschränken, als dies in der Charta vorgesehen ist.

Erläuterung des Grundrechte-Konvents
Dieser Artikel entspricht Artikel 17 EMRK:
„Diese Konvention ist nicht so auszulegen, als begründe sie für einen Staat, eine Gruppe oder eine Person das Recht, eine Tätigkeit auszuüben oder eine Handlung vorzunehmen, die darauf abzielt, die in der Konvention festgelegten Rechte und Freiheiten abzuschaffen oder sie stärker einzuschränken, als es in der Konvention vorgesehen ist."

I. Klarstellung

1 Art. 54 will va im Sinne einer Klarstellung zum einen den **Missbrauch** der Grundrechte durch die Grundrechtsträger ausschließen.

II. Einschränkungen

2 Zum anderen soll auch der Missbrauch von Charta-Normen durch die Grundrechtsverpflichteten verhindert werden, wie der Hinweis der Konventserläuterung auf Art. 17 EMRK („Staat") verdeutlicht. Insbesondere sollen die Beschränkungsmöglichkeiten der Charta nicht dazu genutzt werden, die **Freiheitsbereiche der Bürger** übermäßig einzuschränken. In diesem Sinne ist Art. 54 als Schranken-Schranke im Zusammenhang mit Art. 52 I zu lesen.

Sechster Teil. Artikel 16a Grundgesetz

Art. 16a GG [Asylrecht]

(1) Politisch Verfolgte genießen Asylrecht.

(2) ¹Auf Absatz 1 kann sich nicht berufen, wer aus einem Mitgliedstaat der Europäischen Gemeinschaften oder aus einem anderen Drittstaat einreist, in dem die Anwendung des Abkommens über die Rechtsstellung der Flüchtlinge und der Konvention zum Schutze der Menschenrechte und Grundfreiheiten sichergestellt ist. ²Die Staaten außerhalb der Europäischen Gemeinschaften, auf die die Voraussetzungen des Satzes 1 zutreffen, werden durch Gesetz, das der Zustimmung des Bundesrates bedarf, bestimmt. ³In den Fällen des Satzes 1 können aufenthaltsbeendende Maßnahmen unabhängig von einem hiergegen eingelegten Rechtsbehelf vollzogen werden.

(3) ¹Durch Gesetz, das der Zustimmung des Bundesrates bedarf, können Staaten bestimmt werden, bei denen auf Grund der Rechtslage, der Rechtsanwendung und der allgemeinen politischen Verhältnisse gewährleistet erscheint, daß dort weder politische Verfolgung noch unmenschliche oder erniedrigende Bestrafung oder Behandlung stattfindet. ²Es wird vermutet, daß ein Ausländer aus einem solchen Staat nicht verfolgt wird, solange er nicht Tatsachen vorträgt, die die Annahme begründen, daß er entgegen dieser Vermutung politisch verfolgt wird.

(4) ¹Die Vollziehung aufenthaltsbeendender Maßnahmen wird in den Fällen des Absatzes 3 und in anderen Fällen, die offensichtlich unbegründet sind oder als offensichtlich unbegründet gelten, durch das Gericht nur ausgesetzt, wenn ernstliche Zweifel an der Rechtmäßigkeit der Maßnahme bestehen; der Prüfungsumfang kann eingeschränkt werden und verspätetes Vorbringen unberücksichtigt bleiben. ²Das Nähere ist durch Gesetz zu bestimmen.

(5) Die Absätze 1 bis 4 stehen völkerrechtlichen Verträgen von Mitgliedstaaten der Europäischen Gemeinschaften untereinander und mit dritten Staaten nicht entgegen, die unter Beachtung der Verpflichtungen aus dem Abkommen über die Rechtsstellung der Flüchtlinge und der Konvention zum Schutze der Menschenrechte und Grundfreiheiten, deren Anwendung in den Vertragsstaaten sichergestellt sein muß, Zuständigkeitsregelungen für die Prüfung von Asylbegehren einschließlich der gegenseitigen Anerkennung von Asylentscheidungen treffen.

Übersicht

	Rn.
I. Entstehungsgeschichte	1
II. Allgemeines	5
1. Völkerrecht	5
2. Auslieferung	7
3. Abschiebung	9
4. Asylabkommen	11
III. Rechtsstellung politisch Verfolgter	12
1. Änderung des Grundgesetzes	12
2. Einschränkungen	15
3. Entstehung und Umfang des Grundrechts	16
IV. Politisch Verfolgter	19
1. Allgemeines	19
2. Verfolgung	27
3. Staatliche Verfolgung	34
4. Politische Verfolgung	40
5. Einzel- und Gruppenverfolgung	44
6. Vor- und Nachfluchtgründe	49
a) Allgemeines	49
b) Rechtsprechung	50
c) Objektiver Nachfluchttatbestand	54
d) Subjektiver Nachfluchttatbestand	56
7. Strafverfolgung	61
8. Inländische Fluchtalternative/Interner Schutz	66
V. Sicherer Herkunftsstaat	69
1. Allgemeines	69
2. Bestimmung verfolgungsfreier Herkunftsstaaten	70

Bergmann

	Rn.
3. Vermutung	75
4. Verwaltungsverfahren	79
5. Rechtsschutz	85
VI. Anderweitiger Verfolgungsschutz	89
1. Allgemeines	89
2. Ausschluss des Asylrechts	93
3. Durchreise durch einen sicheren Drittstaat	99
4. Fiktive Verfolgungssicherheit	104
5. Verwaltungsverfahren	108
6. Rechtsschutz	111
VII. Verfahrensrecht	115
VIII. Genfer Flüchtlingskonvention	119
IX. Asylabkommen	127
X. Europäisches Asylrecht	131

I. Entstehungsgeschichte

1   Abs. 1 stimmt wörtlich mit Art. 16 II 2 GG überein, der bis 29.6.1993 galt[1]. Das Grundrecht auf Asyl ist in seiner Entstehung im Zusammenhang mit dem Auslieferungsverbot des Art. 16 II 1 GG zu sehen, das bestimmt: „Kein Deutscher darf an das Ausland ausgeliefert werden." Die anderen Bestimmungen des Art. 16a GG haben kein **Vorbild** im GG.

2   Die **Geschichte** des Asylrechts reicht bis in die Anfänge der Menschheit zurück[2]. Im Völkerrecht hat sich das Asylrecht als Recht der Staaten zur Asylgewährung entwickelt, ein Individualrecht auf Asyl ist damit aber nicht verbunden; vereinzelte Bestrebungen zur Schaffung eines Rechts des Flüchtlings auf Asyl auf internationaler Ebene sind erfolglos verlaufen[3]. Sowohl Art. 14 AEMR als auch Art. 1 ff. GK setzen die Gewährung von Asyl durch eine vorangegangene autonome Entscheidung des Aufnahmestaats voraus. Früheren deutschen Verfassungen war das Asylrecht unbekannt. Die Verfassungen von Bayern (Art. 105), Hessen (Art. 7) und Rheinland-Pfalz (Art. 16) gewährleisten allerdings allen Ausländern, die unter Nichtbeachtung der in der jeweiligen Verfassung niedergelegten Grundrechte im Ausland verfolgt werden und in das jeweilige Bundesland geflohen sind, Schutz vor Ausweisung und Auslieferung.

3   Dem **Parlamentarischen Rat** lag zunächst nur ein Entwurf zur Auslieferung vor, der lautete (Art. 4 HChE): „(1) Kein Deutscher darf einer fremden Macht ausgeliefert werden. (2) Wer unter Nichtbeachtung der in dieser Verfassung niedergelegten Grundrechte verfolgt wird, wird nicht ausgeliefert."[4] Im Grundrechtskatalog von *Bergsträsser* (SPD) lautete Art. 14: „Fremde genießen den Schutz vor Auslieferung und Ausweisung, wenn sie unter Verletzung der in dieser Verfassung niedergelegten Grundrechte im Ausland verfolgt werden und in den Geltungsbereich dieses Grundgesetzes geflohen sind."[5] In Art. 4 des Entwurfs des Redaktionskomitees des Ausschusses für Grundsatzfragen hieß es dagegen: „Kein Deutscher darf an das Ausland ausgeliefert werden. Politisch Verfolgte genießen Asylrecht im Rahmen des allgemeinen Völkerrechts." Dieser Text wurde nach Streichung der letzten fünf Wörter im Grundsatzausschuss angenommen[6]. Die Beratungen im Hauptausschuss befassten sich eingehend mit Völkerrecht, politischem Delikt und Auslieferung sowie den Erfahrungen Deutscher im Exil vor 1945[7]. Sie mündeten in die spätere Fassung des Art. 16 II 2 GG, die sowohl vom Hauptausschuss als auch vom Plenum des Parlamentarischen Rates gebilligt wurde[8].

4   Die **Änderung** des Art. 16 II 2 GG wurde vermehrt seit den 1980er-Jahren mit sehr unterschiedlicher Begründung dringend gefordert und zum Teil ebenso strikt abgelehnt[9]. Änderung oder Abschaffung des Asylgrundrechts waren auch Gegenstand legislativer Entwürfe[10], bis die Änderung des GG

---

[1] → AsylG Vorb. Rn. 15.
[2] *Kimminich* in BK GG Art. 16 Rn. 126 ff.
[3] *Hailbronner* in Beitz/Wollenschläger S. 69 ff.; *Kimminich* in BK GG Art. 16 Rn. 133 ff.
[4] *Kreuzberg/Wahrendorf* S. 17.
[5] *Kreuzberg/Wahrendorf* S. 26.
[6] *Kreuzberg/Wahrendorf* S. 28, 37, 41.
[7] *Kreuzberg/Wahrendorf* S. 43 ff.
[8] *Kreuzberg/Wahrendorf* S. 64, 67.
[9] Dazu zB *Bachof* FS Dürig, 1990, S. 319 ff.; *Bertrams* DVBl 1990, 1129; *Bierwirth/Göbel-Zimmermann* ZRP 1992, 470; *Bleckmann,* Verfassungsrechtliche Probleme einer Beschränkung des Asylrechts, 1992; *Brugger* JZ 1993, 119; *Frowein/Zimmermann,* Der völkerrechtliche Rahmen für die Reform des deutschen Asylrechts; *Hailbronner* FS Zeidler, 1987, S. 919 ff.; *Hailbronner* NVwZ 1990, 1139; *Hailbronner/Cordes* NVwZ 1991, 713; *Huber* ZRP 1992, 123; *Korbmacher* FS Zeidler, 1987, S. 901 ff.; *Langer* DÖV 1993, 273; *Lummer,* Asyl – Ein mißbrauchtes Recht, 3. Aufl. 1992; *Philipp* NJW 1981, 1860; *Quaritsch,* Recht auf Asyl, 1985; *Reichert* ZAR 1991, 121; *Rothkegel* NVwZ 1992, 232; *Schenk* ZRP 1992, 102; *Schraml* AWR-Bulletin 1991, 65; *Schwartz,* Wirtschaftliche Grenzen und Schranken des Asylgrundrechts, 1992; *Selk,* Asylrecht und Verfassung, 1990; *Sendler* FS Zeidler, 1987, S. 871 ff.; *Wollenschläger/Becker* AöR 115 (1990), 369.
[10] → AsylG Vorb. Rn. 11 f.

1993 aufgrund eines gemeinsamen Gesetzentwurfs von CDU/CSU, SPD und FDP (BT-Drs. 12/4152) verwirklicht wurde[11].

II. Allgemeines

1. Völkerrecht

Der Schutz politisch Verfolgter ist Gegenstand unterschiedlicher Regelungen auf staatlicher, zwischenstaatlicher und überstaatlicher Ebene. Dem allgemeinen **Völkerrecht** ist das Asylrecht nur als Befugnis der Staaten bekannt, den Angehörigen fremder Staaten Asyl zu gewähren[12]. Die Aufnahme eines politisch Verfolgten stellt kein völkerrechtliches Delikt gegenüber dem Herkunftsstaat dar. Asylrechtsabkommen wie die GK oder die OAU-Konvention[13] verhalten sich lediglich über die Rechtsstellung der Flüchtlinge im Asyl und nicht über deren Aufnahme ins Asyl. Soweit politisch Verfolgten aufgrund Völkervertragsrecht wegen der von ihnen erlittenen oder wegen der ihnen drohenden Maßnahmen menschenrechtlicher Schutz vor Folter, grausamer oder erniedrigender Bestrafung oder Behandlung oder ähnlichen Beeinträchtigungen zusteht[14], handelt es sich nicht um asylrechtliche Instrumente.

Schließlich gewährleisten auch die unter Beteiligung Deutschlands zustande gekommenen **Asylabkommen** von zunächst Schengen und später von Dublin (→ Rn. 127 ff.) sowie die darauf aufbauenden **Dublin-VO**en kein Asylrecht. Sie erschöpfen sich in zwischenstaatlichen Verfahrensregeln, ohne die materiellen Voraussetzungen des Asylrechts festzulegen. Sie sichern zwar dem Flüchtling die Durchführung zumindest eines Verfahrens zur Überprüfung der Voraussetzungen des Art. 1 GK in einem der Vertragsstaaten; sie verpflichten diese aber nicht zur Aufnahme politisch Verfolgter und lassen auch die Möglichkeit der Anwendung von Regelungen über sichere Drittstaaten unberührt. Sie sind zwar teilweise derart bestimmt und verbindlich abgefasst, dass sie sich unmittelbar zugunsten des Flüchtlings auswirken können und nicht zwingend einer weiteren Umsetzung durch nationales Recht bedürfen. Der Flüchtling selbst kann aber daraus insbesondere kein Recht auf Aufnahme als politisch Verfolgter nach bestimmten materiellen Kriterien herleiten. Die Asylgewährung bleibt auch nach diesem Vertragssystem ein freies, nur aus Gebiets- und Personalhoheit sowie Souveränität fließendes und sonst nicht beschränktes Recht der Staaten. Zur Bedeutung der im Rahmen des Gemeinsamen Europäischen Asylsystems (GEAS) erlassenen **EU-Asyl-Richtlinien** für die gegenwärtige und künftige Rechtslage → Rn. 131 ff.

2. Auslieferung

Asylrecht kommt herkömmlicherweise auch und gerade politischen Straftätern zugute. Das Verhältnis der **Nichtauslieferung** „flüchtiger Verbrecher"[15] zum Asylrecht politisch Verfolgter hat sich im Laufe der letzten zwei Jahrhunderte nicht gradlinig entwickelt[16]. Ungeachtet dessen ist für das Asylrecht festzustellen, dass Maßnahmen gegen politische Straftäter auch dann asylrechtsbegründend sein können, wenn sie der staatlichen Selbstverteidigung dienen[17].

Die Nichtauslieferung politischer Straftäter bildet einen Teil des politisch Verfolgten garantierten grundrechtlichen Schutzes. Ungeachtet der unterschiedlichen Betrachtungsweise sind sowohl historisch als auch nach dem GG Auslieferungsverbot und Asylgewährung sowohl historisch als auch nach dem GG eng miteinander verknüpft. Die Auslieferungsausnahmen nach § 29 DAG erhielten mit Inkrafttreten des GG eine **verfassungsrechtliche Grundlage,** die auch die in § 6 IRG genannten Fallgestaltungen trägt. Die Unabhängigkeit des auslieferungsrechtlichen Verfahrens vom Ergebnis des asylrechtlichen Statusverfahrens[18] bestätigt mittelbar die gemeinsame Basis. Unabhängig von den möglichen Zweifeln an dem Ausmaß der Identität zwischen den im Asylverfahren einerseits und im Auslieferungsverfahren andererseits geschützten Personengruppen ist unstreitig, dass der dem Auslieferungsverbot unterliegende Ausländer am Asylrecht teilhat. Das Grundrecht auf Asyl schützt nämlich nicht nur vor Zurückweisung und Abschiebung[19], sondern auch vor Auslieferung[20].

---

[11] → AsylG Vorb. Rn. 18.
[12] *Reichel* S. 33 ff. mwN.
[13] Zu Letzterer *Köfner/van Krieken* ZAR 1984, 151.
[14] Art. 3 EMRK, Art. 3 UN-Folterkonvention.
[15] So der Untertitel von *Bulmerincq,* Asylrecht, 1853.
[16] Dazu *Franke,* Politisches Delikt und Asylrecht, 1979; *Reiter,* Politisches Asyl im 19. Jahrhundert, 1992; *Stein,* Die Auslieferungsausnahme bei politischen Delikten, 1983; *Zeidler/Hailbronner* FS Sieverts, 1978, 112 ff.
[17] BVerfG Urt. v. 10.7.1989 – 2 BvR 502/86 ua, BVerfGE 80, 315.
[18] § 45 S. 2 AuslG 1965; § 18 S. 2 AsylVfG 1982; § 6 S. 2 AsylG.
[19] BVerwG Urt. v. 7.10.1975 – I C 46.69, BVerwGE 49, 202.
[20] Vgl. etwa BVerfG Urt. v. 23.2.1983 – 1 BvR 1019/82, BVerfGE 63, 215.

3. Abschiebung

9 Der Schutz vor Abschiebung in den Verfolgerstaat, das letztlich im **Refoulement-Verbot** des Art. 33 GK[21] wurzelt, bildet den Kern des Asylrechts. Das Schutzbedürfnis des politisch Verfolgten verbietet jedwede Überstellung an den Verfolgerstaat. Auf welche Art und Weise der Verfolgte dem (erneuten) Zugriff des Verfolgerstaats ausgesetzt wird, ist unerheblich. Asylrechtliche Schutzgebote dürfen nicht mittels Formenmissbrauchs umgangen werden. Aus diesem Grund ist und bleibt zu Recht die Asyl- und Flüchtlingsanerkennung in Politik, Gesetzgebung und Rspr. in den Mittelpunkt gestellt; denn das zentral geführte und mit Allgemeinverbindlichkeit (ausgenommen die Auslieferung) ausgestattete Asylanerkennungsverfahren ist in besonders effizienter Weise zur Gewährleistung des Asylgrundrechts geeignet[22]. Die Entscheidung des Gesetzgebers für die Einrichtung eines Statusverfahrens darf aber nicht vergessen lassen, dass Asyl nur, dann in jedem Fall auch Abweisung an der Grenze, Zurückschiebung und Auslieferung sowie Abschiebung in den Einflussbereich des Verfolgerstaats untersagt. Der historische Gesetzgeber hat diese Grundsätze zu verwirklichen getrachtet, als er im AuslG 1965 das „kleine Asyl" (§ 14 – später § 60 AufenthG – heute § 3 AsylG) verankerte, gleichzeitig aber das Anerkennungsverfahren aus der AsylVO übernahm; damit hat er unmissverständlich die asylrechtliche Basis des Abschiebungsschutzes politisch Verfolgter bestätigt[23].

10 Hiernach kann es in gewissem Sinne missverständlich erscheinen, wenn das BVerfG in seiner Grundsatzentscheidung über subjektive **Nachfluchtgründe** für die von der Asylanerkennung ausgeschlossenen willkürlich geschaffenen Nachfluchttatbestände auf den Schutz des § 14 AuslG 1965 und des Art. 3 EMRK hingewiesen hat[24]. Indem das BVerfG mit der Betonung des für notwendig erachteten Kausalzusammenhangs zwischen Verfolgung, Flucht und Asyl Exilpolitiker und andere von Verfolgung bedrohte Personen ohne Vorverfolgung aus dem Schutzbereich des Asylgrundrechts ausgeschlossen hat, verwehrt es diesem Kreis zweifellos Verfolgter eigentlich asylrechtlichen Schutz. Dabei darf jedoch nicht außer Acht gelassen werden, dass sich die Entscheidung unmittelbar lediglich mit der förmlichen Asylanerkennung befasst hat und nicht mit dem Schutzbereich des Abschiebungsverbots. Gerade weil der herkömmlich politisch Verfolgten garantierte Abschiebungsschutz auf völkerrechtlichen Vorgaben, insbesondere Art. 33 GK, beruht, kann dessen Übereinstimmung mit gewachsenem Flüchtlingsvölkerrecht nicht bestritten werden, das nach den Beratungen im Parlamentarischen Rat eine wichtige Grundlage des Asylgrundrechts darstellt.

4. Asylabkommen

11 Da die Bestimmungen der Abs. 1–4 völkerrechtlichen Asylverträgen über die in Abs. 5 genannten Fragen mit den dort bezeichneten Partnern nicht entgegenstehen, können sie von ihnen **abweichen** (→ Rn. 127 ff.). Damit wird keine neue Grundlage für die Gewährung von Asyl geschaffen, die hierfür maßgeblichen Regeln brauchen sich aber nicht iRd Abs. 1–4 zu halten. Abkommen anderer Art über die Übernahme von Ausländern, insbesondere von Flüchtlingen[25], fallen nicht hierunter. Außer den Abkommen von Schengen und Dublin (SDÜ und DÜ) sollen ähnliche Verträge auch mit anderen Staaten geschlossen werden, in denen die Anwendung von GK und EMRK sichergestellt ist[26]. Damit allein wird aber noch kein geschlossenes System der Schutzgewährung für Flüchtlinge geschaffen. Die an formale Kriterien anknüpfenden Zuständigkeitsregeln der Dublin III-VO 604/2013/EU (die Dublin II-VO 343/2003/EG und die zuvor geltenden DÜ bzw. Art. 28 ff. SDÜ abgelöst haben) nehmen zwar Bezug auf gewisse europäische Standards auf der Grundlage von GK und EMRK, sie begründen aber damit kein einheitliches materielles europäisches Asylrecht; dies gilt auch für den Gemeinsamen Standpunkt des EU-Rats vom 4.3.1996 über den Begriff des Flüchtlings iSd Art. 1 GK[27]. Schließlich fehlt es – bislang – an einer umfassenden europäischen Verteilungsregelung, ausgenommen nur die Kriegs- und die Bürgerkriegsflüchtlinge, die unter die EU-RL 2001/55/EG über den Massenzustrom von Flüchtlingen fallen. Zu einer qualitativen Veränderung der künftigen (und auch schon der gegenwärtigen) Rechtslage tragen allerdings insbesondere. die zwischenzeitlich erlassenen EU-AsylRL des **Gemeinsamen Europäischen Asylsystems** (GEAS) bei (dazu → Rn. 131 ff.).

---

[21] Art. 33 GK: (1) Keiner der vertragschließenden Staaten wird einen Flüchtling auf irgendeine Weise über die Grenzen von Gebieten ausweisen oder zurückweisen, in denen sein Leben oder seine Freiheit wegen seiner Rasse, Religion, Staatsangehörigkeit, seiner Zugehörigkeit zu einer bestimmten sozialen Gruppe oder wegen seiner politischen Überzeugung bedroht sein würde. (2) Auf die Vergünstigung dieser Vorschrift kann sich jedoch ein Flüchtling nicht berufen, der aus schwerwiegenden Gründen als eine Gefahr für die Sicherheit des Landes anzusehen ist, in dem er sich befindet, oder der eine Gefahr für die Allgemeinheit dieses Staates bedeutet, weil er wegen eines Verbrechens oder eines besonders schweren Vergehens rechtskräftig verurteilt wurde.
[22] BVerfG Beschl. v. 25.2.1981 – 1 BvR 413/80 ua, BVerfGE 56, 216.
[23] → AsylG § 4 Rn. 3.
[24] BVerfG Urt. v. 26.11.1986 – 2 BvR 1058/85, BVerfGE 74, 51.
[25] → AufenthG § 57 Rn. 19.
[26] BT-Drs. 12/4152, 3.
[27] ABl. 1996 L 63, 2.

III. Rechtsstellung politisch Verfolgter

1. Änderung des Grundgesetzes

Die Ersetzung des Art. 16 II 2 durch Art. 16a GG berührt ebenso wenig wie der frühere Gesetzesentwurf der CDU/CSU-Fraktion vom 18.2.1992[28] die verfassungsrechtliche Garantie des **Individualanspruchs auf Asyl**. Asyl ist nicht auf eine reine Institutsgarantie reduziert[29]. Trotz der Einschränkungen durch Abs. 2, 3 und 5 bleibt der Grundrechtscharakter des Abs. 1 erhalten, wie auch die Änderung des Art. 18 S. 1 GG bestätigte. Die Regelungen des Abs. 2 S. 3, Abs. 4 und 5 betreffen den grundsätzlich auch Ausländern in Deutschland zustehenden Rechtsschutz, sie modifizieren also die Garantie des Art. 19 IV 1 GG. Hiergegen bestehen zumindest aus formellen Gründen keine verfassungsrechtlichen Bedenken. Insofern sind überdies auch allgemeine Regeln des Völkerrechts (vgl. Art. 25 GG) nicht tangiert. 12

Die **Ewigkeitsgarantie** des Art. 79 III GG steht den durch Abs. 2–5 vorgenommenen Änderungen der Asyl- und Rechtsschutzgewährleistung nicht entgegen[30]. Soweit die Gewährleistung des Grundrechts auf Asyl in Abs. 1 durch die nachfolgenden Absätze für einige wichtige Fallgruppen ausgeschlossen oder beschränkt wird, handelt es sich zwar zT auch um Einschränkungen, welche die personelle Reichweite des Asylgrundrechts ganz erheblich begrenzen. Auch wenn die Voraussetzungen für die Inanspruchnahme des Grundrechts damit gegenüber dem früheren Rechtszustand wesentlich verengt werden, lässt sich dies aber nicht in entsprechender Anwendung von Art. 19 II GG beanstanden. Die Verfassung bietet keine Vorkehrung dagegen, dass ein Grundrecht seinen Voraussetzungen nach nur wenigen Personen zustehen kann. Soweit die Achtung der Menschenwürde (Art. 1 GG) oder das Verbot der Todesstrafe (Art. 102 GG) die Nichtabweisung von Flüchtlingen gebieten, um sie vor Tod oder Folter oder anderer menschenunwürdiger Behandlung zu bewahren, bleibt der daraus erwachsende individuelle Schutzanspruch trotz der Asylrechtsänderung, wenn auch in eingeschränktem Umfang, erhalten (→ Rn. 83, 85, 114). Hinsichtlich des Rechtsschutzes ist zu beachten, dass dieser auch durch eine Verfassungsänderung nicht entzogen werden darf, soweit es um die Verteidigung des Lebens, der elementaren Freiheiten und der körperlichen Unversehrtheit geht[31]. 13

Obwohl die Einzelregelungen über verfolgungssichere Drittstaaten, verfolgungsfreie Herkunftsstaaten und Rechtsschutz den herkömmlichen Rahmen von Grundrechtsbestimmungen sprengen, sind sie nicht allein wegen ihrer Form zu beanstanden. Diese ungewöhnlich wirkende Gesetzestechnik ist auf die Schwierigkeit zurückzuführen, politische Kompromisse umzusetzen und einen entsprechend gezielten **Gesetzesvorbehalt** präzise zu formulieren. Soweit dem Gesetzgeber ausdrückliche Regelungsaufträge erteilt sind (Abs. 2 S. 2, Abs. 3 S. 1, Abs. 4 S. 2), ist nicht ohne Weiteres sicher, dass die gleichzeitig erfolgten Änderungen des AsylG den gesetzgeberischen Spielraum einerseits einhalten und andererseits voll ausschöpfen. Entsprechendes gilt, soweit ohne ausdrücklichen Vorbehalt im GG Ausführungsbestimmungen durch einfaches Gesetz oder durch völkerrechtlichen Vertrag getroffen werden dürfen, zu Abs. 2 S. 3, Abs. 3 S. 2 und Abs. 5. 14

2. Einschränkungen

Abs. 2, 3 und 5 beschreiben die Fälle des Ausschlusses und der **Einschränkung des Asylrechts abschließend.** Dennoch fehlt es nicht an verfassungsrechtlichen Grundlagen für die Einreiseverweigerung nach rechtskräftiger Verurteilung wegen einer besonders schweren Straftat zu einer Freiheitsstrafe von mindestens drei Jahren[32] und für die Ablehnung des Asylantrags als offensichtlich unbegründet nach rechtskräftiger Ausweisung gemäß §§ 53 ff. AufenthG oder nach rechtskräftiger Verurteilung wegen eines Verbrechens oder wegen einer besonders schweren Straftat, wegen eines Verbrechens gegen den Frieden, einem Kriegsverbrechen oder einem Verbrechen gegen die Menschlichkeit[33]. Die Ausweisung politisch Verfolgter ist mit Abs. 1 zu vereinbaren, weil damit nur ein Ausreisebefehl erteilt wird; Zurückweisung und Abschiebung Asylberechtigter in den Verfolgerstaat werden allerdings im Schrifttum teilweise für verfassungswidrig erachtet; dem ist nicht zu folgen[34]. Die genannten Ausschlusstatbestände stimmen im Übrigen teilweise mit Art. 33 II GK überein. Der vom BVerfG angenommene Terrorismusvorbehalt (→ Rn. 64 f.) bietet ebenfalls eine Grundlage. 15

---

[28] BT-Drs. 12/2112.
[29] Zum Inhalt des Grundrechts vgl. auch *Dippel,* Extraterritorialer Grundrechtsschutz gemäß Art. 16a GG, 2020.
[30] → Rn. 85 ff., 93, 100, 105, 109, 114, 115 ff.; *Hailbronner* ZAR 1993, 107; *Renner* ZAR 1993, 118; betr. Drittstaatenklausel ebenso *Classen* DVBl 1993, 700.
[31] BVerfG Urt. v. 15.12.1970 – 2 BvF 1/69 ua, BVerfGE 30, 1; → Rn. 85 ff., 111 ff.; *Renner* ZAR 1993, 118.
[32] § 18 II Nr. 3 AsylG.
[33] § 30 III Nr. 6, IV AsylG iVm § 60 VIII AufenthG.
[34] Ausf. *Bergmann* ZAR 2005, 137 ff. mwN.

3. Entstehung und Umfang des Grundrechts

16 Die durch das Asylrecht vermittelte Rechtsstellung wird **konstitutiv** mit dem Schutzgesuch erworben, nicht erst durch eine staatliche Verleihung; die Asylanerkennung hat lediglich **deklaratorische Bedeutung**, wenn sie auch zur wirksamen Durchsetzung des Asylrechts erforderlich ist[35]. Die Abwehrrechte, die den Kern des Asyls ausmachen, nämlich Schutz vor Zurückweisung an der Grenze, Zurückschiebung, Abschiebung sowie Auslieferung, genießt der politisch Verfolgte ohne Weiteres. Die über diesen Mindestschutz hinausgehenden Rechte und Vergünstigungen sind dagegen von der staatlichen Zuerkennung abhängig. Da sie meist die förmliche Asylanerkennung voraussetzen, wirkt diese insoweit konstitutiv[36].

17 Das asylrechtliche **Abschiebungsverbot** (vgl. § 60 I 1 AufenthG), das mit der Zuerkennung der Flüchtlingseigenschaft nach § 3 AsylG korreliert, gehört zu dem durch Abs. 1 gesicherten Grundbestand an Schutzrechten des politisch Verfolgten. Ungeachtet der möglichen Differenzen zwischen Abs. 1 einerseits und § 60 I 1 AufenthG bzw. § 3 AsylG und Art. 33 GK andererseits[37] kommt jeder politisch Verfolgte auch in den Genuss des Abs. 1. Aber nur den förmlich als Asylberechtigten anerkannten politischen Flüchtlingen ist ein Aufenthaltsrecht auf Dauer einzuräumen, das ihnen die Führung eines menschenwürdigen Lebens im Bundesgebiet sichert[38], das aber andererseits seinem Zweck entsprechend grundsätzlich an das Fortbestehen der Verfolgungsgefahr gebunden ist. Damit sind anerkannte Asylberechtigte va auch gegen die Überstellung an einen sicheren Drittstaat geschützt. Eben dies ist den politisch Verfolgten ohne förmlichen Status aber nicht garantiert; sie laufen Gefahr, in einen anderen als den Verfolgerstaat abgeschoben zu werden, falls ihnen dort nicht die unmittelbare oder mittelbare Weiterschiebung in den Verfolgerstaat droht.

18 **Asylbewerber** partizipieren an dem Schutz des Abs. 1 deshalb, weil ihnen der Aufenthalt im Bundesgebiet vor einer verbindlichen Entscheidung über die Asylberechtigung grundsätzlich nicht verwehrt werden darf. Sie sind mit der Äußerung des Asylgesuchs **vorläufig** zum Bundesgebiet **zugelassen**; das ihnen durch Gesetz verliehene vorläufige Aufenthaltsrecht der Aufenthaltsgestattung entsteht unabhängig von der späteren Dokumentation durch Ausstellung einer dahin gehenden Bescheinigung[39].

IV. Politisch Verfolgter

1. Allgemeines

19 Die Inanspruchnahme des Grundrechts auf Asyl steht auch ohne ausdrückliche Beschränkung in Abs. 1 **nur Ausländern** zu[40]. Ausgenommen sind alle (auch-)Deutschen iSd Art. 116 I GG, weil ihnen Zugang und Verbleib sowie Freizügigkeit im Bundesgebiet ohnehin gewährleistet sind. Dies wurde trotz anfänglicher Zweifel schließlich auch im Parlamentarischen Rat klargestellt[41].

20 Begünstigt ist auch der **Staatenlose**, wenn er im Staat seines gewöhnlichen Aufenthalts aus politischen Gründen verfolgt zu werden droht[42]. Hierzu gehören De-facto-Staatenlose und Personen mit ungeklärter fremder Staatsangehörigkeit; für sie alle gilt der Schutzgedanke des Abs. 1[43]. Entfällt allerdings der Staat des gewöhnlichen Aufenthalts infolge asylrechtlich unerheblicher Ausweisung oder Aussperrung, fehlt auch der Ausgangspunkt für eine staatliche oder einem Staat zurechenbare Verfolgung; damit geht zugleich die Anknüpfung asylrechtlichen Schutzes verloren, sodass eine Lösung des Schicksals dieser Personen nur nach dem Staatenlosen-Übereinkommen in Betracht kommt.

21 Der für das deutsche Asylrecht zentrale Begriff der politischen Verfolgung ist **unmittelbar Art. 16a I GG** zu entnehmen[44]. Danach ist als politisch Verfolgter anzusehen, wer bei einer Rückkehr in seine Heimat aus politischen Gründen Verfolgungsmaßnahmen für Leib oder Leben oder Beeinträchtigungen seiner persönlichen Freiheit zu erwarten hat[45]. Dem Asylanspruch des GG liegt die von der Unverletzlichkeit der Menschenwürde bestimmte Überzeugung zugrunde, dass kein Staat über das Recht verfügt, Leib, Leben oder persönliche Freiheit des Einzelnen aus Gründen zu gefährden oder zu verletzen, die allein in dessen politischer Überzeugung oder religiöser Grundentscheidung oder in

---

[35] → AsylG § 2 Rn. 11.
[36] → AsylG § 2 Rn. 12.
[37] Dazu → Rn. 120 und → AsylG § 1 Rn. 14 ff.
[38] Vgl. dazu BVerwG Urt. v. 7.10.1975 – I C 46.69, BVerwGE 49, 202.
[39] → AsylG § 55 Rn. 2.
[40] Zu der Einschränkung in § 1 AsylG → AsylG § 1 Rn. 33.
[41] *Kreuzberg/Wahrendorf* S. 34 f., 49 ff.
[42] Dazu *Große* InfAuslR 2002, 449.
[43] Vgl. auch → AsylG § 1 Rn. 32.
[44] Zu der insoweit maßgeblichen Rspr. des BVerfG *Marx* InfAuslR 2004, 21; *Roeser* EuGRZ 1998, 429 und 2000, 346; *Schenk* NVwZ 2002, 801; zu den verfassungsrechtlichen Anforderungen an Asylentscheidungen *Jobs* ZAR 2002, 219; zur Verfassungsbeschwerde in Asylsachen *Protz* ZAR 2002, 309.
[45] BVerfG Beschl. v. 2.7.1980 – 1 BvR 147/80 ua, BVerfGE 54, 341.

unverfügbaren, jedem Menschen von Geburt an anhaftenden Merkmalen liegen[46]. Das Asylrecht gilt dem Flüchtling, der sich aufgrund ihn aus dem staatlichen Friedensverband ausgrenzender Verfolgung in einer für ihn ausweglosen Lage befindet[47].

Während Art. 16a I GG eine **objektive Beurteilung** der Verfolgungsgefahr verlangt, stellt Art. 1 A Nr. 2 GK auf die eher subjektiv gefärbte „begründete Furcht" („well-founded fear") vor Verfolgung ab, für die „gute Gründe" („good reasons") gegeben sein müssen. Für das Refoulement-Verbot des Art. 33 GK und das ihm nachgebildete Abschiebungsverbot des § 60 I 1 AufenthG wiederum kommt es auf eine objektive Bedrohung der dort genannten Art an. Ungeachtet dieser Unterschiede wurde bisher für die innerstaatliche Rechtsanwendung eine Identität der Verfolgungsbegriffe zugrunde gelegt[48]. Ob diese Annahme einer weitgehenden Kongruenz beider Schutzbereiche möglicherweise aufgrund der EU-Asyl-RL und der an ihnen ausgerichteten Definitionen des § 60 I AufenthG, §§ 3 ff. AsylG modifiziert werden muss, ist nicht sicher, zumindest aber nicht von vornherein auszuschließen (dazu → Rn. 131 ff.). 22

Versuche einer **allgemeinen Definition** der politischen Verfolgung sind mannigfach unternommen worden. Eine in jeder Beziehung allgemein anerkannte Rechtsüberzeugung hat sich aber weder daraus noch aus der Rspr. des BVerfG und des BVerwG entwickelt. Eine solche anerkannte Rechtsmeinung lag weder den Beratungen des Parlamentarischen Rates zugrunde[49] noch kann sie den zahlreichen völkerrechtlichen Vereinbarungen über Asyl- und Flüchtlingsrecht entnommen werden[50]. 23

Ob es im Zuge der seit den 1980er-Jahren angestrebten Harmonisierung des Asylrechts auf **europäischer Ebene** gelingen würde, einen einheitlichen Flüchtlingsbegriff zu finden, war lange Zeit unsicher. Dahin gehende politische Bemühungen ließen zunächst eine eindeutige materielle Definitionsbasis nicht erkennen[51]. Die Rspr. des BVerfG zum Asylgrundrecht hat sich zunehmend von der Anlehnung an die GK entfernt und damit den Sonderweg des deutschen Asylrechts bekräftigt[52]. Nachdem nunmehr mit dem Gemeinsamen Europäischen Asylsystem (**GEAS**) bzw. den **EU-AsylRL** auf der Grundlage einer weitgehenden Vergemeinschaftung, juristisch genauer: „Verunionung" des Asylrechst seit dem Amsterdamer Vertrag (Inkrafttreten 1.5.1999), einheitliche europäische Mindestnormen festgelegt sind, lässt sich die Frage, ob zumindest für Europa ein einheitlicher Flüchtlingsbegriff gilt oder jedenfalls allmählich entwickeln wird, besser beantworten als noch vor einigen Jahren (dazu → Rn. 131 ff.). Da die Definitionen des § 3 AsylG an den neuen europäischen Standards ausgerichtet und nicht auf die Anwendung der GK beschränkt sind, tritt die Abweichung der bisherigen Auslegung des Verfolgtenbegriffs des GG von dem internationalen Flüchtlingsbegriff noch einmal deutlich zutage. Daher wäre es jetzt insbesondere von Seiten des BVerfG angezeigt und dringlich, diese Divergenz zu überdenken und möglichst zu beseitigen. 24

Ungeachtet dessen werden nachfolgend zunächst die **einzelnen Kriterien** zur Feststellung politischer Verfolgung iSd Art. 16a I GG anhand der bisherigen Rspr. des BVerfG und des BVerwG dargestellt und, soweit angezeigt, kritisch betrachtet[53]. Soweit es Einzelinformationen über Herkunftsländer, Verfolgtengruppen oder bestimmte Sachprobleme angeht, muss auf die allgemein zugänglichen Datenbanken, auf Fachschrifttum, Zeitschriften sowie Entscheidungssammlungen der Gerichte verwiesen werden. Hinsichtlich der Verfahrensregeln wird auf → Rn. 79 ff., 108 ff., 115 ff. und die einschlägigen Vorschriften des AsylG, insbesondere §§ 13 ff., 23 ff., 34 ff., 74 ff., Bezug genommen. 25

Auf eine nach Herkunftsländern oder Stichwörtern gegliederte **Übersicht**[54] wird aus verschiedenen Gründen verzichtet. Die Gerichtsentscheidungen zu einzelnen Ländern oder Verfolgungstatbeständen sind inzwischen so zahlreich geworden, dass sie nicht mehr zuverlässig ausgewählt, methodisch ausgewertet und so übersichtlich dargestellt werden können, dass der Leser einen Nutzen hieraus ziehen kann. Zudem sind die politischen Entwicklungen in den Hauptherkunftsländern, insbesondere in den Staaten des früheren Ostblocks, Asiens und Afrikas in den letzten beiden Jahrzehnten so stürmisch verlaufen, dass ein großer Teil älterer Rspr. als gänzlich überholt angesehen werden muss. Darüber hinaus zeigt die seit den frühen 1980er-Jahren verstärkte Beschneidung des Instanzenzugs Wirkung: Die Einheitlichkeit der Rspr. ist, wie vorauszusehen war, in Gefahr geraten, einzelne Entscheidungen 26

---

[46] BVerfG Beschl. v. 1.7.1987 – 2 BvR 478/86 ua, BVerfGE 76, 143; BVerwG Urt. v. 17.5.1983 – 9 C 36.83, BVerwGE 67, 184.
[47] BVerfG Beschl. v. 10.7.1989 – 2 BvR 502/86 ua, BVerfGE 80, 315.
[48] Näher dazu → Rn. 119f; → AsylG § 1 Rn. 14 ff.; → AuslG § 60 Rn. 8.
[49] Vgl. *Kreuzberg/Dahrendorf* S. 19 ff.
[50] Vgl. zB *Berberich* ZAR 1985, 30; *Hailbronner* in Beitz/Wollenschläger S. 69 ff.; *Hailbronner* ZAR 1987, 3; *Hofmann* ZAR 1984, 155; *Jahn* in Beitz/Wollenschläger S. 143 ff.; *Kälin* ZAR 1986, 172; *Kimminich* Rechtsstatus S. 100 ff.; *Köfner/van Krieken* ZAR 1984, 151; *v. Pollern* S. 48 ff.; *UNHCR*, HdB über Verfahren und Kriterien zur Feststellung der Flüchtlingseigenschaft, 1979; *Veiter*, Asylrecht als Menschenrecht, 1969; *Wollny* ZAR 1989, 116.
[51] Vgl. zB *v. Arnim/Hein/Huber/de Jong et al.* in Barwig ua, Asylrecht im Binnenmarkt; ECRE, Asylum in Europe; *Reichert* ZAR 1991, 37; *Schäuble* ZAR 1991, 56; zu Verträgen iSd Abs. 5 vgl. → Rn. 127 ff.
[52] Vgl. *Rennert* ZAR 1991, 155.
[53] Vgl. dazu auch *Rennert* ZAR 1991, 155; *Schenk* S. 17 ff.; zur älteren Rspr. des BVerwG ausf. *Schaeffer*, Asylberechtigung, 1980.
[54] Wie zuletzt in der 4. Aufl., S. 539 ff.

der Instanzgerichte geben also immer weniger verlässliche Auskunft über die wirkliche Rechtslage. Schließlich verfallen auch rechtskräftige Entscheidungen des BVerwG, der OVG/VGH und der VG zunehmend öfter der Aufhebung durch das BVerfG bzw. Beanstandung durch den EGMR, geben also nicht unbedingt immer den aktuellen Stand der Rspr. wieder. Letztendlich hat die Umstrukturierung des Asylgrundrechts aufgrund der GG-Änderung 1993 sogar ehedem allgemein anerkannte Grundsätze relativiert und obsolet werden lassen.

2. Verfolgung

27   Verfolgung im grundgesetzlichen Sinne bedeutet zunächst eine Rechtsgutbeeinträchtigung von asylrechtlich erheblicher Intensität, durch die der Flüchtling in eine ausweglose Lage geraten ist[55]. Ein **Eingriff** in Leib, Leben oder persönliche Freiheit stellt insoweit stets eine asylbegründende Maßnahme dar; Beeinträchtigungen anderer Rechte, etwa der Religionsfreiheit oder der wirtschaftlich Betätigung, genügen nur dann, wenn sie nach Intensität und Schwere die **Menschenwürde** tangieren und über das hinausgehen, was die Bewohner des Heimatstaats allgemein system- und situationsbedingt hinzunehmen haben[56]. Eingriffe in unterschiedliche Schutzgüter mit jeweils nicht ausreichender Intensität stellen auch in ihrer Gesamtheit keine asylrelevante Verfolgung dar[57]. Sie dürfen aber nicht völlig isoliert betrachtet werden[58]. Ein Klima allgemeiner moralischer, religiöser oder gesellschaftlicher Verachtung kann insgesamt die Prognose politischer Verfolgung rechtfertigen[59]. Unabhängig von dem Rechtsgut muss es sich um eine gezielte Beeinträchtigung handeln, die aus der staatlichen Friedensordnung ausgrenzen soll[60]. Zu den Auswirkungen der EU-AsylRL und §§ 3 ff. AsylG → Rn. 131 ff.

28   **Ausbürgerung** oder sonstige Aussperrung vom Staatsgebiet kann die schärfste Form der Ausgrenzung darstellen[61]. Anders kann es sich dagegen mit einer Ausbürgerung wegen Wehrdienstentziehung handeln[62] oder bei einer nur vorübergehenden Wiedereinreisesperre[63]. Ist die Staatenlosigkeit nicht in asylrelevanter Weise herbeigeführt, muss das Schicksal des Betroffenen nach den Regeln über Staatenlose gelöst werden. Ob **Inhaftierungen** oder **Körperverletzungen** dadurch relativiert werden dürfen, dass im Herkunftsstaat geltende Maßstäbe herangezogen werden[64], erscheint äußerst fraglich. Leib, Leben und persönliche Freiheit sind asylrechtlich ähnlich absolut geschützt wie nach allgemeinen menschenrechtlichen Normen, etwa durch Art. 2 und 5 EMRK. Bloße körperliche Belästigungen oder Freiheitsbeschränkungen stellen ohnehin keine Eingriffe in die genannten Rechtsgüter dar. Anders können sich zB zwangsweise Beschneidungen darstellen[65] oder Razzien, bei denen es wiederholt zu Folter, Vergewaltigung und Brandstiftung kommt[66]. Zum Schutz gegen asylrechtlich nicht relevante Verletzungen vgl. § 60 VII AufenthG.

29   Eingriffe in die berufliche oder sonstige **wirtschaftliche Betätigung** müssen das Existenzminimum und damit die Grundlagen eines menschenwürdigen Daseins ernsthaft in Frage stellen[67]. Eine Existenzgefährdung genügt zB dann nicht, wenn ihr durch einen Tätigkeitswechsel begegnet werden kann oder wenn zwar ein Studium verhindert wird, eine andere Berufsausbildung aber möglich bleibt[68]. Das teilweise Vorenthalten von Lohn gefährdet im Allgemeinen noch nicht die Existenz[69] und die teilweise Wegnahme landwirtschaftlichen Besitzes kann uU durch Lohnarbeit ausgeglichen werden.

30   Religiöse Verfolgung ist asylrelevant, wenn sie darauf abzielt, die Angehörigen der Religionsgruppe physisch zu vernichten, mit vergleichbar schweren Sanktionen zu bedrohen oder ihrer religiösen Identität zu berauben[70]. Geschützt sind danach – anders als bei § 3 AsylG, der seit dem EuGH-Urteil vom 5.9.2012 in den Rechtssachen C-71/11 und C-99/11 – Y und Z ausdrücklich auch das „forum externum" schützt[71] – als Bestandteile des **religiösen Existenzminimums** bislang anerkanntermaßen

---

[55] BVerfG Beschl. v. 10.7.1989 – 2 BvR 502/86 ua, BVerfGE 80, 315.
[56] BVerfG Beschl. v. 2.7.1980 – 1 BvR 147/80, BVerfGE 54, 341; BVerwG Urt. v. 18.2.1986 – 9 C 16.85, BVerwGE 74, 31.
[57] BVerwG Urt. v. 23.7.1991 – 9 C 154.90, BVerwGE 88, 367; BVerwG Beschl. v. 3.4.1995 – 9 B 758.94, NVwZ-RR 1995, 607.
[58] AA wohl BVerwG Urt. v. 27.6.1989 – 9 C 1.89, BVerwGE 82, 171.
[59] BVerwG Urt. v. 23.7.1991 – 9 C 154.90, BVerwGE 88, 367.
[60] BVerfG Beschl. v. 10.7.1989 – 2 BvR 502/86, BVerfGE 80, 315.
[61] Dazu BVerwG Urt. v. 24.10.1995 – 9 C 3.95, DVBl 1996, 205.
[62] Betr. Türkei NdsOVG Urt. v. 26.11.2002 – 2 L 7632/94.
[63] BVerwG Beschl. v. 30.4.1997 – 9 B 11.97, DVBl 1997, 912.
[64] So wohl *Rennert* ZAR 1991, 155.
[65] BVerwG Urt. v. 5.11.1991 – 9 C 118.90, BVerwGE 89, 162; allgemein dazu *Bumke* NVwZ 2002, 423.
[66] BVerwG-K Beschl. v. 20.5.1992 – 2 BvR 205/92, NVwZ 1992, 1081.
[67] BVerfG Beschl. v. 1.7.1987 – 2 BvR 478/86 ua, BVerfGE 76, 143; BVerwG Urt. v. 24.3.1987 – 9 C 321.85, NVwZ 1987, 701.
[68] BVerwG Urt. v. 20.10.1987 – 9 C 42.87, InfAuslR 1988, 22.
[69] BVerwG Urt. v. 20.10.1987 – 9 C 42.87, BVerwGE 88, 367.
[70] BVerfG Beschl. v. 1.7.1987 – 2 BvR 478/86 ua, BVerfGE 76, 143.
[71] Vgl. die Kommentierung bei → AufenthG § 60 Rn. 13, mwN.

im Wesentlichen nur die Religionsausübung im häuslich-privaten Bereich, Gebet und Gottesdienst mit anderen Gläubigen sowie Glaubensgespräch und -bekenntnis im nachbarschaftlich-kommunikativen Bereich[72]. Innen- und Außenbereich sollen in der Weise voneinander abgegrenzt werden, dass der Besitz und das Bekennen des Glaubens im privaten Bereich und in der persönlichen Gemeinschaft Gleichgesinnter geschützt sind[73]. Welche Bestandteile des religiösen Lebens unverzichtbar sind, kann nicht allgemein für alle religiösen Gemeinschaften festgestellt werden, sondern hängt vorwiegend von deren Selbstverständnis ab[74]. Objektiv zu bestimmen ist allerdings die Gewährleistung des Existenzminimums[75]. Daher kommt es nicht darauf an, ob eine Religionsgemeinschaft gewisse äußere Bekenntnisformen für sich als identitätsbestimmend erachtet[76]. Ob diese Relativierung freilich dem asylrechtlichen Schutz der religiösen Selbstbestimmung gerecht zu werden vermag, ist zweifelhaft, weil das religiöse Bekenntnis nicht nur in einer irgendwie gearteten „sozial verträglichen" Form geschützt ist, sondern in allen für eine wirksame Ausübung unerlässlichen Ausformungen. Zwar kann der Grundrechtsschutz des Art. 4 GG nicht „per Asylgrundrecht exportiert" werden, es darf aber umgekehrt der Schutz des religiös Verfolgten nicht nach den Maßstäben eines vorgeblich „rational reduzierten", in Wirklichkeit vollkommen säkularisierten, ja eigentlich schon anti- oder jedenfalls areligiös geprägten mitteleuropäischen Verständnisses den vermeintlichen Gegebenheiten eines in Auflösung begriffenen ehemals christlichen Europas angepasst werden. Für den Grundgesetzgeber und auch jetzt noch allein maßgeblich ist die Überzeugung von der Schutzbedürftigkeit „unveräußerlicher Werte", zu denen neben der politischen auch die religiöse Überzeugung gehört, und zwar unabhängig von ihrer Nachvollziehbarkeit und Sozialverträglichkeit. Es versteht sich von selbst, muss aber im Blick auf aktuelle Beurteilungen des islamischen Fundamentalismus erneut hervorgehoben werden, dass der asylrechtliche Schutz nicht auf Angehörige christlicher Religionen oder auf religiöse Gemeinschaften beschränkt ist, die dem Christentum inhaltlich oder organisatorisch vergleichbar sind oder nahestehen.

Bei entsprechender Glaubenslehre und -praxis kann der Erhalt einer Religionsfamilie **existenz-** 31 **notwendig** sein[77]. Das auf besonders strengen religiösen Wertvorstellungen beruhende strafbewehrte Verbot, sich mit einer Freundin in der Öffentlichkeit zu treffen, soll nicht in den Kernbereich der Religionsfreiheit eingreifen. Ebenso wenig die Untersagung der Verwendung bestimmter religiöser Bezeichnungen, Merkmale oder Symbole in der Öffentlichkeit, dem Verbot der Teilnahme an einem „öffentlichen Gottesdienst" oder das allgemeine Gebot, die Staatsflagge zu grüßen. Anders verhält es sich bei einem strafbewehrten Verbot des organisatorischen Zusammenschlusses und der gemeinschaftlichen Religionsausübung oder der Missionierung sowie der Todesstrafe wegen Apostasie bei öffentlicher Ausübung der Religion oder Freiheitsstrafe wegen Verwendung des muslimischen Gebetsrufs und Tragens der *kalima* durch einen Ahmadi[78]. Vom Verbot bestimmter Betätigungsformen sind jedoch nur die jeweils Tätigen betroffen, nicht allgemein die gesamte Religionsgruppe. Die Einrichtung einer Staatsreligion berührt für sich genommen noch nicht den Kernbereich anderer Religionen. Gezielte Strafvorschriften gegen den religiösen Privatbereich sind dagegen nur dann irrelevant, wenn der Einzelne aufgrund festgestellter Rechtspraxis davor sicher ist. Körperstrafen islamischen Rechts können je nach Strafpraxis durchaus asylrechtlich relevante Zwecke verfolgen[79].

Ob die Pflicht zur Teilnahme am islamischen **Religionsunterricht** für christliche Kinder einen 32 asylerheblichen Eingriff darstellt, hängt gewiss von den tatsächlichen Umständen ab, kann aber nicht rundweg verneint werden. Das religiöse Existenzminimum ist zumindest dann nicht mehr gewahrt, wenn minderjährige Christen in einem staatlichen Waisenhaus nach islamischen Wertvorstellungen erzogen und zusätzlich durch islamischen Religionsunterricht zu einem ihrer Religion widerstrebenden Bekenntnis gezwungen werden. Der hierin liegende tatsächliche Eingriff kann nicht durch die rechtliche Überlegung relativiert werden, es handele sich dabei nicht um Indoktrination oder Umerziehung[80]. Damit wäre die für eine Religionsgemeinschaft und damit für einen Gläubigen je nach Inhalt und Selbstverständnis existenzielle Bedeutung der Unterrichtung im Glauben und der Weitergabe religiöser Erfahrungen und Überlieferungen zu Unrecht vernachlässigt.

Die Folgen langfristiger **Anpassungsprozesse** aufgrund allgemeiner Veränderung der Lebens- 33 grundlagen werden zwar vom Asylrecht nicht erfasst. Damit scheidet aber nicht jeder „Anpassungsdruck" aus dem Schutzbereich des Asylgrundrechts aus[81]. Zwangsweise Umerziehung und Zwangsassimilation bleiben asylbegründend, auch wenn sie längerfristig angelegt sind und schleichend wirken.

---

[72] BVerfG Beschl. v. 1.7.1987 – 2 BvR 478/86 ua, BVerfGE 76, 143; BVerwG Urt. v. 25.10.1988 – 9 C 18.88, NVwZ 1989, 477.
[73] BVerwG Urt. v. 25.1.1995 – 9 C 279.94, NVwZ 1996, 82; zum Schutz des religiösen Minimums nach § 53 VI AuslG = § 60 VII AufenthG BVerwG Urt. v. 24.5.2000 – 9 C 34.99, BVerwGE 111, 223.
[74] BVerfG Beschl. v. 10.11.1989 – 2 BvR 403/84 ua, BVerfGE 81, 58.
[75] BVerwG Urt. v. 25.10.1988 – 9 C 37.88, BVerwGE 80, 321.
[76] BVerfG Beschl. v. 1.7.1987 – 2 BvR 478/86 ua, BVerfGE 76, 143.
[77] BVerfG Beschl. v. 10.11.1989 – 2 BvR 403/84 ua, BVerfGE 81, 58.
[78] Zur Verfolgungsgefahr der Ahmadi im FlüchtlingsR vgl. BVerwG Urt. v. 20.2.2013 – 10 C 23.12.
[79] Vgl. auch *Heldmann* ZAR 1990, 137.
[80] So aber BVerwG Urt. v. 6.3.1990 – 9 C 14.89, BVerwGE 85, 12.
[81] BVerfG Beschl. v. 10.11.1989 – 2 BvR 403/84 ua, BVerfGE 81, 58.

Hier ist eine kurzfristige Betrachtung nicht ausreichend, es zählen allein Dauerwirkungen, sofern sie nicht völlig unbeabsichtigt eintreten. Allgemeine **Notlagen** aufgrund von Naturkatastrophen, Korruption oder Misswirtschaft scheiden schon deshalb aus, weil sie nicht durch einen Eingriff verursacht sind, der an asylerhebliche persönliche Merkmale anknüpft. Das Asylrecht kann zudem nicht dazu dienen, die allgemeine Lebenssituation des Flüchtlings zu verbessern[82].

3. Staatliche Verfolgung

34   Als Verfolgungsmaßnahmen kommen (anders als bei Zuerkennung der Flüchtlingseigenschaft gem. § 3c AsylG) nur **staatliche oder dem Staat zurechenbare** Handlungen in Betracht[83]. Der asylrechtliche Eingriff kann entweder vom Staat oder seinen Organen selbst ausgehen oder von ihnen zu verantworten sein. Insbesondere die faktische Einheit von Staat und Staatspartei oder von Staat und Staatsreligion kann es rechtfertigen, dem Staat Maßnahmen von Angehörigen der Staatspartei oder der Staatsreligion als eigene Verfolgung zuzurechnen.

35   Dem Staat sind nicht nur die ihn uU allein beherrschende Partei oder Religionsgemeinschaft **gleichzusetzen;** dem Staat steht vielmehr auch gleich, wer ihn ersetzt oder verdrängt hat und faktisch die Staatsgewalt ausübt. Die **quasistaatliche** Gewalt soll staatsähnlich organisiert, effektiv und stabilisiert sein. Die Anforderungen an die Effektivität der Herrschaftsgewalt über das Staatsgebiet dürfen aber nicht überspannt werden. Solange der Staat freilich die effektive Gebietsgewalt verloren hat und (im offenen oder Guerilla-Bürgerkrieg) nicht wiedererlangt hat und nur die Rolle einer Bürgerkriegspartei ausübt, fehlt es grundsätzlich an einer staatlichen Gewalt, von der asylrelevante Verfolgungshandlungen ausgehen können[84].

36   Der Staat ist asylrechtlich nicht nur für eigene Verfolgungshandlungen verantwortlich, sondern auch für Handlungen „**privater" Einzelner oder Gruppen,** wenn er diese anregt, unterstützt, billigt oder tatenlos hinnimmt und damit den Betroffenen den ihnen zustehenden Schutz versagt, weil er hierzu nicht willens oder nicht imstande ist. Damit wird dem Staat fremdes Verhalten zugerechnet, weil er selbst seiner gegenüber allen Staatsangehörigen ungeachtet Rasse, Religion oder anderer Merkmale obliegenden Schutzpflicht nicht nachkommt. Fehlende Schutzfähigkeit kann erst angenommen werden, wenn der Staat zur Verhinderung von Übergriffen für eine gewisse Dauer außerstande ist.

37   Zurechenbarkeit setzt Kenntnis und zumindest Duldung von Übergriffen voraus. Fehlender Schutzwille ist immer asylrelevant. Daher müssen die Sicherheitskräfte zum Schutz verpflichtet und auch landesweit dazu angehalten werden. Mangelnde **Schutzfähigkeit** allein rechtfertigt noch keine Zurechnung. Auch im Asylrecht gilt also der Grundsatz „ultra posse nemo obligatur". Da kein Staat lückenlosen Schutz zu gewährleisten vermag, kommt es darauf an, ob er die ihm zur Verfügung stehenden Mittel einsetzt. Ihm muss für Schutzmaßnahmen unter Umständen eine gewisse Zeitspanne zugebilligt werden, bis er auf Übergriffe reagieren kann. Seine Verantwortlichkeit endet aber nicht dadurch, dass er aus innenpolitischen Gründen gegen gesellschaftlich mächtige Gruppen nicht vorgeht oder das Gesetz des Handelns an andere Kräfte verloren hat und sich gegen sie nicht durchzusetzen vermag[85].

38   Schutz vor den Folgen anarchischer Zustände oder der Auflösung der Staatsgewalt bietet Art. 16a GG grundsätzlich nicht[86]. Auch im **Bürgerkrieg** kann aber asylrelevante Verfolgung stattfinden. Es kommt darauf an, ob der Staat noch die überlegene Macht besitzt und einzelne oder bestimmte Gruppen in Anknüpfung an asylerhebliche Merkmale selektiert. Im offenen Bürgerkrieg stellen Maßnahmen, die der Rückeroberung eines Gebiets dienen und ein typisch militärisches Gepräge aufweisen, grundsätzlich keine politische Verfolgung dar; anders verhält es sich jedoch bei Übergriffen auf die nicht beteiligte Zivilbevölkerung oder bei gezielter physischer Vernichtung oder Zerstörung der ethnischen, kulturellen oder religiösen Identität der gesamten aufständischen Bevölkerung. Genozid oder ähnliche kollektive Vernichtungsaktionen bleiben auch während des offenen Bürgerkriegs asylrechtsbegründend. Ebenso verhält es sich während eines Guerilla-Bürgerkriegs, in dem die staatliche Friedensordnung prinzipiell aufgehoben ist.

39   Asylrechtlich hat der Staat nicht allgemein für **Amtswalter Exzesse** einzustehen[87], die er weder kennt noch sonst aufgrund eigenen Verhaltens zu vertreten hat. Erforderlich sind aber im Einzelfall genauere Feststellungen zur Singularität des Übergriffs. Asylrechtlich nicht verantwortlich ist der Staat auch für kriminelle Privatorganisationen (zB die Mafia), solange sie ihm nicht aufgrund Unterstützung

---

[82] BVerfG Beschl. v. 10.7.1989 – 2 BvR 502/86 ua, BVerfGE 80, 315; vgl. auch § 30 II AsylG.
[83] BVerfG Beschl. v. 10.7.1989 – 2 BvR 502/86 ua, BVerfGE 80, 315; dazu Marx ZAR 2001, 12; zu den EU-Asyl-RL und § 60 I 4 AufenthG → Rn. 131 ff.
[84] BVerfG Beschl. v. 10.7.1989 – 2 BvR 502/86 ua, BVerfGE 80, 315; zum Bürgerkrieg → Rn. 38 und → AsylG § 1 Rn. 18.
[85] BVerwG Urt. v. 22.4.1986 – 9 C 318.85 ua, BVerwGE 74, 160.
[86] BVerfG Beschl. v. 10.7.1989 – 2 BvR 502/86 ua, BVerfGE 80, 315; vgl. aber zum subsidiären EU-Schutz § 4 AsylG.
[87] BVerfG Beschl. v. 10.7.1989 – 2 BvR 502/86 ua, BVerfGE 80, 315.

oder Billigung zuzurechnen sind[88]. Übergriffe sind ihm aber bei Kenntnis und Billigung sowie tatenloser Hinnahme oder aufgrund Untätigkeit zuzurechnen[89].

4. Politische Verfolgung

Verfolgungsmaßnahmen sind politisch, wenn sie auf asylerhebliche persönliche Merkmale oder **40** Eigenschaften abzielen. Das Attribut „politisch" besagt allein noch nichts über den erforderlichen Charakter einer Verfolgungsmaßnahme. Es gewinnt seine Bedeutung erst aus dem historischen Rückblick auf die Flüchtlingsströme des letzten Jahrhunderts und aus der völkerrechtlichen Regelungstradition, die ihren Ausdruck va in der Begriffsbestimmung des Art. 1 A Nr. 2 GK[90] gefunden hat. In Anlehnung hieran ist eine Verfolgung als „politisch" anzusehen, wenn sie auf bestimmte **persönliche Merkmale** abzielt, nämlich auf Rasse, Religion, Nationalität, politische Überzeugung oder Zugehörigkeit zu einer bestimmten sozialen (besser gesellschaftlichen = englisch „social") Gruppe[91]. Politische Verfolgung ist dadurch geprägt, dass sie dem Einzelnen in Anknüpfung an asylerhebliche Merkmale gezielt Rechtsverletzungen zufügt, die ihn ihrer Intensität nach aus der übergreifenden Friedensordnung der staatlichen Einheit ausgrenzen[92]. Der Schutz der politischen Überzeugung kommt auch deren Äußerung zugute; staatliche Maßnahmen gegen Meinungsäußerungen richten sich meist gegen die zugrunde liegende Überzeugung und sollen diese treffen. Ob Abs. 1 hinsichtlich der Anknüpfungspunkte über Art. 1 A Nr. 2 GK hinausgeht, ist fraglich[93]. Dem Verfolgerstaat kommt insoweit die alleinige Definitionskompetenz zu. Zu den asylerheblichen Merkmalen zählt das Geschlecht nicht, die Verfolgung frauenspezifischer Verhaltensweisen kann aber den politischen Zweck indizieren[94].

Diese spezifische **Zielrichtung** ist anhand des inhaltlichen Charakters nach der „erkennbaren **41** Gerichtetheit der Maßnahme selbst" zu beurteilen und nicht nach den subjektiven Motiven des Verfolgenden[95]. Die früher an der sog. „**Motivationslehre**" des BVerwG geübte Kritik[96] war insofern zutreffend, als sie auf methodische Defizite aufmerksam machte und teilweise Fehlentwicklungen in der Rspr. aufdeckte. Bei richtig verstandener Auslegung ist „Motivation" indes nur objektiv in dem Sinne zu verstehen, dass „Verfolgungstendenz" oder „Intention" der Verfolgungsmaßnahmen gemeint sind, dass die Maßnahme auf eines der erwähnten persönlichen Merkmale „gerichtet sein" muss oder dass zB mit einer Strafverfolgung über die Ahndung eines Moralverstoßes hinausgehende „Absichten" verfolgt werden und die betreffende Person „getroffen werden soll"[97]. Auf subjektive Empfindungen der handelnden Person kann es dagegen nicht ankommen.

Zur Feststellung von Zweckrichtung, Intention oder „Gerichtetheit" der Maßnahme bedarf es der **42** Ermittlung aussagekräftiger **Indizien**, und diese können meist nur gewonnen und zutreffend gewürdigt werden, wenn zB auch die Struktur des Verfolgerstaats, dessen Strafrechtssystem und das Verhältnis verschiedener Volksgruppen untereinander in die Betrachtung einbezogen werden. Insofern handelt es sich zum Teil um dieselben Faktoren, die auch für die „Motivation" des Verfolgerstaats ausschlaggebend sein sollten[98]. Dies wird va bei schweren Menschenrechtsverletzungen wie Folter deutlich, die nicht per se ein Asylrecht begründen[99], die politische Tendenz aber gegebenenfalls indizieren. Die Zielrichtung einer Strafnorm kann sich verändern und ihren politischen Charakter verlieren.

Ob der Betroffene das vom Verfolger angenommene **asylerhebliche Merkmal** tatsächlich besitzt, **43** ist nicht entscheidend. Bei mittelbarer Verfolgung kann sich die asylrelevante Zweckrichtung daraus ergeben, dass sie bei den unmittelbaren Verfolgern vorliegt. Mit deren Unterstützung oder Duldung übernimmt der Staat die Verantwortung auch für die zugrundeliegende Intention der Verfolger. Fehlt

---

[88] *Rennert* ZAR 1991, 155.
[89] BVerwG Urt. v. 22.4.1986 – 9 C 318.85 ua, BVerwGE 74, 160.
[90] Art. 1 A Nr. 2 GK: „Die infolge von Ereignissen, die vor dem 1. Januar 1951 eingetreten sind, und aus der begründeten Furcht vor Verfolgung wegen ihrer Rasse, Religion, Nationalität, Zugehörigkeit zu einer bestimmten sozialen Gruppe oder wegen ihrer politischen Überzeugung sich außerhalb des Landes befindet, dessen Staatsangehörigkeit sie besitzt, und den Schutz dieses Landes nicht in Anspruch nehmen kann oder wegen dieser Befürchtungen nicht in Anspruch nehmen will; oder die sich als staatenlose infolge solcher Ereignisse außerhalb des Landes befindet, in welchem sie ihren gewöhnlichen Aufenthalt hatte, und nicht dorthin zurückkehren kann oder wegen der erwähnten Befürchtungen nicht dorthin zurückkehren will. Für den Fall, dass eine Person mehr als eine Staatsangehörigkeit hat, bezieht sich der Ausdruck „das Land, dessen Staatsangehörigkeit sie besitzt" auf jedes der Länder, dessen Staatsangehörigkeit diese Person hat. Als des Schutzes des Landes, dessen Staatsangehörigkeit sie hat, beraubt gilt nicht eine Person, die ohne einen stichhaltigen, auf eine begründete Befürchtung gestützten Grund den Schutz eines der Länder nicht in Anspruch genommen hat, deren Staatsangehörigkeit sie besitzt."
[91] BVerfG Beschl. v. 1.7.1987 – 2 BvR 478/86 ua, BVerfGE 76, 143.
[92] BVerfG Beschl. v. 10.7.1989 – 2 BvR 502/86 ua, BVerfGE 80, 315.
[93] Bzgl. geschlechtsspezifischer Verfolgung allgemein *Bumke* NVwZ 2002, 423.
[94] Vgl. *Gebauer* ZAR 1988, 120; *Hailbronner* ZAR 1998, 152 mwN.
[95] BVerfG Beschl. v. 10.7.1989 – 2 BvR 502/86 ua, BVerfGE 80, 315.
[96] Ua *Köfner/Nicolaus* ZAR 1986, 11; *Marx* ZAR 1981, 42; *Roth* ZAR 1988, 164.
[97] BVerwG Urt. v. 15.3.1988 – 9 C 278.86, BVerwGE 79, 143.
[98] Vgl. zB BVerwG Urt. v. 17.5.1983 – 9 C 874.82, BVerwGE 67, 195; übrigens verwendet das BVerfG den Begriff der Motivation in diesem Zusammenhang ebenfalls, vgl. *Schenk* S. 35 Rn. 116.
[99] Vgl. BVerfG Beschl. v. 20.12.1989 – 2 BvR 958/86, BVerfGE 81, 142.

es den Verfolgungshandlungen selbst an der notwendigen Finalität, reicht es aus, wenn die Unterstützung oder das Nichteingreifen des Staats auf eine asylrelevante Intention zurückzuführen sind[100]. Entweder zielen also die nichtstaatlichen Maßnahmen auf asylrelevante persönliche Merkmale oder der Staat versagt den Schutz gegenüber unpolitischen Übergriffen wegen solcher Merkmale[101]. Zur Freiheit der politischen Überzeugung gehört auch deren Äußerung mit dem Ziel der Gewinnung Dritter; staatliche Maßnahmen gegen Meinungsäußerungen sollen meist die Gesinnung treffen[102].

5. Einzel- und Gruppenverfolgung

44 Politische Verfolgung des Individuums kann auch in Form einer **Kollektivverfolgung** stattfinden. Die jeweilige Einzelperson muss von konkreten Verfolgungsmaßnahmen betroffen oder bedroht sein. Eine derartige Lage ist aber nicht nur bei zielgerichteter Verfolgung eines Einzelnen denkbar. Das geschichtliche „Erlebnis ungezählter Verfolgungs- und Vertreibungsschicksale vor allem auch während der NS-Zeit und nach 1945" verdeutlicht vielmehr eindrucksvoll, dass politische Verfolgung herkömmlich meist Gruppen von Menschen derselben Ethnie, Religion usw treffen sollte und getroffen hat. Einzelschicksale wie die bekannter deutscher Emigranten während der NS-Zeit können gewiss augenfällig Sinn, Zweck und moralische Berechtigung des Asylrechts belegen; der Parlamentarische Rat hatte aber auch die massenhaften Verfolgungsaktionen vor, in und nach den beiden Weltkriegen vor Augen, als er das Grundrecht auf Asyl schuf. Asyl nach dem GG ist kein Exklusivrecht für herausgehobene Einzelne, sondern eine Verheißung für verfolgte Menschen auch und gerade dann, wenn sie einer als Gesamtheit verfolgten Gruppe angehören.

45 Asylrelevante Verfolgung kann sich damit auch gegen Gruppen von Menschen richten, die durch gemeinsame Merkmale oder Eigenschaften wie Rasse, Religion usw gekennzeichnet und verbunden sind. Dabei ist per definitionem jeder Gruppenzugehörige verfolgt, es sei denn, er ist trotz Gruppenzugehörigkeit von der Verfolgung ausgenommen. Entgegen der Auffassung des BVerwG spricht nicht eine **„Regelvermutung"** für die Einbeziehung jedes Gruppenzugehörigen in die Kollektivverfolgung[103] oder ein Erfahrungssatz, sondern eben der Tatbestand dieser Verfolgungsart, die lediglich auf quantitativen Annahmen beruht und keinen neuen Verfolgungstyp darstellt[104]. Ergreift eine Verfolgung nicht so gut wie alle Angehörigen einer Gruppe, kann von einer Kollektivverfolgung nicht gesprochen werden. Dann genügt für das einzelne Mitglied nicht die Feststellung der Zugehörigkeit zur Gruppe; die Verfolgung muss vielmehr im Einzelnen dargetan und nachgewiesen werden.

46 Die Gruppenverfolgung stellt keine eigenständige Grundlage der Asylgewährung dar. Sie bildet nur ein **Mittel zur Feststellung** der Individualverfolgung. Dasselbe gilt für die „Einzelverfolgung wegen Gruppenzugehörigkeit"[105]. Maßgeblich sind und bleiben die Anknüpfung an asylrelevante persönliche Merkmale und die Intensität der Betroffenheit oder der Gefährdung. Die zT von der Rspr. herausgearbeiteten Typen ergeben kein neues System mit neuen Verfolgungskategorien. Sie spiegeln nur das facettenreiche Erscheinungsbild politischer Verfolgung wider, mit fließenden Übergängen und Zwischenstufen[106]. Sie unterscheiden sich allerdings von anderen Hilfsmitteln zur Ermittlung von Verfolgungsschicksalen wie zB der tatsächlichen Vermutung der Einbeziehung von Eltern und Kindern in die Verfolgung[107]. Derartige Annahmen einer sippenhaftähnlichen Erstreckung der Verfolgung können aber nicht auf rechtliche Grundlagen gestützt werden, sondern nur auf geeignete und aussagekräftige tatsächliche Umstände.

47 Während für die unmittelbare Kollektivverfolgung Zweckrichtung und Reichweite staatlicher Normen und Anordnungen ohne Rücksicht auf tatsächliche Verfolgungsschläge ausschlaggebend sind, werden für die Annahme einer mittelbaren Kollektivverfolgung im Allgemeinen **pogromartige oder flächendeckende Ausmaße** oder Massenausschreitungen verlangt. Entscheidend bleibt immer die Verfolgungsdichte, die allein von Schwere und Häufigkeit der Verfolgungsschläge bestimmt wird und für jedes Gruppenmitglied die Gefahr der Verfolgung heraufbeschwören muss. Die Unterscheidung zwischen unmittelbarer und mittelbarer Kollektivverfolgung ist insofern wichtig, als die Erstere jeden Gruppenzugehörigen in der Regel sofort und unmittelbar gefährdet[108], während es im zweiten Fall für das Maß der Gefährdung bei dem einzelnen Gruppenmitglied auf die Art der Übergriffe und der staatlichen Reaktion hierauf ankommt. Unabhängig davon setzt Gruppenverfolgung allgemein die Gefahr der Verfolgung der Gruppenangehörigen insgesamt voraus und nicht nur eine latente oder potenzielle Gefährdung oder ein „feindliches Klima".

---

[100] Ähnlich *Rennert* ZAR 1991, 155.
[101] Vgl. BVerwG Beschl. v. 24.3.1995 – 9 B 747.94, NVwZ 1996, 85.
[102] Vgl. BVerwG Urt. v. 30.8.1988 – 9 C 14.88, BVerwGE 80, 136.
[103] So aber zB BVerwG Urt. v. 23.2.1988 – 9 C 85.87, BVerwGE 79, 79.
[104] Krit. auch *Dürig* S. 50 ff.
[105] So BVerwG Urt. v. 18.2.1986 – 9 C 16.85, BVerwGE 74, 31.
[106] BVerfG Beschl. v. 23.1.1991 – 2 BvR 902/85 ua, BVerfGE 83, 216.
[107] Dazu BVerwG Urt. v. 27.4.1982 – 9 C 239.80, BVerwGE 65, 244.
[108] Dazu BVerfG Beschl. v. 23.1.1991 – 2 BvR 902/85 ua, BVerfGE 83, 216.

Eine regionale oder sonstige **Begrenzung der verfolgten Gruppe** ist denkbar, es handelt sich 48
dann aber nicht mehr um eine Gruppenverfolgung im eigentlichen Sinne. Werden Angehörige einer
ethnischen, religiösen oder politischen Gruppe nicht landesweit, sondern nur in bestimmten Gegenden
verfolgt, fehlt es eigentlich an den Voraussetzungen für die Annahme einer Kollektivverfolgung. Im
Einzelfall können freilich aus der festgestellten „begrenzten Gruppenverfolgung" mittels Erfahrungssatz
oder Anscheinsbeweis Schlüsse auf das allgemeine Schicksal von Gruppenzugehörigen gezogen werden, falls diese aus dem von Verfolgung betroffenen Gebiet stammen oder dorthin zurückkehren.
Ebenso verhält es sich mit personenbezogenen Begrenzungen einer Gruppe, etwa durch ein bestimmtes Alter, die Herkunft oder das Geschlecht. Die regionale soll von der örtlich begrenzten Gruppenverfolgung danach unterschieden werden, ob der Staat die gesamte Gruppe in den Blick genommen
hat und von der Verfolgung in bestimmten Gegenden nur aus Gründen der Opportunität oder
aufgrund anderer Überlegungen absieht und sich damit insgesamt gesehen als Verfolgerstaat erweist
(regionale Verfolgung) oder nicht[109].

6. Vor- und Nachfluchtgründe

a) Allgemeines. Vor- und Nachfluchtgründe unterscheiden sich durch den **Zeitpunkt ihres Ent-** 49
stehens voneinander: vor oder nach Verlassen des Verfolgerstaats. Die Differenzierung wirkt sich auf
den Prognosemaßstab und die Beweisanforderungen aus. Nach der Rspr. des BVerfG[110] und im
Anschluss daran auch des BVerwG[111] erstreckt sich das Asylgrundrecht grundsätzlich nur auf Vorfluchttatbestände und nur ausnahmsweise auf **objektive** und **subjektive** Nachfluchtgründe[112]. Ein Teil
der subjektiv geschaffenen Nachfluchttatbestände wird bei der Asylanerkennung gem. § 28 AsylG
nicht berücksichtigt[113]; die Zuerkennung der Flüchtlingseigenschaft nach §§ 3 ff. AsylG bzw. Feststellung der Voraussetzungen des § 60 I AufenthG ist dadurch aber nicht ausgeschlossen. Die Grundsatzrechtsprechung des BVerfG und des BVerwG zu Nachfluchtgründen bedarf der näheren Darstellung, weil hierdurch der Kernbereich asylrechtlichen Schutzes berührt wird und bei fortschreitender Ausformung dieser Rspr. das Asylrecht insgesamt ausgehöhlt zu werden droht[114].

b) Rechtsprechung. Nach der Rspr. des BVerfG setzt das Asylgrundrecht von seinem Tatbestand 50
her den **kausalen Zusammenhang** zwischen Verfolgung und Flucht voraus und erlaubt daher eine
Erstreckung auf Nachfluchttatbestände nur, wenn sie nach Sinn und Zweck der Asylverbürgung, wie
sie dem Normierungswillen des Verfassungsgebers entspricht, gefordert wird[115]. Dies folgert das
BVerfG ua aus verschiedenen Äußerungen im Schrifttum über das völkerrechtliche Institut des Asyls,
das durch Art. 16 II 2 bzw. 16a I GG – abgesehen von der Gewährung eines Rechtsanspruchs auf Asyl
– nicht habe verändert werden sollen. Das BVerwG hat diese Grundsätze in Abkehr von seiner
früheren jahrzehntelangen Judikatur sofort aufgenommen und als nach § 31 BVerfGG bindend
anerkannt[116]. In der Folgezeit hat es den Versuch unternommen, die **„Leitlinie" des BVerfG** auf
verschiedene Arten von Nachfluchttatbeständen anzuwenden[117]. Dabei legt es die Ausgangsthese
zugrunde: Wer unverfolgt seine Heimat verlassen hat, kann nur aufgrund **beachtlicher** Nachfluchtgründe als asylberechtigt anerkannt werden.

Diese Rechtsfindung ist wegen ihrer Methode und ihres Ergebnisses **vielfach kritisiert** worden[118]. 51
Darüber hinaus fällt auf, dass das BVerfG bei der Bestimmung des völkerrechtlichen Asylbegriffs die
völkerrechtliche Vertragspraxis dieses Jahrhunderts ebenso wenig erwähnt hat wie etwa das damals
grundlegende deutsche Standardwerk über internationales Flüchtlingsrecht von *Kimminich*[119]. Dies
verwundert umso mehr, als der GK als dem maßgeblichsten Vertragswerk dieser Art die strenge
Unterscheidung zwischen Vor- und Nachfluchtgründen unbekannt ist und das BVerfG ua auf das
Werk von *Bulmerincq* von 1853 zurückgreift, das sich ausschließlich mit dem Asyl als Schutz des
flüchtigen Verbrechers vor Auslieferung befasst, nicht aber mit dem politischen Flüchtling. Schließlich
hat das BVerfG auf eine Auseinandersetzung mit der eigenen Rspr. zur Auslieferung von Exilpolitikern[120] verzichtet und diese nur eher beiläufig erwähnt. Dies ist zumindest insofern bemerkenswert, als
das BVerfG zur Auslegung auch Äußerungen aus dem Parlamentarischen Rat heranzieht, die es früher

---

[109] BVerwG Urt. v. 9.9.1997 – 9 C 43.96, BVerwGE 105, 204.
[110] BVerfG Beschl. v. 10.7.1989 – 2 BvR 502/86 ua, BVerfGE 80, 315.
[111] BVerwGE 77, 258; 85, 139.
[112] Zur Unterscheidung auch → AsylG § 28 Rn. 2.
[113] → AsylG § 28 Rn. 7.
[114] → AsylG § 28 Rn. 2 ff.
[115] BVerfG Beschl. v. 10.7.1989 – 2 BvR 502/86 ua, BVerfGE 80, 315.
[116] BVerwG Urt. v. 19.5.1987 – 9 C 184.86, BVerwGE 77, 258.
[117] Dazu schon *Treiber* ZAR 1987, 151.
[118] Ua *Brunn* NVwZ 1987, 301; GK-AsylG Vorb. zu § 1 Rn. 214.6; *J. Hofmann* ZAR 1987, 115 und DÖV 1987, 491; *R. Hofmann* NVwZ 1098, 295; *Huber* NVwZ 1987, 391; *Kimminich* JZ 1987, 194; *Wolf* InfAuslR 1987, 60; *Wollenschläger/Becker* ZAR 1987, 51 (54).
[119] Der internationale Rechtsstatus des Flüchtlings, 1962.
[120] BVerfG Beschl. v. 13.4.1983 – 1 BvR 866/82 ua, BVerfGE 64, 46.

nur dazu veranlasst haben, Nachfluchtgründe „besonders streng zu prüfen". Schließlich ist nicht darauf eingegangen, dass auch der Flüchtlingsbegriff des Art. 1 A Nr. 2 GK und das Refoulement-Verbot des Art. 33 GK nicht auf eine Retrospektive aufbauen, sondern allein das künftige Schicksal des Flüchtlings im Auge haben (dazu → Rn. 119 ff.). Da diese „Opferperspektive" mit der Definition des § 3 AsylG bzw. § 60 I 1 AufenthG für die Flüchtlingsanerkennung verbindlich ist und mit den EU-Asyl-RL in Einklang steht, ist auch insoweit die bisherige Grundrechtsauslegung einer Überprüfung zu unterziehen (dazu → Rn. 131 ff.).

52 Die Eigenschaft eines politisch Verfolgten iSd Art. 16a I GG beruht vorrangig auf einer Gefahrenprognose, für die das Schicksal in der Vergangenheit nur als ein – wenn auch gewichtiges – Anzeichen eine Rolle spielt. Das Asylrecht setzt **aktuelle Schutzbedürftigkeit** voraus, es stellt keinen Ausgleich für bereits erlittene Verfolgung dar. Diese wird allerdings bei der Wahrscheinlichkeitsprognose und bei der Feststellung der Zumutbarkeit der Rückkehr gebührend berücksichtigt. Daher ist, wer bereits vor der Ausreise von Verfolgung betroffen oder unmittelbar bedroht war, als politisch verfolgt anzusehen, wenn die **Wiederholung von Verfolgungsmaßnahmen** nicht mit hinreichender Sicherheit ausgeschlossen werden kann[121]. Ein pauschales Regel-Ausnahme-Verhältnis bei Nachfluchtgründen wird dem humanitären Anliegen des Asylrechts dagegen nicht gerecht. Letztlich zeigt dies die Grundsatzentscheidung des BVerfG selbst, indem es auf völkerrechtlich begründete Schutzinstrumente zugunsten politisch Verfolgter hinweist, nämlich auf Art. 33 GK und Art. 3 EMRK[122]. Die gleichzeitige Erwähnung des „kleinen Asyls" des § 14 AuslG 1965 ist nicht ganz verständlich, waren dort doch dieselben Tatbestandsvoraussetzungen genannt wie in Art. 1 A Nr. 2 GK, der nach allgemeiner Auffassung im Wesentlichen mit dem Schutzbereich des Art. 16a I GG identisch ist[123], und sollte Art. 16 II 2 GG ursprünglich nach dem Willen des Gesetzgebers allein dort seinen Niederschlag finden[124].

53 Handelt es sich nach der Rspr. von BVerfG und BVerwG um einen **unbeachtlichen** Nachfluchtgrund, steht der Ausländer **außerhalb des Schutzbereichs** des Art. 16a I GG. Er ist nicht nur von der förmlichen Asylanerkennung ausgeschlossen wie nach § 28 AsylG, sondern genießt überhaupt kein Asylrecht. Er kann sich weder gegenüber der Abschiebung nach § 60 I AufenthG (→ Rn. 9 f.) noch gegenüber der Auslieferung (dazu → Rn. 7 f.) auf politische Verfolgung berufen.

54 **c) Objektiver Nachfluchttatbestand.** Objektive Nachfluchtgründe beruhen auf Vorgängen oder Ereignissen, die **ohne (neues) Zutun des Asylbewerbers** nach seiner Ausreise entstehen. Nachträgliche Veränderungen der politischen Verhältnisse im Heimatstaat gehören ebenso hierher wie die Einleitung von Maßnahmen aufgrund eines Vorfluchtverhaltens des Asylbewerbers. Die Einbeziehung in den asylrechtlichen Schutz erscheint bei ihnen trotz fehlenden Kausalzusammenhangs zwischen Verfolgung und Flucht gerechtfertigt, weil die Verfolgung an Gruppenmerkmale anknüpft oder auf früheres Verhalten des Asylbewerbers im Heimatstaat zurückgeht. Beruht die Verfolgungsgefahr bei Rückkehr auf zwischenzeitlichem Fortfall des Schutzes durch Familienangehörige, handelt es sich um einen objektiven Nachfluchttatbestand; die auf einem Getrenntleben der Familie aufbauende individuelle Gefahrenprognose verstößt nicht gegen Art. 6 I GG. Das Verfolgung auslösende Geschehen braucht nicht im Heimatstaat verwirklicht zu sein[125]. Auch Handlungen eines Dritten im Zufluchtsland können einen objektiven Nachfluchttatbestand begründen, so zB die Befragung durch Geheimdienste.

55 Veränderungen in der **Person des Asylbewerbers** können dagegen bei strikter Anwendung der Grundsätze des BVerfG ohne Ausnahme nicht als objektive Gründe anerkannt werden. Sie sind allenfalls als subjektive beachtlich.

56 **d) Subjektiver Nachfluchttatbestand.** Subjektive Nachfluchttatbestände kommen nur ausnahmsweise als Asylgrund in Betracht, weil der Ausländer sie aus eigenem Entschluss und risikolos nachträglich schafft; in der Regel setzt ihre Anerkennung voraus, dass sie sich als **Fortsetzung** einer schon im Heimatstaat vorhandenen und erkennbar betätigten festen Überzeugung darstellen[126]. Diese Überzeugung braucht nicht schon dem Heimatstaat bekannt geworden zu sein oder zu einer Vorverfolgung geführt zu haben.

57 Die später geäußerte muss aber mit der früher schon vorhandenen und betätigten Auffassung der Sache nach übereinstimmen, also eine **inhaltliche Kontinuität** aufweisen. Dabei schadet es nicht, wenn die exilpolitische Betätigung in einer anderen Organisation als im Heimatland stattfindet. Die frühere Betätigung braucht dem Staat auch nicht bekannt geworden zu sein. Ein Glaubenswechsel wird nach denselben Kriterien beurteilt, ebenso eine Wehrdienstverweigerung. Dieser Rspr. kann zumindest dann nicht mehr gefolgt werden, wenn sie mittelbar die Beibehaltung einer einmal vorhandenen politischen oder religiösen Überzeugung verlangt und andernfalls Asylrecht versagt. Diese Auffassung wird durch die Überlegungen zur risikolosen Schaffung von Asylgründen nicht mehr gedeckt. Sie ist

---

[121] BVerfG Beschl. v. 10.7.1989 – 2 BvR 502/86 ua, BVerfGE 80, 315.
[122] BVerfG Beschl. v. 26.11.1986 – 2 BvR 1058/85, BVerfGE 74, 51.
[123] BVerfG Beschl. v. 2.7.1980 – 1 BvR 147/80 ua, BVerfGE 54, 341; auch → Rn. 22, 40.
[124] BT-Drs. IV/868, 20; vgl. auch → Rn. 9 f.
[125] BVerwG Urt. v. 9.4.1991 – 9 C 100.90, BVerwGE 88, 92.
[126] BVerfG Beschl. v. 26.11.1986 – 2 BvR 1058/85, BVerfGE 74, 51; → AsylG § 28 Rn. 10 ff.

inhuman, weil sie eine Unveränderlichkeit politischer und religiöser Einstellungen als zwingend konstatiert und den Asylbewerber vor die Wahl stellt, seine Überzeugung zu unterdrücken oder seine Überstellung an den Verfolgerstaat hinzunehmen.

Der notwendige **zeitliche Zusammenhang** bei der Fortsetzung einer politischen Betätigung ist 58 grundsätzlich unterbrochen, wenn der Ausländer exilpolitische Aktivitäten erst nach langjähriger Enthaltsamkeit aufnimmt. Alter und Entwicklung des Asylbewerbers sind hierbei aber sachbezogen zu berücksichtigen.

Die **Asylantragstellung** kommt als Asylgrund nur dann in Betracht, wenn sich der Asylbewerber 59 schon vor der Ausreise aus dem Heimatstaat in einer latenten Gefährdungslage befand. Eine derartige Situation besteht nicht schon dann, wenn der Ausländer in seiner Heimat als politisch verdächtig angesehen wurde; ein Übergriff muss nicht ganz entfernt und „real" möglich erscheinen. Ähnliche Maßstäbe werden auf Tatbestände der sog. **Republikflucht** angewandt. Illegales Verlassen des Heimatstaats oder illegaler Verbleib im Ausland begründen nur dann ein Asylrecht, wenn zuvor schon eine Gefährdungslage bestand, in der Verfolgung nicht hinreichend wahrscheinlich, aber auch nicht auszuschließen war. Dem Ausländer ist die Rückkehr zuzumuten, wenn ihm Straffreiheit garantiert ist.

Ausgeschlossen sind nicht alle **selbst geschaffenen Nachfluchttatbestände**. Das BVerfG[127] hat 60 ausdrücklich auf den nicht abschließenden Charakter seiner Leitlinien hingewiesen und deutlich hervorgehoben, dass der Ausschluss von der Asylanerkennung im Hinblick auf die „Verfolgungsprovokation" erfolgt. So sind die Eheschließung mit einem Asylberechtigten nach Verlassen des Heimatstaats und die damit heraufbeschworene Gefahr der geisellähnlichen Inanspruchnahme selbst veranlasst. Die mit einer solchen Eheschließung verbundene Gefährdung ist aber nicht provokativ vom sicheren Ort aus herbeigeführt und deshalb nach Sinn und Zweck der Nachfluchtregelung nicht als Nachfluchttatbestand ausgeschlossen[128].

7. Strafverfolgung

Schwierig und umstritten ist, unter welchen Umständen Strafverfolgung asylbegründend wirkt. 61 Auszugehen ist von dem Grundsatz, dass die Verfolgung **kriminellen Unrechts** keine politische Verfolgung darstellt, und zwar auch dann nicht, wenn die Straftat selbst aus politischer Überzeugung begangen wurde[129]. Sodann ist zu beachten, dass sich das traditionelle Verbot der **Auslieferung** politischer Straftäter heute nach Voraussetzungen, Zweck und Rechtsfolge grundsätzlich von dem Asyl für politisch Verfolgte unterscheidet. Anderseits ist zu berücksichtigen, dass grundsätzlich auch Maßnahmen der staatlichen Selbstverteidigung gegen politisch motivierte Straftaten ein Asylrecht begründen können[130].

Polizeiliche oder strafprozessuale Maßnahmen können politische Verfolgung darstellen, wenn 62 sie an asylerhebliche persönliche Merkmale oder Eigenschaften anknüpfen und auf diese abzielen[131]. In Betracht kommen gesetzliche Regelungen, administrative Maßnahmen oder Strafsanktionen, wenn sie nur eine entsprechende Tendenz aufweisen. Eine derartige Tendenz oder Zweckrichtung kann sich zB aus dem Tatbestand der Strafvorschrift, der Höhe und Ungewissheit der Strafe oder der Strafzumessung (**„Politmalus"**) ergeben oder aber aus der Art der Behandlung durch Polizei oder Strafvollzugsorgane oder Militärbehörden Darunter fallen zB die Todesstrafe für Wehrdienstentziehung, wenn sie auf die politische Gesinnung abzielt, und die Freiheitsstrafe in ungewisser Höhe für Homosexuelle, wenn sie sich gegen das irreversible Persönlichkeitsmerkmal richtet.

Auch Maßnahmen der **staatlichen Selbstverteidigung** können ein Asylrecht begründen. Bei 63 Maßnahmen zur Verteidigung des Bestands oder der Identität des Staats gegen auf politischer Überzeugung beruhende Taten bedarf es sogar einer besonderen Begründung, wenn diese nicht als asylrelevant angesehen werden sollen. Hierfür müssen zusätzliche Kriterien festgestellt werden, insbesondere bei Strafvorschriften gegen politische Meinungsäußerungen und politische Rechtsgüter wie die gesellschaftliche Ordnung oder den Bestand des Staats.

In den Schutzbereich des Asylgrundrechts soll dagegen nicht die Verfolgung von Gewalttätern 64 fallen, die ihre politischen Ziele mit terroristischen Mitteln verfolgen oder derartige Handlungen unterstützen. Auch bei der Bekämpfung des **Terrorismus** soll allerdings politische Verfolgung denkbar sein, wenn zB zusätzliche Umstände für eine politische Verfolgung sprechen oder der einzelne Gewalttäter wegen seiner Gesinnung härter als üblich behandelt oder wenn ein sonst Unbeteiligter im Zuge des Gegenterrors unter Druck gesetzt wird. Der Ausschluss des Asylrechts soll allgemeine Unterstützer und andere Mittäter bei Terrorakten treffen. Entsprechende Maßnahmen des Herkunftsstaats sollen nicht erforderlich sein. Allerdings soll der Versuch der Widerlegung des Terrorismusverdachts sorgfältig behandelt werden. Eine pauschale Ausgrenzung lässt jedoch schon außer Acht, dass Terrorismus und Gewaltanwendung nicht gleichzusetzen sind. Der Ausschluss soll nur gelten, wenn

---
[127] BVerfG Beschl. v. 26.11.1986 – 2 BvR 1058/85, BVerfGE 74, 51.
[128] BVerwG Urt. v. 6.4.1992 – 9 C 143.90, BVerwGE 90, 127.
[129] *Renner* NJW 1984, 1257 und NJW 1989, 1247, jeweils mwN.
[130] BVerfG Beschl. v. 10.7.1989 – 2 BvR 502/86 ua, BVerfGE 80, 315.
[131] BVerwG Urt. v. 17.5.1983 – 9 C 874.82, BVerwGE 67, 195.

Bergmann

der Asylbewerber eine bereits früher in der Heimat begonnene Terrortätigkeit fortsetzt oder wegen später verübter Terrortaten verfolgt wird. Deshalb genügen für sich genommen hervorgehobene Tätigkeiten für eine separatistische Organisation nicht. Zum Ausschluss der Flüchtlingsanerkennung nach § 60 VIII AufenthG vgl. dort.

65 Soweit diese Rspr. darauf hinausläuft, den politischen Terroristen und seine Unterstützer für asylunwürdig zu erklären, wäre dies mit Art. 18 GG nicht zu vereinbaren. Zudem ist eine derartige Beschneidung des personalen Schutzbereichs in Art. 16a selbst weder erwähnt noch vorgesehen (dazu auch → Rn. 15). Die **Einschränkung** zu Lasten von Terroristen soll sich indes unmittelbar aus dem Gewährleistungsinhalt des Art. 16a I GG ergeben. Die Ableitung der Begrenzung des personalen Schutzbereichs aus dem Zweck des Asylrechts, Schutz und Frieden zu gewährleisten, kann bei genauerer Betrachtung nicht überzeugen, zumal hierfür präzise systematische oder inhaltliche Kriterien nicht zur Verfügung gestellt werden. Zu Recht hat das BVerwG (früher) darauf hingewiesen, dass dem Asylgrundrecht die Ausschlussklauseln des Art. 1 F GK[132] unbekannt sind[133]. Ob diese Argumentation nach Erlass der EU-Asyl-RL aufrechterhalten werden kann, hängt va von dem grundlegenden Verhältnis zwischen deutschem Asylgrundrecht und europarechtlichen Asylmindestnormen ab (dazu näher → Rn. 131 ff.).

8. Inländische Fluchtalternative/Interner Schutz

66 In seinem Heimatstaat politisch verfolgt ist nur, wer dort nirgends verfolgungsfrei leben kann. Grundsätzlich ist deshalb eine inländische Fluchtalternative (im EU-Flüchtlingsrecht wird nun der Begriff „**Interner Schutz**" verwendet, vgl. § 3e AsylG) für Personen anzunehmen, die nur in einem Teil des Staatsgebiets verfolgt, anderswo aber nicht von Verfolgung betroffen werden. Diese **Prognose** ist landesweit zu treffen und ist nicht auf die ursprüngliche Heimatregion begrenzt[134]. Anders als bei der externen Fluchtalternative (→ Rn. 89 ff.) genügt hier die Möglichkeit des Schutzfindens. Das Bestehen einer inländischen Alternative schließt schon die Vorverfolgung aus. Ihre Voraussetzungen sind daher nicht nur für die Zeit der Rückkehr, sondern auch für den Zeitpunkt der Flucht zu prüfen[135].

67 Die Bedingungen, unter denen eine interne Fluchtalternative angenommen werden kann, sind in der Rspr. noch immer nicht eindeutig geklärt. Auszugehen ist von dem Grundsatz, dass Asylrecht nur genießt, wer sich landesweit in einer ausweglosen Lage befindet, weil er vor einer regionalen Verfolgung in einem anderen Teilgebiet seines Heimatstaats keine **zumutbare Zuflucht** finden kann[136]. Auf eine interne Alternative kann nur verwiesen werden, wer an diesem Ort vor politischer Verfolgung hinreichend sicher ist und wem dort auch keine anderen Nachteile und Gefahren drohen, die nach ihrer Intensität und Schwere einer asylerheblichen Beeinträchtigung gleichkommen, sofern diese existenzielle Gefährdung am Herkunftsort so nicht bestünde. Eine derartige Situation ist in jedem Fall mittelbarer Verfolgung zu prüfen, kann aber auch bei unmittelbarer staatlicher Verfolgung eintreten, da manche Staaten insbesondere in Asien und Afrika über eine landesweit wirksame Herrschaftsgewalt nicht verfügen. Selbstverständlich muss am inländischen Ausweichort die Gefahr weiterer Verfolgung gebannt sein und diese darf auch nicht in anderer Form aufleben. Für die Frage der internen Alternative muss der Herkunftsstaat als Gesamtheit betrachtet werden. Die Alternative kann auch bei faktischem Verlust der Gebietsgewalt in einer Region entgegengehalten werden. Die Ausweichregion muss tatsächlich erreichbar sein. Unzumutbar ist die Inanspruchnahme der Alternative nur dann, wenn sie dauerhaft nicht möglich ist. In sozio-ökonomischer bzw. wirtschaftlicher Hinsicht müssen Bedingungen genügen, die nicht schlechter sind als in der Herkunftsregion. Um die Zumutbarkeit der Lebensbedingungen zu prüfen, sollten auch Einzelheiten der Versorgung durch internationale Organisationen aufgeklärt werden.

68 Freiheit vor politischer Verfolgung und vor existenziellen Gefährdungen braucht bei örtlich **begrenzter Gruppenverfolgung** (zur Abgrenzung gegenüber regionaler Gruppenverfolgung → Rn. 48) nicht festgestellt zu werden[137]. Sie soll dagegen bei regionaler Verfolgung auch für diejenigen Flüchtlinge erforderlich sein, die nicht aus dem Verfolgungsgebiet stammen und daher auch nicht (unbedingt) dorthin „zurück"kehren. Eine derartige Betrachtungsweise erscheint nur gerecht-

---

[132] Art. 1 F GK: „Die Bestimmungen dieses Abkommens finden keine Anwendung auf Personen, in Bezug auf die aus schwerwiegenden Gründen der Annahme gerechtfertigt ist, a) dass sie ein Verbrechen gegen den Frieden, ein Kriegsverbrechen oder ein Verbrechen gegen die Menschlichkeit im Sinne der internationalen Vertragswerke begangen haben, die ausgearbeitet worden sind, um Bestimmungen bezüglich dieser Verbrechen zu treffen; b) dass sie ein schweres nichtpolitisches Verbrechen außerhalb des Aufnahmelandes begangen haben, bevor sie dort als Flüchtling aufgenommen wurden; c) dass sie sich Handlungen zu Schulden kommen ließen, die den Zielen und Grundsätzen der Vereinten Nationen zuwiderlaufen."
[133] BVerwG Urt. v. 8.11.1983 – 9 C 93.83, BVerwGE 68, 171.
[134] BVerwG Urt. v. 16.6.1988 – 9 C 1.88, InfAuslR 1989, 107.
[135] BVerfG Beschl. v. 10.11.1989 – 2 BvR 403/84 ua, BVerfGE 81, 58.
[136] BVerfG Beschl. v. 10.11.1989 – 2 BvR 403/84 ua, BVerfGE 81, 58.
[137] BVerwG Urt. v. 9.9.1997 – 9 C 43.96, BVerwGE 105, 204.

fertigt, wenn neben der aktuellen regionalen Verfolgung für die übrigen Landesteile eine latente Gefährdung besteht und für die Rückkehrprognose Zumutbarkeitsüberlegungen in Anlehnung an Art. 1 C Nr. 5 II GK angestellt werden.

V. Sicherer Herkunftsstaat

1. Allgemeines

Die Herkunft aus einem sicheren bzw. verfolgungsfreien Staat schließt das Asylgrundrecht gem. Art. 16a III nicht aus, sondern zwingt den Ausländer aufgrund der verfassungsrechtlichen Vermutung lediglich zu einer **substantiierten Darlegung** seines Verfolgungsschicksals[138]. In der Sache unterscheidet sich die damit ausdrücklich verfassungsrechtlich festgelegte Mitwirkungspflicht nicht von der früheren Rechtslage und von den bereits nach Abs. 1 bestehenden Anforderungen, die von dem Grundrechtsträger und Asylbewerber die Begründung seines Schutzgesuchs unter Angabe von personenbezogenen Einzelheiten verlangen. Diese können aus Tatsachen bestehen, die entweder nur in der Person des Bewerbers gegeben oder aber bei anderen Personen verwirklicht sind. Die Anforderungen an die Darlegung eines Kollektivverfolgungsschicksals unterscheiden sich zwar von denen bei isolierter Individualverfolgung (→ Rn. 44ff.). Gruppenverfolgung ist aber gleichwohl eine typische Verfolgungsart (→ Rn. 44), deren Anerkennung weder durch Abs. 3 noch aufgrund sonstiger Erwägungen ausgeschlossen ist. Mit der widerleglichen Vermutung der Nichtverfolgung wird weder die regionale Anwendung der GK noch das Asylgrundrecht hinsichtlich des persönlichen Geltungsbereichs und seines Schutzziels, wohl aber der verfahrensbezogene Gewährleistungsinhalt beschränkt[139]. Die Herkunftsstaatenklausel sieht eine Arbeitsteilung in der Weise vor, dass dem Gesetzgeber ein Teil der sonst dem BAMF und den Gerichten übertragenen Aufgaben zugewiesen ist.

2. Bestimmung verfolgungsfreier Herkunftsstaaten

Die Bestimmung verfolgungsfreier Staaten ist durch Art. 16 III – soweit ersichtlich einzigartig in der EU – dem (einfachen) **Gesetzgeber übertragen,** obwohl einerseits der Verfassungsgeber diese Festlegung ebenso wie bei den sicheren Drittstaaten selbst hätte treffen können oder andererseits – wie wohl sonst überall in der EU – dies auch der Exekutive (zB durch VO des BMI oder durch vom Kabinett beschlossene Länderlisten) hätte übertragen werden können. Für den unionsrechtlichen Flüchtlingsschutz gilt Art. 16 III allerdings nicht, dh, (nur) insoweit könnte auch die Exekutive[140] – oder besser die EU – regeln. Gründe der notwendigen Aktualität und außenpolitischen Rücksichtnahme sprachen für eine verfassungspolitische Zurückhaltung. In keinem Fall darf aber aus der unterschiedlichen Konstruktion von Abs. 2 und 3 aber der Schluss gezogen werden, die EU-Mitgliedstaaten seien nach der Wertung des Verfassungsgebers – vermuteter Weise – keine verfolgungsfreien Staaten. Nach dem EGV-Protokoll vom 2.10.1997 betrachten sich die **EU-Mitgliedstaaten** vielmehr gegenseitig als sichere Herkunftsstaaten. Dies gilt entsprechend für die Aufstellung der **Anlage II zum AsylG** (vgl. § 29a) durch den Gesetzgeber. Die Aufnahme in diese Liste ist aber nicht an die Erfüllung der drei Kriterien für Verfolgungsfreiheit nicht zwingend, sondern dem Ermessen von Bundestag und Bundesrat überlassen, die hierbei einen gewissen **Einschätzungs- und Wertungsspielraum** haben. Damit waren und sind politische Streitigkeiten um die Aufnahme in diese Liste und erst recht um die Streichung eines einmal aufgenommenen Staats programmiert, dies erscheint aber nicht system- oder sonst sachwidrig. Bedenken bestehen auch nicht unter dem Gesichtspunkt der Gewaltenteilung, obwohl eine Zuständigkeit der Exekutive ebenfalls nicht zu beanstanden gewesen wäre[141]. In der Liste waren lange Zeit nur noch zwei Staaten – **Ghana und Senegal** – aufgeführt, die nicht der EU angehören oder bald beitreten werden. Seit 6.11.2014 wurden die Staaten Serbien, Mazedonien und Bosnien-Herzegowina nach einer politischen Auseinandersetzung va im Bundesrat hinzugefügt. Durch das AsylVfBeschlG 2015 wurde Anlage II um Albanien, Kosovo und Montenegro ergänzt, um den gesamten „**Westbalkan**" erfasst zu haben.[142] Dem Vorschlag der Bundesregierung, auch **Algerien, Marokko und Tunesien** bzw. **Georgien** in Anlage II aufzunehmen, hat der Bundesrat bislang nicht zugestimmt.[143]

Die gesetzliche Bestimmung eines sicheren Herkunftsstaats nach Abs. 3 setzt keine absolute **Verfolgungsfreiheit** voraus; es genügt, wenn aufgrund der dort genannten objektiven Kriterien die Nichtverfolgung gewährleistet erscheint. Die Existenz von Ausnahmen entspricht der Konstruktion der widerleglichen Vermutung. Dieser geringere Sicherheitsgrad ist hinnehmbar, weil darauf nur eine

---

[138] Renner ZAR 1993, 118.
[139] BVerfG Urt. v. 14.5.1996 – 2 BvR 1570/93 ua, BVerfGE 94, 115; dazu Maaßen/de Wyl ZAR 1997, 9; Renner ZAR 1996, 103.
[140] Sinnvollerweise mit neuer gesetzlicher Grundlage im AsylG, die keiner Zustimmung des Bundesrats bedürfe.
[141] Dies befürwortet Hailbronner ZAR 1993, 107.
[142] Vgl. hierzu die Kommentierung zu § 29a AsylG sowie Anlage II.
[143] Vgl. BT-Drs. 18/8039 und 18/8311.

widerlegliche Vermutung aufgebaut, dem Risiko eines abweichenden Einzelschicksals also Rechnung getragen ist. Hiermit korrespondieren die Anforderungen an die Erschütterung der Vermutung (→ Rn. 75 ff.). Allerdings fordert das EU-Recht im GEAS, dass diese hinreichende Verfolgungsfreiheit dennoch **nachgewiesen** wurde, wie Anhang I der **AsylVf-RL 2013/32/EU** dies postuliert[144]. Das VG kann die Frage des hinreichenden Nachweises anhand der Gesetzesmaterialien zB bei offensichtlich unbegründeter Ablehnung inzident überprüfen. Bei fehlendem Nachweis greift keine Vermutungswirkung (→ Rn. 87).

72   Als verfolgungsfrei darf ein Staat nur bestimmt werden, wenn dort außer politischer Verfolgung auch keine unmenschliche oder erniedrigende Bestrafung oder Behandlung stattfindet. Damit ist Art. 3 EMRK zusätzlich als Maßstab herangezogen. Insoweit kommt es auf die Asylrelevanz schwerer **Menschenrechtsverletzungen** (→ Rn. 42) also nicht an. Insgesamt gesehen wird damit den fließenden Übergängen asylrechtlich erheblicher und unerheblicher Menschenrechtsverletzungen Rechnung getragen[145]. Die Möglichkeit der Widerlegung besteht insoweit allerdings nicht (→ Rn. 76).

73   Unklar erscheint zunächst die in der Begründung des Gesetzesentwurfs geäußerte Ansicht, Freiheit vor politischer Verfolgung müsse **grundsätzlich landesweit** bestehen[146]. Völkerrechtlich ist Asylgewährung nur zulässig, wenn der Herkunftsstaat seiner Schutzverpflichtung innerhalb seines Territoriums nicht nachkommt (→ Rn. 5). Dementsprechend setzt Asylschutz nach innerstaatlichem Recht die Unmöglichkeit eines verfolgungsfreien Lebens an irgendeinem Ort im Heimatstaat voraus (→ Rn. 66 ff.). Wie der Verfolgerstaat seine Verpflichtung zum Schutz seiner Bürger durch Bereitstellen verfolgungsfreier Gebiete erfüllen kann, ist der Flüchtling gehalten, vor einem Asylgesuch im Ausland zunächst dort Schutz zu suchen. Verfolgungsfreiheit darf aber dennoch trotz Bestehens einer inländischen Fluchtalternative bei zB regionaler Verfolgung einer Volksgruppe nicht angenommen werden; denn sie setzt das (wenn auch nicht ausnahmslose, → Rn. 71) Fehlen von asylrechtlich oder menschenrechtlich relevanter Verfolgung voraus. Eine auf eine oder mehrere Gruppen bezogene Feststellung von Verfolgungsfreiheit ist allerdings nicht vorgesehen[147]. Deshalb muss Sicherheit vor Verfolgung landesweit und für alle Personen- und Bevölkerungsgruppen bestehen[148].

74   Die vorgeschriebenen **Anknüpfungspunkte** für die gesetzliche Vermutung von Verfolgungsfreiheit – Rechtslage, Rechtsanwendung und allgemeine politische Verhältnisse (→ Rn. 71, dort Fn.) – sind für eine sachgerechte Bewertung geeignet. Der Gesetzgeber muss sich ein Gesamturteil über die maßgeblichen politischen Verhältnisse bilden; die Gesamtwürdigung darf nicht unvertretbar sein, der Gesetzgeber muss sich zumindest von guten Gründen leiten lassen. Bei Erhebung und Aufbereitung der Tatsachen kommt ihm ein gewisser Entscheidungsspielraum und darüber hinaus für die Prognose noch ein Einschätzungs- und Wertungsspielraum zu. Obwohl nicht vorgesehen, bleibt es möglich, dass bei der Benennung verfolgungsfreier Staaten entweder einschlägige unabhängige Organisationen wie UNHCR oder Amnesty International mitwirken oder die Ergebnisse der Asylentscheidungen über Bewerber aus den in Betracht kommenden Staaten in Deutschland oder in allen EU-Staaten (Anerkennungsquoten) herangezogen werden. Die Einschaltung kompetenter internationaler Organisationen und der Rückgriff auf die Beurteilung durch sachkundige Behörden und Gerichte können in besonderer Weise geeignet sein, den Gesetzgeber bei der schwierigen Entscheidung über den Inhalt der Länderliste II zu unterstützen und zu beraten. Sonst kann die Gefahr bestehen, dass sich der Mehrheit in Bundestag und Bundesrat allein von Auskünften des Auswärtigen Amts oder der Auslandsvertretungen (Deutschlands oder anderer EU-Staaten) leiten lässt, die sich in der Vergangenheit bisweilen durchaus als schlicht unzutreffend erwiesen haben. Auch der bloße Hinweis auf die Anerkennungsquote in der Begründung des Gesetzesentwurfs[149] oder in sonstigen Gesetzesmaterialien allein bietet wohl keine hinreichende Gewähr für deren Berücksichtigung bei Aufnahme eines Staats in die Länderliste II im Einzelfall; außerdem darf nicht allein auf die beim BAMF erreichte Quote abgestellt werden, weil im Gerichtsverfahren zT erhebliche Korrekturen (nach oben oder unten) erfolgen.

---

[144] Anhang I zu Art. 37 I RL 2013/32/EU: „Ein Staat gilt als sicherer Herkunftsstaat, wenn sich anhand der dortigen Rechtslage, der Anwendung der Rechtsvorschriften in einem demokratischen System und der allgemeinen politischen Lage nachweisen lässt, dass dort generell und durchgängig weder eine Verfolgung im Sinne des Artikels 9 der Richtlinie 2011/95/EU noch Folter oder unmenschliche oder erniedrigende Behandlung oder Strafe noch Bedrohung infolge willkürlicher Gewalt im Rahmen eines internationalen oder innerstaatlichen bewaffneten Konflikts zu befürchten sind. Bei der entsprechenden Beurteilung wird unter anderem berücksichtigt, inwieweit Schutz vor Verfolgung und Misshandlung geboten wird durch a) die einschlägigen Rechts- und Verwaltungsvorschriften des Staates und die Art und Weise ihrer Anwendung; b) die Wahrung der Rechte und Freiheiten nach der Europäischen Konvention zum Schutz der Menschenrechte und Grundfreiheiten und dem Internationalen Pakt über bürgerliche und politische Rechte und/oder dem Übereinkommen der Vereinten Nationen gegen Folter, insbesondere der Rechte, von denen gemäß Artikel 15 Absatz 2 der Europäischen Konvention keine Abweichung zulässig ist; c) die Einhaltung des Grundsatzes der Nicht-Zurückweisung nach der Genfer Flüchtlingskonvention; d) das Bestehen einer Regelung, die eine wirksamen Rechtsbehelf bei Verletzung dieser Rechte und Freiheiten gewährleistet."

[145] BVerfG Urt. v. 14.5.1996 – 2 BvR 1570/93 ua, BVerfGE 94, 115.

[146] BT-Drs. 12/4152, 4; *Huber* NVwZ 1993, 736.

[147] Dazu *Hailbronner* ZAR 1993, 107.

[148] BVerfG Urt. v. 14.5.1996 – 2 BvR 1570/93 ua, BVerfGE 94, 115.

[149] BT-Drs. 12/4152, 4.

V. Sicherer Herkunftsstaat   **Art. 16a GG 6**

3. Vermutung

Die Konstruktion einer **widerleglichen Vermutung** begegnet im Grundsatz keinen durchgreifen- 75
den Bedenken. Die Geltendmachung der Gefahr politischer Verfolgung wird durch sie nicht unzumutbar erschwert. Dabei ist freilich wichtig, dass die Aufnahme in die Liste verfolgungsfreier Staaten keine absolute Sicherheit vor politischer Verfolgung und vor unmenschlicher oder erniedrigender Behandlung verlangt (→ Rn. 71). Allerdings muss nicht nur die Gefahr politischer Verfolgung als so gut wie ausgeschlossen erscheinen, sondern auch die Anwendung der durch Art. 3 MRK erfassten menschenrechtswidrigen Strafverfolgungs- und Behandlungspraktiken (→ Rn. 72). Aus welchem Grund der Anwendung von Folter und der Verhängung und Vollstreckung der Todesstrafe im Zusammenhang mit der Widerlegung der Vermutung keine Bedeutung zukommen soll, erscheint allerdings nicht verständlich. Denn die allgemein von der Völkergemeinschaft geächtete Folter – und auch die Todesstrafe – kann erfahrungsgemäß die Gefahr politischer Verfolgung ebenso indizieren wie eine unmenschliche oder erniedrigende Behandlung (vgl. auch → Rn. 42).

Wenn die **Widerlegungsmöglichkeit** auf die Gefahr politischer Verfolgung **beschränkt** ist[150], so 76
beruht dies allein auf dem asylbezogenen Regelungszweck und hat nicht etwa zur Folge, dass die erwähnten anderen Maßnahmen (Todesstrafe, Folter, unmenschliche oder erniedrigende Behandlung) im Widerlegungsverfahren nicht vorgetragen werden dürfen. Diese können vielmehr zum Zwecke der Darlegung eines asylrelevanten individuellen Sachverhalts herangezogen werden und müssen in diesem Zusammenhang geprüft werden. Die Unterschiede zwischen den Grundlagen der Nichtverfolgungsvermutung (politische Verfolgung und andere Maßnahmen) einerseits und den Zielen der gesetzlichen Vermutung und der Widerlegung dieser Vermutung (jeweilige politische Verfolgung) andererseits bekräftigen freilich die frühere und geltende Verfassungsrechtslage, wonach Asylrecht nur bei festgestellter politischer Verfolgungstendenz gewährt wird und nicht allgemein gegenüber menschenrechtswidrigen Maßnahmen (→ Rn. 42). Damit kann aber nicht der verfassungsrechtliche Schutz beseitigt werden, der auch Ausländern nach Art. 1 und 102 GG zusteht. Dieser ist zwar zusätzlich durch Art. 3 EMRK und Art. 3 UN-Folterkonvention völkervertraglich gesichert, er muss aber ungeachtet der Vorschriften des AsylG über Einreiseverweigerung, Zurückschiebung und Abschiebung beachtet werden (→ Rn. 83).

Die Widerlegung zielt auf den in sich **schlüssigen Vortrag** eines individuellen Verfolgungsschick- 77
sals ab. Insoweit ist der Wortlaut ebenfalls klarer als nach dem Gesetzesentwurf („aus denen sich ergibt, dass er (...) verfolgt wird"). Die Widerlegung muss sich an dem Inhalt der gesetzlichen Vermutung der Verfolgungsfreiheit ausrichten. Die Aufnahme in die Länderliste II trifft primär eine Aussage über das Fehlen politischer Verfolgung für Personengruppen und lässt ein davon abweichendes Verhalten des Herkunftsstaats im Einzelfall offen. Damit bleibt dem Flüchtling, der entweder diesem Land als Staatsangehöriger zugehören oder dort als Staatenloser ansässig gewesen sein kann, der Vortrag von Tatsachen vorbehalten, welche die Gefahr politischer Verfolgung für seine Person ergeben können. Je mehr er sich auf allgemeine Verhältnisse beruft, desto weniger wird die Widerlegung gelingen. Verfolgungsgefahren können sich ungeachtet § 28 AsylG auch aus Nachfluchttatbeständen ergeben. Nichtpolitische Menschenrechtsverletzungen oder -gefährdungen können zumindest Indizien für politische Verfolgung darstellen.

Zu verlangen ist ein **substantiiertes Vorbringen**, nicht aber der Nachweis der Verfolgungsgefahr 78
selbst. Die vorgetragenen Tatsachen müssen die Annahme einer Abweichung vom vermuteten Regelfall für den jeweiligen Ausländer erlauben. Der Asylbewerber muss die Vermutung also durch geeignetes Vorbringen erschüttern, allerdings nicht im eigentlichen Sinne widerlegen oder gar die politische Verfolgung nachweisen[151]. Ist ihm die Erschütterung der Vermutung gelungen, bedarf es der Feststellung asylrelevanter Verfolgung wie im Normalfall. Hierbei können ihm freilich die Erkenntnisse über die allgemeine Situation in seinem Heimatstaat entgegengehalten werden. Es findet also ein zweistufiges Verfahren statt, das je nach Beweislage durchaus in der Abweisung des Asylantrags als offensichtlich unbegründet (nach § 30) enden kann.

4. Verwaltungsverfahren

Mit dieser verfassungsrechtlichen Vorgabe wäre eine gesetzliche Vorschrift unvereinbar, die schon 79
den Zugang zum Verfahren (und zum Bundesgebiet) von einem Nachweis der Verfolgung abhängig machte. Eine materielle Prüfung des Asylgesuchs erfordert zwar den substantiierten Vortrag erheblicher Tatsachen[152], dem Flüchtling muss aber zunächst einmal die Gelegenheit zu einem entsprechend qualifizierten Vorbringen gegeben werden. An der **Grenze** sind die dafür notwendigen personellen und sonstigen administrativen Ressourcen in aller Regel nicht gegeben und können wohl auch in Zukunft nicht ohne Weiteres bereitgestellt werden. Deshalb erscheint es folgerichtig, wenn die Ein-

---
[150] Vgl. BVerfG Urt. v. 14.5.1996 – 2 BvR 1570/93 ua, BVerfGE 94, 115.
[151] Dazu näher → AsylG § 29a Rn. 10 ff.
[152] BT-Drs. 12/4152, 4.

reiseverweigerung nicht allgemein auf den Fall der Herkunft aus einem verfolgungsfreien Land ausgedehnt ist[153]. Ein „humanitäres **Visum**" zur Asylantragstellung muss ein Staat allerdings nicht erteilen[154].

80 Soweit § 18a AsylG die Zurückweisung von Asylbewerber aus sicheren Herkunftsstaaten ermöglicht, die auf dem **Luftweg** einzureisen versuchen, wird von diesen Grundsätzen nicht abgewichen. Indem das BAMF die erforderliche Sachprüfung vornimmt und die Grenzbehörden die Einreiseverweigerung nur im Falle der Ablehnung als offensichtlich unbegründet aussprechen und vollziehen kann, ist dem Flüchtling die Möglichkeit der Erschütterung der Vermutung durch schlüssigen Vortrag im regulären Verwaltungsverfahren gewährleistet[155]. Der Straffung des Verfahrens vor dem BAMF steht das Verfahrensrecht nicht entgegen. Es muss nur sichergestellt sein, dass dem Asylbewerber nicht der volle Nachweis des Gegenteils überbürdet wird (vgl. → Rn. 78).

81 Als verfassungsrechtlich zulässig kann auch angesehen werden, im Falle der Herkunft aus einem gesetzlich als verfolgungsfrei (oder sicher) eingestuften Herkunftsstaat die Abweisung des Asylantrags als offensichtlich unbegründet gesetzlich vorzusehen und daran grundsätzlich eine **beschleunigte Abschiebung** zu knüpfen (§§ 29a I, 30, 36 AsylG). Die Einstufung des Asylgesuchs eines Flüchtlings aus einem derartigen Staat als offensichtlich unbegründet legt schon die Formulierung des Abs. 4 S. 1 nahe.

82 **Weitergehende Beschränkungen** bei der Geltendmachung eines Asylgesuchs sind indes nicht durch Abs. 3 gedeckt. § 29a I AsylG ermöglicht lediglich zwei Alternativen der Behördenscheidung – offensichtlich unbegründet oder begründet – und schließt eine negative Evidenzentscheidung nur für den Fall aus, dass aufgrund der von dem Ausländer angegebenen Tatsachen und Beweismittel eine von der Vermutung abweichende Verfolgungsgefahr anzunehmen ist. Eine damit etwa beabsichtigte Beschränkung der Sachprüfung entspräche nicht den grundgesetzlichen Vorgaben; Sachgründe für den Ausschluss der Amtsermittlung in diesem Bereich sind nicht erkennbar. Maßgeblich muss auch hier die mithilfe aller zur Verfügung stehender Erkenntnismittel gewonnene Überzeugung des Entscheiders beim BAMF oder des Gerichts bleiben. Va darf nicht die Heranziehung derjenigen Gutachten und Berichte verwehrt werden, auf denen die Aufnahme des Herkunftsstaats in die Länderliste II beruht. Deren Kenntnis kann billigerweise nicht dem Flüchtling abverlangt werden.

83 Die jetzt geltenden Regelungen über die Behandlung von Asylbewerbern aus als verfolgungsfrei geltenden Ländern lassen einmal die Erschütterung der Vermutung der Nichtverfolgung zu; sie sehen aber auch zusätzlich wie im Normalfall die Berücksichtigung von **Abschiebungshindernissen** nach § 60 AufenthG vor (§§ 29a I, 30 I, 31 AsylG). Damit ist sichergestellt, dass insbesondere die Gefahr von Folter, Todesstrafe und unmenschlicher oder erniedrigender Behandlung im Verwaltungsverfahren geprüft und damit im Einzelfall die vom Gesetzgeber für die Aufnahme des Herkunftsstaats in die Länderliste II herangezogenen allgemeinen Verhältnisse in dem Herkunftsstaat in dieser Hinsicht einer Kontrolle unterzogen werden. Mit diesen einfachgesetzlichen Regelungen werden die Verpflichtungen aus Art. 1 und 102 GG sowie aus Flüchtlings-, Menschenrechts- und Folterkonventionen (→ Rn. 13, 76) erfüllt[156].

84 Die Berücksichtigung dieser Abschiebungshindernisse ist freilich in dem am **Flughafen** geführten Verfahren nicht gesetzlich vorgeschrieben. Die dort (vorsorglich) erlassene Abschiebungsandrohung ist nur für den Fall der Einreise von Bedeutung, hemmt also der Zurückweisung nicht. Damit ist auch die Einhaltung der aus Art. 1 und 102 GG fließenden Verbote der Überstellung an den Herkunftsstaat nicht gesichert. Insoweit bestehen dieselben Bedenken wie bei der Zurückweisung an der Grenze überhaupt (→ AsylG § 18 Rn. 12). Sie können nur dadurch ausgeräumt werden, dass die Grenzbehörden ihrerseits vor der endgültigen Zurückweisung entsprechend konkretisierten ernsthaften Befürchtungen nachgeht und gegebenenfalls von einer Zurückweisung absieht und damit die Anwendung der §§ 29a I, 30 I, 31 AsylG wie sonst nach der Einreise (→ Rn. 83) ermöglicht. Unberührt bleibt ohnehin die Möglichkeit, unter Berufung auf die Gefahr von Folter oder Todesstrafe die Vermutung der Verfolgungsfreiheit für den Einzelfall zu erschüttern (→ Rn. 76).

5. Rechtsschutz

85 Der **gerichtliche Schutz** gegen aufenthaltsbeendende Maßnahmen ist im Falle der Herkunft aus einem verfolgungsfreien Land (und in anderen Fällen evidenter Aussichtslosigkeit) in mehrfacher Hinsicht **eingeschränkt** (Abs. 4 S. 1): Rechtsschutz ist in das Eilverfahren verlagert, die Möglichkeit der Stattgabe ist strikt eingeengt, und zudem sind gesetzliche Beschränkungen des Prüfungsumfangs sowie des berücksichtigungsfähigen Vorbringens zugelassen. Damit ist die Garantie des Art. 19 IV GG erheblich modifiziert. Denn sie verlangt für den Sofortvollzug aufenthaltsbeendender Maßnahmen eine besondere Gewähr der Richtigkeit der zu vollziehenden Behördenentscheidung. Das Risiko des irreparablen Vollzugs von Fehlentscheidungen muss angesichts des hohen Rangs der durch das Asyl-

---

[153] Vgl. § 18 II AsylG.
[154] Vgl. EGMR Beschl. v. 5.3.2020 – 3599/18 – M. N. gegen Belgien.
[155] Dazu → AsylG § 18a Rn. 15 ff.
[156] Betr. Todesstrafe vgl. BVerfG Urt. v. 14.5.1996 – 2 BvR 1570/93 ua, BVerfGE 94, 115.

grundrecht geschützten Rechtsgüter und wegen der Gefahr seiner Vernichtung beim Vollzug unrichtiger Entscheidungen durch eine zweckentsprechende Ausgestaltung der gerichtlichen Überprüfung möglichst klein gehalten werden[157]. Unter aufenthaltsbeendenden Maßnahmen sind alle Akte zu verstehen, die das asylrechtlich vorläufige Bleiberecht ausschließen, also auch solche, die einen Aufenthalt durch Einreise im Rechtssinne von vornherein verhindern sollen[158].

Es ist fraglich, ob es diesen Anforderungen genügt, wenn der Vollzug aufenthaltsbeendender Maßnahmen nur bei **ernstlichen Zweifeln** des Gerichts an deren Rechtmäßigkeit zugelassen werden darf. Eine derartige Regelung kennt das geltende (einfache) Recht sonst nur für die Anforderung öffentlicher Abgaben und Kosten (§ 80 IV 3, V, VI VwGO). Die Gleichsetzung der Interessen eines potenziell asylberechtigten Ausländers mit denen eines evtl. zu Unrecht von einer öffentlichen Kasse in Anspruch genommenen Schuldners muss bedenklich erscheinen. Sachgerechter wäre die Beibehaltung der früheren Rechtslage gewesen, die aufgrund der allgemeinen iRd Verfahren nach § 80 V VwGO üblichen Regeln einen Sofortvollzug bei Zweifeln an der Offensichtlichkeit der Unbegründetheit des Asylgesuchs ausschloss. Andererseits kann nicht festgestellt werden, dass die Veränderung des Entscheidungsmaßstabs gegen Grundsätze des Rechtsstaats (Art. 20 III GG) verstößt, die anders als Art. 19 IV GG auch gegen eine Verfassungsänderung gefeit sind[159]. Der Verfassungsgeber hat nach alledem nur von seiner Befugnis Gebrauch gemacht, das aus dem Asylgrundrecht fließende vorläufige Bleiberecht „ein Stück weit" zurückzunehmen[160]. 86

Dabei ist aber genau darauf zu achten, worauf sich die ernstlichen Zweifel beziehen müssen: isoliert auf die Rechtmäßigkeit der Einreiseverweigerung oder (auch) auf die Offensichtlichkeit der Unbegründetheit des Asylantrags. Da Letztere die Grundlage der Einreiseverweigerung bildet, ist der zweiten Auslegung der Vorzug zu geben[161]. Damit genügen letztlich **ernstliche Zweifel an der Aussichtslosigkeit** des Asylbegehrens (vgl. zum für Anlage II erforderlichen gesetzlichen Nachweis der Sicherheit im Herkunftsstaat → Rn. 71). Denn nur die offensichtliche Unbegründetheit des Asylantrags erlaubt den Sofortvollzug der Einreiseverweigerung, nicht schon die einfache Unbegründetheit[162]. Ernstliche Zweifel idS sind zB gegeben, wenn der Ausgang des Hauptsacheverfahrens offen ist, weil die Angaben des Ausländers schlüssig und zur Widerlegung der gesetzlichen Vermutung geeignet erscheinen. Dann bestehen nämlich auch ernsthafte Zweifel an der Rechtmäßigkeit der aufenthaltsverhindernden Maßnahme. 87

Bedenken bestehen gegen den **Gesetzesvorbehalt** hinsichtlich der Beschränkung des Prüfungsumfangs und der Präklusion verspäteten Vorbringens. Die Beschreibung der in Betracht kommenden gesetzlichen Beschränkungen ist so umfassend, dass ihr Ausmaß nicht abzusehen ist. Über den jetzt geltenden Umfang (vgl. § 36 IV AsylG) hinaus könnte etwa die Prüfungsgrundlage auf im Inland gegebene oder bekannte Tatsachen eingeengt werden (vgl. dazu § 67 AuslG). 88

VI. Anderweitiger Verfolgungsschutz

1. Allgemeines

Die (versuchte) Einreise aus einem sog. sicheren Drittstaat ist diejenige Fallgestaltung, die das **Kernstück der Asylreform 1993** ausmachte. Die Bestimmungen des Art. 16a II GG dürfen indes nicht isoliert betrachtet und bewertet werden, sondern nur in engem Zusammenhang mit den sonstigen Regelungen anderweitigen Verfolgungsschutzes und dem Vertragsvorbehalt in Abs. 5 sowie den Rechtsschutzbeschränkungen des Abs. 4. Dabei ist es als maßgebliches politisches Ziel dieser Regelungen anzusehen, Deutschland vor dem weiteren Zuzug von Flüchtlingen wirksam abzuschotten und insbesondere die mit den Flüchtlingsbewegungen in und nach Europa verbundenen Lasten möglichst stärker als bisher auf die europäischen Nachbarstaaten zu verteilen. Hierbei soll die neu gewonnene Mittellage Deutschlands dazu genutzt werden, ohne ein offizielles europäisches Asylaufnahmesystem eine als überproportionale dargestellte Belastung der Bundesrepublik mit Flüchtlingen abzubauen. Ob mit diesem zunächst isolierten deutschen Alleingang die Bestrebungen zur europäischen Harmonisierung des Asylrechts iE behindert oder gefördert wurden, kann unterschiedlich bewertet werden. 89

Allen Bestimmungen über anderweitigen Schutz vor Verfolgung gleich welcher rechtlichen Konstruktion liegt die zutreffende Vorstellung von der mangelnden **Schutzbedürftigkeit** desjenigen Flüchtlings zugrunde, der in einem anderen Staat als dem Verfolgerstaat (Drittstaat) frei von Verfolgung leben kann oder könnte. Voraussetzungen und Folgen eines derartigen Befunds können indes sehr unterschiedlich ausgestaltet werden. Ungeachtet dessen bleibt trotz einer wie auch immer gearteten Sicherheit im Drittstaat die Gefahr der Verfolgung bei einer Rückkehr in den Herkunftsstaat unbe- 90

---
[157] BVerfG Beschl. v. 12.7.1983 – 1 BvR 1470/82, BVerfGE 65, 76.
[158] Vgl. BVerfG Urt. v. 14.5.1996 – 2 BvR 1516/93, BVerfGE 94, 166.
[159] Art. 79 III GG; iE ebenso *Hailbronner* ZAR 1993, 107.
[160] Betr. Flughafenverf BVerfG Urt. v. 14.5.1996 – 2 BvR 1516/93, BVerfGE 94, 166; dazu *Maaßen/de Wyl* ZAR 1997, 9; *Renner* ZAR 1996, 103.
[161] *Renner* ZAR 1993, 118 und 1996, 103.
[162] BVerfG Urt. v. 14.5.1996 – 2 BvR 1938/93 ua, BVerfGE 94, 166; → AsylG § 36 Rn. 22.

rührt; sonst handelte es sich um keinen (aktuell) politisch Verfolgten. Jede unmittelbare oder mittelbare Überstellung an den politisch verfolgenden Heimatstaat lässt also die Schutzbedürftigkeit wieder aufleben. Die Schutzbedürftigkeit entfällt mit dem anderweitigen Schutz also nur relativ und vorläufig, nicht jedoch allseits und endgültig.

91 Für anderweitigen Schutz vor Verfolgung existieren im Wesentlichen die folgenden **fünf Modelle:** (1) Es besteht aktuelle Sicherheit vor Verfolgung durch Aufenthalt und Schutz in einem konkreten anderen Staat. (2) Dem Flüchtling wird die Möglichkeit der Inanspruchnahme eines derartigen Schutzes entgegengehalten. (3) Der Flüchtling hat eine früher erreichte Verfolgungssicherheit verloren oder aufgegeben. (4) Dem Flüchtling wird die Möglichkeit der Inanspruchnahme anderweitiger Verfolgungssicherheit in der Vergangenheit entgegengehalten. (5) Ein anderer Staat ist (insbesondere nach den Dublin-VOen; vgl. § 29 AsylG) für die Prüfung des Asylbegehrens zuständig.

92 Im geltenden deutschen Recht[163] sind jetzt **fast alle Varianten vertreten**, nämlich alle mit Ausnahme von (2). Während § 27 I AsylG (wie früher § 2 AsylVfG 1982) die Asylanerkennung im Fall (3) versagt und § 25 III AufenthG dem Flüchtling bei fehlender Ausreisemöglichkeit (in den Drittstaat oder einen anderen Staat) eine Aufenthaltserlaubnis bereitstellt[164], folgen Abs. 2 der Variante (4) und Abs. 5 der Variante (5). Die Einreiseverweigerung nach § 18 II Nr. 1 und 2 AsylG baut auf dem Vorliegen der Fallgestaltung (3) oder (4) auf.

2. Ausschluss des Asylrechts

93 Die Einreise aus einem **sicheren Drittstaat** begrenzt nicht bloß das Recht auf Asylgewährung, sondern lässt es von vornherein **nicht zur Entstehung gelangen.** Auf die Formulierung im Einzelnen kommt es dabei nicht an. Statt „Auf Abs 1 kann sich nicht berufen ..." könnte es auch heißen: „Asylrecht genießt nicht ..." oder „Dies gilt nicht ..." oder „Asyl wird nicht gewährt ...". In jedem Fall werden die Betroffenen aus dem Kreis der Grundrechtsträger ausgeschlossen, nicht nur aus dem Asylverfahren; denn sie haben „grundsätzlich keinen Anspruch auf Asyl"[165] und die „Einreise aus einem sicheren Drittstaat bewirkt den Ausschluss der Berufung auf das Asylgrundrecht, sodass auch keine aufenthaltsrechtlichen Vorwirkungen im Sinne eines vorläufigen Bleiberechts entstehen"."[166] Damit ist Abs. 1 in der Weise eingeschränkt, dass nicht jeder politisch Verfolgte (mehr) um Asyl in Deutschland nachsuchen darf[167]. Die Drittstaatenklausel des Abs. 2 beschränkt also den **persönlichen Geltungsbereich** des Grundrechts auf Asyl[168]. Dementsprechend wird auch der internationale Schutz in Deutschland nicht geprüft (§§ 26a, 34a AsylG), sondern im Drittstaat. An diesem Punkt setzen die polizeilichen Verfechter einer **„Asyl-Obergrenze"** an, nehmen dabei aber teilweise nicht hinreichend in den Blick, dass das deutsche und europäische Asylsystem dennoch auf subjektiven Rechtsschutz aufbaut und Einzelansprüche begründet, die nicht aus allgemein-politischen Gründen pauschal begrenzbar sind.

94 Zudem kann die Verwaltung **ausnahmsweise** aus völkerrechtlichen, humanitären oder politischen Gründen nach Einreise aus einem sicheren Drittstaat von der Einreiseverweigerung oder Zurückschiebung absehen (§ 18 IV Nr. 2 AsylG). Insoweit wird nicht Asyl außerhalb Abs. 1 und 2 aufgrund einfachen Rechts gewährt, sondern lediglich die Einreise zu bestimmten Zwecken zugelassen. Soweit die Einreise wegen der Zuständigkeit Deutschlands insbesondere aufgrund EU-Recht bzw. eines Asylabkommens gestattet wird (§ 18 IV Nr. 1 AsylG), beruht dies auf den Besonderheiten des Vertragsasyls iSd Abs. 5 (→ Rn. 125 ff.) und nicht auf einer von der Verfassung zugelassenen Ausnahme, die in das Ermessen des Gesetzgebers gestellt ist[169].

95 Dem zentralen Ausgangspunkt für diese Konstruktion liegt die Annahme zugrunde, die **Schutzbedürftigkeit** des Flüchtlings entfalle in vollem Umfang allein infolge der Reise durch einen verfolgungssicheren Drittstaat. Es ist zwar richtig, dass mit der Gewährung asylrechtlichen Schutzes durch einen anderen Staat Asyl in Deutschland entbehrlich wird. Durch einen anderweit gewährten Verfolgungsschutz wird aber die Verfolgung nicht für immer beendet und der Flüchtling verliert nicht seine Eigenschaft als politisch Verfolgter[170]. Verlässt er den sicheren Drittstaat, lebt seine Schutzbedürftigkeit ggf. wieder auf. **Asyl bedeutet im Kern Schutz vor Abweisung an der Grenze, vor Zurückschiebung, Abschiebung und Auslieferung** einschließlich aller aufenthaltsbeendenden Maßnahmen, die eine Kettenabschiebung in den Verfolgerstaat ermöglichen[171].

---

[163] Zu den Modellen der EU-AsylRL vgl. *Renner* ZAR 2004, 305.
[164] Bis Ende 2004 nach § 70 I AsylVfG eine Aufenthaltsbefugnis.
[165] Begründung des Gesetzesentwurf BT-Drs. 12/4450, 2; ebenso BT-Drs. 12/4152, 3.
[166] Begründung des Gesetzesentwurf BT-Drs. 12/4450, 2; ebenso BT-Drs. 12/4152, 14 f.
[167] *Hailbronner* ZAR 1993, 107; *Renner* ZAR 1993, 118.
[168] BVerfG Urt. v. 14.5.1996 – 2 BvR 1938/93 ua, BVerfGE 94, 49; dazu *Maaßen/de Wyl* ZAR 1996, 158; *Renner* ZAR 1996, 103.
[169] AA *Classen* DVBl 1993, 700.
[170] → Rn. 90; *Classen* DVBl 1993, 700.
[171] BVerwG Urt. v. 7.10.1975 – I C 46.69, BVerwGE 49, 202; vgl. auch → Rn. 7 ff.

VI. Anderweitiger Verfolgungsschutz **Art. 16a GG 6**

Die Berufung der Entwurfsbegründung auf den Fortfall der Schutzbedürftigkeit nach Durchreise 96
durch einen sicheren Drittstaat[172] scheint auf einem **Missverständnis** zu beruhen, das die Asylgewährung auf die Asylstatusfeststellung beschränkt. Nach früherem und zT noch geltendem Recht steht anderweitige Verfolgungssicherheit lediglich der förmlichen Asylanerkennung entgegen, ermöglicht aber nicht die Abschiebung in den Verfolgerstaat[173]. Ebenso wenig verliert ein von politischer Verfolgung bedrohter Straftäter seinen grundrechtlichen Anspruch auf Auslieferungsschutz allein deswegen, weil er sich vor der Einreise nach Deutschland in einem sicheren Drittstaat aufgehalten hat (vgl. § 6 IRG).

Diese Grundsätze sind seit Langem in einfachgesetzlichen Normen verankert, sie gehören aber auch 97
zu den unveränderlichen Bestand des Asylrechts überhaupt. Insbesondere der Schutz vor Abschiebung und Auslieferung gehört nach der historischen Entwicklung des Asyls seit der Mitte des 19. Jahrhunderts und nach dem erklärten Willen des Grundgesetzgebers zu dem festen Kernbestand des Asyls (→ Rn. 7 ff.), und zwar **ohne Rücksicht auf einen Aufenthalt in einem anderen Staat.** Das bislang sog. „kleine Asyl" (§ 14 AuslG 1965, § 51 I AuslG, § 60 I AufenthG und § 3 AsylG) stellt ebenso eine Ausformung des Asylgrundrechts dar wie das Auslieferungsverbot des § 6 II IRG; beide Institute stehen jedenfalls dem Grundsatz nach nicht im Belieben des einfachen Gesetzgebers. Anderweitige Verfolgungssicherheit kann demzufolge der förmlichen Asylgewährung entgegenstehen und dazu führen, dass der Ausländer in den sicheren Drittstaat ausreisen muss oder verbracht wird. Sie beseitigt aber nicht die Verfolgteneigenschaft und das aktuelle Schutzbedürfnis vor einer wie auch immer gearteten Überstellung in den Verfolgerstaat.

Da Abs. 2 keine dahingehende Einschränkung erkennen lässt, scheint bei Einreise aus einem 98
sicheren Drittstaat auch ein grundrechtlich gesicherter asylrechtlicher Abschiebungs- oder Auslieferungsschutz ausgeschlossen. Die Gewährleistung entsprechenden Schutzes durch einfachgesetzliche Vorschriften (§§ 27, 29, 35 AsylG; § 60 II AuslG; § 6 IRG) scheint insoweit **nicht mehr verfassungsrechtlich abgesichert** und damit weitgehend der Disposition des einfachen Gesetzgebers zu unterliegen. Hierfür kann sprechen, dass das BVerfG in diesem Zusammenhang nur auf die „relative Schutzposition" nach §§ 50 III, 51 I AuslG und das Refoulement-Verbot des Art. 3 EMRK hinweist[174]. Ungeachtet dessen betrifft Abs. 2 jedenfalls nur das Verhältnis zu dem sicheren Drittstaat und eröffnet nicht die Möglichkeit der Überführung in den (angeblichen) Verfolgerstaat.

3. Durchreise durch einen sicheren Drittstaat

Der Ausschluss des Asylrechts ist an die (versuchte) Einreise „aus" einem sicheren Staat geknüpft. 99
Damit ist nicht der Herkunftsstaat gemeint, sondern der Drittstaat, der Schutz vor Verfolgung geboten hat, bieten konnte oder kann. Es braucht sich **nicht unbedingt** um einen **Anrainerstaat** zu handeln, bei der Anreise auf dem Luft- oder Seeweg kommen vielmehr auch Staaten in Betracht, die über keine gemeinsame Landgrenze mit Deutschland verfügen. Unklar bleibt aber trotz der eigentlich eindeutigen Formulierung („aus"), ob die vorherige Durchreise „durch" einen anderen Staat (auf dem Land- oder Luftweg) genügt. Denn die Entwurfsbegründung erweckt teilweise den Eindruck, als sollten auch Ausländer betroffen sein, die „über" sichere Drittstaaten einreisen[175]. An anderen Stellen der Begründung ist dagegen entsprechend der Entwurfsfassung das Wort „aus" gewählt, das für die unmittelbare Anreise aus dem anderen Staat spricht. Dennoch kommt nicht nur der letzte Staat vor Erreichen der deutschen Grenze in Betracht, sondern jeder Durchreisestaat; ausgenommen sein soll die Durchfahrt mit einem öffentlichen Verkehrsmittel ohne Halt[176]. Zudem ist der Transit unabhängig davon schädlich, ob er sich nach dem Recht des Drittstaats als Einreise darstellt und wie er etwa auf dem Flughafen tatsächlich ausgestaltet ist[177].

Entgegen der lange geltenden früheren Rechtslage genügt seit Juli 1993 die **bloße Durchreise** 100
durch einen als sicher geltenden Staat, um asylrechtlichen Schutz auszuschließen. Abgestellt wird weder auf einen bereits gewährten und dann aufgegebenen Schutz vor Verfolgung noch auf eine für den Flüchtling potenziell erreichbare Sicherheit vor Verfolgung (→ Rn. 91). Der Kreis der verfolgungssicheren Staaten ist objektiv beschrieben, die auf die bloße Durchreise gegründete Annahme der Verfolgungssicherheit weist keinerlei Bezug zum Schicksal des Flüchtlings oder seiner Flüchtlingsgruppe auf. An die Stelle realer Sicherheit ist die **theoretische objektive Möglichkeit von Verfolgungsschutz** getreten. In vielen Fällen stellt die verfassungsrechtliche Annahme fehlender Schutzbedürftigkeit deshalb eine reine Fiktion dar. Sie ist aber weder nach der GK noch sonst als unzulässig anzusehen[178].

---

[172] BT-Drs. 12/4152, 4.
[173] Vgl. § 2 AsylG 1982 und §§ 27, 29, 35 AsylG.
[174] BVerfG Urt. v. 14.5.1996 – 2 BvR 1938/93 ua, BVerfGE 94, 49; dazu *Renner* ZAR 1996, 103.
[175] BT-Drs. 12/4152, 3 li. Sp. und 4 li. Sp.
[176] BVerfG Urt. v. 14.5.1996 – 2 BvR 1938/93 ua, BVerfGE 94, 49; dazu *Maaßen/de Wyl* ZAR 1996, 158; *Renner* ZAR 1996, 103.
[177] *Hailbronner* GG Art. 16a Rn. 330–333.
[178] → Rn. 119 ff.; ebenso *Hailbronner* ZAR 1993, 107.

101 Die Durchreise durch einen Drittstaat muss indes **positiv feststehen**. Bei ungeklärtem Reiseweg genügt nicht irgendeine Wahrscheinlichkeit der Durchreise durch einen sicheren Drittstaat für den Ausschluss des Asylrechts. Zwar entsteht das Grundrecht auf Asyl praktisch nur noch, falls der Flüchtling nicht durch einen sicheren Drittstaat einreist (→ Rn. 93); dies wiederum kann entweder auf dem Luftweg oder über einen Anrainerstaat erfolgen, der (noch) nicht in der Anlage I zum AsylG enthalten ist. Es kann nur fraglich erscheinen, ob die Bedingung einer derartigen Einreise als (negatives) Tatbestandsmerkmal angesehen werden kann, das der Flüchtling vorzutragen (vgl. § 25 I 2 AsylG und erforderlichenfalls zu beweisen hat. Es könnte sich vielmehr um einen Ausschlusstatbestand, den der Staat zu beweisen hat, handeln[179].

102 Aus Wortwahl und Entstehungsgeschichte der Vorschrift[180] lässt sich zwar kein sicherer Rückschluss daraus ziehen, ob der **Reiseweg** genau ermittelt werden muss oder ob die Feststellung genügt, dass der Ausländer nur aus einem sicheren Drittstaat angereist sein kann; für die letztere Auslegung kann jedoch der Zweck der Drittstaatenregelung ins Feld geführt werden[181]. Da der persönliche Geltungsbereich auf nicht durch einen sicheren Drittstaat gereiste Flüchtlinge beschränkt ist, hat **der Asylbewerber** diese Voraussetzungen darzutun und erforderlichenfalls nachzuweisen. BAMF und Gericht dürfen sich allerdings nicht mit Vermutungen begnügen. Sie müssen sich vielmehr Überzeugungsgewissheit über die Einreise des Asylbewerbers auf dem Landweg verschaffen und dürfen ihre Erkenntnis nicht allein auf die Verletzung von Mitwirkungspflichten durch den Asylbewerber stützen. Bei der Tatsachenfeststellung dürfen sie allerdings auch das Vernichten von Reiseunterlagen oder sonstigen Dokumenten durch den Asylbewerber würdigen.

103 Mit der Zulassung von **Alternativfeststellungen** zum Reiseweg gerät allerdings der mit der Drittstaatenklausel eigentlich verfolgte Zweck ins Hintertreffen, den Ausländer in den Drittstaat zurückzuführen, damit er dort sein Schutzbegehren stellen und durchführen lassen kann[182]. Die Möglichkeit der Rückführung ist zwar nicht ausdrücklich für die Anwendung der Drittstaatenklausel vorausgesetzt[183], deren praktische Wirksamkeit erleidet allerdings eine schwere Einbuße, wenn auf die Feststellung des konkreten Durchreisestaats verzichtet wird. Die beabsichtigte europäische Lastenverteilung scheidet dann von vornherein aus.

4. Fiktive Verfolgungssicherheit

104 Die Verweisung des Flüchtlings auf einen anderen Schutzstaat ist ohne Weiteres berechtigt, wenn dieser fortdauernde Schutz gewährt und zur Rückübernahme bereit ist oder wenigstens zur (erstmaligen) Schutzgewährung bereit wäre. Der Schutzbedürftigkeit eines politisch Verfolgten wird es aber eigentlich nicht gerecht, wenn anhand allgemeiner und nicht personenbezogener hypothetischer Annahmen eine **Schutzgewährung unterstellt** wird. Ratifikation und Anwendung der GK und der EMRK können als Indizien für die mögliche Aufnahme politischer Flüchtlinge dienen. Sie besagen aber noch nichts über die Aufnahme im Einzelfall. Die Schutzbedürftigkeit gilt aber als entfallen, auch wenn der Ausländer dort kein Asylersuchen vorgebracht oder gar unerkannt das Land durchquert oder nur im Flugtransit berührt hat oder wenn sein Asylgesuch aus formellen Gründen abgewiesen worden ist. Entscheidend ist allein, ob der andere Staat die beiden Konventionen anwendet. Es ist nicht einmal verlangt, dass etwa die GK in diesem Staat überhaupt für Personen aus dem Herkunftsstaat des Betroffenen gilt. Damit ist aber das Risiko einer unmittelbaren oder mittelbaren Überstellung an den Verfolgerstaat **(Kettenabschiebung)** nicht ausgeschlossen.

105 Für die EU-Mitgliedstaaten ist die Gewährleistung der GK und der EMRK in der Verfassung festgeschrieben. Die Einbeziehung aller EU-Staaten wirkt dynamisch, gilt also auch für jeden Fall einer Erweiterung der Union. Damit gehören seit den Erweiterungen im Mai 2004 und 2007 bzw. 2013 alle Beitrittsländer zu den sicheren Drittstaaten, auch wenn sie bis dahin nicht in der Anlage I zum AsylG enthalten waren. Die Aufnahme in die Länderliste I setzt lediglich die Anwendung dieser beiden Konventionen voraus. Weitere Anforderungen werden nicht gestellt. Insbesondere wird nicht die Gewährleistung eines bestimmten Mindeststandards an Verfahren- und Rechtsschutzregeln verlangt. Erst recht ist nicht auf die Bereitschaft oder Verpflichtung dieser Staaten zur Rückübernahme des Betroffenen und zur sachlichen Prüfung des Asylgesuchs abgestellt. Dies alles könnte verfassungsrechtlich beanstandet werden, wenn Abs. 1 nicht durch Abs. 2 eingeschränkt wäre. Das Grundrecht des Abs. 1 bietet aber **keine absolute Gewährleistung** mehr wie früher Art. 16 II 2 GG, und Art. 33 GK und Art. 3 EMRK verbieten die Zurückweisung in den sicheren Drittstaat nicht[184].

106 Die Bestimmung zum sicheren Drittstaat erfolgt nach einem **Konzept der normativen Vergewisserung,** das den Gesetzgeber verpflichtet, die Sicherstellung der Anwendung von GK und

---

[179] Zum Streit bei § 27 AsylG → AsylG § 27 Rn. 42 ff.
[180] BT-Drs. 12/4450, 20.
[181] So BVerfG Urt. v. 14.5.1996 – 2 BvR 1938/93 ua, BVerfGE 94, 49.
[182] Zu Letzterem BT-Drs. 12/4450, 20.
[183] Zutr. VGH BW Beschl. v. 26.9.1994 – A 14 S 1937/94, DÖV 1995, 207.
[184] *Hailbronner* ZAR 1993, 107.

VI. Anderweitiger Verfolgungsschutz

EMRK zu prüfen[185]. Zu diesem Zweck muss auch festgestellt werden, ob der Drittstaat den Flüchtling nach seiner Rechtsordnung in den (angeblichen) Verfolgerstaat abschieben darf, ohne zuvor geprüft zu haben, ob ihm dort Maßnahmen iSv Art. 33 GK oder Art. 3 EMRK drohen. Dem Gesetzgeber steht für die Gewinnung der Tatsachengrundlage ein Spielraum bei der Auswahl der Erkenntnismittel zu; seine Beurteilung muss sich als vertretbar erweisen. Der Drittstaat darf weder einzelne Personengruppen von dem Refoulement-Verbot ausnehmen noch in einen Viertstaat weiterschieben, in dem Art. 33 GK und Art. 3 EMRK nicht förmlich geprüft werden. Von diesem Konzept nicht erfasst sind die folgenden Fallgestaltungen: Gefahr der Todesstrafe oder eines Verbrechens im Zusammenhang mit der Rückführung, schlagartige Änderung der Verhältnisse im Drittstaat, Verfolgungsmaßnahmen des Drittstaats, Nichteinhaltung der Verpflichtungen aus GK und EMRK im Ausnahmefall. In diesen Fällen greift also das Drittstaatenkonzept bestimmungsgemäß nicht.

Einfachgesetzlich ist Vorsorge für den Fall getroffen, dass ein als sicher eingestufter Staat die 107 ursprünglich angenommenen **Voraussetzungen nicht mehr erfüllt.** Dann kann die Bundesregierung ohne Zustimmung des Bundesrats gem. § 26a III AsylG durch Rechtsverordnung anordnen, dass ein Staat der Anlage I zum AsylG nicht mehr als sicherer Drittstaat gilt. Dies kommt etwa in Betracht, wenn ein Staat seinen Verpflichtungen aus der GK zuwiderhandelt, indem er das Refoulement-Verbot verletzt und Flüchtlinge in den Herkunftsstaat überstellt, ohne zuvor ein ausreichendes Asylprüfungsverfahren durchgeführt zu haben. Innerhalb von sechs Monaten kann entweder die Rechtsverordnung aufgehoben oder durch Änderung der Länderliste I hinfällig werden; sonst tritt sie von selbst nach Ablauf dieser Frist außer Kraft. Falls die Rechtsverordnung aufgrund plötzlicher Veränderungen im Drittstaat nicht zeitgerecht erlassen werden kann, kommt eine Ausnahme im Einzelfall in Betracht (dazu → Rn. 106).

5. Verwaltungsverfahren

Für das Verwaltungsverfahren enthält das GG keine allgemeinen Vorgaben (zum Sofortvollzug 108 → Rn. 111). Auf das Bestehen von **Zurückweisungs- oder Abschiebungshindernissen** kommt es aber für den Erlass aufenthaltsbeendender Maßnahmen nicht an. Hierunter sind sowohl die Einreiseverweigerung (Zurückweisung) und die Zurückschiebung[186] als auch die Abschiebungsandrohung nach Ablehnung des Asylgesuchs[187] zu verstehen. Beendigung des Aufenthalts ist nicht streng rechtlich von Verhinderung des Aufenthalts zu unterscheiden. Denn die Bestrebungen des Gesetzgebers waren von Anfang an darauf gerichtet, aus sicheren Drittstaaten kommenden Flüchtlingen den Zugang zum Bundesgebiet möglichst von vornherein zu verwehren. Die Aufrechterhaltung weiterer Bestimmungen über anderweitigen Verfolgungsschutz (→ Rn. 92) beruht auf der Erkenntnis, dass dies nicht lückenlos gelingen kann. Sie spricht aber nicht gegen die Absicht des verfassungsändernden Gesetzgebers zur Anwendung der Drittstaatenklausel an der Grenze. Infolgedessen gilt Abs. 2 für jeden Ausländer, der über einen sicheren Drittstaat „anreist"[188].

Damit ist die Beachtung der **Verbote und Hindernisse** der Art. 1 und 102 GG, Art. 33 GK, 109 Art. 3 EMRK und Art. 3 UN-Folterkonvention vor Erlass aufenthaltsbeendender und aufenthaltsverhindernder Maßnahmen nicht mehr unbedingt gewährleistet (→ Rn. 13). Dies wird durch die Zulässigkeit der Vollziehung aufenthaltsbeendender Maßnahmen trotz eines Rechtsbehelfs verdeutlicht. Denn nicht erst und nur für den Sofortvollzug, sondern schon für die Maßnahme selbst ist über die Einreise aus dem sicheren Drittstaat hinaus nichts weiter zu prüfen. Der einfache Gesetzgeber hat diese verfassungsrechtlichen Vorgaben strikt umgesetzt[189]. Für die vom BVerfG für möglich erachtete Erteilung einer Duldung aus dringenden persönlichen oder humanitären Gründen früher gemäß § 55 III AuslG[190] fehlt es nach neuem Recht an einer entsprechenden Grundlage. Eine **Duldung** kommt im Zusammenhang mit der Drittstaatenklausel nur dann noch in Betracht, wenn die Abschiebung aus (sonstigen) rechtlichen oder tatsächlichen Gründen unmöglich ist[191]. Sie ist (wie die Abschiebung) allerdings nur nach der Einreise zulässig. Vor diesem Zeitpunkt verbleibt nur ein tatsächliches Zuwarten mit der Rückführung in einen anderen Staat durch Einreiseverweigerung bis zur Beseitigung des Hindernisses.

Damit werden aus sicheren Drittstaaten eingereiste Asylsuchende in dieser Hinsicht **schlechter-** 110 **gestellt** als andere Ausländer im Rahmen des allgemeinen Aufenthaltsrechts nach der Einreise[192]. Abs. 2 S. 3 kann somit dazu führen, dass die Flüchtlinge wegen der Einhaltung der genannten Schutzregelungen ebenfalls auf die Durchreisestaaten verwiesen werden, ohne dass hierfür hinsichtlich der jeweiligen Person konkrete Anhaltspunkte gegeben sind oder wenigstens vermutet werden könnten.

---

[185] BVerfG Urt. v. 14.5.1996 – 2 BvR 1938/93 ua, BVerfGE 94, 49.
[186] Vgl. §§ 18, 19 III AsylG.
[187] Vgl. §§ 26a, 27, 31 IV AsylG.
[188] So auch BVerfG Urt. v. 14.5.1996 – 2 BvR 1938/93 ua, BVerfGE 94, 49.
[189] Vgl. §§ 31 IV, 34a AsylG.
[190] BVerfG Urt. v. 14.5.1996 – 2 BvR 1938/93 ua, BVerfGE 94, 49.
[191] § 60a II AufenthG.
[192] Vgl. §§ 15 IV, 60, 62 AufenthG.

Auch insoweit hat es nach dem GG mit der Feststellung der objektiven Voraussetzungen nach Abs. 2 S. 1 sein Bewenden (→ Rn. 105). Die Berufung auf ein Abweichen von der sonst üblichen Praxis der Einhaltung der beiden Konventionen oder auf ein Fehlverhalten im Einzelfall ist ausgeschlossen[193]. Eine derartige Auslegung lässt sich mit den aus Art. 1 und 102 GG fließenden Schutzpflichten (→ Rn. 13) nur schwer vereinbaren. Deren Beachtung ist durch Abs. 2 S. 3 nur dann nicht ausgeschlossen, wenn sie durch das Konzept der normativen Vergewisserung nicht erfasst sind (dazu → Rn. 106).

6. Rechtsschutz

111   Der Rechtsschutz gegen aufenthaltsbeendende Maßnahmen (dazu → Rn. 108) ist nach Abs. 2 S. 3 in der Weise eingeschränkt, dass der **Sofortvollzug** ohne Rücksicht auf Rechtsbehelfe zugelassen wird. Unter Rechtsbehelfen sind Widerspruch und Klage sowie Anträge auf vorläufigen Rechtsschutz zu verstehen. Die Verfassungsbeschwerde zählt nicht dazu. Die Formulierung „können (…) vollzogen werden" regelt den Sofortvollzug insoweit endgültig, als dieser weder durch die Behörde noch durch das Gericht ausgesetzt werden darf. Die Anwendung der Bestimmungen der §§ 80, 123 VwGO mit dem Ziel eines Aufschubs der genannten Maßnahmen ist damit ausgeschlossen. Nur dem BVerfG bleibt die Möglichkeit des Erlasses einer einstweiligen Anordnung. Unter aufenthaltsbeendenden Maßnahmen können rechtlich nur solche gelten, die der Einreise ergriffen werden. Gemeint ist aber die Beendigung des tatsächlichen Aufenthalts im Inland und dieser beginnt bereits beim Erreichen der Grenzstation (→ Rn. 108).

112   Aufgrund Abs. 2 S. 3 soll nicht lediglich der sonst generell bestehende Suspensiveffekt von Rechtsbehelfen (vgl. § 80 I VwGO) entfallen mit der Folge, dass dieser behördlich oder gerichtlich im Einzelfall wiederhergestellt werden kann (vgl. § 80 III, V VwGO). Eine derartige Regelung obliegt sonst dem (einfachen) Gesetzgeber (vgl. § 80 II 1 Nr. 1 VwGO) und hätte deshalb nicht der Aufnahme in die Verfassung bedurft. Der Verfassungsgesetzgeber wollte den aus einem sicheren Drittstaat einreisenden Ausländer **in keinem Fall ein Rechtsschutzverfahren im Bundesgebiet** ermöglichen. Diesem soll es lediglich unbenommen bleiben, vom Ausland her einen Rechtsbehelf vor deutschen Behörden oder Gerichten zu verfolgen[194].

113   Mit dem ausnahmslosen Ausschluss des Suspensiveffekts und der Inanspruchnahme vorläufigen Rechtsschutzes vor Überstellung an den Drittstaat wird dem Flüchtling bei wortgetreuer Auslegung jedweder **effektive Rechtsschutz versagt.** Ihm ist insbesondere die Berufung darauf verwehrt, er sei überhaupt nicht aus dem betreffenden Staat eingereist, dieser gehöre nicht zum Kreis der sicheren Drittstaaten oder dessen Aufnahme in die Länderliste I sei mangels Vorliegens der Voraussetzungen des Abs. 2 S. 2 verfassungswidrig. Außerdem ist einem möglichen Erfolg in der Hauptsache von vornherein die Durchsetzbarkeit genommen. Auch wenn sich später herausstellt, dass der Flüchtling nicht aus einem sicheren Drittstaat eingereist ist oder dass der Drittstaat die verfassungsrechtlichen Anforderungen des Abs. 1 nicht erfüllt, kann dies dem Flüchtling kaum noch nutzen. Ist er von dem Drittstaat aus unmittelbar oder mittelbar in den Herkunftsstaat überstellt worden, kommt die Hilfe Deutschlands in Form der Asylanerkennung zu spät. Ist ihm die endgültige Aufnahme durch den Drittstaat gelungen, ist er zwar hinreichend vor Verfolgung geschützt, Deutschland aber seiner Aufnahmeverpflichtung ledig. Nur wenn er sich noch in einem Viertstaat aufhält, der nicht als verfolgungssicher gilt, könnte er von seinem Prozesserfolg profitieren. Damit könnte Abs. 2 S. 3 von dem durch Art. 19 IV GG auch Ausländern gewährleisteten fundamentalen rechtsstaatlichen Grundsatz des Suspensiveffekts[195] abweichen und effektiven Rechtsschutz auch für einen Bereich ausschließen, in dem Leib und Leben gefährdet werden können und in dem deshalb von Art. 19 IV GG grundsätzlich nicht abgewichen werden darf[196]. Diese Grundsätze nehmen als Bestandteile des Rechtsstaats (Art. 20 III GG) an der **Ewigkeitsgarantie** des Art. 79 III GG teil. Deshalb kann es durchaus als fraglich erscheinen, ob Abs. 2 S. 3 hiermit zu vereinbaren ist. Allerdings wird das für den Flüchtling entstehende Risiko durch die Anforderungen des Abs. 1 S. 1 an den Drittstaat minimalisiert. Nach dem Konzept der normativen Vergewisserung ist die Anwendung von GK und EMRK in dem Drittstaat sichergestellt und die Modifikation der Rechtsschutzgarantie des Art. 19 IV GG gerechtfertigt[197]. Die Berufung auf eine ernsthafte Gefährdung der Schutzgüter von Art. 1 und 102 GG in Ausnahmefällen bleibt davon allerdings unberührt (→ Rn. 110); insoweit ist auch vorläufiger Rechtsschutz nicht ausgeschlossen[198].

114   Nach alledem sind die Vorschriften über Verweigerung und Beendigung des Aufenthalts bei Anreise aus einem sicheren Drittstaat (§§ 18 II Nr. 1, 18a I 6, 31 IV, 34a I AsylG) **verfassungsgemäß,** allerdings mit gewissen Vorbehalten[199]: Die Durchreise durch einen sicheren Drittstaat darf nicht

---

[193] BVerfG Urt. v. 14.5.1996 – 2 BvR 1938/93 ua, BVerfGE 94, 49.
[194] So Begründung des Gesetzesentwurfs, BT-Drs. 12/4152, 4.
[195] Vgl. BVerfG Urt. v. 19.6.1973 – 1 BvL 39/69 ua, BVerfGE 35, 263.
[196] Vgl. BVerfG Urt. v. 15.12.1970 – 2 BvF 1/69 ua, BVerfGE 30, 1.
[197] BVerfG Urt. v. 14.5.1996 – 2 BvR 1938/93 ua, BVerfGE 94, 49.
[198] BVerfG Urt. v. 14.5.1996 – 2 BvR 1938/93 ua, BVerfGE 94, 49.
[199] BVerfG Urt. v. 14.5.1996 – 2 BvR 1938/93 ua, BVerfGE 94, 49.

ernstlich zweifelhaft sein. In den außerhalb des Konzepts der normativen Vergewisserung liegenden Fällen (→ Rn. 106) muss Einwendungen gegen die Überstellung an den Drittstaat nachgegangen werden.

VII. Verfahrensrecht

Die Vorschriften des Abs. 4 (zu Abs. 2 S. 3 → Rn. 108 ff. und zu Abs. 5 → Rn. 124 ff.) befassen sich in erster Linie mit der **Vollziehung** aufenthaltsbeendender Maßnahmen und dem **Rechtsschutz** hiergegen. Sie enthalten aber mittelbar auch die Qualifizierung der Anträge von Ausländern aus verfolgungsfreien bzw. sicheren Herkunftsstaaten als offensichtlich unbegründet (→ Rn. 81) und die Zulassung weiterer Fallgruppen der offensichtlichen Unbegründetheit. Der dem Gesetzgeber erteilte Regelungsauftrag bezieht sich auch auf die letztere Bestimmung. Hinsichtlich der sicheren Herkunftsstaaten hat der Gesetzgeber mit § 29a I AsylG und mit dem erheblich erweiterten Katalog der Fälle evidenter Unbegründetheit in § 30 III und IV AsylG von dieser Ermächtigung Gebrauch gemacht. 115

Dem Gesetzgeber steht es auch ohne **Gesetzesvorbehalt** frei, für bestimmte Gruppen aussichtsloser Asylgesuche besondere Verfahren vorzusehen, die eine beschleunigte Behandlung und eine schnelle Aufenthaltsbeendigung bei negativem Asylbescheid ermöglichen. Der ausdrückliche Regelungsauftrag ist gleichwohl angebracht; es wäre nur zweckmäßig gewesen, die in Betracht kommenden Fallgruppen näher einzugrenzen, damit besser absehbar wird, aus welchen Gründen der Gesetzgeber Asylanträge aus dem regulären Verfahren herausnehmen und einer Sonderbehandlung zuführen darf. 116

Die in § 30 III AsylG aufgenommenen Beispiele zeichnen sich dadurch aus, dass sie insbesondere die Verletzung von Mitwirkungsverpflichtungen sanktionieren, die Aussichtslosigkeit des Asylbegehrens also nicht (allein) aus einer Sachprüfung ableiten. Hierin ist eine **grundlegende Änderung** der früheren Rechtslage zu sehen, wonach für die Qualifizierung eines Asylantrags als offensichtlich unbegründet allein die Rechts- und Tatsachenlage und die Spruchpraxis der Behörden und Gerichte ausschlaggebend war. Mangels näherer Beschreibung des Gesetzesvorbehalts wäre es seither dem einfachen Gesetzgeber gestattet, unter Umständen auch minimale Regelverstöße zum Anlass für sofortige Abschiebungen zu nehmen, falls nur ein sonstiger Anhaltspunkt für die Unbegründetheit des Asylbegehrens festgestellt werden kann. 117

Hinsichtlich der sofortigen Vollziehbarkeit und des Rechtsschutzes bestehen insofern ähnliche **Bedenken** wie bei den Anträgen von Asylsuchenden aus als verfolgungsfrei geltenden Ländern (→ Rn. 85 ff.). Da in den Fällen des § 30 III AsylG allerdings eine Sachprüfung vorgesehen ist, fehlt es nicht an einer Entscheidung über die Gefahr politischer Verfolgung bzw. das Refoulement-Verbot nach § 60 I AufenthG/Art. 33 GK. Außerdem werden auch Abschiebungsverbote insbesondere nach § 60 V und VII AufenthG geprüft (§ 31 III AsylG). 118

VIII. Genfer Flüchtlingskonvention

Die Bestimmungen der GK[200] sind aufgrund des Vertragsgesetzes vom 1.9.1953[201] innerstaatlich auch in der Weise verbindlich, dass sie ausländischen Flüchtlingen zumindest zT **unmittelbare durchsetzbare Rechtspositionen** verleihen[202]. Allerdings gewähren sie kein Recht auf Asyl, sondern regeln lediglich Rechte im Asyl (→ Rn. 6). Unter der Geltung des § 28 AuslG 1965 wurden dessen ungeachtet **Flüchtlinge** iSd Definition des Art. 1 GK ebenso als Asylberechtigte anerkannt wie politisch Verfolgte iSd Art. 16 II GG aF; diese teilweise (zusätzliche) Einbeziehung der GK in das deutsche Recht endete mit dem AsylVfG 1982, weil danach nur Art. 16 II GG aF als Grundlage für die förmliche Asylanerkennung verblieb (→ AsylG § 1 Rn. 5). Das **Refoulement-Verbot** des Art. 33 GK fand ebenfalls erstmals 1965 als „kleines Asyl" seinen Niederschlag im AuslG, und zwar in § 14 AuslG 1965; es blieb in § 51 I des AuslG 1990 und jetzt in § 60 I AufenthG sowie § 3 AsylG erhalten und bildet damit seit Anfang 1991 die Grundlage für die Flüchtlingsanerkennung durch das BAFl/BAMF[203]. 119

Der frühere Streit um die **Identität der Schutzbereiche** von § 51 I AuslG (= Art. 33 I GK) und Art. 1 A Nr. 2 GK konnte schon als beigelegt angesehen werden, nachdem die dahingehende Rspr. des BVerwG[204] vom Gesetzgeber gebilligt und übernommen war (dazu näher → AsylG § 1 Rn. 14 ff.). Nunmehr ist mit den Legaldefinitionen des § 60 I AufenthG, § 3 AsylG und der EU-QRL (dazu → Rn. 131 ff.) der Schutzumfang des Refoulement-Verbots genauer bestimmt; das hat Auswirkungen natürlich auch auf Art. 16a GG (dazu → Rn. 136 f.). 120

Die GK hat freilich zunächst durch Abs. 1 und 5 zusätzlich an **Bedeutung** für das innerstaatliche Recht gewonnen, indem sie mittelbar zur Grundlage für verfassungsrechtliche Einschränkungen des Anspruchs auf Asyl geworden ist. Da dort nicht nur die Ratifikation der GK in anderen Staaten 121

---
[200] V. 28.7.1951 idF des Protokolls v. 31.1.1967, BGBl. 1954 II S. 559, 1968 II S. 1293.
[201] BGBl. 1953 II S. 559.
[202] BVerwG Urt. v. 4.6.1991 – 1 C 42.88, BVerwGE 88, 254.
[203] → AsylG § 1 Rn. 7; → AsylG § 3 Rn. 1 ff.; → AufenthG § 60 Rn. 2 ff.
[204] Seit BVerwG Urt. v. 21.1.1992 – 1 C 21.87, BVerwGE 89, 296.

vorausgesetzt ist, sondern auch deren Anwendung bzw. Beachtung, hat der deutsche Gesetzgeber damit indirekt eine **Kontrolle** über die Einhaltung der GK durch andere Vertragspartner übernommen. Dies mag gerade angesichts des Fehlens einer internationalen richterlichen Kontrollinstanz[205] befremdlich wirken, dient aber lediglich der Vorsorge, dass die Bundesrepublik durch Verweisung von Flüchtlingen an Drittstaaten nicht ihrerseits die Konvention verletzt, insbesondere durch Nichtbeachtung des Verbots der Kettenabschiebung. Aus diesem Grunde und wegen der Auslegung von § 51 I AuslG waren zumindest seit 1993 die Grundlagen des Flüchtlingsrecht der GK bei der Rechtsanwendung in Deutschland zum Teil unmittelbar zu beachten. Dabei konnten die im HdB des UNHCR über Verfahren und Kriterien zur Feststellung der Flüchtlingseigenschaft (UNHCR-HdB) niedergelegten Regeln[206] ebenso herangezogen werden wie die Beschlüsse des UNHCR-Exekutivkomitees und der Gemeinsame Standpunkt des EU-Rates vom 4.3.1996 betreffend die harmonisierte Anwendung des Begriffs „Flüchtling" in Art. 1 GK[207]. Ihnen kam keine völkerrechtliche oder innerstaatliche Verbindlichkeit zu, sie gaben aber weitestgehend die allgemeine Rechtsüberzeugung der Konventionsstaaten und deren Praxis wieder. Nachfolgend werden zunächst die von der deutschen Rspr. auf dieser Grundlage vertretenen Auslegungsgrundsätze wiedergegeben. Die **Veränderungen** durch die Legaldefinitionen des § 60 I AufenthG sind in den dortigen Erläuterungen beschrieben, die aus den EU-Asyl-RL zu ziehenden Folgerungen werden hier unter → Rn. 131 ff. skizziert.

122 Die GK (und damit auch das Refoulement-Verbot des Art. 33) setzt nach dem Verständnis der deutschen Rspr. ebenso wie Abs. 1 die Gefahr **staatlicher Verfolgung** voraus[208], wobei eine quasistaatliche Verfolgung gleichsteht[209]. Die Verfolgung wird auch dann dem Staat zugerechnet, wenn sie von nichtstaatlichen Personen ausgeht und die Behörden wirksamen Schutz verweigern oder nicht zu leisten vermögen[210] bzw. die Verfolgung durch Dritte fördern oder billigen oder willentlich untätig bleiben. Unter den Verfolgungsbegriff der GK fallen während des Bürgerkriegs auch militärische Maßnahmen gegen die Zivilbevölkerung oder schwerwiegende Menschenrechtsverletzungen bei aktiven Kämpfern[211]. Sonst bleiben Gefahren während eines Bürgerkriegs oder eines anderen allgemeinen Konflikts mangels Gebietsgewalt außer Betracht[212], es sei denn, sie gehen von Stellen aus, die faktisch Staatsgewalt ausüben. Gegen Eingriffe geschützt sind nicht alle gewöhnlich garantierten **Rechtsgüter**. Relevant sind vielmehr nur schwerwiegende Verstöße gegen die Menschenrechte oder andere im Einzelfall gravierende Bedrohungen, wobei auch jeweils für sich unerhebliche kumuliert einen Verfolgungstatbestand ergeben können[213]. Schließlich kann im Falle der **Gruppenverfolgung** die Einzelverfolgung vereinfacht prima facie für jedes Gruppenmitglied festgestellt werden[214]. Die Verfolgung muss an die flüchtlingsrechtlich relevanten **persönlichen Merkmale** Rasse, Religion, Staatsangehörigkeit, politische Überzeugung oder Zugehörigkeit zu einer bestimmten sozialen (besser gesellschaftlichen) Gruppe[215] anknüpfen. Der Zweck der Verfolgungsmaßnahmen muss an diesen Merkmalen ausgerichtet sein.

123 Die GK gilt unterschiedslos für **Vor- und Nachfluchtgründe** (zu Abs. 1 → Rn. 49 ff.); denn der GK ist diese Unterscheidung fremd[216]. Der Ausländer braucht seinen Heimatstaat nicht illegal zu verlassen und er braucht dort noch keine Verfolgung erlitten zu haben; der Flüchtling „sur place", der zB erst während des Aufenthalts im Ausland exilpolitisch tätig wird, ist in seiner Rechtsstellung nicht eingeschränkt[217].

124 Ausländischer Flüchtling ist nicht ohne Weiteres, wem Verfolgung nur in einem bestimmten Teil seines Heimatstaats droht, wenn ihm anderswo **interner Schutz** bzw. eine **interne Fluchtalternative** (dazu → Rn. 66 ff.) offensteht. Die Furcht vor Verfolgung braucht sich nicht immer auf das gesamte Staatsgebiet zu erstrecken; eine inländische Zufluchtsmöglichkeit wird dem Flüchtling nicht entgegengehalten, wenn deren Inanspruchnahme vernünftigerweise nicht erwartet werden kann[218].

125 Eine Verweisung auf andere Aufnahmestaaten im Sinne einer **externen Fluchtalternative** (dazu → Rn. 89 ff.) kennt die GK nicht, weil die Flüchtlingseigenschaft durch die Aufnahme in einem anderen Staat nicht verloren geht. Sie wird erst recht nicht durch die potenzielle Möglichkeit der Durchführung eines konventionsgemäßen Verfahrens in einem anderen Staat aufgehoben[219]. Das

---

[205] Zur Überwachung durch UNHCR vgl. Art. 35 GK.
[206] Zu deren Bedeutung *Heberlein* InfAuslR 2001, 43.
[207] ABl. 1996 L 63, S. 2.
[208] Zu Abs. 1 → Rn. 34 ff.
[209] BVerwG Urt. v. 18.1.1994 – 9 C 48.92, BVerwGE 95, 42.
[210] Nr. 65 UNHCR-HdB.
[211] *Marx* ZAR 1992, 3.
[212] BVerwG Urt. v. 18.1.1994 – 9 C 48.92, BVerwGE 95, 42.
[213] Nr. 51–53 UNHCR-HdB; Nr. 4 EU-Stp.
[214] Nr. 44 UNHCR-HdB; Nr. 2 EU-Stp.
[215] Art. 1 A Nr. 2, Art. 33 GK.
[216] *Koisser/Nicolaus* ZAR 1991, 10; *Marx* ZAR 1992, 3; *Roth* ZAR 1988, 166; aA *Welte* NVwZ 1991, 755.
[217] Vgl. UNHCR-HdB Nr. 94 ff.
[218] UNHCR-HdB Nr. 91.
[219] *Huber* NVwZ 1993, 736.

IX. Asylabkommen   Art. 16a GG 6

Refoulement-Verbot des Art. 33 GK verbietet aber nur die Zurückweisung in den Verfolgerstaat und steht der Verweisung auf den Schutz eines anderen sicheren Staats nicht entgegen, falls dieser aufnahmebereit ist[220]. Eine Zweitanerkennung kann auch nach der GK nicht verlangt werden[221].

Das **Refoulement-Verbot** gilt nach allgemeiner Rechtsüberzeugung und Praxis der meisten Vertragsstaaten **schon an der Grenze** und vermittelt den Flüchtlingen einen gewissen Rechtsschutz durch ein vorläufiges Aufenthaltsrecht[222]. 126

IX. Asylabkommen

Durch Abs. 5 sollen Ratifikation und Durchführung von Asylabkommen, insbesondere der Übereinkommen von Schengen und Dublin, „mit allen Rechten und Pflichten" sowie der Abschluss entsprechender Verträge mit anderen Staaten, in denen die Anwendung der GK und der EMRK sichergestellt ist, ermöglicht werden[223]. Ungeachtet der Formulierung im Einzelnen sollen auf dieser Grundlage Verträge über Fragen der Zuständigkeit und der gegenseitigen Anerkennung geschlossen werden können, die von den Anforderungen der Abs. 1–4 in mehr oder weniger großem Umfang abweichen. Die **Bedeutung der Vorschrift** im Prozess der europäischen Einigung ergibt sich erst bei einer Zusammenschau mit Art. 23, 24 I und 45 GG[224]. Soweit das Asylrecht in Europa nicht nur harmonisiert werden soll, sondern in die Zuständigkeit der EU übertragen ist, ist dies durch Art. 23 GG ermöglicht. Nur Verträge zwischen allen oder einzelnen EU-Mitgliedstaaten bedürfen noch einer besonderen Ermächtigung. 127

Der **Inhalt dieser Verträge** ist dahin beschrieben, dass Regelungen über die Zuständigkeit für die Prüfung von Asylbegehren und über die gegenseitige Anerkennung von Asylentscheidungen zugelassen sind. Damit wird die Bindung an die Vorgaben der Abs. 1–4 nicht gänzlich aufgehoben. Bei wörtlicher Auslegung dieser Formulierungen erscheint nicht genügend klar, dass neben der Prüfung von Asylgesuchen auch die Entscheidung hierüber erfasst sein soll; unsicher bleibt zudem, ob auch aufenthaltsbeendende Maßnahmen im Anschluss an die Asylentscheidung oder bei Gelegenheit derselben in die Zuständigkeitsregelung und die gegenseitige Anerkennung einbezogen werden dürfen[225]. Schließlich ist auch die gerichtliche Kontrolle nicht ausdrücklich angesprochen. Insofern muss aber die Absicht des verfassungsändernden Gesetzgebers unterstellt werden, auch Inhalte dieser Art in die Regelung des Abs. 5 einzubeziehen. Denn die Abkommen von Schengen und Dublin, die zunächst als Verträge iSd Abs. 5 in Betracht kommen und in Kraft gesetzt wurden, enthielten derartige Regelungen (→ Vorb. AsylG Rn. 21 ff.). 128

Die Formulierung „stehen nicht entgegen" macht eigentlich nicht hinreichend deutlich, dass damit dem Gesetzgeber die Ermächtigung erteilt werden soll, bei der Ratifizierung von Verträgen von der Beachtung der Abs. 1–4 abzusehen und ganz oder teilweise davon **abzuweichen**. Insoweit muss aber angesichts des Inhalts der bei der Verfassungsänderung bereits vorliegenden Abkommen. von Dublin und Schengen ebenfalls ein dahingehender Wille des Gesetzgebers angenommen werden. Sonst wäre gerade die innerstaatliche Umsetzung dieser Verträge infrage gestellt. Damit sind auch Modifikationen des Verwaltungs- und des Gerichtsverfahrens außerhalb von Abs. 2 S. 3 und Abs. 4 aufgrund von Asylabkommen ermöglicht. 129

Die Asylabkommen von Dublin und Schengen enthielten keine asylrechtlichen Vorschriften materieller Art, sondern lediglich **Kriterien** zur Bestimmung der **Zuständigkeit**. Im Wesentlichen waren dies: Erteilung eines Visums und Ort des Grenzübertritts[226]. Die Zuständigkeit wurde nicht durch die Einreise aus einem sicheren Drittstaat iSd Abs. 2 ausgeschlossen, gleichgültig, ob dieser ein Vertragsstaat war oder nicht. Andererseits verpflichteten beide Abkommen zur Durchführung eines Asylverfahrens[227]. Damit sollte dem Flüchtling wenigstens ein Asylverfahren im jeweiligen Vertragsgebiet offenstehen[228]. Seit Inkrafttreten des DÜ am 1.9.1997 waren die Bestimmungen der Art. 28–38 SDÜ außer Kraft[229]. Im Ergebnis führten die Vertragsbestimmungen zur Nichtanwendung der Drittstaatenklausel im Verhältnis zu den DÜ-Vertragsstaaten; übrig blieben von den Anrainerstaaten nur Polen, Tschechien und die Schweiz[230]. Mit der auf der Grundlage des damaligen Art. 63 I lit. a EG (dazu → Rn. 131) erlassenen Dublin II-VO 343/2003/EG zur Festlegung der Kriterien und Verfahren zur Bestimmung des Mitgliedstaats, der für die Prüfung eines von einem Drittstaatsangehörigen in einem 130

---

[220] Vgl. *Marx* ZAR 1992, 3.
[221] → AsylG § 27 Rn. 6.
[222] *Hailbronner* ZAR 1987, 5; *Marx* ZAR 1992, 3 mwN in Fn. 145 f.; UNHCR-Exekutivkomitee, Nr. 6 – XXVII; anders noch *Kimminich* S. 327.
[223] BT-Drs. 12/4152, 4.
[224] Zu Art. 24 I GG *Dörr* DÖV 1993, 696.
[225] Ebenso wohl *Hailbronner* ZAR 1993, 107.
[226] Art. 4 ff. DublÜbk; Art. 29 III, 30 SchengÜbk; dazu *Hoffmann* InfAuslR 1999, 94; *Löper* ZAR 2000, 16.
[227] Art. 3 DublÜbk; Art. 29 I SchengÜbk.
[228] *Bleckmann* S. 67; *Classen* DVBl 1993, 700.
[229] Dazu *Hailbronner/Thiery* ZAR 1997, 55.
[230] *Reermann* ZFSH/SGB 1998, 323.

Mitgliedstaat gestellten Asylantrags zuständig ist[231], wurden die Regelungen des DÜ mit geringfügig abgeändertem Inhalt übernommen und in Unionsrecht überführt.

X. Europäisches Asylrecht

131 Nach dem Stadium der Empfehlungen und Entschließungen unter der Regie von Kap. K.14 des Maastrichter Vertrags (Inkrafttreten 1.11.1993) sind die Bereiche des materiellen und des formellen Asylrechts seit dem Amsterdamer Vertrag (Inkrafttreten 1.5.1999) fast vollständig in die **Zuständigkeit der EU** übergegangen[232]. Die dort vorgesehenen Regelungen sind nicht an Abs. 5 zu messen, weil es sich um keine neuen völkerrechtlichen Zuständigkeitsverträge handelt; sie beruhen vielmehr auf der Übertragung weiterer Hoheitsrechte durch den damals neu gefassten EG-Vertrag, die allein an Art. 23 GG zu messen ist. Seit dem Vertrag von Nizza (Inkrafttreten 1.2.2003) ist das Abstimmungsverfahren für die Asylbereiche dahingehend geändert, dass von der Einstimmigkeit zur qualifizierten Mehrheit übergegangen wird, sobald die wesentlichen Grundsätze unionsrechtlich geregelt sind. Auch insoweit sind Bedenken aus der Sicht des GG nicht zu erheben. Der Vertrag von Lissabon (Inkrafttreten 1.12.2009), der die EG zugunsten der Rechtsnachfolgerin EU abgeschafft hat (von E[W]G, EGKS und EAG ist nur Euratom übriggeblieben, weswegen der Text von Abs. 5 „… der Europäischen Gemeinschaften …" heute inkorrekt ist), hat insoweit keine wesentlichen Änderungen gebracht.

132 Das Stadium für das Mehrheitsverfahren ist seit Langem erreicht. Die EU hat wesentliche Kompetenzen mit dem Erlass asylrechtlicher Normen wahrgenommen und beabsichtigt, entsprechend den Aktionsplänen zu den sog. **Programmen von Tampere (1999), Haag (2005)** und **Stockholm (2010)** noch weitere Asylrechts-Harmonisierungen vorzunehmen[233]. Das **Gemeinsame Europäische Asylsystem (GEAS)** hat heute seine primärrechtlichen Grundlagen in den Art. 77–80 des Vertrags über die Arbeitsweise der EU (AEUV). Hiernach entwickelt die Union „eine gemeinsame Politik im Bereich Asyl, subsidiärer Schutz und vorübergehender Schutz, mit der jedem Drittstaatsangehörigen, der internationalen Schutz benötigt, ein angemessener Status angeboten und die Einhaltung des Grundsatzes der Nicht-Zurückweisung gewährleistet werden soll. Diese Politik muss mit dem Genfer Abkommen vom 28. Juli 1951 und dem Protokoll vom 31. Januar 1967 über die Rechtsstellung der Flüchtlinge sowie den anderen einschlägigen Verträgen im Einklang stehen." Nach Art. 80 AEUV gilt für diese Asyl-„Politik der Union und ihre Umsetzung der **Grundsatz der Solidarität** und der gerechten Aufteilung der Verantwortlichkeiten unter den Mitgliedstaaten, einschließlich in finanzieller Hinsicht". Eine Solidaritätsmaxime, von der die Realität sehr weit entfernt ist, weil viele EU-Mitgliedstaaten die sog. Flüchtlingskrise v.a. als deutsches Problem ansehen.

133 Die rechtliche Basis des GEAS ist nach den EU-Verträgen also ausdrücklich die **Genfer Flüchtlingskonvention (GK)**. Deren wichtigster Grundsatz – das sog. **Refoulement-Verbot** – ist in Art. 33 normiert. Hiernach darf kein Flüchtling „auf irgendeine Weise über die Grenzen von Gebieten ausgewiesen oder zurückgewiesen werden, in denen sein Leben oder seine Freiheit wegen seiner Rasse, Religion, Staatsangehörigkeit, seiner Zugehörigkeit zu einer bestimmten sozialen Gruppe oder wegen seiner politischen Überzeugung bedroht sein würde", jedenfalls nicht, bevor sein Flüchtlingsstatus bestandskräftig geklärt ist. Nach dem ergänzenden sog. Pönalisierungsverbot aus Art. 31 GK darf ein Asylbewerber zudem grundsätzlich nicht allein deshalb bestraft werden, weil er ohne erforderliches Visum eingereist ist, sofern er sich umgehend danach bei den Behörden meldet und Asyl beantragt.

134 Auf dieser völkerrechtlichen Basis baut das europarechtliche GEAS auf, ein durchaus ausdifferenziertes „Deluxe-System", das in den aktuellen Zeiten des **„Massenzustroms"**, wie die Richtlinie 2001/55/EG dies formuliert, auch in wohlhabenden Staaten nur mit großer Kraftanstrengung aufrechterhalten werden kann. Das GEAS regelt europaweit die rechtlichen Vorgaben ab dem systemaktivierenden Wort „Asyl" bis hin zur Legalisierung des Aufenthalts oder eben der Abschiebung. Beantragt der Schutzsuchende in einem EU-Mitgliedstaat Asyl, so kommt er umgehend in den Genuss der Verfahrensgarantien der **AsylVfRL 2013/32/EU**. In diesem EU-Sekundärrechtsakt sind ua der Zugang zum Asylverfahren, ein Informations- und Beratungsanspruch, die Anforderungen an die Prüfung und Entscheidungen der Asylbehörden sowie persönliche Anhörungs- und Rechtsberatungsrechte normiert. Ist das hier geregelte Asylverfahren eingeleitet, greift die **EU-Aufnahme-RL 2013/33/EU**, die etwa die menschenwürdige Unterbringung, den Anspruch auf materielle Leistungen, auf medizinische Grundversorgung sowie auf Bildung und Beschäftigungsmöglichkeiten normiert[234]. Bei der Erstaufnahme muss nach der **Eurodac-VO 603/2013/EU** sogleich die Registrierung und Finger-

---

[231] ABl. 2003 L 50, 1.

[232] Art. 63 EG; dazu *Bergmann* in Lenz/Borchardt, EU-/EGV, 2006, Rn. 1 ff.; *Funke-Kaiser* VBlBW 2002, 409; *Hailbronner* ZAR 2002, 259 und 2004, 297; *Huber* InfAuslR 2000, 302; *Marx* ZAR 2002, 43; *Schmahl* ZAR 2001, 3; *Sieveking* ZSR 2001, 3; *Weber* EuGRZ 1999, 301; *Wollenschläger* EuGRZ 2001, 354.

[233] Auch → Vorb. AsylG Rn. 20 ff.; sowie schon das *Grünbuch* der Kommission v. 6.6.2007 über das künftige Gemeinsame Europäische Asylsystem KOM(2007) 301 endg.; hierzu *Angenendt/Parkes*, Das Grünbuch zum EU-Asylsystem, SWP-Aktuell 50, Okt. 2007.

[234] Zur Umsetzung im AsylbLG seit den Asylpaketen 2016 vgl. *Deibel* ZFSH/SGB 2016, 520 ff.

abdruckspeicherung im Luxemburger EU-Großcomputer vorgenommen werden, damit die Zuordnung eines Flüchtlings zu einem bestimmten EU-Mitgliedstaat sichergestellt, mithin das sog. „Asylum Shopping" verhindert wird. Denn mithilfe der Eurodac-Registrierungen wird vom Aufnahmestaat dann insbesondere anhand der Regelungen der **Dublin III-VO 604/2013/EU** die Zuständigkeit für das konkrete Asylverfahren bestimmt. Diese richtet sich primär nach menschenrechtlichen Grundsätzen wie dem Minderjährigen- bzw. Familienschutz. „Nehmen" muss jeder Dublin-Staat aber auch einen Antragsteller, dem man zuvor einmal eine Aufenthaltserlaubnis zur Einreise in die EU erteilt hatte. Greifen diese Spezialnormen nicht, gilt schließlich iSe Auffangtatbestandes die Zuständigkeit des Staates der Ersteinreise auf EU-Territorium, was eine Zuständigkeit Deutschlands bei der Einreise auf dem Landweg eigentlich grundsätzlich ausschließt. Kommt das BAMF bei ihrer Prüfung deshalb zu dem Ergebnis, ein anderer Dublin-Staat sei eigentlich zuständig, lässt sie den Antragsteller mithilfe einer Abschiebungsanordnung unverzüglich durch die Ausländerbehörde der Bundesländer in diesen Staat überstellen, falls dieser Aufnahmestaat der Überstellung des Asylantragstellers zustimmt. Die Dublin-Verordnung setzt zur Beschleunigung der Zuständigkeitsklärung enge Fristen. Nach einem Eurodac-Treffer hat der überstellende Staat regelmäßig nur zwei Monate Zeit zur Überstellungsanfrage an den Zielstaat. Hat dieser der Überstellung zugestimmt, muss die Überstellung dann regelmäßig in sechs Monaten durchgeführt werden.

Kann der Antragsteller etwa wegen Fristablaufs oder sonstiger Hindernisse nicht in den anderen **135** Dublinstaat (rück-)überstellt werden oder tritt Deutschland, was es nach Art. 17 Dublin III-VO (derzeit noch[235]) jederzeit darf, selbst in das Asylverfahren ein, oder ist Deutschland nach den Dublin-Regelungen etwa bei EU-Ersteinreise auf dem Luftweg ohnehin zuständig, prüft das BAMF nunmehr den Asylantrag inhaltlich anhand der Normen der **Qualifikations-RL 2011/95/EU**. In dieser Richtlinie sind die Vorgaben für die Anerkennung des **internationalen Schutzes** ausdifferenziert, wie er in der GK skizziert ist. Unter den internationalen Schutz wird primär die Zuerkennung der Flüchtlingseigenschaft gefasst (§ 3 AsylG). „**Flüchtling**" ist in diesem Sinne ist va jeder „Drittstaatsangehörige, der aus der begründeten Furcht vor Verfolgung wegen seiner Rasse, Religion, Nationalität, politischen Überzeugung oder Zugehörigkeit zu einer bestimmten sozialen Gruppe sich außerhalb des Landes befindet, dessen Staatsangehörigkeit er besitzt und den Schutz dieses Landes nicht in Anspruch nehmen kann oder wegen dieser Furcht nicht in Anspruch nehmen will". Um die Flüchtlingseigenschaft zu erlangen, die viele Vorteile beinhaltet, wie etwa eine zumindest dreijährige Aufenthaltserlaubnis[236], die Erlangung eines Flüchtlingspasses zum Reisen sowie den vollen Familiennachzug, muss der Antragsteller mithin persönlich verfolgt sein. Diese Frage der persönlichen Verfolgung ist vom BAMF bzw. hernach von den VG unter Nutzung aller in Betracht kommender Erkenntnismittel im Einzelfall aufzuklären. Eine Aufgabe, die aufgrund vielfältiger faktischer Schwierigkeiten immer wieder alles andere als leicht ist. Zentral hierbei ist die Frage der Glaubwürdigkeit des Antragstellers sowie der Glaubhaftigkeit seines Vortrags.

Kann dem Antragsteller seine „Geschichte" nicht geglaubt werden, ist weiter zu prüfen, ob ihm der **136** ebenfalls in der Qualifikations-RL 2011/95/EU geregelte sog. **subsidiäre Schutz** zuerkannt werden kann (§ 4 AsylG), was eine Aufenthaltserlaubnis von mindestens einem Jahr zur Folge hat[237]. Subsidiär schutzberechtigt ist jeder Drittstaatsangehörige, bei dem ohne persönliche Verfolgung aufgrund der Situation im Heimatstaat ein stichhaltiger Grund, dh ein „real risk" besteht für die Zufügung eines ernsthaften Schadens insbesondere durch Tod, Folter oder Krieg. Bürgerkriegsflüchtlinge sind mithin typischerweise (zumindest) subsidiär schutzberechtigt. Ihr Aufenthalt wird von der QRL allerdings als nur auf Zeit hin angelegt angesehen, weswegen hier europarechtlich etwa der Familiennachzug eingeschränkt werden kann[238]. In der Praxis spielte die subsidiäre Schutzberechtigung bis Mitte 2016 eine nur untergeordnete Rolle[239]. Im ersten Halbjahr 2016 wurden in Deutschland rund 40 Prozent aller Asylanträge ganz abgelehnt. Beinahe 50 Prozent der Antragsteller, insbesondere sehr viele Syrer, wurden formal gemäß § 3 AsylG als Flüchtlinge anerkannt. Der subsidiäre Schutz nach § 4 AsylG wurde hingegen nur weiteren acht Prozent aller Antragsteller zuerkannt. Weiteren zwei Prozent der Antragsteller wurde schließlich weder die Flüchtlingseigenschaft noch der subsidiäre Schutz zuerkannt, jedoch der sog. – national garantierte – **komplementäre Schutz** gemäß § 60 VII AufenthG gewährt. Denn eine Aufenthaltserlaubnis von ebenfalls zunächst einem Jahr[240] bekommt jeder Antragsteller, der im Heimatstaat erheblichen konkreten Gefahren für Leib, Leben oder Freiheit ausgesetzt ist. Dies kann etwa der Fall sein, wenn ein Antragsteller an einer lebensbedrohenden Krankheit leidet, die im Heimatstaat nicht angemessen behandelt werden kann. Handelt es sich um allgemeine Gefahren, die im Wesentlichen sämtliche Menschen im Heimatstaat trifft wie etwa eine Hungersnot, dann wird der

---

[235] Die Kommission plant mit der Dublin IV-VO die Abschaffung dieses allgemein Selbsteintrittsrecht.
[236] Vgl. § 26 I 2 AufenthG.
[237] Vgl. § 26 I 3 AufenthG.
[238] Was Deutschland mit Inkrafttreten des Asylpakets II am 17.3.2016 bis 16.3.2018 gemäß § 104 XIII AufenthG gemacht hat.
[239] Seit dem zweiten Halbjahr 2016 wurde offenbar über 70 Prozent der Syrer nur noch subsidiärer Schutz gewährt.
[240] Vgl. § 26 I 4 AufenthG.

komplementäre Schutz gewährt, wenn die Abschiebung des Antragstellers „sehenden Auges in den sicheren Tod oder zu schwersten Verletzungen" führen würde.

137 Kann der Antragsteller weder die Voraussetzungen der Zuerkennung der Flüchtlingseigenschaft noch des subsidiären Schutzes noch des komplementären Schutzes glaubhaft machen, wird sein Asylantrag ggf. (zur Verfahrensbeschleunigung) als „offensichtlich unbegründet" abgelehnt und die Abschiebung in den Heimatstaat oder einen anderen aufnahmebereiten Staat angedroht. Reist der abgelehnte Asylbewerber trotz Ausreiseaufforderung und Abschiebungsandrohung dann nicht freiwillig aus, soll er unverzüglich durch die Ausländerbehörden der Bundesländer in den Heimatstaat abgeschoben werden. Hierbei sind die Verfahrensgarantien der **Rückführungs-RL 2008/115/EG** zu beachten, die dem Antragsteller etwa das Recht auf angemessene Befristung des durch die Abschiebung regelmäßig ausgelösten Einreise- und Aufenthaltsverbots gewähren[241].

138 Die von der Politik immer wieder lautstark geforderten **„konsequenten Abschiebungen"** stoßen in der Praxis allerdings an faktische Grenzen. Zum einen lassen bis zu 80 Prozent der abgelehnten Antragsteller ihre Personalpapiere verschwinden, was zunächst recht mühsame Passbeschaffungsmaßnahmen durch die Ausländerbehörden mit ggf. zwangsweiser Vorführung bei der Heimatbotschaft sowie die Duldungserteilung erzwingt. Zum anderen wollen viele, va ärmere Staaten der Welt ihre abgelehnten Asylbewerber gar nicht mehr zurücknehmen. Diese Staaten verweigern insbesondere die Ausstellung eines „Laissez-passer", ohne den die passlose Einreise und also auch eine Abschiebung in den Heimatstaat unmöglich sind. Denn viele Familien in den armen Staaten dieser Welt leben gerade von den Auslandsüberweisungen der Asylbewerber etwa mittels „Western Union" oder „moneygram" und würden bei Ausbleiben dieser Auslandsüberweisungen mangels Sozialhilfesystemen darben. Dies aber könnte ein Revolutionspotenzial erzeugen, an dem die herrschenden Regime keinerlei Interesse haben. So liegt die Abschiebungsquote trotz aller Bemühungen von Politik und Behörden aktuell selten über 20 Prozent der ausreisepflichtigen Ausländer. Andersherum gesehen bedeutet dies in der Praxis, dass auch ohne Asyl eine reelle Chance auf ein Hierbleiben besteht, ist die Einreise erst einmal gelungen.

139 Das auf der GK basierende, im Rahmen der EU derzeit durch die skizzierte Asylverfahrens-RL 2013/32/EU, die EU-Aufnahme-RL 2013/33/EU, die Eurodac-VO 603/2013/EU, die Dublin III-VO 604/2013/EU, die Qualifikations-RL 2011/95/EU sowie die Rückführungs-RL 2008/115/EG ausdifferenzierte Gemeinsame Europäische Asylsystem basiert auf folgenden **GEAS-Grundsätzen:** (1) Kein Flüchtling hat das Recht, sich den ihm genehmen EU-Asylstaat **auszuwählen.** Nach den Vorgaben der Dublin III-VO ist vielmehr der zuständige Aufnahmestaat bindend gesetzlich vorgegeben. Meist ist dies der Staat der Ersteinreise oder jedenfalls der Eurodac-Erstregistrierung, was übrigens die in der Praxis sehr oft mangelhafte Registrierung etwa in Griechenland oder Italien erklärt, soll nicht das Risiko der Rücknahmepflicht geschaffen werden. (2) Flüchtlingsschutz ist nicht nur nach dem Grundgesetz **zwingend,** sondern va auch nach dem bindenden Völkerrecht der Genfer Flüchtlingskonvention. Flüchtlingsschutz muss zudem effektiv ausgebaut sein, weil etwa die EMRK des Europarats zum effektiven Rechtsschutz verpflichtet. Die von extremen Politikern geforderte Abschaffung des Flüchtlingsschutzes wäre mithin ein offener Rechtsbruch. (3) Dem europarechtlichen GEAS wäre eine **zahlenmäßige Obergrenze** der Flüchtlingsaufnahme wesensfremd[242]. Denn der internationale Flüchtlingsschutz ist ein Individualrecht, das jedem Schutzberechtigten der Welt zusteht und das nicht von Aufnahmekapazitäten abhängt. Allerdings erlaubt Art. 26 des Schengener Grenzkodex bei Außengrenzmängeln bis zu zwei Jahren die Durchführung nationaler Grenzkontrollen, und Art. 13 des Schengener Grenzkodex lässt im Extremfall der Gefährdung der öffentlichen Sicherheit oder Ordnung als ultima ratio die Einreiseverweigerung zu, wenn der Flüchtling aus einem sicheren Drittstaat einreisen will, wozu derzeit alle Deutschland umgebenden Staaten zählen. (4) Das GEAS trennt rechtlich zwischen aufenthaltsberechtigten Flüchtlingen und subsidiär Schutzberechtigten einerseits sowie nicht aufenthaltsberechtigten **Armutsflüchtlingen** andererseits. Eine politisch außerordentlich heikle Trennung, die in der Praxis zu mannigfachen Schwierigkeiten führt, weil bei vielen Flüchtlingen der Welt Motivbündel für die Flucht verantwortlich sind und sich jeder Armutsflüchtling natürlich zunächst GEAS-konform auf Verfolgung beruft.

140 Dass das GEAS derzeit in der Praxis nicht richtig funktioniert, ist offenkundig. Das Dublin-System wird von den besonders betroffenen Südländern etwa durch eurodac-widrige Nichtregistrierung bzw. sogar die Unterstützung des Weitertransports gen Deutschland unterlaufen. Aber auch die Anerkennungspraxis gleicht bisweilen einem **Roulettespiel:** Obwohl alle EU-Mitgliedstaaten mit denselben EU-Rechtsakten arbeiten, wurden 2015 Gesamtschutzquoten gemessen in einer Bandbreite von zehn Prozent (Ungarn) über 40 Prozent (Deutschland) bis 65 Prozent (Italien). Besonders auffällig ist das Beispiel der Gruppe der Iraker, von denen im EU-Schnitt 54 Prozent als schutzberechtigt anerkannt wurden, in Griechenland aber nur drei Prozent, in Italien hingegen 93 Prozent. Wohlgemerkt die

---

[241] Vgl. § 11 AufenthG.
[242] Ausf. hierzu: BT-Ausarbeitung „Obergrenzen für Asylsuchende und Bürgerkriegsflüchtlinge im Lichte des EU-Rechts", PE 6 – 3000 – 153/15, 2015 (https://www.tagesschau.de/obergrenze-103~_origin-86dc1e11-e84d-42f7-8777-7dc78cfa51bb.pdf).

X. Europäisches Asylrecht   Art. 16a GG 6

gleiche Flüchtlingsgruppe mit sicher ganz überwiegend dem gleichen Verfolgungsvortrag bei Anwendung der gleichen Qualifikationsrichtlinie – ein rechtspolitischer Skandal. Dass etwa Ungarn so wenige Antragsteller als Flüchtlinge oder subsidiär Schutzberechtigte anerkennt, mag mit der flüchtlingskritischen Grundeinstellung der derzeitigen dortigen Regierung bzw. Bevölkerungsmehrheit zusammenhängen. Dass Italien umgekehrt so viele Antragsteller als Flüchtlinge oder subsidiär Schutzberechtigte anerkennt, mag auch damit zusammenhängen, dass nach Anerkennung die europarechtliche Pflicht zur Versorgung gemäß der Aufnahmerichtlinie grundsätzlich endet, dh diese Anerkannten nun – ausgestattet nur mit einer Aufenthalts- und Arbeitsgenehmigung – „auf die Straße geschickt" werden können. Viele berichten, derzeit gebe es kaum Schlimmeres, als in Italien internationalen Schutz zu erlangen, denn dann drohe aufgrund des schlechten Arbeitsmarkts Betteln und Obdachlosigkeit. Nachvollziehbare Reaktion ist dann die Weiterwanderung insbesondere nach Deutschland (derzeit va über die Schweiz) sowie die Stellung eines erneuten Asylantrags, der allerdings im Ergebnis erfolglos bleiben dürfte, weil man innerhalb der EU nicht zweimal als Flüchtling anerkannt werden kann. Der Rücküberstellung nach Italien allerdings wird sich dann häufig durch Untertauchen iVm Schwarzarbeit entzogen („Sans-Papiers").

An **Lösungsvorschlägen** mangelt es in der politischen Diskussion nicht. Am überzeugendsten   141
scheint der Vorschlag der Vollharmonisierung des EU-Flüchtlingsrechts („aus durch nationale Gesetze umzusetzenden Richtlinien werden allgemeinverbindliche Verordnungen") von *Dörig/Langenfeld*[243] in Verbindung mit der ausschließlichen Entscheidungskompetenz von EU-Verfahrenszentren an den EU-Außengrenzen („Hot-Spots und Rechtskontrolle nur durch den Europäischen Gerichtshof") iVm dichteren EU-Außengrenzen („Ausbau von Frontex") iVm der Erweiterung des legalen EU-Zugangs („kontingentierte humanitäre Visa"). Ein idealtypisches Modell des europäischen Flüchtlingsschutzes, das allerdings einen weitgreifenden europapolitischen Konsens in der Europäischen Union voraussetzt, der aktuell in sehr weiter Ferne scheint.

Das derzeit geltende **GEAS** wirft immer wieder neue Detailprobleme auf. Die umstrittene Frage   142
etwa, ob bzw. inwieweit die EU-RL zugunsten der Ausländer bereits **„Vorwirkungen"** entfalten können, hat sich nur derzeit weitgehend erledigt. Nach Ablauf der Umsetzungsfrist und vor sowie nach Verkündung des nationalen Umsetzungsgesetzes muss der Richter das nationale Recht immer **richtlinienkonform** auslegen[244]. Neben der richtlinienkonformen Auslegung kommt zudem – bei mangelhafter Umsetzung – ausnahmsweise die **Direktanwendung** einer einzelnen Richtlinienbestimmung in Betracht, wenn diese klar und präzise sowie unbedingt ist und wenn es um das Verhältnis Bürger gegen Staat geht.

Qualifikations- und Asylverfahrens-RL stimmen im **Anwendungsbereich** nicht vollständig mit-   143
einander überein. Beide betreffen zwar nicht nur politisch Verfolgte, die um Schutz nachsuchen, sondern auch anderweitig Schutzbedürftige. Während sich die Qualifikations-RL aber nur mit der Anerkennung dieser Personen als Flüchtlinge und als anderweitig Schutzbedürftige und nicht mit der Anerkennung als Asylberechtigte befasst, gelten die Mindestnormen der Asylverfahrens-RL für alle Anträge auf Asyl und subsidiären Schutz.

Trotz Nichteinbeziehung des **Asylstatus** in die Qualifikations-RL hat der deutsche Gesetzgeber die   144
Definitionen von nichtstaatlicher und geschlechtsbezogener Verfolgung in § 60 I AufenthG und § 3 AsylG an dieser RL (damals aF: RL 2004/83/EG) ausgerichtet und dort Bestimmungen über die Auslegung und Anwendung der GK hinaus getroffen. In § 60 I AufenthG ist der Grundsatz des Refoulement zunächst nur „in Anwendung" der Konvention aufgestellt und damit allein für die Anerkennung als ausländischer Flüchtling maßgeblich (S. 1). Durch S. 2 sind aber als asylberechtigt anerkannte politisch Verfolgte einbezogen. Auch die nachfolgenden Sätze gelten nicht nur für die Auslegung und Anwendung der GK. AufenthG und AsylG unterscheiden die förmliche Asylanerkennung sonst streng von der **Flüchtlingsanerkennung.** Daran hat sich durch Erlass des Zuwanderungsgesetzes nichts geändert. Die aufenthaltsrechtlichen Folgen sind derzeit dieselben, weil beiden Personengruppen grundsätzlich eine Aufenthaltserlaubnis garantiert ist; für den aufenthaltsrechtlichen Status wird aber gerade zwischen beiden Tatbeständen klar unterschieden (§ 25 I und II AufenthG); dies gilt derzeit auch für den Familiennachzug (vgl. § 29 II AufenthG). Für zusätzlichen Asylschutz bedarf es deshalb nach BVerwG Beschl. vom 16.9.2015 – 1 B 36.15 – einer besonderen Begründung.

Danach ist zwar die künftige Auslegung von Art. 16a I nicht durch die Qualifikations-RL vorgegeben, 145
insbesondere das BVerfG also frei in der Bestimmung des **Schutzbereichs des Asylgrundrechts.** Va die sehr unterschiedlichen Fallgestaltungen nichtstaatlicher und geschlechtsbezogener Verfolgung kommen als Gegenstand für eine eigene Interpretation in Betracht. Da sich das BVerfG bisher anders als das BVerwG zur geschlechtsspezifischen Verfolgung noch nicht ausdrücklich geäußert hat, kann das mögliche Ergebnis nicht sicher vorhergesagt werden. Anders verhält es sich mit der nichtstaatlichen Verfolgung, für die das BVerfG die Rspr. des BVerwG zum Teil korrigiert hat (→ Rn. 34 ff.). Grundsätzliche wäre eine Übernahme der jetzt auf europäischer Ebene gefundenen Begriffsbestimmungen für das Grundrecht auf Asyl nicht ausgeschlossen, ja sogar zur Rechtsverein-

---

[243] *Dörig/Langenfeld* NJW 2016, 1 ff.
[244] Vgl. EuGH Urt. v. 9.3.2004 – C-397/01, Slg. 2004, I-8835 Rn. 113 – Pfeiffer ua.

heitlichung sinnvoll. Denn trotz der Eigenständigkeit der deutschen Asylregelungen sollten deren Verbindungen zum internationalen Flüchtlingsrecht nicht vernachlässigt werden.

146 Immerhin hat sich der Verfassungsgeber bei der Schaffung des grundgesetzlich verbürgten Asylrechts auf die **völkerrechtliche Tradition** des Asyls berufen (→ Rn. 3) und schon bei den Beratungen des Parlamentarischen Rates die damaligen Verhandlungen über die dann 1951 zustande gekommene GK im Auge gehabt. In ähnlicher Weise beruft sich auch die Qualifikations-RL auf die GK als „einen wesentlichen Bestandteil des internationalen Rechtsrahmens für den Schutz von Flüchtlingen" (Erwägungsgrund Nr. 4). Andererseits beschreibt die RL nicht etwa einen bereits vorhandenen festen Bestand an nach jeder Richtung hin einheitlichen Auslegungen, sondern beschränkt sich auf Mindestnormen mit dem Ziel der „Angleichung" der Rechtsvorschriften über Anerkennung und Inhalt der Flüchtlingseigenschaft (Erwägungsgrund Nr. 13). Damit werden einerseits Unterschiede in der bisherigen Auslegung der GK festgestellt und zugleich Spielräume für die Zukunft ausdrücklich belassen. Andererseits sind damit für die Flüchtlingseigenschaft die nunmehr gefundenen Definitionen als Minimalstandard verbindlich. Insoweit sind die Begriffsbestimmungen als ein fester Teil des gegenwärtigen Flüchtlingsvölkerrechts zu begreifen. Für das deutsche Asylgrundrecht kann eine entsprechende Verbindlichkeit aber nur dann angenommen werden, wenn und soweit das Völkerrecht trotz eines gewissen Wandels in der zweiten Hälfte des 20. Jahrhunderts nach wie vor als Grundlage für das Asyl des GG anerkannt wird. Dabei kann jedenfalls in diesem Zusammenhang grundsätzlich angenommen werden, dass die auf die GK ausgerichteten Mindestnormen schon wegen des zahlreiche Staaten auch außerhalb Europas umfassenden Geltungsbereichs dieses Vertragswerks einen gewichtigen Teil des allgemeinen Völkerrechts bilden.

147 Hinsichtlich der **Flüchtlingsdefinition** hat sich das BVerfG ausdrücklich auf die gängige Auslegung von Art. 1 A Nr. 2 GK durch deutsche Behörden und Gerichte bezogen, aber zugleich angedeutet, dass der Schutzbereich des Asylgrundrechts darüber hinausgehen könnte[245]. Andererseits hat das BVerfG die Anerkennung von **Nachfluchttatbeständen** als Asylgrund erheblich begrenzt und nur ausnahmsweise zugelassen (→ Rn. 50 ff.), während das Refoulement-Verbot der GK eine derartige Beschränkung nicht enthält. Die Anerkennung von objektiven wie subjektiven Nachfluchtgründen wird daher folgerichtig zum Mindestbestand des Schutzes nach der GK und gleichzeitig auch des subsidiären Schutzstatus gezählt, wobei Nachfluchtaktivitäten „insbesondere" dann relevant sein sollen, wenn sie Ausdruck und Fortsetzung einer bereits im Herkunftsland bestehenden Überzeugung oder Ausrichtung sind[246]. Damit werden nachträglich die Bedenken bestätigt, dass die Nachfluchtgrund-Entscheidung des BVerfG mit dem allgemeinen Flüchtlingsvölkerrecht zumindest im Ansatz nicht voll in Übereinstimmung steht (dazu → Rn. 51). Die für einzelne Fallkonstellationen auch im Ergebnis bestehenden Unterschiede in den Definitionen der relevanten Nachfluchtaktivitäten könnten dadurch beseitigt werden, dass die Formel des Art. 5 II Qualifikations-RL als eine aktuelle völkerrechtliche Grundlage auch zur Auslegung des Asylgrundrechts herangezogen wird. Sonst besteht die aufgezeigte Divergenz fort. Die Rechtsfolgen sind indes sehr beschränkt, nachdem die mit dem jeweiligen Status verbundenen Rechtsfolgen im Aufenthaltsrecht und auch im Arbeits- und Sozialrecht einander angeglichen worden sind[247].

148 Für die **nichtstaatliche Verfolgung** hat das BVerfG im Bereich der Asylanerkennung eine teilweise von der Rspr. des BVerwG abweichende Auslegung va im Blick auf die für notwendig erachtete umfassende Gebietsherrschaft vertreten (dazu → Rn. 35). Für den **Bürgerkrieg** hat es wie das BVerwG ebenfalls auf die Möglichkeit effektiver staatlicher Gewaltausübung abgehoben und Maßnahmen im offenen Bürgerkrieg grundsätzlich nicht als asylrelevant angesehen (dazu → Rn. 38). Für die Flüchtlingsanerkennung hat das BVerwG diese Grundsätze übernommen[248], während das BVerfG bislang keine Gelegenheit hatte, sich hierzu ausdrücklich zu äußern. Mit der Qualifikations-RL ist dagegen auf die Sicht des Opfers abgestellt und der Fall einbezogen, dass die Verfolgung von nichtstaatlichen Akteuren ausgeht und Schutz weder von innerstaatlichen noch von internationalen Akteuren geboten werden kann (Art. 6, 7). Diese Tatbestandsbestimmung hat der deutsche Gesetzgeber für die **Asyl- und die Flüchtlingsanerkennung** im Wesentlichen übernommen (→ Rn. 120, 136 f.) und damit die auch für diesen Bereich zT abweichende Rspr. des BVerwG korrigiert[249]. Insoweit kommt es also auf eine ordnungsgemäße Umsetzung der Qualifikations-RL nicht an. Da diese Grundregeln nunmehr auch auf die **Asylanerkennung** angewandt werden sollen, könnte es darauf ankommen, ob das Flüchtlingsvölkerrecht auch in seiner aktuellen Form die Auslegung des Asylgrundrechts mitbestimmt. Bei dieser Betrachtung sollte nicht außer Acht gelassen werden, dass weder der EU-Ministerrat noch die Bundesrepublik noch andere Mitgliedstaaten dezidiert die Auffassung vertreten haben, dass die jetzt in der RL gefundenen Formeln über die bisher geltenden anerkannten Standards bei Auslegung der GK hinausgingen.

---

[245] BVerfG Beschl. v. 2.7.1980 – 1 BvR 147/80 ua, BVerfGE 54, 341.
[246] Art. 5 I und II RL 2004/83/EG.
[247] Vgl. va § 25 I und II AufenthG.
[248] BVerwG Urt. v. 26.10.1993 – 9 C 50.92, NVwZ 1994, 500 mAnm *Renner* ZAR 1994, 85.
[249] Dazu *Duchrow* ZAR 2004, 339.

X. Europäisches Asylrecht   **Art. 16a GG 6**

Ähnlich verhält es sich mit **geschlechtsspezifischen Verfolgungsgründen**. Zu deren Relevanz 149 hat sich das BVerfG bislang nicht so deutlich geäußert, dass von einer gefestigten Rspr. ausgegangen werden könnte. Angesichts der Nichterwähnung des Geschlechts als Anknüpfungspunkt für Verfolgungen in Art. 1 A Nr. 2 GK bezogen und beziehen sich Meinungsverschiedenheiten in Lit. und Rspr. auf die Möglichkeit der Zuordnung des Geschlechts zu einem der ausdrücklich genannten Kriterien. Abgesehen von der Auslegung insbesondere des persönlichen Merkmals der Zugehörigkeit zu einer bestimmten sozialen Gruppe geht es hauptsächlich um die Bewertung der Tatsachengrundlagen, die oft so stark von kulturellen, gesellschaftlichen und politischen Einstellungen geprägt sind, dass die Bedeutung des Geschlechts für die Verfolgung nicht einwandfrei zu ermitteln ist. Auf eben diesen Zustand wird in der Qualifikations-RL Bezug genommen, die auf die Notwendigkeit hinweist, für diesen Verfolgungsgrund „einen gemeinsamen Ansatz ...) zu entwickeln" (vgl. Erwägungsgrund Nr. 30). Die zu diesem Zweck formulierten Grundsätze über die Bedeutung des Geschlechts bei Verfolgung wegen Zugehörigkeit zu einer bestimmten sozialen Gruppe (Art. 10 I lit. d) vermeiden eine zu starke Festlegung und sind damit geeignet, flexibel auf die Verhältnisse in dem Herkunftsland und den Einzelfall angewandt zu werden. Schon aus diesem Grunde kann nicht festgestellt werden, dass sich die Rechtslage mit dieser RL gegenüber dem Stand von Ende 2004 verändert hat. Dies gilt für die Flüchtlingseigenschaft wie für das Asylgrundrecht gleichermaßen. Allerdings ist seit Beginn des Jahres 2005 die Regelung des § 60 I 3 AufenthG iVm § 2 AsylVfG aF und heute § 3b I Nr. 4 AsylG zu beachten, wonach eine auf die Gruppenzugehörigkeit bezogene Verfolgung auch dann vorliegen kann, wenn sie allein an das Geschlecht anknüpft. Diese Grundsätze der RL können für die Asylanerkennung unmittelbar übernommen werden.

Hinsichtlich des **Zeitpunkts** der Berücksichtigung der neuen Begriffs- und Tatbestandsbestimmungen ist jeweils nach dem Stand der Rspr. und dem Inhalt der neuen Bestimmungen zu unterscheiden. 150 Die Definitionen für die **Nachfluchtgründe** (Art. 5 Qualifikations-RL) betreffen unmittelbar nur die Flüchtlings- und nicht die Asylanerkennung. Diese Definitionen können jedoch auch insoweit angewandt werden[250].

Hinsichtlich der **Staatlichkeit** der Verfolgung galten die Regeln des heutigen § 3d AsylG schon seit 151 Januar 2005 (§ 60 I 4 AufenthG aF). Auch im Hinblick auf die völkerrechtlichen Grundlagen des deutschen Asylrechts erscheint es vertretbar, bei der Asylanerkennung ebenso zu verfahren. Ebenso verhält es sich mit der Berücksichtigung des **Geschlechts**. Für die Flüchtlingseigenschaft und das daraus folgende Abschiebungshindernis und für die Asylberechtigung gilt der Grundsatz des § 3b I Nr. 4 AsylG. Art. 10 I lit. d Qualifikations-RL kann im Übrigen auch als aktueller völkerrechtlicher Standard für die Asylanerkennung zur Auslegung herangezogen werden.

Über diese einzelnen Begriffe und Verfolgungskriterien hinaus haben sich insbesondere aufgrund 152 der EU-Qualifikations- und VerfRL die bisherigen Elemente der Flüchtlingseigenschaft und der sonstigen Schutzbedürftigkeit va durch Einbeziehung des subsidiären Schutzes in das europäische Schutzsystem, durch einen neuen Schadensbegriff und eine Neuordnung der Drittstaatenklauseln **erheblich verändert**. Allein schon die Bestimmungen über die Furcht vor Verfolgung wegen der Zugehörigkeit zu einer bestimmten sozialen Gruppe stellen sich als neuartige Konzepte dar, die nicht zuletzt die Behandlung der Fälle geschlechtsbezogener Verfolgung nachhaltig beeinflussen[251]. Ob das BVerfG nach einer Phase der Konsolidierung und einer konsensualen Anwendung durch die Mitgliedstaaten, insbes. auch aufgrund der Spruchpraxis des EuGH, einen möglicherweise eingetretenen Bedeutungswandel des Asylgrundrecht anerkennen und diesem in seiner Rspr. Rechnung tragen wird[252], kann noch immer nicht sicher vorhergesagt werden.

Derzeit ist bezüglich des Zusammenspiels GEAS – Art. 16a GG eine **nüchterne Zwischenbilanz** 153 zu ziehen: Denn welche **praktische Rolle** spielt das in den 1990er Jahren mühsam reformierte Asylgrundrecht der deutschen Verfassung? Überhaupt keine. In der Verwaltungspraxis und der Gerichtspraxis „stört" es allenfalls, ohne für die Schutzsuchenden irgendeinen relevanten Mehrwert entfalten zu können. Standardmäßig wird Art. 16a GG als Antrag Nr. 2 zwar kumulativ, aber gesondert zum Antrag Nr. 1 auf Zuerkennung der Flüchtlingseigenschaft und vor dem ersten Hilfsantrag auf Gewährung subsidiären Schutzes geprüft. Inhaltlich ist es – wie oben dargestellt – allerdings mit dem Schutzbereich der europarechtlichen Flüchtlingseigenschaft bis auf die subjektiven Nachfluchtgründe[253] weitgehend deckungsgleich, ja bezüglich der hier nur erfassten „quasi"staatlich Verfolgung sogar enger. In Folge gibt es praktisch keine Asylanerkennung ohne Zuerkennung der Flüchtlingseigenschaft, jedoch bei Einreise auf dem Landweg, dh notwendig über einen sicheren Drittstaat, regelmäßig die Zuerkennung der Flüchtlingseigenschaft ohne Asylanerkennung. Damit das Asylgrundrecht im GEAS nicht wirklich „stört", hat der EuGH in seinem Urteil „B. und D." v. 9.11.2010 – C 57/08 – entschieden, dass der nationale Asylanspruch grundsätzlich keinen Flüchtlingsstatus mehr vermitteln

---

[250] Zu den Besonderheiten für Nachfluchtgründe im Folgeantragsverfahren vgl. auch § 28 II AsylG.
[251] Dazu *Marx* ZAR 2005, 177.
[252] → AufenthG § 60 Rn. 12 und VGH BW Urt. v. 20.11.2007 – A 10 S 70/06; vgl. hierzu auch *Hailbronner* ZAR 2009, 369.
[253] Vgl. § 28 I und Ia AsylG.

Bergmann

darf, sondern nur noch ein national Aufenthaltsrecht. Diese „andere Form des Schutzes, zu deren Gewährung die Mitgliedstaaten befugt sind", dürfe „indessen nicht ... mit der Rechtsstellung des Flüchtlings im Sinne der (Qualifikations-)Richtlinie verwechselbar sein." Denn nur dann, wenn eine „klare Unterscheidung des nationalen Schutzes von dem Schutz gemäß der Richtlinie besteht", würde das deutscher Asylgrundrecht das europarechtlich geschaffene GEAS „nicht beeinträchtigen".

154 Das mithin auch rechtspolitisch vom EuGH gewissermaßen herabgestufte deutsche Asylrecht kann heute also nicht nur faktisch in der Asylpraxis, sondern auch dogmatisch **vom unionsrechtlichen Flüchtlingsschutz als verdrängt** gelten. Hinzu kommt, dass die neu gefasste Qualifikations-RL 2011/95/EU den subsidiären Schutz deutlich aufgewertet hat, sodass eine weitere Annäherung zwischen Flüchtlingsstatus und subsidiärem Schutzstatus erfolgte. Das deutsche Asylgrundrecht hat damit ein weiteres Mal an Bedeutung verloren. Ohnehin findet effektiver Flüchtlingsschutz zwischenzeitlich längst nicht primär mehr in Karlsruhe am BVerfG, sondern in Luxemburg am EuGH sowie beim EGMR in Straßburg statt. Auch in Straßburg wurden in den letzten Jahren bahnbrechende Urteile pro Flüchtlingsschutz gefällt, iÜ durchaus in kritischer Distanz zum EU-Asylsystem, insbesondere der Dublin III-VO[254]. Vom BVerfG waren lange Jahre vergleichbare Stimmen nicht zu hören; erst seit Kurzem gibt es entsprechende Ansätze, die den Flüchtlingsschutz allerdings – gerade wegen des anwendungsvorrangigen GEAS – über das in Art. 3 I GG verankerte Willkürverbot konstruieren (müssen)[255]. In den Medien wird deshalb davon gesprochen, das BVerfG habe das deutsche Asylgrundrecht ohnehin schon am 14.5.1996 „sterben lassen"[256]. Dass Art. 16a GG zur Disposition des verfassungsändernden Gesetzgebers steht und die durch Art. 79 III GG gezogene Grenze nicht dadurch verletzt würde, dass Flüchtlingen Schutz vor politischer Verfolgung nicht durch eine grundrechtliche Gewährleistung geboten wird, hat das BVerfG ausdrücklich entschieden[257].

155 Sollte man vor diesem Hintergrund **Art. 16a aus der Verfassung nehmen,** wie manche Politiker fordern, oder sperrt va die deutsche Holocaust-Vergangenheit die diesbezügliche Harmonisierung des Flüchtlingsrechts? Einerseits spricht die bessere Funktionsfähigkeit des GEAS für eine Abschaffung des deutschen Asylgrundrechts. Andererseits „schadet" Art. 16a nicht wesentlich und könnte eines Tages wieder praxisrelevantere Wirkungen entfalten, sollte der unionsrechtliche Schutz an Effizienz verlieren. Ein Szenario, das angesichts der flüchtlingspolitischen Divergenzen in der EU sowie etwa des Brexits leider niemand sicher ausschließen kann. Zudem hätte die Abschaffung des deutschen Asylgrundrechts politische Symbolwirkung, die kein Mensch ernstlich wollen kann. Lösen wir die Probleme also besser weiterhin rechtsdogmatisch.

---

[254] EGMR Urt. v. 21.1.2011 – 30696/09 – M. S. S. und Urt. v. 23.2.2012 – 27765/09 – Hirsi Jamaa ua.
[255] BVerfG Beschl. v. 17.9.2014 – 2 BvR 1795/14, und Beschl. v. 17.4.2015 – 2 BvR 602/15.
[256] Tag der Grundsatzurteile zu Art. 16a GG; *Prantl* SZ v. 27.1.2011, S. 4.
[257] BVerfG Urt. v. 14.5.1996 – 2 BvR 1938/93, 2 BvR 2315/93, BVerfGE 94, 49 (102 Rn. 210).

Siebter Teil. Asylgesetz

Asylgesetz (AsylG)

In der Fassung der Bekanntmachung vom 2. September 2008 (BGBl. I S. 1798); zuletzt geändert durch Art. 9 des Gesetzes zur Weiterentwicklung des Ausländerzentralregisters vom 9.7.2021 (BGBl. I S. 2467)

Vorbemerkung

Übersicht

	Rn.
I. Asylverordnung 1953	1
II. Ausländergesetz 1965	2
III. Asylverfahrensgesetz 1982	5
IV. DDR	10
V. Asylrechtsreformen 1992 und 1993	11
VI. Gesetzesänderungen 1994 bis 2004	16
VII. EU-Asylpolitik, Richtlinienumsetzungsgesetze 2007, 2011, 2013 und Asylverfahrensbeschleunigungsgesetz 2015 (Asylpaket I)	20
VIII. Asylpaket II, Migrationspaket 2019, EU-Maßnahmen und Ampel-Koalitionsvertrag 2021	34

I. Asylverordnung 1953

Nach Inkrafttreten des GG am 23.5.1949 fehlte zunächst ein Verfahren zur Feststellung der **1** Asylberechtigung iSd Art. 16 II 2 GG [aF]. Im Januar 1953 entstand dann zwar das Bundesamt für die Anerkennung ausländischer Flüchtlinge (BAFl), das aufgrund der seit 10.1.1953 geltenden **AsylVO** zentral über die Anerkennung eines ausländischen Flüchtlings iSd Art. 1 GK entschied (§§ 5 ff.). Soweit sich beide Personenkreise decken[1], war damit ein Instrument geschaffen, das auch der Gewährleistung asylrechtlichen Schutzes diente. Bei den allgemeinen Ausländerbehörde verblieb aber die Kompetenz zur Berücksichtigung der Gefahr politischer Verfolgung bei Ausweisung und Abschiebung für den Fall, dass ein Ausländer die Feststellung der Flüchtlingseigenschaft nach der GK nicht beantragt oder nicht erreicht hatte[2].

II. Ausländergesetz 1965

Durch § 55 II des am 1.10.1965 in Kraft getretenen **AuslG 1965** wurde die AsylVO aufgehoben. **2** Nach dem Regierungsentwurf sollte die AsylVO bestehen bleiben und das Asylrecht nur in § 14 in Form eines Abschiebungsverbots aufgenommen werden[3]; im Gesetzgebungsverfahren wurde jedoch beschlossen, das gesamte Asylverfahren in das Gesetz einzubeziehen[4]. Dementsprechend enthielt das AuslG 1965 Bestimmungen über den Personenkreis der Asylberechtigten (§ 28), das Anerkennungsverfahren vor den Ausschüssen des BAFl (§§ 29–34), den BB (§ 35), Wiederaufnahme und Widerruf (§§ 36, 37), die Beteiligung des UNHCR, die Rechtsstellung der Asylberechtigten (§§ 43, 44) und die Verbindlichkeit der Anerkennungsentscheidung (§ 45) sowie über Meldepflicht, Aufenthalt und Verteilung der Asylbewerber (§§ 38, 40, 42) und die Sammellager (§ 39).

Angesichts erheblich gestiegener Asylbewerberzahlen seit Mitte der 1970er-Jahre[5] unternahm der **3** Gesetzgeber 1978 den ersten Versuch zur **Beschleunigung** der Asylanerkennungsverfahren. Mit Wirkung vom 1.8.1978 wurden das behördliche und das gerichtliche Asylverfahren verkürzt, indem der Widerspruch gegen die Entscheidung des Anerkennungsausschusses und die Berufung im Falle einstimmiger Abweisung der Asylklage als offensichtlich unbegründet durch das VG ausgeschlossen wurden (§§ 33, 34 AuslG 1965 idF des Art. 1 Nr. 2 und 3 AsylVfBG). Darüber hinaus wurde die

---
[1] → § 1 Rn. 13, 17.
[2] BVerwG Urt. v. 17.1.1957 – I C 166.56 – Bh. 11 Art. 16 GG Nr. 1; Urt. v. 8.12.1998 – 9 C 17.98 – Bh. 11 Art. 16 GG Nr. 2.
[3] BT-Drs. IV/868, 20.
[4] BT-Drs. IV/3013, 6 ff.
[5] 1971: 5.388; 1975: 9.627; 1978: 33.136.

7 AsylG Vorb Siebter Teil. Asylgesetz

alleinige Zuständigkeit des VG Ansbach und des BayVGH für Asylstreitverfahren mWv 1.1.1980 an aufgehoben (2. VwGOÄndG) mit der Folge, dass diese seitdem über alle Bundesländer **verteilt** sind.

4 Aufgrund einer weiteren Zunahme der Asylgesuche[6] entschloss sich der Gesetzgeber 1980 zu **zusätzlichen** Maßnahmen zur **Beschleunigung** der Verfahren. Mit Wirkung vom 17.8.1980 wurden die Ausländerbehörde zur Zustellung ablehnender Bescheide des BAFl und zum Erlass aufenthaltsbeendender Maßnahmen im Anschluss an eine Asylablehnung verpflichtet und die Asylklage mit der Anfechtungsklage gegen diese Maßnahmen kraft Gesetzes in einem Verfahren verbunden (§§ 2, 5, 7 2. AsylVfBG).

III. Asylverfahrensgesetz 1982

5 Als weder diese Verfahrensrestriktionen noch die gleichzeitig ergriffenen „**flankierenden Maßnahmen**" (ua Visumzwang für die Hauptherkunftsländer, Arbeitsverbot, Unterbringung in Sammelunterkünften, Sozialhilfe idR als Sachleistung) die erhoffte abschreckende Wirkung auf unberechtigterweise um Asyl nachsuchende Ausländer zeitigten, wurden bereits im Jahre 1981 erneut Änderungen des Asylverfahrensrechts vorgeschlagen[7]. Nach Anrufung des **Vermittlungsausschusses**[8] wurde das Gesetz schließlich mit Änderungen angenommen und verkündet[9] und trat am 1.8.1982 in Kraft (**AsylVf-ÄndG 1982**). Es enthielt va eine neue Definition des anderweitigen Schutzes vor Verfolgung, den speziellen Aufenthaltstitel der Aufenthaltsgestattung, die Figur des offensichtlich unbegründeten Asylantrags sowie die Einrichtungen der Zulassungsberufung und des Einzelrichters.

6 Die Geltung der zunächst befristeten Regelungen der §§ 11, 20 III wurde im Juli 1984 aufgrund positiver Erfahrungen mit der Kategorie des offensichtlich unbegründeten Asylantrags[10] bis Ende 1988 verlängert (**AsylVfÄndG 1984**).

7 Im Januar 1987 wurde das Asylverwaltungsverfahren durch das Gesetz zur Änderung asylverfahrensrechtlicher, arbeitserlaubnisrechtlicher und ausländerrechtlicher Vorschriften (**AsylVfÄndG 1987**) um einige wichtige Neuerungen verändert. Insbesondere wurden willkürlich geschaffene Nachfluchtgründe für asylanerkennungsrechtlich unbeachtlich erklärt (§ 1a) und die Voraussetzungen für die ausländische Fluchtalternative (anderweitiger Schutz) und die Einreiseverweigerung neu bestimmt (§§ 2, 7 III, 9 I).

8 In der Folgezeit gerieten asylverfahrensrechtliche Probleme angesichts der Bestrebungen zur Neuregelung des gesamten Ausländerrechts vorübergehend in den Hintergrund. Schon im Mai 1988 brachte aber die Bundesregierung einen Entwurf zur Änderung asylverfahrensrechtlicher und ausländerrechtlicher Vorschriften im Bundestag ein, der va darauf abzielte, die Ende 1988 auslaufende Befristung der §§ 11, 20 III aufzuheben und die Beschwerde gegen Entscheidungen über Prozesskostenhilfe in Asylsachen auszuschließen[11]. Aufgrund der Empfehlung des Bundestag-Innenausschusses[12] wurde mit Gesetz zur Änderung asylverfahrensrechtlicher und ausländerrechtlicher Vorschriften vom 20.12.1988 (**AsylVfÄndG 1988**) § 11 als Dauerregelung ausgestaltet und den Ländern die Bestimmung zentraler Behörden für aufenthaltsbeendende Maßnahmen ermöglicht.

9 Von den Bestrebungen um eine seit Längerem in Aussicht genommene grundlegende **Reform des Ausländerrechts**[13] war das Asylanerkennungsverfahren zunächst nicht unmittelbar betroffen. Erst in dem Regierungsentwurf[14] wurden Änderungen des Asylverfahrensrechts vorgeschlagen. Vorgesehen war va eine weitere Verschränkung des asylrechtlichen und des aufenthaltsrechtlichen Verfahrens ua durch Einbeziehung des Art. 1 A Nr. 2 GK in die Prüfung des BAFl. Der Bundestag-Innenausschuss[15] trat darüber hinaus ua für die Einführung des Familienasyls und den Ausschluss der Beschwerde in gerichtlichen Eilverfahren über Abschiebungsandrohungen ein. Bundestag und Bundesrat nahmen den Entwurf idF der Beschlussempfehlung des Bundestag-Innenausschusess an. Das Gesetz zur Novellierung des Ausländerrechts wurde am 14.7.1990 verkündet[16]. Die dort enthaltenen Ermächtigungen zum Erlass von Rechtsverordnungen traten sofort, ein Teil der Beschleunigungsregeln Mitte Oktober 1990 und die übrigen Bestimmungen dann am 1.1.1991 in Kraft (Art. 15 AuslRNG; Art. 1, 3 AuslR-NÄndG).

---

[6] 1980: 107.818 Asylbewerber.
[7] Vgl. BT-Drs. 9/221.
[8] BT-Drs. 9/1705 und 9/1792.
[9] BGBl. 1982 I S. 946.
[10] BT-Drs. 10/1159, 10/1255.
[11] BT-Drs. 11/2302.
[12] BT-Drs. 11/3189.
[13] Dazu → 7. Aufl., AuslG Vorb Rn. 4 ff.
[14] BT-Drs. 11/6321.
[15] BT-Drs. 11/6955.
[16] BGBl. 1990 I S. 1354.

IV. DDR

In dem Gebiet der **früheren DDR** galt bei deren Beitritt zur Bundesrepublik Deutschland am 3.10.1990 die AsylVO vom 11.7.1990[17]. Danach war das AsylVfG auch in diesem Gebiet mit der Maßgabe anzuwenden, dass die anhängigen Verfahren vom BAFl zu Ende geführt wurden (Anl. I Kap. II Sachgebiet B Abschnitt III Nr. 6 Einigungsvertrag vom 31.8.1990)[18]. 10

V. Asylrechtsreformen 1992 und 1993

Schon im Jahre 1990 wurden im Bundesrat **neue Vorschläge** für weitere Änderungen des Asylrechts[19] und in den Jahren 1991 und 1992 im Bundestag mehrere Gesetzesentwürfe und Anträge vorgelegt, die sich mit Asyl- und Flüchtlingsrecht befassten[20]. Hinzu kam der Entwurf der Bundesregierung von einem Gesetz zum Schengener Übereinkommen vom. 19.6.1990 betreffend den schrittweisen Abbau der Grenzkontrollen an den gemeinsamen Grenzen[21]. 11

Nachdem die Zahl der Asylbewerber infolge des Zusammenbruchs des ehemaligen Ostblocks und insbesondere der kriegerischen Auseinandersetzungen im ehemaligen Jugoslawien erneut zugenommen hatte[22], kam es im Oktober 1991 zu einer parteiübergreifenden Einigung über Verfahrensfragen. In einem Gespräch mit dem Bundeskanzler am 10.10.1991 wurden „Zielvorstellungen" über eine Änderung des Asylverfahrensrechts und über die Art der Unterbringung von Asylbewerbern vereinbart[23]. Aufgrund dieser politischen Vorgaben erarbeiteten BMI und BMJ sowie die Bundestag-Fraktionen von CDU/CSU, SPD und FDP den Entwurf eines Gesetzes zur **Neuregelung** des Asylverfahrens – Gesetzesentwurf 1992 –[24], der am 12.2.1992 im Bundestag eingebracht wurde[25]. Er enthielt neben Änderungen des AuslG und der VwGO va ein vollständig neu gefasstes AsylVfG. Antragstellung, Anhörung, Entscheidung und Aufenthaltsbeendigung sowie Unterbringung sollten neu geordnet werden. Außerdem sollten Zurückweisungen und Abschiebehaft erleichtert und Schlepper höher bestraft werden. Schließlich war eine Reihe tatsächlicher Unterstützungsmaßnahmen vorgesehen[26]: Überlassung frei werdender Kasernen durch den Bund, Abstellung von 500 Bediensteten der Länder an den Bund, beschleunigter Ausbau des Fingerabdrucksystems AFIS durch das BKA, verschärfte Grenzkontrollen gegenüber Nicht-EG-Staaten. Das Gesetz wurde in der vom Innenausschuss empfohlenen Fassung durch Bundestag und Bundesrat **verabschiedet,** nachdem einige Änderungsanträge der SPD-Fraktion abgelehnt worden waren[27], am 30.6.1992 verkündet[28]. Es trat am 1.7.1992 **in Kraft** (Art. 7 AsylVfNG); für wesentliche Verfahrensbereiche galten jedoch bis Ende März 1993 umfangreiche Übergangsvorschriften (Art. 5 AsylVfNG). Der Wortlaut der **Übergangsfassung** wurde am 9.10.1992 bekannt gemacht[29]. 12

Im ersten Halbjahr 1992 suchten mehr als doppelt so viele Ausländer um Asyl nach als im ersten Halbjahr 1991[30] und dieser Trend hielt in den folgenden Monaten an[31]. Daraufhin kam es am 6.12.1992 zu einem erneuten Spitzengespräch der Parteiführungen von CDU, CSU, SPD und FDP beim Bundeskanzler, bei dem grundlegende Änderungen des Asyl- und Flüchtlingsrechts sowie des Staatsangehörigkeitsrechts und Aussiedlerrechts vereinbart wurden (**„Asylkompromiss"**)[32]. Kernpunkte der Absprachen bildeten Änderungen des GG und des AsylVfG mit dem Ziel, Flüchtlinge grundsätzlich auf sichere Drittstaaten zu verweisen und Grundlagen für die Asylabkommen von Schengen und Dublin zu schaffen. Bis heute wird mit ernst zu nehmenden Argumenten insbesondere die **Drittstaatenregelung** als aus menschenrechtlicher Sicht schwer haltbar eingestuft[33]. 13

Mit dem Anfang 1993 vorgelegten Gesetzesentwurf von CDU/CSU, SPD und FDP zur **Änderung des GG** (Art. 16 und 18) wurde vorgeschlagen, Art. 16 II 2 GG [aF] zu streichen, stattdessen in Art. 16a GG das Grundrecht auf politisches Asyl zu gewährleisten und gleichzeitig Regeln über sichere 14

---

[17] GBl. DDR I S. 869.
[18] BGBl. 1990 II S. 885.
[19] BR-Drs. 175/90, 675/90 und 655/90.
[20] BT-Drs. 12/852, 12/1216, 12/1296, 12/2089, 12/2097, 12/2100; näher dazu zu diesem Werk die 7. Aufl., → Rn. 11, 12.
[21] BR-Drs. 121/92.
[22] 1989: 121.318; 1990: 193.063; 1991: 256.112; vgl. auch *v.* Pollern ZAR 1992, 24.
[23] ZAR 1991, 154.
[24] Vgl. ZAR 1992, 2.
[25] BT-Drs. 12/2062.
[26] BT-Drs. 12/2062, 27 f.
[27] BT-Plenarprotokoll Nr. 12/96; näher dazu zu diesem Werk die 7. Aufl., → Rn. 11–15.
[28] BGBl. 1992 I S. 1126.
[29] BGBl. 1992 I S. 1733.
[30] ZAR 1992, 98.
[31] *v. Pollern* ZAR 1992, 26.
[32] Vgl. ZAR AKTUELL Nr. 4/1992.
[33] Vgl. *Weinzierl,* Der Asylkompromiss 1993 auf dem Prüfstand, Deutsches Institut für Menschenrechte, 2009.

Herkunftsstaaten, sichere Drittstaaten und Asylabkommen zu treffen[34]. Außerdem sollte auf der Grundlage dieser Verfassungsänderungen eine **umfangreiche Novellierung** von AsylVfG, AuslG und RuStAG vorgenommen werden[35]. Der Gesetzesentwurf enthielt va Regeln über verfolgungsfreie Herkunftsstaaten, sichere Drittstaaten, Ausschluss und Beschleunigung des Rechtsschutzes sowie die Aufnahme von Kriegs- und Bürgerkriegsflüchtlingen. Außerdem sollte der Erwerb der deutschen Staatsangehörigkeit durch nichteheliche Kinder deutscher Väter (§ 4 RuStAG) und durch Einbürgerung von Ausländern (§§ 85, 86 AuslG) erleichtert werden.

15   Nachdem der Bundestag-Innenausschuss einige Veränderungen empfohlen hatte, va ein Sonderverfahren an Flughäfen und Aufnahme weiterer Länder in die Listen der verfolgungsfreien und der sicheren Staaten[36], wurden die Gesetzesentwürfe von Bundestag und Bundesrat verabschiedet. Die **GG-Änderung** wurde am 29.6.1993 verkündet[37] und trat am 30.6.1993 in Kraft; die Änderung der anderen Gesetze folgte am 1.7.1993 – **AsylVfÄndG 1993**. Aufgrund der Ermächtigung in Art. 4 AsylVfÄndG 1993 hat der BMI am 1.8.1993 den Wortlaut der ab 1.7.1993 geltenden **Neufassung** am 27.7.1993 bekannt gemacht[38]. Das **BVerfG** hat die Neuregelung des Asylrechts im Mai 1996 als verfassungsgemäß bestätigt[39]. Die vom BVerfG in geringem Umfang angemahnten Verbesserungen des Verfahrens wurden alsbald in die Wege geleitet und sind inzwischen erfolgt, va die Organisation der anwaltlichen Beratung im Flughafenverfahren[40].

VI. Gesetzesänderungen 1994 bis 2004

16   In der Folgezeit wurde das AsylVfG **mehrfach geändert,** wenn auch nur in weniger wichtigen Einzelheiten. Mit dem VerbrechensbekämpfungsG vom 28.10.1994[41] wurden die Strafvorschriften der §§ 84 und 84a und mit dem 2. AsylVfGÄndG vom 28.3.1996[42] § 71 I 3 neu gefasst. Seit Oktober 1994 galt Gambia nicht mehr als sicherer Herkunftsstaat (VO v. 6.10.1994)[43] und wurde später auch aus der Anlage II (zu § 29a) gestrichen (Gesetz vom 31.3.1995)[44]. Senegal galt seit 4.4.1996 nicht mehr als sicherer Herkunftsstaat (VO v. 27.3.1996)[45]; diese Regelung lief aber am 3.10.1996 aus. Durch das 6. VwGOÄndG wurde § 78 VI zum 1.1.1997 gestrichen[46] und mWv 1.6.1997 Abs. 2a in § 8 eingefügt (Gesetz vom 26.5.1997)[47]. Sodann wurden zum 1.11.1997 die §§ 14, 18a, 22, 26, 33, 67 und 73 geändert (Gesetz v. 29.10.1997)[48]. Die innerstaatliche asylverfahrensrechtliche Zuständigkeit iRd SDÜ[49] wurden durch VO vom 26.11.1993[50] und nach Inkrafttreten des DÜ[51] durch VO vom 4.12.1997[52] bestimmt. Ab 1.1.2002 wurden alle DM-Beträge in Euro-Beträge umgewandelt (Art. 8 II Gesetz vom 27.4.2001[53]; Art. 33 Gesetz vom 3.12.2001[54]) und § 78 im Zuge der VwGO-Bereinigung neu formuliert (Art. 4 Gesetz vom 20.12.2001)[55]. Außerdem wurden zum selben Zeitpunkt iRd Terrorismusbekämpfung Sprachaufzeichnungen und deren Verwertung geregelt und Vorschriften über die Identitätssicherung geändert (Art. 12 Gesetz v. 9.1.2002)[56]. Sodann wurden im Zuge der Sozialrechtsreformen von 2003/04 die Bezeichnungen „Arbeitslosenhilfe" und „Bundessozialhilfegesetz" in § 8 III 2 mWv 1.1.2005 angepasst (Art. 19 Gesetz vom 24.12.2003[57]; Art. 30 Gesetz vom 27.12.2003[58]) Schließlich wurde die Vorschrift des

---

[34] BT-Drs. 12/4152; Bericht in ZAR 1993, 2.
[35] BT-Drs. 12/4450; Bericht in ZAR 1993, 104.
[36] BT-Drs. 12/4984.
[37] BGBl. I S. 1002.
[38] BGBl. I S. 1361.
[39] BVerfG Urt. v. 14.5.1996 – 2 BvR 1507/93 ua, BVerfGE 94, 115 – sichere Herkunftsstaaten; Urt. v. 14.5.1996 – 2 BvR 1938/93 ua, BVerfGE 94, 49 – sicherer Drittstaat; Urt. v. 14.5.1996 – 2 BvR 1516/93, BVerfGE 94, 166 – Flughafenverf.
[40] Dazu ZAR 1998, 95.
[41] BGBl. I S. 3186.
[42] BGBl. I S. 550.
[43] BGBl. I S. 2850.
[44] BGBl. I S. 430.
[45] BGBl. I S. 551.
[46] Gesetz v. 1.11.1996, BGBl. I S. 1626.
[47] BGBl. I S. 1130.
[48] BGBl. I S. 2584.
[49] → Rn. 21.
[50] BGBl. I S. 1914.
[51] → Rn. 22.
[52] BGBl. I S. 2582.
[53] BGBl. I S. 751.
[54] BGBl. I S. 3306.
[55] BGBl. I S. 3987.
[56] BGBl. I S. 361; zu diesem Gesetz allgemein *Marx* ZAR 2002, 127.
[57] BGBl. I S. 2954.
[58] BGBl. I S. 3022.

§ 83b II über den Gegenstandswert im Zusammenhang mit der Modernisierung des Kostenrechts gestrichen (Art. 14 Gesetz vom 5.5.2004)[59].

Im Zuge der Vorbereitung eines modernen Zuwanderungsrechts wurden auch weitere Verbesserungen des Asylrechts und des asylrechtlichen Verfahrens diskutiert. Die vom BMI berufene **Unabhängige Kommission „Zuwanderung"** hat hierzu mehrere Gutachten eingeholt und in ihrem Bericht vom Juli 2001 in dem Kapitel „Humanitär handeln" nach einer umfassenden Erörterung der in Betracht kommenden Lösungsansätze konkrete Empfehlungen gegeben[60]. Änderungen der Art. 16a und 19 IV GG wurden abgelehnt, dafür aber wirksame Maßnahmen zur Beschleunigung des Asylverfahrens mit dem Ziel einer Verfahrensdauer von längstens einem Jahr einschließlich des Gerichtsverfahrens vorgeschlagen. Hierzu sollten va die Sachaufklärung durch das BAFl und dessen Beteiligung am Gerichtsverfahren sowie die Rahmenbedingungen für die Gerichte verbessert werden. Weiter wurde außer den für Ausländer allgemein vorgesehenen Maßnahmen zur Verhinderung von Missbrauch und zur Erleichterung der Rückführung ua empfohlen: Aufhebung der Weisungsunabhängigkeit des Entscheiders des BAFl; Abschaffung des BB; Straffung des Folgeantragsverfahrens; Angleichung der Aufenthaltsbedingungen für Asylberechtigte und GK-Flüchtlinge; Erleichterung des Übergangs von der Duldung zur Aufenthaltsbefugnis; Kostenteilung betreffend Kriegs- und Bürgerkriegsflüchtlingen zwischen Bund und Ländern.

Das BMI hatte alsbald nach Vorlage der Zuwanderungsberechtigung den **Entwurf für ein ZuwG** vorgelegt[61]. Dabei wurden einige Empfehlungen der Kommission aufgegriffen und auch weitere Änderungen des Aufenthaltsrechts (AufenthG statt AuslG) und des AsylVfG vorgeschlagen. Der Entwurf der Bundesregierung und der Regierungsfraktionen vom November 2001 (Art. 1 und 3 ZuwG-E)[62] wurde zT während der Beratungen in Bundesrat und Bundestag ergänzt und modifiziert[63]. Der derart veränderte Entwurf sah im Wesentlichen folgende asylrechtlichen Neuregelungen im AufenthG und im AsylVfG vor: Abschiebungsschutz auch wegen geschlechtsbezogener und wegen nichtstaatlicher Verfolgung; Aufhebung der Einrichtung des BB und der Weisungsunabhängigkeit der Entscheider; Aussetzung der Entscheidungen durch das BMI für sechs Monate; Einbeziehung von Kindern unter 16 Jahren in den Asylantrag; Erstreckung des GK-Abschiebungsschutzes auf Familienangehörige wie beim Familienasyl; Anrechnung des Aufenthalts als Asylbewerber auch nach Anerkennung als GK-Flüchtling. An die Stelle des BAFl sollte nach dem Entwurf das Bundesamt für Migration und Flüchtlinge (BAMF) treten.

Das **ZuwG** und die mit ihm vorgenommenen asylrechtlichen Neuregelungen[64] wurden am 1.3.2002 im Bundestag und am 22.3.2002 im Bundesrat gebilligt[65]. Das Gesetz vom 20.6.2002 wurde, nachdem es der Bundespräsident trotz Bedenken wegen des Abstimmungsverfahrens im Bundesrat unterzeichnet hatte[66], am 25.6.2002 im BGBl. verkündet[67] und trat teilweise bereits am 26.6.2002 und am 1.7.2002 in Kraft (Art. 15 I und II)[68]. Aufgrund von Unstimmigkeiten bei der Stimmenbewertung im Bundesrat kam es zu einem Normenkontrollverfahren vor dem BVerfG, in dem das BVerfG mit Urteil vom 18.12.2002[69] feststellte, dass das ZuwG nicht verfassungskonform zustande gekommen war und deshalb nichtig ist[70]. Alsbald danach wurde der ZuwG-E im Januar 2003 von der Bundesregierung erneut und unverändert in das Gesetzgebungsverfahren eingebracht[71] und im Februar und März 2003 in Bundesrat und Bundestag beraten[72]. Entsprechend der Empfehlung des Berichts des Bundestag-Innenausschusses vom 7.7.2003[73] stimmte der Bundestag am 9.5.2003 diesem Entwurf ohne Änderungen zu und lehnte den Vorschlag der FDP für ein Gesetz zur Steuerung und Begrenzung der Zuwanderung[74] ab[75]. Daraufhin rief die Bundesregierung den Vermittlungsausschuss an[76]. Dieser hat nach langen Beratungen schließlich eine Lösung gefunden[77], die am 1.7.2004 vom Bundestag und am 9.7.2004 vom Bundesrat angenommen wurde[78]. Mit dem am 5.8.2004 verkündeten **ZuwG vom**

---

[59] BGBl. I S. 718.
[60] ZuwBer S. 123 ff.; dazu ZAR 2001, 146; *Renner* ZAR 2001, 147.
[61] Dazu ZAR 2001, 194.
[62] BR-Drs. 921/01; BT-Drs. 14/7387; dazu ZAR 2002, 2.
[63] BT-Drs. 14/8395, 14/8414; dazu ZAR 2002, 122.
[64] Dazu *Duchrow* ZAR 2002, 269.
[65] Dazu ZAR 2002, 122.
[66] Dazu ZAR 2002, 210.
[67] BGBl. I S. 1946.
[68] Dazu ZAR 2002, 258.
[69] 2 BvF 1/02, BGBl. 2003 I S. 126; NJW 2003, 339; dazu *Renner* NJW 2003, 332.
[70] Dazu → 7. Aufl., AuslG Vorb Rn. 16.
[71] BR-Drs. 22/03 = BT-Drs. 15/420; dazu ZAR 2003, 42.
[72] ZAR 2003, 122.
[73] BT-Drs. 15/955.
[74] BT-Drs. 15/538.
[75] Plenarprotokoll 15/44; dazu ZAR 2003, 162.
[76] BT-Drs. 15/365.
[77] BT-Drs. 15/3479.
[78] Dazu ZAR 2004, 214.

7 AsylG Vorb

30.7.2004 wurden auch zahlreiche Vorschriften des AsylVfG geändert, va im Hinblick auf die neuen aufenthaltsrechtlichen Regeln des AufenthG (Art. 3 ZuwG)[79], und zwar zum Teil schon zum 5.8.2004 und 1.9.2004 und ansonsten zum 1.1.2005 (Art. 15 I und II ZuwG). MWv 18.3.2005 wurde in § 16 ein neuer Abs. 4a angefügt (Art. 6 Nr. 7 ÄndGes vom 14.3.2005)[80].

VII. EU-Asylpolitik, Richtlinienumsetzungsgesetze 2007, 2011, 2013 und Asylverfahrensbeschleunigungsgesetz 2015 (Asylpaket I)

20 Außer den mit dem AsylVfG 1992, der Asylnovelle 1993 und der später vorgenommenen teils einschneidenden Veränderungen des deutschen Asylrechts wirkten sich zunehmend die Bestrebungen zur **europäischen Harmonisierung** aus, die zunächst wegen noch fehlender Zuständigkeit der EU zur Regelung asylrechtlicher Fragen ergriffen wurden[81]. Die Entschließung des EG-Ministerrats über Mindestgarantien für Asylverfahren vom 20.6.1995[82] hatte ebenso wie der Gemeinsame Standpunkt des EG-Ministerrats betreffend die harmonisierende Anwendung der Definition des Begriffs „Flüchtling" in Art. 1 GK vom 4.3.1996[83] lediglich empfehlenden Charakter und konnte nur als erster Versuch auf dem Weg zu einem in Europa einheitlichen materiellen und formellen Asyl- und Flüchtlingsrecht verstanden werden. Die Möglichkeiten der intergouvernementalen Zusammenarbeit der Mitgliedstaaten innerhalb der damaligen dritten Säule des EUV von Maastricht[84] wurden für das Asylrecht nicht genutzt.

21 Zuvor hatte ein wichtiger Abschnitt in Richtung Vereinheitlichung schon mit dem **Schengener Vertragswerk** begonnen. Allerdings kam die Ratifikation des Schengener Übereinkommens vom 14.6.1985 betreffend den schrittweisen Abbau der Kontrollen an den gemeinsamen Grenzen – SÜ –[85] und des diesbezüglichen Durchführungsübereinkommens vom 19.5.1990 – SDÜ – zunächst nur schleppend voran. Das Gesetz zum SDÜ wurde am 21.2.1992 von der Bundesregierung im Bundesrat eingebracht[86] und dort am 9.7.1992 verabschiedet, nachdem die von der CDU/CSU zunächst für erforderlich gehaltene Änderung des GG[87] in Kraft getreten war. Nach Verabschiedung durch den Bundestag wurde das Gesetz vom 15.7.1993 am 23.7.1993 verkündet[88]. Das SDÜ wurde ab März 1995 von den Vertragspartnern (Belgien, Deutschland, Frankreich, Griechenland, Italien, Luxemburg, Niederlande, Portugal, Spanien) auch tatsächlich angewendet[89]. Später trat es auch in Dänemark, Finnland, Griechenland, Island, Norwegen, Österreich und Schweden in Kraft. Seit dem 5.4.2010 wurden insbesondere die Art. 9–17 SDÜ (sowie die Gemeinsame Konsularische Instruktion – GKI) durch die VO 810/2009/EG – **Visakodex** – abgelöst[90]; der Visakodex, der für alle EU-Mitgliedstaaten außer UK und Irland sowie für die Schweiz und Liechtenstein gilt, regelt die Erteilung von Schengen-Visa für den kurzfristigen Aufenthalt, Durchreisevisa und Visa für den Flughafentransit.

22 Auf der Ebene der EU-Mitglieder wurde zunächst das Übereinkommen über die Bestimmung des zuständigen Staates für die Prüfung eines in einem Mitgliedstaat der EU gestellten Asylantrags – **Dubliner Übereinkommen** – geschlossen. Das DÜ wurde von der BR Deutschland im Frühjahr 1994 ratifiziert[91]. Es trat am 1.9.1997 für alle damaligen Mitgliedstaaten in Kraft und hat somit die im Wesentlichen inhaltsgleichen Asylbestimmungen der Art. 28–38 SDÜ abgelöst[92]. Dem DÜ kam va deshalb besondere Bedeutung zu, weil es als Grundlage für eine wirksame weitergehende Europäisierung in Betracht gezogen wurde[93].

23 Erst mit dem **Amsterdamer Vertrag** vom 2.10.1997[94], der am 1.5.1999 in Kraft trat[95], wurde die Grundlage für eine durchgreifende Vereinheitlichung des Asyl- und Flüchtlingsrechts geschaffen. Insbesondere durch Art. 63 EG wurden dem EU-Gesetzgeber umfassende Kompetenzen zur Regelung folgender Fragen in Übereinstimmung mit der GK verliehen: Zuständigkeitskriterien und -ver-

---

[79] BGBl. I S. 1950.
[80] BGBl. I S. 717.
[81] Zum Folgenden insgesamt auch → GG Art. 16a Rn. 131 ff.
[82] ABl. 1995 C 274, S. 13.
[83] ABl. 1996 L 63, S. 2.
[84] BGBl. 1992 II S. 1253.
[85] BAnz. 1990 Nr. 217.
[86] BR-Drs. 121/92.
[87] Vgl. BT-Drs. 12/2112.
[88] BGBl. 1993 II S. 1010.
[89] Dazu näher *Beinhofer* BayVBl. 1995, 194; *Hailbronner/Thiery* ZAR 1997, 55.
[90] VO 810/2009/EG v. 13.7.2009, ABl. 2009 L 243, S. 1; vgl. hierzu *Winkelmann* in http://www.migrationsrecht.net.
[91] BGBl. 1994 II S. 791.
[92] BR-Drs. 705/97; „Bonner Protokoll" v. 26.4.1994, BGBl. 1995 II S. 738; ZAR 1998, 47; zum Geltungsbereich Bekanntmachung v. 2.7. und 2.12.1997, BGBl. 1997 II S. 1452 und 1998 II S. 62.
[93] Ausf. *Funke-Kaiser* in Bergmann/Kenntner, Deutscher Verwaltungsrecht unter europäisch Einfluss, 2002, Kap. 6 Rn. 3 ff.
[94] BGBl. 1998 II S. 387 (454).
[95] BGBl. 1999 II S. 296.

Vorbemerkung **Vorb AsylG 7**

fahren; Mindestnormen für die Aufnahme von Asylbewerbern, die Anerkennung von Flüchtlingen und die Zuerkennung und Aberkennung der Flüchtlingseigenschaft; vorübergehender Schutz für vertriebene und anderweitig schutzbedürftige Personen; Förderung einer ausgewogenen Verteilung der Belastungen[96].

Von diesen Kompetenzen hat der EU-Gesetzgeber inzwischen mehrmals entsprechend dem ehrgeizigen **Programm von Tampere** zur Schaffung eines „Raums der Freiheit, der Sicherheit u. des Rechts" (1999) und einem darauf aufbauenden detaillierten Arbeitsplan der Kommission[97] durch Erlass von Rechtsakten Gebrauch gemacht[98]. Als Erstes wurde am 11.12.2000 die VO 2725/2000/EG über die Einrichtung von **EURODAC** erlassen, die am 15.12.2000 in Kraft trat[99]. Am 28.9.2000 erging die Entscheidung des Rates über die Errichtung eines **Europäischen Flüchtlingsfonds**[100]. Vom 1.4.2001 an galt das Übereinkommen der EG mit Island und Norwegen über die Asylzuständigkeit entsprechend dem DÜ[101]. Am 7.8.2001 trat die RL 2001/55/EG vom 20.7.2001 über Mindestnormen für die Gewährung vorübergehenden Schutzes im Falle eines **Massenzustroms** von Vertriebenen und Maßnahmen zur Förderung einer ausgewogenen Verteilung der damit verbundenen Belastungen auf die Mitgliedstaaten (Schutzgewährungs-RL) in Kraft[102]. Im April 2001 wurden dem Ministerrat Durchführungsbefugnisse im Rahmen des SDÜ betreffs Gemeinsame Konsularische Instruktion und betreffs **Grenzkontrollen** übertragen[103]. Am 27.1.2003 erließ der Rat die RL 2003/9/EG zur Festlegung von **Mindestnormen für die Aufnahme von Asylbewerbern** in den Mitgliedstaaten (EU-Aufnahme-RL aF)[104]. Außerdem wurde das DÜ abgelöst durch die **Dublin II-VO 343/2003/EG** vom 18.2.2003 zur Festlegung der Kriterien und Verfahren zur Bestimmung des Mitgliedstaats, der für die Prüfung eines in einem Mitgliedstaat gestellten Asylantrags zuständig ist[105]; diese Dublin II-VO, die von Flüchtlingsverbänden ua aufgrund ihres „One chance only"-Prinzips heftig kritisiert wurde und wird[106], ist zwischenzeitlich für alle EU-Mitgliedstaaten (per völkerrechtlichem Abkommen auch für Dänemark sowie zudem für Norwegen und Island, Liechtenstein und die Schweiz) anwendbar und wurde im Wesentlichen zum 1.1.2014 durch die **Dublin III-VO 604/2013/EU** ersetzt[107]. Durchführungsbestimmungen zur Dublin II-VO wurden in der VO 1560/2003/EG vom 2.9.2003[108] erlassen; zur Dublin III-VO dann in der VO 118/2014/EU. In seinem **„N. S."-Grundsatzurteil** vom 21.12.2011[109] zu Art. 3 II der Dublin II-VO hat der EuGH zum Schutze von Asylbewerbern vor einer Rücküberstellung in einen Mitgliedstaat, dessen nationales Asylsystem (unionsrechtswidrig) schwere Mängel aufweist[110] im Lichte der neuen Rechtspositionen der GRCh[111] überzeugend geurteilt: „Das Unionsrecht steht der Geltung einer unwiderlegbaren Vermutung entgegen, dass der im Sinne von Art 3 Abs 1 der Verordnung Nr 343/2003 als zuständig bestimmte Mitgliedstaat die Unionsgrundrechte beachtet. Art 4 der GRCh ist dahin auszulegen, dass es den Mitgliedstaaten einschließlich der nationalen Gerichte obliegt, einen Asylbewerber nicht an den „zuständigen Mitgliedstaat" im Sinne der Verordnung Nr 343/2003 zu überstellen, wenn ihnen nicht unbekannt sein kann, dass die systemischen Mängel des Asylverfahrens und der Aufnahmebedingungen für Asylbewerber in diesem Mitgliedstaat ernsthafte und durch Tatsachen bestätigte Gründe für die Annahme darstellen, dass der Antragsteller tatsächlich Gefahr läuft, einer unmenschlichen oder erniedrigenden Behandlung im Sinne dieser Bestimmung ausgesetzt zu werden. Ist die Überstellung eines Antragstellers an einen anderen Mitgliedstaat der EU, wenn dieser Staat nach den Kriterien des Kapitels III der Verordnung Nr 343/2003 als zuständiger Mitgliedstaat bestimmt worden ist, nicht möglich, so hat der Mitgliedstaat, der die Überstellung vornehmen müsste, vorbehaltlich der Befugnis, den Antrag im Sinne des Art 3 Abs 2 dieser Verordnung selbst zu prüfen, die Prüfung der Kriterien des genannten Kapitels fortzuführen, um festzustellen, ob anhand eines der weiteren Kriterien ein anderer Mitgliedstaat als für die Prüfung des Asylantrags zuständig bestimmt werden kann. Der Mitgliedstaat, in dem sich der Asylbewerber befindet, hat jedoch darauf zu achten, dass eine Situation, in der die Grundrechte des Asylbewerbers verletzt werden, nicht durch ein unangemessen langes Verfahren zur Bestimmung des zuständigen

24

---

[96] Dazu *Winkler* in Bergmann/Lenz, Der Amsterdamer Vertrag, 1998, Kap. 2 Rn. 13 ff.
[97] Vgl. Mitteilungen KOM/2000/0755, KOM/2000/0757, KOM/2001/628; dazu ZAR 2001, 44 f. und 2002, 82.
[98] Ausf. *Bergmann* in Lenz/Borchardt, EU/EG-Vertrag, 4. Aufl. 2006, Art. 63 Rn. 3 ff.; vgl. auch → GG Art. 16a Rn. 131 ff.
[99] ABl. 2000 L 316, S. 1; dazu *Schröder* ZAR 2001, 71.
[100] ABl. 2000 L 252, 12.
[101] Beschl. v. 15.3.2001, ABl. 2001 L 93, S. 38, 2001 L 112, S. 16.
[102] ABl. 2001 L 212, 12.
[103] VO/EG 789/2001 und 790/2001; ABl. 2001 L 116, S. 2 (5); dazu ZAR 2001, 284.
[104] ABl. 2003 L 31, S. 18.
[105] Dazu *Piotrowicz* ZAR 2003, 383; *Schröder* ZAR 2003, 126.
[106] Vgl. etwa *Pelzer* Pro Asyl 9/2007, 30.
[107] Eine ausf. Kommentierung des Dublin-Asylsystems findet sich bei § 34a und in der ZAR 2015, 81.
[108] ABl. 2003 L 222, S. 3.
[109] EuGH Urt. v. 21.12.2011 – C-411/10 und C-493/10 – N. S. und M. E. ua.
[110] Hier: Griechenland.
[111] Hierzu auch → GRCh Art. 18.

Mitgliedstaats verschlimmert wird. Erforderlichenfalls muss er den Antrag nach den Modalitäten des Art 3 Abs 2 der Verordnung Nr 343/2003 selbst prüfen." Die Grundsatzfrage, mit welchem Art. 3 EMRK/Art. 4 GRCh-Maßstab im Einzelnen Schutz vor Rücküberstellungen im Dublin-Raum gewährt werden kann, wurde im **Urteil „Jawo"** vom 19.3.2019[112] beantwortet. Hier gab der EuGH die „harte Linie" vor, dass – unabhängig vom Stand des Asylverfahrens, dh auch nach Anerkennung – ein Asylbewerber grundsätzlich immer in denjenigen Mitgliedstaat rücküberstellt werden darf, der normalerweise für die Bearbeitung seines Antrags zuständig ist oder ihm bereits Schutz gewährt hat, es sei denn, er würde dort in eine „Lage extremer materieller Not" versetzt, die gegen das Verbot unmenschlicher oder erniedrigender Behandlung verstößt. Mängel im Sozialsystem des betreffenden Mitgliedstaats erlauben für sich allein genommen nicht den Schluss, dass das Risiko einer solchen Behandlung besteht. Zusammengefasst darf die Abschiebung hiernach schon dann erfolgen, wenn im Zielstaat irgendwie „Bett, Brot, Seife" gesichert ist.

Weitere Einzelheiten zum **Dublin-Asylsystem** sind bei den § 29 (Schwerpunkt) und § 34a kommentiert.

25 Seit 2000 wurde die Entwicklung einer gemeinsamen **EU-Asylpolitik** deutlich vorangetrieben. Die Kommission hatte schon im September 2000 eine RL über Mindestnormen für die Verfahren über die Zuerkennung oder Aberkennung der Flüchtlingseigenschaft[113] vorgeschlagen und aufgrund von Kritik und Bedenken im Juni 2002 einen neuen Entwurf vorgelegt[114]. Im September 2001 folgte der Vorschlag für eine RL über Mindestnormen für die Anerkennung und den Status von Drittstaatsangehörigen und Staatenlosen als Flüchtlinge oder als Personen, die anderweitig internationalen Schutz benötigen[115]. Beide RL-Entwürfe sind im Rat und im Parlament ausführlich beraten und noch vor der EU-Erweiterung im Mai 2004 verabschiedet worden. Ergänzend wurden ua die Regeln über den Europäischen Flüchtlingsfonds für die Jahre 2005–2010 aktualisiert (Entscheidung des Rats 2004/904/ EG vom 2.12.2004)[116].

26 Zwischenzeitlich sind als Eckpunkte des neuen EU-Asylrechts, des **Gemeinsamen Europäischen Asylsystems (GEAS)**, vor allem in Kraft[117]: RL 2003/9/EG des Rates vom 27.1.2003 zur Festlegung von Mindestnormen für die Aufnahme von Asylbewerbern in den Mitgliedstaaten der EU, nun ersetzt durch die RL 2013/22/EU (sog. **„Aufnahme-RL"**[118]); RL 2004/83/EG des Rates vom 29.4.2004 über Mindestnormen für die Anerkennung und den Status von Drittstaatsangehörigen oder Staatenlosen als Flüchtlinge oder als Personen, die anderweitig internationalen Schutz benötigen, und über den Inhalt des zu gewährenden Schutzes, inzwischen ersetzt durch die RL 2011/95/EU (sog. **„Qualifikations- oder Anerkennungs-RL"**)[119]; RL 2005/85/EG des Rates vom 1.12.2005 über Mindestnormen für Verfahren in den Mitgliedstaaten zur Zuerkennung und Aberkennung der Flüchtlingseigenschaft, inzwischen ersetzt durch die RL 2013/32/EU (sog. **„Verfahrens-RL"**)[120]. Diese drei Richtlinien stellen die zentralen Elemente der Asylrechtsharmonisierung in der EU dar. Denn sie umfassen alle wesentlichen Aspekte des Asylbereichs: die materiellrechtlichen Voraussetzungen zur Schutzgewährung, die daran anknüpfenden Statusrechte, die Ausgestaltung des Asylverfahrens sowie die Lebensbedingungen der Asylbewerber. Ziel der in Tampere 1999 beschlossenen Asylrechtsharmonisierung ist es, durch Festlegung von Mindestnormen ein Mindestmaß an Schutz zu gewähren und durch Angleichung der unterschiedlichen Systeme, insbesondere hinsichtlich der Anerkennungsvoraussetzungen, Anreize abgelehnter Asylbewerber zum „asylum shopping" abzubauen. Mit dem im Wesentlichen am 28.8.2007 in Kraft getretenen Gesetz zur Umsetzung aufenthaltsrechtlicher und asylrechtlicher Richtlinien der EU vom 19.8.2007 (BGBl. I S. 1970 – **RichtlinienumsetzungsG 2007 – RLUmsG 2007**) wurden die drei Asylrechts-RL – neben acht Richtlinien aus dem Bereich des Ausländerrechts – (verspätet) in das deutsche Recht umgesetzt. Hierzu mussten außer dem damaligen AsylVfG insbesondere das AufenthG, das FreizügG/EU, das AZRG und das StAG geändert werden. Nachdem jedoch das ZuwanderungsG ebenso wie Teile der Rspr. bereits Kernelemente des EU-Asylrechts berücksichtigt hatten, stellten sich die meisten Gesetzesänderungen eher als punktuelle Neuerungen dar.

---

[112] EuGH Urt. v. 19.3.2019 – C-163/17 – Jawo.
[113] KOM/2000/578 endg.; skeptisch dazu Bundesrat, BR-Drs. 762/00; dazu ZAR 2000, 242 und 2001, 143.
[114] KOM/2002/326 endg.; dazu *Hailbronner* ZAR 2002, 259 und 2003, 299; *Renner* ZAR 2003, 88; *Zimmermann* ZAR 2003, 354.
[115] KOM/2001/510; dazu ZAR 2002, 82; *Lehnguth* ZAR 2003, 305; *Marx* ZAR 2002, 83; *Sitaropoulos* ZAR 2003, 379.
[116] E 2004/904/EG, ABl. 2004 L 381, S. 52.
[117] Vgl. hierzu insbes. → GG Art. 16a Rn. 131 ff.
[118] Zur Umsetzung im AsylbLG seit den Asylpaketen 2016 vgl. *Deibel* ZFSH/SGB 2016, 520 ff.
[119] RL 2004/83/EG, ABl. 2004 L 304, S. 12; hierzu *Hailbronner* ZAR 2002, 259 und 2003, 299; *Lehnguth* ZAR 2003, 305; *Sitaropoulos* ZAR 2003, 379.
[120] RL 2005/85/EG, ABl. 2005 L 326, S. 13; vgl. hierzu den GA-Schlussantrag v. 27.9.2007 in der EuGH-Rechtssache C-133/06 sowie *Hailbronner* ZAR 2002, 259 und ZAR 2003, 299; *Renner* ZAR 2003, 88 und ZAR 2004, 305; *Zimmermann* ZAR 2003, 354.

Vorbemerkung   **Vorb AsylG 7**

Die umstrittene Frage, ob bzw. inwieweit die Richtlinie zugunsten der Ausländer bereits „**Vor-** 27
wirkungen" entfalten kann[121], hatte sich damit (derzeit) weitgehend erledigt. Der VGH BW hatte
hierzu zutreffend entschieden, dass im Ausländer- und Asylrecht vor Ablauf der Umsetzungsfrist bzw. –
wenn zuvor erfolgt – Verkündung des Umsetzungsgesetzes regelmäßig keine vom Instanzrichter
beachtliche Vorwirkung von EG-RL anzunehmen ist. Da in Deutschland immer Ausländer leben
werden, kann der Gesetzgeber die Erreichung des Richtlinienziels jederzeit sicherstellen. Mithin
können im Ausländer- und Asylrecht weder in faktischer noch in rechtlicher Hinsicht vollendete
Tatsachen geschaffen werden, die die Richtlinienerfüllung nach Ablauf der Umsetzungsfrist unmöglich
machen würde. Also muss hier eine Richtlinie auch nicht – zur Absicherung des Richtlinienziels –
vorzeitig angewendet werden[122].

Nach Ablauf der Umsetzungsfrist und vor sowie nach Verkündung des nationalen UmsetzungsG 28
muss der Richter das nationale Recht jedoch immer **richtlinienkonform** auslegen[123]. Darauf hat auch
der Ausländer Anspruch, wie sich schon aus der mitgliedstaatlichen Mitwirkungspflicht nach Art. 4 III
EUV ergibt. Richtlinienkonforme Auslegung bedeutet, dass alles nationale Recht so nah wie irgend
möglich am Wortlaut und Zweck der Richtlinie auszulegen ist, um so das Richtlinienziel zu erreichen
und der Umsetzungspflicht aus Art. 288 III AEUV nachzukommen. Richtlinienkonforme Auslegung
umfasst die gesamte Richtlinie, also sowohl für den Ausländer positive als auch negative Aspekte.
Grenze der Auslegung ist der Wortlaut des nationalen Gesetzes. Trotz europarechtlichem Anwendungsvorrang kann nicht contra legem ausgelegt werden.

Neben der richtlinienkonformen Auslegung kommt nach Ablauf der Umsetzungsfrist und bei 29
mangelhafter Umsetzung ausnahmsweise die **Direktanwendung** einer einzelnen Richtlinienbestimmung in Betracht, wenn diese klar und präzise sowie unbedingt ist und wenn es um das Verhältnis
Bürger gegen Staat geht. In diesem Fall verwandelt sich die Richtlinienbestimmung gewissermaßen
in eine EU-Verordnungsnorm. Aber: Da der Staat aus seinem europarechtswidrigen Untätigbleiben
keinerlei Vorteile schöpfen darf, kann eine Richtlinien-Direktanwendung immer nur zugunsten des
Bürgers stattfinden, dh soweit die Richtlinienbestimmung für den Bürger vorteilhafter ist als das nicht
angepasste nationale Recht. Eine Richtlinie kann also niemals zu Lasten des Bürgers, dh im Verhältnis Staat gegen Bürger, direkt angewendet werden (sog. Belastungsverbot nach stRspr des
EuGH[124]).

Die EU-Flüchtlings- und Migrationspolitik ist mit dem Erlass insbesondere der drei zentralen Asyl-RL 30
noch nicht an ihrem Endpunkt angelangt. Auf der Basis von „Tampere II", dem sog. **Haager Pro-**
gramm[125], wurde sie umfassend weiterentwickelt[126]. Das Haager Programm setzte folgende Schwerpunkte: verstärkte Polizeikooperation, Zusammenarbeit der Justizbehörden, Errichtung einer EU-
„Staatsanwaltschaft", verbesserte Steuerung der legalen Einwanderung iVm dem Aufbau einer EU-
Grenzpolizei, Schaffung eines europäischen Raumes für Zivil- und Strafsachen, Vertiefung der EU-
Außenpolitik in Migrationsfragen („Partnerschaftsabkommen"). Beschlossen wurde des Weiteren, in den
nächsten Jahren mittels Rechtsakten insbesondere ein Gemeinsames Europäisches Asylsystem mit einem
einheitlichen Status für Flüchtlinge und subsidiär Geschützte und einem gemeinsamen Asylverfahren[127]
sowie einheitlichen Regelungen zur Rückführung illegal aufhältiger Drittstaatsangehöriger[128] zu schaffen. Im Oktober 2009 hatte die Kommission im Rahmen der **2. Asylharmonisierungsphase** ein
weiteres Richtlinienpaket auf den Weg gebracht, das weitere Bausteine eines einheitlichen EU-Asylsystems bringen sollte. Etwa über Erstanträge soll EU-weit binnen sechs Monaten entschieden werden
und es sollen EU-weit einheitlichere Asylentscheidungen ergehen. Bislang kann davon allerdings nicht
wirklich die Rede sein, weil sich die Schutzquoten in den Mitgliedstaaten bei vergleichbaren Sachverhalten sehr stark unterscheiden[129]. Zum Abbau auch solcher Unstimmigkeiten wurde am 19.5.2010 das
EASO (European Asylum Support Office; **Europäisches Unterstützungsbüro für Asylfragen**)[130]

---

[121] Vgl. hierzu *Kühling* DVBl 2006, 857.
[122] VGH BW Beschl. v. 12.5.2005 – A 3 S 358/05, NVwZ 2005, 1098.
[123] Vgl. EuGH Urt. v. 9.3.2004 – C-397/01, Slg. 2004, I-8835 Rn. 113 – Pfeiffer ua.
[124] Vgl. EuGH Urt. v. 9.3.2004 – C-397/01, Slg. 2004, I-8835 Rn. 108 – Pfeiffer ua mwN.
[125] Haager Programm zur Stärkung von Freiheit, Sicherheit und Recht in der EU, Rat der EU v. 13.12.2004 – 16054/04; dazu *Schieffer* ZAR 2005, 372.
[126] Ausf. Grünbuch der Kommission v. 6.6.2007 über das künftige Gemeinsame Eur. Asylsystem KOM(2007) 301 endg.; krit. hierzu BR-Drs. 414/07; vgl. auch *Angenendt/Parkes,* Das Grünbuch zum EU-Asylsystem, SWP-Aktuell 50, Oktober 2007.
[127] Vgl. *Kluth* ZAR 2001, 1; *Kugelmann* ZAR 2007, 81.
[128] Vgl. die RL 2008/115/EG über gemeinsame Normen und Verfahren in den Mitgliedstaaten zur Rückführung illegal aufhältiger Drittstaatsangehörige v. 16.12.2008, ABl. 2008 L 348, S. 98.
[129] Nach Anerkennungsstatistiken hatte 2009 bspw. ein Tschetschene in Österreich eine Chance von 63 Prozent auf Asylanerkennung; in der Slowakei dagegen von 0 Prozent. Insges. werden bspw. in Österreich rund 25 Prozent der Anträge positiv entschieden, in der Slowakei, Slowenien und Griechenland dagegen nur 3 Prozent; Malta hingegen hat Anerkennungsquoten von bis zu 98 Prozent. Nachweis bei *Gachowetz,* Die Asylrechtsharmonisierung in der EU, AWR-Bulletin 2/3/2009, S. 142. Vergleichbare Abweichungen bestehen bis heute; vgl. *Bergmann* ZAR 2015, 82.
[130] Homepage: https://easo.europa.eu/.

mit Sitz in Valletta auf Malta eingerichtet[131]. Hauptaufgabe des EASO ist die Stärkung der praktischen Zusammenarbeit der EU-Mitgliedstaaten im Asylbereich. Das Büro soll bei der Umsetzung eines gemeinsamen europäischen Asylsystems mitwirken und zudem Mitgliedstaaten unterstützen, deren Asylsystem besonders belastet ist. EASO hat hingegen keinerlei Befugnisse, auf die Entscheidungen der nationalen Asylbehörden über Anträge auf internationalen Schutz Einfluss zu nehmen.

31 Das **RichtlinienumsetzungsG 2011** (vom 22.11.2011, BGBl. I S. 2258 – **RLUmsG 2011**), das am 26.11.2011 in Kraft getreten ist, diente im Wesentlichen der Umsetzung folgender EU-Richtlinien in das innerstaatliche deutsche Recht: 1) RL 2008/115/EG des Europäischen Parlaments und des Rates vom 16.12.2008 über gemeinsame Normen und Verfahren in den Mitgliedstaaten zur Rückführung illegal aufhältiger Drittstaatsangehöriger (ABl. 2008 L 348, S. 98) – sog. **Rückführungs-RL**. 2) RL 2009/50/EG des Rates vom 25.5.2009 über die Bedingungen für die Einreise und den Aufenthalt von Drittstaatsangehörigen zur Ausübung einer hochqualifizierten Beschäftigung (ABl. 2009 L 155, S. 17) – sog. **Hochqualifizierten-RL**. 3) L2009/52/EG des Europäischen Parlaments und des Rates vom 18.6.2009 über Mindeststandards für Sanktionen und Maßnahmen gegen Arbeitgeber, die Drittstaatsangehörige ohne rechtmäßigen Aufenthalt beschäftigen (ABl. 2009 L 168, 24) – sog. **Sanktions-RL**. Ferner wurde eine Anpassung des nationalen Rechts vorgenommen an die VO (EG) Nr. 810/2009 des Europäischen Parlaments und des Rates vom 13.7.2009 über einen Visakodex der Gemeinschaft (ABl. 2009 L 243, 1) – **Visakodex**. Das AsylVfG wurde durch Art. 4 RichtlinienumsetzungsG 2011 jedoch im Wesentlichen nur geringfügig geändert, und zwar in den §§ 14, 19, 34, 37–39 und 71. Die erforderlichen Anpassungen an die VO (EG) Nr. 380/2008 des Rates vom 18.4.2008 zur Änderung der VO (EG) Nr. 1030/2002 zur einheitlichen Gestaltung des Aufenthaltstitels für Drittstaatsangehörige (ABl. 2008 L 115, 1 – sog. **eAT-VO**) wurden durch ein gesondertes Gesetz vorgenommen (vgl. das Gesetz zur Anpassung des deutscher Rechts an die VO (EG) Nr. 380/2008 vom 18.4.2008 zur Änderung der VO (EG) Nr. 1030/2002 zur einheitlichen Gestaltung des Aufenthaltstitels für Drittstaatsangehörige; Gesetz vom 12.4.2011, BGBl. I S. 610 (Nr. 17); grundsätzliche Geltung ab 1.9.2011).

32 Seit 2010 wurde das Haager Programm abgelöst durch das **Stockholmer Programm**. Im Bereich innere Sicherheit sowie Migration umfasste es den Ausbau des „Europäischen Pakts zu Einwanderung und Asyl"[132]. Zentrale Programmpunkte waren die Gestaltung der legalen Einwanderung (die mit der BlueCard-RL 2009/50/EG begonnen wurde), die effizientere Bekämpfung der illegalen Einwanderung, die Stärkung der Wirksamkeit der Grenzkontrollen, die Schaffung eines Europas des Asyls (durch den Ausbau des Gemeinsamen Europäischen Asylsystems – GEAS) sowie die bessere Zusammenarbeit mit den Herkunfts- und Transitländern.

33 Auch dies begleitend diente das **RichtlinienumsetzungsG 2013** (vom 28.8.2013, BGBl. I S. 3474 – **RLUmsG 2013**), das am 1.12.2013 in Kraft getreten ist[133], im Wesentlichen der Umsetzung der neu gefassten Anerkennungs-RL 2011/95/EU. Neu geregelt wurden insbesondere die Voraussetzungen für die Zuerkennung internationalen Schutzes durch Schaffung eines eigenständigen internationalen subsidiären Schutzstatus, die Ausweitung der Asylberechtigungsprüfung, Rechte und Leistungsansprüche sowie durch die Zuständigkeitsänderung betreffs Berufung auf ausschließlich internationalen subsidiären Schutz (nunmehr: BAMF). Aufgehoben bzw. geändert wurden insbesondere die §§ 4, 6, 26 und 39; neu eingefügt wurden die §§ 3a–3e und 73b–73c. Das **Gesetz zur Verbesserung der Rechtsstellung von asylsuchenden und geduldeten Ausländern 2014** (vom 23.12.2014, BGBl. I S. 2439) modifizierte bzw. fügte lediglich die §§ 59a, 59b, 60 und 88a ein. Das Gesetz zur Neubestimmung des Bleiberechts und der Aufenthaltsbeendigung (**AufenthGÄndG 2015**) hingegen brachte für das Asylrecht keine Änderungen. Zahlreiche Änderungen brachte hingegen das sog. „**Asylpaket I**", dh das Asylverfahrensbeschleunigungsgesetz (**AsylVfBeschlG 2015**), das zum 24.10.2015 das Asylverfahrensgesetz (AsylVfG) in „**Asylgesetz**" (AsylG) umbenannte und insbesondere die §§ 7, 8, 10, 12, 14, 14a, 29a, 34a, 36, 40, 45, 46, 47, 48, 52, 54, 59a, 61, 62, 63, 65, 66, 67, 71, 73, 74, 83, 88, 90 und die Anlage II zu § 29a änderte sowie die neuen §§ 63a und 83c in das AsylG einfügte. Die Umbenennung begründete der Gesetzgeber wie folgt[134]: „Mit der Änderung der Überschrift wird die neue Rolle des Gesetzes verdeutlicht. Die Einführung des Gesetzes hatte eine auf Dauer angelegte Regelung des Asylverfahrens zum Ziel. Es regelte lediglich das Verfahren zur Zuerkennung des Asyls nach Artikel 16 Abs 2 a. F. GG. Seitdem hat sich der Inhalt und damit auch der Charakter des Gesetzes stark gewandelt. Das Gesetz enthält nicht mehr nur verfahrenstechnische Regelungen, sondern mit den Vorschriften zur Zuerkennung der Flüchtlingseigenschaft und des subsidiären Schutzes eigene materielle Vorgaben für den Schutz von in ihrer Heimat verfolgten Ausl. **Die Trennung von materiellen Vorgaben und verfahrensmäßiger Umsetzung wird also nicht mehr aufrechterhalten.** Mit den in diesem Gesetz enthaltenen Änderungen werden zudem zahlrei-

---

[131] Durch Richtlinie 2010/439 zur Einrichtung eines Unterstützungsbüros für Asylfragen, vgl. http://ec.europa.eu/home-affairs/policies/asylum/asylum_easo_en.htm.
[132] Vgl. Rat der EU, Vermerk des Vorsitzes vom 24.9.2008 – 13440/08.
[133] Materialien abrufbar unter: http://dipbt.bundestag.de/extrakt/ba/WP17/521/52133.html.
[134] BT-Drs. 18/6185, 46.

Vorbemerkung Vorb AsylG 7

che Bereiche geregelt, die das Asylverfahren selbst nicht unmittelbar betreffen. Um diesem gewandelten Charakter des Gesetzes von einer ausschließlichen Verfahrensregelung zu dem zentralen Regelwerk im Bereich des Flüchtlingsschutzes Rechnung zu tragen, sollte (…) in Zukunft vom ‚Asylgesetz' gesprochen werden."

VIII. Asylpaket II, Migrationspaket 2019, EU-Maßnahmen und Ampel-Koalitionsvertrag 2021

Das am 17.3.2016 (BGBl. I S. 390) in Kraft getretene sog. „**Asylpaket II**" umfasste das **Gesetz zur Einführung beschleunigter Asylverfahren.** Dieses bezweckt, kürzere Asylverfahren, weniger Familiennachzug, die Erleichterung der Abschiebung auch kranker Menschen, abgesenkte Asylbewerberleistungen sowie einen verbesserten Minderjährigenschutz in Unterkünften herbeizuführen. Der Gesetzgeber begründete dies ua wie folgt[135]: „Die Bundesrepublik Deutschland sieht sich der seit ihrem Bestehen bei weitem größten Zahl von Menschen gegenüber, die hier um Asyl nachsuchen. Täglich sind es mehrere Tausend, allein im Oktober 2015 wurden über 180.000 Asylsuchende registriert. Darunter sind immer noch viele, deren Asylanträge von vornherein sehr geringe Erfolgsaussichten haben. Diese Anträge sollen daher zügiger bearbeitet und entschieden werden, so dass im Falle einer Ablehnung auch die Rückführung schneller erfolgen kann. Zugleich hat sich in den Zeiten der enorm hohen Zugangszahlen im Asylbereich gezeigt, dass staatliche Verteilentscheidungen nur zum Teil oder gar nicht von Asylbewerbern beachtet werden. Damit wird die Verteilung entsprechend dem Königsteiner Schlüssel, der vor allem die wirtschaftliche Stärke der Länder berücksichtigt, unterlaufen. Eine bessere Steuerung und Reduzierung des Zuzugs sind unerlässlich. Die hohe Zahl der Asylsuchenden lässt zudem eine hohe Zahl von Anträgen auf Familiennachzug erwarten. Der Familiennachzug zu subsidiär Schutzberechtigten soll im Interesse der Aufnahme- und Integrationssysteme in Staat und Gesellschaft für zwei Jahre ausgesetzt werden. Vielfach scheitern Rückführungsversuche daran, dass medizinische Gründe einer Abschiebung entgegengehalten werden. Diese können jedoch oftmals nicht nachvollzogen werden, da keine einheitlichen Vorgaben für die zu erbringenden Atteste bestehen. Um Verzögerungen von Rückführungen und Missbrauch entgegenzuwirken, bedarf es der Präzisierung der Rahmenbedingungen für die Erstellung ärztlicher Atteste im Zusammenhang mit Abschiebungen. Zudem fehlen in vielen Fällen die für eine Rückführung notwendigen Dokumente. Hier wird sich der Bund stärker bei der Beschaffung der notwendigen Papiere engagieren. Gegenwärtig besteht für in Aufnahmeeinrichtungen und Gemeinschaftsunterkünften nach dem AsylG Tätige keine bundesgesetzliche Regelung zur Vorlage von Führungszeugnissen, da die Anwendbarkeit des Betriebserlaubnisverfahrens nach dem SGB VIII durch § 44 Abs 3 AsylG ausdrücklich ausgeschlossen wird. Die Träger der Aufnahmeeinrichtungen und Gemeinschaftsunterkünfte können ohne Einsichtnahme in ein erweitertes Führungszeugnis nur selten erkennen, ob die zu beschäftigenden oder ehrenamtlich zu betrauenden Personen in der Vergangenheit strafrechtlich durch Delikte aufgefallen sind, die die Eignung für kinder- und jugendnahe Tätigkeiten ausschließen. Die Leistungen für den notwendigen persönlichen Bedarf nach dem AsylbLG entsprechen derzeit ihrer Höhe nach weitestgehend den entsprechenden Leistungen, die an Hilfebedürftige nach dem Zweiten und Zwölften Buch Sozialgesetzbuch erbracht werden. Die Besonderheiten der Bedarfssituation von Grundleistungsbeziehern nach dem AsylbLG werden hierdurch unzureichend abgebildet. Angesichts ihres ungesicherten Aufenthalts kann bei ihnen für die Dauer der Wartefrist insbesondere nicht von einer umfassenden Bedarfslage ausgegangen werden, die auch das Ansparen zur Deckung unregelmäßig auftretender Bedarfe mit umfasst. Dem soll durch eine normative Neubewertung der notwendigen persönlichen Bedarfe dieser Leistungsberechtigten Rechnung getragen werden." Flankierend zum Asylpaket II trat ebenfalls am 17.3.2016 (BGBl. I S. 394) das **Gesetz zur erleichterten Ausweisung von straffälligen Ausländern und zum erweiterten Ausschluss der Flüchtlingsanerkennung bei straffälligen Asylbewerbern** in Kraft, das va eine Reaktion auf die schrecklichen Vorkommnisse in der Silvesternacht vom 31.12.2015 ist, als Hunderte junger, wohl va nordafrikanischer und arabischer Männer in Köln und anderswo junge Frauen umkreisten, sexuell belästigten und zugleich ausraubten. Der Gesetzgeber begründete dies wie folgt[136]: „Wenn Ausländer, die in Deutschland im Rahmen eines Asylverfahrens Schutz suchen oder sich aus anderen Gründen in Deutschland aufhalten, Straftaten von erheblichem Ausmaß begehen, kann dies den gesellschaftlichen Frieden in Deutschland und die Akzeptanz für die Aufnahme von Schutzbedürftigen sowie für die legale Zuwanderung durch die einheimische Bevölkerung gefährden. Zudem befördern Ereignisse wie die in der Silvesternacht 2015/2016 Ressentiments gegenüber Ausländern und Asylsuchenden, die sich rechtstreu verhalten. Ziel der Regelungen ist es daher, die Ausweisung krimineller Ausländer zu erleichtern und Asylsuchenden, die Straftaten begehen, die rechtliche Anerkennung als Flüchtling konsequenter als bisher zu versagen." Um diese Regelungszwecke zu erreichen, nahm der Gesetzgeber Änderungen in den §§ 53 II, 54 I, II (neue Nr. 1a) und 60 VIII AufenthG sowie Folgeänderungen in den §§ 3 IV, 26 IV, 30 IV, 73 IIa, 75 II AsylG vor.

34

---
[135] BT-Drs. 18/7538, 1.
[136] BT-Drs. 18/7537, 5.

35 Am 31.7.2016 erließ der Gesetzgeber das **Integrationsgesetz** (BGBl. I S. 1939), das als Artikelgesetz mit dem Ziel des „Förderns und Forderns" im Wesentlichen zum 6.8.2016 punktuelle Änderungen im SGB II, III, XII; AsylbLG; AufenthG und AZR-Gesetz einführte und durch Art. 6 – überwiegend ohne direkten Integrationsbezug, dh nur anlässlich des IntG – im AsylG die §§ 5, 8, 14, 24, 27a, 29, 29a, 30, 30a, 31, 34a, 35, 36, 37, 47, 50, 55, 63, 67, 87c neu fasste. Zur Begründung führte der Gesetzgeber insbesondere aus[137]: „Allein im letzten Jahr haben 476.649 Menschen in Deutschland Asyl beantragt. Auch im Jahr 2016 und in den folgenden Jahren werden voraussichtlich noch viele Menschen kommen, um hier vorübergehend oder dauerhaft zu leben und Teil unserer Gesellschaft zu werden. Menschen, die eine gute Bleibeperspektive haben, sollen möglichst zügig in unsere Gesellschaft und in den Arbeitsmarkt integriert werden. Flüchtlinge ohne Perspektive auf Anerkennung als Flüchtlinge oder subsidiär Schutzberechtigte sollen mit Blick auf die Rückkehr in ihre Herkunftsländer adäquat gefördert werden. Die Integration ist zugleich Aufgabe jedes einzelnen nach Deutschland kommenden Menschen, des Staates und der Gesellschaft. Sie erfordert Eigeninitiative und Integrationsbereitschaft des Einzelnen sowie staatliche Angebote und Anreize. Mangelnde Integration führt mittel- und langfristig nicht nur zu gesellschaftlichen Problemen, sondern verursacht auch hohe Kosten. Ziel ist es, die unterschiedlichen Voraussetzungen und Perspektiven der Schutzsuchenden zu berücksichtigen und dafür passende Maßnahmen und Leistungen anzubieten sowie im Gegenzug Integrationsbemühungen zu unterstützen und einzufordern, um eine schnelle und nachhaltige Integration zu ermöglichen. Dabei liegt der Schwerpunkt auf dem Erwerb der deutschen Sprache sowie einer dem deutschen Arbeitsmarkt gerecht werdenden Qualifizierung der betroffenen Menschen. Je früher damit begonnen wird, umso höher sind die Erfolgsaussichten. Der deutsche Arbeitsmarkt benötigt eine Vielzahl von Fachkräften. Dieser Bedarf kann auch durch die nach Deutschland kommenden schutzsuchenden Menschen teilweise abgedeckt werden. Zugleich profitieren auch die Gesellschaft und die Arbeitsmärkte der Herkunftsländer im Falle einer Rückkehr von in Deutschland erworbenen Qualifikationen. Dabei kann auf bereits bestehende Maßnahmen, Leistungen und Verwaltungsstrukturen zurückgegriffen werden, die dem aktuellen Bedarf angepasst werden müssen. Mit dem vorliegenden Gesetz sollen identifizierte Handlungsbedarfe umgesetzt und Regelungslücken geschlossen werden. Praktische Erfahrungen zeigen, dass weitere Rechtsänderungen ein noch effizienteres Vorgehen im BAMF unterstützen können. Tatsächliche Entwicklungen haben zudem dazu geführt, dass gesetzliche Regelungen in der Praxis zu Unsicherheiten und damit zu uneinheitlicher Anwendung führen. Ziel des vorliegenden Gesetzes ist es, die rechtlichen Rahmenbedingungen weiter zu optimieren, um die erkannten Potenziale auszunutzen."

36 Art. 2 II des **Gesetzes zur Verbesserung des Schutzes der sexuellen Selbstbestimmung** vom 4.11.2016 (BGBl. I S. 2460), das am 10.11.2016 in Kraft trat, änderte die §§ 8 und 44 AsylG mit dem erklärten Ziel, auch im Bereich des Asylrechts den „Willen des Opfers in das Zentrum der Verletzung der sexuellen Selbstbestimmung" zu stellen. Der Schutz des Opfers müsse auch insoweit „konsequent ausgestaltet werden"[138].

37 Das Migrationspaket 2019 mit dem 2. RückkehrG, FEG, 2. DAVG und DuldG haben das AsylG nur unwesentlich geändert. Die **Flüchtlingsströme und humanitären Katastrophen** im Mittelmeer aber, in dem in den letzten Jahren viele Tausende von Flüchtlingen beim Versuch, insbesondere von Libyen „nach Europa" zu gelangen, ertrunken sind, sowie die Flüchtlingsströme nach Europa treiben die nationale und auch die EU-Asylpolitik weiter voran. Das italienische Seenot-Rettungsprogramm **„Mare Nostrum"**, das wohl rund 140.000 Menschen rettete und am 31.10.2014 eingestellt worden war, wurde ersetzt durch die allerdings primär der Grenzsicherung dienenden EU-Operation **„Triton"**, die von Frontex geleitet wird. IRe von der Kommission erarbeiteten **Zehn-Punkte-Plans**[139] wurden die EU-Grenzschutzprogramme Triton und Poseidon seit 2015 finanziell deutlich gestärkt. Zudem wurden, angelehnt an die Mission Atalanta im Kampf gegen Piraten vor Somalia, Boote von Schleusern beschlagnahmt oder zerstört. Weiterhin sollen Schleuser va durch eine bessere Zusammenarbeit von Europol, der EU-Grenzschutzagentur **Frontex** und der Justizbehörde Eurojust bekämpft werden. Das in Malta ansässige Europäische Unterstützungsbüro für Asylfragen **(EASO)** soll weiterhin Teams va nach Italien und Griechenland entsenden, damit dort Asylanträge schneller bearbeitet werden. Die Fingerabdrücke aller Flüchtlinge sollen erfasst werden. In Notfällen sollen Flüchtlinge jedenfalls iRv Sonderprojekten verteilt werden. Frontex soll ein neues Projekt koordinieren, das die schnelle Abschiebung illegaler Einwanderer vorsieht. Die Zusammenarbeit mit den wichtigsten Ländern rund um Syrien sowie den Transitländern rund um Libyen soll weiter ausgebaut werden. Der im März 2016 von der EU geschlossene **„Türkei-Deal"**, nach dem va aus der Türkei nach Griechenland kommende Flüchtlinge wieder in die Türkei rückabgeschoben werden können und dafür die EU direkt Flüchtlinge aus der Türkei aufnimmt sowie von der EU 6 Mrd. EUR zur Finanzierung der türkischen Flüchtlingslager gezahlt werden, geht Hand in Hand mit einer

---

[137] BT-Drs. 18/8615, 1.
[138] Vgl. BT-Drs. 18/9097, 21.
[139] Vgl. http://europa.eu/rapid/press-release_IP-15–4813_de.htm.

verstärkten Abschottung der EU, nicht nur durch **Schließung der sog. Balkan-Route** an der mazedonisch-griechischen Grenze ebenfalls seit März 2016.

Über diese EU-Maßnahmen hinaus konnte im Europäischen Rat bislang weder ein tragfähiger Konsens gefunden werden, insbesondere über deutlich verbesserte legale Einwanderungsmöglichkeiten in die EU noch – trotz verschiedener diesbezüglicher Initiativen, insbesondere auch über die seit 2016 geplanten **EU-Asylpakete**[140] – insbesondere über die (ggf. automatische) Festlegung „gerechter" und verbindlicher Aufnahmequoten der einzelnen Mitglieds- bzw. Dublin-Staaten. Derzeit besteht eine ausgesprochen **unausgewogene Verteilung der Asylbewerber in der EU**[141]. Von den 3,1 Mio. Erstanträgen seit Inkrafttreten der Dublin III-VO 2014–2017 entfielen auf Deutschland 49,31 Prozent, auf Italien 12,66 Prozent, auf Frankreich 9,58 Prozent und auf Schweden 8,85 Prozent. Auch bezogen auf die Bevölkerungszahl besteht eine ungleiche Lastenverteilung; pro 1000 Einwohner registrierte Schweden 7,07 Erstanträge, Deutschland 4,69, Österreich 4,44, Italien 1,63, die Niederlande 1,48 und etwa Frankreich 1,18. Im Übrigen ist schließlich die Zahl der Sekundärmigranten beeindruckend: Von 1,01 Mio. 2017 in Eurodac registrierten Drittstaatsangehörigen waren 48,01 Prozent bereits in einem anderen Dublin-Staat erfasst. Vor diesem Hintergrund wäre ein EU-weiter Konsens über gerechtes „burden sharing" bzw. eine klare Zuordnung von Zuständigkeiten umso mehr angezeigt, aber seit längerem nicht in Sicht. Nicht abgeschlossen sind schließlich die Diskussionen um eine noch effektivere Grenzsicherung der EU, die das Bild der **„Festung Europa"** wachrufen, sowie um den weiteren Ausbau sog. **„Hot-Spots"**, dh Asylzentren direkt an den EU-Außengrenzen, um Asylberechtigte von dort auf alle EU-Staaten zu verteilen sowie Nichtberechtigte direkt wieder abzuschieben. Der Ausbau eines wirklich funktionsfähigen Gemeinsamen Europäischen Asylsystems, das eigentlich nur auf EU- und Europarechtsebene angesiedelt sein kann[142], steht noch aus. Klar ist nach den Erfahrungen der letzten Jahre, dass eine gute Flüchtlingspolitik heute nur noch gemeinsam iSe **Verantwortungsgemeinschaft** entwickelt werden kann. Der Rückfall in Einzelstaaterei und nationale Grenzzäune hat nicht nachhaltig funktioniert und wird nicht nachhaltig funktionieren.

Im **Ampel-Koalitionsvertrag 2021** wird zur europäischen und internationalen Flüchtlingspolitik unter anderem ausgeführt: „Wir setzen uns für eine **grundlegende Reform des Europäischen Asylsystems** ein. Unser Ziel ist eine faire Verteilung von Verantwortung und Zuständigkeit bei der Aufnahme zwischen den EU-Staaten. Wir wollen bessere Standards für Schutzsuchende in den Asylverfahren und bei der Integration in den EU-Staaten. Wir wollen irreguläre Migration wirksam reduzieren und Ursachen für die lebensgefährliche Flucht bekämpfen. Wir wollen die illegalen Zurückweisungen und das Leid an den Außengrenzen beenden. Der Asylantrag von Menschen, die in der EU ankommen oder bereits hier sind, muss inhaltlich geprüft werden. Die EU und Deutschland dürfen nicht erpressbar sein. Wir wollen verhindern, dass Menschen für geopolitische oder finanzielle Interessen instrumentalisiert werden. Deshalb setzen wir uns für **rechtsstaatliche Migrationsabkommen mit Drittstaaten** im Rahmen des Europa- und Völkerrechts ein. Wir werden hierfür prüfen, ob die Feststellung des Schutzstatus in Ausnahmefällen unter Achtung der GFK und EMRK in Drittstaaten möglich ist. Auf dem Weg zu einem gemeinsamen funktionierenden EU-Asylsystem wollen wir mit einer Koalition der aufnahmebereiten Mitgliedstaaten vorangehen und aktiv dazu beitragen, dass andere EU-Staaten mehr Verantwortung übernehmen und EU-Recht einhalten. Die Aufnahmebereitschaft in Deutschland und der EU wollen wir stützen und fördern. Wir wollen, dass **Frontex** auf Grundlage der Menschenrechte und des erteilten Mandats **zu einer echten EU-Grenzschutzagentur** weiterentwickelt wird. Das Ziel muss ein wirksamer und rechtsstaatlicher Außengrenzschutz sein, der transparent ist und parlamentarisch kontrolliert wird. Frontex soll sich im Rahmen des Mandats bei der Seenotrettung aktiv beteiligen. Wir wollen **Sekundärmigration in der EU reduzieren.** Dazu wollen wir den Missbrauch der visafreien Reise verhindern und durch ein geordnetes Relocation-Programm dazu beitragen, dass Außengrenzstaaten die Bedingungen für Geflüchtete in ihren Ländern verbessern. Es ist eine zivilisatorische und rechtliche Verpflichtung, Menschen nicht ertrinken zu lassen. Die zivile Seenotrettung darf nicht behindert werden. Wir streben eine staatlich koordinierte und **europäisch getragene Seenotrettung** im Mittelmeer an und wollen mit mehr Ländern Maßnahmen wie den Malta-Mechanismus weiterentwickeln. Wir streben eine faire Verantwortungsteilung zwischen den Anrainerstaaten des Mittelmeers bei der Seenotrettung an und wollen sicherstellen, dass Menschen nach der Rettung an sichere Orte gebracht werden." Die nächsten Jahre werden zeigen, was davon in die Praxis umgesetzt werden kann.

---

[140] Vgl. Dublin IV-VO COM(2016) 270; EU-Aufnahme-RL COM(2016) 465; Qualifikations/AnerkennungsVO COM(2016) 466; AsylVerfahrensVO COM(2016) 467; ResettlementVO COM(2016) 468; krit. hierzu zB *ProAsyl,* Stellungnahme v. 22.11.2016. https://www.proasyl.de/wp-content/uploads/2015/12/Kommentar_Asylpaket_EU-PRO-ASYL.pdf. Zur Dublin IV-VO s. *Koehler* ZAR 2019, 20 ff.

[141] Ausf. *Schorkopf,* Dublin III-VO, Zeitschrift für Gesetzgebung 2019, 1 ff. mwN.

[142] Vgl. *Dörig/Langenfeld,* Vollharmonisierung des Flüchtlingsrechts in Europa – Massenzustrom erfordert EU-Zuständigkeit für Asylverfahren, NJW 2016, 1 ff.; instruktiv auch *Berlit,* Flüchtlingsrecht in Zeiten der Krise, 2017, S. 44 ff.

Abschnitt 1. Geltungsbereich

§ 1 Geltungsbereich

(1) Dieses Gesetz gilt für Ausländer, die Folgendes beantragen:
1. Schutz vor politischer Verfolgung nach Artikel 16a Absatz 1 des Grundgesetzes oder
2. internationalen Schutz nach der Richtlinie 2011/95/EU des Europäischen Parlaments und des Rates vom 13. Dezember 2011 über Normen für die Anerkennung von Drittstaatsangehörigen oder Staatenlosen als Personen mit Anspruch auf internationalen Schutz, für einen einheitlichen Status für Flüchtlinge oder für Personen mit Anrecht auf subsidiären Schutz und für den Inhalt des zu gewährenden Schutzes (ABl. L 337 vom 20.12.2011, S. 9); der internationale Schutz im Sinne der Richtlinie 2011/95/EU umfasst den Schutz vor Verfolgung nach dem Abkommen vom 28. Juli 1951 über die Rechtsstellung der Flüchtlinge (BGBl. 1953 II S. 559, 560) und den subsidiären Schutz im Sinne der Richtlinie; der nach Maßgabe der Richtlinie 2004/83/EG des Rates vom 29. April 2004 über Mindestnormen für die Anerkennung und den Status von Drittstaatsangehörigen oder Staatenlosen als Flüchtlinge oder als Personen, die anderweitig internationalen Schutz benötigen, und über den Inhalt des zu gewährenden Schutzes (ABl. L 304 vom 30.9.2004, S. 12) gewährte internationale Schutz steht dem internationalen Schutz im Sinne der Richtlinie 2011/95/EU gleich; § 104 Absatz 9 des Aufenthaltsgesetzes bleibt unberührt.

(2) Dieses Gesetz gilt nicht für heimatlose Ausländer im Sinne des Gesetzes über die Rechtsstellung heimatloser Ausländer im Bundesgebiet in der im Bundesgesetzblatt Teil III, Gliederungsnummer 243-1, veröffentlichten bereinigten Fassung in der jeweils geltenden Fassung.

Übersicht

	Rn.
I. Entstehungsgeschichte	1
II. Allgemeines	3
III. Politische Verfolgung und internationaler Schutz	12
IV. Ausländischer Flüchtling	13
V. Kriegs- oder Bürgerkriegsflüchtling	17
VI. Heimatloser Ausländer	18
VII. Andere Personengruppen	22

I. Entstehungsgeschichte

1 Im **Gesetzesentwurf 1982**[1] war vorgesehen, in § 1 I zu regeln, dass Ausländer, die politisch Verfolgte nach Art. 16 II 2 GG [aF] sind, auf Antrag als Asylberechtigte anerkannt werden, sofern sie nicht bereits in einem anderen Staat Schutz vor Verfolgung gefunden haben. Dies entsprach im Wesentlichen dem Inhalt des § 28 AuslG 1965; übernommen war nur nicht die Anerkennungsgrundlage des Art. 1 GK, weil diese von Art. 16 II 2 GG eingeschlossen werde[2]. In § 1 II war zusätzlich eine Definition des anderweitigen Schutzes enthalten. Im Bundestag wurde die Vorschrift auf die Umschreibung des Geltungsbereichs beschränkt und dabei um die Abgrenzung gegenüber HAG und HumAG erweitert; der anderweitige Schutz wurde insgesamt in den neuen § 2 AsylVfG 1982 übernommen[3]. Die Vorschrift entsprach zunächst § 1 **Gesetzesentwurf 1992**[4]; mWv 1.7.1993 wurde nur in Abs. 1 das Zitat des früheren „Art 16 II 2" durch Art. 16a ersetzt. Sie bestimmt ähnlich wie schon § 1 AsylVfG 1982 den persönlichen und sachlichen Geltungsbereich des AsylG. Entsprechend dem Gesetzesentwurf[5] wurde mWv 1.1.2005 in Abs. 1 die Angabe des § 51 I AuslG durch § 60 I AufenthG ersetzt und die ursprünglich in Abs. 2 Nr. 2 enthaltene Erwähnung der Kontingentflüchtlinge gestrichen (Art. 3 Nr. 2 ZuwG).

2 Durch Art. 3 **RLUmsG 2007** wurde der Wortlaut des § 1 I (iVm § 3) an den Regelungsbereich der EU-AsylRL[6] angepasst – und damit ausdrücklich die GK wieder in das Asylverfahren integriert. Grundlage der Schutzgewährung war nunmehr insbesondere die Zuerkennung der Flüchtlingseigenschaft, die – gemäß Art. 13 Anerkennungs-RL aF – an die Stelle der Gewährung nur von Abschiebungsschutz trat. Art. 1 Nr. 2 **RLUmsG 2013** änderte zum 1.12.2013 den Wortlaut insbesondere von

---

[1] BT-Drs. 9/875.
[2] BT-Drs. 9/875, 14.
[3] BT-Drs. 9/1630, 15 f.
[4] BT-Drs. 12/2062, 1.
[5] BT-Drs. 15/420, 40.
[6] → Vorb. Rn. 25.

Geltungsbereich **§ 1 AsylG 7**

Abs. 1 Nr. 2 der Norm. Statt der bisherigen Kurzformel „Dieses Gesetz gilt für Ausländer, die Schutz als politisch Verfolgte nach Art 16a GG oder Schutz vor Verfolgung nach der GK beantragen" wird nunmehr entsprechend den Vorgaben der novellierten Anerkennungs-RL auf den Begriff des „internationalen Schutzes" abgestellt und damit erweiternd auf den Schutz vor Verfolgung nach der GK sowie den **subsidiären Schutz** iSd Anerkennungs-RL. Zugleich wurde geregelt, dass der nach der Anerkennungs-RL aF (2004/83/EG) gewährte internationale Schutz dem nach der neuen Anerkennungs-RL (2011/95/EU) grundsätzlich gleichsteht. Ergänzend wurde klargestellt, dass dies die ausländerrechtliche **Übergangsregelung** des § 104 IX AufenthG[7], für deren analoge Anwendung auf noch nicht abgeschlossene Altfälle es an einer Gesetzeslücke fehlt[8], nicht tangiert. Zur **Begründung** führte das RLUmsG 2013 ua Folgendes aus[9]: „Die Vorschrift legt den Regelungsbereich des AsylVfG fest. Der Regelungsbereich umfasst neben dem Schutz nach Art. 16a GG (Nr. 1) nunmehr auch den internationalen Schutz im Sinne der Richtlinie 2011/95/EU (Nr. 2). Der Begriff internationaler Schutz beinhaltet die Flüchtlingsanerkennung nach dem Abkommen über die Rechtsstellung der Flüchtlinge von 1951 und den internationalen subsidiären Schutz nach der Richtlinie 2011/95/EU. Der internationale **subsidiäre Schutz** im Sinne der Richtlinie ist damit wie der Flüchtlingsstatus **als eigenständiger Schutzstatus** ausgestaltet. Für die Anträge auf internationalen subsidiären Schutz gelten grundsätzlich **dieselben verfahrensrechtlichen Regelungen des AsylVfG** wie für Anträge auf die Zuerkennung der Flüchtlingseigenschaft und die Gewährung der Asylberechtigung nach Art. 16a GG."

II. Allgemeines

Die – seit 1982 teilweise ungenau formulierte – Beschreibung des Geltungsbereichs des AsylG in § 1 I hat im Wesentlichen **deklaratorische Bedeutung.** Materielle Grundlage der Asylanerkennung ist zunächst allein das Asylgrundrecht des GG und des internationalen Schutzes zunächst allein die Anerkennungs-RL; der persönliche und sachliche Anwendungsbereich des Gesetzes bestimmt sich im Zweifel ohnehin nach dem Inhalt der Einzelvorschriften. Der Wortlaut des § 1 I beansprucht keine ausschließliche Geltung des AsylG für jedweden asylrechtlichen Schutz aufgrund Art. 16a GG oder der Anerkennungs-RL. Wird allerdings **lediglich komplementärer Abschiebungsschutz** nach §§ 60 V oder VII AufenthG begehrt, greift das AsylG nicht ein; das BAMF hat aber anlässlich eines Asylverfahrens diese ausländerrechtlichen Schutzbestimmungen ebenfalls zu prüfen (§§ 5 I 2, 31 III, 32) sowie auch Abschiebungsandrohung und -anordnung gegenüber erfolglosen Asylbewerbern zu erlassen (§§ 34 ff.). 3

Zum besseren Verständnis bei Zweifelsfragen, die nicht zuletzt aufgrund der Ersetzung des Art. 16 II 2 GG [aF] durch Art. 16a GG auftreten können, ist vorab auf die **Entstehungsgeschichte**[10] und den dort dokumentierten Willen des Gesetzgebers näher einzugehen[11]. 4

Die **Anerkennung** nach §§ 5 ff. AsylVO (als ausländischer Flüchtling) beruhte ausschließlich auf Art. 1 GK, die Anerkennung nach § 28 AuslG 1965 (als Asylberechtigter) dagegen auf Art. 16 II 2 GG [aF] oder Art. 1 GK; die gesonderte Erwähnung des Flüchtlingsbegriffs der GK im AuslG 1965 hatte nach Aufhebung der Stichtagsregelung in Art. 1 GK (Ereignisse vor 1951) durch das Zusatzprotokoll von 1967 an Bedeutung verloren[12], ist eine sachliche Änderung weder bei Aufhebung der AsylVO und Inkrafttreten des § 28 AuslG 1965 noch bei dessen Ablösung durch § 1 I AsylVfG 1982 eingetreten. Soweit der Personenkreis des Art. 1 GK über den des Art. 16 II 2 GG [aF] bzw. jetzt des Art. 16a I GG hinausreicht[13], war nach Inkrafttreten von § 1 I AsylVfG 1982 eine Lücke entstanden; zumindest für statutäre Flüchtlinge nach Art. 1 A Nr. 1 GK fehlt es seitdem an einem Statusverfahren[14]. 5

§ 1 I AsylVfG 1982 war zunächst insofern **ungenau gefasst,** als für Ausländer, die Schutz als politisch Verfolgte anders als durch Anerkennung als Asylberechtigte suchten (Gewährung von bloßem Abschiebungsschutz) nicht das AsylVfG galt, sondern (weiterhin nur) § 14 I AuslG 1965. Da die 6

---

[7] § 104 IX AufenthG regelt: Ausländer, die eine Aufenthaltserlaubnis nach § 25 III besitzen, weil das Bundesamt oder die Ausländerbehörde festgestellt hat, dass Abschiebungsverbote nach § 60 II, III oder VII 2 in der vor dem 1.12.2013 gültigen Fassung vorliegen, gelten als subsidiär Schutzberechtigte iSd § 4 I AsylG und erhalten von Amts wegen eine Aufenthaltserlaubnis nach § 25 II 1 Alt. 2, es sei denn, das Bundesamt hat die Ausländerbehörde über das Vorliegen von Ausschlussstatbeständen iSd § 25 III 2 Buchst. ad in der vor dem 1.12.2013 gültigen Fassung unterrichtet. Die Zeiten des Besitzes der Aufenthaltserlaubnis nach § 25 III 1 in der vor dem 1.12.2013 gültigen Fassung stehen Zeiten des Besitzes einer Aufenthaltserlaubnis nach § 25 II 1 Alt. 2 gleich. § 73b AsylG gilt entsprechend.
[8] Überzeugend BVerwG Urt. v. 25.3.2015 – 1 C 16.14.
[9] Vgl. BT-Drs. 17/13063, 19.
[10] Allg. dazu → Rn. 1 f.; → Vorb. Rn. 1 ff.
[11] Zur Entstehungsgeschichte des Art. 16 II 2, 16a GG → Rn. 1 ff.
[12] → Rn. 13.
[13] Vgl. aber → AufenthG § 60 Rn. 3 ff.
[14] *Köfner/Nicolaus* ZAR 1986, 11; *Roth* ZAR 1988, 164; BVerwG Urt. v. 25.10.1988 – 9 C 76.87, EZAR 200 Nr. 22 betr. Art. 1 A Nr. 2 GK; Urt. v. 4.6.1991 – 1 C 42/88, BVerwGE 88, 254 betr. Art. 1 D GK; vgl. auch → 7. Aufl. AuslG § 51 Rn. 5.

Vorschrift allgemein den Antrag auf „Schutz" und nicht nur den auf „Anerkennung" erfasste und erfasst, kann sie nicht ohne Weiteres auf den Fall des förmlichen Anerkennungsantrags beschränkt werden; in der Geltendmachung von Abschiebungsschutz wegen politischer Verfolgung kann ebenfalls ein „Antrag" auf Asylschutz gesehen werden. Gemeint war, dass das AsylVfG den Schutz des politisch Verfolgten durch Asylanerkennung regelt und die Statusfeststellung auf nach dem GG asylberechtigte Personen beschränkt. Die Formulierung schließt die Existenz von Asylschutznormen in anderen Gesetzen nicht aus (zB § 14 I AuslG 1965, § 60 I AufenthG, § 6 IRG).

7 Die **(Wieder-)Einbeziehung der GK** in das Asylverfahrensrecht schon durch Änderung ua der §§ 7 I, 12 VI, VII AsylVfG 1982 (durch Art. 3 AuslRNG; jetzt §§ 13 I, 31 II) hat den sachlichen wie personellen Geltungsbereich des AsylVfG 1982 erweitert[15]. Der Asylantrag kann seitdem die Feststellung des Abschiebungshindernisses aus früher § 51 I AuslG und jetzt § 60 I AufenthG (= Art. 33 GK) umfassen oder auf sie beschränkt sein. Eine insoweit positive Entscheidung des BAMF stellt zwar keine Asylberechtigung (wie nach § 28 AuslG 1965) fest, jedoch eine förmliche **Zuerkennung der Flüchtlingseigenschaft** (§ 3 = § 51 III AuslG bis zur Änderung durch Art. 2 Nr. 6 AsylVfNG). Da mit Rücksicht auf Entstehungsgeschichte und Neuregelungszweck die Flüchtlinge trotz der eher subjektiv gefassten Definition des Art. 1 A Nr. 2 GK mit den durch das objektiv formulierte Non-refoulement-Gebot geschützten übereinstimmen sollen, ist insoweit eine Differenz nicht mehr festzustellen[16]. Damit ist zumindest für einen großen Teil der ausländischen Flüchtlinge wieder ein Verfahren zur Zuerkennung der Flüchtlingseigenschaft bereitgestellt[17]. Wieder einbezogen in das AsylG ist seitdem der Personenkreis derjenigen ausländischen Flüchtlinge, die nicht zugleich politisch Verfolgte iSd Art. 16 II 2 [aF] bzw. 16a I GG sind[18]; diese Personen werden indes nicht als Asylberechtigte anerkannt. Insgesamt wäre danach eigentlich eine formelle Änderung des § 1 schon durch das AuslRNG angezeigt gewesen; der damalige Gesetzesentwurf nahm dazu aber keine Stellung[19].

8 Nach alledem enthält Abs. 1 Nr. 1 zunächst der Sache nach die Aussage, dass das AsylG asylrechtlichen Schutz **für politisch Verfolgte** durch förmliche Asylanerkennung – abschließend – regelt und auf diesen Personenkreis begrenzt. Darüber hinaus bedeutete die Vorschrift aber schon für das AsylVfG idF des AusRNG, dass Asylschutz für politisch Verfolgte, die zugleich die Voraussetzungen des Art. 33 GK erfüllten, auch in anderer Weise als durch Statusfeststellung, welche als Flüchtlingsanerkennung wirkt[20], (nur) nach dem AsylVfG gewährt wurde. Dies folgte aus der seit 1.1.1991 geltenden Novellierung des Asylverfahrensrechts auch ohne Änderung des Wortlauts des (damaligen) § 1 I AsylVfG 1982. Der 1992 eingefügte Hinweis auf das Rückführungsverbot des § 51 I AuslG (jetzt § 60 I AufenthG) bestätigte lediglich diese Rechtslage. Insoweit existierte kein gesondertes Verfahren zur Feststellung der Voraussetzungen des Art. 1 A Nr. 2 GK, und innerhalb des Asylverfahrens war eine unmittelbare Berufung auf die GK nicht vorgesehen[21].

9 Diesen formalen Schritt leistete das RichtlinienumsetzungG 2007, indem in § 1 I ausdrücklich auf die GK verwiesen und insbesondere in § 3 ein Verfahren zur **Zuerkennung der Flüchtlingseigenschaft** eingeführt wird. Grundlage hierfür ist allerdings nach wie vor nicht unmittelbar Art. 1 A Nr. 2 GK, sondern die Anerkennungs-RL (bzw. § 60 I AufenthG), die sich insoweit eher an dem objektiv gefassten Refoulement-Verbot des Art. 33 Nr. 1 GK orientiert[22].

10 Wenn und soweit der Begriff des ausländischen Flüchtlings nach Art. 33 Nr. 1 GK weiter reicht als der des politisch Verfolgten nach Art. 16a I GG, ergibt sich für diesen Personenkreis – über den Wortlaut des Abs. 1 hinaus – die Anwendung des AsylG. Damit bietet das AsylG seit Erlass des AsylVNG außer der Flüchtlingsanerkennung auch einen **weitergehenden asylrechtlichen** Schutz für Verfolgte. Wenn nämlich eine förmliche Anerkennung nicht angestrebt wird, ist die Gefahr politischer Verfolgung vom BAMF nach asylverfahrensrechtlichen Regeln zu prüfen und nicht gesondert von der Ausländerbehörde (wie nach § 14 AuslG 1965).

11 Die Bestimmungen des Abs. 2 wirken anders als die des Abs. 1 **konstitutiv,** indem sie die genannten Personen (bis Ende 2004 auch Kontingentflüchtlinge) von der Anwendung des AsylG überhaupt ausnehmen. Nach den Änderungen durch das AuslRNG bezieht sich der Ausschluss auch auf die Feststellung der Voraussetzungen für Abschiebungsschutz nach § 60 I AufenthG durch das BAMF und gilt – materiell – für alle Bestimmungen, nicht nur für die über die förmliche Asylanerkennung.

---

[15] *Koisser/Nicolaus* ZAR 1991, 9.
[16] Dazu näher → Rn. 16 f. und → AufenthG § 60 Rn. 4.
[17] → AufenthG § 60 Rn. 3 ff.
[18] → GG Art. 16a Rn. 22.
[19] BT-Drs. 11/6321, 88 f.
[20] → § 4 Rn. 5.
[21] BVerwG Urt. v. 22.3.1994 – 9 C 443.93, NVwZ 1994, 1112.
[22] Ausf. kommentiert bei → AufenthG § 60 Rn. 3 ff.

III. Politische Verfolgung und internationaler Schutz

Der **begünstigte Personenkreis** des Abs. 1 Nr. 1 wird vom AsylG nicht weiter definiert; er ist unmittelbar Art. 16a I GG zu entnehmen[23]. Eine mögliche Differenz zwischen dieser Vorschrift und Art. 33 Nr. 1 GK kann sich nur iRd § 60 I AufenthG auswirken. Ähnliches gilt, soweit §§ 26a, 27, 27a, 28 die Asylanerkennung einschränken; in diesen Fällen handelt es sich ungeachtet dessen, ob ihnen Asylschutz zusteht, um Asylsuchende. Für Kriegs- und Bürgerkriegsflüchtlinge ist seit 1.7.1993 eine andere Form der Aufnahme eingeführt[24]. Grundsätzlich entscheidet **allein das Asylgesuch**, nicht die materielle Berechtigung über die Anwendung der Verfahrensregeln. Vergleichbares gilt für den begünstigten Personenkreis des Abs. 1 Nr. 2, dh für internationale Schutzberechtigte, mithin Flüchtlinge und subsidiär Schutzberechtigte, die anhand der Kriterien der Anerkennungs-RL zu definieren sind (vgl. hierzu ausführlich bei den §§ 3–4).

IV. Ausländischer Flüchtling

Abs. 1 erfasst der Sache nach insbesondere diejenigen Personen, welche die Voraussetzungen des § 3 bzw. des § 60 I AufenthG erfüllen. „**Ausländer**" ist dabei jeder, der nicht Deutscher iSv Art. 116 I GG ist, also zB auch ein **Unionsbürger** aus einem anderen EU-Mitgliedstaat[25]. Für **andere ausländische Flüchtlinge** steht damit – anders als nach § 28 AuslG 1965 – nach wie vor kein Feststellungsverfahren zur Verfügung. Eine vollständige Einbeziehung aller ausländischen Flüchtlinge iSv Art. 1 GK in das AsylG erscheint aber wünschenswert, weil eine umfassende europäische Harmonisierung des Asylrechts allein auf der Grundlage der Flüchtlingsdefinitionen des Art. 1 GK erreichbar ist[26].

Ein auf eine **volle Einbeziehung der GK** in das AsylVfG abzielender Änderungsvorschlag wurde schon anlässlich der Verabschiedung des AsylVfNG im Bundestag-Innenausschuss abgelehnt[27]. Zur Begründung wurde damals ausgeführt, Art. 16 GG [aF] gehe zT über die GK hinaus und die Rspr. solle nicht zu einer Erweiterung des Anwendungsbereichs des AsylVfG veranlasst werden.

Eine teilweise Auflösung dieser Unstimmigkeit ist denkbar, wenn man die nach dem Wortlaut bestehenden Unterschiede zwischen den **Flüchtlingsbegriffen** des Art. 1 A Nr. 2 GK und des Art. 33 Nr. 1 GK vernachlässigt. Dabei wird das subjektive Element der wohlbegründeten Verfolgungsfurcht in der ersteren GK-Bestimmung ausgeklammert[28]. Nachdem seit Längerem überwiegend die Ansicht vertreten wird, die Bestimmung des § 60 I AufenthG (bzw. früher § 51 I AuslG) sei im Hinblick auf Entstehungsgeschichte und dort zum Ausdruck gelangten gesetzgeberischen Willen so auszulegen und anzuwenden, dass sie mit dem (subjektiv-orientierten) Flüchtlingsbegriff des Art. 1 A Nr. 2 GK übereinstimmt[29], kann vertreten werden, dass der Gesetzgeber diese Auslegung billigend in seinen Willen aufgenommen hat.

Die **Unterschiede** zwischen der Gruppe der politisch Verfolgten iSd Art. 16a I GG, die eine Asylanerkennung beanspruchen können, und den ausländischen Flüchtlingen iSd Art. 1 GK bestehen demnach im Wesentlichen nur noch hinsichtlich der (heute kaum mehr relevanten) statutären Flüchtlinge[30] (vgl. Art. 1 C Nr. 5 S. 2 GK) fort.

V. Kriegs- oder Bürgerkriegsflüchtling

Seit 1.7.1993 gelten Sonderregeln für Kriegs- oder Bürgerkriegsflüchtlinge (zunächst § 32a AuslG, seit 1.1.2005 §§ 2 VI, 24 AufenthG). Damit wird dieser Personengruppe eine andere Form der Aufnahme im Bundesgebiet angeboten. Wenn sie davon Gebrauch machen, verzichten sie – auf Zeit oder auf Dauer – auf die Inanspruchnahme der Rechte als politisch Verfolgte. Ihre materiellen Rechtspositionen werden dadurch nicht berührt. Die Einräumung der Rechte nach § 24 AufenthG verlangt nicht die Feststellung der Voraussetzungen des Art. 16a I GG oder des § 60 I AufenthG und hat diese nicht zur Folge[31].

---

[23] Vgl. dort → GG Art. 16a Rn. 21.
[24] → Rn. 17.
[25] Asylanträge von Unionsbürgern sollen allerdings nach dem Asyl-Protokoll zum Vertrag von Amsterdam nur in extremen Ausnahmefällen berücksichtigt werden. Die Anerkennungs-RL bezieht sich deshalb nur auf Drittstaatsangehörige.
[26] Dazu → Vorb. Rn. 13 ff. und → GG Art. 16a Rn. 131 ff.
[27] BT-Drs. 12/2718, 60; vgl. auch *Koisser/Nicolaus* ZAR 1992, 9; Gesetzesentwurf des MdB *Jelpke* ua, BT-Drs. 12/2097.
[28] Dazu → GG Art. 16a Rn. 22; ausf. zu den Unterschieden *Marx* ZAR 1992, 3.
[29] Seit BVerwG Urt. v. 21.1.1992 – 1 C 21.87, BVerwGE 89, 296.
[30] Dies sind Personen, die in der Vergangenheit unter sehr schwerer Verfolgung zu leiden hatten und deren Flüchtlingseigenschaft nicht notwendigerweise beendet wird, auch wenn sich in ihrem Herkunftsland grundlegende Veränderungen vollzogen haben; vgl. UNHCR-GK-Handbuch 2003, Rn. 136.
[31] → GG Art. 16a Rn. 35, 38.

VI. Heimatloser Ausländer

18 Heimatloser Ausländer iSv Abs. 2 ist ein nichtdeutscher fremder Staatsangehöriger oder Staatenloser, der sich am 30.6.1950 im Bundesgebiet aufhielt und der Obhut der IRO oder des UNHCR[32] untersteht (§ 1 I HAG); dabei handelt es sich va um während des Zweiten Weltkriegs **verschleppte Personen** („displaced persons"). Die Rechtsstellung erwirbt auch, wer seinen ständigen Aufenthalt im Bundesgebiet nach dem 1.7.1948 aufgegeben hat und binnen zwei Jahren zurückgekehrt ist (§§ 1 I, 2 III HAG).

19 **Gleichgestellt** sind die Nachkommen dieser Personen, sofern sie am 1.1.1991 rechtmäßig ihren gewöhnlichen Aufenthalt im Bundesgebiet hatten (§ 1 II HAG); das Aufenthaltserfordernis bestand vor diesem Stichtag nicht (vgl. Art. 4 Nr. 1 AuslRNG). Ende September 1980 hielten sich 48.670 heimatlose Ausländer im Bundesgebiet auf[33], Mitte Mai 1985 etwa 42.000[34] und im Januar 1990 noch 39.000[35]. Für 1998 wurde die Zahl der aufgenommenen heimatlosen Flüchtlinge noch mit 15.000 angegeben[36]; 2007 (laut BMI) nur noch mit ca. 6.000.

20 Zum **Ausschluss** der heimatlosen Ausländer aus dem Geltungsbereich des AsylG ist zunächst zu bemerken, dass damit deren mögliche Eigenschaft als politisch Verfolgte iSd Art. 16a GG noch nicht verloren geht; die Durchsetzung ihrer asylrechtlichen Rechte wird allerdings erheblich erschwert. Davon abgesehen erscheint ihr Ausschluss angezeigt und gerechtfertigt, weil ihr Status noch gesicherter ist als der von anerkannten Asylberechtigten[37].

21 Der heimatlose Ausländer genießt **weitergehende Freiheitsrechte** als der anerkannte Asylberechtigte (§§ 13, 16 HAG; vgl. dagegen § 2 iVm Art. 13, 15, 17–19, 26 GK). Er bedarf va keiner Aufenthaltsgenehmigung (§ 12 HAG), während der Asylberechtigte zwar einen Anspruch auf eine Aufenthaltserlaubnis hat, deren Erteilung aber im Falle vorheriger besonders qualifizierter Ausweisung ausgeschlossen ist (§ 25 I 2 AufenthG). Er wird unter erleichterten Voraussetzungen eingebürgert (§ 21 HAG), während der Asylberechtigte auf ein bloßes Wohlwollensgebot verwiesen ist (§ 2 iVm Art. 34 GK; BVerwGE 49, 44; zur Hinnahme von Mehrstaatigkeit vgl. § 12 I Nr. 6 StAG). Va aber ist er ohne jede Einschränkung vor Ausweisung, Abschiebung, Zurückweisung und Auslieferung in einen Staat, in dem ihm politische Verfolgung droht, sicher (§ 23 III HAG; vgl. dagegen § 6 I 2 IRG; §§ 15 IV, 56 I Nr. 5, 60 VIII AufenthG; § 2 iVm Art. 32 I, 33 II GK). Er verliert diese starke Rechtsstellung nur bei Erwerb einer fremden Staatsangehörigkeit oder bei Verlegung seines gewöhnlichen Aufenthalts ins Ausland (§ 2 I HAG), während bei dem Asylberechtigten außer dem Erlöschen der Anerkennung auch deren Rücknahme oder Widerruf möglich sind (§§ 72, 73).

VII. Andere Personengruppen

22 Die Beschränkung der Anwendung des AsylG auf um Asyl nachsuchende Ausländer schließt **Deutsche iSd Art. 116 I GG,** also Deutsche wie Statusdeutsche, aus. Dies folgt schon aus Art. 16a I GG, der asylrechtlichen Schutz nur demjenigen verheißt, dem nicht schon als Deutscher Zugang und Verbleib im Bundesgebiet offenstehen. Anwendbar bleibt das AsylG damit auf einen ausländischen Staatsangehörigen, der nicht zugleich Deutscher iSd Art. 116 I GG ist, auch dann, wenn dieser als deutscher Volkszugehöriger anzusehen ist und die Ausstellung einer Spätaussiedlerbescheinigung oder einer Bescheinigung als Familienangehöriger nach §§ 1, 3, 15 BVFG beantragt hat. Die Rechtsstellung eines Statusdeutschen kann er nur durch Aufnahme als solcher in Deutschland erwerben; eine Genehmigung zum Aufenthalt als Ausländer genügt ebenso wenig wie die Entgegennahme des Bescheinigungsantrags[38]. Schon seit 1.7.1990 ist ein formelles Aufnahmeverfahren einzuhalten (AAG), wonach eine Aufnahme ohne Aufnahmebescheid, der grundsätzlich vom Ausland her zu beantragen ist, nicht mehr möglich ist. Seit 1.1.1993 gibt es statt der Aussiedler nur noch Spätaussiedler, die auf Antrag eine entsprechende Bescheinigung erhalten (§§ 1 II Nr. 3, 4, 5, 15, 100 BVFG)[39]. Mit der Aushändigung der Bescheinigung als Spätaussiedler oder Familienangehörige nach § 15 BVFG erwirbt dieser die deutsche Staatsangehörigkeit (§ 7 StAG).

23 Die Behauptung, aus ethnischen Gründen **wegen der deutschen Volkszugehörigkeit vertrieben** worden zu sein, ist in der Regel nicht mit der Annahme vereinbar, aus politischen Gründen verfolgt worden zu sein und aus diesem Grund das Heimatland verlassen zu haben; Ausnahmen sind jedoch denkbar[40]. Mit dem Erwerb der Rechtsstellung als Deutscher nach Art. 116 I GG und der

---

[32] Dazu *Nicolaus* ZAR 1991, 113.
[33] *Henkel* in Beitz/Wollenschläger S. 719 Fn. 589e.
[34] BT-Drs. 10/3346, 4.
[35] UNHCR, Bundestag-Innenausschuss, Protokoll Nr. 24/1/90 S. 528.
[36] Lagebericht der Ausländerbeauftragten, 2000, S. 239.
[37] *Marx* § 1 Rn. 44.
[38] *Hailbronner/Renner* GG Art. 116 Rn. 75 f.
[39] *Hailbronner/Renner* GG Art. 116 Rn. 26, 31.
[40] BVerwG Urt. v. 11.2.1983 – 8 C 178.81, NVwZ 1984, 41.

Geltungsbereich § 1 AsylG 7

deutscher Staatsangehörigkeit nach § 7 StAG scheidet der Flüchtling aus dem Personenkreis des AsylG aus; eine bereits erfolgte Asylanerkennung wird ohne Weiteres gegenstandslos[41].

Nicht vom AsylG ausgeschlossen sind Personen, auf die das AuslG nicht anwendbar ist (§ 1 II AufenthG), weil sie **nicht der deutschen Gerichtsbarkeit unterliegen** oder weil sie im diplomatischen oder konsularischen Dienst tätig sind. Die Freistellung von ausländerrechtlichen Vorschriften darf diesen Personen nämlich nicht den Schutz entziehen, der ihnen nach Art. 16a I GG zusteht. Aufgrund des Protokolls zum EGV über die Gewährung von Asyl für Staatsangehörige von EU-Mitgliedstaaten[42] gelten die Mitgliedstaaten füreinander als sichere Herkunftsstaaten. Danach dürfen Asylanträge von Unionsbürgern nur noch unter bestimmten Voraussetzungen zur Bearbeitung zugelassen werden. Damit ist gegenüber der GK kein unzulässiger geografischer Vorbehalt erklärt, sondern lediglich die Anwendung der Herkunftsstaatenregelung im Innenverhältnis vereinbart[43]. 24

Ausländer iSd § 1 I ist auch der **Staatenlose** (vgl. § 2 I AufenthG); er bedarf des Schutzes, wenn ihm im früheren Heimatstaat oder im Staat seines gewöhnlichen Aufenthalts Verfolgung droht. Zu den Staatenlosen zählen auch De-facto-Staatenlose und Personen mit ungeklärter fremder Staatsangehörigkeit; für sie alle gilt sowohl die Legaldefinition des § 1 II AuslG als auch der Schutzgedanke des Art. 16a I GG[44]. Solange sie nicht als Deutscher von der Anwendung des AufenthG und dem Asylrecht ausgenommen sind, unterliegen sie diesen für Nichtdeutsche erlassenen Bestimmungen[45]. 25

Kontingentflüchtlinge bilden eine besondere Personengruppe, die dementsprechend bis Ende 2004 in Abs. 2 genannt war. Bei ihnen handelt es sich (nach dem bis Ende 2004 geltenden HumAG) um Personen, die im Rahmen humanitärer Hilfsaktionen aufgrund eines Sichtvermerks oder einer Übernahmeerklärung aufgenommen worden sind; dieselbe Rechtsstellung genießt, wer bis Ende 1990 im Alter unter 16 Jahren ohne Sichtvermerk oder Übernahmeerklärung aufgrund humanitärer Aktionen aufgenommen worden ist (§ 1 HumAG). Mitte Mai 1985 hielten sich etwa 30.000 Kontingentflüchtlinge im Bundesgebiet auf[46], und zwar fast ausnahmslos Vietnamesen („boat people")[47]. Seit 1990 kamen jüdische Emigranten aus den Gebieten der ehemaligen UdSSR hinzu, die wie Kontingentflüchtlinge behandelt wurden[48]. Von 1992 bis 1998 stieg die Anzahl der in Deutschland lebenden Kontingentflüchtlinge von 38.000 auf über 102.000 an[49]. Von 1993 bis Ende 2002 sind insgesamt 164.492 jüdische Emigranten aus den Nachfolgestaaten der UdSSR nach Deutschland zugewandert; hinzu kommen 8.535 Personen, die bis 1991 eingereist waren[50]. Das HumAG wurde mWz 1.1.2005 aufgehoben (Art. 15 II Nr. 3 ZuwG). 26

Für die Aufnahme war ein förmliches **Aufnahmeprogramm** der Bundesregierung oder der Länder nicht vorausgesetzt, es genügte der Zusammenhang mit Hilfsaktionen für einen kleineren oder größeren Personenkreis oder aber das humanitäre Anliegen im Einzelfall[51]. Ein gemeinsamer Beschluss der Ministerpräsidenten oder des Ministeriums des Innern konnte der Aufnahme vorausgehen, war aber nicht unbedingt erforderlich. Entscheidend waren die Übernahmeerklärung des BMI (§ 33 AuslG; § 22 AuslG 1965) oder der Sichtvermerk der Auslandsvertretung nach Zustimmung der zuständigen Ausländerbehörde (§ 3 III 1 AuslG; § 11 DVAuslG) sowie Grund und Zweck dieser Maßnahmen. Kontingentflüchtlinge konnten Asylberechtigte sein, sie mussten es aber nicht. Die Aufnahme als Kontingentflüchtling setzte die Eigenschaft eines politisch Verfolgten nicht voraus und stellte sie folglich auch nicht fest. Charakteristisch war nur, allgemein gesehen, ein Flüchtlingsschicksal[52]. Der Kontingentflüchtling benötigte ebenso wie der Asylberechtigte eine **Aufenthaltsgenehmigung**; seit 1.1.1991 stand ihm in gleicher Weise wie dem anerkannten Asylberechtigten eine unbefristete Aufenthaltserlaubnis zu (§ 1 III HumAG; § 68 I AsylVfG aF). Gegen **Ausweisung und Abschiebung war** er genauso gesichert wie der Asylberechtigte; denn auch er genoss die Rechtsstellung eines ausländischen Flüchtlings nach Art. 2–34 GK (§ 1 I HumAG) und durfte deshalb ebenso wie der Asylberechtigte nur aus schwerwiegenden Gründen der öffentlichen Sicherheit und Ordnung ausgewiesen (§ 48 I 1 Nr. 5 AuslG) und bei Gefahr politischer Verfolgung nicht in den Verfolgerstaat abgeschoben (§ 51 I, II Nr. 1 und 2 AuslG) werden. Nach alledem bestanden keine durchgreifenden 27

---

[41] § 72 I Nr. 3 betr. Erlöschen nicht anwendbar, weil dort Erwerb einer fremden Staatsangehörigkeit vorausgesetzt; → § 72 Rn. 21.
[42] BGBl. 1998 II S. 429.
[43] → § 29a Rn. 3.
[44] Anders betr. Reiseausweis nach Art. 28 StlÜbk *Hailbronner/Renner* Einl. F Rn. 105 ff.; BVerwG Urt. v. 21.1.1992 – 1 C 49.88, NVwZ 1992, 1211; Urt. v. 21.1.1992 – 1 C 17.90, NVwZ 1992, 674.
[45] → GG Art. 16a Rn. 20; → AufenthG § 1 Rn. 26 f.
[46] BT-Drs. 10/3346, 4.
[47] Vgl. BT-Drs. 8/4248, 8.
[48] Dazu → Rn. 29; ZAR Aktuell Nr. 1/1991; ZAR 1999, 239.
[49] Ausländerbeauftragte, Lagebericht 2000, S. 239.
[50] Ausländerbeauftragte, Migrationsbericht, 2003, S. 26.
[51] *Hailbronner* AsylVfG § 1 Rn. 15; VGH BW Beschl. v. 26.6.1981 – A 12 S 44/81, ZAR 1982, 50; NdsOVG Urt. v. 16.6.1989 – 21 A 115/88, DVBl 1989, 1256.
[52] Vgl. BVerwG Urt. v. 17.2.1992 – 9 C 77.89, NVwZ 1993, 187.

Bedenken gegen den Ausschluss der Kontingentflüchtlinge aus den einzelnen Verfahren nach dem AsylVfG[53].

28　Zweifelhaft konnte die aufenthaltsrechtliche Rechtsgrundlage für **jüdische Emigranten** erscheinen, auf die das HumAG analog angewendet wurde[54]. Aufgrund der am 9.1.1991 im Anschluss an eine in der DDR seit Anfang 1990 geltende Regelung zwischen den Regierungschefs von Bund und Ländern verabredeten entsprechenden Anwendung des HumAG wurde wie folgt verfahren[55]: Prüfung der persönlichen Verhältnisse durch die Auslandsvertretung; Weiterleitung des Aufnahmeantrags an das Bundesverwaltungsamt (seit 2003 an das BAFl/BAMF); Verteilung auf die Bundesländer nach dem Königsteiner Schlüssel; Erteilung des Einreisevisums, das binnen eines Jahres abgeholt sein muss und drei Monate gilt. Einerseits sollte das HumAG nicht unmittelbar angewandt werden, weil es sich weder um eine einmalige Aufnahmeaktion handelte noch eine Kontingentierung erfolgte. Andererseits sollten sich die Rechtsfolgen vollständig nach dem HumAG richten[56], va die Erteilung einer unbefristeten Aufenthaltserlaubnis analog § 1 III HumAG. Der Gesetzgeber hatte diese Verfahrensweise als rechtskonform anzuerkennen beabsichtigt, indem er bei Personen, die „wie ein Flüchtling nach dem HumAG behandelt" werden, die Hinnahme von Mehrstaatigkeit bei der Einbürgerung vorschrieb (§ 87 I 2 Nr. 6 AuslG). Zudem konnte jeder Aufgenommene aufgrund einer mittlerweile jahrelangen Verwaltungspraxis Gleichbehandlung verlangen (Art. 3 I GG). Zur nunmehrigen Rechtslage vgl. § 23 II AufenthG und für die Einbürgerung § 12 I 2 Nr. 6 StAG.

Abschnitt 2. Schutzgewährung

Unterabschnitt 1. Asyl

§ 2 Rechtsstellung Asylberechtigter

(1) Asylberechtigte genießen im Bundesgebiet die Rechtsstellung nach dem Abkommen über die Rechtsstellung der Flüchtlinge.

(2) Unberührt bleiben die Vorschriften, die den Asylberechtigten eine günstigere Rechtsstellung einräumen.

(3) Ausländer, denen bis zum Wirksamwerden des Beitritts in dem in Artikel 3 des Einigungsvertrages genannten Gebiet Asyl gewährt worden ist, gelten als Asylberechtigte.

Übersicht

	Rn.
I. Entstehungsgeschichte	1
II. Allgemeines	3
III. Asylberechtigte	6
IV. Rechtsstellung	10
1. Rechtsstellung kraft Art. 16a I GG	10
2. Rechtsstellung anerkannter Asylberechtigter	13
3. Anderweitige Begünstigung	16
V. Arbeits- und Sozialrecht	22
1. Allgemeines	22
2. Erwerbstätigkeitsrecht	25
3. Sozialrecht	26

I. Entstehungsgeschichte

1　Die Vorschrift entspricht im Wesentlichen § 3 **Gesetzesentwurf 1982**[1]. Diese übernahm in Abs. 1 die Regelung des § 44 I AuslG 1965, die für anerkannte politisch Verfolgte galt (§ 28 Nr. 1 AuslG iVm Art. 16 II 2 GG). In § 44 II, III AuslG 1965 war für anerkannte Konventionsflüchtlinge (§ 28 Nr. 2 AuslG 1965 iVm Art. 1 GK) einschränkend bestimmt, dass sie statt eines Reise- und Personalausweises einen Fremdenpass erhielten. Abs. 2 stimmt dem Inhalt nach mit § 44 IV AuslG 1965 überein. Abs. 3 wurde durch den Einigungsvertrag angefügt[2].

---

[53] S. 7. Aufl., Rn. 30 mwN.
[54] Dazu *Gruber/Rüßler* ZAR 2002, 94; *Hochreuter* NVwZ 2000, 176; *Raabe* ZAR 2004, 410; *Spiegel* in BAFl, 50 Jahre Behörde im Wandel, 2003, S. 85; *Rüßler* ZAR 2000, 268; *Weizsäcker* ZAR 2004, 83.
[55] KommBer S. 33.
[56] Dagegen OVG Bln Beschl. v. 15.11.2002 – 8 SN 258.00, EZAR 018 Nr. 2: keine Kontingentflüchtlinge, keine Anwendung von Art. 2–34 GK.
[1] BT-Drs. 9/875, 3.
[2] → Vorb. Rn. 10.

Die Vorschrift wurde unverändert aus dem **Gesetzesentwurf 1992**[3] übernommen, in dem nur der Geltungsbereich neu bestimmt war („Bundesgebiet" statt „Geltungsbereich dieses Gesetzes"). Die Asylnovelle 1993 ließ sie ebenso unberührt wie das ZuwG. Das **RLUmsG 2007** passte Abs. 1 durch Streichung der Worte „vom 28. Juli 1951 (BGBl. 1953 II 559)" lediglich redaktionell an den neu gefassten § 1 I an. Seither gilt die Vorschrift unverändert.

II. Allgemeines

Abs. 1 betrifft die **allgemeine Rechtsstellung** der anerkannten Asylberechtigten, während Abs. 2 diesen Personen die jeweils bessere Rechtsstellung nach anderen Vorschriften vorbehält. Die Rechtsfolgen der Anerkennung sind in Abs. 1 nicht abschließend erfasst. Für andere Flüchtlinge als anerkannte Asylberechtigte bleiben abweichende Vorschriften ohnehin unberührt. Damit ist auch nicht darüber entschieden, ob ausländische Flüchtlinge sich auf die in der GK vorgesehenen Rechte unmittelbar berufen können[4].

Das Gesetz bestimmt den **Zeitpunkt**, von dem ab dem Asylberechtigten die verschiedenartigen Rechtspositionen der GK zustehen, nicht. Der Anspruch auf eine Aufenthaltserlaubnis (§ 25 I 1 AufenthG) setzt eine unanfechtbare Anerkennung voraus. Zudem ist weder für die Rechte aus der GK noch für weitergehende innerstaatliche Leistungsgesetze ausdrücklich der Zeitpunkt des Rechtserwerbs festgelegt. Er lässt sich nur aus der Rechtsnatur der Statusentscheidung[5] oder der Fassung der jeweiligen Leistungsnorm[6] bestimmen.

Das Gesetz beschränkt die Anerkennungswirkungen auf das Bundesgebiet als den **Geltungsbereich** des AsylG. Rechtswirkungen im Ausland legt das AsylG der Asylanerkennung nicht bei. Davon abgesehen kann die durch Ausstellung des Konventionspasses nach Art. 28 GK dokumentierte Aufnahme als ausländischer Flüchtling auch gegenüber anderen Vertragsstaaten Wirkungen zeitigen (vgl. §§ 7, 11 ff. GK-Anhang)[7]. Es muss sich um eine Anerkennung in Deutschland handeln. Die Anerkennung als politischer Flüchtling im Ausland, auch in einem anderen GK-Vertragsstaat, vermittelt diese Rechtsstellung nicht ohne Weiteres für die Bundesrepublik und ist für sie grundsätzlich nicht verbindlich[8].

III. Asylberechtigte

Als unmittelbare Rechtsinhaber kommen nur **anerkannte Asylberechtigte** in Betracht, nicht also Asylbewerber; das AsylG dient in seiner Gesamtheit der Sicherung des Asylrechts durch eine verbindliche Anerkennungsentscheidung, an die der Gesetzgeber die gesicherte Rechtsstellung nach der GK anbindet. Deshalb ist unter „Asylberechtigter" der als Asylberechtigter anerkannte Flüchtling zu verstehen. Unabhängig davon, ob die Anerkennung konstitutiv oder deklaratorisch wirkt, ist der Ausländer erst mit der Bestandskraft des Anerkennungsbescheids als Asylberechtigter zu behandeln. Eine dahingehende gerichtliche Verpflichtung allein genügt nicht, auch wenn sie rechtskräftig ist; sie muss zunächst durch Ausstellung eines Anerkennungsbescheides durch das BAMF erfüllt werden. Wurde der Ausländer in einem anderen europäischen Staat als asylberechtigt anerkannt, ist für eine Zuständigkeit Deutschlands Art. 2 und 5 des „Europäischen Übereinkommens über den Übergang der Verantwortung für Flüchtlinge" vom 16.10.1980 zu beachten[9]. Denn bisher gibt es **keine allgemeine**

---

[3] BT-Drs. 12/2062, 5.
[4] Dazu → Rn. 22; zu den Folgerungen aus den EU-AsylRL → GG Art. 16a Rn. 131 ff.
[5] → Rn. 11.
[6] → Rn. 13.
[7] Dazu *Nicolaus* in Barwig ua Binnenmarkt S. 133.
[8] BVerfG Beschl. v. 14.11.1979 – 1 BvR 654/79, BVerfGE 52, 391.
[9] Gesetz v. 30.9.1994, BGBl. 1994 II S. 2645; zu den Ratifikationsstaaten s. auf der Europarats-Homepage SEV-Nr. 107 (http://conventions.coe.int/Treaty/Commun/ChercheSig.asp?NT=107&CM=1&DF=&CL=GER). Art. 2 lautet: „(1) Die Verantwortung gilt nach Ablauf von zwei Jahren des tatsächlichen u. dauernden Aufenthalts im Zweitstaat mit Zustimmung von dessen Behörden oder zu einem früheren Zeitpunkt als übergegangen, wenn der Zweitstaat dem Flüchtling gestattet hat, entweder dauernd oder länger als für die Gültigkeitsdauer des Reiseausweises in seinem Hoheitsgebiet zu bleiben. Diese Zweijahresfrist beginnt mit der Aufnahme des Flüchtlings im Hoheitsgebiet des Zweitstaats oder, lässt sich dieser Zeitpunkt nicht feststellen, mit dem Tag, an dem er sich bei den Behörden des Zweitstaats meldet. (2) Bei der Berechnung der im Absatz 1 bezeichneten Frist a) wird ein ausschließlich zum Zwecke des Studiums, der Ausbildung oder der medizinischen Behandlung genehmigter Aufenthalt nicht berücksichtigt; b) werden im Zusammenhang mit einem Strafverfahren verhängte Haftzeiten des Flüchtlings nicht berücksichtigt; c) werden Zeiten, in denen der Flüchtling im Hoheitsgebiet des Zweitstaats bleiben darf, solange ein Rechtsmittelverfahren gegen eine Entscheidung der Aufenthaltsverweigerung oder der Ausweisung aus dem Hoheitsgebiet anhängig ist, nur dann berücksichtigt, wenn die Rechtsmittelentscheidung zugunsten des Flüchtlings getroffen wird; d) werden Zeiten berücksichtigt, in denen der Flüchtling das Hoheitsgebiet des Zweitstaats für höchstens drei Monate hintereinander oder mehrmals für insgesamt höchstens sechs Monate vorübergehend verlässt; diese Abwesenheiten gelten nicht als Unterbrechung oder Aussetzung des Aufenthalts. (3) Die Verantwortung gilt auch dann als übergegangen, wenn die Wiederaufnahme des Flüchtlings durch den Erststaat nach Artikel 4 nicht mehr beantragt werden kann." Art. 5 lautet: „(1) Mit dem Übergang der Verantwortung a) erlischt die Verantwortung des Erststaats

Freizügigkeit für Asylberechtigte etwa im Dublin-Raum, sondern es gelten die unionsrechtlichen[10] bzw. die jeweiligen nationalen Bestimmungen des Aufnahmelandes für Drittstaater.

7 Die Rechtsstellung nach § 2 genießt außerdem, wem **Familienasyl** gewährt wurde. Denn dieser Personenkreis, dem früher die Rechtsstellung eines Asylberechtigten verliehen wurde (§ 7a III AsylVfG 1991), erhält jetzt unmittelbar den Status der Asylberechtigten (§ 26 I–III). Die insoweit (abgeleitet) berechtigten nahen Familienangehörigen stehen damit den (originär) Asylberechtigten in vollem Umfang gleich.

8 Zu Recht wurde dagegen der Personenkreis anlässlich der Änderung der §§ 7 I, 12 III, VI, VII AsylVfG 1982 (durch Art. 3 AuslRNG) nicht auf Personen ausgedehnt, deren Eigenschaft als **ausländische Flüchtlinge** festgestellt, deren Asylberechtigung aber nicht anerkannt ist. Ihnen kommt die Rechtsstellung nach der GK unmittelbar aufgrund der Zuerkennung der Flüchtlingseigenschaft gem. § 3 (früher § 51 III AuslG) zu. **Kontingentflüchtlinge**[11] standen aufgrund § 1 HumAG (aufgehoben seit 1.1.2005) gleich, ebenso Personen, die wie solche behandelt wurden[12].

9 Gleichgestellt ist auch, wem in der früheren **DDR** bis zu deren Beitritt zur Bundesrepublik Deutschland am 3.10.1990 Asyl gewährt wurde. Diese durch den Einigungsvertrag eingefügte Klausel bezweckt eine Gleichbehandlung der betreffenden Personen ohne Rücksicht auf die Verschiedenheit der maßgeblichen Rechtsgrundlagen. Denn in der ehemaligen DDR wurde zunächst als Asylberechtigter nur anerkannt, wer wegen seines „Eintretens für Frieden, Demokratie, Sozialismus und nationale Befreiung" in einem anderen Staat verfolgt wurde (Art. 23 Verfahren-DDR 1968)[13]. Seit 1.8.1990 war für die Asylgewährung Art. 33 GK maßgeblich; allerdings war die Asylanerkennung bei selbst geschaffenen Nachfluchttatbeständen und bei anderweitiger Verfolgungssicherheit ausgeschlossen (§ 1 AsylVO-DDR)[14].

IV. Rechtsstellung

1. Rechtsstellung kraft Art. 16a I GG

10 Das Asylrecht des Art. 16a I GG schützt den politisch Verfolgten vor allen staatlichen Maßnahmen, die ihn unmittelbar oder mittelbar dem Zugriff des Verfolgerstaats aussetzen, also insbesondere vor Zurückweisung an der Grenze, vor Zurückschiebung, Abschiebung oder Auslieferung in den Verfolgerstaat oder einen anderen Staat, der ihn dem Verfolgerstaat überstellen würde[15]. Diese Abwehrrechte machen den **Kerngehalt** des Asyls aus, sie werden aber ergänzt durch die staatliche Verpflichtung zur Sicherung eines menschenwürdigen Daseins[16]. Der subjektive Asylanspruch verbürgt damit ein klassisches Abwehrrecht und gewährleistet gleichzeitig einen **gesicherten Aufenthalt**[17].

11 Politisch Verfolgte genießen Asylrecht, ohne dass es dazu einer staatlichen Verleihung bedarf. Die einzelnen Verfahrensarten (Asylanerkennung, Flüchtlingsanerkennung, Abschiebungs- und Auslieferungsschutz) dienen nur der notwendigen verwaltungsmäßigen Durchsetzung des Asylgrundrechts, sie gewähren es **nicht konstitutiv**. Die Feststellung der Asylberechtigung ist erforderlich, um dem „Status des Asylberechtigten Anerkennung zu verschaffen"[18], der für andere Behörden (ausgenommen das Auslieferungsverfahren) verbindliche Anerkennungsbescheid des BAMF (§ 4) entfaltet eine „gleichsam konstitutive Wirkung"[19], weil der Anspruch auf Asyl zu seiner Verwirklichung eines Antrags des Flüchtlings und eines das Grundrecht dokumentierenden staatlichen Akts bedarf[20].

12 Die unmittelbar aus dem Asylgrundrecht fließenden **Rechte entstehen** deshalb mit seiner Inanspruchnahme frühestens mit dem Erreichen des Bundesgebiets; sie werden entweder durch die Asyl- oder Flüchtlingsanerkennung verbrieft oder in der Entscheidung über die Unzulässigkeit der Auslieferung nach § 6 I IRG als gegeben festgestellt[21]. Anders verhält es sich mit den über den Kernbestand

---

für die Verlängerung oder Erneuerung des Reiseausweises des Flüchtlings; b) ist der Zweitstaat für die Ausstellung eines neuen Reiseausweises für den Flüchtling verantwortlich. (2) Der Zweitstaat unterrichtet den Erststaat vom erfolgten Übergang der Verantwortung." Vgl. hierzu BayVGH Beschl. v. 13.10.2008 – 10 ZB 08.2470.

[10] Etwa die dreimonatige Reisefreiheit im Schengen-Raum oder bzgl. Niederlassung die BlueCard-RL 2009/50/EG (vgl. hierzu § 19a AufenthG).

[11] → § 1 Rn. 27 ff.

[12] → § 1 Rn. 29.

[13] IÜ vgl. *Elsner* ZAR 1990, 157.

[14] → Vorb. Rn. 10.

[15] BVerwG Urt. v. 7.10.1975 – I C 46.69, BVerwGE 49, 202; Urt. v. 19.5.1981 – 1 C 168/79, BVerwGE 62, 206; → GG Art. 16a Rn. 9.

[16] BVerwG Urt. v. 7.10.1975 – I C 46.69, BVerwGE 49, 202.

[17] Dazu *Baumüller* NVwZ 1982, 222; *Marx* § 2 Rn. 4; *Renner* NVwZ 1983, 649; *Rühmann* NVwZ 1982, 109; BVerfG Beschl. v. 2.7.1980 – 1 BvR 147/80 ua, BVerfGE 54, 341 (356).

[18] BVerfG Beschl. v. 20.4.1982 – 2 BvL 26/81, BVerfGE 60, 253 (295 f.).

[19] BVerfGE 60, 253 (295 f.).

[20] *Renner* NVwZ 1983, 649; *Renner* NJW 1989, 1246.

[21] Ebenso oder ähnlich *Kimminich* in BK Art. 16 Rn. 356; *Marx* § 55 Rn. 3; *Renner* NVwZ 1983, 649 mwN in Fn. 51.

des Art. 16a I GG hinaus verliehenen Rechten; sie entstehen nach Maßgabe der sie gewährenden Norm, meist erst nach rechtsbeständiger Asylanerkennung.

2. Rechtsstellung anerkannter Asylberechtigter

Die Formulierung des Abs. 1 nimmt Bedacht auf die dargestellte verfassungsrechtliche Lage; sie vermeidet mit dem Ausdruck „genießen" den Eindruck, als gewähre der Staat die Rechtsstellung nach der GK ohne rechtliche Verpflichtung und ohne dass dem Asylberechtigten zuvor schon die Rechte aus Art. 16a I GG zustünden. Soweit es vor allem das Verbot von Zurückweisung, Zurückschiebung und Abschiebung in den Verfolgerstaat angeht, wirkt die Asylanerkennung letztlich nur **deklaratorisch**, weil sie den Rechtszustand nach Art. 16a I GG bloß feststellt. Insoweit verschafft Abs. 1 dem politisch Verfolgten keine zusätzlichen Rechte; auf Abschiebungsschutz kann er sich auch ohne Rückgriff auf Art. 33 I GK berufen. 13

Außerdem werden dem anerkannten Verfolgten aber durch die Anerkennung und die Einbeziehung in die Rechtsstellung nach der GK zum großen Teil weitergehende Rechtspositionen eröffnet, die ihm nicht schon von Verfassung wegen zustehen. In diesem Umfang entfaltet der Anerkennungsbescheid **konstitutive** Wirkung. Von welchem Zeitpunkt an dem Asylberechtigten diese Rechte verliehen sind, hängt von deren gesetzlichen Ausgestaltung ab; ein rückwirkender Erwerb ist die Ausnahme. Über Art. 2–34 GK hinaus spricht § 25 I AufenthG dem Asylberechtigten eine Aufenthaltserlaubnis zu; auch dieser Anspruch entsteht erst mit Bestandskraft der Anerkennung, weil zuvor nur die Abschiebung für die Dauer der Verfolgungsgefahr verboten ist, ein bestimmter formeller Aufenthaltsstatus aber nicht gewährt werden muss. 14

Eine Sonderstellung nehmen im Rahmen des **Familienasyls** einbezogene Familienangehörige ein. Sie werden nicht aufgrund festgestellter eigener Verfolgung anerkannt. Ihnen wird der Status des Asylberechtigten vielmehr aufgrund einer Vermutung zuerkannt, die nach Auffassung des Gesetzgebers unwiderleglich für die Einbeziehung der nahen Angehörigen in die Verfolgung eines anerkannten Asylberechtigten streitet[22]. Ihre Asylanerkennung erfolgt mittels Ableitung von der Asylberechtigung des Stammberechtigten und fußt auf der Annahme einer Ausdehnung der politischen Verfolgung auf Ehegatten und minderjährige Kinder. Sie wirkt deshalb ebenso deklaratorisch wie sonst[23]. 15

3. Anderweitige Begünstigung

Die Rechtsstellung hinsichtlich Aufenthalt, Ausweisung, Einbürgerung und berufliche und soziale Förderung ist sowohl in Art. 2–32 GK als auch im AsylG, im AufenthG, in BeschV und BeschVfV sowie anderen Normen geregelt. Insbesondere sind die Vorschriften über den Inhalt des internationalen Schutzes für anerkannte Flüchtlinge und sonstige Schutzbedürftige in Kap. VII (Art. 20 ff.) **Anerkennungs-RL** zu beachten. Abs. 2 stellt sicher, dass der Asylberechtigte die jeweils für ihn **günstigste Möglichkeit** wählen kann. Die GK-Rechte gelten aufgrund Transformation unmittelbar, vor allem der Anspruch auf einen Reiseausweis[24]. Daher kann sich auf sie auch berufen, wer nicht Flüchtling iSd Art. 1 A GK ist[25]; zB statutäre Flüchtlinge nach Art. 1 D GK[26]. 16

Für den Aufenthalt am wichtigsten ist, dass mit der Asylanerkennung der Anspruch auf eine (befristete) Aufenthaltserlaubnis entsteht (§ 25 I AufenthG); in der GK ist ein **Aufenthaltsrecht** dagegen nicht verliehen. Art. 26 GK garantiert die Freizügigkeit nach Maßgabe der für alle Ausländer geltenden Bestimmungen[27]; die freie Wahl des Aufenthaltsorts ist damit mangels solcher allgemeinen Beschränkungen gesichert (§§ 55 ff. gelten nur für Asylbewerber). Sie darf auch grundsätzlich nicht über Auflagen zur Aufenthaltserlaubnis nach § 12 II AufenthG beschränkt werden; dies verstieße gegen Art. 2 I und 4. Zusatzprotokolls zur EMRK[28], es sei denn, die Beschränkung wäre aus Gründen der öffentlichen Sicherheit und Ordnung oder anderes gerechtfertigt[29]. 17

Um die Freizügigkeit im Inland zu gewährleisten und auch Auslandsreisen zu ermöglichen, erhält der Asylberechtigte einen (internationalen) **Reiseausweis** (Art. 28 GK)[30]. In vielen europäischen Staaten ist er vom Sichtvermerkszwang befreit (vgl. Europäisches Übereinkommen vom 20.4.1959). Weitgehend geschützt ist der Asylberechtigte gegen **Ausweisung** (vgl. § 53 III AufenthG nF bzw. § 56 I 1 Nr. 5 AufenthG aF; Art. 32 GK) und **Abschiebung** (§ 60 I AufenthG; Art. 33 GK) sowie Auslieferung (§ 6 I IRG). 18

---

[22] → § 26 Rn. 2, 4.
[23] Anders noch § 7a III AsylVfG 1991.
[24] BVerwG Urt. v. 4.6.1991 – 1 C 42.88, BVerwGE 88, 254.
[25] *Koisser/Nicolaus* ZAR 1991, 9; *Nicolaus/Saramo* ZAR 1989, 67; *Rothkegel* ZAR 1988, 99.
[26] BVerwG Urt. v. 21.1.1992 – 1 C 21.87, BVerwGE 89, 296; VGH BW Urt. v. 14.7.1992 – 13 S 2026/91, VBlBW 1993, 149; zur Ausschließlichkeit des AsylG für Flüchtlinge iSd Art. 1 A Nr. 2, Art. 33 I GK → § 1 Rn. 9.
[27] Dazu HessVGH Beschl. v. 10.1.1986 – 9 TG 857/85, NVwZ 1986, 860.
[28] BGBl. 1968 II S. 423.
[29] Zur Gewährung einer Unterkunft → Rn. 24.
[30] Dazu *Renner* AuslR/D Rn. 5/57 ff.; HessVGH Beschl. v. 7.12.1988 – 10 TH 4228/88, InfAuslR 1989, 86.

7 AsylG § 2

19   Seinen Aufenthaltsanspruch verliert der Asylberechtigte nicht schon bei einer **Auslandsreise** (vgl. § 51 VII AufenthG). Solange der GK-Reiseausweis gültig ist, hat die Bundesrepublik die Wiedereinreise zu gestatten (§ 13 Nr. 1 GK-Anhang). Nach Ablauf der Gültigkeitsdauer ist die Einreise ohne Sichtvermerk auch nicht aus einem Vertragsstaat des o. g. Übereinkommens vom 20.4.1959 gestattet; denn hierfür sind die Gültigkeit des Reiseausweises und eine beabsichtigte Aufenthaltsdauer von nicht mehr als drei Monaten gerade vorausgesetzt (Art. 1 I Übereinkommen). Die Aufenthaltserlaubnis erlischt nach Ablauf des deutschen Reiseausweises; falls inzwischen die Zuständigkeit für den Reiseausweis auf einen anderen Staat übergegangen ist, besteht auch kein Anspruch auf einen neuen Aufenthaltstitel (§ 51 VII AufenthG; früher nur Widerruf nach § 43 I Nr. 1 AuslG).

20   Verlegt der Asylberechtigte seinen **gewöhnlichen Aufenthalt** (rechtmäßig, → Rn. 6) in einen anderen Staat und erhält er dort einen neuen GK-Ausweis (§ 11 GK-Anhang), entfällt mit dem Schutzbedürfnis auch die Grundlage für das Wiedereinreiserecht. Mit Verlegung des gewöhnlichen Aufenthalts ins Ausland und mit der Annahme eines GK-Ausweises eines anderen Staats erlöschen weder Asyl- oder Flüchtlingsanerkennung (§ 72) noch Aufenthaltserlaubnis; Anerkennung und Aufenthaltserlaubnis können aber unter Umständen widerrufen werden (§ 73 I 1; § 52 I 1 Nr. 4 AufenthG). Zumindest braucht dem Ausländer, falls er keine gültige Aufenthaltserlaubnis mehr besitzt, diese nicht erteilt zu werden (§ 51 VII 2 AufenthG); aus Art. 16a GG unmittelbar kann er Abschiebungsschutz, nicht aber unbedingt weitere Aufenthaltsrechte herleiten.

21   Die **politische Betätigung** ist für Asylberechtigte wie für andere Ausländer grundsätzlich gewährleistet (Art. 5 I GG; § 47 I 1 AufenthG). Versammlungs- und Vereinigungsfreiheit steht ihnen nicht kraft Verfassung (vgl. Art. 8 GG), wohl aber nach einfachem Recht (§ 1 I VersG; § 1 I VereinsG) zu. Die ihnen durch Art. 15 GK zugedachte Meistbegünstigung im Vereinsrecht gilt ausdrücklich nicht für politische oder Erwerbsvereine. Die politische Betätigung kann im Einzelfall beschränkt oder untersagt werden (§ 47 I 2, II AufenthG), hierbei ist jedoch auf die Sondersituation der Asylberechtigten Rücksicht zu nehmen[31]. Schließlich ist im Interesse einer möglichst vollständigen Eingliederung die **Einbürgerung** zu erleichtern (Art. 34 GK)[32], die gem. § 8 StAG nach sechs Jahren[33] möglich ist und auf die gem. § 10 StAG nach acht Jahren ein Anspruch entstehen kann; für in Deutschland geborene Kinder s. § 4 III StAG.

V. Arbeits- und Sozialrecht

1. Allgemeines

22   Anerkannte Asylberechtigte genießen die Rechtsstellung ausländischer Flüchtlinge nach der GK (Abs. 1). Außerdem sind für sie aufgrund humanitär und sozialstaatlich geprägter verfassungsrechtlicher Schutzverpflichtung (Art. 1 I, 16a I, 20 III GG) die Voraussetzungen eines menschenwürdigen Daseins zu schaffen; damit ist ihnen Hilfe für **persönliche und berufliche Entfaltung** garantiert[34]. In erster Linie bedeutet dies eine sichere aufenthaltsrechtliche Stellung (Art. 26–28, 32, 33 GK; § 25 I AufenthG) und eine bevorzugte Behandlung im Einbürgerungsverfahren[35]. Soweit in der GK übernommene und durch Ratifikation in innerstaatliches Recht transformierte Verpflichtungen nach Wortlaut, Zweck und Inhalt geeignet und hinreichend bestimmt sind, wie innerstaatliche Regelungen rechtliche Wirkungen zu entfalten, kann der Flüchtling aus der GK unmittelbare Rechte herleiten[36]. Sind GK-Vorschriften danach nicht unmittelbar zugunsten der Flüchtlinge anwendbar und auch nicht in (sonstige) Bundes- oder Landesgesetze umgesetzt, sind diese zumindest im Hinblick auf die die Bundesrepublik Deutschland verpflichtenden GK-Normen so auszulegen, dass diese verwirklicht werden können, zB Inländergleichbehandlung erreicht wird.

23   Darüber hinaus genießen Asylberechtigte va freien Zugang zu **Ausbildung, Beruf und Arbeit**[37]. Beim Besuch der Volksschule sind sie wie Inländer zu behandeln (Art. 22 I GK); bei Aufnahme unselbstständiger Erwerbstätigkeit ist ihnen Meistbegünstigung zugesichert (Art. 17 I GK). Im Bildungs- und Unterrichtswesen außerhalb der Volksschule sowie im Bereich der Selbstständigen und der freien Berufe ist eine möglichst günstige Behandlung vorgeschrieben (Art. 18, 19, 22 II GK)[38]; dies ist aber nicht gleichbedeutend mit Meistbegünstigung oder Inländergleichbehandlung.

---

[31] Dazu auch → AufenthG § 47 Rn. 5 ff.
[32] Wohlwollensgebot nach BVerwG Urt. v. 1.7.1975 – I C 44.70, BVerwGE 49, 44; Erleichterungen nach Nr. 8.1.3.1 StAR-Verwaltungsvorschrift; *Hailbronner/Renner* StAG § 8 Rn. 93 ff.; zur Mehrstaatigkeit § 12 I 2 Nr. 6 StAG.
[33] Vgl. Nr. 8.1.3.1 StAR-Verwaltungsvorschrift.
[34] BVerwG Urt. v. 7.10.1975 – I C 46.69, BVerwGE 49, 202.
[35] → Rn. 21; Art. 34 GK; BVerwG Urt. v. 1.7.1975 – I C 44.70, BVerwGE 49, 44; *Henkel* in Beitz/Wollenschläger S. 711 ff.
[36] BVerwG Urt. v. 4.6.1991 – 1 C 42.88, BVerwGE 88, 254; Urt. v. 21.1.1992 – 1 C 21/87, BVerwGE 89, 296.
[37] *Risse* in Beitz/Wollenschläger S. 541 ff.; *Wollenschläger* ZAR 1985, 156.
[38] Betr. Schule *Reuter* ZAR 2001, 111; betr. Schule und Hochschule *Haberland/Lindenberg* in Beitz/Wollenschläger S. 654 ff.; betr. Gewerbe und freie Berufe *Haberland* in Beitz/Wollenschläger S. 671 ff.; zur Eintragung in die Architektenliste BayVGH Urt. v. 8.7.1986 – 22 B 84 A. 2721, InfAuslR 1986, 293.

Bei öffentlicher **Fürsorge** und auf den wichtigen Gebieten des Arbeitsrechts und der **sozialen** 24
Sicherheit (Lohn, Arbeitszeit, Urlaub, Sozialversicherung ua) sind sie (rechtlich oder praktisch aufgrund ihres aufenthaltsrechtlichen Status) Deutschen gleichgestellt (Art. 23, 24 GK)[39]. Im **Wohnungswesen** gilt dagegen nur das Prinzip der möglichst günstigen und im Vergleich zu anderen Ausländern nicht diskriminierenden Behandlung (Art. 21 GK)[40]. Daher darf der Sozialhilfeträger, der zur Unterbringung verpflichtet ist, Asylberechtigte aus Kostengründen auf Wohnungen außerhalb des Gemeindegebiets verweisen, nicht aber zwecks Verhinderung eines größeren Auslandsaufenthalts[41].

2. Erwerbstätigkeitsrecht

Anerkannte Asylberechtigte sind gegenüber anderen Ausländern beim Zugang zum Arbeitsmarkt 25
privilegiert. Sie bedürfen für die Ausübung einer Erwerbstätigkeit nicht der Zustimmung der BA, da ihre Aufenthaltserlaubnis die Berechtigung zur Erwerbstätigkeit einschließt (§ 25 I 4 AufenthG). Diese Berechtigung gilt unbefristet und unbeschränkt für alle Berufe und für das gesamte Bundesgebiet, sie kann weder beruflich noch zeitlich noch räumlich beschränkt werden. Asylberechtigte dürfen außerdem ohne Weiteres eine selbstständige Erwerbstätigkeit ausüben. Sie bedürfen nicht der besonderen Zulassung nach § 21 AufenthG, weil ihre Aufenthaltserlaubnis allgemein die Ausübung einer Erwerbstätigkeit umfasst und nicht nur die Ausübung einer bestimmten Beschäftigung. Zu den zur Ausübung einer Erwerbstätigkeit allgemein Berechtigten gehören neben anerkannten Asylberechtigten seit Beginn des Jahres 2005 auch anerkannte GK-Flüchtlinge (§ 25 II 2 AufenthG).

3. Sozialrecht

In den einzelnen Zweigen der **Sozialversicherung** erfahren Asylberechtigte im Wesentlichen 26
dieselbe Behandlung wie Deutsche (Art. 24 GK). Besonderheiten beim Aufenthalt im Ausland kommen bei ihnen nicht zum Tragen, da die Rückkehr wegen Verfolgungsgefahr ausgeschlossen ist und die Asylanerkennung ua bei Rückkehr in den Heimatstaat oder Annahme einer anderen Staatsangehörigkeit erlischt (§ 72 I Nr. 1, 3). IRd Arbeitslosenversicherung werden Asylberechtigte bei Maßnahmen der beruflichen Ausbildung, Fortbildung und Umschulung gefördert, ohne wie andere Ausländer Wartezeiten erfüllen zu müssen (§§ 59 ff. SGB III)[42].

Sozialhilfe können Asylberechtigte wie Deutsche beanspruchen; Beschränkungen der Sozialhilfe- 27
leistungen an Ausländer nach § 23 SGB XII oder AsylbLG gelten für sie nicht (Art. 23 GK)[43]. Hierzu müssen sie lediglich eine Aufenthaltserlaubnis (oder eine Niederlassungserlaubnis) besitzen und sich voraussichtlich dauerhaft in Deutschland aufhalten (§ 23 I 4 SGB XII). Die letztere Voraussetzung erfüllen sie auch dann, wenn die Widerrufsmöglichkeiten nach Fortfall der Verfolgungsgefahr berücksichtigt werden und die zwingende Überprüfung innerhalb von drei Jahren nach § 73 IIa noch nicht stattgefunden hat. Ihr Aufenthalt ist nicht vorübergehender Natur, sondern auf Dauer angelegt, auch wenn sie zunächst nur eine einjährige Aufenthaltserlaubnis besitzen sollten (vgl. § 44 I 2 AufenthG).

Im **Kindergeldrecht** erfüllen Asylberechtigte und deren Kinder, solange sie im Bundesgebiet 28
Wohnsitz oder gewöhnlichen Aufenthalt haben und eine Aufenthaltserlaubnis oder Niederlassungserlaubnis besitzen, die Leistungsvoraussetzungen (§ 1 III 1 Nr. 1 und 3 BKGG; § 62 II Nr. 1 und 3 EStG). Dasselbe gilt für **Erziehungsgeld** (§ 1 VI 2 Nr. 1 und 3 BerzGG) und **Ausbildungsförderung** (§ 8 I Nr. 6 BAföG). Für die **Gewaltopferentschädigung** ist ein rechtmäßiger oder geduldeter Aufenthalt vorausgesetzt (§ 1 V OEG).

Asylberechtigte kommen zudem in den Genuss von Integrationsfördermitteln. Da Integration und 29
Teilnahme am Bildungs- und Berufsleben ohne ausreichende Deutschkenntnisse nicht möglich sind, wird vor allem der Erwerb deutscher Sprachkenntnisse gefördert. Asylberechtigte sind daher berechtigt und gegebenenfalls verpflichtet, an einem **Integrationskurs** teilzunehmen, wenn sie erstmalig eine Aufenthaltserlaubnis erhalten (§ 44 I 1 Nr. 1 lit. c und § 44a AufenthG)[44].

Unterabschnitt 2. Internationaler Schutz

§ 3 Zuerkennung der Flüchtlingseigenschaft

(1) Ein Ausländer ist Flüchtling im Sinne des Abkommens vom 28. Juli 1951 über die Rechtsstellung der Flüchtlinge (BGBl. 1953 II S. 559, 560), wenn er sich
1. aus begründeter Furcht vor Verfolgung wegen seiner Rasse, Religion, Nationalität, politischen Überzeugung oder Zugehörigkeit zu einer bestimmten sozialen Gruppe

---

[39] *Röseler* in Barwig Sozialer Schutz S. 273 ff.
[40] *Haberland* in Beitz/Wollenschläger S. 688 ff.
[41] HessVGH Beschl. v. 10.1.1986 – 9 TG 857/85, NVwZ 1986, 860.
[42] *Haberland* in Beitz/Wollenschläger S. 623 ff., 638 ff., 645 ff.
[43] *Bachmann* in Beitz/Wollenschläger S. 700 ff.; *Fasselt* in Barwig Sozialer Schutz S. 315 ff.
[44] Zur Dauerhaftigkeit des Aufenthalts → Rn. 27

2. außerhalb des Landes (Herkunftsland) befindet,
  a) dessen Staatsangehörigkeit er besitzt und dessen Schutz er nicht in Anspruch nehmen kann oder wegen dieser Furcht nicht in Anspruch nehmen will oder
  b) in dem er als Staatenloser seinen vorherigen gewöhnlichen Aufenthalt hatte und in das er nicht zurückkehren kann oder wegen dieser Furcht nicht zurückkehren will.

(2) ¹Ein Ausländer ist nicht Flüchtling nach Absatz 1, wenn aus schwerwiegenden Gründen die Annahme gerechtfertigt ist, dass er
1. ein Verbrechen gegen den Frieden, ein Kriegsverbrechen oder ein Verbrechen gegen die Menschlichkeit begangen hat im Sinne der internationalen Vertragswerke, die ausgearbeitet worden sind, um Bestimmungen bezüglich dieser Verbrechen zu treffen,
2. vor seiner Aufnahme als Flüchtling eine schwere nichtpolitische Straftat außerhalb des Bundesgebiets begangen hat, insbesondere eine grausame Handlung, auch wenn mit ihr vorgeblich politische Ziele verfolgt wurden, oder
3. den Zielen und Grundsätzen der Vereinten Nationen zuwidergehandelt hat.

²Satz 1 gilt auch für Ausländer, die andere zu den darin genannten Straftaten oder Handlungen angestiftet oder sich in sonstiger Weise daran beteiligt haben.

(3) ¹Ein Ausländer ist auch nicht Flüchtling nach Absatz 1, wenn er den Schutz oder Beistand einer Organisation oder einer Einrichtung der Vereinten Nationen mit Ausnahme des Hohen Kommissars der Vereinten Nationen für Flüchtlinge nach Artikel 1 Abschnitt D des Abkommens über die Rechtsstellung der Flüchtlinge genießt. ²Wird ein solcher Schutz oder Beistand nicht länger gewährt, ohne dass die Lage des Betroffenen gemäß den einschlägigen Resolutionen der Generalversammlung der Vereinten Nationen endgültig geklärt worden ist, sind die Absätze 1 und 2 anwendbar.

(4) Einem Ausländer, der Flüchtling nach Absatz 1 ist, wird die Flüchtlingseigenschaft zuerkannt, es sei denn, er erfüllt die Voraussetzungen des § 60 Abs. 8 Satz 1 des Aufenthaltsgesetzes oder das Bundesamt hat nach § 60 Absatz 8 Satz 3 des Aufenthaltsgesetzes von der Anwendung des § 60 Absatz 1 des Aufenthaltsgesetzes abgesehen.

I. Entstehungsgeschichte

1 Die bislang die „Rechtsstellung sonstiger politisch Verfolgter" regelnde Vorschrift war gemäß dem **Gesetzesentwurf 1992**[1] aufgrund systematischer Überlegungen aus § 51 III AuslG – mit Änderungen va in der Formulierung – mWv 1.7.1992 in das AsylVfG übernommen worden. MWv 1.1.2005 wurde entsprechend dem Gesetzesentwurf[2] außer der Bezeichnung des BAMF auch die Bezugnahme auf das AufenthG aktualisiert (Art. 3 Nr. 3 ZuwG). Das **RLUmsG 2007** fasste die Norm unter der Überschrift „Zuerkennung der Flüchtlingseigenschaft" umfassend neu und baute sie insbesondere in Umsetzung der Anerkennungs-RL und unter Einbeziehung des bisherigen § 60 VIII 2 AufenthG erheblich aus. Der Gesetzgeber begründet dies wie folgt[3]: „Art. 3 ist die Rechtsgrundlage für die Zuerkennung der Flüchtlingseigenschaft. Dabei wird unterschieden zwischen der Definition des Flüchtlingsbegriffs (Abs. 1–3) und der Statusgewährung (Abs. 4). Diese Unterscheidung entspricht der Systematik der Anerkennungs-RL (vgl. Art. 2 Buchst. c und Art. 2 Buchst. d, Art. 13). **Abs. 1** legt die (positiven) Voraussetzungen der Flüchtlingseigenschaft iSd GK fest und verweist hierfür auf die auch nach dem bisherigen Recht maßgebliche Definition des Flüchtlingsbegriffs in § 60 I des AufenthG. **Abs. 2** enthält die negativen Tatbestandsmerkmale der Flüchtlingseigenschaft, bei deren Vorliegen der betreffende Ausländer nicht Flüchtling iSd GK ist. Danach ist die Flüchtlingseigenschaft ausgeschlossen, wenn der Ausländer Verbrechen gegen die Menschlichkeit, Kriegsverbrechen oder ähnlich schwere Straftaten begangen hat. Dies gilt auch für den Fall, dass dem Ausländer eine Verfolgung iSv Abs. 1 droht. Es handelt sich um Fälle der Asylunwürdigkeit. Die Flüchtlingseigenschaft ist ausgeschlossen, wenn schwerwiegende Gründe für die Annahme sprechen, dass die bezeichneten Straftaten begangen wurden. Eine Gefährdung der Sicherheit Deutschlands oder der Bevölkerung ist nicht erforderlich. Mit der Regelung in **Abs. 2 S. 1** wird Art. 12 II der Anerkennungs-RL umgesetzt. Letzterer beruht auf Art. 1 F der GK. Die Bestimmung entspricht weitgehend dem geltenden § 60 VIII 2 des AufenthaltsG. **Abs. 2 S. 1 Nr. 1** ist identisch mit Art. 12 II Buchst. a der Anerkennungs-RL und Art. 1 F Buchst. a der GK. **Abs. 2 S. 1 Nr. 2** ist identisch Art. 12 II Buchst. b der Anerkennungs-RL und Art. 1 F Buchst. b der GK. Die neue Regelung, wonach grausame Handlungen grundsätzlich als schwere nichtpolitische Straftaten einzustufen sind, dient der Klarstellung und soll die vielfach schwierige Abgrenzung zwischen politischen und nichtpolitischen Straftaten erleichtern. Als grausame Taten sind insbesondere Anschläge auf die Zivilbevölkerung einzustufen. **Abs. 2 S. 1 Nr. 3** ist inhaltsgleich mit Art. 12 II Buchst. c der Anerkennungs-RL und Art. 1 F Buchst. c der GK. Mit der Regelung in **Abs. 2 S. 2** wird Art. 12 III der Anerkennungs-RL umgesetzt. Dadurch

---
[1] BT-Drs. 12/2062, 5.
[2] BT-Drs. 15/420, 40.
[3] BT-Drs. 16/5065, 213.

Zuerkennung der Flüchtlingseigenschaft § 3 AsylG 7

wird klargestellt, dass die Ausschlussgründe auch bei Anstiftung und Beihilfe zu den genannten Straftaten und Handlungen zu beachten sind. Durch **S. 2** wird klargestellt, dass die Ausschlussgründe nicht nur für Täter, sondern auch für sonstige Beteiligte einer Straftat gelten. Die Regelungen in **Abs. 2** sind – wie die ihr zugrunde liegenden Bestimmungen in der Anerkennungs-RL und der GK – zwingend. Die Regelungen dürfen daher auch nicht durch anderweitige Schutzgewährungen unterlaufen werden, durch die der Betreffende eine dem Flüchtlingsstatus vergleichbare Rechtsposition erhält. Eine insoweit mögliche Kollision zwischen der Flüchtlingsanerkennung im Sinne der GK und der Asylberechtigung (Art. 16a GG) wird durch § 30 IV des AsylVfG vermieden, da danach die Ausschlussklauseln gleichermaßen bei der Flüchtlingsanerkennung wie auch bei der Anerkennung als Asylberechtigte anzuwenden sind. § 30 IV trägt insoweit auch dem Gedanken des grundsätzlichen Anwendungsvorrangs des Unionsrechts gegenüber dem nationalen Recht Rechnung. **Abs. 3** setzt Art. 12 I der Anerkennungs-RL in das nationale Recht um. Die Regelung beinhaltet, dass Ausländer, die bereits den Schutz der Vereinten Nationen nach Art. 1 D der GK genießen, keine Flüchtlinge iSv S. 1 sind[4]. Dies betrifft gegenwärtig nur palästinensische Flüchtlinge, die dem Mandat der UNRWA (United Nations Relief and Work Agency for Palestinian Refugees in the Near East) unterstehen[5]. Der Ausschluss in Abs. 3 umfasst bei Palästinaflüchtlingen dabei alle Operationsgebiete des UNWRA[6]. Auch im Zeitpunkt der Gerichtsentscheidung muss es weiterhin möglich oder zumutbar sein, sich dem UNRWA-Schutz zu unterstellen[7]. **Abs. 4** regelt die förmliche Zuerkennung der Flüchtlingseigenschaft und die damit verbundene Rechtsposition. Grundsätzlich haben Ausländer, die die Voraussetzungen nach Abs. 1 erfüllen und nicht unter die Ausschlusstatbestände der Abs. 2 und 3 fallen, Anspruch auf eine Aufenthaltserlaubnis und die weiteren vorgesehenen Statusrechte. Dies gilt nicht, wenn die Voraussetzungen nach Halbsatz 2 vorliegen. Danach wird die Flüchtlingseigenschaft nicht zuerkannt, wenn der Betreffende eine Gefahr für die Sicherheit Deutschlands oder eine Gefahr für die Allgemeinheit ist. Die Regelung steht in Zusammenhang mit der Ausnahme vom Abschiebungsverbot für Flüchtlinge nach § 60 VIII 1 des AufenthG. Soweit ein Flüchtling vom Abschiebungsverbot ausgenommen ist, ist sein Aufenthalt nicht rechtmäßig; er hat daher – jedenfalls nach flüchtlingsrechtlichen Bestimmungen – grundsätzlich keinen Anspruch auf die mit einem rechtmäßigen Aufenthalt verbundenen Statusrechte (zB Aufenthaltstitel). Dies ist auch iRd Anerkennungsverfahrens zu berücksichtigen. Die Regelung setzt Art. 14 V der Anerkennungs-RL iVm dem Erwägungsgrund 23 in das nationale Recht um." Das **RLUmsG 2013** änderte Abs. 1 der Norm zum 1.12.2013 im Wesentlichen redaktionell. Seither wird nicht mehr auf § 60 I AufenthG verwiesen, sondern es gilt der ausformulierte Text des beinahe identischen Art. 1 A Nr. 2 GK. Zur Begründung wurde ausgeführt: „Der Flüchtlingsbegriff wird im Wortlaut der in Art 1 A der GK und der in der (Qualifikations)Richtlinie 2011/95/EU enthaltenen Flüchtlingsdefinition angepasst. Damit soll Kohärenz mit der Entscheidungspraxis anderer Mitgliedstaaten der EU gewährleistet werden. Die Untergliederung wurde im Hinblick auf eine bessere Lesbarkeit des Textes eingefügt." Flankierend zum sog. **Asylpaket II**[8] wurde gemäß Art. 2 Nr. 1 des am 17.3.2016 (BGBl. I S. 394) in Kraft getretenen Gesetzes zur erleichterten Ausweisung von straffälligen Ausländern und zum erweiterten Ausschluss der Flüchtlingsanerkennung bei straffälligen Asylbewerbern in Abs. 4 der letzte Halbsatz („oder das Bundesamt …") angefügt. Es handelt sich um eine Folgeänderung insbesondere zum neuen § 60 VIII 3 AufenthG[9].

II. Allgemeines

Trotz der aufgezeigten Änderungen im Wortlaut stimmt Abs. 1 der Vorschrift materiell-rechtlich im Wesentlichen mit § 51 III AuslG aF überein. Bei den iSv § 60 I AufenthG gefährdeten Personen handelt es sich um **politisch Verfolgte**, die Abschiebungsschutz genießen, aber keine förmliche 2

---

[4] Der aus einem Wegfall des Schutzes bzw. Beistandes durch UNRWA resultierende ipso facto-Flüchtlingsschutz zugunsten eines bei UNRWA registrierten staatenlosen Palästinensers, der einen Asylantrag in der EU gestellt hat, greift jedenfalls dann nicht mehr ein, wenn dieser zuvor einen gewöhnlichen Aufenthalt in einem Drittstaat außerhalb des Tätigkeitsbereichs der UNRWA begründet hatte. Von einem (vom Willen des Betroffenen unabhängigen) Wegfall des Beistandes bzw. Schutzes durch UNRWA ist ungeachtet einer fortdauernden Tätigkeit dieser Organisation auch dann auszugehen, wenn es dem Betroffenen – etwa bürgerkriegsbedingt – nicht möglich ist, sich in Sicherheit und unter menschenwürdigen Lebensbedingungen in dem maßgeblichen UNRWA-Gebiet aufzuhalten; vgl. BVerwG Urt. v. 25.4.2019 – 1 C 28.18.
[5] Hierzu urteilte der EuGH am 25.7.2018 – C-585/16 – Alheto, dass ein Palästinenser, der vom UNRWA als Flüchtling anerkannt wurde, in der EU nicht als Flüchtling anerkannt werden kann, solange ihm diese UN-Organisation tatsächlich Schutz oder Beistand gewährt. Auch subsidiärer Schutz könne nicht gewährt werden, solange die sehr unsichere persönliche Lage im Gazastreifen nicht nachgewiesen ist oder, andernfalls, wenn Jordanien bereit ist, den Palästinenser in seinem Hoheitsgebiet wiederaufzunehmen und ihm das Recht einzuräumen, sich dort unter menschenwürdigen Lebensbedingungen so lange aufzuhalten, wie es die im Gazastreifen bestehenden Gefahren erfordern.
[6] Vgl. EuGH Urt. v. 13.1.2021 – C-507/19.
[7] Vgl. BVerwG Urt. v. 27.4.2021 – 1 C 2.21.
[8] → Vorb. Rn. 34 ff.
[9] Vgl. hierzu die Kommentierung bei § 60 AufenthG.

Asylanerkennung erhalten[10]. Die heutige Formulierung „ist Flüchtling" bringt die beabsichtigte Rechtsfolge besser als die frühere („erfüllt zugleich die Voraussetzungen ...") zum Ausdruck. Der Feststellung nach § 60 I AufenthG kommt zudem die Funktion einer **Statusentscheidung** zu (vgl. Abs. 4), was relevant ist, weil das Völkerrecht nur „Rechte im Asyl" kennt und kein „Recht auf Asyl"[11]. Die Statusentscheidung ist den Vertragsstaaten überlassen bzw. nunmehr in Art. 24 I Anerkennungs-RL[12] unionseinheitlich geregelt (vgl. § 25 II AufenthG).

3   Die Rechtsfolge der Feststellung der Voraussetzungen des Abs. 1 bzw. § 60 I AufenthG besteht in der Feststellung der Eigenschaft eines ausländischen Flüchtlings iSd GK. Da diese in Art. 1 A Nr. 2 GK definiert ist, könnte sich hier der evtl. Unterschied zwischen Art. 1 A Nr. 2 GK einerseits und Art. 33 I GK auswirken, dem § 60 I AufenthG nachgebildet ist[13]. In diesem Umfang könnte es sich um eine **konstitutive Erstreckung** und nicht nur um eine „Klärung des Rechtsstatus" handeln[14].

4   Schon bisher konnte die Feststellung der Voraussetzungen des Abs. 1 bzw. § 60 I AufenthG der Rechtsfolgenanordnung wegen als Flüchtlingsanerkennung bezeichnet werden. Durch das RLUmsG 2007 wurde die entsprechende Statusgewährung, dh die **Zuerkennung der Flüchtlingseigenschaft,** ausdrücklich in Abs. 4 angeordnet. Dadurch werden Ähnlichkeiten mit der Asylanerkennung und die Nähe zu den Asylberechtigten deutlich. Anders als § 2 für Asylberechtigung enthält § 3 allerdings keine Aussage über die aus der Flüchtlingseigenschaft fließenden Rechte etwa auf dem Gebiet des Arbeits- und Sozialrechts; diese ergeben sich jedoch unmittelbar aus der GK und den Leistungsgesetzen[15]. Unberührt bleibt das Refoulement-Verbot (Art. 33 GK), das keine unanfechtbare förmliche Statusentscheidung voraussetzt.

III. Zuerkennung der Flüchtlingseigenschaft

5   Die **Asylberechtigung** geht von der klassischen Trias eines Flüchtlingsschicksals aus, dh von der asylerheblichen staatlichen Verfolgung im Herkunftsland und deshalb der Flucht und folgender Asylantragstellung in Deutschland. Fehlt es an einem Element oder kommt der Ausländer aus einem sicheren Dritt- oder Herkunftsstaat (§§ 26a, 29a), scheidet die Asylgewährung grundsätzlich aus. Die Zuerkennung der Flüchtlingseigenschaft ist hingegen **wesentlich weitreichender,** dh, sie ist etwa auch bei Verfolgung durch nichtstaatliche Akteure oder bei Verlassen des Herkunftslandes ohne aktuelle persönliche Bedrohung oder bei Bestehen von sog. Nachfluchtgründen möglich. Folgerichtig spricht heute auch niemand mehr vom „kleinen Asyl", die Zuerkennung der Flüchtlingseigenschaft wird vom BAMF konsequent an erster Stelle geprüft[16] und ein zusätzliches Asylbegehren bedarf nach BVerwG Beschl. vom 16.9.2015 – 1 B 36.15 besonderer Darlegung. In Abgrenzung zum internationalen **Subsidiärschutz,** der allein wegen der besonderen Schwere der drohenden Rechtsgutverletzung gewährt wird, kann die Flüchtlingseigenschaft aber nur zuerkannt werden, wenn Verfolgung mit beachtlicher Wahrscheinlichkeit („real risk") droht **gerade wegen** eines oder mehreren der fünf anerkannten Verfolgungsgründe: Rasse, Religion, Nationalität, politische Überzeugung, Zugehörigkeit zu einer bestimmten sozialen Gruppe[17]. Grundlage für eine Zuerkennung der Flüchtlingseigenschaft ist die entsprechende **positive Entscheidung** des BAMF oder eines Gerichts. Für eine begründete Furcht vor Verfolgung muss eine Gefahrenprognose erfolgen und Überzeugungsgewissheit iSv § 108 I VwGO bestehen; der nicht Vorverfolgte trägt die materielle Beweislast[18]. Mit der Neufassung des § 3 durch das RLUmsG 2007 ist hier zwar das Tatbestandsmerkmal „unanfechtbar festgestellt" entfallen, was seinen Hintergrund wohl auch im Wegfall der Institution des Bundesbeauftragten für Asylangelegenheiten (§ 6 aF) hatte. Die neue Erwähnung der „unanfechtbaren" Zuerkennung der Flüchtlingseigenschaft in § 60 I 2 AufenthG illustriert jedoch, dass die Folgen der Zuerkennung erst dann eintreten können, wenn entweder ein Zuerkennungsbescheid des BAMF ergangen ist oder ein entsprechendes Verpflichtungsurteil **rechtskräftig** geworden ist. Denn solange ein Urteil noch aufgehoben werden kann, fehlt es an der hinreichend gesicherten Flüchtlingsanerkennung. Eine gerichtliche Verpflichtung des BAMF zur Zuerkennung der Flüchtlingseigenschaft ergibt sich allerdings nicht aus gerichtlichen Entscheidungen in Eilverfahren, obiter dicta oder Inzidentfeststellungen in anderen Entscheidungen. Abzustellen ist allein auf die rechtskräftige Verpflichtungsentscheidung; auf die administrative Ausführung des Urteils durch einen Zuerkennungsbescheid des

---

[10] Dazu → GG Art. 16a Rn. 17.
[11] Vgl. *Marx* AsylG § 3 Rn. 1.
[12] Vgl. Art. 24 I 1 Anerkennungs-RL: „Sobald wie möglich nach Zuerkennung des internationalen Schutzes und unbeschadet des Art 21 Abs 3 stellen die Mitgliedstaaten Personen, denen der Flüchtlingsstatus zuerkannt worden ist, einen Aufenthaltstitel aus, der mindestens drei Jahre gültig und verlängerbar sein muss, es sei denn, dass zwingende Gründe der nationalen Sicherheit oder öffentlichen Ordnung dem entgegenstehen."
[13] → § 1 Rn. 8; → AufenthG § 60 Rn. 3 ff.
[14] AA Bundestag und Bundesrat, BT-Drs. 11/6541, 4; 11/6960, 25; zu deren Verbindlichkeit vgl. § 4.
[15] Dazu → Rn. 8 ff.
[16] Typischer Bescheidaufbau: 1. Flüchtlingseigenschaft, 2. Asylanerkennung, 3. Subsidiärer Schutzstatus, 4. Abschiebungsverbote nach § 60 V und VII AufenthG, 5. Abschiebungsandrohung.
[17] Ausf. VGH BW Urt. v. 27.3.2019 – A 4 S 335/19.
[18] Vgl. BVerwG Urt. v. 4.7.2019 – 1 C 31.18.

BAMF kommt es (anders als nach § 51 III AuslG aF) nicht an. Die Rechtswirkungen treten vielmehr sofort mit Rechtskraft ein[19].

Die Zuerkennung der Flüchtlingseigenschaft iSd § 3 kann nur durch **innerstaatliche** behördliche[20] **6** bzw. gerichtliche Feststellungen iSv § 60 I AufenthG erfolgen. Damit sind Personen ausgenommen, deren Flüchtlingseigenschaft in anderer Weise festgestellt ist. Nach § 60 I 2 AufenthG liegen zwar die Voraussetzungen des § 60 I 1 AufenthG außer bei Asylberechtigung auch bei im Ausland anerkannten ausländischen Flüchtlingen und im Inland gleichgestellten Personen vor; diese Personenkreise sind hier aber nicht erfasst. Asylberechtigte fallen unter § 2, auf heimatlose Ausländer (und bis Ende 2004 auch Kontingentflüchtlinge) ist das AsylG nicht anwendbar (§ 1 II), und für statutäre Flüchtlinge (Art. 1 D GK) bedarf es nicht der Feststellung des § 60 I AufenthG[21]. Heimatlose Ausländer stehen aber weitgehend Inländern gleich (zB §§ 16–19 HAG) und können sich auf Art. 2–34 GK berufen (§ 1 I HumAG); statutäre Flüchtlinge kommen unmittelbar in den Genuss der GK-Rechte. **„Staatenloser"** iSv Abs. 1 ist nur eine Person, die kein Staat aufgrund seines Rechts als Staatsangehörigen ansieht, dh ein De-jure-Staatenloser. Bei De-facto-Staatenlosen ist eine drohende Verfolgung deshalb in Bezug auf den Staat ihrer De-jure-Staatsangehörigkeit zu prüfen. Der gewöhnliche Aufenthalt eines Staatenlosen muss nicht rechtmäßig sein. Es genügt, wenn der Staatenlose in dem betreffenden Land tatsächlich seinen Lebensmittelpunkt gefunden hat, in dem Land also nicht nur vorübergehend verweilt, ohne dass die zuständige Behörde aufenthaltsbeendende Maßnahmen gegen ihn einleitet[22].

IV. Ausschluss der Flüchtlingsanerkennung

Der mit dem RLUmsG 2007 in § 3 II neu formulierte Ausschluss der Flüchtlingsanerkennung **7** entspricht weitgehend dem bisherigen § 60 VIII 2 AufenthG (früher § 51 III 2 AuslG)[23] und ist aus Art. 12 II Anerkennungs-RL bzw. aus Art. 1 F GK übernommen (s. deshalb auch die Kommentierungen zu → AufenthG § 60 Rn. 26 ff.). Er bezieht sich ausschließlich auf **Handlungen in der Vergangenheit**, steht nicht auf einer Stufe mit dem Ausschluss des Refoulement-Verbots des Art. 33 II GK und untersagt es dem Vertragsstaat nicht, dem Flüchtling aus anderen Gründen ein Bleiberecht zu gewähren (Nr. 4 und 8 UNHCR-Richtlinien zu Art. 1 F GK – UNHCR-RL)[24]. Die Definitionen der internationalen Verbrechen lassen sich zT aus internationalen Vertragswerken entnehmen oder entwickeln (Nachweis in Nr. 10–17 UNHCR-RL)[25], wobei allerdings im Zweifel einer unionseigenen Auslegung der Vorrang einzuräumen ist[26]. Der Ausschluss setzt immer die persönliche Verantwortung für die genannten Vergehen und Verbrechen voraus, die sich nicht allein aus der Zugehörigkeit zu einer Regierung oder Organisation ableiten lässt (näher dazu Nr. 18–23 UNHCR-RL). Trotz der Schwere der Straftaten darf der Grundsatz der Verhältnismäßigkeit auch hier nicht außer Acht gelassen werden (Nr. 24 UNHCR-RL). Die Formulierung, dass „die Annahme gerechtfertigt ist", kann allerdings iSe **Beweislastumkehr** gedeutet werden: War der Ausländer etwa in einer **Terrororganisation** tätig, wird er glaubhaft darlegen müssen, dass gerade ihn dennoch keine Verantwortung für bestimmte Verbrechen trifft.[27] Das BVerwG hat hierzu – im Anschluss an EuGH Urt. vom 9.11.2010 – C-57/09 – am 7.7.2011 überzeugend entschieden: „(1) § 73 Abs. 1 Satz 1 AsylVfG ist mit Blick auf die zwingend gebotene Beachtung der flüchtlingsrechtlichen Ausschlussgründe nach Art. 12 Abs. 2, Art. 14 Abs. 3 der Richtlinie 2004/83/EG unionsrechtskonform dahingehend auszulegen, dass bei Vorliegen solcher Ausschlussgründe der Widerruf einer vor Inkrafttreten der Ausschlussregelungen ausgesprochenen Flüchtlings- und Asylanerkennung zulässig und geboten ist. (2) Der Ausschluss von der Anerkennung als Flüchtling nach § 3 Abs. 2 Satz 1 Nr. 2 und 3 AsylVfG setzt nicht voraus, dass von dem Ausländer eine gegenwärtige Gefahr für die Sicherheit der Bundesrepublik Deutschland oder die Allgemeinheit ausgeht. Er setzt, sofern die tatbestandlichen Voraussetzungen dieser Ausschlussgründe erfüllt sind, auch keine auf den Einzelfall bezogene Verhältnismäßigkeitsprüfung voraus. (3) Zuwiderhandlungen gegen die Ziele und Grundsätze der Vereinten Nationen iSv § 3 Abs. 2 Satz 1 Nr. 3 AsylVfG können jedenfalls bei Aktivitäten des internationalen Terrorismus auch von Personen begangen werden, die keine Machtposition in einem Mitgliedstaat der Vereinten Nationen oder einer staatsähnlichen Organisation innehaben. (4) Allein die Zugehörigkeit einer Person zu einer Organisation, die ihre Ziele (auch) mit terroristischen Mitteln zu erreichen sucht, rechtfertigt nicht automatisch die Annahme eines Ausschlussgrundes nach § 3 Abs. 2 Satz 1 Nr. 2 oder 3 AsylVfG. Es bedarf vielmehr in jedem Einzelfall einer Würdigung der genauen tatsächlichen Umstände, um zu

---

[19] So auch *Funke-Kaiser* in GK-AsylG § 3 Rn. 7.
[20] Das BAMF tenoriert: „Dem/r Antragsteller/in wird die Flüchtlingseigenschaft zuerkannt."
[21] → § 2 Rn. 16.
[22] BVerwG Urt. v. 26.2.2009 – 10 C 50.07, BVerwGE 133, 203.
[23] Eingefügt durch das TerrorismusbekämpfungsG, BGBl. 2002 I S. 361.
[24] Text in ZAR 2004, 207.
[25] Ebenso BayVGH Urt. v. 21.10.2008 – 11 B 06.30 084.
[26] Vgl. EuGH Urt. v. 30.1.2014 – C-285/12 – Diakité.
[27] Zum Beweismaß für das Vorliegen von Ausschlussgründen vgl. BVerwG Urt. v. 25.11.2008 – 10 C 25.07, InfAuslR 2009, 171.

ermitteln, ob die von der Organisation begangenen Handlungen schwere nichtpolitische Straftaten oder Zuwiderhandlungen gegen die Ziele und Grundsätze der Vereinten Nationen im Sinne dieser Ausschlussgründe sind und der betreffenden Person eine individuelle Verantwortung für die Handlungen zugerechnet werden kann. (5) Wegen der Verwechselbarkeit der Rechtsstellung eines Asylberechtigten nach Art 16a GG und eines Flüchtlings iSd Richtlinie 2004/83/EG verbieten es die unionsrechtlichen Vorgaben in Art 3 der Richtlinie, eine nach Art. 12 Abs. 2 der Richtlinie von der Anerkennung als Flüchtling ausgeschlossene Person als Asylberechtigten anzuerkennen oder diese Anerkennung aufrechtzuerhalten."[28] Die Aufnahme einer Organisation in die Liste im Anhang zum Gemeinsamen Standpunkt 2001/931 ist ein starker Indikator dafür, dass es sich entweder um eine Terrororganisation handelt oder um eine Organisation, die verdächtigt wird, eine Terrororganisation zu sein[29].

Zuvor hatte das BVerwG bereits entschieden, dass vom grundrechtlichen Anspruch auf Asyl nicht nur derjenige ausgeschlossen ist, der terroristische Aktivitäten oder deren Unterstützung von der Bundesrepublik aus fortführt oder aufnimmt (sog. **Terrorismusvorbehalt**), sondern auch derjenige, der von hier aus Kriegsverbrechen oder Verbrechen gegen die Menschlichkeit begeht oder unterstützt[30]. Selbst EU-Bürgern kann iÜ wegen mutmaßlicher Kriegsverbrechen ein Aufenthaltsrecht verweigert werden[31]. Der Ausschluss nach Abs. 2 kann allerdings auch auf der Grundlage eines abgesenkten Beweismaßes nur angenommen werden, wenn für die erforderliche Haupttat **an einzelne Vorfälle angeknüpft** wird, wobei gewichtige ideologische und propagandistische Aktivitäten zugunsten einer terroristischen Organisation als Beteiligung an Zuwiderhandlungen gegen die Ziele und Grundsätze der Vereinten Nationen auch dann in Betracht kommen, wenn der Asylbewerber weder eine tatsächliche Einflussmöglichkeit auf die Begehung von Terrorakten hatte noch solche Taten öffentlich gebilligt oder dazu aufgerufen hat[32]. Der **EuGH** hat inzwischen bekräftigt, dass die Unterstützung einer Terrorvereinigung die Versagung der Zuerkennung der Flüchtlingseigenschaft rechtfertigen kann, **auch wenn nicht erwiesen ist,** dass die betreffende Person eine terroristische Handlung iSd Resolutionen des Sicherheitsrats der Vereinten Nationen begangen, zu begehen versucht oder angedroht hat. Für die Einzelprüfung der Tatsachen, anhand deren beurteilt werden kann, ob schwerwiegende Gründe zu der Annahme berechtigen, dass sich eine Person Handlungen, die den Zielen und Grundsätzen der Vereinten Nationen zuwiderlaufen, zuschulden kommen ließ, zu solchen Handlungen angestiftet oder sich in sonstiger Weise daran beteiligt hat, sind sowohl der Umstand, dass diese Person von den Gerichten eines Mitgliedstaats wegen der Beteiligung an den Aktivitäten einer terroristischen Vereinigung **verurteilt worden** ist, als auch die Feststellung, dass diese Person ein **führendes Mitglied** dieser Vereinigung war, von besonderer Bedeutung, ohne dass nachgewiesen werden müsste, dass diese Person selbst zu einer terroristischen Handlung angestiftet oder sich in sonstiger Weise daran beteiligt hat[33].

8 Als „**Verbrechen gegen den Frieden**" formuliert Art. 6 der Charta des international Militärtribunals[34]: Planung, Vorbereitung, Anstiften zu oder Führen eines Angriffskrieges oder eines Krieges, durch den internationale Verträge, Abkommen oder Zusicherungen verletzt werden oder die Teilnahme an einer Verschwörung zum Zwecke der Erfüllung eines der vorgenannten Ziele. Als „**Kriegsverbrechen**" wird hier definiert: die Verletzung von geschriebenem oder ungeschriebenem Kriegsrecht. Aktuelles regelt Art. 8 des Römischen Statuts des IStGH[35]: Hiernach ist kein internationaler Bezug des bewaffneten Konflikts notwendig. Kriegsverbrechen können auch in einem Bürgerkrieg begangen werden, während zivile Aufstände und Unruhen gewöhnlich nicht eingeschlossen sind. Benötigt wird allerdings eine Verknüpfung zwischen der kriminellen Handlung und dem bewaffneten Konflikt: Das Verbrechen muss im Kontext des bewaffneten Konflikts begangen werden *und* mit diesem in Verbindung stehen. Dabei kann die Gefährdung von Zivilisten, auch wenn diese nicht tatsächlich geschädigt werden, ein Kriegsverbrechen darstellen. Der Täter muss sich des tatsächlichen Hintergrunds des Konflikts sowie des geschützten Status der angegriffenen Person bzw. des angegriffenen Objekts bei Tatbegehung bewusst sein. Solche Verletzungen sollen folgende Verbrechen einschließen, aber nicht auf sie beschränkt sein: Mord, Misshandlung oder Deportation der Zivilbevölkerung des besetzten Gebiets oder der sich auf diesem Gebiet befindlichen Bevölkerung zum Zwecke der Zwangsarbeit oder zu einem anderen Zwecke, Ermordung oder Misshandlung von Kriegsgefangenen oder Personen auf See, das Töten von Geiseln, das Plündern öffentlichen oder privaten Eigentums, die mutwillige Zerstörung von Städten oder Dörfern oder Akte der Verwüstung, die nicht durch militärische Notwendigkeit gerechtfertigt sind. „**Verbrechen gegen die Menschlichkeit**" sind hier-

---

[28] BVerwG Urt. v. 7.7.2010 – 10 C 26.10.
[29] EuGH Urt. v. 24.6.2015 – C-373/13 Rn. 83 – H. T.
[30] BVerwG Urt. v. 31.3.2011 – 10 C 2.10.
[31] Vgl. EuGH Urt. v. 2.5.2018 – C-331/16 – K.
[32] Überzeugend BVerwG Urt. v. 19.11.2013 – 10 C 26.12.
[33] Vgl. EuGH Urt. v. 31.1.2017 – C-573/14 – Mostafa Lounani.
[34] Abgedr. in UNHCR-Handbuch über Verfahren und Kriterien zur Feststellung der Flüchtlingseigenschaft, Anhang V; vgl. auch BVerwG Urt. v. 24.11.2009 – 10 C 24.08.
[35] http://www.un.org/depts/german/internatrecht/roemstat1.html#T28.

nach vorsätzlich begangene Verbrechen, die Teil eines ausgedehnten oder systematischen Angriffs auf die Zivilbevölkerung sind und nicht notwendig ein politisches Element enthalten müssen wie Mord, Ausrottung, Versklavung, Deportation und andere Akte der Unmenschlichkeit gegenüber der Zivilbevölkerung vor oder während des Krieges; dazu zählen auch die Verfolgung aus politischen Gründen oder wegen der Zugehörigkeit zu einer bestimmten „Rasse" oder Religionsgemeinschaft bei der Ausführung oder in Verbindung mit einem in den Zuständigkeitsbereich des Gerichts fallenden Verbrechen, ungeachtet der Tatsache, ob es sich hierbei um eine Verletzung des innerstaatlichen Recht des Landes, in dem das Verbrechen begangen wurde, handelt oder nicht.

Was eine **„schwere nichtpolitische Straftat"** ist, lässt sich kaum allgemeingültig definieren. Sie muss außerhalb des Aufnahmelandes und vor der Erteilung einer auf der Flüchtlingseigenschaft beruhenden Aufenthaltsgenehmigung begangen worden sein, wobei dies nicht notwendig Voraussetzung des Ausschlusses ist. Bezüglich der „Schwere" der Straftat ist nicht auf das deutsche StGB, sondern auf internationale Standards abzustellen. Relevante Faktoren können ua die Art und Weise der Tatbegehung, insbesondere die Anwendung gewalttätiger Methoden, die Art und das Ausmaß des verursachten Schadens oder das Strafmaß im Verhältnis zur Höchststrafe für die Straftat sein. Es wird sich somit wohl immer um ein Kapitaldelikt handeln müssen, das nicht in engem und direktem Kausalzusammenhang mit echten politischen Motiven steht, dh, das aus persönlichen Gründen oder Gewinnstreben begangen wurde[36]. Als Beispiele werden Mord, Vergewaltigung, Folter, Menschen- oder Drogenhandel oder Wirtschaftsdelikte mit bedeutenden Verlusten genannt.

Wann eine Person den **„Zielen und Grundsätzen der VN zuwidergehandelt hat"**, lässt sich noch schwerer abstrakt definieren. Der Erwägungsgrund Nr. 31 der Anerkennungs-RL verweist auf die in der Präambel sowie in Art. 1 und 2 UN-Charta dargelegten Grundsätze, außerdem auf die Resolutionen der VN zu Antiterrormaßnahmen, in denen erklärt wird, dass die „Handlungen, Methoden und Praktiken des Terrorismus sowie die wissentliche Finanzierung und Planung terroristischer Handlungen und die Anstiftung dazu im Widerspruch zu den Zielen und Grundsätzen der VN stehen".[37] Dem Grundsatz, dass „Handlungen des internationalen Terrorismus in einer allgemeinen Weise und unabhängig von der Beteiligung eines Staates den Zielen und Grundsätzen der Vereinten Nationen zuwiderlaufen", hat sich auch der EuGH angeschlossen,[38] der allerdings auch betont, dass das Konzept des Art. 12 IIc nicht auf „terroristische Handlungen" allgemein oder die in Art. 1 I der Rahmenentscheidung 2002/475 genannten terroristischen Delikte beschränkt ist.[39] Auch eine strafrechtliche Verurteilung für derartige Delikte ist keine Voraussetzung des § 3 II Nr. 3. Zu den Überschneidungen der Anwendungsbereiche erläutert der UK Supreme Court: „Art. 1 F lit. c ist auf Handlungen anwendbar, die, obwohl sie nicht unter die Definition von Verbrechen gegen den Frieden, Kriegsverbrechen oder Verbrechen gegen die Menschlichkeit fallen, dennoch in Ungeheuerlichkeit und Charakter mit diesen vergleichbar sind; wie zum Beispiel anhaltende Menschenrechtsverletzungen und Handlungen, die von der internationalen Gemeinschaft eindeutig als Zuwiderhandlungen gegen die Ziele und Grundsätze der Vereinten Nationen identifiziert und akzeptiert wurden."[40] Der EuGH betont außerdem die Notwendigkeit einer internationalen Dimension der Tat, insbesondere eine Bedrohung des internationalen Friedens und der Sicherheit sowie die Handlungszentriertheit des Ausschlusses: Es kommt nicht auf die Position des Handelnden, etwa als Regierungsmitglied oder Inhaber einer sonstigen staatlichen Machtposition, sondern auf die Natur der begangenen Handlung an[41].

Die Begriffe der **„Anstiftung"** und **„Beteiligung"** gemäß § 3 II 2 entstammen Art. 12 III Anerkennungs-RL und sind damit nicht im Sinne des deutschen StGB zu definieren. Erfasst wird vielmehr jede irgendwie geartete Mitwirkung an den genannten Straftaten oder Handlungen, auch Versuche sind eingeschlossen. Eine Verknüpfung zwischen der Teilnahmehandlung und einer eigenen terroristischen Handlung muss nicht vorliegen. Allerdings bestehen auch hier Rechtfertigungs- bzw. Entschuldigungsgründe wie bspw. die Tatbeteiligung in minderjährigem Alter, das Vorliegen einer geistigen Beeinträchtigung, Tatbeteiligung im Zustand unfreiwilliger Berauschung, Tatbeteiligung zur Selbst- oder Fremdverteidigung unter Einsatz verhältnismäßiger Mittel, Nötigung zur Tatbeteiligung durch Bedrohung für Leib oder Leben des Betroffenen oder einer anderen Person und ein Handeln des Betroffenen mit dem Vorsatz, keine größeren Verletzungen herbeizuführen, als es zu verhindern galt, Irrtümer oder Tatbeteiligung aufgrund einer Rechtspflicht oder auch höherer Befehle, wenn der Betroffene nicht wusste, dass der Befehl rechtswidrig war bzw. der Befehl nicht eklatant rechtswidrig war.

---

[36] Vgl. UNHCR-Handbuch über Verfahren und Kriterien zur Feststellung der Flüchtlingseigenschaft, 2021 Rn. 151 ff.
[37] Vgl. Resolutionen 1373 (2001) und 1377 (2001) des UN-Sicherheitsrats; Erwägungsgrund Nr. 31 Anerkennungs-RL.
[38] EuGH Urt. v. 9.11.2010 – C-57/09 und C-101/09 Rn. 83 – B&D.
[39] EuGH Urt. v. 31.1.2017 – C-574/14 Rn. 48 ff. – Lounani.
[40] UK Supreme Court Urt. v. 21.11.2012 – (2012) UKSC 54 – Al-Sirri – Rn. 13.
[41] EuGH Urt. v. 9.11.2010 – C-57/09 ua Rn. 90 ff. – B&D.

11 Der Ausschluss der Flüchtlingsanerkennung in Abs. 4 Hs. 2 entspricht Art. 14 IV, V Anerkennungs-RL 2011/95/EU und verweist auf § 60 VIII AufenthG, dh seit 17.3.2016 nun auch flankierend zum Asylpaket II auf den neuen Ermessenstatbestand des § 60 VIII 3[42]. Hierzu wird auf die dortigen Kommentierungen verwiesen.

V. Rechtsstellung anerkannter Flüchtlinge

12 Wer Flüchtling nach Abs. 1 ist und keine Ausschlussgründe iSv Abs. 2, 3, 4 Hs. 2 iVm 60 VIII 1 AufenthG erfüllt, dem wird gem. Art. 13 Anerkennungs-RL 2011/95/EU[43] die Flüchtlingseigenschaft als **Status** ausdrücklich (ex nunc) zuerkannt. Die aus der Statusgewährung nach Abs. 4 und § 31 II folgenden **Rechte** sind in erster Linie Art. 21 ff. Anerkennungs-RL sowie Art. 2–32 GK und dem sonstigen innerstaatlichen Recht zu entnehmen. Nach Erwägungsgrund Nr. 21 Anerkennungs-RL ist die Anerkennung zwar dogmatisch „ein deklaratorischer Akt". Wie bei der Asylberechtigung wirkt die Statusentscheidung aber quasikonstitutiv. Grundsätzlich stehen anerkannte Flüchtlinge Asylberechtigten gleich, Letztere genießen aber zT über die GK hinausgehende Rechte. Seit Anfang 2005 erhält allerdings der Ausländer mit zuerkannter Flüchtlingseigenschaft ebenso eine (befristete) Aufenthaltserlaubnis wie der Asylberechtigte (§ 25 I und II AufenthG) und nicht wie früher statt einer unbefristeten Aufenthaltserlaubnis nach § 68 I AsylVfG aF nur eine Aufenthaltsbefugnis nach Maßgabe des § 70 AsylVfG aF. Nunmehr erwachsen den Flüchtlingen aus einem geringwertigeren Aufenthaltsstatus, den der Gesetzgeber früher wegen des Unterschieds zwischen verfassungsrechtlicher Asylgewährung und konventionsrechtlichem Abschiebungsschutz für gerechtfertigt hielt, auch sonst keine Nachteile mehr. Die frühere gesetzgeberische Absicht zur Differenzierung, die letztlich aus dem Willen zur strikten Durchsetzung der Drittstaatenregelung herrührte (mit der Folge der durchgehenden Ungleichbehandlung), wurde mithin aufgegeben. Anerkannte Flüchtlinge müssen nach BVerwG Beschl. vom 16.9.2015 – 1 B 36.15 – besonders darlegen, wenn sie zusätzlich Asyl begehren.

VI. Erwerbstätigkeits- und Sozialrecht

13 Va im Arbeits- und Sozialrecht wirkt es sich aus, dass der Gesetzgeber GK- bzw. Anerkennungs-RL-Flüchtlinge nunmehr im selben Maße für **schutzbedürftig** erachtet wie Asylberechtigte. Ohnehin können sich Konventionsflüchtlinge auf die Gewährleistungen und Rechte der **Art. 21 ff. Anerkennungs-RL** bzw. Art. 2–32 GK berufen. Ansonsten stehen ihnen dieselben Rechte zu wie Asylberechtigten, soweit sie diesen nicht ausdrücklich vorbehalten sind.

14 Für eine **Arbeitnehmertätigkeit** benötigen Flüchtlinge ebenso wenig die Zustimmung der BA wie Asylberechtigte, denn die ihnen zustehende Aufenthaltserlaubnis berechtigt sie ohne Weiteres zur Ausübung einer Erwerbstätigkeit (§ 25 II, I 4 AufenthG). Außerdem sind sie aus diesem Grund aufenthaltsrechtlich dazu befugt, eine selbstständige Erwerbstätigkeit auszuüben. Sie müssen nur wie Inländer die sonstigen Voraussetzungen für eine derartige Tätigkeit erfüllen, zB bestimmte Prüfungen abgelegt haben, Berufserlaubnisse besitzen oder zu einem reglementierten Beruf zugelassen sein.

15 **Kindergeld** ist Flüchtlingen ebenso zu gewähren wie Asylberechtigten (vgl. Art. 23 GK), solange sie im Bundesgebiet Wohnsitz oder gewöhnlichen Aufenthalt haben und eine Aufenthaltserlaubnis oder Niederlassungserlaubnis besitzen (§ 1 III 1 Nr. 1 und 3 BKGG; § 62 II Nr. 1 und 3 EStG)[44]. Falls der Flüchtling als Arbeitnehmer innerhalb der EU gewandert ist und seine Situation damit einen Unionsrechtsbezug aufweist, ist er Deutschen gleichgestellt[45]. Flüchtlinge türkischer Staatsangehörigkeit können sich zudem ungeachtet des Besitzes eines besonderen Aufenthaltstitels auf das deutsch-türkische Abkommen über Soziale Sicherheit berufen, sofern sie ihren gewöhnlichen Aufenthalt in Deutschland haben[46]. Entsprechendes gilt für Flüchtlinge aus Bosnien und Herzegowina (deutsch-jugoslawisches Abkommen)[47]. Flüchtlinge mit Aufenthaltserlaubnis oder Niederlassungserlaubnis sind auch zum Bezug von **Ausbildungsförderung** berechtigt (§ 8 I Nr. 6 BAföG).

16 Ähnliche Grundsätze gelten für das (bundesrechtliche) **Erziehungsgeld** (§ 1 VI 2 Nr. 1 und 3 BErzGG). Der frühere Ausschluss von Besitzern einer Aufenthaltsbefugnis vom Kindergeld war verfassungswidrig[48]. Unabhängig davon ist einerseits zu beachten, dass Erziehungsgeld von Art. 23, 24 GK nicht erfasst wird und das unionsrechtliche Diskriminierungsverbot auf einen unmittelbar aus dem Heimatstaat eingereisten Flüchtling nicht anwendbar ist[49]. Andererseits handelt es sich beim Kindergeld

---

[42] Vgl. hierzu BT-Drs. 18/7537, 8 f.
[43] Art. 13 Anerkennungs-RL: „Die Mitgliedstaaten erkennen einem Drittstaatsangehörigen oder einem Staatenlosen, der die Voraussetzungen der Kapitel II und III erfüllt, die Flüchtlingseigenschaft zu."
[44] Zur Verfassungswidrigkeit des Fortfalls des Kindergelds für Besitzer einer Aufenthaltsbefugnis für frühere Zeiträume BVerfG Beschl. v. 6.7.2004 – 1 BvL 4/97, BVerfGE 111, 160.
[45] EuGH Urt. v. 11.10.2001 – C-95/99, DVBl 2002, 41.
[46] BSG Urt. v. 13.12.2000 – B 14 KG 1/00 R, InfAuslR 2001, 181.
[47] BSG Urt. v. 12.4.2000 – B 14 KG 3/99 R, NVwZ 2001, Beilage Nr. 1, 14.
[48] BVerfG Beschl. v. 6.7.2004 – 1 BvR 2515/95, BVerfGE 111, 176; Anm. *Renner* ZAR 2005, 29.
[49] BSG Urt. v. 29.1.2002 – B 10 EG 7/01 R, EZAR 457 Nr. 2.

um eine Familienleistung im Sinne von Art. 4 ARB 3/80 mit der Folge, dass türkische Staatsangehörige, auch wenn sie nicht innerhalb der EU gewandert sind, nach Art. 3 ARB 3/80 nicht ungleich behandelt werden dürfen[50]. Dieses Diskriminierungsverbot gilt auch für das Landeserziehungsgeld[51].

Im Bereich der **Sozialhilfe** sind auch anerkannte Flüchtlinge nicht schlechter gestellt als Deutscher (vgl. Art. 23 GK). Hierzu müssen sie lediglich eine Aufenthaltserlaubnis (oder eine Niederlassungserlaubnis) besitzen und sich voraussichtlich dauerhaft in Deutschland aufhalten (§ 23 I 4 SGB XII). Die letztere Voraussetzung erfüllen sie auch dann, wenn die Widerrufsmöglichkeiten innerhalb von drei Jahren und nach Fortfall der Verfolgungsgefahr (§ 73 II a) berücksichtigt wird[52]. Im Übrigen hat ein Flüchtling mit befristetem Aufenthaltsrecht Anspruch auf die gleichen Sozialleistungen wie ein Flüchtling mit dauerhaftem Aufenthaltsrecht[53]. 17

Keinen unbedingten Anspruch auf Gleichbehandlung mit Asylberechtigten haben Flüchtlinge bei Maßnahmen der **Integrationsförderung**. Sie sind aber zur Teilnahme an einem Integrationskurs berechtigt bzw. verpflichtet, wenn sie erstmals eine Aufenthaltserlaubnis aufgrund ihrer Anerkennung erhalten (§ 44 I 1 Nr. 3, § 44a AufenthG). Die letztere Voraussetzung erfüllen sie auch dann, wenn die Widerrufsmöglichkeiten nach Fortfall der Verfolgungsgefahr berücksichtigt werden und die zwingende Überprüfung innerhalb von drei Jahren nach § 73 IIa noch nicht stattgefunden hat. Ihr Aufenthalt ist nicht vorübergehender Natur, sondern auf Dauer angelegt, auch wenn sie zunächst nur eine einjährige Aufenthaltserlaubnis besitzen sollten (vgl. § 44 I 2 AufenthG). 18

Eine Wohnsitzauflage für einen anerkannten Flüchtling oder auch nur subsidiär Schutzberechtigten darf keinesfalls, auch nicht nur mittragend, mit fiskalischen Erwägungen begründet werden[54]. 19

§ 3a Verfolgungshandlungen

(1) Als Verfolgung im Sinne des § 3 Absatz 1 gelten Handlungen, die
1. auf Grund ihrer Art oder Wiederholung so gravierend sind, dass sie eine schwerwiegende Verletzung der grundlegenden Menschenrechte darstellen, insbesondere der Rechte, von denen nach Artikel 15 Absatz 2 der Konvention vom 4. November 1950 zum Schutze der Menschenrechte und Grundfreiheiten (BGBl. 1952 II S. 685, 953) keine Abweichung zulässig ist, oder
2. in einer Kumulierung unterschiedlicher Maßnahmen, einschließlich einer Verletzung der Menschenrechte, bestehen, die so gravierend ist, dass eine Person davon in ähnlicher wie der in Nummer 1 beschriebenen Weise betroffen ist.

(2) Als Verfolgung im Sinne des Absatzes 1 können unter anderem die folgenden Handlungen gelten:
1. die Anwendung physischer oder psychischer Gewalt, einschließlich sexueller Gewalt,
2. gesetzliche, administrative, polizeiliche oder justizielle Maßnahmen, die als solche diskriminierend sind oder in diskriminierender Weise angewandt werden,
3. unverhältnismäßige oder diskriminierende Strafverfolgung oder Bestrafung,
4. Verweigerung gerichtlichen Rechtsschutzes mit dem Ergebnis einer unverhältnismäßigen oder diskriminierenden Bestrafung,
5. Strafverfolgung oder Bestrafung wegen Verweigerung des Militärdienstes in einem Konflikt, wenn der Militärdienst Verbrechen oder Handlungen umfassen würde, die unter die Ausschlussklauseln des § 3 Absatz 2 fallen,
6. Handlungen, die an die Geschlechtszugehörigkeit anknüpfen oder gegen Kinder gerichtet sind.

(3) Zwischen den in § 3 Absatz 1 Nummer 1 in Verbindung mit den in § 3b genannten Verfolgungsgründen und den in den Absätzen 1 und 2 als Verfolgung eingestuften Handlungen oder dem Fehlen von Schutz vor solchen Handlungen muss eine Verknüpfung bestehen.

I. Entstehungsgeschichte

Die Vorschrift wurde erst durch Art. 1 Nr. 7 RLUmsG 2013 mWz 1.12.2013 in das AsylVfG eingefügt. In der **Gesetzesbegründung**[1] hieß es hierzu: „Die neu eingefügten §§ 3a bis 3e enthalten Auslegungsbestimmungen für die Anwendung der einzelnen Elemente der Flüchtlingsdefinition. Sie setzen die Artikel 6 bis 10 der Richtlinie 2011/95/EU um. Ihre Vorläuferbestimmungen aus der 1

---
[50] BVerwG Urt. v. 6.12.2001 – 3 C 25.01, NVwZ 2002, 864.
[51] Betr. Bayern, BSG Urt. v. 29.1.2002 – B 10 EG 2/01 R, NVwZ 2002, Beilage Nr. I 11, 119.
[52] Zur Dauerhaftigkeit des Aufenthalts → § 2 Rn. 27.
[53] EuGH Urt. v. 21.11.2018 – C-713/17.
[54] Vgl. BVerwG Beschl. v. 7.6.2019 – 1 C 5.16, unter Verweis auf EuGH Urt. v. 1.3.2016 – C-443/14 und C-444/14, weil dies nicht mit Art. 33 und 29 Anerkennungs-RL 2011/95/EU zu vereinbaren ist.
[1] BT-Drs. 17/13063, 19.

Richtlinie 2004/83/EG waren bislang über einen Verweis im bisherigen § 60 Absatz 1 AufenthG in das deutsche Recht inkorporiert. Im Hinblick auf eine bessere Lesbarkeit werden sie nunmehr in das AsylVfG aufgenommen. Der Wortlaut der einzelnen Richtlinienbestimmungen wird weitgehend beibehalten, um eine einheitliche Entscheidungspraxis unter den Mitgliedstaaten sicherzustellen. Mit § 4 werden die grundlegenden Tatbestandsvoraussetzungen des internationalen subsidiären Schutzes in das AsylVfG übernommen. Die Vorschrift entspricht Art 15 und Art 17 Abs 2 der Richtlinie 2011/95/EU."

2   Nach **Art. 1 A Nr. 2 GK** findet der Ausdruck „Flüchtling" auf jede Person Anwendung, die „aus begründeter Furcht vor Verfolgung" geflohen ist. In der **Anerkennungs-RL** wird dieser Flüchtlingsbegriff in den Art. 6–12 iSv Teilelementen[2] ausformuliert. § 3a setzt insoweit Art. 9 Anerkennungs-RL um und entspricht dieser Vorschrift fast wortwörtlich. Der Ausländer muss also darlegen, er habe begründete Furcht vor den in § 3a genannten Verfolgungshandlungen, was BAMF bzw. VG gemäß Art. 4 IIIa Anerkennungs-RL gegebenenfalls weiter aufzuklären haben.

3   Generell muss sich im Rahmen von Auslegung der Anerkennungs-RL sowie der umsetzenden §§ 3–4 immer zunächst an den Vorgaben der **Genfer Konvention** orientiert werden. Denn die Anerkennungs-RL wurde va erlassen, um die zuständigen Behörden der EU-Mitgliedstaaten bei der GK-Anwendung auf der Grundlage gemeinsamer Konzepte und Kriterien zu leiten. Zudem müssen bei der Auslegung der §§ 3–4 immer die Achtung der **Grundrechte** und insbesondere die Befolgung der in der GRCh anerkannten Grundsätze gewährleisten werden[3].

II. Verfolgungshandlungen

4   Als „Verfolgung" iSd GK wird jede dauerhafte oder systematische Verletzung grundlegender Menschenrechte angesehen[4]. Art. 9 Anerkennungs-RL bzw. § 3a versuchen, diesen Begriff durch Konkretisierungen für die Rechtspraxis operabel zu machen. Eine Verfolgungshandlung idS setzt grundsätzlich einen **gezielten aktiven Eingriff** in ein geschütztes Rechtsgut voraus[5]. Faktische Bedrohungen oder bürgerkriegsähnliche Zustände genügen insoweit ebenso wenig wie ein Unterlassen; dieses kann allerdings bei § 3d, dh der Frage des wirksamen Schutzes vor Verfolgung, relevant sein. Bei der Frage, ob eine Handlung als Verfolgung zu werten ist, sind gemäß Art. 4 III lit. c Anerkennungs-RL auch die **individuelle Lage sowie die persönlichen Umstände** des Ausländers zu bewerten. Vergangene Verfolgungshandlungen sind nur von Bedeutung, wenn sie im Zeitpunkt der Entscheidung über den Antrag (vgl. Art. 4 IIIa Anerkennungs-RL) noch Wirkungen entfalten, dh etwa bei Rückkehr des Schutzsuchenden in sein Heimatland ein Verfolgungsakteur präsent ist, der anknüpfend an frühere Verfolgungshandlungen (wie etwa ein Todesurteil) erneut aktiv wird (im Beispiel durch Vollstreckung der verhängten Strafe)[6]. Zu diesem **Zeitpunkt** muss prognostisch auf quantitativer und zugleich qualitativer Grundlage[7] von einem **„real risk"**, einer beachtlichen Wahrscheinlichkeit der Verfolgung, auszugehen sein. Neue Verfolgungshandlungen nach der Einreise können als Nachfluchtgründe gem. § 28 Bedeutung haben.

5   Ein Verfolgungseingriff muss weiter **„schwerwiegend"** sein, was der – nur beispielhafte – Verweis in Abs. 1 Nr. 1 auf den notstandsfesten Kern der EMRK in Art. 15 II der Konvention (insbesondere das Folterverbot)[8] illustriert. Zu den **grundlegenden** Menschenrechten gehört primär der Schutz von Leib, Leben und Freiheit. Nach Abs. 1 Nr. 2 kann aber auch die Summe verschiedener „leichterer" Maßnahmen im Wege der **Kumulierung** vergleichsweise schwer wiegen. Anlässlich der Frage, ob die **Bestrafung homosexueller Handlungen** diese Vorgaben erfüllt, hat der **EuGH** beispielhaft und lehrreich wie folgt argumentiert: „Nach diesen Bestimmungen stellt eine Verletzung von Grundrechten nur dann eine Verfolgung im Sinne von Art. 1 A GK dar, wenn sie von einer bestimmten Schwere ist. Nicht jede Verletzung der Grundrechte eines homosexuellen Asylbewerbers ist notwendigerweise so schwerwiegend. Hierzu ist zunächst festzustellen, dass die Grundrechte, die spezifisch mit der in den jeweiligen Ausgangsverfahren fraglichen sexuellen Ausrichtung verbunden sind – wie das Recht auf Achtung des Privat- und Familienlebens, das durch Art. 8 EMRK, dem Art. 7 GRCh entspricht, gegebenenfalls in Verbindung mit Art. 14 EMRK, von dem Art. 21 Abs. 1 GRCh geleitet wird, gestützt ist –, nicht zu den Grundrechten gehören, von denen keine Abweichung möglich ist. Daher kann das bloße Bestehen von Rechtsvorschriften, nach denen homosexuelle Handlungen unter Strafe gestellt sind, nicht als Maßnahme betrachtet werden, die den Antragsteller in so erheblicher Weise beeinträchtigt, dass der Grad an Schwere erreicht ist, der erforderlich ist, um diese Strafbarkeit als Verfolgung im Sinne von Art. 9 Abs. 1 Anerkennungs-RL ansehen zu können. Dagegen kann die Freiheitsstrafe, mit der eine Rechtsvorschrift bewehrt ist, die wie die in den Ausgangsverfahren in Rede

---

[2] Vgl. *Marx* AsylG, 8. Aufl. 2014, § 3a Rn. 2.
[3] So ausdrücklich EuGH Urt. v. 7.11.2013 – C-199/12 – 201/12 Rn. 39 f. – X, Y, Z.
[4] House of Lords, IJRL 2001, 174 ff.
[5] Vgl. BVerwG Urt. v. 19.1.2009 – 10 C 52.07; aA *Lübbe* ZAR 2011, 164.
[6] Vgl. VGH BW Urt. v. 7.12.2021 – A 10 S 2189/21.
[7] Ausf. *Berlit* ZAR 2017, 110.
[8] Vgl. hierzu *Bergmann* Das Menschenbild der EMRK, 1995, 277.

stehende homosexuelle Handlungen unter Strafe stellt, für sich alleine eine Verfolgungshandlung im Sinne von Art 9 Abs 1 Anerkennungs-RL darstellen, sofern sie im Herkunftsland, das eine solche Regelung erlassen hat, tatsächlich verhängt wird. Eine solche Strafe verstößt nämlich gegen Art. 8 EMRK, dem Art. 7 GRCh entspricht, und stellt eine unverhältnismäßige oder diskriminierende Bestrafung im Sinne von Art. 9 Abs. 2 lit. c Anerkennungs-RL dar. Daher haben die nationalen Behörden, wenn ein Asylbewerber – wie in den jeweiligen Ausgangsverfahren – geltend macht, dass in seinem Herkunftsland Rechtsvorschriften bestünden, die homosexuelle Handlungen unter Strafe stellten, im Rahmen ihrer Prüfung der Ereignisse und Umstände nach Art. 4 Anerkennungs-RL alle das Herkunftsland betreffenden relevanten Tatsachen einschließlich der Rechts- und Verwaltungsvorschriften dieses Landes und der Weise, in der sie angewandt werden, zu prüfen, wie dies in Art. 4 Abs. 3 lit. a Anerkennungs-RL vorgesehen ist. Im Rahmen dieser Prüfung müssen diese Behörden insbesondere ermitteln, ob im Herkunftsland des Antragstellers die in diesen Rechtsvorschriften vorgesehene Freiheitsstrafe in der Praxis verhängt wird. Im Licht dieser Hinweise haben die nationalen Behörden zu entscheiden, ob der Antragsteller tatsächlich Grund zur Befürchtung hatte, nach der Rückkehr in sein Herkunftsland im Sinne von Art. 2 lit. c in Verbindung mit Art. 9 Abs. 3 Anerkennungs-RL verfolgt zu werden. Nach alledem ist auf die dritte (...) Frage zu antworten, dass Art. 9 Abs. 1 in Verbindung mit Art. 9 Abs. 2 lit. c AnerkennungsRL dahin auszulegen ist, dass der bloße Umstand, dass homosexuelle Handlungen unter Strafe gestellt sind, als solcher keine Verfolgungshandlung darstellt. Dagegen ist eine Freiheitsstrafe, mit der homosexuelle Handlungen bedroht sind und die im Herkunftsland, das eine solche Regelung erlassen hat, tatsächlich verhängt wird, als unverhältnismäßige oder diskriminierende Bestrafung zu betrachten und stellt somit eine Verfolgungshandlung dar."[9]

III. Regelbeispiele

In **Abs. 2** formuliert § 3a verschiedene, ausdrücklich nicht abschließend gemeinte („unter anderem") Regelbeispiele für das Vorliegen einer Verfolgungshandlung iSv Abs. 1. Hier sind teilweise neutrale Handlungen beschrieben, die dennoch **unverhältnismäßig bzw. diskriminierend** wirken können. Ob eine Handlung diese Vorgaben erfüllt, bedarf immer einer wertenden Beurteilung des Einzelfalls. Nach **Nr. 1** kann **Gewalt** eben nicht erst bei Bejahung des Foltertatbestandes als Verfolgungshandlung eingestuft werden. Der Begriff der sexuellen Gewalt, der regelmäßig den Foltertatbestand erfüllt[10], reicht zudem wesentlich weiter als der der Vergewaltigung und erfasst auch sonstige sexuell erniedrigende Handlungen. Bei kriegstaktischem und vorsätzlichem Einsatz gegen Zivilpersonen kann sogar ein Kriegsverbrechen vorliegen[11]. Nach **Nr. 2** können gesetzliche, administrative, polizeiliche oder justizielle Maßnahmen Verfolgungshandlungen iSv Abs. 1 darstellen, soweit der **Diskriminierungstatbestand** erfüllt ist, was etwa ernsthafte Einschränkungen im Bildungsbereich oder gezielte Behinderungen im Rahmen der Leistungsverwaltung oder gravierende Beeinträchtigungen bei beruflicher Betätigung voraussetzt[12]. Vergleichbares gilt für unverhältnismäßige oder diskriminierende **Strafverfolgung oder Bestrafung** nach **Nr. 3**, wofür etwa ein festgestellter Politmalus spricht[13]. Die Formulierung einer Strafnorm allein spielt allerdings keine entscheidende Bedeutung. Ausschlaggebend ist vielmehr ihre konkrete Anwendung in der ständigen Strafrechtspraxis, weil es auf sie für den internationalen Schutz des Ausländers ankommt[14]. Eng angelehnt an Nr. 2 stellt **Nr. 4** auf die **Verweigerung gerichtlichen Rechtsschutzes** ab, die auch bei deutlich unzulänglicher Gewährleistung oder gravierender Verletzung des „fair trial" nach Art. 6 EMRK gegeben sein kann[15]. Liegt eine solche Verweigerung vor, etwa im Falle von Verwaltungshaft, die sich einzelfallbezogen als unverhältnismäßig oder diskriminierend erweist, besteht ein starkes Verfolgungsindiz. Interner Schutz gemäß § 3e ist hier regelmäßig irrelevant, weil staatliche Verfolgung vorliegt. Nach **Nr. 5** kann auch Strafverfolgung oder Bestrafung wegen **Verweigerung des Militärdienstes** eine Verfolgungshandlung iSv Abs. 1 sein, was indes eine explizite Ablehnung erfordert (nicht bloße Flucht[16]). Im Leiturteil zum US-amerikanischen Deserteur *Shepherd* hat der **EuGH** am 26.2.2015 in der Rechtssache C-472/13 grundlegende Ausführungen hierzu gemacht: „Nach alledem sind (...) die Bestimmungen von Art. 9 Abs. 2 lit. e Anerkennungs-RL dahin auszulegen, (1) dass sie alle Militärangehörigen einschließlich des logistischen und unterstützenden Personals erfassen, (2) dass sie den Fall betreffen, in dem der geleistete

---

[9] EuGH Urt. v. 7.11.2013 – C-199/12 – 201/12 Rn. 53–61 – X, Y, Z.
[10] Vgl. EGMR HRLJ 1998, 59 ff. – Aydin.
[11] Sicherheitsrat, Resolution 1820 (2008).
[12] Vgl. *Marx* § 3a Rn. 27 ff. AsylVfG, 8. Aufl. 2014.
[13] Maßnahmen wie die Verurteilung zu einer Freiheitsstrafe, die unehrenhafte Entlassung aus der Armee sowie eine daran anknüpfende soziale Ächtung und Benachteiligung, die einem Militärangehörigen wegen der Verweigerung des Militärdienstes drohen, fallen ggf. nicht unter Abs. 2 Nr. 2 und 3; vgl. EuGH Urt. v. 26.2.2015 – C-472 – Shepherd.
[14] Vgl. BVerfG Beschl. v. 1.7.1987 – 2 BvR 478/86.
[15] Vgl. EGMR Urt. v. 16.10.2001 – 71555/01 – Einhorn.
[16] Vgl. hierzu auch VGH BW Urt. v. 27.3.2019 – A 4 S 335/19 sowie BVerwG Urt. v. 4.7.2019 – 1 C 31.18.

Militärdienst selbst in einem bestimmten Konflikt die Begehung von Kriegsverbrechen umfassen würde, einschließlich der Fälle, in denen der die Zuerkennung der Flüchtlingseigenschaft begehrende Antragsteller nur mittelbar an der Begehung solcher Verbrechen beteiligt wäre, wenn es bei vernünftiger Betrachtung plausibel erscheint, dass er durch die Ausübung seiner Funktionen eine für die Vorbereitung oder Durchführung der Verbrechen unerlässliche Unterstützung leisten würde, (3) dass sie nicht ausschließlich Fälle betreffen, in denen feststeht, dass bereits Kriegsverbrechen begangen wurden oder vor den Internationalen Strafgerichtshof gebracht werden könnten, sondern auch solche, in denen der die Zuerkennung der Flüchtlingseigenschaft begehrende Antragsteller darzulegen vermag, dass solche Verbrechen mit hoher Wahrscheinlichkeit begangen werden, (4) dass die allein den innerstaatlichen Behörden unter gerichtlicher Kontrolle obliegende Tatsachenwürdigung zur Einordnung der bei dem in Rede stehenden Dienst bestehenden Situation auf ein Bündel von Indizien zu stützen ist, das geeignet ist, in Anbetracht aller relevanten Umstände – insbesondere der mit dem Herkunftsland verbundenen Tatsachen, die zum Zeitpunkt der Entscheidung über den Antrag relevant sind, sowie der individuellen Lage und der persönlichen Umstände des Antragstellers – zu belegen, dass die bei diesem Dienst bestehende Situation die Begehung der behaupteten Kriegsverbrechen plausibel erscheinen lässt, (5) dass bei der den innerstaatlichen Behörden obliegenden Würdigung zu berücksichtigen ist, dass eine militärische Intervention aufgrund eines Mandats des Sicherheitsrats der Organisation der Vereinten Nationen oder auf der Grundlage eines Konsenses der internationalen Gemeinschaft stattfindet und dass der oder die Operationen durchführenden Staaten Kriegsverbrechen ahnden, und (6) dass die Verweigerung des Militärdienstes das einzige Mittel darstellen muss, das es dem die Zuerkennung der Flüchtlingseigenschaft begehrenden Antragsteller erlaubt, der Beteiligung an den behaupteten Kriegsverbrechen zu entgehen, so dass der Umstand, dass er kein Verfahren zur Anerkennung als Kriegsdienstverweigerer angestrengt hat, jeden Schutz nach Art. 9 Abs. 2 lit. e Anerkennungs-RL ausschließt, sofern der Antragsteller nicht beweist, dass ihm in seiner konkreten Situation kein derartiges Verfahren zur Verfügung stand." Im **Urteil EZ** vom 19.11.2020 in der Rechtssache C-238/19 hat der EuGH anlässlich des Syrienkriegs ua ergänzend ausgeführt: „Art. 9 Abs. 2 lit. e Anerkennungs-RL ist dahin auszulegen, dass er es, wenn das Recht des Herkunftsstaats die Möglichkeit der Verweigerung des Militärdienstes nicht vorsieht, nicht verwehrt, diese Verweigerung in dem Fall festzustellen, in dem der Betroffene seine Verweigerung nicht in einem bestimmten Verfahren formalisiert hat und aus seinem Herkunftsland geflohen ist, ohne sich der Militärverwaltung zur Verfügung zu stellen. Zudem ist die Norm dahin auszulegen, dass für einen Wehrpflichtigen, der seinen Militärdienst in einem Konflikt verweigert, seinen künftigen militärischen Einsatzbereich aber nicht kennt, die Ableistung des Militärdienstes in einem Kontext eines allgemeinen Bürgerkriegs, der durch die wiederholte und systematische Begehung von Verbrechen oder Handlungen im Sinne von Art. 12 Abs. 2 dieser Richtlinie durch die Armee unter Einsatz von Wehrpflichtigen gekennzeichnet ist, unabhängig vom Einsatzgebiet unmittelbar oder mittelbar die Beteiligung an solchen Verbrechen oder Handlungen umfassen würde. Art. 9 Abs. 3 Anerkennungs-RL ist dahin auszulegen, dass zwischen den in ihrem Art. 10 genannten Gründen und der Strafverfolgung oder Bestrafung im Sinne von Art. 9 Abs. 2 lit. e dieser Richtlinie eine Verknüpfung bestehen muss."[17]

Nach **Nr. 6** können Handlungen, die an die **Geschlechtszugehörigkeit anknüpfen oder gegen Kinder gerichtet** sind, Verfolgungshandlungen iSv Abs. 1 sein. Hierunter sind insbesondere Vergewaltigungen zu fassen und andere Formen von Gewalt gegen Frauen wie zB Geschlechtsverstümmelungen oder Frauenhandel. Typische gegen Kinder gerichtete Handlungen sind die Zwangsrekrutierung als Soldaten, sexuelle Ausbeutung, Sippenhaft oder drohende Umerziehungsmaßnahmen[18].

IV. Verknüpfungsklausel

7   Gemäß Abs. 3 muss zwischen den in § 3 I Nr. 1 iVm den in § 3b genannten **Verfolgungsgründen** (einem oder mehrere) und den in den Abs. 1 und 2 als Verfolgung eingestuften **Handlungen** oder dem Fehlen von Schutz vor solchen Handlungen eine Verknüpfung bestehen, dh Verfolgung muss „**wegen**" bestimmter Verfolgungsgründe drohen, anderenfalls kann eventuell nur subsidiärer Schutz nach § 4 zuerkannt werden. Auf die subjektive Motivation des Verfolgers kommt es dabei nicht an, sondern auf die objektiven Auswirkungen für den/die Betroffenen. Auch genügt es, wenn ein Verfolgungsgrund nach § 3b ein wesentlicher Faktor für die Verfolgungshandlung ist und insoweit eine **erkennbare Gerichtetheit** der Maßnahme besteht[19].

---

[17] Siehe hierzu auch die das EuGH-Urt. EZ umsetzenden Entscheidungen des VGH BW Beschl. v. 22.12.2020 – A 4 S 4001/20 und Urt. v. 4.5.2021 – A 4 S 468/21.
[18] Ausf. *Marx* AsylG, 8. Aufl. 2014, § 3a Rn. 46 ff.
[19] Vgl. BVerfGE 83, 231 ff. und BVerfG Urt. v. 10.7.1989 – 2 BvR 501/86.

§ 3b Verfolgungsgründe

(1) Bei der Prüfung der Verfolgungsgründe nach § 3 Absatz 1 Nummer 1 ist Folgendes zu berücksichtigen:
1. der Begriff der Rasse umfasst insbesondere die Aspekte Hautfarbe, Herkunft und Zugehörigkeit zu einer bestimmten ethnischen Gruppe;
2. der Begriff der Religion umfasst insbesondere theistische, nichttheistische und atheistische Glaubensüberzeugungen, die Teilnahme oder Nichtteilnahme an religiösen Riten im privaten oder öffentlichen Bereich, allein oder in Gemeinschaft mit anderen, sonstige religiöse Betätigungen oder Meinungsäußerungen und Verhaltensweisen Einzelner oder einer Gemeinschaft, die sich auf eine religiöse Überzeugung stützen oder nach dieser vorgeschrieben sind;
3. der Begriff der Nationalität beschränkt sich nicht auf die Staatsangehörigkeit oder das Fehlen einer solchen, sondern bezeichnet insbesondere auch die Zugehörigkeit zu einer Gruppe, die durch ihre kulturelle, ethnische oder sprachliche Identität, gemeinsame geografische oder politische Herkunft oder ihre Verwandtschaft mit der Bevölkerung eines anderen Staates bestimmt wird;
4. eine Gruppe gilt insbesondere als eine bestimmte soziale Gruppe, wenn
   a) die Mitglieder dieser Gruppe angeborene Merkmale oder einen gemeinsamen Hintergrund, der nicht verändert werden kann, gemein haben oder Merkmale oder eine Glaubensüberzeugung teilen, die so bedeutsam für die Identität oder das Gewissen sind, dass der Betreffende nicht gezwungen werden sollte, auf sie zu verzichten, und
   b) die Gruppe in dem betreffenden Land eine deutlich abgegrenzte Identität hat, da sie von der sie umgebenden Gesellschaft als andersartig betrachtet wird;
   als eine bestimmte soziale Gruppe kann auch eine Gruppe gelten, die sich auf das gemeinsame Merkmal der sexuellen Orientierung gründet; Handlungen, die nach deutschem Recht als strafbar gelten, fallen nicht darunter; eine Verfolgung wegen der Zugehörigkeit zu einer bestimmten sozialen Gruppe kann auch vorliegen, wenn sie allein an das Geschlecht oder die geschlechtliche Identität anknüpft;
5. unter dem Begriff der politischen Überzeugung ist insbesondere zu verstehen, dass der Ausländer in einer Angelegenheit, die die in § 3c genannten potenziellen Verfolger sowie deren Politiken oder Verfahren betrifft, eine Meinung, Grundhaltung oder Überzeugung vertritt, wobei es unerheblich ist, ob er auf Grund dieser Meinung, Grundhaltung oder Überzeugung tätig geworden ist.

(2) Bei der Bewertung der Frage, ob die Furcht eines Ausländers vor Verfolgung begründet ist, ist es unerheblich, ob er tatsächlich die Merkmale der Rasse oder die religiösen, nationalen, sozialen oder politischen Merkmale aufweist, die zur Verfolgung führen, sofern ihm diese Merkmale von seinem Verfolger zugeschrieben werden.

I. Entstehungsgeschichte

Die Vorschrift wurde erst durch Art. 1 Nr. 7 **RLUmsG 2013** mWz 1.12.2013 in das AsylVfG eingefügt. In der **Gesetzesbegründung**[1] hieß es hierzu: „Die Vorschrift setzt Art 10 der Richtlinie um. Art 10 Abs 1 lit d der Richtlinie enthält gegenüber der Vorläufervorschrift eine Änderung bei den Regelungen zur geschlechtsspezifischen Verfolgung. Danach sind geschlechtsbezogene Aspekte einschließlich der geschlechtlichen Identität bei der Bestimmung einer sozialen Gruppe angemessen zu berücksichtigen. Da diese Regelung für Antragsteller weniger günstig ist als die geltende deutsche Regelung, wurde sie nicht übernommen. Stattdessen wurde die geltende Regelung (§ 60 Abs 1 S. 3 AufenthG) modifiziert beibehalten und ihr Regelungsbereich auf das Merkmal geschlechtliche Identität ausgedehnt. Was als strafbare Handlung in Bezug auf das Merkmal der sexuellen Orientierung anzusehen ist, wird nach deutschem Recht geprüft, unabhängig von der Frage, ob dieses nach den §§ 3 ff. StGB überhaupt Anwendung findet." § 3b setzt mithin den fast wortgleichen **Art. 10 Anerkennungs-RL** um. Die Verfolgungsgründe sind gemäß § 3a III mit den Verfolgungshandlungen zu verknüpfen. Fehlt es an einer solchen Verknüpfung, ist gegebenenfalls subsidiärer Schutz nach § 4 zu gewähren.

II. Verfolgungsgründe

Entsprechend Art. 10 Anerkennungs-RL listet § 3b folgende Verfolgungsgründe auf: Nr. 1 Rasse, Nr. 2 Religion, Nr. 3 Nationalität, Nr. 4 Soziale Gruppenzugehörigkeit, Nr. 5 Politische Überzeugung. **Nr. 1:** Der in Deutschland diskreditierte Begriff „**Rasse**" umfasst alle ethnischen Gruppierungen, dh zielt auf Personen, die wegen ihrer ethnischen Gruppenzugehörigkeit, Hautfarbe bzw. Herkunft menschenunwürdig diskriminiert werden. **Nr. 2:** Der Begriff der **Religion** umfasst – ent-

---
[1] BT-Drs. 17/13063, 19 f.

gegen der bisherigen deutschen Rspr.[2] – nicht mehr allein das auf ernsthafter Glaubensüberzeugung[3] beruhende sog. religiöse Existenzminimum im häuslich-privaten bzw. nachbarschaftlich-kommunikativen Bereich, sondern ausdrücklich nun auch die Religionsausübung im öffentlichen Bereich, dh etwa die Teilnahme an öffentlichen Gottesdiensten oder das öffentliche Tragen von Religionssymbolen; die Tragweite dieser Norm wurde nunmehr höchstrichterlich vom hierfür zuständigen EuGH erstmals partiell ausgeleuchtet[4]. Auch unter Geltung der Anerkennungs-RL führt allerdings nicht jede Einschränkung der Religionsfreiheit zu einer Verfolgung iSd Flüchtlingsrechts, insbesondere wenn es um gesetzlich vorgesehene Einschränkungsmöglichkeiten geht. Ob eine Maßnahme an die Religion als Verfolgungsgrund anknüpft, ergibt sich aus Art. 10 Anerkennungs-RL; Art. 9 Anerkennungs-RL ist dagegen zu entnehmen, welches Rechtsgut in welchem Ausmaß geschützt ist. Ein Eingriff in den Kernbereich der Religionsfreiheit stellt in jedem Fall eine schwerwiegende Verletzung eines grundlegenden Menschenrechts iSd Art. 9 I Anerkennungs-RL dar[5]. Wichtig ist weiter, dass die Frage des unter Verfolgungsdruck zu erwartenden Verzichts auf religiöse Betätigung nicht mehr gestellt werden darf („irrelevant"). Sobald mithin – was eine Tatsachenfrage ist – ein „echter Gläubiger" gegeben ist, der bei Rückkehr in seine Heimat tatsächlich „religiös gefährlich" agieren würde und wenn dieses Agieren zu „Verfolgung etc" führen dürfte („real risk"), muss grundsätzlich die Flüchtlingseigenschaft zuerkannt werden, weil schon dann die tatsächliche Gefahr der Verfolgung gegeben ist. Inwieweit Verfolgung wegen Verletzung religiöser Normen iwS (zB islamische Kleiderordnung, nichteheliches Kind, häusliche Gewalt, Genitalverstümmelung, Heiratsverbote, Zwangsverheiratung, Zwangssterilisation, Ehrenmorde, Blutrache) anzuerkennen ist, muss immer iVm § 3a I, III auch nach der Schwere der drohenden Menschrechtsverletzung im Einzelfall beurteilt werden.[6] **Nr. 3:** Der Begriff der Staatsangehörigkeit bzw. – weiter, weil ethnische und kulturelle Elemente beinhaltend – derjenige der **Nationalität** umfasst Verfolgung von Minderheiten oder auch Mehrheiten wegen des Vorhandenseins oder Fehlens einer bestimmten Verbindung an einen Staat. Der Entzug der Staatsangehörigkeit kann eine schwerwiegende Verletzung grundlegender Menschenrechte iSd Art. 9 I Anerkennungs-RL darstellen. Bei der Beurteilung der Schwere der durch eine Ausbürgerung bewirkten Rechtsgutverletzung sind nach Art. 4 III lit. c Anerkennungs-RL auch die individuelle Lage und die persönlichen Umstände des Betroffenen zu berücksichtigen[7]. **Nr. 4:** Verfolgung wegen Zugehörigkeit zu einer bestimmten **sozialen Gruppe** ist nicht trennscharf von Verfolgung insbesondere wegen „Rasse", Religion oder Nationalität zu scheiden, weil auf angeborene Merkmale (bspw. Ethnie, Geschlecht, sexuelle Orientierung) bzw. nicht verzichtbare Überzeugungen (auch religiöser oder politischer Art) bzw. die Betrachtung als gesellschaftlicher Fremdkörper („Andersartigkeit") abgestellt wird. **Nr. 5:** Verfolgung wegen **politischer Überzeugung** liegt vor, wenn diese an eine abweichende Meinung, Grundhaltung oder Überzeugung zu Fragen des öffentlichen Staats- oder Gesellschaftslebens angeknüpft, die sich iÜ auch nur in schlichtem (Unterstützungs-)Handeln äußern kann, dh iwS Opposition bekämpft wird, zB auch

---

[2] Vgl. etwa BVerfG Beschl. v. 1.7.1987 – 2 BvR 478, 962/86, BVerfGE 76, 158 f.; Urt. v. 20.1.2004 – 1 C 9.03, InfAusR 2004, 319.

[3] Bzgl. dieser inneren Tatsache darf wegen des Grundsatzes der Unmittelbarkeit der Beweisaufnahme nicht allein aufgrund Aktenlage geurteilt werden; vgl. BVerwG Urt. v. 9.12.2010 – 10 C 13.09.

[4] Der EuGH entschied mit Urt. v. 5.9.2012 in den Rechtssachen C-71/11 und C-99/11 – Y und Z bzgl. Verknüpfung dieses Verfolgungsgrundes mit der Verfolgungshandlung: 1.) Art. 9 I a Anerkennungs-RL ist dahin auszulegen, dass – nicht jeder Eingriff in das Recht auf Religionsfreiheit, der gegen Art. 10 I GRCh verstößt, bereits eine „Verfolgungshandlung" iSd Bestimmung der Richtlinie darstellt; – eine Verfolgungshandlung sich vielmehr aus einem Eingriff in die öffentliche Ausübung dieser Freiheit ergeben kann und – bei der Beurteilung der Frage, ob ein Eingriff in das Recht auf Religionsfreiheit, der Art. 10 I GRCh verletzt, eine „Verfolgungshandlung" darstellen kann, die zuständigen Behörden im Hinblick auf die persönlichen Umstände des Betroffenen prüfen müssen, ob er aufgrund der Ausübung dieser Freiheit in seinem Herkunftsland ua tatsächlich Gefahr läuft, durch einen der in Art. 6 Anerkennungs-RL genannten Akteure verfolgt oder unmenschlicher oder erniedrigender Behandlung oder Bestrafung unterworfen zu werden. 2.) Art. 2c Anerkennungs-RL ist dahin auszulegen, dass eine begründete Furcht des Antragstellers vor Verfolgung vorliegt, sobald nach Auffassung der zuständigen Behörden im Hinblick auf die persönlichen Umstände des Antragstellers vernünftigerweise anzunehmen ist, dass er nach Rückkehr in sein Herkunftsland religiöse Betätigungen vornehmen wird, die ihn der tatsächlichen Gefahr einer Verfolgung aussetzen. Bei der individuellen Prüfung eines Antrags auf Anerkennung als Flüchtling können die Behörden dem Antragsteller nicht zumuten, auf diese religiösen Betätigungen zu verzichten. Vgl. hierzu auch BVerwG Urt. v. 20.2.2013 – 10 C 23.12 und VG Stuttgart Urt. v. 11.4.2013 – A 12 K 2 435/12.

[5] BVerwG Urt. v. 5.3.2009 – 10 C 51.07, BVerwGE 133, 221.

[6] Ausf. zu einzelnen Fallgruppen *Marx* AsylG, 8. Aufl., § 3b Rn. 28 ff. Vgl. zu dieser Problematik auch BVerfG Beschl. v. 27.10.1995 – 2 BvR 384/95: „Ergeben sich bei der Prüfung eines Anordnungsanspruchs gewichtige Anhaltspunkte, daß der Beschwerdeführerin bei einer Rückkehr in den Iran eine menschenrechtswidrige Bestrafung (gemäß Art 102 des Iranischen Gesetzbuches 100 Peitschenhiebe wegen außerehelichen Geschlechtsverkehrs) drohen könnte, dürfen die Gerichte die konkrete Gefahr einer Bestrafung ohne weitere Ermittlungen nicht verneinen. Sie dürfen sich va nicht auf eine Auslegung des Koran und eine ‚korankonforme' Interpretation des Iranischen Gesetzbuches durch das insoweit nicht sachverständige Auswärtige Amt beschränken." Zu Homosexualität vgl. EuGH Urt. v. 7.11.2013 – C-199/12 – X ua.

[7] BVerwG Urt. v. 26.2.2009 – 10 C 50.07, BVerwGE 133, 203.

durch „normale" Strafverfolgung mit Politmalus.[8] In Abgrenzung zum internationalen **Subsidiärschutz,** der allein wegen der besonderen Schwere der drohenden Rechtsgutverletzung gewährt wird, kann die Flüchtlingseigenschaft mithin nur zuerkannt werden, wenn Verfolgung mit beachtlicher Wahrscheinlichkeit („real risk") droht **gerade wegen** eines oder mehreren der fünf anerkannten Verfolgungsgründe Rasse, Religion, Nationalität, politische Überzeugung, Zugehörigkeit zu einer bestimmten sozialen Gruppe. Hat ein Flüchtling bereits Subsidiärschutz und begehrt die „Aufstockung", spricht viel dafür, für die Frage des Verfolgungsgrundes einen strengeren **Wahrscheinlichkeitsmaßstab** anzulegen; insoweit reicht dann nicht ohne weiteres das „real risk" aus, zB als Oppositioneller wahrgenommen zu werden, sondern es bedarf einer hinreichenden Sicherheit. Denn der „Real risk"-Maßstab wurde entwickelt, um effektiven Flüchtlingsschutz zu gewährleisten[9], was hier bereits geschehen ist[10]. Bei glaubhafter Flucht wegen Militärdienstverweigerung kann aber „eine starke Vermutung" pro Flüchtlingsanerkennung wegen politischer oder religiöser Verfolgung oder Zugehörigkeit zu einer bestimmten sozialen Gruppe bestehen. Hier muss auch der Richter bei der Anhörung genau prüfen und sich ein Bild von der wahren Fluchtgründen machen und bei fortbestehender Verfolgungsgefahr im Zweifel zusprechen[11].

III. Zuschreibung und Gruppenverfolgung

Nach **Abs. 3** bzw. Art. 10 II Anerkennungs-RL ist es bei der Bewertung der Frage, ob die Furcht eines Antragstellers vor Verfolgung begründet ist, unerheblich, ob der Antragsteller tatsächlich die Merkmale der „Rasse" oder die religiösen, nationalen, sozialen oder politischen Merkmale aufweist, die zur Verfolgung führen, sofern ihm diese Merkmale **vom Verfolger zugeschrieben** werden. Zwar sind Anträge nach Art. 4 III Anerkennungs-RL immer individuell zu prüfen; spielen individuelle Momente für den Verfolger jedoch keine ausschlaggebende Rolle, kann jedes Mitglied einer bestimmten Gruppe gewissermaßen auch „aus fremdem Schicksal" verfolgt sein, dh, es liegt **Gruppenverfolgung** vor. Die asylrechtliche Figur der Gruppenverfolgung betrifft mithin den Rückschluss auf eine Gefahr der Verfolgung für einen Asylbewerber aus der Verfolgung von Dritten wegen eines asylerheblichen Merkmals, das er mit ihnen teilt[12]. An den von der höchstrichterlichen Rspr. entwickelten Maßstäben für die Gruppenverfolgung[13] ist auch unter Geltung der Anerkennungs-RL festzuhalten (auch bei privater Verfolgung durch nichtstaatliche Akteure[14]). Hiernach ist von den Tatsachengerichten aufgrund einer wertenden Betrachtung im Sinne der Gewichtung und Abwägung aller festgestellten Umstände und ihrer Bedeutung zu entscheiden, ob Verfolgungshandlungen gegen eine bestimmte Gruppe von Menschen in deren Herkunftsstaat die Voraussetzungen der Verfolgungsdichte erfüllen[15]. Dabei muss zunächst die Gesamtzahl der Angehörigen der von Verfolgungshandlungen betroffenen Gruppe ermittelt werden. Weiter müssen Anzahl und Intensität aller Verfolgungsmaßnahmen, gegen die Schutz weder von staatlichen Stellen noch von staatsähnlichen Herrschaftsorganisationen einschließlich internationaler Organisationen zu erlangen ist, möglichst detailliert festgestellt und hinsichtlich der Anknüpfung an ein oder mehrere unverfügbare Merkmale nach ihrer objektiven Gerichtetheit zugeordnet werden. Alle danach gleichgearteten, auf eine nach denselben Merkmalen zusammengesetzte Gruppe bezogenen Verfolgungsmaßnahmen müssen schließlich zur ermittelten Größe dieser Gruppe in Beziehung gesetzt werden, weil eine bestimmte Anzahl von Eingriffen, die sich für eine kleine Gruppe von Verfolgten bereits als bedrohlich erweist, gegenüber einer großen Gruppe vergleichsweise geringfügig erscheinen kann[16].

§ 3c Akteure, von denen Verfolgung ausgehen kann

Die Verfolgung kann ausgehen von
1. dem Staat,
2. Parteien oder Organisationen, die den Staat oder einen wesentlichen Teil des Staatsgebietes beherrschen, oder
3. nichtstaatlichen Akteuren, sofern die in den Nummern 1 und 2 genannten Akteure einschließlich internationaler Organisationen erwiesenermaßen nicht in der Lage oder nicht

---

[8] Vgl. BVerfG Beschl. v. 15.2.2000 – 2 BvR 752/97, InfAuslR 2000, 254.
[9] Vgl. *Berlit* ZAR 2017, 110.
[10] Ausf. VGH BW Urt. v. 27.3.2019 – A 4 S 335/19.
[11] Vgl. EuGH Urt. v. 19.11.2020 – C-238/19 – EZ.
[12] Vgl. VGH BW Beschl. v. 27.2.2018 – A 11 S 335/18.
[13] Grundlegend BVerfG Urt. v. 23.1.1991, BVerfGE 83, 216 (231).
[14] BVerwG Urt. v. 18.7.2006 – 1 C 15.05.
[15] Vgl. BVerwG Urt. v. 1.2.2007 – 1 C 24.06, Rn. 9: „ob die als asylrelevant iSv § 60 I qualifizierten Verfolgungsschläge gegen die Zivilbevölkerung in Tschetschenien eine solche Dichte aufweisen, dass für jeden dort ansässigen Tschetschenen die begründete Furcht vor eigener Verfolgung gerechtfertigt erscheint".
[16] BVerwG Urt. v. 21.4.2009 – 10 C 11.08, InfAuslR 2009, 315; vgl. auch Urt. v. 5.5.2009 – 10 C 19.08.

7 AsylG § 3c

willens sind, im Sinne des § 3d Schutz vor Verfolgung zu bieten, und dies unabhängig davon, ob in dem Land eine staatliche Herrschaftsmacht vorhanden ist oder nicht.

I. Entstehungsgeschichte

1   Die Vorschrift wurde erst durch Art. 1 Nr. 7 **RLUmsG 2013** mWz 1.12.2013 in das AsylVfG eingefügt. In der **Gesetzesbegründung**[1] hieß es hierzu: „Die Vorschrift setzt Art. 6 der Richtlinie um. Die bisher in § 60 Abs. 1 S. 4 lit. c AufenthG enthaltene Klarstellung, dass es bei nichtstaatlicher Verfolgung nicht auf das Vorhandensein einer staatlichen Herrschaftsmacht ankommt, wird aus Gründen der Rechtssicherheit übernommen." § 3c setzt mithin den fast wortgleichen **Art. 6 Anerkennungs-RL** um. Nach § 4 III 1 gilt die Definition der Akteure auch für den subsidiären Schutz. Dass neben dem Staat in Nr. 3 auch nichtstaatliche Akteure aufgeführt sind, hat den historischen Hintergrund, dass in einigen Mitgliedstaaten wie zB Deutschland und Frankreich früher die Verfolgung durch private Akteure nicht als asylrelevant anerkannt wurde. In Deutschland wurden lediglich dem Staat die heute in Nr. 2 geregelten De-facto-Autoritäten gleichgestellt.[2]

II. Darlegungslasten

2   Nunmehr ist von drei möglichen Verfolgungsakteuren auszugehen, dem Staat (Nr. 1), den De-facto-Autoritäten (Nr. 2) und den nichtstaatlichen Akteuren (Nr. 3). Zwischen dem Verhalten eines dieser Akteure und der drohenden gravierenden Menschenrechtsverletzung iSv § 3a I muss ein **Kausalzusammenhang** bestehen. Wird die drohende Menschenrechtsverletzung geprüft, wird natürlich automatisch immer zugleich die Frage nach dem Akteur geprüft.[3] Die Unterscheidung zwischen den drei Akteuren ist insoweit irrelevant, weil zentrale Schutzfrage des Asylverfahren die beachtliche Wahrscheinlichkeit einer gravierenden Menschenrechtsverletzung bei Rückkehr in den Heimatstaat ist, ausgelöst egal durch wen. Allerdings unterscheidet sich je nach Akteur die Darlegungslast. Bei rechtserheblicher Verfolgung durch den **Staat** oder Verfolgung durch die den Staat beherrschenden **De-facto-Autoritäten** ist klar, dass eine Rückkehr in den Heimatstaat grundsätzlich unzumutbar ist. Beherrschen De-facto-Autoritäten jedoch nur **einen Teil** des Staatsgebiets oder geht die Verfolgung von **privaten Akteuren** aus, muss der Antragsteller besonders darlegen, warum er in seiner Heimat nicht den Schutz des Staates gegen Verfolgung in Anspruch nehmen mag.[4] Ggf. muss er zur Erlangung des Flüchtlingsstatus überzeugend darlegen, dass und warum von ihm vernünftigerweise nicht erwartet werden kann, im nach Art. 4 III lit. a bzw. Art. 8 II Anerkennungs-RL maßgebenden Entscheidungszeitpunkt dort Schutz zu suchen.

3   Die Besonderheit bei der Verfolgung durch **nichtstaatliche Akteure** ist mithin darin zu sehen, dass es an dem Schutz durch den Staat oder internationale Organisationen „**erwiesenermaßen**" fehlen muss. Dieser Maßstab ist Art. 6 lit. c Anerkennungs-RL entnommen und sollte daher unter Berücksichtigung insbesondere des englischen Wortlauts „if it can be demonstrated" ausgelegt werden[5]. Dann wird vom Flüchtling kein strenger Beweis verlangt, sondern wie auch sonst bei anspruchsbegründenden Tatsachen im Asylrecht (nur) ein schlüssiger Vortrag, der unter den obwaltenden Umständen mit den üblichen Einschränkungen bei Auslandssachverhalten nachzuweisen ist. Über die Frage, ob es „erwiesenermaßen" an quasi-/staatlichen oder internationalen Schutz fehlt, hat sich das BAMF (§ 24 AsylG) oder Gericht (§ 86 I VwGO) mit den üblichen Erkenntnismitteln eine Überzeugung zu verschaffen. Zur Gewinnung der **gerichtlichen Überzeugungsgewissheit** (§ 108 I VwGO) sind alle Faktoren, die für und gegen die **Glaubwürdigkeit** des Flüchtlings sowie die **Glaubhaftigkeit** der von ihm geschilderten Geschehnisse sprechen, heranzuziehen[6]. Das Gericht kann eine in sich nicht stimmige Aussage eines Flüchtlings zu seinem Verfolgungsschicksal, je nach der Art dieser Angaben, des Ausmaßes ihrer Widersprüchlichkeit sowie ihres Zustandekommens, als dennoch glaubhaft werten. Ebenso wenig ist es dem Gericht durch Beweisregeln verwehrt, in sich widersprüchliche Angaben eines Asylbewerbers auch bei Berücksichtigung seiner individuellen Fähigkeiten als nicht glaubhaft zu würdigen[7].

III. Verfolgungsakteure

4   Als **Verursacher** der Verfolgung kommen für die Flüchtlingsanerkennung nunmehr also entsprechend Art. 6 Anerkennungs-RL außer dem Staat und den Staat beherrschenden Parteien und Organisationen auch nichtstaatliche Akteure in Betracht, sofern die Ersteren bzw. internationale Organisatio-

---

[1] BT-Drs. 17/13063, 20.
[2] Vgl. BVerfGE 80, 315 (334); BVerwGE 101, 306 (309).
[3] Marx AsylVfG, 8. Aufl., § 3c Rn. 1.
[4] Marx AsylVfG, 8. Aufl., § 3c Rn. 4 ff.
[5] Ebenso Duchrow ZAR 2004, 339 f.
[6] Ausf. hierzu Berlit/Dörig/Storey ZAR 2016, 280 (281 und 332).
[7] Vgl. NdsOVG Beschl. v. 6.8.2009 – 7 LA 43/08.

nen erwiesenermaßen nicht in der Lage oder willens sind, den erforderlichen Schutz zu bieten[8]. Zum **"Staat" (Nr. 1)** rechnen iwS alle seine Organe, insbesondere. natürlich Polizei, Militär und Geheimdienste jeder Art. Der Staat hat allerdings nicht allgemein für **Amtswalterexzesse** einzustehen[9], die er weder kennt noch sonst aufgrund eigenen Verhaltens zu vertreten hat. Erforderlich sind hierzu im Einzelfall aber genauere Feststellungen zur tatsächlichen Singularität des Übergriffs. Nicht verantwortlich ist der Staat auch für **kriminelle Privatorganisationen** (zB Mafia), solange sie ihm nicht aufgrund Unterstützung oder Billigung zuzurechnen sind[10]. Übergriffe sind ihm jedoch bei Kenntnis und Billigung und tatenloser Hinnahme oder aufgrund Untätigkeit grundsätzlich zuzurechnen[11]. Auf den Staat oder (strategisch, nicht quantitativ beurteilt) „wesentliche" Teile des Staatsgebiets („quasistaatlich") beherrschende **Parteien oder Organisationen (Nr. 2)** braucht nur abgestellt werden, wenn der Staat die oder jedenfalls wesentliche Teile seiner Gebietshoheit verloren hat. Hierdurch wird die Schutzlücke zwischen eindeutig staatlicher und eindeutig nichtstaatlicher Verfolgung geschlossen[12]. **Nichtstaatlicher Akteur (Nr. 3)** kann schließlich jede private Vereinigung und jede Privatperson sein, auch ein Familienangehöriger, ohne dass es insoweit eines staatsähnlichen Organisationsgrads bedarf[13].

Nach dem Prinzip der **Subsidiarität des internationalen Flüchtlingsschutzes** kommt eine Flüchtlingsanerkennung nur in Betracht, wenn – anders als beim ausländerrechtlichen (nationalen) Abschiebungsschutz nach § 60 VII AufenthG – keiner der in die Prüfung einzubeziehenden sämtlichen Staaten, deren Staatsangehörigkeit der Betroffene möglicherweise besitzt oder in denen er als Staatenloser seinen gewöhnlichen Aufenthalt hat, Schutz gewährt[14]. Neu ist die in § 3c nun ausdrücklich normierte Berücksichtigung auch des Schutzes durch **internationale Organisationen**[15]. Diese können ganz oder teilweise an die Stelle des Staates treten und dessen Schutzfunktionen für das gesamte Staatsgebiet oder für Teile desselben übernehmen. Auch wenn sie nicht Vertragsparteien der GK sind, können sie tatsächlich Schutz gewähren. Dieser Schutz muss nicht nur durch ihren Auftrag gedeckt sein, sondern unter den Bedingungen des Einsatzstaats auch tatsächlich geleistet werden.

§ 3d Akteure, die Schutz bieten können

(1) Schutz vor Verfolgung kann nur geboten werden
1. vom Staat oder
2. von Parteien oder Organisationen einschließlich internationaler Organisationen, die den Staat oder einen wesentlichen Teil des Staatsgebiets beherrschen,

sofern sie willens und in der Lage sind, Schutz gemäß Absatz 2 zu bieten.

(2) ¹Der Schutz vor Verfolgung muss wirksam und darf nicht nur vorübergehender Art sein. ²Generell ist ein solcher Schutz gewährleistet, wenn die in Absatz 1 genannten Akteure geeignete Schritte einleiten, um die Verfolgung zu verhindern, beispielsweise durch wirksame Rechtsvorschriften zur Ermittlung, Strafverfolgung und Ahndung von Handlungen, die eine Verfolgung darstellen, und wenn der Ausländer Zugang zu diesem Schutz hat.

(3) Bei der Beurteilung der Frage, ob eine internationale Organisation einen Staat oder einen wesentlichen Teil seines Staatsgebiets beherrscht und den in Absatz 2 genannten Schutz bietet, sind etwaige in einschlägigen Rechtsakten der Europäischen Union aufgestellte Leitlinien heranzuziehen.

I. Entstehungsgeschichte

Die Vorschrift wurde erst durch Art. 1 Nr. 7 **RLUmsG 2013** mWz 1.12.2013 in das damalige AsylVfG eingefügt. § 3d setzt den fast wortgleichen **Art. 7 Anerkennungs-RL** um. Nach § 4 III 1 gilt die Definition der Akteure ebenfalls für den subsidiären Schutz. **Abs. 1** bezeichnet die Schutzakteure, die (außer internationale Organisationen) spiegelbildlich gemäß § 3c auch Verfolgungsakteure sein können, **Abs. 2** regelt die Maßstäbe für wirksamen nationalen Schutz, **Abs. 3** verweist iSe Interpretationshilfe bzgl. internationaler Organisationen iSv Abs. 1 Nr. 2 auf unionsrechtliche Rechtsakte, in denen zB zum Mandat einer solchen Organisation Aussagen enthalten sind. Die Schutzgewährung bleibt allerdings auch dann eigentlich originäre Aufgabe nationaler Institutionen; Im Übrigen dienen internationale Organisationen oftmals (nur) dem Ziel der Verbesserung der allgemei-

---

[8] Zum Asylgrundrecht vgl. BVerfG Beschl. v. 2.7.1980 – 1 BvR 147/80 ua, BVerfGE 54, 341; dazu → GG Art. 16a Rn. 34 ff.
[9] BVerfG Beschl. v. 10.7.1989 – 2 BvR 502/86 ua, BVerfGE 80, 315.
[10] Rennert ZAR 1991, 155.
[11] BVerwG Urt. v. 22.4.1986 – 9 C 318.85 ua, BVerwGE 74, 160.
[12] Treffend HK-AuslR/*Möller/Stiegeler* AufenthG § 60 Rn. 26.
[13] AA *Storr ua* ZuwG AufenthG § 60 Rn. 4.
[14] Ausf. BVerwG Urt. v. 2.8.2007 – 10 C 13.07.
[15] Dazu *Duchrow* ZAR 2004, 339.

nen Sicherheitslage.[1] Die Frage nach den Schutzakteuren ist relevant für die Frage, ob vom Antragsteller vernünftigerweise die Schutzsuche im Herkunftsstaat erwartet werden kann.

II. Schutzakteure

2   Jeder **Staat** ist grundsätzlich verpflichtet, den auf seinem Gebiet lebenden Personen Schutz vor Übergriffen zu garantieren. Nach Abs. 1 Nr. 1 ist deshalb zu prüfen, ob der Zielstaat willens und in der Lage ist, entsprechenden Schutz effektiv zu gewähren. Bei Verfolgung durch staatliche Behörden scheidet dies selbstredend grundsätzlich aus, weshalb insoweit auch keine Darlegungslast besteht. Ob „**Parteien oder Organisationen einschließlich internationaler Organisationen,** die den Staat oder einen wesentlichen Teil des Staatsgebiets beherrschen" iSv Abs. 1 Nr. 2 gegeben sind, lässt sich immer nur in jedem Einzelfall, ausgerichtet am Schutzzweck der Norm, beurteilen. Erforderlich sind effektive Verwaltungsstrukturen sowie eine soziale und menschenrechtsgerechte Schutzmacht. Besonders sorgfältig ist dies im Falle eines Bürgerkriegs zu überprüfen. Bei internationalen Organisationen ist genau bzgl. des jeweils Mandats zu prüfen, ob dieses tatsächlich Schutzfunktionen umfasst[2].

III. Schutzanforderungen

3   In **Abs. 2** wird klargestellt, dass nur tatsächlicher effektiver Schutz, was allerdings nicht hundertprozentig lückenlos bedeutet,[3] asylrechtsrelevant sein kann. Hierüber ist iRd Verfolgungsprognose in dem nach Art. 4 III lit. a bzw. Art. 8 II Anerkennungs-RL maßgebenden Entscheidungszeitpunkt zu entscheiden. Die Situation zur Zeit der Ausreise ist mithin insoweit rechtlich irrelevant. Entscheidend ist vielmehr, dass der Antragsteller bei Rückkehr in den Zielstaat dort mit beachtlicher Wahrscheinlichkeit auch tatsächlich individuellen Zugang zu diesem effektiven Schutz hat. Der EuGH hat im **Urteil „Abdulla"**[4] ua hierzu ausgeführt: Mit der Bestimmung, dass es der Staatsangehörige „nach Wegfall" der genannten Umstände „nicht mehr ablehnen kann, den Schutz des Landes in Anspruch zu nehmen, dessen Staatsangehörigkeit er besitzt", stellt die Anerkennungs-RL schon durch ihren Wortlaut einen Kausalzusammenhang zwischen der Änderung der Umstände und der Unmöglichkeit für den Betroffenen her, seine Weigerung aufrechtzuerhalten und somit seinen Flüchtlingsstatus zu behalten, da seine ursprüngliche Furcht vor Verfolgung nicht mehr begründet erscheint. Soweit es in der Bestimmung heißt, dass es der Staatsangehörige „nicht mehr ablehnen kann", den Schutz seines Herkunftslands in Anspruch zu nehmen, impliziert sie, dass der fragliche „Schutz" derjenige ist, der bis dahin fehlte, dh der Schutz vor den in der Anerkennungs-RL aufgeführten Verfolgungshandlungen. Mithin bilden die Umstände, die die Unfähigkeit oder umgekehrt die Fähigkeit des Herkunftslands belegen, Schutz vor Verfolgungshandlungen sicherzustellen, einen entscheidenden Gesichtspunkt für die Beurteilung, die zur Zuerkennung oder gegebenenfalls, in symmetrischer Weise, zum Erlöschen der Flüchtlingseigenschaft führt. Folglich erlischt die Flüchtlingseigenschaft, wenn der betreffende Staatsangehörige in seinem Herkunftsland nicht mehr Umständen ausgesetzt erscheint, die die Unfähigkeit dieses Landes belegen, seinen Schutz vor Verfolgungshandlungen sicherzustellen, die aus einem der fünf in Art. 2 lit. c Anerkennungs-RL genannten Gründen gegen seine Person gerichtet würden. Ein solches Erlöschen impliziert somit, dass durch die Änderung der Umstände die Ursachen, die zu der Anerkennung als Flüchtling führten, beseitigt worden sind. Um zu dem Schluss zu gelangen, dass die Furcht des Flüchtlings vor Verfolgung nicht mehr begründet ist, müssen sich die zuständigen Behörden im Licht des Art. 7 II Anerkennungs-RL im Hinblick auf die individuelle Lage des Flüchtlings **vergewissern, dass der oder die Akteure des Drittlands, die Schutz bieten können, geeignete Schritte eingeleitet haben, um die Verfolgung zu verhindern,** dass diese Akteure demgemäß insbesondere über wirksame Rechtsvorschriften zur Ermittlung, Strafverfolgung und Ahndung von Handlungen, die eine Verfolgung darstellen, verfügen und dass der betreffende. Staatsangehörige im Fall des Erlöschens seiner Flüchtlingseigenschaft Zugang zu diesem Schutz haben wird. Für diese Nachprüfung haben die zuständigen Behörden insbesondere die Funktionsweise der Institutionen, Behörden und Sicherheitskräfte einerseits und aller Gruppen oder Einheiten des Drittlands, die durch ihr Tun oder Unterlassen für Verfolgungshandlungen gegen die den Flüchtlingsstatus genießende Person im Fall ihrer Rückkehr in dieses Land ursächlich werden können, andererseits zu beurteilen. Nach Art. 4 III Anerkennungs-RL, der sich auf die Prüfung der Ereignisse und Umstände bezieht, können die zuständigen Behörden insbesondere die Rechts- und Verwaltungsvorschriften des Herkunftslands und die Weise, in der sie angewandt werden, sowie den Umfang, in dem in diesem Land die Achtung der grundlegenden Menschenrechte gewährleistet ist, berücksichtigen.

---

[1] Marx AsylG, 8. Aufl., § 3d Rn. 41.
[2] Wie etwa die UNMIK im Kosovo.
[3] BVerwG Urt. v. 5.7.1994 – 9 C 1.94; *Wittkopp* ZAR 2011, 170; aA Marx AsylG, 8. Aufl., § 3d Rn. 30.
[4] EuGH Urt. v. 2.3.2010 – C-175/08.

§ 3e Interner Schutz

(1) Dem Ausländer wird die Flüchtlingseigenschaft nicht zuerkannt, wenn er
1. in einem Teil seines Herkunftslandes keine begründete Furcht vor Verfolgung oder Zugang zu Schutz vor Verfolgung nach § 3d hat und
2. sicher und legal in diesen Landesteil reisen kann, dort aufgenommen wird und vernünftigerweise erwartet werden kann, dass er sich dort niederlässt.

(2) ¹Bei der Prüfung der Frage, ob ein Teil des Herkunftslandes die Voraussetzungen nach Absatz 1 erfüllt, sind die dortigen allgemeinen Gegebenheiten und die persönlichen Umstände des Ausländers gemäß Artikel 4 der Richtlinie 2011/95/EU zum Zeitpunkt der Entscheidung über den Antrag zu berücksichtigen. ²Zu diesem Zweck sind genaue und aktuelle Informationen aus relevanten Quellen, wie etwa Informationen des Hohen Kommissars der Vereinten Nationen für Flüchtlinge oder des Europäischen Unterstützungsbüros für Asylfragen, einzuholen.

I. Entstehungsgeschichte

Die Vorschrift wurde erst durch Art. 1 Nr. 7 **RLUmsG 2013** mWz 1.12.2013 in das AsylVfG eingefügt. In der **Gesetzesbegründung**[1] hieß es hierzu: „Die Vorschrift setzt Art. 8 der Richtlinie um und enthält inhaltliche Änderungen gegenüber der Vorläufervorschrift. Für die Beurteilung, ob eine Region im Herkunftsland internen Schutz bieten kann, kommt es wie bisher darauf an, dass der Antragsteller in dem fraglichen Gebiet keine Verfolgung zu befürchten hat oder zumindest Schutz vor Verfolgung durch staatliche oder nichtstaatliche Stellen finden kann. Daneben muss das Zufluchtsgebiet für den Betroffenen auch erreichbar sein. Hierfür legt der neue Richtlinientext eine Reihe von Kriterien fest. Das Zufluchtsgebiet muss für den Antragsteller sicher und legal erreichbar sei, er muss dort aufgenommen werden und von ihm muss vernünftigerweise erwartet werden können, dass er sich dort niederlässt. Im Gegensatz zum bislang geltenden Art. 8 kann nach dem neuen Wortlaut der Richtlinienbestimmung nicht mehr davon ausgegangen werden, dass praktische, in der Regel vorübergehende Rückkehrhindernisse, wie etwa unterbrochene Verkehrsverbindungen in das Zufluchtsgebiet, für die Annahme einer internen Schutzmöglichkeit unschädlich sind. Art. 8 Abs. 3 der RL 2004/83/EG, der diese Regelung enthielt, wurde aufgehoben. Danach ist interner Schutz nur dann gegeben, wenn im Zeitpunkt der Entscheidung eine tatsächliche Möglichkeit zur Einreise in das in Betracht kommende Zufluchtsgebiet besteht."

§ 3e setzt mithin den fast identischen **Art. 8 Anerkennungs-RL**[2] um. Abs. 1 regelt die Frage, wann dem Antragsteller der Verweis auf andere Landesteile zumutbar ist und knüpft damit an das in den Mitgliedstaaten seit den 1970er-Jahren entwickelte **Konzept der inländischen Fluchtalternative**[3] an, das allerdings modifiziert wird. Denn diese Zumutbarkeitsfrage ist nach der Richtlinie im Rahmen der Verfolgungsprognose in dem nach Art. 4 III lit. a bzw. Art. 8 II Anerkennungs-RL maßgebenden **Entscheidungszeitpunkt** zu entscheiden. Die Frage, ob im Zeitpunkt der Flucht eine inländische Fluchtalternative bestand, ist insoweit irrelevant. Die Frage nach dem internen Schutz stellt sich damit nicht mehr als eine Frage nach einer Alternative zur Flucht dar, sondern als Alternative zum internationalen Schutz.[4] Für die Beweiserleichterung des Art. 4 IV Anerkennungs-RL kommt es mithin ebenfalls nicht maßgeblich darauf an, ob vor der Ausreise ein zumutbarer Ausweichort bestand.[5] **Abs. 2** definiert wesentliche **Auslegungsgrundsätze** zum internen Schutz.

II. Zumutbarkeitsmaßstäbe

Das Erfordernis der landesweiten Betrachtung und die daraus abgeleitete Erheblichkeit des internen Schutzes ist in der Rspr. zum Asylrecht seit Langem anerkannt[6]. Für die Flüchtlingsanerkennung gilt dieser Grundsatz nicht nur für die Variante der nichtstaatlichen Verfolgung; die Bejahung von internem Schutz bedeutet mithin zugleich **die Verneinung der Flüchtlingsanerkennung**. Insoweit entspricht auch die gesetzliche Regelung in § 60 I AufenthG heute Art. 8 Anerkennungs-RL, wonach der Flüchtling allgemein auf eine interne Alternative verwiesen werden kann, wenn er dort (im Entscheidungszeitpunkt) verfolgungsfrei leben und eben dies von ihm „vernünftigerweise" erwartet

---
[1] BT-Drs. 17/13063, 20.
[2] Rspr. zu Art. 8 Anerkennungs-RL BVerwG Urt. v. 31.1.2013 – 10 C 15.12; Urt. v. 29.5.2008 – 10 C 11.07, BVerwGE 131, 186; Urt. v. 5.5.2009 – 10 C 21.08, NVwZ 2009, 1308; Urt. v. 5.5.2009 – 10 C 19.08; BayVGH Urt. v. 31.8.2007 – 11 B 02.31 724; VG Bremen GB v. 14.2.2007 – K 2356/01.A.; VG KA Urt. v. 13.2.2007 – A 11 K 11 438/05; VGH BW Urt. v. 25.10.2006 – A 3 S 46/06; vgl. hierzu auch *Lehmann*, Das Konzept der inländischen Fluchtalternative in: *Banwig ua* (Hrsg.), Integration durch Gesetz, 2007.
[3] Vgl. BVerwG Urt. v. 2.8.1983 – 9 C 599.81, BVerwGE 67, 314.
[4] Treffend *Marx* AsylG, 8. Aufl., § 3e Rn. 1.
[5] Vgl. BVerwG Urt. v. 19.1.2009 – 10 C 52.07, BVerwGE 133, 55 (65); *Lehmann* NVwZ 2007, 508.
[6] Dazu → GG Art. 16a Rn. 61 ff.

werden kann. Dies entspricht einer Einbeziehung des Zumutbarkeitskriteriums, dh auf einen Landesteil, in dem etwa kein Existenzminimum gesichert ist, darf der Betreffende – nun bei **individuellkonkreter Betrachtung** gem. Abs. 2 unter Berücksichtigung der allgemeinen Gegebenheiten sowie seiner persönlichen Umstände[7] – „vernünftigerweise" nicht verwiesen werden[8]. Ob gem. Abs. 1 Nr. 2 von einem Schutzsuchenden vernünftigerweise erwartet werden kann, sich in einem anderen Landesteil seines Heimatlandes niederzulassen, ist nach wertender Betrachtung unter Berücksichtigung der die Situation vor Ort prägenden Umstände sowie der persönlichen Umstände zu ermitteln. Bei einer verfolgungsbedingten Trennung vom Ehepartner bzw. von gemeinsamen minderjährigen Kindern sind diese Familienangehörigen in die Prüfung einzubeziehen[9]. Zur allgemeinen Frage, wann von dem Ausländer „**vernünftiger Weise erwartet werden** kann", dass er sich in dem verfolgungsfreien Landesteil aufhält, verweist das BVerwG auf die Begründung zum Regierungsentwurf des RLUmsG 2007[10]. Hier wird ausgeführt, dass dies dann der Fall sei, wenn der Ausländer am Zufluchtsort eine ausreichende Lebensgrundlage vorfinde, dh dort das **Existenzminimum** gewährleistet sei. Ausdrücklich offengelassen wurde, welche darüberhinausgehenden wirtschaftlichen und sozialen Standards erfüllt sein müssen. Allerdings spreche einiges dafür, dass die gemäß Art. 8 II Anerkennungs-RL zu berücksichtigenden allgemeinen Gegebenheiten des Herkunftslandes – oberhalb der Schwelle des Existenzminimums – auch den Zumutbarkeitsmaßstab prägen[11]. Dem muss sich angeschlossen werden[12]. Zu prüfen ist insbesondere die allgemeine Sicherheit der Region, die Möglichkeit der (wirtschaftlichen) Existenzsicherung, der Zugang zu grundlegenden Infrastruktureinrichtungen sowie die Vermeidung unzumutbarer Härten[13]. Im Übrigen kommt dem iSv Art. 4 IV Anerkennungs-RL vorverfolgten Antragsteller die Beweiserleichterung nach dieser Bestimmung auch bei der Prüfung zugute, ob für ihn im Gebiet einer internen Schutzalternative gemäß Abs. 1 keine begründete Furcht vor Verfolgung besteht[14]. Ein Asylbewerber darf nur dann auf ein verfolgungsfreies Gebiet seines Heimatstaates als inländische Fluchtalternative verwiesen werden, wenn er dieses tatsächlich **in zumutbarer Weise erreichen** kann. Verlangt wird zum einen die auf verlässliche Tatsachenfeststellungen gestützte Prognose tatsächlicher Erreichbarkeit. Dabei sind nicht nur bestehende Abschiebungsmöglichkeiten, sondern auch Varianten des Reisewegs bei freiwilliger Ausreise in das Herkunftsland zu berücksichtigen. Zum anderen muss der aufgezeigte Weg dem Betroffenen angesichts der humanitären Intention des Asylrechts zumutbar sein, dh insbesondere ohne erhebliche Gefährdungen zum Ziel führen. Die Notwendigkeit der Einholung von Transitvisa steht der Annahme einer inländischen Fluchtalternative grundsätzlich nicht entgegen. Bei der Prüfung einer inländischen Fluchtalternative iRd Entscheidung über die Flüchtlingsanerkennung sind auch nicht verfolgungsbedingte Gefahren zu berücksichtigen[15]. Um **internen Schutz zu bejahen**, muss der Asylsuchende zusammengefasst im betreffenden Gebiet also vor Verfolgung bzw. ernsthaftem Schaden sicher sein, legal dorthin reisen und sich aufhalten dürfen, und es muss vernünftigerweise erwartet werden können, dass er sich dort niederlässt, weil sein wirtschaftliches Existenzminimum ohne Verstoß gegen Art. 3 EMRK gewährleistet ist[16].

---

[7] Vgl. BVerwG Urt. v. 1.2.2007 – 1 C 24.06, Rn. 11 f.: „(…) Nach den vom BVerwG entwickelten Grundsätzen bietet ein verfolgungssicherer Ort erwerbsfähigen Personen das wirtschaftliche Existenzminimum aber in aller Regel dann, wenn sie dort, sei es durch eigene, notfalls auch wenig attraktive und ihrer Vorbildung nicht entsprechende Arbeit, die grundsätzlich zumutbar ist, oder durch Zuwendungen von dritter Seite jedenfalls nach Überwindung von Anfangsschwierigkeiten das zu ihrem Lebensunterhalt unbedingt Notwendige erlangen können. Zu den danach zumutbaren Arbeiten gehören auch Tätigkeiten, für die es keine Nachfrage auf dem allgemeinen Arbeitsmarkt gibt, die nicht überkommenen Berufsbildern entsprechen, etwa weil sie keinerlei besondere Fähigkeiten erfordern, und die nur zeitweise, etwa zur Deckung eines kurzfristigen Bedarfs, beispielsweise in der Landwirtschaft oder auf dem Bausektor, ausgeübt werden können. Nicht zumutbar sind hingegen die entgeltliche Erwerbstätigkeit für eine kriminelle Organisation, die in der fortgesetzten Begehung von oder Teilnahme an Verbrechen besteht. Ein verfolgungssicherer Ort, an dem das wirtschaftliche Existenzminimum nur durch derartiges kriminelles Handeln erlangt werden kann, ist keine innerstaatliche Fluchtalternative im Sinne der Rechtsprechung des BVerwG. Von diesen Maßstäben ausgehend hätte das OVG vorliegend prüfen müssen, ob der Kläger seine Existenz am Ort der Fluchtalternative auch ohne förmliche Gewährung eines Aufenthaltsrechts und ohne Inanspruchnahme staatlicher Sozialleistungen in zumutbarer Weise – etwa im Rahmen eines Familienverbandes – sichern kann. Ein Leben in der Illegalität, das den Kläger jederzeit der Gefahr polizeilicher Kontrollen u. der strafrechtlichen Sanktionierung aussetzt, stellt keine zumutbare Fluchtalternative dar (…)".
[8] Vgl. BVerwG Urt. v. 29.5.2008 – 10 C 11.07, BVerwGE 131, 186 Rn. 35.
[9] Vgl. VGH BW Urt. v. 16.10.2017 – A 11 S 512/17.
[10] BT-Drs. 16/5065, 185.
[11] Vgl. BVerwG Urt. v. 29.5.2008 – 10 C 11.07, Rn. 32/35.
[12] Vgl. HessVGH Urt. v. 25.8.2011 – 8 A 1657/10.A, Rn. 91.
[13] Überzeugend *Dörig* NVwZ 2021, 830.
[14] BVerwG Urt. v. 5.5.2009 – 10 C 21.08, NVwZ 2009, 1308.
[15] Ausf. (bzgl. Berg-Karabach) BVerwG Urt. v. 29.5.2008 – 10 C 11.07, BVerwGE 131, 186; s. auch (bzgl. Tschetschenen) Urt. v. 5.5.2009 – 10 C 19.08.
[16] Vgl. BVerwG Urt. v. 18.2.2021 – 1 C 4.20 sowie *Dörig* NVwZ 2021, 830.

§ 4 Subsidiärer Schutz

(1) ¹Ein Ausländer ist subsidiär Schutzberechtigter, wenn er stichhaltige Gründe für die Annahme vorgebracht hat, dass ihm in seinem Herkunftsland ein ernsthafter Schaden droht. ²Als ernsthafter Schaden gilt:
1. die Verhängung oder Vollstreckung der Todesstrafe,
2. Folter oder unmenschliche oder erniedrigende Behandlung oder Bestrafung oder
3. eine ernsthafte individuelle Bedrohung des Lebens oder der Unversehrtheit einer Zivilperson infolge willkürlicher Gewalt im Rahmen eines internationalen oder innerstaatlichen bewaffneten Konflikts.

(2) ¹Ein Ausländer ist von der Zuerkennung subsidiären Schutzes nach Absatz 1 ausgeschlossen, wenn schwerwiegende Gründe die Annahme rechtfertigen, dass er
1. ein Verbrechen gegen den Frieden, ein Kriegsverbrechen oder ein Verbrechen gegen die Menschlichkeit im Sinne der internationalen Vertragswerke begangen hat, die ausgearbeitet worden sind, um Bestimmungen bezüglich dieser Verbrechen festzulegen,
2. eine schwere Straftat begangen hat,
3. sich Handlungen zuschulden kommen lassen hat, die den Zielen und Grundsätzen der Vereinten Nationen, wie sie in der Präambel und den Artikeln 1 und 2 der Charta der Vereinten Nationen (BGBl. 1973 II S. 430, 431) verankert sind, zuwiderlaufen oder
4. eine Gefahr für die Allgemeinheit oder für die Sicherheit der Bundesrepublik Deutschland darstellt.

²Diese Ausschlussgründe gelten auch für Ausländer, die andere zu den genannten Straftaten oder Handlungen anstiften oder sich in sonstiger Weise daran beteiligen.

(3) ¹Die §§ 3c bis 3e gelten entsprechend. ²An die Stelle der Verfolgung, des Schutzes vor Verfolgung beziehungsweise der begründeten Furcht vor Verfolgung treten die Gefahr eines ernsthaften Schadens, der Schutz vor einem ernsthaften Schaden beziehungsweise die tatsächliche Gefahr eines ernsthaften Schadens; an die Stelle der Flüchtlingseigenschaft tritt der subsidiäre Schutz.

I. Entstehungsgeschichte

Die Vorschrift wurde erst durch Art. 1 Nr. 7 RLUmsG 2013 mWz 1.12.2013 in das damalige AsylVfG eingefügt. Die frühere Regelung des § 4 (Verbindlichkeit asylrechtlicher Entscheidungen) wurde nun in § 6 nF eingefügt. In der **Gesetzesbegründung**[1] zu § 4 nF heißt es: „Neben der Flüchtlingseigenschaft umfasst der Regelungsbereich des AsylVfG nunmehr auch den europarechtlichen subsidiären Schutz nach der RL 2011/95/EG. Es wurde die Richtliniensystematik übernommen und insoweit ein **eigenständiger Schutzstatus** geschaffen. Die Voraussetzungen für die Gewährung internationalen subsidiären Schutzes sind in § 4 enthalten. **Abs. 1** entspricht Art. 15 Anerkennungs-RL und enthält die anspruchsbegründenden Voraussetzungen. **Abs. 2** entspricht Art. 17 Abs. 1 und 2 Anerkennungs-RL und enthält die Tatbestandsvoraussetzungen, bei deren Vorliegen der subsidiäre Schutzstatus ausgeschlossen ist."

1

II. Zum Schutzstatus

In § 1 I Nr. 2 wurde der subsidiäre Schutz vollständig zum **Gegenstand des Asylverfahrens** gemacht sowie in § 13 II ergänzend in den **Asylantragsbegriff** aufgenommen. Damit wird die Kompetenz der Ausländerbehörde insoweit auf den Vollzug der Entscheidung begrenzt. Nach § 25 II 1 Alt. 2 AufenthG ist nunmehr bei Zuerkennung des subsidiären Schutzstatus genau wie bei Feststellung der Flüchtlingseigenschaft eine **Aufenthaltserlaubnis** zu erteilen, womit insoweit die rechtliche Gleichstellung von Flüchtlingsschutz und subsidiärem Schutz vollzogen wurde.

2

III. Todesstrafe

Voraussetzung für die Erlangung des subsidiären Schutzstatus ist auch im Lichte des § 60 III AufenthG die Feststellung eines „real risk" für den Eintritt eines **ernsthaften Schadens.** Nach Abs. 1 Nr. 1 gilt ein solcher zunächst bei Verhängung oder Vollstreckung der Todesstrafe, dh, eine solche Gefahr ergibt für sich genommen noch **keine Asylberechtigung**[2]. Früher war streitig, ob das Verbot des Art. 102 GG eingreife[3] und ob ihre drohende Verhängung und Vollstreckung die Abschiebung

3

---

[1] BT-Drs. 17/13063, 20.
[2] Vgl. BVerfG Urt. v. 4.5.1982 – 1 BvR 1457/81, BVerfGE 60, 348; BVerwG Beschl. v. 9.1.1989 – 9 B 463.88, InfAuslR 1989, 176.
[3] Verneinend für Auslieferung BVerfG Beschl. v. 30.6.1964 – 1 BvR 93/64, BVerfGE 18, 112; auf den zwischenzeitlichen Wandel der Auffassungen hinweisend schon Urt. v. 4.5.1982 – 1 BvR 1457/81, BVerfGE 60, 348.

hinderte[4]. Nunmehr bildet die Gefahr der Todesstrafe ähnlich wie nach § 8 IRG ein obligatorisches Abschiebungsverbot[5]. Die Todesstrafe ist iÜ auch in Europa weder nach Art. 2 II GRCh noch nach Art. 2 I EMRK absolut verboten[6].

4   Für den subsidiären Schutzstatus gemäß § 4 I 2 Nr. 1 wird folgerichtig nicht darauf abgestellt, ob ein Staat die Todesstrafe generell zulässt. Maßgeblich ist vielmehr die im Einzelfall **individuell drohende Todesstrafe** aufgrund eines gerichtlichen Urteils, nicht also bei „extralegalen Hinrichtungen". Die seit dem RLUmsG 2007 vorgenommene Konkretisierung gemäß Art. 15 lit. a Anerkennungs-RL stellt klar, dass auch der gesuchte („Gefahr der Verhängung") und nicht nur der verurteilte Straftäter („Gefahr der Vollstreckung") geschützt ist.

5   Wenn der Ausländer in seinem Heimatstaat wegen einer Straftat gesucht wird und dort die Gefahr der Todesstrafe besteht, kann mithin der subsidiäre Schutzstatus zuerkannt werden; auf Art und Umstände der Tat kommt es nicht an. Erst recht ist Schutz zu gewähren, wenn der Ausländer bereits angeklagt oder verurteilt ist. Entscheidend ist nur das **„real risk"** der Todesstrafe. Die hierfür notwendigen individuellen Feststellungen sind nach ähnlichen Maßstäben zu treffen wie bei der Gefahr von Folter bzw. Schlechtbehandlung/-bestrafung. Die Art der Gefährdung muss auch hier das Maß an Richtigkeitsgewissheit bei der Überzeugungsbildung (§ 108 I VwGO) beeinflussen. Gesetzliche Einschränkungen der Entscheidungsgrundlage (§ 79) sind gerade im Falle der Todesstrafe mit besonderer Zurückhaltung zu handhaben. Sie sind gegebenenfalls verfassungsrechtlich nicht hinzunehmen[7], weil jede Fehlentscheidung irreparabel ist.

6   Schon seit dem RLUmsG 2007 ist nicht mehr fraglich, ob nur vor der Vollstreckung oder auch schon vor der **Verhängung der Todesstrafe** geschützt werden soll. Schon bisher war allerdings im Hinblick auf Art. 102 GG, die (sich immer weiter durchsetzende) Ächtung der Todesstrafe und das humanitäre Anliegen der Anerkennungs-RL letztere Auslegung geboten. IÜ kommt in diesen Fällen, jedenfalls wenn die Vollstreckung der Todesstrafe nicht von vornherein sicher ausgeschlossen ist, auch eine Anwendung von § 60 V AufenthG iVm Art. 3 EMRK in Betracht, weil der gegebenenfalls jahrelange Aufenthalt in der Todeszelle („Todeszellensyndrom") menschenrechtswidrig ist[8].

7   Schließlich bedeutet die Verweisung auf die Vorschriften über die **Auslieferung** in § 60 III va die Anwendung des § 8 des Gesetzes über die internationale Rechtshilfe in Strafsachen **(IRG)**, der für die Todesstrafe den auslieferungsrechtlichen **Grundsatz der Spezialität** (vgl. § 11 IRG) besonders hervorhebt. Danach ist die Abschiebung zulässig, wenn der Zielstaat zusichert, dass die Todesstrafe nicht verhängt oder nicht vollstreckt werden wird[9]. Abgesehen von grundsätzlichen Bedenken gegen den Spezialitätsgrundsatz[10], die ua aus der mangelnden Verlässlichkeit mancher Staaten herrühren[11] und die zumindest zu besonders sorgfältigen Recherchen über deren Straf- und Auslieferungspraxis zwingen, ist immer auf eine möglichst restlose Ausschaltung jedes Risikos eines Bruchs der Zusage des Zielstaats zu achten.

---

[4] Zustimmend HmbOVG Beschl. v. 2.12.1985 – Bs V 227/85, NVwZ 1986, 781; HessVGH Beschl. v. 11.2.1988 – 10 TH 200/88, EZAR 224 Nr. 18; OVG NRW Beschl. v. 24.2.1986 – 18 B 100/86, NVwZ 1986, 781; aA NdsOVG Urt. v. 15.1.1985 – 11 A 124/84, InfAuslR 1985, 199; betr. Ausweisung vgl. BVerwG Urt. v. 1.12.1987 – 1 C 29.85, BVerwGE 78, 285; Urt. v. 1.12.1987 – 1 C 22.86, EZAR 120 Nr. 12; betr. EMRK vgl. EGMR Urt. v. 7.7.1989 – 1/1989/161/217, EuGRZ 1989, 314; zusammenfassend *Weberndörfer* S. 130 ff.
[5] Betr. Türkei *Tellenbach* ZAR 1991, 87; betr. Iran *Heldmann* ZAR 1990, 137.
[6] Vgl. die Kommentierung bei Art. 2 GRCh sowie *Gusy* ZAR 1993, 63 (67).
[7] Vgl. BVerfG Beschl. v. 8.7.1982 – 2 BvR 1187/80, BVerfGE 61, 82; *Hailbronner* NJW 1990, 2153.
[8] Vgl. auch EGMR Urt. v. 7.7.1989 – 1/1989/161/217, EuGRZ 1989, 314 – Fall Soering.
[9] § 8 IRG – Todesstrafe: „Ist die Tat nach dem Recht des ersuchenden Staates mit der Todesstrafe bedroht, so ist die Auslieferung nur zulässig, wenn der ersuchende Staat zusichert, dass die Todesstrafe nicht verhängt oder nicht vollstreckt werden wird." § 11 IRG – Spezialität: „(1) Die Auslieferung ist nur zulässig, wenn gewährleistet ist, dass der Verfolgte 1. in dem ersuchenden Staat ohne deutsche Zustimmung aus keinem vor seiner Überstellung eingetretenen Grund mit Ausnahme der Tat, derentwegen die Auslieferung bewilligt worden ist, bestraft, einer Beschränkung seiner persönlichen Freiheit unterworfen oder durch Maßnahmen, die nicht auch in seiner Abwesenheit getroffen werden können, verfolgt werden wird, 2. nicht ohne deutsche Zustimmung an einen dritten Staat weitergeliefert, überstellt oder in einen dritten Staat abgeschoben werden wird und 3. den ersuchenden Staat nach dem endgültigen Abschluss des Verfahrens, dessentwegen seine Auslieferung bewilligt worden ist, verlassen darf. (2) Die Bindung des ersuchenden Staates an die Spezialität darf nur entfallen, wenn 1. die deutsche Zustimmung zur Verfolgung oder zur Vollstreckung einer Strafe oder einer sonstigen Sanktion hinsichtlich einer weiteren Tat (§ 35) oder zur Weiterlieferung, Überstellung oder Abschiebung an einen anderen ausländischen Staat (§ 36) erteilt worden ist, 2. der Verfolgte den ersuchenden Staat innerhalb eines Monats nach dem endgültigen Abschluss des Verfahrens, dessentwegen seine Auslieferung bewilligt worden ist, nicht verlassen hat, obwohl er dazu das Recht und die Möglichkeit hatte, oder 3. der Verfolgte, nachdem er den ersuchenden Staat verlassen hatte, dorthin zurückgekehrt ist oder von einem dritten Staat zurück überstellt worden ist. Das Recht des ersuchenden Staates, den Verfolgten zur Vorbereitung eines Ersuchens nach § 35 zu vernehmen, bleibt unberührt. (3) Eine bedingte Freilassung ohne eine die Bewegungsfreiheit des Verfolgten einschränkende Anordnung steht dem endgültigen Abschluss des Verfahrens nach Absatz 1 Nr. 3, Abs. 2 Satz 1 Nr. 2 gleich."
[10] Dazu va *Kimminich* AnwBl 1985, 416.
[11] Betr. Türkei vgl. BVerfG Beschl. v. 23.2.1983 – 1 BvR 990/82, BVerfGE 63, 197.

Die **Zusicherung** der Nichtverhängung oder der Nichtvollstreckung der Todesstrafe kann der 8
Zuerkennung des subsidiären Schutzstatus nur dann entgegenstehen, wenn nicht nur die Erklärung der
Bundesregierung, sondern va die des anderen Staats nachprüfbar verlässlich eine derartige Verurteilung
ausschließt. Da aber anders als im auf Gegenseitigkeit aufbauenden Auslieferungsverkehr idR für die
Abschiebung keine völkerrechtlich verbindlichen Abkommen bestehen, muss die Einhaltung der
Zusicherung anderweitig abgesichert sein, zB durch Präzedenzfälle oder diplomatische Kontrollmöglichkeiten. Außerdem muss sie völkerrechtlich verpflichtend wirken, also gegenüber der Bundesregierung abgegeben sein und nicht allein gegenüber der Ausländerbehörde. Andersartige Auskünfte oder
Zusagen stehen nicht gleich. Die verbindliche Zusage der Nichtvollstreckung reicht dann nicht aus,
wenn damit jahrelange Haft unter menschenunwürdigen Umständen verbunden wäre.

IV. Folter oder Schlechtbehandlung/-bestrafung

Besondere praktische Relevanz hat iRv § 4 va das **Folterverbot** nach Abs. 1 S. 2 Nr. 2 der Norm. 9
Ob Art. 3 UN-Folterkonvention[12] über das Verbot der Folter hinaus auch Schutz vor Abweisung an
der Grenze und vor Abschiebung vermittelt[13] und über eine Staatenverpflichtung hinaus auch unmittelbare Rechtspositionen des Individuums begründet[14], kann dahinstehen, nachdem auch diesbezüglich in
§ 60 II AufenthG (wie zuvor in § 53 I AuslG) ein uneingeschränktes obligatorisches Abschiebungsverbot aufgenommen ist[15]. Ähnliches gilt hinsichtlich des – schon durch das RLUmsG 2007 im
Hinblick auf Art. 15 lit. b Anerkennungs-RL ausdrücklich erwähnten – Verbots von Folter oder
unmenschlicher oder erniedrigender Bestrafung oder Behandlung iSv Art. 3 EMRK[16], das allerdings
grundsätzlich mit einem subjektiven Recht auf Unterlassen und gegebenenfalls auf aktives Eingreifen
korrespondiert. Der Regelung liegt die Erkenntnis zugrunde, dass die Gefahr der Folter oder Schlechtbestrafung/-behandlung allein noch nicht die Gewährung von Asyl rechtfertigt, sondern nur unter der
Voraussetzung, dass sie an asylerhebliche Merkmale oder Eigenschaften anknüpft und asylerhebliche
Zwecke verfolgt[17]. Das Abschiebungsverbot bei Foltergefahr oder Schlechtbestrafung/-behandlung
folgt im Übrigen bereits unmittelbar aus Art. 1 GG und Art. 3 EMRK[18]. Es gilt uneingeschränkt selbst
bei Abschiebung in einen Signatarstaat der EMRK; dessen Verpflichtung, die Konventionsrechte zu
achten, ist im Rahmen der Gefahrenprognose zu berücksichtigen, die eine Gesamtwürdigung aller
Umstände gebietet[19]. Dies spielt eine wichtige Rolle im Dublin-Asylsystem[20]. Die Abgrenzung des
Subsidiärschutzes zum **Abschiebungsverbot** nach § 60 V AufenthG iVm Art. 3 EMRK hat gemäß
§ 4 III 1 iVm § 3c mittels der Frage der Zielgerichtetheit des Handelns eines Akteurs zu erfolgen. Wird
etwa eine schlechte humanitäre Lage **zielgerichtet** von einem Akteur iSv § 3c hervorgerufen oder
verstärkt, ist Subsidiärschutz zu gewähren; allgemein prekäre Verhältnisse als Folgen ungezielter Handlungen im Rahmen eines bewaffneten Konflikts dagegen begründen nur ein Abschiebungsverbot[21].

Unter „**Folter**" ist nach der Definition des Art. 1 UN-Folterkonvention (nach Ratifizierung inner- 10
staatlich verbindlich) eine Behandlung zu verstehen, die einer Person vorsätzlich schwere Schmerzen
oder Leiden körperlicher oder geistig-seelischer Art zufügt, um von ihr oder einem Dritten eine
Aussage oder ein Geständnis zu erzwingen, sie oder einen Dritten zu bestrafen, einzuschüchtern oder
zu nötigen oder mit diskriminierender Absicht zu verfolgen. Die Einschränkung des Art. 1 UN-Folterkonvention zugunsten gesetzlich zulässiger Zwangsmaßnahmen ist für Abs. 2 ohne Bedeutung.
Wann eine „**unmenschliche oder erniedrigende Behandlung oder Bestrafung**" vorliegt, hängt
(nach der insoweit va maßgebenden Rspr. des EGMR) vom Einzelfall ab. Eine Schlechtbehandlung
einschließlich Bestrafung muss ein Minimum an Schwere erreichen, um in den Schutzbereich von
Art. 3 EMRK zu fallen. Die Bewertung dieses Minimums ist jedoch, nach Natur der Sache, relative

---

[12] BGBl. 1990 II S. 247; in Kraft für die Bundesrepublik Deutschland seit 1.6.1990, BGBl. 1990 II S. 491; dazu *Hailbronner/Randelzhofer* EuGRZ 1986, 641; *van Krieken* ZAR 1986, 17; *Nowak* EuGRZ 1985, 109; *Marx* ZRP 1986, 81.
[13] Zweifelnd *Hailbronner* ZAR 1987, 3.
[14] BT-Drs. 11/5459, 22, 24; *Maaßen* S. 182 mwN.
[15] Zur früheren Rechtslage zB BVerwG Urt. v. 3.11.1987 – 9 C 254.86, BVerwGE 78, 243; BayVGH Urt. v. 15.5.1986 – 24 B 84 C.704, InfAuslR 1986, 243.
[16] Dazu *Gusy* ZAR 1993, 63.
[17] BVerfG Beschl. v. 20.12.1989 – 2 BvR 958/86, BVerfGE 81, 142; BVerwG Urt. v. 17.5.1983 – 9 C 874.82, BVerwGE 67, 195; Urt. v. 27.5.1986 – 9 C 35.86 ua, BVerwGE 74, 226; Urt. v. 19.5.1987 – 9 C 198.86, EZAR 201 Nr. 12; Urt. v. 17.1.1989 – 9 C 62.87, NVwZ 1989, 776; allg. → § 1 Rn. 37; aA *Marx* ZAR 1984, 102.
[18] BVerwG Urt. v. 17.5.1983 – 9 C 36.83, BVerwGE 67, 184; *Frankenberg* JZ 1986, 414; *Frowein/Kühner* ZaöRV 1983, 537; *Weberndörfer* S. 119 ff. mwN.
[19] BVerwG Urt. v. 27.4.2010 – 10 C 5.09. S. auch die Verurteilung Belgiens und Griechenlands mit deutlichen Worten bzgl. einer Überstellung von Asylbewerbern iRd Dublin II-VO durch den EGMR Urt. v. 21.1.2011 – 30696/09, NVwZ 2011, 413 und dazu *Thym* ZAR 2011, 368 sowie EuGH Urt. v. 10.12.2013 – C-394/12 – Abdullahi.
[20] Ausf. hierzu *Bergmann* ZAR 2015, 81 sowie → § 34a Rn. 1.
[21] *Broscheit/Gornik* ZAR 2018, 302; vgl. zu den Kriterien des § 60 V AufenthG BVerwG Urt. v. 21.4.2022 – 1 C 10.21.

Kriterien hierfür sind abzuleiten aus allen Umständen des Falls, wie zB die Art der Behandlung oder Bestrafung und der Zusammenhang, in dem sie erfolgte, die Art und Weise ihrer Vollstreckung, ihre zeitliche Dauer, ihre physischen und geistigen Wirkungen und in einigen Fällen Geschlecht, Alter und Gesundheitszustand des Opfers[22]. Abstrakt formuliert sind unter einer menschenrechtswidrigen Schlechtbehandlung Maßnahmen zu verstehen, mit denen unter Missachtung der Menschenwürde absichtlich schwere psychische oder physische Leiden zugefügt werden und mit denen nach Art und Ausmaß besonders schwer gegen Menschenrechte verstoßen wird[23].

11 Diesen Begrifflichkeiten ist die **zielgerichtete Schädigung** durch einen Akteur iSv § 4 III 1 iVm § 3c eigen. Sie hängt nicht von der staatlichen Eigenschaft oder Funktion der im Zielstaat handelnden Personen ab[24]. Im Falle unzureichender medizinischer Versorgung setzt dies die „absichtliche" Verweigerung voraus, gegebenenfalls durch direktes oder indirektes Behördenhandeln[25].

12 Die in § 4 I beschriebenen **Gefahren** müssen **konkret** (fort)bestehen. ZB die in einem Staat allgemein festzustellende Praxis, in bestimmten Situationen zu bestimmten Zwecken Foltermaßnahmen anzuwenden, ergibt noch keine individuelle Gefährdung für jeden dorthin abgeschobenen Staatsbürger. Dies gilt erst recht, wenn Folter nur als Exzess oder Übergriff nachweisbar ist und vom Staat sowohl präventiv als auch repressiv unterdrückt wird. § 4 I darf nicht in ein generelles Verbot der Abschiebung in bestimmte Staaten umgedeutet werden. Die erforderliche Gefahrenprognose hat sich andererseits auch nach der Schwere der zu erwartenden Beeinträchtigung zu richten. Eine rein quantitative oder statistische Betrachtung ist fehl am Platze[26]. Art. 3 I UN-Folterkonvention verbietet nicht allgemein die Abschiebung in Staaten, in denen Folter (noch) vorkommt oder mehr oder weniger üblich ist. Gemäß Art. 3 II UN-Folterkonvention haben die zuständigen Behörden aber alle einschlägigen Umstände, ua auch die Tatsache zu berücksichtigen, dass es in dem betreffenden Staat ständig zu groben, flagranten oder massiven Verletzungen der Menschenrechte kommt. Insoweit muss die Beschränkung der Entscheidungsgrundlage nach § 79 gegebenenfalls zurücktreten. Trotz **Wegfalls** der Foltergefahr können weiter betroffene Folteropfer Anspruch auf subsidiären Schutz haben, wenn im Zielstaat („folterähnlich") absichtlich eine erforderliche Krankenbehandlung (zB wegen PTBS) verweigert wird[27].

13 An die Feststellung der im Einzelfall drohenden Folter bzw. Schlechtbehandlung/-bestrafung sind nach alledem **keine allzu strengen Anforderungen** zu stellen[28]. Die Folter muss zwar mit an Sicherheit grenzender Wahrscheinlichkeit drohen. Angesichts der Bedeutung des gefährdeten Rechtsguts, für dessen Wert nicht zuletzt die allgemeine Ächtung durch die Völkergemeinschaft spricht, und angesichts folterspezifischer Darlegungs- und Nachweisschwierigkeiten genügen triftige und stichhaltige Anhaltspunkte für die notwendige Überzeugung der Ausländerbehörde, des BAMF oder des Gerichts[29]. Gehört die Folter bzw. Schlechtbehandlung/-bestrafung etwa „zur Tagesordnung", ist sie auch für den konkreten Fall hinreichend wahrscheinlich[30]. Wird sie gegen Angehörige bestimmter Personengruppen mehr oder weniger regelmäßig angewendet, begründet sie insoweit ein allgemein wirkendes Abschiebungsverbot. Die ernsthafte Gefahr ergibt sich zwar nicht allgemein schon aufgrund bereits einmal erlittener Folter[31], der asylrechtlich herabgestufte Wahrscheinlichkeitsmaßstab ist nicht unmittelbar übertragbar, und erst recht ist eine Beweislastumkehr nicht angezeigt[32]. Bei unverändert gebliebenen Verhältnissen kann diese aber ebenso wie im Fall einer politischen Verfolgung eine Wiederholung indizieren und angesichts ihrer traumatischen Folgen die zumutbare Risikoschwelle herabsetzen[33]. Einmal erlittene Folter bzw. Schlechtbehandlung/-bestrafung darf daher bei der Gefahrenprognose nie außer Acht gelassen werden[34]. Im gerichtlichen Eilverfahren genügt natürlich eine geringere Wahrscheinlichkeit[35].

---

[22] EGMR Urt. v. 7.7.1989 – 1/1989/161/217, NJW 1990, 2183 – Soering; vgl. auch BVerwG Beschl. v. 18.12.2006 – 1 B 53.06.
[23] *Gusy* ZAR 1993, 63; *Kälin* ZAR 1986, 172; *Trechsel* in Barwig/Brill S. 83; *Renner* AiD Rn. 7/615–617 mwN.
[24] EGMR in stRspr, vgl. Urt. v. 20.3.1991 – 46/1990/237/307, NJW 1991, 3079; Urt. v. 30.10.1991 – 45/1990/236/302–306, NVwZ 1992, 869; Urt. v. 15.11.1996 – 70/1995/576/662, NVwZ 1997, 1093; Urt. v. 17.12.1996 – 71/1995/577/663, NVwZ 1997, 1100; Urt. v. 29.4.1997 – 11/1996/630/813, EZAR 933 Nr. 6; Urt. v. 2.5.1997 – 146/1996/767/964, NVwZ 1998, 161; Entsch. v. 7.3.2000 – 43844/98, EZAR 933 Nr. 8; Urt. v. 11.7.2000 – 40035/98, EZAR 933 Nr. 9; Urt. v. 6.3.2001 – 45276/99, InfAuslR 2001, 417; Urt. v. 6.2.2001 – 44599/98, NVwZ 2002, 453.
[25] Vgl. BVerwG Urt. v. 20.5.2020 – 1 C 11.19; mwN auch bzgl. der EuGH-Rechtsprechung.
[26] BVerwG Urt. v. 23.2.1988 – 9 C 32.87, DVBl 1988, 653.
[27] Vgl. EuGH Urt. v. 24.4.2018 – C-353/16 – MP.
[28] Allg. dazu schon BVerfG Beschl. v. 23.2.1983 – 1 BvR 990/82, BVerfGE 63, 197.
[29] Vgl. § 108 I VwGO; BVerwG Urt. v. 16.4.1985 – 9 C 109.84, BVerwGE 71, 180; zu Prognosetatsachen und -maßstäben *Renner* AiD Rn. 7/458–473, 7/598–605.
[30] BVerwG Urt. v. 17.1.1989 – 9 C 62.87, NVwZ 1989, 776.
[31] BVerfG-K Beschl. v. 31.5.1994 – 2 BvR 1193/93, NJW 1994, 2883.
[32] AA *Alleweldt* S. 43, 111.
[33] *Renner* AiD Rn. 7/605–606.
[34] BVerfG-K Beschl. v. 10.7.1997 – 2 BvR 1291/96, InfAuslR 1998, 363.
[35] SchlHOVG Beschl. v. 8.10.1992 – 4 M 89/92, InfAuslR 1993, 18.

V. Bewaffnete Konflikte

Abs. 1 S. 2 Nr. 3 setzt die aus Art. 18 iVm **Art. 15 lit. c Anerkennungs-RL** folgende Verpflichtung auf Gewährung eines „subsidiären Schutzstatus" bzw. „subsidiären Schutzes" in nationales Recht um. Der Begriff des **internationalen wie auch des innerstaatlichen bewaffneten Konflikts**, unter den gezielte kriminelle Gewalt nicht subsumiert werden kann[36], ist dabei nicht unter Berücksichtigung der Bedeutung dieser Begriffe im humanitären Völkerrecht, insbesondere unter Heranziehung von Art. 3 GK zum humanitären Völkerrecht von 1949 und des zur Präzisierung erlassenen ZP II von 1977 auszulegen, wie der **EuGH im Urt. v. 30.1.2014 in der Rechtssache C-285/12 – Diakité** (im Gegensatz zur früheren Rspr. des BVerwG[37]) entschieden hat. Der EuGH führte aus: „Art. 15 lit. c Anerkennungs-RL ist dahin auszulegen, dass für die Anwendung dieser Bestimmung vom Vorliegen eines innerstaatlichen bewaffneten Konflikts auszugehen ist, wenn die regulären Streitkräfte eines Staates auf eine oder mehrere bewaffnete Gruppen treffen oder wenn zwei oder mehrere bewaffnete Gruppen aufeinandertreffen, ohne dass dieser Konflikt als bewaffneter Konflikt, der keinen internationalen Charakter aufweist, im Sinne des humanitären Völkerrechts eingestuft zu werden braucht und ohne dass die Intensität der bewaffneten Auseinandersetzungen, der Organisationsgrad der vorhandenen bewaffneten Streitkräfte oder die Dauer des Konflikts Gegenstand einer anderen Beurteilung als der des im betreffenden Gebiet herrschenden Grads an Gewalt ist. Das humanitäre Völkerrecht und die Regelung des subsidiären Schutzes nach der Richtlinie verfolgen nämlich, allgemeiner formuliert, unterschiedliche Ziele und führen klar voneinander getrennte Schutzmechanismen ein. Daher würden die jeweiligen Bereiche jeder der beiden Regelungen, die im humanitären Völkerrecht bzw. in Art. 2 lit. e der Richtlinie in Verbindung mit deren Art. 15 lit. c festgelegt sind, verkannt, wenn ein Anspruch nach der letztgenannten Regelung von der Feststellung abhängig gemacht würde, dass die Voraussetzungen für die Anwendung der erstgenannten Regelung erfüllt sind. Deshalb darf die Feststellung des Vorliegens eines bewaffneten Konflikts im Sinne der Richtlinie nicht von einem bestimmten Organisationsgrad der vorhandenen bewaffneten Streitkräfte oder von einer bestimmten Dauer des Konflikts abhängig gemacht werden, wenn diese dafür genügen, dass durch die Auseinandersetzungen, an denen die Streitkräfte beteiligt sind, ein Grad an willkürlicher Gewalt entsteht, so dass stichhaltige Gründe für die Annahme bestehen, dass eine Zivilperson bei einer Rückkehr in das betreffende Land oder in die betroffene Region allein durch ihre Anwesenheit im Gebiet dieses Landes oder dieser Region tatsächlich Gefahr liefe, einer ernsthaften individuellen Bedrohung ihres Lebens oder ihrer Unversehrtheit ausgesetzt zu sein, und der Antragsteller somit tatsächlich internationalen Schutz benötigt."

Abs. 1 S. 2 Nr. 3 erfasst auch diejenigen Beeinträchtigungen, die nach der (bisherigen) Rspr. des BVerwG mangels staatlicher Verantwortlichkeit, va im offenen Bürgerkrieg, nicht unter Art. 3 EMRK fallen. Zur Frage, wann Art. 15 lit. c Anerkennungs-RL anzunehmen ist, hat das **BVerwG**[38] im Anschluss an das **EuGH-Urteil Elgafaji**[39] folgende Leitsätze gebildet: „Eine erhebliche individuelle Gefahr für Leib oder Leben, die zugleich die entsprechenden Voraussetzungen des Art. 15 lit. c Anerkennungs-RL erfüllt, kann sich auch aus einer allgemeinen Gefahr für eine Vielzahl von Zivilpersonen im Rahmen eines bewaffneten Konflikts ergeben, wenn sich die Gefahr in der Person des Ausländers verdichtet. Eine solche Verdichtung bzw. Individualisierung kann sich aus gefahrerhöhenden Umständen in der Person des Ausländers ergeben. Sie kann unabhängig davon ausnahmsweise auch bei einer außergewöhnlichen Situation eintreten, die durch einen so hohen Gefahrengrad gekennzeichnet ist, dass praktisch jede Zivilperson allein aufgrund ihrer Anwesenheit in dem betreffen-

---

[36] VGH BW Urt. v. 6.3.2012 – A 11 S 3070/11.
[37] Ausf. BVerwG Urt. v. 14.7.2009 – 10 C 9.08, NVwZ 2010, 196; Urt. v. 24.6.2008 – 10 C 43.07, BVerwGE 131, 198.
[38] BVerwG Urt. v. 14.7.2009 – 10 C 9.08, NVwZ 2010, 196.
[39] EuGH Urt. v. 17.2.2009 – C-465/07 – Elgafaji: „(1) Das durch Art. 3 EMRK garantierte Grundrecht gehört zu den allgemeinen Grundsätzen des Gemeinschaftsrechts, deren Einhaltung der Gerichtshof sichert. Für die Auslegung der Reichweite dieses Rechts in der Gemeinschaftsrechtsordnung findet auch die Rechtsprechung des EGMR Berücksichtigung. Es ist jedoch Art. 15 lit. b der RL 2004/83, der im Wesentlichen Art. 3 EMRK entspricht. Art. 15 lit. c dieser RL hingegen ist eine Vorschrift, deren Inhalt sich von dem des Art. 3 EMRK unterscheidet und die daher, unbeschadet der Wahrung der durch die EMRK gewährleisteten Grundrechte, autonom auszulegen ist. (2) Art. 15 lit. c iVm Art. 2 lit. e der RL 2004/83/EG des Rates v. 29.4.2004 ist wie folgt auszulegen: – Das Vorliegen einer ernsthaften individuellen Bedrohung des Lebens oder der Unversehrtheit der Person, die Gewährung des subsidiären Schutzes beantragt, setzt nicht voraus, dass diese Person beweist, dass sie aufgrund von ihrer persönlichen Situation innewohnenden Umständen spezifisch betroffen ist. – Das Vorliegen einer solchen Bedrohung kann ausnahmsweise als gegeben angesehen werden, wenn der den bestehenden bewaffneten Konflikt kennzeichnende Grad willkürlicher Gewalt in der Beurteilung der zuständigen nationalen Behörden, die mit einem Antrag auf subsidiären Schutz befasst sind, oder der Gerichte eines Mitgliedstaats, bei denen eine Klage gegen die Ablehnung eines solchen Antrags anhängig ist, ein so hohes Niveau erreicht, dass stichhaltige Gründe für die Annahme bestehen, dass eine Zivilperson bei einer Rückkehr in das betreffende Land oder ggf. in die betroffene Region allein durch ihre Anwesenheit im Gebiet dieses Landes oder dieser Region tatsächlich Gefahr liefe, einer solchen Bedrohung ausgesetzt zu sein."; vgl. hierzu *Bank* NVwZ 2009, 695.

den Gebiet einer ernsthaften individuellen Bedrohung ausgesetzt wäre. Besteht ein bewaffneter Konflikt mit einem solchen Gefahrengrad nicht landesweit, kommt eine individuelle Bedrohung in der Regel nur in Betracht, wenn der Konflikt sich auf die Herkunftsregion des Ausländers erstreckt, in die er typischerweise zurückkehrt." Eine weitergehende abstrakte Klärung des Auslegungsstreits zu Art. 15 lit. c Anerkennungs-RL[40] dürfte nicht zu erwarten sein.

16 Nach der Rspr. des EuGH und BVerwG gilt mithin heute zusammengefasst Folgendes:

(1) Bei der Frage, ob ein **internationaler oder innerstaatlicher bewaffneter Konflikt** vorliegt, sind die oben skizzierten Voraussetzungen des EuGH-Urteils Diakité zu prüfen. Hierbei dürfte kriminelle Gewalt bei der Feststellung, ob ein innerstaatlicher bewaffneter Konflikt vorliegt, jedenfalls dann keine Berücksichtigung finden, wenn sie nicht von einer der Konfliktparteien begangen wird[41].

(2) Bzgl. der Frage, ob ein innerstaatlicher bewaffneter Konflikt vorliegt, ist zunächst das gesamte Staatsgebiet in den Blick zu nehmen. Besteht ein bewaffneter Konflikt jedoch nicht landesweit, kommt eine individuelle Bedrohung in Betracht, wenn sich der Konflikt auf **die Herkunftsregion des Ausländers** erstreckt, in der er zuletzt gelebt hat bzw. in die er typischerweise zurückkehren kann und voraussichtlich auch wird, dh auf seinen „tatsächlichen Zielort" bei einer Rückkehr in den Herkunftsstaat[42]. Auf einen bewaffneten Konflikt außerhalb der Herkunftsregion des Ausländers kann es hingegen nur ausnahmsweise ankommen. In diesem Fall muss der Ausländer stichhaltige Gründe dafür vorbringen, die für ihn eine Rückkehr in seine Herkunftsregion ausscheidet und nur eine Rückkehr gerade in die Gefahrenzone in Betracht kommt[43].

(3) Konnte ein innerstaatlicher bewaffneter Konflikt zumindest im tatsächlichen Zielort des Ausländers bei einer Rückkehr in seinen Herkunftsstaat festgestellt werden, ist weiter zu fragen, ob ihm dort infolgedessen **eine ernsthafte individuelle Bedrohung des Lebens oder der Unversehrtheit als Zivilperson** droht. Beim Fehlen individueller gefahrerhöhender Umstände muss die willkürliche Gewalt ein besonders hohes Niveau für die Zivilbevölkerung erreichen[44]. Bei der Prüfung nach Art. 15 lit. c Anerkennungs-RL, ob eine individuelle Bedrohung infolge willkürlicher Gewalt im Rahmen eines bewaffneten Konflikts vorliegt, kann allerdings nicht allein darauf abgestellt werden, dass das Verhältnis der Opferzahl zur Gesamtzahl der Bevölkerung eine bestimmte Schwelle überschreitet[45]. Zur Feststellung, ob eine „ernsthafte individuelle Bedrohung" vorliegt und subsidiärer Schutz zu gewähren ist, bedarf es vielmehr einer umfassenden Berücksichtigung aller Umstände des Einzelfalls, insbesondere derjenigen, die die Situation im Herkunftsland der schutzsuchenden Person prägen[46]. Hierzu gehört ua auch die Würdigung der medizinischen Versorgungslage in dem jeweiligen Gebiet, von deren Qualität und Erreichbarkeit die Schwere eingetretener körperlicher Verletzungen mit Blick auf die Opfern dauerhaft verbleibenden Verletzungsfolgen abhängen kann. IÜ können die für die Feststellung einer Gruppenverfolgung im Bereich des Flüchtlingsrechts entwickelten Kriterien entsprechend herangezogen werden. In jedem Fall ist für die Annahme einer erheblichen individuellen Gefahr vorauszusetzen, dass dem Betroffenen mit beachtlicher Wahrscheinlichkeit ein Schaden an den Rechtsgütern Leib oder Leben droht. Auch insoweit gilt ua die Beweisregel des Art. 4 IV Anerkennungs-RL[47].

(4) Bei der Prüfung, ob dem Ausländer zumindest in seiner Herkunftsregion aufgrund eines innerstaatlichen bewaffneten Konflikts mit beachtlicher Wahrscheinlichkeit eine erhebliche individuelle Gefahr für Leib und Leben droht, was eben nicht rein quantitativ zu ermitteln ist, sind mithin immer auch **gefahrerhöhende persönliche Umstände** zu berücksichtigen. Liegen keine gefahrerhöhenden persönlichen Umstände vor, ist ein besonders hohes Niveau willkürlicher Gewalt erforderlich. Liegen hingegen gefahrerhöhende persönliche Umstände vor, genügt auch ein geringeres Niveau willkürlicher Gewalt. Zu diesen gefahrerhöhenden Umständen gehören in erster Linie solche persönlichen Umstände, die den Antragsteller von der allgemeinen, ungezielten Gewalt stärker betroffen erscheinen lassen, etwa weil er von Berufs wegen – zB als Arzt oder Journalist – gezwungen ist, sich nahe der Gefahrenquelle aufzuhalten. Dazu können aber nach

---

[40] Ausf. hierzu *Funke-Kaiser* in GK-AsylVfG § 34 Rn. 108; vgl. auch die UNHCR-Komm zu Erwgr. 26: „Eine Auslegung, die den Schutz nicht auf Personen ausdehnt, die ernsthaften individuellen Bedrohungen ausgesetzt sind, soweit diese Teil eines größeren, von denselben Risiken betroffenen Bevölkerungssegments sind, würde sowohl dem eindeutigen Wortlaut als auch dem Geist des Art. 15 lit. c RL widersprechen. Darüber hinaus könnte eine derartige Auslegung eine nicht hinnehmbare Schutzlücke zur Folge haben, die im Widerspruch zum internationalen Flüchtlingsrecht und den Menschenrechten stehen würde." In der deutschen Rspr. s. insbes. zum einen VG Stuttgart Urt. v. 21.5.2007 – 4 K 2563/07, InfAuslR 2007, 321 sowie zum anderen SchlHOVG Beschl. v. 22.12.2006 – 1 LA 125/06; VGH BW Beschl. v. 8.8.2007 – A 2 S 229/07; BayVGH Beschl. v. 22.11.2007 – 19 C 08.2240.
[41] Ausf. BVerwG Urt. v. 24.6.2008 – 10 C 43.07, Rn. 19 ff. und Urt. v. 27.4.2010 – 10 C 4.09, Rn. 23.
[42] EuGH Urt. v. 17.2.2009 – C-465/07 – Elgafaji.
[43] BVerwG Urt. v. 14.7.2009 – 10 C 9.08.
[44] Vgl. BVerwG Urt. v. 20.5.2020 – 1 C 11.19.
[45] Gegen den umstrittenen Ansatz des „Body Count" EuGH Urt. V. 10.6.2021 – C-901/19 – CF.
[46] EuGH Urt. v. 10.6.2021 – C-901/19 – CF.
[47] BVerwG Urt. v. 27.4.2010 – 10 C 4.09, Rn. 32 ff. sowie *Dolk* Asylmagazin 12/2011, 418 ff.

Auffassung des BVerwG auch solche persönlichen Umstände gerechnet werden, aufgrund derer der Antragsteller als Zivilperson zusätzlich der Gefahr gezielter Gewaltakte – etwa wegen seiner religiösen oder ethnischen Zugehörigkeit – ausgesetzt ist, sofern deswegen nicht schon eine Zuerkennung der Flüchtlingseigenschaft in Betracht kommt. Auch im Fall gefahrerhöhender persönlicher Umstände muss aber ein hohes Niveau willkürlicher Gewalt bzw. eine hohe Gefahrendichte für die Zivilbevölkerung in dem fraglichen Gebiet festgestellt werden. Allein das Vorliegen eines bewaffneten Konflikts und die Feststellung eines gefahrerhöhenden Umstands in der Person des Antragstellers reichen hierfür nicht aus. Allerdings kann eine Individualisierung der allgemeinen Gefahr auch dann, wenn individuelle gefahrerhöhende Umstände fehlen, ausnahmsweise bei einer außergewöhnlichen Situation eintreten, die durch einen so hohen Gefahrengrad gekennzeichnet ist, dass praktisch jede Zivilperson allein aufgrund ihrer Anwesenheit in dem betroffenen Gebiet einer ernsthaften individuellen Bedrohung ausgesetzt wäre[48].

(5) Schließlich darf für den Ausländer keine **Möglichkeit internen Schutzes** gemäß § 4 III 1 iVm § 3e iVm Art. 8 Anerkennungs-RL bestehen. Nach **Art. 8 I Anerkennungs-RL** können die Mitgliedstaaten bei der Prüfung des Antrags auf internationalen Schutz feststellen, dass ein Antragsteller keinen internationalen Schutz benötigt, sofern in einem Teil des Herkunftslandes keine begründete Furcht vor Verfolgung bzw. keine tatsächliche Gefahr, einen ernsthaften Schaden zu erleiden, besteht und dem Antragsteller vernünftigerweise erwartet werden kann, dass er sich in diesem Landesteil aufhält[49]. Nach Art. 8 II Anerkennungs-RL berücksichtigen die Mitgliedstaaten bei Prüfung der Frage, ob ein Teil des Herkunftslandes die Voraussetzungen nach Abs. 1 erfüllt, die dortigen allgemeinen Gegebenheiten und die persönlichen Umstände des Antragstellers zum Zeitpunkt der Entscheidung über den Antrag. Abs. 1 kann auch dann angewandt werden, wenn praktische Hindernisse für eine Rückkehr in das Herkunftsland bestehen. Zur Frage, wann von dem Ausländer „vernünftiger Weise erwartet werden kann", dass er sich in dem verfolgungsfreien Landesteil aufhält, verweist das BVerwG auf die Begründung zum Regierungsentwurf des RLUmsG 2007 (BT-Drs. 16/5065, 185). Hier wird ausgeführt, dass dies dann der Fall sei, wenn der Ausländer am Zufluchtsort eine ausreichende Lebensgrundlage vorfinde, dh, dort das Existenzminimum gewährleistet sei. Ausdrücklich offengelassen wurde, welche darüberhinausgehenden wirtschaftlichen und sozialen Standards erfüllt sein müssen. Allerdings spreche einiges dafür, dass die gemäß Art. 8 II Anerkennungs-RL zu berücksichtigenden allgemeinen Gegebenheiten des Herkunftslandes – oberhalb der Schwelle des Existenzminimums – auch den Zumutbarkeitsmaßstab prägen[50]. Dem ist sich anzuschließen[51].

VI. Ausschlussgründe

Die Zuerkennung des subsidiären Schutzstatus ist – vergleichbar bei der Flüchtlingsanerkennung gemäß § 3 II 1 – in Umsetzung von **Art. 17 Anerkennungs-RL** bei Vorliegen der normierten Fallgruppen ausgeschlossen. Dabei ist grundsätzlich darauf zu achten, dass die Abschiebung eines ernsthaft Bedrohten nur die **ultima ratio** darstellen kann[52]. Bei Nr. 1–3 sind allerdings keine rechtskräftigen Verurteilungen erforderlich. Bei Nr. 4 müssen schwerwiegende Gründe in der Person des Ausländers vorliegen, die ihn mit besonders hoher Wahrscheinlichkeit[53] als echte Gefahr für die Sicherheit Deutschlands erscheinen lassen. Bei der Auslegung dieser gesetzlichen Voraussetzungen ist zu bedenken, dass der Eingriff in Grundsätze zum Schutz der Sicherheit von Staat und Bevölkerung die Ausnahme bleiben muss, die am Grundsatz der Verhältnismäßigkeit zu prüfen ist[54]. Deshalb können nur schwerwiegende Gefahren den subsidiären Schutz hinter die Belange der staatlichen Sicherheit zurücktreten lassen. 17

Schwerwiegende Gründe und Gefahren für die Allgemeinheit iSv Nr. 4 lassen sich nicht formal, etwa anhand von Ausweisungstatbeständen, beschreiben. In Betracht kommen zwar allgemeine schwere Spionage, gefährliche Sabotage oder politischer Terrorismus und andere Kapitaldelikte bzw. auch andere Straftaten von besonderem Gewicht. Allein die aktive Teilnahme an einem innerstaatlichen bewaffneten Konflikt begründet jedoch etwa keinen Ausschluss des subsidiären Schutzstatus. Dieser ist nur dann ausgeschlossen, wenn schwerwiegende Gründe die Annahme einer Beteiligung an Kriegsverbrechen, Verbrechen gegen die Menschlichkeit oder schweren nichtpolitischen Straftaten 18

---

[48] BVerwG Urt. v. 17.11.2011 – 10 C 13.10, Rn. 18 ff.
[49] Vgl. BVerwG Beschl. v. 14.11.2012 – 10 B 22.12: Für die erforderliche Gefahrenprognose ist bei einem nicht landesweiten bewaffneten Konflikt auf den tatsächlichen Zielort des Ausländers bei einer Rückkehr abzustellen. Kommt die Herkunftsregion des Ausländesr als Zielort wegen der dem Ausländer dort drohenden Gefahr nicht in Betracht, kann er nur unter den Voraussetzungen des Art. 8 Anerkennungs-RL auf eine andere Region des Landes verwiesen werden.
[50] BVerwG Urt. v. 29.5.2008 – 10 C 11.07, Rn. 32/35.
[51] HessVGH Urt. v. 25.8.2011 – 8 A 1657/10.A, Rn. 91.
[52] Vgl. BVerwG Urt. v. 7.10.1975 – I C 46.69, BVerwGE 49, 202.
[53] Vgl. BVerwG Urt. v. 5.5.1998 – 1 C 17.97, BVerwGE 106, 351.
[54] Vgl. BVerfG Beschl. v. 1.8.1978 – 2 BvR 1013/77 ua, BVerfGE 49, 24.

rechtfertigen. Dazu zählen neben Übergriffen auf die Zivilbevölkerung ua auch die Misshandlung oder Tötung kampfunfähiger gegnerischer Kombattanten. In derartigen Fällen stehen selbst politisch motivierte Taten der Gewährung des subsidiären Schutzstatus entgegen[55]. Es ist aber immer eine **individuelle Betrachtung und Bewertung** der von dem Ausländer ausgehenden Gefahren anzustellen. Primär ist nicht das Fehlverhalten in der Vergangenheit maßgeblich, sondern die **zukünftige Gefährdung**. Für die Abschiebung ist eine ähnliche Gefahrenprognose anzustellen wie für die Ausweisung. Sie erübrigt sich auch nicht etwa automatisch nach einer rechtskräftigen Freiheitsstrafe. Nach rechtskräftiger Verurteilung wird die mögliche Gefahr für die Sicherheit des Staats und die Allgemeinheit nur während des Strafvollzugs gemindert. Darüber hinaus darf die Chance der Besserung und Resozialisierung nicht außer Betracht gelassen werden. Der EuGH betont, dass Subsidiärschutz nicht pauschal über ein bestimmtes Strafmaß als „schwere Straftat" ausgeschlossen werden kann, sondern immer der Einzelfall zu würdigen ist[56]. Ebenso wie ein Ausschluss setzt auch die Rücknahme der Zuerkennung des subsidiären Schutzes nach § 73b III iVm § 4 II 1 Nr. 4 eine **gegenwärtige, konkrete und schwerwiegende Gefahr** für die Allgemeinheit oder die Sicherheit der Bundesrepublik Deutschland voraus, die im Rahmen einer Einzelfallprüfung zu ermitteln ist[57].

VII. Verweisklausel

19   Abs. 3 verweist auf die §§ 3c–3e und stellt damit klar, dass auch beim subsidiären Schutzstatus mit den in S. 2 der Norm definierten Modifikationen auf die in der Anerkennungs-RL bezeichneten Akteure abzustellen ist sowie die Möglichkeit des internen Schutzes zu prüfen ist, bevor diesbezüglich Schutz gewährt wird.

Abschnitt 3. Allgemeine Bestimmungen

§ 5 Bundesamt

(1) ¹Über Asylanträge entscheidet das Bundesamt für Migration und Flüchtlinge (Bundesamt). ²Es ist nach Maßgabe dieses Gesetzes auch für ausländerrechtliche Maßnahmen und Entscheidungen zuständig.

(2) ¹Das Bundesministerium des Innern, für Bau und Heimat bestellt den Leiter des Bundesamtes. ²Dieser sorgt für die ordnungsgemäße Organisation der Asylverfahren.

(3) ¹Der Leiter des Bundesamtes soll bei jeder Zentralen Aufnahmeeinrichtung für Asylbewerber (Aufnahmeeinrichtung) mit mindestens 1 000 dauerhaften Unterbringungsplätzen in Abstimmung mit dem Land eine Außenstelle einrichten. ²Er kann in Abstimmung mit den Ländern weitere Außenstellen einrichten.

(4) ¹Der Leiter des Bundesamtes kann mit den Ländern vereinbaren, ihm sachliche und personelle Mittel zur notwendigen Erfüllung seiner Aufgaben in den Außenstellen zur Verfügung zu stellen. ²Die ihm zur Verfügung gestellten Bediensteten unterliegen im gleichen Umfang seinen fachlichen Weisungen wie die Bediensteten des Bundesamtes. ³Die näheren Einzelheiten sind in einer Verwaltungsvereinbarung zwischen dem Bund und dem Land zu regeln.

(5) ¹Der Leiter des Bundesamtes kann mit den Ländern vereinbaren, dass in einer Aufnahmeeinrichtung Ausländer untergebracht werden, deren Verfahren beschleunigt nach § 30a bearbeitet werden sollen (besondere Aufnahmeeinrichtungen). ²Das Bundesamt richtet Außenstellen bei den besonderen Aufnahmeeinrichtungen nach Satz 1 ein oder ordnet sie diesen zu. ³Auf besondere Aufnahmeeinrichtungen finden die für Aufnahmeeinrichtungen geltenden Regelungen Anwendung, soweit nicht in diesem Gesetz oder einer anderen Rechtsvorschrift etwas anderes bestimmt wird.

I. Entstehungsgeschichte

1   Die Vorschrift geht auf ähnliche Bestimmungen in den §§ 5 ff. **AsylVO** und §§ 29 f. **AuslG 1965** zurück, die eine Entscheidung durch einen dreiköpfigen Ausschuss vorsahen. Die dem nachfolgende Vorschrift des § 4 **AsylVfG 1982** entsprach in ihrer ursprünglichen Fassung im Wesentlichen dem Gesetzesentwurf 1982 (§§ 7 I–III, 8 IV E)[1], nur die damalige Festlegung der Mindestqualifikation des Einzelentscheiders (Beamter des gehobenen Dienstes) wurde noch auf Empfehlung des Bundestag-

---

[55] Vgl. BVerwG Urt. v. 24.11.2009 – 10 C 24.08.
[56] EuGH Urt. v. 13.9.2018 – C-369/17 – Ahmed; die Regelung des § 60 VIII 1 AufenthG, wonach auf Freiheitsstrafe von mindestens drei Jahren abgestellt wird, dürfte insoweit europarechtswidrig sein.
[57] Ausf. VGH BW Beschl. v. 21.1.2022 – A 4 S 108/22.
[1] BT-Drs. 9/875, 4.

Bundesamt § 5 AsylG 7

Innenausschusses eingefügt[2]. MWv 15.1.1987 wurden auf Initiative des Bundesrats[3] zwei Sätze über Außenstellen des BAFl in dem damaligen Abs. 2 angefügt (Art. 1 Nr. 3 **AsylVfÄndG 1987**).

Die Vorschrift lehnte sich ursprünglich in Abs. 1, 2 S. 1 und 2, Abs. 3 und 4 dem § 4 AsylVfG 1982 **2** an und stimmte insoweit mit dem **Gesetzesentwurf 1992**[4] überein; die Bestimmungen des (ursprünglichen) Abs. 2 S. 3 und Abs. 5 wurden auf Vorschlag des Bundestag-Innenausschusses zur Vermeidung des sonst für das BAFl befürchteten Personalmangels eingefügt[5]. Die Behördenbezeichnungen in (dem ursprünglichen) Abs. 2 S. 3 und Abs. 3 S. 1 wurden mWv 1.7.1993 geändert (**Art. 1 Nr. 52 AsylVfÄndG 1993**). Weitere Änderungen wurden aufgrund des Gesetzesentwurfs für ein **ZuwG**[6] vorgenommen (Art. 3 Nr. 4 ZuwG): Einbeziehung des § 60 I AufenthG in Abs. 1 S. 1; Änderung der Behördenbezeichnung: BAMF statt BAFl; Aufhebung der Weisungsunabhängigkeit und der besonderen Qualifikationsanforderungen an die Entscheidungsbeamten durch Streichung des ursprünglichen Abs. 2. Die Streichung des früheren Abs. 2 ist bereits seit 1.9.2004 in Kraft, die übrigen Änderungen seit 1.1.2005 (Art. 15 I, II ZuwG). Das **RLUmsG 2007** passte lediglich Abs. 1 S. 1 redaktionell an § 3 IV an („Zuerkennung der Flüchtlingseigenschaft" statt „Feststellung, ob die Voraussetzungen des § 60 I AufenthG vorliegen") und fügte hier die Klammerdefinition „Bundesamt" ein. Das **RLUmsG 2011** hatte keine Änderungen vorgenommen. Die Vorschrift wurde jedoch durch Art. 1 Nr. 10 **RLUmsG 2013** mWz 1.12.2013 (nur) in Abs. 1 S. 1 geändert; hier wurde der Zusatz nach den Worten Über Asylanträge „einschließlich der Zuerkennung der Flüchtlingseigenschaft" gestrichen. In der Gesetzesbegründung[7] heißt es hierzu: „Die Textstreichung erfolgte, da Asylanträge grundsätzlich auch den Antrag auf Zuerkennung der Flüchtlingseigenschaft umfassen (§ 13 Abs 2), und ein ausdrücklicher Hinweis insoweit entbehrlich geworden ist." Im Rahmen des **Asylpakets II 2016** wurde der Norm durch das am 17.3.2016 (BGBl. I S. 390) in Kraft getretene Gesetz zur Einführung beschleunigter Asylverfahren (Art. 1 Nr. 2) der neue Abs. 5 angefügt. Der Gesetzgeber begründete[8] dies wie folgt: „Um die beschleunigten Verfahren zu koordinieren, sollen das Bundesamt und die Länder vereinbaren, an welchen Standorten diese Verfahren durchgeführt werden. Die besonderen Aufnahmeeinrichtungen unterscheiden sich von den in § 5 Abs 3 S. 1 legaldefinierten Aufnahmeeinrichtungen nur durch die in ihnen untergebrachte besondere Personengruppe nach § 30a Abs 1." Art. 6 Nr. 2 des am 31.7.2016 in Kraft getretenen **Integrationsgesetzes 2016** formulierte Abs. 3 S. 1 um (aF: „… mit mindestens 500 Unterbringungsplätzen eine Außenstelle einrichten.") Der Gesetzgeber begründete[9] dies wie folgt: „Die bisherige Anknüpfung an 500 Unterbringungsplätze führt zu kleinen, ineffizienten Strukturen. Die Neuregelung flexibilisiert die Einrichtung von Außenstellen. Die Entscheidung über die Einrichtung von Außenstellen verbleibt beim BAMF. Das betroffene Land ist zu beteiligen, damit das BAMF die dortigen Belange bei seiner Entscheidung berücksichtigen kann." § 5 ist **europarechtskonform** und entspricht insbesondere Art. 4 Asylverfahrens-RL[10].

---

[2] BT-Drs. 6/1630, 17.
[3] BT-Drs. 10/3678.
[4] BT-Drs. 12/2062, 5.
[5] BT-Drs. 12/2718, 10, 59 f.
[6] BT-Drs. 15/420, 40.
[7] BT-Drs. 17/13063, 20.
[8] BT-Drs. 18/7538, 15.
[9] BT-Drs. 18/8615, 50.
[10] Art. 4 lautet: „(1) Die Mitgliedstaaten benennen für alle Verfahren eine Asylbehörde, die für eine angemessene Prüfung der Anträge gemäß dieser Richtlinie zuständig ist. Die Mitgliedstaaten stellen sicher, dass diese Behörde zur Erfüllung ihrer Aufgaben nach Maßgabe dieser Richtlinie angemessen ausgestattet ist und über kompetentes Personal in ausreichender Zahl verfügt. (2) Die Mitgliedstaaten können vorsehen, dass eine andere Behörde als die in Absatz 1 genannte für folgende Tätigkeiten zuständig ist: a) die Bearbeitung von Anträgen nach der Verordnung (EU) Nr. 604/2013 und b) die Gewährung oder die Verweigerung der Einreise im Rahmen des Verfahrens nach Artikel 43 unter den dort genannten Voraussetzungen und auf der Grundlage der mit Gründen versehenen Stellungnahme der Asylbehörde. (3) Die Mitgliedstaaten stellen sicher, dass das Personal der in Absatz 1 genannten Asylbehörde hinreichend geschult ist. Hierzu stellen die Mitgliedstaaten einschlägige Lehrgänge mit den in Artikel 6 Absatz 4 Buchstaben a bis e der Verordnung (EU) Nr. 439/2010 genannten Bausteinen bereit. Die Mitgliedstaaten berücksichtigen dabei auch das einschlägige Schulungsangebot, das vom Europäischen Unterstützungsbüro für Asylfragen (EASO) aufgestellt und entwickelt wurde. Personen, von denen die Antragsteller nach Maßgabe dieser Richtlinie befragt werden, müssen außerdem allgemeine Kenntnisse über die Probleme erworben haben, die die Fähigkeit des Antragstellers, angehört zu werden, beeinträchtigen könnten, beispielsweise Anzeichen dafür, dass der Antragsteller in der Vergangenheit möglicherweise gefoltert worden ist. (4) Wird eine Behörde gemäß Absatz 2 benannt, so stellen die Mitgliedstaaten sicher, dass die Bediensteten dieser Behörde über angemessene Kenntnisse verfügen oder eine geeignete Schulung erhalten, um ihren Verpflichtungen bei der Anwendung dieser Richtlinie nachkommen zu können. (5) Anträge auf internationalen Schutz, die in einem Mitgliedstaat bei den Behörden eines anderen Mitgliedstaats gestellt werden, die in ersterem Mitgliedstaat Grenz- oder Einreisekontrollen durchführen, werden von dem Mitgliedstaat bearbeitet, in dessen Hoheitsgebiet sie gestellt werden."

II. Allgemeines

3 Das frühere Bundesamt für die Anerkennung ausländischer Flüchtlinge benannte „BAFl" wurde 1965 als Nachfolger der Bundesdienststelle für die Anerkennung ausländischer Flüchtlinge in Zirndorf eingerichtet (Gesetz v. 28.4.1965)[11]. Hierzu war der Bund befugt, weil ihm die konkurrierende Gesetzgebung über das Aufenthalts- und Niederlassungsrecht der Ausländer zusteht (Art. 74 Nr. 4, 87 III GG). Das Amt (seit 1.9.2004 umbenannt in „Bundesamt für Migration und Flüchtlinge" – BAMF) ist als **zentrale Bundesbehörde** (Bundesoberbehörde ohne Mittel- und Unterbehörden)[12] in dem in Abs. 1 beschriebenen Bereich zuständig[13]. Es hat seinen Sitz jetzt in Nürnberg[14]. Die Aufgabenzuweisung muss im Zusammenhang mit den Kompetenzen der Ausländerbehörde und der Grenzbehörden gesehen werden. Da die Beurteilung auslandsbezogener Sachverhalte im Asylrecht im Vordergrund steht, sprechen gewichtige Sachgründe für die Bündelung der Kompetenzen bei einer zentralen Bundesbehörde; gleichwohl wäre eine Aufgabenzuweisung an die Ausländerbehörden der Länder zumindest für aussichtslos erscheinende Asylgesuche von Verfassungs wegen nicht zu beanstanden[15]. Ähnlich verhält es sich mit der früheren Weisungsfreiheit der Entscheidungsbediensteten (früher „Einzelentscheider"; jetzt „Sachbearbeiter Asyl"); ihre erfolgte Aufhebung kann die politische Verantwortlichkeit des BMI stärken und aufgrund der gleichzeitigen Abschaffung des „Bundesbeauftragten für Asylangelegenheiten" die Verfahren im Falle eines positiven Bescheids des BAMF wesentlich abkürzen. Art. 8 **Asylverfahrens-RL** stellt auch an das BAMF verschiedene Anforderungen: Es muss eine angemessene Prüfung der Asylanträge gewährleisten, dh, Anträge müssen einzeln, objektiv und unparteiisch geprüft und entschieden werden. Den Bediensteten müssen genaue, aktuelle und umfassende Erkenntnismittel aus verschiedenen Quellen (zB UNHCR) zur Verfügung stehen. Die anzuwendenden Normen des Asyl- und Flüchtlingsrechts müssen bekannt sein.

III. Zuständigkeit

4 Mit der Zuweisung der Kompetenz zur Entscheidung über Asylanträge an das BAMF ist zunächst nur dessen **Entscheidungsmonopol** begründet. Für die Entgegennahme des förmlichen Asylantrags ist indes ebenfalls das BAMF zuständig; schriftlich bei der Ausländerbehörde eingehende Anträge und mündliche Gesuche sind ohne weitere Ermittlungen dorthin weiterzuleiten (§§ 14, 19; anders noch § 8 I AsylVfG 1982). Soweit Grenzbehörden und Ausländerbehörde im Zusammenhang mit der Äußerung des Asylgesuchs iSd § 13 I bestimmte Aufgaben wahrzunehmen haben (§§ 15–21), berührt dies nicht die alleinige Zuständigkeit des BAMF zur Entscheidung.

5 Die Zuständigkeit des BAMF zur Entscheidung über Asylanträge umfasst seit der (Wieder-)Einbeziehung der ausländischen Flüchtlinge nach Art. 33 I GK in das Anerkennungsverfahren (durch das AuslRNG) außer der **Asylanerkennung** auch die **Zuerkennung der Flüchtlingseigenschaft**[16]. Dies war bis zum RLUmsG 2013 durch entsprechende Ergänzung des Wortlauts der Norm in Abs. 1 S. 1 klargestellt. Einbezogen war schon immer das **Familienasyl**; denn auch nach § 7a III AsylVfG 1991 setzte dies einen Asylantrag voraus und stellte dies nur eine andere Form der Asylgewährung dar. Nunmehr handelt es sich lediglich um einen anderen Tatbestand für die Asylanerkennung (§ 26). Erfasst sind auch **Rücknahme und Widerruf**[17] sowie der Streit um das (sonstige) **Erlöschen**[18]. Obwohl die Befugnisse der Grenzbehörden zur Einreiseverweigerung (§§ 18, 18a) und der Ausländerbehörde zur Nichtweiterleitung von Folge- und Zweitanträgen (§§ 71, 71a) der Auslegung bedürfen, erscheint die Aufgabenverteilung insgesamt **nicht unklar**. Denn die anderen Behörden treffen keine Sachentscheidung über den Asylantrag. Den berechtigten Bedenken gegen eine allzu weitreichende Verlagerung von asylrechtlichen Aufgaben auf nicht in derselben Weise wie das BAMF sachkundige und erfahrene Ausländerbehörden ist insbesondere durch §§ 18a I–III, 71 V 2, 71a I aE Rechnung getragen.

6 Mit Wirkung vom 1.7.1992 wurden dem BAFl/BAMF außer der Asyl- und Flüchtlingsanerkennung auch **ausländerrechtliche Maßnahmen** und Entscheidungen übertragen, die früher den Ausländerbehörden der Länder oblagen. Das Nähere ist im Gesetz selbst bestimmt („nach Maßgabe dieses Gesetzes"). Dabei handelt es sich va um die Feststellung von Abschiebungshindernissen nach § 60 V oder VII AufenthG (§ 24 II), die Abschiebungsandrohung (§§ 34 ff.) und die Abschiebungsanordnung

---

[11] BGBl. 1965 I S. 353; zur Geschichte vgl. Bundesamt, 50 Jahre Behörde im Wandel, 2003; *Leicht* ZAR 2004, 43; Berichte in ZAR 2003, 426 und 2004, 39.
[12] Dazu → Rn. 9 ff.
[13] Zu weiteren zuwanderungsrechtlichen Zuständigkeiten va nach § 75 AufenthG, zB Aussiedler, Integration, Sprachkurse, jüdische Emigranten, Dokumentation, vgl. ZAR 2003, 210 (254, 255, 426); *Griesbeck* ZAR 2003, 303; *Schmidt/Gräfin Praschma* ZAR 2001, 59.
[14] BAMF, Frankenstraße 210, 90 461 Nürnberg, Tel.: 0911/943-0, Fax: 0911/943-1000; E-Mail: info@bamf.de.
[15] BVerfG Beschl. v. 25.2.1981 – 1 BvR 413/80 ua, BVerfGE 56, 216; → Rn. 6.
[16] Zu Letzterer → § 1 Rn. 7.
[17] → § 73 Rn. 28–31.
[18] → § 72 Rn. 32 f.

(§ 34a). Die Abschiebung selbst ist weiterhin Ländersache, ebenso die Duldung. Eine klare **Abgrenzung** der Kompetenzen zur Ausführung des § 60 V oder VII AufenthG zwischen BAMF und Ausländerbehörden ist je nach Verfahrensverlauf oft erschwert. Kompetenzstreitigkeiten sind denkbar, nicht zuletzt bei Folgeanträgen (vgl. dazu die kompliziert erscheinenden Regeln der §§ 34 ff., 71) und auch mithilfe der Bindungswirkung nach § 42 nicht restlos zu verhindern. Einerseits trägt der Bund mit Erlass der Abschiebungsandrohung letztlich auch Verantwortung für die Einhaltung der Bestimmungen über die Abschiebung. Andererseits sind die Länder weiterhin für die Abschiebung, insbesondere für die Beachtung der Aussetzungs- und Duldungsgründe der §§ 60 V oder VII, 60a AufenthG zuständig und verantwortlich.

Die Kompetenzabgrenzung wird dadurch erschwert, dass das BVerwG zwischen **zielstaats- und inlandsbezogenen Abschiebungshindernissen** unterscheidet und nur Erstere in § 60 AufenthG verankert sieht[19]. Danach fallen nur diese Hindernisse in die Zuständigkeit des BAMF, während die Prüfung inlandsbezogener Einwendungen gegen die Abschiebung allein der Ausländerbehörde iRd Duldungserteilung nach § 55 II AuslG (jetzt also § 60a II AufenthG) obliegen soll[20]. Bei der Abgrenzung auftretende Schwierigkeiten sind va wegen der das Asylrecht sichernden Funktion der Verfahrensregeln[21] möglichst zu vermeiden. Nur klare Kriterien können diese Aufgabe erfüllen; sie sollten besser vom Gesetzgeber aufgestellt und nicht der Rspr. überlassen werden.

Außerhalb des AsylVfG waren dem (damaligen) BAfl zunächst **weitere Aufgaben** im Rahmen des SDÜ übertragen (AsylZBV)[22]. Nach Ablösung des asylrechtlichen Teils des SDÜ durch das DÜ am 15.9.1997 galten diese Kompetenzen des BAfl gegenüber den Vertragspartnern des DÜ fort (AsylZBV v. 4.12.1997)[23]. Seit 17.3.2003 ist die **Dublin II-VO** 343/2003/EG[24] und seit 1.1.2014 die **Dublin III-VO** 604/2013/EU insgesamt[25] in Kraft. Diese VO sind an die Stelle des DÜ getreten[26]. Ihr – politisch hoch streitiges – unionsrechtliches Verteilungssystem ist auf alle seit 1.9.2003 gestellten Asylanträge anzuwenden[27]. Das BAMF ist auch insoweit zuständig geblieben. Es übermittelt Übernahmeersuchen und Rücküberahmeanträge an andere Dublin-Staaten und prüft umgekehrt deren Ersuchen. Außerdem führt es den Informationsaustausch mit personenbezogenen Daten durch. Schließlich prüft das BAMF anhand Dublin-Normen die Zuständigkeit eines anderen Staats für die Durchführung des Asylverfahrens und erlässt bei dessen Einverständnis für die Rückführung die Abschiebungsanordnung nach § 34a. Die Drittstaatenklausel findet gegenüber den EU-Staaten eigentlich grundsätzlich keine Anwendung mehr[28], war also an der Landgrenze bis Ende April 2004 nur noch gegenüber Polen, Tschechien und der Schweiz von Bedeutung[29]; die Schweiz nimmt zwischenzeitlich ebenfalls am Dublin-System teil[30], ebenso wie auch Island, Liechtenstein und Norwegen[31].

IV. Organisation

Der BMI bestellt den Leiter (Präsidenten) des BAMF und kann diesem Weisungen erteilen. Nach Abschaffung der Weisungsfreiheit der Entscheider ist er dabei nicht mehr gegenständlich und inhaltlich beschränkt. Der Leiter ist für die **Organisation** der Verfahren und des Amts verantwortlich, und zwar für die personelle wie für die sachliche Organisation (Antragstellung, Anhörung, Entscheidung, Zustellung, Prozessvertretung, Dokumentation, Dolmetscher). Hierzu gehört auch die Einrichtung von Außenstellen[32] sowie von Dienststellen für das Flughafenverfahren (§ 18a) mit seinen besonderen Anforderungen hinsichtlich Beratung und Anhörung und für die vertragliche Kooperation auf europäischer Ebene[33]. Ob sich die Verantwortlichkeit des Leiters auch auf die ordnungsgemäße Organisation der ausländerrechtlichen Maßnahmen und Entscheidungen erstreckt, ist nach dem Wortlaut nicht sicher, im Hinblick auf die erweiterte Zuständigkeit des BAMF aber zu bejahen, weil auch sie zum Asylverfahren iwS gehören. Sie umfasst außer der allgemeinen Organisation des Asylverfahren jetzt auch die Durchführung eines einzelnen Verfahrens. Einen unzulässigen Eingriff stellt es daher auch nicht dar, wenn die Entscheidung bestimmter, nach Herkunftsland oder Flüchtlingsgruppe bezeichneter Verfahren aus organisatorischen Gründen (zB Zuwarten auf Sachverständigengutachten oder amtliche Auskünfte), die mit inhaltlichen Gründen zusammenfallen können, zeitweilig eingestellt wird

---

[19] Dazu → AufenthG § 60 Rn. 47.
[20] BVerwG Urt. v. 15.4.1997 – 9 C 38.96, BVerwGE 104, 265.
[21] Dazu BVerfG Beschl. v. 25.2.1981 – 1 BvR 413/80 ua, BVerfGE 56, 216.
[22] Dazu *Hailbronner/Thiery* ZAR 1997, 55.
[23] BGBl. 1997 I S. 2852; geändert am 26.2.2003, BGBl. I S. 302.
[24] Dazu *Piotrowicz* ZAR 2003, 383.
[25] Vgl. Art. 49 Dublin III-VO sowie hierzu → § 34a Rn. 8.
[26] Vgl. *Schröder* ZAR 2003, 126.
[27] Vgl. Art. 29 II Dublin II-VO.
[28] Vgl. BVerfG Urt. v. 14.5.1996 – 2 BvR 1938/93 und 2 BvR 2315/93, BVerfGE 94, 49.
[29] *Löper* ZAR 2000, 16; *Reermann* ZFSH/SGB 1998, 323.
[30] Vgl. Schweizer Bundesverwaltungsgericht Urt. v. 2.2.2010 – E-5841/2009 (T 0/2).
[31] S. die ausf. Kommentierung des Dublin-Systems in → § 29 Rn. 22 ff.
[32] → Rn. 11 f.
[33] Dazu → Rn. 8.

(„**Entscheidungsstopp**"). Allerdings ist diese Befugnis nach § 11a (eingefügt durch Art. 3 Nr. 8 ZuwG-E) für einen Entscheidungsstopp für längstens sechs Monate nur dem BMI zum Zwecke der besseren Aufklärung eingeräumt. Die Aussetzung einer Entscheidung hindert iÜ nicht die weitere Bearbeitung, va die Aufklärung individueller Verfolgungstatsachen.

10 Die **Organisationsgewalt** steht der Bundesregierung zu (Art. 86 S. 2 GG). Diese kann auch allgemeine Verwaltungsvorschriften erlassen (Art. 86 S. 1 GG). Die früher vorgesehene Möglichkeit der näheren Regelung des Verfahrens durch Rechtsverordnung des BMI (§ 4 IV AsylVfG 1982) wurde nie verwirklicht und ist deshalb seit 1.7.1992 entfallen. Eine allgemeine Verwaltungsvorschrift hätte Bedacht zu nehmen auf die Weisungsfreiheit der Entscheider und die Unterschiede zwischen Sachentscheidung und vorbereitender Tätigkeit[34].

11 Die Organisationsgewalt der Bundesregierung umfasst auch die Einrichtung von (unselbstständigen) **Außenstellen**. Durch die gesetzliche Verpflichtung und Ermächtigung zur Einrichtung von Außenstellen ist die Organisationsgewalt der Bundesregierung nur insofern eingeschränkt, als im Falle des Abs. 3 S. 2 eine Abstimmung mit den Ländern (gemeint wohl idR: mit dem betreffenden Land, wie durch das IntG in Abs. 3 S. 1 klargestellt) verlangt wird. Die Verwirklichung der Einrichtungsverpflichtung setzt die nötigen Finanzmittel voraus. Unter einem ähnlichen Vorbehalt steht die Vorschrift über die Beschaffung sachlicher und personeller Mittel für die Außenstellen; sie stellt letztlich nur einen Appell an die Haushaltsgesetzgeber von Bund und Ländern dar.

12 Der Sinn der Beschränkung der **Pflicht zur Einrichtung von Außenstellen** auf solche bei „Zentralen" Aufnahmeeinrichtungen (Abs. 3 S. 1) leuchtet nicht ein, zumal dieser Begriff nicht im Gesetz definiert ist und die Länder nicht zur Einrichtung derartiger Zentralen verpflichtet sind (vgl. § 44 I). Außenstellen sind also grundsätzlich bei allen Aufnahmeeinrichtungen mit einer Kapazität von mehr als 999 – dauerhaften – Plätzen zu schaffen. Ausnahmen sind nur aufgrund anormaler Umstände im Einzelfall zugelassen („soll (...) einrichten"). Es bleibt aber zulässig, zB mehrere örtlich getrennte Gebäude organisatorisch zu einer einheitlichen Einrichtung zu verbinden, sofern nur eine gewisse räumliche Nähe gegeben ist[35]. Sollte es sich in Abs. 3 jedoch insgesamt um eine Legaldefinition der Aufnahmeeinrichtung handeln, wäre unsicher, ob die Länder nach § 44 I erforderlichenfalls mehrere „Zentrale Aufnahmeeinrichtungen" zu schaffen haben.

13 Die durch Abs. 4 ermöglichte **Verwaltungsvereinbarung** soll dem BAMF zusätzliche Sach- und Personalressourcen erschließen. Die auf Vorschlag des Bundestag-Innenausschusses eingefügte Bestimmung geht auf die Verpflichtung der Länder in den „Zielvorstellungen" vom 10.10.1991 zurück, dem Bund 500 Bedienstete als Entscheider zur Verfügung zu stellen[36]. Das Gesetz lässt die dienstrechtliche Form der „Abgabe" von Landesbediensteten an den Bund offen. Diese Personalunterstützung ist wohl nicht von vornherein zeitlich begrenzt, sondern auf Dauer angelegt. Sie kann in verschiedener Weise erfolgen: durch Übertritt in den Bundesdienst oder Abordnung auf Zeit. An Organleihe oder Betrauung ist wohl nicht gedacht. Eine unzulässige Mischverwaltung[37] muss in jedem Fall vermieden werden.

14 Die Außenstellen dürfen **mit allen Aufgaben betraut** werden, die dem BAMF obliegen, auch mit ausländerrechtlichen Maßnahmen und Entscheidungen. Die Bestimmung über die Antragstellung bei der Außenstelle (§ 23 I) steht einer weitergehenden Tätigkeit der Außenstelle nicht entgegen[38]. Die örtliche Nähe von Aufnahmeeinrichtung und Außenstelle soll nach dem erkennbaren Willen des Gesetzgebers das gesamte Asylverfahren beschleunigen. Dieses Ziel wäre nicht zu erreichen, wenn die Außenstellen nur die Asylanträge entgegennehmen und evtl. noch die Anhörung (§ 25) durchführen dürften. Es lässt sich schon aus § 46 I 1, II 1 entnehmen, dass die Asylanträge in den Außenstellen nicht nur entgegengenommen, sondern auch „bearbeitet" werden sollen, und hierunter ist die umfassende Behandlung bis zur Entscheidung zu verstehen. Seit Längerem sind die Außenstellen auch mit der Prozessvertretung in erster Instanz und bis zur Berufungszulassung in zweiter Instanz betraut (Erlaubnis vom 26.2.1993 und 14.10.1994)[39].

15 Gegen dieses System der Außenstellen wurden vereinzelt verfassungsrechtliche Bedenken geäußert[40]. Zwar dürfe die Verwaltungskompetenz des Bundes für die Durchführung des AsylG insoweit durch Bundesgesetz begründet werden (Art. 87 III 1 GG), dem Bund sei es aber im Rahmen des bundesunmittelbaren Verwaltung grundsätzlich verwehrt, außer Bundesoberbehörden (wie das BAMF) auch noch einen eigenen **Verwaltungsunterbau** einzurichten; ein dahin gehendes Gesetz wäre nur unter den Voraussetzungen des Art. 87 III 2 GG zulässig[41]. Unzulässig wäre auch eine Umgehung dieser grundgesetzlichen Anforderungen[42]. Die gegen die gesetzliche Ausgestaltung der Außenstellen

---

[34] → Rn. 17 ff.
[35] So auch Begründung des Gesetzesentwurfs, BT-Drs. 12/2062, 29.
[36] → Vorb. Rn. 11; BT-Drs. 12/2062, 26.
[37] *Jarass/Pieroth* Art. 30 Rn. 10.
[38] OVG NRW Urt. v. 17.12.1993 – 19 A 2772/93.A, EZAR 210 Nr. 6.
[39] GMBl. 1993 S. 167 und 1994 S. 1243.
[40] Vgl. VG Düsseldorf Beschl. v. 10.12.1992 – 19 L 4009/92.A, InfAuslR 1993, 111.
[41] → Rn. 2; *Jarass/Pieroth* Art. 87 Rn. 8f, 12.
[42] Insoweit zutreffend VG Düsseldorf Beschl. v. 10.12.1992 – 19 L 4009/92.A, InfAuslR 1993, 111.

erhobenen **Bedenken** greifen letztlich nicht durch[43]. Die Außenstellen sind nur unselbstständige Teile des BAMF und handeln deshalb immer als Bundesoberbehörde. Ihnen ist weder durch § 5 noch sonst wie eine organisatorische Selbstständigkeit verliehen, die sie als „Unterbehörde" erscheinen lassen könnten. Die vom Gesetz zugelassene und zeitweise verwirklichte erhebliche Vermehrung der Außenstellen bedeutet (noch) keine Dekonzentration mit der Folge des Entstehens von Unterbehörden[44]. Dies wäre allenfalls zu erwarten, wenn sie wirklich organisatorisch verselbstständigt würden. Dies ist aber bisher nicht geschehen.

Herzstück des am 17.3.2016 in Kraft getretenen **Asylpakets II** ist das im neuen § 30a geregelte **16** „Beschleunigte Verfahren", das im Wesentlichen für Antragsteller aus sicheren Herkunftsstaaten und Folgeantragsteller innerhalb einer Woche durchgeführt und abgeschlossen werden soll. Das Rechtsmittelverfahren soll dann nach wohl wenig realistischer Vorstellung des Gesetzgebers im Anschluss an dieses Asylschnellverfahren innerhalb von zwei Wochen durchgeführt werden[45]. Damit dieser ausgesprochen knappe Zeitrahmen überhaupt praktisch realisiert werden kann, bedarf es **besonderer Aufnahmezentren,** deren Einrichtung im neuen Abs. 5 geregelt ist. Schon 2015 wurden entsprechende Pilotprojekte in Heidelberg, Zirndorf, Herford und Berlin gestartet. Die vom BAMF zusammen mit den Bundesländern eingerichteten besonderen Aufnahmeeinrichtungen sind „abgespeckte Transitzonen"[46], die in der politischen Diskussion zunächst an den deutschen Grenzen gefordert wurden. Nunmehr können sie im ganzen Bundesgebiet errichtet werden; auf die politisch zum Teil geforderten freiheitsbeschränkenden Maßnahmen wurde insoweit verzichtet. Abgesehen davon, dass hier das eigentliche Asylverfahren „in Anlehnung an das Flughafenverfahren" durchgeführt werden soll[47], gelten für die besonderen Aufnahmeeinrichtungen grundsätzlich dieselben Regeln wie für jede andere Erstaufnahmeeinrichtung, dh die §§ 44 ff.; iÜ s. die dortigen Kommentierungen sowie bei § 30a.

V. Entscheider/Sachbearbeiter Asyl

Der an die Stelle des früheren Anerkennungsausschusses[48] getretene einzelne Bedienstete (Beamter **17** oder Angestellter) war für die Entscheidung über den einzelnen Asylantrag zuständig (nach §§ 13, 14: Asyl- und Flüchtlingsanerkennung)[49]. Zu diesen Aufgaben des (Einzel-)Entscheiders – heute: **Sachbearbeiter Asyl** – gehörten die dem BAFl darüber hinaus obliegenden Aufgaben des BAFl (Entgegennahme des Antrags, Anhörung, Widerruf oder Rücknahme, Feststellungen zu § 53 AuslG, Abschiebungsandrohung und -anordnung) nicht. Die letzteren drei Gegenstände gehören zu dem Entscheidungsprogramm der §§ 31 ff., waren aber von dem ursprünglichen Abs. 2 S. 1 nicht erfasst; va war dort § 51 I, nicht aber § 53 AuslG ausdrücklich erwähnt. Über Widerruf und Rücknahme entschied bis zum AuslRÄndG 2007 der Leiter des BAMF oder ein von diesem Beauftragter (§ 73 IV 1 aF), die übrigen Aufgaben konnten schon seither grundsätzlich jedem (dafür angestellten) Bediensteten übertragen werden. Nach Aufhebung der Weisungsfreiheit haben die Entscheider ihre gesetzlich festgelegten Zuständigkeiten verloren. Der Leiter des BAMF kann die insgesamt anfallenden Aufgaben einschließlich der **Bearbeitung** und **Entscheidung** von Asylanträgen ohne weitere gesetzliche Beschränkung kraft seiner Organisationsgewalt organisieren und auf die Bediensteten verteilen.

Die formelle **Mindestqualifikation** der Entscheider wurde im Laufe der Zeit zunehmend ver- **18** mindert: Befähigung des Vorsitzenden des Anerkennungsausschusses zum Richteramt oder zum höheren Verwaltungsdienst (§ 30 I AuslG 1965); Einzelentscheider aus dem gehobenen Dienst (§ 4 III 2 AsylVfG 1982); später aufgrund einer Rechtsverordnung auch Beamte des mittleren Dienstes mit bestimmten Qualifikationen (früherer Abs. 2 S. 3). Nach Ansicht des BVerfG bedürfen die Entscheider im Flughafenverfahren einer „bestimmten Qualifikation" und einer eingehenden Schulung und Fortbildung[50]. Allerdings hält das BVerfG den Ausbildungsstand ohne Weiteres aufgrund der eigenen Schilderungen von Bediensteten des Amts für ausreichend und knüpft an die Nichterfüllung seiner Forderung ohnehin keine rechtlichen Konsequenzen.

Außer der formellen Qualifikation des Entscheiders legte das Gesetz ursprünglich va dessen **Wei- 19 sungsunabhängigkeit** bei der Entscheidung fest. Damit sollte das Asylrecht von politischen Einflussnahmen frei gehalten werden, welche die Richtigkeit der letztlich allein an Art. 16a GG und Art. 33 GK auszurichtenden Asylentscheidung beeinträchtigen oder auch außenpolitische Schwierigkeiten verursachen könnten. Die Weisungsfreiheit fand ein Gegengewicht in der Beteiligungs- und Rechtsmittelbefugnis des gegenüber dem BMI weisungsgebundenen BB und wurde begrenzt durch die

---

[43] OVG NRW Urt. v. 17.12.1993 – 19 A 2772/93.A, EZAR 210 Nr. 6; VG Frankfurt a. M. Beschl. v. 13.7.1993 – 4 G 30 002/93.A (V), NVwZ 1993, 810; offengelassen von BVerfG-K Beschl. v. 16.6.1993 – 2 BvR 955/93 ua, NVwZ-Beilage 1993, 12.
[44] AA VG Düsseldorf Beschl. v. 10.12.1992 – 19 L 4009/92.A, InfAuslR 1993, 111.
[45] BT-Drs. 18/7538, 2.
[46] Zutreffend *Thym* NVwZ 2016, 410.
[47] Vgl. BT-Drs. 18/7538, 2.
[48] → Rn. 1.
[49] → Rn. 5.
[50] BVerfG Urt. v. 14.5.1996 – 2 BvR 1516/93, BVerfGE 94, 166.

Kompetenzen des ebenfalls dem BMI weisungsunterworfenen BAFl-Leiters. Sie umfasste nicht die persönliche Unabhängigkeit der zur Entscheidung berufenen Bediensteten, hatte also wa keine unmittelbaren Auswirkungen auf Planung des Personaleinsatzes, personelle Geschäftsverteilung und Zuweisung sog. Länderbereiche. Damit konnte sie der richterlichen Unabhängigkeit (Art. 97 GG; § 1 DRiG) nicht gleichgesetzt werden. Die Weisungsfreiheit war auf die Entscheidung über den Asylantrag **gegenständlich beschränkt;** hierzu gehörten nur Asyl- und Flüchtlingsanerkennung. Geschützt war die Entscheidungsfindung in vollem Umfang bis zu ihrem Abschluss.

20   Nach **Aufhebung der Weisungsfreiheit** (seit 1.9.2004) ist zB eine Anordnung, Sachfragen ganz oder zT in bestimmter Weise zu entscheiden, nicht mehr unzulässig: zB Verfolgung der Gruppe A, Fluchtalternative im Landesteil B, Sippenhaft im Staat C zu bejahen oder zu verneinen. Zulässig sind auch allgemeine Verfahrensanordnungen, die sich unmittelbar auf die Entscheidung auswirken: zB Asylanträge von Angehörigen des Staates X ohne Einholung weiterer Gutachten zur allgemeinen Lage nach einem Putsch sofort zu entscheiden oder umgekehrt ein bestimmtes Gutachten abzuwarten[51]. Wie auch schon früher ist es zulässig, allgemein anzuordnen, die Bearbeitung der Anträge aus bestimmten Herkunftsländern (zB zum Zwecke der Vereinfachung und Beschleunigung) zeitlich vorzuziehen. Schließlich erfordert das System der Außenstellen allgemeine Anordnungen über deren Entscheidungsprogramm. Dabei können sowohl die in der jeweiligen Außenstelle zu bearbeitenden Staaten als auch die Reihenfolge der Bearbeitung bestimmt werden. Unbedenklich ist nun auch ein „Entscheidungsstopp" des BMI für bestimmte Verfahrensgruppen, wenn die Voraussetzungen des neuen § 11a eingehalten werden[52]. Mit den dort festgelegten engen Bedingungen ist dem Umstand Rechnung getragen, dass das Gesetz generell bei tatsächlichen Änderungen der Verfolgungslage den Widerruf vorsieht, nicht aber die Nichtbescheidung bei letztlich immer möglichen Änderungen der Verhältnisse. Unbedenklich sind schließlich Anordnungen für die Anhörung und Ermittlung sowie ausländerrechtliche Maßnahmen; diese waren auch früher wegen der gegenständlichen Begrenzung der Weisungsfreiheit nicht unzulässig.

§ 6 (aF) Bundesbeauftragter *(weggefallen)*

(1) Beim Bundesamt wird ein Bundesbeauftragter für Asylangelegenheiten bestellt.

(2) ¹Der Bundesbeauftragte kann sich an den Asylverfahren vor dem Bundesamt und an Klageverfahren vor den Gerichten der Verwaltungsgerichtsbarkeit beteiligen. ²Ihm ist Gelegenheit zur Äußerung zu geben. ³Gegen Entscheidungen des Bundesamtes kann er klagen.

(3) ¹Der Bundesbeauftragte wird vom Bundesministerium des Innern berufen und abberufen. ²Er muß die Befähigung zum Richteramt oder zum höheren Verwaltungsdienst haben.

(4) Der Bundesbeauftragte ist an Weisungen des Bundesministeriums des Innern gebunden.

I. Entstehungsgeschichte

1   Die Vorschrift stimmte ursprünglich fast wörtlich mit § 35 AuslG 1965 und § 5 AsylVfG 1982 überein. Sie entsprach im Wesentlichen dem **Gesetzesentwurf 1992**[1]. Auf Vorschlag des Bundestag-Innenausschusses wurde S. 2 in Abs. 2 eingefügt und die Beteiligung nach Abs. 2 S. 1 auf Klageverfahren beschränkt[2]. MWv 1.7.1993 wurden die Behördenbezeichnungen in Abs. 3 S. 1 und Abs. 4 geändert (Art. 1 Nr. 52 **AsylVfÄndG 1993**). Die Vorschrift wurde entsprechend dem Gesetzesentwurf[3] im Zusammenhang mit der Abschaffung der Weisungsfreiheit der Entscheider des BAMF mWv 1.9.2004 **aufgehoben** (Art. 3 Nr. 5, Art. 15 II ZuwG). Die Einrichtung des BB war schon seit Langem umstritten, va aber eng mit der Entscheidungsfreiheit der Entscheider verknüpft und von dieser abhängig[4].

II. Fortgeltung

2   Die Vorschrift gilt nur eng begrenzt **übergangsweise** weiter (§ 87b). Sie hatte nur noch für die bei ihrem Außerkrafttreten bereits anhängigen Gerichtsverfahren Bedeutung. Deren Anzahl und restliche Dauer waren überschaubar. Die Stellung des BB und dessen Beteiligungsrecht spielten dabei kaum einmal eine Rolle. Heute hat die Norm keine praktische Relevanz mehr. Deshalb wird auf die weitere

---

[51] Vgl. aber → Rn. 9 und § 11a.
[52] Dazu auch → Rn. 9.
[1] BT-Drs. 12/2062, 5.
[2] BT-Drs. 12/2718, 10.
[3] BT-Drs. 15/420, 40.
[4] Dazu → 7. Aufl. Rn. 2 f.; zu der „zunehmend einseitigen Praxis" des BB vgl. BVerfG-K Beschl. v. 19.12.2000 – 2 BvR 143/98, InfAuslR 2001, 150; *Göring* InfAuslR 1999, 254.

Kommentierung verzichtet und auf die Erläuterungen in der 7. Aufl. des Kommentars, Rn. 2–18 Bezug genommen.

§ 6 Verbindlichkeit asylrechtlicher Entscheidungen

¹Die Entscheidung über den Asylantrag ist in allen Angelegenheiten verbindlich, in denen die Anerkennung als Asylberechtigter oder die Zuerkennung des internationalen Schutzes im Sinne des § 1 Absatz 1 Nummer 2 rechtserheblich ist. ²Dies gilt nicht für das Auslieferungsverfahren sowie das Verfahren nach § 58a des Aufenthaltsgesetzes.

I. Entstehungsgeschichte

Die Vorschrift geht auf § 45 AuslG 1965 sowie § 18 AsylVfG 1982 und § 51 II 3 AuslG zurück. Sie entspricht dem **Gesetzesentwurf 1992**[1] und verbindet im Wesentlichen die Regelungen des § 18 AsylVfG 1982 und des § 60 I 6 AufenthG. Vom 1.1.2005 an war die frühere Bezugnahme auf § 51 I AuslG durch die auf § 60 I AufenthG ersetzt[2] und die neue Abschiebungsanordnung nach § 58a AufenthG aufgrund des Vermittlungsverfahrens[3] zusätzlich berücksichtigt worden (Art. 3 Nr. 3a ZuwG). Das **RLUmsG 2007** hatte den Satzteil in S. 1 der Norm „(...) Anerkennung ‚oder das Vorliegen der Voraussetzungen des § 60 I AufenthG'(...)" durch den Satzteil „als Asylberechtigter oder die Zuerkennung der Flüchtlingseigenschaft" ersetzt, was eine reine redaktionelle Anpassung an den neuen § 3 IV darstellte. Durch Art. 1 Nr. 11 **RLUmsG 2013** wurde die Vorschrift mWz 1.12.2013 von § 4 in den freien § 6 verschoben sowie, wiederum primär redaktionell, der Satzteil „Zuerkennung der Flüchtlingseigenschaft" umbenannt in „Zuerkennung des internationalen Schutzes im Sinne des § 1 Absatz 1 Nummer 2". In der Gesetzesbegründung[4] heißt es hierzu: „Aufgrund der vorangegangenen Verschiebungen bei den Paragraphennummern wird aus dem bisherigen § 4 der § 6. Bei der Textänderung handelt es sich um eine Anpassung an den erweiterten Regelungsbereich des Gesetzes."

II. Allgemeines

Ohne eine besondere Bestimmung über die Verbindlichkeit von Entscheidungen im Asylverfahren wirkten diese zunächst nur **inter partes**. Gebunden wären also nur die an diesem Verfahren beteiligten Personen, nicht jedoch andere Stellen, insbesondere die Ausländerbehörde. Im Allgemeinen ist ein VA über den Kreis der Verfahrensbeteiligten hinaus für andere Personen nur im Rahmen der Tatbestands- oder Feststellungswirkung verbindlich. Während S. 1 eine weitreichende Sonderregelung trifft, werden die Verfahren über die Auslieferung und die isolierte ministerielle Abschiebungsanordnung durch S. 2 ausdrücklich hiervon ausgenommen und damit nach allgemeinen Grundsätzen behandelt.

III. Bindungswirkung

1. Entscheidung über den Asylantrag

Es muss sich um eine **Entscheidung des BAMF** über Asylanträge (vgl. § 5 I 1) handeln. Eine gerichtliche Verpflichtung zur Asylanerkennung genügt (anders als bei ausländerrechtlichen Entscheidungen nach § 42) nicht. Diese bindet nur die Beteiligten (§ 121 VwGO), also den Asylbewerber und die Bundesrepublik Deutschland. Bindend wirkt indes der auf die Verpflichtung hin ergehende BAMF-Bescheid.

Bindungswirkung entfalten Entscheidungen über **Asylanträge,** und dies ist iSd §§ 5 I 1, 13 zu verstehen. Damit besteht ein Unterschied zu § 18 S. 1 AsylVfG 1982, der „Entscheidungen des BAFl im Asylverfahren" Verbindlichkeit beilegte. Diese Vorschrift war dahin auszulegen, dass sie nur die Asylanerkennung betraf[5], während § 51 II 3 AuslG aF eine entsprechende Regelung für die Flüchtlingsanerkennung enthielt. Erfasst werden demnach va Bescheide des BAMF über Asylanerkennung und die Voraussetzungen des § 60 I AufenthG; dies verdeutlicht zudem die Beschreibung der Angelegenheiten, für die eine Bindungswirkung besteht. Auch **Widerruf und Rücknahme** sind betroffen, denn es geht in der Sache um die Begründetheit des Asylantrags iSd §§ 5 I 1, 13 II. Ähnlich verhält es sich beim Streit um das Erlöschen[6]. Feststellungen zu § 60 III ff. AufenthG und Abschiebungsandrohungen gehören dagegen zwar zur Zuständigkeit des BAMF, sie betreffen aber ausländerrechtliche Fragen und nicht das Asylbegehren (vgl. § 5 I 2); ihre Verbindlichkeit regelt § 42.

---

[1] BT-Drs. 12/2062, 5.
[2] Vgl. Gesetzesentwurf BT-Drs. 15/420, 44.
[3] Dazu BT-Drs. 15/3479, 14.
[4] BT-Drs. 17/13063, 20.
[5] Dazu auch → 5. Aufl. AsylVfG § 18 Rn. 5.
[6] → § 72 Rn. 33.

7 AsylG § 6

5 Die früher gebotene analoge Anwendung auf die Gewährung von **Familienasyl**[7] ist nicht mehr erforderlich; denn nunmehr wird dem Familienangehörigen nicht mehr (nur) die Rechtsstellung eines Asylberechtigten gewährt (§ 7a III AsylVfG 1982), sondern er wird (selbst) als Asylberechtigter anerkannt (§ 26 I und II). Dasselbe gilt jetzt für den Familienabschiebungsschutz (vgl. § 26 IV).

6 Unter Entscheidungen sind **sowohl positive als auch negative** zu verstehen. Wäre nur die dem Asylantrag stattgebende förmliche Asyl- oder Flüchtlingsanerkennung gemeint, hätte eine entsprechende Textfassung nahegelegen. Bei ablehnenden Entscheidungen ist aber jeweils nach dem Grund der Ablehnung zu unterscheiden. Die Wirkung der Bestandskraft (vgl. § 43 I, II VwVfG) erstreckt sich auf den Entscheidungstenor und im Falle der Ablehnung auch auf die hierfür tragenden Gründe, nicht aber auf weitere Entscheidungselemente wie Vorfragen und Hinweise.

7 Bei einem bestandskräftig gewordenen Ablehnungsbescheid kommt es allein auf die **Gründe** des BAMF an, bei einem Gerichtsverfahren auch auf die Begründung der (rechtskräftigen) Gerichtsentscheidung. Wird zB die Asylanerkennung wegen anderweitiger Verfolgungssicherheit (§ 27) oder wegen gewillkürter Nachfluchtgründe (§ 28) abgelehnt, erfasst die Bindungswirkung jeweils zwei Feststellungen: „Asylanerkennung abgelehnt" und „anderweitige Verfolgungssicherheit gegeben" bzw. „Nachfluchttatbestand aus eigenem Entschluss geschaffen". Beschränkt sich die Ablehnung auf die Asylanerkennung und werden gleichzeitig zB die Voraussetzungen der Zuerkennung der Flüchtlingseigenschaft festgestellt, sind außer der Flüchtlingsanerkennung auch die Gründe verbindlich, die trotz Gefahr politischer Verfolgung iSd § 3 bzw. § 60 I AufenthG die förmliche Asylanerkennung ausschließen, also zB die Tatbestände der §§ 27, 28.

8 Wird der Bescheid nicht angefochten oder bleibt Rechtsschutz aus formellen Gründen (zB Fristversäumnis) erfolglos, stehen die Gründe für die Ablehnung der Anerkennung bindend fest. Im letzteren Fall ist außerdem das Fehlen der betreffenden Sachurteilsvoraussetzung festgestellt, allerdings nach § 121 VwGO nur mit Wirkung für und gegen die Prozessbeteiligten. Erfolgt eine **gerichtliche Sachprüfung**, treten die Ablehnungsgründe des Gerichts an die Stelle der Gründe des Ablehnungsbescheids.

2. Beginn und Ende der Bindungswirkung

9 Die Bindungswirkung tritt – erst – mit dem Bescheid des BAMF ein; während der Prüfungsphase durch das BAMF sollte sich die Ausländerbehörde allerdings gegebenenfalls ebenfalls an der weiteren Vorgehensweise des BAMF orientieren[8]. Soweit der Suspensiveffekt der Klage (§ 80 I VwGO) durch § 75 ausgeschlossen ist, ändert eine Klageerhebung an der Bindungswirkung zunächst nichts. Deshalb wirken zB ein Anerkennungsbescheid oder eine Ablehnung als offensichtlich unbegründet auch im Falle der Anfechtung **vorläufig als verbindlich.** Eine Klage gegen eine „schlichte" Antragsablehnung (§ 38 I) oder Widerruf oder Rücknahme (§ 73) verhindert dagegen den sofortigen Eintritt der Bindungswirkung (§ 75).

10 Die Bindungswirkung **entfällt** mit Erlöschen der Anerkennung (§ 72 I); daher sind Anerkennungsbescheid und Reiseausweis unverzüglich abzugeben (§ 72 II). Unabhängig vom Zeitpunkt der Bestandskraft einer evtl. Verfügung über die Verpflichtung zur Herausgabe des Konventionspasses (§ 72 II) endet die Bindungswirkung sofort mit dem Eintritt eines Erlöschenstatbestands. Rücknahme und Widerruf lassen die Bindungswirkung nicht rückwirkend entfallen, sondern nur für die Zukunft; denn sie wirken lediglich ex nunc[9]. Sie beseitigen die Bindungswirkung erst mit Eintritt der Bestandskraft, und daher entsteht auch die Abgabepflicht nach § 72 II erst in diesem Zeitpunkt (§ 73 IV).

3. Geltungsbereich der Bindungswirkung

11 Die Bindungswirkung ist hinsichtlich der **Asylanerkennung** auf Angelegenheiten beschränkt, in denen es auf diese Statusentscheidung ankommt. Hierfür kommen nur Sachbereiche mit Vorschriften in Betracht, nach denen die förmliche Asylanerkennung ausdrücklich oder der Sache nach **rechtserheblich** ist (zB § 2 I; § 25 I AufenthG)[10]. Es kann sich um Eingriffs- oder Leistungstatbestände zugunsten oder zu Lasten anerkannter oder abgelehnter Asylsuchender handeln. Nicht genügend ist eine rein tatsächliche Bedeutung für die Auslegung oder Anwendung einer Rechtsvorschrift. Andererseits reicht eine mittelbare Beziehung aus, etwa bei der Bewertung persönlicher Lebensumstände iRe Strafzumessung, Steuerstundung oder Sozialleistung; wichtig ist nur, dass die Anerkennung oder Ablehnung (und die damit bejahte oder verneinte Gefahr politischer Verfolgung) aus Rechtsgründen für die Normanwendung – wenn auch nur im Zuge von Billigkeitserwägungen – erheblich ist.

---

[7] Hierzu → 5. Aufl. AsylVfG § 18 Rn. 6.
[8] Bspw. im Dublin-System Abschiebungsversuche einstellen, wenn zwar eine Abschiebungsanordnung bestandskräftig ist, aber die Überstellungsfristen des Art. 29 Dublin III-VO abgelaufen sind und das BAMF prüft, ob das nationale Asylverfahren durchzuführen ist.
[9] → § 73 Rn. 26.
[10] Weitere Bsp. bei → § 2 Rn. 16 ff., 22 ff.

Verbindlichkeit asylrechtlicher Entscheidungen   § 6 AsylG 7

Hinsichtlich der **Zuerkennung des internationalen Schutzes** ist die Bindung seit 1.7.1992 auf 12
alle einschlägigen Angelegenheiten und damit auf alle irgendwie kompetenten Behörden ausgedehnt.
Die damalige Vereinheitlichung ist sinnvoll, weil sie im Interesse einer jetzt ohnehin weiter geförderten
Gleichstellung beider Gruppen politisch Verfolgter liegt. Bestehen bleibt die sonstige Trennung beider
Bereiche: Die Asylanerkennung wirkt nicht wie eine Feststellung nach § 3 IV bzw. § 60 I AufenthG
und umgekehrt. Auch die Voraussetzungen des § 60 I AufenthG müssen für eine andere Angelegenheit rechtserheblich sein, wenn sie bindend sein sollen[11], so zB für die voraussichtliche Dauer des
Aufenthalts nach § 44 I AufenthG.

IV. Auslieferung

Das Auslieferungsverfahren ist (wie schon nach § 45 S. 2 AuslG 1965 und § 18 S. 2 AsylVfG 1982) 13
von der Bindungswirkung **ausgenommen**. Die Beurteilung der Verfassungsmäßigkeit dieser Ausnahme ist von der Frage zu trennen, ob ein politisch Verfolgter überhaupt ausgeliefert werden darf.
Die Auslieferung ist unzulässig, wenn sie wegen einer politischen Straftat – ausgenommen Völkermord,
Mord oder Totschlag – begehrt wird (§ 6 I IRG) oder wenn politische Verfolgung ernsthaft zu
befürchten ist (§ 6 II IRG). In diesen beiden Alternativen kommt die fehlende Vollidentität zwischen
politischem Straftäter und politisch Verfolgtem[12] zum Ausdruck.

Das – nicht durch eine Ausnahme für Völkermord ua eingeschränkte – **Auslieferungsverbot** bei 14
politischer Verfolgung[13] (§ 6 II IRG: „(...) ernstliche Gründe für die Annahme (...)") schließt
jedenfalls grundsätzlich einen Eingriff in das Asylgrundrecht durch Auslieferung des Verfolgten an den
Verfolgerstaat aus[14]. Die ernstlichen Gründe für die Annahme einer Verfolgungsgefahr unterscheiden
sich letztlich nicht von der nach Art. 16a I GG und nach § 60 I AufenthG maßgeblichen objektiven
Verfolgungsgefahr[15]. Ob die Gefahr einer derartigen Verfolgung durch Zusicherungen des Verfolgerstaats (sog. **Spezialitätsgrundsatz;** vgl. § 11 IRG) jemals mit der nach Art. 16a I GG zu fordernden
Sicherheit ausgeschlossen werden kann, erscheint fraglich[16].

Das im Auslieferungsverfahren zuständige OLG hat die Gefahr politischer Verfolgung **selbst-** 15
ständig zu prüfen. Dabei kann es Erkenntnisgrundlagen des BAMF und der Gerichte (Gutachten,
amtliche Auskünfte, Zeugenaussagen ua) heranziehen und übernehmen, in der Auswertung jedoch in
Einzelheiten und iE abweichen. Allgemein muss es Feststellungen im Asylverfahren (auch vor
Rechtskraft) zur Kenntnis nehmen und berücksichtigen. Es darf dort gewonnene positive Erkenntnisse über den Tatbestand politischer Verfolgung nicht einfach übergehen[17] und muss negative
Erkenntnisse bei bestimmtem Anlass überprüfen[18] sowie bei nachträglich rechtskräftiger Asylanerkennung die Zulässigkeit der Auslieferung erneut untersuchen[19]. Schließlich darf es die Beurteilung
der politischen Verhältnisse in dem die Auslieferung begehrenden Staat nicht der Bundesregierung
überlassen[20].

Da die Sicherung des Asylgrundrechts damit letztlich nicht von der Verbindlichkeit der Anerken- 16
nungsentscheidung für das Auslieferungsverfahren abhängt, kann S. 2 insoweit nicht als verfassungswidrig angesehen werden[21]. Dennoch verbleiben **gewichtige Bedenken** zumindest wegen der teilweisen Ineffektivität des Grundrechtsschutzes im Auslieferungsverfahren. Bei vorausgegangener Asylanerkennung nach oft jahrelangem Streitverfahren erscheint eine nochmalige Überprüfung durch das
OLG wenig zweckmäßig. Bei unveränderten Verhältnissen beim Verfolgten und im Verfolgerstaat
muss eine anders lautende Entscheidung im Auslieferungsverfahren auf Unverständnis stoßen und
berechtigtes Vertrauen auf den Fortbestand asylrechtlichen Schutzes zerstören; dies widerspricht rechtsstaatlichen Vertrauensschutz. Angesichts der unterschiedlichen Struktur beider Verfahren und der
besonderen Eilbedürftigkeit des Auslieferungsverfahrens – zumindest in Haftfällen – lässt sich in der
Praxis eine zufriedenstellende Verfahrensweise oft nicht erreichen.

---

[11] → Rn. 11.
[12] Vgl. BVerfG Urt. v. 4.5.1982 – 1 BvR 1457/81, BVerfGE 60, 348; *Renner* NJW 1984, 1257 mwN; vgl. auch → GG Art. 16a Rn. 8.
[13] Vgl. zum IRG auch → AufenthG § 60 Rn. 43.
[14] *Weber* ZAR 1984, 16.
[15] Dazu → GG Art. 16a Rn. 22; → § 1 Rn. 17; → AufenthG § 60 Rn. 4.
[16] Dagegen va *Kimminich* AnwBl 1985, 416; im Einzelfall betr. Türkei abl. BVerfG Beschl. v. 23.2.1983 – 1 BvR 990/82, BVerfGE 63, 197.
[17] BVerfG Beschl. v. 14.11.1979 – 1 BvR 654/79, BVerfGE 52, 391.
[18] BVerfG Urt. v. 4.5.1982 – 1 BvR 1457/81, BVerfGE 60, 348; Beschl. v. 23.2.1983 – 1 BvR 990/82, BVerfGE 63, 197.
[19] BVerfG Beschl. v. 13.4.1983 – 1 BvR 866/82 ua, BVerfGE 64, 46.
[20] BVerfG Beschl. v. 23.2.1983 – 1 BvR 990/82, BVerfGE 63, 215.
[21] BVerfG Urt. v. 4.5.1982 – 1 BvR 1457/81, BVerfGE 60, 348; *Weber* ZAR 1984, 21; *Zöbeley* NJW 1983, 1703; aA *Kimminich* AnwBl 1985, 416; zweifelnd OLG Celle Beschl. v. 31.8.1983 – 3 ARs 6/82 (Ausl), InfAuslR 1984, 105.

17 Die zahlreichen Vorschläge für eine **formelle Harmonisierung** von Asylanerkennungs- und Auslieferungsverfahren[22] sind in den Ansätzen zu begrüßen[23]. Anlass für die ersten ernsthaften Versuche einer Lösung des Verfahrenskonflikts zwischen Asyl und Auslieferung gab der Fall des türkischen Staatsangehörigen *Kemal Altun,* der vom BAMF als Asylberechtigter anerkannt war und während der Verhandlung vor dem VG Berlin Selbstmord beging, weil er seine Auslieferung befürchtete[24].

18 Eine **Problemlösung** über die Verbindlichkeit einer bestandskräftigen Asylanerkennung für das Auslieferungsverfahren und die Aussetzung des Auslieferungsverfahrens bis zum rechtskräftigen Abschluss des Asylverfahrens[25] könnte gewiss alle verfassungsrechtlichen Zweifel beseitigen; sie ist aber nicht zwingend verfassungsrechtlich geboten und politisch kaum zu realisieren. Ähnliches gilt für den Vorschlag einer noch weiter gehenden Verzahnung beider Verfahren[26] oder einer verfahrensmäßigen Konzentration von Anerkennungs-, Auslieferungs- und Abschiebungsverfahren vor dem OLG[27].

19 Ab 1.1.1991 wurden die Verfahren in der Weise miteinander verknüpft, dass die **Abschiebung** bis zur Entscheidung über die Auslieferung **ausgesetzt** war (§ 53 III AuslG). Damit war dem Auslieferungsverfahren ein teilweiser Vorrang vor dem ausländerrechtlichen Verfahren eingeräumt. Das Asyl- und Flüchtlingsanerkennungsverfahren war damit weder formell noch materiell mit der Auslieferung harmonisiert. Da nunmehr die Abschiebung mit Zustimmung der für die Bewilligung der Auslieferung zuständigen Stelle bereits vor der Auslieferungsentscheidung erfolgen darf (§ 60 IV AufenthG), ist der Vorrang der Auslieferungsbehörde nunmehr gestärkt.

V. Abschiebungsanordnung

20 Außer dem Auslieferungsverfahren ist auch das seit Anfang 2005 mögliche Verfahren um die ministerielle Abschiebungsanordnung des § 58a AufenthG von der Bindungswirkung ausgenommen. Damit sind dort die vorgesehene Entbehrlichkeit einer Ausweisung und Abschiebungsandrohung und die Nichtbindung an andere Verfahrensergebnisse **bekräftigt**. Auch eine Asyl- oder Flüchtlingsanerkennung hindert danach nämlich die Abschiebung nicht ohne Weiteres, sondern ermächtigt den Minister zur eigenständigen Prüfung der Voraussetzungen des § 3 bzw. § 60 I AufenthG und anderer Hindernisse.

§ 7 Erhebung personenbezogener Daten

(1) ¹Die mit der Ausführung dieses Gesetzes betrauten Behörden dürfen zum Zwecke der Ausführung dieses Gesetzes personenbezogene Daten erheben, soweit dies zur Erfüllung ihrer Aufgaben erforderlich ist. ²Personenbezogene Daten, deren Verarbeitung nach Artikel 9 Absatz 1 der Verordnung (EU) 2016/679 des Europäischen Parlaments und des Rates vom 27. April 2016 zum Schutz natürlicher Personen bei der Verarbeitung personenbezogener Daten, zum freien Datenverkehr und zur Aufhebung der Richtlinie 95/46/EG (Datenschutz-Grundverordnung) (ABl. L 119 vom 4.5.2016, S. 1; L 314 vom 22.11.2016, S. 72; L 127 vom 23.5.2018, S. 2) in der jeweils geltenden Fassung untersagt ist, dürfen erhoben werden, soweit dies im Einzelfall zur Aufgabenerfüllung erforderlich ist.

(2) ¹Die Daten sind bei der betroffenen Person zu erheben. ²Sie dürfen auch ohne Mitwirkung der betroffenen Person bei anderen öffentlichen Stellen, ausländischen Behörden und nichtöffentlichen Stellen erhoben werden, wenn

1. dieses Gesetz oder eine andere Rechtsvorschrift es vorsieht oder zwingend voraussetzt,
2. es offensichtlich ist, dass es im Interesse der betroffenen Person liegt und kein Grund zu der Annahme besteht, dass sie in Kenntnis der Erhebung ihre Einwilligung verweigern würde,
3. die Mitwirkung der betroffenen Person nicht ausreicht oder einen unverhältnismäßigen Aufwand erfordern würde,
4. die zu erfüllende Aufgabe ihrer Art nach eine Erhebung bei anderen Personen oder Stellen erforderlich macht oder
5. es zur Überprüfung der Angaben der betroffenen Person erforderlich ist.

³Nach Satz 2 Nr. 3 und 4 sowie bei ausländischen Behörden und nichtöffentlichen Stellen dürfen Daten nur erhoben werden, wenn keine Anhaltspunkte dafür bestehen, dass überwiegende schutzwürdige Interessen der betroffenen Person beeinträchtigt werden.

(3) ¹Die Asylverfahrensakten des Bundesamtes sind spätestens zehn Jahre nach unanfechtbarem Abschluss des Asylverfahrens zu vernichten sowie in den Datenverarbeitungssyste-

---

[22] BT-Drs. 10/423, 10/1025, 10/6151; ZAR 1984, 126.
[23] Vgl. dazu *Hailbronner/Olbrich* NVwZ 1985, 297; *Renner* NJW 1984, 1257 und ZAR 1985, 106; *Weber* ZAR 1984, 16.
[24] Dazu VG Berlin Beschl. v. 23.1.1984 – 19 A 258.83, ZAR 1984, 116.
[25] So Gesetzesentwurf der BT-Fraktion DIE GRÜNEN, BT-Drs. 10/423.
[26] Gesetzesentwurf der SPD-Fraktion, BT-Drs. 10/1025.
[27] Gesetzesentwurf der BT-Fraktionen von CDU/CSU und FDP, BT-Drs. 10/6151.

men des Bundesamtes zu löschen. ²Die Fristen zur Vernichtung und Löschung aufgrund anderer Vorschriften bleiben davon unberührt.

Übersicht

	Rn.
I. Entstehungsgeschichte	1
II. Allgemeines	2
III. Datenerhebung	5
IV. Ausländerzentralregister	12
1. Hinweispflichten	15
2. Rechte der betroffenen Person	16
a) Recht auf Auskunft	17
b) Recht auf Ergänzung	18
c) Verarbeitungseinschränkung	19
d) Widerspruchsrecht	20
e) Berichtigung und Löschung	21
f) Benachrichtigung	22
g) Beschwerde	23

I. Entstehungsgeschichte

Die Vorschrift stimmt mit dem Gesetzesentwurf 1992[1] überein; sie hat keinen Vorläufer im AuslG 1965 oder AsylVfG 1982. Abs. 1 S. 2 wurde entsprechend dem Gesetzesentwurf[2] mit Wirkung von 1.1.2005 eingefügt (Art. 3 Nr. 6 ZuwG). Die RichtlinienumsetzungsG 2007 und 2011 und 2013 haben keine Änderungen vorgenommen. Das AsylVfBeschlG 2015 fügte den neuen Abs. 3 mit folgender Begründung an[3]: „Da der Aufenthalt eines Ausländers in der Regel mit der Entscheidung über den Asylantrag nicht unmittelbar endet, ist es erforderlich, dass das BAMF die Verfahrensakten für einen Zeitraum aufbewahrt. Dies ist notwendig, um Rückfragen der Ausländerbehörden beantworten zu können, insbesondere aber, um im Falle eines Folgeantrags den Inhalt des vorherigen Verfahrens nachweisen zu können. Nach Ablauf von zehn Jahren ist nicht mehr mit einem Folgeantrag zu rechnen. Im Gegensatz zu den erkennungsdienstlichen Unterlagen enthält das Gesetz bislang keine ausdrückliche Löschfrist für die Asylverfahrensakten des BAMF. Im Sinne der Rechtssicherheit soll eine solche nunmehr aufgenommen werden." Die durch das 2. DSAnpUG EU vom 20.11.2019, BGBl. I S. 1626, erfolgte Änderung wurde Abs. 1 auf die neue Rechtslage angepasst, indem der Verweis auf die Bezugsnorm geändert wurde, sodass statt auf das inzwischen außer Kraft getretene BDSG aF nun auf die DS-GVO und die dortige Vorschrift zur Verarbeitung besonderer Kategorien personenbezogener Daten verwiesen wird. Die geringfügigen Änderungen in Abs. 2 dienen allein der sprachlichen Angleichung an die DS-GVO.

1

II. Allgemeines

Mit den Regelungen der §§ 7 und 8 versucht der Gesetzgeber ähnlich wie mit §§ 86–91f AufenthG, der EU-rechtlichen Forderung nach einer gesetzlichen **Ermächtigungsgrundlage** für die zwangsweise Erhebung personenbezogener Daten und deren Verarbeitung[4] nachzukommen[5]. Aus welchen Gründen für das Asylverfahren besondere Regelungen für notwendig gehalten werden und die allgemein für Ausländer geltenden §§ 86–91f AufenthG nicht genügen, ist weder in der Begründung des Gesetzesentwurfs 1992[6] angegeben noch sonst erkennbar. Eine Erklärung hierfür wäre wohl wegen der ausgeprägten Verfahrensabhängigkeit des Asylgrundrechts, der hohen Sensibilität von Asyldaten und des daher erforderlichen besonderen Schutzes notwendig gewesen. Ein Verstoß gegen Art. 16a I GG wäre insbesondere anzunehmen, wenn Asylvorbringen unmittelbar oder mittelbar (über die deutsche Auslandsvertretung oder befreundete Geheimdienste) dem (angeblichen) Verfolgerstaat zugetragen würden[7].

2

Die **teilweise Übernahme** allgemeiner ausländerrechtlicher Vorschriften lässt nicht deutlich erkennen, ob und gegebenenfalls wie diese neben §§ 7 und 8 auf Asylbewerber anwendbar bleiben sollen. So erscheint zB nicht sicher, ob die Spontanmitteilungspflichten nach § 87 II AufenthG, die Einschränkungen durch besondere gesetzliche Verwendungsregeln nach § 88 AufenthG und die Vorkehrungen für eine rechtzeitige Löschung nach § 91 AufenthG auch für Asylsuchende gelten sollen.

3

---

[1] BT-Drs. 12/2062, 6.
[2] BT-Drs. 15/420, 40.
[3] BT-Drs. 18/6185, 46.
[4] BVerfG Urt. v. 15.12.1983 – 1 BvR 209/83 ua, BVerfGE 65, 1.
[5] Vgl. Art. 6 I DS-GVO; zur Feststellung der Identität vgl. § 49 AufenthG und §§ 16, 18 V, 22 I 2.
[6] BT-Drs. 12/2062, 29.
[7] Dazu *Rittstieg* InfAuslR 1984, 122.

Nach Einfügung des § 8 IV durch den Bundestag-Innenausschuss und nach Änderung des § 8 III durch Art. 1 Nr. 2 AsylVfÄndG 1993 erscheint dies noch unsicherer als zuvor[8].

4 Obwohl von Verfassungs wegen notwendig, fehlen (abgesehen von § 16 IV, V) allgemeine nationale Regelungen über die Speicherung personenbezogener Daten der Asylbewerber (Akten, Register und EDV-gestützte Dokumentationen va beim BAMF), über Löschung und Sperrung sowie Auskunftsrechte der Betroffenen. Da es sich hier um **asylspezifische Datensammlungen** handelt, sind die für das allgemeine Ausländerrecht geschaffenen Vorschriften zumindest nicht unmittelbar anwendbar. Dies hat der Gesetzgeber zu erkennen gegeben, indem er eine Verweisung oder Bezugnahme weder im Gesetz noch in dessen Begründung für erforderlich gehalten hat; außerdem beziehen sich die §§ 62 ff. AufenthV nicht auf Daten des BAMF. Teilweise besteht zwar eine durchaus ähnliche Interessenlage, eine **analoge Anwendung**, die eine sonst uU verfassungswidrige Lücke verhindern könnte[9], kommt aber wegen der besonderen Sensibilität der Asylbewerberdaten[10] **nicht** in Betracht. Das Gesetz legt zwar eine Aktenführung beim BAMF zugrunde (vgl. §§ 15 II, III, 16, 25 VII, 36 II, 40, 82) und gestattet dem AZR Speicherung und Übermittlung von durch das BAMF übermittelten Daten über Asylbewerber (§§ 2 II Nr. 1–3, 6 I Nr. 4, II, 7, 10 ff., 22 AZRG). Zur unmittelbaren und vorrangigen Anwendbarkeit der **Dublin-VO** → Rn. 11[11].

III. Datenerhebung

5 Zur Datenerhebung, also zum Beschaffen von personenbezogenen Daten (§ 3 I, IV BDSG, Art. 4 Nr. 1 und 2 DS-GVO), sind **alle** mit der Ausführung des AsylG betrauten **Behörden** befugt, also außer BAMF und Ausländerbehörde insbesondere auch Grenzbehörden, Bundes- und Länderpolizeien, Verteilungs- und Zuweisungsstellen, Aufnahmeeinrichtungen, Bundesverwaltungsamt, Bundeskriminalamt sowie Gesundheits- und Strafverfolgungsbehörden. Zufällig angefallene, also nicht gezielt beschaffte Daten dürfen weiterverarbeitet werden, wenn sie zur Aufgabenerfüllung nötig sind. Die Erhebung von Gesundheitsdaten ist nach Art. 9 II lit. g DS-GVO nur bei Vorliegen eines erheblichen öffentlichen Interesses oder im Interesse der betroffenen Person zulässig.

6 Der **Erhebungszweck** ist nur durch eine nach allen Seiten offene Generalklausel umschrieben; auch durch § 8 I ist er nicht näher eingegrenzt. Die Voraussetzung der Erforderlichkeit für die jeweilige Aufgabenerfüllung ist so ungenau und weit gefasst, dass der Erhebungszweck dadurch auch nicht mit der notwendigen Bestimmtheit[12] definiert ist[13]. Die Erweiterung durch Abs. 1 S. 2 begegnet wegen der Unbestimmtheit des Erhebungszwecks denselben Bedenken.

7 Grundsätzlich unbedenklich ist die Erhebung persönlicher Daten bei dem Asylbewerber selbst iRv dessen gesetzlichen Mitwirkungspflichten, weil dieser über Umfang, Grund und Urheber der Datenerhebung unterrichtet ist[14]. Der Kreis der darüber hinaus zur Erhebung heranzuziehenden Stellen ist aber noch weiter gespannt als nach § 87 II AufenthG, weil die **Auskunftsstellen** nicht näher umschrieben und begrenzt sind[15]. Deshalb bestehen hier zumindest dieselben Zweifel an der Verfassungsmäßigkeit wie dort. Schließlich zählen zu den anderen öffentlichen Stellen alle sonstigen inländischen Behörden und öffentlich-rechtliche Einrichtungen und Vereinigungen und zu den nicht-öffentliche Stellen alle privaten natürlichen und juristischen Personen, Gesellschaften und sonstigen Vereinigungen. Unter ausländischen Behörden sind auch die Polizei- und Geheimdienste anderer Staaten zu verstehen.

8 Bedenken bestehen auch wegen der zT pauschalen und kaum begrenzbaren **formellen Voraussetzungen** für die Datenerhebung bei Dritten[16]. Ohne **Mitwirkung** des Betroffenen bedeutet nicht ohne Weiteres ohne dessen Kenntnis[17]; eine Unterrichtung ist aber nicht vorgeschrieben, wenn auch zum Teil zweckmäßig. Zudem sind die Tatbestände weit gefasst, wenn auch abschließend aufgezählt. Wann der Aufwand einer Mitwirkung des Betroffenen unverhältnismäßig ist, kann ohne weitere gesetzliche Präzisierung weder allgemein noch für den Einzelfall sicher ermittelt und bestimmt werden. Auch bei diesem Ausnahmetatbestand ist immer der Vorrang der informationellen Selbstbestimmung zu beachten. Bloße Verfahrenserleichterungen und Beschleunigungsinteressen treten dahinter zurück. Die Art der anfallenden Aufgaben erfordert eine Datenerhebung bei Dritten zB dann, wenn der Betroffene über die Daten nicht verfügt und sie auch nicht beschaffen kann[18]. Zur Überprüfung der

---

[8] Dazu → § 8 Rn. 2.
[9] Zum AZRG → Rn. 10 f.
[10] Dazu *Hailbronner* AsylG § 7 Rn. 7 f.
[11] Vgl. *Müller* ZAR 2019, 185.
[12] BVerfG Beschl. v. 12.5.1987 – 2 BvR 1226/83 ua, BVerfGE 76, 1.
[13] Ähnlich GK-AsylVfG § 7 Rn. 17, 21; *Hailbronner* AsylG § 7 Rn. 13; *Marx* § 7 Rn. 7; → § 75 Rn. 4.
[14] Dazu *Schriever-Steinberg* ZAR 1991, 66.
[15] Zu den in Betracht kommenden Behörden und Stellen iÜ → AufenthG § 87 Rn. 7 ff.
[16] Dazu → AufenthG § 86 Rn. 6.
[17] *Hailbronner* AsylG § 7 Rn. 22.
[18] *Hailbronner* AsylG § 7 Rn. 31.

Angaben des Betroffenen erforderlich ist sie nur bei konkreten Anhaltspunkten für deren Unrichtigkeit, nicht etwa generell zum Zwecke einer besseren Erkenntnisbildung und Wahrheitsfindung.

Eine **Datenerhebung bei Dritten** ist rechtlich vorgesehen oder zwingend vorausgesetzt, wenn andere als die zur Durchführung des AsylG berufenen Stellen tätig werden. Ein mutmaßliches Einverständnis kann nur angenommen werden, wenn die Datenerhebung tatsächlich vorteilhaft für den Betroffenen ist und daher auf dessen Einwilligung verzichtet werden kann[19]. 9

Die Einschränkung nach Abs. 2 S. 2 genügt zumindest für ausländische öffentliche Stellen nicht, weil bei Asylbewerbern allgemein in diesen Fällen eine erhebliche Gefährdung befürchtet werden muss; insofern sind **überwiegende schutzwürdige Belange** idR anzunehmen. Es wäre sachgerechter gewesen, Auskunftsersuchen an den (angeblichen) Verfolgerstaat von der vorherigen Anhörung des Asylbewerbers abhängig zu machen[20]. Letztlich kann ohne eine Anhörung des Betroffenen die notwendige Interessenabwägung nicht vorgenommen werden[21]. Außerdem sind Auskünfte von Behörden des (angeblichen) Verfolgerstaats für die Aufklärung von Verfolgungsbehauptungen ohnehin gänzlich ungeeignet; ebenso die Vernehmung dort lebender Zeugen[22]. Dagegen sind solche Auskünfte aufgrund verdeckter Ermittlungen (zB Anfrage über Auswärtiges Amt und Vertrauensanwalt) nicht schlechthin ungeeignet, jedoch besonders sorgfältig auf ihren Wahrheitsgehalt zu untersuchen. Mit dieser Maßgabe ist zB nicht ausgeschlossen, im Abschiebungsverfahren auch unmittelbar Auskünfte des Heimatstaats über dort erfolgte Anklagen und Verurteilungen oder sonstige strafrechtliche Maßnahmen einzuholen (zB deutsche-türkische Vereinbarung von 1997). Eine Einwilligung[23] kann aber billigerweise nicht verlangt werden, weil sonst die Sachverhaltsaufklärung – uU selektiv – durch den Asylbewerber verhindert werden könnte. 10

Personenbezogene Datenerhebung und -austausch **mit anderen Staaten** findet auch aufgrund sonstiger Verpflichtungen außerhalb der §§ 7 ff. statt, va nach dem SDÜ (über SIS und EURODAC)[24]. Der früher nach Art. 15 DÜ vereinbarte Datenaustausch zwecks Bestimmung des einen Asylantrag zuständigen Staats findet nunmehr zu demselben Zweck nach Art. 21 **Dublin II-VO 343/2003/EG** (in Kraft seit 17.3.2003) bzw. Art. 31 f. **Dublin III-VO 604/2013/EU** (in Kraft seit 1.1.2014) statt. Die Übermittlung personenbezogener Daten ist danach auf Antrag eines anderen Mitgliedstaats für die Zuständigkeitsbestimmung, die Asylantragsprüfung oder die Erfüllung der Verpflichtungen aus dieser VO nur zulässig, wenn die Daten sachdienlich und relevant sind und nicht über das erforderliche Maß hinausgehen. Außer den im Einzelnen genannten notwendigen Informationen über Person, Familie und Verfahren können auch die Gründe für das Asylgesuch und die Asylentscheidung oder Gesundheitsdaten mitgeteilt werden. Schließlich sind Verfahrensmodalitäten, Zweckbindung und Rechte des Betroffenen auf Auskunft, Berichtigung und Löschung sowie Aufbewahrungszeit geregelt. Für die Datenübermittlung zuständig sind BAMF und Grenzbehörden. 11

IV. Ausländerzentralregister

Die Vorschriften des AZRG[25] regeln die Datenverarbeitung in den beiden Datenbeständen des AZR (allgemeiner Datenbestand und Visadatei) und die damit verbundenen Eingriffe in das informationelle Selbstbestimmungsrecht. Sie gehen als **bereichsspezifisch** den Datenschutzgesetzen des Bundes und der Länder sowie §§ 86 ff. AufenthG und §§ 7 f. AsylG vor. 12

Die **Aufgabe** des AZR besteht ausschließlich in der Unterstützung anderer Behörden und Stellen durch Speicherung und Übermittlung gespeicherter Daten (§ 1 II AZRG). Das AZR betreibt also nur die Information anderer Stellen und nicht die eigene Erhebung von Daten. Es lässt demzufolge auch die Existenz andernorts gespeicherter Daten über Ausländer unberührt. 13

Nach Art. 6 I lit. e, II und III DS-GVO können die EU-Staaten die Datenverarbeitung durch ihre Behörde **eigenständig regeln.** Soweit eine solche Regelung nicht erfolgt, gilt die DS-GVO. Das gilt insbes. für die Hinweispflichten und die Betroffenenrechte. Bei § 7 AsylG handelt es sich für die mit der Ausführung dieses Gesetz für die Datenerhebung und die Datenlöschung um eine abschließende bundesrechtliche Regelung. Ein Rückgriff auf das BDSG bzw. die Landesdatenschutzgesetze ist nicht möglich (vgl. § 1 I und II BDSG). 14

---

[19] *Hailbronner* AsylG § 7 Rn. 25.
[20] GK-AsylVfG § 7 Rn. 77: Anhörung geboten.
[21] So auch *Hailbronner* AsylG § 7 Rn. 30.
[22] Dazu BVerwG Beschl. v. 9.5.1983 – 9 B 1046.81, EZAR 630 Nr. 6.
[23] So der Bundesbeauftragte für den Datenschutz, BT-Drs. 12/2718, 62.
[24] Vgl. *Schröder* ZAR 2001, 71; dazu → AufenthG § 86 Rn. 2.
[25] Allg. dazu *Bäumer* in GK-AsylVfG, Teil IX-3; *Heyder* ZAR 1994, 153; *Reichert* ZAR 1990, 66; *Schriever-Steinberg* ZAR 1990, 68; DuD 1994, 559; *Streit/Srocke* ZAR 1999, 109; *Streit* ZAR 2002, 237; *Streit/Heyder*, AZRG-Kommentar, 1997; ZAR 1999, 100; *Weichert* InfAuslR 1987, 205 und 1988, 108 sowie 1989, 1.

1. Hinweispflichten

15 Die Art. 13 f. DS-GVO schreiben für den Verantwortlichen bei der **Datenerhebung** Informationspflichten gegenüber der betroffenen Person vor, wobei danach unterschieden wird, ob die Angaben bei dieser selbst (**Direkterhebung**, Art. 13 DS-GVO) oder bei einer anderen Person oder Institution über die betroffene Person (**Dritterhebung**, Art. 14 DS-GVO) in Erfahrung gebracht werden. Erhebung ist sowohl das gezielte Erfragen, als auch das Unterhalten von Empfangsmöglichkeiten zu einem bestimmten, angekündigten Verarbeitungszweck. Bei der **Direkterhebung** muss die betroffene Person **zum Zeitpunkt** der Datenerhebung über die in Art. 13 I und II DS-GVO genannten Informationen in Kenntnis gesetzt werden. Dazu gehören insbesondere der **Verarbeitungszweck**, die **Empfänger**, die Verarbeitung im „**unsicheren Drittland**" und ob diese Angaben für einen **Vertragsabschluss zwingend** sind. Auch ist die betroffene Person über die beabsichtigte **Speicherdauer** oder – wenn das nicht möglich ist – über die für eine **Löschungs- bzw. Weiterspeicherungsentscheidung** maßgeblichen Kriterien zu unterrichten. Im Falle der **Dritterhebung** muss die betroffene Person nach Art. 14 I DS-GVO zusätzlich insbesondere über die **Kategorie der verarbeiteten Daten** informiert werden. Bei der Dritterhebung ist der Verantwortliche verpflichtet, die Information spätestens **innerhalb eines Monats**, nachdem er in den Besitz der Angaben gekommen ist, zu erteilen (Art. 14 III lit. a DS-GVO), es sei denn, die erhobenen Daten dienen in erster Linie dazu, an Dritte übermittelt zu werden. Dann muss die betroffene Person nach Art. 14 III lit. c DS-GVO erst bei der erstmaligen Offenbarung der Information gegenüber Dritten informiert werden. Über die **Zweckänderung** von vom Verantwortlichen oder von Dritten vor der Übermittlung an den Verantwortlichen erhobenen Daten muss spätestens bei der Zweckänderung informiert werden (Art. 13 III, Art. 14 IV DS-GVO), soweit das noch nicht bei der Erhebung der Daten **ausreichend** geschehen ist. Von Letzterem kann nur ausgegangen werden, wenn die betroffene Person seinerzeit darüber aufgeklärt wurde, unter welchen Voraussetzungen, die von ihr selbst herbeigeführt werden oder zumindest ohne Weiteres für diese erkennbar sind, die Zweckänderung erfolgt. Für Daten, die bei einem Dritten erhoben worden sind und die zum Zwecke der Beauskunftung Dritter bereitgehalten werden, besteht die Informationspflicht erst bei der erstmaligen Übermittlung durch den Verantwortlichen (Art. 14 III 3 lit. c DS-GVO). Der Verantwortliche hat im Hinblick auf das Transparenzgebot und seine Rechenschaftspflicht ggf. den **Nachweis** für die **Erfüllung seiner Informationspflichten** zu erbringen (Art. 5 I lit. a, II DS-GVO). **Verstöße** gegen die Hinweispflichten führen zwar grundsätzlich zur Rechtswidrigkeit der Datenverarbeitung[26]. Werden diese jedoch der Datenschutzaufsichtsbehörde bekannt, kann sie Abhilfemaßnahmen gem. Art. 58 Abs. 2 DS-GVO, wie bspw. eine Anweisung zur Vornahme einer pflichtwidrig unterlassenen Handlung erlassen. Von der Unterrichtung kann abgesehen werden, soweit die Gefahr besteht, dass durch die Unterrichtung Sicherheitsbelange oder schutzwürdige Rechte Dritter tangiert werden[27]. Nach Art. 14 V lit. b DS-GVO müssen die Informationen nur iRd **Verhältnismäßigkeit** erteilt werden. Die Unterrichtung kann insbesondere unterbleiben, wenn die betroffene Person davon ausgehen kann, dass eine Datenerhebung erfolgt, und bei der Beantwortung der Anfrage nichts übermittelt wird, dass die betroffene Person wissen muss, um sich gegebenenfalls dagegen zur Wehr setzen zu können.

2. Rechte der betroffenen Person

16 Die **betroffenen Personen** können die in Art. 15 ff. DS-GVO vorgesehenen **Rechte** gegenüber dem Verantwortlichen geltend machen. Diese lassen sich nicht durch Verzicht einschränken oder ausschließen[28].

17 **a) Recht auf Auskunft.** Der Verantwortliche hat die betroffene Person nach Art. 15 I DS-GVO auf Antrag ua darüber zu informieren, wie lange welche ihrer Daten dort gespeichert werden und welche Kategorien von Daten (Angaben aus einem Vertrag, Daten besonderer Kategorien, sonstige Angaben) an Dritte übermittelt worden sind bzw. noch übermittelt werden (**Selbstauskunftsverlangen**). Allerdings besteht dieser Anspruch entsprechend Art. 15 IV DS-GVO, Erwägungsgrund 63 nicht, soweit die Gefahr besteht, dass die öffentliche Sicherheit oder schutzwürdige Rechte Dritter gefährdet werden (vgl. §§ 34, 33 BDSG).

18 **b) Recht auf Ergänzung.** Die betroffene Person kann nach Art. 16 S. 2 DS-GVO die **Ergänzung** ihrer Speicherungen verlangen. Sie muss ein solches Begehren substanziiert begründen.

19 **c) Verarbeitungseinschränkung.** Hält die betroffene Person eine Speicherung inhaltlich für unzutreffend, kann sie die **Einschränkung** der Datenverarbeitung verlangen und eine **Überprüfung**

---

[26] Vgl. BGH Urt. v. 15.5.2018 – VI ZR 233/17, NJW 2018, 2883; VG Lüneburg Urt. v. 21.12.2016 – 5 A 1/16, ZD 2017, 199.
[27] Vgl. BGH Urt. v. 15.5.2018 – VI ZR 233/17, NJW 2018, 2883; VG Lüneburg Urt. v. 21.12.2016 – 5 A 1/16, ZD 2017, 199.
[28] Vgl. OLG München Urt. v. 22.6.2010 – 5 U 2020/10, WM 2010, 1901.

nach Art. 18 I lit. a DS-GVO erwarten. Das hat zur Folge, dass der Verantwortliche während der von ihm vorzunehmenden Überprüfung diese Angaben nicht weiterübermitteln darf, es sei denn für die Geltendmachung von Rechten und zur Abwehr von Ansprüchen (Art. 18 II DS-GVO). Allerdings muss das Bestreiten im Rahmen des Zumutbaren substanziiert erfolgen[29]. Teilt der Verantwortliche im Anschluss daran der betroffenen Person nach Art. 18 III DS-GVO mit, dass er die Speicherung für zutreffend hält, liegt es an dieser, ihren Löschungsanspruch nach Art. 17 I lit. d, Art. 5 I lit. d DS-GVO ggf. mit gerichtlicher Hilfe durchzusetzen. Der Verantwortliche ist nach der Diktion des Art. 18 I lit. a DS-GVO für die Richtigkeit der Speicherung grundsätzlich beweispflichtig.

d) Widerspruchsrecht. Legt die betroffene Person nach Art. 21 I DS-GVO **Widerspruch** gegen die Datenverarbeitung ein, kann sie die Löschung der Angaben nach Art. 17 I lit. c DS-GVO verlangen, wenn der Verantwortliche kein berechtigtes Interesse an der weiteren Verarbeitung nachweist, das nicht von höherrangigeren Interessen der betroffenen Person überwogen wird. Auch hier „ruht" die Datenverarbeitung während der Prüfung, es sei denn, die Daten werden für die Durchsetzung oder Abwehr eines Anspruchs benötigt. 20

e) Berichtigung und Löschung. Die betroffene Person hat einen Anspruch auf **Berichtigung** bzw. **Löschung** ihrer Daten, soweit diese inhaltlich unzutreffend sind (vgl. Art. 16 S. 1, Art. 17 I lit. d, Art. 5 I 1 lit. d DS-GVO), oder der Verantwortliche kein berechtigtes Interesse – mehr – an der Datenverarbeitung hat (Art. 17 I lit. a und c DS-GVO). Macht die betroffene Person einen derartigen Berichtigungs- oder Löschungsanspruch geltend, hat der Verantwortliche wegen der ihm nach Art. 18 I lit. a und Art. 21 I DS-GVO obliegenden Prüf- und Nachweisverpflichtungen die Richtigkeit der Angaben bzw. das Bestehen eines **berechtigten Interesses** für die weitere Datenverarbeitung zu beweisen. Entsprechendes gilt nach dem Erwägungsgrund 50 auch für die Rechtmäßigkeit von **Zweckänderungen**. 21

f) Benachrichtigung. Soweit die Datenübermittlung an Dritte unzulässig war oder sich nachträglich als unzulässig erweist, kann die betroffene Person aufgrund von Art. 19 DS-GVO erwarten, dass der Verantwortliche die **Empfänger benachrichtigt**, um eine Löschung der dortigen Speicherungen herbeizuführen. Die betroffene Person hat die erfolgte Übermittlung zu beweisen, den Verantwortlichen trifft die Beweislast für die Rechtmäßigkeit der Datenweitergabe bzw. dass die Unterrichtung unverhältnismäßig oder untunlich ist. 22

g) Beschwerde. Sofern die betroffene Person der Ansicht ist, dass die Verarbeitung ihrer personenbezogenen Daten gegen die DS-GVO verstößt, hat sie unbeschadet anderweitiger verwaltungsrechtlicher oder gerichtlicher Rechtsbehelfe gemäß Art. 77 DS-GVO das **Recht auf Beschwerde** bei einer Datenschutzaufsichtsbehörde, insbesondere im Mitgliedstaat ihres gewöhnlichen Aufenthalts. 23

§ 8 Übermittlung personenbezogener Daten

(1) Öffentliche Stellen haben auf Ersuchen (§ 7 Abs. 1) den mit der Ausführung dieses Gesetzes betrauten Behörden ihnen bekannt gewordene Umstände mitzuteilen, soweit besondere gesetzliche Verarbeitungsregelungen oder überwiegende schutzwürdige Interessen der betroffenen Person dem nicht entgegenstehen.

(1a) Die für die Einleitung eines Strafverfahrens zuständigen Stellen haben in Strafsachen gegen die betroffene Person das Bundesamt unverzüglich zu unterrichten über
1. die Einleitung des Strafverfahrens, soweit dadurch eine Gefährdung des Untersuchungszwecks nicht zu erwarten ist, und die Erhebung der öffentlichen Klage, wenn eine Freiheitsstrafe von mindestens drei Jahren zu erwarten ist,
2. die Einleitung des Strafverfahrens, soweit dadurch eine Gefährdung des Untersuchungszwecks nicht zu erwarten ist, und die Erhebung der öffentlichen Klage wegen einer oder mehrerer vorsätzlicher Straftaten gegen das Leben, die körperliche Unversehrtheit, die sexuelle Selbstbestimmung, das Eigentum oder wegen Widerstands gegen Vollstreckungsbeamte, sofern die Straftat mit Gewalt, unter Anwendung von Drohung mit Gefahr für Leib oder Leben oder mit List begangen worden ist oder eine Straftat nach § 177 des Strafgesetzbuches ist, wenn eine Freiheits- oder Jugendstrafe von mindestens einem Jahr zu erwarten ist, und
3. die Erledigung eines Strafverfahrens
    a) durch eine rechtskräftige Verurteilung zu einer Freiheitsstrafe von mindestens drei Jahren,
    b) durch eine rechtskräftige Verurteilung zu einer Freiheits- oder Jugendstrafe von mindestens einem Jahr wegen einer oder mehrerer vorsätzlicher Straftaten gegen das Leben, die körperliche Unversehrtheit, die sexuelle Selbstbestimmung, das Eigentum oder wegen Widerstands gegen Vollstreckungsbeamte, sofern die Straftat mit Gewalt,

---

[29] Vgl. VG Stade Beschl. v. 9.10.2018 – 1 B 1918/18, ZD 2019, 139.

unter Anwendung von Drohung mit Gefahr für Leib oder Leben oder mit List begangen worden ist oder eine Straftat nach § 177 des Strafgesetzbuches ist, oder

c) in sonstiger Weise im Falle einer vorausgegangenen Unterrichtung nach Nummer 1 oder 2.

(1b) ¹Die oberste Landesbehörde oder die von ihr bestimmte Stelle kann dem Bundesamt personenbezogene Daten über körperliche, seelische, geistige oder Sinnesbeeinträchtigungen eines Ausländers übermitteln, deren Kenntnis für das Bundesamt zur ordnungsgemäßen Durchführung der Anhörung erforderlich ist. ²Die Daten dürfen nur zu diesem Zweck verarbeitet werden und sind anschließend zu löschen.

(1c) ¹Die Träger der Grundsicherung für Arbeitsuchende, die mit der polizeilichen Kontrolle des grenzüberschreitenden Verkehrs beauftragten Behörden, die Ausländerbehörden und die deutschen Auslandsvertretungen teilen den mit der Ausführung dieses Gesetzes betrauten Behörden mit, wenn sie von Umständen Kenntnis erlangt haben, dass ein Asylberechtigter oder ein Ausländer, dem internationaler Schutz im Sinne des § 1 Absatz 1 Nummer 2 zuerkannt worden ist, in sein Herkunftsland (§ 3 Absatz 1 Nummer 2) gereist ist. ²Die nach Satz 1 übermittelten personenbezogenen Daten dürfen nur für die Prüfung verarbeitet werden, ob die Voraussetzungen für einen Widerruf oder eine Rücknahme der Asylberechtigung oder des internationalen Schutzes vorliegen.

(2) Die zuständigen Behörden unterrichten das Bundesamt unverzüglich über ein förmliches Auslieferungsersuchen und ein mit der Ankündigung des Auslieferungsersuchens verbundenes Festnahmeersuchen eines anderen Staates sowie über den Abschluss des Auslieferungsverfahrens, wenn der Ausländer einen Asylantrag gestellt hat.

(2a) Die mit der Ausführung dieses Gesetzes betrauten Behörden teilen Umstände und Maßnahmen nach diesem Gesetz, deren Kenntnis für die Leistung an Leistungsberechtigte des Asylbewerberleistungsgesetzes erforderlich ist, sowie die ihnen mitgeteilten Erteilungen von Arbeitserlaubnissen an diese Personen und Angaben über das Erlöschen, den Widerruf oder die Rücknahme der Arbeitserlaubnisse den nach § 10 des Asylbewerberleistungsgesetzes zuständigen Behörden mit.

(3) ¹Die nach diesem Gesetz erhobenen Daten dürfen auch
1. zur Ausführung des Aufenthaltsgesetzes,
2. zur gesundheitlichen Betreuung und Versorgung von Asylbewerbern,
3. für Maßnahmen der Strafverfolgung,
4. zur Abwehr von erheblichen Gefahren für Leib und Leben des Asylbewerbers oder von Dritten und
5. auf Ersuchen zur Verfolgung von Ordnungswidrigkeiten

den damit betrauten öffentlichen Stellen, soweit es zur Erfüllung der in ihrer Zuständigkeit liegenden Aufgaben erforderlich ist, übermittelt und von diesen dafür verarbeitet werden. ²Sie dürfen an eine in § 35 Abs. 1 des Ersten Buches Sozialgesetzbuch genannte Stelle übermittelt und von dieser verarbeitet werden, soweit dies für die Aufdeckung und Verfolgung von unberechtigtem Bezug von Leistungen nach dem Zwölften Buch Sozialgesetzbuch, von Leistungen der Kranken- und Unfallversicherungsträger oder von Arbeitslosengeld oder Leistungen zur Sicherung des Lebensunterhalts nach dem Zweiten Buch Sozialgesetzbuch erforderlich ist und wenn tatsächliche Anhaltspunkte für einen unberechtigten Bezug vorliegen. ³Die nach diesem Gesetz erhobenen Daten dürfen der Bundesagentur für Arbeit übermittelt und von dieser verarbeitet werden, soweit dies zur Erfüllung von Aufgaben nach dem Dritten Buch Sozialgesetzbuch erforderlich ist. ⁴§ 88 Abs. 1 bis 3 des Aufenthaltsgesetzes findet entsprechende Anwendung.

(4) Die Verarbeitung der im Asylverfahren erhobenen Daten ist zulässig, soweit die Verarbeitung dieser Daten für die Entscheidung des Bundesamtes über die Zulassung zum Integrationskurs nach § 44 Absatz 4 des Aufenthaltsgesetzes oder zu einer Maßnahme der berufsbezogenen Deutschsprachförderung nach § 45a Absatz 2 Satz 3 und 4 des Aufenthaltsgesetzes erforderlich ist.

(5) Eine Datenübermittlung auf Grund anderer gesetzlicher Vorschriften bleibt unberührt.

I. Entstehungsgeschichte

1   Die Vorschrift entsprach ursprünglich in Abs. 1–3 S. 1 und 2 dem **Gesetzesentwurf 1992**[1]; Abs. 4 wurde vom Bundestags-Innenausschuss zusätzlich vorgeschlagen und dafür die zunächst vorgesehene Bezugnahme auf § 15 V BDSG in Abs. 3 S. 3 gestrichen[2]. Die Vorschrift hat ebenso wie § 7 kein Vorbild im AsylVfG 1982. Mit Wirkung vom 1.7.1993 wurde Abs. 3 entsprechend dem **Gesetzes-**

---
[1] BT-Drs. 12/2062, 6.
[2] BT-Drs. 12/2817, 12.

entwurf 1993[3] vollständig neu gefasst (Art. 1 Nr. 2 **AsylVfÄndG 1993**), indem S. 2 und 3 angefügt und die Verwertung auch anderen als den Ausländerbehörden ermöglicht wurde. Zum 1.6.1997 wurden Abs. 2a eingefügt und in Abs. 3 S. 2 die Wörter „und dem AsylbLG" gestrichen (Gesetz v. 26.5.1997)[4]. Mit Wirkung vom 1.1.**2005** wurden entsprechend dem Gesetzesentwurf[5] die Formulierungen in Abs. 3 S. 1 und 3 der Ersetzung des AuslG durch das AufenthG angepasst und Abs. 5 angefügt (Art. 3 Nr. 7 ZuwG). Die Richtlinienumsetzungsgesetze 2007, 2011 und 2103 haben keine Änderungen vorgenommen. Das **AsylVfBeschlG 2015** fügte Abs. 3 den neuen S. 3 mit folgender Begründung an[6]: „Die Datenübermittlung vom BAMF an die BA ist erforderlich, um eine erfolgreiche aktive Arbeitsmarktpolitik für Geduldete und Gestattete mit hoher Bleibeperspektive durchführen zu können. Die derzeit geltende Vorschrift im AsylG erlaubt eine Übermittlung von Daten nur, soweit dies für die Aufdeckung und Verfolgung von unberechtigtem Bezug von Leistungen erforderlich ist und wenn tatsächliche Anhaltspunkte für einen unberechtigten Bezug vorliegen. Menschen, die dauerhaft in Deutschland bleiben, müssen schnell ins Berufsleben integriert werden können. Daher ist es erforderlich, bereits Gestattete und Geduldete mit jeweils hoher Bleibeperspektive bei den Integrationsbemühungen in den Arbeitsmarkt zu berücksichtigen (vgl hierzu auch die Einfügung von § 131 SGB III). Um die Agenturen für Arbeit in die Lage zu versetzen, die Bleibeperspektive von Gestatteten beurteilen zu können, muss die Möglichkeit der Datenübermittlung vom BAMF an die BA geschaffen werden. Regelmäßig wird die Nachfrage nach dem Stand des Asylverfahrens vor Beginn konkreter Maßnahmen erforderlich sein. So kann beispielsweise die Förderung von Personen ausgeschlossen werden, die ihr Asylverfahren nach den Dublin-Regelungen in einem anderen EU-Land durchzuführen haben oder bereits ausreisepflichtig sind. Mit der gesetzlichen Änderung kann ein widersprüchliches Verhalten öffentlicher Stellen ausgeschlossen werden." Mit Wirkung vom 5.2.2016 wurde durch Art. 1 Nr. 1 des **DatenaustauschverbesserungsG** (BGBl. I S. 130) der **neue Abs. 4** eingefügt, sodass die bisherigen Abs. 4 und 5 zu den neuen Abs. 5 und 6 wurden. Der Gesetzgeber begründete dies wie folgt[7]: „Die Einfügung des Absatzes 4 ist notwendig, da das Asylgesetz bisher keine Möglichkeit enthält, die Daten aus dem Asylverfahren an das System des Integrationsbereichs im BAMF (InGe) weiterzugeben. Da aber eine frühzeitige Teilnahme an Integrationskursen oder an einer Maßnahme der berufsbezogenen Deutschsprachförderung sichergestellt werden soll, ist eine Grundlage für eine schnelle Weitergabe der Daten zu schaffen. Dabei werden nur Daten von Personen weitergegeben, die für eine Teilnahme in Betracht kommen. Außerdem werden nur solche Daten weitergegeben, die für die Entscheidung über die Teilnahme erforderlich sind." Flankierend zum sog. **Asylpaket II**[8] wurde gemäß Art. 2 Nr. 2 des am 17.3.2016 (BGBl. I S. 394) in Kraft getretenen Gesetzes zur erleichterten Ausweisung von straffälligen Ausländern und zum erweiterten Ausschluss der Flüchtlingsanerkennung bei straffälligen Asylbewerbern der komplett neue **Abs. 1a** eingefügt. Im Gesetzentwurf war Abs. 1a noch nicht enthalten[9], weswegen der Gesetzgeber insoweit auch keine offizielle Begründung vorgenommen hat. Aus dem Regelungszusammenhang ergibt sich jedoch eindeutig, dass durch die Übermittlung dieser Daten an das BAMF insbesondere der Ausschluss des internationalen Schutzes bei entsprechenden Straftätern aufgrund der neuen § 60 VIII 3 AufenthG bzw. § 3 IV in der Praxis durchgesetzt werden soll. Zudem soll wohl gegebenenfalls eine Ausweisung gemäß der neuen § 54 I Nr. 1a bzw. II Nr. 1a AufenthG angestoßen werden können. Art. 6 Nr. 3 **IntegrationsG** (BGBl. I S. 1939) fügte zum 6.8.2016 den **Abs. 1b** komplett neu ein mit der Begründung[10]: „Um einen zügigen Ablauf der Asylverfahren zu gewährleisten, schafft das BAMF beispielsweise im Rahmen von Anhörungen Rahmenbedingungen, unter denen tragfähige Entscheidungsgrundlagen erzielt und die Antragstellerinnen und Asylantragsteller vollständige und wahrheitsgetreue Angaben machen können. Die Vorschrift dient dazu, diese Rahmenbedingungen besser an mögliche körperliche, seelische, geistige oder Sinnesbeeinträchtigungen der einzelnen Ausländerin oder des einzelnen Ausländers anzupassen. Sie macht die Organisation von Verfahren zudem besser planbar, weil sich die oben genannten Rahmenbedingungen beispielsweise auf die notwendige Länge von Anhörungen auswirken können. Die Daten dürfen aus Datenschutzgründen nur zu diesem Zweck verwendet werden und sind anschließend zu löschen." Das **Gesetz zur Verbesserung des Schutzes der sexuellen Selbstbestimmung** fügte zum 10.11.2016 (BGBl. I S. 2460 f.) in **Abs. 1a** in die **Nr. 2 und 3b** jeweils ergänzend die Worte ein „oder eine Straftat nach § 177 des Strafgesetzbuches ist" als Folgeänderung zu den Änderungen in § 60 VIII AufenthG. Das **Gesetz zur besseren Durchsetzung der Ausreisepflicht** fügte mit Wirkung vom 29.7.2017 (BGBl. I S. 2780) in **Abs. 3 S. 1** neu und fügte unter anderem **Abs. 1c** neu sowie Abs. 3 zum anderen **Abs. 3 S. 1** neu und fügte insbesondere den in Nr. 4 erfassten DV-Grund in die Norm ein. Der Gesetzgeber begründete dies wie folgt: „Die Änderung stellt sicher, dass durch das BAMF im

---

[3] BT-Drs. 12/4450, 3.
[4] BGBl. 1997 I S. 1130.
[5] BT-Drs. 15/420, 40.
[6] BT-Drs. 18/6185, 46.
[7] BT-Drs. 18/7243, 39.
[8] → Vorb. Rn. 34 ff.
[9] Vgl. BT-Drs. 18/7537.
[10] BT-Drs. 18/8615, 50.

Asylverfahren angefallene Daten auch zur Abwehr von Gefahren für Leib oder Leben des Asylbewerbers oder von Dritten an die zuständigen Behörden übermittelt werden dürfen. Der islamistisch motivierte Sprengstoffanschlag von Ansbach am 24.7.2016 hat deutlich gemacht, dass es einer solchen gesetzlichen Klarstellung bedarf. In Anbetracht der hochrangigen Rechtsgüter Leben und körperliche Unversehrtheit kann eine solche Datenübermittlung nach Prüfung im Einzelfall gerechtfertigt sein." (BT-Drs. 18/11546, 23). Durch das Zweite Gesetz zur Verbesserung der Registrierung und des Datenaustauschs zu aufenthalts- und asylrechtliche Zwecken (Zweites Datenaustauschverbesserungsgesetz – 2. DAVG)[11] werden die zuständigen Stellen verpflichtet, bereits über die Einleitung eines Strafverfahrens und nicht erst – wie bisher – über die Erhebung der Anklage zu informieren. Durch das 2. DSAnpUG EU v. 20.11.2019, BGBl. I S. 1626, erfolgten Änderungen in den Abs. 1–1c, 3, 4 und 6 und wurden im Hinblick auf die spezifischen Begrifflichkeiten insbesondere von Art. 4 Nr. 2 DS-GVO sprachliche Anpassungen vorgenommen.

II. Allgemeines

2   Die Vorschrift soll die datenschutzrechtlichen Erfordernisse bei der Datenübermittlung berücksichtigen[12]. Diesem Ziel kann sie aber auch im Zusammenspiel mit § 7 kaum gerecht werden. Ebenso wie bei § 7 ist das **Verhältnis** zu den allgemein für Ausländer geltenden Bestimmungen der §§ 86 ff. AufenthG **unklar. Allerdings gelten die Ergänzungen der DS-GVO, insbesondere was die Hinweispflichten und die Rechte der betroffenen Personen betrifft.** Mit Abs. 5 sollen aufgetretene Zweifel über die Anwendbarkeit anderer Bestimmungen über Datenübermittlung beseitigt werden[13]; was dahingehend verstanden werden könnte, dass §§ 86 ff. AufenthG immer ergänzend anzuwenden sind. Die in Abs. 3 S. 4 seit 1.7.1993 ausdrücklich angeordnete entsprechende Anwendung des § 88 I–III AufenthG (früher § 77 I–III AuslG) spricht indes gegen eine generelle subsidiäre Geltung der §§ 86 ff. AufenthG[14]. Ergänzend heranzuziehen sind daher die Vorschriften des BDSG und der Ländergesetze über den Schutz Betroffener und das Verfahren bei der Datenübermittlung[15].

III. Datenübermittlung und -verwendung

3   Die Regelungen über **Mitteilungsverpflichtungen** und **Datenverwendung** in Abs. 1 entsprechen weitgehend §§ 86, 87 I AufenthG[16]. Die zusätzliche Einschränkung bei Kollisionen mit Interessen des Asylbewerbers ist ebenso weitgehend auszulegen wie nach § 7 II 2[17]. Übermittlungspflichtig sind nur öffentliche Stellen iSd § 2 I–III BDSG[18], nicht also Arbeitgeber-, Arbeitnehmer- oder Wohlfahrtsverbände sowie Kirchen. Zu übermitteln sind nur aus der amtlichen Aufgabenerfüllung bereits bekannte Daten, sofern sie rechtmäßig erhoben sind[19]. Außerdem setzt die Datenerhebung durch den Empfänger die Einhaltung von § 7 II voraus. Schließlich verdeutlicht die Bezugnahme auf Ersuchen nach § 7 I den Übermittlungszweck, die Ausführung des AsylG. Die Verantwortlichkeit für die Einhaltung der Datenschutzvorschriften trifft in erster Linie die ersuchende Stelle (vgl. Art. 4 Nr. 7 DS-GVO). Die Übermittlung von Gesundheitsdaten ist nur unter den Voraussetzungen des Art. 9 II DS-GVO zulässig.

4   Die Unterrichtungspflichten in **Auslieferungsfällen** bestehen ohne Ersuchen (Spontanmitteilung); sie dienen der Beachtung des Abschiebungshindernisses des § 60 IV AufenthG. Die Verwendbarkeit der Mitteilung ist durch Abs. 3 S. 1 erweitert, bleibt aber iÜ eng auf das Asylverfahren beschränkt. Damit ist zwar die Verwertung durch BAMF oder Ausländerbehörde außerhalb der Feststellungen zu § 60 IV AufenthG nicht ausdrücklich ausgeschlossen, dies ist aber aus der besonderen Schutzbedürftigkeit der für die Auslieferung üblicherweise anfallenden Daten zu folgern. Wegen der Datenübermittlung an UNHCR vgl. § 9 II.

5   Die Datenübermittlung und -verwendung insbesondere zum Zwecke der **Ausführung des AufenthG** erscheint im Grundsatz unbedenklich. Asylbewerber unterliegen generell auch dem allgemeinen Aufenthaltsrecht und Informationen über das Asylverfahren können sehr oft auch für die Anwendung des AufenthG – zugunsten oder zu Lasten des Ausländers – bedeutsam sein. Sie werden va für aufenthaltsbeendende Maßnahmen nach erfolglosem Abschluss des Asylverfahrens benötigt, soweit diese nach §§ 34 ff. noch in die Kompetenz der Ausländerbehörde fallen (zur Erhebung vgl. va § 7 II 2 und 3). Dessen ungeachtet ist außer in Abs. 1c S. 2, der Übermittlungszweck ebenso wenig hinrei-

---

[11] BT-Drs. 19/8752.
[12] BT-Drs. 12/2062, 29.
[13] BT-Drs. 12/2718, 60.
[14] Zum AZRG → § 7 Rn. 12 f.
[15] GK-AsylVfG § 8 Rn. 6.
[16] → AufenthG § 86 Rn. 2 ff., → AufenthG § 87 Rn. 2 ff.
[17] → § 7 Rn. 8.
[18] → § 7 Rn. 7.
[19] Weichert InfAuslR 1993, 385.

chend bestimmt wie der Erhebungszweck in § 7 I[20]. Die Verantwortung für die Mitteilung aufgrund eines Ersuchens trägt allein die ersuchende Stelle (vgl. Art. 4 Nr. 7 DS-GVO). Mitzuteilen sind nur bereits vorhandene, rechtmäßig erhobene Daten[21]. Schutzwürdige Belange des Betroffenen gehen grundsätzlich vor, ebenso besondere gesetzliche Verwendungsregeln (zB § 35 SGB X; § 4 MRRG; § 16 BStatG; § 30 AO). Die zum 5.2.2016 im neuen Abs. 4 eingeführten Regelungen sollen **Integrationsbemühungen** fördern (→ Rn. 1) und verfolgen damit einen in jeder Hinsicht legitimen Zweck. Die am 17.3.2016 flankierend zum Asylpaket II neu eingeführten **Unterrichtungspflichten nach Abs. 1a** zielen va auf den Ausschluss des internationalen Schutzes bei entsprechenden Straftätern aufgrund der neuen § 60 VIII 3 AufenthG bzw. § 3 IV ab, sowie ggf. auf eine Ausweisung hinsichtlich der neuen § 54 I Nr. 1a bzw. § 54 II Nr. 1a AufenthG. Sie richten sich im Wesentlichen an die **Staatsanwaltschaft,** der nach den §§ 151 ff. StPO die Einleitung eines Strafverfahrens bzw. die Erhebung der öffentlichen Klage obliegt. Erwartet die Staatsanwaltschaft eine Freiheitsstrafe von mindestens drei Jahren oder klagt sie an wegen Straftaten gegen das Leben, die körperliche Unversehrtheit, die sexuelle Selbstbestimmung bzw. § 177 StGB, das Eigentum oder wegen Widerstands gegen Vollstreckungsbeamte, hat sie dies **unaufgefordert** und **unverzüglich,** dh ohne schuldhaftes Zögern, dem BAMF zu melden, damit dieses diese Umstände vor allem im Asylverfahren verwerten und ggf. mit der Verbescheidung des Asylantrags gemäß § 31 zuwarten kann. Aus diesem Grund muss die Staatsanwaltschaft dem BAMF nach Abs. 1a Nr. 3 auch eine entsprechende Erledigung eines Strafverfahrens melden. Die durch das IntG geschaffene **Unterrichtungsmöglichkeit nach Abs. 1b** wohl idR durch ein Landesinnen- oder Sozialministerium bzgl. personenbezogener Informationen über körperliche, seelische, geistige oder Sinnesbeeinträchtigungen eines Ausländers soll der Beschleunigung der Asylverfahren behinderter Flüchtlinge insbesondere durch Organisation entsprechender Anhörungen dienen. Insbesondere die Löschungsanordnung in S. 2 der Regelung ist aufgrund der Sensibilität solcher Daten ernst zu nehmen. Die durch das Gesetz zur besseren Durchsetzung der Ausreisepflicht zum 29.7.2017 in **Abs. 1c eingeführte Datenweitergabepflicht bzgl. Reisen in das Herkunftsland** darf vom BAMF gemäß S. 2 der Norm ausschließlich für die Prüfung genutzt werden, ob die Voraussetzungen für Widerruf oder Rücknahme der Asylberechtigung oder des internationalen Schutzes gegeben sind. Wird hiergegen verstoßen, macht dies anderweitig getroffene Regelungen nach dem Rechtsgedanken der „fruit of the poisonous tree"-Doktrin materiell rechtswidrig[22].

Die seit 1.7.1993 geltende Erweiterung des Abs. 3 S. 1–2 soll primär der Ahndung und Bekämpfung **6** **unberechtigten Leistungsbezugs** und der Abwehr von **Gesundheitsgefahren** dienen[23]. Die Erweiterung in Abs. 3 S. 1 Nr. 4 durch das Gesetz zur besseren Durchsetzung der Ausreisepflicht 2017 stellt eine Reaktion auf einen fehlgeschlagenen Sprengstoffanschlag dar[24] und dient der Abwehr **islamistischer Gefahren** für die Gesellschaft. Der durch das AsylVfBeschlG 2015 neu eingeführte Abs. 3 S. 3 soll der raschen **Integration in den Arbeitsmarkt** dienen, soweit Geduldete bzw. Gestattete eine „hohe Bleibeperspektive" aufweisen, was dem BAMF einen an der aktuellen Anerkennungspraxis orientierten Ermessensspielraum einräumt (→ Rn. 1). In dem seit 1.6.1997 geltenden Abs. 2a sind Mitteilungspflichten iRd **Durchführung des AsylbLG** geregelt, die zuvor zT in Abs. 3 S. 2 erfasst waren. Ziel ist eine wirksamere Kontrolle des unberechtigten Leistungsbezugs[25], die ohne der beim BAMF und Ausländerbehörde vorhandenen Kenntnisse über Tatbestandsvoraussetzungen für AsylbLG-Leistungen nicht erreicht werden kann.

Voraussetzung für **Abs. 3** ist immer die Erhebung der Daten nach dem AsylG, eine Erhebung nach **7** anderen Gesetzen, insbesondere nach §§ 86 ff. AufenthG genügt nicht für eine Übermittlung und Verwendung unter den besonderen Voraussetzungen des Abs. 3. Die Übermittlung an eine OWiG-Behörde ist nur auf deren Ersuchen hin zulässig, die Übermittlung an Sozialleistungs- und Sozialversicherungsträger nur bei Vorliegen tatsächlicher Anhaltspunkte für einen unberechtigten Leistungsbezug. Hierauf kann aus der Stellung mehrerer Asylanträge durch eine Person allein noch nicht geschlossen werden. Einmal kann es sich um einen Folge- oder einen Zweitantrag handeln, und zum anderen muss zumindest die Inanspruchnahme von Leistungen überhaupt festgestellt sein.

Für die Übermittlung von Daten zum Zwecke der **Gefahrenprävention oder Strafverfolgung** ist **8** nach deren Herkunft und Inhalt zu differenzieren. Stammen die Angaben vom Asylbewerber selbst, hat er sie freiwillig gemacht und ist er mit deren Weitergabe einverstanden, bestehen keine Bedenken. Ebenso verhält es sich, wenn die Daten aus anderer Quelle bekannt geworden sind. Problematisch erscheint die Übermittlung von Daten, die bei Schilderung des Verfolgungsschicksals entsprechend §§ 15, 25 angefallen sind; denn damit wird die Selbstbezichtigung der Begehung von Straftaten unmittelbar für Strafverfolgungszwecke genutzt[26]. Der BGH hat zwar die Übermittlung von Angaben

---

[20] → § 7 Rn. 6; ebenso *Marx* § 8 Rn. 3.
[21] *Weichert* InfAuslR 1993, 385.
[22] So auch VG Lüneburg Urt. v. 21.12.2016 – 5 A 1/16, ZD 2017, 199; aA BGH Urt. v. 15.5.2018 – VI ZR 233/17, ZD 2018, 422.
[23] BT-Drs. 12/4450, 16.
[24] → Rn. 1.
[25] Dazu *Deibel* ZAR 1998, 28; *Streit/Hübschmann* ZAR 1998, 266.
[26] GK-AsylVfG § 8 Rn. 34 f.; *Marx* § 8 Rn. 8; *Weichert* InfAuslR 1993, 385; aA *Hailbronner* AsylG § 8 Rn. 25.

über den Reiseweg im Asylverfahren für ein Strafverfahren wegen illegaler Einreise gebilligt, weil die Interessenabwägung in diesem Fall zugunsten der Sachaufklärung im Strafverfahren ausfiel[27]. Diese Abwägung kann aber ein Verwertungsverbot rechtfertigen, wenn dem Asylbewerber nicht nur die Überstellung an einen sicheren Drittstaat droht, sondern die Anerkennung als politisch Verfolgter auf dem Spiel steht, er also zB vor die Wahl gestellt ist, zur Begründung des Asylbegehrens die Begehung von Straftaten im Heimatstaat einzuräumen oder ohne diese Angaben abgelehnt und in den Verfolgerstaat abgeschoben zu werden.

9   Andere gesetzliche Vorschriften, die **unberührt** bleiben, finden sich zB in den allgemeinen Vorschriften über die Aufgaben der Geheimdienste. Ob hierauf die Abgabe von Akten oder Aktenauszügen über Asylbewerber an Verfassungsschutz, BND oder dem MAD bspw. im Wege der Spontanübermittlung gem. § 18 BVerfSchG gestützt werden kann, ist indes höchst fraglich, zumal die Gefahr der Weitergabe an Stellen des Verfolgerstaats besteht[28].

§ 9 Hoher Flüchtlingskommissar der Vereinten Nationen

(1) **¹Der Ausländer kann sich an den Hohen Flüchtlingskommissar der Vereinten Nationen wenden. ²Dieser kann in Einzelfällen in Verfahren beim Bundesamt Stellung nehmen. ³Er kann Ausländer aufsuchen, auch wenn sie sich in Gewahrsam befinden oder sich im Transitbereich eines Flughafens aufhalten.**

(2) **Das Bundesamt übermittelt dem Hohen Flüchtlingskommissar der Vereinten Nationen auf dessen Ersuchen die erforderlichen Daten zur Erfüllung seiner Aufgaben nach Artikel 35 des Abkommens über die Rechtsstellung der Flüchtlinge.**

(3) **Entscheidungen über Asylanträge und sonstige Angaben, insbesondere die vorgetragenen Verfolgungsgründe, dürfen, außer in anonymisierter Form, nur übermittelt werden, wenn sich der Ausländer selbst an den Hohen Flüchtlingskommissar der Vereinten Nationen gewandt hat oder die Einwilligung des Ausländers anderweitig nachgewiesen ist.**

(4) **Die Daten dürfen nur zu dem Zweck verarbeitet werden, zu dem sie übermittelt wurden.**

(5) **Die Absätze 1 bis 4 gelten entsprechend für Organisationen, die im Auftrag des Hohen Flüchtlingskommissars der Vereinten Nationen auf der Grundlage einer Vereinbarung mit der Bundesrepublik Deutschland im Bundesgebiet tätig sind.**

I. Entstehungsgeschichte

1   Abs. 1 geht auf § 41 AuslG 1965 und § 24 AsylVfG 1982[1] zurück. Die Vorschrift stimmte zunächst im Wesentlichen mit dem **Gesetzesentwurf 1992**[2] überein. Auf Veranlassung des Bundestag-Innenausschusses wurde die Übermittlung, die nach dem Gesetzesentwurf nur Personalien und Verfahrensstand betreffen sollte, auf Entscheidungen und deren Gründe ausgedehnt; gleichzeitig wurde die Übermittlung anonymisierter Verfolgungsgründe allgemein zugelassen[3]. Im Hinblick auf die in Art. 21 VerfahrensRL 2005/85/EG geregelte Rolle des UNHCR im Asylverfahren fasste das **RLUmsG 2007** Abs. 1 S. 2 und 3, Abs. 2 und Abs. 3 teilweise neu und fügte Abs. 5 an. Der Gesetzgeber begründete dies wie folgt[4]: „**Abs. 1** stellt klar, dass der Hohe Flüchtlingskommissar in Asylverfahren Stellungnahmen abgeben kann. Darüber hinaus ist festgelegt, dass ihm auch dann Zugang zu Asylbewerbern gewährt werden muss, wenn diese sich in Gewahrsam befinden oder ihr Antrag im Flughafenverfahren geprüft wird. **Abs. 2** regelt die allgemeinen Übermittlungspflichten des BAMF im Rahmen der Zusammenarbeit nach Art 35 des Abkommens über die Rechtsstellung der Flüchtlinge. Dies betrifft in erster Linie die Übermittlung statistischer Angaben, Gesetzesvorschriften und anderer nichtpersonenbezogener Informationen (vgl. Art. 35 Nr. 2 des Abkommens). Für die Übermittlung von Informationen über einzelne Asylanträge ist Abs. 3 zu beachten. **Abs. 3** legt fest, dass Entscheidungen über Asylanträge grundsätzlich nur dann an den Hohen Flüchtlingskommissar weitergegeben werden können, wenn der Asylbewerber zugestimmt hat oder wenn die Entscheidung keine Rückschlüsse auf einen bestimmten Asylbewerber zulässt. Entsprechendes gilt für sonstige Angaben mit Personenbezug. Die Regelung entspricht Art. 21 Abs. 1 Buchst. b der Verfahrens-RL. Mit dem neuen **Abs. 5** wird Art. 21 Abs. 2 der Verfahrens-RL umgesetzt, der vorsieht, dass der Hohe Flüchtlingskommissar die Wahrnehmung seiner Aufgaben nach Art. 35 des Abkommens auch auf andere Organisationen übertragen kann, sofern eine entsprechende Vereinbarung zwischen dem Mitgliedstaat und dem Hohen

---

[27] BGH Beschl. v. 15.12.1989 – 2 StR 167/89, NJW 1990, 1426.
[28] GK-AsylVfG § 8 Rn. 46 ff.; *Hailbronner* AsylG § 8 Rn. 27.
[1] BT-Drs. 9/875, 7.
[2] BT-Drs. 12/2062, 6.
[3] BT-Drs. 12/2817, 12.
[4] BT-Drs. 16/5065, 214.

Flüchtlingskommissar besteht." Die Richtlinienumsetzungsgesetze 2011 und 2103 sowie die Asylpakete und das IntG 2016 haben keine Änderungen vorgenommen. § 9 ist **europarechtskonform** und entspricht insbesondere Art. 29 Asylverfahrens-RL[5]. Durch das 2. DSAnpUG EU vom 20.11.2019, BGBl. I S. 1626, wurde in Abs. 2 das Wort „Information" durch „Daten" sowie in Abs. 4 das Wort „verwendet" durch „verarbeitet" ersetzt, zur Anpassung an die in der VO (EU) 2016/679 verwendeten Begrifflichkeiten (vgl. BT-Drs. 19/4674, 271), was materiellrechtlich keine wesentliche Änderung bedeutet.

II. Allgemeines

UNHCR überwacht als **Einrichtung der UN** seit 1949 die Durchführung der Bestimmungen der GK; die Vertragsstaaten der GK haben sich dazu verpflichtet, ihn dabei zu unterstützen und ihm die erforderlichen Auskünfte zu erteilen (Art. 35f GK). Zu den Aufgaben von UNHCR gehört ua, den Rechtsschutz für Flüchtlinge sicherzustellen (Art. 1, 8 UNHCR-Statut)[6]. Das **Exekutivkomitee** des Programms von UNHCR unterstützt ihn mit allgemeinen Beschlüssen zur Auslegung und Anwendung der GK[7]. Die Kriterien zur Feststellung der **Flüchtlingseigenschaft** hat UNHCR in einem Handbuch (erschienen 1979/2003) zusammengestellt[8]. UNHCR unterhält in Deutschland zwei Dienststellen[9].

III. Verbindungsaufnahme mit UNHCR

UNHCR steht ein **Mitwirkungsrecht** an Asylverfahren aufgrund der GK nicht zu. Er wird üblicherweise wie andere Einrichtungen, Verbände ua an der Vorbereitung von Gesetzen im Bereich des Flüchtlingsrechts beteiligt[10]. Ein allgemeines Recht zur Teilnahme an einzelnen Verfahren ist ihm auch nach innerstaatlichem Recht nicht eingeräumt. UNHCR erhält allerdings Informationen nach Abs. 2–4, und Vertreter von UNHCR können an der nichtöffentlichen **Anhörung** beim BAMF teilnehmen (§ 25 VI 1).

Der Asylbewerber kann sich iÜ **an UNHCR wenden.** Mit UNHCR sind dessen Dienststellen in Deutschland[11] gemeint. Eine aktive Unterstützung durch deutsche Behörden ist nicht verlangt; dies war auch nach § 24 AsylVfG 1982 trotz dessen Fassung („[…] ist Gelegenheit zu geben […]") nicht notwendig. Andererseits hat aber jede Art von Behinderung zu unterbleiben. Sonst wäre die Erfüllung des Auftrags von UNHCR ebenso behindert wie die Inanspruchnahme von Hilfe zum Rechtsschutz durch den Flüchtling. Die Möglichkeit, sich lediglich schriftlich an UNHCR zu wenden oder zB telefonisch Verbindung mit ihm aufzunehmen, wird uU den Aufgaben von UNHCR und dem Schutzanliegen des Flüchtlings nicht gerecht. Falls ein Vertreter von UNHCR an der Anhörung teilnimmt (§ 25 VI 1), besteht dort Gelegenheit zur Kontaktaufnahme. Darüber hinaus kann im Einzelfall Anlass dazu bestehen, dem Asylbewerber das Aufsuchen des Amts von UNHCR zu ermöglichen. Zu diesem Zweck soll ihm das Verlassen des Aufenthaltsbezirks erlaubt werden (§§ 57 II, 58 II).

Begünstigt ist jeder Ausländer, der um Asyl bzw. internationalen Schutz nachsucht[12]; ein Asylantrag iSd § 14 I ist nicht vorausgesetzt. Gleichgültig ist insbesondere, ob etwa nur die Flüchtlingsanerkennung oder auch die Asylanerkennung beantragt wird. Familienangehörige sind nur dann berechtigt, wenn sie selbst Asyl begehren oder sonst um Schutz nachsuchen. Die Annahme als Mandatsflüchtling durch UNHCR bindet deutsche Behörde nicht, führt jedoch zur Gewährung von Rechtsschutz durch UNHCR.

---

[5] Art. 29 lautet: „(1) Die Mitgliedstaaten gewähren dem UNHCR: a) Zugang zu Antragstellern, auch zu denen, die sich in Gewahrsam, an der Grenze oder in Transitzonen befinden; b) Zugang zu Informationen über einzelne Anträge auf internationalen Schutz, über den Verlauf des Verfahrens und die erlassenen Entscheidungen, sofern der Antragsteller dem zustimmt; c) die Möglichkeit zur Stellungnahme zu einzelnen Anträgen auf internationalen Schutz in jedem Verfahrensabschnitt bei jeder zuständigen Behörde in Ausübung der Überwachungsbefugnisse nach Art. 35 der GFK. (2) Abs. 1 findet auch auf eine Organisation Anwendung, die im Hoheitsgebiet des betreffenden Mitgliedstaats im Auftrag des UNHCR auf der Grundlage einer Vereinbarung mit diesem Mitgliedstaat tätig ist."
[6] Dazu allg. v. Glahn, Der Kompetenzwandel internationaler Flüchtlingsorganisationen, 1992; Nicolaus ZAR 1991, 113; Türk, Das Flüchtlingskommissariat der Vereinten Nationen, 1992.
[7] Zusammenstellung in UNHCR, Die Beschlüsse des Exekutivkomitees, 1989 ff.
[8] Abrufbar unter http://www.unhcr.de/fileadmin/unhcr_data/pdfs/rechtsinformationen/417.pdf.
[9] UNHCR-Regionalvertretung für Deutschland, Österreich und die Tschechische Republik, Büro Berlin: Wallstraße 9–13, 10173 Berlin, Tel.: 030–202 202 00; Fax: 030–202 202 20, E-Mail: gfrbe@unhcr.org; Büro Nürnberg: Frankenstraße 210, 90 461 Nürnberg, Tel.: 0911-44 21 00, Fax: 0911-44 21 80, E-Mail: gfrnu@unhcr.org.
[10] Koisser/Nicolaus ZAR 1991, 9.
[11] Dazu auch → Rn. 2.
[12] Vgl. § 13.

IV. Datenübermittlung an UNHCR

6 Die erstmals zum 1.7.1992 in Kraft gesetzten und mit dem RLUmsG 2007 novellierten Regelungen über Datenübermittlung vom BAMF an UNHCR und den Verwendungsschutz (Abs. 2–4) dienen neben der Umsetzung von **Art. 21 II Asylverfahrens-RL aF**[13] teilweise auch der Ausführung von **Art. 35 GK**. Sie enthalten aber insbesondere keine Vorschriften über die Löschung der Daten nach Zweckerfüllung und über die Auskunft an den Betroffenen. Sie betreffen auch nicht die Informationen, die UNHCR durch eine Verbindungsaufnahme nach Abs. 1 oder durch Teilnahme an einer Anhörung nach § 25 VI 1 erhält.

7 Mit den **Einschränkungen** nach Abs. 2–4 entspricht das Gesetz im Wesentlichen dem schon früher praktizierten Unterrichtungsverfahren. Die UNHCR übertragene Überwachungsaufgabe hinsichtlich der Durchführung der GK (Art. 35 I, II GK) wäre erheblich erschwert worden, wenn die ursprünglich vorgesehenen Beschränkungen[14] eingeführt worden wären.

8 **Datenschutzgründe** stehen der Regelübermittlung der vorgetragenen Asylgründe nicht entgegen, weil ihre Verwendung eng begrenzt ist und eine zweckwidrige Verwendung durch UNHCR hinreichend sicher ausgeschlossen erscheint. Zumindest gilt dies für eine anonymisierte Mitteilung von Daten über Person und Fluchtgründe der Asylbewerber und außerdem bei Kontaktaufnahme durch den Asylbewerber selbst oder bei dessen Zustimmung. Eine generelle Einwilligung sieht das Gesetz nicht vor, sie kann aber jeweils bei Antragstellung eingeholt werden, und zwar auch formularmäßig. Freiwilligkeit muss allerdings durch eine entsprechende Belehrung sichergestellt sein.

§ 10 Zustellungsvorschriften

(1) Der Ausländer hat während der Dauer des Asylverfahrens vorzusorgen, dass ihn Mitteilungen des Bundesamtes, der zuständigen Ausländerbehörde und der angerufenen Gerichte stets erreichen können; insbesondere hat er jeden Wechsel seiner Anschrift den genannten Stellen unverzüglich anzuzeigen.

(2) ¹Der Ausländer muss Zustellungen und formlose Mitteilungen unter der letzten Anschrift, die der jeweiligen Stelle auf Grund seines Asylantrags oder seiner Mitteilung bekannt ist, gegen sich gelten lassen, wenn er für das Verfahren weder einen Bevollmächtigten bestellt noch einen Empfangsberechtigten benannt hat oder diesen nicht zugestellt werden kann. ²Das Gleiche gilt, wenn die letzte bekannte Anschrift, unter der der Ausländer wohnt oder zu wohnen verpflichtet ist, durch eine öffentliche Stelle mitgeteilt worden ist. ³Der Ausländer muss Zustellungen und formlose Mitteilungen anderer als der in Absatz 1 bezeichneten öffentlichen Stellen unter der Anschrift gegen sich gelten lassen, unter der er nach den Sätzen 1 und 2 Zustellungen und formlose Mitteilungen des Bundesamtes gegen sich gelten lassen muss. ⁴Kann die Sendung dem Ausländer nicht zugestellt werden, so gilt die Zustellung mit der Aufgabe zur Post als bewirkt, selbst wenn die Sendung als unzustellbar zurückkommt.

(3) ¹Betreiben Familienangehörige im Sinne des § 26 Absatz 1 bis 3 ein gemeinsames Asylverfahren und ist nach Absatz 2 für alle Familienangehörigen dieselbe Anschrift maßgebend, können für sie bestimmte Entscheidungen und Mitteilungen in einem Bescheid oder einer Mitteilung zusammengefasst und einem Familienangehörigen zugestellt werden, sofern er volljährig ist. ²In der Anschrift sind alle volljährigen Familienangehörigen zu nennen, für die die Entscheidung oder Mitteilung bestimmt ist. ³In der Entscheidung oder Mitteilung ist ausdrücklich darauf hinzuweisen, gegenüber welchen Familienangehörigen sie gilt.

(4) ¹In einer Aufnahmeeinrichtung hat diese Zustellungen und formlose Mitteilungen an die Ausländer, die nach Maßgabe des Absatzes 2 Zustellungen und formlose Mitteilungen unter der Anschrift der Aufnahmeeinrichtung gegen sich gelten lassen müssen, vorzunehmen. ²Postausgabe- und Postverteilungszeiten sind für jeden Werktag durch Aushang bekannt zu machen. ³Der Ausländer hat sicherzustellen, dass ihm Posteingänge während der Postausgabe- und Postverteilungszeiten in der Aufnahmeeinrichtung ausgehändigt werden können. ⁴Zustellungen und formlose Mitteilungen sind mit der Aushändigung an den

---

[13] Art. 21 lautet: „(1) Die Mitgliedstaaten gewähren dem UNHCR: a) Zugang zu Asylbewerbern, auch zu denen, die sich im Gewahrsam oder in der Transitzone eines Flughafens oder Hafens befinden; b) Zugang zu Angaben über Einzelanträge, den Verlauf des Verfahrens und die erlassenen Entscheidungen, sofern der Asylbewerber dem zustimmt; c) die Möglichkeit zur Stellungnahme zu Einzelanträgen in jedem Verfahrensabschnitt bei jeder zuständigen Behörde in Ausübung der Überwachungsbefugnisse nach Art. 35 GK. (2) Abs. 1 findet auch auf eine Organisation Anwendung, die im Hoheitsgebiet des betreffenden Mitgliedstaats im Auftrag des UNHCR auf der Grundlage einer Vereinbarung mit dem Mitgliedstaat tätig ist."

[14] Dazu BT-Drs. 12/2062, 6, 29.

Ausländer bewirkt; im Übrigen gelten sie am dritten Tag nach Übergabe an die Aufnahmeeinrichtung als bewirkt.

(5) Die Vorschriften über die Ersatzzustellung bleiben unberührt.

(6) ¹Müsste eine Zustellung außerhalb des Bundesgebiets erfolgen, so ist durch öffentliche Bekanntmachung zuzustellen. ²Die Vorschriften des § 10 Abs. 1 Satz 2 und Abs. 2 des Verwaltungszustellungsgesetzes finden Anwendung.

(7) Der Ausländer ist bei der Antragstellung schriftlich und gegen Empfangsbestätigung auf diese Zustellungsvorschriften hinzuweisen.

Übersicht

	Rn.
I. Entstehungsgeschichte	1
II. Allgemeines	3
III. Mitwirkungspflichten	5
IV. Vereinfachte Zustellung oder Mitteilung	10
1. Allgemeines	10
2. Zustellung oder Mitteilung an Bevollmächtigte	12
3. Besondere Arten der Zustellung oder Mitteilung	15
V. Belehrungspflicht	25

I. Entstehungsgeschichte

Die Vorschrift geht auf § 17 AsylVfG 1982 zurück, der damals im Wesentlichen dem **Gesetzesentwurf 1982** (§ 12)[1] entsprach. Damit stimmte sie ursprünglich entsprechend dem **Gesetzesentwurf 1992**[2] größtenteils überein. Auf Vorschlag des Bundestag-Innenausschusses wurde allerdings Abs. 1 dahin geändert, dass nicht die Mitteilungen aller mit dem Gesetz betrauter Behörden erfasst sind[3]. MWv 1.7.1993 wurden aufgrund des **Gesetzesentwurf es1993**[4], abgeändert durch den Bundestag-Innenausschuss[5], in Abs. 1 die S. 2 und 3 und außerdem die neuen Abs. 3–5 eingefügt (Art. 1 Nr. 3 **AsylVfÄndG 1993**). Die RichtlinienumsetzungsG 2007 und 2011 hatten keine Änderungen vorgenommen. Durch Art. 1 Nr. 12 **RLUmsG 2013** wurde die Vorschrift mWz 1.12.2013 in Abs. 3 S. 1 teilweise neu gefasst, dh, die ursprünglichen Satzteile „Betreiben Eltern oder Elternteile mit ihren minderjährigen ledigen Kindern oder Ehegatten jeweils" bzw. „einem Ehegatten oder Elternteil zugestellt" wurden umformuliert in „Betreiben Familienangehörige im Sinne des § 26 Absatz 1 bis 3" bzw. „einem Familienangehörigen zugestellt werden, sofern er das 18. Lebensjahr vollendet hat". Das RLUmsG 2013 hat den Personenkreis der Familienangehörigen in § 26 insbesondere bezüglich Lebenspartnern erweitert.

Wie schon der Entwurf[6] eines „Gesetzes zur Verbesserung der Unterbringung, Versorgung und Betreuung ausländischer Kinder und Jugendlicher" vorsah, wurde Abs. 3 schließlich durch das **AsylVfBeschlG 2015** wie folgt geändert: In S. 1 wurden die Wörter „das 18. Lebensjahr vollendet hat" durch die Wörter „volljährig ist" ersetzt. In S. 2 wurde Folgendes geändert: Nach dem Wort „alle" wurde das Wort „volljährigen" eingefügt; die Wörter „die das 16. Lebensjahr vollendet haben und" wurden gestrichen. Denn ebenso wie im entsprechend geänderten § 12 AsylG und § 80 AufenthG soll die Fähigkeit zur Vornahme von Verfahrenshandlungen nicht mehr bereits mit Vollendung des 16. Lebensjahres, sondern **erst mit Volljährigkeit** bestehen. Der Gesetzgeber begründete dementsprechend[7]: „Bei der Änderung handelt es sich um eine Folge der Anhebung des Alters, ab dem eine Person im Asylverfahren handlungsfähig ist."

II. Allgemeines

Die **Sonderregeln** über besondere Mitwirkungspflichten im behördlichen und gerichtlichen Verfahren und über vereinfachte Zustellungen sowie Mitteilungen weichen von den allgemein hierfür geltenden Bestimmungen (vgl. § 41 VwVfG; VwZG des Bundes und der Länder; § 56 VwGO) erheblich ab. Die Verletzung von Mitwirkungspflichten ermöglicht die Anwendung spezieller Zustellungsarten, vorausgesetzt ist aber eine besondere Belehrung des Ausländers hierüber. Unberührt bleiben die Pflichten zur Mitwirkung nach §§ 15, 47 III und die Sonderbestimmungen über Zustel-

---

[1] BT-Drs. 9/875, 5.
[2] BT-Drs. 12/2062, 6.
[3] BT-Drs. 12/2817, 12, 60.
[4] BT-Drs. 12/4450, 5.
[5] BT-Drs. 12/4984, 10.
[6] Entwurf v. 9.6.2015: www.afet-ev.de/aktuell/aus_der_republik/2015/Gesetzentwurf_BMFSFJ_UMF_10.6.2015.pdf.
[7] BT-Drs. 18/6185, 47.

lungen in §§ 18a III 3, 31 I, 36 III 9, 50 V. Für Abs. 2 S. 2 und 3, Abs. 3 und 4 gilt die **Übergangsvorschrift** des § 87a II Nr. 1, die heute kaum mehr praktische Relevanz hat.

4   Die Sonderstellung der Vorschrift ist im Zusammenhang mit der verfassungsrechtlichen Verpflichtung zu sehen, auch Ausländer **rechtlich Gehör** und **effektiven Rechtsschutz** zu gewährleisten (Art. 16a, 19 IV, 103 I GG). Eine vom allgemeinen Verfahrensrecht (VwZG des Bundes und der Länder, §§ 180 ff. ZPO) abweichende Behandlung erscheint zweckmäßig und auch gerechtfertigt, weil den Ausländer ausreichende Kenntnisse über das deutsche Verfahrensrecht und die Restriktionen des AsylG (kurze Fristen, Rechtsmittelbeschränkungen) meist fehlen und gerade die Flüchtlinge wegen der ungesicherten Wohnverhältnisse (Aufnahmeeinrichtung, Gemeinschaftsunterkunft, Wechsel während des Verfahrens) oft für Behörden, Gerichte und Bevollmächtigte nur schwer zu erreichen sind. Die Sonderregelungen sind insgesamt verfassungsrechtlich nicht zu beanstanden[8], erscheinen aber angesichts der beinahe perfekten Betreuung und Beaufsichtigung der Asylbewerber und eines umfassenden behördlichen Meldesystems eher wie ein „Offenbarungseid des modernen Verwaltungsstaats"[9].

III. Mitwirkungspflichten

5   Die Sonderregeln über besondere Mitwirkungspflichten[10] **gelten** nur für das Verfahren nach dem AsylG und nur für BAMF, Ausländerbehörde und Asylgericht. Sie sind also nicht anwendbar auf Auslieferungs- oder Strafverfahren und auf ausländerrechtliche Verfahren (iÜ vgl. § 15 VwZG) sowie im Verhältnis zu anderen Behörden oder Stellen, zB Grenzbehörden, Polizei, Aufnahmeeinrichtungen, Verteilungsbehörden. Die ursprünglich vorgeschlagene Ausdehnung auf alle mit der Ausführung des AsylG betrauten Behörden (§ 10 I Gesetzesentwurf 1992)[11] wurde als zu weitgehend erachtet[12]. Die Beschränkung auf das **Asylverfahren** ergibt sich aus dem Regelungsgegenstand des AsylG und den entsprechend einengenden Formulierungen in Abs. 1 und 3, die den Anwendungsbereich nicht nur zeitlich, sondern auch gegenständlich auf das asylrechtliche Verfahren begrenzen[13]. Hätten alle Maßnahmen während des Asylverfahrens für und gegen Asylbewerber, also zB auch Ausweisungen nach allgemeinem Ausländerrecht, gemeint sein sollen, wäre statt der Aufzählung in Abs. 1 eine § 52 Nr. 2 S. 3 VwGO ähnliche Beschreibung angezeigt gewesen. Außer Asyl- und Flüchtlingsanerkennung und den damit verbundenen Maßnahmen des BAMF und der zuständigen Ausländerbehörde gehört ua auch das Verfahren über Widerruf oder Rücknahme dazu. „Während der Dauer des Asylverfahrens" ist dahin zu verstehen, dass die Zeit bis zur endgültigen Abwicklung des Asylverfahrens einschließlich Folge- und Zweitantragsverfahren gemeint ist[14], also entweder bis zur Erfüllung der Ausreisepflicht im Ablehnungsfall oder bis zur Rechtskraft der Asylanerkennung oder nach Flüchtlingsanerkennung bis zum Entstehen des Anspruchs auf eine Aufenthaltserlaubnis nach § 25 I oder II AufenthG. Trotz der insoweit offenen Formulierung „eines angerufenen Gerichts" ist nur das Asylgericht iSd § 52 Nr. 2 S. 3 VwGO gemeint, das im Anschluss an BAMF oder Ausländerbehörde tätig wird. Die Beschränkung auf das Verhältnis zwischen Asylbewerber und BAMF oder Ausländerbehörde sollte nicht im Falle eines Rechtsstreits betreffend das Verhältnis zu anderen Behörden durchbrochen werden[15]. Erfasst ist also durch Abs. 1 zB nicht das VG, das über einen Zuweisungsstreit zwischen Asylbewerber und einer anderen als den in Abs. 1 genannten Stellen oder über die Zurückweisung durch die Grenzbehörden zu entscheiden hat[16].

6   Die Pflicht des Ausländers, **Vorkehrungen zu treffen,** damit ihn Mitteilungen (dh Zustellungen ua) der genannten Stellen jederzeit erreichen können, ist umfassend. Als (wichtiges) Beispiel ist die Pflicht zur unverzüglichen (ohne schuldhaftes Handeln) Anzeige des Wechsels der Anschrift genannt. Dazu gehören aber auch: Angabe der ersten Anschrift bei (oder nach) Stellung des Asylantrags; bei Untermiete Angabe des Namens des Hauptmieters; deutliche Namensangaben an Wohnung und Briefkasten; Nachfrage nach Post bei Heimleiter und anderen Empfangsberechtigten; Nachsendeauftrag. Während des Aufenthalts in einer Aufnahmeeinrichtung hat der Ausländer darüber hinaus die Möglichkeit der Aushändigung von Post während der dafür angesetzten Zeiten sicherzustellen (vgl. Abs. 4 und im Übrigen § 47 III). Bei Verbüßung einer mehrjährigen **Freiheitsstrafe** ist zustellungsrechtlich die bisherige Wohnung aufgegeben[17]. Ist eine genaue Anschrift nicht angegeben, ist unter Umständen die Pflicht aus Abs. 1 verletzt; dies rechtfertigt aber nicht die Verweigerung der Annahme

---

[8] BVerfG-K Beschl. v. 10.3.1994 – 2 BvR 2371/93, DVBl 1994, 631; Beschl. v. 8.7.1996 – 2 BvR 96/95, DVBl 1996, 1252.
[9] So *Hailbronner* AsylG § 10 Rn. 9.
[10] Zur vereinfachten Zustellung oder Mitteilung → Rn. 10, 18, 21.
[11] BT-Drs. 12/2062, 6.
[12] BT-Drs. 12/2718, 60.
[13] Zu der Ausdehnung auf weitere zuständige Stellen in Abs. 2 S. 3 seit 1.7.1993 → Rn. 10, 18, 21.
[14] *Hailbronner* AsylG § 10 Rn. 14 ff.
[15] *Hailbronner* AsylG § 10 Rn. 32.
[16] Zur Ausdehnung der Zustellungsvereinfachung auf andere öffentliche Stellen seit 1.7.1993 vgl. jedoch → Rn. 10, 18, 21.
[17] BVerwG Beschl. v. 4.7.1983 – 9 B 10 275.83, InfAuslR 1984, 90.

eines Asylantrags[18]. Bei beharrlicher Weigerung, den Aufenthaltsort bekannt zu geben, kann jedoch das Rechtsschutzbedürfnis für Asylantrag und Rechtsverfolgung entfallen[19].

Jeder Wechsel der Anschrift ist **unverzüglich anzuzeigen**, also ohne schuldhaftes Zögern. Die 7 „unverzügliche" Anzeige liegt vor, wenn der Ausländer den Anschriftenwechsel bei den im Gesetz genannten Stellen **binnen zwei Wochen,** gerechnet ab dem tatsächlichen Umzugstag, angezeigt hat. Die Anzeige nach Abs. 1 Hs. 2 ist formlos möglich[20]. Mit Anschrift ist der Ort gemeint, an dem man tatsächlich lebt und erreichbar ist. Gewechselt ist die Wohnung erst, wenn die Erreichbarkeit berührt ist[21]. Deshalb kann die Angabe einer Korrespondenzanschrift genügen, wenn Benachrichtigung und Weitergabe der Post sichergestellt sind[22]. Ausreichen kann auch die Beauftragung einer Sozialarbeiterin[23]. Den Asylbewerber trifft jedoch eine gesteigerte Sorgfaltspflicht bei Auswahl und Kontrolle von Mittelspersonen; er allein trägt das Risiko einer unterlassenen, unvollständigen, verspäteten oder fehlgeleiteten Mitteilung.

Die Pflichten aus Abs. 1 bestehen unabhängig von der **Unterrichtung der beteiligten Behörden** 8 untereinander (zB nach § 54 Nr. 1)[24]. Eindeutig überzogen wäre jedoch eine Auslegung, die den Asylbewerber verpflichtete, den Umzug auch der diesen verfügenden Behörde mitzuteilen[25]. Soweit in der Rspr. der BVerfG-Kammer[26] dahingehende Formulierungen verwandt werden, lagen dort immer andere Fallgestaltungen zugrunde, in denen beide Behörden nicht identisch waren. Die eher programmatischen allgemeinen Aussagen waren nicht entscheidungstragend und sind wohl so zu verstehen, dass die Mitteilungspflicht auch dann gilt, wenn die beiden Behörden derselben Gebietskörperschaft angehören (Verteilungs- und Ausländerbehörde des Landes) und der Wohnungswechsel mittelbar auf der Entscheidung einer Stelle beruht, aber nicht von dieser verfügt wurde (zB BAMF in den Fällen der §§ 48 Nr. 2, 50 I 1 Nr. 1).

Die Möglichkeit einer Mitteilung an den **Bevollmächtigten** befreit nicht von den Pflichten aus 9 Abs. 1[27]. Die Bestellung eines Bevollmächtigten steht der Anwendung der Zustellungserleichterungen des Abs. 2 S. 1 entgegen, befreit aber nicht von den allgemeinen Mitteilungspflichten. Eine andere Auslegung ginge an der Unterrichtungsfunktion der Anzeigepflicht vorbei und bedeutete reinen Formalismus[28]. Der Ausländer muss auch außerhalb von Zustellungen und Mitteilungen, die an den Bevollmächtigten zu richten sind, und für den Fall, dass das Vollmachtsverhältnis beendet wird, tatsächlich erreichbar sein. Die Beschränkung des Aufenthalts während des Verfahrens (§§ 47 ff.) lässt die gesetzliche Verpflichtung, stets erreichbar zu sein, als nicht unzumutbar erscheinen. Kurzfristige Abwesenheit schadet nicht. Bei länger andauerndem Verlassen des Aufenthaltsorts muss der Asylbewerber dafür Sorge tragen, dass ihm Mitteilungen nachgesandt oder weitergegeben werden. Für die Zuverlässigkeit beauftragter Personen hat er letztlich einzustehen (etwa bei Fristversäumnis, vgl. § 60 VwGO).

IV. Vereinfachte Zustellung oder Mitteilung

1. Allgemeines

Die Sonderregeln über vereinfachte Zustellung oder Mitteilung galten nach Abs. 1 zunächst nur für 10 einen **beschränkten Kreis** von Behörden und Gerichten (BAMF, Ausländerbehörde und Asylgericht), seit Einfügung von S. 3 in Abs. 2 (zum 1.7.1993) wirken sie aber auch zugunsten anderer öffentlicher Stellen[29]. Geblieben ist jedoch der notwendige unmittelbare zeitliche und gegenständliche Zusammenhang mit dem Asylverfahren[30]. Unter **Zustellung** ist eine besondere Form der Bekanntgabe zu verstehen, die gesetzlicher oder behördlicher Anordnung bedarf (vgl. § 1 III VwZG; § 41 V VwVfG; § 56 I VwGO; zB § 31 I) und nur in bestimmten Formen bewirkt werden kann (vgl. §§ 2 ff. VwZG): durch Post mit Zustellungsurkunde oder eingeschriebenem Brief; durch Behörden gegen Empfangsbekenntnis oder mittels Vorlegens der Urschrift; im Ausland durch ausländische Behörden der deutschen Auslandsvertretung; durch öffentliche Bekanntmachung. In Abs. 2 ist die **formlose Mitteilung**

---

[18] HessVGH Beschl. v. 16.4.1987 – 7 TG 160/87, InfAuslR 1987, 263.
[19] HessVGH Beschl. v. 8.10.1986 – 10 UE 1246/86, EZAR 630 Nr. 24; Beschl. v. 29.6.1989 – 12 TE 90/88, DVBl 1989, 1275.
[20] BVerwG Urt. v. 14.12.2021 – 1 C 40.20.
[21] *Hailbronner* AsylG § 10 Rn. 23.
[22] HessVGH Beschl. v. 28.8.1985 – 10 TH 1561/85, EZAR 226 Nr. 7.
[23] BVerfG-K Beschl. v. 8.7.1996 – 2 BvR 96/95, DVBl 1996, 1252.
[24] BVerfG-K Beschl. v. 10.3.1994 – 2 BvR 2371/93, DVBl 1994, 631; Beschl. v. 8.7.1996 – 2 BvR 96/95, DVBl 1996, 1252.
[25] *Hailbronner* AsylG § 10 Rn. 30 f.
[26] BVerfG-K Beschl. v. 10.3.1994 – 2 BvR 2371/93, DVBl 1994, 631; Beschl. v. 8.7.1996 – 2 BvR 96/95, DVBl 1996, 1252; vgl. auch HessVGH Beschl. v. 25.11.1994 – 12 UZ 2834/94, AuAS 1995, 70.
[27] HessVGH Beschl. v. 28.8.1985 – 10 TH 1561/85, EZAR 226 Nr. 7.
[28] Zur Einschaltung Dritter als Boten oder Bevollmächtigte → Rn. 7.
[29] → Rn. 4 f., 18, 21.
[30] Dazu → Rn. 5.

der Zustellung gleichgestellt. Als „formlos" ist jede Mitteilung anzusehen, die nicht der Zustellung bedarf[31].

11 Bei Verwendung der allgemeinen zugelassenen Zustellungsarten, die den besonderen vorgehen, ergeben sich wegen der in der Regel ungesicherten Lebensverhältnisse der Asylbewerber einige **Besonderheiten,** die ungeachtet des § 10 zu berücksichtigen sind. Auch in einer **Gemeinschaftsunterkunft**[32] muss in der Regel an den Adressaten persönlich zugestellt werden. Eine Ersatzzustellung an einen erwachsenen Hausgenossen oder den Hauswirt oder Vermieter oder durch Niederlegung (§ 3 III VwZG iVm §§ 181 f. ZPO; § 10 I, II VwZG) ist nur zulässig, wenn der Asylbewerber unter der angegebenen Anschrift noch wohnt[33] und trotz Suchens nicht anzutreffen ist[34]. Ausländer dürfen nicht schon wegen mangelnder Sprachkenntnisse als generell abwesend betrachtet werden; ebenso wenig befreien Schwierigkeiten bei der Personenfeststellung von der Einhaltung der gewöhnlichen Zustellungsvorschriften. Als **Hauswirt** kann nicht schon jeder Betreuer gelten[35], es sei denn, er übt Hausgewalt im Auftrag des Vermieters aus. Er muss zudem in demselben Haus wohnen (§ 11 I VwZG; § 182 II ZPO). Als **Mitbewohner** kommt eine Aufsichts- oder Betreuungsperson nur in Betracht, wenn sie in der Unterkunft nicht nur arbeitet, sondern auch wohnt. Schließlich handelt es sich bei einer Gemeinschaftsunterkunft nicht um eine **Anstalt,** für deren Insassen der Anstaltsleiter Zustellungen entgegennehmen darf. Über Niederlegung bei der Post ist der Asylbewerber ordnungsgemäß zu benachrichtigen[36].

2. Zustellung oder Mitteilung an Bevollmächtigte

12 Bei Bestellung eines **Bevollmächtigten** oder Zustellungsbevollmächtigten greifen die Sonderregeln der Abs. 2–4 und 6 nicht ein, weil dann Zustellungen und Mitteilungen zumindest auch an diese Verfahrensvertreter erfolgen können (vgl. §§ 14 III, 41 I 2 VwVfG; § 8 I 2 VwZG; § 67 III 3 VwGO). Ein Zustellungsbevollmächtigter ist nur zur Entgegennahme von Zustellungen oder Mitteilungen ermächtigt, nicht zum Einlegen von Rechtsmitteln oder zu anderen Prozesshandlungen.

13 Im Verwaltungsprozess ist die Vollmacht **schriftlich** zu erteilen (§ 67 III 1 VwGO); sie kann aus besonderem Anlass auch von Amts wegen überprüft werden[37]. Im Verwaltungsverfahren genügt die formlose Bevollmächtigung, es kann aber ein schriftlicher Nachweis verlangt werden (§ 14 I 3 VwVfG). Die Vollmacht **erlischt** erst mit wirksamer Kündigung, nicht schon mit einseitiger Niederlegung des Mandats durch den Bevollmächtigten gegenüber dem Gericht[38]. Der Widerruf wird Behörde oder Gericht gegenüber erst mit Zugang wirksam (§ 14 I 4 VwVfG).

14 Ist ein Bevollmächtigter bestellt, sollen sich BAMF oder andere Behörden an ihn wenden (§ 14 III 1 VwVfG). Soweit die Mitwirkungspflicht reicht, kann sich die Behörde an den Ausländer selbst wenden; in diesem Fall soll sie den Bevollmächtigten verständigen (§ 14 III 2, 3 VwVfG). **Zustellungen** können **an den Bevollmächtigten** gerichtet werden, nach Vorlage einer schriftlichen Vollmacht müssen sie an ihn gerichtet werden (§ 8 I 1, 2 VwZG)[39]. Im Gerichtsverfahren sind nach Bestellung eines Bevollmächtigten alle Zustellungen oder Mitteilungen des Gerichts an diesen zu richten (§ 67 III 3 VwGO; § 8 IV VwZG); bei Anordnung des persönlichen Erscheinens des Ausländers ist die Ladung (auch) ihm zuzustellen.

3. Besondere Arten der Zustellung oder Mitteilung

15 Ist ein Bevollmächtigter oder Zustellungsbevollmächtigter nicht bestellt oder kann diesem nicht zugestellt werden, sieht das Gesetz **mehrere Sonderregeln** für die Zustellung vor. Die Abs. 2–4 und 6 gelten allesamt nur für diesen Fall, auch wenn diese Bedingung nur in Abs. 2 ausdrücklich genannt ist[40]. Diese Zustellungsarten sind nicht obligatorisch; ihnen geht der allgemeine Grundsatz vor, dass an jedem Ort zugestellt werden kann, an dem der Ausländer angetroffen wird (§ 10 VwZG). Außerdem verbleibt die Möglichkeit der Ersatzzustellung (§ 11 VwZG). Als Rechtsfolgen sind bei Abs. 2–4 ua unterschiedliche Zustellfiktionen vorgesehen.

---

[31] BT-Drs. 12/4450, 16.
[32] Betr. Aufnahmeeinrichtung vgl. → Rn. 19.
[33] BayObLG Beschl. v. 6.6.1988 – Bundesregierung 3 Z 77/88, MDR 1988, 873; OVG RhPf Urt. v. 10.2.1988 – 13 A 205/87, NVwZ 1989, 496.
[34] VGH BW Beschl. v. 5.2.1999 – A 9 S 8/99, NVwZ-Beilage 1999, 42.
[35] BVerwG Urt. v. 9.12.1985 – 9 C 14.85, NVwZ 1986, 842: nicht bloßer Angestellter.
[36] VG Gelsenkirchen Beschl. v. 31.8.2001 – 10a L 698/01, AuAS 2001, 237: bei fehlendem Hausbriefkasten ist der Beweis durch Postzustellungsurkunde widerlegt.
[37] BVerwG Beschl. v. 16.8.1983 – 1 CB 162.80, BayVBl. 1984, 57.
[38] BVerwG Beschl. v. 4.7.1983 – 9 B 10 275.83, DVBl 1984, 90.
[39] Dazu BVerwG Beschl. v. 4.7.1983 – 9 B 10 275.83, InfAuslR 1984, 90; BayObLG Beschl. v. 6.6.1988 – Bundesregierung 3 Z 77/88, MDR 1988, 873; HessVGH Beschl. v. 23.11.1988 – BPV TK 3078/87, HessVGRspr 1989, 59; Beschl. v. 20.11.1989 – 10 TH 2313/89, HessVGRspr 1991, 30; HmbOVG Urt. v. 17.12.1991 – Bf VI 35/91, NVwZ-RR 1993, 110.
[40] So auch BT-Drs. 12/4450, 17.

Zustellungsvorschriften § 10 AsylG 7

Der Ausländer muss die Zustellung oder Mitteilung an die **letzte** der jeweiligen Stelle genannten **16** **Anschrift** gegen sich gelten lassen, also nicht an eine früher genannte und unabhängig von der Richtigkeit der Meldung. Ist der jeweiligen Stelle (iSd Abs. 1) keine weitere als die im Asylantrag genannte bekannt, ist Letztere maßgeblich. In Betracht kommt für die Zustellung auch eine Anschrift, die von einer öffentlichen Stelle mitgeteilt wurde. Auf den Zweck der Mitteilung kommt es nicht an. Sie braucht insbesondere nicht zielgerichtet erfolgt sein; es genügt, wenn die Anschrift aus einem anderen Anlass angegeben wurde. Die Art der Übermittlung (schriftlich, mündlich ua) und der Aufbewahrung (Akte, EDV-Dokumentation ua) ist ebenfalls unerheblich. Entscheidend ist die (objektive) Kenntnis der Behörde oder des Gerichts. Als behördlich- oder gerichtsbekannt gelten dabei alle Daten, die in den Machtbereich der jeweiligen Stelle gelangt sind und dort noch existieren. Soweit auf eine Wohnverpflichtung abgestellt ist, handelt es sich um eine solche nach § 47 I. Soweit es auf den Ort des tatsächlichen Wohnens ankommen soll, ist darunter zwar nicht der **Wohnort** im eigentlichen Sinne zu verstehen, gleichwohl aber eine gewisse Stetigkeit zu verlangen und eine nur vorübergehende Anwesenheit zum Zwecke des Schlafens und Essens nicht ausreichend. Ob der Ausländer unter der genannten Anschrift tatsächlich gewohnt hat, die Anschrift also zutraf, ist nach Gesetzeswortlaut und -zweck unerheblich. Notwendig ist jedoch eine Übereinstimmung der aufgrund der Mitteilung einer anderen öffentlichen Stelle bekannten Anschrift mit den aktuellen Lebensverhältnissen[41]; denn das Gesetz stellt auf die Gegenwart ab, der Asylbewerber soll also erkennbar nicht das Risiko der Unrichtigkeit einer nicht von ihm stammenden Mitteilung tragen.

Kann die Sendung dem Ausländer unter keiner dieser Anschriften zugestellt werden, **gilt die** **17** **Zustellung** als mit der Aufgabe zur Post bewirkt; abzustellen ist auf den letzten (erfolglosen) Zustellungsversuch. Die Sendung ist endgültig unzustellbar, wenn keine der allgemeinen Zustellformen zum Erfolg führt[42], auch nicht die Ersatzzustellung[43]. Dies kann nur vorkommen, wenn der Asylbewerber an der zuletzt genannten Anschrift tatsächlich nicht wohnt[44]. Als „unzustellbar" kommt die Sendung auch dann zurück, wenn der „Empfänger unbekannt verzogen" oder sein „Aufenthaltsort unbekannt" ist. Die Fiktion knüpft in diesem Fall an die Aufgabe zur Post, nicht an den dritten Tag danach (wie nach § 4 I VwZG) oder an einen anderen Zeitpunkt (wie nach § Abs. 4 S. 4)[45] an, weil nicht einmal eine Ersatzzustellung möglich ist. Grundsätzlich greift die Zustellungsfiktion auch dann, wenn die letzte bekannte Anschrift nicht vom Ausländer selbst, sondern von einer öffentlichen Stelle (zB der Ausländerbehörde) mitgeteilt worden ist; dies ist europarechtskonform[46].

Seit 1.7.1993 ist die Zustellungsmöglichkeit an die letzte bekannte Anschrift auf **andere** als in Abs. 1 **18** genannte öffentliche **Stellen** ausgedehnt. In Betracht kommen ua Sozialamt, öffentliche Kassen, Polizei, Staatsanwaltschaft und andere Gerichte als das angerufene Asylgericht. Eine Beschränkung auf mit Asylverfahren befasste Stellen lässt der Wortlaut nicht erkennen und ist iÜ auch nicht sachlich geboten[47]. Verwendet werden darf aber nur die dem BAMF aufgrund des Asylantrags bekannte oder vom Asylbewerber oder einer öffentlichen Stelle mitgeteilte Anschrift, wobei diese im letzteren Fall auch noch aktuell zutreffen muss. Die zugrundeliegende Angelegenheit braucht keine asylrechtliche zu sein, die Zustellung oder Mitteilung muss aber während des Asylverfahrens ergehen; denn diese Einschränkung der Mitwirkungspflicht nach Abs. 1 gilt auch für die nachfolgenden Zustellmodalitäten.

Die Erleichterungen und Vereinfachungen für Zustellungen oder Mitteilungen **in einer Aufnah-** **19** **meeinrichtung**[48] setzen die Zulässigkeit der Zustellung an diesem Ort nach Abs. 2 voraus. Die Aufnahmeeinrichtung muss eine danach maßgebliche Anschrift darstellen. Die Fortdauer der Wohnverpflichtung ist also nicht erforderlich, wenn danach keine Anschrift mehr mitgeteilt worden ist. Indem die Aufnahmeeinrichtung zur Vornahme von Zustellungen oder Mitteilungen verpflichtet wird, wird sie als **Übermittler** in den Zustellungsvorgang eingeschaltet. Sie wird damit weder zum Absender noch zum Empfänger. Die mit dem Gesetzesentwurf vorgesehene Empfangsberechtigung des Leiters der Aufnahmeeinrichtung mit dem Recht zur Unterbevollmächtigung[49] wurde zu Recht wegen erheblicher Bedenken gegen diese Konstruktion nicht eingeführt.

Mit den vom Gesetz vorgesehenen Vorkehrungen für Zustellungen in Aufnahmeeinrichtungen soll **20** die Möglichkeit der Kenntnisnahme gewährleistet werden, verlässlich sind aber die vorgeschriebenen Modalitäten nicht. Sie können in vielen Fällen nur die Fiktion einer Kenntnisnahme begründen. Die **Bekanntgabe** der Ausgabezeiten durch Aushang muss deutlich und unmissverständlich auch den Ort

---

[41] *Hailbronner* AsylG § 10 Rn. 50; BT-Drs. 12/4450, 16; insoweit abweichend noch 7. Aufl.
[42] → Rn. 10 f.
[43] Vgl. Abs. 5; BayVGH Beschl. v. 7.2.1997 – 20 AA 96.32 621, BayVBl. 1997, 411.
[44] *Hailbronner* AsylG § 10 Rn. 57.
[45] Dazu → Rn. 21.
[46] Vgl. Art 13 II lit c der AsylVerf-RL 2013/32/EU sowie BVerwG Urt. v. 20.8.2020 – 1 C 28.19.
[47] *Hailbronner* AsylG § 10 Rn. 54; aA GK-AsylG § 10 Rn. 161.
[48] Nicht auf Gemeinschaftsunterkunft anwendbar: VGH BW Beschl. v. 5.2.1999 – A 9 S 8/99, NVwZ-Beil. 1999, 42; BayVGH Urt. v. 17.9.1999 – 25 B 98.31 222, InfAuslR 1999, 532.
[49] BT-Drs. 12/4450, 3, 17.

der Ausgabe benennen. Um das Verständnis zu erleichtern, sollte sie außer in deutscher Sprache auch in gängigen Fremdsprachen erfolgen; zwingend geboten ist dies indessen nicht.

21 Die **Fiktion** der Zustellung am dritten Tag nach der Übergabe an die Aufnahmeeinrichtung (anders im Falle des Abs. 2)[50] greift stets ein, wenn eine Aushändigung – aus welchen Gründen auch immer – nicht innerhalb von drei Tagen erfolgt ist, wobei in diese Frist Samstage, Sonntage und Feiertage einzurechnen sind[51]. Wird sie während dieses Zeitraums bewirkt, ist der Zeitpunkt der Aushändigung maßgebend. Eine spätere Übergabe an den Asylbewerber setzt keine neue Frist in Gang, weil dann die Drei-Tage-Regelung vorgeht.

22 Für Schriftstücke an **Mitglieder einer Familie iSv § 26 I–III** (Ehegatten oder Lebenspartner Eltern/Elternteile mit minderjährigen ledigen Kindern oder minderjährige ledige Geschwister eines minderjährigen Asylberechtigten) sind Adressierung und Formulierung der Bescheide sowie deren Zustellung erleichtert, wobei dies nur bzgl. Zustellungspersonen gilt, die volljährig sind, dh das 18. Lebensjahr vollendet haben. Damit wird von dem sonst geltenden allgemeinen Zustellungsrecht abgewichen, das grundsätzlich die Übermittlung je eines Exemplars an jeden Adressaten verlangt. Erfasst sind nur Entscheidungen oder Mitteilungen im asylrechtlichen Verwaltungsverfahren, nicht solche im Gerichtsverfahren[52]; dafür spricht die Verwendung der Begriffe „Bescheid" und „Mitteilung". Die betroffenen Personen müssen ein gemeinsames Asylverfahren im technisch-organisatorischen Sinne betreiben (parallele Verfahren also nicht ausreichend) und über eine nach Abs. 2 maßgebliche gemeinsame Anschrift verfügen. Eine Beschränkung auf das BAMF ergibt sich weder aus dem Gesetzestext noch aus dem Regelungszusammenhang, allenfalls aus der Begründung des Gesetzesentwurfs[53]. Daher kann auch eine andere öffentliche Stelle iSd Abs. 1 und Abs. 2 S. 3 von der Vereinfachung Gebrauch machen; allerdings nur, wenn alle Familienmitglieder ein gemeinsames Asylverfahren betreiben[54]. Die Voraussetzungen müssen im Zeitpunkt der Absendung vorliegen. In dem Bescheid sind alle materiell betroffenen Personen aufzuführen, in der Anschrift alle Volljährigen, da diese selbst handlungsfähig (§ 12) und zur Entgegennahme berechtigt sind. Zudem müssen die Eltern jüngerer Kinder (als gesetzliche Vertreter) in der Adresse genannt sein, auch wenn der Bescheid sie materiell nicht betrifft. Unabhängig von der Anzahl der Personen braucht nur ein einziger Bescheid gefertigt und zugestellt oder mitgeteilt zu werden. Zustellung oder Aushändigung an einen der Adressaten genügt.

23 Ist schon im Asylantrag keine Anschrift genannt und der Aufenthalt des Ausländers unbekannt[55], ist **öffentlich zuzustellen** (§ 15 I VwZG). Diese Möglichkeit sollte bei unbekanntem Inlandsaufenthalt ersichtlich durch Abs. 5 und 6 nicht ausgeschlossen werden[56]. Dasselbe gilt, wenn sich der Ausländer (an einem bekannten Ort) im Ausland aufhält (Abs. 6). Unausführbarkeit oder mangelnde Erfolgsaussichten der Zustellung im Ausland (wie § 15 I lit. c VwZG) sind damit nicht vorausgesetzt. Nur Zustellungen erfolgen durch öffentliche Bekanntmachung, formlose Mitteilungen können auch an eine Anschrift im Ausland übersandt werden.

24 Das Schriftstück oder eine Benachrichtigung über den Ort, an dem es eingesehen werden kann, sind öffentlich **auszuhängen;** der Ausländer ist, wenn seine Anschrift (im Ausland) bekannt ist, von der öffentlichen Zustellung und dem Inhalt des Schriftstücks formlos zu benachrichtigen, die Wirksamkeit der öffentlichen Zustellung ist aber davon nicht abhängig (Abs. 5 S. 2 iVm § 15 II, V 2, 3 VwZG). Die Benachrichtigung muss zumindest Art, Inhalt und Absender des Schriftstücks sowie die erlassende Behörde bezeichnen[57]. Die Zustellung gilt bei einer Ladung einen Monat nach dem Aushängen als bewirkt (§ 15 III 1, 2 VwZG). Veröffentlichungen in der Presse, Suchvermerk im Bundeszentralregister und andere Nachforschungen entfallen (§ 15 IV, V 1 VwZG ist gem. Abs. 3 S. 2 nicht anzuwenden).

V. Belehrungspflicht

25 Das BAMF trifft wegen der weitreichenden Folgen der vereinfachten Zustellungsmöglichkeiten eine hinsichtlich Form und Inhalt besonders geartete **Belehrungspflicht.** Deren Handhabung muss mangelnde Kenntnisse und Erfahrungen des Asylbewerbers in dreifacher Hinsicht berücksichtigen und ausgleichen: in Bezug auf Deutschkenntnisse und allgemeiner äußerer Umstände in einer fremden Umgebung sowie auf Ablauf des Asylverfahrens einschließlich des Behördenaufbaus[58].

---

[50] Dazu → Rn. 17.
[51] OVG LSA Beschl. v. 13.9.2001 – 1 L 313/01, NVwZ-Beil. Nr. I 5, 59.
[52] Vgl. BT-Drs. 12/4450, 17.
[53] BT-Drs. 12/4450, 17.
[54] *Hailbronner* AsylG § 10 Rn. 72; aA *Marx* § 10 Rn. 33.
[55] Betr. Rechtsschutzbedürfnis → Rn. 7.
[56] *Hailbronner* AsylG § 10 Rn. 101; OVG LSA Beschl. v. 29.10.1996 – A 4 S 27/96, NVwZ-Beilage 1997, 43.
[57] BayVGH Beschl. v. 26.1.1988 – 25 CS 87.31 020, BayVBl. 1989, 246.
[58] BVerfG-K Beschl. v. 10.3.1994 – 2 BvR 2371/93, DVBl 1994, 631; Beschl. v. 8.7.1996 – 2 BvR 96/95, DVBl 1996, 1252; Beschl. v. 31.7.1996 – 2 BvR 2133/95, BayVBl. 1996, 727; HessVGH Beschl. v. 25.11.1994 – 12 UZ 2834/94, AuAS 1995, 70.

Der „Hinweis" muss **schriftlich** und gegen Empfangsbestätigung erfolgen. Dem Ausländer ist also 26
der Text des Hinweises auszuhändigen oder sonst zu überlassen. In der Regel genügt die Übertragung
in eine dem Asylbewerber verständliche Sprache, sofern sie nicht „strikt an juristischen Begrifflichkeiten orientiert" bleibt, sondern im Hinblick auf den „Verständnishorizont" des Asylbewerbers[59] die
besonderen Mitwirkungspflichten und die Folgen ihrer Nichtbeachtung beschreibt. Falls der Asylbewerber des Lesens nicht mächtig ist, muss er mündlich belehrt werden, wobei auf seinen Bildungsstand
und seine mangelnde Befähigung zu schriftlichen Umzugsanzeigen Bedacht zu nehmen ist.

Soll der „Hinweis" seinen Zweck erfüllen, darf er sich nicht in einem bloßen Hinweis im wörtlichen 27
Sinne erschöpfen, sondern muss den Inhalt des § 10 **möglichst verständlich wiedergeben.** Dazu
gehören neben den einzelnen Fallkonstellationen und den jeweiligen Zustellfiktionen die besonderen
Mitwirkungspflichten, weil diese formell und materiell Teil der „Zustellungsvorschriften" sind. Besonders einzugehen ist auf die Fälle der Adressenänderung, der Fortsetzung des BAMF-Verfahrens im
Gerichtsverfahren, der Unterbringung in einer Aufnahmeeinrichtung und des gemeinsamen Asylverfahrens von Familienangehörigen sowie der Änderung der Wohnanschrift auf behördliche Veranlassung[60]. Soweit auf andere Vorschriften Bezug genommen wird, ist auch deren Inhalt zu referieren. Der
hierfür meist verwendete Merkblatt-Vordruck erfüllt diese Anforderungen. Er ist, wie im Gesetzesentwurf 1982 angekündigt[61], in die Sprachen der Hauptherkunftsländer übersetzt; dies wäre nach
deutschem Recht an sich nicht notwendig, weil die Amtssprache Deutsch ist (§ 24 VwVfG)[62]. Allerdings
sieht Art. 10 I lit. a **AsylverfRL aF** bzw. die neue **Asylverfahrens-RL**[63] vor, dass Asylbewerber –
rechtzeitig – in einer Sprache, deren Kenntnis vernünftigerweise vorausgesetzt werden kann, über ihre
Rechte und Pflichten während des Verfahrens sowie darüber informiert werden, welche Folgen es haben
kann, wenn sie ihren Pflichten nicht nachkommen und nicht mit den Behörden zusammenarbeiten.

Sind die Hinweise nach Abs. 7 nicht ordnungsgemäß erfolgt, sind die Bestimmungen über die **vereinfachte Zustellung** nicht anwendbar[64]. Die Erfüllung der Belehrungspflicht soll erkennbar Voraussetzung für die Anwendbarkeit der Sonderregeln des § 10 sein. Sonst hätten die besonderen Formerfordernisse (Schriftlichkeit, Empfangsbestätigung) nicht nachträglich eingefügt zu werden brauchen[65]. 28

Ohne ausdrücklichen Hinweis gelten auch die besonderen Pflichten nach Abs. 1 nicht. Nicht nur 29
die für den Ausländer nachteiligen Spezialvorschriften über vereinfachte Zustellung oder Mitteilung
setzen eine vorangehende ordnungsgemäße Belehrung voraus. Die **besonderen Mitwirkungspflichten** des Abs. 1 gehen nämlich weit über das allgemeine Verfahrensrecht hinaus und bilden die Grundlage und damit einen Teil der besonderen Zustellvorschriften. Ihre Kenntnis kann nicht ohne Weiteres
vorausgesetzt werden. Davon unberührt bleiben die jeden Ausländer oder Verfahrensbeteiligten treffenden Mitwirkungs- und Sorgfaltspflichten, bei deren (schuldhafter) Verletzung etwa Wiedereinsetzung in den vorigen Stand (§ 60 VwGO) nicht gewährt werden kann.

Zweifelhaft erscheint, ob die **Belehrung nachgeholt** werden kann[66]. Die Formulierung „bei der 30
Antragstellung" deutet auf Gleichzeitigkeit hin, sie könnte aber auch dahin ausgelegt werden, dass die
Belehrung anlässlich des Asylantrags erfolgen soll und möglichst sofort nach Stellung des schriftlichen
Antrags[67]. Dem Unterrichtungszweck wäre auch durch ein Nachholen Genüge getan; die besonderen
Zustellungsvorschriften dürfen dann aber erst von diesem Zeitpunkt ab angewandt werden. Für am
1.7.1993 bereits anhängige Verfahren ist eine solche nachträgliche Belehrung ausdrücklich vorgesehen
(§ 87a II Nr. 1).

§ 11 Ausschluss des Widerspruchs
Gegen Maßnahmen und Entscheidungen nach diesem Gesetz findet kein Widerspruch statt.

I. Entstehungsgeschichte

Die Vorschrift stimmt mit dem **Gesetzesentwurf 1992**[1] überein. Sie gilt seit 1.7.1992 und geht 1
erheblich über die früheren Regelungen (zB §§ 10 III, 11 II, 12 VIII, 22 X, 28 VI AsylVfG 1982)

---

[59] So BVerfG-K Beschl. v. 10.3.1994 – 2 BvR 2371/93, DVBl 1994, 631; Beschl. v. 8.7.1996 – 2 BvR 96/95, DVBl 1996, 1252; Beschl. v. 31.7.1996 – 2 BvR 2133/95, BayVBl. 1996, 727.
[60] Zu Letzterer → Rn. 8.
[61] BT-Drs. 9/875, 18.
[62] Zur Fristversäumnis infolge von Sprachunkenntnis → § 74 Rn. 50.
[63] Vgl. hierzu auch → GG Art. 16a Rn. 132 f.
[64] BVerwG Beschl. v. 4.7.1983 – 9 B 10 275.83, DVBl 1984, 90; OVG RhPf Urt. v. 10.2.1988 – 13 A 205/87, InfAuslR 1988, 170.
[65] Vgl. BT-Rechtsausschuss, BT-Drs. 9/1630, 20.
[66] Offengelassen für den Fall der Gesetzesänderung von BVerwG Beschl. v. 4.7.1983 – 9 B 10 275.83, DVBl 1984, 90.
[67] Dafür *Bauer* VBlBW 1995, 341; *Hailbronner* AsylG § 10 Rn. 114.
[1] BT-Drs. 12/2062, 7.

hinaus. Die Richtlinienumsetzungsgesetze 2007 und 2011 und 2013 sowie die Asylpakete und das IntG 2016 haben keine Änderungen vorgenommen; dem Erfordernis eines wirksamen Rechtsbehelfs gegen Asylentscheidungen gem. Art. 39 **Asylverfahrens-RL aF** bzw. der novellierten **Asylverfahrens-RL** wird durch die Klagemöglichkeiten entsprochen.

II. Allgemeines

2   Die Ausdehnung des Ausschlusses des Widerspruchs (vgl. §§ 68 ff. VwGO) auf alle Maßnahmen und Entscheidungen nach dem AsylG kann die davon betroffenen „Nebenverfahren" **beschleunigen.** ZT wird damit aber die eigentliche Auseinandersetzung nur in das gerichtliche Verfahren, insbesondere das Eilverfahren, **verlagert,** so etwa dann, wenn ein Zuweisungsbescheid ohne vorherige Anhörung und ohne Begründung ergeht (§ 50 IV 3 und 4). Die eigentlich aus rechtsstaatlichen Gründen gebotene Anhörung des Betroffenen ist damit innerhalb des Verwaltungsverfahrens teilweise so gut wie unmöglich geworden. Stattdessen hat die Belastung der Gerichte weiter zugenommen, zumal diese bei ihrer Entscheidung immer auf die aktuelle Sachlage abstellen müssen (§ 77 I) und deshalb grundsätzlich auch solche Tatsachen zu berücksichtigen haben, die der Asylbewerber (erst) aufgrund der im Gerichtsverfahren gebotenen Anhörung vorträgt. Hierzu wären sie aber bei reinen Anfechtungsklagen idR eigentlich nicht verpflichtet[2].

III. Widerspruchsausschluss

3   Der Widerspruch ist gegen alle VA ausgeschlossen, die **auf der Grundlage des AsylG** ergehen. Gleichgültig ist, welche Behörde sie erlässt und ob sie formell oder materiell rechtmäßig ergangen sind. Verfassungsrechtliche Einwände können hiergegen nicht mit Erfolg vorgebracht werden. Der Gesetzgeber ist durch das Rechtsstaatsprinzip nicht gehindert, die Überprüfung des VA innerhalb des Verwaltungsverfahrens für einzelne Sachgebiete auszuschließen. Der hier einschlägige **Beschleunigungszweck** rechtfertigt den pauschalen Ausschluss, obwohl in einigen Fällen (zB §§ 43 III, 50 IV, 51, 57 I, 58 I, 60 I, II, 65 II) keine reine Rechtsentscheidung zu treffen, sondern Ermessen auszuüben ist, das von der Widerspruchsbehörde überprüft und nach einheitlichen Richtwerten gesteuert werden könnte.

4   Ebenso wie bei ähnlichen Formulierungen an anderer Stelle (zB §§ 74 I, 75, 76 I, 77 I, 78 I, 80, 81, 83 I, 83b) stellt sich auch hier die Frage, ob die **Abgrenzung** (materiell) nach dem Sitz der jeweiligen Rechtsgrundlage oder (formell) nach der Veranlassung durch den Asylantrag eines Ausländers vorgenommen werden soll. Im letzteren Fall wären alle Maßnahmen gegen einen Asylbewerber erfasst. Gegen eine derart weitgehende Auslegung spricht schon der Wortlaut, der auf die Grundlage der Maßnahme und nicht auf die Person des Betroffenen abstellt. Zudem sind Sinn und Zweck des Ausschlusses des Widerspruchs eindeutig auf die Beschleunigung von Maßnahmen nach dem AsylG gerichtet, und zwar ungeachtet der behördlichen Zuständigkeit und des Inhalts. Deshalb sind nicht nur asylablehnende und aufenthaltsbeendende Maßnahmen des BAMF erfasst, sondern zB auch die Maßnahmen der Grenzbehörden nach §§ 18 II, 18a III und VI, 21 I, der Ausländerbehörden nach §§ 43 III, 58 I, V, 60 I, 63 I, III 2, 71a III oder der Verteilungsbehörden nach §§ 50 I, IV, 51 II[3].

5   Damit sind va diejenigen Maßnahmen der Ausländerbehörde ausgenommen, die zwar gegenüber einem (ehemaligen) Asylbewerber ergriffen werden, aber auf eine materielle **Grundlage außerhalb des AsylG** gestützt sind. Dies betrifft zB die Ausweisung eines Asylbewerbers, die Versagung eines Aufenthaltstitels während des Asylverfahrens und die Ablehnung einer Aufenthaltserlaubnis trotz erfolgter Asyl- oder Flüchtlingsanerkennung. Unklar ist diese Frage aber wegen der Aufteilung der Aufgaben bei Begründung und Durchsetzung der Ausreisepflicht zwischen BAMF und Ausländerbehörde für Entscheidungen und Maßnahmen während des auf die Abschiebungsandrohung des BAMF folgenden Abschiebungsverfahrens. Einreiseverweigerung und Abschiebung werden nach dem AufenthG sowie den Verwaltungsvollstreckungsgesetzen des Bundes und der Länder vollzogen und die Duldung ergeht nach § 60a AufenthG. Gleichwohl betreffen diese Vollzugsmaßnahmen unmittelbar die Aufenthaltsbeendigung nach dem AsylG[4]. Ebenso verhält es sich mit den Maßnahmen der Ausländerbehörde nach § 71a III 1; gegen sie findet daher ebenfalls kein Widerspruch statt.

§ 11a Vorübergehende Aussetzung von Entscheidungen

[1]**Das Bundesministerium des Innern, für Bau und Heimat kann Entscheidungen des Bundesamtes nach diesem Gesetz zu bestimmten Herkunftsländern für die Dauer von sechs Monaten vorübergehend aussetzen, wenn die Beurteilung der asyl- und abschiebungsrele-**

---

[2] → § 77 Rn. 2 ff.
[3] Dazu auch → § 74 Rn. 11.
[4] → § 80 Rn. 2.

vanten Lage besonderer Aufklärung bedarf. ²Die Aussetzung nach Satz 1 kann verlängert werden.

I. Entstehungsgeschichte

Die Vorschrift war in dem **ZuwGEntw 2001/2**[1] nicht enthalten. Sie wurde erst aufgrund des neuen Gesetzesentwurfs[2] eingefügt und ist am 1.1.2005 in Kraft getreten (Art. 3 Nr. 8, Art. 15 I ZuwG). Die Richtlinienumsetzungsgesetze 2007 und 2011 und 2013 sowie die Asylpakete und das IntG 2016 haben keine Änderungen vorgenommen. 1

II. Allgemeines

Die **Befugnis des Leiters des BAMF** und damit auch des BMI zu Verfahrensanordnungen mit dem Ziel, Zeit zu gewinnen, war unter der Geltung der Weisungsfreiheit der Entscheider nicht sicher. Während eine solche Weisung aus rein organisatorischen Gründen ohne Zweifel ergehen durfte, musste sie zweifelhaft erscheinen, wenn das Zuwarten den Inhalt der Entscheidung beeinflussen konnte[3]. Hieran hat sich im Grunde genommen nichts geändert. Allerdings ist die Weisungsungebundenheit aufgehoben, und der Gesetzgeber hat eine bestimmte Fallgruppe geregelt und für sie eine sichere Grundlage geschaffen. Ob daraus Folgerungen auch für andere Situationen gezogen werden müssen, kann erst beurteilt werden, wenn der Geltungsbereich der neuen Vorschrift genauer umrissen ist. 2

III. Entscheidungsstopp

Die **Befugnis** zur vorübergehenden Verfahrensaussetzung ist in mehrfacher Hinsicht **begrenzt**. Betroffen sind nur Entscheidungen des BAMF, nicht Maßnahmen oder Entscheidungen anderer Stellen und keine sonstigen Tätigkeiten des BAMF im Vorfeld oder nach einer Entscheidung. Die Grundlage muss sich im AsylG befinden; insoweit ist der **Gegenstand** der Verfahren in derselben Weise zu bestimmen wie bei dem Ausschluss des Widerspruchs[4]. Neben Anerkennungsverfahren sind also va auch Rücknahme- und Widerrufsverfahren eingeschlossen. 3

Die Aussetzung ist auf das BAMF-Verfahren beschränkt, wirkt sich also nach der Entscheidung während eines anschließenden **Gerichtsverfahrens** grundsätzlich nicht mehr aus. Dieses könnte nur nach § 173 VwGO iVm § 251 ZPO zum Ruhen gebracht werden. Der Gesetzgeber hat mit Rücksicht auf die richterliche Unabhängigkeit bewusst auf eine entsprechende Bestimmung für das gerichtliche Verfahren verzichtet. Nicht anders verhält es sich, wenn gegen die Untätigkeit des BAMF Klage erhoben ist (§ 75 VwGO). Das Gericht hat dann ebenso wie im Falle der vorherigen Asylablehnung durch das BAMF selbst auf der Grundlage der aktuellen Tatsachenlage in der Sache zu entscheiden, falls sich die Untätigkeit als ungerechtfertigt erweist. 4

Zur Verfahrensaussetzung **befugt** ist nur das BMI, nicht der Leiter des BAMF. Damit soll angesichts der allgemeinen Bedeutung der politischen Verantwortlichkeit des BMI für die Verfahrensaussetzung Rechnung getragen werden. Aus diesem Grunde kommt auch eine allgemeine Delegation dieser Befugnis an das BAMF nicht in Betracht. Dieses Entscheidungsmonopol schließt nicht aus, sondern setzt umgekehrt geradezu voraus, dass über die Aussetzung auf der Grundlage der Erkenntnisse des BAMF als der sachkundigen Behörde entschieden wird. 5

Anlass für die vorübergehende Aussetzung von Entscheidungen ist eine für die Beurteilung notwendige besonderes Aufklärung der asyl- und abschiebungsrelevanten Lage in einem Herkunftsland. Der **Zweck** des Zuwartens besteht also darin, weitere Ermittlungen und Aufklärungen zu ermöglichen. Nicht die rechtliche oder tatsächliche Schwierigkeit der Beurteilung darf der Grund für Verzögerungen sein, sondern nur die Notwendigkeit besonderer Aufklärung. Darunter sind zusätzliche allgemeine Aufklärungsmaßnahmen in Form eigener Ermittlungen des BAMF oder der Einholung von Sachverständigengutachten oder sonstigen Auskünften sachverständiger Personen zu verstehen, die auch einen größeren Zeitaufwand erfordern. Sie können asylrechtlich relevante Tatsachen und Entwicklungen betreffen, aber auch solche Umstände, aus denen sich sonstige Abschiebungshindernisse nach § 60 AufenthG ergeben können. Dagegen kann es sich grundsätzlich nicht um Tatsachen handeln, die den Vollzug der Abschiebungsandrohung beeinflussen könnten (zB Schließung der Flughäfen oder sonstige Zugangshindernisse); denn hierdurch wird die zwingend zu erlassende Abschiebungsandrohung nicht tangiert. 6

Die Notwendigkeit weiterer zeitaufwendiger Aufklärung muss sich für ein **bestimmtes Herkunftsland** oder mehrere Länder ergeben. Es genügt nicht, wenn bestimmte individuelle Tatsachen überprüft werden müssen. Aus einer solchen Überprüfung kann aber die Notwendigkeit von Ermittlungen über 7

---

[1] Vgl. BT-Drs. 14/7387 und 14/7987.
[2] BT-Drs. 15/420, 40.
[3] Dazu → § 5 Rn. 9, 20.
[4] → § 11 Rn. 3–5.

allgemeine Zustände und Verhältnisse in dem Herkunftsland folgen. Betreffen die Unklarheiten nicht ein ganzes Staatsgebiet, sondern nur einen Teil desselben oder eine bestimmte Bevölkerungsgruppe, kann dies ebenfalls zur Grundlage für weitere allgemeine Aufklärungsmaßnahmen genommen werden. Insoweit hat der BMI zu beurteilen, ob die begrenzt notwendigen Aufklärungen eine Aussetzung aller Verfahren aus einem Herkunftsland erforderlich machen.

8   Die Aussetzung der Entscheidungen ist nur für ein bestimmtes Herkunftsland zulässig, sie darf nicht auf eine bestimmte Region oder eine bestimmte Bevölkerungsgruppe begrenzt werden. Der Gesetzgeber hätte diese Differenzierung vornehmen können, hat aber wohl schon wegen der Schwierigkeit einer genaueren Abgrenzung darauf verzichtet. Daher darf die Aussetzung nur **für ein ganzes Land** vorgenommen werden oder gar nicht. Dem BMI bleibt insoweit kein weiteres Ermessen.

9   Die **Dauer** der Aussetzung ist ebenfalls mit sechs Monaten zwingend vorgegeben. Diese Zeitangabe legt keinen Höchstzeitraum fest, sondern einen festen Zeitraum. Die Aussetzung darf also weder auf kürzere Zeit angeordnet noch nachträglich verkürzt werden. Für die Verlängerung sind dagegen keine festen Zeiten angegeben. Die Verlängerung kann das BMI also auf den noch erforderlichen Zeitaufwand zuschneiden. Auch weitere Verlängerungen sind nicht ausgeschlossen, wenn sie sich als notwendig erweisen.

Abschnitt 4. Asylverfahren

Unterabschnitt 1. Allgemeine Verfahrensvorschriften

§ 12 Handlungsfähigkeit

(1) Fähig zur Vornahme von Verfahrenshandlungen nach diesem Gesetz ist ein volljähriger Ausländer, sofern er nicht nach Maßgabe des Bürgerlichen Gesetzbuches geschäftsunfähig oder in dieser Angelegenheit zu betreuen und einem Einwilligungsvorbehalt zu unterstellen wäre.

(2) [1] Bei der Anwendung dieses Gesetzes sind die Vorschriften des Bürgerlichen Gesetzbuches dafür maßgebend, ob ein Ausländer als minderjährig oder volljährig anzusehen ist. [2] Die Geschäftsfähigkeit und die sonstige rechtliche Handlungsfähigkeit eines nach dem Recht seines Heimatstaates volljährigen Ausländers bleiben davon unberührt.

(3) Im Asylverfahren ist vorbehaltlich einer abweichenden Entscheidung des Familiengerichts jeder Elternteil zur Vertretung eines minderjährigen Kindes befugt, wenn sich der andere Elternteil nicht im Bundesgebiet aufhält oder sein Aufenthaltsort im Bundesgebiet unbekannt ist.

I. Entstehungsgeschichte

1   Die Vorschrift hatte kein Vorbild im AuslG 1965. Sie entspricht im Wesentlichen § 6 AsylVfG 1982 und § 68 III AuslG. In ihrer ursprünglichen Fassung stimmte sie mit dem **Gesetzesentwurf 1992**[1] überein. MWv 1.7.1993 wurde entsprechend dem Gesetzesentwurf 1993[2] Abs. 3 angefügt (Art. 1 Nr. 4 **AsylVfÄndG 1993**). Die Richtlinienumsetzungsgesetze 2007 und 2011 und 2013 haben keine Änderungen vorgenommen. Bis zur Änderung durch das **AsylVfBeschlG 2015** war (wie auch in § 10) die Handlungsfähigkeit für Minderjährige ab Vollendung des 16. Lebensjahres normiert. Die Handlungsfähigkeit Minderjähriger ab Vollendung des 16. Lebensjahres war auch **europarechtskonform**[3], jedoch im EU-Rahmen einzigartig[4]. Menschenrechtsaktivisten kritisierten seit Langem diese Handlungsfähigkeit Minderjähriger als Verstoß gegen die **UN-Kinderrechtskonvention**[5]. Nachdem die Bundesrepublik Deutschland die bei der Ratifizierung abgegebene Vorbehaltserklärung im Juli 2012 zurückgezogen habe, müsse auch § 12 geändert werden. Da die UN-Kinderrechtskonvention – nach allgemeiner Dogmatik als (anders als die EMRK) „normaler" völkerrechtlicher Vertrag, für den natürliche Personen keine Völkerrechtssubjekte sind, – keine subjektiv öffentlichen Rechte vermittelt, konnte sich ein Minderjähriger insoweit allein hierauf nicht mit Erfolg berufen[6]. Die Bundesrepublik hatte allerdings am 28.2.2012 das 3. Zusatzprotokoll vom 19.12.2011 unterzeichnet, das eine Individualbeschwerde speziell für Kinder beim UN-Ausschuss für die Rechte des Kindes in Genf vorsieht.

---

[1] BT-Drs. 12/2062, 7.
[2] BT-Drs. 12/4450, 3.
[3] Vgl. Art. 4 I der Entschließung des Rates v. 26.6.1997 betr. unbegleitete Minderjährige dritter Länder, ABl. 1997 C 221, S. 23.
[4] Krit. hierzu HK-AuslR/*Wolff* AsylG § 12 Rn. 2 f.
[5] Vgl. *Peter* AL 2009, 283.
[6] Vgl. BVerwG Beschl. v. 10.2.2011 – 1 B 22.10, Rn. 3 f.; LSG BW Beschl. v. 27.10.2011 – L 7 AY 3998/11 ER-B, Rn. 7, mwN; vgl. hierzu auch *Löhr* ZAR 2010, 278; *Benassi* InfAuslR 2010, 283.

Diese völkerrechtliche Problematik wurde erledigt, indem für die Handlungsfähigkeit auch im AsylVfG 2015 die Volljährigkeit eingeführt wurde.

Wie schon der Entwurf[7] eines „Gesetzes zur Verbesserung der Unterbringung, Versorgung und Betreuung ausländischer Kinder und Jugendlicher" vorsah, änderte das **AsylVfBeschlG 2015** § 12 wie folgt: a) In der Überschrift wurde das Wort „Minderjähriger" gestrichen. b) In Abs. 1 wurden die Wörter „auch ein Ausländer, der das 16. Lebensjahr vollendet hat" durch die Wörter „ein volljähriger Ausländer" ersetzt und es wurden die Wörter „im Falle seiner Volljährigkeit" (in dieser Angelegenheit zu betreuen) gestrichen. c) In Abs. 3 wurden die Wörter „Kindes unter 16 Jahren" durch die Wörter „minderjährigen Kindes" ersetzt. Ebenso wie im entsprechend geänderten § 10 soll die Fähigkeit zur Vornahme von Verfahrenshandlungen nicht mehr bereits mit Vollendung des 16. Lebensjahres, sondern **erst mit Volljährigkeit** bestehen. Die Asylpakete und das IntG 2016 haben keine Änderungen vorgenommen.

II. Allgemeines

Allgemein knüpft die **Handlungsfähigkeit** im Verfahren an die Geschäftsfähigkeit und damit idR an die Volljährigkeit an (§ 12 VwVfG; § 62 VwGO; §§ 53 ff. ZPO; § 2 BGB); die materielle Rechtsfähigkeit ist dafür ohne Bedeutung. Die **Geschäftsfähigkeit** von Ausländern richtet sich nach deren Heimatrecht (Art. 7 EGBGB). Für das Verfahren im Inland gilt die lex fori mit der Folge der Anwendbarkeit von deutschem Recht ohne Rücksicht auf das Verfahrensrecht im Heimatstaat des Ausländers; dessen Heimatrecht kann sich also grundsätzlich nur mittelbar über die Geschäftsfähigkeit auswirken. Ausnahmsweise ist ein nach deutschem Recht handlungsunfähiger Ausländer als handlungsfähig anzusehen, wenn er es nach seinem Heimatrecht ist (§ 55 ZPO analog nach § 12 II VwVfG oder § 63 III VwGO).[8]

III. Verfahrenshandlungsfähigkeit

Die Vorschrift regelt sowohl die aktive als auch die passive Verfahrenshandlungsfähigkeit; sie betrifft nicht nur die „Vornahme von Verfahrenshandlungen", sondern ua auch die Entgegennahme von Verfahrenserklärungen und -entscheidungen. Sie beschränkt sich auf Verfahren **nach dem AsylG**, umfasst damit aber außer den Verfahren vor dem BAMF auch solche vor Ausländerbehörden, Grenz- und Verteilungsbehörden, nicht jedoch solche nach dem AsylbLG[9]. Schon die Äußerung des Willens, um Asylschutz nachzusuchen (nach § 13 I), stellt eine Verfahrenshandlung nach dem AsylG und nicht bloß einen Realakt dar[10]. Denn schon das Asylgesuch und nicht erst der förmliche Asylantrag (§ 14) löst die Verfahren zur Feststellung der Voraussetzungen des Art. 16a GG und des internationalen Schutzes (§ 13 I, II), die besonderen Mitwirkungspflichten (§§ 13 III, 15, 16, 22, 23) und die Aufenthaltsgestattung (§§ 55, 67 I Nr. 2) aus. Infolgedessen kann der auf Asylgewährung ausgerichteten Willenserklärung die verfahrensrechtliche Wirkung nicht abgesprochen werden; die Asylantragstellung leitet lediglich eine weitere Verfahrensstufe mit weiteren Rechtsfolgen ein.

Für das Asylverfahren beginnt die Verfahrenshandlungsfähigkeit seit dem AsylVfBeschlG 2015 nicht mehr mit Vollendung des 16. Lebensjahres, sondern völkerrechtlich konform mit **Volljährigkeit**. Geschäftsunfähigkeit und Betreuungsbedürftigkeit richten sich allein nach §§ 104 ff. BGB. Damit ist die sonst denkbare Anwendung ausländischen Rechts ausgeschlossen, und zwar bei den Regelungen des § 12 II VwVfG iVm § 55 ZPO und Art. 7 EGBGB[11], denn § 12 ist eine Vorschrift des öffentlichen Rechts, die den allgemeinen Bestimmungen vorgeht (§ 12 I Nr. 2 VwVfG).

IV. Verfahrenshandlungsunfähigkeit und Vertretung

Handlungsunfähig sind unter 18 Jahre alte Ausländer und außerdem solche, die trotz Volljährigkeit in dieser Angelegenheit zu betreuen und einem Einwilligungsvorbehalt zu unterstellen wären. Sie bedürfen der **Vertretung** durch ihren gesetzlichen Vertreter (Eltern, Betreuer, Pfleger). Ist ein gesetzlicher Vertreter nicht vorhanden oder im Bundesgebiet nicht erreichbar, ist auf Ersuchen der Behörde vom Vormundschaftsgericht ein geeigneter Vertreter zu bestellen (§ 16 VwVfG)[12]. Zulässig ist auch eine Ergänzungspflegschaft (§ 1909 BGB) mit dem Aufgabenbereich „Vertretung im Asylverfahren"; ein dafür notwendiges Fürsorgebedürfnis besteht immer im Falle eines Asylgesuchs des Handlungsunfähigen[13]. Das bis 2015 oftmals praktizierte „Tandem-Modell", in dem ein Rechtsanwalt

---

[7] Entwurf v. 9.6.2015: http://www.afet-ev.de/aktuell/aus_der_republik/2015/Gesetzentwurf_BMFSFJ_10.6.2015.pdf.
[8] Zu Änderungsmöglichkeiten betr. unbegleitete Minderjähriger aufgrund der EG-AsylRL vgl. Peter ZAR 2004, 11.
[9] Vgl. dazu auch § 76; zum ausländerrechtlichen Verfahren vgl. § 80 AufenthG.
[10] → § 13 Rn. 3; aA Göbel-Zimmermann Rn. 202; Hailbronner § 10 Rn. 28.
[11] → Rn. 2.
[12] Für das Gerichtsverfahren → Rn. 8.
[13] Göbel-Zimmermann Rn. 205.

für den asylrechtlichen Wirkungskreis und außerdem das Jugendamt zum Pfleger für minderjährige Asylbewerber bestellt wurden[14], spielt nun wohl keine Rolle mehr.

7   Die Bestimmungen des § 80 II AufenthG sind auf das ausländerrechtliche Verfahren beschränkt und auf das Asylverfahren nicht übertragbar. MWv 1.7.1993 wurde aber die Vertretung im Asylverfahren durch Abs. 3 für einen speziellen Fall gesetzlich geregelt. Die sonst erforderliche **gemeinschaftliche Vertretung beider Eltern** wird auf einen Elternteil beschränkt, falls sich der andere nicht im Bundesgebiet aufhält oder sein Aufenthaltsort im Inland unbekannt ist. Die Alleinvertretung durch einen Elternteil greift nicht schon dann ein, wenn der andere die Mitwirkung verweigert oder sonst untätig bleibt. Eine abweichende vormundschaftsgerichtliche Regelung bleibt bei Auslandsaufenthalt oder unbekanntem Inlandsaufenthaltsort unberührt.

8   Die Handlungsfähigkeit ist im Verwaltungs- und Gerichtsverfahren **von Amts wegen** zu prüfen. Bei Handlungsunfähigkeit ist für Schutzmaßnahmen und eine Vertretung zu sorgen; eine Abweisung des Asylantrags als unzulässig kommt angesichts der amtlichen Fürsorgepflicht (§ 12 VwVfG) und des Schutzzwecks des Asylrechts sowie im Lichte von Art. 30 I Anerkennungs-RL (→ Rn. 1) kaum in Betracht[15]. Ein Verwaltungsakt gegenüber einem Handlungsunfähigen und seine Zustellung sind unwirksam[16]. Im gerichtlichen Verfahren ist der Handlungsunfähige **prozessunfähig** (§ 62 VwGO). Eine Prüfung erfolgt, wenn Veranlassung hierzu besteht, also vernünftige Zweifel aufkommen[17]. Dem Prozessunfähigen gegenüber dürfen keine Prozesshandlungen vorgenommen werden. Insbesondere darf seine Klage nicht (ohne Weiteres) als unzulässig verworfen werden. Zunächst ist zu versuchen, einen Prozesspfleger zu bestellen (§ 62 III VwGO iVm § 57 ZPO).

9   Der Mangel der Verfahrenshandlungsfähigkeit oder Vertretung kann durch (nachträgliche) **Genehmigung** des nunmehr Verfahrenshandlungsfähigen oder gesetzlichen Vertreters geheilt werden; diese kann auch stillschweigend, etwa durch Einlegung von Rechtsmitteln bzw. die Stellung von Sachanträgen (statt bloße Bescheidaufhebung), erklärt werden und wirkt zurück, und zwar auf den Beginn des Verfahrens[18]. Die Genehmigung kann auf die Prozessführung beschränkt werden, um die Nichtbeachtung der Handlungsunfähigkeit geltend machen zu können. Eine Genehmigung ist also auch durch den Asylbewerber selbst möglich, wenn er seine Handlungsfähigkeit (wieder)erwirbt.

10 Bis zur Entscheidung über die Handlungsfähigkeit ist der Ausländer im Verfahren als handlungsfähig zu behandeln. Herrscht Streit über den **Geburtszeitpunkt**, kann auf Antrag ein deutsches Geburtenbuch angelegt und dort das vom Standesamt ermittelte Datum eingetragen werden[19]. Eintragungen in ausländischen Urkunden sind zunächst als richtig zu behandeln, erforderlichenfalls aber von Amts wegen zu überprüfen[20]. Kommen mehrere Zeitpunkte ernsthaft in Betracht, ist im Interesse des Minderjährigenschutzes der späteste als richtig anzunehmen[21]. Fehlt es an geeigneten Urkunden oder anderen Hilfsmitteln, bleibt nur eine Schätzung aufgrund äußeren Anscheins durch lebens- und berufserfahrene Personen[22], wobei im Zweifel medizinischer Sachverstand zurate zu ziehen ist[23]. Zur Altersfeststellung vgl. allgemein § 49 AufenthG.

§ 12a Asylverfahrensberatung

¹Das Bundesamt führt eine für die Asylsuchenden freiwillige, unabhängige staatliche Asylverfahrensberatung durch. ²Diese erfolgt in zwei Stufen. ³Auf der ersten Stufe werden allen Asylsuchenden vor Antragstellung in Gruppengesprächen Informationen zum Ablauf des Asylverfahrens sowie zu Rückkehrmöglichkeiten zur Verfügung gestellt. ⁴Auf der zweiten Stufe erhalten alle Asylsuchenden in Einzelgesprächen eine individuelle Asylverfahrensberatung, die durch das Bundesamt oder durch Wohlfahrtsverbände durchgeführt wird.

I. Entstehungsgeschichte

1   Die Vorschrift wurde durch Art. 3 des **2. RückkehrG 2019** in das AsylG neu eingefügt. Sie basiert auf einem Vorschlag des Innenausschusses des Bundestags. Dort wurde ua folgende Begründung gegeben[1]: „Das Bundesamt führt eine unabhängige staatliche Asylverfahrensberatung durch, die in

---

[14] *Jockenhövel-Schiecke* ZAR 1998, 165.
[15] Dazu → AufenthG § 80 Rn. 8; *Baer* ZAR 1991, 135; *Jockenhövel-Schiecke* ZAR 1998, 165.
[16] BVerwG Urt. v. 31.7.1984 – 9 C 156.83, NJW 1985, 576; danach sind die Angaben des Handlungsunfähigen zum Asylgesuch nicht verwertbar.
[17] BVerwG Beschl. v. 16.8.1983 – 1 CB 162.80, BayVBl. 1984, 57.
[18] BVerwG Urt. v. 31.7.1984 – 9 C 156.83, NJW 1985, 576.
[19] BVerwG Urt. v. 31.7.1984 – 9 C 156.83, NJW 1985, 576.
[20] BayVGH Beschl. v. 11.12.1981 – 10 CS 81 A. 2341, NVwZ 1982, 322.
[21] BVerwG Urt. v. 31.7.1984 – 9 C 156.83, NJW 1985, 576.
[22] Dazu *Jockenhövel-Schiecke* ZAR 1998, 165; BT-Drs. 13/4861, 19.
[23] Ähnlich *Göbel-Zimmermann* Rn. 202; zu den bis Mitte der 1990er-Jahre üblichen röntgenologischen Untersuchungen der Handwurzelknochen vgl. *Wenzel* ZAR 1996, 22; *Göbel-Zimmermann* InfAuslR 1995, 166.
[1] Vgl. BT-Drs. 19/10706, 14.

zwei Stufen erfolgt und die für die Asylsuchenden freiwillig ist. Auf der ersten Stufe werden allen Asylsuchenden vor Antragstellung in **Gruppengesprächen** Informationen zum Ablauf des Asylverfahrens sowie zu Rückkehrmöglichkeiten zur Verfügung gestellt. Darauf aufbauend erhalten alle Asylsuchenden auf der zweiten Stufe in **Einzelgesprächen** eine individuelle Asylverfahrensberatung ab dem Zeitpunkt „vor Antragstellung" bis zum „Abschluss des Behördenverfahrens". Die individuelle Asylverfahrensberatung kann durch das Bundesamt oder durch Wohlfahrtsverbände durchgeführt werden, wobei Beratungsstandards zwischen Bundesamt und Wohlfahrtsverbände ausgetauscht und gemeinsam weiterentwickelt werden sollen. Der Austausch der Standards dient der Sicherstellung einer einheitlichen Beratungsqualität. Werden an einem Standort Beratungsleistungen auch durch Wohlfahrtsverbände erbracht, steht es dem Asylsuchenden frei, zwischen dem Angebot des Bundesamtes und dem der Wohlfahrtsverbandes zu wählen. Für die Durchführung der Beratung sollen den Wohlfahrtsverbänden grundsätzlich Räumlichkeiten und Sachmittel zur Verfügung gestellt sowie der Zugang zur Aufnahmeeinrichtung gewährleistet werden, soweit dies erforderlich ist." § 12a kann als Umsetzung der Vorgaben vor allem der Art. 19–21 **Asylverfahrens-RL** gesehen werden, die die Mitgliedstaaten zwar nicht verpflichten, jedoch auffordern, unentgeltliche Rechtsberatung auch schon während des behördlichen Asylverfahrens zu gewährleisten[2]. Der **Ampel-Koalitionsvertrag 2021** sieht vor, eine „flächendeckende, behördenunabhängige Asylverfahrensberatung" einzuführen, „um mit informierten Antragstellerinnen und Antragstellern für eine Verfahrensbeschleunigung zu sorgen". Vulnerable Gruppen sollen dabei „von Anfang an identifiziert und besonders unterstützt" werden.

II. Beratungsangebote

Die 2019 normierte Asylverfahrensberatung hat zum einen den **Zweck,** dass der Asylsuchende 2 umfassend über den Ablauf des Verfahrens sowie seine Rechte und Pflichten informiert und dadurch unabhängiger von oft zweifelhafter Information etwa des „Flurfunks" in der Aufnahmeeinrichtung wird oder von kostenpflichtiger Rechtsberatung. Verschiedene europäische Staaten haben gute Erfahrungen mit solchen Angeboten gemacht[3]. Die erste Stufe der Gruppengespräche soll nur vom BAMF organisiert werden. Erst iRd zweiten Stufe können vom BAMF Wohlfahrtsverbände in das Beratungskonzept eingebunden werden, was spätestens dann sinnvoll ist, denn manche Ausländer haben in ihren Herkunftsländern negative Erfahrungen mit staatlichen Stellen gemacht. Eine Pflicht zur Einbindung sieht das Gesetz allerdings nicht vor. **Inhaltlich** geht es in den Gruppengesprächen um den allgemeinen Ablauf und auch Möglichkeiten und Unterstützungen einer freiwilligen Rückkehr. Die individuelle Beratung auf zweiter Ebene dient der „Verfahrensberatung"; diese darf auch personalisierte Beratung zu Fluchtgründen sowie Rechtsberatung zum konkreten Anliegen umfassen[4]. Aus diesem Grund muss sie „unabhängig" sein, dh inhaltlich ausgewogen zu vorhandenen Möglichkeiten und Chancen beraten; sie darf mithin nicht etwa einseitig auf Antragsrücknahme bzw. Ausreise ausgerichtet werden. Führt das BAMF die zweite Stufe selbst durch, muss es die eingesetzten Mitarbeiter/innen deshalb durch organisatorische Trennung und Weisungsfreiheit in den Status von „unabhängigen Rechtsberatern" versetzen, die inhaltlich frei agieren können. In der Sache besteht dann insoweit eine Konkurrenzsituation auch zu Asylrechtsanwälten.

III. Ansprüche

Die Beratungsangebote sind für die **Antragsteller** ausdrücklich freiwillig, dh dürfen bei Nicht- 3 annahme zu keinerlei negativen Auswirkungen im konkreten Asylverfahren führen. Ein subjektiv-öffentlicher Anspruch auf die Einrichtung solcher Beratungsangebote wird durch § 12a nicht begründet. Über Art. 3 I GG entsteht aber, wenn sie eingerichtet sind, ein einklagbarer Anspruch auf gleiche Beteiligung hieran im Rahmen der konkreten Verwaltungspraxis des BAMF.

Auch **Wohlfahrtsverbände** haben im Rahmen der zweiten Stufe der Einzelberatungen keinen 4 originären Anspruch auf Einbeziehung, allerdings iRv Art. 3 I GG gemäß der konkreten Verwaltungspraxis des BAMF Anspruch auf gleichmäßigen Zugang hierzu wie andere beteiligte Verbände. Die Ablehnung eines Verbandes, weil er vom BAMF etwa als „zu flüchtlingsfreundlich" bzw. als „zu BAMF-feindlich" angesehen wird, ist unzulässig, solange keine Hinweise auf unzulässige Beeinflussungen der Antragsteller bestehen. Sobald ein Wohlfahrtsverband vom BAMF mit der Durchführung von

---

[2] Vgl. insbes. Art. 20 II 1 Asylverfahrens-RL: „(1) Die Mitgliedstaaten stellen sicher, dass in Rechtsbehelfsverfahren nach Kapitel V auf Antrag unentgeltliche Rechtsberatung und -vertretung gewährt wird. Diese umfasst zumindest die Vorbereitung der erforderlichen Verfahrensdokumente und die Teilnahme an der Verhandlung vor einem erstinstanzlichen Gericht im Namen des Antragstellers. (2) Die Mitgliedstaaten können auch in den erstinstanzlichen Verfahren nach Kapitel III unentgeltliche Rechtsberatung und/ oder -vertretung gewähren. In diesem Fall findet Artikel 19 keine Anwendung."
[3] 2017 wurden auch in Deutschland in drei Ankunftszentren entsprechende Pilotprojekte mit der Diakonie, der Caritas und dem DRK mit, laut Evaluierung, guten Ergebnissen durchgeführt.
[4] Vgl. die insoweit berechtigte Forderung der BAGFW v. 13.6.2019; https://www.asyl.net/view/detail/News/wohlfahrtsverbaende-fordern-unabhaengige-verfahrensberatung/.

Einzelgesprächen beauftragt wurde, sollen, dh müssen ihm, wenn keine atypische Situation gegeben ist, Räumlichkeiten und Sachmittel zur Verfügung gestellt sowie Zugang zur Aufnahmeeinrichtung gewährt werden. Insoweit begründet § 12a dann nach Sinn und Zweck der Norm entsprechend der Vorstellung des Gesetzgebers (→ Rn. 1) auch einklagbare Rechtsansprüche für den in das Beratungskonzept einbezogenen Verband. Ein Anspruch auf Finanzierung dieser Beratung bzw. Honorar ist gesetzlich jedoch nicht vorgesehen.

§ 13 Asylantrag

(1) Ein Asylantrag liegt vor, wenn sich dem schriftlich, mündlich oder auf andere Weise geäußerten Willen des Ausländers entnehmen lässt, dass er im Bundesgebiet Schutz vor politischer Verfolgung sucht oder dass er Schutz vor Abschiebung oder einer sonstigen Rückführung in einen Staat begehrt, in dem ihm eine Verfolgung im Sinne des § 3 Absatz 1 oder ein ernsthafter Schaden im Sinne des § 4 Absatz 1 droht.

(2) [1]Mit jedem Asylantrag wird die Anerkennung als Asylberechtigter sowie internationaler Schutz im Sinne des § 1 Absatz 1 Nummer 2 beantragt. [2]Der Ausländer kann den Asylantrag auf die Zuerkennung internationalen Schutzes beschränken. [3]Er ist über die Folgen einer Beschränkung des Antrags zu belehren. [4]§ 24 Absatz 2 bleibt unberührt.

(3) [1]Ein Ausländer, der nicht im Besitz der erforderlichen Einreisepapiere ist, hat an der Grenze um Asyl nachzusuchen (§ 18). [2]Im Falle der unerlaubten Einreise hat er sich unverzüglich bei einer Aufnahmeeinrichtung zu melden (§ 22) oder bei der Ausländerbehörde oder der Polizei um Asyl nachzusuchen (§ 19). [3]Der nachfolgende Asylantrag ist unverzüglich zu stellen.

Übersicht

	Rn.
I. Entstehungsgeschichte	1
II. Allgemeines	2
III. Asylgesuch und Asylantrag	3
1. Allgemeines	3
2. Zuständigkeit	8
3. Inhaltliche Prüfung	10
4. Asylantrag und Abschiebungsschutz	11
5. Familienasyl	15
6. Asylantrag vom Ausland her	16
7. Einreise ohne Einreisepapiere	19

I. Entstehungsgeschichte

1   Die Vorschrift geht in Abs. 1 und 2 auf § 7 I **AsylVfG 1982** zurück. Ihre ursprüngliche Fassung entsprach dem **Gesetzesentwurf 1982**[1]. Vom 1.1.1991 an wurde Abs. 1 (damals S. 1) entsprechend dem Gesetzesentwurf 1990[2] geändert und S. 2 (jetzt Abs. 2) angefügt (Art. 3 Nr. 2 lit. a AuslRNG). Abs. 1 und 2 stimmen mit dem **Gesetzesentwurf 1992**[3] überein. Abs. 3 wurde entsprechend dem Gesetzesentwurf 1993[4] mWv 1.7.1993 angefügt (Art. 1 Nr. 5 **AsylVfÄndG 1993**). In Abs. 1 wurden entsprechend dem Gesetzesentwurf[5] mWv 1.1.2005 die Hinweise auf § 51 I AuslG durch die Bezugnahmen auf § 60 I AufenthG ersetzt (Art. 3 Nr. 51 **ZuwG**). Das RLUmsG **2007** passte Abs. 2 redaktionell an den neuen § 3 IV an („Zuerkennung der Flüchtlingseigenschaft" statt „Feststellung, dass die Voraussetzungen des § 60 I AufenthG vorliegen"). Das RLUmsG 2011 nahm keine Änderungen vorgenommen. Art. 1 Nr. 15 **RLUmsG 2013** änderte jedoch in Abs. 1 aE die alte Formulierung „in dem die in § 60 Abs. 1 des Aufenthaltsgesetzes bezeichneten Gefahren drohen" ab in „in dem ihm eine Verfolgung im Sinne des § 3 Absatz 1 oder ein ernsthafter Schaden im Sinne des § 4 Absatz 1 droht". Zugleich wurde der Abs. 2 (aF „Mit jedem Asylantrag wird sowohl die Zuerkennung der Flüchtlingseigenschaft als auch, wenn der Ausländer dies nicht ausdrücklich ablehnt, die Anerkennung als Asylberechtigter beantragt.") komplett mWz 1.12.2013 neu gefasst. In der **Gesetzesbegründung**[6] heißt es hierzu: (Zu Abs. 1) „Es handelt sich um eine Anpassung an den geänderten Regelungsbereich des Gesetzes. Ein Asylantrag liegt dann nur vor, wenn allein die Zuerkennung internationalen subsidiären Schutzes im Sinne der Richtlinie 2011/95/EU begehrt wird." (Zu Abs. 2) „Die Regelung

---

[1] BT-Drs. 9/875, 3; vgl. auch AuslVwV aF Nr. 3 S. 1 und BVerfG Beschl. v. 25.2.1981 – 1 BvR 413/80 ua, BVerfGE 56, 216.
[2] BT-Drs. 11/6321, 34.
[3] BT-Drs. 12/2062, 7.
[4] BT-Drs. 12/4450, 4.
[5] BT-Drs. 15/420, 44.
[6] BT-Drs. 17/13063, 20.

bestimmt, dass grundsätzlich eine einheitliche Antragstellung erfolgt, dem Antragsteller aber die Möglichkeit der Antragsbeschränkung auf die Gewährung internationalen Schutzes (Flüchtlingsschutz und subsidiärer Schutz) bleibt." Dies ist **europarechtskonform** und entspricht insbesondere iÜ der Antragsdefinition des Art. 2 lit. b und lit. c Asylverfahrens-RL[7]. Nach Art. 6 Asylverfahrens-RL hat das BAMF verschiedene **Fristen** zu beachten[8], was in der Praxis derzeit große Schwierigkeiten bereitet und mithilfe der BÜMA (§ 63a) gelöst werden soll. Klar scheint, dass die behördlich verursachte spätere Antragstellung bei evtl. Wartefristen nicht zu Lasten des Antragstellers gehen kann. Das **2. RückkehrG 2019** fügte Abs. 3 den neuen S. 3 an. Der Gesetzgeber begründete dies wie folgt[9]: Mit der Neuregelung wird der Antragsteller verpflichtet, den Asylantrag in den Fällen des § 13 III unverzüglich zu stellen. Dies soll der zügigen Durchführung des Asylverfahrens und der zeitnahen Klärung des ausländerrechtlichen Status der Ausländer dienen.

II. Allgemeines

Abs. 1 gibt die Grundlage für die Behandlung von Ausländern, die um asylrechtlichen Schutz nachsuchen. Er legt die **Antragsbedürftigkeit** zugrunde und bestimmt zusammen mit § 1 den Anwendungsbereich des AsylG und zugleich auch den Gegenstand des asylgerichtlichen Verfahrens[10]. Mit den seit 1.1.1991 materiell-rechtlich geltenden Änderungen sowie dem RLUmsG 2013 wurden die Voraussetzungen für die gleichzeitige Zuerkennung der Flüchtlingseigenschaft bzw. die Gewährung internationalen Schutzes (Flüchtlingsschutz und subsidiärer Schutz) geschaffen (vgl. Abs. 2). Abs. 3 gibt die Weichenstellung für den Verfahrensablauf vor. 2

III. Asylgesuch und Asylantrag

1. Allgemeines

Die gesetzliche Begriffsbestimmung stellt sicher, dass **jedes Asylgesuch** unabhängig von seiner Form als Antrag auf asylrechtlichen Schutz gewertet und behandelt wird (ähnlich Art. 1 I lit. b DÜ: „Antrag, mit dem ein Ausländer [...] um Schutz ersucht"). Eine Äußerung, die danach nicht als Asylantrag zu werten ist, liegt von vornherein außerhalb des Schutzbereichs des Art. 16a GG. Infolge der Änderung durch das AuslRNG[11] kommt es auf das Ziel des Schutzersuchens – Asylanerkennung oder Abschiebungsschutz/Flüchtlingsanerkennung – nicht mehr an. Dieser Begriff des Asylantrags (iSd **Asylgesuchs**) ist von dem des § 14 I (iSd **förmlichen Antrags**[12]) zu unterscheiden. Wegen der großen Zahl der Asylsuchenden wird auf ein Asylgesuch idR zunächst eine BÜMA (Bescheinigung über die Meldung als Asylsuchender) bzw. ein **Ankunftsnachweis**[13] ausgestellt (vgl. § 63a), damit sich 3

---

[7] Art. 2 lit. b lautet: „Antrag auf internationalen Schutz" oder „Antrag"; das Ersuchen eines Drittstaatsangehörigen oder Staatenlosen um Schutz durch einen Mitgliedstaat, bei dem davon ausgegangen werden kann, dass er die Zuerkennung der Flüchtlingseigenschaft oder die Gewährung des subsidiären Schutzstatus anstrebt, und der nicht ausdrücklich um eine andere, gesondert zu beantragende Form des Schutzes außerhalb des Anwendungsbereichs der Richtlinie 2011/95/EU ersucht. Art. 23 lit. c lautet: „Antragsteller" einen Drittstaatsangehörigen oder Staatenlosen, der einen Antrag auf internationalen Schutz gestellt hat, über den noch keine bestandskräftige Entscheidung ergangen ist.

[8] Art. 6 lautet: „(1) Stellt eine Person einen Antrag auf internationalen Schutz bei einer Behörde, die nach nationalem Recht für die Registrierung solcher Anträge zuständig ist, so erfolgt die Registrierung spätestens drei Arbeitstage nach Antragstellung. Wird der Antrag auf internationalen Schutz bei anderen Behörden gestellt, bei denen derartige Anträge wahrscheinlich gestellt werden, die aber nach nationalem Recht nicht für die Registrierung zuständig sind, so gewährleisten die Mitgliedstaaten, dass die Registrierung spätestens sechs Arbeitstage nach Antragstellung erfolgt. Die Mitgliedstaaten stellen sicher, dass diese anderen Behörden, bei denen wahrscheinlich Anträge auf internationalen Schutz gestellt werden, wie Polizei, Grenzschutz, Einwanderungsbehörden und Personal von Gewahrsamseinrichtungen, über die einschlägigen Informationen verfügen und ihr Personal das erforderliche, seinen Aufgaben und Zuständigkeiten entsprechende Schulungsniveau und Anweisungen erhält, um die Antragsteller darüber zu informieren, wo und wie Anträge auf internationalen Schutz gestellt werden können. (2) Die Mitgliedstaaten stellen sicher, dass eine Person, die einen Antrag auf internationalen Schutz gestellt hat, tatsächlich die Möglichkeit hat, diesen so bald wie möglich förmlich zu stellen. Stellt der Antragsteller keinen förmlichen Antrag, so können die Mitgliedstaaten Artikel 28 entsprechend anwenden. (3) Unbeschadet des Absatzes 2 können die Mitgliedstaaten verlangen, dass Anträge auf internationalen Schutz persönlich und/oder an einem bestimmten Ort gestellt werden. (4) Ungeachtet des Absatzes 3 gilt ein Antrag auf internationalen Schutz als förmlich gestellt, sobald den zuständigen Behörden des betreffenden Mitgliedstaats ein vom Antragsteller vorgelegtes Formblatt oder ein behördliches Protokoll, sofern nach nationalem Recht vorgesehen, zugegangen ist. (5) Beantragt eine große Zahl von Drittstaatsangehörigen oder Staatenlosen gleichzeitig internationalen Schutz, so dass es in der Praxis sehr schwierig ist, die Frist nach Absatz 1 einzuhalten, so können die Mitgliedstaaten vorsehen, dass diese Frist auf 10 Arbeitstage verlängert wird."

[9] BT-Drs. 19/10047, 49.

[10] Dazu → § 74 Rn. 9; *Rennert* DVBl 2001, 161.

[11] → Rn. 1.

[12] Vgl. hierzu Art. 6 AsylVfRL 2013/32/EU sowie VG Arnsberg Beschl. v. 7.12.2015 – 9 L 1508/15.A, Rn. 6.

[13] http://www.bamf.de/DE/Infothek/FragenAntworten/AnkunftsnachweisAsylsuchende/ankunftsnachweis-asylsuchende-node.htm.

der Flüchtling bis zur Dokumentation der Aufenthaltsgestattung nach der – teilweise Monate späteren – förmlichen Asylantragstellung ausweisen kann. Bekommt das BAMF die BÜMA oder auch nur deren wichtigste Informationen (wie idR beim Asylgesuch), so läuft nach dem EuGH-Urt. vom 26.7.2017 (C-670/16 – Mengesteab) bereits die Dreimonatsfrist aus Art. 21 I Dublin III-VO für ein Aufnahmegesuch los, worauf sich der ASt auch berufen kann. Da das Gesetz den Begriff „Asylantrag" zT im doppelten Sinne verwendet, ist jeweils sorgfältig dessen Bedeutung zu bestimmen, zB für Dublin-Fristen oder auch für den Zeitpunkt des Entstehens der gesetzlichen Aufenthaltsgestattung[14]. Aus §§ 30 III Nr. 3, 55 I 1 und 3, 67 I Nr. 2 sowie § 63a (BÜMA) ergibt sich deutlich der Unterschied zwischen Gesuch und Antrag. Teilweise ist nur das Asylgesuch gemeint (§§ 13 III, 16 I, 18 I, 18a I, 19 I, 22a, 44, 55), teilweise nur der förmliche Asylantrag (§§ 22 I, 23, 24 II, 26 II, 29 I, 29a I, 30–33, 34a–38, 63 I). Nachfolgend wird unter Asylantrag beides verstanden, sofern nicht ausdrücklich unterschieden wird, zB bei Inhalt, Rücknahme und Einbeziehung der Familie. In jedem Fall handelt es sich um eine verfahrensrechtlich bedeutsame Willenserklärung und nicht nur um einen bloßen Realakt[15].

4 **Form und Formulierung** des Asylgesuchs sind nicht maßgeblich. Es kann auch fernmündlich[16], fernschriftlich, durch Telefax[17], durch E-Mail, in fremder Sprache oder durch konkludentes Handeln geäußert werden, auch durch einen Bevollmächtigten. Das Wort „Asyl" braucht nicht verwendet zu werden, es genügt jede andere Umschreibung des Wunsches, als Flüchtling vor Verfolgung oder drohendem ernsthaftem Schaden Zuflucht zu erhalten. Andererseits kann der Ausruf „Asyl!" das Schutzersuchen schon so deutlich zum Ausdruck bringen, dass es mit Rücksicht auf die jeweiligen Lebensumstände keiner weiteren Worte oder Gesten bedarf[18]; etwa beim Überwinden von Grenzbefestigungen eines Anrainerstaats, der für politische Verfolgungen bekannt ist, oder bei der Zwischenlandung eines Flugzeugs auf einem deutschen Flughafen oder bei Rettung von einem Flüchtlingsboot. Regelmäßig ist aber eine **kurze Begründung** mit Hinweis auf die Gefahr politischer Verfolgung oder drohendem ernsthaftem Schaden nötig[19]. Aus dieser Begründung kann sich durchaus ergeben, dass das Institut des Asyls missverstanden wird als Zuzugsrecht zu anderen Zwecken; wird dies deutlich und ist von politischer Verfolgung oder drohendem ernsthaftem Schaden auch nach den eigenen Worten des Flüchtlings überhaupt nicht die Rede, liegt kein Asylgesuch iSd Abs. 1 vor. Zur Ablehnung eines derartigen Asylantrags vgl. § 30 V.

5 Kein Asylgesuch stellt das isolierte Begehren von **Abschiebungsschutz nach § 60 V oder VII AufenthG** dar. Auch wenn asylrelevante gegen asylirrelevante Maßnahmen bisweilen schwer abzugrenzen sind, entscheidet sich hier das weitere verfahrensrechtliche Schicksal des Ausländers. Deshalb liegt ungeachtet des formellen Antrags im Zweifel immer ein Asylersuchen vor, wenn das Vorbringen zumindest auch auf die Gefahr politischer Verfolgung oder drohendem ernsthaftem Schaden hindeutet. Insoweit steht dem Ausländer keine Dispositionsbefugnis zu. Damit wird sofort eine möglich umfassende Prüfung vorgenommen, dh, die Berücksichtigung der § 60 V und VII AufenthG werden nicht abgeschnitten, sondern in die Prüfung einbezogen (vgl. §§ 31 III, 32). Andernfalls ist die Berufung auf Abschiebungshindernisse nach § 60 V oder VII AufenthG von der Ausländerbehörde als Grundlage für eine Aufenthaltserlaubnis (§§ 7, 25 III AufenthG) zu prüfen oder als selbstständige Feststellungsantrag zu prüfen und zu bescheiden[20].

6 Die **Rücknahme** des Asylantrags ist zulässig (§§ 67 I Nr. 3, 71 gehen hiervon aus), und zwar auch noch nach seiner Bescheidung[21], wobei hernach europarechtlich in der Regel die **Einstellung** oder **Antragsablehnung** erforderlich ist[22]. Angesichts der Dispositionsfreiheit des Asylbewerbers über sein Asylgrundrecht bedarf die Rücknahme nicht der Zustimmung der Ausländerbehörde oder des BAMF[23]. Sie ist ebenso formlos möglich wie die Antragstellung[24]. Der Flüchtling kann sich freilich seinen verfahrensrechtlichen Pflichten und Obliegenheiten nicht dadurch entziehen, dass er das an der Grenze geäußerte Asylgesuch „zurückzieht" und anschließend bei einer Ausländerbehörde seiner

---

[14] → § 55 Rn. 3.
[15] Dazu → § 12 Rn. 3.
[16] VG Wiesbaden Beschl. v. 13.2.1990 – IV/1 G 20 014/90, InfAuslR 1990, 177.
[17] VG Karlsruhe Beschl. v. 10.11.1987 – A 9 K 426/87, NJW 1988, 664.
[18] AA Gesetzesentwurf 1990, BT-Drs. 9/875, 15.
[19] OVG NRW Beschl. v. 30.12.1988 – 18 B 2036/88, NVwZ-RR 1989, 390.
[20] Dazu *Rennert* DVBl 2001, 161.
[21] Vgl. *Kopp* VwVfG § 9 Rn. 47; *Stelkens* ZAR 1985, 15.
[22] Vgl. Art. 27 Asylverfahrens-RL 2013/32/EU: „(1) Soweit die Mitgliedstaaten nach nationalem Recht die Möglichkeit einer ausdrücklichen Rücknahme vorsehen, stellen sie im Falle der ausdrücklichen Rücknahme des Antrags auf internationalen Schutz durch den Antragsteller sicher, dass die Asylbehörde die Entscheidung trifft, entweder die Antragsprüfung einzustellen oder den Antrag abzulehnen. (2) Die Mitgliedstaaten können auch beschließen, dass die Asylbehörde die Antragsprüfung einstellen kann, ohne dass eine Entscheidung ergeht. In diesem Fall stellen die Mitgliedstaaten sicher, dass die Asylbehörde eine entsprechende Notiz in die Akte des Antragstellers aufnimmt."
[23] AA beiläufig HessVGH Beschl. v. 26.1.1989 – 10 TH 192/89, HessVGRspr 1989, 57.
[24] AA HessVGH Beschl. v. 26.1.1989 – 10 TH 192/89, HessVGRspr 1989, 57: nur schriftlich bei schriftlichem Antrag.

Wahl[25] oder einer sonstigen Stelle Asyl beantragt; Vergleichbares gilt im Dublin-Asylsystem[26]. Mit der bloß formalen Rücknahmeerklärung wird das Asylersuchen unter diesen Umständen bei objektiver Betrachtung nicht hinfällig. Es kommt entscheidend darauf an, ob sich der Gesamtverhalten des Ausländers entnehmen lässt, dass er in Wahrheit weiterhin Schutz vor Verfolgung oder drohendem ernsthaftem Schaden sucht. Wird der Asylantrag erst nach rechtskräftiger gerichtlicher Entscheidung zurückgenommen, bleibt die Wirksamkeit der Gerichtsentscheidung ebenso unberührt wie die des BAMF-Bescheids. Beide erledigen sich nicht etwa nachträglich von selbst. Im Falle der Anerkennung ist die Rücknahme als Verzicht zu behandeln, der die Anerkennung erlöschen lässt (§ 72 I Nr. 4). Diese Grundsätze gelten für das Gesuch wie für den Antrag. Wird das Asylgesuch vor Stellung des förmlichen Antrags zurückgezogen, endet die bereits entstandene Aufenthaltsgestattung vor deren Bescheinigung (vgl. §§ 55 I 1, 63 I), bei Rücknahme nach Antragstellung mit Zustellung des BAMF-Bescheids (§ 67 I Nr. 3) und sonst bei nicht rechtzeitiger Antragstellung (§ 67 I Nr. 2).

Die Personen, auf die sich der Antrag beziehen soll, müssen eindeutig bezeichnet sein[27]. Hierzu bedarf es aber nicht einer Wohnanschrift im Inland[28]. Der Antrag eines Verheirateten schließt nicht von selbst Ehepartner ein. Die Aufführung von **Familienangehörigen** in dem amtlichen Antragsformular bedeutet daher nicht schon deren Einbeziehung in das Antragsverfahren (zu Kindern jetzt § 14a)[29]. Im Gegenteil: Selbst, wenn Ehegatten formell als Antragsteller auftreten, sollte bei Zweifeln, etwa beim Fehlen jeglicher auf sie bezogener Begründung, durch Rückfrage klargestellt werden, ob wirklich ein Asylantrag (auch) für sie beabsichtigt ist. Oft scheint nämlich das Interesse des Kostenträgers an einer einheitlichen sozialhilferechtlichen Behandlung der Familie Einfluss auf die Antragstellung auszuüben. Allerdings muss im Hinblick auf die Zuerkennung von Familienasyl auch das Interesse eines evtl. nicht selbst verfolgten Familienmitglieds an der rechtzeitigen Antragstellung schon bei Bestimmung des Kreises der Antragsteller beachtet werden. Daher muss die mögliche Familienasylberechtigung bei Ermittlung des Willens aufgrund einer sonst unklaren Willensäußerung berücksichtigt werden.

2. Zuständigkeit

Dem Asylersuchen darf die **Qualität als Asylantrag** nicht unter Hinweis auf die fehlende behördliche Zuständigkeit abgesprochen werden. Die Definition lässt die Zuständigkeit für die Entgegennahme des Asylantrags nicht erkennen. Diese ergibt sich erst aus §§ 14, 18 I, 18a I. Aus Abs. 1 einerseits und § 14 andererseits wird deutlich, dass zwischen dem Asylgesuch als dem zunächst formlos geäußerten Wunsch nach asylrechtlichem Schutz und dem Asylantrag zu unterscheiden ist[30]. Der – förmliche – Asylantrag ist beim BAMF (in der Regel einer Außenstelle) zu stellen, und erst dort wird die Begründung in einer Niederschrift festgehalten (§§ 14, 23 ff.). Der zuvor formlos geäußerte Asylwunsch stellt aber ebenso schon einen Asylantrag dar wie der schriftliche Antrag an eine unzuständige Behörde. Das Gesuch muss freilich gegenüber einer staatlichen Stelle geäußert werden, zB bei der Ausländerbehörde[31] oder dem Haftrichter[32].

An der **Grenze** muss der ohne ausreichende Dokumente einreisende Ausländer um Asyl nachsuchen und die Grenzbehörde den Asylantrag ungeachtet dessen zur Kenntnis nehmen und beachten, dass sie für die förmliche Annahme des Antrags nicht zuständig ist, sondern den Ausländer an die nächstgelegene Aufnahmeeinrichtung weiterzuleiten hat (§ 18 I) oder am Flughafen an die dortige Außenstelle des BAMF (§ 18a I). Ähnlich verhält es sich bei Asylgesuchen gegenüber **Ausländerbehörde** oder **Polizei** (§ 19 I). Der Ausländer ist gem. Abs. 3 S. 3 verpflichtet, ohne dass bei Verstoß allerdings Sanktionen vorgesehen sind, **„unverzüglich"**, dh ohne schuldhaftes Zögern[33] zur zügigen Durchführung des Asylverfahrens und der zeitnahen Klärung des ausländerrechtlichen Status Asyl zu beantragen[34]. Sodann ist das BAMF allein zuständig, und zwar ohne Rücksicht auf den Aufenthaltsort. Grundsätzlich unberührt davon bleibt die Zulässigkeit von Einreiseverweigerung oder Zurückschie-

---

[25] HessVGH Beschl. v. 13.10.1988 – 12 TG 1845/88; OVG NRW Beschl. v. 9.1.1987 – 18 B 20 183/86, NVwZ 1987, 524.
[26] Im Dublin-System hat die Rücknahme des Asylantrags oder dessen Begrenzung auf den komplementären nationalen Schutz nach § 60 V oder VII AufenthG nach Zustimmung des anderen Dublin-Staates zur Rückübernahme idR keine Auswirkungen auf eine schon erlassene Abschiebungsanordnung sowie das Rückführungsverfahren; → § 29 Rn. 27.
[27] Zum Familienasyl → Rn. 15.
[28] HessVGH Beschl. v. 16.4.1987 – 7 TG 160/87, InfAuslR 1987, 263.
[29] Betr. Kinder zum früheren Recht VG Stuttgart Urt. v. 12.12.1989 – A 5 K 9153/89, InfAuslR 1990, 178.
[30] → Rn. 3.
[31] VGH BW Beschl. v. 12.2.1993 – A 16 S 204/93, VBlBW 1993, 442; HessVGH Beschl. v. 30.3.1994 – 11 TG 667/94, DÖV 1994, 659.
[32] BayObLG Beschl. v. 30.4.1999 – 3Z BR 127/99, InfAuslR 1999, 464; OLG Frankfurt a. M. Beschl. v. 15.5.1998 – 20 W 183/98, InfAuslR 1998, 464.
[33] Vgl. die Legaldefinition in § 121 I 1 BGB.
[34] → Rn. 1.

bung (§§ 18 II, III, 18a III 1). Ist das Asylverfahren allerdings beim BAMF in Gang gesetzt worden, endet die Zuständigkeit der Grenzbehörde und das BAMF übernimmt die Verfahrensherrschaft.

3. Inhaltliche Prüfung

10   Die Charakterisierung eines Asylgesuchs als Asylantrag ist von jeder inhaltlichen Überprüfung unabhängig. Erforderlich, aber auch ausreichend ist die Behauptung, bei einer Rückkehr in den Heimatstaat von politischen Verfolgungsmaßnahmen iSd Art. 16a I GG oder § 3 bzw. § 60 I AufenthG oder ernsthaftem Schaden iSv § 4 bedroht zu sein. Ob die **materiellen Voraussetzungen** (politische Zweckrichtung, Intensität, staatliche Verantwortung, Beachtlichkeit ua) erfüllt sind, ist unerheblich. Eine inhaltliche Prüfung ist nur insoweit zulässig, als bei Unklarheiten oder Missverständnissen nachgefragt und der Ausländer zur Erklärung angehalten werden darf und muss[35]. Liegt aber ein Asylantrag vor, darf seine Entgegennahme nicht mit Hinweisen auf Unzulässigkeit, Unschlüssigkeit, Unbegründetheit oder „Missbräuchlichkeit" verweigert werden[36]. Das AsylG gibt für die Behandlung von Asylanträgen ein gegliedertes und gestuftes System vor, das im Blick auf das Rechtsstaatsgebot strikt einzuhalten ist und eine inhaltliche Vorabprüfung verbietet[37].

4. Asylantrag und Abschiebungsschutz

11   Unter der Geltung des § 14 AuslG 1965 stand es dem politisch Verfolgten frei, entweder die Asylanerkennung zu beantragen oder bloß um Abschiebungsschutz (damals sog. „kleines Asyl") nachzusuchen. Ihm durfte ein **Asylantrag nicht aufgezwungen** werden[38]. Anders konnte es sich verhalten, wenn ein Ausländer unter Berufung auf politische Verfolgung eine Aufenthaltserlaubnis beantragte. Dieses Vorbringen konnte durchaus als Asylantrag iSd § 13 I (= § 7 I AsylVfG 1982) verstanden werden[39], es sei denn, der Ausländer lehnte dies ausdrücklich ab und riskierte damit die Ablehnung seines Antrags zumindest aus Ermessensgründen nach § 2 I AuslG 1965. Erheblichen Bedenken[40] begegnet der mittelbare Zwang zum Antrag auf Asylanerkennung durch Verweigerung von Sozialhilfe mit der Begründung, neben dem isolierten Antrag auf komplementären nationalen Schutz sei auch der Asylantrag zumutbar.

12   Schon seit 1.1.1991 hatte der Gesetzgeber von der ihm zukommenden Befugnis zur Bestimmung des Verfahrens zur Verwirklichung des Grundrechts auf Asyl Gebrauch gemacht und dem Flüchtling eine (begrenzte) **Wahlmöglichkeit** eröffnet[41]. Der Ausländer kann heute seit dem RLUmsG 2013 gem. Abs. 2 entscheiden: Entweder begehrt er den Asyl- und zugleich internationalen Schutz oder lediglich Letzteren. Da § 24 II aber ausdrücklich „unberührt bleibt", prüft das BAMF den komplementären nationalen Schutz nach § 60 V und VII AufenthG immer mit. Die Feststellung der Voraussetzungen des § 3 bzw. § 60 I AufenthG, die zur Anerkennung als GK-Flüchtling führt, ist nur dann alleiniger Gegenstand des Asylantrags und der Prüfung und Entscheidung des BAMF, wenn der Ausländer die Asyl-Statusanerkennung ablehnt. Über die Folgen, dh etwaige rechtlich Nachteile, ist der Ausländer nach Abs. 2 S. 3 angemessen zu belehren; ist dies unterblieben, ist eine Anfechtung wegen Irrtums möglich[42]. Das Recht, ausschließlich um die Asylanerkennung nachzusuchen, ist dem Flüchtling hingegen nicht eingeräumt. Ausgeschlossen ist schließlich die Möglichkeit, um Schutz vor Verfolgung außerhalb eines Asylverfahrens nachzusuchen (und den damit verbundenen Restriktionen zu entgehen). Auf Gefährdungen sonstiger Art kann sich der Ausländer allerdings mit dem Ziel berufen, eine Aufenthaltserlaubnis aus humanitären Gründen nach § 25 III AufenthG oder eine Duldung nach § 60a AufenthG zu erhalten[43].

13   An der Kompetenz des Gesetzgebers zur Regelung dieser Frage bestehen kein Zweifel; ebenso wenig ist zu beanstanden, dass die beiden früher auf Ausländerbehörde und BAMF verteilten Schutzinstrumente beim BAMF als der besonders sachverständigen zentralen Bundesbehörde **zusammengefasst** sind[44] und dem Asylbewerber eine gewisse Disposition über die Art des asylrechtlichen Schutzes überlassen worden ist. Wenn er die Anerkennung als Asylberechtigter nicht mehr isoliert beantragen kann, war dies schon seit Längerem dadurch sachlich gerechtfertigt, dass bei negativem Ausgang des Anerkennungsverfahrens auch früher asylrechtliche Abschiebungshindernisse – nach § 14 I AuslG 1965 – zu untersuchen waren, und zwar nachträglich durch die in der Regel weniger sachkundige

---

[35] VG Ansbach Beschl. v. 13.11.1989 – AN 12 E 89.38 979, InfAuslR 1990, 71.
[36] *Stelkens* ZAR 1985, 15 (18); HessVGH Beschl. v. 16.4.1987 – 7 TG 160/87, InfAuslR 1987, 263.
[37] Vgl. allgemein BVerfG Beschl. v. 25.2.1981 – 1 BvR 413/80 ua, BVerfGE 56, 216.
[38] *Laubinger* VerwArch 1985, 201; *Renner* ZAR 1985, 88; aA nur OVG RhPf Beschl. v. 19.10.1984 – 11 B 202/84, NVwZ 1985, 210.
[39] So OVG NRW Beschl. v. 15.8.1986 – 18 B 290/86, NVwZ 1987, 255.
[40] Vgl. HmbOVG Beschl. v. 8.6.1989 – Bs IV 12/89, InfAuslR 1989, 314 mablAnm *Goerlich* ZAR 1990, 41.
[41] Vgl. *Koisser/Nicolaus* ZAR 1991, 9.
[42] Ebenso *Treiber* in GK-AsylG § 13 Rn. 145.
[43] Dazu → Rn. 5.
[44] Vgl. allgemein BVerfG Beschl. v. 25.2.1981 – 1 BvR 413/80 ua, BVerfGE 56, 216.

örtliche Ausländerbehörde, also mit zusätzlichem Zeit- und Arbeitsaufwand und einer geringeren Richtigkeitsgewähr.

Das Verhältnis der Anträge zueinander ist vom Beginn des Verfahrens bis zur Entscheidung des 14 BAMF eindeutig: Asyl und internationaler Schutz werden kumulativ beantragt und beide Anträge müssen gesondert verbeschieden werden (§§ 13, 31 II). Entsprechend der ursprünglichen **Dispositionsfreiheit** steht dem Asylbewerber auch später die Beschränkung auf den internationalen Schutz frei. Auch nach Erlass des BAMF-Bescheids gibt es hiergegen keine Bedenken. Anders verhält es sich im umgekehrten Fall. Wurde anfangs nur internationaler Schutz begehrt und vom BAMF beschieden, ist dem Asylbewerber eine Erweiterung des Antrags auf die Voraussetzungen des Art. 16a GG verwehrt[45].

5. Familienasyl

Die Anerkennung insbesondere des Ehegatten, Lebenspartners oder Kindes eines politisch Verfolgten als Asylberechtigter nach § 26 setzt einen Asylantrag voraus, ein besonderer Antrag auf Familienasyl ist nicht vorgesehen (→ Rn. 7). Familienasyl iSd § 26 (früher Gewährung nach § 7a III AsylVfG 1991) wird deshalb von dem Asylantrag mitumfasst (→ § 26 Rn. 10)[46]. Ob einem Asylantrag durch Gewährung des Familienasyls stattgegeben werden kann, braucht bei Antragstellung noch nicht festzustehen oder als möglich zu erscheinen. Daher kann in jedem Asylantrag gleichzeitig das (hilfsweise) Gesuch um Familienasyl gesehen werden. Ob und in welcher Weise diesem Gesuch zu entsprechen ist, hat das BAMF im Verfahren über den Asylantrag zu beurteilen und zu entscheiden (→ § 26 Rn. 18). 15

6. Asylantrag vom Ausland her

Grundsätzlich kann ein Asylantrag **nur im Inland** gestellt werden, weil territoriales Asyl nach 16 Art. 16a GG (ebenso wie Abschiebungsschutz nach § 60 I AufenthG, Art. 33 GK) nur auf dem Gebiet der Bundesrepublik Deutschland gewährt werden kann. Dementsprechend geht das AsylG grundsätzlich von der Anwesenheit des Asylbewerbers während der gesamten Dauer des Verfahrens aus. Indes ist bei einem Asylersuchen an der Grenze nicht (allein) auf die körperliche Anwesenheit im Bundesgebiet abzustellen, sondern ein Asylgesuch auch dann anzunehmen, wenn der Ausländer das Gebiet der Bundesrepublik noch nicht oder noch nicht vollständig betreten hat (betreffs Einreiseverweigerung und Zurückschiebung vgl. §§ 18 II, III, 18a III 1). Europarechtlich sind die EU-Mitgliedstaaten nicht verpflichtet, Personen ein **humanitäres Visum** zu erteilen, damit diese dann im Inland Asyl beantragen können. Es steht ihnen aber frei, solche Visa auf der Grundlage des nationalen Rechts zu erteilen.[47]

Außerdem kann dem zurückgewiesenen oder sonst zwangsweise nach Antragstellung ins Ausland 17 verbrachten Flüchtling die Fortführung des Asylverfahrens nicht mit dem Hinweis auf die **Verweigerung** oder **Beendigung** des **Inlandsaufenthalts** verwehrt werden[48]. Schließlich kann ein Asylantrag auch von einem Ausländer gestellt werden, der sich in einem anderen **Dublin-Staat** aufhält, allerdings mit der Folge, dass der Aufenthaltsstaat den zuständigen Staat zu bestimmen hat und selbst als der Asylantragsstaat gilt[49].

Ob und in welcher Weise einem im Ausland befindlichen Ausländer asylrechtlicher Schutz gewährt 18 werden kann, das vom Ausland her gestellte Asylgesuch also Erfolg verspricht[50], hat keinen Einfluss auf dessen Eigenschaft als Asylantrag. Deshalb handelt es sich bei dem **im Ausland**, insbesondere bei einer deutschen Auslandsvertretung geäußerten Gesuch insbesondere um Schutz gegen politische Verfolgung um einen Asylantrag iSd Abs. 1[51]. Der erforderliche förmliche Asylantrag kann bei einer Ausländerbehörde eingereicht werden und ist von dieser an das BAMF weiterzureichen (§ 14 II 2); dort kann es sodann in Abwesenheit des Ausländers beschieden werden.

7. Einreise ohne Einreisepapiere

Die seit 1.7.1993 geltenden Verpflichtungen zur Antragstellung an der Grenze und zur unverzüg- 19 lichen Antragstellung nach der Einreise entspringen dem „Anliegen, die Zuwanderung zu steuern und begrenzen zu können" und sollen verhindern, dass insbesondere. die Drittstaatenregelungen bzw. das

---

[45] → § 74 Rn. 9.
[46] Ebenso *Bierwirth* in Barwig AuslR S. 229, 233 f.; ähnlich *Koisser/Nicolaus* ZAR 1991, 31.
[47] EuGH Urt. v. 7.3.2017 – C-638/16 – X und X/Belgien sowie EGMR Beschl. v. 5.3.2020 – 3599/18 – M. N. Vgl. hierzu auch *Welte* ZAR 2017, 220.
[48] Betr. vorzeitige Abschiebung vgl. BVerwG Urt. v. 26.6.1984 – 9 C 196.83, BVerwGE 69, 323.
[49] Vgl. die Kommentierung zu § 34a.
[50] Dazu auch → GG Art. 16a Rn. 16 ff.; *Bethäuser* ZRP 1986, 129; *Bierwirth* ZAR 1987, 64; *Denninger/Rachor* ZAR 1988, 51; *Grabherr* NVwZ 1989, 38; *Kreßel* DÖV 1988, 501; BVerwG Beschl. v. 14.4.1992 – 1 C 48.89, NVwZ 1992, 682.
[51] *Denninger/Rachor* ZAR 1987, 51 (56); aA wohl *Bierwirth* ZAR 1987, 64; *Grabherr* NVwZ 1989, 38.

Dublin-Asylsystem durch illegale Einreisen umgangen werden"[52]. Sie zielen va darauf ab, mit der Meldepflicht an der Grenze die Möglichkeit der Zurückweisung in den sicheren Drittstaat zu erhalten. Sie schließen den ohne erforderliche Einreisepapiere einreisenden Flüchtling nicht von der Inanspruchnahme des Asylrechts aus. Sie bilden aber gesetzliche **Obliegenheiten,** deren Nichterfüllung negative Konsequenzen zeitigt. Bei Einreise aus einem sicheren Drittstaat entsteht die Aufenthaltsgestattung erst mit förmlicher Antragstellung (§ 55 I 2), und Straffreiheit trotz unerlaubter Einreise (§ 95 IV AufenthG iVm Art. 31 I GK) tritt nur nach unverzüglicher Meldung bei den Behörden ein.

20   Der Einführung der Grenzantragsverpflichtung scheint die Auffassung zugrunde zu liegen, auch ein politisch Verfolgter sei grundsätzlich nur dann zum Grenzübertritt berechtigt, wenn er über die erforderlichen Einreisepapiere verfüge. Dem kann nur mit Einschränkungen zugestimmt werden. **Visum- und Passpflicht** werden durch die Absicht des Ausländers, um Asyl nachzusuchen, nicht berührt[53]. Ein Asylsuchender ist zur Einholung eines Sichtvermerks aber nur verpflichtet, wenn ihm dies im Einzelfall zumutbar ist[54]. Er darf vor allen Dingen nicht an der Einreise aus dem Verfolgerland gehindert werden, wenn er das sonst erforderliche Visum nicht besitzt[55]. Die Durchreise durch einen potenziell Sicherheit bietenden Drittstaat beendet nicht den Zustand der Flucht[56].

21   Die **Erforderlichkeit von Einreisepapieren** bei Asylbewerbern hat zwar auch der Verordnungsgeber mittelbar in § 39 Nr. 4 AufentV zum Ausdruck gebracht; diese Vorschrift soll Asylbewerber begünstigen und deshalb wird bei diesen ausnahmsweise eine erlaubte Einreise nicht verlangt werden können (vgl. § 5 II 2 AufenthG). Hatte aber ein Ausländer den Asylentschluss bereits vor der Einreise gefasst, verfügte er unter Umständen nicht über den nach § 4 AufenthG erforderlichen Aufenthaltstitel iSd § 14 I Nr. 2 AufenthG. Soweit die Befreiung von der Visumspflicht nämlich von der Einreiseabsicht abhängt oder das Visum für einen anderen Zweck als die Asylantragstellung (Letzteres kommt so gut wie nie vor) erteilt war, konnte die Absicht der Asylsuche dazu führen, dass die Einreise unerlaubt war[57].

22   Ungeachtet dieser grundsätzlichen Bedenken ist die Einführung der Grenzantragspflicht letztlich deshalb nicht zu beanstanden, weil die Inanspruchnahme des Asylrechts damit nicht ausgeschlossen wird und die Ungleichbehandlung gegenüber anderen Asylbewerbern nicht als sachwidrig angesehen werden kann. Wenn und soweit der Flüchtling danach bei der Einreise über Visum und Pass verfügen muss, ist er zur **Äußerung des Asylbegehrens an der Grenze** verpflichtet. Unter erforderlichen Einreisedokumenten sind sowohl die für die Einreise jeweils benötigten Pass- und sonstigen Reisedokumente zu verstehen als auch ein erforderlicher Aufenthaltstitel oder ein Visum. Letzteres folgt aus dem in Abs. 3 S. 2 erwähnten Zusammenhang mit der unerlaubten Einreise (vgl. § 14 I Nr. 2 AufenthG).

23   Nach **unerlaubter Einreise** muss sich der Ausländer entweder bei einer Aufnahmeeinrichtung melden oder bei einer Ausländerbehörde oder der Polizei um Asyl nachsuchen; im zweiten Fall wird er an die nächste Aufnahmeeinrichtung weitergeleitet (§ 19 I). Danach wird der förmliche Asylantrag von der Außenstelle (§ 23) aufgenommen. Der Begriff der unerlaubten Einreise muss hier anders verstanden werden als nach der Definition des § 14 I AufenthG; denn hier soll offenbar nur der Ausländer erfasst werden, der seiner Verpflichtung nicht an der Grenze um Asyl nachgesucht zu haben, sondern eingereist ist[58]. Damit ist va derjenige gemeint, der außerhalb der Grenzübergangsstelle („grüne" oder „blaue" Grenze) oder außerhalb der Verkehrsstunden die Grenze überschreitet, aber auch derjenige, der ohne erforderliche Einreisepapiere die Grenzstelle passiert, weil eine Kontrolle nicht oder nicht wirksam erfolgt. Die erste Gruppe ist nach Fortfall der Binnengrenzen erheblich angewachsen. Von Abs. 3 nicht betroffen sind Ausländer mit ausreichenden Einreisepapieren; sie können ihr Asylgesuch im Inland gegenüber jeder in Betracht kommenden Behörde äußern, va gegenüber Ausländerbehörde und Polizei.

§ 14 Antragstellung

(1) ¹Der Asylantrag ist bei der Außenstelle des Bundesamtes zu stellen, die der für die Aufnahme des Ausländers zuständigen Aufnahmeeinrichtung zugeordnet ist. ²Das Bundesamt kann den Ausländer in Abstimmung mit der von der obersten Landesbehörde bestimmten Stelle verpflichten, seinen Asylantrag bei einer anderen Außenstelle zu stellen. ³Der Ausländer ist vor der Antragstellung schriftlich und gegen Empfangsbestätigung darauf

---

[52] BT-Drs. 12/4450, 16 f.
[53] Vgl. insbes. die Kommentierungen zu §§ 3 und 15 AufenthG.
[54] BVerfG-K Beschl. v. 16.6.1987 – 2 BvR 911/85, NVwZ 1987, 1068.
[55] BVerwG Urt. v. 19.5.1981 – 1 C 168.79, BVerwGE 62, 206; Urt. v. 15.5.1984 – 1 C 59.81, NVwZ 1984, 591;
→ § 55 Rn. 3.
[56] Vgl. BVerwG Urt. v. 15.12.1987 – 9 C 285.86, BVerwGE 78, 332; Urt. v. 21.6.1988 – 9 C 12.88, BVerwGE 79, 347; Beschl. v. 14.4.1992 – 1 C 48.89, NVwZ 1992, 682.
[57] → AufenthG § 14 Rn. 6 ff.
[58] *Hailbronner* AsylG § 13 Rn. 51 f.

hinzuweisen, dass nach Rücknahme oder unanfechtbarer Ablehnung seines Asylantrags die Erteilung eines Aufenthaltstitels gemäß § 10 Abs. 3 des Aufenthaltsgesetzes Beschränkungen unterliegt. [4] In Fällen des Absatzes 2 Satz 1 Nr. 2 ist der Hinweis unverzüglich nachzuholen.

(2) [1] Der Asylantrag ist beim Bundesamt zu stellen, wenn der Ausländer
1. einen Aufenthaltstitel mit einer Gesamtgeltungsdauer von mehr als sechs Monaten besitzt,
2. sich in Haft oder sonstigem öffentlichem Gewahrsam, in einem Krankenhaus, einer Heil- oder Pflegeanstalt oder in einer Jugendhilfeeinrichtung befindet, oder
3. minderjährig ist und sein gesetzlicher Vertreter nicht verpflichtet ist, in einer Aufnahmeeinrichtung zu wohnen.

[2] Die Ausländerbehörde leitet einen bei ihr eingereichten schriftlichen Antrag unverzüglich dem Bundesamt zu. [3] Das Bundesamt bestimmt die für die Bearbeitung des Asylantrags zuständige Außenstelle.

(3) [1] Befindet sich der Ausländer in den Fällen des Absatzes 2 Satz 1 Nr. 2 in
1. Untersuchungshaft,
2. Strafhaft,
3. Vorbereitungshaft nach § 62 Absatz 2 des Aufenthaltsgesetzes,
4. Sicherungshaft nach § 62 Absatz 3 Satz 1 Nummer 2 des Aufenthaltsgesetzes, weil er sich nach der unerlaubten Einreise länger als einen Monat ohne Aufenthaltstitel im Bundesgebiet aufgehalten hat,
5. Sicherungshaft nach § 62 Absatz 3 Satz 1 Nummer 1 und 3 des Aufenthaltsgesetzes,
6. Mitwirkungshaft nach § 62 Absatz 6 des Aufenthaltsgesetzes,
7. Ausreisegewahrsam nach § 62b des Aufenthaltsgesetzes,

steht die Asylantragstellung der Anordnung oder Aufrechterhaltung von Abschiebungshaft nicht entgegen. [2] Dem Ausländer ist unverzüglich Gelegenheit zu geben, mit einem Rechtsbeistand seiner Wahl Verbindung aufzunehmen, es sei denn, er hat sich selbst vorher anwaltlichen Beistands versichert. [3] Die Abschiebungshaft endet mit der Zustellung der Entscheidung des Bundesamtes, spätestens jedoch vier Wochen nach Eingang des Asylantrags beim Bundesamt, es sei denn, es wurde auf Grund von Rechtsvorschriften der Europäischen Gemeinschaft oder eines völkerrechtlichen Vertrages über die Zuständigkeit für die Durchführung von Asylverfahren ein Auf- oder Wiederaufnahmeersuchen an einen anderen Staat gerichtet oder der Asylantrag wurde als unzulässig nach § 29 Absatz 1 Nummer 4 oder als offensichtlich unbegründet abgelehnt.

Übersicht

	Rn.
I. Entstehungsgeschichte und Änderungshistorie	1
II. Allgemeines	5
III. Antragstellung	10
IV. Asylantrag aus der Haft (Abs. 3)	24

I. Entstehungsgeschichte und Änderungshistorie

Die Vorschrift geht auf § 38 AuslG 1965 und § 8 Abs. 1 AsylVfG 1982 zurück. Sie stimmt in Abs. 1 und 2 bis auf die (redaktionelle) Auswechslung des Begriffs „Erstaufnahmeeinrichtung" gegen „Aufnahmeeinrichtung" in Abs. 2 S. 1 Nr. 3 mit dem **Gesetzesentwurf 1992**[1] überein[2]. Der aktuelle Abs. 3 wurde durch Gesetz vom 29.10.1997[3] als damaliger Abs. 4 eingefügt. Der zuvor mit Gesetz vom 30.6.1993[4] implementierte frühere Abs. 3 („Ausländer, die als Kriegs- oder Bürgerkriegsflüchtlinge eine Aufenthaltsbefugnis nach § 32a AuslG besitzen, können keinen Asylantrag stellen") wurde durch Gesetz vom 30.7.2004[5] gestrichen. Mit dem Gesetz vom 30.7.2004[6] gingen weitere Änderungen des § 14 einher, namentlich die Einfügung der Hinweisverpflichtung in Abs. 1 S. 3 und 4, der Austausch des Begriffs „Aufenthaltsgenehmigung" durch „Aufenthaltstitel" in Abs. 2 S. 1 Nr. 1 sowie die Ersetzung der Bezugnahme auf § 57 AuslG durch die Bezugnahme auf § 62 AufenthG.

Das **RLUmsG 2007** ersetzte in Anpassung an den neuen Sprachgebrauch des Aufenthaltsgesetzes in Abs. 3 S. 1 Nr. 4 das Wort „Aufenthaltsgenehmigung" durch „Aufenthaltstitel". In Abs. 3 S. 1 Nr. 5 wurde der Verweis auf § 62 Abs. 2 S. 1 „*Nr. 1 a*" (statt 2) bis 5 AufenthG eingefügt mit dem Ziel, sicherzustellen, dass in den Fällen der Abschiebungsanordnung (§ 58a AufenthG) keine Entlassung aus

---

[1] BT-Drs. 12/2062, 7.
[2] BT-Drs. 12/2718, 14.
[3] BGBl. 1997 I S. 2584.
[4] BGBl. 1993 I S. 1062.
[5] BGBl. 2004 I S. 1950.
[6] BGBl. 2004 I S. 1950.

der Sicherungshaft allein deshalb erfolgt, weil ein Asylantrag gestellt wird. Das RLUmsG 2007 fügte schließlich in Abs. 3 S. 3 nach den Wörtern „es sei denn" den Verweis auf das Auf- oder Wiederaufnahmeersuchen ein. Der Gesetzgeber begründete dies wie folgt[7]:

„Die Ergänzung ist erforderlich, um sicherzustellen, dass Ausländer, die im Rahmen des Verfahrens nach der Verordnung (EG) Nr. 343/2003 kurzfristig in den für das Asylverfahren zuständigen Staat verbracht werden sollen, nicht vorzeitig aus der Haft entlassen werden und untertauchen. Letzteres steht regelmäßig zu befürchten, da die betroffenen Ausländer bereits einmal den für sie zuständigen Staat verlassen haben und illegal nach Deutschland gereist sind. Im Unterschied zur Systematik bei Entscheidungen als unbeachtlich oder offensichtlich unbegründet kann die Rechtsfolge bei diesen Fällen nicht an die Entscheidung des Bundesamtes für Migration und Flüchtlinge über die Unzulässigkeit des Asylantrags gemäß § 27a – neu – geknüpft werden, da diese Entscheidung vom Bundesamt für Migration und Flüchtlinge erst dann getroffen werden kann, wenn der ersuchte Staat seine Zuständigkeit anerkannt hat. Es ist aufgrund dessen notwendig, dass eine Verlängerung der Haft, über die in Absatz 3 Satz 3 genannten vier Wochen hinaus, bereits durch die Einleitung des sog. Dublin-Verfahrens ermöglicht wird."

3 Durch das **RLUmsG 2011**[8] wurde Abs. 3 redaktionell an die Änderung des § 62 AufenthG angepasst: In Abs. 3 Nr. 3 wurde die Angabe „§ 62 Abs. 1" durch die Angabe „§ 62 Absatz 2" und in Nr. 4 und 5 wurde jeweils die Angabe „§ 62 Abs. 2" durch die Angabe „§ 62 Absatz 3" ersetzt. Mit dem **AsylVfBeschlG 2015** wurde redaktionell Abs. 2 S. 1 Nr. 3 an § 12 angepasst (Wegfall der Altersschranke) und Abs. 2 S. 3 ergänzt. Art. 6 des Integrationsgesetzes **(IntG)**[9] fügte den neuen Abs. 1 S. 2 ein und änderte Abs. 3 S. 3 (Folgeregelung zur Neufassung des § 29).

4 Das **2. RückkehrG 2019** passte den Wortlaut des Abs. 3 S. 1 an die Neustrukturierung der Sicherungshaft und die damit einhergehende Änderung der Nummerierung der Haftgründe in § 62 Abs. 3 AufenthG an. Außerdem wurde ein Verweis auf die Mitwirkungshaft nach § 62 Abs. 6 AufenthG (neue Nr. 6) sowie den Ausreisegewahrsam nach § 62b AufenthG (neue Nr. 7) aufgenommen. Zur Begründung dieser neuen Nummern wurde ausgeführt, dass insoweit eine mit den bereits in den Nr. 3 bis 5 geregelten Abschiebungshaftarten vergleichbare Interessenlage vorliege[10].

II. Allgemeines

5 § 14 regelt zwei verschiedene, aber dennoch miteinander verknüpfte Materien im Hinblick auf die Stellung eines Asylantrags. Die Abs. 1 und 2 geben vor, bei welcher Stelle des BAMF ein Asylsuchender seinen Asylantrag zu stellen hat, insoweit präsentiert sich § 14 als **Zuständigkeitsregelung**. In Abs. 3 ergänzt die Norm das Regelungsregime für die **Abschiebungshaft** aus § 62 AufenthG für den Fall, dass ein in Haft befindlicher Ausländer einen Asylantrag stellt.

6 Mit der Stellung eines Asylantrags ist eine Vielzahl von **Rechtsfolgen** sowohl für das eingeleitete Asylverfahren als auch für das Aufenthaltsrecht verbunden. Beispielsweise beschränkt § 10 Abs. 3 AufenthG die Erteilung eines Aufenthaltstitels nach unanfechtbarer Ablehnung des Asylantrages oder der Rücknahme eines solchen. Zudem erlöschen mit der Stellung eines Asylantrags gem. § 55 Abs. 2 S. 1 eine Befreiung vom Erfordernis eines Aufenthaltstitels, ein Aufenthaltstitel mit einer Gesamtgeltungsdauer von sechs Monaten sowie die in § 81 Abs. 3 und 4 AufenthG bezeichneten Fiktionswirkungen eines Antrags auf Erteilung eines Aufenthaltstitels.

7 Die **Organisation der Verfahren** zur Verwirklichung des Asylgrundrechts unterlag nach früherem Recht weitgehend der gesetzgeberischen Gestaltungsfreiheit – heute mehr denn je dem harmonisierten europäischen Asylverfahrensrecht. Asylrechtliche Verfahrensbestimmungen mussten aber schon immer so beschaffen sein und ausgelegt und angewendet werden, dass sie dem Grundrecht auf Asyl möglichst zur Geltung verhelfen[11]. Verfassungsrechtlich unzulässig ist es insbesondere, dem Asylbewerber den regulären Weg zur Statusfeststellung durch Maßnahmen der Ausländerbehörde abzuschneiden, solange diesen nicht die Kompetenz zur Sachprüfung eindeutig aussichtsloser Asylgesuche übertragen ist[12]. Diesen Anforderungen genügen die Vorschriften über die Antragstellung und die Bescheidung durch das BAMF nach den §§ 13 ff. ebenso wie die frühere Aufteilung der Zuständigkeit zwischen Ausländerbehörde und BAMF nach den §§ 7 ff. AsylVfG 1982.

8 Durch die **Konzentration der Zuständigkeit** für die Antragstellung beim BAMF wird eine möglichst frühzeitige und schnelle Kontrolle über den Neuzugang bewirkt. Während ein Asylersuchen iSd § 13 Abs. 1 keiner Form bedarf und dennoch alle Folgen eines Asylgesuchs auslöst, wird das

---

[7] BT-Drs. 16/5065, 215.
[8] BT-Drs. 17/5470; Art. 4 des Gesetzes zur Umsetzung aufenthaltsrechtlicher Richtlinien der Europäischen Union und zur Anpassung nationaler Rechtsvorschriften an den EU-Visakodex (BGBl. I S. 2258).
[9] Gesetz vom 31.7.2016, BGBl. I S. 1939.
[10] BT-Drs. 19/10047, 49.
[11] BVerfG Beschl. v. 25.2.1981 – 1 BvR 413/80 ua, BVerfGE 56, 216; Beschl. v. 12.7.1983 – 1 BvR 1470/82, BVerfGE 65, 76; Beschl. v. 2.5.1984 – 2 BvR 1413/83, BVerfGE 67, 43.
[12] BVerfG Beschl. v. 25.2.1981 – 1 BvR 413/80 ua, BVerfGE 56, 216.

Gesuch mit der förmlichen Entgegennahme durch die zuständige Stelle aktenkundig und zum Gegenstand eines asylrechtlichen Verwaltungsverfahrens[13].

Die Änderungen gegenüber dem früheren Rechtszustand (§ 8 AsylVfG 1982) ergeben sich aus der damals **neuen Aufgabenverteilung** zwischen Ausländerbehörde und BAMF, die eine Anhörung des Asylbewerbers durch die Ausländerbehörde nicht mehr kennt und deshalb die Antragstellung beim BAMF als der allein entscheidenden Stelle nahelegt. Die Unterscheidung zwischen dem BAMF und dessen Außenstellen soll zur beschleunigten Entgegennahme, Bearbeitung und Erledigung des Asylantrags beitragen. Die **Zuständigkeit** ist freilich recht kompliziert geregelt, weil sich die zuständige Stelle uU erst aufgrund mehrerer nach § 46 I und II zu treffender Behördenentscheidungen ergibt und ua davon abhängt, ob der Aufnahmeeinrichtung eine Außenstelle des BAMF zugeordnet ist und ob diese Asylgesuche von Flüchtlingen aus dem entsprechenden Herkunftsland bearbeitet. 9

III. Antragstellung

Die Zuständigkeit für die Antragstellung liegt ausschließlich beim BAMF, nicht mehr bei der Ausländerbehörde. Konkret zuständig ist entweder die **Zentrale** des BAMF (in Nürnberg) oder eine der **Außenstellen** des BAMF in den Ländern. Die Regelzuständigkeit gibt Abs. 1 S. 1 vor. Der Asylantrag ist danach **grundsätzlich bei der Außenstelle** des BAMF zu stellen, die der für die Aufnahme des Ausländers zuständigen Aufnahmeeinrichtung zugeordnet ist. Nur in Ausnahmefällen kann das BAMF den Ausländer – in Abstimmung mit der von der obersten Landesbehörde bestimmten Stelle – verpflichten, seinen Asylantrag bei einer anderen Außenstelle zu stellen. Dies soll eine flexible Steuerung der Asylantragstellung ermöglichen und dient dazu, bestehende Kapazitäten besser auszunutzen und damit einer schnelleren Antragstellung[14]. Die Bestimmung der im konkreten Fall zuständigen Aufnahmeeinrichtung richtet sich nach § 46. Die Stellung des förmlichen Asylantrags setzt voraus, dass das Verteilungsverfahren nach § 46 bereits abgeschlossen wurde. Für die Antragstellung bei der Außenstelle muss der Ausländer **persönlich** erscheinen (§ 23 I). 10

Anknüpfungspunkt für die Zuständigkeit der Außenstelle nach Abs. 1 ist nicht mehr der tatsächliche Aufenthaltsort oder die Bestimmung durch die Grenzbehörden (wie nach § 8 I und § 9 I AsylVfG 1982). Die **Zuständigkeit** für die Antragstellung ergibt sich vielmehr unmittelbar und zwingend aus der Zuständigkeit zur Aufnahme. Diese wiederum hängt nach § 46 vom Ort der Meldung, der freien Kapazität, der Bearbeitungszuständigkeit und erforderlichenfalls der zentralen Verteilung ab. Primär wird die Zuständigkeit damit durch den Asylbewerber selbst bestimmt, mittelbar aber durch die Entscheidungen der Landesregierung über die Einrichtung von Aufnahmeeinrichtungen sowie des BAMF über die Schaffung von Außenstellen und die Verteilung der Herkunftsländer auf Zentrale und Außenstellen. Auch wenn eine Entscheidung der zentralen Verteilungsstelle notwendig wird (§ 46 II), wird die Zuständigkeit einer Außenstelle begründet, nicht die der Zentrale des BAMF. Wegen dieses Zuständigkeitssystems genügt die Meldung des Ausländers bei irgendeiner Aufnahmeeinrichtung; dort wird die zuständige Aufnahmeeinrichtung nach § 46 mithilfe des „EASY" (Erstverteilung von Asylbegehrenden) ermittelt. Nach dem „Königsteiner Schlüssel" wird entsprechend der Steuereinnahmen und der Bevölkerungszahl die Aufnahmequote des jeweiligen Bundeslandes jährlich festgelegt. 11

Die **BAMF-Zentrale** ist nur für die Fallgestaltungen des Abs. 2 zuständig, in denen der Gesetzgeber eine Antragstellung bei der Außenstelle für nicht geboten bzw. angesichts deren Funktion für unzweckmäßig hält. Die Antragstellung ist dadurch erschwert, dass ein mündlicher Antrag bei der Ausländerbehörde nicht mehr zugelassen ist. Nicht in einer Aufnahmeeinrichtung lebende Ausländer, die der deutschen Schriftsprache nicht mächtig und nicht durch einen Bevollmächtigten vertreten sind, sind daher grundsätzlich dazu gezwungen, nach Nürnberg zu reisen, um ihren Asylantrag ordnungsgemäß zu stellen. Gerade die Angehörigen der Personengruppen des Abs. 2 Nr. 2 und 3 werden hierzu oft nicht in der Lage sein. 12

Die Ausnahmen des Abs. 2 S. 1 sind unmittelbar für die Antragstellung bedeutsam, mittelbar aber auch für die Aufenthaltsbeschränkung des Asylbewerbers selbst, denn die Zuständigkeit für die Antragstellung entscheidet grundsätzlich auch über den Aufenthalt (vgl. § 47). Unter „Bundesamt" iSd Abs. 2 S. 1 ist die Zentrale (in Nürnberg) zu verstehen, nicht die Außenstellen; dies wird nicht zuletzt aus den unterschiedlichen Formulierungen in Abs. 1 und 2 deutlich. 13

Die Ausnahmekonstellationen des Abs. 2 S. 1 betreffen drei Fälle: Die erste Variante ist, dass die ausländische Person einen **Aufenthaltstitel mit einer Gesamtgeltungsdauer von mehr als sechs Monaten** besitzt. Zweitens sind diejenigen Konstellationen umfasst, in denen sich der Ausländer in **Haft oder sonstigem öffentlichem Gewahrsam, in einem Krankenhaus, einer Heil- oder Pflegeanstalt oder in einer Jugendhilfeeinrichtung befindet.** Drittens ist ein Asylantrag auch dann bei der Zentrale des BAMF zu stellen, wenn der betroffene Ausländer **minderjährig** ist und sein gesetzlicher Vertreter nicht verpflichtet ist, in einer Aufnahmeeinrichtung zu wohnen. 14

---

[13] Zu den Unterschieden näher → § 13 Rn. 3.
[14] BR-Drs. 266/16, 59.

15 Bei dem **Aufenthaltstitel** (Abs. 2 S. 1 Nr. 1) kommt es nicht auf dessen Art an. Eine Aufenthaltsgestattung (nach § 55 Abs. 1 S. 1) ist aber kein Aufenthaltstitel (§ 4 Abs. 1 S. 2 AufenthG), erst recht nicht eine Duldung (§ 60a AufenthG). Der Aufenthaltstitel braucht nicht von der Ausländerbehörde ausgestellt zu sein; es genügt auch ein während des Antragsverfahrens gesetzlich verlängerter Titel nach § 81 Abs. 4 AufenthG. Da die Gesamtgeltungsdauer sechs Monate überschreiten muss und der gesetzlich verlängerte Titel mit der Antragsbescheidung erlischt, kommt nur der Fall des Verlängerungsantrags in Betracht. Beim Erstantrag entsteht lediglich ein fiktiv erlaubter Aufenthalt (§ 81 Abs. 2 S. 1 AufenthG), die Fiktionsbescheinigung (§ 81 Abs. 5 AufenthG) ist kein Aufenthaltstitel und außerdem ist mit einer Bescheidung binnen sechs Monaten zu rechnen.

16 Die **Gesamtgeltungsdauer** des Aufenthaltstitels muss mindestens sechs Monate betragen, nicht die restliche Dauer. Es kann sich auch um eine verlängerte Aufenthaltserlaubnis (§ 8 I AufenthG) handeln, deren Verlängerungszeitraum kürzer als sechs Monate ist. In jedem Fall muss der Ausländer sie aber (noch) besitzen, sie darf also insbesondere nicht erloschen sein. Entscheidend ist die Überlegung, dass längerfristig zum Aufenthalt zugelassene Ausländer nicht zur Aufgabe ihrer Unterkunft und zum Wohnen in einer Aufnahmeeinrichtung gezwungen werden sollen. Ob in der verbleibenden restlichen Zeit der Geltungsdauer des Aufenthaltstitels das Asylverfahren abgeschlossen werden kann, ist unerheblich.

17 **Haft** iSv Abs. 2 S. 1 Nr. 2 ist jede richterlich angeordnete Haft wie Straf-, Untersuchungs-, Abschiebungs-, Zurückweisungs- und Zurückschiebungshaft[15]. Der Terminus „sonstiger öffentlicher Gewahrsam" umfasst auch weitere Fälle der Freiheitsentziehung, etwa nach den Sicherheits- und Ordnungsgesetzen der Länder[16]. Damit ist der Anwendungsbereich des Abs. 2 S. 1 Nr. 2 größer als der Katalog der in Abs. 3 S. 1 genannten Haftarten. Für den Aufenthalt in einer Haft- oder sonstigen Anstalt oder Einrichtung iSd Abs. 2 S. 1 Nr. 2 spielt der Grund keine Rolle. Ebenso unerheblich ist, ob der Ausländer infolge der Unterbringung rechtlich oder tatsächlich am Verlassen der Einrichtung gehindert und nicht zum Wohnen in einer Aufnahmeeinrichtung imstande ist (zur Wohnverpflichtung vgl. auch § 47 I 2). Voraussetzung für die Anwendbarkeit des Abs. 2 S. 1 Nr. 2 ist aber, dass der Gewahrsam im Zeitpunkt der Stellung des Asylantrags **noch andauert**.

18 Die Ausnahme zugunsten **Minderjähriger** in Abs. 2 S. 1 Nr. 3 knüpft an die fehlende Verpflichtung des gesetzlichen Vertreters zum Wohnen in einer Aufnahmeeinrichtung an. Dem Flüchtlingskind soll das Leben in einer derartigen Einrichtung mit ihren regelmäßig negativen psychischen Folgen erspart bleiben (vgl. aber § 47 II). Diesem Sinn und Zweck entsprechend genügt es, wenn zumindest ein Elternteil nicht dort zu wohnen braucht. Der Grund hierfür kann zB darin bestehen, dass für das Elternteil eine Ausnahme nach Abs. 2 S. 1 Nr. 1 vorliegt oder die Wohnverpflichtung in der Aufnahmeeinrichtung abgelaufen ist (vgl. § 47 I und §§ 48, 49). Wann ein Ausländer minderjährig ist, folgt aus § 12 II 1 iVm den Vorschriften des BGB.

19 Wird der Asylantrag bei einer **unzuständigen Stelle** gestellt, ist er von dieser entgegenzunehmen, braucht aber nicht unbedingt an die Zentrale des BAMF weitergeleitet zu werden; die unzuständige Stelle ist aber hierzu befugt[17]. Beantragt der Ausländer aber nach der erforderlichen Beratung und Belehrung (§ 25 VwVfG) die Abgabe an die zuständige Behörde, wird diese erfolgen müssen. Dies gilt auch im Verhältnis der Zentrale und den Außenstellen des BAMF, denn Letztere sind ungeachtet ihres organisatorischen Verhältnisses zum BAMF[18] iRd Abs. 2 unzuständig für die Entgegennahme des Asylantrags.

20 Für die Ausländerbehörde ordnet Abs. 2 S. 2 zwingend die unverzügliche **Weiterleitung** an die Zentrale des BAMF an. Die Pflicht zur Weiterleitung setzt die Pflicht zur Entgegennahme voraus. Eine irgendwie geartete Zuständigkeit der Ausländerbehörde, etwa nach § 71 AufenthG oder § 3 VwVfG bzw. Landes-VwVfG, ist nicht verlangt. Da die Weiterleitungspflicht in Abs. 2 enthalten ist, ist sie formell auf die Ausnahmefälle iSd Abs. 2 S. 1 beschränkt. Dennoch kann Abs. 2 S. 2 in anderen Fallkonstellationen **analog** angewendet werden[19], zumal gerade bei einem schriftlichen Antrag mangels Angaben über die Ausnahmekriterien des Abs. 2 die Frage nach der Zuständigkeit der Zentrale oder einer Außenstelle des BAMF offen sein kann. Die für die Annahme einer Analogie erforderliche planwidrige Regelungslücke ergibt sich daraus, dass der Wortlaut des Abs. 2 S. 2 keine Beschränkung auf solche schriftlichen Anträge enthält, die gegenüber der Zentrale des BAMF zu stellen sind. Zudem ist nicht ersichtlich, dass der Gesetzgeber bei schriftlichen Anträgen, die nach Abs. 1 an die Außenstelle des BAMF zu richten sind, anders als bei schriftlichen Anträgen, die nach Abs. 2 bei der Zentrale des BAMF gestellt werden müssen, keine Pflicht der Ausländerbehörde zur unverzüglichen Weiterleitung eines Asylantrags hätte normieren wollen.

21 Die **Weiterleitung ist nur für schriftliche Anträge vorgeschrieben.** Die Aufnahme eines (mündlichen) Antrags zur Niederschrift ist weder im VwVfG noch im AsylG vorgesehen. **Mündliche**

---

[15] *Lehnert/Lehrian* in Huber/Mantel, AufenthG/AsylG, § 14 AsylG Rn. 6.
[16] *Lehnert/Lehrian* in Huber/Mantel, AufenthG/AsylG, § 14 AsylG Rn. 6.
[17] Vgl. *Stelkens* ZAR 1985, 15 (18).
[18] Dazu → § 5 Rn. 9 ff.
[19] AA *Houben* in Kluth/Heusch AsylG § 14 Rn. 14b.

Anträge sind danach überhaupt nur beim BAMF (Zentrale oder Außenstelle) möglich. Wer bei der Ausländerbehörde ein Asylgesuch iSd § 13 I äußert, ist in den Fällen des § 14 I an die nächste Aufnahmeeinrichtung weiterzuleiten (§ 19 I); dies gilt auch, wenn das Asylersuchen anders als schriftlich kundgetan wird. Einem Ausländer, der um Asyl nachgesucht, aber noch keinen Asylantrag gestellt hat, wird unverzüglich eine Bescheinigung über die Meldung als Asylsuchender durch die Grenzbehörde, Ausländerbehörde, Polizei sowie die Aufnahmeeinrichtung ausgestellt (früher BüMA, nunmehr **Ankunftsnachweis**). Diese Bescheinigung enthält die Angaben zur Person und ein Lichtbild des Ausländers sowie die Bezeichnung der Aufnahmeeinrichtung, in die sich der Ausländer zur Asylantragstellung unverzüglich zu begeben hat. Nähere Regelungen zum Ankunftsnachweis enthält § 63a.

Seit Anfang 2005 gilt eine zusätzliche **Hinweispflicht**. Der Asylbewerber ist nach **Abs. 1 S. 3** vor der Asylantragstellung schriftlich und gegen Empfangsbekenntnis auf die gesetzlichen Beschränkungen für die Erteilung eines Aufenthaltstitels nach erfolglosem Abschluss des Asylverfahrens in § 10 III AufenthG hinzuweisen. Befindet sich der Ausländer in Haft oder einem sonstigen öffentlichen Gewahrsam, in einem Krankenhaus, einer Heil- oder Pflegeanstalt oder in einer Jugendhilfeeinrichtung (vgl. Abs. 2 S. 1 Nr. 2), ist der Hinweis auf die gesetzlichen Beschränkungen unverzüglich nachzuholen (Abs. 1 S. 4). Die **Form** der Belehrung stimmt mit der Form des Hinweises auf die Zustellvorschriften des § 10 überein (vgl. insoweit § 10 VII)[20].

Die Belehrung nach Abs. 1 S. 3 muss die Differenzierungen in § 10 III AufenthG möglichst **verständlich wiedergeben;** dazu reicht die Wiederholung des Wortlauts der Norm schon deshalb nicht, weil dort die Kenntnis des Inhalts von Abschnitt 5 vorausgesetzt wird. Der **Zweck** der Belehrung ist darin zu sehen, den Ausländer auf von ihm nicht erwartete Folgen des Asylgesuchs hinzuweisen, ihn also in gewissem Sinne vor den möglichen Folgen der Stellung eines Asylantrags zu „warnen". Die **Folgen einer unterlassenen oder fehlerhaften Belehrung** bestehen nicht in der Unanwendbarkeit der Beschränkungen des § 10 III AufenthG, diese gelten vielmehr ungeachtet der Kenntnis des Asylbewerbers[21]. Für eine andere Lesart enthalten weder der Wortlaut des Abs. 1 S. 3, noch seine Systematik noch die Gesetzesbegründung zur Einfügung der Hinweispflicht[22] eine Grundlage[23].

IV. Asylantrag aus der Haft (Abs. 3)

Abs. 3 regelt, dass die Stellung eines Asylantrags der Anordnung oder Aufrechterhaltung von Abschiebungshaft in genauer bestimmten Haftsituationen nicht entgegensteht. Unter **Asylantragstellung** iSd Abs. 3 S. 1 fällt nicht nur der förmliche Asylantrag beim BAMF nach Abs. 1 und 2, sondern auch das Asylgesuch nach § 13[24]. Bereits das Asylgesuch löst nämlich die Aufenthaltsgestattung aus und beseitigt damit die Ausreisepflicht, welche eine Grundvoraussetzung für die Haft ist. Die Regelung des Abs. 3 betrifft nur Asylerstanträge, denn Folgeanträge hindern vor Einleitung eines weiteren Asylverfahrens die Fortdauer der Haft ohnehin nicht (vgl. § 71 VIII)[25].

Durch die Regelung des Abs. 3 soll verhindert werden, dass ein Ausländer, der um Asyl nachsucht, während er sich in **öffentlichem Gewahrsam** befindet, wegen des dann ausgelösten Bleiberechts aus der Haft entlassen werden muss und untertauchen und ggf. (erneut) Straftaten begehen kann. Sobald nämlich ein Ausländer um Asyl nachsucht, entsteht nach § 55 I 1 die Aufenthaltsgestattung. Das dadurch begründete Bleiberecht hat zur Folge, dass die Ausreisepflicht (vgl. § 50 I AufenthG) und damit auch eine wesentliche Voraussetzung für die Abschiebungshaft nach § 62 AufenthG entfällt.

Abs. 3 verfolgt nach dem Willen des Gesetzgebers „das **Ziel**, gerade bei Straftätern der missbräuchlichen Stellung offenkundig aussichtsloser Asylanträge aus der Sicherungshaft heraus begegnen zu können, die allein aus **taktischen Gründen** in der Absicht gestellt werden, die Abschiebung zu verhindern"[26]. Unerheblich ist, ob der betroffene Ausländer seinen Asylantrag tatsächlich in missbräuchlicher Absicht stellt. Eine solche Missbrauchsabsicht wird von Seiten des Gesetzgebers vielmehr generell – und ohne Möglichkeit der Widerlegung – unterstellt. Durch Abs. 3 wird faktisch jedes Erst-Asylbegehren aus der Haft heraus als rechtsmissbräuchlich behandelt und den Betroffenen generell die Möglichkeit genommen, ihr Asylbegehren ohne die durch die Haft bedingten (oft erheblichen) Einschränkungen betreiben zu können.

Die durch das Asylbegehren begründete Aufenthaltsgestattung (vgl. § 55 I 1) und der sich daraus ergebende Fortfall der Ausreisepflicht wird durch die Regelung des Abs. 3 nicht infrage gestellt. Es wird vielmehr nur die durch die Aufenthaltsgestattung an sich veranlasste Haftverschonung zeitlich hinausgeschoben. Die **Abschiebungshaft endet** nach § 14 III 3 nämlich automatisch mit der Zustellung der Entscheidung des BAMF über den Asylantrag, spätestens jedoch vier Wochen nach

---

[20] → § 10 Rn. 26.
[21] OVG NRW Beschl. v. 20.11.2017 – 18 B 1199/17; aA OVG LSA Urt. v. 14.4.2011 – 2 L 238/09.
[22] BT-Drs. 15/420, 108.
[23] OVG NRW Beschl. v. 20.11.2017 – 18 B 1199/17.
[24] Bruns in: Hofmann, Ausländerrecht, § 14 AsylVfG Rn. 10.
[25] → § 71 Rn. 50 f.
[26] BT-Drs. 13/4948, 10.

Eingang des Asylantrags beim BAMF. Diese Frist soll verhindern, dass ein Asylantragsteller zu lange einer Haftsituation ausgesetzt ist. Unabhängig davon, aus welcher Haft der Asylantrag gestellt wird, beginnt die Vier-Wochen-Frist mit dem Eingang des Asylantrags beim BAMF[27]. Aus welchem Grund die Frist nicht eingehalten wird, spielt keine Rolle, vielmehr endet die Haft automatisch. Falls von vornherein sicher feststeht, dass innerhalb von vier Wochen keine Entscheidung getroffen werden kann – weder eine positive noch eine negative –, steht der Verhältnismäßigkeitsgrundsatz dem Haftantrag wie der Anordnung der Haft entgegen, denn er begrenzt im Blick auf Art. 104 II 1 GG die Abschiebungshaft in jedem Fall.

28 Die Haft kann aber nach Abs. 3 S. 3 in drei **Ausnahmekonstellationen** auch über die Zustellung der Entscheidung des BAMF hinaus bzw. auch nach Ablauf der Vier-Wochen-Frist aufrechterhalten werden. Dies ist erstens dann der Fall, wenn auf Grund von Rechtsvorschriften der Europäischen Union oder eines völkerrechtlichen Vertrages über die Zuständigkeit für die Durchführung von Asylverfahren ein **Auf- oder Wiederaufnahmeersuchen** an einen anderen Staat gerichtet wurde. Damit sind die sog. **Dublin-Fälle** gemeint, in denen die Zuständigkeit eines anderen Staates für die Durchführung des Asylverfahrens besteht und das BAMF ein Auf- oder Wiederaufnahmeersuchen an diesen Staat gerichtet hat.

29 Die Haft kann zweitens auch dann aufrechterhalten werden, wenn der Asylantrag des Betroffenen **nach § 29 I Nr. 4 als unzulässig** abgelehnt wurde. Das sind diejenigen Konstellationen, in denen der Asylantrag als unzulässig abgelehnt wurde, weil ein Staat, der kein Mitgliedstaat der EU und bereit ist, den Ausländer wieder aufzunehmen, als sonstiger Drittstaat gem. § 27 betrachtet wird. Eine dritte Ausnahme vom Grundsatz der Beendigung der Abschiebungshaft normiert Abs. 3 für diejenigen Fälle, in denen der Asylantrag als **offensichtlich unbegründet** abgelehnt wurde (vgl. zu den Voraussetzungen für einen offensichtlich unbegründeten Antrag: § 30).

30 In allen drei Ausnahmekonstellationen hält der Gesetzgeber es für geboten, den betroffenen Ausländer weiterhin in Haft zu halten. In den Dublin-Fällen will der Gesetzgeber mit dieser Ausnahme sicherstellen, dass Ausländer, die kurzfristig in den für das Asylverfahren zuständigen Staat verbracht werden sollen, nicht vorzeitig aus der Haft entlassen werden und untertauchen (BT-Drs. 16/5065, 215). Letzteres stehe nämlich regelmäßig zu befürchten, da der betroffene Ausländer bereits einmal den für ihn zuständigen Staat verlassen habe und illegal nach Deutschland gereist sei[28].

31 Soweit die **Unionsrechtskonformität** der Aufrechterhaltung der Haft im Falle eines Auf- oder Wiederaufnahmeersuchens pauschal in Zweifel gezogen wird[29], überzeugt dies nicht. Zwar verbietet Art. 28 I 1 Dublin III-VO die Inhaftierung einer Person allein deswegen, weil sie dem durch diese Verordnung festgelegten Verfahren unterliegt. Unter den Voraussetzungen des Art. 28 II Dublin III-VO – insbesondere beim **Bestehen einer erheblichen Fluchtgefahr** – kann ein Asylsuchender aber dennoch in Haft genommen werden, um das Überstellungsverfahren sicherzustellen. Dabei sind selbstverständlich auch die weiteren Kautelen des Art. 28 Dublin III-VO zu beachten (vgl. insbesondere die Dauer der Haft).

32 Sonstige Haftbeendigungsgründe werden durch Abs. 3 nicht berührt. Bei der Anwendung der Regelung ist zu beachten, dass es sich um eine **Ausnahmevorschrift zu § 62 AufenthG** handelt, deren Voraussetzungen im Einzelfall positiv festzustellen sind. Die Feststellungslast liegt bei der antragstellenden Ausländerbehörde. Die im verwaltungsgerichtlichen Asylverfahren geltenden Regeln über die Darlegungs- und Feststellungslast können auf das Haftverfahren nach dem FamFG nicht ohne Weiteres übertragen werden. Auch sind die Ausnahmeregelungen des Abs. 3 der Übertragung auf andere nicht ausdrücklich geregelte Sachverhalte nicht zugänglich. Außerdem ist bei der Anwendung der Vorschrift zu beachten, dass sie nach ihrem Regelungszweck nur solche Fälle erfasst, bei denen ansonsten eine sofortige Beendigung der Haft einträte.

33 Die speziellen in Abs. 3 beschriebenen **Rechtsfolgen** greifen nur dann ein, wenn der Betroffene erstmals ein Asylbegehren geltend macht, während er sich in einer (bereits) richterlich angeordneten Haft befindet und es sich dabei um eine Untersuchungshaft, Strafhaft, Vorbereitungshaft nach § 62 II AufenthG, Sicherungshaft nach § 62 III 1 Nr. 2 AufenthG handelt, weil er sich nach der unerlaubten Einreise länger als einen Monat **(Monats-Privileg)** ohne Aufenthaltsgenehmigung im Bundesgebiet aufgehalten hat, oder um Sicherungshaft nach § 62 III 1 Nr. 1 oder 3 AufenthG. Außerdem steht die Asylantragstellung der Anordnung oder Aufrechterhaltung von Abschiebungshaft nicht entgegen, wenn der Ausländer sich in Mitwirkungshaft nach § 62 VI AufenthG oder im Ausreisegewahrsam nach § 62b AufenthG befindet.

34 Sicherungshaft iSd § 14 III 1 Nr. 5 ist auch eine **nach der Dublin III-VO angeordnete Haft**[30]. Dies ergibt sich bereits aus der Regelung des Abs. 3 S. 3, wonach ein Asylantragsteller auch über die Vier-Wochen-Frist hinaus in Haft gehalten werden kann, wenn das BAMF ein Auf- oder Wieder-

---

[27] BayObLG Beschl. v. 19.2.1998 – 3 Z BR 42/98.
[28] Kritisch zu dieser „sachfremden Generalunterstellung" Bruns in NK-AuslR AsylG § 14 Rn. 12.
[29] Vgl. Lehnert/Lehrian in: Huber/Mantel, AufenthG/AsylG, § 14 AsylG Rn. 10.
[30] BGH Beschl. v. 20.5.2016 – V ZB 24/16.

aufnahmeersuchen an einen anderen Staat gerichtet hat. Einer solchen Ausnahme bedürfte es nicht, wenn diese Fälle von § 14 III 1 Nr. 5 nicht erfasst würden[31].

Die Anwendung des § 14 III 1 Nr. 5 setzt nur voraus, dass eine Sicherungshaft aus den dort genannten Haftgründen tatsächlich angeordnet ist und sich der Betroffene auf dieser Grundlage in Haft befindet; auf die Rechtmäßigkeit der Haftanordnung kommt es hingen nicht an[32]. Liegen die formellen und materiellen Voraussetzungen für die Anordnung einer Sicherungshaft nach § 62 III 1 AufenthG nicht vor, muss der Betroffene die von der Verfahrensordnung bereit gestellte Rechtsschutzmöglichkeit ergreifen, um die Aufhebung der Haft zu erreichen[33]. Erst dann kann er sich – soweit nicht zwischenzeitlich eine weitere Haftanordnung iSd § 14 III 1 ergangen ist – gegebenenfalls auf eine Aufenthaltsgestattung nach § 55 I 1 berufen. 35

Der EuGH[34] hat entschieden, dass das Unionsrecht die Inhaftierung eines Asylbewerbers gestattet, wenn dies aus Gründen der nationalen Sicherheit oder der öffentlichen Ordnung erforderlich ist. Die Stellung eines erneuten Asylantrags durch eine Person, gegen die eine Rückkehrentscheidung ergangen sei, mache diese Entscheidung nicht hinfällig, so der EuGH. Ein laufendes Asylverfahren bedeutet für sich genommen nicht, dass eine Person angesichts eines von ihr gestellten Asylantrags nicht mehr im Hinblick auf ihre Ausweisung inhaftiert wird, da eine etwaige Ablehnung dieses Antrags den Weg für den Vollzug der bereits beschlossenen Abschiebungsmaßnahmen frei machen kann. Die den Mitgliedstaaten durch die RL 2013/33/EU (EU-Aufnahme-RL) eingeräumte Befugnis, Personen **aus Gründen der nationalen Sicherheit oder der öffentlichen Ordnung zu inhaftieren,** verstößt nicht gegen das Schutzniveau von Art. 5 I lit. f S. 2 EMRK, der die Inhaftierung einer Person gestattet, gegen die ein Ausweisungsverfahren „im Gange" ist. 36

Die **Untersuchungshaft** und die **Strafhaft** sind in erster Linie deshalb in den Katalog des Abs. 3 aufgenommen worden, um die Aufrechterhaltung oder den Erlass einer Haftanordnung zur Sicherung der Abschiebung trotz eines Erst-Asylbegehrens auch während des Vollzugs der Untersuchungshaft oder Strafhaft zu ermöglichen. Die Regelung knüpft an die bisherige Praxis an, trotz noch laufenden Vollzugs der Untersuchungshaft oder Strafhaft die Haft zur Sicherung der Abschiebung auf Vorrat (für den Fall der Entlassung aus der Untersuchungshaft oder Strafhaft) anzuordnen, soweit dies erforderlich ist **(Überhaft).** Die Haft zur Sicherung der Abschiebung darf jedoch nicht (mehr) „auf Vorrat" angeordnet werden, indem ihr Beginn an das Ende einer laufenden Straf- oder Untersuchungshaft und damit an einen in der Zukunft liegenden ungewissen Zeitpunkt geknüpft wird[35]. Sie kann jedoch parallel zu einer laufenden Straf- oder Untersuchungshaft angeordnet werden, sofern die üblichen Voraussetzungen hierfür vorliegen; obwohl die Abschiebung erst nach dem Ende der Straf- oder Untersuchungshaft vollzogen werden kann, berechnet sich der Haftzeitraum von der Haftanordnung an. In der Folgezeit hat der BGH jedoch für die Prognose, ob die Abschiebung innerhalb der nächsten drei Monate möglich erscheint, auf den Erlass der Haftanordnung und nicht auf den mutmaßlichen Beginn der Abschiebungshaft abgestellt[36]. Der Begriff der Überhaft ist in diesem Zusammenhang zwar gebräuchlich, aber irreführend, weil er dem Strafprozessrecht entlehnt ist und dort die Existenz eines weiteren Haftbefehls neben einer bereits vollzogenen Haft kennzeichnet. Die Vorführung des Beschuldigten vor den Richter (§§ 115, 115a StPO) findet bei notierter Überhaft erst statt, wenn insoweit die Vollstreckung beginnt. Hiervon unterscheidet sich das Freiheitsentziehungsverfahren nach den Vorschriften der §§ 415 ff. FamFG in wesentlichen Punkten. Einen Haftbefehl bzw. eine „auf Vorrat" angeordnete Sicherungshaft sieht es gerade nicht vor[37]. Die Anhörung des Betroffenen erfolgt vor der Anordnung der Haft. In diesem Zeitpunkt muss der Haftrichter abschließend über deren Voraussetzungen befinden. 37

Durch das 2. RückkehrG 2019 wurde in Abs. 3 S. 1 die **Aufzählung der Haftformen** um die neu in § 62 VI AufenthG eingeführte Mitwirkungshaft sowie den Ausreisegewahrsam nach § 62b AufenthG ergänzt. Die Aufzählung der Haftarten ist **abschließend.** Andere als die genannten **Haftarten** scheiden aus. So ist Sicherungshaft nach § 62 II 1 Nr. 2 AufenthG aus anderen als den erwähnten Gründen ausgenommen, ebenso Polizei- oder Behördengewahrsam[38], seit dem RLUmsG 2007 allerdings nicht mehr die Sicherungshaft nach 62 III 1 Nr. 3 AufenthG in den Fällen einer Abschiebungsanordnung (§ 58a AufenthG). Die **Zurückweisungshaft nach § 15 V AufenthG** gehört nicht zu den im Katalog des § 14 III 1 genannten Haftformen[39], wohl aber die **Zurückschiebungshaft** 38

---

[31] BGH Beschl. v. 20.5.2016 – V ZB 24/16.
[32] BGH Beschl. v. 25.2.2016 – V ZB 171/13.
[33] BGH Beschl. v. 25.2.2016 – V ZB 171/13.
[34] EuGH Urt. v. 15.2.2016 – C-601/15 PPU.
[35] BGH Beschl. v. 4.12.2014 – V ZB 77/14 (Aufgabe des Senatsbeschlusses v. 9.3.1995 – V ZB 7/95, BGHZ 129, 98 ff., bestätigt durch Senatsbeschl. v. 4.3.2010 – V ZB 222/09, BGHZ 184, 323 Rn. 12).
[36] BGH Beschl. v. 12.5.2011 – V ZB 309/10; vgl. auch Beschl. v. 25.3.2010 – V ZA 9/10, NVwZ 2010, 1175 Rn. 18.
[37] BGH Beschl. v. 9.6.2011 – V ZB 26/11.
[38] Dazu OLG Frankfurt a. M. Beschl. v. 31.3.1998 – 20 W 94/98, InfAuslR 1998, 457; LG Berlin Beschl. v. 7.2.2000 – 88 T XIV 32/00 B, InfAuslR 2000, 238; BGH Beschl. v. 1.3.2012 – V ZB 206/11.
[39] Ebenso *Bruns* in NK-AuslR AsylG § 14 Rn. 9.

nach § 57 III AufenthG iVm § 62 AufenthG[40]. Bringt der bis dahin auf freiem Fuß befindliche Ausländer im Polizei-/Behördengewahrsam oder im Verlauf der Haftentscheidung vorbereitenden richterlichen Anhörung ein Erst-Asylbegehren an und begründet er damit eine Aufenthaltsgestattung nach § 55 I, ist die Anordnung der Haft zur Sicherung der Abschiebung unzulässig[41]. Die Festnahme eines Ausländers durch die Polizei aufgrund der vom AG angeordneten vorläufigen Freiheitsentziehung gemäß § 427 FamFG führt nicht zum Vollzug der Sicherungshaft. Vielmehr befindet sich der Betroffene aufgrund der Festnahme zunächst nur in Polizeigewahrsam und damit in „sonstigem öffentlichen Gewahrsam" iSd § 14 II 1 Nr. 2, der weder nach dem Wortlaut von § 14 III 1 noch in einer entsprechenden Anwendung dieser Vorschrift der Sicherungshaft gleichzustellen ist[42].

39 Ob gegen den Betroffenen zum Zeitpunkt der Geltendmachung eines Asylbegehrens wegen eines der im Katalog des § 14 III 1 genannten Haftgründe die Haft vollstreckt oder vollzogen wird, richtet sich grundsätzlich allein nach der Aktenlage im **Zeitpunkt der Stellung des Asylantrags.** Dies folgt schon daraus, dass nach der gesetzlichen Regelung eine gerichtliche Entscheidung über die Fortdauer der Haft nach Asylantragstellung nicht vorgeschrieben ist und die die Abschiebungshaft vollziehende Behörde keine Befugnis hat, Art, Inhalt und Berechtigung der jeweiligen Haftanordnung (also die Aktenlage) infrage zu stellen oder gar von sich aus Haftgründe nachzuschieben[43].

40 Grundlage und **Wirkungsweise** der Regelung sind je nach Haftart verschieden. Das Asylgesuch und das damit verbundene gesetzliche Aufenthaltsrecht der Aufenthaltsgestattung beenden die Ausreisepflicht und führen damit grundsätzlich zur Beendigung von Vorbereitungs- und Sicherungshaft. Abs. 3 S. 1 verhindert diese regulären Folgen des Asylgesuchs und ermöglicht Abschiebungshaft trotz Aufenthaltsgestattung und Aufhebung der Ausreisepflicht. Anders verhält es sich mit Straf- und Untersuchungshaft, deren Fortdauer von einem Asylbegehren unberührt bleibt. In diesen Haftfällen kommt Abschiebungshaft nur (begrenzt) in Form von Überhaft in Betracht[44]. Die noch verbleibende Dauer der Untersuchungs- oder Strafhaft steht also für die Entscheidung des BAMF ohnehin zur Verfügung. Allerdings ergibt der länger als einen Monat während unerlaubte Inlandsaufenthalt für sich genommen keinen Haftgrund nach § 62 III 1 Nr. 1 AufenthG. Er dient nur als besondere Qualifikation zur Rechtfertigung der Zulässigkeit von Abschiebungshaft trotz anschließendem Asylantrag und muss daher nach dessen Stellung zusätzlich festgestellt werden. Die Monatsfrist gilt nur im Falle des § 14 III 1 Nr. 4, nicht also bei (zusätzlicher) Begründung der Haft mit einem Verdacht nach § 62 III 1 Nr. 5 AufenthG. Der illegale Aufenthalt von mehr als einem Monat ist als Haftvoraussetzung von der Ausländerbehörde darzutun und vom Haftrichter **festzustellen.** Den Ausländer treffen zwar die Mitwirkungspflichten aus § 15 II Nr. 1, 4 und 5 und Abs. 2 Nr. 2 bis 5, er kann diesen aber mit schlüssigen und glaubhaften Angaben genügen, wenn er geeignete Beweisunterlagen nicht oder nicht mehr besitzt[45]. Zu seinem Nachteil können ihm indes Versuche der Beweisvereitelung oder Verschleierung gereichen.

41 Befindet sich ein Ausländer in einer der in Abs. 3 S. 1 genannten Haftarten und stellt einen Asylantrag, ist ihm gem. Abs. 3 S. 2 unverzüglich Gelegenheit zu geben, mit einem **Rechtsbeistand seiner Wahl** Verbindung aufzunehmen, es sei denn, er hat sich selbst vorher anwaltlichen Beistands versichert. Dies dient der **Gewährleistung effektiven Rechtsschutzes** für den Betroffenen. Verstößt die zuständige Behörde gegen diese Vorgabe, hat dies aber keine Auswirkungen auf die Rechtsfolge nach Abs. 3 S. 1[46].

§ 14a Familieneinheit

(1) Mit der Asylantragstellung nach § 14 gilt ein Asylantrag auch für jedes minderjährige ledige Kind des Ausländers als gestellt, das sich zu diesem Zeitpunkt im Bundesgebiet aufhält, ohne freizügigkeitsberechtigt oder im Besitz eines Aufenthaltstitels zu sein, wenn es zuvor noch keinen Asylantrag gestellt hatte.

(2) ¹Reist ein minderjähriges lediges Kind des Ausländers nach dessen Asylantragstellung ins Bundesgebiet ein oder wird es hier geboren, so ist dies dem Bundesamt unverzüglich anzuzeigen, wenn ein Elternteil eine Aufenthaltsgestattung besitzt oder sich nach Abschluss seines Asylverfahrens ohne Aufenthaltstitel oder mit einer Aufenthaltserlaubnis nach § 25 Abs. 5 des Aufenthaltsgesetzes im Bundesgebiet aufhält. ²Die Anzeigepflicht obliegt neben

---

[40] BGH Beschl. v. 6.5.2010 – V ZB 213/09; *Lehnert/Lehrian* in Huber/Mantel, AufenthG/AsylG, § 14 AsylG Rn. 9.
[41] OLG Frankfurt a. M. Beschl. v. 31.3.1948 – 20 W 94/98, InfAuslR 1998, 457 f. zum Polizeigewahrsam; BGH Beschl. v. 1.3.2012 – V ZB 206/11.
[42] BGH Beschl. v. 1.3.2012 – V ZB 206/11.
[43] BGH Beschl. v. 1.3.2012 – V ZB 183/11.
[44] Dazu § 62 AufenthG.
[45] *Marx* § 14 Rn. 30 f.
[46] *Houben* in Kluth/Heusch AsylG § 14 Rn. 17.

dem Vertreter des Kindes im Sinne von § 12 Abs. 3 auch der Ausländerbehörde. ³Mit Zugang der Anzeige beim Bundesamt gilt ein Asylantrag für das Kind als gestellt.

(3) ¹Der Vertreter des Kindes im Sinne von § 12 Abs. 3 kann bis zur Zustellung der Entscheidung des Bundesamtes auf die Durchführung eines Asylverfahrens für das Kind verzichten, indem er erklärt, dass dem Kind keine Verfolgung im Sinne des § 3 Absatz 1 und kein ernsthafter Schaden im Sinne des § 4 Absatz 1 drohen. ² § 13 Absatz 2 Satz 2 gilt entsprechend.

(4) Die Absätze 1 bis 3 sind auch anzuwenden, wenn der Asylantrag vor dem 1. Januar 2005 gestellt worden ist und das Kind sich zu diesem Zeitpunkt im Bundesgebiet aufgehalten hat, später eingereist ist oder hier geboren wurde.

I. Entstehungsgeschichte

Die Vorschrift wurde entsprechend dem **Gesetzesentwurf**[1] und einer Korrektur im Vermittlungsverfahren[2] mWv 1.1.2005 eingefügt (Art. 3 Nr. 10 ZuwG). Das **RLUmsG 2007** fügte in Abs. 1 vor den Wörtern „im Besitz" die Wörter „freizügigkeitsberechtigt oder" ein, um deutlich zu machen, dass die Antragsfiktion bei freizügigkeitsberechtigten Personen ebenso wenig angezeigt ist wie bei Ausländern mit einem Aufenthaltstitel. In Abs. 2 S. 1 wurde nach **§ 25 V** die Angabe „S. 1" mit der Begründung gestrichen, hinsichtlich der Anzeigepflicht sei eine Gleichbehandlung der nach § 25 V gewährten Aufenthaltserlaubnis sachgerecht. Schließlich wurde **Abs. 4** neu angefügt, um klarzustellen, dass die Antragsfiktion auch eintritt, wenn der Asylantrag des Elternteils vor Inkrafttreten des bisherigen § 14a (zum 1.1.2005) gestellt worden ist und sich das Kind zu diesem Zeitpunkt hier aufgehalten hat bzw. wenn das Kind später im Bundesgebiet eingereist ist oder hier geboren wurde. Damit reagiert der Gesetzgeber insbesondere auf eine entsprechende Entscheidung des BVerwG[3]. Das RLUmsG 2011 hat keine Änderungen vorgenommen. Durch Art. 1 Nr. 15 **RLUmsG 2013** wurde die Vorschrift mit Wirkung zum 1.12.2013 wie folgt geändert: Die Wörter „bis zur Zustellung der Entscheidung des Bundesamtes" ersetzten das Wort „jederzeit" und die Wörter „Verfolgung im Sinne des § 3 Abs. 1 und kein ernsthafter Schaden im Sinne des § 4 Abs. 1 drohen" die frühere Formulierung „politische Verfolgung droht"; zudem wurde S. 2 angefügt. In der Gesetzesbegründung[4] heißt es hierzu: „Mit der Regelung, dass die Eltern eines minderjährigen Kindes nur bis zur Zustellung der Asylentscheidung durch das Bundesamt für Migration und Flüchtlinge auf die Durchführung des Asylverfahrens für das Kind verzichten können, sollen Verfahrensverzögerungen vermieden werden. Die Textänderung im Übrigen stellt eine Anpassung im Hinblick auf den erweiterten Regelungsbereich des Gesetzes dar."

Wie schon der Entwurf[5] eines „Gesetzes zur Verbesserung der Unterbringung, Versorgung und Betreuung ausländischer Kinder und Jugendlicher" vorsah, wurde § 14a schließlich durch das **AsylVfBeschlG 2015** wie folgt geändert: a) In Abs. 1 wurden die Wörter „Kind des Ausländers als gestellt, das ledig ist, das 16. Lebensjahr noch nicht vollendet hat" durch die Wörter „minderjährige ledige Kind des Ausländers" ersetzt. b) In Abs. 2 S. 1 wurden die Wörter „lediges, unter 16 Jahre altes" durch die Wörter „minderjähriges lediges" ersetzt. Denn ebenso wie im entsprechend völkerrechtskonform geänderten § 12 (→ § 12 Rn. 1) soll die Fähigkeit zur Vornahme von Verfahrenshandlungen nicht mehr bereits mit Vollendung des 16. Lebensjahres, sondern **erst mit Volljährigkeit** bestehen. Die Asylpakete und das IntG 2016 haben keine Änderungen vorgenommen.

II. Allgemeines

Das Verhältnis von Eltern zu ihren Kindern spielt im Asylverfahren eine besondere Rolle. Asylrechtlich teilen die Mitglieder der Kernfamilie nicht unbedingt ihr Schicksal, weil gegen die Eltern gerichtete Verfolgungsmaßnahmen nicht immer auch die Kinder betreffen. Andererseits gibt es in vielen Verfolgerstaaten seit Langem sichere Anhaltspunkte für einen solchen Verfolgungszusammenhang. Da Kinder auch aufenthaltsrechtlich mit ihren Eltern verbunden sind, wurde das **Familienasyl** geschaffen, um einen einheitlichen Status innerhalb der Familie zu ermöglichen, und von 2005 an um den **Familienabschiebungsschutz** erweitert[6]. Als misslich erwies sich unter diesen Umständen schon seit Langem, dass die trotz alledem eigenständige Stellung der Kinder oft dazu genutzt wurde, den bloßen Verfahrensaufenthalts zu verlängern, ohne dass eine plausible Aussicht auf Erfolg in der Sache selbst bestand. Um solchen möglichen Missbräuchen durch **sukzessive Antragstellung** ohne die Chance eines gesicherten Aufenthalts vorzubeugen, wurde eine Art zwingender Antragsverbund geschaffen. Die Vorschrift erweitert den Kreis der Asylbewerber grundsätzlich ohne Mitwirkung der

---

[1] BT-Drs. 15/420, 41.
[2] BT-Drs. 15/3479, 14.
[3] BVerwG Urt. v. 21.11.2006 – 1 C 10.06 (vgl. Ls. 1).
[4] BT-Drs. 17/13063, 20.
[5] Entwurf v. 9.6.2015, abrufbar unter http://www.afet-ev.de/aktuell/aus_der_republik/2015/Gesetzentwurf_BMFSFJ_UMF_10.6.2015.pdf.
[6] Zu alledem § 26 und die dortige Kommentierung.

betroffenen Eltern und Kinder. Sie ist europarechtskonform, weil Art. 7 **Asylverfahrens-RL** ausdrücklich – und ohne zeitliche Einschränkung (dh unabhängig vom Zeitpunkt der Einreise des Kindes) – die Möglichkeit der Mitgliedstaaten vorsieht, festzulegen, dass ein Asylantrag zugleich als Antrag für alle unverheirateten minderjährigen Familienangehörige zu werten ist.

III. Asylantragstellung

4   Grundlage ist der **schriftliche Asylantrag** eines Elternteils, angeknüpft wird also nicht bereits an dessen Asylgesuch iSd § 13, was aufgrund des Dublin-Urteils des EuGH – Mengesteab –[7] nicht unproblematisch ist. Die Begründung des Asylantrags ist unerheblich. Dieser kann eigenständig begründet sein, er kann aber auch auf einen familiären Zusammenhang gestützt und deshalb letztlich auf die Zuerkennung von Familienasyl gerichtet sein. Schließlich kann es sich auch um einen Folgeantrag handeln. **Erfasst** ist jedes Kind, das ledig und minderjährig ist, in Deutschland lebt, aber weder freizügigkeitsberechtigt ist noch einen Aufenthaltstitel besitzt. Außerdem darf es selbst zuvor noch keinen Asylantrag gestellt haben. Ob dieser bereits beschieden ist, spielt keine Rolle. Es kann sich auch um einen Antrag nach § 14a im Anschluss an den Asylantrag des anderen Elternteils handeln. Maßgeblicher Zeitpunkt ist der der förmlichen Asylantragstellung durch den Elternteil.

5   In das Antragsverfahren eines Elternteils **einbezogen** wird auch das später in Deutschland geborene oder minderjährig und ledig eingereiste Kind. Auf die Erlaubtheit der Einreise kommt es nicht an. Voraussetzungen und Art der Einbeziehung sind gegenüber dem Grundfall nur etwas abgewandelt. **Grundlage** ist ein noch laufendes oder ein bereits abgeschlossenes Asylverfahren eines Elternteils. Dieser muss entweder (während des Asylverfahrens) eine Aufenthaltsgestattung oder (nach erfolglosem Asylverfahren) eine humanitäre Aufenthaltserlaubnis nach § 25 I 1 AufenthG besitzen oder sich nach Abschluss seines Asylverfahrens ohne Aufenthaltstitel weiter in Deutschland aufhalten. Hat der Elternteil einen Folgeantrag gestellt, gehört er entweder zur letzten Gruppe oder besitzt, falls sein Antrag als beachtlich eingestuft wurde, (erneut) eine Aufenthaltsgestattung.

6   Die Einbeziehung des nachgereisten oder im Inland geborenen Kindes ist vom Eingang der **Anzeige** beim BAMF abhängig. Kommt der Anzeigepflichtige seiner Verpflichtung nicht nach oder erfährt das BAMF aus anderen Gründen nicht von der Existenz des Kindes, tritt die Rechtsfolge der Antragstellung durch das Kind nicht ein. Da das Kind selbst nicht verhandlungsfähig ist, obliegt die Anzeige in erster Linie dessen Vertreter iSd § 12 III. Außerdem ist auch die Ausländerbehörde verpflichtet, dem BAMF die Geburt oder die Einreise des Kindes mitzuteilen.

7   Die **Rechtsfolge** betrifft in allen Fällen den Asylantrag des Kindes. Das Kind wird in vollem Umfang so behandelt, als habe es einen eigenen Asylantrag gestellt. Falls es sich bereits einmal in Deutschland aufgehalten und erfolglos um Asyl nachgesucht hat, handelt es sich dabei um einen Folgeantrag. Das Kind erhält (wie schon nach dem Asylgesuch beim Ankunftsnachweis, § 63a I Nr. 17) va eine Aufenthaltsgestattung (§ 55) und ihm muss Gelegenheit zur Begründung des Asylersuchens gegeben werden (dazu § 25). Das BVerwG hatte entschieden, dass ein nach § 14a II als gestellt geltender Asylantrag nicht nach § 30 III Nr. 7 als offensichtlich unbegründet abgelehnt werden kann[8]. Das RLUmsG 2007 änderte daraufhin § 30 III Nr. 7, sodass auch dies nunmehr möglich ist. Nach der Rspr. des BVerwG ist ein isolierter Anfechtungsantrag gegen einen negativen Asylbescheid nach § 14a II im Zweifel so auszulegen, dass daneben hilfsweise die Verpflichtung begehrt wird, Asyl, internationalen Schutz und Abschiebungsschutz zu gewähren[9].

8   Eine Ausnahme von der Eröffnung eines eigenen Asylverfahrens für das Kind ist nur für den Fall vorgesehen, dass der Vertreter des Kindes erklärt, dem Kind drohe keine politische Verfolgung. Das Gesetz sieht in dieser Erklärung einen **Verzicht** auf ein Asylverfahren, auch wenn dieser Begriff von dem Vertreter nicht erwähnt werden sollte. Dieser Verzicht ist zeitgebunden wie das Asylrecht selbst. Er kann sich wie die geforderte Erklärung nur auf die im Zeitpunkt der Erklärung gegebene aktuelle Tatsachenlage beziehen, wird also bei späteren Änderungen der Sachlage hinfällig. Dem trägt § 71 I 2 dadurch Rechnung, dass der später gestellte Asylantrag als Folgeantrag behandelt wird. Der Verzicht kann zwar schon vor der Anzeige der Einreise oder der Geburt beim BAMF, aber seit dem RLUmsG 20013 nicht mehr „jederzeit" erklärt werden, sondern zur Vermeidung von Verfahrensverzögerungen nur noch „bis zur Zustellung der Entscheidung des Bundesamtes". Ein Widerruf dieses Verzichts ist nur bis zum Eingang beim BAMF möglich; eine Rücknahme ist nur zulässig in entsprechender Anwendung der §§ 119 ff. BGB ausnahmsweise bei arglistiger Täuschung, Drohung oder unzulässigem Druck sowie bei Wiederaufgreifensgründen. Ungeachtet dieser Möglichkeiten kann der Asylantrag auch zurückgenommen werden, ohne dass irgendeine Erklärung zur Verfolgungsgefahr abgegeben wird. Bei Verzicht beträgt die vom BAMF zu setzende Ausreisefrist gemäß § 38 I 1 zwingend 30 Tage[10] und das BAMF kann eine Abschiebungsandrohung erlassen.[11]

---

[7] EuGH Urt. v. 26.7.2017 – C-670/16 – Mengesteab.
[8] BVerwG Urt. v. 21.11.2006 – 1 C 10.06 (vgl. Ls. 2); Anm. Beck jurisPR-BVerwG 14/2007, Nr. 6.
[9] BVerwG Urt. v. 21.11.2006 – 1 C 10.06 (vgl. Ls. 3).
[10] BVerwG Urt. v. 17.8.2010 – 10 C 18.09.
[11] BVerwG Urt. v. 17.12.2009 – 10 C 27.07.

§ 15 Allgemeine Mitwirkungspflichten

(1) ¹Der Ausländer ist persönlich verpflichtet, bei der Aufklärung des Sachverhalts mitzuwirken. ²Dies gilt auch, wenn er sich durch einen Bevollmächtigten vertreten lässt.

(2) Er ist insbesondere verpflichtet,
1. den mit der Ausführung dieses Gesetzes betrauten Behörden die erforderlichen Angaben mündlich und nach Aufforderung auch schriftlich zu machen;
2. das Bundesamt unverzüglich zu unterrichten, wenn ihm ein Aufenthaltstitel erteilt worden ist;
3. den gesetzlichen und behördlichen Anordnungen, sich bei bestimmten Behörden oder Einrichtungen zu melden oder dort persönlich zu erscheinen, Folge zu leisten;
4. seinen Pass oder Passersatz den mit der Ausführung dieses Gesetzes betrauten Behörden vorzulegen, auszuhändigen und zu überlassen;
5. alle erforderlichen Urkunden und sonstigen Unterlagen, die in seinem Besitz sind, den mit der Ausführung dieses Gesetzes betrauten Behörden vorzulegen, auszuhändigen und zu überlassen;
6. im Falle des Nichtbesitzes eines gültigen Passes oder Passersatzes an der Beschaffung eines Identitätspapiers mitzuwirken und auf Verlangen alle Datenträger, die für die Feststellung seiner Identität und Staatsangehörigkeit von Bedeutung sein können und in deren Besitz er ist, den mit der Ausführung dieses Gesetzes betrauten Behörden vorzulegen, auszuhändigen und zu überlassen;
7. die vorgeschriebenen erkennungsdienstlichen Maßnahmen zu dulden.

(3) Erforderliche Urkunden und sonstige Unterlagen nach Absatz 2 Nr. 5 sind insbesondere
1. alle Urkunden und Unterlagen, die neben dem Pass oder Passersatz für die Feststellung der Identität und Staatsangehörigkeit von Bedeutung sein können,
2. von anderen Staaten erteilte Visa, Aufenthaltstitel und sonstige Grenzübertrittspapiere,
3. Flugscheine und sonstige Fahrausweise,
4. Unterlagen über den Reiseweg vom Herkunftsland in das Bundesgebiet, die benutzten Beförderungsmittel und über den Aufenthalt in anderen Staaten nach der Ausreise aus dem Herkunftsland und vor der Einreise in das Bundesgebiet sowie
5. alle sonstigen Urkunden und Unterlagen, auf die der Ausländer sich beruft oder die für die zu treffenden asyl- und ausländerrechtlichen Entscheidungen und Maßnahmen einschließlich der Feststellung und Geltendmachung einer Rückführungsmöglichkeit in einen anderen Staat von Bedeutung sind.

(4) ¹Die mit der Ausführung dieses Gesetzes betrauten Behörden können den Ausländer und Sachen, die von ihm mitgeführt werden, durchsuchen, wenn der Ausländer seinen Verpflichtungen nach Absatz 2 Nr. 4 und 5 nicht nachkommt sowie nicht gemäß Absatz 2 Nummer 6 auf Verlangen die Datenträger vorlegt, aushändigt oder überlässt und Anhaltspunkte bestehen, dass er im Besitz solcher Unterlagen oder Datenträger ist. ²Der Ausländer darf nur von einer Person gleichen Geschlechts durchsucht werden.

(5) Durch die Rücknahme des Asylantrags werden die Mitwirkungspflichten des Ausländers nicht beendet.

I. Entstehungsgeschichte

Die Vorschrift fasst die früher an verschiedenen Stellen statuierten Mitwirkungsverpflichtungen[1] zusammen. In ihrer ursprünglichen Fassung stimmte sie mit dem **Gesetzesentwurf 1992**[2] überein. MWv 1.7.1993 wurden entsprechend dem Gesetzesentwurf 1993[3] Nr. 6 in Abs. 2 (früher § 16 II 2, 3) und Abs. 4 eingefügt (Art. 1 Nr. 7 **AsylVfÄndG 1993**). In Abs. 2 Nr. 2 wurde entsprechend dem Gesetzesentwurf[4] zum 1.1.2005 der Begriff der Aufenthaltsgenehmigung durch den des Aufenthaltstitels ersetzt (Art. 3 Nr. 11 **ZuwG**). Das RLUmsG **2007** änderte lediglich iSe redaktionellen Anpassung an den Sprachgebrauch des AufenthG in Abs. 3 Nr. 2 das Wort „Aufenthaltsgenehmigungen" in „Aufenthaltstitel" ab. Das RLUmsG 2011 und das RLUmsG 2013 sowie die Asylpakete und das IntG 2016 haben keine Änderungen vorgenommen. Mit dem zum 29.7.2017 (BGBl. I S. 2780) in Kraft getretenen **Gesetz zur besseren Durchsetzung der Ausreisepflicht** wurde Abs. 2 Nr. 6 sowie Abs. 4 S. 1 zur Erlangung aller „Datenträger" des Asylbewerbers erweitert. Der Gesetzgeber begründete dies wie folgt: „Die Regelung erweitert die Mitwirkungspflicht und verpflichtet einen Ausländer, auch Datenträger, die in seinem Besitz und für die genannten Zwecke erforderlich sind, den zuständigen Behörden auf Verlangen zur Verfügung zu stellen. Die Identitätsprüfung ist bei Personen ohne

---
[1] §§ 8 II, 8a I, 9 II und IV, 12 I, 26 I AsylVfG 1982.
[2] BT-Drs. 12/2062, 7 f.
[3] BT-Drs. 12/4450, 4.
[4] BT-Drs. 15/420, 41.

Ausweisdokumente oft langwierig und fehleranfällig. Auch Reisewegangaben sind nicht immer klar nachvollziehbar. Um die Identitätsprüfung zu erleichtern, kann die Auswertung von Datenträgern, wie Mobiltelefonen, Tablets und Laptops, wichtige Erkenntnisse liefern. Entsprechende Hinweise lassen sich in zunehmendem Maße nicht nur Mobiltelefonen, sondern auch anderen Datenträgern entnehmen, die die Betreffenden mit sich führen. Zum einen können etwa die Adressdaten in dem Mobiltelefon eines ausreisepflichtigen Ausländers bzw. gespeicherte Verbindungsdaten aufgrund der Auslandsvorwahl wesentliche Hinweise auf eine mögliche Staatsangehörigkeit geben." Die Änderung in Abs. 4 „erweitert die Möglichkeiten zur Durchsuchung, soweit der Ausländer seinen Mitwirkungspflichten nicht nachkommt" (BT-Drs. 18/11546, 23).

II. Allgemeines

2 Der **Grundsatz** der Mitwirkungsverpflichtung (Abs. 1 S. 1) ist erstmals ausdrücklich gesetzlich verankert. Früher waren im AsylVfG 1982 nur einzelne Pflichten genannt, zB nach §§ 8 II 1, 12 I 3. Der Katalog allgemeiner Mitwirkungs- und Duldungspflichten (Abs. 2) ist exemplarischer Art. Er steht neben den an anderer Stelle aufgeführten besonderen Pflichten, zB nach §§ 10 I, 22, 25 I, 33, 50 VI, 74 II 1, 81, und wird ergänzt um behördliche Pflichten zur Anhörung des Asylbewerbers, zB nach § 24 I 3. Die Pflichten bestehen (ausgenommen Abs. 2 Nr. 2) gegenüber allen mit der Ausführung des AsylG betrauten Behörde, also nicht nur gegenüber BAMF und Ausländerbehörde, und zwar gegenständlich beschränkt auf deren jeweiligen Aufgabenkreis. Dies ist **europarechtskonform** und entspricht insbesondere Art. 13 Asylverfahrens-RL (vgl. die – nicht abschließenden – Beispiele in Abs. 2), der das Recht der Mitgliedstaaten regelt, den Asylbewerber umfassend zur Zusammenarbeit zu verpflichten[5].

3 Der Umfang der Mitwirkungspflichten wird im Grundsatz und im konkreten Einzelfall begrenzt durch die **Amtsermittlungspflicht** des BAMF (§ 24 I 1). Das Verhältnis von Amtsaufklärungspflicht zu Darlegungs- und Mitwirkungspflicht wird bestimmt durch die Eigenart des Asylgrundrechts[6]; trotz des grundgesetzlichen Asylanspruchs sind jedoch Darlegung und Nachweis der tatsächlichen Voraussetzungen für die Inanspruchnahme dieses Rechts letztlich Sache des Asylsuchenden. Prinzipiell bestehen deshalb keine Bedenken gegen den in Abs. 1 statuierten Grundsatz; im Einzelfall können dennoch Notwendigkeit und Zweckmäßigkeit einiger Regelungen zweifelhaft erscheinen.

4 Bei den in Abs. 2 beispielhaft und nicht abschließend aufgezählten Pflichten handelt es sich um besondere Mitwirkungspflichten iSd § 26 II VwVfG. Aus ihnen erwächst dem BAMF **keine Anhörverpflichtung** wie nach § 24 I 3[7]. Die Maßnahmen nach Abs. 2 dienen nämlich nicht der Gewährung rechtlichen Gehörs (wie nach § 28 I VwVfG) vor Erlass eines VA, also nicht nach einem gewissen Abschluss der Ermittlungen, sondern allein der Antragsbegründung.

III. Mitwirkungs- und Duldungspflichten

5 Die Verpflichtung zur Mitwirkung bei der Sachverhaltsaufklärung dient der Durchsetzung des Asylanspruchs und liegt deshalb primär im Interesse des asylsuchenden Ausländers selbst[8]. Die persönliche Verpflichtung zur Mitwirkung ist, wie durch Abs. 1 S. 2 verdeutlicht wird, als Verpflichtung zur **persönlichen Mitwirkung** zu verstehen. Der Asylbewerber kann insoweit nicht durch einen Bevollmächtigten vertreten werden, wohl aber Erklärungen durch diesen übermitteln lassen[9]. Erklä-

---

[5] Art. 13 RL 2013/32/EU lautet: „(1) Die Mitgliedstaaten verpflichten die Antragsteller, mit den zuständigen Behörden zur Feststellung ihrer Identität und anderer in Art. 4 Abs. 2 der RL 2011/95/EU genannter Angaben zusammenzuarbeiten. Die Mitgliedstaaten können den Antragstellern weitere Verpflichtungen zur Zusammenarbeit mit den zuständigen Behörden auferlegen, sofern diese Verpflichtungen für die Bearbeitung des Antrags erforderlich sind. (2) Die Mitgliedstaaten können insbesondere festlegen, dass a) die Antragsteller verpflichtet sind, sich entweder unverzüglich oder zu einem bestimmten Zeitpunkt den zuständigen Behörden zu melden oder dort persönlich vorstellig zu werden; b) Antragsteller die in ihrem Besitz befindlichen Dokumente, die für die Prüfung des Antrags sachdienlich sind, wie zum Beispiel ihren Reisepass, vorlegen müssen; c) die Antragsteller verpflichtet sind, so rasch wie möglich den zuständigen Behörden über ihren jeweiligen Aufenthaltsort oder ihre Anschrift sowie sämtliche diesbezüglichen Änderungen zu unterrichten. Die Mitgliedstaaten können festlegen, dass der Antragsteller an dem von ihm mitgeteilten letzten Aufenthaltsort erfolgte – bzw an die mitgeteilte letzte Anschrift gerichtete – Mitteilungen gegen sich gelten lassen muss; d) die zuständigen Behörden den Antragsteller sowie die von ihm mitgeführten Sachen durchsuchen dürfen. Unbeschadet einer Durchsuchung aus Sicherheitsgründen wird eine Durchsuchung des Antragstellers gemäß dieser Richtlinie von einer Person gleichen Geschlechts unter uneingeschränkter Achtung der Grundsätze der Menschenwürde und der körperlichen und geistigen Unversehrtheit durchgeführt; e) die zuständigen Behörden ein Lichtbild des Antragstellers anfertigen dürfen und f) die zuständigen Behörden die mündlichen Aussagen des Antragstellers aufzeichnen dürfen, sofern er darüber im Voraus unterrichtet wurde."
[6] Dazu → § 74 Rn. 25 ff.
[7] Ebenso für § 8 II AsylVfG 1982: *Marx/Strate/Pfaff* § 8 Rn. 24; *Meissner* VBlBW 1982, 385 (388); *Stelkens* ZAR 1985, 15 (21 f.); VGH BW Beschl. v. 29.12.1983 – A 12 S 1006/83, ESVGH 34, 240; BayVGH Beschl. v. 15.6.1983 – 21 CS 83 C 423, EZAR 225 Nr. 3; HessVGH Beschl. v. 28.8.1984 – 10 TH 2032/84, EZAR 224 Nr. 8.
[8] → Rn. 2 ff.
[9] Ähnlich *Hailbronner* AsylG § 15 Rn. 2; *Marx* § 15 Rn. 3.

rungen, Handlungen und sonstiges Mitwirken obliegen allein dem Asylbewerber; sie sind allein durch ihn vorzunehmen und zu bewirken und damit auch unvertretbar iSd Vollstreckungsrechts. Auf den Grundsatz in Abs. 1 kann immer dann zurückgegriffen werden, wenn für einzelne Handlungen oder Duldungen keine konkreten Normen in Abs. 2 oder an anderer Stelle existieren, allerdings nur betreffs Sachverhaltsaufklärung[10]. Die notwendige Konkretisierung kann durch entsprechend allgemeine oder auf den Einzelfall bezogene Fragen und Aufforderungen der Behörde erfolgen (bzgl. „Angaben" vgl. Abs. 2 Nr. 1).

Inhalt und Gegenstand der **Erklärungspflicht** sind nicht näher erläutert; sie ergeben sich va aus §25 I und II. Die Verpflichtung zu mündlichen oder schriftlichen Angaben besteht gegenüber allen mit der Ausführung des AsylG betrauten Behörden, nicht nur gegenüber BAMF und Ausländerbehörde. 6

Die Unterrichtung über die **Erteilung eines Aufenthaltstitels** soll das BAMF in die Lage versetzen, das Verhältnis zur Aufenthaltsgestattung, die Wohnverpflichtung und Passfragen zu klären (vgl. §§ 48 Nr. 3, 55 II, 63 I, 65 I, 67). Ein besonderer Grund für diese früher unbekannte Verpflichtung ist freilich nicht ohne Weiteres einzusehen, kann doch die Ausländerbehörde das BAMF von der Erteilung eines Aufenthaltstitels im Zweifel schneller und zuverlässiger unterrichten (§ 52 greift allerdings nicht ein). Die Erteilung der Aufenthaltsgestattung (§ 55 I) wird von der Mitteilungspflicht schon deshalb nicht erfasst, weil sie keinen Aufenthaltstitel darstellt (vgl. § 4 I 2 AufenthG). Bei dem fiktiv erlaubten Aufenthalt nach § 81 III 1 AufenthG handelt es sich um keine „erteilte", sondern um eine durch die Bescheinigung lediglich bestätigte gesetzliche Erlaubnis; sie braucht ihr auch nicht gleichgestellt zu werden. Dagegen stellt der gesetzlich verlängerte Aufenthaltstitel nach § 81 IV AufenthG einen vollgültigen Titel dar. 7

Die Verpflichtung zur **Befolgung von Anordnungen** ergibt sich eigentlich schon aus Sinn und Zweck der gesetzlichen oder behördlichen Anordnung selbst. Die zusätzliche normative Festlegung von Handlungs- und Duldungspflichten dient aber der unter Umständen erforderlichen zwangsweisen Durchsetzung bei Nichtbefolgung[11]. Unter „Einrichtungen" sind außer den Aufnahmeeinrichtungen auch andere Stellen zu verstehen, die keine Behörde sind. Es brauchen keine öffentlichen Einrichtungen zu sein; auch private Organisationen, die zB eine Gemeinschaftsunterkunft betreiben, gehören dazu. 8

Die Pflicht zur Vorlage, Aushändigung und Überlassung des **Passes** oder Passersatzes ergibt sich für Ausländer allgemein bereits aus §§ 3, 48 I und II AufenthG. Für Asylbewerber wird sie durch Abs. 2 Nr. 4 erweitert, da die Erforderlichkeit nicht im Einzelfall festzustellen ist, sondern generell vom Gesetz unterstellt wird (ähnlich früher § 26 AsylVfG 1982). Betroffen sind ausländische Pässe und Passersatzpapiere iSd § 3 AuslG, §§ 2ff. AufenthV: va Nationalpass, Reisepass, Kinderausweis, Seefahrtbuch, Staatenlosenausweis oder GK-Reiseausweis. Der türkische Personalausweis ist kein Passersatz[12]. Zur Verwahrung vgl. § 21, zur Ausweispflicht während des Asylverfahrens vgl. § 64 I, zur Herausgabe vgl. § 65. Seit dem Gesetz zur besseren Durchsetzung der Ausreisepflicht 2017 (→ Rn. 1) werden von der Überlassungspflicht – die allerdings aus Datenschutzgründen ausdrücklich erst „im Falle des Nichtbesitzes eines gültigen Passes oder Passersatzes" einsetzt und auch erst nach Nichtherausgabe eines solchen Identitätspapiers über Abs. 4 vollstreckt werden darf – auch die im digitalen Zeitalter relevant gewordenen entsprechenden **Datenträger** erfasst. Die Richtigkeit der Argumentation des Gesetzgebers, dass sich heute aus Smartphones, SIM-Karten, Laptops etc wesentliche Hinweise auf Identität, Staatsangehörigkeit, Reiseweg bzw. Kontakte ermitteln lassen, ist offenkundig. Zur datenschutzrechtlichen Problematik s. die Kommentierung zu § 15a. 9

Die Pflicht zur Vorlage von für das Asylbegehren bedeutsame **Urkunden** und anderen Unterlagen ergibt sich ebenso wie die Darlegungsverpflichtung aus der allgemeinen Mitwirkungspflicht (früher § 8 II 3 AsylVfG 1982). Die (nicht abschließende) Aufzählung der Unterlagen (Abs. 3) ist im Grundsatz nicht zu beanstanden. Zu den Reiseunterlagen iSd Abs. 3 Nr. 4 zählen auch Rechnungen und Quittungen über Beförderung, Unterkunft und Versorgung auf der Reise. Sonstige Urkunden und Unterlagen iSd Abs. 3 Nr. 5 beziehen sich nicht nur auf asylrechtlich relevante Tatsachen, sondern auch auf Rückführungsmaßnahmen. Soweit die Urkunden oder sonstigen Unterlagen dem Asylbewerber gehören oder der Verfügungshoheit eines fremden Staats unterliegen, könnten Bedenken gegen die Vorlagepflicht bestehen. Diese sind durch die Rückgabebestimmungen der §§ 21 V und 65 weitestgehend ausgeräumt (bzgl. Weitergabe und Verwahrung der Unterlagen vgl. § 21). 10

Die Mitwirkung bei der Beschaffung eines **Identitätspapiers** wird bereits durch die Handlungsverpflichtungen nach § 48 III AufenthG erfasst. Auch für den Asylbewerber wird nach negativem Abschluss sowohl für die freiwillige als auch für die zwangsweise Ausreise ein Identitätsdokument benötigt. Zu bedenken bleibt aber, dass dem Asylbewerber damit auch schon während des Asylverfahrens die Inanspruchnahme des Schutzes des (angeblichen) Verfolgerstaats angesonnen wird 11

---

[10] Zu Sprachaufzeichnungen → § 16 Rn. 9–20.
[11] Zum früheren Recht VG Frankfurt a. M. Beschl. v. 3.11.1982 – VI/1 G 5219/82, NJW 1983, 189.
[12] VG Köln Urt. v. 10.3.1989 – 20 K 12 777/87, InfAuslR 1989, 359.

(durch Mitwirkung bei Erlangung eines Passes ua). Dies ist dem politisch Verfolgten aber grundsätzlich **nicht zuzumuten.** Denn damit rückt er zumindest zT von seinem Asylvorbringen ab, wie die Erlöschensregelung des § 72 I Nr. 1 deutlich macht. Diese ist zwar nicht analog auf Asylbewerber anzuwenden, die Inanspruchnahme des Schutzes des Heimatstaats kann aber durchaus allgemein oder im Einzelfall gegen die Annahme einer ernsthaften Verfolgungsgefahr sprechen[13]. Daher ist eine Mitwirkung bei der Passbeschaffung nur erforderlich und zumutbar, wenn ein Identitätspapier benötigt und der Asylbewerber selbst oder sein Asylersuchen dadurch nicht gefährdet werden. Maßgeblich sind die Einzelfallumstände[14]. Für die Passbeschaffung sind nicht nur BAMF und Ausländerbehörde zuständig, sondern nach § 43 auch das BMI während der Wohnverpflichtung nach § 47. Die Ausländerbehörde wird nicht erst mit Erlöschen der Aufenthaltsgestattung berechtigt, den Asylbewerber zur Mitwirkung bei der Passbeschaffung zu verpflichten[15], sie ist aber an einer sachgemäßen Beurteilung der für den Asylbewerber mit der Verbindungsaufnahme zu dem Heimatstaat verbundenen Gefahren idR gehindert, bevor das BAMF den Asylantrag negativ beschieden hat[16].

12 Die Pflicht zur Duldung **erkennungsdienstlicher Maßnahmen** (ebenso § 49 VIII AufenthG) ergibt sich eigentlich schon aus deren Zulässigkeit (§ 16); denn diese hängt nicht von der Einwilligung des Betroffenen ab[17]. Diese Pflicht umfasst die Verpflichtung, im Vorfeld einer geplanten Fingerabdrucknahme alle Verhaltensweisen zu unterlassen, die eine Auswertbarkeit seiner **Fingerabdrücke** beeinträchtigen können. Eine Garantieverpflichtung für die Auswertbarkeit der Fingerabdrücke durch das Bundesamt ergibt sich aus § 15 hingegen nicht[18].

13 Die (vor dem 1.7.1993 in § 16 II geregelte) Möglichkeit der – auch körperlichen – **Durchsuchung** soll verhindern, dass der Ausländer einen Pass oder Passersatz mitführt, aber nicht herausgibt, sondern am Körper oder in seinem Gepäck oder sonst wo in seinen Sachen versteckt[19]. Es müssen freilich konkrete Anhaltspunkte für den dahingehenden Verdacht vorliegen. Die Nichtabgabe eines Passes oder Passersatzes reicht dafür nicht. Andererseits erfüllt der Ausländer seine Passherausgabepflicht nicht durch Aushändigung eines falschen Passpapiers; auch in diesem Fall ist deshalb eine Durchsuchung zulässig, wenn Indizien dafürsprechen, dass der Ausländer weitere – unter Umständen echte oder andere falsche – Passdokumente mitführt. Die Einschränkung auf geschlechtsgleiche Untersuchungspersonen gilt nicht hinsichtlich mitgeführter Sachen. Die Durchsuchung von Wohnungen zur Vollstreckung einer Passauflage richtet sich nach Landesrecht und erfordert eine gerichtliche Anordnung[20].

14 Die für den Fall der **Rücknahme** des Asylantrags angeordnete ausnahmslose Fortdauer der Mitwirkungspflichten erscheint weder sachgerecht noch verhältnismäßig. Die meisten Verpflichtungen zur Mitwirkung enden ihrer Art nach mit endgültiger Ablehnung des Asylantrags oder nach endgültiger Asyl- oder Flüchtlingsanerkennung. Darüber hinaus ist nicht einzusehen, warum der Ausländer trotz Rücknahme des Asylantrags weiterhin allen Verpflichtungen zur Mitwirkung unterworfen bleiben soll. So leuchtet etwa nicht ein, dass er auch nach Antragsrücknahme noch verpflichtet sein soll, den von einem anderen Staat erteilten Konventionspass dem BAMF zu überlassen, erkennungsdienstliche Maßnahmen zu dulden oder die Erteilung von Aufenthaltstiteln dem BAMF mitzuteilen. Mitwirkungspflichten nach Rücknahme des Asylantrags ergeben allenfalls im Hinblick auf aufenthaltsbeendende Maßnahmen im Einzelfall einen Sinn. Diesen Bedenken ist durch eine entsprechende Auslegung von §§ 21 V, 65 Rechnung zu tragen. Abs. 5 ist damit zT wirkungslos.

15 Unter **Rücknahme** ist die vollständige Rücknahme des Asylantrags iSd §§ 13, 14 zu verstehen. Die nachträgliche Beschränkung auf die Flüchtlingsanerkennung steht nicht gleich, weil das Asylverfahren dann betreffend Art. 16a GG fortgeführt und nicht nach § 32 eingestellt wird. Anders verhält es sich mit den **Rücknahmefiktionen** der §§ 32a II, 33 I, II; denn diese beenden formell das Asylverfahren, lassen aber das öffentliche Interesse am Fortbestand der Mitwirkungspflichten ebenso unberührt wie bei ausdrücklich erklärter Rücknahme, solange sich der Ausländer noch in Deutschland aufhält[21]. Dagegen ist der **Verzicht** des Vertreters des Kindes nach § 14a III nicht einer Rücknahme gleichzusetzen, obwohl die dort erfasste Erklärung über die fehlende Verfolgungsgefahr ebenfalls die Beendigung des Asylverfahrens zur Folge hat. Der Gesetzgeber hat bei Einfügung von § 14a auf eine entsprechende Ergänzung wie in § 71 I 2 verzichtet und damit eine Gleichbehandlung bewusst unterlassen. Dem kann nicht durch eine analoge Anwendung zur Ausfüllung einer Gesetzeslücke begegnet werden.

---

[13] Vgl. BVerwG Urt. v. 20.10.1987 – 9 C 277.86, BVerwGE 78, 152.
[14] *Hailbronner* AsylG § 15 Rn. 27–30; VGH BW Urt. v. 6.10.1998 – A 9 S 856/98, InfAuslR 1999, 287; Urt. v. 27.12.2000 – 11 S 1592/00, VBlBW 2001, 329: unbedenklich sind Vorbereitungen für Beschaffung nach Abschluss des Asylverfahrens; aA *Marx* § 15 Rn. 11–14: grundsätzlich unzumutbar.
[15] So aber VGH BW Urt. v. 6.10.1998 – A 9 S 856/98, InfAuslR 1999, 287.
[16] Ähnlich *Hailbronner* AsylG § 15 Rn. 29.
[17] Zum früheren Recht s. die 5. Aufl. des Kommentars, AsylVfG § 13 Rn. 8.
[18] BVerwG Urt. v. 5.9.2013 – 10 C 1.13.
[19] BT-Drs. 12/2718, 60.
[20] Dazu VGH BW Beschl. v. 10.12.1999 – 11 S 240/98, EZAR 622 Nr. 36.
[21] Betr. § 32 aA *Marx* § 15 Rn. 13.

§ 15a Auswertung von Datenträgern

(1) ¹Die Auswertung von Datenträgern ist nur zulässig, soweit dies für die Feststellung der Identität und Staatsangehörigkeit des Ausländers nach § 15 Absatz 2 Nummer 6 erforderlich ist und der Zweck der Maßnahme nicht durch mildere Mittel erreicht werden kann. ²§ 48 Absatz 3a Satz 2 bis 7 und § 48a des Aufenthaltsgesetzes gelten entsprechend.

(2) Für die in Absatz 1 genannten Maßnahmen ist das Bundesamt zuständig.

I. Entstehungsgeschichte

Die Vorschrift wurde durch das zum 29.7.2017 (BGBl. I S. 2780) in Kraft getretene **Gesetz zur besseren Durchsetzung der Ausreisepflicht** in das AsylG neu eingefügt. Der Gesetzgeber begründete dies wie folgt: „Der neue § 15a des AsylG ergänzt den neuen § 15 Abs. 2 Nr. 6 um Regelungen zur Auswertung der dort genannten Datenträger. Das BAMF wird zur Auswertung von Datenträgern ermächtigt, soweit dies für die Klärung der Identität und der Staatsangehörigkeit eines Ausländers erforderlich und die Maßnahme verhältnismäßig ist. Insbesondere dürfen keine milderen, ebenfalls ausreichenden Mittel vorhanden sein. Dem Schutz des Kernbereichs privater Lebensgestaltung ist Rechnung zu tragen. Insoweit ist auch nur ein Bediensteter mit der Befähigung zum Richteramt zur Auswertung des Datenträgers berechtigt. Sofern der Ausländer den Zugriff auf den Datenträger schützt, zum Beispiel durch die Notwendigkeit der Eingaben von PIN und PUK, ist er verpflichtet, die notwendigen Zugangsdaten zur Verfügung zu stellen. Die Entgegennahme dieser Zugangsdaten erfordert im Gegensatz zur Auswertung des Datenträgers nicht die Befähigung zum Richteramt. Die Verweisung auf § 48a AufenthG ergänzt die Ermächtigung im Hinblick auf technische Geräte, die für telekommunikative Zwecke eingesetzt werden. Soweit der Ausländer seiner Verpflichtung, die notwendigen Zugangsdaten für die zulässige Auswertung etwa seines Mobiltelefons oder seines Smartphones zur Verfügung zu stellen, nicht nachkommt, ist die Behörde berechtigt, diese Zugangsdaten bei dem zuständigen Telekommunikationsdienstleister zu erheben. Derjenige, der Telekommunikationsdienste für den Ausländer über das fragliche technische Gerät erbringt, ist verpflichtet, die Daten unverzüglich zu übermitteln. Zur Vermeidung heimlicher Maßnahmen ist der Ausländer von der Behörde vorab über das Auskunftsverlangen zu informieren."[1] Durch das 2. DSAnpUG EU vom 20.11.2019, BGBl. I S. 1626, wurde in Abs. 1 Satz 2 lediglich der Verweis auf den neu gefassten § 48 Abs. 3a angepasst; eine Rechtsänderung erfolgte hierdurch nicht.

II. Datenschutzproblematik

Die Datenschutzproblematik der Neuregelungen in § 15 (→ § 15 Rn. 1 und 9) sowie § 15a liegt auf der Hand. Durch diese Regelungen sollen passlose Asylbewerber den zuständigen Behörden ihre **Smartphones, SIM-Karten, Laptops etc** zum Auslesen und zur Verwendung insbesondere im Verwaltungsverfahren überlassen. (Nur) die Auswertung der Datenträger ist dann allerdings gem. Abs. 2 ausschließlich dem BAMF gestattet und dort iVm § 48 IIIa 4 AufenthG ausschließlich einem Volljuristen. Da auch Flüchtlinge heutzutage gerade in diesen Datenträgern in aller Regel zahlreiche Privatkontakte, Konversationen, Fotos, kurz **„ihr Leben und ihre Heimat"** mit sich tragen, ist deren behördliche Zwangsverwendung ausgesprochen grundrechtssensibel. Dies auch vor dem Hintergrund, dass es bei den Neuregelungen der §§ 15, 15a nicht um seltene Einzelfallmaßnahmen gehen dürfte. Da erfahrungsgemäß rund 60 Prozent der Asylbewerber keine Identitätspapiere aushändigen, handelt es sich hier vielmehr um ein Massenphänomen, dh um eine Art neuer **„asylpolitischer Standardmaßnahme".** Das BMI rüstet das BAMF dementsprechend mit forensischer Hard- und Software aus, um rund 2.400 Datenträger pro Tag auslesen zu können. Das Auslesen der Datenträger soll regelmäßig bei der Registrierung als Asylsuchender, dh mittels eines EDV-„Auslesepunktes" vor Ausstellung des Ankunftsnachweises erfolgen. Die beim Auslesen der Speicher erlangten Daten sollen bewertet und die für das Asylverfahren notwendigen und erforderlichen Informationen per Internet-Schnittstelle in das Vorgangsbearbeitungssystem MARIS des BAMF eingepflegt werden. Der Datentransfer und die Speicherung der Daten in MARIS werden protokolliert[2]. Datenschützer sprechen vor diesem Hintergrund von einem „Großen Lauschangriff auf Flüchtlinge" bzw. dem „gläsern gemachten Asylbewerber"[3].

Die Auswertung der Datenträger berührt unweigerlich den Schutzbereich des **allgemeinen Persönlichkeitsrechts** und des Rechts auf informationelle Selbstbestimmung, was einen rechtserheblichen Eingriff in Art. 1 I, 2 I GG bzw. Art. 8 EMRK bzw. Art. 8 GRCh bedeutet. Das **BVerfG**[4] hat zu dieser Problematik ausgeführt: „Geschützt vom Grundrecht auf Gewährleistung der Vertraulichkeit

---
[1] BT-Drs. 18/11546, 23.
[2] Vgl. Referentenentwurf zum Gesetz zur besseren Durchsetzung der Ausreisepflicht, S. 13.
[3] Vgl. etwa Pro Asyl, Stellungnahme zum Referentenentwurf v. 20.2.2017.
[4] BVerfG Urt. v. 27.2.2008 – 1 BvR 370/07 Rn. 204.

und Integrität informationstechnischer Systeme ist zunächst das Interesse des Nutzers, dass die von einem vom Schutzbereich erfassten informationstechnischen System erzeugten, verarbeiteten und gespeicherten Daten vertraulich bleiben. Ein Eingriff in dieses Grundrecht ist zudem dann anzunehmen, wenn die Integrität des geschützten informationstechnischen Systems angetastet wird, indem auf das System so zugegriffen wird, dass dessen Leistungen, Funktionen und Speicherinhalte durch Dritte genutzt werden können; dann ist die entscheidende technische Hürde für eine Ausspähung, Überwachung oder Manipulation des Systems genommen." Im Urteil zum sog. „Großen Lauschangriff" hat das BVerfG entschieden, dass zur Unantastbarkeit der Menschenwürde die Anerkennung eines absolut geschützten Kernbereichs privater Lebensgestaltung gehört. In diesen Bereich dürfe die akustische Überwachung von Wohnraum zu Zwecken der Strafverfolgung nicht eingreifen[5]. In einem Beschluss zur Beschlagnahme eines Mobiltelefons hat das BVerfG schließlich ausgeführt, dass dies den Schutzbereich des Fernmeldegeheimnisses (Art. 10 I GG) berührt und deshalb einer gesetzlichen Grundlage bedarf (Art. 10 II 1 GG). Bei Verfolgung einer erheblichen Straftat setze die Kenntnisnahme bzw. Auswertung von Telekommunikationsverbindungsdaten gemäß §§ 100h I 3, 100b I StPO zudem einen richterlichen Beschluss voraus, der nur bei Gefahr im Verzug durch eine Anordnung der Staatsanwaltschaft ersetzt werden könne[6].

4   Vor diesem Hintergrund hat der Gesetzgeber die Auswertung von Datenträgern mittels der gesetzlichen Grundlage des § 15a als **ultima ratio** ausgestaltet. Er versucht, die menschen- und verfassungsrechtlich erforderliche Verhältnismäßigkeit auch durch den Verweis auf die §§ 48 IIIa, 48a AufenthG herzustellen. Hierüber soll sichergestellt werden, dass die Auswertung unterbleibt, wenn tatsächlich Anhaltspunkte für die Annahme vorliegen, dass durch die Auswertung von Datenträgern allein Erkenntnisse aus dem Kernbereich privater Lebensgestaltung erlangt würden (§ 48 IIIa 2 AufenthG). Erkenntnisse aus dem Kernbereich privater Lebensgestaltung, die durch die Auswertung von Datenträgern erlangt werden, dürfen des Weiteren nicht verwertet werden (§ 48 IIIa 5 AufenthG). Zudem soll der Ausländer vorher über die Auswertung informiert werden (vgl. § 48a II AufenthG).

5   Da der Begriff des „Kernbereichs privater Lebensgestaltung" keine scharfen Konturen kennt und die Praxis der Massenverwaltung sich kaum um die hehren Worte des BVerfG scheren werde, halten Kritiker die Neuregelungen zur Auswertung von Datenträgern für verfassungswidrig[7]. Dem ist im Ergebnis nicht zuzustimmen, wenn der Gesetzgeber ernstgenommen und seine Vorgaben in der Praxis umgesetzt werden. Dazu ist (1) immer die gesetzliche Zweckbindung im Auge zu behalten, dh, die Datenauswertung darf ausschließlich „für die Feststellung der Identität und Staatsangehörigkeit des Ausländers" erfolgen. Nicht erlaubt ist über § 15a mithin insbesondere die Strafverfolgung. Die Datenauswertung hat (2) dem Grundsatz der Verhältnismäßigkeit zu entsprechen, dh muss immer zur Erreichung der Identitätsfeststellung geeignet, erforderlich und angemessen sein. Schließlich muss (3) insbesondere sichergestellt werden, dass die Auswertung nur durch entsprechend geschulte Volljuristen erfolgt und nicht in den „Kernbereich privater Lebensgestaltung" eingreift. Wie bei der akustischen Wohnraumüberwachung ist auch die Datenauswertung – insoweit – unverzüglich abzubrechen, wenn bei ihr Daten aufgefunden werden über „innere Vorgänge wie Empfindungen und Gefühle sowie Überlegungen, Ansichten und Erlebnisse höchstpersönlicher Art sowie Gefühlsäußerungen, Äußerungen des unbewussten Erlebens sowie Ausdrucksformen der Sexualität"[8]. Solche Daten, etwa intime E-Mails oder entsprechende Fotos dürfen auch keineswegs vom BAMF in MARIS gespeichert werden. Werden diese Vorgaben eingehalten, stellt sich der Grundrechtseingriff auch deshalb als menschenrechts- und verfassungskonform dar, weil der Staat auch zum Schutz seiner Bevölkerung ein erhebliches Interesse an der Identitäts- und Staatsangehörigkeitsfeststellung der als Asylbewerber einreisenden Ausländer geltend machen kann und diese die Datenauswertung zudem durch schlichte Vorlage eines gültigen Identitätspapiers abwenden können.

§ 16 Sicherung, Feststellung und Überprüfung der Identität

(1) ¹Die Identität eines Ausländers, der um Asyl nachsucht, ist durch erkennungsdienstliche Maßnahmen zu sichern. ²Nach Satz 1 dürfen nur Lichtbilder und Abdrucke aller zehn Finger aufgenommen werden; soweit ein Ausländer noch nicht das sechste Lebensjahr vollendet hat, dürfen nach Satz 1 nur Lichtbilder aufgenommen werden. ³Zur Bestimmung des Herkunftsstaates oder der Herkunftsregion des Ausländers kann das gesprochene Wort außerhalb der förmlichen Anhörung des Ausländers auf Ton- oder Datenträger aufgezeichnet werden. ⁴Diese Erhebung darf nur erfolgen, wenn der Ausländer vorher darüber in Kenntnis gesetzt wurde. ⁵Die Sprachaufzeichnungen werden beim Bundesamt gespeichert.

(1a) ¹Zur Prüfung der Echtheit des Dokumentes oder der Identität des Ausländers dürfen die auf dem elektronischen Speichermedium eines Passes, anerkannten Passersatzes oder

---

[5] Vgl. BVerfG Urt. v. 3.3.2004 – 1 BvR 2378/98, Ls. 2.
[6] Vgl. BVerfG Beschl. v. 4.2.2005 – 2 BvR 308/04 Rn. 20 ff.
[7] Vgl. Pro Asyl, Stellungnahme zum Referentenentwurf v. 20.2.2017.
[8] BVerfG Urt. v. 3.3.2004 – 1 BvR 2378/98 Rn. 120.

sonstigen Identitätspapiers gespeicherten biometrischen und sonstigen Daten ausgelesen, die benötigten biometrischen Daten erhoben und die biometrischen Daten miteinander verglichen werden. ²Biometrische Daten nach Satz 1 sind nur die Fingerabdrücke, das Lichtbild und die Irisbilder.

(2) Zuständig für die Maßnahmen nach den Absätzen 1 und 1a sind das Bundesamt und, sofern der Ausländer dort um Asyl nachsucht, auch die in den §§ 18 und 19 bezeichneten Behörden sowie die Aufnahmeeinrichtung, bei der sich der Ausländer meldet.

(3) ¹Das Bundeskriminalamt leistet Amtshilfe bei der Auswertung der nach Absatz 1 Satz 1 erhobenen Daten zum Zwecke der Identitätsfeststellung. ²Es darf hierfür auch von ihm zur Erfüllung seiner Aufgaben gespeicherte erkennungsdienstliche Daten verarbeiten. ³Das Bundeskriminalamt darf den in Absatz 2 bezeichneten Behörden den Grund der Speicherung dieser Daten nicht mitteilen, soweit dies nicht nach anderen Rechtsvorschriften zulässig ist.

(3a) ¹Im Rahmen seiner Amtshilfe nach Absatz 3 Satz 1 darf das Bundeskriminalamt die nach Absatz 1 Satz 1 erhobenen Daten auch an die für die Überprüfung der Identität von Personen zuständigen öffentlichen Stellen von Drittstaaten mit Ausnahme des Herkunftsstaates der betroffenen Person sowie von Drittstaaten, in denen die betroffene Person eine Verfolgung oder einen ernsthaften Schaden zu befürchten hat, übermitteln. ²Die Verantwortung für die Zulässigkeit der Übermittlung trägt das Bundeskriminalamt. ³Das Bundeskriminalamt hat die Übermittlung und ihren Anlass aufzuzeichnen. ⁴Die empfangende Stelle personenbezogener Daten ist darauf hinzuweisen, dass sie nur zu dem Zweck verarbeitet werden dürfen, zu dem sie übermittelt worden sind. ⁵Ferner ist ihr der beim Bundeskriminalamt vorgesehene Löschungszeitpunkt mitzuteilen. ⁶Die Übermittlung unterbleibt, wenn tatsächliche Anhaltspunkte dafür vorliegen, dass
1. unter Berücksichtigung der Art der Daten und ihrer Erhebung die schutzwürdigen Interessen der betroffenen Person, insbesondere ihr Interesse, Schutz vor Verfolgung zu erhalten, das Allgemeininteresse an der Übermittlung überwiegen oder
2. die Übermittlung der Daten zu den Grundrechten, dem Abkommen vom 28. Juli 1951 über die Rechtsstellung der Flüchtlinge sowie der Konvention zum Schutz der Menschenrechte und Grundfreiheiten in Widerspruch stünde, insbesondere dadurch, dass durch die Verarbeitung der übermittelten Daten im Empfängerstaat Verletzungen von elementaren rechtsstaatlichen Grundsätzen oder Menschenrechtsverletzungen drohen.

(4) Die nach Absatz 1 Satz 1 erhobenen Daten werden vom Bundeskriminalamt getrennt von anderen erkennungsdienstlichen Daten gespeichert.

(5) ¹Die Verarbeitung der nach Absatz 1 erhobenen Daten ist auch zulässig zur Feststellung der Identität oder Zuordnung von Beweismitteln für Zwecke des Strafverfahrens oder zur Gefahrenabwehr. ²Die Daten dürfen ferner für die Identifizierung unbekannter oder vermisster Personen verarbeitet werden.

(6) Die nach Absatz 1 erhobenen Daten sind zehn Jahre nach unanfechtbarem Abschluss des Asylverfahrens, die nach Absatz 1a erhobenen Daten unverzüglich nach Beendigung der Prüfung der Echtheit des Dokumentes oder der Identität des Ausländers zu löschen.

Übersicht

	Rn.
I. Entstehungsgeschichte	1
II. Allgemeines	2
III. Identitätssicherung	5
1. Erkennungsdienstliche Maßnahmen	5
2. Sprachaufzeichnungen	10
IV. Nutzung	22
V. Vernichtung	24
VI. Verwaltungsverfahren und Rechtsschutz	25

I. Entstehungsgeschichte

Die Vorschrift geht auf § 13 AsylVfG 1982 zurück, der erst im Vermittlungsausschuss endgültig formuliert worden war[1]. Sie stimmte in der ursprünglichen Fassung bis auf S. 2 und 3 in Abs. 2, die auf Vorschlag des Bundestag-Innenausschusses[2] nachträglich eingefügt wurden, mit dem **Gesetzesentwurf 1992**[3] überein. MWv 1.7.1993 wurden aufgrund des Gesetzesentwurfs 1993[4] Abs. 2 geändert (zT Übernahme in § 15 IV) und Nr. 4 in Abs. 6 eingefügt (Art. 1 Nr. 8 **AsylVfÄndG 1993**). MWv 1

[1] Vgl. BT-Drs. 9/875, 5, 9/1630, 7, 9/1792, 2.
[2] BT-Drs. 12/2718, 15.
[3] BT-Drs. 12/2062, 8.
[4] BT-Drs. 12/4450, 4.

1.1.2002 wurden aufgrund des Regierungsentwurfs[5] in Abs. 1 S. 3–5 eingefügt sowie Abs. 5 S. 1 und Abs. 6 neu gefasst (Art. 12 Nr. 1 **TerrbekG**). Abs. 4a wurde mWv 18.3.2005 angefügt (Art. 6 Nr. 7 **Gesetz v. 14.3.2005**)[6]. Die Richtlinienumsetzungsgesetze 2007 und 2011 und 2013 haben keine Änderungen vorgenommen, ebenso wie die Asylpakete und das IntG 2016. Durch Art. 1 Nr. 2 des **DatenaustauschverbesserungsG** wurde jedoch mWz 5.2.2016 (BGBl. 2016 I S. 130) in Abs. 1 S. 1 der Halbsatz „es sei denn, dass er noch nicht das 14. Lebensjahr vollendet hat" gestrichen und stattdessen in S. 2 der 2. Halbsatz („… soweit ein Ausländer noch nicht das 14. Lebensjahr…") angefügt. Der Gesetzgeber begründete dies wie folgt[7]: „Die Änderungen sind erforderlich, weil das Lichtbild ein zentrales Identifizierungsmerkmal des neu eingeführten Ankunftsnachweises nach § 63a des Asylgesetzes ist. Diese Funktion kann nur realisiert werden, wenn alle Asylsuchenden unabhängig vom Alter mit Lichtbildern erfasst werden." Parallel zu § 89a Ia AufenthG fügte das **Gesetz zur besseren Durchsetzung der Ausreisepflicht** mWv 29.7.2017 (BGBl. I S. 2780) den neuen Abs. 3a in die Norm ein. Art. 5 des mWv 9.8.2019 in Kraft getretenen **2. Datenaustauschverbesserungsgesetz** (BGBl. I S. 1131) setzte in **Abs. 1 S. 2** das Alter von bisher 14 Jahren auf nunmehr sechs Jahre herab und hob Art. 4a auf. Zur Begründung führte der Gesetzgeber aus[8]: „Mit der Regelung wird ein Gleichklang zu der mit diesem Gesetz angestrebten Absenkung der Altersgrenze bei der Fingerabdruckabnahme nach dem AufenthG auf die Vollendung des sechsten Lebensjahres um im AsylG hergestellt. … Vor dem Hintergrund der weit fortgeschrittenen Verhandlungen zur Reform der EURODAC-VO, in dessen Rahmen sich auf eine Herabsetzung des Alters zur Abnahme von Fingerabdrücken verständigt wurde, ist die Herabsetzung auch im AsylG erforderlich, um ein einheitliches Regelungsregime für Minderjährige sicherzustellen. Die Fingerabdruckabnahme hat in einer kindgerechten Weise unter voller Achtung der Interessen des Kindes im Einklang mit der UN-Kinderrechtskonvention zu erfolgen. Die Maßnahmen sind nur zulässig, wenn das Kindeswohl dem nicht entgegensteht. Bei der erkennungsdienstlichen Behandlung von Minderjährigen muss die Anwesenheit einer vertretungsberechtigten Begleitperson sichergestellt sein. Bei der Umsetzung der Regelung bleibt das Primat der Kinder- und Jugendhilfe unberührt." Die Aufhebung von **Abs. 4a** hat den Hintergrund, dass die der Fundpapier-Datenbank zugrundeliegenden Vorschriften aufgehoben werden. Denn bis 12.10.2018 wurden durch das Bundesverwaltungsamt 78.647 sog. Fundpapiere erfasst. Die angestrebte Zuordnung der Fundpapiere zu passlosen Ausländern erfolgte in der dreizehnjährigen Betriebsdauer jedoch in keinem einzigen Fall. Ursächlich hierfür war insbesondere die für einen gesichtsbiometrischen Abgleich mangelhafte Lichtbildqualität in den Identifikationspapieren. Bei Fortbetrieb der Datenbank erforderliche Investitionskosten zur Gewährleistung der Daten- und IT-Sicherheit der verarbeiteten personenbezogenen Daten wurden mit Blick auf die beschriebene mangelnde Effektivität als unwirtschaftlich angesehen. Die verarbeiteten personenbezogenen Daten wurden nach Aufhebung gelöscht[9]. Durch das 2. DSAnpUG-EU vom 20.11.2019, BGBl. I S. 1626, wurden in den Abs. 1, 3, 3a und 5 lediglich verschiedene Begriffe angepasst (Abs. 1 S. 5 gespeichert statt aufbewahrt; Abs. 3 S. 2 verarbeiten statt verwenden; Abs. 3a S. 4 verarbeitet statt genutzt; S. 6 Nr. 2 Verarbeitung statt Nutzung; Abs. 5 S. 1 Verarbeitung statt Verarbeitung und Nutzung; S. 2 verarbeitet statt verwendet); eine inhaltliche Rechtsänderung erfolgte hierdurch nicht. Der Gesetzgeber erläuterte (BT-Drs. 19/4674, 271): „Bei den Änderungen handelt es sich jeweils um Anpassungen an die in der Verordnung (EU) 2016/679 verwendeten Begrifflichkeiten. Die Übermittlung personenbezogener Daten gemäß Abs. 3a muss im Einklang mit den sonstigen allgemeinen datenschutzrechtlichen Vorschriften stehen."

II. Allgemeines

2   Die Vorschrift weicht wie schon § 13 AsylVfG 1982 erheblich von den allgemeinen ausländerrechtlichen Bestimmungen (früher des § 41 AuslG und jetzt des § 49 AufenthG) ab, wenn auch seit 2002 in beiden Fällen einheitlich die Sprachaufzeichnung fakultativ eingeführt ist. Da der Gesetzesentwurf 1992 und die Materialien zum AsylVfG 1982 und zum AufenthG keine Aussagen über das Verhältnis beider Vorschriften zueinander enthalten, muss angenommen werden, dass § 16 die nach Voraussetzungen und Folgen **speziellere Regelung** darstellt und für Asylbewerber nicht durch § 49 AufenthG ergänzt wird; hierfür spricht auch die parallele Ergänzung um die Zulässigkeit von Sprachaufzeichnungen ab 2002. Ein Verstoß gegen die Duldungspflicht ist weder strafbar noch ordnungswidrig (vgl. §§ 84–86; anders seit 1.1.2005 § 95 I Nr. 6 AufenthG für die Duldungspflichten nach § 49 VIII AufenthG).

3   Soweit **in anderen Vorschriften** erkennungsdienstliche Maßnahmen zugelassen sind (zB §§ 81b, 163b StPO; § 19 BPolG; PolizeiG der Länder), sind sie bei Vorliegen der jeweiligen Voraussetzungen auch während des Asylverfahrens gestattet. Sie dürfen nur nicht zur Umgehung des § 16 verwendet werden. Außerdem ist zu beachten, dass weder die Einreise ohne Visum oder gültige Reisedokumente

---

[5] BT-Drs. 14/7727.
[6] BGBl. I S. 721.
[7] BT-Drs. 18/7043, 40.
[8] BR-Drs. 54/19.
[9] Vgl. BR-Drs. 54/19, 76.

Sicherung, Feststellung und Überprüfung der Identität § 16 AsylG 7

noch die Stellung eines Folgeantrags eine Straftat darstellen, die entsprechende Ermittlungsmaßnahmen rechtfertigen[10]. Die hier wie in § 41 AuslG (jetzt § 49 AufenthG) mWv 1.1.2002 geregelten Sprachaufzeichnungen stellen ein sonst gesetzlich nicht erwähntes Identifikationsmittel dar.

Gegen die **Verfassungsmäßigkeit** der Vorschrift bestanden hinsichtlich der EDV-Behandlung zumindest zunächst Bedenken. Da erkennungsdienstliche Maßnahmen in allgemeines Persönlichkeitsrecht und körperliche Bewegungsfreiheit oder Unversehrtheit eingreifen (Art. 2 I iVm Art. 1 I, Art. 2 II GG), bedarf es einer gesetzlichen Ermächtigung, die den rechtsstaatlichen Anforderungen an Bestimmtheit und Verhältnismäßigkeit gerecht wird[11]. Bei sachgemäßer Auslegung und Anwendung konnten diese Anforderungen bei § 13 AsylVfG 1982 erfüllt werden[12]. Die 1993 erfolgten Änderungen zwangen aber zu einer Überprüfung dieser Bewertung. Angesichts der Weite der Eingriffsvoraussetzungen und der möglichen Nutzung der generell auf Vorrat angelegten Sammlung sensibler Daten waren die datenschutzrechtlichen Grundsätze der Bestimmtheit und der Verhältnismäßigkeit durch die neuen Bestimmungen über die erkennungsdienstlichen-Maßnahmen zT nicht mehr eingehalten[13]. Anders verhält es sich jetzt aufgrund der zwischenzeitlich veränderten tatsächlichen Verhältnisse[14] und allgemein bei den Sprachaufzeichnungen, weil diese nicht generell erfolgen, sondern nur bei Zweifeln über Herkunftsstaat oder -region und zudem aufgrund Ermessens. 4

III. Identitätssicherung

1. Erkennungsdienstliche Maßnahmen

Die seit 1.7.1992 vorgeschriebene generelle Identitätskontrolle grundsätzlich aller Asylbewerber (die Ausnahme aufgrund einer unbefristeten Aufenthaltsgenehmigung war zahlenmäßig unbedeutend und ist seit 1.1.2002 aufgehoben) stellt insgesamt wegen der Erweiterung des **Umfangs** eine eindeutige Verschärfung der Rechtslage dar. Denn die Identitätsprüfung war früher nur bei Zweifeln an der Identität zulässig und daraus konnten auch Folgerungen auf den jeweiligen Zweck gezogen werden[15]. Die Änderung gebietet dagegen erkennungsdienstliche Maßnahmen auch bei Erstantragstellern mit gültigen Personalpapieren und Reisedokumenten sowie bei Einreiseverweigerung oder Zurückschiebung (vgl. die Bezugnahmen auf § 18 in Abs. 2). Mit der seit Anfang 2002 wirksamen Streichung der Ausnahme des Besitzes einer unbefristeten Aufenthaltsgenehmigung (jetzt Niederlassungserlaubnis) wird der Personenkreis den Vorgaben der **EURODAC-VO 603/2013/EU** angepasst, die in ihren Art. 9 ff. die Identitätssicherung durch Abnahme von Fingerabdrücken regelt. Von **Kindern** unter (seit dem 2. DAVG 2019 nicht mehr 14, sondern nur noch) sechs Jahren werden zum Zwecke des Ankunftsnachweises (§ 63a) nur Lichtbilder erstellt (→ Rn. 1); ab Vollendung der sechsten Lebensjahrs werden auch Fingerabdrücke genommen, die zentral im Eurodac-System in Luxemburg gespeichert werden[16]. Das Kindeswohl hat hier immer ganz besonders im Zentrum zu stehen (→ Rn. 1). 5

Anders als nach § 49 I AufenthG ist der **Zweck des Eingriffs** nicht weiter umschrieben; er ergibt sich aus der Notwendigkeit, im Asylverfahren für die Asylanerkennung und für aufenthaltsbeendende Maßnahmen die Identität eindeutig zu sichern. Die Maßnahmen sind deshalb in jedem Verfahrensstadium zulässig. Es kommt nicht darauf an, ob im Einzelfall Vorsorge für einen vermuteten erneuten Einreiseversuch getroffen oder nur der Identität im Asylverfahren gesichert werden soll. 6

Als **Mittel** der Identitätssicherung sind andere erkennungsdienstliche Maßnahmen als Lichtbilder und Fingerabdrücke nicht mehr zugelassen[17]; ausgeschlossen sind damit auch neuere gentechnische Methoden ohne Rücksicht auf Eingriffsschwere und Erfolgsaussichten; die AfD wollte dies mit dem Gesetzentwurf BT-Drs. 19/8857 ändern[18]. Die ihrer Art nach statthaften Maßnahmen dürfen **gegen den Willen** des Asylbewerbers durchgeführt werden, obwohl die Vorschrift anders als im Gesetzesentwurf 1982[19] nicht ausdrücklich so formuliert ist. Das Einverständnis ist nicht gefordert; liegt es vor, bestehen ohnehin keine Bedenken. Eine zwangsweise Durchsetzung sieht § 16 nicht vor; sie wird aber 7

---

[10] Huber InfAuslR 1981, 38.
[11] Betr. informationelle Selbstbestimmung vgl. BVerfG Urt. v. 15.12.1983 – 1 BvR 209/83 ua, BVerfGE 65, 1.
[12] → 5. Aufl., AsylVfG § 13 Rn. 4 mwN.
[13] Vgl. auch Anm. zu §§ 7, 8.
[14] Dazu → Rn. 9.
[15] Dazu → 5. Aufl., AsylVfG § 13 Rn. 5 f.
[16] Vgl. Art. 9 I Eurodac-VO 603/2013/EU: „Jeder Mitgliedstaat nimmt jeder Person, die internationalen Schutz beantragt und mindestens 14 Jahre alt ist, umgehend den Abdruck aller Finger ab und übermittelt die Fingerabdruckdaten zusammen mit den in Artikel 11 Buchstaben b bis g der vorliegenden Verordnung aufgeführten Daten so bald wie möglich, spätestens aber 72 Stunden nach Antragstellung gemäß Artikel 20 Absatz 2 der Verordnung (EU) Nr 604/2013 an das Zentralsystem."
[17] Zum früheren Rechtszustand → 5. Aufl., AsylVfG § 13 Rn. 7.
[18] AfD-Vorschlag v. 1.4.2019. § 16 I 2 wird wie folgt gefasst: „Nach Satz 1 dürfen die Abnahme von Finger- und Handflächenabdrücken, die Aufnahme von Lichtbildern einschließlich Bildaufzeichnungen, die Feststellungen äußerer körperlicher Merkmale sowie Messungen vorgenommen werden; soweit ein Ausländer noch nicht das 14. Lebensjahr vollendet hat, dürfen nach Satz 1 nur Lichtbilder einschließlich Bildaufzeichnungen aufgenommen werden."
[19] → Rn. 1.

durch § 15 II Nr. 7 ermöglicht, wonach der Asylbewerber zur Duldung der erkennungsdienstlichen Maßnahmen verpflichtet ist[20].

8   Diese rein prophylaktische **Datengewinnung auf Vorrat** kann bedenklich erscheinen, soweit sie nicht pauschal geboten ist und für den Einzelnen unverhältnismäßig wirkt. Die ursprünglich zur Begründung dieser Verschärfung dienenden Hinweise auf Mehrfachantragsfälle insbesondere in den Niederlanden[21] und auf die Verschleierung der Identität durch „einen ganz erheblichen Teil der Asylbewerber"[22] konnten daran wenig ändern. Es fällt auf, dass der Anteil nur umschrieben, nicht aber wenigstens durch Schätzung absoluter oder relativer Zahlen quantifiziert war. Dies wog schwer, weil auch anderorts Nachweise für derartige Missstände größeren Ausmaßes nicht zu finden waren. Die Beschränkung auf Lichtbilder und Fingerabdrücke milderte zwar den Eingriff, ließ ihn aber trotzdem noch nicht als verhältnismäßig erscheinen.

9   Diese **Grundlagen** haben sich **verändert**, nachdem der Anteil der passlosen Asylbewerber in Deutschland teilweise auf über 80 Prozent gestiegen war[23]. Diese für die Notwendigkeit von Sprachaufzeichnungen angeführte neuere Entwicklung[24] ist für Identifizierungsmaßnahmen allgemein von Bedeutung. Passlosigkeit allein verhindert die Feststellung der Staatsangehörigkeit nicht, erschwert diese aber erheblich. Daher können erkennungsdienstliche Maßnahmen in diesen Fällen ohne Weiteres gerechtfertigt erscheinen, es genügte jedoch vollkommen, wenn sie für Personen ohne Pass nach Ermessen vorgesehen wären. Hinzu kommt die nach Fortfall der meisten Grenzkontrollen in Europa zunehmende Binnenwanderung von Flüchtlingen und anderen Ausländern, die europaweite Kontrollen erfordern. Diese Entwicklung liegt den Verpflichtungen zur Abnahme von Fingerabdrücken nach Art. 9 ff. VO 603/2013/EU (Eurodac) bei Asylbewerbern und illegal Einreisenden zugrunde. Daher kann die generelle Anordnung in Abs. 1 S. 1 nunmehr als **sachlich gerechtfertigt** angesehen werden.

2. Sprachaufzeichnungen

10   **Sprachaufzeichnungen und -analysen** gehören nicht zu den herkömmlichen erkennungsdienstlichen Maßnahmen, werden jedoch vom BAMF seit 1997 zur Herkunftsbestimmung verwendet, wobei auch früher nicht die Angaben bei der Anhörung benutzt wurden, sondern außerhalb der Anhörung gefertigte Tonbandaufzeichnungen[25]. Die Aufzeichnungen wurden damals im Schrifttum zum Teil mangels ausdrücklicher Erwähnung im Gesetz als unzulässiger Eingriff in die informationelle Selbstbestimmung angesehen und ihre Verwertbarkeit wegen fehlender Benennung der Gutachter bezweifelt[26]. Mit der Einfügung von S. 3 in Abs. 1 sollte eine gesetzliche Grundlage für Aufzeichnungen geschaffen werden[27].

11   Unmittelbar betrifft der eingefügte S. 3 nur die **Aufzeichnung** des gesprochenen Worts und deren Duldung durch den Asylbewerber. Zugleich wird damit aber dessen Verpflichtung zur **Mitwirkung** außerhalb der förmlichen Anhörung nach § 25 ausgedrückt. Diese Form der Mitwirkung ist nicht in § 15 II oder III ausdrücklich genannt, stellt sich aber als Beitrag zur Aufklärung des Sachverhalts nach § 15 I dar. Der Gesetzgeber sieht die mündlichen Sprechbeiträge erkennbar als Teil der Mitwirkungspflicht an, die – wenn auch nur mittelbar – der Ermittlung des Sachverhalts ebenso dienen sollen wie sonstige schriftliche oder mündliche Angaben. Als weitere Besonderheit kommt hinzu, dass nicht der Inhalt des gesprochenen Worts ausgewertet wird, sondern dessen äußere Form.

12   Sprachaufzeichnungen zum Zwecke der Bestimmung von **Herkunftsstaat** oder -region sollen eine für viele Bereiche des Asylverfahrens bedeutsame Frage klären helfen. Die Kenntnis der Herkunft ist in mehrfacher Hinsicht rechtlich und tatsächlich relevant: Feststellung der Staatsangehörigkeit und des Verfolgerstaats als Verursacher der Verfolgungsgefahr; Qualifizierung als verfolgungsfreier Herkunftsstaat; Bewertung des allgemeinen und des individuellen Asylvorbringens; Beschaffung von Rückreisedokumenten; Bestimmung des Zielstaats der Abschiebung oder des in der Androhung auszunehmenden Zielstaats. Mit einer sachverständigen Auswertung der Aufzeichnungen können allgemeine Rückschlüsse auf das sprachliche Umfeld gezogen werden. Diese sind also generell als Hilfsmittel für die Herkunftsbestimmung geeignet; zumindest können mit ihnen aufgrund der sonstigen Indizien verbleibende Unsicherheiten beseitigt werden.

13   Damit und mit den nachfolgend dargestellten Voraussetzungen sind die rechtsstaatlichen Erfordernisse der **Bestimmtheit** und **Verhältnismäßigkeit** gewahrt[28]. Sprachaufzeichnung und -auswertung

---

[20] → Rn. 14.
[21] Gesetzesentwurf 1993, BT-Drs. 12/2062, 30 f.
[22] Bundestag-Innenausschuss, BT-Drs. 12/2718, 56.
[23] KommBer S. 147.
[24] BT-Drs. 14/7727 zu Art. 10 Nr. 1.
[25] *Schramberger* EE-Brief 2/1998, 1.
[26] *Heinhold* InfAuslR 1998, 299.
[27] BT-Drs. 14/7727 zu Art. 10 Nr. 1.
[28] Zur erkennungsdienstlichen Behandlung → Rn. 4, 8, 9.

greifen weder in die körperliche Unversehrtheit noch in die informationelle Selbstbestimmung[29] ein. Anders als beim Lügendetektor geht es hier nicht um die Registrierung unwillkürlicher körperlicher Reaktionen, eine Entwertung der Aussage und eine Herabwürdigung der Person zum Anhängsel eines Apparats sowie eine erzwungene Selbstbezichtigung. Vielmehr muss der Asylbewerber lediglich eine Bewertung der Sprechweise auf Herkunftsindizien hin dulden. Dies erscheint nicht als besondere Beeinträchtigung; schließlich wird das Asylvorbringen ohnehin einer gründlichen tatsächlichen und rechtlichen Würdigung unterzogen. Dabei steht zwar der Aussagegehalt im Vordergrund, daneben dürfen aber ohne Zweifel Mimik, Gestik und das übrige Verhalten zur Beurteilung der Glaubwürdigkeit herangezogen werden.

Mit den Sprachaufzeichnungen ist ein bestimmter Zweck untrennbar verbunden. Sie erlauben nämlich bei sachverständiger Auswertung Rückschlüsse auf das heimische Sprachumfeld des Sprechenden. So gesehen ist mit der gesetzlichen Zulassung der Sprachaufzeichnung zugleich die **Sprachanalyse** oder Sprechweisenanalyse als geeignetes Erkenntnismittel und als Zweck der Aufzeichnung anerkannt. Diese zielt nicht wie die Analyse von Stimmen oder Fingerabdrücken auf die Identifizierung der sprechenden Person ab, sondern soll zur Ermittlung der Mutter- oder Heimatsprache und mittelbar zur Bestimmung des Herkunftsstaats und mittelbar möglichst auch der Staatsangehörigkeit führen. Die Sprechweise kann die sprachliche Herkunft verraten. Trotz individueller Besonderheiten lassen sich sehr oft Merkmale herausfinden, die allgemein einen Sprachraum kennzeichnen, zB Aussprache, Tonfall, Betonung, Redensarten, häufige Verwendung bestimmter Ausdrücke. Auf diese Weise können nicht nur Stammessprachen und Dialekte ermittelt werden, sondern zB auch Sprechvarianten von Weltsprachen wie Englisch und Französisch, wie sie sich in ehemaligen Kolonialgebieten entwickelt haben. 14

Sprachaufzeichnungen sind nunmehr **zur Bestimmung** der örtlichen Herkunft zugelassen, also nicht wie erkennungsdienstliche Maßnahmen in jedem Fall und ohne Ansehen der Person und des jeweiligen Asylvorbringens zwingend vorgeschrieben. Infolgedessen sind über die generelle Erforderlichkeit und Geeignetheit von Sprachaufzeichnungen und -analysen hinaus die Einzelfallumstände maßgeblich. Erforderlich zur Ermittlung der Herkunft sind Sprachaufzeichnungen nur, wenn aufgrund der eigenen Angaben des Ausländers, der schriftlichen Unterlagen und seiner Sprechweise eine hinreichende Sicherheit nicht erreicht werden kann und andere Hilfsmittel nicht zur Verfügung stehen. Geeignet sind sie für den beabsichtigten Zweck nur, wenn sich aus ihnen iVm anderen verfügbaren Daten wegen der Eigenart einer Sprache oder Sprachfamilie voraussichtlich Erkenntnisse über die Herkunft gewinnen lassen. 15

Sprachaufzeichnungen sind außerdem in das behördliche **Ermessen** gestellt. Daher ist im Einzelfall zu beurteilen, ob sie in ihrer konkreten Form die Ermittlung von Heimatland oder -region angesichts des individuellen Vorbringens, der Sprachverhältnisse in den in Betracht kommenden Staaten und der zur Verfügung stehenden Analysemethoden erleichtern können, also Erfolg versprechen. Aufwand und Gewinn sind abzuwägen, wobei der Eingriff gegenüber dem Asylbewerber in aller Regel nicht besonders schwer wiegt, sofern dieser für die Unsicherheiten bei der Feststellung seines Heimatstaats zumindest mitverantwortlich ist. 16

Ausgenommen sind die Angaben im förmlichen Anhörungsverfahren vor BAMF, Ausländerbehörde und Grenzbehörde. Die Darstellung des Verfolgungsschicksals und die sonstigen Erklärungen bei der Anhörung werden ausschließlich für die inhaltliche Sachaufklärung gefordert, abgegeben und bewertet. Dagegen wird mit der zusätzlichen Sprachaufzeichnung die Grundlage für eine Auswertung nach anderen Methoden und für andere Zwecke geschaffen. Würden hierfür die Angaben bei der förmlichen Anhörung verwendet, bestünde die Gefahr, dass die Aufmerksamkeit nicht auf deren Inhalt gerichtet wäre, sondern auf die Art der Darstellung und des Sprechens. Darunter könnte der Wahrheitsgehalt leiden. 17

Der Asylbewerber muss zuvor in **Kenntnis** gesetzt werden, braucht aber nicht einverstanden zu sein. Verdeckte Bandaufzeichnungen von Gesprächen außerhalb der förmlichen Anhörung wären unzulässig. Die vorherige Bekanntgabe beugt einer Überrumpelung vor und sichert das rechtliche Gehör. Sie kann zugleich Missbrauch begünstigen, wenn der kooperationsunwillige Asylbewerber seine Sprechweise verstellt oder sonst zu Täuschungszwecken modifiziert. Dem kann entgegengewirkt werden, indem entweder ein unbekannter Text zum Vorlesen gegeben oder eine beiläufige verfremdete Unterhaltung aufgezeichnet wird. 18

Die **Auswertung** der gesprochenen Texte liefert lediglich Indizien für die Glaubhaftigkeit der Angaben zu Herkunft und Staatsangehörigkeit[30]. Sie erfordert den Vergleich mit der Sprachpraxis entsprechender Personengruppen in den in Betracht kommenden Ländern und Regionen[31]. Mit einigem Erfolg konnten Sprachanalysen bisher für Länder in Nord- und Westafrika, auf dem Balkan und im Kaukasus sowie für einzelne Gebiete des Irak durchgeführt werden[32]. 19

---

[29] Insoweit aA *Heinhold* InfAuslR 1998, 299.
[30] VG Gelsenkirchen Beschl. v. 31.8.2001 – 10a L 698/01, AuAS 2001, 237.
[31] Dazu näher *Heinhold* InfAuslR 1998, 299; *Jobs* ZAR 2001, 173; VG Potsdam Urt. v. 17.11.2000 – 4 K 417/00.A, NVwZ-Beil. 2001, 138.
[32] Nachweis bei *Jobs* ZAR 2001, 173 Fn. 5–7.

20 Analyse und Schlussfolgerungen erfordern besonderen **Sachverstand.** Anders als bei sonstigen prozessualen oder materiellen Fragen bedarf es dazu besonderer Kenntnisse vorwiegend nichtjuristischer Art. Es geht nicht um die Übertragung in eine andere Sprache, die Dolmetscher oder Übersetzer erledigen könnten. Gefragt ist vielmehr eine sprachliche Bewertung, die in aller Regel nur ein Sachverständiger vornehmen kann. Dessen Person und Qualifikation (eigene Beherrschung der Sprache, Kenntnis der örtlichen Verhältnisse, Sprachstudium ua) müssen bekannt sein, weil sonst seine Sachkunde und Erfahrung nicht beurteilt werden können[33].

21 Die Aufzeichnungen **bleiben beim BAMF** verwahrt. Sie werden nicht dem BKA übermittelt, stehen aber zur Verwendung iRv Abs. 5 zur Verfügung.

IV. Nutzung

22 Die Verwendung der nach Abs. 1 S. 1 und 2 gewonnenen Erkenntnisse (Lichtbilder und Fingerabdrücke) zum Zwecke der Identitätssicherung ist im Grundsatz unbedenklich. Ebenso der Abgleich mit bereits beim BKA vorhandenen Unterlagen. Die in Abs. 5 vorgesehene **Änderung des Nutzungszwecks** ist aber an keine genau umschriebenen Voraussetzungen geknüpft. Sie soll vielmehr eine allgemeine Nutzung in AFIS (automatisiertes Fingerabdruckidentifizierungssystem) erlauben, insbesondere eine genaue Spurenzuordnung[34]. Aufklärung von Straftaten und polizeiliche Abwehr von Gefahren sowie Identifizierung unbekannter oder vermisster Personen stellen kaum rechtsstaatlich eingrenzbare Verwendungszwecke dar. Die **Gefahr einer umfassenden Auswertung** für allgemeine strafprozessuale Zwecke liegt zumindest jetzt auf der Hand, nachdem mWv 1.1.2002 die Notwendigkeit entfallen ist, dass bestimmte Tatsachen für die Wahrscheinlichkeit der Aufklärung einer Straftat sprechen und es zur Abwehr erheblicher Gefahren für die öffentliche Sicherheit erforderlich ist. Auch wenn zunächst die Personaldatenspeicherung vermieden werden soll[35], wird der Eingriff in das personelle Selbstbestimmungsrecht dadurch nicht ungeschehen gemacht. Die Verwendungsregelung gilt nur für Unterlagen nach Abs. 1, also nicht für **Passdokumente,** die bei einer Untersuchung nach § 15 IV gefunden werden. Für deren weitere Behandlung, Aufbewahrung und Rückgabe sind die §§ 15 II Nr. 4, IV, 21, 65 maßgeblich.

23 Die „zur besseren Durchsetzung der Ausreisepflicht" (→ Rn. 1) – parallel und wortgleich zu § 89a Ia AufenthG (vgl. dort zu den Einzelheiten der Norm) – in Abs. 3a eingeführte **Datenweitergabe durch das BKA an ausländische Stellen** ist hochproblematisch, insbesondere wohl europarechtswidrig[36]. Denn gem. Art. 25 VI DSRL 1995/46/EG (bzw. Art. 45 DS-GVO) ist eine Datenübermittlung an Drittstaaten nur zulässig, wenn die Kommission bzgl. dessen „angemessenen Schutzniveaus" eine positive Entscheidung hinsichtlich des Schutzes der Privatsphäre sowie der Freiheiten und Grundrechte der betroffenen Personen getroffen hat. Dass der EuGH diese Schutznorm ernst nimmt, hat er im Urteil Schrems/Safe Harbor (C-362/14) eindrucksvoll ausgeführt. Die pauschale Ermächtigung zur Datenweitergabe in Abs. 3a entspricht mangels Kommissionsentscheidung(en) offenkundig nicht den RL-Vorgaben. Damit darf ohne entsprechende Kommissionsentscheidung(en) keine Datenweitergabe durch das BKA an ausländische Stellen erfolgen.

V. Vernichtung

24 **Vernichtung** von Unterlagen und Löschung von Daten nach Abs. 1 sind nach Abs. 6 seit Anfang 2002 einheitlich nach zehn Jahren wegen Zweckerreichung vorgeschrieben. Die bis dahin geltende Unterscheidung nach der Art des Erledigungsgrunds ist jetzt entfallen. Zur Vernichtung verpflichtet sind alle Stellen, die Unterlagen aufbewahren, also außer dem BAMF auch das BKA und andere Behörden nach Abs. 2 und 3 S. 3. Auch hier sind bei einer Durchsuchung gefundene Passpapiere nicht erfasst[37].

VI. Verwaltungsverfahren und Rechtsschutz

25 **Zuständig** sind die in Abs. 2 bezeichneten Behörden, also nicht nur das BAMF, und ohne eine Rangfolge (vgl. „auch" und außerdem §§ 18 V, 19 II). Damit sind mehrmalige erkennungsdienstliche Maßnahmen grundsätzlich zulässig, sofern sie sich als notwendig erweisen (zB wegen Unvollständigkeit, Unsicherheit oder zwischenzeitlicher neuer Erkenntnisse). Der **Widerspruch** ist seit 1.7.1992 ausgeschlossen (§ 11). Eine Befugnis des BAMF endet grundsätzlich nicht mit Rücknahme des Asylantrags, sondern reicht fort bis zur Aufenthaltsbeendigung bzw. Entstehung eines asylunabhängigen Aufenthaltsrechts[38].

---

[33] *Heinhold* InfAuslR 1998, 299; *Jobs* ZAR 2001, 173; zur Sachkunde VG Potsdam Urt. v. 17.11.2000 – 4 K 417/00.A, NVwZ 2001, 35.
[34] Vgl. BT-Drs. 12/2062, 26 unter 5.1; BT-Drs. 12/2718, 57.
[35] So die Bundesregierung, BT-Drs. 12/2718, 57.
[36] Ebenso *Hörich/Tewocht* NVwZ 2017, 1153.
[37] → Rn. 23.
[38] Dies gilt natürlich nicht bei Unionsbürgern; vgl. BVerwG Urt. v. 16.2.2021 – 1 C 29.20.

Sprachmittler § 17 AsylG 7

Die Anordnung der erkennungsdienstlichen Maßnahmen nach Abs. 1 ist ein VA, gegen den nach 26 Ausschluss des Widerspruchs unmittelbar das Rechtsmittel der **Anfechtungsklage** gegeben ist (§ 42 I VwGO); diese entfaltet keine aufschiebende Wirkung (§ 75). Gegen den Sofortvollzug ist der Aussetzungsantrag nach § 80 V VwGO zulässig. Androhung und Festsetzung von Zwangsgeld sowie unmittelbarer Zwang zur Durchsetzung der Duldungspflicht (§§ 11, 12 VwVG und Landesgesetz sowie UZwG) stellen Vollstreckungsakte dar; die Suspensivwirkung der gegen sie gerichteten Rechtsmittel ist zT durch Landesrecht ausgeschlossen (vgl. § 80 II 2, III VwGO). Der Anspruch auf Vernichtung und Löschung kann mit der allgemeinen Leistungsklage durchgesetzt werden; Vernichtung und Löschung sind Realakte. Gegenüber einer unberechtigten Weitergabe von Daten ist die allgemeine Feststellungsklage (§ 43 I VwGO) zulässig[39].

§ 17 Sprachmittler

(1) Ist der Ausländer der deutschen Sprache nicht hinreichend kundig, so ist von Amts wegen bei der Anhörung ein Dolmetscher, Übersetzer oder sonstiger Sprachmittler hinzuzuziehen, der in die Muttersprache des Ausländers oder in eine andere Sprache zu übersetzen hat, deren Kenntnis vernünftigerweise vorausgesetzt werden kann und in der er sich verständigen kann.

(2) Der Ausländer ist berechtigt, auf seine Kosten auch einen geeigneten Sprachmittler seiner Wahl hinzuzuziehen.

I. Entstehungsgeschichte

Die Vorschrift geht auf §§ 8 IV 1, 12 II AsylVfG 1982 zurück. Sie entspricht weitgehend dem 1 Gesetzesentwurf 1992[1]. Mit dem **RLUmsG 2007** wurde der letzte Satzteil des Abs. 1 abgeändert (bisher: „(...), in der der Ausländer sich mündlich verständigen kann."). Hiermit wurde Art. 13 III lit. b S. 2 Asylverfahrens-RL aF umgesetzt, wonach die Verständigung bei der persönlichen Anhörung nicht zwingend in der vom Asylbewerber bevorzugten Sprache stattfinden muss, wenn es eine andere Sprache gibt, deren Kenntnis vernünftigerweise vorausgesetzt werden und in der er sich verständigen kann. Das RLUmsG 2011 und das RLUmsG 2013 sowie die Asylpakete und das IntG 2016 haben keine Änderungen vorgenommen. § 17 ist grundsätzlich **europarechtskonform,** ergänzend sind allerdings insbesondere die Art. 12 und Art. 15 IIIc Asylverfahrens-RL zu beachten[2], denn auch diese

---

[39] Zur Weitergabe einer Asylniederschrift BayVGH Beschl. v. 28.1.1988 – 21 B 87.02 943,BayVBl. 1988, 631.
[1] BT-Drs. 12/2062, 8.
[2] Art. 12 RL 2013/32/EU lautet: „(1) Bezüglich der Verfahren des Kapitels III stellen die Mitgliedstaaten sicher, dass alle Antragsteller über folgende Garantien verfügen: a) Sie werden in einer Sprache, die sie verstehen oder von der vernünftigerweise angenommen werden darf, dass sie sie verstehen, über den Verlauf des Verfahrens und über ihre Rechte und Pflichten während des Verfahrens sowie darüber informiert, welche Folgen es haben kann, wenn sie ihren Pflichten nicht nachkommen und mit den Behörden zusammenarbeiten. Sie werden über die Frist und die Möglichkeiten unterrichtet, die ihnen zur Einhaltung der Verpflichtung, die Angaben nach Art. 4 der RL 2011/95/EU vorzulegen, zur Verfügung stehen sowie über die Folgen einer ausdrücklichen oder stillschweigenden Rücknahme des Antrags. Diese Informationen werden so rechtzeitig gegeben, dass die Antragsteller die in der vorliegenden Richtlinie garantierten Rechte in Anspruch nehmen und ihren in Art. 13 genannten Verpflichtungen nachkommen können. b) Erforderlichenfalls wird ein Dolmetscher beigezogen, damit sie den zuständigen Behörden ihren Fall darlegen können. Die Mitgliedstaaten haben zumindest dann von der Erforderlichkeit einer solchen Beiziehung auszugehen, wenn der Antragsteller nach den Art. 14 bis 17 und 34 anzuhören ist und ohne die Beiziehung eines Dolmetschers eine angemessene Verständigung nicht gewährleistet werden kann. In diesem Fall und in anderen Fällen, in denen die zuständigen Behörden den Antragsteller vorladen, trägt die öffentliche Hand die Kosten für den Dolmetscher. c) Ihnen darf nicht die Möglichkeit verwehrt werden, mit dem UNHCR oder einer anderen Organisation, die für Antragsteller nach Maßgabe des Rechts des betreffenden Mitgliedstaats Rechtsberatung oder sonstige Beratungsleistungen erbringt, Verbindung aufzunehmen. d) Ihnen und gegebenenfalls ihren Rechtsanwälten oder sonstigen Rechtsberatern gemäß Art. 23 Abs. 1 wird Zugang zu den in Art. 10 Abs. 3 Buchst. b genannten Informationen oder den von Sachverständigen gemäß Art. 10 Abs. 3 Buchst. d bereitgestellten Informationen gegeben, sofern diese Informationen von der Asylbehörde zum Zweck der Entscheidung über den Antrag berücksichtigt wurden. e) Sie werden innerhalb einer angemessenen Frist von der Entscheidung der Asylbehörde über ihren Antrag in Kenntnis gesetzt. Wird der Antragsteller durch einen Rechtsanwalt oder sonstigen Rechtsberater vertreten, so können die Mitgliedstaaten bestimmen, dass dieser statt des Antragstellers von der Entscheidung in Kenntnis gesetzt wird. f) Sie werden von der Asylbehörde über das Ergebnis der Entscheidung in einer Sprache unterrichtet, die sie verstehen oder von der vernünftigerweise angenommen werden darf, dass sie sie verstehen, sofern sie nicht von einem Rechtsanwalt oder sonstigen Rechtsberater unterstützt oder vertreten werden. Die Mitteilung muss auch Informationen darüber enthalten, wie eine ablehnende Entscheidung gemäß Art. 11 Abs. 2 angefochten werden kann. (2) Bezüglich der Verfahren nach Kap. V sichern die Mitgliedstaaten allen Antragstellern Garantien zu, die den in Abs. 1 Buchst. b bis e aufgeführten gleichwertig sind. *Art. 15 Abs. 3c lautet:* (3) Die Mitgliedstaaten ergreifen geeignete Maßnahmen um sicherzustellen, dass persönliche Anhörungen unter Bedingungen durchgeführt werden, die Antragstellern eine umfassende Darlegung der Gründe ihrer Anträge gestatten. Zu diesem Zweck (c) wählen die Mitgliedstaaten einen Dolmetscher, der eine angemessene Verständigung zwischen dem Antragsteller und der anhörenden

Verfahrensvorgaben sind seit Ablauf der Umsetzungsfrist am 20.7.2015 unmittelbar anwendbar geworden und damit vom BAMF umzusetzen.

II. Allgemeines

2   Die **Verpflichtung zum Einsatz** eines Dolmetschers ergab sich früher aus § 23 VwVfG. Die jetzt – im Einklang mit Art. 12 Asylverfahrens-RL – erfolgte Festschreibung der Verpflichtung zur Beiziehung eines Dolmetschers, Übersetzers oder sonstigen Sprachmittlers ist angezeigt, weil in der früheren Praxis bei der Anhörung durch die Ausländerbehörde meist hiervon abgesehen wurde. Sie gilt nicht für das Gerichtsverfahren[3]. Die Befugnis zur Hinziehung eines eigenen Sprachmittlers entspricht im Wesentlichen dem früheren Rechtszustand (§§ 8 IV 1, 12 II AsylVfG 1982). Die Hinziehung eines Sprachmittlers entspringt dem rechtsstaatlichen Gebot des rechtlichen Gehörs im Verfahren[4], weswegen bei Nutzung von nur „vernünftigerweise vorausgesetzten" Sprachkenntnissen sicherstehen muss, dass der Ausländer in dieser Sprache tatsächlich so hinreichende Verständigungsmöglichkeiten hat, dass er sein Anliegen zweifelsfrei darlegen kann. Ist dies der Fall, ist insbesondere die Zuziehung eines Dolmetschers in der **Muttersprache** entbehrlich[5]. Art. 6 II EMRK gilt nur für das Strafverfahren und ist auf Verwaltungsverfahren nicht anwendbar[6]. Für fremdsprachige Schriftstücke muss auf Verlangen eine Übersetzung vorgelegt werden, erforderlichenfalls wird sie von Amts wegen veranlasst (§ 23 II VwVfG und Landesgesetz). Zur Ermittlung der Herkunftssprache durch Auswertung von Sprachaufzeichnungen außerhalb der Anhörung → § 16 Rn. 10–21.

III. Sprachmittler

3   Der Begriff des Sprachmittlers wird als sonst nicht bekannter **Oberbegriff** für Dolmetscher und Übersetzer sowie andere Personen verwendet, die zur Übertragung in die deutsche und die betreffende Fremdsprache imstande sind[7]. Übersetzer und Dolmetscher verfügen jeweils über eine anerkannte Ausbildung, sonstige Sprachmittler sind sprachkundige Personen ohne formellen Ausbildungsabschluss und ohne öffentliche Zulassung. Obwohl Übersetzer in erster Linie für die Übertragung schriftlicher Texte in Betracht kommen, sind sie in der Regel aufgrund ihrer Sprachkenntnisse auch zur Übertragung von Verhandlungen und Vernehmungen imstande. Eine Simultanübertragung werden (bloße) Übersetzer allerdings oft nicht leisten können; sie ist auch nicht zur Sachaufklärung oder Gewährung rechtlichen Gehörs unbedingt geboten.

4   Ohne Sprachmittler können Anhörungen in der Regel nicht ordnungsgemäß durchgeführt werden[8]. Denn die meisten Asylbewerber verfügen – anders als die schon lange in Deutschland lebenden anderen Ausländer – nicht über Deutschkenntnisse, die sie zur Darlegung meist kompliziert gelagerter Asylsachverhalte befähigen. Das BAMF ist deshalb **zur Hinziehung** eines Sprachmittlers ungeachtet dessen **verpflichtet,** dass der Asylbewerber Antrag und Begründung grundsätzlich in Übersetzung beizubringen hat (§ 23 VwVfG). Denn die mündliche Anhörung kann anders nicht zweckentsprechend durchgeführt werden. Immerhin hat das BAMF, wenn kein schriftlicher Asylantrag vorliegt, zunächst einmal die Voraussetzungen des § 13 I festzustellen und dabei auch das Antragsbegehren nach § 13 I 2 zu klären. Die Hinziehung eines Dolmetschers entspricht schließlich auch den Empfehlungen des UNHCR-Exekutivkomitees[9].

5   Als **Sprachmittler** dürfen auch Personen ohne qualifizierte Sprachausbildung und ohne formellen Ausbildungsabschluss eingesetzt werden. Während die Hinziehung eines Sprachmittlers obligatorisch ist, steht dessen Auswahl im Ermessen des BAMF. Dabei kommt es zunächst auf die allgemeine Fähigkeit zur Sprachübertragung und außerdem auf die Verständigung mit dem Ausländer in einer diesem geläufigen Sprache, idR der Muttersprache, an. Die allgemeine Beeidigung von Dolmetschern ist vor dem BAMF wie vor Gericht (vgl. § 169 GVG) nicht unbedingt erforderlich. Dennoch sollte **möglichst** auf **Berufsdolmetscher** zurückgegriffen werden, weil außer zureichenden Kenntnissen der Sprache auch solche der Kultur, Gesellschaft und Staatsorganisation des Herkunftslandes sowie die

---

Person zu gewährleisten vermag. Die Verständigung erfolgt in der vom Antragsteller bevorzugten Sprache, es sei denn, es gibt eine andere Sprache, die er versteht und in der er sich klar ausdrücken kann. Die Mitgliedstaaten stellen, soweit möglich, einen Dolmetscher gleichen Geschlechts bereit, wenn der Antragsteller darum ersucht, es sei denn, die Asylbehörde hat Grund zu der Annahme, dass das Ersuchen auf Gründen beruht, die nicht mit den Schwierigkeiten des Antragstellers in Verbindung stehen, die Gründe für seinen Antrag umfassend darzulegen."

[3] → § 74 Rn. 38.
[4] Vgl. *Kopp* VwVfG § 23 Rn. 2; *Stelkens/Bonk/Sachs* § 23 Rn. 4; zum Strafverfahren vgl. BVerfG Beschl. v. 17.5.1983 – 2 BvR 731/80, BVerfGE 64, 135; zum Flughafenverfahren nach § 18a vgl. BVerfG Urt. v. 14.5.1996 – 2 BvR 1516/93, BVerfGE 94, 166.
[5] Vgl. VGH BW Beschl. v. 25.3.2009 – A 9 S 666/09, VBlBW 2010, 87.
[6] AA *Marx* § 17 Rn. 3.
[7] Zu den Anforderungen → Rn. 5 ff.
[8] *Stelkens* ZAR 1985, 15.
[9] UNHCR, Internat. Rechtsschutz für Flüchtlinge, Nr. 8 S. 17.

Beherrschung der Befragungs- und Übersetzungstechnik verlangt werden[10]. Ungeachtet der formellen Qualifikation hat das BAMF die Fähigkeiten des Sprachmittlers bei der Übertragung selbst zu kontrollieren[11].

Zudem ist auf uneingeschränkte **Objektivität** zu achten, die gerade in Asylverfahren durch eigene Stellungnahmen des Sprachmittlers zur Berechtigung der Asylgründe gefährdet sein kann. Ebenso wichtig wie die richtige Auswahl ist der sachgemäße Einsatz des Sprachmittlers einschließlich Anleitungen über die Art der Befragung und der Übertragung[12]. Der Einsatz eines Sprachmittlers, der sich mit dem Asylbewerber nur unzureichend in einer Sprache verständigen kann, die nicht die Muttersprache des Asylbewerbers ist, verletzt den Anspruch auf rechtliches Gehör[13]. Dem Asylbewerber steht ein **Ablehnungsrecht** wegen Besorgnis der Befangenheit zu (analog § 191 GVG). Ein erfolgreich abgelehnter Sprachmittler darf nicht weiter tätig sein; von ihm stammende Übertragungen dürfen nicht berücksichtigt werden[14]. 6

Der Asylbewerber kann als Sprachmittler jede dafür geeignete Person **seiner Wahl** mitbringen. Er kann jedoch anders als nach früherer Rechtslage daran gehindert werden, eine ihm persönlich vertraute, aber zum Dolmetschen unzureichend befähigte Person hinzuziehen, die als Behördendolmetscher abgelehnt werden könnte[15]. Die Einschränkung, dass es sich bei dem privaten Sprachmittler um einen „geeigneten" handeln muss, erscheint sachgerecht. Noch besser wäre es, an den amtlichen wie an den privaten Sprachmittler bestimmte gleiche Anforderungen zu stellen, etwa die Notwendigkeit der öffentlichen Bestellung oder der allgemeinen Beeidigung. Die jetzt eingeführte **unterschiedliche Behandlung** kann zur Zurückweisung eines privaten Sprachmittlers mit der Begründung führen, dieser sei ungeeignet. Eine derartige Kontrolle erscheint eigentlich nicht notwendig, weil der amtliche Sprachmittler zur verantwortlichen Übertragung in die deutsche und in die fremde Sprache herangezogen wird und dem privaten Sprachmittler danach ohnehin nur eine beobachtende, kontrollierende und unterstützende Rolle zukommt. Dem BAMF steht es frei, neben dem von ihm akzeptierten privaten Sprachmittler einen eigenen einzusetzen. 7

Unterabschnitt 2. Einleitung des Asylverfahrens

§ 18 Aufgaben der Grenzbehörde

(1) Ein Ausländer, der bei einer mit der polizeilichen Kontrolle des grenzüberschreitenden Verkehrs beauftragten Behörde (Grenzbehörde) um Asyl nachsucht, ist unverzüglich an die zuständige oder, sofern diese nicht bekannt ist, an die nächstgelegene Aufnahmeeinrichtung zur Meldung weiterzuleiten.

(2) Dem Ausländer ist die Einreise zu verweigern, wenn
1. er aus einem sicheren Drittstaat (§ 26a) einreist,
2. Anhaltspunkte dafür vorliegen, dass ein anderer Staat auf Grund von Rechtsvorschriften der Europäischen Gemeinschaft oder eines völkerrechtlichen Vertrages für die Durchführung des Asylverfahrens zuständig ist und ein Auf- oder Wiederaufnahmeverfahren eingeleitet wird, oder
3. er eine Gefahr für die Allgemeinheit bedeutet, weil er in der Bundesrepublik Deutschland wegen einer besonders schweren Straftat zu einer Freiheitsstrafe von mindestens drei Jahren rechtskräftig verurteilt worden ist, und seine Ausreise nicht länger als drei Jahre zurückliegt.

(3) Der Ausländer ist zurückzuschieben, wenn er von der Grenzbehörde im grenznahen Raum in unmittelbarem zeitlichem Zusammenhang mit einer unerlaubten Einreise angetroffen wird und die Voraussetzungen des Absatzes 2 vorliegen.

(4) Von der Einreiseverweigerung oder Zurückschiebung ist im Falle der Einreise aus einem sicheren Drittstaat (§ 26a) abzusehen, soweit
1. die Bundesrepublik Deutschland auf Grund von Rechtsvorschriften der Europäischen Gemeinschaft oder eines völkerrechtlichen Vertrages mit dem sicheren Drittstaat für die Durchführung eines Asylverfahrens zuständig ist oder
2. das Bundesministerium des Innern, für Bau und Heimat es aus völkerrechtlichen oder humanitären Gründen oder zur Wahrung politischer Interessen der Bundesrepublik Deutschland angeordnet hat.

(5) Die Grenzbehörde hat den Ausländer erkennungsdienstlich zu behandeln.

---

[10] Zum Bestellungsverfahren in HH vgl. *Driesen* ZAR 1988, 170.
[11] Dazu auch *Stelkens* ZAR 1985, 15: zB wörtliche Wiedergabe, Übersetzung Satz für Satz und sofortiges Protokollieren, Übersetzung von Nachfragen des Asylbewerbers und des Sprachmittlers.
[12] *Stelkens* ZAR 1985, 15.
[13] Betr. Gerichtsverf OVG NRW Beschl. v. 13.7.1983 – 19 B 20 827/83, InfAuslR 1984, 22.
[14] BVerwG Beschl. v. 29.8.1984 – 9 B 11 247.82, NJW 1985, 757.
[15] Betr. Verwandte vgl. BVerwG Beschl. v. 30.3.1984 – 9 B 10 001.84, NJW 1984, 2055.

7 AsylG § 18

Übersicht

	Rn.
I. Entstehungsgeschichte	1
II. Allgemeines	3
III. Weiterleitung	5
IV. Einreiseverweigerung	13
1. Zurückweisung	13
2. Sicherer Drittstaat	19
3. Anhaltspunkte für Dublin-Zuständigkeit	23
4. Gefahr für die Allgemeinheit	24
V. Zurückschiebung	28
VI. Absehen von Einreiseverweigerung oder Zurückschiebung	31
VII. Verfahren und Rechtsschutz	34
1. Verwaltungsverfahren	34
2. Rechtsschutz	42

I. Entstehungsgeschichte

1 Das **AuslG 1965** kannte keine Vorschriften über Kompetenzen der Grenzbehörden zur Einreiseverweigerung trotz Asylgesuchs (vgl. § 38 AuslG 1965). Nach dem **Gesetzesentwurf 1982** (§ 6 II E)[1] sollte die Einreiseverweigerung in den Fällen des „Nichtantrags" (§ 4 II E) eingreifen. § 9 I 2 AsylVfG 1982 sah ursprünglich entsprechend der Empfehlung des Bundestag-Rechtsausschusses[2] nur für die Fälle des § 7 II und III AsylVfG 1982 eine Einreiseverweigerung vor; dies wurde durch das AsylVfÄndG 1987 mWv 15.1.1987 geändert (Art. 1 Nr. 7 **AsylVfÄndG 1987**). In Abs. 2–4 des § 9 AsylVfG 1982 waren Anhörung, Mitteilung an die Ausländerbehörde und Folgeverpflichtung geregelt[3].

2 Die Vorschrift stimmte in der ursprünglichen Fassung mit dem **Gesetzesentwurf 1992**[4] überein. MWv 1.7.1993 wurde sie, im Wesentlichen dem Gesetzesentwurf 1993 folgend[5], wie folgt geändert: In Abs. 1 wurde die Alternative der zuständigen Aufnahmeeinrichtung eingefügt, in Abs. 2 die Nr. 3 neu aufgenommen und die übrigen Fälle neu formuliert, Abs. 4 neu eingefügt und in Abs. 5 „in den Fällen des Abs 1" gestrichen (Art. 1 Nr. 9 **AsylVfÄndG 1993**). Durch das **RLUmsG 2007** wurde der bisherige *Abs. 2 Nr. 2* („die Voraussetzungen des § 27 I oder II offensichtlich vorliegen oder") neu gefasst und es wurden in *Abs. 4 Nr. 1* – in Erweiterung des Anwendungsbereichs hinsichtlich der damaligen Dublin II-VO – die Wörter „von Rechtsvorschriften der EG oder" eingefügt. Die bisherige Bestimmung des § 18 II Nr. 2, die den nicht praxisrelevanten Fall der Zurückweisung an der Grenze wegen anderweitiger Sicherheit vor Verfolgung behandelte, war aufzuheben, da eine entsprechende Regelung in der Asylverfahrens-RL fehlte. Die Aufnahme des damals eingefügten Abs. 2 Nr. 2 stellte klar, dass die Grenzbehörde die VO 343/2003/EG oder das Dubliner Übereinkommen noch vor der Entscheidung über die Einreise des Ausländers anwenden kann. Die Regelung folgt der Systematik der Drittstaatenregelung, welche bislang bei der Durchführung des Dublin-Verfahrens zur Anwendung gelangte. In Fortführung der bisherigen Praxis enthielt die Vorschrift eine ausdrückliche Regelung zu Dublin-Sachverhalten, wodurch eine zügige Rückführung in den für den Asylantrag zuständigen Staat unter unmittelbarer Bezugnahme auf die Dublin-VO bzw. Völkerrecht ermöglicht wurde; eine (ergänzende) Anwendung der Drittstaatenregelung ist damit entbehrlich[6]. Die Begrifflichkeiten bedürfen mittlerweile der Anpassung an das aktuelle europäische Asylrecht.

II. Allgemeines

3 Die grundsätzlich bestehende Weiterleitungspflicht folgt aus dem **Zurückweisungsverbot,** das durch Art. 16a I GG garantiert ist[7] und das dem völkerrechtlichen Grundsatz des Non-refoulement entspricht, der seinerseits in Art. 33 GK und § 60 I AufenthG zum Ausdruck gelangt ist[8]. Ihm liegt die Pflicht zur formalen Vorabprüfung zugrunde, die zunächst lediglich der Feststellung eines Asylgesuchs iSd § 13, dann aber auch der Voraussetzungen anderweitiger Verfolgungssicherheit dient. Im Grundsatz bestehen gegen diese Übertragung asylrechtlicher Kompetenzen auf die Grenzbehörde keine Bedenken, soweit damit eindeutig aussichtslose Fälle der Sachprüfung durch das BAMF entzogen werden[9]. Dabei darf allerdings nie die grundsätzliche Verpflichtung zur **Gestattung der Einreise** des asylsuchenden Flüchtlings[10] vernachlässigt werden.

---

[1] BT-Drs. 9/875, 4.
[2] BT-Drs. 9/1630, 6.
[3] Vgl. BT-Drs. 9/875, 4; 9/1630.
[4] BT-Drs. 12/2062, 8.
[5] BT-Drs. 12/4450, 4, 12/4984, 12.
[6] Vgl. Begr. durch den Gesetzgeber, BT-Drs. 16/5065, 215.
[7] → GG Art. 16a Rn. 9.
[8] → Rn. 10 ff.
[9] Dazu allg. BVerfG Beschl. v. 25.2.1981 – 1 BvR 413/80 ua, BVerfGE 56, 216.
[10] Vgl. *Reermann* ZAR 1982, 127.

Die Bedeutung der Vorschriften über die Einreiseverweigerung hatte sich nach Inkrafttreten der **Abkommen von Schengen und Dublin** – zunächst des SDÜ und dann des DÜ, der Dublin II-VO 343/2003/EG und schließlich der **Dublin III-VO**[11] – entscheidend verändert. Seitdem gingen Prüfung und Feststellung des (vertragsrechtlich bzw. gemeinschaftsrechtlich, heute unionsrechtlich) zuständigen Asylstaats vor. Schon seit des Dubliner Übereinkommens, noch als völkerrechtlicher Vertrag, der aber nach dem Inkrafttreten des Vertrags von Amsterdam zur Anwendung gelangte, fanden die Bestimmungen nach Titel II Kap. 7 (Art. 28–38 SDÜ) sowie die Begriffsbestimmungen „Asylbegehren", „Asylbegehrender" und „Behandlung eines Asylbegehrens" nach Art. 1 SDÜ keine Anwendung mehr[12]. Da infolgedessen die (neue) Drittstaatenklausel im Verhältnis zu den anderen (Vertrags- und jetzt EU-)Staaten nicht mehr angewendet wurde[13], wurde auch Abs. 2 Nr. 1 insoweit nicht mehr praktiziert. Damit allein wird aber noch kein geschlossenes System der Schutzgewährung für Flüchtlinge geschaffen. Die an formale Kriterien anknüpfenden Zuständigkeitsregeln der Dublin III-VO nehmen zwar Bezug auf gewisse europäische Standards auf der Grundlage von GK und EMRK, sie begründen aber damit noch kein einheitliches materielles europäisches Asylrecht. Hinzu kamen drei RL der EU, die gewissermaßen als zentrale Elemente des Asylrechtsharmonisierungsprozesses den Kern des Gemeinsamen Europäischen Asylsystems (GEAS) näher ausgestalten: die EU-Aufnahme-RL (heute RL 2013/33/EU[14]), die Qualifikations-RL (heute RL 2011/95/EU[15]) und die VerfahrensRL (heute RL 2013/32/EU[16]). Damit war der Grundstein für ein „Europa des Asyls iSe gemeinsamen Raumes des Schutzes und der Solidarität"[17] geschaffen worden. Insbesondere im Rahmen des unkontrollierten Zustroms einer großen Zahl von Migranten und Asylsuchenden im Jahr 2015 offenbarte das GEAS zahlreiche Schwächen, welche die unerlaubte Binnenmigration zwischen den Mitgliedstaaten förderten bzw. begünstigten. Hierzu zählt die unterschiedliche Behandlung Asylsuchender in Bezug auf die Verfahrensdauer, die Aufnahmebedingungen oder die Anerkennungschancen. Dies hat die Kommission dazu veranlasst, im Mai 2016 unterschiedliche Rechtsakte zur Überarbeitung des GEAS vorzulegen. Hierbei soll der sich in der Vergangenheit negativ ausgewirkte Gestaltungsspielraum der Mitgliedstaaten bei der Durchführung des Asylverfahrens eingeschränkt werden, in dem die VerfahrensRL und die EU-Aufnahme-RL jeweils durch Verordnungen ersetzt werden. Im September 2020 hat die EU-Kommission einen Vorschlag für ein neues Migrations- und Asylpaket für ein umfassendes europäisches Migrationskonzept vorgelegt. Mit dem Paket sollen bessere und schnellere Verfahren im gesamten Asyl- und Migrationssystem geschaffen werden[18]. Außerdem soll das Europäische Asylunterstützungsbüro (EASO) zu einer vollwertigen Asylagentur werden[19].

III. Weiterleitung

Die Weiterleitung des asylsuchenden Ausländers ist im Hinblick auf das generelle Zurückweisungsverbot von Rechts wegen die **Regel** (zusätzlich nach Abs. 4 zwingend), die Einreiseverweigerung und die Zurückschiebung die **Ausnahme,** wenn auch Letztere aufgrund der Anwendung der Dublin III-VO bei Einreise auf dem Landweg tatsächlich die Regel bilden kann. Weder aus dem Wortlaut noch aus dem Sinn des Gesetzes ergeben sich aber Anhaltspunkte für einen Ausschluss der Einreiseverweigerung bei einer Weiterleitung. Die Einreiseverweigerung nach Abs. 2 ist zwingend. Die Grenzbehörde hat hierüber keine Dispositionsgewalt und wird durch ihre Entscheidung, den Ausländer an das BAMF weiterzuleiten, nicht aus ihrer gesetzlichen Pflicht, ihm die Einreise zu verweigern, entlassen[20]. Die Weiterleitung erfolgt an die nach §§ 22 II 2, 46 zuständige Aufnahmeeinrichtung oder, falls diese nicht bekannt ist, an die nächstgelegene. Sie dient dem Zweck, das gegenüber der Grenzbehörde geäußerte Asylgesuch (§ 13) durch förmliche Antragstellung beim BAMF (§ 14 I) für die anschließende Bescheidung zu dokumentieren. Die Meldung bei der Aufnahmeeinrichtung leitet das weitere Verfahren vor der Außenstelle ein (§§ 14 I, 20 II, 22 I, 23). Wirksam ist das Asylgesuch schon zuvor gestellt und zeitigt deshalb schon alle Folgen aus Art. 16a GG. Va schützt es den Asylbewerber, der nicht aus einem

---

[11] Dazu → GG Art. 16a Rn. 11, 130 ff.
[12] S. Bonner Protokoll, BGBl. 1995 II S. 738; *Winkelmann* ZAR 2010, 213 (218).
[13] Vgl. betr. SDÜ BVerfG Urt. v. 14.5.1996 – 2 BvR 1938/93, 2 BvR 2315/93, BVerfGE 94, 49; betr. DÜ *Reermann* ZFSH/SGB 1998, 323.
[14] RL 2013/33/EU des Europäischen Parlaments und des Rates v. 26.6.2013 zur Festlegung von Normen für die Aufnahme von Personen, die internationalen Schutz beantragen (Neufassung), ABl. 2013 L 180, S. 96.
[15] RL 2011/95/EU des Europäischen Parlaments und des Rates v. 13.12.2011 über Normen für die Anerkennung von Drittstaatsangehörigen oder Staatenlosen als Personen mit Anspruch auf internationalen Schutz, für einen einheitlichen Status für Flüchtlinge oder für Personen mit Anrecht auf subsidiären Schutz und für den Inhalt des zu gewährenden Schutzes (Neufassung), ABl. 2011 L 337, S. 9.
[16] Richtlinie 2013/32/EU des Europäischen Parlaments und des Rates v. 26.6.2013 zu gemeinsamen Verfahren für die Zuerkennung und Aberkennung des internationalen Schutzes (Neufassung), ABl. 2013 L 180, S. 60.
[17] *Progin-Theuerkauf* in von der Groeben/Schwarze/Hatje (Hrsg.), Europäisches Unionsrecht, 7. Aufl. Bd. 2, 2015, AEUV Art. 78 Rn. 11.
[18] Vgl. COM(2020) 609 final.
[19] VO (EU) 2021/2303, ABl. 2021 L 468, 1.
[20] VG Frankfurt a. M. Beschl. v. 25.3.2002 – 12 G 937/02.AF, BeckRS 2002, 21411.

EU-Staat oder einem sicheren Drittstaat einreist (Art. 16a II GG, § 26a AsylG), in aufenthaltsrechtlicher Hinsicht unabhängig davon, dass dieser erst nach Antragstellung eine Bescheinigung über die gesetzliche Aufenthaltsgestattung erhält (§ 63 I). Ausländer, die aus einem EU-Staat oder einem sicheren Drittstaat einreisen und sich daher nicht auf den Schutz des Art. 16a GG berufen können, sind, ohne dass dies national gesetzlich geregelt ist, durch Art. 9 Asylverfahrens-RL während der Dauer des Asylverfahrens aufenthaltsrechtlich geschützt. Einem Ausländer, der um Asyl nachgesucht, aber noch keinen Asylantrag gestellt hat, wird unverzüglich eine Bescheinigung über die Meldung als Asylsuchender durch die Aufnahmeeinrichtung ausgestellt (früher BüMA, jetzt **Ankunftsnachweis**). Diese enthält ua die Angaben zur Person und ein Lichtbild des Ausländers sowie die Bezeichnung der zuständigen Aufnahmeeinrichtung. Diese Bescheinigung ist längstens auf sechs Monate zu befristen (vgl. § 63a, Neueinfügung durch das AsylVfBeschlG 2015).

6   Vor der Weiterleitung des Ausländers hat die Grenzbehörde ausschließlich das Vorliegen eines Asylantrags iSd § 13 I und die Voraussetzungen für eine Einreiseverweigerung[21] iRd vorgebrachten Asylgesuchs (§ 13 III 1) zu prüfen. Das Vorliegen eines Asylgesuchs berührt die Zuständigkeit der Ausländer- oder Grenzbehörde für Maßnahmen zur Durchsetzung der Ausreisepflicht als solche nicht[22]. Das Schutzersuchen, welches der Ausländer gegenüber den Grenzbehörden äußert, ist kein Asylantrag iSd § 13 und begründet daher zunächst auch keinerlei Zuständigkeit des BAMF. Dieses wird für die Feststellung der Voraussetzungen von Abschiebungsverboten nach § 60 II ff. AufenthG erst zuständig, wenn ihm selbst ein Asylantrag zugegangen ist[23]. Hierzu sind nicht dieselben **Ermittlungen** unter denselben Vorkehrungen erforderlich wie beim BAMF nach §§ 24, 25. Die Vorschriften des § 25 über die besonderen Mitwirkungspflichten des Asylbewerbers gelten nur für das Verfahren vor dem BAMF; vor der Grenzbehörde greifen nur die allgemeinen Mitwirkungspflichten nach § 15 ein. Ihre Bedeutung für die Grenzbehörden richtet sich nach deren Aufgaben und Zuständigkeit. Diese sind aber eindeutig begrenzt und erlauben keine inhaltliche Prüfung des Asylgesuchs[24]. Im Jahr 2017 haben 15.414 Personen bei den Grenzbehörden um Asyl nachgesucht[25]. Im Jahr 2018 haben 10.841 bei den Grenzbehörden ein Asylgesuch vorgebracht[26]. Die Zahl der von den Grenzbehörden entgegengenommenen Asylgesuche stieg im Jahr 2019 leicht auf 11.688[27]. Im Jahr 2020, das durch Reisebeschränkungen aufgrund der Corona-Pandemie geprägt war, haben die deutschen Grenzbehörden 7.921 Asylgesuche entgegengenommen[28]. Die Grenzbehörden haben sich, wenn ein Asylbegehren iSd § 13 I festgestellt ist, auf die im Hinblick auf Abs. 2 notwendigen Angaben über Reiseweg, Aufenthalt in anderen Staaten und GK-Reiseausweis zu beschränken und den Ausländer nur insoweit zu Angaben anzuhalten. Ein asylrechtlich relevantes Schutzersuchen nach Abs. 1 liegt auch nur dann vor, wenn der Ausländer um subsidiären Schutz iSv Art. 15 Qualifikations-RL nachsucht[29]. Bestehen Anhaltspunkte dafür, dass ein anderer Staat aufgrund von Rechtsvorschriften der EU für die Durchführung des Asylverfahrens zuständig ist und wird einem Ausländer nach § 18 II 2 die Einreise verweigert, so ist die Grenzbehörde nicht verpflichtet, dem Betroffenen Gelegenheit zu geben, bei einer Außenstelle des BAMF einen förmlichen Asylantrag zu stellen[30]. Im Verhältnis zu § 18a kann sich an internationalen Flughäfen, die das Flughafenasylverfahren anwenden, das Verfahren bei Einreise auf dem Luftwege anschließen.

7   Über die Erklärungen des Ausländers ist zweckmäßigerweise eine **Niederschrift** anzufertigen, obwohl hier eine § 25 VII vergleichbare Vorschrift fehlt (früher § 9 II iVm § 8 II 4 AsylVfG 1982). Es ist sicher unschädlich, wenn dort auch nähere Einzelheiten über geltend gemachte Verfolgungsgründe enthalten sind. Diese bisweilen zu beobachtende Verfahrensweise darf aber nicht dazu führen, der Grenzbehörde ein materielles Prüfungsrecht zuzugestehen, etwa zur Asylrelevanz von strafrechtlichen Ermittlungen, mittelbaren Verfolgungsmaßnahmen, Bürgerkriegshandlungen oder Gruppenverfolgungen oder zur Existenz einer internen Fluchtalternative. **Dienstliche Weisungen,** die den Grenzbeamten demgegenüber früher eine wenn auch überschlägige Asylrelevanzkontrolle vorschrieben[31], verstießen gegen Art. 16a GG und § 18. Gibt der Asylbewerber vor der Grenzbehörde Erklärungen zu Ursachen, Umständen oder Folgen der Flucht ab, dürfen ihm diese nicht in der Weise

---

[21] Gleichbedeutend mit Zurückweisung an der Grenze; HmbOVG Beschl. v. 11.3.1983 – Bs V 39/83, NVwZ 1983, 434.
[22] Zu den Begrifflichkeiten Asylantrag und Asylgesuch s. GrdsEntscheidung des BVerwG Beschl. v. 3.12.1997 – 1 B 219.97; HessVGH Beschl. v. 20.3.1998 – 7 TZ 413/98, BeckRS 2005, 27030; VGH BW Urt. v. 27.10.1998 – 13 S 457/96, BeckRS 1998, 22935e; *Winkelmann,* Haft im Asylverfahren, → § 13 Rn. 3.
[23] VG Frankfurt a. M. Beschl. v. 10.6.2013 – 7 L 2261/13.F.A, BeckRS 2013, 55864.
[24] *Marx* § 18 Rn. 24; BVerwG Beschl. v. 17.1.1980 – 1 B 573.79; NdsOVG Beschl. v. 12.3.1987 – 11 B 782/86, NVwZ 1987, 1110.
[25] BT-Drs. 19/1371 (neu), 73.
[26] Vgl. BT-Drs. 19/8701, 81.
[27] BT-Drs. 19/18498, 69.
[28] BT-Drs. 19/28109, 62.
[29] Vgl. § 1 I 1 und § 13 I und II.
[30] VG Frankfurt a. M. Beschl. v. 10.6.2013 – 7 L 2261/13.F.A, BeckRS 2013, 55864.
[31] Dazu *Marx* AsylG § 18 Rn. 24.

entgegengehalten werden, dass späteres Vorbringen ohne Weiteres als gesteigert und deshalb unglaubhaft bewertet wird[32].

Ein Asylantrag, wenn die Voraussetzungen des § 14 II 1 Nr. 2 (Inhaftierung) vorliegen, kann nur **schriftlich** wirksam gestellt werden. Dies ergibt sich bereits aus § 14 II 2 und III. Entscheidend für die Begründung der Aufenthaltsgestattung ist, da kein Ankunftsnachweis ausgestellt wird, hier der **Eingang des Asylantrags beim BAMF**. Der BGH hatte bereits entschieden, dass bei der Einreise aus einem Mitgliedstaat der EU die Aufenthaltsgestattung nach § 55 I 1 aF nicht bereits mit der **Protokollierung des Asylersuchens durch die Grenzbehörde** erworben wird, sondern erst mit der Stellung des Antrags bei dem zuständigen BAMF[33]. So anschließend auch § 55 I in der bis zum 5.8.2016 geltenden Fassung. Das entsprach iÜ auch Art. 4 II 1 Dublin II-VO, nach der ein Asylantrag erst dann als gestellt galt, wenn den zuständigen Behörden des betreffenden Mitgliedstaates ein von dem Asylbewerber eingereichtes Formblatt oder ein behördliches Protokoll zugegangen ist. Nunmehr sieht auch **Art. 20 II 1 Dublin III-VO** dies ausdrücklich vor. Durch das IntG vom 31.7.2016 wurde § 55 I dahin gehend geändert, dass unabhängig vom Reiseweg der Aufenthalt des Asylsuchenden einheitlich mit Ausstellung des Ankunftsnachweises gestattet ist. Falls kein Ankunftsnachweis ausgestellt wird, entsteht die Aufenthaltsgestattung spätestens mit der Stellung des Asylantrags beim BAMF. Das AsylG sieht eine Weiterleitung nur für schriftliche Asylanträge vor, die bei der Ausländerbehörde eingereicht werden (§ 14 II 2). Die Aufnahme eines mündlichen Antrags zur Niederschrift und dessen Weiterleitung durch die Polizei oder den Haftrichter ist weder im VwVfG noch im AsylG vorgesehen[34]. Jedoch folgt spätestens aus der bereits genannten Vorschrift des Art. 20 II 1 Dublin III-VO, dass ein behördlich protokollierter Asylantrag im Falle seiner Weiterleitung mit dem Eingang bei BAMF als förmlicher Antrag zu qualifizieren ist[35]. Er wirkt nur nicht auf den Zeitpunkt der Protokollierung zurück, weil der Antrag nach der zitierten Bestimmung erst als gestellt gilt, wenn er der zuständigen Behörde zugegangen ist, so der BGH weiter[36]. Die Gestattung entsteht seit Änderung durch das IntG zwar grundsätzlich mit der Ausstellung des Ankunftsnachweises. Die Rechtslage im Hinblick auf § 18 II und III bleibt aber unverändert. Die Ausnahme zu § 14 I Nr. 2 ergibt sich aus § 55 I 3: In den Fällen, in denen kein Ankunftsnachweis ausgestellt wird, entsteht die Aufenthaltsgestattung mit der Stellung des Asylantrags.

Der Asylantrag kann also in diesen Fällen zB auch per Fax mit sofortigem Eingangsbeleg angebracht werden[37]. In der Praxis begegnet man allerdings immer wieder Bedenken, ob den in der Obhut einer Behörde befindlichen Betroffenen (also in den Fällen des § 14 II 1 Nr. 2) die dienstlich vorhandenen Faxgeräte für diesen Zweck zur Verfügung gestellt werden dürfen oder sollen. Die Bedenken sind jedoch unbegründet. Zwar mögen die gesetzlichen Regelungen (zB § 19 III 3 iVm § 55 I 3) es aus der Sicht der Behörde als nützlich erscheinen lassen, die Asylantragstellung, soweit sie zur Begründung einer Aufenthaltsgestattung erforderlich ist, hinauszuzögern. Keine mit ausländerrechtlichen Fragen befasste staatliche Institution sollte sich jedoch auch nur dem Verdacht aussetzen, dass sie die Kommunikation von Betroffenen, die sich in Haft, Gewahrsam oÄ befinden, mit dem BAMF durch die Vorenthaltung inzwischen allgemein üblicher Kommunikationsmittel behindert oder beeinträchtigt, um Entscheidungen zu ihren Lasten treffen zu können. Dies gilt in besonderem Maße für die Gerichte. Nach **Art. 28 III 1 Dublin III-VO** hat die Haft so kurz wie möglich zu sein und nicht länger als bei angemessener Handlungsweise notwendig ist, um die erforderlichen Verwaltungsverfahren mit der gebotenen Sorgfalt durchzuführen. Demgemäß ist nicht vertretbar, einen aus einem sicheren Drittstaat unerlaubt eingereisten und bis zu seiner polizeilichen Festnahme auf freiem Fuß befindlichen Ausländer, der bei der Anhörung vor dem Haftrichter ein Erst-Asylbegehren anbringt, für wenige Tage oder mit den Konsequenzen aus § 14 III 3 in Haft zur Sicherung der Abschiebung zu nehmen und ihn auf die Asylantragstellung aus der Haft heraus zu verweisen. Vielmehr muss das in jedem Fall zu protokollierende Asylbegehren von dem Betroffenen mitunterschrieben und dem Betroffenen Gelegenheit gegeben werden, das Protokoll in dieser Form sofort an das BAMF per Fax weiterzuleiten. Der Erlass vom 3.3.2006 – M I 8–125470-8/0[38], der am 12.8.2013[39] aufgehoben wurde, mit dem das BMI rund sieben Jahre anordnete, dass bei sog. „Aufgriffsfällen" nach unerlaubter Einreise über die Binnengrenze ein gestelltes Asylbegehren nicht an das BAMF weiterzuleiten sei (das Begehren sei „nicht in

---

[32] HessVGH Beschl. v. 22.2.1990 – 12 TP 3419/89, BeckRS 2005, 22875 und EZAR 210 Nr. 4.
[33] Vgl. BGH Beschl. v. 25.2.2010 – V ZB 172/09, BeckRS 2010, 7170 Rn. 17–20; Beschl. v. 14.10.2010 – V ZB 78/10, BeckRS 2010, 27758 – und v. 6.5.2010– V ZB 213/09, BeckRS 2010, 15331; Beschl. v. 15.7.2010 – V ZB 10/10, BeckRS 2010, 18941; Beschl. v. 14.10.2010 – VZB 78/10, BeckRS 2010, 27758; OLG Frankfurt a. M. Beschl. v. 2.3.2006 – 20 W 411/05, BeckRS 2006, 12463 unter Aufgabe der Auffassung in Beschl. v. 15.5.1998 – 20 W 183/98, NVwZ-Beil. 1998, 125.
[34] Vgl. Senat BGHZ 153, 18 (21); OLG Düsseldorf Beschl. v. 21.10.2008 – 3 Wx 228/08, BeckRS 2008, 23688.
[35] Vgl. EuGH Urt. v. 26.7.2017 – C-670/16, BeckRS 2017, 118290 – Mengesteab.
[36] BGH Beschl. v. 6.5.2010 – V ZB 213/09, BeckRS 2010, 15331; Beschl. v. 14.10.2010 – V ZB 78/10, BeckRS 2010, 27758.
[37] Vgl. auch → § 13 Rn. 4.
[38] *Marx*, Dublin III-VO schränkt Haft ein in InfAuslR 2013, 437 mit Verweis auf *Bethäuser* InfAuslR 2013, 165.
[39] *Marx*, Dublin III-VO schränkt Haft ein in InfAuslR 2013, 437 Fn. 8.

Behandlung" zu nehmen), war spätestens mit Änderung des § 34a nicht mehr haltbar. Der **Haftrichter** hat den Ausländer auf die Möglichkeit des Schutzantrags hinzuweisen und ein Schutzersuchen an das BAMF weiterzuleiten[40]. Mit dem Eingang des Schutzersuchens entsteht die Aufenthaltsgestattung (§ 55 I 3), die einer Inhaftierung entgegensteht, da die Voraussetzungen des § 14 III nicht gegeben sind. Nach § 34a I 2 ist auch in Dublin-Fällen („Aufgriffsfällen") das BAMF originär zuständig[41] und hat eine Abschiebungsanordnung zu erlassen. Das protokollierte Gesuch ist durch die Bundespolizei jedenfalls und beschleunigt an das BAMF weiterzuleiten. Eine Zurückschiebung des Betroffenen nach § 18 III ist unabhängig von einem erfolgreichen Abschluss des Dublin-Verfahrens bis zur Entscheidung durch das BAMF nicht zulässig[42]. Die Überstellungsentscheidung des BAMF ergeht in Form einer Abschiebungsanordnung nach § 34a[43]. Da § 18 III iVm II Nr. 2 als lex specialis der Regelung in § 57 II Alt. 2 AufenthG vorgeht, ist auch eine Zurückschiebung nach § 57 AufenthG bis zur Entscheidung des BAMF nicht möglich, wobei das BAMF zur Sicherung des effektiven Rechtsschutzes des Antragstellers die Bundespolizei umgehend zu informieren hat[44].

10 Schon nach der (mittlerweile als überholt geltenden) Auffassung des OLG München[45] war nur ein schriftlich eingereichter Asylantrag von der Ausländerbehörde nach § 14 II 2 unverzüglich an das BAMF weiterzuleiten. Unverzüglich bedeutete dabei, dass der Antrag ohne schuldhaftes Zögern[46] durch die Verwaltungsbehörde im normalen Geschäftsgang weitergeleitet werden musste. Zu außerordentlichen oder Eilmaßnahmen war die Behörde dabei nicht verpflichtet[47]. Insbesondere war ein bestimmter Übermittlungsweg, etwa per Fax, nicht vorgeschrieben. Der **Zugang des schriftlichen Antrags** beim Bundesamt in weniger als 48 Stunden ließ den Schluss auf eine unverzügliche Weiterleitung zwanglos zu, so das OLG. Unter Berufung auf diese überholte Rechtsauffassung eröffnete dies der Grenzbehörde die Möglichkeit der vorherigen Beantragung von Sicherungshaft, wobei die Verfahrensweise, die Weiterleitung des Asylbegehrens vom Wirksamwerden des Haftbeschlusses abhängig zu machen, nicht sachgerecht war und einen Verstoß ua gegen das Beschleunigungsprinzip darstellte. Schon nach Art. 6 V Asylverfahrens-RL aF wäre dadurch der **Zugang zum Verfahren in Deutschland** iSd Verfahrens-RL nicht ausreichend sichergestellt gewesen, indem sich eine Person, die einen Asylantrag stellen möchte, an die Bundespolizei wendet und diese Person über die Modalitäten und die zuständige Stelle für die Stellung eines solchen Antrags nicht ausreichend beraten würde und diese Behörde nicht angewiesen wäre, diese Anträge an die zuständige Behörde weiterzuleiten. Schon nach Art. 18 der RL, nunmehr mit Verordnungsrang zu beachten in Art. 28 I Dublin III-VO, durften die Mitgliedstaaten eine Person nicht allein deshalb in **Gewahrsam** nehmen, weil sie ein Asylbewerber ist. Das wäre aber der Fall, wenn zu besorgen wäre, dass Asylbegehrende zunächst in Haft genommen werden würden, bevor überhaupt die Weiterleitung des Gesuchs an das BAMF erfolgt mit dem weiteren Ziel, die Gestattungswirkung nicht zum Entstehen zu bringen.

11 Die Anwendung der Vorschrift auf **Folgeantragsteller** ist nicht ausdrücklich geregelt. Der Folgeantrag stellt grundsätzlich einen Asylantrag dar, wird aber nach den Sonderbestimmungen des § 71 behandelt. Er vermittelt nicht unbedingt ein Bleiberecht und bedarf nicht in jedem Fall einer förmlichen Bescheidung durch das BAMF. Das zwischenzeitliche Verlassen des Bundesgebiets ändert hieran nichts; nur für eine Rückschiebung in den sicheren Drittstaat ist die Negativmitteilung des BAMF entbehrlich (§ 71 VI). Daher kann die Einreise entweder nach § 18 II oder nach § 15 I AufenthG verweigert werden; auch braucht die Einreise iÜ nicht ohne Weiteres gestattet zu werden. Hierfür sprechen Wortlaut und Regelungszusammenhang sowie Sinn und Zweck des Abs. 1 und von § 71[48]. Da es an einer speziellen Regelung für den Folgeantrag an der Grenze und an der Sachprüfungskompetenz der Grenzbehörde fehlt, ist das Verfahren möglichst dort an Ort und Stelle unter Mitwirkung des BAMF durchzuführen. Wesentlich ist nur dessen alleinige Sachentscheidungsbefugnis. Daher sind angesichts der Regelungslücke und der ähnlichen Interessenlage die Regeln des § 71 entsprechend anzuwenden, das BAMF hat also über die Einleitung eines neuen Asylverfahrens zu befinden. Anschließend ist die Einreise bei negativer Entscheidung des BAMF zu verweigern[49], weil dem Ausländer an der Grenze keine weitergehenden Bleiberechte als gegenüber der Ausländerbehörde im Inland zusteht und deshalb ein unerlaubter Einreiseversuch iSd § 15 I AufenthG vorliegt.

12 Die Sicherung der Identität durch **erkennungsdienstliche Behandlung** (§ 16 I) obliegt bei Weiterleitung der Grenzbehörde (Abs. 5; § 16 II). Der Besitz eines amtlichen Lichtbildausweises

---

[40] EuGH Urt. v. 25.6.2020 – C-36/20 PPU, BeckRS 2020, 13492 Rn. 83.
[41] Vgl. auch VG München Beschl. v. 22.11.2012 – M 23 E 12.30743, Asylmagazin 2013, 126.
[42] VG München Beschl. v. 4.5.2021 – M 22 E 21.30294, BeckRS 2021, 10280 Rn. 62.
[43] VG München Beschl. v. 4.5.2021 – M 22 E 21.30294, BeckRS 2021, 10280 Rn. 62.
[44] S. zuvor VG München zum alten Recht und vgl. BayVGH Beschl. v. 9.2.2012 – 21 CE 12.30053, BeckRS 2012, 51929.
[45] OLG München Beschl. v. 30.1.2008 – 34 Wx 136/07, BeckRS 2008, 4491.
[46] Vgl. Grüneberg/*Ellenberger* BGB, § 121.
[47] BGH Beschl. v. 22.10.1986 – VIII ZB 40/86, NJW 1987, 440; *Schoch/Schneider/Dolde/Porsch*, 41. EL Juli 2021, VwGO § 70 Rn. 24.
[48] Ähnlich *Hailbronner* AsylVfG § 18a Rn. 30–33; aA *Marx* AsylG § 18a Rn. 26 ff.
[49] So auch Erl. des BMI v. Juli 1997, zit. bei *Westphal/Stoppa* Nr. 11.20.1.

erlaubt kein Absehen von der erkennungsdienstlichen Behandlung. Die erkennungsdienstliche Behandlung ist seit 1.7.1993 auch bei Einreiseverweigerung und Zurückschiebung zulässig[50]. Auch bei dem nationalrechtlichen Asylgesuch handelt es sich, sobald die Grenzbehörde das BAMF über das Ersuchen informiert, unionsrechtlich um einen Antrag auf internationalen Schutz iSd der Eurodac-VO[51]. Daher sind die im Rahmen der erkennungsdienstlichen Behandlung durch die Grenzbehörde erhobenen Fingerabdrücke gemäß Art. 9 Eurodac-VO unverzüglich, jedoch spätestens innerhalb von 72 Stunden, an das Eurodac-Zentralsystem zu übermitteln.

IV. Einreiseverweigerung

1. Zurückweisung

Ein asylsuchender Flüchtling darf grundsätzlich nicht an der Grenze zurückgewiesen werden[52]. Das Grundrecht auf Asyl verbürgt demjenigen, der Schutz vor politischer Verfolgung sucht, dass er nicht an der Grenze zurückgewiesen und nicht unmittelbar oder mittelbar in den Verfolgerstaat abgeschoben wird[53]. Hieraus folgt für den Asylbewerber, dessen Asylberechtigung noch nicht feststeht, ein **Bleiberecht** bis zur endgültigen Klärung[54], damit das ihm möglicherweise zustehende Asylgrundrecht nicht gefährdet oder gar vereitelt wird. Diesem Zweck entsprechend kann sich das Aufenthaltsrecht des Asylbewerbers auf bloßen Abschiebungsschutz als den Kerngehalt des Asylrechts beschränken[55]. Zurückweisung oder sonstige Überstellung in den Verfolgerstaat sind aber grundsätzlich ausgeschlossen. Das Asylrecht entsteht nämlich mit Erreichen der Grenze, die spätere Asylanerkennung wirkt nur deklaratorisch[56]. Aus diesem Grunde ist der Begriff der **Einreiseverweigerung** mit dem der **Zurückweisung** gem. § 15 AufenthG nicht gleichzusetzen (→ Rn. 35). Beide Maßnahmen stehen im engen Zusammenhang. Insoweit ist der Gesetzgeber aufgefordert, dieses Zusammenspiel klar zu regeln, was er bislang versäumt hat. Aufgrund der sonderrechtlichen Stellung der Einreiseverweigerung, den Zugang zum Asylverfahren in Deutschland zu verwehren[57], sind im Fall des Einreiseversuchs durch einen Ausländer, der ein Asylbegehren vor der ausländerrechtlichen Einreise (→ § 13 Rn. 8 f.) äußert, die Voraussetzungen des § 18 I, II vorrangig zu prüfen. Die Prüfung der Einreisevoraussetzungen gem. Art. 6 I SGK (gegebenenfalls ‚in Anwendung mit der Einreiseverweigerung nach Art. 14 SGK) ist schon deshalb nicht einschlägig, da der Schutzsuchende nicht nach Art. 6 I SGK unter der dort genannten Voraussetzung einreisen will („Für einen Aufenthalt von bis zu 90 Tagen je Zeitraum von 180 Tagen …"). IÜ regelt Art. 14 SGK, dass von der Einreiseverweigerung die besonderen Regelungen des Asylrechts unberührt bleiben. Für den Asylbewerber gelten die besonderen Vor- und Auswirkungen des europäischen Flüchtlingsschutzrechts, die nach § 18 zu prüfen und zu berücksichtigen sind. Wenn danach die Einreise zu verweigern *ist* (als verwaltungsrechtliche Bindung!), so stellt sich die **nicht hinreichend klare Frage des Vollzugs** dieser Einreiseverweigerung (→ Rn. 35).

Grundsätzliche dieselbe Rechtsfolge ergibt sich aus Art. 33 GFK, der es den Vertragsstaaten verbietet, Flüchtlinge in irgendeiner Weise in Staaten zu überstellen, in denen sie ua von politischer Verfolgung bedroht sind[58]. Die Vorschrift des Art. 33 GFK verschafft politischen Flüchtlingen ein unmittelbar verbindliches Recht auf **Abschiebungs- und Zurückweisungsschutz,** da die GFK durch Zustimmungsgesetz zu diesem Zweck in innerstaatliches Recht inkorporiert worden ist[59]. Darüber hinaus ist der Grundsatz des Non-refoulement auch durch § 60 I AufenthG Bestandteil des Bundesrechts geworden. Die Pflicht zur Zurückweisung kann die Einhaltung des **Refoulement-Verbots gefährden,** das die Kettenabschiebung einschließt; außerdem könnten die **Hindernisse** des Art. 3 EMRK und des Art. 3 UN-Antifolterkonvention vernachlässigt werden. Diese Schranken müssen ebenso beachtet werden wie die aus Art. 1 und Art. 102 folgenden Unterlassungs- und Schutzpflichten bei ernsthafter Gefahr von Folter oder Todesstrafe (vgl. § 60 II, III, V AufenthG).

Bei einem als sicher geltenden Drittstaat ist eine derartige Prüfung im Einzelfall ausgeschlossen, es sei denn, es handelt sich um einen der fünf Ausnahmefälle, die vom Konzept der normativen Vergewisserung nicht erfasst sind: Todesstrafe, staatlich nicht zu verhindernde Verbrechen, schlagartige Veränderung der asylrechtlich relevanten Lage, Versagung jeglicher Prüfung der Flüchtlingseigenschaft oder Verfolgung durch den Drittstaat im Einzelfall[60]. Hinsichtlich dieser fünf Ausnahmekonstellationen

---

[50] → Rn. 2.
[51] EuGH Urt. v. 26.7.2017 – C-670/16, BeckRS 2017, 118290 – Mengesteab.
[52] BVerwG Urt. v. 19.5.1981 – 1 C 168.79, BVerwGE 62, 206; Urt. v. 18.1.1994 – 9 C 48/92, BVerwGE 95, 42; vgl. auch → GG Art. 16a Rn. 9.
[53] BVerwG Urt. v. 7.10.1975 – I C 46.69, BVerwGE 49, 202; → GG Art. 16a Rn. 9.
[54] Vgl. auch Art. 9 I Asylverfahrens-RL.
[55] → § 2 Rn. 10; → GG Art. 16a Rn. 3.
[56] → § 2 Rn. 11.
[57] Vgl. auch *Bruns* in NK-AuslR AsylG § 18 Rn. 12.
[58] → GG Art. 16a Rn. 126; dazu *Frowein/Kühner* ZaöRV 1983, 537; *Gornig* EuGRZ 1986, 521; *Hailbronner* ZAR 187, 3; *Kälin,* Das Prinzip des Non-refoulement, 1982; *Kälin* ZAR 1986, 172; *Kimminich* Rechtsstatus S. 172.
[59] BVerwG Urt. v. 18.1.1994 – 9 C 48.92, BVerwGE 95, 42.
[60] → GG Art. 16a Rn. 13, 106, 110, 114.

7 AsylG § 18

ist keine routinemäßige Prüfung in jedem Einzelfall angezeigt, sondern nur dann, wenn ein Sonderfall konkret dargetan ist und sich aufdrängt und die Gefahr nicht durch Rückfragen und Zusicherungen des Drittstaats ausgeräumt werden kann[61]. Die Todesstrafe ist in den in Betracht kommenden Drittstaaten abgeschafft oder wird nicht mehr praktiziert; die anderen Konstellationen können allenfalls singulär auftreten[62].

16 Der asylsuchende Flüchtling ist, sofern er unmittelbar aus dem Verfolgerstaat in Deutschland einreist, von der Einhaltung der **allgemeinen Einreisevoraussetzungen** in folgender Weise befreit (vgl. Art. 31 GFK; § 95 V AufenthG; ausführlich → § 95 Rn. 117 ff.): Ihm darf der Mangel eines erforderlichen Visums ebenso wenig entgegengehalten werden[63] wie der Nichtbesitz von gültigen Personaldokumenten wie Ausweis, Reisepass oder Identitätskarte[64]. Die Unmittelbarkeit der Einreise aus dem Verfolgerstaat ist so lange gegeben, wie der Schutzsuchende Drittstaaten nur zur Durchreise nutzt und sich der Aufenthalt in diesem Staat nicht schuldhaft verzögert (sich der Ausländer dort nicht niederlässt und weiterhin Anstrengungen zur Weiterreise unternimmt)[65]. Insofern ist die unmittelbare Einreise iSd Art. 31 GFK nicht mit der direkten Einreise aus dem Verfolgerstaat gleichzusetzen. Weitere Voraussetzung für die Beanspruchung der strafbefreienden Wirkung des Art. 31 GFK ist, dass sich der Schutzsuchende unverzüglich bei der Grenzbehörde, einer Ausländerbehörde oder Polizeidienststelle oder dem BAMF meldet (§ 13 III, Art. 31 GFK)[66]. Eine Asylantragstellung innerhalb von zwei Wochen ist idR noch als unverzüglich anzusehen[67].

17 In diesem Zusammenhang ist darauf hinzuweisen, dass die gezielte Ausdehnung der Visumpflicht auf Hauptherkunftsländer von Flüchtlingen, die Einschränkung des Transitprivilegs für Flugpassagiere aus eben diesen Staaten, die Beförderungsverbote für Ausländer ohne erforderliches Visum und die Sanktionen bei Verstößen hiergegen zwar den Zugang von politisch Verfolgten zum Bundesgebiet empfindlich betroffen, iE jedoch nicht auf Dauer eingeschränkt haben. Die **Asylbewerberzahlen** nahmen zu Beginn der 1980er-Jahre zunächst ab (von 107.818 im Jahre 1980 auf 19.737 im Jahre 1983), sind dann aber (über 73.832 im Jahre 1985 und 103.076 im Jahre 1988) wieder kräftig angestiegen und hatten mit 121.318 im Jahre 1989, 193.063 im Jahre 1991 und 438.191 im Jahre 1992 neue Höhepunkte erreicht[68]. Nach der weitgehenden Einschränkung des Asylgrundrechts im Jahre 1993[69] hatten sich die jährlichen Zugangszahlen zunächst auf einem Niveau von etwa 100.000, das noch 1980 als alarmierend galt, eingependelt. In den Jahren 1994 und 1995 meldeten sich jeweils etwa 127.000 Asylbewerber, 1996 noch 116.367, 1997 104.303, 1998 noch 98.644 und 1999 noch 95.113; im Jahre 2000 waren es schließlich nur noch 78.564 und 2001 wieder 88.287, 2002 dann 71.727, 2003 nur 50.563 und 2004 schließlich nur noch 35.607 bzw. 2006 sogar nur noch 21.030. Im Jahr 2009 beantragten in Deutschland allerdings wieder 27.700 Personen Asyl[70]. Beim BAMF wurden 2010 41.332 Erstanträge gestellt – das waren knapp 13.700 oder 49,5 Prozent mehr als 2009[71]. Im Jahr 2011 wuchs die Zahl bis auf 53.347 Anträge an; 2012 auf 77.651[72]. 2013 folgte mit einem sprunghaften Anstieg auf 127.023, der sich in 2014 mit 202.834 Anträgen auf das Niveau der frühen 1990er-Jahre anschloss. Im Jahr 2015 wurde Deutschland Ziel einer präzedenzlosen Zahl von Asylbewerbern, die Sicherheit vor Krieg, Verfolgung und Not suchten. Im Vergleich mit den meisten anderen Mitgliedstaaten der EU wird Deutschland hierbei weit überproportional belastet. Für das Jahr 2015 wurde mit ca. 800.000 Asylsuchenden gerechnet[73], die tatsächliche Zahl lag nach Einträgen im EASY-System bei 1,1 Mio. und blieb weiterhin anhaltend hoch. 476.649 formelle Asylanträge wurden schließlich bereits in 2015 gestellt[74]. Im Jahr 2016 stieg diese Zahl auf insgesamt 745.545 Asylanträge[75]. Die Gesamtzahl der Asylanträge setzt sich zusammen aus der Anzahl der Erstanträge und der Anzahl der Folgeanträge. Die meisten Asylbewerber kamen im Jahr 2016 aus Syrien. Im Jahr 2017 sank die Zahl der Asylanträge auf 222.683, davon 198.317 Erstanträge. Die meisten Schutzsuchenden gaben weiterhin an, aus Syrien zu stammen[76]. Für das Jahr 2018 weist die Asylgeschäftsstatistik des BAMF 185.853 Asylanträge

---

[61] *Hailbronner* AsylG § 18 Rn. 18.
[62] → § 26a Rn. 14.
[63] BVerwG Urt. v. 19.5.1981 – 1 C 169.79, BVerwGE 62, 215; Urt. v. 18.1.1994 – 9 C 48/92, BVerwGE 95, 42.
[64] → § 13 Rn. 20.
[65] Vgl. BVerfG Beschl. v. 8.12.2014 – 2 BvR 450/11, BeckRS 2015, 41130 Rn. 30–32.
[66] Zu § 38 I AuslG 1965 vgl. BVerwG Beschl. v. 28.4.1981 – 9 B 751.81, DVBl 1981, 775; vgl. BT-Drs. 18/7834, 9.
[67] VG Cottbus Urt. v. 28.9.2018 – 3 K 1823/16, BeckRS 2018, 25506 Rn. 39.
[68] Vgl. *v. Pollern* ZAR 1981, 33; 1982, 93; 1983, 84; 1984, 110; 1985, 79; 1986, 67; 1987, 28; 1988, 61; 1989, 23; 1990, 19; 1991, 80; 1992, 24; 1993, 26.
[69] → Vorb. Rn. 16 ff.
[70] Vgl. *v. Pollern* ZAR 1994, 29; 1995, 64; 1996, 86; 1997, 90; 1998, 128; 1999, 128; 2000, 77; 2001, 76; 2002, 106; 2003, 103; 2004, 107; 2005, 190.
[71] Pressemitteilung AFP v. 17.1.2011.
[72] http://www.bmi.bund.de.
[73] BR-Drs. 446/15, 1.
[74] Das Bundesamt in Zahlen 2015, abrufbar unter www.bamf.de.
[75] Bundesamt in Zahlen 2016, abrufbar unter www.bamf.de.
[76] Bundesamt in Zahlen 2017, abrufbar unter www.bamf.de.

(161.931 Erstanträge) aus, von denen erneut die meisten von syrischen Staatsangehörigen vorgebracht wurden[77]. Insgesamt 122.170 Personen haben im Jahr 2020 in Deutschland Asyl beantragt. Im Vergleich zum Vorjahr (165.938) ergibt sich ein Rückgang von 26,4 Prozent[78].

Dessen ungeachtet ist nicht zu verkennen, dass die erhebliche Erschwerung des **Erreichens des** **18** **Staatsgebiets** zu Land oder durch die Luft vielen potenziell asylberechtigten Ausländern, die ihnen durch Art. 16a GG verheißene Inanspruchnahme des Grundrechts auf Asyl unmöglich machen kann. Neben der Drittstaatenregelung sind dafür auch die Maßnahmen im Vorfeld der Grenze, insbesondere im Luftverkehr, verantwortlich. Ob Asyl auch vom Ausland her in Anspruch genommen werden oder ob zumindest ein Anspruch auf Erteilung eines Visums zur Beantragung von Asyl im Bundesgebiet bestehen kann, ist strittig[79]. Für das Unionsrecht hat der EuGH eine Verpflichtung zur Erteilung eines sog. humanitären Visums zur Asylantragstellung und damit die Schaffung eines sog. legalen Fluchtwegs abgelehnt und insofern auch einen Verstoß gegen die GRCh verneint[80]. Bedenken bestehen gegenüber Maßnahmen der Bundesrepublik Deutschland wie dem faktischen Transportverbot für Asylbewerber, die nicht über ein Grenzübertrittsdokument und ein ggf. erforderliches Visum verfügen, nach wie vor[81].

2. Sicherer Drittstaat

Die früheren Regelungen über die Einreiseverweigerung nach offensichtlich anderweitigem Verfolgungsschutz (§§ 7 II, 9 II AsylVfG 1982) wurden zum Teil abgeschafft (Abs. 2 Nr. 2 aF iVm § 27 I und II)[82]. Diese auf die individuelle Verfolgungssicherheit abstellenden Bestimmungen wurden aber aufgrund Art. 16a II GG um den Tatbestand der Einreise aus einem sicheren Drittstaat ergänzt (Abs. 2 Nr. 1 iVm § 26a). Da allein die objektive Durchreise durch einen sicheren anderen Staat das Asylrecht ausschließt[83], genießt dieser auf einer Entscheidung des Gesetzgebers über die allgemeine Verfolgungssicherheit beruhende Zurückweisungsgrund **Vorrang** vor den anderen, die mehr oder weniger genaue Feststellung der Verfolgungssicherheit im Einzelfall verlangen. **19**

Für den Tatbestand der (versuchten) Einreise aus einem sicheren Drittstaat bedarf es zunächst nur **20** der **Feststellung,** dass dieser Staat der EU angehört oder in der Anlage I (zu § 26a) aufgeführt und nicht durch Rechtsverordnung der Bundesregierung aus dem Kreis der sicheren Drittstaaten herausgenommen ist[84]. Bei den Mitgliedstaaten der EU sind Beitritte zu berücksichtigen, nur assoziierte Staaten jedoch nicht. Erfüllt ein Staat die Voraussetzungen des Art. 16a II GG nicht (mehr), zB infolge Kündigung der GK oder EMRK oder mangels Gewährleistung der Anwendung dieser Abkommen, ist eine **Korrektur** nur durch Gesetzgeber oder BVerfG (auf abstrakte oder konkrete Normenkontrolle sowie Verfassungsbeschwerde hin) oder aber durch die Bundesregierung durch Rechtsverordnung nach § 26a III möglich[85]. Sichere Drittstaaten sind danach alle EU-Staaten sowie Norwegen und die Schweiz. Zuletzt hatte das BVerfG im Jahr 2014 Griechenland wegen der damals dort vorherrschenden systemischen Mängel im Asylverfahren nicht mehr als sicheren Drittstaat iSd Art. 16a GG betrachtet[86].

Der Flüchtling muss das **Staatsgebiet** des sicheren Drittstaats zumindest bei der Durchreise **berührt** **21** haben (Territorialkontakt). Irgendwelche anderen Umstände, die zB auf einen konkreten Schutz vor Verfolgung oder Menschenrechtsverletzungen hindeuten, sind unerheblich. Insbesondere kommt es nicht auf eine tatsächliche oder potenziell realisierbare Aufnahme als Flüchtling an[87]. Deshalb genügt auch eine Durchreise auf kurzer Strecke, für kurze Zeit und ohne Kontakt zu staatlichen oder anderen Stellen. Strittig ist ein bloßer Flugtransit, weil die Transitpassage – rechtlich gesehen – eine Einreise in den Transitstaat nicht einschließt[88] und die Chance eines Asylgesuchs verwehrt sein kann, weil die Passagiere entweder das Flugzeug nicht verlassen oder im Transitraum ein Asylgesuch nicht äußern können[89]. Aus einem sicheren Drittstaat reist nach VG Frankfurt a. M.[90] grundsätzlich auch derjenige ein, der bei einer Zwischenlandung in einem sicheren Drittstaat im Transitbereich des Flughafens verbleibt oder das Flugzeug erst gar nicht verlässt. Die Verweigerung der Einreise gemäß Abs. 2 Nr. 1 wird nicht dadurch ausgeschlossen, dass der Asylsuchende von der Grenzbehörde zur Durchführung

---

[77] Die Asylgeschäftsstatistik ist unter www.bamf.de abrufbar.
[78] Bundesamt in Zahlen 2020, abrufbar unter www.bamf.de/SharedDocs/Anlagen/DE/Statistik/Bundesamtin-Zahlen/bundesamt-in-zahlen-2020.html?nn=284738.
[79] → § 13 Rn. 18.
[80] EuGH Urt. v. 7.3.2017 – C-638/16, BeckRS 2017, 103042.
[81] Dazu BVerwG Beschl. v. 14.4.1992 – 1 C 48.89, NVwZ 1992, 682; → § 13 Rn. 16 ff.; § 74 AufenthG; zu dessen Zulässigkeit inzwischen aber BVerfG Beschl. v. 2.12.1997 – 2 BvL 55/92 ua, BVerfGE 97, 49.
[82] Zum Verhältnis der verschiedenen Drittstaatenklauseln zueinander → GG Art. 16a Rn. 91 f.
[83] → GG Art. 16a Rn. 100; → § 26a Rn. 9.
[84] Zum Vorrang der VO (EU) Nr. 604/2013 vgl. → Rn. 4.
[85] → § 26a Rn. 3.
[86] BVerfG Beschl. v. 8.12.2014 – 2 BvR 450/11, BeckRS 2015, 41130.
[87] → GG Art. 16a Rn. 100.
[88] → § 18a Rn. 5; aA *Bruns* in NK-AuslR AsylG § 18 Rn. 12.
[89] Zu einem anders gelagerten Fall in Paris HessVGH Beschl. v. 6.10.2000 – 10 UZ 4042/98.A, AuAS 2001, 104.
[90] VG Frankfurt a. M. Beschl. v. 25.3.2002 – 12 G 937/02.AF, BeckRS 2002, 21411.

des Asylverfahrens an das BAMF weitergeleitet worden ist. Für die Anwendung der Drittstaatenregelung kommt es in erster Linie darauf an, ob der Ausländer tatsächlich **Gebietskontakt** zu dem sicheren Drittstaat gehabt hat. Hat ein Ausländer bei einem Transitaufenthalt in einem sicheren Drittstaat Gebietskontakt, ist er gehalten, bei den dortigen Grenzbehörden um Asyl nachzusuchen. Es besteht jedoch in Bezug auf die Zurückweisung wegen asylrechtserheblichen Aufenthalts im Transitbereichs eines Flughafens **keine völkerrechtliche Rückübernahmeverpflichtung**, da rechtlich keine Einreise erfolgte[91]. Nach der Rspr. des BVerfG ist nicht nur die unmittelbare Einreise aus dem sicheren Drittstaat für das Asylrecht schädlich, sondern auch die vorherige Durchreise durch einen solchen[92]. Bei Einreise auf dem Landweg kommen danach nicht nur Anrainerstaaten in Betracht und bei Einreise über See nicht nur der zuletzt angelaufene Staat (vgl. die in Anlage I genannten Staaten).

22 Die **Einreiseverweigerung** erfolgt nach § 18 II Nr. 1. Eine etwa vorhandene Aufenthaltsgestattung erlischt nach § 67 I Nr. 1. Die Zurückweisung erfolgt in den sicheren Drittstaat. Es verbleibt für die Anwendung der Norm derzeit nur noch folgender Anwendungsfall:
1. Außengrenze (Flughafen, Seehafen) bei
2. Einreise aus Staaten, die keine Schengen-Vollanwender sind: Irland, Zypern, Rumänien, Bulgarien oder Kroatien, außer der Ausländer besitzt die Staatsangehörigkeit des sicheren Drittstaats, aus dem er einreist und
3. mindestens Aufenthalt im Flughafentransit (Asylbegehren muss effektiv und tatsächlich möglich sein) = „Klausel der vertanen Chance" und
4. nicht im Besitz eines gültigen deutschen Aufenthaltstitels und
5. nicht nur kurzfristige vorherige Ausreise (Besuch, Einkauf) aus Deutschland in einen sicheren Drittstaat, sofern der Aufenthalt in Deutschland gestattet ist (vgl. § 15 IV 2 AufenthG, s. § 33).

Die praktische Relevanz der Drittstaatenregelung ist jedoch sehr eingeschränkt, da alle sicheren Drittstaaten ebenfalls an die Anwendung der Dublin III-VO gebunden sind und diese als Unionsrecht Anwendungsvorrang vor nationalen Regelungen genießt. Die Benennung der EU-Staaten (§ 26a) als sichere Drittstaaten entspricht darüber hinaus nicht den unionsrechtlichen Vorgaben der Asylverfahrens-RL. Diese unterscheidet eindeutig zwischen EU-Staaten und Drittstaaten. Demnach kann es sich bei einem sicheren Drittstaat iSd der Asylverfahrens-RL nur um einen Staat handeln, der nicht EU-Staat ist[93].

3. Anhaltspunkte für Dublin-Zuständigkeit

23 Nach dem durch das RLUmsG 2007 neu gefassten Abs. 2 Nr. 2, der eine dynamische Verweisung auf europa- und völkerrechtliche Zuständigkeitsregeln enthält[94], genügen nunmehr bloße „Anhaltspunkte" ua für eine anderweitige Dublin-Zuständigkeit für die Einreiseverweigerung. Um insoweit im Lichte des Zurückweisungsverbots[95] rechtsstaatlichen Grundsätzen zu genügen, müssen „Anhaltspunkte" immer an objektive Umstände anknüpfen, die dokumentiert werden sollten und nachprüfbar sein müssen[96]. Nur subjektive Vermutungen der Grenzbehörde können hierfür keinesfalls genügen. Wie in der Gesetzesbegründung vermerkt muss zudem eine unverzügliche Überführung an den Dublin-zuständigen Staat sichergestellt sein, damit der Asylantrag auch tatsächlich in der Sache geprüft wird[97]. Die Grenzbehörde hat mithin nur zwei Möglichkeiten:
1. Nachdem sich – aufgrund entsprechender objektiver Anhaltspunkte und einer Art „Dublin-Kurzprüfung" – ein anderer Staat für zuständig erklärt hat, wird der Ausländer unverzüglich dorthin überführt, soweit das BAMF nach § 1 AsylZBV entschieden hat.
2. Findet sich kein solcher Staat, darf der Ausländer einreisen und wird an die nächstgelegene Aufnahmeeinrichtung weitergeleitet oder der Asylantrag wird im sog. Flughafenasylverfahren geprüft, wenn die Voraussetzungen hierfür vorliegen (vgl. § 18a)[98]. Rechtsstaatswidrig wäre es dagegen, den asylbeantragenden Ausländer einfach nicht einreisen zu lassen, dh, etwa im Transitbereich festzuhalten und ihn so zu zwingen, „freiwillig" irgendwohin weiterzufliegen, oder ihn gar direkt in den behaupteten Verfolgerstaat zurückzuschieben. IÜ regelt auch Unionsrecht in Art. 3 II Dublin III-VO, dass in einem Fall, in dem kein anderer Dublin-Staat anhand der Zuständigkeitskriterien

---

[91] Vgl. auch *Funke-Kaiser* in GK-AsylVfG § 18 Rn. 28.
[92] BVerfG Urt. v. 14.5.1996 – 2 BvR 1516/93, BVerfGE 94, 166; → GG Art. 16a Rn. 99; → § 26a Rn. 5.
[93] Vgl. BVerwG EuGH-Vorlage v. 23.3.2017 – 1 C 17/16; Urt. v. 4.5.2020 – 1 C 5.19, BeckRS 2020, 12434 Rn. 18.
[94] *Weinzierl* hält diese Verweisung ua für verfassungswidrig; vgl. Stellungnahme für die Anhörung zum „EU-Richtlinienumsetzungsgesetz" am 21.5.2007: http://files.institut-fuer-menschenrechte.de/437/Stellungnahme_BT-Anhoerung_EU_Asylrichtlinien_052007.pdf; HK-AuslR/*Bruns* § 18 Rn. 14; s. zur Problematik dynamischer Verweisungen im Europarecht auch → § 95 Rn. 8.
[95] → Rn. 3.
[96] → Rn. 7 und 32.
[97] → Rn. 10 ff.
[98] Die Argumentation des VG Köln, dass § 18 nicht für Einreisen auf dem Luftweg anwendbar wäre, überzeugt nicht (VG Köln Beschl. v. 4.12.2019 – 5 L 2494/19, BeckRS 2019, 30648 Rn. 31).

bestimmt werden kann, der Staat für die inhaltliche Prüfung zuständig ist, in dem der Asylantrag erstmals gestellt wurde.

4. Gefahr für die Allgemeinheit

Die Vorschrift des **Abs. 2 Nr. 3** über die Zurückweisung wegen Gefährdung der Allgemeinheit nach rechtskräftiger Verurteilung zu einer Freiheitsstrafe von mindestens drei Jahren ist Art. 33 II GFK nachgebildet, weicht aber hiervon ebenso ab wie von § 53 Abs. 3 AufenthG (Ausweisung) und § 60 VIII 1 (Abschiebung), ohne dass Sachgründe hierfür genannt[99] oder erkennbar sind. Auf das Refoulement-Verbot gem. Art. 33 II GFK kann sich nicht berufen, wer „aus schwerwiegenden Gründen als eine Gefahr für die Sicherheit des Landes anzusehen ist, in dem er sich befindet, oder der eine Gefahr für die Allgemeinheit dieses Staates bedeutet, weil er wegen eines Verbrechens oder eines besonders schweren Vergehens rechtskräftig verurteilt wurde". Nach § 53 III AufenthG darf ein Asylberechtigter nur ausgewiesen werden, wenn das persönliche Verhalten des Betroffenen gegenwärtig eine schwerwiegende Gefahr für die öffentliche Sicherheit und Ordnung darstellt, die ein Grundinteresse der Gesellschaft berührt und die Ausweisung für die Wahrung dieses Interesses unerlässlich ist.

Va fehlt es an einer **verfassungsrechtlichen Grundlage**. In Art. 16a II, III, V GG sind die Fälle des Ausschlusses und der Beschränkung des Asylanspruchs abschließend beschrieben; sie dürfen nicht vom einfachen Gesetzgeber ohne Weiteres iRe allgemeinen Güterabwägung beliebig erweitert werden[100]. Die Ausweisung politisch Verfolgter kann auch ohne eine dahin gehende ausdrückliche Einschränkung des Art. 16a I GG noch als verfassungskonform gelten, weil damit nur ein Ausreisebefehl erteilt wird[101]; die Abschiebung politisch Verfolgter ist jedoch als **grundrechtswidrig** anzusehen, wenn und soweit sie diese Ausländer unmittelbar oder mittelbar dem Zugriff des Verfolgerstaats aussetzt[102]. Dies trifft auch für die Einreiseverweigerung gegenüber einem asylsuchenden Ausländer zu, der sich auf politische Verfolgung beruft und entweder direkt oder indirekt in den (angeblichen) Verfolgerstaat überstellt wird. In gewisser Hinsicht steht hiermit im Einklang, dass das Verbot des Art. 3 EMRK als „notstandsfest" zu gelten hat, also auch bei extremer Gefährdung der Allgemeinheit nicht eingeschränkt ist[103]. Der EGMR hat aber soweit ersichtlich bisher Art. 3 EMRK auf die Einreise nicht angewendet[104].

Unabhängig davon ist die Vorschrift im Hinblick auf den mit der Zurückweisung verbundenen hohen Gefährdungsgrad **eng auszulegen**. Die Gefahr für die Allgemeinheit wird nach dem Gesetz vordergründig gesehen allein mit der Bestrafung begründet („weil er ... verurteilt worden ist"). Dabei ist jedoch zu berücksichtigen, dass die Dauer der Strafhaft zumindest auch durch den Grad der Gefährdung bestimmt wird und diese nach Strafverbüßung nicht ohne Weiteres fortbesteht. Mit der Anerkennung einer derartigen Kausalität würde die Ineffizienz des Strafvollzugs gesetzlich festgeschrieben und das eigentliche Ziel des Strafvollzugs – die Resozialisierung – negiert. Deshalb sind außer der Strafverurteilung und dem Zeitraum von drei Jahren seit der letzten Ausreise die besondere Schwere der Straftat und das Fortbestehen der Gefahr für die Allgemeinheit sorgfältig zu prüfen. Die eingeschränkten Ermittlungsmöglichkeiten an der Grenze können jedenfalls keinen Eingriff in das Asylgrundrecht rechtfertigen, der uU als unverhältnismäßig anzusehen ist. Als „besonders schwere Straftat" gelten jedenfalls Verbrechen, wobei drei Jahre Freiheitsstrafe nur ein Indiz geben. Es darf sich nicht um eine Jugendstrafe handeln. Es sind die besondere Schwere der Tat und eine Gefahrenprognose erforderlich. Die Ausreise darf nicht länger als drei Jahre zurückliegen. Die Norm ist insgesamt nur von untergeordneter Bedeutung für Flug- und Seehäfen.

Die Norm ist darüber hinaus **mit Unionsrecht unvereinbar**[105]. Nach Art. 9 I Asylverfahrens-RL hat jeder Antragsteller das Recht auf Verbleib in einem Mitgliedstaat bis zum Abschluss seines Asylverfahrens[106]. Eine Gefahr für die Allgemeinheit ist nicht von den nach Art. 9 II Asylverfahrens-RL zulässigen Ausnahmen von diesem Verbleiberecht umfasst. Art. 17 I lit. a Qualifikations-RL gestattet, einen Ausländer von der Gewährung subsidiären Schutzes auszunehmen, wenn von ihm eine Gefahr für die Allgemeinheit oder die Sicherheit des jeweiligen Mitgliedstaats ausgeht. Der Frage, ob von dem Asylantragsteller eines solche Gefahr ausgeht, ist jedoch im förmlichen Asylverfahren durch das BAMF zu klären. Dieses Recht auf Verbleib aus der Asylverfahrens-RL führt idR zur Einreise oder, im Fall des Flughafenasylverfahrens, auch ohne Einreise zum weiteren Aufenthalt auf deutschem Hoheits-

---

[99] BT-Drs. 12/4450, 19 verweist nur auf eine „Übereinstimmung" mit Art. 33 II GFK.
[100] → GG Art. 16a Rn. 15.
[101] S. § 56 AufenthG.
[102] → GG Art. 16a Rn. 15; § 60 AufenthG.
[103] EGMR Urt. v. 15.11.1996 – 70/1995/576/662, NVwZ 1997, 1093 – Chahal; ebenso schon *Kälin* ZAR 1986, 172.
[104] *Hailbronner* AsylVfG § 18 Rn. 37 f.; *Hailbronner* ZAR 1987, 3.
[105] Vgl. dazu auch *Bruns* in HK-AuslR zu AsylG § 18 Rn. 27.
[106] Vgl. Referentenentwurf eines Gesetzes zur Umsetzung des Gemeinsamen Europäischen Asylsystems, abrufbar unter www.fluechtlingsinfo-berlin.de/fr/pdf/Entwurf_Richtlinineumsetzung_Asyl_011015.pdf.

gebiet. Seit Ablauf der Frist für die Umsetzung der Asylverfahrens-RL am 20.7.2015[107] kann sich der Antragsteller positiv auf diese Regelung der RL berufen, eine Einreiseverweigerung wegen einer Gefahr für die Allgemeinheit ist seitdem unzulässig[108].

V. Zurückschiebung

28 Die **Erweiterung** der Befugnis zur Einreiseverweigerung (§ 9 I AsylVfG 1982) um die Pflicht zur Zurückschiebung war im Grundsatz nicht zu beanstanden, zumal die Voraussetzungen strenger waren als nach § 57 I AufenthG in der alten Fassung bis zum 25.11.2011[109] (zum Grenzübertritt vgl. § 13 AufenthG). Mit der Änderung des § 57 I AufenthG durch das **RLUmsG 2011**[110] ist der Anwendungsbereich mit § 18 III nicht mehr deckungsgleich: „Ein Ausländer, der in Verbindung mit der unerlaubten Einreise über eine Grenze iSd Art. 2 Nr. 2 SGK **(Außengrenze)** aufgegriffen wird, soll zurückgeschoben werden." Abs. 3 erweitert die Aufgaben der Grenzbehörden in den Fällen, in denen sie dem Ausländer zwar nicht mehr die Einreise verweigern können, weil dieser bereits die Grenze überschritten und die Grenzübergangsstelle passiert hat, mithin eingereist ist (§ 13 II AufenthG), er jedoch noch im grenznahen Raum und in unmittelbarem zeitlichem Zusammenhang mit der unerlaubten Einreise angetroffen wird – und zwar unabhängig von der rechtlichen Entwicklung der Auffassungen zu § 57 I AufenthG (→ § 57 Rn. 5) auch weiterhin an der Binnengrenze (zur Problematik bei Haftantragstellung → Rn. 40). Die Grenzbehörde hat dann dessen Zurückschiebung vorzunehmen, und zwar auch dann, wenn der Ausländer ihr gegenüber erklärt, in Deutschland einen Asylantrag zu stellen[111]. Der grenznahe Raum ist freilich ebenso wenig näher bestimmt wie der zeitliche Zusammenhang. Beide sind im Interesse einer effektiven Sicherung des Asylgrundrechts eng auszulegen. Einerseits muss die Einreise schon stattgefunden haben, weil sonst Abs. 2 unmittelbar eingreift; andererseits muss der Zusammenhang so eng sein, dass eine Gleichstellung sachgerecht und geboten erscheinen kann. § 18 III kommt daher für die Grenzbehörden nur in Betracht, wenn der Aufenthalt im Grenzgebiet noch im engen zeitlichen Zusammenhang mit dem Grenzübertritt steht. Dies ist bei mehr als **48 Stunden** nicht mehr der Fall und endet jedenfalls mit Meldung des Ausländers bei der Aufnahmeeinrichtung, bei Asylersuchen bei der Landespolizei oder der Ausländerbehörde. Eine Zurückschiebung durch die Grenzbehörden ist nur „**an der (Land-)Grenze**" zulässig, wie sich § 71 III Nr. 1 AufenthG entnehmen lässt (vgl. auch § 19 III). Unter grenznahem Raum kann dasselbe verstanden werden wie nach § 14 I ZollVG: 30 Kilometer in der Tiefe von der Landgrenze und 50 Kilometer von der Seegrenze[112]. Eine identische Regelung enthält § 2 II Nr. 3 BPolG, der insofern das Grenzgebiet beschreibt, in dem die Bundespolizei grenzpolizeiliche Aufgaben wahrnimmt. Bei Asylersuchen in grenznahem Raum, wenn die Einreise zuvor an anderer Grenze erfolgte, ist der Ausländer gem. § 18 I weiterzuleiten, da sog. Transitfälle, also das Antreffen in einem anderen Grenzraum als demjenigen über den die Einreise erfolgte nicht erfasst sind[113].

Zur Zuständigkeit der Grenzbehörde bei **Zurückschiebungen an Flughäfen:** Die bloße Feststellung des BGH[114], dass die Anordnung der Freiheitsentziehung auf Antrag der Beteiligten nach § 417 I FamFG zulässig war, ist nicht unumstritten. Die Grenzbehörde ist (zweifelsohne) die für die Kontrolle des grenzüberschreitenden Verkehrs zuständige Behörde, der nach § 71 III Nr. 1 AufenthG die an der Grenze – zu der auch die internationalen Flughäfen gehören[115] – durchzuführenden Zurückweisungen und Zurückschiebungen von Ausländern, deren Festnahme und die Beantragung von Haft übertragen ist[116]. Nach der AVwV-AufenthG zu § 71 ist die Grenzbehörde nach Abs. 3 Nr. 1 für die Zurückschiebung von Ausländern zuständig, die beim oder nach dem unerlaubten Grenzübertritt an der Grenze, dh im (Binnen-)Grenzraum sowie auf einem als Grenzübergangsstelle zugelassenen oder nicht zugelassenen Flughafen bzw. Flug- oder Landeplatz, See- oder Binnenhafen, aufgegriffen werden. Nr. 71.3.1.2.2 AVwV bestimmt, dass die Grenzbehörde auch für die Zurückschiebung von Ausländern zuständig ist, die in das Bundesgebiet bereits eingereist sind, sich danach weiter fortbewegen und in einem anderen Grenzraum oder auf einem als Grenzübergangsstelle zugelassenen oder nicht zugelassenen Flughafen bzw. Flug- oder Landeplatz, See- oder Binnenhafen angetroffen werden (zB Einreise über die deutsch-französische Grenze und Aufgriff des Ausländers an

---

[107] Vgl. Art. 51 I Asylverfahrens-RL. Die Antw. der Bundesregierung in BT-Drs. 19/8196 auf eine Kleine Anfrage der Fraktion der FDP ist insofern nicht korrekt als darin der 20.7.2018 als Datum der Umsetzungspflicht genannt wird.

[108] Zur unmittelbaren Anwendbarkeit verfristeter RL vgl. → FreizügigG/EU Vorb. Rn. 40 ff.

[109] S. dort § 57 mit Geltung des RLUmsG 2011 seit 26.11.2011.

[110] BT-Drs. 17/5470; Gesetz zur Ums aufenthaltsrechtlich RL der EU und zur Anpassung nationaler Rechtsvorschriften an den EU-Visakodex BGBl. 2011 I S. 2258.

[111] BGH Beschl. v. 25.2.2010 – VZB 172/09, BeckRS 2010, 7170.

[112] Vgl. VG Trier Beschl. v. 8.4.2011 – 5 L 429/11.TR; OVG Bln-Bbg Beschl. v. 3.4.2013 – OVG 2 S 25/13, BeckRS 2013, 50977.

[113] Vgl. zur Abgrenzung § 71 III Nr. 1b AufenthG.

[114] BGH Beschl. v. 25.2.2010 – V ZB 172/09, BeckRS 2010, 7170.

[115] NK-AuslR/*Hofmann* § 71 Rn. 18.

[116] Vgl. BVerfG Beschl. v. 25.2.2009 – 2 BvR 1537/08, BeckRS 2009, 32486.

der deutsch-dänischen Grenze)[117]. Für Asylbewerber gelten §§ 18, 18a. Die Bedeutung dieses letzten Hinweises wird jedoch unterschätzt:

Aufgrund der asylrechtlichen Implikation ist § 57 AufenthG nur nachrangig zu betrachten und es ist vorrangig § 18 III zu prüfen. § 18 III ist an Flughäfen nicht einschlägig, da die Voraussetzungen für eine Zurückschiebung in Asylfällen enger sind als die bei „normalen" Zurückschiebungen. Der *unmittelbare zeitliche Zusammenhang im Grenzraum* in Abs. 3 bezieht sich nur auf die *Landgrenzen*[118]. Obgleich der BGH denselben Kommentar (NK-Ausländerrecht) zitiert, blieb diese formale Voraussetzung zu § 18 III unberücksichtigt. Nach diesseitigem Verständnis müsste der Grenzbehörde eine ausdrückliche Zuständigkeit durch Gesetz zugewiesen werden, an der es bisher mangelt. Folglich müsste in diesen Fällen eine Weiterleitung an die zuständige Aufnahmeeinrichtung erfolgen; eine (Dauer-)Amtshilfe für die zuständige Ausländerbehörde oder Landespolizei scheidet aus.

Nach der **AsylZBV** hat die Grenzbehörde im Fall eines Aufgriffs eines Asylsuchenden im grenznahen Raum an den Landgrenzen in unmittelbarem zeitlichem Zusammenhang mit einer unerlaubten Einreise aus einem DÜ-Staat (§ 18 III iVm II Nr. 2) zu prüfen, ob der angrenzende Mitgliedstaat für die Behandlung des Asylbegehrens zuständig ist und ob der Ausländer ggf. dorthin zurückzuführen ist (§ 3 AsylZBV). Bei Auf- oder Wiederaufnahmeersuchen eines angrenzenden Staates muss eine Grenzbehörde in diesem Mitgliedstaat für das Verfahren zuständig sein (§ 3 II AsylZBV). Es besteht Übernahmemöglichkeit durch das BAMF auf Ersuchen (§ 4 AsylZBV). Die Zuständigkeit der Grenzbehörde ist nur bei klaren Fallkonstellationen (etwa Feststellung eines unerlaubt eingereisten Drittstaatsangehörigen im Grenzraum, und die Zuständigkeit des Nachbarstaats kann ohne größeren Rechercheaufwand und mit hinreichender Sicherheit angenommen werden) gegeben. Die Abgabe könnte ua an das BAMF erfolgen, wenn die Wahrscheinlichkeit der Zuständigkeit des Nachbarstaates nicht gegeben ist, im Falle mehrerer EURODAC-Treffer, wenn sie nicht sicher zugeordnet werden können, wenn Familieneinheit oder humanitäre Gründe geltend gemacht werden oder wenn der angrenzende Staat die Übernahme aus rechtlichen Gründen ablehnt. Solche bilateralen Abkommen bestehen zurzeit nur mit Dänemark, Österreich, der Tschechischen Republik und der Schweiz. Die praktische Bedeutung dieser Abkommen ist allerdings mittlerweile gering, da der ursprüngliche Beschleunigungseffekt durch die unmittelbare Kommunikation zwischen den (Grenz-)Behörden und die anschließende unmittelbare Zurückschiebung nicht mehr besteht. Auch in solchen Fällen ist eine Abschiebungsanordnung des BAMF nach § 34a erforderlich.

Hinsichtlich des Zielstaats und der Beachtung des Refoulement-Verbots und anderer Hindernisse gelten dieselben **Einschränkungen** wie für die Einreiseverweigerung[119]. Die Modalitäten der Rückübernahme durch Drittstaaten sind allgemein in Abkommen geregelt[120].

VI. Absehen von Einreiseverweigerung oder Zurückschiebung

Das Absehen von Einreiseverweigerung oder Zurückschiebung ist methodisch schwer einzuordnen, weil die in Betracht kommenden **Gründe verschiedenartig** sind. Im ersten Fall wird völkerrechtlichen Verträgen Rechnung getragen, im zweiten Fall unangreifbaren politischen Entscheidungen. Ein Absehen von Zurückweisung oder -schiebung ist nur bei Einreise aus einem sicheren Drittstaat iSd § 26a zugelassen, nicht nach anderweitiger Sicherheit oder Gefahr für die Allgemeinheit. Einen nicht ausdrücklich genannten Sonderfall stellt hier das sog. Selbsteintrittsrecht aus Art. 17 I Dublin III-VO dar. Bei nahezu allen sog. Dublin-Staaten handelt es sich um sicherere Drittstaaten[121]. Daher ist auch in solchen Dublin-Fällen ein Absehen von der Einreiseverweigerung oder der Zurückschiebung zulässig. Sie verpflichtet ohne weitere Prüfung zur Weiterleitung nach Abs. 1.

Einreiseverweigerung oder Zurückschiebung sind ausgeschlossen, wenn Deutschland aufgrund eines völkerrechtlichen Vertrags für das Asylgesuch zuständig ist. Insofern erweisen sich die Besonderheiten des **Vertragsasyls**, das ein Asylrecht in Abweichung von der Drittstaatenklausel zulässt[122]. Deutschland verzichtet in diesem Fall mangels effektiven Schutzes auf deren Anwendung. Der Vertragsstaat muss zugleich sicherer Drittstaat sein. Zunächst nach Inkrafttreten des SDÜ und dann des DÜ war die Einreiseverweigerung im Verhältnis zu den Vertragsstaaten ausgeschlossen, ansonsten aber zulässig. An die Stelle der vertraglichen Vereinbarung traten die Dublin III-VO als Unionsrecht[123].

Die **Anordnung des BMI** muss auf völkerrechtlichen, humanitären oder allgemein politischen Gründen beruhen; sie ist aber für sich genommen bindend und einer Überprüfung nicht zugänglich. Sie steht einer Zurückweisung oder -schiebung nur dann entgegen, wenn sie bereits ergangen ist. Damit ist keine Möglichkeit eröffnet, sich gegen diese Maßnahmen unter Hinweis auf Bemühungen zu

---

[117] Zur damaligen Unbeachtlichkeit der Bestimmung BGH Beschl. v. 28.4.2011 – ZB 239/10 BeckRS 2011, 13989; beachte hierzu → § 71 Rn. 13.
[118] So zB auch *Bruns* in NK-AuslR AsylG § 18 Rn. 29; aA *Funke-Kaiser* in GK-AsylVfG § 18 Rn. 43.
[119] Dazu → Rn. 10 ff.
[120] Dazu § 58 AufenthG.
[121] Mit Ausnahme von Island und Liechtenstein (Anlage I AsylG).
[122] → GG Art. 16a Rn. 94, 128 ff.
[123] → § 4 Rn. 8.

wehren, eine entsprechende Anordnung erst herbeizuführen. Völkerrechtliche Verpflichtungen müssen unmittelbar aus bindenden Abmachungen folgen. Humanitäre Gründe für ein Abweichen von der Drittstaatenregelung können sich in den Fällen ergeben, in denen entweder das normative Konzept nicht greift oder der Ausländer zB als Familienmitglied übernommen wird (Dublin III-VO). Politische Interessen können gegenüber der Drittstaatenregelung zB im Hinblick auf die Person des Asylbewerbers oder wegen außenpolitischer Rücksichtnahme auf den Drittstaat überwiegen. Von der Art des Ausnahmefalls abhängig ist das weitere aufenthaltsrechtliche Schicksal dieser Personen; in Betracht kommt außer dem Asylverfahren mit Aufenthaltsgestattung auch eine Aufnahme nach §§ 22 ff. AufenthG mit den daraus folgenden aufenthaltsrechtlichen Konsequenzen. Ausgeschlossen ist nur eine spätere asylrechtliche Einwendung wegen der Einreise aus einem sicheren Drittstaat (§ 26a I Nr. 3).

VII. Verfahren und Rechtsschutz

1. Verwaltungsverfahren

34   **Grenzbehörden** sind die mit der Kontrolle des grenzüberschreitenden Verkehrs beauftragten Behörden (vgl. auch § 71 III AufenthG). Dies sind iSd § 18 die Bundespolizei oder an deren Stelle Behörden der Bundesländer (Bayern und Hamburg) nicht aber die Zollverwaltung[124]. Ihre Zuständigkeit war zuzeiten der Grenzkontrollen an den Landaußengrenzen Deutschlands unabhängig davon, ob der Ausländer bereits die Grenzlinie überschritten hatte oder ob er sich – etwa im Falle einer gemeinsamen Grenzübergangsstelle auf dem Territorium des Nachbarstaats – noch außerhalb des Bundesgebiets befand.

35   Für die Grenzbehörden gelten zunächst die allgemeinen Verfahrensvorschriften, also auch die §§ 24, 25, 28 VwVfG über Amtsermittlung, Beratung, Auskunft und Anhörung. Außerdem treffen den Ausländer die allgemeinen und auch die **besonderen Mitwirkungspflichten** aus § 15 auch gegenüber der Grenzbehörde. Allerdings ist der Gegenstand der Anhörung der eingeschränkten Kompetenz dieser Behörde anzupassen[125]. Zur Mitteilungspflicht der Grenzbehörde und der Folgeverpflichtung des Asylbewerbers vgl. § 20 I.

36   Die Einreiseverweigerung stellt eine **besondere Form der Zurückweisung** dar, für die folglich die allgemeinen Regeln und besonderen Voraussetzungen des § 15 AufenthG oder des Art. 14 SGK nicht gelten (zur Zurückweisungshaft → Rn. 40). Es handelt sich um einen Verwaltungsakt iSd § 35 VwVfG und nicht nur um einen Realakt[126]. Mit ihr wird gleichzeitig die Weiterleitung an die Aufnahmeeinrichtung abgelehnt. Zudem wird der Verwaltungsakt-Charakter der Einreiseverweigerung durch § 18a I 1 bestätigt, der ua die „Entscheidung über die Einreise" regelt. Entsprechendes gilt für die Zurückschiebung.

37   Es ist strittig, ob die Einreiseverweigerung in eine bestehende Rechtsposition eingreift, also belastend wirkt[127] oder der Ausländer mit dem Einreisebegehren eine ihm günstige Rechtsposition erst zu erlangen sucht, also den Erlass eines begünstigenden Verwaltungsakts in der Form der Weiterleitung an die zuständige Aufnahmeeinrichtung anstrebt[128]. Da das Asylgrundrecht grundsätzlich erst mit dem Erreichen des Bundesgebiets entsteht[129], hat der Ausländer, solange ihm die Einreise verwehrt wird, eine aus Art. 16a I GG fließende Rechtsstellung noch nicht erreicht. Er begehrt vielmehr die **Zulassung zum Bundesgebiet** zum Zwecke der Inanspruchnahme des vorläufigen Bleiberechts bis zur endgültigen Klärung seiner Asylberechtigung. Die Einreiseverweigerung ist ein Akt in der Form einer Feststellung, der als Eingriffsakt gewertet werden muss (vgl. auch → AufenthG § 15 Rn. 63 f.). Dies gilt entsprechend für die Zurückschiebung, mit der gleichzeitig die Weiterleitung an die Aufnahmeeinrichtung versagt wird (→ AufenthG § 57 Rn. 16 f.).

38   Die Einreiseverweigerung **kann mündlich** erfolgen[130], da für sie im Allgemeinen Schriftform nicht vorgeschrieben ist (Ausnahme nach § 18a III 2); auf unverzügliches Verlangen ist sie schriftlich zu bestätigen, da hieran ein berechtigtes Interesse besteht (§ 37 II VwVfG). Eine Begründung ist nur bei schriftlichem Erlass oder bei schriftlicher Bestätigung erforderlich (§ 39 I VwVfG). Die Einreiseverweigerung ist als unaufschiebbare Maßnahme von Polizeivollzugsbeamten sofort vollziehbar (§ 80 II Nr. 2 VwGO). Ihr **Vollzug** wird nicht wie bei der Abschiebungsandrohung nach § 36 III 8 zeitweilig ausgesetzt; die Sonderregeln des § 36 III über den vorläufigen Rechtsschutz (Antragsfrist und Vollzugsaussetzung) sind nicht für entsprechend anwendbar erklärt und auch nicht analog anzuwenden.

---

[124] Asylrechtliche Aufgaben werden durch die BPolZollV nicht auf die Zollverwaltung übertragen.
[125] → Rn. 2.
[126] Vgl. § 15 AufenthG.
[127] So ua *Marx* AsylG § 18 Rn. 41 ff.
[128] So HmbOVG Beschl. v. 11.3.1983 – Bs v. 39/83, NVwZ 1983, 434; HessVGH Beschl. v. 10.3.1987 – 10 TG 628/87, NVwZ 1988, 274.
[129] → § 13 Rn. 16; → § 2 Rn. 12.
[130] Die Grenzbeh sind angewiesen die Einreise schriftlich zu verweigern und entsprechend zu begründen, vgl. BRAS 120 (Ausgabe 2014), Abschnitt 7, Ziff. 6.6.2; www.dav-migrationsrecht.de/files/page/0_88079200_1485810891 s. pdf.

Entsprechendes gilt für die Zurückschiebung. Die Regelungen nach **Art. 14 iVm Anhang V SGK** (Standardformular für die Einreiseverweigerung) gelangen nicht zur Anwendung, da für § 18 II die Einreisevoraussetzungen gem. Art. 6 I SGK nicht einschlägig sind (→ Rn. 13).

Die **Zuständigkeit** des **BAMF** ergibt sich bei einem Asylgesuch an der Grenze nach der Weiterleitung aus der Anordnung der Grenzbehörde (Abs. 1). Die zuständige Außenstelle bestimmt § 22 II. Dies gilt auch im Falle des Abs. 4. Bis zur Entscheidung des BAMF über das Vorliegen der Voraussetzungen des § 51 I–3 VwVfG (Wiederaufgreifen des Verfahrens) bei Asylfolgeantrag ist die Grenzbehörde – vorbehaltlich der Ausnahmen, die in Abs. 2 geregelt sind – gehindert, eine Zurückweisung gem. § 15 AufenthG oder eine Zurückschiebung gem. § 57 AufenthG zu vollziehen[131]. 39

Eine richterliche Anordnung über den Transitaufenthalt (§ 15 VI 2 AufenthG) kann auch gegenüber dem Ausländer ergehen, der Asyl begehrt hat, wenn diesem die Einreise nach Abs. 2 verweigert worden ist[132]. 40

Fraglich ist die rechtliche Vollzugsmöglichkeit der Einreiseverweigerung mittels **Zurückweisungshaft** gem. § 15 V AufenthG sowie der der Zurückschiebung nach Abs. 3 mittels **Zurückschiebungshaft** gem. §§ 57, 62 AufenthG. Eine direkte Verweisung besteht nicht (→ Rn. 6, soweit kein asylrelevantes Schutzersuchen vorliegt; → Rn. 9 in Bezug auf Asyl bei Antragstellung; → § 14 Rn. 16 f. bei Antragstellung aus der Haft; → Rn. 13, 27 und in diesem Abschnitt). Eine Umdeutung der Maßnahmen nach § 18 II, III wäre vor dem Hintergrund der besonderen asylrechtlichen Stellung und dem Bestimmtheitsgebot nicht zulässig. Ein Haftantrag, gestützt auf § 15 V oder § 57 III iVm § 62 III AufenthG, wäre nur zulässig bei Vorliegen der dort genannten Voraussetzungen, die zumeist bei § 18-Fällen nicht gegeben sind. IRd Beantragung von Zurückweisungshaft können nur die Voraussetzungen des § 15 I AufenthG in Bezug auf § 18 II relevant sein; darauf kann ein Haftantrag gestützt werden. Bei Zurückschiebung nach § 18 III muss die Einreise ebenfalls unerlaubt sein (gemeint ist die verwaltungsrechtlich unerlaubte Einreise nach § 14 AufenthG), was insoweit deckungsgleich mit § 57 I AufenthG wäre. Dieser bezieht sich aber nunmehr ausschließlich auf den Außengrenzübertritt, der freilich nur einen geringen Teil der Praxisfälle in Bezug auf § 18 III ausmacht. § 57 II setzt Art. 6 III Rückführungs-RL um und ist in Fällen des § 18 III nicht einschlägig, da aus systematischen Gründen Grundvoraussetzung für die Anwendung des § 18 die Stellung eines Asylgesuchs ist (vgl. Art. I I). Damit kann die Beantragung von Haft zur Sicherung der Zurückschiebung nach § 18 III folglich nicht auf § 57 AufenthG gestützt werden, die insoweit leerläuft, soweit nicht ausnahmsweise § 57 I AufenthG einschlägig ist (hierzu auch → § 19 Rn. 5 f.). Handelt es sich um eine Zurückschiebung nach Abs. 3 iVm Abs. 2 Nr. 2 (Dublin-Fall) ist der Haftantrag unmittelbar auf Art. 28 **Dublin III-VO** zu stützen. Hierbei sind ergänzend die gesetzlichen Kriterien zur Definition der Fluchtgefahr aus § 2 XIV iVm § 62 IIIa und IIIb Nr. 1–5 AufenthG zu berücksichtigen[133]. Eine vorläufige Gewahrsamnahme zur Vorführung vor den Haftrichter kann nach § 2 XIV 2 AufenthG erfolgen. 41

2. Rechtsschutz

Da die Verweigerung der Einreise ebenso wie die Zurückweisung an der Grenze nach § 15 AufenthG einen Verwaltungsakt darstellt, der auf die Vorenthaltung einer Vergünstigung gerichtet ist, ist die **Verpflichtungsklage** (Widerspruch ausgeschlossen nach § 11) der richtige Rechtsbehelf[134]. Dies wird dadurch bestätigt, dass sich jeder vorläufige Rechtsschutz im Flughafenverfahren auf die „Gewährung der Einreise" und die „Anordnung des Gerichts, dem Ausländer die Einreise zu gestatten" richtet (§ 18a V). Entsprechendes gilt für die Zurückschiebung. Die Verpflichtung zur Weiterleitung an die zuständige Außenstelle des BAMF mittels Klage zu beantragen erübrigt sich, weil sich dies – spiegelbildlich – als Folge der Zulassung von selbst ergibt. Vorläufiger Rechtsschutz ist nach § 123 und nicht nach § 80 V VwGO zu gewähren[135]. Die Sondervorschriften des § 36 III sind nicht, auch nicht analog, anzuwenden. Soweit die Zurückweisung in einen sicheren Drittstaat erfolgen soll, ist der Rechtsschutz nicht ausdrücklich eingeschränkt, obwohl dies in Art. 16a II 3 GG eigentlich vorgesehen[136] und mit § 34a II (aF) für die Abschiebung auch angeordnet war. Gleichwohl greift das Verbot des Art. 16a II 3 GG nach der Rspr. des BVerfG auch gegenüber der Zurückweisung und -schiebung in den sicheren Drittstaat ein, weil danach auch Maßnahmen erfasst sind, die eine Einreise und Aufenthaltsbegründung im ausländerrechtlichen Sinne verhindern sollen[137]. Entsprechendes gilt für die Zurückschiebung. Die Beschwerde ist in jedem Fall ausgeschlossen (§ 80). 42

---

[131] VG Frankfurt a. M. Beschl. v. 9.2.2006 – 7 G 391/06.AF(V), BeckRS 9998, 26745.
[132] BGH Beschl. v. 30.6.2011 – v. ZB 274/10, BeckRS 2011, 20151.
[133] BGH Beschl. v. 7.7.2016 – ZB 21/16, BeckRS 2016, 17449.
[134] HmbOVG Beschl. v. 11.3.1983 – Bs v. 39/83, NVwZ 1983, 434; HessVGH Beschl. v. 10.3.1987 – 10 TG 628/87, NVwZ 1988, 274.
[135] HmbOVG Beschl. v. 11.3.1983 – Bs v. 39/83, NVwZ 1983, 434 HessVGH Beschl. v. 10.3.1987 – 10 TG 628/87, NVwZ 1988, 274.
[136] Vgl. aber → GG Art. 16a Rn. 108, 111 ff.
[137] BVerfG Urt. v. 14.5.1996 – 2 BvR 1516/93, BVerfGE 94, 166; so auch *Hailbronner* AsylVfG § 18 Rn. 55; krit. *Goebel-Zimmermann* Rn. 224, 291 ff.

43 Insgesamt ist das Verhältnis der Vorschriften, die die Bestimmungen der Dublin III-VO zur Anwendung bringen wollen, komplex. Die Kongruenz der bisherigen Vorschriften unter der Anwendung des europäischen Asylrechts im Dublin II-System war schon nicht hinreichend klar. Das gilt – zT immer noch – insbesondere für das Anwendungsverhältnis der §§ 18, 19 AsylG zu § 57 AufenthG und zu § 34a AsylG, auch unter Bezugnahme auf § 14 III, sowie für grundsätzliche Fragen der Zuständigkeit. Der **Sonderfall**, dass neben dem BAMF und den Ausländerbehörden bzw. den Landespolizeibehörden auch die Bundespolizei Zuständigkeit bei „Inlandsaufgriffen" hat, ist nachstehend näher zu betrachten. Der partielle Zusammenbruch des griechischen Asylverfahrenssystems führte unter Rspr. nationaler und europäischer Gerichte dazu, dass das Dublin-System partiell außer Vollzug gesetzt wurde. Die im Juni 2013 verabschiedete Neufassung der Dublin-VO hat daraus die Konsequenzen gezogen und die Gewährung **effektiven gerichtlichen Rechtsschutzes**[138] vor dem Vollzug einer Überstellungsentscheidung unionsrechtlich vorgeschrieben. § 34a II nF war mit dem Gesetz zur Umsetzung der RL 1011/95 vom 28.8.2013 den Vorschriften der Verordnung angepasst worden. Die Beantragung vorläufiger Rechtsschutzes nach § 80 V VwGO binnen einer Woche geht auf Art. 3 II. 2 Dublin III-VO zurück, der vorsieht, wenn es sich als unmöglich erweist, einen Antragsteller an den zunächst als zuständig bestimmten Mitgliedstaat zu überstellen, da es wesentliche Gründe für die Annahme gibt, dass das Asylverfahren und die Aufnahmebedingungen für Antragsteller in diesem Mitgliedstaat systemische Schwachstellen aufweisen, die eine Gefahr einer unmenschlichen oder entwürdigenden Behandlung iSd Art. 4 GRCh mit sich bringen, die Zuständigkeit der in der VO vorgesehenen Kriterien fortzusetzen, um festzustellen, ob ein anderer Mitgliedstaat als zuständig bestimmt werden kann. Der Rechtsschutz unterliegt keiner unionsrechtlichen Begrenzung, denn die Garantie des Art. 47 I GRCh iVm Art. 27 III Dublin III-VO lässt den vollständigen Suspensiveffekt zu. Damit stellt § 34a AsylG keine Konkretisierung der verfassungsrechtlichen Vorgaben des Art. 16a II GG („Drittstaatenregelung") und auch keine endgültige Feststellung der Durchbrechung des **Prinzips der normativen Vergewisserung**[139] dar. Allerdings ist die ursprüngliche Annahme der Sicherheitsgeltung hin zu einer *Sicherheitsvermutung*[140] verlagert. Als Konkretisierung der unionsrechtlichen Vorgaben der Dublin III-VO (Art. 27 III) verdrängt § 34a AsylG insoweit entgegenstehendes nationales Recht. Die Anordnung der Abschiebung in Überstellungsfällen soll damit eine **beschleunigte Durchsetzung der Ausreisepflicht** ermöglichen, unter Verzicht der Androhung. Mit der Bekanntgabe erlischt die Aufenthaltsgestattung (§ 67 I Nr. 5). Die Feststellung der bestehenden Ausreisepflicht stellt allerdings **keine Rückkehrentscheidung** nach der Rückführungs-RL dar, da – anders als bei der Abschiebungsandrohung – keine Abschiebung in einen Drittstaat, sondern einen EU/Dublin-Mitgliedstaat erfolgen soll[141]. Eine Vorwegnahme der substanziellen oder materiell-rechtlichen Prüfung des Flüchtlingsschutzes findet in diesen Fällen durch das BAMF nicht statt. In den Fällen des § 34a obliegt dem BAMF nach einheitlicher verwaltungsgerichtlicher Rspr. auch die Zuständigkeit für die **Prüfung inlandsbezogener Abschiebungshindernisse** oder Duldungsgründe. Ziel ist die möglichst zügige und fristgerechte Rückführung des Betroffenen in den für die Prüfung des Asylantrags zuständigen Mitgliedstaat. Die zusätzliche Einschaltung der **Grenzbehörde**[142] würde dieses Ziel grundsätzlich vereiteln. Daher ist Zielrichtung der Zurückschiebungsanordnung gemäß § 18 III, II Nr. 1, 2 AsylG iVm § 57 II AufenthG von der der Abschiebungsanordnung nach § 34a AsylG zu unterscheiden. Für die Landespolizeien stellt sich diese Frage indes nicht, da hier über § 19 III die Zuständigkeit der Ausländerbehörde begründet wird.

44 **Örtlich zuständig** ist das Gericht, in dessen Bezirk die Einreise verweigert wird (§ 52 Nr. 2 S. 3, Nr. 3 S. 1 VwGO). Maßgeblich ist nicht der Sitz der Grenzbehörde, sondern der Ort, an dem die (mündliche) Einreiseverweigerung ausgesprochen wird[143]. Daran ändert sich nichts, wenn dieser Verwaltungsakt auf schriftliche oder mündliche Anweisung einer Aufsichtsbehörde hin ergeht, die ihren Sitz innerhalb eines anderen Gerichtsbezirks hat.

---

[138] Zum alten Diskussionsstand der Verfassungs- und Europarechtswidrigkeit des § 34a AsylVfG aF, s. bei *Winkelmann*, Haft im Asylverfahren mwN.
[139] Vgl. *Hailbronner*, AuslR, 83. Aktualisierung, § 34a AsylG Rn. 3, 5.
[140] *Hailbronner*, AuslR, 83. Aktualisierung, § 34a AsylG Rn. 19.
[141] Vgl. VGH BW Urt. v. 16.4.2014 – A 11 S 1721/13 – mwN, BeckRS 2014, 51025.
[142] Vgl. HmbOVG Beschl. v. 3.12.2010 – 4 Bs 223/10, BeckRS 2011, 46866, in dem zur Zuständigkeit der Ausländerbehörden festgestellt wurde: „Der vom Verwaltungsgericht angenommenen *Passivlegitimation* der Antragsgegnerin in Bezug auf die zeitweise Aussetzung einer vom Bundesamt nach § 34a Abs 1 Satz 1 AsylVfG angeordneten Abschiebung eines Drittstaatsangehörigen in einen sicheren Drittstaat im Sinne von § 26a AsylVfG oder in einen anderen Staat, der auf Grund von Rechtsvorschriften der Europäischen Gemeinschaft oder eines völkerrechtlichen Vertrages für die Durchführung des Asylverfahrens im Sinne von § 27a AsylVfG zuständig ist, *stehen der Wortlaut des § 34a Abs 1 AsylVfG, seine Stellung im System der Asylgewährung sowie Sinn und Zweck der Vorschrift entgegen.*"
[143] HmbOVG Beschl. v. 11.3.1983 – Bs v. 39/83, NVwZ 1983, 434; HessVGH Beschl. v. 10.3.1987 – 10 TG 628/87, NVwZ 1988, 274; VG Trier Beschl. v. 31.10.2011 – 5 L 1399/11.TR, BeckRS 2011, 56414.

§ 18a Verfahren bei Einreise auf dem Luftwege

(1) ¹Bei Ausländern aus einem sicheren Herkunftsstaat (§ 29a), die über einen Flughafen einreisen wollen und bei der Grenzbehörde um Asyl nachsuchen, ist das Asylverfahren vor der Entscheidung über die Einreise durchzuführen, soweit die Unterbringung auf dem Flughafengelände während des Verfahrens möglich oder lediglich wegen einer erforderlichen stationären Krankenhausbehandlung nicht möglich ist. ²Das Gleiche gilt für Ausländer, die bei der Grenzbehörde auf einem Flughafen um Asyl nachsuchen und sich dabei nicht mit einem gültigen Pass oder Passersatz ausweisen. ³Dem Ausländer ist unverzüglich Gelegenheit zur Stellung des Asylantrags bei der Außenstelle des Bundesamtes zu geben, die der Grenzkontrollstelle zugeordnet ist. ⁴Die persönliche Anhörung des Ausländers durch das Bundesamt soll unverzüglich stattfinden. ⁵Dem Ausländer ist danach unverzüglich Gelegenheit zu geben, mit einem Rechtsbeistand seiner Wahl Verbindung aufzunehmen, es sei denn, er hat sich selbst vorher anwaltlichen Beistands versichert. ⁶§ 18 Abs. 2 bleibt unberührt.

(2) Lehnt das Bundesamt den Asylantrag als offensichtlich unbegründet ab, droht es dem Ausländer nach Maßgabe der §§ 34 und 36 Abs. 1 vorsorglich für den Fall der Einreise die Abschiebung an.

(3) ¹Wird der Asylantrag als offensichtlich unbegründet abgelehnt, ist dem Ausländer die Einreise zu verweigern. ²Die Entscheidungen des Bundesamtes sind zusammen mit der Einreiseverweigerung von der Grenzbehörde zuzustellen. ³Diese übermittelt unverzüglich dem zuständigen Verwaltungsgericht eine Kopie ihrer Entscheidung und den Verwaltungsvorgang des Bundesamtes.

(4) ¹Ein Antrag auf Gewährung vorläufigen Rechtsschutzes nach der Verwaltungsgerichtsordnung ist innerhalb von drei Tagen nach Zustellung der Entscheidungen des Bundesamtes und der Grenzbehörde zu stellen. ²Der Antrag kann bei der Grenzbehörde gestellt werden. ³Der Ausländer ist hierauf hinzuweisen. ⁴§ 58 der Verwaltungsgerichtsordnung ist entsprechend anzuwenden. ⁵Die Entscheidung soll im schriftlichen Verfahren ergehen. ⁶§ 36 Abs. 4 ist anzuwenden. ⁷Im Falle der rechtzeitigen Antragstellung darf die Einreiseverweigerung nicht vor der gerichtlichen Entscheidung (§ 36 Abs. 3 Satz 9) vollzogen werden.

(5) ¹Jeder Antrag nach Absatz 4 richtet sich auf Gewährung der Einreise und für den Fall der Einreise gegen die Abschiebungsandrohung. ²Die Anordnung des Gerichts, dem Ausländer die Einreise zu gestatten, gilt zugleich als Aussetzung der Abschiebung.

(6) Dem Ausländer ist die Einreise zu gestatten, wenn
1. das Bundesamt der Grenzbehörde mitteilt, dass es nicht kurzfristig entscheiden kann,
2. das Bundesamt nicht innerhalb von zwei Tagen nach Stellung des Asylantrags über diesen entschieden hat,
3. das Gericht nicht innerhalb von vierzehn Tagen über einen Antrag nach Absatz 4 entschieden hat oder
4. die Grenzbehörde keinen nach § 15 Abs. 6 des Aufenthaltsgesetzes erforderlichen Haftantrag stellt oder der Richter die Anordnung oder die Verlängerung der Haft ablehnt.

Übersicht

	Rn.
I. Entstehungsgeschichte	1
II. Allgemeines	4
III. Personenkreis	9
1. Ausländer aus sicherem Herkunftsstaat	9
2. Ausländer ohne gültige Passpapiere	10
IV. Verwaltungsverfahren	15
1. Asylgesuch bei der Grenzbehörde	15
2. Unterbringung am Flughafen	17
3. Asylantrag	19
4. Anhörung	21
5. Entscheidung des Bundesamts	22
6. Entscheidung der Grenzbehörde	24
V. Rechtsschutz	27
1. Allgemeines	27
2. Rechtsmittelfristen	30
3. Entscheidungsverfahren	33

I. Entstehungsgeschichte

1 Die Vorschrift wurde mit Wirkung vom 1.7.1993 auf Vorschlag des Bundestag-Innenausschusses[1] eingefügt (Art. 1 Nr. 10 **AsylVfÄndG 1993**). Sie hat kein Vorbild im AuslG 1965 oder AsylVfG 1982 und war im Gesetzesentwurf 1993 nicht enthalten; die CDU/CSU-Fraktion hatte aber eine derartige Regelung, beschränkt auf die Einreise aus einem sicheren Drittstaat, bereits angeregt[2]. Zum 1.11.1997 wurde Abs. 1 S. 1 betreffend stationäre Krankenhausbehandlung ergänzt (Gesetz vom 29.10.1997)[3]. Das **RLUmsG 2007** fügte dem Abs. 6 die neue Nr. 4 an, mit folgender Begründung[4]:

> „Durch die Anfügung von § 18a Abs. 6 Nr. 4 wird der Fall erfasst, dass der Ausländer zwar das Flughafenasylverfahren durchlaufen hat und nicht einreisen darf, die Zurückweisung aber auch nicht unmittelbar vollzogen werden kann. Nach dem neuen § 15 Abs 6 AufenthG kann er längstens 30 Tage ohne richterliche Anordnung, darüber hinaus nur mit richterlicher Anordnung im Transitbereich untergebracht werden. Wird ein solcher Haftantrag nicht gestellt, etwa weil die Zurückweisungsentscheidung dauerhaft nicht vollzogen werden kann oder abgelehnt (wurde), dann ist dem Ausländer die Einreise zu gestatten."

2 § 15 VI AufenthG (Transitaufenthalt – nicht „Flughafengewahrsam", → AufenthG § 15 Rn. 52 ff.) behandelt als **Spezialnorm** diejenigen Fälle, in denen ein Ausländer auf dem Luftweg zwar völkerrechtlich in das Bundesgebiet eingereist, aber aufgrund der Fiktion der Nichteinreise iSv § 13 II noch nicht ausländerrechtlich eingereist ist. Voraussetzung der Anwendbarkeit der Norm ist eine auf Basis von § 15 I–III AufenthG **ergangene Zurückweisungsentscheidung** der Grenzbehörde.

Dabei werden zwei Personengruppen erfasst:
– Asylbewerber, deren Flughafenverfahren erfolglos abgeschlossen wurde, und
– Personen, denen – ohne dass sie einen Asylantrag gestellt haben – im Flughafen die Einreise verweigert wurde.

3 Die Regelung betrifft nicht Asylbewerber, die sich noch im Flughafenasylverfahren befinden, sondern ist erst auf die Fälle anwendbar, in denen einem Ausländer **nach Durchführung eines Asylverfahrens am Flughafen die Einreise nach § 18a III verweigert** wird (zur Problematik[5] des Flughafentransitaufenthalts weiter bei → AufenthG § 15 Rn. 52 ff.).

II. Allgemeines

4 Nach dem Konzept der sicheren Drittstaaten ist die Anerkennung politisch Verfolgter, die auf dem Landweg einreisen, jedenfalls erheblich erschwert, tendenziell sogar ausgeschlossen. Deshalb richtet sich das Augenmerk mehr auf den **Zugang über die See und auf dem Luftweg**. Für Seehäfen bedarf es nicht unbedingt einer Sonderregelung, weil die Häfen, die am ehesten als letzte Anlaufstelle von Fähren in Betracht kommen, meist in als sicher geltenden Drittstaaten (Finnland, Großbritannien, Norwegen, Schweden) liegen. Einreisen von Asylbewerbern mit dem Flugzeug waren in den 1990er Jahren nur in sehr geringem Umfang festzustellen, nämlich lag immer weniger als fünf Prozent und in den Jahren 2000 und 2001 weniger als zwei Prozent[6]. 2010 wurden lediglich 735 Asylanträge an deutschen Flughäfen vor der Einreise gestellt (2009 432). Da dieser Anteil je nach der Entwicklung in Verfolgerstaaten zunehmen könnte, wurde die Flughafenregelung geschaffen. Die Anzahl der Flughafenasylverfahren scheint von der Anzahl der übrigen Asylverfahren völlig unabhängig. So lag die Anzahl der sog. Aktenanlagen für das Flughafenasylverfahren im Jahr 2015 bei insgesamt 627. Im Jahr 2016 nur noch bei 274, im Jahr 2917 bei 444 und im Folgejahr bei 601. In den Jahren 2019 und 2020 wurden 489 bzw. 145 Flughafenasylverfahren durchgeführt[7]. Das Flughafenasylverfahren wird nicht durch die Dublin III-VO (früher des DÜ-II, DÜ und zuvor des SDÜ) tangiert, und auch die Asylverfahrens-RL lässt ein besonderes Verfahren zur Prüfung von Asylanträgen an der Grenze zu (Art. 43). Das Flughafenverfahren wird in Deutschland an fünf Flughäfen durchgeführt (Frankfurt a. M., Düsseldorf, München, Berlin Brandenburg und Hamburg). Die mit Abstand größte Einrichtung dieser Art befindet sich am Flughafen Frankfurt a. M. Dort fanden im Jahr 2020 insgesamt 125 Flughafenasylverfahren statt. Am Flughafen München waren es zwölf, am Flughafen Berlin Brandenburg fünf und am Flughafen Hamburg drei[8]. In den Jahren 2011 bis 2020 erfolgte keine Anerkennung im

---

[1] BT-Drs. 12/4984, 12.
[2] BT-Drs. 12/4450, 16.
[3] BGBl. 1997 I S. 2584.
[4] BT-Drs. 16/5065, 215; s. hierzu auch die Kommentierung zu § 15 VI AufenthG.
[5] Die Regelung sei in mehrfacher Hinsicht rechtswidrig, so *Bruns* in NK-AuslR AsylG § 18a Rn. 30.
[6] 1991: 3,8 Prozent; 1992: 1,6 Prozent; 1993: 1,9 Prozent; 1994: 4,3 Prozent; 1995: 4,5 Prozent; 1996: 5,09 Prozent; 1997: 3,03 Prozent; 1998: 2,88 Prozent; 1999: 2,28 Prozent; 2000: 1,59 Prozent; 2001: 1,49 Prozent; vgl. *v. Pollern* ZAR 1993, 26; 2002, 106; vgl. auch BMI, Asylerfahrungsbericht 1994, S. 21 f.
[7] Das Bundesamt in Zahlen 2020, S. 60, www.bamf.de/SharedDocs/Anlagen/DE/Statistik/BundesamtinZahlen/bundesamt-in-zahlen-2020.html?nn=284738.
[8] BT-Drs. 19/28109, 37.

Flughafenverfahren durch das BAMF[9]. In Bezug auf den neuen Großflughafen Berlin Brandenburg International ging die Bundesregierung von ca. 300 Flughafenasylverfahren jährlich aus[10]. Im Jahr **2020** fanden 145 Flughafenverfahren statt. In 78 Fällen wurde gem. Abs. 6 Nr. 1 die Einreise gestattet, in 58 Fällen wurden die Anträge als offensichtlich unbegründet angelehnt. In 58 Fällen wurde gegen die Entscheidungen Klage beim VG eingereicht, denen in sechs Fällen stattgegeben wurde[11].

Das Flughafenverfahren ist in Art. 16a GG nicht ausdrücklich verankert. Daher fehlt es auch an einer näheren **Begründung** für dessen Voraussetzungen und Folgen. Der Vorschlag der CDU/CSU-Fraktion war bereits in der Begründung des Gesetzesentwurfs 1993 enthalten, aber auf die Einreise aus sicheren Herkunftsstaaten beschränkt und lediglich mit der Überlegung erläutert, dass „im Falle der Ablehnung des Asylantrags zumindest die Rückführung in den Staat des Abflughafens problemlos gesichert" sei[12]. In den Vorschlag des Bundestag-Innenausschusses wurde die Regelung mit der wenig aufschlussreichen Begründung übernommen: „Aufnahme entsprechend der Gesetzesbegründung ..., jedoch in geänderter Fassung"[13]. Der Bundestag-Innenausschuss hatte während der Beratungen darauf hingewiesen[14], dass „häufig Personen ohne Sichtvermerk mit Flugzeugen nach Deutschland kämen und viele von Schlepperbanden nach Deutschland geschleust würden". Es gehe insbesondere um Personen, die aus sicheren Herkunftsländern oder ohne Ausweispapiere kämen; ihre schnelle Rückführung sei nach einer Aufnahme nicht möglich. Ein Verfahren auf Flughäfen werde in den Niederlanden, Dänemark und Frankreich erfolgreich angewendet[15]. 5

Grundlage der Sonderregelung für Flughäfen bilden die **besonderen Verhältnisse** bei der Einreise von Flugpassagieren[16]. Einerseits ist am Flughafen eine Kontrolle weitaus leichter möglich als an den Landgrenzen, andererseits bereiten die Rückführung und die zwischenzeitliche Unterbringung hier mehr Schwierigkeiten als dort. In beiden Fällen erfolgt die Einreise in erster Linie mit dem Passieren der zugelassenen Grenzübergangsstelle, während sonst auf das Überschreiten der Grenze abzustellen ist (→ AufenthG § 13 II). Eine reguläre **Einreise** setzt also das Passieren der zugelassenen Übergangsstelle mit Gestattung der Grenzbehörde voraus; sonst wird die Einreise faktisch vollzogen, was am Flughafen infolge der dortigen Grenzsicherungen praktisch kaum vorkommen kann. Liegen die Voraussetzungen für eine Einreise nach § 13 II AufenthG nicht vor, befindet sich der Ausländer rechtlich gesehen noch in dem **Staat des letzten Abflughafens,** wobei ein dortiger Transitaufenthalt nicht zählt. Daraus folgt die generelle Möglichkeit der Zurückweisung oder Einreiseverweigerung in diesem Stadium des Einreisevorgangs[17]. Richtigerweise ist daher in Abs. 1 S. 1 auf die Einreiseabsicht abgestellt und konsequenterweise nach Abs. 1 S. 6 die Einreiseverweigerung nach § 18 II offengehalten[18]. 6

In den Sonderregeln für den Flughafen liegt **kein Verstoß gegen Art. 33 GFK und Art. 3 EMRK**[19] vor. Beide Vorschriften sehen kein bestimmtes Prüfungsverfahren vor, sondern setzen lediglich eine Überprüfung des Begehrens voraus, die eine wirksame Durchsetzung dieser Refoulementverbote ermöglicht und bei der rechtliches Gehör gewährt wird. Beides ist gewährleistet, weil beide Verbote von dem BAMF geprüft werden; der Unterschied zum normalen Verfahren besteht nur darin, dass das Flughafenverfahren rechtlich vor der Einreise und örtlich auf dem Flughafengelände stattfindet. Die gerichtliche Überprüfung ist zwar gegenüber dem normalen Verfahren gestrafft, sie ist aber ohnehin nicht zwingend durch GFK oder EMRK vorgeschrieben. Ebenso wenig verstößt § 18a gegen Art. 16a GG; denn vorläufiges Bleiberecht sowie behördliche und gerichtliche Überprüfung sind gewährleistet, wenn auch – rechtlich gesehen – vor der Einreise[20]. Angesichts der vom BVerfG vorgenommenen substanziellen Modifizierungen (ua Nachfrist, asylrechtskundige Beratung, Übersetzung von Entscheidungen) wäre zwischenzeitlich eine Anpassung des Gesetzestextes angebracht gewesen, zumal der Umfang der verfassungskonformen Auslegung nicht ganz unproblematisch erscheint[21]. Insgesamt sind Verwaltungs- und Gerichtsverfahren gegenüber dem Regelfall des Asylgesuchs nach der Einreise örtlich und zeitlich konzentriert, im Verhältnis zu Fällen der Zurückweisung und -schiebung an der Grenze aber erheblich rechtsstaatlicher und rechtsschutzfreundlicher gestaltet. Nach der Rspr. des BVerfG ist das Flughafenverfahren nicht mit einer Freiheitsentziehung oder -beschränkung iSd Art. 104 GG verbunden; der Aufenthalt im Transitbereich ist nicht der deutschen 7

---

[9] Das Bundesamt in Zahlen 2020, S. 60, abrufbar unter www.bamf.de/SharedDocs/Anlagen/DE/Statistik/BundesamtinZahlen/bundesamt-in-zahlen-2020.html?nn=284738.
[10] BT-Drs. 17/8095.
[11] Das Bundesamt in Zahlen 2020, S. 60, abrufbar unter www.bamf.de/SharedDocs/Anlagen/DE/Statistik/BundesamtinZahlen/bundesamt-in-zahlen-2020.html?nn=284738.
[12] BT-Drs. 12/4450, 16.
[13] BT-Drs. 12/4984, 48.
[14] BT-Drs. 12/4984, 48.
[15] Zu Niederlande, Frankreich und Schweiz näher *Hailbronner* AsylG § 18a Rn. 8–10.
[16] Dazu allg. *Ritter* ZAR 1999, 176.
[17] Vgl. Annex 9 zum Abkommen über die internationale Zivilluftfahrt (Chicagoer Abkommen).
[18] Zum Verhältnis zwischen Einreise und „Entscheidung über die Einreise" → Rn. 11.
[19] *Hailbronner* AsylG § 18a Rn. 15–17.
[20] BVerfG Urt. v. 14.5.1996 – 2 BvR 1516/93, BVerfGE 94, 166; *Maaßen/de Wyl* ZAR 1997, 9.
[21] Dazu *Lübbe-Wolff* DVBl 1996, 825.

Staatsgewalt als Beschränkung der Bewegungsfreiheit zuzurechnen[22]. Dies gilt auch, wenn die vorgesehenen Zeiträume der Unterbringung aus Gründen überschritten werden, die allein der Asylbewerber zu vertreten hat[23]. Im Blick auf Art. 16a I GG kann allerdings die dem Ausländer entgegengehaltene Möglichkeit der Rückreise in den (möglichen) Verfolgerstaat als zweifelhaft erscheinen[24]. Wird entgegen dem BVerfG eine Freiheitsbeschränkung im Verantwortungsbereich der deutschen Staatsgewalt angenommen[25], erscheint sie im Blick auf Art. 3 EMRK unbedenklich, weil sie gesetzlich geregelt ist und nicht unverhältnismäßig wirkt[26]. Aus den Urteilen des EGMR – in denen ebenfalls in Freiheitsbeschränkung und -entziehung unterschieden wird –, kann abgeleitet werden, dass der Aufenthalt im Flughafentransitbereich grundsätzlich nicht als Freiheitsentziehung eingestuft wird[27]. Bei der Entscheidung, ob eine Freiheitsentziehung iSv Art. 5 EMRK vorliegt, geht der EGMR von der konkreten Situation aus und berücksichtigt eine Reihe von Kriterien wie Art, Dauer und Auswirkungen sowie die Art der Durchführung der umstrittenen Maßnahme. Der Unterschied zwischen Entzug und Beschränkung der Freiheit ist für den EGMR lediglich einer des Grades und der Intensität und nicht einer der Art oder der Substanz[28]. Hingegen stufte der EGMR den Zwangsaufenthalt im Transitbereich eines Flughafens, der 14 Tage andauerte und bei dem die Abschiebung dreimal wegen Widerstands gescheitert war, als Freiheitsentziehung ein[29]. Konventionswidrig sind Festhaltemaßnahmen im Transitbereich insbesondere, wenn diese gegen den Beschleunigungsgrundsatz verstoßen, mithin unverhältnismäßig sind, weil gegen das Willkürverbot verstoßen wird[30]; mit einer menschenrechtswidrigen Behandlung durch Entzug essenzieller Lebensbedürfnisse einhergehen (Art. 3 I EMRK)[31]; das Recht auf Information über die Gründe der Festnahme verletzt wird[32] sowie wegen fehlender oder praktisch nicht oder nur schwer durchsetzbarer Möglichkeit, Rechte durchzusetzen[33]; 20 Tage ohne Zugang zu rechtlichem Beistand und sozialer Hilfe ohne Abreisemöglichkeit[34].

8 **Art. 31 VIII 8 Asylverfahrens-RL** gestattet die Durchführung des Asylverfahrens an der Grenze oder in Transitzonen. Als Transitzone in diesem Sinne ist auch die sog. Flughafenasylunterkunft zu verstehen, in der sich die Asylantragsteller während des Verfahrens und somit noch vor der aufenthaltsrechtlichen Einreise nach Deutschland befinden.[35]

III. Personenkreis

1. Ausländer aus sicherem Herkunftsstaat

9 Entsprechend dem ursprünglichen Vorschlag der CDU/CSU-Fraktion[36] unterliegen dem Flughafenverfahren in erster Linie Asylbewerber aus sicheren Herkunftsstaaten. Maßgeblich ist in erster Linie die Staatsangehörigkeit eines der in Anlage II aufgeführten Länder; denn damit gilt für den Ausländer ein verfolgungsfreies Leben in diesem Staat als gewährleistet. Bei einem Staatenlosen ist auf den letzten Wohnsitz oder gewöhnlichen Aufenthalt abzustellen. Unerheblich ist der Reiseweg; die vorherige Durchreise durch einen sicheren Drittstaat schließt das Flughafenverfahren nicht unbedingt aus. Da allerdings § 18 II unberührt bleibt (Abs. 1 S. 6), besteht für die Grenzbehörde zumindest in gewissen Fällen zunächst eine Art **Wahlrecht** zwischen sofortiger Einreiseverweigerung und Einleitung des Vorabverfahrens beim BAMF[37]. Liegen die Voraussetzungen des § 18 II vor, reist der Ausländer also zB aus einem sicheren Drittstaat ein, hat zwar die Zurückweisungspflicht Vorrang[38]; sie tritt aber zurück, wenn sie sich endgültig nicht durchsetzen lässt, weil zB der sichere Drittstaat die Rückübernahme verweigert (Gefahr des „refugee in orbit") oder einer der Ausnahmegründe vom Konzept der

---

[22] BVerfG Urt. v. 14.5.1996 – 2 BvR 1516/93, BVerfGE 94, 166; HessVGH Beschl. v. 17.8.2009 – 3 A 2146/08, BeckRS 2009, 39302.
[23] *Hailbronner* AsylG § 18a Rn. 52–54; *de Wyl* ZAR 1997, 82; *Lehngut/Maaßen* DÖV 1997, 316; aA AG Frankfurt a. M. Beschl. v. 15.8.1996 – 934 XIV 1322/96, NVwZ-Beil. 1997, 6; OLG Frankfurt a. M. Beschl. v. 5.11.1996 – 20 W 352/96, NVwZ-Beil. 1997, 16 und EZAR 048 Nr. 32.
[24] *Goebel-Zimmermann* Rn. 229; *Lübbe-Wolff* DVBl 1996, 825; aA *Kugelmann* ZAR 1994, 158.
[25] Dazu EGMR Urt. v. 25.6.1996 – 17/1995/523/609, NVwZ 1997, 1102 – Ammur; dazu *Goebel-Zimmermann/Masuch* InfAuslR 1997, 176.
[26] *Goebel-Zimmermann* Rn. 231; *Kugelmann* ZAR 1994, 158.
[27] *Hailbronner*, AuslR, 65. Akt, § 18a Rn. 11 f.
[28] EGMR Urt. v. 8.12.2005 – 74762/01, BeckRS 2005, 156744 – Madani/Österreich – bei *Winkelmann*.
[29] EGMR Urt. v. 27.11.2003 – 45355/99 Nr. 47 – Shamsa/Polen.
[30] EGMR Urt. v. 29.1.2008 – 13229/03, BeckRS 2009, 3620 – Saadi/Vereinigtes Königreich.
[31] EGMR Urt. v. 24.1.2008 – 29787/03, BeckRS 2008, 143321 – Riad/Belgien.
[32] EGMR Urt. v. 11.7.2006 – 13229/03, NVwZ 2007, 913 – Saadi/Vereinigtes Königreich.
[33] EGMR Urt. v. 5.2.2002 – 51564/99 – Conka/Belgien.
[34] EGMR Urt. v. 25.6.1996 – 17/1995/523/609, NVwZ 1997, 1102 – Amuur/Frankreich.
[35] Zur Kritik des Verfahrens nach § 18a vor dem Hintergrund der europarechtlichen Vorgaben nach der Asylverfahrens-RL 2013, s. *Bruns* in NK-AuslR AsylG § 18a Rn. 2.
[36] → Rn. 1, 3.
[37] Ähnlich *Goebel-Zimmermann* Rn. 235 f.
[38] *Hailbronner* AsylG § 18a Rn. 34 f.; *Kugelmann* ZAR 1994, 158.

normativen Vergewisserung[39] glaubhaft gemacht wird. Ist dies vorhersehbar, wäre die Anwendung des § 18 II auch im Falle des gegenüber dem Ausländer gelungenen Nachweises der Durchreise durch den Drittstaat kontraproduktiv. Ähnliche Möglichkeiten eröffnen sich dem BAMF im Vorabverfahren oder nach Weiterleitung[40]: Ablehnung als unbeachtlich, falls Verfolgungssicherheit und Rückführbarkeit binnen drei Monaten offensichtlich (§ 29 I 2) oder als offensichtlich unbegründet (Abs. 2; § 29a I).

2. Ausländer ohne gültige Passpapiere

Die Verpflichtung, bei der Einreise einen Pass oder Passersatz zu besitzen, sofern keine Befreiung eingreift (§ 3 AufenthG), trifft auch Ausländer, die um Asyl nachsuchen wollen. Ihnen kann zwar die Einreise ohne gültige Einreisepapiere nicht vorgeworfen oder als materiell illegal entgegengehalten werden[41], es erscheint aber **grundsätzlich zulässig**, sie einem asylrechtlichen Sonderverfahren zu unterwerfen, wenn sie ihrer Passpflicht nicht genügen. Ihnen darf nur die Inanspruchnahme des Asylrechts nicht unmöglich gemacht oder unzumutbar erschwert werden[42]. Die Unterscheidung zwischen Asylbewerber mit und ohne ordentliche Passpapiere ist nicht von vornherein unsachgerecht, wenn sie auch nicht gerade geboten erscheint. Die Einreise mit falschem Pass oder mithilfe von Schleusern kann auf eine unberechtigte Inanspruchnahme des Asylrechts hindeuten; dieser Schluss ist aber nicht etwa ausnahmslos gerechtfertigt. Im Gegenteil: Wer politisch verfolgt wird, erhält erfahrungsgemäß von dem Verfolgerstaat keine Reisepapiere, die ihm eine „geordnete" Flucht ermöglichen. Ein gültiger Pass spricht prima facie gegen und nicht für eine politische Verfolgung. **Passlosigkeit ist politisch Verfolgten arteigen.** An dieser grundlegenden Rechtstatsache hat sich die Auslegung der Sonderregeln für Flugpassagiere ohne gültigen Pass auszurichten. Sie müssen wie allgemein dazu geeignet und darauf angelegt sein, dem Asylgrundrecht zur Geltung zu verhelfen[43]. Dementsprechend schränkt Art. 31 VIII Asylverfahrens-RL die Durchführung des Flughafenasylverfahrens wegen Passlosigkeit weiter ein. Diese Einschränkungen sind seit Ablauf der Umsetzungsfrist der RL am 15.7.2015 von den Grenzbehörden als unmittelbar geltendes Unionsrecht zu berücksichtigen. So darf Passlosigkeit nur noch dann zur Durchführung des Flughafenasylverfahrens führen, wenn angenommen werden kann, dass der Asylantragsteller sein Identitäts- oder Reisedokument mutwillig vernichtet oder beseitigt hat (Art. 31 VIII lit. d Asylverfahrens-RL) oder der Antragsteller durch falsche Angaben oder Dokumente über seine Identität täuscht (Art. 31 VIII lit. c Asylverfahrens-RL). Zur Passlosigkeit an sich muss also noch eine aktive Handlung des Asylsuchenden hinzukommen (vernichten, beseitigen, täuschen). Liegen diese zusätzlichen Voraussetzungen aus der Asylverfahrens-RL nicht vor, ist das Flughafenverfahren wegen Passlosigkeit unzulässig.

Betroffen sind nicht nur Ausländer, die der **Passpflicht** unterliegen. Eine Befreiung von der Passpflicht (§ 3 II AufenthG) endet zwar nicht mit dem Entschluss des Ausländers, um Asyl nachzusuchen. Sinn und Zweck der Regelung sprechen aber eindeutig dafür, den Gesetzestext wörtlich dahin gehend auszulegen, dass es allein auf die Nichtvorlage eines gültigen Passes oder Passersatzes ankommt und nicht auf dessen Erforderlichkeit (anders zB § 14 I Nr. 1 AufenthG). Erkennbar geben die mit der Passlosigkeit verbundenen Schwierigkeiten bei Feststellung der Identität, Prüfung der Verfolgungsbehauptungen und Vorbereitung der Rückführung Veranlassung für das Sonderverfahren. Dieses soll mit der Nichterfüllung der allgemeinen Mitwirkungspflicht nach § 15 I Nr. 4 eingreifen, ohne dass es auf den Grund dafür ankommt, dass sich der Ausländer nicht ordnungsgemäß ausweisen kann. Nur wer sich – positiv – mit einem gültigen Pass oder Passersatz[44] ausweist, fällt nicht unter Abs. 1. Das Dokument kann von dem Ausländer vorgelegt oder bei ihm gefunden sein; es genügt aber nicht, dass er es vorlegen könnte[45]. Ist die Ungültigkeit nicht eindeutig festzustellen, muss die Einreise gestattet werden[46]. Auf den Besitz eines erforderlichen Visums kommt es nicht an. **Ungültig** ist jedes Passpapier, dessen Geltungsdauer abgelaufen ist, aber auch jedes gefälschte oder verfälschte. Entscheidend sind Gegenstand und Inhalt der Fälschung; diese muss die Ausstellungsdaten oder Namen, Staatsangehörigkeit oder andere für die Personenidentität wichtigen Eintragungen betreffen. Visa oder andere amtliche Reisevermerke, die von Unbefugten eingetragen oder nachträglich verändert sind, berühren nicht die Gültigkeit des Passes als Identitätspapier[47]. Wenn ein Verfahren nach § 18a **zu Unrecht** durchgeführt worden ist, weil der betroffene Ausländer sowohl im Besitz gültiger als auch verfälschter Reisepapiere war, kommt einem Fehler bei der Bewertung des Passes oder Passersatzes nach der Durchführung des Asylverfahrens sehr wohl rechtliche Relevanz zu.

---

[39] → § 18 Rn. 12.
[40] Näher dazu → Rn. 18 f.
[41] → § 13 Rn. 20 ff.
[42] Dazu → § 18 Rn. 13 ff.
[43] BVerfG Beschl. v. 25.2.1981 – 1 BvR 413/80 ua, BVerfGE 56, 216.
[44] Dazu allg. → § 15 Rn. 9.
[45] *Hailbronner* AsylG § 18a Rn. 29.
[46] BVerfG Urt. v. 14.5.1996 – 2 BvR 1516/93, BVerfGE 94, 166.
[47] So auch *Hailbronner*, AuslR, 65. Akt., § 18a AsylVfG Rn. 26.

12 Die Vorschrift ist ebenso wie § 18 auch auf **Folgeantragsteller** anzuwenden, wobei nur die Besonderheiten hinsichtlich Entscheidung über den Antrag (grundsätzlich zuständig allein das BAMF) sowie Aufenthalt und Verbleib des Folgeantragstellers (zunächst keine Aufenthaltsgestattung) zu berücksichtigen sind[48].

13 Grundsätzlich unterliegen auch **Minderjährige** dem Flughafenverfahren[49]. Soweit sie nicht von Vertretungsberechtigten begleitet oder diese nicht am Flughafen anwesend sind, ist allerdings die Einleitung der auch sonst üblichen Schutzmaßnahmen erforderlich[50]. Außerdem muss ihre Unterbringung auf dem Flughafengelände „möglich", dort also eine kindgerechte Versorgung gewährleistet sein. Dazu bedarf es auch einer Betriebsgenehmigung nach § 45 SGB VIII, da es sich bei der Unterkunft am Flughafen nicht um eine Gemeinschaftsunterkunft handelt (vgl. § 44 III). Des Weiteren enthält Art. 25 VI Asylverfahrens-RL weitere Einschränkungen in Bezug auf Minderjährige. So darf Passlosigkeit nur dann zum Flughafenasylverfahren führen, wenn es schwerwiegende Gründe für die Annahme gibt, dass von dem Minderjährigen eine Gefahr für die nationale Sicherheit oder die öffentliche Ordnung ausgeht oder er aus schwerwiegenden Gründen der öffentlichen Sicherheit oder Ordnung bereits schon einmal ausgewiesen wurde.

14 Art. 24 III Asylverfahrens-RL sieht vor, dass Asylantragsteller, die besondere Verfahrensgarantien benötigen, angemessene Unterstützung erhalten, um ihre Rechte geltend zu machen und auch um ihren verfahrensrechtlichen Pflichten nachzukommen. Wenn Opfern von Folter, Vergewaltigung oder sonstiger schwerer Formen psychischer, physischer oder sexueller Gewalt eine solche Unterstützung im Flughafenasylverfahren nicht gewährt werden kann, ist das Verfahren abzubrechen bzw. nicht einzuleiten. Die Antragsteller sind dann gem. Abs. 1 an die Aufnahmeeinrichtung weiterzuleiten.

IV. Verwaltungsverfahren
1. Asylgesuch bei der Grenzbehörde

15 Das Asylgesuch iSd § 13 muss **vor dem Grenzübertritt** geäußert werden; ist dem Ausländer schon die Einreise gelungen[51], sind allenfalls noch eine Zurückschiebung nach § 18 III oder eine Abschiebung zulässig[52]. Das Flughafenverfahren beruht auf der Annahme, der noch im Transitbereich befindliche Ausländer sei noch nicht im Rechtssinne eingereist[53]. Unschädlich ist sowohl eine externe stationäre Krankenbehandlung als auch ein kontrolliertes vorübergehendes Verlassen des Transitbereichs nach Maßgabe des § 13 II 2 AufenthG[54]. Bei illegalem Verlassen ist jedoch die Einreise gelungen (vgl. § 13 II 3 AufenthG). Entscheidend ist also im Falle des Entweichens und des unerlaubten Einreiseversuchs, ob bei erlaubtem Passieren der Grenze für einen vorübergehenden Zweck die Kontrolle möglich bleibt oder im anderen Fall die Begrenzung des Transitbereichs überschritten ist. Diese Grenze für das Flughafenverfahren ergibt sich aus der Beschränkung auf einreisewillige Personen und der Funktion der Einreiseverweigerung im Anschluss an die BAMF-Entscheidung. Die Zeitbestimmung „vor der Entscheidung über die Einreise" stellt demgegenüber nur die Reihenfolge der Entscheidungen von BAMF und Grenzbehörde klar[55]. Sie führt nicht zur Erweiterung von Zurückweisungsmöglichkeiten im Anschluss an eine gelungene unkontrollierte Einreise, indem der Ausländer zurück in den Transitbereich oder an die Grenzkontrollstelle geführt wird[56].

16 Der Ausländer kann das **Asylgesuch** entsprechend § 13 I mündlich oder schriftlich (auch in fremder Sprache) oder in anderer Weise äußern und später gegenüber dem BAMF begründen. Er kann in beiden Verfahrensstadien auch Bezug nehmen auf Ausführungen eines Bevollmächtigten, dessen Beistands er sich zuvor versichert hat (Abs. 1 S. 5). Für das Verfahren vor der Grenzbehörde gelten die üblichen Regeln[57], soweit in Abs. 1–3 nichts Abweichendes bestimmt ist. Soweit der Asylbewerber vor der Grenzbehörde auch Angaben zu den Asylgründen macht, muss deren spätere Bewertung im Asylverfahren Bedacht nehmen auf die begrenzte Funktion der Grenzbehörde und die äußeren Bedingungen der dortigen Befragung[58]. Angesichts der beschränkten Funktion der Grenzbehörde wäre eine gesetzliche Klarstellung für deren Aufklärungsaufgaben durchaus zweckmäßig.

---

[48] Dazu → § 18 Rn. 8.
[49] *Hailbronner* AsylG § 18a Rn. 37; krit. *Goebel-Zimmermann* InfAuslR 1995, 166; vgl. auch *Jockenhövel-Schiecke* ZAR 1987, 171 und ZAR 1998, 165; *Menzel* ZAR 1996, 22; krit. BVerfG Nichtannahmebeschl. v. 9.8.2021 – 2 BvR 1143/17, BeckRS 2021, 25280 Rn. 24; aA *Bruns* in NK-AuslR AsylVfG § 18a Rn. 2.
[50] → § 12 Rn. 8 und § 80 AufenthG.
[51] → Rn. 4.
[52] Dazu → Rn. 6.
[53] BVerfG Urt. v. 14.5.1996 – 2 BvR 1516/93, BVerfGE 94, 166.
[54] Auch VG Bremen Beschl. v. 2.11.1995 – 2 V-As 263/95, NVwZ-Beil. 1996, 23 im Fall der Zurückweisungshaft.
[55] *Goebel-Zimmermann* Rn. 246; *Marx* § 18a Rn. 6–8, 11; GK-AsylVfG § 18a Rn. 10; zT aA *Hailbronner* AsylG § 18a Rn. 45–49.
[56] Vgl. auch *Hailbronner* AsylG § 18a Rn. 10.
[57] → § 18 Rn. 31 ff.
[58] BVerfG Urt. v. 14.5.1996 – 2 BvR 1516/93, BVerfGE 94, 166; HessVGH Beschl. v. 22.2.1990 – 12 TP 3419/89, EZAR 210 Nr. 4.

2. Unterbringung am Flughafen

Das Flughafenverfahren ist nur bei gesicherter Unterbringung auf dem Flughafengelände durch- 17
zuführen. Sonst besteht ein Anspruch auf Gestattung der Einreise zur Durchführung eines regulären Asylverfahrens, es sei denn, die Unterbringung scheitert nur an der Notwendigkeit einer stationären Krankenhausbehandlung (vgl. auch § 13 II 2 AufenthG). Zur Bereitstellung entsprechender **Unterkünfte** sind Flughafenunternehmer seit 1.7.1993 verpflichtet (§ 65 AufenthG, früher § 74a AuslG)[59]. Diese dienen aber lediglich der Unterbringung von Personen, die ohne erforderlichen Pass oder Sichtvermerk einzureisen versuchen. Der **Personenkreis** des Abs. 1 S. 1 und 2 ist damit nur teilidentisch (Asylbewerber aus sicheren Herkunftsstaaten mit Pass). Soweit die Frist von zusammen 19 Tagen Aufenthalt im Transitbereich überzogen wird, ist streitig, ob es sich um eine Freiheitsentziehung handelt[60]. Dem Gesetz zufolge muss nur die Unterbringung möglich sein; damit ist aber notwendigerweise auch die Befriedigung der existenziellen Bedürfnisse verbunden, insbesondere Ernährung und Krankenbetreuung. Eine ausreichende **Versorgung** mit dem zum Leben Notwendigen ist für eine menschenwürdige Unterbringung unerlässlich. Angesichts der Höchstaufenthaltsdauer von 23 (2^{61} + 7^{62} + 14) Tagen können Vorkehrungen erforderlich werden, die über den Standard einer notdürftigen Versorgung von Reisenden („Bahnhofsmission") weit hinausgehen. Dabei ist wa auf die Belastungen durch die „Reise", die für den politisch Verfolgten mit einer Touristenreise nicht vergleichbar ist, und durch die Unsicherheiten während des Asylverfahrens Bedacht zu nehmen. Deswegen erscheint auch die Betreuung durch einen Sozialdienst dringend erforderlich, zumal Kapazitäten von über 500 Plätzen (am Rhein-Main-Flughafen) eingerichtet sind[63].

Neben Unterbringung und Versorgung der Ausländer muss auch die **Durchführung des Ver-** 18
fahrens vor Grenzbehörde und BAMF sichergestellt sein[64]. Während Erstere notwendigerweise auf dem Flughafengelände eingerichtet und dort zur Befragung der Ausländer in der Lage sein muss, kann die Außenstelle des BAMF auch anderswo untergebracht sein; sie muss nur der Grenzkontrollstelle zugeordnet sein. Dasselbe gilt für das Gericht, das uU für mündliche Anhörungen Räume am Flughafen benötigt[65]. Die sehr kurzen Fristen für BAMF und Gericht können bei Berechnung der Unterbringungs- und Verwaltungskapazitäten einkalkuliert werden. Entscheidend bleibt aber die Frage der Unterbringung während des Verfahrens und hierfür ist allein die Grenzbehörde zuständig und verantwortlich, weder der Flughafenbetreiber noch das BAMF.

3. Asylantrag

Nach dem Asylgesuch muss dem Ausländer unverzüglich die Antragstellung iSd § 14 vor der 19
zuständigen Außenstelle des BAMF ermöglicht werden. Unverzüglich bedeutet hier ohne objektiv vertretbares Zögern, wobei die insgesamt kurzen Fristen von zwei und drei Tagen für Verwaltungsverfahren und vorläufigen Rechtsschutz als Richtschnur dienen sollten. Eine nicht unverzügliche Weiterleitung löst kein Recht auf Einreise aus, es drohen nur die Säumnisfolgen des Abs. 6 Nr. 1 und 2. Der Antragstellung müssen aber nach obigen Ausführungen positive Feststellungen über folgende **formelle Voraussetzungen** vorausgehen:
– Asylgesuch,
– Herkunft aus sicherem Staat oder Nichtbesitz gültiger Passpapiere,
– keine Einreiseverweigerung nach § 18 II,
– Unterbringung am Flughafen gewährleistet.

Die **Außenstelle** muss der Grenzkontrollstelle zugeordnet sein; sie muss nicht ausdrücklich für die 20
Bearbeitung von Asylgesuchen bestimmter Nationalitäten (wie nach § 46 I 1) bestimmt sein. Sonst könnte sie die Fälle der Ausländer ohne gültige Passpapiere nicht bearbeiten. Die Außenstelle muss nicht nur zur Entgegennahme des Asylantrags, sondern auch zu dessen Bescheidung kraft Organisationsanordnung ermächtigt sein[66]. Die Außenstelle kann die Entgegennahme des Antrags dann ablehnen, wenn sie voraussichtlich nicht kurzfristig oder zumindest nicht binnen zwei Tagen nach Antragstellung entscheiden kann (vgl. Abs. 6 Nr. 1 und 2).

---

[59] Zur Kostentragung → AufenthG § 65 Rn. 6.
[60] Dazu → Rn. 7.
[61] Die Zwei-Tages-Frist zur Entscheidung über den Asylantrag beginnt erst mit der Antragstellung vom BAMF; nicht bereits mit dem Vorbringen des Asylgesuchs bei der Grenzbehörde. Das VG München (Beschl. v. 26.10.2018 – 16 E 18.33929, BeckRS 2018, 28819 Rn. 16) hielt eine Zeitspanne von sechs Tagen zwischen Asylgesuch bei der Grenzbehörde und Asylantragstellung beim BAMF noch als sachgerecht.
[62] Inklusive vier Tage auf formlosen Antrag; BVerfG Urt. v. 14.5.1996 – 2 BvR 1516/93, BeckRS 9998, 170716; dazu → Rn. 26.
[63] Dazu *Mai* ZAR 2002, 211.
[64] BVerfG Urt. v. 14.5.1996 – 2 BvR 1516/93, BVerfGE 94, 166; dazu auch *de Wyl* ZAR 1997, 82.
[65] Dazu → Rn. 30.
[66] Dazu → § 7 Rn. 11, 14.

4. Anhörung

21 Das Anhörungsverfahren richtet sich in vollem Umfang nach §§ 24, 25. Von ihm kann abgesehen werden, wenn eine (sofortige) Anerkennung beabsichtigt ist (§ 24 I 3). **Besonderheiten** ergeben sich (abgesehen von dem außerordentlichen Zeitdruck) va aus den regelmäßig mangelnden Deutschkenntnissen[67] und der psychischen und zum Teil auch physischen Ausnahmesituation eines Flüchtlings bei Erreichen der „sicheren" Grenze; Letzterem muss durch Einsatz geschulten und kundigen Personals und durch die sonstigen Rahmenbedingungen Rechnung getragen werden, um möglichst vollständige und wahrheitsgetreue Angaben des Ausländers und damit eine tragfähige Entscheidungsgrundlage zu erreichen[68]. Diesem Ziel dienen die hierfür vom BVerfG aufgestellten Leitlinien für ein faires, loyales und verständnisvoll geführtes Verfahren, wobei nicht jede Abweichung oder Unzulänglichkeit als Verfassungsverstoß zu werten ist. Zudem ist zu beachten, dass die Tatbestände des § 25 II am Flughafen nicht gegeben sein können. Den in § 25 VI genannten Personen muss bzw. kann auch am Flughafen die Teilnahme gestattet werden. Falls der Asylbewerber bereits einen Bevollmächtigten beauftragt hat, darf auch dieser bei der Anhörung zugegen sein (§ 14 IV VwVfG). Die erst nach der Anhörung bestehende besondere Verpflichtung des BAMF nach Abs. 1 S. 5 spricht nicht gegen das Teilnahmerecht des Bevollmächtigten[69]. Es ist indes nicht verfassungsrechtlich geboten, dem Asylbewerber bereits vor der Anhörung Gelegenheit zur Aufnahme der Verbindung mit einem Rechtsanwalt seiner Wahl zu geben[70].

5. Entscheidung des Bundesamts

22 Dem BAMF stehen alle Entscheidungsmöglichkeiten offen. Das am Flughafen vorgezogene Verfahren stellt insoweit ein **reguläres Asylverfahren** dar. Weder bei Ausländern aus sicheren Herkunftsstaaten noch bei solchen mit gültigen Passpapieren ist das BAMF bei der Prüfung des Asylantrags inhaltlich beschränkt, bei Eingreifen der Herkunftsstaatenregelung muss der Asylbewerber aber die Vermutung der Verfolgungsfreiheit durch substantiierten Vortrag ausräumen[71]. Das BAMF kann dem Asylantrag stattgeben oder ihn in vollem Umfang oder teilweise ablehnen; nach Maßgabe des § 31 III ist auch über Abschiebungshindernisse nach § 60 I–III, V, VIII und IX AufenthG zu entscheiden (vgl. § 15 IV 1 AufenthG, der auch für die Zurückweisung in der Form der Einreiseverweigerung gilt[72]). Nur bei vollständiger Ablehnung als offensichtlich unbegründet iSd § 30 kommt es zu den weiteren Entscheidungen nach Abs. 2 und Abs. 3 S. 1. Zu beachten sind freilich die seit 1.7.1993 erweiterten Kataloge der Gründe für Unbeachtlichkeit (vgl. § 29) und offensichtliche Unbegründetheit (vgl. §§ 29a I, 30 I–V) eines Asylantrags. Passlosigkeit allein rechtfertigt nicht die Ablehnung als offensichtlich unbegründet, wohl aber zB Täuschung über Identität oder Staatsangehörigkeit oder gröbliche Verletzung von Mitwirkungspflichten (§ 30 III Nr. 2, 5) und va Herkunft aus einem sicheren Herkunftsstaat (§ 29a I). Die Sonderregeln des Abs. 2 über offensichtlich unbegründete Anträge schmälern die sonstigen Kompetenzen des BAMF zur Entscheidung nicht[73]. Bei Feststellung der Voraussetzungen des Art. 16a I GG oder des § 60 I oder II–VI AufenthG oder bei Antragsablehnung als unbeachtlich oder (schlicht) unbegründet ist die Einreise mangels Vorliegens der Voraussetzungen der §§ 18 II, 18a III 1 zu gestatten[74]. Die Weiterleitung erfolgt analog § 18 I. Ebenso ist im Falle des Abs. 6 Nr. 1 oder 2 zu verfahren, falls das BAMF im Flughafenverfahren andere Entscheidungen als die Ablehnung als offensichtlich unbegründet nicht treffen sollte[75]. Eine besondere Situation kann entstehen, wenn die Entscheidung des BAMF auf Feststellung beruht, die die Grenzbehörde zuvor anders beurteilte. Etwa in der Frage der Anerkennung von Gründen für eine Einreiseverweigerung nach § 18 II Nr. 2 oder 3. Aufgrund der eingeschränkten Prüfungskompetenz der Grenzbehörde in inhaltlicher wie zeitlicher Hinsicht im Asylverfahren liegt letztlich die Feststellungshoheit beim BAMF, mit Folgenauslösung für die Frage der Einreiseverweigerung[76].

23 Nur bei Ablehnung des Asylantrags als offensichtlich unbegründet in vollem Umfang (§ 30 I) ergeht eine vorsorgliche **Abschiebungsandrohung** unter Beachtung der §§ 34, 36 I. Diese soll dem Fall vorbeugen, dass dem Ausländer die Einreise gelingt, obwohl sie ihm nicht zu gestatten, sondern zu

---

[67] Vgl. BVerfG Beschl. v. 20.4.1982 – 2 BvL 26/81, BVerfGE 60, 253.
[68] BVerfG Urt. v. 14.5.1996 – 2 BvR 1516/93, BVerfGE 94, 166.
[69] Marx § 18a Rn. 52 ff.; BVerwG Beschl. v. 2.11.1990 – 9 B 121.90, BayVBl. 1991, 124 und EZAR 210 Nr. 5.
[70] BVerfG Urt. v. 14.5.1996 – 2 BvR 1516/93, BVerfGE 94, 166; vgl. auch → Rn. 23.
[71] Vgl. BVerfG Urt. v. 14.5.1996 – 2 BvR 1507/93 ua, BVerfGE 94, 115.
[72] Zur Unanwendbarkeit der Zurückweisungsbefugnis in Gänze näher bei → § 18 Rn. 13, 22, 35, 40.
[73] Goebel-Zimmermann Rn. 253; GK-AsylVfG § 18a Rn. 52; Hailbronner AsylG § 18a Rn. 67 ff., 75; aA Marx § 18a Rn. 57 f.
[74] → Rn. 20.
[75] So die Praxis nach Marx § 18a Rn. 57 f.
[76] Vgl. dazu auch Bruns in HK-AuslR zu § 18 Rn. 18 in Bezug auf die eingeschränkte Beurteilungskompetenz zu § 18 II Nr. 3; abl. aber in § 18a Rn. 2 zu § 18 II Nr. 3, zuständig bei § 18 II Nr. 2 mit Verweis auf Grün in GK-AsylVfG § 18a Rn. 37.

Verfahren bei Einreise auf dem Luftwege § 18a AsylG 7

verweigern ist[77]. Kommt es nur zu einer nicht qualifizierten Antragsablehnung, hat das BAMF eine reguläre Abschiebungsandrohung nach §§ 34 ff. zu erlassen. Dem Ausländer ist dann die Einreise zu gestatten, weil die Voraussetzungen für die Zurückweisung an der Grenze (§ 18 II oder § 18a III 1) nicht vorliegen[78]. Dieser Fall ist in Abs. 6 nicht genannt, weil dort nur auf formale zeitliche Verfahrenshindernisse abgestellt ist.

6. Entscheidung der Grenzbehörde

Nach Antragsablehnung als offensichtlich unbegründet hat die Grenzbehörde die **Einreise zu verweigern** und die weiteren sonst im Falle des § 18 II üblichen Maßnahmen zu treffen (Zurückweisung in den Abflugstaat). Nach Antragsablehnung als schlicht unbegründet oder bei Stattgabe ist keine Einreiseverweigerung vorgesehen, sondern das reguläre Verfahren einzuhalten. In beiden Fällen ist der Asylbewerber an die zuständige Aufnahmeeinrichtung **weiterzuleiten** (§ 18 I), wo er allerdings nach seiner persönlichen Meldung (§ 22 I) keinen Asylantrag (§ 23) mehr bei der betreffenden Außenstelle zu stellen hat, sondern während des weiteren Verfahrens nach Maßgabe der §§ 46 ff. wohnt. 24

Die **Einreise** ist außerdem nach Ablauf der Fristen des Abs. 6 Nr. 2[79] oder 3 oder aufgrund der Mitteilung des BAMF nach Abs. 6 Nr. 1 bzw. bei fehlendem Haftantrag gemäß Abs. 6 Nr. 4[80] **zu gestatten**. In keinem dieser Fälle steht der Grenzbehörde ein eigener Entscheidungsspielraum zur Verfügung. Nach Eintritt der Voraussetzungen hat sie unverzüglich zu handeln, weil jedes weitere Festhalten eine unzulässige Freiheitsentziehung darstellen kann[81]. 25

Die Grenzbehörde hat bei qualifizierter Ablehnung des Asylantrags den Bescheid des BAMF zusammen mit der dann obligatorischen (schriftlichen) Einreiseverweigerung dem Ausländer **zuzustellen**. Beiden Bescheiden ist jeweils eine Rechtsmittelbelehrung beizufügen, die auch der Hinweis nach Abs. 4 S. 3 enthalten sein muss. Der Ausländer ist sowohl über die Klage als auch über den Antrag auf vorläufigen Rechtsschutz gem. § 58 VwGO zu belehren. Ihm werden entsprechend den Vorgaben des BVerfG[82] die Entscheidungsgründe und die Rechtsbehelfsverfahren mündlich mithilfe eines Dolmetschers erläutert. Außerdem wird er auf eine Liste mit Rechtsanwälten aufmerksam gemacht, falls er noch nicht anwaltlich vertreten ist. Schließlich kann er kostenlos eine asylrechtskundige, unabhängige Beratung in Anspruch nehmen, die am Rhein-Main-Flughafen in Zusammenarbeit mit der Rechtsanwaltskammer eingerichtet und an jedem Tag einsatzbereit ist[83]. Im Interesse größerer Rechtsklarheit wäre eine ausdrückliche gesetzliche Fixierung dieser besonderen Verfahrensvorkehrungen gewiss nicht unsachgerecht. In den anderen Fällen, in denen eine Einreiseverweigerung nicht erfolgt, verbleibt es bei dem regulären Verfahren der Zustellung des Bescheids durch das BAMF. 26

V. Rechtsschutz

1. Allgemeines

Der Rechtsschutz ist in Flughafenfällen entsprechend der Ermächtigung des Art. 16a IV GG **stark eingeschränkt**. Daher sind Grenzbehörden und BAMF gehalten, die dort herrschenden besonders ungünstigen Umstände durch geeignete Vorkehrungen auszugleichen, um dem Asylbewerber das Verstehen der Asylablehnung und der Mindestvoraussetzungen für den Rechtsschutz zu ermöglichen und ihm eine asylrechtskundige Beratung zu sichern[84]. Gegen Asylantragsablehnung und Einreiseverweigerung sowie Feststellung zu § 60 AufenthG und Abschiebungsandrohung sind grundsätzlich Klage und Eilantrag gegeben, die Zulässigkeitsvoraussetzungen und das Entscheidungsverfahren sind aber gegenüber dem Normalfall (vgl. §§ 36, 74 ff.) erheblich abgewandelt. Das Gesamtsystem ist unklar, weil sich die Sonderregeln für das gerichtliche Flughafenverfahren ausschließlich mit dem vorläufigen Rechtsschutz befassen, obwohl Anträge nach §§ 80 V oder 123 VwGO Rechtsmittel zur **Hauptsache** zwingend voraussetzen[85]. Die Anordnung der aufschiebenden Wirkung kann sich nämlich nur auf eine erhobene oder zu erhebende Klage (vgl. § 80 V 2 VwGO) beziehen (Widerspruch ausgeschlossen nach § 11) und die einstweilige Anordnung dient ebenfalls der Sicherung des Erfolgs der Klage, auch wenn sie schon vor deren Erhebung erlassen werden kann (§ 123 I VwGO). 27

Der im Vordergrund stehende **vorläufige Rechtsschutz** richtet sich kraft Gesetzes auf Gewährung der Einreise (§ 123 I VwGO) und für den Fall der Einreise auf Anordnung der aufschiebenden Wirkung der Anfechtungsklage gegen die Abschiebungsandrohung (§ 80 V VwGO)[86]. Zudem gilt die 28

---

[77] → Rn. 4, 20.
[78] → Rn. 18.
[79] VG Frankfurt a. M. Beschl. v. 11.7.2007 – 7 G 1872/07.AF, BeckRS 2007, 27234.
[80] Dazu → Rn. 1.
[81] Dazu → Rn. 12.
[82] BVerfG Urt. v. 14.5.1996 – 2 BvR 1516/93, BVerfGE 94, 166; dazu *Maaßen/de Wyl* ZAR 1997, 9.
[83] Dazu ZAR 1998, 95; BT-Drs. 13/9116.
[84] Dazu → Rn. 4; OLG Frankfurt a. M. Beschl. v. 3.2.2011 – 2 WF 457/10, BeckRS 2011, 5379.
[85] Zur früheren Rechtslage BVerfG-A Beschl. v. 2.2.1988 – 2 BvR 702/84 ua, BVerfGE 78, 7.
[86] Allg. dazu → § 18 Rn. 41, 42.

Anordnung der Gestattung der Einreise im Eilverfahren kraft Gesetzes zugleich als Aussetzung des Vollzugs der Abschiebungsandrohung. Damit erübrigt sich im Falle des Erfolgs des Antrags gegen den Bescheid der Grenzbehörde die eigenständige Überprüfung der Abschiebungsandrohung des BAMF.

29 Die infolge des Ausschlusses des Widerspruchs (§ 11) unmittelbar zulässige **Klage** richtet sich zunächst gegen den Bescheid der Grenzbehörde und zielt damit auf die Verpflichtung zur Weiterleitung ab, was unausgesprochen die Kassation der Einreiseverweigerung einschließt. Außerdem betrifft sie den ausländerrechtlichen Teil des Bescheids des BAMF, indem mit ihr für den Fall des Erfolgs gegenüber der Grenzbehörde die Aufhebung der vorsorglich erlassenen Abschiebungsandrohung begehrt wird. Dies entspricht den genannten Rechtsschutzzielen des Antrags auf vorläufigen Rechtsschutz, die gesetzlich dahin gehend festgelegt sind, dass die Gewährung der Einreise und für den Fall der Einreisegestattung die Aussetzung des Vollzugs der Abschiebungsandrohung begehrt werden. Dabei ist zugrunde zu legen, dass die Weiterleitung nach § 18 I gleichbedeutend ist mit der Einreisegewährung oder -gestattung iSd Abs. 5. Darüber hinaus ist das Rechtsschutzbegehren des Ausländers auf Verpflichtung zur Asylanerkennung und zu Feststellungen nach § 60 AufenthG gerichtet. Insoweit unterscheidet sich das Verfahren am Flughafen nicht von dem in den Fällen des § 36 I.

2. Rechtsmittelfristen

30 Die Fristenregelung ist nicht ausreichend klar. Der Eilantrag ist binnen drei Tagen nach Zustellung durch die Grenzbehörde zu stellen; diese Frist kann durch Übergabe an die Grenzbehörde gewahrt werden, weil der Antrag auch dort gestellt werden kann. In der Rechtsmittelbelehrung muss auf die Möglichkeit der Antragstellung bei der Grenzbehörde ausdrücklich hingewiesen werden. Während die **Klagefrist** in den Fällen des § 36 der dortigen Antragsfrist von einer Woche angepasst ist (§ 74 I Hs. 2), fehlt es für die Drei-Tage-Frist an einer derartigen Harmonisierung. Deshalb gilt in Flughafenfällen die Klagefrist von zwei Wochen (§ 74 I Hs. 1). Eine analoge Anwendung des § 18a IV 1 auf die Klagefrist erscheint angesichts des eindeutigen Gesetzeswortlauts der §§ 18a I 1, 74 I und der notwendigen Rechtssicherheit im Bereich der Fristen fraglich. Die Verfassungsmäßigkeit der Drei-Tage-Frist hat das BVerfG zwar bestätigt, es ist aber auf formlosen Antrag eine weitere Begründungsfrist von vier Tagen ab Ablauf der Eilantragsfrist zu gewähren (→ Rn. 26)[87].

31 Das Auseinanderfallen der Fristen für Klage und Eilantrag hindert nicht die **zügige Entscheidung** über Letzteren. Der Eingang der Klage braucht nicht abgewartet zu werden[88]; vorläufiger Rechtsschutz ist schon vor Klageerhebung zulässig[89]. Der Asylbewerber sollte freilich die fristgerechte Erhebung einer Klage ankündigen. Dann kann ihm im Hinblick darauf vorläufiger Rechtsschutz gewährt werden. Der Eilantrag braucht nicht innerhalb der Frist begründet zu werden. Das Gericht ist aber ohne Rücksicht auf eine Begründung des Antrags oder der Klage zu möglichst sofortiger Entscheidung gezwungen, darf also idR nicht zuwarten. **Auf Antrag des Asylbewerbers ist eine Nachfrist zur Begründung von weiteren vier Tagen** einzuräumen, und zwar ohne Rücksicht auf hierfür geltend gemachte besondere Gründe[90]. Auch insoweit wäre eine Gesetzesergänzung im Anschluss an die verfassungskonforme Modifizierung durch das BVerfG[91] durchaus angezeigt, um die gerade im Bereich von Fristen notwendige Eindeutigkeit gesetzlicher Bestimmungen zu gewährleisten[92].

32 Nur bei Einhaltung der Antragsfrist ist die **Abschiebung** kraft Gesetzes vorläufig **ausgesetzt**. Gegen die Versäumung der Antragsfrist kann zwar unter den Voraussetzungen des § 60 VwGO Wiedereinsetzung in den vorigen Stand gewährt werden[93]. Dies kann aber ebenso wie in den Fällen des § 36 I evtl. einen endgültigen Rechtsverlust nicht verhindern, weil die Abschiebung während des Wiedereinsetzungsverfahrens nicht (weiter) ausgesetzt ist[94]. Dem kann mit einem Antrag nach § 123 I VwGO begegnet werden, der allerdings nur dann Erfolg verspricht, wenn sowohl das Wiedereinsetzungsgesuch als auch der Eilantrag selbst begründet erscheinen.

3. Entscheidungsverfahren

33 Die Sonderregeln für das Gerichtsverfahren sind von dem Bestreben zu **absoluter Beschleunigung** geprägt. Zu diesem Zweck hat die Grenzbehörde dem VG vorab unverzüglich eine Abschrift ihrer Entscheidung und die Akten des BAMF (mit dessen Entscheidungen) zu übermitteln. Für die notwendige Überprüfung der Einhaltung der Antragsfrist unerlässlich ist außerdem die Beifügung eines Nach-

---

[87] BVerfG Urt. v. 14.5.1996 – 2 BvR 1516/93, BVerfGE 94, 166; zur Begr. → Rn. 26.
[88] → Rn. 30.
[89] *Schenke* JZ 1996, 1160.
[90] BVerfG Urt. v. 14.5.1996 – 2 BvR 1516/93, BVerfGE 94, 166 Rn. 138; *Bruns* in NK-AuslR AsylG § 18a Rn. 25.
[91] Krit dazu *Lübbe-Wolff* DVBl 1996, 825.
[92] Vgl. auch → Rn. 22, 30.
[93] Dazu → § 74 Rn. 20 ff.
[94] → § 36 Rn. 16 ff., 20.

weises über die Zustellung (§ 36 II 2 analog). Wird der Eilantrag bei der Grenzbehörde gestellt, ist er ebenfalls unverzüglich dem VG zu übersenden.

Über den Eilantrag wird in der Regel durch den Einzelrichter **entschieden** (vgl. § 76 IV). Eine **34** mündliche Verhandlung ist grundsätzlich zulässig (§§ 101 III, 123 IV VwGO), die Entscheidung soll aber (möglichst) im schriftlichen Verfahren ergehen. Die Verhandlung kann auch auf dem Flughafengelände stattfinden, sofern dort die Öffentlichkeit gewährleistet ist. Begleitete und kontrollierte Teilnahme an der Verhandlung des VG außerhalb des Transitbereichs bedeutet noch keine Einreise (vgl. § 13 II 2 AufenthG). Indem die Anwendung von § 36 IV angeordnet ist, gelten auch die dortigen Präklusionsvorschriften[95]. Das Gericht ist gehalten, binnen zwei Wochen zu entscheiden; sonst erübrigt sich nämlich die Entscheidung durch die Einreisegestattung nach Abs. 6 Nr. 3. Es darf gleichzeitig über Klage und Eilantrag entschieden werden, das Auseinanderfallen der Fristen[96] steht dem aber unter Umständen entgegen. Für die Wirksamkeit der Entscheidung soll es auf die Übergabe des Tenors an die Geschäftsstelle ankommen, wie die Bezugnahme auf § 36 III 9 in Abs. 4 S. 7 nahelegt. Sonst ist aber ausschließlich Abs. 4 und nicht Abs. 3 des § 36 anzuwenden (Abs. 4 S. 6). Danach brauchen zwar schriftliche Gründe für die VG-Entscheidung nicht vorzuliegen, dem Asylbewerber muss aber die Ablehnung des Eilantrags in verständlicher Form vor Vollzug der Einreiseverweigerung mitgeteilt werden[97]. Auch insoweit wäre eine Ergänzung des Gesetzeswortlauts eigentlich geboten, um die besonderen rechtsstaatlichen Voraussetzungen für das Flughafenverfahren dem Rechtsuchenden wie dem Rechtsanwender zu verdeutlichen[98].

Als Maßstab für den vorläufigen Rechtsschutz sind **ernstliche Zweifel** an der Rechtmäßigkeit des **35** angegriffenen Verwaltungsakts erforderlich[99]. Der Eilantrag hinsichtlich der Einreiseverweigerung ist zwar auf eine einstweilige Anordnung gerichtet[100] und nicht wie in § 36 IV 1 auf die Aussetzung der Abschiebung. Die dort vorgesehenen Anforderungen an eine stattgebende Entscheidung sind aber auf den Fall des Abs. 3 S. 1 übertragbar. Einerseits hängt nämlich die Einreiseverweigerung ebenso wie die Abschiebungsandrohung im Falle des § 36 I im Wesentlichen vom Bestand der qualifizierten Antragsablehnung ab und andererseits besteht ein enger Sachzusammenhang zwischen Einreiseverweigerung und Abschiebungsandrohung, wie Abs. 5 S. 1 verdeutlicht. Die ernstlichen Zweifel müssen sich demnach auch auf die Voraussetzungen der Einreiseverweigerung, also der Antragsablehnung als offensichtlich unbegründet und der Feststellung zu § 60 AufenthG, beziehen[101].

Das **Schicksal der Klage** nach einem Erfolg des Antrags auf vorläufigen Rechtsschutz ist unsicher. **36** Soweit sie sich gegen die Verweigerung der Einreise richtet, ist die Hauptsache erledigt, weil die Gestattung der Einreise nicht vorläufig wirkt, sondern endgültig. Diesem Ergebnis, das auf der faktisch endgültigen Wirkung des vorläufigen Rechtsschutzes in diesem Punkt beruht, entspricht die Konstruktion mit der vorsorglichen Abschiebungsandrohung. Denn die hiergegen gerichtete Klage ist fortzuführen. Da der Abschiebungsandrohung (ebenso wie nach § 36) die Ablehnung des Asylantrags als offensichtlich unbegründet zugrunde liegt und das BAMF bei beachtlichen Asylanträgen immer gleichzeitig über § 60 V oder VII AufenthG befinden muss (§ 31), bleiben die dahin gehenden Verpflichtungsklagen zu bescheiden. Abgesehen von der Einreiseverweigerung entspricht das anschließende Klageverfahren damit in vollem Umfang dem im Falle des § 36 I.

Da ein ordentlicher Rechtsbehelf gegen die Ablehnung vorläufigen Rechtsschutzes ausgeschlossen **37** ist (§ 80), kommt allenfalls ein **Abänderungsantrag** in Betracht (§ 80 VII VwGO; analog § 927 ZPO auch für den Antrag nach § 123 VwGO)[102]. Außerdem ist nur die **Verfassungsbeschwerde** mit der Möglichkeit des Erlasses einer einstweiligen Anordnung des BVerfG gegeben. Damit lässt sich aber nicht in jedem Fall eine Entscheidung des BVerfG vor Vollzug der Einreiseverweigerung erreichen; insbesondere kommt eine einstweilige Anordnung nach Ablehnung des Asylantrags als offensichtlich unbegründet kaum in Betracht[103]. Vergleichbares gilt für die hernach mögliche **Menschenrechtsbeschwerde** beim EGMR in Straßburg.

§ 19 Aufgaben der Ausländerbehörde und der Polizei

(1) Ein Ausländer, der bei einer Ausländerbehörde, bei der Bundespolizei oder bei der Polizei eines Landes um Asyl nachsucht, ist in den Fällen des § 14 Abs. 1 unverzüglich an die zuständige oder, soweit diese nicht bekannt ist, an die nächstgelegene Aufnahmeeinrichtung zur Meldung weiterzuleiten.

---

[95] Dazu → § 36 Rn. 25.
[96] → Rn. 26 f.
[97] BVerfG Urt. v. 14.5.1996 – 2 BvR 1516/93, BVerfGE 94, 166; → Rn. 22.
[98] Dazu auch → Rn. 22, 27.
[99] Dazu allg. → GG Art. 16a Rn. 86 f.; → § 36 Rn. 21 ff.
[100] → Rn. 24.
[101] BVerfG Urt. v. 14.5.1996 – 2 BvR 1516/93, BVerfGE 94, 166; vgl. auch → § 36 Rn. 21 f.
[102] VG München Beschl. v. 29.9.2021 – 4 S 7 19.34423, BeckRS 2021, 29657 Rn. 29.
[103] BVerfG Urt. v. 14.5.1996 – 2 BvR 1516/93, BVerfGE 94, 166.

(2) In den Fällen des Absatzes 1 hat die Behörde, bei der ein Ausländer um Asyl nachsucht, diesen vor der Weiterleitung an die Aufnahmeeinrichtung erkennungsdienstlich zu behandeln (§ 16 Absatz 1).

(3) [1] Ein Ausländer, der aus einem sicheren Drittstaat (§ 26a) unerlaubt eingereist ist, kann ohne vorherige Weiterleitung an eine Aufnahmeeinrichtung nach Maßgabe des § 57 Abs. 1 und 2 des Aufenthaltsgesetzes dorthin zurückgeschoben werden. [2] In diesem Falle ordnet die Ausländerbehörde die Zurückschiebung an, sobald feststeht, dass sie durchgeführt werden kann.

(4) Vorschriften über die Festnahme oder Inhaftnahme bleiben unberührt.

I. Entstehungsgeschichte

1   Die Vorschrift hat kein Vorbild im AsylVfG 1982. Sie stimmt in ihrer ursprünglichen Fassung mit dem **Gesetzesentwurf 1992**[1] überein. Mit Wirkung vom 1.7.1993 wurde in Abs. 1 die Alternative der zuständigen Aufnahmeeinrichtung eingefügt, S. 2 in Abs. 2 gestrichen (betreffend Lichtbildausweis) und Abs. 3 neu eingefügt (Art. 1 Nr. 11 **AsylVfÄndG 1993**). Mit Wirkung vom 1.1.2005 wurde entsprechend dem Gesetzesentwurf[2] in Abs. 3 die Bezugnahme auf § 61 I AuslG durch die auf § 57 I AufenthG ersetzt (Art. 3 Nr. 12 **ZuwG**). Das RLUmsG 2007 hat keine Änderungen vorgenommen. Durch das **UmsG 2011**[3] wurde in Abs. 3 nach § 57 I „und 2" ergänzt. Nach der Begründung zum Gesetzesentwurf soll die Änderung der Klarstellung dienen. Bei einer Zurückschiebung iRd AsylG sind die geänderten Voraussetzungen nach § 57 des AufenthG zu beachten. Durch das 2. DAVG[4] wurde die Bundespolizei neben den Ausländerbehörden und den Polizeien der Länder in Abs. 1 aufgenommen.

II. Weiterleitung

2   Die Weiterleitung durch Ausländerbehörde, Bundespolizei oder Landespolizei setzt ein **Asylgesuch** nach § 13 I voraus (wegen eines beim BAMF gestellten „Nicht-Asylantrags" vgl. § 30 III); außerdem darf keiner der Fälle des § 14 II 1 vorliegen. Die Verpflichtung trifft nur diese genannten Behörden, nicht aber andere Bundes- oder Landesbehörden. Sollte das Gesuch bei einer unzuständigen Behörde erfolgen, haben diese auf die Ausländerbehörde, die Bundespolizei oder die Landespolizei zu verweisen[5]. Legt der Ausländer der Ausländerbehörde ein schriftliches Asylgesuch vor, ist dieses dem BAMF (nicht der nächsten Aufnahmeeinrichtung) weiterzuleiten (§ 14 II 2). Wird bei der (Bundes-)Polizeibehörde ein solches schriftliches Gesuch abgegeben, ist der Ausländer (nach Abs. 1) weiterzuleiten, nicht aber unbedingt das Gesuch, da hierfür keine gesetzliche Regelung besteht[6]. Die Aufenthaltsgestattung entsteht auch in diesen Fällen erst mit Ausstellung des Ankunftsnachweises (§ 55 I), gleichwohl ist der Ausländer aufgrund des Asylgesuchs nicht (mehr) ausreisepflichtig[7]. Durch die Aufnahme der Bundespolizei in Abs. 1 durch das 2. DAVG wurden die asylrechtlichen Aufgaben der Bundespolizei als Grenzbehörde (erkennungsdienstliche Behandlung, Weiterleitung) über § 18 hinaus ins Inland erweitert. Äußerten vor der Änderung des Abs. 1 ein Ausländer im Inland gegenüber der Bundespolizei ein Schutzsuchen, war diese dazu verpflichtet, die Person an die nach Abs. 1 aF zuständige Ausländerbehörde oder Landespolizei zu übergeben, damit diese die erkennungsdienstliche Behandlung und die Weiterleitung an die Aufnahmeeinrichtung vornehmen. Die Bundespolizei ist nun bei der Wahrnehmung all ihrer Aufgaben nach den §§ 1–7 BPolG, also zB auch beim Objektschutz von Verfassungsorganen oder bei der Durchführung der Luftsicherheitsaufgaben, für die asylrechtlichen Aufgaben nach § 19 zuständig.

3   Die Weiterleitung des Asylbewerbers erfolgt unter denselben **Voraussetzungen** und zu demselben Zweck wie nach § 18[8]. Ziel ist die nach §§ 22 II2, 46 zuständige Aufnahmeeinrichtung oder, falls diese nicht oder noch nicht bekannt ist, die nächstgelegene. Anderes als noch in § 63a aF ist dem Asylbewerber von den in Abs. 1 genannten Behörden keine förmliche Bescheinigung über die Meldung als Asylsuchender mehr auszustellen. Zur Dokumentation des Asylgesuchs und der Weiterleitung sollte dem Asylbewerber dennoch eine formlose Bescheinigung ausgestellt werden. Diese sollte die Angaben zur Person (gegebenenfalls auf eigenen Angaben beruhend) und ein Lichtbild des Ausländers sowie die Bezeichnung der Aufnahmeeinrichtung, in die sich der Ausländer zur Asylantrag-

---

[1] BT-Drs. 12/2062, 9.
[2] BT-Drs. 17/420, 41.
[3] BT-Drs. 17/5470; Gesetz zur Umsetzung aufenthaltsrechtlicher RL der EU und zur Anpassung nationaler Rechtsvorschriften an den EU-Visakodex, BGBl. 2011 I S. 2258.
[4] Zweites Gesetz zur Verbesserung der Registrierung und des Datenaustausches zu aufenthalts- und asylrechtlichen Zwecken v. 4.8.2019, BGBl. I S. 1131.
[5] *Funke-Kaiser* GK-AsylVfG § 19 Rn. 12; *Hailbronner* AuslR B 2 § 19 Rn. 6; HK-AuslR/*Wolff* § 19 Rn. 3.
[6] → § 14 Rn. 13 ff.; darauf Bezug nehmend *Hailbronner* AuslR B 2 § 19 Rn. 8.
[7] OVG Brem Beschl. v. 5.7.2019 – 2 B 98/18, BeckRS 2019, 14886 Rn. 18.
[8] Dort → § 18 Rn. 3 f.

stellung unverzüglich zu begeben hat, enthalten. Die Folgeverpflichtung des Ausländers ergibt sich aus §§ 15 II Nr. 3, 22 I (Durchsetzung gegebenenfalls nach § 59, s. dort). Ausgenommen sind Ausländer, die bereits über einen Aufenthaltstitel für einen längerfristigen Aufenthalt verfügen, sowie Minderjährige (analog § 14 II). Für diesen Personenkreis erfolgt die Antragstellung direkt beim BAMF[9]. Nicht gesetzlich vorgesehen ist eine Ermächtigung für die genannten Behörden zur Altersfeststellung in diesem Zusammenhang. § 19 I gilt nicht für **Folgeanträge** (§ 71 II 3), wohl aber für **Zweitanträge** (§ 71a II 1). Ein Anspruch auf **Beförderung** oder Begleitung zur Aufnahmeeinrichtung durch die Behörde nach Abs. 1 besteht grundsätzlich nicht (vgl. aber § 20 I 5).

Für den Fall der **Festnahme** oder Inhaftnahme ist von einer Weiterleitung abzusehen. Es muss nur 4 gewährleistet werden, dass der Asylantrag ordnungsgemäß nach § 14 II gestellt werden kann. Abs. 4 dient damit lediglich der Klarstellung in Bezug auf die Fälle gemäß § 14 II. Weitergehende Schlüsse – insbesondere eine Festnahmebefugnis – sind nicht daraus zu ziehen.

III. Zurückschiebung

Seit 1.7.1993 ist bei Einreise aus einem sicheren Drittstaat die Zurückschiebung durch die **Aus-** 5 **länderbehörde** zulässig[10], sofern nicht die Anwendung der Drittstaatenklausel im Verhältnis zu den an der Dublin III-VO teilnehmenden Staaten (alle EU-Mitgliedstaaten sowie Island, Norwegen und die Schweiz) ausgeschlossen ist[11]. Sonst erfolgt eine Zurückschiebung nur durch die Grenzbehörde aus dem Grenzgebiet (§ 18 III; § 71 III Nr. 1AufenthG). Da die Ausländerbehörde die Zurückschiebung anzuordnen hat, ist sie auch für die notwendigen Feststellungen verantwortlich; die (Bundes-)Polizei hat aber zuvor eine entsprechende Prüfung bei den sich bei ihr meldenden Personen vorzunehmen. Insoweit darf die (Bundes-)Polizei den Betroffenen lediglich an die zuständige Aufnahmeeinrichtung weiterleiten. Bei Asylsuchenden finden § 57 I und II AufenthG durch die **(Bundes-)Polizei** keine Anwendung.

Erforderlich sind die zweifelsfreie **Feststellung** des Tatbestands des § 26a, des konkreten Durch- 6 reisestaats und der unerlaubten Einreise (iSd § 14 AufenthG); die Einhaltung der zeitlichen Grenzen des § 57 I AufenthG aF ist durch die Änderung des UmsG 2011 entfallen. Zu beachten ist, dass sich die Zurückschiebung nach § 57 I AufenthG nur noch auf das Überschreiten der Schengen-Außengrenzen bezieht (→ § 18 Rn. 27 f.). Die zusätzliche Einfügung des § 57 II in Abs. 3 – die bekanntlich der Klarstellung dienen soll – führt zu Irritationen, denn sie ist rechtlich verfehlt[12]. Die Ergänzung in § 57 II Alt. 2 AufenthG dient ebenfalls der Klarstellung. Fälle, in denen sich Drittausländer, die im Asylverfahren eines anderen Mitgliedstaats stehen, illegal in Deutschland aufhalten und hier **keinen weiteren Asylantrag** stellen, können ausnahmsweise nach Art. 6 II Rückführungs-RL – vorbehaltlich des Dublin-Verfahrens – verpflichtet werden, sich wieder in den anderen Mitgliedstaat zu begeben (§ 50 III AufenthG). Sollte nach Abschluss des Dublin-Verfahrens in Deutschland die Überstellung in den zuständigen Staat nicht freiwillig erfolgen können, kann iRd zwangsweisen Durchsetzung auf eine Zurückschiebung nach § 57 II Alt. 2 AufenthG zurückgegriffen werden[13] (vgl. hierzu schon unter → § 18 Rn. 28). Außerdem muss absehbar sein, dass die Zurückschiebung nicht undurchführbar ist, weil zB der Drittstaat die Rückübernahme ablehnt oder der Ausländer reiseunfähig ist. Die Ausländerbehörde hat ebenso wie die Grenzbehörde keine asylrechtliche Prüfung vorzunehmen, sondern ist auf die Feststellung des Reisewegs beschränkt. Im Unterschied zu § 18 III ist hier die Zurückschiebung nicht obligatorisch, sondern in das (pflichtgemäße) **Ermessen** der Ausländerbehörde gestellt. Dabei kann zB berücksichtigt werden, ob die Ermittlung der Reiseroute einen unverhältnismäßigen Aufwand verursacht. Der Ausländer kann auch an die zuständige Aufnahmeeinrichtung mit dem Ziel weitergeleitet werden, bei der dortigen Außenstelle ein Asylverfahren durchzuführen. Er kann der Zurückschiebung durch die Ausländerbehörde schließlich dadurch entgehen, dass er seinen Asylantrag ordnungsgemäß bei einer Außenstelle des BAMF stellt (§ 14 I) und damit kraft Gesetzes eine Aufenthaltsgestattung erwirbt (§ 55 I)[14].

IV. Erkennungsdienstliche Behandlung

Vor Weiterleitung oder Zurückschiebung *ist* wie bei der Grenzbehörde nach § 18 V eine erken- 7 nungsdienstliche Behandlung (§ 16 I) zur **Sicherung der Identität** des Asylsuchenden vorzunehmen.

---

[9] NK-AuslR/*Wolff* § 19 Rn. 5.
[10] Zur Aufenthaltsgestattung in diesen Fällen → Rn. 2.
[11] → § 5 Rn. 8, → § 18 Rn. 4; *Bruns* in NK-AuslR § 19 Rn. 10, der für die Anwendung des Abs. 3 gar keinen Raum mehr sieht.
[12] → § 18 Rn. 28.
[13] S. Begr. im GesEntw: „Im Anwendungsbereich der VO (EG) Nr 343/2003 des Rates vom 18.2.2003 zur Festlegung von Kriterien und Verfahren zur Bestimmung des Mitgliedstaats, der für die Prüfung eines Asylantrags zuständig ist, den ein Staatsangehöriger eines Drittlandes in einem Mitgliedstaat gestellt hat (ABl. L 50 v. 25.2.2003, 1), ist diese vorrangig anzuwenden."
[14] Darauf Bezug nehmend *Hailbronner* AuslR B2 § 19 Rn. 19.

Zuständig sind Ausländerbehörde, Bundespolizei oder Polizei des Landes (§ 16 II). Der frühere Ausnahmefall (amtlicher Lichtbildausweis) ist seit 1.7.1993 entfallen[15]. Schon durch das DAVG vom 2.2.2016[16] sollte sichergestellt werden, dass Asylsuchende beim behördlichen Erstkontakt erkennungsdienstlich behandelt und registriert werden[17]. An der Grenze bzw. im grenznahen Raum durch die Grenzbehörde nach § 18 V, im Inland durch die Ausländerbehörde oder die Landespolizeien nach § 19, durch das BAMF oder die Aufnahmeeinrichtung nach § 16 II. Die Bundesregierung begründet die Ergänzung des Abs. 1 damit, dass sich die Notwendigkeit der erstbehördlichen Identitätssicherung bei Asylsuchenden häufig auch im Rahmen der sonstigen gesetzlichen Aufgabenwahrnehmung der Bundespolizei-Dienststellen nach dem BPolG im Inland ergibt[18]. Die Bundespolizei ist im Inland bereits für die erkennungsdienstliche Behandlung von unerlaubt aufhältigen Ausländern nach § 49 IX AufenthG zuständig. So ist es folgerichtig, diese Zuständigkeit für diese Maßnahme der Identitätssicherung beizubehalten, auch wenn der unerlaubt aufhältige Ausländer ein Asylgesuch äußert.

8 Zu den erkennungsdienstlichen Maßnahmen gehört nicht die **Durchsuchung** nach § 15 IV. Diese dient der Sicherstellung von Passpapieren und damit vorrangig der **Identitätsfeststellung** und nur mittelbar auch der Identitätssicherung und ist daher von den hier allein zulässigen Maßnahmen nach § 16 I klar unterschieden. Gleiches gilt auch für das Auslesen des elektronischen Speichermediums eines Passes nach § 16 Ia, das ebenso nicht der Sicherung, sondern der Prüfung der Identität dient. Weiterleitung und erkennungsdienstliche Behandlung schließen eine Durchsuchung oder Identitätsfeststellung nach repressiven Befugnisnormen sowie eine Festnahme oder Inhaftierung nach polizeilichen, strafprozessualen oder ausländerrechtlichen Vorschriften nicht aus. Die pauschale Erhebung der Daten bei jedem mindestens Sechs-jährigen Asylbewerber in Bezug auf das Rechtsstaatsgebot gem. Art. 20 GG ist bedenklich. Die erkennungsdienstliche Behandlung ist zu dulden (§ 15 II Nr. 7); auf eine Rechtsfolge wurde verzichtet[19]. Die Maßnahme ist zwangsweise durchsetzbar.

V. Rechtsschutz

9 Ein Widerspruch findet nicht statt (§ 11). Gegen die Zurückschiebung kann **Verpflichtungsklage** mit dem Ziel der Verpflichtung zur Weiterleitung erhoben werden; insoweit besteht eine ähnliche Lage wie bei der Einreiseverweigerung durch die Grenzbehörde[20]. Gegen die erkennungsdienstliche Behandlung ist Anfechtungsklage zulässig. Die Maßnahme ist sofort vollziehbar (§ 80 II Nr. 3 VwGO iVm § 75); Antrag auf Anordnung der aufschiebenden Wirkung ist möglich (§ 80 V VwGO). Einstweiliger Rechtsschutz ist dagegen nach der Rspr. des BVerfG ausgeschlossen, obwohl § 34a II nur die Abschiebung betrifft[21].

§ 20 Weiterleitung an eine Aufnahmeeinrichtung

(1) [1]Der Ausländer ist verpflichtet, der Weiterleitung nach § 18 Abs. 1 oder § 19 Abs. 1 unverzüglich oder bis zu einem ihm von der Behörde genannten Zeitpunkt zu folgen. [2]Kommt der Ausländer der Verpflichtung nach Satz 1 nicht nach, so findet § 33 Absatz 1, 5 und 6 entsprechend Anwendung [3]Dies gilt nicht, wenn der Ausländer unverzüglich nachweist, dass das Versäumnis auf Umstände zurückzuführen war, auf die er keinen Einfluss hatte. [4]Auf die Verpflichtung nach Satz 1 sowie die Rechtsfolgen einer Verletzung dieser Verpflichtung ist der Ausländer von der Behörde, bei der er um Asyl nachsucht, schriftlich und gegen Empfangsbestätigung hinzuweisen. [5]Kann der Hinweis nach Satz 4 nicht erfolgen, ist der Ausländer zu der Aufnahmeeinrichtung zu begleiten.

(2) [1]Die Behörde, die den Ausländer an eine Aufnahmeeinrichtung weiterleitet, teilt dieser unverzüglich die Weiterleitung, die Stellung des Asylgesuchs und den erfolgten Hinweis nach Absatz 1 Satz 4 schriftlich mit. [2]Die Aufnahmeeinrichtung unterrichtet unverzüglich, spätestens nach Ablauf einer Woche nach Eingang der Mitteilung nach Satz 1, die ihr zugeordnete Außenstelle des Bundesamtes darüber, ob der Ausländer in der Aufnahmeeinrichtung aufgenommen worden ist, und leitet ihr die Mitteilung nach Satz 1 zu.

I. Entstehungsgeschichte

1 Die Vorschrift hat kein Vorbild im AsylVfG 1982. Sie stimmte ursprünglich im Wesentlichen mit dem Gesetzesentwurf 1992 überein; dort war allerdings Abs. 2 auf Ausländer beschränkt, denen der

---

[15] → Rn. 1.
[16] BGBl. 2016 I S. 130.
[17] BT-Drs. 18/7203, 2.
[18] BR-Drs. 54/19, 79.
[19] BT-Drs. 12/2062, 42.
[20] → § 18 Rn. 41.
[21] → § 18 Rn. 41; *Hailbronner* AsylG § 19 Rn. 21 f.

Weiterleitung an eine Aufnahmeeinrichtung § 20 AsylG 7

Aufenthalt nur für das Asylverfahren gestattet ist[1]. Seit 1.1.2005 ist sie entsprechend dem Gesetzesentwurf[2] vollständig neu gefasst **(Art. 3 Nr. 13 ZuwG)**. Zuvor lautete sie: „(1) Die Behörde, die den Ausländer an eine Aufnahmeeinrichtung weiterleitet, teilt dieser die Weiterleitung unverzüglich mit. (2) Der Ausländer ist verpflichtet, der Weiterleitung unverzüglich zu folgen." Die Richtlinienumsetzungsgesetze 2007 und 2011 und 2013 haben keine Änderungen vorgenommen, wohl aber das sog. **Asylpaket II**[3]. Durch Art. 1 Nr. 3 des am 17.3.2016 (BGBl. I S. 390) in Kraft getretenen **Gesetzes zur Einführung beschleunigter Asylverfahren** wurden Abs. 1 die Sätze 2–5 angefügt, der alte Abs. 2 aufgehoben und im neuen Abs. 2 (dh dem alten Abs. 3) redaktionelle Anpassungen vorgenommen. Der Gesetzgeber begründete dies wie folgt[4]: „Die Rechtsfolge der Nichtbefolgung einer Weiterleitung, die im bisherigen Absatz 2 geregelt war, wird nunmehr in Absatz 1 geregelt. Hier findet § 33 Absatz 1, 5 und 6 entsprechende Anwendung, so dass das Verfahren eingestellt gilt, wenn der Ausländer sich nicht unverzüglich oder bis zu einem ihm von der Behörde genannten Zeitpunkt bei der ihm benannten Aufnahmeeinrichtung meldet. Um sein Asylverfahren durchzuführen, ist daher ein Wiederaufnahmeantrag im Sinne des § 33 Absatz 5 Satz 2 erforderlich. Dies gilt nicht, wenn der Ausländer unverzüglich, das heißt ohne schuldhaftes Zögern nachweisen kann, dass sein Versäumnis auf Umständen beruht, auf die er keinen Einfluss hatte. Die Belehrungspflicht aus dem bisherigen Absatz 2 wird aus redaktionellen Gründen ebenfalls in Absatz 1 geregelt."

II. Allgemeines

Die Folge- und Mitteilungspflichten dienen – im Einklang insbesondere mit Art. 11 II lit. a, 23 IV lit. i und l, 33 Asylverfahrens-RL aF 2005/85/EG bzw. den Vorgaben der novellierten Asylverfahrens-RL 2013/32/EU – der **Kontrolle**, ob der Ausländer der Weiterleitung durch Grenzbehörde (§ 18 I), Ausländerbehörde (§ 19 I), Polizei (§ 19 I) oder (eine andere) Aufnahmeeinrichtung (§ 22 I 2) nachkommt. Auf Nachlässigkeiten des Asylbewerbers wird in schweren Fällen seit dem Asylpaket II 2016 nicht mehr mit der Einstufung des Asylgesuchs als Folgeantrag reagiert (aF), sondern sogar mit der Rücknahmefiktion des § 33 I. Die Kommunikation hierüber zwischen den beteiligten Behörden soll durch gesetzliche Verpflichtungen bzgl. Belehrung bzw. Begleitung gesichert werden. 2

III. Folgeverpflichtung

Die gesetzliche Festlegung der **Folgeverpflichtung** (Durchsetzung ggf. nach § 59; Verstoß jedoch nicht mehr grundsätzlich mit Strafe bedroht wie nach § 34 I AsylVfG 1982; gegebenenfalls aber gemäß §§ 85 Nr. 2, 86 I) modifiziert § 15 II Nr. 3. Weiterleitung und Verpflichtung zur unverzüglichen Befolgung fallen nach Abs. 1 zusammen. Der betroffene Personenkreis ist mit dem der nach einem Asylgesuch weiterzuleitenden Ausländern identisch. Er ist nicht beschränkt auf Personen, denen der Aufenthalt nur für das Asylverfahren gestattet ist (so noch Abs. 2 des Entwurfs)[5]. 3

Betroffener ist mithin nicht nur, wem die gesetzliche Aufenthaltsgestattung nach § 55 I zusteht. Der **Adressatenkreis** ist sinnvoll negativ zu beschreiben, dh betroffen ist grundsätzlich jeder Asylbewerber, außer der Inhaber eines mindestens sechsmonatigen Aufenthaltstitels (§ 14 II 1 Nr. 1); denn er ist von der Antragstellung bei der Außenstelle, der Meldung in der Aufnahmeeinrichtung, der Weiterleitung an die zuständige Aufnahmeeinrichtung und dem dortigen Wohnen befreit (§§ 14, 22 I, 47 I). Dasselbe gilt für die von § 14 II 1 Nr. 2 (Haft/Gewahrsam) und Nr. 3 (Minderjährige/Vertreter) erfassten Personen. Weiterzuleiten ist also auch, wer einen Aufenthaltstitel (§ 4 I 2 AufenthG) mit einer Geltungsdauer von weniger als sechs Monaten besitzt oder wer sich auf einer asylunabhängigen Grundlage – aufgrund gesetzlicher oder behördlicher Anordnung – im Bundesgebiet aufhält. Betroffen könnten an sich auch **Folgeantragsteller und Zweitantragsteller** sein; dazu dürfte es jedoch nur selten kommen. Folge- und Zweitantrag, die für sich noch keine Aufenthaltsgestattung auslösen, sind nämlich in der Regel bei der Außenstelle des BAMF zu stellen[6], eine Weiterleitung durch Ausländerbehörde und Polizei ist nicht vorgesehen (§ 71 II 4) und kommt im Falle der Grenzbehörde nur nach Einleitung eines weiteren Asylverfahrens durch das BAMF in Betracht[7]. 4

Der Verpflichtung ist **unverzüglich** Folge zu leisten. Dieser Zeitraum ist wie in ähnlichen Fällen nicht allein objektiv zu bestimmen, dh mit „sofort" gleichzusetzen. Er nimmt vielmehr Rücksicht auf die individuellen Möglichkeiten, sich möglichst bald zu der zuständigen Stelle zu begeben (wie bei § 121 BGB „ohne schuldhaftes Zögern"). Um nachträgliche Schwierigkeiten bei der Beurteilung der Unverzüglichkeit vorzubeugen, kann die Behörde, die weiterleitet, einen festen Zeitraum bestimmen. 5

---

[1] BT-Drs. 12/2062, 9; BT-Drs. 12/2718, 17, 60.
[2] BT-Drs. 15/420, 41.
[3] → Vorb. Rn. 34 ff.
[4] BT-Drs. 18/7538, 15.
[5] → Rn. 1.
[6] → § 71 Rn. 36 ff.; → § 71a Rn. 6.
[7] Dazu → § 18 Rn. 8; → § 18a Rn. 9; ähnl. *Hailbronner* AsylG § 20 Rn. 9.

Dieser muss aber den objektiven Reisemöglichkeiten ebenso Rechnung tragen wie den persönlichen Verhältnissen des Asylbewerbers.

6 Während früher die Nichtbefolgung der Verpflichtung für das Asylverfahren folgenlos blieb, wurde 2005 eine **Sanktion** bei vorsätzlicher oder grob fahrlässiger Verhaltensweise eingeführt, die 2016 durch das Asylpaket II verschärft wurde: Ein später gestellter Asylantrag wurde bis 2016 als **Folgeantrag** behandelt iVm einer **Verwirkung** der bis dahin entstandenen und bekannten Verfolgungsgründe. Seit 2016 gilt der Asylantrag sogar als vollständig zurückgenommen (§ 33 I), dh, das Verfahren wird vom BAMF eingestellt (§ 33 V 1) und es gelten bei beschleunigten Verfahren bzgl. Rechtsbehelfen die Fristverkürzungen aus § 36 III (§ 33 VI). Nur mit einem Wiederaufnahmeantrag gemäß § 33 V 2 kann dann überhaupt noch ein Asylverfahren durchgeführt werden, falls der Betroffene nicht umgehend nachweist, schuldlos säumig gewesen zu sein. Zumindest für die Flüchtlingsanerkennung erscheint diese Verschärfung bedenklich, weil damit dem Asylbewerber gegebenenfalls die Berufung auf das zwingende Refoulement-Verbot genommen wird. Daher hat das BAMF vor Verfahrenseinstellung, jedenfalls aber im Falle eines **unverzüglich**, dh wiederum „ohne schuldhaftem Zögern" gestellten – **Verfahrensfortführungs-**[8] bzw. hilfsweise **Wiederaufnahmeantrags** die Voraussetzungen der schuldhaften Säumnis besonders sorgfältig zu untersuchen. Erforderlich ist va die Kenntnis der Folgeverpflichtung und der Folgen ihrer Verletzung. Auf den in der aF („vorsätzlich oder grob fahrlässig") noch erforderlichen Willen, ihr nicht nachzukommen, kommt es seit 2016 nicht mehr an. Maßgeblich ist nunmehr, ob die Säumnis auf **Umständen beruhte, auf die der Asylbewerber keinen Einfluss** hatte. Es muss ihm also objektiv unmöglich gewesen sein (zB wegen Zugstreik oder Reiseunfähigkeit aufgrund ernstlicher Erkrankung), der Folgeverpflichtung nachzukommen.

7 Einer möglichen Verletzung des Refoulement-Verbots soll demnach va die zwingende **schriftliche Belehrung** vorbeugen, deren Kenntnis das BAMF **mittels Empfangsbekenntnis** nachweisen muss. Für sie sind im Übrigen dieselben Förmlichkeiten vorgeschrieben wie für die Belehrung über die Zustellungsbesonderheiten von § 10[9]. Ohne den Nachweis einer ordnungsgemäßen Belehrung können die vorgesehenen nachteiligen Folgen nicht eintreten. Ist der Hinweis, aus welchen Gründen auch immer, nicht durchführbar, muss der Ausländer zur Aufnahmeeinrichtung **begleitet** werden.

IV. Mitteilungspflichten

8 Die weiterleitenden Behörde und die Aufnahmeeinrichtung treffen nach Abs. 2 **unterschiedliche Mitteilungspflichten.** Die Mitteilung der weiterleitenden Stelle darf sich nicht in der bloßen Weiterleitung der Unterlagen nach § 21 I erschöpfen. Weitere Angaben (zB zur erkennungsdienstlichen Behandlung oder zu Unterlagen nach § 21 I) waren schon früher zulässig, aber nicht vorgeschrieben. Seit 2005 sind die Verpflichtungen im Einzelnen genannt. Ebenso strikt ist jetzt die Aufnahmeeinrichtung zu entsprechenden Kontrollmitteilungen verpflichtet. Diese Pflichten sind als Folge der dem Asylbewerber obliegenden Verpflichtungen zu begreifen. Es fehlt allerdings an Konsequenzen bei Nichterfüllung der Amtspflichten.

§ 21 Verwahrung und Weitergabe von Unterlagen

(1) Die Behörden, die den Ausländer an eine Aufnahmeeinrichtung weiterleiten, nehmen die in § 15 Abs. 2 Nr. 4 und 5 bezeichneten Unterlagen in Verwahrung und leiten sie unverzüglich der Aufnahmeeinrichtung zu.

(2) Meldet sich der Ausländer unmittelbar bei der für seine Aufnahme zuständigen Aufnahmeeinrichtung, nimmt diese die Unterlagen in Verwahrung.

(3) Die für die Aufnahme des Ausländers zuständige Aufnahmeeinrichtung leitet die Unterlagen unverzüglich der ihr zugeordneten Außenstelle des Bundesamtes zu.

(4) Dem Ausländer sind auf Verlangen Abschriften der in Verwahrung genommenen Unterlagen auszuhändigen.

(5) Die Unterlagen sind dem Ausländer wieder auszuhändigen, wenn sie für die weitere Durchführung des Asylverfahrens oder für aufenthaltsbeendende Maßnahmen nicht mehr benötigt werden.

I. Entstehungsgeschichte

1 Die Vorschrift hat kein Vorbild im AsylVfG 1982, ausgenommen den dortigen § 26 über die Hinterlegung der Passpapiere. Sie entsprach mit Ausnahme der Abs. 4 und 5, die auf Vorschlag des

---

[8] Insoweit muss § 33 II 3 entsprechend gelten: „Führt der Ausländer diesen Nachweis, ist das Verfahren fortzuführen."

[9] Dort → § 10 Rn. 25 ff.

Bundestag-Innenausschusses angefügt wurden[1], in ihrer ursprünglichen Fassung dem **Gesetzesentwurf 1992**[2]. MWv 1.7.1993 wurde S. 2 in Abs. 1 angefügt (Art. 1 Nr. 12 **AsylVfÄndG 1993**). Die RUmsG 2007 und 2011 und 2013 sowie die Asylpakete und das IntG 2016 haben keine Änderungen vorgenommen.

II. Verwahrung und Weitergabe

Die Regelung der Verwahrung und Weitergabe von Pässen und Passersatzpapieren (dazu §§ 3, 48 AufenthG) und anderer asylverfahrensrechtlich erheblicher **Unterlagen** (vgl. § 15 II Nr. 4 und 5, III; seit 1.7.1993 auch erkennungsdienstlicher Unterlagen) ist erforderlich und im Grundsatz auch sachgerecht. Mit ihrer Hilfe soll sichergestellt werden, dass die für das Asylverfahren und gegebenenfalls die Aufenthaltsbeendigung benötigten Unterlagen von der ersten amtlichen Anlaufstelle in Verwahrung genommen und an die zur Entscheidung berufene Behörde weitergegeben werden. Eine Sach- oder Geeignetheitsprüfung findet dabei nicht statt. Die Weiterleitung muss insgesamt unverzüglich erfolgen, um dem BAMF eine möglichst zügige Bearbeitung und Bewertung zu ermöglichen.

Die Regeln über Verwahrung und Weitergabe knüpfen an die Verpflichtung des Ausländers zur Aushändigung der Unterlagen (auch der bei Durchsuchungen nach § 16 gefundenen) und an die Weiterleitung durch Grenzbehörde, Ausländerbehörde und Polizei sowie unzuständigen Aufnahmeeinrichtung. Andere Stellen sind weder zur Verwahrung noch zur Weiterleitung von Unterlagen verpflichtet. Die unmittelbar bei der zuständigen Aufnahmeeinrichtung abgegebenen Unterlagen werden ebenso wie die von anderen Stellen dorthin gelangten an die zuständige **Außenstelle** des BAMF weitergereicht. Im Falle der Antragstellung beim BAMF (§ 14 II) werden die Unterlagen behördenintern dem zuständigen Entscheider zugeleitet.

III. Aushändigung

Mit der Aushändigung von **Abschriften** (wohl auch Fotokopien) auf Antrag soll dem Asylbewerber eine anderweitige Verwendung der Unterlagen (auch Pässen) ermöglicht werden. Es bedarf nicht des Nachweises eines besonderen Grundes oder Interesses, etwa der Notwendigkeit einer privaten Übersetzung des Inhalts einer Urkunde. Der Asylbewerber ist auf das Recht, Abschriften zu verlangen, hinzuweisen (§ 25 VwVfG). Verpflichtet ist jede Behörde, die in Verwahrung genommene Unterlagen besitzt, und zwar ohne Beschränkung auf einen bestimmten Zeitraum. Statt der Aushändigung kommt auch eine Übersendung in Betracht. Gegebenenfalls sind Auslagen nach den Verwaltungskostengesetzen zu erstatten[3].

Die Aushändigung der Unterlagen (im Original) bei deren Entbehrlichkeit für das weitere Verfahren einschließlich der Aufenthaltsbeendigung ist zwingend vorgeschrieben (für Passpapiere vgl. § 65 I). Sie bedarf keines Antrags und ist auch nicht auf eine bestimmte Behörde oder einen bestimmten Zeitraum beschränkt. Gemeint ist die Wiederaushändigung auf Dauer, also die **Rückgabe**. Vorausgesetzt ist, dass die Unterlagen auf Dauer, nämlich „nicht mehr", benötigt werden. Während des laufenden Verfahrens wird dies eher die Ausnahme darstellen. Unter Umständen kann ein Teil der Unterlagen noch bis zur Aufenthaltsbeendigung zurückgehalten werden; andere sind dann aber, falls entbehrlich, schon früher zurückzugeben.

Durch Abs. 4 und 5 ist die **vorübergehende Aushändigung** der Unterlagen nicht ausgeschlossen[4]. Es fehlen zwar ausdrückliche Bestimmungen der nach § 65 II für Pässe geltenden Art. Dies spricht aber nicht gegen die Zulässigkeit einer solchen Handhabung im Wege des Ermessens. Die vorübergehende Herausgabe kann etwa zum Zwecke der eigenen Herstellung von Ablichtungen oder Abschriften oder zur gutachterlichen Überprüfung der Echtheit erforderlich werden. Vorausgesetzt sind jedoch die zeitweilige Entbehrlichkeit der Unterlagen und die Gewähr einer rechtzeitigen Rückgabe.

Da für den Asylbewerber die Erfüllung der Verpflichtung zur Abgabe der Unterlagen eine wesentliche Bedeutung hat, kann entsprechend dem Rechtsgedanken des § 368 BGB und des § 107 StPO angenommen werden, dass ihm hierüber eine **Quittung** auszustellen ist[5]. Die Möglichkeit des Erhalts von Abschriften nach Abs. 4 steht dem nicht entgegen; denn damit kann nicht belegt werden, welche Unterlagen er der Behörde übergeben hat. Darüber hinaus erscheint es zweckmäßig, ihm außer der Quittung über einbehaltene Unterlagen auch eine Ablichtung des Passes oder sonstiger Identitätsdokumente und eine Weiterleitungsbescheinigung auf den Weg zur zuständigen Aufnahmeeinrichtung mitzugeben, weil er sich sonst nicht ausweisen kann; denn die schriftliche Aufenthaltsgestattung erhält er erst später (§ 63 I)[6].

---

[1] Vgl. BT-Drs. 12/2718, 18.
[2] BT-Drs. 12/2062, 9.
[3] *Hailbronner* § 21 Rn. 14 f.: unwahrscheinlich.
[4] GK-AsylG § 21 Rn. 86; *Hailbronner* AsylG § 21 Rn. 18.
[5] Ausf. GK-AsylG § 21 Rn. 23–27, 70; ebenso *Hailbronner* AsylG § 21 Rn. 9.
[6] GK-AsylG § 21 Rn. 30 ff.; *Hailbronner* AsylG § 21 Rn. 10.

§ 22 Meldepflicht

(1) ¹Ein Ausländer, der den Asylantrag bei einer Außenstelle des Bundesamtes zu stellen hat (§ 14 Abs. 1), hat sich in einer Aufnahmeeinrichtung persönlich zu melden. ²Diese nimmt ihn auf oder leitet ihn an die für seine Aufnahme zuständige Aufnahmeeinrichtung weiter; im Falle der Weiterleitung ist der Ausländer, soweit möglich, erkennungsdienstlich zu behandeln.

(2) ¹Die Landesregierung oder die von ihr bestimmte Stelle kann bestimmen, dass
1. die Meldung nach Absatz 1 bei einer bestimmten Aufnahmeeinrichtung erfolgen muss,
2. ein von einer Aufnahmeeinrichtung eines anderen Landes weitergeleiteter Ausländer zunächst eine bestimmte Aufnahmeeinrichtung aufsuchen muss.
²Der Ausländer ist während seines Aufenthaltes in der nach Satz 1 bestimmten Aufnahmeeinrichtung erkennungsdienstlich zu behandeln. ³In den Fällen des § 18 Abs. 1 und des § 19 Abs. 1 ist der Ausländer an diese Aufnahmeeinrichtung weiterzuleiten.

(3) ¹Der Ausländer ist verpflichtet, der Weiterleitung an die für ihn zuständige Aufnahmeeinrichtung nach Absatz 1 Satz 2 oder Absatz 2 unverzüglich oder bis zu einem ihm von der Aufnahmeeinrichtung genannten Zeitpunkt zu folgen. ²Kommt der Ausländer der Verpflichtung nach Satz 1 nicht nach, so findet § 33 Absatz 1, 5 und 6 entsprechende Anwendung. ³Dies gilt nicht, wenn der Ausländer unverzüglich nachweist, dass das Versäumnis auf Umstände zurückzuführen war, auf die er keinen Einfluss hatte. ⁴§ 20 Absatz 1 Satz 4 und Absatz 2 findet entsprechend Anwendung.

I. Entstehungsgeschichte

1   Die Vorschrift hat kein Vorbild im AsylVfG 1982. Sie entsprach in ihrer ursprünglichen Fassung dem **Gesetzesentwurf**[1]. MWv 1.7.1993 wurde in Abs. 1 S. 2 der 2. Halbsatz. angefügt (Art. 1 Nr. 13 **AsylVfÄndG 1993**). Zum 1.11.1997 wurde Abs. 2 um S. 1 Nr. 2 und S. 2 erweitert (Gesetz vom 29.10.1997)[2]. MWv 1.1.2005 wurde entsprechend dem Gesetzesentwurf[3] Abs. 3 angefügt (Art. 3 Nr. 14 **ZuwG**). Die RUmsG 2007 und 2011 und 2013 haben an § 22 keine Änderungen vorgenommen, wohl aber das sog. **Asylpaket II**[4]. Durch Art. 1 Nr. 4 des am 17.3.2016 (BGBl. I S. 390) in Kraft getretenen **Gesetzes zur Einführung beschleunigter Asylverfahren** wurden die S. 2–4 des Abs. 3 neu gefasst. Der Gesetzgeber begründete[5] dies wie folgt: „Im Falle der Nichtbefolgung einer Weiterleitung findet § 33 Absatz 1, 5 und 6 entsprechende Anwendung, so dass das Verfahren als eingestellt gilt, wenn der Ausländer sich nicht unverzüglich oder bis zu einem ihm von der Aufnahmeeinrichtung genannten Zeitpunkt bei der für ihn zuständigen Aufnahmeeinrichtung meldet. Um sein Asylverfahren durchzuführen, ist daher ein Wiederaufnahmeantrag im Sinne des § 33 Absatz 5 Satz 2 erforderlich. Dies gilt nicht, wenn der Ausländer unverzüglich, das heißt ohne schuldhaftes Zögern nachweisen kann, dass sein Versäumnis auf Umständen beruht, auf die er keinen Einfluss hatte. Die Verweise auf die Belehrungspflicht in § 20 werden an die dortigen Änderungen angepasst."

II. Allgemeines

2   Die **persönliche Meldung** ist nicht mit der Antragstellung gleichzusetzen und löst ggf. nur die Ausstellung der BüMA (§ 63a), dh eines Ankunftsnachweises aus[6]. Die Meldepflicht soll va sicherstellen, dass vor der nachfolgenden Antragstellung bei der Außenstelle die Unterbringung gesichert ist[7]. Der Meldepflicht des Ausländers korrespondiert eine **Aufnahmepflicht** der (angegangenen oder einer anderen zuständigen) Aufnahmeeinrichtung. Dies ist zwar in der Überschrift und im Wortlaut des Abs. 1 nicht besonders zum Ausdruck gebracht, ergibt sich aber deutlich aus der Formulierung des Abs. 1 S. 2 Hs. 1. Aufnahme oder Weiterleitung zur Aufnahme sind keine fakultativen Alternativen, sondern jeweils bei Erfüllung der Voraussetzungen obligatorisch. Im Hinblick auf die den Ländern nachträglich eingeräumte Möglichkeit der Konzentration der Meldungen ist auf den Unterschied zwischen Aufnahmeeinrichtungen zu achten, die nur für die Meldung und die auch für die Aufnahme zuständig sind. Die Folgeverpflichtung ist seit 2005 bzw. dem Asylpaket II 2016 ähnlich wie nach § 20 geregelt.

---

[1] BT-Drs. 12/2062, 9.
[2] BGBl. I S. 2584.
[3] BT-Drs. 15/420, 41.
[4] → Vorb. Rn. 34 ff.
[5] BT-Drs. 18/7538, 16.
[6] Dazu → § 14 Rn. 5.
[7] BT-Drs. 12/2062, 32.

III. Meldung und Aufnahme

Die Meldepflicht nach Abs. 1 gilt nur für die von § 14 I erfassten Asylbewerber; **ausgenommen** 3 sind also alle Personen nach § 14 II und Folgeantragsteller (§ 71 II). Die Meldepflicht ist nicht davon abhängig, dass in der Aufnahmeeinrichtung noch Platz frei ist und in der zugeordneten Außenstelle Asylgesuche aus dem betreffenden Herkunftsland bearbeitet werden. Diese Fragen spielen nur bei der Bestimmung der für die Aufnahme zuständigen Aufnahmeeinrichtung nach § 46 I eine Rolle. Eine Frist für die Meldung ist nicht geregelt, aus den Pflichten zur unverzüglichen Meldung nach unerlaubter Einreise (§ 13 III 2) und zur unverzüglichen Befolgung der Weiterleitung (§§ 20 II, 22 III) sowie dem allgemeinen Beschleunigungszweck des gesamten Antrags-, Melde-, Unterbringungs- und Entscheidungsverfahrens folgt jedoch die Verpflichtung zur persönlichen Meldung ohne vermeidbaren Zeitverzug[8].

Die **Bestimmung der Landesregierung** nach Abs. 2 S. 1 Nr. 1 und 2 kann nur die für Abgabe 4 und Entgegennahme der Meldung zuständige Aufnahmeeinrichtung festlegen, nicht die für die Aufnahme zuständige (vgl. dazu § 46 I). Mittelbar wirkt sich diese Festlegung auf das Ziel der Weiterleitung durch Grenzbehörde oder Ausländerbehörde aus (§§ 18 I, 19 I). Sie beschränkt aber die Wahl des Meldeorts durch den Asylbewerber nur teilweise. Denn die Bestimmung kann nur innerhalb des Landes erfolgen, nicht über Ländergrenzen hinweg. Die Vorschrift bezweckt lediglich eine Konzentration jeweils innerhalb eines Landes (auch Stadtstaats), nicht jedoch eine länderübergreifende Verteilung. Sie ermöglicht die Bündelung der Meldungen bei einer zentralen Anlauf- oder Meldestelle auch dann, wenn in einem Bundesland mehrere Aufnahmeeinrichtungen (mit oder ohne Außenstellen des BAMF) bestehen.

Der Ausländer **genügt** deshalb **seiner Meldepflicht**, indem er sich entweder bei „einer" Auf- 5 nahmeeinrichtung iSd Abs. 1 oder bei der „bestimmten" Aufnahmeeinrichtung iSd Abs. 2 S. 1 Nr. 1 und 2 persönlich meldet, wo er dann jeweils aufgenommen oder weitergeleitet wird. Ihm steht also ggf. (nur) die Wahl des Landes frei, in dem er sich an der Grenze, bei einer Polizeibehörde, einer Ausländerbehörde oder unmittelbar in einer Aufnahmeeinrichtung meldet und um Asyl nachsucht.

Eine **schriftliche Meldung** genügt ebenso wenig wie die Vertretung durch eine andere Person. 6 Auch minderjährige Asylbewerber müssen ungeachtet ihrer fehlenden Verfahrenshandlungsfähigkeit (§ 12) persönlich erscheinen (Ausnahmen in § 14 II 1 Nr. 3; wegen der Verteilung von Familienangehörigen vgl. §§ 46 III, 51).

Die Weiterleitungspflicht gilt unmittelbar nur gegenüber der für die Aufnahme zuständigen Auf- 7 nahmeeinrichtung, ist aber entsprechend auf die erst durch Ergänzung von Abs. 2[9] geschaffene Konstellation anzuwenden, dass zunächst die Meldung bei einer zentralen Stelle eines Landes erfolgen muss[10]. Im Falle der Weiterleitung hat die als für die Aufnahme zuständige Aufnahmeeinrichtung (vom Ausländer angegangene) Aufnahmeeinrichtung zur **Identitätssicherung** möglichst eine erkennungsdienstliche Behandlung durchzuführen (Abs. 1 S. 2); hierauf kann nur verzichtet werden, wenn die Zeit oder die technischen Mittel hierfür fehlen. Eine unbedingte Verpflichtung trifft die für die Meldung als zuständig bestimmte Aufnahmeeinrichtung (Abs. 2 S. 2). Diese Pflichten stehen unabhängig neben denen der Grenzbehörde und der Ausländerbehörde sowie der Polizei (vgl. §§ 16 II, 18 V, 19 II). Dieselbe Pflicht trifft die Aufnahmeeinrichtung über den Wortlaut hinaus auch dann, wenn sie den Asylbewerber zunächst analog Abs. 1 S. 2 nur an die für die Meldung zuständige Aufnahmeeinrichtung weiterleitet. Ihre Zuständigkeit für die erkennungsdienstliche Behandlung ergibt sich bereits aus § 16 II, weil dort die Aufnahmeeinrichtung bezeichnet ist, bei der sich der Ausländer (tatsächlich) meldet und es sich dabei nicht unbedingt um die für die Meldung zuständige handeln muss. Da die Pflichten zur erkennungsdienstlichen Behandlung die Feststellung der Identität gewährleisten sollen, bestehen kein Bedürfnis und kein Zwang zur Wiederholung durch die jeweils nächste Stelle. Eine nochmalige Behandlung ist allenfalls bei Zweifeln oder zur Ergänzung erforderlich und zulässig.

IV. Folgeverpflichtung

Ähnlich wie in § 20 ist seit 2005 bzw. dem Asylpakt II 2016 (→ Rn. 1) eine **ausdrückliche** 8 **Verpflichtung** zur Befolgung der Weiterleitungsanordnung festgelegt. Voraussetzungen, Belehrung und Rechtsfolgen sind wie dort geregelt[11]. Besondere Unterrichtspflichten der beteiligten Stellen sind in § 22 nicht eingeführt.

---

[8] Hierzu → § 20 Rn. 5.
[9] → Rn. 1.
[10] Ebenso *Hailbronner* AsylG § 22 Rn. 9.
[11] Dazu → § 20 Rn. 3–7.

§ 22a Übernahme zur Durchführung eines Asylverfahrens

[1] Ein Ausländer, der auf Grund von Rechtsvorschriften der Europäischen Gemeinschaft oder eines völkerrechtlichen Vertrages zur Durchführung eines Asylverfahrens übernommen ist, steht einem Ausländer gleich, der um Asyl nachsucht. [2] Der Ausländer ist verpflichtet, sich bei oder unverzüglich nach der Einreise zu der Stelle zu begeben, die vom Bundesministerium des Innern, für Bau und Heimat oder der von ihm bestimmten Stelle bezeichnet ist.

I. Entstehungsgeschichte

1 Die Vorschrift wurde entsprechend dem **Gesetzesentwurf 1993**[1] mWv 1.7.1993 eingefügt (Art. 1 Nr. 14 **AsylVfÄndG 1993**). Das **RLUmsG 2007** fügte in S. 1 die Wörter „von Rechtsvorschriften der Europäischen Gemeinschaft oder" ein, um den Anwendungsbereich der Norm hinsichtlich der Dublin II-VO 343/2003/EG zu erweitern (die Dublin III-VO 604/2013/EU gilt zwischenzeitlich für alle EU-Mitgliedstaaten sowie für Island, Norwegen, Liechtenstein und die Schweiz[2]). Die verfassungsrechtliche Verknüpfung mit dem Gemeinsamen Europäischen Asylsystem **(GEAS)** der EU regelt Art. 16a V GG, die einfachgesetzliche Verknüpfung regeln nunmehr §§ 22a, 27a, 29, 34a und 71a AsylG. Die RLUmsG 2011 und 2013 sowie die Asylpakete und das IntG 2016 haben keine Änderungen vorgenommen; versäumt wurde die schon zum 1.12.2009 durch den Lissabon-Vertrag (vgl. Art. 1 III EUV) erfolgte Umbenennung der abgeschafften „Europäischen Gemeinschaft" in S. 1 in deren Rechtsnachfolgerin „Europäische Union".

II. Vertragsasyl

2 Die **Gleichstellung** der vertraglich übernommenen Ausländer mit den in Deutschland um Asyl nachsuchenden ist zweckmäßig. Ihre Übernahme folgt aus der deutschen Zuständigkeit nach dem jeweiligen Vertrag. Für sie gelten grundsätzlich dieselben formellen und materiellen Vorschriften wie die für in Deutschland unmittelbar um Asyl nachsuchenden Ausländer, allerdings modifiziert durch die für sie geschaffenen **Sonderbestimmungen** (vgl. Art. 16a V GG; §§ 18 IV Nr. 1, 26a I 3 Nr. 2, 71a). Ihrer Behandlung ist die Annahme zugrunde gelegt, dass sie ihr im anderen Vertragsstaat geäußertes Asylgesuch aufrechterhalten und es auf Deutschland beziehen. Die Übernahme löst deshalb grundsätzlich dieselben rechtlichen Wirkungen aus wie sonst das Asylgesuch iSd § 13, also va den Ankunftsnachweis (§ 63a) bzw. die Aufenthaltsgestattung (§ 55 I).

3 Die Übernahme muss auf die Durchführung eines Asylverfahrens gerichtet sein; eine sonstige Übernahme steht dem nicht gleich. Die Aufnahme eines Asylbewerbers innerhalb des **Dublin-Asylsystems** ist insbesondere, in den Art. 18 ff. Dublin III-VO 604/2013/EU geregelt. Ansonsten regeln weder GK noch EMRK noch die mit anderen Staaten geschlossenen Übernahmeabkommen die Übernahme der Zuständigkeit für Asylverfahren und Asylbewerber.

4 Übernahme und Gleichstellung mit ursprünglich in Deutschland um Asyl nachsuchenden Ausländern haben zur Folge, dass diese im Stadium des Asylgesuchs in das deutsche Verfahren überführt werden. Die bereits in dem anderen Staat unternommenen weiteren Verfahrensschritte werden vernachlässigt, weil nicht das dortige Verfahren fortgeführt wird. Allerdings kann der Ausländer das Asylverfahren durch **Rücknahme** seines Gesuchs[3] ebenso beenden, wie wenn es (erstmalig) im Inland geäußert worden wäre[4]. Hierfür genügt auch die Erklärung, das Asylgesuch in Deutschland nicht weiterverfolgen zu wollen[5]. Auf Gründe und Motive hierfür kommt es nicht an. Eine wirksame Rücknahme liegt auch dann vor, wenn mit ihr die deutschen Verfahrensbestimmungen umgangen werden sollen. Sie berührt allerdings nicht die Zuständigkeit Deutschlands für die Aufenthaltsbeendigung. Wird das Asylgesuch anschließend erneuert, greifen die Bestimmungen des § 71 über den Folgeantrag ein, nicht die des § 71a über den Zweitantrag; denn das erste Verfahren ist nicht in dem Vertragsstaat, sondern in Deutschland erfolglos abgeschlossen worden.

5 Die Vertragsasylbewerber werden insoweit **anders behandelt** als sonstige Asylbewerber, als sie sich zu der für sie bestimmten Stelle zu begeben, sich also dort zu melden haben. Sie können sich nicht zu einer beliebigen Aufnahmeeinrichtung oder Außenstelle des BAMF begeben. Die Bezeichnung der zuständigen Stelle kann in allgemeiner Form ergehen, zB durch Organisationsanordnung des BMI oder des BAMF. In Betracht kommt eine zentrale Anlaufstelle oder eine Aufnahmeeinrichtung je Land.

6 Das **weitere Verfahren** nach der Meldung richtet sich nach dem AsylG, va nach §§ 14 ff., 18 ff., 63. Eine Meldung bei der Grenzbehörde scheidet aufgrund der Übernahme aus; in Betracht kommen die Ausländerbehörden oder zuständige Aufnahmeeinrichtungen. Nach der förmlichen Antragstellung

---

[1] BT-Drs. 12/4450, 4 f.
[2] S. bei § 29 und § 34a.
[3] Im Dublin-Verfahren allerdings nur gegenüber dem zuständigen Staat, vgl. bei §§ 29, 34a.
[4] Dazu → § 13 Rn. 6.
[5] *Hailbronner* AsylG § 22a Rn. 7.

erhält der Ausländer eine Bescheinigung über die ihm mit der Einreise kraft Gesetzes zustehende Aufenthaltsgestattung (§§ 55 I, 63 I). Abschiebung oder Zurückschiebung in den abgebenden Staat als sicheren Drittstaat sind ausgeschlossen (vgl. §§ 18 IV Nr. 1, 26a I 3 Nr. 2, 34a I), in einen anderen Drittstaat aber grundsätzlich zulässig[6].

Unterabschnitt 3. Verfahren beim Bundesamt

§ 23 Antragstellung bei der Außenstelle

(1) Der Ausländer, der in der Aufnahmeeinrichtung aufgenommen ist, ist verpflichtet, unverzüglich oder zu dem von der Aufnahmeeinrichtung genannten Termin bei der Außenstelle des Bundesamtes zur Stellung des Asylantrags persönlich zu erscheinen.

(2) [1]Kommt der Ausländer der Verpflichtung nach Absatz 1 nicht nach, so findet § 33 Absatz 1, 5 und 6 entsprechend Anwendung. [2]Dies gilt nicht, wenn der Ausländer unverzüglich nachweist, dass das Versäumnis auf Umstände zurückzuführen war, auf die er keinen Einfluss hatte. [3]Auf diese Rechtsfolgen ist der Ausländer von der Aufnahmeeinrichtung schriftlich und gegen Empfangsbestätigung hinzuweisen. [4]Die Aufnahmeeinrichtung unterrichtet unverzüglich die ihr zugeordnete Außenstelle des Bundesamtes über die Aufnahme des Ausländers in der Aufnahmeeinrichtung und den erfolgten Hinweis nach Satz 3.

I. Entstehungsgeschichte

Die Vorschrift geht auf § 8 II 1 AsylVfG 1982 zurück. Sie entspricht dem **Gesetzesentwurf 1992**[1]. Abs. 2 wurde dem Gesetzesentwurf entsprechend[2] mWv 1.1.2005 angefügt (Art. 3 Nr. 15 **ZuwG**). Die RLUmsG 2007 und 2011 und 2013 haben keine Änderungen vorgenommen, wohl aber das sog. **Asylpaket II**[3]. Durch Art. 1 Nr. 5 des am 17.3.2016 (BGBl. I S. 390) in Kraft getretenen Gesetzes zur Einführung beschleunigter Asylverfahren wurden die S. 1–2 des Abs. 2 neu gefasst. Der Gesetzgeber begründete[4] dies wie folgt: „Stellt der Ausländer den Asylantrag nicht unverzüglich oder zu dem ihm genannten Termin bei der für seinen Antrag zuständigen Außenstelle, findet § 33 Absatz 1, 5 und 6 entsprechend Anwendung, so dass das Verfahren als eingestellt gilt, wenn der Ausländer sich nicht unverzüglich oder bis zu einem ihm von der Aufnahmeeinrichtung genannten Termin zur Stellung des Asylantrags persönlich erscheint. Um sein Asylverfahren durchzuführen, ist daher ein Wiederaufnahmeantrag im Sinne des § 33 Absatz 5 Satz 2 erforderlich. Dies gilt nicht, wenn der Ausländer unverzüglich, das heißt ohne schuldhaftes Zögern nachweisen kann, dass sein Versäumnis auf Umständen beruht, auf die er keinen Einfluss hatte."

II. Allgemeines

Die Verpflichtung zum persönlichen Erscheinen bei der Außenstelle des BAMF folgt aus der 2 Kompetenz des BAMF zur Entgegennahme des Asylantrags (§ 14 I; anders noch § 8 I 1, II 1 AsylVfG 1982). Die **förmliche Antragstellung** ist von dem Asylgesuch iSd § 13 zu unterscheiden[5]. Sie erfolgt zur Niederschrift im Rahmen der obligatorischen Anhörung (vgl. §§ 24 I 3, 25 VII).

III. Persönliche Antragstellung

Der Asylbewerber muss zur Antragstellung bei der Außenstelle des BAMF persönlich erscheinen; 3 dies braucht nicht notwendig die zugeordnete Außenstelle iSd § 46 I zu sein[6*]. Schriftlichkeit und Vertretung sind nicht gestattet[7]. Der Erscheinenspflicht entspricht eine behördliche Anhörverpflichtung (§ 24 I 3). Die Pflicht zum Erscheinen in der Außenstelle setzt aber die vorherige **Aufnahme** in einer Aufnahmeeinrichtung voraus. In der hierfür zuständigen Einrichtung (§ 46 I) hat der Asylbewerber grundsätzlich Wohnung zu nehmen (§ 47), um jederzeit erreichbar zu sein. Nur wenn die Wohnung feststeht, soll der Asylantrag förmlich angebracht werden können.

Demzufolge fehlt es an einer ähnlichen Bestimmung für den **Fall der Antragstellung beim** 4 **BAMF** (§ 14 II 1). Für diesen läuft die Verpflichtung zum persönlichen Erscheinen nach § 15 II Nr. 3 leer. Denn es ist nicht geregelt, auf welche Weise der Antrag „beim Bundesamt" (§ 14 II 1) zu stellen (und zu begründen) ist. Die persönliche Antragstellung beim BAMF wird nicht dadurch zur Pflicht,

---

[6] *Hailbronner* AsylG § 22a Rn. 8; aA *Marx* § 22a Rn. 5.
[1] BT-Drs. 12/2062, 9.
[2] BT-Drs. 15/420, 41.
[3] → Vorb. Rn. 34 ff.
[4] BT-Drs. 18/7538, 16.
[5] → § 13 Rn. 3; → § 14 Rn. 3.
[6*] Dazu *Bell/von Nieding* ZAR 1995, 119.
[7] Dazu auch → § 22 Rn. 6.

dass dem Ausländer nach Äußerung des Asylgesuchs das Erscheinen beim BAMF behördlich aufgegeben wird. Eine derartige Verpflichtung ist nicht gesetzlich besonders festgelegt; dies aber wäre unbedingt erforderlich (§ 26 II 2 VwVfG). Die Pflicht zur persönlichen Antragstellung beim BAMF lässt sich auch nicht aus der Anhörverpflichtung des BAMF nach § 24 I 3 folgern; diese setzt nämlich erst nach Antragstellung ein. Eine solche Rechtspflicht kann auch nicht mittelbar aus § 25 IV 5, V geschlossen werden. Die dort vorgesehenen Nachteile bei Nichterscheinen beziehen sich ebenfalls auf die Anhörung nach erfolgter Antragstellung.

5 Dieses Auslegungsergebnis ist sachgerecht. Denn aus den **Besonderheiten** der durch § 14 II 1 erfassten Personengruppen lässt sich schließen, dass diesen die persönliche mündliche Antragstellung beim BAMF entweder praktisch gar nicht möglich ist (§ 14 II 1 Nr. 2) oder mit Rücksicht auf deren aufenthaltsrechtliche Stellung (§ 14 II 1 Nr. 1 und 3) nicht zugemutet werden soll. Stattdessen kann der Antrag auch schriftlich unmittelbar beim BAMF gestellt oder über die Ausländerbehörde eingereicht (§ 14 II 2) werden.

6 Der **Zeitpunkt** des persönlichen Erscheinens richtet sich entweder nach den individuellen Verhältnissen („unverzüglich", dh ohne schuldhaftes Zögern ähnlich wie § 121 BGB[8]) oder nach behördlicher Terminsbestimmung. Kommt der Asylbewerber seiner Pflicht nicht von sich aus rechtzeitig nach, ist er durch Bestimmung eines Termins dazu anzuhalten. Dieser fällt idR mit dem Anhörungstermin zusammen (dazu § 25 IV).

7 Unklar ist, warum der Termin **von der Aufnahmeeinrichtung** zu „nennen", also **bekannt zu geben** ist. Da der Asylbewerber bei der Außenstelle zu erscheinen hat und dort angehört wird (§ 24 I 3), hat diese eigentlich auch den Termin festzulegen. Dann aber kann sie ihn dem Ausländer eigentlich auch „nennen". Schließlich erfolgen auch die Mitteilung und die Verständigung nach § 25 IV durch die Außenstelle und nicht durch die Aufnahmeeinrichtung. Um später einen Verstoß gegen die Erscheinenspflicht feststellen zu können, bedarf es eigentlich einer klaren Regelung, durch wen der Termin mitgeteilt wird. Da das Gesetz die Aufnahmeeinrichtung mit der „Nennung" des Termins betraut, ist insoweit für ein Handeln der Außenstelle kein Raum. Terminsbestimmung und -mitteilung erfolgen also letztlich durch unterschiedliche Stellen.

8 Die **Form** der Terminsmitteilung ist nicht vorgeschrieben. Die „Nennung" kann also schriftlich, mündlich oder in jeder anderen Form erfolgen (vgl. § 25 IV). Immer muss aber die Möglichkeit der Kenntnisnahme gesichert sein. Dabei ist auf die Besonderheiten einer Massenunterkunft und die sprachbedingten und sonstigen Verständigungsschwierigkeiten mit Ausländern Bedacht zu nehmen. So erscheint es etwa nicht ausreichend, Anhörtermine durch Sammelaushang an einem Schwarzen Brett oder durch Lautsprecheraufruf auf dem Flur bekannt zu geben. Allein wegen der Gefahr der Namensverwechslung bei vielen Personen mit dem gleichen Familiennamen wäre damit eine zuverlässige Unterrichtung der Asylbewerber über ihren Antragstermin, der idR mit dem Anhörungstermin zusammenfällt (§ 25 IV), nicht gewährleistet. Der Bevollmächtigte braucht nicht unmittelbar durch die Aufnahmeeinrichtung unterrichtet zu werden (vgl. § 14 II 3 VwVfG); ihn zu benachrichtigen ist Sache des Asylbewerbers selbst. Hierfür ist unerheblich, ob die Tätigkeit von Bevollmächtigten „in diesem Verfahrensstadium Aufwand und Kosten meist disproportional zum Nutzen" und die Asylbewerber tatsächlich „durch erfahrene Schlepper (...) gut informiert" sind[9].

9 Die **Folgen eines Verstoßes** gegen die Pflicht zur persönlichen Antragstellung sind nur zum Teil ausdrücklich geregelt. Die Versäumung der Zweiwochenfrist des § 67 I Nr. 2 lässt die Aufenthaltsgestattung erlöschen. § 25 V greift bei in Aufnahmeeinrichtungen lebenden Asylbewerbern nicht ein und betrifft nur den Anhörungstermin. § 33 ist mangels eines eingeleiteten Verfahrens nicht anwendbar[10]. Bei unbekanntem Aufenthalt ist die Ausschreibung zulässig (§ 66 I). Strafen oder Geldbußen sind nicht vorgesehen (§§ 85 f.). Da der Termin in der Regel gleichzeitig zur Anhörung bestimmt wird, richtet sich die Erledigung des Verfahrens nach § 25 IV 4. Diese Vorschrift ist entsprechend anwendbar, wenn der Ausländer (schon) nicht zur Antragstellung erscheint[11].

10 Die **Antragstellung** erfolgt mündlich oder durch Abgabe eines Schriftstücks oder durch Unterzeichnung oder sonstige Genehmigung einer Niederschrift. Im Wesentlichen geht es um das aktenmäßige Festhalten des Asylgesuchs iSd § 13. Der Einsatz eines Sprachmittlers (§ 17) ist dabei nicht notwendig, da es sich noch nicht um die Anhörung handelt, aber durchaus zweckmäßig. Gleichzeitig erfolgen die Belehrungen nach §§ 10 VII, 25 III 2 iVm § 36 IV. Mithilfe der Dateien aus AZR bzw. gegebenenfalls EASY ist festzustellen, ob es sich um einen Erst-, Folge- oder Zweitantrag handelt. Stellt sich heraus, dass nur ein weiterer Antrag unter richtigem oder falschem Namen versucht wird, ist das Vorbringen als weitere Begründung des noch laufenden Verfahrens zu behandeln. Für eine Person kann nämlich wegen des höchstpersönlichen Charakters der Asylgewährung nur ein Asylantrag gestellt und ein Asylverfahren geführt werden. Die Verwendung unzutreffender Personalangaben führt nicht

---

[8] → § 20 Rn. 5.
[9] So aber *Hailbronner* AsylG § 23 Rn. 16.
[10] → § 33 Rn. 4.
[11] → § 25 Rn. 22; aA *Marx* § 23 Rn. 10.

zur Eröffnung jeweils neuer Verfahren, kann aber in aller Regel iRd Glaubwürdigkeit nachteilig gewürdigt werden.

IV. Folgeverpflichtung und Mitteilungspflichten

Die **Folgeverpflichtung** des Asylbewerbers sowie die Rechtsfolgen der schuldhaften Verletzung 11 dieser Verpflichtung und die zwingende Belehrung sind ebenso geregelt wie nach dem ebenso durch das Asylpaket II 2016 novellierten § 20[12]. Die **Mitteilungspflichten** im Verhältnis zwischen Aufnahmeeinrichtung und Außenstelle des BAMF sind ähnlich gestaltet wie in § 20.

§ 24 Pflichten des Bundesamtes

(1) [1] Das Bundesamt klärt den Sachverhalt und erhebt die erforderlichen Beweise. [2] Nach der Asylantragstellung unterrichtet das Bundesamt den Ausländer in einer Sprache, deren Kenntnis vernünftigerweise vorausgesetzt werden kann, über den Ablauf des Verfahrens und über seine Rechte und Pflichten im Verfahren, insbesondere auch über Fristen und die Folgen einer Fristversäumung. [3] Es hat den Ausländer persönlich anzuhören. [4] Von einer Anhörung kann abgesehen werden, wenn das Bundesamt den Ausländer als asylberechtigt anerkennen will oder wenn der Ausländer nach seinen Angaben aus einem sicheren Drittstaat (§ 26a) eingereist ist. [5] Von einer Anhörung kann auch abgesehen werden, wenn das Bundesamt einem nach § 13 Absatz 2 Satz 2 beschränkten Asylantrag stattgeben will. [6] Von der Anhörung ist abzusehen, wenn der Asylantrag für ein im Bundesgebiet geborenes Kind unter sechs Jahren gestellt und der Sachverhalt auf Grund des Inhalts der Verfahrensakten der Eltern oder eines Elternteils ausreichend geklärt ist.

(1a) [1] Sucht eine große Zahl von Ausländern gleichzeitig um Asyl nach und wird es dem Bundesamt dadurch unmöglich, die Anhörung in zeitlichem Zusammenhang mit der Antragstellung durchzuführen, so kann das Bundesamt die Anhörung vorübergehend von einer anderen Behörde, die Aufgaben nach diesem Gesetz oder dem Aufenthaltsgesetz wahrnimmt, durchführen lassen. [2] Die Anhörung darf nur von einem dafür geschulten Bediensteten durchgeführt werden. [3] Die Bediensteten dürfen bei der Anhörung keine Uniform tragen. [4] § 5 Absatz 4 gilt entsprechend.

(2) Nach Stellung eines Asylantrags obliegt dem Bundesamt auch die Entscheidung, ob ein Abschiebungsverbot nach § 60 Absatz 5 oder 7 des Aufenthaltsgesetzes vorliegt.

(3) Das Bundesamt unterrichtet die Ausländerbehörde unverzüglich über
1. die getroffene Entscheidung und
2. von dem Ausländer vorgetragene oder sonst erkennbare Gründe
 a) für eine Aussetzung der Abschiebung, insbesondere über die Notwendigkeit, die für eine Rückführung erforderlichen Dokumente zu beschaffen, oder
 b) die nach § 25 Abs. 3 Satz 2 Nummer 1 bis 4 des Aufenthaltsgesetzes der Erteilung einer Aufenthaltserlaubnis entgegenstehen könnten.

(4) Ergeht eine Entscheidung über den Asylantrag nicht innerhalb von sechs Monaten, hat das Bundesamt dem Ausländer auf Antrag mitzuteilen, bis wann voraussichtlich über seinen Asylantrag entschieden wird.

I. Entstehungsgeschichte

Während der Inhalt von Abs. 1 ungefähr § 12 I 1 und 2, IV 1 Nr. 1 AsylVfG 1982 entspricht, haben 1 die übrigen Bestimmungen keine Vorbilder im AsylVfG 1982. Die Vorschrift stimmt in der ursprünglichen Fassung mit dem **Gesetzesentwurf 1992**[1] überein, ausgenommen Abs. 1 S. 2, der durch den Bundestag-Innenausschuss eingefügt wurde[2]. MWv 1.7.1993 wurden in Abs. 1 S. 3 die den sicheren Drittstaat betreffende Alternative und S. 4 angefügt (Art. 1 Nr. 15 **AsylVfÄndG 1993**). Vom 1.1.**2005** an wurden entsprechend dem Gesetzesentwurf in Abs. 2 die Wörter „Abschiebungshindernisse nach § 53 des AuslG" durch die Bezugnahme auf § 60 II–VII AufenthG ersetzt (Art. 3 Nr. 16 ZuwG). Das **RLUmsG 2007** fügte den neuen Abs. 1 S. 2 ein, änderte – zur redaktionellen Klarstellung – Abs. 2 (der Satzteil nach „ob" „die Voraussetzungen für die Aussetzung der Abschiebung nach § 60 Abs 2–7 AufenthG vorliegen" wurde ersetzt), gliederte Abs. 3 in Ziffern und fügte dort Nr. 2b) an sowie den neuen Abs. 4. Zur Begründung führte der Gesetzgeber aus[3]: „**Absatz 1** setzt Artikel 10 Absatz 1 Buchstabe a der Verfahrensrichtlinie um. Die Regelung sieht eine umfassende und rechtzeitige Unterrichtung des Ausländers über das Asylverfahren und damit zusammenhängende

---
[12] Zu Einzelheiten dort → § 20 Rn. 3–7.
[1] BT-Drs. 12/2062, 9.
[2] BT-Drs. 12/2718, 18; vgl. auch → § 25 Rn. 1.
[3] BT-Drs. 16/5065, 216.

Rechte und Pflichten und die Folgen ihrer Nichtbeachtung vor. Die Regelung entspricht der bestehenden Rechtspraxis." Die Textergänzung in **Abs. 3** regelt, dass das Bundesamt die Ausländerbehörde über die im Rahmen des Asylverfahrens bekannt gewordenen Ausschlussgründe unterrichtet, welche der Erteilung eines Aufenthaltstitels nach § 25 III 2 Buchst. ad des AufenthG (zB schwere Menschenrechtsverletzungen) entgegenstehen könnten. Es handelt sich hierbei regelmäßig um Fälle, die im Asylverfahren zum Ausschluss der Flüchtlingseigenschaft führen und über die umfassende Erkenntnisse beim Bundesamt vorliegen. Durch die Unterrichtungspflicht wird sichergestellt, dass die dem Bundesamt bekannten Ausschlussgründe von den Ausländerbehörden nicht übersehen werden. Die Regelung steht in Zusammenhang mit der Ergänzung in § 72 II des AufenthG (Beteiligung des Bundesamtes bei der Prüfung von Ausschlussgründen) und soll gewährleisten, dass die besondere Sachkunde und die Erkenntnisquellen des Bundesamtes auch in die Prüfung der Ausschlussgründe nach § 25 III 2 Buchst. ad des AufenthG durch die Ausländerbehörde einfließen können. **Abs. 4** setzt Art. 23 II der VerfRL um. Die Regelung verpflichtet das Bundesamt, auf Antrag mitzuteilen, innerhalb welcher Frist mit einer Entscheidung zu rechnen ist. Eine Verpflichtung zur Entscheidung innerhalb der angegebenen Frist wird hierdurch nicht begründet. Das RLUmsG 2011 hat keine Änderungen vorgenommen. Die Vorschrift wurde jedoch durch Art. 1 Nr. 18 **RLUmsG 2013** mWz 1.12.2013 in **Abs. 1** S. 5 und 6 geändert, indem der neue **S. 5** eingefügt wurde; der neue S. 6 entspricht dem früheren S. 5. In **Abs. 2** wurde – aufgrund des komplementären nationalen Schutzes nicht mehr in den „§ 60 Abs. 2–5 oder 7 AufenthG" entsprechend umbenannt in „Absatz 5 oder 7". In Abs. 3 Nr. 2 wurden zudem redaktionell die „Buchstaben ad" umbenannt in „Nummer 1 bis 4 des Aufenthaltsgesetzes". In der Gesetzesbegründung[4] heißt es zum neuen Abs. 1 S. 5: „Auf eine Anhörung kann grundsätzlich verzichtet werden, wenn das Bundesamt für Migration und Flüchtlinge antragsgemäß entscheiden will. War der Asylantrag auf die Zuerkennung des internationalen Schutzes beschränkt, ist eine Anhörung entbehrlich, wenn das Bundesamt für Migration und Flüchtlinge dem Antrag stattgeben will." Zum neu gefassten Abs. 2 heißt es: „Der Regelungstext vollzieht die Trennung von internationalem subsidiären Schutz und nationalen Abschiebungsverboten nach. Da der Asylantrag künftig auch den internationalen subsidiären Schutz umfasst, bezieht sich die im Zusammenhang mit der Prüfung des Asylantrags durch das Bundesamt für Migration und Flüchtlinge von Amts wegen vorzunehmende Prüfung nur noch auf die nationalen Abschiebungsverbote." Das **IntG** fügte gem. Art. 6 Nr. 5 mWv 6.8.2016 **Abs. 1a** neu in die Vorschrift ein. Der Gesetzgeber begründete dies wie folgt[5]: „Derzeit ist Unterstützung bei Anhörungen im Rahmen der Amtshilfe bzw. der Abordnung möglich. Insbesondere Abordnungen können zu hohem Aufwand und längeren Verfahren führen. Mit der Neuregelung wird bei besonders hohen Zugangszahlen zusätzlich eine kurzfristige, vorübergehende Unterstützung durch andere Behörden ermöglicht. Eine Übertragung ist nur an Behörden möglich, die Aufgaben nach dem Asylgesetz oder dem Aufenthaltsgesetz wahrnehmen. Die Bundesagentur für Arbeit und die Zollbehörden sind hiervon ausgenommen. Von dieser Möglichkeit kann das BAMF im Ausnahmefall, vorübergehend und nur nach Vereinbarung mit dem betroffenen Land bzw. dem zuständigen Bundesressort, zu dessen Geschäftsbereich die betroffene Behörde gehört, Gebrauch machen. Im Falle einer besonderen Ausnahmesituation sollte dem BAMF das Instrumentarium zur Verfügung stehen, auf Unterstützungsangebote anderer Behörden zurückzugreifen. Voraussetzung ist zudem eine vorherige Schulung der Bediensteten der anderen Behörden. Die Inhalte der Schulung richten sich unter anderem nach den europarechtlichen Vorgaben. Die entsprechende Anwendung des § 5 Absatz 4 AsylG sichert ab, dass eine solche Unterstützung einer Absprache zwischen BAMF und dem betroffenen Land bzw. dem zuständigen Bundesressort, zu dessen Geschäftsbereich die betroffene Behörde gehört, bedarf und dass die Standards des Bundesamtes Anwendung finden, insbesondere auch die datenschutzrechtlichen Standards. Die Unterstützung findet im organisationsrechtlichen Rahmen des BAMF statt. Die übernommenen Anhörungen sind weiterhin Anhörungen des BAMF und die Mitarbeiterinnen und Mitarbeiter der unterstützenden Behörde unterliegen dem Weisungsrecht und der Fachaufsicht des BAMF. Diese Möglichkeit ist ein zusätzlicher Beitrag, um die angestrebte Verkürzung der Verfahrensdauer zu erreichen."

§ 24 ist grundsätzlich **europarechtskonform;** allerdings sind insbesondere die Art. 10 und Art. 15 IIIb sowie Art. 34 I Asylverfahrens-RL[6] ergänzend vom BAMF zu beachten, denn diese Vorgaben

---

[4] BT-Drs. 17/13063, 21.
[5] BT-Drs. 18/8615, 50 f.
[6] Art. 10 RL 2013/32/EU lautet: (1) Die Mitgliedstaaten stellen sicher, dass Anträge auf internationalen Schutz nicht allein deshalb abgelehnt oder von der Prüfung ausgeschlossen werden, weil die Antragstellung nicht so rasch wie möglich erfolgt ist. (2) Bei der Prüfung eines Antrags auf internationalen Schutz stellt die Asylbehörde zuerst fest, ob der Antragsteller die Voraussetzungen für die Anerkennung als Flüchtling erfüllt; ist dies nicht der Fall, wird festgestellt, ob der Antragsteller Anspruch auf subsidiären Schutz hat. (3) Die Mitgliedstaaten stellen sicher, dass die Asylbehörde ihre Entscheidung über einen Antrag auf internationalen Schutz nach angemessener Prüfung trifft. Zu diesem Zweck stellen die Mitgliedstaaten sicher, dass a) die Anträge einzeln, objektiv und unparteiisch geprüft und entschieden werden; b) genaue und aktuelle Informationen aus verschiedenen Quellen, wie etwa EASO und UNHCR sowie einschlägigen internationalen Menschenrechtsorganisationen, eingeholt werden, die Aufschluss geben über die allgemeine Lage in den Herkunftsstaaten der Antragsteller und ggf. in den Staaten, durch die sie gereist

sind seit Ablauf der RL-Umsetzungsfrist am 20.7.2015 unmittelbar anwendbar geworden. Gleiches gilt für die Art. 24 I (Benötigung besonderer Verfahrensgarantien[7]) sowie Art. 19 I (unentgeltliche Erteilung von rechts- und verfahrenstechnischen Auskünften[8]; bei unbegleiteten Minderjährigen nach Art. 25 IV auch bei Rücknahme- und Widerrufverfahren; gem. Art. 21 I ggf. durch Fachkräfte des BAMF) der Asylverfahrens-RL.

II. Allgemeines

Die Sachverhaltsfeststellung stellt neben den Entscheidungen den **Kern der Tätigkeit des BAMF** 2 und die Basis jedes Asylverfahrens dar. Das Feststellungsverfahren fand nach §§ 29–33 AuslG 1965 noch zweistufig vor dem Leiter (Vorprüfung) und sodann vor dem Anerkennungsausschuss statt. Obwohl der Begriff der „Vorprüfung" auch später trotz Einführung des Einzelentscheiders und Wegfalls eines weiteren Termins vor dem BAMF noch bis Ende Juni 1992 beibehalten wurde (vgl. § 12 I 1 AsylVfG 1982), sind jetzt die Verpflichtungen des BAMF zur Sachverhaltsfeststellung (auch außerhalb einer Verhandlung) und zur Anhörung in Abs. 1 zusammengefasst. Damit sind auch die Feststellungen und die Anhörung durch die Ausländerbehörde (§ 8 AsylVfG 1982) entfallen. Die zum Zweck der Anhörung stattfindende Verhandlung vor dem BAMF ist die einzige, falls nicht mehrere Termine notwendig werden. Sie braucht nicht vom Entscheider durchgeführt zu werden[9]. Sie kann deshalb auch mittels **Amtshilfe bzw. Abordnungen** von anderen Behörden durchgeführt werden, wofür Abs. 1a nunmehr zur Entlastung des BAMF eine weitreichende Rechtsgrundlage mit sachdienlichen Einschränkungen schafft (vgl. die ausführliche Gesetzesbegründung in → Rn. 1). Die Bestimmungen des § 25 regeln **Inhalt und Form** der Anhörung, die für jeden Anhörer gelten. Der Asylbewerber ist vom BAMF iÜ in vollem Umfang über das Asylverfahren sowie seine Rechte und Pflichten **aufzuklären;** im Gegensatz zum Gesetzgeber (→ Rn. 1) war die EU-Kommission bisweilen der Auffassung, Deutschland komme seinen diesbezüglichen Pflichten aus (insbesondere Art. 10, 22 lit. b und 23) der Asylverfahrens-RL aF bzw. der novellierten **Asylverfahrens-RL** nicht immer hinreichend nach[10].

Soweit die Verfahrensweise nicht nach §§ 23–25 besonders geregelt ist, sind die Vorschriften des 3 **VwVfG ergänzend** heranzuziehen (§ 1 I VwVfG), zB die §§ 24, 26 VwVfG; schließlich modifiziert Abs. 1 nur den allgemeinen Untersuchungsgrundsatz des § 24 VwVfG. Für das Flughafenverfahren nach § 18a hat das BVerfG gewisse Mindestanforderungen an die Qualität der BAMF-Behörde und das Verfahren bei der persönlichen Anhörung gestellt[11], die im Grundsatz auch für das allgemeine Asylverfahren gelten. Denn sie folgen aus dem Rechtsstaatsprinzip und sind zum großen Teil nicht auf die besondere Situation am Flughafen gemünzt, sondern ergeben sich allgemein aus dem Mangel an

---

sind, und diese Informationen den für die Prüfung und Entscheidung der Anträge zuständigen Bediensteten zur Verfügung stehen; c) die für die Prüfung und Entscheidung der Anträge zuständigen Bediensteten die anzuwendenden Standards im Bereich Asyl- und Flüchtlingsrecht kennen; d) die für die Prüfung und Entscheidung der Anträge zuständigen Bediensteten die Möglichkeit erhalten, in bestimmten, unter anderem medizinischen, kulturellen, religiösen, kinder- oder geschlechtspezifischen Fragen, den Rat von Sachverständigen einzuholen, wann immer dies erforderlich ist, (4) Die in Kapitel V genannten staatlichen Stellen haben über die Asylbehörde oder den Antragsteller oder in sonstiger Weise Zugang zu den in Abs. 3 Buchst. b genannten allgemeinen Informationen, die sie zur Erfüllung ihrer Aufgabe benötigen. (5) Die Mitgliedstaaten legen Vorschriften für die Übersetzung der für die Prüfung der Anträge sachdienlichen Unterlagen fest. Art. 15 IIIb lautet: „(3) Die Mitgliedstaaten ergreifen geeignete Maßnahmen, um sicherzustellen, dass persönliche Anhörungen unter Bedingungen durchgeführt werden, die Antragstellern eine umfassende Darlegung der Gründe ihrer Anträge gestatten. Zu diesem Zweck:
(b) sehen die Mitgliedstaaten, soweit möglich, vor, dass die Anhörung des Antragstellers von einer Person gleichen Geschlechts durchgeführt wird, wenn der Antragsteller darum ersucht, es sei denn, die Asylbehörde hat Grund zu der Annahme, dass das Ersuchen auf Gründen beruht, die nicht mit den Schwierigkeiten des Antragstellers in Verbindung stehen, die Gründe für seinen Antrag umfassend darzulegen." Art. 34 lautet: „(1) Die Mitgliedstaaten geben den Antragstellern Gelegenheit, sich zu der Anwendung der Gründe nach Art. 33 in ihrem besonderen Fall zu äußern, bevor die Asylbehörde über die Zulässigkeit eines Antrags auf internationalen Schutz entscheidet. Hierzu führen die Mitgliedstaaten iRd Zulässigkeitsprüfung eine persönliche Anhörung durch. Die Mitgliedstaaten dürfen nur dann eine Ausnahme nach Maßgabe von Art. 42 machen, wenn es sich um einen Folgeantrag handelt. Dieser Abs. gilt unbeschadet des Art. 4 II Buchst. a der vorliegenden VO und des Art. 5 VO 604/2013/EU."

[7] Art. 24 I lautet: „Die Mitgliedstaaten prüfen innerhalb eines angemessenen Zeitraums nach Stellung eines Antrags auf internationalen Schutz, ob ein Antragsteller besondere Verfahrensgarantien benötigt."
[8] Art. 19 I lautet: In den erstinstanzlichen Verfahren nach Kapitel III gewährleisten die Mitgliedstaaten, dass den Antragstellern auf Antrag unentgeltlich rechts- und verfahrenstechnische Auskünfte erteilt werden; dazu gehören mindestens Auskünfte zum Verfahren unter Berücksichtigung der besonderen Umstände des Antragstellers. Im Fall einer ablehnenden Entscheidung zu einem Antrag im erstinstanzlichen Verfahren erteilen die Mitgliedstaaten dem Antragsteller auf Antrag zusätzlich zu den Auskünften nach Art. 11 II und Art. 12 I Buchst. f Auskünfte über die Gründe einer solchen Entscheidung und erläutern, wie die Entscheidung angefochten werden kann."
[9] → § 5 Rn. 17.
[10] Vgl. etwa EU-KOM, Bericht v. 26.11.2007 zur Asylpolitik, Az. IP/07/1759, http://europa.eu/rapid/search-Action.do.
[11] BVerfG Urt. v. 14.5.1996 – 2 BvR 1516/93, BVerfGE 94, 166; → § 18a Rn. 5.

Rechts- und Sprachkenntnissen sowie der besonderen psychischen und physischen Verfassung eines Flüchtlings, der erstmals einer Behörde des Zufluchtsstaats gegenübertritt. Allerdings bleiben Verstöße gegen die hieraus abzuleitenden besonderen Verfahrenspflichten ohne rechtliche Konsequenz[12]. Die früher für das BAMF vorgesehene Verfahrensordnung (§ 29 III AuslG 1965; § 4 IV 1982) ist nie erlassen worden. Mit Organisationsanordnungen könnte der Leiter des BAMF ua Organisation und Geschäftsverteilung regeln[13]; Abweichungen von gesetzlichen Verfahrensbestimmungen sind aber nicht zulässig.

III. Sachverhaltsermittlung

1. Tatsachenfeststellung und Beweiserhebung

4   Das Verfahren vor dem BAMF wird – vergleichbar dem Gerichtsverfahren[14] – vom **Untersuchungsgrundsatz** beherrscht, der allerdings durch die **Mitwirkungspflichten** des Asylbewerbers begrenzt ist (§§ 15, 25 I, II)[15]. Der Ausländer hat bei der Anhörung vor dem BAMF nach § 25 I ebenso wie allgemein nach § 15 I 1 die Umstände in seiner persönlichen Sphäre, aus denen er die Gefahr politischer Verfolgung ableitet, schlüssig darzutun und dabei auch etwaige Widersprüche aufzulösen; hinsichtlich der allgemeinen Lage in Verfolgerstaat genügen insoweit schon taugliche Hinweise, auch wenn diese nicht weiter konkretisiert sind[16]. Wie allgemein nach § 15 II Nr. 5, III hat der Asylbewerber auch beim BAMF in seinem Besitz befindliche Schriftstücke, auf die er sich beruft, vorzulegen. Auf dieser Grundlage obliegt dem BAMF die Pflicht zu umfassender Sachverhaltsfeststellung.

5   Zu diesem Zweck hat das BAMF den Sachverhalt auf der Grundlage des Vorbringens des Asylbewerbers und der ihr zur Verfügung stehenden allgemeinen Kenntnisse über die Verhältnisse in dem (angeblichen) Verfolgerstaat **aufzuklären** und über beweisbedürftige Tatsachen **Beweis zu erheben**[17]. Als **Beweismittel** kommen neben der Anhörung des Asylbewerbers va in Betracht: Behördenakten, zB auch von Familienangehörigen, Zeugen, Sachverständigengutachten, amtliche Auskünfte, Berichte und Stellungnahmen gem. Art. 10 II b VerfRL 2013/32/EU insbesondere von EASO und UNHCR sowie internationalen Menschenrechtsorganisationen wie amnesty international oder der Gesellschaft für bedrohte Völker, Medienberichte. Bzgl. medizinischer Spezialfragen können über das EASO MedCOI Transfer Projekt[18] mittels einer MedCOI-Anfrage detaillierte Auskünfte erlangt werden. Das BAMF verfügt iÜ über eine umfassende Sammlung und Dokumentation derartiger Erkenntnisquellen, zu denen auch Vorprüfungsprotokolle aus anderen Asylverfahren zählen[19]. Dies bisher verpflichtete der nicht umgesetzte, jedoch direkt anwendbare Art. 22 lit. b Asylverfahrens-RL aF bzw. die Nachfolgeregelung der novellierten **Asylverfahrens-RL** die Bundesrepublik Deutschland, keine Informationen beim (vorgetragenen) „Verfolger" einzuholen, um den Asylbewerber hierdurch nicht zu gefährden, was durch das Praxissystem – Anfrage des BAMF beim AA, das zB einen Vertrauensanwalt einschaltet – idR sichergestellt sein dürfte.

6   Der **Gegenstand** der Aufklärungspflichten des BAMF entspricht dessen Entscheidungskompetenz. Grundsätzlich gehören dazu Asylanerkennung (einschließlich Familienasyl), internationaler Schutz, nationale Abschiebungsverbote und Abschiebungsandrohung. Soweit der Entscheidungsrahmen des BAMF obligatorisch oder fakultativ eingeschränkt ist (§ 30 II 1, III 2), wirkt sich dies auch auf Gegenstand und Umfang der Aufklärung aus. Dabei ist gleichgültig, ob es sich um einen Erst-, Zweit- oder Folgeantrag handelt (bei den beiden Letzteren sind nur die Beschränkungen aus §§ 71, 71a zu beachten). Bei als unbegleitete Minderjährige Einreisende umfasst die Aufklärungspflicht ggf. auch das Alter[20].

7   Der **Umfang** der Aufklärungspflichten des BAMF hat sich gegenüber der früheren Rechtslage insoweit geändert, als der Antragstellung (§ 23) und der Anhörung (Abs. 1 S. 3, § 25) vor dem BAMF keine Antragstellung mit Anhörung und Erstbefragung vor der Ausländerbehörde mehr vorausgeht[21].

---

[12] Betr. Flughafenverfahren BVerfG Urt. v. 14.5.1996 – 2 BvR 1516/93, BVerfGE 94, 166.
[13] Dazu → § 5 Rn. 14 ff.
[14] Vgl. zB BVerwG Urt. v. 13.2.2014 – 10 C 6.13: Für die vom Gericht zu treffende Feststellung, Feststellung, aus welchem Herkunftsland ein Asylbewerber stammt, bedarf es der vollen Überzeugungsgewissheit (§ 108 I 1 VwGO). Dies erfordert die Ermittlung und Würdigung aller durch gerichtliche Aufklärungsmaßnahmen erreichbaren relevanten Tatsachen.
[15] Zum früheren Recht *Deibel* InfAuslR 1984, 114; *Renner* ZAR 1985, 62 (68); *Stelkens* ZAR 1985, 15; jeweils mwN.
[16] → § 25 Rn. 4; → § 74 Rn. 25 ff.
[17] Dazu im Einzelnen *Stelkens* ZAR 1985, 15.
[18] https://www.easo.europa.eu/information-analysis/country-origin-information/easo-medcoi-transfer-project.
[19] Zur Beweisaufnahme vgl. auch → § 74 Rn. 32 ff.; zu verschiedenen Asyldokumentationen vgl. *Jannasch* ZAR 1990, 69; *Stanek* ZAR 1995, 72 und 1998, 227; *Schmidt/Praschma* ZAR 2001, 59; Berichte in: FS ZDWF, 2001 S. 57 ff., 111 ff., 129 ff., 135 ff., 139 ff., 147 ff.
[20] Zur Problematik vgl. *Neundorf* ZAR 2018, 238.
[21] → Rn. 2.

Damit kommt der Tätigkeit des BAMF jetzt die ausschließliche Bedeutung zu. Die Prüfungsgrundlage ist eingeengt, weil Angaben gegenüber der Ausländerbehörde fehlen. Weder die Grenzbehörde noch die Ausländerbehörde oder die Polizei haben anlässlich der Äußerung des Asylbegehrens (§§ 18 I, 19 I) die Verfolgungsbehauptungen des Ausländers in irgendeiner verbindlichen Art entgegenzunehmen und festzuhalten. Damit kann das BAMF weder seine Ermittlungen auf solche Angaben des Asylbewerbers aufbauen noch die spätere Sachverhaltsschilderung vor dem BAMF dem früheren Sachvortrag bei der Ausländerbehörde gegenüberstellen[22].

2. Persönliche Anhörung

Die persönliche Anhörung – in einer „vernünftigerweise gekannten" Sprache[23] – ist **zwingend** vorgeschrieben (Ausnahmen vgl. Abs. 1 S. 4 und 5). Sie bildet das Kernstück der Ermittlungen und damit des gesamten BAMF-Verfahrens[24]. Der Sache nach setzt sie die Antragstellung fort. Deshalb ist es auch unbedenklich, dass sie dieser unmittelbar zeitlich nachfolgen kann (§ 25 IV 1). Damit kann nicht nur das Verfahren beschleunigt, sondern auch der Aufenthalt in den zentralen Einrichtungen[25] verkürzt werden[26].

Abgesehen werden kann von der Anhörung, falls das BAMF ohnehin eine Asylanerkennung beabsichtigt; eine Flüchtlingsanerkennung allein genügt nicht. Außerdem ist eine Anhörung entbehrlich, wenn nach der von dem Ausländer selbst angegebenen Einreise aus einem sicheren Drittstaat nur eine Entscheidung nach §§ 26a I 1, 31 IV in Betracht kommt. Eine Anhörung darf nicht stattfinden, wenn der Sachverhalt bei einem hier geborenen Asylbewerber unter sechs Jahren (im Zeitpunkt der Antragstellung) ausreichend geklärt ist. Ferner kann von einer Anhörung abgesehen werden, soweit nur über die Durchführung eines weiteren Asylverfahrens aufgrund eines Folge- oder eines Zweitantrags zu befinden ist (§§ 71 III 3, 71a II 2) oder wenn der Asylbewerber einer Ladung unentschuldigt nicht gefolgt ist (§ 25 V 1) oder wenn – gemäß dem neuen S. 5 – einem nach § 13 II 2 auf die Zuerkennung internationalen Schutzes beschränkten Asylantrag stattgegeben werden soll.

3. Rechtliches Gehör

Zu allen **entscheidungserheblichen Tatsachen** ist dem Asylbewerber rechtlich Gehör zu gewähren (§ 28 VwVfG)[27]. In der Anhörung nach Abs. 1 S. 3 ist ein rechtliches Gehör nicht zu sehen; sie dient vielmehr nur der Aufklärung des Sachverhalts unter Modifizierung von § 24 VwVfG. Die davon unabhängige Pflicht zur Gewährung rechtlichen Gehörs nach Abschluss der Ermittlungen kann aber mit dieser Anhörung verbunden werden. Zu diesem Zweck sind dem Asylbewerber zunächst ua die beigezogenen Akten, Gutachten oder Auskünfte zu benennen und ihr Inhalt mitzuteilen. Dabei geht es ebenso wie im Gerichtsverfahren nicht darum, „alle möglichen Erkenntnisquellen mitzuteilen"[28], sondern ausschließlich um diejenigen, auf die nach einer sorgfältigen rechtlichen und auf Tatsachen bezogenen wertenden Vorauswahl eine Entscheidung voraussichtlich gestützt werden kann. Erforderlichenfalls sind dem Asylbewerber die **Erkenntnisquellen** zur Einsichtnahme zeitweilig zu überlassen. Va bei komplizierten Gutachten, etwa über die Rechtslage in einem fremden Staat, genügt nicht eine nur mündliche Unterrichtung über das wesentliche Ergebnis, um eine sachgerechte Kenntnisnahme zu ermöglichen. Schließlich ist Gelegenheit zur Stellungnahme zur Beweisaufnahme und zu eigenen Beweisanträgen zu geben. Diese kann nicht durch bloße Hinweise auf Rspr. in vergleichbaren Fällen ersetzt werden[29]. Zusammengefasst: Rechtliches Gehör ist in ähnlicher Weise zu gewähren wie vor Gericht[30].

IV. Nationale Abschiebungsverbote (§ 60 V oder VII AufenthG)

Abs. 2 gehört systematisch zu § 31 (vgl. dort Abs. 3). Ungeachtet der allein auf die Entscheidungskompetenz abstellenden Formulierung (vgl. auch § 5 I 2) beschreibt Abs. 2 gleichzeitig den **erweiterten Umfang der Sachverhaltsermittlung** und Anhörung durch das BAMF. In der Sache sind damit die Pflichten des BAMF nach Abs. 1 auf die Tatbestände der **nationalen Abschiebungsverbote** des § 60 V bzw. VII AufenthG erstreckt. Duldungsgründe der in § 60a II AufenthG genannten Art sind nicht erfasst (zur Mitteilungspflicht vgl. aber Abs. 3). Die tatsächlichen Grundlagen für die Entscheidung über Asyl und internationalen Schutz einerseits sowie Abschiebungsverbote nach § 60 V bzw.

---

[22] Zur Grenzbehörde → § 18 Rn. 7, → § 18a Rn. 11.
[23] Hierzu → § 17 Rn. 2.
[24] Zur Bedeutung schon nach früherem Recht vgl. HessVGH Urt. v. 11.8.1981 – X OE 634/81, NVwZ 1982, 136.
[25] Vgl. dazu *Kraus/Möser* ZAR 1983, 194.
[26] Betr. Einzelheiten → § 25 Rn. 2 ff.
[27] *Stelkens* ZAR 1985, 15.
[28] Dazu *Hailbronner* AsylG § 24 Rn. 29.
[29] BVerwG Urt. v. 18.10.1983 – 9 C 1036.82, InfAuslR 1984, 20.
[30] Dazu → § 78 Rn. 29 ff.; *Fritz* ZAR 1984, 189; *Renner* ZAR 1985, 62.

VII AufenthG andererseits werden sich oft überschneiden. Sie können gleichzeitig auch für Länder-erlasse nach § 60a I AufenthG und für Ausländerbehörde-Entscheidungen nach § 60a II AufenthG bedeutsam werden[31]. Eine klare Trennung wird noch dadurch erschwert, dass nach der Rspr. des BVerwG vom BAMF inlandsbezogene Abschiebungshindernisse nicht berücksichtigt werden dürfen[32].

12   Das Verhältnis zwischen **Amtsermittlungspflichten** des BAMF und **Mitwirkungspflichten** des Asylbewerbers[33] richtet sich im Bereich des § 60 V bzw. VII AufenthG nach der Art des jeweiligen Hindernisses. Die dort angesprochenen Gefahren müssen vom Asylbewerber selbst substanziiert vorgetragen werden, bedürfen aber dann einer eingehenden Prüfung des BAMF mit allen zu Gebote stehenden Mitteln, über die der Asylbewerber seinerseits (meist) nicht verfügt. Während sich diese Tatsachenaufklärung ganz überwiegend auf das Ausland bezieht, bedarf es zur Feststellung eines Auslieferungsersuchens (§ 60 IV AufenthG) idR nur einer Anfrage bei dem Bundesjustizministerium oder dem zuständigen OLG.

13   Da das BAMF auch für die **Androhung der Abschiebung** zuständig ist (§§ 34 ff.), erweitert sich die Reichweite der Sachverhaltsaufklärung entsprechend. Hierauf ist zwar ausdrücklich weder in § 24 noch in §§ 34 ff. eingegangen; der in dieser Hinsicht nochmals erweiterte Umfang der dem BAMF obliegenden Sachverhaltsfeststellung ergibt sich aber ohne Weiteres aus dessen Kompetenzbereich (vgl. § 5 I 2). Dabei stimmt die für die Abschiebungsandrohung maßgebliche Tatsachengrundlage weitestgehend mit der für die Abschiebung selbst überein. IRd Abschiebungsandrohung sind nämlich alle rechtlichen und tatsächlichen Umstände zu berücksichtigen, die an einer Abschiebung hindern können. Dem steht nicht entgegen, dass § 25 II nur eine diesbezügliche Darlegungsverpflichtung des Ausländers festlegt.

V. Unterrichtung der Ausländerbehörde

14   Die **Mitteilungspflichten** des Abs. 3 ergeben sich aus der seit 1.7.1992 geltenden Kompetenzabgrenzung zwischen Ausländerbehörde und BAMF sowie – s. die Gesetzesbegründung in → Rn. 1 – dem RLUmsG 2007. Unter „Entscheidung" sind die nach §§ 31 ff., 71, 71a zu treffenden Entscheidungen zu verstehen. Hinsichtlich der **Duldung** ist zwar das BAMF grundsätzlich nicht zur Feststellung und Entscheidung berufen, bei seiner Sachverhaltsaufklärung können aber Umstände erkennbar werden, die iRd § 60a II AufenthG von Bedeutung sind. Dasselbe gilt grundsätzlich für die **Beschaffung von Pässen** und anderen für die Rückführung erforderlichen Dokumente.

15   Die Unterrichtung erfolgt zweckmäßigerweise durch **Übersendung** von Abdrucken oder Ablichtungen der einschlägigen Entscheidungen, Niederschriften, Schriftsätze und Beweisurkunden. Die Abgabe der vollständigen BAMF-Akten empfiehlt sich weniger, eher schon die Anlage und Überlassung einer Zweitakte. Da sich die Ausländerbehörde selbst ein Bild über Abschiebungs- und Duldungsgründe zu machen hat, ist weder ein Gutachten noch eine ähnliche Stellungnahme des BAMF erforderlich (anders früher nach Nr. 3 S. 4 zu § 14 AuslVwV 1977 betreffend kleines Asyl nach § 14 I AuslG 1965). Eine Beteiligung des BAMF ist nur für § 60 VII AufenthG (zielstaatsbezogene Hindernisse) vorgeschrieben (§ 72 II AufenthG).

VI. Entscheidungsfrist und Unterrichtungspflicht

16   Das Recht des Asylbewerbers nach Abs. 4 auf Mitteilung einer Entscheidungsfrist, allerdings erst ab sechs Monaten nach der Asylantragstellung und nur bei entsprechendem Antrag, setzte Art. 23 II Asylverfahrens-RL aF bzw. setzt die Vorgaben der novellierten **Asylverfahrens-RL 2013/32/EU** (vgl. insbesondere Art. 31) um. Hiernach haben die Mitgliedstaaten sicherzustellen, dass das Asylverfahren „so rasch wie möglich zum Abschluss gebracht" wird. Aufgrund der allgemein bekannten[34] erheblichen Überlast des BAMF von 2015 bis 2020 bezüglich der der Bund organisatorische Maßnahmen getroffen hatte, griff bis zum Abbau des Antragsbergs ein am 1.1.2015 gestellten Asylantrag im Rahmen einer **Untätigkeitsklage**[35] dann § 75 S. 3 VwGO, dh, es lag ein zwingender Grund dafür vor, dass der beantragte VA noch nicht erlassen war, weshalb das Verfahren nach dem Rechtsgedanken[36] aus Art. 31 III 3b Asylverfahrens-RL für eine Frist von neun Monaten auszusetzen war[37] (viel sprach dafür, dass gemäß Art. 31 V Asylverfahrens-RL spätestens 21 Monate nach förmlicher Antragstellung der Bescheid erlassen sein muss; wurde schon angehört, kann dann zur Ver-

---

[31] Dazu auch → Rn. 14.
[32] → § 5 Rn. 7.
[33] Grundsätzlich dazu → Rn. 4; → § 25 Rn. 3 ff.; → § 74 Rn. 25 ff.
[34] Vgl. VG München Beschl. v. 12.10.2016 – M 4 K 15.31295.
[35] Bei der bis heute streitig ist, ob sie auch nur auf reine Verbescheidung gerichtet werden kann; vgl. BayVGH Beschl. v. 7.7.2016 – 20 ZB 16.30003 sowie Urt. v. 23.3.2017 – 13a B 16.30751.
[36] Denn die Umsetzungsfrist des Art. 31 III–V endet gem. Art. 51 I 1 RL erst am 20.7.2018.
[37] Ähnlich VG Ansbach Beschl. v. 19.10.2015 – AN 4 K 15.31145; VG Hannover Beschl. v. 11.1.2016 – 7 A 5037/15, Rn. 28 ff.

meidung weiterer Verzögerungen auch das Durchentscheiden angebracht sein)[38]. Mangels Spruchreife wird bei Aussetzung über einen PKH-Antrag vorerst nicht entschieden. Erlässt das BAMF den Bescheid, kann für erledigt erklärt werden; für die Kostenfolge greift dann § 161 III VwGO, dh, der Kläger geht idR leer aus, weil er nicht mit einer Bescheidung rechnen durfte. Wird das Verfahren als „normaler" Asylprozess fortgeführt, richtet sich die Kostenfolge nach § 154 VwGO. Spätestens mit der Ladung ist über den PKH-Antrag nach Erfolgsaussichten zu entscheiden.

Nach Art. 31 VI Asylverfahrens-RL haben die Mitgliedstaaten iÜ sicherzustellen, dass der Asylbewerber „für den Fall, dass innerhalb von sechs Monaten keine Entscheidung ergehen kann, a) über Verzögerungen informiert wird oder b) auf sein Ersuchen hin über den zeitlichen Rahmen, innerhalb dessen mit einer Entscheidung zu rechnen ist, **unterrichtet** wird", wobei dies keine Entscheidungspflicht in dieser Frist begründet. In richtlinienkonformer Auslegung des § 24 IV hat das Bundesamt den Asylbewerber mithin nach sechs Monaten – jedoch nur **auf Antrag** – in jedem Fall zumindest über die Verzögerung zu informieren. Dies ist bei unionsrechtskonformer Auslegung **keine Verfahrenshandlung iSd § 44a VwGO**, sodass Untätigkeitsklagen möglich sind[39]. Inhaltlich dürfte es allerdings genügen, wenn das BAMF darüber informiert, dass „der Zeitpunkt einer Entscheidung über den Asylantrag derzeit aufgrund der Arbeitsbelastung noch nicht konkret absehbar ist".[40] Zudem besteht der Auskunftsanspruch aus Abs. 4 nur, wenn der entsprechende Antrag während des erstinstanzlichen Verfahrens iSd Asylverfahrens-RL, also **vor der Verbescheidung** des Asylantrags und nicht erst während des Klageverfahrens, geltend gemacht wurde. IÜ lebt ein während des gerichtlichen Verfahrens gestellter Auskunftsantrag nicht wieder auf, wenn das Verfahren durch Aufhebung des das Prüfungsverfahren abschließenden Bescheids wieder in das Stadium des Prüfungsverfahrens zurückfällt[41].

17

§ 25 Anhörung

(1) ¹Der Ausländer muss selbst die Tatsachen vortragen, die seine Furcht vor Verfolgung oder die Gefahr eines ihm drohenden ernsthaften Schadens begründen, und die erforderlichen Angaben machen. ²Zu den erforderlichen Angaben gehören auch solche über Wohnsitze, Reisewege, Aufenthalte in anderen Staaten und darüber, ob bereits in anderen Staaten oder im Bundesgebiet ein Verfahren mit dem Ziel der Anerkennung als ausländischer Flüchtling, auf Zuerkennung internationalen Schutzes im Sinne des § 1 Absatz 1 Nummer 2 oder ein Asylverfahren eingeleitet oder durchgeführt ist.

(2) Der Ausländer hat alle sonstigen Tatsachen und Umstände anzugeben, die einer Abschiebung oder einer Abschiebung in einen bestimmten Staat entgegenstehen.

(3) ¹Ein späteres Vorbringen des Ausländers kann unberücksichtigt bleiben, wenn andernfalls die Entscheidung des Bundesamtes verzögert würde. ²Der Ausländer ist hierauf und auf § 36 Abs. 4 Satz 3 hinzuweisen.

(4) ¹Bei einem Ausländer, der verpflichtet ist, in einer Aufnahmeeinrichtung zu wohnen, soll die Anhörung in zeitlichem Zusammenhang mit der Asylantragstellung erfolgen. ²Einer besonderen Ladung des Ausländers und seines Bevollmächtigten bedarf es nicht. ³Entsprechendes gilt, wenn dem Ausländer bei oder innerhalb einer Woche nach der Antragstellung der Termin für die Anhörung mitgeteilt wird. ⁴Kann die Anhörung nicht an demselben Tag stattfinden, sind der Ausländer und sein Bevollmächtigter von dem Anhörungstermin unverzüglich zu verständigen. ⁵Erscheint der Ausländer ohne genügende Entschuldigung nicht zur Anhörung, entscheidet das Bundesamt nach Aktenlage, wobei auch die Nichtmitwirkung des Ausländers zu berücksichtigen ist.

(5) ¹Bei einem Ausländer, der nicht verpflichtet ist, in einer Aufnahmeeinrichtung zu wohnen, kann von der persönlichen Anhörung abgesehen werden, wenn der Ausländer einer Ladung zur Anhörung ohne genügende Entschuldigung nicht folgt. ²In diesem Falle ist dem Ausländer Gelegenheit zur schriftlichen Stellungnahme innerhalb eines Monats zu geben. ³Äußert sich der Ausländer innerhalb dieser Frist nicht, entscheidet das Bundesamt nach Aktenlage, wobei auch die Nichtmitwirkung des Ausländers zu würdigen ist. ⁴§ 33 bleibt unberührt.

(6) ¹Die Anhörung ist nicht öffentlich. ²An ihr können Personen, die sich als Vertreter des Bundes, eines Landes oder des Hohen Flüchtlingskommissars der Vereinten Nationen ausweisen, teilnehmen. ³Anderen Personen kann der Leiter des Bundesamtes oder die von ihm beauftragte Person die Anwesenheit gestatten.

---

[38] Ausf. hierzu auch *Göbel-Zimmermann/Skrzypcak* ZAR 2016, 357.
[39] Vgl. VGH BW Urt. v. 1.12.2015 – A 11 S 490/15.
[40] VGH BW Urt. v. 1.12.2015 – A 11 S 490/15, Rn. 28.
[41] VGH BW Urt. v. 4.5.2016 – A 11 S 223/16, Rn. 36/39.

(7) ¹Über die Anhörung ist eine Niederschrift aufzunehmen, die die wesentlichen Angaben des Ausländers enthält. ²Dem Ausländer ist eine Kopie der Niederschrift auszuhändigen oder mit der Entscheidung des Bundesamtes zuzustellen.

Übersicht

	Rn.
I. Entstehungsgeschichte	1
II. Allgemeines	2
III. Mitwirkungspflichten	3
IV. Präklusion	9
V. Anhörung	12
1. Allgemeines Verfahren	12
2. In einer Aufnahmeeinrichtung Wohnpflichtige	17
3. Nicht in einer Aufnahmeeinrichtung Wohnpflichtige	23

I. Entstehungsgeschichte

1 Die Vorschrift übernimmt ua die Bestimmungen der §§ 8 II, 8a I, 12 I 3, III 1 AsylVfG 1982. Sie stimmte in der ursprünglichen Fassung mit dem **Gesetzesentwurf 1992**[1] überein, ausgenommen Abs. 5, aus dem auf Vorschlag des Bundestag-Innenausschusses die Bestimmung über den Fall der „Sofortanerkennung" in § 24 I 3 übernommen wurde[2]. MWv 1.7.1993 wurde Abs. 3 S. 2 um den Hinweis auf § 36 IV 3 erweitert (Art. 1 Nr. 16 **AsylVfÄndG 1993**). Das **RLUmsG 2007** hat lediglich Abs. 7 um den neuen S. 2 ergänzt, der Art. 14 II Asylverfahrens-RL aF entspricht und sicherstellen soll, dass der Asylbewerber rechtzeitig Zugang zum Anhörungsprotokoll erhält. Den verschiedenen Vorgaben der Art. 12–14 Asylverfahrens-RL für die Anhörung von Flüchtlingen wird durch § 25 im Wesentlichen Genüge getan. Das RLUmsG 2011 hat keine Änderungen vorgenommen. Die Vorschrift wurde jedoch durch Art. 1 Nr. 19 **RLUmsG 2013** mWz 1.12.2013 in **Abs. 1 S. 1 und 2** geändert, indem – entsprechend der Erweiterung des Gesetzes auf den internationalen Schutz – die Satzteile eingefügt wurden (in S. 1) „oder die Gefahr eines ihm drohenden ernsthaften Schadens" sowie (in S. 2) „auf Zuerkennung internationalen Schutzes iSd § 1 Nummer 2". In **Abs. 6 S. 2** wurde herausgestrichen der „Sonderbevollmächtigte für Flüchtlingsfragen beim Europarat". In der Gesetzesbegründung[3] heißt es zu den Änderungen in Abs. 1: „Es handelt sich um Anpassungen im Hinblick auf den erweiterten Regelungsbereich des Gesetzes." und zu Abs. 6: „Die Streichung des Hinweises auf den Sonderbevollmächtigen für Flüchtlingsfragen beim Europarat erfolgte, da es diese Funktion nicht mehr gibt". Die Asylpakete und das IntG 2016 haben keine Änderungen vorgenommen. § 25 ist grundsätzlich **europarechtskonform;** ggf. sind ergänzend die Garantien für Antragsteller in Art. 12 sowie 14–16 Asylverfahrens-RL 2013/32/EU zu beachten[4]; Art. 17 Asylverfahrens-RL verpflichtet im

---

[1] BT-Drs. 12/2062, 9 f.
[2] BT-Drs. 12/2817, 19 f.
[3] BT-Drs. 17/13063, 21.
[4] Art. 14 Asylverfahrens-RL lautet: „(1) Bevor die Asylbehörde eine Entscheidung trifft, wird dem Antragsteller Gelegenheit zu einer persönlichen Anhörung zu seinem Antrag auf internationalen Schutz durch einen nach nationalem Recht für die Durchführung einer solchen Anhörung zuständigen Bediensteten gegeben. Persönliche Anhörungen zum Inhalt eines Antrags werden von einem Bediensteten der Asylbehörde durchgeführt. Dieser Unterabsatz lässt Art. 42 II Buchst. b unberührt. Ist es der Asylbehörde wegen einer großen Zahl von gleichzeitig eingehenden Anträgen auf internationalen Schutz von Drittstaatsangehörigen oder Staatenlosen in der Praxis unmöglich, fristgerecht Anhörungen zum Inhalt jedes einzelnen Antrags durchzuführen, so können die Mitgliedstaaten vorsehen, dass diese Anhörungen vorübergehend von Bediensteten einer anderen Behörde durchgeführt werden. In diesen Fällen erhalten die Bediensteten dieser anderen Behörde zuvor eine entsprechende Schulung, die sich auch auf die Gegenstände in Art. 6 IV Buchstaben a bis e der VO (EU) Nr. 439/2010 erstreckt. Personen, die die persönliche Anhörung von Antragstellern nach Maßgabe dieser Richtlinie durchführen, müssen außerdem allgemeine Kenntnisse über die Probleme erworben haben, die die Fähigkeit des Antragstellers, angehört zu werden, beeinträchtigen könnten, beispielsweise Anzeichen dafür, dass der Antragsteller in der Vergangenheit möglicherweise gefoltert worden sein könnte. Hat eine Person internationalen Schutz für von ihr abhängige Personen förmlich beantragt, so muss jedem abhängigen Volljährigen Gelegenheit zu einer persönlichen Anhörung gegeben werden. Die Mitgliedstaaten können in den nationalen Rechtsvorschriften festlegen, in welchen Fällen einem Minderjährigen Gelegenheit zu einer persönlichen Anhörung gegeben wird. (2) Auf die persönliche Anhörung zum Inhalt des Antrags kann verzichtet werden, wenn a) die Asylbehörde anhand der verfügbaren Beweismittel eine positive Entscheidung im Hinblick auf die Flüchtlingseigenschaft treffen kann oder b) die Asylbehörde der Auffassung ist, dass der Antragsteller aufgrund dauerhafter Umstände, die sich seinem Einfluss entziehen, nicht zu einer Anhörung in der Lage ist. Im Zweifelsfall konsultiert die Asylbehörde medizinisches Fachpersonal, um festzustellen, ob es sich bei dem Umstand, der dazu führt, dass der Antragsteller nicht zu einer Anhörung in der Lage ist, um einen vorübergehenden oder dauerhaften Zustand handelt. Findet eine persönliche Anhörung des Antragstellers – oder gegebenenfalls der vom Antragsteller abhängigen Person – gemäß Buchstabe b nicht statt, so müssen angemessene Bemühungen unternommen werden, damit der Antragsteller oder die von ihm abhängige Person weitere Informationen unterbreiten können. (3) Die Tatsache, dass keine persönliche Anhörung gemäß diesem Artikel stattgefunden hat, hindert die Asylbehörde nicht daran, über den Antrag auf internationalen Schutz zu entscheiden. (4) Die Tatsache, dass nach Abs. 2 Buchst. b

Übrigen zur Protokollierung und Art. 18 Asylverfahrens-RL macht Vorgaben zur medizinischen Untersuchung.

II. Allgemeines

Die Vorschrift bestimmt **Inhalt und Verfahren** der Anhörung durch das BAMF, die durch § 24 I 3 grundsätzlich zur Pflicht gemacht ist. Sie ergänzt außerdem die allgemeinen Mitwirkungspflichten des Asylbewerbers aus §§ 10 I, 15 I–III für die Zwecke der Sachverhaltsermittlung und der Anhörung durch das BAMF. 2

III. Mitwirkungspflichten

Die Darlegungspflichten nach Abs. 1 und 2 bilden die **Grundlage** für das asylrechtliche Verfahren, das mit dem Asylgesuch iSd § 13 beginnt. Die Notwendigkeit eines schlüssigen Vortrags ergibt sich aus der grundrechtssichernden Aufgabe des Verfahrensrechts und der Eigenart des Asylgrundrechts, das die Behauptung politischer Verfolgung voraussetzt[5] und den Asylbewerber oft als einziges Beweismittel, als „Zeugen in eigener Sache"[6], kennt. Dabei ist jedoch darauf Bedacht zu nehmen, dass die Gefahr einer derartigen Verfolgung auf den allgemeinen Verhältnissen im Herkunftsstaat und/oder auf individuellen Umständen beruhen kann. Dementsprechend befasst sich die Vermutung des Art. 16a III 1 GG mit der allgemeinen Lage, während die Widerlegung durch schlüssigen Tatsachenvortrag die persönliche Situation des Flüchtlings betrifft[7]. Diese Unterscheidung ergibt sich zwangsläufig aus der naturgemäßen Beschränktheit der Kenntnis- und Erkenntnismöglichkeiten des Einzelnen und wirkt sich unmittelbar auf das Verhältnis der Mitwirkungspflichten zur Amtsaufklärungspflicht aus[8]. 3

Der Ausländer muss die Ereignisse und Umstände in seiner **persönlichen Sphäre**, aus denen er die Gefahr von Verfolgung oder eines ernsthaft drohenden Schadens ableitet, schlüssig dartun und dabei auch etwaige Widersprüche auflösen, soweit ihm dies insbesondere gesundheitlich möglich ist[9]; hinsichtlich der **allgemeinen Lage** im (angeblichen) Verfolgerstaat genügen dagegen taugliche Hinweise, auch wenn diese nicht weiter konkretisiert sind. Das seine persönliche Lage betreffende Vorbringen muss geeignet sein, den Asylanspruch zu tragen[10] und insbesondere auch den politischen 4

---

keine persönliche Anhörung stattgefunden hat, darf die Entscheidung der Asylbehörde nicht negativ beeinflussen. (5) Ungeachtet des Art. 28 I können die Mitgliedstaaten bei ihrer Entscheidung über einen Antrag auf internationalen Schutz die Tatsache berücksichtigen, dass der Antragsteller einer Aufforderung zur persönlichen Anhörung nicht nachgekommen ist, es sei denn, er hat berechtigte Gründe für sein Fernbleiben vorgebracht. Art. 15 lautet: (1) Die persönliche Anhörung findet in der Regel ohne die Anwesenheit von Familienangehörigen statt, soweit nicht die Asylbehörde die Anwesenheit solcher Angehörigen zwecks einer angemessenen Prüfung für erforderlich hält. (2) Die persönliche Anhörung erfolgt unter Bedingungen, die eine angemessene Vertraulichkeit gewährleisten. (3) Die Mitgliedstaaten ergreifen geeignete Maßnahmen, um sicherzustellen, dass persönliche Anhörungen unter Bedingungen durchgeführt werden, die Antragstellern eine umfassende Darlegung der Gründe ihrer Anträge gestatten. Zu diesem Zweck a) gewährleisten die Mitgliedstaaten, dass die anhörende Person befähigt ist, die persönlichen und allgemeinen Umstände des Antrags einschließlich der kulturellen Herkunft, der Geschlechtszugehörigkeit, der sexuellen Ausrichtung, der Geschlechtsidentität oder der Schutzbedürftigkeit des Antragstellers zu berücksichtigen; b) sehen die Mitgliedstaaten, soweit möglich, vor, dass die Anhörung des Antragstellers von einer Person gleichen Geschlechts durchgeführt wird, wenn der Antragsteller darum ersucht, es sei denn, die Asylbehörde hat Grund zu der Annahme, dass das Ersuchen auf Gründen beruht, die nicht mit den Schwierigkeiten des Antragstellers in Verbindung stehen, die Gründe für seinen Antrag umfassend darzulegen; c) wählen die Mitgliedstaaten einen Dolmetscher, der eine angemessene Verständigung zwischen dem Antragsteller und der anhörenden Person zu gewährleisten vermag. Die Verständigung erfolgt in der vom Antragsteller bevorzugten Sprache, es sei denn, es gibt eine andere Sprache, die er versteht und in der er sich klar ausdrücken kann. Die Mitgliedstaaten stellen, soweit möglich, einen Dolmetscher gleichen Geschlechts bereit, wenn der Antragsteller darum ersucht, es sei denn, die Asylbehörde hat Grund zu der Annahme, dass das Ersuchen auf Gründen beruht, die nicht mit den Schwierigkeiten des Antragstellers in Verbindung stehen, die Gründe für seinen Antrag umfassend darzulegen; d) stellen die Mitgliedstaaten sicher, dass die Person, die die Anhörung des Antrags auf internationalen Schutz durchführt, keine Militär- oder Polizeiuniform trägt; e) stellen die Mitgliedstaaten sicher, dass Anhörungen von Minderjährigen kindgerecht durchgeführt werden. (4) Die Mitgliedstaaten können Vorschriften über die Anwesenheit Dritter bei der persönlichen Anhörung erlassen." Art. 16 lautet: „Wird eine persönliche Anhörung zum Inhalt eines Antrags auf internationalen Schutz durchgeführt, so stellt die Asylbehörde sicher, dass dem Antragsteller hinreichend Gelegenheit gegeben wird, die zur Begründung seines Antrags notwendigen Angaben gemäß Art. 4 der RL 2011/95/EU möglichst vollständig vorzubringen. Dies schließt die Gelegenheit ein, sich zu fehlenden Angaben und/oder zu Abweichungen oder Widersprüchen in den Aussagen des Antragstellers zu äußern."

[5] Dazu *Rothkegel* NVwZ 1990, 717.
[6] So BVerfG Urt. v. 14.5.1996 – 2 BvR 1516/93, BVerfGE 94, 166.
[7] Dazu → GG Art. 16a Rn. 69; → § 29a Rn. 9.
[8] → § 24 Rn. 4, 12.
[9] Vgl. VGH BW Beschl. v. 29.5.2020 – A 2 S 111/20.
[10] BVerwG Urt. v. 8.5.1984 – 9 C 141.83, NVwZ 1985, 36; Urt. v. 12.11.1985 – 9 C 27.85, InfAuslR 1986, 79; Urt. v. 23.2.1988 – 9 C 32.87, DVBl 1988, 653.

Charakter der Verfolgungsmaßnahmen festzustellen[11]. Bzgl. der allgemeinen Situation im Herkunftsstaat reicht es aus, wenn die vorgetragenen Tatsachen die Möglichkeit einer Verfolgung als nicht entfernt liegend erscheinen lassen[12].

5 Die Darlegungsverpflichtung richtet sich einmal nach der **Art der Verfolgungsbehauptungen**. Sodann reicht die Mitwirkungspflicht nur so weit, wie sie **praktisch erfüllbar** ist[13]. Bei der Schilderung persönlicher Erlebnisse kann der Flüchtlinge idR auf zuverlässige Kenntnisse und ein sensibilisiertes Erinnerungsvermögen zurückgreifen. Gerade dies wird aber idR durch Erfahrungen mit Menschenrechtsverletzungen wie Folter, Vergewaltigung und ähnlich schweren Eingriffen erheblich beeinträchtigt[14]. Vorgänge im Heimatstaat außerhalb der privaten Sphäre kann der Asylbewerber zudem mit wachsendem zeitlichem Abstand meist nur noch allgemein zugänglichen Quellen entnehmen. Dagegen besitzt er in der Regel über Ereignisse und Verhältnisse in Deutschland, die Nachfluchtgründe ergeben können, bessere Kenntnisse.

6 Die Verpflichtung, den **Reiseweg** und va den Aufenthalt und **Asylgesuche** im Ausland anzugeben, gewann bereits nach Einführung des Systems sicherer Drittstaaten (Art. 16a II GG; § 26a) eine besondere Bedeutung. Neben Asyl- oder internationalen Schutzverfahren im Ausland sind auch solche im Bundesgebiet anhängige oder durchgeführte Verfahren anzugeben. Verfahren in der DDR oder Berlin (Ost) zählen ebenfalls dazu, obwohl diese Gebiete Deutschlands bis zur Wiedervereinigung im Oktober 1990 weder Ausland darstellten noch zum Bundesgebiet gehörten; denn Abs. 1 bezweckt eine vollständige Übersicht über alle Arten von Asylverfahren in der Vergangenheit. Bei den Verfahren im Ausland kommt es nicht auf die jeweilige Verfahrensart an. Im Inland war der Fall des „kleinen Asyls" nach § 14 AuslG 1965 eigentlich nicht erfasst. Denn die bloße Berufung auf asylrechtlichen Abschiebungsschutz leitete damals kein Asylverfahren ein und war auch nicht auf eine Feststellung der Flüchtlingseigenschaft nach Art. 1 GK gerichtet. Dasselbe gilt für den Ausländer, der sich im Auslieferungsverfahren auf die Gefahr politischer Verfolgung berufen hat (§ 6 IRG).

7 Die Mitwirkungsverpflichtung reicht über asylrechtliche Sachverhalte hinaus und umfasst entsprechend der erweiterten Kompetenz des BAMF (§§ 5 I 2, 24 II) auch die Grundlagen für **Abschiebungsverbote**. Damit sind alle denkbaren Hindernisse gemeint, insbesondere die in § 60 V bzw. VII AufenthG genannten. Das Abschiebungsverbot des § 60 I AufenthG (Art. 33 GK) ist asylrechtlicher Art und schon durch Abs. 1 erfasst. Dem Asylbewerber obliegt daher va der Vortrag von Tatsachen über die Gefahr von Todesstrafe, Folter, menschenunwürdiger oder erniedrigender Behandlung oder existenzieller Gefährdung (Art. 1 und 102 GG; Art. 3 EMRK; Art. 3 UN-Antifolterkonvention; § 60 V oder VII AufenthG). Gründe für eine allgemeine Aussetzung der Abschiebung für bestimmte Gruppen oder Staaten (§ 60a I AufenthG) oder für eine Duldung (§ 60a II AufenthG) zählen nicht dazu, es sei denn, es handelt sich um in der Person des Asylbewerbers liegende Umstände.

8 Auch insoweit richtet sich der **Umfang** der notwendigen Darlegungen nach der Art der Tatsachen und dem Wissen des Ausländers und ist deshalb nicht allgemein genau bestimmbar. Soweit es zB die näheren rechtlichen und tatsächlichen Voraussetzungen der Todesstrafe angeht, genügt der Asylbewerber den Anforderungen des Abs. 2 mit der Äußerung einer entsprechenden Befürchtung aufgrund einer von ihm begangenen oder ihm zumindest angelasteten Straftat. Einzelheiten der Rechtslage und Vollzugspraxis gehören grundsätzlich nicht zu dem persönlichen Wissensbestand des Ausländers; sie müssen vom BAMF ermittelt werden, soweit sie entscheidungserheblich sind.

IV. Präklusion

9 Die fakultative Präklusion späteren asylrechtlichen oder ausländerrechtlichen Vorbringens (früher nach § 8a I 2 AsylVfG 1982 auf sonstige Abschiebungshindernisse bezogen) begegnet ähnlichen **Bedenken** wie die frühere asylverfahrensrechtliche Regelung (§ 8a AsylVfG 1982) und § 82 I 3, II AufenthG[15]. Die früher bestehenden methodischen Schwierigkeiten im Verhältnis zur gerichtlichen Überprüfung sind zum Teil dadurch gelöst, dass die Gerichte jetzt gem. § 77 II auf die Rechts- und Sachlage im Zeitpunkt ihrer Entscheidung abzustellen haben. Daraus erwachsen indes andere Probleme[16].

10 Die Nichtberücksichtigung späteren Vorbringens gilt zunächst nur für das Verfahren vor dem BAMF (für das Gerichtsverfahren vgl. §§ 36 IV 3, 74 II). Der Ausschluss kann trotz der undifferenzierten Formulierung nur Umstände in der Vergangenheit betreffen, nicht **neue Tatsachen** oder Beweis-

---

[11] BVerwG Urt. v. 18.10.1983 – 9 C 473.82, EZAR 630 Nr. 8.
[12] BVerwG Urt. v. 23.11.1982 – 9 C 74.81, BVerwGE 66, 237.
[13] Betr. Verwaltungsprozess BVerwG Urt. v. 23.11.1982 – 9 C 74.81, BVerwGE 66, 237.
[14] Vgl. BVerfG Urt. v. 14.5.1996 – 2 BvR 1516/93, BVerfGE 94, 166; *Birck* ZAR 2002, 28; *Brand ua*, Bedingungen für die Anhörung von Flüchtlingen iRd Asylverfahren, die ua Folter und andere traumatische Erfahrungen erlitten haben, 2. Aufl. 1993; *Gierlichs ua* ZAR 2005, 158; *Graessner/Weber*, Umgang mit Folteropfern, 1996; *Graessner/Weber* ZAR 1997, 189; *Jakober* ZAR 2005, 152; *Müller-Volck* ZAR 1998, 125; krit. zur Kritik der Praxis des BAMF *Kaden* ZAR 1997, 137.
[15] S. § 82 AufenthG.
[16] → § 77 Rn. 3 ff.

mittel; eine andere Auslegung widerspräche allgemeinen Verfahrensgrundsätzen (vgl. § 74 II; § 51 VwVfG). Die Präklusion setzt zudem die (sichere) Gefahr der **Verfahrensverzögerung** voraus. Geringfügige Verzögerungen haben dabei außer Betracht zu bleiben, weil Entgegennahme und Bewertung neuen Vortrags immer zeitlichen Aufwand verursachen. Schließlich ist dem BAMF **Ermessen** eingeräumt; es kann und muss also etwa Entschuldigungsgründe für späteres Vorbringen gebührend berücksichtigen[17].

Der **Hinweis** auf die Möglichkeit der Präklusion (mit Auswirkungen auf das Gerichtsverfahren nach § 36 IV 3) muss so rechtzeitig erfolgen, dass der Ausländer seiner Mitwirkungsverpflichtung noch rechtzeitig nachkommen kann. Es genügt nicht die bloße Verweisung auf die Bestimmung des Abs. 3 S. 1. Der Asylbewerber muss vielmehr inhaltlich über den Tatbestand des verspäteten Vorbringens und die Konsequenzen eines Verstoßes gegen seine Mitwirkungsverpflichtungen in einer für ihn verständlichen Art und Weise belehrt werden. Am besten wird dies sofort bei der Antragstellung mit dem Hinweis nach § 10 VII verbunden. 11

V. Anhörung

1. Allgemeines Verfahren

Die **persönliche** Anhörung ist zwingend vorgeschrieben. Sie bildet neben der Sachverhaltsermittlung das Kernstück des Verfahrens vor dem BAMF[18] und kann weder durch die Anhörung eines Vertreters noch durch eine schriftliche Stellungnahme ersetzt werden. Soweit in §§ 24, 25 keine Bestimmungen über die Anhörung getroffen sind, gelten die allgemeinen Verfahrensvorschriften[19]. Zur Anhörung ist ein Sprachmittler beizuziehen (vgl. § 17). 12

Die **Nichtöffentlichkeit** der Anhörung stellt keine Besonderheit gegenüber dem allgemeinen Verfahrensrecht dar (vgl. §§ 28, 30 VwVfG sowie §§ 67 I 1, 68 I 1 VwVfG für das förmliche Verfahren). Sie ist für das Asylverfahren betont, weil die Person des Asylbewerbers und dessen Angaben besonders gefährdet sind und daher uneingeschränkten Schutz gegen Veröffentlichungen benötigen. Politisch Verfolgte sind oft auch im Aufnahmestaat nicht sicher vor Nachstellungen, insbesondere durch Geheimdienste des Heimatstaats. 13

Außer den in Abs. 6 genannten Personen können an der Anhörung aus Rechtsgründen Sachverständige, Zeugen, Auskunftspersonen und Sprachmittler **teilnehmen**. Außerdem kann der Asylbewerber einen Sprachmittler seiner Wahl hinzuziehen (§ 17 II) und sich selbstverständlich auch von einem Bevollmächtigten oder Beistand oder ehrenamtlichen Helfer begleiten lassen[20], ohne dass er damit von seinen persönlichen Mitwirkungspflichten befreit wird. Schließlich ist bestimmten Amtspersonen die Anwesenheit gestattet; deren dienstliches Interesse braucht nicht nachgewiesen zu werden. 14

Die Ausnahmen für andere Personen bewilligt der Leiter des BAMF oder dessen Beauftragter, also unter Umständen der Anhör- oder Entscheidungsbedienstete, nach pflichtgemäßem **Ermessen**. Dabei genießen va die Interessen des Asylbewerbers am Schutz seiner Privatsphäre und das öffentliche Interesse an wahrheitsgemäßen Angaben des Ausländers und von Zeugen und Sachverständigen Vorrang vor den Belangen der betroffenen Personen. Familienangehörige ist die Anwesenheit dann nicht zu gestatten, wenn dadurch die Angaben des Asylbewerbers oder spätere eigene Aussagen beeinflusst werden können. 15

Die **Niederschrift** muss alle wesentlichen Angaben des Asylbewerbers enthalten und außerdem die notwendigen Feststellungen zum Verfahren, etwa über Bevollmächtigte, Dolmetscher und andere Teilnehmer. Die Angaben des Asylbewerbers sollten am besten in ihrer wörtlichen Übersetzung wiedergegeben werden, unter Umständen mit den dazugehörigen Fragen. Verständigungsschwierigkeiten sollten ebenso festgehalten werden wie eine zögerliche oder ausweichende Beantwortung von Fragen. Für die Niederschrift ist hier anders als nach § 36 II 1 eine Übermittlung an den Asylbewerber nicht ausdrücklich vorgeschrieben, aber gleichwohl zu verlangen und in der Praxis auch üblich. 16

2. In einer Aufnahmeeinrichtung Wohnpflichtige

Für zum Wohnen in einer Aufnahmeeinrichtung verpflichtete Asylbewerber ist die **Direktanhörung obligatorisch**. Von ihr kann (anders als nach Abs. 5 S. 1) nur in den Ausnahmefällen des § 24 I 4–6 abgesehen werden. Die näheren Umstände wie Terminierung, Ort und Zeitpunkt sind grundsätzlich anders geregelt als für Asylbewerber, die außerhalb einer Aufnahmeeinrichtung wohnen dürfen. Ob der Asylbewerber seiner Wohnverpflichtung nachkommt, ist unerheblich. Die auf unbedingte Beschleunigung ausgerichteten Bestimmungen des Abs. 4 sind auch anwendbar, wenn der 17

---

[17] Dazu allg. *Brandt* NVwZ 1997, 233.
[18] → § 24 Rn. 2, 8.
[19] → § 24 Rn. 3.
[20] Zur Zurückweisung BVerwG Beschl. v. 2.11.1990 – 9 B 121.90 und BayVBl. 1991, 124. § 14 IV VwVfG sperrt die Anwesenheit von Ehrenamtlichen nicht, diese sind auch keine „anderen Personen" iSv Abs. 6 S. 3; ausf. *Rapp* rescriptum 8/2016, 15.

Asylbewerber sich überhaupt nicht in der Aufnahmeeinrichtung meldet, vorübergehend abwesend ist oder die Aufnahmeeinrichtung auf Dauer verlassen hat. Abs. 4 S. 5 kann auf den nicht zur Antragstellung erschienen Ausländer analog angewendet werden, weil seine Situation der des nicht zur Anhörung erschienenen vergleichbar ist[21].

18   Der **Ort der Anhörung** ist nicht vorgeschrieben. Vorgesehen ist sie in der der Aufnahmeeinrichtung zugeordneten Außenstelle. Dort ist nämlich der Antrag zu stellen (§ 14 I), und die auf Beschleunigung ausgerichteten Vorschriften des Abs. 2 lassen darauf schließen, dass die Anhörung nicht nur in zeitlicher, sondern auch in örtlicher Nähe erfolgen soll. Gleichwohl ist nicht ausgeschlossen, dass die Anhörung bei einer anderen Außenstelle oder auch beim BAMF oder einer gem. § 24 Ia Amtshilfe leistenden Behörde durchgeführt wird. Die Zuständigkeit der Aufnahmeeinrichtung ist zwar ua von der Bearbeitung der Asylanträge aus dem jeweiligen Herkunftsland durch die entsprechende Außenstelle abhängig (§ 46 I). Damit ist aber nicht die Möglichkeit verschlossen, die Anhörung anderswo vorzunehmen, wenn dies angezeigt ist. Ein solcher Fall kann zB auch eintreten, wenn die Bearbeitung des betreffenden Herkunftslandes von der zugeordneten Außenstelle auf eine andere Außenstelle oder das BAMF übergegangen ist.

19   Der enge **zeitliche Zusammenhang** zwischen Antragstellung und Anhörung ist die Regel. Der Zeitraum ist nicht genau festgelegt. Es braucht kein „unmittelbarer" Zusammenhang zu bestehen (anders noch § 12 III 1 AsylVfG 1982). Das Gesetz lässt es genügen, wenn der Termin innerhalb einer Woche nach Antragstellung mitgeteilt wird (nicht notwendigerweise auch stattfindet wie nach § 12 III 2 AsylVfG 1982). Die gesetzliche Regel ist aber die Anhörung am selben Tag.

20   Findet die Anhörung nicht am selben Tag wie die Antragstellung statt, sind Asylbewerber und Bevollmächtigter unverzüglich zu verständigen. Ist der zeitliche Zusammenhang gewahrt oder der Termin zumindest bei der Antragstellung oder binnen einer Woche danach mitgeteilt, bedarf es keiner besonderen **Ladung**. Ist der zeitliche Zusammenhang oder der Wochenzeitraum nicht eingehalten, ist eine Ladung erforderlich. Ist ein Bevollmächtigter bestellt, kann sie an ihn oder den Asylbewerber ergehen; im letzteren Fall ist der Bevollmächtigte zu verständigen (§ 14 III VwVfG). Förmliche Ladung ist nicht vorgeschrieben, im Hinblick auf Abs. 4 S. 5 aber zweckmäßig. Verständigung oder Mitteilung sind aus demselben Grund aktenkundig zu machen. Für die Zustellung wie die formlose Mitteilung gelten gerade in der Aufnahmeeinrichtung die Sondervorschriften des § 10.

21   Selbst bei entschuldigter Verhinderung des Bevollmächtigten ist ein **neuer Termin** nicht zwingend vorgesehen (anders noch § 12 III 5 AsylVfG 1982). Dies behindert die Interessen- und Rechtsverfolgung des Asylbewerbers einschneidend. Deshalb sollte ungeachtet des erklärten gesetzgeberischen Willens zur Beschleunigung[22] bei sachgerechter Anwendung der Anhörungsvorschriften im Falle der Verhinderung des Bevollmächtigten möglichst ein anderer Termin bestimmt werden. Die Anhörung dient auch der Erfüllung des rechtsstaatlichen Gebots des rechtlichen Gehörs; demgegenüber haben staatliche Interessen an einer Verfahrensbeschleunigung zumindest dann zurückzutreten, wenn die Verzögerung nur einen oder wenige Tage ausmacht.

22   **Schriftliche Äußerungen** sind neben den mündlichen Angaben zugelassen, obwohl dies in Abs. 4 anders als in Abs. 5 S. 2 nicht besonders erwähnt ist. Dies gilt va bei Entscheidung nach Aktenlage aufgrund unentschuldigten Fernbleibens, was zunächst die ordnungsgemäße Mitteilung des Termins – oder Ladung[23] – voraussetzt. Eine unentschuldigte Terminsversäumnis darf nicht ohne Weiteres und ausnahmslos zu Lasten des Asylbewerbers gewürdigt werden. Va gibt es keinen allgemeinen Erfahrungssatz des Inhalts, dass ein zur Anhörung nicht erschienener Asylbewerber keinen Asylgrund hat[24]. Freilich kann aus einem derartigen Verhalten auf ein Desinteresse des Asylbewerbers am Verfahren und damit uU auf mangelnde Verfolgungsfurcht geschlossen werden.

3. Nicht in einer Aufnahmeeinrichtung Wohnpflichtige

23   Bei anderen als in einer Aufnahmeeinrichtung wohnpflichtigen Asylbewerbern ist der Zeitraum für die Anhörung nicht gesetzlich geregelt. Insoweit sind auch die allgemeinen Vorschriften über die Ladung nicht außer Kraft gesetzt. Ferner sind über § 24 I 4 und 5 hinausgehend **Ausnahmen** von der Pflicht zur persönlichen Anhörung (§ 24 I 3) zugelassen. Ist das Fernbleiben wegen Reiseunfähigkeit oder aus anderen zwingenden Gründen entschuldigt, ist ein neuer Termin zu bestimmen.

24   Sonst ist Gelegenheit für eine **schriftliche Äußerung** zu geben. Mit der Einräumung der Stellungnahmefrist kann eine Aufforderung nach § 33 verbunden werden. Erfolgt keine Äußerung, muss die unentschuldigte Terminsversäumnis im Hinblick auf ein ernsthaftes Verfahrensinteresse und eine Verfolgungsfurcht des Asylbewerber gewürdigt werden[25]. Ob das BAMF die Anforderungen für die Entscheidung nach Aktenlage eingehalten hat, kann im Gerichtsverfahren nur beschränkt überprüft

---

[21] → § 23 Rn. 9.
[22] BT-Drs. 12/2062, 32.
[23] → Rn. 20.
[24] Betr. Gerichtstermin BVerwG Urt. v. 18.10.1983 – 9 C 1036.82, InfAuslR 1984, 20.
[25] → Rn. 22.

werden; nur die materielle Bewertung hat Einfluss auf die Begründetheit des Asylantrags, nicht die Verfahrensweise des BAMF.

§ 26 Familienasyl und internationaler Schutz für Familienangehörige

(1) ¹Der Ehegatte oder der Lebenspartner eines Asylberechtigten wird auf Antrag als Asylberechtigter anerkannt, wenn
1. die Anerkennung des Asylberechtigten unanfechtbar ist,
2. die Ehe oder Lebenspartnerschaft mit dem Asylberechtigten schon in dem Staat bestanden hat, in dem der Asylberechtigte politisch verfolgt wird,
3. der Ehegatte oder der Lebenspartner vor der Anerkennung des Ausländers als Asylberechtigter eingereist ist oder er den Asylantrag unverzüglich nach der Einreise gestellt hat und
4. die Anerkennung des Asylberechtigten nicht zu widerrufen oder zurückzunehmen ist.

²Für die Anerkennung als Asylberechtigter nach Satz 1 ist es unbeachtlich, wenn die Ehe nach deutschem Recht wegen Minderjährigkeit im Zeitpunkt der Eheschließung unwirksam oder aufgehoben worden ist; dies gilt nicht zugunsten des im Zeitpunkt der Eheschließung volljährigen Ehegatten.

(2) Ein zum Zeitpunkt seiner Asylantragstellung minderjähriges lediges Kind eines Asylberechtigten wird auf Antrag als asylberechtigt anerkannt, wenn die Anerkennung des Ausländers als Asylberechtigter unanfechtbar ist und diese Anerkennung nicht zu widerrufen oder zurückzunehmen ist.

(3) ¹Die Eltern eines minderjährigen ledigen Asylberechtigten oder ein anderer Erwachsener im Sinne des Artikels 2 Buchstabe j der Richtlinie 2011/95/EU werden auf Antrag als Asylberechtigte anerkannt, wenn
1. die Anerkennung des Asylberechtigten unanfechtbar ist,
2. die Familie im Sinne des Artikels 2 Buchstabe j der Richtlinie 2011/95/EU schon in dem Staat bestanden hat, in dem der Asylberechtigte politisch verfolgt wird,
3. sie vor der Anerkennung des Asylberechtigten eingereist sind oder sie den Asylantrag unverzüglich nach der Einreise gestellt haben,
4. die Anerkennung des Asylberechtigten nicht zu widerrufen oder zurückzunehmen ist und
5. sie die Personensorge für den Asylberechtigten innehaben.

²Für zum Zeitpunkt ihrer Antragstellung minderjährige ledige Geschwister des minderjährigen Asylberechtigten gilt Satz 1 Nummer 1 bis 4 entsprechend.

(4) ¹Die Absätze 1 bis 3 gelten nicht für Familienangehörige im Sinne dieser Absätze, die die Voraussetzungen des § 60 Absatz 8 Satz 1 des Aufenthaltsgesetzes oder des § 3 Absatz 2 erfüllen oder bei denen das Bundesamt nach § 60 Absatz 8 Satz 3 des Aufenthaltsgesetzes von der Anwendung des § 60 Absatz 1 des Aufenthaltsgesetzes abgesehen hat. ²Die Absätze 2 und 3 gelten nicht für Kinder eines Ausländers, der selbst nach Absatz 2 oder Absatz 3 als Asylberechtigter anerkannt worden ist.

(5) ¹Auf Familienangehörige im Sinne der Absätze 1 bis 3 von international Schutzberechtigten sind die Absätze 1 bis 4 entsprechend anzuwenden. ²An die Stelle der Asylberechtigung tritt die Flüchtlingseigenschaft oder der subsidiäre Schutz. ³Der subsidiäre Schutz als Familienangehöriger wird nicht gewährt, wenn ein Ausschlussgrund nach § 4 Absatz 2 vorliegt.

(6) Die Absätze 1 bis 5 sind nicht anzuwenden, wenn dem Ausländer durch den Familienangehörigen im Sinne dieser Absätze eine Verfolgung im Sinne des § 3 Absatz 1 oder ein ernsthafter Schaden im Sinne des § 4 Absatz 1 droht oder er bereits einer solchen Verfolgung ausgesetzt war oder einen solchen ernsthaften Schaden erlitten hat.

Übersicht

	Rn.
I. Entstehungsgeschichte	1
II. Politischer Hintergrund	2
III. Rechtsstellung	3
1. Allgemeines	3
2. Asyl- oder Flüchtlingsanerkennung eines Familienmitglieds	5
3. Asylgesuch des Familienangehörigen	9
4. Ehegatte und Lebenspartner	12
5. Kinder, Eltern bzw. Sorgeberechtigte und Geschwister	14
IV. Verwaltungsverfahren und Rechtsschutz	17
1. Verhältnis zu Asyl- und Flüchtlingsanerkennung	17
2. Verwaltungsverfahren	20
3. Gerichtliches Verfahren	23

I. Entstehungsgeschichte

1   Die Vorschrift entspricht nur zT § 7a III AsylVfG 1982 und dem **Gesetzesentwurf 1992**[1]. Auf Empfehlung des Bundestag-Innenausschusses[2] wurden auch die Familienangehörigen förmlich als Asylberechtigte anerkannt. Für die Kinder wurde auf den Zeitpunkt ihrer Antragstellung und nicht mehr auf den „des Eintritts der Unanfechtbarkeit der Anerkennung" des Elternteils abgestellt. Abs. 2 S. 2 und Abs. 3 wurden zusätzlich eingefügt. Zum 1.11.**1997** wurde Nr. 1 in Abs. 1 eingefügt (Gesetz v. 29.10.1997)[3]. MWv 1.1.**2005** wurde entsprechend dem Gesetzesentwurf[4] die Regelung auf Angehörige anerkannter Konventionsflüchtlinge erstreckt, indem (der frühere) Abs. 4 angefügt und die Überschrift entsprechend ergänzt wurde; zudem wurde Abs. 2 klarstellend neu gefasst (Art. 3 Nr. 17 ZuwG). Das **RLUmsG 2007** ersetzte zunächst in der *Überschrift* – aus redaktionellen Gründen wegen der Bezugnahme auf den neuen § 3 – den Begriff „Familienabschiebungsschutz" durch „Familienflüchtlingsschutz". Sodann wurde **Abs. 2 S. 2** („Für im Bundesgebiet nach der unanfechtbaren Anerkennung des Asylberechtigten geborene Kinder ist der Asylantrag innerhalb eines Jahres nach der Geburt zu stellen.") aufgehoben. **Abs. 3** wurde der neue **S. 1** vorangestellt. Aus Gründen der redaktionellen Anpassung wurde schließlich **Abs. 4** neu gefasst (bisher: „Ist der Ausländer nicht als Asylberechtigter anerkannt worden, wurde für ihn aber unanfechtbar das Vorliegen der Voraussetzungen des § 60 Absatz 1 des Aufenthaltsgesetzes festgestellt, gelten die Absätze 1 bis 3 entsprechend. An die Stelle der Asylberechtigung tritt die Feststellung, dass für den Ehegatten und die Kinder die Voraussetzungen des § 60 Absatz 1 des Aufenthaltsgesetzes vorliegen."). Die Aufhebung des alten Abs. 2 S. 2 sowie den neuen S. 1 des Abs. 3 begründete der Gesetzgeber wie folgt[5]:

*„Die Regelung [im früheren Abs. 2 S. 2], wonach minderjährige ledige Kinder eines Asylberechtigten den Antrag (auf Familienasyl) innerhalb eines Jahres nach der Geburt zu stellen haben, hat sich in der Rechtspraxis nicht bewährt und wird daher aufgehoben. Die Ausschlussfrist wurde oftmals versäumt, da die Eltern keine Kenntnis davon hatten. Den Kindern war damit regelmäßig – mangels eigener Asylgründe – die ihnen eigentlich zustehende Asylberechtigung verwehrt. Ferner erfolgte eine Ungleichbehandlung gegenüber minderjährigen Kindern, die nach der Anerkennung des Ausländers als Asylberechtigte in das Bundesgebiet einreisten und keiner Antragsfrist unterworfen waren. Diesen Nachteilen stehen keine erkennbaren, insbesondere auch keine verfahrensrechtlichen Vorteile gegenüber. Die Regelung ist daher aufzuheben. In den Genuss der neuen Rechtslage können auch minderjährige Kinder kommen, die bisher vom Familienasyl ausgeschlossen waren, wenn sie einen Asylantrag bzw Asylfolgeantrag stellen und die übrigen Voraussetzungen für die Familienasylgewährung vorliegen. **Zu Buchstabe c:** Die neu eingefügte Regelung [des **Abs. 3 S. 1**] entspricht Artikel 23 Abs. 3 der Qualifikationsrichtlinie [2004/83/EG]. Danach können Familienangehörige aus der Anerkennung des Stammberechtigten keine Statusrechte ableiten, wenn sie selbst die Voraussetzungen für den Ausschluss vom Flüchtlingsstatus erfüllen, z. B. weil sie schwere Menschenrechtsverletzungen oder schwere Straftaten begangen haben."*

Das RLUmsG 2011 hat keine Änderungen vorgenommen. Die Vorschrift wurde jedoch durch Art. 1 Nr. 20 **RLUmsG 2013** mWz 1.12.2013 in **Abs. 1** dahingehend geändert, dass die Regelungen zum Ehegatten überall um den Lebenspartner ergänzt wurden. Abs. 2 ist gleichgeblieben, die **Abs. 3–6** jedoch wurden im Wesentlichen komplett neu gefasst. Bis dahin lauteten die alten Abs. 3 und 4: „(3) Die Abs 1 und 2 gelten nicht für Ehegatten und Kinder, die die Voraussetzungen des § 60 Abs 8 S. 1 AufenthG oder des § 3 Abs 2 erfüllen. Abs 2 gilt nicht für Kinder eines Ausländers, der nach Abs 2 als Asylberechtigter anerkannt worden ist. (4) Die Abs 1–3 sind auf Ehegatten und Kinder von Ausländern, denen die Flüchtlingseigenschaft zuerkannt wurde, entsprechend anzuwenden. An die Stelle der Asylberechtigung tritt die Zuerkennung der Flüchtlingseigenschaft." In der **Gesetzesbegründung**[6] heißt es hierzu ausführlich. und informativ:

„Mit den Änderungen wird Artikel 23 Absatz 2 der) Richtlinie 2011/95/EU umgesetzt[7]. *Die Richtlinienvorschrift sieht vor, dass Familienangehörige eines international Schutzberechtigten Anspruch auf die*

---

[1] BT-Drs. 12/2062, 10.
[2] BT-Drs. 12/2718, 20, 60.
[3] BGBl. 1997 I S. 2584.
[4] BT-Drs. 15/420, 4 f.
[5] BT-Drs. 16/5065, 216.
[6] BT-Drs. 17/13063, 21.
[7] Art. 23 Anerkennungs-RL regelt die „Wahrung des Familienverbandes" wie folgt: „(1) Die Mitgliedstaaten tragen dafür Sorge, dass der Familienverband aufrechterhalten werden kann. (2) Die Mitgliedstaaten tragen dafür Sorge, dass die Familienangehörigen der Person, der internationaler Schutz zuerkannt worden ist, die selbst nicht die Voraussetzungen für die Gewährung dieses Schutzes erfüllen, gemäß den nationalen Verfahren Anspruch auf die in den Artikeln 24 bis 35 genannten Leistungen haben, soweit dies mit der persönlichen Rechtsstellung des Familienangehörigen vereinbar ist. (3) Die Absätze 1 und 2 finden keine Anwendung, wenn der Familienangehörige aufgrund der Kapitel III und V von der Gewährung internationalen Schutzes ausgeschlossen ist oder ausgeschlossen wäre. (4) Unbeschadet der Absätze 1 und 2 können die Mitgliedstaaten aus Gründen der nationalen Sicherheit oder öffentlichen Ordnung die dort aufgeführten Leistungen verweigern, einschränken oder entziehen. (5) Die Mitgliedstaaten

gleichen Rechte haben wie der Schutzberechtigte selbst (Stammberechtigte), wenn sie sich in Zusammenhang mit dem Antrag auf internationalen Schutz im Mitgliedstaat aufhalten. Welche Familienangehörigen hiervon erfasst sind, ergibt sich aus Artikel 2 Buchstabe j der Richtlinie. Die praktische Umsetzung der Richtlinienvorgaben erfolgt dadurch, dass zusätzlich zu den im nationalen Recht bewährten Schutzformen des Familienasyls und des Familienflüchtlingsschutzes ein gemeinsamer Status bei subsidiär Geschützten und ihren Familienangehörigen eingeführt wird. Dies erleichtert die Rechtsanwendung und trägt auch der Tatsache Rechnung, dass bei Familienangehörigen häufig eine vergleichbare Bedrohungslage wie bei dem Stammberechtigten vorliegen wird. Die Regelung definiert zunächst den Kreis der begünstigten Familienangehörigen (Absätze 1 bis 3), übernimmt dann die Ausschlussgründe für die Flüchtlingsanerkennung (Absatz 4 Satz 1, bisher in Absatz 3 Satz 1 geregelt), schließt Ableitungsketten aus (Absatz 4 Satz 2, bisher in Absatz 3 Satz 2 geregelt) und erstreckt diese Regelungen auf Familienangehörige von subsidiär Geschützten (Abs. 5). Abs. 6 enthält einen eigenen Ausschlusstatbestand, wenn die Verfolgung oder die Gefahr eines ernsthaften Schadens von dem Familienangehörigen ausgeht. Im Einzelnen: In Absatz 1 wird der begünstigte Personenkreis um Lebenspartner von Asylberechtigten erweitert. Dies entspricht der Richtlinienvorgabe (Artikel 2 Buchstabe j 1. Anstrich) und nationalen Bestrebungen zur Gleichstellung der eingetragenen Lebenspartnerschaft mit der Ehe. Absatz 2 (Familienschutz für minderjährige ledige Kinder) ist gegenüber dem bisherigen Absatz 2 unverändert. Dies entspricht der Richtlinienvorgabe (Artikel 2 Buchstabe j 2. Anstrich). In Abs 3 Satz 1 wird der Familienschutz erstmalig auf Eltern minderjähriger lediger Asylberechtigter und andere sorgeberechtigte Erwachsene erstreckt. Dies entspricht der Richtlinienvorgabe für international Schutzberechtigte (Artikel 2 Buchstabe j 3. Anstrich). Aus Gründen der Gleichbehandlung werden die neuen Regelungen auf den Kreis der entsprechenden Angehörigen von Asylberechtigten ausgedehnt. Zur Aufrechterhaltung der Familieneinheit und im Interesse des Minderjährigenschutzes werden in Absatz 3 Satz 2 auch minderjährige ledige Geschwister in das Familienasyl einbezogen. Absatz 4 Satz 1 stellt wie bislang klar, dass die Absätze 1 bis 3 dann nicht gelten, wenn Ausschlussgründe nach § 60 Absatz 8 Satz 1 des Aufenthaltsgesetzes oder des § 3 Absatz 2 vorliegen. Absatz 4 Satz 2 schließt Ableitungsketten aus; die Möglichkeit für Familienangehörige, einen Asylantrag auf eigene Verfolgungsgründe zu stützen, bleibt unberührt. Absatz 5 eröffnet den Familienflüchtlingsschutz bzw den subsidiären Schutz für Familienangehörige auch für die Angehörigen von international Schutzberechtigten. In Satz 2 wird klargestellt, dass die Familienangehörigen im Status dem Stammberechtigten folgen. Satz 3 regelt den Ausschlusstatbestand für die Familienangehörigen von subsidiär Schutzberechtigten. Nach Absatz 6 werden Familienasyl und internationaler Schutz für Familienangehörige nicht gewährt, wenn der Familienangehörige den Schutzberechtigten verfolgt oder ihn in sonstiger erheblicher Weise gefährdet. In diesen Fällen besteht kein berechtigtes Schutzinteresse. Der Begriff „Ausländer" in Absatz 6 bezeichnet den Stammberechtigten. Die Regelung wurde insgesamt neu gefasst, um sie übersichtlicher zu gestalten und die Rechtsanwendung zu erleichtern."

Flankierend zum sog. **Asylpaket II**[8] wurde gem. Art. 2 Nr. 3 des am 17.3.2016 (BGBl. I S. 394) in Kraft getretenen Gesetzes zur erleichterten Ausweisung von straffälligen Ausländern und zum erweiterten Ausschluss der Flüchtlingsanerkennung bei straffälligen Asylbewerbern in **Abs. 4 S. 1** der letzte Halbsatz („oder bei denen das Bundesamt...") angefügt. Es handelt sich um eine Folgeänderung insbesondere zum neuen § 60 VIII 3 AufenthG[9]. Durch das Asylpaket II wurde iÜ der **Familiennachzug** insbesondere. für Subsidiärberechtigte gemäß dem neuen § 104 XIII AufenthG grundsätzlich für zwei Jahre bis 16.3.2018 beschränkt. Das IntG 2016 hat keine Änderung vorgenommen. Durch das **Gesetz zur Bekämpfung von Kinderehen** (BGBl. 2017 I S. 2431) wurde mWv 22.7.2017 an **Abs. 1** der neue **S. 2** angefügt. Damit wird klargestellt, dass für die Gewährung von Familienasyl immer eine herkunftslandbezogene Betrachtung der Ehe erfolgen soll. Der **Ampel-Koalitionsvertrag 2021** sieht allgemein unter der Überschrift „Asylverfahren" vor, dass „Familienzusammenführung im Sinne der Integration und der Aufnahmefähigkeit der Gesellschaft gestaltet wird". Die Familienzusammenführung zu subsidiär Geschützten soll mit den GFK-Flüchtlingen gleichgestellt werden. Beim berechtigten Elternnachzug zu unbegleiteten Minderjährigen sollen „die minderjährigen Geschwister nicht zurückgelassen werden". Zum Ehepartner oder zur Ehepartnerin nachziehende Personen sollen „den erforderlichen Sprachnachweis auch erst unverzüglich nach ihrer Ankunft erbringen" können. Das alles dürfte jedoch keine Änderung von § 26 bedingen.

II. Politischer Hintergrund

Der Zweck der Institution des Familienasyls ist darin zu sehen, BAMF und Gerichte zu entlasten, 2 indem eine unter Umständen schwierige Prüfung eigener Verfolgungsgründe der nahen Angehörigen können entscheiden, dass dieser Artikel auch für andere enge Verwandte gilt, die zum Zeitpunkt des Verlassens des Herkunftslandes innerhalb des Familienverbands lebten und zu diesem Zeitpunkt vollständig oder größtenteils von der Person, der internationaler Schutz zuerkannt worden ist, abhängig waren."

---

[8] → Vorb. Rn. 34 ff.
[9] Vgl. hierzu die Kommentierung bei § 60 AufenthG.

eines Verfolgten erübrigt wird, und außerdem deren Integration zu fördern[10]. Die Einführung des Familienasyls trägt zahlreichen Erfahrungen mit familienbezogenen Verfolgungen, zT sippenhaftähnlicher Art, Rechnung[11]. Das Familienasyl geht auf langjährige Empfehlungen des UNHCR[12], von Verbänden und der Wissenschaft[13] zurück. Seine praktische Bedeutung war bis zum RLUmsG 2013 angesichts der restriktiven formellen Voraussetzungen eher als gering zu veranschlagen; jedenfalls kam es nicht allen Mitgliedern der Kernfamilie eines Asylberechtigten zugute. Schon im Blick auf eine europäische Harmonisierung war deshalb lange Zeit beanstandet worden, dass es an einer insoweit besonders wichtigen Einbeziehung der Angehörigen von Konventionsflüchtlingen fehlte[14]. Mit dem ZuwG wurde diesen Forderungen erstmals Rechnung getragen, um die Flüchtlingsfamilie insgesamt mit einem einheitlichen Status auszustatten[15]. Das RLUmsG 2013 hat den Anwendungsbereich des Familienasyls beträchtlich erweitert (s. die ausführliche. Gesetzesbegründung → Rn. 1), und zwar sowohl materiellrechtlich (nun bei Asylanerkennung bzw. Flüchtlingsanerkennung bzw. subsidiärem Schutz) als auch personell (nun zB auch Lebenspartner bzw. Eltern minderjähriger lediger Asylberechtigter und andere sorgeberechtigte Erwachsene bzw. minderjährige ledige Geschwister). § 26, insbesondere seine Abs. 2 und 5 stehen so heute im Einklang mit den europarechtlichen Vorgaben auch von Art. 3 und 23AnerkRL 2011/95/EU[16]. Dies wurde durch das EuGH-Urteil „LW" vom 9.11.2021 in der RechtssacheC-91/20 bestätigt. Mit diesem Urteil entschied der Gerichtshof in der Zusammensetzung als Große Kammer, dass auch die Art. 3 und 23 II Anerkennungs-RL 2011/95/EU einen Mitgliedstaat nicht daran hindern, auf der Grundlage günstigerer nationaler Bestimmungen dem minderjährigen ledigen Kind eines Drittstaatsangehörigen, dem die Flüchtlingseigenschaft zuerkannt wurde, zur Wahrung des Familienverbands die Flüchtlingseigenschaft kraft Ableitung zuzuerkennen, und zwar auch in dem Fall, dass dieses Kind im Hoheitsgebiet dieses Mitgliedstaats geboren worden ist und über seinen anderen Elternteil die Staatsangehörigkeit eines anderen Drittstaats besitzt, in dem es nicht Gefahr liefe, verfolgt zu werden. Die Vereinbarkeit solcher nationalen Bestimmungen mit der Anerkennungs-RL setzt allerdings voraus, dass das Kind nicht unter einen der Ausschlussgründe der RL fällt (Art. 12 Anerkennungs-RL) und es nicht aufgrund seiner Staatsangehörigkeit oder eines anderen Merkmals seiner persönlichen Rechtsstellung Anspruch auf eine bessere Behandlung in dem genannten Mitgliedstaat hätte als die Behandlung, die sich aus der Zuerkennung der Flüchtlingseigenschaft ergibt. Die Fragen des Ausschlussgrundes (vgl. Abs. 4) und der Besserbehandlung (aufgrund deutschem Asyl- oder Ausländerrechts) sind mithin jeweils im Einzelfall zu prüfen[17]. Ob Abs. 3 S. 1 Nr. 3 hingegen insgesamt europarechtskonform ist oder partiell gegen Art. 10 Asylverfahrens-RL 2013/32/EU verstößt, kann aufgrund des EuGH-Urteils „SE" vom 9.9.2021 in der Rechtssache C-768/19 problematisiert werden[18]. Abs. 3 S. 1 Nr. 5 ist bei RL-konformer Auslegung jedenfalls in den meisten Fällen unanwendbar (→ Rn. 16).

III. Rechtsstellung

1. Allgemeines

3   Die Gewährung von Familienasyl führt wie schon früher zur selben Rechtsstellung wie die Asylanerkennung; die **Identität** des verliehenen Status besteht trotz der unterschiedlichen Grundlagen und Verfahren[19]. In der Vergangenheit konnte streitig sein, ob § 7a III AsylVfG 1982 neben Art. 16 II 2 GG eine taugliche Grundlage für eine Asylanerkennung abgeben konnte[20]. Die mit § 26 vorgenommene Gleichstellung liegt im Interesse des Integrationsziels wie der Verfahrensökonomie[21]. Der Status ist in allen Fällen gleich, nur die Erwerbstatbestände unterscheiden sich (Art. 16a I GG einerseits und § 26 andererseits)[22]. Die Gleichstellung folgt allerdings ebenso wenig zwingend aus Art. 6 und 16a GG wie die Einrichtung des Familienasyls selbst[23]. Sie geht vielmehr über Art. 16a I GG hinaus und

---

[10] Bundestag-Innenausschuss, BT-Drs. 11/6960, 29 f.
[11] Vgl. dazu BVerwG Urt. v. 27.4.1982 – 9 C 239.80, BVerwGE 65, 244; Urt. v. 13.1.1987 – 9 C 53.86, BVerwGE 75, 304; Urt. v. 26.4.1988 – 9 C 28.86, BVerwGE 79, 244; *Bell* ZAR 1986, 188; *Broscheit* ZAR 2019, 174.
[12] Nw. bei *Koisser/Nicolaus* ZAR 1991, 31 Fn. 3 f., 10 ff.; *Henkel* ZAR 1981, 85.
[13] *Köfner/Nicolaus* Grundlagen S. 247 ff.; *Renner* NJW 1989, 1251.
[14] Vgl. dazu KommBer S. 164.
[15] Vgl. BT-Drs. 15/420, 109; dazu auch die Vorschriften über die Wahrung des Familienverbands in Art. 23 II AnerkRL.
[16] Vgl. EuGH Urt. v. 4.10.2018 – C-652/16 – Ahmedbekova ua.
[17] Vgl. hieran anschließend BVerwG Urt. v. 25.11.2021 – 1 C 4.21.
[18] Ausführlich hierzu DAV – Ausschuss Migrationsrecht, Initiativstellungnahme 40/2021, 8 ff.
[19] *Bierwirth* in Barwig AuslR S. 229.
[20] So aber BVerwG Urt. v. 25.6.1991 – 9 C 48.91, BVerwGE 88, 326; krit. Anm. *Renner* ZAR 1992, 35; ähnlich noch §§ 31 IV, 70 I, 71 I, II AsylVfG-E 1992, BT-Drs. 12/2062.
[21] → Rn. 2.
[22] Zur Geltung der Drittstaatsregelung → Rn. 11.
[23] Vgl. dazu BVerfG-K Beschl. v. 3.6.1991 – 2 BvR 720/91, NVwZ 1991, 978; BVerwG Urt. v. 10.1.1995 – 9 C 276.94, InfAuslR 1995, 302; *Zimmermann* S. 132.

rechtfertigt sich als einfachgesetzliche Begünstigung der Familie[24]. Der „Terrorismusvorbehalt"[25] gilt auch gegenüber dem Anspruch auf Familienasyl[26]. Wird Familienasyl gewährt, soll von der Feststellung eines nationalen Abschiebungsverbots nach § 60 V oder VII abgesehen werden (31 V). Diese Grundsätze gelten auch für den 2005 eingeführten Familienflüchtlingsschutz bzw. den 2013 eingeführten zusätzlichen Familiensubsidiärschutz. Die Beendigung des Status des Familienasyls (als Status des Asylbewerbers) und des Familienflüchtlingsschutzes (als Status des anerkannten Flüchtlings) bzw. des Familiensubsidiärschutzes ist in den §§ 72 I, 73 I, IIb geregelt.

Die Gleichstellung von Familienangehörigen mit dem als Asylberechtigten oder als Flüchtling **4** anerkannten Familienmitglied geht auf zahlreiche Erfahrungen mit **familienbezogenen Verfolgungen**, zT sippenhaftähnlicher Art, zurück. Sie hängt aber nicht von der Feststellung derartiger Verhältnisse oder von der Berechtigung entsprechender tatsächlicher Vermutungen[27] ab. Eine Einbeziehung in die Verfolgung des Asylberechtigten oder Flüchtlings braucht weder behauptet noch vermutet noch festgestellt zu werden. Die Asylanerkennung und Flüchtlingsanerkennung der Mitglieder der Kernfamilie ist bewusst von einer solchen Grundlage gelöst. Gleiches gilt für den neuen Familiensubsidiärschutz. Nach dem neuen Abs. 6 scheidet Familienschutz allerdings mangels berechtigtem Schutzinteresse aus, wenn der **Familienangehörige selbst** den Stammberechtigten **verfolgt** oder ihn in sonstiger erheblicher Weise gefährdet.

2. Asyl- oder Flüchtlingsanerkennung eines Familienmitglieds

Die Verweise auf § 60 VIII AufenthG und § 3 II stellen klar, dass Familienschutz **ausgeschlossen** **5** ist, wenn die Familienangehörige selbst die Voraussetzungen für den Ausschluss vom Flüchtlingsstatus erfüllen, zB weil sie schwere Menschenrechtsverletzungen oder schwere Straftaten begangen haben oder die (flankierend zum Asylpaket II zum 17.3.2016 neu eingeführten) Voraussetzungen des Ermessenstatbestands des § 60 VIII 3 AufenthG erfüllen[28]; hierzu wird auf die dortigen Kommentierungen verwiesen[29]. Ansonsten ist Grundvoraussetzung für Familienasyl die **Anerkennung von Asyl oder internationalem Schutz** eines Mitglieds der Kernfamilie. Eine Flüchtlingsanerkennung genügte bis Ende 2004 nicht[30]. Der Anerkennung durch das BAMF ist dessen rechtskräftige Verpflichtung hierzu gleichzustellen; Verfahrensverzögerungen bei der Ausstellung des Anerkennungsbescheids können nicht zu Lasten des Familienangehörigen gehen. Die Verfolgung muss in dem Herkunftsstaat nicht aktuell stattfinden; es kommt vielmehr nur auf die Verfolgungsgefahr bei Rückkehr an. Abgestellt ist auf den Herkunftsstaat (auch eines Staatenlosen), weil nur bei dort drohender Verfolgung ein Asylrecht oder Abschiebungsschutz besteht.

Die Anerkennung des Stammberechtigten brauchte bis zur Änderung ab 1.11.1997[31] nicht **un-** **6** **anfechtbar** zu sein[32]. Da nunmehr wegen des umständlichen Verfahrens bei Widerruf des Familienasyls nach Aufhebung der Asylanerkennung während des Verfahrens des Stammberechtigten insoweit Bestandskraft verlangt ist, kann eine erhebliche Verfahrensverzögerung eintreten. Denn im Regelfall der gleichzeitigen Antragstellung aller Familienangehörigen muss nach der Anerkennung zB des Ehegatten oder Elternteils das Verfahren des anderen Ehegatten oder des Kindes **abgetrennt und bis zum Eintritt der Bestandskraft ausgesetzt werden**[33]. Entsprechende. Überlegungen gelten für den internationalen Familienschutz. Das Erfordernis der Bestandskraft der Anerkennung des Stammberechtigten gilt auch für minderjährige Kinder[34]; dies wurde schon durch die Neufassung von 2005 klargestellt[35]. Der unanfechtbaren Anerkennung steht nur eine rechtskräftige gerichtliche Verpflichtung des BAMF zur Anerkennung des Stammberechtigten gleich[36].

Ob Familienasyl von einem seinerseits Familienasylberechtigten **abgeleitet** werden kann, war lange **7** Zeit hochstreitig. Das BVerwG verneinte die Frage erstmals 1993 unter Hinweis auf Wortlaut, Systematik, Sinn und Zweck sowie Entstehungsgeschichte[37]. Dem wurde entgegengehalten, dass auch der Familienasylberechtigte wegen (unwiderleglich vermuteter) politischer Verfolgung im Heimatstaat

---

[24] BVerwG Urt. v. 21.1.1992 – 9 C 66.91, BVerwGE 89, 315.
[25] → GG Art. 16a Rn. 64.
[26] OVG NRW Beschl. v. 30.6.2000 – 8 A 2482/97.A, AuAS 2000, 196.
[27] → Rn. 2.
[28] Vgl. hierzu BT-Drs. 18/7537, 8 f.
[29] AufenthG § 60 Rn. 26 ff.
[30] Zur früheren Rechtslage BVerwG Urt. v. 5.7.1994 – 9 C 1.94, NVwZ 1995, 391; vgl. auch → Rn. 10.
[31] → Rn. 1.
[32] Vgl. zB BVerwG Urt. v. 21.1.1992 – 9 C 66.91, BVerwGE 89, 315.
[33] VG Würzburg Urt. v. 24.6.1998 – W 7 K 97.31 931, AuAS 1998, 199.
[34] Dazu BVerwG Urt. v. 29.9.1998 – 9 C 31.97, BVerwGE 107, 231.
[35] Zur früheren Fassung betr. Asylanerkennung BVerwG Urt. v. 29.9.1998 – 9 C 31.97, BVerwGE 107, 231.
[36] BVerwG Urt. v. 5.5.2009 – 10 C 21.08 – sowie VGH BW Beschl. v. 5.2.2019 – A 3 S 2960/18.
[37] BVerwG Beschl. v. 10.12.1993 – 1 B 160.93, NVwZ 1994, 505; Urt. v. 7.3.1995 – 9 C 389.94, NVwZ 1995, 791; ebenso GK-AsylG § 26 Rn. 56 f.; aA *Bierwirth* in Barwig AuslR S. 235; *Hailbronner* AsylG § 26 Rn. 15 f.; *Henkel* in Barwig AuslR S. 204; VGH BW Urt. v. 21.7.1994 – A 13 S 452/94, VBlBW 1995, 287; *Koisser/Nicolaus* ZAR 1991, 35; *Marx* § 26 Rn. 13.

anerkannt wird, die erworbene Rechtsstellung der des Asylberechtigten in vollem Umfang gleichsteht und die Norm nur die Vermittlung des Familienasyls an weitere Abkömmlinge ausschloss, also im Umkehrschluss ansonsten eine derartige „Weitergabe" gerade zuließ. Zudem spreche die Regelung in Abs. 4 S. 2 (nF) dafür, dass eine solche Ableitung – bis auf (nur) die gesetzlich ausgeschlossenen Kinder – möglich ist, ungeachtet der natürlich immer bestehenden Möglichkeit, einen Asylantrag auf eigene Verfolgungsgründe zu stützen. Jedenfalls seit Einführung des Familienasyls in § 7a AsylVfG 1982 sei die Notwendigkeit eines gleichen Status für Angehörige der Kernfamilie und einer Verfahrensvereinfachung betont und von einer generellen Erstreckung der Verfolgung auf der Grundlage der damaligen Rspr. des BVerwG auf andere Familienangehörige ausgegangen worden[38]. Ohnehin sollte eine zahlenmäßig bedeutsame Ausweitung des Anwendungsbereichs hierdurch nicht zu erwarten sein[39]. Mit Beschluss vom 21.12.2021 – 1 B 35.21 – hat das BVerwG in Abwägung dieser Argumente erneut entschieden, dass „Ableitungsketten" auszuschließen seien; Angehörige der Kernfamilie könnten internationalen Schutz nach Abs. 5 iVm Abs. 1–3 nur von einer Person ableiten, welcher die Flüchtlingseigenschaft oder der subsidiäre Schutzstatus nicht ihrerseits kraft Ableitung zuerkannt worden ist. Diese Rechtsprechung ist verfassungs- und unionsrechtlich nicht zu beanstanden[40].

8 Über Familienasyl und internationalen Familienschutz kann nicht positiv entschieden werden, wenn eigentlich dessen Grundlage bereits entfallen ist. Deshalb darf die Asyl- bzw. Schutzberechtigung nicht schon **zuvor erloschen** sein (dazu § 72); dies bedurfte keiner ausdrücklichen Regelung. Aus demselben Grund ist vor Gewährung des Familienschutzes auch die Frage des Widerrufs oder der Rücknahme der Asylanerkennung zu prüfen (dazu § 73). Allerdings genügen insoweit bloße Zweifel nicht, um Familienschutz zu versagen. Die Voraussetzungen für **Widerruf oder Rücknahme** müssen in vollem Umfang vorliegen. Außerdem muss zumindest eine entsprechende Äußerung des BAMF (§ 73 IV) ergehen[41]. Solange Widerruf oder Rücknahme nicht erfolgt sind, darf Familienasyl bzw. internationaler Familienschutz nicht endgültig abgelehnt werden. Bis zum Widerruf oder zur Rücknahme darf allerdings zugewartet werden, wenn deren Voraussetzungen vorliegen. Das hierin liegende **Risiko** für den Stammberechtigten ist in der Praxis als **gering** zu veranschlagen. Wenn über Asylberechtigung und internationalen Schutz sowie Familienasyl und internationalen Familienschutz gleichzeitig oder in engem zeitlichen Zusammenhang entschieden wird, läuft die Widerrufs- und Rücknahmeklausel leer. Sie kann nur an Bedeutung gewinnen, wenn zwischen beiden eine erhebliche Zeitspanne liegt[42]. Im Gerichtsverfahren hat das Widerrufs- oder Rücknahmeverfahren Vorrang; das Asylverfahren des Familienangehörigen ist um den Preis der Verfahrensverzögerung auszusetzen, um Statusdifferenzen und Folgeanträge zu vermeiden[43]. Die Asylberechtigung erlischt im Übrigen auch mit der Annahme der deutschen Staatsangehörigkeit; nach **Einbürgerung** des Stammberechtigten kommt deshalb die Gewährung von Familienasyl nicht mehr in Betracht[44]. Im Übrigen ist **die Staatsangehörigkeit** der Familienmitglieder irrelevant, insbesondere ist bei teleologischer Auslegung (insbesondere Verwaltungsvereinfachung) nicht über den Wortlaut der Norm hinaus erforderlich, dass die Familienangehörigen die Staatsangehörigkeit des Verfolgerstaats bzw. die gleiche Staatsangehörigkeit wie der Stammberechtigte haben[45].

3. Asylgesuch des Familienangehörigen

9 Der Ehegatte oder Lebenspartner muss **ebenfalls einen Asylantrag** iSd § 13 I gestellt haben – laut Urteil „SE" des EuGH vom 9.9.2021 in der Rechtssache C-768/19 genügt ausdrücklich ein formloser Antrag -, und zwar gemäß Abs. 1 Nr. 3 vor oder gleichzeitig mit dem Asylberechtigten oder aber bei späterer Einreise unverzüglich danach. Hält sich zB der Ehegatte bei Antragstellung (durch den später anerkannten Ausländer) bereits in Deutschland auf, reicht ein späterer Antrag für ein Familienasyl nicht aus. Bei späterer Einreise muss der Antrag ohne schuldhaftes Zögern (vgl. § 121 BGB) gestellt werden. Für ein nach dem Antrag des Elternteils, aber vor dessen Anerkennung im In- oder Ausland geborenes Kind war der Antrag vor der Änderung zum 1.1.2005 (analog Abs. 1 Nr. 3) unverzüglich nach Geburt oder Einreise zu stellen[46]. Nunmehr gibt es – seit der Aufhebung des alten Abs. 2 S. 2 durch das

---

[38] Vgl. BT-Drs. 11/6960, 60.
[39] Ebenso *Hailbronner* AsylVfG § 26 Rn. 15–18.
[40] Ausf. BVerwG Beschl. v. 21.12.2021 – 1 B 35.21, Rn. 8 ff. mwN.
[41] BVerwG Urt. v. 9.5.2006 – 1 C 8.05: „Die Verwaltungsgerichte sind im Familienasylverf nach § 26 II weder verpflichtet noch berechtigt, Gründe für den Widerruf der Asylanerkennung des Stammberechtigten nach § 73 I zu prüfen, solange der Leiter des Bundesamts ein Widerrufsverf nicht eingeleitet und den betroffenen Stammberechtigten hierzu nicht angehört hat."
[42] *Koisser/Nicolaus* ZAR 1991, 31 (36).
[43] *Hailbronner* AsylVfG § 26 Rn. 26.
[44] OVG NRW Beschl. v. 28.5.2008 – 8 A 1101/08.A, InfAuslR 2009, 366.
[45] Überzeugend: VG Hamburg Beschl. v. 13.2.2019 – 10 AE 6172/18; aA VG Cottbus Urt. v. 17.1.2019 – 5 K 511/18.A; hiergegen ist die Sprungrevision beim BVerwG anhängig unter dem Az. 1 C 2.19.
[46] OVG NRW Beschl. v. 26.6.2001 – 8 A 2209/00.A, AuAS 2001, 188; *Hailbronner* AsylVfG § 26 Rn. 33: idR zwei Wochen nach Geburt; BVerwG Urt. v. 13.5.1997 – 9 C 35.96, BVerwGE 104, 362: idR zwei Wochen nach Geburt.

RLUmsG 2007 auch bzgl. im Bundesgebiet nachgeborener Kinder – keine Antragsfrist für Kinder mehr, diese müssen den Antrag gem. Abs. 2 nur vor Vollendung des 18. Lebensjahres stellen. Maßgeblicher Zeitpunkt für die Beurteilung der Minderjährigkeit (und der Ledigkeit) des international Schutzberechtigten sowie für das Innehaben der Personensorge iSv Abs.z 5 S. 1 und 2 iVm Abs. 3 S. 1 ist der **Zeitpunkt der (gegebenenfalls formlosen) Asylantragstellung** sowohl des Schutzberechtigten als auch des antragstellenden Elternteils[47].

Erforderlich ist lediglich das **Schutzersuchen** vor politischer Verfolgung, nicht ein besonderer Antrag auf Familienasyl oder internationalen Familienschutz[48]. Unschädlich ist es auch, wenn die Ehe oder die Abstammung von dem Asylberechtigten oder Flüchtling oder dessen Verfolgung (zunächst) überhaupt nicht erwähnt werden. Unerheblich ist nach ferner, ob der Ehegatte seinen Asylantrag **auf internationalen Schutz beschränkt** hat (vgl. § 13 II 2). Dann kann freilich Familienasyl nach Sinn und Zweck der Regelung angesichts unterschiedlicher Rechtsfolgen (vgl. § 2 einerseits und § 3 andererseits) nicht gewährt werden[49]. Sonst träte ein mit dem Antrag nicht übereinstimmendes Ergebnis ein. Denn aufgrund eines nach § 13 II 2 beschränkten Asylantrags kann nicht die volle Rechtsstellung nach § 2 erlangt werden, sondern nur diejenige nach § 3 iVm § 60 I AufenthG. Hiermit wäre nicht vereinbar, wenn auf einen solchen Antrag hin eingeschränkter Prüfung der Voraussetzungen des Familienschutzes der Status eines Asylberechtigten also ein rechtliches Mehr zugebilligt würde. Nach Einführung des Familienflüchtlingsschutzes seit Anfang 2005 bzw. des Familienensubsidiärschutzes seit 2013 erhält der Ehegatte auf einen beschränkten Antrag hin ebenso beschränkten (Familien)Abschiebungsschutz wie der Stammberechtigte. 10

Grundsätzlich ausgeschlossen ist Familienasyl (nicht Flüchtlingsanerkennung) bei **Einreise aus einem sicheren Drittstaat**[50]. Der Familienangehörige steht bei abgeleiteter Anerkennung im Wege des Familienschutzes nicht besser als bei originärer Asylanerkennung. Die Berufung auf Familienasyl ist dagegen in den Ausnahmefällen des § 26a I 3 zulässig[51], zB gegebenenfalls nach Einreise aus einem der Dublin-VO unterliegenden Staat (heute alle EU-Staaten sowie Island und Norwegen und die Schweiz)[52]. 11

4. Ehegatte und Lebenspartner

Begünstigt sind Ehegatten und Lebenspartner, wenn die Ehe oder Lebenspartnerschaft schon im Verfolgerstaat bestanden hat; ein Verlöbnis genügt nicht. Die Ehe bzw. Lebenspartnerschaft braucht nicht geschlossen zu sein. Die Eheleute müssen aber nach der Eheschließung zumindest übergangsweise einmal zusammen im Heimatstaat des Asylberechtigten gelebt haben. Der bloße Bestand der einmal geschlossenen Ehe reicht nicht für die dem Familienasyl zugrundeliegende Verfolgungsgemeinschaft aus. Es muss dort eine **familiäre Lebensgemeinschaft** bestanden haben[53]. Denn es wird der Bestand der Ehe „in dem" Herkunftsstaat des Asylberechtigten oder anerkannten Flüchtlings verlangt. Die Gültigkeit der Ehe beurteilt sich nach dem Recht des Wohnsitz- oder hilfsweise des Aufenthaltsstaats, wobei vorher erworbene Rechte zu achten sind (Art. 12 GK). Auch polygame Ehen kommen also in Betracht[54], ebenso Handschuhehen[55], nicht jedoch religiös geschlossene Ehen, wenn und solange sie nicht staatlich anerkannt sind, zB Imamehen[56]. Dagegen kann am Tatbestand einer gültigen Ehe oder Lebenspartnerschaft nicht allein deswegen gezweifelt werden, weil mit ihr aufenthaltsrechtliche Vorteile angestrebt werden[57]; fraglich kann in Fällen dieser Art nur der Bestand der ehelichen Lebensgemeinschaft sein. Der Ehegatte kann auch eine andere Staatsangehörigkeit besitzen oder staatenlos sein[58]. 12

Die **Ehe** oder Lebenspartnerschaft, die zB bei Minderjährigen (vgl. Abs. 1 S. 2 und → Rn. 1) immer herkunftslandbezogen zu betrachten ist, muss auch im Zeitpunkt der Entscheidung[59] noch **bestehen**, darf also weder durch Scheidung noch durch Tod aufgelöst sein[60]. Ob die faktische Auflösung der ehelichen Lebensgemeinschaft alleine reicht, ist streitig[61]; hiergegen spricht va der Aspekt der Rechtsklarheit. Unschädlich ist eine Scheidung nur, wenn die Partner zwischenzeitlich wieder geheiratet 13

---

[47] BVerwG Urt. v. 25.11.2021 – 1 C 4.21.
[48] → § 13 Rn. 15.
[49] Koisser/Nicolaus ZAR 1991, 31; vgl. auch → Rn. 5.
[50] Hailbronner AsylG § 26 Rn. 7a; BVerfG-K Beschl. v. 8.6.2000 – 2 BvR 2279/98, DVBl 2000, 1202; BVerwG Urt. v. 6.5.1997 – 9 C 56.96, BVerwGE 104, 347.
[51] BVerwG Urt. v. 6.5.1997 – 9 C 56.96, BVerwGE 104, 347.
[52] Ausf. die Kommentierung bei § 34a.
[53] BVerwG Urt. v. 15.12.1992 – 9 C 61.91, NVwZ 1993, 792.
[54] Birk/Repp ZAR 1992, 14; Koisser/Nicolaus ZAR 1991, 31.
[55] Hailbronner AsylG § 26 Rn. 20; VG Wiesbaden Urt. v. 12.9.1994 – 3/2 E 7282/93, NVwZ 1995, Beilage 2, 14.
[56] Dazu OVG RhPf Urt. v. 5.7.1993 – 13 A 10 564/92, NVwZ 1994, 514.
[57] AA Birk/Repp ZAR 1992, 14; Hailbronner AsylVfG § 26 Rn. 20.
[58] Krit dazu Koisser/Nicolaus ZAR 1991, 31.
[59] Dazu auch → Rn. 22, 25.
[60] BayVGH Urt. v. 17.8.1993 – 11 BZ 89.30 545, EZAR 215 Nr. 7.
[61] Vgl. auch Kluth/Heusch in BeckOK AuslR AsylG § 26 Rn. 10.

haben[62]. Ob die Vorschrift auch bei Ehescheidung nach der Flucht – in Anlehnung an die Rspr. zu § 1 III BVFG[63] – anwendbar ist[64], erscheint höchst fraglich. Denn der Ehegatte soll erkennbar nur mit Rücksicht darauf begünstigt werden, dass er bei einer Rückkehr in seine Heimat in die seinem Ehepartner bevorstehende Verfolgung einbezogen würde. Die Wahrscheinlichkeit eines solchen Schicksals wäre aber in der Regel nach einer Ehescheidung oder dem Tod des politisch Verfolgten erheblich geringer einzuschätzen. Sofern sich die dem einen Ehepartner drohende Verfolgungsgefahr trotz Scheidung oder Tod weiter auf den anderen auswirkt, kann dieser die Asyl- oder Flüchtlingsanerkennung aus eigenem Recht erreichen.

5. Kinder, Eltern bzw. Sorgeberechtigte und Geschwister

14 Die Gewährung von Familienasyl für Kinder ist nach dem EuGH-Urteil „**LW**" vom 9.11.2021 in der Rechtssache C-91/20 grundsätzlich **unionsrechtskonform**, wenn im Einzelfall kein Ausschlussgrund vorliegt (s. Abs. 4 und Art. 12 Anerkennungs-RL 2011/95/EU) sowie durch deutsches Ausländer- oder Asylrecht keine Besserbehandlung erreicht werden kann, was regelmäßig nicht der Fall ist. Auch der subsidiäre Schutzstatus von Eltern und Geschwistern eines minderjährigen Flüchtlings hindert nicht die Zuerkennung von **Familienflüchtlingsschutz**; ist der Flüchtling im Laufe des Verfahrens volljährig geworden, müssen sowohl die Familienangehörigen als auch das Kind ihr Asylgesuch noch vor dessen Volljährigkeit geäußert haben[65]. Zwar schreibt Art. 23 Abs. 2 Anerkennungs-RL 2011/95/EU eine Erstreckung des internationalen Schutzes auf die Familienangehörigen kraft Ableitung von einer Person, welcher die Flüchtlingseigenschaft zuerkannt worden ist, nicht vor. Abs. 3 iVm 5 setzt aber nach dem Willen des deutschen Gesetzgebers mit der Zuerkennung des von einem schutzberechtigten Familienangehörigen abgeleiteten internationalen Familienschutzes das Schutzziel der Wahrung des Familienverbandes um. Diese Statuserstreckung ist als günstigere nationale Regelung, die Art. 3 Anerkennungs-RL den Mitgliedstaaten erlaubt, zulässig. Denn sie steht mit der allgemeinen Systematik und den Zielen der Richtlinie im Einklang. Die von Abs. 3 S. 1 und 2 erfassten Angehörigen der Kernfamilie des Schutzberechtigten befinden sich regelmäßig in einer Situation, die, sofern die Ableitung mit dem Ziel der Wahrung des Familienverbands begehrt wird, einen Zusammenhang mit dem Zweck des internationalen Schutzes aufweist. Mit der Zuerkennung subsidiären Schutzes aus eigenem Recht wird die Wahrung des Familienverbands bereits ermöglicht, aber keine bessere Rechtstellung als durch den vom Stammberechtigten abgeleiteten Flüchtlingsstatus geschaffen. Das Ziel der Richtlinie, die Einheit der Kernfamilie zu festigen, wird vielmehr durch die im nationalen Recht vorgesehene Angleichung des Schutzstatus ebenso in besonderer Weise bekräftigt wie durch die Erstreckung auch auf Geschwisterkinder. Der für die Beurteilung der **Minderjährigkeit** des stammberechtigten Flüchtlings maßgebliche Zeitpunkt ist durch das EuGH-Urteil „LW" dahin geklärt, dass es ausreicht, wenn dieser sowohl bei Stellung seines eigenen Asylantrags als auch in dem Zeitpunkt, in dem die Eltern (bzw. Geschwister) ihren Antrag gestellt haben, noch minderjährig war. Entscheidend ist hiernach der Zeitpunkt des **Asylgesuchs**, nicht der des förmlichen Asylantrags. Diese Auslegung des Art. 2 lit. j Anerkennungs-RL ist mit Blick auf das Gebot der unionsrechtskonformen Auslegung des nationalen Rechts auch für Abs. 5 iVm 3 maßgeblich. Entsprechendes gilt für die Merkmale der **Ledigkeit** und des Innehabens der **Personensorge**.

15 Als **Kinder** iSv Abs. 2 kommen eheliche und nichteheliche sowie adoptierte in Betracht[67]. Sie können eine andere Staatsangehörigkeit besitzen als der Elternteil. Sie müssen aber bereits geboren sein, die Leibesfrucht ist also nicht berechtigt[68]. Es muss sich um ein **Kind des** als Asylberechtigten oder als Flüchtling **anerkannten Ehegatten oder Lebenspartners** handeln. Wird dem anderen Ehegatten Familienasyl gewährt, kommen dessen nichteheliche oder aus früherer Ehe stammende Kinder ebenfalls in den Genuss des Familienasyls[69]. Denn dieses wird allgemein Kindern „des Asylberechtigten" gewährt, die bei der „Anerkennung" schon lebten oder danach im Bundesgebiet geboren wurden[70]. Wenn der Ehegatte zum Zwecke eines einheitlichen Rechtsstatus in der Familie dieselbe Rechtsstellung wie der Asylberechtigte erhält, dann verdienen auch seine Kinder dieselbe Behandlung, weil nur so die bessere Integration der ganzen Familie gewährleistet wird. Bei anderer Auslegung hinge die Rechtsstellung der (nicht gemeinsamen) Kinder unter Umständen nur von der Reihenfolge der Bearbeitung der Asylanträge ab; dieses Ergebnis verträgt sich nicht mit den Zielen des Gesetzes, das

---

[62] BayVGH Urt. v. 17.8.1993 – 11 BZ 89.30 545, EZAR 215 Nr. 7; VG Berlin GB v. 30.5.1996 – 34 X 64.96, AuAS 1996, 188.
[63] Vgl. dazu Hailbronner/Renner, Staatsangehörigkeitsrecht, GG Art. 116 Rn. 67, 68 f.
[64] Dafür Koisser/Nicolaus ZAR 1991, 31.
[65] Vgl. BVerwG Urt. v. 25.11.2021 – 1 C 4.21.
[66] Vgl. Art. 2 lit. j iVm Art. 23 II Anerkennungs-RL.
[67] Koisser/Nicolaus ZAR 1991, 31.
[68] OVG Brem Beschl. v. 3.7.1991 – 2 B 90/91, DÖV 1991, 983; zu Geburtsort und -zeit → Rn. 9.
[69] → Rn. 7; iE ebenso schon nach altem Recht Bierwirth in Barwig AuslR S. 235 f.; Koisser/Nicolaus ZAR 1991, 31.
[70] Dazu auch → Rn. 9.

auch bei der Rechtsstellung der Ehegatten nicht danach unterscheidet, wer als Erster als Asylberechtigter anerkannt und wer „nur" familienasylberechtigt ist[71]. Diese Grundsätze gelten seit 2005 entsprechend für Kinder von als Flüchtling anerkannten Personen und seit 2013 entsprechend für Kinder von subsidiär Schutzberechtigten. Ausgeschlossen ist dagegen die Weitergabe an die **Enkel** des Stammberechtigten. Aus Abs. 4 S. 2 lässt sich folgern, dass Kinder von nach Abs. 1 Anerkannten ihrerseits Familienasyl oder internationalen Familienschutz erhalten können[72]. Ohne einen derartigen Hintergrund wäre Abs. 4 S. 2 überflüssig. Sein Sinn ist allein darin zu sehen, dass der Gesetzgeber die Grundannahme der Verfolgungsgemeinschaft der Kernfamilie nicht über drei Generationen hin für gerechtfertigt hält. Die Kinder müssen (nur) im Zeitpunkt ihres eigenen Asylgesuchs **minderjährig** und **ledig** sein. Dies gilt auch für diejenigen Kinder des Ehegatten, die nicht zugleich Kinder des Asylberechtigten oder anerkannten Flüchtlings sind[73]. Die Minderjährigkeit richtet sich gemäß Art. 12 GK und § 12 II nach deutschem Recht, wobei es beim Folgeantrag auf dessen Antragszeitpunkt ankommt und nicht auf den des Erstantrags[74]. Während nach § 7a III 2 AsylVfG 1982 der Zeitpunkt der Anerkennung maßgeblich war[75], sollte es nach dem Gesetzesentwurf auf den Einritt der Unanfechtbarkeit ankommen[76]; mit dieser Änderung[77] war eine gewisse Schlechterstellung für ältere Kinder verbunden. Die endgültige Fassung[78] rückt eher die asylrechtliche Verbundenheit der Kinder mit dem verfolgten Elternteil in den Vordergrund, indem sie auf die **Antragstellung** durch das Kind abstellt. Damit trägt das Kind nicht das Risiko eines langen Verfahrens[79].

Für **Eltern** von minderjährigen ledigen Asylberechtigten und **andere sorgeberechtigte Erwachsene** iSv Art. 2 lit. j Anerkennungs-RL[80] gelten nach Abs. 3 aus Gründen der Gleichbehandlung nunmehr vergleichbare Grundsätze. Zur Problematik der unanfechtbaren Anerkennung des Asylberechtigten (Abs. 3 Nr. 1) wird auf → Rn. 6; bezüglich der Problematik, dass die Familie schon im Verfolgerstaat bestanden haben muss (Nr. 2), wird auf → Rn. 12; zur zeitlichen Problematik (Nr. 3) wird auf → Rn. 13; bzgl. der Widerruf/Rücknahme-Problematik (Nr. 4) wird auf → Rn. 8 verwiesen. Bis zum Urteil „SE" des EuGH vom 9.9.2021 in der Rechtssache C-768/19 war klar, dass zusätzlich der aktuelle Bestand der **Personensorge** (Nr. 5) bejaht werden musste, die in Deutschland heute grundsätzlich beiden Eltern gemeinsam zusteht und nur bei nicht verheirateten Eltern nach § 1626a III BGB gegebenenfalls der Mutter allein. Den Mindestinhalt der Personensorge regelt § 1631 I BGB wie folgt: „Die Personensorge umfasst insbesondere die Pflicht und das Recht, das Kind zu pflegen, zu erziehen, zu beaufsichtigen und seinen Aufenthalt zu bestimmen." Vergleichbare Grundsätze zu S. 1 Nr. 1–4 galten nach Abs. 3 S. 2 zur Aufrechterhaltung der Familieneinheit für im Interesse der Minderjährigenschutzes für im Zeitpunkt ihrer Antragstellung **minderjährige ledige Geschwister**. Das als Stammberechtigter fungierende Geschwisterkind kann auch erst nach der Einreise der Restfamilie in Deutschland geboren sein, wobei es aber keine „Kettenableitung" gibt, dh keine Ableitung des internationalen Schutzes von einer Person, die diesen selber nur kraft Ableitung erhalten hat[81]. Im **Urteil „SE"** vom 9.9.2021 in der Rechtssache C-768/19 führte der EuGH jedoch aus, dass für die Bejahung des Begriffs „Familienangehöriger" iSv Art. 2 lit. j Spiegelstrich 3 und Art. 23 Anerkennungs-RL 2011/95/EU genügt, dass (1) die Familie bereits im Herkunftsland bestanden hat, (2), sich die Familienangehörigen der Person, der internationaler Schutz zuerkannt worden ist, im Zusammenhang mit dem Antrag auf internationalen Schutz in demselben Mitgliedstaat aufhalten und (3), dass die Person, der internationaler Schutz zuerkannt worden ist, minderjährig und nicht verheiratet ist. Ausdrücklich entschied er, dass die tatsächliche Wiederaufnahme des Familienlebens im Hoheitsgebiet

---

[71] → Rn. 7.
[72] → Rn. 14; betr. Asylanerkennung VGH BW Urt. v. 12.1.1993 – A 14 S 1994/91, InfAuslR 1993, 200.
[73] → Rn. 14.
[74] BVerwG Urt. v. 13.8.1996 – 9 C 92.95, BVerwGE 101, 341.
[75] BVerwG Urt. v. 21.1.1992 – 9 C 63.91, BVerwGE 89, 309; Urt. v. 21.1.1992 – 9 C 66.91, BVerwGE 89, 315.
[76] BT-Drs. 12/2062, 10.
[77] Unzutreffend die Begründung des Gesetzesentwurfs, BT-Drs. 12/2062, 32, die keine Änderung annimmt.
[78] Vom Bundestag-Innenausschuss empfohlen, BT-Drs. 12/2718, 20.
[79] BT-Drs. 12/2718, 75; VGH BW Urt. v. 12.1.1993 – A 14 S 1994/91, InfAuslR 1993, 200; nach Anknüpfen an unanfechtbarer Asylanerkennung auch BVerwG Urt. v. 23.4.2001 – 1 C 33.00, AuAS 2001, 226.
[80] Art. 2 lit. j AnerkRL lautet: „Im Sinne der RL bezeichnet der Ausdruck „Familienangehörige" die folgenden Mitglieder der Familie der Person, der internationaler Schutz zuerkannt worden ist, die sich im Zusammenhang mit dem Antrag auf internationalen Schutz in demselben Mitgliedstaat aufhalten, sofern die Familie bereits im Herkunftsland bestanden hat: – der Ehegatte der Person, der internationaler Schutz zuerkannt worden ist, oder ihr nicht verheirateter Partner, der mit ihr eine dauerhafte Beziehung führt, soweit nach dem Recht oder der Praxis des betreffenden Mitgliedstaats nicht verheiratete Paare ausländerrechtlich vergleichbar behandelt werden wie verheiratete Paare; – die minderjährigen Kinder des unter dem ersten Gedankenstrich genannten Paares oder der Person, der internationaler Schutz zuerkannt worden ist, sofern diese nicht verheiratet sind, gleichgültig, ob es sich nach nationalen Recht um eheliche oder außerehelich geborene oder adoptierte Kinder handelt; – der Vater, die Mutter oder ein anderer Erwachsener, der nach dem Recht oder der Praxis des betreffenden Mitgliedstaats für die Person, der internationaler Schutz zuerkannt worden ist, verantwortlich ist, wenn diese Person minderjährig und nicht verheiratet ist."
[81] VG Sigmaringen Urt. v. 19.5.2017 – A 3 K 3301/16; zur Minderjährigkeit bei Asylantrag (auch formlos) vgl. BVerwG Urt. v. 25.11.2021 – 1 C 4.21; zur Kettenableitung BVerwG Beschl. v. 21.12.2021 – 1 B 35.21.

des Aufnahmemitgliedstaats für die Gewährung von Familienschutz keine entscheidungserhebliche Relevanz hat. Die einschlägigen Bestimmungen der Anerkennungs-RL 2011/95/EU und der GRCh würden zwar das Recht auf ein Familienleben schützen und dessen Wahrung fördern. Sie überließen es aber grundsätzlich den Inhabern dieses Rechts, darüber zu entscheiden, wie sie ihr Familienleben führen wollen, und stellten insbesondere keine Anforderungen an die Intensität ihrer familiären Beziehung[82]. Daraus folgt, dass bei § 26 III 1 Nr. 5 der Begriff der **„Personensorge"** keinesfalls mehr iSd BGB verstanden werden darf. „Personensorge" liegt bei richtlinienkonformer Auslegung vielmehr selbst ohne Wahrnehmung elterlicher Verantwortung vor, dh der Anwendungsbereich von Nr. 5 wird gewissermaßen gegen Null reduziert (im Falle von Kindesmisshandlungen und Sorgerechtsentzug kann dies anders sein). Weiter hat der EuGH entschieden, dass die in Art. 24 bis 35 Anerkennungs-RL 2011/95/EU genannten „Leistungen" **(Aufenthaltstitel, Reisedokumente, Zugang zur Beschäftigung etc)** auch nach Eintritt der Volljährigkeit des Kindes grundsätzlich fortbestehen; allerdings könne bei der (mindestens einjährigen) Laufzeit des Aufenthaltstitels der Eintritt der Volljährigkeit berücksichtigt werden[83]. Da der Familienschutz der Anerkennungs-RL derzeit in Deutschland durch § 26 umgesetzt wird, ist ggf. Familienasyl zu gewähren, auch wenn die Anerkennungs-RL dieses Rechtsinstitut nicht kennt[84]. Ein Verweis des BAMF auf die Ausländerbehörden („Spezialtitel" mit den Art. 24–35-Leistungen der Anerkennungs-RL) wäre europarechtswidrig. Bei Bestehen eines Anspruchs auf diese „Leistungen" ist auch eine Abschiebungsandrohung rechtswidrig, weil gemäß der Anerknnungs-RL ein asylrechtliches Aufenthaltsrecht im Bundesgebiet besteht. Familienasyl geht zudem **Dublin/Drittstaatenrecht** vor, um ein Auseinanderreißen der Kernfamilie zu verhindern[85].

IV. Verwaltungsverfahren und Rechtsschutz

1. Verhältnis zu Asyl- und Flüchtlingsanerkennung

17   **Verfahrensart** und Zuständigkeit sind nicht ausdrücklich geregelt. Sie lassen sich nur aus der Rechtsnatur des Familienasyls und des internationalen Familienschutzes sowie aus deren Verhältnis zu Asyl- und Flüchtlingsanerkennung ermitteln. Die Gewährung des Familienasyls und internationalen Familienschutzes steht nur zT neben diesen Anerkennungsformen. Sie vermittelt dieselbe Rechtsstellung wie die Asylanerkennung und der internationale Schutz. Deshalb hat der Gesetzgeber im Zusammenhang mit der Einführung des Familienasyls und später des Familienflüchtlingsschutzes zu Recht von einer Änderung der die Asylberechtigung und die Flüchtlingsanerkennung regelnden Vorschriften abgesehen. Es bedurfte keiner weiteren Sonderregelungen über Verfahren, Zuständigkeit und Entscheidung (zum Widerruf § 73 I 2).

18   Familienasyl erfordert **keinen speziellen Familienasyl- oder Familienflüchtlingsschutzantrag**, sondern wird auf einen allgemeinen Asylantrag hin gewährt; ist dieser allerdings gem. § 13 II 2 beschränkt, kann nur internationaler Familienschutz gewährt werden[86]. Während dem Ausländer die Wahl zwischen dem Status eines Asylberechtigten iSd Art. 16a I GG und dem eines ausländischen Flüchtlings iSd GK freigestellt ist (vgl. §§ 3, 13 II 2; § 60 I AufenthG), wird ihm eine **Disposition** über die abgeleitete Rechtsstellung nicht zugestanden. Diese wird ihm vielmehr, wenn die gesetzlichen Voraussetzungen vorliegen, gewährt, ohne dass er auf Asyl oder internationalen Schutz „aus eigenem Recht" bestehen kann. Die Absicht des Gesetzgebers, die unter Umständen aufwendige Ermittlung und Prüfung eigener Asylgründe des nahen Angehörigen zu erübrigen[87], verträgt sich nicht mit einem Vorrang der Asyl- und Flüchtlingsanerkennung und einer nur zurückgesetzten Bedeutung des Familienasyls und des internationalen Familienschutzes.

19   Ernstliche **verfassungsrechtliche Bedenken** bestehen gegen dieses Regelungssystem nicht. Sie könnten nur dann durchgreifen, wenn einem politisch Verfolgten der nach Art. 16a I GG verheißene Schutz versagt oder beschnitten würde. Wer als politisch Verfolgter auf den förmlichen Anerkennungsstatus verzichtet und sich mit der – vergleichbar sicheren – Flüchtlingsanerkennung zufriedengibt, wird nicht von Staats wegen in seinem Asylgrundrecht tangiert. Ebenso wenig stellt es einen Verstoß gegen Art. 16a I GG dar, wenn Familienasyl einen Asylanerkennungsantrag sowohl bei dem zuerst anerkannten Asylbewerber als auch bei seinen Angehörigen voraussetzt. Durch den Ausschluss vom Familienasyl wird kein politisch Verfolgter an der Erlangung asylrechtlichen Schutzes gehindert. Umgekehrt wird die Grundrechtsstellung des politisch verfolgten Angehörigen nicht dadurch verfassungswidrig eingeschränkt, dass er unter Umständen auf seinen Asylanerkennungsantrag „nur" Familienasyl erhält. Die ihm zuteilwerdende Rechtsstellung unterscheidet sich nicht von der des Asylberechtigten. Auch

---

[82] EuGH Urt. v. 9.9.2021 – C-768/19 Rn. 58 – SE.
[83] EuGH Urt. v. 9.9.2021 – C-768/19 Rn. 65 – SE.
[84] Jedenfalls solange, bis § 26 als europarechtswidrig beurteilt wird, wie dies der Generalanwalt in der Rs. C-91/20 im Fall LW vorschlägt.
[85] Vgl. BVerwG Urt. v. 17.11.2020 – 1 C 8.19.
[86] → Rn. 11.
[87] Vgl. BT-Drs. 11/6960, 29 f.

europarechtlich bestehen insoweit keine Bedenken, weil insbesondere Art. 23 Anerkennungs-RL den Mitgliedstaaten einen entsprechenden Umsetzungsspielraum zuerkennt.

2. Verwaltungsverfahren

Das Verfahren wird eingeleitet durch einen nicht eingeschränkten Asylantrag (vgl. § 13 II 2)[88] und führt zur **Asylanerkennung,** wenn die besonderen Voraussetzungen des Familienasyls vorliegen; entsprechend gilt das für den **internationalen Familienschutz.** Es bedarf keines gesonderten Antrags auf Gewährung von Familienschutz[89]. Nach der – seit 1.11.1997[90] notwendigerweise bestandskräftigen – Anerkennung des asylberechtigten Familienmitglieds werden Ermittlung und Prüfung auf den jeweiligen Tatbestand des Familienasyls beschränkt. Die besonderen Ermittlungs- und Mitwirkungspflichten der §§ 15, 24, 25 gelten nur noch insoweit, als dies für die Entscheidung über den Familienschutz erforderlich ist. Va können Nachforschungen über Verfolgungstatbestände in der Vergangenheit und künftige Verfolgungsgefahren unterbleiben, wenn Familienschutz bereits ernsthaft in Betracht kommt. Die **Reihenfolge der Prüfung** kann sich nach prozessökonomischen Gesichtspunkten richten, immer aber ist die Bestandskraft der Asylanerkennung bzw. des internationalen Schutzes des Stammberechtigten abzuwarten; erforderlichenfalls ist das Verfahren bis dahin auszusetzen. 20

Zuständig ist das BAMF, weil es um die Bescheidung eines Asylantrags geht. Der Gesetzgeber hätte gewiss die Ausländerbehörde mit der Gewährung des Familienschutzes betrauen können, denn im Kern handelt es sich um eine aufenthaltsrechtliche Entscheidung aufgrund abgeleiteten Asylrechts und bei fehlender Zuständigkeitszuweisung an den Bund wären die Ausländerbehörden der Länder gem. Art. 30, 83 GG allein zuständig[91]. Für die Entscheidung über Asylanträge ist aber grundsätzlich das BAMF zuständig, falls nicht Grenzbehörde oder Ausländerbehörde ausnahmsweise Kompetenzen zugewiesen sind (§§ 18 ff.), und eine derartige ausdrückliche Bestimmung zugunsten der Ausländerbehörde ist bei Einführung des Familienasyls und auch später nicht getroffen worden. Zudem geben die Gesetzesmaterialien keinen Hinweis auf eine dahingehende Absicht[92]. 21

Die Entscheidung ergeht in der Weise, dass dem Asylantrag durch Asylanerkennung oder Feststellung von internationalem Schutz entsprochen wird. Die Rechtsgrundlage könnte zwar im Tenor angegeben werden[93], die Zweckmäßigkeit einer solchen Verfahrensweise erscheint aber eher fraglich; die Rechtsgrundlage (Art. 16a I GG oder § 3 oder § 4) wird auch sonst nicht genannt und kann, falls sie für andere Verfahren oder Behörden von Bedeutung ist, ohne Weiteres den Gründen entnommen werden. Eine teilweise Ablehnung des Asylantrags ist in der Gewährung von Familienschutz nicht zu sehen. Falls der Angehörige dennoch weiter die Asylanerkennung oder internationalen Schutz aufgrund eigener Verfolgung oder Gefährdung beanspruchen sollte, fehlt ihm hierfür das **Rechtsschutzinteresse**[94]. Denn er erlangt mit dem Familienschutz eine Rechtsstellung, die ihm dieselben Rechte sichert und ihn auch auf Dauer nicht schlechter stellt als bei förmlicher Anerkennung von Asyl oder internationalem Schutz aus eigenem Recht. Unter diesen Umständen hat er kein Recht auf Durchführung eines „normalen" Anerkennungsverfahrens; seine dahin gehenden Wünsche müssen hinter dem öffentlichen Interesse an einer vereinfachten und beschleunigten Entscheidung zurückstehen[95]. 22

3. Gerichtliches Verfahren

Im gerichtlichen Verfahren ist die Entscheidung des BAMF in dem Umfang zu **überprüfen,** in dem sie durch den Asylbewerber angegriffen wird. Dabei stellt die Klage des negativ beschiedenen Asylbewerbers immer eine Verpflichtungsklage (§ 42 II VwGO) dar, denn mit ihr wird in jedem Fall eine Verpflichtung des BAMF angestrebt, zum einen zur Asylanerkennung[96] und zum anderen zum internationalen Schutz. Familienasyl und internationaler Schutz werden immer zusammen mit der Asylanerkennung rechtshängig, weil (nur) der Asylantrag deren Gewährung einschließt; die Klageart ändert sich dadurch nicht. 23

Auch im gerichtlichen Verfahren steht dem Asylbewerber innerhalb des nicht nach § 13 II 2 beschränkten Asylantrags **keine Dispositionsfreiheit** über das Familienasyl zu. Erweist sich der Anerkennungsantrag „nur" aufgrund von § 26 als begründet, ist das BAMF auf die Klage des Asylbewerbers zur Anerkennung von Familienschutz in der Form von Asyl und Flüchtlingsanerkennung oder subsidiärem Schutz zu verpflichten. Dem steht nicht entgegen, dass das BAMF unter Umständen noch keinen Anlass zur Prüfung des Familienschutzes hatte; denn insoweit handelt es sich 24

---

[88] → Rn. 10.
[89] → Rn. 10.
[90] BT-Drs. 12/2062, 10.
[91] Hierauf weisen *Koisser/Nicolaus* ZAR 1991, 31 zu Recht hin.
[92] Vgl. BT-Drs. 11/6960, 29 f.
[93] So *Hailbronner* AsylVfG § 26 Rn. 9.
[94] Betr. Asylanerkennung *Koisser/Nicolaus* ZAR 1991, 31.
[95] → Rn. 19.
[96] BVerwG Beschl. v. 10.6.1982 – 9 B 11 555.81, EZAR 610 Nr. 15.

nur um die Auswechslung der Anerkennungsgrundlage ähnlich wie bei der Umstellung von Vorflucht- auf Nachfluchtgründe.

25 Für Familienschutz gelten hinsichtlich des für die Rechts- und Sachlage maßgeblichen **Zeitpunkts** keine Besonderheiten. Für die Verpflichtungsklage kommt es insoweit im Allgemeinen. auf den Zeitpunkt der (letzten) gerichtlichen Tatsachenentscheidung an (§ 77 I 1)[97]. Entscheidend ist danach – im Falle der gerichtlichen Anfechtung – nicht der Erlass des BAMF-Bescheids und ebenso wenig die aufgrund rechtskräftiger gerichtlicher Verpflichtung ergehende spätere Anerkennung, sondern die Sachentscheidung des VG bzw. des OVG/VGH.

26 Die Dauer der Gerichtsverfahren können daher die Erfolgsaussichten des Asylbewerbers je nach der zwischenzeitlichen Entwicklung im Verfolgerland beeinflussen. Für Familienschutz können sich **Änderungen** der tatbestandlichen Voraussetzungen **während des Gerichtsverfahrens** in mehrfacher Hinsicht ergeben: zB betreffend Asyl- oder Flüchtlingsanerkennung des asylberechtigten oder abschiebungsschutzberechtigten Ehegatten oder Elternteils, Bestand der Ehe, Minderjährigkeit, Ledigsein, Sorgerecht etc. Für Alter und Familienstand des Kindes kommt es nach Abs. 2 nur auf den Zeitpunkt der Antragstellung an[98]. Anders verhält es sich mit dem Fortbestand der Asylanerkennung und zB der Ehe.

27 Trotz gewisser Bedenken[99] erscheint es nicht geboten, für Familienschutz von dem **allgemein maßgeblichen Beurteilungszeitpunkt** abzugehen. Dies gilt auch für die Asyl- oder international Schutzberechtigten des anerkannten Familienmitglieds. Unter Asylberechtigten oder international Schutzberechtigten versteht das AsylG zT auch Personen, deren Anerkennung noch nicht bestandskräftig ist (vgl. § 58 IV). Da Abs. 1 demgegenüber (seit 1.11.1997)[100] die Bestandskraft der Anerkennung voraussetzt, genügt die nicht bestandskräftige Anerkennung nicht[101] und sie muss zum Zeitpunkt der Gerichtsentscheidung noch bestehen[102]. Wenn nach alledem zB während des Gerichtsverfahrens geschiedene Ehegatten oder Ehegatten oder Kinder von inzwischen nicht mehr als asylberechtigt oder als Flüchtling Anerkannten nicht in den Genuss des Familienschutzes gelangen, so widerspricht dies nicht dem Zweck dieser Familienschutzinstitute, die Integration der Kernfamilie anerkannter Asylberechtigter oder Flüchtlinge zu erleichtern. Die gesetzliche Begrenzung des begünstigten Personenkreises führt freilich zwangsläufig zum Ausschluss anderer Personen, auch wenn dies nicht wünschenswert sein mag oder der Praxis anderer GK-Vertragsstaaten widerspricht[103].

§ 26a Sichere Drittstaaten

(1) [1]Ein Ausländer, der aus einem Drittstaat im Sinne des Artikels 16a Abs. 2 Satz 1 des Grundgesetzes (sicherer Drittstaat) eingereist ist, kann sich nicht auf Artikel 16a Abs. 1 des Grundgesetzes berufen. [2]Er wird nicht als Asylberechtigter anerkannt. [3]Satz 1 gilt nicht, wenn

1. der Ausländer im Zeitpunkt seiner Einreise in den sicheren Drittstaat im Besitz eines Aufenthaltstitels für die Bundesrepublik Deutschland war,
2. die Bundesrepublik Deutschland auf Grund von Rechtsvorschriften der Europäischen Gemeinschaft oder eines völkerrechtlichen Vertrages mit dem sicheren Drittstaat für die Durchführung des Asylverfahrens zuständig ist oder
3. der Ausländer auf Grund einer Anordnung nach § 18 Abs. 4 Nr. 2 nicht zurückgewiesen oder zurückgeschoben worden ist.

(2) Sichere Drittstaaten sind außer den Mitgliedstaaten der Europäischen Union die in Anlage I bezeichneten Staaten.

(3) [1]Die Bundesregierung bestimmt durch Rechtsverordnung ohne Zustimmung des Bundesrates, dass ein in Anlage I bezeichneter Staat nicht mehr als sicherer Drittstaat gilt, wenn Veränderungen in den rechtlichen oder politischen Verhältnissen dieses Staates die Annahme begründen, dass die in Artikel 16a Abs. 2 Satz 1 des Grundgesetzes bezeichneten Voraussetzungen entfallen sind. [2]Die Verordnung tritt spätestens sechs Monate nach ihrem Inkrafttreten außer Kraft.

---

[97] So auch schon früher BVerfG Beschl. v. 2.7.1980 – 1 BvR 147.80 ua, BVerfGE 54, 341; BVerwG Urt. v. 2.8.1983 – 9 C 599.81, BVerwGE 67, 314.
[98] BVerwG Urt. v. 23.4.2001 – 1 C 33.00, AuAS 2001, 226; vgl. auch VG Arnsberg Urt. v. 8.6.2000 – 4 K 94/97 ua, InfAuslR 2001, 245.
[99] Dazu Koisser/Nicolaus ZAR 1991, 31.
[100] Dazu → Rn. 1.
[101] → Rn. 6.
[102] → Rn. 8.
[103] So Koisser/Nicolaus ZAR 1991, 31.

I. Entstehungsgeschichte

Die Vorschrift wurde aufgrund Art. 16a II GG mWv 1.7.1993 eingefügt (Art. 1 Nr. 17 **1** AsylVfÄndG 1993). Sie entspricht dem **Gesetzesentwurf 1993**[1]. MWv 1.1.**2005** wurde der Begriff der Aufenthaltsgenehmigung in Abs. 1 S. 2 Nr. 1 durch Aufenthaltstitel ersetzt (Art. 3 Nr. 52 ZuwG). Das **RLUmsG 2007** fügte – zur Erweiterung des Anwendungsbereichs insbesondere hinsichtlich der Dublin II-VO 343/3003/EG – in Abs. 1 S. 3 Nr. 2 nach „auf Grund" die Wörter „von Rechtsvorschriften der EG oder" ein und änderte redaktionell (überfällig) in Abs. 2 das Wort „Gemeinschaften" in „Union" um. Die RLUmsG 2011 und 2103 sowie die Asylpakete und das IntG 2016 haben keine Änderungen vorgenommen; versäumt wurde nun auch in Abs. 1 S. 3 Nr. 2 die schon zum 1.12.2009 durch den Lissabon-Vertrag (vgl. Art. 1 III EUV) erfolgte Umbenennung der abgeschafften „Europäischen Gemeinschaft" in deren Rechtsnachfolgerin „Europäische Union". Dennoch ist § 26a grundsätzlich **europarechtskonform**; ergänzend sind allerdings die detaillierten Vorgaben der Art. 38 und 39 Asylverfahrens-RL 2013/32/EU[2] zu beachten. Im **Urteil Kommission/Ungarn vom 16.11.2021 in der Rechtssache C-821/19** hat der EuGH dazu ausgeführt: „Nach dem Wortlaut von Art. 33 IIc AsylVfRL können die Mitgliedstaaten einen Antrag auf internationalen Schutz als unzulässig betrachten, wenn ein Staat, **der kein Mitgliedstaat** ist, als für den Antragsteller sicherer Drittstaat gemäß Art. 38 RL betrachtet wird. Wie der Gerichtshof entschieden hat, geht aus Art. 38 RL hervor, dass die Anwendung des Konzepts des sicheren Drittstaats voraussetzt, dass die in den Abs. 1 bis 4 dieses Artikels genannten Voraussetzungen **kumulativ** erfüllt sind[3]. Nach Art. 38 IIa RL muss zwischen der Person, die um internationalen Schutz nachsucht, und dem betreffenden Drittstaat **eine Verbindung bestehen,** so dass es aufgrund dieser Verbindung vernünftig erscheint, dass diese Person sich in diesen Staat begibt. Wie der Gerichtshof entschieden hat, kann der Umstand, dass ein Antragsteller auf internationalen Schutz das Gebiet eines Drittstaats durchreist hat, für sich genommen aber nicht die Annahme begründen, dass sie vernünftigerweise in dieses Land zurückkehren könnte[4]. Die den Mitgliedstaaten durch Art. 38 II RL für die Zwecke der Anwendung des Begriffs „sicherer Drittstaat" auferlegte Verpflichtung, Regeln zu erlassen, die die Methodik vorsehen, mit der im Einzelfall beurteilt wird, ob der betreffende Drittstaat die Voraussetzungen erfüllt, um für den betreffenden Antragsteller als sicher angesehen zu werden, sowie die Möglichkeit des Antragstellers, das Bestehen einer Verbindung zwischen ihm und dem Drittstaat anzufechten, wäre **nicht zu rechtfertigen, wenn die bloße Durchreise der Person,** die um internationalen Schutz nachsucht, durch den betreffenden Drittstaat insoweit eine hinreichende oder signifikante Verbindung darstellte. Dass die Person, die um internationalen Schutz ersucht, über den betreffenden Drittstaat eingereist ist, kann somit **nicht** bereits eine „Verbindung" mit diesem Staat im Sinne von Art. 38 IIa RL."

II. Allgemeines

Die Schaffung der Drittstaatenklausel durch Art. 16a II GG hat Voraussetzungen, Umfang und **2** Rechtsfolgen des anderweitigen Verfolgungsschutzes **grundlegend verändert**[5]. Bis heute wird diese Klausel mit ernstzunehmenden Argumenten als aus menschenrechtlicher Sicht schwer haltbar eingestuft[6]. Eine systematische Betrachtung wird dadurch erschwert, dass die anderen Regeln der §§ 27, 27a, 29 über die anderweitige Sicherheit – wenn auch modifiziert – beibehalten und zusätzlich die Bestimmungen des Unionsrechts und der völkerrechtlichen Verträge iSd Art. 16a V GG zu beachten und in das AsylG einbezogen sind. Im Verhältnis zu den früheren Vertragsstaaten des DÜ bzw. zuvor des SDÜ bzw. nunmehr der Dublin II-VO 343/2003/EG bzw. **Dublin III-VO 604/2013/EU** unterliegenden Dublin-Staaten (heute alle EU-Staaten sowie Island, Norwegen, Liechtenstein und die Schweiz[7]) wird die Drittstaatenklausel allerdings grundsätzlich nicht angewendet bzw. hierfür ist diese Klausel historisch jedenfalls nicht konstruiert[8]. Hinsichtlich einer Einreise vor dem 1.7.1993 vgl. die **Übergangsregelung** in § 87a I[9].

---

[1] BT-Drs. 12/4450, 5.
[2] Art. 38 regelt „Das Konzept des sicheren Drittstaats" u. Art. 39 „Das Konzept des sicheren europäischen Drittstaats"; z. Text s. http://eur-lex.europa.eu/legal-content/DE/TXT/HTML/?uri=CELEX:32013L0032&from=DE.
[3] EuGH Urt. v. 14.5.2020 – C-924/19 PPU und C-925/19 PPU Rn. 153 und die dort angeführte Rspr.
[4] EuGH Urt. v. 19.3.2020 – C-564/18 Rn. 47.
[5] → GG Art. 16a Rn. 89 f.; zur Verfassungsmäßigkeit BVerfG Urt. v. 14.5.1996 – 2 BvR 1938/93 ua, BVerfGE 94, 49.
[6] Vgl. *Weinzierl*, Der Asylkompromiss 1993 auf dem Prüfstand, Deutsches Institut für Menschenrechte, 2009.
[7] → § 34a Rn. 7.
[8] → § 5 Rn. 8 bzw. die Kommentierung zum Dublin-Asylsystem bei §§ 29, 34a.
[9] Zu den Veränderungen aufgrund des EU-Asylrechts auch → GG Art. 16a Rn. 131 ff.

III. Sicherer Drittstaat

3 Der **Kreis** der sicheren Drittstaaten wird im nationalen Recht durch GG, Anlage I zum AsylG („Länderliste I") und Rechtsverordnung bestimmt. Sichere Drittstaaten sind die in Art. 16a II GG genannten EU-Staaten und die in der – nunmehr auf Norwegen und (noch) die Schweiz geschrumpfte – Anlage I vom Gesetzgeber bezeichneten Staaten. Erfüllt einer der Letzteren die Voraussetzungen des Art. 16a II 1 GG nicht mehr, hat die Bundesregierung durch Rechtsverordnung anzuordnen, dass er nicht mehr als sicherer Drittstaat gilt und zu behandeln ist. Für EU-Staaten wäre eine GG-Änderung erforderlich. Ist binnen sechs Monaten Anlage I nicht geändert, gilt der Staat wieder als sicher. Die Rechtsverordnung könnte dann nur bei veränderten Umständen wiederholt werden, sonst würde die Kontrollbefugnis von Bundestag und Bundesrat unterlaufen. Genügt ein Staat der Anlage I von Anfang an nicht den Anforderungen des Art. 16a II 1 GG, ist Anlage I insoweit verfassungswidrig und auf Verfassungsbeschwerde oder im Wege abstrakter oder konkreter Normenkontrolle für nichtig zu erklären (§§ 76 ff., 80 ff., 90 ff. BVerfGG).

4 Gegen die Aufnahme einiger Länder in Anlage I bestanden früher **Bedenken.** In Polen erschienen zumindest anfänglich weder die ordnungsgemäße Bearbeitung von Asylanträgen noch die Einhaltung des Refoulement-Verbots gesichert[10]. Die Beachtung des Verbots der Weiterschiebung war auch in der Schweiz[11] nicht unbedingt gewährleistet. Weder aus der Gesetzesbegründung noch aus anderen Materialien ließen sich Anhaltspunkte dafür entnehmen, welche Rechtstatsachen für die Annahme des Gesetzgebers ausschlaggebend waren, in diesen Ländern sei die Anwendung der GK und der EMRK sichergestellt iSd Art. 16a II 1 GG. Dennoch führten die erwähnten Zweifel nicht zur Annahme der Verfassungswidrigkeit eines Teils der Anlage I[12]. Nach dem **Konzept der normativen Vergewisserung** reichen der Beitritt zu GK und EMRK und die gesetzliche Pflicht zur Prüfung der Verbote des Art. 33 GK und des Art. 3 EMRK aus. Außerdem steht dem Gesetzgeber für die Gewinnung der Tatsachengrundlage ein Spielraum bei der Auswahl der Erkenntnismittel zu. Schließlich braucht sich seine Beurteilung nur als vertretbar zu erweisen[13].

IV. Einreise

5 Aus einem sicheren Drittstaat eingereist ist nach der Rspr. des BVerfG nicht nur, wer **unmittelbar** nach dem Verlassen dieses Staates ins Bundesgebiet eingereist ist. Aus nationaler Sicht genügt, dass der Antragsteller **„über"** einen solchen Staat gereist ist[14]. Für die Reise durch einen sicheren Drittstaat reicht tatsächlich Gebietskontakt zu diesem Staat aus und die Möglichkeit (wie bspw. im **Flughafentransit**), um Schutz nachzusuchen[15]. Weder eine rechtlich relevante Ein- oder Ausreise noch ein Schutzersuchen oder eine Aufnahme werden verlangt[16]. Die Einreise kann auf dem Land-, dem Luft- oder dem Seeweg erfolgen. Dabei dürfen auch andere Staaten berührt werden. Aus europarechtlicher Sicht verlangt der EuGH für die Definition des sicheren Drittstaates, (nur) soweit dieser kein EU-Mitgliedstaat ist, dass zu diesem seitens des Antragstellers „eine Verbindung" besteht, sodass eine Rückkehr dorthin möglich ist, was nicht schon bei bloßer Durchreise angenommen werden kann (→ Rn. 1).

6 Nach der Rspr. des BVerfG braucht kein **bestimmter Staat** festgestellt zu werden, aus dem der Ausländer eingereist ist[17]. Es genügen zwar keine Vermutungen, aber doch die Gewissheit, der Asylbewerber könne nur aus einem sicheren Drittstaat eingereist sein. Da Deutschland nur von sicheren Drittstaaten umgeben ist, bedarf es, wenn der Ausländer erwiesenermaßen weder aus der Luft noch über die See eingereist ist, nicht der positiven Feststellung eines bestimmten Transitstaats. Damit wird die ohnehin hypothetische Natur der Drittstaatenklausel noch verstärkt und die Zahl der allgemein unerwünschten „refugees in orbit" entgegen dem Willen des Gesetzgebers[18] noch vergrößert[19]. Insofern besteht ein Unterschied zu den völkerrechtlichen Regelungen iSd Art. 16a V GG, die eine sichere Bestimmung des zuständigen Vertragsstaats verlangen.

7 Da es nach der Rspr. des BVerfG die Feststellung genügt, dass der Flüchtling über keinen anderen als einen sicheren Drittstaat eingereist ist[20], kann das vom Gesetzgeber selbst gesteckte Ziel der Drittstaatenregelungen jedenfalls nicht in vollem Umfang erreicht werden. Diese sollen nämlich verhindern, dass sich für einen Flüchtling „aus formalen Gründen letztlich **kein Staat verantwortlich**

---

[10] Vgl. *Henkel* ZAR 1993, 79; *Zimmermann* DÖV 1993, 559.
[11] Dazu *Schmid* ZAR 1993, 82.
[12] Dazu allg. BVerfG Urt. v. 14.5.1996 – 2 BvR 1938/93 ua, BVerfGE 94, 49; → GG Art. 16a Rn. 104 ff.
[13] Zu „Ausnahmen" vom Konzept der normative Vergewisserung → Rn. 14.
[14] Ähnlich schon BT-Drs. 12/4152, 3, 4; 12/4450, 20; → GG Art. 16a Rn. 99.
[15] Vgl. BVerfGE 94, 115 (131) = NJW 1996, 691 sowie BVerfGE 94, 49 (94) = NJW 1996, 700.
[16] → GG Art. 16a Rn. 100.
[17] BVerfG Urt. v. 14.5.1996 – 2 BvR 1938/93 ua, BVerfGE 94, 49; → Art. 16a Rn. 101.
[18] Dazu BT-Drs. 12/4450, 15.
[19] → GG Art. 16a Rn. 101 ff.
[20] So auch CDU/CSU im Gegensatz zu SPD und FDP, BT-Drs. 12/4450, 20.

fühlt"[21]. Die Rückführbarkeit ist zwar nicht Voraussetzung für die Anwendung des § 26a, weil schon Art. 16a II GG selbst den Ausschluss des Flüchtlings vom Asylrecht ohne Rücksicht darauf verfügt, ob der Drittstaat die Durchreise anerkennt oder gar den Flüchtling zurücknimmt; die Auslegung durch BVerfG und BVerwG, die diese Wirkung durch fiktive oder alternative Feststellungen noch verstärkt, liegt bei objektiver Betrachtung weder im privaten Interesse des Ausländers noch im öffentlichen Interesse der Bundesrepublik Deutschland und der Staatengemeinschaft. Dementsprechend muss die Abschiebungsanordnung[22] nach § 34a I den Drittstaat konkret bezeichnen und Zurückweisung und Zurückschiebung (§§ 18 II und III, 19 III) sind ebenfalls nur in einen bestimmten Staat zulässig und möglich.

Schließlich stellt sich in diesem Zusammenhang die Frage, ob es sich bei Art. 16a II GG um einen **8** Ausschlusstatbestand handelt, dessen Vorliegen der Staat **darlegen und beweisen** muss[23] oder ob die Nichtdurchreise durch einen sicheren Drittstaat ein zusätzliches Tatbestandsmerkmal des Asylanspruchs darstellt, das der Flüchtling darzutun und zu beweisen hat. Das BVerfG hat sich für die letztere Auslegung entschieden und sieht in der Nichtanwendung der Drittstaatenklausel eine Voraussetzung für den Asylanspruch[24]. Nur für den – wohl eher theoretischen – Ausnahmefall des Bahntransits ohne Zwischenaufenthalt soll die Drittstaatenklausel nicht eingreifen[25]. Angesichts der Beschränkung des Asylrechts auf nicht aus einem sicheren Drittstaat eingereiste Personen[26] müssen diese die Einreise auf dem Luftweg dartun und beweisen, also ihrerseits die Einreise auf dem Land- oder Seeweg ausschließen[27].

V. Ausschluss des Asylrechts

Wie der Asylantrag nach Einreise aus einem sicheren Drittstaat **verfahrensmäßig behandelt** **9** werden soll, ist nicht ganz klar geregelt. Dem durch Art. 16a II GG angeordneten Ausschluss der Berufung auf das Asylrecht entspricht die Formulierung des Abs. 1 S. 1. Die Nichtanerkennung als Asylberechtigter (Abs. 1 S. 2) ist nur eine von mehreren Konsequenzen hieraus[28] und hätte eigentlich keiner weiteren Erwähnung bedurft. Die Lösung ergibt sich aus § 31 I 4 und IV, wo für den Fall des § 26a die Ablehnung des Asylantrags vorausgesetzt ist. Das BAMF hat also die Feststellungen in Abs. 1 S. 1 und 2 der Antragsablehnung zugrunde zu legen, braucht sie aber nicht in den Tenor des Bescheids aufzunehmen. Ist der Asylbewerber nachweislich über einen bestimmten sicheren Drittstaat eingereist, kann das BAMF gemäß § 34a I unmittelbar eine **Abschiebungsanordnung** erlassen und dorthin zurückführen. Der zugleich nach § 13 II 1 mitgestellte Antrag auf internationalen Schutz wird dann in Deutschland nicht mehr geprüft bzw. verbeschieden, sondern im Drittstaat.

Die **Ausnahmen** in Abs. 1 S. 3 sind systematisch nur schwer einzuordnen. Art. 16a II GG schließt **10** nämlich die Berufung auf das Asylrecht gänzlich aus und lässt Ausnahmen hiervon nicht zu. Insofern fehlt es eigentlich an einer verfassungsrechtlichen Grundlage für eine Asylanerkennung in den betroffenen Fallgruppen. Die Fallvariante der völkervertraglichen Zuständigkeit der Bundesrepublik Deutschland lässt sich allerdings auf die Besonderheiten des Vertragsasyls nach Art. 16a V GG zurückführen und als eine Einschränkung des Art. 16a II GG begreifen[29]. Ansonsten handelt es sich hier um eine Asylgewährung aufgrund einfachen Gesetzes außerhalb der grundgesetzlichen Verpflichtungen.

Nr. 1: Der **Besitz eines Aufenthaltstitels** für die Bundesrepublik Deutschland bei der Einreise in **11** den sicheren Drittstaat ist in dem Sinne zu verstehen, dass der Ausländer sie besessen, aber nicht unbedingt mitgeführt haben muss. Auf die Art (§ 4 I 2 AufenthG) kommt es nicht an; es kann sich auch um eine Bescheinigung-EU, eine Aufenthaltserlaubnis-EU oder eine Aufenthaltserlaubnis aufgrund § 25 I AufenthG handeln. Ob die Aufenthaltserlaubnis mit der Einreise in den anderen Staat erloschen ist (§ 51 AufenthG) oder der Ausländer sie bei der Einreise in die Bundesrepublik Deutschland noch besaß, ist unerheblich; anders verhält es sich nur, wenn etwa einer der Tatbestände des § 51 I AufenthG vor der oder durch die Ausreise erfüllt wurde. Für die Praxis bedeutsam wurde sie zunächst mit Inkrafttreten des SDÜ und sodann des DÜ, weil die Drittstaatenklausel im Verhältnis zu den Vertragspartnern – heute den der Dublin II-VO 343/2003/EG bzw. Dublin III-VO 604/2013/EU unterliegenden Dublin-Staaten[30] – grundsätzlich nicht mehr anzuwenden bzw. hierfür jedenfalls historisch nicht konstruiert ist[31].

---

[21] So BT-Drs. 12/4450, 15.
[22] Vgl. hierzu HessVGH Beschl. v. 31.8.2006 – 9 UE 1464/06.A, ESVGH 57, 65.
[23] AA BVerwG zum früheren Recht BVerwG Urt. v. 15.12.1987 – 9 C 285.86, BVerwGE 78, 332; Urt. v. 25.6.1991 – 9 C 131.90, NVwZ 1992, 274; dazu Anm. *Bethäuser* ZAR 1992, 31 (33 und 35).
[24] BVerfG Urt. v. 14.5.1996 – 2 BvR 1938/93 ua, BVerfGE 94, 49; ebenso BVerwG Urt. v. 29.6.1999 – 9 C 36.98, BVerwGE 109, 174; → GG Art. 16a Rn. 93.
[25] → GG Art. 16a Rn. 100.
[26] → GG Art. 16a Rn. 93.
[27] *Hailbronner* AsylG § 26a Rn. 39; BayVGH Beschl. v. 19.2.1998 – 27 B 96.34 202, InfAuslR 1998, 248.
[28] → GG Art. 16a Rn. 93, 95, 98.
[29] → GG Art. 16a Rn. 128 f.
[30] → Rn. 2.
[31] Vgl. BVerfG Urt. v. 14.5.1996 – 2 BvR 1938/93 ua, BVerfGE 94, 49; *Reermann* ZFSH/SGB 1998, 323; → GG Art. 16a Rn. 100; → § 5 Rn. 8; → § 18 Rn. 4.

7 AsylG § 27 Siebter Teil. Asylgesetz

12 Nr. 2: Die **unionsrechtliche oder völkervertragliche Zuständigkeit** kann auf unterschiedlichen Gründen beruhen (vgl. auch § 18 IV Nr. 1). Sie braucht nicht auf einen früheren Aufenthalt in Deutschland zurückzugehen[32]. Steht (zB nach den Art. 9–11 Dublin III-VO) fest, dass Deutschland nach den Regelungen der Dublin III-VO[33] der für das Asylverfahren zuständige Staat ist, dann greift die Drittstaatenregelung nicht, dh, es kann („einfachgesetzliches") Asyl gewährt werden. Die bloße Vermutung, Deutschland könnte (jetzt) zuständig (geworden) sein, genügt hierfür allerdings nicht, dh, hat mangels hinreichender Anhaltspunkte zB kein „Dublin-Vorverfahren" stattgefunden, sondern wurde vom BAMF direkt das eigentliche Asylverfahren durchgeführt, ist die Drittstaatenregelung weiterhin anwendbar. Denn in diesem Fall greift die Dublin-Ratio (es steht fest: Nach anwendungsvorrangigem Unionsrecht ist nur Deutschland für dieses Asylverfahren im Dublin-Raum zuständig, gerade hier muss Asyl beantragt werden) nicht.

13 Nr. 3: Die Art der Gründe der **Anordnung des BMI** nach § 18 IV Nr. 2 ist ohne Bedeutung. Die Anordnung muss nur ursächlich für Nichtzurückweisung oder Nichtzurückschiebung gewesen sein. Eine nachträgliche Anordnung nach Ablauf der Frist für die Zurückschiebung reicht aber nicht.

14 Von diesen drei Fällen sind die fünf Fallgruppen zu unterscheiden, die das BVerfG als durch das **Konzept der normativen Vergewisserung** ausnahmsweise nicht erfasst ansieht: Todesstrafe, staatlich nicht zu verhinderndes Verbrechen, Versagung jeglicher Flüchtlingsüberprüfung, schlagartige Lageänderung, Einzelfallverfolgung durch Drittstaat[34]. In diesen Fällen greift der verfassungsrechtliche Ausschluss des Asylrechts von vornherein nicht durch.

§ 27 Anderweitige Sicherheit vor Verfolgung

(1) Ein Ausländer, der bereits in einem sonstigen Drittstaat vor politischer Verfolgung sicher war, wird nicht als Asylberechtigter anerkannt.

(2) Ist der Ausländer im Besitz eines von einem sicheren Drittstaat (§ 26a) oder einem sonstigen Drittstaat ausgestellten Reiseausweises nach dem Abkommen über die Rechtsstellung der Flüchtlinge, so wird vermutet, dass er bereits in diesem Staat vor politischer Verfolgung sicher war.

(3) ¹Hat sich ein Ausländer in einem sonstigen Drittstaat, in dem ihm keine politische Verfolgung droht, vor der Einreise in das Bundesgebiet länger als drei Monate aufgehalten, so wird vermutet, dass er dort vor politischer Verfolgung sicher war. ²Das gilt nicht, wenn der Ausländer glaubhaft macht, dass eine Abschiebung in einen anderen Staat, in dem ihm politische Verfolgung droht, nicht mit hinreichender Sicherheit auszuschließen war.

Übersicht

	Rn.
I. Entstehungsgeschichte	1
II. Allgemeines	6
III. Verfassungsmäßigkeit	15
IV. Anderweitige Sicherheit vor politischer Verfolgung	19
1. Anderer Staat und sonstiger Drittstaat	19
2. Zeitpunkt	20
3. Verfolgungsgefahr	24
4. Rückkehrmöglichkeit	26
5. Beendigung der Flucht	27
6. Objektive Sicherheit in einem anderen Staat	32
7. Umfang der Verfolgungssicherheit außerhalb des Abschiebungsschutzes	38
8. Feststellung der Verfolgungssicherheit	42
V. Anderweitige Sicherheit bei Aufenthalt in einem sonstigen Drittstaat (Vermutung)	45
1. Verfassungsmäßigkeit	45
2. Aufenthalt in einem Drittstaat	48
3. Verfolgungsfreier Aufenthalt von mehr als drei Monaten	49
4. Inhalt der Vermutung	54
5. Widerlegung der Vermutung	56
VI. Anderweitige Sicherheit bei Besitz eines GK-Reiseausweises (Vermutung)	61
1. Bedeutung der Vermutung	61
2. Verfassungsmäßigkeit	62
3. Reiseausweis	63
4. Widerlegung der Vermutung	64

---

[32] Dazu → GG Art. 16a Rn. 130.
[33] Vgl. die Kommentierung zum Dublin-Asylsystem bei § 29 und § 34a.
[34] S. auch die Kommentierung bei § 18.

I. Entstehungsgeschichte

Während in § 5 **AsylVO** die Anerkennung als ausländischer Flüchtling nicht ausdrücklich für den 1
Fall anderweitiger Anerkennung oder Verfolgungssicherheit eingeschränkt war, wurde nach § 28
AuslG 1965 nicht als Asylberechtigter anerkannt, wer als politisch Verfolgter oder als ausländischer
Flüchtling bereits in einem anderen Land Anerkennung nach der GK oder anderweitig Schutz vor
Verfolgung gefunden hatte.

Diese Einschränkung der Anerkennung sollte in das AsylVfG übernommen werden, allerdings in 2
veränderter Form (§ 2 **Gesetzesentwurf 1982**)[1]. Die Vorschrift des § 2 lautete nach geringfügiger
redaktioneller Änderung durch den Rechtsausschuss des Bundestags[2] ursprünglich:

„*Anderweitiger Schutz vor Verfolgung*

(1) Ausländer, die bereits in einem anderen Staat Schutz vor Verfolgung gefunden haben, werden nicht als Asylberechtigte anerkannt.

(2) Schutz vor Verfolgung hat ein Ausländer gefunden, der sich in einem anderen Staat, in dem ihm keine politische Verfolgung droht, nicht nur vorübergehend aufhalten kann, und wenn nicht zu befürchten ist, dass er in einen Staat abgeschoben wird, in dem ihm politische Verfolgung droht. "

Die Vorschrift des § 2 AsylVfG 1982 wurde mWv 15.1.1987 gänzlich neu gefasst, die Überschrift 3
eingeschlossen (Art. 1 Nr. 2 **AsylVfÄndG 1987**); damit sollte die enge Auslegung durch das
BVerwG[3] korrigiert werden[4]. Danach wurde nicht als Asylberechtigter anerkannt, wer bereits in einem
anderen Staat vor politischer Verfolgung sicher war (Abs. 1). Nach Abs. 2 wurde die Verfolgungssicherheit nach einem Aufenthalt von drei Monaten in einem anderen Staat vermutet; die Vermutung
war widerlegt, wenn glaubhaft gemacht wurde, dass die Abschiebung in einen Verfolgerstaat nicht
hinreichend sicher auszuschließen war.

Die Vermutung anderweitiger Verfolgungssicherheit aufgrund des Besitzes eines **GK-Reiseauswei-** 4
ses war erstmals in § 7 III AsylVfG 1982 enthalten (vgl. § 4 II Nr. 2 AsylVfG-E)[5]; sie wurde ebenfalls
1987 geändert (Art. 1 Nr. 4 AsylVfÄndG 1987).

Die jetzige Vorschrift stimmte in der ursprünglichen Fassung mit dem **Gesetzesentwurf 1992**[6] 5
überein. MWv 1.7.1993 wurden die Formulierungen dem eingefügten § 26a angepasst (Art. 1 Nr. 18
AsylVfÄndG 1993). Die RLUmsG 2007 und 2011 und 2013 sowie die Asylpakete und das IntG 2016
haben keine Änderungen vorgenommen. Für Einreisen vor dem 1.7.1993 vgl. die **Übergangsvor-**
schrift des § 87a I 2.

II. Allgemeines

Die Vorschrift engt nicht den Begriff des politischen Verfolgten oder des ausländischen Flüchtlings ein, 6
sondern grenzt die Betroffenen nur aus der **förmlichen Asylanerkennung** aus. Dies ergibt sich nicht
nur aus dem Wortlaut (auch des § 28 AuslG 1965) und der Entstehungsgeschichte[7], sondern auch aus
allgemeinen flüchtlingsrechtlichen Grundsätzen. Die Eigenschaft als ausländischer Flüchtling geht nicht
dadurch verloren, dass der Ausländer von einem Aufnahmeland, in dem er anerkannt ist, illegal in ein
anderes wechselt; damit gibt er allenfalls die GK-Rechte auf, die einen rechtmäßigen Aufenthalt
voraussetzen, aber nicht den Schutz des Art. 33 GK[8]. Eine **Zweitasylanerkennung** ist nach der GK
freilich nicht gewährleistet. Wer also in einem anderen Staat nach der GK aufgenommen und
anerkannt ist, hat keinen Anspruch auf nochmalige Anerkennung in einem weiteren Vertragsstaat[9].
Das BVerwG hat im Übrigen entschieden, dass ein Ausländer, der in einem anderen Staat bereits als
Flüchtling anerkannt worden ist, in Deutschland weder erneut die Flüchtlingseigenschaft beanspruchen kann (hat er ja schon) noch den Status eines **subsidiär Schutzberechtigten** (unzulässig wegen
§ 60 II 2 iVm Abs. 1 S. 3 AufenthG) noch nationalem **Abschiebungsschutz** (kein Rechtsschutzbedürfnis, weil schon Abschiebungsschutz bzgl. Herkunftsstaat durch Flüchtlingsanerkennung besteht),
was heute va im **Dublin-Asylsystem** praktische Relevanz hat[10].

---

[1] BT-Drs. 9/875, 3, 14 f.
[2] BT-Drs. 9/1630, 2, 16.
[3] BVerwG Urt. v. 5.6.1984 – 9 C 88.83, BVerwGE 69, 289: freie Wahl des Zufluchtslandes und gesicherte Lebensgrundlage.
[4] BT-Drs. 10/3678, 7 f.; BT-Drs. 10/6416, 20 ff.
[5] BT-Drs. 9/875, 3; BT-Drs. 9/1630, 6.
[6] BT-Drs. 12/2062, 10.
[7] → Rn. 1–5.
[8] BVerwG Urt. v. 30.9.1958 – I C 172.57; Urt. v. 27.9.1995 – 11 C 1.95, BVerwGE 99, 254.
[9] BVerwG Urt. v. 13.6.1960 – I C 214.58; *Köfner/Nicolaus* Grundlagen S. 386 ff.
[10] BVerwG Urt. v. 17.6.2014 – 10 C 7.13. Dies dürfte bei subsidiär Schutzberechtigten in vergleichbarer Weise gelten, auch trotz der insoweit fehlenden gesetzlich angeordneten Bindungswirkung des § 60 II 2, 2, I 3 und 4 AufenthG. Zur Problematik der „Anerkanntenfälle" im Dublin-Asylsystem vgl. die Kommentierung bei § 29 und § 34a.

7 AsylG § 27

7 § 27 zielt darauf ab, den Betroffenen aus der Asylanerkennung herauszunehmen, nicht aber aus dem Kreis der politisch Verfolgten iSd § 1 I und iSd Art. 16a I GG. Wer nach andernorts erreichter Verfolgungssicherheit nach Deutschland gelangt, befindet sich insoweit noch im Zustand der Verfolgung, als er diese bei einer Rückkehr in seine Heimat zu erwarten hat. Seine deswegen fortbestehende Schutzbedürftigkeit ist nicht davon abhängig, ob ihm die Wiedereinreise in das Erstaufnahmeland offensteht. Der Ausschluss aus der Anerkennung knüpft an die **Aufgabe der bereits erreichten Verfolgungssicherheit** an, nicht an den Verlust der Verfolgteneigenschaft und auch nicht an die Möglichkeit der Rückreise in den Erstaufnahmestaat, die allerdings für Inhaber eines GK-Reiseausweises garantiert ist (§ 13 GK-Anhang).

8 Mit der Ausschlussklausel der **externen Fluchtalternative** – die dem „Konzept des ersten Asylstaates" nach Art. 2 lit. b, 25 II lit. b und 26 Asylverfahrens-RL aF bzw. nF entspricht – wird dem Anerkennungsbegehren des Verfolgten die (freiwillige) Aufgabe bereits erreichten Verfolgungsschutzes mit der Folge entgegengehalten, dass die Anerkennung versagt wird. Der Verfolgte wird damit nicht aus dem **Anwendungsbereich des Art. 16a I GG** ausgeschlossen[11]. Dies ist nur anzunehmen, solange sich der Ausländer im Erstasylland aufhält; dann kann er sich nämlich auf den Schutz des Art. 16a I GG nicht berufen, weil dieser (zumindest grundsätzlich) das Erreichen der Grenze voraussetzt. § 27 ist also nicht Ausdruck einer Subsidiarität des Asylrechts idS, dass das Erreichen von Verfolgungssicherheit in einem Drittstaat zum Verlust der Verfolgteneigenschaft führt oder die Aufgabe eines einmal erlangten asylrechtlichen Verfolgungsschutzes einem Verzicht auf das Grundrecht aus Art. 16a I GG gleichkommt. Der Ausschlussklausel kommt insofern nur eine verfahrensrechtliche und keine materiellrechtliche Bedeutung zu; materiellrechtlich wirkt sie nur dadurch, dass sie den Umfang der dem politisch Verfolgten gewährten Schutzrechte auf den bloßen Abschiebungsschutz beschränkt[12].

9 Die **frühere Rspr. des BVerwG** stimmt mit dieser Auffassung in vollem Umfang überein. So formulierte das BVerwG etwa in einer Entscheidung vom 31.3.1981: „Auch wenn hiernach der Kläger politisch Verfolgter iSd Art. 16 Abs. 2 S. 2 GG sein sollte, hätte er (…) nach § 28 AuslG (1965) keinen Anspruch auf Anerkennung als Asylberechtigter, wenn er bereits in Italien (…) anderweitig Schutz vor Verfolgung gefunden hat"[13]. Unter dem 5.6.1984 führte das BVerwG unter Berufung auf den Gesetzgeber (BT-Drs. 9/875, 13) mit Recht aus, die Vorschrift des § 2 AsylVfG 1982 diene der Aufgabe, „einer Doppel- oder Mehrfachanerkennung Asylberechtigter entgegenzuwirken", und stellte sodann klar: „Der Begriff des politisch Verfolgten erfährt dadurch sie keine Einschränkung; er wird durch sie nicht berührt."[14] In einer Entscheidung vom 2.12.1986 ist dementsprechend betont, trotz anderweitigen Schutzes stehe dem Betroffenen der „aus Art. 16 Abs. 2 S. 2 GG verbleibende Asylschutz" nach Art. 33 GK und § 14 I AuslG 1965 zu[15].

10 Unter dem 21.6.1988 ging das BVerwG dann **einen Schritt weiter,** wenn es ausführte, § 2 AsylVfG gebe „in inhaltlicher Übereinstimmung mit Art 16 Abs 2 S. 2 GG verlautbarend das wieder, was sich ohnehin aus dieser Grundrechtsbestimmung ergibt, die eine durch Verfolgung und Flucht entstandene ausweglose Lage des politisch Verfolgten beseitigen will und demzufolge nicht eingreift, wenn diese Situation bereits vor dem Erreichen der Bundesrepublik Deutschland behoben ist"[16]. Schließlich übertrug es diesen Gedanken dann auf den Fall des nach Verlassen Deutschlands in einem Drittstaat gefundenen Verfolgungsschutzes und erklärte ganz unmissverständlich, dass „der Ausschluss auch dieser Asylbewerber aus dem Kreis der Asylberechtigten unmittelbar aus Art. 16 Abs. 2 S. 2 GG" folge, „weil diese Verfassungsbestimmung (…) Schutzlosigkeit vor drohender Verfolgung als Voraussetzung hat".[17]

11 In der Folgezeit wurde diese Rspr. **fortgesetzt**[18] und scheinbar zT durch zumindest missverständliche Formulierungen einer Kammer des BVerfG aufgenommen. Diese führte nämlich aus, anderweitige Sicherheit schließe den Asylanspruch aus[19]. Entgegen der dort zugrunde gelegten Annahme zieht der Gesetzgeber aus der einmal erlangten und dann aufgegebenen externen Alternative nicht den Schluss auf die Aberkennung des Asylanspruchs, sondern versagt lediglich die Asylanerkennung. Das Gesetz stellt für die Feststellung anderweitiger Verfolgungssicherheit auch nicht auf den Zeitpunkt der Einreise nach Deutschland oder der Asylentscheidung ab, sondern auf den des Aufenthalts im Drittstaat. Die Annahme der Kammer des BVerfG, es komme nach der Rspr. des BVerwG insoweit auf den Fort-

---

[11] *Bethäuser* DÖV 1991, 20; *Dürig* S. 144; *Hildner* ZAR 1983, 132; *Kimminich* Aufenthalt S. 177; *Kimminich* Grundprobleme S. 135; *Köfner/Nicolaus* S. 385 f.; *Rühmann* ZAR 1984, 30 und DVBl 1987, 790; aA *Quaritsch* S. 122 ff.
[12] AA wohl *Hildner* ZAR 1983, 132.
[13] BVerwG Urt. v. 31.3.1981 – 9 C 1.80, DVBl 1981, 1095.
[14] BVerwG Urt. v. 5.6.1984 – 9 C 88.83, BVerwGE 69, 289.
[15] BVerwG Urt. v. 2.12.1986 – 9 C 105.85, BVerwGE 75, 181.
[16] BVerwG Urt. v. 21.6.1988 – 9 C 12.88, BVerwGE 79, 347.
[17] BVerwG Urt. v. 17.1.1989 – 9 C 44.87, BVerwGE 81, 164.
[18] BVerwG Urt. v. 15.12.1987 – 9 C 285.86, BVerwGE 78, 332; Urt. v. 28.5.1991 – 9 C 6.91, BVerwGE 88, 226; Urt. v. 25.6.1991 – 9 C 131.90, NVwZ 1992, 274; dazu Anm. *Bethäuser* ZAR 1992, 31 (33 und 35).
[19] BVerfG-K Beschl. v. 20.2.1992 – 2 BvR 633/91, NVwZ 1992, 659; dazu Anm. *Bethäuser* ZAR 1992, 127.

bestand dieser Sicherheit bis zum Zeitpunkt der Asylentscheidung an, ist unzutreffend. Die von der Kammer des BVerfG zitierten Entscheidungen des BVerwG betreffen zT die frühere Rechtslage[20] und waren deshalb überholt, nachdem § 2 AsylVfG 1982 im Januar 1987 geändert worden war[21].

Gegenüber dieser **Tendenz der Argumentation** unmittelbar aus Art. 16 II 2 GG aF ist daran zu **12** erinnern, dass die Frage nach der Schutzbedürftigkeit des Verfolgten allein aufgrund einer Gefahrenprognose für den Fall der künftigen Rückkehr in den Verfolgerstaat zu beantworten ist und die Verfolgungsgefahr deshalb weder durch eine potenzielle Aufnahme in einem sicheren Drittstaat beseitigt wird noch durch eine dort einmal erlangte, aber wieder aufgegebene Sicherheit vor Verfolgung[22] auch nicht durch eine Asylgewährung in Deutschland. Befindet sich der Verfolgte freilich in Sicherheit, weil er nach dem Verlassen Deutschlands einen sicheren Drittstaat gefunden hat, liegt kein Fall des Asylrechts in Deutschland nach Art. 16a I GG vor.

Die **Richtigkeit** der hier vertretenen Auffassung wurde durch die Änderungen des asylrechtlichen **13** Verfahrens aufgrund des AuslRNG **bestätigt**. Die Verbindung von Asyl- und Flüchtlingsanerkennung durch § 51 I, III AuslG und die entsprechenden Änderungen ua der §§ 7, 12, 28 AsylVfG 1982 sollten gerade die Fälle anderweitiger Verfolgungssicherheit einer Lösung zuführen. In der Vergangenheit hatte das BAMF nicht selten die Verfolgungsgefahr offengelassen und die Anerkennung im Hinblick auf § 2 AsylVfG 1982 abgelehnt, und infolgedessen hatte die Ausländerbehörde dann selbstständig die Voraussetzungen des „kleinen Asyls" des § 14 I AuslG 1965 zu prüfen. Mangels ausreichender Kenntnisse, Informationen und Erfahrungen zeigte sich die Ausländerbehörde dann entweder zu einer sachgerechten Entscheidung nicht imstande oder holte eine gutachterliche Auskunft des (damaligen) BAFl ein. IE bedeutete dies Zeit- und oft auch Qualitätsverlust.

Die 1993 vorgenommene **Reform des Asylrechts** hatte an diesen Grundsätzen nichts geändert. Im **14** Gegenteil: Sie wurden noch klarer herausgestellt und in ihrer Fortgeltung bekräftigt. Der Verfassungsgeber hat das Asylrecht durch Art. 16a II GG nur hinsichtlich der als sicher geltenden Transitstaaten ausgeschlossen und im Übrigen nicht erkennen lassen, dass der Asylanspruch ohnehin durch den Gedanken der mangelnden Schutzbedürftigkeit nach anderweitigem Schutz in seinem Bestand eingeschränkt sei. Ein derartiger Grundsatz ist weder in Art. 16a GG zum Ausdruck gelangt noch in der Begründung der Verfassungsänderung[23] angeklungen. Deshalb konnte der Gesetzgeber eine derartige Schranke des Asylrechts auch nicht im AsylVfG „bestätigend nachzeichnen". Folgerichtig kennt das geänderte AsylG jetzt beide Fallgestaltungen und behandelt sie unterschiedlich. Während bei Einreise aus einem sicheren Drittstaat die Berufung auf das Asylrecht und die Asylanerkennung gänzlich ausgeschlossen sind (§§ 18 II, III, 26a I, 31 IV AsylG), steht anderweitige Verfolgungssicherheit nach wie vor nur der förmlichen Anerkennung entgegen, lässt aber den asylrechtlichen Schutz nach § 3 AsylG bzw. § 60 I AufenthG (früher § 51 I AuslG) unberührt (vgl. §§ 30 I, 31 II AsylG).

III. Verfassungsmäßigkeit

Unter Berücksichtigung dieser Umstände und der nachfolgend dargestellten Auslegung bestehen **15** gegen die **Verfassungsmäßigkeit** der Ausschlussklausel keine durchgreifenden verfassungsrechtlichen Bedenken[24]. Der Schutz des politisch Verfolgten verlangt in erster Linie den Schutz vor Zurückweisung, Zurückschiebung, Abschiebung oder Auslieferung in den Verfolgerstaat oder in einen Staat, in dem die Überstellung an den Verfolgerstaat droht[25]. Die für andere Stellen verbindliche Asylanerkennung durch eine zentrale Bundesbehörde ist ein besonders geeignetes Mittel zur Sicherung dieses asylrechtlichen Schutzes[26]. Denn die Statusfeststellung gewährleistet die Beachtung des Asylrechts in allen staatlichen Bereichen und trägt dazu bei, dem Asylberechtigten über den bloßen Abschiebungsschutz hinaus die Grundlagen eines menschenwürdigen Daseins zu sichern[27]. Es verstößt aber weder gegen Art. 16a I GG noch gegen den Gleichheitssatz des Art. 3 I GG, wenn der asylrechtliche Schutz für einen Flüchtling, der bereits anderswo erlangte Sicherheit vor Verfolgung aufgegeben hat, auf den Schutz vor Abschiebung (unmittelbar oder mittelbar) in den Verfolgerstaat beschränkt wird. Der Kern asylrechtlichen Schutzes bleibt ihm damit nämlich erhalten, während ihm die mit der Statusfeststellung verbundenen weiteren Rechte im Hinblick auf sein eigenes Verhalten versagt werden.

Entscheidend ist also die Erhaltung des Schutzes vor Überstellung an den Verfolgerstaat[28]. Dieser **16** essenzielle Gesichtspunkt wird nicht dadurch aufgegeben, dass der Gesetzgeber mit der Änderung vom

---

[20] BVerwG Urt. v. 2.8.1983 – 9 C 599.81, BVerwGE 67, 314; Urt. v. 2.12.1986 – 9 C 105.85, BVerwGE 75, 181.
[21] → Rn. 2.
[22] Vgl. etwa BVerfG Beschl. v. 14.11.1979 – 1 BvR 654/79, BVerfGE 52, 391; Beschl. v. 23.2.1983 – 1 BvR 990/82, BVerfGE 63, 215 für das Auslieferungsverfahren.
[23] BT-Drs. 12/4152.
[24] BVerwG Urt. v. 24.3.1987 – 9 C 47.85, BVerwGE 77, 150.
[25] BVerwG Urt. v. 7.10.1975 – I C 46.69, BVerwGE 49, 202.
[26] BVerfG Beschl. v. 25.2.1981 – 1 BvR 413/80 ua, BVerfGE 56, 216.
[27] → § 2 Rn. 10 ff.
[28] BVerwG Urt. v. 19.5.1981 – 1 C 169.79, BVerwGE 62, 215; Urt. v. 2.12.1986 – 9 C 105.85, BVerwGE 75, 181.

Januar 1987²⁹ den subjektiv ausgewählten Verfolgungsschutz durch die objektive Verfolgungssicherheit in einem Drittstaat ersetzt hat³⁰. Mit der Beschreibung der Voraussetzungen anderweitigen Verfolgungsschutzes bewegt sich der Gesetzgeber innerhalb des ihm offenstehenden Rahmens zur Ausgestaltung asylrechtlichen Schutzes³¹. Überschritten wäre der **legislatorische Gestaltungsspielraum** freilich dann, wenn in den Fällen des § 27 außer der förmlichen Anerkennung auch Abschiebungsschutz versagt würde. Einen völligen Ausschluss des Asylrechts sieht Art. 16a II GG nur für die dort genannten Fälle vor.

17   Bedenken können auch nicht daraus hergeleitet werden, dass dem Flüchtling durch die Regelung des § 27 die **freie Wahl des Zufluchtsorts** beschnitten wird. Weder durch Art. 16a I GG noch durch eine andere Norm ist dem Verfolgten die Auswahl des Staats gewährleistet, in dem er endgültig Asyl erhält. Ein Flüchtling genießt in der EU (derzeit) keine Freizügigkeit. Er kann Fluchtweg und -ziel bestimmen, soweit dies die Umstände zulassen; er kann auch das Erstzufluchtsland trotz dort erlangter Sicherheit vor Verfolgung verlassen. Ihm ist dann aber keine zweite Aufnahme in einem weiteren Staat, also eine Weiterwanderung unter Wahrung seines Status garantiert. Er bleibt weiter vor Überstellung an den Verfolgerstaat geschützt, darf aber auf den Staat der ersten Zuflucht und, falls dieser die Rückübernahme ablehnt, auf bloßen Abschiebungsschutz verwiesen werden.

18   Dem Flüchtling wird damit **kein fiktives Asylland** wider seinen Willen aufgedrängt, was mit Art. 16a I GG nicht vereinbar wäre³². Ihm wird allerdings ein objektiv sicherer Aufenthalt³³ auch dann zugerechnet, wenn er ihn nur in Kauf genommen und alsbald wieder aufgegeben hat. Dies verstößt weder gegen Art. 1 I noch gegen Art. 16a I GG, weil ihm der Abschiebungsschutz immer garantiert bleibt. Freilich bedarf es einer sorgfältigen Ermittlung der Grundlagen der Sicherheit vor Verfolgung, um zu gewährleisten, dass der Flüchtling nicht unter Verstoß gegen Menschenwürde und Selbstbestimmungsrecht³⁴ an einen Staat gebunden und verwiesen wird, in dem ihm in Wahrheit keine Sicherheit gewährt wird³⁵.

IV. Anderweitige Sicherheit vor politischer Verfolgung

1. Anderer Staat und sonstiger Drittstaat

19   Bei dem **Staat der anderweitigen Sicherheit** muss es sich um Ausland gegenüber dem Heimat- oder Herkunftsstaat des Verfolgten und der Bundesrepublik Deutschland handeln³⁶. Dies war bei der früheren DDR nicht der Fall³⁷. Durch das AsylVfÄndG 1993 hat sich die Bezeichnung des Staats der anderweitigen Sicherheit geändert. In Abs. 1 und 3 ist er durch den „sonstigen Drittstaat" ersetzt und Abs. 2 insoweit ergänzt. Dies dient der Abgrenzung gegenüber der neuen Drittstaatenklausel. Drittstaaten iSd § 27 sind nicht mit sicheren Drittstaaten iSd Art. 16a II 1 GG und § 26a I zu verwechseln. Die Einreise aus einem oder über einen sicheren Drittstaat schließt die Anwendung der Abs. 1 und 3 aus. Der Besitz eines GK-Reiseausweises ist nicht gleichbedeutend mit der Einreise aus dem Ausstellerstaat; deshalb sind in Abs. 2 sichere und sonstige Drittstaaten kumulativ erfasst. Auch insoweit geht aber § 26a I vor, falls der Ausländer unmittelbar aus dem Staat einreist, der den Ausweis ausgestellt hat. Aus **europarechtlicher** Sicht ist ergänzend auf die Vorgaben von **Art. 38 und 39 Asylverfahrens-RL 2013/32/EU**³⁸ zu verweisen. Im Urteil Kommission/Ungarn vom 16.11.2021 in der **Rechtssache C-821/19** hat der EuGH dazu ausgeführt: „Nach dem Wortlaut von Art. 33 II c Asylverfahrens-RL können die Mitgliedstaaten einen Antrag auf internationalen Schutz als unzulässig betrachten, wenn ein Staat, **der kein Mitgliedstaat** ist, als für den Antragsteller sicherer Drittstaat gemäß Art. 38 RL betrachtet wird. Wie der Gerichtshof entschieden hat, geht aus Art. 38 RL hervor, dass die Anwendung des Konzepts des sicheren Drittstaats voraussetzt, dass die in den Abs. 1 bis 4 dieses Artikels genannten Voraussetzungen **kumulativ** erfüllt sind³⁹. Nach Art. 38 II a RL muss zwischen der Person, die um internationalen Schutz nachsucht, und dem betreffenden Drittstaat **eine Verbindung bestehen,** so dass es aufgrund dieser Verbindung vernünftig erscheint, dass diese Person sich in diesen Staat begibt. Wie der Gerichtshof entschieden hat, kann der Umstand, dass ein Antragsteller auf internationalen Schutz das Gebiet eines Drittstaats durchreist hat, für sich genommen aber nicht die

---

²⁹ → Rn. 3.
³⁰ BVerwG Urt. v. 24.3.1987 – 9 C 47.85, BVerwGE 77, 150; offengelassen von BVerfG Urt. v. 11.12.1985 – 2 BvR 361/83 ua, BVerfGE 71, 276.
³¹ So auch BVerwG Urt. v. 21.6.1988 – 9 C 12.88, BVerwGE 79, 347.
³² *Hailbronner* NVwZ 1989, 303; *Säcker* NVwZ 1989, 706.
³³ Unter bestimmten Voraussetzungen, → Rn. 24 ff.
³⁴ HessVGH Urt. v. 23.6.1983 – X OE 187/82, DVBl 1984, 102.
³⁵ Dazu → Rn. 32 ff.
³⁶ BVerwG Urt. v. 2.7.1985 – 9 C 58.84, NVwZ 1986, 485.
³⁷ BVerfG Urt. v. 31.7.1973 – 2 BvF 1/73, BVerfGE 36, 1.
³⁸ Art. 38 regelt „Das Konzept des sicheren Drittstaats" und Art. 39 „Das Konzept des sicheren europäischen Drittstaats"; zum Text s. http://eur-lex.europa.eu/legal-content/DE/TXT/HTML/?uri=CELEX:32013L0032&from=DE.
³⁹ EuGH Urt. v. 14.5.2020 – C–924/19 PPU und C–925/19 PPU Rn. 153 und die dort angeführte Rspr.

Annahme begründen, dass sie vernünftigerweise in dieses Land zurückkehren könnte[40]. Die den Mitgliedstaaten durch Art. 38 II RL für die Zwecke der Anwendung des Begriffs „sicherer Drittstaat" auferlegte Verpflichtung, Regeln zu erlassen, die die Methodik vorsehen, mit der im Einzelfall beurteilt wird, ob der betreffende Drittstaat die Voraussetzungen erfüllt, um für den betreffenden Antragsteller als sicher angesehen zu werden, sowie die Möglichkeit des Antragstellers, das Bestehen einer Verbindung zwischen ihm und dem Drittstaat anzufechten, wäre **nicht zu rechtfertigen, wenn die bloße Durchreise der Person,** die um internationalen Schutz nachsucht, durch den betreffenden Drittstaat insoweit eine hinreichende oder signifikante Verbindung darstellte. Dass die Person, die um internationalen Schutz ersucht, über den betreffenden Drittstaat eingereist ist, kann somit **nicht** bereits eine „Verbindung" mit diesem Staat im Sinne von Art. 38 II a RL."

2. Zeitpunkt

Die Sicherheit vor weiterer Verfolgung muss **während des Aufenthalts im Drittstaat** bestanden haben. Während § 2 AsylVfG 1982[41] Ausländer von der Asylanerkennung ausschloss, die „bereits in einem anderen Staat Schutz vor Verfolgung gefunden haben", ist nunmehr darauf abgestellt, dass der Ausländer in dem anderen Staat vor Verfolgung „sicher war" (Abs. 1 und Abs. 2, Abs. 3 S. 1). Nach der ursprünglichen, im Perfekt formulierten Fassung war letztlich der Zeitpunkt der Asylentscheidung, ggf. also der letzten gerichtlichen Tatsachenentscheidung maßgeblich[42]. Demgegenüber ist jetzt (nur) die Lage in der Vergangenheit vor Verlassen des Drittstaats von Bedeutung[43]. Es braucht also nicht untersucht zu werden, ob die Verfolgungssicherheit fortdauerte, wenn der Ausländer den Drittstaat nicht verlassen hätte. 20

Die insoweit eindeutige Änderung des Wortlauts kann nicht einfach mit der Überlegung vernachlässigt werden, der Änderungsgesetzgeber habe nicht den nach Beantragung von Asyl im sicheren Drittstaat lebenden Verfolgten zusätzlich ein Anerkennungsrecht verschaffen wollen[44]. Denn wer nach Antragstellung in Deutschland in ein sicheres Drittland weiterreist, fällt ohnehin nicht in den Schutzbereich des Art. 16a I GG[45]. Es geht hier vielmehr allein um die Flüchtlinge, die der zunächst gewährten Verfolgungssicherheit nach der Ausreise nach Deutschland verlustig gehen (zB infolge politischer Annäherung des Aufnahmestaats an den Verfolgerstaat). Diese Fallkonstellation war dem Gesetzgeber sicher nicht unbekannt. Eine Aufrechterhaltung der früheren Rechtslage wäre gewiss nicht unsachgerecht gewesen. Dies genügt aber nicht für eine **Interpretation gegen den Gesetzestext**[46]. 21

Die **externe Fluchtalternative endet** allerdings, wenn der einmal gewährte Verfolgungsschutz später – während des Aufenthalts im Drittstaat – entzogen wird und die Schutzbedürftigkeit infolgedessen wieder auflebt[47] oder dies abzusehen ist[48]. Der zunächst gewährte Verfolgungsschutz kann durch Widerruf entfallen oder durch tatsächlichen Entzug, nicht aber durch freiwilligen Verzicht[49]. Damit kommt es letztlich auf die Verhältnisse beim Verlassen des Drittstaats an. Zu beachten bleibt nur, dass sich die Feststellung von Verfolgungssicherheit nicht allein auf diese Grundlage beschränken darf, sondern eine Prognose erfordert, die über diesen Zeitpunkt hinausreicht[50]. 22

Wer sich erst **nach Asylantragstellung** in Deutschland in einen Drittstaat begibt und dort Verfolgungssicherheit erlangt, fällt von vornherein nicht unter den Schutz des Art. 16a I GG. Das Asylgrundrecht gewährleistet territoriales Asyl auf dem Boden der Bundesrepublik Deutschland. Grundsätzlich ermöglicht nur die räumliche Beziehung des Flüchtlings zum Bundesgebiet rechtlich und tatsächlich den Schutz der deutschen Staatsgewalt vor dem Zugriff des Verfolgerstaats[51]. In der Wiederausreise aus Deutschland ist meist schon die Rücknahme des Asylantrags zu sehen, evtl. auch eine Verzichtserklärung oder die Aufgabe des Rechtsschutzinteresses an der Weiterverfolgung asylrechtlicher Rechtsbehelfe. Zumindest lässt die Ausreise grundsätzlich die Schutzmöglichkeit der Bundesrepublik Deutschland entfallen; diese bleibt nur ausnahmsweise erhalten, wenn der Asylbewerber zwangsweise in den Verfolgerstaat verbracht wird[52]. Aus diesen grundsätzlichen Erwägungen folgt die Unanwendbarkeit des Art. 16a I GG und damit der Ausschluss des Asylrechts für den Fall nachträg- 23

---

[40] EuGH Urt. v. 19.3.2020 – C–564/18, Rn. 47.
[41] → Rn. 2.
[42] BVerwG Urt. v. 2.8.1983 – 9 C 599.81, BVerwGE 67, 314; Urt. v. 2.12.1986 – 9 C 105.85, BVerwGE 75, 181.
[43] Vgl. HessVGH Beschl. v. 10.3.1987 – 10 TG 628/87, EZAR 220 Nr. 1.
[44] So aber BVerwG Urt. v. 17.1.1989 – 9 C 44.87, BVerwGE 81, 164; krit. Anm. *Bethäuser* ZAR 1989, 80.
[45] → Rn. 12, 23.
[46] Betr. später entstandene Verfolgungsgründe → Rn. 25.
[47] BVerwG Urt. v. 5.6.1984 – 9 C 88.83, BVerwGE 69, 289; BVerwG Urt. v. 5.6.1984 – 9 C 71.83, InfAuslR 1985, 29.
[48] BVerwG Urt. v. 2.12.1986 – 9 C 105.85, BVerwGE 75, 181.
[49] BVerwG Urt. v. 2.12.1986 – 9 C 105.85, BVerwGE 75, 181.
[50] → Rn. 32 ff.
[51] → GG Art. 16a Rn. 16 ff.; → § 13 Rn. 16; BayVGH Urt. v. 18.3.1983 – 25 B 6285.79, DVBl 1984, 100.
[52] BVerwG Urt. v. 26.6.1984 – 9 C 196.83, BVerwGE 69, 323.

licher Verfolgungssicherheit. Diese führt also nicht (nur) über § 27 zum Ausschluss von der Asylanerkennung[53].

3. Verfolgungsgefahr

24 Die Verfolgungsgefahr braucht noch nicht bei der Ausreise aus dem Verfolgerstaat bestanden zu haben. Es genügt, wenn sie während des Aufenthalts im Drittstaat entsteht. § 27 setzt **keine zeitliche Reihenfolge** in dem Sinne voraus, dass die Einreise in den Drittstaat erst nach der Verfolgung oder nach Entstehen der Verfolgungsgefahr stattfindet[54]. Der Ausschluss von der Asylanerkennung ist immer gerechtfertigt, wenn der Ausländer in dem anderen Staat vor Verfolgung sicher war. Es kann sich auch um Nachfluchtgründe handeln, die erst nach der Einreise in diesen Staat geschaffen wurden oder ohne Zutun des Ausländers entstanden. Es muss nur zuverlässig festgestellt werden, dass der Verfolgungsschutz (auch) diese Verfolgungsgefahr umfasste.

25 Ausgeschlossen sind damit Verfolgungsgründe, die erst **nach Verlassen des Drittstaats** entstanden sind[55]. Auf sie konnte sich der anderweitige Schutz nicht beziehen. Ob sie von diesem erfasst worden wären, ist unerheblich[56]. Die Sicherheitsprognose erfolgt nicht retrospektiv, sondern nach den Verhältnissen bei Aufgabe der Verfolgungssicherheit durch Ausreise aus dem Aufnahmestaat. Besteht allerdings ein innerer Zusammenhang zwischen früher und später entstandenen Verfolgungsgründen derart, dass sie einen einheitlichen Verfolgungstatbestand ergeben, ergreift der Ausschluss der Anerkennung auch die nach der Aufgabe des Schutzes entstandenen (Teil-)Tatbestände[57].

4. Rückkehrmöglichkeit

26 Ob für den Flüchtling anderswo Verfolgungssicherheit bestand, ist nicht von der rechtlichen und tatsächlichen Möglichkeit abhängig, in den Aufnahmestaat **zurückzukehren**[58]. Diese Frage bezieht sich ohnehin nur auf die Vergangenheit und der Gesetzgeber hat auf eine entsprechende Klausel bewusst verzichtet[59]. Wird die Asylanerkennung nach §§ 27, 29 abgelehnt, hat die Ausländerbehörde die Rückkehrmöglichkeit iRd § 29 und sodann nach §§ 25 III 2, V 1, 60a II AufenthG zu prüfen.

5. Beendigung der Flucht

27 Die Frage anderweitigen Verfolgungsschutzes stellt sich nicht, solange sich der Verfolgte noch auf der Flucht befindet. Dem Flüchtling steht zwar kein uneingeschränktes Recht auf Auswahl des Asyllandes und erst recht nicht auf Inanspruchnahme eines Zweit- oder Drittasyllandes zu. Asyl gewährt schließlich **keine Freizügigkeit** innerhalb der gesamten Völkergemeinschaft[60]. Andererseits war das Asylgrundrecht nicht (nur) auf Angehörige von Anrainerstaaten der Bundesrepublik Deutschland oder auf Flugzeugpassagiere gemünzt, sondern allgemein auf politisch Verfolgte, die Deutschland im Zustand der Flucht erreichen[61]. Insoweit ist nicht nur die objektive Situation in den Ländern maßgeblich, die der Flüchtling auf seiner Flucht durchreist, sondern auch dessen – nach außen erkennbarer – Fluchtplan. Hieran hat sich durch Art. 16a II GG nichts geändert, weil die dortigen Voraussetzungen nur auf § 26a, nicht aber auf § 27 übertragen worden sind[62].

28 Diese Voraussetzung der externen Fluchtalternative folgt unmittelbar aus Art. 16a I GG, ist also von der Formulierung des § 27 nicht abhängig[63]. Asyl bedeutet nämlich Zuflucht als **Abschluss eines Fluchtvorgangs**. Nach der ursprünglichen Fassung des § 2 AsylVfG 1982[64] war ein bewusstes und gewolltes Zusammenwirken von Flüchtling und Aufnahmestaat erforderlich, die freie Wahl des endgültigen Fluchtlandes also (einfachgesetzlich) gewährleistet[65]. Nach der seit 1987 geltenden Gesetzes-

---

[53] So aber BVerwG Urt. v. 17.1.1989 – 9 C 44.87, BVerwGE 81, 164; → Rn. 12.
[54] BVerwG Urt. v. 2.7.1985 – 9 C 58.84, NVwZ 1986, 485.
[55] BVerwG Urt. v. 15.7.1986 – 9 C 323.85, NVwZ 1987, 59; VGH BW Urt. v. 19.11.1987 – A 12 S 761/86, InfAuslR 1988, 199.
[56] *Hildner* ZAR 1983, 132; BVerwG Urt. v. 25.10.1988 – 9 C 37.88, BVerwGE 80, 321; VGH BW Urt. v. 19.11.1987 – A 12 S 761/86, InfAuslR 1988, 199; BayVGH Urt. v. 16.1.1985 – 25 B 80 C.193, InfAuslR 1985, 320; HessVGH Urt. v. 28.3.1985 – X OE 573/82, NVwZ 1986, 69.
[57] BVerwG Urt. v. 24.3.1987 – 9 C 47.85, BVerwGE 77, 150; Urt. v. 15.12.1987 – 9 C 285.86, BVerwGE 78, 332; Urt. v. 30.8.1988 – 9 C 80.87, BVerwGE 80, 131.
[58] BVerwG Urt. v. 2.12.1986 – 9 C 105.85, BVerwGE 75, 181; *Kanein* NvWZ 1983, 377 (380); aA *Bethäuser* S. 89; *Gusy* in Beitz/Wollenschläger S. 247, 259.
[59] Vgl. BT-Drs. 9/1630, 16.
[60] *Kimminich* Rechtsstatus S. 407.
[61] BVerwG Urt. v. 21.6.1988 – 9 C 5.88, NVwZ 1989, 68; Urt. v. 21.6.1988 – 9 C 92.87, InfAuslR 1988, 335.
[62] → GG Art. 16a Rn. 91.
[63] *Bethäuser* NVwZ 1989, 728 (729).
[64] → Rn. 2.
[65] BVerwG Urt. v. 5.6.1984 – 9 C 88.83, BVerwGE 69, 289; HessVGH Urt. v. 23.6.1983 – X OE 187/82, DVBl 1984, 102.

fassung[66] kommt es zwar allein auf die objektiv gegebene Sicherheit vor Verfolgung an; ohne Beendigung der Flucht in einem anderen Staat kann aber Asyl in Deutschland bestimmungsgemäß nicht ausgeschlossen werden. Dies war auch dem Gesetzgeber bewusst; denn er hat iRd § 2 AsylVfG 1982 **unschädliche Zwischenaufenthalte** als möglich anerkannt[67]. Die Beendigung der Flucht ist[68] nach objektiven Kriterien festzustellen, nicht nach den subjektiven Vorstellungen des Flüchtlings[69]. Maßgeblich sind damit freilich auch die Absichten des Flüchtlings, soweit sie objektiv feststellbar verlautbart werden.

Ob die Flucht dem äußeren Erscheinungsbild nach noch andauert oder **stationären Charakter** 29 angenommen hat, hängt zuallererst vom eigenen Verhalten des Verfolgten ab. Benutzt er den Drittstaat erkennbar lediglich zur Durchreise, ohne sich dort niederzulassen oder sonst auf einen Verbleib einzurichten, ist die Flucht nicht beendet. Dies gilt zB, wenn er sich lediglich um Ausweis- und Reisedokumente bemüht[70]. Ob umgekehrt aus der (späteren) Vernichtung der Reisedokumente auf die Beendigung der Flucht im Drittstaat geschlossen werden kann[71], ist zu bezweifeln[72]. Unerheblich können die Vorstellungen bei Antritt der Flucht sein. Wer „Hals über Kopf", also ohne genaue Zielvorstellungen seine Heimat verlässt, beendet seine Flucht nicht ohne Weiteres und zwingend im ersten Staat, den er erreicht; ihm ist vielmehr ausreichend Zeit für weitergehende Überlegungen einzuräumen[73].

Anders verhält es sich dagegen, wenn der Verfolgte um Aufnahme oder Anerkennung als Flüchtling 30 ersucht, sich in einem entsprechenden Lager unterbringen lässt oder sich Arbeit und Wohnung auf Dauer beschafft[74]. Auch die Unterkunft bei einem Verwandten kann genügen[75]. Immer muss dabei aber das **Ende der Flucht erkennbar** sein, was bei reinen Durchreiseländern kaum der Fall sein kann[76]. Wesentlich kommt es danach auf die Art der Tätigkeit an, die der Flüchtling entfaltet und auf die Dauer seines Aufenthalts. Da eine Flucht nicht einer normalen Reise gleichzusetzen ist[77], muss dem Flüchtling unter Umständen mehr Zeit als sonst unbedingt notwendig für die erforderliche Orientierung und die Vorbereitung der Weiterreise belassen werden. Schließlich benötigt der Flüchtling mehr als nur den Fluchtplan. Er braucht Geld, Papiere, Beziehungen zu „Schleppern", Genehmigungen zur Ausreise und Durchreise und va Kenntnisse über die Verhältnisse im angestrebten Asylland.

In der Regel können diese Angelegenheiten oft oder meist **innerhalb von drei Monaten** erledigt 31 sein. Ob dies die allgemeine Vermutung erlaubt, nach Ablauf dieser Zeit sei nicht nur Sicherheit erlangt, sondern auch die Flucht beendet[78], erscheint indes äußerst fraglich und damit gesetzeswidrig[79]. Zu unterschiedlich sind die Verhältnisse in den in Betracht kommenden Staaten, zumindest in Afrika und Asien, als dass eine derartige allgemeine Annahme gerechtfertigt wäre. Nur der Gesetzgeber kann eine solche Vermutung aufstellen, nicht die Rspr. ohne Ermittlung der wirklich benötigten Zeit für Vorbereitung und Durchführung der Weiterreise[80].

6. Objektive Sicherheit in einem anderen Staat

Zwischen „Schutz" und „Sicherheit" vor Verfolgung besteht kein Unterschied. Insofern stimmt 32 § 27 mit der früheren Fassung von § 2 AsylVfG 1982[81] der Sache nach überein. Die Verfolgungssicherheit braucht jetzt anders als früher nur objektiv zu bestehen; gleichgültig ist, ob der Flüchtling sie – gesucht und – „gefunden" hat. Wichtig ist nur, dass der Flüchtling weder in dem Aufnahmestaat selbst politisch verfolgt noch von dort unmittelbar oder mittelbar dem Zugriff des (Heimat-)Verfolgerstaats ausgesetzt wird. Die bloße Geltung von GK und EMRK in dem anderen Staat reicht freilich anders als nach Art. 16a II GG nicht aus.

Mit Sicherheit vor politischer Verfolgung ist keine absolute in dem Sinne gemeint, dass die Gefahr 33 weiterer Verfolgung unter allen Umständen, auf immer und ohne jeden Zweifel ausgeschlossen ist[82].

---

[66] → Rn. 3.
[67] Vgl. BT-Drs. 10/3678, 5, 10/6416, 21.
[68] Ebenso wie die Verfolgungssicherheit, → Rn. 32 ff.
[69] BVerwG Urt. v. 21.6.1988 – 9 C 92.87, InfAuslR 1988, 335; VGH BW Urt. v. 25.4.1988 – A 13 S 201/86, EZAR 205 Nr. 7.
[70] BVerwG Urt. v. 21.6.1988 – 9 C 12.88, BVerwGE 79, 347; Urt. v. 30.5.1989 – 9 C 44.88, NVwZ 1990, 81.
[71] So BVerwG Urt. v. 21.11.1989 – 9 C 53.89, InfAuslR 1990, 99.
[72] Krit. auch *Bethäuser* DÖV 1991, 30.
[73] BVerwG Urt. v. 21.11.1989 – 9 C 55.89, BVerwGE 84, 115; Beschl. v. 23.1.1990 – 9 CB 79/89, InfAuslR 1990, 168; NdsOVG Urt. v. 20.6.1988 – 21 A 22/88, InfAuslR 1988, 238.
[74] BVerwG Urt. v. 21.6.1988 – 9 C 92.87, InfAuslR 1988, 335.
[75] VGH BW Urt. v. 25.4.1988 – A 13 S 201/86, EZAR 205 Nr. 7.
[76] *Bethäuser* NVwZ 1989, 728.
[77] BVerwG Urt. v. 20.12.1960 – I C 148.59.
[78] So BVerwG Urt. v. 21.6.1988 – 9 C 92.87, InfAuslR 1988, 335.
[79] *Bethäuser* NVwZ 1989, 728 (729).
[80] Zu Abs. 3 → Rn. 48 ff.
[81] → Rn. 2.
[82] BVerwG Urt. v. 21.6.1988 – 9 C 12.88, BVerwGE 79, 347.

Es darf nur **kein vernünftiger Zweifel** an der Sicherheit bestehen. Dabei ist eine Prognose ähnlich der über die zukünftige Verfolgung zu treffen[83], und zwar für die voraussichtliche Dauer der Verfolgungsgefahr[84]. Absolute Sicherheit kann nicht verlangt werden, aber ein hinreichend sicherer Ausschluss weiterer Verfolgung, wie ihn auch Abs. 3 S. 2 fordert. Das notwendige Maß an Unwahrscheinlichkeit richtet sich nach Art und Schwere der Verfolgungsgefahr. Auch eine befürchtete Kettenabschiebung muss sicher ausgeschlossen sein, selbst wenn dies im Hinblick auf das Verhalten der anderen beteiligten Staaten nur schwer festgestellt werden kann. Die rechtliche Unzulässigkeit einer Abschiebung in den Verfolgerstaat allein genügt nicht; es dürfen auch keine Zweifel an der tatsächlichen Einhaltung derartiger Normen bestehen.

34 Politische Verfolgung kann in dem Aufnahmestaat selbst drohen oder dadurch, dass der Flüchtling unmittelbar oder mittelbar dem Zugriff des Verfolgerstaats ausgesetzt wird[85]. Vor beiden Gefahren muss der Flüchtling hinreichend sicher geschützt sein. Die Verfolgung auf dem Territorium des Aufnahmestaats braucht nicht von diesem selbst auszugehen. Es kann sich auch um Übergriffe des Verfolgerstaats handeln, für die der Aufnahmestaat nicht verantwortlich zu machen ist, zB Nachstellungen durch Geheimdienste oder Bombardements von Flüchtlingslagern[86]. Auslieferung gefährdet ebenfalls die Verfolgungssicherheit; sie wird vorsichtig wird die Gefahr einer nach der Auslieferung einsetzenden Verfolgung durch eine Zusage der Spezialität der Strafverfolgung[87] ausgeschlossen werden können.

35 Die **Absicherung des Verfolgungsschutzes** im Aufnahmestaat nach innen wie nach außen kann in verschiedener Form erfolgen und dokumentiert werden. Sie braucht nicht dem Standard der Bundesrepublik Deutschland oder anderer GK-Vertragsstaaten zu entsprechen; sie muss nur im Hinblick (auch) auf die Verfolgungsgefahr und für deren voraussichtliche Dauer gewährt werden. In Betracht kommen Aufenthaltstitel jeder Art, die eine Überstellung an den Verfolgerstaat hindern, also auch bloße Duldungen[88]; nicht jedoch Ausweise, die lediglich die Identität, aber kein Auf-, Bleibe- oder Rückkehrrecht dokumentieren. Nicht ausreichend sind danach, jeweils für sich genommen: UNHCR-Mandatsbescheinigung, GK-Reiseausweis zur Weiterreise, Fremdenpass oder Identitätskarte.

36 Das Angebot der Hilfe zur **Weiterreise in einen Viertstaat** genügt nicht den Anforderungen an die Verfolgungssicherheit. Ebenso wie die Bundesrepublik Deutschland zur Asylgewährung (nur) auf ihrem Territorium verpflichtet ist, kann dem Flüchtling als Verfolgungssicherheit nicht die mehr oder minder sichere Option auf ein verfolgungsfreies Leben in einem weiteren Staat entgegengehalten werden. Eine solche Verfahrensweise käme der Verweisung auf ein fiktives Aufnahmeland gleich. Das aber ist zumindest nach Wortlaut und Sinn des § 27 ausgeschlossen[89].

37 Asylrechtlicher Schutz kann evtl. durch **Weitervermittlung** an einen sicheren Drittstaat gewährt werden[90]; dies dürfte aber nicht gegen den Willen des Flüchtlings geschehen. Macht dieser freilich von einem derartigen Angebot Gebrauch, kann ihm dann tatsächlich Verfolgungssicherheit im Viertstaat gewährt sein, allerdings mit der Folge, dass ihm territoriales Asyl in Deutschland iSd Art. 16a I GG nicht mehr zusteht[91]. Der Aufenthalt in einem typischen Durchreiseland hindert die Asylanerkennung in Deutschland also nicht, wenn – außer dem Ausschluss von Abschiebungsmaßnahmen für die Dauer der Verfolgungsgefahr[92] – nur die Chance der Weiterwanderung in ein sicheres Aufnahmeland geboten wird[93].

7. Umfang der Verfolgungssicherheit außerhalb des Abschiebungsschutzes

38 Ob Verfolgungssicherheit iSd § 27 über bloßen Abschiebungsschutz hinaus **bestimmte Lebensumstände** voraussetzt, war schon unter der Geltung des § 2 AsylVfG 1982 aF[94] umstritten. Der danach erforderliche nicht nur vorübergehende Aufenthalt war nach verbreiteter Ansicht nur dann gegeben, wenn er dem Flüchtling – außer dem Abschiebungsschutz – auch die Grundlagen für ein

---

[83] BVerwG Urt. v. 2.12.1986 – 9 C 105.85, BVerwGE 75, 181.
[84] BVerwG Urt. v. 5.6.1984 – 9 C 71.83, InfAuslR 1985, 29; Urt. v. 30.5.1989 – 9 C 44.88, NVwZ 1990, 81.
[85] BVerwG Urt. v. 7.10.1975 – I C 46.69, BVerwGE 49, 202; Urt. v. 15.12.1987 – 9 C 285.86, BVerwGE 78, 332.
[86] HessVGH Beschl. v. 10.3.1987 – 10 TG 628/87, NVwZ 1988, 274; ähnlich BVerwG Beschl. v. 7.6.1988 – 9 B 86.88, NVwZ 1988, 1035.
[87] Dazu für die BR Deutschland *Renner* NJW 1984, 1257 mwN.
[88] *Bethäuser* S. 137 f.; BVerwG Urt. v. 24.3.1987 – 9 C 47.85, BVerwGE 77, 150; VGH BW Urt. v. 17.1.1983 – A 13 S 292/82, DVBl 1983, 755; BayVGH Urt. v. 16.1.1985 – 25 B 80 C.193, InfAuslR 1985, 320.
[89] *Hailbronner* NVwZ 1989, 303; *Säcker* NVwZ 1989, 706.
[90] BVerwG Urt. v. 7.10.1975 – I C 46.69, BVerwGE 49, 202; Urt. v. 15.12.1987 – 9 C 285.86, BVerwGE 78, 332; VGH BW Urt. v. 25.4.1988 – A 13 S 201/86, EZAR 205 Nr. 7; *Säcker* NVwZ 1989, 706; aA *Bethäuser* ZAR 1988, 84.
[91] → Rn. 12, 21.
[92] → Rn. 34.
[93] *Bethäuser* NVwZ 1989, 728; aA *Quaritsch* S. 137.
[94] → Rn. 2.

Anderweitige Sicherheit vor Verfolgung § 27 AsylG 7

Leben unter den im Aufnahmestaat gegebenen Verhältnissen ermöglichte[95]. Teilweise wurden die Voraussetzungen für ein menschenwürdiges Leben verlangt[96], die vollen Rechte nach der GK[97] oder aber eine dem Asylgrundrecht angemessene Stellung[98]. Nach aA sollte dagegen der „Kerngehalt" des Asyls, also Abschiebungsschutz[99], genügen[100]. Im letzteren Sinne wollte der Gesetzgeber die Rspr. des BVerwG durch die Neufassung von 1987 korrigieren[101].

Obwohl § 27 (der Neufassung des § 2 AsylVfG 1982 durch das AsylVfÄndG 1987 folgend) keine **39** Anhaltspunkte für die Anforderungen an die Aufenthaltsbedingungen mehr enthält, muss der Aufenthalt so gestaltet sein, dass dem Flüchtling außer dem Schutz vor unmittelbarer oder mittelbarer Abschiebung in den Verfolgerstaat Hilfe zur **Überwindung der verfolgungsbedingten Schwierigkeiten** zur Verfügung steht; sonst rechtfertigt der Aufenthalt in dem Drittstaat die Verweigerung der Asylanerkennung nämlich nicht[102]. Damit brauchen die Lebensverhältnisse nicht denen für Asylberechtigte in Deutschland zu entsprechen, sie richten sich vielmehr nach den konkreten fluchtbedingten Bedürfnissen des Flüchtlings nach Maßgabe des Standards im Aufnahmestaat.

Zu den Fluchtfolgen zählen Heimat-, Obdach- und Mittellosigkeit ebenso wie Hunger und **40** Krankheit[103]. Art und Maß der **notwendigen Hilfestellung** richten sich zunächst nach dem Rechts- und Wirtschaftssystem des Aufnahmestaats sowie dessen Ressourcen, die weit hinter denen von entwickelten Industriestaaten zurückbleiben können[104]. Der Flüchtling muss also uU eine erhebliche Einschränkung seiner in der Heimat gewohnten Lebensweise hinnehmen, in äußerst bescheidenen Verhältnissen leben[105] und va mit weniger als dem zufrieden sein, was Asylbewerber in Deutschland geboten wird. Die Hilfen brauchen nicht vom Aufnahmestaat selbst geleistet zu werden; es kann sich auch um Hilfen privater Personen oder internationaler Organisationen handeln[106].

Der Flüchtling darf jedoch nicht hilflos dem Tod durch Hunger oder Krankheit ausgesetzt sein oder **41** **am Rande des Existenzminimums** dahinvegetieren[107]. Dies ist aber zB anzunehmen, wenn die Menschen in Flüchtlingslagern von Seuchen heimgesucht werden oder infolge von Luftangriffen ständig gefährdet sind[108]. Ausreichend ist auch nicht die haftähnliche Unterbringung in einem Lager mit höchst unzureichender Versorgung, zumal dann, wenn als Ausweg nur Flucht, Untertauchen oder Verpflichtung zur Teilnahme am Krieg gegen den Heimatstaat in Betracht kommen[109].

8. Feststellung der Verfolgungssicherheit

Die Feststellung anderweitiger Verfolgungssicherheit **schließt die Asylanerkennung aus.** Sie **42** zeitigt verfahrensrechtliche Wirkungen und beschränkt zugleich den Schutz des Verfolgten inhaltlich auf das Verbot der Abschiebung; sie berührt aber nicht die Eigenschaft des Flüchtlings als politisch Verfolgter iSd Art. 16a I GG[110]. Dem politisch Verfolgten als Grundrechtsträger wird damit staatlicherseits eine Einschränkung auferlegt, die sich als Ausnahme von der generellen Behandlung politisch Verfolgter darstellt. Der gesetzgeberische Gestaltungsrahmen ist dadurch nicht überschritten; die Frage der **Beweislast** ist im Gesetz selbst aber nicht gelöst, sodass sie sich nach dem zugrunde liegenden materiellen Recht richtet[111].

Der Flüchtling ist hinsichtlich der externen Fluchtalternative **darlegungspflichtig** (§ 25 I 2) und **43** hat auch in seinem Besitz befindliche Urkunden hierüber vorzulegen (§ 15 II Nr. 5, III Nr. 2–5). Deshalb kommt es nicht darauf an, ob die Voraussetzungen des Abs. 1 ohnehin zu dem Verfolgungstatbestand gehören, den der Asylbewerber schlüssig vorzutragen hat. Für das Risiko im Falle des non liquet ist aber darauf abzustellen, dass dem Verfolgten wegen der für die Vergangenheit festgestellten Verfolgungssicherheit trotz fortbestehender Verfolgung ausnahmsweise eine Position vorenthalten wird, die das Gesetz sonst für politisch Verfolgte bereithält. Deshalb ist es gerechtfertigt, die Nachteile

---

[95] BVerwG Urt. v. 5.6.1984 – 9 C 88.83, BVerwGE 69, 289; Urt. v. 5.6.1984 – 9 C 71.83, InfAuslR 1985, 29.
[96] *Hildner* ZAR 1983, 132.
[97] *Gusy* in Beitz/Wollenschläger S. 247, 257.
[98] *Bethäuser* S. 112.
[99] Vgl. BVerwG Urt. v. 7.10.1975 – I C 46.69, BVerwGE 49, 202.
[100] *Pagenkopf* NVwZ 1982, 590; *Reermann* ZAR 1982, 127; BayVGH Urt. v. 20.12.1982 – 118 X 76, BayVBl. 1983, 591.
[101] BT-Drs. 10/6416, 20f.
[102] *Wollenschläger/Becker* ZAR 1987, 51; *Wollenschläger/Becker* DÖV 1987, 1096; BVerwG Urt. v. 15.12.1987 – 9 C 285.86, BVerwGE 78, 332 mzustAnm *Bethäuser* ZAR 1988, 84; offengelassen noch von BVerwG Urt. v. 24.3.1987 – 9 C 47.85, BVerwGE 77, 150; aA *Quaritsch* S. 133f.
[103] BVerwG Urt. v. 15.12.1987 – 9 C 285.86, BVerwGE 78, 332.
[104] VGH BW Urt. v. 31.8.1987 – A 13 S 428/86, InfAuslR 1988, 25 (28).
[105] So BVerwG Urt. v. 21.6.1988 – 9 C 12.88, BVerwGE 79, 347.
[106] BVerwG Urt. v. 30.5.1989 – 9 C 44.88, NVwZ 1990, 81.
[107] BVerwG Urt. v. 15.12.1987 – 9 C 285.86, BVerwGE 78, 332.
[108] BVerwG Beschl. v. 7.6.1988 – 9 B 86.88, NVwZ 1988, 1035; NdsOVG Urt. v. 20.11.1987, InfAuslR 1988, 301.
[109] BayVGH Urt. v. 15.6.1989 – 24 BZ 89.30 159, NVwZ-RR 1990, 376.
[110] → Rn. 6ff.
[111] *Dürig* S. 143ff.; → § 74 Rn. 36f.

der Nichterweislichkeit der Fluchtalternative der Bundesrepublik Deutschland und nicht ihm aufzubürden[112].

44 Die **vom BVerwG**[113] früher geäußerte gegenteilige Ansicht vermochte nicht zu überzeugen. Soweit der Asylbewerber widersprüchliche oder sonst unschlüssige oder unglaubhafte Angaben zum Aufenthalt in anderen Staaten macht, sind diese nach den allgemeinen Regeln zu bewerten und ggf. mit zuverlässigen Erkenntnissen über die Situation und die Behandlung von Flüchtlingen in diesen Staaten zu widerlegen. Der Hinweis des BVerwG darauf, der Asylbewerber müsse im Zustand der Flucht nach Deutschland gelangt sein, hilft hier nicht weiter; denn der Flüchtling bleibt als politisch Verfolgter Inhaber des Grundrechts aus Art. 16a I GG, für dessen Inanspruchnahme die Nichtexistenz einer externen Fluchtalternative (in der Vergangenheit) nicht als (negative) Voraussetzung gewertet werden kann. Schließlich führte die Auffassung des BVerwG zu dem – unerträglichen – Ergebnis, dass dem Asylbewerber beim Nichtgelingen des Negativbeweises (für alle irgendwie in Betracht kommenden Staaten) ein nicht erwiesenes und damit fiktives Aufnahmeland entgegengehalten und letztlich aufgedrängt würde. Dies trüge nur zur Vermehrung der „refugees in orbit" bei, deren Existenz flüchtlingsrechtlich als ganz und gar unerwünscht gilt[114].

V. Anderweitige Sicherheit bei Aufenthalt in einem sonstigen Drittstaat (Vermutung)

1. Verfassungsmäßigkeit

45 Die nur an die Dauer des Aufenthalts von mehr als drei Monaten in einem anderen Staat anknüpfende Vermutungsregelung erscheint auch und va wegen der damit verbundenen Schwierigkeit der Widerlegung für den Asylbewerber **verfassungsrechtlich bedenklich.** Die zugrunde liegende Annahme, der Flüchtling könne sich im Drittstaat innerhalb von drei Monaten über eine Weiterreise schlüssig werden und dann die dafür notwendigen Vorbereitungen treffen, wird oft zutreffen[115]. Die psychischen und wirtschaftlichen Verhältnisse eines gerade vor politischer Verfolgung geflohenen Menschen sind aber gänzlich anders beschaffen als bei einem Touristen oder Geschäftsreisenden, und die äußeren Umstände in Erstaufnahmestaaten der Dritten Welt gewährleisten dorthin gelangten Flüchtlingen im Allgemeinen keine ruhige Besinnung über den weiteren Verlauf der Flucht und keine geordnete Organisation des Aufenthalts und der Weiterreise. Deshalb spricht viel für die Ungeeignetheit, Unzweckmäßigkeit und Unverhältnismäßigkeit der Regelungen des Abs. 3 und damit für deren zumindest teilweise Verfassungswidrigkeit[116].

46 Die Bedenken rühren einmal daher, dass der Verfolgte die Nachteile der Nichterweislichkeit zu tragen hat und damit letztlich auf eine **fiktive Fluchtalternative** verwiesen wird. Zum anderen hat der Gesetzgeber nicht genügend beachtet, dass die Flüchtling die Vermutung sehr oft mangels ausreichender Kenntnisse und Informationsmöglichkeiten über die Verhältnisse in dem Drittstaat nicht widerlegen kann und dies bei den in Betracht kommenden schwierigen Rechts- und Tatsachenfragen nicht ungewöhnlich, sondern eher normal erscheinen muss. Schließlich ist die Frist recht kurz bemessen, um an die bloße Dauer des Aufenthalts im Drittstaat die schwerwiegende Folge des Ausschlusses von der Asylanerkennung zu knüpfen[117]. Denn außer dem Entschluss zur Weiterreise nimmt deren Vorbereitung erhebliche Zeit in Anspruch, weil nicht nur Reisedokumente beschafft und Fahrkarten erworben, sondern auch Durchreise- und Einreiseerlaubnisse besorgt werden müssen, soll die Weiterreise nicht illegal erfolgen.

47 Diese gewichtigen Zweifel an der Verfassungsmäßigkeit der Gesamtregelung des Abs. 3[118] können indes durch eine **verfassungskonforme Auslegung und Anwendung** der einschlägigen Verfahrensregeln ausgeräumt werden (→ Rn. 48 ff.). Allerdings muss das Risiko einer Fehlentscheidung möglichst minimalisiert[119], im Interesse des Asylgrundrechts das höchstmögliche Maß an Richtigkeitsgewissheit angestrebt werden[120].

---

[112] *Bethäuser* S. 51; *Bethäuser* NVwZ 1989, 728; *Dürig* S. 144 f.; *Rühmann* ZAR 1984, 30; *Wollenschläger/Becker* ZAR 1987, 51; *Wollenschläger/Becker* DÖV 1991, 20; BayVGH Urt. v. 9.12.1977 – 1 XII 69, DVBl 1978, 509.
[113] BVerwG Urt. v. 15.12.1987 – 9 C 285.86, BVerwGE 78, 332; Urt. v. 21.6.1988 – 9 C 92.87, InfAuslR 1988, 335.
[114] Vgl. nur BT-Drs. 12/4450, 15.
[115] → Rn. 31.
[116] So *Bethäuser* ZRP 1986, 129; *Bethäuser* NVwZ 1989, 728; *Huber* NVwZ 1987, 391; *Selk* S. 263 ff.; aA ohne weitere Begründung *Hailbronner* JZ 1987, 564; BVerwG Urt. v. 21.6.1988 – 9 C 12.88, BVerwGE 79, 347; Urt. v. 21.6.1988 – 9 C 92.87, InfAuslR 1988, 335.
[117] So auch *Müller* ZRP 1985, 223.
[118] Vgl. auch Bundesrat-Rechtsausschuss, BR-Drs. 91/1/85, 16, 22, 572/1/86, 1 f.; *Denninger/Rachor* ZAR 1988, 51; *Wollenschläger/Becker* DÖV 1987, 1096; *Wollenschläger/Becker* ZAR 1987, 51.
[119] So auch *Dürig* S. 146 ff.
[120] Zu Letzterem allg. BVerfG Beschl. v. 2.5.1984 – 2 BvR 1413/83, BVerfGE 67, 43.

2. Aufenthalt in einem Drittstaat

Die Vermutung der Sicherheit vor politischer Verfolgung knüpft an den Aufenthalt von mehr als **48** drei Monaten in einem sonstigen Drittstaat vor der Einreise nach Deutschland an. Die Regelung darf ebenso wenig wie Abs. 1 analog auf einen Aufenthalt im Anschluss an die Asylantragstellung in Deutschland angewandt werden[121]. Sie gilt nicht, wenn die Aufenthaltsdauer von drei Monaten nur mit Unterbrechungen in ein und demselben Staat oder aber in mehreren Staaten nacheinander erreicht worden ist. Grundlage der Vermutung ist nämlich die **Beständigkeit verfolgungsfreien Lebens** unter den Verhältnissen eines bestimmten Staates über den Zeitraum von über drei Monaten. Dieser Staat darf nicht zu den sicheren Drittstaaten iSd § 26a I zählen.

3. Verfolgungsfreier Aufenthalt von mehr als drei Monaten

Die Vermutung setzt lediglich den Aufenthalt von mehr als drei Monaten in einem Staat voraus, in **49** dem der Flüchtling nicht von politischer Verfolgung bedroht war. Damit wird aus der Nichtverfolgung über einen bestimmten Zeitraum (im Innern) auf dauerhafte Verfolgungssicherheit auch nach außen geschlossen. Der Aufenthalt selbst braucht nach dem Wortlaut nicht irgendwie gesichert zu sein, die **faktische Anwesenheit** genügt, der Flüchtling muss aber von Verfolgung frei bleiben und darf auch nicht von ihr bedroht sein, und zwar die ganze Zeit über. Dabei unterscheidet sich die Verfolgung oder Verfolgungsgefahr, von der er verschont geblieben ist, nicht von derjenigen, auf die sich die Vermutung bezieht. Für den Aufenthalt kommt es zwar nur darauf an, dass „in" dem Aufnahmestaat keine politische Verfolgung droht. Damit ist aber zugleich die Gefahr der Abschiebung oder sonstigen Überstellung in den Verfolgerstaat gemeint; denn sie ist gerade Gegenstand der Vermutung und der Glaubhaftmachung. Schließlich kann ein Aufenthalt nicht als verfolgungsfrei bezeichnet werden, wenn dem Flüchtling „in" dem Drittstaat die Überstellung in den Verfolgerstaat droht oder diese sogar schon versucht worden ist.

Eine der Voraussetzungen der Verfolgungssicherheit iSd Abs. 1 spielt für den Vermutungstatbestand **50** keine Rolle: die **Beendigung der Flucht**[122]. Sie wird aufgrund der Zeitdauer des verfolgungsfreien Aufenthalts vermutet. Die zugrunde liegende Annahme, der Flüchtling habe sich innerhalb von drei Monaten über die Fortsetzung der Flucht schlüssig zu werden und sie vorbereiten können, wird den Verhältnissen in den typischen Erstaufnahmeländern und den dortigen persönlichen Lebensbedingungen der Flüchtlinge kaum gerecht, ist aber dennoch nicht lebensfremd oder sonst gänzlich unsachgerecht[123]. Dabei ist auch zu bedenken, dass jede Art von Niederlassung ein Anzeichen für die Beendigung der Flucht abgeben kann[124], der Flüchtling also ohnehin drei Monate lang die Weiterreise in vollem Umfang offenhalten muss, um nicht schon den Tatbestand des Abs. 1 zu erfüllen. Die Vermutungsregelung zwingt ihn also „nur" zur Verwirklichung seines weiteren Fluchtplans innerhalb von drei Monaten.

Die Vermutung baut ferner auf einer Grundlage auf, die eigentlich einen unmittelbaren Schluss auf **51** Verfolgungssicherheit nicht zulässt. Zur Verfolgungssicherheit iSd Abs. 1 gehört nämlich außer dem Abschiebungsschutz auch Hilfe zur **Bewältigung verfolgungsbedingter existenzieller Schwierigkeiten**[125]. Wäre diese Hilfe aber zum Vermutungstatbestand zu rechnen, bedürfte es der Vermutung nicht, weil dann schon der Tatbestand des Abs. 1 erfüllt wäre. Deshalb muss angenommen werden, dass sich die Vermutung nur an den tatsächlich verfolgungs- und verfolgungsgefahrfreien Aufenthalt anschließt und nach drei Monaten Aufenthalt selbst dann eingreift, wenn der Flüchtling unter existenzbedrohenden Folgen der Verfolgung leidet. Damit erwächst dem Flüchtling ein gewichtiger Nachteil daraus, dass er nicht schnell genug einen Aufnahmestaat verlassen hat, der den Anforderungen des Abs. 1 nicht (voll) genügt. Dies kann als wenig sachgerecht angesehen werden, nicht aber schon als willkürlich.

Der Vermutungstatbestand enthält Tatsachen, für die der Asylbewerber nur zT darlegungspflichtig **52** ist, nämlich die Verfolgungsfreiheit des Aufenthalts[126]. Hinsichtlich des Aufenthalts und dessen Dauer hat sich der Flüchtling zwar umfassend zu äußern und Belege vorzulegen (§§ 15 II Nr. 5, III, 25 II). Die Freiheit von politischer Verfolgung gehört aber zu dem Teil der Vermutungsbasis, der grundsätzlich der staatlichen Sphäre zuzurechnen ist, weil hieraus für die Bundesrepublik günstige Schlüsse gezogen werden[127]. Zumindest gelten hier die allgemeinen Regeln über die **Darlegungspflichten**, wonach der Asylbewerber die seinem persönlichen Bereich zugehörenden Tatsachen vorzutragen und die Behörde ihrerseits die allgemeinen Verhältnisse in dem ausländischen Staat **aufzuklären** hat[128].

---

[121] → Rn. 12, 21.
[122] → Rn. 27 ff.
[123] → Rn. 45.
[124] → Rn. 29.
[125] → Rn. 38 ff.
[126] Ähnlich *Dürig* S. 147 ff.; *Marx* § 2 Rn. 28.
[127] → Rn. 42 ff.
[128] BVerwG Urt. v. 8.5.1984 – 9 C 141.83, NVwZ 1985, 36.

53 Ob für einen Flüchtling die Gefahr politischer Verfolgung im Drittstaat besteht, hängt aber vorwiegend von den allgemeinen Regeln dieses Staats für die Behandlung von Ausländern und nicht so sehr von den individuellen Verhältnissen des Flüchtlings ab. Während dieser über die ihm gewährten Aufenthaltsbedingungen (Aufenthaltsrecht, Flüchtlingsanerkennung, GK-Reiseausweis ua) und die gegen ihn gerichteten behördlichen Maßnahmen (Ausweisung, Abschiebungsandrohung ua) berichten kann, ist es Sache des BAMF, über die allgemeine rechtliche und tatsächliche Lage der Flüchtlinge in dem betreffenden Staat Auskunft zu geben. Hinweis und Belege für das Nichtvorliegen der Gefahr politischer Verfolgung kann die Bundesrepublik Deutschland eher beibringen als der Flüchtling. Diesem obliegt also nicht der **Nachweis** drohender Verfolgungsgefahr.

4. Inhalt der Vermutung

54 Aus der Feststellung vorübergehenden verfolgungsfreien Aufenthalts – mit an Sicherheit grenzender Wahrscheinlichkeit – folgt aufgrund widerleglicher Vermutung die Annahme dauerhafter Sicherheit vor Verfolgung. Zum **Vermutungstatbestand** gehören: ununterbrochener Aufenthalt im sonstigen Drittstaat von mehr als drei Monaten; keine Verfolgung und keine Verfolgungsgefahr während der gesamten Zeitspanne einschließlich der Sicherheit vor unmittelbarer oder mittelbarer Überstellung an den Verfolgerstaat. Alle diese Elemente müssen zur Überzeugung des BAMF oder des Gerichts feststehen und nicht nur wahrscheinlich erscheinen. Für die Vermutungsgrundlage, insbesondere die allgemeinen Verhältnisse im Drittstaat, trägt die Bundesrepublik Deutschland die Beweislast[129].

55 Die **Vermutung** betrifft die danach fehlenden Elemente anderweitiger Verfolgungssicherheit: Beendigung der Flucht[130]; Gewährleistung von Hilfe zur Bewältigung der existenziellen Verfolgungsauswirkungen[131]; Fortbestand der Sicherheit vor Verfolgung für die voraussichtliche Dauer der Verfolgungsgefahr[132]. Diese Tatsachen stehen aufgrund der Vermutung bis zur Widerlegung nach Abs. 3 S. 2 fest.

5. Widerlegung der Vermutung

56 Gegenstand der Erschütterung der Vermutung ist lediglich die Gefahr der Abschiebung in einen Verfolgerstaat. Die **Widerlegung** kann sich dem Wortlaut nach nicht auf die Fragen der Beendigung der Flucht und der Hilfestellung hinsichtlich der Existenzgefährdung beziehen. Diese Elemente der Vermutung sind eigentlich nur durch die Glaubhaftmachung fortbestehender Verfolgungsgefahr (mit) zu widerlegen. Dies wäre aber zumindest hinsichtlich der Fluchtbeendigung nicht mit Art. 16a I GG zu vereinbaren; insoweit kann die Vermutung deshalb ebenfalls widerlegt werden[133].

57 Auf die Gefahr einer Verfolgung durch den Drittstaat – durch eigene oder ihm zuzurechnende Verfolgungsmaßnahmen auf seinem Hoheitsgebiet – kommt es nicht an. Da ihr Fehlen zu den Vermutungsgrundlagen gehört, scheitert schon die Feststellung des verfolgungsfreien Aufenthalts, wenn der Flüchtling diesen – mit Erfolg – in Zweifel ziehen kann. Der Ausschluss der Abschiebungsgefahr ist – ebenso wie die Verfolgungsgefahr nach Abs. 1[134] – für die **Dauer des Aufenthalts** festzustellen, nicht nach den Verhältnissen zum Zeitpunkt der Asylentscheidung. Da die Abschiebungsgefahr vorausschauend für die voraussichtliche Dauer der Verfolgungsgefahr zu beurteilen ist, ist allerdings die bei der Ausreise schon absehbare weitere Entwicklung in die Prognose einzubeziehen.

58 Der Staat, in den die Abschiebung drohte, braucht nicht mit demjenigen identisch zu sein, vor dessen Verfolgung der Ausländer geflohen ist. Maßgeblich ist das Bestehen der Gefahr der Abschiebung in **irgendeinen Verfolgerstaat**. Es kann sich um den Heimatstaat des Ausländers, bei Staatenlosen also um den Herkunftsstaat handeln, aber auch um einen anderen Staat, in den die Abschiebung droht. Dem Flüchtling könnte die Rückkehrmöglichkeit in den Heimatstaat nur entgegengehalten werden, wenn ihm dort keine Verfolgung drohte. Zur Widerlegung bzw. Erschütterung der Vermutung genügt die **Glaubhaftmachung** des nicht hinreichenden Ausschlusses der Abschiebungsgefahr. Einerseits werden dem Asylbewerber damit eine Darlegungs-, eine Beweisführungs- und eine Beweislast auferlegt, andererseits werden diese durch das Mittel der Glaubhaftmachung und das geringe Maß an Wahrscheinlichkeit gemildert, mit dem die Vermutung erschüttert werden kann. Ob dies zumutbar erscheint und die Bedenken gegen die Vermutungsregelung insgesamt auszuräumen vermag, hängt von den Anforderungen an die Glaubhaftmachung ab.

59 Die Vermutung anderweitiger Verfolgungssicherheit ist erschüttert, wenn auch nur eine geringe Wahrscheinlichkeit der Abschiebung bestand. Sind auch nur **geringe Zweifel** an der Sicherheit vor Verfolgung angebracht, kann diese nicht mehr als hinreichend sicher ausgeschlossen bezeichnet werden[135].

---

[129] → Rn. 42 ff.
[130] → Rn. 27 ff.
[131] → Rn. 38 ff.
[132] → Rn. 20 ff.
[133] BVerwG Urt. v. 21.11.1989 – 9 C 55.89, BVerwGE 84, 115.
[134] → Rn. 20 ff.
[135] Ähnlich *Dürig* S. 148.

Diese Zweifel brauchen nur glaubhaft gemacht zu werden (§ 173 VwGO iVm § 294 ZPO). Statt **60** des sonst erforderlichen Wahrscheinlichkeitsgrads der mit an Sicherheit grenzenden Wahrscheinlichkeit genügt deshalb eine überwiegende Wahrscheinlichkeit. Als **Mittel der Glaubhaftmachung** kommen außer Zeugen, Sachverständigen, Urkunden und amtlichen Auskünften auch die Angaben des Asylbewerbers in Betracht, diese müssen nur schlüssig, substantiiert und glaubhaft sein[136]. Durch die Zuweisung der Darlegungsobliegenheit an den Asylbewerber ist zwar die Amtsermittlungspflicht der Behörden und Gerichte insoweit eingeschränkt. Dies befreit sie aber nicht von der Verpflichtung, umfassend rechtliches Gehör zu gewähren und den Asylbewerber über alle tatsächlichen Umstände zu unterrichten, die für die Vermutung herangezogen und verwertet werden sollen. Deshalb müssen sie ihn praktisch auch über diejenigen Tatsachen unterrichten, die für die Erschütterung der Vermutung Bedeutung erlangen können und ihnen von Amts wegen bekannt sind. Sie haben deshalb ihnen vorliegende Berichte daraufhin auszuwerten, ob die Abschiebungsgefahr hinreichend sicher auszuschließen ist[137].

VI. Anderweitige Sicherheit bei Besitz eines GK-Reiseausweises (Vermutung)

1. Bedeutung der Vermutung

Mit dem Besitz eines GK-Reiseausweises wird dieselbe Vermutung verbunden wie mit dem mehr **61** als dreimonatigen Aufenthalt in einem verfolgungssicheren Drittstaat nach Abs. 1. Dem liegt die Annahme zugrunde, der Besitz des Ausweises bestätige in der Regel zweifelsfrei die **Freiheit von Verfolgungsgefahren** in dem den Ausweis ausstellenden Konventionsstaat, die aus ihm folgende Vermutung könne aber erschüttert werden[138]. Die Möglichkeit der Rückführung in den anderen Konventionsstaat ist (außer in § 29) nicht vorausgesetzt, offenbar im Hinblick auf das grundsätzlich bestehende Rückkehrrecht (§ 13 Anhang-GK).

2. Verfassungsmäßigkeit

Eine Auslegung dahin, dass die die Verfolgungsfreiheit sichernden Bedingungen des Aufenthalts in **62** dem anderen Staat zusätzlich zum Besitz des Reiseausweises erfüllt sein müssten (so noch § 4 II Nr. 2 AsylVfG-E 1982)[139], ist weder möglich noch verfassungsrechtlich geboten[140]. Abs. 2 ist nicht als Unterfall des Abs. 1 formuliert oder zu verstehen, wie die Entstehungsgeschichte zeigt[141]. Zwar verträgt sich die Kompetenz der Grenzbehörde zur Aufenthaltsbeendigung ohne Sachprüfung (§ 18 II Nr. 3) mit Art. 16a I GG nur bei **eindeutiger Aussichtslosigkeit**[142]. Gerade diese ist aber Ziel der Vermutung, ohne dass dies von vornherein als sachwidrig bezeichnet werden kann. Allerdings muss durch eine sachgemäße Auslegung und Anwendung die Gefahr einer Überstellung in einen Staat ausgeschlossen werden, in dem der Flüchtling nicht sicher ist vor politischer Verfolgung.

3. Reiseausweis

Der Flüchtling muss einen Reiseausweis nach Art. 28 GK, §§ 1 ff. GK-Anlage („**Konventions-** **63** **pass**") besitzen. Andere Personal-, Identitäts- oder Reisedokumente reichen nicht aus[143]. Gleichgültig sind nach dem Gesetzestext die Rechtsgrundlagen für die Ausstellung des Ausweises im Einzelnen und die **Berechtigung zur Rückkehr**. Dem Gesetzgeber musste bekannt sein und war bekannt[144], dass die Konventionsstaaten Reiseausweise auch für nicht sich rechtmäßig dort aufhaltende Flüchtlinge ausstellen (Art. 28 Nr. 1 S. 2 GK), dass die Rückkehrberechtigung auf (mindestens) drei Monate beschränkt werden darf (§ 13 Nr. 3 GK-Anhang) und dass in vielen Fällen der Reiseausweis nur zur Ausreise in ein vorher bestimmtes endgültiges Asylland erteilt wird[145]. Da Form und Text des Reiseausweises diese Unterschiede – ausgenommen die Dauer der Rückkehrberechtigung – nicht erkennen lassen, fällt eine Differenzierung innerhalb des Begriffs „Reiseausweis" schwer. Es erscheint daher sinnvoll und zumutbar, sie in den Bereich der Erschütterung der Vermutung zu verlagern[146].

---

[136] Vgl. etwa VGH BW Beschl. v. 13.10.1988 – 13 S 703/88, InfAuslR 1989, 139.
[137] Betr. Iraner in der Türkei zB OVG NRW Urt. v. 10.6.1988 – 16 A 10095/88, InfAuslR 1989, 177.
[138] So etwa Bundestag-Rechtsausschuss, BT-Drs. 9/1630, 17 f.
[139] BT-Drs. 9/875, 3.
[140] *Reemann* ZAR 1982, 127; krit. *Henkel* ZAR 1981, 85.
[141] → Rn. 2 ff.
[142] BVerfG Beschl. v. 25.2.1981 – 1 BvR 413/80 ua, BVerfGE 56, 216; Beschl. v. 2.5.1984 – 2 BvR 1413/83, BVerfGE 67, 43.
[143] *Marx* § 27 Rn. 25.
[144] Vgl. BT-Drs. 9/1630, 18.
[145] Vgl. für den Sudan *Renner* NVwZ 1985, 889.
[146] AA zT *Marx* § 27 Rn. 26.

4. Widerlegung der Vermutung

64 Das Gesetz enthält keine eigenständigen Regeln für die – ohne Weiteres zulässige (vgl. § 292 ZPO) – Widerlegung der Vermutung. Insbesondere ist nicht wie nach Abs. 3 S. 2 die Glaubhaftmachung nicht hinreichend ausgeschlossener Verfolgungsgefahr als Widerlegung zugelassen. Deshalb kann die Vermutung eigentlich nur dadurch widerlegt werden, dass die Sicherheit vor Verfolgung in dem den Ausweis ausstellenden GK-Staat nicht nur in Zweifel gezogen, sondern das **Gegenteil festgestellt** wird[147]. Dies aber wäre angesichts der Unsicherheiten der Vermutungsbasis nur schwerlich mit Art. 16a I GG zu vereinbaren. Als verfassungskonforme Alternative bietet sich eine **analoge Anwendung von Abs. 3 S. 2** an[148]. Der Besitz des Reiseausweises vermittelt nach dem Inhalt des Art. 28 GK und der Praxis der Vertragsstaaten keine stärkere, sondern eher eine schwächere Wahrscheinlichkeit für Verfolgungssicherheit als der verfolgungsfreie Aufenthalt von über drei Monaten. Deshalb erscheint es geboten, die Regelungslücke durch eine Analogie zu Abs. 3 S. 2 zu schließen.

65 Zur Widerlegung der Vermutung genügt es demnach, wenn der Ausländer glaubhaft macht, die Gefahr politischer Verfolgung insbesondere durch Überstellung in den Verfolgerstaat sei nicht mit hinreichender Sicherheit ausgeschlossen[149]. Es bedarf also nur eines **schlüssigen Vorbringens** darüber, dass zB im Falle des Art. 28 Nr. 1 S. 2 GK durch den Reiseausweis ein Aufenthaltsrecht verbürgt wird. Zureichend ist auch die glaubhafte und unter Umständen mit Dokumenten belegte Erklärung, der Ausweis sei nur zur Ausreise in die Bundesrepublik Deutschland als endgültiges Asylland bestimmt. Die Grenzbehörde und das BAMF haben ihr amtliches Wissen um rechtliche und praktische Modalitäten der Ausstellung von GK-Reiseausweisen zu berücksichtigen und den Flüchtling auf die Möglichkeit der Widerlegung der Vermutung hinzuweisen.

§ 27a *Zuständigkeit eines anderen Staates (aufgehoben)*

Ein Asylantrag ist unzulässig, wenn ein anderer Staat auf Grund von Rechtsvorschriften der Europäischen Gemeinschaft oder eines völkerrechtlichen Vertrages für die Durchführung des Asylverfahrens zuständig ist.

1 Die Vorschrift wurde mWv 28.8.2007 durch das **RLUmsG 2007** in das AsylVfG neu eingefügt. Zur Begründung führte der Gesetzgeber aus[1]: „Mit der Einfügung von § 27a wird die Entscheidung über Asylanträge für die in Anwendung der Verordnung (EG) Nr. 343/2003/EG oder des Dubliner Übereinkommens ein anderer Staat zuständig ist, einheitlich geregelt. Die bisherige, nicht sach- und praxisgerechte Aufteilung in Sachverhalte, die je nach Reiseweg des Antragstellers eine Entscheidung im Rahmen der Drittstaatenregelung (§ 29 Abs. 3 Satz 2 in Verbindung mit § 26a) oder eine Ablehnung als ‚unbeachtlich' (§ 29 Abs. 3 S. 1) vorsahen, entfällt." Die RLUmsG 2011 und 2103 sowie die Asylpakete 2016 hatten keine Änderungen vorgenommen.

2 Inhaltlich bezog sich die Bestimmung insbesondere auf Art. 25 I **AsylVerfRL aF 2005/85/EG bzw. die Nachfolgeregelung in der AsylVerfRL 2013/32/EU,** wonach ein Asylantrag zwingend als „unzulässig" zu behandeln ist, wenn der Staat gemäß der Dublin II-VO 343/2003/EG bzw. Dublin III-VO 604/2013/EU hierfür keine Zuständigkeit besitzt[2]. Sie stand in engem Zusammenhang mit der neu in § 18 II Nr. 2 geregelten **Einreiseverweigerungsmöglichkeit**[3] sowie der entsprechenden Möglichkeit der **Abschiebungsanordnung** nach § 34a I.

3 Die Asylverfahrenszuständigkeit „auf Grund von Rechtsvorschriften der EG" (gemeint war „der EU") war eine dynamische Verweisung und bezog sich in erster Linie auf die **Dublin II-VO 343/ 2003/EG,** die grundsätzlich gemäß Art. 29 II auf alle ab 1.9.2003 gestellten Asylanträge[4], bzw. die **Dublin III-VO 604/2013/EU,** die nach ihrem Art. 49 grundsätzlich für alle neuen Asylanträge ab 1.1.2014 anzuwenden ist. Unter Asylantrag iSd Dublin-VO ist iwS sowohl das Nachsuchen gemäß § 14 als auch das nach § 19 I anzusehen. Die Dublin-VO gelten heute der Sache nach für sämtliche 28 EU-Staaten (kraft Völkerrecht seit 1.4.2006 auch für Dänemark) bzw. völkervertraglich seit 1.5.2006 zudem für Island und Norwegen sowie inzwischen des Weiteren für Liechtenstein und die Schweiz. Die gemäß Art. 63 S. 1 Nr. 1 lit EG aF (heute: Art. 78 AEUV) als unmittelbar und vorrangig anwendbares sekundäres **Unionsrecht** erlassene Dublin II-VO[5] hatte das Dubliner Übereinkommen vom 15.6.1990 (DÜ) abgelöst, das wiederum Teile des Schengener Durchführungsabkommens vom

---

[147] *Dürig* S. 148 f.
[148] So auch *Dürig* S. 149; für vollen Gegenbeweis *Marx* § 27 Rn. 26.
[149] → Rn. 56 ff.
[1] BT-Drs 16/5065, 216.
[2] Nach Erwgr 29 der AsylVerf-RL gilt diese iÜ nicht für die Dublin-VO.
[3] → § 18 Rn. 2, 19.
[4] Als Asylantrag iSd Art. 2c Dublin II-VO ist sowohl das Nachsuchen gemäß § 14 als auch das nach § 19 I anzusehen.
[5] Vgl. *Bergmann* in Lenz/Borchardt, EU-/EGV, 4. Aufl. 2006, Art. 63 EG Rn. 4.

19.6.1990 (SDÜ) ersetzte. Die Dublin-VO unterscheiden zwischen **primären Kriterien** zur Bestimmung des zuständigen Dublin-Staates (vgl. Art. 7 ff. Dublin III-VO) und **sekundären Kriterien** (vgl. Art. 18 ff. Dublin III-VO). Grundsätzlich ist derjenige Staat für den Asylantrag eines Asylbewerbers **zuständig,** in dessen Hoheitsgebiet sich Familienangehörige rechtmäßig aufhalten, der dem Asylbewerber einen Aufenthaltstitel oder ein Visum erteilt hat bzw. – vor allem – in den der Asylbewerber erstmals eingereist ist. Die genauen Regelungen des politisch hochumstrittenen Dublin-Asylsystems sind ausführlich bei §§ 29, 34a kommentiert[6]; hierauf wird verwiesen. Die in § 27a zusätzlich erwähnte **völkervertragliche Asylverfahrenszuständigkeit** bezog sich primär auf das Dubliner Übereinkommen vom 15.6.1990 (DÜ), das seit langem kaum mehr praktische Relevanz besitzt[7].

Mit Wirkung zum 6.8.2016 wurde die Norm gemäß Art. 6 Nr. 6 **IntG** – als Folgeregelung zur Neufassung des § 29 – **aufgehoben**[8]. Der nach wie vor hoch praxisrelevante Inhalt der aufgehobenen Norm findet sich heute in § 29 wieder. **4**

§ 28 Nachfluchttatbestände

(1) [1]Ein Ausländer wird in der Regel nicht als Asylberechtigter anerkannt, wenn die Gefahr politischer Verfolgung auf Umständen beruht, die er nach Verlassen seines Herkunftslandes aus eigenem Entschluss geschaffen hat, es sei denn, dieser Entschluss entspricht einer festen, bereits im Herkunftsland erkennbar betätigten Überzeugung. [2]Satz 1 findet insbesondere keine Anwendung, wenn der Ausländer sich auf Grund seines Alters und Entwicklungsstandes im Herkunftsland noch keine feste Überzeugung bilden konnte.

(1a) Die begründete Furcht vor Verfolgung im Sinne des § 3 Absatz 1 oder die tatsächliche Gefahr, einen ernsthaften Schaden im Sinne des § 4 Absatz 1 zu erleiden, kann auf Ereignissen beruhen, die eingetreten sind, nachdem der Ausländer das Herkunftsland verlassen hat, insbesondere auch auf einem Verhalten des Ausländers, das Ausdruck und Fortsetzung einer bereits im Herkunftsland bestehenden Überzeugung oder Ausrichtung ist.

(2) Stellt der Ausländer nach Rücknahme oder unanfechtbarer Ablehnung eines Asylantrags erneut einen Asylantrag und stützt diesen auf Umstände, die er nach Rücknahme oder unanfechtbarer Ablehnung seines früheren Antrags selbst geschaffen hat, kann in einem Folgeverfahren in der Regel die Flüchtlingseigenschaft nicht zuerkannt werden.

Übersicht

	Rn.
I. Entstehungsgeschichte	1
II. Allgemeines	2
III. Selbst geschaffener Nachfluchttatbestand	9
1. Regel	9
2. Ausnahmen	17
3. Nichtberücksichtigung im Asylanerkennungsverfahren	19
IV. Folgeantragsverfahren	21

I. Entstehungsgeschichte

Die Vorschrift geht auf § 1a AsylVfG zurück, der mWv 15.1.1987 eingefügt wurde (Art. 1 Nr. 1 **1 AsylVfÄndG 1987**). Sie stimmte zunächst im Wesentlichen mit dem **Gesetzesentwurf 1992**[1] überein. Auf Vorschlag des Bundestag-Innenausschusses wurden allerdings in Abs. 1 S. 1 noch die Wörter „in der Regel" und in S. 2 das Wort „insbesondere" eingefügt[2]. MWv **1.1.2005** wurde entsprechend dem Gesetzesentwurf[3] der frühere Abs. 2 angefügt (Art. 3 Nr. 18 ZuwG; mit folgendem Text: „Stellt der Ausländer nach Rücknahme oder unanfechtbarer Ablehnung eines früheren Asylantrages erneut einen Asylantrag und stützt er sein Vorbringen auf Umstände im Sinne des Abs 1, die nach Rücknahme oder unanfechtbarer Ablehnung seines früheren Antrages entstanden sind, und liegen im Übrigen die Voraussetzungen für die Durchführung eines Folgeverfahrens vor, kann in diesem in der Regel die Feststellung, dass ihm die in § 60 I AufenthG bezeichneten Gefahren drohen, nicht mehr getroffen werden.") Das **RLUmsG 2007** fügte den neuen Abs. 1a an und formulierte Abs. 2 um. Zur Begründung gab der Gesetzgeber an[4]: „§ 28 wird in Umsetzung von Art. 5 der **Anerkennungs-RL**

---
[6] Vgl. § 34a Rn. 6 ff.
[7] Ausf. zum DÜ *Funke-Kaiser* in: Bergmann/Kenntner, Deutsches Verwaltungsrecht unter europäischem Einfluss, 2002, Kap. 6 Rn. 59 ff.
[8] Vgl. BT-Drs. 18/8615, 51.
[1] BT-Drs. 12/2062, 10.
[2] BT-Drs. 12/2817, 21.
[3] BT-Drs. 15/420, 42.
[4] BT-Drs. 16/5065, 216 f.

[2004/83/EG] geändert. Der neue **Abs. 1a** stellt klar, dass die Verfolgungsgefahr grundsätzlich auch auf Ereignissen und Aktivitäten beruhen kann, die nach Ausreise aus dem Herkunftsland entstanden sind bzw. durchgeführt wurden (Art. 5 I RL). Die Regelung in **Abs. 2** setzt Art. 5 III der RL um." Das RLUmsG 2011 hat keine Änderungen vorgenommen. Art. 1 Nr. 21 des **RLUmsG 2013** hat lediglich mWz 1.12.2013 in Abs. 1a die alte Formulierung am Satzanfang „Eine Bedrohung nach § 60 Abs. 1 des Aufenthaltsgesetzes kann auf Ereignissen beruhen" entsprechend dem internationalen Schutz gem. § 1 I Nr. 2 des AsylVfG erweiternd ausdrücklich auf Flüchtlings- und subsidiären Schutz erstreckt. In der Gesetzesbegründung[5] heißt es hierzu deshalb auch nur lapidar: „Es handelt sich um eine redaktionelle Änderung." Die Asylpakete und das IntG 2016 haben keine Änderungen vorgenommen.

II. Allgemeines

2   Vorflucht- und Nachfluchtgründe unterscheiden sich voneinander durch den **Zeitpunkt ihres Entstehens:** vor oder nach Verlassen des Verfolgerstaats[6]. Da die Gewährung von Asyl eine Verfolgungsprognose voraussetzt und Vorgänge in der Vergangenheit nur in diesem Zusammenhang von Bedeutung sind, ist die Unterscheidung nicht selbstverständlich, aber herkömmlich dem Asylrecht eigen; sie wirkt sich auf den Prognosemaßstab und die Beweisanforderungen aus[7]. Nachträglich eingetretene asylrelevante Umstände können **in der Person des Asylbewerbers** entstehen (subjektive Fluchtgründe) oder allein in den äußeren Verhältnissen (objektive Fluchtgründe). Sie können sich ohne weiteres Zutun des Asylbewerbers ergeben oder von ihm selbst frei geschaffen werden (gewillkürte Nachfluchtgründe). Alle diese Bezeichnungen erscheinen unzureichend, weil Asylgründe immer personenbezogen sind, indem sie an personelle Merkmale anknüpfen, und weil die Asylgewährung allein auf die Verfolgungsgefahr abstellt und die – idR vorangegangene – Flucht dagegen letztlich in den Hintergrund gerät[8].

3   Ungeachtet der schwierigen und nicht einheitlichen Terminologie ist festzuhalten, dass **Abs. 1** subjektive Nachfluchttatbestände nicht vollends aus dem asylrechtlichen Schutz ausgrenzt, sondern nur eine bestimmte Gruppe und diese nur aus einer bestimmten Verfahrensart. Erfasst sind nur Umstände, die der Asylbewerber nach Verlassen seines Herkunftslandes aus eigenem Entschluss geschaffen hat. Zudem gilt dies nur idR und insbesondere in den in S. 2 bezeichneten Fällen nicht. Schließlich bleiben solche Umstände nur im Asylanerkennungsverfahren unberücksichtigt, nicht also im Flüchtlingsanerkennungs- oder im Auslieferungsverfahren. Für das Flüchtlingsanerkennungsverfahren regelt seit dem RLUmsG 2007 der **Abs. 1a** in Anlehnung an Art. 5 I und II Anerkennungs-RL 2004/83/EG bzw. der novellierten **Anerkennungs-RL 2011/95/EU,** dass die Verfolgungsgefahr auch auf Ereignissen und Aktivitäten nach der Ausreise beruhen kann[9]. Mit dem 2007 neu gefassten **Abs. 2** werden – entsprechend Art. 5 III Anerkennungs-RL[10] – idR gewillkürte Nachfluchttatsachen im Folgeverfahren aus der Flüchtlingsanerkennung ausgeschlossen. Damit ist einerseits der Flüchtlingsschutz in den Fällen des Abs. 1 und 1a erhalten, andererseits aber in den Folgefällen des Abs. 2 sogar das Refoulement-Verbot aufgehoben[11]. Im Folgenden werden zunächst Einzelheiten des Abs. 1 behandelt[11].

4   Für die Auslegung von **Abs. 1** entscheidend ist das Verhältnis der Vorschrift zur **Rspr. des BVerfG** über gewillkürte Nachfluchtgründe[12]. Während der parlamentarischen Beratungen über die Asylnovelle 1987 und damit über die Einfügung des § 1a entschied das BVerfG, das Asylgrundrecht des Art. 16 II 2 GG aF setze von seinem Tatbestand grundsätzlich den kausalen Zusammenhang zwischen Verfolgung und Flucht voraus und bei selbst geschaffenen Nachfluchttatbeständen komme eine Asylberechtigung nur in Betracht, wenn sie sich als Ausdruck und Fortführung einer schon im Heimatstaat erkennbar betätigten festen Überzeugung darstelle[13]. Zur Begründung wurde auf die Entwicklung des Asylrechts im Völkerrecht zurückgegriffen und betont, die betroffenen Ausländer

---

[5] BT-Drs. 17/13063, 22.
[6] → GG Art. 16a Rn. 49.
[7] → GG Art. 16a Rn. 52.
[8] Dazu → GG Art. 16a Rn. 52.
[9] Art. 5 I und 2 Anerkennungs-RL lauten: „(1) Die begründete Furcht vor Verfolgung oder die tatsächliche Gefahr, einen ernsthaften Schaden zu erleiden, kann auf Ereignissen beruhen, die eingetreten sind, nachdem der Antragsteller das Herkunftsland verlassen hat. (2) Die begründete Furcht vor Verfolgung oder die tatsächliche Gefahr, einen ernsthaften Schaden zu erleiden, kann auf Aktivitäten des Antragstellers seit Verlassen des Herkunftslandes beruhen, insbesondere wenn die Aktivitäten, auf die er sich stützt, nachweislich Ausdruck und Fortsetzung einer bereits im Herkunftsland bestehenden Überzeugung und Ausrichtung sind."
[10] Art. 5 III lautet: „(3) Unbeschadet der GK können die Mitgliedstaaten festlegen, dass ein Antragsteller, der einen Folgeantrag stellt, idR nicht als Flüchtling anerkannt wird, wenn die Verfolgungsgefahr auf Umständen beruht, die der Antragsteller nach Verlassen des Herkunftsstaates selbst geschaffen hat."
[11] Rspr. zu Art. 5 Anerkennungs-RL: VG Freiburg Urt. v. 7.4.2014 – A 6 K 860/12; BVerwG Urt. v. 24.9.2009 – 10 C 25.08, DVBl 2010, 201; BVerwG Urt. v. 5.3.2009 – 10 C 51.07, InfAuslR 2009, 363; BVerwG Beschl. v. 23.4.2008 – 10 B 106.07; BayVGH Urt. v. 5.3.2007 – 2 B 06.31 019; OVG LSA Urt. v. 19.12.2006 – 1 L 319/04.
[12] Seit BVerfG Beschl. v. 26.11.1986 – 2 BvR 1058/85, BVerfGE 74, 51.
[13] BVerfG Beschl. v. 26.11.1986 – 2 BvR 1058/85, BVerfGE 74, 51, Ls.

seien außerhalb des Art. 16 II 2 GG aF unter Umständen durch Art. 33 GK und § 14 AuslG 1965, evtl. auch durch Art. 3 EMRK geschützt.

Nach dieser Rspr. sind selbst geschaffene Nachfluchttatbestände **grundsätzlich** aus dem Anwen- 5 dungsbereich des Asylgrundrechts **ausgeschlossen.** Wer sich lediglich auf danach irrelevante Tatbestände beruft, ist kein politisch Verfolgter iSd GG; ihm wird nicht nur die Asylanerkennung versagt, sondern das Asylgrundrecht insgesamt. § 28 erfasst danach eigentlich nur Nachfluchttatbestände, die nach dieser Rspr. noch beachtlich sind (objektive und ausnahmsweise subjektive)[14]. Dem Gesetzgeber des § 1a AsylVfG 1987[15] war die erst später veröffentlichte Entscheidung des BVerfG vom 26.11.1986 nicht bekannt; er beabsichtigte eine Einschränkung der Asylanerkennung in Fällen von Missbrauch, wollte aber den Rahmen des Art. 16 II 2 GG aF nicht erweitern. Folgt man der „Leitlinie" des BVerfG[16] und legt man ihr Gesetzeskraft bei[17], ist der Anwendungsbereich des § 28 (wie des § 1a AsylVfG 1987) ganz erheblich eingeengt. Die Hinweise des BVerfG auf subsidiäre einfachgesetzliche Schutzvorschriften dürfen jedenfalls nicht so verstanden werden, dass die Rspr. des BVerfG nicht das Asylgrundrecht einschränke, sondern sich nur im Anerkennungsverfahren auswirke.

Es sprechen jedoch **gewichtige Gründe** gegen die Entscheidung des BVerfG vom 26.11.1986 und 6 deren vom BVerwG angenommenen Bindungswirkung nach § 31 BVerfGG. Die Anerkennung von Nachfluchtgründen war ohnehin auch nach der früheren Rspr. des BVerfG und des BVerwG eingeschränkt und zwang nicht zur Hinnahme von eindeutigem Missbrauch. Der Gesetzgeber des AuslRNG und des AsylVfG 1992 hat sich nicht zur Bedeutung der neueren Rspr. geäußert. Er hat insbesondere nicht dazu Stellung genommen, ob und in welchem Umfang § 1a AsylVfG 1987 bzw. § 28 für typische selbst geschaffene Nachfluchttatbestände gelten soll, etwa für Exilpolitik, Asylantrag, illegalen Verbleib im Ausland, Wechsel der politischen Überzeugung oder der Religionszugehörigkeit. Die nachfolgende Kommentierung erfolgt ungeachtet der danach noch bestehenden Unsicherheit über das Verhältnis der Vorschrift zu Art. 16a I GG in der neueren Auslegung durch BVerfG und BVerwG.

In jedem Fall erscheint die Vorschrift als **mit Art. 16a I GG vereinbar.** Sie schließt die betroffenen 7 Personen lediglich aus dem förmlichen Asylanerkennungsverfahren aus und belässt ihnen den Kerngehalt asylrechtlichen Schutzes[18], nämlich die Sicherheit vor Zurückweisung an der Grenze, Auslieferung (vgl. § 6 IRG) und Abschiebung (vgl. § 60 I AufenthG). Sie differenziert unter den politisch Verfolgten nach sachlichen Kriterien, indem sie Missbrauchstatbestände zu erfassen sucht, und kann deshalb nicht als verfassungswidrige Diskriminierung gewertet werden.

Allerdings muss bei ihrer Auslegung und Anwendung bedacht werden, dass es sich um eine Aus- 8 nahme von der in besonderer Weise effektiven Statusfeststellung handelt und den Betroffenen das Asylgrundrecht weiterhin zusteht; eine möglichst **grundrechtsbewahrende Auslegung** ist deshalb geboten. Dabei ist weiter zu beachten, dass das GG eine Verwirkung von Grundrecht wie des Art. 16a I GG nur aufgrund enger Voraussetzungen kennt und dafür eine Entscheidung des BVerfG in jedem Einzelfall verlangt (Art. 18 GG). Ein allgemeiner Missbrauchsvorbehalt für Grundrecht ist damit nicht zu vereinbaren[19].

III. Selbst geschaffener Nachfluchttatbestand

1. Regel

Selbst geschaffene subjektive Nachfluchttatbestände sind nach der nunmehr Gesetz gewordenen 9 Rspr. **in der Regel für die Asylanerkennung nicht relevant.**[20] Stützt ein Ausländer seinen Asylfolgeantrag mithin auf neue selbst geschaffene exilpolitische Nachfluchtaktivitäten, greift der Regelausschlussgrund für die Zuerkennung der Flüchtlingseigenschaft nach Abs. 2. Dies gilt selbst dann, wenn der Ausländer zwar bei Verlassen des Herkunftslands alters- und entwicklungsbedingt noch nicht in der Lage war, sich eine feste politische Überzeugung zu bilden, er diesen Entwicklungsstand aber vor Abschluss des dem Folgeantrag vorausgegangenen Asylverfahrens erreicht hat. Hiervon ist in aller Regel mit Vollendung des 16. Lebensjahrs, spätestens jedoch mit Vollendung des 18. Lebensjahrs auszugehen. Zur **Widerlegung der Regelvermutung** des Abs. 2 muss der Ausländer gute Gründe dafür anführen, warum er nach einem erfolglosen Asylverfahren erstmalig exilpolitisch aktiv geworden ist oder seine bisherigen Aktivitäten intensiviert hat[21]. Dabei ist die inhaltliche und zeitliche Kontinuität der nach außen betätigten Überzeugung zwar ein wichtiges Indiz, reicht aber zur Widerlegung

---

[14] So zu § 1a AsylVfG 1987 BVerwG Urt. v. 19.5.1987 – 9 C 184.86, BVerwGE 77, 258.
[15] Verabschiedung im Bundestag am 13.11.1986, im Bundesrat am 19.12.1986.
[16] BVerfG Beschl. v. 26.11.1986 – 2 BvR 1058/85, BVerfGE 74, 51.
[17] So BVerwG Urt. v. 19.5.1987 – 9 C 184.86, BVerwGE 77, 258.
[18] BVerwG Urt. v. 7.10.1975 – I C 46.69, BVerwGE 49, 202.
[19] Betr. Verfahrensmissbrauch vgl. BVerfG Beschl. v. 25.2.1981 – 1 BvR 413/80 ua, BVerfGE 56, 216; betr. Nachfluchtgründe vgl. etwa Beschl. v. 4.2.1959 – 1 BvR 193/57, BVerfGE 9, 174; Beschl. v. 19.2.1975 – 1 BvR 449/74, BVerfGE 38, 398.
[20] Konstruktiv hierzu *Müller* Asylmagazin 2011, 8.
[21] BVerwG Urt. v. 24.9.2009 – 10 C 25.08.

der gesetzlichen Regelvermutung allein nicht aus[22]. Zusätzlich sind die Persönlichkeit des Asylbewerbers und dessen Motive einer Gesamtwürdigung zu unterziehen[23].

10 Abs. 2 erfasst **subjektiv** nur die vom Asylbewerber selbst bewusst und gewollt geschaffenen Verfolgungstatbestände. Dagegen sind alle Umstände und Ereignisse, auf die der Asylbewerber selbst keinen Einfluss ausüben kann, asylrechtlich als objektive Tatbestände anzusehen. Einen objektiven und nicht einen subjektiven Nachfluchttatbestand stellt daher der Wandel in der politischen Einstellung des Heimatstaats gegenüber einer regimekritischen Organisation dar[24]. Ebenso verhält es sich, wenn sich die Verfolgungsgefahr aus der Nichtteilnahme an einer Volksbefragung ergibt, die erst nach der Ausreise stattfindet[25]. Oder wenn nachträglich der Verdacht einer vor der Ausreise begangenen Straftat entsteht oder erst die Befragung des Asylbewerbers durch Geheimdienste die Verfolgungsgefahr heraufbeschwört[26]. Dasselbe gilt für Handlungen eines Dritten, welche die Verfolgungsgefahr nach der Ausreise auslösen[27]. Das die Verfolgung begründende Geschehen braucht sich zudem nicht im Heimatstaat zu ereignen[28].

11 Hinsichtlich der **zeitlichen Grenze** zwischen Vor- und Nachfluchttatbeständen kommt es grundsätzlich auf die Ausreise aus dem Herkunftsstaat an. Übt dieser aber die effektive Gebietshoheit auch über andere Gebiete aus, ist das Verlassen dieser Gebiete maßgeblich[29].

12 Die Voraussetzungen für ein **„asylneutrales" Verhalten** im Aufnahmestaat dürfen im Blick auf die humanitäre Wurzel des Asylrechts nicht akribisch eng und kleinherzig gefasst werden; sonst wirken sie inhuman und sind eines freiheitlichen Rechtsstaats unwürdig. So stellt etwa das Unterlassen verfolgungshindernder Verhaltensweisen kein gewillkürtes Nachfluchtverhalten dar[30].

13 Die Anerkennung subjektiver Nachfluchttatbestände setzt idR voraus, dass sie sich als **Fortsetzung** einer schon im Heimatstaat vorhandenen und erkennbar betätigten festen Überzeugung darstellen (BVerfGE 74, 51; vgl. auch Art. 5 II Anerkennungs-RL). Diese Überzeugung braucht nicht schon dem Heimatstaat bekannt geworden zu sein oder zu einer Vorverfolgung geführt zu haben[31]. Die später geäußerte Überzeugung muss aber mit der früher schon vorhandenen und bestätigten Auffassung der Sache nach übereinstimmen, also eine **inhaltliche Kontinuität** aufweisen[32]. Dabei schadet es nicht, wenn die exilpolitische Betätigung in einer anderen Organisation als im Heimatland stattfindet[33]. Ein Glaubenswechsel wird nach denselben Kriterien beurteilt[34], ebenso eine Wehrdienstverweigerung[35], auch wenn die Wehrpflicht erst während des Auslandsaufenthalts entstanden ist[36]. Dieser Rspr. kann zumindest dann nicht mehr gefolgt werden, wenn sie die Beibehaltung einer einmal vorhandenen politischen oder religiösen Überzeugung verlangt und andernfalls Asylrecht versagt. Diese Auffassung wird durch die Überlegungen zur risikolosen Schaffung von Asylgründen nicht mehr gedeckt. Sie ist inhuman, weil sie den Asylbewerber vor die Wahl stellt, seine Überzeugung zu unterdrücken oder seine Überstellung an den Verfolgerstaat hinzunehmen[37].

14 Der notwendige **zeitliche Zusammenhang** bei der Fortsetzung einer politischen Betätigung ist unterbrochen, wenn der Ausländer exilpolitische Aktivitäten erst nach langjähriger Enthaltsamkeit aufnimmt[38]. Alter und Entwicklung des Asylbewerbers sind hierbei – → Rn. 9 – sachbezogen zu berücksichtigen[39].

15 Die **Asylantragstellung** kommt als Asylgrund nur dann in Betracht, wenn sich der Asylbewerber schon vor der Ausreise aus dem Heimatstaat in einer latenten Gefährdungslage befand[40]. Eine derartige Situation besteht nicht schon dann, wenn der Ausländer in seiner Heimat als politisch verdächtig angesehen wurde[41]; ein Übergriff muss nicht ganz entfernt und „real" möglich erscheinen[42].

---

[22] BVerwG Urt. v. 18.12.2008 – 10 C 27.07.
[23] Vgl. den Fall eines behaupteten Religionswechsels VGH BW Urt. v. 16.3.2010 – A 2 S 1418/11.
[24] BVerwG Urt. v. 5.11.1991 – 9 C 20.91, NVwZ-RR 1992, 274.
[25] BVerwG Urt. v. 25.6.1991 – 9 C 131.90, InfAuslR 1991, 310.
[26] VG Würzburg Urt. v. 20.1.1997 – W 8 K 96.30 772, NVwZ 1997, Beil. 8, 57.
[27] BVerwG Urt. v. 9.4.1991 – 9 C 100.90, BVerwGE 88, 92.
[28] BVerwG Urt. v. 9.4.1991 – 9 C 100.90, BVerwGE 88, 92.
[29] BVerwG Urt. v. 5.11.1991 – 9 C 41.91, BVerwGE 89, 171.
[30] BVerwG Urt. v. 5.11.1991 – 9 C 20.91, NVwZ-RR 1992, 274.
[31] BVerfG-K Beschl. v. 15.3.1990 – 2 BvR 496/89, InfAuslR 1990, 197.
[32] BVerwG Urt. v. 20.10.1987 – 9 C 42.87, InfAuslR 1988, 22; Beschl. v. 22.6.1988 – 9 B 189.88, InfAuslR 1988, 254.
[33] BVerwG Urt. v. 17.1.1990 – 9 C 39.89, InfAuslR 1990, 128.
[34] BVerwG Urt. v. 31.1.1989 – 9 C 54.88.
[35] BVerwG Urt. v. 27.6.1989 – 9 C 1.89, NVwZ 1990, 267.
[36] BVerwG Urt. v. 24.11.1992 – 9 C 70.91, NVwZ 1993, 789.
[37] → GG Art. 16a Rn. 54 ff.
[38] BVerwG Urt. v. 6.12.1988 – 9 C 91.87, InfAuslR 1989, 135: 20 Jahre; Urt. v. 25.10.1988 – 9 C 76.87, EZAR 200 Nr. 22: neun Jahre.
[39] BVerfG-K Beschl. v. 8.3.1989 – 2 BvR 1627/87, BayVBl. 1989, 561.
[40] BVerwG Urt. v. 30.8.1988 – 9 C 80.87, BVerwGE 80, 131; Urt. v. 17.1.1989 – 9 C 56.88, BVerwGE 81, 170.
[41] BVerwG Urt. v. 17.1.1989 – 9 C 56.88, BVerwGE 81, 170.
[42] BVerwG Urt. v. 11.4.1989 – 9 C 53.88.

Ähnliche Maßstäbe werden auf Tatbestände der **Republikflucht** angewandt. Illegales Verlassen des 16 Heimatstaats oder illegaler Verbleib im Ausland begründen nur dann ein Asylrecht, wenn zuvor schon eine Gefährdungslage bestand, in der Verfolgung nicht hinreichend wahrscheinlich, aber auch nicht auszuschließen war[43].

2. Ausnahmen

Angesichts der weitgreifenden Regel gewinnen die **Ausnahmen** an Bedeutung, die in S. 2 **nur** 17 **beispielhaft beschrieben** sind. Sie sind insgesamt dadurch gekennzeichnet, dass in diesen Fällen die grundsätzliche Überlegungen zur Asylirrelevanz nicht zutreffen[44]. Als atypisch stellen sich alle Fallgestaltungen dar, in denen dem Ausländer nicht vorgehalten werden kann, er habe den Verfolgungstatbestand bewusst im Aufnahmeland risikolos geschaffen, ohne vor der Ausreise aus dem Heimatstaat eine zumindest ähnliche Überzeugung oder andere persönliche Merkmale besessen und gezeigt zu haben. Danach ist als Ausnahme möglicherweise auch der Fall desjenigen Ausländers in Betracht zu ziehen, der seine religiöse oder politische Überzeugung aufgrund überzeugend ernsthafter Erwägungen wechselt, indem er zB als Iraner nach gewissenhafter Prüfung vom Islam zum Christentum übertritt oder nach dem Zusammenbruch des Kommunismus in Ost- und Südosteuropa als Rotchinese oder Kubaner seine maoistische Gesinnung aufgibt.

Exilpolitische Aktivitäten sind allgemein für die Asylanerkennung relevant, wenn eine „Vortätig- 18 keit" im Herkunftsstaat **objektiv unmöglich** war. Dies kann einmal auf das geringe Lebensalter oder (nicht „und") ein gering entwickeltes politisches Bewusstsein zurückzuführen sein. Eine Kontinuität der Überzeugung kann auch dann nicht verlangt werden, wenn kein objektiver Anlass für eine frühere Überzeugungsbildung bestand[45]. Dasselbe gilt aber auch bei Geburt im Drittstaat[46].

3. Nichtberücksichtigung im Asylanerkennungsverfahren

Die Rechtsfolge in den Fällen des Abs. 1 besteht in der Nichtberücksichtigung bei der Entscheidung 19 über die Asylanerkennung. Dies war schon durch Änderung des Wortlauts des § 1a AsylVfG seit 1.1.1991 ausdrücklich klargestellt und ergibt sich jetzt eindeutig aus S. 1; eine andere Auslegung wäre mit Art. 16a I GG nicht vereinbar. Schon die ursprüngliche Formulierung „bei der Entscheidung" begrenzte die Rechtsfolge auf die nach wie vor neben dem internationalen Schutz im Mittelpunkt des AsylG stehende Asylanerkennung. Der **Ausschluss aus dem Anerkennungsverfahren** ist unbedingt; va ist kein Raum für die zusätzliche Prüfung einer „objektiv" gegebenen Verfolgungsgefahr im Zeitpunkt der vermuteten Rückkehr.

Durch § 28 erfasste Nachfluchtgründe bleiben insbesondere bedeutsam für **Abschiebung** und 20 **Zuerkennung der Flüchtlingseigenschaft** (§ 3 iVm § 60 I AufenthG) sowie **Auslieferung** (§ 6 I IRG), wie seit dem RLUmsG 2007 bzw. RLUmsG 2013 auch Abs. 1a verdeutlicht. Schließlich können hiernach ausgeschlossene Tatbestände für die Beurteilung des individuellen Gesamtschicksals bedeutsam bleiben. Sie können zwar weder selbstständig noch zusammen mit anderen Umständen eine Asylanerkennung begründen[47], müssen aber uU für die Frage der Ernsthaftigkeit früherer politischer Aktivitäten und einer daraus für die Zukunft abzuleitenden Verfolgungsgefahr herangezogen werden.

IV. Folgeantragsverfahren

Mit **Abs. 2** ist seit Anfang 2005 bzw. neu gefasst durch das RLUmsG 2007 ein **wesentlich** 21 **weitergehender Ausschluss** geschaffen. Dieser baut zwar der Sache nach auf Abs. 1 sowie Art. 1a und den dort erfassten subjektiven Nachfluchtgründen auf und lässt mit der Regelanordnung auch Ausnahmen zu. Er erweist sich deswegen als weit einschneidender als Abs. 1, weil er den Ausländer auch den **Flüchtlingsschutz** der **GK versagt**. Vorab ist daher zu betonen: Es muss sich um gewillkürte subjektive Umstände iSd Abs. 1 handeln, die zur Begründung eines Folgeantrags iSd § 71 vorgebracht werden. Der Ausschluss greift dann ausnahmsweise nicht ein, wenn die Aktivitäten auf einer bereits früher geäußerten Einstellung beruhen und zB wegen des jugendlichen Alters oder anderen objektiven Gründen nicht bereits früher unternommen wurden. Auch wenn sich nach Abschluss des vorangegangenen Asylverfahrens eingetretene Umstände danach ausnahmsweise als relevant erweisen, können sie zur Asylanerkennung nur dann führen, wenn sie nach Maßgabe des § 71 zugelassen sind und sich ihnen außerdem die behauptete Verfolgungsgefahr tatsächlich entnehmen lässt. Dann sind auch die Voraussetzungen des § 3 bzw. § 60 I AufenthG erfüllt.

---

[43] BVerwG Urt. v. 21.6.1988 – 9 C 5.88, NVwZ 1989, 68; Urt. v. 6.12.1988 – 9 C 22.88, BVerwGE 81, 41.
[44] → GG Art. 16a Rn. 60.
[45] Abgelehnt im Einzelfall von BVerwG Urt. v. 24.11.1992 – 9 C 70.91, NVwZ 1993, 789.
[46] BVerfG-K Beschl. v. 15.5.1991 – 2 BvR 1716.90, NVwZ 1991, 979; BayVGH Urt. v. 7.3.1991 – 11 B 90.32 006, EZAR 206 Nr. 3.
[47] Vgl. BVerwG Urt. v. 27.6.1989 – 9 C 6.89, BVerwGE 82, 181.

22 Durch Abs. 2 wird der Fall erfasst, dass der Ausländer im Folgeverfahren Nachfluchtgründe vorträgt, die zwar nach Abs. 1 nicht zur Asylanerkennung, wohl aber zur Flüchtlingsanerkennung führen können. Indem Abs. 2 nunmehr auch das Refoulement-Verbot ausschließt, muss es als **zweifelhaft** erscheinen, ob dies auch nach Maßgabe der Rspr. von BVerfG und BVerwG noch mit dem Asylgrundrecht vereinbar ist[48]. Das BVerfG hat im Nachfluchtgrundbeschluss ausdrücklich auf den aufgrund anderer Normen außerhalb der Asylanerkennung bestehen bleibenden Schutz hingewiesen[49], die Schutzmöglichkeit nach § 60 VII 1 AufenthG kann aber kaum einen ausreichenden Ersatz bieten[50]. Hinsichtlich der GK geht der Hinweis auf den danach nur vorübergehend gewährleisteten Schutz[51] fehl, weil durch Abs. 2 jeglicher Schutz versagt wird. Eine verfassungskonforme Auslegung lässt sich danach nur dadurch gewährleisten, dass der Regelfall restriktiv ausgelegt und auf den Fall reduziert wird, dass ein **offensichtlicher Missbrauch** vorliegt.

23 Ungeachtet dessen stellt sich die Frage nach der **Vereinbarkeit** des Ausschlusses des Abschiebungshindernisses nach § 60 I AufenthG **mit Art. 33 GK.** Das Refoulement-Verbot der GK unterscheidet grundsätzlich nicht zwischen Vor- und Nachfluchtgründen[52]. Da ausschließlich auf die Gefährdung bei Rückkehr abgestellt und damit der Opferschutz in den Vordergrund gestellt wird, verbietet sich eine Schlechterstellung nachträglich geschaffener Tatbestände und damit auch exilpolitischer Aktivitäten. Die Behandlung solcher Nachfluchttatbestände, die an Ort und Stelle entstehen („sur place"), sind zwar Gegenstand besonderer politischer Beobachtung der Staaten und es sollen daher gemeinsame EU-Konzepte für diesen Schutzbedarf entwickelt werden[53]. Trotz der Regelung in Art. 5 III Anerkennungs-RL bleibt die Frage nach der Vereinbarkeit mit Art. 33, zumal dieser Ausschluss den Mitgliedstaaten „unbeschadet der GK" ermöglicht wird. Diesem Wortlaut zufolge lässt die RL nämlich die Beurteilung nach der GK gerade offen[54]. Anders wäre dies nur zu beurteilen, wenn „unbeschadet" dahin zu verstehen wäre, dass die GK eine derartige Regelung zuließ.

24 Unabhängig davon ist festzustellen, dass ein Schutzbedarf in den betroffenen Fällen in dem Sinne weiterbestehen kann, dass **Abschiebungsverbote** iSd § 60 V oder VII AufenthG vorliegen. Im Folgeantragsverfahren müssen diese Hindernisse auch dann geprüft werden, wenn Asyl- und Flüchtlingsanerkennung nicht möglich sind. Diese Auffassung entspricht im Übrigen auch Art. 5 III **Anerkennungs-RL,** wonach nur die Versagung der Flüchtlingsanerkennung in das Ermessen der Mitgliedstaaten gestellt ist, nicht aber die Zuerkennung des subsidiären Schutzstatus. Dieser ist vielmehr zu gewähren, wenn ein ernsthafter Schaden iSv § 4 (Art. 15 Anerkennungs-RL) droht. Ein Ausschluss gewillkürter Nachfluchtgründe ist dafür nicht vorgesehen (vgl. Art. 17 Anerkennungs-RL). In all diesen Fällen kann dem Schutzbedarf durch Erteilung einer Aufenthaltserlaubnis nach § 25 III AufenthG Rechnung getragen werden[55].

§ 29 Unzulässige Anträge

(1) Ein Asylantrag ist unzulässig, wenn
1. ein anderer Staat
   a) nach Maßgabe der Verordnung (EU) Nr. 604/2013 des Europäischen Parlaments und des Rates vom 26. Juni 2013 zur Festlegung der Kriterien und Verfahren zur Bestimmung des Mitgliedstaats, der für die Prüfung eines von einem Drittstaatsangehörigen oder Staatenlosen in einem Mitgliedstaat gestellten Antrags auf internationalen Schutz zuständig ist (ABl. L 180 vom 29.6.2013, S. 31) oder
   b) auf Grund von anderen Rechtsvorschriften der Europäischen Union oder eines völkerrechtlichen Vertrages
   für die Durchführung des Asylverfahrens zuständig ist,
2. ein anderer Mitgliedstaat der Europäischen Union dem Ausländer bereits internationalen Schutz im Sinne des § 1 Absatz 1 Nummer 2 gewährt hat,
3. ein Staat, der bereit ist, den Ausländer wieder aufzunehmen, als für den Ausländer sicherer Drittstaat gemäß § 26a betrachtet wird,
4. ein Staat, der kein Mitgliedstaat der Europäischen Union und bereit ist, den Ausländer wieder aufzunehmen, als sonstiger Drittstaat gemäß § 27 betrachtet wird oder
5. im Falle eines Folgeantrags nach § 71 oder eines Zweitantrags nach § 71a ein weiteres Asylverfahren nicht durchzuführen ist.

(2) ¹Das Bundesamt hört den Ausländer zu den Gründen nach Absatz 1 Nummer 1 Buchstabe b bis Nummer 4 persönlich an, bevor es über die Zulässigkeit eines Asylantrags

---

[48] Vgl. *Marx,* Aufenthalts-, Asyl- und Flüchtlingsrecht, 3. Aufl. 2007, S. 1210 f.; so auch *Duchrow* ZAR 2004, 339.
[49] Dazu → Rn. 4–8 und BVerfG Beschl. v. 26.11.1986 – 2 BvR 1058/85, BVerfGE 74, 51.
[50] So aber Begründung des Gesetzesentwurfs, BT-Drs. 420, 110.
[51] BT-Drs. 420, 110.
[52] Dazu → GG Art. 16a Rn. 123.
[53] Dazu allg. → GG Art. 16a Rn. 131 ff.
[54] So wohl auch *Duchrow* ZAR 2004, 339; vgl. hierzu auch *Funke-Kaiser* in GK-AsylG § 28.
[55] *Duchrow* ZAR 2004, 339.

Unzulässige Anträge § 29 AsylG 7

entscheidet. ²Zu den Gründen nach Absatz 1 Nummer 5 gibt es dem Ausländer Gelegenheit zur Stellungnahme nach § 71 Absatz 3.

(3) ¹Erscheint der Ausländer nicht zur Anhörung über die Zulässigkeit, entscheidet das Bundesamt nach Aktenlage. ²Dies gilt nicht, wenn der Ausländer unverzüglich nachweist, dass das in Satz 1 genannte Versäumnis auf Umstände zurückzuführen war, auf die er keinen Einfluss hatte. ³Führt der Ausländer diesen Nachweis, ist das Verfahren fortzuführen.

(4) Die Anhörung zur Zulässigkeit des Asylantrags kann gemäß § 24 Absatz 1a dafür geschulten Bediensteten anderer Behörden übertragen werden.

Übersicht

	Rn.
I. Auszug aus der Dublin III-VO 604/2013/EU	1
II. Entstehungsgeschichte und Allgemeines	2
III. Unzulässigkeit nach Dublin-Recht (Abs. 1 Nr. 1a)	6
IV. Unzulässigkeit nach EU- und Völkerrecht (Abs. 1 Nr. 1b)	8
V. Unzulässigkeit bei Anerkannten (Abs. 1 Nr. 2)	10
VI. Unzulässigkeit bei Wiederaufnahmebereitschaft eines sicheren Drittstaats (Abs. 1 Nr. 3)	12
VII. Unzulässigkeit bei Wiederaufnahmebereitschaft eines sonstigen Drittstaats (Abs. 1 Nr. 4)	14
VIII. Unzulässigkeit bei Folge- und Zweitantrag (Abs. 1 Nr. 5)	16
IX. Anhörungspflichten (Abs. 2–4)	18
X. Verwaltungsverfahren und Rechtsschutz	21
XI. Das Dublin-Asylsystem	23
XII. Ausgewählte Dublin-Einzelprobleme	41

I. Auszug aus der Dublin III-VO 604/2013/EU

KAPITEL I GEGENSTAND UND DEFINITIONEN

Artikel 1 Gegenstand

Diese Verordnung legt die Kriterien und Verfahren fest, die bei der Bestimmung des Mitgliedstaats, der für die Prüfung eines von einem Drittstaatsangehörigen oder Staatenlosen in einem Mitgliedstaat gestellten Antrags auf internationalen Schutz zuständig ist, zur Anwendung gelangen (im Folgenden „zuständiger Mitgliedstaat"). 1

Artikel 2 Definitionen

Im Sinne dieser Verordnung bezeichnet der Ausdruck

a) „Drittstaatsangehöriger" jede Person, die nicht Bürger der Union iSv Artikel 20 Absatz 1 des AEUV ist und bei der es sich nicht um einen Staatsangehörigen eines Staates handelt, der sich aufgrund eines Abkommens mit der Europäischen Union an dieser Verordnung beteiligt;
b) „Antrag auf internationalen Schutz" einen Antrag auf internationalen Schutz iSd Artikels 2 Buchstabe h der Richtlinie 2011/95/EU;
c) „Antragsteller" einen Drittstaatsangehörigen oder Staatenlosen, der einen Antrag auf internationalen Schutz gestellt hat, über den noch nicht endgültig entschieden wurde;
d) „Prüfung eines Antrags auf internationalen Schutz" die Gesamtheit der Prüfungsvorgänge, der Entscheidungen oder Urteile der zuständigen Behörden in Bezug auf einen Antrag auf internationalen Schutz gem. der Richtlinie 2013/32/EU und der Richtlinie 2011/95/EU mit Ausnahme der Verfahren zur Bestimmung des zuständigen Mitgliedstaats gemäß dieser Verordnung;
e) „Rücknahme eines Antrags auf internationalen Schutz" die vom Antragsteller im Einklang mit der Richtlinie 2013/32/EU ausdrücklich oder stillschweigend unternommenen Schritte zur Beendigung des Verfahrens, das aufgrund des von ihm gestellten Antrags auf internationalen Schutz eingeleitet worden ist;
f) „Begünstigter internationalen Schutzes" einen Drittstaatsangehörigen oder Staatenlosen, dem internationaler Schutz iSv Artikel 2 Buchstabe a der Richtlinie 2011/95/EU zuerkannt wurde;
g) „Familienangehörige" die folgenden Mitglieder der Familie des Antragstellers, die sich im Hoheitsgebiet der Mitgliedstaaten aufhalten, sofern die Familie bereits im Herkunftsland bestanden hat:
 – der Ehegatte des Antragstellers oder sein nicht verheirateter Partner, der mit ihm eine dauerhafte Beziehung führt, soweit nach dem Recht oder nach den Gepflogenheiten des betreffenden Mitgliedstaats nicht verheiratete Paare ausländerrechtlich vergleichbar behandelt werden wie verheiratete Paare,
 – die minderjährigen Kinder des im ersten Gedankenstrich genannten Paares oder des Antragstellers, sofern diese nicht verheiratet sind, gleichgültig, ob es sich nach nationalem Recht um eheliche oder außerehelich geborene oder adoptierte Kinder handelt,
 – bei einem minderjährigen und unverheirateten Antragsteller der Vater, die Mutter oder ein anderer Erwachsener, der entweder nach dem Recht oder nach den Gepflogenheiten des Mitgliedstaats, in dem der Erwachsene sich aufhält, für den Minderjährigen verantwortlich ist,
 – bei einem unverheirateten, minderjährigen Begünstigten internationalen Schutzes der Vater, die Mutter oder ein anderer Erwachsener, der/die entweder nach dem Recht oder nach den Gepflogenheiten des Mitgliedstaats, in dem sich der Begünstigte aufhält, für ihn verantwortlich ist;
h) „Verwandter": der volljährige Onkel, die volljährige Tante oder ein Großelternteil des Antragstellers, der/die sich im Hoheitsgebiet eines Mitgliedstaats aufhält, ungeachtet dessen, ob es sich gemäß dem nationalen Recht bei dem Antragsteller um ein ehelich oder außerehelich geborenes oder adoptiertes Kind handelt;

i) „Minderjähriger" einen Drittstaatsangehörigen oder Staatenlosen unter 18 Jahren;
j) „unbegleiteter Minderjähriger" einen Minderjährigen, der ohne Begleitung eines für ihn nach dem Recht oder nach den Gepflogenheiten des betreffenden Mitgliedstaats verantwortlichen Erwachsenen in das Hoheitsgebiet der Mitgliedstaaten einreist, solange er sich nicht tatsächlich in der Obhut eines solchen Erwachsenen befindet; dies schließt einen Minderjährigen ein, der nach Einreise in das Hoheitsgebiet eines Mitgliedstaats dort ohne Begleitung zurückgelassen wird;
k) „Vertreter" eine Person oder Organisation, die von den zuständigen Behörden zur Unterstützung und Vertretung eines unbegleiteten Minderjährigen in Verfahren nach Maßgabe dieser Verordnung bestellt wurde, um das Wohl des Kindes zu wahren und für den Minderjährigen, soweit erforderlich, Rechtshandlungen vorzunehmen. Wird eine Organisation zum Vertreter bestellt, so bezeichnet der Ausdruck „Vertreter" eine Person, die in Bezug auf den Minderjährigen ihre Pflichten im Einklang mit dieser Verordnung wahrnimmt;
l) „Aufenthaltstitel" jede von den Behörden eines Mitgliedstaats erteilte Erlaubnis, mit der der Aufenthalt eines Drittstaatsangehörigen oder Staatenlosen im Hoheitsgebiet dieses Mitgliedstaats gestattet wird, einschließlich der Dokumente, mit denen die Genehmigung des Aufenthalts im Hoheitsgebiet im Rahmen einer Regelung des vorübergehenden Schutzes oder bis zu dem Zeitpunkt, zu dem die eine Ausweisung verhindernden Umstände nicht mehr gegeben sind, nachgewiesen werden kann; ausgenommen sind Visa und Aufenthaltstitel, die während der zur Bestimmung des zuständigen Mitgliedstaats entsprechend dieser Verordnung erforderlichen Frist oder während der Prüfung eines Antrags auf internationalen Schutz oder eines Antrags auf Gewährung eines Aufenthaltstitels erteilt wurden;
m) „Visum" die Erlaubnis oder Entscheidung eines Mitgliedstaats, die im Hinblick auf die Einreise zum Zweck der Durchreise oder die Einreise zum Zweck eines Aufenthalts in diesem Mitgliedstaat oder in mehreren Mitgliedstaaten verlangt wird. Es werden folgende Arten von Visa unterschieden:
– „Visum für den längerfristigen Aufenthalt": eine von einem der Mitgliedstaaten im Einklang mit seinem innerstaatlichen Recht oder dem Unionsrecht ausgefertigte Erlaubnis oder Entscheidung, die im Hinblick auf die Einreise zum Zweck eines Aufenthalts in diesem Mitgliedstaat von mehr als drei Monaten verlangt wird;
– „Visum für den kurzfristigen Aufenthalt": eine Erlaubnis oder Entscheidung eines Mitgliedstaats im Hinblick auf die Durchreise durch das Hoheitsgebiet eines oder mehrerer oder aller Mitgliedstaaten oder einen geplanten Aufenthalt in diesem Gebiet von höchstens drei Monaten je Sechsmonatszeitraum ab dem Zeitpunkt der ersten Einreise in das Hoheitsgebiet der Mitgliedstaaten;
– „Visum für den Flughafentransit" ein für die Durchreise durch die internationalen Transitzonen eines oder mehrerer Flughäfen von Mitgliedstaaten gültiges Visum;
n) „Fluchtgefahr" das Vorliegen von Gründen im Einzelfall, die auf objektiven gesetzlich festgelegten Kriterien beruhen und zu der Annahme Anlass geben, dass sich ein Antragsteller, ein Drittstaatsangehöriger oder Staatenloser, gegen den ein Überstellungsverfahren läuft, diesem Verfahren möglicherweise durch Flucht entziehen könnte.

KAPITEL II ALLGEMEINE GRUNDSÄTZE UND SCHUTZGARANTIEN

Artikel 3 Verfahren zur Prüfung eines Antrags auf internationalen Schutz

(1) ¹Die Mitgliedstaaten prüfen jeden Antrag auf internationalen Schutz, den ein Drittstaatsangehöriger oder Staatenloser im Hoheitsgebiet eines Mitgliedstaats einschließlich an der Grenze oder in den Transitzonen stellt. ²Der Antrag wird von einem einzigen Mitgliedstaat geprüft, der nach den Kriterien des Kapitels III als zuständiger Staat bestimmt wird.

(2) Lässt sich anhand der Kriterien dieser Verordnung der zuständige Mitgliedstaat nicht bestimmen, so ist der erste Mitgliedstaat, in dem der Antrag auf internationalen Schutz gestellt wurde, für dessen Prüfung zuständig.

Erweist es sich als unmöglich, einen Antragsteller an den zunächst als zuständig bestimmten Mitgliedstaat zu überstellen, da es wesentliche Gründe für die Annahme gibt, dass das Asylverfahren und die Aufnahmebedingungen für Antragsteller in diesem Mitgliedstaat systemische Schwachstellen aufweisen, die eine Gefahr einer unmenschlichen oder entwürdigenden Behandlung im Sinne des Artikels 4 der EU-Grundrechtecharta mit sich bringen, so setzt der die Zuständigkeit prüfende Mitgliedstaat, die Prüfung der in Kapitel III vorgesehenen Kriterien fort, um festzustellen, ob ein anderer Mitgliedstaat als zuständig bestimmt werden kann.

Kann keine Überstellung gemäß diesem Absatz an einen aufgrund der Kriterien des Kapitels III bestimmten Mitgliedstaat oder an den ersten Mitgliedstaat, in dem der Antrag gestellt wurde, vorgenommen werden, so wird der die Zuständigkeit prüfende Mitgliedstaat der zuständige Mitgliedstaat.

(3) Jeder Mitgliedstaat behält das Recht, einen Antragsteller nach Maßgabe der Bestimmungen und Schutzgarantien der Richtlinie 32/2013/EU in einen sicheren Drittstaat zurück- oder auszuweisen.

Artikel 4 Recht auf Information
...

Artikel 5 Persönliches Gespräch
...

Artikel 6 Garantien für Minderjährige
...

KAPITEL III KRITERIEN ZUR BESTIMMUNG DES ZUSTÄNDIGEN MITGLIEDSTAATS

Artikel 7 Rangfolge der Kriterien

(1) Die Kriterien zur Bestimmung des zuständigen Mitgliedstaats finden in der in diesem Kapitel genannten Rangfolge Anwendung.

Unzulässige Anträge § 29 AsylG 7

(2) Bei der Bestimmung des nach den Kriterien dieses Kapitels zuständigen Mitgliedstaats wird von der Situation ausgegangen, die zu dem Zeitpunkt gegeben ist, zu dem der Antragsteller seinen Antrag auf internationalen Schutz zum ersten Mal in einem Mitgliedstaat stellt.

(3) Im Hinblick auf die Anwendung der in den Artikeln 8, 10 und 6[1] genannten Kriterien berücksichtigen die Mitgliedstaaten alle vorliegenden Indizien für den Aufenthalt von Familienangehörigen, Verwandten oder Personen jeder anderen verwandtschaftlichen Beziehung des Antragstellers im Hoheitsgebiet eines Mitgliedstaats, sofern diese Indizien vorgelegt werden, bevor ein anderer Mitgliedstaat dem Gesuch um Aufnahme- oder Wiederaufnahme der betreffenden Person gemäß den Artikeln 22 und 25 stattgegeben hat, und sofern über frühere Anträge des Antragstellers auf internationalen Schutz noch keine Erstentscheidung in der Sache ergangen ist.

Artikel 8 Minderjährige
...

Artikel 9 Familienangehörige, die Begünstigte internationalen Schutzes sind
Hat der Antragsteller einen Familienangehörigen – ungeachtet der Frage, ob die Familie bereits im Herkunftsland bestanden hat –, der in seiner Eigenschaft als Begünstigter internationalen Schutzes in einem Mitgliedstaat aufenthaltsberechtigt ist, so ist dieser Mitgliedstaat für die Prüfung des Antrags auf internationalen Schutz zuständig, sofern die betreffenden Personen diesen Wunsch schriftlich kundtun.

Artikel 10 Familienangehörige, die internationalen Schutz beantragt haben
...

Artikel 11 Familienverfahren
...

Artikel 12 Ausstellung von Aufenthaltstiteln oder Visa
...

Artikel 13 Einreise und/oder Aufenthalt
(1) Wird auf der Grundlage von Beweismitteln oder Indizien gemäß den beiden in Artikel 22 Absatz 3 dieser Verordnung genannten Verzeichnissen, einschließlich der Daten nach der Verordnung (EU) Nr 603/2013 festgestellt, dass ein Antragsteller aus einem Drittstaat kommend die Land-, See- oder Luftgrenze eines Mitgliedstaats illegal überschritten hat, so ist dieser Mitgliedstaat für die Prüfung des Antrags auf internationalen Schutz zuständig. Die Zuständigkeit endet zwölf Monate nach dem Tag des illegalen Grenzübertritts.

(2) Ist ein Mitgliedstaat nicht oder gemäß Absatz 1 dieses Artikels nicht länger zuständig und wird auf der Grundlage von Beweismitteln oder Indizien gemäß den beiden in Artikel 22 Absatz 3 genannten Verzeichnissen festgestellt, dass der Antragsteller – der illegal in die Hoheitsgebiete der Mitgliedstaaten eingereist ist oder bei dem die Umstände der Einreise nicht festgestellt werden können – sich vor der Antragstellung während eines ununterbrochenen Zeitraums von mindestens fünf Monaten in einem Mitgliedstaat aufgehalten hat, so ist dieser Mitgliedstaat für die Prüfung des Antrags auf internationalen Schutz zuständig.

Hat sich der Antragsteller für Zeiträume von mindestens fünf Monaten in verschiedenen Mitgliedstaaten aufgehalten, so ist der Mitgliedstaat, wo er sich zuletzt aufgehalten hat, für die Prüfung des Antrags auf internationalen Schutz zuständig.

Artikel 14 Visafreie Einreise
...

Artikel 15 Antrag im internationalen Transitbereich eines Flughafens
...

KAPITEL IV ABHÄNGIGE PERSONEN UND ERMESSENSKLAUSELN
Artikel 16 Abhängige Personen
...

Artikel 17 Ermessensklauseln
(1) Abweichend von Artikel 3 Absatz 1 kann jeder Mitgliedstaat beschließen, einen bei ihm von einem Drittstaatsangehörigen oder Staatenlosen gestellten Antrag auf internationalen Schutz zu prüfen, auch wenn er nach den in dieser Verordnung festgelegten Kriterien nicht für die Prüfung zuständig ist.

[1] Der Mitgliedstaat, der gemäß diesem Absatz beschließt, einen Antrag auf internationalen Schutz zu prüfen, wird dadurch zum zuständigen Mitgliedstaat und übernimmt die mit dieser Zuständigkeit einhergehenden Verpflichtungen. [2] Er unterrichtet gegebenenfalls über das elektronische Kommunikationsnetz DubliNet, das gemäß Artikel 18 der Verordnung (EG) Nr 1560/2003 eingerichtet worden ist, den zuvor zuständigen Mitgliedstaat, den Mitgliedstaat, der ein Verfahren zur Bestimmung des zuständigen Mitgliedstaats durchführt, oder den Mitgliedstaat, an den ein Aufnahme- oder Wiederaufnahmegesuch gerichtet wurde.

---

[1] Richtig wohl: „16".

Der Mitgliedstaat, der nach Maßgabe dieses Absatzes zuständig wird, teilt diese Tatsache unverzüglich über Eurodac nach Maßgabe der Verordnung (EU) Nr 603/2013 mit, indem er den Zeitpunkt über die erfolgte Entscheidung zur Prüfung des Antrags anfügt.

(2) ¹ Der Mitgliedstaat, in dem ein Antrag auf internationalen Schutz gestellt worden ist und der das Verfahren zur Bestimmung des zuständigen Mitgliedstaats durchführt, oder der zuständige Mitgliedstaat kann, bevor eine Erstentscheidung in der Sache ergangen ist, jederzeit einen anderen Mitgliedstaat ersuchen, den Antragsteller aufzunehmen, aus humanitären Gründen, die sich insbesondere aus dem familiären oder kulturellen Kontext ergeben, um Personen jeder verwandtschaftlichen Beziehung zusammenzuführen, auch wenn der andere Mitgliedstaat nach den Kriterien in den Artikeln 8 bis 11 und 16 nicht zuständig ist. ² Die betroffenen Personen müssen dem schriftlich zustimmen.

Das Aufnahmegesuch umfasst alle Unterlagen, über die der ersuchende Mitgliedstaat verfügt, um dem ersuchten Mitgliedstaat die Beurteilung des Falles zu ermöglichen.

¹ Der ersuchte Mitgliedstaat nimmt alle erforderlichen Überprüfungen vor, um zu prüfen, dass die angeführten humanitären Gründe vorliegen, und antwortet über das elektronische Kommunikationsnetz DubliNet, das gemäß Artikel 18 der Verordnung (EG) Nr 1560/2003 eingerichtet wurde, innerhalb von zwei Monaten nach Eingang des Gesuchs. ² Eine Ablehnung des Gesuchs ist zu begründen.

Gibt der ersuchte Mitgliedstaat dem Gesuch statt, so wird ihm die Zuständigkeit für die Antragsprüfung übertragen.

KAPITEL V PFLICHTEN DES ZUSTÄNDIGEN MITGLIEDSTAATS

Artikel 18 Pflichten des zuständigen Mitgliedstaats

(1) Der nach dieser Verordnung zuständige Mitgliedstaat ist verpflichtet:

a) einen Antragsteller, der in einem anderen Mitgliedstaat einen Antrag gestellt hat, nach Maßgabe der Artikel 21, 22 und 29 aufzunehmen;

b) einen Antragsteller, der während der Prüfung seines Antrags in einem anderen Mitgliedstaat einen Antrag gestellt hat oder der sich im Hoheitsgebiet eines anderen Mitgliedstaats ohne Aufenthaltstitel aufhält, nach Maßgabe der Artikel 23, 24, 25 und 29 wieder aufzunehmen;

c) einen Drittstaatsangehörigen oder einen Staatenlosen, der seinen Antrag während der Antragsprüfung zurückgezogen und in einem anderen Mitgliedstaat einen Antrag gestellt hat oder der sich ohne Aufenthaltstitel im Hoheitsgebiet eines anderen Mitgliedstaats aufhält, nach Maßgabe der Artikel 23, 24, 25 und 29 wieder aufzunehmen;

d) einen Drittstaatsangehörigen oder Staatenlosen, dessen Antrag abgelehnt wurde und der in einem anderen Mitgliedstaat einen Antrag gestellt hat oder der sich im Hoheitsgebiet eines anderen Mitgliedstaats ohne Aufenthaltstitel aufhält, nach Maßgabe der Artikel 23, 24, 25 und 29 wieder aufzunehmen.

(2) Der zuständige Mitgliedstaat prüft in allen dem Anwendungsbereich des Absatzes 1 Buchstaben a und b unterliegenden Fällen den gestellten Antrag auf internationalen Schutz oder schließt seine Prüfung ab.

¹ Hat der zuständige Mitgliedstaat in den in den Anwendungsbereich von Absatz 1 Buchstabe c fallenden Fällen die Prüfung nicht fortgeführt, nachdem der Antragsteller den Antrag zurückgezogen hat, bevor eine Entscheidung in der Sache in erster Instanz ergangen ist, stellt dieser Mitgliedstaat sicher, dass der Antragsteller berechtigt ist, zu beantragen, dass die Prüfung seines Antrags abgeschlossen wird, oder einen neuen Antrag auf internationalen Schutz zu stellen, der nicht als Folgeantrag im Sinne der Richtlinie 2013/32/EU behandelt wird. ² In diesen Fällen gewährleisten die Mitgliedstaaten, dass die Prüfung des Antrags abgeschlossen wird.

In den in den Anwendungsbereich des Absatzes 1 Buchstabe d fallenden Fällen, in denen der Antrag nur in erster Instanz abgelehnt worden ist, stellt der zuständige Mitgliedstaat sicher, dass die betreffende Person die Möglichkeit hat oder hatte, einen wirksamen Rechtsbehelf gemäß Artikel 46 der Richtlinie 2013/32/EU einzulegen.

Artikel 19 Übertragung der Zuständigkeit

...

KAPITEL VI AUFNAHME- UND WIEDERAUFNAHMEVERFAHREN

ABSCHNITT I Einleitung des Verfahrens

Artikel 20 Einleitung des Verfahrens

(1) Das Verfahren zur Bestimmung des zuständigen Mitgliedstaats wird eingeleitet, sobald in einem Mitgliedstaat erstmals ein Antrag auf internationalen Schutz gestellt wird.

(2) ¹ Ein Antrag auf internationalen Schutz gilt als gestellt, wenn den zuständigen Behörden des betreffenden Mitgliedstaats ein vom Antragsteller eingereichtes Formblatt oder ein behördliches Protokoll zugegangen ist. ² Bei einem nicht in schriftlicher Form gestellten Antrag sollte die Frist zwischen der Abgabe der Willenserklärung und der Erstellung eines Protokolls so kurz wie möglich sein.

(3) ¹ Für die Zwecke dieser Verordnung ist die Situation eines mit dem Antragsteller einreisenden Minderjährigen, der der Definition des Familienangehörigen entspricht, untrennbar mit der Situation seines Familienangehörigen verbunden und fällt in die Zuständigkeit des Mitgliedstaats, der für die Prüfung des Antrags auf internationalen Schutz dieses Familienangehörigen zuständig ist, auch wenn der Minderjährige selbst kein Antragsteller ist, sofern dies dem Wohl des Minderjährigen dient. ² Ebenso wird bei Kindern verfahren, die nach der Ankunft des Antragstellers im Hoheitsgebiet der Mitgliedstaaten geboren werden, ohne dass ein neues Zuständigkeitsverfahren für diese eingeleitet werden muss.

(4) ¹ Stellt ein Antragsteller bei den zuständigen Behörden eines Mitgliedstaats einen Antrag auf internationalen Schutz, während er sich im Hoheitsgebiet eines anderen Mitgliedstaats aufhält, obliegt die Bestimmung des zuständigen Mitgliedstaats dem Mitgliedstaat, in dessen Hoheitsgebiet sich der Antragsteller aufhält. ² Dieser Mitgliedstaat wird unverzüglich von dem mit dem Antrag befassten Mitgliedstaat unterrichtet und gilt dann für

Unzulässige Anträge § 29 AsylG 7

die Zwecke dieser Verordnung als der Mitgliedstaat, bei dem der Antrag auf internationalen Schutz gestellt wurde.
Der Antragsteller wird schriftlich von dieser Änderung des die Zuständigkeit prüfenden Mitgliedstaats und dem Zeitpunkt, zu dem sie erfolgt ist, unterrichtet.
(5) Der Mitgliedstaat, bei dem der erste Antrag auf internationalen Schutz gestellt wurde, ist gehalten, einen Antragsteller, der sich ohne Aufenthaltstitel im Hoheitsgebiet eines anderen Mitgliedstaats aufhält oder dort einen Antrag auf internationalen Schutz gestellt hat, nachdem er seinen ersten Antrag noch während des Verfahrens zur Bestimmung des zuständigen Mitgliedstaats zurückgezogen hat, nach den Bestimmungen der Artikel 23, 24, 25 und 29 wieder aufzunehmen, um das Verfahren zur Bestimmung des zuständigen Mitgliedstaats zum Abschluss zu bringen.
Diese Pflicht erlischt, wenn der Mitgliedstaat, der das Verfahren zur Bestimmung des zuständigen Mitgliedstaats abschließen soll, nachweisen kann, dass der Antragsteller zwischenzeitlich das Hoheitsgebiet der Mitgliedstaaten für mindestens drei Monate verlassen oder in einem anderen Mitgliedstaat einen Aufenthaltstitel erhalten hat.
Ein nach einem solchen Abwesenheitszeitraum gestellter Antrag im Sinne von Unterabsatz 2 gilt als neuer Antrag, der ein neues Verfahren zur Bestimmung des zuständigen Mitgliedstaats auslöst.

ABSCHNITT II Aufnahmeverfahren
Artikel 21 Aufnahmegesuch
(1) Hält der Mitgliedstaat, in dem ein Antrag auf internationalen Schutz gestellt wurde, einen anderen Mitgliedstaat für die Prüfung des Antrags für zuständig, so kann er so bald wie möglich, auf jeden Fall aber innerhalb von drei Monaten nach Antragstellung im Sinne von Artikel 20 Absatz 2, diesen anderen Mitgliedstaat ersuchen, den Antragsteller aufzunehmen.
Abweichend von Unterabsatz 1 wird im Fall einer Eurodac-Trefferm eldung im Zusammenhang mit Daten gemäß Artikel 14 der Verordnung (EU) Nr 603/2013 dieses Gesuch innerhalb von zwei Monaten nach Erhalt der Trefferm eldung gemäß Artikel 15 Absatz 2 jener Verordnung gestellt.
Wird das Gesuch um Aufnahme eines Antragstellers nicht innerhalb der in Unterabsätzen 1 und 2 niedergelegten Frist unterbreitet, so ist der Mitgliedstaat, in dem der Antrag auf internationalen Schutz gestellt wurde, für die Prüfung des Antrags zuständig.
(2) Der ersuchende Mitgliedstaat kann in Fällen, in denen der Antrag auf internationalen Schutz gestellt wurde, nachdem die Einreise oder der Verbleib verweigert wurde, der Betreffende wegen illegalen Aufenthalts festgenommen wurde oder eine Abschiebungsanordnung zugestellt oder vollstreckt wurde, eine dringende Antwort anfordern.
¹ In dem Gesuch werden die Gründe genannt, die eine dringende Antwort rechtfertigen, und es wird angegeben, innerhalb welcher Frist eine Antwort erwartet wird. ² Diese Frist beträgt mindestens eine Woche.
(3) In den Fällen im Sinne der Unterabsätze 1 und 2 ist für das Gesuch um Aufnahme durch einen anderen Mitgliedstaat ein Formblatt zu verwenden, das Beweismittel oder Indizien gemäß den beiden in Artikel 22 Absatz 3 genannten Verzeichnissen und/oder sachdienliche Angaben aus der Erklärung des Antragstellers enthalten muss, anhand deren die Behörden des ersuchten Mitgliedstaats prüfen können, ob ihr Staat gemäß den in dieser Verordnung definierten Kriterien zuständig ist.
¹ Die Kommission legt im Wege von Durchführungsrechtsakten einheitliche Bedingungen für die Erstellung und Übermittlung von Aufnahmegesuchen fest. ² Diese Durchführungsrechtsakte werden gemäß dem in Artikel 44 Absatz 2 genannten Prüfverfahren erlassen.

Artikel 22 Antwort auf ein Aufnahmegesuch
(1) Der ersuchte Mitgliedstaat nimmt die erforderlichen Überprüfungen vor und entscheidet über das Gesuch um Aufnahme eines Antragstellers innerhalb von zwei Monaten, nach Erhalt des Gesuchs.
(2) In dem Verfahren zur Bestimmung des zuständigen Mitgliedstaats werden Beweismittel und Indizien verwendet.
(3) ¹ Die Kommission legt im Wege von Durchführungsrechtsakten die Erstellung und regelmäßige Überprüfung zweier Verzeichnisse, in denen die sachdienlichen Beweismittel und Indizien gemäß den in den Buchstaben a und b dieses Artikels festgelegten Kriterien aufgeführt sind, fest. ² Diese Durchführungsrechtsakte werden gemäß dem in Artikel 44 Absatz 2 genannten Prüfverfahren erlassen.
a) Beweismittel:
  i) Hierunter fallen förmliche Beweismittel, die insoweit über die Zuständigkeit nach dieser Verordnung entscheiden, als sie nicht durch Gegenbeweise widerlegt werden;
  ii) Die Mitgliedstaaten stellen dem in Artikel 44 vorgesehenen Ausschuss nach Maßgabe der im Verzeichnis der förmlichen Beweismittel festgelegten Klassifizierung Muster der verschiedenen Arten der von ihren Verwaltungen verwendeten Dokumente zur Verfügung;
b) Indizien:
  i) Hierunter fallen einzelne Anhaltspunkte, die, obwohl sie anfechtbar sind, in einigen Fällen nach der ihnen zugebilligten Beweiskraft ausreichen können;
  ii) Ihre Beweiskraft hinsichtlich der Zuständigkeit für die Prüfung des Antrags auf internationalen Schutz wird von Fall zu Fall bewertet.
(4) Das Beweiserfordernis sollte nicht über das für die ordnungsgemäße Anwendung dieser Verordnung erforderliche Maß hinausgehen.
(5) Liegen keine förmlichen Beweismittel vor, erkennt der ersuchte Mitgliedstaat seine Zuständigkeit an, wenn die Indizien kohärent, nachprüfbar und hinreichend detailliert sind, um die Zuständigkeit zu begründen.
(6) ¹ Beruft sich der ersuchende Mitgliedstaat auf das Dringlichkeitsverfahren gemäß Artikel 21 Absatz 2, so unternimmt der ersuchte Mitgliedstaat alle Anstrengungen, um die vorgegebene Frist einzuhalten. ² In Ausnahmefällen, in denen nachgewiesen werden kann, dass die Prüfung eines Gesuchs um Aufnahme eines Antrag-

stellers besonders kompliziert ist, kann der ersuchte Mitgliedstaat seine Antwort nach Ablauf der vorgegebenen Frist erteilen, auf jeden Fall ist die Antwort jedoch innerhalb eines Monats zu erteilen. [3] In derartigen Fällen muss der ersuchte Mitgliedstaat seine Entscheidung, die Antwort zu einem späteren Zeitpunkt zu erteilen, dem ersuchenden Mitgliedstaat innerhalb der ursprünglich gesetzten Frist mitteilen.

(7) Wird innerhalb der Frist von zwei Monaten gemäß Absatz 1 bzw. der Frist von einem Monat gemäß Absatz 6 keine Antwort erteilt, ist davon auszugehen, dass dem Aufnahmegesuch stattgegeben wird, was die Verpflichtung nach sich zieht, die Person aufzunehmen und angemessene Vorkehrungen für die Ankunft zu treffen.

ABSCHNITT III Wiederaufnahmeverfahren

Artikel 23 Wiederaufnahmegesuch bei erneuter Antragstellung im ersuchenden Mitgliedstaat

(1) Ist ein Mitgliedstaat, in dem eine Person im Sinne des Artikels 18 Absatz 1 Buchstaben b, c oder d einen neuen Antrag auf internationalen Schutz gestellt hat, der Auffassung, dass nach Artikel 20 Absatz 5 und Artikel 18 Absatz 1 Buchstaben b, c oder d ein anderer Mitgliedstaat für die Prüfung des Antrags zuständig ist, so kann er den anderen Mitgliedstaat ersuchen, die Person wieder aufzunehmen.

(2) Ein Wiederaufnahmegesuch ist so bald wie möglich, auf jeden Fall aber innerhalb von zwei Monaten nach der Eurodac-Trefferemeldung im Sinne von Artikel 9 Absatz 5 der Verordnung (EU) Nr 603/2013 zu stellen.

Stützt sich das Wiederaufnahmegesuch auf andere Beweismittel als Angaben aus dem Eurodac-System, ist es innerhalb von drei Monaten, nachdem der Antrag auf internationalen Schutz im Sinne von Artikel 20 Absatz 2 gestellt wurde, an den ersuchten Mitgliedstaat zu richten.

(3) Erfolgt das Wiederaufnahmegesuch nicht innerhalb der in Absatz 2 festgesetzten Frist, so ist der Mitgliedstaat für die Prüfung des Antrags auf internationalen Schutz zuständig, in dem der neue Antrag gestellt wurde.

(4) Für ein Wiederaufnahmegesuch ist ein Standardformblatt zu verwenden, das Beweismittel oder Indizien im Sinne der beiden Verzeichnisse nach Artikel 22 Absatz 3 und/oder sachdienliche Angaben aus der Erklärung der betroffenen Person enthalten muss, anhand deren die Behörden des ersuchten Mitgliedstaats prüfen können, ob ihr Staat auf Grundlage der in dieser Verordnung festgelegten Kriterien zuständig ist.

[1] Die Kommission legt im Wege von Durchführungsrechtsakten einheitliche Bedingungen für die Erstellung und Übermittlung von Wiederaufnahmegesuchen fest. [2] Diese Durchführungsrechtsakte werden gemäß dem in Artikel 44 Absatz 2 genannten Prüfverfahren erlassen.

Artikel 24 Wiederaufnahmegesuch, wenn im ersuchenden Mitgliedstaat kein neuer Antrag gestellt wurde

(1) Ist ein Mitgliedstaat, in dessen Hoheitsgebiet sich eine Person im Sinne des Artikels 18 Absatz 1 Buchstaben b, c oder d ohne Aufenthaltstitel aufhält und bei dem kein neuer Antrag auf internationalen Schutz gestellt wurde, der Auffassung, dass ein anderer Mitgliedstaat gemäß Artikel 20 Absatz 5 und Artikel 18 Absatz 1 Buchstaben b, c oder d zuständig ist, so kann er den anderen Mitgliedstaat ersuchen, die Person wieder aufzunehmen.

(2) Beschließt ein Mitgliedstaat, in dessen Hoheitsgebiet sich eine Person ohne Aufenthaltstitel aufhält, in Abweichung von Artikel 6 Absatz 2 der Richtlinie 2008/115/EG des Europäischen Parlaments und des Rates vom 16. Dezember 2008 über gemeinsame Normen und Verfahren in den Mitgliedstaaten zur Rückführung illegal aufhältiger Drittstaatsangehöriger eine Abfrage der Eurodac-Datenbank gemäß Artikel 17 der Verordnung (EU) Nr 603/2013, so ist das Gesuch um Wiederaufnahme einer Person im Sinne des Artikels 18 Absatz 1 Buchstaben b oder c dieser Verordnung oder einer Person im Sinne ihres Artikels 18 Absatz 1 Buchstabe d, deren Antrag auf internationalen Schutz nicht durch eine endgültige Entscheidung abgelehnt wurde, so bald wie möglich, auf jeden Fall aber innerhalb von zwei Monaten nach dem Erhalt der Eurodac–Trefferemeldung im Sinne von Artikel 17 Absatz 5 der Verordnung (EU) Nr 603/2013 zu unterbreiten.

Stützt sich das Wiederaufnahmegesuch auf andere Beweismittel als Angaben aus dem Eurodac-System, ist es innerhalb von drei Monaten, nachdem der ersuchende Mitgliedstaat festgestellt hat, dass ein anderer Mitgliedstaat für die betreffende Person zuständig sein könnte, an den ersuchten Mitgliedstaat zu richten.

(3) Wird das Wiederaufnahmegesuch nicht innerhalb der in Absatz 2 genannten Frist unterbreitet, so gibt der Mitgliedstaat, in dessen Hoheitsgebiet sich die betreffende Person ohne Aufenthaltstitel aufhält, dieser Person Gelegenheit, einen neuen Antrag zu stellen.

(4) Hält sich eine Person im Sinne von Artikel 18 Absatz 1 Buchstabe d dieser Verordnung, deren Antrag auf internationalen Schutz in einem Mitgliedstaat durch eine rechtskräftige Entscheidung abgelehnt wurde, ohne Aufenthaltstitel im Hoheitsgebiet eines anderen Mitgliedstaats auf, so kann der letzte Mitgliedstaat den früheren Mitgliedstaat entweder um Wiederaufnahme der betreffenden Person ersuchen oder ein Rückkehrverfahren gemäß der Richtlinie 2008/115/EG durchführen.

Beschließt der letzte Mitgliedstaat, den früheren Mitgliedstaat um Wiederaufnahme der betreffenden Person zu ersuchen, so finden die Bestimmungen der Richtlinie 2008/115/EG keine Anwendung.

(5) Für das Gesuch um Wiederaufnahme der Person im Sinne des Artikels 18 Absatz 1 Buchstaben b, c oder d ist ein Standardformblatt zu verwenden, das Beweismittel oder Indizien im Sinne der beiden Verzeichnisse nach Artikel 22 Absatz 3 und/oder sachdienliche Angaben aus der Erklärung der Person enthalten muss, anhand deren die Behörden des ersuchten Mitgliedstaats prüfen können, ob ihr Staat auf Grundlage der in dieser Verordnung festgelegten Kriterien zuständig ist.

[1] Die Kommission erstellt und überprüft regelmäßig im Wege von Durchführungsrechtsakten die beiden Verzeichnisse, in denen sachdienliche Beweiselemente und Indizien nach Maßgabe der in Artikel 22 Absatz 3 Buchstaben a und b festgelegten Kriterien angegeben werden, und erlässt einheitliche Bedingungen für die Erstellung und Übermittlung von Wiederaufnahmegesuchen. [2] Diese Durchführungsrechtsakte werden gemäß dem in Artikel 44 Absatz 2 genannten Prüfverfahren erlassen.

Artikel 25 Antwort auf ein Wiederaufnahmegesuch

(1) [1] Der ersuchte Mitgliedstaat nimmt die erforderlichen Überprüfungen vor und entscheidet über das Gesuch um Wiederaufnahme der betreffenden Person so rasch wie möglich, in jedem Fall aber nicht später als einen

Monat, nachdem er mit dem Gesuch befasst wurde. ²Stützt sich der Antrag auf Angaben aus dem Eurodac-System, verkürzt sich diese Frist auf zwei Wochen.
(2) Wird innerhalb der Frist von einem Monat oder der Frist von zwei Wochen gemäß Absatz 1 keine Antwort erteilt, ist davon auszugehen, dass dem Wiederaufnahmegesuch stattgegeben wird, was die Verpflichtung nach sich zieht, die betreffende Person wieder aufzunehmen und angemessene Vorkehrungen für die Ankunft zu treffen.

ABSCHNITT IV Verfahrensgarantien
Artikel 26 Zustellung der Überstellungsentscheidung
...

Artikel 27 Rechtsmittel
...

ABSCHNITT V Inhaftnahme zum Zwecke der Überstellung
Artikel 28 Haft
(1) Die Mitgliedstaaten nehmen eine Person nicht allein deshalb in Haft, weil sie dem durch diese Verordnung festgelegten Verfahren unterliegt.
(2) Zwecks Sicherstellung von Überstellungsverfahren, dürfen die Mitgliedstaaten im Einklang mit dieser Verordnung, wenn eine erhebliche Fluchtgefahr besteht, nach einer Einzelfallprüfung die entsprechende Person in Haft nehmen und nur im Falle dass Haft verhältnismäßig ist und sich weniger einschneidende Maßnahmen nicht wirksam anwenden lassen.
(3) Die Haft hat so kurz wie möglich zu sein und nicht länger zu sein, als bei angemessener Handlungsweise notwendig ist, um die erforderlichen Verwaltungsverfahren mit der gebotenen Sorgfalt durchzuführen, bis die Überstellung gemäß dieser Verordnung durchgeführt wird.
Wird eine Person nach diesem Artikel in Haft genommen, so darf die Frist für die Stellung eines Aufnahme- oder Wiederaufnahmegesuchs einen Monat ab der Stellung des Antrags nicht überschreiten. Der Mitgliedstaat, der das Verfahren gemäß dieser Verordnung durchführt, ersucht in derartigen Fällen um eine dringende Antwort. Diese Antwort erfolgt spätestens zwei Wochen nach Eingang des Gesuchs. Wird innerhalb der Frist von zwei Wochen keine Antwort erteilt, ist davon auszugehen, dass dem Aufnahme- bzw. Wiederaufnahmegesuch stattgegeben wird, was die Verpflichtung nach sich zieht, die Person aufzunehmen und angemessene Vorkehrungen für die Ankunft zu treffen.
Befindet sich eine Person nach diesem Artikel in Haft, so erfolgt die Überstellung aus dem ersuchenden Mitgliedstaat in den zuständigen Mitgliedstaat, sobald diese praktisch durchführbar ist und spätestens innerhalb von sechs Wochen nach der stillschweigenden oder ausdrücklichen Annahme des Gesuchs auf Aufnahme oder Wiederaufnahme der betreffenden Person durch einen anderen Mitgliedstaat oder von dem Zeitpunkt an, ab dem der Rechtsbehelf oder die Überprüfung gemäß Artikel 27 Absatz 3 keine aufschiebende Wirkung mehr hat.
Hält der ersuchende Mitgliedstaat die Fristen für die Stellung eines Aufnahme- oder Wiederaufnahmegesuchs nicht ein oder findet die Überstellung nicht innerhalb des Zeitraums von sechs Wochen im Sinne des Unterabsatz 3 statt, wird die Person nicht länger in Haft gehalten. Die Artikel 21, 23, 24 und 29 gelten weiterhin entsprechend.
(4) Hinsichtlich der Haftbedingungen und der Garantien für in Haft befindliche Personen gelten zwecks Absicherung der Verfahren für die Überstellung in den zuständigen Mitgliedstaat, die Artikel 9, 10 und 11 der Richtlinie 2013/33/EU.

ABSCHNITT VI Überstellung
Artikel 29 Modalitäten und Fristen
(1) Die Überstellung des Antragstellers oder einer anderen Person im Sinne von Artikel 18 Absatz 1 Buchstabe c oder d aus dem ersuchenden Mitgliedstaat in den zuständigen Mitgliedstaat erfolgt gemäß den innerstaatlichen Rechtsvorschriften des ersuchenden Mitgliedstaats nach Abstimmung der beteiligten Mitgliedstaaten, sobald dies praktisch möglich ist und spätestens innerhalb einer Frist von sechs Monaten nach der Annahme des Aufnahme – oder Wiederaufnahmegesuchs durch einen anderen Mitgliedstaat oder der endgültigen Entscheidung über einen Rechtsbehelf oder eine Überprüfung, wenn diese gemäß Artikel 27 Absatz 3 aufschiebende Wirkung hat.
Wenn Überstellungen in den zuständigen Mitgliedstaat in Form einer kontrollierten Ausreise oder in Begleitung erfolgen, stellen die Mitgliedstaaten sicher, dass sie in humaner Weise und unter uneingeschränkter Wahrung der Grundrechte und der Menschenwürde durchgeführt werden.
Erforderlichenfalls stellt der ersuchende Mitgliedstaat dem Antragsteller ein Laissez-passer aus. Die Kommission gestaltet im Wege von Durchführungsrechtsakten das Muster des Laissez- passer. Diese Durchführungsrechtsakte werden gemäß dem in Artikel 44 Absatz 2 genannten Prüfverfahren erlassen.
Der zuständige Mitgliedstaat teilt dem ersuchenden Mitgliedstaat gegebenenfalls mit, dass die betreffende Person eingetroffen ist oder dass sie nicht innerhalb der vorgegebenen Frist erschienen ist.
(2) Wird die Überstellung nicht innerhalb der Frist von sechs Monaten durchgeführt, ist der zuständige Mitgliedstaat nicht mehr zur Aufnahme oder Wiederaufnahme der betreffenden Person verpflichtet und die Zuständigkeit geht auf den ersuchenden Mitgliedstaat über. Diese Frist kann höchstens auf ein Jahr verlängert werden, wenn die Überstellung aufgrund der Inhaftierung der betreffenden Person nicht erfolgen konnte, oder höchstens auf achtzehn Monate, wenn die betreffende Person flüchtig ist.
(3) Wurde eine Person irrtümlich überstellt oder wird einem Rechtsbehelf gegen eine Überstellungsentscheidung oder der Überprüfung einer Überstellungsentscheidung nach Vollzug der Überstellung stattgegeben, nimmt der Mitgliedstaat, der die Überstellung durchgeführt hat, die Person unverzüglich wieder auf.

(4) Die Kommission legt im Wege von Durchführungsrechtsakten einheitliche Bedingungen für Konsultationen und den Informationsaustausch zwischen den Mitgliedstaaten, insbesondere für den Fall, dass Überstellungen verschoben werden oder nicht fristgerecht erfolgen, für Überstellungen nach stillschweigender Annahme, für Überstellungen Minderjähriger oder abhängiger Personen und für kontrollierte Überstellungen fest. Diese Durchführungsrechtsakte werden gemäß dem in Artikel 44 Absatz 2 genannten Prüfverfahren erlassen.

Artikel 30 – Artikel 41

...

Artikel 42 Berechnung der Fristen

Die in dieser Verordnung vorgesehenen Fristen werden wie folgt berechnet:

a) Ist für den Anfang einer nach Tagen, Wochen oder Monaten bemessenen Frist der Zeitpunkt maßgebend, zu dem ein Ereignis eintritt oder eine Handlung vorgenommen wird, so wird bei der Berechnung dieser Frist der Tag, auf den das Ereignis oder die Handlung fällt, nicht mitgerechnet.
b) [1] Eine nach Wochen oder Monaten bemessene Frist endet mit Ablauf des Tages, der in der letzten Woche oder im letzten Monat dieselbe Bezeichnung oder dieselbe Zahl wie der Tag trägt, an dem das Ereignis eingetreten oder die Handlung vorgenommen worden ist, von denen an die Frist zu berechnen ist. [2] Fehlt bei einer nach Monaten bemessenen Frist im letzten Monat der für ihren Ablauf maßgebende Tag, so endet die Frist mit Ablauf des letzten Tages dieses Monats.
c) Eine Frist umfasst die Samstage, die Sonntage und alle gesetzlichen Feiertage in jedem der betroffenen Mitgliedstaaten.

Artikel 43 – Artikel 49

...

II. Entstehungsgeschichte und Allgemeines

2   Bis zur vollständigen Neufassung gem. Art. 6 Nr. 7 des am 6.8.2016 in Kraft getretenen **IntG 2016** lautete § 29 „Unbeachtliche Asylanträge: (1) Ein Asylantrag ist unbeachtlich, wenn offensichtlich ist, dass der Ausländer bereits in einem sonstigen Drittstaat vor politischer Verfolgung sicher war und die Rückführung in diesen Staat oder in einen anderen Staat, in dem er vor politischer Verfolgung sicher ist, möglich ist. (2) Ist die Rückführung innerhalb von drei Monaten nicht möglich, ist das Asylverfahren fortzuführen. Die Ausländerbehörde hat das Bundesamt unverzüglich zu unterrichten.". Diese Textfassung stimmte ursprünglich im Wesentlichen mit dem **Gesetzesentwurf 1992**[2] überein; nach dem Entwurf sollte eine Ausnahme für den Fall gelten, dass die Rückführung offensichtlich nicht möglich ist. Abs. 2 wurde auf Vorschlag des Bundestag-Innenausschusses[3] angefügt. MWv 1.7.1993 wurde der frühere Abs. 3 angefügt und in Abs. 1 „anderen Staat" durch „sonstigen Drittstaat" ersetzt (Art. 1 Nr. 19 **AsylVfÄndG 1993**); der frühere Abs. 3 S. 2 wurde auf Empfehlung des Bundestag-Innenausschusses angefügt[4]. Aus redaktionellen Gründen – s. die Neuregelung zum unzulässigen Asylantrag[5] gem. § 27a – hob der **RLUmsG 2007** sodann den gesamten Abs. 3 auf (früherer Text: „(3) Ein Asylantrag ist ferner unbeachtlich, wenn auf Grund eines völkerrechtlichen Vertrages ein anderer Vertragsstaat, der ein sicherer Drittstaat (§ 26a) ist, für die Durchführung eines Asylverfahrens zuständig ist oder die Zuständigkeit übernimmt. § 26a Abs 1 bleibt unberührt."). Für Einreisen vor dem 1.7.1993 vgl. die **Übergangsvorschrift** des § 87a I 2. Das RLUmsG 2011 und das RLUmsG 2013 sowie die Asylpakete 2016 hatten keine Änderungen vorgenommen.

3   Der Gesetzgeber begründete die **vollständige Neufassung durch das IntG 2016** (iVm der Aufhebung von § 27a) wie folgt[6]: „Die möglichen Gründe einer Unzulässigkeit eines Asylantrags werden in Abs. 1 zur besseren Übersichtlichkeit und Vereinfachung der Rechtsanwendung in einem Katalog zusammengefasst. Dazu zählen nunmehr auch die Gründe aus denen ein Antrag bisher als unbeachtlich betrachtet wurde. In Abs. 2 wird nicht auf Abs. 1 Nr. 1 Buchst. a Bezug genommen, da sich das Erfordernis eines persönlichen Gesprächs im Anwendungsbereich der <Dublin III->VO (EU) Nr. 604/2013 bereits aus Art. 5 dieser VO ergibt. Für die in Abs. 1 Nr. 1 Buchst. b genannten Rechtsvorschriften ist eine Regelung im Asylgesetz hingegen erforderlich. Im Hinblick auf die Gründe des Abs. 1 Nr. 5 ist eine persönliche Anhörung nach § 71 III nicht zwingend vorgeschrieben. Dies ist mit den europarechtlichen Vorgaben, insbesondere mit Art 40 VI der <AsylVf->RL 2013/32/EU des Europäischen Parlaments und des Rates vom 29. Juni 2013 zu gemeinsamen Verfahren für die Zuerkennung und Aberkennung des internationalen Schutzes vereinbar, da sich die dort getroffene Regelung auf einen ‚gesonderten Antrag' der abhängigen Person bzw. der oder des unverheirateten Minderjährigen bezieht, der im deutschen Recht nicht vorgesehen ist." Die Vorschläge der EU zur

---

[2] BT-Drs. 12/2062, 10.
[3] BT-Drs. 12/2817, 21, 61.
[4] BT-Drs. 12/4984, 16.
[5] → § 27a Rn. 1.
[6] BT-Drs. 18/8615, 51.

Neufassung der Dublin-VO (IV)[7] konnten bislang mangels rechtspolitischem Konsens nicht verwirklicht werden[8]. Durch Art. 5 des **2. RückkehrG**[9] wurde das Dublin-System ergänzend insbesondere im neuen § 1 IV und § 1a **AsylbLG** die Regelung eingeführt, dass zur Verhinderung von Sekundärmigration va bereits in anderen EU-Staaten Anerkannte nur noch eine Rückreisebeihilfe und stark eingeschränkte **„Überbrückungsleistungen"** bzw. bloße Sachleistungen zur Deckung des Bedarfs an Ernährung und Unterkunft und grundsätzlich nur für einen Zeitraum von zwei Wochen einmalig innerhalb von zwei Jahren erhalten sollen[10]. Durch das 2. RückkehrG 2019 wurde weiter die **Überstellungshaft** in § 2 XIV **AufenthG** ergänzend zu Art. 28 Dublin III-VO neu gefasst und partiell verschärft. Hiernach kann jetzt ein Anhaltpunkt für Fluchtgefahr schon bislang vorliegen, wenn der Dubliner vor Abschluss des Asylverfahrens nach Deutschland kam und deutlich ist, dass er in absehbarer Zeit nicht in den zuständigen Staat zurückwill bzw. mehrfach in anderen Dublin-Staaten Asylverfahren begonnen hat.

Der 2016 neu gefasste § 29 führt die Gründe zusammen, die schon bislang nach dem aufgehobenen **4** § 27a zur **Unzulässigkeit** eines Asylantrags führten, mit denjenigen, die nach § 29 aF bislang zur Unbeachtlichkeit geführt haben. Die unionsrechtlich irrelevante **Kategorie der Unbeachtlichkeit** wurde durch das IntG abgeschafft. Sie diente früher der Trennung der Zuständigkeit von Ausländerbehörde und BAMF, und zwar auch hinsichtlich der Folgeanträge (§§ 7 II 2, 10, 14 AsylVfG 1982), und hatte die Nichtweiterleitung des Antrags zur Folge; damit wurde vom BAMF über diesen Antrag nicht entschieden. Nach Aufhebung der diesbezüglichen Kompetenzen der Ausländerbehörde hatte die Unterscheidung zwischen beachtlichen und unbeachtlichen Asylanträgen diesen Sinn verloren und war deshalb entbehrlich. Wenn sie bis 2016 dennoch beibehalten wurde, hatte dies den Grund, um in den Fällen offensichtlicher anderweitiger Sicherheit und der Möglichkeit der Rückführung in einen verfolgungssicheren Drittstaat auch die Prüfung der Voraussetzungen des § 3 bzw. § 60 I AufenthG zu erübrigen. Ein unbeachtlicher Asylantrag war hinsichtlich der Aufenthaltsbeendigung einem offensichtlich unbegründeten gleich, ohne dass es auf § 3 bzw. § 60 I AufenthG ankam (vgl. §§ 31 II, III, 36 I). Ob dies mit dem **Refoulement-Verbot** des Art. 33 I GK vereinbar war, war streitig. Denn mit der positiven Evidenzfeststellung der Rückführbarkeit in einen verfolgungssicheren Staat wird der Sache nach immer auch über die Frage des Refoulement entschieden. Nicht zuletzt das Erfordernis der Rückführbarkeit (§ 34a I 1) hatte zusammen mit der Einführung der Drittstaatenklausel (Art. 16a II GG; § 26a) und des Vertragsasyls (Art. 16a V GG; Abs. 3) bis 2016 zur Einschränkung des Anwendungsbereichs und der praktischen Bedeutung von § 29 aF beigetragen.

Unter den **Begriff des Asylantrags** iSv Abs. 1 fällt nur das Begehren auf Asyl sowie Zuerkennung der **5** Flüchtlingseigenschaft und subsidiären Schutzes (dh internationaler Schutz gemäß § 1 I Nr. 2), unionsrechtskonform[11] nicht hingegen ein isolierter Antrag auf Komplementärschutz (§ 60 V oder VII 1 AufenthG) oder ein Antrag auf Erteilung einer Aufenthaltserlaubnis oder Duldung. Bei Ablehnung eines Asylantrags als unzulässig wird vom BAMF in der Regel eine Abschiebungsanordnung (§ 34a) erlassen und ein Einreise- und Aufenthaltsverbot (§ 11 AufenthG) verhängt. Zudem wird gem. § 31 VI mitgeteilt, welcher Staat zuständig ist. Hauptanwendungsbereich der Norm sind die gem. Abs. 1 Nr. 1 sog. **Dublin-Fälle**, dh Asylanträge, für die nach den primären und sekundären Zuständigkeitskriterien der Dublin-Verordnungen ein anderer Dublin-Staat die Flüchtlingsverantwortung trägt[12]. Bei der Ablehnung des Asylantrags als unzulässig findet **keinerlei materielle Prüfung** des Asylgesuchs statt, weswegen das VG einer Klage auf Zuerkennung internationalen Schutzes nicht stattgeben darf, wenn Anhaltpunkte für eine Unzulässigkeit nach Abs. 1 Nr. 2–5 bestehen. Zunächst **muss die Unzulässigkeitsfrage geklärt werden**. Das gilt selbst dann, wenn das BAMF den Antrag in der Sache beschieden hat[13]. § 29 schränkt iÜ auch das Asylgrundrecht aus Art. 16a GG ein, was seine verfassungsrechtliche Grundlage aufgrund der anwendungsvorrangigen Dublin-Verordnungen in **Art. 23 GG** hat, der insoweit lex specialis gegenüber Art. 16a V GG ist[14] und insbesondere wegen des einschlägigen Jawo-Urteils des EuGH[15]. In den praxisrelevantesten Fällen des § 29 I Nr. 1 (Dublin-Rücküberstellungen) liegt die Zuständigkeit für die Anordnung und Durchführung der Abschiebung beim **BAMF**. Diese Zuständigkeit umfasst die Prüfung, ob die Voraussetzungen einer **Abschiebungsanordnung** nach § 34a I bzw. diejenigen einer **Abschiebung** nach § 58 AufenthG vorliegen; ebenfalls umfasst ist die Prüfung, ob einer Abschiebung zielstaatsbezogene Abschiebungshindernisse nach **§ 60 V und VII AufenthG** oder (ausnahmsweise) inlandsbezogene Vollzugshindernisse nach **§ 60a II**

---

[7] Hierzu s. *Koehler* ZAR 2019, 20 ff.
[8] Vgl. hierzu auch *Schorkopf*, Die Dublin III-VO als Sinnbild dysfunktionaler EU-Gesetzgebung, ZG 2019, 1.
[9] 2. RückkehrG v. 15.8.2019, BGBl. I S. 1294, in Kraft getreten am 21.8.2019.
[10] Vgl. BT-Drs. 179/19, 15 ff. und 51 ff. Hierzu *Dollinger*, Geordnete-Rückkehr-Gesetz, ZRP 2019, 130.
[11] Vgl. Art. 2 lit. b Dublin III-VO iVm Art. 2 lit. h RL 2011/95/EU („und wenn er nicht ausdrücklich um eine andere, gesondert zu beantragende Form des Schutzes außerhalb des Anwendungsbereichs dieser RL ersucht.").
[12] Hierzu *Günther* ZAR 2017, 7.
[13] BVerwG Urt. v. 25.4.2019 – 1 C 28.18.
[14] Ebenso *Funke-Kaiser* in GK-AsylG § 29; aA *Zimmermann* NVwZ 1998, 455.
[15] Das Endurteil des VGH BW hierzu erging am 29.7.2019 – A 4 S 749/19.

AufenthG entgegenstehen. Den im Wege der Amtshilfe für das BAMF mit einer Dublin-Rückführung befassten Ausländerbehörden sind die Prüfung dieser Themen entzogen[16].

III. Unzulässigkeit nach Dublin-Recht (Abs. 1 Nr. 1a)

6   Der Dublin-Fall nach Abs. 1 Nr. 1a bildet (wie schon nach dem aufgehobenen § 27a) den Hauptanwendungsfall der Norm. Ausführlich. zum Dublin-Asylsystem und insbesondere einschlägigen Jawo-Urteil des EuGH[17] → Rn. 23 ff. Inhaltlich bezieht sich die Bestimmung insbesondere auf Art. 25 I Asylverfahrens-RL aF 2005/85/EG bzw. die Nachfolgeregelung in Art. 33 I **Asylverfahrens-RL 2013/32/EU,** wonach ein Asylantrag zwingend als „unzulässig" zu behandeln ist, wenn der Staat gem. der Dublin II-VO 343/2003/EG bzw. Dublin III-VO 604/2013/EU hierfür keine Zuständigkeit besitzt[18]. Abs. 1 Nr. 1a steht in engem Zusammenhang mit der in § 18 II Nr. 2 geregelten **Einreiseverweigerungsmöglichkeit**[19] sowie der entsprechend erweiterten Möglichkeit der **Abschiebungsanordnung** nach § 34a I. Die rechtswidrige Ablehnung eines (Zweit-)Antrags nach Abs. 1 Nr. 1 kann wegen der ungünstigeren Rechtsfolgen nicht in eine (Unzulässigkeits-)Entscheidung nach Abs. 1 Nr. 5 iVm § 71a **umgedeutet** werden[20]. Auch die Umdeutung eines Dublin-Bescheids gemäß Abs. 1 Nr. 1a in einen Drittstaaten-Bescheid nach Abs. 1 Nr. 2 scheidet wegen der ungünstigeren Rechtsposition des Antragstellers aus[21]. Ist ein Mitgliedstaat nach den einschlägigen Dublin-Bestimmungen für die Durchführung eines Asylverfahrens zuständig, kann sich der Schutzsuchende im gerichtlichen Verfahren gegen die Ablehnung seines Asylantrags als unzulässig nach Abs. 1 Nr. 1 auf die Zuständigkeit dieses Mitgliedstaats berufen, wenn die **(Wieder-)Aufnahmebereitschaft** eines anderen (unzuständigen) Mitgliedstaats nicht positiv feststeht, um eine „Refugee in orbit"-Situation zu vermeiden[22].

7   Das **Verhältnis zur Drittstaatenregelung** des § 26a hängt davon ab, aus welcher Kategorie von Staat eingereist wird. Erfolgt die Einreise (des noch nicht Anerkannten – ansonsten ist Abs. 1 Nr. 2 einschlägig) aus einem Dublin-Staat (derzeit alle EU-Mitgliedstaaten sowie Island/Liechtenstein/Norwegen/Schweiz) und ist Deutschland nach der anwendungsvorrangigen Dublin-VO für diesen internationalen Schutzantrag zuständig, scheidet die Berufung auf § 26a naturgemäß aus und das BAMF hat inhaltlich zu prüfen. Anders ist dies, wenn in Anlage I (die zurzeit nur noch die Dublin-Staaten Norwegen/Schweiz enthält) ein Nicht-Dublin-Staat aufgenommen würde, dann würde unmittelbar Art. 16a GG, § 26a I 1 eingreifen[23].

---

[16] VGH BW Beschl. v. 13.2.2019 – 11 S 401/19 (gegenüber der Ausländerbehörde können – auch im § 123 VwGO-Verfahren – nur Maßnahmen zur konkreten Durchführung der Amtshilfe geprüft werden, soweit diesen eigenständiger Eingriffscharakter zukommt und § 44a VwGO nicht entgegensteht.).

[17] Das Endurteil des VGH BW hierzu erging am 29.7.2019 – A 4 S 749/19.

[18] Nach Begründungserwägung Nr. 29 der Asylverfahrens-RL gilt diese iÜ nicht für die Dublin-VO. Deshalb überzeugt die Auffassung nicht, Abs. 1 Nr. 1a verstoße gegen die AsylVf-RL und sei europarechtswidrig; so aber *Habbe,* Asylmagazin 4/2021, 114.

[19] → § 18 Rn. 2 und 19.

[20] BVerwG Urt. v. 9.8.2016 – 1 C 6.16, Rn. 21: „Zutreffend ist das Berufungsgericht davon ausgegangen, dass Ziff 1 des Bescheids auch nicht auf anderer RGL aufrechterhalten bleiben kann. Dabei kann dahinstehen, ob der Asylantrag nach § 29 Abs 1 Nr 5 AsylG unzulässig ist, weil es sich um einen Zweitantrag handelt oder die Voraussetzungen für die Durchführung eines weiteren Asylverfahrens nach § 71a AsylG nicht vorliegen. Denn bei einer auf § 29 Abs 1 Nr 5 iVm § 71a AsylG gestützten (Unzulässigkeits-)Entscheidung würde es sich prozessual um einen anderen Streitgegenstand mit für den Kläger ungünstigeren Rechtsfolgen handeln, weil sie zur Folge hätte, dass die (Zweit-)Antrag des Klägers auch von keinem anderen Staat geprüft würde und er grundsätzlich in jeden zu seiner Aufnahme bereiten Staat einschließlich seines Herkunftslands abgeschoben werden könnte (BVerwG, Urt. v. 16.11.2015 – 1 C 4.15 – juris, Rn 26 ff.). Die Regelung in Ziff 1 des angefochtenen Bescheids kann auch nicht in eine andere (rechtmäßige) Entscheidung umgedeutet werden."

[21] Keine inhaltliche Prüfung nach Fristablauf und Maßstab im Eilrechtsschutz strenger; vgl. zB NdsOVG Beschl. v. 13.8.2020 – 10 LA 153/20 Rn. 13.

[22] BVerwG Urt. v. 9.8.2016 – 1 C 6.16 Rn. 23: „Der nach den Dublin-Bestimmungen zuständige Mitgliedstaat darf einen Schutzsuchenden aber dann nicht auf eine Prüfung durch einen anderen (unzuständigen) Mitgliedstaat verweisen, wenn dessen (Wieder-)Aufnahmebereitschaft nicht positiv feststeht. Dies ergibt sich als ungeschriebenes Tatbestandsmerkmal aus Sinn und Zweck des Dublin-Systems und der mit ihm verwirklichten verfahrensrechtlichen Dimension der materiellen Rechte, die die QRL 2011/95/EU Schutzsuchenden einräumt. Danach kann sich ein Schutzsuchender den für die Prüfung seines Schutzbegehrens zuständigen Mitgliedstaat zwar nicht selbst aussuchen, er hat aber einen Anspruch darauf, dass ein von ihm innerhalb der EU gestellter Antrag auf internationalen Schutz innerhalb der EU geprüft wird. Könnte sich der Schutzsuchende auch bei fehlender (Wieder-)Aufnahmebereitschaft eines anderen Mitgliedstaats nicht auf die Zuständigkeit Deutschlands berufen, entstünde die Situation eines ‚refugee in orbit', in der sich kein Mitgliedstaat für die sachliche Prüfung des Asylantrags als zuständig ansieht. Dies würde dem zentralen Anliegen des Dublin-Regimes zuwiderlaufen, einen effektiven Zugang zu den Verfahren zur Gewährung internationalen Schutzes zu gewährleisten und das Ziel einer zügigen Bearbeitung der Anträge auf internationalen Schutz nicht zu gefährden."

[23] Ausf. zu diesen derzeit theoretischen Fällen *Günther* in Kluth/Heusch, AuslR, 2016, § 29 Rn. 6 ff.

IV. Unzulässigkeit nach EU- und Völkerrecht (Abs. 1 Nr. 1b)

Derzeit decken die Dublin-Verordnungen und damit Abs. 1 Nr. 1a im Wesentlichen alle Fallkonstellationen ab, sodass Nr. 1b kaum praktische Wirkung entfaltet. Nachdem seit 1.1.2014 auf alle Anträge auf internationalen Schutz gem. Art. 49 II Dublin III-VO die sekundäre Dublin III-VO Anwendung findet, bleiben auch kaum mehr Fälle, für die die alten Dubliner Übereinkommen oder die Dublin II-VO greifen. Nr. 1b ist mithin eine Art **Reservenorm** für den Fall der inhaltlichen Begrenzung einer künftigen Dublin-VO.

Die Bundesrepublik hat mit zahlreichen Staaten **völkerrechtliche Verträge** abgeschlossen (an denen – trotz erstrebter EU-Asylrechtsharmonisierung – kein anderer EU-Mitgliedstaat beteiligt sein muss[24]), die für Rückführungen genutzt werden können[25]. In verfassungskonformer und systematischer Auslegung muss ein solcher Drittstaat allerdings „sicher" iSv Art. 16a III GG sein, um eine Unzulässigkeit des Asylantrags gem. Nr. 1b zur Folge haben zu können. Da sich die Nicht-EU-Mitgliedstaaten Island/Liechtenstein/Norwegen/Schweiz per völkerrechtlichen Vertrag mit der EU in das Dublin-Asylsystem eingegliedert haben, könnte bei diesen Staaten Nr. 1b iVm Nr. 1a zitiert werden, was allerdings nur theoretisch von Interesse und deshalb hier nicht zu vertiefen ist.

V. Unzulässigkeit bei Anerkannten (Abs. 1 Nr. 2)

Abs. 1 Nr. 2 regelt den sog. **Drittstaaten-Bescheid** bei im Dublinraum bereits Anerkannten, die in Deutschland einen weiteren Asylantrag stellen, der hierdurch ebenfalls gesetzlich als unzulässig eingestuft wird; bisweilen wird auch vom **„Schutzberechtigten-Bescheid"** gesprochen. Ein interessantes Praxisproblem stellt sich, wenn der Ausländer bei Asylantragstellung beim BAMF anerkannt war, ihm während des deutschen Verfahrens dann aber der Schutzstatus im Ausland **entzogen** wird. Soweit eine ex tunc wirkende Rücknahme anzunehmen ist, was freilich schwer aufklärbar sein kann, könnte dann nachträglich ein Dublin-Verfahren eingeleitet werden. Nach § 36 I ist bei Anerkannten, die seit dem 2. RückkehrG 2019 nur noch eingeschränkte **Sozialleistungen** erhalten (→ Rn. 3), eigentlich eine **Ausreisefrist** von einer Woche vorgesehen. Setzt das BAMF dennoch eine Frist von 30 Tagen fest, ist dies nur rechtlich vorteilhaft, dh verletzt den Ausländer nicht in seinen Rechten[26]. Die früher – hoch praxisrelevante – Streitfrage, ob bei Flüchtlingen, die schon anderweitig internationalen Schutz erhalten haben, die Dublin-Regelungen gegebenenfalls analog Anwendung finden mit der Folge der Abschiebungsanordnung oder ob für sie nicht (mehr) Dublin-Recht gilt und deshalb völkerrechtliche Rückführungsabkommen mit der Folge der **Abschiebungsandrohung** anzuwenden sind (so die hM und inzwischen herausgebildete Staatenpraxis), hat der Gesetzgeber durch Nr. 2 iVm § 34a I 4 nF zugunsten der Abschiebungsandrohung entschieden (vgl. hierzu → Rn. 25). Da bei diesen Rückführungen im Dublin-Raum damit keine Abschiebungsanordnung ergeht, hat das BAMF insoweit nur zielstaatsbezogene Abschiebungsverbote, – jedenfalls derzeit – nicht aber zugleich innerstaatliche Vollstreckungshindernisse zu prüfen[27]; diese Frage (und ggf. die Erteilung einer Duldung) obliegt hier den Ausländerbehörden. Ebenso mit der neuen Nr. 2 entschieden ist die Streitfrage, ob bei Flüchtlingen, die anderweitig nur subsidiären Schutz erhalten haben, die **„Aufstockung" bzgl. der Flüchtlingseigenschaft** in Deutschland prüfen lassen können. Dies ist – bei ab dem 20.7.2015 gestellten[28] – „Aufstockungs-Anträgen" nicht der Fall. Denn der in Nr. 2 zitierte „internationale Schutz iSd § 1 Abs 1 Nr 2" umfasst ausdrücklich die Flüchtlingseigenschaft und den subsidiären Schutz. Da der subsidiäre Schutzberechtigte im Anerkennungsstaat gemäß Art. 24 II Anerkennungs-RL 2011/95/EU Aufenthaltsrecht hat, ist es auch zumutbar, dort das Aufstockungsbegehren fortzusetzen. Dies hat der EuGH in den **Jawo/Ibrahim**-Urteilen[29] der Sache nach bestätigt: Er führte aus, dass die Tatsache, dass der Mitgliedstaat, der einer internationalen Schutz beantragenden Person subsidiären Schutz gewährt hat, systematisch und ohne echte Prüfung die Zuerkennung der Flüchtlingseigenschaft verweigert, die anderen Mitgliedstaaten nicht daran hindert, einen neuen Antrag, den der Betroffene bei ihnen gestellt hat, als unzulässig ablehnen. In einem solchen Fall hat der subsidiären Schutz gewährende Mitgliedstaat das Verfahren zur Zuerkennung der Flüchtlingseigenschaft wieder aufzunehmen. Es darf nämlich nur dann, wenn nach einer individuellen Prüfung festgestellt wird, dass eine internationalen Schutz

---

[24] AA *Lübbe-Wolff* in Dreier GG Art. 16a Rn. 100.
[25] Vgl. die Vertragsliste in GK-Asylrecht § 29.
[26] Vgl. NdsOVG Beschl. v. 21.12.2018 – 10 LB 201/18; BVerwG Urt. v. 25.4.2019 – 1 C 51.18.
[27] Allerdings spricht manches dafür, dass der EuGH die (deutsche) Unterscheidung zwischen innerstaatlichen und zielstaatsbezogenen Hindernissen eines Tages untergraben wird; vgl. hierzu etwa VG Karlsruhe Urt. v. 12.7.2021 – A 19 K 9993/17 Rn. 76 ff. oder *Müller* ANA-ZAR 3/2021, 25.
[28] Anders bei bis 20.7.2015 gestellten Altanträgen; vgl. VG Düsseldorf Beschl. v. 4.11.2016 – 22 L 2936/16.A; BVerwG Beschl. v. 23.10.2015 – 1 B 41/15. Im Vorlagebeschluss des BVerwG v. 23.3.2017 – 1 C 20.16, Rn. 24 allerdings infrage gestellt.
[29] EuGH Urt. v. 19.3.2019 – C-163/17 – Jawo ua und C-297/17 – Ibrahim ua.

11 beantragende Person nicht die Voraussetzungen für die Anerkennung als Flüchtling erfüllt, ihr gegebenenfalls der subsidiäre Schutzstatus zuerkannt werden.

Auch bezüglich anerkannter Flüchtlinge kann nur in **Extremfällen** eine Unzulässigkeitsentscheidung nach Abs. 1 Nr. 2 rechtswidrig bzw. ein Abschiebungsverbot nach § 60 V AufenthG iVm **Art. 3 EMRK bzw. Art. 4 GRCh** festzustellen sein[30]. Insoweit gilt der Sache nach kein anderer Maßstab als bei Dublin-Rückführungen. Hat ein Gericht bereits rechtskräftig § 60 V AufenthG zugesprochen, bindet dies nicht dahingehend, dass Art. 4 GRCh einer Unzulässigkeitsentscheidung nach Abs. 1 Nr. 2 entgegensteht[31]. Auch für den Personenkreis der Anerkannten ergibt sich zwar grundsätzlich eine gesteigerte Schutzpflicht der EU-Mitgliedstaaten, der sie sich in Gestalt der Anerkennungs-RL 2011/95/EU unterworfen haben. Auch bei ihnen kann das für Art. 3 EMRK erforderliche Mindestmaß an Schwere im Zielstaat der Abschiebung erreicht sein, wenn sie ihren existenziellen Lebensunterhalt nicht sichern können, kein Obdach finden oder keinen Zugang zu einer medizinischen Basisbehandlung erhalten. Die Unmöglichkeit der Sicherung des Lebensunterhalts kann auf der Verhinderung eines Zugangs zum Arbeitsmarkt oder auf dem Fehlen staatlicher Unterstützungsleistungen beruhen. Einer weitergehenden abstrakten Konkretisierung ist das Erfordernis, dass eine „besonders hohe Schwelle der Erheblichkeit" erreicht sein muss, nicht zugänglich. Vielmehr bedarf es insoweit der Würdigung aller Umstände des Einzelfalls[32]. In den **Jawo/Ibrahim**-Urteilen[33] hat der EuGH insoweit allerdings – für sämtliche Rückführungen im Dublin-Raum – eine „harte Linie" vorgegeben[34]. Ein Asylbewerber darf hiernach in den Mitgliedstaat überstellt werden, der normalerweise für die Bearbeitung seines Antrags zuständig ist oder ihm bereits subsidiären Schutz gewährt hat, es sei denn, er würde dort aufgrund der voraussichtlichen Lebensumstände der Personen, denen internationaler Schutz zuerkannt worden ist, in eine Lage **extremer materieller Not** versetzt, die gegen das Verbot unmenschlicher oder erniedrigender Behandlung verstößt. Mängel im Sozialsystem des betreffenden Mitgliedstaats erlauben für sich allein genommen nicht den Schluss, dass das Risiko einer solchen Behandlung besteht. Gleiches gilt, wenn die Art. 20 ff. der Anerkennungs-RL nicht voll umgesetzt sind[35]; auf die Einhaltung dieser Standards kommt es insoweit nicht an[36]. Zusammengefasst darf die Abschiebung hiernach schon dann erfolgen, wenn im Zielstaat irgendwie (auch durch eigene – legale – Arbeit mit Arbeitserlaubnis) „Bett, Brot, Seife" gesichert ist. Vom Maßstab der Extremgefahr gem. § 60 VII 1 AufenthG („sehenden Auges in den sicheren Tod oder schwerste Gefährdungen") unterscheidet sich dies allenfalls in zeitlicher Perspektive; die Extremgefahr muss unmittelbar nach der Abschiebung drohen, die extreme materielle Not kann gegebenenfalls auch noch später eintreten. Der EuGH stellte klar, dass der Maßstab der extremen materiellen Not gemäß Art. 3 EMRK bzw. Art. 4 GRCh unabhängig vom Stand des Asylverfahrens gilt, aber wegen des Grundsatzes des gegenseitigen Vertrauens und des Beschleunigungsgebots nur in Extremfällen eine Rücküberstellung sperre (auch → Rn. 26). Hat die Anfechtungsklage gegen eine BAMF-Entscheidung nach Abs. 1 Nr. 2 Erfolg bzw. hat ein Verantwortungsübergang auf Deutschland stattgefunden, gilt der im Erststaat anerkannte Flüchtling allein kraft Geltung der ausländischen Statusentscheidung im Bundesgebiet als Flüchtling[37]. Ein **Verantwortungsübergang** (nur) von anerkannten Flüchtlingen kann nach zwei Jahren gestattetem Aufenthalt gegebenenfalls gemäß dem Europäischen Abkommen über den Übergang der Verantwortung für Flüchtlinge **(EATRR)** des Europarats vom 16.10.1980 erfolgen; zu dessen Auslegung wird vor allem auf die Anwendungshinweise des BMI und BAMF verwiesen[38].

VI. Unzulässigkeit bei Wiederaufnahmebereitschaft eines sicheren Drittstaats (Abs. 1 Nr. 3)

12 Aufgrund besserer Übersichtlichkeit und Vollständigkeit hat der Gesetzgeber[39] auch die **Drittstaatenregelung** in den Katalog der unzulässigen Asylanträge einbezogen. Der Begriff der „Drittstaaten" ist in Nr. 3 bei unionsrechtskonformer Auslegung allerdings nur auf die **Nicht-EU-Mitgliedstaaten der AsylG-Anlage I** zu beziehen, dh nicht parallel zu § 26a umfassend zu verstehen[40].

13 Aus dem Begriff der Wiederaufnahme folgt zwingend, dass der Flüchtling im Aufnahmestaat bereits Aufnahme gefunden haben muss. Zudem muss die **Bereitschaft zur Wiederaufnahme** gegenüber dem BAMF hinreichend eindeutig erklärt worden sein. Um keine **„Refugee in orbit"**-Situation zu

---

[30] Vgl. schon BVerwG Beschl. v. 2.8.2017 – 1 C 37.16, Rn. 20.
[31] BVerwG Beschl. v. 8.9.2020 – 1 B 31.20.
[32] BVerwG Beschl. v. 8.8.2018 – 1 B 25.18.
[33] EuGH Urt. v. 19.3.2019 – C-163/17 – Jawo ua und C-297/17 – Ibrahim ua.
[34] Ausformuliert vom VGH BW im Jawo-Endurt. v. 29.7.2019 – A 4 S 749/19; bestätigt durch BVerwG Beschl. v. 2.12.2019 – 1 B 75.19.
[35] BVerwG Urt. v. 20.5.2020 – 1 C 34.19.
[36] BVerwG Urt. v. 17.6.2020 – 1 C 35.19.
[37] Vgl. BVerwG Urt. v. 30.3.2021 – 1 C 41.20.
[38] Anwendungshinweise Nr. 51.7.2 AVV-AufenthG; kritisch hierzu *Habbe* ANA-ZAR 5/2021, 49 mwN.
[39] Vgl. BR-Drs. 266/16, 52.
[40] BVerwG EuGH-Vorlage v. 23.3.2017 – 1 C 20.16, Rn. 12 ff. sowie BVerwG Urt. v. 17.6.2020 – 1 C 35.19.

Unzulässige Anträge § 29 AsylG 7

erzeugen, scheidet die Ablehnung des Asylantrags als unzulässig aus, wenn trotz Wiederaufnahmebereitschaft deutlich ist (auch erst im Zeitpunkt des § 77 I), dass die tatsächliche Rückführung des Flüchtlings etwa aus persönlichen oder sonstigen Gründen auf unabsehbare Zeit Theorie bleiben wird. Nr. 3 ist mithin teleologisch reduziert als Bereitschaft zur „tatsächlichen" Wiederaufnahme auszulegen bzw. als „bereit und in der Lage". Die tatsächliche Wiederaufnahmebereitschaft muss damit hinreichend feststehen, was auch vom VG zu prüfen ist[41]. Nach **Dublin-Recht** ist es hingegen irrelevant, ob der sichere Drittstaat nach der Dublin-VO für den Asylantrag zuständig ist oder nicht. Dublin-Staaten müssen sich auch nicht gegenseitig über ihre Rechtslage oder Verwaltungspraxis zur Zurückweisung in sich Drittstaaten unterrichten[42].

VII. Unzulässigkeit bei Wiederaufnahmebereitschaft eines sonstigen Drittstaats (Abs. 1 Nr. 4)

Nr. 4 regelt die Fälle der anderweitigen Verfolgungssicherheit, die bisher im Wesentlichen von § 29 **14** aF erfasst waren (und zur „Unbeachtlichkeit" des Asylantrags führten, → Rn. 3). Durch die Streichung der Voraussetzungen der Offensichtlichkeit der Verfolgungssicherheit und der Möglichkeit der Rückführung sowie der Dreimonatsfrist[43], sind bisherige Streitfragen erledigt[44]. Nunmehr ist wie bei Nr. 3 nur die **Wiederaufnahmebereitschaft** des Drittstaats für die Unzulässigkeit des Asylantrags maßgebend. Nr. 4 setzt ein unionsrechtliches **Konzept des „ersten Asylstaats"** iSd Asylverfahrens-RL um. Danach ist ein Asylantrag unzulässig, wenn der in Betracht kommende Staat kein Mitgliedstaat der EU ist und sich vom Herkunftsland des Betroffenen (bei Staatenlosen: dem Land des gewöhnlichen Aufenthalts) unterscheidet, wenn er bereit ist, den Ausländer wieder aufzunehmen, und wenn er diesem eine den Anforderungen des § 27 iVm Art. 35 Asylverfahrens-RL entsprechende Sicherheit gewährleistet.

Nr. 4 knüpft im Übrigen an § 27 I an, dessen Voraussetzungen bzgl. des Aufnahmestaats vorliegen **15** müssen. Zur Definition der **Verfolgungssicherheit** vgl. → § 27 Rn. 19 ff. Rechtsfolge bei § 27 I ist nur die Ablehnung der Gewährung von Asyl iSv Art. 16a I GG; der internationale Schutz iSv Flüchtlingseigenschaft und subsidiärem Schutz wird insoweit nicht eingeschränkt, weswegen diese – allein praxisrelevanten – Streitgegenstände vom BAMF im Falle des § 27 I grundsätzlich weiter zu prüfen sind. Hat der – auch weiterhin für den Flüchtling verfolgungssichere – Drittstaat iSv Nr. 4 hingegen die Wiederaufnahmebereitschaft erklärt und lässt sich diese realisieren (→ Rn. 12), kann das BAMF den gesamten Asylantrag als unzulässig ablehnen und ggf. die Abschiebung androhen. Die Prüfung des Abs. 1 Nr. 4 durch das VG ist selbst dann zwingend, wenn das BAMF über den Asylantrag in der Sache entschieden hat[45]. Nach Nr. 4 ist ein Asylantrag unzulässig, wenn ein Staat, der kein Mitgliedstaat der EU und bereit ist, den Ausländer wieder aufzunehmen, als sonstiger Drittstaat gem. § 27 betrachtet wird. § 27 betrifft die Sicherheit vor Verfolgung in einem **„sonstigen Drittstaat"**, womit in der Terminologie des AsylG ein Staat außerhalb der EU gemeint ist. Hat sich ein Ausländer in einem sonstigen Drittstaat, in dem ihm keine politische Verfolgung droht, vor der Einreise in das Bundesgebiet länger als drei Monate aufgehalten, so wird vermutet, dass er dort vor politischer Verfolgung sicher war, es sei denn, er macht glaubhaft, dass eine Abschiebung in einen anderen Staat, in dem ihm politische Verfolgung droht, nicht mit hinreichender Sicherheit auszuschließen war (§ 27 III). Diese Regelung wurde in der Rspr. ursprünglich als Ausdruck einer materiell-rechtlichen Subsidiarität des Flüchtlingsschutzes verstanden[46]. Schon unter Geltung der alten Asylverfahrens-RL 2005/85/EG und noch vor der Umgestaltung des – vormals als Unbeachtlichkeitsvorschrift ausgestalteten – § 29 in eine Unzulässigkeitsregelung hat das BVerwG § 29 jedoch als Umsetzung des verfahrensrechtlichen Konzepts des ersten Asylstaats gem. Art. 25 II lit. b iVm Art. 26 Asylverfahrens-RL aF (dem entsprechen aktuell Art. 33 II lit. b iVm Art. 35 Asylverfahrens-RL) betrachtet. Damit war für einen materiell-rechtlichen Grundsatz der Subsidiarität des Flüchtlingsschutzes kein Raum mehr[47].

VIII. Unzulässigkeit bei Folge- und Zweitantrag (Abs. 1 Nr. 5)

Liegen die Voraussetzungen des **Wiederaufgreifens nach § 51 I–III VwVfG** nicht vor, dh, ist das **16** Wiederaufgreifensbegehren hiernach unzulässig oder auch unbegründet, wird auf einen Folgeantrag

---

[41] Vgl. BVerwG Urt. v. 9.8.2016 – 1 C 6.16, Rn. 23.
[42] EuGH Urt. v. 17.2.2016 – C-695/15 PPU – Shiraz Baig Mirza.
[43] § 29 aF: (1) Ein Asylantrag ist unbeachtlich, wenn offensichtlich ist, dass der Ausländer bereits in einem sonstigen Drittstaat vor politischer Verfolgung sicher war und die Rückführung in diesen Staat oder in einen anderen Staat, in dem er vor politischer Verfolgung sicher ist, möglich ist. (2) Ist die Rückführung innerhalb von drei Monaten nicht möglich, ist das Asylverfahren fortzuführen. Die Ausländerbehörde hat das Bundesamt unverzüglich zu unterrichten.
[44] → 11. Aufl., § 29 Rn. 4–16.
[45] BVerwG Urt. v. 25.4.2019 – 1 C 28.18; aA VGH BW Urt. v. 14.6.2017 – A 11 S 511/17.
[46] BVerwG Urt. v. 8.2.2005 – 1 C 29.03, BVerwGE 122, 376 (386 f.).
[47] Vgl. BVerwG Urt. v. 4.9.2012 – 10 C 13.11, BVerwGE 144, 127 Rn. 16; Urt. v. 25.4.2019 – 1 C 28.18.

Bergmann

kein weiteres Asylverfahren durchgeführt und der Asyl(folge)antrag vom BAMF gem. Nr. 5 als unzulässig abgelehnt. Nach **§ 71 V 2** darf die Abschiebung allerdings grundsätzlich erst nach Mitteilung des BAMF an die zuständige Ausländerbehörde, dass die Voraussetzungen des § 51 I–III VwVfG nicht vorliegen, vollzogen werden. Hierbei ist Art. 42 III der Asylverfahrens-RL 2013/32/EU zu beachten, wonach die Mitgliedstaaten sicherstellen, „dass der Antragsteller in geeigneter Weise über das Ergebnis der ersten Prüfung und, falls sein Antrag nicht weiter geprüft wird, über die **Gründe** dafür und die Möglichkeiten in Bezug auf Rechtsbehelfe gegen die Entscheidung **informiert** wird". Bis zum Ergehen einer mit Gründen versehenen Unzulässigkeitsentscheidung nach § 29 I Nr. 5 spricht viel dafür, dass noch überhaupt kein Tatbestand des Art. 46 VI RL erfüllt ist, der eine Ausnahme vom Recht auf Verbleib nach Art. 46 V RL rechtfertigt[48].

17 Das zu § 51 I–III VwVfG Ausgeführte gilt beim **Zweitantrag** entsprechend. Hier allerdings muss die Bundesrepublik Deutschland des Weiteren für die Durchführung des Asylverfahrens zuständig sein. Das ist regelmäßig insbesondere nach den Dublin-Verordnungen nicht der Fall, denn die Flüchtlingsverantwortung soll beim Erstprüfungsstaat verbleiben. Flüchtlinge genießen in Europa prinzipiell keine Freizügigkeit, weil ein „forum shopping" vermieden werden soll. Allerdings setzt ein Zweitantrag iSv § 71a I voraus, dass das Asylverfahren in einem sicheren Drittstaat **erfolglos abgeschlossen** wurde. Dies ist bspw. nicht der Fall, wenn („nur") subsidiärer Schutz zuerkannt wurde (Aufstockungsfall gem. I Nr. 2) oder das in diesem Staat betriebene und ohne Sachentscheidung eingestellte Asylverfahren nach dessen Rechtsordnung in der Weise wiederaufgenommen werden kann, dass dort eine volle sachliche Prüfung des Antrags stattfindet, dh, das im Drittstaat eingeleitete Asylverfahren ohne inhaltliche Beschränkung des Vortrags wie ein Erstverfahren weiter betrieben werden kann[49]. Wegen Nr. 5 braucht das BAMF allerdings nicht generell – was praktisch kaum möglich ist und jedenfalls das Verfahren deutlich verzögern würde – voll aufzuklären, ob das Asylverfahren im anderen Dublin-Staat tatsächlich bestandskräftig abgeschlossen wurde. Gibt es hinreichende Anhaltspunkte hierfür, so kann das BAMF den Asylantrag in solchen Fällen ggf. auch gem. „Nr 1a oder Nr 5" als unzulässig ablehnen, wenn ein anderer Dublin-Staat zuständig ist, insbesondere dem Wiederaufnahmegesuch zugestimmt hat. Wurde ein Asylantrag nach I Nr. 5 als unzulässig abgelehnt, bedarf es gemäß § 31 III 2 keiner Prüfung des nationalen Abschiebungsverbots gem. § 60 V und VII AufenthG[50].

IX. Anhörungspflichten (Abs. 2–4)

18 Die Abs. 2–4 sind **lex specialis** gegenüber der allgemeinen Anhörungsnorm des § 25 und entsprechen der grundsätzlichen Anhörungspflicht in der Rechtsprechung des EuGH[51]. Gemäß dem anwendungsvorrangigen **Art. 5 I Dublin III-VO** muss das BAMF im Falle von Abs. 1 Nr. 1 grundsätzlich (außer natürlich bei Flucht) anhören[52], weswegen dies in Abs. 2 nicht mehr (deklaratorisch) aufgenommen wurde (→ Rn. 2) und die dortige Anhörungspflicht nur die Fälle der Nr. 1b, 2, 3 und 4 erfasst. Die Anhörung, die zeitlich auch schon vor der technischen Rückmeldung eines Eurodac-Treffers erfolgen kann, kann ggf. auch im Wege der Amtshilfe durch **andere Behörden** wie etwa die Bundespolizei oder Ausländerbehörde erfolgen[53]. Bei Einsatz eines **Fragebogens** ist die persönliche Anhörung nach Art. 5 II lit. b Dublin III-VO nur verzichtbar, wenn der Ausländer tatsächlich hinreichende sachdienliche Angaben gemacht hat, ansonsten besteht formelle Rechtswidrigkeit. Die Anhörungspflicht, die aus dem menschenrechtlichen Anspruch auf rechtliches Gehör folgt, ist ernst zu nehmen und muss zur Vorbereitung einer Abschiebung selbst bei Personen erfolgen, die keinen (erneuten) Asylantrag gestellt haben[54]. Das BAMF hört in den Fällen der möglichen Unzulässigkeit des Asylantrags meist zunächst nur hierzu an (insbesondere zum Reiseweg bzw. zur früheren Asylantragstellung). Eine Anhörung zum Verfolgungsschicksal hingegen unterbleibt bisweilen aus verfahrensökonomischen Gründen, was rechtmäßig ist, allerdings die Antragsteller oft frustriert. Erscheint der Antragsteller nicht zu dieser Anhörung über die Zulässigkeit wird gem. **Abs. 3** nach Aktenlage entschieden, wenn er nicht unverzüglich sein Nichtverschulden nachweist, was zur Fortsetzung des Verfahrens führt, dh zur persönlichen Anhörung. **Nachweis** bedeutet volle Darlegungs- und Beweislast; dieser wird insbesondere nicht mit der bloßen Behauptung genügt, die Anhörungsladung nicht bekommen zu haben.

---

[48] → § 71 Rn. 1 sowie VGH BW Beschl. v. 20.2.2018 – 11 S 427/18.
[49] Vgl. BVerwG Urt. v. 14.12.2016 – 1 C 4.16.
[50] Ebenso *Funke-Kaiser*, GK-AsylG, 10/2017, AsylG § 31 Rn. 50; aA *Kluth/Heusch* BeckOK AuslR, 1.1.2019, AsylG § 3 Rn. 14, 21.
[51] Vgl. EuGH Urt. v. 16.7.2020 – C-517/18 – Addis; zu Anhörungsmängeln und § 46 VwVfG vgl. BVerfG Urt. v. 30.3.2021 – 1 C 41.20.
[52] Vgl. VG Freiburg Beschl. v. 16.2.2016 – A 1 K 278/16: „Der Bestimmung des Art 5 I Dublin III-VO, wonach vor der Entscheidung über die Überstellung des Antragstellers in den zuständigen Mitgliedstaat ein persönliches Gespräch zu führen ist, wird durch die Übersendung eines schriftlichen Anhörungsbogens, dessen Zugang beim Antragsteller nicht nachgewiesen ist, nicht gewahrt."
[53] Dies lässt auch § 2 der Asylzuständigkeitsbestimmungsverordnung (AsylZBV) zu.
[54] Ebenso NdsOVG Beschl. v. 23.4.2021 – 10 LA 63/21.

Gemäß § 71 III 3 kann die **Folgeantragsentscheidung** auch ohne Anhörung erfolgen. Nach 19
Abs. 2 S. 2 muss jedoch zumindest Gelegenheit zur Stellungnahme gegeben werden, damit der
Antragsteller zur Zulässigkeit ausführen kann. Beim **Zweitantrag** kann gemäß § 71a II 2 gegebenenfalls von der dort in II 1 iVm § 25 grundsätzlich angeordneten Anhörung abgesehen werden.
Auch wenn § 71 III beim Zweitantrag nicht gilt (Redaktionsversehen in Abs. 2 S. 2), muss dem
Antragsteller bei Absehen von einer Anhörung wie beim Folgeantrag ersatzweise Gelegenheit zur
Stellungnahme geben.

Nach § 24 Ia kann das BAMF im Falle des **Massenzustroms**[55] „die Anhörung vorübergehend von 20
einer anderen Behörde, die Aufgaben nach diesem Gesetz oder dem AufenthG wahrnimmt, durchführen lassen". **Geschult iSv Abs. 4** meint deshalb bei systematischer Auslegung nicht nur psychologisch im Anhören geschult, sondern auch fachlich im Ausländer- und Asylrecht. Zudem kann
„Übertragung" iSv Abs. 4 nicht meinen, dass das BAMF unmittelbar auf Bedienstete anderer Behörden durchgreift, sondern vielmehr, dass das BAMF eine andere Behörde mit der Anhörungsaufgabe
insgesamt betraut, die ihrerseits dann entsprechend geschulte Kräfte einsetzt[56]. Im Gesetzgebungsverfahren hatten die Länder gegen die Ermächtigung des BAMF zur **Aufgabendelegierung** vorgetragen,
man könne personelle Engpässe auch durch Amtshilfe oder Abordnungen auffangen. Zudem wurde
die Delegierungsmöglichkeit mit Recht „ohnehin hochbelastete Landes- bzw. kommunale Behörden hiervon miterfasst wären", die Anhörung jedoch „das Herzstück des Asylverfahrens und damit der
Aufgaben des BAMF" sei, was nicht auf sonstige Behörden delegierbar sei, „die die entsprechende
Fachkompetenz nicht dauerhaft und durch tägliche Anwendung vorhalten können". Diese Kritik lässt
sich hören und sollte für das BAMF Anlass geben, von der Kompetenz in Abs. 4 nur in echten
Notfällen und eng begrenzt Gebrauch zu machen[57], auch um die unionsrechtlichen Garantien des
Antragstellers[58] auf Anhörung nicht zu gefährden („effet utile") und so eine formelle Rechtswidrigkeit
des Asylbescheids zu riskieren.

X. Verwaltungsverfahren und Rechtsschutz

Bei Unzulässigkeit des Asylantrags nach Abs. 1 Nr. 2 und 4 hat das BAMF eine **Ausreisefrist** von 21
einer Woche zu setzen (§ 36 I) und gegebenenfalls gleichzeitig über die **Abschiebungshindernisse**
nach § 60 V bzw. VII AufenthG zu befinden (§ 31 III). Dabei wird nicht zu Flüchtlings- oder
subsidiärem Schutz entschieden (§ 31 II). Die Unzulässigkeit führt auch nicht zur inhaltlichen Ablehnung des Asylantrags; weder § 29 noch §§ 31 II, 35, 36 I sehen dies vor. Das BAMF erlässt eine
Abschiebungsanordnung (§ 34a) oder gegebenenfalls eine Abschiebungsandrohung (§§ 34, 35, 36 I)
und trifft dann Feststellungen zu § 60 V und VII AufenthG (§ 31 III 1). In einer **Abschiebungsanordnung** steckt allerdings nicht „als Minus" eine **Abschiebungsandrohung**. Denn Abschiebungsanordnung und Abschiebungsandrohung stellen keine teilidentischen Vollstreckungsmaßnahmen dar.
Die **Ersetzung** einer (rechtswidrigen) Abschiebungsanordnung durch eine Abschiebungsandrohung
führt deshalb zur vollständigen Erledigung der Abschiebungsanordnung[59].

Infolge des Ausschlusses des Widerspruchs und der aufschiebenden Wirkung der Klage (§§ 11, 75) 22
ist der Rechtsschutz bei Dublinern gemäß § 34a II bzw. Anerkannten gemäß § 36 III zunächst **weitgehend in das Eilverfahren verlagert**. Gegenstand ist entweder die Abschiebungsanordnung nach
§ 34a oder die Abschiebungsandrohung nach §§ 34, 35, 36 I. Gegen die **Abschiebungsanordnung
und -androhung** ist im Hauptsacheverfahren allein die Anfechtungsklage (§ 42 I VwGO) zulässig
und für den vorläufigen Rechtsschutz der Antrag nach § 80 V VwGO. Im Falle von Abs. 3 kann die
persönliche Anhörung bzw. unterlassene **Fortführung** des Verfahrens mit der Verpflichtungsklage
(§ 42 II VwGO) erstritten werden. Anlass für einen entsprechenden Eilantrag nach § 123 VwGO
(Anordnungsgrund) besteht bei isolierter Unzulässigkeitsfeststellung idR nicht, weil insoweit Sofortmaßnahmen (Aufenthaltsbeendigung ua) nicht drohen. Anders verhält es sich, falls aufenthaltsbeendende Maßnahmen vollzogen werden sollen. Die **Abschiebung** des Ausländers führt ebenso wie die
Duldungserteilung (anders bei Aufenthaltserlaubnis) nur bezüglich der (Un-)Zuständigkeitsentscheidung nicht zwingend zur **Hauptsacheerledigung**, was letztlich auch aus §§ 71 V 1, VI 1 folgt[60] und
vom EuGH der Sache nach im Hasan-Urteil vom 25.1.2018 bestätigt wurde[61]. Ob die Abschiebung
insbesondere die Abschiebungsanordnung erledigt (nicht eine Abschiebungsandrohung), kann diskutiert werden (→ Rn. 48)[62]. Vor dem Hintergrund der Aufgabenzuweisung des § 75 Nr. 12 AufenthG entsteht im Übrigen auch bei Dublin-Rückführungen (nicht bei freiwilliger Ausreise) ein

---

[55] So der Begriff der Massenzustrom-RL 2001/55/EG.
[56] Ebenso *Heusch* in Kluth/Heusch, AuslR, § 29 Rn. 91.
[57] BR-Drs. 266/1/16, 24.
[58] Vgl. etwa Art. 12 und 14 ff. AsylVerf-RL 2013/32/EU.
[59] BVerwG Beschl. v. 23.10.2015 – 1 B 41.15, Rn. 15.
[60] Ebenso *Pietzsch* in Kluth/Heusch, AuslR, AsylG § 34a Rn. 29, mwN.
[61] EuGH Urt. v. 25.1.2018 – C-360/16 – Hasan; hiernach kann nach jeder illegalen Einreise erneut ein Asylgesuch gestellt werden, dh es kann Parallelverfahren geben.
[62] Vgl. hierzu mit Lösung über das Rechtsschutzinteresse VG Sigmaringen GB v. 17.6.2021 – A 13 K 6550/17.

Einreise- und Aufenthaltsverbot gemäß § 11 I AufenthG[63]. Da bei der Abschiebungsanordnung die Rückführungs-RL mangels Rückkehrentscheidung nicht greift, ist das Einreise- und Aufenthaltsverbot dann aber ausschließlich nationaler Natur[64].

XI. Das Dublin-Asylsystem

23   Das **Gemeinsame Europäische Asylsystem (GEAS)**[65] basiert nach Art. 80 AEUV – theoretisch – ausdrücklich auf dem „Grundsatz der Solidarität und der gerechten Aufteilung der Verantwortlichkeiten unter den Mitgliedstaaten, einschließlich in finanzieller Hinsicht". Diesbezüglich ist ein Konsens der EU-Mitgliedstaaten jedoch aufgrund der höchst unterschiedlichen Belastungen nur schwer zu erreichen[66] und bis heute nicht in Sicht[67]. Die EU hat zwischenzeitlich im Rahmen der Programme von Tampere (1999), Haag (2005) und Stockholm (2010) aber immerhin Stück für Stück ein wirklich „gemeinsames" europäisches Asylregelwerk erarbeitet, nach dem idealtypisch ein Flüchtling in jedem Mitgliedstaat im Wesentlichen gleichbehandelt werden soll. Kommt er heute in den Geltungsbereich der EU und sagt das systemaktivierende Wort „Asyl", dann soll ein Antragsverfahren nach den Regelungen der **Asylverfahrens-RL 2013/32/EU** starten, dh nach den dort differenziert geregelten einheitlichen Verfahrensgrundsätzen, insbesondere auch Laufzeiten[68]. Im Aufnahmezentrum soll er dann von allen Mitgliedstaaten nach den detailliert geregelten Bedingungen der **EU-Aufnahme-RL 2013/33/EU** behandelt werden. Die erste Prüfung erfolgt weiter nach der **Eurodac-VO 603/2013/EU,** dh, es werden die Fingerabdrücke abgenommen und mit allen gespeicherten in der Luxemburger Datenbank verglichen. Ergibt sich hierbei eine Eurodac-Treffermeldung[69], wird der Antragsteller zunächst va (nur) diesbezüglich angehört und es wird nach der **Dublin III-VO 604/2013/EU** der für das Asylverfahren zuständige Dublin-Staat ermittelt und der Antragsteller ggf. dorthin überstellt (vgl. insbesondere §§ 29 I Nr. 1a, 34a). Im zuständigen Staat wird hernach die vollständige Anhörung zu den Fluchtgründen durchgeführt und nach den Kriterien der **Qualifikations- oder Anerkennungs-RL 2011/95/EU** materiell-rechtlich entschieden, ob internationaler Schutz zu gewähren ist. Ist dies der Fall, werden wiederum nach den Regelungen der Anerkennungs-RL insbesondere Aufenthaltstitel und Reiseausweis erteilt sowie Zugang zu Beschäftigung, Bildung bzw. Sozialhilfeleistungen gewährt. Wird hingegen kein Schutz gewährt, kann – nun nach nationalem Recht – die Ausreiseaufforderung bzw. falls keine freiwillige Ausreise erfolgt, die Abschiebung in den Herkunftsstaat angeordnet bzw. ggf. nach den Vorgaben der **Rückführungs-RL 2008/115/EG** angedroht werden und erfolgen. Aufgrund partieller Funktionsunfähigkeit unterliegt das GEAS, insbesondere auch das Dublin-System (gerade auch bzgl. des Problems der Familienzusammenführung[70]), derzeit einem enormen **Reformdruck**[71]. Gerade auch das betroffene Deutschland[72] macht sich für ein gerechteres „burden-sharing" sowie die Bekämpfung der Sekundärmigration innerhalb der EU stark[73]. Die Kommission schlägt mit ihrem **Entwurf einer Dublin IV-VO** ua vor, dass die Zuständigkeitsübertragung durch Fristablauf aufgehoben wird, das System um einen Umverteilungsmechanismus ergänzt wird, wenn ein Staat unverhältnismäßig viele Asylbewerber aufgenommen hat, sowie das Missbrauch und Sekundärmigration stärker verhindert werden, ua durch einen exklusiven Sozialleistungsanspruch allein im zuständigen Dublin-Staat[74].

24   **Räumlicher Anwendungsbereich:** Anders als derzeit noch beim Schengen-Raum, umfasst der Dublin-Raum[75] mittlerweile sämtliche – seit dem Brexit zum 1.1.2021 nur noch – 27 EU-Mitgliedstaaten[76]. Zur Dublin II-VO 343/2003/EG hatten sich vier weitere Staaten (völkerrechtlich) assoziiert: Island, Liechtenstein, Norwegen und die Schweiz. Auf der Basis der Assoziierungsabkommen haben inzwischen (wohl[77]) alle vier Staaten mittels völkerrechtlicher Notifikationen die Dublin III-VO 604/

---

[63] Vgl. BVerwG Urt. v. 17.9.2015 – 1 C 26.14, Rn. 27.
[64] *Funke-Kaiser* in GK-AufenthG § 11 Rn. 50.
[65] Ausf. hierzu → GG Art. 16a Rn. 134 ff. und → Vorb. Rn. 20 ff.
[66] Ausf. *Bergmann* ZAR 2015, 81 ff.
[67] Zum Streit über die Verteilungsquote s. EuGH Urt. v. 6.9.2017 – C-634/15 – Ungarn/Slowakei.
[68] Vgl. Art. 31 AsylVfRL; überlange Verfahrensdauer kann iÜ auch ein Verstoß gegen Art. 3, 8 bzw. 13 EMRK darstellen; so EGMR Urt. v. 13.10.2016 – 11981/15 – B. A. C./GR.
[69] Kat. 1 Asylantrag, Kat. 2 Illegaler Grenzübertritt, Kat. 3 Illegaler Aufenthalt. Anders, als VG Wiesbaden mit Beschl. v. 21.9.2017 – 6 L 3805/17.WI.A meinte, sind Eurodac-Treffer nicht rechtswidrig erhoben bzw. unverwendbar; überzeugend *Berlit* ZAR 2018, 69.
[70] Ausf. *Lübbe* ZAR 2017, 15; *Nestler/Vogt* ZAR 2017, 21.
[71] Zur Reform des Dublin-Systems ausf. *Marx* ZAR 2016, 366.
[72] Etwa im Jahr 2016 standen den 3.968 Dublin-Überstellungen in andere Länder 12.091 Übernahmen nach Deutschland gegenüber; vgl. *Dörig* JM 6/2018, 252.
[73] Vgl. *Günther* ZAR 2017, 7 ff.
[74] COM(2016) 270 endg.; hierzu ua *Groß* Z'flucht 2018, 79; *Fröhlich* ZG 2016, 227; *Schorkopf* ZG 2019, 22.
[75] Jedenfalls bis zum Brexit.
[76] Dänemark nimmt „nur" auf der Basis von Völkerrecht teil.
[77] Wird allg. behauptet, lässt sich aber nicht ohne Weiteres nachprüfen, weil die Notifikationen offenbar nicht alle veröffentlicht wurden. Für die Schweiz s. zB http://www.admin.ch/opc/de/classified-compilation/20140499/index.html.

2013/EU[78] akzeptiert. Jedenfalls wird das Dublin III-System heute zwischen allen 31 Staaten praktiziert. Da in Nicht-EU-Staaten aber die Asylverfahrens-RL 2013/32/EU nicht gilt, ist ein dort durchgeführtes erfolgloses Asylverfahren kein Verfahren iSd § 71a AsylG, dh es liegt juristisch kein Zweitantrag vor[79].

Zeitlicher Anwendungsbereich: Gemäß Art. 49 (Abs. 2) der Dublin III-VO war für vor dem 19.7.2013 in Deutschland gestellte (Alt-)Anträge auf internationalen Schutz (iSv Art. 2 lit. h QRL, dh auf Zuerkennung der Flüchtlingseigenschaft bzw. subsidiären Schutzes) weiterhin die Dublin II-VO anwendbar. Für (Neu-)Anträge ab 1.1.2014 gilt ausschließlich die Dublin III-VO. Für Anträge im Übergangszeitraum 19.7.2013 bis 31.12.2013 galt grundsätzlich bereits die Dublin III-VO, nicht jedoch hinsichtlich der Bestimmung des zuständigen Mitgliedstaats, die weiterhin nach den Kriterien der Dublin II-VO erfolgte. Sämtliche Regelungen, die die Zuständigkeit eines bestimmten Mitgliedstaats für den Antrag normieren, waren für diese Übergangsfälle – nach Sinn und Zweck des Art. 49 Dublin III-VO[80] – weiterhin der Dublin II-VO zu entnehmen. In deren Kap. II ist die „Rangfolge" der Kriterien geregelt; zu dieser Rangfolge gehören untrennbar die sonstigen Dublin II-Regelungen (insbesondere Kap. V, in dem die Dublin II-VO etwa bei Fristablauf ebenfalls Zuständigkeitskriterien normiert). Dass Kap. III der Dublin III-VO nunmehr die „Kriterien zur Bestimmung des zuständigen Mitgliedstaats" begrifflich enger fasst, spielt keine Rolle. Denn Art. 49 (Abs. 2) Dublin III-VO verweist ausdrücklich und pauschal auf die Kriterien der (eigentlich gem. Art. 48 Dublin III-VO aufgehobenen) Dublin II-VO. Die Bindungen des Dublin-Asylsystems entfallen iÜ erst mit dem vollständigen EU-Austritt, wie der EuGH im Brexit/Dublin III-Urteil vom 23.1.2019 (C-661/17,) ausführte. 25

Persönlicher Anwendungsbereich bzw. die sog. Anerkannten-Fälle sowie zum Abschiebemaßstab der „extremen materiellen Not": Ein wesentlicher Unterschied der Dublin III-VO (vgl. Art. 2b iVm Art. 2h Anerkennungs-RL) zur Dublin II-VO (vgl. Art. 2c) ist, dass diese sich nun neben dem Antrag auf Zuerkennung der Flüchtlingseigenschaft iSd GFK ausdrücklich auch auf Anträge auf subsidiären Schutzstatus iSv Art. 15 Anerkennungs-RL erstreckt. Damit wird die Problematik des Umgangs mit bereits in anderen Dublin-Staaten „Anerkannten" besonders virulent. Das BVerwG hat zur Sache überzeugend entschieden, dass ein Ausländer, der in einem anderen Staat **bereits als Flüchtling anerkannt** worden ist – was der Asylrichter aufklären muss[81] –, in Deutschland eigentlich (anders beim „real risk" einer unmenschlichen Behandlung im Anerkennungsstaat, vgl. EuGH Urt. vom 13.11.2019 – C-504/17, – Hamed und Omar) weder erneut die Flüchtlingseigenschaft beanspruchen kann (hat er ja schon[82]) noch den Status eines subsidiär Schutzberechtigten (unzulässig wegen § 60 II 2 iVm Abs. 1 S. 3 AufenthG) noch nationalen Abschiebungsschutz (kein Rechtsschutzbedürfnis, weil schon Abschiebungsschutz bzgl. Herkunftsstaat durch Flüchtlingsanerkennung besteht)[83]. Kann der anerkannte Flüchtling aber – nach den Regelungen des Dublin-Systems – in einen anderen Dublin-Staat überstellt werden? Diese Frage ist (jedenfalls seit Dublin III[84]) aufgrund des EuGH-Beschlusses vom 5.4.2017 (C-36/17, – Ahmed) klar zu verneinen, nicht nur, wenn ihm die Flüchtlingseigenschaft zuerkannt wurde, sondern auch, wenn er „nur" den Status des subsidiär Schutzberechtigten bekommen hat. In diesem Fall darf nicht davon ausgegangen werden[85], dass der Flüchtlingsschutzantrag zugleich abgelehnt oder jedenfalls nicht anhängig ist. In beiden Situationen greift deshalb auch keine Wiederaufnahmepflicht des anerkennenden Dublin-Staates nach Art. 18 I Nr. b bzw. d Dublin III-VO, dh, es kann keine Abschiebungsanordnung nach § 34a ergehen. Nicht mehr streitig ist auch die Behandlung des Ausländers, wenn ihm ausschließlich die Flüchtlingseigenschaft zuerkannt wurde. ZT wurde überzeugend vertreten, in diesem Fall würden die Regelungen der Dublin III-VO analog gelten[86], dh, es könne ebenfalls eine Abschiebungsanordnung nach § 34a ergehen. Das BAMF sowie die Staatenpraxis 26

---

[78] Eine Kommentierung der Dublin III-VO findet sich bei *Funke-Kaiser* in GK-Asylrecht, 12/2016, § 29 Rn. 72 ff.
[79] So EuGH Urt. v. 20.5.2021 – C-8/20 – L. R.
[80] Verwaltungsvereinfachung auch bzgl. der verwendeten Formulare etc im Übergangszeitraum ab Inkrafttreten der erst am 29.6.2013 veröffentlichten Dublin III-VO.
[81] Vgl. BVerwG Urt. v. 21.11.2017 – 1 C 39.16; aber: Urt. v. 21.11.2017 – 1 C 40.16 Rn. 31.
[82] AA HessVGH Urt. v. 7.11.2016 – 3 A 1292/16.A.
[83] BVerwG Urt. v. 17.6.2014 – 10 C 7.13. Dies dürfte bei subsidiär Schutzberechtigten in vergleichbarer Weise gelten, auch trotz der insoweit fehlenden gesetzlichen Bindungswirkung des § 60 II 2, I 3 und 4 AufenthG. Vgl. hierzu auch VGH BW Urt. v. 29.4.2015 – A 11 S 57/15, Rn. 49 („Nach dem derzeit geltenden nationalen Recht ist ein Asylantrag nicht bereits deshalb unzulässig, weil der Ausländer in einem Mitgliedstaat einen subsidiären Schutzstatus erhalten hat.").
[84] Zur Dublin II-VO s. VGH BW Urt. v. 29.4.2015 – A 11 S 57/15, („Die Dublin II-VO ist auf einen Asylantragsteller, der in einem anderen Mitgliedstaat bereits als Flüchtling anerkannt worden ist, nicht anwendbar. Ist dem Asylantragsteller in einem anderen Mitgliedstaat nur subsidiärer Schutz gewährt und der Anerkennung als Flüchtling abgelehnt worden, so ist für die Behandlung eines weiteren Asylantrags und/oder für ein Überstellungsverfahren die Dublin II-VO anzuwenden.").
[85] Vgl. auch die Regelung von Art. 10 II Asylverfahrens-RL.
[86] Vgl. die Argumente in VG Stuttgart Urt. v. 28.2.2014 – A 12 K 383/14, http://openjur.de/u/680607.html sowie beim Supreme Court UK Urt. v. 19.2.2014 – [2014] UKSC 12 – https://www.supremecourt.uk/decided-cases/docs/UKSC_2012_0272_Judgment.pdf.

löste diese Fälle jedoch regelmäßig über die (hierfür historisch natürlich nicht gedachte) Drittstaatenregelung des § 26a, was vom Wortlaut passte und ebenfalls gut vertretbar war[87] und im Ergebnis ebenfalls zu einer Abschiebungsanordnung nach § 34a führt. Andere hingegen vertraten die Auffassung, dass in diesen Fällen eine Abschiebungsandrohung, gegebenenfalls nach Ablehnung als „offensichtlich unbegründet" (evtl. auf Grundlage völkerrechtlicher Überstellungsabkommen), habe ergehen müssen.[88] In diesem Fall hätte dann bzgl. des Dublin-Staates § 60 V und VII AufenthG geprüft werden müssen. Seit Inkrafttreten des IntG am 6.8.2016 ist diese Frage nun in Deutschland vom Gesetzgeber klar durch **die neue Nr. 2** iVm §§ 34a I 4, 35 nF zugunsten der Abschiebungsandrohung entschieden[89]. Auch bzgl. der Anerkannten-Fälle und insbesondere den Fragen zum **Abschiebemaßstab** bzw. zu ausreichenden Lebensbedingungen im schutzgewährenden Dublin-Staat hat der EuGH inzwischen hinreichend klar entschieden und in den **Jawo/Ibrahim**-Urteilen[90] eine „harte Linie" vorgegeben. Im Urteil Jawo, dh eines vor Abschluss des Asylverfahrens in Italien nach Deutschland weitergereisten Antragstellers, und den Verfahren Ibrahim ua, dh von in Deutschland asylbeantragenden Klägern, die in Bulgarien bzw. Polen bereits als subsidiär schutzberechtigt anerkannt worden sind, hat der EuGH die Maßstäbe – aufgrund des allgemeinen und absoluten Charakters von Art. 4 GRCh für Asylbewerber und Anerkannte in gleicher Weise – für Rückführungen im Dublin-Raum präzisiert und EMRK-konform partiell verschärft bzw. jedenfalls angemahnt, nicht vorschnell eine Extremsituation anzunehmen[91]. Aufgrund des fundamental bedeutsamen EU-Grundsatzes des gegenseitigen Vertrauens darf ein Asylbewerber hiernach grundsätzlich immer in den Mitgliedstaat rücküberstellt werden, der nach der Dublin III-VO eigentlich für die Bearbeitung seines Antrags zuständig ist oder ihm bereits Schutz gewährt hat, es sei denn, er würde dort ausnahmsweise aufgrund der voraussichtlichen Lebensumstände dem „real risk" einer Lage **extremer materieller Not** ausgesetzt, die gegen das Verbot unmenschlicher oder erniedrigender Behandlung iSv Art. 4 GRCh bzw. des insoweit als inhaltlich gleich definierten[92] Art. 3 EMRK verstößt, dh die physische oder psychische Gesundheit beeinträchtige oder ihn in einen Zustand der Verelendung versetze, der mit der Menschenwürde unvereinbar wäre. **Verfahrensrechtlich** führt die Annahme eines solchen Verstoßes gegen Art. 4 GRCh, dh ein diesbezüglicher[93] Stopp der Rücküberstellung, nicht zwingend unmittelbar zum – grundsätzlich nicht einklagbaren[94] – Selbsteintritt Deutschlands gemäß Art. 3 II iVm Art. 17 I Dublin III-VO. Dies dürfte wegen der grundsätzlichen Pflicht zur Fortsetzung der Zuständigkeitsprüfung gemäß Art. 3 II UAbs. 2 Dublin III-VO und dem Umstand, dass internationaler Schutz im GEAS nicht mehrfach zuerkannt werden kann – das GEAS will strukturell ein „Gemeinsames" Asylsystem sein und nicht mehr ein nur noch mehr oder weniger lose verbundenes „System der Systeme" –, ein „acte clair" bzw. im Lichte der bisherigen EuGH-Rechtsprechung ein „acte éclairé" sein[95]. **Materiell-rechtlich** ist die Annahme eines solchen Verstoßes gegen Art. 4 GRCh nach der va im Jawo-Urteil (→ Rn. 91) im Einzelnen ausgeführten „harten Linie" des EuGH nur zulässig, wenn aufgrund besonderer Umstände des Einzelfalls asylrelevante Schwachstellen oder andere Umstände eine besonders hohe Schwelle der Erheblichkeit erreichen. Zunächst ist sowohl auf Unterstützungsleistungen vor Ort tätiger **nichtstaatlicher Hilfsorganisationen**[96] als auch auf den **(Arbeits-)Willen (und reale – legale – Arbeitsmöglichkeiten)** sowie die persönlichen Entscheidungen des Betroffenen abzustellen[97] (→ Rn. 92). Ein Art. 4 GRCh-Verstoß kann erst angenommen werden, wenn unabhängig hiervon eine Situation extremer materieller Not einträte, die es nicht erlaubte, die elementarsten Bedürfnisse zu befriedigen, insbesondere eine Unterkunft zu finden, sich zu ernähren und zu waschen (kurz: **Fehlen von „Bett, Brot, Seife"**). Ausdrücklich betont der EuGH, dass diese besonders hohe Schwelle der Erheblichkeit selbst durch große Armut oder starke Verschlechterungen der Lebensverhältnisse grundsätzlich nicht erreicht werde, wenn diese nicht im Sinne von Verelendung folterähnlich wirkten (→ Rn. 93). Irrelevant sei deshalb grundsätzlich auch der Umstand, dass ein Flüchtling nicht auf familiäre Solidarität zurückgreifen kann (→ Rn. 94), oder bei Anerkannten, wenn Integrationsprogramme mangelhaft sind (→ Rn. 96). Grundsätzlich irrelevant sei

---

[87] VGH BW Beschl. v. 19.1.2015 – A 11 S 2508/14 warf allerdings die Frage auf, ob im Dublin-System ein anderer Mitgliedstaat überhaupt noch als „sicherer Drittstaat" behandelt werden darf.
[88] Vgl. *Funke-Kaiser*, Hohenheim-Papier v. 21.11.2014 sowie VGH BW Urt. v. 29.4.2015 – A 11 S 57/15.
[89] → Rn. 9.
[90] EuGH Urt. v. 19.3.2019 – C-163/17 – Jawo ua und C-297/17 – Ibrahim ua. Das Endurt. im Fall Jawo durch den VGH BW, der inhaltlich den EuGH konkretisierte, erging am 29.7.2019 – A 4 S 749/19; bestätigt durch BVerwG Beschl. v. 2.12.2019 – 1 B 75, 19.
[91] *Berlit* jurisPR-BVerwG 13/2019 Anm. 2.
[92] EuGH Urt. v. 19.3.2019 – C-163/17 Rn. 91 – Jawo ua.
[93] Ggf. nur vorübergehender, vgl. BVerwG Urt. v. 15.1.2019 – 1 C 15/18, Rn. 49.
[94] Vgl. EuGH Urt. v. 14.11.2013 – C-4/11 Rn. 37 – Puid und Urt. v. 16.2.2018 – C-578/16 Rn. 88 – C. K. ua.
[95] Vgl. zur Fortführung der Prüfung, ob ein anderer zuständiger Staat feststellbar ist oder nach Art. 3 Rn. 36, zu möglicherweise wieder wegfallenden Rückführungshindernissen: EuGH U. C. K. ua Rn. 85 sowie zum Selbsteintritt erst bei „unangemessen langem" Prüfverfahren: EuGH Urt. v. 21.12.2011 – C-411/10 Rn. 98 – N. S. Vgl. hierzu und zur aufenthaltsrechtlichen Lösung bei Anerkannten: BVerwG Beschl. v. 2.8.2017 und 24.4.2019 – 1 C 37.16 = EuGH – C-540/17 – Hamed.
[96] So ausdrücklich BVerwG Urt. v. 7.9.2021 – 1 C 3.21.
[97] Vgl. zusammenfassend auch BVerwG Urt. v. 7.9.2021 – 1 C 3.21.

bei gesunden und arbeitsfähigen Flüchtlingen sogar, wenn überhaupt keine existenzsichernden staatlichen Leistungen bestünden, soweit dies für Inländer ebenso gelte (Ibrahim, Rn. 93). Für die Gefahrenprognose ist dabei jedoch, anders als bei § 60 VII 1 AufenthG[98], ein **weiter zeitlicher Horizont** in den Blick zu nehmen, dh, es muss die Situation bei Überstellung, während des Asylverfahrens sowie nach – ohne inzidente Asylvollprüfung, dh grundsätzlich zu unterstellender – Zuerkennung von internationalem Schutz[99] gewürdigt werden, allerdings auf der Erkenntnisbasis von heute (Jawo, Rn. 89). Im Urteil Ibrahim (→ Rn. 93) weist der EuGH in Übereinstimmung mit der **Tarakhel-Rechtsprechung des EGMR**[100] darauf hin, dass unterschieden werden muss zwischen gesunden und arbeitsfähigen Flüchtlingen einerseits, für die diese „harte Linie" gilt, sowie andererseits Antragstellern mit besonderer Verletzbarkeit, also **Vulnerablen,** die unabhängig vom eigenen Willen und persönlichen Entscheidungen in eine Situation extremer materieller Not geraten können. Für Kleinkinder, minderjährige unbegleitete Flüchtlinge, Hochschwangere, Kranke bzw. sonstige vulnerable Personen ist im Dublin-Raum mithin von einem anderen, höheren Schutzstandard auszugehen. Bei Vulnerablen ist vor Rücküberstellung zudem gegebenenfalls eine Versorgungsgarantie der Zielstaatsbehörde einzuholen[101]. Das Jawo-Urteil der Großen Kammer scheint ein **klares politisches Signal** zu sein, dass Rückführungen innerhalb des Dublin-Raums iSd „effet utile" der Dublin III-VO erleichtert werden sollen. Nachdem der EuGH mit der Abkehr vom Urteil Abdullahi mit den Urteilen Ghezelbash/Karim den Dublin-Fristen (ohne Not – und offenbar gegen den politischen Willen der Mitgliedstaaten, die dies im Dublin IV-Entwurf nun rückgängig machen wollen) Drittschutz zugesprochen hatte und damit ein ganz wesentliches Hindernis für Rückführungen aufgebaut hat, denn sehr viele Rückführungen sind binnen der meist knappen sechs Monate des Art. 29 Dublin III-VO nicht zu schaffen, will er nunmehr mit seiner Jawo-Linie die Rückführungen offenbar wieder erleichtern. Der Art. 4 GRCh-Maßstab des EuGH entspricht damit nun auch innerhalb des Dublin-Raums dem harten Art. 3 EMRK-Maßstab des EGMR bei Abschiebungen in den Heimatstaat iSd völkerrechtlichen Mindeststandards der Refoulment-Verbots[102]. Das frühere europarechtliche Argument, die EU-Mitgliedstaaten hätten sich im Dublin-Raum mit dem GEAS auf einen höheren Schutzstandard geeinigt, der dann auch bei Art. 4 GRCh zugrunde zu legen sei, sticht damit – aus Sicht des EuGH[103] – nicht mehr. Durch die „harte Linie" des EuGH verliert zugleich die Prüfung der systemischen Schwachstellen de facto praktische Relevanz; kann die – sinnvollerweise immer zuerst zu prüfende – „extreme materielle Not" im Dublin-Zielstaat nicht festgestellt werden, kann im Ergebnis offenbleiben, ob systemische Mängel gegeben sind. Allerdings dürfte bei Annahme von systemischen Mängeln konkret zu Lasten dieses Ausländers regelmäßig ein Art. 4 GRCh-Verstoß zumindest sehr naheliegen, dh, systemische Mängel haben insoweit Indizwirkung.

Rechte und Pflichten im Dublin-Verfahren: Wendet sich der Asylbewerber gegen seine Überstellung in einen anderen Dublin-Staat und ist davon auszugehen, dass dort „systemische Schwachstellen" iSv Art. 3 II Dublin III-VO bestehen, bedeutet dies nicht zwingend, dass er dableiben darf. In diesem Fall sieht die VO vielmehr für den überstellungswilligen Staat das Recht vor, weiter zu prüfen, ob nicht ein anderer Dublin-Staat zuständig ist. Das einklagbare **Recht auf Verbleib** im Sinne der Selbsteintrittspflicht gemäß Art. 17 Dublin III-VO entsteht mithin – wenn keine überlange Verfahrensdauer entstanden ist oder konkret drohende Grundrechtsverstöße anderes erzwingen – in der Regel erst, wenn diesbezüglich kein anderer Staat mehr in Betracht kommt. Nach Art. 4 Dublin III-VO hat der Asylbewerber vielfältige Rechte auf **Information,** nach Art. 5 der VO zudem auf ein „zeitnahes" persönliches Gespräch, was aber keine starre Ausschlussfrist bedeutet, deren Verletzung zur Aufhebung des Dublin-Bescheids führen kann[104]. In Art. 6 der VO sind Garantien für **Minderjährige** enthalten und in den Art. 26/27 VO verschiedene Verfahrens- und Rechtsschutzgarantien. Ergänzend kann der direkt gemäß Art. 51 I GRCh anwendbare Art. 41 der Charta auf „good administration" (zB Akteneinsicht) geltend gemacht werden. Besondere Pflichten regelt auch der Dublin-Asylbewerber zB § 10 AsylG hinsichtlich der **Pflicht** zur Mitteilung von Anschrift sowie Erreichbarkeit. 27

Zuständigkeitskriterien: Die Prüfung zur Bestimmung des zuständigen Dublin-Staates beginnt innerhalb der Dublin III-VO auf der Grundlage eines zeitnahen persönlichen Gesprächs, dh einer Anhörung des Antragstellers[105], zunächst bei den „primären Zuständigkeitskriterien" der Art. 8–17 28

---

[98] Extremgefahr „alsbald" nach Rückkehr, vgl. BVerwG Urt. v. 8.9.2011 – 10 C 14.10, Rn. 23; parallel zu § 60 V AufenthG BVerwG Urt. v. 21.4.2022 – 1 C 10.21.
[99] Hier seltsamerweise gewissermaßen als „worst case". Wird der Asylantrag mangels Schutzbedarf hingegen in der Sache abgelehnt und tritt im zuständigen Dublin-Staat vollziehbare Ausreisepflicht ein, hat der Ausländer das Land zu verlassen bzw. wird in seine Heimat abgeschoben, sodass dann im zuständigen Dublin-Staat unabhängig vom eigenen Willen und persönlichen Entscheidungen keine Situation extremer materieller Not mehr eintreten kann, die rechtlich iRe Rückführung dorthin in den Blick genommen werden muss.
[100] EGMR Urt. v. 4.11.2014 – 29217/12, NVwZ 2015, 127.
[101] BVerfG Beschl. v. 31.7.2018 – 2 BvR 714/18, Rn. 19 sowie BVerfG Beschl. v. 8.5.2019 – 2 BvR 642/19.
[102] Einprägsam benannt als „Artikel 3 nackt".
[103] Ob der EGMR diese harte Linie tatsächlich teilt, wird erst die Zukunft zeigen.
[104] VGH BW Beschl. v. 2.5.2017 – A 4 S 1001/17.
[105] Zur „Zeitnähe" s. VGH BW Beschl. v. 2.5.2017 – A 4 S 1001/17.

nach dem „**Versteinerungsprinzip**" des Art. 7 II („freezing rule") im maßgeblichen Zeitpunkt des Asylerstantrags, das nach dem Willen der Mitgliedstaaten „eine klare und praktikable Formel" darstellt, weil spätere Sachverhaltsänderungen grundsätzlich irrelevant sind. Daraus folgt zB: „Vulnerable persons" brauchen besonderen Schutz und der Familienverband soll keinesfalls auseinandergerissen werden (Art. 8–11, 16), der Staat, der den Ausländer mit Titel bzw. Visum (nur „echtes", nicht bloß Defacto-Einreisegestattung[106]) in die EU hat einreisen lassen, muss ihn jetzt wieder nehmen (Art. 12)[107], genauso wie derjenige Staat, in den der Ausländer erstmals illegal ins Dublin-Gebiet eingereist ist (Art. 13–15). Nach illegalem Grenzübertritt endet die Zuständigkeit allerdings nach zwölf Monaten. War der Antragsteller in mehreren Mitgliedstaaten je mindestens fünf Monate, ist der letzte Aufenthaltsstaat zuständig (Art. 13 I, II). Kann nach den Spezialnormen keine Zuständigkeit begründet werden, ist im Sinne einer Auffangzuständigkeit nach Art. 3 II UAbs. 1 der Antragstaat zuständig. Dieser ist, wenn er bei fortgesetzter Prüfung keinen anderen Dublin-Staat für die Überstellung findet, nach Art. 3 II UAbs. 2 auch zuständig, wenn in einen anderen, eigentlich vorrangig zuständigen Staat aufgrund dortiger „systemischer Schwachstellen" im Asylverfahren mit der Folge einer mit „beachtlicher Wahrscheinlichkeit" („real risk") eintretenden unmenschlichen oder entwürdigenden Behandlung nicht überstellt werden kann. Die Dublin-Zuständigkeiten erlöschen allerdings nach Art. 19 I, wenn dem Ausländer ein Titel erteilt wird oder er den Dublin-Raum mindestens drei Monate verlassen hatte. Nach allgemeinen völkerrechtlichen Grundsätzen kann nach dem **Selbsteintrittsrecht** des Art. 17 jeder Dublin-Staat nach freiem (grundsätzlich nicht einklagbarem) Ermessen jederzeit jeden Asylbewerber selbst aufnehmen und dessen Verfahren durchführen. Dies muss er wegen des Beschleunigungsgrundsatzes ausnahmsweise bei **überlanger Verfahrensdauer**[108] (was ohne feste Zeitvorgaben im Einzelfall entsprechend der EGMR-Vorgaben zu Art. 6 EMRK zu ermitteln ist nach 1. Fallkomplexität, 2. Beteiligtenverhalten, insbesondere eine – notwendige – Verzögerungsrüge, 3. Fallbedeutung[109]) bzw. wenn davon auszugehen ist, dass – bezogen auf den Zeitpunkt der mündlichen Verhandlung – die Überstellung innerhalb der nächsten sechs Monate bis zum Ablauf der Überstellungsfrist nicht mehr durchgeführt werden kann oder werden wird; die Darlegungslast liegt bzgl. der zeitnah möglichen Überstellung beim BAMF[110]. Dass jeder Dublin-Staat grundsätzlich frei ist, gem. Art. 17 den Selbsteintritt zu erklären, auch aus solidarischen, politischen, humanitären oder praktischen Gesichtspunkten, hat der EuGH bestätigt[111]. Ein Dublin-Staat muss die eigene Zuständigkeit nicht formal etwa durch Bescheid feststellen[112]. Im Urteil H und R vom 2.4.2019 hat der EuGH entschieden, dass ein Zweitantragsstaat iRd Wiederaufnahmeverfahrens (grundsätzlich) die Zuständigkeit für die Durchführung des Asylverfahrens nicht zu prüfen hat, denn es ist der Erstantragsstaat, der das Zuständigkeitsbestimmungsverfahren durchzuführen und im Fall einer Weiterwanderung nach der Rückführung des Betroffenen fortsetzen muss, außer, er hatte das Zuständigkeitsbestimmungsverfahren bereits beendet und sich für zuständig erklärt. Denn dann steht einer erneuten Prüfung der Zuständigkeitsfrage im Zweitantragsstaat der „effet utile" des Dublin-Systems entgegen[113]. Für die gerichtliche Praxis kann gefolgert werden, dass beim Aufnahmegesuch (Art. 21 Dublin III-VO) grundsätzlich voll zu prüfen ist, ob der Zielstaat zuständig ist. Beim Wiederaufnahmegesuch (Art. 23 Dublin III-VO) hingegen wird die tatsächliche Zuständigkeit des Zielstaats grundsätzlich nur geprüft, wenn sich der Kläger etwa auf dortige Menschenrechtsverletzungen beruft.

---

[106] EuGH Urt. v. 26.7.2017 – C-646/16 – Jafari.

[107] Nach dem Versteinerungsprinzip schützt auch eine spätere Eheschließung mit einem Flüchtling in Deutschland ggf. nicht vor der Rückführung in den Visumstaat, um dort das Asylverfahren durchzuführen. Denn Art. 7 III Dublin III-VO verweist eindeutig nicht auf Art. 9 Dublin III-VO, was den Umkehrschluss zulässt, dass nicht Art. 7 II Dublin-III-VO auch auf Art. 9 Dublin III-VO erstreckt. Dies entspricht zudem der Historie, denn die Mitgliedstaaten wollten verhindern, dass der „leichtere Weg" des Asylantrags gewählt wird statt der des ehebedingten Aufenthaltsrechts, der evtl. die Ausreise und Wiedereinreise mit Visum zur Familienzusammenführung erfordert (vgl. Council of the EU v. 27.7.2009, Note 12364/09 S. 17–19).

[108] Vgl. VG Stuttgart Urt. v. 28.2.2014 – A 12 K 383/14, http://openjur.de/u/680607.html; VG Sigmaringen Urt. v. 22.10.2014 – A 7 K 2250/13.

[109] Instruktiv *Adam*, Höchstfrist für gerichtliche Dublin-Verfahren?, NVwZ, 2021, 1031.

[110] VGH BW Urt. v. 13.10.2016 – A 11 S 1596/16. Eine absolute zeitliche Obergrenze für die Zuständigkeit des Ersteinreisestaats gibt es dabei nicht; vgl. BVerwG Beschl. v. 19.5.2021 – 1 B 11.21.

[111] EuGH Urt. v. 4.10.2019 – C-56/17 Rn. 53 – Fathi.

[112] EuGH Urt. v. 4.10.2019 – C-56/17 Rn. 51 – Fathi: „Erstens ist zum Wortlaut von Art. 3 Abs. 1 der Dublin III-VO festzustellen, dass diese Vorschrift weder den Mitgliedstaat, in dessen Hoheitsgebiet ein Antrag auf internationalen Schutz gestellt wurde, ausdrücklich dazu verpflichtet, explizit eine Entscheidung zu erlassen, der anhand der in dieser Verordnung vorgesehenen Kriterien seine eigene Zuständigkeit festgestellt wird, noch die Form vorschreibt, die eine solche Entscheidung aufweisen müsste. ... Art. 3 Abs. 1 der Dublin III-VO in einer Situation wie der des Ausgangsverfahrens dahin auszulegen ist, dass er die Behörden eines Mitgliedstaats nicht daran hindert, die inhaltliche Prüfung eines Antrags auf internationalen Schutz im Sinne von Art. 2 Buchst. d dieser Verordnung vorzunehmen, ohne dass eine ausdrückliche Entscheidung dieser Behörden vorliegt, in der anhand der in dieser Verordnung vorgesehenen Kriterien festgestellt worden wäre, dass dieser Mitgliedstaat für eine solche Prüfung zuständig ist."

[113] EuGH Urt. v. 2.4.2019 – C-582/17 – H und R; hierzu *Lübbe* in https://verfassungsblog.de/der-eugh-eroeffnet-unbeabsichtigt-neue-wege-fuer-free-choice-im-asylrecht/.

Unzulässige Anträge§ 29 AsylG 7

Wiederaufnahme- und Überstellungsfristen: Besonders bedeutsam sind in der Dublin-Praxis 29
die Wiederaufnahmefristen, an die die „sekundären Zuständigkeitskriterien" der Art. 18 ff. VO
anknüpfen[114]. Gemäß Art. 23 bzw. 24 II Dublin III-VO soll bei Eurodac-Treffer das Wiederaufnahmegesuch spätestens binnen **zwei Monaten** mit dem Standardformblatt aus der auch im Übrigen
aufschlussreichen Dublin-DurchführungsVO 118/2014/EU gestellt werden. ISd Satzes „Wer
schweigt, stimmt zu" gilt die Zustimmung dann als erteilt, wenn der angefragte Staat nicht binnen
zwei Wochen der Überstellung zu ihm widerspricht. Liegt seine Zustimmung zur (Wieder-)Aufnahme vor – was für einen Dublin-Bescheid zwingende Voraussetzung ist und positiv feststehen
muss[115] –, soll die Überstellung nach Art. 29 Dublin III-VO spätestens binnen **sechs Monaten bzw.
eines Jahres (bei Haft**[116]**) bzw. 18 Monaten (bei Flucht)** durchgeführt werden. Insbesondere
unter Berufung auf das Abdullahi-Urteil des EuGH (→ Rn. 31) wurde in Deutschland früher überwiegend vertreten, dass weder die Wiederaufnahmefristen[117] noch die Überstellungsfristen[118] grundsätzlich drittschützend sind. Nach dieser Auffassung kann sich der Ausländer auf den Ablauf dieser
Fristen auch vor Gericht nicht berufen, wenn und solange ein anderer Dublin-Staat ihn (weiterhin)
aufnehmen möchte[119]. Eine Berufung auf den Ablauf der Überstellungsfristen hatte nur bei überlanger Verfahrensdauer Erfolg, das allerdings aufgrund der hintereinander geschalteten Dublin-Fristen
sicherlich im Untätigbleiben von über einem Jahr voraussetzte[120]. Denn nur bei überlanger
Verfahrensdauer konnte sich das private Beschleunigungsinteresse durchsetzen lassen, dh, (nur) dann
musste ganz ausnahmsweise das Selbsteintrittsrecht des Art. 17 VO ausgeübt werden, damit keine
„Refugee in orbit"-Situation entsteht[121]. Aufgrund der neuen Rspr. in den Urteilen Ghezelbash und
Karim (s. unten), in denen der EuGH unter Berufung auf den intensiveren Individualrechtsschutz der
Dublin III-VO im Vergleich zur Dubin II-VO erstmals den Zuständigkeitskriterien in Kap. III der
VO Drittschutz zusprach, hat der BVerwG nunmehr seine Rspr. korrigiert[122]. Seither ist deshalb
davon auszugehen, dass auch den Wiederaufnahme- und Überstellungsfristen der Dublin III-VO
Drittschutz zukommt[123]. Diese Fristen sind allerdings nicht auf Asylbewerber anwendbar, denen
bereits in einem EU-Mitgliedstaat subsidiärer Schutz gewährt wurde[124]. Zur Berechnung der Dublin-Fristen s. Art. 42 Dublin III-VO; die Fiktion der Annahme des Aufnahmegesuchs bei „Schweigen"
tritt nicht erst nach Ablauf der Frist (00.00 Uhr des Folgetags), sondern bereits mit Ablauf der Frist
(letzter Tag 24.00 Uhr) ein[125].

Unionsrechtlicher Überstellungsschutz: Gegen eine Dublin-Überstellung kann ein Kläger uni- 30
onsrechtlich grundsätzlich ausschließlich einwenden, im Zielstaat der Abschiebung bestünden **systemische Mängel** des Asylverfahrens und der Aufnahmebedingungen für Asylbewerber, die ernsthafte
und durch Tatsachen bestätigte Gründe für die Annahme darstellten, dass er tatsächlich Gefahr läuft,
einer unmenschlichen oder erniedrigenden Behandlung iSv **Art. 4 GRCh** ausgesetzt zu werden[126].
Dies hat der EuGH der Sache nach schon in seinem Urteil vom 10.12.2013 (C-394/12, – Abdullahi)
entschieden und damit das Urteil M. S. S. des EGMR sowie seine eigene Rspr. in den Urteilen
N. S. und Puid fortgeschrieben. Im Urteil M. S. S. der Großen Kammer vom 21.1.2011 hatte der
EGMR[127] entschieden, dass eine Dublin-Überstellung von Belgien nach Griechenland aufgrund der
dort herrschenden Haft- und Lebensbedingungen für Asylbewerber insbesondere gegen Art. 3 EMRK
verstoßen hat[128].

EuGH-Urteil N. S.: Der EuGH übertrug den M. S. S.-Ansatz des EGMR entsprechend 31
Art. 52 III 1 GRCh im Urteil N. S. vom 21.12.2011 (C-411/10 und 493/10) unter Anwendung von
Art. 4 GRCh (entspricht Art. 3 EMRK) in das Unionsrecht und entwickelte hierbei den Begriff der

---

[114] Hierzu *Hruschka* ZAR 2018, 281.
[115] Vgl. BVerwG Urt. v. 27.4.2016 – 1 C 24.15.
[116] Zur Abschiebungshaft vgl. BGH Beschl. v. 7.6.2018 – V ZB 237/17.
[117] Vgl. BVerwG Urt. v. 27.10.2015 – 1 C 32.14; VGH BW Urt. v. 16.4.2014 – A 11 S 1721/13; VG Würzburg Beschl. v. 2.1.2015 – W 1 S 14.50120, http://openjur.de/u/754014.html.
[118] BVerwG Beschl. v. 19.3.2014 – 10 B 6.14; NdsOVG Beschl. v. 6.11.2014 – 13 LA 66/14.
[119] Dies war schon deshalb überzeugend, weil in der Praxis viele Dublin-Staaten die Kläger erfahrungsgemäß auch lange über die Überstellungsfristen hinweg wieder aufnehmen, ohne strikt auf Einhaltung dieser „Organisationsnormen" beharren. Soweit sie im Einzelfall hierauf beharrten, hob das BAMF idR den Dublin-Bescheid von Amts wegen auf und erklärte das Verfahren in der Hauptsache für erledigt.
[120] Vgl. auch den Anhang X zur Dublin-DurchführungsVO 118/2014/EU, der von einer Verfahrensdauer „unter normalen Umständen bis zu 11 Monate" spricht.
[121] Überzeugend VG Sigmaringen Urt. v. 22.10.2014 – A 7 K 2250/13.
[122] BVerwG Urt. v. 9.8.2016 – 1 C 6.16, Rn. 22.
[123] *Günther* spricht von einem „Schlussstein" der Dublin-Entwicklung, ZAR 2017, 7.
[124] EuGH Urt. v. 5.4.2017 – C-36/17 – Ahmed.
[125] Überzeugend VG Regensburg Beschl. v. 7.11.2018 – 8 E 18.50731.
[126] Vgl. hierzu *Günter* ZAR 2017, 7.
[127] EGMR, Urt. v. 21.1.2011 – 30696/09. – M. S. S.
[128] Ein Schlaglicht auf die weiterhin andauernden erheblichen Probleme in GR wirft auch das EGMR-Urt. v. 13.10.2016 – 11981/15 – B. A. C., in dem geurteilt wurde, dass ein Jahre dauerndes und vom griechischen Staat schlicht nicht betriebenes Asylverfahren einen Verstoß gegen Art. 3, 8 und 13 EMRK darstellt.

„systemischen Mängel" bzw. **„Schwachstellen"**[129]. Herrschen in einem Dublin-Staat solche systemischen Mängel im Asylsystem, was Asylbehörde und gegebenenfalls Asylgericht selbst prüfen müssen[130], die mit beachtlicher Wahrscheinlichkeit zu einer Rechtsverletzung (nun im Sinne der hohen Jawo-Hürde der „extremen materiellen Not", → Rn. 26) führen, darf der Asylbewerber nicht dorthin überstellt werden (Urt.-Rn. 112 f.). Eine unwiderlegbare Vermutung, dass in keinem Dublin-Staat systemische Mängel existieren, widerspricht – trotz des „Prinzips des gegenseitigen Vertrauens" und dem politischen Ziel, „forum shopping" zu vermeiden – Unionsrecht (Urt.-Rn. 79, 104). Drohende Rechtsverletzungen müssen allerdings hinreichend gravierend sein, denn nicht jede Verletzung eines Grundrechts durch den Dublin-Zielstaat führt zur Unbeachtlichkeit der Dublin-Zuständigkeitsbestimmungen (Urt.-Rn. 82). Vorliegen muss vielmehr eine Verletzung von Art. 4 GRCh, die in Betracht kommen kann etwa hinsichtlich willkürlicher Haft oder katastrophaler Lebensbedingungen für Asylbewerber („griechische Verhältnisse" iSd M. S. S.-Urteils) bzw. wenn etwa aufgrund erheblicher Erkrankung und Nichtbehandelbarkeit im Dublin-Zielstaat dort der in Art. 19 EU-Aufnahme-RL 2013/33/EU garantierte medizinische Mindeststandard[131] gefährlich unterschritten wäre (auch insoweit erforderlich eine „extreme Not" iSd Jawo-Urt.-Rn. 26). Ausschließlich etwa in solchen Fällen darf das Dublin-System außer Kraft gesetzt werden, auch um einen Wertungswiderspruch hinsichtlich der bei jeder Abschiebung gleichermaßen zu beachtenden Art. 3 EMRK-Rspr. des EGMR zu vermeiden. Denn wegen der Unteilbarkeit der Menschenwürde, die hinter Art. 4 GRCh bzw. Art. 3 EMRK steht, kann es wohl nicht richtig sein, dass die (spätere) Abschiebung in den Heimatstaat hiernach unproblematisch zulässig wäre, obwohl dort etwa keinerlei Unterbringung gesichert ist, die Abschiebung in den Dublin-Staat hingegen nach dem Maßstab desselben Menschenrechts etwa bei gesicherter, aber schlechter Unterbringung unzulässig sein soll[132]. Dies wäre auch mit der Effet-utile-Rspr. des EuGH unvereinbar, der im Urteil „N. S." bekräftigt, dass hinsichtlich des effektiven Funktionierens des Dublin-Systems „der Daseinsgrund der Union und die Verwirklichung des Raums der Freiheit, der Sicherheit und des Rechts, konkret des Gemeinsamen Europäischen Asylsystems, das auf gegenseitigem Vertrauen[133] und einer Vermutung der Beachtung des Unionsrechts, genauer der Grundrechte, durch die anderen Mitgliedstaaten gründet", auf dem Spiel stehen (Urt.-Rn. 83). Im **Urteil LM** vom 25.7.2018 in der Rechtssache C-216/18, relativiert der EuGH allerdings erstmals das **gegenseitige Vertrauen,** das die Mitgliedstaaten sich schenken müssen, aufgrund der polnischen Justizreformen. Vor Vollstreckung eines europäischen. Haftbefehls müsse jedenfalls in einem ersten Schritt festgestellt werden, ob in dem Mitgliedstaat, der den Haftbefehl ausgestellt hat, namentlich wegen systemischer Mängel im Justizsystem eine echte Gefahr unmenschlicher oder erniedrigender Behandlung besteht. In einem zweiten Schritt müsse sich diese überstellende Behörde sodann vergewissern, ob es ernsthafte und durch Tatsachen bestätigte Gründe für die Annahme gibt, dass die betroffene Person einer solchen Gefahr ausgesetzt sein wird. Ergebe sich nach Prüfung all dieser Punkte eine echte Gefahr, dass die betroffene Person im Zielmitgliedstaat eine Verletzung ihres Grundrechts auf ein unabhängiges Gericht erleide und damit der Wesensgehalt ihres Grundrechts auf ein faires Verfahren angetastet werde, dürfe nicht überstellt werden. Diese Grundsätze müssen auch im Dublin-Asylsystem gelten. Im **Urteil Jawo** vom 19.3.2019 in der Rechtssache C-163/17, betont der EuGH dann aber wieder den Vertrauensgrundsatz für das Dublin-System (→ Rn. 26).

32 **EuGH-Urteil Puid:** In Fortschreibung der Entscheidung N. S. entschied der EuGH im Urteil Puid am 14.11.2013 (C-4/11), dass bei Vorliegen systemischer Mängel, die beim konkreten Asylbewerber zu einer unmenschlichen oder erniedrigenden Behandlung iSv Art. 4 GRCh führen, der eigentlich nicht zuständige Dublin-Staat zunächst allerdings weiter prüfen darf, ob anhand der Dublin-Regelungen ein anderer Dublin-Staat für eine Überstellung infrage kommt (Urt.-Rn. 33). Dabei hat der eigentlich nicht zuständige Dublin-Staat darauf zu achten, dass kein unangemessen langes Verfahren entsteht (Beschleunigungsgebot). Erforderlichenfalls sollte er den Asylantrag unter Inanspruchnahme des mitgliedstaatlichen Selbsteintrittsrechts[134] selbst prüfen (Urt.-Rn. 35). Der EuGH stellte allerdings ausdrücklich klar, dass der Asylbewerber hierauf keinen Rechtsanspruch besitzt[135] (Urt.-Rn. 26, 37).

---

[129] Vgl. heute: Art. 3 II UAbs. 2 Dublin III-VO.
[130] Vgl. UK Supreme Court Urt. v. 19.2.2014 – EM (Eritrea) SSHD 2014] UKSC 12 – http://supremecourt.uk/decided-cases/docs/UKSC_2012_0272_Judgment.pdf.
[131] „Notversorgung und die unbedingt erforderliche Behandlung von Krankheiten".
[132] Das Gegenargument, der Kläger habe im Dublin-Staat, anders als im Heimatstaat, keine Familie und Freunde, ist schwach, denn die Frage der aufnahmebereiten Dritten gehört bei der Abschiebung in den Herkunftsstaat regelmäßig nicht zum Prüfprogramm, vgl. EGMR Urt. v. 27.5.2008 – 26565/05, NVwZ 2008, 1334 – N./UK. Ein stärkeres Gegenargument könnte sein, dass der Asylbewerber im Dublin-Staat ggf. zwangsuntergebracht ist und keine Verdienstmöglichkeiten hat.
[133] S. dazu die EuGH-Vorlage des irischen High Courts v. 12.3.2018 – The Minister for Justice and Equality -v- Celmer, [2018] IEHC 119 (2018) – http://www.courts.ie/Judgments.nsf/768d83be24938e1180256ef30048ca51/578dd3a9a33247a38025824f0057e747?OpenDocument = C-216/18 (LM).
[134] Vgl. Art. 3 II Dublin II-VO; Art. 17 I Dublin III-VO.
[135] Für den alleinstehenden Asylbewerber. In familiären Konstellationen kann dies anders sein, vgl. VGH BW Urt. v. 29.4.2015 – A 11 S 57/15, Rn. 44 („Wird das Asylverfahren eines Teils der Kernfamilie – hier: ein Elternteil und gemeinsame Kinder im Alter von zwei und vier Jahren – in das nationale Verfahren überführt, so kann den

Damit hat er zugleich der Sache nach klargestellt, dass ein Asylbewerber nur Anspruch darauf hat, dass sein Antrag auf internationalen Schutz auf dem Gebiet des „unvollendeten Bundesstaates EU" geprüft wird, nicht aber darauf, dass er gerade in einem bestimmten Dublin-Staat eigener Wahl geprüft wird (kein „forum shopping"), genauso wenig wie etwa ein Anspruch besteht, dass dies in Baden-Württemberg und nicht bspw. in Mecklenburg-Vorpommern geschieht. Im **Brexit/Dublin III-Urteil** vom 23.1.2019 hat der EuGH dies noch mal bestätigt[136]. Hier hat der EuGH ergänzend ausgeführt, dass es keinen Extra-Rechtsbehelf gegen die (BAMF-)Entscheidung, von Art. 17 Dublin III-VO keinen Gebrauch zu machen, geben muss, weil ja die Überstellungsentscheidung angefochten werden kann.

EuGH-Urteil Abdullahi: Dies wurde im Urteil Abdullahi vom 10.12.2013 (C-394/12) klargestellt, in dem ausdrücklich nach dem Drittschutz von Dublin-Zuständigkeitsverfahrensvorschriften gefragt worden war. Der EuGH antwortete wiederum verneinend und in aller Klarheit[137], dass in dem Moment, in dem ein Dublin-Zielstaat der (Wieder-)Aufnahme des Asylbewerbers zugestimmt hat, dieser hiergegen ausschließlich dortige systemische Mängel einwenden kann, die in seinem konkreten Einzelfall zu einer Verletzung von Art. 4 GRCh führen würden (Urt.-Rn. 60). Denn die Dublin-Zuständigkeitsregelungen seien iSv „organisatorischen Vorschriften" der Mitgliedstaaten (Urteil-Rn. 56) und nach dem „Prinzip des gegenseitigen Vertrauens" normiert worden, um – auch wegen des öffentlichen Beschleunigungsinteresses hinsichtlich einer zeitnahen Feststellung des zuständigen Dublin-Staates – einem „forum shopping" entgegenzuwirken (Urt.-Rn. 53). Die „fundamentale Bedeutung" des Prinzips des gegenseitigen Vertrauens zwischen den EU-Mitgliedstaaten hat der EuGH des Weiteren im EMRK-Beitrittsgutachten[138] wiederholt. 33

Im **„Ghezelbash"-Urteil** vom 7.6.2016 in der Rechtssache C-63/15 (bestätigt in C-155/15 **[Karim]**) entschied der EuGH nunmehr jedoch, dass dieser Abdullahi-Grundsatz nicht auf die Dublin III-VO zu übertragen ist. Der EuGH führte ua aus: „Aus dem Vorstehenden folgt, dass sich der Unionsgesetzgeber im Rahmen der Verordnung Nr. 604/2013 nicht darauf beschränkt hat, organisatorische Regeln nur für die Beziehungen zwischen den Mitgliedstaaten zu normieren, um den zuständigen Mitgliedstaat bestimmen zu können, sondern sich dafür entschieden hat, die Asylbewerber an diesem Verfahren zu beteiligen, indem er die Mitgliedstaaten dazu verpflichtete, die Asylbewerber über die Zuständigkeitskriterien zu unterrichten, ihnen Gelegenheit zur Mitteilung der Informationen zu geben, die die fehlerfreie Anwendung dieser Kriterien erlauben, und ihnen einen wirksamen Rechtsbehelf gegen die am Ende des Verfahrens möglicherweise ergehende Überstellungsentscheidung zu gewährleisten. (…) Nach alledem ist auf die erste Frage zu antworten, dass Art. 27 Abs. 1 der Verordnung Nr. 604/2013 im Licht ihres 19. Erwägungsgrundes dahin auszulegen ist, dass in einem Sachverhalt wie dem im Ausgangsverfahren fraglichen ein Asylbewerber iRe Rechtsbehelfs gegen eine Entscheidung über seine Überstellung die fehlerhafte Anwendung eines in Kapitel III dieser Verordnung festgelegten Zuständigkeitskriteriums und insbesondere des in Art. 12 der Verordnung festgelegten Kriteriums einer Visumserteilung geltend machen kann." Das BVerwG folgerte hieraus konsequent mit Urt. vom 9.8.2016 – 1 C 6.16, Rn. 22, dass die Fristenregelungen der Dublin III-VO nunmehr grundsätzlich individualschützend sind und gab seine bisher entgegenstehende Rspr. auf (→ Rn. 27). Diese Rechtsauffassung wurde vom EuGH im **Mengesteab-Urteil** vom 26.7.2017 in der Rechtssache C-670/16 bestätigt. Der Asylbewerber kann sich auf den Ablauf von Dublin-Fristen berufen, selbst wenn der angefragte EU-Mitgliedstaat weiterhin zur Übernahme bereit ist. Im **Urteil Shiri** v. 25.10.2017 in der Rechtssache C-201/16 wurde diese Rspr. bestätigt und fortgeschrieben[139]. 34

---

zugehörigen anderen Familienmitgliedern – hier: dem anderen Elternteil – ein subjektives Recht auf Selbsteintritt der Bundesrepublik zustehen.").

[136] EuGH Urt. v. 23.1.2019 – C-661/17 („Aus dem Wortlaut von Art 17 I Dublin III-VO geht klar hervor, dass diese Vorschrift insofern fakultativ ist, als sie es dem Ermessen jedes Mitgliedstaats überlässt, zu beschließen, einen bei ihm gestellten Antrag auf internationalen Schutz zu prüfen, auch wenn er nach den in dieser Verordnung definierten Kriterien für die Bestimmung des zuständigen Mitgliedstaats nicht für die Prüfung zuständig ist. IÜ ist die Ausübung dieser Befugnis an keine besondere Bedingung geknüpft. Diese Befugnis soll es jedem Mitgliedstaat ermöglichen, aus politischen, humanitären oder praktischen Erwägungen bereit zu erklären, einen Antrag auf internationalen Schutz zu prüfen, auch wenn er hierfür nach den in dieser Verordnung definierten Kriterien nicht zuständig ist. Angesichts des Umfangs des den Mitgliedstaaten auf diese Weise gewährten Ermessens ist es Sache des betreffenden Mitgliedstaats, die Umstände zu bestimmen, unter denen er von der Befugnis, die durch die Ermessensklausel in Art 17 I eingeräumt wird, Gebrauch machen möchte, und zu entscheiden, ob er sich bereit erklärt, einen Antrag auf internationalen Schutz, für den er nach den in dieser Verordnung definierten Kriterien nicht zuständig ist, selbst zu prüfen.").

[137] Lübbe plädierte allerdings dafür, das Urteil Abdullahi interpretatorisch nicht zu überspannen, ZAR 2015, 125.

[138] EuGH 18.12.2014 – Gutachten 2/13 Rn. 191–195.

[139] Mit folgendem Inhalt: (1) Die Zuständigkeit geht von Rechts wegen mit dem Ablauf der sechsmonatigen Überstellungsfrist nach Art. 29 II Dublin III-VO auf den ersuchenden Staat über, in dem sich die asylsuchende Person aufhält, ohne dass der ursprünglich zuständige Mitgliedstaat die Aufnahme ausdrücklich ablehnen muss. (2) Asylsuchende können sich darauf berufen, dass die Zuständigkeit auf den ersuchenden Mitgliedstaat übergegangen sei, wenn die sechsmonatige Frist, die nach Art. 29 Dublin III-VO für die Überstellung der Betroffenen vorgesehen ist, abgelaufen ist. (3) Falls die Überstellungsfrist nach Erlass der Überstellungsentscheidung (Dublin-Bescheid) abläuft, ist

35 **EGMR-Urteile Tarakhel und A. M. E.:** Wie zuvor schon das BVerfG[140] hat der EGMR[141] im Urteil Tarakhel vom 4.11.2014 überzeugend betont, dass Kleinkinder bzw. „vulnerable persons" grundsätzlich vorsichtig und anders behandelt werden müssen als die Hauptgruppe der „jung/gesunden" Kläger. Insoweit kann bei Gericht auch nicht mit „Maßgaben" gearbeitet werden[142]. Im Urteil A. M. E. hat der EGMR[143] am 13.1.2015 noch einmal klargestellt, dass solche Maßgaben bei „jung/gesunden" Klägern (bezüglich Italien damals[144]) derzeit) nicht angezeigt sind. Das Jawo-Urteil (→ Rn. 26) hat die Tarakhel-Rspr. nicht aufgehoben, dh, die hier postulierte harte EuGH-Linie greift nicht bei Kleinkindern bzw. „vulnerable persons", die immer besonderens Schutz beanspruchen dürfen. Ohne hinreichende Sicherheit, dass für sie auch tatsächlich eine Unterkunft im Abschiebezielstaat zur Verfügung steht (gegebenenfalls sogar eine Zusicherung), kann eine Rückführung im Dublin-Raum mithin nicht erfolgen. Dies wurde auch nicht etwa durch das **EGMR-Urteil M. T.** vom 23.3.2021 – 46595/19 – relativiert, in dem allerdings die Lage in Italien neu bewertet und festgestellt wurde, dass eine Mutter mit Kleinkindern heute Anspruch auf Aufnahme in einer Einrichtung hat, weshalb bei Kooperation der Behörden nicht mehr pauschal eine Art. 3 EMRK-Gefahr angenommen werden kann. Das Urteil M. T. schreibt Tarakhel dahingehend fort, dass bei Vulnerablen besonders genau im Einzelfall zu prüfen ist, ob sie im Zielstaat der Rückführung angemessen versorgt werden.

36 **Darlegungs- und Beweislast:** An diese Rspr. anknüpfend kann auch die Frage der Beweislast entschieden werden. Der Verwaltungsrichter muss den Sachverhalt zunächst natürlich gründlich aufzuklären versuchen, wobei allerdings ggf. das vom EuGH betonte Vertrauensprinzip und das Beschleunigungsgebot beachtet werden müssen. Da ein deutscher Asylrichter nach EuGH[145] aber etwa kein „ungarischer Oberhaftrichter" oder „bulgarischer Obersozialrichter" sein darf, hat er dabei bspw. schwerpunktmäßig nicht zu fragen, ob die Kollegen in Ungarn das Haftrecht der Art. 8 EU-Aufnahme-RL bzw. Art. 28 Dublin III-VO wirklich korrekt anwenden. Seine Frage hat sich vielmehr europarechtskonform auf die Frage der „menschenwürdigen Zustände" in ungarischen JVAs zu konzentrieren. Das vom EuGH betonte Prinzip des grundsätzlichen gegenseitigen Vertrauens in die Einhaltung der Grundrechte dürfte verfahrensbegleitenden Einfluss auch auf die Frage haben, ob die Überstellung im Eilrechtsschutz vorläufig gestoppt werden soll. Verbleiben nach Sachverhaltsaufklärung durch Auswertung erreichbarer Auskünfte – wie wohl regelmäßig – Unsicherheiten, dürften folgende Beweislastgrundsätze gelten[146]: Beim **„gesunden arbeitsfähigen Kläger"** muss aufgrund des „fundamentalen Vertrauensprinzips" vermutet werden, dass keine systemischen Mängel im anderen Dublin-Staat vorliegen, dh, es ist seine materielle Beweislast, dies zu widerlegen. Der Richter hat eine Gesamtwürdigung durchzuführen, in die natürlich auch individuelle Erfahrungen des Klägers einfließen können. Eine Beweislastgrundregel dahin gehend, dass das Bundesamt beweisen muss, dass frühere systemische Mängel jetzt behoben sind[147], ist allerdings abzulehnen. Auch individuelle Erfahrungen einer gegen Art. 4 GRCh verstoßenden Behandlung können den Richter nicht im Sinne einer „Beweislastumkehr" von seiner Gesamtwürdigung oder den Kläger von seiner Beweislast befreien[148]. Bei **„vulnerable persons"** dagegen, zB Kindern oder Kranken, ist alles anders: Hier ist es grundsätzlich Sache des BAMF, weiter aufzuklären oder jedenfalls sicherzustellen, dass die iSd EU-Aufnahme-RL 2013/33/EU erforderliche spezifische Versorgung im Dublin-Zielstaat sichergestellt ist, anderenfalls ist stattzugeben, weil gemäß § 34a I 1 dann eben nicht „feststeht", dass die Abschiebung dorthin durchgeführt werden kann. Hier muss also das BAMF (etwa durch Garantie-Erklärung iSv Tarakhel) beweisen, dass die Abschiebung gefahrlos durchgeführt werden kann. Der Richter kann hier wohl nicht mit einer (auch prozessrechtlich problematischen) „Tarakhel-Maßgabe" arbeiten[149].

---

der ersuchende Staat verpflichtet, von Amts wegen seine Zuständigkeit anzuerkennen und unverzüglich mit der Prüfung des Asylantrags der betroffenen Person zu beginnen.
[140] BVerfG Beschl. v. 17.9.2014 – 2 BvR 1795/14: „Nach der Rspr des BVerfG kann es allerdings – unbeschadet der Prüfung, ob einer Zurückweisung oder Rückverbringung eines Ausländers in einen sicheren Drittstaat ausnahmsweise Hinderungsgründe entgegenstehen – in Einzelfällen geboten sein, dass die deutschen Behörden vor einer solchen mit den im Zielstaat zuständigen Behörden Kontakt aufnehmen, den Sachverhalt klären und gegebenenfalls zum Schutz des Ausländers Vorkehrungen treffen. Insbesonders besteht eine Verpflichtung der mit dem Vollzug einer Abschiebung betrauten Stelle, von Amts wegen aus dem Gesundheitszustand eines Ausländers folgende tatsächliche Abschiebungshindernisse in jedem Stadium der Durchführung der Abschiebung zu beachten; diese Stelle hat gegebenenfalls durch ein (vorübergehendes) Absehen von der Abschiebung (Duldung) oder durch entsprechende tatsächliche Gestaltung der notwendigen Vorkehrungen zu treffen."
[141] EGMR Urt. v. 4.11.2014 – 29217/12.
[142] Schweizer BVerwG Urt. v. 12.3.2015 – Abt. V E-6629.2014; aA zB VG Würzburg Beschl. v. 2.9.2015 – W 1 S 14.50120, http://openjur.de/u/754014.html.
[143] EGMR Urt. v. 13.1.2015 – 51428/10.
[144] Vgl. später EGMR Urt. v. 23.3.2021 – 46595/19 – M. T.
[145] Bes. betont im EMRK-Beitrittsgutachten 2/13 Rn. 191 ff.
[146] Vgl. dazu auch VGH BW Beschl. v. 8.1.2015 – A 11 S 858/14.
[147] So VG Freiburg Beschl. v. 7.3.2014 – A 5 K 93/14.
[148] Vgl. BVerwG Beschl. v. 6.6.2014 – 10 B 35.14.
[149] Schweizer BVerwG Urt. v. 12.3.2015 – Abt. V E-6629.2014; so aber bspw. VG Würzburg Urt. v. 2.1.2015 – W 1 S 14.50120, (http://openjur.de/u/754014.html): „Der Antrag wird mit der Maßgabe abgelehnt, dass die

Unzulässige Anträge § 29 AsylG 7

Inlandsbezogene Vollstreckungshindernisse: Da der Ausländer bei einer Dublin-Abschiebungs- 37
anordnung gem. § 34a I, anders als bei der Androhung nach § 34, gegebenenfalls sofort und ohne
gesonderte Vorankündigung überstellt werden kann, muss er (trotz unionsrechtlichem Anwendungsvorrang) hiergegen nicht nur zielstaatsbezogene Abschiebungshindernisse iSv systemischen Mängeln,
sondern auch inlandsbezogene Vollstreckungshindernisse einwenden können. Im Falle der Abschiebungsanordnung kann das BAMF also selbst bei Reiseunfähigkeit im engeren Sinne[150], dh fehlender
Transportfähigkeit aufgrund Erkrankung, nicht auf die Entscheidungskompetenz der Ausländerbehörde im Vollzug bzgl. der Erteilung einer Duldung nach § 60a II AufenthG verweisen, sondern muss
ausnahmsweise sogleich selbst prüfen[151]. Der EuGH hat inzwischen bekräftigt, dass auch bei Fehlen
systemischer Mängel im Zielstaat eine Dublin-Überstellung im Lichte von Art. 4 EU-GRCh (bzw.
dem grundsätzlich deckungsgleichen Art. 3 EMRK) gestoppt werden muss, wenn aufgrund einer
schweren Erkrankung dort das „real risk" einer unmenschlichen oder erniedrigenden Behandlung
besteht[152]. Dabei wird auch nicht in zeitlicher Hinsicht differenziert. Vielmehr kommt dem BAMF
sowohl bei Erlass der Abschiebungsanordnung als auch im weiteren Verlauf bis zur Überstellung die
Entscheidungskompetenz zu. Das BAMF hat die weitere Entwicklung, uU mit Unterstützung der
(landesrechtlichen) Ausländerbehörde, auch nach Erlass der Abschiebungsanordnung – und ggf.
Durchführung eines Gerichtsverfahrens – unter Kontrolle zu halten und uU mit vorübergehendem
Absehen von der Vollziehung zu reagieren. Damit führt insbesondere auch nicht die Bestandskraft der
Abschiebungsanordnung zu einer Zuständigkeit (auch) der Ausländerbehörde bzw. Länder[153]. **Eilrechtsschutzanträge** sind hier grundsätzlich gegen den Bund zu richten. Ausnahmsweise kann Eilrechtsschutz aber auch gegen das Land möglich sein, wenn aufgrund besonderer Umstände des Einzelfalls bei einer durch Stellen des Landes im Wege der Amtshilfe bereits eingeleiteten Abschiebung eine
einstweilige Anordnung nach § 123 VwGO gegen die Bundesrepublik Deutschland zu spät käme, um
die Durchführung der Abschiebung noch abzuwenden[154].

Der Begriff des „systemischen Mangels": Der EGMR arbeitete zunächst – einzelfallbezogen 38
mit dem Blick auf das Ergebnis – ausschließlich mit den Begriffen des „real risk" bzgl. einer Verletzung
von Art. 3 EMRK. In der Tat ist das letztlich auch die zentrale (Schutz-)Frage. Würde Art. 3 EMRK
bzw. Art. 4 GRCh bei der Überstellung verletzt, wäre diese immer menschenrechtswidrig und müsste
unterbleiben. Nachdem der EuGH jedoch den – strukturell nicht einzelfallbezogenen – Begriff des
„systemischen Mangels" und nun in Folge Art. 3 II UAbs. 2 Dublin III-VO den Begriff der „systemischen Schwachstelle" vorgeschaltet verwendet, nutzt ihn nun auch der EGMR.[155] Weder der EGMR
noch der EuGH definieren diese Begriffe bisher allerdings näher, dh der europäischen Rspr. ist (noch)
nicht klar zu entnehmen, ob hier eng (nur *„griechische Verhältnisse"*) oder weit (alle *„vorhersehbaren
Gefährdungen"*) auszulegen ist. Im deutschen Dublin-System dürfte dies im Normalfall iE nicht allzu
wichtig sein, weil wir auch inlandsbezogene Vollstreckungshindernisse prüfen[156]. Ist ein Kläger bspw.
lebensgefährlich erkrankt und das konkrete Medikament ist für ihn im Überstellungsstaat mit beachtlicher Wahrscheinlichkeit nicht erreichbar, ist letztlich nicht entscheidungserheblich, ob ein systemischer Mangel (weit ausgelegt) bejaht wird oder aber von Reiseunfähigkeit (iwS), dh einem Vollstreckungshindernis ausgegangen wird. Wird der Begriff des systemischen Mangels eng verstanden, sind
die Vollstreckungshindernisse weit des Schutzes von Art. 3 EMRK weit auszulegen oder eben
umgekehrt. Nicht zum verwaltungsgerichtlichen Prüfprogramm bei nicht-anerkannten Asylbewerber
gehören allerdings systemische Mängel im eventuellen Falle einer Anerkennung im Zielstaat; denn das
Asylverfahren des zuständigen Dublin-Staats kann nicht inzident schon im Überstellungsverfahren
durchgeführt werden[157]. Nach den **Jawo/Ibrahim**-Urteilen[158] darf die Abschiebung – völlig unabhängig vom Stand des Asylverfahrens, dh selbst nach (insoweit zu unterstellender) Anerkennung – immer

---

Antragsgegnerin vor der Überstellung der Antragsteller nach Ungarn eine Garantieerklärung der ungarischen Behörden dafür einzuholen hat, dass die Familieneinheit der Antragsteller gewahrt wird und die Antragsteller zu 3) und 4)
ihrem Alter entsprechend kindgerecht untergebracht werden."
[150] Zum Begriff VGH BW Beschl. v. 6.2.2008 – 11 S 2439/07, Rn. 8.
[151] So auch BVerfG Beschl. v. 17.9.2014 – 2 BvR 1795/14, Rn. 9 ff. mwN.
[152] Vgl. EuGH Urt. v. 16.2.2017 – C-578/16, – C. K. ua/Slowenien, dazu *Lübbe* ZAR 2017, 176.
[153] VG Stuttgart Beschl. v. 21.6.2018 – 4 K 6710/18.
[154] Vgl. VGH BW Beschl. v. 13.2.2019 – 11 S 401/19 Rn. 12.
[155] Vgl. EGMR Beschl. v. 2.4.2013 – 27725/10, ZAR 2013, 336 – Hussein, oder etwa EGMR Urt. v. 3.7.2014 –
71932/12 – Mohammadi: (Rn. 74 f.) „The Court considers that the relevant country reports on the situation in
Hungary for asylum-seekers, and Dublin returnees in particular, do not indicate systematic deficiencies in the
Hungarian asylum and asylum detention system. The Court therefore concludes that the applicant would currently
not be at a real, individual risk of being subject to treatment in contrary to Article 3 of the Convention if expelled to
Hungary."
[156] Nur anders, wenn ein Dublin-Reservestaat existiert: Ist dies der Fall – und existieren dort keine systemischen
Mängel –, findet die Abschiebung dorthin statt. Ist dies der Fall – und besteht ein Vollstreckungshindernis –, bleibt
der Flüchtling hier.
[157] Vgl. VG KA Urt. v. 22.3.2018 – A 5 K 15921/17, Rn. 28.
[158] EuGH Urt. v. 19.3.2019 – C-163/17 – Jawo ua und C-297/17 – Ibrahim ua.

schon dann erfolgen, wenn im Zielstaat keine Extremgefahr droht, dh (nur irgendwie) „Bett, Brot, Seife" gesichert ist, wobei dies auch durch (legale) Arbeit des Asylbewerbers[159] geschehen kann, den insoweit eine Mitwirkungslast trifft (→ Rn. 26). Die Annahme systemischer Mängel hat hierbei (nur) Indizwirkung für das Vorliegen eines Art. 4 GRCh-Verstoßes, dh könnte gegebenenfalls sogar offenbleiben, wenn Art. 4 GRCh durch eine Überstellung verletzt würde.

39 **Deutsche Rspr.:** Das **BVerwG** hatte sich in seinem Beschl. vom 19.3.2014 (10 B 6.14) erstmals zum Begriff des systemischen Mangels geäußert und diesen – in Anlehnung an die überzeugenden Überlegungen von *Anna Lübbe*[160] – weit ausgelegt:

> *„Die Fokussierung der Prognose auf systemische Mängel ist dabei, wie sich aus den Erwägungen des EuGH zur Erkennbarkeit der Mängel für andere Mitgliedstaaten ergibt, Ausdruck der Vorhersehbarkeit solcher Defizite, weil sie im Rechtssystem des zuständigen Mitgliedstaates angelegt sind oder dessen Vollzugspraxis strukturell prägen. Solche Mängel treffen den Einzelnen in dem zuständigen Mitgliedstaat nicht unvorhersehbar oder schicksalhaft, sondern lassen sich aus Sicht der deutschen Behörden und Gerichte wegen ihrer systemimmanenten Regelhaftigkeit verlässlich prognostizieren. Die Widerlegung der o. g. Vermutung aufgrund systemischer Mängel setzt deshalb voraus, dass das Asylverfahren oder die Aufnahmebedingungen im zuständigen Mitgliedstaat aufgrund größerer Funktionsstörungen regelhaft so defizitär sind, dass anzunehmen ist, dass dort auch dem Asylbewerber im konkret zu entscheidenden Einzelfall mit beachtlicher Wahrscheinlichkeit eine unmenschliche oder erniedrigende Behandlung droht. Dann scheidet eine Überstellung an den nach der Dublin II-Verordnung zuständigen Mitgliedstaat aus."*

Noch deutlicher formulierte dieses weite Begriffsverständnis der **VGH BW** in seinem Urteil vom 10.11.2014 (A 11 S 1778/14):

> *„Systemische Schwachstellen sind solche, die entweder bereits im Asyl- und Aufnahmeregime selbst angelegt sind und von denen alle Asylbewerber oder bestimmte Gruppen von Asylbewerbern deshalb nicht zufällig und im Einzelfall, sondern vorhersehbar und regelhaft betroffen sind, oder aber tatsächliche Umstände, die dazu führen, dass ein theoretisch sachgerecht konzipiertes und nicht zu beanstandendes Asyl- und Aufnahmesystem – aus welchen Gründen auch immer – faktisch ganz oder in weiten Teilen seine ihm zugedachte Funktion nicht mehr erfüllen kann und weitgehend unwirksam wird. Dabei ist der Begriff der systemischen Schwachstelle nicht in einer engen Weise derart zu verstehen, dass er geeignet sein muss, sich auf eine unüberschaubare Vielzahl von Antragstellern auszuwirken. Vielmehr kann ein systemischer Mangel auch dann vorliegen, wenn er von vornherein lediglich eine geringe Zahl von Asylbewerbern betreffen kann, sofern er sich nur vorhersehbar und regelhaft realisieren wird und nicht gewissermaßen dem Zufall oder einer Verkettung unglücklicher Umstände bzw. Fehlleistungen von in das Verfahren involvierten Akteuren geschuldet ist."*

40 **Bewertung einzelner Dublin-Staaten:** Die erheblichen Bewertungsspielräume, die va im unscharfen Begriff des „systemischen Mangels" gründen zum einen sowie die das – durch in der Tat aufrüttelnde Berichte von Flüchtlingsverbänden nachvollziehbar genährte – mangelnde Vertrauen vieler Kolleg/inn/en in die grundrechtskonforme Asylpraxis bzw. Rspr. in anderen Dublin-Staaten zum anderen, haben – in Verbindung mit im Eilverfahren nach den §§ 76, 80 unanfechtbaren Einzelrichterentscheidungen[161] sowie unserer praktisch durchgängigen Einzelrichterei auch im Asylhauptsacheverfahren – in Deutschland zu einer „Dublin-Lotterie" geführt. Dies erscheint rechtsstaatlich hoch problematisch und ruft nach Reformen im Rechtsmittelrecht[162], damit die obergerichtliche Vereinheitlichungsfunktion wieder mehr als nur rudimentär greifen kann. Bzgl. der ständig fortgeschriebenen Bewertung der einzelnen Länder sei auf die einschlägigen Entscheidungsdatenbanken verwiesen. Hier illustrieren etwa die weitgehend konträren Ergebnisse zu „Dublin Ungarn" oder „Dublin Bulgarien" sofort eindrucksvoll, was mit dem Schlagwort „Dublin-Lotterie" gemeint ist.

XII. Ausgewählte Dublin-Einzelprobleme

41 **Gerichtliche Aufklärungspflicht und Anhörung:** Für die Frage, ob das Dublin-Asylsystem überhaupt anwendbar ist bzw. welcher Maßstab für die Zulässigkeit einer Rückführung gilt bzw. ob bei einem Zweitantrag in woanders erfolgter „erfolgloser Abschluss eines Asylverfahrens" iSv § 71a vorliegt, muss grundsätzlich von Amts wegen aufgeklärt werden, was im anderen Staat geschah. Dabei hängt die geforderte Ermittlungstiefe immer vom Einzelfall ab. Das BVerwG hat im Urteil vom 21.11.2017 – 1 C 39.16 – überzeugend ausgeführt (Rn. 21 f.): *„Ein Tatsachengericht verletzt seine Pflicht zur erschöpfenden Sachverhaltsaufklärung, wenn sich ihm auf der Grundlage seiner Rechts-*

---

[159] Ein generelles Arbeitsverbot (vgl. z. B. § 61 I Nr. 4) verstößt gegen Art. 15 der Aufnahme-RL 2013/33/EU und ist europarechtswidrig; vgl. EuGH Urt. v. 14.1.2021 – C-322/19 – K.S.; hierzu *Habbe* Asylmagazin 4/2021, 111.
[160] *Lübbe*, „Systemische Mängel" in Dublin-Verfahren, ZAR 2014, 97 ff.
[161] Auch der Einzelrichter muss sich mit Entscheidungen der Kollegen substanziiert auseinandersetzen, vgl. BVerfG, stattgebender Beschl. v. 24.1.2018 – 2 BvR 2026/17.
[162] Eindrucksvoll hierzu *Neidhardt/Ehrbeck*, Das BVerfG als Beschwerdeinstanz in Dublin-Eilsachen?, NVwZ 2015, 761.

auffassung eine weitere Sachverhaltsaufklärung von Amts wegen hätte aufdrängen müssen. Eine sachgerechte Handhabung dieses Grundsatzes hat zwar unter dem Gesichtspunkt der Gewaltenteilung und der Prozessökonomie zu erfolgen. Dies enthebt die Tatsachengerichte aber nicht von der Verpflichtung, hinreichend konkret dargelegten Einwänden eines Beteiligten nachzugehen und den Sachverhalt – gegebenenfalls auch unter Mitwirkung der Beteiligten – weiter aufzuklären, sofern dies für die Entscheidung des Rechtsstreits erforderlich ist. Allein der Umstand, dass der Erfolg weiterer Ermittlungsmaßnahmen von der Mitwirkung ausländischer Behörden abhängt, begründet für sich noch keine Unzumutbarkeit. Seiner Pflicht zur Sachverhaltsaufklärung hat das Berufungsgericht nicht schon dadurch genügt, dass es dem BAMF aufgegeben hat, ein Auskunftsersuchen nach Art. 21 Dublin II-VO an die zuständigen italienischen Behörden zu richten. Denn dieses Auskunftsersuchen ist von der italienischen Seite nicht beantwortet worden." Das BVerwG hat im Urteil vom 21.11.2017 (Rn. 31) eingeschränkt: „Im Übrigen wird das Berufungsgericht zu prüfen haben, ob angesichts der Konkretheit der Angaben der Liaisonbeamtin über die örtlich und zeitlich konkretisierte Anhörung, Schutzzuerkennung und Erteilung einer Auf-AE in Italien überhaupt berechtigte Zweifel an den Angaben der Liaisonbeamtin bestehen, zumal die Klägerin selbst angibt, in Foggia auf Sizilien „einen Brief mit Aufenthalt für drei Jahre bekommen" zu haben, was der nach den Feststellungen des Gerichts seinerzeit üblichen Dauer einer Aufenthaltserlaubnis für subsidiär Schutzberechtigte entsprechen würde. Ohne derartige Zweifel könnte sich eine weitere Beweiserhebung erübrigen." Auch bzgl. der Ermittlungstiefe verbietet sich mithin jede schematische Lösung. Nicht nur wegen § 77 I, auch wegen Unionsrecht müssen Umstände, die nach Erlass der Überstellungsentscheidung ergangen sind, im Gerichtsverfahren berücksichtigt werden[163]. Über die fachgerichtliche Sachverständigenaufklärung wacht iÜ auch das BVerfG mittels Art. 19 IV 1 iVm Art. 2 II 1 GG[164]. Bei unterlassener persönlicher Anhörung im behördlichen Asylverfahren darf das Verwaltungsgericht die Anhörung – allerdings unter den Bedingungen der Asylverfahrens-RL 2013/32/EU – nachholen oder den Bescheid deshalb aufheben[165].

Individual- oder Drittschutz von Dublin-Fristenregelungen: Die Dublin-VO unterscheidet 42 zwischen Antragsfristen (Art. 12 I, 23 I–III, 24 I–III, 28 III UAbs. 2 und 4), Antwortfristen Art. 22 VII, 25 II), Überstellungsfristen (Art. 29), Remonstrationsfristen (Art. 5 II Dublin-DVO) sowie Haftfristen[166] (Art. 28 III)[167]. Die Fristenberechnung ist in Art. 42 Dublin III-VO geregelt und erfolgt gewissermaßen automatisch über das sog. DubliNet (Art. 15 Dublin-DVO)[168]. Bis zu den Urteilen Ghezelbash und Karim am 7.6.2016 (→ Rn. 32) ging die herrschende Rspr. unter Berufung auf das EuGH-Urteil Abdullahi (→ Rn. 31), in dem objektiv Griechenland zuständig war, worauf sich die Klägerin berief, und in dem die Überstellungsfristen abgelaufen waren, iSe „acte éclairé" davon aus, dass sämtliche nicht grundrechtlich aufgeladenen[169] Dublin-Zuständigkeitsregelungen vom Asylbewerber gerichtlich regelmäßig[170] nicht durchgesetzt werden können[171]. Ein Drittschutz insbesondere der Überstellungsfristen konnte insoweit allenfalls bei überlanger Verfahrensdauer anerkannt werden[172], damit keine „Refugee in orbit"-Situation entsteht. Dies war eine Ausnahmekonstellation, die aufgrund der hintereinander geschalteten Wochen- und Monatsfristen der Dublin-Verordnungen ein Untätigbleiben des BAMF von weit über einem Jahr voraussetzte[173]. Seit den Urteilen Ghezelbash und Karim, in denen der EuGH unter Berufung auf das intensiveren Individualrechtsschutz der Dublin III-VO im Vergleich zur Dubin II-VO erstmals den Zuständigkeitskriterien in Kap. III der VO Drittschutz zusprach, hat der BVerwG nunmehr seine diesbezügliche Rspr. unionsrechtskonform korrigiert[174]. Seither ist davon auszugehen, dass auch den Wiederaufnahme- und Überstellungsfristen der Dublin III-VO Drittschutz zukommt[175]. Nicht jeder Fristverstoß führt allerdings zwingend zum Zuständig-

---

[163] Vgl. EuGH Urt. v. 15.4.2021 – C-194/19 – H. A.
[164] Vgl. BVerfG Beschl. v. 31.7.2018 – 2 BvR 714/18 (unzureichende Sachaufklärung zu den Aufnahmebedingungen für anerkannte Schutzberechtigte in GR verletzt GG).
[165] Vgl. EuGH Urt. v. 16.7.2020 – C-517/17 – Addis; BVerwG Urt. v. 30.3.2021 – 1 C 41.20.
[166] Vgl. EuGH Urt. v. 13.9.2017 – C-60/16 – Khir Amayry: Bei Dublin-Haft muss Überstellung binnen sechs Wochen erfolgen, wenn sich die Person zum Zeitpunkt der Zustimmung in Haft befindet. Vgl. auch EuGH Urt. v. 5.7.2018 – C-213/17 – X: Europäischer Haftbefehl sperrt automatischen Dublin-Zuständigkeitsübergang nicht.
[167] Ausf. *Hruschka* ZAR 2018, 281.
[168] Allg. *Hruschka* ZAR 2018, 281.
[169] Dass grundrechtlich aufgeladene Zuständigkeitsnormen drittschützend sind, hat der EuGH (bzgl. Art. 15 II Dublin II-VO/Art. 16 I Dublin III-VO) im Urt. v. 6.11.2012 in der Rechtssache C-245/11 im Fall K. klargestellt. Vgl. auch VGH BW Urt. v. 29.4.2015 – A 11 S 121/15; sowie BVerwG Urt. v. 16.11.2015 – 1 C 4.15.
[170] Ausnahmen konnten sich bei erhobener Untätigkeitsklage oder dann ergeben, wenn das Bundesamt von sich aus in eine Sachprüfung eingetreten war; vgl. VGH BW Urt. v. 16.4.2014 – A 11 S 1721/13.
[171] Vgl. NdsOVG Beschl. v. 6.11.2014 – 13 LA 66/14.
[172] Vgl. BVerwG Beschl. v. 7.12.2015 – 1 B 66.15, Rn. 5.
[173] Vgl. auch das Merkblatt zur Dublin III-DVO 118/2014, ABl. 2014L 39, S. 30 sowie VG Stuttgart Urt. v. 28.2.2014 – A 12 K 383/14, http://openjur.de/u/680607.html sowie VG Sigmaringen Urt. v. 22.10.2014 – A 7 K 2250/13 (ab 18 Monate Verfahrensverzögerung).
[174] BVerwG Urt. v. 9.8.2016 – 1 C 6.16, Rn. 22.
[175] Hierzu waren zunächst noch verschiedene konkretisierende Vorlageverfahren beim EuGH anhängig; vgl. zB EuGH Urt. v. 13.9.2017 – C-60/16.

keitsübergang[176]. Der EuGH hat den grundsätzlichen Drittschutz der Fristen etwa im Mengesteab-Urteil vom 26.7.2017 in der Rechtssache C-670/16 sowie im Shiri-Urteil vom 25.10.2017 – C-201/16, ausdrücklich bestätigt. Seither besteht eine Auffangverantwortung der Aufenthaltsstaaten[177], die die Dublin-Belastung der Außengrenzstaaten faktisch deutlich reduziert. Ist die Überstellungsfrist des Art. 29 Dublin III-VO abgelaufen, kann ein § 123 VwGO-Eilantrag gegen die Bundesrepublik Deutschland auf entsprechend unverzügliche Mitteilung an die Ausländerbehörde sinnvoll sein, um einer Abschiebung vorzubeugen. Diese Frist läuft nur nicht, solange der Asylbewerber ein Gerichtsverfahren betreibt, das selbst oder aufgrund gerichtlicher Anordnung aufschiebende Wirkung hat. Entfällt diese, beginnt sie wieder zu laufen, selbst wenn zB eine EuGH-Vorlage anhängig ist[178]. Bei Konflikten zwischen den „primären" (zB Art. 8–11 Dublin III-VO) und „sekundären" Zuständigkeitsregelungen (Art. 20 ff. Dublin III-VO) setzen sich im Zweifel aus Gründen des „effet utile" die grundrechtlich aufgeladenen primären Kriterien durch. Wurde bspw. die Übernahme eines unbegleiteten Minderjährigen angefragt und hat der Dublin-Staat dessen Aufnahme zugestimmt, muss sich dieser nicht erst in diesen Dublin-Staat abschieben lassen und dort den Verstoß gegen Art. 8 Dublin III-VO rügen[179]. Rechtsvertretern ist zu raten, in diesem Fall zeitnah eine „Schutzschrift" an BAMF und Abschiebebehörde zu senden, um dem Erlass der Abschiebungsanordnung bzw. der Abschiebung vorzubeugen.

43 **Fristunterbrechung und Fristbeginn, Aussetzung und Flucht mit Wiederauftauchen:** Geht man seit den EuGH-Urteilen Ghezelbash und Karim (→ Rn. 32) davon aus, dass grundsätzlich alle Dublin-Fristen drittschützend sind, wird die Frage entscheidungsrelevant: Hemmt oder unterbricht ein (später negativ abgeschlossenes) Eilverfahren[180] den Ablauf der regelmäßig maximal sechs Monate langen[181] Überstellungsfrist? Bis zur entgegengesetzten Entscheidung des BVerwG vom 26.5.2016 wurde diese Frage überwiegend im Sinne einer Ablaufhemmung (unter entsprechender Fristverlängerung bzgl. der abgelaufenen Zeit zwischen der Bekanntgabe des Bescheids bis zur Zustellung der negativen VG-Eilentscheidung) beantwortet mit der Erwägung, dass die Bundesrepublik nicht allein wegen der Gerichtsverfahren (gewissermaßen bei „Liegenlassen") automatisch zuständig werden darf, was mit dem EuGH-Urteil Petrosian[182] und iÜ der Ratio des Rechtsschutzgedankens nicht zu vereinbaren ist[183]. Das BVerwG entschied jedoch mit vergleichbaren Erwägungen am 26.5.2016 (1 C 15.15), dass ein Antrag auf Anordnung der aufschiebenden Wirkung der Klage gegen eine Abschiebungsanordnung (§ 34a I, II 1) den Lauf der Frist für eine Überstellung nach den Regelungen der Dublin II/III-VO unterbricht. Mit der Entscheidung des VG über einen solchen Antrag (genauer ab Zustellungsdatum beim BAMF) werde die Frist auch dann erst in Lauf gesetzt, wenn der Antrag abgelehnt wird. Aus dem EuGH-Urteil Petrosian[184] ergebe sich hinreichend klar, dass dem Mitgliedstaat stets eine zusammenhängende sechsmonatige Überstellungsfrist zuzubilligen sei, sodass die Auffassung, nach der eine bloße Hemmung einer mit der Annahme des Aufnahme- oder Wiederaufnahmegesuchs in Lauf gesetzten Überstellungsfrist anzunehmen ist, nicht dem Unionsrecht entspreche. Dieser überzeugenden Rspr. sollte sich angeschlossen, mithin von einer **Fristunterbrechung** durch Erhebung eines **Eilantrags gemäß § 80 V VwGO** ausgegangen werden. Das BVerwG entschied weiter am 8.1.2019 (1 C 16.18), dass die Überstellungsfrist von sechs Monaten nach Art. 29 I Dublin III-VO auch durch eine vor ihrem Ablauf verfügte behördliche **Aussetzung**[185] der Vollziehung der Abschiebungsanordnung durch das BAMF gem. § 80 IV 1 VwGO unterbrochen wird, wenn diese aus sachlich vertretbaren Erwägungen erfolgt ist[186]. Bezüglich der Frage des erneuten **Fristbeginns** ist in Dublin-Verfahren zugrunde zu legen, dass die Überstellungsfrist mit Eilantragsablehnung (Zugang beim BAMF) oder bei Anordnung der aufschiebenden Wirkung mit deren Ende nach § 80b VwGO neu zu laufen beginnt[187]. Da das VG die Berufung im Asylprozess nicht zulassen kann, ist maßgebliches

---

[176] Vgl. VGH BW Beschl. v. 19.10.2020 – A 4 S 1933/20.
[177] Vgl. *Thym*, Die Flüchtlingskrise vor Gericht, DVBl 2018, 276 ff.
[178] Anders als die rein materielle Frist des Art. 13 VO, die auch während Gerichtsverfahren weiterläuft; vgl. EuGH Urt. v. 26.7.2017 – C-490/16 – A. S.
[179] Nach EuGH Urt. v. 6.6.2014 – C-648/11 – MA, BT, DA soll ein Minderjährige nicht in andere Dublin-Staaten überstellt werden. Er kann sich also gewissermaßen aussuchen, wo er sein Asylverfahren durchführen will.
[180] Ggf. inklusive eines EuGH-Vorlageverfahrens, EuGH Urt. v. 26.7.2017 – C-490/16 – A. S.
[181] Vgl. Art. 29 I Dublin III-VO.
[182] EuGH Urt. v. 29.1.2009 – C-19/08 – Petrosian.
[183] Ausf. VGH BW Urt. v. 27.8.2014 – A 11 S 1285/14; vgl. auch OVG NRW Beschl. v. 8.9.2014 – 13 A 1347/14.A.
[184] EuGH Urt. v. 29.1.2009 – C-19/08 – Petrosian.
[185] Zur Aussetzung wegen Corona vgl. die EuGH-Vorlage des BVerwG Beschl. v. 26.1.2021 – 1 C 53.20.
[186] ZB wegen eines Verfassungsbeschwerdeverfahrens; das BVerwG stellte weiter klar: „Eine sachlich gerechtfertigte behördliche Aussetzung der Vollziehung der Abschiebungsanordnung darf auch dann erfolgen, wenn eine erste gerichtliche Überprüfung der Überstellungsentscheidung nicht zur Gewährung aufschiebender Wirkung geführt hat, über den Rechtsbehelf gegen die Überstellungsentscheidung aber noch nicht endgültig entschieden ist."
[187] Vgl. BVerwG Urt. v. 9.8.2016 – 1 C 6.16, Rn. 17: „Ordnet das VG die aufschiebende Wirkung der Klage gegen eine Abschiebungsanordnung an, weist es die Klage in der Hauptsache aber ab, endet die aufschiebende Wirkung folglich – vorbehaltlich einer nach § 80b Abs. 2 VwGO möglichen Anordnung des OVG, dass die

Unzulässige Anträge § 29 AsylG 7

Rechtsmittel iSd § 80b I VwGO der Antrag auf Zulassung der Berufung[188], sodass die Überstellungsfrist genau vier Monate nach Zustellung des abweichenden Urteils neu zu laufen beginnt, wenn bis dahin kein Antrag nach § 80b II VwGO oder eine **behördliche Aussetzung** gemäß § 80 IV 1 VwGO durch das BAMF erfolgte. Um Art. 267 AEUV nicht den ihm zukommenden unionsrechtlichen „effet utile" durch zwischenzeitlichen Zuständigkeitsübergang zu nehmen, unterbricht im Übrigen auch jede **EuGH-Vorlage** im Dublin-Verfahren grundsätzlich automatisch zugleich die Überstellungsfrist des Art. 29 Dublin III-VO. Bzgl. der Dreimonatsfrist des **Art. 21 I Dublin III-VO** hat der EuGH im Mengesteab-Urteil vom 26.7.2017 in der Rechtssache C-670/16 entschieden, dass nicht auf den förmlichen Asylantrag, sondern in der Regel auf das Asylgesuch abzustellen ist, wenn das BAMF also alle wichtigen Informationen zur Ausstellung der BÜMA bzw. eines Ankunftsnachweises iSv § 63a I 2 Nr. 1, 2, 4, 6, 7 hat. Hat das BAMF die Überstellungsfrist **wegen Flucht** gemäß Art. 29 II 2 Dublin III-VO durch zulässige Mitteilung an den Zielstaat von sechs auf 18 Monate verlängert, verkürzt sich diese nicht von selbst wieder auf sechs Monate, sobald der Ausländer **wieder auftaucht**[189]. Es gibt keine unionsrechtliche Norm, aus der eine solche Verkürzung hergeleitet werden könnte; hierzu taugt auch nicht das Telos der Dublin III-VO, schnell Gewissheit über Zuständigkeit und materielles Asylrecht zu erhalten, denn der Flüchtige hat diese Schnelligkeit mutwillig verhindert. Wegen des unionsrechtlichen Anwendungsvorrangs und der europaweit einheitlichen Auslegung der VO kann eine Verkürzungspflicht erst recht nicht aus den §§ 48, 49 VwVfG hergeleitet werden; laut Jawo-Urteil. (→ Rn. 75) liegt im Übrigen schon kein dem Flüchtigen bekanntzugebender VA vor. Allenfalls könnte ein Anspruch gegenüber dem BAMF auf Neufestsetzung einer Sechsmonatsfrist (selbst wenn die Achtzehnmonatsfrist, die, wie die behördliche Aussetzungsmöglichkeit[190] illustriert, keine Maximalfrist ist, gegebenenfalls beinahe abgelaufen ist, denn der Staat hat nach dem Petrosian-Urteil des EuGH[191] immer mindestens sechs zusammenhängende Monate zur Überstellung) aus der drittschützenden Norm des Art. 29 I Dublin III-VO hergeleitet werden. Ein solcher Anspruch kann aber erst entstehen, sobald die Meldung des Wiederauftauchens unzweifelhaft dem BAMF zugegangen und dort ein entsprechender Fristverkürzungsantrag eingegangen ist. Denn flüchtet der Ausländer, um sich der Rücküberstellung zu entziehen, hat er hernach bei dem für die Fristüberwachung zuständigen BAMF klarzustellen, dass seine Flucht beendet ist. Meldet er sich woanders, geht es zu seinen Lasten, wenn das BAMF hiervon erst später oder nie erfährt, denn bezüglich des Asylverfahrens und der diesbezüglichen Fristen ist, wie jeder Asylantragsteller weiß, das BAMF die federführende Behörde.

Statthafte Klageart: Gegen die Unzuständigkeitserklärung hinsichtlich der konkreten Asylverfahrens sowie die Abschiebungsanordnung bzw. Abschiebungsandrohung sowie ein Einreise- und Aufenthaltsverbot ist grundsätzlich allein statthaft und ausreichend die Anfechtungsklage[192]. Es besteht in diesen Fällen keine Pflicht zum „Durchentscheiden" über den Asylantrag; vielmehr hat das BAMF nach Aufhebung seiner Unzulässigkeitsentscheidung ein Asylverfahren durchzuführen[193]. Hebt man den Dublin-Bescheid auf, sollte man ihn grundsätzlich insgesamt aufheben, also auch Ziff. 1, damit die dort geregelte Feststellung, Deutschland sei unzuständig, nicht bestandskräftig wird, dh damit später – wenn das BAMF entsprechend der anschließenden „Puid"-Prüfung (→ Rn. 30) keinen anderen Dublin-Staat zur Überstellung findet – keinesfalls eine rechtliche „Refugee in orbit"-Situation entsteht. Ist im Dublin-Bescheid weiter geregelt, dass Abschiebungsverbote nach § 60 V und VII 1 AufenthG vorliegen, kann insoweit ein entsprechender Hilfsantrag auf Bescheidaufhebung bzw. eine Verpflichtungsklage statthaft sein. Streitig ist allerdings, ob neben der Bescheidaufhebung ein Rechtsschutzbedürfnis für eine zusätzliche 60 V oder VII-Feststellung besteht[194]. Da nach Aufhebung des gesamten Bescheids keine Abschiebung mehr droht, dürfte ein zusätzlicher Ausspruch zu § 60 V

44

---

aufschiebende Wirkung fortdauert – nach § 80b Abs. 1 VwGO drei Monate nach Ablauf der Frist zur Darlegung der Zulassungsgründe. In diesem Fall stellt das klageabweisende Urteil des Verwaltungsgerichts die vom EuGH geforderte gerichtliche Entscheidung dar, mit der über die Rechtmäßigkeit des Verfahrens entschieden wird. Der Durchführung der Überstellung steht nach nationalem Prozessrecht aber erst mit dem gesetzlich auf einen späteren Zeitpunkt festgelegten Ende der aufschiebenden Wirkung nichts mehr im Wege. Dies hat – wie vom Berufungsgericht zutreffend angenommen – zur Folge, dass die Überstellungsfrist nicht schon mit der Zustellung des klageabweisenden erstinstanzlichen Urteils, sondern erst mit dem Ende der aufschiebenden Wirkung beginnt, da der für die Überstellung zuständigen Behörde ansonsten nicht die mit der Regelung in Art. 20 Abs. 1 Buchst. d S. 2 Dublin II-VO bezweckte zusammenhängende Überstellungsfrist von sechs Monaten zur Verfügung stünde, in der nur noch die Überstellungsmodalitäten zu regeln sind."

[188] BVerwG Urt. v. 9.8.2016 – 1 C 6.16, Rn. 20; instruktiv auch hierzu *Berlit* jurisPR-BVerwG 20/2016 Nr. 2.
[189] Vgl. BayVGH Beschl. v. 29.4.2016 – 11 ZB 16.50024; VG Aachen Beschl. v. 30.4.2019 – 9 L 420/19.A; aA *Hruschka* NVwZ 2019, 713; hierzu auch *Brauer* ZAR 2019, 256.
[190] Vgl. BVerwG Urt. v. 8.1.2019 – 1 C 16.18.
[191] EuGH Urt. v. 29.1.2009 – C-19/08 – Petrosian.
[192] Bzgl. Feststellungen nach § 60 V oder VII 1 AufenthG ist natürlich grds. die Verpflichtungsklage statthaft; vgl. BVerwG Urt. v. 20.5.2020 – 1 C 34.19.
[193] BVerwG Urt. v. 20.5.2020 – 1 C 34.19 und Urt. v. 14.12.2016 – 1 C 4.16; VGH BW Urt. v. 16.4.2014 – A 11 S 1721/13; VG Sigmaringen Urt. v. 22.10.2014 – A 7 K 2250/13; vgl. auch VGH BW Urt. v. 29.4.2015 – A 11 S 121/15.
[194] Vgl. hierzu VGH BW Beschl. v. 28.2.2020 – A 4 S 611/20.

AufenthG asylrechtlich unnötig sein, was gegen ein Rechtsschutzbedürfnis spricht. Eine (isolierte) Verpflichtungsklage auf Feststellung eines Abschiebungsverbots nach § 60 V und VII AufenthG ist jedenfalls nicht statthaft, wenn das Asylverfahren nach einer stattgebenden gerichtlichen Eilentscheidung vom BAMF nach § 37 I 2 fortzuführen ist[195].

45 **Klagefrist und maßgeblicher Zeitpunkt:** Bei der Abschiebungsanordnung läuft nach § 74 I Hs. 2 die Wochenfrist, denn der Klammerzusatz in Hs. 2 bezieht sich seit dem AsylVfBeschlG 2015 nicht mehr nur auf die Abschiebungsandrohung[196], sondern ausdrücklich auch auf § 34a II, dh Dublin-Fälle. Maßgeblicher Zeitpunkt ist auch in Dublin-Fällen grundsätzlich der Zeitpunkt der gerichtlichen Entscheidung gemäß § 77 I 1. Unionsrecht führt insoweit nicht zu einer prozessualen Änderung. Das „Versteinerungsprinzip" des Art. 7 II Dublin III-VO (→ Rn. 26) bezieht sich nach Wortlaut und Systematik nur auf VO-Kap. III, nicht aber auf die allgemeinen Grundsätze und Schutzgarantien des Kap. II (und dort insbesondere die Frage der systemischen Mängel iSv Art. 3 II UAbs. 2 VO) bzw. das Aufnahme- und Wiederaufnahmeverfahren des Kap. VI. Nach dem Schutzzweck der Norm ist allein relevant, ob dem die Zuständigkeit prüfenden Mitgliedstaat nicht unbekannt sein kann, dass im Zeitpunkt der potenziellen Überstellung im Zielstaat (jetzt) systemische Mängel des Asylverfahrens oder der Aufnahmebedingungen bestehen[197].

46 **Bescheid-Tenorierung:** Genügt es im Dublin-Bescheid, dass das Bundesamt feststellt, dass die Bundesrepublik für die Prüfung des Asylverfahrens unzuständig ist oder muss es dann – rechtsgestaltend zur Beseitigung der Wirkungen der Aufenthaltsgestattung – den Antrag zugleich ausdrücklich als unzulässig ablehnen? Wegen des „effet utile" der Dublin-Verordnungen muss diese Feststellung genügen, dh, die „unglückliche" Tenorierung muss europarechtskonform als „Ablehnung" iSv § 31 VI ausgelegt werden[198].

47 **(Teil-)Rücknahme des Asylantrags:** Kann der Flüchtling die Dublin-Zuständigkeitsregelungen manipulieren, indem er in einem anderen Staat seinen Asylantrag nach Zustimmung[199] des Dublin-Zielstaats zur Überstellung zurücknimmt oder beschränkt? Nein, iSd Verhinderung des „forum shopping" kann dies keine Relevanz haben, schon weil die Zuständigkeit für das gesamte Asylverfahren, also auch eine Antragsrücknahme oder -beschränkung, beim sich für zuständig erklärten Dublin-Zielstaat liegt[200]. Dies entspricht auch der Ratio von § 34a I 2 Alt. 2. Stimmt ein von Deutschland ersuchter EU-Mitgliedstaat der Aufnahme eines Asylantragstellers auf der Grundlage der Dublin-VO zu, ist eine Überstellung in den um Aufnahme ersuchten Mitgliedstaat also auch dann noch möglich, wenn ein Antragsteller nach der Zustimmung seinen Asylantrag etwa auf die Gewährung subsidiären Schutzes beschränkt, unabhängig davon, ob man dieser (Teil-)Antragsrücknahme Ex-tunc- oder Ex-nunc-Wirkung beimisst[201]. Das BVerwG[202] löst die Problematik über den Inhalt des Abschiebungsschutzbegehrens. Wird dieses auf Gründe gestützt, die dem internationalen Schutz entsprechen, ist die formale Asylantragsrücknahme materiell unwirksam. Denn der Ausländer hat kein Wahlrecht hinsichtlich der begehrten Schutzform.

48 **Hauptsacheerledigung nach Abschiebung:** In der Praxis kommt es häufig vor, dass auf der Grundlage des Dublin-Bescheids abgeschoben wird, bevor das diesbezügliche Klageverfahren rechtskräftig entschieden ist. Häufig erklären die Beteiligten dann das Verfahren in der Hauptsache für erledigt und das Gericht stellt ein und entscheidet über die Kosten (entsprechend § 92 III 1, § 161 I VwGO); sodann kommt der Abgeschobene zurück und stellt einen weiteren Asylantrag. In dieser Situation bedarf es, wurde das Wiederaufnahmegesuch binnen der Zwei-Monats-Frist des Art. 24 II

---

[195] BVerwG Urt. v. 27.5.2021 – 1 C 36.20.
[196] Vgl. zur vorhergehenden Rechtslage: VG Stuttgart Urt. v. 26.5.2014 – A 12 K 12/14.
[197] Vgl. EuGH Urt. v. 14.11.2013 – C-4/11 Rn. 31 – Puid; ebenso EGMR Urt. v. 3.7.2014 – 71932/12 Rn. 70 – Mohammadi. Wohl aA VGH BW Urt. v. 5.7.2016 – A 11 S 974/16, Rn. 26.
[198] Vgl. VGH BW Urt. v. 10.11.2014 – A 11 S 1636/14; aA VG Frankfurt a. M. Urt. v. 21.7.2014 – 7 K 402/14.F.A.
[199] Bei Rücknahme des einzigen Asylantrags davor endet die Anwendbarkeit der Dublin-Verordnungen nach EuGH Urt. v. 3.5.2012 – C-620/10 – Kastrati. Grundsätzlich muss sich die Zulässigkeit bzw. Wirksamkeit der Rücknahme eines Asylantrags nach dem Recht des Mitgliedstaates richten, in dem der Antrag gestellt worden ist, ebenso wie die Folgen der Rücknahme. Denn das Asylverfahren selbst ist jeweils national – wenn auch weitgehend richtliniendeterminiert – auszugestalten. Der Antragsteller kann sich allerdings dem Dublin-System nicht mehr entziehen, sobald das System verbindlich einen zuständigen Staat definiert hat. Denn Art. 18 Dublin III-VO spricht ebenso wie Art. 16 Dublin II-VO von Aufnahmeverpflichtungen, wenn jemand einen Antrag gestellt hat und nicht, wenn jemand einen Antrag gestellt hat und der Antrag nicht zurückgenommen worden ist. Die „Ausnahme", die der EuGH in Kastrati für die Dublin II-VO vorsieht, leitet er daraus ab, dass bei Rücknahme des einzigen Asylantrags der Hauptzweck der Dublin II-VO (Ermittlung des zuständigen Mitgliedstaates für die Gewährleistung des effektiven Zugangs zur Beurteilung der Flüchtlingseigenschaft) nicht mehr erreicht werden kann (Rn. 42). Sobald ein Mitgliedstaat hingegen wirksam seiner Zuständigkeit zugestimmt hat, kollidiert diese Erwägung mit dem Ziel, das Unterlaufen der Regelungen der Dublin-VO zu verhindern.
[200] Vgl. VG Stuttgart Urt. v. 20.5.2014 – A 12 K 1131/14.
[201] BVerwG Urt. v. 22.3.2016 – 1 C 10.15, Rn. 19/23.
[202] BVerwG Urt. v. 26.2.2019 – 1 C 30.17; hierzu *Berlit* jurisPR-BVerwG 12/2019 Anm. 4.

Dublin III-VO[203] gestellt, im Rahmen eines erneuten Art. 5 Dublin III-VO-Interviews[204] sowie (nur) einer neuen 34a-Abschiebungsanordnung des BAMF, um ihn erneut rückführen zu können. Denn die erste Abschiebungsanordnung hat sich durch die Abschiebung erledigt[205]. Anders als bei der Abschiebungsandrohung etwa beim Schutzberechtigtenbescheid[206] werden gemäß Art. 30 III Dublin III-VO die Überstellungskosten grundsätzlich nicht der überstellten Person auferlegt; eine Dublin-Abschiebungsanordung kann aufgrund der konkreten Prüfung möglicher Abschiebungshindernisse auch nicht ein zweites Mal als Grundlage einer Rückführung genutzt werden; sie ist „verbraucht". Mit Abschiebung erledigt sie sich damit tatsächlich, denn es gehen von ihr keine rechtlichen Wirkungen mehr aus. Sollte die konkrete Abschiebung als stigmatisierend bzw. ehrverletzend angesehen werden können, wäre insoweit effektiver Rechtsschutz über die Fortsetzungsfeststellungsklage gegeben. Indem der Kläger das Dublin-Klageverfahren für erledigt erklärt, begibt er sich allerdings auch im Übrigen des Rechtsschutzes gegen die – wie der EuGH der Sache nach im Urteil Hasan[207] entschieden hat, nicht zwingend erledigten – Dublin-Bescheid-Regelungen bezüglich der Unzuständigkeit, der fehlenden Abschiebungsverbote und der Befristung der Wirkungen der Abschiebung. Insoweit ist der Dublin-Bescheid mithin ggf. bestandskräftig geworden, weil sich die Erledigungserklärung nur auf das jeweilige Klageverfahren bezieht. Im Einzelfall kann allerdings nach Abschiebung auch Erledigung bezüglich des gesamten Dublin-Bescheids angenommen werden, wenn das Asylverfahren im Zielmitgliedstaat der Rückführung rechtskräftig abgeschlossen und der Betroffene inzwischen in seinen Heimatstaat zurückgekehrt ist. Denn dann gehen nicht nur von der Abschiebungsanordnung, sondern auch der Unzuständigkeitsentscheidung und Entscheidung bezüglich Abschiebungsverboten keine Rechtswirkungen mehr aus. Sollte sich die Rückführung als rechtmäßig darstellen, dürfte es dann zudem regelmäßig am Fortsetzungsfeststellungsinteresse fehlen, weil eine rechtmäßige Verwaltungsvollstreckung kein schwerer Grundrechtseingriff ist, mangels Stigmatisierung keine Rehabilitation erforderlich ist, keine Wiederholungsgefahr vorliegt und kein Amtshaftungsinteresse bestehen kann.

Minderjährigenschutz: Grundsätzlich ist bei Mitgliedern einer in Deutschland gelebten Kernfamilie im Regelfall davon auszugehen, dass sie bei Rückkehr in den Abschiebezielstaat dort ihre tatsächlich gelebte Lebens- und Erziehungsgemeinschaft fortsetzen[208].Oft geben Antragsteller aber an, unbegleitete Minderjährige zu sein. Hier stellt sich bei Zeitablauf die Frage, ob der im gesamten Gemeinsamen Europäischen Asylsystem[209] und so auch im Dublin-System zu Recht stark ausgeprägte Minderjährigenschutz[210] (nur) bei unbegleiteten Minderjährigen auch dann noch greift, wenn der Kläger bei Antragstellung **minderjährig war**[211], im Laufe des Gerichtsverfahrens aber volljährig geworden ist? Wegen der anwendungsvorrangigen Art. 7 II, 8 Dublin III-VO wird dies iSd EuGH[212] trotz § 77 I zu bejahen sein, auch weil eine lange Verfahrensdauer nicht zu Lasten des Minderjährigen gehen kann[213]. Anders ist dies aber in der Konstellation, wenn der Antragsteller im Dublin-Ausland den ersten Asylantrag als Minderjähriger stellte, dann weiterreist und einen Asylantrag – nunmehr volljährig – in Deutschland stellt. Für diesen weiteren Asylantrag muss er nicht auch noch als minderjährig gelten, dh, insoweit greift keine „Versteinerung"[214]. Bei Streit zwischen Staaten um die Frage, ob der Antragsteller noch als minderjährig anzusehen ist, dürfte die Durchführung der Abschiebung iSd § 34a I 1 **nicht mehr „feststehen"**, sobald der Abschiebezielstaat die Aufnahme des Betroffenen verweigert. Aus dem starken Minderjährigenschutz folgt weiter, dass unbegleitete Minderjährige grundsätzlich nicht im Dublin-System in Europa herumgeschoben werden sollen, dh sich nach dem überzeugenden EuGH-Urteil MA (ua) vom 6.6.2013 in der Rechtssache C-648/11 gewissermaßen „ihren **Asylstaat aus-**

---

[203] Die ab Kenntnis des BAMF von der Wiedereinreise läuft, vielleicht noch der Kenntnis der Ausländerbehörde, sicher nicht aber etwa des Sozialamts. Wurde die Frist versäumt, darf gem. Art. 24 III Dublin III-VO ein neuer Asylantrag gestellt werden.
[204] Insoweit kann Art. 19 II Dublin III-VO mangels Regelungslücke nicht etwa analog angewendet werden, wenn der Antragsteller binnen drei Monaten wieder einreist. Das Interview ist vom BAMF durchzuführen; die aufgreifenden Bundes- oder Landespolizeien können allenfalls Amtshilfe leisten.
[205] Vgl. VG Sigmaringen GB v. 17.6.2021 – A 13 K 6550/17.
[206] Oder der 58a-Abschiebungsanordnung, vgl. BVerwG Urt. v. 21.8.2018 – 1 A 16.17, Rn. 13 („Hierdurch hat sich die Aa nicht erledigt, da von ihr weiterhin rechtliche Wirkungen ausgehen. Sie bildet unter anderem die Grundlage für die Rechtmäßigkeit der Abschiebung und darauf aufbauende Rechtsfolgen, etwa die Haftung des Klägers für die durch seine Abschiebung entstandenen Kosten nach §§ 66 und 67 AufenthG.").
[207] EuGH Urt. v. 25.1.2018 – C-360/16 – Hasan.
[208] Vgl. BVerwG Urt. V. 4.7.2019 – 1 C 45/18 Rn. 16 ff.
[209] Vgl. EuGH Urt. v. 14.1.2021 – C-441/19 – TQ, wonach bei Aufnahmegarantie für den Minderjährigen im Abschiebezielstaat die Abschiebung schnell gehen muss.
[210] Vgl. Art. 8 ff. Dublin III-VO sowie BVerwG Urt. v. 16.11.2015 – 1 C 4.15.
[211] Dann ist grundsätzlich der AufenthStaat zuständig, dh der Minderjährige soll nicht in andere Dublin-Staaten überstellt werden. Er kann sich also gewissermaßen aussuchen, wo er sein Asylverfahren durchführen will; vgl. EuGH Urt. v. 6.6.2014 – C-648/11 – MA, BT, DA.
[212] Vgl. EuGH Urt. v. 12.4.2018 – C-550/16 – A und S. (dh der minderjährige Dubliner bleibt rechtlich „forever young").
[213] Vgl. VG Stuttgart Urt. v. 16.9.2014 – A 1 K 447/14 sowie VG Minden Urt. v. 17.6.2014 – 10 K 3415/13.A.
[214] Vgl. VG Berlin Beschl. v. 18.12.2017 – 9 L 676.17A.

suchen" dürfen[215]. Zudem findet bei begleiteten Minderjährigen nach Art. 8 IV Dublin III-VO grundsätzlich **kein fiktiver Zuständigkeitsübergang** statt. Aus dem starken Minderjährigenschutz kann schließlich ein gerichtlich durchsetzbares Recht auf **Familienzusammenführung** bezüglich in anderen Dublin-Staaten verbliebenen Angehörigen folgen, wobei die Regelungen der Dublin III-VO allerdings nicht über einen Antrag nach dem Haager Übereinkommen unterlaufen werden können[216]. Aus der Ratio des Art. 22 II UN-Kinderrechtskonvention[217] sowie dem Umstand, dass Art. 2 lit. g bzgl. Familienangehörigen keine Beschränkung auf Drittstaatsangehörige kennt, ist Art. 8 Dublin III-VO im Übrigen auch anwendbar, wenn der Familienangehörige deutscher Staatsangehöriger ist. Das Kindeswohl fordert im Übrigen auch laut EuGH, dass die Situation des Kindes untrennbar mit der seiner Eltern verbunden angesehen wird[218].

50   **Beabsichtigte Eheschließung:** Kann der Flüchtling allein unter Berufung auf eine beabsichtigte Eheschließung die Abschiebungsanordnung bzw. Abschiebungsandrohung aufheben lassen? Grundsätzlich wohl kaum. Zwar sind auch inlandsbezogene Vollstreckungshindernisse zu prüfen. Alle Dublin-Zielstaaten garantieren jedoch ebenfalls die Eheschließungsfreiheit und sind an Art. 7 GRCh bzw. Art. 8 EMRK gebunden[219]. Etwas anderes kann bei Homosexuellen gelten, wenn es im Dublin-Zielstaat keine vergleichbare Möglichkeit einer eingetragenen Lebenspartnerschaft gibt.

51   **„Nachgeborene Anerkannten-Kinder":** Die früher hM vertrat, dass für in Deutschland geborene Kindern von im Dublin-Ausland anerkannten Schutzberechtigten **Art. 20 III 2 Dublin III-VO** anzuwenden sei[220]. Zur Begründung wurde vorgetragen: Ob diese Norm erweiternd ausgelegt oder analog anzuwenden ist, kann offenbleiben. Für eine erweiternde Auslegung spricht, dass die Kläger vor ihrer Anerkennung unstreitig „Antragsteller"[221] waren und Art. 20 III 2 nur von Kindern spricht, die „nach der Ankunft des Antragstellers im Hoheitsgebiet der Mitgliedstaaten geboren werden", was – trotz zwischenzeitlicher Anerkennung –unstreitig der Fall ist. Da es im Lichte von Art. 9 und 10 Dublin III-VO allerdings naheliegt, dass der Verordnungsgeber die Problematik der nach Schutzgewährung im Dublin-Raum im Familienverband geborenen Kinder übersehen hat, dh, insoweit eine Regelungslücke vorliegen dürfte, ist auch die analoge Anwendung der Norm möglich[222]. Denn die Dublin III-VO[223] ist nach dem jedenfalls bei Neugeborenen zwingend grundrechtlich vorgegebenen Grundsatz der untrennbaren Familieneinheit konstruiert, wie der EuGH im Brexit-Urteil vom 23.1.2019 bestätigte[224], der anderenfalls durchbrochen werden könnte. Ist Art. 20 III 2 Dublin III-VO damit anwendbar, hat dies zum einen zur Folge, dass vom BAMF kein neues bzw. separates Zuständigkeitsverfahren für das Neugeborene eingeleitet werden muss. Damit dürften auch die **Aufnahmegesuchsfristen** des insoweit teleologisch reduzierten Art. 21 I Dublin III-VO in diesem Fall nicht eingreifen, dh, es dürfte hierüber insbesondere kein – mit der Flüchtlingsverantwortung für Anerkannte und ihren Familienverband im GEAS unvereinbarer – isolierter Zuständigkeitsübergang nur für das Neugeborene auf die Bundesrepublik konstruiert werden können. Das BAMF kann vielmehr ohne Beachtung von Dublin-Fristen einen Asylantrag dieses Kindes, sei er direkt oder über die Fiktion des § 14a II 3 AsylG[225] gestellt, folgerichtig unmittelbar gemäß Art. 29 I Nr. 1a AsylG iVm Art. 20 III 2 Dublin III-VO als unzulässig ablehnen und für das Kind nach § 34a I AsylG die

---

[215] Tenor des EuGH-Urteils: „Art. 6 II Dublin III-VO ist dahin auszulegen, dass er unter Umständen wie denen des Ausgangsverfahrens, in denen ein unbegleiteter Minderjähriger, der keinen sich im Hoheitsgebiet eines Mitgliedstaats rechtmäßig aufhaltenden Familienangehörigen hat, in mehr als einem Mitgliedstaat einen Asylantrag gestellt hat, denjenigen Mitgliedstaat als „zuständigen Mitgliedstaat" bestimmt, in dem sich dieser Minderjährige aufhält, nachdem er dort einen Asylantrag gestellt hat."

[216] Familienzusammenführung auch noch nach Eintritt der Volljährigkeit, vgl. EuGH Urt. v. 12.4.2018 – C-550/16 – A und S – sowie VG Wiesbaden Beschl. v. 15.9.2017 – 6 L 4438/17 WLs sowie VG Düsseldorf Beschl. v. 21.2.2018 – 22 L 442/18.A und VG Münster Beschl. v. 20.12.2018 – 2 L 989/18.A; vgl. hierzu auch *Nestler/Vogt* ZAR 2017, 21; zu §§ 52 f. VwGO und zur Zuständigkeit des VG Ansbach bei Auslandsaufenthalt vgl. BVerwG Beschl. v. 2.7.2019 – 1 C 2.19; zum Haager Übereinkommen v. 25.10.1980 vgl. EuGH Urt. v. 2.8.2021 – C-262/21 – A./. B.

[217] Unbegleitete Minderjährige sollen immer in Obhut der Verwandten kommen. („Zu diesem Zweck wirken die Vertragsstaaten bei ihnen angemessen erscheinenden Weise bei allen Bemühungen mit, welche die Vereinten Nationen und andere zuständige zwischenstaatliche oder nichtstaatliche Organisationen, die mit den Vereinten Nationen zusammenarbeiten, unternehmen, um ein solches Kind zu schützen, um ihm zu helfen und um die Eltern oder andere Familienangehörige eines Flüchtlingskinds ausfindig zu machen mit dem Ziel, die für eine Familienzusammenführung notwendigen Informationen zu erlangen.").

[218] EuGH Urt. v. 23.1.2019 – C-661/17 – Brexit. Familienasyl nach § 26 kann § 29 deshalb verdrängen; vgl. BVerwG Urt. v.17.11.2020 – 1 C 8.19.

[219] Vgl. VG Stuttgart Urt. v. 20.5.2014 – A 12 K 1131/14.

[220] Zutr. VGH BW Beschl. v. 14.3.2018 – A 4 S 544/18.

[221] Vgl. Art. 2c Dublin III-VO sowie EuGH Beschl. v. 5.4.2017 – C-36/17 – Ahmed.

[222] Vgl. VG Hamburg, GB v. 8.5.2017 – 16 A 808/15, Rn. 19 ff. und *Broscheit* InfAuslR 2018, 41 (43), mwN.

[223] S. nur deren Erwägungsgründe 13–17.

[224] EuGH Urt. v. 23.1.2019 – C-661/17 – Brexit/Dublin III („Art. 20 III Dublin III-VO begründet, soweit kein Beweis für das Gegenteil vorliegt, die Vermutung, dass es dem Wohl des Kindes dient, seine Situation als untrennbar mit der seiner Eltern verbunden anzusehen.").

[225] Die keinen Selbsteintritt nach Art. 17 I Dublin III-VO bedeuten kann.

Abschiebung in den die Flüchtlingsverantwortung für die gesamte Familie tragenden Dublin-Staat der Anerkennung anordnen, sobald feststeht, dass diese durchgeführt werden kann. Ebenfalls möglich könnte es für das BAMF sein, in analoger Anwendbarkeit von §§ 29 I Nr. 2, 35 AsylG (und Art. 33 Asylverfahrens-RL 2013/32/EU) oder in erweiterter Anwendung von § 34 AsylG dem Kind die Abschiebung dorthin anzudrohen; jedenfalls dürfte durch eine solche **Abschiebungsandrohung** keine Verletzung des Kindes in subjektiv-öffentlichen Rechten angenommen werden können. In beiden Fällen kann durch das BAMF bzw. die AB hinreichend berücksichtigt werden, falls es gesundheitliche Probleme gibt, die die Reisefähigkeit des Neugeborenen beeinträchtigen. Zum anderen dürfte die Anwendbarkeit von Art. 20 III 2 Dublin III-VO dazu führen, dass diese Spezialnorm die allgemeine Regelung des **Art. 9 Dublin III-VO** im derzeitigen Verfahrensstadium verdrängt bzw. Art. 9 Dublin III-VO zumindest dahingehend einschränkend auszulegen ist, dass die Ablehnung eines Asylantrags in Deutschland als unzulässig sowie die Rückführung des Neugeborenen im Familienverband in den Dublin-Staat der Anerkennung hierdurch nicht gesperrt wird. Denn anderenfalls würde es Sinn und Zweck der Dublin III-VO zuwiderlaufen, eine verbindliche normative Zuständigkeitsverteilung zwischen den EU-Mitgliedstaaten für den gesamten Familienverband vorzugeben, die es ausschließt, dass sich Schutzsuchende den für die Prüfung ihres Schutzbegehrens zuständigen Mitgliedstaat selbst aussuchen können[226]. Nach Rückführung steht es den Eltern im Staat der Anerkennung dann gemäß Art. 9 Dublin III-VO frei, ob sie dort einen Asylantrag für ihr Neugeborenes stellen oder die in den Art. 23 II iVm 24–35 Qualifikations-RL vorgesehenen Leistungen ohne ein solches Asylverfahren beziehen. Das **BVerwG äußerte** im Urteil v. 23.6.2020 – 1 C 37.19 – jedoch **Zweifel an dieser Rechtsauffassung,** denn es fehle an einer vergleichbaren Interessenlage für eine Analogie des Art. 20 III Dublin III-VO. Jedenfalls müsse das BAMF auch für das Kind binnen der Fristen des Art. 21 I der VO die Aufnahme beantragen; anderenfalls gehe die Zuständigkeit für dieses auf Deutschland über[227]. Das BVerwG hat mit Urteil v. 25.5.2021 – 1 C 2.20 – ergänzt: Art. 20 III 1 und 2 Dublin III-VO, wonach die Situation von Kindern eines Asylantragstellers, die nach dessen Ankunft im Hoheitsgebiet der Mitgliedstaaten geboren werden, untrennbar mit der Situation dieses Elternteils verbunden ist und in die Zuständigkeit desjenigen Mitgliedstaats fällt, der für die Prüfung des Antrags des Elternteils auf internationalen Schutz zuständig ist, kann auf den Asylantrag eines im Bundesgebiet nachgeborenen Kindes, dessen Eltern zuvor bereits in einem anderen Mitgliedstaat der Europäischen Union internationalen Schutz erhalten haben, jedenfalls nicht in der Weise analog angewendet werden, dass es in dieser Fallkonstellation auch nicht der Einleitung eines eigenen Zuständigkeitsverfahrens für das Kind gemäß Art. 20 III S. 2 letzter Hs. Dublin III-VO bedarf[228]. Der Mitgliedstaat, in dem ein nachgeborenes Kind seinen Asylantrag gestellt hat, ist deshalb jedenfalls dann für dessen Prüfung zuständig, wenn er den Mitgliedstaat, der den Eltern internationalen Schutz gewährt hat, nicht binnen der in Art. 21 I UAbs. 1 und 2 Dublin III-VO genannten Fristen um die Aufnahme des Kindes ersucht hat (vgl. Art. 21 III Dublin III-VO); die bloße Unterrichtung über die Geburt des Kindes reiche hierzu nicht aus.

Überstellungsmodalitäten, Abschiebung und Rückkehr: Müssen dem Flüchtling auch die **52** konkrete Form der geplanten Überstellung und alle diesbezüglichen Einzelheiten und Modalitäten so rechtzeitig bekannt gegeben werden, dass er – was nach Erfahrungswerten offenbar bei bis zu 50 Prozent der Betroffenen passiert[229] – noch untertauchen und sich der Überstellung entziehen kann? Das Gebot des effektiven Rechtsschutzes sowie Art. 26 II Dublin III-VO verlangen dies dennoch[230]. Kann aber auch der Abschiebungsanordnung das Fehlen dieser Bekanntgabe entgegengehalten werden? Wohl kaum, denn die Einzelheiten und Modalitäten der Überstellung können von der Vollzugsbehörde ja überhaupt erst nach Ablehnung des Eilantrags bzw. Bestandskraft des Bundesamtsbescheids festgelegt werden, sind also im Zeitpunkt der gerichtlichen Entscheidung noch gar nicht klar. Bei **illegaler Rückkehr** ist für die gerichtliche Überprüfung der Überstellungsentscheidung die Sachlage im Zeitpunkt der letzten mündlichen Verhandlung vor dem angerufenen Gericht oder, wenn keine mündlich Verhandlung stattfindet, der Zeitpunkt maßgeblich, in dem das Gericht über die Klage entscheidet. Vor Rückführung muss das Zweitland nach einer erneuten Einreise zunächst ein Wiederaufnahmeverfahren durchführen, denn die Rücküberstellung setzt immer eine förmliche Gesuchstattgabe voraus[231]. Das BAMF kann zur Durchsetzung der Überstellung gemäß § 82 IV bzw. 60a IId AufenthG auch ärztliche Untersuchungen zur Feststellung der Reisefähigkeit durchführen, hierunter sind bei teleologischer Auslegung zB auch **Corona-Testanordnungen** zu subsumieren, wobei Widersprüche hiergegen nach § 11 sowie Beschwerden nach § 80 ausgeschlossen sind. Denn das

---

[226] Vgl. BVerwG Urt. v. 22.3.2016 – 1 C 10.15, Rn. 26.
[227] BVerwG Urt. v. 23.6.2020 – 1 C 37.19 Rn. 16 ff.
[228] Vgl. BVerwG Urt. v. 23.6.2020 – 1 C 37.19, NVwZ 2021, 251.
[229] Bei Nichtantreffen zur Überstellung gilt der Ausländer in der BAMF-Praxis als „untergetaucht", was zur Folge hat, dass die Überstellungsfristen sofort iSd Art. 29 II Dublin III-VO als auf 18 Monate verlängert angesehen werden und dem Überstellungsstaat so mitgeteilt werden; vgl. auch BVerwG Urt. v. 17.9.2015 – 1 C 26.14.
[230] Vgl. VGH BW Urt. v. 27.8.2014 – A 11 S 1285/14,.
[231] Vgl. EuGH Urt. v. 25.1.2018 – C-360/16 – Hasan; hierzu *Habbe* Asylmagazin 4/2018, 110; vgl. auch EuGH Urt. v. 31.5.2018 – C-647/16 – Hassan.

gesamte Verfahren der Aufenthaltsbeendigung abgelehnter Asylbewerber ist als funktionelle Einheit zu begreifen, unabhängig von der Frage der jeweiligen Rechtsgrundlage[232]. Im Fall der Zustellung eines Dublin-Bescheids in einer **Abschiebehafteinrichtung** kann dieser auch mit einem Rechtsbehelfsverzichtsformular (zur faktischen Haftverkürzung) übersandt werden, das allerdings in einer dem Häftling verständlichen Sprache abgefasst sein muss und nicht irgendwie „erpresserisch" formuliert sein darf.

53   **Der Begriff des „Feststehens", die „Flucht" und das offene Kirchenasyl:** Führt etwa die „Flucht ins Kirchenasyl" dazu, dass iSd § 34a I 1 dann nicht mehr „feststeht", dass die Überstellung durchgeführt werden kann? Der **Gesetzesbegriff des „Feststehens"** heißt sicherlich nicht „100-Prozent-Feststehen", weil zwischen der gerichtlichen Entscheidung und der Überstellung noch Monate vergehen können, in denen etwa neue Vollstreckungshindernisse (zB Krankheit[233]) entstehen können. Abzustellen ist insoweit zunächst als Prognosezeitraum auf die gesetzliche Überstellungsfrist (in der Regel sechs Monate)[234]. Das BAMF hat deshalb auch mit Unterstützung der Ausländerbehörde die weitere Entwicklung nach der Gerichtsentscheidung unter Kontrolle zu halten und gegebenenfalls mit vorübergehendem Absehen von der Vollziehung zu reagieren[235]. Der Gesetzesbegriff des Feststehens setzt aber immer die tatsächliche (Wieder-)Aufnahmebereitschaft des Rückführungszielstaats voraus[236] und meint umgekehrt natürlich nicht das „Nicht-Feststehen". Taucht also zB im Gerichtverfahren ein Neugeborenes auf, für das der Kläger die Vaterschaft anerkannt hat und bislang noch überhaupt kein Verfahren nach Art. 20 III Dublin III-VO eingeleitet wurde, dh keine Abschiebungsgrundlage besteht, dann steht im Zeitpunkt der gerichtlichen Entscheidung fest, dass die Abschiebung auch des Klägers derzeit nicht durchgeführt werden kann, weil die Kernfamilie im Dublinrecht nicht auseinandergerissen werden darf. Um keinen „Refugee in orbit" zu schaffen, ist der Dublin-Bescheid in dieser Konstellation insgesamt aufzuheben[237]. Der Gesetzesbegriff des Feststehens meint also ein relatives Feststehen in dem Sinne, dass nach derzeitigem Verfahrensstand die Abschiebung mit großer Wahrscheinlichkeit durchgeführt werden kann. Das gilt auch im Falle des **offenen Kirchenasyls**[238]. Da der Kirchenraum zwar regelmäßig von der Polizei geachtet wird, aber dennoch kein rechtsfreier Raum ist und im Zeitpunkt der gerichtlichen Entscheidung unklar bleibt, ob der Kläger im Zeitpunkt der Überstellung dann überhaupt noch im Kirchenasyl sein wird, steht weiterhin – hinreichend – iSd § 34a I 1 fest, dass die Abschiebung durchgeführt werden kann. Anderenfalls würde man iÜ geradezu zu einer solchen „Flucht" anstiften[239]. Eine andere Lösung der Kirchenasyl-Fälle ist schon die Verneinung des **Rechtsschutzbedürfnisses**[240]. Ob ein im Kirchenasyl befindlicher Ausländer **zugleich „flüchtig ist"** mit der Folge, dass die Überstellungsfrist gemäß Art. 29 II 2 Dublin III-VO vom

---

[232] Überzeugend HessVGH Beschl. v. 23.8.2018 – 7 D 1498/18.A.

[233] Die Ausländerbehörde ist für die Kosten einer medizinischen Behandlung im Zusammenhang mit der Überstellung zuständig, wenn es sich dabei nicht um eine medizinische Behandlung handelt, die durch das BAMF zur Feststellung von Vollzugshindernissen beauftragt wurde, sondern um Kosten, für die die Ausländerbehörde nach § 71 AufenthG im Rahmen des Vollzugs der Überstellung oder der aufenthaltsrechtlichen Betreuung aufkommt. Für den Vollzug der Überstellung und die Entscheidung über die Art und Weise, wie dieser tatsächlich erfolgt, sind die Ausländerbehörden originär zuständig, vgl. § 71 I 1 AufenthG.

[234] Ebenso VG Karlsruhe Urt. v. 13.10.2018 – A 13 K 153/17 (unveröff.).

[235] Vgl. OVG NRW Beschl. v. 30.8.2011 – 18 B 1060/11.

[236] Vgl. BVerwG Urt. v. 9.8.2016 – 1 C 6.16 Rn. 23 sowie → Rn. 5.

[237] VG Stuttgart Urt. v. 17.12.2014 – A 12 K 4350/14. VGH BW Beschl. v. 15.11.2021 – A 4 S 3010/21. Eine Klageabweisung mit „Tarakhel-Maßgabe" dürfte hier nicht genügen, weil eindeutig „nicht feststeht", dass die Abschiebung durchgeführt werden kann.

[238] Grundsätzlich hierzu *Botta,* Das Kirchenasyl als rechtsfreier Raum?, ZAR 2017, 434 sowie *Deibel,* Kirchenasyl und AsylbLG, ZFSH/SGB 2017, 583.

[239] AA etwa VG Stuttgart Beschl. v. 18.9.2014 – A 2 K 3286/14.

[240] Vgl. etwa VG Ansbach Beschl. v. 7.12.2016 – AN 14 S 16.50339, Rn. 13 f.: „Der Antragsteller hat für das vorliegende Verfahren des einstweiligen Rechtsschutzes kein Rechtsschutzbedürfnis mehr. Er entzieht sich durch Eintritt in das sogenannte Kirchenasyl vorgefasster Absicht der staatlichen Gewalt, die die staatliche Rechtsordnung gewährleistet, und zwar zu einem Zeitpunkt, als eine gerichtliche Entscheidung über die von ihm aufgeworfenen Fragen der Zumutbarkeit einer etwaigen Überstellung nach Finnland noch gar nicht gefallen ist. Er stellt darauf ab, dass sich die bayerische Ausländerbehörde ohnehin nach bekannter, bereits jahrelanger Praxis durchgängig in diesen Fällen scheuen, auch gegen vollziehbar ausreisepflichtigen Ausländer vorzugehen. Aus Sicht des Gerichts ist das Aufsuchen eines solchen Kirchenasyls einem ‚Untertauchen' in aufenthaltsmäßiger Hinsicht gleichzusetzen, weil sich der Antragsteller insoweit der staatlichen Rechtsordnung der Bundesrepublik Deutschland nicht unterordnet, sondern bewusst und gerade solange entzieht, bis die Überstellungsfrist nach der Dublin III-VO abgelaufen ist. Der Antragsteller verhält sich in diesem entscheidungserheblichen Punkt widersprüchlich und damit rechtsmissbräuchlich, wenn er sich einerseits an ein Gericht wendet, um vorläufigen Rechtsschutz gegen eine Verteilungsentscheidung innerhalb der europäischen Mitgliedstaaten in Anspruch zu nehmen, sowie andererseits aber bereits während des gerichtlichen Verfahrens zeigt, dass er sich den Rechtsordnung der Bundesrepublik Deutschland und der Mitgliedstaaten der Europäischen Union ohnehin entzieht (ebenso VG Cottbus vom 16. Juni 2016 - 5 K 273/16.a; Verwaltungsgericht Ansbach vom 14. April 2016, Az.: AN 6 K 15.31132). Da der Antrag auf einstweiligen Rechtsschutz nach alledem unzulässig geworden ist, kommt es auf die Frage der Begründetheit nicht mehr an…" Zum Problem des Kirchenasyls s. *Larsen* ZAR 2017, 121.

§ 29 AsylG 7

Unzulässige Anträge

BAMF durch einfache Mitteilung an den Zielstaat von sechs auf 18 Monate verlängert werden darf[241], obwohl er die Ausländerbehörde über seinen Verbleib informierte bzw. seine Anschrift bekannt ist, war streitig[242]. Im Jawo-Urteil[243] hat der EuGH entschieden, dass ein Antragsteller „flüchtig ist", wenn er sich den für die Durchführung seiner Überstellung zuständigen nationalen Behörden objektiv gezielt entzieht, um subjektiv die Überstellung zu vereiteln. Dies kann angenommen werden, wenn die Überstellung nicht durchgeführt werden kann, weil der Antragsteller mit dem Ziel der Verhinderung der Rücküberstellung die ihm zugewiesene Wohnung ggf. für eine gewisse Dauer[244] verlassen bzw. seinen tatsächlichen Aufenthaltsort verschleiert hat[245], ohne die zuständigen nationalen Behörden über seine Abwesenheit zu informieren, wofür die bloße fehlende Selbstgestellung am Abschiebungstermin nicht genügt[246], sofern er über die ihm insoweit obliegenden Pflichten unterrichtet wurde, was das nationale Gericht zu prüfen hat[247]. Bei der Überprüfung, ob ein Antragsteller im maßgeblichen Zeitpunkt der daran anknüpfenden behördlichen Verlängerung der Überstellungsfrist flüchtig war, hat das Gericht alle objektiv bestehenden Gründe zu berücksichtigen, auch wenn die Behörde die Verlängerungsentscheidung darauf nicht gestützt hat[248]. Der Antragsteller behält die Möglichkeit, nachzuweisen, dass er den Behörden seine Abwesenheit **aus stichhaltigen Gründen** nicht mitgeteilt hat und nicht in der Absicht, sich den Behörden zu entziehen. Da im Falle des offenen Kirchenasyls die Behörden über den Aufenthaltsort informiert sind, dh objektiv ein Zugriff möglich ist, liegt damit keine „Flucht" idS vor, sodass die Sechs-Monats-Frist grundsätzlich fort gilt[249]. Denn es kann nicht zu Lasten der anderen Dublin-Staaten gehen, wenn Deutschland insoweit (historisch wohlbegründete) moralische Hemmungen an einer Abschiebung hat. Allerdings steht es dem BAMF wohl frei, im Falle des offenen Kirchenasyls wegen eines vorübergehenden Abschiebungshindernisses die Vollziehung der Abschiebung gemäß § 80 IV 1 VwGO iSe politischen Ermessenseinzelfallentscheidung **vorläufig auszusetzen**[250]. Eine solche Aussetzung unterbricht dann die Überstellungsfrist, sodass nach Ende des Kirchenasyls die Sechs-Monats-Frist erneut losläuft, selbst wenn 18 Monate seit Rückkehrzustimmung des Abschiebezielstaates vergangen sind, denn die Dublin-Staaten haben nach dem EuGH-Urteil Petrosian[251] immer mindestens sechs Monate zusammenhängend Zeit für eine Abschiebung. Da das Tatbestandsmerkmal der „Flucht" seine Grenze am Wortsinn hat, dh nicht unbegrenzt weit ausgelegt werden kann, kann eine Renitenz beim Abschiebevorgang, die zur Weigerung des Flugkapitäns führt, den Asylbewerber mitzunehmen, allerdings nicht unter „Flucht" subsumiert werden[252]. Wurde die

---

[241] Die Verlängerung ist mangels Regelung kein VA. Ist der Asylbewerber flüchtig, verlängert sich die Überstellungsfrist kraft Gesetzes automatisch, weshalb auf dem Standardformblatt in Anhang IV der Dublin III-DVO 118/2014/EU dann „Binnen 18 Monate nach Stattgabe des Gesuchs aufgrund der Flucht der Person" angekreuzt werden kann. Der EuGH betont im Urteil Jawo (Urt. v. 19.3.2019 – C-163/17), dass es für die Verlängerung der Überstellungsfrist höchstens auf 18 Monate genügt, dass der ersuchende Mitgliedstaat vor Ablauf der sechsmonatigen Überstellungsfrist den normalerweise zuständigen Mitgliedstaat darüber informiert, dass die betreffende Person flüchtig ist, und zugleich die neue Überstellungsfrist benennt.

[242] Ablehnend BayVGH Beschl. v. 16.5.2018 – 20 ZB 18.50011. IErg ebenso GenA *Wathelet* im SchlussA v. 25.7.2018 – C-163/17 – Jawo: „Art 29 Abs 2 ist dahin auszulegen, dass es für eine Verlängerung der Überstellungsfrist auf bis zu 18 Monate genügt, wenn die Person, die internationalen Schutz beantragt hat, sich über einen längeren Zeitraum nicht mehr in der ihr zugewiesenen Wohnung aufhält und die zuständigen nationalen Behörden nicht über ihren Verbleib informiert waren und deshalb eine geplante Überstellung nicht durchgeführt werden konnte, vorausgesetzt, diese Person ist über die in den nationalen Vorschriften zur Umsetzung von Art. 5 der Richtlinie 2013/33/EU und Art. 13 Abs. 2 Buchst. a der Richtlinie 2013/32/EU vorgesehenen Beschränkungen ihres Rechts auf Bewegungsfreiheit und über ihre dort ebenfalls vorgesehenen Verpflichtungen, sich bei diesen Behörden zu melden, unterrichtet worden."

[243] EuGH Urt. v. 19.3.2019 – C-163/17.

[244] Insoweit kann sich grundsätzlich an der Wochenfrist des § 66 I Nr. 2 orientiert werden, wobei bei klarer Flucht diese aber auch schon sofort angenommen werden kann.

[245] Auch ein „Verstecken" innerhalb der Aufnahmeeinrichtung kann Flucht sein, zutreffend VG Aachen Beschl. v. 30.4.2019 – 9 L 420/19.A. Denn eine Durchsuchung der gesetzlichen Aufnahmeeinrichtung bedarf ggf. entsprechende Durchsuchungsbeschlüsse; vgl. VG Hamburg Urt. v. 15.2.2019 – 9 K 1669/18.

[246] So ausdrücklich nun auch das BVerwG Urt. v. 17.8.2021 – 1 C 1.21.

[247] Vgl. auch BVerwG Urt. v. 17.8.2021 – 1 C 26.20: Allein eine Verletzung von Mitwirkungspflichten rechtfertigt bedeutet eine zwangsweisen Dublin-Verfahren grundsätzlich nicht die Annahme eines Flüchtigseins iSv Art. 29 II 2 Alt. 2 Dublin III-VO, solange der zuständigen Behörde der Aufenthalt des Antragstellers bekannt ist und sie die objektive Möglichkeit einer Überstellung – gegebenenfalls unter Anwendung unmittelbaren Zwangs – hat. / Bloße Flugunwilligkeit, ein Aufenthalt im offenen Kirchenasyl (vgl. BVerwG Urt. v. 26.1.2021 – 1 C 42.20, NVwZ 2021, 875 Rn. 26 mwN) oder ein einmaliges Nichtantreffen in der Wohnung oder Unterkunft reichen nicht für die Annahme, ein Antragsteller sei flüchtig iSv Art. 29 II 2 Alt. 2 Dublin III-VO.

[248] BVerwG Urt. v. 17.8.2021 – 1 C 26.20.

[249] BVerwG Urt. v. 26.1.2021 – 1 C 42.20. Dies gilt auch, wenn dem BAMF der Aufenthaltsort des Antragstellers vor der Verlängerungsentscheidung bekannt gewesen ist.

[250] Vgl. BVerwG Urt. v. 8.1.2019 – 1 C 16.18, Rn. 22 ff., mwN; BVerwG Urt. v. 9.1.2019 – 1 C 18.18. Überzeugend hierzu: *Brauer* ZAR 2019, 256; aA *Bethäuser* BayVBl. 2021, 180, der darauf abhebt, dass im Falle des offenen Kirchenasyls gerade kein Abschiebungshindernis gegeben ist.

[251] EuGH Urt. v. 29.1.2009 – C-19/08.

[252] Vgl. auch BVerwG Beschl. v. 8.6.2020 – 1 B 19.20.

Überstellungsfrist wegen Flucht rechtmäßig auf 18 Monate verlängert, setzt ein **Wiederauftauchen** des Ausländers weder erneut eine Sechsmonatsfrist in Gang noch ist die 18-Monatsfrist zu verkürzen[253].

54 **Verlassen des Dublin-Gebiets und illegale Wiedereinreise im Dublin-Gebiet:** Sperrt das zwischenzeitliche über dreimonatige Verlassen des Dublin-Gebiets den Erlass einer Abschiebungsanordnung? Nach Art. 19 II Dublin III-VO grundsätzlich schon („Mitgliedstaat" muss hier im Sinne des „effet utile" iSv „Dublin-Staat" verstanden werden), weil dann die (Wieder-)Aufnahmepflichten erloschen sind und ein erneutes Asylverfahren in Gang gesetzt wird. Allerdings muss das Gericht diese „Zwischenausreise" dem Flüchtling auch glauben[254]. Sind auf einen Asylbewerber nach der im Anschluss an eine Überstellung erfolgten illegalen Wiedereinreise im Dublin-Gebiet die Regelungen der Dublin III-VO mit der Obliegenheit zur Stellung eines (Wieder-)Aufnahmegesuchs und der Möglichkeit eines Zuständigkeitsübergangs anwendbar? Diese Frage ist hat der EuGH im Urteil vom 25.1.2018 in der Rs. C-360/16 (Hasan) auf Vorlage des BVerwG[255] grundsätzlich bejaht. Denn die Regelungen der Dublin III-VO gelten umfassend. Sie greifen auch ein, wenn ein Asylbewerber – auch nach Ablehnung seines Antrags – in einen anderen Dublin-Staat weiterzieht. Dabei ist ohne Bedeutung, wenn bereits zuvor auf Grundlage dieser Normen eine Überstellung an den zuständigen Staat vorgenommen worden war. Nach jeder illegalen Einreise kann mithin erneut ein Asylgesuch gestellt werden und es kann so auch Parallelverfahren geben. Eine erneute Rücküberstellung setzt immer zugleich die erneute förmliche Gesuchstattgabe durch den Zielstaat voraus.

55 **Freiwillige Ausreise:** Kann der Flüchtling nach erfolglosem Gerichtsverfahren auf eigene Initiative freiwillig bzw. im Rahmen einer kontrollierten Überstellung in den Dublin-Zielstaat ausreisen oder wird er zwingend dorthin abgeschoben, wie § 34a suggeriert? Allein die Laissez-passer-Regelungen des Art. 29 I Dublin III-VO illustrieren, dass die (eventuell sogar die Sperrwirkung nach § 11 I AufenthG auslösende) zwingende Abschiebung unionsrechtswidrig sein muss[256]. Dem Flüchtling muss mithin, bei entsprechendem Antrag, die freiwillige Ausreise auf eigene Kosten gestattet werden[257]. Gegebenenfalls darf das BAMF aber hierfür eine angemessene **Frist setzen**, um einem Ablauf der Überstellungsfrist entgegenzutreten.

56 **Rückkehrentscheidung sowie Einreise- und Aufenthaltsverbot:** Ist die Abschiebungsanordnung gemäß der §§ 34a I, 27a AsylG eine Rückkehrentscheidung iSd Rückführungs-RL? Das kann eigentlich nur verneint werden, weil (anders als bei der Abschiebungsandrohung) keine Abschiebung in einen Drittstaat, sondern einen EU/Dublin-Mitgliedstaat erfolgen soll; insoweit greift die Rückführungs-RL grundsätzlich nicht[258]. Vor dem Hintergrund der Aufgabenzuweisung des § 75 Nr. 12 AufenthG entsteht allerdings auch bei Dublin-Rückführungen (nicht bei freiwilliger Ausreise) ein Einreise- und Aufenthaltsverbot gemäß § 11 I AufenthG[259]. Da bei der Abschiebungsanordnung die Rückführungs-RL nicht greift, ist das Einreise- und Aufenthaltsverbot dann aber ausschließlich nationaler Natur[260].

57 **Aufenthaltstitel/illegale Einreise:** Gelten die Zuständigkeitsregelungen des Art. 12 Dublin III-VO immer dann, wenn der Asylbewerber bei Ersteinreise einmal ein Visum bzw. einen Aufenthaltstitel gehabt hat? Wohl kaum; diese Regelungen dürften auch gemäß des EuGH-Urteils Abdullahi vielmehr nur im Falle der erstmaligen Antragstellung, nicht aber bei Weiterreise und erneuter Antragstellung in Dublin-Staaten eingreifen, dh, die „primären" Zuständigkeitskriterien des Kap. III können von den „sekundären" Zuständigkeitskriterien der Kap. V und VI gewissermaßen überholt werden[261]. Im A. S.-Urteil vom 26.7.2017 hat der EuGH in der Rechtssache C-490/16 entschieden, dass ein „Visum" iSd Dublin III-VO nur bei einem förmlichen Rechtsakt gegeben ist und nicht etwa bei einfach gestatteter Einreise. Wird ohne erforderliches Visum eingereist, ist dies zudem „illegal" iSd VO, selbst wenn der Dublin-Staat dies aus humanitären Gesichtspunkten de facto gestattet hat (Situation auf der Balkanroute 2015).

58 **Umdeutung und Zweitantrag:** Kann der Dublin-Bescheid in eine Entscheidung über einen Zweitantrag gemäß § 71a AsylG umgedeutet werden und ist dann ausnahmsweise eine Verpflichtungs-

---

[253] BVerwG Beschl. v. 2.12.2019 – 1 B 75.19.
[254] Vgl. VG Stuttgart Urt. v. 29.4.2014 – A 12 K 1539/14.
[255] Vgl. BVerwG Vorlage-Beschl. v. 27.4.2016 – 1 C 22.15.
[256] Ausf. VGH BW Urt. v. 27.8.2014 – A 11 S 1285/14; sowie BVerwG Urt. v. 17.9.2015 – 1 C 26.14.
[257] Vgl. BVerwG Urt. v. 17.9.2015 – 1 C 26.14: Bei entsprechender Initiative des Asylbewerbers müssen die für den Vollzug von Dublin-Überstellungen zuständigen Ausländerbehörden aus Gründen der Verhältnismäßigkeit prüfen, ob dem Betroffenen ausnahmsweise anstelle einer Abschiebung auch die Möglichkeit der selbst organisierten Überstellung ermöglicht werden kann. Die Initiative dazu muss jedoch vom Asylbewerber ausgehen. Die selbst organisierte Überstellung ist grundsätzlich auch von diesem zu finanzieren und kommt nur in Betracht, wenn gesichert erscheint, dass der Asylbewerber sich freiwillig in den anderen Mitgliedstaat begibt und sich dort fristgerecht bei der zuständigen Behörde meldet. Das ist zB denkbar in Fällen der von ihm gewünschten Familienzusammenführung in dem anderen Mitgliedstaat.
[258] Vgl. VGH BW Urt. v. 16.4.2014 – A 11 S 1721/13.
[259] Vgl. BVerwG Urt. v. 17.9.2015 – 1 C 26.14, Rn. 27.
[260] *Funke-Kaiser* in GK-AufenthG § 11 Rn. 50.
[261] Vgl. VG Stuttgart Urt. v. 11.9.2014 – A 5 K 3472/14.

klage statthaft und muss durchentschieden werden? Das BAMF vertrat diese These, die aber schon deshalb abzulehnen ist, weil beim Zweitantrag zum einen die Voraussetzungen des § 51 VwVfG hinzugeprüft werden müssen und zum anderen auch nicht hinsichtlich des Dublin-Staats, sondern des Herkunftsstaats geprüft werden muss und dieses Verfahren zudem regelmäßig (nach Ermessen) mit einer Abschiebungsandrohung, nicht aber einer Abschiebungsanordnung, endet. Damit fehlt es an den Umdeutungsvoraussetzungen des § 47 VwVfG, und dem Kläger würde beim Durchentscheiden rechtsstaatswidrig eine mit umfassenden Verfahrensgarantien ausgestattete Tatsacheninstanz verloren gehen. Die Umdeutung (hierzu auch → Rn. 6) und das Durchentscheiden ist mithin abzulehnen, ganz abgesehen davon, dass rechtlich vielleicht gar kein Zweitantrag vorliegt[262]. Dies hat auch das BVerwG inzwischen ausdrücklich bestätigt[263].

Zurückweisung an der Binnengrenze: Darf die Bundespolizei einen Asylbewerber direkt an der Binnengrenze etwa zwischen Deutschland und Österreich ohne Prüfung des Asylgesuchs zurückweisen, wenn ein **Eurodac-Treffer Kat. 1** gegeben ist?[264] Als Argument hierfür wird neben Art. 16a II GG und § 18 II Nr. 2 AsylG regelmäßig die Spezialvorschrift des Art. 20 IV Dublin III-VO zitiert, die den grenzüberschreitenden Asylantrag regelt und insbesondere völkerrechtliche Rückübernahmeübereinkommen verdrängt[265]. Diese Spezialnorm dürfte allerdings nur dann eingreifen können, wenn der deutsche Transitraum insgesamt als österreichisches Hoheitsgebiet iSd Dublin-VO angesehen wird, was doch fraglich erscheint[266]. Auch zielt diese Spezialnorm etwa auf einen Botschaftsasylantrag ab und dürfte wohl den – anwendungsvorrangigen – allgemeinen Anspruch jedes Asylbewerbers aus Art. 3 I Dublin III-VO nicht verdrängen können, nachdem der EuGH im Urteil Hassan vom 31.3.2018[267] betont, dass eine Rücküberstellung vor förmlicher Stattgabe des entsprechenden Gesuchs nicht erfolgen darf und im Urteil Gnandi vom 19.6.2018[268] die Wichtigkeit des effektiven Rechtsschutzes gegen eine Rückkehrentscheidung unterstrich (was allerdings nicht bedeutet, dass eine Klage zwingend aufschiebende Wirkung haben muss[269]). Und dass auch in Extremsituationen Art. 72 AEUV keine Suspendierung des Dublin III-VO erlaubt, hat der EuGH im Urteil Jafari vom 26.7.2017[270] ausgeführt[271]. An jedem Grenzzaun gilt im Übrigen auch immer die EMRK, wie der EGMR mit Urteil N. D. vom 3.10.2017 ausdrücklich festgestellt hat[272]. Die von Deutschland 2019 mit Spanien und Griechenland in Kraft gesetzten **„agreements"**[273], die „unterhalb der Schwelle von Dublin-Verfahren" eine Abschiebung innerhalb weniger Tage ermöglichen sollen bei Personen, die unmittelbar an der Grenze aufgegriffen werden und in einem anderen Staat registriert sind („Fiktion der Nichteinreise" – ähnlich Flughafenverfahren), sind deshalb außerordentlich kritisch zu sehen[274].

Müssen mehrheitlich entschiedene Asylbewerber-Umsiedlungsaktionen innerhalb der EU von überstimmten Mitgliedstaaten hingenommen werden? Dies hat der EuGH im Urteil vom 6.9.2017[275] ausdrücklich bejaht. Als Reaktion auf die Flüchtlingskrise 2015 erließ der Rat der EU den Beschluss 2015/1601/EU, um Italien und Griechenland bei der Bewältigung des massiven Zustroms von Migranten zu unterstützen. Der Beschluss sieht vor, dass 120.000 Asylbewerber über einen Zeitraum von zwei Jahren aus diesen beiden Mitgliedstaaten in die anderen Mitgliedstaaten umgesiedelt werden. Der EuGH wies die Klagen der Slowakei und Ungarns hiergegen ab, weil Art. 78 III AEUV es den Unionsorganen ermögliche, sämtliche vorläufige Maßnahmen zu ergreifen, die notwendig sind, um wirksam und rasch auf eine durch den plötzlichen Zustrom von Vertriebenen geprägte

---

[262] Ausf. VGH BW Beschl. v. 19.1.2015 – A 11 S 2508/14 sowie (nur) insoweit überzeugend VG Regensburg Urt. v. 23.10.2014 – RN 3 K 14.30180, Rn. 16 f.; vgl. auch VGH BW Urt. v. 29.4.2015 – A 11 S 121/15.
[263] Vgl. BVerwG Urt. v. 14.12.2016 – 1 C 4.16.
[264] Eurodac-Treffer Kat. 1: Asylantrag. Kat. 2: Illegaler Grenzübertritt. Kat. 3: Illegaler Aufenthalt. Anders, als VG Wiesbaden mit Beschl. v. 21.9.2017 – 6 L 3805/17.WI.A – meinte, sind Eurodac-Treffer nicht rechtswidrig erhoben bzw. unverwendbar; überzeugend *Berlit* ZAR 2018, 69.
[265] Vgl. zu diese Thematik bspw. Art. 9 der österreichisch-tschechischen Verwaltungsvereinbarung: „Aus Gründen der Rechtssicherheit erklären die Vertragsparteien, dass die Verordnung vor dem internationalen Vertrag, der die Übergabe und die Übernahme von Personen, die illegal auf dem Staatsgebiet einer der Vertragsparteien aufhältig sind, regelt, vorrangig angewendet wird. In solchen Fällen wird immer nach der Verordnung vorgegangen." (BGBl. III 2006/84)   – https://www.ris.bka.gv.at/Dokumente/BgblAuth/BGBLA_2006_III_84/COO_2026_100_2_268258.pdf.
[266] Eindrucksvoll hierzu *Rau* in BDVR-Rundschreiben 3/2018, S. 21 (39 mwN).
[267] EuGH Urt. v. 31.3.2018 – C-647/16.
[268] EuGH Urt. v. 19.6.2018 – C-181/16; das Urteil Gnandi entfaltet für das Dublin-Recht allerdings keine unmittelbare Relevanz, weil die Dublin III-VO die Rückführungs-RL als lex generalis verdrängt; ebenso *Wittmann* ZAR 2019, 53 mwN.
[269] Überzeugend *Wittmann* ZAR 2019, 45; *Wittkopp* ZAR 2018, 325; aA *Hruschka* Asylmagazin 2018, 290.
[270] EuGH Urt. v. 26.7.2017 – C-646/16.
[271] Nach dem Urteil Jafari darf iÜ jeder Dublin-Staat jederzeit einen Selbsteintritt nach Art. 17 VO machen, dh muss kein Dublin-Verfahren anstrengen.
[272] Vgl. EGMR Urt. v. 3.10.2017 – 8675/15 und 8697/15 – N. D. und N. T./Spanien – https://hudoc.echr.coe.int/fre#{„itemid":[„001-177231"]}.
[273] Zu sog. Migrationspartnerschaften vgl. *Lübbe* ZAR 2017, 15.
[274] Zur Problematik vgl. auch *Thym* NJW 2018, 2353 sowie *Welte* ZAR 2018, 431.
[275] EuGH Urt. v. 6.7.2017 – C-643/15 und C-647/15 – Slowakei und Ungarn/Rat.

Notlage zu reagieren. Dabei stellte er fest, dass der Rat keinen offensichtlichen Beurteilungsfehler begangen habe, als er davon ausging, dass das mit dem angefochtenen Beschluss verfolgte Ziel nicht durch weniger restriktive Maßnahmen, etwa auf freiwilliger Basis, hätte erreicht werden können.

61 **Verfassungsbeschwerde/einstweilige Anordnung:** Kann ein rechtskräftig unterlegener Asylbewerber beim BVerfG unter Berufung auf die deutschen Grundrechte etwa der Art. 1, 2 oder 6 GG mittels Verfassungsbeschwerde weiteren Rechtsschutz erhalten? Nach der „Solange II"-Doktrin sowie der EuGH-Zuständigkeit gemäß Åkerberg-Fransson[276] und Art. 51 GRCh dürfte dies ausgeschlossen sein[277]. Bezüglich der **anwendungsvorrangigen Dublin-Verordnungen** hat nur der EuGH iVm der EU-GRCh die Judikationsmacht bzw. nach Nichtannahme der (unzulässigen) Verfassungsbeschwerde gegebenenfalls der EGMR. Das BVerfG hat in seinen – inhaltlich sehr überzeugenden – Kammerbeschlüssen vom 17.9.2014 deshalb wohl auch gewissermaßen „begründet, aber unzulässig" entschieden[278]. Das BVerfG hat allerdings die Möglichkeit, auf entsprechend substanziierte Verfahrensbeschwerden mithilfe des **Willkürverbots aus Art. 3 I GG**[279] bzw. **der verfahrensrechtlichen Garantien des GG,** etwa dem Anspruch auf rechtliches Gehör oder der Garantie effektiven Rechtsschutzes[280], auch Dublin-Entscheidungen zu überprüfen. Davon macht es in jüngster Zeit auch dann Gebrauch, wenn trotz unionsrechtlich offener Dublin-Frage ohne EuGH-Vorlage ernstliche Zweifel an der Rechtmäßigkeit verneint oder eine offensichtliche Rechtmäßigkeit des Dublin-Bescheids bejaht und deshalb der Eilantrag abgelehnt wurde[281]. Gibt das BVerfG dem Antrag auf Erlass einer **einstweiligen Anordnung** statt, ist die Abschiebung ebenso gesperrt, wie wenn das VG einem Eilrechtsschutz entsprochen hätte. Deshalb spricht viel dafür, dass bereits diese einstweilige Anordnung (gegebenenfalls vor Entscheidung über die Verfassungsbeschwerde) die Dublinüberstellungsfrist unterbricht, weil eine bloße Hemmung regelmäßig nicht angenommen werden kann (→ Rn. 43)[282].

62 **Gegenstandswert:** Richtig und angemessen dürften bei einer Dublin-Klage[283] in der Regel 5.000 EUR sein, weil keine hinreichenden Anhaltspunkte für ein Abweichen vom Grundsatz des § 30 I 1 RVG bestehen[284]. Das BVerfG sah auch schon einmal 10.000 EUR (Eilverfahren) bzw. 20.000 EUR (Hauptsache) als angemessen an[285].

63 Das Dublin-System bzw. GEAS, das die Kommission mit einer Dublin IV-VO reformieren will[286], weist derzeit auf ein gefährliches Zentralproblem hin: Aufgrund des erbitterten politischen Streits um die (Nicht-)Aufnahme von Flüchtlingen droht die **Erosion des EU-Rechtsstaates.** Denn wenn ein Mitgliedstaat[287] damit beginnt, die Legitimität und Bindungswirkung eines EuGH-Urteils[288] infrage zu stellen, wird die Axt an die Wurzel der EU gelegt.

§ 29a Sicherer Herkunftsstaat; Bericht; Verordnungsermächtigung

(1) Der Asylantrag eines Ausländers aus einem Staat im Sinne des Artikels 16a Abs. 3 Satz 1 des Grundgesetzes (sicherer Herkunftsstaat) ist als offensichtlich unbegründet abzulehnen, es sei denn, die von dem Ausländer angegebenen Tatsachen oder Beweismittel begründen die Annahme, dass ihm abweichend von der allgemeinen Lage im Herkunftsstaat Verfolgung im Sinne des § 3 Absatz 1 oder ein ernsthafter Schaden im Sinne des § 4 Absatz 1 droht.

(2) Sichere Herkunftsstaaten sind die Mitgliedstaaten der Europäischen Union und die in Anlage II bezeichneten Staaten.

(2a) Die Bundesregierung legt dem Deutschen Bundestag alle zwei Jahre, erstmals zum 23. Oktober 2017 einen Bericht darüber vor, ob die Voraussetzungen für die Einstufung der in Anlage II bezeichneten Staaten als sichere Herkunftsstaaten weiterhin vorliegen.

(3) ¹Die Bundesregierung bestimmt durch Rechtsverordnung ohne Zustimmung des Bundesrates, dass ein in Anlage II bezeichneter Staat nicht mehr als sicherer Herkunftsstaat gilt, wenn Veränderungen in den rechtlichen oder politischen Verhältnissen dieses Staates

---

[276] EuGH Urt. v. 26.2.2013 – C-617/10.
[277] Ausf. → GRCh Art. 51 Rn. 5 ff.
[278] Vgl. etwa die Beschlüsse der 3. Kammer des Zweiten Senats v. 17.9.2014 – 2 BvR 1795/14 und 2 BvR 732/14.
[279] Vgl. BVerfG Beschl. v. 8.1.2016 – 2 BvR 273/16, sowie Beschl. v. 8.5.2017 – 2 BvR 157/17.
[280] Vgl. BVerfG Beschl. v. 27.5.2015 – 2 BvR 3024/14 ua; Beschl. v. 30.4.2015 – 2 BvR 746/15.
[281] Bgl BVerfG Beschl. v. 17.1.2017 – 2 BvR 2013/16, (Art. 19 IV GG-Verstoß).
[282] Das BVerfG geht allerdings möglicherweise eher von einer Hemmung aus; vgl. BVerfG eA v. 27.5.2015 – 2 BvR 3024/14 Rn. 8.
[283] Auch in der Form der Untätigkeitsklage, vgl. VG Gelsenkirchen Beschl. v. 6.12.2016 – 14a K 5393/16.A.
[284] Vgl. unter Bezugnahme auf BT-Drs. 17/11471, 269: VG Stuttgart Beschl. v. 30.4.2014 – A 12 K 473/14.
[285] BVerfG Beschl. v. 8.5.2017 – 2 BvR 157/17.
[286] Mit „dauerhaften Zuständigkeiten" und abgebautem Rechtsschutz; ausführlich hierzu *Marx* ZAR 2016, 366.
[287] Hier: Ungarn.
[288] Hier: Quotenurteil des EuGH Urt. v. 6.9.2017 – C-643/15 – Ungarn/Slowakei; zur Evaluation des EU-Umsiedlungsprogramms vgl. *Heuser* NVwZ 2018, 364.

die Annahme begründen, dass die in Artikel 16a Abs. 3 Satz 1 des Grundgesetzes bezeichneten Voraussetzungen entfallen sind. ²Die Verordnung tritt spätestens sechs Monate nach ihrem Inkrafttreten außer Kraft.

I. Entstehungsgeschichte

Die Vorschrift wurde mWv 1.7.1993 eingefügt (Art. 1 Nr. 20 **AsylVfÄndG 1993**). Sie hat kein 1 Vorbild im AuslG oder AsylVfG 1982 und entspricht im Wesentlichen dem **Gesetzesentwurf 1993**[1]; auf Empfehlung des Bundestag-Innenausschusses[2] wurde in Abs. 1 die Passage „aufgrund der (...) ist anzunehmen" durch „begründen die Annahme" ersetzt. Das **RLUmsG 2007** fügte in Abs. 2 die Wörter „die Mitgliedstaaten der Europäischen Union und" ein. Der Gesetzgeber begründete dies wie folgt[3]: „Die Ergänzung der Liste der sicheren Herkunftsstaaten um die Mitgliedstaaten der EU beruht auf den Bestimmungen des Protokolls zum EG-Vertrag über die Gewährung von Asyl für Staatsangehörige von Mitgliedstaaten der EU. Danach betrachten sich die Mitgliedstaaten der EU gegenseitig als sichere Herkunftsstaaten. Das Protokoll bezieht sich unmittelbar zwar nur auf die Zuerkennung der Flüchtlingseigenschaft nach der Genfer Flüchtlingskommission. Es ist darüber hinaus aber auch sachgerecht, die Mitgliedstaaten als sichere Herkunftsstaaten nach Artikel 16a Abs 3 GG einzustufen. Es ist hinreichend gewährleistet, dass in den Mitgliedstaaten politische Verfolgung im Sinne des Artikels 16a Abs 1 GG oder eine unmenschliche oder erniedrigende Behandlung oder Bestrafung im Sinne des Artikels 3 Europäischen Menschenrechtskonvention nicht vorkommt. Damit erfüllen die Mitgliedstaaten der Europäischen Union auch die verfassungsrechtlichen Voraussetzungen für eine Einstufung als sichere Herkunftsstaaten." Das RLUmsG 2011 und das RLUmsG 2013 haben keine Änderungen vorgenommen. Das **AsylVfBeschlG 2015** ergänzte die Überschrift um die Worte „Bericht; Verordnungsermächtigung" und fügte den **neuen Abs. 2a** ein mit der Begründung[4]: „Aus Gründen der Rechtsförmlichkeit wird die in Abs. 2a neu zu regelnde Berichtspflicht auch in der Überschrift erwähnt. Bei dieser Gelegenheit wird auch ein Hinweis auf die (auch bisher schon) in Abs. 3 geregelte Verordnungsermächtigung aufgenommen. Die Berichtspflicht verpflichtet die Bundesregierung, regelmäßig das Ergebnis ihrer Überprüfung, ob die Situation in den in Anlage II bezeichneten Staaten nach wie vor sicher ist, offenzulegen." Art. 6 Nr. 8 **IntG** änderte mWz 6.8.2016 in **Abs. 1 S. 1** den Begriff „politische Verfolgung" in „Verfolgung im Sinne des § 3 Abs. 1 oder ein ernsthafter Schaden im Sinne des § 4 Abs. 1" ab. Der Gesetzgeber begründete dies wie folgt[5]: „Die Änderung beruht darauf, dass mit einem Asylantrag nicht nur die Anerkennung als Asylberechtigte oder Asylberechtigter nach dem GG, sondern auch internationaler Schutz beantragt wird. Um einen Asylantrag auf Grundlage des § 29a AsylG ablehnen zu können, ist es daher erforderlich, dass sich die widerlegliche Vermutung auch auf den subsidiären Schutz bezieht und die Antragstellerin oder der Antragsteller die gesetzliche Vermutung auch insoweit nicht entkräften kann."

II. Allgemeines

Mit den auf Art. 16a III GG beruhenden Bestimmungen über sichere (verfolgungsfreie) Herkunfts- 2 staaten wurde seit 1993 und wird im Anschluss an ähnliche Regelungen im europäischen Ausland[6] politisches Neuland betreten, indem der Gesetzgeber fremde Staaten einer **(positiven)** Zensur hinsichtlich der Menschenrechtslage unterwirft[7]. Dagegen unterscheidet sich das rechtliche Konzept kaum von anderen Vermutungskonstruktionen und verändert auch die Mitwirkungsverpflichtung des Asylbewerbers nicht in systemwidriger Weise. Beschränkt wird nicht der persönliche Geltungsbereich des Asylgrundrechts, sondern nur dessen verfahrensbezogener Gewährleistungsinhalt, wobei eine Arbeitsteilung zwischen Gesetzgeber einerseits und Behörde und Gerichten andererseits stattfindet[8]. Die Widerlegung der Nichtverfolgungsvermutung bezieht sich ebenso wie in Art. 16a III GG nicht auf die Gefahr unmenschlicher oder erniedrigender Bestrafung oder Behandlung, sondern nur auf eine drohende politische Verfolgung[9], seit dem IntG 2016 im weiten Sinne des internationalen Schutzes (→ Rn. 1). Anders als Art. 16a III 2 GG verlangt Abs. 1 neben der Darlegung von Tatsachen auch die Angabe von Beweismitteln, lässt aber den schlüssigen Vortrag für die begründete Annahme politischer Verfolgung genügen.

Im Verhältnis zu anderen **EU-Mitgliedstaaten** ist seit dem Amsterdamer Vertrag zu beachten und 3 zwischenzeitlich durch das RLUmsG 2007 in Abs. 2 klargestellt, dass Asylanträge von Angehörigen

---

[1] BT-Drs. 4450, 5.
[2] BT-Drs. 12/4984, 16.
[3] BT-Drs. 16/5065, 217.
[4] BT-Drs. 18/6185, 47.
[5] BT-Drs. 18/8615, 51.
[6] Zur Schweiz vgl. *Schmid* ZAR 1993, 81.
[7] So vorgesehen gewesen von der Schlussfolgerung der EG-Einwanderungsminister v. 30.11./11.12.1992.
[8] BVerfG Urt. v. 14.5.1996 – 2 BvR 1507/93 ua, BVerfGE 94, 115.
[9] Dazu → GG Art. 16a Rn. 76.

anderer Unionsstaaten grundsätzlich nicht angenommen und behandelt werden dürfen. Gem. **EU-Protokoll Nr. 29**[10] darf der Asylantrag eines Unionsbürgers nur berücksichtigt oder zur Bearbeitung zugelassen werden, wenn insbesondere ein Mitgliedstaat den Notstand verhängt und EMRK-Rechte außer Kraft setzt und der Rat mit Zustimmung des Europäischen Parlaments nach Art. 7 EUV die eindeutige Gefahr einer schwerwiegenden Verletzung der in Art. 2 EUV genannten Werte festgestellt hat. Abweichend davon kann ein Mitgliedstaat aufgrund einseitigen Beschlusses den Angehörigen eines anderen Mitgliedstaats zum Asylverfahren zulassen; dabei muss aber von der Vermutung ausgegangen werden, dass der Asylantrag offensichtlich unbegründet ist.

III. Sichere Herkunftsstaaten

4   Sichere Herkunftsstaaten sollten nach dem **EU-Asylsystem** des – vom EuGH teilweise für nichtig erklärten[11] – Art. 29 Asylverfahrens-RL aF va durch eine „**gemeinsame Minimalliste** der als sicher geltenden Herkunftsstaaten" bestimmt werden, über die allerdings seit Jahren und bislang ohne Erfolg auf EU-Ebene gerungen wird. Daneben können gem. Art. 36 und 37 Asylverfahrens-RL 2013/32/EU[12] zusätzliche „sichere Herkunftsstaaten" **national definiert** werden, weswegen § 29a auch nicht gegen die Anerkennungs-RL verstoßen kann[13]. Sichere Herkunftsstaaten sind – neben den EU-Mitgliedstaaten – aufgrund Art. 16a III 1 GG (nur für das Asylrecht, nicht aber den unionsrechtlichen Flüchtlingsschutz[14]) zwingend **durch Gesetz** mit Zustimmung des Bundesrats zu bestimmen. Dabei hat sich der Gesetzgeber anhand von Rechtslage, Rechtsanwendung und allgemeinen politischen Verhältnissen ein Gesamturteil über die für politische Verfolgung bedeutsamen Verhältnisse in dem jeweiligen Staat zu bilden[15]. Es muss festgestellt werden, dass dort weder landesweit politische Verfolgung stattfindet noch bestimmte Personengruppen örtlich oder regional begrenzt verfolgt werden noch Nachfluchttatbestände zu Verfolgungsmaßnahmen führen[16]. Bei der Tatsachenermittlung kommt dem Gesetzgeber ein Entscheidungsspielraum und bei der Tatsachenbewertung und der Gefahrenprognose ein Einschätzungs- und Wertungsspielraum zu; die gesetzliche Bestimmung eines verfol-

---

[10] Protokoll über die Gewährung von Asyl für Staatsangehörige von Mitgliedstaaten der EU v. 2.10.1997; zuletzt geändert durch Art. 1 IV lit. f, VIII lit. f, XXII Protokoll Nr. 1 zum Vertrag von Lissabon v. 13.12.2007 (ABl. 2007 C 306, 163/ABl. 2007 C 340, 103): „Einziger Art: In Anbetracht des Niveaus des Schutzes der Grundrechte u. Grundfreiheiten in den Mitgliedstaaten der EU gelten die Mitgliedstaaten füreinander für alle rechtlichen und praktischen Zwecke im Zusammenhang mit Asylangelegenheiten als sichere Herkunftsländer. Dementsprechend darf ein Asylantrag eines Staatsangehörigen eines Mitgliedstaats von einem anderen Mitgliedstaat nur berücksichtigt oder zur Bearbeitung zugelassen werden, a) wenn der Mitgliedstaat, dessen Staatsangehöriger der Antragsteller ist, nach Inkrafttreten des Vertrags von Amsterdam Art 15 der Konvention zum Schutze der Menschenrechte und Grundfreiheiten anwendet und Maßnahmen ergreift, die in seinem Hoheitsgebiet die in der Konvention vorgesehenen Verpflichtungen außer Kraft setzen, b) wenn das Verfahren des Art 7 Abs 1 des Vertrags über die EU eingeleitet worden ist und ggf. bis der Rat oder ggf. der EU-Rat diesbezüglich einen Beschluss im Hinblick auf den Mitgliedstaat, dessen Staatsangehöriger der Antragsteller ist, gefasst hat, c) wenn der Rat einen Beschluss nach Art 7 Abs 1 des Vertrags über die EU im Hinblick auf den Mitgliedstaat, dessen Staatsangehöriger der Antragsteller ist, erlassen hat, oder wenn der EU-Rat einen Beschluss nach Art 7 Abs 2 des genannten Vertrags im Hinblick auf den Mitgliedstaat, dessen Staatsangehörigen eines anderen Mitgliedstaats einseitig einen solchen Beschluss fasst; in diesem Fall wird der Rat umgehend unterrichtet; bei der Prüfung des Antrags wird von der Vermutung ausgegangen, dass der Antrag offensichtlich unbegründet ist, ohne dass die Entscheidungsbefugnis des Mitgliedstaats in irgendeiner Weise beeinträchtigt wird."
[11] EuGH Urt. v. 6.5.2008 – C-133/06 – Parlament/Rat: „Art. 29 Abs. 1 und 2 und Art. 36 Abs. 3 der RL 2005/85/EG des Rates vom 1.12.2005 über Mindestnormen für Verfahren in den Mitgliedstaaten zur Zuerkennung und Aberkennung der Flüchtlingseigenschaft werden für nichtig erklärt."
[12] Art. 36 Asylverfahrens-RL lautet: „(1) Ein Drittstaat, der nach dieser Richtlinie als sicherer Herkunftsstaat bestimmt wurde, kann nach individueller Prüfung des Antrags nur dann für einen bestimmten Antragsteller sicherer Herkunftsstaat betrachtet werden, wenn a) der Antragsteller die Staatsangehörigkeit des betreffenden Staates besitzt oder b) der Antragsteller staatenlos ist und zuvor seinen gewöhnlichen Aufenthalt in dem betreffenden Staat hatte und er keine schwerwiegenden Gründe dafür vorgebracht hat, dass der Staat in seinem speziellen Fall im Hinblick auf die Anerkennung als Person mit Anspruch auf internationalen Schutz im Sinne der RL 2011/95/EU nicht als sicherer Herkunftsstaat zu betrachten ist. (2) Die Mitgliedstaaten legen in den nationalen Rechtsvorschriften weitere Regeln und Modalitäten für die Anwendung des Konzepts des sicheren Herkunftsstaats fest." *Art. 37 lautet:* „1) Zum Zwecke der Prüfung von Anträgen auf internationalen Schutz können die Mitgliedstaaten Rechts- oder Verwaltungsvorschriften beibehalten oder erlassen, aufgrund deren im Einklang mit Anhang I sichere Herkunftsstaaten bestimmen können. (2) Die Mitgliedstaaten überprüfen regelmäßig die Lage in Drittstaaten, die gemäß diesem Artikel als sichere Herkunftsstaaten bestimmt wurden. (3) Bei der Beurteilung der Frage, ob ein Staat als sicherer Herkunftsstaat gemäß diesem Artikel bestimmt werden kann, werden verschiedene Informationsquellen, insbesondere Informationen anderer Mitgliedstaaten, des EASO, des UNHCR, des Europarates und anderer einschlägiger internationaler Organisationen herangezogen. (4) Die Mitgliedstaaten teilen der Kommission die Staaten mit, die sie gemäß diesem Artikel als sichere Herkunftsstaaten bestimmt haben."
[13] AA HK-AuslR/*Fränkel* AsylVfG § 29a Rn. 2.
[14] → GG Art. 16a Rn. 70.
[15] BVerfG Urt. v. 14.5.1996 – 2 BvR 1507/93 ua, BVerfGE 94, 115.
[16] BVerfG Urt. v. 14.5.1996 – 2 BvR 1507/93 ua, BVerfGE 94, 115.

gungsfreien Staats kann nur als verfassungswidrig angesehen werden, wenn der Gesetzgeber sich nicht von guten Gründen hat leiten lassen[17]. Wenn die Einstufung als verfolgungsfreier Staat aufgrund von Veränderungen der rechtlichen oder politischen Verhältnisse nicht mehr gerechtfertigt erscheint, kann die Bundesregierung durch Rechtsverordnung ohne Zustimmung des Bundesrats bestimmen, dass der Staat nicht mehr als sicher gilt. Diese Rechtsverordnung gilt höchstens sechs Monate.

Die in Art. 16a III 1 GG genannten Kriterien[18] sollten nach dem Gesetzesentwurf zum GG-ÄndG[19] **5** durch die Anerkennungsquote im Verwaltungsverfahren in einem überschaubaren Zeitraum ergänzt werden. Der Gesetzesentwurf 1993[20] hatte der dort vorgeschlagenen Anlage II dagegen den folgenden umfangreicheren **Kriterienkatalog** zugrunde gelegt: Anerkennungsquote in den vergangenen Jahren; allgemeine politische Lage; Achtung der Menschenrechte; Bereitschaft zur Gewährung des Zutritts zum Hoheitsgebiet für unabhängige internationale Organisationen zur Überwachung der Menschenrechtslage; Stabilität des Landes. Dies entsprach bzw. entspricht weitgehend schon den Kriterien des Anhangs II **EU-Asylverfahrens-RL aF**, wie sie heute in Anhang I der novellierten Asylverfahrens-RL 2013/32/EU[21] normiert sind[22]. Als Hilfsmittel dienen dem Gesetzgeber[23]: von den Behörden des Bundes gewonnene Erkenntnisse; Rspr.; Materialien des UNHCR und internationaler Menschenrechtsorganisationen. Wichtig ist nicht die Anwendung eines starren Kriterienkatalogs, sondern das Gesamturteil aufgrund einer Vielzahl von Faktoren, wobei für die abschließende Beurteilung die Anerkennungsquoten in Deutschland als Indiz eine Rolle spielen und die in anderen europäischen Staaten hilfreich sein kann[24].

Bei den in **Anlage II** aufgenommenen Staaten – seit den EU-Osterweiterungen 2004/2007 und **6** dem RLUmsG 2007 zunächst nur noch **Ghana** und **Senegal** – seit 6.11.2014 zusätzlich **Bosnien und Herzegowina** sowie **Mazedonien** und **Serbien**[25] und seit dem AsylVfBeschlG 2015 zusätzlich **Albanien** sowie **Kosovo** und **Montenegro** – können bisweilen Bedenken gegen die Annahme bestehen, dort finde weder politische Verfolgung noch unmenschliche noch erniedrigende Bestrafung noch Behandlung statt[26]. Immerhin wies jedenfalls Ghana in den vergangenen Jahren eine nicht zu vernachlässigende Anzahl von Asylanerkennungen auf. Da Art. 16a III 1 GG aber keine absolute Verfolgungsfreiheit verlangt[27] und die Widerlegungsmöglichkeit für den Flüchtling besteht, ist die gesetzliche Bestimmung auch dieser Länder als sichere Herkunftsstaaten letztlich nicht zu beanstanden[28]. Zudem hat der Gesetzgeber (→ Rn. 1) der Bundesregierung durch Abs. 2a die Pflicht auferlegt, alle zwei Jahre die Situation in den gelisteten Ländern zu überprüfen und die Einschätzung gegenüber dem Bundestag offenzulegen. Dem Vorschlag der Bundesregierung von 2016, auch **Algerien, Marokko und Tunesien** in Anlage II aufzunehmen, hat der Bundesrat nicht zugestimmt[29]. Auch der Entwurf[30] des „Gesetzes zur Einstufung **Georgiens**, der Demokratischen Volksrepublik **Algerien**, des Königreichs **Marokko** und der **Tunesischen Republik** als sichere Herkunftsstaaten" vom 29.10.2018, der zudem vorsah, § 61 II um einen S. 5 zu ergänzen, um die Weiterbeschäftigung

---

[17] BVerfG Urt. v. 14.5.1996 – 2 BvR 1507/93 ua, BVerfGE 94, 115.
[18] Dazu → GG Art. 16a Rn. 17 ff.
[19] BT-Drs. 12/4152, 4.
[20] BT-Drs. 12/4450, 21.
[21] Hierzu auch → GG Art. 16a Rn. 71.
[22] Anhang I Asylverfahrens-RL lautet: „Bestimmung sicherer Herkunftsstaaten im Sinne des Art 37 Abs 1: Ein Staat gilt als sicherer Herkunftsstaat, wenn sich anhand der dortigen Rechtslage, der Anwendung der Rechtsvorschriften in einem demokratischen System und der allgemeinen politischen Lage nachweisen lässt, dass dort generell und durchgängig weder eine Verfolgung im Sinne des Artikels 9 der Richtlinie 2011/95/EU noch Folter oder unmenschliche oder erniedrigende Behandlung oder Strafe noch Bedrohung infolge willkürlicher Gewalt im Rahmen eines internationalen oder innerstaatlichen bewaffneten Konflikts zu befürchten sind. Bei der entsprechenden Beurteilung wird unter anderem berücksichtigt, inwieweit Schutz vor Verfolgung und Misshandlung geboten wird durch a) die einschlägigen Rechts- und Verwaltungsvorschriften des Staates und die Art und Weise ihrer Anwendung; b) die Wahrung der Rechte und Freiheiten nach der Europäischen Konvention zum Schutz der Menschenrechte und Grundfreiheiten und/oder dem Internationalen Pakt über bürgerliche und politische Rechte und/oder dem Übereinkommen der Vereinten Nationen gegen Folter, insbesondere der Rechte, von denen gemäß Artikel 15 Absatz 2 der Europäischen Konvention keine Abweichung zulässig ist; c) die Einhaltung des Grundsatzes der Nicht-Zurückweisung nach der Genfer Flüchtlingskonvention; d) das Bestehen einer Regelung, die einen wirksamen Rechtsbehelf bei Verletzung dieser Rechte und Freiheiten gewährleistet."
[23] BT-Drs. 12/4450, 22.
[24] BVerfG Urt. v. 14.5.1996 – 2 BvR 1507/93 ua, BVerfGE 94, 115.
[25] Eingefügt durch Art. 1 Nr. 2 des G v. 27.10.2014, BGBl. I S. 1649.
[26] *v. Pollern* ZAR 1992, 24 und 1993, 26. Zu Bedenken hinsichtlich der Diskriminierungen von Roma in Serbien vgl. VGH BW Urt. v. 24.6.2015 – A 6 S 1259/14 („Die Bestimmung Serbiens als sicherer Herkunftsstaat ist – auch unter Berücksichtigung der serbischen Melderechts, des Art. 350a des serbischen Strafgesetzbuchs und der serbischen Ausreise- und Grenzkontrollbestimmungen sowie ihrer praktischen Anwendung – weder verfassungs- noch unionsrechtlich zu beanstanden.").
[27] → GG Art. 16a Rn. 69 ff.
[28] Für Ghana so ausdrücklich BVerfG Urt. v. 14.5.1996 – 2 BvR 1507/93 ua, BVerfGE 94, 115.
[29] Vgl. BT-Drs. 18/8039 und 18/8311.
[30] BT-Drs. 19/5314.

von Asylbewerbern aus diesen Staaten zu sichern, war bei Redaktionsschluss ebenso wie die Einstufung **Georgiens** als sicherer Herkunftsstaat nicht verabschiedet.

IV. Nichtverfolgungsvermutung

7   Ein **Textvergleich** zwischen Art. 16a III 1 GG und Abs. 1[31] stellt klar, dass anders als nach dem Gesetzesentwurf[32] die Nichtverfolgungsvermutung nach Abs. 1 nicht nur ausgeräumt ist, wenn sie in vollem Umfang widerlegt ist; vielmehr soll die Erschütterung durch schlüssigen Vortrag genügen. Freilich sollen bei der Überprüfung der Vermutung im Einzelfall nur vom Ausländer vorgebrachte Tatsachen und Beweismittel berücksichtigt werden, eine Kontrolle von Amts wegen soll scheinbar nicht stattfinden. Insoweit könnte die Grundlage des Art. 16a III GG überschritten sein, wonach das in sich schlüssige und substanziierte Vorbringen zu einer individuellen politischen Verfolgung vor dem Hintergrund der vom Gesetzgeber getroffenen Feststellung der allgemeinen Verfolgungsfreiheit auf seine Glaubhaftigkeit hin geprüft werden muss[33].

8   Hiergegen spricht freilich der erkennbare **gesetzgeberische Wille,** der zumindest eine verfassungskonforme Auslegung nahelegt. In der Begründung des Gesetzesentwurfs 1993 war nämlich unter Hinweis auf den Text des Entwurfs für Abs. 1 („(...) ist anzunehmen, dass (...)") ausgeführt: „Nur ein solches Vorbringen des Ausländers widerlegt die Vermutung der Nichtverfolgung." Die Änderung des Wortlauts erfolgte aufgrund des Ergebnisses der Anhörung[34]. Dort war ausdrücklich auf die unterschiedliche Formulierung in GG und AsylVfG und das Wechselspiel zwischen Vermutung und Widerlegung hingewiesen worden[35]. Deswegen muss angenommen werden, dass der Gesetzgeber des AsylVfÄndG 1993 den des GG-ÄndG nicht „korrigieren", sondern durch eine systemgerechte und praxistaugliche Umsetzung der Verfassung bestätigen wollte.

9   Während die **Vermutungsgrundlage** in der allgemeinen Freiheit des Herkunftsstaats von politischer Verfolgung und unmenschlicher oder erniedrigender Bestrafung oder Behandlung besteht, richten sich die Vermutung und deren **Widerlegung** (nur) auf die Gefahr individueller politischer Verfolgung. Diese Beschränkung wird der Anspruchsgrundlage des Art. 16a I GG gerecht; sie belässt dem Ausländer insbesondere die Möglichkeit des Vortrags menschenrechtswidriger Beeinträchtigungen und dadurch indizierter politischer Verfolgung im Einzelfall[36]. Damit werden die Mitwirkungspflichten des Ausländers über §§ 15, 25 hinaus nur insoweit erweitert, als er sich nicht mit der Darstellung einer allgemeinen Verfolgungssituation begnügen kann.

10   Die Nichtverfolgungsvermutung wird durch den schlüssigen Vortrag von Verfolgungstatsachen **erschüttert;** eine positive Feststellung politischer Verfolgung ist hierfür (noch) nicht verlangt[37]. Es kommt vielmehr nach insoweit übereinstimmender Formulierung in GG und AsylG allein darauf an, ob das Vorbringen des Flüchtlings die „Annahme" politischer Verfolgung im Einzelfall „begründet". Damit ist einerseits eine eher entfernt liegende Möglichkeit der Verfolgung nicht ausreichend, andererseits eine dahingehende positive Feststellung nicht verlangt. Dies entspricht der üblichen Vorgehensweise bei widerleglichen Vermutungen. Denn eine Vermutung ist bereits durch einen schlüssigen Gegenvortrag erschüttert und muss daraufhin im normalen Verfahren auf ihre Richtigkeit hin überprüft werden.

11   Soweit in Abs. 1 als Mittel der Widerlegung anders als Art. 16a III 1 GG außer Tatsachenvortrag auch die Benennung von **Beweismitteln** verlangt sind, wird damit der verfassungsrechtliche Rahmen nicht überschritten. Der Asylbewerber ist für die Verfolgungsgefahr darlegungspflichtig und trägt den Nachteil der Nichterweislichkeit[38]. Zur Darlegungspflicht gehört aber auch die Angabe von Beweismitteln, insbesondere von Zeugen und Sachverständigen. Damit wird ihm nichts Unmögliches abverlangt, weil die Beweismittel nicht von ihm beizubringen, sondern lediglich zu benennen sind. Gutachten, Zeugenaussagen ua brauchen nicht schon vorzuliegen.

12   Die Vermutung kann durch Vorbringen zur allgemeinen Situation in dem Herkunftsstaat wie zur persönlichen Lage des Asylbewerbers erschüttert werden. Um ein von den allgemeinen Verhältnissen **abweichendes Schicksal** schlüssig zu behaupten, kann und muss er gegebenenfalls auch die Gründe des Gesetzgebers für die Aufnahme des Landes in die Anlage II angreifen. Insbesondere kann er die Richtigkeit des nach dem Kriterienkatalog[39] zugrunde gelegten allgemeinen Erkenntnisse bezweifeln und hierzu zB auf anderslautende Berichte und Gutachten verweisen. Damit greift er letztlich die Verfassungsmäßigkeit der Anlage II hinsichtlich seines Herkunftsstaats an (dazu §§ 76 ff., 80 ff., 90 ff. BVerfGG).

---

[31] → Rn. 3.
[32] → Rn. 1.
[33] BVerfG Urt. v. 14.5.1996 – 2 BvR 1507/93 ua, BVerfGE 94, 115.
[34] BT-Drs. 12/4984, 49.
[35] Bundestag-Innenausschuss 12; Wp Protokoll Nr. 55 S. 350 ff., 386 f., 421 f. und Nr. 56 S. 232 f., 264 f., 315 ff.
[36] → GG Art. 16a Rn. 76; zur Prüfung von § 60 II–VII AufenthG in diesen Fällen vgl. § 31 III.
[37] → GG Art. 16a Rn. 78.
[38] → § 25 Rn. 3 ff.
[39] → Rn. 5.

Den **Schwerpunkt** bilden Tatsachen aus der persönlichen Sphäre des Asylbewerbers und hierauf 13
bezogene Beweismittel. Diese sind aber nicht losgelöst von der allgemeinen Situation zu sehen und
können auch in den Grundlagen einer Gruppenverfolgung bestehen. Insoweit handelt es sich um von
der Vermutung abweichendes Vorbringen, das ungeachtet dessen zulässig ist, dass damit zumindest zT
auch die gesetzgeberischen Grundlagen der Vermutung tangiert sein können[40]. Zur Angabe von
Beweismitteln genügt die Bezugnahme auf eine persönliche Vernehmung, weil diese oft das einzige
Beweismittel darstellt[41].

Damit wird der **Eigenart der widerlegbaren Vermutung** bei Herkunft aus einem als sicher 14
geltenden Staat entsprochen. Die Vermutung soll nur die Entscheidung in den Fällen erleichtern, in
denen sich der Ausländer auf die allgemeine Situation in seiner Heimat beruft und zu seinem
persönlichen Schicksal wenig oder nichts vorbringt. In diesen Fällen soll mit der qualifizierten Antragsablehnung die sofortige Abschiebung ermöglicht werden. Der Asylbewerber wird damit gezwungen,
die Vermutung durch substanziierten Vortrag zu erschüttern. Der Nachweis des Gegenteils wird ihm
in dieser Verfahrensstufe nicht abverlangt.

V. Verwaltungsverfahren und Rechtsschutz

Die Ablehnung des Asylantrags als **offensichtlich unbegründet** ist nach Art. 16a III GG nicht 15
zwingend geboten, durfte aber vom Gesetzgeber für den Fall angeordnet werden, dass es bei der
Nichtverfolgungsvermutung verbleibt. Erschüttert der Asylbewerber die Vermutung mit schlüssigem
Vortrag von Tatsachen und Beweismitteln, bedarf es der Sachaufklärung des BAMF im regulären
Verfahren (§ 24 I). Zur Bewertung des individuellen Vortrags und der hierzu erhobenen Beweise sind
insbesondere die vom Gesetzgeber bei Aufnahme des Landes in Anlage II verwandten Erkenntnismittel
heranzuziehen[42].

Gelingt dem Asylbewerber die Erschütterung der Vermutung nicht, ergeht die zwingende Evidenz- 16
entscheidung nach Abs. 1. Sonst ist eine qualifizierte Ablehnung des Asylantrags nach dieser Bestimmung ausgeschlossen und das **reguläre Verfahren** einzuhalten. Die gesetzliche Vermutung ist nur
widerlegt, wenn die Beweisaufnahme insgesamt die Feststellung politischer Verfolgung rechtfertigt; in
diesem Fall ist ein (ggf. auf § 3 bzw. § 60 I AufenthG beschränkter) Anerkennungsbescheid zu erlassen.
Ist die Vermutung nach Bewertung der angegebenen Tatsachen und Beweismittel nicht widerlegt,
führt dies zur Ablehnung des Antrags als offensichtlich unbegründet (§ 30 I) oder als (schlicht) unbegründet.

Hiergegen ist der übliche **Rechtsschutz** gegeben[43]. Die Beschränkungen des Art. 16a IV 1 GG 17
und § 36 IV 1 greifen nur bei Ablehnung als offensichtlich unbegründet (nach Abs. 1 oder § 30 I) ein.

§ 30 Offensichtlich unbegründete Asylanträge

(1) Ein Asylantrag ist offensichtlich unbegründet, wenn die Voraussetzungen für eine
Anerkennung als Asylberechtigter und die Voraussetzungen für die Zuerkennung des internationalen Schutzes offensichtlich nicht vorliegen.

(2) Ein Asylantrag ist insbesondere offensichtlich unbegründet, wenn nach den Umständen des Einzelfalles offensichtlich ist, dass sich der Ausländer nur aus wirtschaftlichen
Gründen oder um einer allgemeinen Notsituation zu entgehen, im Bundesgebiet aufhält.

(3) Ein unbegründeter Asylantrag ist als offensichtlich unbegründet abzulehnen, wenn
1. in wesentlichen Punkten das Vorbringen des Ausländers nicht substantiiert oder in sich
widersprüchlich ist, offenkundig den Tatsachen nicht entspricht oder auf gefälschte oder
verfälschte Beweismittel gestützt wird,
2. der Ausländer im Asylverfahren über seine Identität oder Staatsangehörigkeit täuscht
oder diese Angaben verweigert,
3. er unter Angabe anderer Personalien einen weiteren Asylantrag oder ein weiteres Asylbegehren anhängig gemacht hat,
4. er den Asylantrag gestellt hat, um eine drohende Aufenthaltsbeendigung abzuwenden,
obwohl er zuvor ausreichend Gelegenheit hatte, einen Asylantrag zu stellen,
5. er seine Mitwirkungspflichten nach § 13 Abs. 3 Satz 2, § 15 Abs. 2 Nr. 3 bis 5 oder § 25
Abs. 1 gröblich verletzt hat, es sei denn, er hat die Verletzung der Mitwirkungspflichten
nicht zu vertreten oder ihm war die Einhaltung der Mitwirkungspflichten aus wichtigen
Gründen nicht möglich,
6. er nach §§ 53, 54 des Aufenthaltsgesetzes vollziehbar ausgewiesen ist oder

---

[40] → GG Art. 16a Rn. 70 ff.
[41] → § 24 Rn. 5.
[42] → Rn. 5.
[43] → § 30 Rn. 21; → § 31 Rn. 11 f.; → § 34 Rn. 14 ff.

7 AsylG § 30

7. er für einen nach diesem Gesetz handlungsunfähigen Ausländer gestellt wird oder nach § 14a als gestellt gilt, nachdem zuvor Asylanträge der Eltern oder des allein personensorgeberechtigten Elternteils unanfechtbar abgelehnt worden sind.

(4) Ein Asylantrag ist ferner als offensichtlich unbegründet abzulehnen, wenn die Voraussetzungen des § 60 Abs. 8 Satz 1 des Aufenthaltsgesetzes oder des § 3 Abs. 2 vorliegen oder wenn das Bundesamt nach § 60 Absatz 8 Satz 3 des Aufenthaltsgesetzes von der Anwendung des § 60 Absatz 1 des Aufenthaltsgesetzes abgesehen hat.

(5) Ein beim Bundesamt gestellter Antrag ist auch dann als offensichtlich unbegründet abzulehnen, wenn es sich nach seinem Inhalt nicht um einen Asylantrag im Sinne des § 13 Abs. 1 handelt.

Übersicht

	Rn.
I. Entstehungsgeschichte	1
II. Allgemeines	2
III. Offensichtlich unbegründeter Asylantrag	3
1. Allgemeines	3
2. Wirtschaftliche Gründe und allgemeine Notlagen	8
3. Verletzung von Mitwirkungspflichten	10
4. Gefahr für die Sicherheit oder Allgemeinheit	19
5. Nichtantrag	20
IV. Verwaltungsverfahren und Rechtsschutz	21

I. Entstehungsgeschichte

1   Die Bestimmungen der Abs. 1 und 2 gehen auf § 11 I AsylVfG 1982 zurück; Abs. 3–5 haben keine Vorgänger. Die Vorschrift entsprach ursprünglich mit den Abs. 1–3 dem **Gesetzesentwurf 1992**[1]. MWv 1.7.1993 wurden, dem Gesetzesentwurf 1993 im Wesentlichen entsprechend[2], in Abs. 1 die Wörter „ist als offensichtlich unbegründet abzulehnen" durch „ist offensichtlich unbegründet" ersetzt, Abs. 3 aF zu Abs. 5 und Abs. 3 und 4 neu eingefügt (Art. 1 Nr. 21 **AsylVfÄndG 1993**). MWv 1.1.**2005** wurden entsprechend dem Gesetzesentwurf[3] die Bezugnahmen auf das AuslG in Abs. 1, Abs. 3 Nr. 6 und Abs. 4 dort solche auf das AufenthG aktualisiert und in Abs. 3 die Nr. 7 eingefügt (Art. 3 Nr. 19 ZuwG). Das **RLUmsG 2007** passte in **Abs. 1** den bisherigen Wortlaut [... Voraussetzungen] „des § 60 I AufenthG" durch Einfügung der Wörter „für die Zuerkennung der Flüchtlingseigenschaft" und in **Abs. 4** statt bisher „des § 60 VIII AufenthG" durch „des § 60 Abs 8 S. 1 des Aufenthaltsgesetzes oder des § 3 Abs 2" redaktionell an den neuen § 3 an. Inhaltlich abändernd wurden (va wohl zur Korrektur von BVerwG Urt. vom 21.11.2006 – 1 C 10.06[4]) in **Abs. 3 Nr. 7** die Wörter „oder nach § 14a als gestellt gilt" eingefügt, mit folgender Begründung[5]: „Durch die Ergänzung wird klargestellt, dass die Regelung auch auf die Antragsfiktion nach § 14a anzuwenden ist, da es bei dieser Fallkonstellation nur in absoluten Ausnahmefällen nicht zu einer Ablehnung des Asylantrags als offensichtlich unbegründet kommen soll (vgl BT-Drs. 14/4925 v. 7.12.2000, Begr zu Art 1 Nr 3)." Das RLUmsG 2011 hat keine Änderungen vorgenommen. Art. 1 Nr. 21 **RLUmsG 2013** hat mWz 1.12.2013 in Abs. 2 den Satzteil „oder einer kriegerischen Auseinandersetzung zu entgehen" (im Bundesgebiet aufhält) gestrichen. In der Gesetzesbegründung[6] heißt es hierzu: „Es handelt sich um eine Anpassung im Hinblick auf die Einbindung des internationalen subsidiären Schutzes in den Regelungsbereich des Gesetzes. Nach § 4 Abs 1 Nr 3 (Art 15 lit. c Anerkennungs-RL 2011/95/EU) können auch Gefahren im Zusammenhang mit kriegerischen Auseinandersetzungen zur Zuerkennung des internationalen subsidiären Schutzes führen. Die Ablehnung eines Antrags auf Asyl oder auf Zuerkennung von Flüchtlingsschutz als offensichtlich unbegründet ist in diesen Fällen nicht gerechtfertigt." Das Gesetz zur Neubestimmung des Bleiberechts und der Aufenthaltsbeendigung (**AufenthG-ÄndG 2015**) hat es versäumt, auch Abs. 3 Nr. 6 an die neuen Normen des Ausweisungsrechts anzupassen, sodass eine offensichtlich unbegründete Ablehnung insoweit ab Inkrafttreten ausscheidet. § 30 ist grundsätzlich **europarechtskonform und** steht insbesondere im Einklang mit Art. 23 IV und Art. 39 Asylverfahrens-RL 2005/85/EG bzw. den entsprechenden Vorgaben der Art. 31 VIII, 32 II (beschleunigtes Prüfverfahren) und Art. 46 VI (verkürzter Rechtsschutz) der novellierten Asylverfahrens-RL. Allerdings sind seit Ablauf der Umsetzungsfrist am 20.7.2015 insbesondere die Vorgaben des **Art. 31 VIII** (offensichtlich unbegründete Ablehnung nach § 30 I und II nur möglich, wenn auch die

---

[1] BT-Drs. 12/2062, 10 f.
[2] BT-Drs. 12/4450, 6, 12/4984, 16 f.
[3] BT-Drs. 420, 42.
[4] BVerwG Urt. v. 21.11.2006 – 1 C 10.06, BVerwGE 127, 161, Ls. 2: „Ein nach § 14a Abs 2 AsylVfG als gestellt geltender Asylantrag kann nicht nach § 30 Abs 3 Nr 7 AsylVfG als offensichtlich unbegründet abgelehnt werden."
[5] BT-Drs. 16/5065, 217.
[6] BT-Drs. 17/13063, 22.

Voraussetzungen für die Zuerkennung von subsidiärem Schutz offensichtlich nicht vorliegen) und **Art. 25 VI** (eingeschränkte offensichtlich unbegründete Ablehnungsmöglichkeiten bei unbegleiteten Minderjährigen, dh nur, wenn sie aus einem sicheren Herkunftsland kommen oder die Voraussetzungen des § 60 VIII AufenthG gegeben sind) der **Asylverfahrens-RL** direkt anwendbar und vom BAMF zu beachten. Flankierend zum sog. **Asylpaket II**[7] wurde gem. Art. 2 Nr. 4 des am 17.3.2016 (BGBl. I S. 394) in Kraft getretenen Gesetzes zur erleichterten Ausweisung von straffälligen Ausländern und zum erweiterten Ausschluss der Flüchtlingsanerkennung bei straffälligen Asylbewerbern in **Abs. 4** der letzte Halbsatz („oder wenn das Bundesamt ...") angefügt. Es handelt sich um eine Folgeänderung insbesondere zum neuen § 60 VIII 3 AufenthG[8]. Art. 6 Nr. 9 **IntG** änderte mWz 6.8.2016 in **Abs. 1** den Begriff „Zuerkennung der Flüchtlingseigenschaft" in „Zuerkennung des internationalen Schutzes" ab. Der Gesetzgeber begründete dies wie folgt[9]: „Die Änderung beruht darauf, dass mit einem Asylantrag nicht nur die Anerkennung als Asylberechtigte oder Asylberechtigter nach dem GG, sondern auch internationaler Schutz beantragt wird. Dies schließt nach § 1 Abs. 1 Nr. 2 AsylG den subsidiären Schutz mit ein. Vor diesem Hintergrund ist auch im Rahmen des § 30 Abs. 1 AsylG der subsidiäre Schutz mit einzubeziehen, was durch die Ersetzung des Begriffs der ‚Flüchtlingseigenschaft' durch den Begriff des ‚internationalen Schutzes' erreicht wird."

II. Allgemeines

Mit der **Legaldefinition** des Abs. 1 werden letztlich dieselben Voraussetzungen aufgestellt wie 2 früher durch § 11 I AsylVfG 1982. Die Einbeziehung des Flüchtlingsschutzes des § 3 bzw. § 60 I AufenthG (früher § 51 I AuslG) und – seit dem IntG 2016 – auch des subsidiären Schutzes des § 4 zieht nur die Konsequenzen aus der Änderung des Antragsbegriffs und der Erweiterung der Zuständigkeit des BAMF[10]. Die einzelnen Evidenzgründe sind ganz unterschiedlicher Art; sie stellen sich nicht einheitlich als Varianten eindeutig inhaltlicher Aussichtslosigkeit dar. Während in Abs. 1 und 2 jedenfalls tendenziell auf eine Sachprüfung und in Abs. 4 auf eine Güterabwägung abgestellt ist, geht es in Abs. 3 und 5 meist um prozedurale Besonderheiten, die nach dem Willen des Gesetzgebers eine qualifizierte Antragsablehnung und eine daraus folgende beschleunigte Aufenthaltsbeendigung rechtfertigen. In keinem Fall ist dem BAMF Ermessen eingeräumt. Die Änderung der Formulierung des Abs. 1 mWv 1.7.1993[11] war nur redaktioneller Art[12] und eigentlich überflüssig, wenn nicht gar missverständlich. Sie enthebt das BAMF jedenfalls nicht der Notwendigkeit, den Antrag bei Vorliegen der Voraussetzungen des Abs. 1 als offensichtlich unbegründet abzulehnen; insofern besteht kein Unterschied zu den Tatbeständen der Abs. 2–5. Betreffend sichere Herkunftsstaaten vgl. § 29a I. Eine bloß inzidenter getroffene Feststellung der offensichtlichen Unbegründetheit wäre denkbar, ist aber nicht vorgesehen; insbesondere nicht in §§ 34 ff.[13]

III. Offensichtlich unbegründeter Asylantrag

1. Allgemeines

Als **offensichtlich unbegründet** kann ein Asylantrag – in Anlehnung an die Rspr. zu § 32 VI 3 AsylVfG 1982[14] und zu § 34 I AuslG 1965[15] – nur angesehen werden, wenn nach vollständiger Erforschung des Sachverhalts im maßgeblichen Zeitpunkt der Entscheidung **vernünftigerweise kein Zweifel** an der Richtigkeit der tatsächlichen Feststellungen bestehen kann und sich bei einem solchen Sachverhalt die Ablehnung des Antrags nach dem Stand von Rspr. und Lehre geradezu aufdrängt[16]. Abstrakte Anforderungen an diese Evidenzentscheidung zu bestimmen, ist nicht möglich; die Umstände des Einzelfalls, vorwiegend Tatsachenfeststellung und -würdigung entscheiden. Zur Umschreibung der eindeutigen Aussichtslosigkeit des Asylgesuchs werden unterschiedliche Formulierungen benutzt[17]. Danach dürfen an der Erfolglosigkeit keine vernünftigen Zweifel aufkommen[18], die Aussichtslosigkeit

---
[7] → Vorb. Rn. 34 ff.
[8] Vgl. hierzu die Kommentierung bei § 60 AufenthG.
[9] BT-Drs. 18/8615, 51.
[10] BT-Drs. 12/2062, 32 f.
[11] → Rn. 1.
[12] BT-Drs. 12/4450, 22.
[13] Zum Ausschluss eines Aufenthaltstitels s. § 10 III 2 AufenthG sowie *Dienelt* ZAR 2005, 120.
[14] BVerfG Beschl. v. 12.7.1983 – 1 BvR 1470/82, BVerfGE 65, 76; Urt. v. 11.12.1985 – 2 BvR 361/83 ua, BVerfGE 71, 276; BVerfG-A Beschl. v. 24.5.1983 – 2 BvR 546/83, NVwZ 1983, 405.
[15] BVerwG Beschl. v. 1.3.1979 – 1 B 24.79, DÖV 1979, 902; Urt. v. 24.11.1981 – 9 C 698.81, BVerwGE 64, 216.
[16] BVerfG Beschl. v. 2.5.1984 – 2 BvR 1413/83, BVerfGE 67, 43.
[17] Vgl. zB BVerfG-K Beschl. v. 17.12.1991 – 2 BvR 1041/91, InfAuslR 1992, 75; Beschl. v. 21.2.1992 – 2 BvR 1477/90, InfAuslR 1992, 149.
[18] HessVGH Beschl. v. 20.4.1983 – 10 TH 227/83, EZAR 226 Nr. 2.

muss schon beim ersten Zusehen offen zutage treten, die Antragsablehnung muss sich geradezu aufdrängen[19].

4 **Offensichtlich unzulässige** Anträge fallen ebenfalls unter Abs. 1. Das Gesetz erwähnt sie zwar nicht, dies ist aber wohl nur auf ihre Seltenheit zurückzuführen. Offensichtlich unzulässig in diesem Sinne ist ein Asylantrag[20] etwa, wenn am Fehlen des Sachbescheidungsinteresses kein vernünftiger Zweifel besteht und damit die Antragsablehnung aufgrund eindeutiger Rechtslage geboten ist. Unzulässigkeit in diesem Sinne ist bspw. denkbar bei Anerkennungsanträgen von Familienasylberechtigten[21] oder bei Fortfall des schutzwerten Interesses an der Weiterverfolgung des Asylgesuchs, etwa nach freiwilliger Rückkehr in den Herkunftsstaat ohne ausdrückliche oder stillschweigende Rücknahmeerklärung. Ebenso wie bei § 34 I AuslG 1965[22] ist die Einbeziehung solcher Anträge gerechtfertigt, weil die gesetzgeberischen Gründe für eine vorzeitige Aufenthaltsbeendigung für sie erst recht zutreffen.

5 **Zweifel an der Aussichtslosigkeit** können sich im rechtlichen oder im tatsächlichen Bereich ergeben. Insoweit gelten ähnliche Maßstäbe wie nach § 78 I 1[23]. Nur bei gefestigter obergerichtlicher Rspr. zu Rechtsfragen sind Erfolgsaussichten (nahezu) auszuschließen. Anders verhält es sich, wenn bei divergierender Judikatur der OVG/VGH eine Grundsatzentscheidung des BVerwG fehlt. Nicht eindeutig geklärt kann eine Rechtsfrage auch dann sein, wenn die Auffassung des BVerwG nicht nur vereinzelt mit gewichtigen Argumenten angegriffen oder wenn das BVerfG eine hierzu eingelegte Verfassungsbeschwerde zur Entscheidung angenommen, dh die Annahme nicht abgelehnt hat (§§ 93a, 93b BVerfGG). Für die Feststellung oder Bewertung tatsächlicher Umstände oder Entwicklungen ist primär auf die Rspr. der Berufungsgerichte abzustellen, weil dem BVerwG insoweit Kompetenzen nicht zustehen. So beruht die Feststellung einer Gruppenverfolgung va auf Tatsachen; eindeutige Aussichtslosigkeit kommt hier nur bei gefestigter obergerichtlicher Rspr. oder bei entsprechend eindeutiger Auskunftslage (aufgrund von Gutachten, Auskünften oder anderen Erkenntnismitteln) in Betracht[24]. Allgemein ist das BAMF gehalten, einen hinreichenden Grad an Verlässlichkeit anzustreben, den Sachverhalt möglichst weitgehend aufzuklären[25], auch und va bei Verdacht der persönlichen Unglaubwürdigkeit[26].

6 Im Bereich der **individuellen Verfolgungstatsachen** kann sich offensichtliche Unbegründetheit daraus ergeben, dass das Vorbringen eindeutig unschlüssig oder widersprüchlich oder unglaubhaft ist und das BAMF trotz entsprechender Vorhalte oder sonstiger Versuche eine Aufklärung nicht erreicht hat. Insoweit können sich die besonderen Mitwirkungsverpflichtungen des Asylbewerbers im Asylverfahren[27] zu dessen Nachteil auswirken. Das BAMF muss jedoch eine erschöpfende Aufklärung durch Anhörung nach den Regeln des § 25 zumindest versuchen. Es darf das Vorbringen nicht allein deswegen als gesteigert und damit unglaubhaft werten, weil der Asylbewerber nicht schon an der Grenze sein Schicksal lückenlos geschildert hat[28]. Bei Herkunft aus einem verfolgungsfreien Staat gelten die besonderen Regeln des Art. 16a III GG und des § 29a I.

7 Das Offensichtlichkeitsurteil muss den **gesamten Asylantrag** erfassen, also auch die Voraussetzungen des § 3 bzw. § 60 I AufenthG (vgl. § 13 I 2) und des § 4. Wenn dieser nicht auf Flüchtlingsanerkennung beschränkt ist, müssen die Voraussetzungen des Art. 16a I GG wie des § 3 und § 4 so sicher ausgeschlossen werden, dass kein vernünftiger Zweifel bleibt. Die schlichte Behauptung, die Klage sei offensichtlich unbegründet, genügt den verfahrensrechtlichen Anforderungen nicht und kann über Art. 19 IV iVm Art. 2 II GG beim **BVerfG** mit Erfolg gerügt werden[29]. Zudem darf auch der Tatbestand des § 26 offensichtlich nicht vorliegen. Nur wenn Familienasyl ebenfalls ohne Weiteres versagt werden muss, ist der Asylantrag insgesamt eindeutig aussichtslos. Deshalb muss das BAMF von Amts wegen die evtl. Asylanerkennung von Ehegatten und von Eltern minderjähriger lediger Kinder untersuchen, bevor es nach Abs. 1 verfährt. Die notwendigen Angaben über die familiären Verhältnisse obliegen dem Asylbewerber, während das BAMF anhand seiner Akten den Ausgang der Asylverfahren anderer Familienmitglieder zu ermitteln hat. Jeder selbstständig geltend gemachte Verfolgungsgrund muss offensichtlich unbegründet sein. Unerheblich ist in diesem Zusammenhang, ob Abschiebungs-

---

[19] HmbOVG Beschl. v. 10.1.1983 – Bs VII 225/82, EZAR 226 Nr. 1; HessVGH Beschl. v. 28.8.1985 – 10 TH 1561/85, EZAR 226 Nr. 7.
[20] Betr. Asylklage → § 78 Rn. 40.
[21] → § 26 Rn. 22.
[22] Dazu BVerwG Urt. v. 24.11.1981 – 9 C 698.81, BVerwGE 64, 216.
[23] → § 78 Rn. 40 ff.
[24] Vgl. dazu auch BVerfG-K Beschl. v. 3.9.1993 – 1 BvR 862/93, NVwZ-Beil. 1994, 58.
[25] BVerfG-K Beschl. v. 17.12.1991 – 2 BvR 1041/91, InfAuslR 1992, 75.
[26] Vgl. BVerfG-K Beschl. v. 27.2.1990 – 2 BvR 186/89, InfAuslR 1990, 199; Beschl. v. 17.12.1991 – 2 BvR 1041/91, InfAuslR 1992, 75.
[27] S. §§ 15, 25; → § 74 Rn. 25 ff.
[28] HessVGH Beschl. v. 22.2.1990 – 12 TP 3419/89, EZAR 210 Nr. 4; BVerfG-K Beschl. v. 27.2.1990 – 2 BvR 186/89, InfAuslR 1990, 199.
[29] BVerfG Beschl. v. 25.2.2019 – 2 BvR 1193/18.

verbote des Komplementärschutzes iSv § 60 V oder VII AufenthG vorliegen oder offensichtlich nicht vorliegen.

2. Wirtschaftliche Gründe und allgemeine Notlagen

Mit der Berufung auf **wirtschaftliche Schwierigkeiten** oder eine **allgemeine Notlage** (allein) kann ein Asylanspruch nicht dargetan werden[30]. Erschöpft sich das Asylvorbringen ersichtlich in derartigen Gründen, liegt die Unbegründetheit auf der Hand. Insofern stellt Abs. 2 nur Selbstverständliches klar. Praktische Konsequenzen sind überaus selten, weil Asylanträge so gut wie nie ausschließlich auf derart irrelevante Behauptungen gestützt sind. Die vom Gesetz vorausgesetzte Beziehung zum Aufenthalt in Deutschland kann missverständlich wirken; in Wahrheit geht es um die Gründe des Asylgesuchs.

Unzulässig wäre eine pauschale Betrachtungsweise, die nicht, wie vorgeschrieben, die Einzelfallumstände berücksichtigt. Die vom Gesetz genannten Motive müssen im Einzelfall **offensichtlich** vorliegen. Bei dieser Evidenzbeurteilung darf va nicht außer Acht gelassen werden, dass Bürgerkrieg und nichtstaatliche Verfolgungsmaßnahmen nicht generell asylrelevante Verfolgung ausschließen und das Asylrecht auch die wirtschaftliche Betätigungsfreiheit schützt[31].

3. Verletzung von Mitwirkungspflichten

Die Verletzung von Mitwirkungspflichten der in Abs. 3 Nr. 1–6 bezeichneten Art allein führt nicht zur offensichtlichen Unbegründetheit; die qualifizierte Antragsablehnung setzt vielmehr die vorangehende Einstufung des Asylantrags als unbegründet voraus. Für die Feststellung der Offensichtlichkeit kommt es nicht mehr allein auf die materielle Aussichtslosigkeit an, sondern hierfür können mehr oder weniger formelle **Regelverletzungen** ausschlaggebend sein. Der Gesetzgeber darf zwar Fallgruppen für ein vereinfachtes und beschleunigtes Verfahren auswählen; er entfernt sich aber zunehmend von dem ihm durch Art. 16a IV GG erteilten Regelungsauftrag[32], wenn er Verhaltensweisen sanktioniert, die einem Flüchtling nicht oder fairerweise nicht angelastet werden dürfen. Dies ist bei Auslegung und Anwendung des Katalogs des Abs. 3 Nr. 1–6 immer zu beachten. Dies gilt erst recht für den seit 2005 geltenden Tatbestand des Abs. 3 Nr. 7. Dieser zielt wie der durch das RLUmsG 2007 hier nun aufgeführte § 14a[33] darauf ab, das missbräuchliche Aneinanderreihen der Anträge von Familienangehörigen zu verhindern oder zu erschweren. Getroffen wird damit aber nicht ein Ausländer, der zuvor eine Regelverletzung begangen hat, sondern ein **Kind**, dessen Eltern oder dessen allein personensorgeberechtigter Elternteil erfolglos um Asyl nachgesucht haben. Der Schluss von der Unbegründetheit des Asylantrags der Eltern oder des Elternteils mag idR gerechtfertigt sein; hier wird aber von vornherein das Asylgesuch des Kindes wegen des Misserfolgs der Eltern mit dem Risiko einer qualifizierten Ablehnung belastet. Durch das RLUmsG ist seit 26.11.2011 immerhin die Sperrwirkung des § 10 III 2 AufenthG für die Erteilung eines Aufenthaltstitels nach einer offensichtlich unbegründeten Entscheidung gem. Abs. 3 Nr. 7 entfallen, weil es sich hier um handlungsunfähige Ausländer handelt, die die Ablehnung als offensichtlich unbegründet nicht persönlich zu vertreten haben. Das BAMF ist nicht zur zusätzlichen **Ermittlung** der einzelnen Tatbestände des Abs. 3 verpflichtet, wenn der Antrag ablehnungsreif erscheint. Nur wenn die Voraussetzungen für die qualifizierte Ablehnung im Verlauf der Sachverhaltsaufklärung ohnehin festgestellt werden, kann auf sie zurückgegriffen werden. Es liefe dem Beschleunigungsanliegen zuwider, wenn das BAMF zu diesem Zweck zeit- und kostenaufwendige Aufklärung betriebe, statt den Asylantrag sofort als (schlicht) unbegründet abzulehnen.

Die in Abs. 3 unter Nr. 1 zusammengefassten Tatbestände wurden zum größten Teil schon in der früheren Praxis des BAMF und der Gerichte zum Anlass für eine qualifizierte Ablehnung genommen[34]; da sie zwar die Sachprüfung nicht einschränken, aber den Sofortvollzug ermöglichen, dürfen sie nur angewendet werden, wenn ihre formellen Voraussetzungen sicher festgestellt sind. Eine **umfassende Sachprüfung** ist ohnehin unerlässlich. Allerdings können oder müssen die unsubstanziierten, offensichtlich unzutreffenden oder auf gefälschte Urkunden gestützten Verfolgungsbehauptungen bei der Bewertung letztlich unbeachtet bleiben.

Ein Asylvorbringen ist nur dann in wesentlichen Punkten **unsubstanziiert oder widersprüchlich**, wenn eine Gesamtbetrachtung des Vorbringens diese Wertung erlaubt. Bei Beurteilung von Schlüssigkeit und Widerspruchsfreiheit sind Bildungsstand, Sprachkenntnisse und daraus resultierende Verständigungsschwierigkeiten zu beachten[35]. Unwesentlich sind Darlegungen, die entweder Nebensächliches enthalten oder gar nicht zur Sache gehören. Offensichtliche **Unvereinbarkeit mit den Tatsachen** kann sich nur aus dem Vergleich mit sicheren Feststellungen anderer Art über die allgemeine

---
[30] Ähnlich betr. wirtschaftlicher Not schon BVerfG Beschl. v. 2.7.1980 – 1 BvR 147/80 ua, BVerfGE 54, 341.
[31] → GG Art. 16a Rn. 28 f., 35, 36, 38.
[32] Dazu → GG Art. 16a Rn. 116 f.
[33] → § 14a Rn. 7 sowie → Rn. 1.
[34] → § 74 Rn. 25.
[35] Zum Flughafenverfahren BVerfG Urt. v. 14.5.1996 – 2 BvR 1507/93 ua, BVerfGE 94, 115; → § 18a Rn. 17.

Lage im Herkunftsstaat oder das persönliche Schicksal ergeben. Mit gefälschten oder verfälschten Beweismitteln sind offenbar Falschurkunden gemeint; „falsche" Zeugen oder Sachverständige kennt das Gesetz sonst nicht. Schriftliche Lügen sind nicht gemeint, ebenso wenig uU fragwürdige schriftliche Bekundungen von Personen im Heimatstaat[36]. Die **Fälschung von Dokumenten** für sich allein reicht nicht aus; der Asylbewerber muss sein Asylgesuch darauf stützen.

13 In der Vorlage eines falschen Passes oder sonstiger Identitätspapiere kann aber die **Täuschung** über Identität oder Staatsangehörigkeit gesehen werden. Das Asylverfahren beschränkt sich nicht auf die Verwaltungsstation beim BAMF; es beginnt uU bei der Grenzbehörde oder der Polizei und endet beim Gericht letzter Instanz. Unter Verweigerung entsprechender Angaben ist nicht die Weigerung zu verstehen, Urkunden gem. § 15 II Nr. 4 und 5, III vorzulegen. Die Staatsangehörigkeit gehört zu den erforderlichenfalls von Amts wegen aufzuklärenden Tatsachen, die für die Verfolgungsprognose wie für die Abschiebungsandrohung wesentlich sind[37].

14 Die **Einleitung mehrerer Verfahren** unter verschiedenen Personalien („Doppelantrag") kann die Glaubhaftigkeit des Vorbringens oder gar die persönliche Glaubwürdigkeit erschüttern. Ein „weiteres" Verfahren wird nicht durch einen Folge- oder Zweitantrag (§§ 71, 71a) eingeleitet, sondern durch einen Asylantrag während eines noch laufenden Asylverfahrens; denn getroffen werden soll derjenige Flüchtlinge, der sich durch Stellung mehrerer Asylanträge ein mehrfaches Bleiberecht mit sozialer Absicherung verschaffen will. Durch einen weiteren Antrag wird in Wirklichkeit kein weiteres Verfahren eingeleitet; denn alle Asylanträge iSd §§ 13, 14, die von ein und derselben Person gestellt werden, gehören zu ein und demselben Verfahren[38]. Sobald die Existenz mehrerer förmlicher Verfahren derselben Person entdeckt wird, sind diese miteinander zu verbinden; das Vorbringen in weiteren Anträgen ist als weitere (wenn auch uU widersprüchliche) Begründung des ersten Antrags zu verstehen. Beharrt der Asylbewerber auf einer Bescheidung dieses „Antrags", muss dieser als offensichtlich unzulässig abgelehnt werden.

15 Die Absicht, eine **drohende Aufenthaltsbeendigung** abzuwenden, kann aus der äußeren Abfolge von zB Abschiebungsandrohung und Asylantrag gefolgert werden. Außer dem Zweck gehört aber auch noch eine dahingehende Absicht dazu. Ausreichende Gelegenheit für eine frühere Antragstellung (vgl. §§ 13 III, 55 I 2) ist vorausgesetzt, aber dann nicht gegeben, wenn kein Anlass für den Asylantrag bestand, zB bei Besitz einer längerfristigen Aufenthaltserlaubnis oder einer Niederlassungserlaubnis aufgrund mehrjähriger Erwerbstätigkeit oder Familiennachzugs, etwa zu deutschen Familienangehörigen. In diesen Fällen fehlt es bei späterer Beendigung des betr. Aufenthaltstitels an der zweckgerichteten Antragstellung nach Versäumung einer ausreichenden Gelegenheit.

16 Nichtaufklärung des **Reisewegs** und andere Pflichtverletzungen können im Einzelfall die Ablehnung des Asylantrags als offensichtlich unbegründet angezeigt erscheinen lassen; der Verstoß gegen Mitwirkungspflichten muss aber als gröblich erscheinen, also objektiv schwer wiegen und subjektiv von erheblichem Gewicht sein. Fehlende Zurechenbarkeit oder subjektives Unvermögen aus wichtigem Grund können den Asylbewerber entlasten, zB beim Verschweigen von Tatsachen aufgrund ernsthafter Furcht vor Gefährdung von Angehörigen im Heimatstaat. Insgesamt. muss ein persönliches Fehlverhalten des Asylbewerbers festgestellt werden; die sonst im Prozessrecht mögliche Zurechnung von Anwaltsverschulden[39] ist hier also nicht möglich[40].

17 Die Evidenzablehnung nach vollziehbarer **Ausweisung** erscheint bei sachgemäßer Auslegung grundsätzlich vertretbar. Die Ausweisung eines Asylbewerbers oder Asylberechtigten kann noch mit Art. 16a I GG vereinbar sein[41], die sofort vollziehbare Versagung asylrechtlichen Schutzes nach Ausweisung aus zwingendem oder Regelgrund ebenfalls. Allerdings hat es das Gesetz zur Neubestimmung des Bleiberechts und der Aufenthaltsbeendigung versäumt, auch Abs. 3 Nr. 6 an die neuen Normen des Ausweisungsrechts anzupassen, sodass eine Ablehnung als offensichtlich unbegründet insoweit ab Inkrafttreten ausscheidet.

18 Bei einem **Minderjährigen** genügt die Asylablehnung hinsichtlich der gemeinsam personensorgeberechtigten Eltern nur, wenn beide zuvor einen Asylantrag gestellt hatten. Zu einer sukzessiven Antragstellung von Eltern und Kindern wird es unter der Geltung des § 14a seltener kommen als vor 2005. Auch beim Misserfolg des Asylantrags der Eltern oder des Elternteils darf nur dann die Offensichtlichkeit des Antrags des Kindes angenommen werden, wenn sich dieser selbst als unbegründet erweist. Dabei kann auf die Asylgründe der Eltern oder des Elternteils zurückgegriffen werden, wenn für das Kind hierauf Bezug genommen wird. Ungeachtet dieser oft gegebenen Konstellation müssen die Asylgründe des Minderjährigen ebenso sorgfältig untersucht werden wie die von älteren Kindern oder von Erwachsenen.

---

[36] Zu letzterem *Ritter* NVwZ 1986, 29.
[37] Vgl. BVerfG-K Beschl. v. 20.8.1998 – 2 BvR 10/98, DVBl 1998, 1180.
[38] *Bell/v. Nieding* ZAR 1995, 181; → § 71 Rn. 11.
[39] Dazu BVerfG Beschl. v. 20.4.1982 – 2 BvL 26/81, BVerfGE 60, 253.
[40] *Hailbronner* AsylVfG § 30 Rn. 65; aA GK-AsylG § 30 Rn. 110.
[41] → AufenthG § 56 Rn. 11.

4. Gefahr für Sicherheit oder Allgemeinheit

Für den Ausschluss des Asylrechts bzw. internationalen Schutzes nach Abs. 4 bei Gefahr für die Sicherheit der Bundesrepublik Deutschland oder die Allgemeinheit (§ 60 VIII 1 AufenthG oder § 3 II oder § 60 VIII 3 AufenthG) fehlt es nicht an einer verfassungsrechtlichen Grundlage[42]. Da der zum 17.3.2016 eingeführte § 60 VIII 3 AufenthG für seine Anwendung eine strikt **einzelfallbezogenen Ermessensentscheidung** erfordert, muss auch iRd § 30 der Einzelfall besonders gründlich überprüft werden, bevor eine Ablehnung als offensichtlich unbegründet erfolgt. Ohnehin zwingt bei verfassungskonformer Auslegung (trotz „Ist"-Formulierung) auch das Vorliegen der (alternativen) Voraussetzungen des § 60 VIII AufenthG nicht schematisch zur qualifizierten Ablehnung des Asylantrags[43]. 19

5. Nichtantrag

Für die Regelung in Abs. 5 ist ein theoretisches oder praktisches **Bedürfnis** nicht erkennbar. Liegt dem Begehren nach ein Asylantrag iSd § 13 I vor, fehlt es aber inhaltlich an einem entsprechenden Vortrag, ist der Asylantrag schon nach Abs. 1 evident unbegründet. Die Bestimmung bewirkt nur den Zwang zur entsprechenden Antragsablehnung. Sie ist nur auf beim BAMF gestellte Anträge anwendbar; andere Behörden brauchen derartige Anträge nicht zu beachten und weiterzuleiten. 20

IV. Verwaltungsverfahren und Rechtsschutz

Für das Verwaltungsverfahren gelten im Falle des § 30 (betreffend Abschiebungsandrohung → § 34; betreffend Ausreisefrist → § 36 I) **keine Besonderheiten** gegenüber der sonstigen (schlichten) Ablehnung des Asylantrags (vgl. insbesondere § 31 II). Eine qualifizierte Ablehnung ist allerdings nur dann zulässig, wenn beide asylrechtliche Begehren iSd § 13 I, II offensichtlich unbegründet sind[44]. 21

Der Rechtsschutz ist hinsichtlich der qualifizierten Antragsablehnung im Grundsatz ebenso ausgestaltet wie bei sonstiger Ablehnung[45]. **Vorläufiger Rechtsschutz** ist nur betreffend die Abschiebungsandrohung erforderlich, aber va hinsichtlich des Prüfungsmaßstabs stark eingeschränkt, weil nur bei ernstlichen Zweifeln iSv § 36 IV 1 an der Rechtmäßigkeit möglich[46]. 22

§ 30a Beschleunigte Verfahren

(1) Das Bundesamt kann das Asylverfahren in einer Außenstelle, die einer besonderen Aufnahmeeinrichtung (§ 5 Absatz 5) zugeordnet ist, beschleunigt durchführen, wenn der Ausländer
1. Staatsangehöriger eines sicheren Herkunftsstaates (§ 29a) ist,
2. die Behörden durch falsche Angaben oder Dokumente oder durch Verschweigen wichtiger Informationen oder durch Zurückhalten von Dokumenten über seine Identität oder Staatsangehörigkeit offensichtlich getäuscht hat,
3. ein Identitäts- oder ein Reisedokument, das die Feststellung seiner Identität oder Staatsangehörigkeit ermöglicht hätte, mutwillig vernichtet oder beseitigt hat, oder die Umstände offensichtlich diese Annahme rechtfertigen,
4. einen Folgeantrag gestellt hat,
5. den Antrag nur zur Verzögerung oder Behinderung der Vollstreckung einer bereits getroffenen oder unmittelbar bevorstehenden Entscheidung, die zu seiner Abschiebung führen würde, gestellt hat,
6. sich weigert, der Verpflichtung zur Abnahme seiner Fingerabdrücke gemäß der Verordnung (EU) Nr. 603/2013 des Europäischen Parlaments und des Rates vom 26. Juni 2013 über die Einrichtung von Eurodac für den Abgleich von Fingerabdruckdaten zum Zwecke der effektiven Anwendung der Verordnung (EU) Nr. 604/2013 zur Festlegung der Kriterien und Verfahren zur Bestimmung des Mitgliedstaats, der für die Prüfung eines von einem Drittstaatsangehörigen oder Staatenlosen in einem Mitgliedstaat gestellten Antrags auf internationalen Schutz zuständig ist und über der Gefahrenabwehr und Strafverfolgung dienende Anträge der Gefahrenabwehr- und Strafverfolgungsbehörden der Mitgliedstaaten und Europols auf den Abgleich mit Eurodac-Daten sowie zur Änderung der Verordnung (EU) Nr. 1077/2011 zur Errichtung einer Europäischen Agentur für das Betriebsmanagement von IT-Großsystemen im Raum der Freiheit, der Sicherheit und des Rechts (ABl. L 180 vom 29.6.2013, S. 1) nachzukommen, oder

---

[42] Ausf. *Bergmann* ZAR 2005, 137 ff.; vgl. auch → GG Art. 16a Rn. 15.
[43] Für verfassungskonforme Auslegung mit der Konsequenz einer asylrechtlichen Sachprüfung auch *Hailbronner* AsylG § 30 Rn. 77–84.
[44] → Rn. 7.
[45] → § 30 Rn. 21; → § 31 Rn. 11 f.; betr. Klage vgl. aber §§ 74 I, 75.
[46] S. Art. 16a IV GG; → § 36 Rn. 5 ff.

7. aus schwerwiegenden Gründen der öffentlichen Sicherheit oder öffentlichen Ordnung ausgewiesen wurde oder es schwerwiegende Gründe für die Annahme gibt, dass er eine Gefahr für die nationale Sicherheit oder die öffentliche Ordnung darstellt.

(2) ¹Macht das Bundesamt von Absatz 1 Gebrauch, so entscheidet es innerhalb einer Woche ab Stellung des Asylantrags. ²Kann es nicht innerhalb dieser Frist entscheiden, dann führt es das Verfahren als nicht beschleunigtes Verfahren fort.

(3) ¹Ausländer, deren Asylanträge im beschleunigten Verfahren nach dieser Vorschrift bearbeitet werden, sind verpflichtet, bis zur Entscheidung des Bundesamtes über den Asylantrag in der für ihre Aufnahme zuständigen besonderen Aufnahmeeinrichtung zu wohnen. ²Die Verpflichtung nach Satz 1 gilt darüber hinaus bis zur Ausreise oder bis zum Vollzug der Abschiebungsandrohung oder –anordnung bei
1. einer Einstellung des Verfahrens oder
2. einer Ablehnung des Asylantrags
   a) nach § 29 Absatz 1 Nummer 4 als unzulässig,
   b) nach § 29a oder § 30 als offensichtlich unbegründet oder
   c) im Fall des § 71 Absatz 4.
³Die §§ 48 bis 50 bleiben unberührt.

I. Entstehungsgeschichte

1   Die Vorschrift wurde gewissermaßen als Herzstück des sog. **Asylpakets II**[1] komplett neu gem. Art. 1 Nr. 6 des am 17.3.2016 (BGBl. I S. 390) in Kraft getretenen Gesetzes zur Einführung beschleunigter Asylverfahren in das AsylG eingefügt. Der Gesetzgeber begründete[2] dies wie folgt: „Der neue § 30a regelt ein beschleunigtes Verfahren für Asylbewerber, deren Anträge von vornherein geringe Erfolgsaussichten aufweisen. Artikel 31 Absatz 8 der Richtlinie 2013/32/EU lässt ein solches beschleunigtes Verfahren für bestimmte Personengruppen ausdrücklich zu. Absatz 1 bestimmt den Personenkreis, auf den das beschleunigte Verfahren Anwendung finden kann. Absatz 2 regelt die Entscheidungsfrist im Verfahren beim Bundesamt sowie Rechtsfolgen für den Fall, dass die Entscheidungsfrist nicht eingehalten wird. Das Verfahren wird dann als nicht beschleunigtes Verfahren in der besonderen Aufnahmeeinrichtung oder einer anderen, nach Abschnitt 5 des Gesetzes zu bestimmenden Einrichtung fortgeführt. Absatz 3 bestimmt die Wohnpflicht in der besonderen Aufnahmeeinrichtung. Daran knüpft die räumliche Beschränkung im Sinne des § 56 an. Mit dieser Regelung wird sichergestellt, dass der Antragsteller für die Durchführung des beschleunigten Verfahrens erreichbar ist und die mögliche Rückführung unmittelbar aus der Aufnahmeeinrichtung heraus erfolgen kann, wenn der Antrag aus den in der Norm näher bezeichneten Gründen abgelehnt oder das Verfahren eingestellt wurde. Unbegleitete minderjährige Ausländer sind nach § 42 SGB VIII vom Jugendamt in Obhut zu nehmen und werden daher auch nicht in besonderen Aufnahmeeinrichtungen untergebracht, sodass sie auch nicht für ein beschleunigtes Verfahren in Betracht kommen." Das IntG hat mWz 6.8.2016 in Abs. 3 S. 2 Nr. 2b den alten Wortlaut „nach § 29 als unbeachtlich" folgerichtig an die Neufassung des § 29 angepasst[3].

II. Allgemeines

2   **Hintergrund** des neuen beschleunigten Verfahrens waren die enorm hohen Flüchtlingszahlen von rund 1 Mio. EASY-Neuregistrierungen, mit denen sich die Bundesrepublik 2015 konfrontiert sah[4]. Hinzu kam, dass aufgrund komplexer Verfahrensregeln, langer Verfahrensdauer, Folgeverfahren und Duldungsstreitigkeiten vielfach nur ein Bruchteil der vollziehbar ausreisepflichtigen Ausländer das Land auch wieder verließ bzw. später trotz allem vielfach die Legalisierung ihres Aufenthalts erreichten. **Schnelles Asylrecht ist humanes Asylrecht.** Deshalb ist Ziel des § 30a, ein sowohl rasches als auch faires Verfahren insbesondere für Antragsteller mit nicht geringen Erfolgschancen zu garantieren. Dies wird in besonderen Aufnahmeeinrichtungen (vgl. § 5 V) abgewickelt und gilt nur für die bestimmten, in Abs. 1 Nr. 1–7 geregelten Personengruppen, in der Praxis va für Asylbewerber aus den über § 29a II definierten sicheren Herkunftsstaaten sowie Folgeantragsteller.

III. Residenzpflicht, Erwerbstätigkeit und Fristen

3   Das beschleunigte Verfahren wurde „in Anlehnung an das Flughafenverfahren" (vgl. § 18a) geregelt[5]; verzichtet wurde allerdings auf das Verbot, die besondere Aufnahmeeinrichtung zu verlassen.

---
[1] Vgl. auch → Vorb. Rn. 34 ff.
[2] BT-Drs. 18/7538, 16.
[3] Vgl. BT-Drs. 18/8615, 51 (zu Nr. 10).
[4] Ausf. → Vorb. Rn. 34 ff.
[5] Vgl. BT-Drs. 18/7538, 2.

Beschränkt ist durch die **Residenzpflicht** in Abs. 3 nur die Freizügigkeit, nicht aber die körperliche Bewegungsfreiheit (ggf. im gesamten jeweiligen Bundesland[6]). Verzichtet wurde weiter auf ein Sonderfristenregime. Für die betroffenen Personengruppen gelten allerdings in der Regel durchaus Sonderfristen nach den übrigen Bestimmungen, dh insbesondere die Wochenfrist[7], weswegen der praktischen Erreichbarkeit eines **Rechtsbeistands** im beschleunigten Verfahren besonders hohes Gewicht zukommt[8]. Zudem ist den betroffenen Personengruppen gemäß § 61 I die **Erwerbstätigkeit** untersagt, um auch hierdurch eine Aufenthaltsverfestigung zu unterbinden.

Zentrales Anliegen des § 30a ist es, im Einklang mit Art. 31 VIII Asylverfahrens-RL 2013/32/EU die Verfahren gemäß Abs. 2 S. 1 binnen **Wochenfrist** abzuwickeln. Gelingt dies nicht, hat der Asylbewerber keine Nachteile, weil sein Asylverfahren einfach gemäß Abs. 2 S. 2 als reguläres Verfahren weiterhin in der besonderen Aufnahmeeinrichtung oder einer anderen, nach Abschnitt 5 des Gesetzes zu bestimmenden Einrichtung fortgeführt wird. Abgebrochen werden kann das beschleunigte Verfahren im Übrigen gegebenenfalls über den Verweis in Abs. 3 S. 3 auf die §§ 48–50 bei Entlassung aus der besonderen Aufnahmeeinrichtung. Ziel des Gesetzgebers ist es aber, bei den betroffenen Personengruppen das Asylverfahren unter Bindung an die besondere Aufnahmeeinrichtung binnen Wochenfrist abzuschließen. Anschließend soll ebenfalls nur binnen Wochenfrist Eilrechtsschutz beim VG garantiert werden und das VG soll wiederum binnen Wochenfrist entscheiden, sodass nur **drei Wochen von Antragstellung bis gegebenenfalls Vollziehbarkeit der Ausreisepflicht** geplant sind[9] – ein ausgesprochen ehrgeiziges Vorhaben, das in der Praxis sicher nur schwer realisierbar ist. 4

IV. Betroffener Personenkreis

Nach **Nr. 1** sind Hauptzielgruppe des beschleunigten Verfahrens Asylbewerber aus sicheren Herkunftsstaaten, dh derzeit va aus dem Westbalkan. Nach **Nr. 2** betroffen sind Personen, die die Behörde über Identität oder Staatsangehörigkeit „offensichtlich getäuscht" haben, was eine Täuschungsabsicht voraussetzt, die nur in Einzelfällen klar sein dürfte. Nach **Nr. 3** muss sogar alles dafürsprechen, dass Personalpapiere „mutwillig vernichtet oder beseitigt" wurden, was so viel wie „absichtlich" bedeutet und also bei bloßem Nichtbesitz oder Verlust ausscheidet[10]. Nach **Nr. 4** gilt das beschleunigte Verfahren hingegen (va auch) für Folgeantragsteller. Nach **Nr. 5** gilt das beschleunigte Verfahren, wenn klar erscheint, dass der Asylantrag nur zur Behinderung der Abschiebung gestellt wurde. Nach **Nr. 6** greift es bei Weigerung, die Fingerabdrücke für das Eurodac-System abzugeben. Nach **Nr. 7** greift es bei „schwerwiegenden" Ausweisungen (vgl. § 54 II AufenthG) oder solchen Gefahren für die nationale Sicherheit oder die öffentliche Ordnung (vgl. § 54 I Nr. 2 AufenthG). 5

„**Vulnerable persons**" sind nicht generell im beschleunigten Verfahren ausgeschlossen. Da das BAMF Ermessen hat (Abs. 1 S. 1: „kann"), sind die Anliegen besonders Schutzbedürftiger aber angemessen zu berücksichtigen. Insbesondere bei unbegleiteten Minderjährigen, die nach der lex specialis des § 42 SGB VIII vom Jugendamt in Obhut zu nehmen sind, scheidet das beschleunigte Verfahren nach dem Willen des Gesetzgebers ausdrücklich aus (→ Rn. 1). 6

Rechtsschutz gegen die Anwendung des beschleunigten Verfahrens dürfte allerdings kaum Erfolg haben können. Zum einen gibt es keinen Anspruch auf ein „langsames Asylverfahren" nach den Vorgaben der Asylverfahrens-RL 2013/32/EU (vgl. Art. 31 VIII) sowie ihren maximalen Verfahrensfristen, allenfalls das Gegenteil. Zum anderen dürfte effektiver Rechtsschutz auch faktisch kaum erreichbar sein, wenn das BAMF tatsächlich binnen Wochenfrist entscheidet. 7

§ 31 Entscheidung des Bundesamtes über Asylanträge

(1) ¹Die Entscheidung des Bundesamtes ergeht schriftlich. ²Sie ist schriftlich zu begründen. ³Entscheidungen, die der Anfechtung unterliegen, sind den Beteiligten unverzüglich zuzustellen. ⁴Wurde kein Bevollmächtigter für das Verfahren bestellt, ist eine Übersetzung der Entscheidungsformel und der Rechtsbehelfsbelehrung in einer Sprache beizufügen, deren Kenntnis vernünftigerweise vorausgesetzt werden kann; Asylberechtigte und Ausländer, denen internationaler Schutz im Sinne des § 1 Absatz 1 Nummer 2 zuerkannt wird oder bei denen das Bundesamt ein Abschiebungsverbot nach § 60 Absatz 5 oder 7 des Aufenthaltsgesetzes festgestellt hat, werden zusätzlich über die Rechte und Pflichten unterrichtet, die sich daraus ergeben. ⁵Wird der Asylantrag nur nach § 26a oder § 29 Absatz 1 Nummer 1 abgelehnt, ist die Entscheidung zusammen mit der Abschiebungsanordnung nach § 34a dem Ausländer selbst zuzustellen. ⁶Sie kann ihm auch von der für die Abschiebung oder für die Durchführung der Abschiebung zuständigen Behörde zugestellt werden.

---

[6] Vgl. § 58 VI iVm Landesrecht.
[7] Vgl. etwa die §§ 29a I, 30 III, 71 IV iVm 36 III.
[8] Überzeugend *Thym* NVwZ 2016, 410 mwN.
[9] Vgl. BT-Drs. 18/7538, 11.
[10] Vgl. *Thym* NVwZ 2016, 410.

[7] Wird der Ausländer durch einen Bevollmächtigten vertreten oder hat er einen Empfangsberechtigten benannt, soll diesem ein Abdruck der Entscheidung zugeleitet werden.

(2) [1] In Entscheidungen über zulässige Asylanträge und nach § 30 Abs. 5 ist ausdrücklich festzustellen, ob dem Ausländer die Flüchtlingseigenschaft oder der subsidiäre Schutz zuerkannt wird und ob er als Asylberechtigter anerkannt wird. [2] In den Fällen des § 13 Absatz 2 Satz 2 ist nur über den beschränkten Antrag zu entscheiden.

(3) [1] In den Fällen des Absatzes 2 und in Entscheidungen über unzulässige Asylanträge ist festzustellen, ob die Voraussetzungen des § 60 Absatz 5 oder 7 des Aufenthaltsgesetzes vorliegen. [2] Davon kann abgesehen werden, wenn der Ausländer als Asylberechtigter anerkannt wird oder ihm internationaler Schutz im Sinne des § 1 Absatz 1 Nummer 2 zuerkannt wird.

(4) Wird der Asylantrag nur nach § 26a als unzulässig abgelehnt, bleibt § 26 Absatz 5 in den Fällen des § 26 Absatz 1 bis 4 unberührt.

(5) Wird ein Ausländer nach § 26 Absatz 1 bis 3 als Asylberechtigter anerkannt oder wird ihm nach § 26 Absatz 5 internationaler Schutz im Sinne des § 1 Absatz 1 Nummer 2 zuerkannt, soll von der Feststellung der Voraussetzungen des § 60 Absatz 5 und 7 des Aufenthaltsgesetzes abgesehen werden.

(6) Wird der Asylantrag nach § 29 Absatz 1 Nummer 1 als unzulässig abgelehnt, wird dem Ausländer in der Entscheidung mitgeteilt, welcher andere Staat für die Durchführung des Asylverfahrens zuständig ist.

(7) In der Entscheidung des Bundesamtes ist die AZR-Nummer nach § 3 Absatz 1 Nummer 2 des Gesetzes über das Ausländerzentralregister zu nennen.

I. Entstehungsgeschichte

1 Während Abs. 1 und 2 im Wesentlichen mit § 12 VI 1–3 AsylVfG 1982 übereinstimmen, haben die übrigen Bestimmungen keine Vorbilder. Die Vorschrift entsprach ursprünglich im Wesentlichen dem **Gesetzesentwurf 1992**[1]; nur der frühere Abs. 4 (jetzt Abs. 5) war im Wortlaut der Änderung des § 26 angepasst[2]. MWv 1.7.1993 wurden entsprechend dem Gesetzesentwurf 1993[3] in Abs. 1 die heutigen S. 4–6 angefügt, in Abs. 3 der frühere Nr. 2 und 3, entsprechend heute der Sache nach S. 2, angefügt, Abs. 4 neu eingefügt und der frühere Abs. 4 zu Abs. 5 (Art. 1 Nr. 22 **AsylVfÄndG 1993**). MWv 1.1.**2005** sind die Bezugnahmen auf §§ 51 I, 53 AuslG durch solche auf § 60 AufenthG aktualisiert; zudem war in Abs. 4 ein Verweis auf § 26 angefügt worden (Art. 3 Nr. 20 ZuwG). Das **RLUmsG 2007** formulierte die Vorschrift weitgehend um. In **Abs. 1** wurde in S. 2 das Wort „unverzüglich", der heutige S. 3 und in S. 4 der Verweis auf **§ 27a** neu eingefügt. **Abs. 2** wurde aus redaktionellen Gründen an die Formulierung des neuen § 3 angepasst („Zuerkennung der Flüchtlingseigenschaft" statt „Feststellung der Voraussetzungen des § 60 Abs 1 des Aufenthaltsgesetzes"). Vergleichbares gilt bzgl. des neu gefassten **Abs. 3**, in dem des Weiteren wegen der Aufhebung des § 29 III der diesbezügliche Verweis wegfiel (alte Fassung: „(3) In den Fällen des Absatzes 2 und in Entscheidungen über unbeachtliche Asylanträge ist festzustellen, ob die Voraussetzungen des § Abs 2 bis 7 des Aufenthaltsgesetzes vorliegen. Davon kann abgesehen werden, wenn 1. der Ausländer als Asylberechtigter anerkannt wird, 2. das Vorliegen der Voraussetzungen des § 60 Abs 1 des Aufenthaltsgesetzes festgestellt wird oder 3. der Asylantrag nach § 29 Abs 3 unbeachtlich ist."). Auch **Abs. 5** wurde teilweise ergänzt (alte Fassung: „(5) Wird ein Ausländer nach § 26 als Asylberechtigter anerkannt, soll von den Feststellungen zu § 60 Abs 1 bis 7 des Aufenthaltsgesetzes abgesehen werden."). **Abs. 6** wurde vollständig neu angefügt. Der Gesetzgeber begründete die Neufassungen wie folgt[4]:

> „Die Ergänzung in Absatz 1 Satz 2 und der neu eingefügte Satz 3 erster Halbsatz entsprechen der Regelung des Artikel 10 Abs 1 Buchstabe e der Verfahrensrichtlinie[5]. Die Regelung sieht vor, dass Asylbewerber, die nicht von einem Bevollmächtigten vertreten werden, über das Ergebnis der Entscheidung und mögliche Rechtsbehelfe in einer Sprache unterrichtet werden, von deren Kenntnis ausgegangen werden kann. Die Unterrichtung kann sowohl mündlich als auch schriftlich erfolgen. Der neu eingefügte Satz 3

---

[1] BT-Drs. 12/2062, 11.
[2] BT-Drs. 12/2817, 22, 61.
[3] BT-Drs. 12/4450, 31.
[4] BT-Drs. 16/5065, 217.
[5] Art. 10 Ie Asylverfahrens-RL aF lautet: „*Garantien für Asylbewerber* – (1) Bezüglich der Verfahren des Kap. III (Erstinstanzliche Verfahren) stellen die Mitgliedstaaten sicher, dass alle Asylbewerber über folgende Garantien verfügen: (…) e) Sie sind von der Asylbehörde in einer Sprache über das Ergebnis der Entscheidung zu unterrichten, deren Kenntnis vernünftigerweise vorausgesetzt werden kann, sofern sie nicht von einem Rechtsanwalt oder sonstigen Rechtsberater vertreten werden und keine kostenlose Rechtsberatung zur Verfügung steht. Die Mitteilung muss auch Informationen über mögliche Rechtsbehelfe bei einer ablehnenden Entscheidung gemäß Artikel 9 Absatz 2 enthalten."

zweiter Halbsatz entspricht Artikel 22 der Qualifikationsrichtlinie[6] und soll sicherstellen, dass Schutzberechtigte über ihre grundsätzlichen Rechte und Pflichten informiert werden. Die Ergänzung in Absatz 1 Satz 4 (bisheriger Satz 3) ist in Folge der Einfügung von § 27a und der für diese Fälle vorgesehen Abschiebungsanordnung nach § 34a erforderlich. (...) Absatz 3 Satz 2 Nr 1 und 2 wurden aus redaktionellen Gründen zusammengefasst und sprachlich an § 3 Abs 4 angepasst. Die Streichung der Nummer 3 ist eine Folgeänderung zur Aufhebung des § 29 Abs 3. (...) Die Änderungen in Absatz 5 Satz 1 sind aus redaktionellen Gründen erforderlich. Satz 2 sieht vor, dass – entsprechend den Regelungen zum Familienasyl – bei der Gewährung von Familienflüchtlingsschutz keine Feststellungen zum Vorliegen von Abschiebungsverboten nach § 60 Abs 2ff. AufenthG getroffen werden müssen. (...) Der neue Absatz 6 bestimmt den Entscheidungstenor bei einer Ablehnung als „unzulässig" bei gegebener Zuständigkeit eines anderen Staates für den Asylantrag (§ 27a). Die Pflichten des Bundesamtes für Migration und Flüchtlinge nach Absatz 1, den Bescheid schriftlich zu begründen und mit einer Rechtsbehelfsbelehrung zu versehen, bleiben hiervon unberührt."

Das RLUmsG 2011 hat keine Änderungen vorgenommen, wohl aber das **RLUmsG 2013:** Durch Art. 1 Nr. 23 RLUmsG 2013 vom 28.8.2013 (BGBl. I S. 3474) wurden mWz 1.1.2013 folgende Änderungen vorgenommen: In **Abs. 1 S. 3** ersetzt der Satzteil „internationaler Schutz im Sinne des § 1 Absatz 1 Nummer 2" den alten Begriff „Flüchtlingseigenschaft". In **Abs. 1 S. 3** wurde zusätzlich der komplementäre Schutz an das novellierte AufentG angepasst, dh, aus „§ 60 Abs 2 bis 5 oder Abs 7" wurde nun „Abs 5 oder 7". Entsprechend dem erweiterten Anwendungsbereichs des AsylG auf den gesamten internationalen Schutz wurde in **Abs. 2 S. 1** hinzugefügt „oder der subsidiäre Schutz zuerkannt wird". In **Abs. 2 S. 2** wurde die alte Formulierung („Von letzterer Feststellung ist abzusehen, wenn der Antrag auf die Zuerkennung der Flüchtlingseigenschaft beschränkt war.") durch den heutigen Hinweis auf § 13 II 2 ersetzt. In **Abs. 3 S. 1** wurde wiederum aus „§ 60 Abs 2 bis 5 oder Abs 7 des Aufenthaltsgesetzes" nun „Absatz 5 oder 7". Auch in Abs. 3 S. 2 wurde der frühere Begriff „Flüchtlingseigenschaft" durch den des internationalen Schutzes ersetzt. In **Abs. 4 S. 2** sowie in **Abs. 5** wurden die bisherigen Verweise auf § 26 redaktionell an die Neufassung dieses Paragraphen angepasst. Der alte Abs. 5 lautete: „Wird ein Ausländer nach § 26 Abs 1 oder Abs 2 als Asylberechtigter anerkannt, soll von den Feststellungen zu § 60 Abs 2–5 und 7 des Aufenthaltsgesetzes und der Zuerkennung der Flüchtlingseigenschaft nach § 3 Abs 4 abgesehen werden. Wird einem Ausländer nach § 26 Abs 4 die Flüchtlingseigenschaft zuerkannt, soll von den Feststellungen zu § 60 Abs 2 bis 5 und 7 des Aufenthaltsgesetzes abgesehen werden." Der Gesetzgeber begründete diese Änderungen wie folgt[7]:

*Zu Abs 1 S. 3: „Es handelt sich um eine Anpassung im Hinblick auf den erweiterten Regelungsbereich des Gesetzes. Zudem vollzieht der Regelungstext die Trennung von internationalem subsidiären Schutz und nationalen Abschiebungsverboten nach." Zu Abs 2 S. 1: „Es handelt sich um eine Anpassung im Hinblick auf den erweiterten Regelungsbereich des Gesetzes." Zu Abs 2 S. 2: „Die Antragsbeschränkung ist nunmehr in § 13 Abs 2 S. 2 geregelt. Es handelt sich daher um eine redaktionelle Änderung." Zu Abs 3 S. 1: „Der Regelungstext vollzieht die Trennung von internationalem subsidiären Schutz und nationalen Abschiebungsverboten nach." Zu den Neuerungen **in Abs 4 u. Abs 5**: „Es handelt sich um eine Folgeänderung. (...) Eine Entscheidung zum Vorliegen von nationalen Abschiebungsverboten ist entbehrlich, wenn dem Asylantrag stattgegeben wurde."*

Art. 6 Nr. 11 **IntG** brachte mWz 6.8.2016 verschiedene Detailänderungen: In **Abs. 1** wurde aus dem alten S. 2 („Sie ist schriftlich zu begründen und den Beteiligten mit Rechtsbehelfsbelehrung unverzüglich zuzustellen.") die neuen **Sätze 2 und 3** (sodass die bisherigen Sätze 3–6 zu 4–7 wurden), was der Gesetzgeber wie folgt begründete[8]: „Durch die Neuregelung ist eine förmliche Zustellung iSd VwZG nicht mehr gesetzlich vorgeschrieben, wenn das BAMF dem Asylantrag vollständig stattgibt. In diesem Fall genügt die einfache Bekanntgabe iSd § 41 VwVfG. Der ausdrückliche gesetzliche Verweis darauf, dass die Rechtsbehelfsbelehrung erforderlich ist, ist im Gesetzestext nicht notwendig. Die Rechtsbehelfsbelehrung ist ohnehin nach den allgemeinen Regeln gemäß § 37 VI VwVfG erforderlich." Im neuen **S. 5** wurde als Folgeänderung aus „nach § 26a oder § 27a abgelehnt" nunmehr „nach § 26a oder § 29 Abs 1 Nr 1 abgelehnt". In **Abs. 2 S. 1** wurde ebenfalls als Folgeänderung aus „beachtliche Asylanträge" nunmehr „zulässige Asylanträge". Parallel hierzu wurde in **Abs. 3 S. 1** aus „unbeachtliche" nunmehr „unzulässige Asylanträge". Der alte **Abs. 4** („Wird der Asylantrag nur nach § 26a abgelehnt, ist nur festzustellen, dass dem Ausländer auf Grund seiner Einreise aus einem sicheren Drittstaat kein Asylrecht zusteht. In den Fällen des § 26 Abs 1 bis 4 bleibt § 26 Abs 5 unberührt.")

---

[6] Art. 22 lautet: „*Information* – Die Mitgliedstaaten gewähren den Personen, deren Bedürfnis nach internationalem Schutz anerkannt wurde, so bald wie möglich nach Zuerkennung des jeweiligen Schutzstatus Zugang zu Informationen über die Rechte und Pflichten in Zusammenhang mit dem Status in einer Sprache, von der angenommen werden kann, dass sie sie verstehen."
[7] BT-Drs. 17/13063, 22.
[8] BT-Drs. 18/8615, 51.

wurde komplett neu gefasst, was der Gesetzgeber wie folgt begründete[9]: „Die bisher in Abs 4 S. 1 geregelte Feststellung, dass der Ausländerin oder dem Ausländer bei einer Ablehnung des Asylantrags nur auf Grundlage der Regelung zu sicheren Drittstaaten (§ 26a) kein Asylrecht zusteht, ist nicht mehr erforderlich. Vielmehr ist der Antrag als unzulässig abzulehnen (§ 29 Abs 1 Nr 3). Die bisher in Satz 2 getroffene Regelung soll inhaltlich unverändert fortgelten und wird nur insoweit angepasst, als dass dies durch den Fortfall der Regelung im bisherigen Satz 1 erforderlich geworden ist." In **Abs. 6** schließlich wurde wiederum als Folgeänderung aus „nach § 27a" nach dessen Aufhebung nunmehr „nach § 29 Absatz 1 Nummer 1".

Art. 5 des mWv 9.8.2019 in Kraft getretenen **2. Datenaustauschverbesserungsgesetzes** (BGBl. I S. 1131) fügte der Vorschrift den neuen **Abs. 7** an. Zur Begründung führte der Gesetzgeber aus[10]: „Das Geschäftszeichen der Registerbehörde (AZR-Nummer) auf dem Asylbescheid des BAMF wird für die eindeutige Zuordnung beim Abruf von Daten aus dem AZR im automatisierten Verfahren durch die jeweiligen abrufberechtigten Stellen benötigt. Der Anerkennungsbescheid, den die betroffenen Personen beispielsweise bei den Sozialbehörden (SGB II- oder SGB XII-Leistungsbehörden) vorlegen, enthält die AZR-Nummer bislang nicht. Den Ankunftsnachweis, der nach § 63a Absatz 1 Nummer 16 AsylG die AZR-Nummer enthält, haben die Betroffenen mit Eintritt in das förmliche Verfahren nicht mehr. Die Nennung der AZR-Nummer auf dem Anerkennungsbescheid ermöglicht einen Abruf zum Zweck der eindeutigen Zuordnung der für die gesetzliche Aufgabenerledigung der jeweils abrufenden Stelle erforderlichen Daten aus dem AZR, über die Dauer des Ankunftsnachweises hinaus."

§ 31 ist grundsätzlich **europarechtskonform;** ergänzend sind aber Art. 11[11] und va die (allerdings grundsätzlich nicht drittschützenden[12]) Prüffristen[13] aus Art. 31 sowie die Vorgaben bei unbegründeten und unzulässigen Anträgen in den Art. 32–33 **Asylverfahrens-RL** zu beachten. Zudem muss das BAMF insbesondere die seit Ablauf der Umsetzungsfrist am 20.7.2015 unmittelbar anwendbaren **Art. 38 IIIb** (Hinweisdokument bei Drittstaatenbescheid, dass Antrag in der Sache nicht geprüft wurde) und **Art. 25 III** (Vorbereitung und Anhörung von unbegleiteten Minderjährigen durch einen Sonderbeauftragten) sowie **Art. 11 III** (gesonderter Bescheid für Familienangehörige, wenn besonderes Datenschutzinteresse besteht) der Asylverfahrens-RL praktisch umsetzen.

---

[9] BT-Drs. 18/8615, 52.
[10] BR-Drs. 54/19, 79 f.
[11] Art. 11 Asylverfahrens-RL lautet: (1) Die Mitgliedstaaten stellen sicher, dass die Entscheidungen über Anträge auf internationalen Schutz schriftlich ergehen. (2) Die Mitgliedstaaten stellen ferner sicher, dass bei der Ablehnung eines Antrags auf Anerkennung der Flüchtlingseigenschaft und/oder des subsidiären Schutzstatus die sachlichen und rechtlichen Gründe für die Ablehnung in der Entscheidung dargelegt werden und eine schriftliche Belehrung beigefügt wird, wie eine ablehnende Entscheidung angefochten werden kann. Die Mitgliedstaaten brauchen der ablehnenden Entscheidung keine schriftliche Belehrung darüber beizufügen, wie eine solche Entscheidung angefochten werden kann, wenn diese Information dem Antragsteller zuvor entweder schriftlich oder auf ihm zugänglichem elektronischem Wege mitgeteilt worden ist. (3) Für die Zwecke des Artikels 7 Absatz 2 können die Mitgliedstaaten immer dann, wenn dieselben Gründe für den Antrag genannt werden, eine einzige Entscheidung treffen, die alle vom Antragsteller abhängigen Personen erfasst, es sei denn, dies hätte die Offenlegung bestimmter Umstände eines Antragstellers zur Folge, durch die dessen Interessen gefährdet werden könnten, insbesondere in Fällen, in denen es um Verfolgung wegen der Geschlechtszugehörigkeit, der sexuellen Ausrichtung, der Geschlechtsidentität und/oder des Alters geht. In derartigen Fällen ergeht für die betroffene Person eine gesonderte Entscheidung.
[12] Bzgl. der ebenfalls an die Mitgliedstaaten gerichteten Fristen des Dublin II-Asylsystems vom EuGH so entschieden im Urt. v. 14.11.2013 – C-4/11 – Puid.
[13] Art. 31 Asylverfahrens-RL regelt detailliert Prüffristen, vgl. zB in Abs. 1–3: (1) Die Mitgliedstaaten bearbeiten Anträge auf internationalen Schutz im Rahmen eines Prüfungsverfahrens unter Beachtung der Grundsätze und Garantien in Kap. II. (2) Die Mitgliedstaaten stellen sicher, dass das Prüfungsverfahren unbeschadet einer angemessenen und vollständigen Prüfung so rasch wie möglich zum Abschluss gebracht wird. (3) Die Mitgliedstaaten stellen sicher, dass das Prüfungsverfahren innerhalb von sechs Monaten nach förmlicher Antragstellung zum Abschluss gebracht wird. Ist ein Antrag gemäß dem Verfahren nach Maßgabe der VO (EU) Nr. 604/2013 zu behandeln, so beginnt die Sechsmonatsfrist, sobald der für die Prüfung zuständige Mitgliedstaat gemäß jener Verordnung bestimmt ist, sich der Antragsteller im Hoheitsgebiet dieses Mitgliedstaats befindet und er von der zuständigen Behörde betreut wird. Die Mitgliedstaaten können die in dem vorliegenden Absatz festgelegte Sechsmonatsfrist um höchstens neun weitere Monate verlängern, wenn a) sich in tatsächlicher und/oder rechtlicher Hinsicht komplexe Fragen ergeben; b) eine große Anzahl von Drittstaatsangehörigen oder Staatenlosen gleichzeitig internationalen Schutz beantragt, was dazu führt, dass es in der Praxis sehr schwierig ist, das Verfahren innerhalb der Frist von sechs Monaten abzuschließen; c) die Verzögerung eindeutig darauf zurückzuführen ist, dass der Antragsteller seinen Pflichten nach Artikel 13 nicht nachgekommen ist. Ausnahmsweise können die Mitgliedstaaten die Fristen gemäß diesem Absatz in ausreichend begründeten Fällen um höchstens drei Monate überschreiten, wenn dies erforderlich ist, um eine angemessene und vollständige Prüfung des Antrags auf internationalen Schutz zu gewährleisten.

Entscheidung des Bundesamtes über Asylanträge | § 31 AsylG 7

II. Entscheidung
1. Asylantrag und Abschiebungshindernisse

Hinsichtlich des Asylantrags bestehen weiterhin wie unter der Geltung des AsylVfG 1982 mehrere **Entscheidungsalternativen;** das Familienasyl wird allerdings jetzt durch Asylanerkennung gewährt und ist seit 2005 um den Familienabschiebungsschutz bzw. seit 2013 um den internationalen Familienschutz ergänzt (§ 26). Entweder erfolgen auf einen unbeschränkten beachtlichen Asylantrag (betr. unbeachtlichen § 29) hin Flüchtlings- und Asylanerkennung oder aufgrund eines beschränkten Antrags nur die Zuerkennung der Flüchtlingseigenschaft. Die Formulierung in Abs. 2 S. 1 weist darauf hin, dass heute grundsätzlich zunächst die Flüchtlingseigenschaft und dann erst Asyl geprüft werden sollte; die „Verdrängung" des nationalen Asyls durch den unionsrechtlichen Flüchtlingsschutz hat im Übrigen auch **kostenrechtliche** Konsequenzen iSv § 155 I 3 VwGO[14]. Auch im Falle des § 26a erfolgt eine Antragsablehnung (vgl. Abs. 1 S. 4, Abs. 4). Die Bestimmung des Abs. 4 S. 1 über die Beschränkung auf die Feststellung des Nichtbestehens eines Asylrechts wegen der Einreise aus dem sicheren **Drittstaat** soll lediglich weitere Ermittlungen ausschließen. Außerdem soll damit zum Ausdruck gebracht werden, dass eine Sachprüfung nicht stattfindet. Deswegen erscheint es unschädlich, wenn die Formulierung des Abs. 4 S. 1 in den Tenor aufgenommen wird. Entscheidend ist nur, dass der Asylantrag betreffend Asylanerkennung ohne Rücksicht auf eine evtl. sachliche Berechtigung keinen Erfolg hat[15]. Die **Einbeziehung des § 30 V** in die Regelung des Abs. 2 S. 1 ist nicht recht verständlich. Handelt es sich bei einem Antrag an das BAMF dem Begehren nach um einen Asylantrag, der nicht unzulässig iSd § 29 ist, aber inhaltlich keinen Asylantrag darstellt und deshalb offensichtlich unbegründet ist, dann setzt diese Entscheidung ohnehin auch eine Beurteilung des 3 bzw. 4 voraus.

Zusätzlich hat das BAMF (anders als unter Geltung des AsylVfG 1982) gemäß Abs. 3 S. 1 über den komplementären Schutz, dh nationale **Abschiebungsverbote nach § 60 V oder VII AufenthG** (unabhängig vom Vorliegen der Voraussetzungen des § 51 VwVfG; vgl. BVerwG Urt. vom 14.12.2016 – 1 C 4.16, Rn. 20) zu befinden (vgl. § 24 II). Ein Verstoß hiergegen führt allerdings nicht zwingend zur Rechtswidrigkeit der Abschiebungsanordnung bzw. -androhung (BVerwG Urt. v. 25.7.2017 – 1 C 10.17). Dies ist nur in den Fällen der Asylanerkennung oder der (bloßen) internationalen Schutzzuerkennung **entbehrlich.** Das insoweit eingeräumte Ermessen ist ua nach Art und voraussichtlicher Dauer der Verfolgungsgefahr zu richten. Trotz der „Kann"-Formulierung wird in der Regel bei förmlicher Asylanerkennung von einer Entscheidung über § 60 V oder VII AufenthG abgesehen werden können. Feststellungen zu § 60 V oder VII AufenthG sind auch im Falle des § 29 I notwendig betreffend Hindernisse gegenüber einem sicheren Drittstaat, nicht bzgl. Herkunftsstaat[16]. In Fällen unzulässiger Asylanträge nach § 29 I Nr. 1–4 bezieht sich die Feststellung gemäß Abs. 3 S. 1 immer auf den Zielstaat der Abschiebung. Fehlt die Feststellung zu § 60 V oder VII AufenthG, ist die Abschiebungsanordnung nach § 34a nicht allein deshalb rechtswidrig[17]. Falls ein Hindernis besteht, ist Rückführung rechtlich ausgeschlossen und das Asylverfahren fortzuführen betreffend § 60 V oder VII AufenthG; ebenso bei tatsächlichem Hindernis[18]. Das jeweilige Hindernis des § 60 V oder VII AufenthG ist konkret festzustellen[19]. Feststellungen zu § 60 V oder VII AufenthG erfolgen gesondert, also nicht nur inzidenter bei Erlass (oder Unterlassen) der Abschiebungsandrohung (zu Rücknahme und Widerruf vgl. § 73 III). Die Pflicht des BAMF gemäß Abs. 1 S. 3 Hs. 2, Asylberechtigte und Ausländer, denen internationaler Schutz zuerkannt wird oder bei denen das BAMF ein Abschiebungsverbot festgestellt hat, im Wege der **Abschlussmitteilung**[20] über die daraus folgenden Rechte und Pflichten zu unterrichten, dient der Information und dem Schutz des Ausländers. Die Informationspflicht des BAMF umfasst neben dem Hinweis auf mögliche Sozialleistungen auch den Beginn der Drei-Monats-Frist gemäß § 29 II 2 AufenthG zum Familiennachzug. Vom BAMF im Rahmen dieser Unterrichtung erteilte Informationen und geäußerte Rechtsauffassungen binden die Sozial- oder Ausländerbehörde allerdings nicht[21]. Insbesondere ist die Ausländerbehörde im Hinblick auf die Bestimmung des Beginns der Drei-Monats-Frist gemäß § 29 II 2 Nr. 1 AufenthG nicht an die Angaben des BAMF bzgl. des Eintritts der Unanfechtbarkeit der Flüchtlingsanerkennung gebunden. Für eine Leistungsklage, mit welcher die Erteilung einer neuen, in Bezug auf den Eintritt der Unanfechtbarkeit der Flüchtlingsanerkennung korrigierten Abschlussmitteilung über das Asylverfahren durch das BAMF begehrt wird, um diese Abschlussmitteilung einer anderen

---

[14] Ausf. hierzu → § 83b Rn. 9.
[15] → Rn. 4.
[16] → § 29 Rn. 17; *Hailbronner* AsylG § 31 Rn. 23.
[17] BVerwG Beschl. v. 3.4.2017 – 1 C 9.16.
[18] → § 29 Rn. 12.
[19] Betr. BAMF → Rn. 10; betr. Rechtsschutz → Rn. 11.
[20] Die mangels Regelung kein VA ist.
[21] Hinsichtlich sozialer Leistungen vgl. VG Stuttgart Urt. v. 27.7.2015 – A 12 K 4773/14.

Behörde (zB der Ausländerbehörde) vorlegen zu können, fehlt in der Regel die Klagebefugnis gemäß § 42 II VwGO[22].

4 Wenn die für den Fall der **Einreise aus einem sicheren Drittstaat** (Abs. 4) vorgesehene Abschiebungsanordnung nach § 34a I nicht ergeht, ist ebenfalls das Entscheidungsprogramm der Abs. 2 und 3 hinsichtlich § 60 V oder VII AufenthG einzuhalten[23]. Diese Anordnung ist ausgeschlossen, wenn der Nachweis der Durchreise durch einen sicheren Drittstaat zwar gegenüber dem Flüchtling gelingt, aber von dem Drittstaat nicht anerkannt wird oder wenn die Rückführung in den Drittstaat nicht durchzusetzen ist, zB infolge Ablaufs der Übernahmefrist. In diesen Fällen erweist sich die Drittstaatenregelung letztlich als nicht durchführbar[24] mit der Folge der um die Asylanerkennung verkürzten Sachprüfung durch das BAMF. Falls ein anderer Dublin-Staat zuständig ist oder die Zuständigkeit übernimmt (gemäß der Dublin II-VO 343/2003/EG oder Dublin III-VO 604/2013/EU), ist der Asylantrag unzulässig und der Ausländer von diesem Staat zu übernehmen, ohne dass die oben genannte Prüfung stattfindet[25].

5 Im Falle des **Familienasyls** bzw. internationalen Familienschutzes gemäß Abs. 5 sind Feststellungen zu § 60 V oder VII AufenthG in der Regel entbehrlich; sie verursachen nur einen überflüssigen Aufwand. Deshalb sind sie nur in atypischen Ausnahmefällen zu treffen, wenn sie unentbehrlich erscheinen[26]. Insoweit ist das BAMF aufgrund der „Soll"-Bestimmung noch stärker gebunden als bei einer „Regel"-Bestimmung. Nach Bestandskraft der Verpflichtung zur Gewährung von Familienasyl bzw. von internationalem Familienschutz wird die Klage betreffend § 3 unzulässig[27].

2. Form

6 Die Entscheidung über den Asylantrag ergeht **europarechtskonform** – gemäß den Vorgaben von Art. 10 ff. Asylverfahrens-RL – schriftlich, ist zu begründen und mit einer Rechtsbehelfsbelehrung zu versehen; seit dem RLUmsG 2007 umfassend[28] und bei fehlender Bevollmächtigung in einer vernünftigerweise vorauszusetzenden Sprache[29]. Die Entscheidung muss anhand der **Gründe** nachvollziehbar sein, was gerade für die gerichtliche Überprüfung anschließender Sofortvollzugsmaßnahmen wichtig ist[30]. Die Verwendung von Textbausteinen ist allgemein zulässig, wenn dadurch der individuelle Bezug nicht verloren geht[31]. Anerkennungsbescheide bedürfen idR keiner ausführlichen. Begründung (mehr, seitdem das Rechtsmittel des BB nicht mehr existiert); eine solche Begründung wäre auch im Hinblick darauf, dass andere Asylsuchende bzw. Schlepper diese dann „nutzen" könnten, eher kontraproduktiv. Ergehen Anerkennungsbescheide auf Verpflichtungsurteile hin, genügte ohnehin schon immer eine Bezugnahme auf die Gerichtsentscheidung. Nach Abs. 7 enthält der Asylbescheid auch die **AZR-Nummer**, was etwa zur schnelleren Bewilligung von Sozialleistungen und auch zur Verhinderung von Sozialleistungsmissbrauch sachdienlich ist.

7 In der **Rechtsbehelfsbelehrung** müssen Rechtsbehelf, Behörde oder Gericht mit Sitz und Frist angegeben sein; sonst beträgt die Frist ein Jahr (§ 58 II VwGO). Da der Widerspruch ausgeschlossen ist (§ 11), ist über die Klage zu belehren und ggf. außerdem über die besonderen Anforderungen nach §§ 18a IV, 36 III 1.

8 Die Entscheidung ist – bei Bevollmächtigung[32] – in **deutscher Sprache** abzufassen (§ 23 I VwVfG). Auch die Rechtsbehelfsbelehrung braucht dann nicht in die Muttersprache übersetzt zu werden[33]. Führen mangelnde Sprachkenntnisse zur Fristversäumnis, kann dies Anlass zur Wiedereinsetzung in den vorigen Stand sein[34].

3. Zustellung

9 Zustellungen erfolgen idR **durch das BAMF** und nach dem Bundes-VwZG (modifiziert durch § 10), nicht durch die Ausländerbehörde (wie früher zT nach §§ 12 VII, 28 V AsylVfG 1982). Nach Abs. 1 S. 6 der Norm können Zustellungen allerdings auch von der für die Abschiebung oder für die

---

[22] Überzeugend VG Karlsruhe Urt. v. 25.3.2015 – A 4 K 3096/14.
[23] *Hailbronner* AsylG § 31 Rn. 52 f.; OVG NRW Urt. v. 30.9.1996 – 25 A 790/96.A, NVwZ 1997, 1141.
[24] → GG Art. 16a Rn. 102 f.
[25] Vgl. auch bei §§ 29, 34a.
[26] Ähnlich BVerwG Urt. v. 28.4.1998 – 9 C 1.97, BVerwGE 106, 339.
[27] Vgl. zur alten Rechtslage BVerwG Urt. v. 28.4.1998 – 9 C 1.97, BVerwGE 106, 339.
[28] → Rn. 1.
[29] Hierzu → § 17 Rn. 2.
[30] Vgl. BVerfG Beschl. v. 12.7.1983 – 1 BvR 1470/82, BVerfGE 65, 76; Beschl. v. 2.5.1984 – 2 BvR 1413/83, BVerfGE 67, 43; *Fritz* NVwZ 1984, 698.
[31] Für Gerichtsverfahren HessVGH Beschl. v. 26.6.1984 – 10 UE 1528/84, NJW 1984, 2429.
[32] → Rn. 6.
[33] Betr. Strafurteil BVerfG Beschl. v. 17.5.1983 – 2 BvR 731/80, BVerfGE 64, 135; betr. Flughafenverfahren → § 18a Rn. 23.
[34] BVerfG Beschl. v. 10.6.1975 – 2 BvR 1074/74, BVerfGE 40, 95; Beschl. v. 7.4.1976 – 2 BvR 728/75, BVerfGE 42, 120; Beschl. v. 17.5.1983 – 2 BvR 731/80, BVerfGE 64, 135; dazu auch → § 74 Rn. 20 ff.

Durchführung der Abschiebung zuständigen Behörde vorgenommen werden. Diese Modifikation der regulären Zustellungsvorschriften des § 8 I VwZG (dazu schon § 10) **verschlechtert** die Möglichkeiten eines ohnehin schon beschränkten Rechtsschutzes. Anwaltlicher Beistand wird oft selbst dann nicht erlangt werden können, wenn dem Bevollmächtigten ein Abdruck der Entscheidung zugeleitet wird[35]. Nach Abs. 1 S. 3 müssen alle anfechtbaren Entscheidungen **unverzüglich** zugestellt werden. Nur bei vollständiger Stattgabe genügt eine Bekanntgabe gemäß § 41 VwVfG.

III. Verwaltungsverfahren und Rechtsschutz

Für das **Verwaltungsverfahren** bis zur Entscheidung sind va die Vorschriften der §§ 5, 12, 15, 17, 24, 25 zu beachten, für die Rechtsmittelbelehrung §§ 11, 74 ff. und für die Zustellung § 10. 10

Der **Rechtsschutz** richtet sich nach dem Inhalt der Entscheidung. Gegen die Ablehnung der 11
Asylanerkennung (einschließlich Familienasyl und) oder von internationalem Schutz ist, da der Widerspruch ausgeschlossen ist (§ 11), wie nach früherer Rechtslage die Verpflichtungsklage (§ 42 II VwGO) gegeben[36]. Ebenso verhält es sich bei Feststellungen über nationale Abschiebungsverbote nach § 60 V oder VII AufenthG[37]. Bei isolierter Feststellung der Unzulässigkeit im Dublin-Bescheid ist die Anfechtungsklage die richtige Klageart[38]. Auch die Abschiebungsandrohung (§§ 34, 35 iVm §§ 59, 60 I AufenthG) kann mit der Anfechtungsklage (§ 42 I VwGO) angegriffen werden[39], für deren Bescheidung freilich § 77 I gilt.

Vorläufiger Rechtsschutz ist dementsprechend nach § 80 V oder nach § 123 VwGO zu gewähren, wenn eine Entscheidung trotz Klageerhebung sofort vollziehbar ist. Dies trifft für alle Entscheidungen des BAMF zu, ausgenommen nur die Ablehnung nach § 38 I und Widerruf und Rücknahme nach § 73, § 73b und § 73c (§ 75). 12

§ 32 Entscheidung bei Antragsrücknahme oder Verzicht

¹Im Falle der Antragsrücknahme oder des Verzichts gemäß § 14a Abs. 3 stellt das Bundesamt in seiner Entscheidung fest, dass das Asylverfahren eingestellt ist und ob ein Abschiebungsverbot nach § 60 Absatz 5 oder 7 des Aufenthaltsgesetzes vorliegt. ²In den Fällen des § 33 ist nach Aktenlage zu entscheiden.

I. Entstehungsgeschichte

Die Vorschrift hat kein Vorbild im AsylVfG 1982. Sie entsprach in der ursprünglichen Fassung dem 1
Gesetzesentwurf 1992[1]. MWv 1.1.**2005** wurde entsprechend dem Gesetzesentwurf[2] der Bezugnahme auf § 53 AuslG durch die auf § 60 II–VII AufenthG ersetzt und der Verzichtsfall zusätzlich erwähnt (Art. 3 Nr. 21 ZuwG). Das RLUmsG **2007** änderte lediglich zur redaktionellen Klarstellung in S. 1 die frühere Formulierung („[...] und ob die in § 60 Abs 2 bis 7 des Aufenthaltsgesetzesbezeichneten Voraussetzungen für die Aussetzung der Abschiebung vorliegen.") in die heutige Fassung ab. Sie entspricht nun Art. 19 Asylverfahrens-RL 2005/85/EG, der als Mindestgarantie für den Fall der Antragsrücknahme eine deutliche Entscheidung wie zB die formelle Verfahrenseinstellung verlangt. Das RLUmsG 2011 hat keine Änderungen vorgenommen. Art. 1 Nr. 24 **RLUmsG 2013** hat mit Wirkung zum 1.12.2013 nur in S. 1 redaktionell den Zusatz (§ 60 Absätze) „2 bis" (5 oder 7 des Aufenthaltsgesetzes) gestrichen. In der Gesetzesbegründung[3] heißt es hierzu: „Der Regelungstext vollzieht die Trennung von internationalem subsidiären Schutz und nationalen Abschiebungsverboten nach." Die Asylpakete und das IntG 2016 haben keine Änderungen vorgenommen.

II. Antragsrücknahme

Die **Antragsrücknahme** im allgemeinen Verwaltungsverfahren ist nicht geregelt; im Asylverfahren 2
erfährt sie auch durch § 33 eine besondere praktische Bedeutung. Für die Antragsrücknahme bestehen anders als für die Antragstellung (§ 14) **keine Formvorschriften.** Da das Asylgesuch anders als der Asylantrag keiner besonderen Form bedarf (§ 13 I) und die Rücknahme zumindest auch das Asylersuchen betrifft, kann diese auch anders als schriftlich erfolgen[4]. Angesichts der weitreichenden Folgen

---

[35] *Marx* § 31 Rn. 5: Verstoß gegen Art. 19 IV GG.
[36] → § 74 Rn. 9.
[37] Auch insoweit Verpflichtungs- und nicht Feststellungsklage: HessVGH Beschl. v. 29.3.1993 – 12 UZ 292/93, AuAS 1993, 163.
[38] → § 29 Rn. 44.
[39] → § 34 Rn. 14 f.
[1] BT-Drs. 12/2062, 11.
[2] BT-Drs. 15/420, 42.
[3] BT-Drs. 17/13063, 22.
[4] → § 13 Rn. 6; aA *Hailbronner* AsylG § 32 Rn. 6: analog § 64 VwVfG nur schriftlich oder zur Niederschrift.

der Antragsrücknahme bedarf es zwar einer sorgfältigen Ermittlung des Erklärungsinhalts und -willens[5] und der zuverlässigen Übermittlung an die zuständige Stelle[6]. Besondere Formerfordernisse aus Sondervorschriften über förmliche Verwaltungsverfahren abzuleiten würde aber nicht dem Umstand gerecht, dass die wesentlichen Rechtsfolgen für und gegen den Asylbewerber (§§ 15 ff., 55) bereits durch das formlos zulässige Asylgesuch ausgelöst werden und für den actus contrarius daher strengere Anforderungen nur bei gesetzlicher Fixierung vertretbar erscheinen. Rücknehmbar ist der Antrag bis zum Eintritt der Bestandskraft der Entscheidung, weil das Asylersuchen bis zu diesem Zeitpunkt der Disposition des Asylbewerbers unterliegt[7].

3   Für die Entgegennahme der Rücknahmeerklärung **zuständig** ist diejenige Behörde, bei der der Asylantrag zu stellen war, also Außenstelle oder Zentrale des **BAMF** (§ 14)[8] (zur Sonderproblematik im **Dublin-Asylsystem** s. bei §§ 29, 34a); mangels besonderer Bestimmungen gelten für die Rücknahme als **actus contrarius** dieselben Regeln wie für die Antragstellung. In jedem Fall kann die Rücknahme gegenüber dem BAMF (Zentrale) als der für die Einstellung zuständigen Behörde erklärt werden, also auch nach Antragstellung bei der Außenstelle. Angesichts der weitreichenden Folgen der Antragsrücknahme (vgl. ua §§ 34, 38 II, 67 I Nr. 3, 71 I 1) kann es nicht als ausreichend angesehen werden, wenn die Rücknahme gegenüber Ausländerbehörde oder Grenzbehörde erklärt wird, die sonst nur für die Entgegennahme eines Asylgesuchs zuständig sind. Geht bei diesen eine schriftliche Rücknahmeerklärung ein, haben sie diese analog §§ 14 I 2, 19 I an das BAMF weiterzuleiten.

4   Wann ein Asylantrag zurückgenommen ist, ist notfalls durch **Auslegung** einer dahin gehenden Erklärung zu ermitteln[9]. Gerade bei einer nichtschriftlichen Rücknahmeerklärung ist sorgfältig der **wirkliche Wille** des Ausländers festzustellen. Eine Rücknahme kann je nach den Einzelfallumständen zB auch in der Erklärung gesehen werden, der Ausländer betrachte die Sache als erledigt, verzichte auf Asyl oder wolle Deutschland ohne Asyl wieder verlassen. Sie darf nur nicht mit einer Bedingung versehen sein, zB gerichtet auf die Erteilung einer Aufenthaltserlaubnis oder Duldung durch die Ausländerbehörde. Ein Widerruf der Rücknahmeerklärung ist nur bis zum Eingang beim BAMF möglich, eine Rücknahme nur in entsprechender Anwendung der §§ 119 ff. BGB ausnahmsweise bei arglistiger Täuschung, Drohung oder unzulässigem Druck sowie bei Wiederaufgreifensgründen[10].

III. Verzicht

5   Mit dem **Verzicht** nach § 14a III ist ein eigenständiger Beendigungstatbestand geschaffen, der nicht auf andere Fallgestaltungen übertragen werden kann[11]. Ebenso speziell ist das dafür vorgesehene Entscheidungsprogramm, das mit dem nach Antragsrücknahme übereinstimmt.

IV. Entscheidung

6   Die Entscheidung des BAMF lautet in beiden Fällen – entsprechend schon Art. 19 Asylverfahrens-RL aF (→ Rn. 1) – auf **Einstellung des Verfahrens**. Eine derartige Entscheidung ist sonst im Verwaltungsverfahren nicht vorgesehen, sondern nur im Gerichtsverfahren (vgl. § 92 II VwGO). Sie wirkt ähnlich wie dort die gerichtliche Feststellung als feststellender VA nicht konstitutiv, sondern nur deklaratorisch[12]. Der Charakter des VA ist nicht von einem vorherigen Streit über die Wirksamkeit der Rücknahme abhängig; in jedem Fall wird eine bereits eingetretene und Rechtsfolgen (zB § 71) auslösende Erledigung festgestellt und nicht etwa durch das BAMF herbeigeführt. Für die Entscheidung gelten die Formvorschriften des § 31 I 1 und 2. Sie ist auch notwendig, wenn der Antrag bei Rücknahme oder Verzicht noch nicht von der dafür zuständigen Stelle entgegengenommen ist. Das BAMF hat gleichzeitig über die nationalen Abschiebungsverbote § 60 V und VII AufenthG zu befinden und erforderlichenfalls eine Abschiebungsandrohung mit einer Ausreisefrist von einer Woche, evtl. von drei Monaten zu erlassen (§§ 34 I, 38 II, III). Dazu kann das BAMF das Vorbringen des Ausländers nur berücksichtigen, soweit dieses nach § 25 II erfolgt war oder nachträglich im Zusammenhang mit der Rücknahme erfolgt (soweit nicht nach § 25 III auszuschließen). Die Verfahrenseinstellung ist auch im Falle des § 33 auszusprechen.

7   Neben der Verfahrenseinstellung sind uU **weitere Entscheidungen** notwendig. Erfolgen die Rücknahme oder der Verzicht nach einer Sachentscheidung des BAMF, ist diese gegenstandslos; dies ist der Klarheit halber deklaratorisch auszusprechen (ähnlich wie nach § 269 III ZPO). Bei Antrags-

---

[5] → Rn. 4.
[6] → Rn. 3.
[7] → Rn. 6; → § 13 Rn. 6; *Hailbronner* AsylG § 32 Rn. 16.
[8] *Hailbronner* AsylG § 31 Rn. 7; aA *Marx* § 32 Rn. 4: auch Ausländerbehörde.
[9] Betroffene § 33, → § 33 Rn. 6.
[10] *Hailbronner* AsylVfG § 31 Rn. 11–15; vgl. *Kopp* VwVfG Vorb. § 9 Rn. 12a.
[11] Zu Widerruf und Bedeutung der Verzichtserklärung → § 14a Rn. 8.
[12] *Hailbronner* AsylG § 32 Rn. 19–22; so betr. § 33 wohl auch BVerwG Urt. v. 7.3.1995 – 9 C 264.94, NVwZ 1996, 80.

rücknahme oder Verzicht während des Gerichtsverfahrens wird dieses entweder nach übereinstimmender Erledigterklärung mit Kostenentscheidung eingestellt (vgl. § 161 II VwGO) oder die trotz Antragsrücknahme oder Verzicht aufrechterhaltene Klage abgewiesen. Allerdings kann uU eine nicht weiter spezifizierte Rücknahme- oder Verzichtserklärung auch dahin ausgelegt werden, dass Klage oder Rechtsmittel zurückgenommen werden; dann ist die Einstellung des Verwaltungsverfahrens neben der des Gerichtsverfahrens weder angezeigt noch zulässig (unter Umständen längere Ausreisefrist nach § 38 III).

V. Verwaltungsverfahren und Rechtsschutz

Die **Zuständigkeit** des BAMF lässt sich schon aus §§ 5, 31 III 1 ableiten; auch ohne die Vorschrift spräche kein durchgreifender Sachgrund für eine Zuständigkeit der Ausländerbehörde, auch nicht betreffend § 60 V oder VII AufenthG. Rücknahme und Verzicht bedürfen nicht der Zustimmung vom BAMF[13]. Gegen die Verfahrenseinstellung kann der Ausländer, wenn er die Ungültigkeit oder sonstige Unwirksamkeit der Antragsrücknahme oder des Verzichts geltend machen will, mit dem Antrag auf **Fortsetzung des Verfahrens** vorgehen[14]. Bei Ablehnung kann er Leistungs- bzw. Verpflichtungsklage erheben und einen Eilantrag nach § 123 VwGO stellen. Gegen die Nichtfeststellung von **nationalen Abschiebungsverboten** nach § 60 V oder VII AufenthG kann er sich mit Verpflichtungsklage und Antrag auf Erlass einer einstweiligen Anordnung wenden[15]; insoweit darf das VG „durchentscheiden", weil es hier nicht auf die weitergehenden Gestaltungsmöglichkeiten des BAMF ankommt[16]. Gegen die Abschiebungsandrohung kann er mit Anfechtungsklage und Antrag nach § 80 V VwGO vorgehen; diese lösen aber für sich keinen Suspensiveffekt aus (dazu § 75; § 36 III 8 gilt nicht analog). 8

Im **Hauptsacheverfahren** kann das VG lediglich die Entscheidung des BAMF über die Verfahrenseinstellung kassieren, nicht aber selbst Spruchreife herstellen und über den Asylantrag entscheiden; ihm fehlt es nämlich an den Gestaltungsmöglichkeiten des BAMF nach §§ 34, 36, 38[17]. Dagegen kann die Ablehnung der Feststellung von nationalen Abschiebungsverboten nach § 60 V oder VII AufenthG durch Verpflichtung des BAMF hierzu korrigiert und die Abschiebungsandrohung aufgehoben oder zumindest die Wochenfrist entsprechend § 38 III bis zu drei Monate verlängert werden. Im **Eilverfahren** gelten die §§ 36, 37 weder unmittelbar noch analog[18]. 9

§ 32a Ruhen des Verfahrens

(1) ¹**Das Asylverfahren eines Ausländers ruht, solange ihm vorübergehender Schutz nach § 24 des Aufenthaltsgesetzes gewährt wird.** ²**Solange das Verfahren ruht, bestimmt sich die Rechtsstellung des Ausländers nicht nach diesem Gesetz.**

(2) **Der Asylantrag gilt als zurückgenommen, wenn der Ausländer nicht innerhalb eines Monats nach Ablauf der Geltungsdauer seiner Aufenthaltserlaubnis dem Bundesamt anzeigt, dass er das Asylverfahren fortführen will.**

I. Entstehungsgeschichte

Die Vorschrift wurde entsprechend dem **Gesetzesentwurf 1993**[1] mWv 1.7.1993 eingefügt (Art. 1 Nr. 23 **AsylVfÄndG 1993**). MWv 1.1.**2005** wurde entsprechend dem Gesetzesentwurf[2] Abs. 1 S. 1 neu gefasst und in Abs. 2 das Wort „Aufenthaltsbefristung" durch „Aufenthaltserlaubnis" ersetzt (Art. 3 Nr. 22 ZuwG). Die RLUmsG 2007 und 2011 und 2013 sowie die Asylpakete und das IntG 2016 haben keine Änderungen vorgenommen. § 32a ist **europarechtskonform** und steht insbesondere mit Art. 17 I (Möglichkeit des jederzeitigen Asylantrags) und Art. 19 I (keine Kumulation von Asylrecht und vorübergehendem Schutz) der **Schutzgewährungs-RL** im Einklang. 1

II. Ruhen des Verfahrens

Die **Aufenthaltserlaubnis** muss nach § 24 AufenthG (nach einem entsprechenden Beschluss der EU zur Aufnahme bei einem Massenzustrom) erteilt sein, nicht nach §§ 22–24, 25 III–V AufenthG. 2

---

[13] Bei vor 2005 anhängigen Klagen galt: und/oder des BB.
[14] → § 81 Rn. 21 ff.
[15] Dazu → § 31 Rn. 11.
[16] Ähnlich *Hailbronner* AsylG § 32 Rn. 40.
[17] BVerwG Urt. v. 7.3.1995 – 9 C 264.94, NVwZ 1996, 80; *Hailbronner* AsylG § 32 Rn. 27–35; *Marx* § 38 Rn. 8; anders für Folgeantragsverfahren wegen der anderen Verfahrensstruktur BVerwG Urt. v. 10.2.1998 – 9 C 28.97, BVerwGE 106, 171; dazu → § 71 Rn. 46.
[18] BVerwG Urt. v. 7.3.1995 – 9 C 264.94, NVwZ 1996, 80; *Hailbronner* AsylG § 32 Rn. 24–26.
[1] BT-Drs. 12/4450, 6.
[2] BT-Drs. 15/420, 42.

Die Erteilung muss nach Äußerung des Asylgesuchs iSd § 13 erfolgt sein, auf die förmliche Antragstellung nach § 14 kommt es hierbei nicht an.

3 Die Ruhensregelung ist ebenso wie § 14 III auch ohne ausdrücklichen Auftrag durch Art. 16a GG zulässig und im Übrigen **verfassungskonform;** denn mit ihr wird das Asylrecht nicht auf Dauer ausgeschlossen. Während des Ruhens ist nur das AuslG anwendbar, also zB nicht § 33 II bei einer Reise in den Heimatstaat. Mit Ablauf der Aufenthaltserlaubnis (Besitz) wird das AsylG wieder anwendbar, insbesondere greift die gesetzliche Aufenthaltsgestattung (§ 55 I) wieder ein.

III. Nichtfortführung des Verfahrens

4 Das BAMF wird durch die Ausländerbehörde über den Ablauf der Geltungsdauer der Aufenthaltserlaubnis nicht besonders unterrichtet. Der Ausländer ist aber zur **Anzeige** der Fortführung des Verfahrens nach Ablauf seiner Aufenthaltserlaubnis von sich aus verpflichtet; bei nicht rechtzeitiger Anzeige tritt Antragsrücknahme ein. Über diese Rechtsfolgen wird der Asylbewerber durch die Ausländerbehörde schriftlich in einer ihm verständlichen Sprache belehrt (§ 24 VII AufenthG). Die Belehrung muss sachgerecht und verständlich erfolgen und darf sich nicht in der Wiederholung des Gesetzestextes erschöpfen. Sie braucht jedoch nicht so weitreichend zu sein wie der schriftliche Hinweis nach § 10 VII. Damit sie ihre Warnfunktion erfüllen kann, sollte sie bei Ablauf der Aufenthaltserlaubnis wiederholt werden. Bei nicht rechtzeitiger Anzeige wird das Verfahren eingestellt (§ 32); die Aufenthaltsgestattung erlischt mit Zustellung des BAMF-Bescheids (§ 67 I Nr. 3). Bei Versäumung der Frist kommt Wiedereinsetzung in den vorigen Stand wegen Nichtverschuldens (§ 32 VwVfG) wie nach § 33 in Betracht[3]. Für das Klageverfahren gilt gemäß § 80a entsprechend.

§ 33 Nichtbetreiben des Verfahrens

(1) Der Asylantrag gilt als zurückgenommen, wenn der Ausländer das Verfahren nicht betreibt.

(2) [1]Es wird vermutet, dass der Ausländer das Verfahren nicht betreibt, wenn er
1. einer Aufforderung zur Vorlage von für den Antrag wesentlichen Informationen gemäß § 15 oder einer Aufforderung zur Anhörung gemäß § 25 nicht nachgekommen ist,
2. untergetaucht ist oder
3. gegen die räumliche Beschränkung seiner Aufenthaltsgestattung gemäß § 56 verstoßen hat, der er wegen einer Wohnverpflichtung nach § 30a Absatz 3 unterliegt.
[2]Die Vermutung nach Satz 1 gilt nicht, wenn der Ausländer unverzüglich nachweist, dass das in Satz 1 Nummer 1 genannte Versäumnis oder die in Satz 1 Nummer 2 und 3 genannte Handlung auf Umstände zurückzuführen war, auf die er keinen Einfluss hatte. [3]Führt der Ausländer diesen Nachweis, ist das Verfahren fortzuführen. [4]Wurde das Verfahren als beschleunigtes Verfahren nach § 30a durchgeführt, beginnt die Frist nach § 30a Absatz 2 Satz 1 neu zu laufen.

(3) Der Asylantrag gilt ferner als zurückgenommen, wenn der Ausländer während des Asylverfahrens in seinen Herkunftsstaat gereist ist.

(4) Der Ausländer ist auf die nach den Absätzen 1 und 3 eintretenden Rechtsfolgen schriftlich und gegen Empfangsbestätigung hinzuweisen.

(5) [1]In den Fällen der Absätze 1 und 3 stellt das Bundesamt das Asylverfahren ein. [2]Ein Ausländer, dessen Asylverfahren gemäß Satz 1 eingestellt worden ist, kann die Wiederaufnahme des Verfahrens beantragen. [3]Der Antrag ist persönlich bei der Außenstelle des Bundesamtes zu stellen, die der Aufnahmeeinrichtung zugeordnet ist, in welcher der Ausländer vor der Einstellung des Verfahrens zu wohnen verpflichtet war. [4]Stellt der Ausländer einen neuen Asylantrag, so gilt dieser als Antrag im Sinne des Satzes 2. [5]Das Bundesamt nimmt die Prüfung in dem Verfahrensabschnitt wieder auf, in dem sie eingestellt wurde. [6]Abweichend von Satz 5 ist das Asylverfahren nicht wieder aufzunehmen und ein Antrag nach Satz 2 oder Satz 4 ist als Folgeantrag (§ 71) zu behandeln, wenn
1. die Einstellung des Asylverfahrens zum Zeitpunkt der Antragstellung mindestens neun Monate zurückliegt oder
2. das Asylverfahren bereits nach dieser Vorschrift wieder aufgenommen worden war.
[7]Wird ein Verfahren nach dieser Vorschrift wieder aufgenommen, das vor der Einstellung als beschleunigtes Verfahren nach § 30a durchgeführt wurde, beginnt die Frist nach § 30a Absatz 2 Satz 1 neu zu laufen.

(6) Für Rechtsbehelfe gegen eine Entscheidung nach Absatz 5 Satz 6 gilt § 36 Absatz 3 entsprechend.

---

[3] *Hailbronner* AsylG § 32a Rn. 14 f.

Nichtbetreiben des Verfahrens § 33 AsylG 7

I. Entstehungsgeschichte und Europarechtskonformität

Die Vorschrift hat kein Vorbild im AsylVfG 1982. Abs. 1 entspricht dem **Gesetzesentwurf 1992**[1]. **1** Abs. 2 wurde entsprechend dem Gesetzesentwurf 1993[2] mWv 1.7.1993 angefügt (Art. 1 Nr. 24 **AsylVfÄndG 1993**). **Übergangsvorschrift** in § 87a II Nr. 2. MWv 1.11.**1997** wurde Abs. 3 angefügt (Gesetz v. 29.10.1997)[3]. Vom 1.1.**2005** an waren entsprechend dem Gesetzesentwurf[4] in Abs. 3 Bezugnahmen auf Abschiebungsverbote und Abschiebungshaft aktualisiert worden (Art. 3 Nr. 23 ZuwG). Die RLUmsG 2007 und 2011 und 2013 haben keine Änderungen vorgenommen, wohl aber das sog. **Asylpaket II**[5]: Durch Art. 1 Nr. 7 des am 17.3.**2016** (BGBl. I S. 390) in Kraft getretenen Gesetzes zur Einführung beschleunigter Asylverfahren wurde die gesamte Norm komplett neu gefasst. Der Gesetzgeber begründete[6] dies wie folgt:

„Die Regelung dient dem Zweck, in Fällen fehlender Mitwirkungsbereitschaft des Ausländers am Asylverfahren das Bundesamt von der Weiterführung dieser Verfahren zu entlasten. Zudem wird ein Verstoß gegen die räumliche Beschränkung im beschleunigten Asylverfahren, in dem die Erreichbarkeit des Ausländers von besonderer Bedeutung ist, sanktioniert. Der Entlastungseffekt tritt insbesondere im Fall des Untertauchens ein, der nach bisher geltendem Recht wegen der insoweit erforderlichen gesonderten Aufforderung durch das Bundesamt, das Asylverfahren zu betreiben, erheblichen zusätzlichen Aufwand verursacht, und für Verzögerungen im weiteren Verfahrensablauf gesorgt hat. Gleiches gilt, wenn der Ausländer einer ausdrücklichen Aufforderung zur Vornahme einer bestimmten Verfahrenshandlung nicht nachkommt. Das Bundesamt wird durch die Möglichkeit, in diesen Fällen das Verfahren einzustellen, ohne eine materielle Entscheidung zu treffen, deutlich entlastet. Absatz 1 bestimmt, dass ein Nichtbetreiben des Verfahrens als Rücknahme des Antrags gewertet wird. Das Bundesamt stellt in diesen Fällen das Asylverfahren ein. Nach § 32 entscheidet es in diesen Fällen nach Aktenlagen über das Vorliegen von Abschiebungsverboten nach § 60 Absatz 5 oder Absatz 7 des Aufenthaltsgesetzes. Mit der Regelvermutung nach den Kriterien des Absatzes 2 ist eine gesonderte Aufforderung zum weiteren Betreiben des Verfahrens nicht mehr erforderlich, das Nichtbetreiben wird vielmehr vermutet. Über die vermuteten Gründe für ein Nichtbetreiben hinaus sind weitere Gründe für ein Nichtbetreiben nach Absatz 1 denkbar. In den Fällen des neuen Absatz 2 Satz 1 Nummer 1 knüpft eine Einstellung wegen einer stillschweigenden Rücknahme an eine ergangene ausdrückliche Aufforderung an den Ausländer an, die mit dem Hinweis nach Absatz 4 verbunden ist. Der Fristbeginn ist beim Bundesamt durch einen Vermerk in der Akte zu dokumentieren. In den Fällen des neuen Absatzes 2 Satz 1 Nummer 2 gilt ein Ausländer im Sinne dieser Vorschrift als untergetaucht, wenn er für die staatlichen Behörden nicht auffindbar ist. Das Bundesamt hat diesen Sachverhalt in der Akte zu dokumentieren. Absatz 2 Satz 1 Nummer 3 sanktioniert jeden Verstoß gegen die räumliche Beschränkung im Rahmen eines beschleunigten Verfahrens. Die Vermutung nach Satz 1 kann widerlegt werden, wenn der Ausländer unverzüglich, das heißt ohne schuldhaftes Zögern nachweisen kann, dass das Versäumnis bzw. die von ihm vorgenommene Handlung auf Umständen beruht, auf die er keinen Einfluss hatte. Sieht das Bundesamt die Vermutung z. B. des Untertauchens als widerlegt an, so hat es ab dieser Entscheidung erneut eine Woche Zeit, um über den Antrag im beschleunigten Verfahren zu entscheiden. Absatz 3 entspricht der bisherigen Regelung in § 33 Absatz 2. Absatz 4 regelt die Pflicht des Bundesamtes, den Ausländer auf die Rechtsfolgen der Absätze 1 und 3 hinzuweisen. Der Ausländer kann nach den Regeln des neuen Absatzes 5 innerhalb der ersten neun Monate nach Einstellung des Asylverfahrens gemäß Absatz 1 oder 3 ohne Verfahrensnachteile einmal die Wiederaufnahme des Verfahrens beantragen. Damit kann ein einmaliges Fehlverhalten geheilt werden. Die erstmalige Einstellung entfaltet somit lediglich Warncharakter. Wird das Verfahren wieder eröffnet, so hat das Bundesamt im beschleunigten Verfahren ab dieser Entscheidung erneut eine Woche Zeit, um über den Antrag zu entscheiden. Absatz 6 regelt den nach Artikel 46 Absatz 1 Buchstabe b) der Richtlinie 2013/32/EU vorzusehenden Rechtsbehelf gegen die Entscheidung, dass ein Verfahren nicht wieder aufgenommen wird."

§ 33 entsprach schon den Mindestgarantien von Art. 20 Asylverfahrens-RL aF und entspricht ebenfalls den entsprechenden Vorgaben des Art. 28 der novellierten **Asylverfahrens-RL 2013/32/ EU** bei stillschweigender Rücknahme des Asylantrags oder Nichtbetreiben des Verfahrens; da die RL nur Beispiele („insbesondere") aufzählen, ist auch die dort nicht genannte Regelung des § 33 III europarechtskonform. Die in (Abs. 2) der RL-Bestimmungen geforderte Garantie nach Wiedereröffnung des Verfahrens entspricht § 33 nun ausdrücklich durch die Wiederaufnahmemöglichkeit in Abs. 5.

---

[1] BT-Drs. 12/2062, 11.
[2] BT-Drs. 12/4450, 6.
[3] BGBl. I S. 2584.
[4] BT-Drs. 15/420, 42.
[5] → Vorb. Rn. 34 ff.
[6] BT-Drs. 18/7538, 16 f.

Bergmann 2409

II. Allgemeines

2 Die Übernahme von Nichtbetreibensregelungen in das Verwaltungsverfahren[7] war und ist **nicht unproblematisch;** denn der alte § 33 AsylVfG 1982 hatte sich vielfach nicht bewährt (vgl. auch § 81 im Klageverfahren und für Zweitantrag § 71a II 1). Die Problematik beim novellierten § 33 rührt auch daher, dass nunmehr grundsätzlich schon bei Antragstellung über alle Mitwirkungspflichten und Rechtsfolgen belehrt wird (vgl. Abs. 4), vielen Asylbewerbern aber die komplexen Strukturen der mitteleuropäischen Behördenpraxis kulturell fremd sind und fraglich ist, inwieweit diese Belehrungen tatsächlich begriffen werden[8]. Grundsätzlich sind deshalb ähnlich strenge Anforderungen zu stellen wie bei § 81, da es sich gegebenenfalls um eine einschneidende Ausnahme von den allgemeinen Verfahrensregeln handelt und die verfahrensmäßige Durchsetzung von Asylgrundrecht und zwingendem Refoulement-Verbot betroffen sein kann[9]. Dabei ist immer auf die verfassungsrechtliche Grundlage der Rücknahmefunktion Rücksicht zu nehmen, dass nämlich das Verhalten des Asylbewerber ein fehlendes Interesse an der Fortführung des Verfahrens konkret erkennen lässt[10]. Das BAMF kann von sich aus ohnehin jederzeit das Verfahren betreiben, indem es etwa einen Anhörungstermin bestimmt, Gelegenheit zur schriftlichen Stellungnahme gibt bzw. notfalls nach Aktenlage entscheidet (vgl. § 25 IV, V). Ob der Ausländer das Verfahren „nicht betreibt", ist deshalb gegebenenfalls schwer festzustellen, weil in erster Linie nicht er, sondern das BAMF für den Fortgang des Verfahrens verantwortlich ist. Für die Erfüllung seiner Mitwirkungspflichten können erforderlichenfalls Fristen gesetzt werden, falls er ihnen in dem Anhörungstermin nicht nachkommt. Danach kann in der Sache entschieden werden.

3 Dies gilt auch im Falle des **Untertauchens.** Klar ist, dass wer unter Missachtung seiner besonderen Mitwirkungspflichten als Asylbewerber seinen Aufenthalt verschweigt bzw. für staatliche Behörden für eine gewisse Dauer nicht auffindbar ist, kein schützenswertes Interesse an der Fortführung des Verfahrens hat; dies hat das BVerfG für das Gerichtsverfahren als verfassungsgemäß bestätigt[11]. Damit kann der Asylantrag auch im Falle des Untertauchens grundsätzlich unbedenklich abgelehnt werden. Die in den Fällen des Untertauchens von nicht anwaltlich vertretenen Asylbewerbern bestehenden Zustellungsschwierigkeiten ergeben sich auch für die Zustellung des Bescheids nach Rücknahme gem. §§ 33, 34, 38 II. Der Begriff des Untertauchens setzt in jedem Fall in **objektiver Hinsicht** eine Nichtauffindbarkeit voraus, die zB nicht gegeben ist, wenn der Behörde der Aufenthalt irgendwie bekannt wurde, selbst wenn der Ausländer gegen die § 10 I-Mitwirkungspflicht verstoßen hat. Untertauchen kann idS nach dem Normzweck aber selbst ohne wesentliche Ortveränderung erfolgen, etwa bei einem Verstecken in der Unterkunft ggf. iVm Falschbeschriftung der Briefkästen[12]. Aus dem Umkehrschluss zu Abs. 2 S. 2 ist zu folgern, dass hier ein Untertauchen[13] **kein subjektives Element** voraussetzt, dh Vorsatz bzw. Fahrlässigkeit insoweit irrelevant sind, das BAMF insoweit also auch keine Beweislast trifft. Untertauchen setzt weiter voraus, dass sich die Nichtauffindbarkeit über eine **gewisse Dauer** hinweg erstreckt, weil der Ausländer natürlich für Behörden nicht rund um die Uhr erreichbar sein muss. In Anlehnung an § 66 I Nr. 2 kann sich insoweit an der Wochenfrist orientiert werden; bei unstreitigem Untertauchen können aber auch schon wenige Tage genügen. Da es dem Ausländer obliegt, jeden Wohnortswechsel gemäß § 10 I unverzüglich anzuzeigen bzw. die Behörden hierzu von sich aus gemäß Art. 28 I UAbs. 2b Asylverfahrens-RL 2013/32/EU zu kontaktieren, setzt die Annahme des Untertauchens auch kein Suchen der Behörde voraus, dh es besteht **keine Nachforschungspflicht**[14]. Da die Verfahrenseinstellung kraft Gesetzes eintritt, ist selbst dann vom BAMF ein Einstellungsbescheid zu erlassen, wenn der Ausländer **wieder auftaucht,** dh, nach einem Untertauchen müssen dessen Voraussetzungen nicht immer noch im Zeitpunkt der Verfahrenseinstellung bzw. gar der gerichtlichen Entscheidung vorliegen[15].

III. Rücknahmefiktion

1. Regelvermutungen des Nichtbetreibens

4 Die Gesetzesbegründung (→ Rn. 1) weist ausdrücklich darauf hin, dass die in Abs. 2 S. 1 Nr. 1–3 aufgeführten Beispiele der **Regelvermutung** nicht abschließend sind, dh auch andere Nichtbetrei-

---

[7] Ausf. mit instruktiven Praxisbeispielen zu § 33 vgl. *Wittmann* Asylmagazin 2016, 328 ff.
[8] Hierauf weist überzeugend hin *Thym* NVwZ 2016, 411.
[9] Ähnlich *Hailbronner* AsylG § 33 Rn. 3–6; BVerfG-K Beschl. v. 18.6.1993 – 2 BvR 231/93, NVwZ 1994, 62; BVerwG Urt. v. 23.4.1985 – 9 C 48.84, BVerwGE 71, 213; HessVGH Urt. v. 20.1.1994 – 10 UE 2364/93, InfAuslR 1994, 291.
[10] Vgl. *Hailbronner* AsylG § 33 Rn. 7.
[11] → § 81 Rn. 5.
[12] AA, aber instruktiv *Brauer* ZAR 2019, 256.
[13] Anders als bei der „Flucht" nach Art. 29 II 2 Dublin III-VO iSd Jawo-Urteils des EuGH; s. die Kommentierung zu § 29, dort mwN.
[14] Überzeugend *Brauer* ZAR 2019, 256.
[15] Vgl. BayVGH Urt. v. 19.7.2018 – 4 B 18.30514.

Nichtbetreiben des Verfahrens § 33 AsylG 7

bensgründe denkbar sind; hierunter könnte etwa die Manipulation der Fingerkuppen zur Verhinderung der Eurodac-Registrierung fallen[16]. Die Nr. 1–3 illustrieren, auf welchen Mitwirkungspflichten der Fokus liegt: Der Asylbewerber soll wesentliche Informationen liefern und sich anhören lassen, er soll für die staatlichen Behörden jederzeit erreichbar sein und sich auch deshalb an räumliche Beschränkungen der Aufenthaltsgestattung halten. Nach Antragstellung (nicht vor Einleitung eines förmlichen Verfahrens durch Antragstellung iSd § 14) ist allerdings grundsätzlich das BAMF und nicht der Asylbewerber gehalten, das Verfahren zu fördern und bis zur Spruchreife fortzuführen. Wenn der Asylbewerber seinen **Mitwirkungspflichten** insbesondere aus §§ 10 I, 15, 25 I, II nicht nachkommt, betreibt er jedoch das Verfahren nicht (Nr. 1). Eine Aufforderung muss aber durch bestimmte Zweifel am Fortbestand des Interesses an der Fortführung des Asylverfahrens veranlasst sein[17] und dem Asylbewerber konkrete Handlungen aufgeben; es genügt nicht, allgemein das Betreiben des Verfahrens zu verlangen[18]. Die Aufforderung muss zudem mit dem Hinweis nach Abs. 4 verbunden sein, was das BAMF mittels vermerktem Fristbeginn und Empfangsbekenntnis nachweisen muss. In der Regel erfolgt zunächst die Anhörung oder es wird Gelegenheit zur schriftlichen Stellungnahme gegeben (§ 25 IV, V). Erscheint der Ausländer **unentschuldigt nicht zur Anhörung,** muss das BAMF das Verfahren wegen der gesetzlichen Folge der fingierten Antragsrücknahme einstellen; insoweit besteht kein Wahlrecht zwischen Einstellung und Entscheidung nach Aktenlage gem. § 25 IV 5 und V 3. Hat das BAMF dennoch statt Einstellung eine Sachentscheidung getroffen, besteht hiergegen kein Rechtsschutzbedürfnis für eine isolierte Anfechtungsklage, anders, als wenn nur gegen die Pflicht zur Gewährung der Gelegenheit zur schriftlichen Stellungnahme nach § 25 V 2 verstoßen wurde[19]. Selbstredend darf der Asylbewerber auch nicht **untertauchen** (Nr. 2, → Rn. 3) Fehlende Erreichbarkeit allein genügt hierfür jedoch gegebenenfalls. nicht, gerade dann nicht, wenn die Zustellfiktion des § 10 II eingreift[20]. Das BAMF muss nach der Gesetzesbegründung (→ Rn. 1) in der Akte dokumentieren, wenn es ein Untertauchen annimmt. Schließlich hat der Asylbewerber insbesondere aus sicheren Herkunftsstaaten und der Folgeantragsteller (vgl. § 30a I) sich im beschleunigten Verfahren strikt an **räumliche Beschränkungen** der Aufenthaltsgestattung zu halten (Nr. 3). Verstößt er hiergegen nur einmal, gilt sein Asylantrag gem. Abs. 1 bereits kraft Gesetzes als zurückgenommen, was gerade bei längerer Verfahrensdauer eine harte Sanktion darstellt. Bei verfassungs- und GK-konformer Auslegung ist beim Tatbestandsmerkmal „verstoßen" deshalb, anders als beim Untertauchen, ein subjektives Element zu fordern. Der Asylbewerber muss die räumliche Beschränkung in Kenntnis der Folgen und vorsätzlich verletzt haben. Ein (grob) fahrlässiger Verstoß genügt nicht.

Zudem greifen die Regelvermutungen nach **Abs. 2 S. 2** nicht und das Verfahren ist (gegebenenfalls 5 mit erneuter Wochenfrist des § 30a II 1) **fortzuführen,** wenn der Asylbewerber ohne schuldhaftes Zögern nachweist, aufgrund objektiver Umstände die Nr. 1–3 „schuldlos" erfüllt zu haben. Ein Nachweis, der in der Praxis freilich wohl nur schwer mit Erfolg geführt werden kann, weswegen die Nr. 1–3 trotz der Heilungsmöglichkeit des Abs. 5 grundsätzlich **eng auszulegen** sind. Die fingierte Rücknahme tritt zB nur ein, wenn der Asylbewerber das Verfahren überhaupt nicht betreibt; kommt er einer Aufforderung zum Teil nach, kann ihm ein Nichtbetreiben nicht vorgehalten werden[21].

2. Reise in den Herkunftsstaat

Die endgültige Rückkehr in den Heimatstaat lässt selbstredend ohne Weiteres auf die Aufgabe des 6 asylrechtlichen Schutzgesuchs schließen. Für einen vorübergehenden **Kurzbesuch** im Herkunftsstaat gilt dies allerdings nicht unbedingt, wie auch der mit dem RLUmsG 2007 neu eingefügte § 72 I Nr. 1a illustriert. Deshalb ist die Einführung einer gesetzlichen Rücknahmefiktion ohne vorherige Betreibensaufforderung zwar durchaus zweckmäßig, aber im Hinblick auf die weitreichenden Folgen der Rücknahmefiktion wiederum nicht unproblematisch. Anlass, Zweck und Dauer der Reise sind allerdings grundsätzlich ohne Bedeutung[22]. Der Ausländer braucht auch noch nicht wieder ins Bundesgebiet zurückgekehrt zu sein. Dennoch ist auch Abs. 3 grundsätzlich eng auszulegen.

3. Hinweispflichten

Nach Abs. 4 muss der Asylbewerber schriftlich und gegen Empfangsbekenntnis auf die Rücknahme- 7 fiktion bei Nichtbetreiben und Reise in den Herkunftsstaat hingewiesen worden sein, was das BAMF beweisen muss. Der Hinweis muss in einer für den Betroffenen verständlichen Sprache erfolgen. Er darf sich nicht in der Wiedergabe des Gesetzestextes erschöpfen, sondern muss va über den Fortgang

---

[16] Vgl. BVerwG Urt. v. 5.9.2013 – 10 C 1.13.
[17] Solche Zweifel können zB bei Manipulation der Fingerkuppen, die die Abnahme auswertbarer Fingerabdrücke beeinträchtigt, gegeben sein; vgl. BVerwG Urt. v. 5.9.2013 – 10 C 1.13.
[18] → § 81 Rn. 10 ff.
[19] Ausf. hierzu BVerwG Urt. v. 15.4.2019 – 1 C 46.18.
[20] Zu § 33 aF *Hailbronner* AsylG § 33 Rn. 7–10.
[21] → § 81 Rn. 17.
[22] Krit *Hailbronner* AsylG § 33 Rn. 24–26.

des Verfahrens (Einstellung, Entscheidung über § 60 V bzw. VII AufenthG, Abschiebungsandrohung) aufklären.

IV. Einstellung sowie Fortsetzung des Verfahrens

8   Das Gesetz wertet ein Nichtbetreiben bzw. die Reise in den Herkunftsstaat als Antragsrücknahme, weswegen das Verfahren hernach vom BAMF eingestellt und gem. § 32 nach Aktenlage über den komplementären Schutz nach § 60 V und VII AufenthG bzw. den Erlass einer Abschiebungsandrohung entschieden wird. Die Rücknahmefiktion tritt kraft Gesetzes ein und bedarf keiner besonderen förmlichen Feststellung. Es ergeht ein **deklaratorischer Einstellungsbescheid**, der nicht im Ermessen des BAMF steht und in dem auch über die komplementären Abschiebungsverbote nach § 60 V bzw. VII AufenthG zu befinden ist. Dieser ist dem Asylbewerber mit Begründung zuzustellen (§ 31 I), bei Aufenthalt im Ausland ggf. durch öffentliche Zustellung (§ 10 III 1).

9   Wie in der Gesetzesbegründung erläutert (→ Rn. 1), kann gemäß **Abs. 5** binnen der ersten neun Monate nach Einstellung des Asylverfahrens ohne Verfahrensnachteile die **Wiederaufnahme des Verfahrens** beantragt werden, um so ein einmaliges Fehlverhalten einfach zu heilen. Auch ein neuer Asylantrag gilt als Wiederaufnahmeantrag. Die erstmalige Einstellung soll mithin Warncharakter entfalten. Auch aus diesem Grund ist der Antrag persönlich bei der für den Ausländer zuständigen BAMF-Außenstelle zu stellen. Nimmt das BAMF das Verfahren wieder auf, was formlos oder mit Aufhebung des Einstellungsbescheids geschehen kann, so wird es in dem Stadium fortgeführt, in dem es bei Einstellung geendet hatte. Bei beschleunigten Verfahren hat das BAMF ab Fortführungsentscheidung erneut eine Woche Zeit, um über den Antrag zu entscheiden. Lehnt das BAMF die Wiederaufnahme des Verfahrens ab, insbesondere, weil die Neun-Monats-Frist nach Einstellung abgelaufen war oder der Ausländer zum wiederholten Mal die Wiederaufnahme beantragt, hat auch dies durch Bescheid zu erfolgen. Für diesen Bescheid gelten die Formvorschriften des § 31 I.

V. Rechtsschutz

10 Die in Abs. 2 S. 1 Nr. 2 genannte **Aufforderung** ist eine verfahrensleitende Maßnahme und kein Verwaltungsakt, der mit der Klage (§ 42 I VwGO) angefochten werden kann. Anfechtungsklage ist aber gegen den **Einstellungsbescheid** nach Abs. 5 S. 1 gegeben[23], während gegen die **Nichtfeststellung von Abschiebungsverboten** iSd § 60 V oder VII AufenthG mit der Verpflichtungsklage (§ 42 II VwGO) vorgegangen werden kann. Die Wiederaufnahme nach Abs. 5 S. 6 kann nach Ablehnung ebenfalls vor Gericht mit einer Verpflichtungsklage weiterverfolgt werden, wobei hier durch den Verweis in Abs. 6 auf § 36 III zur Beschleunigung die dort geregelten Besonderheiten gelten. Die Möglichkeit eines Antrags auf Wiederaufnahme des Asylverfahrens nach Abs. 5 S. 2 lässt das Rechtsschutzbedürfnis für eine Klage gegen eine Verfahrenseinstellung nach Abs. 5 S. 1 nicht entfallen.[24] **Vorläufiger Rechtsschutz** ist dementsprechend mit Anträgen nach § 80 V VwGO (bei Anfechtungsklagen bzw. wenn Streitgegenstand – wie in der Regel – die Abschiebungsandrohung ist; Prüfungsmaßstab ist dann wie immer bei § 80 V VwGO und nicht wie bei → 36 Rn. 21 – ernstliche Zweifel) oder gegebenenfalls nach § 123 VwGO (bei Verpflichtungsklagen bzw. bereits eingeleiteter Abschiebung) zu erreichen. Sachdienlich kann ein Ausländer mithin beim BAMF ggf. die Fortführung des Verfahrens unter Aufhebung des Einstellungsbescheids, hilfsweise die Wiederaufnahme und Fortführung des Verfahrens, höchsthilfsweise die Feststellung von Abschiebungsverboten gemäß § 60 V und VII AufenthG unter diesbezüglicher Aufhebung des Einstellungsbescheids beantragen und die Entscheidung des BAMF hernach gerichtlich überprüfen lassen.

Unterabschnitt 4. Aufenthaltsbeendigung

§ 34 Abschiebungsandrohung

(1) ¹Das Bundesamt erlässt nach den §§ 59 und 60 Absatz 10 des Aufenthaltsgesetzes eine schriftliche Abschiebungsandrohung, wenn
1. der Ausländer nicht als Asylberechtigter anerkannt wird,
2. dem Ausländer nicht die Flüchtlingseigenschaft zuerkannt wird,
2a. dem Ausländer kein subsidiärer Schutz gewährt wird,
3. die Voraussetzungen des § 60 Absatz 5 und 7 des Aufenthaltsgesetzes nicht vorliegen oder die Abschiebung ungeachtet des Vorliegens der Voraussetzungen des § 60 Absatz 7 Satz 1 des Aufenthaltsgesetzes ausnahmsweise zulässig ist und
4. der Ausländer keinen Aufenthaltstitel besitzt.

---

[23] Vgl. BVerwG Urt. v. 7.3.1995 – 9 C 264.94, NVwZ 1996, 80.
[24] Vgl. VGH BW Urt. v. 23.1.2018 – A 9 S 350/17.

² Eine Anhörung des Ausländers vor Erlass der Abschiebungsandrohung ist nicht erforderlich. ³ Im Übrigen bleibt die Ausländerbehörde für Entscheidungen nach § 59 Absatz 1 Satz 4 und Absatz 6 des Aufenthaltsgesetzes zuständig.

(2) ¹ Die Abschiebungsandrohung soll mit der Entscheidung über den Asylantrag verbunden werden. ² Wurde kein Bevollmächtigter für das Verfahren bestellt, sind die Entscheidungsformel der Abschiebungsandrohung und die Rechtsbehelfsbelehrung dem Ausländer in eine Sprache zu übersetzen, deren Kenntnis vernünftigerweise vorausgesetzt werden kann.

I. Entstehungsgeschichte

Die Vorschrift entspricht dem **Gesetzesentwurf 1992**[1]. Sie hat zT den Inhalt der §§ 10 I, 11 II 2, 28 I AsylVfG 1982 übernommen. Für Einreisen vor dem 1.7.1993 vgl. die **Übergangsregelung** des § 87a I. MWv 1.1.2005 sind entsprechend dem Gesetzesentwurf[2] die Bezugnahmen auf das AuslG durch solche auf das AufenthG aktualisiert und der Begriff der Aufenthaltsgenehmigung durch den des Aufenthaltstitels ersetzt (Art. 3 Nr. 24 ZuwG). Das **RLUmsG 2007** ergänzte **Abs. 1 S. 1** um die Wörter „und ihm die Flüchtlingseigenschaft nicht zuerkannt wird und er". Der Gesetzgeber begründete dies wie folgt[3]: „Die Änderung in Satz 1 erfolgt im Hinblick darauf, dass nach der Qualifikationsrichtlinie und der Genfer Flüchtlingskonvention ein anerkannter Flüchtling grundsätzlich nicht ausreisepflichtig ist. Ausnahmen bestehen nur für den Fall, dass der Betreffende eine Gefahr für die nationale Sicherheit oder die Allgemeinheit darstellt (vgl. Artikel 21 Abs. 2 der Richtlinie, Artikel 33 Abs. 2 GFK) oder wenn zwingende Gründe der öffentlichen Sicherheit und Ordnung dem Aufenthalt entgegenstehen (vgl. Artikel 24 Abs. 1 der Richtlinie, Artikel 32 F). Diese Sachverhalte werden iRd Asylverfahrens (§ 3 Abs. 4 Satz 2) und bei der Erteilung eines Aufenthaltstitels (§ 25 Abs. 2 AufenthG) berücksichtigt. In Einklang mit der Qualifikationsrichtlinie und der Genfer Flüchtlingskonvention ist eine Abschiebungsandrohung nach Absatz 1 nur zu erlassen, wenn die Flüchtlingseigenschaft nicht zuerkannt worden ist." Das **RLUmsG 2011** ergänzte **Abs. 1 S. 1** um das Gebot der „schriftlichen" Abschiebungsandrohung und fügte die Nummerierung und va **Nr. 3** neu ein. Auch wurden **Abs. 1 S. 3** und **Abs. 2 S. 2** neu angefügt. Der Gesetzgeber[4] begründete die in **Abs. 1 S. 1** vorgenommenen Änderungen wie folgt:

„Die ausdrückliche Erwähnung des Erfordernisses einer schriftlichen Abschiebungsandrohung dient der Klarstellung. Das Bundesamt für Migration und Flüchtlinge kann eine Abschiebung nunmehr nur noch androhen, wenn neben der Asylberechtigung, der Flüchtlingseigenschaft und einem Aufenthaltstitel auch Abschiebungsverbote nach § 60 Absatz 2 bis 5 und 7 des Aufenthaltsgesetzes nicht vorliegen oder die Abschiebung trotz Vorliegens der Voraussetzungen des § 60 Absatz 7 Satz 1 des Aufenthaltsgesetzes ausnahmsweise zulässig ist. Mit der Änderung wird dem Umstand Rechnung getragen, dass bei Vorliegen von Abschiebungsverboten nach § 60 Absatz 2 bis 5 und 7 des Aufenthaltsgesetzes regelmäßig eine Aufenthaltserlaubnis nach § 25 Absatz 3 des Aufenthaltsgesetzes erteilt wird. Eine Abschiebungsandrohung ist auch grundsätzlich bei Vorliegen der Voraussetzungen des § 60 Absatz 7 Satz 1 des Aufenthaltsgesetzes ausgeschlossen. Da es sich bei der Vorschrift um eine Soll-Regelung handelt, kann hier aber in atypischen Fallgestaltungen auch eine Abschiebung trotz Vorliegens der Voraussetzungen des § 60 Abs. 7 S. 1 des AufenthG in Betracht kommen (vergleiche BVerwG, Urteil vom 11. September2007, Az.: 10 C 8.07, Rn 26). Dementsprechend ist in diesen Fällen eine Abschiebungsandrohung zu erlassen. Besteht die Möglichkeit, den Ausländer in einen anderen Staat als den Staat abzuschieben, für den ein Abschiebungsverbot besteht, ist die Abschiebung in Bezug auf den anderen Staat anzudrohen. Dabei handelt es sich immer um Ausnahmefälle. Fälle, in denen auf Grund einer grundrechtskonformen Auslegung die Sperrwirkung des § 60 Absatz 7 Satz 3 des Aufenthaltsgesetzes durchbrochen wird (die Abschiebung würde bewirken, dass der Betroffene sehenden Auges dem Tod oder schwersten Menschenrechtsverletzungen ausgesetzt wird'), fallen nicht unter diese Ausnahmefälle."

Die Anfügung von **Abs. 1 S. 3** wurde wie folgt begründet:

„Die Regelung des § 59 Absatz 1 Satz 4 des Aufenthaltsgesetzes legt die Voraussetzungen fest, unter denen eine Verlängerung der ursprünglichen Ausreisefrist in Betracht kommt, und setzt Artikel 7 Absatz 2 der Rückführungsrichtlinie um[5]. *Es handelt sich typischerweise um Gründe, die nicht Gegenstand des Verfahrens vor dem Bundesamt für Migration und Flüchtlinge sind, zB besondere familiäre und soziale Bindungen. In diesen Fällen entscheidet die Ausländerbehörde, ob die vom Bundesamt festgelegte Ausreise-*

---

[1] BT-Drs. 12/2062, 11.
[2] BT-Drs. 15/420, 42.
[3] BT-Drs. 16/5065, 217.
[4] BT-Drs. 17/5470, 31.
[5] Art. 7 II Rückführungs-RL lautet: „Die Mitgliedstaaten verlängern – soweit erforderlich – die Frist für die freiwillige Ausreise unter Berücksichtigung der besonderen Umstände des Einzelfalls – wie etwa Aufenthaltsdauer, Vorhandensein schulpflichtiger Kinder und das Bestehen anderer familiärer und sozialer Bindungen – um einen angemessenen Zeitraum."

frist zu verlängern ist. Gegebenenfalls erhält der Betroffene eine Bescheinigung der Ausländerbehörde über die Fristverlängerung (vergleiche § 59 Absatz 6 des Aufenthaltsgesetzes; Artikel 1 Nummer 32)."

Die Anfügung des neuen **Abs. 2 S. 2** soll schließlich der Umsetzung von Art. 12 II Rückführungs-RL dienen; hiernach stellen

"die Mitgliedstaaten den betroffenen Drittstaatangehörigen auf Wunsch eine schriftliche oder mündliche Übersetzung der wichtigsten Elemente einer Entscheidung in Bezug auf die Rückkehr (...) einschließlich von Informationen über mögliche Rechtsbehelfe in einer Sprache zur Verfügung, die die Drittstaatangehörigen verstehen oder bei der vernünftigerweise davon ausgegangen werden kann, dass sie sie verstehen."

Durch Art. 1 Nr. 26 **RLUmsG 2013** v. 28.8.2013 (BGBl. I S. 3474) wurden mWz 1.1.2013 folgende Änderungen vorgenommen: In **Abs. 1 S. 1** wurde die neue Nr. 2a eingefügt und in Abs. 1 S. 1 Nr. 3 wurde aus „§ 60 Abs. 2 bis 5 und 7" nun „Abs. 5 und 7". Der Gesetzgeber begründete diese Änderungen wie folgt[6]:

Zur neuen Nr 2a: *„Die Vorschrift nennt die Voraussetzungen für den Erlass einer Abschiebungsandrohung. Eine Abschiebungsandrohung scheidet im Falle der Zuerkennung eines Schutzstatus aus, mithin auch bei Zuerkennung des subsidiären Schutzes. Die Regelung ist daher entsprechend um den Hinweis zu ergänzen, dass die Abschiebungsandrohung nicht bei Zuerkennung des subsidiären Schutzes zu erlassen ist."*

Zur neu gefassten Nr 3: *„Der Regelungstext vollzieht die Trennung von internationalem subsidiären Schutz und nationalen Abschiebungsverboten nach."*

Durch das **AufenthGÄndG 2015** bekam gem. § 75 Nr. 12, § 11 II und VII AufenthG das BAMF aus verwaltungsökonomischen Gründen und wegen der größeren Sachnähe ab 1.8.2015 die Zuständigkeit, im Fall einer Abschiebungsandrohung nach den §§ 34 oder 35 oder einer Abschiebungsanordnung nach § 34a zugleich eine (schutzwürdige Belange berücksichtigende und eigenständig mit Rechtsmitteln angreifbare) **Befristungsentscheidung** des Einreise- und Aufenthaltsverbots vorzunehmen; bzgl. der Einzelheiten wird auf die Kommentierung zu § 11 AufenthG verwiesen.

II. Allgemeines

2   Mit der Übertragung der Zuständigkeit zum Erlass der Abschiebungsandrohung von der Ausländerbehörde auf das BAMF zum 1.7.1992 ist eine grundsätzliche **Neuverteilung** ausländerpolizeilicher Kompetenzen mit dem Ziel einer weiteren Beschleunigung der Aufenthaltsbeendigung vorgenommen worden. Die Ausweitung der Zuständigkeit des Bundes ist nach Art. 87 III 3 GG zulässig und im Hinblick auf die Notwendigkeit einer einheitlichen Asylpolitik auch politisch vertretbar. Freilich können ähnliche Argumente auch für die Schaffung einer zentralen Zuwanderer- und Abschiebebehörde vorgebracht werden, um dem Bund die Kontrolle über Zugang und Verbleib von Ausländern überhaupt zu übertragen. Ein Änderungsantrag der SPD-Fraktion, der auf eine weitergehende Zuständigkeit des BAMF abzielte[7], fand keine Mehrheit im Bundestag[8].

3   Das **BAMF** ist nur für die gesetzlich festgelegten Sachentscheidungen über Asylanträge und für die ihm für einige Fallgestaltungen besonders übertragenen aufenthaltsbeendenden Maßnahmen gegenüber Asylbewerbern zuständig. Diese Zuständigkeit sind in dem Sinne zwingend, dass eine Abschiebungsandrohung durch die Ausländerbehörde rechtswidrig ist. Außerdem sind sie abschließend und nicht im Wege der Auslegung erweiterbar[9]. Zur Zuständigkeit des Bundes gehören aus dem Bereich der Aufenthaltsbeendigung insbesondere nicht: Abschiebung, Duldung, Abschiebungsanordnung (Ausnahme in § 34a), Passbeschaffung. Zudem wurde durch das RLUmsG 2011 in Abs. 1 S. 3 (iVm § 59 I 4 AufenthG) eine **neue Zuständigkeit der Ausländerbehörde** geschaffen für die nunmehr erstmals zulässige Verlängerung einer vom BAMF gesetzten Frist. Ob auch das BAMF bei entsprechendem Sachvortrag des Ausländers vor dem Hintergrund von Art. 7 II Rückführungs-RL[10] sogleich eine längere Frist (als 30 Tage nach §§ 37 II, 38 I und II, 39 I 2 bzw. eine Woche nach 36 I) bestimmen kann, ist hier nicht klar geregelt. Bei der gebotenen **richtlinienkonformen Auslegung** insbesondere von § 38 III und aus pragmatischen Gründen sollte dies bejaht werden[11]. Hat das BAMF einen Sachverhalt hierbei als nicht für eine Verlängerung genügend (negativ) bewertet, kann die Ausländerbehörde deswegen nicht mehr verlängern, soweit nicht weitere, neue Gesichtspunkte hinzutreten. Dem BAMF nicht bekannte alte Umstände können hingegen auch erstmals gegenüber der Ausländerbehörde geltend gemacht werden; insoweit gibt es keine Präklusion[12]. RL-konform ist im Lichte der Rückführungs-RL insbesondere auch Abs. 1 S. 1 Nr. 3 auszulegen (→ Rn 9).

---

[6] BT-Drs. 17/13063, 22.
[7] BT-Drs. 12/2817, 57 ff.
[8] Bundestag-Plenarprotokoll 12/96 S. 7909 D; vgl. auch § 24 I.
[9] Dazu auch → Rn. 13.
[10] S. die unter Fn. 1 zitierte Gesetzesbegründung und den dort zitierten RL-Text von Art. 7 II Rückführungs-RL 2008/115/EG.
[11] Der Gesetzesentwurf steht dem jedenfalls nicht entgegen, vgl. BT-Drs. 17/5470, 31.
[12] Überzeugend *Funke-Kaiser*, GK-AsylG, § 34 Rn. 13.

III. Aufenthaltsrechtliche Stellung

1. Ankunftsnachweis und Aufenthaltsgestattung

Bis zur Entscheidung des BAMF über Beachtlichkeit, Begründetheit oder Rücknahme des Asylantrags (§§ 29 ff.) steht dem Asylbewerber zunächst der Ankunftsnachweis (vgl. § 63a) bzw. grundsätzlich kraft Gesetzes eine **Aufenthaltsgestattung** zu (§§ 55, 67). Für Folge- und Zweitantragsteller entsteht dieses gesetzliche Aufenthaltsrecht erst mit Eröffnung eines weiteren Asylverfahrens durch das BAMF[13]. Die Aufenthaltsgestattung ist nicht davon abhängig, ob der Asylantrag unbeschränkt gestellt oder gemäß § 13 II 2 auf den internationalen Schutz beschränkt ist oder aber eigentlich nur auf die Zuerkennung von Familienasyl oder internationalen Familienschutz abzielt. Bei Antragstellung bestehende kurzfristige Aufenthaltstitel oder Befreiungen erlöschen mit Stellung des Asylantrags (vgl. § 55 II). 4

2. Ausreisepflicht

Das Entstehen der Ausreisepflicht ist anders als früher in §§ 10 I, 11 I, 28 I 1 AsylVfG 1982 nicht besonders geregelt. Die Bestimmungen über Abschiebungsandrohung und Ausreisefrist (§§ 34 ff.) sowie Erlöschen der Aufenthaltsgestattung (§ 67) sagen unmittelbar nichts darüber aus. So erlischt die Aufenthaltsgestattung zB bei Antragsrücknahme erst mit Zustellung des Einstellungsbeschlusses des BAMF (§ 67 I Nr. 3). Auch das AufenthG enthält keine auf das Asylverfahren zugeschnittenen Tatbestände über den Beginn der Ausreiseverpflichtung. 5

Deshalb kann das Entstehen der asylverfahrensrechtlichen Ausreisepflicht nur durch Auslegung der Vorschriften über die Aufenthaltsbeendigung ermittelt werden. Danach ergibt sich, dass die Ausreisepflicht mit **Zustellung der Abschiebungsandrohung** beginnt; denn diese schließt sich nach Abs. 1 an die hinsichtlich der Asylanerkennung bzw. – seit dem RLUmsG 2007 – der Flüchtlingsanerkennung bzw. – seit dem RLUmsG 2011 – den zielstaatsbezogenen Abschiebungsverboten bzw. – seit dem RLUmsG 2013 – den gesamten internationalen Schutz – negative Entscheidung des BAMF an (vgl. auch Abs. 2), und die Ausreisefristen beginnen jeweils mit Zustellung dieser Verfügung zu laufen (§§ 36 I, 37 II, 38 I, 39 I 2). Dies wird bestätigt durch die mWv 1.7.1993 eingefügte Bestimmung des § 67 I Nr. 5, wonach die Aufenthaltsgestattung auch mit Bekanntgabe einer Abschiebungsanordnung nach § 34a erlischt; denn in diesem Fall ergeht keine Abschiebungsandrohung, mit der die Ausreisepflicht beginnen könnte. Sonstige Bestimmungen betreffen lediglich das Ende der Frist (§§ 37 II, 38 I 2) oder die Aussetzung ihrer Vollziehung (vgl. § 36 III). 6

Der Eintritt der **Vollziehbarkeit** der Ausreisepflicht lässt sich nicht der allgemeinen Bestimmung des § 58 II AufenthG entnehmen; diese greift nur ein, wenn der Ausländer bei Erlass der Abschiebungsandrohung einen Aufenthaltstitel besitzt (vgl. § 43 I). IÜ kommt es allein auf die Vollziehbarkeit nach dem AsylG an (vgl. § 43 I, II). Da die aufschiebende Wirkung der Klage (§ 80 I VwGO) für asylverfahrensrechtliche Streitigkeiten generell – ausgenommen die Fälle der §§ 38 I, 73, 73b, 73c – ausgeschlossen ist (§ 75), wird die Ausreisepflicht mit Ablauf der Ausreisefrist vollziehbar (vgl. § 58 II 2 AufenthG). 7

3. Aufenthaltsrechte und Rückführungsrichtlinie

Als der Abschiebungsandrohung entgegenstehende Bleibeposition ist nur noch der **Besitz eines Aufenthaltstitels** vorgesehen (Abs. 1 S. 1 Nr. 4); folglich genügen nicht mehr sonstige Berechtigungen zum Aufenthalt oder die Ermöglichung des Aufenthalts aus asylverfahrensunabhängigen Gründen (wie nach §§ 10 I, 11 I, 28 I AsylVfG 1982). Dies ist grundsätzlich hinnehmbar. Nur der Besitz eines Aufenthaltstitels iSd § 4 I 2 AufenthG (nicht Aufenthaltsgestattung), nicht schon ein Anspruch hierauf, schließt das Entstehen der Ausreisepflicht aus. Auch eine Bescheinigung-EU oder eine Aufenthaltserlaubnis-EU genügen allerdings, weil diese ein unionsrechtliches Aufenthaltsrecht dokumentieren. Da das Gesetz keine von der Ausländerbehörde erteilten Aufenthaltstitel verlangt, steht gleich, wessen Aufenthaltstitel fortgilt (§ 81 IV AufenthG) oder wer vom Erfordernis des Aufenthaltstitels befreit ist (§ 99 I Nr. 1 AufenthG iVm §§ 15 ff. AufenthV). Eine Gleichstellung ist aber ausgeschlossen, wenn der Aufenthalt (nur) kraft Gesetzes erlaubt ist (§ 81 III 1 AufenthG); dies bestätigt die Vollziehbarkeitsregelung des § 43 II. Hinsichtlich des Besitzes eines Aufenthaltstitels ist zu beachten, dass die Aufenthaltstitel nach Maßgabe von § 84 II AufenthG uU ihre Rechtswirkungen schon vor dem endgültigen Verlust einbüßen, zB durch Ausweisung, auch wenn diese angefochten ist. 8

Gegen die Nichtberücksichtigung (sonstiger) **asylunabhängiger Bleiberechte** bestehen letztlich keine durchschlagenden **verfassungsrechtlichen Bedenken**. Die va in Betracht kommenden Fälle der „Dauerduldung" werden, falls eine humanitäre Aufenthaltserlaubnis nicht erteilt ist, insbesondere 9

---

[13] → § 71 Rn. 15; → § 71a Rn. 5; anders noch nach §§ 19 ff. AsylVfG 1982; vgl. hierzu → 5. Aufl., AsylVfG § 10 Rn. 5 ff.

durch das System der §§ 60 V–VII, 60a II AufenthG ausreichend aufgefangen. Wenn die trotz des Vorliegens von Abschiebungsverboten zu erlassende Abschiebungsandrohung (vgl. § 59 III 1 AufenthG) nicht vollzogen werden kann, wird die Abschiebung kurzfristig – unter Umständen wiederholt – ausgesetzt (§ 60a I, II AufenthG); nach längerer Duldung kann der Ausländer gegebenenfalls eine Aufenthaltserlaubnis erhalten (§ 25 V AufenthG). Allerdings bestehen **europarechtliche Bedenken** gegen die aktuelle deutsche Dogmatik, dass inlandsbezogene Vollstreckungshindernisse primär nur die Ausländerbehörde prüft und zielstaatsbezogene Abschiebungshindernisse primär nur das BAMF, im Rahmen einer asylrechtlichen Abschiebungsandrohung also inlandsbezogene Vollstreckungshindernisse grundsätzlich keine Rolle spielen[14]. Zwar lässt sich vertreten, dass diese Aufteilung auch der Rechtsschutzmöglichkeiten durch den dem nationalen Gesetzgeber verbliebenen Spielraum zur Ausgestaltung der Rechtsschutzverfahren gedeckt und insbesondere auch mit Art. 6 IV Rückführungs-RL 2008/115/EG vereinbar ist, der bei einer Aufenthaltsberechtigung aus humanitären Gründen die Aussetzung der Rückkehrentscheidung zulässt und weder zwingend den Verzicht auf diese noch deren Rücknahme verlangt[15]. Im Lichte neuerer EuGH-Rechtsprechung spricht aber manches dafür, dass das BAMF immer prüfen muss, ob eine zeitnahe Aufenthaltsbeendigung tatsächlich möglich ist. Insbesondere Abs. 1 S. 1 Nr. 3 könnte deshalb RL-konform dahingehend auszulegen sein, dass nicht nur Situationen des § 60 V und VII AufenthG den Erlass einer Abschiebungsandrohung sperren, sondern in erweiterter Auslegung auch sonstige **inlandsbezogene Vollstreckungshindernisse**, wie etwa eine dauernde Reiseunfähigkeit, eine Ausbildungsduldung oder familiäre Gründe[16]. Der EuGH hat zwischenzeitlich in verschiedenen Urteilen zu Art. 5a, 5b, 6 und 8 Rückführungs-RL 2008/115/EG entschieden[17], dass das Kindeswohl bzw. familiäre Bindungen im Rahmen einer Rückführungsentscheidung, was auch die Abschiebungsandrohung gemäß § 34 zweifellos ist, zu berücksichtigen sind und eine Rückkehrentscheidung nur ergehen darf, wenn diese auch tatsächlich zeitnah vollzogen werden kann. Da diese Prüfung eigentlich nicht nachgelagert im Rückführungsverfahren[18], sondern vor Erlass der Rückführungsentscheidung zu erfolgen hat, spricht viel dafür, dass die deutsche Dogmatik insoweit europarechtswidrig ist und eventuell aufgegeben werden muss. Diese Frage von grundsätzlicher Bedeutung spricht jedenfalls im geeigneten Fall für eine entsprechende Vorlage an den EuGH.

IV. Abschiebungsandrohung

10 Eine – seit dem RLUmsG 2011 zwingend schriftliche – Abschiebungsandrohung ist für das Asylverfahren ausnahmslos vorgeschrieben. Von der Androhung kann also auch in atypischen Fällen nicht abgesehen werden; Abs. 2 („soll") lässt ggf. Ausnahmen von der förmlichen Verbindung in einem Bescheid zu, nicht aber vom Erlass der Androhung selbst[19]. Sie kommt allgemein aufgrund **nicht erfolgter Asylanerkennung** oder von fehlendem **internationalem Schutz** in Betracht, also nicht nur nach Antragsablehnung. Die (Nicht-)Zuerkennung der Flüchtlingseigenschaft (Abs. 1 S. 1 Nr. 2) oder von subsidiärem Schutz (Abs. 1 S. 1 Nr. 2a) steht der Asylanerkennung (Abs. 1 Nr. 1) insoweit ebenso gleich wie der nationale komplementäre Schutz (Abs. 1 S. 1 Nr. 3). Die Abschiebungsandrohung steht mithin grundsätzlich unter dem stillschweigenden gesetzlichen Vorbehalt, dass auch keine **Abschiebungsverbote** bezüglich des ausgewählten Zielstaates bestehen; bestehen insoweit Abschiebungsverbote, kann die Abschiebungsandrohung im Einzelfall (vgl. aber § 59 III 1 AufenthG) gegenstandslos werden bzw. muss angepasst (vgl. § 59 III 2 AufenthG) oder gar aufgehoben werden[20]. Grundsätzlich stehen nach bisheriger Dogmatik, die aber europarechtswidrig sein könnte (Rn. 9), jedenfalls inlandsbezogene Vollstreckungshindernisse dem Erlass einer Abschiebungsandrohung nicht entgegen. Zu familiären Duldungsgründen vgl. iÜ § 43 III. Nach Widerruf oder Rücknahme einer Anerkennung erteilt eine Abschiebungsandrohung erst nur Beendigung des Aufenthaltstitels, also durch die Ausländerbehörde und nicht durch das BAMF[21]. Die Ausreisefristen sind gesetzlich vorgegeben (§§ 36 I, 38, 39 I). Spielraum besteht nur in den Fällen des § 38 III und des § 60 X 1 AufenthG. Der Zielstaat ist nach Maßgabe der §§ 59 II, 60 X 2 AufenthG zu bezeichnen.

11 Das **Verfahren vor dem BAMF** folgt bislang grundsätzlich denselben Regeln wie bei der Abschiebungsandrohung durch die Ausländerbehörde[22]. Die Frage der örtlichen Zuständigkeit stellt sich nicht, gleichgültig, ob die Zentrale des BAMF oder eine Außenstelle entscheidet. Denn Letztere stellt keine

---

[14] Vgl. etwa BVerwG Beschl. v. 10.10.2012 – 10 B 39/12, Rn. 4.
[15] Vgl. *Dörig* DAR 2021, 66 (71).
[16] Vgl. VG Karlsruhe Urt. v. 12.7.2021 – A 19 K 9993/17, Rn. 76 ff.; *Roß* NVwZ, 2021, 553 (554); *Pfersich* ZAR 2021, 127 f.; *Mülle*, ANA-ZAR 3/2021, 25 f.
[17] Vgl. EuGH Urt. v. 14.1.2021 – C-441/19 – TQ; Urt. v. 11.3.2021 – C-112/20 – M.A.; Urt. v. 3.6.2021 – C-546/19 – BZ.
[18] So aber die europarechtliche (Auf-)Lösung des OVG NRW Urt. v. 24.4.2021 – 19 A 810/16.A, Rn. 100.
[19] HessVGH Beschl. v. 31.1.1997 – 13 UZ 3552/96.A, AuAS 1997, 71; aA GK-AsylG § 34 Rn. 24–26.
[20] Ausf. *Funke-Kaiser*, GK-AsylG, 2012, § 34 Rn. 115 ff., 120.
[21] BVerwG Urt. v. 23.11.1999 – 9 C 16.99, BVerwGE 110, 111; → § 73 Rn. 27.
[22] Vgl. § 59 AufenthG.

selbstständige Behörde mit eigener örtlicher Zuständigkeit dar; die Aufgabenzuweisung an die Außenstellen hat vielmehr ausschließlich innerdienstlichen Charakter[23]. Für den Erlass der Abschiebungsandrohung ist nicht die Zuständigkeit nach § 5 II maßgeblich[24]. Die **Zuständigkeit** des BAMF umfasst auch notwendige Änderungen der Androhung nach gerichtlicher Aufhebung[25] oder bei Änderungen hinsichtlich der Zielstaaten. Nach Bestandskraft der Entscheidung des BAMF über den Asylantrag und die damit verbundenen Nebenentscheidungen endet allerdings grundsätzlich seine Zuständigkeit. Ebenso wie die nachträgliche Aufhebung eines befristeten Einreise- und Aufenthaltsverbots[26] sollte deshalb die nachträgliche Aufhebung einer bestandskräftigen Abschiebungsandrohung durch die Ausländerbehörde erfolgen können[27].

Eine vorherige **Anhörung** wird vom Gesetz nicht für erforderlich gehalten, aber auch nicht 12 ausgeschlossen; ihre generelle Entbehrlichkeit befreit das BAMF nicht von den ihm sonst obliegenden Aufklärungspflichten. Das BAMF entscheidet über Beachtlichkeit oder Unbeachtlichkeit, Begründetheit oder Unbegründetheit, Abschiebungsverbote und Abschiebungsandrohung sowie Ausreisefrist selbstständig und ist in diesem Zusammenhang zur **Aufklärung** und zu Ermittlungen von Amts wegen verpflichtet, wenn auch nach Maßgabe der Mitwirkungspflichten des Asylbewerbers[28]. Eine (nochmalige) Anhörung ist danach unter Umständen im Einzelfall zweckmäßig und geboten, wenn die nach § 25 erfolgte (Erstanhörung) aufgrund einer grundlegenden Veränderung der für die Abschiebung erheblichen Umstände als überholt angesehen werden muss. Bezüglich der späteren Abschiebung gilt seit dem durch das AsylVfBeschlG 2015 neu eingefügten § 59 I 7 AufenthG, dass dem Ausländer nach Ablauf der Frist zur freiwilligen Ausreise der **Termin der Abschiebung** nicht mehr angekündigt werden darf, um die Gefahr des Untertauchens zu verringern[29].

Die grundsätzlich vorgeschriebene **Verbindung** der Abschiebungsandrohung mit der Entscheidung 13 über den Asylantrag entspricht dem früheren Recht[30]; allerdings war danach die Ausländerbehörde für Erstere und das BAMF für Letztere zuständig (§§ 12 VII, 28 V AsylVfG 1982).
Heute kann die Abschiebungsandrohung dann **nachträglich** ergehen, wenn sie noch umfangreichere Ermittlungen erfordert, eine frühere gerichtlich aufgehoben wurde[31] oder sie sich zB hinsichtlich eines Zielstaats als undurchführbar erweist und daher durch Angabe eines anderen Zielstaats verändert werden soll. Allein auf der Grundlage eines **Hinweises** gem. Abs. 1 S. 1 iVm § 59 II Alt. 2 AufenthG, dass der Ausländer in einen anderen Staat abgeschoben werden kann, in den er einreisen darf oder der zu seiner Rückübernahme verpflichtet ist, darf grundsätzlich keine Abschiebung durchgeführt werden. Dieser Hinweis hat zwar Schutz- und Warnfunktion, weist selbst aber keinen regelnden Charakter auf. Sein Fehlen führt deshalb auch nicht zur Rechtswidrigkeit der Abschiebungsandrohung. Er soll dem Ausländer lediglich klarmachen, dass er ohne erneute Abschiebungsandrohung in einen später noch zu bezeichnenden (anderen) Staat abgeschoben werden kann[32]. Solange eine solche ordnungsgemäße Zielstaatsbezeichnung nicht vorliegt, darf der Ausländer jedoch in einen anderen als den ausdrücklich bezeichneten Zielstaat nicht abgeschoben werden. Die Zuständigkeit für diese Bezeichnung liegt im Falle einer vom BAMF erlassenen Abschiebungsandrohung ausschließlich beim BAMF. Ohnehin bleibt das BAMF in allen diesen Fällen regelmäßig sachlich zuständig[33]. In Umsetzung von Art. 12 II **Rückführungs-RL**[34] regelt seit dem RLUmsG 2011 der neu Abs. 2 angefügte S. 2, dass die Entscheidungsformel der Abschiebungsandrohung und die Rechtsbehelfsbelehrung für den betroffenen Ausländer (der keinen Bevollmächtigten hat) in eine für ihn **verständliche Sprache übersetzt** werden muss. Regelmäßig wird das die Sprache sein, in der die Erstanhörung beim BAMF durchgeführt worden ist oder in der sich der Ausländer sonst an die Behörde gewendet hat. Da Art. 12 II Rückführungs-RL keine Beschränkung auf Ausländer mit Vertretung vorsieht, muss die Übersetzung auf entsprechenden Wunsch des Ausländers in RL-konformer

---

[23] → § 5 Rn. 11 ff.
[24] → § 5 Rn. 17.
[25] OVG NRW Beschl. v. 17.9.1999 – 18 B 2327/98, InfAuslR 2000, 138: auch nach zwischenzeitlicher Duldung durch Ausländerbehörde.
[26] Vgl. BVerwG Urt. v. 25.1.2018 – 1 C 7.17.
[27] Überzeugend *Müller* ANA-ZAR 3/2021, 26.
[28] → § 24 Rn. 4, 12; → § 25 Rn. 3 ff.; → § 74 Rn. 25 ff.
[29] Vgl. die Gesetzesbegründung hierzu in BT-Drs. 18/6185, 68 sowie die Kommentierung zu § 59 AufenthG.
[30] Zu Ausnahmemöglichkeiten s. etwa BVerwG Urt. v. 14.5.1986 – 1 C 23.85, BVerwGE 74, 189; VGH BW Urt. v. 21.10.1986 – A 13 S 520/86, VBlBW 1987, 230; HessVGH Beschl. v. 30.11.1987 – 12 TH 137/87, NVwZ 1988, 569; OVG NRW Beschl. v. 22.8.1985 – 17 A 10 094/84, EZAR 223 Nr. 11.
[31] OVG NRW Beschl. v. 17.9.1999 – 18 B 2327/98, InfAuslR 2000, 138.
[32] Vgl. BVerwG Urt. v. 25.7.2000 – 9 C 42.99, BVerwGE 111, 343; VGH BW Urt. v. 11.1.1995 – 13 S 2512/93, NVwZ 1995, 720.
[33] Grundlegend VGH BW Beschl. v. 13.9.2007 – 11 S 1684/07; vgl. auch → Rn. 3.
[34] Art. 12 II Rückführungs-RL lautet: „Die Mitgliedstaaten stellen den betroffenen Drittstaatsangehörigen auf Wunsch eine schriftliche oder mündliche Übersetzung der wichtigsten Elemente einer Entscheidung in Bezug auf die Rückkehr nach Abs. 1 einschließlich von Informationen über mögliche Rechtsbehelfe in einer Sprache zur Verfügung, die die Drittstaatsangehörigen verstehen oder bei der vernünftigerweise davon ausgegangen werden kann, dass sie sie verstehen."

Auslegung bzw. Direktanwendung der RL auch bei Bestehen einer Bevollmächtigung geleistet werden. Rechtsfolge der fehlenden Übersetzung ist (allerdings nur) bei Versäumnis der Rechtsbehelfsfrist ggf. die Wiedereinsetzung gem. § 60 VwGO. Der gesamte Bescheid muss wegen der zwingenden Amtssprache (vgl. § 25 VwVfG) natürlich immer auch in Deutsch bekannt gegeben werden. Die Abschiebungsandrohung selbst ist iÜ auch unter Berücksichtigung der Grundsätze des EuGH-Urteils vom 30.5.2013 in der Rechtssache C-534/11 – Arslan eine **Rückkehrentscheidung** iSd Art. 3 Nr. 4 Rückführungs-RL; dies gilt auch nach einer Ablehnung als offensichtlich unbegründet[35]. Spätestens (aber rechtzeitig) vor einer Abschiebung soll deshalb gemäß § 11 II AufenthG insoweit eine **Befristung** von Amts wegen ausgesprochen werden[36]. Unionsrechtskonform wegen des erforderlichen Bleiberechts während des Eilrechtsschutzes gegen die Rückkehrscheidung kann das BAMF gegebenenfalls die Vollziehung der Abschiebungsandrohung gemäß § 80 IV 1 VwGO **aussetzen**[37].

V. Rechtsschutz

14 Nach Ausschluss des Widerspruchs (§ 11) ist gegen die Abschiebungsandrohung unmittelbar die **Anfechtungsklage** (§ 42 I VwGO) gegeben[38]. Im Unterschied zur früheren Rechtslage ist aber nicht auf die Sach- und Rechtslage im Zeitpunkt des Erlasses des Bescheids abzustellen; maßgeblich ist vielmehr der Zeitpunkt der gerichtlichen Entscheidung (§ 77 I).

15 Soweit die Abschiebungsandrohung (der Sache nach) nur für den Fall der rechtskräftigen Ablehnung des Asylanerkennungsantrags ergeht (§ 38 I), bleibt die Anfechtungsklage gegen die Abschiebungsandrohung **erfolglos,** wenn diese nur mit der Behauptung angegriffen wird, Asyl sei zu Unrecht versagt worden[39]. Beim Erfolg der Klage bzgl. Asyl bzw. internationalen Schutzes bzw. des Vorliegens von Abschiebungsverboten wird die Abschiebungsandrohung nur gegenstandslos und nicht rechtswidrig[40].

16 **Vorläufiger Rechtsschutz** ist nicht erforderlich, soweit die Anfechtungsklage aufschiebende Wirkung entfaltet (§§ 38 I, 73, 73b, 73c, vgl. § 75). Ansonsten kann die gerichtliche Anordnung der aufschiebenden Wirkung der Klage gegen die Abschiebungsandrohung beantragt werden (§ 80 V VwGO; vgl. § 36 III, IV). Die Entscheidungen über Asyl- und internationalen Schutz (einschließlich Familienasyl und internationalen Familienschutzes) sowie Abschiebungsverbote nach § 60 V oder VII AufenthG (§ 31) sind dem Vollzug nicht in dem Sinne zugänglich, dass sie durch aufenthaltsbeendende oder andere Maßnahmen sofort vollzogen werden können. Die Abschiebung, deren Aussetzung mit einem Eilantrag nach § 80 V VwGO erreicht werden soll, beruht vielmehr auf der (vollziehbaren) Abschiebungsandrohung und diese auf der vollziehbaren Ausreisepflicht. Gleichwohl ist iRd gerichtlichen Aussetzungsverfahrens nach § 80 V VwGO nicht nur die Abschiebungsandrohung (grundsätzlich summarisch) zu überprüfen, sondern auch deren jeweilige Grundlage, also zB die Feststellung der Unbeachtlichkeit oder die Ablehnung des Asylantrags als offensichtlich unbegründet[41].

§ 34a Abschiebungsanordnung

(1) ¹Soll der Ausländer in einen sicheren Drittstaat (§ 26a) oder in einen für die Durchführung des Asylverfahrens zuständigen Staat (§ 29 Absatz 1 Nummer 1) abgeschoben werden, ordnet das Bundesamt die Abschiebung in diesen Staat an, sobald feststeht, dass sie durchgeführt werden kann. ²Dies gilt auch, wenn der Ausländer den Asylantrag in einem anderen auf Grund von Rechtsvorschriften der Europäischen Union oder eines völkerrechtlichen Vertrages für die Durchführung des Asylverfahrens zuständigen Staat gestellt oder vor der Entscheidung des Bundesamtes zurückgenommen hat. ³Einer vorherigen Androhung und Fristsetzung bedarf es nicht. ⁴Kann eine Abschiebungsanordnung nach Satz 1 oder 2 nicht ergehen, droht das Bundesamt die Abschiebung in den jeweiligen Staat an.

(2) ¹Anträge nach § 80 Absatz 5 der Verwaltungsgerichtsordnung gegen die Abschiebungsanordnung sind innerhalb einer Woche nach Bekanntgabe zu stellen. ²Die Abschiebung ist bei rechtzeitiger Antragstellung vor der gerichtlichen Entscheidung nicht zulässig. ³Anträge auf Gewährung vorläufigen Rechtsschutzes gegen die Befristung des Einreise- und Aufenthaltsverbots durch das Bundesamt nach § 11 Absatz 2 des Aufenthaltsgesetzes sind

---

[35] VGH BW Beschl. v. 11.6.2013 – A 11 S 1158/13; zum Streit bzgl. der Ausweisung vgl. die Kommentierung bei § 11 AufenthG sowie BVerwG Urt. v. 28.4.2015 – 1 C 20.14.
[36] Ausf. hierzu die Kommentierung bei § 11 AufenthG.
[37] Vgl. BVerwG Urt. v. 20.2.2020 – 1 C 1.19.
[38] Zum Rechtsschutz allg. → § 74 Rn. 5 ff.
[39] HessVGH Beschl. v. 28.10.1987 – 12 TE 1883/86, EZAR 221 Nr. 28; zu Unrecht weitergehend BayVGH Urt. v. 3.5.1985 – 11 B 84 C.264, EZAR 631 Nr. 1: kein Rechtsschutzinteresse.
[40] BVerwG Urt. v. 28.4.1998 – 9 C 1.97, BVerwGE 106, 339; HessVGH Beschl. v. 28.10.1987 – 12 TE 1883/86, EZAR 221 Nr. 28; nach aA muss sie aufgehoben werden; ausf. zu dieser Problematik *Funke-Kaiser,* GK-AsylG, § 36 Rn. 115 ff.
[41] Dazu im Einzelnen → § 36 Rn. 21 f.

innerhalb einer Woche nach Bekanntgabe zu stellen. ⁴Die Vollziehbarkeit der Abschiebungsanordnung bleibt hiervon unberührt.

I. Entstehungsgeschichte

Die Vorschrift entspricht in ihren Grundzügen dem **Gesetzesentwurf 1993**[1]; Abs. 1 wurde auf **1** Vorschlag des Bundestag-Innenausschusses[2] um den Fall der Beschränkung auf § 51 I AuslG ergänzt. Die Vorschrift wurde mWv 1.7.1993 eingefügt (Art. 1 Nr. 25 **AsylVfÄndG 1993**). MWv 1.1.**2005** wurde die Bezugnahme auf Abschiebungshindernisse in Abs. 1 S. 2 entsprechend dem Gesetzesentwurf[3] aktualisiert (Art. 3 Nr. 51 ZuwG). Das **RLUmsG 2007** fügte in **Abs. 1 S. 1** die Wörter „oder in einen für die Durchführung des Asylverfahrens zuständige Staat (§ 27a)" ein und änderte – aus redaktionellen Gründen (vgl. § 3) – dort S. 1 („Zuerkennung der Flüchtlingseigenschaft" statt „Feststellung der Voraussetzungen des § 60 Abs. 1 des Aufenthaltsgesetzes"). Die Änderung begründete der Gesetzgeber wie folgt[4]: „Die Ergänzung in Absatz 1 Satz 1 sieht, in Fortführung der bisherigen Praxis bei Einreisen aus sicheren Drittstaaten, für Entscheidungen nach § 27a die Abschiebung im Wege der Abschiebungsanordnung vor, da alle Staaten, die an der Anwendung der Verordnung (EG) Nr. 343/2003 oder dem Dubliner Übereinkommen teilnehmen, gleichzeitig auch sichere Drittstaaten im Sinne des § 26a sind." Das RLUmsG 2011 hat keine Änderungen vorgenommen, wohl aber Art. 1 Nr. 27 **RLUmsG 2013**[5], das mit Gültigkeit ab 6.9.2013 in **Abs. 1 S. 2** eine Grundlage schaffte, um einen Ausländer, der in Deutschland keinen Antrag auf internationalen Schutz gestellt hat, an einen anderen gem. Art. 18 Dublin III-VO zuständigen Mitgliedstaat zu überstellen. Das RLUmsG 2013 hat zudem in **Abs. 2** den Eilrechtsschutz eröffnet[6]. Zuvor hieß es hier: „Die Abschiebung nach Absatz 1 darf nicht nach § 80 oder § 123 der VwGO ausgesetzt werden.", was spätestens nach dem EuGH-Urteil vom 21.12.2011 in der Rechtssache C-411/10 ua. – N. S. mit dem Gebot effektiven Rechtsschutzes gemäß Art. 51 I 1, 47 S. 1 GRCh nicht in Einklang stand. Durch das **AufenthGÄndG 2015** bekam gemäß § 75 Nr. 12, § 11 II und VII AufenthG das BAMF aus verwaltungsökonomischen Gründen und wegen der größeren Sachnähe ab 1.8.2015 die Zuständigkeit, im Fall einer Abschiebungsandrohung nach den §§ 34 oder 35 oder einer Abschiebungsanordnung nach § 34a zugleich eine (schutzwürdige Belange berücksichtigende und eigenständig mit Rechtsmitteln angreifbare) **Befristungsentscheidung** des Einreise- und Aufenthaltsverbots vorzunehmen, was in § 104 XII AufenthG festgeschrieben wurde. In Folge wurde durch das **AsylVfBeschlG 2015** Abs. 2 um die neuen S. 3 und 4 ergänzt mit der Begründung[7]: „Mit der Ergänzung in § 34a AsylG wird das Recht des **Eilrechtsschutzes** mit Blick auf einstweilige Rechtsbehelfe gegen die Anordnung und Befristung eines Einreise- und Aufenthaltsverbots durch das Bundesamt im Zusammenhang mit einer Abschiebungsanordnung harmonisiert. Es wird klargestellt, dass der Antrag auf Gewährung einstweiligen Rechtsschutzes die Vollziehbarkeit der Abschiebungsanordnung unberührt lässt." Bzgl. der Einzelheiten hierzu wird auf die Kommentierung zu § 11 AufenthG verwiesen. Art. 6 Nr. 12 des **IntG** fügte mWz 6.8.2016 in **Abs. 1 S. 1** § 29 I Nr. 1 statt des aufgehobenen § 27a in die Klammer ein und hängt den neuen S. 4 an. Der Gesetzgeber begründete den neuen S. 4 wie folgt[8]: „In Fällen, in denen eine Ausländerin oder ein Ausländer in einen sicheren Drittstaat oder einen für die Durchführung des Asylverfahrens zuständigen Staat abgeschoben werden soll, kann das BAMF eine Abschiebungsandrohung erlassen, wenn die Voraussetzungen für eine Abschiebungsanordnung nicht vorliegen. In dieser ist der entsprechende Zielstaat anzugeben."

II. Allgemeines

Mit der Abschiebungsanordnung wurde für Einreisen nach dem 30.6.1993 insbesondere die **Folge-** **2** **rung aus der Drittstaatenklausel** im Anschluss an Art. 16a II 3 GG[9] und grundsätzlich im Einklang mit dem **europarechtlichen** Konzept der sicheren Drittstaaten gezogen, falls weder Zurückweisung an der Grenze (Einreiseverweigerung nach §§ 18 II Nr. 1, 18a I 6) noch Zurückschiebung (§ 19 III) erfolgt sind. Die Bestimmung gilt für Folge- und Zweitanträge entsprechend (§§ 71 IV 2, 71a IV). Sie

---

[1] BT-Drs. 12/4450, 6.
[2] BT-Drs. 12/4984, 18.
[3] BT-Drs. 15/420, 44.
[4] BT-Drs. 16/5065, 218.
[5] Art. 1 Nr. 27 des Gesetzes zur Umsetzung der RL 2011/95/EU v. 28.8.2013 (BGBl. I S. 3474); vgl. auch BT-Drs. 17/13556, 7.
[6] Was insbes. europa- und verfassungsrechtlich zu begrüßen ist, dennoch in gewissem Spannungsverhältnis zum Wesen der Abschiebungsanordnung steht.
[7] BT-Drs. 18/6185, 47.
[8] BT-Drs. 18/8615, 52.
[9] Zur Verfassungsmäßigkeit vgl. BVerfG Urt. v. 14.5.1996 – 2 BvR 1938/93 ua, BVerfGE 94, 49; → GG Art. 16a Rn. 100 ff.

greift nicht ein, falls die Drittstaatenregelung aufgrund § 26a I 3 oder im Verhältnis zu Dublin-Staaten nicht anzuwenden ist[10].

III. Abschiebungsanordnung/androhung

3 Der unmittelbare Erlass einer Abschiebungsanordnung statt einer vorausgehenden Androhung der Abschiebung für den Fall der nicht fristgemäßen Ausreise soll dem Umstand Rechnung tragen, dass im Allgemeinen eine freiwillige Rückkehr des Ausländers in den sicheren Drittstaat nicht möglich ist, weil die **Rückübernahmeübereinkommen**[11] kein individuelles Einreiserecht begründen[12]. Die Durchführbarkeit der Rückführung muss feststehen; diese muss also nicht nur rechtlich zulässig, sondern in nächster Zeit ("sobald") mit großer Wahrscheinlichkeit auch tatsächlich möglich sein[13]. Die praktische Möglichkeit hängt va von der Einhaltung der jeweils vereinbarten Fristen und insgesamt von der Zustimmung des anderen Staats ab. Erweist sie sich als nicht durchführbar, sind Hindernisse nach § 60 AufenthG zu prüfen[14], wobei dann eine Abschiebungsandrohung durch das BAMF ergeht[15].

4 Die Abschiebungsanordnung ergeht nach **Ablehnung** des Asylantrags. Sie hat den Zielstaat zu bezeichnen und wird zusammen mit dem Ablehnungsbescheid zugestellt (§ 31 I 4); der Zielstaat braucht nicht der durchreiste Drittstaat zu sein, es kann auch ein anderer sicherer Drittstaat bzw. der Dublin-zuständige EU-Mitgliedstaat sein. Ebenso ist bei Beschränkung des Antrags auf internationalen Schutz oder nach **Rücknahme** des Asylantrags zu verfahren[16]; die Möglichkeit der Rückführung in den aufnahmebereiten Dublin-Staat kann also durch derartige Erklärungen nicht unterlaufen werden. Mit dieser Sondernorm werden die Vorschriften der §§ 34, 35, 36 verdrängt; insbesondere ergeht keine Abschiebungsandrohung[17] mit Fristsetzung nach §§ 34 I, 38 I. Das BAMF bleibt zuständig, auch wenn erstmals das VG § 26a angewendet hat[18]. Die Abschiebungsanordnung ist eine bevorstehende konkrete Maßnahme zur **Aufenthaltsbeendigung**; sie steht deshalb zB der Erteilung einer Ausbildungsduldung nach § 60a II 4 AufenthG entgegen, wenn sie im Zeitpunkt der Beantragung der Ausbildungsduldung vollziehbar ist[19].

5 Vor Erlass der Abschiebungsanordnung sind nach der Rspr. des BVerfG bei entsprechend substanziiertem Vorbringen ggf. **zusätzliche Prüfungen** vorzunehmen, die nicht vorweg nach dem Konzept der normativen Vergewisserung erfasst sind[20]. Fehlen die nach § 31 III 1 vorgesehenen Feststellungen zu § 60 V oder VII AufenthG, führt dies aber nicht immer zur Rechtswidrigkeit (BVerwG Urt. v. 25.7.2017 – 1 C 10/17). Das Abschiebungsverbot bei konkret drohender Todesstrafe (§ 60 III AufenthG) ist aber ebenso zu berücksichtigen wie die erhebliche konkrete Gefahr, in unmittelbarem Zusammenhang mit der Rückverbringung Opfer eines Verbrechens zu werden, das zu verhindern nicht in der Macht des Drittstaats steht. Ferner kann einer Abschiebungsanordnung die schlagartige Änderung der Verhältnisse im Drittstaat entgegenstehen, falls die Bundesregierung noch nicht gem. § 26a III verfahren konnte. Schließlich kann es vorkommen, dass der Drittstaat selber Verfolgungsmaßnahmen ergreift und damit zum Verfolgerstaat wird oder im Einzelfall zB aus politischer Rücksichtnahme gegenüber dem Herkunftsstaat das Refoulement-Verbot nicht prüft. Soll ein Asylbewerber in einen sicheren Drittstaat (§ 26a) oder in einen für die Durchführung des Asylverfahrens zuständigen Staat (§ 29 I Nr. 1) abgeschoben werden, hat das BAMF – anders als (bislang) bei der Abschiebungsandrohung (→ § 34 Rn. 9) – vor Erlass einer Abschiebungsanordnung nach § 34a schließlich auch zu prüfen, ob **innerstaatliche Vollstreckungshindernisse bzw. Duldungsgründe** vorliegen[21]. Liegen die Voraussetzungen zum Erlass einer Abschiebungsanordnung nicht vor, kann das BAMF seit dem IntG 2016 gem. Abs. 1 S. 4 ggf. auch eine **Abschiebungsandrohung** erlassen (→ Rn. 1). In einer Abschiebungsanordnung steckt allerdings nicht „als Minus" eine Abschiebungsandrohung. Denn Abschiebungsanordnung und Abschiebungsandrohung stellen keine teilidentischen Vollstreckungsmaßnahmen dar. Die **Ersetzung** einer (rechtswidrigen) Abschiebungsanordnung durch eine Abschiebungsandrohung führt deshalb zur vollständigen Erledigung der Abschiebungsanordnung[22]. Für die gerichtliche Beurteilung einer vollzogenen Abschiebungsanordnung ist grundsätzlich die Sach- und Rechtslage im

---

[10] Dazu → § 5 Rn. 8; → § 18 Rn. 4 ff.
[11] Vgl. dazu bei § 58 AufenthG.
[12] BT-Drs. 12/4450, 23.
[13] Hierzu → § 29 Rn. 53.
[14] → § 31 Rn. 4.
[15] OVG NRW Beschl. v. 25.9.2000 – 18 B 1783/99, NVwZ-Beil. 2001, 3 (32).
[16] Ausf. → § 29 Rn. 44.
[17] Vgl. hierzu auch HessVGH Beschl. v. 31.8.2006 – 9 UE 1464/06.A, ESVGH 57, 65.
[18] OVG NRW Beschl. v. 25.9.2000 – 18 B 1783/99, NVwZ-Beilage 2001, 3 (32).
[19] VGH BW Beschl. v. 4.1.2017 – 11 S 2301/16.
[20] BVerfG Urt. v. 14.5.1996 – 2 BvR 1938/93 ua, BVerfGE 94, 49; dazu näher → GG Art. 16a Rn. 106; → § 26a Rn. 14.
[21] Zutreffend schon VGH BW Beschl. v. 31.5.2011 – A 11 S 1523/11, AuAS 2011, 154; ebenso BVerfG Beschl. v. 17.9.2014 – 2 BvR 1795/14, Rn. 9 ff.
[22] BVerwG Beschl. v. 23.10.2015 – 1 B 41.15, Rn. 15.

Zeitpunkt der **Abschiebung** maßgeblich[23]; eine Abschiebungsanordnung erledigt sich grundsätzlich mit dem Vollzug der Abschiebung[24], nicht hingegen die Dublin-Unzuständigkeitsentscheidung.

Ausführlich zum **Dublin-Asylsystem** und ausgewählten Rechtsproblemen hierzu → § 29 Rn. 22 ff. 6

§ 35 Abschiebungsandrohung bei Unzulässigkeit des Asylantrags

In den Fällen des § 29 Absatz 1 Nummer 2 und 4 droht das Bundesamt dem Ausländer die Abschiebung in den Staat an, in dem er vor Verfolgung sicher war.

I. Entstehungsgeschichte

Die Vorschrift galt schon ursprünglich für Fälle offensichtlich anderweitiger Verfolgungssicherheit und sah die Androhung der Abschiebung in den sicheren Drittstaat oder in jeden anderen europäischen Durchreisestaat, der die GK auf Flüchtlinge dieser Herkunft anwendet, vor; damit stimmte sie im Wesentlichen mit dem **Gesetzesentwurf 1992**[1] überein, auf Vorschlag des Bundestag-Innenausschusses[2] war aber die Passage „auf Flüchtlinge aus dem Herkunftsland des Ausländers" eingefügt worden. Die bisherige Fassung der S. 1 und 2 galt, im Wesentlichen dem Gesetzesentwurf 1993[3] folgend, seit 1.7.**1993** (Art. 1 Nr. 24 AsylVfÄndG 1993). Das RLUmsG **2007** hob S. 2 („In den Fällen des § 29 Abs. 3 S. 1 droht es die Abschiebung in den anderen Vertragsstaat an.") aus redaktionellen Gründen auf, nachdem auch § 29 III (→ § 29 Rn. 1) gestrichen worden ist. Ist mithin ein sicherer Drittstaat aufgrund einer völkerrechtlichen Vertretung für das Asylverfahren zuständig, ist der Asylantrag nicht mehr unbeachtlich, sondern unzulässig (→ § 27a), sodass eine Abschiebungsanordnung (§ 34a) ergeht. Das RLUmsG 2011 und das RLUmsG 2013 haben keine Änderungen vorgenommen. Durch das **AufenthGÄndG 2015** bekam gem. § 75 Nr. 12, § 11 II und VII AufenthG das BAMF aus verwaltungsökonomischen Gründen und wegen der größeren Sachnähe ab 1.8.2015 die Zuständigkeit, im Fall einer Abschiebungsandrohung nach den §§ 34 oder 35 oder einer Abschiebungsanordnung nach § 34a zugleich eine (schutzwürdige Belange berücksichtigende und eigenständig mit Rechtsmitteln angreifbare) **Befristungsentscheidung** des Einreise- und Aufenthaltsverbots vorzunehmen; bzgl. der Einzelheiten wird auf die Kommentierung zu § 11 AufenthG verwiesen. Art. 6 Nr. 13 des **Integrationsgesetzes** änderte mWz 6.8.2016 in der Überschrift das Wort „Unbeachtlichkeit" in „Unzulässigkeit" und fügte im Normtext bei § 29 I entsprechend die „Nummern 2 und 4" an, weil Asylanträge nur noch als unzulässig oder (offensichtlich) unbegründet abgelehnt werden können. Der Gesetzgeber betont[4]: „Der Wegfall der Kategorie der unbeachtlichen Asylanträge dient der Übersichtlichkeit und steht in Übereinstimmung mit dem europäischen Recht."

II. Unzulässiger Asylantrag

Die **Besonderheit** bei Unzulässigkeit des Asylantrags besteht darin, dass in diesem Fall der Asyl- 2
antrag nicht abgelehnt wird und eine Sachentscheidung grundsätzlich nicht ergeht. Die frühere Einbeziehung des Vertragsstaats, der zugleich sicherer Drittstaat ist (§ 29 III 1 aF), erweiterte nur den Anwendungsbereich, ohne die Konstruktion an sich zu verändern. In den Fällen des § 29 I ist in der Regel über Abschiebungsverbote gem. § 60 V und VII AufenthG zu befinden (vgl. § 31 III 1).

III. Abschiebungsandrohung

Die Abschiebung wird in denjenigen Staat angedroht, in dem der Ausländer vor politischer Ver- 3
folgung sicher war bzw. ist. Es geht hier nur um **Zielstaaten**, die nicht schon zu den sicheren Drittstaaten iSd § 26a gehören. Die Abschiebung in einen kraft GG oder Gesetzes sicheren Drittstaat kommt ebenso wenig in Betracht wie die Überstellung in einen anderen europäischen oder außereuropäischen GK-Vertragsstaat[5].

Vor der Abschiebungsandrohung sind die Voraussetzungen des § 29 I Nr. 2 und 4 lediglich für die 4
Vergangenheit zu prüfen, soweit die Abschiebung in den früher sicheren Drittstaat beabsichtigt ist; das **Fortbestehen von Verfolgungssicherheit** in diesem sonstigen sicheren Drittstaat ist nicht verlangt. Die Aufnahmebereitschaft dieses Staats ist nicht unbedingt mit seinem Willen gleichzusetzen, weiterhin Verfolgungsschutz zu gewähren. Insoweit können gegenüber der Abschiebungsandrohung **Beden-**

---

[23] Vgl. BVerwG Urt. v. 27.3.2018 – 1 A 5.17.
[24] Vgl. BVerwG Urt. v. 14.12.2016 – 1 C 11.15 und Urt. v. 22.8.2017 – 1 A 3.17.
[1] BT-Drs. 12/2062, 11.
[2] BT-Drs. 12/2817, 23.
[3] BT-Drs. 12/4450, 6.
[4] BT-Drs. 16/8615, 52.
[5] ZT anders noch § 35 aF, → Rn. 1.

ken bestehen. Auch der aus einem sicheren Drittstaat kommende Flüchtling steht nämlich unter dem Schutz des Art. 16a I GG und des Art. 33 GK und darf grundsätzlich weder unmittelbar noch mittelbar in den Verfolgerstaat gebracht werden. Vor dieser Gefahr ist er zwar bei Überstellung in einen sonstigen sicheren Staat, dessen Sicherheit sich in der Vergangenheit als zweifelsfrei erwiesen hat, oder in einen anderen Asylvertragsstaat grundsätzlich hinreichend geschützt[6]. Würde aber der Fortfall der Schutzbereitschaft nicht berücksichtigt, würde gegen das Refoulement-Verbot verstoßen[7].

5   Der Staat, in den der Ausländer abgeschoben werden soll, muss bereits in der Androhung **bezeichnet** werden (ähnlich § 59 II AufenthG). Der sichere Erstaufnahmestaat (§ 29 I Nr. 2) oder der weitere Aufnahmestaat (§ 29 I Nr. 4) ergeben sich bereits aus den Feststellungen zu § 29 I, sind aber auch in der Androhung zu nennen. Eine alternative Bezeichnung mehrerer sonstiger sicherer Drittstaaten ist zulässig, wenn alle die Voraussetzungen des § 29 I Nr. 2 oder 4 erfüllen.

IV. Verwaltungsverfahren und Rechtsschutz

6   Entsprechend § 34 I 2 wird betreffend § 35 in der Regel keine eigene **Anhörung** erforderlich, weil die notwendigen Grundlagen für die Abschiebungsmöglichkeiten schon bei der Anhörung nach § 25 ermittelt werden müssen. Nur ausnahmsweise kann eine weitere Anhörung erforderlich werden, wenn die maßgeblichen Verhältnisse in dem anderen Staat zuvor nicht ermittelt werden konnten oder sich geändert haben[8].

7   Mit der **Anfechtungsklage** und dem **Eilantrag** nach § 80 V VwGO (dazu auch § 36 II–IV) kann sich der Asylbewerber entweder gegen die zugrunde liegende Feststellung der Unbeachtlichkeit[9], gegen die angedrohte Abschiebung überhaupt oder gegen die Abschiebung in ein bestimmtes Land wenden. Hat er nicht in vollem Umfang Erfolg, bleibt die Abschiebungsandrohung vollziehbar (§ 37 III). Dabei genießt das Eilverfahren wegen der Rechtsfolgen aus § 37 rechtlich und praktisch den Vorrang. Mit der Unwirksamkeit von Abschiebungsandrohung und Feststellung der Unbeachtlichkeit wird das Verfahren wieder beim BAMF anhängig (§ 37 I 2). Deshalb bedarf es grundsätzlich keiner gesonderten Verpflichtung zur Fortführung des Asylverfahrens und auch ein „Durchentscheiden" auf Verpflichtungsklage hin erscheint durch § 37 I 2 ausgeschlossen.

§ 36 Verfahren bei Unzulässigkeit nach § 29 Absatz 1 Nummer 2 und 4 und bei offensichtlicher Unbegründetheit

(1) In den Fällen der Unzulässigkeit nach § 29 Absatz 1 Nummer 2 und 4 und der offensichtlichen Unbegründetheit des Asylantrages beträgt die dem Ausländer zu setzende Ausreisefrist eine Woche.

(2) [1] Das Bundesamt übermittelt mit der Zustellung der Entscheidung den Beteiligten eine Kopie des Inhalts der Asylakte. [2] Der Verwaltungsvorgang ist mit dem Nachweis der Zustellung unverzüglich dem zuständigen Verwaltungsgericht zu übermitteln.

(3) [1] Anträge nach § 80 Abs. 5 der Verwaltungsgerichtsordnung gegen die Abschiebungsandrohung sind innerhalb einer Woche nach Bekanntgabe zu stellen; dem Antrag soll der Bescheid des Bundesamtes beigefügt werden. [2] Der Ausländer ist hierauf hinzuweisen. [3] § 58 der Verwaltungsgerichtsordnung ist entsprechend anzuwenden. [4] Die Entscheidung soll im schriftlichen Verfahren ergehen; eine mündliche Verhandlung, in der zugleich über die Klage verhandelt wird, ist unzulässig. [5] Die Entscheidung soll innerhalb von einer Woche nach Ablauf der Frist des Absatzes 1 ergehen. [6] Die Kammer des Verwaltungsgerichtes kann die Frist nach Satz 5 um jeweils eine weitere Woche verlängern. [7] Die zweite Verlängerung und weitere Verlängerungen sind nur bei Vorliegen schwerwiegender Gründe zulässig, insbesondere wenn eine außergewöhnliche Belastung des Gerichts eine frühere Entscheidung nicht möglich macht. [8] Die Abschiebung ist bei rechtzeitiger Antragstellung vor der gerichtlichen Entscheidung nicht zulässig. [9] Die Entscheidung ist ergangen, wenn die vollständig unterschriebene Entscheidungsformel der Geschäftsstelle der Kammer vorliegt. [10] Anträge auf Gewährung vorläufigen Rechtsschutzes gegen die Befristung des Einreise- und Aufenthaltsverbots durch das Bundesamt nach § 11 Absatz 2 des Aufenthaltsgesetzes und der Anordnung und Befristung nach § 11 Absatz 7 des Aufenthaltsgesetzes sind ebenso innerhalb einer Woche nach Bekanntgabe zu stellen. [11] Die Vollziehbarkeit der Abschiebungsandrohung bleibt hiervon unberührt.

(4) [1] Die Aussetzung der Abschiebung darf nur angeordnet werden, wenn ernstliche Zweifel an der Rechtmäßigkeit des angegriffenen Verwaltungsaktes bestehen. [2] Tatsachen

---

[6] → GG Art. 16a Rn. 104 ff.
[7] AA GK-AsylG § 35 Rn. 14: für §§ 27, 29 auf den aktuellen Schutz abzustellen; vgl. auch GK-AsylG § 27 Rn. 115, 120 ff.; → § 29 Rn. 10.
[8] Für Verwaltungsverfahren und Rechtsschutz vgl. auch bei → § 34 Rn. 11 f., 14 ff. und § 36 II–IV.
[9] → § 29 Rn. 17.

Verfahren bei Unzulässigkeit und offensichtlicher Unbegründetheit § 36 AsylG 7

und Beweismittel, die von den Beteiligten nicht angegeben worden sind, bleiben unberücksichtigt, es sei denn, sie sind gerichtsbekannt oder offenkundig. ³Ein Vorbringen, das nach § 25 Abs. 3 im Verwaltungsverfahren unberücksichtigt geblieben ist, sowie Tatsachen und Umstände im Sinne des § 25 Abs. 2, die der Ausländer im Verwaltungsverfahren nicht angegeben hat, kann das Gericht unberücksichtigt lassen, wenn andernfalls die Entscheidung verzögert würde.

Übersicht

	Rn.
I. Entstehungsgeschichte	1
II. Allgemeines	2
III. Ausreisefrist	3
IV. Rechtsschutz	5
1. Allgemeines	5
2. Antragsfrist	7
3. Aussetzung der Abschiebung	20
4. Beschränkung der Entscheidungsgrundlage und Präklusion	23
5. Entscheidungsverfahren	26

I. Entstehungsgeschichte

Die Vorschrift enthielt ursprünglich nur zwei Absätze. und entsprach im Wesentlichen dem **Ge-** 1 **setzesentwurf 1992**[1]; auf Vorschlag des Bundestag-Innenausschusses[2] wurde nur die Gliederung geändert und dabei auf die Notwendigkeit der Begründung in der Antragsschrift verzichtet[3]. Die seit 1.7.1993 geltende Neufassung (Art. 1 Nr. 27 **AsylVfÄndG 1993**) entspricht im Wesentlichen dem Gesetzesentwurf 1993[4], der die Einfügung der neuen Abs. 2 und 4 vorsah; auf Empfehlung des Bundestag-Innenausschusses[5] wurden in Abs. 2 die Passage „mit dem Nachweis der Zustellung unverzüglich", in Abs. 3 der S. 9 und in Abs. 4 S. 3 der letzte Nebensatz eingefügt. Die RLUmsG 2007 und 2011 und 2013 haben keine Änderungen vorgenommen. Das **AsylVfBeschlG 2015** fügte Abs. 3 harmonisierend die neuen S. 10 und 11 an hinsichtlich eines gegen die **Befristungsentscheidungen** des BAMF gerichteten Eilverfahrens; diesbezüglich wird auf die Kommentierung zu § 11 AufenthG verwiesen. Art. 6 Nr. 14 **IntG** änderte mWz 6.8.2016 in der Überschrift und Abs. 1 S. 1 nur die bisherige „Unbeachtlichkeit" in „Unzulässigkeit nach § 29 Absatz Nummer 2 und 4" ab, weil Asylanträge nur noch als unzulässig oder (offensichtlich) unbegründet abgelehnt werden können, dh die Kategorie der Unbeachtlichkeit weggefallen ist. § 36 ist **europarechtskonform,** weil insbesondere die (vgl. Art. 39) Asylverfahrens-RL aF bzw. Art. 31 VIII iVm 32 II AsylVfRL 2013/32/EU insoweit keine präzisen Vorgaben machen[6]. Art. 46 VIII der Asylverfahrens-RL garantiert bei offensichtlich unbegründeter Ablehnung im Übrigen zunächst auch nur ein Bleiberecht bis zur gerichtlichen Entscheidung im Eilverfahren, dh darüber, ob bis zum rechtskräftigen Abschluss des Hauptsacheverfahrens im Hoheitsgebiet des Mitgliedstaats verblieben werden darf[7].

II. Allgemeines

Die **Sonderregeln** über die Ausreisefrist und das asylrechtliche Eilverfahren weichen erheblich von 2 dem regulären Verfahren nach § 38 und nach § 80 V VwGO ab. Der Anwendungsbereich umfasst die Fälle der Unzulässigkeit oder offensichtlichen Unbegründetheit des Asylantrags nach §§ 29 I Nr. 2u 4, 29a I und 30 (analog für Folge- und Zweitanträge nach §§ 71 IV, 71a IV). Die Vorschriften des § 18a gehen als leges speciales vor, ebenso der Ausschluss des vorläufigen Rechtsschutzes nach § 34a II. Soweit andere Verwaltungsakte nach dem AsylG sofort vollziehbar sind, greifen die Sonderbestimmungen des § 36 nicht ein. Soweit sie den vorläufigen Rechtsschutz durch den Prüfungsmaßstab der ernstlichen Zweifel an der Rechtmäßigkeit der Maßnahme und durch Präklusionen beschneiden (Abs. 4), stellen sie sich als Ausformung von Art. 16a IV GG dar, der grundsätzlich als verfassungsgemäß anzusehen ist[8]. Die Notwendigkeit vorläufigen Rechtsschutzes folgt für die hier geregelten Fallgruppen aus § 75, der den Suspensiveffekt für diese Entscheidungskonstellationen ausschließt. Die – für unbeachtliche und offensichtlich unbegründete Anträge unterschiedlichen – Wirkungen einer Korrektur im gerichtlichen Verfahren ergeben sich aus § 37 I oder II.

---

[1] BT-Drs. 12/2062, 11.
[2] BT-Drs. 12/2817, 23.
[3] BT-Drs. 12/2817, 61.
[4] BT-Drs. 12/4450, 6 f.
[5] BT-Drs. 12/4817, 19.
[6] Ausf. zum Sonderasylprozessrecht *Berlit* InfAuslR 2018, 309.
[7] VGH BW Beschl. v. 18.12.2018 – 11 S 2125/18.
[8] BVerfG Urt. v. 14.5.1996 – 2 BvR 1516/93, BVerfGE 94, 166; → GG Art. 16a Rn. 115 ff.

III. Ausreisefrist

3 Die Verkürzung der Ausreisefrist von früher zwei Wochen (§ 10 II AsylVfG 1982) auf eine Woche korrespondiert mit der **Wochenfrist** des Abs. 3 S. 1 und ist insoweit unbedenklich. Es handelt sich aber anders als nach früherem Recht um eine fixe Frist und nicht um eine Mindestfrist. Individuellen Besonderheiten wie besonderen Bindungen an Familienangehörige im Bundesgebiet, Wohnung, Arbeitsstelle ua kann also keine Rechnung getragen werden. Dies erscheint **unverhältnismäßig,** weil es zu Entscheidungen nach §§ 29, 30 auch bei Asylbewerbern kommen kann, die nicht oder nicht mehr in einer Aufnahmeeinrichtung wohnen, mit Familienangehörigen zusammenleben oder einer Erwerbstätigkeit nachgehen.

4 Soweit besonders intensive familiäre Bindungen an im Bundesgebiet lebende **Familienangehörige** eigentlich eine längere Frist erfordern, greift § 43 III ein. Eine verfassungskonforme Auslegung, die dem Grundsatz der Verhältnismäßigkeit allgemein gerecht wird, erscheint angesichts des eindeutigen Wortlauts kaum möglich. Ist die Ausreisefrist von einer Woche im Einzelfall unvertretbar kurz, kann allenfalls eine Duldung nach § 60a II AufenthG in Aussicht gestellt oder erteilt werden, um dringenden rechtlich geschützten privaten Interessen gebührend Rechnung tragen zu können[9].

IV. Rechtsschutz

1. Allgemeines

5 Im Grundsatz ist der Rechtsschutz zunächst gegenüber §§ 10 III, 11 II AsylVfG 1982 unverändert geblieben. Früher war va von Bedeutung, dass infolge §§ 10 III 7, 11 II AsylVfG 1982 garantiert war, dass der Asylbewerber das Verfahren um vorläufigen Rechtsschutz in jedem Fall vor einer Abschiebung einleiten und zu Ende führen konnte. Die unterschiedlichen Fristen (Ausreise: mindestens zwei Wochen; Eilantrag: eine Woche; Klage: ein Monat) konnten zwar die Übersicht erschweren. **Wirksamer Rechtsschutz** war aber grundsätzlich unter (noch) zumutbaren Bedingungen erreichbar, weil der Stoppantrag auch bei der Ausländerbehörde eingereicht werden konnte, nur innerhalb einer Woche gestellt, nicht aber begründet werden musste und zum automatischen Aufschub der Abschiebung führte, ohne dass ein Gericht zuvor über den Sofortvollzug zu entscheiden oder die Ausländerbehörde zum (freiwilligen) Abwarten der Gerichtsentscheidung zu veranlassen brauchte.

6 Die weitgehende Übernahme der Sofortvollzugsregelungen des § 10 III (und des § 11 II) AsylVfG 1982 durch Abs. 3 ist grundsätzlich unbedenklich. Die Antragsfrist von einer Woche hatte sich in der früheren Praxis als in der Regel einhaltbar erwiesen, wenn auch die damit verbundenen Schwierigkeiten nicht verkannt werden dürfen und deshalb die Zahl – erfolgreicher – Wiedereinsetzungsanträge verhältnismäßig groß war. Die Neuregelung des einstweiligen Rechtsschutzes erscheint aber im Ganzen gesehen wegen der zusätzlichen Beschleunigungselemente **verfassungsrechtlich sehr bedenklich,** nämlich wegen der Kürze der Antragsfrist und der fehlenden Effektivität der Regelungen über Wiederaufnahme und Aussetzung der Abschiebung[10]. Sie geht zwar zT auf Art. 16a IV GG zurück, wonach der mit einem einstweiligen Bleiberecht verbundene vorläufige Rechtsschutz „ein Stück weit" zurückgenommen ist[11], sie beschneidet diesen aber in den erwähnten Punkten über die verfassungsrechtlichen Vorgaben hinaus in unverhältnismäßiger Weise. Dabei ist allerdings die Befugnis des Gesetzgebers zugrunde zu legen, das vorläufige Bleiberecht in Fällen eindeutiger Aussichtslosigkeit aufgrund einer Abwägung mit staatlichen Interessen zurücktreten zu lassen[12]. Außerdem sind die besonderen Vorkehrungen zu beachten, die für das BAMF-Verfahren angeordnet sind (Abs. 2, Abs. 3 S. 2), um für das nachfolgende gerichtliche Verfahren eine möglichst umfassende und zuverlässige Grundlage zu schaffen. Dies ergibt sich auch aus **unionsrechtlicher Sicht.** Denn im **Urteil Gnandi** vom 19.6.2018[13] wurde die Wichtigkeit des effektiven Rechtsschutzes gegen eine Rückkehrentscheidung unterstrichen, was allerdings nicht bedeutet, dass jede Klage zwingend aufschiebende Wirkung haben müsste[14]. Mit § 80 V VwGO iVm § 36 III wird ein gerichtlicher Rechtsschutz gegen die Abschiebungsandrohung zur Verfügung gestellt, der den unionsrechtlichen Erfordernissen an einen wirksamen gerichtlichen Rechtsbehelf grundsätzlich genügt, wenn der Richter seine Aufgabe ernst nimmt. Aus dem Urteil Gnandi folgt allerdings, dass die in § 36 I iVm 75 vorgegebene Fristberechnung bei offensichtlich unbegründeter Ablehnung unanwendungsvorrangig verlangt, dass die gem. Art. 7 I Rückführungs-RL zu setzende freiwillige **Ausreisefrist** erst nach Ablauf der Klagefrist bzw. (negativ) gerichtlicher § 80 V VwGO-Eilentscheidung loslaufen kann. Die Bescheidtenorierung „Der

---

[9] → § 38 Rn. 4.
[10] AA *Hailbronner* AsylG § 36 Rn. 32; *Rennert* DVBl 1994, 717.
[11] So BVerfG Urt. v. 14.5.1996 – 2 BvR 1938/93 ua, BVerfGE 94, 49; Urt. v. 14.5.1996 – 2 BvR 1516/93, BVerfGE 94, 166.
[12] BVerfG Beschl. v. 25.2.1981 – 1 BvR 413/80 ua, BVerfGE 56, 216; Beschl. v. 2.5.1984 – 2 BvR 1413/83, BVerfGE 67, 43.
[13] EuGH Urt. v. 19.6.2018 – C-181/16.
[14] Überzeugend *Wittkopp* ZAR 2018, 325; aA *Hruschka* Asylmagazin 2018, 290.

Antragsteller wird aufgefordert, die Bundesrepublik Deutschland innerhalb einer Woche nach Bekanntgabe dieser Entscheidung zu verlassen." ist mithin europarechtswidrig. Diese rechtswidrige Frist schlägt allerdings nicht auf die Rechtmäßigkeit der Abschiebungsandrohung durch, muss aber gegebenenfalls isoliert aufgehoben werden bzw. bietet Anlass für die Anordnung der aufschiebenden Wirkung, was nur durch rechtzeitige Setzung einer korrekten Frist – gegebenenfalls nach § 34 I 3 auch durch die Ausländerbehörde – verhindert werden kann[15]. Nach der Rückführungs-RL 2008/115/EG muss der Ausländer bis zur Entscheidung über seinen Eilantrag ein **Bleiberecht** haben. Dabei kann Abs. 3 nicht unionsrechtskonform dahin ausgelegt werden, dass § 80 V VwGO alle Rechtswirkungen der Abschiebungsandrohung aussetzt. Das BAMF kann aber nach § 80 IV 1 VwGO die Vollziehung der Abschiebungsandrohung aussetzen. Eine Verletzung der Informationspflicht des BAMF macht diese im Übrigen nicht rechtswidrig[16]. Da die Ausreisefrist unmittelbar durch die gerichtliche Ablehnung des § 80 V-Antrags losläuft, muss dieser Eilbeschluss gemäß § 80 V VwGO iVm § 36 III 1 AsylG zwingend nach § 56 I VwGO **zugestellt** werden[17].

2. Antragsfrist

Die Antragsfrist von einer Woche beginnt mit der Zustellung oder sonstigen Bekanntgabe des Bescheids des BAMF zu laufen. Mit ihr stimmt die Klagefrist überein (§ 74 I). Die Inanspruchnahme dieses Rechtsschutzes ist dadurch erschwert, dass das **Einreichen des Antrags** bei der Behörde (früher § 10 III 4 AsylVfG 1982) nicht mehr zur Fristwahrung genügt. Da für die Abschiebungsandrohung das BAMF an die Stelle der Ausländerbehörde getreten ist, wäre eine Abgabe des Antrags etwa bei der Außenstelle des BAMF bei der zuständigen Aufnahmeeinrichtung sinnvoll und zweckmäßig (für das Flughafenverfahren vgl. § 18a IV 2). 7

Das Gesetz schreibt zwar die **Begründung des Antrags** (seit 1.7.1993) nicht mehr zwingend vor (wie Abs. 2 S. 2 aF) und lässt diese (entgegen dem Gesetzesentwurf 1992)[18] insbesondere auch außerhalb der Antragsschrift zu, in der Sache hat sich dadurch aber nichts geändert. Wegen des Gleichlaufs von Antrags- und Klagefrist und der Verpflichtung des Gerichts zu unverzüglicher Bescheidung des Eilantrags binnen einer weiteren Woche muss der Eilantrag praktisch doch innerhalb der Wochenfrist begründet werden, wenn er Erfolg haben soll. Hieran ändert nichts, dass die Frist zur Klagebegründung einen Monat beträgt (§ 74 II) und die Beifügung des Bescheids des BAMF kein zwingendes Formerfordernis darstellt („soll") und insbesondere dann nicht eingehalten zu werden braucht, wenn der Asylbewerber kein weiteres Exemplar besitzt oder durch Kopieren anfertigen kann. 8

Die Einhaltung der (die Begründung einschließenden) Wochenfrist kann dem Asylbewerber in sehr vielen Fällen selbst bei Anwendung **größter Sorgfalt** nicht gelingen können. Der Asylbewerber ist zu den notwendigen Angaben von Tatsachen und Beweismitteln innerhalb einer Woche eigentlich nur imstande, wenn er sich in dieser kurzen Zeitspanne trotz regelmäßig unzureichender Deutschkenntnisse umfassend über die Entscheidungsgründe des BAMF informieren, die dort verwerteten schriftlichen Unterlagen einsehen, daraufhin eine eigene Stellungnahme vorbereiten und dafür geeignete Beweismittel benennen kann. Hierzu ist er in der Regel schon mangels ausreichender Sprachkenntnisse auf Beratung und Unterstützung durch einen Betreuer oder Rechtsanwalt angewiesen; dies gilt va, wenn es nicht um die eigene Lebenssphäre des Flüchtlings geht, sondern um die allgemeinen Verhältnisse im Herkunftsstaat. Schließlich fehlt es in der Regel an der Hilfestellung, die der Asylbewerber im Flughafen-Verfahren durch die vom BVerfG für notwendig erachtete besondere Art der Eröffnung des BAMF-Bescheids samt Rechtsmittelbelehrung sowie die von Amts wegen bereitgehaltene kostenlose rechtskundige Beratung erfährt[19]. 9

Die Einhaltung der Wochenfrist wird zusätzlich dadurch erschwert, dass in den Aufnahmeeinrichtungen und auch sonst ausreichendes Personal zur Betreuung und **Beratung** in der Regel fehlt, die räumlichen Beschränkungen des Aufenthalts des Asylbewerbers (§§ 56, 57) das Aufsuchen eines Anwalts oder eines sonstigen Beraters erheblich behindern und eine zur sachgemäßen Antragsbegründung regelmäßig erforderlichen Akteneinsicht (vgl. § 82) innerhalb der Wochenfrist oft unmöglich ist. Im Flughafenverfahren gilt zwar eine Frist von drei Tagen, diese kann aber durch Übergabe des Eilantrags an die Grenzbehörde gewahrt werden (§ 18a IV). Außerdem ist dem Asylbewerber dort eine kostenlose Beratung durch ausgesuchte Spezialisten garantiert[20]. 10

Anders als nach dem Gesetzesentwurf 1992 soll zwar eine Erlaubnis für das Verlassen des Aufenthaltsbereichs einer Aufnahmeeinrichtung auch zum Aufsuchen einer Hilfsorganisation unverzüglich erteilt werden (§ 57 II); die Dauer der Genehmigungsprozedur verkürzt aber trotzdem die Wochenfrist aus **praktischen Gründen** nicht unerheblich. Wenn etwa der Bescheid am späten Freitagvormittag zugestellt wird, kann eine ausländerbehördliche Genehmigung infolge des regelmäßigen Dienstschlus- 11

---

[15] Treffend *Wittmann* ZAR 2019, 52.
[16] Vgl. BVerwG Urt. v. 20.2.2020 – 1 C 1.19.
[17] Vgl. *Wittmann* ZAR 2019, 52; VGH BW Beschl. v. 18.12.2018 – 11 S 2125/18.
[18] → Rn. 1.
[19] Vgl. BVerfG Urt. v. 14.5.1996 – 2 BvR 1938/93 ua, BVerfGE 94, 49; → § 18a Rn. 17, 18, 23.
[20] BVerfG Urt. v. 14.5.1996 – 2 BvR 1516/93, BVerfGE 94, 166; → § 18a Rn. 23.

ses vieler Ausländerbehörden am Freitagmittag (12 oder 13 Uhr) frühestens am darauffolgenden Montag schriftlich oder mündlich beantragt werden. Da in vielen Ausländerbehörden die Bearbeitung derartiger Anträge mehr als einen Tag in Anspruch nimmt, steht damit mehr als die Hälfte der Antragsfrist aus rechtstatsächlichen Gründen idR für die Vorbereitung des Rechtsschutzantrags überhaupt nicht zur Verfügung. Der Rest der Frist wird überwiegend allein für die (inzwischen übliche) Postlaufzeit von mindestens zwei Tagen verbraucht. Deshalb erscheint es mehr als fraglich, ob in der Regel die Frist von einer Woche ausreicht, die das BVerfG für das Flughafenverfahren, in verfassungskonformer Erweiterung von § 18a IV 1 durch eine zusätzliche Begründungsfrist von vier Tagen, insgesamt für unerlässlich hält[21].

12   Der obligatorische **Hinweis** auf die Wochenfrist geschieht zweckmäßigerweise in Form einer schriftlichen Belehrung, die ohnehin für die Klagefrist erforderlich ist (§ 58 VwGO). Ohne ordnungsgemäße Belehrung kann von dem Asylbewerber die Kenntnis der Frist- und Formerfordernisse nach Abs. 3 nicht verlangt werden[22]. **Wiedereinsetzung** in den vorigen Stand ist bei unverschuldeter Versäumung der Wochenfrist zu gewähren (§ 60 VwGO)[23], damit ist aber nicht die Gefahr der Abschiebung nach Fristablauf ohne vorherige Entscheidung darüber, ob die Frist ordnungsgemäß in Lauf gesetzt und schuldhaft versäumt ist, gebannt. Belehrungspflicht und Wiedereinsetzungsmöglichkeit genügen nicht, um die Gesamtregelung als im Blick auf Art. 19 IV GG unbedenklich erscheinen zu lassen[24]. Aufgrund der dargestellten rechtstatsächlichen Besonderheiten bei der Rechtsverfolgung für ausländische Flüchtlinge ist ziemlich sicher, dass die Einhaltung der Wochenfrist die Ausnahme und die Fristversäumnis die Regel sein kann. Eine solche Verfahrensgestaltung widerspricht aber dem grundgesetzlich geforderten System eines **effektiven Rechtsschutzes,** weil sie idR eine formell ordnungsgemäße und potenziell erfolgreiche Rechtsverfolgung verhindert oder zumindest ganz erheblich erschwert.

13   Zur Unmöglichkeit, in den hier betroffenen Fällen wirksamen Rechtsschutz gegen die Aufenthaltsbeendigung zu erlangen, trägt entscheidend bei, dass die Gründe für eine Aussetzung der Abschiebung gegenüber dem allgemeinen Verwaltungsprozess eingeschränkt sind[25] und der Flüchtling bereits während des Verfahrens um vorläufigen Rechtsschutz **abgeschoben** werden kann[26]. Aufgrund letzterer Einschränkung kann er unter Umständen in seinem Heimatstaat schon der befürchteten Verfolgung ausgesetzt sein, bevor über sein Rechtsschutzgesuch entschieden ist. Anders als nach früherem Recht ist die Abschiebung jetzt nur noch im Falle rechtzeitiger Antragstellung ausgesetzt, also insbesondere der Nachweis einer nicht ordnungsgemäßen Bekanntmachung oder einer unverschuldeten Fristversäumnis vom Inland aus vor der Abschiebung eigentlich nicht (mehr) möglich[27].

14   Gerade wegen labiler Wohnverhältnisse und besonderer Umstände in Aufnahmeeinrichtung und Gemeinschaftsunterkunft ergeben sich in der Praxis teilweise erhebliche Schwierigkeiten für die förmliche Zustellung des Bescheids und die tatsächliche Kenntnisnahme durch den Adressaten. Infolgedessen wird im Asylprozess verhältnismäßig oft festgestellt, dass **Rechtsmittelfristen** mangels ordnungsgemäßer Zustellung überhaupt nicht in Lauf gesetzt oder aber **Wiedereinsetzungsgründe** glaubhaft gemacht sind. Dabei wird verhältnismäßig oft um die Einhaltung der sorgfältig festzustellenden Voraussetzungen der Sonderregeln des § 10 gestritten. Die Geltendmachung entsprechender Mängel durch den Asylbewerber und die gerichtliche Überprüfung werden aber durch die zeitliche Begrenzung der Aussetzung der Abschiebung auf eine Woche nach Bekanntmachung so gut wie unmöglich gemacht. Da der Ausländer am achten Tag nach Bekanntgabe abgeschoben werden darf (und nach dem Willen des Gesetzgebers auch unbedingt abgeschoben werden soll), wird er allenfalls kurz vor der Ausreise noch ein Wiedereinsetzungsgesuch selbst stellen oder durch einen Bevollmächtigten stellen lassen können. Einen Anspruch, die Entscheidung hierüber im Inland abwarten zu können, hat er nicht (mehr).

15   Damit erweisen sich die Bestimmungen über das geänderte Verfahren um vorläufigen Rechtsschutz in den Fällen der §§ 29, 30 als **nicht verfassungsgemäß**[28], falls nicht eine verfassungskonforme Auslegung und Handhabung des Wiedereinsetzungs- und Abschiebungsverfahrens gelingt[29]. Denn sie verhindern bei wortgetreuer Anwendung im Regelfall eine sachgemäße Rechtsverfolgung und lassen den Eintritt irreparabler Zustände ohne vorherigen effektiven Rechtsschutz zu. Ohne dass hierfür gewichtige Gründe des Gemeinwohls ins Feld geführt werden können, nimmt der Gesetzgeber in Kauf, dass politisch Verfolgte dem Zugriff des Verfolgerstaats ausgesetzt werden, ohne dass zuvor ein

---

[21] Vgl. BVerfG Urt. v. 14.5.1996 – 2 BvR 1516/93, BVerfGE 94, 166; → § 18a Rn. 27.
[22] Für das Flughafenverfahren vgl. BVerfG Urt. v. 14.5.1996 – 2 BvR 1516/93, BVerfGE 94, 166; → § 18a Rn. 23, 26.
[23] → § 74 Rn. 20 ff.
[24] Ebenso *Schoch* DVBl 1993, 1161; *Marx* § 36 Rn. 14; *Göbel-Zimmermann* Rn. 215; aA *Hailbronner* AsylG § 36 Rn. 36.
[25] → Rn. 21 f.
[26] → Rn. 16, 20.
[27] Vgl. aber → Rn. 17 ff.
[28] *Renner* ZAR 1992, 59.
[29] Dazu → Rn. 16 ff.

deutsches Gericht über die Frage der Asylberechtigung entscheiden kann. Um Missverständnissen und Fehleinschätzungen vorzubeugen, sei betont, dass diejenigen Asylbewerber betroffen sind, deren Asylanträge vom BAMF als unbeachtlich oder offensichtlich unbegründet eingestuft werden; ob diese wirklich eindeutig aussichtslos sind, sollte ja gerade im Gerichtsverfahren überprüft werden. Außerdem ergibt sich die Rechtzeitigkeit des Stoppantrags eben noch nicht zwingend aus der Addition „Zustelldatum plus sieben Tage". Gewiss fordert Art. 19 IV GG nicht die Ausschaltung jeglichen „Restrisikos", wohl aber die Gewährleistung effektiven Rechtsschutzes für den Regelfall und die möglichst wirksame Vermeidung des Eintritts irreparabler Zustände vor einer gerichtlichen Entscheidung.

Eine diesen verfassungsrechtlichen Anforderungen genügende Auslegung des Abs. 3 ist angesichts 16 der Eindeutigkeit des Gesetzestextes nur schwer möglich. Weder die Ausreise- noch die Antragsfrist sind verlängerbar. Die gesetzliche Aussetzung der Vollziehung greift nur im Falle rechtzeitiger Antragstellung ein und die gerichtliche Aussetzung ist erst nach Antragseingang möglich. Deshalb kommt eine **Lösung der Konfliktsituation** nur über eine zweckentsprechende Auslegung des Begriffs der Rechtzeitigkeit der Antragstellung[30], die ausländerbehördlichen Befugnisse im Abschiebungsverfahren[31] und ergänzend über die gerichtliche Handhabung des vorläufigen Rechtsschutzverfahrens in Betracht[32].

Indes sind die Befugnisse der Ausländerbehörde zum Zuwarten mit dem Vollzug der Abschiebung 17 durch § 60a II AufenthG eng begrenzt. Ähnlich wie im Falle des § 43 III können jedoch in der vorliegenden Fallkonstellation, falls der Antrag eindeutig nicht rechtzeitig gestellt ist und deshalb Wiedereinsetzung begehrt wird, dringende persönliche und/oder erhebliche öffentliche Interessen angenommen werden, wenn ein Asylbewerber vor dem Vollzug der Abschiebung einen Stoppantrag nach § 80 V VwGO einreicht oder einzureichen versucht. Denn gewichtige öffentliche und private Belange können allgemein der Verhinderung der Rechtsverfolgung durch Vollzugsmaßnahmen entgegenstehen und in bestimmten Fällen eine vorherige gerichtliche Entscheidung gebieten[33]. Die Ausländerbehörde ist deswegen im Blick auf Art. 16a I, 19 IV GG gehalten, den weiteren Aufenthalt des Asylbewerbers, der im Zuge des Abschiebungsverfahrens einen Stopppantrag stellt oder stellen will, gemäß § 60a II AufenthG bis zu einer Gerichtsentscheidung zu **dulden,** falls nicht die Abschiebung ohnehin kraft Gesetzes ausgesetzt ist[34].

Dazu gehört zunächst, dass dem Asylbewerber **Gelegenheit zur Antragstellung** gegeben wird 18 (wie betreffend sofort vollziehbare Ausweisung nach AuslVwV Nr. 19a III zu § 10 AuslG 1965). Darüber hinaus ist aber auch die gerichtliche **Entscheidung** über den Eilantrag **abzuwarten,** weil die Antragstellung allein den Rechtsschutz nicht effektiv sichert. Nach Antragstellung kann das VG zwar sofort entscheiden, und zwar notfalls allein durch den Vorsitzenden (§ 80 VIII VwGO). Die dem Asylbewerber drohende Abschiebung ist damit aber noch nicht abgewendet. Nicht selten befindet sich dieser bei Antragstellung bereits in der Obhut von Vollzugsorganen auf dem Weg in das Abschiebungsflugzeug. Ein weiteres Zuwarten auf Anregung des VG ist zwar oft zu erreichen, beruht aber (wie auch in sonstigen Verfahren nach § 80 V VwGO) nur auf rechtlich unverbindlichen Absprachen zwischen VG und Ausländerbehörde, die unter der Geltung des § 60a II AuslG nicht (mehr) selbstverständlich ohne Weiteres erreichbar sind. Zudem ist die Entscheidung des Kammervorsitzenden oft vor einem Abschiebungstermin nicht zustellbar, allenfalls telefonisch zu übermitteln, sodass deren Beachtung oft nicht sichergestellt werden kann.

Angesichts dieser tatsächlichen Umstände erfordert eine **verfassungskonforme Auslegung** von 19 Abs. 3 hier eine Verpflichtung der Ausländerbehörde zur Erteilung einer Duldung nach § 60a II AufenthG bis zur Entscheidung des VG über die Wiedereinsetzung in den vorigen Stand, die idR mit dem Beschluss über den Eilantrag verbunden ist. Dem stehen weder systematische Gründe noch die vom Gesetzgeber beabsichtigte Beschleunigung der Abschiebung bei nicht fristgemäßer Antragstellung hindernd entgegen. Denn der gesetzlich zwingende Aufschub der Abschiebung verdrängt nicht die behördlichen Kompetenzen zur Duldung in anderen Fällen, und angesichts des Zwangs zu absoluter Beschleunigung des Verfahrens vor dem VG tritt eine Verzögerung von allenfalls wenigen Tagen ein.

3. Aussetzung der Abschiebung

Der Vollzug der Abschiebung ist **kraft Gesetzes** bis zur gerichtlichen Entscheidung über einen 20 rechtzeitig gestellten Eilantrag ausgesetzt. Die Rechtzeitigkeit könnte von der Ausländerbehörde durch bloße Addition von Bekanntmachungsdatum plus sieben Tagen ermittelt werden, dies entspräche aber nicht den hier einschlägigen verfassungsrechtlichen Anforderungen an einen wirksamen Rechtsschutz[35]. Die Einhaltung der Wochenfrist setzt vielmehr verlässliche Feststellungen über die ordnungsgemäße Bekanntmachung voraus und hierfür ist – im Streitfall – nur das VG zuständig. Ist ein Eilantrag

---

[30] Dazu → Rn. 20.
[31] Dazu nachfolgend → Rn. 17 ff.
[32] Dazu → Rn. 20 ff.
[33] Dazu allg. BVerfG Beschl. v. 18.7.1973 – 1 BvR 23/73 ua, BVerfGE 35, 386.
[34] Dazu → Rn. 20.
[35] Dazu → Rn. 16 ff.

gestellt, hat nur das VG über die Wahrung der Wochenfrist zu befinden. Eine Abschiebung ist vor dessen Entscheidung also nicht zulässig. Ist die Wochenfrist zwar verstrichen, aber Wiedereinsetzung beantragt, ist die Ausländerbehörde uU zur vorübergehenden Duldung des Asylbewerbers verpflichtet[36].

21 Die gerichtliche Aussetzung der Abschiebung ist aufgrund der Vorgaben des Art. 16a IV GG nur bei **ernstlichen Zweifeln an der Rechtmäßigkeit des angegriffenen Verwaltungsakts** zulässig. Damit sind die sonst allgemein in Eilverfahren nach § 80 V VwGO üblichen Maßstäbe nicht unwesentlich verändert[37]. Ernstliche Zweifel liegen vor, wenn erhebliche Gründe dafürsprechen, dass die Maßnahme einer rechtlichen Prüfung nicht standhält[38]. Zu den gerichtlich zu überprüfenden Grundlagen der hier allein in Betracht kommenden Abschiebungsandrohungen gehören auch die Inzidentfeststellung der Unbeachtlichkeit[39] oder die offensichtliche Unbegründetheit des Asylantrags iSd § 30 I[40]. Die Aussetzung der Abschiebung in einen von mehreren bezeichneten Staaten berührt die Rechtmäßigkeit der Androhung hingegen nicht (§ 37 III). Auch die Entscheidung über Abschiebungsverbote nach § 60 II–V oder VII AufenthG hat grundsätzlich keinen Einfluss auf die Rechtmäßigkeit der Abschiebungsandrohung (§ 59 III AufenthG), was allerdings nicht zugleich bedeutet, dass diese ungeprüft bleiben können. Da mit der Offensichtlich-unbegründet-Regelung die sofortige Vollziehbarkeit einhergeht und ein noch nicht bestandskräftiger VA nicht trotz bestehender Abschiebungsverbote vollzogen werden darf, ist neben der Rechtmäßigkeit der angegriffenen Verwaltungsakt **zusätzlich die Vollziehbarkeit der Abschiebungsandrohung** zu prüfen, dh insbesondere das Vorliegen von Abschiebungsverboten gemäß 60 V oder VII AufenthG. Dies ergibt sich auch aus dem unionsrechtlich begründeten Anspruch auf effektiven Rechtsschutz gegen jede Rückkehrentscheidung, dessen Wichtigkeit der EuGH im Urteil Gnandi vom 19.6.2018[41] unterstrich (was allerdings nicht bedeutet, dass eine Klage zwingend aufschiebende Wirkung haben muss[42]). Um den Anforderungen des EuGH gerecht zu werden, muss der Richter gerade bei § 36 IV sehr genau prüfen, was im Einzelfall auch über die ernstliche Zweifel im Sinne einer gerichtlichen Vollprüfung hinausreichen kann.

22 Ernstliche Zweifel an der Rechtmäßigkeit der Abschiebungsandrohung können im Übrigen **alle danach wesentlichen Elemente** dieses Verwaltungsakts betreffen. Dazu gehören zunächst die Voraussetzungen des § 34 I, also va der Nichtbesitz eines Aufenthaltstitels. Im Falle des § 29 I Nr. 2 oder 4 müssen anderweitiger Schutz und Rückführbarkeit, in den Fällen des § 30 I und II die dortigen Ablehnungsgründe offensichtlich sein. Da insoweit jeweils die Offensichtlichkeit ein (wesentliches) Tatbestandsmerkmal darstellt, können sich ernstliche Zweifel daraus ergeben, dass es an der jeweiligen Evidenz fehlt. Da die Tatbestände des § 30 III, IV dagegen keine Offensichtlichkeit verlangen, muss ihr Vorliegen selbst ernstlich zweifelhaft sein, damit einem Aussetzungsantrag stattgegeben werden kann[43].

4. Beschränkung der Entscheidungsgrundlage und Präklusion

23 Die grundsätzliche Beschränkung der Entscheidungsgrundlage auf das Vorbringen der Beteiligten und die fakultative Präklusion verspäteten Vorbringens halten sich im Rahmen der **Ermächtigung** des Art. 16a IV GG[44].

24 Die **Amtsermittlungspflicht** der Gerichte[45] ist insoweit eingeschränkt, als Tatsachen und Beweismittel außer Betracht bleiben, die weder von einem der Beteiligten vorgebracht noch gerichtsbekannt oder offenkundig sind. Als gerichtsbekannt sind zB alle Erkenntnisse anzusehen, die in einer gerichtlichen Dokumentationsstelle vorliegen und schon in anderen Entscheidungen herangezogen worden sind. Offenkundig sind Tatsachen, die dem Gericht wie den Beteiligten ohne Weiteres bekannt sind[46]. Dem VG steht insoweit kein Ermessen zu, der Ausschluss anderer Tatsachen ist zwingend. Damit ist jedoch eine Beweisaufnahme über von einem Beteiligten vorgebrachte Tatsachen nicht ausgeschlossen[47].

25 Die **Nichtberücksichtigung** des vom BAMF nach § 25 III ausgeschlossenen Vorbringens oder dort nicht vorgebrachter Tatsachen und Umstände nach § 25 II ist in das Ermessen des Gerichts gestellt. Sie setzt wie nach § 87b III 1 VwGO eine sonst eintretende Verzögerung des Rechtsstreits voraus[48], wobei die Handhabung insgesamt auf den Ausnahmecharakter von Präklusionsvorschriften

---

[36] Dazu → Rn. 17 ff.
[37] → GG Art. 16a Rn. 86 f., 118.
[38] BVerfG Urt. v. 14.5.1996 – 2 BvR 1516/93, BVerfGE 94, 166.
[39] → § 29 Rn. 18.
[40] → § 30 Rn. 3–6.
[41] EuGH Urt. v. 19.6.2018 – C-181/16.
[42] Überzeugend *Wittkopp* ZAR 2018, 325; aA *Hruschka* Asylmagazin 2018, 290.
[43] Betr. § 29a dort → § 29a Rn. 16 f.
[44] Dazu → GG Art. 16a Rn. 85 ff., 115 ff.
[45] → § 74 Rn. 25 ff.
[46] AufenthG § 79 Rn. 4.
[47] Dazu auch → Rn. 28.
[48] Dazu → § 74 Rn. 28 ff.

5. Entscheidungsverfahren

Die sehr ins Einzelne gehenden Bestimmungen über das gerichtliche Verfahren machen den Willen 26
des Gesetzgebers zu **absoluter Beschleunigung** deutlich. Diesem Anliegen sind andere Interessen unterzuordnen, wie auch die Vorschriften der §§ 76 IV, 83 erkennen lassen. Eine unüberschreitbare Grenze ist in Art. 97 I GG zu sehen, der mit der **richterlichen Unabhängigkeit** va die Freiheit der Sachentscheidung und die Wahl des einzuschlagenden Verfahrens gewährleistet. Deshalb sind alle Bestimmungen so auszulegen, dass sie mit diesen verfassungsrechtlichen Schranken nicht in Berührung geraten. Dabei ist immer darauf zu achten, dass kein noch so sachgerechter Zeitdruck das Ergebnis der richterlichen Überzeugungsbildung beeinflussen darf. Die Eigenart der hier betroffenen Eilverfahren lässt freilich bei nicht genügender Richtigkeitsgewissheit die Aussetzung der Abschiebung zu, wenn anders die erwartete Schnelligkeit nicht erreicht werden kann. Das Gesetz verlangt keine Ablehnung des Eilantrags innerhalb eines bestimmten Zeitraums, sondern eine Entscheidung, gleich welchen Inhalts. Daher stellt auch die Wochenfrist für die Entscheidung über den Eilantrag keinen Eingriff in die richterliche Unabhängigkeit dar[49].

Die (idealerweise elektronische) Übersendung der **Verwaltungsakten** an das zuständige VG muss 27
gleichzeitig mit der Zustellung des Bescheids und ungeachtet dessen Inhalts erfolgen. Die Akten müssen vollständig vorgelegt werden, Auszüge genügen nicht; deshalb müssen sie auch paginiert sein. Stehen noch Zustellungsnachweise aus oder fehlen andere Teile, sind diese später nachzureichen; die unverzügliche Übermittlung der Akten darf nicht durch deren Unvollständigkeit verzögert werden. Es brauchen nicht die Originalakten übersandt zu werden; eine „Zweitakte" mit Ablichtungen reicht aus. Die unterlassene oder nicht ordnungsgemäße Vorlage bleibt ohne weitere rechtliche Folgen; va steht sie dem Beginn der Wochenfrist des Abs. 3 S. 5 nicht entgegen.

Die Entscheidung soll im **schriftlichen Verfahren** ergehen (in der Regel durch den Einzelrichter, 28
vgl. § 76 IV), also nach Aktenlage und ohne vorherige mündliche Anhörung des Asylbewerbers. Der Ausschluss der mündlichen Verhandlung ist eigentlich allgemein schon ausreichend geregelt (§§ 5 III, 101 III VwGO) und seit Langem übliche Praxis. Ausnahmen sind geboten, wenn anders als nach mündlicher Verhandlung nicht sachgerecht entschieden werden kann. Va bei notwendiger vorheriger Vernehmung oder informatorischer Anhörung des Asylbewerbers als Beteiligten ist ein (gleichzeitiger) Verhandlungstermin angezeigt. Die Gewährung rechtlichen Gehörs auf schriftlichem Wege kann oft kurzfristig nicht ermöglicht werden. Allein eine Verhandlung kann dann die notwendige Schnelligkeit gewährleisten. Das Soll-Gebot des schriftlichen Verfahrens schließt eine vorherige Beweiserhebung nicht aus. Der Hinweis des BVerfG auf den Ausschluss eigener Sachverhaltsermittlung durch das VG[50] soll offenbar nur die gerichtliche Praxis beschreiben, aber eine andersartige Handhabung aus triftigem Anlass entsprechend den üblichen verfassungsrechtlichen Anforderungen an die Richtigkeitsgewissheit[51] wohl nicht ausschließen[52].

In einer derartigen mündlichen Verhandlung darf aber nicht gleichzeitig über die **Klage** verhandelt 29
werden. Ein Grund hierfür ist weder in der Begründung des Gesetzesentwurfs 1993[53] genannt noch aus der forensischen Praxis oder sonst ersichtlich. Eine mündliche Verhandlung kann wegen der mit ihr verbundenen formalen Vorkehrungen besonderen Zeitaufwand verursachen und unter Umständen auch eine Vertagung zur Folge haben. Im Einzelfall kann es aber auch gute Gründe für eine gemeinsame Verhandlung geben. In geeigneten Fällen könnte die Klage nach § 78 I rechtskräftig abgewiesen werden. Da jedoch das Verbot der gemeinsamen mündlichen Verhandlung einem Verhandlungstermin in zeitlicher Nähe nicht entgegensteht, kann in diesen Fällen entsprechend sachgerecht verfahren werden, ohne damit gegen das gesetzliche Verbot zu verstoßen.

Die **Wochenfrist** für die **Entscheidung** durch das VG beginnt mit dem Ende der Antragsfrist, 30
endet also zwei Wochen nach Bekanntgabe des Bescheids. Auf den Zeitpunkt des Eingangs von Eilantrag oder Klage sowie BAMF-Akten kommt es nicht an. Es gibt gewichtige Gründe für die Annahme, der Gesetzgeber habe geglaubt, die BAMF-Akten lägen dem VG bei Antragseingang bereits vor[54]. Daraus und aus dem Zweck von Abs. 2 S. 2 den Schluss zu ziehen, die Wochenfrist beginne erst mit dem Eingang der Akten beim VG zu laufen[55], erscheint aber nicht gerechtfertigt. Gesetzeswortlaut und Art der Fristberechnung sprechen eindeutig für die Addition von Antrags- und Entscheidungsfrist und gegen einen davon unabhängigen Beginn der Wochenfrist erst mit Eingang der Behördenakten. Über eine Fristverlängerung entscheidet immer die Kammer; auch bei Zuständigkeit des Einzelrichters.

---

[49] *Hailbronner* AsylVfG § 36 Rn. 55; *Marx* § 36 Rn. 30; aA *Schoch* DVBl 1993, 1161; *Strate* InfAuslR 1994, 78.
[50] BVerfG Urt. v. 14.5.1996 – 2 BvR 1516/93, BVerfGE 94, 166.
[51] Dazu BVerfGE 67, 43.
[52] *Marx* § 36 Rn. 31; aA *Hailbronner* AsylG § 36 Rn. 51.
[53] → Rn. 1.
[54] BT-Drs. 12/4450, 24.
[55] So *Hailbronner* AsylG § 36 Rn. 58.

Sie ist mehrmals zulässig, darf aber jeweils nur für eine Woche angeordnet werden. Der Beschluss muss in den Akten niedergelegt sein. Zustellung oder Bekanntmachung sind nicht gesetzlich vorgeschrieben und zum Zwecke der Gewährung rechtlichen Gehörs auch nicht unbedingt notwendig. Solange keine Entscheidung bekannt gegeben ist[56], müssen die Beteiligten und die Ausländerbehörde den Fortbestand des Gesetzesaufschubs der Abschiebung zugrunde legen.

31   Während für die erste Verlängerung vom Normalfall abweichende Umstände genügen, müssen von der zweiten Verlängerung an schwerwiegende Gründe für die **Verzögerung** sprechen. Die Gründe können im Einflussbereich des Gerichts oder der Beteiligten oder Dritter liegen. Solange die Akten des BAMF nicht übersandt sind, kann in der Regel eine sachgemäße Gerichtsentscheidung nicht ergehen. Diese werden nämlich benötigt, um Inhalt und Grundlage des BAMF-Bescheids sowie den Lauf der Wochenfristen nach Abs. 3 S. 1 und 5 festzustellen. Die Sollbestimmung über die Vorlage einer Bescheidkopie durch den Asylbewerber kann oder wird oft nicht eingehalten.

32   Außerdem wird für eine Verzögerung oft eine mehr oder weniger große **Arbeitsbelastung** angeführt werden können. Als außergewöhnlich kann aber nur gelten, was selbst bei konzentriertem Einsatz der zur Verfügung stehenden Arbeitskraft von richterlichem und nichtrichterlichem Personal nicht zu vermeiden ist. Sowohl bei der gerichtlichen als auch bei der kammerinternen Geschäftsverteilung ist die unbedingte Priorität asylrechtlicher Eilverfahren zu beachten. Vorrang haben zunächst diejenigen nach § 18a, danach folgen diejenigen des § 36 I. Solange derartige Verfahren anhängig und zu entscheiden sind, müssen alle anderen asylrechtlichen und „klassischen" Verfahren zurücktreten. Diese Rangordnung beruht auf zwingenden gesetzlichen Vorgaben und darf durch keinerlei Maßnahmen des Präsidiums, des Kammervorsitzenden oder des zuständigen Richters unterlaufen werden (vgl. auch § 83). Die richterliche Freiheit der Verfahrensgestaltung ist damit erheblich, aber zulässigerweise eingeschränkt.

33   Die **Entscheidung** ist bereits mit Übergabe des vollständig (vom Einzelrichter oder allen Richtern der Kammer) unterzeichneten Tenors an die Geschäftsstelle **ergangen,** nicht erst später, etwa mit Zustellung des Tenors oder des vollständigen Beschlusses an die Beteiligten. Dies weicht vom allgemeinen Prozessrecht ab, das zwischen Ergehen (Erlass), Unabänderlichkeit und Wirksamwerden (innerer und äußerer Wirksamkeit) unterscheidet. Mit der Übergabe der Entscheidung an die Geschäftsstelle endet die reguläre Entscheidungsmacht des Gerichts; nachträgliche Änderungen sind nur noch wegen neuen Sachvortrags der Beteiligten oder einer Sinnesänderung des Gerichts aufgrund einer erneuten Beratung vor Absendung der Entscheidung zulässig. Mit Verkündung, Zustellung oder formloser Bekanntmachung wird die Entscheidung nach außen wirksam und für die Beteiligten verbindlich (vgl. §§ 116, 117 IV, 122 VwGO). Das Vorziehen des Zeitpunkts des Ergehens der Entscheidung nach Abs. 3 S. 9 soll offenbar der Beschleunigung dienen, ohne dass diese Wirkungsweise ohne Weiteres erkennbar wird.

34   Der Beschluss des VG nach Abs. 3 iVm § 80 V VwGO bedarf keiner **Zustellung,** da er keine Frist in Lauf setzt (§ 56 I VwGO); die Beschwerde ist nämlich ausgeschlossen (§ 80), und die Monatsfrist für die Verfassungsbeschwerde nach § 93 BVerfGG ist insoweit nicht einschlägig, weil diese nicht zu den ordentlichen Rechtsmitteln gehört. Mit der gesetzlichen Bestimmung des Zeitpunkts des Ergehens der Entscheidung sollen offenbar Wirksamkeit und Verbindlichkeit für die Beteiligten geregelt werden; dies erfordert aber zusätzlich zumindest eine formlose **Bekanntgabe** der Entscheidungsformel[57]. Sonst kann die Entscheidung keine Außenwirkung entfalten, va auch nicht das Ende des gesetzlichen Abschiebungsstopps (Abs. 3 S. 8) verlautbaren und wirksam werden lassen.

35   Eine **Abschiebung** ist damit erst nach einer Mitteilung an beide Beteiligte mittels Telefon, Telefax oder Brief zulässig. Eine Bekanntgabe des Beschlusses an die für die Abschiebung zuständige Ausländerbehörde ist zulässig (§ 83a), aber nicht vorgeschrieben. Diese ist grundsätzlich durch das BAMF zu unterrichten (§ 40). Durch Übergabe des Tenors an die Geschäftsstelle und dessen formlose Bekanntgabe erübrigt sich nicht die zwingend vorgeschriebene Begründung des Beschlusses (§ 122 II 2 VwGO)[58]. Diese ist nachzuholen und den Beteiligten durch Zusendung des vollständigen Beschlusses bekannt zu geben. Die Bekanntgabe ist zumindest im Hinblick auf eine Verfassungsbeschwerde und die Fortführung des Klageverfahrens notwendig; sie wird auch nicht durch eine zwischenzeitliche Abschiebung überflüssig. Allerdings lässt sich mit der **Verfassungsbeschwerde** nach der neueren Rspr. des BVerfG idR kein Aufschub der Abschiebung erreichen, weil der Erlass einer einstweiligen Anordnung durch das BVerfG danach „kaum in Betracht kommt"[59].

36   Über die **Klage**[60] ist unabhängig davon zu entscheiden, ob ein Eilantrag gestellt ist und wie das Eilverfahren betrieben wird. Da bei einem Erfolg im Eilverfahren die Ausreisefrist verlängert wird (§ 37 II), ist dann die Abschiebungsandrohung mit der Monatsfrist Gegenstand des Klageverfahrens. Während die Klage in erster Linie auf Verpflichtung des BAMF zur Asyl- und/oder Flüchtlings-

---

[56] → Rn. 34.
[57] *Hailbronner* AsylG § 36 Rn. 60.
[58] BVerfG Urt. v. 14.5.1996 – 2 BvR 1516/93, BVerfGE 94, 166.
[59] BVerfG Urt. v. 14.5.1996 – 2 BvR 1516/93, BVerfGE 94, 166.
[60] Zu Klagefrist und -begründung → Rn. 7 f.

anerkennung abzielt, ist die Anfechtungsklage gegen die Abschiebungsandrohung nachrangig[61]. Falls sich die Verpflichtungsklage dem VG als offensichtlich unbegründet darstellt, ist das Urteil rechtskräftig (§ 78 I 1). Sonst ist das Offensichtlichkeitsurteil des BAMF nicht weiter zu überprüfen; denn hieran besteht kein Rechtsschutzinteresse. Erweist sich die Klage betreffend Asyl- und Flüchtlingsanerkennung als (nur schlicht) unbegründet, bedarf es keiner Korrektur der Ausreisefrist (evtl. analog § 37 II)[62], weil der Asylbewerber von der Möglichkeit des ihm hierfür bereitgestellten befristeten Eilantrags keinen Gebrauch gemacht hat und daher jederzeit mit der sofortigen Abschiebung rechnen musste.

§ 37 Weiteres Verfahren bei stattgebender gerichtlicher Entscheidung

(1) [1]Die Entscheidung des Bundesamtes über die Unzulässigkeit nach § 29 Absatz 1 Nummer 2 und 4 des Antrags und die Abschiebungsandrohung werden unwirksam, wenn das Verwaltungsgericht dem Antrag nach § 80 Abs. 5 der Verwaltungsgerichtsordnung entspricht. [2]Das Bundesamt hat das Asylverfahren fortzuführen.

(2) Entspricht das Verwaltungsgericht im Falle eines als offensichtlich unbegründet abgelehnten Asylantrages dem Antrag nach § 80 Abs. 5 der Verwaltungsgerichtsordnung, endet die Ausreisefrist 30 Tage nach dem unanfechtbaren Abschluss des Asylverfahrens.

(3) Die Absätze 1 und 2 gelten nicht, wenn auf Grund der Entscheidung des Verwaltungsgerichts die Abschiebung in einen der in der Abschiebungsandrohung bezeichneten Staaten vollziehbar wird.

I. Entstehungsgeschichte

Die Vorschrift hat den Inhalt von §§ 10 IV, 11 III AsylVfG 1982 übernommen; sie entspricht dem Gesetzesentwurf 1992[1]. Das RLUmsG 2007 hat keine Änderungen vorgenommen. Durch Art. 4 Nr. 4 des **RLUmsG 2011** wurden in Abs. 2 die Wörter „einen Monat" durch die Angabe „30 Tage" ersetzt, um den Vorgaben der Ausreisefrist in Art. 7 I Rückführungs-RL zu entsprechen. Hiernach sieht eine Rückkehrentscheidung grundsätzlich „eine angemessene Frist zwischen sieben und 30 Tagen für die freiwillige Ausreise vor". Das RLUmsG 2013 und die Asylpakete haben keine Änderungen vorgenommen. Art. 6 Nr. 15 des **IntG** änderte mWz 6.8.2016 in Abs. 1 S. 1 nur die bisherige „Unbeachtlichkeit" in „Unzulässigkeit nach § 29 Absatz 1 Nummer 2 und 4" ab, weil Asylanträge nur noch als unzulässig oder offensichtlich unbegründet abgelehnt werden können, dh die Kategorie der Unbeachtlichkeit weggefallen ist. Im Hinblick auf eine Stattgabe des Eilverfahrens insbesondere bei Anerkannten (§ 29 I Nr. 2) nicht auch wegen Rechtmäßigkeitszweifeln an der Unzulässigkeit des Asylantrags (sondern nur an der Abschiebungsandrohung) darf diese Gesetzesänderung als verunglückt bezeichnet werden, weil bei zwingender Unwirksamkeit nach § 37 I dann erneut die gleiche Unzulässigkeitsentscheidung ergehen müsste (→ Rn. 9). 1

II. Erfolg des Eilantrags

Die **Rechtsfolgen** beim Erfolg des Eilantrags nach § 80 V VwGO gegenüber Abschiebungsandrohungen nach § 34 iVm §§ 35, 36 sind gegenüber §§ 10 IV, 11 III AsylVfG 1982 dem neuen System der unzulässigen und offensichtlich unbegründeten Asylanträge sowie der neuen Aufgabenverteilung zwischen BAMF und Ausländerbehörde angepasst[2]. Beiden Fallgestaltungen ist die Rechtsfolge gemeinsam, dass der Erfolg im Verfahren des vorläufigen Rechtsschutzes unmittelbar den Gegenstand der Anfechtung und damit des Hauptsacheverfahrens verändert, während sonst im allgemeinen Verwaltungsprozess bei Stattgabe in Verfahren nach § 80 V VwGO nur die Vollziehbarkeit gehemmt wird[3]. 2

Bei Feststellung der **Zulässigkeit** oder eines sonstigen Fehlens der Voraussetzungen der Abschiebungsandrohung (nach §§ 29 I Nr. 2 oder 4, 31 III, 34 I 1, 35), also ohne Rücksicht auf die Art der Gründe[4], wird mit dem (vollständigen)[5] Erfolg des Eilantrags der gesamte Bescheid des BAMF unwirksam; damit erledigt sich zugleich das Klageverfahrens von Gesetz wegen. Aus diesem Grund ist hier auch keine isolierte Vorabverpflichtung zur Gewährung nationalen Abschiebungsschutzes (mittels Verpflichtungsklage) zulässig[6]. Sollten dennoch im Klageverfahren keine übereinstimmenden Erledigungserklärungen abgegeben werden, bestünde ein Rechtsschutzbedürfnis für eine **Erledigungsfeststellungs-** 3

---

[61] → § 74 Rn. 5, 51.
[62] → Rn. 4.
[1] BT-Drs. 12/2062, 11 f.
[2] Zum Folge- und Zweitantrag → § 71 Rn. 48 f., → § 71a Rn. 7.
[3] Dazu *Harms* VBlBW 1995, 264.
[4] → Rn. 6.
[5] IÜ → Rn. 5.
[6] Vgl. BVerwG Urt. v. 27.5.2021 – 1 C 36.20.

klage bzw. ausnahmsweise für die gerichtliche Feststellung, dass die Ablehnung des Asylantrags als unzulässig in Ziff. 1 des Bundesamtsbescheids sowie die Abschiebungsandrohung (in Ziff. 3 des Bescheids) unwirksam sind. Zusätzlich müssten dann auch die Negativfeststellung zu § 60 V oder VII AufenthG (in der Regel Ziff. 2) und die Befristung gem. § 11 AufenthG (in der Regel Ziff. 4 des Bescheids) in Folge des Wegfalls ihrer Rechtsgrundlagen (vgl. § 31 III 1) bzw. der Bundesamtszuständigkeit (vgl. § 75 Nr. 12 AufenthG) im gem. § 77 I maßgeblichen Zeitpunkt der gerichtlichen Entscheidung aufgehoben werden. Sollte sich das Bundesamt weiterhin weigern, die Rechtsfolge des § 37 I anzuerkennen, bestünde ausnahmsweise sogar ein Rechtsschutzbedürfnis für eine allgemeine **Leistungsklage,** um die gesetzlich angeordnete Fortführung des Asylverfahrens zu erzwingen[7]. Denn das BAMF hat das Asylverfahren fortzuführen und zur Sache zu entscheiden. Möglich bleibt sodann eine Ablehnung des Asylantrags als offensichtlich unbegründet mit erneuter sofort vollziehbarer Abschiebungsandrohung. Sieht der Asylbewerber von einem Stoppantrag nach § 80 V VwGO ab, ist Abs. 1 S. 2 entsprechend anzuwenden und das VG nicht zum „Durchentscheiden" verpflichtet[8]. Ist ein Asylverfahren vom BAMF gemäß Abs. 1 S. 2 fortzuführen, so ist eine (vorab) auf Feststellung eines Abschiebungsverbots nach § 60 V und VII AufenthG gerichtete (isolierte) Verpflichtungsklage nicht statthaft[9].

4   Bei Ablehnung als **offensichtlich unbegründet iSv Abs. 2** wird mit dem (vollständigen)[10] Erfolg des Eilantrags die Ausreisefrist um 30 Tage nach unanfechtbarem Abschluss des Hauptsacheverfahrens verlängert[11]; dabei kommt es nicht auf die Art der Gründe an[12]. Für den Beginn der 30-Tages-Frist seit Unanfechtbarkeit wird auf das Asylverfahren insgesamt abgestellt[13]. Also muss der BAMF-Bescheid in vollem Umfang rechtsbeständig geworden sein, entweder infolge Versäumung einer Rechtsmittelfrist oder rechtskräftiger Entscheidung oder nach Rücknahme eines Rechtsmittels. Ausgenommen sind lediglich die Feststellungen zu § 60 V und VII AufenthG; denn hiervon wird die Androhung der Abschiebung samt Ausreisefrist nicht berührt (§ 59 III 1 AufenthG)[14]. Die Vorschrift ist nicht entsprechend anzuwenden, wenn der Eilantrag nach § 36 III nicht gestellt wurde oder erfolglos war und sich im Klageverfahren die Unbegründetheit nicht als evident erweist; denn an der Korrektur der Ausreisefrist besteht in diesem Fall kein Rechtsschutzinteresse[15]. Dagegen findet Abs. 2 entsprechende Anwendung, wenn das BAMF einen Folgeantrag als unerheblich abgelehnt und eine Ausreisefrist von einer Woche gesetzt hat[16].

5   **Abs. 3** ermöglicht die Abschiebung in einen der in der Androhung bezeichneten Staaten, wenn und soweit die Entscheidung des VG über den Stoppantrag dies zulässt. Ob und wie eine derartige **Teilstattgabe** erfolgen kann, ergibt sich aus dem Gesetz nicht unmittelbar. Dessen Formulierung lässt es offen, ob die Entscheidungen des BAMF bei einem Erfolg des Eilantrags ungeachtet der Gründe und evtl. nur teilweise unwirksam werden. Früher herrschte in Rspr. und Schrifttum Streit darüber, ob ein Fehler in der Abschiebungsandrohung, der nicht die Frage der Unbeachtlichkeit oder offensichtlichen Unbegründetheit des Asylantrags betrifft, die Unwirksamkeit der gesamten Abschiebungsandrohung[17] oder die Fristverlängerung[18] zur Folge hatte. Hierzu hat der Gesetzgeber in § 37 nichts Klärendes aufgenommen. Seine Begründung zu Abs. 3 befasste sich nur mit § 53 AuslG und der Zulässigkeit der Abschiebung in einen von mehreren genannten Staaten[19].

6   **Sinn und Zweck** von Abs. 1 und 2 stehen einer Differenzierung je nach den Gründen der gerichtlichen Aussetzungsentscheidung entgegen, die im Kern eine Interessenabwägung voraussetzt und kein endgültiges Urteil über die Rechtmäßigkeit der einzelnen Teile des Bescheids des BAMF enthält; hieran hat sich im Grunde genommen auch durch § 36 IV 1 nichts geändert. Abs. 1 ordnet die

---

[7] Vgl. VGH BW Beschl. v. 20.2.2018 – A 4 S 169/18, sowie *Broscheit* ZAR 2017, 447.
[8] *Hailbronner* AsylVfG § 37 Rn. 5; *Harms* VBlBW 1995, 264; BayVGH Beschl. v. 17.5.1994 – 24 AA 94.31 534, NVwZ-RR 1994, 695.
[9] BVerwG Urt. v. 27.5.2021 – 1 C 36.20.
[10] IÜ → Rn. 5.
[11] Das BVerwG hat mit Urt. v. 25.4.2019 – 1 C 51.18, ua entschieden: Liegen bei einer Fortführung des Verfahrens nach § 37 I 2 die Voraussetzungen für eine Unzulässigkeitsentscheidung nach § 29 I Nr. 2 – einschließlich etwaiger sich aus dem Anwendungsvorrang des Unionsrechts ergebender Vorgaben – weiterhin vor, muss das Bundesamt erneut eine Unzulässigkeitsentscheidung treffen. Eine rechtswidrig unter Rückgriff auf § 38 I gesetzte 30-tägige Ausreisefrist nach unanfechtbarem Abschluss des Asylverfahrens anstatt der im Fall der Unzulässigkeit des Asylantrags nach § 29 I Nr. 2 gesetzlich vorgeschriebenen Wochenfrist nach § 36 I, deren Ablauf nur nach Maßgabe des § 36 III verhindert werden kann, verletzt den Ausländer nicht in eigenen Rechten. Setzt das BAMF rechtswidrig eine 30-Tagesfrist fest, ist § 37 I analog anwendbar; vgl. VG Freiburg Urt. v. 30.1.2019 – A4 K 9894/17.
[12] → Rn. 6.
[13] Vgl. zur Fristverlängerung auch → § 38 Rn. 3.
[14] Vgl. auch Abs. 3 und dazu → Rn. 5, 8.
[15] → § 36 Rn. 36; aA *Hailbronner* AsylG § 36 Rn. 13, AsylG § 37 Rn. 11; VGH BW Urt. v. 11.11.1997 – A 14 S 412/97, VBlBW 1998, 271.
[16] BVerwG Urt. v. 3.4.2001 – 9 C 22.00, BVerwGE 114, 122.
[17] So BVerwG Urt. v. 25.10.1988 – 9 C 2.88, BVerwGE 80, 313; HessVGH Beschl. v. 30.5.1989 – 12 TH 4051/88, InfAuslR 1990, 133.
[18] So VGH BW Beschl. v. 30.1.1987 – A 13 S 517/86, NVwZ 1987, 625; HessVGH Beschl. v. 19.6.1989 – 12 TH 3957/87.
[19] BT-Drs. 12/2062, 34.

Weiteres Verfahren bei stattgebender gerichtlicher Entscheidung **§ 37 AsylG 7**

Fortsetzung des Asylverfahrens ohne Rücksicht auf die Gründe des VG-Beschlusses an, damit der Asylbewerber vor einer Abschiebung einen Sachbescheid über sein Asylgesuch erhalten kann; sofortige aufenthaltsbeendende Maßnahmen sollen nur zugelassen sein, wenn hiergegen keine ernsthaften Bedenken bestehen. Abs. 2 zieht ähnlich weitreichende Folgen für die Fälle des § 30. In beiden Fällen ist das Bestehen von Abschiebungsverboten nach § 60 V oder VII AufenthG für die Eilentscheidung nach Abs. 1 und 2 unerheblich.

Für die Ausrichtung von Abs. 3 auf Verbote nach § 60 V oder VII AufenthG sprechen neben den **7** Gesetzesmaterialien[20] auch verfahrensmäßige Gründe. Wird der Suspensiveffekt vom VG wegen eines Fehlers im asylrechtlichen Teil des Bescheids (Unbeachtlichkeit oder offensichtliche Unbegründetheit des Asylantrags) angeordnet, kann dies im **Tenor** des Beschlusses nicht zum Ausdruck gebracht werden, weil nur die Abschiebungsandrohung sofort vollziehbar ist und nicht die zugrunde liegenden asylrechtlichen Entscheidungen nach §§ 29, 30. Dasselbe gilt im umgekehrten Fall, wenn die Abschiebungsandrohung insgesamt und nicht nur hinsichtlich eines bestimmten Zielstaats als fehlerhaft erkannt wird.

Abs. 3 bestätigt die Richtigkeit dieser Auffassung, indem er von den gesetzlichen Rechtsfolgen der **8** Abs. 1 und 2 lediglich den Fall ausnimmt, dass trotz Stattgabe die **Abschiebung** in einen vom BAMF gemäß § 59 II AufenthG konkret bezeichneten Staaten **vollziehbar** wird. Diese Konstellation ist nur unter den folgenden Umständen denkbar und verfahrensrechtlich möglich. Entweder der Asylbewerber beschränkt seine Angriffe (mit dem Eilantrag) auf die Abschiebungsandrohung in einen oder mehrere der Zielstaaten, sodass die Abschiebungsandrohung im Übrigen vollziehbar wird. Oder das VG nimmt eine entsprechende Unterscheidung vor, weil der Bescheid nur hinsichtlich eines Staats oder mehrerer Staaten fehlerhaft, im Übrigen aber unbedenklich ist[21]. Eine derartige Differenzierung ist dadurch zum Ausdruck zu bringen, dass die aufschiebende Wirkung insoweit angeordnet wird, als die Abschiebung nach X oder Y angedroht ist. Diese Entscheidung kann ua auf einem Abschiebungsverbot nach § 60 I AufenthG beruhen mit der Folge, dass die Abschiebung nach Z zulässig bleibt, sofern Z ebenfalls als Zielstaat bezeichnet ist[22]. Liegt ein Abschiebungsverbot nach § 60 V oder VII AufenthG vor, rechtfertigt dies ebenfalls nicht die Anordnung der aufschiebenden Wirkung in vollem Umfang, sondern nur hinsichtlich des ausgeschlossenen Zielstaats[23].

Die Neufassung der Norm durch das IntG darf als partiell verunglückt bezeichnet werden (→ Rn. 1). **9** Statt § 37 I durch Eilrechtsstattgabe auszulösen, kann deshalb eine Aussetzung von Eil- und Klageverfahren zweckdienlicher sein, etwa wenn eine entscheidungserhebliche EuGH-Vorlage anhängig ist. Eine „teleologische Reduktion"[24] des Abs. 1 scheidet allerdings aus[25]. Zunächst lässt der klare und eindeutige Wortlaut schon auslegungstechnisch keine „Reduktion" zu[26]. Das einzige Tatbestandsmerkmal der Eilrechtsstattgabe kann nicht „reduziert", sondern lediglich ergänzt werden etwa um den Zusatz: „Dies gilt nur, wenn die Stattgabe des Eilantrags auch auf Rechtmäßigkeitszweifeln bezüglich § 29 Abs 1 Nr 2 und 4 beruht." Nach den Grundsätzen der Gewaltenteilung ist die Anfügung eines solchen Normzusatzes aber allein Sache des Gesetzgebers. Eine Auslegung durch den Richter gegen den eindeutigen Wortlaut des Gesetzes scheidet hingegen aus. Nach dem Beschleunigungszweck des § 37 ist klar, dass das BAMF immer dann das Asylverfahren selbst fortführen und weiterprüfen soll, wenn die angedrohte Abschiebung nicht durchgeführt werden kann[27]. Dieser Normzweck zeigt sich besonders anhand der Regelung des Abs. 3, wonach Abs. 1 der Norm im Falle der bloßen Teilstattgabe nicht greift, dh, wenn aufgrund der Entscheidung des Verwaltungsgerichts die Abschiebung nur in einen von mehreren in der Abschiebungsandrohung bezeichneten Staaten nicht vollziehbar wird. Diese Rückausnahme hätte keinen sinnvollen Anwendungsbereich, wollte man eine „teleologische Reduktion" von Abs. 1 vornehmen[28]. Eine solche Konstellation ist auch im Falle des Anerkannten (§ 29 I Nr. 2) denkbar, denn gemäß § 35 könnte auch hier die Abschiebung zusätzlich in einen sonstigen Drittstaat iSv § 27 angedroht werden. Das BAMF kann allerdings ausnahmsweise entweder vom Erlass einer Abschiebungsandrohung nach § 34 II AsylG bis zu einer endgültigen gerichtlichen Überprüfung seiner erneuten Unzulässigkeitsentscheidung in einem Hauptsacheverfahren absehen oder eine Abschiebungsandrohung erlassen, deren Vollzug aber bis zu einer rechtsgrundsätzlichen Klärung nach § 80 IV VwGO aussetzen. Nicht möglich ist hingegen, bei einer auf § 29 I Nr. 2 gestützten Unzulässigkeitsentscheidung die Abschiebungsandrohung unter Rückgriff auf § 38 I mit einer bei Klageerhebung erst nach der Unanfechtbarkeit laufenden 30-tägigen Ausreisefrist zu verbinden[29].

---

[20] → Rn. 5.
[21] Ebenso *Hailbronner* AsylVfG § 37 Rn. 14.
[22] Vgl. §§ 59 III, 60 X 2 AuslG; *Hailbronner* AuslG § 37 Rn. 14; aA *Marx* § 37 Rn. 9.
[23] Vgl. § 59 III AufenthG; ebenso *Hailbronner* § 37 Rn. 14.
[24] Vgl. VG Lüneburg Urt. v. 13.12.2016 – 8 A 175/16, Rn. 54 f.
[25] Vgl. VGH BW Beschl. v. 20.2.2018 – A 4 S 169/18, sowie *Broscheit* ZAR 2017, 447; vgl. auch VG Wiesbaden Beschl. v. 14.5.2018 – 7 L 482/18.WI.A.
[26] Vgl. BVerwG Urt. v. 15.1.2019 – 1 C 15.18.
[27] Vgl. BVerwG Urt. v. 25.4.2019 – 1 C 51.18.
[28] VG Trier Beschl. v. 16.3.2017 – 5 L 1846/17.TR, Rn. 15.
[29] BVerwG Urt. v. 15.1.2019 – 1 C 15.18,.

§ 38 Ausreisefrist bei sonstiger Ablehnung und bei Rücknahme des Asylantrags

(1) ¹In den sonstigen Fällen, in denen das Bundesamt den Ausländer nicht als Asylberechtigten anerkennt, beträgt die dem Ausländer zu setzende Ausreisefrist 30 Tage. ²Im Falle der Klageerhebung endet die Ausreisefrist 30 Tage nach dem unanfechtbaren Abschluss des Asylverfahrens.

(2) Im Falle der Rücknahme des Asylantrags vor der Entscheidung des Bundesamtes beträgt die dem Ausländer zu setzende Ausreisefrist eine Woche.

(3) Im Falle der Rücknahme des Asylantrags oder der Klage oder des Verzichts auf die Durchführung des Asylverfahrens nach § 14a Absatz 3 kann dem Ausländer eine Ausreisefrist bis zu drei Monaten eingeräumt werden, wenn er sich zur freiwilligen Ausreise bereit erklärt.

I. Entstehungsgeschichte

1   Abs. 1 geht auf § 28 II AsylVfG 1982 zurück; im Übrigen hat die Vorschrift kein Vorbild. Sie entspricht im Wesentlichen dem **Gesetzesentwurf 1992**[1]. Auf Vorschlag des Bundestag-Innenausschusses[2] wurden Abs. 2 und 3, deren Inhalt zuvor in 2 S. des Abs. 2 enthalten war, getrennt und Abs. 3 auf den Fall der Klagerücknahme erstreckt. Das RLUmsG **2007** hat keine Änderungen vorgenommen. Durch Art. 4 Nr. 4 des RLUmsG **2011** wurden in **Abs. 1 S. 1 und 2** die Wörter „einen Monat" durch die Angabe „30 Tage" ersetzt, um den Vorgaben der Ausreisefrist in Art. 7 I Rückführungs-RL zu entsprechen. Hiernach sieht eine Rückkehrentscheidung grundsätzlich „eine angemessene Frist zwischen sieben und 30 Tagen für die freiwillige Ausreise vor".[3] Art. 1 Nr. 28 des **RLUmsG 2013** hat mWz 1.12.2013 in Abs. 3 ergänzend eingefügt: „oder des Verzichts auf die Durchführung des Asylverfahrens nach § 14a Absatz 3". In der Gesetzesbegründung[4] heißt es hierzu: „Ebenso wie bei einer Rücknahme der Klage oder des Asylantrags besteht nunmehr auch bei einem Verzicht auf die Durchführung eines Asylverfahrens die Möglichkeit, eine Ausreisefrist von bis zu drei Monaten für eine freiwillige Ausreise zu setzen."

II. Ausreisefrist

1. Fehlende Asylanerkennung

2   Die 30-Tages-Frist[5] zur Ausreise gilt nicht nur bei Ablehnung der Asylanerkennung, sondern allgemein bei **Nichtanerkennung**; ausgenommen sind nur die Fälle der §§ 34a, 36 I und des Abs. 2. Abs. 1 ist also auch anwendbar, wenn auf einen unbeschränkten oder beschränkten Asylantrag hin (nur) die Flüchtlingseigenschaft zuerkannt wird (ähnlich schon §§ 12 VII, 28 I 1, 28a AsylVfG 1982)[6].

3   Die gesetzlich fixierte **Ausreisefrist** von 30 Tagen beginnt mit der Zustellung der Entscheidung des BAMF (§ 31 I 2)[7] und endet im Falle der Klage 30 Tage nach dem unanfechtbaren Zurückweisung. Damit ist grundsätzlich dieselbe Regelung wie in § 28 II AsylVfG 1982 getroffen. Dort war freilich nur eine Mindestfrist bestimmt, der Ausländerbehörde also die Bemessung im Einzelfall überlassen. Ob individuelle Besonderheiten bei Art und Umfang der erforderlichen Reisevorbereitungen und der

---

[1] BT-Drs. 12/2062, 12.
[2] BT-Drs. 12/2817, 24.
[3] Art. 7 Rückführungs-RL lautet: „Freiwillige Ausreise – (1) Eine Rückkehrentscheidung sieht unbeschadet der Ausnahmen nach den Absätzen 2 und 4 eine angemessene Frist zwischen sieben und 30 Tagen für die freiwillige Ausreise vor. Die Mitgliedstaaten können in ihren innerstaatlichen Rechtsvorschriften vorsehen, dass diese Frist nur auf Antrag der betreffenden Drittstaatangehörigen eingeräumt wird. In einem solchen Fall unterrichtet die Mitgliedstaat die betreffenden Drittstaatsangehörigen davon, dass die Möglichkeit besteht, einen solchen Antrag zu stellen. Die Frist nach Unterabsatz 1 steht einer früheren Ausreise der betreffenden Drittstaatangehörigen nicht entgegen.
(2) Die Mitgliedstaaten verlängern – soweit erforderlich – die Frist für die freiwillige Ausreise unter Berücksichtigung der bes. Umstände des Einzelfalls – wie etwa Aufenthaltsdauer, Vorhandensein schulpflichtiger Kinder und dem Bestehen anderer familiärer und sozialer Bindungen – um einen angemessenen Zeitraum.
(3) Den Betreffenden können für die Dauer der Frist für die freiwillige Ausreise bestimmte Verpflichtungen zur Vermeidung einer Fluchtgefahr auferlegt werden, wie eine regelmäßige Meldepflicht bei den Behörden, die Hinterlegung einer angemessenen finanziellen Sicherheit, das Einreichen von Papieren oder die Verpflichtung, sich an einem bestimmten Ort aufzuhalten.
(4) Besteht Fluchtgefahr oder ist der Antrag auf einen Aufenthaltstitel als offensichtlich unbegründet oder missbräuchlich abgelehnt worden oder stellt die betreffende Person eine Gefahr für die öffentliche Ordnung, die öffentliche Sicherheit oder die nationale Sicherheit dar, so können die Mitgliedstaaten davon absehen, eine Frist für die freiwillige Ausreise zu gewähren, oder sie können eine Ausreisefrist von weniger als sieben Tagen einräumen."
[4] BT-Drs. 17/13063, 22.
[5] Zur begrenzten Fortgeltung der alten Monatsfrist vgl. VG Saarland Urt. v. 28.9.2011 – 10 K 430/11.
[6] IE ebenso *Marx* § 38 Rn. 2.
[7] Ebenso GK-AsylG § 38 Rn. 3; aA *Marx* § 38 Rn. 3: bei Verzicht auf Klage erst im Zeitpunkt der Unanfechtbarkeit, also zwei Wochen nach Zustellung.

persönlichen Bindungen an Deutschland und hier lebende Personen können nicht berücksichtigt werden können, ist im Lichte von Art. 7 II Rückführungs-RL durchaus nicht eindeutig. Es lässt sich bei **richtlinienkonformer Auslegung** und aus pragmatischen Gründen vertreten, dass nicht nur die Ausländerbehörde nachträglich die Ausreisefrist verlängern kann, wie dies seit dem RLUmsG 2011 in § 34 I 3 vorgesehen ist, sondern ausnahmsweise auch das BAMF in erweiterter Auslegung von Abs. 3 direkt selbst[8].

Bei individuellen Besonderheiten ist teilweise auch § 43 III anwendbar, freilich nur mit der Folge, 4 dass eine **Duldung** erteilt, nicht aber die Ausreisefrist verlängert wird. Wenn und soweit es die Wahrung des verfassungsrechtlichen Verhältnismäßigkeitsgrundsatzes oder des Schutzes von Ehe und Familie durch Art. 6 I, II, V GG verlangt, kann die Ausländerbehörde die Abschiebung nach Maßgabe von § 60a II AufenthG aussetzen. Die Regelung des § 43 III betrifft in sachlicher und persönlicher Hinsicht nur einen Teil der Fallgruppen und schließt daher eine Duldung für andere Tatbestände nicht aus[9]. Damit wird aber nicht die vom BAMF zu setzende Ausreisefrist berührt, sondern nur die Abschiebung durch die Ausländerbehörde zeitlich begrenzt ausgesetzt. Die Gründe können entweder schon bei Erlass der Abschiebungsandrohung vorgelegen haben oder später eingetreten sein.

2. Antragsrücknahme

Die **Wochenfrist** des Abs. 2 ist ebenfalls eine fest bestimmte und keine Mindestfrist. Allgemeine 5 Bedenken[10] können auch hiergegen bestehen, sie werden aber im Regelfall der Antragsrücknahme vor Entscheidung des BAMF durch das Fehlen besonderer Bindung an Deutschland oder hier lebende Personen gemildert. Sonst ist eine Abhilfe nur über § 43 III oder durch Erteilung einer Duldung möglich[11].

3. Freiwillige Ausreise

Die Möglichkeit der **Ausdehnung der Ausreisefrist** in Abs. 3 auf drei Monate entspricht einem 6 oft vorhandenen Bedürfnis. Sie wurde auf Empfehlung des Bundestag-Innenausschusses[12] auf den Fall der Rücknahme während des Gerichtsverfahrens und seit dem RLUmsG 2013 nunmehr auch auf Verzicht nach § 14a III erstreckt. Insbesondere werden damit gerichtliche Vergleichsbemühungen in geeigneten Fällen ermöglicht und erleichtert. Diese Entscheidungsmöglichkeit besteht auch bei Antragsrücknahme vor Entscheidung des BAMF; Wortlaut und Entstehungsgeschichte[13] sprechen gegen eine Herausnahme dieser Fallvariante aus dem Anwendungsbereich des Abs. 3.

Die Bereitschaft, **freiwillig**, dh ohne zwangsweise Abschiebung, ausreisen zu wollen, kann gleich- 7 zeitig mit der Rücknahme oder später erklärt werden. Sie kann im Wege des Vergleichs von der Einräumung einer bestimmten Ausreisefrist abhängig gemacht werden. Die Einhaltung der „freiwilligen" Ausreisebereitschaft ist nicht für sich durchsetzbar. Bei Nichtausreise wird die Ausreisepflicht durch Abschiebung vollzogen.

III. Rechtsschutz

Im Rechtsschutzverfahren[14] ist die Ausreisefrist auf **Rechtsfehler** hin überprüfbar, in den Fällen des 8 Abs. 1 und 2 also nur auf die Einhaltung der gesetzlichen Voraussetzungen und Fristen. Im Falle des Abs. 3 ist das Ermessen des BAMF in den Grenzen des § 114 VwGO gerichtlich zu kontrollieren.

§ 39 *Abschiebungsandrohung nach Aufhebung der Anerkennung (aufgehoben)*

(1) ¹Hat das Verwaltungsgericht die Anerkennung als Asylberechtigter oder die Zuerkennung der Flüchtlingseigenschaft aufgehoben, erlässt das Bundesamt nach dem Eintritt der Unanfechtbarkeit der Entscheidung unverzüglich die Abschiebungsandrohung. ²Die dem Ausländer zu setzende Ausreisefrist beträgt 30 Tage.

(2) Hat das Bundesamt in der aufgehobenen Entscheidung von der Feststellung, ob die Voraussetzungen des § 60 Abs. 2 bis 5 oder Abs. 7 des Aufenthaltsgesetzes vorliegen, abgesehen, ist diese Feststellung nachzuholen.

---

[8] Hierzu → § 34 Rn. 3.
[9] → § 36 Rn. 4.
[10] → Rn. 3.
[11] → Rn. 4.
[12] BT-Drs. 12/2062, 24.
[13] → Rn. 1.
[14] Betr. aufschiebende Wirkung → § 75 Rn. 3.

7 AsylG § 40

1 Die Vorschrift hatte kein Vorbild im AsylVfG 1982. Sie entsprach im Wesentlichen dem **Gesetzentwurf 1992**[1]. In Abs. 1 S. 1 wurde auf Vorschlag des BT-IA[2] die Passage „nach dem Eintritt der Unanfechtbarkeit der Entscheidung" eingefügt. MWv 1.1.**2005** war in Abs. 2 entsprechend dem Gesetzentwurf[3] die Bezugnahme auf § 53 AuslG durch eine solche auf § 60 II–VII AufenthG ersetzt worden (Art. 3 Nr. 25 ZuwG). Das RLUmsG **2007** änderte redaktionell in **Abs. 2** die Angabe „§ 60 Abs. 2 bis 5" in „§ 60 Abs. 2 bis 5 oder sieben" und fügte in **Abs. 1** die Wörter ein: (die Anerkennung) „als Asylberechtigter oder die Zuerkennung der Flüchtlingseigenschaft" (aufgehoben) mit der Begründung des Gesetzgebers[4]: „Nach Absatz 1 ist nunmehr auch bei Aufhebung der Flüchtlingsanerkennung eine Abschiebungsandrohung zu erlassen. Diese Änderung ist erforderlich, da nach § 34 im Falle der Flüchtlingsanerkennung eine Abschiebungsandrohung grundsätzlich unterbleibt." Durch Art. 4 Nr. 4 des RLUmsG **2011** wurden in Abs. 1 S. 2 die Wörter „einen Monat" durch die Angabe „30 Tage" ersetzt, um den Vorgaben der Ausreisefrist in Art. 7 I Rückführungs-RL zu entsprechen. Hiernach sieht eine Rückkehrentscheidung grundsätzlich „eine angemessene Frist zwischen sieben und 30 Tagen für die freiwillige Ausreise vor".

2 Durch Art. 1 Nr. 29 des **RLUmsG 2013** wurde die gesamte Norm mWz 1.12.2013 **aufgehoben**. In der Gesetzesbegründung[5] heißt es hierzu selbsterklärend: „Die Vorschrift ist aufzuheben, da Statusgewährungen durch das Bundesamt für Migration und Flüchtlinge nicht mehr anfechtbar sind." Ohnehin war die Vorschrift nach Abschaffung des Bundesbeauftragten für Asylangelegenheiten seit 1.9.2004 nur noch auf bereits zuvor anhängige Klagen beschränkt (vgl. § 87b).

§ 40 Unterrichtung der Ausländerbehörde

(1) ¹**Das Bundesamt unterrichtet unverzüglich die Ausländerbehörde, in deren Bezirk sich der Ausländer aufzuhalten oder Wohnung zu nehmen hat, über eine vollziehbare Abschiebungsandrohung und leitet ihr unverzüglich alle für die Abschiebung erforderlichen Unterlagen zu.** ²**Das Gleiche gilt, wenn das Verwaltungsgericht die aufschiebende Wirkung der Klage wegen des Vorliegens der Voraussetzungen des § 60 Absatz 5 oder 7 des Aufenthaltsgesetzes nur hinsichtlich der Abschiebung in den betreffenden Staat angeordnet hat und das Bundesamt das Asylverfahren nicht fortführt.**

(2) **Das Bundesamt unterrichtet unverzüglich die Ausländerbehörde, wenn das Verwaltungsgericht in den Fällen des § 38 Absatz 2 die aufschiebende Wirkung der Klage gegen die Abschiebungsandrohung anordnet.**

(3) **Stellt das Bundesamt dem Ausländer die Abschiebungsanordnung (§ 34a) zu, unterrichtet es unverzüglich die für die Abschiebung zuständige Behörde über die Zustellung.**

I. Entstehungsgeschichte

1 Die Vorschrift hat kein Vorbild im AsylVfG 1982. Abs. 1 und 2 entsprechen dem **Gesetzesentwurf 1992**[1]. Abs. 3 wurde entsprechend dem Gesetzesentwurf 1993[2] mWv 1.7.1993 angefügt (Art. 1 Nr. 26 **AsylVfÄndG 1993**). MWv 1.1.**2005** ist in Abs. 1 S. 2 die Bezugnahme auf § 53 AuslG durch eine solche auf § 60 II–VII ersetzt (Art. 3 Nr. 26 ZuwG). Das RLUmsG **2007** hat aus Gründen der redaktionellen Klarstellung in **Abs. 1 S. 2** die Angabe „§ 60 Abs 2 bis 7" in „§ 60 Abs 2 bis 5 oder Abs 7" geändert. Das RLUmsG 2011 hat keine Änderungen vorgenommen. Durch Art. 1 Nr. 30 des **RLUmsG 2013** wurde mWz 1.12.2013 in Abs. 1 S. 2 redaktionell der Zusatz (§ 60 Abs.) „2 bis" (5 oder 7 des Aufenthaltsgesetzes) sowie in Abs. 2 der weggefallene „und § 39" gestrichen. In der Gesetzesbegründung[3] heißt es zur Änderung in Abs. 1: „Der Regelungstext vollzieht die Trennung von internationalem subsidiären Schutz und nationalen Abschiebungsverboten nach." und zur Änderung in Abs. 2: „Es handelt sich um eine Folgeänderung wegen Streichung des § 39." Durch das **AsylVfBeschlG 2015** wurden in Abs. 1 S. 1 nach dem Wort „aufzuhalten" die Wörter „oder Wohnung zu nehmen" neu eingefügt mit der Begründung[4]: „Auch nach Wegfall der Verpflichtung nach § 47 Absatz 1 zum Aufenthalt in einer Erstaufnahmeeinrichtung muss die entsprechende Information an die nach dem Aufenthaltswechsel zuständige Ausländerbehörde weitergegeben werden können."

---

[1] BT-Drs 12/2062, 12.
[2] BT-Drs 12/2817, 24.
[3] BT-Drs 15/420, 42.
[4] BT-Drs 16/5065, 218.
[5] BT-Drs. 17/13063, 22.
[1] BT-Drs. 12/2062, 12.
[2] BT-Drs. 12/4450, 7.
[3] BT-Drs. 17/13063, 22.
[4] BT-Drs. 18/6185, 47.

Gesetzliche Duldung (weggefallen) § 41 AsylG 7

II. Allgemeines

Die Vorschrift bezweckt eine **möglichst frühzeitige Unterrichtung** der jeweils zuständigen 2
Behörde im Hinblick auf die Kompetenztrennung zwischen BAMF und Ausländerbehörde. Die
Ausländerbehörden sollen frühzeitig über den aktuellen asylrechtlichen Aufenthaltsstatus informiert
werden bzw. gegebenenfalls frühzeitig mit den Vorbereitungen einer Abschiebung bzw. deren Stopp
beginnen können.

III. Unterrichtung

Die **Anlässe** der Unterrichtung sind im Gesetz benannt. In den Fällen der Abs. 1 und 3 soll der 3
möglichst zügige Vollzug der Abschiebungsandrohung und -anordnung gewährleistet werden[5] und im
Falle des Abs. 2 umgekehrt die Beachtung eines gerichtlichen Abschiebungsstopps durch die Ausländerbehörde.

Durch **Abs. 1 S. 2** wird eine bestimmte Gruppe von Teilstattgaben in einem gerichtlichen Eil- 4
verfahren erfasst. Gemeint sind die Fälle, in denen das BAMF zu Unrecht relative Abschiebungshindernisse nicht festgestellt und deshalb einen Staat oder mehrere Staaten zu Unrecht nicht als Zielstaaten
ausgenommen hat. Dann bleibt die Androhung hinsichtlich anderer konkret bezeichneter Zielstaaten
bestehen und vollziehbar (§ 60 X AufenthG), zumindest hinsichtlich der in dem Hinweis nach § 59 II
AufenthG erfassten Staaten. Nicht erfasst sind also Fälle, in denen der Abschiebung absolute Hindernisse entgegenstehen, zB aus § 60 IV AufenthG. Durch das Erfordernis der Nichtfortführung des
Verfahrens durch das BAMF wird die Anwendung praktisch auf unbeachtliche Asylanträge beschränkt,
weil nur hier das BAMF durch den Vollzugsstopp zur Weiterführung des Verfahrens verpflichtet wird
(§ 37 I 2)[6].

Durch **Abs. 1 S. 1** sind vollziehbare Abschiebungsandrohungen in folgenden Fällen erfasst: unbe- 5
achtlicher oder offensichtlich unbegründeter Asylantrag (§§ 29, 30), Rücknahme (§ 32). In den ersten
beiden Fällen ist der Vollzug während des gerichtlichen Eilverfahrens gehemmt (§ 36 III 8), und die
Androhung bei schlichter Antragsablehnung (§ 38 I) ist nicht sofort vollziehbar (vgl. § 75). Betroffen
ist nicht die Einreise aus einem sicheren Drittstaat, weil die Abschiebung insoweit angeordnet und
nicht angedroht wird und dem Ausländer dann kein Bezirk zum Aufenthalt zugewiesen wird (vgl. aber
Abs. 3).

Abs. 2 gilt für den gerichtlichen Vollzugsstopp im Falle der Antragsrücknahme (§ 38 II). Hier geht 6
schon eine Mitteilung anlässlich der Abschiebungsandrohung voraus (Abs. 1 iVm § 34 I 1). Damit die
Ausländerbehörde nicht aufgrund dessen sofort vollzieht, ist die Benachrichtigung über das stattgebende Ergebnis des Eilverfahrens notwendig. In der Zeit zwischen Zustellung der Abschiebungsandrohung
und Erlass des Stoppbeschlusses ist die Ausländerbehörde rechtlich an der Vollziehung grundsätzlich
nicht gehindert.

Abs. 3 betrifft nur die Abschiebungsanordnung nach Einreise aus einem sicheren Drittstaat (§ 34a 7
I). Diese ist dem Ausländer unmittelbar durch das BAMF oder aber durch die Abschiebebehörde
zuzustellen (§ 31 I 5 und 6). Falls die Ausländerbehörde selbst zugestellt hat, bedarf es keiner Unterrichtung.

Die Informationspflichten des BAMF gegenüber der zuständigen Ausländerbehörde oder Grenz- 8
behörde (bei Abs. 3) sollen die **Durchführung der Abschiebung** in den genannten Fällen sicherstellen (vgl. auch § 24 III; zum gerichtlichen Verfahren vgl. § 83a). Hierfür ist nicht die Übermittlung
des gesamten Akteninhalts erforderlich. Die Ausländerbehörde benötigt aber die vollständigen Personalien und die in den Akten beim BAMF befindlichen (§§ 15 II Nr. 4, 21). Zweckmäßigerweise
werden außerdem Ablichtungen der Antragsbegründung, der Anhörung, einer schriftlichen Stellungnahme und der Entscheidung übermittelt.

§ 41 *Gesetzliche Duldung* (weggefallen)

*(1) ¹Hat das Bundesamt oder das Verwaltungsgericht das Vorliegen eines Abschiebungshindernisses
nach § 53 Abs. 6 des Ausländergesetzes festgestellt, ist die Abschiebung in den betreffenden Staat für die
Dauer von drei Monaten ausgesetzt. ²Die Frist beginnt im Falle eines Antrages nach § 80 Abs. 5 der
Verwaltungsgerichtsordnung oder der Klageerhebung mit Eintritt der Unanfechtbarkeit der gerichtlichen
Entscheidung, im übrigen mit dem Eintritt der Unanfechtbarkeit der Entscheidung des Bundesamtes.*

*(2) ¹Die Ausländerbehörde kann die Aussetzung der Abschiebung widerrufen. ²Sie entscheidet über
die Erteilung einer Duldung nach Ablauf der drei Monate.*

---

[5] BT-Drs. 12/2062, 62: möglichst innerhalb einer Woche.
[6] Ebenso GK-AsylG § 40 Rn. 59.

7 AsylG § 42

1   Die Vorschrift hatte kein Vorbild im AsylVfG 1982. Sie entsprach in vollem Umfang dem **Gesetzentwurf 1992**[1].
2   Die Norm ist seit 1.1.2005 **ersatzlos aufgehoben** (Art. 3 Nr. 27), weil die Ausländerbehörde an die Entscheidung des BAMF über ein zielstaatsbezogenes Abschiebungshindernis gemäß § 42 grundsätzlich gebunden ist und im Falle der Aussetzung eine Aufenthaltserlaubnis nach § 25 III AufenthG erteilen kann, es sei denn, die Ausreise ist möglich und zumutbar[2].

§ 42 Bindungswirkung ausländerrechtlicher Entscheidungen

¹Die Ausländerbehörde ist an die Entscheidung des Bundesamtes oder des Verwaltungsgerichts über das Vorliegen der Voraussetzungen des § 60 Absatz 5 oder 7 des Aufenthaltsgesetzes gebunden. ²Über den späteren Eintritt und Wegfall der Voraussetzungen des § 60 Abs. 4 des Aufenthaltsgesetzes entscheidet die Ausländerbehörde, ohne dass es einer Aufhebung der Entscheidung des Bundesamtes bedarf.

I. Entstehungsgeschichte

1   Die Vorschrift hat kein Vorbild im AsylVfG 1982. Sie entspricht im Wesentlichen dem Gesetzesentwurf 1992[1*]. Nachträglich wurde auf Empfehlung des Bundestag-Innenausschusses[2*] nur die Passage „oder des Verwaltungsgerichts" eingefügt. MWv 1.1.**2005** sind entsprechend dem Gesetzesentwurf[3] die Bezugnahme auf das AusländerG durch solche auf das AufenthG ersetzt (Art. 3 Nr. 28 ZuwG). Das RLUmsG **2007** hat aus Gründen der redaktionellen Klarstellung in S. 2 die Angabe „§ 60 Abs 2 bis 7" in „§ 60 Abs 2 bis 5 oder Abs 7" geändert. Das RLUmsG 2011 hat keine Änderungen vorgenommen. Durch Art. 1 Nr. 31 des **RLUmsG 2013** wurde mWz 1.12.2013 in S. 1 redaktionell der Zusatz (§ 60 Abs.) „2 bis" (5 oder 7 des Aufenthaltsgesetzes) gestrichen. In der Gesetzesbegründung[4] heißt es hierzu: „Der Regelungstext vollzieht die Trennung von internationalem subsidiären Schutz und nationalen Abschiebungsverboten nach."

II. Bindungswirkung

2   Die gesetzliche Anordnung der Bindungswirkung ausländerrechtlicher Entscheidungen (zu asylrechtlichen vgl. § 4) ist wegen der (auch bezogen auf Zielstaat oder Inland) Kompetenztrennung zwischen BAMF und Ausländerbehörde im Bereich des § 60 AufenthG (dazu § 24 II) notwendig. Die Bindung gilt ungeachtet einer evtl. **Änderung** der Verhältnisse[5]. Sie ergreift ohne Ausnahme die – zielstaatsbezogenen – nationalen Abschiebungsverbote des § 60 V und VII AufenthG. Sie betrifft aber **nur die Ausländerbehörde** und nicht andere Behörden oder Gerichte, also insbesondere nicht Staatsanwaltschaft, Bundesregierung und OLG im Auslieferungsverfahren und die Minister nach § 58a AufenthG.
3   Die Bindungswirkung gilt zunächst für **Entscheidungen** des BAMF, aber auch für gerichtliche Entscheidungen. Ohne eine solche Erstreckung auf gerichtliche Feststellungen wären die Ausländerbehörden nicht gebunden, da die Länder an den asylrechtlichen Gerichtsverfahren nicht (mehr) beteiligt sind und die Rechtskraft nach § 121 VwGO deshalb insoweit schon mangels Identität der Beteiligten keine Wirkungen entfaltete. In Betracht kommt, wie nachfolgend erläutert, nur eine Hauptsacheentscheidung, und zwar in der Regel ohne Rücksicht auf die Bestandskraft, da sie meist sofort vollziehbar ist (nach § 75 ausgenommen nur der Fall des § 38 I).
4   Unproblematisch ist der Fall der (positiven) **Feststellung** des Abschiebungshindernisses durch BAMF oder Gericht im **Hauptsacheverfahren,** in dem die Verpflichtung zur Feststellung nach § 31 III, V einen (selbstständigen) Verfahrensgegenstand bildet. Unsicher erscheint die Rechtslage allerdings hinsichtlich des vorläufigen Rechtsschutzes gegenüber dem BAMF nach § 123 VwGO[6], zumal insoweit eine Verpflichtung zur vorläufigen Feststellung wegen des Verbots der Vorwegnahme der Hauptsache wohl ausscheidet. Zudem ist grundsätzlich allein das BAMF für Feststellungen zu § 60 V oder VII AufenthG zuständig, und die Ausländerbehörde hieran gebunden (S. 1), sodass in einem Verfahren gegen die Ausländerbehörde eigenständig über die Aussetzung der Vollziehung im Hinblick auf Hindernisse dieser Art nicht entschieden werden kann. Selbst wenn trotz dieser Bedenken vorläufiger Rechtsschutz bei Annahme eines Anordnungsgrunds gewährt würde, wäre dabei das Vorliegen

---

[1] BT-Drs 12/2062, 12.
[2] So Begr. des GesEntw BT-Drs. 15/420, 110 f.
[1*] BT-Drs. 12/2062, 12.
[2*] BT-Drs. 12/2817, 25.
[3] BT-Drs. 15/420, 42 f.
[4] BT-Drs. 17/13063, 22.
[5] Ausnahme betr. § 60 IV AufenthG → Rn. 5.
[6] Dazu → § 31 Rn. 12.

eines Abschiebungshindernisses nicht endgültig festgestellt, sondern nur als mehr oder weniger wahrscheinlich angenommen. In diesem Verfahren wäre die Rechtmäßigkeit der (negativen) Feststellung des BAMF nach § 31 III, V nicht unmittelbar Streitgegenstand, sondern nur iRd Prüfung eines glaubhaft zu machenden Anordnungsanspruchs entscheidungsrelevant. Sie stellte dann lediglich einen Teil der Entscheidungsgrundlage dar, die nach § 123 VwGO nicht von der Rechtskraft erfasst würde.

Gemeint sein könnten aber auch Fälle des **vorläufigen Rechtsschutzes,** in denen das Gericht dem 5 Rechtsschutzantrag gegenüber BAMF oder Ausländerbehörde im Hinblick auf § 60 V und VII AufenthG stattgibt. Indes lässt sich dies wegen der Eigenart des Verfahrens nach § 123 VwGO allenfalls eingeschränkt verwirklichen. Feststellungen des BAMF nach § 31 III, V ergehen zwar selbstständig und nicht nur als Teil der Abschiebungsandrohung. Einstweiliger Rechtsschutz wird daher insoweit nach § 123 und nicht nach § 80 V VwGO gewährt[7]. Nach alledem kommt als gerichtliche Feststellung iSd Abs. 1 im Eilverfahren allenfalls die Verpflichtung der Ausländerbehörde zur vorläufigen Unterlassung der Abschiebung nach § 123 VwGO in Betracht. Eine vorläufige Feststellung eines Tatbestands des § 60 V oder VII AufenthG im Eilverfahren ist dagegen nicht statthaft.

Verbindlich sind wie nach § 4 nicht nur **positive** Feststellungen des BAMF und der Gerichte, 6 sondern auch **ablehnende** Entscheidungen, wie nicht zuletzt die Regelung von S. 2 über den nachträglichen Eintritt des Tatbestands des § 60 IV AufenthG belegt[8]. Es kann sich deshalb nur um Bescheide nach § 31 III 1 handeln. Die positive oder negative Feststellung muss allerdings ausdrücklicher Gegenstand des Verfahrens (im Prozess Streitgegenstand) und der Entscheidung sein, sie darf nicht nur beiläufig, hilfsweise oder in einem obiter dictum behandelt sein. Die Bindungswirkung wird im Übrigen ausnahmsweise in dem Fall **durchbrochen,** in dem das Gericht unter Hinweis auf eine Erlasslage die Frage offenlässt, ob die Voraussetzungen des § 60 VII (hinsichtlich individueller und/oder allgemeiner Gefahren) vorliegen; (nur) soweit das Gericht hierüber nicht inhaltlich entschieden hat, bindet dessen Entscheidung auch nicht.

Bei einer späteren **Änderung der Sach- oder Rechtslage** besteht die Bindungswirkung grundsätzlich fort. Sie kann allgemein nur durch eine Änderung des Bescheids des BAMF aufgehoben werden, und dafür ist nur das BAMF zuständig. Nur das BAMF und nicht die Ausländerbehörde hat nämlich darüber zu entscheiden, ob eine Feststellung zu § 60 V oder VII AufenthG zu widerrufen ist (§ 73 III)[9] oder im Wege des Wiederaufgreifens des Verfahrens nach § 51 VwVfG eine positive Feststellung getroffen werden kann[10]. 7

Eine Ausnahme sieht S. 2 nur für das Hindernis des laufenden **Auslieferungsverfahrens** vor. Nach 8 einer Zustimmung der für das Auslieferungsverfahren zuständigen Behörde ist die Ausländerbehörde nicht weiter an der Entscheidung über die Abschiebung gehindert. Der Sache nach wird ihre Entscheidung durch die Auslieferungsentscheidung präjudiziert. Es kommt nur auf die formelle Zustimmung an und nicht auf die Gründe für die Zustimmung[11]. Umgekehrt hat die Ausländerbehörde bei zwischenzeitlicher Einleitung eines förmlichen Auslieferungsverfahrens selbstständig und ohne Bindung an den vorangegangenen Bescheid des BAMF über das Abschiebungshindernis des § 60 IV AufenthG zu befinden. In jedem Fall „entscheidet" die Ausländerbehörde nicht durch gesonderten Bescheid, sondern im Rahmen des Abschiebungsverfahrens.

§ 43 Vollziehbarkeit und Aussetzung der Abschiebung

(1) War der Ausländer im Besitz eines Aufenthaltstitels, darf eine nach den Vorschriften dieses Gesetzes vollziehbare Abschiebungsandrohung erst vollzogen werden, wenn der Ausländer auch nach § 58 Abs. 2 Satz 2 des Aufenthaltsgesetzes vollziehbar ausreisepflichtig ist.

(2) [1]**Hat der Ausländer die Verlängerung eines Aufenthaltstitels mit einer Gesamtgeltungsdauer von mehr als sechs Monaten beantragt, wird die Abschiebungsandrohung erst mit der Ablehnung dieses Antrags vollziehbar.** [2]**Im Übrigen steht § 81 des Aufenthaltsgesetzes der Abschiebung nicht entgegen.**

(3) [1]**Haben Familienangehörige im Sinne des § 26 Absatz 1 bis 3 gleichzeitig oder jeweils unverzüglich nach ihrer Einreise einen Asylantrag gestellt, darf die Ausländerbehörde die Abschiebung vorübergehend aussetzen, um die gemeinsame Ausreise der Familie zu ermöglichen.** [2]**Sie stellt dem Ausländer eine Bescheinigung über die Aussetzung der Abschiebung aus.**

---

[7] → § 31 Rn. 12.
[8] Dazu auch → § 4 Rn. 6; ebenso *Göbel-Zimmermann* Rn. 538; *Hailbronner* JZ 1995, 195; *Rennert* VBlBW 1993, 93.
[9] Dazu *Hailbronner* AsylG § 42 Rn. 15.
[10] Dazu GK-AsylG § 42 Rn. 54 ff.
[11] Dazu → § 4 Rn. 15 ff.

I. Entstehungsgeschichte

1 Abs. 2 geht zum Teil auf § 28 VII AsylVfG 1982 zurück; iÜ hat die Vorschrift kein Vorbild in früheren Gesetzen. Sie stimmte ursprünglich im Wesentlichen mit dem **Gesetzesentwurf 1992**[1] überein; auf Vorschlag des Bundestag-Innenausschusses[2] wurde allerdings in Abs. 2 der erste Satz eingefügt. MWv 1.1.2005 wurden entsprechend dem Gesetzesentwurf[3] die Begriffe und Bezugnahmen auf das AuslG dem neuen AufenthG angepasst und in Abs. 3 der 2. S. angefügt (Art. 3 Nr. 29 **ZuwG**), da § 43a IV aufgehoben wurde. Das **RLUmsG 2007** ersetzte in **Abs. 3** den alten **S. 2** (bisher: „Solange der Ausländer verpflichtet ist, in einer Aufnahmeeinrichtung zu wohnen, entscheidet abweichend von Satz 1 das Bundesamt."). Der Gesetzgeber begründete die Neufassung von Abs. 3 S. 2 wie folgt[4]: „Die bisherige Regelung, nach der das Bundesamt für die Entscheidung über die Aussetzung der Abschiebung zuständig ist, hat sich nicht bewährt und kam kaum zur Anwendung. Die Entscheidung über die Aussetzung der Abschiebung sollte grundsätzlich bei der Ausländerbehörde verbleiben, da nur sie alle hierfür maßgeblichen Kriterien in Betracht ziehen kann. Die neue Regelung entspricht § 60a IV AufenthG. Nach § 43 III 1 AsylVfG ist die Ermöglichung einer gemeinsamen Ausreise von Familienangehörigen in das Ermessen der Ausländerbehörde gestellt. Diese Fälle sind den in § 60a AufenthG geregelten vergleichbar; daher ist auch hier die Erteilung einer Bescheinigung über die Aussetzung der Abschiebung angezeigt." Das RLUmsG 2011 hat keine Änderungen vorgenommen. Durch Art. 1 Nr. 33 des **RLUmsG 2013** wurde mWz 1.12.2013 in Abs. 3 S. 1 die Formulierung „Ehegatten oder Eltern und ihre minderjährigen ledigen Kinder" durch „Familienangehörige im Sinne des § 26 Absatz 1 bis 3" ersetzt. In der Gesetzesbegründung[5] heißt es hierzu: „Die Vorschrift wird an den in § 26 des Asylverfahrensgesetzes erweiterten Personenkreis angepasst (Folgeänderung)."

II. Vollzug der Abschiebungsandrohung

1. Besitz eines Aufenthaltstitels

2 Ein Asylantrag lässt nur einen **Aufenthaltstitel** mit einer Gesamtgeltungsdauer von über sechs Monaten unberührt; kürzerfristige Aufenthaltstitel erlöschen, ebenso die Wirkungen des § 81 III und IV AufenthG (§ 55 II; zum früheren Recht vgl. § 28 VII AsylVfG 1982 und dann § 55 II aF). Der Besitz eines Aufenthaltstitels hindert nach § 34 I 1 allgemein den Erlass einer asylverfahrensrechtlichen Abschiebungsandrohung, wobei der Aufenthaltstitel vor oder während des Asylverfahrens ausgestellt sein kann (Letzteres zB nach Eheschließung mit einem Deutschen). Abs. 1 und 2 vervollständigen dieses System des Ineinandergreifens von ausländerrechtlichem und asylrechtlichem Aufenthaltsrecht und Ausreisepflichten.

3 Als Aufenthaltstitel kommen **alle Arten** nach § 4 I 2 AufenthG und außerdem die nach dem FreizügG/EU in Betracht. Der Aufenthaltstitel muss von der Ausländerbehörde ausgestellt sein. Gemäß Abs. 2 genügt auch der nach § 81 IV AufenthG gesetzlich verlängerte Aufenthaltstitel[6]. Abzustellen ist auf den Zeitpunkt der Asylantragstellung, nicht auf den des Erlasses der Abschiebungsandrohung[7]. Es soll erkennbar derjenige Asylbewerber begünstigt werden, der asylverfahrensunabhängig eine sichere Aufenthaltsposition besaß. Auf die Verhältnisse bei Erlass der asylverfahrensrechtlichen Abschiebungsandrohung kann es[8] schon deshalb nicht ankommen, weil eine solche bei Vorliegen eines Aufenthaltstitels unter keinen Umständen ergeht[9]. Erfasst ist also nur der Fall, dass der Asylbewerber früher einen Aufenthaltstitel besaß und dieser vor Erlass der Abschiebungsandrohung erloschen ist und daher aufenthaltsbeendende Maßnahmen aus ausländerrechtlichen und asylrechtlichen Gründen parallel laufen.

2. Antrag auf Erteilung eines Aufenthaltstitels

4 Abs. 2 behandelt den Verlängerungsantrag für einen längerfristigen Aufenthaltstitel (S. 1) und die Geltung des § 81 AufenthG für andere Fälle (S. 2). Da die dort geregelten fiktiven Aufenthalts- und Bleiberechte sowohl aus Erst- als auch aus Verlängerungsanträgen folgen, gilt auch S. 2 für beide Fälle („Im Übrigen" = außerhalb des Falles des S. 1), also nicht nur für Erstanträge[10]. Der Antrag auf Erteilung oder Verlängerung des Aufenthaltstitels hindert in keinem Fall den Erlass der Abschiebungs-

---

[1] BT-Drs. 12/2062, 12.
[2] BT-Drs. 12/2817, 25.
[3] BT-Drs. 15/420, 43.
[4] BT-Drs. 16/5065, 218.
[5] BT-Drs. 17/13556, 8.
[6] Zum Bleiberecht aufgrund Antragstellung → Rn. 4.
[7] AA *Hailbronner* AsylG § 43 Rn. 6.
[8] Entgegen *Hailbronner* AsylG § 43 Rn. 6.
[9] → Rn. 2.
[10] Ebenso *Hailbronner* AsylG § 43 Rn. 14; aA *Marx* § 43 Rn. 13.

androhung nach § 34 I 1[11]. Der Eintritt der **Vollziehbarkeit** wird aber im Falle des Abs. 2 S. 1 (gesetzliche Verlängerung des Aufenthaltstitels) bis zur Entscheidung der Ausländerbehörde über den Verlängerungsantrag **hinausgeschoben**. In anderen Fällen hindert ein Antrag auf Aufenthaltstitel den Vollzug der Abschiebung nicht, weder bei Erteilungs- noch bei Kurzfristverlängerungsanträgen. Nach Ablehnung eines Verlängerungsantrags iSd Abs. 2 S. 1 gilt dies auch bis zur Stellung eines Eilantrags nach § 80 V VwGO und bis zu dessen Bescheidung. Wird diesem Antrag dann stattgegeben, tritt nicht rückwirkend die Legalisierungswirkung des § 81 III 1 AufenthG und damit auch des Abs. 2 S. 1 (wieder) ein, sondern es wird lediglich die Abschiebung ausgesetzt[12].

3. Familienangehörige

Familiäre Bindungen zu in Deutschland lebenden nahen Angehörigen können weder bei Erlass der Abschiebungsandrohung noch bei Bemessung der Ausreisefrist[13] berücksichtigt werden. Abs. 3 soll in gewissem Umfang Abhilfe schaffen, nämlich während des Asylverfahrens von Familienangehörigen, und zwar „entgegen den Vorschriften des AuslG"[14]. 5

Die Erteilung einer **Duldung** verlangt einen gewissen verfahrensrechtlichen Zusammenhang der Familienmitglieder. Bei getrennter Einreise schaden auch erhebliche Zeitabstände nicht. Der spätere Antrag muss nur jeweils ohne schuldhaftes Zögern nach der Einreise des betroffenen Ehegatten bzw. Lebenspartners, Elternteils oder Kindes gestellt sein. Für Personenstand und Alter ist auf den Zeitpunkt der beabsichtigten Abschiebung und nicht auf den der Asylantragstellung abzuheben (betreffend Familieneinheit sowie Familienasyl und internationaler Familienschutz vgl. §§ 14a, 26). 6

Die Duldung kann erteilt werden, ohne dass die Voraussetzungen des § 60a II AufenthG vorliegen, da Abs. 3 einen eigenen gesetzlichen Tatbestand darstellt. Der **Zweck der Duldung** darf ausschließlich darauf gerichtet sein, eine gemeinsame Ausreise zu ermöglichen. Wenn andere Gründe für eine Duldung geltend gemacht werden (zB Krankheit, Schwangerschaft, Schulbesuch oder sonstige Ausbildung), können sie (nur) im Rahmen des § 60a II AufenthG Beachtung finden[15]. 7

Das **Ermessen** hat private Belange der Familie zu beachten und die Verhältnismäßigkeit zu wahren, va Dauer der voraussehbaren Trennung, Alter, Angewiesensein auf familiäres Zusammenleben zu berücksichtigen. Es ist aber nicht durch ein staatliches Interesse an einer gemeinsamen Ausreise der Familie präjudiziert[16]. 8

III. Verwaltungsverfahren und Rechtsschutz

Für die Entscheidung über die Aussetzung der Abschiebung mit Rücksicht auf familiäre Bindungen ist nunmehr allgemein die Ausländerbehörde **zuständig**. Seit dem RLUmsG 2007 hat das BAMF insoweit nicht mehr zu entscheiden[17]. Auch wenn in einem Verfahren um die Aussetzung der Abschiebung die Anwendung von Abs. 3 im Streit steht, führt dies **nicht** zu einer **asylrechtlichen Rechtsstreitigkeit**. Die Beschwerde gegen eine Entscheidung des Verwaltungsgerichts ist hier nicht nach § 80 ausgeschlossen[18]. 9

Gegen die beabsichtigte **Abschiebung** kann sich der Asylbewerber, wenn eine Abschiebungsanordnung ergeht[19], mit Anfechtungsklage (§ 42 I VwGO) wehren; sonst kann er eine vorbeugende Verpflichtungsklage (§ 42 II VwGO), gerichtet auf Unterlassung der Abschiebung, erheben. Vorläufiger Rechtsschutz ist dementsprechend nach §§ 80 V oder 123 VwGO möglich. Betreffend **Duldung** sind Verpflichtungsklage und Antrag nach § 123 VwGO gegeben[20]. 10

§ 43a *Aussetzung der Abschiebung durch das Bundesamt* (weggefallen)

(1) ¹Solange ein Ausländer verpflichtet ist, in einer Aufnahmeeinrichtung zu wohnen, darf ihm keine Aufenthaltsgenehmigung erteilt werden. ²Ein Antrag auf Erteilung oder Verlängerung einer Aufenthaltsgenehmigung ist unzulässig.

(2) Solange ein Ausländer verpflichtet ist, in einer Aufnahmeeinrichtung zu wohnen, finden auf ihn die §§ 54 und 55 Abs. 3 des Ausländergesetzes keine Anwendung.

(3) ¹Das Bundesministerium des Innern kann aus völkerrechtlichen oder humanitären Gründen oder zur Wahrung politischer Interessen der Bundesrepublik Deutschland anordnen, daß die Abschiebung von

---

[11] → Rn. 2.
[12] Zu Recht *Hailbronner* AsylG § 43 Rn. 28.
[13] → § 36 Rn. 4; → § 38 Rn. 3 ff.; → § 39 Rn. 4.
[14] So BT-Drs. 12/2062, 34.
[15] Zu ähnlichen Fallgestaltungen → § 38 Rn. 4.
[16] *Hailbronner* AsylG § 43 Rn. 23; aA *Marx* § 43 Rn. 18.
[17] → Rn. 1. Zur alten Rechtslage s. auch die Kommentierungen in den Vorauflagen zum aufgehobenen § 43a.
[18] Vgl. VGH BW Beschl. v. 26.4.2016 — 11 S 432/16.
[19] Zur fehlenden Notwendigkeit eines solchen VA vgl. § 58 AufenthG; vgl. auch § 34a.
[20] Vgl. auch bei § 60a AufenthG.

Ausländern, auf die nach Absatz 2 der § 54 des Ausländergesetzes keine Anwendung findet, für die Dauer von längstens sechs Monaten ausgesetzt wird. ²*Das Bundesamt setzt die Abschiebung entsprechend der Anordnung aus.*

(4) Solange der Ausländer verpflichtet ist, in einer Aufnahmeeinrichtung zu wohnen, setzt das Bundesamt die Abschiebung vorübergehend aus, wenn diese sich als tatsächlich unmöglich erweist oder ein Aussetzungsgrund nach § 43 Abs. 3 vorliegt.

(5) Für den Widerruf der Aussetzung und die Entscheidung über die Erteilung einer weiteren Duldung ist die Ausländerbehörde zuständig, sobald der Ausländer nicht mehr verpflichtet ist, in einer Aufnahmeeinrichtung zu wohnen.

1 Die Vorschrift hatte kein Vorbild im AsylVfG 1982. Sie wurde entsprechend dem Gesetzesentwurf 1993[1] mWv 1.7.1993 eingefügt (Art. 1 Nr. 28 **AsylVfÄndG 1993**). Dem Gesetzesentwurf entsprechend **aufgehoben seit 1.1.2005** (Art. 3 Nr. 30 **ZuwG**); vgl. auch § 43 III 2 idF bis zum RLUmsG 2007[2].

§ 43b *Paßbeschaffung* (weggefallen)

¹*Für Ausländer, die in einer Aufnahmeeinrichtung zu wohnen verpflichtet sind, hat das Bundesministerium des Innern oder die von ihm bestimmte Stelle für die Beschaffung der Heimreisedokumente im Wege der Amtshilfe Sorge zu tragen.* ²*Die erforderlichen Maßnahmen sind zum frühestmöglichen Zeitpunkt zu treffen.*

1 Die Vorschrift hatte kein Vorbild im AsylVfG 1982. Sie wurde entsprechend dem Gesetzesentwurf 1993 (BT-Drs. 12/4450, 7) mWv 1.7.1993 eingefügt (Art. 1 Nr. 29 **AsylVfÄndG 1993**). Sie ist entsprechend dem Gesetzesentwurf (BT-Drs. 15/420, 43) **seit 1.1.2005 ersatzlos aufgehoben** (Art. 3 Nr. 30 **ZuwG**).

Abschnitt 5. Unterbringung und Verteilung

§ 44 Schaffung und Unterhaltung von Aufnahmeeinrichtungen

(1) Die Länder sind verpflichtet, für die Unterbringung Asylbegehrender die dazu erforderlichen Aufnahmeeinrichtungen zu schaffen und zu unterhalten sowie entsprechend ihrer Aufnahmequote die im Hinblick auf den monatlichen Zugang Asylbegehrender in den Aufnahmeeinrichtungen notwendige Zahl von Unterbringungsplätzen bereitzustellen.

(2) Das Bundesministerium des Innern, für Bau und Heimat oder die von ihm bestimmte Stelle teilt den Ländern monatlich die Zahl der Zugänge von Asylbegehrenden, die voraussichtliche Entwicklung und den voraussichtlichen Bedarf an Unterbringungsplätzen mit.

(2a) Die Länder sollen geeignete Maßnahmen treffen, um bei der Unterbringung Asylbegehrender nach Absatz 1 den Schutz von Frauen und schutzbedürftigen Personen zu gewährleisten.

(3) ¹§ 45 des Achten Buches Sozialgesetzbuch (Artikel 1 des Gesetzes vom 26. Juni 1990, BGBl. I S. 1163) gilt nicht für Aufnahmeeinrichtungen. ²Träger von Aufnahmeeinrichtungen sollen sich von Personen, die in diesen Einrichtungen mit der Beaufsichtigung, Betreuung, Erziehung oder Ausbildung Minderjähriger oder mit Tätigkeiten, die in vergleichbarer Weise geeignet sind, Kontakt zu Minderjährigen aufzunehmen, betraut sind, vor Prüfung, ob sie für die aufgeführten Tätigkeiten geeignet sind, vor deren Einstellung oder Aufnahme einer dauerhaften ehrenamtlichen Tätigkeit und in regelmäßigen Abständen ein Führungszeugnis nach § 30 Absatz 5 und § 30a Absatz 1 des Bundeszentralregistergesetzes vorlegen lassen. ³Träger von Aufnahmeeinrichtungen dürfen für die Tätigkeiten nach Satz 2 keine Personen beschäftigen oder mit diesen Tätigkeiten ehrenamtlich betrauen, die rechtskräftig wegen einer Straftat nach den §§ 171, 174 bis 174c, 176 bis 180a, 181a, 182 bis 184g, 184i bis 184l, 225, 232 bis 233a, 234, 235 oder 236 des Strafgesetzbuchs verurteilt worden sind. ⁴Nimmt der Träger einer Aufnahmeeinrichtung Einsicht in ein Führungszeugnis nach § 30 Absatz 5 und § 30a Absatz 1 des Bundeszentralregistergesetzes, so speichert er nur den Umstand der Einsichtnahme, das Datum des Führungszeugnisses und die Information, ob die das Führungszeugnis betreffende Person wegen einer in Satz 3 genannten Straftat rechtskräftig verurteilt worden ist. ⁵Der Träger einer Aufnahmeeinrichtung darf diese Daten nur verarbeiten, soweit dies zur Prüfung der Eignung einer Person für die in Satz 2 genannten Tätigkeiten erforderlich ist. ⁶Die Daten sind vor dem Zugriff Unbefugter zu schützen.

---

[1] BT-Drs. 12/4450, 7.
[2] → § 43 Rn. 1.

7 Sie sind unverzüglich zu löschen, wenn im Anschluss an die Einsichtnahme keine Tätigkeit nach Satz 2 wahrgenommen wird. **8** Sie sind spätestens sechs Monate nach der letztmaligen Ausübung einer in Satz 2 genannten Tätigkeit zu löschen.

I. Entstehungsgeschichte

Die Vorschrift hat kein unmittelbares Vorbild im AsylVfG 1982. Sie entspricht dem **Gesetzes-** 1 **entwurf 1992**[1]. Die RLUmsG 2007 und 2011 und 2013 haben keine Änderungen vorgenommen, wohl aber das sog. **Asylpaket II**[2]. Durch Art. 1 Nr. 8 des am 17.3.2016 (BGBl. I S. 390) in Kraft getretenen Gesetzes zur Einführung beschleunigter Asylverfahren wurden an Abs. 3 die neuen Sätze 2 –8 angefügt. Der Gesetzgeber begründete[3] dies wie folgt: „Gegenwärtig besteht für Personal in Aufnahmeeinrichtungen nach dem Asylgesetz keine bundesgesetzliche Pflicht zur Vorlage von Führungszeugnissen, da die Anwendbarkeit des Betriebserlaubnisverfahrens nach dem SGB VIII durch § 44 III AsylG ausdrücklich ausgeschlossen wird. In Aufnahmeeinrichtungen sind jedoch auch Kinder und Jugendliche untergebracht. Durch die Einführung einer Pflicht der Träger der Aufnahmeeinrichtungen, sich von den Beschäftigten und dauerhaft ehrenamtlichen Helfern, die die in Absatz 3 Satz 2 aufgezählten kinder- und jugendnahen Tätigkeiten wahrnehmen, ein erweitertes Führungszeugnis vorlegen zu lassen, wird erreicht, dass die Träger sich in Bezug auf strafrechtliche Verurteilungen ein umfassendes Bild von diesen Personen verschaffen müssen. Durch den Ausschluss in Satz 3 wird sichergestellt, dass die untergebrachten Kinder und Jugendlichen nicht durch Personen – auch nicht durch vorübergehende ehrenamtliche Helfer – betreut werden, wenn dem Träger bekannt ist, dass sie in der Vergangenheit strafrechtlich durch Gewalt- und Sexualdelikte aufgefallen sind. In ein erweitertes Führungszeugnis werden nämlich auch Bagatelldelikte aus diesem Deliktbereich, d. h. insbesondere einmalige Verurteilungen von bis zu 90 Tagessätzen Geldstrafe bzw. 3 Monaten Freiheitsstrafe aufgenommen. Ausgestellt wird dieses, wenn es für kinder- und jugendnahe Tätigkeiten benötigt wird (§ 30a Absatz 1 Nummer 2 Buchstabe b und c des Bundeszentralregistergesetzes, BZRG). Eine Änderung des BZRG ist nicht erforderlich, da die Vorlage für Tätigkeiten in Unterkünften verlangt wird, in denen zumindest auch Kinder oder Jugendliche leben und betreut werden. Nur sporadische oder gelegentliche Hilfe Ehrenamtlicher wird insoweit nicht erschwert, als die Verpflichtung der Träger, sich ein erweitertes Führungszeugnis vorlegen zu lassen, für diesen Personenkreis nicht gilt. Der neue Absatz 3 Satz 2 regelt einen eng umgrenzten Bereich der Art der Tätigkeit (Beaufsichtigung, Betreuung, Erziehung oder Ausbildung). Im Hinblick auf Ehrenamtliche soll ein erweitertes Führungszeugnis ausdrücklich nur für eine dauerhafte Tätigkeit verlangt werden müssen, so dass z. B. ein hin und wieder erfolgender Einsatz als Deutschlehrer durch pensionierte Lehrkräfte von der Norm nicht erfasst ist. Zum anderen entscheiden die Träger der Aufnahmeeinrichtungen schon nach der Ausgestaltung der Regelung als Sollvorschrift darüber, bei welchen Tätigkeiten sie ein erweitertes Führungszeugnis verlangen. Die Sätze 4 bis 6 regeln die Erhebung, Speicherung, Veränderung und Nutzung der sich aus den vorgelegten Führungszeugnissen ergebenden Daten. Eine sechsmonatige Speicherfrist ist erforderlich, um ehrenamtlich Tätigen eine vorübergehende Unterbrechung und anschließend voraussetzungslose Wiederaufnahme der Tätigkeit zu ermöglichen. Durch die Verweisung auf § 44 Absatz 3 in § 53 Absatz 3 AsylG, der keiner Änderung bedarf, ist sichergestellt, dass die Regelung auch auf öffentliche und freie Träger von Gemeinschaftsunterkünften anzuwenden ist." Durch das am 10.11.2016 in Kraft getretene **Gesetz zur Verbesserung des Schutzes der sexuellen Selbstbestimmung** wurden in Abs. 3 S. 3 noch die neuen Straftatbestände § 184i StGB (Sexuelle Belästigung) und § 184j StGB (Straftaten aus Gruppen) hinzugefügt. Der Gesetzgeber begründete dies wie folgt[4]: „Durch das in § 44 Absatz 3 Satz 3 Asyl geregelte Verbot wird sichergestellt, dass die in Aufnahmeeinrichtungen untergebrachten Kinder und Jugendlichen nicht durch Personen betreut werden, die in der Vergangenheit strafrechtlich durch Gewalt- und Sexualdelikte aufgefallen sind. Soweit durch das vorliegende Gesetz neue Straftatbestände zum Schutz der sexuellen Selbstbestimmung eingeführt werden, bedarf es einer entsprechenden Erweiterung der Verweisung: Die neu geschaffenen Tatbestände des § 184i und § 184j sind ebenfalls in Bezug zu nehmen." 2019 wurde § 44 durch das **2. RückkehrG** der neue Abs. 2a eingefügt. In der Gesetzesbegründung wird betont, dass Frauen und schutzbedürftige Personen eines besonderen Schutzes bei der Unterbringung bedürfen[5]. § 44 ist **europarechtskonform;** in Art. 7, 14 ff. EU-Aufnahme-RL aF bzw. den entsprechenden Nachfolgenormen in den Art. 7, 18 ff. der novellierten **EU-Aufnahme-RL 2013/22/EU** finden sich Vorgaben zu Aufenthalt, Wohnzwecken und Unterbringung von Asylbewerbern, auch hinsichtlich besonders schutzbedürftiger Personengruppen (zB unbegleitete Minderjährige). Durch das 2. DSAnpUG-EU vom 20.11.2019, BGBl. I S. 1626, wurden in Abs. 3 Satz 5 zur Anpassung der Begrifflichkeiten an die

---

[1] BT-Drs. 12/2062, 12 f.
[2] → Vorb. Rn. 34 ff.
[3] BT-Drs. 18/7538, 16 f.
[4] Vgl. BT-Drs. 18/9097, 33 f.
[5] Vgl. BT-Drs. 19/10706, 14 f.

Verordnung (EU) 2016/679 die Wörter „verändern und nutzen" durch das Wort „verarbeitet" ersetzt, was keine rechtserhebliche Änderung darstellt.

II. Allgemeines

2   Die Bestimmungen über Aufnahmeeinrichtungen modifizieren zusammen mit § 53 I den früheren § 23 I AsylVfG 1982. Sie enthalten erstmalig eine nach dem AsylVfG 1982 unbekannte **Verpflichtung der Länder** zur Schaffung und Unterhaltung von Einrichtungen und zur Bereitstellung von Unterbringungsplätzen[6]. Welche **Unterschiede** zwischen einer Aufnahmeeinrichtung (§§ 44, 46–49) und einer Gemeinschaftsunterkunft (§ 53)[7] bestehen, ist im Gesetz – von der zeitlichen Reihenfolge in Abhängigkeit von der Wohnverpflichtung des § 47 abgesehen – nicht gesagt. Weder Größe noch Beschaffenheit noch Ausstattung sind im Gesetz festgelegt, der 2019 eingefügte Abs. 2a zwingt die Länder allerdings, gesonderte Maßnahmen zum Schutz von **Frauen und Vulnerablen** vorzusehen, ohne dass dies jedoch näher konkretisiert wird oder für diese Personengruppen hieraus Ansprüche gegen die Länder bspw. auf gesonderte Unterbringung begründet. Zu denken ist insoweit jedoch an gesonderte Aufnahmeeinrichtungen oder zumindest abgesonderte Wohntrakte, deren Zugang rund um die Uhr gesichert ist. Denn insbesondere alleinstehende Mädchen und Frauen müssen staatlicherseits effektiv davor geschützt werden, als „Freiwild" missbraucht zu werden. Darüberhinausgehend hätten zum Zwecke der Vermeidung menschenunwürdiger Wohnverhältnisse einerseits[8] und zu erwartender Widerstände bei den Bundesländern andererseits auch gesetzliche Mindeststandards für Aufnahmeeinrichtungen vorgegeben werden können, die auch die notwendige sozialpädagogische Betreuung der Asylbewerber insbesondere der **Kinder und Jugendlichen** hätten einbeziehen können. Unter diesen Gesichtspunkten erscheint die Regelung in Abs. 3 S. 1, dh der generelle Ausschluss des Betriebserlaubnisverfahrens, unangebracht, weil danach die sonst erforderliche Erlaubnis der **Jugendbehörde** entfällt. Diese Problematik wird durch die nach entsprechenden Negativerfahrungen im Jahr 2015 mit dem Asylpaket II 2016 in **Abs. 3** angefügten S. 8 zum Teil gelöst. Nunmehr müssen sich Aufnahmeeinrichtungen, in denen Kinder oder Jugendliche betreut werden, vor Beschäftigung und „in regelmäßigen Abständen danach" (wohl zumindest einmal pro Jahr bzw. bei Verdachtsmomenten zusätzlich anlassbezogen) selbst von dauerhaft (länger als sechs Monate; vgl. S. 8) tätig sein wollenden Ehrenamtlichen das sog. **erweiterte Führungszeugnis** vorlegen lassen. Wenn keine atypische Situation vorliegt, ist dies zwingend („sollen"). Die rechtskräftige Verurteilung wegen einer der aufgezählten Katalogstraftaten – egal mit welchem Strafmaß – sperrt automatisch die Beschäftigung. Zum effektiven Kinder- und Jugendschutz ist diese Sperrwirkung des Abs. 3 S. 3 weit auszulegen, dh, dergestalt Verurteilte sollen bis zur Tilgung ihrer Straftat im BZR nirgendwo eingesetzt werden, wo sie mit Kindern oder Jugendlichen Kontakt haben können. Zum in den S. 4–8 detailliert geregelten **Datenschutz** vgl. die Gesetzesbegründung in → Rn. 1.

III. Aufnahmeeinrichtungen

3   Abs. 1 verpflichtet die Länder zur Schaffung und Unterhaltung von Aufnahmeeinrichtungen sowie zur Bereitstellung der erforderlichen Plätze und damit verbunden auch zur Kostentragung. Das Gesetz regelt dagegen – von Abs. 3 abgesehen – nicht die **Beschaffenheit** dieser Einrichtungen[9] und auch nicht die Art und Weise, wie die Länder ihren Verpflichtungen unter Beachtung des jeweiligen Verfassungs- und Kommunalrecht nachkommen sollen. Sinn und Zweck des gesamten Verteilungs- und Unterbringungssystems und die Verpflichtungen des BAMF zur Schaffung von Außenstellen nach § 5 III zwingen aber jedes Land zur Bereitstellung mindestens einer Aufnahmeeinrichtung. Mangels entsprechender gesetzlicher Klarstellungen ist anzunehmen, dass eine Aufnahmeeinrichtung auch aus mehreren Teilen, etwa einer Zentrale und Außenstellen, bestehen kann.

4   Wenn auch die konkrete Beschaffenheit der Einrichtungen den Ländern nicht vorgegeben wird, haben sie doch gemäß Abs. 2a dafür Sorge zu tragen, dass der Schutz von „Frauen und schutzbedürftigen Personen" gewährleistet ist. Im Rahmen des 2. RückkehrG 2019 hat der Gesetzgeber insoweit auch die Personengruppe der **Vulnerablen** in den Gesetzesmaterialien ausdrücklich definiert[10] als „insbesondere Minderjährige, Menschen mit Behinderungen, ältere Menschen, Schwangere, lesbische, schwule, bi-, trans- oder intersexuelle Personen, Alleinerziehende mit minderjährigen Kindern, Opfer von Menschenhandel, Personen mit schweren körperlichen Erkrankungen, Personen mit psychischen Störungen und Personen, die Folter, Vergewaltigung oder sonstige schwere Formen psychischer, physischer oder sexueller Gewalt erlitten haben, wie zB Opfer geschlechtsspezifischer Gewalt, weiblicher Genitalverstümmelung, Zwangsverheiratung oder Opfer von Gewalt aufgrund

---

[6] Zur Umsetzung in BW durch FlüAG und FlüAZuVO vgl. auch *Toberer* VBlBW 2007, 259.
[7] Erwähnt in BT-Drs. 12/2062, 34 f.
[8] Dazu *Reuther/Uihlein*, Asyl, 1985, S. 31 ff., 81 ff.; OVG NRW Beschl. v. 10.6.1986 – 19 B 1020/86 ua, InfAuslR 1986, 219; VG Freiburg Urt. v. 19.6.1996 – A 2 K 10 233/96, VBlBW 1997, 112.
[9] → Rn. 2.
[10] Vgl. BT-Drs. 19/10706, 14 f.

sexueller, geschlechtsbezogener, rassistischer oder religiöser Motive". Der Gesetzgeber will die Länder mithin veranlassen, auf fast alle Sonderkonstellationen durch „geeignete Maßnahmen" einzugehen. Ob dies in der Praxis angemessen umgesetzt werden kann, erscheint fraglich. Zwar ist Abs. 2a eine Sollensregelung, dh, die Länder sind hier zu Schutzmaßnahmen gezwungen, wenn keine atypische Situation besteht; den aufgeführten Personen werden durch Abs. 2a aber dennoch nicht gewissermaßen im Gegenzug subjektiv-öffentliche Rechte verschafft, dh, die definierten Schutzgruppen können hieraus nicht mithilfe der VG Maßnahmen einklagen. Damit Abs. 2a sich in der Praxis nicht als „Show-Recht" erweist, könnten deshalb auch NGOs auf Durchsetzung drängen.

Die **notwendige Anzahl** der bereitzuhaltenden Plätze ergibt sich aus dem Gesamtzugang an 5 Asylbewerbern, dem auf das jeweilige Land entfallenden Anteil (§§ 45, 51, 52) und der Aufenthaltsdauer der Asylbewerber; Letztere wiederum hängt entscheidend von der Dauer der Verwaltungs- und Gerichtsverfahren ab. Die Mitteilungspflichten nach Abs. 2 betreffen einen Teil dieser Faktoren und sollen den Ländern die Vorausberechnung der notwendigen Kapazitäten ermöglichen.

§ 45 Aufnahmequoten

(1) ¹Die Länder können durch Vereinbarung einen Schlüssel für die Aufnahme von Asylbegehrenden durch die einzelnen Länder (Aufnahmequote) festlegen. ²Bis zum Zustandekommen dieser Vereinbarung oder bei deren Wegfall richtet sich die Aufnahmequote für das jeweilige Kalenderjahr nach dem von dem Büro der Gemeinsamen Wissenschaftskonferenz im Bundesanzeiger veröffentlichten Schlüssel, der für das vorangegangene Kalenderjahr entsprechend Steuereinnahmen und Bevölkerungszahl der Länder errechnet worden ist (Königsteiner Schlüssel).

(2) ¹Zwei oder mehr Länder können vereinbaren, dass Asylbegehrende, die von einem Land entsprechend seiner Aufnahmequote aufzunehmen sind, von einem anderen Land aufgenommen werden. ²Eine Vereinbarung nach Satz 1 sieht mindestens Angaben zum Umfang der von der Vereinbarung betroffenen Personengruppe sowie einen angemessenen Kostenausgleich vor. ³Die Aufnahmequote nach Absatz 1 wird durch eine solche Vereinbarung nicht berührt.

I. Entstehungsgeschichte

Die Vorschrift geht auf § 22 II AsylVfG 1982 zurück. Sie entsprach in ihrer ursprünglichen Fassung 1 dem **Gesetzesentwurf 1992**[1]. Vom 1.1.2005 an wurde die ursprüngliche Tabelle der Sollanteile aufgrund des Vermittlungsverfahrens[2] durch den neuen S. 2 ersetzt (Art. 3 Nr. 30a **ZuwG**). Die RLUmsG 2007 und 2011 haben keine Änderungen vorgenommen. Durch Art. 1 Nr. 34 des **RLUmsG 2013** wurde mWz 1.12.2013 in S. 2 die Formulierung „von der Geschäftsstelle der Bund-Länder-Kommission für Bildungsplanung und Forschungsförderung" ersetzt durch das „Büro der Gemeinsamen Wissenschaftskonferenz". In der Gesetzesbegründung[3] heißt es hierzu: „Zuständig für die Bekanntgabe des Quotenschlüssels für die Verteilung der Asylbewerber ist nicht mehr die Bund-Länder-Kommission für Bildungsplanung und Forschungsförderung, sondern das Büro der gemeinsamen Wissenschaftskonferenz." Das **AsylVfBeschlG 2015** fasste die bisherige Norm als Abs. 1 und fügte ihr einen neuen Abs. 2 an (sowie entsprechend § 46 den neuen Abs. 2a). Begründet wurde dies wie folgt[4]: „Um die Möglichkeiten zur **gegenseitigen Unterstützung der Bundesländer** untereinander bei der Unterbringung von Asylbewerbern zu verbessern, werden mit dieser Regelung die rechtlichen Rahmenbedingungen geschaffen, um die Unterbringung von Asylbewerbern auch außerhalb der jeweiligen Landesgrenzen der zur Aufnahme verpflichteten Länder auf der Basis von Vereinbarungen zu ermöglichen. Die Kostenträgerschaft verbleibt dabei bei den aufnahmepflichtigen Ländern, die Aufnahmequoten entsprechend des Königsteiner Schlüssels werden beibehalten."

II. Aufnahmequoten

Die Vorschrift übernahm zunächst die **früheren Quoten** aus § 22 II AsylVfG 1982 iVm der 2 Vereinbarung der Länder vom 3.12.1990[5], allerdings auf- oder abgerundet auf eine Stelle nach dem Komma[6]. Die neue Bezeichnung „Sollanteil" war wohl mit dem Begriff „Aufnahmequote", der gesetzlich definiert ist, identisch und deshalb entbehrlich. Eine vom Gesetz abweichende **Verein-**

---

[1] BT-Drs. 12/2062, 13.
[2] BT-Drs. 15/3479, 14.
[3] BT-Drs. 17/13063, 22.
[4] BT-Drs. 18/6185, 48.
[5] → § 22 Rn. 7 ff.
[6] Zu den früheren Quoten vgl. *v. Pollern* ZAR 1991, 78 (82); *Reermann* ZAR 1982, 127 (136); *Theis* ZAR 1981, 29; *Zitzelsberger* BayVBl. 1982, 612.

barung ist bisher nicht geschlossen worden. Ihr Zweck könnte wohl nur darin bestehen, die Belastung und Leistungsfähigkeit der Länder besser als durch die ursprüngliche gesetzliche Quote zu gewährleisten.

3 Diesem Anliegen ist nunmehr durch Verwendung des jährlich neu errechneten **Königsteiner Schlüssels** Rechnung getragen, der außer der Bevölkerungsgröße auch die Wirtschaftskraft der Länder berücksichtigt und für den Finanzausgleich zwischen Bund und Ländern maßgeblich ist. Einer Initiative des Bundesrats, fortan die Quote anhand dieses Schlüssels jeweils neu festzulegen[7], hatte die Bundesregierung schon früher grundsätzlich zugestimmt, sie führte aber in der 14. Legislaturperiode des Bundestags nicht mehr zu einer Gesetzesänderung. Nunmehr können sich die Anteile jährlich ändern. Maßgeblich sind außer der Bevölkerungsgröße auch die Steuereinnahmen der Länder.

4 Der Königsteiner Schlüssel wurde früher regelmäßig von der Bund-Länder-Kommission für Bildungsplanung und Forschungsförderung und wird nun vom Büro der **Gemeinsamen Wissenschaftskonferenz** (GWK) erstellt. Die GWK erläutert hierzu[8]:

„Der Königsteiner Schlüssel regelt die Aufteilung des Länderanteils bei gemeinsamen Finanzierungen. Er wird vor allem für die Aufteilung des Anteils der Länder an den Zuschüssen für die DFG, die MPG, die Einrichtungen der Leibniz-Gemeinschaft und der acatech angewandt (§ 4 Abs. 1 AV-FG, § 4 Abs. 2 AV-MPG, § 5 N.r 1 AV-WGL und § 4 AV-acatech). Die Bezeichnung geht zurück auf das Königsteiner Staatsabkommen der Länder von 1949, mit dem Schlüssel zur Finanzierung wissenschaftlicher Forschungseinrichtungen eingeführt worden ist. Heute geht der Anwendungsbereich des Königsteiner Schlüssels weit über den Forschungsbereich hinaus. Zahlreiche Abkommen bzw. Vereinbarungen greifen inzwischen auf diesen Schlüssel zurück. Er setzt sich zu zwei Dritteln aus dem Steueraufkommen und zu einem Drittel aus der Bevölkerungszahl der Länder zusammen. Die Berechnung des Königsteiner Schlüssels wird jährlich vom Büro der Gemeinsamen Wissenschaftskonferenz durchgeführt; der Schlüssel wird im Bundesanzeiger veröffentlicht."

Dem Königsteiner Schlüssel für das jeweilige Haushaltsjahr liegen in der Regel das Steueraufkommen und die Bevölkerungszahl zwei Jahre zuvor zugrunde.

5 Die geltenden Werte des Königsteiner Schlüssels für die zurückliegenden Jahre werden regelmäßig auf der Homepage der GWK[9] veröffentlicht. Die **Verteilungsquoten**, die seit 2016 nur marginal geändert wurden, sind regelmäßig circa folgende[10]:

Baden-Württemberg	12,96662 Prozent
Bayern	15,53327 Prozent
Berlin	5,08324 Prozent
Brandenburg	3,03655 Prozent
Bremen	0,95331 Prozent
Hamburg	2,55752 Prozent
Hessen	7,39885 Prozent
Mecklenburg-Vorpommern	2,01240 Prozent
Niedersachsen	9,33138 Prozent
Nordrhein-Westfalen	21,14424 Prozent
Rheinland-Pfalz	4,83089 Prozent
Saarland	1,21111 Prozent
Sachsen	5,05577 Prozent
Sachsen-Anhalt	2,79941 Prozent
Schleswig-Holstein	3,39074 Prozent
Thüringen	2,69470 Prozent

6 Während sich die Bedeutung des gesetzlichen Verteilungsschlüssels nach früherem Recht unmittelbar aus dem System der länderübergreifenden Verteilung und Zuweisung (§ 22 III, V AsylVfG 1982) ergab, sind die **Auswirkungen** der Aufnahmequoten nach neuem Recht nur mittelbar feststellbar. Die Wahl der Aufnahmeeinrichtung wird nämlich jetzt weitgehend dem Asylbewerber überlassen und nur mittelbar gesteuert (§ 46 I, III, V), und eine länderübergreifende Verteilung findet nur noch für nicht in der Aufnahmeeinrichtung wohnpflichtige Personen statt (§ 51). Mittels der nach diesen Vorschriften notwendigen Berücksichtigung der Aufnahmequoten wird deren Einhaltung gesichert.

---

[7] BT-Drs. 14/7465.
[8] Vgl. auch unter http://www.gwk-bonn.de/themen/koenigsteiner-schluessel/.
[9] S. http://www.gwk-bonn.de/themen/koenigsteiner-schluessel/.
[10] Gemeinsame Wissenschaftskonferenz – Büro – Bekanntmachung des Königsteiner Schlüssels für das Jahr 2016 v. 6.6.2016.

§ 46 Bestimmung der zuständigen Aufnahmeeinrichtung

(1) [1] Für die Aufnahme eines Ausländers, bei dem die Voraussetzungen des § 30a Absatz 1 vorliegen, ist die besondere Aufnahmeeinrichtung (§ 5 Absatz 5) zuständig, die über einen freien Unterbringungsplatz im Rahmen der Quote nach § 45 verfügt und bei der die ihr zugeordnete Außenstelle des Bundesamtes Asylanträge aus dem Herkunftsland dieses Ausländers bearbeitet. [2] Im Übrigen ist die Aufnahmeeinrichtung zuständig, bei der der Ausländer sich gemeldet hat, wenn sie über einen freien Unterbringungsplatz im Rahmen der Quote nach § 45 verfügt und bei der die ihr zugeordnete Außenstelle des Bundesamtes Asylanträge aus dem Herkunftsland des Ausländers bearbeitet. [3] Liegen die Voraussetzungen der Sätze 1 und 2 nicht vor, ist die nach Absatz 2 bestimmte Aufnahmeeinrichtung für die Aufnahme des Ausländers zuständig. [4] Bei mehreren nach Satz 1 in Betracht kommenden besonderen Aufnahmeeinrichtungen (§ 5 Absatz 5) gilt Absatz 2 für die Bestimmung der zuständigen besonderen Aufnahmeeinrichtung entsprechend.

(2) [1] Eine vom Bundesministerium des Innern, für Bau und Heimat bestimmte zentrale Verteilungsstelle benennt auf Veranlassung einer Aufnahmeeinrichtung dieser die für die Aufnahme des Ausländers zuständige Aufnahmeeinrichtung. [2] Maßgebend dafür sind die Aufnahmequoten nach § 45, in diesem Rahmen die vorhandenen freien Unterbringungsplätze und sodann die Bearbeitungsmöglichkeiten der jeweiligen Außenstelle des Bundesamtes in Bezug auf die Herkunftsländer der Ausländer. [3] Von mehreren danach in Betracht kommenden Aufnahmeeinrichtungen wird die nächstgelegene als zuständig benannt.

(2a) [1] Ergibt sich aus einer Vereinbarung nach § 45 Absatz 2 Satz 1 eine von den Absätzen 1 und 2 abweichende Zuständigkeit, so wird die nach der Vereinbarung zur Aufnahme verpflichtete Aufnahmeeinrichtung mit der tatsächlichen Aufnahme des Ausländers zuständig. [2] Soweit nach den Umständen möglich, wird die Vereinbarung bei der Verteilung nach Absatz 2 berücksichtigt.

(3) [1] Die veranlassende Aufnahmeeinrichtung teilt der zentralen Verteilungsstelle nur die Zahl der Ausländer unter Angabe der Herkunftsländer mit. [2] Ausländer und ihre Familienangehörigen im Sinne des § 26 Absatz 1 bis 3 sind als Gruppe zu melden.

(4) Die Länder stellen sicher, dass die zentrale Verteilungsstelle jederzeit über die für die Bestimmung der zuständigen Aufnahmeeinrichtung erforderlichen Angaben, insbesondere über Zu- und Abgänge, Belegungsstand und alle freien Unterbringungsplätze jeder Aufnahmeeinrichtung unterrichtet ist.

(5) Die Landesregierung oder die von ihr bestimmte Stelle benennt der zentralen Verteilungsstelle die zuständige Aufnahmeeinrichtung für den Fall, dass das Land nach der Quotenregelung zur Aufnahme verpflichtet ist und über keinen freien Unterbringungsplatz in den Aufnahmeeinrichtungen verfügt.

I. Entstehungsgeschichte

Die Vorschrift ist ohne Vorbild im AsylVfG 1982. Sie entspricht dem **Gesetzesentwurf 1992**[1]. Die RLUmsG 2007 und 2011 haben keine Änderungen vorgenommen. Art. 7 **EU-Aufnahme-RL aF** regelte entsprechende Mindestanforderungen bei freizügigkeitsbeschränkenden Maßnahmen; Art. 8 EU-Aufnahme-RL aF forderte die Wahrung der Familieneinheit bei der Unterkunftsgewährung; Vergleichbares gilt nach der novellierten **EU-Aufnahme-RL**. Durch Art. 1 Nr. 35 des **RLUmsG 2013** wurde mWz 1.12.2013 in Abs. 3 S. 2 die Formulierung „Ehegatten sowie Eltern und ihre minderjährigen ledigen Kinder" ersetzt durch „Ausländer und ihre Familienangehörigen im Sinne des § 26 Absatz 1 bis 3", die als Gruppe zu melden sind. In der Gesetzesbegründung[2] heißt es hierzu kurz und treffend: „Es handelt sich um eine Folgeänderung", dh, die Vorschrift wurde nur an den in § 26 erweiterten Personenkreis angepasst. Ergänzend zu der in § 45 II neu geregelten Möglichkeiten zur **gegenseitigen Unterstützung der Bundesländer** wurde hier durch das **AsylVfBeschlG 2015** der neue Abs. 2a eingefügt. Der Gesetzgeber begründete konsequent[3]: „Die in § 45 Abs. 2 getroffene Regelung zur Verteilung von Asylbewerbern muss auf Ebene der Zuständigkeit der Erstaufnahmeeinrichtung nachvollgt werden." Durch das sog. **Asylpaket II**[4] wurde gem. Art. 1 Nr. 9 des am 17.3.2016 (BGBl. I S. 390) in Kraft getretenen Gesetzes zur Einführung beschleunigter Asylverfahren Abs. 1 komplett neu gefasst. Der Gesetzgeber begründete[5] dies wie folgt: „Die Regelung stellt sicher, dass Ausländer, deren Asylanträge im beschleunigten Verfahren bearbeitet werden sollen, nur in den entsprechenden Aufnahmeeinrichtungen untergebracht werden, solange diese über die entsprechenden Kapazitäten verfügen und die Quote eingehalten wird. Da die Verteilung in eine besondere Auf-

---

[1] BT-Drs. 12/2062, 13.
[2] BT-Drs. 17/13063, 23.
[3] BT-Drs. 18/6185, 48.
[4] → Vorb. Rn. 34 ff.
[5] BT-Drs. 18/7538, 18.

nahmeeinrichtung, bei der die zugeordnete Außenstelle des Bundesamtes das beschleunigte Verfahren durchführt, der Verteilung in das nicht beschleunigte Verfahren vorgeht, wird sie der bisherigen Regelung vorangestellt."

II. Allgemeines

2   Das Verteilungssystem des § 46 konkretisiert die Aufnahmepflicht der Länder und bestimmt mittelbar auch die Zuständigkeit gegenüber dem Asylbewerber (vgl. §§ 14 I, 47 I)[6]. Der **Ort der Meldung** im Falle des § 14 I ist dem Gesetz nicht unmittelbar zu entnehmen. Dem Asylbewerber selbst wird auch nachträglich nicht die zuständige Aufnahmeeinrichtung formell mitgeteilt. Letztlich hat er es damit zunächst selbst in der Hand, den Ort der Meldung und die danach zuständige Aufnahmeeinrichtung zu bestimmen (vgl. § 14). Insbesondere Asylbewerber aus sicheren Herkunftsstaaten und Folgeantragsteller sind nach Abs. 1 S. 1 allerdings auf die seit dem Asylpaket II 2016 für sie vorrangig zuständige sog. besondere Aufnahmeeinrichtung des § 5 V verwiesen, solange dort Plätze frei sind. Die zentrale Verteilungsstelle des Bundes, die für die gleichmäßige Verteilung zu sorgen hat, veranlasst im Übrigen erforderlichenfalls eine Änderung der Zuständigkeit. Die länderübergreifende Verteilung nach § 51 greift nur bei fehlender Wohnpflicht in einer Aufnahmeeinrichtung ein.

III. Zuständige Aufnahmeeinrichtung

3   Zur Durchsetzung der mit dem Asylpaket II 2016 eingeführten beschleunigten Verfahren sind nach Abs. 1 S. 1 zunächst insbesondere **Asylbewerber aus sicheren Herkunftsstaaten und Folgeantragsteller** (vgl. § 30a I Nr. 1–7) an die für sie vorrangig zuständige sog. besondere Aufnahmeeinrichtung des § 5 V zu verweisen; bei mehreren möglichen besonderen Aufnahmeeinrichtungen erfolgt eine Bestimmung nach Abs. 1 S. 4 iVm Abs. 2. Die Zuständigkeit nach Abs. 1 S. 2 für **die sonstigen Asylbewerber** ist nur gegeben, wenn von der aufgesuchten Aufnahmeeinrichtung alle Voraussetzungen kumulativ erfüllt werden: Einhaltung der Quote, freier Platz und Zuordnung einer zuständigen Außenstelle bzgl. Herkunftsland. Bei Nichtvorliegen auch nur einer von ihnen hat die Bestimmung nach Abs. 2 bzw. Abs. 2a zu erfolgen. Dies gilt auch, wenn über das Vorliegen der Voraussetzungen Streit herrscht, zB zwischen Land und zentraler Verteilungsstelle oder Außenstelle oder betreffend Den Ort der Meldung zwischen Asylbewerber und Aufnahmeeinrichtung, nicht aber, wenn der Asylbewerber Einhaltung der Aufnahmequote, freien Platz oder Bearbeitungszuständigkeit bestreitet; diese Bestimmungen sind nämlich nur im öffentlichen Interesse erlassen[7]. Bei Ermittlung der Erfüllung der Aufnahmequote sind die Anrechnungen nach § 52 zu beachten.

4   Die Entscheidung der zentralen Verteilungsstelle erfolgt allein auf Veranlassung einer (nicht notwendig der vom Asylbewerber aufgesuchten) Aufnahmeeinrichtung, die keine Personalien, sondern nur den Angaben nach Abs. 3 mitzuteilen hat. Die **Bestimmung der Zuständigkeit** richtet sich nacheinander nach den genannten Kriterien (Quote, freier Platz, Bearbeitung durch Außenstelle) und bei Zuständigkeit mehrerer Aufnahmeeinrichtungen nach der Ortsnähe zu der anfragenden Aufnahmeeinrichtung. Diese braucht nicht unbedingt mit derjenigen identisch zu sein, in der oder in dessen Nähe sich der Asylbewerber bei der Meldung aufhielt oder inzwischen aufhält, zumal dieser nach der Meldung ohnehin bisweilen seinen Aufenthaltsort wechselt oder unbekannten Aufenthalts ist. Verfügt ein nach der Quote aufnahmepflichtiges Land über keine freien Plätze mehr, wird ihm der Asylbewerber dennoch zugewiesen (vgl. Abs. 5).

5   **Persönliche Verhältnisse** des Asylbewerbers, insbesondere familiäre Bindungen an im Bundesgebiet lebende Personen, sollen dabei rechtlich keine Rolle spielen. Sie sind anders als in §§ 50 IV 5, 51 für die Zuständigkeitsbestimmung nach § 46 nicht erwähnt. Dem durch Art. 6 I GG geschützten familiären Zusammenleben wird außer in den Fällen der §§ 47 II, 48 Nr. 3, 49 II Alt. 3 keine Bedeutung zugemessen. Die damit verbundene Gefahr der Trennung von nahen Familienangehörigen kann allenfalls im Hinblick auf die verhältnismäßig kurze Dauer des Aufenthalts in der Aufnahmeeinrichtung hingenommen werden[8]. Tatsächlich ist das Risiko des Auseinanderreißens von Familien dadurch gemindert, dass diese für die Verteilung als Gruppe zu melden sind (§ 46 III 2). Eine getrennte Unterbringung ist deshalb va bei Familien zu befürchten, deren Mitglieder nacheinander und nicht gemeinsam um Asyl nachsuchen. Ebenso wenig sind bei der Verteilung die örtlichen Verhältnisse in dem jeweiligen Bundesland und in dessen Aufnahmeeinrichtung zu berücksichtigen, es sei denn, der Schutz von Leben und Menschenwürde der Asylbewerber kann dort nicht gewährleistet werden[9].

---

[6] Allg. dazu *Müller* ZAR 2001, 166.
[7] *Hailbronner* AsylG § 46 Rn. 3.
[8] AA *Müller* ZAR 2001, 166: betr. Art. 6 GG konforme Auslegung von „nächstgelegen".
[9] Dazu HmbOVG Beschl. v. 28.12.1990 – Bs IV 532/90, NVwZ 1991, 397; HessVGH Beschl. v. 20.9.1991 – 10 TH 1718/91, EZAR 228 Nr. 16; OVG NRW Beschl. v. 10.10.1991 – 17 B 1462/91.A, NVwZ 1992, 200; Beschl. v. 15.10.1991 – 17 B 1998/91.A, NVwZ 1992, 201; VG Düsseldorf Beschl. v. 10.9.1992 – 16 L 4572/91.A, NVwZ 1993, 298.

Die **Mitteilungspflichten** nach Abs. 4 sollen die Zuverlässigkeit der Zuständigkeitsbestimmungen 6
nach Abs. 1 und 2 sichern. Die Benennungspflicht nach Abs. 5 soll die Zuweisung an ein nach der
Quote aufnahmepflichtiges Land ermöglichen, und zwar ohne Rücksicht auf freie Wohnplatzkapazitäten[10]. Damit soll verhindert werden, dass die Lastenverteilung durch nicht ausreichende Einrichtung
von Aufnahmeeinrichtungen unterlaufen wird[11].

IV. Verwaltungsverfahren und Rechtsschutz

Die Bestimmung der zuständigen Aufnahmeeinrichtung erfolgt nicht unmittelbar im Verhältnis zu 7
dem Asylbewerber, die **Verteilung** soll vielmehr eine „rein zahlenmäßige" sein (so die Begründung
des Gesetzesentwurf 1992)[12]. Dem Ausländer wird auch kein Antragsrecht nach Abs. 2 bzw. Abs. 2a
eingeräumt. Eine länderübergreifende oder landesinterne Verteilung, bei der private Belange des
Asylbewerbers zu berücksichtigen sind, kommt erst nach Beendigung der Pflicht zum Wohnen in einer
Aufnahmeeinrichtung in Betracht (vgl. §§ 50, 51).

Nach alledem tritt der Asylbewerber im Rahmen der Zuständigkeitsbestimmung und Quotenbe- 8
rechnung in **keine rechtlichen Beziehungen** zu einer (besonderen) Aufnahmeeinrichtung, einem
Bundesland oder der zentralen Verteilungsstelle. Ihm steht zudem ein Anspruch auf Aufenthalt in
einem bestimmten Land oder Ort nicht zu (§ 55 I 2). Ein dennoch gestellter Antrag auf eine
anderweitige Zuständigkeitsbestimmung muss danach erfolglos bleiben; ebenso ein entsprechender
gerichtlicher Antrag. In keinem Fall können Rechte des Asylbewerbers verletzt sein (vgl. §§ 113 I 1,
V, 123 VwGO). Ob Ausnahmen bei Beeinträchtigung grundrechtlicher Positionen denkbar sind[13],
erscheint fraglich, weil dem erforderlichenfalls wohl meist durch die Art der Unterbringung in einer
Aufnahmeeinrichtung (§ 47) oder später durch eine anderweitige Unterbringung Rechnung getragen
werden kann.

Da sich auch sonst die Verpflichtung des Asylbewerbers zum Aufenthalt in einem bestimmten Bezirk 9
und zum Wohnen in einer bestimmten Aufnahmeeinrichtung oder Gemeinschaftsunterkunft aus den
Gesetzen und aus ausländerbehördlichen Anordnungen nach §§ 55 I 1, 56 I, III, 60 II 1 ergibt, kann
der Asylbewerber insoweit wegen der **Änderung** seiner Aufenthalts- und Wohnverpflichtungen
Rechtsschutz in Anspruch nehmen[14]. In diesem Zusammenhang ist aber die Verteilung in ein
bestimmtes Land aus den genannten Gründen[15] als nicht überprüfbar zugrunde zu legen.
Ungeachtet dessen kann sich der Asylbewerber gegen die aufgrund der Zuständigkeitsbestimmung
erlassene Weiterleitungsverfügung nach § 22 I 2 gerichtlich zur Wehr setzen[16], er kann aber auch dabei
die Zuständigkeitsbestimmung nicht in Zweifel ziehen[17].

Weitere Rechtsschutzmöglichkeiten stehen dem Asylbewerber zudem im Rahmen der landes- 10
internen und der länderübergreifenden Verteilung zur Verfügung[18]. Eine solche Verteilung ist aber
jeweils erst nach Beendigung der nach § 47 bestehenden Wohnverpflichtung vorgesehen.

§ 47 Aufenthalt in Aufnahmeeinrichtungen

(1) ¹Ausländer, die den Asylantrag bei einer Außenstelle des Bundesamtes zu stellen
haben (§ 14 Abs. 1), sind verpflichtet, bis zur Entscheidung des Bundesamtes über den
Asylantrag und im Falle der Ablehnung des Asylantrags bis zur Ausreise oder bis zum
Vollzug der Abschiebungsandrohung oder -anordnung, längstens jedoch bis zu 18 Monate,
bei minderjährigen Kindern und ihren Eltern oder anderen Sorgeberechtigten sowie ihren
volljährigen, ledigen Geschwistern längstens jedoch bis zu sechs Monate, in der für ihre
Aufnahme zuständigen Aufnahmeeinrichtung zu wohnen. ²Das Gleiche gilt in den Fällen
des § 14 Absatz 2 Satz 1 Nummer 2, wenn die Voraussetzungen dieser Vorschrift vor der
Entscheidung des Bundesamtes entfallen. ³Abweichend von Satz 1 ist der Ausländer verpflichtet, über 18 Monate hinaus in einer Aufnahmeeinrichtung zu wohnen, wenn er
1. seine Mitwirkungspflichten nach § 15 Absatz 2 Nummer 4 bis 7 ohne genügende Entschuldigung verletzt oder die unverschuldet unterbliebene Mitwirkungshandlung nicht
   unverzüglich nachgeholt hat,
2. wiederholt seine Mitwirkungspflicht nach § 15 Absatz 2 Nummer 1 und 3 ohne genügende Entschuldigung verletzt oder die unverschuldet unterbliebene Mitwirkungshandlung
   nicht unverzüglich nachgeholt hat,

---

[10] → Rn. 4.
[11] Ebenso *Hailbronner* AsylG § 46 Rn. 12.
[12] BT-Drs. 12/2062, 35.
[13] So *Hailbronner* AsylG § 46 Rn. 17.
[14] → § 60 Rn. 13.
[15] → Rn. 7 f.
[16] Dazu *Marx* § 47 Rn. 25–29.
[17] → § 22 Rn. 5.
[18] → § 50 Rn. 35; → § 51 Rn. 9.

3. vollziehbar ausreisepflichtig ist und gegenüber einer für den Vollzug des Aufenthaltsgesetzes zuständigen Behörde fortgesetzt über seine Identität oder Staatsangehörigkeit täuscht oder fortgesetzt falsche Angaben macht oder
4. vollziehbar ausreisepflichtig ist und fortgesetzt zumutbare Anforderungen an die Mitwirkung bei der Beseitigung von Ausreisehindernissen, insbesondere hinsichtlich der Identifizierung, der Vorlage eines Reisedokuments oder der Passersatzbeschaffung, nicht erfüllt.

[4] Satz 3 findet keine Anwendung bei minderjährigen Kindern und ihren Eltern oder anderen Sorgeberechtigten sowie ihren volljährigen, ledigen Geschwistern. [5] Die §§ 48 bis 50 bleiben unberührt.

(1a) [1] Abweichend von Absatz 1 sind Ausländer aus einem sicheren Herkunftsstaat (§ 29a) verpflichtet, bis zur Entscheidung des Bundesamtes über den Asylantrag und im Falle der Ablehnung des Asylantrags nach § 29a als offensichtlich unbegründet oder nach § 29 Absatz 1 Nummer 1 als unzulässig bis zur Ausreise oder bis zum Vollzug der Abschiebungsandrohung oder -anordnung in der für ihre Aufnahme zuständigen Aufnahmeeinrichtung zu wohnen. [2] Satz 1 gilt nicht bei minderjährigen Kindern und ihren Eltern oder anderen Sorgeberechtigten sowie ihren volljährigen, ledigen Geschwistern. [3] Die §§ 48 bis 50 bleiben unberührt.

(1b) [1] Die Länder können regeln, dass Ausländer abweichend von Absatz 1 verpflichtet sind, bis zur Entscheidung des Bundesamtes über den Asylantrag und im Falle der Ablehnung des Asylantrags als offensichtlich unbegründet oder als unzulässig bis zur Ausreise oder bis zum Vollzug der Abschiebungsandrohung oder -anordnung in der für ihre Aufnahme zuständigen Aufnahmeeinrichtung, längstens jedoch für 24 Monate, zu wohnen. [2] Die §§ 48 bis 50 bleiben unberührt.

(2) Sind Eltern eines minderjährigen ledigen Kindes verpflichtet, in einer Aufnahmeeinrichtung zu wohnen, so kann auch das Kind in der Aufnahmeeinrichtung wohnen, auch wenn es keinen Asylantrag gestellt hat.

(3) Für die Dauer der Pflicht, in einer Aufnahmeeinrichtung zu wohnen, ist der Ausländer verpflichtet, für die zuständigen Behörden und Gerichte erreichbar zu sein.

(4) [1] Die Aufnahmeeinrichtung weist den Ausländer innerhalb von 15 Tagen nach der Asylantragstellung möglichst schriftlich und in einer Sprache, deren Kenntnis vernünftigerweise vorausgesetzt werden kann, auf seine Rechte und Pflichten nach dem Asylbewerberleistungsgesetz hin. [2] Die Aufnahmeeinrichtung benennt in dem Hinweis nach Satz 1 auch, wer dem Ausländer Rechtsbeistand gewähren kann und welche Vereinigungen den Ausländer über seine Unterbringung und medizinische Versorgung beraten können.

I. Entstehungsgeschichte

1   Die Vorschrift hat kein Vorbild im AsylVfG 1982. Die Abs. 1–3 entsprechen dem Gesetzesentwurf 1992[1]. Das **RLUmsG 2007** fügte den neuen **Abs.** 4 mit folgender Begründung des Gesetzgebers an[2]: „Artikel 5 Abs. 1 der Richtlinie über die Aufnahmebedingungen für Asylbewerber verlangt, dass die Mitgliedstaaten der Europäischen Union den Asylbewerber innerhalb einer angemessenen Frist von höchstens 15 Tagen nach der Antragstellung bei der zuständigen Behörde zumindest über die vorgesehenen Leistungen und die mit den Aufnahmebedingungen verbundenen Verpflichtungen unterrichten sowie dafür Sorge tragen, dass die Asylbewerber Informationen darüber erhalten, welche Organisationen und Personengruppen spezifischen Rechtsbeistand gewähren und welche Organisationen ihnen im Zusammenhang mit den Aufnahmebedingungen, einschließlich medizinischer Versorgung, behilflich sein oder sie informieren können. Die Neuregelung in Absatz 4 erlegt diese Verpflichtung zur Unterrichtung des Ausländers den Aufnahmeeinrichtungen im Sinne der §§ 44 ff. auf. Dadurch soll gewährleistet werden, dass die zuständige Aufnahmeeinrichtung dem Ausländer die nach Artikel 5 der Richtlinie vorgesehenen Informationen mit den jeweils regionalen Anschriften erteilt. Der Ausländer soll in einer für ihn verständlichen Sprache möglichst schriftlich belehrt werden, unter welchen Voraussetzungen er Ansprüche, insbesondere nach dem Asylbewerberleistungsgesetz, hat und welche Pflichten damit für ihn verbunden sind. Um sich über seine Aufnahmebedingungen beraten lassen zu können, wird der Ausländer von der zuständigen Aufnahmeeinrichtung auch die Anschriften von Rechtsanwälten und Vereinigungen erhalten, die auf die Beratung von Asylbewerbern spezialisiert sind. Soweit die Informationen für den Ausländer in Schriftform nicht verständlich sind, kann die Aufnahmeeinrichtung sie auch mündlich erteilen, vgl. Artikel 5 Abs 2 Satz 2 der Richtlinie." Das RLUmsG 2011 hat keine Änderungen vorgenommen. Durch Art. 1 Nr. 36 des **RLUmsG 2013** wurde mWz 1.12.2013 in **Abs.** 1 S. 2 die Angabe „§ 14 Abs 2 Nr 2" durch die Formulierung „§ 14 Absatz 2 Satz 1 Nummer 2" ersetzt, was lediglich eine redaktionelle

---
[1] BT-Drs. 12/2062, 13.
[2] BT-Drs. 16/5065, 218.

Präzisierung darstellt. Das **AsylVfBeschlG 2015** verlängerte die Wohnverpflichtung in Abs. 1 von bisher drei auf sechs Monate und fügte den **Abs. 1a** in die Norm ein. Begründet wurde dies wie folgt[3]: „Die mögliche Aufenthaltshöchstdauer in der Erstaufnahmeeinrichtung wird für alle Ausländer von drei auf sechs Monate verlängert. Eine Weiterverteilung auf die Kommunen ist damit regelmäßig nicht mehr erforderlich. Hiermit soll eine abschließende und im Ergebnis schnellere Bearbeitung der Asylverfahren noch während des Aufenthalts in einer Erstaufnahmeeinrichtung ermöglicht werden. Für Ausländer aus einem sicheren Herkunftsstaat soll die Wohnverpflichtung in der Erstaufnahmeeinrichtung bis zum Abschluss des Verfahrens und im Falle der Ablehnung des Asylantrags bis zur Ausreise bestehen. Eine Weiterverteilung auf die Kommunen ist damit regelmäßig ausgeschlossen. Hiermit soll bei Personen ohne flüchtlingsrechtlich relevanten Schutzbedarf eine abschließende und im Ergebnis schnellere Bearbeitung der Asylverfahren sowie eine raschere Beendigung des Aufenthalts gewährleistet werden." Art. 6 Nr. 16 des IntG ersetzte mWz 6.8.2016 als Folgeänderung in Abs. 1a S. 1 den aufgehobenen § 27a durch den neu gefassten „§ 29 Absatz 1 Nummer 1". Durch das zum 29.7.2017 (BGBl. I S. 2780) in Kraft getretene **Gesetz zur besseren Durchsetzung der Ausreisepflicht** wurde der neue **Abs. 1b** eingefügt[4]. Der Gesetzgeber begründete dies wie folgt[5]: „Durch die Regelung wird den Ländern in Anlehnung an die Regelung für sichere Herkunftsstaaten (Absatz 1a) als lex specialis die Möglichkeit eingeräumt, für Asylbewerber ohne Bleibeperspektive eine längere Wohnverpflichtung als die in Absatz 1 vorgesehenen sechs Monate vorzusehen. Damit soll insbesondere vermieden werden können, dass eine anstehende Aufenthaltsbeendigung durch einen nach dem Ende der Wohnverpflichtung erforderlichen Wohnortwechsel des Ausländers unnötig erschwert wird. In welcher Form die Länder die Regelung treffen, richtet sich nach Landes-(Verfassungs-)Recht. Dabei werden die Länder unter anderem auch die Auswirkungen auf den Arbeitsmarktzugang von Asylbewerbern zu berücksichtigen haben. Absatz 1b geht ebenso wie Absatz 1a in ihrem Regelungsbereich als lex specialis der Regelung in § 49 Absatz 1 des Asylgesetzes, nach der die Verpflichtung, in einer Aufnahmeeinrichtung zu wohnen, zu beenden ist, wenn eine Abschiebungsandrohung vollziehbar und die Abschiebung kurzfristig nicht möglich ist, insoweit vor. Im Übrigen bleiben die Regelungen der §§ 48 bis 50 des Asylgesetzes unberührt, was in Satz 2 klargestellt wird. Satz 3 betont dabei ausdrücklich, dass, wenn das Bundesamt nicht oder nicht kurzfristig entscheiden kann, ob ein Asylantrag unzulässig oder offensichtlich unbegründet ist, die Person aus der Aufnahmeeinrichtung zu entlassen ist." Das **2. RückkehrG 2019** ersetzte in **Abs. 1 S. 1** die Wörter „bis zu sechs Wochen, längstens jedoch bis zu sechs Monaten" durch den neuen S. 1. Der Gesetzgeber führte hierzu aus[6]: Nach der gegenwärtigen Rechtslage besteht die Verpflichtung, in der zuständigen Aufnahmeeinrichtung zu wohnen, regelmäßig für sechs Wochen, längstens für sechs Monate. Die Dauer der Wohnpflicht wird mit der Neuregelung bis zur Entscheidung des Bundesamtes über den Asylantrag und im Falle der Ablehnung des Asylantrags bis zur Ausreise oder bis zum Vollzug der Abschiebungsandrohung oder -anordnung, längstens jedoch auf bis zu 18 Monaten erweitert. Bei minderjährigen Kindern und ihren Eltern oder anderen Sorgeberechtigten sowie ihren volljährigen, ledigen Geschwistern besteht die Wohnpflicht in Aufnahmeeinrichtungen längstens bis zu sechs Monate. Nach **Abs. 1 S. 3** unterliegt die Dauer der Wohnpflicht keiner Begrenzung auf längstens bis zu 18 Monate, wenn der Ausländer seine Mitwirkungspflichten nach **§ 15 II Nr. 1, 3, 4–7** ohne genügende Entschuldigung verletzt oder (im Falle einer unentschuldigt unterbliebenen Mitwirkungshandlung) die Mitwirkungshandlung nicht unverzüglich nachgeholt hat. In den Fällen des § 15 II Nr. 4–7 genügt hierfür bereits eine einmalige Mitwirkungspflichtverletzung. In den Fällen des § 15 II Nr. 1 und 3 muss die Verletzung der Mitwirkungspflicht wiederholt erfolgen. Die Dauer der Wohnpflicht ist auch dann nicht auf längstens bis zu 18 Monate begrenzt, wenn der Betroffene vollziehbar ausreisepflichtig ist und gegenüber einer mit dem Vollzug des AufenthG zuständigen Behörde fortgesetzt über seine Identität oder Staatsangehörigkeit falsche Angaben macht oder diesbezüglich die Behörde täuscht **(Nr. 3)** oder fortgesetzt zumutbare Anforderungen an die Mitwirkung bei der Beseitigung von Ausreisehindernissen, insbesondere hinsichtlich der Identifizierung, der Vorlage eines Reisedokuments oder der Passersatzbeschaffung, nicht erfüllt **(Nr. 4)**. Die Tatbestände, die nach Abs. 1 S. 3 zu einer Verlängerung der Dauer der Wohnpflicht führen, finden nach **Abs. 1 S. 4** keine Anwendung bei minderjährigen Kindern und ihren Eltern oder anderen Sorgeberechtigten sowie ihren volljährigen, ledigen Geschwistern. Durch das 2. RückkehrG 2019 wurde weiter in **Abs. 1a** der neue **S. 2** eingefügt und in Folge der alte Abs. 1b S. 3 gestrichen. Damit wird geregelt, dass minderjährige Kinder und ihre Eltern oder andere Sorgeberechtigte sowie ihre volljährigen, ledigen Geschwister aus einem sicheren Herkunftsstaat von der verlängerten Wohnpflicht nach Abs. 1a S. 1 ausgenommen sind. Für diesen Personenkreis gilt die Verpflichtung, in einer Aufnahmeeinrichtung zu wohnen, längstens für bis zu sechs Monate.

---

[3] BT-Drs. 18/6185, 48.
[4] Vgl. hierzu die rechtspolitischen Überlegungen von *Neundorf* ZAR 2018, 437 ff.
[5] BT-Drs. 18/11546, 23 f.
[6] Vgl. BT-Drs. 19/10706, 15.

II. Wohnverpflichtung

2 Abs. 1 setzt die Aufnahmepflicht der Länder nach §§ 44 ff. zusammen mit §§ 56 und 57 in eine Wohnverpflichtung der von § 14 I erfassten Asylbewerber um. Betroffen sind auch vor der Entscheidung des BAMF aus einer Einrichtung iSd § 14 II 1 Nr. 2 entlassene Asylbewerber. Entgegen der Überschrift geht es nicht um Aufenthalt, sondern um **Wohnen** und Erreichbarkeit (treffender daher die Überschrift des § 48). Dies ist europarechtskonform, weil schon Art. 7 EU-Aufnahme-RL aF bzw. die entsprechende Nachfolgenorm des Art. 7 der novellierten **EU-Aufnahme-RL** es ausdrücklich zuließen und zulassen, dass Asylbewerbern ein bestimmter Wohnsitz zugewiesen wird. Die Wohnverpflichtung ist von der räumlichen Beschränkung des Aufenthalts gem. § 56 iVm § 59a, dh der Frage, wo sich der Ausländer (vorübergehend) aufhalten darf, zu unterscheiden.

3 Die zeitliche Begrenzung in Abs. 1 auf und längstens 18 Monate bzw. bei Familien mit zumindest einem (noch) minderjährigen Kind auf längstens sechs Monate (mit Eintritt der Volljährigkeit des Kindes verlängert sich der Zeitraum automatisch auf dann grundsätzlich maximal 18 Monate) hat trotz der strikten zeitlichen Begrenzung der Wohnverpflichtung zunächst nur Programmcharakter. Der Asylbewerber kann nämlich die Beendigung nach Ablauf der Fristen nicht unmittelbar selbst durchsetzen (vgl. die Aufzählungen in §§ 48, 49), und auch das Erreichen oder Überschreiten von 18 bzw. sechs Monaten – das dann allerdings einen entsprechenden **Rechtsanspruch** auf Verteilung begründet, der bei den Verwaltungsgerichten eingeklagt werden kann[7] – führt nicht von allein zum Ende der Wohnverpflichtung oder zwingend zur landesinternen Verteilung und Zuweisung nach § 50. Insofern kann die **Befristung gewissermaßen ineffektiv** sein; zu beachten sind dennoch die Beendigungsgründe der §§ 48, 49 und die nachträglich geschaffene Möglichkeit des § 50 I 2[8]. Die durch das AsylVfBeschlG 2015 eingeführte Möglichkeit der ggf. längeren Wohnverpflichtung nach Abs. 1a und die für die Länder nach ihrem politischen Ermessen – ohne Beschränkung auf bestimmte Fall- oder Staatengruppen – durch das Gesetz zur besseren Durchsetzung der Ausreisepflicht 2017 eingeführte entsprechende spezialgesetzliche Möglichkeit gemäß **Abs. 1b** (→ Rn. 1) sollte dazu beitragen, dass der Aufenthalt bei nicht schutzbedürftigen Antragstellern bzw. Antragstellern „ohne Bleibeperspektive" **rascher als bisher beendet** werden kann. Zudem sollte wohl iVm dem Sachleistungsprinzip in den Einrichtungen eine Art **Abschreckungseffekt** erzielt werden, aus asylfremden Gründen nach Deutschland zu kommen. Dass hierdurch die Rechtspflicht zur Durchführung eines „fairen Asylverfahrens" verletzt würde, kann nicht generell erkannt werden[9]. Schon immer sollte aber von der Möglichkeit der Verlängerung des Verbleibs in der Erstaufnahmeeinrichtung hinsichtlich Familien nur dann Gebrauch gemacht werden, wenn **Kinder und Jugendliche** dort hinreichend kindgerecht untergebracht sind und ihr Zugang zur Schulbildung nicht unverhältnismäßig beschränkt wird[10]. Insoweit hat das 2. RückkehrG 2019 (→ Rn. 1) mit der strikten Begrenzung der Aufenthaltsfrist auf maximal sechs Monate bei Familien mit einem minderjährigen Kind in der neu gefassten **Abs. 1 S. 1 und 4** eine wichtige Klarstellung im Sinne der Kinderrechte gebracht. Die 2019 durch das zunächst sog. „Geordnete-Rückkehr-Gesetz", das von Asylaktivisten als „Hau-ab-Gesetz" verunglimpft wurde, eingeführte generelle Verlängerung der Aufenthaltsfrist von maximal sechs auf maximal 18 Monate und nach **Abs. 1 S. 3** bei den sog. **„Nichtmitwirkern und Täuschern"** auch grundsätzlich unbegrenzt darüber hinaus, entsprechend dem politischen Konzept der AnkER-Zentren, dh der Idee, dass eigentlich alle Flüchtlinge ohne Bleiberecht möglichst lange in der Aufnahmeeinrichtung verbleiben sollen, um Integration in die bundesdeutsche Gesellschaft so sowie Anreize des sog. „Asylmissbrauchs" zu vermeiden. Je nach politischem Standpunkt konnte dieses Konzept in einer Spannbreite von „verwerflich" bis „zwingend" beurteilt werden. Laut **Ampelkoalitionsvertrag 2021** soll das Konzept der AnkER-Zentren nicht weiterverfolgt werden. Nach dem bisher klaren Willen des Gesetzgebers (s. hierzu die Gesetzesbegründung in → Rn. 1) sind die Mitwirkungspflichtverletzungen dennoch grundsätzlich streng auszulegen. Etwa bei Pass- oder erkennungsdienstlichem Verstoß gem. **S. 3 Nr. 1** iVm § 15 II Nr. 4–7 soll ein einmaliger solcher genügen, auch um durch die gesetzlich angeordnete Folge der Verlängerung der Aufenthaltspflicht in der Aufnahmeeinrichtung Druck zu machen. Nur bei den allgemeinen Mitwirkpflichten nach **S. 3 Nr. 2** iVm § 15 II Nr. 1–3 muss dem Ausländer eine wiederholte, dh mindestens zweimalige Verletzung der Mitwirkungspflicht nachgewiesen werden können. Die fortgesetzte Täuschung nach **S. 3 Nr. 3** setzt wie bei **S. 3 Nr. 4** ebenfalls mindestens zweimalige nachweisbare Verstöße voraus. Die **Beweislast** für das Vorliegen der Nichtmitwirkung liegt bei der Behörde, die dieser allerdings etwa schon durch Aktenvermerke (datierte Aufforderung und Verstoß) genügen kann. Bzgl. der allgemeinen Mitwirkungspflichten muss der Ausländer nicht gesondert darüber belehrt werden, dass sich bei Verstößen gegebenenfalls die Aufenthaltspflicht in der Auf-

---

[7] Ebenso *Marx*, AsylG, § 47 Rn. 8.
[8] Insbes. → § 48 Rn. 6, → § 50 Rn. 8.
[9] AA Pro Asyl, Stellungnahme Referentenentwurf eines Gesetzes zur besseren Durchsetzung der Ausreisepflicht v. 20.2.2017, S. 7 f.
[10] Vgl. hierzu die Gemeinsame Stellungnahme von 20 Verbänden v. 22.2.2017 (https://www.unicef.de/informieren/aktuelles/presse/2017/stellungnahme-unicef-ausreisepflicht/135618).

nahmeeinrichtung verlängert. Im Sinne des Grundsatzes der Verhältnismäßigkeit und zur Schaffung entsprechender Anreize **endet** die gem. S. 3 verlängerte Aufenthaltspflicht, sobald den Mitwirkungspflichten dann doch hinreichend nachgekommen wird, denn S. 3 begründet keine zeitlich unbegrenzte Dauerstrafe. Die Beweislast für sein nunmehr hinreichendes Nachkommen trägt aber der Ausländer. Gemäß **Abs. 1 S. 4** bleiben Familien mit einem minderjährigen Kind selbst bei erheblichen Mitwirkungspflichtverletzungen von der verlängerten Aufenthaltspflicht verschont, dh, der Gesetzgeber räumt den Kinderrechten insoweit klaren Vorrang ein. Faktisch hat dies zur Folge, dass auch die Geburt eines Kindes von „Nichtmitwirkern und Täuschern", die schon mindestens sechs Monate in der Aufnahmeeinrichtung waren, zum Ende der Aufenthaltspflicht führt und zum Rechtsanspruch auf Verteilung und Zuweisung nach § 50.

Abs. 2 ermöglicht zugunsten der **Familieneinheit** – entsprechend Art. 12 EU-Aufnahme-RL – das Zusammenleben von nicht um Asyl nachsuchenden minderjährigen ledigen Kindern mit ihren Eltern. Beide Elternteile müssen zum Wohnen in einer Aufnahmeeinrichtung verpflichtet sein, nicht nur ein Elternteil. Abs. 2 ist analog auf alleinerziehende Elternteile anwendbar[11], nicht jedoch auf das Verhältnis zwischen Ehegatten, von denen nur einer Asyl begehrt[12]. 4

III. Erreichbarkeit

Abs. 3 kann **missverständlich** wirken, weil er die Erreichbarkeit an die Dauer der Pflicht nach Abs. 1 S. 1 knüpft und damit auf diesen Fall beschränkt. Eigentlich könnten auch sonst derartige Mitwirkungspflichten bestehen. Dies kommt aber im Gesetz nicht zum Ausdruck. Die Pflichten nach § 10 I, IV 3 sollen ebenfalls die jederzeitige Erreichbarkeit gewährleisten; sie betreffen aber nur die Entgegennahme von Mitteilungen und nicht die persönliche Erreichbarkeit zu anderen Zwecken. Letztere muss der Asylbewerber – über § 10 I hinausgehend – nur während der Dauer der Wohnverpflichtung sicherstellen. Die Mittel sind nicht vorgegeben. Deshalb muss der Asylbewerber alle geeigneten **Maßnahmen** treffen, um erreichbar zu sein, und alles unterlassen, was diesem Zweck zuwiderliefe. 5

Er braucht indes nicht jederzeit und sofort erreichbar zu sein. Abs. 3 verlangt – ebenso wie Abs. 1 und §§ 55 I, 56 I, 57 I – **keine ständige Anwesenheit** in der Aufnahmeeinrichtung oder deren unmittelbaren Nähe. Andererseits genügt es angesichts der gesetzgeberischen Absicht einer zusätzlichen Beschleunigung der Asylverfahren durch die Unterbringung in Aufnahmeeinrichtungen nicht, wenn der Asylbewerber telefonisch oder schriftlich erreichbar ist. Er muss vielmehr erforderlichenfalls insbesondere für eine Anhörung nach §§ 24 I, 25 oder aus anderen Gründen innerhalb kurzer Zeit zur Verfügung stehen; eine Verzögerung um mehrere Stunden kann bereits zB eine unverzügliche Anhörung nach § 25 IV gefährden. 6

IV. Hinweispflichten

Wie in der Gesetzesbegründung (→ Rn. 1) erläutert, dienen bzw. dienten die Hinweispflichten des Abs. 4 der Umsetzung von Art. 5 **EU-Aufnahme-RL aF**. Der in der **EU-Aufnahme-RL** 2013/33/EU novellierte Art. 5 („Information") lautet heute wie folgt: 7

> *„(1) Die Mitgliedstaaten unterrichten die Antragsteller innerhalb einer angemessenen Frist von höchstens fünfzehn Tagen nach dem gestellten Antrag auf internationalen Schutz zumindest über die vorgesehenen Leistungen und die Verpflichtungen, die mit den im Rahmen der Aufnahmebedingungen gewährten Vorteilen verbunden sind.*
>
> *Die Mitgliedstaaten tragen dafür Sorge, dass die Antragsteller Informationen darüber erhalten, welche Organisationen oder Personengruppen einschlägige Rechtsberatung leisten und welche Organisationen ihnen im Zusammenhang mit den im Rahmen der Aufnahme gewährten Vorteilen, einschließlich medizinischer Versorgung, behilflich sein oder sie informieren können.*
>
> *(2) ¹ Die Mitgliedstaaten tragen dafür Sorge, dass die in Absatz 1 genannten Informationen schriftlich und in einer Sprache erteilt werden, die der Antragsteller versteht oder von der vernünftigerweise angenommen werden darf, dass er sie versteht. ² Gegebenenfalls können diese Informationen auch mündlich erteilt werden."*

Zu Fragen der **Sprachkenntnisse** → § 17 Rn. 2. Zur **medizinischen Versorgung** von Asylbewerbern regelt Art. 19 EU-Aufnahme-RL heute: 8

> *„(1) Die Mitgliedstaaten tragen dafür Sorge, dass Antragsteller die erforderliche medizinische Versorgung erhalten, die zumindest die Notversorgung und die unbedingt erforderliche Behandlung von Krankheiten und schweren psychischen Störungen umfasst.*

---

[11] Ebenso *Hailbronner* AsylG § 47 Rn. 9.
[12] Zur Berücksichtigung von Art. 6 I, II GG → § 46 Rn. 4.

(2) Die Mitgliedstaaten gewähren Antragstellern mit besonderen Bedürfnissen bei der Aufnahme die erforderliche medizinische oder sonstige Hilfe, einschließlich erforderlichenfalls einer geeigneten psychologischen Betreuung."

§ 48 Beendigung der Verpflichtung, in einer Aufnahmeeinrichtung zu wohnen

Die Verpflichtung, in einer Aufnahmeeinrichtung zu wohnen, endet vor Ablauf des nach § 47 Absatz 1 Satz 1 bestimmten Zeitraums, wenn der Ausländer

1. verpflichtet ist, an einem anderen Ort oder in einer anderen Unterkunft Wohnung zu nehmen,
2. als Asylberechtigter anerkannt ist oder ihm internationaler Schutz im Sinne des § 1 Absatz 1 Nummer 2 zuerkannt wurde oder
3. nach der Antragstellung durch Eheschließung oder Begründung einer Lebenspartnerschaft im Bundesgebiet die Voraussetzungen für einen Rechtsanspruch auf Erteilung eines Aufenthaltstitels nach dem Aufenthaltsgesetz erfüllt.

I. Entstehungsgeschichte

1   Die Vorschrift hat kein Vorbild im AsylVfG 1982. Sie entsprach in ihrer ursprünglichen Fassung dem **Gesetzesentwurf 1992**[1]. Durch die seit 1.7.1993 aufgrund des Gesetzesentwurfs 1993[2] geltende Neufassung (Art. 1 Nr. 30 **AsylVfÄndG 1993**) ist in Nr. 3 der allgemeine Tatbestand der Erteilung einer Aufenthaltsgenehmigung im Hinblick auf § 43a I durch den Anspruch nach Eheschließung ersetzt. MWv 1.1.2005 wurde dem Gesetzesentwurf[3] der Fall der Flüchtlingsanerkennung in Nr. 2 eingefügt und in Nr. 3 die Aufenthaltsgenehmigung nach dem AuslG durch den Aufenthaltstitel nach dem AufenthG ersetzt (Art. 3 Nr. 31, 32 **ZuwG**). Das RLUmsG **2007** ersetzte in redaktioneller Anpassung an § 3 IV lediglich in Nr. 2 die Worte „das Bundesamt für Migration und Flüchtlinge unanfechtbar das Vorliegen der Voraussetzungen des § 60 Abs. des Aufenthaltsgesetzes festgestellt hat" durch die Formulierung „ihm unanfechtbar die Flüchtlingseigenschaft zuerkannt wurde". Das RLUmsG 2011 hat keine Änderungen vorgenommen. Durch Art. 1 Nr. 37 des **RLUmsG 2013** wurde mWz 1.12.2013 in Nr. 2 die bisherige Formulierung „unanfechtbar als Asylberechtigter anerkannt ist oder ihm unanfechtbar die Flüchtlingseigenschaft zuerkannt wurde oder" komplett ausgetauscht, dh das Wort „unanfechtbar" gestrichen und der Begriff „Flüchtlingseigenschaft" durch den erweiterten internationalen Schutz ersetzt. In der Gesetzesbegründung[4] heißt es hierzu: „Es handelt sich um eine redaktionelle Änderung sowie um eine Anpassung an den erweiterten Regelungsbereich des Gesetzes." In Ergänzung der Neuregelungen in § 47 (dort → § 47 Rn. 1) änderte das **AsylVfBeschlG 2015** konsequent in S. 1 die bisherigen „drei" Monate auf sechs Monate. Das **Gesetz zur Bereinigung des Rechts der Lebenspartner** fügte mWz 26.11.2015 in Nr. 3 nach Eheschließung „oder Begründung einer Lebenspartnerschaft" ein. Das **2. RückkehrG** v. 15.8.2019[5] passte den Satzteil vor Nr. 1 als Folgeregelung an die Neuregelung in § 47 I an[6].

II. Beendigungsgründe

2   Die enumerativ aufgezählten Beendigungsgründe **beenden von selbst** die Wohnverpflichtung. Es bedarf dazu keiner Anordnung der Aufnahmeeinrichtung, der Ausländerbehörde oder einer anderen Stelle wie in den Fällen des § 49. Die Verpflichtung zum Wohnen in einer (nicht „der") Aufnahmeeinrichtung endet generell, nicht nur hinsichtlich der zunächst zuständigen. Alle drei Tatbestände verändern den Aufenthaltsstatus grundlegend. Der bloße Wechsel der Aufnahmeeinrichtung wird erforderlichenfalls durch Änderung der Zuständigkeitsbestimmung (§ 46 I, II) und durch entsprechende Auflagen zur Aufenthaltsgestattung (§ 60 I) vorgenommen.

3   Die Wohnverpflichtung in der Aufnahmeeinrichtung endet dem Gesetzeswortlaut nach bei jeder Verpflichtung zum Wohnen an anderer Stelle. Dies kann freilich nicht für Ortsveränderungen gelten, die ihrem Zweck nach die generelle Wohnverpflichtung unberührt lassen. Eine Pflicht zum **Wohnortwechsel** iSd Nr. 1 kann sich deshalb eigentlich nur aus Auflagen nach § 60 II 1 ergeben. Andere Verpflichtungen, insbesondere solche zum Aufenthalt an einem bestimmten anderen Ort, genügen nicht. Aufenthalt ist nicht mit Wohnen gleichzusetzen. Deshalb erfüllt auch eine landesinterne Ver-

---

[1] BT-Drs. 12/2062, 13.
[2] BT-Drs. 12/4450, 7.
[3] BT-Drs. 15/420, 43.
[4] BT-Drs. 17/13063, 23.
[5] BGBl. 2019 I S. 1294, in Kraft getreten am 21.8.2019.
[6] Vgl. BT-Drs. 19/10706, 15.

teilung den Tatbestand der Nr. 1 nicht[7]; denn mit der Verteilung und deren Umsetzung durch die Zuweisung (§ 50 IV 1) wird lediglich der Aufenthaltsbezirk bestimmt. Der Ort, an dem der Asylbewerber Wohnung zu nehmen hat, uU in einer Gemeinschaftsunterkunft (§ 51 I), ist durch Ausländerbehörden-Auflagen zu bestimmen (§ 60 II 1). Erst mit deren Erlass ist der Tatbestand der Nr. 1 erfüllt.

Die Beendigung nach unanfechtbarer **Asylanerkennung** ist eigentlich selbstverständlich, weil der 4 Ausländer mit der Anerkennung aus dem Kreis der Asylbewerber ausscheidet[8]. Sie setzt im Falle der gerichtlichen Verpflichtung den Erlass eines entsprechenden BAMF-Bescheids voraus; es genügt also nicht die Unanfechtbarkeit des Urteils. Erst nach Erhalt des Anerkennungsbescheids kann er die Aufenthaltserlaubnis nach § 25 I AufenthG beantragen. Die **Flüchtlingsanerkennung** stand bis Ende 2004 nicht gleich und war bis dahin auch nicht vergleichbar, weil sie eine Abschiebungsandrohung nicht hindert (vgl. § 34 I) und nur bei dauernd fehlender Abschiebbarkeit eine Aufenthaltsbefugnis zu erteilen war (§ 70 I aF). Seit 2005 steht sie der Asylanerkennung gleich, zumal sie ebenfalls einen Rechtsanspruch auf eine Aufenthaltserlaubnis vermittelt (§ 25 II AufenthG). Vergleichbares gilt seit dem RLUmsG 2013 für den gesamten internationalen Schutz iSv § 1 Nr. 2, also auch den **subsidiären Schutz**. Dies entspricht iÜ auch den Vorgaben von Art. 32 der **Anerkennungs-RL**.

Bei dem **Aufenthaltstitel** aus Anlass der Eheschließung oder Lebenspartnerschaft im Bundesgebiet 5 ist das Bestehen eines Anspruchs hierauf maßgeblich, nicht dessen Erteilung[9]. Diese Änderung beruht darauf, dass die Erteilung einer Aufenthaltserlaubnis während der Wohnverpflichtung durch § 43 III 2 ausgeschlossen ist und nur für den Fall des Rechtsanspruchs nach Eheschließung hiervon durch Beendigung der Wohnverpflichtung abgegangen werden soll. In Betracht kommen Ansprüche nach §§ 27, 28 I 1 Nr. 1, 30 I AufenthG. Da die Aufenthaltserlaubnis noch nicht erteilt und auch noch nicht zulässigerweise beantragt sein kann, genügt allein das Bestehen eines Anspruchs.

Zu den Beendigungsgründen zählt nicht das bloße Erreichen von grundsätzlich 18 bzw. bei Familien 6 mit einem minderjährigen Kind **sechs Monaten Wohndauer** (§ 47 I); § 48 betrifft nur den Zeitraum bis zu diesen Zeiträumen[10]. Damit lässt sich die im Interesse der Sicherung menschenwürdiger Lebensbedingungen gedachte Befristung auf sechs Wochen und höchstens sechs Monate (Arbeitsverbot nach § 61 I; Beschränkungen nach § 55; gegebenenfalls Nichtberücksichtigung familiärer und sonstiger Bindungen während des Aufenthalts in der Aufnahmeeinrichtung) nur schwer durchsetzen[11].

III. Verwaltungsverfahren und Rechtsschutz

Da die Beendigung der Wohnverpflichtung kraft Gesetzes eintritt, fehlt es an einem angreifbaren 7 VA. Im Streitfall kann der Asylbewerber eine bestätigende **Bescheinigung** verlangen und erforderlichenfalls gerichtlich mit einer **Feststellungsklage** (§ 43 VwGO) und einem Antrag auf Erlass einer einstweiligen Anordnung (§ 123 VwGO) durchsetzen.

Die Beendigung der Wohnverpflichtung hat unterschiedliche **Folgen** für die Pflicht zum Aufenthalt 8 und Wohnen in einem bestimmten Bezirk oder an einem bestimmten Ort. Im Falle der Nr. 1 wird der Asylbewerber länderübergreifend oder landesintern verteilt (§§ 50, 51) und durch Auflagen zum entsprechenden Aufenthalt oder Wohnen angehalten (§ 60 II 1). Mit der unanfechtbaren Asyl- oder Flüchtlingsanerkennung erwirbt er den Rechtsanspruch auf eine Aufenthaltserlaubnis (§ 25 I, II AufenthG); bis zu deren Erteilung hält er sich erlaubt im Bundesgebiet auf (§ 25 I 3, II 2 AufenthG), ohne weiter an Aufenthaltsbeschränkungen für Asylbewerber gebunden zu sein. Mit dem Erwerb eines Anspruchs auf Erteilung einer Aufenthaltserlaubnis nach Eheschließung endet nicht die Rechtsstellung als Asylbewerber, sondern nur die Wohnverpflichtung nach § 47 I. Der Aufenthalt gilt aber von der Antragstellung bis zur Erteilung einer ehebezogenen Aufenthaltserlaubnis kraft Gesetzes als erlaubt (§ 81 III 1 AufenthG).

Soweit der Asylbewerber danach nicht ohnehin von Beschränkungen des Aufenthalts freigestellt ist, 9 kann er Rechtsschutz in Anspruch nehmen[12] und auf diesem Wege **mittelbar** das Ende seiner Wohnverpflichtung iSd § 48 einer gerichtlichen Überprüfung unterwerfen.

§ 49 Entlassung aus der Aufnahmeeinrichtung

(1) **Die Verpflichtung, in der Aufnahmeeinrichtung zu wohnen, ist zu beenden, wenn eine Abschiebungsandrohung vollziehbar und die Abschiebung nicht in angemessener Zeit möglich ist oder wenn dem Ausländer eine Aufenthaltserlaubnis nach § 24 des Aufenthaltsgesetzes erteilt werden soll.**

---

[7] Anders Begründung des Gesetzesentwurfs, BT-Drs. 12/2062, 30.
[8] Zur Aufenthaltsgestattung → § 67 Rn. 7.
[9] Anders noch aF, → Rn. 1.
[10] → § 47 Rn. 3.
[11] Vgl. aber → § 50 Rn. 8.
[12] Betr. Nr. 1 → § 60 Rn. 13.

(2) Die Verpflichtung kann aus Gründen der öffentlichen Gesundheitsvorsorge sowie aus sonstigen Gründen der öffentlichen Sicherheit oder Ordnung, insbesondere zur Gewährleistung der Unterbringung und Verteilung, oder aus anderen zwingenden Gründen beendet werden.

I. Entstehungsgeschichte

1 Die Vorschrift hat kein Vorbild im AsylVfG 1982. Sie stimmte ursprünglich im Wesentlichen mit dem **Gesetzesentwurf 1992**[1] überein; auf Vorschlag des Bundestag-Innenausschusses wurde in Abs. 2 die Alt. „oder aus anderen zwingenden Gründen" eingefügt[2]. MWv 1.7.1993 wurde aufgrund des Gesetzesentwurfs 1993[3] in Abs. 1 die letzte Alternative eingefügt (Art. 1 Nr. 31 **AsylVfÄndG 1993**). Seit 1.1.2005 ist die Bezugnahme auf § 32a I und II AuslG in Abs. 1 entsprechend dem Gesetzesentwurf[4] durch die Bezugnahme auf § 24 AufenthG ersetzt (Art. 3 Nr. 33 **ZuwG**). Die RLUmsG 2007 und 2011 und 2013 haben keine Änderungen vorgenommen. Das **2. RückkehrG 2019** ersetzte in Abs. 1 die Worte „kurzfristig nicht" durch „nicht in angemessener Zeit" und begründete dies damit, dass die Verpflichtung, in der Aufnahmeeinrichtung zu wohnen, zu beenden sei, wenn eine Abschiebungsandrohung vollziehbar und die Abschiebung absehbar nicht möglich ist oder aber dem Ausländer eine Aufenthaltserlaubnis nach § 24 AufenthG erteilt werden soll[5]. In Abs. 2 fügte das 2. RückkehrG 2019 nach „Ordnung" den Hinweis auf die Gewährleistung der Unterbringung und Verteilung ein, um sicherzustellen, dass Aufnahmeeinrichtungen nicht überlastet werden, dh es zu ermöglichen, dass die Wohnpflicht etwa beendet wird, wenn andernfalls eine Erschöpfung oder Überlastung der Kapazitäten der Einrichtung zu befürchten wäre[6].

II. Beendigungsgründe

2 Die Gründe der Abs. 1 und 2 beenden anders als nach § 48 nicht von selbst die Verpflichtung zum Wohnen in einer Aufnahmeeinrichtung, sondern erst aufgrund eines Verwaltungsakts. Sie führen zwingend zur **Beendigung der Wohnverpflichtung**, trotz der Überschrift nicht zu „Entlassung".

3 **Obligatorisch** ist die Wohnverpflichtung aufzuheben, wenn die Abschiebungsandrohung sofort oder endgültig vollziehbar wird, aber nicht in angemessener Zeit vollzogen werden kann, was seit der Änderung 2019 (→ Rn. 1) nicht notwendig mehr mit „kurzfristig" gleichzusetzen ist. Die Gründe hierfür können tatsächlicher oder rechtlicher Art sein, zB Fehlen von Reisedokumenten oder Aussetzung der Vollziehung nach § 60a AufenthG. Die Angemessenheit ist unter Berücksichtigung der Höchstwohndauer nach § 47 I zu beurteilen, dh, hier sind ggf. auch nachweisbare Verletzungen der Mitwirkungspflichten aus § 15 in die Beurteilung einzustellen. Die Wohnverpflichtung ist außerdem zu beenden, wenn eine Aufenthaltserlaubnis für aufgrund einer EU-Maßnahme aufgenommene Flüchtlinge gem. § 24 AufenthG zu erwarten ist.

4 **Im Ermessenswege** kann die Wohnverpflichtung aus den Gründen des Abs. 2 beendet werden. Nach den beiden ersten Alternativen kommen **öffentliche Interessen** zum Tragen, seit 2019 ausdrücklich (→ Rn. 1) auch eine Erschöpfung oder Überlastung der Kapazitäten der Einrichtung. Außer Seuchen- und Ansteckungsgefahren sind Sicherheitsgesichtspunkte zu beachten, etwa die Gefahr gewalttätiger Auseinandersetzungen unter den Bewohnern oder die Drohung von Übergriffen aus der Bevölkerung.

5 Die vom Bundestag-Innenausschuss eingefügte letzte Alternative[7] soll die Berücksichtigung von **Härtefällen** ermöglichen[8]. Diese können auf gesundheitlichen, familiären oder anderen persönlichen Umständen beruhen, deren Nichtberücksichtigung zu schwerwiegenden Nachteilen führte. Hierauf kann sich zB berufen, wer dringend auf die Lebenshilfe von Familienangehörigen, die andernorts wohnen, angewiesen ist und ohne deren Beistand oder Pflege auch nicht sechs Wochen oder drei Monate ohne erhebliche Beeinträchtigungen in einer Aufnahmeeinrichtung wohnen kann. Die gewöhnlichen Folgen eines Lebens in der Aufnahmeeinrichtung sind hinzunehmen; zwingende Gründe können nur bei außergewöhnlichen Beeinträchtigungen anerkannt werden.

III. Verwaltungsverfahren und Rechtsschutz

6 Die Beendigung der Wohnverpflichtung **durch Verwaltungsakt** kann nicht nur durch förmliche Aufhebung der Wohnverpflichtung oder Entlassung, sondern auch durch Änderung der Auflagen zur

---

[1] BT-Drs. 12/2062, 14.
[2] BT-Drs. 12/2817, 28.
[3] BT-Drs. 12/4450, 7.
[4] BT-Drs. 15/420, 43.
[5] Vgl. BT-Drs. 19/10706, 15.
[6] BT-Drs. 19/10706, 15.
[7] → Rn. 1.
[8] BT-Drs. 12/2817, 61.

Landesinterne Verteilung § 50 AsylG 7

Aufenthaltsgestattung nach § 60 II durch die zuständige Ausländerbehörde (§ 60 III) erfolgen[9]. **Rechtsschutz** ist in diesem Zusammenhang möglich[10]. Vorauszugehen haben eine landesinterne oder länderübergreifende Verteilung und Zuweisung (nach §§ 50, 51).

§ 50 Landesinterne Verteilung

(1) [1] Ausländer sind unverzüglich aus der Aufnahmeeinrichtung zu entlassen und innerhalb des Landes zu verteilen, wenn das Bundesamt der zuständigen Landesbehörde mitteilt, dass
1. dem Ausländer Schutz nach den §§ 2, 3 oder 4 zuerkannt wurde oder die Voraussetzungen des § 60 Absatz 5 oder 7 des Aufenthaltsgesetzes in der Person des Ausländers oder eines seiner Familienangehörigen im Sinne des § 26 Absatz 1 bis 3 vorliegen, oder
2. das Verwaltungsgericht die aufschiebende Wirkung der Klage gegen die Entscheidung des Bundesamtes angeordnet hat, es sei denn, der Asylantrag wurde als unzulässig nach § 29 Absatz 1 Nummer 1 oder 2 abgelehnt.
[2] Eine Verteilung kann auch erfolgen, wenn der Ausländer aus anderen Gründen nicht mehr verpflichtet ist, in der Aufnahmeeinrichtung zu wohnen.

(2) Die Landesregierung oder die von ihr bestimmte Stelle wird ermächtigt, durch Rechtsverordnung die Verteilung zu regeln, soweit dies nicht durch Landesgesetz geregelt ist.

(3) Die zuständige Landesbehörde teilt innerhalb eines Zeitraumes von drei Arbeitstagen dem Bundesamt den Bezirk der Ausländerbehörde mit, in dem der Ausländer nach einer Verteilung Wohnung zu nehmen hat.

(4) [1] Die zuständige Landesbehörde erlässt die Zuweisungsentscheidung. [2] Die Zuweisungsentscheidung ist schriftlich zu erlassen und mit einer Rechtsbehelfsbelehrung zu versehen. [3] Sie bedarf keiner Begründung. [4] Einer Anhörung des Ausländers bedarf es nicht. [5] Bei der Zuweisung sind die Haushaltsgemeinschaft von Familienangehörigen im Sinne des § 26 Absatz 1 bis 3 oder sonstige humanitäre Gründe von vergleichbarem Gewicht zu berücksichtigen.

(5) [1] Die Zuweisungsentscheidung ist dem Ausländer selbst zuzustellen. [2] Wird der Ausländer durch einen Bevollmächtigten vertreten oder hat er einen Empfangsbevollmächtigten benannt, soll ein Abdruck der Zuweisungsentscheidung auch diesem zugeleitet werden.

(6) Der Ausländer hat sich unverzüglich zu der in der Zuweisungsverfügung angegebenen Stelle zu begeben.

Übersicht
	Rn.
I. Entstehungsgeschichte	1
II. Allgemeines	2
III. Entlassung und Verteilung	3
IV. Verteilung	9
V. Zuweisung	15
1. Verfahren	15
2. Ermessensentscheidung	20
VI. Unverzüglicher Umzug	31
VII. Rechtsschutz	34

I. Entstehungsgeschichte

Die Vorschrift übernimmt den Inhalt der Regelungen des § 22 V, VI 1, VII, VIII, IX AsylVfG **1** 1982. Sie stimmte ursprünglich im Wesentlichen mit dem **Gesetzesentwurf 1992**[1] überein; auf Vorschlag des Bundestag-Innenausschusses wurde in Abs. 4 der S. 5 angefügt[2]. MWv 1.7.1993 wurden aufgrund des Gesetzesentwurfs 1993[3] in Abs. 1 Nr. 1 die Passage „in der Person des ... Kindes" eingefügt und auf Vorschlag des Bundestag-Innenausschusses[4] S. 2 in Abs. 1 angefügt (Art. 1 Nr. 32 **AsylVf-ÄndG 1993**). MWv 1.1.**2005** ist entsprechend dem Gesetzesentwurf[5] Nr. 3 in Abs. 1 (Klage des BB) aufgehoben und die Bezugnahme auf § 53 AuslG durch eine solche auf § 60 II–VII AufenthG

---

[9] AA *Junghans* ZAR 2021, 63.
[10] → § 60 Rn. 13.
[1] BT-Drs. 12/2062, 14.
[2] BT-Drs. 12/2817, 28 f.
[3] BT-Drs. 12/4450, 7.
[4] BT-Drs. 12/4984, 21.
[5] BT-Drs. 15/420, 43.

ersetzt (Art. 3 Nr. 34 ZuwG). Das **RLUmsG 2007** hat in Abs. 1 S. 1 Nr. 1 außer der redaktionellen Änderung der Angabe „§ 60 Abs. 2 bis 7" in „§ 60 Abs. 2 bis 7 oder Abs. 7" noch das Wort „unzulässig" eingefügt. Der Gesetzgeber begründete dies wie folgt[6]: „Die Aufnahme der Unzulässigkeitsentscheidung nach § 27a in Absatz 1 Satz 1 Nr 1 ist notwendig, um zu verhindern, dass Asylbewerber, die im Rahmen des Dublinverfahrens kurzfristig in einen anderen Staat überstellt werden, innerhalb des Landes verteilt werden. Bislang waren bereits diejenigen Antragsteller im Dublinverfahren, deren Asylantrag nach § 29 Abs 3 als unbeachtlich entschieden wurde, von der vorzeitigen Verteilung ausgenommen. Insoweit stellt die Ergänzung auch eine redaktionelle Anpassung in Folge der neuen Dublin-Entscheidung nach § 27a dar." Das RLUmsG 2011 hat keine Änderungen vorgenommen. Durch Art. 1 Nr. 38 des **RLUmsG 2013** wurde mWz 1.12.2013 in Abs. 1 S. 1 Nr. 1 redaktionell der Zusatz (§ 60 Abs.) „2 bis" (5 oder 7 AufenthG) gestrichen und die alte Formulierung „in der Person des Ausländers, seines Ehegatten oder seines minderjährigen ledigen Kindes vorliegen" ausgetauscht. In der Gesetzesbegründung[7] heißt es hierzu: „Der Regelungstext vollzieht die Trennung von internationalen subsidiären Schutz und nationalen Abschiebungsverboten nach. Er berücksichtigt auch eine Folgeänderung." Durch Art. 2 Nr. 2 des **Gesetzes**[8] **vom 23.12.2014** (BGBl. I S. 2439) wurde zum 1.1.2015 in Abs. 4 S. 5 die alte Formulierung „Bei der Zuweisung ist die Haushaltsgemeinschaft von Ehegatten und ihren Kindern unter 18 Jahren zu berücksichtigen" in Anpassung an den erweiterten Personenkreis des § 26 ausgetauscht sowie durch „sonstige humanitäre Gründe" ergänzt. In der Gesetzesbegründung[9] heißt es dazu: „Die Änderung soll die bei landesinternen und länderübergreifenden Verteilentscheidungen und einer gegebenenfalls damit verbundenen Wohnsitzauflage zu berücksichtigenden humanitären Gründen von vergleichbarem Gewicht angleichen. Zu diesen zählen insbesondere erhebliche persönliche Gründe (zB besonderer Schutzbedarf, konkret bestehende Ausbildungsmöglichkeiten oder konkrete Möglichkeiten der Erwerbstätigkeit). Die zu berücksichtigende Haushaltsgemeinschaft von Familienangehörigen kann auch eine Haushaltsgemeinschaft sein, die außerhalb des Bundesgebietes bestanden hat." Art. 6 Nr. 17 **IntG** strich mWz 6.8.2016 als Folgeänderung in Abs. 1 S. 1 Nr. 1 zwischen „unzulässig" und „offensichtlich unbegründet" das bisherige Wort „unbeachtlich", weil Asylanträge nur noch als unzulässig oder (offensichtlich) unbegründet abgelehnt werden können, dh die Kategorie der Unbeachtlichkeit weggefallen ist. Das **2. RückkehrG** v. 15.8.2019[10] fasst die Nr. 1 in Abs. 1 S. 1 komplett neu und fügte in Nr. 2 den die sog. Dubliner betreffenden Satzteil „es sei denn..." an. Auf eine explizite Öffnungsklausel entsprechend der Regelung des § 49 II verzichtete der Gesetzgeber, weil der dort geregelte Fall über Abs. 1 S. 2 erfasst ist[11].

II. Allgemeines

2   Das Verteilungssystem ist gegenüber § 22 AsylVfG 1982 insofern **grundlegend geändert**, als eine länderübergreifende Verteilung während der Dauer der Verpflichtung zum Wohnen in einer Aufnahmeeinrichtung überhaupt nicht und danach nur ausnahmsweise nach § 51 erfolgt. An die Stelle der länderübergreifenden Verteilung und Zuweisung ist die Bestimmung der Zuständigkeit der Aufnahmeeinrichtung nach § 46 I, II getreten, an die sich nach Beendigung der Wohnverpflichtung die Verteilungen nach § 50, 51 anschließen. Die Erwartung, ein großer Teil der Asylverfahren, wenigstens die als offensichtlich unbegründet abgelehnten Anträge, könnte während des Aufenthalts in der Aufnahmeeinrichtung abgeschlossen werden, hat sich nicht erfüllt; sie kann idR nur in verhältnismäßig wenigen Fällen verwirklicht werden.

III. Entlassung und Verteilung

3   Entlassung und landesinterne Verteilung werden nach Abs. 1 S. 1 ausgelöst durch eine **Mitteilung** des BAMF über die Tatbestände der dortigen Nr. 1 oder 2. Die zuständige Landesbehörde hat die Richtigkeit der Mitteilung nicht zu überprüfen. Das BAMF hat sich aber an die vorgegebenen Voraussetzungen zu halten und die zuständige Landesbehörde unverzüglich nach deren Eintritt zu unterrichten.

4   Nach dem 2019 komplett neugefassten **Abs. 1 S. 1 Nr. 1** kommt es nun nicht mehr auf die Unmöglichkeit einer kurzfristigen Entscheidung über einen Asylantrag an, sondern darauf, ob dem Ausländer Asyl (§ 2), die Flüchtlingseigenschaft (§ 3), subsidiärer Schutz (§ 4), komplementärer Schutz (§ 60 V oder VII) oder Familienschutz (§ 26 I–III) zuerkannt wurde. Für die landesinterne Verteilung ist aber auch insoweit allein maßgeblich, was das BAMF der zuständigen Landesbehörde mitgeteilt hat,

---

[6] BT-Drs. 16/5065, 218.
[7] BT-Drs. 17/13063, 23.
[8] Gesetz zur Verbesserung der Rechtsstellung von asylsuchenden und geduldeten Ausländern.
[9] BR-Drs. 506/14, 12 f.
[10] BGBl. 2019 I S. 1294, in Kraft getreten am 21.8.2019.
[11] Vgl. BT-Drs. 19/10706, 15 f.

Landesinterne Verteilung § 50 AsylG 7

nicht hingegen, ob bzw. welcher Schutz dem Ausländer tatsächlich, gar bestands- oder rechtskräftig zuerkannt wurde.

Dem neu gefassten Abs. 1 S. 1 Nr. 1 liegt das politische Konzept zugrunde, dass Anerkannte 5 möglichst schnell in die bundesdeutsche Gesellschaft **integriert** werden sollen. Im Umkehrschluss wird damit normativ zutreffend der Sache nach festgestellt, dass die Wohnpflicht in der Aufnahmeeinrichtung regelmäßig integrationsschädlich ist.

Die **aufschiebende Wirkung der Klage** iSv Abs. 1 Nr. 2 gegen die Abschiebungsandrohung des 6 BAMF kann das VG nach § 80 V VwGO regelmäßig durch den geborenen Einzelrichter und unanfechtbar anordnen. Damit treten gegebenenfalls bei im Dublin-Raum bereits Anerkannten sofort die Folgen nach § 37 I, II ein, dh, das BAMF hat das Asylverfahren fortzuführen, denn die Beschwerde ist auch bei stattgebenden Entscheidungen ausgeschlossen (§ 80).

Seit der Neufassung von 2019 sollen sog. **Dubliner** (§ 29 I Nr. 1) und – trotz einer gemäß § 37 I 7 eingetretenen Fortführungspflicht des Asylverfahrens durch das BAMF – im Dublin-Raum **bereits Anerkannte** (§ 29 I Nr. 2) auch bei vorläufigem Stopp der Rücküberstellung, dh des Vollzugs der verfügten Abschiebungsanordnung gem. § 34a oder Abschiebungsandrohung gem. § 35, durch das VG nicht mehr landesintern verteilt werden, sondern grundsätzlich dauerhaft in der Aufnahmeeinrichtung verbleiben. Auf diese Weise soll Sekundärmigration nach Deutschland weniger attraktiv gemacht werden, was insbesondere. auch durch entsprechende Einschränkungen im Versorgungsbereich gem. AsylbLG nF verstärkt wird.

Nach Abs. 1 S. 2 ermöglicht seit 1.7.1993 auch die Beendigung der Wohnverpflichtung **aus** 8 **anderen Gründen** die landesinterne Verteilung. Damit sind die Tatbestände der §§ 48, 49 sowie das Erreichen der Fristen des § 47 I gemeint[12], wobei im letzteren Fall das Ermessen auf null reduziert ist. In diesen Fällen bedarf es (erstmalig) einer Verteilung und Zuweisung, es sei denn, der Ausländer scheidet aus dem Asylverfahren aus (durch Erteilung einer Aufenthaltserlaubnis nach § 24 AufenthG; vgl. § 49 I) oder erhält einen Aufenthaltstitel ohne örtliche Beschränkung (§ 48 Nr. 3).

IV. Verteilung

Die **Verpflichtung der Länder zur Aufnahme** ihnen zugewiesener Asylbewerber ist nicht mehr 9 ausdrücklich geregelt (anders noch § 22 IX 1 AsylVfG 1982). Nach Fortfall der länderübergreifenden Anfangsverteilung (zur späteren Verteilung vgl. §§ 51, 52) ist eine solche Bestimmung nicht mehr erforderlich. Mittelbar ergibt sich die Aufnahmeverpflichtung jetzt aus §§ 44 I, 45, 46 I, II, 47 I.

Der Überschrift entsprechend liegt der **Schwerpunkt** der Regelung bei der landesinternen Ver- 10 teilung, die gegenüber der länderübergreifenden Verteilung nach § 51 eindeutig die Regel darstellt. Die nach Abs. 1 erforderliche unverzügliche Entlassung steht in engem Zusammenhang mit Verteilung und Zuweisung. Sie geht mit der Zuweisung einher und darf trotz der Wortfolge von „zu entlassen" und „zu verteilen" nicht zeitlich getrennt gesehen werden. Sonst entstünde zwischen Entlassung einerseits und Zuweisung und Zuzug an einen anderen Ort andererseits eine nicht zu füllende Lücke[13].

Der betroffene **Personenkreis** wird durch die Mitteilung des BAMF verbindlich bestimmt[14]. Damit 11 sind zunächst nur Personen erfasst, deren Status als Asylbewerber trotz Beendigung der Wohnverpflichtung nach § 47 I erhalten bleibt und die nach der Zuweisung an einen anderen Ort innerhalb des Landes idR in einer **Gemeinschaftsunterkunft** untergebracht werden (§ 53 I). Ähnliches gilt bei Unmöglichkeit einer in angemessener Zeit durchzuführenden Abschiebung (§ 49 I). In diesem Fall enden weder der Asylbewerberstatus (betreffend Aufenthaltsgestattung vgl. § 67) noch die Notwendigkeit der Wohnraumbeschaffung. Mangels anderweitiger Möglichkeiten bleibt nur die Einbeziehung dieser Personen in die landesinterne Verteilung. Erst recht ist dies bei den nach § 49 II aus der Aufnahmeeinrichtung zu entlassenden Personen anzunehmen; die Gründe für das Ende ihrer Wohnverpflichtung lassen deren Asylbewerberstatus und Unterbringungsbedürftigkeit unberührt.

Dagegen sind in die landesinterne Verteilung nicht auch diejenigen Personen einzubeziehen, deren 12 **Wohnverpflichtung** nach § 48 Nr. 3 kraft Gesetzes **beendet** wird; sie unterliegen aufgrund ihres neuen Aufenthaltsstatus nicht mehr der Verteilung.

Die **Ermächtigung** zur Regelung der landesinternen Verteilung durch Rechtsverordnung ist der 13 Sache nach mit der nach § 22 IX 2 AsylVfG 1982 identisch. Sie soll die dezentrale Unterbringung – va in den Flächenstaaten – ermöglichen. Ist nach Landesverfassungsrecht für Maßnahmen im Zusammenhang mit der Verteilung von Ausländern eine andere Stelle als der Landesregierung zuständig oder ein förmliches Gesetz notwendig, werden diese Vorschriften zT durch das Bundesrecht des Abs. 2 verdrängt (Art. 31 GG). Allerdings ist das Land nicht gehalten, von der Rechtsverordnungs-Ermächtigung der Landesregierung Gebrauch zu machen; es kann auch nach der Landesverfassung verfahren. Die Ermächtigung gilt auch für die Zuweisung, denn diese setzt die Verteilung letztlich nur um.

---

[12] Dazu→ § 47 Rn. 3, → § 48 Rn. 6.
[13] Zu Verfahren und Zuständigkeit→ Rn. 14 ff.
[14] → Rn. 3.

Bergmann 2459

14 Die Länder müssen gegebenenfalls ihre Gesetze oder Rechtsverordnung[15] auf das neue Recht **umstellen,** weil der landesinternen Verteilung und Zuweisung anders als früher idR keine länderübergreifende mehr vorausgeht und der betroffene Personenkreis verändert ist.

V. Zuweisung

1. Verfahren

15 Mit dem Zuweisungsbescheid der zuständigen Landesbehörde wird die **Verteilung** gegenüber dem Asylbewerber **umgesetzt.** Grundsätzlich sind in formeller und materieller Hinsicht die früheren Regelungen übernommen (§ 22 IX 3 iVm V, VI 1, VII, VIII AsylVfG 1982). Zu beachten ist aber, dass sich der Asylbewerber jetzt idR bereits in dem betreffenden Land aufhält (Ausnahme nach § 51) und sich deshalb nur aus der Aufnahmeeinrichtung zu der ihm angegebenen Stelle zu begeben hat, um der Zuweisung nachzukommen. Die Zuweisung ist **europarechtskonform,** weil insbesondere Art. 7 EU-Aufnahme-RL es ausdrücklich zulässt, dass Asylbewerbern ein bestimmter Wohnsitz zugewiesen wird[16].

16 Die Zuweisung bedarf weder einer vorherigen **Anhörung** des Asylbewerbers noch der **Begründung** (abweichend von §§ 28, 39 VwVfG). Mangels nachfolgenden Widerspruchsbescheids (§ 11) erfährt der Asylbewerber die Gründe der Zuweisung nur in einem Rechtsstreit. Diese Verfahrensrestriktionen sind verfassungsrechtlich nicht zu beanstanden[17]; Anhörung und Begründung müssen jedoch spätestens im gerichtlichen Aussetzungsverfahren nachgeholt werden[18]. Die Ausnahme von der allgemein bestehenden Anhörverpflichtung im Verwaltungsverfahren (§ 28 VwVfG) entbindet die Behörde nicht von der Pflicht, ihr bekannte Tatsachen zu berücksichtigen.

17 Die Zuweisungsentscheidung ist nur dann **hinreichend bestimmt** (vgl. § 37 I VwVfG), wenn sie zweifelsfrei die Zuweisung an eine bestimmte Körperschaft (Kreis, kreisfreie Stadt) anordnet; es genügt nicht die Aufforderung, sich gemäß Abs. 6 bei der zentralen Anlaufstelle eines Kreises einzufinden[19]. Missverständlich und damit unklar und unbestimmt wird die Zuweisungsentscheidung durch den Zusatz, die Aufenthaltsrechte an dem seitherigen Aufenthaltsort blieben unberührt[20].

18 Für den Zuweisungsbescheid sind Schriftlichkeit, Rechtsmittelbelehrung und **Zustellung** vorgeschrieben, wobei sich Letztere (während und nach der Wohnverpflichtung) nach § 10 richtet. Ist ein Bevollmächtigter oder Zustellungsbevollmächtigter bestellt (die Vollmacht muss dann außer dem Asylantragsverfahren auch Verteilung/Zuweisung umfassen), ist der Bescheid gemäß Abs. 5 (anders als nach § 41 I 1 VwVfG) sowohl diesem bekannt zu machen als auch dem Asylbewerber persönlich zuzustellen (anders noch § 22 VII AsylVfG 1982). Die Zustellung allein an den Asylbewerber hindert also das Wirksamwerden der Zuweisung nicht. Die Zuweisung bzw. staatliche Unterbringungspflicht besteht grundsätzlich nur bis zum unanfechtbaren (negativen) Abschluss des Asylverfahrens.[21]

19 Die **Mitteilungspflicht** nach Abs. 3 kann eigentlich erst nach oder kurz vor Erlass des Zuweisungsbescheids erfüllt werden. Sie setzt nämlich die Kenntnis von dessen Inhalt voraus, und dieser ergibt sich nicht schon aus der rechnerischen Verteilung je nach Belastung der Kreise und Gemeinden. Vor der Verteilung/Zuweisung ist vielmehr Ermessen auszuüben, das va die familiären Bindungen iSd Abs. 4 S. 5 zu beachten hat[22]. Die Mitteilung dient dem BAMF für die Vorbereitung eines (positiven oder

---

[15] Vgl. 5. Aufl., AsylVfG § 22 Rn. 32.
[16] Art. 7 EU-Aufnahme-RL lautet: (1) Antragsteller dürfen sich im Hoheitsgebiet des Aufnahmemitgliedstaats oder in einem ihnen von diesem Mitgliedstaat zugewiesenen Gebiet frei bewegen. Das zugewiesene Gebiet darf die unveräußerliche Privatsphäre nicht beeinträchtigen und muss hinreichenden Raum dafür bieten, dass Gewähr für eine Inanspruchnahme aller Vorteile aus dieser Richtlinie gegeben ist. (2) Die Mitgliedstaaten können – aus Gründen des öffentlichen Interesses, der öffentlichen Ordnung oder wenn es für eine zügige Bearbeitung und wirksame Überwachung des betreffenden Antrags auf internationalen Schutz erforderlich ist – einen Beschluss über den Aufenthaltsort des Antragstellers fassen. (3) Die Mitgliedstaaten dürfen die im Rahmen der Aufnahme gewährten materiellen Leistungen an die Bedingung knüpfen, dass sich Antragsteller tatsächlich an dem Ort aufhalten, der von den Mitgliedstaaten festgelegt wird. Ein derartiger Beschluss, der von allgemeiner Natur sein kann, wird jeweils für den Einzelfall und auf der Grundlage des einzelstaatlichen Rechts getroffen. (4) Die Mitgliedstaaten sehen vor, dass Antragstellern eine befristete Genehmigung zum Verlassen des in den Absätzen 2 und 3 genannten Aufenthaltsorts und/oder des in Absatz 1 genannten zugewiesenen Gebiets erteilt werden kann. Die Entscheidung ist von Fall zu Fall, objektiv und unparteiisch zu treffen und im Falle einer Ablehnung zu begründen. Der Antragsteller muss keine Genehmigung einholen, wenn er bei Behörden und Gerichten erscheinen muss. (5) Die Mitgliedstaaten schreiben Antragstellern vor, den zuständigen Behörden ihre aktuelle Adresse und schnellstmöglich etwaige Adressenänderungen mitzuteilen.
[17] Betr. fehlende Begründungspflicht zum früheren Recht krit. BayVGH Beschl. v. 25.8.1983 – 25 CS 83 C 649, InfAuslR 1984, 23.
[18] Zum früheren Recht HessVGH Beschl. v. 3.1.1985 – 10 TH 2149/84, NVwZ 1985, 674; Beschl. v. 23.10.1986 – 10 TH 2554/86, EZAR 228 Nr. 8; Beschl. v. 26.4.1989 – 10 TH 972/89, ESVGH 39, 225.
[19] Zum früheren Recht HessVGH Beschl. v. 3.1.1985 – 10 TH 2149/84, NVwZ 1985, 674; Beschl. v. 18.4.1985 – 10 TH 573/85, InfAuslR 1985, 289; Beschl. v. 31.1.1986 – 10 TH 2645/85, HessVGRspr 1986, 47.
[20] HessVGH Beschl. v. 31.1.1986 – 10 TH 2645/85, HessVGRspr 1986, 47.
[21] Vgl. BVerwG Beschl. v. 20.1.2010 – 1 B 1.09.
[22] → Rn. 20.

Landesinterne Verteilung § 50 AsylG 7

negativen) Bescheids, da die örtliche Zuständigkeit der Ausländerbehörde und des VG von dem zugewiesenen Aufenthaltsort abhängig ist (§§ 52, 61 III; § 52 Nr. 3 S. 2 VwGO) und Letztere in der Rechtsmittelbelehrung angegeben werden muss.

2. Ermessensentscheidung

Über die Zuweisung hat die zuständige Landesbehörde nach Ermessen zu entscheiden[23]. Hierbei sind **öffentliche und private Belange** gegeneinander abzuwägen, soweit diese nach dem Gesetz berücksichtigungsfähig sind. Da eine länderübergreifende Verteilung für in der Aufnahmeeinrichtung wohnpflichtige Personen nicht stattfindet[24], bildet allein die vorangegangene Verteilung innerhalb des Landes die Grundlage der Zuweisung. In ihr kommt das öffentliche Interesse an einer gleichmäßigen Verteilung der Asylbewerber (und der damit verbundenen Soziallasten) zum Ausdruck, das grundsätzlich den Vorrang vor Belangen der Asylbewerber verdient, weil diese kein Recht zum Aufenthalt in einem bestimmten Bundesland oder an einem bestimmten Ort im Inland besitzen (§ 55 I 2). Das Ermessen ist jedoch in mehrfacher Hinsicht gebunden. Va ist die Haushaltsgemeinschaft, die auch außerhalb des Bundesgebiets bestanden haben kann, die sog. **Kernfamilie** im erweiterten Sinne des § 26, und es sind ausdrücklich auch **humanitäre Gründe** von vergleichbarem Gewicht zu berücksichtigen, und außerdem muss das Ermessen auf materielle und formelle Vorgaben des Verfassungsrechts Bedacht nehmen. Als humanitäre Gründe nennt der Gesetzgeber (→ Rn. 1) ausdrücklich zB besonderen Schutzbedarf, konkret bestehende Ausbildungsmöglichkeiten oder konkrete Möglichkeiten der Erwerbstätigkeit. 20

Wird kein Ermessen ausgeübt, weil sich die Behörde an die Verteilung gebunden fühlt (sog. **Ermessensunterschreitung**), ist die Zuweisung rechtswidrig[25]. Allerdings braucht die Landesbehörde nicht − außerhalb des Abs. 4 S. 5 und ähnlich gewichtiger Gesichtspunkte − der Frage nachzugehen, ob die Auswahl bei der Verteilung auch anders hätte ausfallen können[26]. Grundsätzlich besteht kein Anspruch auf Auskunft über das der Verteilung zugrunde liegende Zahlenmaterial. Um die Annahme einer ermessensfehlerhaften Auswahl auszuschließen, kann jedoch im Einzelfall die Eröffnung des **Verteilungskonzepts**[27] oder einzelner Auswahlkriterien wie Nationalität, Alter, Geschlecht, Verfolgtengruppe[28] ua geboten sein. 21

Vorauszugehen hat eine ordnungsgemäße Verteilung. An sie ist die Landesbehörde freilich **nicht gebunden,** sofern eine andere Zuweisung recht- oder zweckmäßig erscheint. Zunächst ist aber nur die Tatsache der Verteilung für die Rechtmäßigkeit der Zuweisung von Bedeutung, nicht deren „Richtigkeit". Ist etwa die jeweilige Landes- oder Kreisquote überschritten oder die Verteilung wegen Nichtanhörung der Aufnahmekörperschaft oder aus anderen Gründen fehlerhaft zustande gekommen, wirkt sich dies nicht auf die Zuweisung aus. Erst wenn die Verteilung auf Rechtsmittel der Körperschaft hin[29] aufgehoben wird, ist der Zuweisung die Grundlage entzogen. Mittelbar kann sich die Überziehung der Quote allerdings zugunsten des Asylbewerbers auswirken, nämlich im Rahmen der notwendigen Interessenabwägung. Umgekehrt steht die Erfüllung der jeweiligen Aufnahmequote einer Zuweisung, die angesichts der persönlichen Verhältnisse des Asylbewerbers geboten ist, nicht entgegen. In jedem Fall kann die (zusätzliche) Aufnahme nach § 52 oder bei nachfolgenden internen Verteilungen ausgeglichen werden. 22

Die Haushaltsgemeinschaft der sog. **Kernfamilie** − Ehegatten und Kinder unter 18 Jahren − ist auch gem. Art. 8 EU-Aufnahme-RL aF bzw. der entsprechenden Nachfolgenorm des Art. 12 der novellierten EU-Aufnahme-RL − zwingend (aufgrund Art. 6 I, II GG ohnehin geboten) zu berücksichtigen, also in die Interessenabwägung einzubeziehen. Auf Minderjährigkeit (dazu § 12 II) kommt es bei den Kindern nicht an. Ein alleinerziehender sorgeberechtigter Elternteil steht dem Elternpaar gleich. Seit dem RLUmsG 2013 wurde der geschützte **Personenkreis entsprechend § 26 noch erweitert.** Mit dem ausdrücklichen Gebot der Berücksichtigung des Wunsches nach familiärem Zusammenwohnen wird dem Umstand Rechnung getragen, dass Verfolgung und Flucht Schwierigkeiten psychischer Art nach sich ziehen, die durch unsichere Lebensverhältnisse im Aufnahmestaat, durch Unterbringung in Aufnahmeeinrichtungen und Gemeinschaftsunterkünften ua noch verstärkt werden und leicht zu bleibenden Schäden führen können. In dieser Situation ist das Leben in der Familie besonders wichtig. 23

Das Gesetz gebietet weder grundsätzlich noch in der Regel, dass das Zusammenleben in einem Haushalt ermöglicht wird. Ein entsprechender Anspruch ist nicht eingeräumt. Dennoch ist einem dahingehenden **Wunsch stattzugeben,** wenn nicht ausnahmsweise gewichtigere öffentliche Interes- 24

---

[23] HessVGH Beschl. v. 25.9.1985 − 10 TH 1562/85, NVwZ 1986, 148.
[24] → Rn. 2.
[25] Zum früheren Recht HmbOVG Beschl. v. 14.10.1983 − Bs VII 170/83, ZAR 1984, 54; HessVGH Beschl. v. 8.6.1990 − 10 TH 1317/90, ESVGH 40, 307; Beschl. v. 3.1.1985 − 10 TH 2149/84, NVwZ 1985, 674.
[26] Zum früheren Recht VGH BW Beschl. v. 18.2.1987 − A 13 S 63/87, EZAR 228 Nr. 9.
[27] HessVGH Beschl. v. 8.6.1990 − 10 TH 1317/90, ESVGH 40, 307.
[28] HessVGH Beschl. v. 25.9.1985 − 10 TH 1562/85, NVwZ 1986, 148; Beschl. v. 23.10.1986 − 10 TH 2554/86, EZAR 228 Nr. 8.
[29] → Rn. 34.

sen dagegensprechen. Insoweit ist der Grundsatz des § 55 I 2 durchbrochen. Auch die Einhaltung des Verteilungsschlüssels kann nicht mit Erfolg dagegen ins Feld geführt werden; denn ein Ungleichgewicht zwischen einzelnen Körperschaften eines Landes kann immer anderweitig ausgeglichen werden.

25   Ein **gemeinsamer Haushalt** muss angestrebt sein, er braucht – vor oder nach der Flucht – nicht bestanden zu haben. Hat die Familie (freiwillig) lange nicht zusammengelebt, kann das Gewicht ihres Wunsches nach einem gemeinsamen Haushalt geringer bewertet werden. Verstärkt wird dieser umgekehrt durch ein gemeinsames Verfolgungs- und Fluchtschicksal, eine erzwungene Trennung nach der Flucht, durch besondere körperliche oder geistige Hilfsbedürftigkeit oder das gänzliche Fehlen von Beziehungen zu Personen gleicher Herkunft oder Sprache.

26   Handelt es sich bei einem Teil der Familienangehörigen um **keine Asylbewerber** und besitzen diese eine Aufenthaltsgenehmigung und eine Wohnung, in der zusätzliche Personen aufgenommen werden können, darf das Zusammenleben idR nicht mit der Überlegung verwehrt werden, dadurch werde etwa die Pflicht zum Wohnen in einer Gemeinschaftsunterkunft umgangen. Das öffentliche Interesse an der Einhaltung der damit verbundenen Einschränkungen für Asylbewerber hat dann grundsätzlich hinter dem Schutz des Art. 6 I, II GG zurückzutreten. Verfügen die anderen Familienmitglieder weder über einen eigenen Aufenthaltstitel noch über eine ausreichende Wohnung für weitere Personen, darf der Zusammenzug dagegen verwehrt werden. Kann die Familieneinheit auch an dem zugewiesenen Ort hergestellt werden, besteht kein Anspruch auf Zusammenleben an dem Ort, wo sich die Ehefrau mit fiktiver Aufenthaltserlaubnis nach § 81 III, IV AufenthG[30] oder ein Kind aufhält, das seines Alters wegen keiner Aufenthaltserlaubnis bedarf[31].

27   Bei der Ausübung des Ermessens für die Zuweisung sind neben familiären Bindungen innerhalb der Kernfamilie darüber hinaus seit dem RLUmsG 2013 ausdrücklich auch **sonstige humanitäre Gründe** „von vergleichbarem Gewicht" zu berücksichtigen, wie dies für die länderübergreifende Verteilung schon länger bestimmt war (§ 51 I). Der Gesetzgeber legt mithin nunmehr für die landesinterne Verteilung keine strengeren Maßstäbe bei der Beachtung privater Belange mehr an.

28   Während der Wohnverpflichtung nach § 47 I erscheint die gegebenenfalls gänzliche Vernachlässigung familiärer Bindungen im öffentlichen Interesse angesichts der relativ kurzen Wohndauer als grundsätzlich hinnehmbar[32].

29   Die sonstigen humanitären Gründe – außerhalb der Kernfamilie – müssen jedoch ein **ähnliches Gewicht** aufweisen wie das Verhältnis zwischen Ehegatten oder zwischen Eltern und ihren minderjährigen Kindern[33]. Dies kann etwa der Fall sein, wenn die betreffende Person auf die **Lebenshilfe** der anderen aufgrund Krankheit, Schwangerschaft, Alter, Gebrechlichkeit oder mangelnder Deutschkenntnisse angewiesen ist: zB bei ggf. von § 26 nicht erfassten Verlobten[34], älteren Kindern[35], Geschwistern[36], Cousins[37], nicht unbedingt bei Mitgliedern derselben Religionsgemeinschaft[38]. Die Rechtsbeziehungen zwischen Vormund und minderjährigem Mündel verleihen dem Verhältnis beider zueinander ohne Weiteres ein ähnliches Gewicht wie einem natürlichen Eltern-Kind-Verhältnis[39]. Unterschiedliche Standards der Lebensverhältnisse in einzelnen Bundesländern gehören dagegen nicht zu den erwägenswerten Kriterien[40].

30   Auch hinsichtlich der ähnlich gewichtigen Verhältnisse hat die Zuweisungsbehörde spätestens im gerichtlichen Aussetzungsverfahren die **Gründe** darzulegen, die gegen die von dem Asylbewerber gewünschte Verteilung und Zuweisung sprechen; sonst ist nicht erkennbar, dass sie überhaupt Ermessen ausgeübt und willkürfrei entschieden hat[41].

VI. Unverzüglicher Umzug

31   Aus der Zuweisung folgt für den Asylbewerber die Verpflichtung, sich an die dort genannte Stelle zu begeben (falls er sich nicht schon dort aufhält) und dort zu verbleiben. Er hat der Zuweisung unver-

---

[30] Vgl. zu § 69 III AuslG HessVGH Beschl. v. 14.1.1988 – 12 TH 671/87.
[31] HessVGH Beschl. v. 14.1.1988 – 12 TH 671/87; Beschl. v. 27.6.1986 – 10 TH 1302/86.
[32] → § 49 Rn. 5.
[33] Zum früheren Recht VGH BW Beschl. v. 18.2.1987 – A 13 S 63/87, EZAR 228 Nr. 9; HmbOVG Beschl. v. 14.10.1983 – Bs VII 170/83, EZAR 228 Nr. 1; HessVGH Urt. v. 26.8.1988 – 10 UE 2431/88, HessVGRspr 1989, 23; *Henkel* ZAR 1981, 85.
[34] OVG RhPf Beschl. v. 12.1.1990 – 11 B 164/89; VG Hamburg Beschl. v. 12.2.1985 – 17 A 4153/84, InfAuslR 1985, 156.
[35] BVerwG Beschl. v. 4.10.1982 – 1 B 93.82, InfAuslR 1982, 126.
[36] VGH BW Beschl. v. 20.12.1988 – A 14 S 1559/88, NVwZ-RR 1989, 503; HessVGH Beschl. v. 25.9.1985 – 10 TH 1562/85, NVwZ 1986, 148; VG Ansbach Beschl. v. 19.8.1983 – 2 S 83 C 956, InfAuslR 1984, 99.
[37] HessVGH Beschl. v. 23.10.1986 – 10 TH 2554/86, EZAR 228 Nr. 8.
[38] OVG Bln Beschl. v. 11.12.1991 – 8 S 223.91, NVwZ 1993, 296; HessVGH Beschl. v. 28.10.1987 – 12 TH 2232/87, jeweils betr. yezidische Großfamilie.
[39] HessVGH Beschl. v. 26.4.1989 – 10 TH 972/89, ESVGH 39, 225.
[40] HmbOVG Beschl. v. 28.12.1990 – Bs IV 532/90, NVwZ 1991, 397; zu evtl. grundrechtsrelevanten Beeinträchtigungen vgl. auch → § 46 Rn. 3.
[41] Zum früheren Recht HessVGH Beschl. v. 8.6.1990 – 10 TH 1317/90, ESVGH 40, 307.

züglich (ohne schuldhaftes Zögern) Folge zu leisten. Ihm muss **ausreichend Zeit für den Umzug** gelassen werden; da er in einer Aufnahmeeinrichtung wohnt, genügen hierfür unter Umständen wenige Stunden. Erhebung von Widerspruch oder Klage befreit ihn nicht von dieser Pflicht, weil diese **Rechtsbehelfe** keine aufschiebende Wirkung entfalten (§ 75). Gelegenheit für Rechtsschutzanträge (auch nach § 80 V VwGO) am bisherigen Aufenthaltsort muss ihm verbleiben; eine Entscheidung hierüber darf er freilich nur abwarten, wenn mit dieser binnen weniger Tage gerechnet werden kann.

Dem Asylbewerber bleibt es letztlich **überlassen**, wann und wie er – freiwillig und in eigener 32 Verantwortung – seiner Pflicht nachkommt. An einer Bestimmung wie in § 59 I 2 fehlt es hier. Für eine Verpflichtung zum Umzug nach § 60 II, III durch die neu zuständige Ausländerbehörde unter gleichzeitiger Vorgabe von Termin und Beförderungsmittel ist kein Raum, weil die Pflicht bereits kraft Gesetzes besteht. Ob der Asylbewerber rechtzeitig umgezogen ist, hängt von den Umständen des Einzelfalls ab und kann nicht absolut festgelegt werden. Unzulässig ist es deshalb, eine feste Frist zu bestimmen[42] oder von vornherein die Beförderung per Sammeltransport vorzuschreiben[43]. Die Pflicht zum unverzüglichen Umzug kann mit den Mitteln des Verwaltungszwangs durchgesetzt werden. Dabei müssen aber zB Reiseunfähigkeit und gesundheitliche Gefahren infolge des Ortswechsels berücksichtigt werden[44].

Folgt der Asylbewerber der Zuweisung nicht unverzüglich, macht er sich **strafbar** (§ 85 Nr. 1). 33 Vorausgesetzt ist ein nicht unverzüglicher Umzug. Damit ist für den Straftatbestand ebenso wie nach Abs. 6 subjektives Verschulden erforderlich[45].

VII. Rechtsschutz

Gegen die landesinterne **Verteilung** kann sich der Kreis oder die Gemeinde wehren[46]. Insoweit 34 handelt es sich aber um Streitigkeiten aufgrund der jeweiligen Landesnormen, auf die das AsylG, insbesondere die §§ 11, 75, nicht anwendbar sind[47]. Mit der Berufung auf das kommunale Selbstverwaltungsrecht kann eine Gemeinde weder gegen die Verteilung vorgehen noch eine finanzielle Entschädigung erstreiten[48].

Dem Asylbewerber steht gegen die **Zuweisung** die Anfechtungsklage (§ 42 I VwGO) zur Ver- 35 fügung, die Zuweisung an eine bestimmte Gebietskörperschaft kann er mit Verpflichtungsklage (§ 42 II VwGO) erstreiten. Für diese Streitigkeiten ist das AsylG maßgeblich und damit gelten auch §§ 11, 75 uneingeschränkt.

Da die Klage gegen die Zuweisung **keine aufschiebende Wirkung** entfaltet (§ 75), kann der 36 Sofortvollzug nur im Verfahren nach § 80 V VwGO ausgesetzt werden. Betroffen sind nicht Rechtsbehelfe der Gemeinden[49]. Für den gerichtlichen Eilantrag gilt die Wochenfrist des § 36 III 1 nicht, der Antrag ist also nicht fristgebunden. Der Asylbewerber kann eine sofortige andere Zuweisung durch einstweilige Anordnung (§ 123 VwGO) erreichen, allerdings nur mit vorläufiger Wirkung, weil sonst die Hauptsache unzulässigerweise vorweggenommen würde.

Örtlich zuständig ist das Gericht, in dessen Bezirk der Asylbewerber im Zeitpunkt der Klage- 37 erhebung oder Antragstellung seinen Aufenthalt zu nehmen hat; fehlt ein solcher Anknüpfungspunkt, ist der Ort des Erlasses des VA maßgeblich (§ 52 Nr. 2 S. 3, Nr. 3 VwGO; § 17 I 1 GVG)[50]. Auch die örtliche Zuständigkeit kann sich allerdings ändern, wenn der Asylbewerber nach Bestandskraft der Zuweisungsentscheidung, die gemäß § 60 III 2 mit einer Wohnsitzauflage verbunden werden soll, eine „Umverteilung" gemäß § 60 II anstrebt; hierzu wird auf die Kommentierung zu § 60 III 5 (→ § 60 Rn. 10 ff.) verwiesen.

§ 51 Länderübergreifende Verteilung

(1) Ist ein Ausländer nicht oder nicht mehr verpflichtet, in einer Aufnahmeeinrichtung zu wohnen, ist der Haushaltsgemeinschaft von Familienangehörigen im Sinne des § 26 Absatz 1 bis 3 oder sonstigen humanitären Gründen von vergleichbarem Gewicht auch durch länderübergreifende Verteilung Rechnung zu tragen.

(2) ¹Die Verteilung nach Absatz 1 erfolgt auf Antrag des Ausländers. ²Über den Antrag entscheidet die zuständige Behörde des Landes, für das der weitere Aufenthalt beantragt ist.

---

[42] Zulässig nur als Empfehlung, HessVGH Beschl. v. 8.1.1986 – 10 TH 2393/85.
[43] HessVGH Beschl. v. 26.9.1985 – 10 TH 1646/85, NVwZ 1986, 149; *Bertrams* NWVBl 1988, 70.
[44] HmbOVG Beschl. v. 28.12.1990 – Bs IV 532/90, NVwZ 1991, 397.
[45] → § 85 Rn. 5 f.
[46] Zum alten Recht OVG NRW Beschl. v. 27.5.1981 – 18 B 688/81, EZAR 221 Nr. 9; Beschl. v. 1.3.1982 – 18 B 2251/81, EZAR 221 Nr. 16.
[47] Ebenso GK-AsylG § 50 Rn. 33; ähnlich *Hailbronner* AsylG § 50 Rn. 33; aA *Marx* § 50 Rn. 58; HessVGH Beschl. v. 2.10.1990 – 10 TG 2854/90, NVwZ 1991, 1015.
[48] BVerwG Beschl. v. 24.2.1993 – 7 B 155.92, NVwZ 1993, 786; zur Unterbringung von Bürgerkriegsflüchtlingen HessVGH Urt. v. 18.2.1997 – 10 UE 459/96, EZAR 015 Nr. 13.
[49] → Rn. 34.
[50] Zum früheren Recht und allg. dazu *Renner* ZAR 1985, 62; im Einzelnen → § 74 Rn. 10 ff.

I. Entstehungsgeschichte

1 Die Vorschrift geht auf § 22 VI AsylVfG 1982 zurück. Der **Gesetzesentwurf 1992**[1] enthielt keine Bestimmungen über eine länderübergreifende Verteilung. Die Vorschrift wurde erst auf **Vorschlag des Bundestag-Innenausschusses** (zunächst als § 50a)[2] eingefügt. Die RLUmsG 2007 und 2011 hatten keine Änderungen vorgenommen. Durch Art. 1 Nr. 39 des **RLUmsG 2013** wurde mWz 1.12.2013 in Abs. 1 die alte Formulierung (Haushaltsgemeinschaft) „von Ehegatten sowie Eltern und ihren minderjährigen ledigen Kindern" ausgetauscht. In der Gesetzesbegründung[3] heißt es hierzu: „Die Vorschrift wird an den in § 26 des Asylverfahrensgesetzes erweiterten Personenkreis angepasst (Folgeänderung)." § 51 ist **europarechtskonform; in** Art. 7, 8, 14 ff. EU-Aufnahme-RL aF bzw. den entsprechenden Nachfolgenormen der Art. 12 ff. der novellierten EU-Aufnahme-RL 2013/33/EU finden sich Vorgaben zu Aufenthalt, Wohnzwecken und Unterbringung von Asylbewerbern, auch hinsichtlich besonders schutzbedürftiger Personengruppen (zB unbegleitete Minderjährige, vgl. Art. 24 EU-Aufnahme-RL).

II. Allgemeines

2 Die Vorschrift ist nur als **Ausnahmeregelung** zu verstehen. Weder während der Dauer der Wohnverpflichtung nach § 47 I noch nach deren Beendigung findet ein allgemeines Verteilungsverfahren über Ländergrenzen hinweg statt[4]. Praktisch erfolgt die Verteilung zunächst mittelbar durch die Zuständigkeitsregelungen des § 46 I, II und später durch Verbleib und Verteilung in dem Aufenthaltsland. Über dessen Grenzen hinweg findet eine Verteilung nur auf Antrag und ausschließlich aus den Gründen des Abs. 1 statt. § 51 ist auch noch **nach Erlass des BAMF-Bescheids anwendbar,** denn die asylverfahrensrechtliche Zuweisung erlischt nicht automatisch mit der bestands- bzw. rechtskräftigen Ablehnung des Asylantrags, vielmehr dient die nach (negativem) Abschluss des Asylverfahrens bis zur Aufenthaltsbeendigung erteilte Duldung allein dessen Abwicklung. Nach § 56 III 1 bleibt hierbei die räumliche Beschränkung der Aufenthaltsgesetze über den unanfechtbaren Abschluss des Asylverfahrens hinaus bis zur Ausreise oder einer anderweitigen Erledigung bestehen[5]. Ein Umverteilungsanspruch nach § 51 kommt mithin erst dann nicht mehr in Betracht, wenn der Aufenthalt des Betreffenden nicht mehr der Durchführung des Asylverfahrens dient und die asylverfahrensrechtliche Zuweisung damit wirkungslos geworden ist, insbesondere weil dem Ausländer der weitere Aufenthalt aus asylverfahrensunabhängigen Gründen ermöglicht wurde[6]. Dies ist bei unanfechtbarer Ablehnung des Asylantrags etwa dann der Fall, wenn dem Ausländer eine Duldung wegen rechtlicher oder tatsächlicher Unmöglichkeit seiner Abschiebung erteilt worden ist.

III. Gründe für eine länderübergreifende Verteilung

3 Sowohl **familiären Bindungen** innerhalb der Kernfamilie (seit dem RLUmsG 2013 iSd erweiterten Personenkreises des § 26) als auch ähnlich gewichtigen **humanitären Gründen** ist durch länderübergreifende Verteilung nach Beendigung der Wohnverpflichtung nach § 47 I Rechnung zu tragen. Diese Bestimmung wurde nachträglich eingefügt[7]. Abs. 1 lässt eine Berücksichtigung der genannten Belange „auch" durch länderübergreifende Verteilung zu, setzt also die Zulässigkeit anderer Mittel und Maßnahmen voraus. Darüber hinaus müssen die genannten Belange nicht nur in die Ermessensentscheidung eingehen, sondern ihnen ist zwingend Rechnung zu tragen. Va aber erweitert das Gesetz die obligatorischen Ermessensgesichtspunkte um „sonstige humanitäre Gründe von vergleichbarem Gewicht". Da § 51 auf eine Anregung der Bundesländer zurückgeht[8], seine Einfügung vom Bundestag-Innenausschuss aber nicht weiter begründet wurde, bereitet eine sachgemäße Auslegung Schwierigkeiten.

4 Die Haushaltsgemeinschaft der **Kernfamilie** ist nicht nur obligatorisch zu berücksichtigen oder in Betracht zu ziehen, sondern ihr ist Rechnung zu tragen. Diese Bestimmung enthält zwar keine absolute Garantie für eine Zusammenführung der Familie in jedem Fall, weil „Rechnung tragen" nicht gleichbedeutend ist mit einem „Anspruch auf Umverteilung"[9]. Sie lässt aber Ausnahmen nur bei

---

[1] BT-Drs. 12/2062.
[2] BT-Drs. 12/2718, 29.
[3] BT-Drs. 17/13556, 8.
[4] → § 46 Rn. 2; → § 50 Rn. 2; anders noch § 22 III–VIII AsylVfG 1982.
[5] Vgl. BVerwG Urt. v. 31.3.1992 – 9 C 155.90.
[6] Vgl. OVG MV Beschl. v. 17.2.2004 – 2 L 261/03.
[7] → Rn. 1.
[8] BT-Drs. 12/2718, 58.
[9] IE ebenso *Müller* ZAR 2001, 166.

untypischer Fallgestaltung zu (wenn zB ein anderer Zweck als Familienzusammenführung verfolgt wird)[10].

Sonstige humanitäre Gründe gehen über diejenigen persönlichen Bindungen außerhalb der Kernfamilie hinaus, die bei der landesinternen Verteilung berücksichtigt werden können, aber nicht unbedingt müssen[11]. Sie müssen nur ihrem Gewicht nach mit den für die Kernfamilie geltenden vergleichbar sein[12]. IÜ wirken sie ebenso zwingend wie familiäre Bindungen in der Kernfamilie, lassen also Ausnahmen nur beschränkt zu.

Bei einer Trennung der Familienmitglieder durch Ländergrenzen sieht der Gesetzgeber mithin generell eine erhebliche **Notwendigkeit** zur Zusammenführung, weil die idR bestehende größere Entfernung besuchsweise Kontakte erschwert.

Bei der Beurteilung, ob ausnahmsweise eine länderübergreifende Verteilung nicht erfolgen kann, sind **öffentliche Belange** der auch nach § 50 maßgeblichen Art zu beachten[13]. Die Einhaltung der Quote des § 45 spielt aber keine Rolle, weil sie durch die Anrechnung nach § 52 gesichert wird.

IV. Zuweisung

Für die Verteilung nach § 51 ist anders als für die Zuständigkeitsbestimmung nach § 46 II und die Verteilung nach § 50 ein **Antrag des Asylbewerbers** erforderlich. Die Verteilung ist wie im Falle des § 50 durch Zuweisung umzusetzen, § 50 IV–VI sind also idS entsprechend anzuwenden, dass im Anschluss an die länderübergreifende Verteilung die Zuweisung nach diesen Regeln stattfindet[14]. Auch insoweit gilt die Zuständigkeit des aufnehmenden Landes (zur Anrechnung → § 52).

V. Rechtsschutz

Für den Rechtsschutz gelten dieselben Regeln wie bei der landesinternen Verteilung und Zuweisung[15].

§ 52 Quotenanrechnung

Auf die Quoten nach § 45 wird die Aufnahme von Asylbegehrenden in den Fällen des § 14 Absatz 2 Satz 1 Nummer 2 und 3, des § 14a sowie des § 51 angerechnet.

I. Entstehungsgeschichte

Die Vorschrift hat kein Vorbild im AsylVfG 1982. Sie wurde ebenso wie § 51 erst auf **Vorschlag des Bundestag-Innenausschuss** (zunächst als § 50b)[1] eingefügt. Das **RLUmsG 2007** fügte die Angabe „§ 14a" ein, um die hierunter fallenden minderjährigen Antragsteller bei der Berechnung der Aufnahmequoten der Länder einzubeziehen. Das RLUmsG 2011 nahm keine Änderungen vor; das **RLUmsG 2013** fügte bei § 14 I Nr. 3 lediglich redaktionell richtigstellend „Satz 1" ein. Das **AsylVfBeschlG 2015** fügte bei § 14 II 1 Nr. „2 und" vor 3 ein. Der Gesetzgeber begründete dies wie folgt[2]: „Um diejenigen Länder zu entlasten, die insbesondere viele Kinder und Jugendliche in ihren Jugendhilfeeinrichtungen unterbringen, sollen die Ausländer, die in den in § 14 Absatz 2 Nummer 2 benannten Einrichtungen untergebracht sind und einen Asylantrag stellen, auf die Verteilungsquote angerechnet werden."

Der Entwurf[3] eines **„Gesetzes zur Verbesserung der Unterbringung, Versorgung und Betreuung ausländischer Kinder und Jugendlicher"** sieht vor, § 59 zukünftig um folgenden **neuen S. 2** zu ergänzen: „§ 42c des Achten Buches Sozialgesetzbuch bleibt unberührt." Der neue § 42c SGB VIII soll die Aufnahmequote wie folgt regeln: „(1) Grundlage für die Benennung des zur Aufnahme verpflichteten Landes nach § 42b Abs. 1 ist eine Aufnahmequote, die sich für das jeweilige Kalenderjahr nach dem von dem Büro der Gemeinsamen Wissenschaftskonferenz im Bundesanzeiger veröffentlichten Schlüssel richtet, der für das vorangegangene Kalenderjahr entsprechend Steuereinnahmen und Bevölkerungszahl der Länder errechnet worden ist (Königsteiner Schlüssel). Ein Land

---

[10] So SächsOVG Beschl. v. 7.4.1999 – A 4 S 78/98, AuAS 1999, 215.
[11] → § 50 Rn. 23 ff.
[12] OVG Bln Beschl. v. 11.12.1991 – 8 S 223.91, NVwZ 1993, 296: Möglichkeit der Religionsausübung; VG Leipzig Urt. v. 22.11.1999 – 6 K 30 559/99, NVwZ-RR 2000, 323: lebensbedrohliche Erkrankung und Angewiesensein auf Familie.
[13] Dazu → § 50 Rn. 20; wegen der Zuweisung in neue Bundesländer → § 46 Rn. 5.
[14] *Hailbronner* § 51 AsylG; „entsprechend" missverstanden von *Müller* ZAR 2001, 166.
[15] → § 50 Rn. 35 ff.
[1] Vgl. BT-Drs. 12/2718, 29.
[2] BT-Drs. 18/6185, 48.
[3] Entwurf v. 9.6.2015, http://www.afet-ev.de/aktuell/aus_der_republik/2015/Gesetzentwurf_BMFSFJ_UMF_10.6.2015.pdf.

kann seiner Aufnahmepflicht eine höhere als die Aufnahmequote nach S. 1 zugrunde legen; dies ist gegenüber dem BVA anzuzeigen. (2) Bei Ausschluss der Verteilung ist die Anzahl der im Land verbleibenden unbegleiteten ausländischen Kinder und Jugendlichen auf die Aufnahmequote nach Abs. 1 anzurechnen." In der Gesetzesbegründung heißt es zum geplanten neuen § 52 S. 2: „Es handelt sich um eine Klarstellung. Die länderübergreifende Verteilung unbegleiteter minderjähriger Asylbewerber hat keine Auswirkungen auf die Quotenberechnung bei der länderübergreifenden Verteilung volljähriger Asylbewerber." Derzeit ist jedoch nicht absehbar, ob bzw. wann dieses Gesetz in Kraft tritt.

II. Anrechnung auf Aufnahmequoten

3   Die Vorschrift sieht die Anrechnung der nach §§ 14 II 1 Nr. 2 und 3, 47 II 2 nicht in einer Aufnahmeeinrichtung wohnpflichtigen Kinder, der Kinder gemäß § 14a und der nach § 51 länderübergreifend verteilten Personen auf die Länderquoten nach § 45 vor. Die Anrechnung wird von der zentralen Verteilungsstelle beim BMI (§ 46 II) vorgenommen. Die **obligatorische Anrechnung** spricht dafür, dass die Erfüllung der Aufnahmequote des Aufnahmelandes einer Verteilung nach § 51 nicht entgegensteht.

§ 53 Unterbringung in Gemeinschaftsunterkünften

(1) ¹Ausländer, die einen Asylantrag gestellt haben und nicht oder nicht mehr verpflichtet sind, in einer Aufnahmeeinrichtung zu wohnen, sollen in der Regel in Gemeinschaftsunterkünften untergebracht werden. ²Hierbei sind sowohl das öffentliche Interesse als auch Belange des Ausländers zu berücksichtigen.

(2) ¹Eine Verpflichtung, in einer Gemeinschaftsunterkunft zu wohnen, endet, wenn das Bundesamt einen Ausländer als Asylberechtigten anerkannt oder ein Gericht das Bundesamt zur Anerkennung verpflichtet hat, auch wenn ein Rechtsmittel eingelegt worden ist, sofern durch den Ausländer eine anderweitige Unterkunft nachgewiesen wird und der öffentlichen Hand dadurch Mehrkosten nicht entstehen. ²Das Gleiche gilt, wenn das Bundesamt oder ein Gericht einem Ausländer internationalen Schutz im Sinne des § 1 Absatz 1 Nummer 2 zuerkannt hat. ³In den Fällen der Sätze 1 und 2 endet die Verpflichtung auch für die Familienangehörigen im Sinne des § 26 Absatz 1 bis 3 des Ausländers.

(3) § 44 Absatz 2a und 3 gilt entsprechend.

Übersicht

		Rn.
I.	Entstehungsgeschichte	1
II.	Allgemeines	4
III.	Unterbringung in Gemeinschaftsunterkünften	9
IV.	Interessenabwägung	12
V.	Beendigung der Pflicht zum Wohnen in der Gemeinschaftsunterkunft	20
	1. Allgemeines	20
	2. Asylanerkennung in zumindest einer Instanz	22
	3. Zuerkennung von internationalem Schutz	24
	4. Anderweitige Unterkunft	25
	5. Öffentliche Mehrkosten	28
	6. Familienangehörige	29
VI.	Verwaltungsverfahren und Rechtsschutz	30
	1. Verwaltungsverfahren	30
	2. Rechtsschutz	33

I. Entstehungsgeschichte

1   Die Vorschrift geht mit Abs. 1 und 2 auf § 23 AsylVfG 1982 zurück. Der **Gesetzesentwurf 1982** enthielt nur die Befugnis der Ausländerbehörde, den Asylbewerber zum Wohnen in einer bestimmten Gemeinde oder in einer bestimmten Unterkunft zu verpflichten[1]. Der Bundestag-Rechtsausschuss hielt an diesem Vorschlag fest[2]. Auf Initiative des Bundesrats wurde sodann vom Vermittlungsausschuss die Bestimmung über den Aufenthalt in Sammelunterkünften eingefügt, wobei im Vermittlungsausschuss die Bezeichnung „Gemeinschaftsunterkunft" gewählt, der Normadressat geändert und die Verpflichtung des Asylbewerbers in ein Gebot an die Ausländerbehörde geändert wurden („müssen ... sich ... aufhalten" – „sollen ... untergebracht werden")[3].

---

[1] BT-Drs. 9/875, 7.
[2] BT-Drs. 9/1630, 9.
[3] BT-Drs. 9/1705, 6 und 9/1792, 4.

Mit der Asylnovelle vom Januar 1987 (Art. 1 Nr. 13 **AsylVfÄndG 1987**) wurde § 23 AsylVfG 2 1982 neu gefasst, indem Abs. 1 S. 1 und Abs. 2 S. 1 hinzugefügt wurden; diese Änderungen waren in den zugrunde liegenden Gesetzesentwürfen[4] nicht enthalten, sondern wurden erst vom Bundestag-Innenausschuss empfohlen[5]. MWv 1.1.1991 wurde Abs. 2 entsprechend dem Gesetzesentwurf[6] um einen zweiten Satz erweitert (Art. 3 Nr. 14 **AuslRNG**).

Die Vorschrift stimmt im Wesentlichen mit § 51 **Gesetzesentwurf 1992**[7] überein. Abs. 3 wurde 3 nachträglich auf Vorschlag des Bundestag-Innenausschusses[8] eingefügt. MWv 1.1.2005 wurde in Abs. 2 die Bezugnahme auf § 51 I AuslG durch eine solche auf § 60 I AufenthG ersetzt (Art. 3 Nr. 51 **ZuwG**). Das RLUmsG **2007** passte **Abs. 2 S. 2** redaktionell an die neue Formulierung insbesondere des § 3 an („Zuerkennung der Flüchtlingseigenschaft" statt „Vorliegen der Voraussetzungen des § 60 I AufenthG"). Das RLUmsG 2011 hatte keine Änderungen vorgenommen. Durch Art. 1 Nr. 41 des **RLUmsG 2013** wurde mWz 1.12.2013 in Abs. 2 S. 2 die alte Formulierung „die Flüchtlingseigenschaft" sowie in Abs. 2 S. 3 die alte Formulierung „auch für den Ehegatten und die minderjährigen Kinder des Ausländers" ausgetauscht. In der Gesetzesbegründung[9] heißt es hierzu: „Es handelt sich um eine Anpassung an den erweiterten Regelungsbereich des Gesetzes." bzw. „Es handelt sich um eine Folgeänderung" (zum erweiterten Personenkreis des § 26). Die Asylpakete und das IntG 2016 haben keine Änderungen vorgenommen. Das **2. RückkehrG v. 15.8.2019**[10] hat nur als Folgeänderung den Verweis in Abs. 3 an den neu eingefügten § 44 IIa angepasst[11].

II. Allgemeines

Die für den Regelfall vorgesehene Unterbringung in Gemeinschaftsunterkünften ist gegenüber 4 § 23 I AsylVfG 1982 nur insoweit verändert, als jetzt lediglich die **nicht in einer Aufnahmeeinrichtung wohnpflichtigen** Asylbewerber betroffen sind. Ansonsten gelten hinsichtlich Grundes und Zweck der Unterbringung und für Ausnahmen von der Regel dieselben Grundsätze wie nach der früheren Rechtslage[12].

Ob und gegebenenfalls in welcher Weise sich die Gemeinschaftsunterkünfte von den Aufnahme- 5 einrichtungen **unterscheiden** müssen, ist nicht bestimmt. Die Funktion ist nicht so verschiedenartig, dass Größe, Beschaffenheit und Organisation zwingend anders gestaltet sein müssten. Deshalb ist auch nicht ausgeschlossen, dass ein Gebäudekomplex für beide Zwecke genutzt wird und evtl. ein Asylbewerber im Falle des § 50 I nach der Verteilung praktisch in derselben Wohnunterkunft verbleiben muss. Der Umstand, dass ein Asylbewerber uU zuvor schon einige Wochen in einer Aufnahmeeinrichtung gewohnt hat, kann bei der Entscheidung über Gemeinschaftsunterbringung oder „freies" Wohnen idR nicht ins Gewicht fallen.

Während die Verteilung der Asylbewerber auf Länder und Gemeinden zumindest verwaltungsmäßig 6 mithilfe der Regeln des § 50 und der entsprechenden Ländervorschriften gelöst werden kann, bereitet die **Beschaffung von Wohnraum** an dem zugewiesenen Aufenthaltsort oft erhebliche Schwierigkeiten. Dabei ist es gleichgültig, ob der Schwerpunkt auf die Pflicht der Gemeinden zur Unterbringung oder auf der Beschränkung des Aufenthalts der Asylbewerber auf eine bestimmte Unterkunft gelegt wird. Die Belastungen der Infrastruktur und Finanzen der Länder und Gemeinden[13] sind ebenso zu bedenken wie die Auswirkungen auf die psychische und soziale Lage der Flüchtlinge[14].

Über den **Zweck der Unterbringung** in Gemeinschaftsunterkünften besagt das Gesetz selbst 7 nichts. In den parlamentarischen Beratungen über die Asylnovelle 1987 wiesen die Gegner der Sammelunterbringung auf deren negative psychische Folgen und auf die Abschreckungswirkung hin, die offenbar beabsichtigt sei, während die Befürworter auf die Lockerung zugunsten der Bona-fide-Flüchtlinge aufmerksam machten[15]. Zu denken wäre an eine mögliche Kostenersparnis gegenüber der Einzelunterbringung; eine solche Wirkung ist aber nicht selbstverständlich, sondern hängt von den Gesamtumständen ab. Ob mit der Unterbringung in Gemeinschaftsunterkünften eine Drosselung des Neuzugangs erreicht werden kann, muss bezweifelt werden. Diese Wirkung kann schon eher von der Beschleunigung der Verfahren im Zusammenhang mit den Aufnahmeeinrichtungen erwartet werden. Die Lebensbedingungen der Flüchtlinge aus den meisten Herkunftsländern sind indes so ungünstig,

---

[4] BT-Drs. 10/1164 und 10/3678.
[5] BT-Drs. 10/6416, 9 f., 26 f.
[6] BT-Drs. 11/6321, 35, 89.
[7] BT-Drs. 12/2062, 14.
[8] BT-Drs. 12/2718, 29.
[9] BT-Drs. 17/13063, 20.
[10] BGBl. 2019 I S. 1294, in Kraft getreten am 21.8.2019.
[11] Vgl. BT-Drs. 19/10706, 16.
[12] Wegen Abs. 3 → § 44 Rn. 2 aE.
[13] Vgl. etwa *Hofmann* ZAR 1983, 138 und 1990, 120; *Kraus/Möser* ZAR 1983, 194; zur Rspr. → § 50 Rn. 34.
[14] Vgl. etwa *Hennig/Wießner*, Lager und menschliche Würde, 1982; Anm. *Kilian* InfAuslR 1982, 143; *Kraus* ZAR 1987, 16; *v. Schoeler*, BT-Drs. 8/3148; UNHCR und BMI zur Lage der Asylbewerber, ZAR 1984, 68; ähnlich UNHCR InfAuslR 1983, 321; *Wießner* InfAuslR 1981, 261; *Wöste* ZAR 1981, 22 (26).
[15] BT-Drs. 10/6416, 26 f.

dass auch das Leben in einer Sammelunterkunft sie nicht von der Flucht nach Deutschland abhalten wird. Insoweit ist die Regelunterbringung in Gemeinschaftsunterkünften allerdings auch nicht zu beanstanden; denn ein wirklich Verfolgter bzw. Schutzsuchender wird sich davon nicht **abschrecken** lassen. Eine **Beschleunigung** der Asylverfahren kann durch die Vorschrift des Abs. 1 S. 1 kaum erzielt werden; die Erreichbarkeit der Asylbewerber wird durch das Zusammenleben mit anderen nicht automatisch verbessert, eher kann es dadurch zu unerwünschten Absprachen für das Asylvorbringen kommen oder aber zu Auseinandersetzungen zwischen verfeindeten Gruppen, die sich ebenfalls ungünstig auf die Art und Weise auswirken können, wie Asylverfahren betrieben werden.

8 Nach alledem muss **ernstlich bezweifelt** werden, ob die Unterbringung in Gemeinschaftsunterkünften allgemein als sinnvoll angesehen werden kann[16]. Hierauf kommt es indes für die Geltung und insbesondere die **Verfassungsmäßigkeit** dieser Vorschrift letztlich nicht an. Weder Länder noch Gemeinden noch andere Personen sind zur Errichtung und zum Betreiben solcher Unterkünfte verpflichtet; diese sind denn auch keineswegs in allen Ländern gleichermaßen verbreitet – durchaus ein Indiz für unterschiedliche Ansichten über ihre Zweckmäßigkeit[17]. Stehen sie zur Verfügung, ist auf der Grundlage einer Interessenabwägung zu bestimmen, ob ein Asylbewerber dort wohnen muss[18]. Hierbei kann eine verfassungskonforme Anwendung im Einzelfall gewährleistet werden; sie wäre nur dann fraglich, wenn das Gesetz keine Ausnahme zuließe[19].

III. Unterbringung in Gemeinschaftsunterkünften

9 **Einrichtung und Errichtung** von Unterkünften für Asylbewerber sind nicht bundesgesetzlich vorgeschrieben; allerdings sind die Vorgaben von Art. 14, 17 ff. EU-Aufnahme-RL aF bzw. Art. 12 ff., 18 der novellierten **EU-Aufnahme-RL 2013/33/EU** zu beachten (zB Schutz des Familienlebens, Verhütung von Gewalt, Betreuung durch angemessen geschultes Personal etc). Kreise und Gemeinden sind iÜ zur Aufnahme der ihnen zugewiesenen Flüchtlinge verpflichtet. Wie sie dieser Verpflichtung nachkommen, entscheiden sie in eigener Verantwortung. Sie können Unterkünfte in eigener Regie einrichten, auf vorhandene Räume zurückgreifen oder sich der Hilfe nichtstaatlicher Personen oder Organisationen bedienen[20]. Soweit die Wohlfahrtsverbände die Betreuung von Flüchtlingen übernommen haben und zu diesem Zweck auch Unterkünfte bereitstellen, können diese ebenso in Anspruch genommen werden wie Pensionen, Hotels oder auch Räume Privater. Notfalls muss die Obdachlosenfürsorge eingreifen. Die Vorschrift über die Unterbringungsart „in der Regel" besagt also jedenfalls nichts über eine Pflicht zu deren Bereitstellung. Trägerschaft, Finanzierung und Verantwortlichkeit für die Unterkunft spielen keine Rolle für deren Eigenschaft als Gemeinschaftsunterkunft.

10 Das bundesrechtliche AsylG trifft auch keine Bestimmung über **Größe und sonstige Beschaffenheit** einer Gemeinschaftsunterkunft; für betroffene Kinder und Jugendliche gelten nach Abs. 3 die Sonderregelungen des § 44 IIa und III entsprechend, zum Schutz von **Frauen und Vulnerablen** besteht mithin eine gesetzliche Pflicht zur Durchführung geeigneter Maßnahmen[21] bzw. zum **Kinder- und Jugendschutz** auch die dort durch das Asylpaket II 2016 eingeführten besonderen Bestimmungen zum sog. erweiterten Führungszeugnis etc. Bezüglich **Größe** kann der Landesgesetzgeber ergänzen. Ob die Gemeinschaftsunterkunft zum dauernden Aufenthalt für einen Asylbewerber oder eine Familie taugt, muss die Ausländerbehörde bei der Entscheidung nach § 60 II Nr. 1 beurteilen[22]. Es gibt keine allgemein anerkannten Maßstäbe für Gemeinschaftsunterkünfte, insbesondere keine verbindlichen Mindestanforderungen an Raumgröße, Ausstattung, Gemeinschaftsräume, Essen und Betreuung. Versuche der Wohlfahrtsverbände, hierfür **Mindestbedingungen** aufzustellen, sind zu begrüßen, befreien aber Ausländerbehörde und Gerichte nicht von der Pflicht zur selbstständigen Prüfung[23]. Für das Vorliegen einer Gemeinschaftsunterkunft genügt die bloße Unterkunftsgewährung mit der Möglichkeit, sich selbst zu versorgen; nicht erforderlich sind va Zubereitung und Abgabe von Gemeinschaftsverpflegung. Auch wenn über den Wohnraum hinaus keine weiteren Leistungen angeboten werden, kann es sich um eine Gemeinschaftsunterkunft iSd Abs. 1 handeln. Sie muss nur zur Aufnahme mehrerer Menschen geeignet sein und als solche betrieben werden; es genügt aber nicht,

---

[16] So aber wohl BVerfG-RiA Beschl. v. 20.9.1983 – 2 BvR 1445/83, NJW 1984, 558; Beschl. v. 7.7.1983 – 2 BvR 999/83, NVwZ 1983, 603; Urt. v. 9.11.1983 – 2 BvR 1051/83, NVwZ 1984, 167; BVerwG Urt. v. 5.6.1984 – 9 C 9.84, BVerwGE 69, 295.
[17] Zur fehlenden kommunalen Kompetenz zur Ablehnung von Gemeinschaftsunterkünften vgl. VG Schleswig Urt. v. 16.11.1987 – 6 A 128/87, NVwZ 1988, 471.
[18] → Rn. 12 ff.
[19] Vgl. BVerwG Urt. v. 5.6.1984 – 9 C 9.84, BVerwGE 69, 295.
[20] Zur Sozialhilfe statt Gemeinschaftsunterkunft vgl. BayVGH Urt. v. 16.1.1985 – 12 B 82 A. 6, EZAR 461 Nr. 9; zur Umsatzsteuerpflicht privater Betreiber *Busl* ZAR 1989, 78.
[21] Vgl. hierzu insbes. die Kommentierung in → § 44 Rn. 2 und 4.
[22] Zur bauplanungsrechtlichen Zulässigkeit *Huber* NVwZ 1986, 279; VGH BW Beschl. v. 21.3.1989 – 3 S 536/89, VBlBW 1989, 309; Beschl. v. 19.5.1989 – 8 S 555/89, NJW 1989, 2282; Beschl. v. 30.5.1989 – 8 S 1136/89, NJW 1989, 2283; OVG Bln Beschl. v. 2.6.1987 – 2 S 38.87, NVwZ 1988, 264.
[23] → Rn. 18 f.

wenn mehrere Personen, etwa eine Familie, gemeinsam in einem Gebäude untergebracht werden, dessen Räume auch anderweitig zum Wohnen oder Übernachten vermietet werden.

Der Begriff der Unterbringung stammt aus dem Bereich der Fürsorge für Obdachlose und kör- 11 perlich oder geistig Kranke. Gemeint ist hier nur die **Versorgung** mit einer Gelegenheit zum **Wohnen**. Die Vorschrift wendet sich – von ihrer allgemeinen Bedeutung für Länder und Gemeinden abgesehen[24] – an die Asylbewerber und diejenige Ausländerbehörden, die nach § 60 III für die Aufenthaltsbestimmung zuständig sind. Es ist also nicht eine Unterbringung durch die allgemeine Polizei- oder die Sozialbehörden angesprochen, sondern eine Regelung durch die Ausländerbehörden mit dem Ziel der Verpflichtung der Asylbewerber zum Wohnen in dieser Art von Unterkunft. In Abs. 1 sind die allgemeinen Maßstäbe für diese Entscheidung der Ausländerbehörden genannt und in Abs. 2 Ausnahmen erfasst.

IV. Interessenabwägung

Im Rahmen der Entscheidung über die Pflicht zum Wohnen in einer Gemeinschaftsunterkunft hat 12 die Ausländerbehörde **Ermessen** auszuüben. Das Gesetz nennt Anhaltspunkte, gibt aber keine festen Regeln vor. Die Berücksichtigung der einander widerstreitenden Interessen ist selbstverständlich; Abs. 1 S. 2 stellt dies nur klar, um dem Missverständnis zu begegnen, von der Regel dürfe nur im staatlichen Interesse abgewichen werden. Wie bei jeder Ermessensentscheidung müssen deren tatsächliche Grundlagen zutreffen und Ermessen tatsächlich ausgeübt werden; die Berufung auf die gesetzliche „Regel" ohne Erwähnung privater Interessen stellt eine Ermessensunterschreitung dar, die zur Rechtswidrigkeit des Bescheids führt.

Das **öffentliche Interesse** an der Unterbringung in einer Gemeinschaftsunterkunft ist gesetzlich 13 **vorgegeben**; ob allgemein die Zweckmäßigkeit dieser Unterbringungsform bejaht werden kann[25], ist hier unerheblich. Das Gesetz statuiert keinen allgemeinen Vorrang öffentlicher Interessen; „das öffentliche Interesse" an der Gemeinschaftsunterbringung ist lediglich mit zu berücksichtigen, es geht nicht von vornherein den privaten Belangen des Ausländers vor. Allerdings kommt der Wille des Gesetzgebers deutlich zum Ausdruck, dass die allgemeinen Beschwernisse und Beeinträchtigungen, die mit dem Wohnen in einer Sammelunterkunft verbunden zu sein pflegen, grundsätzlich hinter dem gesetzlich fixierten Interesse des Staats eben hieran zurückzutreten haben[26]. Sind also keine atypischen individuellen Verhältnisse gegeben, wird das Wohnen in einer Gemeinschaftseinrichtung verlangt werden können.

Obwohl das Gesetz nur auf „das" öffentliche Interesse abstellt, können auf staatlicher Seite **ver-** 14 **schiedenartige Gesichtspunkte** für die Pflicht zum Wohnen in einer Gemeinschaftsunterkunft angeführt und verwertet werden. Sie müssen nur für den Einzelfall die Gesetzesentscheidung für diese Unterbringungsart rechtfertigen. Sie dürfen also auf die allgemeine Wohnungsnot, auf Einsparung von Kosten und auch auf Sicherheitsbelange Rücksicht nehmen. Ausreichend wären aber nicht schon der (mietrechtlich nicht durchsetzbare) Wunsch eines Vermieters nach Räumung der von dem Ausländer gemieteten Wohnung oder das Bestreben des Betreibers einer Gemeinschaftsunterkunft nach einer möglichst vollständigen Auslastung seiner Kapazitäten[27]. Hier darf nicht das öffentliche Interesse iSd Abs. 1 mit dem privaten Streben eines Dritten nach höherem Profit gleichgesetzt werden. Das öffentliche Interesse ist im Gesetz benannt, es darf indes bei der Subsumtion im Einzelfall nicht schematisch verfahren werden. Schließlich kommt der Ausländerbehörde keine freie Dispositionsbefugnis über Asylbewerber zu, die sie zu beliebigem Verlegen in andere Unterkünfte berechtigte[28].

Unter **privaten Belangen** sind alle schützenswerten Interessen zu verstehen, also sowohl ideelle als 15 auch materielle. Dabei kommen nicht nur verfassungsrechtlich geschützte Rechtspositionen in Betracht[29], sondern auch allgemein existenzielle Bedürfnisse kultureller, religiöser, gesundheitlicher oder wirtschaftlicher Art[30]. Zunächst sind deshalb familiäre Bindungen hier ebenso zu beachten wie nach § 51 I und va der verfassungsrechtliche Grundsatz der Verhältnismäßigkeit[31]. Darüber hinaus kann der Ausländer alle Beeinträchtigungen seiner Gesundheit, Arbeitsfähigkeit und Lebenstüchtigkeit geltend machen, die ihn wegen seiner individuellen Besonderheiten über das normale Maß hinaus treffen.

Als **private Belange** kommen deshalb in Betracht: Zusammenwohnen mit dem Ehegatten, der 16 über eine Aufenthaltsgenehmigung und eine eigene Wohnung verfügt; medizinisch begründete Notwendigkeit zum Alleinwohnen; beruflich bedingte Notwendigkeit von Übung und Praxis (zB bei einem Pianisten); Aussicht auf eine (legale) Arbeitsstelle an einem anderen Ort; Beibehalten der schon

---

[24] → Rn. 6, 9.
[25] → Rn. 8.
[26] HessVGH Beschl. v. 9.12.1994 – 9 TG 2341/94, AuAS 1995, 93.
[27] Anders wohl VG Hannover Beschl. v. 28.7.1995 – 7 A 3836/95, AuAS 1995, 262.
[28] BayVGH Beschl. v. 29.1.1986 – 25 CS 85 C 764, ZAR 1987, 33.
[29] Nur hierauf aber war in BVerfG-RiA Beschl. v. 20.9.1983 – 2 BvR 1445/83, NJW 1984, 558, abzustellen.
[30] OVG NRW Urt. v. 14.11.1985 – 8 A 2613/83, InfAuslR 1986, 221.
[31] BVerwG Urt. v. 5.6.1984 – 9 C 9.84, BVerwGE 69, 295.

zuvor bewohnten Mietwohnung; Besuch der Schule bis zum Ende des laufenden Schuljahres. Das Gewicht dieser persönlichen Interessen ist nicht absolut zu bemessen. Es hängt zB von der Dauer des Lebens außerhalb der Sammelunterkunft ab[32], von der Dauer eines früheren Aufenthalts in einer Aufnahmeeinrichtung oder anderen Sammelunterkünften oder von der voraussichtlichen Dauer oder der Erfolgsaussicht des Anerkennungsverfahrens[33]. Aufgrund des 2019 verstärkten besonderen Schutzes von **Frauen bzw. Vulnerablen** gemäß Abs. 3 iVm § 44 IIa sind deren spezifische Belange immer mit ganz besonderem Gewicht in die Abwägung einzustellen.

17   Bei alledem ist aber auch von Bedeutung, ob der öffentlichen Hand **zusätzliche Kosten** entstehen[34]; dieses Kriterium ist nur in Abs. 2 als eine der Voraussetzungen für den (ausnahmsweisen) Wegfall der Pflicht zum Wohnen in der Gemeinschaftsunterkunft ausdrücklich benannt, darf aber auch im Normalfall bei der Ermessensentscheidung nicht vernachlässigt werden, gehört es doch zu den mit dieser Vorschrift verfolgten Zwecken[35]. Zumindest dann, wenn durch die private Unterbringung öffentliche Kosten erspart werden, bedarf es sorgfältiger Prüfung, ob das öffentliche Interesse das Wohnen in der Gemeinschaftsunterkunft – im Einzelfall – gebietet.

18   Ähnliches gilt bei drohenden oder bereits eingetretenen **gesundheitlichen Schäden.** Die durch gemeinschaftliches Wohnen, unter Umständen mit Menschen anderer Nation und Lebensart, verbundenen Beeinträchtigungen sind in der Regel hinzunehmen, nicht jedoch außergewöhnliche Schwierigkeiten, die entweder aus der eigenen Gesundheitssituation, einer außergewöhnlich langen Verfahrensdauer oder dem Zwang zum Zusammenleben etwa mit Angehörigen einer verfeindeten Volks- oder Religionsgruppe herrühren. Nachwirkungen der Verfolgung (etwa bei Opfern von Folterungen oder Gruppenrivalitäten) kommen bei der Abwägung ein besonderes Gewicht zu.

19   Eine Sondersituation, die ein Abweichen von der Regel rechtfertigt, kann auch auf den **Verhältnissen in der jeweiligen Unterkunft** beruhen. Auch wenn diese allgemeinen Anforderungen genügt[36] und nicht von vornherein menschenunwürdig ist[37], kann sie im Einzelfall nach den individuellen Verhältnissen unzumutbar sein, zB für Familien mit Kindern[38] oder Angehörigen bestimmter Volksgruppen[39]. Die Möglichkeit des Sich-Zurückziehens muss zumindest psychisch gefährdeten Personen möglich sein. Eheleuten muss mindestens ein eigener (Wohn-/Schlaf-)Raum zugeteilt werden, der ihnen (und ihren Kindern) zur alleinigen Verfügung steht. Beengte Verhältnisse allein sind dagegen nicht menschenunwürdig[40]; ebenso wenig die Unterbringung in einem Wohn-/Schlafraum mit fünf anderen jungen Männern[41].

V. Beendigung der Pflicht zum Wohnen in der Gemeinschaftsunterkunft

1. Allgemeines

20   Die zum Teil äußerst negativen Erfahrungen mit der Unterbringung in Gemeinschaftsunterkünften bei langer Verfahrensdauer haben zu einer Lockerung zugunsten von sog. **Bona-fide-Flüchtlingen** durch die Asylnovelle 1987 beigetragen[42]. Abs. 2 S. 1, der mit dem damals in § 23 AsylVfG 1982 eingefügten Abs. 2 übereinstimmt, lässt die Pflicht zum Wohnen in einer Gemeinschaftsunterkunft bei Vorliegen der genannten Voraussetzungen scheinbar von selbst entfallen. Die Verpflichtung endet dem Wortlaut zufolge **kraft Gesetzes,** ohne dass es zuvor einer erneuten Entscheidung der Ausländerbehörde bedarf.

21   Das Gesetz lässt aber auch eine **andere Auslegung** zu, und diese ist sachlich geboten. Der Gesetzgeber konnte sich auf die Festlegung der Voraussetzungen für eine Beendigung der entsprechenden Verpflichtung beschränken. Die Verpflichtung zum Wohnen in einer Gemeinschaftsunterkunft folgt nicht unmittelbar aus Abs. 1; sie wird im Einzelfall durch Auflage nach § 60 II 1 Nr. 1 („Wohnauflage")[43] angeordnet und muss deshalb auch förmlich aufgehoben werden. Sonst bestünde die Pflicht fort mit der Folge der Strafbarkeit im Falle der Zuwiderhandlung (§ 85 Nr. 3). Da außer der Anerkennung in wenigstens einer Instanz der Nachweis einer anderweitigen Unterkunft und Kostenneutralität verlangt wird, ist zumindest eine Unterrichtung der Ausländerbehörde erforderlich, die

---

[32] BVerwG Urt. v. 5.6.1984 – 9 C 9.84, BVerwGE 69, 295.
[33] Zu Letzterem BayVGH Urt. v. 16.1.1985 – 12 B 82 A. 6, EZAR 461 Nr. 9; VG Ansbach Beschl. v. 17.12.1984 – 12 S 84 C 1047, InfAuslR 1985, 127.
[34] HessVGH Beschl. v. 25.9.1985 – 10 TH 1562/85, NVwZ 1986, 148.
[35] → Rn. 7.
[36] Zum Fehlen verbindlicher Normen OVG NRW Beschl. v. 10.5.1988 – 16 B 20 980/87, NWVBl 1989, 24.
[37] Dazu Renner in Ev. Akademie Bad Boll, ProtDienst Nr. 8/1982 S. 12.
[38] VG Aachen Beschl. v. 8.7.1985 – 1 L 524/85, InfAuslR 1985, 271.
[39] OVG NRW Beschl. v. 10.6.1986 – 19 B 1020/86 ua, InfAuslR 1986, 219.
[40] VGH BW Beschl. v. 15.5.1986 – A 12 S 364/86, NVwZ 1986, 783; VG Freiburg Urt. v. 19.6.1996 – A 2 K 10 233/96, AuAS 1996, 213.
[41] OG NRW Beschl. v. 10.5.1988 – 16 B 20 980/87, NWVBl 1989, 24.
[42] Zum endgültigen Fortfall der Wohnverpflichtung in Gemeinschaftsunterkünften nach rechtskräftiger Anerkennung → § 60 Rn. 2, → § 67 Rn. 2; diesen Unterschied übersieht Breitkreuz ZAR 2001, 266.
[43] → § 60 Rn. 7.

Unterbringung in Gemeinschaftsunterkünften § 53 AsylG 7

dann gegebenenfalls ihren **Bescheid** nach § 60 II **ändern** muss[44]. Allein schon wegen der letzteren beiden Voraussetzungen ist die Situation anders als nach § 58 IV; dies gilt entsprechend für den Fall des Abs. 2 S. 2[45].

2. Asylanerkennung in zumindest einer Instanz

Es genügt die Anerkennung (auch im Wege des Familienasyls) durch das BAMF oder ein Gericht; 22 diese braucht jeweils nicht bestands- oder rechtskräftig zu sein. Die durch das VG ausgesprochene Verpflichtung zur Asylanerkennung verliert ihre Bedeutung nicht durch eine Aufhebung durch eine Berufungsentscheidung (solange diese nicht rechtskräftig ist)[46]. Es muss sich um eine gerichtliche **Hauptsacheentscheidung auf Anerkennung** handeln. Die Anordnung der aufschiebenden Wirkung der Anfechtungsklage gegen eine Abschiebungsandrohung genügt auch dann nicht, wenn im Falle des § 30 I das Gericht die Ablehnung des Asylantrags als offensichtlich unbegründet beanstandet und im Gegenteil den Asylantrag für aussichtsreich hält.

Die Erleichterung hinsichtlich der Unterbringung ist lediglich an ein **formales Kriterium** – Erfolg 23 des Asylbewerbers in einer Instanz – geknüpft, auf die materielle Richtigkeit der Anerkennung kommt es hier nicht an. Obwohl im Gesetzgebungsverfahren 1986 die Personengruppe der sog. Bona-fide-Flüchtlinge im Mittelpunkt der Erörterungen stand[47], ist die Zugehörigkeit hierzu nicht zu prüfen. Umgekehrt kann sich der Asylbewerber, über dessen als aussichtsreich anzusehenden Asylantrag noch nicht entschieden ist, auf die Erleichterung nach Abs. 2 S. 1 nicht berufen. Wenn sein Asylantrag zweifellos Erfolg haben wird und nur aus von ihm nicht zu vertretenden Gründen nicht beschieden ist, kann er dies freilich im Rahmen des Abs. 1 geltend machen[48].

3. Zuerkennung von internationalem Schutz

Die Vergünstigung tritt auch nach Zuerkennung von internationalem Schutz iSv § 3 oder § 4 durch 24 das **BAMF oder ein Gericht** ein, wobei Bestands- oder Rechtskraft ebenfalls nicht vorausgesetzt sind. Anders als nach § 23 II 2 AsylVfG 1982 kommt es auf die rechtliche oder tatsächliche Unmöglichkeit der Abschiebung nicht mehr an.

4. Anderweitige Unterkunft

Die anderweitige Unterkunft muss vom Ausländer **nachgewiesen** werden. Die sichere Möglichkeit 25 genügt, weil vor einer rechtlichen Klärung (insbesondere wegen der Kostenfrage)[49] dem Ausländer die Übernahme von Verbindlichkeiten, zB durch einen Mietvertrag, nicht zuzumuten ist. Bestimmte Anforderungen sind nicht aufgestellt. Die andere Wohnung muss sich tatsächlich als Unterkunft eignen. Sie braucht nur Schlafen und Wohnen zu ermöglichen; Größe und Ausstattung sind nicht vorgeschrieben.

Die Unterkunft muss auch **rechtlich gesichert** sein. Insbesondere müssen landesrechtliche Vor- 26 schriften über Wohnraum eingehalten[50] und der Verbleib für die voraussichtliche Dauer des Asylverfahrens gewährleistet sein. Eine Mietwohnung auf eine nur kurz begrenzte Zeit reicht ebenso wenig aus wie der Schlafplatz in einer Baubude. In Betracht kommt sowohl eine entgeltliche als auch eine unentgeltliche Überlassung von Wohnraum.

Die Wohnung kann auch **außerhalb des zugewiesenen Aufenthaltsbezirks** liegen. Dann aber ist 27 die vorherige Zusage einer entsprechenden Änderung des Aufenthaltsbereichs (nach § 60 II) und ggf. der Zuweisung an die betreffende Kommune (nach § 50) zu verlangen. Sonst ist der Aufenthaltswechsel rechtlich unzulässig und die andere Wohnung deshalb ungeeignet. Ob eine anderweitige Verteilung und Zuweisung verlangt werden kann[51], ist unter Beachtung der Sonderregeln der § 60 II und der Überlegung zu beurteilen, dass die nachträgliche Umverteilung nicht zu einem Ungleichgewicht bei der Belastung der betroffenen Kommunen führt.

5. Öffentliche Mehrkosten

Nur auf das Entstehen von Mehrkosten bei der öffentlichen Hand kommt es an. Unschädlich ist ein 28 Mehraufwand von Privaten, etwa durch Hilfe von Verwandten oder Bekannten. Abzustellen ist auf eine **Gesamtrechnung**, in die Sozialhilfe, Wohngeld uä einzubeziehen sind. Die Kosten für einen Platz in einer Gemeinschaftsunterkunft sind insgesamt (also einschließlich Verwaltung, Betreuung ua)

---
[44] → Rn. 12.
[45] → Rn. 24.
[46] Ebenso verhielt es sich beim (nicht rechtskräftigen) Erfolg der Beanstandungsklage des BB.
[47] → Rn. 7.
[48] BayVGH Urt. v. 16.1.1985 – 12 B 82 A. 6, EZAR 461 Nr. 9.
[49] → Rn. 28.
[50] Dazu → AufenthG § 2 Rn. 26.
[51] Dazu allg. → § 50 Rn. 20 ff.

so hoch, dass idR ein privates Unterkommen billiger ist. Die Aufwendungen von Wohlfahrtsorganisationen oder anderen nichtstaatlichen Trägern von Wohnheimen sind nicht als öffentliche Kosten anzusetzen, es sei denn, sie werden letztlich von der öffentlichen Hand getragen (durch Zuschüsse, Erstattung oÄ).

6. Familienangehörige

29   Die Mitglieder der **Kernfamilie**, seit dem RLUmsG 2013 erweitert iSv § 26 I–III, sind ebenfalls begünstigt, ohne dass es auf den Ausgang ihres Asylverfahrens ankommt. Bei Kindern genügt die Anerkennung eines Elternteils.

VI. Verwaltungsverfahren und Rechtsschutz

1. Verwaltungsverfahren

30   Die Verpflichtung zum Wohnen in einer Gemeinschaftsunterkunft wird für den Einzelfall mit einer **Auflage** der zuständigen Ausländerbehörde zur Aufenthaltsgestattung festgelegt, da § 53 hierfür keine eigenständige Grundlage bietet; dasselbe gilt für einen evtl. erforderlichen Umzug innerhalb des Zuständigkeitsbereichs der Ausländerbehörde oder in einen anderen Ausländeramtsbezirk (§ 60 II 1 Nr. 2 und 3). Dies erfordert in jedem Fall eine fallbezogene Ermessensentscheidung[52], die nicht beschränkt sein darf auf allgemeine Erwägungen oder gar die bloße Wiedergabe des Gesetzestextes. Ist zuvor keine Neuverteilung in ein anderes Land oder eine andere Kommune erforderlich, muss diese angekündigt oder zugesagt sein. Andere Behörden als Ausländerbehörden sind nicht zuständig. IRd Gewährung von Sozialhilfe kann der Asylbewerber aber uU auf die zur Verfügung stehende Gemeinschaftsunterkunft verwiesen werden[53].

31   Ob die Pflicht zur Inanspruchnahme der Gemeinschaftsunterkunft beendet ist, richtet sich nach den gesetzlichen Vorschriften des Abs. 2, bedarf aber der **Feststellung durch die Ausländerbehörde**, weil sich die Voraussetzungen nicht zweifelsfrei dem Gesetz entnehmen lassen. Auch wenn die Beendigung dem Wortlaut nach kraft Gesetzes eintritt, ist eine behördliche Feststellung notwendig. Diese erfolgt durch Änderung der Auflagen zur Aufenthaltsgestattung; der Asylbewerber darf also nicht von sich aus nach Ergehen einer Anerkennung die Unterkunft aufgeben. Der Ausländerbehörde obliegt zwar keine Ermessensentscheidung wie nach Abs. 1, sie muss aber – von der Asylanerkennung oder der Zuerkennung des internationalen Schutzes abgesehen – auch die anderweitige Wohnmöglichkeit und die Kostenfrage prüfen.

32   Gelingt dem Asylbewerber der **Nachweis einer anderen Wohnmöglichkeit** nicht, kann er eine Aufhebung der Wohnheimauflage nicht verlangen. Insoweit ist er darlegungs- und (formell wie materiell) beweispflichtig, er trägt also den Nachteil bei fehlendem Nachweis. Ob Mehrkosten für die öffentliche Hand entstehen, hat dagegen die Ausländerbehörde von Amts wegen zu ermitteln. Wirkt der Ausländer hierbei nicht mit oder kommt es aus sonstigen Gründen nicht zu entsprechenden Feststellungen, trägt er auch hieraus den Nachteil des Bestehenbleibens der Wohnheimauflage.

2. Rechtsschutz

33   Da Beginn und Ende der Verpflichtung zum Wohnen in einer Gemeinschaftsunterkunft durch Auflage nach § 60 II 1 festgelegt werden, kann sich der Asylbewerber mit der **Anfechtungsklage** gegen die Wohnheimauflage und gegen die Ablehnung der Aufhebung der Auflage wenden[54]. Für den Fall der Nichterweislichkeit der Beendigungsgründe gelten die oben genannten[55] Regeln entsprechend.

§ 54 Unterrichtung des Bundesamtes

Die Ausländerbehörde, in deren Bezirk sich der Ausländer aufzuhalten oder Wohnung zu nehmen hat, teilt dem Bundesamt unverzüglich
1. die ladungsfähige Anschrift des Ausländers,
2. eine Ausschreibung zur Aufenthaltsermittlung
mit.

---

[52] BayVGH Beschl. v. 29.1.1986 – 25 CS 85 C 764, ZAR 1987, 33.
[53] Zum früheren Recht BayVGH Urt. v. 16.1.1985 – 12 B 82 A. 6, EZAR 461 Nr. 9; VG Aachen Beschl. v. 8.7.1985 – 1 L 524/85, InfAuslR 1985, 271; jetzt § 3 I AsylbLG.
[54] → § 60 Rn. 13.
[55] → Rn. 32.

I. Entstehungsgeschichte

Die Vorschrift hat kein Vorbild im AsylVfG 1982. Sie entspricht § 52 **Gesetzesentwurf 1992**[1]. Die **1** RLUmsG 2007 und 2011 und 2013 haben keine Änderungen vorgenommen. Das **AsylVfBeschlG 2015** fügte nach dem Wort „aufzuhalten" die Wörter „oder Wohnung zu nehmen" ein. Der Gesetzgeber begründete dies wie folgt[2]: „Auch nach Wegfall der Verpflichtung nach § 47 Absatz 1 muss die entsprechende Information an das Bundesamt weitergegeben werden können."

II. Mitteilungspflichten

Die Mitteilungspflicht der Ausländerbehörde gilt nur für die **zuständige Ausländerbehörde**, nicht **2** für jede andere, in deren Bezirk sich der Asylbewerber aufhält oder sonst bekannt wird. Unberührt bleiben Mitteilungen im Falle der Ausschreibung (§ 66). Den Mitteilungspflichten der zuständigen Ausländerbehörde entsprechen keine ähnlichen Pflichten der Aufnahmeeinrichtung oder des BAMF, obwohl diese unter Umständen von einem Wohnungswechsel früher als die Ausländerbehörde erfahren. Nur den Asylbewerber selbst treffen dahingehende Mitteilungspflichten (§ 10 I).

Die Mitteilung muss unverzüglich erfolgen, also **ohne schuldhaftes Zögern**. Bei einem Vergleich **3** mit § 50 III kann hieraus auf einen Zeitraum von längstens drei Arbeitstagen geschlossen werden[3].

Abschnitt 6. Recht des Aufenthalts während des Asylverfahrens

§ 55 Aufenthaltsgestattung

(1) ¹Einem Ausländer, der um Asyl nachsucht, ist zur Durchführung des Asylverfahrens der Aufenthalt im Bundesgebiet ab Ausstellung des Ankunftsnachweises gemäß § 63a Absatz 1 gestattet (Aufenthaltsgestattung). ²Er hat keinen Anspruch darauf, sich in einem bestimmten Land oder an einem bestimmten Ort aufzuhalten. ³In den Fällen, in denen kein Ankunftsnachweis ausgestellt wird, entsteht die Aufenthaltsgestattung mit der Stellung des Asylantrags.

(2) ¹Mit der Stellung eines Asylantrags erlöschen eine Befreiung vom Erfordernis eines Aufenthaltstitels und ein Aufenthaltstitel mit einer Gesamtgeltungsdauer bis zu sechs Monaten sowie die in § 81 Abs. 3 und 4 des Aufenthaltsgesetzes bezeichneten Wirkungen eines Antrags auf Erteilung eines Aufenthaltstitels. ²§ 81 Abs. 4 des Aufenthaltsgesetzes bleibt unberührt, wenn der Ausländer einen Aufenthaltstitel mit einer Gesamtgeltungsdauer von mehr als sechs Monaten besessen und dessen Verlängerung beantragt hat.

(3) Soweit der Erwerb oder die Ausübung eines Rechts oder einer Vergünstigung von der Dauer des Aufenthalts im Bundesgebiet abhängig ist, wird die Zeit eines Aufenthalts nach Absatz 1 nur angerechnet, wenn der Ausländer als Asylberechtigter anerkannt ist oder ihm internationaler Schutz im Sinne des § 1 Absatz 1 Nummer 2 zuerkannt wurde.

Übersicht

	Rn.
I. Entstehungsgeschichte	1
II. Allgemeines	2
III. Stellung eines Asylgesuchs (Ankunftsnachweis)	6
IV. Verhältnis zu anderen Aufenthaltsrechten	13
V. Anrechnung von Aufenthaltszeiten	16
VI. Verwaltungsverfahren und Rechtsschutz	20
VII. Arbeits- und Sozialrecht	21
1. Allgemeines	21
2. Erwerbstätigkeit	23
3. Sozialversicherung	24
4. Sozialhilfe	26
5. Kindergeld und sonstige Leistungen	35

I. Entstehungsgeschichte

Die Vorschrift geht zT auf §§ 19 I, III, V, 22 I AsylVfG 1982 zurück. Sie stimmt im Wesentlichen **1** mit dem **Gesetzesentwurf 1992** (§ 53)[1*] überein. Abs. 2 S. 2 wurde auf Vorschlag des Bundestag-

---

[1] Vgl. BT-Drs. 12/2062, 14.
[2] BT-Drs. 18/6185, 48.
[3] Ebenso *Hailbronner* AsylG § 54 Rn. 4.
[1*] BT-Drs. 12/2062, 14 f.

Innenausschusses eingefügt[2]. MWv 1.7.1993 wurde entsprechend dem Gesetzesentwurf 1993[3] S. 3 in Abs. 1 angefügt (Art. 1 Nr. 33 **AsylVfÄndG 1993**). MWv 1.1.2005 sind entsprechend dem Gesetzesentwurf[4] die Begriffe des AuslG in Abs. 2 und 3 durch die des AufenthG ersetzt und in Abs. 3 der Fall der Flüchtlingsanerkennung eingefügt; während des Vermittlungsverfahrens[5] wurde in Abs. 2 S. 1 die Angabe „Abs. 2 bis 4" durch „Abs. 3 und 4" ersetzt (Art. 3 Nr. 36 **ZuwG**). Das RLUmsG **2007** passte lediglich Abs. 3 redaktionell an die neue Formulierung insbesondere des § 3 an („Zuerkennung der Flüchtlingseigenschaft" statt „Vorliegen der Voraussetzungen des § 60 Abs 1 des Aufenthaltsgesetzes"). Gemäß Art. 32 **Anerkennungs-RL** 2011/95/EU gestatten die Mitgliedstaaten die Bewegungsfreiheit (nur) von Personen, denen die Flüchtlingseigenschaft oder subsidiärer Schutz zuerkannt worden ist, unter den Bedingungen und Einschränkungen, die für andere Drittstaatsangehörige gelten. Hieraus lassen sich mithin für Asylbewerber keine Rechte ableiten. Das RLUmsG 2011 hat keine Änderungen vorgenommen. Durch Art. 1 Nr. 43 des **RLUmsG 2013** wurde mWz 1.12.2013 in Abs. 3 die alte Formulierung „wenn der Ausländer unanfechtbar als Asylberechtigter anerkannt wird oder ihm unanfechtbar die Flüchtlingseigenschaft zuerkannt worden ist" ausgetauscht. In der Gesetzesbegründung[6] heißt es hierzu: „Es handelt sich um eine Anpassung an den erweiterten Regelungsbereich des Gesetzes." Art. 6 Nr. 18 **IntG** fügte mWz 6.8.2016 zum einen in Abs. 1 S. 1 nach „Bundesgebiet" noch ein „ab Ausstellung des Ankunftsnachweises gemäß § 63a Absatz 1" sowie ersetzte zum anderen den alten Abs. S. 3 („Im Falle der unerlaubten Einreise aus einem sicheren Drittstaat <§ 26a> erwirbt der Ausländer die Aufenthaltsgestattung mit der Stellung eines Asylantrags.") durch die heutige Fassung. Der Gesetzgeber begründet dies allgemein wie folgt[7]: „Für die Asylsuchenden, die unerlaubt aus einem sicheren Drittstaat (§ 26a) einreisen, ist bislang der Zeitpunkt der Asylantragstellung für das Entstehen der Aufenthaltsgestattung entscheidend, ansonsten der Zeitpunkt des Asylgesuchs. Diese Unterscheidung führt in der Praxis zu Unsicherheiten. Die Zuordnung bereitet Behörden und Betroffenen praktische Schwierigkeiten. Hinzu kommt, dass die Zeit zwischen Asylgesuch und Antragstellung auf Grund der hohen Zahl der Asylsuchenden derzeit deutlich vom gesetzlichen Leitbild – Antragstellung spätestens zwei Wochen nach Äußerung des Asylgesuchs, § 67 Absatz 1 Satz 1 Nummer 2 – abweicht. Dies führt dazu, dass abgeleitete Rechte – etwa beim Arbeitsmarktzugang gemäß § 61 Absatz 2 AsylG – teilweise erst zu einem deutlich nach dem Asylgesuch liegenden Zeitpunkt entstehen können. Dies kann ungewollte Unterschiede in der Behandlung verschiedener Ausländergruppen bewirken und die Integration erschweren. Die Unterscheidung zwischen den Fallgruppen wird daher aufgehoben. Die Gestattung entsteht künftig grundsätzlich mit der Ausstellung des Ankunftsnachweises. Bereits entstandene Aufenthaltsgestattungen bleiben bestehen. Die Rechtslage im Hinblick auf § 18 Absatz 2 und 3 bleibt unverändert. Die Regelung wird durch eine Übergangsvorschrift in einem neuen § 87c ergänzt, mit der insbesondere Rechtssicherheit für diejenigen geschaffen wird, die vor Inkrafttreten der Neuregelung in Deutschland um Asyl nachgesucht haben." Zur Änderung in Satz 1 ergänzte der Gesetzgeber: „Die Aufenthaltsgestattung entsteht mit Ausstellung des Ankunftsnachweises. Der Ankunftsnachweis ist gemäß § 63a Absatz 1 AsylG unverzüglich auszustellen." Zur Auswechslung des S. 3 in Abs. 1 wurde ergänzt: „Mit dem Entfallen des bisherigen Satzes 3 entfällt die bisherige Unterscheidung zwischen den Fallgruppen. Der neue Satz 3 trägt dem Umstand Rechnung, dass nach der gesetzlichen Systematik nicht in allen Fällen ein Ankunftsnachweis ausgestellt wird. Dies gilt für Ausländer gemäß § 14 Absatz 2 Nummer 1 bis 3 AsylG sowie für die Folgeantragstellerinnen und Folgeantragsteller gemäß § 71, die das Bundesgebiet zwischenzeitlich nicht verlassen haben. Für die Ausländerinnen und Ausländer nach § 14 Absatz 2 Nummer 1 bis 3 AsylG soll die Aufenthaltsgestattung mit der Asylantragstellung entstehen. Im Falle der Folgeantragstellerinnen und Folgeantragsteller, die das Bundesgebiet zwischenzeitlich nicht verlassen haben, entsteht sie wie bisher mit der Entscheidung, ein weiteres Asylverfahren durchzuführen, vergleiche § 71 Absatz 5 AsylG. Unbegleitete minderjährige Ausländerinnen und Ausländer werden nach den §§ 42, 42a SGB VIII nach ihrer Einreise durch das jeweils zuständige Jugendamt zunächst vorläufig und dann gegebenenfalls nach einer Verteilung endgültig in Obhut genommen. Sie werden zunächst in einer Jugendhilfeeinrichtung im Sinne des § 14 Absatz 2 Nummer 2 AsylG untergebracht und nicht an eine Erstaufnahmeeinrichtung weitergeleitet, sodass ihnen auch kein Ankunftsnachweis ausgestellt werden kann. Vor diesem Hintergrund kann die Aufenthaltsgestattung erst mit Stellung des Asylantrags entstehen. Dieser kann im Namen der unbegleiteten minderjährigen Ausländerinnen und Ausländer formlos und schriftlich direkt beim BAMF gestellt werden. Die Vergabe eines Termins zur Antragstellung durch das BAMF ist nicht erforderlich. Mit Zugang des Antrags beim BAMF entsteht wie bisher die Aufenthaltsgestattung. Die Klärung der asyl- und aufenthaltsrechtlichen Situation der oder des Minderjährigen ist durch das zuständige Jugendamt im Rahmen der Notvertretung im

---

[2] BT-Drs. 12/2718, 30.
[3] BT-Drs. 12/4450, 8.
[4] BT-Drs. 15/420, 43.
[5] BT-Drs. 15/3479, 14.
[6] BT-Drs. 17/13063, 23.
[7] BT-Drs. 18/8615, 54.

Rahmen der vorläufigen Inobhutnahme nach § 42a Absatz 3 SGB VIII bzw. im Rahmen der Inobhutnahme nach § 42 Absatz 2 SGB VIII unter Berücksichtigung des Wohls des Minderjährigen möglichst zeitnah einzuleiten und voranzutreiben; nach bereits erfolgter Vormundbestellung ist es Sache des Vormunds, Möglichkeit und Notwendigkeit ausländerrechtlichen Vorgehens zügig im Interesse des Betroffenen (weiter) zu prüfen. Vor Stellung eines Asylantrags besteht für unbegleitete minderjährige Ausländerinnen und Ausländer ein Anspruch auf Duldung nach § 60a Absatz 2 Satz 1 AufenthG in Verbindung mit § 58 Absatz 1a AufenthG, sofern sie oder er im Rückkehrstaat nicht einem Mitglied seiner Familie, einer zur Personensorge berechtigten Person oder einer geeigneten Aufnahmeeinrichtung übergeben werden kann. Über die Duldung ist nach § 60a Absatz 4 AufenthG eine Bescheinigung auszustellen."

II. Allgemeines

Inhalt und Umfang der Aufenthaltsregelung für Asylbewerber sind abhängig von unions-, verfassungs- und völkervertragsrechtlichen Vorgaben. Die Asylverfahrens-RL 2013/32/EU[8] gewährt ebenso wie Art. 16a I GG politisch Verfolgten ein Recht **auf Einreise und Aufenthalt** in Deutschland[9] und schützt sie vor jedweder Überstellung in den Verfolgerstaat[10]. Das Grundrecht auf Asyl entsteht mit Erreichen der Grenze; die spätere **Feststellung** der Asylberechtigung wirkt nicht konstitutiv, sondern lediglich **deklaratorisch**[11]. Der Asylanspruch existiert unabhängig von der Feststellung der Asylberechtigung; diese ist allerdings erforderlich, um „dem Status des Asylberechtigten Anerkennung zu verschaffen"[12]. Da Art. 16a II GG aus einem sicheren Drittstaat einreisende Personen aus dem persönlichen Geltungsbereich des Asylrechts ausnimmt, entfällt insoweit eigentlich auch das vorläufige Aufenthaltsrecht während des Verfahrens[13]. Aufgrund praktischer Schwierigkeiten hat das IntG 2016 die Unterscheidung nach dem Einreisestaat jedoch aufgegeben; seither soll die Gestattung grundsätzlich bei allen mit der Ausstellung des Ankunftsnachweises entstehen (→ Rn. 1). 2

Wegen des Rechts auf Einreise und Aufenthalt von Flüchtlingen darf Asylsuchenden grundsätzlich weder die Einreise ohne die sonst erforderlichen **Dokumente** (Reisepass und evtl. Visum) noch der weitere Verbleib im Inland (zumindest in Transitlagern) bis zur Feststellung der Asylberechtigung verwehrt werden[14]. Mit diesem Kernbestand des Asylgrundrechts ist die Auffassung, die Einreise ohne Sichtvermerk dürfe bestraft werden, wenn die Einholung des Visums zumutbar sei[15], kaum zu vereinbaren[16]. 3

Die **GK** regelt anders als Art. 16 II 2 GG nicht ein Recht auf Asyl, sondern Rechte des Flüchtlings im Asyl[17]. Dennoch ist sie für die Einreise von Flüchtlingen nicht ohne Bedeutung. Art. 33 GK verleiht Flüchtlingen kein unbeschränktes Recht auf Aufnahme, verbietet aber die unmittelbare oder mittelbare Zurückweisung von unmittelbar aus dem Heimatstaat einreisenden Flüchtlingen in den Verfolgerstaat; damit ist ihnen zumindest eine zeitweilige Zuflucht gewährleistet[18]. Zudem wirkt die Flüchtlingsanerkennung ebenso deklaratorisch wie die Asylanerkennung (vgl. Erwägungsgrund Nr. 14 der Anerkennungs-RL). **Andere** bi- oder multilaterale **Verträge** – wie EMRK oder UN-Folterkonvention – oder das Völkergewohnheitsrecht vermitteln ungeachtet ihres Inhalts jedenfalls keinen darüberhinausgehenden Schutz[19]. 4

Die Vorschrift des Abs. 1 S. 1 schafft innerstaatliche gesetzliche Grundlagen für den Aufenthalt des Asylbewerbers während des Asylverfahrens, indem sie im Verein mit Abs. 1 S. 2 und §§ 56–60 ein gesetzliches **Aufenthaltsrecht besonderer Art** vorsieht. In welcher Weise der Verbleib des Ausländers im Bundesgebiet zum Zwecke der Überprüfung der Asylberechtigung rechtlich zu sichern ist, war früher streitig. Das BVerwG hatte allerdings klargestellt, dass die Asylrechtsgarantie auch den 5

---

[8] Vgl. Art. 9 RL: (1) Antragsteller dürfen ausschließlich zum Zwecke des Verfahrens so lange im Mitgliedstaat verbleiben, bis die Asylbehörde auf der Grundlage der in Kapitel III genannten erstinstanzlichen Verfahren über den Antrag entschieden hat. Aus dieser Berechtigung zum Verbleib ergibt sich kein Anspruch auf einen Aufenthaltstitel.
[9] BVerfG Beschl. v. 26.9.1978 – 1 BvR 525/77, BVerfGE 49, 168; zum vorläufigen Einreise- und Bleiberecht Beschl. v. 6.4.1989 – 2 BvL 4/89, BVerfGE 80, 68; Urt. v. 14.5.1996 – 2 BvR 1516/93, BVerfGE 94, 166.
[10] BVerwG Urt. v. 7.10.1975 – I C 46.69, BVerwGE 49, 202.
[11] → GG Art. 16a Rn. 16; *Brause* NJW 1977, 1571; *Franz* DVBl 1966, 630; *Franz* DVBl 1967, 493; *Gusy* S. 224 ff.; *Huber* NJW 1982, 1919; *Kimminich* Aufenthalt S. 160; *v. Pollern* NJW 1976, 2059; *Renner* NVwZ 1983, 649; NJW 1989, 1246.
[12] So BVerfG Beschl. v. 20.4.1982 – 2 BvL 26/81, BVerfGE 60, 253 (295 f.): „gleichsam konstitutive Wirkung".
[13] BVerfG Urt. v. 14.5.1996 – 2 BvR 1938/93 ua, BVerfGE 94, 49.
[14] → GG Art. 16a Rn. 18; *Hailbronner* FS Zeidler, 1982, S. 931; *Kimminich* in BK Art. 16 Rn. 279 ff.; *Marx* § 55 Rn. 6; BVerwG Urt. v. 16.8.1977 – I C 15.76, NJW 1978, 507; Urt. v. 19.5.1981 – 1 C 168.79, BVerwGE 62, 206; Urt. v. 15.5.1984 – 1 C 59.81, NVwZ 1984, 591; HessVGH Beschl. v. 23.1.1989 – 12 TH 3157/87, NVwZ 1989, 393.
[15] So BVerfG-K Beschl. v. 16.6.1987 – 2 BvR 911/85, NVwZ 1987, 1068.
[16] Ebenso GK-AsylVfG § 55 Rn. 17; vgl. auch BVerwG Beschl. v. 14.4.1992 – 1 C 48.89, NVwZ 1992, 682.
[17] → GG Art. 16a Rn. 5; *Kimminich* Aufenthalt S. 137; *Koisser/Nicolaus* ZAR 1991, 9.
[18] *Hailbronner* AsylG § 55 Rn. 9; *ders.* ZAR 1987, 3 mwN.
[19] *Hailbronner* ZAR 1987, 3; vgl. auch BVerfG-A Beschl. v. 1.9.1982 – 1 BvR 748/82, InfAuslR 1982, 271.

Asylbewerber schützt und ihm der Aufenthalt bis zur Klärung der Asylberechtigung grundsätzlich nicht verwehrt werden darf; deshalb sei idR die Erteilung einer Aufenthaltserlaubnis (nach § 2 AuslG 1965) geboten[20]. Hiervon ausgehend schreibt Abs. 1 S. 1 zwingend die Aufenthaltsgestattung vor, und zwar als Aufenthaltsrecht kraft Gesetzes und nicht kraft Verleihung[21]. Auch durch das AsylVfBeschlG 2015 eingefügte Ankunftsnachweis (§ 63a) ändert an dieser Dogmatik nichts; er dokumentiert nur das Aufenthaltsrecht kraft Gesetzes.

III. Stellung eines Asylgesuchs (Ankunftsnachweis)

6   Grundsätzlich **jedes Asylgesuch** iSd § 13 I führt zur gesetzlichen Aufenthaltsgestattung, nicht nur der Asylanerkennungsantrag; anders verhält es sich nur, wenn ein Asylgesuch rechtlich gar nicht existiert wie im Falle des § 14 III[22]. Bezüglich **unbegleiteter minderjähriger Flüchtlinge** vgl. die treffenden Ausführungen des Gesetzgebers in → Rn. 1 zum IntG 2016. Grundsätzlich **entsteht** das vorläufige Aufenthaltsrecht bereits bei der Äußerung des Aslyersuchens iSd § 13 I und nicht erst bei der förmlichen Antragstellung nach § 14 I. Dies ist nunmehr anders als noch in § 19 I AsylVfG 1982 („Asylantrag gestellt") schon durch die Formulierung „um Asyl nachsucht" klargestellt. Im Hinblick auf den verfassungsrechtlich geforderten Schutz vom Erreichen der Grenze an verbietet sich eine andere Regelung, etwa dahingehend, dass erst der förmliche Asylantrag das Bleiberecht auslöst. Die deklaratorische Bescheinigung über die Aufenthaltsgestattung wird erst später erteilt (§ 63 I), dies ändert aber nichts am Entstehen des gesetzlichen Bleiberechts bei Äußerung des Asylgesuchs an der Grenze oder an anderer Stelle. Auf eine „unverzügliche" Meldung nach Art. 31 GK kommt es nicht an. Seit dem IntG 2016 (→ Rn. 1) dokumentiert zunächst der **Ankunftsnachweis** das gesetzliche Aufenthaltsrecht des Asylsuchenden. Sobald der Asylantrag sodann förmlich beim BAMF gestellt wird, wird auch die förmliche Aufenthaltsgestattung ausgestellt, dh der Ankunftsnachweis ungültig und eingezogen.

7   Die Aufenthaltsgestattung ist in der Weise **befristet**, dass sie erlischt, wenn nicht binnen zwei Wochen nach Ausstellung des Ankunftsnachweises der Asylantrag gestellt ist (§ 67 I Nr. 2). Damit soll die notwendige Mitwirkung des Ausländers samt Asylverfahren durchgesetzt werden. Ein endgültiger Rechtsverlust tritt nicht ein, weil die Aufenthaltsgestattung mit förmlicher Antragstellung wieder auflebt (§ 67 II Nr. 2).

8   Bis zur Änderung durch das IntG 2016 entstand die Aufenthaltsgestattung nach unerlaubter Einreise aus einem **sicheren Drittstaat** erst mit der Stellung des Asylantrags nach § 14 I. Damit wurde Art. 16a II GG und § 19 III Rechnung getragen, die ein Asylrecht bei Einreise aus einem solchen Staat ausschließen und bei unerlaubter Einreise auch die Zurückschiebung erlauben. War diese allerdings nicht (mehr) möglich, trat auch schon bisher der Schutz der Aufenthaltsgestattung ein. In der Zwischenzeit herrschte ein Schwebezustand. Die **praktischen Schwierigkeiten,** die aus dieser dogmatisch konsequenten Konstruktion folgen, liegen auf der Hand und traten regelmäßig auf. Der Gesetzgeber hat deshalb ausdrücklich hierauf reagiert (→ Rn. 1) und mit dem IntG 2016 die Unterscheidung nach Einreisestaat aufgegeben. Nunmehr entsteht die Aufenthaltsgestattung grundsätzlich immer mit der Ausstellung des Ankunftsnachweises für jeden Asylsuchenden (für Altfälle vgl. die Übergangsnorm zu **§ 87c**).

9   Auch ein **Folgeantrag** stellt einen Asylantrag iSd § 13 I dar und könnte deshalb eine Aufenthaltsgestattung begründen. Die Rechtsstellung der Folgeantragsteller weist indes eine **wechselvolle Geschichte** auf. Die der Aufenthaltsgestattung ursprünglich entgegenstehende Vorschrift des § 21 II AsylVfG 1982 wurde später aufgehoben (durch Art. 1 Nr. 11 AsylVfÄndG 1987). Den Regelungen der §§ 10 I, 14 I, 20 III, 21 AsylVfG 1982 war zunächst uU zu entnehmen gewesen, dass nur ein beachtlicher Folgeantrag die Rechtsfolgen der §§ 19, 20 I AsylVfG 1982 auslösen sollte[23]. Die daraus resultierende Schlechterstellung von Asylsuchenden mit einem unbeachtlichen Folgeantrag gegenüber anderen Asylbewerbern war verfassungsrechtlich nicht zu beanstanden. Die betroffenen Personen waren nicht gänzlich schutzlos, da ihr vorläufiger Aufenthalt nur unter Beachtung des § 14 AsylVfG 1982 beendet werden durfte; bis dahin war ihr Aufenthalt zu dulden, soweit eine Abschiebung nach § 21 AsylVfG 1982 nicht möglich war. Die Benachteiligung gegenüber Erstantragstellern und solchen mit beachtlichem Folgeantrag war sachlich nicht begründet; entscheidend war allein die Nichtabschiebung bis zur Prüfung der Beachtlichkeit[24]. Ob der Asylbewerber in den Genuss der Aufenthaltsgestattung gelangte, stand freilich erst (nachträglich) mit Feststellung der Beachtlichkeit fest.

10 Für **Folgeantragsteller** ist eine Aufenthaltsgestattung nach der Neubestimmung des Folgeantrags (§ 71 anstelle von § 14 I AsylVfG 1982) für die Zeit bis zur Einleitung eines weiteren Asylverfahrens nicht mehr vorgesehen[25]. Für sie ist statt der Aufenthaltsgestattung weder ein anderer gesetzlicher

---

[20] BVerwG Urt. v. 19.5.1981 – 1 C 168.79, BVerwGE 62, 206.
[21] HessVGH Beschl. v. 12.7.1984 – 10 TH 1852/84, InfAuslR 1985, 290.
[22] Dort → § 14 Rn. 15.
[23] OVG NRW Beschl. v. 17.2.1983 – 17 B 1758/82, ZAR 1984, 52.
[24] Allg. dazu BVerfG-A Beschl. v. 30.6.1981 – 1 BvR 561/81 ua, NJW 1981, 1896.
[25] AA GK-AsylVfG § 55 Rn. 37f; VG Schleswig Beschl. v. 14.9.1992 – 15 B 110/90, *Bell* ZAR 1993, 37.

Aufenthaltstitel noch ein ausdrücklicher Rechtsanspruch auf Duldung eingeführt worden[26]. Sie befinden sich damit in einer ähnlichen aufenthaltsrechtlichen Situation wie allgemein alle Asylbewerber vor Erlass des AsylVfG 1982[27]. Einerseits darf ihr Aufenthalt vor Feststellung ihrer Asylberechtigung nicht beendet werden, andererseits steht ihnen ein spezieller Aufenthaltstitel weder nach AuslG noch nach AsylG zu. Hierfür sprechen insbesondere die §§ 71 V 2, 71a III 1, obwohl sie auf den Folgeantrag allgemein nicht anwendbar sind.

Als sach- und zweckgerechter Titel kommt gegebenenfalls eine **Aufenthaltserlaubnis** nach § 7 I 2 **11** AufenthG bis zur Entscheidung des BAMF über die Einleitung eines weiteren Asylverfahrens (§ 71 I) in Betracht[28]. Dabei geht es um einen im AufenthG sonst nicht vorgesehenen Aufenthaltszweck, der kurzfristig erreichbar ist. Angesichts der verfassungs- und völkerrechtlichen Grundlage des Aufenthalts ist auch an eine **Aufenthaltserlaubnis** zur Wahrung völkerrechtlicher oder dringender humanitärer Interessen und Belange (§ 25 IV AufenthG) zu denken. Dagegen wird eine **Duldung** dieser Sondersituation eher weniger gerecht, weil eine vollziehbare Ausreisepflicht besteht, diese aber gerade nicht durchgesetzt werden soll[29]. Andererseits liegen die Voraussetzungen des § 60a II AufenthG vor, weil Rechtsgründe (vorübergehend) der Abschiebung entgegenstehen. Denn § 71 V 2 lässt ebenso wie § 71a III 1 den Grundsatz erkennen, dass die Abschiebung des Folgeantragstellers während der ersten Phase des Verfahrens grundsätzlich nicht vollzogen werden soll[30]. Wenn aber der Folgeantragsteller vor einer Abschiebung gesetzlich geschützt ist, dann steht ihm zumindest eine Duldung zu[31].

Für **Zweitantragsteller** (§ 71a) besteht eine ähnliche Situation. Bei ihnen wird ein Asylverfahren **12** nur durchgeführt, wenn die Voraussetzungen des § 51 I–III VwVfG vorliegen und außerdem die Bundesrepublik Deutschland nach Unions- oder Vertragsrecht zuständig ist (§ 71a I). Ihr Aufenthalt gilt als geduldet (§ 71a III) mit der Folge, dass sie auch eine Duldungsbescheinigung erhalten; nach der Einleitung eines Asylverfahrens steht ihnen dann eine Aufenthaltsgestattung zu[32]. Die Berufung auf eine gesetzliche Duldung allein genügt für sie, um der Bestrafung nach § 95 I Nr. 2 AufenthG zu entgehen; denn dort ist nicht mehr der (tatsächliche) Besitz einer Duldung vorausgesetzt wie früher in § 92 I Nr. 1 AuslG.

IV. Verhältnis zu anderen Aufenthaltsrechten

Grundsätzlich **erlöschen** mit dem Asylgesuch alle aufenthaltsrechtlichen Positionen des Asylbewer- **13** bers (anders noch § 19 IV AsylVfG 1982). Dies gilt für Befreiungen vom Erfordernis eines Aufenthaltstitels ebenso wie für Aufenthaltstitel mit einer Gesamtgeltungsdauer bis zu sechs Monaten; hierunter fallen va Visa (vgl. § 6 I 2, III AufenthG; früher Sonderregelung in § 19 V AsylVfG 1982). Die Verlängerung eines bestehenden Aufenthaltstitels ist nicht ausgeschlossen, wohl aber grundsätzlich die Neuerteilung während des Asylverfahrens (§ 10 AufenthG)[33]. Ausgeschlossen ist ohnehin eine Aufenthaltserlaubnis oder ein anderer Aufenthaltstitel zum Zwecke der Durchführung des Asylverfahrens[34]. Die fiktiven Aufenthaltsrechte des § 81 III und IV AufenthG entfallen, allerdings bleibt die gesetzliche Verlängerung nach § 81 IV AufenthG unberührt, falls die Verlängerung eines Aufenthaltstitels mit einer Gesamtgeltungsdauer von mehr als sechs Monaten beantragt war. Das Erlöschen tritt nicht zeitgleich mit dem Asylantrag ein[35], denn sonst müssten Aufenthaltstitel und Aufenthaltsgestattung nebeneinander gelten. Die Lücke im Aufenthaltsrecht infolge nicht rechtzeitiger Antragstellung (vgl. § 67 I Nr. 2) ist dagegen eher hinnehmbar.

Damit sind nicht nur kurzfristige Besuchsaufenthalte schlechter gestellt als nach § 19 V AsylVfG **14** 1982[36]. Trotzdem sind die Erlöschensregelungen nicht zu beanstanden, weil damit lediglich ein **Austausch** gegen die Aufenthaltsgestattung erreicht wird. Das gesetzliche Aufenthaltsrecht der Aufenthaltsgestattung wird und bleibt während der Gültigkeit des asylverfahrensunabhängigen Aufenthaltsgenehmigung wirksam; nur die mit ihr verbundenen Beschränkungen kommen nicht zum Tragen[37]. Aufenthaltsgestattung und damit einhergehende Beschränkungen entfalten erst (wieder) ihre Wirksamkeit, wenn der Aufenthaltstitel endet.

---

[26] → § 71 Rn. 15.
[27] BVerwG Urt. v. 19.5.1981 – 1 C 168.79, BVerwGE 62, 206.
[28] → § 71 Rn. 15.
[29] ZT aA *Hailbronner* AsylG § 55 Rn. 24; *Marx* § 55 Rn. 13, § 71 Rn. 66.
[30] → § 71 Rn. 15; zu Abs. 5 ebenso SächsOVG Beschl. v. 11.12.2001 – 3 BS 222/01, NVwZ 2002, Beilage Nr. I 7, 77 und EZAR 224 Nr. 29 mAnm *Renner* NJ 2002, 497; aA für Abs. 5 OLG Köln Beschl. v. 24.10.2001 – 16 Wx 235/01, OLGR Köln 2002, 101.
[31] AA *Hailbronner* AsylVfG § 55 Rn. 33, offenbar aber nur für den Fall des § 71 V 2.
[32] → § 71a Rn. 5.
[33] Zum früheren Recht OVG NRW Beschl. v. 6.12.1984 – 17 B 614/83, InfAuslR 1985, 131.
[34] Zum früheren Recht BVerwG Beschl. v. 25.4.1983 – 1 B 57.83, InfAuslR 1984, 59; OVG NRW Beschl. v. 17.2.1983 – 17 B 1758/82, ZAR 1984, 52.
[35] So aber entsprechend dem Wortlaut *Hailbronner* AsylG § 55 Rn. 32.
[36] So aber BT-Drs. 12/2062, 37.
[37] BT-Drs. 9/875, 21; BT-Drs. 9/1630, 21.

15 Eine Ausschlussbestimmung für bereits **ausgewiesene** Asylbewerber enthält das Gesetz nicht mehr (anders noch § 19 II 1 AsylVfG 1982). Stattdessen ist bei früherer Verurteilung wegen einer besonders schweren Straftat die Einreise zu verweigern (§ 18 II Nr. 3) und diese Zurückweisung führt zum sofortigen Erlöschen der Aufenthaltsgestattung (§ 67 I Nr. 1). Außerdem sind §§ 56 I 1 Nr. 5, IV 2 Nr. 1 sowie § 25 I 2 AufenthG zu beachten, wonach bei Vorliegen schwerwiegender Gründe die Ausweisung ua anerkannter Asylberechtigter und Asylbewerber zugelassen ist und eine Aufenthaltserlaubnis trotz Asylanerkennung nicht erteilt wird[38]. Sie ist im Grundsatz verfassungsrechtlich ebenso wenig zu beanstanden wie diese Bestimmungen[39]. Das Asylgesuch lässt die Aufenthaltsgestattung auch während der Haft entstehen. Der Asylantrag steht der Abschiebungshaft aber nicht entgegen, grundsätzlich jedoch nur für die Dauer von längstens vier Wochen (§ 14 III).

V. Anrechnung von Aufenthaltszeiten

16 Die Aufenthaltsdauer während des Asylverfahrens ist für Rechte und Vergünstigungen nur anzurechnen, wenn der Ausländer unanfechtbar **als Asylberechtigter anerkannt** ist oder ihm **internationaler Schutz** zuerkannt wurde. Familienasyl bzw. Familienschutz (§ 26) ist gleichgestellt. Bis Ende 2004 reichte die Flüchtlingsanerkennung nicht aus, ohne dass die damalige Differenzierung rechtlich zu beanstanden war. Erst seit dem RLUmsG 2013 genügt auch die Zuerkennung von subsidiärem Schutz.

17 Die Verfahrensdauer ist trotz endgültiger Ablehnung des Asylantrags anzurechnen, wenn der Asylbewerber keine Aufenthaltsgestattung, sondern einen **Aufenthaltstitel** besaß, also aus asylverfahrensunabhängigen Gründen zum Aufenthalt berechtigt war. In derartigen Fällen besteht kein sachlicher Anlass, im Hinblick auf die Asylantragstellung sonst eintretende Vorteile zu versagen; der Aufenthalt war nämlich nicht asylbedingt. Auf den jeweiligen **Aufenthaltstitel,** der für das Asylverfahren erteilt war, kommt es nicht an. Ob der Asylbewerber vor Inkrafttreten des AsylVfG eine Duldung oder eine asylverfahrensabhängige Aufenthaltserlaubnis erhielt, ist unerheblich[40]. Auch auf Dauer angelegte Duldungen (zB früher für Angehörige der sog. Ostblockstaaten) sind nicht ausgenommen, soweit sie die Dauer des Asylverfahrens betreffen; ob sich diese Ausländer auf einen geduldeten Daueraufenthalt einstellen konnten, ist insoweit unerheblich[41]. Gem. § 55 III anrechenbar sind nach erfolgreichem Abschluss des Asylfolgeverfahrens selbst Aufenthaltszeiten ab Ergehen eines **stattgebenden Beschlusses** im Verfahren des vorläufigen Rechtsschutzes, in dem das Vorliegen der Voraussetzungen des § 51 I–III VwVfG im Zusammenhang mit dem Antrag auf Anerkennung als Asylberechtigter oder Zuerkennung von internationalem Schutz ausdrücklich bejaht wurde[42].

18 Die Regelung erfasst **alle Sachbereiche,** in denen es auf die Dauer des Aufenthalts und nicht auf den Aufenthaltsstatus ankommt[43]. Entweder spielt die Aufenthaltsdauer für den Tatbestand von Aufenthaltstitel oder Verfestigungen eine Rolle (zB nach §§ 31 I 1 Nr. 1, 38 I 1 Nr. 1 AufenthG) oder sie ist bei der Ermessensausübung zu berücksichtigen[44]. Für das gesetzliche Aufenthaltsrecht des § 81 III 1 AufenthG zählt die Dauer des Asylverfahrens ebenfalls nicht, obwohl der Aufenthalt während dieser Zeit als rechtmäßig anzusehen ist. Die Regelung ist danach einschneidend, aber nicht saschwidrig. Sie verhindert nur einen Vorteil aus der bloßen Aufenthaltsdauer während des Asylverfahrens, auf die weder der Asylbewerber noch Behörden oder Gerichte den alleinigen Einfluss ausüben.

19 Anders verhält es sich, wenn nicht auf die bloße Dauer, sondern auf den Aufenthaltsstatus abgestellt ist (zB § 9 II 1 Nr. 1 AufenthG). Kommt es auf die **Einordnung in deutsche Lebensverhältnisse** an (zB §§ 8, 9 StAG)[45], kann die Dauer des Asylverfahrens nicht außer Betracht gelassen werden, denn insoweit spielen nur die faktischen Verhältnisse eine Rolle, weder der bloße Aufenthalt noch die Art der rechtlichen Absicherung[46]. Abs. 3 ist allerdings auch auf **staatsangehörigkeitsrechtliche** Vergünstigungen anwendbar; Asylverfahrenszeiten sind deshalb nur bei unanfechtbarer Anerkennung im Rahmen des § 10 I StAG berücksichtigungsfähig, dh, bei erfolglosem Asylverfahren ergibt sich grundsätzlich keine Anrechenbarkeit[47]. Der Asylbewerberaufenthalt kann iÜ dann mitzählen, wenn er gerade zur tatbestandlichen Voraussetzung gehört (zB nach § 26 IV 2 AufenthG).

---

[38] Zum früheren Recht BVerwG Urt. v. 19.5.1981 – 1 C 169.79, BVerwGE 62, 215.
[39] → AufenthG § 25 Rn. 15 ff.; → AufenthG § 56 Rn. 11.
[40] BVerwG Beschl. v. 27.10.1983 – 1 B 143.83, InfAuslR 1984, 4; wN bei *Diefenbach* ZAR 1985, 60.
[41] Allg. zur aufenthaltsrechtlich Stellung langfristig geduldeter Ostblockflüchtlinge *Folz/Kremer* ZAR 1990, 167.
[42] VGH BW Urt. v. 21.10.2010 – 11 S 1580/10, FamRZ 2011, 1260.
[43] *Hailbronner* AsylVfG § 55 Rn. 37.
[44] *Marx* § 55 Rn. 25.
[45] Dazu *Hailbronner/Renner,* Staatsangehörigkeitsrecht, StAG § 8 Rn. 52 ff.
[46] *Hailbronner* AsylG § 55 Rn. 37; *Marx* § 55 Rn. 27.
[47] Vgl. hierzu BVerwG Urt. v. 19.10.2011 – 5 C 28.10; BayVGH Urt. v. 3.5.2005 – 5 BV 04.3174; OVG Bln-Bbg Urt. v. 19.6.2007 – 5 B 12.06; NdsOVG Beschl. v. 10.1.2007 – 13 PA 356/06; OVG Saarl Urt. v. 13.9.2006 – 1 R 17/06; VG Braunschweig Urt. v. 12.10.2009 – 5 A 56/08; vgl. hierzu *Hailbronner* AuslR AsylG § 55 Rn. 39 f.

VI. Verwaltungsverfahren und Rechtsschutz

Der Ankunftsnachweis wird nach Maßgabe des § 63a, die Aufenthaltsgestattung gem. § 63 **erteilt** 20 (zu Auflagen vgl. § 60 I, II). Die Aufenthaltsgestattung **erlischt** nach § 67. **Rechtsmittel** sind gegen die Versagung wie gegen die behördliche Feststellung gegeben, die Aufenthaltsgestattung sei erloschen[48]; der Klage kommt keine aufschiebende Wirkung zu (§ 75). Vorläufiger Rechtsschutz ist nach § 80 V VwGO gegeben.

VII. Arbeits- und Sozialrecht

1. Allgemeines

Die **Rechtsstellung** des Asylbewerbers im Arbeits- und Sozialrecht ist entsprechend dem auf das 21 Asylverfahren beschränkten gesetzlichen Aufenthaltsrecht **begrenzt**. Anders als Asylberechtigte verfügt der Bewerber über kein auf Dauer gesichertes Bleiberecht[49] und kein verfassungskräftiges Recht auf Arbeit[50]. Er benötigt eigentlich noch keine integrationsfördernden Hilfen, aber zumindest die Unterstützungen, die ihm in sozialer und gesundheitlicher Hinsicht die Durchführung des Anerkennungsverfahrens vom Inland aus ermöglichen. Dies folgt ebenso schon aus Art. 16a I GG (iVm Art. 1 I, 20 III GG) wie das vorläufige Aufenthaltsrecht. Abschiebungsschutz ohne existenzerhaltende staatliche Leistungen gefährdet letztlich den Asylanspruch selbst und widerspräche der humanitären Zielsetzung des Art. 16a I GG.

Schlüsselbegriff in Leistungsgesetzen ist meist der des **Wohnsitzes oder des gewöhnlichen Auf-** 22 **enthalts,** über die Asylbewerber im Inland nicht ohne Weiteres verfügen. Andererseits bleibt allgemein zu beachten, dass der Aufenthalt im (angeblichen) Verfolgerstaat aus subjektiver Sicht auf Dauer aufgegeben ist und der Aufenthalt im Inland kraft Gesetzes erlaubt ist und dass die Aufenthaltsdauer wegen langer Verfahrenszeiten nicht selten mehr als fünf Jahre beträgt. Der Begriff des „gewöhnlichen Aufenthalts" (vgl. § 30 I SGB I) ist je nach Sinn und Zweck der jeweiligen Norm und der Art der jeweiligen Leistung oder Verpflichtung auszulegen[51]. Im Arbeitsrecht ist allein das Bestehen eines Arbeitsverhältnisses maßgeblich, deshalb treten hier keine Besonderheiten gegenüber anderen Ausländern auf[52]. Im Arbeitsgenehmigungsrecht und in sozialrechtlichen Leistungsgesetzen wirkt sich der aufenthaltsrechtliche Unterschied zwischen Asylbewerber, Asylberechtigten und sonstigen Ausländern dagegen spürbar aus (vgl. insbesondere das AsylbLG).

2. Erwerbstätigkeit

Asylbewerber benötigen seit 1.1.2005 wie andere Ausländer grundsätzlich für die Ausübung einer 23 Erwerbstätigkeit die Zustimmung der BA (vgl. § 4 II AufenthG)[53]. Für die Dauer der **Wohnverpflichtung** nach § 47 I ist die Arbeitsgenehmigung nach § 61 I ausgeschlossen, allerdings sind **Ausnahmen** nach drei Monaten gem. § 61 II möglich. Im Anschluss an die Wohnverpflichtung ist es weiterhin zulässig, die Erwerbstätigkeit für die Dauer des Asylverfahrens durch **ausländerbehördliche Auflage** einzuschränken[54]. Tatsächlich ist die Arbeitssuche ggf. durch die räumlichen Beschränkungen (§§ 56 ff.) erschwert.

3. Sozialversicherung

In der **Sozialversicherung** sind Asylbewerber grundsätzlich so gestellt wie andere Ausländer[55]. 24 Nicht einheitlich zu beantworten ist die Frage, ob Leistungspflichten und -rechte **Wohnsitz** oder gewöhnlichen Aufenthalt im Inland voraussetzen. Entscheidend bleiben im Zweifel Art und Zweck der jeweiligen Leistung. Soweit der Aufenthalt nicht förmlich durch einen Aufenthaltstitel gesichert ist und es nur auf den tatsächlichen Aufenthalt ankommt, können unter Umständen Zeiten während des evtl. jahrelangen Asylverfahrens ebenso berücksichtigt werden wie die Dauer des geduldeten Aufenthalts[56].

Anspruch auf **Sozialhilfe II** besteht so lange nicht, wie eine Zustimmung der BA zur Erwerbstätig- 25 keit nicht erteilt ist (§ 8 II SGB II). **Sprachförderungsmaßnahmen** werden für Asylbewerber nicht finanziell gefördert, weil ein Bedürfnis für den Erwerb fundierter Deutschkenntnisse für die Dauer des

---

[48] → § 63 Rn. 8; → § 67 Rn. 8.
[49] BVerwG Urt. v. 19.5.1981 – 1 C 168.79, BVerwGE 62, 206.
[50] BVerfG-A Beschl. v. 2.1.1984 – 2 BvR 2017/83, NVwZ 1984, 232.
[51] Zur Schulpflicht zB *Wollenschläger* ZAR 1985, 156 (163).
[52] → AufenthG § 4 Rn. 130 ff.
[53] Dazu dort → § 61 Rn. 46 ff., zur Entwicklung der Arbeitsverbote und Wartezeiten vgl. Jahresgutachten 2004 S. 134.
[54] Zum früheren Recht BVerwG Beschl. v. 23.9.1981 – 1 B 90.81, DVBl 1981, 1110; Beschl. v. 11.4.1983 – 1 B 7/83, DVBl 1983, 754.
[55] → AufenthG § 4 Rn. 149 ff.
[56] Vgl. *Folz/Kremer* ZAR 1990, 167.

Asylverfahrens nicht anerkannt wird. An Integrationskursen können Asylbewerber nicht teilnehmen, weil sie keine Aufenthaltserlaubnis oder Niederlassungserlaubnis besitzen (vgl. § 44 I AufenthG).

4. Sozialhilfe

26 Sozialhilfe erhielten Asylbewerber bis Ende Oktober 1993 grundsätzlich nach denselben Maßstäben wie andere Ausländer (§ 120 BSHG aF). Seit 1.11.1993 ist freilich das **AsylbLG** in Kraft[57], das **Sonderregelungen** für folgende Gruppen enthält (§ 1 I): Asylbewerber mit Aufenthaltsgestattung, vollziehbar zur Ausreise Verpflichtete und Inhaber einer Aufenthaltserlaubnis nach §§ 23 I, 24 oder 25 IV oder V AufenthG sowie jeweils deren Ehegatten oder minderjährige Kinder. Die Sonderregelung gilt nur bis zur Asylanerkennung durch BAMF oder Gericht, auch wenn diese Entscheidung noch nicht rechtskräftig ist (§ 1 III Nr. 2 AsylbLG). Leistungen nach dem SGB XII (Sozialhilfe) erhält auch, wessen Asylantrag nach zwölf Monaten noch nicht unanfechtbar beschieden ist, solange keine vollziehbare Ausreisepflicht besteht; ebenso wer eine Duldung besitzt, weil der Ausreise oder Abschiebung Hindernisse entgegenstehen, die er nicht zu vertreten hat (§ 2 I).

27 Die Leistungen nach dem AsylbLG sind gegenüber dem SGB XII nach Art, Umfang und Höhe eingeschränkt. Die Grundleistungen können – insbesondere. zur Vermeidung von Fehlanreizen – grundsätzlich als **Sachleistungen** gewährt werden, auch bei einer Unterbringung außerhalb von Aufnahmeeinrichtungen oder vergleichbaren Einrichtungen (§ 3). Leistungen bei Krankheit, Schwangerschaft und Geburt sind ebenfalls nach Grund und Umfang beschränkt (§ 4) und sonstige Leistungen sind streng an die Erforderlichkeit gebunden (§ 6). Einkommen und Vermögen sind zuvor bis auf einen Selbstbehalt bei Arbeitseinkommen aufzubrauchen (§ 7). In Aufnahmeeinrichtungen oder Einrichtungen staatlicher oder anderer Träger sollen Arbeitsgelegenheiten angeboten werden, zu deren Annahme arbeitsfähige Ausländer verpflichtet und die mit einer Aufwandsentschädigung verbunden sind (§ 5).

28 Soweit danach **Leistungen nach dem SGB XII** in Betracht kommen, findet eine Verweisung auf die Möglichkeit der Rückkehr in die Heimat oder der **Selbsthilfe** nicht statt. Seit 1.11.1993 ist zwar auf die Leistungen von Rückführungs- und Weiterwanderungsprogrammen hinzuweisen und in geeigneten Fällen auf deren Inanspruchnahme hinzuwirken (zunächst § 120 IV BSHG und jetzt § 23 IV SGB XII). Bei Ablehnung derartiger Hilfen kann aber kein Zwang ausgeübt oder die Sozialhilfe eingeschränkt werden.

29 Der Sozialbehörde ist die Prüfung der Asylgründe untersagt; maßgeblich sind tatsächlicher Aufenthalt und Hilfsbedürftigkeit, nicht das Recht zum Verbleib. Ein **Ausschluss** von der Sozialhilfe ist nur zulässig, wenn hinsichtlich der Inanspruchnahme mindestens bedingter Vorsatz feststellbar ist (§ 23 III 1 SGB XII); § 1a Nr. 1 AsylbLG). Eine finale Beziehung zwischen Einreise und Sozialhilfebezug ist denkbar bei unbegründetem Asylgesuch. Eine insoweit uU zulässige Bewertung des Asylgesuchs durch die Sozialbehörde ist aber kaum durchführbar, allenfalls nachträglich nach rechtskräftig negativ abgeschlossenem Asylverfahren; dann aber ist sie oft praktisch bedeutungslos. Die bloße Ablehnung des Asylgesuchs genügt jedenfalls nicht für den Ausschluss der Sozialhilfe[58]. Umgekehrt darf dem Ausländer nicht die Stellung eines Asylantrags angesonnen und ihm andernfalls Sozialhilfe verweigert werden[59].

30 Ungeachtet des grundsätzlichen Anspruchs auf Sozialhilfe sind schon seit einigen Jahren die **Leistungen** für Asylbewerber **erheblich eingeschränkt** (§§ 1a ff. AsylbLG). Betroffen sind ua folgende Personen: Asylbewerber ohne Aufenthaltstitel während des gesamten Asylverfahrens; ausreisepflichtige Asylbewerber, auch wenn ihr Aufenthalt aus genannten Gründen geduldet wird (§ 1 AsylbLG); bei ihnen beschränkt sich der Anspruch auf Grundleistungen und Leistungen bei akuter Erkrankung, Schwangerschaft und Geburt (§§ 3, 4 AsylbLG).

31 Das AsylbLG ist seit seinem Erlass bereits zahlreiche Male geändert worden[60]. Die Leistungshöhe wurde aufgrund BVerfG Urt. v. 18.7.2012 – 1 BvL 10/10 – deutlich angehoben. Um **Fehlanreize** zu vermeiden und insbesondere Menschen aus dem „Westbalkan" abzuschrecken, soll diese Personengruppe seit dem AsylVfBeschlG 2015 bis zum Ende des Asylverfahrens in den Erstaufnahmeeinrichtungen verbleiben und dort grundsätzlich nur Sachleistungen erhalten. Vollziehbar Ausreisepflichtige erhalten nur gekürzte Leistungen. Die Vorauszahlung von Geldbeträgen wird auf höchstens einen Monat begrenzt[61].

32 **Verfassungsrechtlich** ist die Schlechterstellung der Asylbewerber, die politisch als „flankierende Maßnahme" zur Abwehr unberechtigter Asylgesuche gerechtfertigt wird, kaum zu beanstanden. Sie

---

[57] Zu den zwischenzeitlichen Änderungen durch die Asylpakete 2016 vgl. *Deibel* ZFSH/SGB 2016, 520 ff.
[58] VGH BW Beschl. v. 16.6.1983 – 6 S 2511/82, NVwZ 1984, 193.
[59] So aber für den Fall der isolierten GK-Anerkennung vor Inkrafttreten des AuslRNG HmbOVG Beschl. v. 8.6.1989 – Bs IV 12/89, InfAuslR 1989, 314 und EZAR 461 Nr. 13 mablAnm *Goerlich* ZAR 1990, 41.
[60] Zu den wesentlichen Änderungen des leistungsberechtigten Personenkreises, der Regelleistungen und der Leistungen in besonderen Fällen sowie den Leistungsbeschränkungen und -ausschlüssen seit 2003 ausf. *Deibel* ZAR 2004, 321.
[61] Vgl. BT-Drs. 18/6185, 38 f.

Räumliche Beschränkung § 56 AsylG 7

trifft zwar selbst politisch Verfolgte iSd Art. 16a I GG, ist aber auf die Dauer des Asylverfahrens beschränkt und berührt va nicht den verfassungsrechtlich garantierten Abschiebungsschutz[62]. Bei der Ermessensausübung ist gleichwohl zugunsten des Hilfesuchenden zu berücksichtigen: Unzumutbarkeit der Rückkehr wegen drohender Verfolgung oder wegen anderer Gefährdungen; nicht vom Asylbewerber zu vertretende Dauer des Asylverfahrens mit Unterbringung in Gemeinschaftsunterkünften und erzwungener Untätigkeit sowie Gesundheitsgefährdung; offenbare Berechtigung des Asylantrags (zB bei anerkannter Gruppenverfolgung); trotz Asylablehnung gewährtes weiteres Bleiberecht. Vergleichbares gilt hinsichtlich **Europarecht**, weil auch die EU-Aufnahme-RL den Mitgliedstaaten hier weite Spielräume zuerkennt (vgl. zB Art. 17 II RL[63]).

Die Leistungsbeschränkungen sind auch für Asylsuchende aus **Vertragsstaaten des EFA** zulässig, 33 weil deren Aufenthalt trotz des gesetzlichen Aufenthaltsrechts der Aufenthaltsgestattung nicht als „erlaubt" iSd Art. 11 EFA anzusehen ist[64]. Seit 1985 ist der von Kürzungen betroffene Personenkreis erweitert; seitdem sind auch diejenigen ausreisepflichtigen Ausländer erfasst, die Asyl nicht beantragt haben oder deren Asylgesuch abgelehnt wurde. Fraglich ist aber, ob dies ohne Weiteres auf Familienangehörige von Asylbewerbern ausgedehnt werden kann; statthaft ist dies eigentlich nur, wenn diese Personen selbst AsylbLG-leistungsberechtigt sind.

Versagt werden kann Hilfe zum Lebensunterhalt nach **Verweigerung zumutbarer gemeinnützi-** 34 **ger und zusätzlicher Arbeit** auch gegenüber Asylbewerbern (§ 5 IV AsylbLG) und trotz ggf. Verbots der Erwerbstätigkeit[65]. Die Verweisung auf den **Nachrang** der Sozialhilfe und die Versorgung in **Gemeinschaftsunterkünften** sind grundsätzlich zulässig[66]. Unerheblich ist, ob die Unterbringung in einer Gemeinschaftsunterkunft ausländerbehördlich durchsetzbar und angeordnet ist und ob das Asylgesuch aussichtsreich erscheint; die Aufnahme in eine Sammelunterkunft muss nur möglich und darf nicht wegen menschenunwürdiger Umstände[67] oder aus anderen Gründen unzumutbar sein. Sie ist zB nicht zuzumuten, wenn die Asylanerkennung alsbald bevorsteht[68].

5. Kindergeld und sonstige Leistungen

Vom Bezug von **Kindergeld** waren Asylbewerber schon immer weitgehend ausgeschlossen, weil 35 ihr Aufenthalt im Bundesgebiet idR die Anforderungen an Wohnsitz oder gewöhnlichen Aufenthalt nicht erfüllte oder weil sie keine Aufenthaltsgenehmigung besaßen. Daran hat sich auch am 1.1.2005 bzw. mit den RLUmsG 2007 und 2011 und 2013, den Asylpaketen und dem IntG 2016 nichts geändert. Der Besitz einer Aufenthaltsgestattung genügt auch jetzt nicht (§ 1 III BKGG idF des Art. 10 Nr. 5 ZuwG; § 62 II EStG idF des Art. 11 Nr. 17 ZuwG). Dies gilt entsprechend für **Erziehungs-** **geld** (§ 1 VI BerzGG idF des Art. 10 Nr. 4 ZuwG) und Ausbildungsförderung (§§ 5, 8 BAföG idF des Art. 10 Nr. 3 ZuwG). Diese Benachteiligung von Asylbewerbern gegenüber anderen Ausländern erscheint nicht gleichheitswidrig, weil sie (noch) nicht über ein auf Dauer angelegtes Aufenthaltsrecht verfügen[69].

§ 56 Räumliche Beschränkung

(1) Die Aufenthaltsgestattung ist räumlich auf den Bezirk der Ausländerbehörde beschränkt, in dem die für die Aufnahme des Ausländers zuständige Aufnahmeeinrichtung liegt.

(2) Wenn der Ausländer verpflichtet ist, in dem Bezirk einer anderen Ausländerbehörde Aufenthalt zu nehmen, ist die Aufenthaltsgestattung räumlich auf deren Bezirk beschränkt.

I. Entstehungsgeschichte

Die Vorschrift geht zT auf § 20 I 1, 2 AsylVfG 1982 zurück. Sie stimmt im Wesentlichen mit dem 1 **Gesetzesentwurf 1992** (§ 54)[1] überein. Auf Vorschlag des Bundestag-Innenausschusses wurde Abs. 3 gestrichen, der eine räumliche Beschränkung der Aufenthaltsgestattung auf das Gebiet einer Gemeinde

---

[62] Ähnlich BVerwG Urt. v. 14.3.1985 – 5 C 145.83, BVerwGE 71, 139.
[63] Art. 17 II 1 RL 2013/33 EU gibt nur vor: „Die Mitgliedstaaten sorgen dafür, dass die im Rahmen der Aufnahme gewährten materiellen Leistungen einem angemessenen Lebensstandard entsprechen, der den Lebensunterhalt sowie den Schutz der physischen und psychischen Gesundheit von Antragstellern gewährleistet."
[64] BVerwG Urt. v. 14.3.1985 – 5 C 145.83, BVerwGE 71, 139; aA VGH BW Beschl. v. 16.6.1983 – 6 S 2511/82, NVwZ 1984, 193; zweifelnd noch *Columbus* ZAR 1982, 155 f.
[65] BVerwG Urt. v. 13.10.1983 – 5 C 67.82, BVerwGE 68, 91; HmbOVG Beschl. v. 24.5.1982 – Bs I 37/82, EZAR 461 Nr. 2; *Columbus* ZAR 1982, 148 (199) sowie 1984, 133.
[66] BVerwG Urt. v. 11.8.1983 – 5 C 32.82, BVerwGE 67, 349.
[67] → § 53 Rn. 18 f.
[68] BayVGH Urt. v. 16.1.1985 – 12 B 82 A. 6.
[69] Vgl. dazu *Renner* ZAR 2005, 29.
[1] BT-Drs. 12/2062, 15.

vorsah[2]. Abs. 3 wurde aufgrund des Vermittlungsverfahrens[3] mWv 1.1.2005 angefügt (Art. 3 Nr. 36a **ZuwG**). Die RLUmsG 2007 und 2011 und 2013 haben keine Änderungen vorgenommen. Durch Art. 2 Nr. 3 des **Gesetzes**[4] **vom 23.12.2014** (BGBl. I S. 2439) wurde mWz 1.1.2015 der komplette frühere S. 2 des Abs. 1 gestrichen, der lautete: „[2] In den Fällen des § 14 Abs. 2 S. 1 ist die Aufenthaltsgestattung räumlich auf den Bezirk der Ausländerbehörde beschränkt, in dem der Ausländer sich aufhält." Außerdem wurde der komplette frühere Abs. 3 aufgehoben, der regelte: „(3) [1] Räumliche Beschränkungen bleiben auch nach Erlöschen der Aufenthaltsgestattung in Kraft, bis sie aufgehoben werden. [2] Abweichend von Satz 1 erlöschen räumliche Beschränkungen, wenn der Aufenthalt nach § 25 Abs. 1 S. 3 oder § 25 Abs. 2 S. 2 des Aufenthaltsgesetzes als erlaubt gilt oder ein Aufenthaltstitel erteilt wird." In der Gesetzesbegründung[5] heißt es dazu: „Die Aufhebung von § 56 Absatz 1 Satz 2 a. F. erfolgt, weil eine räumliche Beschränkung für Asylbewerber, für die bereits keine Wohnverpflichtung in einer Erstaufnahmeeinrichtung besteht, nicht zwingend erforderlich ist. Es handelt sich um Personen, die im Besitz eines Aufenthaltstitels von mehr als sechs Monaten sind (§ 14 Absatz 2 Satz 1 Nummer 1 AsylVfG) oder um Personen, die ohnehin in ihrer Bewegungsfreiheit eingeschränkt sind bzw. bei denen zuständige Stellen zur sachgerechten Entscheidung über ihren Aufenthaltsort bestehen (§ 14 Absatz 2 Satz 1 Nummer 2 AsylVfG) sowie um Minderjährige, deren Aufenthaltsort lediglich akzessorisch zum Aufenthaltsort des gesetzlichen Vertreters bestimmt wird (§ 14 Absatz 2 Satz 1 Nummer 3 AsylVfG). Als Auffangtatbestand dient erforderlichenfalls die Regelung in § 60 Absatz 2 AsylVfG-E. (…) § 56 Absatz 3 a. F. wird aus systematischen Gründen den einheitlich in § 59a AsylVfG-E geregelten Erlöschensgründen zugeordnet (dort § 59a Absatz 2-E)." Die Asylpakete und das IntG 2016 haben keine Änderungen vorgenommen.

II. Allgemeines

2   Mit dieser Vorschrift und den §§ 57–60 (bzw. insbesondere §§ 59a und 59b) wird das Aufenthaltsrecht des § 55 I näher ausgestaltet. Die Einzelheiten regelt zT das Gesetz selbst, zT wird dies dem BAMF oder der Ausländerbehörde überlassen. Die Regelungen zeichnen sich durch **Restriktionen vielfältiger Art** aus, die der Beschleunigung der Verfahren dienen, va aber – zusammen mit anderen „flankierenden" Maßnahmen[6] – abschreckend auf potenzielle Asylbewerber wirken sollen. Sie wurden und werden von Verbänden, Organisationen und Parteien kritisch betrachtet, weil sie ohne Einschränkungen auch Ausländer treffen, die erkennbar nicht missbräuchlich um Asyl nachsuchen[7]. Zudem wird ihre **EMRK-Konformität** bezweifelt[8].

3   Die gesetzlich angeordneten und vorgesehenen räumlichen Beschränkungen verstoßen weder gegen die Grundrechte auf Freiheit der Person noch auf freie Entfaltung der Persönlichkeit noch gegen das Asylgrundrecht; sie lassen den notwendigen Abschiebungsschutz unberührt, gewährleisten die Möglichkeit der prozessualen Durchsetzung des Asylanspruchs und sind **nicht unverhältnismäßig**[9]. Trotz der grundsätzlichen Verfassungsmäßigkeit des Regelungssystems der §§ 55 ff. ist angesichts der Grundrechtsrelevanz der Beschränkungen jeweils im Einzelfall bei Auslegung und Anwendung besonders sorgfältig auf Sinn und Zweck der Einzelregelung und den Grundsatz der Verhältnismäßigkeit zu achten. Dies gilt insbesondere auch für §§ 57, 58, weil danach evtl. Härten ausgeglichen werden können[10].

---

[2] BT-Drs. 12/2062, 30.
[3] BT-Drs. 15/3479, 14.
[4] Gesetz zur Verbesserung der Rechtsstellung von asylsuchenden und geduldeten Ausländern.
[5] BR-Drs. 506/14, 13.
[6] Zum Sofortprogramm der Bundesregierung v. 18.7.1980 vgl. *Baum* ZAR 1981, 7; *v. Pollern* ZAR 1981, 93; *Schiffer* ZAR 1981, 163.
[7] Vgl. nur Arbeiterwohlfahrt, ZAR 1981, 3 f.; Reisebericht des UNHCR ua, ZAR 1984, 68 ff.; BT-Drs. 10/1401; *Henkel* DVBl 1980, 173; *Henkel*. ZAR 1981, 85; *Schenk* DÖV 1981, 212; *Schober* ZAR 1981, 19; *Wöste* ZAR 1981, 22.
[8] HK-AuslR/*Wingerter* AsylVfG § 56 Rn. 1 im Hinblick auf Art. 2 I des EMRK-Zusatzprot Nr. 4 („Jede Person, die sich rechtmäßig im Hoheitsgebiet eines Staates aufhält, hat das Recht, sich dort frei zu bewegen und ihren Wohnsitz frei zu wählen."). Hier dürfte allerdings ein „dauernd rechtmäßiger" Aufenthalt gemeint sein, den die Aufenthaltsgestattung nicht vermittelt. Denn das EMRK-ZP wollte und will („living instrument") wohl weder von seiner Historie noch seinem Telos her AsylverfR von sich und den Konventionsstaaten diesbzgl. Vorgaben machen. IÜ dürfte § 56 ohnehin durch die Einschränkungsmöglichkeiten der Art. 2 III und insbes. IV ZP gedeckt sein; Abs. 4 regelt: „Die in Absatz 1 anerkannten Rechte können ferner für bestimmte Gebiete Einschränkungen unterworfen werden, die gesetzlich vorgesehen und in einer demokratischen Gesellschaft durch das öffentliche Interesse gerechtfertigt sind."
[9] Betr. § 20 I AsylVfG 1991 BVerfG Beschl. v. 10.4.1997 – 2 BvL 45/92, BVerfGE 96, 10; BVerfG-A Beschl. v. 7.7.1983 – 2 BvR 999/83, NVwZ 1983, 603; Beschl. v. 9.11.1983 – 2 BvR 1051/83, NVwZ 1984, 167; Beschl. v. 20.9.1983 – 2 BvR 1445/83, NJW 1984, 558; Beschl. v. 2.1.1984 – 2 BvR 2017/83, NVwZ 1984, 232; Beschl. v. 6.6.1989 – 2 BvL 6/89, BVerfGE 80, 182; *Hailbronner* AsylG § 55 Rn. 7 ff.; krit. *Tiemann* NVwZ 1987, 10; ebenso *Marx* § 56 Rn. 4.
[10] *Reermann* ZAR 1982, 127 (136); BVerfG-A Beschl. v. 9.11.1983 – 2 BvR 1051/83, NVwZ 1984, 167.

III. Räumlich beschränkte Aufenthaltsgestattung

Das Aufenthaltsrecht besonderer Art für Asylbewerber[11] ist kraft Gesetzes räumlich beschränkt, und zwar grundsätzlich auf den **Bezirk der Ausländerbehörde;** evtl. weitergehende Beschränkungen nach §§ 59b, 60 können von der Ausländerbehörde vorgenommen werden. Die im Gesetzesentwurf 1992 vorgesehene Beschränkung auf das Gebiet einer Gemeinde wurde als zu weitgehend empfunden und deshalb gestrichen[12]. 4

Gemeint ist nicht nur der gewöhnliche Aufenthalt in dem Sinne, dass eine zeitweilige Abwesenheit nicht ausgeschlossen ist, sondern der **Aufenthalt schlechthin.** Anders war noch die Rechtslage vor Inkrafttreten des AsylVfG 1982, als nur der gewöhnliche Aufenthalt behördlich festgelegt, kurzfristiges Verlassen des Aufenthaltsbezirks also ohne Weiteres erlaubt war[13]. Angesichts der Genehmigungsbedürftigkeit des vorübergehenden Verlassens des Bereichs der Aufenthaltsgestattung nach §§ 57 I, 58 I ist eine dahingehende Auslegung des Begriffs „Aufenthalt" in § 55 I verschlossen. Der Asylbewerber hat sich vielmehr ununterbrochen im örtlichen Geltungsbereich der Aufenthaltsgestattung aufzuhalten, sofern das vorübergehende Verlassen dieses Gebiets nicht gesetzlich oder behördlich erlaubt ist. 5

Hiergegen kann nicht mit Erfolg auf das Fehlen einer zwingenden inneren Rechtfertigung für die Notwendigkeit der dauernden physischen Präsenz des Asylbewerbers verwiesen werden. Irgendeine **Ausnahme** – vor Ablauf der **Drei-Monats-Frist** des § 59a I – lässt das Aufenthaltsgebot des § 55 I **nicht erkennen;** auch fehlt es an einem dahin gehenden Willen des Gesetzgebers. Dem BAMF oder der Ausländerbehörde steht ferner nicht die allgemeine Befugnis zu, den vorgesehenen Aufenthaltsbereich zu erweitern und etwa auf den Bezirk einer anderen Ausländerbehörde auszudehnen. Dies ist nur iRd § 58 I ausnahmsweise möglich. Gestattet sind der Wechsel des Aufenthaltsbezirks (Abs. 2) oder der vorübergehende Aufenthalt in anderen Bezirken nach Maßgabe von allgemeinen oder individuellen Erlaubnissen nach § 58 I-VI. Der nicht nur vorübergehende Aufenthalt außerhalb des Bereichs der Aufenthaltsgestattung kann nicht aufgrund § 58 erlaubt werden; erst recht ist eine solche Möglichkeit nach Abs. 1 ausgeschlossen. 6

Ein **Wechsel des Aufenthaltsbezirks** kann sich aufgrund einer Verpflichtung zum Aufenthalt im Bezirk einer anderen Ausländerbehörde ergeben. Eine derartige Verpflichtung kann va aus einer länderübergreifenden Zuweisung nach § 51 entstehen. Mit Abs. 2 wird dieser Umzug aufenthaltsrechtlich abgesichert, ohne dass es der vorherigen Erteilung einer Aufenthaltsgestattung bedarf. Darüber hinaus kann die Verpflichtung zum Aufenthaltswechsel aus Anordnungen der Ausländerbehörde nach § 60 II 1 Nr. 2 und 3 herrühren; diese sind allerdings auf das jeweilige Bundesland begrenzt. Auch sie stellen keine Ausnahme von der örtlichen Begrenzung der gesetzlichen Aufenthaltsgestattung nach § 55 I dar; sie führen vielmehr über Abs. 2 zum Wechsel des maßgeblichen Aufenthaltsbezirks iSd Abs. 1. 7

Der Auffassung, eine Ausländerbehörde dürfe den Asylbewerber allgemein (früher gemäß § 20 II 2 AsylVfG 1982 und jetzt § 60 II 1) ungeachtet der Verteilung und Zuweisung in den Bezirk einer anderen Ausländerbehörde verweisen[14], konnte schon nach der ursprünglichen Fassung von § 20 II 2 AsylVfG 1982 nicht beigepflichtet werden[15]. Denn immer müssen aufenthaltslenkende Maßnahmen der Ausländerbehörde im **Zusammenhang mit Verteilung und Zuweisung** gesehen werden, die grundsätzlich nicht durch Einzelanordnungen der Ausländerbehörde mit Wirkung gegenüber anderen Ausländerbehörden unterlaufen werden dürfen. Später hat der Gesetzgeber in § 20 I 3, II 2 Nr. 2 AsylVfG 1982 ausdrücklich entsprechende Befugnisse der Ausländerbehörde geschaffen, diese aber gerade auf das Gebiet desselben Landes begrenzt[16]. Deshalb konnte zumindest nach dieser eindeutig restriktiven Äußerung des Gesetzgebers nicht mehr von einer bundesweiten Kompetenz jeder Ausländerbehörde zur eigenmächtigen „Verteilung" von Asylbewerbern ausgegangen werden[17]. Selbst wenn die aufnehmende Behörde einverstanden ist, bleibt die unzulässige Umgehung der nicht der Ausländerbehörde obliegenden Verteilung[18]. 8

Dies gilt erst recht, nachdem der Gesetzgeber mit § 60 II 1 diese **Rechtslage bekräftigt** hat, deren besondere Bedeutung aufgrund von Ereignissen und Praktiken in der Vergangenheit gut zu erkennen ist. Immerhin gab es schon immer ungute Erfahrungen mit Städten und Gemeinden, die vor und nach Inkrafttreten des AsylVfG 1982 ungeachtet getroffener Verteilungsentscheidungen die Aufnahme von 9

---

[11] → § 55 Rn. 5.
[12] BT-Drs. 12/2817, 62.
[13] *Huber* InfAuslR 1981, 96; *Huber.* NJW 1981, 1868; BayObLG Beschl. v. 20.11.1981 – RReg 4 St 194/81, NVwZ 1982, 272; OLG Stuttgart Beschl. v. 16.10.1981 – 3 Ss (12) 655/81, NVwZ 1982, 158; aA OLG Karlsruhe Urt. v. 5.3.1981 – 1 Ss 292/80, EZAR 355 Nr. 1 mAnm *Kanein* ZAR 1981, 188.
[14] So BVerwG Urt. v. 5.6.1984 – 9 C 88.83, BVerwGE 69, 292.
[15] Ebenso VGH BW Beschl. v. 28.3.1985 – A 12 S 119/85, EZAR 221 Nr. 26; HessVGH Beschl. v. 26.9.1985 – 10 TH 1646/85, NVwZ 1986, 149.
[16] BT-Drs. 10/1164, 7; 10/6416, 25.
[17] IE ebenso HmbOVG Beschl. v. 27.3.1987 – Bs IV 150/87, InfAuslR 1987, 262.
[18] Zu § 60 II 1 Nr. 2 dort → § 60 Rn. 9.

Asylbewerbern verweigerten und sie unter Zuteilung von Freifahrkarten oder mit gemieteten Bussen in andere Kommunen und andere Bundesländer verbrachten. Dem Gesetzgeber kann nicht unterstellt werden, dass er derartige Vorgänge fördern oder auch nur ermöglichen wollte. Im Gegenteil: Er hat den Ausländerbehörden ausnahmsweise Kompetenzen nur für dasselbe Land verliehen.

10   Mit dem von 2005 bis 31.12.2014 geltenden Abs. 3 bzw. dem entsprechenden, seit 1.1.2015 geltenden § 59a II ist die Dauer der Beschränkungen (seit 1.1.2015 nur noch innerhalb der Drei-Monats-Frist des § 59a I) über die Geltung der Aufenthaltsgestattung hinaus **verlängert**. Die räumlichen Beschränkungen enden nach § 59a II 1 bei Ausreise oder Erteilung eines Aufenthaltstitels bzw. nach Aufenthaltserlaubnis-Antragstellung in der § 25 I 3 oder II 2 AufenthG-Konstellation nach Anerkennung (wohl auch bei Erteilung einer Duldung sowie aus asylverfahrensunabhängigen Gründen[19]). § 59a II 1 stellt nach seinem Wortlaut keine eigenständige Ermächtigungsgrundlage für eine „**landesinterne Umverteilung**" (etwa aus familiären Gründen) dar. Da eine solche Umverteilung nach Abschluss des Asylverfahrens auf der Grundlage des § 50 I 2 ausscheidet, ist insoweit auf die – ausländerrechtlich – allgemeine Ermächtigungsgrundlage des § 61 I 2 AufenthG zurückzugreifen[20]. Ein Streit um eine Wohnsitzauflage ist im Übrigen scharf von einem Streit um die Aufhebung der räumlichen Beschränkung des Aufenthalts zu trennen.

§ 57 Verlassen des Aufenthaltsbereichs einer Aufnahmeeinrichtung

(1) Das Bundesamt kann einem Ausländer, der verpflichtet ist, in einer Aufnahmeeinrichtung zu wohnen, erlauben, den Geltungsbereich der Aufenthaltsgestattung vorübergehend zu verlassen, wenn zwingende Gründe es erfordern.

(2) Zur Wahrnehmung von Terminen bei Bevollmächtigten, beim Hohen Flüchtlingskommissar der Vereinten Nationen und bei Organisationen, die sich mit der Betreuung von Flüchtlingen befassen, soll die Erlaubnis unverzüglich erteilt werden.

(3) [1]Der Ausländer kann Termine bei Behörden und Gerichten, bei denen sein persönliches Erscheinen erforderlich ist, ohne Erlaubnis wahrnehmen. [2]Er hat diese Termine der Aufnahmeeinrichtung und dem Bundesamt anzuzeigen.

Übersicht

	Rn.
I. Entstehungsgeschichte	1
II. Allgemeines	2
III. Vorübergehendes Verlassen	4
IV. Erlaubnistatbestände	9
1. Allgemeines	9
2. Termine bei Behörden oder Gerichten	10
3. Termine bei Bevollmächtigten, UNHCR oder Betreuungsorganisationen	12
4. Zwingende Gründe	17
V. Verwaltungsverfahren und Rechtsschutz	25

I. Entstehungsgeschichte

1   Die Vorschrift geht auf § 25 I–III AsylVfG 1982 zurück. Sie stimmt im Wesentlichen mit dem **Gesetzesentwurf 1992** (§ 55)[1] überein; in **Abs. 2** wurden nur auf Vorschlag des Bundestag-Innenausschusses[2] zusätzlich die Flüchtlingsbetreuungsorganisationen erwähnt und das Wort „unverzüglich" eingefügt. Die RLUmsG 2007 und 2011 und 2013 sowie die Asylpakete und das IntG 2016 haben keine Änderungen vorgenommen. Im Gesetzgebungsverfahren wurde von Sachverständigen hinsichtlich des Erfordernisses der „zwingenden Gründe" in Abs. 1 eine Verschärfung von Art. 7 V **EU-Aufnahme-RL aF** kritisiert[3].

II. Allgemeines

2   Die Einengung des Aufenthalts des Asylbewerbers mit Aufenthaltsgestattung auf den Bezirk der Ausländerbehörde (§ 56 I) beschränkt die **Bewegungsfreiheit** in einer Art und Weise, die zT nicht nur privaten, sondern auch öffentlichen Belangen zuwiderläuft. Denn der zugewiesene Aufenthaltsbereich richtet sich allein nach Verwaltungsgrenzen und stimmt daher oft nicht mit dem natürlichen

---

[19] Str.; vgl. hierzu OVG RhPf Urt. v. 15.2.2012 – 7 A 1177/11.OVG, InfAuslR 2012, 234, zur länderübergreifenden Verteilung nach Abschluss des Asylverfahrens sowie Deibel ZAR 2012, 153, jeweils mwN.
[20] Vgl. VGH BW Beschl. v. 26.11.2007 – 11 S 2492/07.
[1] BT-Drs. 12/2062, 15.
[2] BT-Drs. 12/2718, 31.
[3] Vgl. HK-AuslR/*Wingerter* AsylG § 56 Rn. 1 mwN.

Lebensraum überein. Von Anfang an war deshalb das vorübergehende Verlassen in bestimmten Fällen kraft Gesetzes und in anderen aufgrund Erlaubnis gestattet, wobei diese in der Regel erteilt werden muss. Das Erlaubnissystem ist inzwischen zusätzlich danach differenziert, ob der Asylbewerber in einer Aufnahmeeinrichtung zu wohnen hat (§ 57) oder nicht (§ 58).

Die Regelungen zielen insgesamt darauf ab, die Beschränkungen von Freizügigkeit und Bewegungsfreiheit **erträglich und sachgerecht zu gestalten.** Damit tragen sie dazu bei, diese als verfassungsgemäß ansehen zu können[4]. Ähnlich wie bei der Pflicht zum Wohnen in einer Aufnahmeeinrichtung (§ 47 I) oder einer Gemeinschaftsunterkunft (§ 53 I) ist hier nicht danach zu fragen, ob die Residenzpflicht trotz der vorgesehenen Ausnahmeerlaubnisse noch einen Abschreckungseffekt bewirken kann, der bisweilen mit derartigen „flankierenden Maßnahmen" verbunden wird; eher wäre schon an eine verfahrensbeschleunigende Wirkung zu denken, wenn der Asylbewerber sonst schlechter erreichbar wäre. Mit den vorgesehenen Ausnahmen kann jedenfalls die notwendige Bewegungsfreiheit des Asylbewerbers gesichert werden, soweit dies für sein Verfahren und seine persönlichen Belange wichtig ist. 3

III. Vorübergehendes Verlassen

Entgegen der Überschrift geht es nicht um das Verlassen eines – dem Gesetz nicht bekannten – Aufenthaltsbereichs einer Aufnahmeeinrichtung, sondern des **Geltungsbereichs** der Aufenthaltsgestattung (§ 56 I). Dieser umfasst immer den Bezirk einer Ausländerbehörde; damit kann er größer sein als der Einzugsbereich der Aufnahmeeinrichtung, wenn im Bezirk einer Ausländerbehörde mehrere Aufnahmeeinrichtungen bestehen. 4

Jedes vorübergehende Verlassen des Aufenthaltsbezirks ist grundsätzlich unzulässig[5]. Es kommt auf Dauer und Zweck nicht an. Also fällt auch **kurzfristiges Verlassen** des Aufenthaltsbezirks, selbst wenn es sich als dringlich und notwendig erweist, unter diese Vorschrift und ist damit strafbar, falls es nicht gesetzlich erlaubt ist oder behördlich erlaubt wird[6]. Gerade die nachträglichen Änderungen des § 25 AsylVfG 1982 und die differenzierten Regelungen der §§ 57, 58 belegen den Willen des Gesetzgebers zur grundsätzlich vollständigen Durchsetzung der Pflicht zur ausnahmslos ständigen Anwesenheit im zugewiesenen Aufenthaltsbereich. 5

Auch bei der **Reise ins Ausland** handelt es sich um ein vorübergehendes Verlassen des Aufenthaltsbezirks. Deshalb ist trotz allgemeiner Ausreisefreiheit für Ausländer für Auslandsreisen eines Asylbewerbers auch eine Erlaubnis iSd §§ 57, 58 notwendig, wenn die Reise das Gebiet anderer Ausländerbehörden nicht berührt[7]. Bei Aufrechterhaltung des Asylantrags gelten nämlich auch die damit verbundenen Beschränkungen fort. Die Erlaubnispflicht iSd §§ 57, 58 stellt auf das Verlassen des Aufenthaltsbezirks ab und nicht auf das Ziel der Reise. Bei Rücknahme des Asylantrags vor der Ausreise entfällt die Erlaubnisbedürftigkeit; in diesem Fall erlöschen mit der Aufenthaltsgestattung (§ 67 I Nr. 3) auch die mit dem Asylgesuch verbundenen Beschränkungen. Reist der Asylbewerber in seinen Heimatstaat, gilt der Asylantrag als zurückgenommen (§ 33 II). 6

Auch das **regelmäßig wiederkehrende** vorübergehende Verlassen des Aufenthaltsbezirks erfordert eine Erlaubnis nach §§ 57, 58, soweit es nicht erlaubnisfrei ist[8]. Gerade die Vorschrift des § 58 VI belegt die dahingehende Absicht des Gesetzgebers. Zu den dort ins Auge gefassten Fällen gehört etwa auch der, dass der Asylbewerber an der Grenze des Aufenthaltsbezirks untergebracht ist und diesen regelmäßig zur Besorgung notwendiger Angelegenheiten (Einkauf, Arztbesuch) verlassen muss, um in die nahe gelegene Stadt in dem angrenzenden Bezirk zu gelangen. Die Wiederholung kurzfristiger Aufenthalte außerhalb des Bezirks nimmt diesen nicht den Charakter des Vorübergehenden. Dabei kommt es auch nicht auf das Verhältnis der jeweiligen Aufenthaltszeiten zueinander an; auch wenn der Ort des Aufenthalts iSd § 55 I 1 öfter zum Zwecke der Erwerbstätigkeit oder des Schulbesuchs verlassen wird, wird der dortige Aufenthalt nicht aufgegeben. Ist also die in § 58 VI vorgesehene Rechtsverordnung nicht erlassen, bedarf es der Einzelerlaubnis, die freilich für mehrere Fälle gleichzeitig erteilt werden kann. 7

Auf andere Weise als durch Rechtsverordnung nach § 58 VI kann das ständig wiederkehrende (jeweilige vorübergehende) Verlassen des Aufenthaltsbezirks praktisch nicht legalisiert werden. Die **Erweiterung der Aufenthaltsgestattung** auf Gebiete außerhalb des Bezirks der zuständigen Ausländerbehörde erscheint jedenfalls nicht zulässig[9]. Für nach § 47 I Wohnpflichtige kommt allerdings eine Erlaubnis aufgrund einer derartigen Rechtsverordnung nicht in Betracht[10]. Falls der Asylbewerber eine Aufenthaltserlaubnis besitzt oder während des Asylverfahrens erhält (vgl. aber § 10 AufenthG), 8

---

[4] Dazu BVerfG Beschl. v. 10.4.1997 – 2 BvL 45/92, BVerfGE 96, 10.
[5] BVerwG Beschl. v. 23.8.1985 – 1 B 163.84, NVwZ 1986, 133.
[6] → § 56 Rn. 5 ff.; § 85 Nr. 2; zu §§ 34 I Nr. 3, 35 I AsylVfG 1982 eingehend *Dierichs* ZAR 1986, 125.
[7] BVerwG Beschl. v. 23.8.1985 – 1 B 163.84, NVwZ 1986, 133; HessVGH Beschl. v. 13.3.1990 – 12 TG 689/90, NVwZ-RR 1990, 514.
[8] BVerfG-A Beschl. v. 2.1.1984 – 2 BvR 2017/83, NVwZ 1984, 232.
[9] Dazu → § 56 Rn. 8 f.
[10] Vgl. aber → Rn. 17 ff.

unterliegt er nicht den Beschränkungen nach §§ 55 ff., benötigt also überhaupt keine Erlaubnis iSd § 25.

IV. Erlaubnistatbestände

1. Allgemeines

9 Das System der §§ 57, 58 besteht aus **verschiedenartigen Tatbeständen**. Die Erlaubnisfreiheit kraft Gesetzes steht neben den Erlaubnissen, die vom BAMF oder der Ausländerbehörde aufgrund Ermessens oder aufgrund einer Sollvorschrift erteilt werden; zum Teil gelten die Erlaubnisse nur für den Einzelfall und zum Teil allgemein auf Dauer. Während der Wohnverpflichtung iSd § 47 I sind zwar allgemein deren befristete Dauer und der Zwang zu einem konzentrierten Verfahren zu beachten; eine nur vorübergehende Abwesenheit des Asylbewerbers ist damit aber nicht von vornherein unvereinbar.

2. Termine bei Behörden oder Gerichten

10 **Erlaubnisfrei** ist das Verlassen des Aufenthaltsbezirks zum Zwecke der Teilnahme an Terminen bei Behörden und Gerichten, wenn die persönliche Anwesenheit erforderlich ist[11]. Der vorübergehende Charakter des Verlassens ergibt sich dabei aus dem verfolgten Zweck. In Betracht kommen alle Arten von Behörden oder Gerichten, nicht nur diejenigen, die für das Asylgesuch und die Regelung des Aufenthalts zuständig sind. Zu den Behörden zählen hier auch ausländische, zB Botschaften und Konsulate. Es kann sich um Verfahren für oder gegen den Asylbewerber handeln, aber auch um Verfahren anderer Personen.

11 Das **persönliche Erscheinen** des Asylbewerbers braucht nicht ausdrücklich angeordnet zu sein, etwa zum Zwecke der Zeugen- oder Parteivernehmung in einem eigenen oder einem fremden Verfahren. Es genügt, wenn es notwendig oder auch nur zweckmäßig ist, um eigene Interessen zu verfolgen (ebenso schon § 25 III AsylVfG 1982). Da Asylanerkennung und Aufenthaltsrecht für den Asylbewerber existenzielle Bedeutung haben, ist seine Teilnahme in der Regel an allen Terminen objektiv notwendig; dies gilt auch für familienrechtliche Verfahren, etwa um Ehescheidung oder Sorgerecht. Das Verlassen des Aufenthaltsbezirks erfordert dann keine behördliche oder gerichtliche Anordnung des persönlichen Erscheinens.

3. Termine bei Bevollmächtigten, UNHCR oder Betreuungsorganisationen

12 Zur Wahrnehmung von Terminen bei den genannten Stellen ist dem Asylbewerber grundsätzlich eine **Erlaubnis zu erteilen**. Die Soll-Vorschrift verleiht für den Regelfall einen Anspruch; nur in atypischen Fällen darf die Erlaubnis versagt werden[12]. Die Aufnahme von Verbindungen zu Bevollmächtigten, UNHCR oder Betreuungsorganisationen ist für den Asylbewerber ähnlich wichtig wie die Anwesenheit bei Behörden- oder Gerichtsterminen. Deshalb ist das vorübergehende Verlassen des Aufenthaltsbezirks in diesen Fällen im Blick auf den Grund für die Residenzpflicht idR unschädlich, weil es das Verfahren nicht behindert oder verzögert, sondern fördert. Dem trägt das Gesetz durch den **Regelanspruch** Rechnung.

13 Im Hinblick auf die Verkürzung der Fristen für Klage, Anträge und Begründung (§§ 36 II, 74 I 2) ist die Pflicht zu **unverzüglicher** Erteilung als Verpflichtung zum sofortigen Handeln zu verstehen. Jede Verzögerung im Bereich der Behörde muss sonst im Rahmen der Wiedereinsetzung in den vorigen Stand[13] zugunsten des Asylbewerbers berücksichtigt werden.

14 Der **Bevollmächtigte** braucht kein Rechtsanwalt zu sein (vgl. § 14 VwVfG, § 67 II VwGO). Der Asylbewerber kann ihn frei wählen (vgl. §§ 10 II, 15 I 2), ihm darf also nicht die Inanspruchnahme eines Bevollmächtigten außerhalb des Aufenthaltsbezirks mit dem Hinweis auf ortsansässige Personen, die bevollmächtigt werden könnten, verwehrt werden. Das Mandat braucht noch nicht erteilt zu sein. Schon wegen der üblichen Sprachschwierigkeiten kann die vorherige schriftliche oder fernmündliche Information eines Rechtsanwalts nicht verlangt werden. Die persönliche Vorsprache ohne vorherigen Auftrag ist üblich und nicht unsachgerecht. Ebenso wenig kann von dem in Aussicht genommenen oder beauftragten Rechtsanwalt eine Informationsreise zu dem Asylbewerber erwartet werden, um diesem die Reise (und dem BAMF die Erlaubniserteilung) zu ersparen.

15 Der **UNHCR** unterhält außer seinem Büro in Berlin eine Außenstelle am Sitz des BAMF in Nürnberg[14]; die Möglichkeit der Teilnahme seiner Bediensteten an der Anhörung nach § 25 VI 1 erübrigt nicht die Vorsprache im Amt des UNHCR. Zu den **Betreuungsorganisationen** zählen va die der Freien Wohlfahrtspflege (Arbeiterwohlfahrt, Caritas, Diakonie, Deutscher Paritätischer Wohlfahrtsverband, Deutsches Rotes Kreuz, Raphaelswerk) und ähnliche Einrichtungen von Kirchen,

---

[11] Zur Anzeigepflicht → Rn. 25.
[12] BVerfG-A Beschl. v. 7.7.1983 – 2 BvR 999/83, NVwZ 1983, 603.
[13] → § 36 Rn. 14; → § 74 Rn. 20 ff.
[14] → § 9 Rn. 2.

Gewerkschaften und Verbänden. Diese unterhalten zum Teil Büros in oder in der Nähe von Zentralen Aufnahmestellen oder Aufnahmeeinrichtungen der Länder oder an Flughäfen. Unabhängig von der Organisationsform gehören dazu aber auch Initiativen, die Beratung und Hilfe für Asylbewerber übernommen haben oder anbieten.

Die Erlaubnis darf **nur ausnahmsweise abgelehnt** werden, wenn die Anwesenheit des Asylbewerbers im Aufenthaltsbezirks in dem in Betracht kommenden Zeitraum erforderlich ist (etwa wegen dort anstehender Termine, Zustellungen oÄ) oder konkrete Anhaltspunkte für einen Missbrauch sprechen. Die Ausländerbehörde hat die Notwendigkeit der Wahrnehmung von Terminen bei den genannten Stellen generell zu unterstellen und deren Zweckmäßigkeit in der Regel nicht zu prüfen. 16

4. Zwingende Gründe

Im Falle zwingender Gründe erteilt das BAMF die Erlaubnis **im Ermessenswege**. Die Voraussetzungen der „zwingenden Gründe" sind voll gerichtlich überprüfbar; auch wenn sie vorliegen, verbleibt dem BAMF ein Ermessensspielraum. Je gewichtiger sich die zwingenden Gründe darstellen, desto strengere Maßstäbe sind an die Ermessenserwägungen anzulegen. Allgemein kann es sich um solche familiärer, religiöser, gesundheitlicher oder politischer Art handeln[15]. Der Vergleich mit § 58 I macht deutlich, dass eine unbillige Härte allein nicht ausreicht. Zwingende Gründe können sich aber ebenfalls aus persönlichen Umständen und Interessen des Asylbewerbers ergeben. 17

Ob ein subjektiver Wunsch einen objektiv zwingenden Grund abgibt, ist aufgrund einer **Interessenabwägung** zu entscheiden. Der Grund muss objektiv von erheblichem Gewicht und für den Asylbewerber besonders bedeutsam sein; seiner Anerkennung dürfen Sinn und Zweck der Aufenthaltsgestattung und der aufenthaltsbeschränkenden Maßnahmen nicht entgegenstehen[16]. Nicht zu verlangen sind Unabweisbarkeit[17], schicksalhafte Notwendigkeit[18] oder Unzumutbarkeit[19]. Eine derartige Schwere der Gründe schon dem Wort „zwingend" nicht aus, Abs. 1 bedarf als „Ausnahme" von der „Regel" in §§ 55 I, 56 I keiner restriktiven Auslegung gegen den Wortlaut, und im Übrigen bliebe sonst kaum noch ein brauchbarer Rahmen für eine Prüfung der Erforderlichkeit und für Ermessenserwägungen[20]. 18

Ein Vergleich mit den Tatbeständen in Abs. 2 und § 58 lässt erkennen, dass der Gesetzgeber in diesen Fällen Gründe für eine vorübergehende Abwesenheit ohne Weiteres anerkannt und eine Ermessensentscheidung gar nicht für nötig erachtet hat. Daraus kann nur gefolgert werden, dass zwingende Gründe **auch weniger gewichtig** sein können als die dort geregelten[21]. Andererseits kann nicht schon jeder vernünftige Grund, der das Asylverfahren nicht behindert, als zwingend gewertet werden[22]; diese Ansicht wäre gleichbedeutend mit der unzutreffenden Annahme einer garantierten Bewegungsfreiheit. Schließlich sind allgemein für in einer Aufnahmeeinrichtung Wohnpflichtige im Hinblick auf die Verfahrensbeschleunigung und die dort vorausgesetzte ständige Erreichbarkeit der Asylbewerber strengere Maßstäbe anzulegen als sonst. 19

Ein **zwingender Grund** kann zB in folgenden Fällen anerkannt werden: dringende familiäre Angelegenheiten (Besuch todkranker Angehöriger)[23], gesundheitliche Schwierigkeiten (eilige Untersuchung oder Operation), religiöse Handlungen (Teilnahme an wichtigen kirchlichen Feiern), Vertretung der Interessen anderer Flüchtlinge. 20

Nicht ausreichend sind dagegen: Ausübung einer Erwerbstätigkeit[24], es sei denn, spezielle Fähigkeiten gehen ohne Übung unwiederbringlich verloren (zB bei Musikern oder Spitzensportlern); Teilnahme an Sport- oder anderen Freizeitveranstaltungen[25], es sei denn, sie sind mit einer schulischen verbunden[26]. 21

Eine besonders sorgfältige Bewertung erfordern **politische Aktivitäten**. Sie sind einerseits durch Art. 5 I GG geschützt und nach Maßgabe des § 47 AufenthG erlaubt, andererseits wegen der Gefahr der Schaffung nachträglicher Asylgründe iSd § 28 unerwünscht[27]. Als verständlich, aber nicht gleichzeitig zwingend erscheint idR der Wunsch nach Teilnahme an einer politischen Veranstaltung außer- 22

---

[15] HessVGH Beschl. v. 17.3.1985 – 10 TG 470/85, InfAuslR 1985, 157.
[16] VGH BW Beschl. v. 29.6.1983 – A 12 S 617/83, VBlBW 1984, 89; HessVGH Beschl. v. 13.3.1990 – 12 TG 689/90, NVwZ-RR 1990, 514.
[17] So aber VGH BW Beschl. v. 29.6.1983 – A 12 S 617/83, VBlBW 1984, 89 und EZAR 222 Nr. 1; HmbOVG Beschl. v. 25.10.1982 – Bs VII 95/82, NVwZ 1983, 174; OVG RhPf Beschl. v. 12.11.1985 – 11 B 60/85.
[18] So aber OVG RhPf Beschl. v. 15.11.1985 – 11 B 174/85, InfAuslR 1986, 123.
[19] So *Reichel* ZAR 1986, 121.
[20] Ähnlich GK-AsylG § 57 Rn. 19 f.
[21] Unzutr. deshalb *Reichel* ZAR 1986, 121 f.
[22] So aber *Huber* NJW 1985, 2068.
[23] VG Berlin Beschl. v. 21.10.1983 – 11 A 650.83, InfAuslR 1984, 30: Besuch des Ehegatten in Drittstaat.
[24] BVerfG-A Beschl. v. 2.1.1984 – 2 BvR 2017/83, NVwZ 1984, 232; HmbOVG Beschl. v. 25.10.1982 – Bs VII 95/82, NVwZ 1983, 174.
[25] AA VG Stuttgart Beschl. v. 22.6.1983 – A 4 K 7582/83, InfAuslR 1985, 31.
[26] Vgl. dazu HessVGH Beschl. v. 13.3.1990 – 12 TG 689/90, NVwZ-RR 1990, 514.
[27] Vgl. dazu *Gusy* und *Renner* in OBS, Politische Betätigung von Ausländern in der Bundesrepublik Deutschland, S. 15 ff. und 39 ff.

halb des Aufenthaltsbezirks[28]. Er kann aber zB unter den folgenden Voraussetzungen als zwingend anerkannt werden[29]: wenn dem Asylbewerber ohne die begehrte Teilnahme seine politische Meinung nicht weiterbilden und äußern könnte[30]; wenn Engagement und politische Vergangenheit des Asylbewerbers sowie erhebliche Veränderungen im Heimatstaat die Teilnahme als ganz gewichtig erscheinen lassen[31]; wenn sich Spitzenfunktionäre zu einer wichtigen Konferenz treffen[32].

23 Der zwingende Grund muss die **Erlaubnis erfordern**. Das ist dann nicht der Fall, wenn ihm auch anderweitig unschwer Rechnung getragen werden kann[33]. So kann ein Asylbewerber uU auch im Aufenthaltsbezirk eine politische oder kirchliche Veranstaltung besuchen, eine Operation vornehmen lassen oder sich mit Familienangehörigen treffen.

24 Der Ausländerbehörde steht auch bei Vorliegen eines wichtigen Grundes noch ein **Ermessen** zu. Dessen Reichweite ist allerdings dadurch eingeschränkt, dass der Tatbestand („zwingende Gründe ... erfordern") bereits eine Interessenabwägung verlangt und vorrangiges Völker- und Verfassungsrecht zu beachten ist, insbesondere Meinungsäußerungsfreiheit, Religionsfreiheit, Gleichheitssatz und Verhältnismäßigkeitsgrundsatz[34]. Deshalb kommt eine Ablehnung in der Regel nur bei Vorliegen ganz gewichtiger und unabweisbarer gegenläufiger öffentlicher Belange in Betracht[35]. Die vorübergehende Abwesenheit darf va den Fortgang des Verfahrens nicht verzögern.

V. Verwaltungsverfahren und Rechtsschutz

25 **Kraft Gesetzes** und damit ohne Antrag und behördliche Entscheidung besteht die Erlaubnis nach Abs. 3. Ein **Antrag** ist nur in den übrigen Fällen erforderlich. In den Fällen des Abs. 3 besteht eine **Anzeigepflicht**, damit Aufnahmeeinrichtung und BAMF über den jeweiligen Aufenthaltsort des Asylbewerbers unterrichtet sind. Die Ausländerbehörde erhält keine Nachricht; nur das BAMF ist in diesem Verfahrensstadium für Aufenthaltsregelungen zuständig (vgl. Abs. 1; § 63 III 1). Die Anzeige ist möglichst vor Antritt der Reise zu erstatten; Aufnahmeeinrichtung und BAMF haben aber keine Möglichkeit, diese zu verhindern. Überschneiden sich Termine vor der Außenstelle und bei anderen (auswärtigen) Stellen, muss der Asylbewerber selbst darauf hinweisen und Abhilfe verlangen. Entsteht hierüber Streit, kann ein feststellender VA notwendig werden.

26 Gegen einen ablehnenden VA ist (nach Ausschluss des Widerspruchs, vgl. § 11) **Verpflichtungsklage** zulässig, unter Umständen aber nur auf Neubescheidung zu richten (§§ 42, 113 IV 2 VwGO). Gegen eine negative Feststellung kann **Feststellungsklage** erhoben werden (§ 43 VwGO).

27 Für den **einstweiligen Rechtsschutz** steht die einstweilige Anordnung (§ 123 VwGO) zur Verfügung. Dabei müssen Anordnungsgrund und -anspruch dargetan und glaubhaft werden; das Gebot der Gewährung effektiven Rechtsschutzes (Art. 19 IV GG) kann die – teilweise oder vollständige – Vorwegnahme der Hauptsacheentscheidung rechtfertigen, wenn zB die Reise terminlich gebunden und nicht verschiebbar ist[36].

§ 58 Verlassen eines zugewiesenen Aufenthaltsbereichs

(1) ¹Die Ausländerbehörde kann einem Ausländer, der nicht oder nicht mehr verpflichtet ist, in einer Aufnahmeeinrichtung zu wohnen, erlauben, den Geltungsbereich der Aufenthaltsgestattung vorübergehend zu verlassen oder sich allgemein in dem Bezirk einer anderen Ausländerbehörde aufzuhalten. ²Die Erlaubnis ist zu erteilen, wenn hieran ein dringendes öffentliches Interesse besteht, zwingende Gründe es erfordern oder die Versagung der Erlaubnis eine unbillige Härte bedeuten würde. ³Die Erlaubnis wird in der Regel erteilt, wenn eine nach § 61 Absatz 2 erlaubte Beschäftigung ausgeübt werden soll oder wenn dies zum Zwecke des Schulbesuchs, der betrieblichen Aus- und Weiterbildung oder des Studiums an einer staatlichen oder staatlich anerkannten Hochschule oder vergleichbaren Ausbildungseinrichtung erforderlich ist. ⁴Die Erlaubnis bedarf der Zustimmung der Ausländerbehörde, für deren Bezirk der allgemeine Aufenthalt zugelassen wird.

(2) Zur Wahrnehmung von Terminen bei Bevollmächtigten, beim Hohen Flüchtlingskommissar der Vereinten Nationen und bei Organisationen, die sich mit der Betreuung von Flüchtlingen befassen, soll die Erlaubnis erteilt werden.

---

[28] Offengelassen von BVerfG Urt. v. 9.11.1983 – 2 BvR 1051/83, NVwZ 1984, 167.
[29] Ähnlich *Reichel* ZAR 1986, 121.
[30] OVG RhPf Beschl. v. 12.11.1985 – 11 B 60/85, EZAR 222 Nr. 5; Beschl. v. 15.11.1985 – 11 B 174/85, InfAuslR 1986, 123.
[31] HessVGH Beschl. v. 17.3.1985 – 10 TG 470/85, InfAuslR 1985, 157.
[32] OVG RhPf Beschl. v. 15.11.1985 – 11 B 174/85, InfAuslR 1985, 123.
[33] BVerwG Beschl. v. 23.8.1985 – 1 B 163.84, NVwZ 1986, 133.
[34] HessVGH Beschl. v. 13.3.1990 – 12 TG 689/90, NVwZ-RR 1990, 514.
[35] GK-AsylG § 23 Rn. 18; HessVGH Beschl. v. 13.3.1990 – 12 TG 689/90, NVwZ-RR 1990, 514.
[36] HessVGH Beschl. v. 17.3.1985 – 10 TG 470/85, InfAuslR 1985, 157; Beschl. v. 13.3.1990 – 12 TG 689/90, NVwZ-RR 1990, 514.

(3) Der Ausländer kann Termine bei Behörden und Gerichten, bei denen sein persönliches Erscheinen erforderlich ist, ohne Erlaubnis wahrnehmen.

(4) ¹Der Ausländer kann den Geltungsbereich der Aufenthaltsgestattung ohne Erlaubnis vorübergehend verlassen, wenn ein Gericht das Bundesamt dazu verpflichtet hat, den Ausländer als Asylberechtigten anzuerkennen, ihm internationalen Schutz im Sinne des § 1 Absatz 1 Nummer 2 zuzuerkennen oder die Voraussetzungen des § 60 Absatz 5 oder 7 des Aufenthaltsgesetzes festzustellen, auch wenn diese Entscheidung noch nicht unanfechtbar ist. ²Satz 1 gilt entsprechend für Familienangehörige im Sinne des § 26 Absatz 1 bis 3.

(5) Die Ausländerbehörde eines Kreises oder einer kreisangehörigen Gemeinde kann einem Ausländer die allgemeine Erlaubnis erteilen, sich vorübergehend im gesamten Gebiet des Kreises aufzuhalten.

(6) Um örtlichen Verhältnissen Rechnung zu tragen, können die Landesregierungen durch Rechtsverordnung bestimmen, dass sich Ausländer ohne Erlaubnis vorübergehend in einem die Bezirke mehrerer Ausländerbehörden umfassenden Gebiet, dem Gebiet des Landes oder, soweit Einvernehmen zwischen den beteiligten Landesregierungen besteht, im Gebiet eines anderen Landes aufhalten können.

I. Entstehungsgeschichte

Die Vorschrift geht auf § 25 AsylVfG 1982 zurück. Sie stimmte ursprünglich im Wesentlichen mit dem **Gesetzesentwurf 1992** (§ 56)[1] überein; auf Vorschlag des Bundestag-Innenausschusses[2] wurde Abs. 4 S. 1 um die Alternative des Ausschlusses der Abschiebung aus sonstigen Gründen ergänzt. MWv 1.7.1993 wurde auf Empfehlung des Bundestag-Innenausschusses[3] Abs. 1 um den Aufenthalt in dem Nachbarbezirk und um das dringende öffentliche Interesse ergänzt (Art. 1 Nr. 34 **AsylVfÄndG 1993**). MWv 1.1.**2005** ist in Abs. 1 dem Gesetzesentwurf entsprechend[4] der Satzteil „Die Erlaubnis ist zu erteilen" eingefügt und in Abs. 4 die Bezugnahme auf § 51 I AuslG durch eine solche auf § 60 I AufenthG ersetzt (Art. 3 Nr. 37, 52 ZuwG). Das **RLUmsG 2007** veränderte in **Abs. 4 S. 1** den Hs. 2 (bisher: „das gleiche gilt, wenn das Bundesamt oder ein Gericht das Vorliegen der Voraussetzungen des § 60 I AufenthG festgestellt hat, oder wenn die Abschiebung des Ausländers aus sonstigen rechtlichen oder tatsächlichen Gründen auf Dauer ausgeschlossen ist."). Der Gesetzgeber begründete die Änderung wie folgt[5]: „Die Anpassung des Absatzes 4 Satz 1 zweiter Halbsatz ist erforderlich, da sich die Regelung als nicht praktikabel erwiesen hat und zu Missbrauch führte. Die bisherige Regelung ermöglichte es auch Ausländern, deren Abschiebung aus tatsächlichen Gründen auf Dauer unmöglich war, den Geltungsbereich der Aufenthaltsgestattung ohne Erlaubnis vorübergehend zu verlassen. Da eine Behördenentscheidung zur Dauerhaftigkeit des Abschiebungshindernisses fehlte, beriefen sich in der Vergangenheit auch Ausländer auf diese Vorschrift, deren Abschiebung nur vorübergehend unmöglich war, darunter auch Personen, die das Abschiebungshindernis selbst zu vertreten hatten, etwa durch die Vernichtung der Identitätspapiere. Soweit Ausländer außerhalb des Geltungsbereichs ihrer Aufenthaltsgestattung angetroffen wurden, war es für die zuständige Polizeibehörde mangels klarer Behördenentscheidung regelmäßig nicht feststellbar, ob die Voraussetzungen des Absatzes 4 vorlagen. Die Regelung ermöglichte infolgedessen erheblichen Missbrauch." Durch Art. 3 des **Gesetzes zur Bekämpfung der Zwangsheirat** und zum besseren Schutz der Opfer von Zwangsheirat sowie zur Änderung weiterer aufenthalts- und asylrechtlicher Vorschriften[6] wurde zum **1.7.2011 in Abs. 1 S. 1** das bis dahin vor „Bezirk" stehende Wort „angrenzenden" gestrichen und vor „Ausländerbehörde" dafür das Wort „anderen" eingefügt. Zudem wurde die **neue S. 3** in Abs. 1 eingefügt. In **Abs. 6** wurden nach dem Wort „Gebiet" die Wörter „oder, soweit Einvernehmen zwischen den beteiligten Landesregierungen besteht, im Gebiet eines anderen Landes" eingefügt. Der Gesetzgeber begründete diese Änderungen wie folgt[7]: „Die Gesetzesänderungen haben zum Ziel, Aufenthaltsbeschränkungen für Asylbewerber zu lockern. Damit können unbillige Härten vermieden werden. Der Zugang zum Arbeitsmarkt und zu Bildungseinrichtungen wird erleichtert. Dies kommt vor allem Asylbewerbern mit längerem verfahrensbedingtem Aufenthalt und minderjährigen Asylbewerbern zugute. Bei den Änderungen handelt es sich weitgehend um Ermessensvorschriften. Damit soll den zuständigen Behörden ein möglichst weiter Spielraum gegeben werden, um den unterschiedlichsten Fallgestaltungen gerecht zu werden. Bei den Ermessensentscheidungen ist neben den berechtigten Interessen des Asylbewerbers auch die Wahrung der Funktionsfähigkeit des Asylverfahrens zu berücksichtigen." **Zu Abs. 1 S. 1:** „Die zuständige Ausländerbehörde kann nunmehr einem Asylbe-

---

[1] BT-Drs. 12/2062, 15.
[2] BT-Drs. 12/2718, 31.
[3] BT-Drs. 12/4984, 21.
[4] BT-Drs. 15/420, 43.
[5] BT-Drs. 16/5065, 218 f.
[6] Gesetz v. 23.6.2011, BGBl. I S. 1266 (1268).
[7] BT-Drs. 17/4401, 12 zu Art. 3.

werber erlauben, sich – vorübergehend oder allgemein – in dem Bezirk einer beliebigen anderen Ausländerbehörde aufzuhalten. Bislang war ein solcher Aufenthalt nur im Bezirk einer angrenzenden Ausländerbehörde möglich. Die Erlaubnis zum allgemeinen Aufenthalt im Bezirk einer anderen Ausländerbehörde hängt – wie bisher – von deren Zustimmung ab." **Zum neuen Abs. 1 S. 2:** „Die Vorschrift stellt klar, dass Asylbewerber das Verlassen des zugewiesenen Aufenthaltsbereichs in der Regel zu erlauben ist, wenn Asylbewerber damit eine Erwerbstätigkeit, der Schulbesuch, eine betriebliche Aus- oder Weiterbildung oder ein Studium ermöglicht wird. In atypischen Fällen kann die Erlaubnis verweigert werden, etwa im Falle von Straftätern, bei welchen der begründete Verdacht besteht, dass sie die Lockerung der Aufenthaltsberechtigung zur Begehung weiterer Straftaten nutzen werden. Mit der Nennung von Regelbeispielen soll eine bundeseinheitliche Anwendung der Vorschrift sichergestellt werden." **Zu Abs. 6:** „Die Landesregierungen können örtlichen Verhältnissen – etwa von Stadtstaaten oder in Grenzgebieten – Rechnung tragen und im gegenseitigen Einvernehmen Rechtsverordnungen erlassen, die es Ausländern ermöglichen, sich ohne Erlaubnis vorübergehend im Gebiet des jeweils anderen Landes aufzuhalten. Dies gibt den Ländern ein weiteres Instrumentarium zur Lockerung von Aufenthaltsbeschränkungen an die Hand." Das RLUmsG 2011 hatte keine Änderungen vorgenommen. Die Vorschrift wurde jedoch durch Art. 1 Nr. 44 des **RLUmsG 2013** mWz 1.12.2013 in **Abs. 4** im Wesentlichen redaktionell geändert. Der alte Abs. 4 lautete: „Der Ausländer kann des Geltungsbereich der Aufenthaltsgestattung ohne Erlaubnis vorübergehend verlassen, wenn ihn das Bundesamt als Asylberechtigten anerkannt oder ein Gericht das Bundesamt zur Anerkennung verpflichtet hat, auch wenn die Entscheidung noch nicht unanfechtbar ist; das Gleiche gilt, wenn das Bundesamt oder ein Gericht dem Ausländer die Flüchtlingseigenschaft zuerkannt hat oder Abschiebungsschutz nach § 60 Abs 2, 3, 5 oder Abs 7 des Aufenthaltsgesetzes gewährt hat. Satz 1 gilt entsprechend für den Ehegatten und die minderjährigen ledigen Kinder des Ausländers." In der Gesetzesbegründung[8] heißt es hierzu: „Die Vorschrift regelt die Voraussetzungen für das vorübergehende Verlassen eines einem Ausländer zugewiesenen Aufenthaltsbereiches, wenn ein Anspruch auf eine Schutzgewährung besteht, dieser aber noch nicht unanfechtbar zugesprochen wurde. Die bisherige Regelung ist überflüssig, soweit das BAMF den Schutz zuerkannt hat, da die Begünstigten grundsätzlich einen Anspruch auf Erteilung einer Aufenthaltserlaubnis haben (§ 25 Absatz 1 und 2 des Aufenthaltsgesetzes), so dass sie den räumlichen Beschränkungen, die für Asylbewerber gelten, nicht mehr unterworfen sind. Eine Regelung wird jedoch weiterhin für die Fälle benötigt, in denen ein Gericht das Bundesamt für Migration und Flüchtlinge zur Gewährung des Schutzstatus verpflichtet hat, der Status aber noch nicht gewährt wurde, weil die Entscheidung noch durch das Bundesamt für Migration und Flüchtlinge angefochten werden kann oder angefochten worden ist. Sie wird zudem entsprechend der Erweiterung des Personenkreises beim Familienasyl und internationalem Schutz für Familienangehörige auf alle in § 26 Begünstigten erweitert." Die Asylpakete und das IntG 2016 haben keine Änderungen vorgenommen.

II. Allgemeines

2   Die Zulässigkeit des vorübergehenden Verlassens des **Aufenthaltsbezirks** (Geltungsbereich der Aufenthaltsgestattung) ist grundsätzlich davon abhängig, ob der Asylbewerber in der Aufnahmeeinrichtung wohnpflichtig iSd § 47 I ist oder nicht. Die Erlaubnistatbestände sind teilweise identisch, für den ersteren Fall (§ 57) enger gefasst als für Flüchtlinge, die anderswo wohnen dürfen. Ob diese in einer Gemeinschaftsunterkunft untergebracht sind, ist unerheblich. Anders als nach § 57 kann hier auch der dauernde Aufenthalt in einem Nachbarbezirk oder – seit 1.7.2011 – in dem Bezirk einer beliebigen anderen Ausländerbehörde erlaubt werden. Zudem sind durch den neuen Abs. 1 S. 3 die Aufenthaltsbeschränkungen für Asylbewerber gelockert und der Zugang zum Arbeitsmarkt und zu Bildungseinrichtungen erleichtert worden. Begünstigt werden va Minderjährige und Personen mit längerem verfahrensbedingtem Aufenthalt. Die Behörden erhalten hierbei wegen der Unterschiedlichkeit der Fälle einen weiten Entscheidungsspielraum; zugleich soll nach der Gesetzesbegründung (→ Rn. 1) aber mehr Bundeseinheitlichkeit erreicht werden. Ob diese Ziele gleichzeitig erreicht werden können, wird die Praxis zeigen.

III. Vorübergehendes Verlassen und Aufenthalt außerhalb des Aufenthaltsbezirks

3   Für nicht in einer Aufnahmeeinrichtung wohnpflichtige Asylbewerber kann außer dem vorübergehenden Verlassen des Aufenthaltsbezirks auch der allgemeine Aufenthalt in einem Nachbarbezirk gestattet werden. Unter „allgemein aufhalten" ist ein **Daueraufenthalt** zu verstehen, der nur deswegen nicht als gewöhnlicher Aufenthalt gelten kann, weil der Aufenthalt des Asylbewerbers im Inland überhaupt nach Zweck und Dauer beschränkt ist. Mit dieser seit 1.7.1993 geltenden Neuregelung soll

---

[8] BT-Drs. 17/13063, 23.

va den Unterbringungsschwierigkeiten in Stadtstaaten begegnet werden[9]. Das Gesetz ist aber nicht auf diesen Zweck beschränkt.

Da mit dieser Erlaubnis der Aufenthaltsbereich auf den Bezirk einer anderen Ausländerbehörde 4 ausgedehnt oder gar verlagert wird, bedarf es deren **Zustimmung**. Damit werden aber nicht die sonstigen Zuständigkeiten verändert und die landesinterne Verteilung und Zuweisung verändert[10]. Die Ausländerbehörde des anderen Bezirks kann allenfalls in Amtshilfe für die an sich zuständige Behörde tätig werden.

IV. Erlaubnistatbestände

1. Wahrnehmung von Terminen

Für die Wahrnehmung von **Terminen** bei Behörden und Gerichten wird ebenso wenig eine 5 Erlaubnis benötigt wie nach § 57 III[11]; eine Anzeigepflicht besteht hier nicht. Für Termine bei Bevollmächtigten, UNHCR und Betreuungsorganisationen besteht ein Regelanspruch auf Erlaubnis[12]; diese muss zwar nicht unverzüglich erteilt werden wie nach § 57 II, verträgt aber auch keine zögerliche Behandlung.

2. Anerkennung als Asylberechtigter und internationaler Schutz sowie Abschiebungsverbote

Keiner Erlaubnis bedarf der Asylbewerber, wenn ein Gericht das BAMF dazu verpflichtet hat, den 6 Ausländer als Asylberechtigten anzuerkennen, ihm internationalen Schutz iSd § 1 I Nr. 2 zuzuerkennen oder die Voraussetzungen des § 60 V oder VII AufenthG festzustellen; die entsprechende Entscheidung des BAMF oder Gerichts braucht nicht rechtsbeständig zu sein. Seit der Änderung durch das RLUmsG **2007** zum Zwecke der Missbrauchsbekämpfung[13] ist das Vorliegen der Voraussetzungen des Abs. 4 S. 1 leicht feststellbar und kann deswegen den Asylbewerbern ohne weitere behördliche Bestätigung zu entsprechender „vorübergehender" Abwesenheit vom Aufenthaltsbezirks berechtigen. Eine Bestätigung des BAMF oder der Ausländerbehörde ist nicht erforderlich, jedoch ggf. zweckmäßig. Was „vorübergehend" (dh nicht „auf Dauer") ist, bestimmt sich nach den jeweiligen Umständen des Einzelfalls; die insoweit wenig hilfreiche Kasuistik reicht von „maximal vier Stunden" bis „circa acht Wochen"[14].

Die Erlaubnisgründe gelten nach Abs. 4 S. 2 entsprechend für **Familienangehörige** im erweiterten 7 Personenkreis des § 26 I–III; auf den Stand des eigenen Asylverfahrens kommt es nicht an.

3. Erlaubnis nach Ermessen und aufgrund Anspruchs

Seit Anfang 2005 ist der Erlaubnistatbestand des Abs. 1 in zwei Teile gespalten. Einerseits besteht 8 ein **Rechtsanspruch** auf die Erlaubnis in den Fällen des öffentlichen Interesses, der zwingenden Gründe und der unbilligen Härte. Andererseits kann die Erlaubnis auch in weiteren Fällen nach **Ermessen** erteilt werden.

Ein dringendes **öffentliches Interesse** kann ebenso wie die beiden anderen Tatbestände nicht nur 9 die vorübergehende Abwesenheit, sondern auch den **dauernden Aufenthalt** außerhalb des zugewiesenen Aufenthaltsbezirks ermöglichen[15]. Es kann insbesondere an einer ständigen Unterbringung von Asylbewerbern außerhalb des Bezirks der zuständigen Ausländerbehörde bestehen. Vor allem in Stadtstaaten besteht ein besonderes Bedürfnis, Liegenschaften in den Randgemeinden, die zu einem anderen Land gehören, für die Unterbringung zu nutzen[16]. Unter **zwingenden Gründen** ist dasselbe zu verstehen wie nach § 57 I[17]. Eine **unbillige Härte** ist in jeder Beeinträchtigung persönlicher Belange zu sehen, die im Vergleich zu den tangierten öffentlichen Interessen und im Hinblick auf den gesetzlichen Zweck der Aufenthaltsbeschränkung für Asylbewerber als **unangemessen schwer** anzusehen ist[18]. Diese Tatbestandsalternative ist eingefügt worden, um „unvertretbare" Härten aufzufangen[19], die durch eine allzu enge Auslegung der „zwingenden Gründe" eingetreten waren[20]. Sie kann daher als Auffangtatbestand gelten und sicherstellen, dass persönliche Interessen stärker zur Geltung

---

[9] Bundestag-Innenausschuss, BT-Drs. 12/4984, 49.
[10] → § 56 Rn. 8.
[11] Dazu → § 57 Rn. 10 ff.
[12] Dazu → § 57 Rn. 12 ff.
[13] → Rn. 1.
[14] Nachweis bei HK-AuslR/*Wingerter* AsylG § 58 Rn. 8.
[15] → Rn. 3 f.
[16] BT-Drs. 12/4984, 49.
[17] → § 57 Rn. 17 ff.
[18] HessVGH Beschl. v. 13.3.1990 – 12 TG 689/90, NVwZ-RR 1990, 514.
[19] BT-Drs. 10/6416, 27.
[20] ZB HmbOVG Beschl. v. 25.10.1982 – Bs VII 95/82, NVwZ 1983, 174.

gelangen können. Damit kann die Erlaubnis uU **auch dann erteilt** werden, wenn die Gründe überwiegend oder ausschließlich im persönlichen Bereich des Asylbewerbers angesiedelt sind; die Nichterteilung muss aber zu einer unvertretbaren Härte führen. Dies ist zB anzunehmen, wenn der Asylbewerber an einer schulischen Freizeitveranstaltung teilnehmen[21] oder nach langer Verfahrensdauer Verwandte besuchen oder schlicht verreisen möchte[22]. Auch das Vorenthalten der Pflege verwandtschaftlicher oder freundschaftlicher Beziehungen kann auf Dauer gesehen im Einzelfall schwerwiegende Folgen nach sich ziehen und unbillig erscheinen.

10 Falls diese besonderen Voraussetzungen nicht gegeben sind, kann die Ausländerbehörde die Erlaubnis nach Ermessen erteilen. Es genügt, wenn **gewichtige Gründe** dafürsprechen, die räumliche Beschränkung zum vorübergehenden Verlassen oder zum anderweitigen Aufenthalt aufzuheben. Es dürfen nur keine öffentlichen Belange entgegenstehen.

4. Gesamtes Kreisgebiet

11 Die Erlaubnis zum vorübergehenden Aufenthalt im gesamten Kreisgebiet erstreckt **nicht die Geltung der Aufenthaltsgestattung** über den Bezirk der Ausländerbehörde hinaus[23]. Ursprünglich war zwar vorgeschlagen, die Ausländerbehörde eines Kreises oder einer kreisangehörigen Gemeinde durch Ergänzung des § 20 I AsylVfG 1982 zu ermächtigen, den Aufenthalt beschränkt auf das Gebiet des Kreises zu gestatten; damit sollten Unzuträglichkeiten in Kreisen, denen kreisangehörige Gemeinden mit eigener Ausländerbehörde angehören, beseitigt werden[24]. Diese Initiative wurde aber im Gesetzgebungsverfahren dahin geändert, dass sie „aus Gründen der Praktikabilität und Klarheit" in § 25 AsylVfG 1982 berücksichtigt wurde[25]. Demzufolge kann die Ausländerbehörde einem Asylbewerber nur den vorübergehenden Aufenthalt im gesamten Kreisgebiet allgemein erlauben, nicht jedoch den allgemeinen Aufenthalt (wie nach der 2. Alt. des Abs. 1).

12 Einen **Maßstab** für das insoweit der Ausländerbehörde eingeräumte Ermessen nennt das Gesetz nicht. Deshalb genügt es für die allgemeine Erlaubnis, wenn ohne sie Unzuträglichkeiten entstehen und öffentliche Belange nicht entgegenstehen; dabei hat das allgemeine Interesse an der Beschränkung des gewöhnlichen Aufenthalts auf den Bezirk der zuständigen Ausländerbehörde zurückzutreten. Ausreichende Gründe werden va vorliegen, wenn der in einer kreisangehörigen Gemeinde mit eigener Ausländerbehörde wohnhafte Asylbewerber regelmäßig oder zumindest häufig in die Kreisstadt oder eine andere Gemeinde des Kreises reisen muss, um dort die Schule zu besuchen, zu arbeiten, einzukaufen oder Ärzte, Behörden, Bevollmächtigte oder Sozialbetreuer aufzusuchen.

5. Mehrere Behördenbezirke

13 Die **Ermächtigung für die Länder** zum Erlass einer Rechtsverordnung nach Abs. 6 soll Unzuträglichkeiten ausräumen helfen, die sich ergeben haben, wenn die für Asylbewerber verbindlichen kommunalen Grenzen mit der Lebenswirklichkeit nicht übereinstimmen[26]. Besonders in Ballungsgebieten kann zB die Notwendigkeit entstehen, auf der Fahrt zur zuständigen Ausländerbehörde mehrere Ausländeramtsbezirke zu durchqueren oder aber erhebliche Umwege in Kauf zu nehmen. Seit dem 1.7.2011 können Landesregierungen auch örtlichen Gegebenheiten etwa von Stadtstaaten oder Grenzgebieten besser entsprechen. Bei gegenseitigem Einvernehmen sind nunmehr Rechtsverordnungen möglich, nach denen sich Ausländer ohne Erlaubnis vorübergehend im Gebiet des jeweiligen anderen Landes aufhalten dürfen und auch aus politischen Gründen kann eine Landesregierung das Aufenthaltsgebiet natürlich über eine Rechtsverordnung nach Abs. 6 allgemein erweitern[27].

14 Den besonderen örtlichen Gegebenheiten soll mithin durch Rechtsverordnung Rechnung getragen werden, die an **keine sonstigen Voraussetzungen** geknüpft ist und ohne weiteren VA für den erfassten Personenkreis gilt. Die Erlaubnis kann auf eine oder mehrere Gruppen beschränkt werden, zB auf Asylbewerber, deren Aufenthalt auf eine oder mehrere bestimmte Gemeinden beschränkt ist. Auch diese allgemeine durch Rechtsverordnung erteilte Erlaubnis betrifft nur den vorübergehenden Aufenthalt und erweitert nicht den Geltungsbereich der Aufenthaltsgestattung[28]. Allem Anschein nach ist das praktische Bedürfnis allerdings nicht sehr groß oder es kann anderweitig befriedigt werden[29].

---

[21] HessVGH Beschl. v. 13.3.1990 – 12 TG 689/90, NVwZ-RR 1990, 514.
[22] Ebenso *Hailbronner* § 58 Rn. 6.
[23] → § 56 Rn. 8 f.; → § 57 Rn. 8.
[24] BT-Drs. 10/1164, 4, 7 f.
[25] BT-Drs. 10/6416, 10, 28.
[26] BT-Drs. 10/6416, 10, 28.
[27] So hat zB die grün-rote Landesregierung BW durch AsylaufenthVO v. 14.2.2012 (GBl. S. 59) Asylbewerber grundsätzlich den Aufenthalt im Gebiet des gesetzlichen Landes BW gestattet.
[28] → Rn. 11.
[29] Vgl. BT-Drs. 11/1349.

V. Verwaltungsverfahren und Rechtsschutz

Für Verwaltungsverfahren und Rechtsschutz gelten grundsätzlich **dieselben Regeln** wie im Rahmen des § 57[30]. Der Rechtsverordnung nach Abs. 6 kommt allgemeine Geltung zu; sie bedarf keiner (zwingenden) Umsetzung durch einen Verwaltungsakt im Einzelfall. 15

Die **Zustimmung** der anderen Ausländerbehörden nach Abs. 1 S. 4 kann nicht unmittelbar erzwungen werden, im Rechtsstreit mit der zuständigen Ausländerbehörde ist die Ablehnung der Zustimmung aber (inzidenter) daraufhin zu überprüfen, ob sie ermessensfehlerhaft versagt ist. Nur im Falle der Ermessensreduktion auf null ist sie zu „ersetzen". Dies kann va in Fällen des Rechtsanspruchs (Abs. 1 S. 3) in Betracht kommen. Die andere Ausländerbehörde ist notwendig beizuladen (§ 65 II VwGO). 16

§ 59 Durchsetzung der räumlichen Beschränkung

(1) ¹Die Verlassenspflicht nach § 12 Abs. 3 des Aufenthaltsgesetzes kann, soweit erforderlich, auch ohne Androhung durch Anwendung unmittelbaren Zwangs durchgesetzt werden. ²Reiseweg und Beförderungsmittel sollen vorgeschrieben werden.

(2) Der Ausländer ist festzunehmen und zur Durchsetzung der Verlassenspflicht auf richterliche Anordnung in Haft zu nehmen, wenn die freiwillige Erfüllung der Verlassenspflicht, auch in den Fällen des § 59a Absatz 2, nicht gesichert ist und andernfalls deren Durchsetzung wesentlich erschwert oder gefährdet würde.

(3) Zuständig für Maßnahmen nach den Absätzen 1 und 2 sind
1. die Polizeien der Länder,
2. die Grenzbehörde, bei der der Ausländer um Asyl nachsucht,
3. die Ausländerbehörde, in deren Bezirk sich der Ausländer aufhält,
4. die Aufnahmeeinrichtung, in der der Ausländer sich meldet, sowie
5. die Aufnahmeeinrichtung, die den Ausländer aufgenommen hat.

Übersicht

	Rn.
I. Entstehungsgeschichte und Zweck	1
II. Durchsetzung der Verlassenspflicht (Abs. 1)	3
III. Festnahme und Inhaftierung (Abs. 2)	10
IV. Zuständige Behörden (Abs. 3)	17
V. Rechtsschutz	19

I. Entstehungsgeschichte und Zweck

Die Vorschrift hat kein Vorbild im AsylVfG 1982. Sie stimmt im Wesentlichen mit dem **Gesetzesentwurf 1992** (§ 57)[1] überein; auf Vorschlag des Bundestag-Innenausschusses[2] wurde in Abs. 2 die Passage „zur Durchsetzung der Verlassenspflicht" eingefügt. MWv 1.1.2005 ist in Abs. 1 entsprechend dem Gesetzesentwurf[3] die Angabe des § 36 AuslG durch die des § 12 III AufenthG ersetzt worden; in Abs. 2 ist aufgrund des Vermittlungsverfahrens[4] der Satzteil mit § 56 III eingefügt worden (Art. 3 Nr. 38 ZuwG[5]). Abs. 2 wurde durch Art. 2 des Gesetzes vom 23.12.2014[6] (Einfügung von § 59a II als Folgeänderung) angepasst. 1

Ziel der Vorschrift ist einerseits die Beschleunigung des Asylverfahrens, indem die räumliche Beschränkung erleichtert – auch notfalls mit Zwang oder letztlich mit Freiheitsentziehung – durchgesetzt werden kann. Zum anderen dient sie dazu, der illegalen Binnenwanderung entgegenzutreten[7]. 2

II. Durchsetzung der Verlassenspflicht (Abs. 1)

§ 59 steht im systematischen Zusammenhang mit **§ 12 III AufenthG**. Nach § 12 III AufenthG begründet der Verstoß eines Ausländers gegen eine räumliche Beschränkung eine **Verlassenspflicht**, 3

---

[30] Dort → § 57 Rn. 25 ff.
[1] BT-Drs. 12/2062, 15.
[2] BT-Drs. 12/2718, 32.
[3] BT-Drs. 15/420, 43.
[4] BT-Drs. 15/3479, 14.
[5] Gesetz zur Steuerung und Begrenzung der Zuwanderung und zur Regelung des Aufenthalts und der Integration von Unionsbürgern und Ausländern vom 30.7.2004, BGBl. I S. 1950.
[6] BGBl. 2014 I S. 2439.
[7] BT-Drs. 12/2062, 37.

dh der Ausländer hat denjenigen Teil des Bundesgebiets, in dem er sich einer räumlichen Beschränkung zuwider ohne Erlaubnis der Ausländerbehörde aufhält, unverzüglich zu verlassen. Die Pflicht zum unverzüglichen Verlassen des jeweiligen Gebietes bedeutet, dass der Betroffene seinen Aufenthalt in diesem Gebiet ohne schuldhaftes Zögern beenden muss (vgl. die Legaldefinition in § 121 I 1 BGB). Die Verlassenspflicht entsteht nach § 12 III AufenthG von Gesetzes wegen, ohne dass es eines entsprechenden Verwaltungsaktes bedürfte. Für die Entstehung der Verlassenspflicht ist es unerheblich, wie lange der Verstoß gegen die räumliche Beschränkung bereits andauert und ob der Ausländer diesbezüglich Vorsatz aufweist. § 59 knüpft an die Verlassenspflicht des § 12 III AufenthG an, indem er zulässt, dass sie – soweit erforderlich – auch ohne Androhung durch **Anwendung unmittelbaren Zwangs** durchgesetzt werden kann.

4 Aufgrund der systematischen Stellung im sechsten Abschnitt des AsylG (Recht des Aufenthalts während des Asylverfahrens) gilt § 59 lediglich für **Asylantragsteller** und nicht für andere Ausländer, die gegen eine räumliche Beschränkung verstoßen. Die zentrale Regelung ist insoweit **§ 56**. Nach § 56 I ist die Aufenthaltsgestattung eines Asylbewerbers räumlich auf den Bezirk der Ausländerbehörde beschränkt, in dem die für die Aufnahme des Ausländers zuständige Aufnahmeeinrichtung liegt. Ist der Ausländer verpflichtet, in dem Bezirk einer anderen Ausländerbehörde Aufenthalt zu nehmen, ist die Aufenthaltsgestattung räumlich auf deren Bezirk beschränkt (§ 56 II). In diesen Fällen ergibt sich die räumliche Beschränkung unmittelbar aus dem Gesetz. Wann diese gesetzliche räumliche Beschränkung endet, regelt § 59a. Daneben gibt es auch Konstellationen, in denen eine räumliche Beschränkung von der zuständigen Ausländerbehörde angeordnet wird (vgl. im Einzelnen **§ 59b**). In diesen Fällen greift ebenfalls von Gesetzes wegen die Verlassenspflicht des § 12 III AufenthG, der nicht nach gesetzlich und behördlich angeordneten räumlichen Beschränkungen unterscheidet. Dementsprechend gilt § 59 auch für die behördlich angeordneten räumlichen Beschränkungen für Asylantragsteller nach § 59b[8].

5 Eine **Wohnsitzauflage** ist keine räumliche Beschränkung iSd § 12 II und III AufenthG, denn sie ordnet zwar eine Residenzpflicht an, schränkt die Freizügigkeit im Bundesgebiet iÜ aber nicht ein[9]. Dementsprechend kann ein Verstoß gegen eine Wohnsitzauflage keine Maßnahmen auf der Grundlage des § 59 nach sich ziehen.

6 Verstößt ein Asylantragsteller gegen die Verlassenspflicht nach § 12 III AufenthG, so sieht § 59 I eine generelle Erlaubnis dahingehend vor, dass diese Pflicht durch unmittelbaren Zwang durchgesetzt werden kann. Als Maßnahmen unmittelbaren Zwangs sieht das UZwG körperliche Gewalt, Hilfsmittel der körperlichen Gewalt und Einsatz von Waffen vor. § 59 I weicht als bundesgesetzliche Regelung von den Vorgaben der Bundesländer zur Verwaltungsvollstreckung ab, die regelmäßig das Erfordernis der Androhung vor dem Einsatz unmittelbaren Zwangs vorsehen. § 59 ist aber trotzdem **keine abschließende Regelung** zur Vollstreckung der Verlassenspflicht, vielmehr sind die entsprechenden Regelungen der Länder ergänzend heranzuziehen[10].

7 Sowohl die Frage, ob die zuständige Behörde unmittelbaren Zwang zur Durchsetzung der Verlassenspflicht anwendet, als auch die Frage, ob sie von einer Androhung absieht, steht in ihrem **Ermessen**. Dabei ist aber der **Verhältnismäßigkeitsgrundsatz** zu beachten, wie Abs. 1 S. 1 ausdrücklich klarstellt („soweit erforderlich"). Ob die Anwendung des unmittelbaren Zwangs zur Durchsetzung der unverzüglichen Verlassenspflicht **erforderlich** ist, ob also der Behörde keine weniger einschneidenden Maßnahmen zur Verfügung stehen, ist eine Prognoseentscheidung der zuständigen Behörde. Diese behördliche Entscheidung ist gerichtlich voll überprüfbar, weil es sich bei der Erforderlichkeit um einen unbestimmten Rechtsbegriff handelt.

8 Tatsächliche Anhaltspunkte dafür, dass der Ausländer den Verstoß gegen die räumliche Beschränkung nicht freiwillig unverzüglich beenden wird, können sich aus einem entsprechend geäußerten **Willen des Ausländers** ergeben oder aber aus seinem **Verhalten in der Vergangenheit**, beispielsweise wenn er der räumlichen Beschränkung bereits mehrmals zuwidergehandelt hat und in keinem dieser Fälle freiwillig zurückgekehrt ist. Die **erstmalige Nichterfüllung der Verlassenspflicht** kann die Erforderlichkeit von Zwangsmaßnahmen zwar indizieren, nicht aber schon allein rechtfertigen[11]. Letztlich ist ausschlaggebend, ob das pflichtwidrige Verhalten des Ausländers das Asylverfahren verzögert oder zu verzögern geeignet ist, was anhand der Einzelfallumstände festzustellen ist[12]. Denn die sofortige Einsetzbarkeit des Mittels der unmittelbaren Zwangs soll u.a das Asylverfahren beschleunigen und die Binnenwanderung von Asylbewerbern verhindern[13]. Pauschale Unterstellungen, bloße Mutmaßungen oder Regelvermutungen reichen hingegen nicht aus, um die Erforderlichkeit der Anwendung unmittelbaren Zwangs anzunehmen. Ob der Ausländer vorsätzlich gegen die räumliche Beschränkung verstoßen hat, kann ebenfalls Einfluss auf die Erforderlichkeit des Einsatzes unmittelbaren Zwangs und den Verzicht auf die Androhung eines solchen haben.

---

[8] AA – allerdings ohne Begründung – *Keßler* in NK-AuslR AsylG § 59 Rn. 2.
[9] OVG NRW Beschl. v. 21.6.2012 – 18 B 420/12.
[10] *Neundorf* in Kluth/Heusch AsylG § 59 Rn. 2.
[11] *Amir-Haeri* in Huber/Mantel, AufenthG/AsylG, § 59 AsylG Rn. 2.
[12] HessVGH Beschl. v. 26.9.1985 – 10 TH 1646/85, NVwZ 1986, 149.
[13] BT-Drs. 12/2062, 37.

Die Festlegung von **Reiseweg und Beförderungsmittel** (Abs. 1 S. 2) ist für die Anwendung unmittelbaren Zwangs nur mittelbar von Bedeutung. Dem Ausländer sollen nämlich diese Reisemodalitäten zu Kontrollzwecken vorgeschrieben werden. Versucht er offen oder versteckt, sich dieser Kontrolle zu entziehen, indem er diesen Anweisungen nicht folgt, erweist sich unmittelbarer Zwang als notwendig. Bei dessen Durchführung ist die zuständige Stelle dagegen frei in der Bestimmung von Reiseweg und Beförderungsmittel. Vor diesem Hintergrund ermöglicht die Regelung in Abs. 1 S. 2, gemeinsame Transporte durchzuführen[14]. Zwecks Durchsetzung der Verlassenspflicht dürfen zwecks einheitlicher Verbringung durch eine einzige Behörde Landesgrenzen überschritten werden.

III. Festnahme und Inhaftierung (Abs. 2)

Abs. 2 konkretisiert die Durchsetzung der Verlassenspflicht nach § 12 III AufenthG und steht damit in direktem systematischen Zusammenhang zur Anwendung unmittelbaren Zwangs nach Abs. 1. Ein Ausländer ist nach Abs. 2 **festzunehmen** und auf richterliche Anordnung in Haft zu nehmen (sog. **Verbringungshaft**), wenn die freiwillige Erfüllung der Verlassenspflicht nicht gesichert ist und andernfalls deren Durchsetzung wesentlich erschwert oder gefährdet würde. Die Möglichkeit der Festnahme und der Haft ist notwendig, wenn der Zeitraum zwischen der Sistierung des Ausländers und der Abfahrt des nächsten Beförderungsmittels so lang ist, dass die Maßnahme insgesamt nicht mehr nur als unmittelbarer Zwang iSd Abs. 1, sondern schon als Freiheitsentziehung zu werten ist[15].

Die Verbringungshaft dient nach ihrer gesetzlichen Zweckbestimmung nicht der Vorbereitung einer sich anschließenden Sicherungshaft, sondern ist ausschließlich zur **Durchsetzung der Verlassenspflicht** bestimmt[16]. Die Haftgründe nach § 59 II und § 62 AufenthG unterscheiden sich nämlich und können nicht wechselseitig substituiert werden[17]. § 59 II bezweckt auch im Übrigen nur die Durchsetzung der Verlassenspflicht nach § 12 III AufenthG und stellt **keine Sanktion** für einen Gebietsverstoß dar.

Die Inhaftierung eines Ausländers darf nur auf **richterliche Anordnung** erfolgen. Dies entspricht der Vorgabe des Art. 104 II 1 GG („Über die Zulässigkeit und Fortdauer einer Freiheitsentziehung hat nur der Richter zu entscheiden"). Der Gesetzgeber geht dabei davon aus, dass Maßnahmen nach Abs. 1 als solche keine Freiheitsentziehung darstellen, sie aber im Einzelfall erfordern können[18]. Die Anwendung des zur Durchsetzung der Verlassenspflicht erforderlichen unmittelbaren Zwangs allein wertet das Gesetz nicht als Freiheitsentziehung. Ob lediglich eine Festnahme oder schon eine den Richtervorbehalt auslösende Inhaftierung vorliegt, ist anhand die jeweiligen Einzelfalls zu bestimmen. Ausgehend von den verfassungsrechtlichen Grundlagen hängt dies davon ab, ob nur eine **Freiheitsbeschränkung** oder bereits eine **Freiheitsentziehung** anzunehmen ist. Die Unterscheidung zwischen diesen beiden Maßnahmen bestimmt sich anhand der **Intensität des Eingriffs**[19]. Die Freiheitsentziehung hebt die körperliche Bewegungsfreiheit nach jeder Richtung hin auf und bedarf daher grundsätzlich der vorherigen richterlichen Anordnung. Ausgehend davon ist eine Freiheitsentziehung mit der Folge der Notwendigkeit einer richterlichen Anordnung nur anzunehmen, wenn die Anwendung unmittelbaren Zwangs ein längeres Festhalten erfordert und sich nicht im zügigen Verbringen aus dem nicht zugelassenen Aufenthaltsbezirk erschöpft[20]. Maßnahmen des unmittelbaren Zwangs gegen Personen zur Durchsetzung eines Verhaltens, zu dem der jeweils Betroffene verpflichtet ist, sind nicht wegen des mit ihnen verbundenen Eingriffs in die körperliche Bewegungsfreiheit notwendig Freiheitsentziehungen[21]. Die zwangsweise Durchsetzung der Verlassenspflicht wird nicht dadurch gekennzeichnet, dass der Ausländer ohne oder gegen seinen Willen an einem eng umgrenzten Raum festgehalten wird. Bei einer wertenden, auf die Intensität des Eingriffs abstellenden Beurteilung steht nicht ein solcher Eingriff in die Bewegungsfreiheit im Vordergrund der Maßnahme. Diese ist nicht auf ein Festhalten des Ausländers gerichtet, sondern darauf, dass er zwangsweise zu dem Bereich befördert wird, in dem ihm der Aufenthalt gestattet ist. Ihre Auswirkung auf die Bewegungsfreiheit des Ausländers erscheint lediglich als eine sekundäre, kurzfristige Folge der Erfüllung der Verlassenspflicht.

Es müssen **konkrete Anhaltspunkte** für die Annahme vorliegen, dass der Asylbewerber seiner Verlassenspflicht nicht freiwillig nachkommt. Insoweit werden ähnliche Voraussetzungen verlangt wie für den Einsatz unmittelbaren Zwangs. Der Ausländer muss seinerseits erkennen lassen, dass er sich nicht pflichtwidrig verhalten will. Unternimmt er keine rechtzeitigen Vorkehrungen für die Reise,

---

[14] VG Berlin Urt. v. 16.6.2016 – 1 K 338.14.
[15] BT-Drs. 12/2062, 37.
[16] BVerfG Beschl. v. 2.7.2008 – 2 BvR 1073/06.
[17] BVerfG Beschl. v. 2.7.2008 – 2 BvR 1073/06.
[18] VG Berlin Urt. v. 16.6.2016 – 1 K 338.14.
[19] BVerfG Beschl. v. 15.5.2002 – 2 BvR 2292/00, BVerfGE 105, 239; Beschl. v. 10.2.1960 – 1 BvR 526/53 ua, BVerfGE 10, 302. Umfassend zum Begriff der Freiheitsentziehung → AufenthG § 62 Rn. 10 ff.
[20] BVerfG Beschl. v. 15.5.2002 – 2 BvR 2292/00, BVerfGE 105, 239: richterliche Anordnung bei Festnahme zur Abschiebung für elf Stunden nicht unverzüglich nachgeholt.
[21] VG Berlin Urt. v. 16.6.2016 – 1 K 338.14.

spricht dies für ein pflichtwidriges Unterlassen, rechtfertigt aber im Einzelfall nicht ohne Weiteres Zwangsmaßnahmen[22].

14 Schließlich ist für Festnahme und Haft die Feststellung erforderlich, dass ohne diese Maßnahmen die Durchsetzung der Verlassenspflicht **wesentlich erschwert oder gefährdet** würde (einfachgesetzliche Konkretisierung des Verhältnismäßigkeitsgrundsatzes[23]). Dies ist insbesondere dann anzunehmen, wenn Anhaltspunkte dafür gegeben sind, dass sich der Asylbewerber dem unmittelbaren Zwang sonst entziehen würde.

15 Die Anordnung von Verbringungshaft nach Abs. 2 unterliegt der Prüfung der Verhältnismäßigkeit auch im Hinblick auf eine damit verbundene **Verlängerung der Dauer** des mit der Durchsetzung der Verlassenspflicht verbundenen Eingriffs in die Freiheit der Person[24]. Insbesondere ist zu prüfen, ob die Beschränkung des räumlichen Aufenthalts unbedingt mit dem gravierenden Mittel einer (ggf. mehrtägigen) Freiheitsentziehung durchgesetzt werden muss und nicht die sofortige Verbringung unter Anwendung unmittelbaren Zwangs das schonendere Mittel darstellen könnte. Die Dauer einer zulässigen Freiheitsentziehung hängt vom konkreten Einzelfall ab und orientiert sich streng an der zu erwartenden Dauer der Durchsetzung der Verlassenspflicht. Die prognostizierte Dauer muss mit dem Freiheitsanspruch des Betroffenen abgewogen werden. Unter dem Gesichtspunkt des **Beschleunigungsgebots** ist es aber angezeigt, die Dauer der Freiheitsentziehung so kurz wie möglich zu bemessen. Ein Zeitraum von einer Woche stellt die absolute Grenze des Zulässigen dar, selbst bei organisatorischen Schwierigkeiten[25].

16 Der Verweis von Abs. 2 auf § 59a II (Fortgeltung der räumlichen Beschränkung bei Erlöschen der Aufenthaltsgestattung) stellt klar, dass die Verbringungshaft auch gegenüber vollziehbar abgelehnten Asylbewerbern angeordnet werden kann.

IV. Zuständige Behörden (Abs. 3)

17 Abs. 3 beschränkt sich auf die Aufzählung derjenigen Behörden, welche für die Anwendung unmittelbaren Zwangs nach Abs. 1 und die Festnahme der Inhaftierung nach Abs. 2 zuständig sind. Das sind im Einzelnen: die **Polizeien** der Länder (Nr. 1), die **Grenzbehörde**, bei der der Ausländer um Asyl nachsucht (Nr. 2), die **Ausländerbehörde**, in deren Bezirk sich der Ausländer aufhält (Nr. 3), die **Aufnahmeeinrichtung**, in der sich der Ausländer meldet (Nr. 4) sowie die Aufnahmeeinrichtung, die den Ausländer aufgenommen hat (Nr. 5). Die Zuständigkeiten dieser verschiedenen Stellen existieren **nebeneinander**.

18 Für die **Haftanordnung** nach Abs. 2 ist das **Amtsgericht** zuständig. Die zuständige Stelle muss mit dem Haftantrag gem. § 417 FamFG alle gesetzlichen Voraussetzungen nach Abs. 1 und 2 im Einzelnen darlegen. Bei Entscheidungen über Verbringungshaft hat das zuständige Gericht die Ausländerakten regelmäßig beizuziehen, um den hohen verfassungsrechtlichen Anforderungen an die eigenständige richterliche Aufklärung und Feststellung der relevanten Tatsachen gerecht zu werden[26].

V. Rechtsschutz

19 Will der betroffene Ausländer die Rechtmäßigkeit der Durchsetzung der Verlassenspflicht überprüfen lassen, sind dafür die **Verwaltungsgerichte** zuständig. Insbesondere kommt ein **einstweiliger Rechtsschutz nach § 123 VwGO** in Betracht. Im Hauptsacheverfahren hat der Ausländer eine **Feststellungsklage** zu erheben, da die Durchsetzung der Verlassenspflicht mangels Regelungscharakters keinen Verwaltungsakt darstellt. Eine solche Feststellungsklage kann auch dann zulässig sein, wenn die Anwendung unmittelbaren Zwang bereits beendet wurde[27].

20 In **Verfahren der Freiheitsentziehung nach Abs. 2** sind hingegen die **ordentlichen Gerichte** auf der Grundlage des FamFG zuständig.

21 Im Verwaltungsrechtsstreit wegen der Kostenheranziehung prüfen die Verwaltungsgerichte die Rechtmäßigkeit der nach Abs. 2 angeordneten Verbringungshaft iRd rechtswegübergreifenden Inzidentprüfung einer entscheidungserheblichen Vorfrage (jedenfalls dann), wenn darüber im Gerichtszweig der ordentlichen Gerichtsbarkeit nicht bereits rechtskräftig entschieden ist[28].

---

[22] AA *Marx* § 59 Rn. 10; *Keßler* in NK-AuslR AsylG § 59 Rn. 5.
[23] BVerfG Beschl. v. 2.7.2008 – 2 BvR 1073/06.
[24] BVerfG Beschl. v. 2.7.2008 – 2 BvR 1073/06.
[25] OLG Hamburg Beschl. v. 8.10.2001 – 2 Wx 84/01.
[26] BVerfG Beschl. v. 2.7.2008 – 2 BvR 1073/06.
[27] VG Berlin Urt. v. 16.6.2016 – 1 K 338.14.
[28] HmbOVG Beschl. v. 18.9.2009 – 3 So 93/09.

§ 59a Erlöschen der räumlichen Beschränkung

(1) ¹Die räumliche Beschränkung nach § 56 erlischt, wenn sich der Ausländer seit drei Monaten ununterbrochen erlaubt, geduldet oder gestattet im Bundesgebiet aufhält. ²Die räumliche Beschränkung erlischt abweichend von Satz 1 nicht, solange die Verpflichtung des Ausländers, in der für seine Aufnahme zuständigen Aufnahmeeinrichtung zu wohnen, fortbesteht.

(2) ¹Räumliche Beschränkungen bleiben auch nach Erlöschen der Aufenthaltsgestattung in Kraft bis sie aufgehoben werden, längstens aber bis zu dem in Absatz 1 bestimmten Zeitpunkt. ²Abweichend von Satz 1 erlöschen räumliche Beschränkungen, wenn der Aufenthalt nach § 25 Absatz 1 Satz 3 oder § 25 Absatz 2 Satz 2 des Aufenthaltsgesetzes als erlaubt gilt oder ein Aufenthaltstitel erteilt wird.

I. Entstehungsgeschichte

Die Vorschriften des §§ 59a und 59b wurden durch Art. 2 Nr. 5 des **Gesetzes**[1] vom 23.12.2014 1 (BGBl. I S. 2439) mWz 1.1.2015 in das AsylVfG neu eingefügt. In der Gesetzesbegründung[2] hieß es dazu: „§ 59a regelt einheitlich die Erlöschensgründe für eine kraft Gesetzes bestehende räumliche Beschränkung. § 59b erfasst die Fälle, in denen eine räumliche Beschränkung behördlich angeordnet werden kann. Aufenthaltsbeendende Maßnahmen im Sinne von § 59b Absatz 1 Nummer 3 stehen konkret bevor, wenn die Ausländerbehörde konkrete Schritte zur Beendigung des Aufenthalts unternommen bzw. eingeleitet hat." Mit den §§ 59a und b wurde der gesetzgeberische Handlungsbedarf umgesetzt, der sich aus einer Erklärung der Bundesregierung ergab, die sie am 19.9.2014 anlässlich der Zustimmung des Bundesrates zum Gesetz zur Einstufung weiterer Staaten als sichere Herkunftsstaaten und zur Erleichterung des Arbeitsmarktzugangs für Asylbewerber und geduldete Ausländer abgegeben hatte. Darin war zudem vereinbart worden, dass gleichzeitig die Vorrangprüfung für den Arbeitsmarktzugang für Asylbewerber und Geduldete bei Fachkräften generell und ansonsten nach einem Inlandsaufenthalt von 15 Monaten entfällt. Die Rechtsverordnung, die dies regelt, trat bereits am 11.11.2014 in Kraft[3]. Das **AsylVfBeschlG 2015** fügte mWz 24.10.2015 in Abs. 1 den neuen S. 2 an mit der Begründung[4]: „Die Dauer der räumlichen Beschränkung soll an die mögliche Aufenthaltshöchstdauer in der Aufnahmeeinrichtung nach § 47 Absatz 1, 1a angepasst werden." Die Asylpakete und das IntG 2016 haben keine Änderungen vorgenommen.

II. Residenzpflicht

Mit Inkrafttreten von § 59a I (bzw. § 61 Ib AufenthG) wurde zum 1.1.2015 die räumliche Be- 2 schränkung (sog. Residenzpflicht) für Asylbewerber und Geduldete teilweise abgeschafft, dh auf drei Monate, seit dem AsylVfBeschlG 2015 ggf. auf sechs Monate (vgl. 47 I) und länger (vgl. 47 Ia) nach Einreise befristet. Hernach haben Flüchtlinge seither grundsätzlich[5] automatisch das Recht, sich **bundesweit zu bewegen,** was zur Vermeidung von Strafanzeigen (vgl. § 85 Nr. 2) in der Aufenthaltsgestattung vermerkt[6] werden sollte. Allerdings müssen sie in der Regel an ihrem zugewiesenen Ort den Wohnsitz beibehalten (vgl. §§ 47, 50, 51, 60). Auf die Drei-Monats-Frist des Abs. 1 S. 1 angerechnet werden Zeiten, in denen sich der Betroffene erlaubt im Bundesgebiet aufgehalten oder eine Aufenthaltsgestattung oder Duldung besessen hat. Eine nachträgliche Anordnung oder Wiederanordnung einer räumlichen Beschränkung ist gemäß § 59b (bzw. § 61 Ib AufenthG) grundsätzlich möglich im Fall von Straftätern bzw. Personen, bei denen Tatsachen die Schlussfolgerung rechtfertigen, dass gegen Vorschriften des Betäubungsmittelgesetzes verstoßen wurde, und bei Personen, bei denen konkrete Maßnahmen zur Aufenthaltsbeendigung bevorstehen.

Die räumlichen Beschränkungen **enden** (vgl. Abs. 2) insbesondere bei Ausreise oder Erteilung eines 3 Aufenthaltstitels bzw. nach Aufenthaltserlaubnis-Antragstellung in der § 25 I 3 oder II 2 AufenthG-Konstellation bei Anerkennung (wohl auch bei Erteilung einer Duldung aus asylverfahrensunabhängigen Gründen[7]). Abs. 2 stellt nach seinem Wortlaut keine eigenständige Ermächtigungsgrundlage für

---

[1] Gesetz zur Verbesserung der Rechtsstellung von asylsuchenden und geduldeten Ausländern. Hierzu vgl. *Sieweke* ZAR 2015, 12; *Welte* ZAR 2015, 219; *Rosenstein* ZAR 2015, 226.
[2] BR-Drs. 506/14, 12 f.
[3] Zum Arbeitsmarktzugang: http://www.einwanderer.net/Zugang-zum-Arbeitsmarkt.132.0.html.
[4] BT-Drs. 18/6185, 48.
[5] Unabhängig hiervon kann natürlich eine räumliche Beschränkung gem. § 59b 1 Nr. 1–3 angeordnet werden, die bei richtigem Verständnis des § 59b II nicht automatisch nach drei Monaten erlischt, sondern erst bei Aufhebung gem. §§ 48, 49 LVwVfG oder Erlaubnisfiktion nach § 25 I 3 bzw. II 2 AufenthG oder Titelerteilung (§ 4 I 2 AufenthG); ebenso *Welte* ZAR 2015, 221.
[6] Der die Gesetzeslage dokumentierende Vermerk hat mangels Regelung keine VA-Qualität.
[7] Str.; vgl. hierzu OVG RhPf Urt. v. 15.2.2012 – 7 A 1177/11.OVG, InfAuslR 2012, 234, zur länderübergreifenden Verteilung nach Abschluss des AsylVf sowie *Deibel* ZAR 2012, 153, jeweils mwN.

eine „**landesinterne Umverteilung**" (etwa aus familiären Gründen) dar. Da eine solche Umverteilung nach Abschluss des Asylverfahrens auf der Grundlage des § 50 I 2 ausscheidet, ist insoweit auf die – ausländerrechtlich – allgemeine Ermächtigungsgrundlage des § 61 AufenthG zurückzugreifen[8].

4   Ein Streit um die Aufhebung der räumlichen Beschränkung des Aufenthalts nach Abs. 2 ist scharf von einem Streit um eine **Wohnsitzauflage** (vgl. hierzu die §§ 47, 50, 51, 60) zu trennen. Denn anders als bei einer Wohnsitzauflage darf hier der räumliche Aufenthaltsbereich nur mit einzelfallbezogener Verlassenserlaubnis verlassen werden. Eine fortbestehende Wohnsitzverpflichtung hat insbesondere den Zweck, die gerechte Verteilung der Sozialkosten zwischen den Ländern dadurch zu gewährleisten, dass Sozialleistungen[9] lediglich an dem Wohnort erbracht werden, auf den sich die Wohnsitzauflage bezieht. Für Asylbewerber gilt, dass für Leistungen nach dem AsylbLG die Behörde zuständig ist, deren Bereich der Ausländer im Wege der Verteil- bzw. Zuweisungsentscheidung zugewiesen wurde[10]. Bei Geduldeten, deren Lebensunterhalt nicht gesichert ist, entsteht eine solche Wohnsitzauflage kraft Gesetzes. Denn gemäß § 61 Id AufenthG ist ein vollziehbar ausreisepflichtiger Ausländer, dessen Lebensunterhalt nicht gesichert ist, verpflichtet, an einem bestimmten Ort seinen gewöhnlichen Aufenthalt zu nehmen. Soweit die Ausländerbehörde nichts anderes angeordnet hat, ist das der Wohnort, an dem der Ausländer zum Zeitpunkt der Entscheidung über die vorübergehende Aussetzung der Abschiebung gewohnt hat. Die Ausländerbehörde kann die Wohnsitzauflage von Amts wegen oder auf Antrag des Ausländers ändern; hierbei sind die Haushaltsgemeinschaft von Familienangehörigen oder sonstige humanitäre Gründe von vergleichbarem Gewicht zu berücksichtigen. Der Ausländer kann den durch die Wohnsitzauflage festgelegten Ort ohne Erlaubnis vorübergehend verlassen.

§ 59b Anordnung der räumlichen Beschränkung

(1) Eine räumliche Beschränkung der Aufenthaltsgestattung kann unabhängig von § 59a Absatz 1 durch die zuständige Ausländerbehörde angeordnet werden, wenn
1. der Ausländer wegen einer Straftat, mit Ausnahme solcher Straftaten, deren Tatbestand nur von Ausländern verwirklicht werden kann, rechtskräftig verurteilt worden ist,
2. Tatsachen die Schlussfolgerung rechtfertigen, dass der Ausländer gegen Vorschriften des Betäubungsmittelgesetzes verstoßen hat,
3. konkrete Maßnahmen zur Aufenthaltsbeendigung gegen den Ausländer bevorstehen oder
4. von dem Ausländer eine erhebliche Gefahr für die innere Sicherheit oder für Leib und Leben Dritter ausgeht.

(2) Die §§ 56, 58, 59 und 59a Absatz 2 gelten entsprechend.

I. Entstehungsgeschichte

1   Die Vorschriften des §§ 59a und 59b wurden durch Art. 2 Nr. 5 des **Gesetzes**[1] **vom 23.12.2014** (BGBl. I S. 2439) mWz 1.1.2015 in das AsylVfG neu eingefügt. In der Gesetzesbegründung[2] hieß es dazu: „§ 59a regelt einheitlich die Erlöschensgründe für eine kraft Gesetzes bestehende räumliche Beschränkung. § 59b erfasst die Fälle, in denen eine räumliche Beschränkung behördlich angeordnet werden kann. Aufenthaltsbeendende Maßnahmen im Sinne von § 59b Abs 1 Nr 3 stehen konkret bevor, wenn die Ausländerbehörde konkrete Schritte zur Beendigung des Aufenthalts unternommen bzw. eingeleitet hat." Im Übrigen → § 59a Rn. 1. Das AsylVfBeschlG 2015 und das IntG 2016 haben keine Änderungen vorgenommen, wohl aber das **Gesetz zur besseren Durchsetzung der Ausreisepflicht**, das mWv 29.7.2017 (BGBl. 2017 I S. 2780) in Abs. 1 die neue Nr. 4 einfügte.

II. Anordnungstatbestände

2   Die alternativen – sanktionsbewehrten[3] – abschließenden Anordnungsmöglichkeiten des Abs. 1, die als selbstständige belastende VA nach § 75 I vollziehbar und isoliert angreifbar sind[4], gelten unabhängig vom Erlöschen nach § 59a oder einer Wohnsitzauflage nach § 60[5]. Bei Anordnung ist einzelfallbezogenes und den Grundsatz der Verhältnismäßigkeit bzw. Grundrechte[6] beachtendes Ermessen aus-

---
[8] Vgl. VGH BW Beschl. v. 26.11.2007 – 11 S 2492/07.
[9] Hierzu *Deibel* ZFSH/SGB 2012, 582 ff. sowie Heft 3/2015.
[10] Die örtliche Zuständigkeit für AsylblG-Leistungen richtet sich gem. § 10a I 1 AsylblG grundsätzlich nach der Zuweisung gem. § 50, die erst mit Erlöschen der Aufenthaltsgestattung nach § 67 endet.
[1] Gesetz zur Verbesserung der Rechtsstellung von asylsuchenden und geduldeten Ausländern.
[2] Vgl. BR-Drs. 506/14, 12 f.
[3] Vgl. § 85 Nr. 2, § 86 I.
[4] Vgl. VG KA Urt. v. 6.3.2014 – 2 K 1932/13, AuAS 2014, 268.
[5] Ausf. *Welte* ZAR 2015, 221 und *Rosenstein* ZAR 2015, 228.
[6] Insbes. natürlich Art. 6 GG, Art. 8 EMRK, Art. 7, 24 II GRCh.

zuüben sowohl bzgl. des Ob als auch des Wie (zB Land, Landkreis oder gar nur Kommune). Abs. 1 Nr. 1 zielt auf allgemeine **Straftaten**, die jedermann begehen kann[7], und setzt eine rechtskräftige Verurteilung durch Urteil oder Strafbefehl voraus, die im BZR noch nicht getilgt bzw. tilgungsreif ist, was sich auch aus einer § 87 IV 1 AufenthG-Unterrichtung ergeben kann. Nr. 2 eröffnet der zuständigen Ausländerbehörde einen gewissen Spielraum, weil nur Tatsachen die **BtmG**-Schlussfolgerung rechtfertigen müssen, dh insoweit keine Verurteilung erforderlich ist. Vermutungen oder gar Spekulationen genügen nicht, wohl aber etwa konkrete Ermittlungsverfahren oder jedenfalls eine entsprechende Anklage. Nr. 3 erfordert, wie in der Gesetzesbegründung gewollt, konkrete Schritte zur Beendigung des Aufenthalts, dh die **Abschiebung** muss gegen den vollziehbar ausreisepflichtigen Ausländer nach Ablauf der Ausreisefrist eingeleitet und grundsätzlich binnen drei Monaten[8] vollstreckbar sein, zB nach Rückkehrentscheidung iSv Art. 3 Nr. 4 Rückführungs-RL bzw. wenn keine Duldung gemäß § 60a AufenthG in Betracht kommt. Nach Abs. 1 Nr. 4 kann eine räumliche Beschränkung auch bezüglich sog. **"Gefährder"** erfolgen. Auch hier genügen für ermessensfehlerfreie Anordnungen jedoch keine bloßen Vermutungen oder gar Spekulationen. Wie etwa bei der Abschiebungsanordnung gem. § 58a AufenthG (vgl. dort zur Gefahrenprognose) ist vielmehr die auf Tatsachen gestützte Prognose einer Bedrohungslage erforderlich, bei der sich das vom Ausländer ausgehende Risiko einer sicherheitsgefährdenden Tat oder einer Tat zu Lasten Leib und Leben Dritter jederzeit aktualisieren kann. Als polizeirechtliche Maßnahme muss die Anordnung nach allgemeinen Grundsätzen zudem auf die Entstehung einer konkreten Gefahr bezogen sein.

Ausnahmen sind gemäß Abs. 2 etwa iVm § 58 möglich. Bei Stellung eines Asylfolgeantrags gilt gemäß § 71 VII 1 grundsätzlich die letzte räumliche Beschränkung fort. Ergänzend wird insoweit auf die Kommentierungen zu den §§ 56, 58, 59 und 59a II verwiesen. 3

§ 60 Auflagen

(1) [1]Ein Ausländer, der nicht oder nicht mehr verpflichtet ist, in einer Aufnahmeeinrichtung zu wohnen, und dessen Lebensunterhalt nicht gesichert ist (§ 2 Absatz 3 des Aufenthaltsgesetzes), wird verpflichtet, an dem in der Verteilentscheidung nach § 50 Absatz 4 genannten Ort seinen gewöhnlichen Aufenthalt zu nehmen (Wohnsitzauflage). [2]Findet eine länderübergreifende Verteilung gemäß § 51 statt, dann ergeht die Wohnsitzauflage im Hinblick auf den sich danach ergebenden Aufenthaltsort. [3]Der Ausländer kann den in der Wohnsitzauflage genannten Ort ohne Erlaubnis vorübergehend verlassen.

(2) [1]Ein Ausländer, der nicht oder nicht mehr verpflichtet ist, in einer Aufnahmeeinrichtung zu wohnen, und dessen Lebensunterhalt nicht gesichert ist (§ 2 Absatz 3 des Aufenthaltsgesetzes), kann verpflichtet werden,
1. in einer bestimmten Gemeinde, in einer bestimmten Wohnung oder Unterkunft zu wohnen,
2. in eine bestimmte Gemeinde, Wohnung oder Unterkunft umzuziehen oder
3. in dem Bezirk einer anderen Ausländerbehörde desselben Landes seinen gewöhnlichen Aufenthalt und Wohnung oder Unterkunft zu nehmen.

[2]Eine Anhörung des Ausländers ist erforderlich in den Fällen des Satzes 1 Nummer 2, wenn er sich länger als sechs Monate in der Gemeinde, Wohnung oder Unterkunft aufgehalten hat. [3]Die Anhörung gilt als erfolgt, wenn der Ausländer oder sein anwaltlicher Vertreter Gelegenheit hatte, sich innerhalb von zwei Wochen zu der vorgesehenen Unterbringung zu äußern. [4]Eine Anhörung unterbleibt, wenn ihr ein zwingendes öffentliches Interesse entgegensteht.

(3) [1]Zuständig für Maßnahmen nach Absatz 1 Satz 1 ist die nach § 50 zuständige Landesbehörde. [2]Die Wohnsitzauflage soll mit der Zuweisungsentscheidung nach § 50 verbunden werden. [3]Zuständig für Maßnahmen nach Absatz 1 Satz 2 ist die nach § 51 Absatz 2 Satz 2 zuständige Landesbehörde. [4]Die Wohnsitzauflage soll mit der Verteilungsentscheidung nach § 51 Absatz 2 Satz 2 verbunden werden. [5]Zuständig für Maßnahmen nach Absatz 2 ist die Ausländerbehörde, in deren Bezirk die Gemeinde oder die zu beziehende Wohnung oder Unterkunft liegt.

I. Entstehungsgeschichte

Die Vorschrift geht auf § 20 II, V AsylVfG 1982 zurück. Sie entspricht dem Gesetzesentwurf 1992 (§ 58)[1]. Die RLUmsG 2007 und 2011 haben keine Änderungen vorgenommen. Durch Art. 2 Nr. 6 1

---

[7] Also keine Delikte nach § 85 oder § 95 AufenthG.
[8] Vgl. § 43 sowie § 62 III 4 AufenthG; ebenso *Welte* ZAR 2015, 222.
[1] BT-Drs. 12/2062, 15 f.

des **Gesetzes vom 23.12.2014** (BGBl. I S. 2439)[2] wurde § 60 mWz 1.1.2015 textlich weitgehend neu gefasst. Die alte Fassung lautete „(1) Die Aufenthaltsgestattung kann mit Auflagen versehen werden. (2) [1]Der Ausländer, der nicht oder nicht mehr verpflichtet ist, in einer Aufnahmeeinrichtung zu wohnen, kann verpflichtet werden, 1. in einer bestimmten Gemeinde oder in einer bestimmten Unterkunft zu wohnen, 2. in eine bestimmte Gemeinde oder eine bestimmte Unterkunft umzuziehen und dort Wohnung zu nehmen, 3. in dem Bezirk einer anderen Ausländerbehörde desselben Landes Aufenthalt und Wohnung zu nehmen. [2]Eine Anhörung des Ausländers ist erforderlich in den Fällen des Satzes 1 Nr 2, wenn er sich länger als sechs Monate in der Gemeinde oder Unterkunft aufgehalten hat. [3]Die Anhörung gilt als erfolgt, wenn der Ausländer oder sein anwaltlicher Vertreter Gelegenheit hatte, sich innerhalb von zwei Wochen zu der vorgesehenen Unterbringung zu äußern. [4]Eine Anhörung unterbleibt, wenn ihr ein zwingendes öffentliches Interesse entgegensteht. (3) Zuständig für Maßnahmen nach den Absätzen 1 und 2 ist die Ausländerbehörde, auf deren Bezirk der Aufenthalt beschränkt ist." In der **Gesetzesbegründung**[3] heißt es zur Neufassung des § 60 zu Abs. 1: „… Absatz 1 Satz 1 AsylVfG-E definiert die Wohnsitzauflage. Entsprechend der Regelung in § 61 Absatz 1d AufenthG-E wird eine Wohnsitzauflage nur angeordnet, wenn der Lebensunterhalt des Ausländers nicht gesichert ist (§ 2 Absatz 3 des Aufenthaltsgesetzes). Satz 2 berücksichtigt insoweit den Fall der länderübergreifenden Verteilung. Bei der Anordnung der Wohnsitzauflage sind die in § 50 Absatz 4 Satz 5 und § 51 Absatz 1 des Asylverfahrensgesetzes genannten Aspekte (Haushaltsgemeinschaft von Familienangehörigen oder sonstige humanitäre Gründe von vergleichbarem Gewicht) zu berücksichtigen. Die Regelung in Satz 3, dass der Ausländer den in der Wohnsitzauflage genannten Ort ohne Erlaubnis verlassen kann, hat lediglich deklaratorische Bedeutung." Der Gesetzgeber begründet den neuen Abs. 2 wie folgt: „Von § 60 Absatz 2 AsylVfG-E werden auch Fälle erfasst, in denen eine Verteilentscheidung nicht ergeht. Im Übrigen enthält § 60 Absatz 2 AsylVfG-E gegenüber seiner bisherigen Fassung redaktionelle Anpassungen an den übrigen Text." Zu Abs. 3 wird lediglich angemerkt, die Norm „regelt die Behördenzuständigkeit". § 60 ist auch in seiner neuen Fassung europarechtskonform, allerdings können die hier ermöglichten Auflagen die Vorgaben insbesondere aus Art. 7 (Aufenthaltsort und Bewegungsfreiheit[4]) der EU-Aufnahme-RL 2013/33/EU berühren, weswegen diese Vorgaben gegebenenfalls auch hier zu beachten sind[5]. § 60 wird durch den ebenfalls zum 1.1.2015 neu eingefügten § 88a ergänzt, wonach „von der in § 60 getroffenen Regelung durch Landesrecht nicht abgewichen werden kann", damit die Sozialkosten bundesweit relativ gleichmäßig verteilt bleiben.

II. Allgemeines

Im Rahmen der Aufenthaltsgestattung unterliegt der Aufenthalt anders als nach den verschiedenen Aufenthaltstiteln des § 4 I 2 AufenthG schon kraft Gesetzes mehrfachen Beschränkungen (§§ 55 I, 56 –59b)[6]. Dennoch sind Auflagen – seit 1.1.2015 allerdings hiernach nur nach Ablauf der in der Regel

---

[2] Gesetz zur Verbesserung der Rechtsstellung von asylsuchenden und geduldeten Ausländern.
[3] BR-Drs. 506/14, 13.
[4] Art. 7 lautet: „(1) Antragsteller dürfen sich im Hoheitsgebiet des Aufnahmemitgliedstaats oder in einem ihnen von diesem Mitgliedstaat zugewiesenen Gebiet frei bewegen. Das zugewiesene Gebiet darf die unveräußerliche Privatsphäre nicht beeinträchtigen und muss hinreichenden Raum dafür bieten, dass Gewähr für eine Inanspruchnahme aller Vorteile aus dieser Richtlinie gegeben ist. (2) Die Mitgliedstaaten können – aus Gründen des öffentlichen Interesses, der öffentlichen Ordnung oder wenn es für eine zügige Bearbeitung und wirksame Überwachung des betreffenden Antrags auf internationalen Schutz erforderlich ist – einen Beschluss über den Aufenthaltsort des Antragstellers fassen. (3) Die Mitgliedstaaten dürfen die im Rahmen der Aufnahme gewährten materiellen Leistungen an die Bedingung knüpfen, dass sich Antragsteller tatsächlich an dem Ort aufhalten, der von den Mitgliedstaaten festgelegt wird. Ein derartiger Beschluss, der von allgemeiner Natur sein kann, wird jeweils für den Einzelfall und auf der Grundlage des einzelstaatlichen Rechts getroffen. (4) Die Mitgliedstaaten sehen vor, dass Antragstellern eine befristete Genehmigung zum Verlassen des in den Absätzen 2 und 3 genannten Aufenthaltsorts und/oder des in Absatz 1 genannten zugewiesenen Gebiets erteilt werden kann. Die Entscheidung ist von Fall zu Fall, objektiv und unparteiisch zu treffen und im Falle einer Ablehnung zu begründen. Der Antragsteller muss keine Genehmigung einholen, wenn er bei Behörden und Gerichten erscheinen muss. 5) Die Mitgliedstaaten schreiben Antragstellern vor, den zuständigen Behörden ihre aktuelle Adresse und schnellstmöglich etwaige Adressenänderungen mitzuteilen."
[5] Va bzgl. subsidiär Schutzberechtigten vgl. die Ausführungen im (später aufgehobenen, vgl. Beschl. v. 1.4.2015 – 1 C 7.15) Vorlagebeschl. des BVerwG v. 19.8.2014 – 1 C 7.14 zur Anerkennungs-RL: „1. Stellt die Auflage, den Wohnsitz in einem räumlich begrenzten Bereich (Gemeinde, Landkreis, Region) des Mitgliedstaats zu nehmen, eine Einschränkung der Bewegungsfreiheit im Sinne von Art. 33 RL 95/2011 dar, wenn der Ausländer sich ansonsten im Staatsgebiet des Mitgliedstaats frei bewegen und aufhalten kann? 2. Ist eine Wohnsitzauflage gegenüber Personen mit subsidiärem Schutzstatus mit Art. 33 und/oder Art. 29 RL 95/2011 vereinbar, wenn sie darauf gestützt wird, eine angemessene Verteilung öffentlicher Sozialhilfelasten auf deren jeweilige Träger innerhalb des Staatsgebietes zu erreichen? 3. Ist eine Wohnsitzauflage gegenüber Personen mit subsidiärem Schutzstatus mit Art. 33 und/oder Art. 29 RL 95/2011 vereinbar, wenn sie auf migrations- oder integrationspolitische Gründe gestützt wird, etwa um soziale Brennpunkte durch die gehäufte Ansiedlung von Ausländern in bestimmten Gemeinden oder Landkreisen zu verhindern? Reichen insoweit abstrakte migrations- oder integrationspolitische Gründe aus oder müssen solche Gründe konkret festgestellt werden?
[6] Zum Inhalt der Aufenthaltsgestattung näher → § 63 Rn. 2.

Wohnsitzauflage darf nach Abs. 1 oder nach Abs. 2 seit 1.1.2015 nur noch angeordnet werden, wenn der **Lebensunterhalt** des Ausländers nicht gesichert ist, was sich gemäß § 2 III AufenthG bzw. der Höhe nach dem AsylbLG bestimmt. Wird gegenüber der Ausländerbehörde nachgewiesen, dass der Lebensunterhalt nunmehr insbesondere durch Arbeitsverdienst hinreichend gesichert wird, entsteht ein Anspruch auf Aufhebung der Wohnsitzauflage. Wegen der Gebote von Rechtssicherheit und Rechtsklarheit kann die Auflage nicht einfach „kraft Gesetzes" entfallen (wann denn genau?), weswegen insoweit auch nicht mit einem Feststellungsbescheid zu arbeiten ist. Nach Aufhebung der Auflage darf der Wohnsitz frei im gesamten Bundesgebiet genommen werden.

IV. Wohnverpflichtung und Umzug

7 Die **Wohnsitzauflage** berührt nicht die Befugnis, sich innerhalb des zugewiesenen Aufenthaltsbezirks frei zu bewegen[15]. Unter „bestimmter Unterkunft" ist va eine **Gemeinschaftsunterkunft** iSd § 53 I zu verstehen[16], aber auch jede andere Wohnung, etwa bei Verwandten oder Freunden; eine solche kann auch als „bestimmte Wohnung" iSv Abs. 2 S. 1 festgelegt werden. Eine räumliche Beschränkung auf ein Hotelgrundstück oder eine Sammelunterkunft ist im Zweifel als Wohnsitzauflage auszulegen; sonst wäre so gut wie immer der Verhältnismäßigkeitsgrundsatz verletzt. Gemeinde oder Unterkunft müssen innerhalb des zugewiesenen Aufenthaltsbereichs liegen; sonst kommt ua eine Auflage nach Abs. 2 S. 1 Nr. 3 in Betracht[17]. Die erstmalige Einweisung in eine Gemeinschaftsunterkunft durch Auflage[18] bedarf angesichts der Soll-Vorschrift des § 53 I 1 keiner besonderen Begründung. Bei der nachträglichen Anordnung des Wohnens in einer Gemeinschaftsunterkunft sind Dauer und Umstände sowie gewachsene Beziehungen während des Wohnens außerhalb der Unterkunft zu berücksichtigen[19]. Die Wohnsitzauflage begründet anders als die polizeiliche Einweisung wegen Obdachlosigkeit die Pflicht, tatsächlich an dem zugewiesenen Ort Wohnung zu nehmen[20].

8 Die **Umzugsauflage** soll den Wechsel der Wohnung innerhalb des Bezirks der Ausländerbehörde absichern; außerhalb desselben gilt Abs. 2 S. 1 Nr. 3[21]. Anlass für sie können äußere Umstände sein, etwa die Überbelegung einer Gemeinde oder einer Unterkunft, aber auch Gründe in der Person des Asylbewerbers, etwa Streitigkeiten mit anderen Bewohnern. Wird die Umzugsanordnung mit einer Gefährdung von Personen und Einrichtungsgegenständen durch den Asylbewerber begründet, müssen im Falle des Bestreitens die zugrunde liegenden Vorgänge so umfassend aufgeklärt werden, dass der Umzug aufgrund der Gefahrenprognose als geboten erscheint[22]. Andererseits kann der Asylbewerber uU die Verlegung in eine andere Unterkunft verlangen, wenn die Ausländerbehörde ihn sonst nicht zureichend vor Übergriffen und unzumutbaren Belästigungen durch Mitbewohner schützen kann[23]. Immer ist die am bisherigen Unterkunftsort erreichte Integration in die Ermessenserwägungen einzubeziehen[24].

9 Durch die Möglichkeit einer Verpflichtung gemäß der Rechtsgrundlage des Abs. 2 S. 1 Nr. 3[25] zur Aufnahme im **Bezirk einer bestimmten Ausländerbehörde desselben Landes** und zum entsprechenden Umzug soll praktischen Schwierigkeiten begegnet werden, die sich aus Verzögerungen bei der Verteilung ergeben haben. Asylbewerber sollen nach Beendigung der Wohnverpflichtung nach § 47 I möglichst schnell in zentralen Einrichtungen oder Gemeinschaftsunterkünften untergebracht werden können. Dabei kann es sich auch um eine zuweisungsähnliche Anordnung handeln, mit der die Ausländerbehörde den Aufenthaltsbezirk vorläufig bis zur landesinternen Verteilung und Zuweisung bestimmt. Immer bleibt die Anordnung auf den Bereich des jeweiligen Bundeslandes beschränkt; Abs. 2 S. 1 Nr. 3 bestätigt die Auffassung, dass eine Anordnung über die Grenzen des Bundeslandes hinaus nicht zulässig ist. Außerdem kann daraus gefolgert werden, dass Wohn- und Umzugsauflagen auf den Bezirk, der nach Verteilung und Zuweisung zuständigen Ausländerbehörde beschränkt sind[26]. Die näheren Bestimmungen über Gemeinde und Unterkunft trifft im Anschluss an die Auflage nach Abs. 2 S. 1 Nr. 3 die dann zuständige Ausländerbehörde.

---

[15] Zur Verfassungsmäßigkeit BVerwG Urt. v. 5.6.1984 – 9 C 9.84, BVerwGE 69, 295.
[16] Vgl. dazu auch die Regelungen im jeweiligen Landesrecht, in BW zB die regelmäßig 24-monatige „vorläufige Unterbringung" in einer Gemeinschaftsunterkunft nach der idR dreimonatigen Erstaufnahme in den Landeserstaufnahmestellen und vor der „Anschlussunterbringung" gem. §§ 6 ff. FlüAG.
[17] Dazu → Rn. 9.
[18] Dazu BVerwG Urt. v. 5.6.1984 – 9 C 9.84, BVerwGE 62, 295; BayVGH Beschl. v. 29.1.1986 – 25 CS 85 C 764, ZAR 1987, 33; OVG Brem Beschl. v. 1.10.1993 – 1 B 120/93, InfAuslR 1994, 65.
[19] VGH BW Beschl. v. 28.3.1985 – A 12 S 119/85, EZAR 221 Nr. 26.
[20] VGH BW Beschl. v. 2.11.1994 – 1 S 2439/94, NVwZ-RR 1995, 326; OVG Brem Beschl. v. 1.10.1993 – 1 B 120/93, InfAuslR 1994, 65.
[21] Dazu → Rn. 9.
[22] BayVGH Beschl. v. 29.1.1986 – 25 CS 85 C 764, ZAR 1987, 33 mAnm *Röschert*.
[23] OVG NRW Beschl. v. 10.6.1986 – 19 B 1020/86 ua, NVwZ 1987, 80.
[24] VGH BW Beschl. v. 28.3.1985 – A 12 S 119/85, EZAR 221 Nr. 26.
[25] AA § 50 AsylG: VG Schleswig Urt. v. 12.8.2003 – 14 A 138/03 und *Marx* AsylG § 50 Rn. 19.
[26] *Hailbronner* AsylG § 60 Rn. 12–14; aA BayVGH Beschl. v. 12.7.2000 – 25 B 98.34 410, BayVBl. 2001, 439 und EZAR 221 Nr. 41.

Dreimonats-**Residenzpflicht** des § 47 I[7] und bei fehlender Sicherung des **Lebensunterhalts**[8] – nun nicht mehr (wie bis 1.1.2015 – aF: „Die Aufenthaltsgestattung kann mit Auflagen versehen werden.") allgemein zulässig, wie etwa bei einer Aufenthaltserlaubnis gem. § 12 II 2 AufenthG. Für die bislang bei der Aufenthaltsgestattung nach § 60 I etwa mögliche **„Sparauflage"**[9] oder Einschränkung der **politischen Betätigung** während des Asylverfahrens[10] gibt es hier nun keine Rechtsgrundlage mehr. Denn anders als im neuen § 61 Id, auf den die Gesetzesbegründung Bezug nimmt (→ Rn. 1), fehlt es an einem entsprechenden Abs. 1e („Weitere Bedingungen und Auflagen können angeordnet werden"). Im Umkehrschluss bedeutet dies, dass bezüglich allgemeiner Auflagen auch nicht etwa auf das AufenthG zurückgegriffen werden kann. Auflagen zur Aufenthaltsgestattung sind nunmehr begrenzt auf den Wohnsitz und setzen die fehlende Sicherung des Lebensunterhalts voraus. Ein Streit um die sog. Residenzpflicht, dh die Aufhebung der **räumlichen Beschränkung** des (vorübergehenden) Aufenthalts zB gemäß § 59a II, ist scharf von einem Streit um eine Zuweisung (vgl. §§ 50, 53) bzw. Wohnsitzauflage zu trennen. Eine fortbestehende **Wohnsitzverpflichtung** hat insbesondere den Zweck, die gleichmäßige Verteilung der Asylbewerber bzw. die gerechte Verteilung der Sozialkosten dadurch zu gewährleisten, dass Sozialleistungen lediglich an dem Wohnort erbracht werden, auf den sich die Wohnsitzauflage bezieht. Für Asylbewerber gilt grundsätzlich, dass für Leistungen nach dem AsylbLG die Behörde zuständig ist, deren Bereich der Ausländer im Wege der Verteil- bzw. Zuweisungsentscheidung zugewiesen wurde[11]. Bei Geduldeten, deren Lebensunterhalt nicht gesichert ist, entsteht eine solche Wohnsitzauflage kraft Gesetzes. Denn gemäß § 61 Id AufenthG ist ein vollziehbar ausreisepflichtiger Ausländer, dessen Lebensunterhalt nicht gesichert ist, verpflichtet, an einem bestimmten Ort seinen gewöhnlichen Aufenthalt zu nehmen. Soweit die Ausländerbehörde nichts anderes angeordnet hat, ist das der Wohnort, an dem der Ausländer zum Zeitpunkt der Entscheidung über die vorübergehende Aussetzung der Abschiebung gewohnt hat. Die Ausländerbehörde kann die Wohnsitzauflage von Amts wegen oder auf Antrag des Ausländers ändern; hierbei sind die Haushaltsgemeinschaft von Familienangehörigen oder sonstige humanitäre Gründe von vergleichbarem Gewicht zu berücksichtigen. Der Ausländer kann den durch die Wohnsitzauflage festgelegten Ort ohne Erlaubnis vorübergehend verlassen.

III. Personenkreis

Die Auflagen nach Abs. 1 und Abs. 2 unterscheiden sich nach dem betroffenen Personenkreis 3 hinsichtlich der **Verteilentscheidung** nach § 50 IV. Ist eine solche (in der Regel auf §§ 50 IV iVm 53 I 1 iVm Landesflüchtlingsaufnahmerecht gestützte) Zuweisung ergangen, soll bei fehlender Sicherung des Lebensunterhalts nach Abs. 1 und Abs. 3 S. 2 eine entsprechende Wohnsitzauflage verfügt werden, sodass für die betroffene Person die Pflicht zum unverzüglichen Umzug entsteht (→ § 50 Rn. 31).

Ist keine Zuweisungsentscheidung nach § 50 IV ergangen, besteht nach Abs. 2 ein Ermessen zum 4 Erlass einer Wohnsitzauflage. Solche Wohnsitzauflagen sind **selbstständige Auflagen** und nicht modifizierende, weil der gesetzlich begründete Bestand der Aufenthaltsgestattung durch sie nicht berührt wird und werden darf[12].

Die Aufenthaltsgestattung steht dem Asylbewerber kraft Gesetzes zu (vgl. § 55). Die Ausländerbehörde 5 hat daher nicht zwischen den Alternativen „Aufenthaltsgestattung mit Auflage" oder „keine Aufenthaltsgestattung" zu wählen[13]. Die Auflagen erlöschen iÜ auch nicht mit der Aufenthaltsgestattung.

Jede Auflage schreibt dem Betroffenen ein bestimmtes Tun, Dulden oder Unterlassen vor (§ 36 II 6 Nr. 4 VwVfG). Bei der Personengruppe nach Abs. 2 liegt sie im **Ermessen** der zuständigen Ausländerbehörde, da im Gesetz Richtlinien oder Anhaltspunkte nicht ausdrücklich genannt sind. Mit ihr darf die Ausländerbehörde aber keine im Hinblick auf den Gesetzeszweck unzulässigen Ziele verfolgen[14], wobei der primäre Zweck der zugelassenen Auflagen darauf gerichtet ist, den Aufenthalt des Asylbewerbers im Interesse einer sachgerechten und beschleunigten Verfahrensführung so zu gestalten, dass die Bewegungs- und die Betätigungsfreiheiten des Asylbewerbers nicht unverhältnismäßig eingeengt werden. Wie die Gesetzesbegründung illustriert (→ Rn. 1), sind va die in § 50 IV 5 und § 51 I genannten Aspekte (Haushaltsgemeinschaft von **Familienangehörigen oder sonstige humanitäre** Gründe von vergleichbarem Gewicht) zu berücksichtigen (→ § 50 Rn. 20 ff.). Die

---

[7] Nicht gemeint ist hier die – ggf. jahrelange – Pflicht des Wohnens in einer Gemeinschaftsunterkunft gem. § 53 I.
[8] Der Lebensunterhalt iSv § 2 III AufenthG (s. hierzu die dortige Komm.), der durch das AsylbLG der Höhe nach begrenzt ist, kann zB auch durch tatsächliche Unterhaltsleistungen von Familienangehörigen iVm einer Verpflichtungserklärung gem. § 68 AufenthG gesichert werden.
[9] Dh die Verpflichtung, für die Kosten einer evtl. Rückreise oder Abschiebung in Raten anzusparen; dazu ausf. → 10. Aufl., AsylVfG § 60 Rn. 5 mwN.
[10] Hierzu ausf. → 10. Aufl., AsylVfG § 60 Rn. 5 mwN.
[11] Vgl. § 10a I 1 AsylblG.
[12] *Breitkreuz* ZAR 2002, 266.
[13] Allg. dazu *Kopp* VwVfG § 36 Rn. 29 ff., 37.
[14] BVerwG Urt. v. 15.12.1981 – 1 C 145.80, BVerwGE 64, 285.

V. Verwaltungsverfahren und Rechtsschutz

Für Auflagen **örtlich zuständig** ist gemäß Abs. 3 für Auflagen nach Abs. 1 die nach § 50 zuständi- 10
ge Landesbehörde; für Maßnahmen nach Abs. 2 auf „Umverteilung" hingegen die Ausländerbehörde,
in deren Bezirk die Gemeinde oder die zu beziehende Wohnung oder Unterkunft liegt.

Die **Anhörung** ist (anders als nach § 28 VwVfG bzw. Länder-VwVfG) (nur) bei Erstauflagen im 11
Rahmen der Zuweisung gem. § 50 IV 4 ausdrücklich entbehrlich[27]. Obwohl solche aufenthaltsverändernden Maßnahmen einschneidend wirken können, kann der Ausschluss der Anhörungspflicht in
diesen Fällen nicht als verfassungswidrig angesehen oder sonst beanstandet werden. Eine Anhörung
darf in geeigneten Fällen ohnehin stattfinden, und außerdem ist die Ausländerbehörde nicht von ihrer
Verpflichtung zur umfassenden Sachaufklärung entbunden[28].

Auf nachträgliches Vorbringen hin ist die Auflage uU zu **ändern**. Dies kann va deshalb in Betracht 12
kommen, weil der Widerspruch ausgeschlossen ist (§ 11) und eine Anhörung nur ausnahmsweise
stattfindet. Grundsätzlich wirkt die Wohnsitzauflage **wie die Aufenthaltsgestattung** zumindest bis
zum Erlöschen gemäß § 67 für die Dauer des Asylverfahrens mit der Folge, dass sie ebenso wie das
gesetzliche Aufenthaltsrecht gegebenenfalls nach Ablauf der Frist der Bescheinigung nach § 63 materiell fort gilt[29].

Gegen die mit der Zuweisungsentscheidung iSv Abs. 1, Abs. 3 S. 2 verbundene Wohnsitzauflagen 13
ist, wie bei § 50 (→ Rn. 35 ff.) ausgeführt, vor deren Bestandskraft die **Anfechtungsklage** gegeben
(Widerspruch ausgeschlossen nach § 11); vorläufiger Rechtsschutz ist nach § 80 V VwGO statthaft. Es
handelt sich um eine selbständig anfechtbare Nebenbestimmung iSd § 36 I, II Nr. 4 VwVfG bzw.
Landes-VwVfG und nicht um modifizierende Auflagen[30]. **Örtlich zuständig** ist dann grundsätzlich
das Gericht des zugewiesenen Aufenthaltsbezirks (§ 52 Nr. 2 S. 3 VwGO)[31].

Beim Begehren auf „**Umverteilung**" nach Bestandskraft ist dies anders. Ist die idR Drei-Monats- 14
Frist des § 47 I abgelaufen und der **Lebensunterhalt des Asylbewerbers weiterhin nicht gesichert,** liegen aber nach dem Willen des Gesetzgebers (→ Rn. 1) zu berücksichtigende familiäre oder
humanitäre Gründe[32] für den landesinternen Umzug in den Bezirk einer anderen Ausländerbehörde
vor, so ist gemäß der Spezialzuständigkeit des Abs. 3 S. 5 für Maßnahmen nach Abs. 2 die Ausländerbehörde zuständig, in deren Bezirk die Gemeinde oder die zu beziehende Wohnung oder Unterkunft
liegt. Gegen diese („Wunsch"-)Behörde ist dann idR **Verpflichtungsbegehren bzw. -klage auf
neue („begünstigende") Wohnsitzauflage** gem. Abs. 2 S. 1 sowie Aufhebung gemäß §§ 51 I
Nr. 1, 49 I VwVfG der nach Abs. 3 S. 2 mit der Zuweisung verbundenen Wohnsitzauflage zu erheben,
die nun rechtwidrig geworden ist. Vorläufiger Rechtsschutz ist nach § 123 VwGO statthaft. Mit
Verfügung der begehrten neuen Wohnsitzauflage erledigt sich die **Zuweisungsentscheidung** allerdings nicht etwa auf sonstige Weise, sondern bleibt (zunächst ohne praktische Relevanz, da der Pflicht
nach § 50 VI bereits entsprochen wurde und nun woanders gewohnt werden darf) bestehen. Denn
sollte der Asylbewerber seinen Lebensunterhalt sichern können und deshalb die Beseitigung der neuen
Wohnsitzauflage erreichen, dann aber wieder sozialleistungsbedürftig werden, so kann er Leistungen
gem. § 10a I AsylbLG weiterhin nur bei dem für ihn zugewiesenen Träger erhalten. Auf diese Weise
wird dem Grundsatz der gleichmäßigen Verteilung der Sozialasten durchgängig entsprochen.

Ist hingegen der (der Höhe nach durch das AsylbLG bestimmte) **Lebensunterhalt gesichert** bzw. 15
wird er während des Prozesses (die Wohnsitzauflage ist ein VA mit Dauerwirkung[33] und im Übrigen
gilt § 77 I) zB durch Abgabe einer tragfähigen Verpflichtungserklärung nach § 68 AufenthG gesichert,
ist eine Wohnsitzauflage auf der Grundlage des § 60 nicht mehr zulässig. Da nach dem klaren Wortlaut
des Gesetz Abs. 2 jetzt als Ermächtigungsgrundlage ausscheidet, greift auch die Spezialzuständigkeit des
Abs. 3 S. 5 in diesem Fall nicht; sie kann auch nicht erweiternd dahingehend ausgelegt werden, dass
bei gewichtigen familiären oder humanitären Gründen[34] auch bei Sicherung des Lebensunterhalts
gegen die („Wunsch"-)Behörde iSv Abs. 2 S. 1 Nr. 3 **Verpflichtungsbegehren bzw. -klage (nur)
auf Aufhebung gemäß** §§ 51 I Nr. 1, 49 I VwVfG der nach Abs. 3 S. 2 mit der Zuweisung
verbundenen Wohnsitzauflage erhoben werden kann. Dieses Verpflichtungsbegehren muss vielmehr
bei der gem. § 50 IV **zuständigen Landesbehörde** geltend gemacht werden, die zusammen mit der
Zuweisungsentscheidung die streitige Wohnsitzauflage erlassen hat; VK ist dann bei dem für diese

---

[27] Zum alten Recht vgl. VGH BW Beschl. v. 28.3.1985 – A 12 S 119/85.
[28] Vgl. BayVGH Beschl. v. 29.1.1986 – 25 CS 85 C 764, ZAR 1987, 33.
[29] Zur Aufenthaltsgestattung → § 63 Rn. 3; zum Erlöschen → § 67 Rn. 2.
[30] → Rn. 2; *Hailbronner* AsylG § 60 Rn. 15; zum Unterschied vgl. HessVGH Beschl. v. 12.7.1984 – 10 TH 1852/84, InfAuslR 1985, 290; aA *Marx* § 60 Rn. 49; VGH BW Beschl. v. 18.4.1983 – A 12 S 1141/82, VBlBW 1984, 88; BayVGH Beschl. v. 12.10.1984 – 21 CE 84 C.473, EZAR 632 Nr. 3; aA zum alten Recht noch OVGNRW Beschl. v. 22.3.1982 – 17 B 2085/81, DVBl 1982, 847.
[31] Dazu → § 50 Rn. 37 und → § 74 Rn. 10 ff.
[32] Hierzu bei → § 50 Rn. 20 ff.
[33] Vgl. BVerwG Beschl. v. 19.8.2014 – 1 C 7.14, Rn. 9.
[34] Hierzu bei → § 50 Rn. 20 ff.

Landesbehörde zuständigen VG zu erheben (vgl. § 52 Nr. 2 S. 3, Nr. 3 VwGO)[35]. Vorläufiger Rechtsschutz ist auch in diesen Fällen nach § 123 VwGO statthaft. Mit Aufhebung dieser Wohnsitzauflage kann dann, weil die idR dreimonatige Residenzpflicht ohnehin gemäß § 59a erloschen sein wird, umgezogen werden. Die Zuweisungsentscheidung bleibt auch in dieser Konstellation unabhängig hiervon bestehen und erledigt sich nicht etwa auf sonstige Weise, denn für den Fall, dass erneut Sozialleistungen beantragt werden, geht dies gem. § 10a I 1 AsylbLG weiterhin ausschließlich beim zugewiesenen Sozialleistungsträger. Auf diese Weise wird dem Grundsatz der gleichmäßigen Verteilung der Soziallasten entsprochen.

16   Zwar verpflichtet der klare Wortlaut des § 53 I 1 („sollen in der Regel") aus rechtspolitischen Gründen auch bei Sicherung des Lebensunterhalts grundsätzlich zur Unterbringung in einer **Gemeinschaftsunterkunft**[36]. Aufgrund der Trennung von Aufgabe und Befugnis fehlt es bei Sicherung des Lebensunterhalts nach Aufhebung der mit der Zuweisungsentscheidung ergangenen Wohnsitzauflage nun aber an einer Rechtsgrundlage für den Erlass einer neuen Wohnsitzauflage mit dem Inhalt „Gemeinschaftsunterkunft X". In § 53 I 1 kann eine solche Ermächtigungsgrundlage auch nicht hineingelesen werden. Wer mithin die Aufhebung der mit der Zuweisungsentscheidung ergangenen ersten Wohnsitzauflage erreicht hat und seinen Lebensunterhalt sichert, der muss – so lange – auch nicht mehr in einer Gemeinschaftsunterkunft wohnen. Wegen Art. 31 GG kann sich eine solche Pflicht auch nicht aus Landesrecht ergeben. Geld ist für den Asylbewerber hier insoweit also tatsächlich „geprägte Freiheit".

§ 61 Erwerbstätigkeit

(1) ¹Für die Dauer der Pflicht, in einer Aufnahmeeinrichtung zu wohnen, darf der Ausländer keine Erwerbstätigkeit ausüben. ²Abweichend von Satz 1 ist dem Ausländer die Ausübung einer Beschäftigung zu erlauben, wenn
1. das Asylverfahren nicht innerhalb von neun Monaten nach der Stellung des Asylantrags unanfechtbar abgeschlossen ist,
2. die Bundesagentur für Arbeit zugestimmt hat oder durch Rechtsverordnung bestimmt ist, dass die Ausübung der Beschäftigung ohne Zustimmung der Bundesagentur für Arbeit zulässig ist,
3. der Ausländer nicht Staatsangehöriger eines sicheren Herkunftsstaates (§ 29a) ist und
4. der Asylantrag nicht als offensichtlich unbegründet oder als unzulässig abgelehnt wurde, es sei denn das Verwaltungsgericht hat die aufschiebende Wirkung der Klage gegen die Entscheidung des Bundesamtes angeordnet.

Ausländern, die seit mindestens sechs Monaten eine Duldung nach § 60a des Aufenthaltsgesetzes besitzen, kann die Ausübung einer Beschäftigung erlaubt werden. ³Die §§ 39, 40 Absatz 1 Nummer 1 und Absatz 2 und die §§ 41 und 42 des Aufenthaltsgesetzes gelten entsprechend für Ausländer nach Satz 2.

(2) ¹Im Übrigen kann einem Asylbewerber, der sich seit drei Monaten gestattet im Bundesgebiet aufhält, gemäß § 4a Absatz 4 des Aufenthaltsgesetzes die Ausübung einer Beschäftigung erlaubt werden, wenn die Bundesagentur für Arbeit zugestimmt hat oder durch Rechtsverordnung bestimmt ist, dass die Ausübung der Beschäftigung ohne Zustimmung der Bundesagentur für Arbeit zulässig ist. ²Ein geduldeter oder rechtmäßiger Voraufenthalt wird auf die Wartezeit nach Satz 1 angerechnet. ³Die §§ 39, 40 Absatz 1 Nummer 1 und Absatz 2 und die §§ 41 und 42 des Aufenthaltsgesetzes gelten entsprechend. ⁴Einem Ausländer aus einem sicheren Herkunftsstaat gemäß § 29a, der nach dem 31. August 2015 einen Asylantrag gestellt hat, darf während des Asylverfahrens die Ausübung einer Beschäftigung nicht erlaubt werden. ⁵Absatz 1 Satz 2 bleibt unberührt.

I. Entstehungsgeschichte

1   Die Vorschrift geht auf § 20 II 7 AsylVfG 1982 zurück. Sie entspricht dem **Gesetzesentwurf 1992** (§ 59)[1]. Die Lockerung des Arbeitsverbots nach einem Jahr Aufenthalt (durch Art. 3 Nr. 37 ZuwG) war zunächst nicht in Kraft getreten[2]. Abs. 2 wurde entsprechend dem Gesetzesentwurf (BT-Drs. 15/420, 43) und des Ergebnisses des Vermittlungsverfahrens[3] mWz **1.1.2005** neu gefasst (Art. 3 Nr. 39

---

[35] Ist die Klage allerdings schon zulässig bei dem über Abs. 3 S. 5 zuständigen VG erhoben worden, zB weil die Sicherung des Lebensunterhalts zunächst nicht gegeben war, bleibt dieses VG natürlich für den anhängigen Prozess nach dem Grundsatz „perpetuatio fori" weiter zuständig.
[36] Nach Landesrecht kann diese („vorläufige") Unterbringung in einer Gemeinschaftsunterkunft jahrelang vorgesehen werden, vgl. etwa § 9 I Nr. 4 FlüAG BW, der von 24 Monaten ausgeht. Grundsätzlich erst hernach soll es hier zur „Anschlussunterbringung" außerhalb einer Gemeinschaftsunterkunft kommen.
[1] BT-Drs. 12/2062, 16.
[2] → Vorb. Rn. 19.
[3] BT-Drs. 15/3479, 14.

Erwerbstätigkeit § 61 AsylG 7

ZuwG). Das RLUmsG **2007** fügte in Abs. 2 den neuen S. 2 ein, damit bei der Berechnung der Wartezeit für den Arbeitsmarktzugang Zeiten eines rechtmäßigen oder auch nur geduldeten Aufenthalts mitberücksichtigt werden. Das RLUmsG 2011 und das RLUmsG 2013 hatten keine Änderungen vorgenommen. MWz 6.11.2014 wurde durch **Gesetz vom 27.10.2014** (BGBl. I S. 1649) in Abs. 2 S. 1 die Wartezeit von einem Jahr auf die heutigen drei Monate verkürzt. Der Gesetzgeber[4] begründete dies wie folgt: „Es handelt sich um eine Verkürzung der Sperrfrist vor Ausübung einer Beschäftigung im Bundesgebiet. Dadurch soll die Abhängigkeit der Asylbewerber von öffentlichen Sozialleistungen reduziert werden. Die Regelung stellt zugleich eine vorweggenommene Anpassung der deutschen Rechtslage an die Bestimmung in Artikel 15 der Richtlinie des Europäischen Parlaments und des Rates zur Festlegung von Normen für die Aufnahme von Asylbewerbern (Neufassung der Richtlinie 2003/9/EG des Rates vom 27. Januar 2003) dar." § 61 ist **europarechtskonform** und entspricht insbesondere den Vorgaben des Art. 11 EU-Aufnahme-RL aF bzw. Art. 15 der novellierten EU-Aufnahme-RL 2013/33/EU. Das **AsylVfBeschlG 2015** ersetzte den alten Abs. 2 S. 3 („Die §§ 39 bis 42 AufenthG gelten entsprechend.") und fügte die neuen S. 3–4 ein. Der Gesetzgeber begründete dies wie folgt[5]: „Durch die Änderung in Satz 3 wird die in § 40 Absatz 1 Nummer 2 AufenthG angeordnete Versagung, wonach Asylsuchende nicht als Leiharbeitnehmerin oder Leiharbeitnehmer tätig werden dürfen, aus dem AsylG gestrichen. Die Versagung wird in eine für Asylsuchende und Geduldete gemeinsame Regelung in § 32 der BeschV überführt. Mit dem angefügten Satz 4 wird für Asylbewerber aus sicheren Herkunftsstaaten, die ab dem 1. September 2015 einen Asylantrag gestellt haben, ein über § 61 hinausreichendes Beschäftigungsverbot während des Asylverfahrens eingeführt. Im Fall der Ablehnung des Asylantrags gilt die Versagungsregelung von § 60a Absatz 6 des Aufenthaltsgesetzes." Die Asylpakete und das IntG 2016 haben keine Änderungen vorgenommen. Das **FachkräfteeinwanderungsG 2019**[6] ersetzte in Abs. 2 S. 1 die Wörter „abweichend von § 4 Abs 3" als Folgeänderung zum neu gefassten § 4a AufenthG in „gemäß § 4a Abs 4"[7]. Das **2. RückkehrG 2019**[8] fügte in Abs. 1 die neuen S. 2–4 sowie in Abs. 2 den neuen S. 5 an. Zur Begründung gab der Gesetzgeber ua an, dass § 61 hierdurch hinsichtlich der Beschäftigungserlaubnis für Ausländer mit Aufenthaltsgestattung angepasst wird. Dies sei geboten gewesen für Ausländer, für die die Entscheidung über ihren Asylantrag durch das Bundesamt nach neun Monaten Verfahrensdauer noch aussteht, um den Vorgaben aus Art. 15 I EU-Aufnahme-RL zu entsprechen. Über diese europarechtliche Vorgabe hinausgehend werde der gleiche Maßstab auch für Ausländer mit Aufenthaltsgestattung, die sich im gerichtlichen Verfahren befinden, normiert. Die Ausübung einer Beschäftigung sei dem Ausländer nur bei Vorliegen sämtlicher Voraussetzungen des § 61 I 2 Nr. 1–4 zu erlauben. Dabei stelle die Staatsangehörigkeit eines sicheren Herkunftsstaates einen Versagungsgrund für den Zugang zum Arbeitsmarkt dar. Ebenso sei ein Arbeitsmarktzugang nicht zu gewähren, wenn der Asylantrag zuvor als offensichtlich unbegründet oder als unzulässig abgelehnt wurde, es sei denn das VG habe die aufschiebende Wirkung der Klage gegen die Entscheidung des Bundesamts angeordnet. Zudem könne Geduldeten, die zum Wohnen in einer Aufnahmeeinrichtung verpflichtet sind, nach sechsmonatigem Besitz einer Duldung die Beschäftigung erlaubt werden, wobei die Verpflichtung zum Aufenthalt in einer Aufnahmeeinrichtung nicht als Versagensgrund herangezogen werden könne. Die §§ 39, 40 I Nr. 1, II und §§ 41 und 42 AufenthG würden entsprechend für Ausländer nach S. 2 gelten[9].

Der Entwurf[10] des „**Gesetzes zur Einstufung Georgiens, der Demokratischen Volksrepublik Algerien, des Königreichs Marokko und der Tunesischen Republik als sichere Herkunftsstaaten**" vom 29.10.2018 sah vor, Abs. 2 folgenden neuen S. 5 anzufügen: „Satz 4 gilt nicht für Staatsangehörige der Demokratischen Volksrepublik Algerien, Georgiens, des Königreiches Marokko und der Tunesischen Republik, die am ... bereits eine Beschäftigung ausüben oder die vor dem ... einen Ausbildungsvertrag für eine im Jahr 2018 beginnende qualifizierte Berufsausbildung in einem staatlich anerkannten oder vergleichbar geregelten Ausbildungsberuf abgeschlossen haben." Im Zusammenhang mit der Ergänzung von Anlage II zu § 29a um diese dort bestimmten sicheren Herkunftsstaaten sollte den von dort kommenden Asylbewerbern, die am Tag des Kabinettsbeschlusses bereits mit Zustimmung der Ausländerbehörde in einem Beschäftigungsverhältnis stehen, die Weiterbeschäftigung und die Aufnahme weiterer Beschäftigungen bzw. die Berufsausbildung ermöglicht werden. Da das Gesetz bei Redaktionsschluss nicht verabschiedet war, erscheint es inzwischen unwahrscheinlich, dass es eines Tages noch in Kraft treten wird.

---

[4] Vgl. BT-Drs. 17/13556, 8.
[5] Vgl. BT-Drs. 18/6185, 49.
[6] FEG v. 15.8.2019, BGBl. I S. 1307, in Kraft getreten am 1.3.2020.
[7] Vgl. BT-Drs. 19/8285, 51.
[8] Zweites Gesetz zur besseren Durchsetzung der Ausreisepflicht v. 15.8.2019, BGBl. I S. 1294, in Kraft getreten am 21.8.2019.
[9] Vgl. BT-Drs. 19/10706, 16.
[10] BT-Drs. 19/5314.

II. Allgemeines

2 Die Zulassung von Asylbewerbern zum Arbeitsmarkt und zur selbstständigen Tätigkeit war in den letzten Jahrzehnten einem ständigen **Wechsel** unterworfen. Wartezeiten unterschiedlicher Dauer waren ebenso vertreten wie ein absolutes Arbeitsverbot und die Möglichkeit einer ausländerbehördlichen Auflage[11]. Während heute Abs. 1 S. 1 zunächst jedwede Erwerbstätigkeit ausschließt, eröffnen Abs. 1 S. 2, Abs. 1 S. 3 und Abs. 2 die Möglichkeit einer abhängigen Beschäftigung. Außerdem darf sowohl eine selbstständige als auch eine unselbstständige Tätigkeit durch eine Auflage der Ausländerbehörde zur Aufenthaltsgestattung geregelt werden[12]. Der Unterschied bzgl. der Erwerbsmöglichkeiten einerseits gem. Abs. 1 S. 2 und andererseits nach Abs. 1 S. 3 und Abs. 2 ist va, dass die Privilegierung des Abs. 1 S. 2 **zwingend** einzuräumen ist, wohingegen iRd Abs. 1 S. 3 und Abs. 2 – auch zu Lasten des Ausländers – **Ermessen** ausgeübt werden darf. Deshalb betont der Gesetzgeber zu Abs. 1 S. 2 (→ Rn. 1), dass dieses Privileg nur streng bei Vorliegen sämtlicher Voraussetzungen des § 61 I 2 Nr. 1–4 zu gewähren ist. Insoweit könnte allerdings ein offener Widerspruch zwischen Abs. 1 S. 2 Nr. 3 und dem neuen Abs. 2 S. 5 iVm S. 4 gesehen werden. Dieser ließe sich dahingehend lösen, dass Nr. 3 im Lichte von Art. 15 Aufnahme-RL insoweit unanwendbar ist, dh, doch auch **sicheren Herkunftsstaatlern** bei Vorliegen nur der Nr. 1, 2 und 4 die Ausübung einer Beschäftigung zu erlauben ist; da bei dieser Personengruppe der Asylantrag nach § 29a I regelmäßig als offensichtlich unbegründet abgelehnt wird, scheitert der Arbeitsanspruch aber auch bei dieser Auslegung wohl meist an Abs. 1 S. 2 Nr. 4. Der Gesetzgeber wollte eine solche Auslegung allerdings offenkundig ausdrücklich nicht, sondern sichere Herkunftsstaatler **grundsätzlich sperren**[13]. Deshalb spricht mehr für die Auslegung, dass der neue Verweis in Abs. 2 S. 5 eine (unnötige) Bestätigung ist, dass Abs. 1 S. 2 auch nicht für diese Personengruppe gilt[14]. Staatsangehörige sicherer Herkunftsstaaten sind im Falle der Ablehnung ihres Asylantrags mithin stets von einer Erwerbstätigkeit ausgeschlossen. Die „Kann"-Regelung für Geduldete in § 61 I 2 Hs. 2 wird hier auch vom strikten Versagungsgrund des § 60a VI Nr. 3 AufenthG überlagert. Es ist daher unerheblich, ob das BAMF den Asylantrag eines Staatsangehörigen eines sicheren Herkunftsstaates als offensichtlich unbegründet oder nur als einfach unbegründet abgelehnt hat. Die **Neun-Monats-Frist** gem. Abs. 1 S. 2 Nr. 1 beginnt ab dem Asylantrag iSv § 13; bei Nr. 4 kommt es nur auf die Entscheidung des BAMF an; diese muss, damit kein Arbeitsrecht entsteht, nicht bestandskräftig sein, sollte das VG den Eilantrag abgelehnt haben. Bzgl. des Verweises in Abs. 1 S. 4 wird auf die entsprechenden Kommentierungen im AufenthG verwiesen.

III. Verbot und Zulassung von Erwerbstätigkeit

3 Das **absolute Verbot** jeder Erwerbstätigkeit während der Verpflichtung zum Wohnen in einer Aufnahmeeinrichtung hindert die Erteilung einer Zustimmung (früher Arbeitsgenehmigung) der BA von Gesetzes wegen. Kompetenzkonflikte zwischen Ausländerbehörde und Arbeitsagentur können insoweit nicht entstehen. Selbstständige Tätigkeiten sind während dieses Zeitraums ebenfalls ausnahmslos untersagt. Dieses uneingeschränkte Erwerbstätigkeitsverbot erscheint angesichts des Beschleunigungszwecks und der regelmäßig relativ überschaubaren Dauer (§ 47 I) nicht unvertretbar.

4 Generell streitig ist die Zulässigkeit einer Auflage, auch nach Ablauf der Wohnverpflichtung keine unselbstständige oder selbstständige Erwerbstätigkeit aufzunehmen (sog. **Arbeitsverbot**). Die frühere **Sperrzeit** von einem Jahr war lange politisch umstritten, weil diese Beschränkungen den Asylbewerber zu einem in jeder Hinsicht unbefriedigenden Nichtstun zwingen, was seine geistigen und beruflichen Fähigkeiten auf Dauer schädigen kann und dessen Sinn der Bevölkerung meist nicht einzuleuchten vermag. Dennoch verstößt ein gesetzliches oder behördliches Arbeitsverbot weder grundsätzlich gegen die Menschenwürde noch gegen die Asylrechtsgarantie noch gegen Europarecht[15], denn die Erhaltung einer menschenwürdigen Existenz ist anders, nämlich durch Sozialhilfe (nach dem AsylbLG), gesichert[16]. Die bis Ende 2004 in Abs. 2 enthaltene Ausnahme für unselbstständige Erwerbstätigkeiten zugunsten sog. Bona-fide-Flüchtlinge setzte die Asylanerkennung zumindest in einer Verfahrensstufe voraus, die Flüchtlingsanerkennung reichte für diese Vergünstigung nicht aus. Die Verkürzung des Arbeitsverbots auf nur noch drei Monate seit 6.11.2014 (→ Rn. 1) war politisch wiederum umstritten,

---

[11] Zu der Entwicklung im Einzelnen vgl. zB das Jahresgutachten 2004 S. 134.
[12] → § 60 Rn. 2; zum Inhalt → Rn. 5.
[13] Vgl. BT-Drs. 19/10706, 16.
[14] Vielleicht liegt insoweit ein Redaktionsversehen vor und es sollte eigentlich heißen: „Abs 1 *Satz 3* bleibt unberührt.", was sinnvoll wäre, aber nicht gegen den Wortlaut zurechtkommentiert werden kann.
[15] Bei Dublin-Fällen gem. § 29 I Nr. 1 ist ein generelles Arbeitsverbot allerdings unionsrechtswidrig; vgl. EuGH Urt. v. 14.1.2021 – C-322/19 – K.S.; hierzu *Habbe* Asylmagazin 4/2021, 111.
[16] Vgl. BVerfG Beschl. v. 20.9.1983 – 2 BvR 1445/83, NJW 1984, 558; BVerwG Beschl. v. 23.9.1981 – 1 B 90.81, InfAuslR 1981, 328; BSG Urt. v. 25.10.1989 – 7 RAr 94/88, InfAuslR 1990, 90; VGH BW Beschl. v. 31.7.1981 – 1 S 1048/81, EZAR 221 Nr. 11; Beschl. v. 5.3.1981 – 1 S 2137/80, EZAR 221 Nr. 13.

weil dadurch der Anreiz entstehen konnte, mithilfe eines gegebenenfalls länger andauernden Asylverfahrens primär zum Arbeiten nach Deutschland zu kommen.

Das ausländerbehördliche Arbeitsverbot (durch Auflage) ist insoweit unbedenklich, als es mit den **Kompetenzen der Arbeitsagenturen** kollidiert. Die ausländerbehördliche Auflage schließt einerseits eine Zustimmung der BA aus, darf aber andererseits nicht ausschließlich auf arbeitsmarktpolitische Erwägungen gestützt sein. Wegen des gesetzlichen Verbots nach Abs. 1[17] gewinnt das Arbeitsverbot der Ausländerbehörde nur bei längerer Verfahrensdauer Bedeutung. Gegenüber einem Folgeantragsteller kann zur Begründung die allgemeine fremdenpolitische Erwägung genügen, asylfremde Nebenzwecke sollten nicht gefördert werden[18]. Indes können im Einzelfall bei überlanger Dauer und gesteigerter Sensibilität des Asylbewerbers oder seines Berufs (zB Musiker, Chirurg, Artist) die Beeinträchtigungen so einschneidend wirken, dass sie unzumutbar werden. Im Allgemeinen rechtfertigt auch der drohende Verlust von Anwartschaften in der Sozialversicherung keine Ausnahme von einem generellen Arbeitsverbot[19]. Nach dem Gesetzeszweck ungerechtfertigt kann das Arbeitsverbot bei einem deutsch-verheirateten Asylbewerber sein[20].

Mit dem seit 6.11.2014 neu gefassten Abs. 2 ist für Asylbewerber schon **nach drei Monaten Aufenthaltsgestattung** die Möglichkeit der Zulassung zum Arbeitsmarkt in ähnlicher Weise geschaffen wie früher. **Grundsätzlich** besteht aber danach das **Verbot** auch für die unselbstständige Erwerbstätigkeit fort. Die Abweichung von § 4 III AufenthG bedeutet, dass der Asylbewerber keinen Aufenthaltstitel besitzt, der Auskunft über die Erlaubnis zur Erwerbstätigkeit geben kann. Es bedarf der Zustimmung der BA, sofern diese nicht entbehrlich ist. In diesem Zusammenhang sind insbesondere die Arbeitsmarktverträglichkeit und der Vorrang ua von Unionsbürgern zu prüfen. Die Mindestdauer von drei Monaten gestatteten Aufenthalts im Bundesgebiet erfordert den Bestand der Aufenthaltsgestattung seit Äußerung des Asylgesuchs (§ 13 I) während dieser Zeit bzw. – seit dem RLUmsG 2007 (→ Rn. 1) – einen geduldeten oder rechtmäßigen Voraufenthalt. Der Zweck der Sperrzeit besteht grundsätzlich in dem gezielten Ausschluss vom Arbeitsmarkt als Reaktion auf den Asylantrag. Mit dem durch das AsylVfBeschlG 2015 neu eingefügten Abs. 2 S. 4 sollen Menschen aus sicheren Herkunftsstaaten, insbesondere des **Westbalkans,** abgeschreckt werden, nach Deutschland mithilfe eines Asylantrags zum Arbeiten zu kommen. Für diese Personengruppe will insbesondere der damals zugleich eingeführte § 26 II BeschV asylunabhängige Arbeitsmöglichkeiten schaffen. Ob das Beschäftigungsverbot des Abs. 2 S. 4 nach Ablauf von neun Monaten mit Art. 15 EU-Aufnahme-RL 2013/33/EU[21] vereinbar ist, war umstritten; hierzu wurden Rufe nach einer Klärung mittels EuGH-Vorlage laut[22]. Der Streit hierzu scheint allerdings seit 2019 entschärft, seitdem gem. Abs. 2 S. 5 iVm Abs. 1 S. 2 bei Vorliegen der dortigen Voraussetzungen die Ausübung einer Beschäftigung zu erlauben ist (→ Rn. 2). Damit dürfte grundsätzlich von einer Europarechtskonformität auszugehen sein, weil Art. 15 EU-Aufnahme-RL keine Ansprüche mehr gewährt, sobald das BAMF den Asylbescheid erlassen hat.

IV. Verwaltungsverfahren und Rechtsschutz

Das gesetzliche Verbot des **Abs. 1 S. 1** bedarf keiner Umsetzung durch einen VA; Rechtsmittel sind insoweit ausgeschlossen. Die Versagung der Erlaubnis nach **Abs. 2** kann unabhängig davon mit der Verpflichtungsklage angegriffen werden, ob die BA die Zustimmung verweigert oder die Ausländerbehörde aufgrund eigenen Ermessens die Erlaubnis ablehnt. Ebenso angefochten werden kann die vollständige oder teilweise Ablehnung der Erlaubnis nach Abs. 2, und zwar auch dann, wenn sie in Form einer **Auflage** ergeht. In diesen Fällen handelt es sich um eine selbstständige und nicht um eine modifizierende Auflage[23]. Der Bestand der Aufenthaltsgestattung wird dem Asylbewerber immer gewährleistet. Die Befugnis zur Erwerbstätigkeit stellt eine zusätzliche Position dar (anders gestaltet als nach § 4a IV AufenthG); durch deren Ablehnung wird nicht etwa die Aufenthaltsgestattung beschränkt mit der Folge, dass gegen diese Einschränkung die Anfechtungsklage gegeben wäre.

---

[17] Zu früheren Wartezeitregelungen allg. *Friehe* ZAR 1981, 172; *Mülheims*, Das Arbeitsverbot für Asylbewerber, 1991.
[18] BayVGH Beschl. v. 12.10.1984 – 21 CE 84 C.473, EZAR 632 Nr. 3; Urt. v. 11.3.1986 – 21 B 86.30 040, BayVBl. 1986, 435.
[19] BVerwG Beschl. v. 11.4.1983 – 1 B 7.83, InfAuslR 1983, 210.
[20] OVG NRW Urt. v. 14.10.1981 – 18 A 1719/81, NVwZ 1983, 111.
[21] Art. 15 I EU-Aufnahme-RL: „Die Mitgliedstaaten tragen dafür Sorge, dass der Antragsteller spätestens neun Monate nach der Stellung des Antrags auf internationalen Schutz Zugang zum Arbeitsmarkt erhält, sofern die zuständige Behörde noch keine erstinstanzliche Entscheidung erlassen hat und diese Verzögerung nicht dem Antragsteller zur Last gelegt werden kann."
[22] Vgl. *Hofmann* EuR 2018, 289.
[23] BayVGH Urt. v. 11.3.1986 – 21 B 86.30 040, BayVBl. 1986, 435; HessVGH Beschl. v. 12.7.1984 – 10 TH 1852/84, InfAuslR 1985, 290; aA *Marx* § 61 Rn. 12; vgl. auch *Wittmann* ZAR 2022, 131.

§ 62 Gesundheitsuntersuchung

(1) ¹Ausländer, die in einer Aufnahmeeinrichtung oder Gemeinschaftsunterkunft zu wohnen haben, sind verpflichtet, eine ärztliche Untersuchung auf übertragbare Krankheiten einschließlich einer Röntgenaufnahme der Atmungsorgane zu dulden. ²Die oberste Landesgesundheitsbehörde oder die von ihr bestimmte Stelle bestimmt den Umfang der Untersuchung und den Arzt, der die Untersuchung durchführt.

(2) ¹Das Ergebnis der Untersuchung ist der für die Unterbringung zuständigen Behörde mitzuteilen. ²Wird bei der Untersuchung der Verdacht oder das Vorliegen einer meldepflichtigen Krankheit nach § 6 des Infektionsschutzgesetzes oder eine Infektion mit einem Krankheitserreger nach § 7 des Infektionsschutzgesetzes festgestellt, ist das Ergebnis der Untersuchung auch dem Bundesamt mitzuteilen.

I. Entstehungsgeschichte

1   Die Vorschrift entspricht dem **Gesetzesentwurf 1992** (§ 60)[1]. Sie hat kein Vorbild im AsylVfG 1982. Die RLUmsG 2007 und 2011 und 2013 haben keine Änderungen vorgenommen. Das **AsylVfBeschlG 2015** fügte Abs. 2 den neuen S. 2 an mit der Begründung[2]: „Die Datenübermittlung soll dem Bundesamt dabei helfen, mögliche Gesundheitsrisiken für seine Mitarbeiter zu erkennen und entsprechende Schutzmaßnahmen zu entwickeln. Es gelten die allgemeinen datenschutzrechtlichen Bestimmungen (Bundesdatenschutzgesetz). Eine Antragstellung des Ausländers beim Bundesamt bleibt weiterhin auch vor der Untersuchung möglich." Die Asylpakete und das IntG 2016 haben keine Änderungen vorgenommen. § 62 ist **europarechtskonform** und entspricht insbesondere den Vorgaben des Art. 9 EU-Aufnahme-RL aF bzw. Art. 13 der novellierten EU-Aufnahme-RL 2013/33/EU, der ausdrücklich regelt, dass die Mitgliedstaaten die medizinische Untersuchung von Antragstellern aus Gründen der öffentlichen Gesundheit anordnen können.

II. Ärztliche Untersuchung

2   Die Schaffung einer **gesetzlichen Grundlage** für die Gesundheitsuntersuchung ist im Interesse der öffentlichen Gesundheit gerechtfertigt. Umfang der Untersuchung und Person des Arztes werden von der obersten Landesgesundheitsbehörde oder einer von ihr beauftragten Stelle bestimmt. Anders als für die Durchsuchung nach § 15 IV ist hier das Geschlecht der Kontrollperson nicht vorgeschrieben. Eine analoge Anwendung ist mangels Regelungslücke nicht angezeigt und auch nicht zwingend geboten[3]. Eine generelle Untersuchung auf eine HIV-Infektion oder AIDS-Erkrankung erscheint angesichts des überragenden Gemeinschaftsinteresses an der Erkennung und Behandlung sowie der geringen Eingriffsintensität als nicht unzulässig[4].

III. Mitteilungspflicht

3   Für die Mitteilung sind die allgemeinen Anforderungen an den **Gesundheitsdatenschutz** zu beachten, also insbesondere die Grundsätze der Verhältnismäßigkeit und der strengen Zweckbindung. Danach darf die Mitteilung nur das zusammengefasste Ergebnis der Untersuchung enthalten. Nähere Einzelheiten sind nicht erforderlich. Die Adressaten der Mitteilung sind zur Wahrung der Zweckbindung verpflichtet. Die mit dem AsylVfBeschlG 2015 neu eingeführte Schutzmaßnahme für die BAMF-Mitarbeiter ist hoch sachdienlich und rechtlich unproblematisch.

§ 63 Bescheinigung über die Aufenthaltsgestattung

(1) ¹Dem Ausländer wird nach der Asylantragstellung innerhalb von drei Arbeitstagen eine mit den Angaben zur Person und einem Lichtbild versehene Bescheinigung über die Aufenthaltsgestattung ausgestellt, wenn er nicht im Besitz eines Aufenthaltstitels ist. ²Im Falle des Absatzes 3 Satz 2 ist der Ausländer bei der Asylantragstellung aufzufordern, innerhalb der Frist nach Satz 1 bei der zuständigen Ausländerbehörde die Ausstellung der Bescheinigung zu beantragen.

(2) ¹Die Bescheinigung ist zu befristen. ²Solange der Ausländer verpflichtet ist, in einer Aufnahmeeinrichtung zu wohnen, beträgt die Frist längstens drei und im Übrigen längstens sechs Monate.

---

[1] Vgl. BT-Drs. 12/2062, 16.
[2] BT-Drs. 18/6185, 49.
[3] AA für nichtärztliche Hilfspersonen *Marx* § 61 Rn. 5.
[4] Ähnlich *Hailbronner* AsylG § 62 Rn. 5; aA *Marx* § 61 Rn. 6 f.

(3) ¹Zuständig für die Ausstellung der Bescheinigung ist das Bundesamt, solange der Ausländer verpflichtet ist, in einer Aufnahmeeinrichtung zu wohnen. ²Im Übrigen ist die Ausländerbehörde zuständig, auf deren Bezirk die Aufenthaltsgestattung beschränkt ist oder in deren Bezirk der Ausländer Wohnung zu nehmen hat. ³Auflagen und Änderungen der räumlichen Beschränkung sowie deren Anordnung (§ 59b) können auch von der Behörde vermerkt werden, die sie verfügt hat.

(4) Die Bescheinigung soll eingezogen werden, wenn die Aufenthaltsgestattung erloschen ist.

(5) ¹Die Bescheinigung enthält folgende Angaben:
1. das Datum der Ausstellung des Ankunftsnachweises gemäß § 63a Absatz 1 Satz 2 Nummer 12,
2. das Datum der Asylantragstellung und
3. die AZR-Nummer.

²Im Übrigen gilt § 78a Absatz 5 des Aufenthaltsgesetzes entsprechend.

I. Entstehungsgeschichte

Die Vorschrift geht auf § 20 IV, V AsylVfG 1982 zurück. Sie entsprach ursprünglich dem **Ge-** **1** **setzesentwurf 1992** (§ 61)¹. Die Fristen des Abs. 2 S. 2 wurden entsprechend dem Gesetzesentwurf 1993² mWv 1.7.1993 im Hinblick auf die Wohnverpflichtung iSd § 47 I differenziert und in Abs. 4 die Wörter „von der Ausländerbehörde" gestrichen (Art. 1 Nr. 35 **AsylVfÄndG 1993**). Abs. 5 ist seit 1.1.2002 angefügt (Art. 12 Nr. 2 TerrbG) und seit 1.1.**2005** entsprechend dem Gesetzesentwurf³ durch die Bezugnahme auf § 78 VII AufenthG statt auf § 56a AuslG aktualisiert (Art. 3 Nr. 40 ZuwG). Das RLUmsG 2007 fügte in Abs. 1 in S. 1 die Worte „innerhalb von drei Tagen" ein und hier zudem den neuen S. 2 an. Der Gesetzgeber begründete dies wie folgt⁴: „Gemäß Artikel 6 Abs 1 Satz 1 der Richtlinie über die Aufnahmebedingungen für Asylbewerber [RL 2003/9/EG] tragen die Mitgliedstaaten der Europäischen Union dafür Sorge, dass den Asylbewerbern innerhalb von drei Tagen nach der Antragstellung bei der zuständigen Behörde eine Bescheinigung ausgehändigt wird, die auf ihren Namen ausgestellt ist und ihren Rechtsstatus als Asylbewerber bestätigt oder bescheinigt, dass sich die betreffende Person im Hoheitsgebiet des Mitgliedstaats aufhalten darf, solange ein Antrag zur Entscheidung anhängig ist bzw. geprüft wird. Das für die Durchführung von Asylverfahren zuständige Bundesamt für Migration und Flüchtlinge händigt dem Ausländer nach der Asylantragstellung ein Dokument aus, das seine Aufenthaltsgestattung im Sinne der §§ 55 ff. bescheinigt. Die Änderung des Absatzes 1 soll gewährleisten, dass das Bundesamt für Migration und Flüchtlinge dem Ausländer dieses Dokument innerhalb einer Frist von drei Tagen nach der Asylantragstellung aushändigt. Sofern die Ausländerbehörde für die Ausstellung der Bescheinigung nach Absatz 3 Satz 2 zuständig ist, ist eine fristgemäße Aushändigung der Bescheinigung nur sichergestellt, wenn sich der Antragsteller rechtzeitig bei der Ausländerbehörde meldet. Hierauf ist bei der Asylantragstellung hinzuweisen." Das RLUmsG 2011 hat keine Änderungen vorgenommen. Durch das Gesetz zur Anpassung des deutschen Rechts an die VO 380/2008/EG vom 18.4.2008 zur Änderung der VO 1030/2002 zur einheitlichen Gestaltung des Aufenthaltstitels für Drittstaatsangehörige (380/2008/EG-AnpG v. 12.4.2011, BGBl. I S. 610; in Kraft seit **1.9.2011**) wurde der Verweis in Abs. 5 auf § 78 VII AufenthG nunmehr durch die Angabe zu § 78a V AufenthG ersetzt. Das RLUmsG 2013 hat keine Änderungen vorgenommen. Das **AsylVfBeschlG 2015** ersetzte in Abs. 1 S. 1 – damit Fristen einheitlich in Arbeitstagen angegeben werden – das Wort „Tagen" durch „Arbeitstagen" und fügte in Abs. 3 S. 2 nach den Wörtern „beschränkt ist" die Wörter „oder in deren Bezirk der Ausländer Wohnung zu nehmen hat" ein – damit nach Wegfall der Verpflichtung nach § 47 I weiterhin eine Ausländerbehörde für die Ausstellung der Bescheinigung zuständig ist – sowie in S. 3 nach dem Wort „Beschränkung" noch die Wörter „sowie deren Anordnung (§ 59b)" –, damit iSd Rechtsklarheit auch die Anordnung einer räumlichen Beschränkung auf der Bescheinigung vermerkt ist⁵. Die Asylpakete und das IntG 2016 haben keine Änderungen vorgenommen. Art. 5 des mWv 9.8.2019 in Kraft getretenen **2. Datenaustauschverbesserungsgesetz** (BGBl. I S. 1131) fügte Abs. 5 S. 1 die neue Nr. 3 an, was der Gesetzgeber wie folgt begründete⁶: „Mit der AZR-Nummer kann der zu einem Ausländer gehörende Datensatz aus dem AZR aufgerufen werden. Die AZR-Nummer ist veränderungsstabil; sie kann zudem leichter und schneller durch Behördenmitarbeiter eingegeben werden, als die vollständigen Grundpersonalien, um einen Datensatz im Ausländerzentralregister aufzurufen. Die AZR-Nummer soll daher auch auf die Bescheinigung über die Aufenthaltsgestattung aufgedruckt

---

¹ BT-Drs. 12/2062, 16.
² BT-Drs. 12/4450, 8.
³ BT-Drs. 15/420, 43.
⁴ BT-Drs. 16/5065, 219.
⁵ Vgl. die Gesetzesbegründung in BT-Drs. 18/6185, 49.
⁶ Vgl. BR-Drs. 54/19, 26 und 80.

werden, um den Behörden das Aufrufen des korrekten Datensatzes im Ausländerzentralregister zu erleichtern."

II. Bescheinigung

2   Mit der – seit dem RLUmsG 2007 vom BAMF bzw. der Ausländerbehörde grundsätzlich binnen drei Arbeitstagen auszustellenden – Bescheinigung über die Aufenthaltsgestattung – die in der Regel zeitlich an den **Ankunftsnachweis** (§ 63a) anschließt – wird das mit dem Asylantrag iSd § 13 I entstehende gesetzliche Aufenthaltsrecht **deklaratorisch** verlautbart[7]. Sie enthält außer Namen, Vornamen, Staatsangehörigkeit und Geburtsdatum und -ort auch den zugewiesenen Wohnort bzw. räumliche Beschränkungen (weitere Angaben s. Abs. 5 iVm §§ 48 I, 78 VII AufenthG) und ist mit einem Lichtbild sowie – zur Verwaltungsvereinfachung (→ Rn. 1) – der AZR-Nummer versehen. Außerdem enthält sie seit 1.1.2002 eine Seriennummer und evtl. eine Zone für maschinenlesbare Angaben. Sie stellt aber weder einen Pass noch einen Passersatz dar (vgl. § 99 I Nr. 5 iVm §§ 2 ff., 55 ff. AufenthV). Dennoch kann sie etwa bei Beantragung einer Fahrerlaubnis als Nachweis von Tag und Ort der Geburt dienen, wenn keine konkreten Zweifel an der Richtigkeit dieser Daten bestehen[8]. Mit ihr genügt der Asylbewerber seiner **Ausweispflicht,** er darf aber mit ihr nicht die Grenze überschreiten (§ 64). Die Erteilung der Bescheinigung ist ebenso ein VA[9] wie deren Ablehnung[10]; in beiden Fällen handelt es sich um eine Einzelfallregelung in inhaltlicher, räumlicher und zeitlicher Hinsicht (§ 35 I VwVfG). Hinsichtlich des gesetzlichen Aufenthaltsrecht mit seinen gesetzlichen Beschränkungen (§§ 55 I 1 und 2, 56–59) wirkt sie deklaratorisch, hinsichtlich der (selbstständigen) Auflagen nach § 60 I und II enthält sie (konstitutiv) behördliche Regelungen. Die Behörde darf die Erteilung der Bescheinigung nicht von der vorherigen Aushändigung des Nationalpasses (§ 15 III Nr. 1) abhängig machen.

3   Die Bescheinigung wird **befristet** ausgestellt, was nicht bedeutet, dass die Aufenthaltsgestattung selbst befristet wird. Die Höchstdauer von drei bzw. sechs Monaten gilt jeweils für die erstmalige Erteilung wie für Verlängerungen. In beiden Fällen ist kein besonderer Antrag notwendig; die Bescheinigung wird auf den Asylantrag von Amts wegen ausgestellt und verlängert. Die angesichts der üblichen Verfahrensdauern relativ kurze Frist soll die **Kontrolle** über den Aufenthalt des Asylbewerbers erleichtern. Ihre Dauer steht im Ermessen der Behörde. Der Bestand der Aufenthaltsgestattung ist aber unabhängig vom Lauf der Frist; das gesetzliche Aufenthaltsrecht entsteht in der Regel vor Ausstellung der Bescheinigung und endet nach Maßgabe des § 67. Auch bei nicht rechtzeitiger Verlängerung wird der Aufenthalt während des Laufs des Asylverfahrens nicht unrechtmäßig.

4   Nach Ausstellung der Bescheinigung besteht kein Anlass zur Erteilung eines **deutschen Passersatzes,** es sei denn, der Asylbewerber beabsichtigt eine Auslandsreise und verfügt über keinen gültigen Nationalpass mehr[11]. Ob und in welcher Weise dem Asylbewerber seit Inkrafttreten des AufenthG ein deutscher Passersatz ausgestellt werden kann, ist fraglich. Seit 1.1.1991 gibt es keinen Fremdenpass mehr, und ein Asylbewerber kann die besonderen Voraussetzungen für einen Passersatz (§ 99 I Nr. 5 AufenthG iVm §§ 2 ff. AufenthV) in aller Regel nicht erfüllen. Insbesondere kann er einen Reiseausweis und einen Notreiseausweis nur ganz ausnahmsweise erhalten (§§ 5, 6 S. 1 Nr. 4, 13 ff. AufenthV). Damit sind ihm **Auslandsreisen** auch in anerkannt dringlichen Fällen praktisch unmöglich gemacht (zur Reise in den Heimatstaat während des Verfahrens vgl. § 33 II).

III. Verwaltungsverfahren

5   Die **funktionelle Zuständigkeit** ist zwischen BAMF und Ausländerbehörde je nach in der Regel Wohnverpflichtung des Asylbewerbers aufgeteilt. Ob die Zentrale des BAMF oder eine Außenstelle tätig werden muss, wird durch innerdienstliche Anordnung[12] bestimmt.

6   Für die **örtliche Zuständigkeit** der Ausländerbehörde ist der Geltungsbereich der Aufenthaltsgestattung (§ 56 I) maßgeblich. Da die Aufenthaltsgestattung immer (nur) für einen Aufenthaltsbezirk (beschränkt oder erweitert) besteht, sind positive wie negative Kompetenzkonflikte eigentlich ausgeschlossen. Auflagen und Änderungen können auch von der verfügenden Behörde eingetragen werden.

7   Die **Einziehung** der Bescheinigung obliegt seit 1.7.1993 nicht nur der Ausländerbehörde, sondern gegebenenfalls auch dem BAMF. Sie ist vom Eintritt des Erlöschens (§ 67 I) abhängig und für den Regelfall zwingend vorgeschrieben („soll"). Hiervon kann nur in atypischen Fällen abgewichen

---

[7] → § 55 Rn. 5 f.; vgl. auch § 67 I Nr. 2, II; betr. Folgeantrag → § 55 Rn. 10 f.; betr. Zweitantrag → § 55 Rn. 12.
[8] BVerwG Urt. v. 8.9.2016 – 3 C 16.15; vgl. auch *Rosenstein* ZAR 2017, 73.
[9] BVerwG Urt. v. 29.4.1988 – 9 C 54.87, BVerwGE 79, 291.
[10] AA OVG Bln Urt. v. 26.8.1986 – 4 B 87.85, InfAuslR 1987, 260.
[11] Betr. Fremdenpass nach § 4 AuslG 1965 vgl. BVerwG Beschl. v. 30.4.1984 – 1 B 48.84, NVwZ 1984, 592; HessVGH Beschl. v. 13.3.1990 – 12 TG 689/90, NVwZ-RR 1990, 514; zu den neuen passrechtlichen Vorschriften allg. *Maor* ZAR 2005, 222.
[12] → § 5 Rn. 14, 17.

werden, wenn zB die Bescheinigung bereits abgelaufen und die missbräuchliche Benutzung so gut wie ausgeschlossen ist und die Einziehung einen unverhältnismäßigen Aufwand verursachen würde. Im Falle des § 67 II war zuvor eine Bescheinigung noch nicht erteilt, obwohl die gesetzliche Aufenthaltsgestattung schon entstanden war[13]; eine Einziehung kommt also insoweit nicht in Betracht. Ist die Bescheinigung unrichtig, kann der Asylbewerber hieraus Rechte nicht herleiten; sie bedarf aber der Aufhebung als fehlerhafter Verwaltungsakt, und zwar durch Rücknahme (§ 48 VwVfG)[14].

IV. Rechtsschutz

Gegen die **Verweigerung** der Aufenthaltsgestattung kann Verpflichtungsklage (§ 42 II VwGO) 8 erhoben werden; vorläufiger Rechtsschutz wird insoweit nach § 123 VwGO gewährt[15]. Soweit selbstständige **Auflagen** nach § 60 beigefügt sind, kann gegen sie mit der Anfechtungsklage (§ 42 I VwGO) und dem Antrag nach § 80 V VwGO vorgegangen werden[16]. Gegen die **Einziehung** sind ebenfalls Anfechtungsklage und vorläufiger Rechtsschutz nach § 80 V VwGO gegeben.

§ 63a Bescheinigung über die Meldung als Asylsuchender

(1) ¹Einem Ausländer, der um Asyl nachgesucht hat und nach den Vorschriften des Asylgesetzes oder des Aufenthaltsgesetzes erkennungsdienstlich behandelt worden ist, aber noch keinen Asylantrag gestellt hat, wird unverzüglich eine Bescheinigung über die Meldung als Asylsuchender (Ankunftsnachweis) ausgestellt. ²Dieses Dokument enthält folgende sichtbar aufgebrachte Angaben:
1. Name und Vornamen,
2. Geburtsname,
3. Lichtbild,
4. Geburtsdatum,
5. Geburtsort,
6. Abkürzung der Staatsangehörigkeit,
7. Geschlecht,
8. Größe und Augenfarbe,
9. zuständige Aufnahmeeinrichtung,
10. Seriennummer der Bescheinigung (AKN-Nummer),
11. ausstellende Behörde,
12. Ausstellungsdatum,
13. Unterschrift des Inhabers,
14. Gültigkeitsdauer,
15. Verlängerungsvermerk,
16. das Geschäftszeichen der Registerbehörde (AZR-Nummer),
17. Vermerk mit den Namen und Vornamen der begleitenden minderjährigen Kinder und Jugendlichen,
18. Vermerk, dass die Angaben auf den eigenen Angaben des Inhabers beruhen,
19. Vermerk, dass der Inhaber mit dieser Bescheinigung nicht der Pass- und Ausweispflicht genügt,
20. maschinenlesbare Zone und
21. Barcode.

³Die Zone für das automatische Lesen enthält die in Satz 2 Nummer 1, 4, 6, 7, 10 und 14 genannten Angaben, die Abkürzung „MED", Prüfziffern und Leerstellen. ⁴Der automatisch erzeugte Barcode enthält die in Satz 2 genannten Angaben, eine digitale Signatur und die AZR-Nummer. ⁵Die Unterschrift durch ein Kind ist zu leisten, wenn es zum Zeitpunkt der Ausstellung des Ankunftsnachweises das zehnte Lebensjahr vollendet hat.

(2) ¹Die Bescheinigung nach Absatz 1 ist auf längstens sechs Monate zu befristen. ²Sie soll ausnahmsweise um jeweils längstens drei Monate verlängert werden, wenn
1. dem Ausländer bis zum Ablauf der Frist nach Satz 1 oder der verlängerten Frist nach Halbsatz 1 kein Termin bei der Außenstelle des Bundesamtes nach § 23 Absatz 1 genannt wurde,
2. der dem Ausländer nach § 23 Absatz 1 genannte Termin bei der Außenstelle des Bundesamtes außerhalb der Frist nach Satz 1 oder der verlängerten Frist nach Halbsatz 1 liegt oder
3. der Ausländer den ihm genannten Termin aus Gründen, die er nicht zu vertreten hat, nicht wahrnimmt.

---

[13] → § 55 Rn. 5 f.
[14] AA insoweit OVG Brem Beschl. v. 2.6.1987 – 2 B 70/87, NVwZ 1987, 920.
[15] OVG Bln Urt. v. 26.8.1986 – 4 B 87.85, InfAuslR 1987, 260.
[16] → § 60 Rn. 13.

(3) ¹Zuständig für die Ausstellung, Änderung der Anschrift und Verlängerung einer Bescheinigung nach Absatz 1 ist die Aufnahmeeinrichtung, auf die der Ausländer verteilt worden ist, sofern nicht die dieser Aufnahmeeinrichtung zugeordnete Außenstelle des Bundesamtes eine erkennungsdienstliche Behandlung des Ausländers oder die Verarbeitung seiner personenbezogenen Daten vornimmt. ²Ist der Ausländer nicht mehr verpflichtet in der Aufnahmeeinrichtung zu wohnen, ist für die Verlängerung der Bescheinigung die Ausländerbehörde zuständig, in deren Bezirk der Ausländer sich aufzuhalten verpflichtet ist oder Wohnung zu nehmen hat; besteht eine solche Verpflichtung nicht, ist die Ausländerbehörde zuständig, in deren Bezirk sich der Ausländer tatsächlich aufhält.

(4) ¹Die Gültigkeit der Bescheinigung nach Absatz 1 endet mit Ablauf der Frist nach Absatz 2 Satz 1 oder der verlängerten Frist nach Absatz 2 Satz 2, mit Ausstellung der Bescheinigung über die Aufenthaltsgestattung nach § 63 oder mit dem Erlöschen der Aufenthaltsgestattung nach § 67. ²Bei Ausstellung der Bescheinigung über die Aufenthaltsgestattung wird die Bescheinigung nach Absatz 1 eingezogen. ³Zuständig für die Einziehung ist die Behörde, welche die Bescheinigung über die Aufenthaltsgestattung ausstellt.

(5) Der Inhaber ist verpflichtet, der zuständigen Aufnahmeeinrichtung, dem Bundesamt oder der Ausländerbehörde unverzüglich
1. den Ankunftsnachweis vorzulegen, wenn eine Eintragung unrichtig ist,
2. auf Verlangen den Ankunftsnachweis beim Empfang eines neuen Ankunftsnachweises oder der Aufenthaltsgestattung abzugeben,
3. den Verlust des Ankunftsnachweises anzuzeigen und im Falle des Wiederauffindens diesen vorzulegen,
4. auf Verlangen den Ankunftsnachweis abzugeben, wenn er eine einwandfreie Feststellung der Identität des Nachweisinhabers nicht zulässt oder er unerlaubt verändert worden ist.

I. Entstehungsgeschichte

1   Die Vorschrift wurde durch das **AsylVfBeschlG 2015** neu in das AsylG eingefügt. Der Gesetzgeber begründete dies wie folgt[1]: „Schon bisher wird einem Ausländer, der um Asyl nachsucht, eine Bescheinigung über die Meldung als Asylsuchender (BüMA) ausgestellt. Sie dient ausschließlich dem Nachweis, dass der Ausländer beabsichtigt, einen Asylantrag zu stellen, und berechtigt ist, sich zur für seine Aufnahme und Unterbringung zuständigen Aufnahmeeinrichtung zu begeben und bei der zuständigen Außenstelle des BAMF einen Asylantrag zu stellen. Derzeit ist sie regelmäßig auf eine Woche befristet. Um zu verhindern, dass Ausländer, bei denen sich die Asylantragstellung über den Zeitraum von einer Woche hinaus verzögert, ohne Nachweis für ihre Eigenschaft als Asylsuchender bleiben, wird die BüMA nunmehr gesetzlich geregelt und es werden Vorschriften für ihren Inhalt, ihre Erteilung und ihr Erlöschen festgelegt. Um praktischen Bedürfnissen Rechnung zu tragen, wird die Gültigkeitsdauer auf längstens einen Monat ausgedehnt, Verlängerungen sind jedoch auf Ausnahmesituationen zu beschränken und nur möglich, wenn der Ausländer aus von ihm nicht zu vertretenden Gründen gehindert ist, den Asylantrag innerhalb der bestimmten Frist zu stellen. Die Ausstellung erfolgt durch die Behörden, bei denen der Ausländer um Asyl nachsucht und die gesetzlich zur Weiterleitung an die Aufnahmeeinrichtung verpflichtet sind. Das Bundesministerium des Innern kann nach dem erweiterten § 88 ein Muster für die BüMA bestimmen, so dass der Vollzug der Regelungen erleichtert wird. Eine dokumententechnische Aufwertung ist damit nicht verbunden. Insbesondere ändert sich der Charakter der BüMA durch die vorgenommenen Regelungen nicht. Sie dient weiterhin nur als Nachweis, dass der Inhaber als Asylsuchender registriert wurde und berechtigt ist, sich zu der im Dokument genannten Aufnahmeeinrichtung zu begeben, um dort bei der Außenstelle des Bundesamts einen Asylantrag zu stellen. Sie hat nur einen geringen Beweiswert im Rechtsverkehr, da sie ohne dokumententechnische Sicherungselemente wie etwa Wasserzeichen ausgestellt wird. Zudem beruht die Identität ausschließlich auf den Angaben des Ausländers und ist regelmäßig auch noch nicht durch die Abnahme von Fingerabdrücken gesichert. Die BüMA kann daher auch in Zukunft nicht zur Identifizierung des Ausländers dienen. Dementsprechend gilt sie auch nicht als Passersatz. Zu den in Absatz 2 Satz 2 Nummer 3 genannten Gründen zählen insbesondere nachgewiesene Erkrankungen, die eine Wahrnehmung des Termins unmöglich machten. Außer in den Fällen, in denen die Befristung der BüMA abläuft, endet ihre Gültigkeit, wenn die Bescheinigung über die Aufenthaltsgestattung nach § 63 ausgestellt wird oder wenn bereits vor der Ausstellung der Bescheinigung über die Aufenthaltsgestattung nach § 63 die kraft Gesetzes entstehende Aufenthaltsgestattung erlischt (§ 67)."

2   Das 1. **DatenaustauschverbesserungsG 2016** fasste den alten **Abs. 1** („Einem Ausländer, der um Asyl nachgesucht, aber noch keinen Asylantrag gestellt hat, wird unverzüglich eine Bescheinigung über die Meldung als Asylsuchender ausgestellt. Diese enthält die Angaben zur Person und ein Lichtbild des Ausländers sowie die Bezeichnung der Aufnahmeeinrichtung, in die sich der Ausländer zur Asylantragstellung unverzüglich zu begeben hat.") mWz 5.2.2016 umfangreich neu. In **Abs. 2** regelte das

[1] BT-Drs. 18/6185, 49 f.

1. DatenaustauschverbesserungsG zudem, dass der Ankunftsnachweis nunmehr sechs (statt bisher einen) Monate gültig ist und jeweils auf bis zu drei (statt bisher einen) Monate verlängert werden kann. Des Weiteren wurde der alte **Abs. 3** („Zuständig für die Ausstellung einer Bescheinigung nach Abs 1 sind die in § 18 Abs. 1 und § 19 Abs. 1 bezeichneten Behörden sowie die Aufnahmeeinrichtungen. Zuständig für die Verlängerung nach Abs. 2 S. 2 ist die Ausländerbehörde, in deren Bezirk der Ausländer sich aufzuhalten verpflichtet ist oder Wohnung zu nehmen hat, in Ermangelung einer solchen Verpflichtung ist es die Ausländerbehörde, in deren Bezirk sich der Ausländer tatsächlich aufhält. In Fällen, in denen vor der Antragstellung bereits eine Erfassung personenbezogener Daten beim Bundesamt erfolgt, kann die Ausstellung der Bescheinigung nach Absatz 1 oder deren Verlängerung nach Abs. 2 S. 2 auch vom Bundesamt vorgenommen werden.") neu gefasst sowie **Abs. 5** neu angefügt. Der Gesetzgeber begründete den neuen **Abs. 1** wie folgt[2]: „Die Bescheinigung über die Meldung als Asylsuchender wird als ein bundesweit einheitlich zu verwendendes Dokument (Ankunftsnachweis) ausgestaltet, das erst nach der Registrierung eines Asylsuchenden durch die Aufnahmeeinrichtungen, auf die der Ausländer verteilt worden ist, oder die zugehörigen Außenstellen des BAMF ausgestellt werden darf. Die zuständigen Behörden werden sicherstellen, dass der Ankunftsnachweis schnellstmöglich ausgestellt werden kann. Der Ankunftsnachweis dient ausschließlich als Nachweis der Registrierung; seiner Ausweispflicht nach dem Asylverfahren wird damit nicht genügen. Der Ankunftsnachweis stellt trotz des Aufdrucks einer maschinenlesbaren Zone (MRZ) nach Vorgaben der ICAO kein Reisedokument dar. Für jeden Asylsuchenden ist unabhängig vom Alter jeweils ein eigener Ankunftsnachweis auszustellen. Hiermit wird sowohl dem Grundsatz „eine Person – ein Dokument" Rechnung getragen als auch ein zusätzlicher Schutz gegen die Entziehung von Minderjährigen gewährleistet. Durch die sichtbare Anbringung von Angaben zur Person auf dem Dokument wird eine nahezu eindeutige Identifikation der vorlegenden Person mit der als Inhaber ausgewiesenen Person ermöglicht. Da die Seriennummer dieses Dokumentes auch im Ausländerzentralregister gespeichert wird, kann in Zweifelsfällen zusätzlich darüber Klarheit gewonnen werden. **Satz 2** zählt die einzelnen auf den Ankunftsnachweis aufzubringenden Angaben auf. Diese orientieren sich weitgehend an den Vorgaben des Passgesetzes, wobei allerdings die Angaben des Ankunftsnachweises ausschließlich auf den Angaben des Inhabers beruhen können. **Satz 3** legt die im maschinenlesbaren Bereich zu nennenden Abkürzung „MED" für den Ankunftsnachweis fest und benennt die im maschinenlesbaren Bereich eingebrachten Daten. **Satz 4** regelt, dass der Ankunftsnachweis zusätzlich mit einem Barcode zu versehen ist, der als maschinell prüfbares Echtheitsmerkmal die Fälschungssicherheit weiter erhöht wird und durch die enthaltene Ausländerzentralregister-Nummer die Möglichkeit eines erleichterten Zugangs zum jeweiligen Datensatz des Ausländerzentralregisters schafft. Die digitale Signatur wird zentral durch das BVA (ab dem 1. Januar 2016 ITZBund) erzeugt. **Satz 5** legt die Altersgrenze zur Unterschriftsleistung fest und entspricht den Regelungen des Pass- und Personalausweisgesetzes. Für unbegleitete minderjährige Flüchtlinge ist die Ausstellung eines Ankunftsnachweises nicht erforderlich, da bei diesem Personenkreis sich der Verfahrensablauf deutlich anders gestaltet." Die neuen Fristen in **Abs. 2** begründete der Gesetzgeber wie folgt: „Die Änderung betrifft die maximale Gültigkeitsdauer des Ankunftsnachweises. Sie orientiert sich an der Gültigkeitsdauer von vorläufigen Personalausweisen für deutsche Staatsangehörige." Die Neufassung von **Abs. 3** begründete der Gesetzgeber wie folgt: „Die Änderungen betreffen die örtliche und sachliche Zuständigkeit für die Ausstellung, Änderung der Anschrift und die Verlängerung des Ankunftsnachweises. Sie obliegt ausschließlich den Aufnahmeeinrichtungen, auf die der Ausländer verteilt worden ist, und der dieser Aufnahmeeinrichtung zugeordnete Außenstelle des Bundesamtes. Zudem ist die Zuständigkeit im Falle der Verlängerung geregelt." Den neu angefügten **Abs. 5** begründete der Gesetzgeber schließlich wie folgt: „Der neue Absatz 5 entspricht weitgehend der Regelung des § 15 des PassG und des § 27 Abs 1 des Personalausweis G. Die Vorlagepflicht eines wiederaufgefundenen Ankunftsnachweises gibt der Behörde verschiedene Möglichkeiten für das weitere Verfahren: entweder die Einbehaltung oder Weiternutzung durch den Inhaber, je nachdem, ob bereits ein neuer Ankunftsnachweis beantragt bzw. ausgegeben wurde. Die Beschädigung des Ankunftsnachweises ist wie im Personalausweis- und Passrecht als Veränderung im Sinne der Nr 4 zu beurteilen." Ursprünglich sah das 1. DatenaustauschverbesserungsG 2016 noch einen **zusätzlichen Abs. 6** vor („Ein Ankunftsnachweis ist ungültig, wenn die Gültigkeitsdauer abgelaufen ist.") entsprechend der Regelung des § 11 I Nr. 3 PassG und § 28 I Nr. 3 PersonalausweisG[3].

II. BüMA/Ankunftsnachweis

Ein Asylsuchender kann sich bei jeder Polizeidienststelle oder Ausländerbehörde als Asylantragsteller **melden**; dies kann auch direkt bei einer Aufnahmeeinrichtung erfolgen (vgl. § 13 III). Nach dieser Meldung wird er von der Stelle, bei der er sich gemeldet hat, **erkennungsdienstlich** behandelt (vgl. § 19 II), auch um mithilfe des Eurodac-Systems festzustellen, ob nach dem Dublin-Asylsystem ein

---

[2] BT-Drs. 18/7043, 40.
[3] Vgl. auch BT-Drs. 18/7043, 8.

anderer Dublin-Staat für sein Asylverfahren zuständig ist[4]. Anschließend erhält er (schon lange vor Normierung durch das AsylVfBeschlG 2015) die Bescheinigung über die Meldung als Asylsuchender (BüMA), seit dem 1. DatenaustauschverbesserungsG 2016 in der Form des ausweisähnlichen Ankunftsnachweises (AKN). Der AKN ist gemäß Abs. 2 **maximal neun Monate gültig**.

4   Nachdem sich 2015/2016 aufgrund der **großen Zahl der Asylsuchenden** und der Überlast des BAMF die Wartezeit ab Asylgesuch bis zur Stellung eines förmlichen Asylantrags iSv §§ 13 f., wozu gem. § 23 das persönliche Erscheinen bei der BAMF-Außenstelle erforderlich ist, teilweise um Monate verlängerte, bestand Handlungsbedarf bzgl. der Ausweismöglichkeit bis zur Ausstellung der Aufenthaltsgestattung. Der neue AKN, der **Funktionen der Aufenthaltsgestattung** übernimmt (vgl. § 55), dient dennoch lediglich der Überbrückung bis zur Asylantragstellung und Ausstellung der Aufenthaltsgestattung (vgl. § 64) und kann im Rechtsverkehr grundsätzlich keinen weitergehenden **Beweiswert** beanspruchen, außer evtl. später zur Erfüllung von gesetzlichen Wartefristen. Denn die behördlich verzögerte förmliche Asylantragstellung kann nicht zu Lasten des Asylsuchenden gehen.

5   Der AKN ist also **kein Aufenthaltstitel**, sondern nur ein vorläufiges Aufenthaltspapier mit begrenzter Gültigkeitsdauer und bescheinigt als Ausweis eigener Art[5] lediglich, dass sich die schutzsuchende Person nicht illegal, sondern zwecks Asylantragstellung in Deutschland aufhält (s. die Ausführungen des Gesetzgebers in → Rn. 1 f.). Der AKN berechtigt die Inhaber zugleich zum insbesondere gem. der EU-Aufnahme-RL 2013/33/EU geregelten **Leistungsbezug** (Unterbringung, Versorgung, Gesundheit, zT Integrationskurs). Neben einer Identifikationsnummer enthält der AKN die wichtigsten **Daten** zur Person und Angaben über die zuständige Aufnahmeeinrichtung. Die Identitätserfassung erfolgt grundsätzlich am ersten Kontaktpunkt, durch Polizei an der Grenze oder durch Mitarbeitende der Landesbehörde in Aufnahmeeinrichtungen bzw. Mitarbeitende des BAMF in Ankunfts-/Registrierzentren. Über ein Kerndatensystem werden die Daten den am Asylverfahren beteiligten Behörden zur Verfügung gestellt und umgehend mit den Daten der zuständigen Sicherheitsbehörden abgeglichen. Obwohl der AKN weder Ausweis noch Ausweisersatz ist, akzeptieren ihn verschiedene **Banken** als Identifikationspapier zur Eröffnung eines Zahlungskontos.

6   Den AKN erhalten in Deutschland grundsätzlich **alle Asylsuchenden** im Anschluss an die Registrierung durch die zuständige BAMF-Außenstelle oder Aufnahmeeinrichtung. Auch **minderjährige Kinder und Jugendliche** erhalten einen eigenen AKN und werden zudem auf dem Ausweis der Eltern eingetragen, um einer Trennung der Familie bei der Unterbringung entgegenzuwirken. Für unbegleitete Minderjährige sieht das SGB eine Inobhutnahme durch das Jugendamt vor. Im Zusammenhang mit diesem Verfahren erfolgt eine Registrierung durch die Ausländerbehörde zunächst ohne Ausstellung eines AKN.

§ 64 Ausweispflicht

(1) Der Ausländer genügt für die Dauer des Asylverfahrens seiner Ausweispflicht mit der Bescheinigung über die Aufenthaltsgestattung.

(2) Die Bescheinigung berechtigt nicht zum Grenzübertritt.

I. Entstehungsgeschichte

1   Die Vorschrift stimmt inhaltlich mit § 27 AsylVfG 1982 überein und entspricht dem **Gesetzesentwurf 1992** (§ 62)[1]. Die RLUmsG 2007 und 2011 und 2013 sowie die Asylpakete und das IntG 2016 haben keine Änderungen vorgenommen. § 64 ist **europarechtskonform** und entspricht insbesondere den Vorgaben des Art. 6 EU-Aufnahme-RL aF bzw. der novellierten EU-Aufnahme-RL 2013/33/EU[2] (die – bloße – Möglichkeit der Identifizierungsfunktion in Abs. 3 der Norm illustriert, dass die Bescheinigung nach der EU-Aufnahme-RL nicht die Qualität eines Reisedokuments haben muss[3]).

---

[4] Zum Dublin-Asylsystem vgl. die Kommentierung bei § 29 und § 34a.
[5] Vgl. *Rosenstein* ZAR 2017, 73.
[1] Vgl. BT-Drs. 12/2062, 16.
[2] Art. 6 I EU-Aufnahme-RL lautet: „Die Mitgliedstaaten tragen dafür Sorge, dass den Antragstellern innerhalb von drei Tagen nach dem gestellten Antrag auf internationalen Schutz eine Bescheinigung ausgehändigt wird, die auf ihren Namen ausgestellt ist und ihren Rechtsstatus als Antragsteller bestätigt oder bescheinigt, dass sich die betreffende Person im Hoheitsgebiet des Mitgliedstaats aufhalten darf, solange ihr Antrag zur Entscheidung anhängig ist oder geprüft wird. Ist es dem Inhaber nicht gestattet, sich innerhalb des gesamten Hoheitsgebiets des Mitgliedstaats oder eines Teils davon frei zu bewegen, so ist dies in der Bescheinigung ebenfalls zu vermerken."
[3] Abs. 3 lautet: „Mit dem in Abs 1 genannten Dokument wird nicht notwendigerweise die Identität des Antragstellers bescheinigt."

II. Ausweispflicht

Die **allgemeine Passpflicht** (§ 3 AufenthG; für Deutsche vgl. § 1 PassG) gilt auch für Asylbewerber, die den Pass oder Passersatz freilich wegen der insoweit bestehenden Herausgabepflicht (§ 15 II Nr. 4) nicht als Ausweis nutzen können. Die der Identitätsfeststellung dienende **allgemeine Ausweispflicht** für Ausländer (§ 48 AufenthG; für Deutsche vgl. § 1 PersAuswG) trifft Asylbewerber ebenfalls. Während Ausländer allgemein der Ausweispflicht auch mit der Bescheinigung über einen Aufenthaltstitel oder Duldung (mit Lichtbild und als Ausweisersatz bezeichnet) genügen können (§ 48 II AufenthG), tritt bei Asylbewerbern an die Stelle des Passes die Bescheinigung über die Aufenthaltsgestattung. Damit erübrigen sich die Verlängerung des Nationalpasses während des Asylverfahrens (vgl. dazu § 65 II) und die vor 1991 übliche Duldungsbescheinigung für Asylbewerber[4]. Besitzt der Asylbewerber einen Aufenthaltstitel (vgl. § 10 AufenthG), aber keinen Pass, genügt der Ausweisersatz nach § 48 II AufenthG. 2

Asylbewerber ist auch, wer nur **internationalen Schutz** begehrt oder letztlich allein Familienasyl oder Familienflüchtlingsschutz anstrebt; in jedem Fall stellt er nämlich einen Asylantrag iSd § 13 I und erhält eine Aufenthaltsgestattung. Wird ihm keine Aufenthaltsgestattung ausgestellt, wird sein Pass aber dennoch hinterlegt, genügt er der Ausweispflicht mit der ihm zumindest zu erteilenden Duldung (§ 48 II AufenthG). 3

Die Aufenthaltsgestattung berechtigt nicht zum **Grenzübertritt** und wird allgemein von fremden Staaten hierfür nicht anerkannt. Sie erlischt dabei aber auch nicht. Für eine Auslandsreise benötigt der Asylbewerber daher einen Passersatz (früher Fremdenpass nach § 4 AuslG 1965) und außerdem die Berechtigung zur Rückkehr und die Befreiung von der Passpflicht (vgl. § 99 I Nr. 8 AufenthG). Hierfür müssten eigentlich dieselben Voraussetzungen wie für die Erlaubnisse nach §§ 57, 58 gelten[5]. Nunmehr kann der Asylbewerber aber keinen Passersatz mehr erhalten, weil er die hierfür maßgeblichen Voraussetzungen der §§ 2 ff. AufenthV in aller Regel nicht erfüllen kann[6]. Der Ausschluss jeglicher Auslandsreise während des Asylverfahrens auch in dringenden Fällen mag bisweilen zu Härten führen, ist jedoch nicht als unverhältnismäßig und deshalb verfassungswidrig anzusehen[7]. Die Zumutbarkeit dieser beachtlichen Beschränkung ist vom Gesetzgeber noch zusätzlich durch Einfügung von § 33 II bestätigt, wonach der Asylantrag bei einer Reise in den Heimatstaat als zurückgenommen gilt. 4

Zusätzliche Schwierigkeiten ergeben sich für **Folgeantragsteller,** weil diese (zunächst) keine Aufenthaltsgestattung erhalten[8] und sich ihr Pass unter Umständen noch in Verwahrung befindet (vgl. §§ 15 II Nr. 4, 65 II). Für sie ist eine Bescheinigung über den Folgeantrag nicht vorgesehen. Ihnen steht zwar uU eine Aufenthaltserlaubnis oder zumindest eine Duldung zu[9], wobei sie auch mit Letzterer ihrer Ausweispflicht nachkommen können (§ 48 II AufenthG). Sonst kann ihnen eine Unterrichtung der Ausländerbehörde durch das BAMF über die Folgeantragstellung nützen[10]; diese ist indes nicht vorgeschrieben. 5

§ 65 Herausgabe des Passes

(1) Dem Ausländer ist nach der Stellung des Asylantrags der Pass oder Passersatz auszuhändigen, wenn dieser für die weitere Durchführung des Asylverfahrens nicht benötigt wird und der Ausländer einen Aufenthaltstitel besitzt oder die Ausländerbehörde ihm nach den Vorschriften in anderen Gesetzen einen Aufenthaltstitel erteilt.

(2) ¹Dem Ausländer kann der Pass oder Passersatz vorübergehend ausgehändigt werden, wenn dies in den Fällen des § 58 Abs. 1 für eine Reise oder wenn es für die Verlängerung der Gültigkeitsdauer oder die Vorbereitung der Ausreise des Ausländers erforderlich ist. ²Nach Erlöschen der räumlichen Beschränkung (§ 59a) gilt für eine Reise Satz 1 entsprechend.

I. Entstehungsgeschichte

Die Vorschrift geht zum Teil auf § 26 III AsylVfG 1982 zurück. Sie entspricht dem **Gesetzesentwurf 1992** (§ 63)[1]. MWv 1.1.2005 wurde der Begriff der Aufenthaltsgenehmigung jeweils durch den des Aufenthaltstitel ersetzt (Art. 3 Nr. 41 ZuwG). Die RLUmsG 2007 und 2011 und 2013 sowie die Asylpakete und das IntG 2016 haben keine Änderungen vorgenommen. Das **AsylVfBeschlG 2015** 1

---

[4] Dazu und zur Aufenthaltserlaubnis für Asylbewerber vgl. noch BVerwG Urt. v. 19.5.1981 – 1 C 168.79, BVerwGE 62, 206.
[5] Zur früheren Rechtslage HessVGH Beschl. v. 13.3.1990 – 12 TG 689/90, EZAR 221 Nr. 34.
[6] → § 63 Rn. 4.
[7] *Hailbronner* AsylG § 64 Rn. 9; aA GK-AuslR § 39 Rn. 19 f.
[8] → § 55 Rn. 10; → § 71 Rn. 15.
[9] → § 71 Rn. 15.
[10] Vgl. dazu GK-AsylG § 64 Rn. 5.
[1] Vgl. BT-Drs. 12/2062, 16.

fügte in Abs. 2 den neuen S. 2 an. Der Gesetzgeber[2] begründete dies damit, dass es für die Aushändigung des Passes zu den in S. 1 genannten Zwecken unerheblich ist, ob die räumliche Beschränkung noch besteht oder schon weggefallen ist.

II. Allgemeines

2   Gegen die Pflicht zur Überlassung des Passes (vgl. §§ 15 II Nr. 4, 21 I–III) werden bisweilen **völkerrechtliche Bedenken** erhoben, weil die Einbehaltung des Passes die Passhoheit des Herkunftsstaats verletze. Die Passhoheit als Teil der Personalhoheit wäre indes nur verletzt, wenn der Pass eingezogen würde (um zB eine Ausreise zu verhindern) und sich der Bundesrepublik Deutschland damit selbst die Personalhoheit über den Ausländer anmaßte[3]. Dies ist beim bloßen Einbehalten des Passes während des Asylverfahrens ebenso wenig anzunehmen wie bei strafgerichtlicher Sicherstellung anlässlich einer Haftverschonung[4]. Außerdem ist zu bedenken, dass die Asylgewährung zulässigerweise in die Personalhoheit des Verfolgerstaats eingreift und deshalb die vorläufige Einbehaltung bei Asylbewerbern zusätzlich gerechtfertigt erscheint, da diese an einer Ausreise (auf Dauer)[5] nicht gehindert sind[6].

3   Die Herausgabepflicht verstößt nach alledem nicht gegen allgemeine Regeln des Völkerrechts (Art. 25 GG)[7], weil sie lediglich die **Sicherung des Passes** für die Dauer des Asylverfahrens bezweckt und nicht – auch nicht mittelbar – die staatsangehörigkeitsrechtlichen Beziehungen zwischen Flüchtling und Herkunftsstaat tangiert[8].

4   Im Zusammenhang mit der Herausgabe des Passes können dem Asylbewerber verschiedene **tatsächliche Schwierigkeiten** erwachsen. Wegen der langen Verfahrensdauer werden Pässe oft während des Verfahrens ungültig. Bei einer Verlängerung (Aushändigung nach Abs. 2) kann die Auslandsvertretung mangels eingetragener Aufenthaltsgenehmigung ohne Weiteres auf ein Asylgesuch schließen und gerade deswegen Verfolgungsmaßnahmen veranlassen (Nachfluchtgrund Asylantrag), denen sich der Ausländer kaum durch Ausflüchte entziehen kann. Dieselbe Gefahr kann bei Rückkehr in den Heimatstaat nach erfolglosem Asylverfahren – mit oder ohne gültigen Pass – entstehen. Wegen dieser Gefährdungen kann von einem Asylbewerber ein Antrag auf Passverlängerung grundsätzlich nicht verlangt werden; ebenso problematisch ist ein dahingehendes unmittelbares Ersuchen der Ausländerbehörde oder des BMI an die Auslandsvertretung. Denn der Asylbewerber kommt seiner Ausweispflicht durch die Aufenthaltsgestattung nach (§ 64 I) und vor einer notwendig werdenden Ausreise nach erfolglosem Asylverfahren kann der Pass noch verlängert oder neu ausgestellt werden. Andererseits wirkt sich die Passverlängerung nicht negativ auf die Relevanz von Asylgründen aus; § 72 I Nr. 1 ist insoweit nicht analog anwendbar[9].

5   Die mit der Verlängerung oder Nichtverlängerung des Passes verbundenen Gefahren beruhen aber nicht auf der Einbehaltung des Passes; sie sind davon gänzlich unabhängig und bestanden auch schon unter der Geltung des AuslG 1965, das diese Sicherungsmaßnahme nicht kannte. Die **Recht- und Verfassungsmäßigkeit** der Passabgabepflicht kann deshalb nicht unter Berufung auf diese lästigen Folgen angezweifelt werden.

III. Aushändigung des Passes

6   Die nach § 15 II Nr. 4 überlassenen und nach § 21 I–III in Verwahrung genommenen Passdokumente bleiben **grundsätzlich in Verwahrung**, solange sie benötigt werden (§ 21 V). Während die Aushändigung der Passpapiere nach § 21 V während des Verfahrens praktisch nicht in Betracht kommt, ist sie nach Abs. 2 vorübergehend und nach Abs. 1 endgültig möglich. An der Überlassungspflicht (§ 15 II Nr. 4) ändert auch der Abschluss des Asylverfahrens grundsätzlich nichts, solange die Papiere noch für aufenthaltsbeendende Maßnahmen benötigt werden (§ 21 V). Daher entsteht mit dem Abschluss nicht automatisch ein Rückgabeanspruch[10]. Folge- und Zweitantragsteller sind nach Eröffnung eines weiteren Asylverfahrens ebenso zu behandeln. In dem ersten Verfahrensstadium richtet sich die Herausgabe allein nach § 21 V, weil aufenthaltsbeendende Maßnahmen noch ausstehen und evtl. bei Verweigerung eines weiteren Verfahrens vorgenommen werden.

7   Die Voraussetzungen für die **endgültige Herausgabe** müssen kumulativ vorliegen. Trotz Aufenthaltstitel kann der Pass für das Asylverfahren etwa zur Feststellung der Echtheit noch benötigt

---

[2] BT-Drs. 18/6185, 50.
[3] OVG NRW Beschl. v. 12.7.1972 – IV B 280/72, NJW 1972, 2199; ebenso betr. Einbehaltung ohne gesetzliche Grundlage, um die Ausreise zu erzwingen *Kanein* NJW 1973, 729.
[4] Zu Letzterer OLG Saarbrücken Beschl. v. 12.9.1977 – Ws 345/77, NJW 1978, 2460.
[5] Zur vorübergehenden → § 57 Rn. 6.
[6] Zu Letzterem aA *Marx* InfAuslR 1981, 319.
[7] *Sauerland* ZAR 2000, 122.
[8] IÜ vgl. bei § 3 AufenthG.
[9] Betr. § 15 I Nr. 1 AsylVfG 1982 BVerwG Urt. v. 20.10.1987 – 9 C 277.86, BVerwGE 78, 152.
[10] *Hailbronner* AsylG § 65 Rn. 7 f.; aA wohl *Marx* AsylG § 64 Rn. 11.

werden. Ansonsten wird meist eine Ablichtung genügen, zB um Sichtvermerke oder andere Passeintragungen (Ausstellungsort, Geltungsdauer ua) überprüfen zu können. Bei Vorliegen der Voraussetzungen bleibt der Ausländerbehörde **kein Ermessen**.

Die **vorübergehende Aushändigung** ist zulässig zum Zwecke von Reisen nach Beendigung der 8
Wohnverpflichtung iSd § 47 I, von Passverlängerungen oder von Ausreisevorbereitungen, unabhängig vom Bestehen einer räumlichen Beschränkung (→ Rn. 1). In den ersten beiden Fällen geschieht dies vorübergehend, im letzteren Fall idR endgültig, da der Pass im Besitz des Ausländers belassen werden kann, wenn dieser sogleich nach Verlängerung und Erhalt notwendiger Visa beabsichtigt auszureisen (vgl. § 21 V). Die Erforderlichkeit ist vom Ausländer darzulegen. Für Auslandsreisen ist sie offensichtlich, weil die Aufenthaltsgestattung nicht zum Grenzübertritt berechtigt (§ 64 II; betreffs Reise in den Heimatstaat vgl. § 33 II) und von ausländischen Grenzbehörden auch nicht als Passpapier anerkannt wird. Für Inlandsreisen (zu Behörden, UNHCR, Bevollmächtigten, Betreuungsorganisationen oder Privatpersonen) genügt die Aufenthaltsgestattung (§ 64 I).

Dem BAMF oder der Ausländerbehörde steht nach Abs. 2 anders als nach Abs. 1 selbst bei 9
Erforderlichkeit der Reise oder der Ausreisevorbereitungen noch **Ermessen** zu, das nach ähnlichen Kriterien auszuüben ist wie bei §§ 57 I, 58 I. Im ersteren Fall wird der Ermessensspielraum idR auf null schrumpfen; außerdem kann die Ausländerbehörde selbst den Pass zur Verlängerung an die Auslandsvertretung des Heimatstaats einreichen – und gleichzeitig ein etwa erforderliches Einreisevisum einholen –, wenn konkrete Anhaltspunkte für einen Missbrauch des Passes bestehen.

IV. Rechtsschutz

Gegen die **Nichtaushändigung** sind nach Ausschluss des Widerspruchs (§ 11) unmittelbar Ver- 10
pflichtungsklage und Eilantrag nach § 123 VwGO möglich.

§ 66 Ausschreibung zur Aufenthaltsermittlung

(1) Der Ausländer kann zur Aufenthaltsermittlung im Ausländerzentralregister und in den Fahndungshilfsmitteln der Polizei ausgeschrieben werden, wenn sein Aufenthaltsort unbekannt ist und er
1. innerhalb einer Woche nicht in der Aufnahmeeinrichtung eintrifft, an die er weitergeleitet worden ist,
2. die Aufnahmeeinrichtung verlassen hat und innerhalb einer Woche nicht zurückgekehrt ist,
3. einer Zuweisungsverfügung oder einer Verfügung nach § 60 Abs. 2 Satz 1 innerhalb einer Woche nicht Folge geleistet hat oder
4. unter der von ihm angegebenen Anschrift oder der Anschrift der Unterkunft, in der er Wohnung zu nehmen hat, nicht erreichbar ist;

die in Nummer 4 bezeichneten Voraussetzungen liegen vor, wenn der Ausländer eine an die Anschrift bewirkte Zustellung nicht innerhalb von zwei Wochen in Empfang genommen hat.

(2) [1] Zuständig, die Ausschreibung zu veranlassen, sind die Aufnahmeeinrichtung, die Ausländerbehörde, in deren Bezirk sich der Ausländer aufzuhalten oder Wohnung zu nehmen hat, und das Bundesamt. [2] Die Ausschreibung darf nur von hierzu besonders ermächtigten Personen veranlasst werden.

I. Entstehungsgeschichte

Die Vorschrift entspricht dem **Gesetzesentwurf 1992** (§ 64)[1]. Sie hat kein Vorbild im AsylVfG 1
1982. Die RLUmsG 2007 und 2011 und 2013 sowie die Asylpakete und das IntG 2016 haben keine Änderungen vorgenommen. Das **AsylVfBeschlG 2015** fügte in Abs. 2 S. 1 hinter das Wort „aufzuhalten" noch die Wörter „oder Wohnung zu nehmen" ein, mit der Begründung[2], dass auch nach Wegfall der Verpflichtung nach § 47 I die Zuständigkeit für eine Aufenthaltsermittlung geregelt sein muss.

II. Ausschreibung

Grundvoraussetzung für den Einsatz des gesetzlich geregelten Mittels der Ausschreibung zur Auf- 2
enthaltsermittlung – bzw. der Verhinderung des „Untertauchens" von Asylbewerbern, der Verfahrensbeschleunigung und ggf. Aufenthaltsbeendigung – ist das **Nichtbekanntsein des Aufenthaltsorts**. Da ein Aufenthaltsort nie objektiv absolut unbekannt ist, ist hier auf das Wissen der nach Abs. 2

---

[1] Vgl. BT-Drs. 12/2062, 16.
[2] Vgl. BT-Drs. 18/6185, 50.

zuständigen Stellen abzustellen, die den Aufenthaltsort zum Zwecke der Erfüllung ihrer Aufgaben kennen müssen. Dieser ist nicht identisch mit einer Anschrift, sondern mit dem Ort, an dem sich der Ausländer gewöhnlich aufhält. Die jeweilige Stelle hat vor Veranlassung der Ausschreibung zunächst zu versuchen, den Aufenthaltsort anhand der bekannt gegebenen Anschriften (§ 10 I) zu ermitteln. Sie hat zumindest Nachforschungen bei den anderen in Abs. 2 genannten Stellen anzustellen, da sonst auch die jeweiligen Voraussetzungen des Abs. 1 Nr. 1–4 nicht feststellbar sind. Dies begründet zwar nicht die Pflicht, von Amts wegen auch anderweitig den tatsächlichen Aufenthaltsort zu ermitteln[3], kann aber, wenn der Ort bekannt ist, die Ausschreibung hindern. Ansonsten obliegt es dem pflichtgemäßen **Ermessen** der zuständigen Stelle, ob und wie die Ausschreibung erfolgen soll.

3 Die **zusätzlichen Voraussetzungen** der Nr. 1–4 stellen auf tatsächliche Umstände und Vorgänge ab. Es kommt deshalb nur auf das tatsächliche Eintreffen, Verlassen, Zurückkehren, Folgeleisten und Erreichtwerden an. Die Gründe hierfür spielen keine Rolle. Insbesondere kommt es nicht auf Verschulden an. Die unwiderlegliche Vermutung des 2. Hs. macht dem Asylbewerber mittelbar die Abholung des zugestellten Schriftstücks zur Pflicht. Sie bildet den einzigen Fall der Nichterreichbarkeit, nicht einen von mehreren Anwendungsfällen[4]. Sonst wäre die Nichtinempfangnahme als Beispielsfall zu kennzeichnen gewesen (durch „insbesondere" oÄ). Folge der Nichtabholung ist allerdings nur die Ausschreibung (falls der tatsächliche Aufenthaltsort unbekannt ist), nicht etwa eine Geldbuße nach § 85 oÄ.

4 Das Verfahren einschließlich der **Zuständigkeit** ist in Abs. 2 bestimmt[5]. Es fehlt an einer Regelung für den Fall des nachträglichen Bekanntwerdens des Aufenthaltsorts. Nach Sinn und Zweck der Ausschreibung (dazu § 5 AZRG; § 30 II und III BDSG) ist deren Ziel erreicht, wenn sich der Asylbewerber in der Aufnahmeeinrichtung meldet oder dorthin zurückkehrt, der Zuweisung Folge leistet oder unter der angegebenen oder zugewiesenen Anschrift erreicht werden kann. In diesen Fällen ist der Zweck erreicht und die Ausschreibung aufzuheben, ohne dass es auf die Gründe der Unerreichbarkeit und auf ein Verschulden des Asylbewerbers ankommt[6].

§ 67 Erlöschen der Aufenthaltsgestattung

(1) [1]Die Aufenthaltsgestattung erlischt,
1. wenn der Ausländer nach § 18 Abs. 2 und 3 zurückgewiesen oder zurückgeschoben wird,
2. wenn der Ausländer innerhalb von zwei Wochen, nachdem ihm der Ankunftsnachweis ausgestellt worden ist, noch keinen Asylantrag gestellt hat,
3. im Falle der Rücknahme des Asylantrags mit der Zustellung der Entscheidung des Bundesamtes,
4. wenn eine nach diesem Gesetz oder nach § 60 Abs. 9 des Aufenthaltsgesetzes erlassene Abschiebungsandrohung vollziehbar geworden ist,
5. mit der Vollziehbarkeit einer Abschiebungsanordnung nach § 34a,
5a. mit der Bekanntgabe einer Abschiebungsanordnung nach § 58a des Aufenthaltsgesetzes,
6. im Übrigen, wenn die Entscheidung des Bundesamtes unanfechtbar geworden ist.

[2]Liegt in den Fällen des § 23 Absatz 1 der dem Ausländer genannte Termin bei der Außenstelle des Bundesamtes nach der sich aus Satz 1 Nummer 2 ergebenden Frist, dann erlischt die Aufenthaltsgestattung nach dieser Bestimmung erst, wenn der Ausländer bis zu diesem Termin keinen Asylantrag stellt.

(2) Die Aufenthaltsgestattung tritt wieder in Kraft, wenn
1. ein nach § 33 Absatz 5 Satz 1 eingestelltes Verfahren wieder aufgenommen wird oder
2. der Ausländer den Asylantrag nach Ablauf der in Absatz 1 Satz 1 Nummer 2 oder Satz 2 genannten Frist stellt.

I. Entstehungsgeschichte

1 Die Vorschrift geht auf § 20 III AsylVfG 1982 zurück. Sie stimmte ursprünglich im Wesentlichen mit dem **Gesetzesentwurf 1992** (§ 65)[1] überein; auf Vorschlag des Bundestag-Innenausschusses[2] wurde die Frist in Abs. 1 Nr. 2 von einer Woche auf zwei Wochen verlängert. MWv 1.7.1993 wurde entsprechend dem Gesetzesentwurf 1993[3*] Nr. 5 in Abs. 1 eingefügt (Art. 1 Nr. 36 **AsylVfÄndG**

---

[3] *Hailbronner* AsylG § 66 Rn. 4.
[4] *Hailbronner* AsylG § 67 Rn. 9.
[5] Wegen der Bedenken gegen die Übertragung quasipolizeilicher Aufgaben auf die Aufnahmeeinrichtung → § 59 Rn. 9.
[6] GK-AsylG § 66 Rn. 6 f., 13; iE ebenso *Hailbronner* AsylG § 66 Rn. 13–15.
[1] BT-Drs. 12/2062, 17.
[2] BT-Drs. 12/2718, 35.
[3*] BT-Drs. 12/4450, 8.

1993). Zum 1.11.1997 wurde Nr. 1a in Abs. 1 eingefügt (Gesetz vom 29.10.1997)[4]. MWv **1.1.2005** wurde in Abs. 1 entsprechend dem Gesetzesentwurf[5] die Bezugnahme auf § 52 AuslG durch eine solche auf § 60 IX AufenthG ersetzt; aufgrund des Vermittlungsverfahrens[6] wurde in Abs. 2 die neue Nr. 5a eingefügt (Art. 3 Nr. 42 **ZuwG**). Die RLUmsG 2007 und 2011 und 2103 haben keine Änderungen vorgenommen. Das **AsylVfBeschlG 2015** ersetzte in Abs. 1 S. 1 Nr. 5 das Wort „Bekanntgabe" durch „Vollziehbarkeit" mit der Begründung[7]: „Da auch bei einer Abschiebungsanordnung ein Eilverfahren möglich ist, welches die Vollziehbarkeit der Ausreisepflicht hemmt, sollte auch hier, wie bei der Abschiebungsandrohung, auf die Vollziehbarkeit abgestellt werden." Weiter wurde Abs. 1 der neue S. 2 angefügt mit der Begründung: „Die Änderung begegnet dem Problem, dass sich im Einzelfall bei der Vergabe eines Termins zur Antragstellung soweit verzögert, dass nach Satz 1 Nummer 2 die Aufenthaltsgestattung erlöschen und der Aufenthalt somit unerlaubt würde, obwohl der Ausländer ohne eigenes Verschulden noch keine Gelegenheit hatte, einen Asylantrag zu stellen." Ergänzend und zur Sicherstellung, dass später gestellte Asylanträge in jedem Fall berücksichtigt werden, wurde in Abs. 2 nach „Absatz 1" noch der Verweis auf „Absatz 1 Satz 1 Nummer 2 oder Satz 2" eingefügt.

Durch das sog. **Asylpaket II**[8] wurde gemäß Art. 1 Nr. 10 des am 17.3.**2016** (BGBl. I S. 390) in **2** Kraft getretenen Gesetz zur Einführung beschleunigter Asylverfahren in Abs. 1 S. 1 die alte Nr. 1a gestrichen („wenn der Ausländer nach § 33 Abs 3 zurückgewiesen wird") und Abs. 2 neu gefasst. Der Gesetzgeber begründete[9] dies wie folgt (zur gestrichenen Nr. 1a): „Es handelt sich um eine Folgeänderung, da die bisherige Regelung in § 33 Abs 3 entfällt. Ein weiterer Regelungsbedarf entsteht dadurch nicht, denn in den Fällen des § 33 gilt der Asylantrag als zurückgenommen, so dass die Aufenthaltsgestattung bereits gemäß § 67 Abs 1 S. 1 Nr 3 erlischt." (Zum neuen Abs. 2): „Es handelt sich um eine Folgeregelung zur Regelung der Wiederaufnahme des Verfahrens nach § 33 Absatz 5 Satz 1. Wird das Verfahren nach dieser Vorschrift wieder aufgenommen, gilt der Aufenthalt wieder als gestattet." Art. 6 Nr. 20 **IntegrationsG** fügte mWz 6.8.2016 in Abs. 1 S. 2 Nr. 2 (statt „nachdem er um Asyl nachgesucht hat") als Folgeänderung den in §§ 55, 63a neu geregelten Ankunftsnachweis ein.

§ 67 ist **europarechtskonform** und entspricht auch den Vorgaben des Art. 9 Asylverfahrens-RL **3** 2013/32/EU[10].

II. Allgemeines

Die Aufenthaltsgestattung als das spezielle Aufenthaltsrecht des Asylbewerbers (§ 55 I) ist zweck- **4** bezogen und kann daher bei Erfüllung seines Zwecks beendet werden. Das Erlöschen tritt in den aufgezählten Fällen **kraft Gesetzes**, ohne dass es eines VA bedarf. Daneben sind andere Vorschriften über Erlöschen (§ 51 I AufenthG), Widerruf oder Rücknahme (§ 52 AufenthG; §§ 48 ff. VwVfG) nicht anzuwenden[11]. Nach dem Erlöschen der Aufenthaltsgestattung gelten die allgemeinen Regeln über die Verlassenspflicht (§ 50 AufenthG iVm § 43), falls der Ausländer keinen Aufenthaltstitel besitzt oder erhält.

III. Erlöschen

Zurückweisung und **Zurückschiebung** (§ 18 II, III) vernichten das durch Art. 16a I GG auf- **5** grund des Asylgesuchs garantierte gesetzliche Aufenthaltsrecht, ohne dass sie im Allgemeinen mit effektiven Rechtsmitteln angreifbar sind[12]. Nicht die Anordnung, sondern der Vollzug ist entscheidend. Bei Einreise aus einem sicheren Drittstaat iSd Art. 16a II GG entsteht ohnehin infolge des

---

[4] BGBl. 1997 I S. 2584.
[5] BT-Drs. 15/420, 43.
[6] BT-Drs. 15/3479, 14.
[7] Die Begründung zum novellierten § 67 findet sich in BT-Drs. 18/6185, 50.
[8] → AsylG Vorb. Rn. 34 ff.
[9] BT-Drs. 18/7538, 18.
[10] Art. 9 Asylverfahrens-RL lautet: „(1) Antragsteller dürfen ausschließlich zum Zwecke des Verfahrens so lange im Mitgliedstaat verbleiben, bis die Asylbehörde auf der Grundlage der in Kapitel III genannten erstinstanzlichen Verfahren über den Antrag entschieden hat. Aus dieser Berechtigung zum Verbleib ergibt sich kein Anspruch auf einen Aufenthaltstitel. (2) Die Mitgliedstaaten dürfen nur eine Ausnahme machen, wenn eine Person einen Folgeantrag im Sinne von Artikel 41 stellt oder wenn sie eine Person aufgrund von Verpflichtungen aus einem Europäischen Haftbefehl (11) oder aus anderen Gründen entweder an einen anderen Mitgliedstaat oder an internationale Strafgerichte überstellen beziehungsweise ausliefern. (3) Ein Mitgliedstaat darf einen Antragsteller nur dann gemäß Absatz 2 an einen Drittstaat ausliefern, wenn sich die zuständigen Behörden davon überzeugt haben, dass eine Auslieferungsentscheidung keine unmittelbare oder mittelbare Zurückweisung zur Folge hat, und zwar unter Verstoß gegen die völkerrechtlichen und unionsrechtlichen Pflichten dieses Mitgliedstaats darstellen."
[11] GK-AsylG § 67 Rn. 2; *Hailbronner* AsylG § 67 Rn. 3; *Marx* § 67 Rn. 3.
[12] → § 18 Rn. 37 ff.; vgl. aber auch → § 18a Rn. 23 ff.

Ausschlusses des Asylrechts keine Aufenthaltsgestattung, falls die Zurückweisung nach § 18 II Nr. 1 erfolgt[13].

6 Die **Verzögerung der förmlichen Antragstellung**[14] um zwei Wochen nach Ausstellung des AKN kann auf Gründen außerhalb der Sphäre des Asylbewerbers (zB unklare Zuständigkeit, Überlastung der Außenstelle) oder auf von ihm nicht zu vertretenden Umständen (zB Reiseunfähigkeit) beruhen. Dann aber ist der Fortfall des Aufenthaltsrechts nicht vertretbar, zumal das Gesetz auf den Zeitpunkt des Asylgesuchs und nicht auf den der Weiterleitung nach §§ 18 I, 18a VI, 19 I, 22 I 1 abstellt[15]. Der Gesetzgeber hat diese in der Praxis häufiger auftretende Problematik nun seit dem AsylVfBeschlG 2015 mithilfe des neuen Abs. 1 S. 2 gelöst (→ Rn. 1). Denn allein das Wiederaufleben der Aufenthaltsgestattung nach Antragstellung (→ Rn. 10) könnte diese Bedenken nur ausräumen, wenn dem Asylbewerber nicht in der Zwischenzeit die förmliche Antragstellung durch Abschiebung unmöglich gemacht wird, was unzulässig wäre.

7 Bei **Rücknahme** des Asylantrags ist deren Wirksamkeit genau zu prüfen, weil sich Asylbewerber wegen ihrer regelmäßigen Rechtsunkenntnis ohne Beratung leicht über die Bedeutung einer solchen Erklärung irren[16]. Bisweilen führt die Praxis, für den Fall der Antragsrücknahme anschließende Duldung oder die Verlängerung der Ausreisefrist nach § 38 III zuzusagen, zu Auslegungsproblemen. Die danach notwendige Prüfung ist gewährleistet, weil das BAMF in den Fällen der §§ 32, 33 über die Einstellung des Verfahrens zu befinden hat (§ 32). Eine nachträgliche Beschränkung des Antrags iSd § 13 II ist nicht als Rücknahme zu werten, wohl aber das Nichtbetreiben des Verfahrens gem. § 33 I.

8 Die **Vollziehbarkeit einer Abschiebungsandrohung** beseitigt ebenfalls die Aufenthaltsgestattung. Es genügt nicht die Vollziehbarkeit der Ausreisepflicht (§ 58 II AufenthG), vielmehr muss die Androhung der Abschiebung (§ 59 AufenthG) vorläufig oder endgültig vollziehbar sein. In Betracht kommt außer der Androhung nach § 59 AufenthG solche nach §§ 34–36.

9 Seit dem AsylVfBeschlG 2015 kommt es auch bei der **Abschiebungsanordnung** nach § 34a im Dublin-Asylsystem wie bei der Abschiebungsandrohung (→ Rn. 7) auf die Vollziehbarkeit an (→ Rn. 1)[17].

10 Als **unanfechtbare Entscheidungen** des BAMF kommen sowohl negative als auch positive in Betracht. Gemeint sind Entscheidungen über den Asylantrag iSd § 14 I. Im Falle der Asyl- oder Flüchtlingsanerkennung kommt es dem Wortlaut nach nur auf den Eintritt der Unanfechtbarkeit der BAMF-Entscheidung an. Dies ist bei einer gerichtlichen Verpflichtung problematisch, weil dann zwischen Verpflichtung und Erteilung des Bescheids eine aufenthaltsrechtliche Lücke entsteht. Deshalb könnte in diesen Fällen auf den die Gerichtsentscheidung ausführenden (zweiten) Anerkennungs- oder Feststellungsbescheid des BAMF abgestellt werden. Bis zur Erteilung der Aufenthaltserlaubnis nach Asyl- oder Flüchtlingsanerkennung (§ 25 I oder II AufenthG) tritt die Erlaubnisfiktion des § 25 I 3, II 2 AufenthG ein.

IV. Verwaltungsverfahren und Rechtsschutz

11 Die Aufenthaltsgestattung erlischt uU nur vorübergehend. Nach Abs. 2 S. 1 kann es sein, dass sie im Falle der Wiederaufnahme nach Nichtbetreiben des Verfahrens (vgl. § 33 V 5) oder nach S. 2 im Falle des Abs. 1 S. 1 Nr. 2 oder S. 2 uU mit der (verspäteten) Antragstellung **wieder auflebt;** insoweit kommt es auf ein Verschulden des Asylbewerbers dann ebenso wenig an wie beim Erlöschen wegen Versäumung der Antragsfrist.

12 Die **Folgen** des Erlöschens der Aufenthaltsgestattung bestehen darin, dass die allgemeinen Beendigungsregeln gelten[18]. Insbesondere ist der weitere Aufenthalt unrechtmäßig, falls kein anderweitiges Aufenthaltsrecht besteht. Mit der (deklaratorisch bescheinigten) Aufenthaltsgestattung erlöschen auch die ihr innewohnenden gesetzlichen **Beschränkungen** des Aufenthalts, va nach §§ 55 I 2, 56–59, 61 I, und außerdem die zusätzlich behördlich verfügten Auflagen (§ 60 I und II). Diese gelten ebenso wie die Aufenthaltsgestattung selbst nur für die Dauer des Asylverfahrens und erledigen sich mit Erlöschen der ihr zugrunde liegenden Aufenthaltsgestattung nach § 43 II VwVfG auf sonstige Weise[19]; ausgenommen sind räumliche Beschränkungen iSd § 56 III. Außerdem gelten nach einem Folgeantrag frühere räumliche Beschränkungen fort (§ 71 VII)[20]. Die Bescheinigung soll **eingezogen** werden (§ 63 IV). Die **Strafbarkeit** wegen Verstoßes gegen § 56 I oder II (§ 85 Nr. 2) entfällt mit Erlöschen, nicht erst mit Rückgabe der Bescheinigung[21].

---

[13] IÜ vgl. Abs. 1 Nr. 4 und → Rn. 8.
[14] → § 13 Rn. 3 ff.; → § 14 Rn. 5.
[15] Vgl. GK-AsylG Rn. 7; aA *Marx* § 67 Rn. 8.
[16] → § 13 Rn. 6.
[17] Zum Dublin-Asylsystem vgl. die Kommentierungen bei § 29 und § 34a.
[18] → Rn. 2.
[19] *Hailbronner* AsylG § 67 Rn. 16; *Müller* ZAR 2001, 166; VG Leipzig Urt. v. 7.9.1998 – A 4 K 30 554/98; vgl. dazu auch *Breitkreuz* ZAR 2001, 266.
[20] Dazu → § 71 Rn. 16, 36–39.
[21] OLG Stuttgart Beschl. v. 25.6.1998 – 1 Ws 107/98, InfAuslR 1998, 521.

Ein besonderes Verfahren zur Feststellung des Erlöschens der Aufenthaltsgestattung steht nicht zur 13
Verfügung. Die Beendigung des gesetzlichen Aufenthaltsrechts wird nur **inzidenter** zur Begründung aufenthaltsbeendender Maßnahmen herangezogen. In diesem Zusammenhang ist Rechtsschutz gewährleistet. Beim Streit über das Fortbestehen bzw. Wiederaufleben der Aufenthaltsgestattung trotz Fortgeltung der Bescheinigung kann erforderlichenfalls eine dahingehende **Feststellungsklage** (§ 43 VwGO) erhoben werden. Nach Ablauf der Geltungsdauer der Bescheinigung kommt (nur) eine **Verpflichtungsklage** auf Ausstellung der Aufenthaltsgestattung in Betracht[22].

Zweiter Unterabschnitt. *Aufenthalt nach Abschluß des Asylverfahrens* (weggefallen)

§ 68 *Aufenthaltserlaubnis* (weggefallen)

(1) [1]Dem Ausländer ist eine unbefristete Aufenthaltserlaubnis zu erteilen, wenn er unanfechtbar als Asylberechtigter anerkannt ist. [2]Bis zur Erteilung der Aufenthaltserlaubnis gilt sein Aufenthalt im Bundesgebiet als erlaubt.

(2) Absatz 1 gilt nicht, wenn der Ausländer aus schwerwiegenden Gründen der öffentlichen Sicherheit und Ordnung ausgewiesen worden ist.

Die Vorschrift stimmte inhaltlich mit § 29 AsylVfG 1982 überein und entsprach dem **Gesetzent-** 1
wurf 1992 (§ 66)[1]. Sie wurde entsprechend dem Gesetzentwurf[2] mWv 1.1.**2005** mit dem gesamten früheren Zweiten Unterabschnitt Aufenthalt nach Abschluss des Asylverfahrens aufgehoben (Art. 3 Nr. 43 ZuwG). Die aufenthaltsrechtliche Regelung ist nunmehr in § 25 I AufenthG erfolgt.

§ 69 *Wiederkehr eines Asylberechtigten* (weggefallen)

(1) Im Falle einer Ausreise des Asylberechtigten erlischt die unbefristete Aufenthaltserlaubnis nicht, solange er im Besitz eines gültigen, von einer deutschen Behörde ausgestellten Reiseausweises für Flüchtlinge ist.

(2) Der Ausländer hat auf Grund seiner Anerkennung als Asylberechtigter keinen Anspruch auf erneute Erteilung einer Aufenthaltserlaubnis, wenn er das Bundesgebiet verlassen hat und die Zuständigkeit für die Ausstellung eines Reiseausweises für Flüchtlinge auf einen anderen Staat übergegangen ist.

Die Vorschrift ging zum Teil auf § 44 AuslG zurück und entsprach dem **Gesetzentwurf 1992** 1
(§ 67)[1*]. Sie wurde dem Gesetzentwurf entsprechend[2*] mWv 1.1.**2005** mit dem gesamten früheren Zweiten Unterabschnitt Aufenthalt nach Abschluss des Asylverfahrens aufgehoben (Art. 3 Nr. 43 ZuwG). Vgl. jetzt § 51 VII AufenthG.

§ 70 *Aufenthaltsbefugnis* (weggefallen)

(1) Dem Ausländer ist eine Aufenthaltsbefugnis zu erteilen, wenn das Bundesamt oder ein Gericht unanfechtbar das Vorliegen der Voraussetzungen des § 51 Abs. 1 des Ausländergesetzes festgestellt hat und die Abschiebung des Ausländers aus rechtlichen oder tatsächlichen Gründen nicht nur vorübergehend unmöglich ist.

(2) Absatz 1 gilt nicht, wenn der Ausländer aus schwerwiegenden Gründen der öffentlichen Sicherheit und Ordnung ausgewiesen worden ist.

Die Vorschrift ging zum Teil auf § 30 V AuslG zurück und entsprach dem **Gesetzentwurf 1992** 1
(§ 68)[1**]. Sie wurde dem Gesetzentwurf entsprechend[2**] mWv 1.1.**2005** mit dem gesamten früheren Zweiten Unterabschnitt Aufenthalt nach Abschluss des Asylverfahrens aufgehoben (Art. 3 Nr. 43 ZuwG). Die aufenthaltsrechtlichen Folgen der Flüchtlingsanerkennung sind nun in § 25 II AufenthG geregelt.

---

[22] → § 63 Rn. 8.
[1] BT-Drs 12/2062, 17.
[2] BT-Drs 15/420, 43.
[1*] BT-Drs 12/2062, 17.
[2*] BT-Drs 15/420, 43.
[1**] BT-Drs 12/2062, 17.
[2**] BT-Drs 15/420, 43.

Abschnitt 7. Folgeantrag, Zweitantrag

§ 71 Folgeantrag

(1) ¹Stellt der Ausländer nach Rücknahme oder unanfechtbarer Ablehnung eines früheren Asylantrags erneut einen Asylantrag (Folgeantrag), so ist ein weiteres Asylverfahren nur durchzuführen, wenn die Voraussetzungen des § 51 Abs. 1 bis 3 des Verwaltungsverfahrensgesetzes vorliegen; die Prüfung obliegt dem Bundesamt. ²Das Gleiche gilt für den Asylantrag eines Kindes, wenn der Vertreter nach § 14a Abs. 3 auf die Durchführung eines Asylverfahrens verzichtet hatte.

(2) ¹Der Ausländer hat den Folgeantrag persönlich bei der Außenstelle des Bundesamtes zu stellen, die der Aufnahmeeinrichtung zugeordnet ist, in der er während des früheren Asylverfahrens zu wohnen verpflichtet war. ²Wenn der Ausländer das Bundesgebiet zwischenzeitlich verlassen hatte, gelten die §§ 47 bis 67 entsprechend. ³In den Fällen des § 14 Abs. 2 Satz 1 Nr. 2 oder wenn der Ausländer nachweislich am persönlichen Erscheinen gehindert ist, ist der Folgeantrag schriftlich zu stellen. ⁴Der Folgeantrag ist schriftlich bei der Zentrale des Bundesamtes zu stellen, wenn

1. die Außenstelle, die nach Satz 1 zuständig wäre, nicht mehr besteht,
2. der Ausländer während des früheren Asylverfahrens nicht verpflichtet war, in einer Aufnahmeeinrichtung zu wohnen.

⁵§ 19 Abs. 1 findet keine Anwendung.

(3) ¹In dem Folgeantrag hat der Ausländer seine Anschrift sowie die Tatsachen und Beweismittel anzugeben, aus denen sich das Vorliegen der Voraussetzungen des § 51 Abs. 1 bis 3 des Verwaltungsverfahrensgesetzes ergibt. ²Auf Verlangen hat der Ausländer diese Angaben schriftlich zu machen. ³Von einer Anhörung kann abgesehen werden. ⁴§ 10 gilt entsprechend.

(4) Liegen die Voraussetzungen des § 51 Abs. 1 bis 3 des Verwaltungsverfahrensgesetzes nicht vor, sind die §§ 34, 35 und 36 entsprechend anzuwenden; im Falle der Abschiebung in einen sicheren Drittstaat (§ 26a) ist § 34a entsprechend anzuwenden.

(5) ¹Stellt der Ausländer, nachdem eine nach Stellung des früheren Asylantrags ergangene Abschiebungsandrohung oder -anordnung vollziehbar geworden ist, einen Folgeantrag, der nicht zur Durchführung eines weiteren Verfahrens führt, so bedarf es zum Vollzug der Abschiebung keiner erneuten Fristsetzung und Abschiebungsandrohung oder -anordnung. ²Die Abschiebung darf erst nach einer Mitteilung des Bundesamtes, dass die Voraussetzungen des § 51 Abs. 1 bis 3 des Verwaltungsverfahrensgesetzes nicht vorliegen, vollzogen werden, es sei denn, der Ausländer soll in den sicheren Drittstaat abgeschoben werden.

(6) ¹Absatz 5 gilt auch, wenn der Ausländer zwischenzeitlich das Bundesgebiet verlassen hatte. ²Im Falle einer unerlaubten Einreise aus einem sicheren Drittstaat (§ 26a) kann der Ausländer nach § 57 Abs. 1 und 2 des Aufenthaltsgesetzes dorthin zurückgeschoben werden, ohne dass es der vorherigen Mitteilung des Bundesamtes bedarf.

(7) ¹War der Aufenthalt des Ausländers während des früheren Asylverfahrens räumlich beschränkt, gilt die letzte räumliche Beschränkung fort, solange keine andere Entscheidung ergeht. ²Die §§ 59a und 59b gelten entsprechend. ³In den Fällen der Absätze 5 und 6 ist für ausländerrechtliche Maßnahmen auch die Ausländerbehörde zuständig, in deren Bezirk sich der Ausländer aufhält.

(8) Ein Folgeantrag steht der Anordnung von Abschiebungshaft nicht entgegen, es sei denn, es wird ein weiteres Asylverfahren durchgeführt.

Übersicht

	Rn.
I. Entstehungsgeschichte	1
II. Allgemeines	2
III. Folgeantrag	6
1. Unanfechtbare Ablehnung des Asylantrags	6
2. Antragsrücknahme und Verzicht	8
3. Folgeantrag	11
IV. Rechtsstellung des Folgeantragstellers	14
V. Durchführung eines weiteren Asylverfahrens	17
1. Allgemeines	17
2. Keine Antragsfrist mehr	21
3. Unterlassene Geltendmachung in früherem Verfahren	22
4. Änderung der Sach- oder Rechtslage	24
5. Neues Beweismittel	26
6. Wiederaufnahmegrund nach § 580 ZPO	30

Folgeantrag § 71 AsylG 7

Rn.
VI. Aufenthaltsbeendende Maßnahmen 31
VII. Verwaltungsverfahren 36
    1. Zuständigkeit 36
    2. Entscheidungsgrundlage und Anhörung 41
    3. Entscheidung 42
    4. Form und Zustellung 44
VIII. Rechtsschutz 46
    1. Hauptsacheverfahren 46
    2. Vorläufiger Rechtsschutz 48
IX. Abschiebungshaft 50

I. Entstehungsgeschichte

Die Vorschrift geht auf §§ 14, 21 AsylVfG 1982 zurück, die ihrerseits § 36 AuslG 1965 über die **1** Wiederaufnahme abgelöst hatten und mehrfach geändert worden waren (durch Art. 1 Nr. 9 AsylVfÄndG 1987 und Art. 3 Nr. 8 AuslRNG). Sie entsprach ursprünglich dem **Gesetzesentwurf 1992** (§ 69)[1]. MWv 1.7.1993 wurde sie entsprechend dem Gesetzesentwurf 1993[2] geändert und neu gefasst (Art. 1 Nr. 38 **AsylVfÄndG 1993**). Eingefügt wurden va S. 2 in Abs. 1, Abs. 2 und 3, Hs. 2 in Abs. 4 und S. 2 in Abs. 5; S. 1 in Abs. 5 war früher in Abs. 4 enthalten. Für vor dem 1.7.1993 gestellte Folgeanträge vgl. die **Übergangsvorschrift** des § 87a II Nr. 2. Zum 4.4.1996 wurde Abs. 2 S. 3 neu gefasst **(Gesetz vom 28.3.1996)**[3]. MWv 1.1.2005 wurden entsprechend dem Gesetzesentwurf[4] in Abs. 2 S. 3 die Nr. 3 und S. 4 sowie in Abs. 5 S. 1 die Wörter „innerhalb von zwei Jahren" gestrichen; gleichzeitig wurden Abs. 1 S. 2 neu gefasst und in Abs. 6 S. 2 die Bezugnahme auf § 61 I AuslG durch eine solche auf § 57 I AufenthG ersetzt **(Art. 3 Nr. 44 ZuwG)**. Das RLUmsG 2007 hat bei Abs. 5 im bisherigen S. 2 die Formulierung es sei denn, „(…) der Folgeantrag ist offensichtlich unschlüssig oder (…)" gestrichen. Der Gesetzgeber begründete dies wie folgt[5]: „Die Regelung in Absatz 5 Satz 2, nach der im Falle eines unschlüssigen Asylantrags ohne weitere Prüfung der Antragsgründe die Abschiebung durchgeführt werden kann, ist mit den Bestimmungen über Folgeanträge nach Artikel 32 der Verfahrensrichtlinie [2005/85/EG] nicht vereinbar und daher aufzuheben." Ebenso wie § 19 (dort → § 19 Rn. 7) ergänzte Art. 4 Nr. 5 **RLUmsG 2011** auch hier den Verweis in Abs. 6 S. 2 auf § 57 I AufenthG „zur Klarstellung" um die Angabe „und 2", weil diese beiden Absätze nunmehr neu gefasst wurden. Das RLUmsG 2013 nahm keine Änderungen vor. Das **AsylVfBeschlG 2015** fügte in Abs. 2 den heutigen neuen S. 2 ein und begründete[6] dies wie folgt: „Auch für Folgeantragsteller soll eine Wohnverpflichtung in der Erstaufnahmeeinrichtung bestehen, wenn sie das Bundesgebiet vor der Folgeantragstellung verlassen hatten. Dadurch sollen die Kommunen entlastet werden. Eine Rechtspflicht der Länder, diese Personengruppe in einer solchen Einrichtung unterzubringen, ist damit nicht verbunden. Die Länder handeln im Rahmen ihrer verfügbaren Kapazitäten." Zudem wurde in Abs. 7 der heutige neue S. 2 eingefügt mit der Begründung: „Mit diesem Satz wird klargestellt, dass auch die Regelungen zum Wegfall beziehungsweise zur Anordnung einer räumlichen Beschränkung auf eine fortgeltende räumliche Beschränkung anzuwenden sind." Die Asylpakete und das IntG 2016 haben keine Änderungen vorgenommen.

§ 71 ist heute – bis auf die dreimonatige, durch das EuGH-Urteil XY vom 9.9.2021 in der Rechtssache C-18/20 obsolet gewordene Antragsfrist (→ Rn. 21) – **europarechtskonform,** dh entspricht im Übrigen insbesondere Art. 40 der novellierten Asylverfahrens-RL 2013/32/EU[7]. Ergänzend sind

---

[1] BT-Drs. 12/2062, 17 f.
[2] BT-Drs. 12/4450, 8.
[3] BGBl. 1996 I S. 550.
[4] BT-Drs. 15/420, 43 f.
[5] BT-Drs. 16/5065, 219.
[6] Vgl. BT-Drs. 18/6185, 50 f.
[7] Art. 40 Asylverfahrens-RL lautet: „Folgeanträge: (1) Wenn eine Person, die einen Antrag auf internationalen Schutz in einem Mitgliedstaat gestellt hat, in demselben Mitgliedstaat weitere Angaben vorbringt oder einen Folgeantrag stellt, prüft dieser Mitgliedstaat diese weiteren Angaben oder die Elemente des Folgeantrags im Rahmen der Prüfung des früheren Antrags oder der Prüfung der Entscheidung, gegen die ein Rechtsbehelf eingelegt wurde, insoweit die zuständigen Behörden in diesem Rahmen alle Elemente, die den weiteren Angaben oder dem Folgeantrag zugrunde liegen, berücksichtigen können. (2) Für die Zwecke der gemäß Artikel 33 Absatz 2 Buchstabe d zu treffenden Entscheidung über die Zulässigkeit eines Antrags auf internationalen Schutz wird ein Folgeantrag auf internationalen Schutz zunächst daraufhin geprüft, ob neue Elemente oder Erkenntnisse betreffend die Frage, ob der Antragsteller nach Maßgabe der Richtlinie 2011/95/EU als Person mit Anspruch auf internationalen Schutz anzuerkennen ist, zutage getreten oder vom Antragsteller vorgebracht worden sind. (3) Wenn die erste Prüfung nach Absatz 2 ergibt, dass neue Elemente oder Erkenntnisse zutage getreten oder vom Antragsteller vorgebracht worden sind, die erheblich zu der Wahrscheinlichkeit beitragen, dass der Antragsteller nach Maßgabe der Richtlinie 2011/95/EU als Person mit Anspruch auf internationalen Schutz anzuerkennen ist, wird der Antrag gemäß Kapitel II weiter geprüft. Die Mitgliedstaaten können auch andere Gründe festlegen, aus denen der Folgeantrag weiter zu prüfen ist. (4) Die Mitgliedstaaten können vorsehen, dass der Antrag nur dann weiter geprüft wird, wenn der Antragsteller ohne eigenes Verschulden nicht in der Lage war, die in den Absätzen 2 und 3 dargelegten Sachverhalte im früheren

allerdings insbesondere die Vorgaben der **Art. 41 und 42 Asylverfahrens-RL**[8] zu beachten, die seit Ablauf der Umsetzungsfrist am 20.7.2015 vom BAMF direkt anzuwenden sind. Dies bedeutet ua, dass das **Recht auf Verbleib gem. Abs. 5** nicht grundsätzlich mit der Entscheidung des BAMF endet, dass kein weiteres Verfahren durchgeführt wird, sondern nur noch dann, wenn gem. Art. 41 I Asylverfahrens-RL „eine Person a) nur zur Verzögerung oder Behinderung der Durchsetzung einer Entscheidung, die zu ihrer unverzüglichen Abschiebung aus dem betreffenden Mitgliedstaat führen würde, förmlich einen ersten Folgeantrag gestellt hat, der gemäß Artikel 40 Absatz 5 nicht weiter geprüft wird, oder b) nach einer bestandskräftigen Entscheidung, einen ersten Folgeantrag gemäß Artikel 40 Absatz 5 als unzulässig zu betrachten, oder nach einer bestandskräftigen Entscheidung, einen ersten Folgeantrag als unbegründet abzulehnen, in demselben Mitgliedstaat (D) einen weiteren Folgeantrag stellt." In den anderen Fällen muss mit dem ablehnenden Bescheid eine erneute Abschiebungsandrohung erlassen werden. Des Weiteren bedeutet dies ua, dass Art. 42 III der RL beachtet wird, wonach die Mitgliedstaaten sicherstellen, „dass der Antragsteller in geeigneter Weise über das Ergebnis der ersten Prüfung und, falls sein Antrag nicht weiter geprüft wird, **über die Gründe** dafür und die Möglichkeiten in Bezug auf Rechtsbehelfe gegen die Entscheidung **informiert** wird". Bis zum Ergehen einer mit Gründen versehenen Unzulässigkeitsentscheidung nach § 29 I Nr. 5 spricht viel dafür, dass noch überhaupt kein Tatbestand des Art. 46 VI RL erfüllt ist, die eine Ausnahme vom Recht auf Verbleib nach Art. 46 V RL rechtfertigt[9].

II. Allgemeines

2   Mithilfe der **sonst unbekannten Rechtsfigur des Folgeantrags** sollen alle Anträge einheitlich behandelt werden, die nach rechtsbeständigem erfolglosem Abschluss des Asylverfahrens oder nach Rücknahme des Asylantrags gestellt werden; sie wären sonst je nach der Art der Begründung als Neuanträge, Wiederholungsanträge oder Anträge auf Wiederaufgreifen des Verfahrens oder Rücknahme der Ablehnung zu qualifizieren[10]. Mithilfe der Vorgängervorschrift des § 36 AuslG 1965 und den Hinweis des BVerfG-A[11] allein sahen sich Behörden und Gerichte nicht imstande, die zu Beginn der 1980er-Jahre wachsende Anzahl von neuen und wiederholten Anträgen sachgerecht zu behandeln und va den Aufenthaltsstatus des Asylbewerbers während des neuen Verfahrens zu bestimmen[12]. Die Trennung der verschiedenen Arten von Anträgen voneinander fällt im Asylrecht wegen der Dauerwirkung der Asylanerkennung und der naturgemäßen Abhängigkeit der Verfolgungsprognose vom Zeitablauf besonders schwer[13]. Teilweise wird die Kompliziertheit des Asylrechts für eine wachsende Zahl von Folgeanträgen verantwortlich gemacht[14]. Der wesentliche Grund dürfte aber eher in der allzu langen Dauer der Asylverfahren und der daran anschließenden Aufenthaltsbeendigung in Deutschland zu suchen sein, die in vielen Fällen im Verein mit der Instabilität der politischen Verhältnisse in nicht wenigen Herkunftsstaaten die Geltendmachung veränderter Umstände geradezu herausfordert.

3   Zum Zwecke der Vereinfachung schuf der Gesetzgeber den Begriff des Folgeantrags[15] und mit ihm eine weitere Grundlage für aufenthaltsbeendende Maßnahmen vor behördlicher und gerichtlicher Sachprüfung. Die **mehrmaligen Verschärfungen** dieses Instruments zur Abwehr aussichtsloser Asylanträge zeigen an, dass der Neuschöpfung „Folgeantrag" immer nur bedingt Erfolg beschieden war. Sie verdeutlichen die Tendenz der Verlagerung asylrechtlicher Probleme in das Vollstreckungsverfahren. Mit den Jahren sank, bis auf die die besondere Situation 2015–2016, die Zahl der jährlich neu registrierten Asylbewerber. Hinzu kam jedoch eine (relativ gesehen) immer größere Anzahl von

---

Verfahren insbesondere durch Wahrnehmung seines Rechts auf einen wirksamen Rechtsbehelf gemäß Artikel 46 vorzubringen. (5) Wird ein Folgeantrag nach diesem Artikel nicht weiter geprüft, so wird er gemäß Artikel 33 Absatz 2 Buchstabe d als unzulässig betrachtet. (6) Das Verfahren nach diesem Artikel kann auch angewandt werden, wenn a) eine vom Antragsteller abhängige Person förmlich einen Antrag stellt, nachdem sie gemäß Artikel 7 Absatz 2 eingewilligt hat, dass ihr Fall Teil eines in ihrem Namen förmlich gestellten Antrags ist, und/oder b) ein unverheirateter Minderjähriger förmlich einen Antrag stellt, nachdem gemäß Artikel 7 Absatz 5 Buchstabe c förmlich ein Antrag in seinem Namen gestellt worden ist. In diesen Fällen wird bei der ersten Prüfung gemäß Absatz 2 geprüft, ob Tatsachen betreffend die Situation der abhängigen Person bzw. des unverheirateten Minderjährigen vorliegen, die einen gesonderten Antrag rechtfertigen. (7) Wenn eine Person, gegen die ein Überstellungsbeschluss gemäß der Verordnung (EU) Nr 604/2013 zu vollstrecken ist, in dem überstellenden Mitgliedstaat weitere Angaben vorbringt oder einen Folgeantrag stellt, prüft der gemäß der genannten Verordnung zuständige Mitgliedstaat diese weiteren Angaben oder Folgeanträge im Einklang mit dieser Richtlinie."

[8] Art. 41 Asylverfahrens-RL regelt „Ausnahmen vom Recht auf Verbleib bei Folgeanträgen" und Art. 42 „Verfahrensvorschriften"; Text abrufbar unter: http://eur-lex.europa.eu/legal-content/DE/TXT/HTML/?uri=CELEX:32013 L0032&from=DE.

[9] Vgl. VGH BW Beschl. v. 20.2.2018 – 11 S 427/18.

[10] BT-Drs. 9/875, 17. Ausführlich zu § 71 s. *Broscheit* ZAR 2021, 190.

[11] Beschl. v. 30.6.1981 – 1 BvR 561/81 ua, EZAR 221 Nr. 10.

[12] *Renner* ZAR 1981, 51; vgl. VGH BW Beschl. v. 15.7.1980 – 11 S 474/80, DÖV 1981, 28.

[13] HessVGH Beschl. v. 17.4.1986 – 10 TH 443/86, EZAR 226 Nr. 8.

[14] Vgl. *Bell* NVwZ 1995, 24; *Rennert* VBlBW 1994, 35; *Ruge* NVwZ 1995, 733.

[15] Allg. dazu *Kemper* NVwZ 1985, 872.

Folgeanträgen. Unabhängig hiervon handelt es sich bei dem Folgeantrag um ein grundsätzlich taugliches Hilfsmittel zur Begrenzung der in der Sache zu bescheidenden Asylgesuche auf nicht von vornherein aussichtslose. Für die Gesamtbeurteilung ist ausschlaggebend, dass der nach erfolglosem Erstverfahren um Schutz vor politischer Verfolgung nachsuchende Ausländer diesen Schutz zu erlangen vermag. Soweit das Vollstreckungsverfahren in der Praxis Tücken und Gefahren aufweist, bedarf es allerdings eines zurückhaltenden Vorgehens der Behörde, um den notwendigen Rechtsschutz zu sichern. Mit dieser Maßgabe bestehen keine verfassungsrechtlichen Bedenken gegen die Vorschrift[16]. Hinsichtlich des Rechtsschutzes ist Mitte 1993 insofern eine Änderung vorgenommen worden, als die Aussetzung der Vollziehung nur bei ernstlichen Zweifeln an der Richtigkeit der Entscheidung zulässig ist (Art. 16a IV GG; Abs. 4 iVm § 36 IV 1). Der Gesetzgeber durfte mit Folgeanträgen solche Asylanträge umschreiben, die als offensichtlich unbegründet gelten sollen, sofern er nur der Bedeutung des Asylgrundrechts mit dem notwendigen Bleiberecht gerecht wurde[17]. Die Möglichkeiten vorläufigen Rechtsschutzes dürfen aber nicht so ausgelegt werden, dass eine gerichtliche Sachprüfung schon aus prozessualen Gründen verhindert wird.

Neben dem Folgeantrag bleibt dem Asylbewerber, falls sein Asylantrag durch rechtskräftige Gerichtsentscheidung abgewiesen wurde, die **Wiederaufnahmeklage** nach § 153 VwGO iVm § 578f ZPO[18]. Der Aufenthalt während des gerichtlichen Wiederaufnahmeverfahrens ist nicht ausdrücklich geregelt. Er kann zeitweilig mittels Duldung (§§ 51 I, 55 II AuslG) ermöglicht werden, sofern die Wiederaufnahme hinreichende Erfolgsaussichten bietet.

Die mehrfache **Umgestaltung** des Folgeantragsverfahrens (gegenüber § 14 AsylVfG 1982) und die vollständige Neufassung durch das AsylVfÄndG 1993[19] folgen mehr oder weniger zwingend aus der jeweiligen und seit 1992 geschaffenen grundsätzlichen Kompetenzverteilung zwischen BAMF und Ausländerbehörde. Damit hatte die wechselvolle Geschichte des Folgeantrags[20] eine weitere Etappe erreicht[21]. Während die Systematik bei der Neuordnung der Kompetenzen unangetastet blieb, ist die aufenthaltsrechtliche Stellung des Folgeantragstellers wieder unsicherer geworden. Die Regelung wird außerdem durch die Norm über den Zweitantrag (§ 71a) ergänzt. Nicht betroffen ist die alleinige Geltendmachung von Abschiebungsverboten nach § 60 V oder VII AufenthG im Anschluss an ein in vollem Umfang erfolglos abgeschlossenes Asylverfahren, dh der sog. **Folgeschutzantrag**[22]. Da es sich hierbei zwar um eine asylrechtliche Streitigkeit, nicht aber um einen Asylantrag[23] handelt, bleibt § 51 V VwVfG anwendbar[24].

III. Folgeantrag

1. Unanfechtbare Ablehnung des Asylantrags

Unanfechtbar abgelehnt ist der Asylantrag, wenn gegen eine Ablehnung kein Rechtsbehelf eingelegt wird, wenn dieser nach Einlegung zurückgenommen oder aber endgültig abgewiesen wird oder wenn auf einen Rechtsbehelf verzichtet wird. Es kann sich auch um die Ablehnung eines Zweitantrags handeln (§ 71a V). Die **rechtskräftige** Ablehnung (durch Gerichtsentscheidung) steht also der unanfechtbaren gleich. Außerdem war es als Antragsablehnung zu werten, wenn der BB mit der (vor September 2004 anhängigen; vgl. § 87b) **Beanstandungsklage** Erfolg hatte; hierbei spielte keine Rolle, dass es dabei einer ausdrücklichen Antragsablehnung nicht bedurfte[25]. Die Begründung des Ablehnungsbescheids oder der Gerichtsentscheidung ist gleichgültig; es kann sich auch um ein Prozessurteil handeln. Ebenso unerheblich ist, ob nur die Flüchtlingsanerkennung begehrt wurde oder auch die Asylanerkennung. Wurde bei nicht eingeschränktem Antrag nur Erstere ausgesprochen, wirkte dies als Antragsablehnung (§ 12 VII 2 AsylVfG 1982; vgl. § 34 I). Der Ausländer könnte dann also nur über einen beachtlichen Folgeantrag nachträglich noch die Asylanerkennung erreichen. Unter Ablehnung ist ferner die **Nichtweiterleitung** des unbeachtlichen Antrags durch die Ausländerbehörde

---

[16] IE ebenso schon betr. § 14 AsylVfG 1982 BVerf-K Beschl. v. 19.6.1986 – 2 BvR 569/86, NVwZ 1987, 487; BVerwG Urt. v. 30.8.1988 – 9 C 47.87, NVwZ 1989, 161; HessVGH Beschl. v. 28.8.1984 – 10 TH 2032/84, EZAR 224 Nr. 8.
[17] Vgl. dazu BVerfG Urt. v. 14.5.1996 – 2 BvR 1516/93, BVerfGE 94, 166.
[18] GK-AsylVfG § 71 Rn. 32, § 74 Rn. 18; *Kemper* NVwZ 1985, 877; zum Zweitbescheid vgl. → Rn. 35.
[19] → Rn. 2.
[20] → 5. Aufl., AsylVfG § 14 Rn. 1 f., AsylVfG § 21 Rn. 1–3.
[21] Dazu ausf. *Bell/v. Nieding* ZAR 1995, 119 (181).
[22] Vgl. hierzu (und zum dabei möglichen Eilrechtsschutz) HessVGH Beschl. v. 14.12.2006 – 8 Q 2642/06.A, ESVGH 57, 132.
[23] → Rn. 13.
[24] → Rn. 35; BVerfG-K Beschl. v. 21.6.2000 – 2 BvR 1989/97, NVwZ 2000, 907; BVerwG Urt. v. 7.9.1999 – 1 C 6.99, NVwZ 2000, 204; Urt. v. 21.3.2000 – 9 C 41.99, BVerwGE 111, 77; NdsOVG Urt. v. 1.3.2001 – 1 L 593/00, AuAS 2001, 140.
[25] Zu Letzterem BVerwG Urt. v. 12.6.1990 – 9 C 93.89, NVwZ-RR 1990, 656; Beschl. v. 31.8.1989 – 9 B 318.89, InfAuslR 1989, 353.

(§§ 8 V, 10 I, 14 I AsylVfG 1982) zu verstehen; denn sie verhinderte eine Sachentscheidung durch das BAMF, und zwar unabhängig davon, ob eine Abschiebungsandrohung erging oder nicht.

7   Als unanfechtbare Ablehnung eines Asylantrags ist ferner die Ablehnung eines Asylantrags als **unbeachtlich** in den Fällen des § 29 I anzusehen, obwohl dort eine Sachprüfung nicht stattfindet (vgl. § 31 IV). Vorab ist festzustellen, ob der frühere Antrag noch anhängig (dann Mehrfachantrag) oder unanfechtbar beschieden oder zurückgenommen ist (dann Folgeantrag)[26]. Der Mehrfachantrag[27] bedarf keiner gesonderten Entscheidung; mit dem Vorbringen wird nur die frühere Antragsbegründung ergänzt, wobei das Vorbringen unter Umständen insgesamt widersprüchlich wird. Ebenso ist ein Doppelantrag zu behandeln, der von derselben Person unter einem anderen Namen vor Abschluss des ersten Verfahrens gestellt wird. Schließlich kann das **Erlöschen** der Asylanerkennung – zumindest analog – gleichgestellt werden, weil es seine Ursache (§§ 72, 73) im Nichtbestehen oder im Fortfall der Verfolgungsgefahr hat[28]. Eine derart weitreichende Auslegung erscheint geboten, weil das Gesetz durch Nennung von Ablehnung und Rücknahme in § 71 und durch § 71a zumindest die Tendenz erkennen lässt, dass jeder Ausländer nur einmal einen Erstantrag stellen können soll[29].

2. Antragsrücknahme und Verzicht

8   Eine **Rücknahme** des Asylantrags ist **jederzeit zulässig,** insbesondere von der Antragstellung an[30]. Es kann sich auch um einen Zweitantrag handeln (§ 71a V). Eine Rücknahme iSd Abs. 1 setzt weder die förmliche Antragstellung nach § 14 I noch die vorherige Befassung des BAMF mit dem Asylgesuch voraus. Der Umfang des durch Rücknahme „erledigten" Asylvorbringens ist zwar später unter Umständen ohne Antragstellung und Anhörung nach §§ 14, 25 nur schwer festzustellen; dennoch spricht nichts dafür, die Rücknahme an eine vorherige Befassung des BAMF zu binden. Nur die 2. Alt. setzt eine der Bestandskraft fähige behördliche oder gerichtliche Entscheidung über den Asylantrag voraus, die 1. Alt. erfasst dagegen die Verfahrensbeendigung durch Antragsrücknahme ohne Rücksicht auf eine vorherige Entscheidung.

9   Auch die Antragsrücknahme nach Klageerhebung fällt unter Abs. 1. Sie ist von der **Rücknahme der Klage** oder eines Rechtsmittels streng zu unterscheiden. Erstere führt nämlich zur Einstellung des Verwaltungsverfahrens mit der Folge, dass es an einer der Bestandskraft fähigen Sachentscheidung fehlt, während durch Klagerücknahme der Ablehnungsbescheid bestandskräftig und durch Rechtsmittelrücknahme die ablehnende Gerichtsentscheidung rechtskräftig werden. Ein „Vorrang" der 1. vor der 2. Alt. ist nicht anzuerkennen; er widerspräche diesen verfahrenssystematischen Gegebenheiten.

10 Als Rücknahme ist auch die **Erledigung** des Verfahrens kraft Gesetzes durch Nichtbetreiben anzusehen. Diese beruhte auch früher schon auf der Annahme einer Klage- oder Rechtsmittelrücknahme durch den Asylbewerber (§ 33 AsylVfG 1982)[31] und stellt jetzt kraft Gesetzes eine Klagerücknahme dar (§§ 80a II, 81). Ebenso verhält es sich mit dem Nichtbetreiben des Verwaltungsverfahrens (§ 33 I), der Reise in die Heimat (§ 33 II) und dem **Verzicht** des Kindesvertreters nach § 14a III.

3. Folgeantrag

11 Ein weiteres Asylbegehren, das **vor Antragsrücknahme oder unanfechtbarer Entscheidung** geltend gemacht wird, stellt keinen neuen Antrag iSd § 13 I dar[32]. Es ist vielmehr nur als Bestätigung und Ergänzung des noch anhängigen Asylantrags aufzufassen. Ob der Asylbewerber sich dessen bewusst ist und das BAMF die doppelte Antragstellung als solche erkennt, ist unerheblich[33]. Dies gilt va für Versuche, die Zuweisungs- und Zuständigkeitsregelungen durch Wiederholung des Antrags bei einer „genehmen" Außenstelle zu umgehen oder unter falschem Namen aufzutreten[34]. Um eine bloße Ergänzung des noch nicht endgültig beschiedenen Asylantrags handelt es sich auch dann, wenn zwar das gerichtliche Eilverfahren gegen aufenthaltsbeendende Maßnahmen (für den Asylbewerber erfolglos) abgeschlossen ist, nicht aber das Hauptsacheverfahren. Die gerichtlich bestätigte Vollziehbarkeit der Abschiebung in den Fällen des § 36 I ist nicht gleichbedeutend mit der bestandskräftigen Ablehnung des Asylantrags. Schließlich ist das Erstverfahren nicht schon in der letzten Tatsacheninstanz unanfechtbar abgeschlossen; die Beschränkungen der Zulässigkeit weiteren Vorbringens im Revisions- und im Zulassungsverfahren (betreffs Berufung) und im Nichtzulassungsbeschwerdeverfahren (betreffs Revision) können und müssen allein iRd § 51 II VwVfG berücksichtigt werden[35].

---

[26] GK-AsylG § 71 Rn. 35 ff.
[27] Dazu auch → Rn. 11.
[28] → § 72 Rn. 30, → § 73 Rn. 26; vgl. hierzu auch *Funke-Kaiser* GK-AsylG § 71 Rn. 57.
[29] AA *Hailbronner* AsylG § 71 Rn. 23.
[30] Dazu auch → § 13 Rn. 6.
[31] OVG NRW Beschl. v. 4.2.1985 – 18 B 20 623/84, NVwZ 1985, 514.
[32] Zum Mehrfachantrag auch → Rn. 7.
[33] GK-AsylG § 71 Rn. 8–13.
[34] Zum Doppelantrag auch → Rn. 7.
[35] → Rn. 22 ff.

Folgeantrag § 71 AsylG 7

Ob der Asylbewerber nach Abschluss des Erstverfahrens **ausgereist** und insbesondere in den 12
Heimatstaat zurückgekehrt ist, spielt grundsätzlich keine Rolle (Abs. 6 S. 1)[36]; allerdings entsteht dann
die Wohnverpflichtung in der Erstaufnahmeeinrichtung (Abs. 2 S. 2, → Rn. 1). Die Definition des
Abs. 1 knüpft im Übrigen ausschließlich an formale Verfahrensvorgänge und nicht an Aufenthaltsort
und Verhalten des Asylbewerbers an. Abs. 6 S. 1 enthält insoweit nur eine Klarstellung; es ist unerheblich, dass er nur auf Abs. 5 abstellt.

Folgeantrag ist jeder Asylantrag iSd § 13 nach einem iSd Abs. 1 abgeschlossenen Asylverfahren. Es 13
kann auch ein Zweitantragsverfahren vorangegangen sein (§ 71a V). Dagegen stellt das isolierte Gesuch
um Feststellung von Abschiebungsverboten nach § 60 II–V oder VII AufenthG keinen Folgeantrag,
sondern einen sog. Folgeschutzantrag dar[37]. Die Behandlung von nach Abschluss eines Folgeantragsverfahrens gestellten **weiteren Folgeanträgen** hat in der Vergangenheit Schwierigkeiten bereitet[38].
Deshalb ist die Vorschrift des Abs. 5 geschaffen worden, die für die Abschiebung eine (nochmalige)
Abschiebungsandrohung erübrigt. Sie galt bis Ende 2004 nur für Anträge innerhalb einer Zwei-Jahres-Frist[39] und ist jetzt allgemein anwendbar. Ansonsten verbleibt es bei den Vorschriften der Abs. 1–4[40],
wonach die Nichtdurchführung eines weiteren Asylverfahrens insgesamt nicht mit der Antragsablehnung gleichzusetzen ist. Der Begriff des Folgeantrags wird durch Abs. 5 nicht verändert, auch wenn
die dort (früher) bestimmte Frist mit der Vollziehbarkeit einer Abschiebungsandrohung zu laufen
begann. In beiden Fällen wird der endgültige Abschluss des vorangegangenen Verfahrens – durch
Rücknahme oder unanfechtbare Entscheidung – vorausgesetzt[41].

IV. Rechtsstellung des Folgeantragstellers

Die Frage der Einleitung eines neuen Verfahrens auf den Folgeantrag hin ist wichtig für die weitere 14
Behandlung des Antrags und für Art und Weise der Entscheidung, insbesondere aber für die aufenthaltsrechtliche Stellung des Asylbewerbers. Nach Aufhebung des ursprünglichen Abs. 2 des § 14
AsylVfG 1982 durch das AsylVfÄndG 1987 fanden die Vorschriften des AsylVfG 1982 unterschiedslos
auf alle Asylanträge und Asylbewerber, also auch auf Folgeanträge und Folgeantragsteller, Anwendung,
da das Gesetz nichts anderes ausdrücklich bestimmte. Danach kam der Folgeantragsteller in der
Vergangenheit in den Genuss der gesetzlichen Aufenthaltsgestattung. Außerdem galt die Weiterleitungspflicht der Grenzbehörde uneingeschränkt auch für den Folgeantragsteller.

Diese Rechtslage ist seit 1.7.1992 **geändert**. Da die Aufenthaltsgestattung an die Durchführung 15
eines Asylverfahrens anknüpft (§ 55 I 1), kann der Folgeantragsteller bis zur Entscheidung des BAMF
über die Einleitung eines neuen Verfahrens, wie nicht zuletzt aus der Sonderregelung des Abs. 5 S. 2
zu entnehmen ist, uU eine humanitäre **Aufenthaltserlaubnis**, zumindest aber eine **Duldung** erhalten[42]. Erst mit der Einleitung eines neuen Asylverfahrens durch das BAMF steht dem Ausländer eine
Aufenthaltsgestattung zu. Da diese Entscheidung nicht gesondert getroffen und verlautbart zu
werden braucht[43], steht dieser Zeitpunkt unter Umständen erst fest, wenn das BAMF zur Sache
entscheidet, also entweder einen Anerkennungsbescheid erlässt oder den Asylantrag ablehnt. Nach
Art. 9 I und II der Verfahrens-RL 2013/32/EU löst allerdings auch ein Folgeantrag grundsätzlich ein
Recht auf Verbleib aus bis zur behördlichen Ablehnungsentscheidung, wovon die Mitgliedstaaten nur
in den Fällen des Art. 41 Verfahrens-RL[44] Ausnahmen machen können, was in 71 II 2 nur rudimentär

---

[36] BVerwG Urt. v. 23.6.1987 – 9 C 251.86, BVerwGE 77, 323.
[37] → Rn. 5.
[38] Vgl. hierzu HmbOVG Beschl. v. 10.5.1983 – Bs VII 360/83, NVwZ 1984, 259; HessVGH Beschl. v. 12.2.1986 – 10 TG 2374/85, EZAR 224 Nr. 11; Beschl. v. 4.1.1988 – 10 TG 3365/87, EZAR 224 Nr. 17; OVG NRW Beschl. v. 14.7.1983 – 18 B 20 253/83, NVwZ 1984, 261.
[39] → Rn. 32.
[40] GK-AsylG § 71 Rn. 17 f.
[41] → Rn. 6.
[42] → § 55 Rn. 10 f.
[43] → Rn. 42 f.
[44] Art. 41 Asylverfahrens-RL: „Ausnahmen vom Recht auf Verbleib bei Folgeanträgen (1) Die Mitgliedstaaten können Ausnahmen vom Recht auf Verbleib im Hoheitsgebiet machen, wenn eine Person a) nur zur Verzögerung oder Behinderung der Durchsetzung einer Entscheidung, die zu ihrer unverzüglichen Abschiebung aus dem betreffenden Mitgliedstaat führen würde, förmlich einen ersten Folgeantrag gestellt hat, der gemäß Artikel 40 Absatz 5 nicht weiter geprüft wird, oder b) nach einer bestandskräftigen Entscheidung, einen ersten Folgeantrag gemäß Artikel 40 Absatz 5 als unzulässig zu betrachten, oder nach einer bestandskräftigen Entscheidung, einen ersten Folgeantrag als unbegründet abzulehnen, in demselben Mitgliedstaat einen weiteren Folgeantrag stellt. Die Mitgliedstaaten können eine solche Ausnahme nur dann machen, wenn die Asylbehörde der Auffassung vertritt, dass eine Rückkehrentscheidung keine direkte oder indirekte Zurückweisung zur Folge hat, die einen Verstoß gegen die völkerrechtlichen und unionsrechtlichen Pflichten dieses Mitgliedstaats darstellen. (2) In den in Absatz 1 aufgeführten Fällen können die Mitgliedstaaten ferner a) im Einklang mit nationalem Recht von den für beschleunigte Verfahren üblicherweise geltenden Fristen abweichen, sofern das Prüfungsverfahren gemäß Artikel 31 Absatz 8 Buchstabe g beschleunigt durchgeführt wird, b) im Einklang mit nationalem Recht von den Fristen abweichen, die üblicherweise für Zulässigkeitsprüfungen gemäß den Artikeln 33 und 34 gelten und/oder c) von Artikel 46 Absatz 8 abweichen."

umgesetzt wurde; die Verweisung auf § 55 ist unionsrechtlich zwingend jedenfalls als Rechtsfolgenverweis zu verstehen[45].

16 **An welchem Ort** sich der Folgeantragsteller **aufzuhalten** hat, ist klargestellt. Zunächst gilt für ihn eine frühere räumliche Beschränkung fort (Abs. 7 S. 1), wobei diesbezüglich die Regelungen zum Wegfall bzw. zur Anordnung einer räumlichen Beschränkung auf eine fortgeltende räumliche Beschränkung anzuwenden sind (Abs. 7 S. 2; → Rn. 1). Außerdem hat er den Antrag grundsätzlich bei derjenigen Außenstelle des BAMF zu stellen, die der früher für ihn zuständigen Aufnahmeeinrichtung zugeordnet war[46]. Deshalb gilt für ihn auch die Wohnverpflichtung iSd § 47 I (anders noch § 71 AsylVfG aF – hierzu auch → Rn. 1 und → Rn. 12).

V. Durchführung eines weiteren Asylverfahrens

1. Allgemeines

17 Die **frühere Unterscheidung** zwischen beachtlichen und unbeachtlichen Folgeanträgen mit der Kompetenzverteilung zwischen Ausländerbehörde und BAMF (§ 14 AsylVfG 1982) ist seit langem **aufgegeben.** Grundsätzlich hat sich dadurch aber in der Sache nichts geändert. Ein weiteres Asylverfahren wird nach wie vor nur bei Vorliegen der Voraussetzungen des § 51 I–II VwVfG durchgeführt. Insoweit entspricht Abs. 1 der Struktur des § 51 VwVfG, der eine erneute Sachentscheidung von der Erfüllung der Voraussetzungen der dortigen Abs. 1–2 abhängig macht. Im Asylrecht besteht nur insofern eine Besonderheit, als mit der Rechtsfigur des Folgeantrags nicht nur Anträge auf Wiederaufgreifen des Verfahrens iSd § 51 I VwVfG, sondern auch Neuanträge erfasst sind[47]. Da der Begriff des Asylantrags nunmehr für die Fälle des § 29, I, III verwandt wird, bietet sich für Folgeanträge die Unterscheidung in asylverfahrensrelevante und -irrelevante[48] bzw. zulässige und unzulässige an.

18 Da **früher** die Ausländerbehörde die Beachtlichkeit zu prüfen hatte, ihr aber keine Sachentscheidungskompetenz zustand, kam ihr eine bloße **„Vorprüfungsaufgabe"** zu. Aufgrund der beschränkten Funktion des Wiederaufgreifens des Verfahrens und aus der grundsätzlichen Kompetenztrennung zwischen Ausländerbehörde und BAMF folgten Beschränkungen für die Beachtlichkeitsprüfung durch die Ausländerbehörde, der die Feststellung folgender Voraussetzungen oblag: Zulässigkeit des Antrags nach § 51 II VwVfG; Änderung der Sach- oder Rechtslage (eingeschränkt), Vorliegen neuer Beweismittel oder einer der Tatbestände des § 580 ZPO; Möglichkeit einer für den Asylbewerber günstigeren Entscheidung[49]. Dem BAMF verblieb – neben der endgültigen Beurteilung der Beachtlichkeit – die erneute Sachentscheidung mit der abschließenden Bewertung der asylrechtlichen Erheblichkeit des neuen Vorbringens oder Beweismittels[50]. Es genügte daher nicht, wenn das Vorliegen eines Wiederaufnahmegrunds nur behauptet wurde. Er musste zumindest schlüssig vorgetragen sein, was einschloss, dass das Vorbringen substanziiert und nicht von vornherein unglaubhaft war[51].

19 Mit der Konzentration des gesamten Folgeantragsverfahrens beim BAMF sind diese allein aus der früheren Kompetenztrennung folgenden **Differenzierungen hinfällig.** Geblieben ist nur die Zweistufigkeit des Verfahrens[52]. Das BAMF hat uneingeschränkt die Voraussetzungen des § 51 I–II VwVfG zu prüfen und bei deren Vorliegen ein neues Asylverfahren als zulässig einzuleiten und durchzuführen. Dies setzt aber voraus, dass aufgrund der Änderung der Rechts- oder Sachlage oder aufgrund des neuen Beweismittels (in den RL-Begriffen: neue „Elemente oder Erkenntnisse") eine für den Asylbewerber günstigere Entscheidung möglich erscheint (Anerkennungswahrscheinlichkeit). Auf dieser ersten Verfahrensstufe genügt gegebenenfalls eine nur **summarische Prüfung.** Der EuGH betonte im **Urteil LH** vom 10.6.2021 in der Rechtssache C-921/19 auch insoweit die verschiedenen Verfahrensabschnitte[53].

---

[45] Überzeugend *Wittmann* ZAR 2019, 53; *Gutmann* NVwZ 2018, 1629 f. mwN.
[46] Zur schriftlichen Antragstellung → Rn. 36.
[47] → Rn. 4.
[48] GK-AsylG § 71 Rn. 2.
[49] Grundlegend dazu BVerwG Urt. v. 23.6.1987 – 9 C 251.86, BVerwGE 77, 323.
[50] BVerwG Urt. v. 23.6.1987 – 9 C 251.86, BVerwGE 77, 323.
[51] BVerwG Urt. v. 23.6.1987 – 9 C 251.86, BVerwGE 77, 323.
[52] BVerfG-K Beschl. v. 3.3.2000 – 2 BvR 39/98, NVwZ-Beilage 2000, 7 (78).
[53] Vgl. Urteils-Rn. 34–38: „Art. 40 Abs. 2 und 3 der Richtlinie 2013/32 sieht somit eine Bearbeitung der Folgeanträge in zwei Etappen vor. In der ersten wird zunächst die Zulässigkeit dieser Anträge geprüft, während in der zweiten dann die Anträge in der Sache geprüft werden. Die erste Etappe erfolgt ebenfalls in zwei Schritten, wobei jeweils die unterschiedlichen, von diesen Bestimmungen festgelegten Zulässigkeitsvoraussetzungen geprüft werden. So bestimmt Art. 40 Abs. 2 der Richtlinie 2013/32 in einem ersten Schritt, dass für die Zwecke der gemäß Art. 33 Abs. 2 Buchst. d dieser Richtlinie zu treffenden Entscheidung über die Zulässigkeit eines Antrags auf internationalen Schutz ein Folgeantrag zunächst daraufhin geprüft wird, ob neue Elemente oder Erkenntnisse betreffend die Frage, ob der Antragsteller nach Maßgabe der Richtlinie 2011/95 als Person mit Anspruch auf internationalen Schutz anzuerkennen ist, zutage getreten oder vom Antragsteller vorgebracht worden sind. Nur wenn im Vergleich zum ersten Antrag auf internationalen Schutz tatsächlich solche neuen Elemente oder Erkenntnisse vorliegen, wird gemäß Art. 40 Abs. 3 dieser Richtlinie die Prüfung der Zulässigkeit des Folgeantrags fortgesetzt, um zu prüfen, ob diese neuen Elemente oder Erkenntnisse erheblich zu der Wahrscheinlichkeit beitragen, dass der Antragsteller als Person mit Anspruch auf internationalen Schutz anzuerkennen ist. Diese Zulässigkeitsvoraussetzungen müssen folglich zwar

Erst mit Erreichen der zweiten Verfahrensstufe gelangt der Ausländer in den Genuss der mit dem Asylverfahren allgemein verbundenen Rechtsstellung[54].

Eine **Ausnahme** bildet ein Folgeantrag nach Vollziehbarkeit einer Abschiebungsandrohung oder -anordnung[55]. Für diesen Fall steht der Ausländerbehörde eine Prüfungskompetenz dahin zu, ob der Ausländer in den sicheren Drittstaat abgeschoben werden soll und kann. Liegt eine dieser Voraussetzungen vor, bedarf es vor der Abschiebung weder einer Androhung noch einer Mitteilung des BAMF über das Nichtvorliegen der Wiederaufnahmevoraussetzungen[56]. Diese Kompetenz leidet allerdings darunter, dass der Folgeantrag beim BAMF und nicht bei der Ausländerbehörde zu stellen ist und Letztere erst aufgrund einer Mitteilung des BAMF von dessen Begründung erfährt.

2. Keine Antragsfrist mehr

Bis zum **EuGH-Urteil XY** vom 9.9.2021 in der Rechtssache C-18/20 galt in Deutschland die Rechtslage, dass der Asylbewerber die Einhaltung der **Drei-Monats-Frist** des § 51 III VwVfG schlüssig dartun und das BAMF sie feststellen musste. Die Frist begann frühestens nach Rücknahme oder unanfechtbarer Ablehnung des früheren Asylantrags[57] sowie erst mit der positiven Kenntnis der maßgeblichen Tatsachen; Kennenmüssen stand der Kenntnis nicht gleich[58]. Erkennen der Asylrelevanz war nicht nötig. Die Frist wurde durch den Folgeantrag gewahrt, sie war aber für jeden Tatsachenvortrag gesondert einzuhalten[59]. Es brauchte hingegen nicht jeweils ein neuer Antrag gestellt zu werden[60], die jeweiligen neuen Gründe konnten vielmehr nachgeschoben werden, und zwar wegen § 77 und der Pflicht des Gerichts zum Durchentscheiden[61] auch während des Gerichtsverfahrens. Bei Aufenthalt im Ausland während des Eintritts neuer Umstände begann die Frist erst mit der Wiedereinreise zu laufen, weil zuvor ein Asylantrag rechtlich ausgeschlossen ist[62]. Gegen die Versäumung der Frist konnte bei mangelndem Verschulden Wiedereinsetzung in den vorigen Stand gewährt werden (§ 32 VwVfG bzw. Landes-VwVfG). Bei dieser Auslegung bestanden verfassungsrechtlich keine durchgreifenden Bedenken, insbesondere auch nicht hinsichtlich des möglichen Abschneidens neuen Vorbringens nach Änderung der Sachlage. Der EuGH entschied am 9.9.2021 im Urteil XY jedoch, dass die Wiederaufnahme des ersten Verfahrens, um den Folgeantrag in der Sache zu prüfen, **nicht davon abhängig gemacht werden darf, dass dieser Antrag binnen einer bestimmten Frist gestellt wurde.** Art. 40 Asylverfahrens-RL 2013/32/EU ermächtige die Mitgliedstaaten nicht, Ausschlussfristen für die Stellung eines Folgeantrags festzulegen, ja, verbiete solche Fristen. Seither muss § 71 I 1 dahingehend richtlinienkonform reduziert werden, dass **kein Verweis auf § 51 III VwVfG enthalten** ist, dh § 71 I 1 verweist nur noch auf § 51 I und II VwVfG. Ein Folgeantrag ist mithin keiner Frist mehr unterworfen[63].

3. Unterlassene Geltendmachung in früherem Verfahren

Auch nach dem EuGH-Urteil XY vom 9.9.2021 in der Rechtssache C-18/20 ist der Verweis in § 71 I auf § 51 II VwVfG voraussichtlich **weiterhin europarechtskonform.** Denn der EuGH bekräftigt, dass die Mitgliedstaaten nach dem fakultativen Art. 40 IV Asylverfahrens-RL 2013/32/EU vorsehen können, dass der Folgeantrag nur geprüft wird, wenn der Antragsteller ohne eigenes Verschulden nicht in der Lage war, den Sachverhalt im früheren Verfahren vorzubringen. § 71 I setzt Art. 40 IV Asylverfahrens-RL insoweit faktisch im Asylverfahren um bzw. kann als spezifische Umsetzungsnorm verstanden werden[64]. Die Gegenargumentation[65], weder § 71 noch § 71a seien spezifisch zur Umsetzung der Asylverfahrens-RL erlassen und seit 2008 nicht geändert worden, überzeugt nicht. Denn wenn ein bereits unionsrechtskonformer Zustand besteht und der Bundesgesetzgeber im Hinblick auf eine Richtlinie keinen Änderungsbedarf sieht, muss er dies nicht ausdrücklich sagen oder das nationale Recht insoweit nachregeln. Der Verweis auf § 51 II VwVfG hat mithin weiterhin Gültigkeit. Die Geltendmachung des Wiederaufnahmegrunds ist deshalb nur zulässig, wenn der Ausländer, ob-

---

beide erfüllt sein, damit der Folgeantrag gemäß Art. 40 Abs. 3 dieser Richtlinie weiter geprüft wird, sie unterscheiden sich jedoch und dürfen nicht miteinander vermengt werden."

[54] Dazu → Rn. 15.
[55] Dazu → Rn. 32, 43; bis Ende 2004: innerhalb einer Frist von zwei Jahren.
[56] Vgl. dazu → Rn. 32.
[57] BVerwG Urt. v. 25.11.2008 – 10 C 25.07, InfAuslR 2009, 171.
[58] Zum Begriff der „Kenntnis" vgl. OVG NRW Beschl. v. 8.3.2007 – 3 A 4039/06.A, InfAuslR 2009, 43.
[59] GK-AsylVG § 71 Rn. 127; *Kopp* VwVfG § 51 Rn. 32; *Marx* § 71 Rn. 50; *Stelkens/Bonk/Sachs* § 51 Rn. 138; BVerwG Beschl. v. 11.12.1989 – 9 B 320.89, NVwZ 1990, 359.
[60] GK-AsylVG § 71 Rn. 127.
[61] → Rn. 46.
[62] OVG MV Beschl. v. 13.9.1996 – 3 M 79/96, NVwZ-RR 1998, 140.
[63] Was natürlich einer sog. „Salami-Taktik" Vorschub leisten könnte.
[64] Im österreichischen EuGH-Fall XY war dies anders, weil Österreich keine AsylG-Norm hatte, sondern dort der allgemeine § 69 AVG (entspricht § 51 VwVfG) anzuwenden war, was keine RL-Umsetzung darstellt.
[65] Vgl. *Pfersich* ZAR 2021, 383.

7 AsylG § 71

wohl sie in dem früheren Verfahren **objektiv möglich** war, ohne grobes Verschulden dazu außerstande war[66]. Zum Vortrag einer veränderten Sach- oder Rechtslage ist der Asylbewerber insbesondere dann nicht imstande, wenn die Änderung erst nach Abschluss des Revisionsverfahrens eintritt. Außerdem dürfen wegen des Verbots von Tatsachenfeststellungen durch das Revisionsgericht[67] Tatsachenänderungen nach Abschluss der letzten Tatsacheninstanz grundsätzlich nicht mehr berücksichtigt werden[68]. Beendet wird das Berufungsverfahren mit Verkündung des Urteils nach mündlicher Verhandlung, Zustellung des Urteils statt Verkündung oder Zustellung nach Beratung im schriftlichen Verfahren (§§ 101, 116 VwGO). Mit der Revision und der Beschwerde gegen die Nichtzulassung der Revision kann unter bestimmten Umständen die Zurückverweisung in die Berufungsinstanz erreicht werden (§§ 133 VI, 144 VI VwGO). Diese Möglichkeit bietet aber nur eine geringe Chance, eine zwischenzeitliche Änderung der Sachlage noch in das Verfahren einzubringen. Ähnliches gilt für den Antrag auf Zulassung der Berufung[69]; erst in einem Berufungsverfahren sind neue Tatsachen (unter Umständen durch Präklusionen beschränkt) vorzubringen und zu prüfen. Der Asylbewerber hat also sämtliche Tatsachen und Beweismittel jeweils sogleich in dem Verfahrensstadium geltend zu machen, in dem dies zulässig und nicht ganz aussichtslos ist.

23   Grobes Verschulden an der Nichtgeltendmachung setzt voraus, dass der Asylbewerber von der Änderung der Sach- oder Rechtslage **Kenntnis** hatte oder ohne Weiteres hätte erlangen können. Außerdem muss ihm **mehr als nur leichte Fahrlässigkeit** beim Unterlassen des rechtzeitigen Vorbringens anzulasten sein, was zB ohne anwaltliche Vertretung und angesichts komplizierter Verfahrensregeln und mangelnder Verfahrenskenntnisse der Asylbewerber oft nur schwer festzustellen sein wird. Soweit es die Lage im Herkunftsstaat angeht, hat sich der Asylbewerber allgemein zu unterrichten; ihm kann aber kaum mehr als die Lektüre der Tagespresse angesonnen werden. Eigene politische Aktivitäten im Heimatstaat muss er dagegen von Anfang an umfassend vortragen[70]. Über gegen ihn anhängige oder ihm drohende Straf- oder Ermittlungsverfahren hat er sich selbstständig Gewissheit zu verschaffen, evtl. unter Einschaltung von Verwandten, Bekannten oder Rechtsanwälten im Heimatstaat[71]. Ein Verschulden kann in der Rücknahme der Asylverpflichtungsklage oder der Anfechtungsklage gegen eine Abschiebungsandrohung nach Ablehnung vorläufigen Rechtsschutzes zu sehen sein, wenn sich der Asylbewerber damit bewusst der Möglichkeit begibt, neue Tatsachen oder Beweismittel in diese Verfahren einzuführen[72]. Inwieweit Anwaltsverschulden (wie bislang in Deutschland) ohne weiteres zugerechnet werden darf, ist vom EuGH nicht abschließend geklärt und könnte im geeigneten Fall im Wege einer Vorlage gefragt werden.

4. Änderung der Sach- oder Rechtslage

24   Eine Änderung der **Sachlage** (§ 51 I Nr. 1 VwVfG) ist insbesondere anzunehmen, wenn sich entweder die allgemeinen politischen Verhältnisse oder Lebensbedingungen im Heimatstaat oder aber die das persönliche Schicksal des Asylbewerbers bestimmenden Umstände so verändert haben, dass eine für den Asylbewerber günstigere Entscheidung möglich erscheint. In letzterem Fall können Vorgänge im Heimatstaat, im Bundesgebiet oder in Drittstaaten zugrunde liegen[73]. Bei den typischen asylrechtlichen Dauersachverhalten[74] ist eine Änderung erst dann anzunehmen, wenn eine qualitativ neue Bewertung angezeigt und möglich erscheint; auch bei exilpolitischen Aktivitäten[75]. Der Zeitablauf allein stellt noch keine wesentliche Änderung der Sachlage dar, mit zunehmender Zeitdauer wächst aber die Wahrscheinlichkeit einer Änderung[76]. Die Änderung **ausländischen Rechts** ist verfahrensrechtlich als Sachlagenänderung einzustufen[77]. Ob unter „Änderung der Sachlage" auch etwas fallen kann, was im Erstverfahren **einfach nicht vorgetragen** worden ist, erscheint problematisch. Bei unverschuldet beigebrachten Beweismitteln ist dies der Sache nach anerkannt (→ Rn. 26). Da nicht nur „verspätetes" Vorbringen gegeben sein kann, sondern auch zB aus Scham nicht vorgetragenes (Vergewaltigung, Genderidentität, sexuelle Orientierung etc) und es hier schwerfällt zu prüfen, ob das „verschuldet" bzw. vorwerfbar war, spricht viel, auch das EuGH-Urteil XY vom 9.9.2021 in der Rechtssache C-18/20, für eine großzügige Auslegung des Begriffs der Sachlagenänderung.

---

[66] Zur Zurechnung des Anwaltsverschuldens s. schon BVerfG Beschl. v. 20.4.1982 – 2 BvL 26/81, BVerfGE 60, 253; BVerfG-K Beschl. v. 21.6.2000 – 2 BvR 1989/97, NVwZ 2000, 907; krit. dazu *Schütz* ZAR 2001, 125.
[67] Hierzu gehört auch ausländisches Recht, → Rn. 24.
[68] Zu Ausnahmen vgl. BVerwG Urt. v. 3.11.1992 – 9 C 21.92, BVerwGE 91, 150; BayVGH Beschl. v. 10.12.1992 – 11 C 92.33 203, EZAR 630 Nr. 30.
[69] VGH BW Urt. v. 31.3.1993 – A 13 S 3048/92, EZAR 633 Nr. 21.
[70] VGH BW Beschl. v. 7.5.1986 – A 13 S 288/86, EZAR 224 Nr. 13.
[71] HessVGH Beschl. v. 30.5.1989 – 12 TH 4051/88, InfAuslR 1990, 133.
[72] HessVGH Beschl. v. 4.1.1988 – 10 TG 3365/87, EZAR 224 Nr. 18.
[73] ZB exilpolitische Betätigung; dazu OVG NRW Beschl. v. 10.6.1997 – 1 A 780/97.A, NWVBl 1998, 69.
[74] Dazu schon BVerfG-K Beschl. v. 19.6.1986 – 2 BvR 569/86, NVwZ 1987, 487.
[75] GK-AsylVG § 71 Rn. 120.1.
[76] BVerwG Urt. v. 18.9.2001 – 1 C 7.01, BVerwGE 115, 118.
[77] BVerwG Urt. v. 8.5.1984 – 9 C 208.83, NVwZ 1985, 411.

Folgeantrag § 71 AsylG 7

Eine Änderung der Rechtslage (§ 51 I Nr. 1 VwVfG) kann durch eine **Gesetzesänderung** eintreten (zB AsylVfÄndG 1987, AuslRNG, AsylVfG 1992, AsylVfÄndG 1993), unter Umständen aber auch durch eine Änderung der Rspr. des BVerfG. Ein weiteres Asylverfahren ist mit Rücksicht auf eine geänderte Rechtslage bereits dann durchzuführen, wenn nach der geänderten Rechtslage eine dem Betroffenen günstigere Entscheidung möglich erscheint. Ist dies der Fall, so findet die abschließende Entscheidung im eigentlichen Asylverfahren statt[78]. **Änderungen der Rspr.** stehen im Allgemeinen jedoch – auch bzgl. des EuGH – einer Rechtsänderung nicht gleich[79]. Soweit aber die Grundlage des materiellen und zum Teil auch formellen Asylrechts, nämlich Art. 16a I GG, durch eine mit Bindungswirkung nach § 31 BVerfGG ausgestattete Entscheidung des BVerfG verändert wird, tritt eine Rechtsänderung ein, die der durch Gesetz gleichzuachten ist[80]. 25

5. Neues Beweismittel

Ein Beweismittel ist neu (§ 51 I Nr. 2 VwVfG), wenn es während des vorangegangenen Verfahrens entweder noch **nicht existierte** oder dem Asylbewerber **nicht bekannt** oder von ihm ohne Verschulden **nicht beizubringen** war[81]. Nach dem EuGH-Urteil XY vom 9.9.2021 in der Rechtssache C-18/20 können „neue Elemente oder Erkenntnisse" gemäß Art. 40 II und III Asylverfahrens-RL 2013/32/EU, die „zutage getreten oder vom Antragsteller vorgebracht worden sind", sowohl Elemente oder Erkenntnisse umfassen, die nach rechtskräftigem Abschluss des Verfahrens über den früheren Antrag auf internationalen Schutz eingetreten sind, als auch Elemente oder Erkenntnisse, die bereits vor Abschluss dieses Verfahrens existierten, aber vom Antragsteller (ohne Verschulden) nicht geltend gemacht wurden. Als neue Beweismittel kommen auch neue Gutachten über die allgemeinen politischen Verhältnisse im Herkunftsstaat in Betracht[82]. Bezieht sich das Beweismittel auf eine neue Sach- oder Rechtslage, kommt § 51 I Nr. 1 VwVfG zur Anwendung. Das mit einem solchen Beweismittel belegte neue Vorbringen kann einen schon geltend gemachten Verfolgungstatbestand betreffen, aber auch einen neuen. Konnte das Beweismittel aus verfahrensrechtlichen Gründen im früheren Verfahren nicht berücksichtigt werden[83], ist es als neues in diesem Sinne anzusehen; gleichzeitig ist es nicht durch § 51 II VwVfG ausgeschlossen. 26

Das neue Beweismittel muss **geeignet** sein, eine für den Asylbewerber günstigere Entscheidung herbeizuführen. Der Asylbewerber muss dies schlüssig vortragen[84] und das BAMF ebendies feststellen[85]. Als solche Beweismittel kommen neben Urkunden aus dem Heimatstaat, Sachverständigengutachten und amtlichen Auskünften ua auch Medienberichte und Stellungnahmen von Menschenrechtsorganisationen sowie Privaturkunden (Briefe ua) in Betracht. In **fremder Sprache** abgefasste Urkunden sind nicht etwa deshalb von vornherein ungeeignet, weil die Verfahrenssprache Deutsch ist (§ 23 I VwVfG; § 184 GVG). Wird eine erforderliche Übersetzung nicht beigebracht, ist die Urkunde unter Umständen von Amts wegen zu übersetzen[86]. Zumindest kann ihr Inhalt als neues Vorbringen nach § 51 I Nr. 1 VwVfG beachtlich sein. 27

Urkunden und andere Schriftstücke scheiden als taugliche Beweismittel in aller Regel aus, wenn sie **gefälscht** sind oder wenn auch bei Unterstellung der Richtigkeit ihres Inhalts eine dem Asylbewerber günstige Entscheidung nicht möglich erscheint. Insoweit obliegt dem BAMF eine Prüfung sowohl der Echtheit als auch der Aussagekraft. Schriftstücken dieser Art kann allerdings nicht von vornherein jeder Beweiswert abgesprochen werden. Freilich erfüllen rein pauschale Bestätigungen einer nicht näher bezeichneten Verfolgungsgefahr die Voraussetzungen ebenso wenig wie bloße „Gefälligkeits- 28

---

[78] VGH BW Urt. v. 20.5.2008 – A 10 S 3032/07; vgl. dort auch zur QualifikationsRL: „Die Qualifikationsrichtlinie misst sich keine Geltung für alle die Fälle bei, die zum Zeitpunkt des Ablaufs der Umsetzungsfrist unanfechtbar abgeschlossen waren. Etwas anderes gilt dann, wenn der alte, der unanfechtbaren Entscheidung zugrunde gelegte Sachverhalt noch über den Zeitpunkt der Unanfechtbarkeit bis in die Gegenwart hineinreicht, also heute noch aktuell ist. Dann ist dieser Sachverhalt einer neuen rechtlichen Prüfung am Maßstab der Qualifikationsrichtlinie zu unterziehen."
[79] So schon BVerwG Urt. v. 30.8.1988 – 9 C 47.87, NVwZ 1989, 161; vgl. aber die EuGH-Vorlage des VG Sigmaringen mit Beschl. v. 22.2.2022 – A4 K 855/21.
[80] IE ebenso *Hailbronner* AsylG § 71 Rn. 50 f.; weitergehend allg. für Rspr. der obersten Bundesgerichte GK-AsylVfG § 71 Rn. 97 f.; *Marx* § 71 Rn. 28 f.; aA allg. BVerwG Beschl. v. 25.5.1981 – 8 B 89.80 ua, NJW 1981, 2595; betr. Zulassung der Revision vgl. BVerwG Beschl. v. 13.8.1990 – 9 B 49.90, BVerwG 85, 295; betr. VertriebenenR BVerwG Beschl. v. 16.2.1993 – 9 B 241.92, NVwZ-RR 1994, 119; offengelassen von BVerfG-K Beschl. v. 8.10.1990 – 2 BvR 643/90, NVwZ 1991, 258.
[81] BVerwG Urt. v. 21.4.1982 – 8 C 75.80, NJW 1982, 2204; Urt. v. 13.5.1993 – 9 C 49.92, BVerwGE 92, 278; zu Beweisfragen allg. *Dahm* ZAR 2002, 227 und 348.
[82] VGH BW Urt. v. 25.2.1991 – A 12 S 1644/90, VBlBW 1991, 472 und EZAR 631 Nr. 15; GK-AsylG § 71 Rn. 107; aA BVerwG Urt. v. 28.7.1989 – 7 C 78.88, BVerwGE 82, 272; *Hailbronner* AsylG § 71 Rn. 53.
[83] Va im Revisionsverfahren, → Rn. 22.
[84] BVerwG Urt. v. 21.4.1982 – 8 C 75.80, DVBl 1982, 998.
[85] Zum Unterschied zwischen § 51 I Nr. 1 und 2 VwVfG vgl. OVGNRW Beschl. v. 9.1.1984 – 19 B 21 222/83, NVwZ 1984, 329.
[86] Vgl. schon BVerwG Beschl. v. 8.2.1996 – 9 B 418.95, NJW 1996, 1553.

schreiben"[87], in denen undifferenzierte Warnungen vor einer Rückkehr ausgesprochen werden. Der **EuGH** hat jedoch im **Urteil LH** vom 10.6.2021 in der Rechtssache C-921/19 ausgeführt, dass ein Dokument, das von einem Antragsteller zur Stützung eines Folgeantrags vorgelegt wird, nicht gewissermaßen automatisch als kein „neues Element oder neue Erkenntnis" angesehen werden darf, wenn die Echtheit dieses Dokuments nicht feststellbar oder die Quelle eines solchen Dokuments nicht objektiv überprüfbar ist. Die Beurteilung der zur Stützung eines Antrags auf internationalen Schutz vorgelegten Beweise darf nicht unterschiedlich sein je nachdem, ob es sich um einen Erstantrag oder um einen Folgeantrag handelt; ein Mitgliedstaat ist zudem verpflichtet, mit einem Antragsteller bei der Bewertung der für seinen Folgeantrag maßgeblichen Anhaltspunkte zu kooperieren, wenn dieser zur Stützung dieses Antrags Dokumente vorgelegt hat, deren Echtheit nicht feststellbar ist, dh dem Antragsteller muss zumindest Gelegenheit gegeben werden, zu dieser Problematik Stellung nehmen.

29 **Zeugen** kommen als neue Beweismittel in Betracht, sofern sie früher nicht bekannt oder nicht erreichbar waren. Ihre Eignung als Wiederaufgreifensgrund hängt aber davon ab, dass die allgemeinen Anforderungen an dahingehende Beweisanträge eingehalten sind[88]. Die in das Wissen des Zeugen gestellten Tatsachen müssen also asylerheblich und im Übrigen so genau bezeichnet sein, dass sich die Zeugenvernehmung nicht als unzulässiger Ausforschungsbeweis darstellt[89]. Außerdem muss der Zeuge in dem Sinne verfügbar sein, dass seine Vernehmung anders als im Heimatstaat durch dessen Behörden oder Gerichte erfolgen kann; für das Asylrecht wäre er sonst schlechthin untauglich[90].

6. Wiederaufnahmegrund nach § 580 ZPO

30 Die **Restitutionsgründe** des § 580 ZPO (§ 51 I Nr. 3 VwVfG) spielen für das Asylverfahren nur eine untergeordnete Rolle. Gründe dieser Art liegen insbesondere vor, wenn über den vorangegangenen Asylantrag aufgrund falscher Aussagen von Zeugen oder Sachverständigen oder aufgrund falscher Urkunden entschieden worden ist. Es kommt nur auf das Vorliegen der (die Entscheidung mittragenden) Gründe an, nicht auf die möglichen Auswirkungen auf eine neue Sachentscheidung.

VI. Aufenthaltsbeendende Maßnahmen

31 Art und Zulässigkeit aufenthaltsbeendender Maßnahmen für den Fall, dass ein Folgeantrag zu keinem weiteren Asylverfahren führt, sind zT von dem zeitlichen Abstand zu dem vorangegangenen Verfahren abhängig. Der **erste Folgeantrag** löst grundsätzlich die Abschiebungsandrohung unter Fristsetzung aus, wenn er die Voraussetzungen des § 51 I–II VwVfG nicht erfüllt.

32 Wird der Antrag nach Eintritt der Vollziehbarkeit einer Abschiebungsandrohung oder -anordnung gestellt (bis Ende 2004 innerhalb von zwei Jahren), die nach Stellung des vorangegangenen Asylantrags ergangen ist, so erübrigt sich uU eine erneute Abschiebungsandrohung mit Ausreisefrist. Vollziehbar, wenn auch nur vorläufig, ist zB eine frühere Abschiebungsandrohung nach Ablauf der Wochenfrist des § 36 III 1 oder im Falle eines rechtzeitigen Antrags gemäß § 80 V VwGO nach dessen Ablehnung durch das VG (§ 36 III 8). Bei den früheren Antrag kann es sich um einen Folgeantrag handeln[91].

33 Erst wenn die **Prüfung** der Wiederaufnahmegründe durch das BAMF **negativ** verlaufen und dies der Ausländerbehörde mitgeteilt ist[92], darf diese die Abschiebung ohne vorherige Androhung veranlassen. Bis dahin ist grundsätzlich der Vollzug der Abschiebung ausgesetzt mit der Folge, dass eine Duldung nach § 60a II AufenthG zu erteilen ist[93]. Ausnahmsweise ist eine Abschiebung ohne die Negativmitteilung jedoch in einen sicheren Drittstaat zulässig (seit dem RLUmsG 2007 allerdings – aufgrund § 32 Asylverfahrens-RL aF – nicht mehr bei offensichtlicher Unschlüssigkeit des Folgeantragsvorbringens[94]).

34 Nicht entbehrlich ist die Abschiebungsandrohung, wenn der vorangegangene Antrag zwar nach früherem Recht unbeachtlich war oder (nach geltendem Recht) zu keinem neuen Asylverfahren geführt hat, aber infolge eines Aufenthaltsrechts oder (nach früherem Recht) eines Abschiebungshindernisses keine Abschiebungsandrohung ausgelöst hat. Schließlich steht dem der Fall gleich, dass die Vollziehbarkeit gerichtlich ausgesetzt und die Abschiebungsandrohung damit unwirksam wurde (früher § 10 IV AsylVfG 1982; jetzt § 37 I). Anwendbar ist Abs. 5 dagegen auch, wenn der vorangegangene Antrag (nach altem Recht) als beachtlich weitergeleitet wurde und eine Abschiebungsandrohung dann erst aufgrund §§ 11 I, II oder 28 I AsylVfG 1982 erging. Es muss sich um eine asylrechtliche Abschiebungsandrohung handeln, sie braucht aber nicht auf §§ 10 I, 14 I AsylVfG 1982

---

[87] Dazu BVerwG Urt. v. 31.7.1984 – 9 C 46.84, BVerwGE 70, 24.
[88] Dazu allg. *Dahm* ZAR 2002, 227 und 348.
[89] BVerwG Urt. v. 8.2.1983 – 9 C 598.82, InfAuslR 1983, 185.
[90] BVerwG Urt. v. 31.7.1984 – 9 C 46.84, BVerwGE 70, 24; BVerwG Beschl. v. 9.5.1983 – 9 B 10 466.81, NJW 1984, 574.
[91] GK-AsylG § 71 Rn. 135.
[92] Zur Mitteilung an Ausländer → Rn. 43.
[93] → Rn. 15.
[94] → Rn. 1.

Folgeantrag § 71 AsylG 7

zu beruhen. Bezüglich der besonderen Vorgaben des **Art. 41 Asylverfahrens-RL** unter → Rn. 1 zur erneuten Abschiebungsandrohung, wenn dessen Voraussetzungen nicht vorliegen.

Das BAMF soll der Rspr. des BVerwG zufolge dazu berechtigt sein, auch bei Nichterfüllung des 35
§ 51 I–II VwVfG das Verfahren nach § 51 V VwVfG wiederaufzugreifen und neu in der Sache zu entscheiden[95]. Diese Möglichkeit des **Zweitbescheids** soll nur bei rechtskräftigem Abschluss des vorangegangenen Verfahrens ausgeschlossen sein, da dann die Rechtskraft einem derartigen Vorgehen entgegensteht[96], allerdings nur, soweit diese reicht[97]. Hiergegen bestehen indes gewichtige Bedenken wegen des speziell für das Asylverfahren geschlossenen Systems, das dem BAMF weitergehende Entscheidungsmöglichkeiten erkennbar nicht eröffnen will, sondern im Interesse größtmöglicher Beschleunigung ein weiteres formelles Verfahren an das Vorliegen der Voraussetzungen des Abs. 1 bindet. Anders verhält es sich freilich bei Feststellungen zu § 60 II–V oder VII AufenthG, da Abs. 1 S. 1 hierfür keine Sperre bildet und daher § 51 V VwVfG anwendbar bleibt.

VII. Verwaltungsverfahren

1. Zuständigkeit

Für die **Entgegennahme** des Folgeantrags ist in erster Linie die früher zuständige Außenstelle 36
zuständig; dort ist der Antrag, falls der Ausländer am persönlichen Erscheinen gehindert ist oder sich in einer Einrichtung iSd § 14 II 1 Nr. 2 befindet, schriftlich zu stellen. Bestand früher keine Wohnverpflichtung iSd § 47 I, so ist der Folgeantrag schriftlich bei der Zentrale des BAMF zu stellen; ebenso bei Fortfall der früher zuständigen Außenstelle und im Falle des § 24 AufenthG. Andere Behörden sind uU zur Weiterleitung eines bei ihnen eingehenden schriftlichen Antrags verpflichtet[98]. Ausgenommen sind aber Polizei und Ausländerbehörde; da § 18 I in Abs. 1 S. 5 nicht genannt ist, ist die Grenzbehörde dagegen weitergabepflichtig. Dasselbe hat für Außenstellen des BAMF zu gelten, da diese und die Zentrale des BAMF keine jeweils selbstständigen Behörden bilden[99].

Die Zuständigkeit für die weitere Behandlung und die **Bescheidung** des Folgeantrags beim BAMF 37
richtet sich nach der dort geltenden Geschäftsverteilung[100]. Dazu gehört auch die Mitteilung über die Nichteinleitung eines neuen Verfahrens an die zuständige Ausländerbehörde[101].

Die örtliche Zuständigkeit der **Ausländerbehörde** für Folgeantragsteller war in der Vergangenheit 38
nicht ausdrücklich geregelt. Während ein Teil der Rspr. mangels abweichender gesetzlicher Anhaltspunkte die allgemeinen Vorschriften (§ 20 AuslG 1965) anwendete, nahmen andere Gerichte an, für Folgeantragsteller bleibe diejenige Ausländerbehörde zuständig, die in dem vorangegangenen Verfahren zuständig gewesen sei[102]. Der Gesetzgeber beendete diesen Streit durch Einfügung des § 14 IV AsylVfG 1982[103], der auf die frühere oder die geltende **Aufenthaltsbeschränkung** abstellte. Dementsprechend knüpft auch Abs. 7 an eine frühere Beschränkung an, in zweiter Linie gilt eine neue Beschränkung, und in jedem Fall ist kumulativ die örtliche Zuständigkeit der Ausländerbehörde des Aufenthaltsorts gegeben (vgl. dazu auch § 56 III).

Die örtliche Zuständigkeit der Ausländerbehörde ist durch Abs. 7 nur für Maßnahmen nach Abs. 5 39
und 6 bestimmt. Sie gilt insoweit, sofern kein Aufenthaltstitel erteilt ist, **umfassend**. Wer einen Aufenthaltstitel besitzt, unterliegt den allgemeinen Bestimmungen, die primär an den gewöhnlichen Aufenthalt abstellen; besteht dieser außerhalb des Bezirks der den Aufenthaltstitel ausstellenden Ausländerbehörde, sind ebenfalls die allgemeinen Regeln anzuwenden. Ist dem Folgeantragsteller eine Aufenthaltsgestattung erteilt, ist der entsprechend zugewiesene (beschränkte) Aufenthaltsbereich maßgeblich, und zwar ohne Rücksicht auf den tatsächlichen Aufenthaltsort. Fehlt es für das Folgeantragsverfahren an einer Zuweisung oder einer sonstigen Aufenthaltsbestimmung, ist die während des vorangegangenen Verfahrens geltende Aufenthaltsbeschränkung heranzuziehen.

Gegenständlich gilt diese Zuständigkeitsregelung für die Abschiebung nach Abs. 5 S. 1 und die 40
Zurückschiebung nach Abs. 6 S. 2[104]. Hierzu gehört die Weiterleitung eines (schriftlich oder mündlich gestellten) Folgeantrags nicht[105]. Liegt aber ein solcher Antrag der Ausländerbehörde vor, ist sie verpflichtet, den Ausländer über die Formvorschriften für Folgeanträge zu belehren (§ 25 VwVfG)[106]. Bevor der Ausländer keine Gelegenheit hatte, den Antrag persönlich oder schriftlich beim BAMF zu

---

[95] BVerwG Urt. v. 15.12.1987 – 9 C 285.86, BVerwGE 78, 332.
[96] Vgl. schon BVerfG-K Beschl. v. 23.6.1988 – 2 BvR 260/88, NVwZ 1989, 141.
[97] BVerwG Urt. v. 15.12.1987 – 9 C 285.86, BVerwGE 78, 332.
[98] → § 14 Rn. 12; auch → Rn. 40.
[99] → § 5 Rn. 11 ff.
[100] → § 5 Rn. 14.
[101] Betr. Mitteilung an Ausländer → Rn. 43.
[102] Wohl auch BVerwG Urt. v. 25.10.1988 – 9 C 2.88, BVerwGE 80, 313.
[103] BT-Drs. 11/6955, 76; 11/6960, 30: „Schließung einer Gesetzeslücke".
[104] Vgl. hierzu auch die Kommentierung zu § 19, dort → § 19 Rn. 7.
[105] → Rn. 30.
[106] Vgl. auch → Rn. 36.

stellen, darf die Ausländerbehörde die Abschiebung nach Abs. 5 S. 2 nicht vornehmen (ausgenommen die Fälle der offensichtlichen Unschlüssigkeit oder der Abschiebung in den sicheren Drittstaat).

2. Entscheidungsgrundlage und Anhörung

41 Über die Einleitung eines weiteren Verfahrens und die Abschiebung mit oder ohne Androhung wird aufgrund der Angaben des Asylbewerbers und eigener Ermittlungen des BAMF[107] bzw. der Ausländerbehörde entschieden. Als Grundlage stehen der mündliche oder schriftliche Antrag und ggf. das Ergebnis der **Anhörung** nach § 25 zur Verfügung, von der bei Folgeantragstellern allerdings abgesehen werden kann[108]. Eine Anhörung vor Androhung oder Anordnung oder Durchführung der Abschiebung ohne Androhung ist nicht zwingend notwendig; denn insoweit handelt es sich um Vollstreckungsmaßnahmen (§ 28 II Nr. 5 VwVfG bzw. Landes-VwVfG). Von dieser Möglichkeit des Absehens von der persönlichen Anhörung darf das BAMF jedoch idR keinen Gebrauch machen, wenn nach einer Ausreise in den Herkunftsstaat und einer erneuten Einreise in das Bundesgebiet neue Verfolgungsgründe geltend gemacht werden[109]. Dies setzt aber voraus, dass der Betreffende zunächst iRd Darlegungs- und Mitwirkungspflicht seine neuen Gründe wenigstens in den Grundzügen schriftlich vorträgt, um dem BAMF die Möglichkeit einer Prüfung zu geben, ob das Vorbringen überhaupt schlüssig und eine persönliche Anhörung erforderlich ist. Dies gilt jedenfalls dann, wenn eine anwaltliche Beratung und Vertretung besteht[110].

3. Entscheidung

42 Falls das BAMF die Voraussetzungen des § 51 I–II VwVfG nicht für gegeben erachtet, ergeht ein **Ablehnungsbescheid** mit oder ohne Abschiebungsandrohung nach Maßgabe der §§ 34–36[111]. Üblicherweise wird der „Antrag auf Durchführung eines weiteren Asylverfahrens abgelehnt"[112]. Einer ausdrücklichen Entscheidung zu § 60 II–V oder VII AufenthG bedarf es nicht; diese Abschiebungsverbote sind aber inzidenter zu prüfen (vgl. Abs. 4)[113]. Sie fallen nicht in die Zuständigkeit der Ausländerbehörde[114] und für sie gelten angesichts der insoweit undeutlichen Regelungen in Abs. 1, 3–5 sowie § 73 III die Vorschriften des § 51 VwVfG insgesamt unmittelbar[115]. Wird ein neues Asylverfahren eröffnet, folgt dieses den normalen Regeln, ohne dass zuvor ein entsprechender Bescheid ergehen muss. Falls der Asylbewerber noch der Wohnverpflichtung nach § 47 I unterliegt, erhält er vom BAMF eine Aufenthaltsgestattung; sonst ist zumindest eine Mitteilung an die Ausländerbehörde erforderlich, da diese dann die Aufenthaltsgestattung auszustellen hat (§§ 55 I 1, 63 I, III).

43 Ist der Folgeantrag oder (nur) ein auf § 60 V und VII AufenthG gerichteter Wiederaufgreifensantrag[116] nach einer Abschiebungsandrohung iSd Abs. 5 S. 1 gestellt[117] und will das BAMF kein weiteres Asylverfahren einleiten, erfolgt lediglich eine interne **Mitteilung** an die Ausländerbehörde; eine unmittelbare Bekanntgabe an den Ausländer ist nicht vorgesehen[118]. Dennoch handelt es sich bei der Ablehnung eines weiteren Asylverfahrens der Sache nach um einen VA gegenüber dem Ausländer; denn dieser Entschluss des BAMF enthält eine unmittelbare Regelung eines Rechtsverhältnisses (vgl. § 35 VwVfG). Obwohl dieser nur behördenintern mitgeteilt wird und erst im Abschiebungsverfahren nach außen in Erscheinung tritt, ist damit eine (negative) Entscheidung über die Einleitung eines weiteren Verfahrens getroffen, die sich zu Lasten des Ausländers auswirkt. Diese Entscheidung ist und bleibt dem BAMF zuzurechnen, obwohl die Ausländerbehörde sie bei der Abschiebung unmittelbar umsetzt. Die Mitteilung des BAMF ist nicht nur (bindende) verwaltungsinterne Voraussetzung für einen VA der Ausländerbehörde, sondern fußt auf einer Entscheidung über den Folgeantrag, der wie jeder formelle Antrag einer Bescheidung bedarf. Damit gewinnt jedoch die Mitteilung selbst noch nicht den Charakter eines VA[119]. Das Gesetz verlangt nur die Mitteilung an die Ausländerbehörde, der Vollzug durch die Ausländerbehörde ist aber im Blick auf Art. 19 IV GG erst zulässig, wenn auch der Asylbewerber entsprechend unterrichtet ist und Gelegenheit zur Anrufung

---

[107] → § 24 Rn. 4 ff.
[108] Zum früheren Recht BayVGH Beschl. v. 15.6.1983 – 21 CS 83 C 423, EZAR 225 Nr. 3; HmbOVG Beschl. v. 13.9.1983 – Bs VII 389/83, NVwZ 1984, 463.
[109] Ebenso VG Frankfurt a. M. Beschl. v. 29.8.2002 – 5 G 3055/02.A(3), AuAS 2002, 214.
[110] So zutr. VG Stuttgart Beschl. v. 5.12.2002 – A 4 K 13 990/02, AuAS 2003, 22.
[111] Zur analogen Anwendung von § 37 II auf die Wochenfrist vgl. BVerwG Urt. v. 3.4.2001 – 9 C 22.00, BVerwGE 114, 122.
[112] Bell/v. Nieding ZAR 1995, 119.
[113] Bell/v. Nieding ZAR 1995, 119; GK-AsylVfG § 71 Rn. 133.
[114] GK-AsylVG § 71 Rn. 149; so auch BVerwG Urt. v. 21.3.2000 – 9 C 41.99, BVerwGE 111, 77.
[115] GK-AsylVG § 71 Rn. 149.2 f.
[116] VGH BW Beschl. v. 29.5.2017 – 11 S 2493/16; aA HessVGH Beschl. v. 14.12.2006 – 8 Q 2642/06. A und BayVGH Beschl. v. 29.11.2011 – 24 CE 05.3107.
[117] → Rn. 32.
[118] AA VG Schleswig Beschl. v. 14.9.1992 – 15 B 110/90, EZAR 224 Nr. 24 mablAnm Bell ZAR 1993, 37.
[119] GK-AsylVG § 71 Rn. 158, 180.

des VG erhalten hat[120]. Über die Nichteinleitung eines weiteren Asylverfahrens ergeht auch in diesem Fall – gleichzeitig oder später – ein förmlicher Bescheid. Eine erneute Abschiebungsandrohung ist entbehrlich, aber nicht ausgeschlossen und in geeigneten Fällen angezeigt.

4. Form und Zustellung

Soweit eine **Abschiebungsdrohung oder -anordnung** ergeht, sind die üblichen Formalitäten 44
betreffend. Begründung und Zustellung einzuhalten. Die Abschiebung ohne Androhung braucht nicht schriftlich oder mündlich angeordnet zu werden, die Ausländerbehörde kann sie ohne Weiteres vollziehen. Anders verhält es sich, wenn die Ausländerbehörde den Ausländer in den sicheren Drittstaat abschieben will. Dann muss sie die Gründe, die von der vorherigen Mitteilung des BAMF über die Nichteinleitung eines weiteren Verfahrens dispensieren, dem Ausländer mitteilen.

Die **Mitteilung** des BAMF nach Abs. 5 S. 2 entfaltet zwar zunächst keine Außenwirkung und wird 45
dem Ausländer nur im Zusammenhang mit der Abschiebung durch die Ausländerbehörde bekannt. Die zugrunde liegende Entscheidung des BAMF über die Nichteinleitung eines weiteren Asylverfahrens stellt aber einen VA dar[121], der erst mit der Bekanntgabe wirksam wird (§ 43 I VwVfG). Da eine Zustellung nicht vorgeschrieben ist, steht der die Form der Bekanntmachung frei (§ 41 VwVfG). Sie kann also im Zuge des Abschiebungsverfahrens durch die Ausländerbehörde oder später bekanntgegeben werden, wobei die Sonderregeln des § 10 Anwendung finden.

VIII. Rechtsschutz

1. Hauptsacheverfahren

Gegen die Nichteinleitung eines weiteren Verfahrens[122] stand dem Ausländer nach hRspr bis 2016 46
ebenso die Verpflichtungsklage (§ 42 I VwGO) zu[123] wie gegen eine Antragsablehnung aus anderen Gründen. Falls zugleich eine erneute Abschiebungsandrohung ergeht, war schon immer die Anfechtungsklage statthaft (§ 42 I VwGO). Seit 2016 ist jedoch die **Anfechtungsklage** – ebenso wie bei „Dublin-Entscheidungen" – auch dann die richtige Klageart, wenn die Ablehnung der Durchführung eines weiteren Asylverfahrens bei Folge- und Zweitanträgen als (reine) Unzulässigkeitsentscheidung gem. § 29 I Nr. 5 ergangen ist, dh, hier gibt es **kein „Durchentscheiden"** des Gerichts über den Asylantrag in der Sache selbst[124]. Ist zu Unrecht eine Unzulässigkeitsentscheidung ergangen, ist auf die Anfechtungsklage hin das Verfahren beim BAMF als neues Asylverfahren fortzusetzen. Gegen die Mitteilung über die Nichteinleitung eines weiteren Asylverfahrens[125] kann sich der Ausländer iRd Abschiebungsverfahrens gegenüber der Ausländerbehörde (Anfechtungsklage nach § 42 I VwGO) nicht zur Wehr setzen, es sei denn es handelt sich bei der zugrunde liegenden Ablehnung eines neuen Asylverfahrens um eine die Ausländerbehörde bindende Entscheidung des BAMF handelt.

Die gerichtliche **Zuständigkeit** richtet sich nach dem zuletzt dem Asylbewerber zugewiesenen 47
Aufenthaltsort bei Klageerhebung, hilfsweise nach dem Ort des Erlasses des angegriffenen oder des begehrten VA[126]. Für die Überprüfung kommt es hinsichtlich der Rechts- und Tatsachenlage ungeachtet der Klageart immer auf den **Zeitpunkt** der Gerichtsentscheidung an (§ 77 I).

2. Vorläufiger Rechtsschutz

Die sofortige Vollziehbarkeit einer **Abschiebungsanordnung** in Fällen des Abs. 5[127] kann auf 48
Antrag nach § 80 V VwGO ausgesetzt werden[128]. Dies gilt auch für die Fälle der Mitteilung des BAMF nach Abs. 5 S. 2[129]. Ergeht keine derartige Anordnung, kommt grundsätzlich auch ein Antrag gegenüber der Ausländerbehörde nach § 123 I 2 VwGO auf Unterlassung von Vollstreckungsmaßnahmen in Betracht, da anders effektiver Rechtsschutz nicht erreicht werden kann. Dies gilt auch während der Dauer der Prüfung des BAMF bis zur Negativmitteilung nach Abs. 5 S. 2[130]. In Fällen, in denen das

---

[120] GK-AsylG § 71 Rn. 185; zur notwendigen Gewährleistung vorläufigen Rechtsschutzes, ob nach § 80 V oder § 123 VwGO, BVerfG-K Beschl. v. 16.3.1999 – 2 BvR 2131/95, NVwZ-Beilage 1999, 6 (49).
[121] → Rn. 43.
[122] → Rn. 42.
[123] Zur alten Rechtslage des Durchentscheidens s. BVerwG Urt. v. 10.2.1998 – 9 C 28.97, BVerwGE 106, 171; zuvor aA BayVGH Beschl. v. 11.4.1994 – 11 AA 94.39 783, EZAR 630 Nr. 32; Beschl. v. 17.5.1994 – 24 AA 94.31 534, NVwZ-RR 1994, 695; OVG NRW Urt. v. 5.9.1995 – 5 A 4608/94.A, NVwZ-RR 1996, 549.
[124] Aufgabe der bisherigen Rspr. durch BVerwG Urt. v. 14.12.2016 – 1 C 4.16, Rn. 16 ff.; hierzu *Berlit* jurisPR-BVerwG 4/2017 Anm. 2.
[125] → Rn. 43 und → Rn. 1.
[126] → § 74 Rn. 10 ff.
[127] → Rn. 33, 44.
[128] Allg. zu Zuständigkeit, Frist, Entscheidungsgrundlage, Beschwerdeausschluss ua → § 34 Rn. 16 ff.; → § 36 Rn. 5 ff.; → § 74 Rn. 5 ff.
[129] → Rn. 43 und → Rn. 1.
[130] *Hailbronner* AsylG § 71 Rn. 121.

BAMF im Asylfolgeverfahren von einer erneuten **Abschiebungsandrohung abgesehen** hat, ist der Antrag auf Gewährung vorläufigen Rechtsschutzes zur Verhinderung der Abschiebung gegen das **Bundesamt** bzw. die Bundesrepublik Deutschland als dessen Rechtsträger zu richten, soweit der Asylfolgeantragsteller Einwendungen geltend macht, die der Prüfung und Entscheidung durch das Bundesamt unterliegen[131]. Abweichend hiervon kommt allerdings in zugespitzten Ausnahmefällen der Erlass einer einstweiligen Anordnung gegenüber der **Ausländerbehörde** bzw. deren Rechtsträger in Betracht, wenn der Erlass einer einstweiligen Anordnung gegenüber der Bundesrepublik zu spät käme. Ein solcher Ausnahmefall kann aber nur dann angenommen werden, wenn etwa gegenüber dem Ausländer eine konkrete Abschiebungsmaßnahme begonnen worden ist und zu diesem Zeitpunkt nicht mehr damit gerechnet werden kann, dass beim Bundesamt ein insoweit zuständiger und im Außenverhältnis handlungsbefugter Bediensteter anwesend sein wird, der eine entsprechende gerichtliche Entscheidung umsetzen kann[132].

49   Im Falle der Nichteinleitung eines neuen Verfahrens aufgrund Abs. 5 ist bei Überprüfung der Abschiebungsmaßnahmen der Ausländerbehörde die **Mitteilung** des BAMF als bindend zugrunde zu legen[133]. Die in diesem Fall besonders geartete Kompetenzverteilung zwischen BAMF und Ausländerbehörde und das Fehlen eines unmittelbar an den Asylbewerber gerichteten Ablehnungsbescheids dürfen jedoch nicht dazu führen, dass effektiver Rechtsschutz tatsächlich ausgeschlossen ist. Dabei ist es allerdings im Blick auf Art. 19 IV GG gleichgültig, auf welche Weise und auf welchem Wege dieser gewährleistet wird, ob nach § 80 V oder nach § 123 VwGO, ob gegenüber dem BAMF oder der Ausländerbehörde[134]. Deshalb ist zusätzlich zu dem Eilantrag gegenüber der Ausländerbehörde ein Eilantrag nach § 123 I VwGO gegen die Bundesrepublik Deutschland erforderlich, bezogen auf die Einleitung eines weiteren Asylverfahrens. Dieses Ziel ist indes bereits Gegenstand des Hauptsacheverfahrens[135] und deshalb im Verfahren um vorläufigen Rechtsschutz nicht unmittelbar und vollständig durchzusetzen; andererseits ist die Ausländerbehörde an die Negativfeststellung des BAMF gebunden. Deshalb ist nach § 123 I VwGO die Verpflichtung des BAMF zu beantragen (und ggf. auszusprechen), gegenüber der Ausländerbehörde zu erklären, dass die ursprüngliche Mitteilung zurückgenommen wird oder jedenfalls zunächst keine Vollzugsmaßnahmen ergehen dürfen[136]. Gegenüber der Ausländerbehörde kann die Verpflichtung zur Aussetzung der Abschiebung gem. § 123 VwGO unter Berufung auf sonstige Abschiebungsverbote beantragt werden; in absoluten Ausnahmefällen kann dieser Antrag auch auf die Rechtswidrigkeit der BAMF-Mitteilung gestützt werden, falls anders kein (rechtzeitiger) Rechtsschutz erreichbar ist[137].

IX. Abschiebungshaft

50   Die Voraussetzungen für die Abschiebungshaft nach § 62 AufenthG sind eigentlich bei Folgeantragstellern nicht von vornherein gegeben[138]. Insbesondere sind sie nicht sofort **ausreisepflichtig**, sodass Sicherungshaft nicht in Betracht kommt (§ 62 II AufenthG)[139]. Allerdings steht dem Folgeantragsteller nicht von der Äußerung des Asylsuchs an kraft Gesetzes eine Aufenthaltsgestattung zu; er hat nur einen Anspruch auf Erteilung (evtl.) einer Aufenthaltserlaubnis oder (zumindest) einer Duldung[140]. Deshalb könnte fraglich sein, ob er als ausreisepflichtig iSd § 62 II AufenthG anzusehen ist.

51   Mit Abs. 8 werden **eigenständige Voraussetzungen** für die Sicherungshaft des Folgeantragstellers geschaffen und damit die Bestimmungen des § 62 AufenthG modifiziert. Ein Folgeantrag steht danach der Haft bis zur Einleitung eines neuen Asylverfahrens durch das BAMF nicht entgegen. Unter diesen Umständen kommt es nicht darauf an, ob der Folgeantragsteller während dieser Zeit als ausreisepflichtig iSd § 62 II AufenthG anzusehen ist. Von den weiteren Voraussetzungen des § 62 II AufenthG ist damit nicht dispensiert, insbesondere nicht von der notwendigen Feststellung der Gefahr der Vereitelung der Abschiebung[141]. Darüber hinaus ist die Dauer der Haft, abgesehen von der ohnehin bestehenden besonderen Pflicht zur Beschleunigung des Asylverfahrens während der Abschiebungshaft, zeitlich eng begrenzt. Sie wird unmittelbar mit der Einleitung eines weiteren Asylverfahrens beendet, weil in diesem Zeitpunkt das gesetzliche Aufenthaltsrecht der Aufenthalts-

---

[131] Dies gilt etwa für die Rüge des Asylfolgeantragstellers, wegen Verstoßes gegen die Rückführungs-RL dürfe die ursprüngliche asylrechtliche Abschiebungsandrohung bis zur Entscheidung des VG im Hauptsacheverfahren über den Asylfolgeantrag nicht vollzogen werden.
[132] VGH BW Beschl. v. 29.11.2018 – 12 S 2504/18.
[133] → Rn. 46.
[134] BVerfG-K Beschl. v. 16.3.1999 – 2 BvR 2131/95, DVBl 1999, 1204.
[135] → Rn. 46.
[136] BT-Drs. 12/4450, 27; GK-AsylG § 71 Rn. 182; VGH BW Beschl. v. 13.9.2000 – 11 S 988/00, NVwZ-Beilage 2001, 1 (8); HmbOVG Beschl. v. 14.8.2000 – 4 Bs 48/00.A, EZAR 632 Nr. 34; OVG NRW Beschl. v. 9.2.2000 – 18 B 1141/99, EZAR 632 Nr. 33; ThürOVG Beschl. v. 16.7.1999 – 3 EO 510/99, DVBl 2000, 434.
[137] GK-AsylG § 71 Rn. 183 f.
[138] Auch → § 14 Rn. 18 f.
[139] Dazu → AufenthG § 62 Rn. 11–13.
[140] → Rn. 15, 32.
[141] Vgl. Marx § 71 Rn. 164; BayObLG Beschl. v. 4.11.1993 – 3 Z BR 260/93, InfAuslR 1994, 53.

gestattung entsteht[142]. Zudem darf sie ohnehin nicht etwa in jedem Fall bis zur rechtskräftigen Entscheidung über die Einleitung eines weiteren Asylverfahrens ausgedehnt werden[143]. Angesichts der Verpflichtung des VG zum „Durchscheiden"[144] würde dies die Inhaftierung während des gesamten Gerichtsverfahrens bedeuten.

§ 71a Zweitantrag

(1) Stellt der Ausländer nach erfolglosem Abschluss eines Asylverfahrens in einem sicheren Drittstaat (§ 26a), für den Rechtsvorschriften der Europäischen Gemeinschaft über die Zuständigkeit für die Durchführung von Asylverfahren gelten oder mit dem die Bundesrepublik Deutschland darüber einen völkerrechtlichen Vertrag geschlossen hat, im Bundesgebiet einen Asylantrag (Zweitantrag), so ist ein weiteres Asylverfahren nur durchzuführen, wenn die Bundesrepublik Deutschland für die Durchführung des Asylverfahrens zuständig ist und die Voraussetzungen des § 51 Abs. 1 bis 3 des Verwaltungsverfahrensgesetzes vorliegen; die Prüfung obliegt dem Bundesamt.

(2) ¹ Für das Verfahren zur Feststellung, ob ein weiteres Asylverfahren durchzuführen ist, gelten die §§ 12 bis 25, 33, 44 bis 54 entsprechend. ² Von der Anhörung kann abgesehen werden, soweit sie für die Feststellung, dass kein weiteres Asylverfahren durchzuführen ist, nicht erforderlich ist. ³ § 71 Abs. 8 gilt entsprechend.

(3) ¹ Der Aufenthalt des Ausländers gilt als geduldet. ² Die §§ 56 bis 67 gelten entsprechend.

(4) Wird ein weiteres Asylverfahren nicht durchgeführt, sind die §§ 34 bis 36, 42 und 43 entsprechend anzuwenden.

(5) Stellt der Ausländer nach Rücknahme oder unanfechtbarer Ablehnung eines Zweitantrags einen weiteren Asylantrag, gilt § 71.

I. Entstehungsgeschichte

Die Vorschrift wurde entsprechend dem **Gesetzesentwurf 1993**[1] mWv 1.7.1993 eingefügt (Art. 1 Nr. 39 **AsylVfÄndG 1993**). MWv 1.1.**2005** wurde aufgrund des Vermittlungsverfahrens[2] in Abs. 4 die Bezugnahme auf §§ 41 und 43a gestrichen (Art. 3 Nr. 45 ZuwG). Der Gesetzesentwurf hatte die Aussetzung der Abschiebung während des BAMF-Verfahrens vorgesehen[3]. Das **RLUmsG 2007** ersetzte – zur Erweiterung des Anwendungsbereiches der Norm hinsichtlich der Dublin II-VO 343/2003/EG[4] – in Abs. 1 die bisherigen Wörter „(...) [§ 26a], mit dem die Bundesrepublik Deutschland einen verfahrensrechtlichen Vertrag über die Zuständigkeit für die Durchführung von Asylverfahren geschlossen hat, (...)" durch die neue Formulierung „(...) für den Rechtsvorschriften der Europäischen Gemeinschaft[5] über die Zuständigkeit für die Durchführung von Asylverfahren gelten oder mit dem die Bundesrepublik Deutschland darüber einen verfahrensrechtlichen Vertrag geschlossen hat". Das RLUmsG 2011 und das RLUmsG 2013 sowie die Asylpakete und das IntG 2016 haben keine Änderungen vorgenommen. Der EuGH entschied jedoch am 9.9.2021 im **Urteil XY** bei teleologischem Verständnis, auch ein Zweitantrag dürfe nicht davon abhängig gemacht werden, dass dieser Antrag binnen einer bestimmten Frist gestellt wurde. Art. 40 der Asylverfahrens-RL 2013/32/EU ermächtige die Mitgliedstaaten nicht, Ausschlussfristen festzulegen, ja, verbiete solche Fristen. Seither muss deshalb wohl nicht nur § 71 I, sondern auch § 71a I dahingehend richtlinienkonform reduziert werden, dass **kein Verweis auf § 51 III VwVfG enthalten** ist, dh § 71a I verweist nur noch auf § 51 I und II VwVfG. Auch ein Zweitantrag ist mithin keiner Frist mehr unterworfen. Auch nach dem EuGH-Urteil XY vom 9.9.2021 in der Rechtssache C-18/20 ist der Verweis in § 71a I auf **§ 51 II VwVfG** aber voraussichtlich weiterhin europarechtskonform. Denn der EuGH bekräftigt, dass die Mitgliedstaaten nach dem fakultativen Art. 40 IV der Asylverfahrens-RL 2013/32/EU vorsehen können, dass der Folgeantrag nur geprüft wird, wenn der Antragsteller ohne eigenes Verschulden nicht in der Lage war, den Sachverhalt im früheren Verfahren vorzubringen. § 71a I setzt Art. 40 IV Asylverfahrensr RL insoweit faktisch im Asylverfahren um bzw. kann als spezifische Umsetzungsnorm verstanden werden[6]. Die Gegenargumentation[7], weder § 71 noch § 71a seien spezifisch zur Umset-

1

---

[142] Dazu → Rn. 15.
[143] So auch schon BVerfG-K Beschl. v. 28.11.1995 – 2 BvR 91/95, NVwZ-Beilage 1996, 3 (17).
[144] Dazu → Rn. 46.
[1] BT-Drs. 12/4450, 8 f.
[2] BT-Drs. 15/3479, 14.
[3] BT-Drs. 15/420, 44.
[4] → § 27a Rn. 3.
[5] Gemeint ist seit Inkrafttreten des Lissabon-Vertrags am 1.12.2009 die „Europäische Union".
[6] Im österreichischen EuGH-Fall XY war dies anders, weil Österreich keine AsylG-Norm hatte, sondern dort der allgemeine § 69 AVG (entspricht § 51 VwVfG) anzuwenden war, was keine RL-Umsetzung darstellte.
[7] Vgl. *Pfersich* ZAR 2021, 383.

zung der Asylverfahrens-RL erlassen und seit 2008 nicht geändert worden, überzeugt nicht. Denn wenn ein bereits unionsrechtskonformer Zustand besteht und der Bundesgesetzgeber im Hinblick auf eine RL keinen Änderungsbedarf sieht, muss er dies nicht ausdrücklich sagen oder das nationale Recht insoweit nachregeln. Der Verweis auf § 51 II VwVfG hat mithin weiterhin Gültigkeit.

II. Allgemeines

2   Die Vorschrift soll in Übereinstimmung mit Art. 16a V GG ebenso wie §§ 18 IV und 22a der Umsetzung bilateraler und multilateraler Asylabkommen mit sicheren Drittstaaten sowie – seit dem RLUmsG 2007 – der Dublin II-VO 343/2003/EG bzw. der Dublin III-VO 604/2013/EU dienen[8]. In der Sache unterscheidet sich die Situation nach erfolgloser Durchführung eines Asylverfahrens in einem anderen Staat aufgrund der Zuständigkeitsbestimmung nach den Dublin-VO nicht von der bei (früherer) Anwendung des DÜ. Bei erfolglosem Asylerstverfahren in „nur assoziierten" Staaten (Schweiz, Norwegen, Island, Liechtenstein) greift § 71a allerdings nicht, weil dort die Asylverfahrens-RL 2013/32/EU nicht gilt[9]. Vergleichbares gilt bezüglich Dänemark, weil auch dort keine volle Bindung an die Anerkennungs-RL und Asylverfahrens-RL existiert[10].

III. Zweitantrag

3   Ein Asylantrag iSd § 13 I ist als Zweitantrag anzusehen, wenn zuvor ein Asylverfahren – mit **vollständiger Prüfung des internationalen Schutzes**[11] – in einem sicheren Drittstaat **erfolglos abgeschlossen** ist, der zugleich ein Zuständigkeitsregelungen enthaltendes Asylabkommen mit Deutschland geschlossen hat bzw. für den die Dublin-VO gilt (vgl. § 29 I Nr. 5). **„Erfolglos"** iSv § 71a I war das Asylverfahren nicht, wenn („nur") subsidiärer Schutz zuerkannt wurde. In diesen „Aufstockungsfällen" ist der Asylantrag gem. § 29 I Nr. 2 als unzulässig abzulehnen[12]. Das Asylverfahren war auch nicht „erfolglos", wenn das im ausländischen Staat betriebene und ohne Sachentscheidung eingestellte Asylverfahren nach dessen Rechtsordnung in der Weise wiederaufgenommen werden kann, dass dort eine volle sachliche Prüfung des Antrags stattfindet, dh, das im Drittstaat eingeleitete Asylverfahren ohne inhaltliche Beschränkung des Vortrags wie ein Erstverfahren weiter betrieben werden kann[13]. In der Praxis stellt sich allerdings das Problem, dass nur in seltenen Fällen Klarheit darüber herrscht, ob das Asylverfahren im anderen Dublin-Staat **tatsächlich bestandskräftig abgeschlossen** ist, weil der Antragsteller hierzu regelmäßig keine hinreichend konkreten Auskünfte geben und eine Beiziehung der Akten aus dem Ausland (und deren anschließende Übersetzung und ggf. inhaltliche rechtliche Prüfung) oder entsprechende amtliche Auskünfte sich erfahrungsgemäß als objektiv unmöglich zu erlangen erweisen. Insoweit trifft den Antragsteller eine **Mitwirkungslast,** denn er müsste den Stand seines Verfahrens kennen bzw. wenigstens die entsprechenden Dokumente besitzen und vorlegen können. Für den Erlass eines Dublin-Bescheids braucht das BAMF (wie infolge das VG im Klageverfahren) deshalb also nicht generell voll aufzuklären, ob das Asylverfahren im anderen Dublin-Staat tatsächlich bestandkräftig abgeschlossen wurde[14]. Gibt es hinreichende Anhaltspunkte hierfür, so kann das BAMF den Asylantrag in solchen Fällen gegebenenfalls. auch gemäß „§ 29 I Nr 1a oder Nr 5" als unzulässig ablehnen, wenn ein anderer Dublin-Staat zuständig ist, insbesondere dem Wiederaufnahmegesuch zugestimmt hat. Erlässt das BAMF eine **Abschiebungsanordnung** nach § 34a I, kann diese allerdings später – insbesondere nach Ablauf der Dublin-Überstellungsfristen – wegen Wesensungleichheit nicht hilfsweise in eine Abschiebungsandrohung nach Zweitantrag umgedeutet werden[15].

IV. Rechtsstellung des Zweitantragstellers

4   Der Zweitantragsteller erhält zunächst eine Duldung, die den sonst für die Aufenthaltsgestattung geltenden Beschränkungen des § 56 unterliegt. In den Genuss einer Aufenthaltsgestattung kommt der Zweitantragsteller – wie der Folgeantragsteller – erst mit der Entscheidung des BAMF, ein weiteres Asylverfahren durchzuführen[16].

---

[8] BT-Drs. 12/4450, 27. Vgl. zum Dublin-Asylsystem die Kommentierung zu § 34a.
[9] Vgl. EuGH Urt. v. 20.5.2021 – C-8/20 – L. R.
[10] Ausführlich VG Freiburg Urt. v. 27.7.2021 – A 1 K 2775/19; vgl. auch den Vorlagebeschl. des VG Schleswig v. 16.8.2021 – 9 A 178/21.
[11] Zutreffend VG HH Beschl. v. 14.7.2016 – 1 AE 2790/16: „§ 71a I ist richtlinienkonform dahingehend auszulegen, dass in dem erfolglos in einem sicheren Drittstaat abgeschlossenen Asylverfahren eine vollständige Prüfung des internationalen Schutzes einschließlich des subsidiären Schutzes stattgefunden haben muss." („Dies ist vorliegend bei einem in der Schweiz durchgeführten Asylverfahren nicht der Fall.").
[12] → § 29 Rn. 10, 16.
[13] Vgl. BVerwG Urt. v. 14.12.2016 – 1 C 4.16.
[14] AA *Bethäuser* BayVBl. 2021, 180, der auf die materielle Beweislast des BAMF abstellt sowie die Amtsermittlungsmaxime und das Recht auf gute Verwaltung nach Art. 41 GRCh.
[15] Ausf. bei → § 29 Rn. 16 ff.
[16] → § 71 Rn. 15.

Erlöschen § 72 AsylG 7

V. Durchführung eines Zweitverfahrens

Die Vorschrift bezweckt die **Gleichbehandlung** erfolgloser Asylverfahren in anderen sicheren 5
Vertragsstaaten mit solchen in Deutschland. Ihr zufolge ist ein Asylverfahren in Deutschland nur durchzuführen, wenn zwei Voraussetzungen erfüllt sind:
Die Zuständigkeit der Bundesrepublik aufgrund des betreffenden Asylabkommens bzw. der Dublin- 6
VO sowie die Erfüllung der Voraussetzungen des § 51 II–III VwVfG im Hinblick auf das erfolglose Asylverfahren in dem anderen Vertragsstaat.

Das **vorherige Asylverfahren** muss in einem anderen sicheren Drittstaat stattgefunden haben. 7
Gegenstand dieses Verfahrens müssen entsprechend der Definition des DÜ bzw. der Dublin-VO die Voraussetzungen für den Flüchtlingsstatus nach der GK gewesen sein; eine Überprüfung lediglich anhand der EMRK genügt nicht[17]. Da das Dublin-System auf assoziierten Staaten aufbaut (zB Schweiz), muss bspw. formal kein subsidiärer Schutz gewährt werden können. Ein vergleichbarer Schutz aus nationalen (humanitären) Anspruchsgrundlagen genügt, weil es bei § 71a materiell-rechtlich auf „Asylverfahrens-Schutz" ankommt[18].

Die Voraussetzungen für ein **Wiederaufgreifen** des Verfahrens nach § 51 II–III VwVfG müssen 8
ebenso vorliegen wie nach § 71 I 1[19]. Deren Feststellung kann jedoch erheblichen Schwierigkeiten begegnen, weil der Gang des ausländischen Verfahrens idR nicht mit dem des AsylG übereinstimmt, Fristen und andere formelle Voraussetzungen für den dortigen Rechtsschutz nicht ohne Weiteres bekannt sind und die dortigen Akten idR nicht zur Verfügung stehen[20].

Das Verfahren vor dem BAMF wird zunächst wie ein **Wiederaufnahmeverfahren** nach Maßgabe 9
der §§ 12–25, 33, 44–54 geführt. Ziel ist allerdings nicht das Aufgreifen und Fortführen des im Ausland abgeschlossenen Verfahrens, sondern die Einleitung eines (erstmaligen) Verfahrens in Deutschland. Einer Anhörung bedarf es nicht, es sei denn, sie ist für die Entscheidung über die Einleitung eines (weiteren) Asylverfahrens notwendig. Abschiebungshaft ist zulässig.

Nach Einleitung eines Asylverfahrens verläuft dieses nach den allgemeinen Regeln, insbesondere der 10
§§ 24 ff., wobei in die Prüfung des BAMF auch die Voraussetzungen des § 60 AufenthG einbezogen sind. Daher ergeht bei Ablehnung eines weiteren Asylverfahrens eine **Abschiebungsandrohung** entsprechend §§ 34–36, 41–43a (und keine Abschiebungsanordnung wie insbesondere im Dublin-Verfahren nach § 34a I). Eine solche ist nicht etwa entsprechend Abs. 5 entbehrlich, denn es fehlt an einer in Deutschland ergangenen Androhung nach Abschluss eines Asylverfahrens. Auch dabei sind die Voraussetzungen des § 60 V und VII AufenthG mit zu prüfen.

VI. Rechtsschutz

Rechtsschutz ist grundsätzlich in derselben Weise gegeben **wie beim Folgeantrag**[21]. Besonderhei- 11
ten wie im Falle des § 71 V treten nicht auf, weil immer eine Abschiebungsandrohung erforderlich ist.

Abschnitt 8. Erlöschen der Rechtsstellung

§ 72 Erlöschen

(1) Die Anerkennung als Asylberechtigter und die Zuerkennung der Flüchtlingseigenschaft erlöschen, wenn der Ausländer
1. sich freiwillig durch Annahme oder Erneuerung eines Nationalpasses oder durch sonstige Handlungen erneut dem Schutz des Staates, dessen Staatsangehörigkeit er besitzt, unterstellt,
1a. freiwillig in das Land, das er aus Furcht vor Verfolgung verlassen hat oder außerhalb dessen er sich aus Furcht vor Verfolgung befindet, zurückgekehrt ist und sich dort niedergelassen hat,
2. nach Verlust seiner Staatsangehörigkeit diese freiwillig wiedererlangt hat,
3. auf Antrag eine neue Staatsangehörigkeit erworben hat und den Schutz des Staates, dessen Staatsangehörigkeit er erworben hat, genießt oder
4. auf sie verzichtet oder vor Eintritt der Unanfechtbarkeit der Entscheidung des Bundesamtes den Antrag zurücknimmt.

(2) Der Ausländer hat einen Anerkennungsbescheid und einen Reiseausweis unverzüglich bei der Ausländerbehörde abzugeben.

---

[17] GK-AsylG § 71a Rn. 10; *Hailbronner* AsylG § 71a Rn. 13.
[18] Vgl. VG Karlsruhe Urt. v. 13.3.2019 – A 1 K 3235/16.
[19] Dazu → § 71 Rn. 17–30.
[20] Ähnlich *Hailbronner* AsylG § 71a Rn. 19 ff.; *Marx* § 71a Rn. 8.
[21] Dazu → § 71 Rn. 46–49.

7 AsylG § 72

Übersicht

	Rn.
I. Entstehungsgeschichte und europarechtliche Einschränkungen	1
II. Allgemeines	2
III. Erlöschenstatbestände	8
1. Verhältnis der Tatbestände des Abs. 1 Nr. 1 und Nr. 1a zueinander	8
2. Unterstellung unter den Schutz des Heimatstaats und dortige Niederlassung	11
3. Annahme oder Erneuerung eines Nationalpasses	16
4. Wiedererwerb der früheren Staatsangehörigkeit	21
5. Erwerb einer anderen Staatsangehörigkeit	23
6. Verzicht oder Rücknahme des Asylantrags	26
IV. Rechtsfolgen	28
1. Erlöschen der Rechtsstellung	28
2. Rechtsfolgen des Erlöschens	29
3. Anerkennungsbescheid und Reiseausweis	31
V. Verfahren und Rechtsschutz	32

I. Entstehungsgeschichte und europarechtliche Einschränkungen

1   Die Vorschrift geht auf § 15 AsylVfG 1982 zurück. Sie stimmt im Wesentlichen mit dem **Gesetzesentwurf 1992** (§ 70)[1] überein. Auf Vorschlag des Bundestag-Innenausschusses[2] wurde nur die Formulierung in Abs. 1 den Änderungen des § 26 über das Familienasyl angepasst. MWv 1.1.**2005** wurde in Abs. 1 die Bezugnahme auf § 51 I AuslG durch eine solche auf § 60 I AufenthG ersetzt (Art. 3 Nr. 51 ZuwG). Das RLUmsG **2007** ersetzte in redaktioneller Anpassung insbesondere an § 3 zunächst in Abs. 1 die alte Formulierung „... Feststellung, dass die Voraussetzungen des § 60 I AufenthG vorliegen, ..." durch die Wörter „Zuerkennung der Flüchtlingseigenschaft". Zudem wurde in Abs. 1 die neue Nr. 1a eingefügt, mit folgender Begründung des Gesetzgebers[3]: „Die Ergänzung in Absatz 1. 1a entspricht Artikel 11 Abs 1 Buchstabe d der Qualifikationsrichtlinie und Artikel 1 Abschnitt C Nr 4 der Genfer Flüchtlingskonvention. Die Regelung bestimmt, dass die Zuerkennung der Flüchtlingseigenschaft auch im Falle einer Rückkehr ins und Niederlassung im Herkunftsland erlischt." Das RLUmsG 2011 und das RLUmsG 2013 haben keine Änderungen vorgenommen. Seit Ablauf der Umsetzungsfrist zum 20.7.2015 sind europarechtskonform die Vorgaben der **Art. 44 und 45 V Asylverfahrens-RL** 2013/32/EU unmittelbar anzuwenden. Nach Art. 44 Asylverfahrens-RL stellen die Mitgliedstaaten „sicher, dass eine Prüfung zur Aberkennung des internationalen Schutzes einer bestimmten Person eingeleitet werden kann, wenn neue Elemente oder Erkenntnisse zutage treten, die darauf hindeuten, dass Gründe für eine Überprüfung der Berechtigung ihres internationalen Schutzes bestehen". Für diese Prüfung enthält Art. 45 Asylverfahrens-RL konkrete Verfahrensvorgaben, wobei ein solches Verfahren nach Art. 45 V Asylverfahrens-RL „abweichend von den Absätzen 1 bis 4" nur dann nicht erforderlich ist, „im Falle eines eindeutigen Verzichts der Person mit Anspruch auf internationalen Schutz auf ihre Anerkennung" oder „wenn die Person mit Anspruch auf internationalen Schutz die Staatsangehörigkeit dieses Mitgliedstaats erworben hat". Dies bedeutet im Klartext, dass seit 20.7.2015 **die Erlöschensregelung des § 72 I überhaupt nur noch im besonderen Fall von Nr. 3 (Erwerb der – deutschen – Staatsangehörigkeit) und von Nr. 4 (Verzicht) greifen kann.** In den anderen Fällen kann der Schutzstatus nur noch durch ein Widerrufsverfahren genommen werden. Soweit die Ausländerbehörde mithin bisher in diesen Fällen das Erlöschen festgestellt haben, müssen sie nunmehr das BAMF über vorliegende Erkenntnisse informieren, sodass dieses über die Einleitung eines **Widerrufsverfahrens** entscheiden kann. Die Kommentierungen zu den Erlöschensregelungen der Nr. 1, 1a, 2 haben seit 20.7.2015 so va Relevanz für die Frage, ob ein Widerrufsverfahren eingeleitet werden sollte. Der Gesetzgeber wollte dies ursprünglich im Rahmen der Asylpakete bzw. dem IntG 2016 klarstellen, hat dies dann jedoch nicht getan.

II. Allgemeines

2   Die Vorschrift ordnet das **automatische Erlöschen** der Anerkennung als Asylberechtigter oder als ausländischer Flüchtling in Anlehnung an Art. 1 C Nr. 1–4 GK an. Die Verlustgründe des Art. 1 C Nr. 5–6 GK bilden dagegen zT die Tatbestände für den Widerruf nach § 73[4]. Diese Unterscheidung, die einschneidende Folgen für den Rechtsschutz nach sich zieht, leuchtet nicht ohne Weiteres ein. Eine sachliche Differenzierung kann allenfalls in der Eindeutigkeit der hier erfassten Tatbestände gesehen werden[5]. Nach Wortlaut und Systematik ist die Vorschrift auf die Feststellung eines Abschie-

---

[1] BT-Drs. 12/2062, 18.
[2] BT-Drs. 12/2718, 37.
[3] BT-Drs. 16/5065, 219.
[4] Dazu näher *Salomons/Hruschka* ZAR 2004, 386 und 2005, 1.
[5] Krit *v. Pollern* in Beitz/Wollenschläger S. 234.

bungsverbotes iSd § 60 V oder VII AufenthG nicht anwendbar[6]; deren Schicksal ist allein in § 73 II geregelt[7].

Der automatische Verlust vernichtet die verwaltungsmäßige Feststellung der Rechtsstellungen nach Art. 16a I GG und nach der GK. Der Gesetzgeber ist zu derartigen Verfahrensregelungen grundsätzlich befugt[8], Auslegung und Anwendung sind aber stets an den Anforderungen des Art. 16a I GG und der GK auszurichten. Eine **verfassungs- und vertragskonforme Auslegung** hat deshalb zunächst darauf zu achten, welche Folgen die Erlöschensregelung für das Asylrecht zeitigt, ob insbesondere dessen Inanspruchnahme mit dem Erlöschen vollends ausgeschlossen wird. Außerdem darf wirksamer Grundrechtsschutz auch nicht durch eine unklare Abgrenzung der Zuständigkeit zwischen BAMF und Ausländerbehörde gefährdet werden. Schließlich ist das Verhältnis zu den Regelungen der GK zu klären.

Die Erlöschensregelung ist nach Tatbestand und Rechtsfolgen im **Vergleich zu Widerruf und Rücknahme** nach § 73 zu sehen. Die Rücknahme eines VA setzt dessen Rechtswidrigkeit voraus und kann ganz oder teilweise in die Vergangenheit zurückwirken (§ 48 VwVfG), während der Widerruf eines VA nur mit Wirkung für die Zukunft erfolgt (§ 49 VwVfG). Nichtvorliegen oder Wegfall der Voraussetzungen für Asyl- oder Flüchtlingsanerkennung führen allgemein zu Widerruf oder Rücknahme nach § 73. Erlöschen ist seiner Wirkung nach dem Widerruf gleichzuachten, da es nur für die Zukunft wirkt. Außerdem setzt es ebenso wie dieser nicht zwingend die ursprüngliche Rechtmäßigkeit des VA voraus[9]. Die Tatbestände des § 72 erscheinen deshalb als besondere gelagerte Unterfälle des Widerrufs nach § 73. Schließlich besteht die Besonderheit der Erlöschenregelung darin, dass die Verwirklichung von Tatbeständen, die eine Verfolgungsgefahr für die Zukunft ausschließen, zum Erlöschen der Statusfeststellung führt, ohne dass deren ursprüngliche Richtigkeit hierfür eine Rolle spielt. Grundlage ist nicht der Fortfall einer in der Vergangenheit prognostizierten Verfolgungsgefahr, also nicht das Unrichtigwerden einer früher zutreffenden Risikoeinschätzung, sondern allein die Unvereinbarkeit der Statusfeststellung mit neueren Umständen und Verhältnissen hinsichtlich künftiger Gefährdungen.

Das Erlöschen der Anerkennung **beseitigt** für den politisch Verfolgten die verwaltungsmäßige Feststellung des Asylgrundrechts, **nicht den Asylanspruch selbst**. Dessen möglicher (Rest-)Wert ist jedoch unbedeutend, weil er ohne Anerkennungsbescheid nicht voll durchgesetzt werden kann (ausgenommen die Auslieferung)[10]. Nach der seit 1.1.1991 geltenden Verklammerung von Anerkennungs- und Abschiebeverfahren kann sich nämlich der Ausländer gegenüber einer Abschiebung nur dann mit Erfolg auf politische Verfolgung berufen, wenn ihn das BAMF anerkannt oder die Voraussetzungen des § 60 I AufenthG (früher: § 51 I AuslG) festgestellt hat. Da letztere Feststellung im Wesentlichen denselben Personenkreis erfasst wie die Asylanerkennung und § 72 das Erlöschen beider Feststellungen des BAMF anordnet, entfällt für den politisch Verfolgten damit praktisch die Rechtsstellung nach Art. 16a I GG. Asylrechtlichen Schutz kann er nur noch bei beabsichtigter Auslieferung erlangen (§ 6 I IRG). Der Asylbescheid (und dessen Erlöschen) bindet nämlich das Auslieferungsgericht nicht (§ 4 S. 2), und das Auslieferungsverfahren ist auch nicht in anderer Weise mit dem Asylverfahren verbunden. Die Berufung des Auszuliefernden auf politische Verfolgung führt nicht obligatorisch zu einem Feststellungsverfahren des BAMF.

Da die Erlöschensregelung damit praktisch asylrechtlichen Schutz vollends für die Zukunft ausschließt, kann sie verfassungskonform nur dahin ausgelegt werden, dass in ihren Tatbeständen ein Ausschluss der Gefahr politischer Verfolgung für die Zukunft indiziert wird und zugrunde gelegt ist. Dies entspricht dem Willen des Gesetzgebers, der, ohne zwischen ausländischem Flüchtling und politisch Verfolgtem genau zu unterscheiden, darauf abstellt, dass unter den genannten Voraussetzungen die Gefahr politischer Verfolgung entfällt. Das Erlöschen stellt keine Sanktion für ein „asylunwürdiges" Verhalten dar, sondern ist Folge des Wegfalls der Asylbedürftigkeit. Der Fortfall der Asylvoraussetzungen zieht den Widerruf nach sich und das Erschleichen des Asyls hat die Rücknahme zur Folge (§ 73 I, II). Der ohne eine verwaltungsbehördliche Überprüfung eintretende Verlust des Asyls durch Erlöschen muss deshalb vom Tatbestand her so eindeutig gegeben sein, dass **am Verlust der Asylrechtsstellung kein Zweifel** besteht[11]. Da die Vorschrift den Verlust unwiderlegbar anordnet, eine zusätzliche gesonderte Überprüfung eines möglichen Fortbestands der Verfolgungsgefahr (wie nach § 73 II) also nicht stattfindet, muss dieser schon durch Auslegung und Feststellung der Tatbestandsvarianten ausgeräumt werden. Bei erneutem Entstehen einer Verfolgungsgefahr kann der Ausländer wiederum einen Asylantrag stellen, der als Folgeantrag anzusehen ist, weil der dem Erlöschen zugrunde liegende Wegfall der Verfolgungsgefahr der Asylablehnung gleichzuachten ist[12]; die

---

[6] *Hailbronner* AsylG § 72 Rn. 5.
[7] Zum Änderungsbedarf aufgrund der EU-AsylRL → GG Art. 16a Rn. 131 ff. und *Salomons/Hruschka* ZAR 2004, 386 und 2005, 1.
[8] Vgl. BVerfG Beschl. v. 25.2.1981 – 1 BvR 413/80 ua, BVerfGE 56, 216.
[9] Dazu → § 73 Rn. 4.
[10] → § 4 Rn. 13 ff.
[11] Ebenso *Hailbronner* AsylG § 72 Rn. 4.
[12] → § 71 Rn. 7; aA *Hailbronner* AsylG § 72 Rn. 24; OVG NRW Urt. v. 6.3.1990 – 18 A 10 060/88, InfAuslR 1990, 217.

Einschränkung der Möglichkeit asylrechtlichen Schutzes aufgrund erneuter Verfolgung nach Erlöschen der Anerkennung kann die Anforderungen an das Erlöschen nur zusätzlich verschärfen. Schließlich sind, wenn und soweit die Erlöschensgründe mit Art. 1 C GK nicht übereinstimmen, die möglichen Folgen dieser Konventionswidrigkeit in die Auslegung miteinzubeziehen.

7   Die Bestimmungen über das Erlöschen sind auf die Fälle des **Familienasyls und des Familienabschiebungsschutzes** unmittelbar anwendbar. Es bestehen keine Bedenken dagegen, dass die Tatbestände des Abs. 1 zum Fortfall (auch) der nach § 26 erworbenen Rechtsstellung führen. Denn diese steht der des stammberechtigten Familienmitglieds gleich und die in Abs. 1 genannten Handlungen sprechen so eindeutig gegen die Fortdauer einer Verfolgungsgefahr, dass sie (auch) der Aufrechterhaltung des Familienasyls und -abschiebungsschutzes zuwiderlaufen. Da Familienasyl und -abschiebungsschutz auf der Annahme der Erstreckung der Verfolgungsgefahr auf die anderen Mitglieder der Kernfamilie des politisch Verfolgten beruhen, stehen die Erlöschensgründe, wenn sie bei diesem eintreten, der Annahme einer fortdauernden Verfolgungsgefahr auch in deren Person entgegen. Danach gibt es keinen sachlichen Grund dafür, dass der Familienberechtigte insoweit anders behandelt wird als der Stammberechtigte. Damit ist nicht darüber entschieden, wie sich das Erlöschen der Anerkennung des Stammberechtigten auf die Rechtsstellung der Familienangehörigen auswirkt[13].

III. Erlöschenstatbestände

1. Verhältnis der Tatbestände des Abs. 1 Nr. 1 und Nr. 1a zueinander

8   Der Gesetzeswortlaut nennt in Nr. 1 und 1a **vier Erlöschenstatbestände** innerhalb der freiwilligen Unterschutzstellung: (1) Annahme oder (2) Erneuerung eines Nationalpasses oder (3) sonstige Handlungen oder (4) Rückkehr und Niederlassung. Der Gesetzesentwurf 1982 hatte nur die beiden ersten Tatbestände (Passannahme) als alleinige Form der freiwilligen Unterschutzstellung angesehen[14]. Die Begründung für die Entwurfsfassung ging von Art. 1 C Nr. 1–3 GK aus und bezeichnete die „freiwillige Annahme" eines Passes und den „Antrag auf Verlängerung seiner Geltungsdauer" als Hauptbeispiele für die freiwillige Unterschutzstellung[15]. Der endgültige Wortlaut des § 15 I AsylVfG nannte aber drei Alternativen, weil zwischen die Wörter „freiwillig" und „durch" ein weiteres „oder" eingefügt war. Die Begründung des Bundestag-Rechtsausschusses für die endgültige Fassung überging diese Änderung des Wortlauts der Nr. 1, indem sie nur die der Nr. 3 erwähnte[16].

9   Hieraus konnte eigentlich auf ein bloßes Redaktionsversehen geschlossen werden. Diese Annahme verbot sich aber, weil der Gesetzgeber durch Bestehenlassen dieses Textes im Zuge späterer Änderungen des AsylVfG die in der Praxis zumindest überwiegend vorgenommene **wortgetreue Auslegung in seinen Willen aufgenommen** und gebilligt hatte. Das Schrifttum legte die Vorschrift mehrheitlich im Sinne verschiedener Tatbestandsvarianten aus und die obergerichtliche Rspr. schien dem zuzustimmen[17].

10 Später hat der Gesetzgeber seine ursprüngliche Absicht endgültig aufgegeben, ohne sich indessen hierzu zu äußern[18]. Er hat nämlich durch Hinzunahme der Wörter „oder durch sonstige Handlungen" die Existenz eines dritten selbstständigen Tatbestands ausdrücklich **bestätigt**[19]. Dieser kann als Grundtatbestand und iVm der dritten sehr offen formulierten Variante als Auffangtatbestand angesehen werden. Gemeinsam ist nämlich die freiwillige Unterschutzstellung, wobei alle drei Varianten ihrem Inhalt nach auf staatenlose Flüchtlinge nicht angewandt werden können[20]. Bei alledem kommt es nicht auf die Richtigkeit der früher ergangenen Statusentscheidung an[21].

2. Unterstellung unter den Schutz des Heimatstaats und dortige Niederlassung

11 Wer sich freiwillig dem Schutz des Verfolgerstaats unterstellt oder sich dort niederlässt, gibt mangelnde Verfolgungsfurcht zu erkennen. Ungeachtet der Unterschiede zwischen den Formulierungen der Tatbestände des Art. 16a I GG und des Art. 1 A Nr. 2 GK kann in der freiwilligen (Wieder-)Annahme des Schutzes des Verfolgerstaats ein **Ausdruck fehlender Verfolgung** gesehen werden. Annahme und Erneuerung eines Nationalpasses sind als Alternativen der freiwilligen Unterschutzstellung ausdrücklich genannt[22]. Damit fallen unter die 3. Alt. alle sonstigen Formen der freiwilligen Unterschutzstellung außerhalb der Passerteilung oder -erneuerung. In keinem Fall ist zwischen den

---

[13] Dazu → § 73 Rn. 14 ff.
[14] BT-Drs. 9/875, 4.
[15] BT-Drs. 9/875, 18.
[16] BT-Drs. 9/1630, 20.
[17] OVG NRW Urt. v. 6.3.1990 – 18 A 10 060/88, InfAuslR 1990, 217.
[18] Vgl. BT-Drs. 12/2062, 39.
[19] *Hailbronner* AsylVfG § 72 Rn. 6.
[20] *Hailbronner* AsylVfG § 72 Rn. 1b; VGH BW Beschl. v. 22.10.1996 – 13 S 3392/95, InfAuslR 1997, 223.
[21] → Rn. 4.
[22] Die „inoffizielle" Passausstellung gleichsam „auf Vorrat" hindert den Verlust des Flüchtlingsstatus idR nicht; vgl. VG Berlin Urt. v. 10.12.2013 – VG 21 K 375.12.

mehreren denkbaren Verfolgungsarten (unmittelbare und mittelbare, Individual- und Kollektivverfolgung, ethnische, rassische und religiöse ua) unterschieden. Die Unterschutzstellung erfolgt vorbehaltlos und deshalb darf das Gesetz an sie die Rechtsfolge des Erlöschens der Rechtsstellung knüpfen. Auch die nichtstaatliche Verfolgung ist asylrechtlich dem Staat zurechenbar und deshalb ist staatlicher Schutz auch insoweit schädlich, wenn er frei gewählt wird. Die Regelung des § 72 I 1a folgte den Vorgaben von § 11 Id Anerkennungs-RL und Art. 1 C Nr. 4 GK (→ Rn. 1).

Ob der Schutz des früheren Verfolgerstaats objektiv noch gegeben ist, ist nicht entscheidend, **maßgeblich** sind nur der **Entschluss** des Flüchtlings zu seiner erneuten Inanspruchnahme und seine Verwirklichung. Der Fortbestand einer objektiven Verfolgungsgefahr wird nicht geprüft und dies ist auch nicht von Verfassungs wegen geboten[23]. Der Schutz des Heimatstaats muss jedoch objektiv in Anspruch genommen sein. Hierfür genügt weder jede beliebige Form der beiläufigen oder gelegentlichen **Fühlungnahme** noch die vorübergehende **Rückkehr** in einen nicht der staatlichen Gewalt unterliegenden Landesteil[24]. Die beiden ersten Alternativen verdeutlichen, dass der Ausländer den Schutz in Anspruch nehmen muss, der dem Staatsbürger aufgrund seiner Staatsangehörigkeit zusteht. Passerteilung und -erneuerung gehören zum Bereich des Auslandsschutzes, den jeder Staat seinen Angehörigen schuldet; der nationale Reiseausweis ermöglicht außer Auslandsreisen die Inanspruchnahme diplomatischen und konsularischen Schutzes durch die Auslandsvertretungen. Die **„Niederlassung"** iSd Nr. 1a setzt eine gewisse, zumindest beabsichtigte Dauer des Aufenthalts voraus. Ein vorübergehender Aufenthalt zu Besuchszwecken genügt hierfür grundsätzlich nicht.[25] 12

Im Hinblick auf die beiden näher bezeichneten Schutzfälle in Nr. 1 kann eine andere Form freiwilliger Unterschutzstellung noch nicht in jedem **Kontakt** zu einer Auslandsvertretung liegen. Nicht Hilfe, Vorteile oder Leistungen im Allgemeinen, führen zum Erlöschen, sondern nur die Unterstellung unter den Schutz des Heimatstaats. Sollen die Behörden des Heimatstaats zB bei der Beschaffung von Personenstandsurkunden oder aus ähnlichen Gründen dem Flüchtling behilflich sein, bedeutet dies nicht schon das Unterstellen unter staatlichen Schutz, der mit Rücksicht auf die Staatsangehörigkeit gewährt wird. Dies gilt etwa, wenn der Ausländer vor der Auslandsvertretung seines Heimatstaats in Deutschland die Ehe schließt und aus diesem Anlass die Geltungsdauer des Passes verlängern lässt[26]. Dagegen kann der Wille, den Heimatstaat als Schutzmacht in Anspruch zu nehmen, deutlich werden, wenn unter Berufung auf die Staatsangehörigkeit um finanzielle **Hilfen** zur Überbrückung von Notsituationen (zB nach Diebstahl) in Deutschland oder in einem Drittstaat nachgesucht wird; die Leistung solcher Hilfe in Erfüllung der staatlichen Fürsorgepflicht gegenüber eigenen Staatsangehörigen stellt Schutz iSd Abs. 1 Nr. 1 dar. Es genügt aber nicht der bloße Versuch, Schutz zu erhalten; dieser muss auch bereitgestellt werden. Der Wegfall subjektiver Verfolgungsfurcht allein beseitigt noch nicht die objektive Verfolgungsgefahr; dies kann erst angenommen werden, wenn der Staat den erbetenen Schutz auch gewährt. Eine **Reise** in den Herkunftsstaat löst zwar die Fiktion der Rücknahme des Asylantrags während des laufenden Asylverfahrens aus (§ 33 II), kann aber für sich genommen nicht als Inanspruchnahme des Schutzes des Heimatstaats angesehen werden, wenn sie einem kurzfristigen Zweck dient und zB einer sittlichen Verpflichtung gegenüber Verwandten entspricht. Anders verhält es sich bei mehrmaligen und auch längeren Aufenthalten in dem „Verfolgerstaat" aus anderen, zB geschäftlichen Gründen. Diese können wertungsmäßig einer „Niederlassung" iSd Nr. 1a gleichstehen. Schließlich kommt es darauf an, ob bei der Reise ein **Nationalpass** benutzt wird[27] oder aber ein von einem anderen Staat ausgestelltes Reisedokument[28]. 13

Freiwilligkeit schließt Zwang jeder Art aus. Der Zwang braucht nicht vom Heimatstaat auszugehen, er kann auch durch Behörden der Bundesrepublik Deutschland oder eines Drittstaats ausgeübt werden. Er muss nicht unwiderstehlich sein; andererseits beseitigt nicht jede äußere Einwirkung auf die Motivation die Freiheit der Willensbildung. Eine Beschränkung auf Umstände, die „im konkreten Fall einer begründeten Furcht für Leben oder Freiheit vergleichbar sind"[29], ist dem Wortlaut und der üblichen Bedeutung von Freiwilligkeit nicht zu entnehmen. Der Entschluss, sich dem staatlichen Schutz des Heimatstaats (wieder) anzuvertrauen, muss **aus freien Stücken gefasst** werden, was mit Zwang und Drohung in jedweder Form nicht zu vereinbaren ist[30]. Drohungen mit Repressalien gegen Angehörige oder mit Enteignung beeinträchtigen die Freiwilligkeit ebenso wie die Ankündigung der Ausbürgerung, mag der Ausländer bei Stellung des Asylgesuchs mit derartigen Reaktionen seines Heimatstaats auch gerechnet haben. 14

---

[23] BVerwG Urt. v. 2.12.1991 – 9 C 126.90, BVerwGE 89, 231.
[24] Betr. Nordirak BayVGH Beschl. v. 19.8.1998 – 27 ZB 98.33 278, InfAuslR 1998, 519.
[25] → Rn. 1.
[26] BVerwG Urt. v. 2.12.1991 – 9 C 126.90, BVerwGE 89, 231.
[27] Betr. Passannahme zu Reisezwecken BVerwG Urt. v. 2.12.1991 – 9 C 126.90, BVerwGE 89, 231; VGH BW Beschl. v. 22.10.1996 – 13 S 3392/95, InfAuslR 1997, 223; betr. einmalige Benutzung zur Ein- und Ausreise VG Gießen Urt. v. 4.4.2002 – 7 E 1811/98, AuAS 2002, 237.
[28] Dazu VG Gießen Beschl. v. 27.9.2000 – 7 G 522/00, InfAuslR 2001, 243.
[29] So BT-Drs. 9/875, 18.
[30] Betr. moralische Zwangslage VG Köln Urt. v. 7.1.1988 – 15 K 10 882/85, InfAuslR 1988, 157 und InfAuslR 1988, 340.

15 Die freiwillige Unterschutzstellung stellt nach **Art. 1 C Nr. 1 GK** einen eigenen Tatbestand dar. Die dort getroffene Anordnung („fällt nicht mehr unter dieses Abkommen") wirkt ebenso wie die Erlöschensregelung. Der Zeitpunkt wird durch Vollendung des Tatbestands „Unterschutzstellung" bestimmt.

3. Annahme oder Erneuerung eines Nationalpasses

16 Annahme und Erneuerung eines Nationalpasses sind – wörtlich genommen – in ihrer Bedeutung für den Fortbestand einer asylrelevanten Verfolgungsgefahr nicht miteinander gleichzusetzen. Während die erste der beiden Alternativen nur am Verhalten des Ausländers ansetzt, stellt die zweite allein auf den Heimatstaat ab. Abgesehen von dieser ungenauen Formulierung ist jedoch auch im zweiten Fall ein **aktives Zutun** des Ausländers unverzichtbar. Gemeint sind nämlich nur verschiedene Formen der Entgegennahme eines nationalen Reiseausweises, der dem Inhaber als Staatsangehörigen des ausstellenden Staats ua Auslandsschutz gewährleistet. Wie die Annahme (eines alten oder neuen) Passes auf einer Mitwirkung in Form des Antrags und der Entgegennahme beruht, ist auch bei der Erneuerung ein Zutun des Ausländers erforderlich, und zwar ebenfalls durch Antrag und Entgegennahme. Beide Fälle können gemeinsam als Tatbestand der willentlichen Annahme eines Nationalpasses behandelt werden. Bemühungen um Passausstellung oder -verlängerung allein reichen nicht aus.

17 **Passannahme** allein führt ebenfalls nicht zum Erlöschen. Sie steht nicht beziehungslos neben der freiwilligen Unterschutzstellung, sondern ist als Mittel der Unterschutzstellung angeführt. Verlangt ist auch hier der Wille zu erneuter Inanspruchnahme staatlichen Schutzes auf Dauer und nicht nur staatliche Hilfe oder allgemeine Dienste. Die Entgegennahme eines neuen, verlängerten oder umgeschriebenen Nationalpasses ist danach **Indiz für die Unterschutzstellung**, weil diese oft oder typischerweise in dieser Form geschieht. An dieser Indizwirkung fehlt es jedoch, wenn Passausstellung oder -verlängerung ausschließlich der Beschaffung von Unterlagen für die Eheschließung dienen[31] oder dem Besuch eines schwer erkrankten Familienangehörigen im Heimatstaat[32]. Ebenso verhält es sich bei der ohne Zutun des Ausländers erfolgten Ausstellung eines Passes während des Abschiebungsverfahrens durch die ausländische Auslandsvertretung auf Veranlassung der deutschen Ausländerbehörde[33].

18 Mit der Passannahme ist **keine Vermutung** – rechtlicher oder tatsächlicher Art, widerlegbar oder unwiderlegbar – verbunden. Es hängt vielmehr von Gründen und Zwecken für die Passerteilung im Einzelfall ab, ob die vom Gesetz angenommene regelmäßige Wertung zutrifft. Die Situation des anerkannten Asylberechtigten unterscheidet sich zwar erheblich von der des Asylbewerbers, für den die Annahme eines neuen oder erneuerten Nationalpasses nicht den Verfolgungstatbestand beseitigt und die Asylanerkennung ausschließt[34]; auch bei ihm kann aber aus dem Verhalten in Passangelegenheiten nicht zwingend auf seine Einstellung gegenüber seinem Heimatstaat als Schutzmacht geschlossen werden. In diesem Zusammenhang kann auch die Rückkehrberechtigung eine Rolle spielen; ist sie durch den Pass ermöglicht, kommt eine Unterschutzstellung eher in Betracht, als wenn sie ausgeschlossen ist.

19 **Freiwilligkeit** ist schon nach dem Wortlaut verlangt. Zudem gebieten Entstehungsgeschichte und sachlicher Zusammenhang mit Art. 1 C Nr. 1 GK eine dahingehende Auslegung; anders wäre auch der angeordnete automatische Verlust der Rechtsstellungen nicht gerechtfertigt. Eine Erneuerung des Passes ohne freiwilliges Zutun des Ausländers kann nicht als freiwillige Unterschutzstellung gewertet werden. Die Freiwilligkeit liegt der Sache nach schon der „Annahme" eines Nationalpasses zugrunde. Dieser Vorgang schließt bei richtigem Verständnis Zwang und Aufdrängen staatlichen Schutzes aus. So liegt keine Annahme vor, wenn der Pass auf Anregung der Ausländerbehörde ausgestellt und dem Ausländer gegen dessen Willen ausgehändigt wird[35]. Sträubt sich der Ausländer gegen die freiwillige Rückkehr in den Heimatstaat, spricht dies auch bei Entgegennahme eines neuen Passes gegen die Absicht, sich dem Schutz des Heimatstaats erneut zu unterstellen.

20 Bei dieser Auslegung kann die Passannahme als **Unterfall** der freiwilligen Unterschutzstellung anerkannt werden. Dieser Erlöschenstatbestand steht daher ebenfalls mit Art. 1 C Nr. 1 GK in Einklang.

4. Wiedererwerb der früheren Staatsangehörigkeit

21 Fortdauer des Besitzes der bisherigen Staatsangehörigkeit ist mit dem Asyl nicht notwendig verbunden. Die Staatsangehörigkeit kann aufgrund Verfolgung aberkannt oder aber freiwillig vor oder nach der Asylanerkennung aufgegeben worden sein. Staatenlosigkeit ist nicht verlangt; der Flüchtling kann eine andere Staatsangehörigkeit schon vor der Anerkennung besessen oder danach erworben

---

[31] BVerwG Urt. v. 2.12.1991 – 9 C 126.90, BVerwGE 89, 231; VG Köln Beschl. v. 2.10.1985 – 15 L 20 362/85, InfAuslR 1986, 61; ausf. BVerwG Urt. v. 27.2.2017 – 1 C 28.16, Rn. 7.
[32] VGH BW Beschl. v. 22.10.1996 – 13 S 3392/95, InfAuslR 1997, 223.
[33] → Rn. 19.
[34] BVerwG Urt. v. 20.10.1987 – 9 C 277.86, BVerwGE 78, 152.
[35] → Rn. 17; *Hailbronner* AsylG § 72 Rn. 7; HessVGH Beschl. v. 9.6.1994 – 13 TP 506/94, DVBl 1994, 1422.

haben. Ist er allerdings deutscher Staatsangehöriger geworden, ist die Asylanerkennung gegenstandslos; denn asylrechtlichen Schutz genießt nur, wer nicht (zugleich) Deutscher iSd Art. 116 I GG ist[36].
Früherer Besitz der Staatsangehörigkeit ist notwendig; es genügt nicht, wenn ein Kind die Staatsangehörigkeit seiner Eltern erwirbt, die es selbst nie besessen hat[37].

Schon der Antrag auf Wiedereinbürgerung lässt die Absicht erkennen, sich dem Schutz des Heimatstaats wieder anzuvertrauen. Die Verleihung der Staatsangehörigkeit vollendet dann den erneuten Schutz (ebenso nach Art. 1 C Nr. 2 GK). Die frühere Staatsangehörigkeit muss nur in jeder Hinsicht **freiwillig** wiedererlangt werden. Zwang und Drohung im Zusammenhang mit Antrag oder Verleihung stehen dem entgegen[38]. Der Erwerb kann hier (anders nach Nr. 3) auch ohne Antrag erfolgen, etwa kraft Gesetzes bei Eheschließung oder durch administrative Kollektivmaßnahmen. Findet der Erwerb der Staatsangehörigkeit dann mit Wissen und Willen des Ausländers statt und widerspricht dieser nicht, kann Freiwilligkeit vorliegen. Stillschweigen bedeutet nicht immer schon Zustimmung; aufgedrängt kann der Erwerb auch dann sein, wenn ein Widerspruch möglich, dem Flüchtling aber nicht zumutbar ist[39]. 22

5. Erwerb einer anderen Staatsangehörigkeit

Der Erwerb der anderen Staatsangehörigkeit muss auf Antrag hin erfolgen. Damit ist auf die 23 Unterscheidung zwischen Antrags- und sonstigem Erwerb der Staatsangehörigkeit Bezug genommen; Einverständnis oder Zustimmung zu einem sonstigen Staatsangehörigkeitserwerb genügen also nicht. Das **Antragserfordernis** war im Gesetzesentwurf nicht enthalten (§ 10 AsylVfGE)[40] und wurde dann eingefügt, um den Erwerb einer aufgezwungenen Staatsangehörigkeit auszunehmen[41]. Ausgeschlossen sind damit Zwangseinbürgerung und Verleihung der Staatsangehörigkeit kraft Gesetzes oder VA ohne Antrag. Bei Vorliegen eines Antrags wird nicht nach Gründen und Motiven gefragt. Freiwilligkeit wird nicht zusätzlich verlangt. Unmittelbarer Zwang schließt allerdings einen Antrag iSe erklärten Willens zum Erwerb aus.

Erwerb der **deutschen Staatsangehörigkeit** war eigentlich grundsätzlich nicht gemeint[42]. Denn 24 sie schließt die Anwendung asylrechtlicher Bestimmungen von vornherein aus, erledigt eine zuvor erfolgte Asylanerkennung eo ipso[43]. Der Erwerb einer Staatsangehörigkeit durch einen bis dahin Staatenlosen fällt dagegen nach dem Gesetzeswortlaut (eine „neue" Staatsangehörigkeit) wie nach dem Sinn und Zweck unter diese Bestimmung[44].

Der Erwerb der neuen Staatsangehörigkeit muss den Genuss des Schutzes des anderen Staats nicht 25 nur rechtlich vermitteln, sondern auch tatsächlich gewährleisten. Nicht der Anspruch auf Schutz, der mit der Staatsangehörigkeit verbunden ist, reicht aus; hinzukommen muss der Genuss dieses Schutzes in Form **tatsächlicher Obhut**[45]. Umgekehrt genügen ständiger Aufenthalt und Verfolgungsschutz ohne Erwerb der Staatsangehörigkeit nicht[46].

6. Verzicht oder Rücknahme des Asylantrags

Der Verzicht war früher lediglich Widerrufsgrund (§ 16 I 1 Nr. 2 AsylVfG 1982). Die Aufnahme in 26 den Katalog der Erlöschenstatbestände ist nicht unsachgerecht. Eine wirksame Verzichtserklärung verlangt aber die **unmissverständliche Erklärung,** die durch Asyl- oder Flüchtlingsanerkennung erworbene Stellung aufgeben und nicht wieder geltend machen zu wollen. Begründung eines ständigen Aufenthalts in einem anderen Staat steht dem Verzicht nicht gleich[47]. Freiwilligkeit ist unbedingt erforderlich; erzwungener oder mit Drohung erwirkter Verzicht kann im Lichte des Art. 16a I GG und des Art. 1 GK nicht anerkannt werden. Angesichts der möglicherweise schwerwiegenden Folgen ist hier die Wahrnehmung der Beratungs- und Auskunftspflicht (§ 25 VwVfG) besonders wichtig. Zu Beweiszwecken erscheint eine schriftliche Erklärung zweckmäßig. Die Verzichtserklärung ist wie die Rücknahmeerklärung[48] gegenüber dem BAMF abzugeben (Umkehrschluss aus Abs. 2). Wegen der weitgehenden Identität der materiellen Voraussetzungen für Asyl- und Flüchtlingsanerkennung[49] ist

---
[36] → § 1 Rn. 33 und → Rn. 24.
[37] Vgl. aber → Rn. 23.
[38] → Rn. 14.
[39] Ähnlich *Hailbronner* AsylG § 72 Rn. 18; *Marx* § 72 Rn. 12.
[40] BT-Drs. 9/875, 4; ebenso Art. 1 C Nr. 3 GK.
[41] Bundestag-Rechtsausschuss, BT-Drs. 9/1630, 20.
[42] → Rn. 21.
[43] *Hailbronner* AsylG § 72 Rn. 19.
[44] Ebenso *Marx* § 72 Rn. 14.
[45] *Hailbronner* AsylG § 72 Rn. 19.
[46] HmbOVG Beschl. v. 16.7.1985 – Bs V 95/85, EZAR 211 Nr. 1.
[47] HmbOVG Beschl. v. 16.7.1985 – Bs V 95/85, EZAR 211 Nr. 1; andeutungsweise aA BVerwG Beschl. v. 31.1.1989 – 1 A 113.88, InfAuslR 1989, 166.
[48] Dazu → § 13 Rn. 6; → § 32 Rn. 3.
[49] → GG Art. 16a Rn. 22, 119 f.

eine **Beschränkung** des Verzichts auf eine der beiden Feststellungen vom Gesetz ausgeschlossen. Wird sie dennoch versucht, ist der Verzicht nicht als wirksam anzusehen.

27   Die Einführung der **Antragsrücknahme** vor Bestandskraft der Anerkennung als Erlöschensgrund ist in ihrer Bedeutung **unklar**, zumal sie nicht besonders begründet wurde[50]. Ein Erlöschen kommt in jedem Fall erst nach Bestandskraft der Asyl- oder Flüchtlingsanerkennung in Betracht; zuvor entfaltet die positive Entscheidung des BAMF oder eines Gerichts keine Wirkungen, die durch Erlöschen der Anerkennung beseitigt werden müssten. Bei Rücknahme des Asylantrags nach einem Anerkennungsbescheid und vor dessen Bestandskraft wird das Verfahren entweder vom BAMF (§ 32) oder vom Gericht (nach übereinstimmender Erledigterklärung) eingestellt. Der Anerkennungsbescheid wird in jedem Fall gegenstandslos, weil er des Antrags bedarf (§ 14 I) und nicht von Amts wegen ergeht.

IV. Rechtsfolgen

1. Erlöschen der Rechtsstellung

28   Erlöschen der Asyl- oder Flüchtlingsanerkennung bedeutet Beendigung der damit dokumentierten Rechtsstellung ohne weitere Ermittlungen oder Verfahren (nicht allerdings im Falle des Familienasyls[51]); insbesondere bedarf es keiner Feststellungen darüber, ob in der Vergangenheit die Gefahr politischer Verfolgung zu Recht angenommen wurde[52]. Der **kraft Gesetzes eingetretene Verlust** der Rechtsstellung kann nicht mehr rückgängig gemacht werden. Falls der Nationalpass (Nr. 1) wieder entzogen wird, die frühere oder neue Staatsangehörigkeit (Nr. 2, 3) später verloren geht oder der vom anderen Staat gewährte Schutz endet (Nr. 1, 3), lebt die Rechtsstellung nicht wieder von selbst auf. Sie kann nur auf einen neuen Antrag hin, der sich als Folgeantrag darstellt[53], erneut festgestellt werden, wenn eine Verfolgungsgefahr besteht oder wieder entstanden ist. Der Wegfall der Erlöschensgründe des § 72 I allein genügt hierfür nicht. Erlöschen der Rechtsstellung setzt rechtsbeständige Anerkennung voraus, gilt also nicht für Asylbewerber[54].

2. Rechtsfolgen des Erlöschens

29   Welche Folgen das Erlöschen seinerseits nach sich zieht, regelt § 72 nur teilweise, nämlich für Anerkennungsbescheid und Reiseausweis[55]. Außerdem bewirkt der mit Vollendung des Erlöschenstatbestands eintretende Fortfall der Asyl- oder Flüchtlingsanerkennung mittelbar und tatsächlich auch den **Verlust** der daraus unmittelbar herrührenden **Rechtspositionen** für die Zukunft. Nach dem Erlöschen eines VA entfaltet dieser keinerlei Rechtsfolgen mehr; die mit ihm festgestellte Rechtsstellung steht nicht mehr verbindlich fest[56]. Die Berufung auf eine gleichwohl fortbestehende Verfolgungsgefahr ist zumindest erheblich erschwert.

30   Die dem Ausländer nach § 24 I oder II AufenthG erteilte **Aufenthaltserlaubnis** erlischt grundsätzlich nicht von selbst; sie kann nur im Ermessenswege **widerrufen** werden (§ 52 I 1 Nr. 4 AufenthG). Dies gilt entsprechend für andere Rechte und Vergünstigungen, die von der Asyl- oder Flüchtlingsanerkennung abhängen. Für sie kommt, wenn nicht Sondervorschriften eingreifen, ein Widerruf nach allgemeinem Verfahrensrecht in Betracht (§ 49 VwVfG). Nach dem Widerruf der Aufenthaltserlaubnis kann der Ausländer erneut Asyl beantragen und eine Aufenthaltsgestattung (§ 55) erhalten, dabei handelt es sich aber um einen Folgeantrag[57]. Falls dem Ausländer aus anderen als asylrechtlichen Gründen ein Aufenthaltsrecht zusteht, bleibt dieses unberührt. Es kann nach Fortfall der Asylrechtsstellung etwa mit einem Antrag auf Erteilung einer Aufenthaltserlaubnis zur Familienzusammenführung geltend gemacht werden (§§ 27 ff. AufenthG).

3. Anerkennungsbescheid und Reiseausweis

31   Anerkennungsbescheid und internationaler Reiseausweis sind im Falle des Erlöschens unverzüglich bei der zuständigen Ausländerbehörde **abzugeben**. Unter Anerkennungsbescheid ist auch die Feststellung der Flüchtlingseigenschaft nach § 3 iVm § 60 I AufenthG zu verstehen. Denn diese ist schon seit 1.1.1991 Teil des Asylbescheids des BAMF (§ 12 VI 3 AsylVfG 1991). Die Verpflichtung zur Herausgabe von Dokumenten, deren Inhalt unrichtig geworden ist, besteht ohne Rücksicht auf die aufenthaltsrechtliche Stellung. Sie entsteht mit dem Erlöschen nach § 72 I und dient dem formellen Vollzug des materiell kraft Gesetzes eingetretenen Verlusts der Rechtsstellung nach § 2. Da für das

---

[50] BT-Drs. 12/2062, 39.
[51] Hat sich der Stammberechtigte einbürgern lassen, löst dies nicht die zwingende Widerrufsfolge bzgl. der Familienangehörigen aus; VG Stuttgart Urt. v. 17.6.2010 – 11 K 3062/09, InfAuslR 2010, 470.
[52] Dazu → Rn. 4.
[53] → Rn. 6; → § 71 Rn. 7.
[54] BVerwG Urt. v. 20.10.1987 – 9 C 277.86, BVerwGE 78, 152.
[55] → Rn. 27.
[56] → § 4 Rn. 10.
[57] → Rn. 6, 28; → § 71 Rn. 7.

Erlöschen keine förmliche Feststellung vorgesehen ist, kann die Ausländerbehörde das Erlöschen zweckmäßigerweise mit ihrem Herausgabeverlangen inzidenter geltend machen.

V. Verfahren und Rechtsschutz

Für die **Feststellung des Erlöschens** ist ein besonderes Verfahren nicht vorgesehen. Weder ist eine 32 solche Feststellung vorgeschrieben noch eine Zuständigkeit bestimmt. § 73 IV ist auf Widerruf und Rücknahme begrenzt und einer entsprechenden Anwendung nicht zugänglich. Offenbar hat der Gesetzgeber für Widerruf und Rücknahme wegen der damit verbundenen besonderen materiellen Prüfungen (§ 73 I 3, II) Verfahren und Zuständigkeit bestimmt und für § 72 bewusst hiervon abgesehen. Da es hier um die Feststellung weniger schwieriger Voraussetzungen geht und va eine sachliche Prüfung der Verfolgungsgefahr für Vergangenheit oder Zukunft nicht stattfindet, ist die Verfahrenslage nicht unbedingt vergleichbar und insbesondere die Einschaltung des BAMF nicht zwingend geboten.

Wird das Erlöschen von einer Behörde, insbesondere dem BAMF oder der Ausländerbehörde, 33 geltend gemacht und von dem Ausländer bestritten, besteht ein berechtigtes Interesse an einem **Feststellungsbegehren**. Das Feststellungsverfahren kann sowohl von dem Ausländer als auch von der Ausländerbehörde in Gang gesetzt werden. Zulässig ist auch eine Feststellung des BAMF von Amts wegen, und zwar anlässlich eines Verfahrens nach § 73 oder aufgrund eines Widerrufs nach § 52 I 1 Nr. 4 AufenthG[58] oder sonst aus berechtigtem Anlass. Ist das Erlöschen in einem anderen Verfahren als Vorfrage zu beantworten, kann das BAMF davon unterrichtet und der Erlass eines Feststellungsbescheids angeregt werden. Im Prozess kommt eine Beiladung der Bundesrepublik Deutschland (vertreten durch das BAMF) in Betracht (§ 65 VwGO). Ein Feststellungsbegehren gegenüber der Ausländerbehörde oder einer anderen Stelle erscheint dagegen unzulässig, wenn die Ausländerbehörde hierfür keinen Anlass gegeben hat, denn das BAMF ist hierfür ebenso allein zuständig wie für den Erlass des Anerkennungsbescheids[59].

Die **Herausgabe der Dokumente** kann im Falle der Weigerung von der Ausländerbehörde mit 34 VA verlangt werden. Widerspruch ist ausgeschlossen (§ 11), da es sich um ein Verfahren nach dem AsylG handelt, nämlich einen Streit über Abs. 2. Anfechtungsklage ist zulässig[60]. Im gerichtlichen Verfahren kann die Bundesrepublik Deutschland beigeladen werden (§ 65 VwGO).

§ 73 Widerruf und Rücknahme der Asylberechtigung und der Flüchtlingseigenschaft

(1) ¹Die Anerkennung als Asylberechtigter und die Zuerkennung der Flüchtlingseigenschaft sind unverzüglich zu widerrufen, wenn die Voraussetzungen für sie nicht mehr vorliegen. ²Dies ist insbesondere der Fall, wenn der Ausländer nach Wegfall der Umstände, die zur Anerkennung als Asylberechtigter oder zur Zuerkennung der Flüchtlingseigenschaft geführt haben, es nicht mehr ablehnen kann, den Schutz des Staates in Anspruch zu nehmen, dessen Staatsangehörigkeit er besitzt, oder wenn er als Staatenloser in der Lage ist, in das Land zurückzukehren, in dem er seinen gewöhnlichen Aufenthalt hatte. ³ Satz 2 gilt nicht, wenn sich der Ausländer auf zwingende, auf früheren Verfolgungen beruhende Gründe berufen kann, um die Rückkehr in den Staat abzulehnen, dessen Staatsangehörigkeit er besitzt oder in dem er als Staatenloser seinen gewöhnlichen Aufenthalt hatte.

(2) ¹Die Anerkennung als Asylberechtigter ist zurückzunehmen, wenn sie auf Grund unrichtiger Angaben oder infolge Verschweigens wesentlicher Tatsachen erteilt worden ist und der Ausländer auch aus anderen Gründen nicht anerkannt werden könnte. ²Satz 1 ist auf die Zuerkennung der Flüchtlingseigenschaft entsprechend anzuwenden.

(2a) ¹Die Prüfung, ob die Voraussetzungen für einen Widerruf nach Absatz 1 oder eine Rücknahme nach Absatz 2 vorliegen, hat spätestens nach Ablauf von drei Jahren nach Unanfechtbarkeit der Entscheidung zu erfolgen. ²Liegen die Voraussetzungen für einen Widerruf oder eine Rücknahme vor, teilt das Bundesamt dieses Ergebnis der Ausländerbehörde spätestens innerhalb eines Monats nach dreijähriger Unanfechtbarkeit der begünstigenden Entscheidung mit. ³Anderenfalls kann eine Mitteilung an die Ausländerbehörde entfallen. ⁴Der Ausländerbehörde ist auch mitzuteilen, welche Personen nach § 26 ihre Asylberechtigung oder Flüchtlingseigenschaft von dem Ausländer ableiten und ob bei ihnen die Voraussetzungen für einen Widerruf nach Absatz 2b vorliegen. ⁵Ist nach der Prüfung ein Widerruf oder eine Rücknahme nicht erfolgt, steht eine spätere Entscheidung nach Absatz 1 oder Absatz 2 im Ermessen, es sei denn, der Widerruf oder die Rücknahme erfolgt, weil die Voraussetzungen des § 60 Abs. 8 Satz 1 des Aufenthaltsgesetzes oder des § 3 Abs. 2 vorliegen oder weil das Bundesamt nach § 60 Absatz 8 Satz 3 des Aufenthaltsgesetzes von der Anwendung des § 60 Absatz 1 des Aufenthaltsgesetzes abgesehen hat.

---

[58] Vgl. VGH BW Beschl. v. 22.10.1996 – 13 S 3392/95, InfAuslR 1997, 223.
[59] So wohl auch GK-AsylG § 5 Rn. 18; aA *Hailbronner* AsylG § 5 Rn. 7.
[60] *Hailbronner* AsylG § 72 Rn. 28; *Marx* § 72 Rn. 22.

(2b) ¹In den Fällen des § 26 Absatz 1 bis 3 und 5 ist die Anerkennung als Asylberechtigter und die Zuerkennung der Flüchtlingseigenschaft zu widerrufen, wenn die Voraussetzungen des § 26 Absatz 4 Satz 1 vorliegen. ²Die Anerkennung als Asylberechtigter ist ferner zu widerrufen, wenn die Anerkennung des Asylberechtigten, von dem die Anerkennung abgeleitet worden ist, erlischt, widerrufen oder zurückgenommen wird und der Ausländer nicht aus anderen Gründen als Asylberechtigter anerkannt werden könnte. ³In den Fällen des § 26 Absatz 5 ist die Zuerkennung der Flüchtlingseigenschaft zu widerrufen, wenn die Flüchtlingseigenschaft des Ausländers, von dem die Zuerkennung abgeleitet worden ist, erlischt, widerrufen oder zurückgenommen wird und dem Ausländer nicht aus anderen Gründen die Flüchtlingseigenschaft zuerkannt werden könnte. ⁴§ 26 Absatz 1 Satz 2 gilt entsprechend.

(2c) Bis zur Bestandskraft des Widerrufs oder der Rücknahme entfällt für Einbürgerungsverfahren die Verbindlichkeit der Entscheidung über den Asylantrag.

(3) Bei Widerruf oder Rücknahme der Anerkennung als Asylberechtigter oder der Zuerkennung der Flüchtlingseigenschaft ist zu entscheiden, ob die Voraussetzungen für den subsidiären Schutz oder die Voraussetzungen des § 60 Absatz 5 oder 7 des Aufenthaltsgesetzes vorliegen.

(3a) ¹Der Ausländer ist nach Aufforderung durch das Bundesamt persönlich zur Mitwirkung bei der Prüfung des Vorliegens der Voraussetzungen des Widerrufs oder der Rücknahme der Anerkennung als Asylberechtigter oder der Zuerkennung der Flüchtlingseigenschaft verpflichtet, soweit dies für die Prüfung erforderlich und dem Ausländer zumutbar ist. ²§ 15 Absatz 1 Satz 2, Absatz 2 Nummer 1, 4 bis 7 und Absatz 3 sowie § 16 gelten entsprechend, hinsichtlich der Sicherung der Identität durch erkennungsdienstliche Maßnahmen (§ 16 Absatz 1 Satz 1 und 2) mit der Maßgabe, dass sie nur zulässig ist, soweit die Identität des Ausländers nicht bereits gesichert worden ist. ³Das Bundesamt soll den Ausländer mit Mitteln des Verwaltungszwangs zur Erfüllung seiner Mitwirkungspflichten anhalten. ⁴Kommt der Ausländer den Mitwirkungspflichten nicht oder nicht vollständig nach, kann das Bundesamt nach Aktenlage entscheiden, sofern

1. die unterbliebene Mitwirkungshandlung nicht unverzüglich nachgeholt worden ist, oder
2. der Ausländer die Mitwirkungspflichten ohne genügende Entschuldigung verletzt hat.

⁵Bei der Entscheidung nach Aktenlage sind für die Entscheidung über einen Widerruf oder eine Rücknahme nach dieser Vorschrift oder nach § 48 des Verwaltungsverfahrensgesetzes sämtliche maßgeblichen Tatsachen und Umstände zu berücksichtigen. ⁶Ferner ist zu berücksichtigen, inwieweit der Ausländer seinen Mitwirkungspflichten nachgekommen ist. ⁷Der Ausländer ist durch das Bundesamt auf Inhalt und Umfang seiner Mitwirkungspflichten nach dieser Vorschrift sowie auf die Rechtsfolgen einer Verletzung hinzuweisen.

(4) ¹In den Fällen, in denen keine Aufforderung durch das Bundesamt nach Absatz 3a erfolgt ist, ist dem Ausländer die beabsichtigte Entscheidung über einen Widerruf oder eine Rücknahme nach dieser Vorschrift oder nach § 48 des Verwaltungsverfahrensgesetzes schriftlich mitzuteilen und ihm ist Gelegenheit zur Äußerung zu geben. ²Ihm kann aufgegeben werden, sich innerhalb eines Monats schriftlich zu äußern. ³Hat sich der Ausländer innerhalb dieser Frist nicht geäußert, ist nach Aktenlage zu entscheiden; der Ausländer ist auf diese Rechtsfolge hinzuweisen.

(5) Mitteilungen oder Entscheidungen des Bundesamtes, die eine Frist in Lauf setzen, sind dem Ausländer zuzustellen.

(6) Ist die Anerkennung als Asylberechtigter oder die Zuerkennung der Flüchtlingseigenschaft unanfechtbar widerrufen oder zurückgenommen oder aus einem anderen Grund nicht mehr wirksam, gilt § 72 Abs. 2 entsprechend.

(7) ¹Für Entscheidungen des Bundesamtes über die Anerkennung als Asylberechtigter oder die Zuerkennung der Flüchtlingseigenschaft, die im Jahre 2015 unanfechtbar geworden sind, endet die in Absatz 2a Satz 1 bestimmte Frist für die Entscheidung über einen Widerruf oder eine Rücknahme am 31. Dezember 2019, für Entscheidungen, die im Jahre 2016 unanfechtbar geworden sind, endet sie am 31. Dezember 2020 und für Entscheidungen, die im Jahre 2017 unanfechtbar geworden sind, endet sie am 31. Dezember 2021. ²Die Mitteilung an die Ausländerbehörde gemäß Absatz 2a Satz 2 hat spätestens bis zum 31. Januar des jeweiligen Folgejahres zu erfolgen.

Übersicht

	Rn.
I. Entstehungsgeschichte	1
II. Allgemeines	2
III. Widerruf	3
1. Verhältnis zu § 49 VwVfG	3
2. Wegfall der Anerkennungsvoraussetzungen	4
3. Unzumutbarkeit der Rückkehr	10
4. Familienasyl und Familienflüchtlingsschutz	14

Widerruf und Rücknahme der Asylberechtigung und der Flüchtlingseigenschaft § 73 AsylG 7

	Rn.
IV. Rücknahme	21
1. Verhältnis zu § 48 VwVfG	21
2. Unrichtige Angaben und Verschweigen wesentlicher Tatsachen	22
3. Subsidiärer Schutz und Abschiebungsverbote	25
V. Rechtsfolgen	26
VI. Verwaltungsverfahren und Rechtsschutz	28

I. Entstehungsgeschichte

Die Vorschrift geht auf § 16 AsylVfG 1982 zurück. Sie stimmte ursprünglich im Wesentlichen mit   1
dem **Gesetzesentwurf 1992** (§ 71)[1] überein. Auf Vorschlag des Bundestag-Innenausschusses wurden die Formulierungen der Abs. 1 und 2 der Neufassung des § 26 angeglichen, S. 2 in Abs. 1 eingefügt und in Abs. 2 S. 1 das Wort „konnte" durch „könnte" ersetzt[2]. Abs. 6 wurde mWv 1.7.1993 angefügt (Art. 1 Nr. 40 **AsylVfÄndG 1993**). MWv 1.1.**2005** wurden entsprechend dem Gesetzesentwurf[3] Abs. 2a eingefügt und Abs. 3 neu gefasst; gleichzeitig wurden in Abs. 1, 2 und 6 die Bezugnahmen auf das AuslG durch solche auf das AufenthG ersetzt; außerdem wurde aufgrund des Vermittlungsverfahrens[4] in Abs. 2a der letzte Satz angefügt (Art. 3 Nr. 46 ZuwG). Das **RLUmsG 2007** hatte erhebliche Änderungen vorgenommen: Neben der redaktionellen Anpassung insbesondere an § 3 in Abs. 1 S. 1 und Abs. 2 S. 2 („Zuerkennung der Flüchtlingseigenschaft" statt „Feststellung, dass die Voraussetzungen des § 60 Abs 1 AufenthG vorliegen") wurde in Abs. 1 der bisherige S. 2 ersetzt (aF: „In den Fällen des § 26 ist die Anerkennung als Asylberechtigter ferner zu widerrufen, wenn die Anerkennung des Asylberechtigten, von dem die Anerkennung abgeleitet worden ist, erlischt, widerrufen oder zurückgenommen wird und der Ausländer aus anderen Gründen nicht als Asylberechtigter anerkannt werden könnte."); die Regelungen zum Familienasyl und Familienabschiebungsschutz wurden modifiziert in den neuen Abs. 2b überführt. In Abs. 2a wurde der neue S. 3 eingefügt und S. 4 um den letzten Hs. „es sei denn …" ergänzt. Der neue Abs. 2c ist der alte S. 3 des bisherigen Abs. 2a. In Abs. 4 wurde der bisherige S. 1 gestrichen („Über Widerruf und Rücknahme entscheidet der Leiter des Bundesamtes oder ein von ihm beauftragter Bediensteter.") und der alte S. 2 als neuer S. 1 leicht umformuliert (ergänzt durch „oder nach § 48 VwVfG") Auch Abs. 6 wurde umformuliert (aF „Im Falle der Unanfechtbarkeit des Widerrufs oder der Rücknahme der Anerkennung als Asylberechtigter und der Feststellung, dass die Voraussetzungen des § 60 Abs 1 AufenthG vorliegen, gilt § 72 Abs 2 entsprechend"). Abs. 7 wurde neu angefügt. Der Gesetzgeber begründete die Änderungen wie folgt[5]: „**Absatz 1 Satz 1** regelt die Voraussetzungen des Widerrufs der Anerkennung als Asylberechtigter und der Zuerkennung der Flüchtlingseigenschaft. Grundsätzlich ist die Statusgewährung aufzuheben, wenn deren Voraussetzungen nachträglich entfallen sind. Dies ist insbesondere der Fall, wenn die erforderlichen Tatbestandselemente für eine Verfolgung im Sinne von Artikel 16a Abs 1 GG oder im Sinne von § 3 Abs 1 nicht mehr vorliegen. Die Voraussetzungen für den Widerruf sind auch dann gegeben, wenn nachträglich Ausschlussgründe eintreten; so etwa, wenn Straftaten nach § 3 Abs 2 oder nach § 60 Abs 8 AufenthG begangen werden. **Absatz 1 Satz 2** regelt den Widerruf in den Fällen, in denen eine Änderung der Umstände im Herkunftsland eingetreten ist. Die Ausnahmeregelung des **Satzes 3** gilt nur für diese Fallkonstellation. (…) Durch den neuen **Absatz 2a Satz 3** wird gewährleistet, dass § 26 Abs 3 AufenthG weiterhin auch für Familienasyl- und Familienflüchtlingsschutzberechtigte gilt, sofern nicht deren Rechtsstellung nach Abs 2b zu widerrufen ist. Der neue **Satz 4** regelt – wie bisher Satz 3 – die obligatorische Überprüfung der Statusgewährung nach spätestens drei Jahren. Ein späterer Widerruf ist grundsätzlich ermessensgebunden. Dies gilt nach dem neuen Satz 4 nicht, wenn der Ausländer die Ausschlusstatbestände nach § 3 Abs 2 oder nach § 60 Abs 8 Satz 1 AufenthG erfüllt. Da es sich hierbei regelmäßig um schwere Straftaten handelt, ist der Widerruf nicht in das Ermessen des Bundesamtes gestellt, sondern zwingend. Der bisherige Satz 4 wird aus redaktionellen Gründen als neuer **Absatz 2c** eingefügt. (…) **Absatz 2b** regelt den Widerruf des Familienasyls und des Familienflüchtlingsschutzes nach § 26, da die bisherige Regelung in Absatz 1 Satz 2 nicht alle Fallgruppen abdeckt. **Absatz 2b Satz 1** schließt Familienangehörige von der (abgeleiteten) Anerkennung aus, wenn sie schwere Straftaten begangen haben und infolgedessen einen Ausschlussgrund erfüllen. Die Regelung entspricht Artikel 23 Abs 3 der Qualifikationsrichtlinie [2004/83/EG]. **Absatz 2b Satz 2 und 3** regelt den Widerruf des Familienasyls und des Familienflüchtlingsschutzes in den Fällen, in denen der Stammberechtigte den Schutzstatus wieder verloren hat. Die Regelung entspricht dem bisherigen Absatz 1 Satz 2. § 26 Abs 3 AufenthG gilt auch für Familienasyl- und Familienflüchtlingsschutzberechtigte. **Absatz 2c** entspricht dem bisherigen Absatz 2a Satz 4. **Absatz 4 Satz 1** ist nach Abschaffung der Weisungsungebundenheit der Asylentscheider entbehrlich

---

[1] BT-Drs. 12/2062, 18.
[2] BT-Drs. 12/2718, 37 f.
[3] BT-Drs. 15/420, 44.
[4] BT-Drs. 15/420, 44.
[5] BT-Drs. 16/5065, 219 f.

geworden. Da nunmehr alle Entscheidungen den Weisungen der Behördenleitung des Bundesamtes für Migration und Flüchtlinge unterliegen, ist eine Sonderregelung für Widerrufsentscheidungen nicht mehr erforderlich. (...) Der Hinweis auf § 48 VwVfG erfolgt zur Klarstellung. Eine Rücknahme nach § 48 VwVfG kommt etwa auch dann in Betracht, wenn Ausschlusstatbestände nach § 3 Abs 2 vorlagen, diese im Zeitpunkt der Anerkennung als Asylberechtigter oder der Zuerkennung der Flüchtlingseigenschaft aber nicht bekannt waren. (...) Durch die Neufassung des **Absatzes 6** wird gewährleistet, dass – entsprechend der Regelung in § 52 Satz 1 VwVfG – der Anerkennungsbescheid und der Reiseausweis auch in den in § 75 Satz 2 und 3 AsylVfG genannten Fällen der sofortigen Vollziehbarkeit (vorläufig) zurückzugeben sind. (...) **Absatz 7 [aF]** enthält eine Übergangsregelung für die vor dem 1. Januar 2005 erfolgten Anerkennungen. Die Regelung dient der Klarstellung, dass auch diese Anerkennungen, und zwar innerhalb von vier Jahren nach Einfügung des Absatzes 2a durch das Zuwanderungsgesetz, zu überprüfen sind."

Das RLUmsG 2011 hatte keine Änderungen vorgenommen, wohl aber das **RLUmsG 2013**. Art. 1 Nr. 47 RLUmsG 2013 fasste mWz 1.12.2013 die Überschrift durch Anfügung von (Widerruf und Rücknahme) „der Asylberechtigung und der Flüchtlingseigenschaft" klarer, änderte in **Abs. 2b** gemäß der Gesetzesbegründung[6] zutreffend nur „als Folgeänderung" S. 1 (aF: „In den Fällen des § 26 Abs 1, 2 und 4 ist die Anerkennung als Asylberechtigter und die Zuerkennung der Flüchtlingseigenschaft zu widerrufen, wenn die Voraussetzungen des § 26 Abs 3 Satz 1 vorliegen.") sowie ebenso „als Folgeänderung" S. 3 (aF „In den Fällen des § 26 Abs 4 [...]"). Neu gefasst wurde **Abs. 3** (aF „Die Entscheidung, ob die Voraussetzungen des § 60 Abs 2, 3, 5 oder 7 des Aufenthaltsgesetzes vorliegen, ist zurückzunehmen, wenn sie fehlerhaft ist, und zu widerrufen, wenn die Voraussetzungen nicht mehr vorliegen.") mit der Gesetzesbegründung: „Im Falle eines Widerrufs oder einer Rücknahme der Asylberechtigung oder der Zuerkennung der Flüchtlingseigenschaft ist über das Vorliegen der Voraussetzungen des subsidiären Schutzes zu entscheiden. Liegen diese nicht vor, ist das Bestehen nationaler Abschiebungsverbote zu prüfen. Damit soll der Betroffene Klarheit über seinen Rechtsstatus bzw. über bestehende Abschiebungsverbote erhalten." Schließlich wurde der **alte Abs. 7 aufgehoben** (aF „Ist die Entscheidung über den Asylantrag vor dem 1. Januar 2005 unanfechtbar geworden, hat die Prüfung nach Absatz 2a Satz 1 spätestens bis zum 31. Dezember 2008 zu erfolgen.") mit der zutreffenden Begründung „Die Aufhebung von Absatz 7 erfolgt, da es sich um eine Übergangsvorschrift handelt, die nicht mehr benötigt wird."

Das **AsylVfBeschlG 2015** ersetzte in **Abs. 2a** mWz 24.10.2015 den bisherigen S. 2 („Das Ergebnis ist der Ausländerbehörde mitzuteilen.") durch die neuen S. 2 und 3. Der Gesetzgeber begründete dies wie folgt[7]: „Die Regelung dient der Entlastung des Bundesamts bei der Mitteilungspflicht des Ergebnisses von Widerrufsprüfungen. § 26 Absatz 3 AufenthG regelt, dass einem Ausländer, der seit drei Jahren eine Aufenthaltserlaubnis nach § 25 Absatz 1 oder 2 Satz 1 erste Alternative AufenthG besitzt, eine Niederlassungserlaubnis zu erteilen ist, es sei denn, das Bundesamt hat nach § 73 Absatz 2a des AsylG mitgeteilt, dass die Voraussetzungen für den Widerruf oder die Rücknahme vorliegen. Folglich muss auch die Mitteilungspflicht im AsylG entsprechend angepasst werden. Die aufgenommene Frist dient der Rechtssicherheit, da die Ausländerbehörde so den Zeitpunkt bestimmen kann, ab wann sie davon ausgehen kann, dass eine entsprechende Mitteilung vom Bundesamt nicht mehr erfolgt."

Flankierend zum sog. **Asylpaket II**[8] wurde gem. Art. 2 Nr. 5 des am 17.3.**2016** (BGBl. I S. 394) in Kraft getretenen Gesetzes zur erleichterten Ausweisung von straffälligen Ausländern und zum erweiterten Ausschluss der Flüchtlingsanerkennung bei straffälligen Asylbewerbern in Abs. 2a S. 5 der letzte Halbsatz („oder weil das Bundesamt...") angefügt. Es handelt sich um eine Folgeänderung insbesondere zum neuen § 60 VIII 3 AufenthG[9]. Durch das **Gesetz zur Bekämpfung von Kinderehen** (BGBl. 2017 I S. 2431) wurde an **Abs. 2b** mWv 22.7.**2017** der Verweis auf § 26 I 2 angefügt. Dies dient dem Schutz des im Zeitpunkt der Eheschließung minderjährigen Ehegatten, der bereits eine familienasylrechtliche Schutzposition erlangt hat.

Durch Art. 1 des **Dritten Gesetzes zur Änderung des AsylG** (BGBl. I S. 2250) wurde mWv 12.12.**2018** der neue **Abs. 3a** eingefügt sowie **Abs. 4 Satz 1** entsprechend umformuliert. Der Gesetzgeber begründete dies ua wie folgt[10]: „Das Asylgesetz (AsylG) enthält in der aktuellen Fassung eine ausdrückliche Regelung zur Mitwirkungspflicht der Betroffenen lediglich im Asylantragsverfahren, nicht jedoch in Widerrufs- und Rücknahmeverfahren. Die Prüfung, ob die Voraussetzungen für einen Widerruf nach § 73 Absatz 1 oder für eine Rücknahme nach § 73 Absatz 2 AsylG vorliegen, hat spätestens nach Ablauf von drei Jahren nach Unanfechtbarkeit der Entscheidung zu erfolgen (vgl. § 73 Absatz 2a AsylG). Die Anerkennung als Asylberechtigter und die Zuerkennung der Flüchtlingseigenschaft sind unverzüglich zu widerrufen, wenn die Voraussetzungen für sie nicht mehr vorliegen (§ 73 Absatz 1 AsylG). Um diese Prüfung sachgerecht ausüben zu können, hat das Bundesamt für Migration

---

[6] BT-Drs. 17/13063, 23.
[7] BT-Drs. 18/6185, 51.
[8] → Vorb. Rn. 34 ff.
[9] Vgl. hierzu die Kommentierung bei § 60 AufenthG.
[10] BT-Drs. 19/4456, 1, 10 f.

und Flüchtlinge (BAMF) bei der Überprüfung der Asylbescheide alle Umstände aufzuklären, zu berücksichtigen und zu bewerten. Eine Mitwirkungspflicht des Betroffenen kann hierbei für das BAMF neben den eigenen sowie den Erkenntnissen der Sicherheitsbehörden, der Sozialbehörden sowie der Ausländerbehörden zusätzliche Erkenntnisse begründen. Während des Migrationsgeschehens in den Jahren 2015 und 2016 hat das BAMF zur Beschleunigung der Verfahren in vielen Fällen die Asylanträge ohne die sonst obligatorische Anhörung im rein schriftlichen Verfahren entschieden. Angaben zu Identität, Staatsangehörigkeit sowie zum Fluchtgeschehen konnten demnach nicht immer hinreichend überprüft und gewürdigt werden. Den Widerrufs- bzw. Rücknahmeverfahren kommt gerade in diesen Fällen eine besondere Bedeutung zu. Mit der Statuierung der Mitwirkungspflichten im AsylG soll dafür Sorge getragen werden, dass im wohlverstandenen Interesse der tatsächlich Schutzbedürftigen diejenigen Entscheidungen aufgehoben werden, bei denen zu Unrecht der Schutzstatus zuerkannt wurde bzw. bei denen die Gründe für die Schutzgewährung zwischenzeitlich entfallen sind."

Durch das **2. RückkehrG vom 15.8.2019**[11] wurde der **neue Abs. 7** angefügt. Der Gesetzgeber begründete dies ua wie folgt[12]: „Um eine Überlastung des BAMF mit Prüfverfahren zu verhindern, wird die Frist für die Prüfung der positiven Asylentscheidungen, die in den Jahren 2015, 2016 und 2017 unanfechtbar und damit bestandskräftig geworden sind, von drei auf mindestens vier Jahre verlängert. Diese Fristverlängerung ermöglicht es dem BAMF zudem, eine umfassende und qualitativ hochwertige Prüfung des erteilten Schutzstatus vorzunehmen. Durch die Einbeziehung der im Jahre 2017 ergangenen Asylentscheidungen in die Fristverlängerung wird für das BAMF eine größere Flexibilität bei der Verteilung der zur Verfügung stehenden Arbeitskraft gewährleistet. Eine dauerhafte Verlängerung der Frist für die Regelüberprüfung der Asylentscheidungen über das Jahr 2017 hinaus ist hingegen weder angebracht noch notwendig. Denn aufgrund der sinkenden Asylantragszahlen seit dem Jahr 2017 wird in der Folge auch die Zahl der Regelüberprüfungen wieder abnehmen. Die vorgesehene Änderung schafft die Kapazitäten für das BAMF, die für Regelüberprüfungen der Asylentscheidungen aus den durch ein besonders hohes Flüchtlingsaufkommen geprägten Jahren notwendig sind, ohne das Ziel einer zeitnahen Überprüfung der Asylentscheidungen aus den Augen zu verlieren. Diese Änderung wird auch zu einer Entlastung der VG beitragen. Denn durch die Verlängerung der Frist für die Regelüberprüfungen werden die entsprechenden Widerrufs- und Rücknahmeentscheidungen des BAMF und damit auch die gegen diese Entscheidungen gerichteten Klageverfahren auf einen um mindestens ein Jahr verlängerten Zeitraum verteilt. Von dieser Änderung unbenommen bleibt die Möglichkeit für das BAMF, jederzeit von Amts wegen eine entsprechende Prüfung zu veranlassen. Der **Ampel-Koalitionsvertrag 2021** sieht vor, dass die Widerrufsprüfung künftig wieder anlassbezogen erfolgen soll.

II. Allgemeines

Widerruf und Rücknahme führen – entsprechend der Vorgaben von Art. 44 (Aberkennung des internationalen Schutzes) und Art. 45 (Verfahrensvorschriften) der insoweit nicht unterscheidenden **Asylverfahrens-RL**[13] – ebenso wie das Erlöschen nach § 72 zur **Beendigung der Asylanerkennung** und der **Zuerkennung der Flüchtlingseigenschaft** gem. § 3. Die Voraussetzungen zusammenfallend des § 73 I 1 Nr. 1 und des § 72 können sich miteinander verbinden. Widerruf und Rücknahme sind zwingend und weichen auch sonst von den allgemeinen Bestimmungen der §§ 48, 49 VwVfG ab. Ihr näheres Verhältnis zu diesen allgemeinen Bestimmungen und zu rechtskräftigen gerichtlichen Feststellungen ist unklar; ebenso die Zulässigkeit eines Zweitbescheids neben dem Widerruf oder statt des Widerrufs. Allgemein lässt sich allerdings feststellen, dass die Rechtskraftwirkung nach § 121 VwGO bei einer wesentlichen Änderung der maßgeblichen Sachlage endet, der Zeitablauf allein noch keine solche Änderung darstellt, aber mit zunehmender Dauer für eine solche spricht[14]. Die Entscheidung über Widerruf und Rücknahme der Statusfeststellung ist auf asylrechtliche Voraussetzungen beschränkt, ausländerrechtliche Gesichtspunkte können hier anders als nach früherem Recht (§ 37 AuslG 1965)[15] nicht zum Tragen kommen[16]. Im Unterschied zu § 72 sind hier ausdrückliche Verfahrensbestimmungen getroffen. Nach Einführung des **Familienasyls** (§ 7a III AsylVfG 1982, eingefügt durch Art. 3 Nr. 3 lit. b AuslRNG) findet eine obligatorische Überprüfung auf Widerruf oder Rücknahme im Falle des Asylantrags des Ehegatten oder des minderjährigen ledigen Kindes statt; die Vorschrift ist seit Inkrafttreten des § 26 auf die Gewährung von Familienasyl nach Maßgabe des lediglich klarstellenden Abs. 2b unmittelbar anwendbar[17], seit 2005 ebenso auf internationalen Famili-

---

[11] BGBl. 2019 I S. 1294, in Kraft getreten am 21.8.2019.
[12] BT-Drs. 19/10047, 49 f.
[13] Normtext abrufbar unter: http://eur-lex.europa.eu/legal-content/DE/TXT/HTML/?uri=CELEX:32013L 0032&from=DE.
[14] Dazu auch → Rn. 5, 2; betr. § 53 AuslG BVerwG Urt. v. 18.9.2001 – 1 C 7.01, BVerwGE 115, 118.
[15] Vgl. dazu zB BayVGH Urt. v. 7.6.1979 – 88 XII 77, DÖV 1980, 51.
[16] VGH BW Urt. v. 12.2.1986 – A 13 S 77/85, NVwZ 1986, 957.
[17] Früher analog; *Nicolaus/Koisser* ZAR 1991, 31.

enschutz. Möglich ist nach § 73a auch, für die es keine Erlöschensvorschriften gibt, die Beseitigung **ausländischer Statusentscheidungen,** nach § 73b die des **subsidiären Schutzes** und nach § 73c die von **nationalen Abschiebungsverboten.** Im Rahmen der Aufhebung der Asylberechtigung und des Flüchtlingsstatus ist gem. Abs. 3 die iRd Entscheidung über die Statusberechtigung nicht erfolgte Prüfung des subsidiären Schutzes und der Abschiebungsverbote (§ 60 V und VII AufenthG, § 31 II 1 Alt. 2 und III) nachzuholen. Ein Abschiebungsverbot des **§ 60 IV AufenthG** wird nach § 42 S. 2 beseitigt. Zum Erlass einer **Abschiebungsandrohung** ist das BAMF im Widerrufs- und Rücknahmeverfahren nicht befugt; hierzu ist allein die Ausländerbehörde im Widerrufsverfahren nach § 52 I Nr. 4 AufenthG oder aufgrund einer Rücknahme des Aufenthaltstitels berufen[18].

III. Widerruf

1. Verhältnis zu § 49 VwVfG

3 Die materiellen Voraussetzungen für den Widerruf einer Asyl- oder Flüchtlingsanerkennung, Verfahren und Zuständigkeit, sind hier **abschließend geregelt.** Eine ergänzende Anwendung einzelner Teile des § 49 VwVfG käme nur in Betracht, soweit § 73 keine Abweichungen enthielte (vgl. § 1 I Hs. 2 VwVfG). Anlass für eine Heranziehung von Regeln des § 49 VwVfG besteht danach nicht[19]; insbesondere findet etwa die einjährige Ausschlussfrist des § 49 II 2 iVm § 48 IV 1 VwVfG keine Anwendung[20]. Für den Widerruf muss zwar (ebenso wie für die Rücknahme)[21] beachtet werden, dass das Gesetz hier anders als zB in § 52 I AufenthG die einschränkende Formulierung „nur" nicht enthält und anders als in § 49 I, II VwVfG nicht nur eine Möglichkeit des Widerrufs eröffnet, sondern diesen für den Fall eingetretener Unrichtigkeit zwingend vorschreibt. Es fehlt aber an überzeugenden Gründen dafür, dass daneben auch noch die Möglichkeiten des Widerrufs nach § 49 I und II VwVfG erhalten bleiben sollten. Hiergegen spricht zunächst der an die GK-Regeln angelehnte zwingende Ausschluss des Widerrufs bei Unzumutbarkeit der Rückkehr[22], der eine asylspezifische Ausprägung des Verhältnismäßigkeitsgrundsatzes darstellt und iRv § 49 nicht beachtet werden könnte. Außerdem käme, da die Anerkennung begünstigend wirkt, nur Abs. 2 und nicht Abs. 1 des § 49 VwVfG für eine ergänzende Anwendung in Betracht, wobei ein teilweiser Widerruf wegen der Unteilbarkeit des Anerkennungsstatus ohnehin ausscheidet. Soweit § 49 II VwVfG auf die Zulassung des Widerrufs durch Gesetz oder Verwaltungsakt, die Nichterfüllung einer Auflage und die nachträgliche Rechtsänderung bei nicht ins Werk gesetzten Verwaltungsakten abstellt, sind diese Bestimmungen auf die Anerkennung schon ihren Voraussetzungen nach nicht anwendbar. Soweit es den nachträglichen Fortfall der Grundlagen angeht, ist neben dem zwingenden Widerruf nach Abs. 1 kein Raum für ein Ermessen unter Berücksichtigung öffentlicher Interessen (wie nach § 49 II 1 Nr. 3 VwVfG). Soweit schließlich mit dem Widerruf schwere Nachteile für das Gemeinwohl verhütet oder beseitigt werden könnten (nach § 49 II 1 Nr. 5 VwVfG), erscheint ein Bedarf für eine ergänzende Heranziehung nicht erkennbar. Gemeinwohlüberlegungen sind dem Anerkennungsverfahren fremd und rechtfertigen daher auch nicht die nachträgliche Beendigung des Status. Zudem stehen als geeignete Mittel zur Abwehr von Gefahren, die von anerkannten politisch Verfolgten ausgehen, bereits Ausweisung und Abschiebung zur Verfügung (vgl. §§ 56 I Nr. 5, 60 VIII AufenthG).

2. Wegfall der Anerkennungsvoraussetzungen

4 Die Voraussetzungen für den ursprünglichen Bescheid (Art. 16a I GG; § 60 I AufenthG) liegen nicht mehr vor, wenn die Gefahr politischer Verfolgung bei einer Rückkehr **nachträglich weggefallen** ist (vgl. auch **Art. 11 Anerkennungs-RL**[23], aus dem sich jedoch im Wesentlichen keine weitergehenden Anforderungen ergeben; der EuGH hat im **Urteil OA** vom 20.1.2021 hierzu in der Rechtssache C-255/19 klargestellt, dass der „Schutz" des Staates spiegelbildlich den gleichen Anforderungen entsprechen muss, wie sie sich hinsichtlich der Zuerkennung der Flüchtlingseigenschaft gemäß Art. 2c Anerkennungs-RL ergeben; soziale und finanzielle Unterstützungen seitens privater Akteure

---

[18] BVerwG Urt. v. 23.11.1999 – 9 C 16.99, BVerwGE 110, 111; BayVGH Beschl. v. 18.8.1999 – 22 B 98.31 741, InfAuslR 2000, 36; dazu auch → Rn. 27; zum Verhältnis zu den Widerrufsbestimmungen der GK vgl. näher *Salomons/Hruschka* ZAR 2004, 386 und 2005, 1.
[19] Bzgl. eines Widerrufs innerhalb der Drei-Jahres-Frist des § 73 IIa ausdrücklich BVerwG Urt. v. 12.6.2007 – 10 C 24.07; vgl. auch *Hailbronner* AsylG § 73 Rn. 6 f.; *Marx* § 73 Rn. 3; OVG LSA Urt. v. 26.1.2000 – A 1 S 174/99, EZAR 214 Nr. 12; offen gelassen von BVerwG Beschl. v. 21.3.1990 – 9 B 276.89, NVwZ 1990, 774; Beschl. v. 27.6.1997 – 9 B 280.97, NVwZ-RR 1997, 741; Urt. v. 19.9.2000 – 9 C 12.00, BVerwGE 112, 80.
[20] BVerwG Urt. v. 5.6.2012 – 10 C 4.11.
[21] Dazu → Rn. 21.
[22] → Rn. 10 ff.
[23] Vgl. hierzu insbes. VGH BW Urt. v. 29.1.2015 – A 9 S 314/12; BVerwG Urt. v. 20.3.2007 – 1 C 21.06; VGH BW Urt. v. 4.5.2006 – A 2 S 1046/05; VG Köln Urt. v. 12.1.2007 – 18 K 3234/06.A; VG Ansbach Urt. v. 4.12.2006 – AN 14 K 06.30 253.

Widerruf und Rücknahme der Asylberechtigung und der Flüchtlingseigenschaft   § 73 AsylG   7

wie Familie oder Clan seien insoweit irrelevant). Im Anschluss an das EuGH-**Urteil Abdulla**[24] hat das BVerwG am 24.2.2011 grundsätzlich ausgeführt:

> *„1. Die Zuerkennung der Flüchtlingseigenschaft ist nach § 73 Absatz I 1 und 2 AsylVfG i. V. mit Artikel 11 Absatz I lit. e der Richtlinie 2004/83/EG zu widerrufen, wenn in Anbetracht einer erheblichen und nicht nur vorübergehenden Veränderung der Umstände im Herkunftsland diejenigen Umstände, auf Grund derer der Betreffende begründete Furcht vor Verfolgung aus einem der in Artikel 2 lit. c der Richtlinie 2004/83/EG genannten Gründe hatte und als Flüchtling anerkannt worden war, weggefallen sind und er auch nicht aus anderen Gründen Furcht vor „Verfolgung" i. S. des Art 2 lit. c der Richtlinie 2004/83/EG haben muss (im Anschluss an EuGH, NVwZ 2010, 505 = InfAuslR 2010, 188 – Abdulla u. a.).*
>
> *2. Die Veränderung der der Flüchtlingsanerkennung zu Grunde liegenden Umstände ist nach Art. 11 Absatz II der Richtlinie 2004/83/EG erheblich und nicht nur vorübergehend, wenn feststeht, dass die Faktoren, die die Furcht des Flüchtlings vor Verfolgung begründeten und zur Flüchtlingsanerkennung führten, beseitigt sind und diese Beseitigung als dauerhaft angesehen werden kann. Dauerhaft ist die Veränderung in der Regel nur, wenn im Herkunftsland ein Staat oder ein sonstiger Schutzakteur i. S. des Art. 7 der Richtlinie 2004/83/EG vorhanden ist, der geeignete Schritte eingeleitet hat, um die der Anerkennung zu Grunde liegende Verfolgung zu verhindern.*
>
> *3. Macht der Flüchtling im Widerrufsverfahren unter Berufung auf den gleichen Verfolgungsgrund wie den bei seiner Anerkennung als Flüchtling festgestellten geltend, dass nach dem Wegfall der Tatsachen, auf Grund derer er als Flüchtling anerkannt worden war, andere Tatsachen eingetreten seien, die eine Verfolgung aus dem gleichen Verfolgungsgrund befürchten ließen, ist dies normalerweise bereits bei Art. 11 Absatz II der Richtlinie 2004/83/EG zu beachten."*[25]

Die Ursachen können mithin in der Person des Ausländers oder in den Verhältnissen im (ehemaligen) Verfolgerstaat liegen. Sie müssen nur die asylrelevante Verfolgungsgefahr objektiv und nicht nur in der Vorstellung des Flüchtlings beseitigt haben. Wie beim Erlass des Bescheids ist eine auf absehbare Zeit ausgerichtete Gefahrenprognose – nun allerdings unter Berücksichtigung von § 60 I AufenthG nF[26] – anzustellen, und zwar ungeachtet der Beurteilung nach § 73 I 3[27]. Auf die Rechtmäßigkeit der Anerkennung kommt es nicht an; der Widerruf ist wie nach § 49 VwVfG auch bei **ursprünglicher Rechtswidrigkeit** statthaft[28]. Verfassungsrechtliche Bedenken bestehen hiergegen

---

[24] Vgl. die EuGH-Vorlage des BVerwG Beschl. v. 7.2.2008 – 10 C 33.07, sowie die Antwort des EuGH Urt. v. 2.3.2010 – C-175/08 ua – Salahadin Abdulla: „1. Art 11 Abs 1 Buchst. e der Richtlinie 2004/83/EG des Rates vom 29. April 2004 über Mindestnormen für die Anerkennung und den Status von Drittstaatsangehörigen oder Staatenlosen als Flüchtlinge oder als Personen, die anderweitig internationalen Schutz benötigen, und über den Inhalt des zu gewährenden Schutzes ist wie folgt auszulegen: – – Die Flüchtlingseigenschaft erlischt, wenn in Anbetracht einer erheblichen und nicht nur vorübergehenden Veränderung der Umstände in dem fraglichen Drittland diejenigen Umstände, aufgrund derer der Betreffende begründete Furcht vor Verfolgung aus einem der in Art 2 Buchst. c der Richtlinie 2004/83 genannten Gründe hatte und als Flüchtling anerkannt worden war, weggefallen sind und er auch nicht aus anderen Gründen Furcht vor „Verfolgung" im Sinne des Art 2 Buchst. c der Richtlinie 2004/83 haben muss.
– Für die Beurteilung einer Veränderung der Umstände müssen sich die zuständigen Behörden des Mitgliedstaats im Hinblick auf die individuelle Lage des Flüchtlings vergewissern, dass aber die nach Art 7 Abs 1 der Richtlinie 2004/83 in Betracht kommenden Akteure, die Schutz bieten können, geeignete Schritte eingeleitet haben, um die Verfolgung zu verhindern, dass diese Akteure demgemäß insbesondere über wirksame Rechtsvorschriften zur Ermittlung, Strafverfolgung und Ahndung von Handlungen, die eine Verfolgung darstellen, verfügen und dass der betreffende Staatsangehörige im Fall des Erlöschens seiner Flüchtlingseigenschaft Zugang zu diesem Schutz haben wird.
– Zu den in Art 7 Abs 1 Buchst. b der Richtlinie 2004/83 genannten Akteuren, die Schutz bieten können, können internationale Organisationen gehören, die den Staat oder einen wesentlichen Teil des Staatsgebiets beherrschen, und zwar auch mittels der Präsenz multinationaler Truppen in diesem Gebiet.
2. Wenn die Umstände, aufgrund deren der Anerkennung als Flüchtlig erfolgt ist, weggefallen sind und die zuständigen Behörden des Mitgliedstaats nachprüfen, ob nicht andere Umstände vorliegen, aufgrund deren die betreffende Person die begründete Furcht haben muss, entweder aus dem gleichen Grund wie dem ursprünglichen oder aus einem anderen der in Art 2 Buchst. c der Richtlinie 2004/83 genannten Gründe verfolgt zu werden, ist der Wahrscheinlichkeitsmaßstab, der der Beurteilung der aus diesen anderen Umständen resultierenden Gefahr zugrunde zu legen ist, der gleiche wie bei der Anerkennung als Flüchtling anzuwenden.
3. Art 4 Abs 4 der Richtlinie 2004/83 kann, soweit ihm Anhaltspunkte hinsichtlich der Beweiskraft früherer Verfolgungshandlungen oder Bedrohungen mit Verfolgung zu entnehmen sind, anwendbar sein, wenn die zuständigen Behörden die Aberkennung der Flüchtlingseigenschaft gemäß Art 11 Abs 1 Buchst. e der Richtlinie 2004/83 in Betracht ziehen und der Betreffende, um das Fortbestehen einer begründeten Furcht vor Verfolgung darzutun, andere Umstände als die geltend macht, aufgrund deren er als Flüchtling anerkannt wurde. Dies wird jedoch normalerweise nur der Fall sein können, wenn der Verfolgungsgrund ein anderer ist als der zum Zeitpunkt der Anerkennung als Flüchtling festgestellte und wenn frühere Verfolgungshandlungen oder Bedrohungen mit Verfolgung vorliegen, die eine Verknüpfung mit dem in diesem Stadium geprüften Verfolgungsgrund aufweisen."
[25] BVerwG Urt. v. 24.2.2011 – 10 C 3.10; bestätigt ua im Urt. v. 1.3.2012 – 10 C 7.11.
[26] Vgl. VGH BW Beschl. v. 22.10.2007 – A 6 S 740/05.
[27] → Rn. 8.
[28] *Hailbronner* AsylG § 73 Rn. 10; BVerwG Beschl. v. 27.6.1997 – 9 B 280.97, NVwZ-RR 1997, 741; Urt. v. 19.9.2000 – 9 C 12.00, BVerwGE 112, 80; BayVGH Beschl. v. 1.12.1998 – 24 B 98.31 324, EZAR 214 Nr. 9.

nicht[29]. Das VG muss den Widerrufsbescheid im Anfechtungsprozess umfassend auf seine Rechtmäßigkeit prüfen[30].

5 Notwendig ist eine – erhebliche und nicht nur vorübergehende – **Änderung der Verhältnisse** in dem Verfolgerstaat[31] mit der Folge, dass die Anerkennung nunmehr ausgeschlossen ist. Eine „erhebliche" Veränderung der verfolgungsbegründenden Umstände liegt vor, wenn sich die tatsächlichen Verhältnisse im Herkunftsland deutlich und wesentlich geändert haben. Durch neue Tatsachen muss sich eine signifikant und entscheidungserheblich veränderte Grundlage für die Verfolgungsprognose ergeben, sodass keine beachtliche Wahrscheinlichkeit einer Verfolgung mehr besteht. „Dauerhaft" ist eine Veränderung, wenn eine Prognose ergibt, dass sich die Änderung der Umstände als stabil erweist, dh der Wegfall der verfolgungsbegründenden Faktoren auf absehbare Zeit anhält[32]. Nicht ausreichend ist dagegen eine neue Erkenntnislage oder eine abweichende Würdigung der früheren Entscheidungsgrundlagen[33]. Dem Wegfall der Anerkennungsvoraussetzungen ist die fehlerhafte Verpflichtung zur Anerkennung durch rechtskräftiges Urteil nicht gleichzuachten[34]. Ein Widerruf vor oder nach Ausstellung des Anerkennungsbescheids verstieße in diesem Fall gegen die Rechtskraftbindung (§ 121 VwGO) und ermöglichte eine nachträgliche Korrektur der gerichtlichen Entscheidung, ohne dass die Voraussetzungen für Widerruf oder Rücknahme vorliegen[35]. Das BVerwG hat allerdings mit Urteil vom 22.11.2011 wie folgt entschieden:

> „Die Rechtskraft eines zur Anerkennung als Asylberechtigter und zur Zuerkennung der Flüchtlingseigenschaft verpflichtenden verwaltungsgerichtlichen Urteils steht einer Widerrufsentscheidung nach § 73 Abs. 1 nicht entgegen, wenn sich die zur Zeit des Urteils maßgebliche Sach- oder Rechtslage nachträglich entscheidungserheblich verändert hat. Maßgeblich für die Beurteilung, ob eine entscheidungserhebliche Änderung vorliegt, ist der Vergleich der dem Verpflichtungsurteil zugrunde gelegten Tatsachenlage, auch soweit sie sich nachträglich als unrichtig erweist, mit derjenigen zum Zeitpunkt der letzten tatrichterlichen Entscheidung über den Widerruf."[36]

Statthaft ist der Widerruf mithin jedenfalls bei einer nachträglichen Sachlagenänderung; denn die Rechtskraftbindung gilt nur bei gleicher Sachlage (dazu auch → Rn. 5, 21). Nur eine ursprüngliche Rechtswidrigkeit darf wegen § 121 VwGO nicht angenommen werden[37]. Eine zu Unrecht erfolgte Rücknahme kann in einen Widerruf aufgrund einer Sachlagenänderung umgedeutet werden[38]. Die „Rücknahme" einer versehentlich infolge irrtümlicher Annahme der Rechtskraft[39] einer Anerkennungsverpflichtung ausgesprochenen Anerkennung kann weder auf Abs. 1 noch auf Abs. 2 gestützt werden[40]. Ob auch allein eine **Änderung der Rechtslage** (zB Einführung von Ausschlussgründen durch das Terrorismusbekämpfungsgesetz)[41] den Widerruf einer ursprünglich rechtmäßigen Anerkennung als Asylberechtigter oder Flüchtling nach Abs. 1 S. 1 rechtfertigt, kann durchaus zweifelhaft erscheinen. Für den Fall von **Terrorismus** hat das BVerwG – im Anschluss an EuGH Urt. v. 9.11.2010 – C-57/09 und C-101/09 – am 7.7.2010 entschieden[42]:

> „(1) § 73 Abs. 1 S. 1 AsylVfG ist mit Blick auf die zwingend gebotene Beachtung der flüchtlingsrechtlichen Ausschlussgründe nach Art. 12 Abs. 2, Art. 14 Abs. 3 AnerkennungsRL unionsrechtskonform dahingehend auszulegen, dass bei Vorliegen solcher Ausschlussgründe der Widerruf einer vor Inkrafttreten der Ausschlussregelungen ausgesprochenen Flüchtlings- und Asylanerkennung zulässig und geboten ist.
>
> (2) Der Ausschluss von der Anerkennung als Flüchtling nach § 3 Abs. 2 S. 1 Nr. 2 und 3 AsylVfG setzt nicht voraus, dass von dem Ausländer eine gegenwärtige Gefahr für die Sicherheit der Bundesrepublik Deutschland oder die Allgemeinheit ausgeht. Er setzt, sofern die tatbestandlichen Voraussetzungen dieser Ausschlussgründe erfüllt sind, auch keine auf den Einzelfall bezogene Verhältnismäßigkeitsprüfung voraus.
>
> (3) Zuwiderhandlungen gegen die Ziele und Grundsätze der Vereinten Nationen iSv § 3 Abs. 2 S. 1 Nr. 3 AsylVfG können jedenfalls bei Aktivitäten des internationalen Terrorismus auch von Personen begangen werden, die keine Machtposition in einem Mitgliedstaat der Vereinten Nationen oder einer staatsähnlichen Organisation innehaben.

---

[29] BVerwG Urt. v. 24.11.1992 – 9 C 3.92, EZAR 214 Nr. 3; zum Familienasyl → Rn. 14 ff.
[30] BVerwG Urt. v. 31.1.2013 – 10 C 17.12.
[31] Vgl. BVerwG Urt. v. 1.6.2011 – 10 C 25.10; Urt. v. 12.6.2007 – 10 C 24.07; OVG RhPf Urt. v. 5.6.2007 – 10 A 11 576/06.OVG.
[32] BVerwG Urt. v. 1.6.2011 – 10 C 25.10.
[33] *Hailbronner* AsylG § 73 Rn. 8; BVerwG Urt. v. 19.9.2000 – 9 C 12.00, BVerwGE 112, 80; aA BayVGH Beschl. v. 1.12.1998 – 24 B 98.31 324, EZAR 214 Nr. 9.
[34] So aber VGH BW Beschl. v. 13.10.1988 – 13 S 703/88, InfAuslR 1989, 139.
[35] Abl. auch *Rühmann* InfAuslR 1989, 141.
[36] BVerwG Urt. v. 22.11.2011 – 10 C 29.10, Rn. 16 f.
[37] VGH BW Beschl. v. 27.10.2000 – A 9 S 1996/00, NVwZ 2001, 460.
[38] BVerwG Urt. v. 24.11.1998 – 9 C 53.97, BVerwGE 108, 30.
[39] Vgl. hierzu BVerwG Urt. v. 1.3.2012 – 10 C 8.01.
[40] BVerwG Beschl. v. 21.3.1990 – 9 B 276.89, NVwZ 1990, 774.
[41] Vgl. BVerwG Urt. v. 1.3.2012 – 10 C 10.11.
[42] Bestätigt in BVerwG Urt. v. 31.3.2011 – 10 C 2.10.

(4) Allein die Zugehörigkeit einer Person zu einer Organisation, die ihre Ziele (auch) mit terroristischen Mitteln zu erreichen sucht, rechtfertigt nicht automatisch die Annahme eines Ausschlussgrundes nach § 3 Abs. 2 Satz 1 Nr. 2 oder 3 AsylVfG. Es bedarf vielmehr in jedem Einzelfall einer Würdigung der genauen tatsächlichen Umstände, um zu ermitteln, ob die von der Organisation begangenen Handlungen schwere nichtpolitische Straftaten oder Zuwiderhandlungen gegen die Ziele und Grundsätze der Vereinten Nationen im Sinne dieser Ausschlussgründe sind und der betreffenden Person eine individuelle Verantwortung für die Handlungen zugerechnet werden kann.

(5) Wegen der Verwechselbarkeit der Rechtsstellung eines Asylberechtigten nach Art. 16a GG und eines Flüchtlings im Sinne der RL 2004/83/EG verbieten es die unionsrechtlichen Vorgaben in Art. 3 RL, eine nach Art. 12 Abs. 2 RL von der Anerkennung als Flüchtling ausgeschlossene Person als Asylberechtigten anzuerkennen oder diese Anerkennung aufrechtzuerhalten."[43]

Die **freiwillige Rückkehr** in den Verfolgerstaat kann den Wegfall der Verfolgungsgefahr am 6 deutlichsten dokumentieren, wenn Verfolgungsmaßnahmen ausbleiben. Der dauernde verfolgungsfreie Verbleib im Heimatstaat erlaubt den Schluss auf den Nichteintritt von Verfolgungsmaßnahmen auch für die Zukunft (vgl. auch § 72 I Nr. 1a). Einem zeitweiligen Aufenthalt zu vorübergehenden Zwecken kann diese Bedeutung nicht ohne Weiteres zugemessen werden, etwa bei einem regional begrenzter oder mittelbarer Verfolgung oder bei einem Kurzaufenthalt mit einem GK-Reiseausweis[44]. Erst wenn sich nach der Einreise ergibt, dass Verfolgungsmaßnahmen ausbleiben, sind die Voraussetzungen für den ursprünglichen Bescheid entfallen. Insoweit stimmt § 73 mit Art. 1 C Nr. 4 GK überein, der freiwillige Rückkehr und Niederlassung verlangt, denn ein derartiges Verhalten des Flüchtlings belegt den Wegfall von Verfolgungsfurcht und gleichzeitig der Verfolgungsgefahr selbst. Ein bloß kurzfristiger Besuch löst diese Indizwirkung noch nicht unbedingt aus[45].

Objektive Veränderungen im Verfolgerstaat (friedliche oder gewaltsame Änderungen des Regie- 7 rungssystems, Regierungswechsel, Amnestie, Liberalisierung des Strafrechts oder der Strafpraxis) können die Verfolgungsgefahr ebenfalls beseitigen; allerdings rechtfertigt eine äußerliche Veränderung objektiver Umstände allein noch keine Korrektur der auf absehbare Zeit auszurichtenden Gefahrenprognose für den Einzelfall[46]. Der Sache nach muss es sich um den Wegfall der asylrelevanten Umstände handeln[47], auf die auch in Art. 1 C Nr. 5, 6 GK abgehoben ist[48]. Nach dem seit 2007 neu gefassten Abs. 1 S. 2 muss der Ausländer es insbesondere **„nicht mehr ablehnen"** können, den Schutz seines Heimatstaates in Anspruch zu nehmen, was auf die Berücksichtigung auch von subjektiven Elementen (Zumutbarkeit) schließen lässt[49]. Die Berufung des Ausländers auf **allgemeine Gefahren** im Herkunftsstaat allerdings können im Widerrufsverfahren nicht zum Erfolg führen[50].

Bei der Prüfung, ob die Anerkennungsvoraussetzungen nicht mehr vorliegen, sind – auch nach 8 Auffassung des EuGH im Urteil vom 2.3.2010[51] – dieselben Grundsätze über die **Verfolgungs-**

---

[43] BVerwG Urt. v. 7.7.2010 – 10 C 26.10; vgl. auch BVerwG Urt. v. 31.3.2011 – 10 C 2.10 – und Urt. v. 7.7.2011 – 10 C 26.10.
[44] Ähnlich *Hailbronner* AsylG § 73 Rn. 15 ff.; *Marx* § 73 Rn. 17 ff.; zum Nordirak OVG LSA Urt. v. 26.1.2000 – A 1 S 174/99.
[45] → § 72 Rn. 13.
[46] Ähnlich *Marx* § 73 Rn. 6 ff.
[47] → Rn. 4.
[48] Betr. Uganda BVerwG Urt. v. 24.11.1992 – 9 C 3.92, EZAR 214 Nr. 3.
[49] → Rn. 10.
[50] Diese sind iRd allgemeinen ausländerrechtlichen Vorschriften des AufenthG zu berücksichtigen: BVerwG Urt. v. 1.11.2005 – 1 C 21.04, BVerwGE 124, 276.
[51] EuGH Urt. v. 2.3.2010 – C-175/08 ua – Salahadin Abdulla: Mit der Frage 3b möchte das vorlegende Gericht wissen, ob Art. 4 IV Anerkennungs-RL, soweit ihm Anhaltspunkte hinsichtlich der Beweiskraft früherer Verfolgungshandlungen oder Bedrohungen mit Verfolgung zu entnehmen sind, anzuwenden ist, wenn die zuständige Behörde die Aberkennung der Flüchtlingseigenschaft gemäß Art. 11 I lit. e der RL in Betracht ziehen und der Betroffene, um das Fortbestehen einer begründeten Furcht vor Verfolgung darzutun, andere Umstände als die geltend macht, aufgrund deren er als Flüchtling anerkannt worden war. Hierzu ist festzustellen, dass Art. 4 IV der RL Anwendung findet, wenn die zuständige Behörde zu beurteilen haben, ob aufgrund der von ihnen geprüften Umstände eine Furcht des Antragstellers vor Verfolgung begründet erscheint. Diese Situation kann sich zunächst und vor allem im Stadium der Prüfung eines ersten Antrags auf Anerkennung als Flüchtling ergeben, wenn der Antragsteller frühere Verfolgungshandlungen oder Bedrohungen mit Verfolgung als Anhaltspunkte für die Begründetheit seiner Furcht geltend macht, dass sich die Verfolgung im Fall der Rückkehr in das Herkunftsland wiederholen werde. Die solchen früheren Handlungen oder Bedrohungen nach Art. 4 IV der RL zukommende Beweiskraft wird von den zuständigen Behörden unter der sich aus Art. 9 III der RL ergebenden Voraussetzung berücksichtigt, dass diese Handlungen und Bedrohungen eine Verknüpfung mit dem Verfolgungsgrund aufweisen, den der Betroffene für seinen Antrag auf Schutz geltend macht. In der Fallgestaltung, auf die sich die gestellte Frage bezieht, entspricht die von den zuständigen Behörden vorzunehmende Beurteilung des Vorliegens anderer Umstände als der, aufgrund deren der Betroffene als Flüchtling anerkannt wurde, der bei der Prüfung eines ersten Antrags vorgenommenen Beurteilung. Folglich kann bei dieser Fallgestaltung Art. 4 IV der RL anzuwenden sein, wenn frühere Verfolgungshandlungen oder Bedrohungen mit Verfolgung vorliegen und eine Verknüpfung mit dem in diesem Stadium geprüften Verfolgungsgrund aufweisen.

wahrscheinlichkeit anzuwenden wie bei der Erstentscheidung[52]. Das BVerwG formulierte hierzu:

> *"Für die Beurteilung der Gefahr künftiger Verfolgung gilt ein einheitlicher Wahrscheinlichkeitsmaßstab. Es kommt nicht darauf an, ob der Ausländer wegen im Heimatland erlittener Vorverfolgung oder ausschließlich wegen Nachfluchtaktivitäten in der Bundesrepublik Deutschland anerkannt wurde. Die Beendigung der Flüchtlingseigenschaft ist grundsätzlich das Spiegelbild der Anerkennung. Für den Widerruf der Flüchtlingszuerkennung ist der richterrechtlich entwickelte Maßstab hinreichender Sicherheit überholt. Es kommt allein auf den Maßstab der **beachtlichen Wahrscheinlichkeit** an."*[53]

Zu berücksichtigen ist mithin auch hier eine bereits erlittene Vorverfolgung mit der Folge, dass ein Widerruf nur bei hinreichender Sicherheit vor einer Wiederholung der Verfolgung[54] erfolgen darf. Lagen der Erstentscheidung bereits stattgefundene Verfolgungsmaßnahmen zugrunde, sind diese auch iRd Widerrufs zu beachten. Der zwischenzeitliche Zeitablauf allein kann der Verfolgungsprognose nicht die Grundlage entziehen, wohl aber die eingetretenen Änderungen der Sachlage. In derselben Weise sind Verfolgungsmaßnahmen in die neue Prognose einzubeziehen, die erst nach der Erstentscheidung stattgefunden haben.

9 Die ursprünglichen Anerkennungsvoraussetzungen sind auch auf eine inländische oder eine ausländische **Fluchtalternative** hin zu überprüfen. Letztere kann bei Verlegung des ständigen Aufenthalts in einen Drittstaat anzunehmen sein[55].

3. Unzumutbarkeit der Rückkehr

10 Zwingende, auf früheren Verfolgungen beruhende Gründe schließen einen Widerruf aus, wenn sie den Flüchtling dazu berechtigen, die Rückkehr abzulehnen. Die aus Art. 1 C Nr. 5 Abs. 2 GK in Abs. 1 S. 3 übernommene Formulierung – ohnehin ist § 73 I iSv Art. 1 C Nr. 5 und 6 GFK auszulegen und anzuwenden[56] – lässt die Verweigerung der Rückkehr nur genügen, wenn sich der Flüchtling hierfür auf qualifizierte Gründe berufen „kann", die von ihm genannten Umstände also die Rückkehr **unzumutbar** erscheinen lassen. Es muss sich um verfolgungsbedingte Gründe handeln, bloß aufenthaltsrechtliche zählen nicht; insbesondere humanitäre Gesichtspunkte und solche des Vertrauensschutzes sind unbeachtlich[57]. Die Rückkehr braucht nicht tatsächlich unmöglich zu sein, sie muss nur mit Recht aus den angeführten Gründen abgelehnt werden, wobei auch die subjektive Befindlichkeit des Flüchtlings in Rechnung zu stellen ist[58].

11 Die Art der die Rückkehrverweigerung rechtfertigenden **Gründe** ist durch eine **Gegenüberstellung** mit den die Widerrufsmöglichkeit generell eröffnenden Gründen zu ermitteln. Beide müssen auf Verfolgung zurückgehen, Erstere auf früher, also vor der Erstentscheidung entstandene. Besteht noch Verfolgungsgefahr, dh wäre bei der Rückkehr des Schutzsuchenden in sein Heimatland ein Verfolgungsakteur präsent, der anknüpfend an frühere Verfolgungshandlungen (wie etwa ein Todesurteil) erneut aktiv wird (im Beispiel durch Vollstreckung der verhängten Strafe)[59], ist der Widerruf unzulässig. Ist sie entfallen, ist der Widerruf grundsätzlich statthaft, es sei denn, es sprechen zwingende verfolgungsbedingte Gründe aus der Zeit vor der Erstentscheidung dagegen. Es geht also um eine Fernwirkung früherer Verfolgungsmaßnahmen, die abgeschlossen sind und nicht in der Weise nachwirken, dass sie eine fortdauernde Verfolgungsgefahr auch in der Zukunft ergeben. So kann der Wechsel eines Regimes die einmal gegebene Gefahr staatlicher Verfolgung entfallen lassen, die Lebensbedingungen einschließlich der Einstellung der Bevölkerung gegenüber dem früheren Regimegegner brauchen sich damit aber noch nicht zum Positiven zu wenden[60].

12 Mit dieser Auslegung **läuft** die Ausnahmevorschrift des Abs. 1 S. 3 **zT leer.** Bei der Übernahme des Art. 1 C Nr. 5 Abs. 3 GK ist offenbar die Bedeutung der Entscheidung des BVerfG über die Unzumutbarkeit der Rückkehr bei Gefahr wiederholter Verfolgung[61] übersehen[62]. Dieser Beschluss bezieht sich ausdrücklich auf den in Art. 1 C Nr. 5 Abs. 2 GK zum Ausdruck gelangten allgemeinen Rechtsgedanken der Unzumutbarkeit der Rückkehr bei vorangegangener Verfolgung. Wenn in der

---

[52] VGH BW Urt. v. 12.2.1986 – A 13 S 77/85, NVwZ 1986, 957; zum Maßstab vgl. insbes. auch BVerwG Urt. v. 18.7.2006 – 1 C 15.05.
[53] BVerwG Urt. v. 1.6.2011 – 10 C 10.10.
[54] BVerwG Urt. v. 24.11.1992 – 9 C 3.92, EZAR 214 Nr. 3; vgl. BVerfG Beschl. v. 2.7.1980 – 1 BvR 147/80 ua, BVerfGE 54, 341.
[55] BVerwG Beschl. v. 31.1.1989 – 1 A 113.88, InfAuslR 1989, 166; aA HmbOVG Beschl. v. 16.7.1985 – Bs V 95/85, EZAR 211 Nr. 1.
[56] StRspr des BVerwG; vgl. Urt. v. 20.3.2007 – 1 C 21.06.
[57] Vgl. VGH BW Urt. v. 12.2.1986 – A 13 S 77/85, NVwZ 1986, 957.
[58] *Hailbronner* AsylG § 73 Rn. 32; *Marx* § 73 Rn. 27; vgl. auch *Salomons/Hruschka* ZAR 2004, 386 und 2005, 1.
[59] Überzeugend VGH BW Urt. v. 7.12.2021 – A 10 S 2189/21.
[60] *Marx* § 73 Rn. 26.
[61] BVerfG Beschl. v. 2.7.1980 – 1 BvR 147/80 ua, BVerfGE 54, 341.
[62] → GG Art. 16a Rn. 52.

Begründung zum Gesetzesentwurf[63] auf den „letzten Absatz des Artikels 1 C" verwiesen ist, beruht dies erkennbar auf einem Versehen, denn diese Bestimmung (in Nr. 6) gilt nur für Staatenlose, ist aber inhaltlich mit der in Nr. 5 identisch. Va aber setzt diese Bestimmung ebenso wie der Beschluss des BVerfG eine frühere Verfolgung (der Gebrauch des Plurals „Verfolgungen" in der GK ist ohne Bedeutung) voraus, die eine Rückkehr objektiv unzumutbar erscheinen lassen („[...] auf Gründe berufen kann, [...]").

Deshalb ist Abs. 1 S. 3 auf Fälle **beschränkt,** in denen einerseits trotz Vorverfolgung infolge zwischenzeitlich vorauszusehender hinreichender Sicherheit vor erneuter Verfolgung die Grundlagen der Erstentscheidung entfallen sind, in denen aber andererseits die Schwere der Vorverfolgung und die dabei verursachten Beeinträchtigungen trotz Änderung der Verhältnisse und Zeitablaufs eine Rückkehr unzumutbar erscheinen lassen. Damit wird den besonderen Belastungen schwer Verfolgter Rechnung getragen. Wirkt die Verfolgung etwa in einer feindlichen Haltung der Bevölkerung nach oder hat sie bleibende psychische Schäden verursacht, kann die Rückkehr unzumutbar sein[64]. Nicht unbedingt gleichzuachten wäre es dagegen, wenn aufgrund der Verfolgung und des darauf beruhenden Auslandsaufenthalts ua die familiären und wirtschaftlichen Lebensbedingungen im Heimatstaat verloren gegangen sind, wobei der Wiederaufbau einer wirtschaftlichen Existenz nicht von vornherein unzumutbar ist. 13

4. Familienasyl und Familienflüchtlingsschutz

Familienasyl und internationaler Familienschutz sind nach dem durch die RLUmsG 2007 und 2013 neu gefassten **Abs. 2b** zu widerrufen, wenn Familienangehörige gem. § 26 IV 1 die Voraussetzungen des § 60 VIII AufenthG oder § 3 II erfüllen, dh insbesondere schwere Verbrechen vorliegen[65]. IÜ haben Erlöschen, Widerruf oder Rücknahme der Asylanerkennung des Stammberechtigten den Widerruf zur Folge, falls Familienasyl bzw. internationaler Familienschutz nicht aus anderen Gründen anzuerkennen sind (Abs. 2b S. 2 und 3). **Unklar** bleiben die Folgen des Eintritts von Widerrufsgründen hinsichtlich des Familienasyls und des internationalen Familienschutzes außerhalb des Status des Stammberechtigten[66]. 14

Widerruf oder Rücknahme der Anerkennung des Stammberechtigten lassen die notwendige Grundlage des Familienasyls und des internationalen Familienschutzes entfallen und geben damit Anlass zu deren Überprüfung. Dieser in Abs. 2b S. 2 und 3 zum Ausdruck gebrachte rechtliche Zusammenhang ergibt sich schon aus § 26 I Nr. 4. Die Akzessorietät des Familienasyls und des internationalen Familienschutzes gebietet den Widerruf bei nachträglicher Aufhebung des Stammrechts, es sei denn, der Familienangehörige ist aus anderen Gründen als Asylberechtigter oder als Flüchtling anzuerkennen[67]. Eine derartige **„doppelte Deckung"**[68] ist sogleich vorzunehmen und nicht in einem nachfolgenden neuen Asylverfahren. Eine sonstige Asyl- oder Flüchtlingsanerkennung käme aufgrund eigener Asylgründe in Betracht[69] oder aufgrund einer Ableitung nach § 26 von einem anderen Familienmitglied, insbesondere einem anderen Elternteil, dessen Anerkennung noch bestehen geblieben ist[70]. 15

Erlischt die Anerkennung des Stammberechtigten, fehlt ebenfalls für die Zukunft eine notwendige Grundlage des Familienasyls und des internationalen Familienschutzes. Insoweit ist ein Unterschied zum Fortfall der Anerkennung des Stammberechtigten infolge Widerrufs oder Rücknahme nicht festzustellen. Hierfür ist unerheblich, dass das Gesetz für das Erlöschen anders als für Widerruf und Rücknahme kein gesondertes Verfahren bereithält[71]. 16

Auch der **nachträgliche Fortfall** der speziellen Voraussetzungen des § 26 könnte einen Anwendungsfall des § 73 1 1 darstellen. 17

Einen Widerrufsgrund könnten mithin zB (bei Ehegatten) die **Auflösung der Ehe** und (bei Kindern) das Erreichen der **Volljährigkeit** und die **Eheschließung** abgeben. Die damit vom Gesetzgeber dem Wortlaut zufolge gebilligte Rspr. des BVerwG[72] **entwertet** allerdings die Institution des Familienasyls, weil damit die früher ins Feld geführten integrationspolitischen und verfahrensökonomischen Ziele in vielen Fällen zunichte gemacht würden. Es liefe dieser gesetzlichen Zielsetzung insbesondere konträr zuwider, wenn bei Erreichen der Volljährigkeit oder Eheschließung das Kinderasyl widerrufen würde, denn dieses ist eigentlich nicht auf Zeit angelegt, sondern sollte eine dauerhafte Integration fördern. Bei 18

---

[63] BT-Drs. 9/875, 18.
[64] Marx § 73 Rn. 26.
[65] → § 3 Rn. 7 ff., mwN.
[66] → Rn. 17 ff.
[67] Hailbronner AsylG § 73 Rn. 27.
[68] → Rn. 19.
[69] So schon für die frühere Rechtslage BVerwG Urt. v. 25.6.1991 – 9 C 48.91, BVerwGE 88, 326; mablAnm Renner ZAR 1992, 35.
[70] Zur Doppelprüfung allg. → Rn. 19.
[71] → § 72 Rn. 32 ff.
[72] BVerwG Urt. v. 25.6.1991 – 9 C 48.91, BVerwGE 88, 326.

älteren Kindern „lohnte" sich bei dieser Auslegung die Zuerkennung von Familienasyl kaum noch. Ihre Rechtsposition könnte sich eher dadurch verschlechtern, dass ihnen später im Widerrufsverfahren Nachweise über die Verfolgungsgefahr nicht (mehr) zur Verfügung stehen.

19   Nach alledem kann weder das Erreichen der Volljährigkeit und die Eheschließung bei Kindern noch die spätere Auflösung der Ehe durch Scheidung oder Tod bei Ehegatten zum Widerruf führen. Der Wortlaut des Gesetzes ist im Wege der teleologischen Reduktion zu korrigieren, weil sich sonst eine den Zielen und Zwecken des Gesetzes konträr zuwiderlaufende Lösung ergäbe[73]. Dies gilt entsprechend für den internationalen Familienschutz.

20   Eine „doppelte Deckung"[74] ist auch in diesen Fällen ausdrücklich vorgeschrieben. Die Voraussetzungen für die Asyl- oder Flüchtlingsanerkennung können wegen der Eigenart des Familienasyls und -flüchtlingsschutzes nur dann als nicht mehr vorliegend angesehen werden, wenn auch kein **anderer Grund** für die Anerkennung des Familienangehörigen gegeben ist. Wenn der Familienangehörige auf seinen Asylantrag hin nach § 26 anerkannt und ihm die Geltendmachung von in seiner Person begründeten Verfolgungstatsachen verwehrt wird[75], kann er billigerweise bei Fortfall der speziellen Voraussetzungen für das Familienasyl oder den internationalen Familienschutz hiervon nicht weiter ausgeschlossen werden. Andernfalls müsste er einen neuen Asylantrag stellen, der kein Folgeantrag iSd § 71 I wäre, um eine Prüfung seiner originären Asylberechtigung zu ermöglichen.

IV. Rücknahme

1. Verhältnis zu § 48 VwVfG

21   Ob die materiellen Voraussetzungen, Zuständigkeit und Verfahren für die Rücknahme einer (rechtswidrigen) Asyl- oder Flüchtlingsanerkennung in § 73 abschließend geregelt sind, sodass kein Raum für eine **ergänzende Heranziehung** von Teilen des § 48 VwVfG bleibt, war streitig[76]. Schon bisher nahm das BVerwG[77] an, die Rücknahme sei in Abs. 2 nicht abschließend geregelt und daher sei Raum für eine ergänzende Anwendung von § 48 VwVfG. Hierfür spricht seit dem RLUmsG 2007 insbesondere die ausdrückliche Benennung in Abs. 4 S. 1, die anderenfalls keinen Sinn machte, was iÜ der Gesetzgeber in seiner Begründung ausdrücklich bekräftigt[78]. Eine Rücknahme ist nicht deshalb ausgeschlossen, weil die Anerkennung auf einer **gerichtlichen Verpflichtung** beruht[79], ihr darf nur nicht die Rechtskraftwirkung (§ 121 VwGO) entgegenstehen[80]. Die Bindung an rechtskräftige Entscheidungen kann auch bei fehlender Identität der Streitgegenstände eintreten, falls die Entscheidung für einen anderen streitigen prozessualen Anspruch vorgreiflich ist[81]. Die Rechtskraftbindung verbietet die Annahme der ursprünglichen Rechtswidrigkeit[82]; sie endet allerdings, wenn sich die maßgebliche Sach- oder Rechtslage geändert hat[83]. Wenn sich die vorgenommene Rücknahme als rechtswidrig erweist, kann sie uU als Widerruf aufrechterhalten werden[84].

2. Unrichtige Angaben und Verschweigen wesentlicher Tatsachen

22   Unrichtige Angaben oder Nichtangabe wesentlicher Umstände gem. Abs. 2 müssen ursächlich für die Erstentscheidung gewesen sein. Verschulden oder Vorwerfbarkeit ist nicht verlangt. **Objektive Unrichtigkeit** von Angaben oder objektives Unterlassen richtiger Angaben reichen aus. Die Unrichtigkeit muss allerdings feststehen, bloße Zweifel genügen nicht. Die erlangte Rechtsstellung braucht nicht vorsätzlich oder sonst schuldhaft erschlichen zu sein. Die unrichtige Entscheidung braucht nicht auf dem Verhalten des Ausländers zu beruhen, auch die Tätigkeit oder Untätigkeit anderer Personen oder Stellen (Zeuge, Sachverständiger, Behörde) kommt in Betracht, sofern nur Kausalität festgestellt werden kann[85]. Bei grober Täuschung hindert **Rechtskraft** nicht die Rücknahme einer Flüchtlingsanerkennung[86].

---

[73] Ebenso *Bierwirth* in Barwig AuslR S. 244; Birk/Repp ZAR 1992, 38; *Göbel-Zimmermann* Rn. 381; *Hailbronner* AsylG § 26 Rn. 35 f.; *Marx* § 26 Rn. 24; BVerwG Urt. v. 25.6.1991 – 9 C 48.91, BVerwGE 88, 326; VGH BW Urt. v. 12.11.1990 – A 13 S 958/90, VBlBW 1991, 230.
[74] → Rn. 15.
[75] → § 26 Rn. 18, 22.
[76] Dafür *Hailbronner* AsylG § 73 Rn. 33; *Marx* § 73 Rn. 3 f.; OVG LSA Urt. v. 26.1.2000 – A 1 S 174/99, EZAR 214 Nr. 12; zunächst offengelassen von BVerwG Beschl. v. 21.3.1990 – 9 B 276.89, NVwZ 1990, 774.
[77] BVerwG Urt. v. 19.9.2000 – 9 C 12.00, BVerwGE 112, 80.
[78] → Rn. 1; s. der Weiteren die Gesetzesbegründung zu § 75, dort Rn. 1.
[79] Zu weitgehend BayVGH Beschl. v. 7.5.1997 – 24 B 96.32 589, EZAR 214 Nr. 6.
[80] Dazu auch → Rn. 2, 5.
[81] BVerwG Urt. v. 10.5.1994 – 9 C 501.93, BVerwGE 96, 24.
[82] So VGH BW Beschl. v. 27.10.2000 – A 9 S 1996/00, NVwZ 2001, 460.
[83] BVerwG Urt. v. 24.11.1998 – 9 C 53.97, BVerwGE 108, 30.
[84] BVerwG Urt. v. 24.11.1998 – 9 C 53.97, BVerwGE 108, 30; BayVGH Urt. v. 9.10.1997 – 25 BA 95.35 047, AuAS 1997, 273.
[85] Betr. Asylanerkennung von „Botschaftsflüchtlingen" OVG NRW Beschl. v. 26.7.1995 – 23 A 939/95.A.
[86] Vgl. BVerwG Urt. v. 19.11.2013 – 10 C 27.12.

Auf **Familienasyl und internationalen Familienschutz** sind die Rücknahmebestimmungen 23 unmittelbar anzuwenden[87]. Wird die Asyl- oder Flüchtlingsanerkennung nach § 26 durch unrichtige oder unvollständige Tatsachenangaben erschlichen (etwa über den Bestand der Ehe oder die Abstammung des Kindes), rechtfertigt sich grundsätzlich die Rücknahme. Die originäre Berechtigung ist freilich gerade im Hinblick auf die Verwandtschaft mit einem (weiterhin anerkannten) politisch Verfolgten besonders sorgfältig zu prüfen. Aufgrund einer Täuschung sind Asyl und Flüchtlingsschutz nicht vollends verwirkt.

Die Rücknahme ist ausgeschlossen, sofern sich aus anderen Gründen die Gefahr politischer Verfolgung ergibt **(Grundsatz der doppelten Deckung)**[88]. Die hierfür maßgeblichen Umstände können schon bei Erlass der Erstentscheidung vorgelegen haben, in Betracht zu ziehen sind aber auch nachträglich entstandene Tatsachen. Der Sache nach ist also entscheidend, ob sich die Erstentscheidung nach damaliger oder nunmehriger Sachlage aus anderen Gründen als richtig erweist.

3. Subsidiärer Schutz und Abschiebungsverbote

Nach dem durch das RLUmsG 2013 neu gefasst Abs. 3 ist bei Aufhebung der Asylberechtigung und 25 des Flüchtlingsstatus die im Rahmen der Entscheidung über die Statusberechtigung nicht erfolgte Prüfung des **subsidiären Schutzes bzw. der nationalen Abschiebungsverbote** (§ 60 V und VII AufenthG, § 31 II 1 Alt. 2 und III) nachzuholen. Wie in der Gesetzesbegründung betont (→ Rn. 1), soll der Betroffene damit Klarheit über seinen Rechtsstatus bzw. über bestehende Abschiebungsverbote erhalten.

V. Rechtsfolgen

Widerruf und Rücknahme wirken **ex nunc**. Erst mit ihrer Bestandskraft endet die mit der Erst- 26 entscheidung dokumentierte Rechtsstellung. Gleichzeitig entsteht die Pflicht zur unverzüglichen Herausgabe von Asyl- oder Flüchtlingsanerkennungsbescheid sowie Reiseausweis.

Der dem Ausländer erteilte **Aufenthaltstitel** erlischt nicht von selbst aufgrund von Widerruf oder 27 Rücknahme. Er kann aber nach Bestandskraft von Widerruf[89] oder Rücknahme unter Abwägung aller einschlägigen Interessen (Vertrauensschutz, Integration, Entfremdung vom Heimatstaat, Schutz öffentlicher Belange gegen Erschleichen von Aufenthaltsrecht) von der Ausländerbehörde widerrufen werden (§ 52 I 1 Nr. 4 AufenthG)[90]. Dabei ist der Aufenthalt bis zur Wirksamkeit des Widerrufs als rechtmäßig zu behandeln; bei der Rücknahme kann berücksichtigt werden, dass der Aufenthalt zwar infolge des erteilten Aufenthaltstitels rechtmäßig war, aber mittelbar durch unrichtige oder unvollständige Angaben im Asylverfahren erlangt wurde. Für den Erlass einer Abschiebungsandrohung ist nur in diesem ausländerrechtlichen Verfahren Raum; das BAMF ist im Rücknahme- und Widerrufsverfahren hierfür nicht zuständig[91].

VI. Verwaltungsverfahren und Rechtsschutz

Für das Verfahren ist seit dem RLUmsG 2007 nicht mehr allein der **Leiter des BAMF** zuständig. 28 Nach Abschaffung der Weisungsungebundenheit der Asylentscheider ist diese Spezialregelung entbehrlich geworden[92].

Das Verfahren wird **von Amts wegen** eingeleitet und ist nach fast denselben Regeln zu führen wie 29 das Anerkennungsverfahren. Es kann von jeder Behörde oder Stelle angeregt werden, insbesondere von Grenz- oder Ausländerbehörden. Aufgrund des **Abs. 2a** hat die Überprüfung in jedem Fall (auch bei „Alt-Anerkennungen", hier lief die Frist aber erst ab 1.1.2005[93]) **spätestens drei Jahre nach Unanfechtbarkeit** der Anerkennung zu erfolgen[94], falls nicht eine der zur Entlastung des BAMF und auch der VG (→ Rn. 1 aE) eingeführte neue **Spezialfrist des Abs. 7** für die Massenentscheidungen der Jahre 2015–2017 eingreift. Wird die Drei-Jahres-Frist, die stärkeren Wirksamkeit des § 73 I eingeführt wurde[95] und trotz § 26 III AufenthG (ohne diese Erstüberprüfung ist ein Übergang von der Aufenthaltserlaubnis zur Niederlassungserlaubnis grundsätzlich ausgeschlossen) nicht im Interesse des Asylberechtigten oder Flüchtlings besteht[96] und auch keinen Vertrauensschutz begründet, vom BAMF

---

[87] → Rn. 14.
[88] → Rn. 15, 19; *Kopp* VwVfG § 48 Rn. 3.
[89] Nicht früher, vgl. VG Sigmaringen Urt. v. 22.7.1998 – 1 K 2819/97, InfAuslR 1999, 47.
[90] *Marx* § 73 Rn. 46; dazu auch VGH BW Urt. v. 16.10.1996 – 13 S 2408/95.
[91] → Rn. 2, 29.
[92] Vgl. die Gesetzesbegründung in → Rn. 1.
[93] Ausdrücklich BVerwG Urt. v. 20.3.2007 – 1 C 21.06; Anm. *Dörig* jurisPR-BVerwG 15/2007, Nr. 1.
[94] Die Jahresfrist nach § 49 II 2, § 48 IV VwVfG findet in diesen Fällen keine Anwendung; vgl. BVerwG Urt. v. 12.6.2007 – 10 C 24.07.
[95] Vgl. BT-Drs. 15/420, 112.
[96] Das BVerwG ließ dies offen im Urt. v. 12.6.2007 – 10 C 24.07. Auch das Gebot der „Unverzüglichkeit" des Widerrufs dient jedoch ausschließlich öffentlichen Interessen, sodass ein etwaiger Verstoß dagegen keine Rechte des

versäumt, werden Widerruf und Rücknahme allerdings nicht allein deswegen unzulässig[97] und, wegen formeller Rechtswidrigkeit iSd Adressatentheorie, mit Erfolg anfechtbar[98]. Denn ein Betroffener, bei dem die Erstüberprüfung versäumt wurde, kann insoweit nicht besser stehen als ein Betroffener, bei dem sie zu keinem/r Widerruf/Rücknahme geführt hat. Erst nach einer **Negativentscheidung** innerhalb der Frist steht die Überprüfung gem. Abs. 2a S. 5 im **Ermessen** des BAMF („zweistufiges Verfahren"[99]); eine vorher durchgeführte Prüfung nach der alten Rechtslage reicht dafür nicht aus[100]. Zur praktischen Wirksamkeit des durch das flankierend zum Asylpaket II am 17.3.2016 in Kraft getretenen Gesetzes zur erleichterten Ausweisung von straffälligen Ausländern und zum erweiterten Ausschluss der Flüchtlingsanerkennung bei straffälligen Asylbewerbern gibt es nach dem neu gefassten **Abs. 2a S. 5** allerdings kein Ermessen bei Vorliegen eines Ausschlussgrundes nach dem ebenfalls neu gefassten § 60 VIII AufenthG; bei Abs. 8 S. 3 wurde vom BAMF einzelfallbezogenes Ermessen iÜ schon zur Anwendung der Norm ausgeübt. Durch Abs. 2a wurde keine neue materielle Rechtslage geschaffen, sondern das BAMF zu routinemäßigen Kontrollen verpflichtet. Zur Mitteilung an die Ausländerbehörde nach Abs. 2a S. 2 und 3 vgl. die Gesetzesbegründung zum AsylVfBeschlG 2015 in → Rn. 1.

30 Um nicht von der Kooperationsbereitschaft des Betroffenen abhängig zu sein, wurden mWv 12.12.2018 die verschärften **Mitwirkungspflichten** in **Abs. 3a** eingeführt; dieses Prüfungsverfahren gilt über § 73b IV und § 73c III auch für die Überprüfung des subsidiären Schutzes und von Abschiebungsverboten. Es kann die Verpflichtung enthalten, erforderliche Angaben mündlich bzw. auch schriftlich zu machen, Pässe und andere Identitätspapiere und Unterlagen hierzu vorzulegen, erkennungsdienstliche Maßnahmen ebenso zu dulden wie die Auswertung und Speicherung von erhobenen Daten durch das BKA. Hierdurch und durch die Verweise auf die §§ 15, 16 sowie die Passpflicht nach § 3 I AufenthG soll va sichergestellt werden, dass möglichst viele Informationen zur sachgerechten Entscheidung vorliegen und insbesondere Identität und Staatsangehörigkeit geklärt werden, was zugleich die Einschränkung bedeutet, dass entsprechende Mitwirkungspflichten bei geklärter Identität und Staatsangehörigkeit entfallen, dh insoweit keine „Schikane" ausgeübt werden darf. Die im ursprünglichen Gesetzentwurf enthaltene Einschränkung, dass erkennungsdienstlicheMaßnahmen gem. § 16 I 1 und 2 nur zulässig sind, soweit die Identität des Ausländers „entgegen einer zuvor bestehenden Verpflichtung" nicht gesichert worden ist, fiel auf Drängen des Bundesrats weg[101], dh, auch nach zwischenzeitlicher Überschreitung der Altersgrenze des § 16 I dürfen im Rahmen des Widerruf- oder Rücknahmeverfahrens erkennungsdienstliche Behandlungen durchgeführt werden, va um falsche oder Mehrfachidentitäten aufzudecken. Wann eine hinreichende Klärung der Identität vorliegt, ist immer im Einzelfall zu entscheiden. Der Ausländer muss jedenfalls alles ihm Zumutbare und für das Verfahren Erforderliche tun, um Zweifel zu beseitigen. Als Mittel des Verwaltungszwanges, die grundsätzlich zuvor anzudrohen sind (§ 13 I VwVG), ist zunächst insbesondere das (auf die finanziellen Möglichkeiten abstellende) Zwangsgeld gemäß § 9 VwVG zu versuchen. Nur unter den Voraussetzungen des § 16 VwVG, dh grundsätzlich erst hernach, kann als ultima ratio vom VG Ersatzzwangshaft verhängt werden. Das VG muss als Vorfrage die Rechtmäßigkeit der Zwangsgeldmaßnahmen und die Uneinbringlichkeit überprüfen. Bei einer **Entscheidung nach Aktenlage** muss das BAMF sein Ermessen gründlich ausüben und seine Erwägungen dokumentieren (§ 39 I 2 VwfG). Hat der Ausländer nicht hinreichend mitgewirkt, darf dies zu seinen Lasten verwertet werden. Unterbleibt das besondere Abs. 3a-Prüfverfahren, dh, fordert das BAMF nicht gesondert zur Mitwirkung auf, läuft das Widerrufs- oder Rücknahmeverfahren so ab, dass der Betroffene nur eine schriftliche Mitteilung sowie Gelegenheit zur Stellungnahme erhält. Der Fortfall der früher angeordneten generellen **mündlichen Anhörung** des Ausländers (§ 16 III iVm § 12 I 2 AsylVfG 1982), der mit Art. 45 Asylverfahrens-RL in Einklang steht, erscheint angesichts der Bedeutung der Aufhebung der Anerkennung nicht sachgerecht. Eine mündliche Anhörung sollte die Regel sein, weil sich dadurch zumindest teilweise unnötige Gerichtsverfahren erübrigen können. Durch **Abs. 4** wird wenigstens sichergestellt, dass der Schutzberechtigte in jedem Fall **rechtliches Gehör** bekommt, entweder über

---

betr. Ausländers verletzt; so stRspr des BVerwG, vgl. Urt. v. 20.3.2007 – 1 C 21.06; Urt. v. 18.7.2006 – 1 C 15.05, BVerwGE 126, 243 Rn. 13 mwN. Mit Urt. v. 5.6.2012 – 10 C 4.11 hat das BVerwG sodann entschieden: 1.) Ein Widerruf der Flüchtlingsanerkennung ist nicht deshalb ausgeschlossen, weil das Bundesamt die Frist des § 73 IIa, VII AsylVfG versäumt hat. 2.) Auch nach Ablauf der Frist des § 73 IIa, VII AsylVfG bleibt die erstmalige Entscheidung des Bundesamts über den Widerruf eine gebundene VA und schlägt nicht um in eine Ermessensentscheidung. 3.) Kommt das Bundesamt seiner Prüfungspflicht nach § 73 IIa, VII AsylVfG nicht fristgerecht nach, ist im Klageverfahren auf Verpflichtung zur Erteilung einer Niederlassungserlaubnis nach § 26 III AufenthG inzident zu prüfen, ob die Voraussetzungen für eine Negativmitteilung des Bundesamts nach § 73 IIa 2 AsylVfG vorliegen. 4.) Die einjährige Ausschlussfrist des § 49 II 2 iVm § 48 IV 1 VwVfG findet auf den Widerruf nach § 73 I AsylVfG keine Anwendung. Ausf. hierzu *Berlit* jurisPR-BVerwG 17/2012 Anm. 1.

[97] Ausdrücklich so BVerwG Urt. v. 5.6.2012 – 10 C 4.11.
[98] Ebenso *Heindel* ZAR 2009, 269 ff.
[99] BVerwG Urt. v. 20.3.2007 – 1 C 21.06 und 1 C 34.06 und 1 C 38.06.
[100] BVerwG Urt. v. 25.11.2008 – 10 C 53.07.
[101] Vgl. Stellungnahme des Bundesrats in BT-19/4456 Anlage 3.

das Abs. 3a-Prüfverfahren oder iÜ gesondert. Wegen der Bedeutung von Widerruf und Rücknahme für den Betroffenen sind diese Mitteilungspflichten vom BAMF ernst zu nehmen; die Frage der Heilung von Verfahrensfehlern über § 45 I Nr. 3 VwVfG ist streng auszulegen. Eine Entscheidung nach Aktenlage ist erst zulässig, wenn der Ausländer sicher Möglichkeit zur Äußerung sowie den Hinweis auf die Möglichkeit dieser Vorgehensweise erhalten hat. Die allgemeine Jahresfrist für Widerruf und Rücknahme (§§ 48 IV, 49 II 2 VwVfG) gilt allerdings hier nicht[102]. Die Pflicht zum „unverzüglichen" Widerruf ist allein im öffentlichen Interesse geschaffen; der Ausländer kann sich insoweit nicht auf Vertrauensschutz berufen[103]. Die **Zustellungsvorschriften** des § 10 sind in § 73 nicht genannt, aber trotzdem wegen ihrer allgemeinen Geltung für die „Dauer des Asylverfahrens" (§ 10 I) anwendbar[104]. Sie sind zwar eigentlich nur bei noch nicht förmlich abgeschlossener Rechtsstellung eines Asylbewerbers gerechtfertigt, nicht jedoch für das Aufhebungsverfahren; die Formulierungen des § 10 lassen jedoch eine derartige Beschränkung nicht erkennen und Abs. 5 schreibt nur die (förmliche) Zustellung vor, ohne andere Zustellungsbestimmungen auszuschließen.

Das zwar bzgl. der Entscheidung über zielstaatsbezogene Abschiebungshindernisse grundsätzlich zuständige[105] BAMF kann eine **Abschiebungsandrohung** in diesem Verfahren nicht erlassen[106]. Hierfür ist allein die Ausländerbehörde in dem sich anschließenden aufenthaltsrechtlichen Verfahren zuständig[107]. 31

Gegen Widerruf und Rücknahme ist Rechtsschutz wie sonst im Asylverfahren gegeben. **Widerspruch** ist ausgeschlossen (§ 11); die aus Perspektive des Rechtsschutzbedürfnisses allein statthafte **Anfechtungsklage** des Ausländers hat aufschiebende Wirkung (§ 75) und es gelten die Sonderregeln für Asylverfahren (Einzelrichter, maßgebliche Sach- und Rechtslage, Zulassungsberufung nach §§ 76 ff.). Bis zur rechtskräftigen Abweisung der Klage besteht die Erstentscheidung fort[108], ebenso wie nach rechtskräftiger Stattgabe der Anfechtungsklage. Die Aufforderung der Ausländerbehörde zur Herausgabe des Anerkennungsbescheids kann mit der Anfechtungsklage angegriffen werden[109]. 32

§ 73a Ausländische Anerkennung als Flüchtling

(1) ¹Ist bei einem Ausländer, der von einem ausländischen Staat als Flüchtling im Sinne des Abkommens über die Rechtsstellung der Flüchtlinge anerkannt worden ist, die Verantwortung für die Ausstellung des Reiseausweises auf die Bundesrepublik Deutschland übergegangen, so erlischt seine Rechtsstellung als Flüchtling in der Bundesrepublik Deutschland, wenn einer der in § 72 Abs. 1 genannten Umstände eintritt. ²Der Ausländer hat den Reiseausweis unverzüglich bei der Ausländerbehörde abzugeben.

(2) ¹Dem Ausländer wird die Rechtsstellung als Flüchtling in der Bundesrepublik Deutschland entzogen, wenn die Voraussetzungen für die Zuerkennung der Flüchtlingseigenschaft nicht oder nicht mehr vorliegen. ² § 73 gilt entsprechend.

I. Entstehungsgeschichte

Die Vorschrift wurde entsprechend dem **Gesetzesentwurf**[1] mWv 1.11.1997 **eingefügt** (Gesetz vom 29.10.1997)[2]. MWv 1.1.**2005** wurde in Abs. 2 die Bezugnahme auf § 51 I AuslG durch eine solche auf § 60 I AufenthG ersetzt (Art. 3 Nr. 51 ZuwG). Das **RLUmsG 2007** fasste Abs. 2 neu (bisher „Dem Ausländer ist die Rechtsstellung als Flüchtling in der Bundesrepublik Deutschland zu entziehen, wenn die Voraussetzungen des § 60 Abs 1 des Aufenthaltsgesetzes nicht mehr vorliegen. § 73 Abs 1 Satz 3 und Abs 4 bis 6 ist entsprechend anzuwenden."). Der Gesetzgeber begründete dies wie folgt[3]: „Nach der Neustrukturierung von § 73 ist auch eine Anpassung von § 73a erforderlich. 1

---

[102] Betr. Widerruf OVG RhPf Beschl. v. 20.1.2000 – 6 A 12 169/99, InfAuslR 2000, 468.
[103] *Hailbronner* AsylG § 73 Rn. 21, 46; BVerwG Beschl. v. 27.6.1997 – 9 B 280.97, NVwZ-RR 1997, 741.
[104] *Hailbronner* AsylG § 73 Rn. 51.
[105] VGH BW Beschl. v. 27.4.2006 – 11 S 283/05: „Auf Grund einer entsprechenden Anwendung von § 73 Abs. 3 AsylVfG ist das BAMF für die – wegen einer Sachverhaltsänderung notwendig werdende erneute – Entscheidung über ein zielstaatsbezogenes Abschiebungshindernis auch dann zuständig, wenn sich der bisherige Abschiebungsschutz des Asylbewerbers ausschließlich aus einer gerichtlichen Entscheidung ergibt, dagegen eine zurückzunehmende oder zu widerrufende behördliche Entscheidung nicht vorliegt. Dies gilt auch in den Fällen, in denen das Asylverfahren vor Inkrafttreten des AsylverfGesetzes 1992 zwar begonnen, danach aber auch beendet worden ist (vgl. § 87 Abs. 1 Nr. 1 AsylVfG)."
[106] BVerwG Urt. v. 23.11.1999 – 9 C 16.99, BVerwGE 110, 111; BayVGH Beschl. v. 18.8.1999 – 22 B 98.31 741, InfAuslR 2000, 36.
[107] Dazu auch → Rn. 2, 27.
[108] BVerwG Beschl. v. 21.3.1990 – 9 B 276.89, NVwZ 1990, 774.
[109] → § 72 Rn. 34.
[1] Vgl. BT-Drs. 13/4948.
[2] BGBl. I S. 2584.
[3] BT-Drs. 16/5065, 220.

7 AsylG § 73b

Ziel ist eine weitgehende Gleichbehandlung inländischer und ausländischer Entscheidungen über die Flüchtlingsanerkennung. Wenn ein anderer Mitgliedstaat der Europäischen Union über die Flüchtlingsanerkennung entschieden hat, dient die Regelung zugleich der europäischen Harmonisierung." Das RLUmsG 2011 und das RLUmsG 2013 sowie die Asylpakete und das IntG 2016 haben keine Änderungen vorgenommen.

II. Allgemeines

2 Im Ausland anerkannte ausländische Flüchtlinge gelten auch in Deutschland als **GK-Flüchtlinge** (§ 60 I 2 AufenthG). In den Genuss der wesentlichen Rechte aus der Konvention gelangen sie indes nur, wenn sie sich rechtmäßig in Deutschland aufhalten (betreffs Reiseausweis vgl. Art. 28 GK). Für Aufnahme und Aufenthalt ist entscheidend, welchen Staat die Verantwortung für den Flüchtling und insbesondere für die Ausstellung des Konventionspasses trifft (vgl. § 11 Anhang-GK: Wechsel des Wohnorts oder der Niederlassung; Europäisches Übereinkommen vom 16.10.1980: ua zwei Jahre tatsächlicher und dauernder Aufenthalt)[4]. Mit der Vorschrift soll das Regelungsdefizit beseitigt werden, das deswegen bestand, weil die §§ 72, 73 auf diese Flüchtlinge nicht anwendbar sind[5].

III. Erlöschen

3 Falls die Verantwortung für den Flüchtling auf die Bundesrepublik Deutschland übergegangen ist[6], gelten die Vorschriften des § 72 I entsprechend. Insbesondere **erlischt** die Rechtsstellung dann, wenn sich der Flüchtling wieder in den Schutz des Heimatstaats begeben hat.

IV. Entziehung

4 Die Entziehung soll bei Fortfall der Voraussetzungen von § 3 bzw. § 60 I AufenthG erfolgen; für sie gelten die Vorschriften des § 73 entsprechend. Daraus ist zu schließen, dass es sich der Sache nach um einen **Widerruf** und nicht um eine Rücknahme handelt. Eine andere Bezeichnung ist offenbar deshalb gewählt, weil ein ausländischer staatlicher Akt betroffen ist.

V. Reiseausweis

5 Der von einem anderen Staat ausgestellte Reiseausweis ist von dem Ausländer unverzüglich **abzugeben**. Die Ausländerbehörde hat ihn an diesen Staat zurückzusenden, wenn dies im Ausweis ausdrücklich vermerkt ist[7].

§ 73b Widerruf und Rücknahme des subsidiären Schutzes

(1) ¹Die Gewährung des subsidiären Schutzes ist zu widerrufen, wenn die Umstände, die zur Zuerkennung des subsidiären Schutzes geführt haben, nicht mehr bestehen oder sich in einem Maß verändert haben, dass ein solcher Schutz nicht mehr erforderlich ist. ²§ 73 Absatz 1 Satz 3 gilt entsprechend.

(2) Bei Anwendung des Absatzes 1 ist zu berücksichtigen, ob sich die Umstände so wesentlich und nicht nur vorübergehend verändert haben, dass der Ausländer, dem subsidiärer Schutz gewährt wurde, tatsächlich nicht länger Gefahr läuft, einen ernsthaften Schaden im Sinne des § 4 Absatz 1 zu erleiden.

(3) Die Zuerkennung des subsidiären Schutzes ist zurückzunehmen, wenn der Ausländer nach § 4 Absatz 2 von der Gewährung subsidiären Schutzes hätte ausgeschlossen werden müssen oder ausgeschlossen ist oder eine falsche Darstellung oder das Verschweigen von Tatsachen oder die Verwendung gefälschter Dokumente für die Zuerkennung des subsidiären Schutzes ausschlaggebend war.

(4) § 73 Absatz 2b Satz 3 und Absatz 2c bis 6 gilt entsprechend.

I. Entstehungsgeschichte

1 Die Vorschrift wurde, wie auch § 73c, durch Art. 1 Nr. 48 **RLUmsG 2013** mWz 1.12.2013 neu in das AsylVfG eingefügt. Der Gesetzgeber begründete dies wie folgt:[1] „§ 73b setzt Artikel 16 und 17 der Richtlinie 2011/95/EU um. Widerruf und Rücknahme des subsidiären Schutzes erfolgen in

---

[4] Dazu → AufenthG § 51 Rn. 19 ff. und BMI-AVV Nr. 51.7.2 v. 10.12.2020.
[5] BT-Drs. 13/4948, 11.
[6] → Rn. 2.
[7] BT-Drs. 13/4948, 11.
[1] Vgl. BT-Drs. 17/13063, 23.

Anlehnung an die Bestimmungen über den Widerruf und die Rücknahme der Zuerkennung der Flüchtlingseigenschaft." **Art. 16 Anerkennungs-RL** lautet:

> *„Erlöschen*
>
> *(1) Ein Drittstaatsangehöriger oder ein Staatenloser hat keinen Anspruch auf subsidiären Schutz mehr, wenn die Umstände, die zur Zuerkennung des subsidiären Schutzes geführt haben, nicht mehr bestehen oder sich in einem Maße verändert haben, dass ein solcher Schutz nicht mehr erforderlich ist.*
>
> *(2) Bei Anwendung des Absatzes 1 berücksichtigen die Mitgliedstaaten, ob sich die Umstände so wesentlich und nicht nur vorübergehend verändert haben, dass die Person, die Anspruch auf subsidiären Schutz hat, tatsächlich nicht länger Gefahr läuft, einen ernsthaften Schaden zu erleiden.*
>
> *(3) Absatz 1 findet keine Anwendung auf eine Person, der subsidiärer Schutz zuerkannt worden ist, die sich auf zwingende, auf früher erlittenem ernsthaftem Schaden beruhende Gründe berufen kann, um die Inanspruchnahme des Schutzes des Landes, dessen Staatsangehörigkeit sie besitzt, oder wenn sie staatenlos ist, des Landes, in dem sie ihren gewöhnlichen Aufenthalt hatte, abzulehnen."*

Art 17 AnerkennungsRL *lautet:*

> *„Ausschluss*
>
> *(1) Ein Drittstaatsangehöriger oder ein Staatenloser ist von der Gewährung subsidiären Schutzes ausgeschlossen, wenn schwerwiegende Gründe die Annahme rechtfertigen, dass er*
>
> *a) ein Verbrechen gegen den Frieden, ein Kriegsverbrechen oder ein Verbrechen gegen die Menschlichkeit im Sinne der internationalen Vertragswerke begangen hat, die ausgearbeitet worden sind, um Bestimmungen bezüglich dieser Verbrechen festzulegen;*
>
> *b) eine schwere Straftat begangen hat;*
>
> *c) sich Handlungen zuschulden kommen ließ, die den Zielen und Grundsätzen der Vereinten Nationen, wie sie in der Präambel und den Artikeln 1 und 2 der Charta der Vereinten Nationen verankert sind, zuwiderlaufen;*
>
> *d) eine Gefahr für die Allgemeinheit oder für die Sicherheit des Mitgliedstaats darstellt, in dem er sich aufhält.*
>
> *(2) Absatz 1 findet auf Personen Anwendung, die andere zu den darin genannten Straftaten oder Handlungen anstiften oder sich in sonstiger Weise daran beteiligen.*
>
> *(3) Die Mitgliedstaaten können einen Drittstaatsangehörigen oder einen Staatenlosen von der Gewährung subsidiären Schutzes ausschließen, wenn er vor seiner Aufnahme in dem betreffenden Mitgliedstaat ein oder mehrere nicht unter Absatz 1 fallende Straftaten begangen hat, die mit Freiheitsstrafe bestraft würden, wenn sie in dem betreffenden Mitgliedstaat begangen worden wären, und er sein Herkunftsland nur verlassen hat, um einer Bestrafung wegen dieser Straftaten zu entgehen."*

IÜ lautet die verfahrensrechtliche Ergänzung in **Art. 19 I Anerkennungs-RL:**

> *„(1) Bei Anträgen auf internationalen Schutz, die nach Inkrafttreten der Richtlinie 2004/83/EG gestellt wurden, erkennen die Mitgliedstaaten einem Drittstaatsangehörigen oder einem Staatenlosen den von einer Regierungs- oder Verwaltungsbehörde, einem Gericht oder einer gerichtsähnlichen Behörde zuerkannten subsidiären Schutzstatus ab, beenden diesen oder lehnen seine Verlängerung ab, wenn die betreffende Person gemäß Artikel 16 nicht länger Anspruch auf subsidiären Schutz erheben kann."*

II. Allgemeines

Die Regelung ersetzt (mit § 73c) den früheren § 73 III aF, der den Widerruf der Abschiebungs- 2
verbote gemäß § 60 II, III, V, VII AufenthG regelte. Der heute im Wesentlichen in § 4 normierte subsidiäre Schutz wird im Asylverfahren oder im Aufhebungsverfahren des 73 III verliehen. Nach **§ 73b I und II** kann er sodann widerrufen oder nach **Abs. 3** zurückgenommen werden. Der abgeleitete subsidiäre Familienschutz des § 26 V kann über **Abs. 4** beseitigt werden. Die ergänzende Anwendung der **§§ 48, 49 VwVfG** ist idR überflüssig; hierzu wird auf die Kommentierung bei → § 73 Rn. 3 und 21 verwiesen. Gegen Widerruf und Rücknahme des subsidiären Schutzes kann der Betroffene direkt **Anfechtungsklage** erheben. Der Widerspruch ist gemäß § 11 ausgeschlossen. Der maßgebliche **Zeitpunkt** ist auch hier nach § 77 I zu bestimmen. Über Abs. 4 gelten auch hier die verschärften **Mitwirkungspflichten** des § 73 IIIa.

III. Widerruf

Subsidiärer Schutz muss bei den in Abs. 1 und 2 vorliegenden **nicht nur vorübergehenden und** 3
grundlegenden Änderungen der Umstände widerrufen werden. Es muss sich also durch neue Tatsachen im Sinne eines umfassenden politischen Wandels eine andere Grundlage für die Gefahren-

prognose ergeben haben[2], wie dies in Art. 16 II Anerkennungs-RL (→ Rn. 1) angelegt ist. Testfrage ist immer im Sinne einer **Spiegelbildlichkeit**, ob heute noch die beachtliche Wahrscheinlichkeit eines ernsthaften Schadens besteht[3]. Zur erheblichen Änderung der Verhältnisse wird ergänzend auf die Kommentierung in → § 73 Rn. 5 ff. verwiesen.

IV. Rücknahme

4   Abs. 3 enthält in **Alt. 1** die Rücknahme wegen eines **nachträglich aufgetretenen Ausschlussgrundes** nach § 4 II und in **Alt. 2** die Rücknahme wegen **Irreführung der Behörde** bzw. wegen der Verwendung gefälschter Dokumente. In Alt. 1 geht es mithin um schon bei Zuerkennung des subsidiären Schutzes bestandene Ausschlussgründe, die der Behörde nicht kannte; in Alt. 2 hingegen geht es um die Situation der Täuschung. Insoweit sind (nur) das objektive Vorliegen einer **Täuschung** und deren **Kausalität** für die Statusentscheidung der Behörde erforderlich. Da es bei richtlinienkonformer Auslegung (→ Rn. 1) weder auf Verschulden noch **Vorwerfbarkeit** ankommt, ist hingegen kein Täuschungsvorsatz des Ausländers zu verlangen, der iÜ ohnehin regelmäßig unterstellt werden darf, denn allenfalls in atypischen Konstellationen wird man davon ausgehen können, dass die hier normierte Irreführung der Behörde ohne Wissen und Wollen geschah. Zur Täuschungssituation wird ergänzend auf die Kommentierung in → § 73 Rn. 22 ff. verwiesen. Die Rücknahme der Zuerkennung des subsidiären Schutzes nach Abs. 3 iVm § 4 II 1 Nr. 4 setzt grundsätzlich eine **gegenwärtige, konkrete und schwerwiegende Gefahr** für die Allgemeinheit oder die Sicherheit der Bundesrepublik Deutschland voraus, die im Rahmen einer Einzelfallprüfung zu ermitteln ist[4].

§ 73c Widerruf und Rücknahme von Abschiebungsverboten

(1) Die Feststellung der Voraussetzungen des § 60 Absatz 5 oder 7 des Aufenthaltsgesetzes ist zurückzunehmen, wenn sie fehlerhaft ist.

(2) Die Feststellung der Voraussetzungen des § 60 Absatz 5 oder 7 des Aufenthaltsgesetzes ist zu widerrufen, wenn die Voraussetzungen nicht mehr vorliegen.

(3) § 73 Absatz 2c bis 6 gilt entsprechend.

I. Entstehungsgeschichte

1   Die Vorschrift wurde, wie auch § 73b, durch Art. 1 Nr. 48 **RLUmsG 2013** mWz 1.12.2013 neu in das AsylVfG eingefügt. Der Gesetzgeber begründete dies wie folgt[1]: „§ 73c entspricht dem früheren § 73 Absatz 3, soweit dieser der den Widerruf und die Rücknahme von nationalen Abschiebungsverboten regelt."[2*]

II. Allgemeines

2   Die Regelung ersetzt (mit § 73b) den früheren § 73 III aF, der den Widerruf der Abschiebungsverbote gemäß § 60 II, III, V, VII AufenthG regelte. § 73c bezieht sich (nur) auf den sog. **komplementären Abschiebungsschutz**, dh die nicht unionsrechtlich vorgegebenen, sondern rein nationale Abschiebungsverbote des § 60 V oder VII AufenthG (hierzu iE s. die Kommentierung bei → AufenthG § 60 Rn. 45 ff. und 52 ff.). **Abs. 1** regelt die Rücknahme bei fehlerhafter Feststellung. **Abs. 2** regelt den Widerruf, wenn die Voraussetzungen heute nicht mehr vorliegen; Testfrage ist also auch hier, ob heute im Sinne einer **Spiegelbildlichkeit** die nationalen Abschiebungsverbote festzustellen wären. **Abs. 3** der Norm verweist ergänzend auf die wesentlichen Verfahrensvorschriften des § 73 IIc–VI (vgl. hierzu die Kommentierung bei § 73); deshalb gelten auch hier die verschärften **Mitwirkungspflichten** des § 73 IIIa. Gegen Widerruf und Rücknahme des komplementären Schutzes kann der Betroffene direkt **Anfechtungsklage** erheben. Der Widerspruch ist gemäß § 11 ausgeschlossen. Der maßgebliche **Zeitpunkt** ist auch hier nach § 77 I zu bestimmen.

---

[2] Ausf. *Marx*, AsylG, 8. Aufl. 2014, § 73b Rn. 4 ff., mwN.
[3] Vgl. *Wittkopp* ZAR 2010, 170 (175).
[4] Ausf. VGH BW Beschl. v. 21.1.2022 – A 4 S 108/22; dazu auch → § 4 Rn. 18.
[1] BT-Drs. 17/13063, 23.
[2*] § 73 III aF lautete: „Die Entscheidung, ob die Voraussetzungen des § 60 Abs. 2, 3, 5 oder 7 des Aufenthaltsgesetzes vorliegen, ist zurückzunehmen, wenn sie fehlerhaft ist, und zu widerrufen, wenn die Voraussetzungen nicht mehr vorliegen."

III. Rücknahme

§ 73c I **verdrängt** als lex specialis für die dort genannten Abschiebungsverbote die Anwendung des § **48 VwVfG**[3]. Ob die dortigen Rücknahmegründe damit insgesamt ausgeschlossen sind[4], könnte angesichts der vom BVerwG für die Statusentscheidung angestellten Erwägungen[5] zweifelhaft erscheinen, diese Frage ist aber nach wie vor zu bejahen. Abs. 1 erfasst nicht nur eine bestimmte Fallkonstellation, sondern jede Fehlerhaftigkeit der ursprünglichen Feststellung. Außerdem ist die Rücknahme ausnahmslos und zwingend angeordnet. Daher bedarf es keiner Ergänzung durch einzelne Bestimmungen des § 48 VwVfG, die insbesondere auch Gründe des Vertrauensschutzes berücksichtigen. Da es für die Feststellung nach § 60 V oder VII AufenthG an einer § 72 ähnlichen Erlöschensregelung fehlt, könnten zwar die dortigen Tatbestände zur Feststellung hier herangezogen werden; sie beschreiben aber gerade nicht die ursprüngliche Unrichtigkeit der Feststellung, sondern den späteren Wegfall der Voraussetzungen. Die Rücknahme betrifft nur **positive Feststellungen** zu § 60 V oder VII AufenthG. Auf die Art des Fehlers bei der ursprünglichen Entscheidung kommt es nicht an. Die Entscheidung muss sich nur als materiell fehlerhaft erweisen, bloße Verfahrensverstöße rechtfertigen die obligatorische Rücknahme dagegen nicht. Aspekte des Vertrauensschutzes sind nicht zu beachten.

IV. Widerruf

Ob für die in 73c genannten nationalen Abschiebungsverbote aufgrund des speziellen Charakters dieser Bestimmung eine **ergänzende Anwendung des § 49 VwVfG** ausgeschlossen ist[6], könnte angesichts der vom BVerwG zur Rücknahme von Statusfeststellungen angestellten Erwägungen[7] fraglich erscheinen. Eine ergänzende Heranziehung von § 49 VwVfG ist hier jedoch aus denselben Gründen wie bei der Statusfeststellung[8] nach wie vor abzulehnen[9]. Die Änderung der Verhältnisse ist bereits in 73c II erfasst und die weiteren Tatbestände des § 49 II VwVfG eignen sich nicht für eine Anwendung auf die Feststellung von Abschiebungshindernissen; iE ist daher das Fehlen einer Unzumutbarkeitsregel wie in § 73 I 3 nicht entschieden. Der Widerruf ist ohne jede Beschränkung zulässig und geboten, wenn die **Voraussetzungen** für die Feststellung eines der genannten Abschiebungsverbote **nicht mehr vorliegen**. Dies kann nicht nur bei neu eingetretenen Umständen, wie zB der Erteilung einer Niederlassungserlaubnis gem. § 26 IV AufenthG[10], sondern auch angenommen werden, wenn die Feststellung schon anfangs unrichtig war, sofern eine Gefahr infolge einer zwischenzeitlichen Änderung der maßgeblichen Umstände entfallen ist (ursprüngliche Rechtswidrigkeit)[11]. Da es für die Feststellung nach § 60 V oder VII AufenthG an einer § 72 ähnlichen Erlöschensregelung fehlt (auch keine analoge Anwendung zulässig)[12], können die dortigen Tatbestände zur Feststellung des Fortfalls der Voraussetzungen herangezogen werden; denn sie lassen auf den Wegfall der Gefahr und der Schutzbedürftigkeit schließen. Betroffen sind nur positive Feststellungen, nicht negative. Unzulässig ist der Widerruf einer nicht nur bestands-, sondern zudem rechtskräftigen Feststellung durch das BAMF; dieses kann aber bei Änderung der Sachlage eine abweichende neuerliche Feststellung treffen[13]. Ein Ermessen ist dem BAMF jedoch insoweit nicht eingeräumt; es handelt sich um eine rechtlich gebundene Entscheidung.

Der Widerrufsbescheid ist vom Gericht **umfassend auf seine Rechtmäßigkeit zu prüfen**, wobei auch vom Kläger nicht geltend gemachte Anfechtungsgründe sowie von der Behörde nicht angeführte Widerrufsgründe einzubeziehen sind. Denn die Aufhebung eines solchen, nicht im Ermessen der Behörde stehenden Verwaltungsakts setzt nach § 113 I 1 VwGO ua seine objektive Rechtswidrigkeit voraus; daran fehlt es auch dann, wenn er aus einem im Bescheid oder im Verfahren nicht angesprochenen Grund rechtmäßig ist. Liegt der im Widerrufsbescheid allein angeführte Widerrufsgrund nicht vor, so ist eine Klage erst dann begründet, wenn der Bescheid auch unter anderen rechtlichen Gesichtspunkten nicht haltbar ist und den Adressaten in seinen Rechten verletzt, insbesondere also wenn auch andere in Betracht kommende Widerrufsgründe ausscheiden. Dies entspricht der im Asylverfahren geltenden **Konzentrations- und Beschleunigungsmaxime,** nach der alle in einem Asylprozess typischerweise relevanten Fragen in einem Prozess abschließend geklärt werden sollen. Das Gebot einer umfassenden Prüfung eines Widerrufsbescheides auf seine Rechtmäßigkeit erfasst daher nicht nur die Berücksichtigung unterschiedlicher Widerrufstatbestände, sondern innerhalb des Wider-

---

[3] → § 73 Rn. 3.
[4] Dafür zur alten Rechtslage *Hailbronner* AsylG § 73 Rn. 39; *Marx* § 73 Rn. 62.
[5] BVerwG Urt. v. 19.9.2000 – 9 C 12.00, BVerwGE 112, 80; dazu → Rn. 21.
[6] So zum alten § 73 III *Hailbronner* AsylG § 73 Rn. 39; *Marx* § 73 Rn. 62.
[7] BVerwG Urt. v. 19.9.2000 – 9 C 12.00, BVerwGE 112, 80.
[8] Dazu bei → § 73 Rn. 3.
[9] Vgl. auch BVerwG Urt. v. 29.9.2011 – 10 C 24.10.
[10] Vgl. VGH BW Urt. v. 24.7.2013 – A 11 S 697/13.
[11] Dazu bei → § 73 Rn. 4.
[12] → § 72 Rn. 1.
[13] BVerwG Urt. v. 23.11.1999 – 9 C 16.99, BVerwGE 110, 111.

rufstatbestandes nach Abs. 2 auch die Frage, ob die Voraussetzungen für die Feststellung von Abschiebungsverboten nach § 60 V oder VII AufenthG nicht mehr vorliegen, weil sich die schutzbegründenden Umstände erheblich und dauerhaft verändert haben[14].

Abschnitt 9. Gerichtsverfahren

§ 74 Klagefrist, Zurückweisung verspäteten Vorbringens

(1) Die Klage gegen Entscheidungen nach diesem Gesetz muss innerhalb von zwei Wochen nach Zustellung der Entscheidung erhoben werden; ist der Antrag nach § 80 Abs. 5 der Verwaltungsgerichtsordnung innerhalb einer Woche zu stellen (§ 34a Absatz 2 Satz 1 und 3, § 36 Absatz 3 Satz 1 und 10), ist auch die Klage innerhalb einer Woche zu erheben.

(2) ¹Der Kläger hat die zur Begründung dienenden Tatsachen und Beweismittel binnen einer Frist von einem Monat nach Zustellung der Entscheidung anzugeben. ²§ 87b Abs. 3 der Verwaltungsgerichtsordnung gilt entsprechend. ³Der Kläger ist über die Verpflichtung nach Satz 1 und die Folgen der Fristversäumung zu belehren. ⁴Das Vorbringen neuer Tatsachen und Beweismittel bleibt unberührt.

Übersicht

	Rn.
I. Entstehungsgeschichte	1
II. Allgemeines	2
III. Gerichtsverfahren	5
1. Streitgegenstand, Verbindung, Trennung	5
2. Zuständigkeit	10
3. Fristen	14
4. Wiedereinsetzung	20
5. Maßgeblicher Zeitpunkt für Entscheidungsgrundlagen	23
6. Amtsermittlung und Mitwirkungspflicht	25
7. Präklusion	28
8. Beweisaufnahme	32
9. Dolmetscher	38
10. Besetzung des Gerichts	39
11. Rechtsmittel	41
12. Kosten	45
13. Prozesskostenhilfe	49
14. Verfassungsbeschwerde	55

I. Entstehungsgeschichte

1 Die Vorschrift hat kein Vorbild im AsylVfG 1982. Sie stimmt im Wesentlichen mit dem **Gesetzesentwurf 1992** (§ 72)[1] überein. Auf Vorschlag des Bundestag-Innenausschusses[2] wurden in S. 2 in Abs. 2 eingefügt und stattdessen die folgenden Sätze gestrichen: „Nach Ablauf dieser Frist vorgebrachte Tatsachen und Beweismittel bleiben unberücksichtigt." (S. 2); „Für die Wiedereinsetzung in den vorigen Stand gilt § 60 Abs. 1 bis 4 der Verwaltungsgerichtsordnung entsprechend." (S. 4); „Satz 2 gilt nicht, wenn es mit geringem Aufwand möglich ist, den Sachverhalt auch ohne Mitwirkung des Klägers zu ermitteln." (S. 6). MWv 1.7.1993 wurde das Klammerzitat in Abs. 1 von „Abs. 2" in „Abs. 3" geändert (Art. 1 Nr. 41 **AsylVfÄndG 1993**). Die RLUmsG 2007 und 2011 und 2013 sowie die Asylpakete und das intG 2016 haben keine Änderungen vorgenommen. Durch das **AsylVfBeschlG 2015** wurde der bisherige Klammerinhalt (§ 36 III 1) in Abs. 1 durch den heutigen ersetzt, was der Gesetzgeber damit begründete[3], die Aufnahme des Verweises auch auf § 34a diene der Vereinheitlichung der Klagefristen in allen Fällen der Unzulässigkeit von Anträgen. Die §§ 74 ff. sind grundsätzlich **europarechtskonform**; ergänzend sind allerdings die Vorgaben des das „Recht auf einen wirksamen Rechtsbehelf" regelnden Art. 46 Asylverfahrens-RL 2013/32/EU zu beachten[4]. Dies gilt für die

---

[14] Überzeugend BVerwG Urt. v. 29.6.2015 – 1 C 2.15.
[1] BT-Drs. 12/2062, 18.
[2] BT-Drs. 12/2718, 38.
[3] Vgl. BT-Drs. 18/6185, 51.
[4] (1) Die Mitgliedstaaten stellen sicher, dass Antragsteller das Recht auf einen wirksamen Rechtsbehelf vor einem Gericht haben gegen.
a) eine Entscheidung über ihren Antrag auf internationalen Schutz, einschließlich einer Entscheidung,
i) einen Antrag als unbegründet in Bezug auf die Flüchtlingseigenschaft und/oder den subsidiären Schutzstatus zu betrachten.
ii) einen Antrag nach Artikel 33 Absatz 2 als unzulässig zu betrachten.

Präklusionsnorm des § 74 II jedenfalls bei Anwendung der Regelungen des § 87b III VwGO und sachgerechter Ausübung des Ermessens[5].

II. Allgemeines

Die Vorschrift soll die anlässlich des Asylantrags und im Anschluss an die Ablehnung des Asylantrags möglichen Gerichtsverfahren **konzentrieren** und damit **beschleunigen**. Dazu dienen Fristverkürzung und Präklusion. Besondere Bestimmungen über die Verbundklage (§ 30 AsylVfG 1982) sind entbehrlich geworden, nachdem die einzelnen Teile des Verfahrens weitestgehend beim BAMF konzentriert sind. Nach Erweiterung der Kompetenz des BAMF um Flüchtlingsanerkennung, Feststellung von Abschiebungshindernissen nach § 53 AuslG (seit 2005 bzw. 2013: § 60 V und VII AufenthG) und Abschiebungsandrohung oder -anordnung nach § 34a kommen diese als selbstständige **Streitgegenstände** auf Seiten des Bundes zur Asylanerkennung hinzu, während die Ausländerbehörde aus diesem Verfahren ausgeschlossen ist. Der verwaltungsprozessuale Streitgegenstand wird allgemein zweigliedrig definiert: prozessualer Klageanspruch und Klagegrund[6]. Eine Tendenz zum 2

---

iii) die an der Grenze oder in den Transitzonen eines Mitgliedstaats nach Artikel 43 Absatz 1 ergangen ist.
iv) keine Prüfung nach Artikel 39 vorzunehmen.
b) eine Ablehnung der Wiederaufnahme der Prüfung eines Antrags nach ihrer Einstellung gem. den Artikeln 27 und 28.
c) eine Entscheidung zur Aberkennung des internationalen Schutzes nach Artikel 45.
(2) Die Mitgliedstaaten stellen sicher, dass die Asylbehörde als Person mit Anspruch auf subsidiären Schutz anerkannte Personen ihr Recht nach Absatz 1 wahrnehmen können, gegen eine Entscheidung, einen Antrag als unbegründet in Bezug auf die Flüchtlingseigenschaft zu betrachten, einen wirksamen Rechtsbehelf einzulegen.
Unbeschadet des Absatzes 1 Buchstabe c kann – sofern der von einem Mitgliedstaat gewährte subsidiäre Schutzstatus die gleichen Rechte und Vorteile einräumt wie der Flüchtlingsstatus nach dem Unionsrecht und dem nationalen Recht – dieser Mitgliedstaat einen Rechtsbehelf gegen eine Entscheidung, einen Antrag als unbegründet in Bezug auf die Flüchtlingseigenschaft zu betrachten, aufgrund mangelnden Interesses des Antragstellers an der Fortsetzung des Verfahrens als unzulässig betrachten.
(3) Zur Einhaltung des Absatzes 1 stellen die Mitgliedstaaten sicher, dass der wirksame Rechtsbehelf eine umfassende Ex-nunc-Prüfung vorsieht, die sich sowohl auf Tatsachen als auch auf Rechtsfragen erstreckt und bei der gegebenenfalls das Bedürfnis nach internationalem Schutz gemäß der Richtlinie 2011/95/EU zumindest in Rechtsbehelfsverfahren vor einem erstinstanzlichen Gericht beurteilt wird.
(4) Die Mitgliedstaaten legen angemessene Fristen und sonstige Vorschriften fest, die erforderlich sind, damit der Antragsteller sein Recht auf einen wirksamen Rechtsbehelf nach Absatz 1 wahrnehmen kann. Die Fristen dürfen die Wahrnehmung dieses Rechts weder unmöglich machen noch übermäßig erschweren.
Die Mitgliedstaaten können auch eine Überprüfung der im Einklang mit Artikel 43 ergangenen Entscheidungen von Amts wegen vorsehen.
(5) Unbeschadet des Absatzes 6 gestatten die Mitgliedstaaten den Antragstellern den Verbleib im Hoheitsgebiet bis zum Ablauf der Frist für die Ausübung des Rechts der Antragsteller auf einen wirksamen Rechtsbehelf und, wenn ein solches Recht fristgemäß ausgeübt wurde, bis zur Entscheidung über den Rechtsbehelf.
(6) Im Fall einer Entscheidung,
a) einen Antrag im Einklang mit Artikel 32 Absatz 2 als offensichtlich unbegründet oder nach Prüfung gem. Artikel 31 Absatz 8 als unbegründet zu betrachten, es sei denn, diese Entscheidungen sind auf die in Artikel 31 Absatz 8 Buchstabe h aufgeführten Umstände gestützt,
b) einen Antrag gem. Artikel 33 Absatz 2 Buchstaben a, b oder d als unzulässig zu betrachten,
c) die Wiedereröffnung nach Artikel 28 eingestellten Verfahrens des Antragstellers abzulehnen oder.
d) gemäß Artikel 39 den Antrag nicht oder nicht umfassend zu prüfen,
ist das Gericht befugt, entweder auf Antrag des Antragstellers oder von Amts wegen darüber zu entscheiden, ob der Antragsteller im Hoheitsgebiet des Mitgliedstaats verbleiben darf, wenn die Entscheidung zur Folge hat, das Recht des Antragstellers auf Verbleib in dem Mitgliedstaat zu beenden und wenn in diesen Fällen das Recht auf Verbleib in dem betreffenden Mitgliedstaat bis zur Entscheidung über den Rechtsbehelf im nationalen Recht nicht vorgesehen ist.
(7) Für die Verfahren nach Artikel 43 gilt Absatz 6 nur dann, wenn.
a) dem Antragsteller die erforderliche Verdolmetschung, rechtlicher Beistand und eine Frist von mindestens einer Woche für die Ausarbeitung des Antrags und zur Vorlage – vor Gericht – der Argumente für eine Gewährung des Rechts auf Verbleib im Hoheitsgebiet bis zum Ergebnis des Rechtsbehelfs zur Verfügung steht und.
b) im Rahmen der Prüfung des in Absatz 6 genannten Antrags das Gericht die abschlägige Entscheidung der Asylbehörde in faktischer und rechtlicher Hinsicht prüft.
Sind die Voraussetzungen nach den Buchstaben a und b nicht gegeben, so kommt Absatz 5 zur Anwendung.
(8) Die Mitgliedstaaten gestatten dem Antragsteller, bis zur Entscheidung in dem Verfahren nach den Absätzen 6 und 7 darüber, ob der Antragsteller im Hoheitsgebiet des Mitgliedstaats verbleiben darf, im Hoheitsgebiet zu verbleiben.
(9) Die Absätze 5, 6 und 7 gelten unbeschadet des Artikels 26 der Verordnung (EU) Nr. 604/2013.
(10) Die Mitgliedstaaten können für das Gericht nach Absatz 1 Fristen für die Prüfung der Entscheidung der Asylbehörde vorsehen.
(11) Die Mitgliedstaaten können ferner in ihren nationalen Rechtsvorschriften die Bedingungen für die Vermutung der stillschweigenden Rücknahme oder des Nichtbetreibens eines Rechtsbehelfs nach Absatz 1 durch den Antragsteller sowie das anzuwendende Verfahren festlegen.

[5] EuGH Urt. v. 4.10.2018 – C-652/16 – Ahmedbekova ua; VGH BW Beschl. v. 24.2.2017 – A 11 S 368/17.
[6] Für das Asylrecht ebenso BVerwG Urt. v. 10.5.1994 – 9 C 501.93, BVerwGE 96, 24.

7 AsylG § 74

formalisierten eingliedrigen Begriff des Streitgegenstands[7] in der Rspr. zum Asylrecht ist jedenfalls nicht klar erkennbar. Allerdings sind für das Asylrecht zwei Besonderheiten zu vermerken. Erstens unterscheidet sich die begehrte Rechtsfolge bei der Asyl- und der Flüchtlingsanerkennung, bei den nationalen Abschiebungsverboten des § 60 V und VII AufenthG aber nur hinsichtlich einerseits der absoluten und andererseits der relativen Hindernisse. Zweitens erschöpft sich der Lebenssachverhalt nicht punktuell in einem vorgetragenen Ereignis oder Vorgang, sondern ist in dem Sinne umfassend, dass er alle für die Gefährdungsprognose maßgeblichen Umstände und Verhältnisse im Herkunftsstaat wie im Inland einschließt, wobei die persönlichen Verpflichtungen zum umfassenden Vortrag (§§ 15, 25 I–III) ebenso zugrunde zu legen sind wie die (ergänzende) Amtsaufklärungspflichten von BAMF und VG (§ 24; § 86 VwGO)[8].

3 Als Grundlage des Rechtsschutzes im Hauptsacheverfahren wird die Vorschrift **ergänzt um die Sonderregeln der §§ 75–83,** die va mit dem streitentscheidenden Einzelrichter und der Zulassungsberufung ein Prozessrechtssystem zur Verfügung stellen, das anfangs vom allgemeinen Verwaltungsprozess erheblich abwich. Trotz einiger Mängel hat sich ein Teil dieser Bestimmungen (als §§ 30–33 AsylVfG 1982) insgesamt als tauglich erwiesen. Gleichwohl darf nicht übersehen werden, dass sich der Asylprozess am wenigsten für derartige Experimente eignet und die notwendige Entlastung der Verwaltungsgerichtsbarkeit am besten von Anfang an durch Übernahme dieser Institute in die VwGO hätte bewerkstelligt werden können[9]. Stattdessen wurde der verwaltungsgerichtliche Rechtsschutz zunächst am 1.1.1991 in anderer Weise **reformiert,** insbesondere durch Einführung des streitentscheidenden Vorsitzenden/Berichterstatters und der Präklusion verspäteten Vorbringens (4. VwGOÄndG). Die damals in der VwGO vorgenommenen Straffungen haben nur bedingt zu einer spürbaren Beschleunigung beigetragen, weil sie lediglich halbherzig das Verfahren, nicht aber den Rechtszug verkürzten. Für den Asylprozess brachten sie **zusätzliche Komplikationen,** weil die Neuerungen nicht mit dem AsylVfG abgestimmt waren und deshalb im Verhältnis zu §§ 74 ff. jeweils für die einzelne Norm zu klären war. Später wurde ab 1.1.1997 auch im allgemeinen Verwaltungsprozess die Zulassungsbedürftigkeit der Berufung und der Beschwerde eingeführt (Gesetz v. 1.11.1996)[10], und gleichzeitig erfolgten weitere Änderungen des Gerichtsverfahrens (zB §§ 92, 124, 124a VwGO), für die angesichts des speziellen Charakters der §§ 74 ff. ebenfalls zu klären ist, ob sie auch für Asylsachen gelten. Seit 1.1.2002 sind Einzelheiten des Berufungs- und Beschwerdeverfahrens wiederum geändert; insbesondere bedarf die Beschwerde in Eilverfahren nach §§ 80 V, 123 VwGO (wiederum) nicht mehr der Zulassung (Gesetz vom 20.12.2001)[11]. Obwohl § 74 nur Klagefrist und Präklusion regelt, sollen hier darüber hinaus auch die wichtigsten der in Betracht kommenden prozessualen Einzelfragen dargestellt werden, soweit sie nicht in §§ 75–83b ausdrücklich geregelt oder an anderer Stelle kommentiert sind[12].

4 Der **Ampelkoalitionsvertrag 2021** postuliert, dass Asylverfahren „fair, zügig und rechtssicher" ablaufen müssen. Die Verwaltungsgerichte sollen „durch qualitativ hochwertige Entscheidungen des BAMF entlastet werden". Angestrebt würden „schnellere Entscheidungen in Asylprozessen sowie eine Vereinheitlichung der Rechtsprechung". Es bleibt abzuwarten, wie dies umgesetzt werden soll.

III. Gerichtsverfahren

1. Streitgegenstand, Verbindung, Trennung

5 Bestimmungen über den subjektiven Klagenverbund gibt es lange nicht mehr. Anders als nach § 30 AsylVfG 1982 ist der erfolglose Asylbewerber infolge der weitgehenden Konzentration der Kompetenzen beim BAMF (vgl. § 31) nicht mehr gehalten, Asylablehnung und Abschiebungsandrohung gegenüber zwei verschiedenen Beteiligten anzugreifen. Nunmehr handelt es sich aber um uU **vier für ihn negative Entscheidungen,** gegen die er gerichtlich vorgehen kann: (1) Ablehnung der Asylanerkennung (einschließlich Familienasyl), (2) Ablehnung der Flüchtlingsanerkennung (einschließlich Familienabschiebungsschutz), (3) Unterlassen der Feststellung von Abschiebungsverboten nach § 60 II–VII AufenthG, (4) Abschiebungsandrohung. In anderen Fällen ergehen zT nur zwei oder drei Entscheidungen des BAMF (zB nach §§ 31 II, III 2, IV, 32, 33, 34).

6 Trotz Fehlens einer § 30 AsylVfG 1982 entsprechenden Vorschrift ergibt sich die Notwendigkeit einer **Verbindung der Klagen** des Asylbewerbers (nach Abschaffung des BB seit 1.9.2004 sind dessen Klagen nur noch übergangsweise von Bedeutung; dazu § 87b). Klagt der Ausländer gegen mehrere Entscheidungen des BAMF, ohne die Klagen schon verbunden zu erheben, sind diese Verfahren auf Antrag eines Beteiligten oder von Amts wegen zur gemeinsamen Verhandlung und Entscheidung im Regelfall miteinander zu verbinden (§ 95 S. 1 VwGO); unter Umständen kommt auch eine formlose

---
[7] So *Rennert* VBlBW 2001, 161.
[8] → Rn. 25–27.
[9] *Renner* in Barwig, Asylrecht im Binnenmarkt, S. 65 ff.
[10] BGBl. 1996 I S. 1626.
[11] BGBl. 2001 I S. 3987.
[12] Jeweils unter „Rechtsschutz"; betr. Rechtsschutzinteresse zB → § 81 Rn. 2.

Zusammenführung in der Weise in Betracht, dass der später eingehende Antrag kurzerhand als Ergänzung des zuerst gestellten angesehen und deshalb verfahrensmäßig nicht gesondert geführt, sondern zu den schon bestehenden Akten genommen wird. Das dem Gericht für eine förmliche Verbindung eingeräumte Ermessen schrumpft idR auf null[13]. Dies gilt auch für den Fall, dass sowohl der Asylbewerber (zB gegen die Ablehnung der Asylanerkennung) als auch der BB (zB gegen die Flüchtlingsanerkennung) klagen (nach Abschaffung des BB seit 1.9.2004 sind dessen Klagen nur noch übergangsweise von Bedeutung; dazu § 87b). Dagegen erscheint eine getrennte Behandlung und gegebenenfalls **Trennung** (§ 95 S. 2 VwGO) angebracht, wenn über einen der Streitgegenstände eine Sachentscheidung nicht mehr ergehen kann (zB nach Klagerücknahme oder übereinstimmender Erledigterklärung)[14]. Sonst ist sie idR unsachgerecht, auch bei Einverständnis der Beteiligten und teilweiser Entscheidungsreife.

Die Notwendigkeit einer schnellen, möglichst gleichzeitigen und in sich widerspruchsfreien Entscheidung über alle Streitgegenstände verlangt darüber hinaus **gerichtsorganisatorische Maßnahmen**, die ein Auseinandergehen der vier Streitgegenstände möglichst von vornherein verhindern. Jede andere Verfahrensweise liefe dem klaren gesetzgeberischen Willen zur unbedingten Beschleunigung der Asylverfahren zuwider[15]. So wäre es etwa mit dem Gesetzeszweck nicht vereinbar, wenn die Zuständigkeit für die Asylentscheidungen einerseits (Asyl- und Flüchtlingsanerkennung) und die ausländerrechtlichen Entscheidungen andererseits (Feststellung zu § 60 II–V und VII AufenthG und Abschiebungsandrohung) verschiedenen Spruchkörpern oder Einzelrichtern zugewiesen würden[16]. 7

Ergeht die Abschiebungsandrohung nicht gleichzeitig mit der Asylentscheidung (§ 34 II) oder gehen die Klagen nacheinander bei Gericht ein, ist der **Verbund nachträglich** herzustellen. Das grundsätzliche Verbindungsgebot bindet auch die Rechtsmittelgerichte. 8

Der Streitgegenstand kann aufgrund der eingeschränkten Dispositionsfreiheit des Asylbewerbers (§ 13 II) begrenzt sein. War der **Asylantrag auf** Flüchtlingsanerkennung **beschränkt** (§ 13 II), kann der Asylbewerber nach dessen Ablehnung (vgl. § 31 II 2) sein Begehren nicht erweitern; er kann also nur auf Verpflichtung zur Feststellung der Voraussetzungen des § 60 I AufenthG klagen. Bezieht er die Asylanerkennung in seine Klage ein, kann er damit keinen Erfolg haben, weil es insoweit an einem wirksamen Antrag und einem erfolglosen Antragsverfahren fehlt. Hat er dagegen einen **unbeschränkten Asylantrag** gestellt, kann er dessen Ablehnung (vgl. § 31 II 1) entweder in vollem Umfang angreifen oder nunmehr sein Begehren nachträglich auf die Flüchtlingsanerkennung beschränken. Dies entspricht der ihm durch § 13 II verliehenen Dispositionsfreiheit. Hat der Asylantrag nur hinsichtlich der Flüchtlingsanerkennung Erfolg, kann der Asylbewerber auf Asylanerkennung klagen. Schließlich ist ihm nicht verwehrt, isoliert die Asylanerkennung einzuklagen und die Ablehnung der Flüchtlingsanerkennung bestandskräftig werden zu lassen. Die Regelungen des § 13 I stehen dem nicht entgegen; diese sollen nur das Ausklammern der Voraussetzungen des § 60 I AufenthG aus dem Asylverfahren verhindern; deren Nichtvorliegen steht aber in diesem Fall schon bestandskräftig fest. 9

2. Zuständigkeit

Die örtliche Zuständigkeit der Gerichte ist nach anderen Gesichtspunkten als für BAMF und Ausländerbehörde (gewöhnlicher Aufenthalt nach § 3 I Nr. 3 lit. a VwVfG) geregelt. Für Asylsachen gilt auch nicht der allgemeine Gerichtsstand des Behördensitzes (§ 52 Nr. 2 S. 1 und 2 VwGO). Für Streitigkeiten nach dem AsylG ist vielmehr grundsätzlich das VG zuständig, in dessen Bezirk der Asylbewerber bei Erhebung der Klage oder Stellung des gerichtlichen Antrags seinen **Aufenthalt** zu nehmen hat; nur wenn diese Anknüpfung versagt, ist der Ort des Erlasses des VA maßgeblich (§ 52 Nr. 3 S. 1). Diese Sonderregeln sind mit der Garantie des gesetzlichen Richters (Art. 101 I 2 GG) vereinbar[17]. Einige Länder haben für Asylstreitverfahren zunächst die ihnen durch § 3 I Nr. 4 VwGO eröffnete Möglichkeit der Konzentration auf eines oder mehrere VG genutzt, inzwischen aber Asylsachen meist wieder weitgehend dezentralisiert. Bei Zweifeln an der örtlichen Zuständigkeit kann diese entweder bejaht oder die Sache an das andere VG verwiesen werden (§ 17a III oder II GVG). Es kann nicht stattdessen das nächsthöhere Gericht zur Bestimmung des zuständigen VG angerufen werden[18]. Kommt es zur Verweisung an ein ebenfalls unzuständiges Gericht, ist diese bindend; sie kann nicht mittels analoger Anwendung von § 53 I Nr. 5 VwGO durch Anrufung des OVG/VGH korrigiert werden. 10

Der **Kreis der erfassten Streitigkeiten** ist weit gezogen, darf aber nicht durch eine extensive Auslegung dahin gehend erweitert werden, dass die Ausländerbehörde den Gerichtsstand manipulieren könnte[19]. Erfasst sind alle Streitigkeiten, die den Zugang zum Asylverfahren, seine Durchführung und 11

---

[13] *Hailbronner* AsylG § 74 Rn. 27 f.
[14] Zum früheren Recht *Renner* ZAR 1985, 62.
[15] → § 83 Rn. 2 f.
[16] Betr. Gerichtszuständigkeit vgl. § 52 Nr. 2 S. 3 VwGO und → Rn. 10 ff.
[17] BVerwG Beschl. v. 9.9.1980 – 9 ER 402.80, NJW 1981, 537.
[18] BVerwG Beschl. v. 8.11.1994 – 9 Ausnahmevisum 1.94, BayVBl. 1995, 252; HessVGH Beschl. v. 15.11.1993 – 13 Z 2131/93, NVwZ-RR 1994, 476.
[19] HmbOVG Beschl. v. 23.12.1983 – Bs V 125/83, ZAR 1984, 118.

seine Rechtsfolgen betreffen und nach den Regeln des AsylG entschieden werden sollen[20]. Maßgeblich ist also nicht allein der Sitz der jeweiligen Rechtsgrundlage[21]. Einen besonderen Streitpunkt in der divergierenden Rspr. der OVG/VGH[22] bilden die aufenthaltsbeendenden Maßnahmen gegen erfolglose Asylbewerber. Sie beruhen auf der Abschiebungsandrohung des BAMF und dienen deren Durchsetzung, werden aber durch die Ausländerbehörde nach den Regeln der §§ 50 ff. AufenthG durchgeführt; wären sie nicht erfasst, müsste der Beschleunigungszweck erheblich leiden[23]. Anders verhält es sich nur, wenn in einem nachfolgenden aufenthaltsrechtlichen Verfahren, etwa um eine Aufenthaltserlaubnis aus humanitären Gründen, die Ausländerbehörde eine weitere Abschiebungsandrohung erlässt soll und diese vollstreckt werden soll und angegriffen wird[24]. Nicht nur Asylbewerber, auch Asylberechtigte sowie anerkannte ausländische Flüchtlinge sind betroffen, soweit es zB Verfahren nach §§ 72, 73, 73a angeht. Dies gilt aber nicht für die Erteilung der Aufenthaltserlaubnis nach § 25 I oder II Aufenthalt und deren Übergang in eine Niederlassungserlaubnis (§ 26 III AufenthG), weil insoweit asylverfahrensrechtliche Besonderheiten keine Rolle spielen, sondern allein das AufenthG maßgeblich ist. Auf das AufenthG gestützte Maßnahmen gegen Asylbewerber oder Asylberechtigte, etwa Ausweisungen nach § 56 I 2, IV AufenthG, gehören nicht dazu (anders noch § 52 Nr. 2 S. 3 VwGO aF: „(...) Verwaltungsakt der Ausländerbehörde gegen Asylbewerber (...)")[25]. Ob die Unterlassung von Anfragen an den Heimatstaat zu den asylrechtlichen Verfahrensgegenständen iSd § 52 Nr. 2 S. 2 VwGO zu rechnen ist, erscheint höchst fraglich[26].

12 Für die örtliche Zuständigkeit kommt es auf die **Aufenthaltsbestimmungen** nach §§ 56, 71 V 1 an. Eine behördliche Zustimmung zu dem Wohnsitz oder Aufenthalt ist ebenso unerheblich wie eine Zuweisung[27]. Der Aufenthaltsort des Asylbewerbers ergibt sich insbesondere aus der örtlichen Beschränkung der Aufenthaltsgestattung (§ 56: drei Fallgruppen) und deren Fortdauer nach Abschluss des Asylverfahrens und für das Folgeantragsverfahren (§§ 56 III, 71 V 1). Die mehrfache Zuständigkeit der Ausländerbehörde nach § 71 V 2 hat keinen Einfluss auf die Gerichtszuständigkeit, weil sie an der Bestimmung des Aufenthaltsbezirks nichts ändert. Die Gestattung des vorübergehenden Verlassens des Aufenthaltsbezirks (§§ 57, 58 I 1 Alt. 1, II–VI) erweitert ebenfalls nicht den zugewiesenen Aufenthaltsbezirk. Anders verhält es sich bei der Erlaubnis zum allgemeinen Aufenthalt in dem angrenzenden Bezirk (§ 58 I 1 Alt. 2); denn damit wird der Aufenthaltsbereich verlegt.

13 Fehlt es an einer Aufenthaltsbestimmung, greift § 52 Nr. 3 S. 1 VwGO ein (Ort des Erlasses des angegriffenen oder begehrten VA oder der Maßnahme)[28]. Trotz der engeren Formulierung des § 52 Nr. 3 S. 1 VwGO ist die Vorschrift auch auf andere Klagearten als die Anfechtungsklage anzuwenden[29]. Beim **Streit** um einen neuen Aufenthaltsort bleibt zunächst der alte maßgeblich, es sei denn, die neue Aufenthaltsanordnung ist vorläufig vollziehbar[30]. Der einmal begründete Gerichtsstand wird durch einen **Wechsel** des maßgeblichen Aufenthaltsbezirks während des Verfahrens nicht berührt (§ 83 VwGO iVm § 17 I G)[31]. Eine zwischenzeitliche anderweitige Verteilung berührt die Zuständigkeit nicht[32].

3. Fristen

14 Während unter der Geltung des AsylVfG 1982 besondere Fristen für asylrechtliche Hauptsacheverfahren nicht zu beachten waren, gelten nunmehr verhältnismäßig **kurze Fristen** für Klage (Abs. 1), Klagebegründung (Abs. 2) und Berufungszulassungsantrag samt Begründung (§ 78 IV). Für die Berufung besteht die Monatsfrist (§ 124a II VwGO) nicht mehr, weil nach Zulassung der Berufung durch OVG/VGH das Antragsverfahren als Berufungsverfahren fortgesetzt wird (§ 78 V 3; zur Berufungsbegründung vgl. § 124a VI VwGO)[33]. Entsprechendes gilt für die Revision[34] nach Zulassung durch das BVerwG (§ 139 II VwGO). Für die Nichtzulassungsbeschwerde beträgt die Frist einen Monat für die Einlegung und einen (weiteren) Monat für die Begründung (§ 133 II 1, III 1 VwGO). Unter

---

[20] *Hailbronner* AsylG vor § 74 Rn. 9–19, AsylG § 74 Rn. 1–25; vgl. auch → § 76 Rn. 7, → § 78 Rn. 7, → § 80 Rn. 2.
[21] AA BVerwG Urt. v. 25.9.1997 – 1 C 3.97, NVwZ 1998, 297; Urt. v. 25.9.1997 – 1 C 6.97, NVwZ 1998, 299 mablAnm *Renner* NJ 1998, 160 f.
[22] Dazu *Rennert* VBlBW 1993, 90; *Ruge* NVwZ 1995, 733.
[23] → § 80 Rn. 2.
[24] → § 80 Rn. 2.
[25] Zum Vollzug asylverfahrensrechtlicher Abschiebungsandrohungen → § 80 Rn. 2.
[26] So aber zum früheren Recht BVerwG Beschl. v. 27.6.1984 – 9 A 1.84, InfAuslR 1985, 53.
[27] Zum früheren Recht vgl. BVerwG Urt. v. 22.1.1985 – 9 C 132.82, InfAuslR 1985, 149; HmbOVG Beschl. v. 27.3.1987 – Bs IV 150/87, InfAuslR 1987, 262.
[28] Anders nach alter Rechtslage noch BVerwG Beschl. v. 9.9.1980 – 9 ER 402.80, NJW 1981, 537.
[29] *Hailbronner* AsylG vor § 74 Rn. 11.
[30] Zum früheren Recht HmbOVG Beschl. v. 23.12.1983 – Bs V 125/83, ZAR 1984, 118.
[31] BVerwG Urt. v. 22.1.1985 – 9 C 132.82, InfAuslR 1985, 149.
[32] ThürOVG Beschl. v. 18.9.1996 – 3 KO 384/96, AuAS 1997, 24.
[33] → § 78 Rn. 42.
[34] Dazu → Rn. 43.

Entscheidungen nach diesem Gesetz sind alle Urteile und Beschlüsse in Verfahren zu bestehen, die den Zugang zum Asylverfahren, dessen Durchführung und dessen Rechtsfolgen betreffen und nach den Regeln des AsylG geführt werden[35]. Ein Asylantragsteller, über dessen Asylantrag ohne zureichenden Grund nicht in angemessener Frist entschieden worden ist, hat jedenfalls dann ein Rechtsschutzbedürfnis für eine **Untätigkeitsklage** mit dem Ziel, das BAMF zur Bescheidung seines Antrages zu verpflichten, wenn noch keine Anhörung beim Bundesamt stattgefunden hat[36]. Eine Untätigkeitsklage mit dem Ziel, das BAMF zur Gewährung internationalen Schutzes zu verpflichten, dürfte wegen der weitreichenden Konsequenzen für den Rechtsschutz des Betroffenen und das Verfahren insgesamt unzulässig sein[37]; liegen gebliebene Asylanträge sind nicht von den Gerichten zu bearbeiten und zu erledigen[38].

Eine normale **Klagefrist** von einem Monat ist nicht zu beanstanden; zusammen mit dem **15** generellen Ausschluss des Widerspruchs (§ 11) würde sie das Verfahren hinreichend beschleunigen. Die Klagefrist von zwei Wochen ist schon recht knapp. Bedenken bestehen insbesondere hinsichtlich der Klagefrist von einer Woche in den Fällen des Sofortvollzugs aufenthaltsbeendender Maßnahmen des § 34a II (Dublin-Fälle) bzw. § 36 III (insbesondere offensichtlich unbegründete Ablehnungen) nach Abs. 1 Hs. 2; auch aus europarechtlicher Sicht[39]. Nach hM erscheint diese Frist dennoch sachgerecht, weil sonst nach einer Woche nicht feststünde, ob überhaupt Klage erhoben wird und ob der Antrag vor Klageerhebung zulässig ist[40]. Hierfür spricht, dass es sich hier zugunsten eines effektiven Rechtsschutzes auswirkt, dass diese Klage ohne Rücksicht auf die Länge der Klagefrist erst innerhalb eines Monats begründet werden muss. Für das Flughafenverfahren besteht insofern eine Lücke, als eine Bezugnahme auf die Antragsfrist von drei Tagen (§ 18a IV) fehlt und es deshalb bei der allgemeinen Klagefrist von einem Monat verbleibt[41]. Danach wäre zwar an eine entsprechende Regelung auch für das Flughafenverfahren zu denken; eine derartige Differenzierung findet aber dort gerade nicht statt (vgl. § 18a IV). Aufgrund der knappen Klagefrist sind an die Richtigkeit der Rechtsbehelfsbelehrung besonders hohe Maßstäbe anzulegen. Die **Belehrung** des BAMF, die Klage müsse „in **deutscher Sprache** abgefasst sein", ist allerdings nicht irreführend und macht diese nicht unrichtig iSv § 58 II VwGO; dasselbe gilt bei fehlender oder unrichtiger Übersetzung der Rechtsbehelfsbelehrung in eine Sprache, die der Kläger versteht oder deren Kenntnis vernünftigerweise vorausgesetzt werden kann[42].

Die Einführung einer **Klagebegründungsfrist** bedeutet allerdings eine deutliche Verschärfung **16** gegenüber dem allgemeinen Verwaltungsprozess (§ 82 I 3, II 2 VwGO). Die hierfür angeführten Gründe (besondere Mitwirkungsverpflichtung des Asylbewerbers und Gefahr der Verzögerung bei späterer Begründung)[43] sind nicht in jeder Hinsicht zwingend. Die weitreichenden Möglichkeiten des VG nach §§ 82 II 1, 87 I Nr. 2 VwGO könnten die erforderliche Beschleunigung ebenso gut bewirken. Außerdem ist die Begründungsfrist nicht nur bei Asylklagen, sondern bei allen Klagen nach dem AsylG einzuhalten.

Für den Umfang der Klagebegründungspflicht ist das Verhältnis zwischen der allgemeinen **Mit- 17 wirkungsverpflichtung** des Asylbewerbers und dem **Untersuchungsgrundsatz** (§ 86 I VwGO) zu beachten, der das Gericht zu eigenständigen Ermittlungen von Amts wegen in der besonderen Situation in dem Verfolgerstaat verpflichtet[44]. Soweit danach die Begründungsverpflichtung des Asylbewerbers eingreift, richtet sie sich nach dessen Kenntnissen und Möglichkeiten. Der einmal substantiierte Tatsachenvortrag kann später näher ausgeführt und in dem vorgegebenen Rahmen auch ergänzt werden. Nicht jede Einzelheit braucht schon innerhalb der Frist angegeben zu werden. Bei der Berufung auf Zeugen oder Sachverständige genügt zunächst deren Benennung; Einzelheiten wie die ladungsfähige Anschrift können auch später nachgetragen werden und ggf. berichtigt werden.

Anträge auf **vorläufigen Rechtsschutz** nach §§ 80 V, 123 VwGO sind grundsätzlich nicht frist- **18** gebunden. Für bestimmte Eilanträge sind aber im asylrechtlichen Verfahren (kurze) Fristen festgesetzt: eine Woche nach § 34a II (Dublin-Fälle) bzw. § 36 III (insbesondere offensichtlich unbegründete Ablehnungen) und drei Tage nach § 18a IV 1 (Flughafenverfahren). Die Anträge sind in diesen Fällen nicht nur innerhalb dieser Fristen einzulegen, sondern in dieser Zeit auch zu begründen, denn

---

[35] Zum Kreis der erfassten Streitverfahren → Rn. 11, → § 76 Rn. 7, → § 78 Rn. 7, → § 80 Rn. 2.
[36] BVerwG Urt. v. 11.7.2018 – 1 C 18.17.
[37] Vgl. BayVGH Urt. v. 23.3.2017 – 13a B 16.30951; BVerwG Urt. v. 11.7.2018 – 1 C 18.17.
[38] Vgl. zur Problematik des „Durchentscheidens" *Berlit* jurisPR-BVerwG 19/2918, Anm. 6 mwN sowie *Göbel-Zimmermann* ua ZAR 2016, 357 und *Brauer* JM 2018, 429.
[39] Vgl. EuGH Urt. v. 28.7.2011 – C-69/10 – Samba Diouf, der bisher insoweit nur einmal eine 15-Tage-Frist akzeptiert hat; Urt.-Rn. 67: „Bei beschleunigten Verfahren erscheint eine Frist von 15 Tagen für die Vorbereitung und Einlegung eines Rechtsbehelfs im Grundsatz nicht tatsächlich unzureichend, sondern gegenüber den berührten Rechten und Belangen angemessen und verhältnismäßig."
[40] Dazu HmbOVG Beschl. v. 15.11.1982 – Bs VII 109/82, NVwZ 1983, 435.
[41] *Hailbronner* AsylVfG § 74 Rn. 36.
[42] BVerwG Urt. v. 29.8.2018 – 1 C 6.18 (aA zuvor VGH BW Urt. v. 18.4.2017 – A 9 S 333/17).
[43] So BT-Drs. 12/2062, 40.
[44] Dazu → Rn. 25 ff.; BT-Drs. 12/2062, 40; ausf. *Hailbronner* AsylG vor § 74 Rn. 38–85 und 86–136.

angesichts der absoluten Eilbedürftigkeit dieser Verfahren ist vom Gesetzgeber eine unverzügliche Entscheidung nach Fristablauf als notwendig vorausgesetzt und verlangt[45].

19 Die Frist wird durch Bekanntmachung oder **Zustellung** (§§ 18a II, III 1, 31 I, 34a II, 36 II 1, III 1) in Lauf gesetzt (zu Mitteilung und Zustellung vgl. § 17). Falls eine formgerechte Zustellung nicht nachweisbar, der BAMF-Bescheid aber zugegangen ist, ist dieser wirksam, die Klagefrist aber nicht in Lauf gesetzt[46]. Der Inhalt der **Rechtsmittelbelehrung** ergibt sich aus § 58 I VwGO und § 18a IV 3, 36 III 2. Sie ist in deutscher Sprache abzufassen und braucht nicht in Übersetzung beigefügt zu werden[47].

4. Wiedereinsetzung

20 Wiedereinsetzung in den vorigen Stand wird bei unverschuldeter Fristversäumnis gewährt, und zwar auf Antrag oder bei Nachholung des Rechtsmittels binnen zwei Wochen nach Wegfall des Hindernisses von Amts wegen (§ 60 VwGO)[48]. Mangelhafte Sprachkenntnisse – die beim unvertretenen Asylbewerber bei Achtung der Neuregelungen in §§ 24 I 2, 31 I 3 (entsprechend Art. 10 I lit. e Asylverfahrens-RL aF bzw. Asylverfahrens-RL: „Sprache, deren Kenntnis vernünftigerweise vorausgesetzt werden kann") – nun wohl allenfalls in Ausnahmefällen angenommen werden können, Verständnisschwierigkeiten und instabile Wohnverhältnisse können die Wiedereinsetzung nur rechtfertigen, wenn der Asylbewerber die ihm **zumutbare Sorgfalt und Mühe** aufgebracht hat[49]. Das ist zB anzunehmen, wenn er sich sogleich mit Nachdruck um rasche Aufklärung bemüht hat und dennoch nicht rechtzeitig Klage erheben konnte[50].

21 Von ihm wird insbesondere **verlangt,** sich bei sprachkundigen Landsleuten, dem Bevollmächtigten oder der Ausländerbehörde zu erkundigen[51] und notfalls einen Übersetzer oder Dolmetscher zurate zu ziehen. Eine erhöhte Sorgfalt ist deshalb von ihm zu erwarten, weil sein Aufenthalt während des Asylverfahrens grundsätzlich nur dem Zweck der Klärung der Asylberechtigung dient und andere Interessen – erlaubte oder unerlaubte – demgegenüber idR zurückzutreten haben. Entfernt er sich etwa von dem ihm zugewiesenen Aufenthaltsort, muss er für eine umgehende Unterrichtung sorgen, insbesondere zur Wahrung der Wochenfrist des § 36 III 1. Für von ihm eingeschaltete Boten oder andere Mittelspersonen trägt er das Risiko. Er kann sich allerdings auf die Richtigkeit der Übersetzung durch einen als verlässlich geltenden Sprachmittler verlassen.

22 Das **Verschulden seines Bevollmächtigten** ist ihm wie eigenes zuzurechnen (§ 173 VwGO iVm § 85 II ZPO)[52]. Den existenziellen Folgen für den Asylbewerber kann jedenfalls zT mit einem Wiederaufgreifen auf Antrag oder von Amts wegen betreffs § 60 II–V oder VII AufenthG (früher § 53 AuslG) begegnet werden[53]. Bei Nichtverschulden des Asylbewerbers und substantiierten Bedenken gegen den Erstbescheid verdichtet sich der Anspruch auf Ermessensausübung in einen Anspruch auf Wiederaufgreifen[54]. Der Bevollmächtigte kann sich nachlässiges Verhalten bei der Fristenkontrolle oder der Auswahl oder Beaufsichtigung des Büropersonals zuschulden kommen lassen. Verschulden kann auch darin liegen, dass er sich einen Aufenthaltswechsel nicht mitteilen lässt[55] oder eine zunächst unbeantwortet gebliebene Anfrage betreffs Rechtsmitteleinlegung nicht wiederholt[56]. Zur vorsorglichen Rechtsmitteleinlegung ist er nicht verpflichtet, wenn der Mandant eine zugegangene Anfrage nicht beantwortet[57]. Anders kann es sich nur verhalten, wenn er den Mandanten nicht erreicht und aufgrund der erteilten Vollmacht zur Rechtsmitteleinlegung befugt ist[58].

5. Maßgeblicher Zeitpunkt für Entscheidungsgrundlagen

23 Der maßgebliche Zeitpunkt für die Entscheidungsgrundlagen ist nicht einheitlich für alle Klage- und Antragsarten zu festzulegen. Allgemein ist zu beachten, dass allein das jeweilige **materielle Recht**

---

[45] Zur nachträglichen Begründung im Flughafenverfahren → § 18a Rn. 27.
[46] VGH BW Urt. v. 20.12.1990 – 14 S 1923/88, NVwZ-RR 1992, 396.
[47] BVerfG Beschl. v. 7.4.1976 – 2 BvR 728/75, BVerfGE 42, 120.
[48] Vgl. auch BVerwG Urt. v. 7.10.1975 – I C 46.69, BVerwGE 49, 202.
[49] BVerfG Beschl. v. 20.4.1982 – 2 BvL 26/81, BVerfGE 60, 253.
[50] Vgl. BVerfG Beschl. v. 2.6.1992 – 2 BvR 1401/91 ua, BVerfGE 86, 280.
[51] BVerfG Beschl. v. 7.4.1976 – 2 BvR 728/75, BVerfGE 42, 120.
[52] BVerfG Beschl. v. 20.4.1982 – 2 BvL 26/81, BVerfGE 60, 253; BVerfG-K Beschl. v. 21.6.2000 – 2 BvR 1989/97, NVwZ 2000, 907; ausf. und mwN *Schütz* ZAR 2001, 125.
[53] BVerfG-K Beschl. v. 21.6.2000 – 2 BvR 1989/97, NVwZ 2000, 907; *Jobs* ZAR 2002, 219.
[54] Vgl. BVerwG Urt. v. 7.9.1999 – 1 C 6.99, NVwZ 2000, 204; Urt. v. 21.3.2000 – 9 C 41.99, BVerwGE 111, 77; VGH BW Beschl. v. 4.1.2000 – A 14 S 786/99, NVwZ-RR 2000, 261; krit. dazu *Schütz* ZAR 2001, 125.
[55] BVerwG Urt. v. 24.11.1981 – 9 C 698.81, BVerwGE 64, 216; OVG RhPf Beschl. v. 8.11.1982 – 11 A 76/82, NJW 1983, 1509.
[56] BVerwG Urt. v. 23.11.1982 – 9 C 167.82, BVerwGE 66, 240; ThürOVG Beschl. v. 28.2.1996 – 3 KO 160/94, NVwZ-RR 1997, 390.
[57] OVG RhPf Beschl. v. 8.11.1982 – 11 A 76/82, NJW 1983, 1509.
[58] BVerwG Beschl. v. 8.3.1984 – 9 B 15 204.82, NVwZ 1984, 521.

die zugrunde zu legenden tatsächlichen Voraussetzungen eines Rechts und den hierfür maßgeblichen Zeitpunkt bestimmt und es deshalb nur tendenziell für die Anfechtungsklage auf den **Zeitpunkt** der letzten Behördenentscheidung und für die Verpflichtungsklage auf den der letzten gerichtlichen Tatsachenentscheidung ankommt[59]. Soweit der Widerspruch ausgeschlossen ist, ist im ersten Fall grundsätzlich auf den Zeitpunkt des Erlasses des VA abzustellen, während im zweiten Fall die Entscheidung durch VG oder OVG/VGH den maßgeblichen Zeitpunkt bestimmt.

Für Klagen auf **Verpflichtung** des BAMF zu Asylanerkennung, Flüchtlingsanerkennung oder **24** Gewährung des Familienasyls kommt es danach auf den Zeitpunkt der letzten gerichtlichen Entscheidung an; insoweit hat § 77 I nichts an der bestehenden Rechtslage verändert, wohl aber für die Anfechtungsklage gegen eine aufenthaltsbeendende Maßnahme[60]. Hinsichtlich Asyl- und Flüchtlingsanerkennung sowie Abschiebungshindernissen nach § 60 II–VII AufenthG ist die letztlich allein ausschlaggebende Gefahrenprognose auf den Zeitpunkt der Rückkehr in nächster Zeit gerichtet. Das in der Vergangenheit erlittene Verfolgungsschicksal liefert die wichtigsten Prognosetatsachen, ersetzt aber trotz der vom BVerfG als grundlegend betrachteten Kausalfolge „Verfolgung – Flucht – Asyl"[61] nicht die hypothetische Gefahreneinschätzung für den Fall der Rückkehr[62].

6. Amtsermittlung und Mitwirkungspflicht

Im gerichtlichen Verfahren wird die **Amtsermittlungspflicht** ebenso durch die **Mitwirkungs- 25 verpflichtung** des Asylbewerbers begrenzt wie im Verwaltungsverfahren[63]. Die für die Statusentscheidung erforderliche Klärung der Asylberechtigung aufgrund einer mit Tatsachen untermauerten Gefahrenprognose baut auf der gerichtlichen Aufklärungsverpflichtung auf, kann aber nur zum Ziel führen, wenn die eigenen Angaben des Asylbewerbers weitestgehend berücksichtigt werden. Nur ein ausgewogenes Verhältnis zwischen beiden Pflichtenkreisen wird den Besonderheiten des Asylrechts gerecht und zeitigt sachgemäße Ergebnisse; immer ist die grundrechtssichernde Bedeutung des Asylverfahrensrechts zu beachten[64]. Gerichtliche Feststellungen im asylrechtlichen Bereich müssen umfassend und verlässlich sein[65] und auf einer gesicherten richterlichen Überzeugung beruhen (§ 108 I VwGO)[66]. Dabei muss dem Vorbringen des Asylbewerbers möglichst weit nachgegangen und der Sachverhalt möglichst weit aufgeklärt werden[67]. Die Amtsaufklärung darf nicht allein deshalb verweigert werden, weil entscheidungserhebliche Umstände erst spät in das Verfahren eingeführt und daher unglaubhaft seien.

Aufgrund der dem Asylbewerber obliegenden **prozessualen Mitwirkungspflicht** (§ 86 I VwGO) **26** [68] ist dieser gehalten, umfassend die in seine eigene Sphäre fallenden Ereignisse und Umstände zu schildern, die seiner Auffassung zufolge geeignet sind, den Asylanspruch zu tragen[69] und insbesondere auch den politischen Charakter der Verfolgungsmaßnahmen festzustellen[70]. Hinsichtlich der allgemeinen Lage im Herkunftsstaat genügt es dagegen, dass die vorgetragenen Tatsachen die Möglichkeit einer Verfolgung als nicht entfernt liegend erscheinen lassen[71]. Die prozessuale Mitwirkungspflicht des Ausländers begrenzt die gerichtliche Ermittlungspflicht allerdings nur innerhalb des praktisch Erfüllbaren[72]. Vorgänge im Heimatstaat außerhalb der privaten Sphäre kann der Asylbewerber zudem mit wachsendem zeitlichem Abstand zur Flucht nur noch allgemein zugänglichen Quellen entnehmen. Dagegen besitzt er idR über Verhältnisse und Ereignisse in Deutschland, die Nachfluchtgründe ergeben können, bessere Kenntnisse.

Die **Beschränkungen** der **Amtsermittlungspflicht** der zuständigen Behörde und der VG durch **27** die Vorschriften der §§ 81, 82 AufenthG gelten nicht unmittelbar für das Asylverfahren und können auch nicht analog angewendet werden, weil der Gesetzgeber im Zuge der Ausländerrechtsreform 1990 nur das ausländerrechtliche Verfahren in dieser Hinsicht verändert hat, nicht aber das AsylVfG. Auch soweit im asylrechtlichen Verfahren VA über Abschiebungsverbote zu prüfen sind (vgl. § 31 II, III),

---

[59] BVerwG Urt. v. 3.11.1987 – 9 C 254.86, BVerwGE 78, 243.
[60] → § 77 Rn. 2 ff.
[61] BVerfG Beschl. v. 26.11.1986 – 2 BvR 1058/85, BVerfGE 74, 51.
[62] → Rn. 33; *Hailbronner* AsylG vor § 74 Rn. 26; für Retrospektive dagegen *Rennert* ZAR 1991, 155.
[63] Zu Letzterem → § 24 Rn. 4 ff.; *Hailbronner* AsylG vor § 74 Rn. 40 ff.; *Stelkens* ZAR 1985, 15.
[64] *Renner* ZAR 1985, 62 mwN; *Rothkegel* NVwZ 1990, 717.
[65] BVerfG Beschl. v. 1.7.1987 – 2 BvR 478/86 ua, BVerfGE 76, 143.
[66] Vgl. zB BVerwG Urt. v. 13.2.2014 – 10 C 6.13: Für die vom Gericht zu treffende Feststellung, aus welchem Herkunftsland ein Asylbewerber stammt, bedarf es der vollen Überzeugungsgewissheit (§ 108 I 1 VwGO). Dies erfordert die Ermittlung und Würdigung aller durch gerichtliche Aufklärungsmaßnahmen erreichbaren relevanten Tatsachen.
[67] BVerfG Beschl. v. 1.7.1987 – 2 BvR 478/86 ua, BVerfGE 76, 143.
[68] BVerfG Beschl. v. 26.11.1986 – 2 BvR 1058/85, BVerfGE 74, 51.
[69] BVerwG Urt. v. 8.5.1984 – 9 C 141.83, NVwZ 1985, 36; Urt. v. 12.11.1985 – 9 C 27.85, InfAuslR 1986, 79; Urt. v. 23.2.1988 – 9 C 32.87, DVBl 1988, 653.
[70] BVerwG Urt. v. 18.10.1983 – 9 C 473.82, EZAR 630 Nr. 8.
[71] BVerwG Urt. v. 23.11.1982 – 9 C 74.81, BVerwGE 66, 237.
[72] BVerwG Urt. v. 23.11.1982 – 9 C 74.81, BVerwGE 66, 237.

wirken diese Vorschriften nicht mittelbar in das Asylverfahren hinein; denn die Entscheidung über diese Abschiebungshindernisse wird nach den besonderen Verfahrensbestimmungen des AsylG vom BAMF getroffen und im Rechtsweg kontrolliert.

7. Präklusion

28 Statt der zunächst für den Regelfall vorgesehenen obligatorischen Präklusion späteren Vorbringens (Abs. 2 S. 2, 4, 6 Gesetzesentwurf 1992)[73] gelten nunmehr für das Klageverfahren (iÜ vgl. Art. 16a GG und § 36 IV) in Verfahren nach diesem Gesetz[74] dieselben Bestimmungen über die **fakultative Präklusion** wie allgemein im Verwaltungsprozess (§ 87b III VwGO). Diese können zwar durchaus die Verfahrensgarantien der Art. 19 IV und Art. 103 I GG sowie des Art. 6 EMRK tangieren. Ihre Auswirkungen können aber andererseits durch eine bedachtsame Anwendung in erträglichen Grenzen gehalten werden[75].

29 Die Präklusion ist nur zulässig, wenn die in § 87b III 1 VwGO genannten **Voraussetzungen kumulativ** vorliegen. In der Begründung muss das VG alle Voraussetzungen hinsichtlich bestimmter Tatsachen ohne Weiteres erkennbar und nachvollziehbar darlegen[76]. Die Zulassung der verspätet vorgetragenen Tatsachen oder Beweismittel muss die Erledigung des Rechtsstreits verzögern, und diese Prognose ist unerlässlich[77]. Die Annahme einer Verzögerung ist nicht gerechtfertigt, wenn die pflichtwidrige Verspätung für die Verzögerung nicht kausal war[78], wenn insbesondere die fehlerhafte Anwendung von Prozessrecht durch das Gericht hierfür verantwortlich war oder wenn das Gericht bei rechtzeitigem Vortrag auch nicht schneller entschieden hätte[79]. Die Präklusion setzt zudem voraus, dass der Asylbewerber die Verspätung nicht genügend entschuldigt; insoweit gelten dieselben Maßstäbe wie für die Wiedereinsetzung nach § 60 VwGO[80], wobei auf eine sachgemäße Belehrung ein besonderer Wert zu legen ist, um einer verfassungswidrigen Verkürzung der Rechtsschutzgarantie vorzubeugen. Glaubhaftmachung kann vom Gericht verlangt werden (§ 87b III 2 VwGO). Schließlich entfällt das Zurückweisungsrecht, wenn das Gericht den Sachverhalt auch ohne die Mitwirkung des Asylbewerbers „mit geringem Aufwand" ermitteln kann (§ 87b III 3 VwGO).

30 Für die Möglichkeit der Präklusion ist der Zeitpunkt entscheidend, in dem spätestens ein Vortrag erfolgt sein muss. Fristenbestimmungen sind nur auf bereits gegebene Tatsachen und vorhandene Beweismittel anwendbar. Dagegen können **neue Tatsachen und Beweismittel** noch nach Ablauf der Frist zur Begründung der Klage vorgebracht werden. Dabei handelt es sich insbesondere um Tatsachen und Beweismittel, die erst nach Fristablauf entstanden sind. Hierzu gehören Änderungen der Sachlage und der ausländischen Rechtslage ebenso wie zB früher nicht existente oder nicht erreichbare Zeugen oder Urkunden sowie nachträglich entstandene Nachfluchttatbestände[81].

31 Die **Zurückweisung** verspäteten Vorbringens ist **nicht selbstständig angreifbar**. Es handelt sich nämlich um eine vorbereitende Maßnahme, gegen die eine Beschwerde nicht statthaft ist (§ 146 II VwGO). Deshalb kommt es auf den Beschwerdeausschluss nach § 80 hier nicht an. Eine fehlerhafte Präklusion kann als Verfahrensfehler mit dem Antrag auf Berufungszulassung geltend gemacht werden (Verletzung rechtlichen Gehörs: § 78 III Nr. 3 iVm § 138 Nr. 3 VwGO)[82]. Zur späteren Zulassung des zunächst ausgeschlossenen Vorbringens vgl. § 79 I.

8. Beweisaufnahme

32 Die Beweisaufnahme im Asylprozess bietet nur insofern Besonderheiten, als der **Anhörung und der Vernehmung** des Asylbewerbers eine zentrale Bedeutung zukommt[83] und eine Beweiserhebung im **Verfolgerstaat** grundsätzlich ausgeschlossen ist[84]. Die persönliche formlose Anhörung des Asylbewerbers (§ 86 I, II VwGO) genügt im Allgemeinen zum Zwecke der näheren Substantiierung und Aufklärung hinsichtlich Art. 16a GG und § 60 AufenthG, während die förmliche Beteiligtenvernehmung (§§ 96, 98 VwGO iVm §§ 450 ff. ZPO) je nach den Umständen des Einzelfalls zur Herbeiführung wahrheitsgemäßer Angaben und insbesondere zur Feststellung der persönlichen Glaubwürdigkeit

---

[73] → Rn. 1.
[74] Zum Kreis der erfassten Streitigkeiten → Rn. 11, → § 76 Rn. 7, → § 78 Rn. 7, → § 80 Rn. 2.
[75] IE ebenso Hailbronner AsylG § 74 Rn. 42a.
[76] BVerwG Beschl. v. 27.3.2000 – 9 B 518.99, InfAuslR 2000, 412.
[77] VGH BW Beschl. v. 6.3.1995 – A 13 S 3791/94, NVwZ 1995, Beilage 6, 44.
[78] BVerfG Beschl. v. 27.1.1995 – 1 BvR 1430/94, NJW 1995, 1417.
[79] Zur Pflicht des VG zum Ausgleich der Verspätung durch eigene sachgerechte Maßnahmen vgl. VGH BW Beschl. v. 5.12.1994 – A 13 S 3435/94, NVwZ 1995, 816.
[80] Dazu → Rn. 20 ff.
[81] → § 71 Rn. 26 ff.
[82] Vgl. zB VGH BW Beschl. v. 5.12.1994 – A 13 S 3435/94, NVwZ 1995, 816.
[83] Zu Fehlern bei der Behandlung von Beweisanträgen und bei der Einführung von Erkenntnisquellen → § 78 Rn. 30; *Dahm* ZAR 2002, 227 und 348; *Jobs* ZAR 2002, 219; *Marx* ZAR 2002, 400; VerfGH Bln Beschl. v. 24.6.1999 – 25/99 ua, NVwZ 2000, Beilage 1, 1.
[84] Näher dazu *Deibel* InfAuslR 1984, 114; *Renner* ZAR 1985, 62.

und der Glaubhaftigkeit des Asylvorbringens in Betracht zu ziehen ist[85]. Als **Beweismittel** kommen ansonsten in Betracht: Sachverständige[86], Zeugen[87], Urkunden aller Art[88] und amtliche Auskünfte (§§ 87 I Nr. 3, 99 I 1 VwGO iVm § 273 II Nr. 2 ZPO: Einführung ohne förmliches Verfahren)[89]. Vor Eintritt in ein Beweisverfahren stehen dem Gericht zur Feststellung des Sachverhalts außerdem ua zur Verfügung: Bücher, Zeitungen, Reiseberichte, Stellungnahmen und gutachtenähnliche Äußerungen von Flüchtlings- oder Menschenrechtsorganisationen. Üblicherweise wird dabei auf die vielfältigen Erkenntnisquellen zurückgegriffen, die in gerichts- oder behördeninternen oder anderen Informations- und Dokumentationsstellen gesammelt und ausgewertet werden[90]. Wird in der Ladung auf eine irrtümlich nicht mitübersandte „anliegende" bzw. eine falsche **Erkenntnismittelliste** verwiesen, besteht eine Rügepflicht spätestens in der mündlichen Verhandlung[91]. Gibt das VG allerdings als Beleg für tatsächliche Feststellungen lediglich Entscheidungen anderer Gerichte an, ohne diese Urteile oder die ihnen zugrunde liegenden Erkenntnisquellen zum Gegenstand der mündlichen Verhandlung gemacht oder sonst in das Verfahren eingeführt zu haben, wird der Anspruch auf **rechtliches Gehör** verletzt[92]. Nimmt ein Beteiligter jedoch nicht alle ihm zumutbaren Möglichkeiten wahr, sich zu äußern, so ist er in seinem Anspruch auf Gewährung rechtlichen Gehörs auch nicht verletzt. Zu diesen zumutbaren Möglichkeiten gehört in Fällen, bei denen kurzfristig neue Dokumente zum Gegenstand der mündlichen Verhandlung gemacht werden, dass eine hinreichende Unterbrechung oder Vertagung der mündlichen Verhandlung oder die Einräumung einer Schriftsatzfrist beantragt wird[93].

Ziel der Sachverhaltsaufklärung und der Beweisaufnahme ist die **gerichtliche Überzeugung** von der Gefahr politischer Verfolgung bei Rückkehr des Asylbewerbers in den Heimatstaat[94]. Das Gericht muss sich in vollem Umfang die Überzeugung von der Wahrheit des geltend gemachten Verfolgungsschicksals verschaffen; es hat in diesem Zusammenhang aber den sachtypischen Beweisnotstand hinsichtlich der Vorgänge im Heimatstaat bei der Auswahl der Beweismittel und bei der Würdigung des Asylvorbringens und der Beweise angemessen zu berücksichtigen[95] und die Beweiswürdigung in nachprüfbarer Weise offenzulegen[96]. Ziel muss immer die Verwirklichung des Asylgrundrechts durch Berücksichtigung des individuellen Asylvorbringens sein[97]. Die hierfür verlangte **Ermittlungstiefe**[98] ist nicht gering anzusetzen. Tatsächlichen oder vermeintlichen Widersprüchen muss nachgegangen werden, etwa durch Befragung des Asylbewerbers[99]. 33

Glaubhaftmachung iSd § 294 ZPO genügt danach ebenso wenig wie die Darlegung einer gewissen Wahrscheinlichkeit[100]. Die verschiedenartigen Beweisschwierigkeiten hinsichtlich auslandsbezogener Sachverhalte legen eine wohlwollende Beurteilung der eigenen Angaben des Asylbewerbers nahe[101], 34

---

[85] Zur wohlwollenden Beurteilung des Beweiswerts der Angaben des Asylbewerbers BVerwG Urt. v. 16.4.1985 – 9 C 109.84, BVerwGE 71, 180; zur Beurteilung der Glaubwürdigkeit ohne Sachverständigengutachten VGH BW Beschl. v. 13.12.1994 – A 13 S 2638/94, InfAuslR 1995, 84; zur Pflicht zur Aufklärung von Widersprüchen OVG Bbg Beschl. v. 9.4.1999 – 2 A 158/97.A, EZAR 631 Nr. 50; zu Sprachanalysen zur Bestimmung der Herkunft *Heinhold* InfAuslR 1998, 299; *Jobs* ZAR 2001, 173; VG Potsdam Urt. v. 17.11.2000 – 4 K 417/00.A, NVwZ-Beilage 2001, 3 (35).

[86] Allg. zur Ablehnung von Gutachten BVerfG-K Beschl. v. 12.3.1999 – 2 BvR 206/98, NVwZ 1999, Beilage 6, 51; BVerwG Beschl. v. 27.3.2000 – 9 B 518.99, InfAuslR 2000, 412; betr. exilpolitischer Betätigung Benennung einer ausländischen Strafnorm und Hinweis auf ausländische Rechtspraxis ausreichend BVerwG Beschl. v. 29.6.2001 – 1 B 131.00, NVwZ-RR 2002, 311; zur Ablehnung nach § 412 ZPO wegen eigener Sachkunde des Gerichts BVerwG Beschl. v. 27.3.2000 – 9 B 518.99, InfAuslR 2000, 412; zur eigenen Sachkunde des Gerichts VGH BW Beschl. v. 13.12.1994 – A 13 S 2638/94, InfAuslR 1995, 84; zur Ladung von Sachverständigen zwecks Anhörung HessVGH Beschl. v. 26.2.1999 – 12 UZ 157/99.A, DVBl 1999, 995.

[87] Zur Bestimmung der in das Wissen des Zeugen gestellten Tatsachen BVerwG Beschl. v. 29.6.2001 – 1 B 131.00, NVwZ-RR 2002, 311.

[88] Zu fremdsprachigen Urkunden → Rn. 38; zu Gutachten aus anderen Verfahren als Urkunden HessVGH Beschl. v. 26.2.1999 – 12 UZ 157/99.A, DVBl 1999, 995; zu amtlichen Auskünften aus anderen Verfahren BVerwG Beschl. v. 31.7.1985 – 9 B 71.85, NJW 1986, 3221; Urt. v. 15.10.1985 – 9 C 3.85, EZAR 630 Nr. 22; zur eigenen Sachkunde des Gerichts für die Echtheit von Urkunden OVG NRW Beschl. v. 29.10.2001 – 8 A 3664/01.A, AuAS 2002, 40.

[89] Allg. dazu BVerwG Urt. v. 22.1.1969 – VI C 52.65, BVerwGE 31, 212; BVerwG Urt. v. 22.1.1985 – 9 C 52.83, NVwZ 1986, 35; vgl. auch BVerfG Beschl. v. 23.2.1983 – 1 BvR 990/82, BVerfGE 63, 197.

[90] Zu ASYLIS, JUDOK, JURIS und ZDWF *Jannasch* ZAR 1990, 69; *Schmid/Gräfin Praschma* ZAR 2001, 59; *Stanek* ZAR 1995, 72 und 1998, 227; *Bueren, Müller, Nonnhoff, Seggelke/Graus, Sievers* und *Stanek* FS ZDWF, 1990, 1.

[91] Vgl. VGH BW Beschl. v. 27.12.2017 – A 4 S 2775/17.

[92] Vgl. VGH BW Beschl. v. 9.3.2017 – A 12 S 235/17.

[93] Vgl. VGH BW Beschl. v. 22.11.2018 – A 11 S 2526/17.

[94] → Rn. 24.

[95] BVerwG Urt. v. 12.11.1985 – 9 C 27.85, InfAuslR 1986, 79.

[96] BVerfG-K Beschl. v. 2.3.1993 – 2 BvR 2075/92, NVwZ 1993, 769; Urt. v. 20.11.1990 – 9 C 72.90, BVerwGE 87, 141.

[97] BVerfG Beschl. v. 25.2.1981 – 1 BvR 413/80 ua, BVerfGE 56, 216.

[98] Dazu BVerfG Beschl. v. 1.7.1987 – 2 BvR 478/86 ua, BVerfGE 76, 153.

[99] BVerfG-K Beschl. v. 22.7.1996 – 2 BvR 1416/94, InfAuslR 1996, 355.

[100] BVerwG Urt. v. 12.11.1985 – 9 C 27.85, InfAuslR 1986, 79.

[101] BVerwG Urt. v. 16.4.1985 – 9 C 109.84, BVerwGE 71, 180.

sie befreien das Gericht aber nicht von der Bildung der allgemein erforderlichen **Überzeugungsgewissheit** (§ 108 I VwGO), was bedeutet, dass die Richter von der Wahrheit der asylrelevanten Tatsachen überzeugt sein müssen[102]. Da die Feststellung der Asylberechtigung eine Gefahrenprognose erfordert, muss die richterliche Überzeugung sowohl die Prognosetatsachen als auch die Prognose selbst umfassen, Letztere allerdings mit dem ihr immanenten Rest an Ungewissheit[103].

35   Zur Überzeugungsbildung darf das Gericht **allgemeine Erfahrungssätze, Indizien und Anscheinsbeweise** heranziehen[104], zB zur Verfolgung von Familienangehörigen[105], zum politischen Charakter der Verfolgung[106], zur Folter als Hinweis auf politische Verfolgung[107] oder zur Wiederholung von Pogromen[108]. Die „Regelvermutung" für die Einbeziehung jedes Gruppenangehörigen in die Gruppenverfolgung[109] darf nicht mit einer gesetzlichen Vermutung verwechselt werden; sie beschreibt in Wirklichkeit nur den Tatbestand der Gruppenverfolgung, von der ein Gruppenangehöriger definitionsgemäß nur ausnahmsweise ausgenommen sein kann[110]. Auch Angaben in einem **Strafprozess** können ggf. verwertet werden. Die Verwertung eines gegenüber dem Strafgericht abgegebenen Tatgeständnisses durch das VG im Rahmen seiner Beweiswürdigung ist allerdings ebenso ein Vorhalten im Rechtsverkehr wie eine nachteilige Verwertung der Tat iSd § 51 I BZRG. Liegt die Verwertung oder das Vorhalten der Tat iSd § 51 I BZRG gerade in der Beweiswürdigung durch das Verwaltungsgericht, so darf die Tilgung oder die Tilgungsgreife zum Zeitpunkt der Entscheidung oder der letzten mündlichen Verhandlung noch nicht eingetreten sein[111].

36   Die **Beweislastverteilung** kann im Asylrecht streitentscheidend wirken, wenn die Aufklärung nicht gelingt, die asylrelevanten Tatsachen also weder bewiesen noch widerlegt werden können (non liquet). Dabei geht es hinsichtlich der Verfolgungsgefahr nur um die Prognosetatsachen, nicht um die Prognose selbst. Die Beweislastfrage ist für das Asylrecht dahin gehend zu beantworten, dass die Ungewissheit der tatsächlichen Voraussetzungen zu Lasten des Asylbewerbers geht[112]. Hierzu gehören zunächst alle Grundlagen der Gefahrenprognose, wobei allerdings bei festgestellter Vorverfolgung der Wahrscheinlichkeitsmaßstab aus Gründen des materiellen Rechts verändert ist[113].

37   Außerdem ist das Nichtbestehen einer **inländischen Fluchtalternative** zu den Grundlagen der Verfolgungsgefahr zu rechnen, weil der Flüchtling sich nicht auf Verfolgung berufen kann, falls der Heimatstaat ihm ein verfolgungsfreies Leben gewährleistet, wenn auch nur in einem bestimmten Teil des Staatsgebiets[114]. Auch für die **anderweitige Sicherheit** vor Verfolgung trägt nicht der Staat die Beweislast, weil dieser Tatbestand das grundsätzlich bestehende Grundrecht auf Asylanerkennung nunmehr gem. Art. 16a II GG nicht zum Entstehen gelangen lässt[115]. Anders verhält es sich dagegen mit dem Ausschlussgrund des § 28 (selbst geschaffener **Nachfluchttatbestand**)[116].

9. Dolmetscher

38   Da die **Gerichtssprache Deutsch** ist (§ 55 VwGO iVm § 184 GVG), hat der Asylbewerber grundsätzlich in deutscher Sprache mit dem Gericht zu korrespondieren[117]. Während in der mündlichen Verhandlung ein Dolmetscher herangezogen wird (§ 185 GVG), steht es bei fremdsprachigen Schriftstücken im Ermessen des Gerichts, ob es die Beibringung einer Übersetzung anordnet (analog § 142 III ZPO). Von Amts wegen ist eine Übersetzung nur veranlasst, wenn der Ausländer die Übersetzungskosten nicht aufbringen kann und er außerdem darlegt, dass die von ihm eingeführten

---

[102] BVerwG Urt. v. 16.4.1985 – 9 C 109.84, BVerwGE 71, 180 in Fortführung von Urt. v. 29.11.1977 – I C 33.71, BVerwGE 55, 82.
[103] Zur Prognose vgl. BVerwG Urt. v. 20.3.1990 – 9 C 91.89, BVerwGE 85, 92; dazu allg. *Renner* AuslRiD Rn. 7/458–473.
[104] Dazu ausf. *Dürig* S. 20 ff., 64 ff.
[105] BVerwG Urt. v. 27.4.1982 – 9 C 239.80, BVerwGE 65, 244; Urt. v. 2.7.1985 – 9 C 35.84, NVwZ 1986, 487; dazu Anm. *Bell* ZAR 1986, 188.
[106] BVerwG Urt. v. 17.5.1983 – 9 C 36.83, BVerwGE 67, 195.
[107] BVerwG Urt. v. 17.5.1983 – 9 C 36.83, BVerwGE 67, 184; Urt. v. 17.5.1983 – 9 C 36.83, BVerwGE 67, 195.
[108] BVerwG Urt. v. 27.4.1982 – 9 C 308.81, BVerwGE 65, 250.
[109] So BVerwG Urt. v. 2.8.1983 – 9 C 599.81, BVerwGE 67, 314; BVerwG Urt. v. 26.10.1993 – 9 C 50.92, NVwZ 1994, 500.
[110] → GG Art. 16a Rn. 45.
[111] Vgl. VGH BW Urt. v. 10.1.2018 – 11 S 87/17.
[112] *Dürig* S. 132, 137 f.; *Rothkegel* NVwZ 1990, 717.
[113] → GG Art. 16a Rn. 52: „Wiederholung mit hinreichender Sicherheit auszuschließen".
[114] → GG Art. 16a Rn. 66 ff.; *Köfner/Nicolaus* Grundlagen S. 377; *Renner* ZAR 1985, 62; aA *Dürig* S. 150 ff. mwN; *Rühmann* ZAR 1984, 30.
[115] → GG Art. 16a Rn. 101; anders für frühere Rechtslage *Bethäuser* NVwZ 1989, 728; *Dürig* S. 144; *Rühmann* ZAR 1984, 30; VGH BW Beschl. v. 12.10.1987 – A 12 S 1010/87, DÖV 1988, 227.
[116] *Dürig* S. 155.
[117] Zum Verwaltungsverfahren → § 15 Rn. 3 ff.

Schriftstücke für das Verfahren von Bedeutung sein können[118]. Die Auswahl des Übersetzers oder Dolmetschers obliegt ähnlich wie die Bestimmung des Sachverständigen dem Gericht; dieser kann ähnlich wie der Richter abgelehnt werden[119].

10. Besetzung des Gerichts

Das **VG** entscheidet in Asylsachen in aller Regel seit Langem nicht mehr durch die **Kammer**, 39 sondern durch den Berichterstatter bzw. **Einzelrichter** (§ 76 I; anders noch § 31 AsylVfG 1982 und § 76 I in der ursprünglichen Fassung). Die Kammer ist mit drei Berufsrichtern und zwei ehrenamtlichen Richtern besetzt; Letztere wirken bei Beschlüssen außerhalb der mündlichen Verhandlung und bei Gerichtsbescheiden nicht mit (§ 5 III VwGO). Vor der Übertragung des Rechtsstreits auf die Kammer sind die ehrenamtlichen Richter ebenfalls von der Mitwirkung ausgeschlossen. Dies gilt auch, soweit der Vorsitzende oder der Berichterstatter im vorbereitenden Verfahren über Einstellung des Verfahrens, Kosten, Streitwert ua oder sonst im Einverständnis der Beteiligten anstelle der Kammer zur Entscheidung berufen ist (§ 87a VwGO).

Die Besetzung des **OVG/VGH** unterscheidet sich hiervon grundsätzlich nicht, in Baden-Württem- 40 berg, Bayern, Sachsen-Anhalt, Schleswig-Holstein und Thüringen gibt es allerdings in der zweiten Instanz keine ehrenamtlichen Richter (§ 9 III VwGO). Das **BVerwG** entscheidet in der Besetzung mit fünf, bei Beschlüssen außerhalb der mündlichen Verhandlung mit drei Berufsrichtern (§ 10 III VwGO).

11. Rechtsmittel

Das VG entscheidet über Klagen (§§ 42, 43 VwGO) durch **Urteil** aufgrund mündlicher Verhand- 41 lung oder im schriftlichen Verfahren (§§ 101, 107 VwGO) oder durch **Gerichtsbescheid** (§ 84 I VwGO). Der Gerichtsbescheid ist für Fälle ohne besondere tatsächliche oder rechtliche Schwierigkeiten vorgesehen, die keiner weiteren Aufklärung bedürfen. Er ist auch im Asylrechtsstreit statthaft, obwohl er in den Voraussetzungen mit der Einzelrichterzuständigkeit nach § 76 I und der rechtskräftigen Entscheidung nach § 78 I konkurriert. Er war zunächst durch § 34 II AuslG 1965 (idF des Art. 1 Nr. 3 AsylVfÄndG 1978) und dann mittelbar durch Art. 2 § 1 III 1 EntlastungsG vom 31.3.1978[120] ausgeschlossen. Jetzt ist er auch im Asylprozess wieder statthaft (§ 84 I VwGO idF des 4. VwGOÄndG). Der Gerichtsbescheid kann auch durch den **Einzelrichter** (§ 76 I; § 5 III 1 VwGO) erlassen werden oder im Einverständnis der Beteiligten durch den **Vorsitzenden** oder **Berichterstatter** (§ 87a II und III VwGO). In beiden Fällen entscheidet der einzelne Richter anstelle der Kammer.

Gegen das Endurteil des VG kann, soweit Rechtsmittel nicht gänzlich ausgeschlossen sind (§ 78 I), 42 innerhalb von zwei Wochen die **Zulassung der Berufung** beantragt werden (§ 78 IV). Nach Zulassung durch OVG/VGH schließt sich unmittelbar das Berufungsverfahren an (§ 78 V 3), in dem die Berufung binnen eines Monats nach Zulassung (mit Belehrung über die Begründungspflicht) begründet werden muss (§ 124a VI VwGO)[121]. Ist die Berufung unzulässig, muss sie vom OVG/VGH (fakultativ durch Beschluss) verworfen werden (§ 125 II VwGO). Erscheint sie unbegründet und eine mündliche Verhandlung nicht erforderlich, kann sie, sofern nicht ein Gerichtsbescheid vorangegangen ist, ebenfalls durch Beschluss zurückgewiesen werden; dieser bedarf aber der Einstimmigkeit (§ 130a VwGO). Sonst wird über die Berufung durch Urteil nach mündlicher Verhandlung oder im schriftlichen Verfahren entschieden; ein Gerichtsbescheid ist ausgeschlossen (§ 125 I VwGO).

Gegen Berufungsurteile oder -beschlüsse steht den Beteiligten die **Revision,** falls sie zugelassen 43 wird, und sonst die **Nichtzulassungsbeschwerde** zu (§§ 132, 133 VwGO). Die Beschwerde ist binnen eines Monats beim OVG/VGH einzulegen und binnen (insgesamt) zwei Monaten zu begründen (§ 133 II und III VwGO). Wird die Revision auf Beschwerde durch OVG/VGH oder BVerwG zugelassen, wird das Verfahren als Revisionsverfahren fortgesetzt und bedarf es nicht der Einlegung der Revision (§ 139 IV VwGO). Allerdings kann das BVerwG das angegriffene Urteil, wenn es an einem Verfahrensfehler leidet, schon im Beschwerdeverfahren aufheben und den Rechtsstreit zurückverweisen (§ 133 VI VwGO). Die Revision ist innerhalb eines Monats einzulegen und innerhalb von (insgesamt) zwei Monaten zu begründen (§ 139 I, III VwGO).

Über Anträge auf **vorläufigen Rechtsschutz** (§§ 80 V, 123 VwGO) entscheidet das VG durch 44 **Beschluss,** und zwar idR durch den Einzelrichter (§ 76 IV) und meist ohne mündliche Verhandlung

---

[118] BVerfG-A Beschl. v. 25.9.1985 – 2 BvR 881/85, NVwZ 1987, 785; dazu *Ritter* NVwZ 1986, 29; vgl. auch → § 71 Rn. 27.
[119] BVerwG Beschl. v. 30.3.1984 – 9 B 10 001.84, NJW 1984, 2055; Beschl. v. 29.8.1984 – 9 B 11 247.82, InfAuslR 1985, 54; zur Überprüfung der Eignung des Dolmetschers *Adorno* DRiZ 1993, 477; zu Dolmetscherkosten vgl. → Rn. 48.
[120] BGBl. 1978 I S. 446; zuletzt geändert durch Gesetz v. 4.7.1985, BGBl. I S. 1274.
[121] BVerwG Urt. v. 30.6.1998 – 9 C 6.98, BVerwGE 107, 117; HessVGH Beschl. v. 15.1.1998 – 6 UE 2729/97.A, AuAS 1998, 93; OVG NRW Beschl. v. 7.7.1997 – 1 A 5701/96.A, DVBl 1997, 1340; ThürOVG Urt. v. 24.7.1997 – 3 KO 87/97, NVwZ 1997, Beil. 12, 91; aA BayVGH Beschl. v. 12.9.1997 – 25 B 97.33 256, DVBl 1997, 1332; offen gelassen von OVG LSA Urt. v. 22.1.1998 – A 1 S 113/97, EZAR 633 Nr. 35.

(§ 101 II VwGO; vgl. auch §§ 18a IV 4, 36 III 4). Wenn in dringenden Fällen der Vorsitzende anstelle der Kammer allein entscheidet, kann hiergegen binnen zwei Wochen das Gericht angerufen werden (§§ 80 VIII, 123 II 3 VwGO). Das VG (Einzelrichter, Kammer oder Vorsitzender/Berichterstatter) kann einen Beschluss über vorläufigen Rechtsschutz nach § 80 V VwGO jederzeit ändern oder aufheben; jeder Beteiligte kann dies wegen veränderter oder im ursprünglichen Verfahren ohne Verschulden nicht geltend gemachter Umstände beantragen (§ 80 VII). Die **Beschwerde** gegen Entscheidungen des VG ist **ausgeschlossen** (§ 80).

12. Kosten

45 Über die Verfahrenskosten ist aufgrund der Vorschriften der §§ 154 ff. VwGO zu **entscheiden;** nur bei § 81 folgt die Kostenpflicht unmittelbar aus dem Gesetz und es bedarf daher keiner gerichtlichen Entscheidung hierüber. Nach Einführung der Gerichtskostenfreiheit durch § 83b I hat die Kostenentscheidung nur noch Bedeutung für die Erstattung der Kosten der Beteiligten. Der **Streitwert** war in § 83b II bis zu dessen Aufhebung gesondert geregelt[122].

46 **Zweifelsfragen** können sich bei der Gebühren- und sonstigen Kostenberechnung ergeben, weil das Asylverfahrensrecht eine besonders intensive gerichtliche Aufklärung mit einer Vielzahl von Erkenntnis- und Beweismitteln und den Einsatz von Dolmetschern und Übersetzern sowie unter Heranziehung des Asylbewerbers verlangt. Die Nutzung von in anderen Verfahren eingeholten Gutachten, Auskünften und Stellungnahmen, die in den bestehenden Datenbanken (→ Rn. 32) nachgewiesen werden, bereitet kostenrechtliche Schwierigkeiten, weil ihre Zuordnung zum Beweisverfahren nicht sicher feststeht.

47 Eine **Beweisgebühr** kann auch bei formloser Anhörung des Asylbewerbers in der mündlichen Verhandlung entstehen, wenn das Ergebnis in der späteren Entscheidung wie das einer förmlichen Beweisaufnahme verwertet wird[123]. Anders verhält es sich dagegen bei bloß informatorischer Anhörung des Asylbewerbers[124]. Durch Beiziehung und Verwertung von Gutachten, Auskünften und sonstigen Erkenntnisquellen, die in anderen Verfahren eingeholt worden sind, entsteht die Beweisgebühr nur dann, wenn diese erkennbar zu Beweiszwecken beigezogen und in der Entscheidung auch dazu verwertet werden[125]. Dasselbe gilt für beigezogene Akten[126]. Dient die Einführung von Gutachten und Auskünften in dem Prozess dagegen nur der Unterrichtung der Beteiligten über allgemeine oder gerichtskundige Tatsachen, entsteht keine Beweisgebühr[127]. Die Beweisgebühr wird nach dem Wert des gesamten Verfahrens berechnet, wenn auch die Beweisaufnahme nicht eindeutig auf einen Verfahrensteil beschränkt[128].

48 Der Stundensatz für **Dolmetscher** ist in der Regel mit dem Mittelwert des Rahmens von 25–52 EUR (§§ 3 II, 17 ZuSEG), also mit 38,50 EUR je angefangene Stunde anzusetzen. Die Übertragung von Angaben im Asylverfahren erfordert ua überdurchschnittliche Kenntnisse der politischen und sozialen Strukturen und der Institutionen des Verfolgerstaats und ein besonderes Einfühlungsvermögen in die Denkweise eines Flüchtlings. Andererseits wird meist kein spezielles sprachliches oder wissenschaftliches Fachwissen gefordert. Die Reisezeit gehört zu dem zu entschädigenden Zeitaufwand, bei Bemessung des Stundensatzes kann aber das Verhältnis von Reisezeit zu eigentlicher Arbeitszeit angemessen berücksichtigt werden. Nach § 13 ZuSEG kann mit häufig herangezogenen Dolmetschern eine Vereinbarung über die Entschädigung geschlossen werden[129].

13. Prozesskostenhilfe

49 Die Gewährung von PKH (§ 166 VwGO iVm §§ 114 ff. ZPO) ist für Asylstreitverfahren nach Einführung der Gerichtskostenfreiheit (§ 83b I) nur noch wegen der **Beiordnung eines Rechtsanwalts** von Interesse, ohne den freilich eine ordnungsgemäße Prozessführung kaum möglich erscheint (vgl. § 121 ZPO). Die **wirtschaftlichen Voraussetzungen** für PKH erfüllen die meisten Asylbewerber, wenn sie Leistungen nach dem SGB XII oder dem AsylbLG beziehen. Außerdem muss ihre Rechtsverfolgung oder -verteidigung **hinreichende Aussicht** auf Erfolg bieten und darf **nicht**

---

[122] → § 83b Rn. 5.
[123] HessVGH Beschl. v. 24.9.1985 – 10 TI 1269/85, EZAR 613 Nr. 15; Beschl. v. 8.6.2000 – 10 S 763/00.A, NVwZ-RR 2001, 415.
[124] ThürOVG Beschl. v. 21.7.1999 – 3 KO 698/98, AuAS 2000, 21.
[125] VGH BW Beschl. v. 7.1.1999 – A 13 S 3273/95, EZAR 613 Nr. 35; HmbOVG Beschl. v. 26.8.1988 – Bs V 259/88, NVwZ-RR 1989, 218; OVG NRW Beschl. v. 10.2.1999 – 21 A 3943/95.A, AuAS 1999, 104; Beschl. v. 23.11.1984 – 18 B 20 537/84, InfAuslR 1985, 150.
[126] HessVGH Beschl. v. 24.9.1985 – 10 TI 1269/85, EZAR 613 Nr. 15.
[127] BayVGH Beschl. v. 22.6.1992 – 24 C 91.30 114, NVwZ-RR 1993, 223; ähnl. ThürOVG Beschl. v. 21.7.1999 – 3 KO 698/98, AuAS 2000, 21; aA BayVGH Beschl. v. 27.10.1986 – 24 C 86.30 445, InfAuslR 1987, 201; HmbOVG Beschl. v. 26.8.1988 – Bs V 259/88, NVwZ-RR 1989, 218.
[128] Betr. Verbundverf nach § 30 AsylVfG 1982 VGH BW Beschl. v. 12.3.1990 – A 14 S 345/90, NVwZ-RR 1991, 110; OVG NRW Beschl. v. 2.2.1989 – 18 B 22 319/87, EZAR 613 Nr. 18.
[129] Zur Praxis in BW v. *Bargen* VBlBW 1998, 121.

Klagefrist, Zurückweisung verspäteten Vorbringens § 74 AsylG 7

mutwillig sein. PKH kann dem Asylbewerber in jedem Stadium des Verfahrens und unabhängig von der prozessualen Stellung bewilligt werden. Bei Auslegung und Anwendung von PKH-Vorschriften ist stets das verfassungsrechtliche Gebot im Auge zu behalten, bei der Inanspruchnahme von Rechtsschutz die Situation von Bemittelten und Unbemittelten weitgehend anzugleichen[130].

Das PKH-Gesuch muss den Streitgegenstand bezeichnen und zumindest in Umrissen eine Begründung der Rechtsverfolgung oder -verteidigung enthalten (§ 117 I 2 ZPO). Hierzu kann auf vorliegende oder beigefügte Ausführungen in dem betreffenden. Verfahren Bezug genommen werden. Dem Antrag auf amtlichen Vordruck müssen die erforderlichen Unterlagen über die wirtschaftlichen Verhältnisse beigefügt oder nachgereicht werden (§ 117 II–IV ZPO). 50

Hinreichende Erfolgsaussichten können sich aus rechtlicher oder aus tatsächlicher Sicht ergeben. Wenn die Erfolgsaussichten nicht ohne Klärung schwieriger Rechtsfragen beurteilt werden können, ist PKH zu bewilligen[131]. Dasselbe gilt, wenn eine Beweisaufnahme ernsthaft in Betracht zu ziehen ist. Erscheinen die Verfolgungsbehauptungen schlüssig und bei summarischer Betrachtung asylrelevant und können Zweifel an der Glaubhaftigkeit der Angaben oder an der persönlichen Glaubwürdigkeit des Asylbewerbers letztlich nur durch dessen Einvernahme geprüft werden, darf eine hinreichende Aussicht auf Erfolg in der Regel nicht verneint werden[132]. Die Zulassung der Berufung allein rechtfertigt noch nicht die Bewilligung von PKH; es kommt allein darauf an, ob die Chancen des Asylbewerbers hinreichend gut erscheinen. **Mutwillig** iSd § 114 S. 1 ZPO erscheint eine Rechtsverfolgung, wenn der Asylbewerber mit der Anfechtungsklage die Abschiebungsandrohung nur mit der Behauptung angreift, ihm sei zu Unrecht Asyl oder die Feststellung von Abschiebungshindernissen nach §§ 51 I, 53 AuslG versagt worden[133]. 51

Hat der Asylbewerber **in der Vorinstanz obsiegt,** ist ihm gegenüber dem Rechtsmittel des anderen Beteiligten PKH ohne Prüfung der Erfolgsaussichten zu bewilligen (§ 119 S. 2 ZPO). Hiervon darf allenfalls dann abgewichen werden, wenn sich die angegriffene Entscheidung als offensichtlich fehlerhaft erweist oder wenn sich die Prozesssituation während des Rechtsmittelverfahrens wesentlich verändert[134]. 52

Über das PKH-Gesuch ist **unverzüglich zu entscheiden,** wenn die erforderlichen Unterlagen vorliegen und der Gegner des zugrundeliegenden Verfahrens gehört worden ist. Wird die Entscheidung ungebührlich verzögert und hat sich die Prozesssituation inzwischen zu Lasten des Asylbewerbers verändert, ist auf den Zeitpunkt abzustellen, in dem spätestens hätte entschieden werden müssen[135]. Eine Bescheidung des PKH-Antrags wird auch nicht dadurch entbehrlich, dass zwischenzeitlich schon über das zugrundeliegende Verfahren (rechtskräftig) entschieden ist, falls das Gesuch rechtzeitig zuvor gestellt und begründet war. 53

PKH ist in der Regel **rückwirkend** auf den Zeitpunkt der Antragstellung zu bewilligen. Die Bewilligung gilt jeweils nur **für einen Rechtszug.** Das Zulassungsantrags- oder Nichtzulassungsbeschwerdeverfahren ist selbstständig gegenüber dem Berufungs- oder Revisionsverfahren, obwohl bei Zulassung des Rechtsmittels das Verfahren ohne gesonderte Einlegung des Rechtsmittels fortgesetzt wird (§ 78 V 3; § 139 II VwGO). Auch wenn PKH für das Antrags- oder Beschwerdeverfahren bewilligt ist, bedarf es einer erneuten Entscheidung für Berufung oder Revision[136]; denn deren Zulassung besagt noch nichts über den möglichen Erfolg. Die Beschwerde gegen die Versagung von PKH ist ausgeschlossen (§ 80). 54

14. Verfassungsbeschwerde

Die Verfassungsbeschwerde (VB) ist **kein ordentliches Rechtsmittel**[137] (dies gilt erst recht bezüglich der erst hernach möglichen **Menschenrechtsbeschwerde zum EGMR** in Straßburg gemäß Art. 34 f. EMRK). Über die VB wird in der Sache nur entschieden, wenn die besonderen **Zulässigkeitserfordernisse** erfüllt (va Rechtswegerschöpfung, Fristen ua nach §§ 90 II, 93 I BVerfGG) und zur Entscheidung angenommen wird (dazu § 93a I und II BVerfGG). Besonders ist darauf zu achten, dass zuvor grundsätzlich alle von der Prozessordnung zur Verfügung gestellten Rechtsmittel und alle sonstigen Abhilfemöglichkeiten genutzt werden müssen, zB Anträge auf Zulassung der Berufung (§ 78) und auf Abänderung eines Eilbeschlusses (§ 80 VII VwGO). Dazu gehören auch Rechtsbehelfe, die in ihrer Statthaftigkeit umstritten und nicht offensichtlich unzulässig sind. Vor Erlass einer **einstweiligen Anordnung** durch das BVerfG sind die öffentlichen und privaten Interessen abzuwägen, ohne dass es 55

---

[130] BVerfG Beschl. v. 13.3.1990 – 2 BvR 94/88, BVerfGE 81, 347.
[131] *Kopp* VwGO § 166 Rn. 8; BVerfG Beschl. v. 13.3.1990 – 2 BvR 94/88, BVerfGE 81, 347.
[132] HessVGH Beschl. v. 3.3.1982 – X TE 1/82, ZAR 1982, 55.
[133] Betr. Anfechtungsverbundklage gegen Ausreiseaufforderung nach §§ 28, 30 AsylVfG 1982 HessVGH Beschl. v. 28.10.1987 – 12 TE 1883/86, EZAR 221 Nr. 28.
[134] *Kopp* VwGO § 166 Rn. 8; offengelassen von BVerfG Urt. v. 5.11.1985 – 2 BvR 1434/83, BVerfGE 71, 122.
[135] VGH BW Beschl. v. 31.10.1984 – A 13 S 460/84, VBlBW 1985, 134.
[136] HessVGH Beschl. v. 8.8.1997 – 12 UZ 4496/96.A, NJW 1998, 553; aA ThürOVG Beschl. v. 23.1.1998 – 3 ZKO 496/97, NVwZ 1998, 867.
[137] Zu den verfahrensrechtlichen Voraussetzungen bei VB gegen ausländerrechtliche und asylrechtliche Streitentscheidungen ausf. *Protz* ZAR 2002, 309.

auf die Erfolgsaussichten der VB ankommt. Nach Ablehnung eines Asylantrags als offensichtlich unzulässig oder unbegründet ist eine einstweilige Anordnung in aller Regel ausgeschlossen, weil in diesen Fällen das öffentliche Interesse an der sofortigen Ausreise Vorrang genießt (Art. 16a IV GG).

56 Für die Überprüfung asylrechtlicher Entscheidungen kommen als **Maßstab** va die Art. 16a, 19 IV und 103 I GG sowie das Willkürverbot (Art. 3 GG) in Betracht[138]. Den Fachgerichten wird wie auch sonst ein gewisser Wertungsrahmen belassen, ansonsten prüft das BVerfG aber hinsichtlich der Ermittlung des Sachverhalts und der rechtlichen Bewertung in vollem Umfang, ob die tatsächliche und rechtliche Wertung der Gerichte sowie Art und Umfang ihrer Ermittlungen der Asylgewährleistung gerecht werden[139]. So werden die Ermittlungen zum Tatbestand daraufhin kontrolliert, ob sie einen hinreichenden Grad an Verlässlichkeit aufweisen und auch dem Umfang nach, bezogen auf die besonderen Gegebenheiten im Asylbereich, zureichend sind[140].

57 VB gegen asylrechtliche Entscheidungen kann auch in **Berlin** und inzwischen in **Baden-Württemberg** eingelegt werden. Die dortigen VerfGH prüfen sowohl Verstöße gegen die Garantie rechtlichen Gehörs[141] als auch die Verweigerung ausreichenden Rechtsschutzes durch nicht ausreichende Begründung der Abweisung der Klage als offensichtlich unbegründet[142]. In **Hessen** kann sich ein abgelehnter Asylbewerber mit der VB nicht auf die Asylgewährleistung in Art. 7 II der Hessischen Verfassung berufen, aber die Nichteinhaltung der Rechtswegegarantie und des Gleichheitssatzes sowie die Anwendung von Willkür rügen[143].

§ 75 Aufschiebende Wirkung der Klage

(1) ¹Die Klage gegen Entscheidungen nach diesem Gesetz hat nur in den Fällen des § 38 Absatz 1 sowie der §§ 73, 73b und 73c aufschiebende Wirkung. ²Die Klage gegen Maßnahmen des Verwaltungszwangs (§ 73 Absatz 3a Satz 3) hat keine aufschiebende Wirkung.

(2) ¹Die Klage gegen Entscheidungen des Bundesamtes, mit denen die Anerkennung als Asylberechtigter oder die Zuerkennung der Flüchtlingseigenschaft widerrufen oder zurückgenommen worden ist, hat in folgenden Fällen keine aufschiebende Wirkung:
1. bei Widerruf oder Rücknahme wegen des Vorliegens der Voraussetzungen des § 60 Absatz 8 Satz 1 des Aufenthaltsgesetzes oder des § 3 Absatz 2,
2. bei Widerruf oder Rücknahme, weil das Bundesamt nach § 60 Absatz 8 Satz 3 des Aufenthaltsgesetzes von der Anwendung des § 60 Absatz 1 des Aufenthaltsgesetzes abgesehen hat.

²Dies gilt entsprechend bei Klagen gegen den Widerruf oder die Rücknahme der Gewährung subsidiären Schutzes wegen Vorliegens der Voraussetzungen des § 4 Absatz 2. ³§ 80 Abs. 2 Satz 1 Nr. 4 der Verwaltungsgerichtsordnung bleibt unberührt.

I. Entstehungsgeschichte

1 Die Vorschrift geht zT auf § 30 S. 1 AsylVfG 1982 zurück. Sie entspricht dem **Gesetzesentwurf 1992** (§ 73)[1]. Das **RLUmsG 2007** fügte die Sätze 2 und 3 an („Die Klage gegen Entscheidungen des Bundesamtes, mit denen die Anerkennung als Asylberechtigter oder die Zuerkennung der Flüchtlingseigenschaft wegen des Vorliegens der Voraussetzungen des § 60 Abs 8 Satz 1 des Aufenthaltsgesetzes oder des § 3 Abs 2 widerrufen oder zurückgenommen worden ist, hat keine aufschiebende Wirkung. § 80 Abs 2 Satz 1 Nr. 4 der Verwaltungsgerichtsordnung bleibt unberührt."), mit folgender Begründung des Gesetzgebers[2]: „Liegen die Voraussetzungen des § 3 Abs 2 eines oder des § 60 Abs 8 Satz 1 AufenthG vor, wird ein Asylantrag „als offensichtlich unbegründet" abgelehnt (§ 30 Abs 4). Diese Regelung dient der Verfahrensbeschleunigung und hat u. a. zur Folge, dass die Klage gegen die ablehnende Entscheidung keine aufschiebende Wirkung hat. Mit der Änderung in § 75 [S. 2] wird erreicht, dass die aufschiebende Wirkung der Klage auch dann entfällt, wenn wegen des Vorliegens der Voraussetzungen des § 3 Abs. 2 oder des § 60 Abs. 8 Satz 1 AufenthG eine in der Vergangenheit erfolgte Asyl- oder Flüchtlingsanerkennung widerrufen oder zurückgenommen wird, und zwar unabhängig davon, ob der Widerruf oder die Rücknahme gemäß § 73 oder gemäß § 48 oder § 49 VwVfG erfolgt. Grundsätzlich geht § 73 AsylVfG als spezialgesetzliche Regelung für das Asylverfahren den allgemeinen Regelungen über Widerruf und Rücknahme nach den §§ 48 und 49 VwVfG zwar vor. Nach der Entscheidung des Bundesverwaltungsgerichts vom 19. September 2000

---
[138] Dazu ausf. *Jobs* ZAR 2002, 219.
[139] BVerfG Beschl. v. 1.7.1987 – 2 BvR 478/86 ua, BVerfGE 76, 143.
[140] BVerfG-K Beschl. v. 22.7.1996 – 2 BvR 1416/94, InfAuslR 1996, 355.
[141] VerfGH Bln Beschl. v. 24.6.1999 – 25/99 ua.
[142] VerfGH Bln Beschl. v. 16.12.1998 – 78/98 ua, InfAuslR 1999, 261.
[143] StGH Hess Beschl. v. 7.12.1999 – P. St. 1318, EZAR 630 Nr. 39.
[1] BT-Drs. 12/2062, 19.
[2] BT-Drs. 16/5065, 220.

Aufschiebende Wirkung der Klage § 75 AsylG 7

(BVerwGE 112, S. 80 bis 92) regelt § 73 aber die Rücknahme von rechtswidrigen Anerkennungsbescheiden nicht abschließend, so dass noch Raum für eine ergänzende Anwendung des § 48 VwVfG bleibt. Dies ist der Fall, wenn ein Anerkennungsbescheid aus anderen als den in § 73 genannten Gründen rechtswidrig ist, etwa wenn trotz richtiger und vollständiger Angaben des Ausländers das Vorliegen der Voraussetzungen des § 3 Abs. 2 oder des § 60 Abs. 8 Satz 1 AufenthG nicht erkannt wurde. In diesen Fällen besteht ein besonderes öffentliches Interesse, den Aufenthalt des Ausländers in Deutschland möglichst zügig beenden zu können. Durch den Wegfall der aufschiebenden Wirkung der Klage gegen den Widerruf oder die Rücknahme wird die Verwaltungsentscheidung mit Zustellung an den Ausländer wirksam. Damit kann auch der Aufenthaltstitel schneller widerrufen werden. Durch den neuen **Satz 3** wird klargestellt, dass das Bundesamt für Migration und Flüchtlinge wie bisher die sofortige Vollziehung seiner Entscheidung nach § 80 Abs. 2 Satz 1 Nr. 4 der VwGO anordnen kann."

Das **RLUmsG 2011** hat keine Änderungen vorgenommen. Wohl aber das **RLUmsG 2013**. MWz 1.1.2013 wurde durch Art. 1 Nr. 50 RLUmsG 2013 (BGBl. I S. 3474) der frühere S. 1 („Die Klage gegen Entscheidungen nach diesem Gesetz hat nur in den Fällen der § 38 Abs 1 und § 73 aufschiebende Wirkung.") zum neuen Abs. 1 und § 73 wurde um den neuen § 73b und c ergänzt. Die früheren S. 2 und 3 wurden zu Abs. 2 S. 1, und der neue Abs. 2 S. 2 bzgl. des subsidiären Schutzes wurde neu in die Norm eingefügt. Der Gesetzgeber begründete dies wie folgt[3]: Zum neuen **Abs. 1:** „Die Vorschrift regelt die aufschiebende Wirkung von Klagen gegen die Aufhebung von Schutzgewährungen. Sie stellt klar, dass nicht nur Klagen gegen den Widerruf der Flüchtlingseigenschaft und der Asylberechtigung, sondern auch Klagen gegen den Widerruf des subsidiären Schutzes und gegen den Widerruf von Abschiebungsverboten aufschiebende Wirkung haben." Zum neuen **Abs. 2:** „Die Vorschrift regelt Ausnahmen von der aufschiebenden Wirkung einer Klage. Wie bei der Flüchtlingsanerkennung entfällt auch die aufschiebende Wirkung einer Klage gegen die Ablehnung der Zuerkennung subsidiären Schutzes, wenn die Ablehnung erfolgt, weil Ausschlussgründe vorliegen (§ 4 Abs. 2)."

Flankierend zum sog. **Asylpaket II**[4] wurde gem. Art. 2 Nr. 6 des am 17.3.2016 (BGBl. I S. 394) in Kraft getretenen Gesetzes zur erleichterten Ausweisung von straffälligen Ausländern und zum erweiterten Ausschluss der Flüchtlingsanerkennung bei straffälligen Asylbewerbern in Abs. 2 der Satz 1 komplett neu gefasst. Es handelt sich um eine Folgeänderung insbesondere zum neuen § 60 VIII 3 AufenthG[5].

Durch Art. 1 des **Dritten Gesetz zur Änderung des AsylG** (BGBl. I S. 2250) wurde mWv 12.12.2018 der neue **Abs. 1 S. 2** eingefügt, was im Gesetzentwurf der Bundesregierung noch nicht enthalten war (BT-Drs. 19/4456). Es handelt sich um eine Folgeänderung zum gleichzeitig eingefügten § 73 IIIa 3. Durch den gesetzlichen Sofortvollzug soll sichergestellt werden, dass ein Schutzberechtigter umgehend mit Mitteln des Verwaltungszwanges zur Erfüllung seiner Mitwirkungspflichten im Widerrufs- und Rücknahmeverfahren angehalten werden kann.

II. Allgemeines

Der weitreichende und generelle Ausschluss des Suspensiveffekts nach Abs. 2 – Ausnahmen sind im Hinblick auf Art. 16a I GG sowie Unionsrecht nur für die Fälle der §§ 38 I, 73, 73b und c vorgesehen – ist **trotz Bedenken hinnehmbar** und im Übrigen auch **europarechtskonform** (vgl. Art. 46 VI Asylverfahrens-RL)[6]. Auch aus dem umstrittenen und unklaren Urteil „Gnandi" des EuGH[7] ergibt sich nicht, dass eine Klage bzgl. der Rückkehrentscheidung zwingend aufschiebende Wirkung haben muss; insbesondere mit § 80 V VwGO iVm § 36 III AsylG ist auch unionsrechtlich hinreichender gerichtlicher Rechtsschutz gegen die Abschiebungsandrohung zur Verfügung gestellt. Allerdings ist durchaus daran zu erinnern, dass die aufschiebende Wirkung der Rechtsbehelfe eigentlich einen fundamentalen Bestandteil des öffentlich-rechtlichen Prozesses darstellt (§ 80 I VwGO) und sowohl durch Art. 19 IV als auch durch Art. 20 III GG gewährleistet ist. Die auch außerhalb von Art. 16a II 3, IV GG zunehmende Ausnutzung der Möglichkeiten des § 80 II Nr. 3 VwGO durch den Bundesgesetzgeber trägt unter langsamer Aushöhlung dieses rechtsstaatlichen Prinzips – hier verstärkt durch den ausnahmslosen Ausschluss jeglicher Eigenkontrolle der Verwaltung im Widerspruchsverfahren (§ 11) und die Sonderregelung des § 77 I – zu einer **Verschiebung der Aufgaben** von der Verwaltung auf die Gerichtsbarkeit bei, eine Entwicklung, die zu Recht allgemein beklagt und kritisiert wird. Hinzu kommt, dass der gerichtliche Rechtsschutz immer stärker in das Eilverfahren verlagert

---

[3] BT-Drs. 17/13063, 23 f.
[4] → Vorb. Rn. 34 ff.
[5] Vgl. hierzu die Kommentierung bei § 60 AufenthG.
[6] EuGH Urt. v. 26.9.2018 – C-180/17: Unionsrechtlich ist keine aufschiebende Wirkung nötig bei Rechtsmitteln gegen Urteil bzgl. Rückkehrentscheidung.
[7] EuGH Urt. v. 19.6.2018 – C-181/16; hierzu einerseits Wittkopp ZAR 2018, 325 und andererseits Hruschka Asylmagazin 2018, 290.

wird, was nicht nur wegen des in der Regel „geborenen" Einzelrichters (§ 76 IV 1) und des grundsätzlichen Wegfalls der Beteiligung von Laienrichtern bedenklich erscheinen muss, sondern auch deswegen, weil es in die Funktionen verwaltungsgerichtlichen Rechtsschutzes selbst eingreift.

III. Aufschiebende Wirkung

3 Während früher der Suspensiveffekt der Klage nur für einzelne Fälle ausgeschlossen war (zB §§ 10 III 2, 11 II, 20 VI, 22 X AsylVfG 1982)[8], gilt jetzt der **Ausschluss grundsätzlich** für alle Klagen gegen Entscheidungen nach dem AsylG[9], nach Abs. 1 S. 2 ausdrücklich auch bzgl. Mitteln des Verwaltungszwanges zur Erfüllung von Mitwirkungspflichten im Widerrufs- und Rücknahmeverfahren unter Zulassung der Ausnahmen der §§ 38 I, 73 iÜ, 73b und 73c. Er greift deshalb auch zB bei Streitigkeiten über Maßnahmen nach §§ 16, 18 ff. ein.

4 **Aufschiebende Wirkung** entfaltet **nur** die Klage gegen die Abschiebungsandrohung bei Widerruf oder Rücknahme der Flüchtlingseigenschaft bzw. der Asylberechtigung, bei Widerruf oder Rücknahme des subsidiären Schutzes, jeweils außer im Falle erheblicher Delikte (Abs. 2 S. 1 Nr. 1 und Nr. 2 sowie S. 2)[10] sowie bei Rücknahme oder Widerruf von Abschiebungsverboten nach § 73c. Damit ist zugleich klargestellt, dass insoweit nicht deshalb Besonderheiten gelten, weil es sich zum Teil um Vollstreckungsmaßnahmen iSd § 80 II VwGO handeln kann. Mit dem Suspensiveffekt soll für die Fälle des § 38 I den Anforderungen des Art. 16a I GG Rechnung getragen werden (Begründung des Gesetzesentwurfs, bezogen auf Art. 16 II 2 GG)[11]. Abs. 2 S. 3 weist ausdrücklich auf die Möglichkeit des **§ 80 II 1 Nr. 4 VwGO** hin, was möglicherweise als Appell gedacht ist, hiervon verstärkt Gebrauch zu machen.

§ 76 Einzelrichter

(1) Die Kammer soll in der Regel in Streitigkeiten nach diesem Gesetz den Rechtsstreit einem ihrer Mitglieder als Einzelrichter zur Entscheidung übertragen, wenn nicht die **Sache besondere Schwierigkeiten** tatsächlicher oder rechtlicher Art aufweist oder die Rechtssache **grundsätzliche Bedeutung** hat.

(2) Der Rechtsstreit darf dem Einzelrichter nicht übertragen werden, wenn bereits vor der Kammer mündlich verhandelt worden ist, es sei denn, dass inzwischen ein Vorbehalts-, Teil- oder Zwischenurteil ergangen ist.

(3) [1]Der Einzelrichter kann nach Anhörung der Beteiligten den Rechtsstreit auf die Kammer zurückübertragen, wenn sich aus einer wesentlichen Änderung der Prozesslage ergibt, dass die Rechtssache grundsätzliche Bedeutung hat. [2]Eine erneute Übertragung auf den Einzelrichter ist ausgeschlossen.

(4) [1]In Verfahren des vorläufigen Rechtsschutzes entscheidet ein Mitglied der Kammer als Einzelrichter. [2]Der Einzelrichter überträgt den Rechtsstreit auf die Kammer, wenn die Rechtssache grundsätzliche Bedeutung hat oder wenn er von der Rechtsprechung der Kammer abweichen will.

(5) Ein Richter auf Probe darf in den ersten sechs Monaten nach seiner Ernennung nicht Einzelrichter sein.

Übersicht

	Rn.
I. Entstehungsgeschichte	1
II. Allgemeines	2
III. Einzelrichter	7
1. In Betracht kommende Streitverfahren	7
2. Bestimmung des Einzelrichters	9
3. Übertragung auf den Einzelrichter	11
4. Rückübertragung auf die Kammer	20
5. Übertragung auf die Kammer	24
6. Fehlerhafte Übertragung oder Rückübertragung	26
7. Proberichter	27

---

[8] Allg. zur Ausweitung des gesetzlich angeordneten Sofortvollzugs *Schmitt Glaeser* ZAR 2002, 409.
[9] Zum Kreis der betr. Streitverfahren → § 74 Rn. 11 und 14, → § 76 Rn. 7, → § 78 Rn. 7, → § 80 Rn. 2.
[10] Vgl. hierzu die Kommentierungen zu § 60 VIII AufenthG bzw. § 3 II bzw. § 4 II.
[11] BT-Drs. 12/2062, 40.

I. Entstehungsgeschichte

Die Vorschrift geht auf § 31 AsylVfG 1982 zurück. Sie war in ihrer ursprünglichen Fassung auf Vorschlag des Bundestag-Innenausschusses[1] erheblich gegenüber dem **Gesetz-Entwurf 1992**[2] verändert. Zunächst vorgesehen war va die originäre und exklusive Zuständigkeit des Einzelrichters in den Fällen der (jetzigen) §§ 29, 30, 50, 60[3]; außerdem sollte ein Proberichter im ersten Jahr nach der Ernennung kein Einzelrichter sein dürfen[4]. MWv 1.7.1993 wurden die Abs. 4 und 5 angefügt und in Abs. 1 traten die Wörter „soll in der Regel" an die Stelle von „kann" (Art. 1 Nr. 42 **AsylVfÄndG 1993**); betreffend Abs. 4 und 5 vgl. die **Übergangsvorschriften** des § 87a III Nr. 3 und 4. Die zunächst beabsichtigte Einführung des obligatorischen Einzelrichters durch den Gesetzesentwurf[5] wurde im Vermittlungsverfahren nicht gebilligt[6]. Die RLUmsG 2007 und 2011 und 2013 sowie die Asylpakete und das IntG 2016 haben keine Änderungen vorgenommen. 1

II. Allgemeines

Nach den umfangreichen Änderungen des Gesetzesentwurfs auf Vorschlag des Bundestag-Innenausschusses (→ Rn. 1) führte die Vorschrift zunächst im Wesentlichen die frühere Rechtslage fort. Während gegen die ursprünglich beabsichtigte wesentliche Ausweitung der Kompetenzen des Einzelrichters ganz erhebliche verfassungsrechtliche Bedenken bestanden[7], waren diese zunächst durch die vorgenommenen Korrekturen weitgehend ausgeräumt. Die mit dem 1.7.1993 vorgenommenen Änderungen haben aber das Verhältnis zwischen Kammer und Einzelrichter grundlegend umgestaltet. Denn danach ist der Einzelrichter zwar rechtlich gesehen nur **fakultativ,** tatsächlich aber **weitgehend originär** und **obligatorisch** streitentscheidend zuständig; immerhin werden bundesweit durchschnittlich 82,9 Prozent der Hauptsacheverfahren auf den Einzelrichter übertragen[8]. Er befindet zudem in aller Regel (originär) über Eilanträge, kann die Klage rechtskräftig abweisen und benötigt als Proberichter nur eine „Erfahrung" von sechs Monaten. Trotz der zwischenzeitlichen Einführung des Einzelrichters als Regel in den allgemeinen Verwaltungsprozess (§ 6 I VwGO) und dem allgemein zulässigen Tätigwerden des Berichterstatters mit Einverständnis der Beteiligten (§ 87a II und III VwGO) weichen die Regelungen des AsylG nach wie vor erheblich von denen der VwGO ab. 2

Das frühere System des **fakultativen Einzelrichters** im Asylprozess hatte sich bewährt und war zunächst mit guten Gründen beibehalten worden. Der eigentlich erforderliche weitere Zugewinn an Richterarbeitskraft hätte schon damals ohne Weiteres durch Übernahme dieses Einzelrichtersystems, der Zulassungsberufung und der Rechtskraft erstinstanzlicher Evidenzentscheidungen in den „klassischen" Verwaltungsprozess erzielt werden können[9]. Hierin lagen größere Chancen für Rechtssicherheit, Durchschaubarkeit und Effektivität als durch weitere filigranartige Verfeinerungen in Spezialbereichen. Hätte sich der Bundestag sofort zu der vom Bundesrat vorgeschlagenen und von der Bundesregierung befürworteten Prozessreform[10] entschließen können, hätten alle Verfahren, nicht nur die Asylverfahren, beschleunigt werden können. Nach der zwischenzeitlichen allgemeinen Einführung des Einzelrichters im Verwaltungsprozess mit mindestens einjähriger Erfahrung[11] sind zwar die Besonderheiten des Asylrechtsstreits gegenüber den übrigen verwaltungsgerichtlichen Verfahren größtenteils eingeebnet, die grundsätzlichen (rechtspolitischen und systematischen) Bedenken bestehen jedoch fort. Insbesondere gibt es keine plausiblen oder gar durch Erhebungen abgesicherte Gründe dafür, dass die unterschiedlichen Mindestdienstzeiten[12] und für den obligatorischen Einsatz des Einzelrichters nur in asylrechtlichen und nicht in sonstigen Eilverfahren (vgl. Abs. 4). 3

Die gegen den Einzelrichter allgemein vorgebrachten Bedenken[13] könnten an Gewicht verlieren, wenn der Einsatz des Einzelrichters nur fakultativ und ohne Einbeziehung von weniger erfahrenen Richtern (auf Probe) erfolgte. Die Entscheidung tatsächlich und rechtlich einfach gelagerter Fälle verlangt nicht unbedingt die Beteiligung mehrerer Richter, insbesondere kann auf die Beteiligung ehrenamtlicher Richter hier verzichtet werden. Die Einrichtung des Einzelrichters erscheint für den Verwaltungsprozess als Mittel der Beschleunigung **nicht ungeeignet,** ihre Effizienz hängt aber entscheidend von der Art der Streitigkeiten ab und kann zu einer Entlastung der Verwaltungsgerichts- 4

---

[1] BT-Drs. 12/2718, 39.
[2] § 74, BT-Drs. 12/2062, 19.
[3] Abs. 1 Gesetzesentwurf 1992.
[4] Abs. 4 Gesetzesentwurf 1992.
[5] BT-Drs. 15/420, 44.
[6] BT-Drs. 15/3479, 14.
[7] Dazu *Renner* ZAR 1992, 59.
[8] Zuwanderungsbericht S. 136.
[9] *Renner* in Barwig ua, Asylrecht im Binnenmarkt, 1989, S. 66, 79 ff.
[10] Vgl. BT-Drs. 12/1217.
[11] § 6 VwGO idF des Gesetzes v. 11.1.1993, BGBl. I S. 50.
[12] Sechs Monate nach § 76 V, ein Jahr nach § 6 I 2 VwGO.
[13] Vgl. zB *Clausing* NVwZ 1998, 717; *Redeker* DVBl 1992, 212.

barkeit nur aufgrund der zwischenzeitlichen allgemeinen Einführung beitragen. Die anfängliche Zurückhaltung in der Richterschaft ist einer eher pragmatischen Verfahrensweise gewichen, die sowohl die Ungereimtheiten der Gesamtregelung berücksichtigt als auch die personellen Ressourcen der jeweiligen Kammer. Damit sind auch die nach wie vor in den Bundesländern unterschiedlichen Quoten beim Einsatz des Einzelrichters zu erklären; der durchschnittliche Anteil von 82,9 Prozent in Hauptsacheverfahren[14] belegt eine sehr hohe Ausschöpfung der Beschleunigungsmöglichkeiten, lässt aber erkennen, dass in einem nicht unerheblichen Umfang die Kammer für Grundsatzentscheidungen benötigt wird, ohne welche die Rechtseinheit auf der erstinstanzlichen Ebene nicht zu gewährleisten ist.

5   Gegen den erheblich erweiterten Einsatz des Einzelrichters in Asylsachen sind nach wie vor **gewichtige Bedenken** anzumelden. Der Ausschluss der Beschwerde[15] beeinträchtigt ohnehin schon die für den Sofortvollzug aufenthaltsbeendenden Maßnahmen gegenüber Asylbewerbern verfahrensrechtlich gebotene besondere sorgfältige Überprüfung[16]. Die weitgehende Ausschaltung der Kammer in den vom BAMF als aussichtslos eingestuften Asylanträgen scheint auf den ersten Blick dem Außenstehenden gerechtfertigt, weil dieses Evidenzurteil dem ersten Anschein nach auch einfach überprüft werden kann. Die vom BVerfG gerade in diesen Fällen geforderte **gesteigerte Richtigkeitsgewissheit**[17] kann aber zweifellos eher von drei Richtern als von einem erreicht werden. Durch Art. 16a III GG ist zwar der Maßstab der Überprüfung gelockert, nicht aber der Ersatz der Kammer durch den Einzelrichter verlangt oder vorausgesetzt worden. Abgesehen davon kommt es entscheidend darauf an, dass hier im Eilverfahren so gut wie immer endgültig über die Abschiebung und damit über den Bestand des Asylrechts entschieden wird.

6   **Verfassungsrechtlich** erscheinen die Vorschriften über den streitentscheidenden Einzelrichter **unbedenklich**. Die Voraussetzungen für Übertragung und Rückübertragung schließen sachfremde Erwägungen hinreichend aus und tangieren damit die Garantie des gesetzlichen Richters (Art. 101 I 2 GG) nicht. Der Rechtsschutzanspruch des Asylbewerbers (Art. 16a I und 19 IV GG) garantiert die Zuständigkeit der Kammer nicht; zudem wird ein umfassender Rechtsschutz gerade durch die Beschränkungen für den Einzelrichter gegenüber der Kammer sichergestellt.

III. Einzelrichter

1. In Betracht kommende Streitverfahren

7   Der Einzelrichter darf nur in erstinstanzlichen Streitverfahren nach dem AsylG eingesetzt werden. Nach Angleichung von § 6 VwGO für den allgemeinen Verwaltungsprozess hat die Unterscheidung nur noch Bedeutung für Eilverfahren, weil der Einzelrichter insoweit in Asylsachen originär zuständig ist. Die Abgrenzung von anderen Streitigkeiten ist identisch mit der des § 52 Nr. 2 S. 3 VwGO[18]. **Betroffen sind** alle Verfahren, die von den VG auf der Grundlage des AsylG zu entscheiden sind. Betroffen sind va: Asylanerkennung nach §§ 1, 5 iVm Art. 16a GG; Feststellung nach §§ 1, 5 iVm § 60 I AufenthG; Einreiseverweigerung nach §§ 18, 18a; Verteilung und Zuweisung nach §§ 50, 51; Aufenthaltsregelungen nach §§ 46–49, 53, 55–61, 63; Abschiebungsandrohung oder -anordnung des BAMF nach §§ 18a, 34 ff.; Restitutionsverfahren um Asylanerkennung. Der Vollzug aufenthaltsbeendender Maßnahmen ist nur zT im AsylG geregelt, nämlich in §§ 18 II–IV, 18a III, 19 III, 34a, 71 V, 71a IV. Wenn aufgrund des AsylG getroffene Maßnahmen nach anderen Vorschriften (des Bundes oder eines Landes) vollstreckt und sodann gerichtlich angefochten werden, handelt es sich dennoch um eine „Streitigkeit nach diesem Gesetz"; denn hier haben sie letztlich ihre Grundlage und können deshalb im Hinblick auf den in erster Linie maßgeblichen Beschleunigungszweck nicht von den oben genannten Streitgegenständen getrennt werden, weil es „nur" und gerade um dessen Vollzug geht[19].

8   **Ausgenommen** sind insbesondere Maßnahmen der Ausländerbehörde gegenüber dem Asylbewerber aufgrund allgemeinen Ausländerrechts, also zB Ablehnung einer humanitären Aufenthaltserlaubnis (§ 25 I oder II AufenthG) oder eines asylverfahrensunabhängigen Aufenthaltstitels (§ 10 AufenthG), Ausweisung und Abschiebung eines Asylbewerbers (§§ 56 IV, 60 VIII, IX AufenthG). Nicht betroffen sind auch Streitverfahren nach allgemeinem Ordnungsrecht, etwa um die Aufforderung zur Rückkehr in das zugewiesene Bundesland. In diesem Fall kann allerdings der Berichterstatter mit Einverständnis der Beteiligten ebenfalls anstelle der Kammer tätig werden und entscheiden (§ 87a II und III VwGO).

---

[14] So Zuwanderungsbericht S. 136.
[15] In Eilverfahren früher nach § 10 III 8 AsylVfG 1982 und jetzt allg. nach § 80.
[16] Vgl. BVerfG Beschl. v. 2.5.1984 – 2 BvR 1413/83, BVerfGE 67, 43; *Renner* MDR 1979, 887.
[17] BVerfG Beschl. v. 2.5.1984 – 2 BvR 1413/83, BVerfGE 67, 43.
[18] → § 74 Rn. 11.
[19] Dazu näher → § 80 Rn. 2.

2. Bestimmung des Einzelrichters

Die **Bestimmung** des als Einzelrichter zur Entscheidung berufenen Mitglieds der Kammer des VG hat an Bedeutung gewonnen, nachdem der Einzelrichter ohne vorherige Übertragung für den vorläufigen Rechtsschutz zuständig ist. Die **Auswahl** des jeweils zuständigen Einzelrichters steht der Kammer nicht frei. Für den streitentscheidenden Einzelrichter ist nämlich die Garantie des gesetzlichen Richters (Art. 101 I 2 GG) zu beachten, die eine abstrakte Bestimmung des Einzelrichters für das jeweilige Geschäftsjahr vorab durch kammerinternen Geschäftsverteilungsplan erfordert, der nicht mehr allein durch den Kammervorsitzenden beschlossen wird, sondern von der gesamten Kammer[20]. Dies schließt die Festlegung der Reihenfolge der Vertretung bei Verhinderung ein. Unstatthaft ist damit eine Bestellung bei Übertragung oder Verhinderung jeweils für den Einzelfall. Mit der namentlichen Benennung bei der Übertragung wird nur deklaratorisch auf den durch Geschäftsverteilung als zuständig bestimmten Richter hingewiesen[21].

In erster Linie wird der jeweilige **Berichterstatter** infrage kommen. Abweichungen sind aber geboten hinsichtlich des Proberichters im ersten halben Jahr nach seiner Ernennung (Abs. 5). Zulässig ist der Einsatz des Vorsitzenden, auch wenn diesem sonst ein eigenes Berichterstatterdezernat nicht zugewiesen ist. Außerdem ist die Verteilung der Streitverfahren aus dem Dezernat des Proberichters in dessen erstem halbem Dienstjahr auf andere Kammermitglieder, den Vorsitzenden eingeschlossen, zulässig. Diese Regelungen müssen aber durch die Geschäftsverteilung der Kammer getroffen werden, nicht ad hoc mit dem Übertragungsbeschluss.

3. Übertragung auf den Einzelrichter

In Klageverfahren wird der Einzelrichter mit der Übertragung zur Entscheidung berufen, in Verfahren des vorläufigen Rechtsschutzes ist er kraft Gesetzes (originär) anstelle der Kammer zuständig. Der Richter wird nicht lediglich als Berichterstatter mit vorbereitenden Anordnungen oder Nebenentscheidungen (§§ 86 III, IV, 87, 87a, 87b VwGO; § 273 II, III 1, IV 1 ZPO) oder mit der Beweisaufnahme (§§ 87, 96 II VwGO) beauftragt. Er stellt vielmehr als Einzelrichter **in vollem Umfang** die Kammer iSd Spruchkörpers erster Instanz dar. Ihm obliegen von der Übertragung an alle verfahrensrechtlichen Pflichten des VG. Neben der Hauptsache gehören dazu alle Neben- und Folgeverfahren. Die **Kriterien** für die Übertragung von der Kammer auf den Einzelrichter, die Rückübertragung auf die Kammer und die Übertragung von Eilverfahren vom Einzelrichter auf die Kammer stimmen zum Teil überein.

Die Übertragung von der Kammer auf den Einzelrichter ist für den Regelfall vorgesehen und darf demzufolge nur in atypischen Fällen unterbleiben[22]. Die Übertragung ist nicht in das pflichtgemäße Ermessen der Kammer gestellt (fakultativ), sondern **obligatorisch**. Sie ist sowohl bei fehlender Grundsätzlichkeit als auch in einfach oder nicht besonders schwierig gelagerten Fällen grundsätzlich geboten. Die Kammer darf dabei Gesichtspunkte der Effektivität und Arbeitsökonomie nicht berücksichtigen, weder die Arbeitskapazität des Spruchkörpers einerseits und des Einzelrichters andererseits noch Beschleunigung, Arbeitsplanung und Entscheidungsprogramm. Sie muss die Übertragung va dann vornehmen, wenn eine Grundsatzentscheidung der Kammer vorliegt und diese nur noch auf ähnlich liegende Einzelfälle anzuwenden ist. Auf eine Bestätigung der Rspr. durch OVG/VGH oder BVerwG kommt es nicht an, erneuter Klärungsbedarf entsteht jedoch idR nach Aufhebung der „Leitentscheidung" in einer Rechtsmittelinstanz.

Grundsätzliche Bedeutung hat ein Streitverfahren dann, wenn es rechtliche oder tatsächliche Fragen aufwirft, die im Interesse der Rechtseinheit geklärt werden müssen und anhand des betreffenden Falles auch in verallgemeinerungsfähiger Form beantwortet werden können. Der Begriff entspricht dem der grundsätzlichen Bedeutung der Rechtssache in § 78 III Nr. 1, er ist aber auf den Spruchkörper bezogen auszulegen. Für die Klärungsbedürftigkeit ist daher nicht nur auf die Rspr. des BVerfG, BVerwG, der OVG/VGH und anderer VG abzustellen, sondern auch auf Rspr. und Auffassung innerhalb des VG und der Kammer selbst. Auch in den letzten beiden Fällen kann die erforderliche Klärung nicht ohne Weiteres dem VG überlassen werden.

Klärungsbedarf kann **in rechtlicher oder tatsächlicher Hinsicht** bestehen[23], ergibt sich aber nicht schon von selbst aus der Abweichung einzelner Richter von der sonst herrschenden Auffassung. Grundsätzlichkeit folgt zwingend weder aus dem Fehlen jeglicher Rspr. noch aus dem Vorhandensein abweichender Ansichten. Wäre die Zulassung der Berufung wegen grundsätzlicher Bedeutung oder Divergenz (durch OVG/VGH) erforderlich, kommt eine Übertragung nicht in Betracht. Wenn hierfür noch weitere Ermittlungen vorgenommen werden müssen, die Entscheidungserheblichkeit also noch gar nicht feststeht, ist die Übertragung zulässig, wenn auch nicht geboten[24].

---

[20] § 21g II, III GVG; *Hailbronner* AsylG § 76 Rn. 5.
[21] VGH BW Beschl. v. 11.7.2000 – A 6 S 704/00, VBlBW 2000, 489.
[22] Ebenso § 6 I VwGO und § 348 I ZPO.
[23] → § 78 Rn. 11 ff.
[24] Zur Rückübertragung → Rn. 20 ff.

7 AsylG § 76

15 **Besondere Schwierigkeiten** können ebenfalls den rechtlichen wie den tatsächlichen Bereich betreffen. Sie können sich allgemein für bestimmte Fallgruppen ergeben oder nur im Einzelfall. Gegenüber der grundsätzlichen Bedeutung handelt es sich um einen **Auffangtatbestand,** der losgelöst ist von der Frage der späteren Berufungszulassung. Schwierigkeiten normaler Art hindern die Übertragung nicht, es kommen nur überdurchschnittliche Schwierigkeiten bei der Lösung von Rechtsfragen oder der Aufklärung des Sachverhalts einschließlich der Lage im angeblichen Verfolgerstaat in Betracht. Dies wird namentlich bei (erstmaliger) Prüfung einer Gruppenverfolgung der Fall sein. Eine nähere Umschreibung in Form von Kategorien[25] erscheint untauglich. Maßgeblich muss die objektive Schwierigkeit bleiben, deren Beurteilung wegen ihres prognostischen Charakters einen gewissen Spielraum eröffnet und zB bei Erarbeitung einer erstmaligen Grundsatzentscheidung auch die Entscheidungskapazität und Leistungsfähigkeit der Kammer und ihrer Mitglieder in Rechnung stellen muss.

16 Vor der Entscheidung über die Übertragung sind die **Beteiligten zu hören;** dies wird in Abs. 3 zwar nur für die Rückübertragung angeordnet, ergibt sich für die Übertragung aber unmittelbar aus Art. 103 I GG[26]. Unterbleibt die Anhörung, ist dies, da die Übertragung unanfechtbar ist[27], in der Berufungsinstanz nicht zu überprüfen; damit erübrigt sich auch die Zulassung der Berufung[28].

17 Die Übertragung erfolgt durch **Beschluss** außerhalb der mündlichen Verhandlung (§ 101 III VwGO) und damit ohne ehrenamtliche Richter (§ 5 III 2 VwGO). In der mündlichen Verhandlung (§ 101 I VwGO) wirkten diese mit, dann wäre eine Übertragung aber nicht mehr zulässig. Einstimmigkeit ist nicht erforderlich, ebenso wenig eine Begründung. Die Übertragung ist formlos mitzuteilen; unabhängig davon beginnt die Zuständigkeit des Einzelrichters mit der Herausgabe des Beschlusses zur Post.

18 **Ausgeschlossen** ist die Übertragung nach mündlicher Verhandlung, wobei deren Gegenstand unerheblich ist. Auch wenn nach ihrer Eröffnung der Termin aufgehoben und vertagt oder wenn nur über Prozessvoraussetzungen oder Verfahrensfragen verhandelt worden ist, scheidet danach eine Übertragung aus[29]. Eine Ausnahme besteht nach Ergehen eines Vorbehalts-, Teil- oder Zwischenurteils (ähnlich wie § 348 III ZPO), was nach der Art der asylrechtlichen Streitverfahren kaum oder nie vorkommen dürfte (vgl. § 302 ZPO, § 110 VwGO, § 1097 ZPO); in diesen Fällen ist allerdings eine vorangehende mündliche Verhandlung unschädlich.

19 Die Zurückverweisung eines Verfahrens aufgrund VB durch das BVerfG berührt die Zuständigkeit des Einzelrichters anstelle der Kammer nicht, weil das Verfahren damit in den alten Stand zurückversetzt wird. Ebenso verhält es sich bei einem gerichtsinternen **Zuständigkeitswechsel** und bei einer **Verweisung** an das zuständige Gericht (§ 83 I VwGO). Die Übertragung ist für die andere Kammer oder das andere Gericht bindend[30]. Die Verwendung des Possessivpronomens „ihrer" soll nur „Abgaben" an andere Kammern verhindern. Die Verweisung findet nicht an einen anderen Einzelrichter statt, sondern an eine andere Kammer oder ein anderes Gericht; dabei stellt der Einzelrichter jeweils die Kammer dar. Die Einschätzung einer Sache als weder besonders schwierig noch grundsätzlich bedeutsam erfolgt nach objektiven Kriterien und lässt der Kammer daher keine Ermessensspielräume. Daher sprechen Verfahrensökonomie und Beschleunigungsbedürftigkeit eindeutig für die Fortgeltung der Übertragung auch beim Übergang auf ein anderes Gericht oder eine andere Kammer. Welcher Einzelrichter jeweils anstelle der Kammer zuständig ist, bestimmt die kammerinterne Geschäftsverteilung, die möglichst klare besondere Vorkehrungen für Verweisung von anderen Spruchkörpern oder einem anderen Gericht treffen sollte. Im Falle der grundsätzlichen Bedeutung bleibt die Rückübertragung wegen einer wesentlichen Änderung der Prozesslage möglich[31].

4. Rückübertragung auf die Kammer

20 Eine Aufhebung der Übertragung durch die Kammer („Rückholung") ist ausgeschlossen. Die Kammer kann das Verfahren (aus welchen Gründen auch immer) nicht wieder an sich ziehen. Die allein zulässige Rückübertragung an die Kammer setzt **grundsätzliche Bedeutung** aufgrund wesentlicher Prozesslagenänderung voraus. Nachträglich eingetretene besondere Schwierigkeiten rechtfertigen die Rückgabe an die Kammer (anders als nach § 6 III VwGO) nicht[32]. Ersichtlich soll ein erneuter Zuständigkeitswechsel im Interesse einer zügigen Förderung des Verfahrens vermieden werden. Demgegenüber können Zweckmäßigkeitsüberlegungen eine Auslegung gegen den Wortlaut

---

[25] So *Schnellenbach* DVBl 1993, 230.
[26] *Huber* BayVBl. 1985, 43; *Hailbronner* AsylG § 76 Rn. 6; aA *Friedl* BayVBl. 1984, 555.
[27] § 80; früher § 31 IV AsylVfG 1982.
[28] § 173 VwGO iVm § 512 ZPO.
[29] AA *Hailbronner* AsylG § 76 Rn. 14: erst nach Antragstellung wie nach dem allerdings anders formulierten § 348 II ZPO.
[30] GK-AsylG § 76 Rn. 118 f.; *Bader* ua § 6 Rn. 18; *Eyermann* § 6 Rn. 7; aA *Hailbronner* AsylG § 76 Rn. 21 f.; *Marx* § 76 Rn. 19.
[31] Vgl. aber → Rn. 22.
[32] *Hailbronner* § 76 Rn. 26.

nicht rechtfertigen. Die Rückübertragung obliegt allein dem pflichtgemäßen **Ermessen** des Einzelrichters. Dieser darf sich indes nicht in Widerspruch zu der Kammer setzen, indem er aufgrund einer anderen Auffassung eine übertragene Sache zurücküberträgt; denn die Rückübertragung ist auf den Fall der grundsätzlichen Bedeutung beschränkt und va von einer wesentlichen Änderung der Prozesslage abhängig. Eine zwischenzeitliche mündliche Verhandlung vor dem Einzelrichter hindert die Rückübertragung anders als die Übertragung nach Abs. 2 nicht.

Grundlage der Rückübertragung ist eine **wesentliche Änderung** der Prozesssituation, etwa durch 21 Gesetzesänderung, Veränderungen im Herkunftsstaat, neues Vorbringen oder zwischenzeitliche Beweisergebnisse. Änderung der Rspr. steht zwar nicht einer Rechtsänderung gleich[33]. Doch kann sie angesichts der Besonderheiten des Asylrechts die Prozessaussichten so erheblich verändern, dass sie die Rückübertragung rechtfertigt. Die Herausbildung einzelner Elemente des Tatbestands der politischen Verfolgung iSd Art. 16a I GG und des Art. 33 GK nämlich ist der Rspr. überlassen, die außerdem die politische Situation in dem angeblichen Verfolgerstaat allgemein verbindlich feststellen muss. Wegen des daraus resultierenden Gewichts der Rspr. kann deren Änderung eine wesentliche Änderung der Prozesslage bedeuten[34]. Das gilt namentlich für Entscheidungen des BVerfG, und zwar ungeachtet einer rechtlichen Bindungswirkung, die nur nach § 31 BVerfGG eintreten kann. Stellen derartige Grundsatzentscheidungen die Rechtslage klar, ohne dass entscheidungserhebliche Fragen offenbleiben, wird es allerdings an der grundsätzlichen Bedeutung (nach wie vor) fehlen.

In einer bloßen **Änderung der Rechtsauffassung** des Einzelrichters oder der Kammer kann eine 22 wesentliche Änderung der Prozesssituation nicht gesehen werden. Auch die geänderte Zuständigkeit infolge Richterwechsels oder Verweisung an eine andere Kammer oder ein anderes VG (→ Rn. 19) kann grundsätzlich für sich genommen nicht als relevante Situationsänderung anerkannt werden oder ihr gleichgestellt werden. Denn geändert hat sich in diesen Fällen nicht die Prozesslage, sondern (evtl.) nur die Auffassung des zuständigen Einzelrichters (vgl. aber → Rn. 23).

Für die Rückübertragung **beachtlich** ist die **Änderung** nur, wenn die Sache dadurch grundsätzliche 23 Bedeutung (→ Rn. 13 f.) gewinnt. Die klärungsbedürftige und in dem betreffenden Verfahren klärungsfähige tatsächliche oder rechtliche Frage braucht bei der Übertragung auf den Einzelrichter noch keine Rolle gespielt zu haben; sie kann aber auch mit einer früher angesprochenen Frage identisch sein, sofern sie sich inzwischen zur Grundsatzfrage entwickelt hat. Nach einer Verweisung von einer anderen Kammer oder einem anderen VG kann sich uU eine Sache aufgrund der andersartigen Beurteilung durch den nunmehr zuständig gewordenen Einzelrichter als grundsätzlich bedeutsam darstellen, etwa wegen des Fehlens entsprechender Grundsatzentscheidungen des jeweiligen VG oder OVG/VGH. Darin ist unter Umständen eine wesentliche Änderung der Prozesslage (→ Rn. 21 f.) zu sehen.

5. Übertragung auf die Kammer

In Eilverfahren ist der Einzelrichter originär zuständig, wobei die Person des Richters durch die 24 Geschäftsverteilung bestimmt wird (→ Rn. 9 f.). Die Übertragung auf die Kammer ist bei grundsätzlicher Bedeutung oder beabsichtigter Abweichung von der Rspr. der Kammer **zwingend** vorgeschrieben. Damit soll die Einheit der Rspr. des Gesamtspruchkörpers gewahrt werden. Die Kammer kann allerdings nur entscheiden, wenn sie in grundsätzlich bedeutsamen Fällen hierzu Gelegenheit erhält. Da in Eilverfahren eine Vereinheitlichung der Rspr. durch OVG/VGH nicht gewährleistet werden kann[35], sind die Übertragungsgründe nicht restriktiv, sondern eher extensiv auszulegen.

Grundsätzliche Bedeutung ist spruchkörperbezogen auszulegen; sie kann im rechtlichen oder 25 tatsächlichen Bereich liegen (→ Rn. 13 f.). Unterschiedliche Ansichten innerhalb der Kammer oder des Gerichts ergeben für sich noch keine klärungsbedürftige Grundsatzfrage, wenn die Rspr. der übrigen Gerichte eindeutig ist. Die Einheitlichkeit der Rspr. der Kammer wird in erster Linie durch die (notwendige) Übertragung im Falle der **Abweichung** von deren Rspr. garantiert. Daraus erhellt aber zugleich, dass eine Frage, zu der noch keine grundsätzliche Entscheidung der Kammer ergangen ist, dadurch (ausnahmsweise) klärungsbedürftig wird, dass ein Richter der Kammer von der Rspr. eines anderen Kammermitglieds abweichen will.

6. Fehlerhafte Übertragung oder Rückübertragung

Übertragung und Rückübertragung sind **unanfechtbar**[36]. Auf die Unterlassung der Übertragung 26 kann ein Rechtsbehelf nicht gestützt werden (§ 6 IV 2 VwGO). Übertragung und Rückübertragung können zudem im Berufungsverfahren nicht überprüft werden (§ 173 VwGO iVm § 512 ZPO). Dies gilt für die tatbestandlichen Voraussetzungen wie für das Verfahren[37]. Deshalb ist fraglich, ob sie überhaupt einer Überprüfung und Änderung zugänglich sind. Unanfechtbarkeit schließt Bindung von

---

[33] BVerwG Urt. v. 4.12.1968 – V C 38.66, BVerwGE 31, 112.
[34] → § 71 Rn. 25.
[35] Vgl. § 80.
[36] § 80; früher § 31 IV AsylVfG 1982; allg. auch nach § 6 III 1 VwGO.
[37] Zur Anhörung → Rn. 16.

Kammer und Einzelrichter ein; eine nachträgliche Änderung von Übertragung oder Rückübertragung ist damit ebenfalls ausgeschlossen. Zulässig ist nur die gesetzlich vorgesehene Rückübertragung unter den gesetzlich bestimmten Voraussetzungen. Wegen des Ausschlusses der inhaltlichen Beurteilung im Berufungsverfahren ist auch die Berücksichtigung eines Verstoßes gegen die Garantie des gesetzlichen Richters oder des rechtlichen Gehörs (Art. 101 I 2, 103 I GG) iRd Berufungszulassung[38] nicht möglich[39]. Überprüfbar ist dagegen das Fehlen eines Übertragungsbeschlusses; diese Verletzung der Garantie des gesetzlichen Richters kann zur Zulassung der Berufung führen[40].

7. Proberichter

27 Den asylrechtlichen Einsatz von Proberichtern (schon) nach sechs (statt wie sonst gem. § 6 I 2 VwGO erst nach zwölf) Monaten ab ihrer Ernennung hat der Gesetzgeber für **„vertretbar"** erachtet, ohne dies zu begründen[41]. Die Sperre in den ersten sechs Monaten gilt nicht für Richter kraft Auftrags (§ 14 DRiG) und Richter im Nebenamt (§ 16 VwGO). Sie betrifft jedoch alle Verfahrensarten, auch wenn wegen § 83 I und der allgemein üblichen Zuweisung junger Richter an Asylkammern ein sachgerechter Einsatz mit der Möglichkeit des Sammelns von Erfahrungen dadurch gewisse organisatorische Schwierigkeiten entstehen, welche die Garantie des gesetzlichen Richters berühren können[42]. Der als Einzelrichter ausgeschlossene junge Proberichter (eine Einzelrichterübertragung kann deshalb schwebend-unwirksam sein[43]) kann ungeachtet dessen zum Berichterstatter in Asylsachen bestellt werden und in der Kammer hierüber entscheiden[44]. Dies ist im Interesse einer ebenso zügigen wie erfolgreichen Einarbeitung in Asylsachen sachgerecht und daher nicht zuletzt aus personalpolitischen Gründen zu empfehlen. Der Proberichter kann iÜ auch schon vor Ablauf der sechs Monate allein entscheiden, wenn die Beteiligten gem. § 87 II, III VwGO ausdrücklich (s)einer Entscheidung durch den **Berichterstatter** zustimmen.

§ 77 Entscheidung des Gerichts

(1) ¹In Streitigkeiten nach diesem Gesetz stellt das Gericht auf die Sach- und Rechtslage im Zeitpunkt der letzten mündlichen Verhandlung ab; ergeht die Entscheidung ohne mündliche Verhandlung, ist der Zeitpunkt maßgebend, in dem die Entscheidung gefällt wird. ²§ 74 Abs. 2 Satz 2 bleibt unberührt.

(2) Das Gericht sieht von einer weiteren Darstellung des Tatbestandes und der Entscheidungsgründe ab, soweit es den Feststellungen und der Begründung des angefochtenen Verwaltungsaktes folgt und dies in seiner Entscheidung feststellt oder soweit die Beteiligten übereinstimmend darauf verzichten.

I. Entstehungsgeschichte

1 Die Vorschrift entspricht dem **Gesetzesentwurf 1992** (§ 75, BT-Drs. 12/2062, 19). Sie hat kein Vorbild im AsylVfG 1982. Die RLUmsG 2007 und 2011 und 2013 sowie die Asylpakete und das IntG 2016 haben keine Änderungen vorgenommen.

II. Allgemeines

2 Entgegen der Annahme in der Begründung des Gesetzesentwurfs 1992¹ wurde die Frage nach dem maßgeblichen **Beurteilungszeitpunkt** in Asylsachen früher in der Rspr. nicht „sehr unterschiedlich" beantwortet. Für Asylverpflichtungsklage, Verpflichtungsbegehren nach § 51 I AuslG und Familienasyl kam es für die Rechts- und Sachlage völlig unstreitig auf den Zeitpunkt der letzten Tatsachenentscheidung an²; ausgenommen waren selbstverständlich diejenigen Tatbestandsmerkmale, die nach materiellem Recht in der Vergangenheit vorliegen mussten³. Für Anfechtungsklagen gegen aufent-

---

[38] § 78 III Nr. 3 AsylVfG iVm § 138 Nr. 1, 3 VwGO.
[39] Vgl. *Hailbronner* AsylVfG § 76 Rn. 24.
[40] OVG Bbg Beschl. v. 18.8.2000 – 2 A 132/00.A, NVwZ-RR 2001, 202.
[41] Vgl. BT-Drs. 12/4450, 28.
[42] Dazu *Hailbronner* AsylVfG § 76 Rn. 35 f.
[43] Vgl. VGH BW Beschl. v. 25.1.2011 – A 9 S 2774/10: „Die Einzelrichterübertragung geht für den von § 76 Abs 5 AsylVfG geregelten Zeitraum ins Leere und ist schwebend unwirksam, wenn das Verfahren infolge eines Mitgliederwechsels im Spruchkörper einem frisch ernannten Proberichter übertragen wird und der kammerinterne Geschäftsverteilungsplan hierzu eine Übergangsregelung iSd § 21g Abs 3 GVG nicht enthält. Für diesen Zeitraum fällt die Entscheidungskompetenz an den Spruchkörper zurück."
[44] So auch *Knorr* VBlBW 1994, 184.
¹ BT-Drs. 12/2062, 40.
² Hierzu → 5. Aufl., AsylVfG § 30 Rn. 31 f.
³ ZB Vorverfolgung bei der Asylanerkennung, Ehe im Heimatstaat beim Familienasyl.

haltsbeendende Maßnahmen war dagegen auf den Zeitpunkt der letzten Behördenentscheidung abzustellen[4]; eine aus der Vorschrift des § 8a AsylVfG 1982 abgeleitete davon abweichende Meinung[5] ist vereinzelt geblieben, weil sie nicht in das System des gerichtlichen Rechtsschutzes passte. Die neue Vorschrift des § 70 III 2 AuslG hatte und hat hieran auch für das allgemeine Ausländerrecht nichts geändert.

III. Maßgebliche Sach- und Rechtslage

Die Regelung des Abs. 1 greift empfindlich in das **gewachsene und bewährte System** des Verwaltungsrechtsschutzes ein, weil es dem VG/OVG/VGH hinsichtlich der Anfechtungsklagen die Entscheidung über Sachverhalte überträgt, die der Behörde zuvor uU nicht vorgelegen haben. Anders als bei Verpflichtungsklagen wird damit unmittelbar in die verwaltende Tätigkeit gestaltend eingegriffen, also nicht bloß Exekutivtätigkeit kontrolliert. Zumindest in Ermessensfällen ist dies letztlich unergiebig, weil das Gericht nicht das behördliche Ermessen ersetzen darf[6]. Hinsichtlich der Abschiebungshindernisse war zwar unter der Zuständigkeit der Ausländerbehörde in der Regel im Zusammenhang mit der Abschiebungsandrohung zeitlich auf deren Erlass abzustellen, nach Übergang dieser Zuständigkeit auf das BAMF handelt es sich aber um eine Verpflichtungsklage, für die ohnehin der aktuelle Sachstand maßgeblich ist. 3

Da Abs. 1 nicht nach **Art und Gegenstand der Streitigkeiten** differenziert, sind asylrechtliche wie ausländerrechtliche Behördenentscheidungen betroffen, solche des BAMF, der Ausländerbehörde und anderer Stellen. Er gilt für Hauptsacheverfahren wie für Eilverfahren. Es muss sich nur um eine Rechtsstreitigkeit auf der Grundlage des AsylG handeln[7]. Dazu gehört jedes Verfahren, das nach den Vorschriften des AsylG zu führen und zu entscheiden ist. In Betracht kommen alle Verfahren über Verwaltungsakt, die auf eine Norm dieses Gesetzes gestützt sind, oder über deren Vollzug[8]. 4

Abs. 1 besagt zwar nichts über die zu treffende **Entscheidung.** Die Anwendung der Vorschrift des § 113 III 1 VwGO, die dem Gericht im Falle der Notwendigkeit weiterer umfangreicher Ermittlungen die bloße Aufhebung der angegriffenen Entscheidung ermöglicht und der Behörde den Erlass eines neuen Bescheids nach erfolgter Sachaufklärung überlässt, ist aber wohl im Asylprozess ausgeschlossen[9]. Dies lässt sich mittelbar Abs. 1 entnehmen, der eine endgültige Entscheidung auch unter Inkaufnahme weiterer Ermittlungen über zwischenzeitlich eingetretene Tatsachen bezweckt. Für diese Auslegung spricht auch § 79 II, der eine zeitliche Verzögerung durch Zurückverweisung innerhalb der Gerichtsbarkeit verhindern soll. 5

Die jeweils aktuelle Sach- und Rechtslage ist auch dann maßgeblich, wenn nicht ohnehin wie allgemein bei **Verpflichtungsbegehren** auf den Zeitpunkt der Gerichtsentscheidung abzustellen ist (→ Rn. 3). Unberührt bleibt zunächst die Präklusion nach § 74 II iVm § 87b III VwGO[10]. Für nationale Abschiebungshindernisse nach § 60 V oder VII AufenthG ergeben sich ebenso wenig Änderungen wie für die Anerkennung nach Art. 16a GG oder dem internationalen Schutz, weil es sich dabei allesamt um Verpflichtungsbegehren handelt und das VG die Verfolgungsgefahren gleich welcher Art immer unter Berücksichtigung zwischenzeitlicher Änderungen der Sach- oder Rechtslage zu beurteilen hat. Nur für die Anfechtung der Abschiebungsandrohung ist die Veränderung des maßgeblichen Zeitpunkts bedeutsam, weil unter Umständen die in Betracht kommenden Zielstaaten in dem Zeitraum zwischen Behörden- und Gerichtsentscheidung wechseln[11]. Allerdings hängt der Bestand der Androhung grundsätzlich von dem Bestehen und der Art eines Abschiebungshindernisses nach § 60 AufenthG nicht ab[12]. 6

Dagegen ist die Verschiebung des maßgeblichen Zeitpunkts für **andere Streitigkeiten** von erheblicher Bedeutung, die auf Maßnahmen der Ausländerbehörde aufgrund des AsylG gegenüber Asylbewerber beruhen. So müssen im Prozess über die Anfechtung aufenthaltsbeschränkender Auflagen veränderte Verhältnisse auch dann vom VG berücksichtigt werden, wenn die Behörde hierüber noch nicht entschieden hat. Dasselbe gilt für aufenthaltsstaatsbezogene Abschiebungshindernisse und andere bei der zwangsweisen Abschiebung zu beachtenden Voraussetzungen. Auch sie muss das VG, wenn sie während des Verfahrens entstanden und daher von der Behörde weder aufgeklärt noch verwertet sind, zur Spruchreife führen. 7

---

[4] → 5. Aufl., AsylVfG § 28 Rn. 42; → AsylVfG § 30 Rn. 32.
[5] OVG NRW Urt. v. 2.2.1991 – 18 A 200/91.
[6] Vgl. dazu im Einzelnen § 113 III, V VwGO.
[7] → § 74 Rn. 11 und 14; → § 76 Rn. 7.
[8] → § 80 Rn. 2.
[9] Ebenso *Hailbronner* AsylG § 77 Rn. 14.
[10] Dazu → § 74 Rn. 28 ff.
[11] Ähnlich *Marx* § 77 Rn. 8.
[12] Vgl. § 59 III AufenthG.

IV. Entscheidungsgründe

8 Die in Abs. 2 vorgesehenen **Erleichterungen** bei der Abfassung von Entscheidungen erweitern die Möglichkeiten nach § 117 III, V VwGO. Sie gelten sowohl für Anfechtungssachen als auch für sonstige Klagen, weil auch insoweit allgemein von einem „angefochtenen Verwaltungsakt" gesprochen wird. Sie sind jedoch nicht auf Eilverfahren anzuwenden, weil dort die Darstellung des Tatbestands weder vorgeschrieben noch üblich ist; ebenso nicht auf Nebenverfahren[13]. Außerdem dürfen die besonderen verfassungsrechtlichen Anforderungen an die Begründung von Offensichtlichkeitsentscheidungen nach § 78 I und von Entscheidungen über Bescheide nach § 30 I nicht vernachlässigt werden. Ein Verzicht der Beteiligten ist wohl schon deshalb äußerst selten, weil damit Anhaltspunkte für die Einlegung und Begründung eines Rechtsmittels fehlen.

9 Eine vollständige **Bezugnahme** auf die Behördenentscheidung ohne jede Ergänzung ist nur dann statthaft, wenn im Klageverfahren nicht mehr vorgetragen und zu erörtern ist als im Verwaltungsverfahren, was wiederum gerade im Hinblick auf Abs. 1 die Ausnahme bildet. Schon nach allgemeinem Prozessrecht zulässig ist die Bezugnahme auf Entscheidungen in anderen Verfahren, falls diese den Beteiligten bekannt oder ohne Weiteres zugänglich sind[14]. Etwa dann, wenn die Verfahren von Familienangehörigen gemeinsam verhandelt, aber getrennt entschieden werden, der Bevollmächtigte alle Personen vertritt und ihm alle Urteile gleichzeitig zugestellt werden[15].

§ 78 Rechtsmittel

(1) ¹Das Urteil des Verwaltungsgerichts, durch das die Klage in Rechtsstreitigkeiten nach diesem Gesetz als offensichtlich unzulässig oder offensichtlich unbegründet abgewiesen wird, ist unanfechtbar. ²Das gilt auch, wenn nur das Klagebegehren gegen die Entscheidung über den Asylantrag als offensichtlich unzulässig oder offensichtlich unbegründet, das Klagebegehren im Übrigen hingegen als unzulässig oder unbegründet abgewiesen worden ist.

(2) In den übrigen Fällen steht den Beteiligten die Berufung gegen das Urteil des Verwaltungsgerichts zu, wenn sie von dem Oberverwaltungsgericht zugelassen wird.

(3) Die Berufung ist nur zuzulassen, wenn
1. die Rechtssache grundsätzliche Bedeutung hat oder
2. das Urteil von einer Entscheidung des Oberverwaltungsgerichts, des Bundesverwaltungsgerichts, des Gemeinsamen Senats der obersten Gerichtshöfe des Bundes oder des Bundesverfassungsgerichts abweicht und auf dieser Abweichung beruht oder
3. ein in § 138 der Verwaltungsgerichtsordnung bezeichneter Verfahrensmangel geltend gemacht wird und vorliegt.

(4) ¹Die Zulassung der Berufung ist innerhalb eines Monats nach Zustellung des Urteils zu beantragen. ²Der Antrag ist bei dem Verwaltungsgericht zu stellen. ³Er muss das angefochtene Urteil bezeichnen. ⁴In dem Antrag sind die Gründe, aus denen die Berufung zuzulassen ist, darzulegen. ⁵Die Stellung des Antrags hemmt die Rechtskraft des Urteils.

(5) ¹Über den Antrag entscheidet das Oberverwaltungsgericht durch Beschluss, der keiner Begründung bedarf. ²Mit der Ablehnung des Antrags wird das Urteil rechtskräftig. ³Lässt das Oberverwaltungsgericht die Berufung zu, wird das Antragsverfahren als Berufungsverfahren fortgesetzt; der Einlegung einer Berufung bedarf es nicht.

(6) § 134 der Verwaltungsgerichtsordnung findet keine Anwendung, wenn das Urteil des Verwaltungsgerichts nach Absatz 1 unanfechtbar ist.

(7) Ein Rechtsbehelf nach § 84 Abs. 2 der Verwaltungsgerichtsordnung ist innerhalb von zwei Wochen nach Zustellung des Gerichtsbescheids zu erheben.

Übersicht

	Rn.
I. Entstehungsgeschichte	1
II. Allgemeines	4
III. Berufungszulassung	7
1. In Betracht kommende Streitverfahren	7
2. Verfassungsmäßigkeit	10
3. Grundsätzliche Bedeutung	11
4. Abweichung	18
5. Schwere Verfahrensmängel	24
a) Allgemeines	24

---

[13] Zutr. *Hailbronner* AsylG § 76 Rn. 22.
[14] *Hailbronner* AsylG § 77 Rn. 25.
[15] HessVGH Beschl. v. 21.3.2001 – 12 UZ 602/01.A.

b) Fehlerhafte Besetzung des Gerichts	28
c) Verletzung des rechtlichen Gehörs	29
d) Fehlen der Urteilsgründe	33
6. Berufungszulassungsverfahren	34
7. Prozesskostenhilfe	36
IV. Ausschluss der Berufung und der Revision nach Abs. 1	37
1. In Betracht kommende Streitverfahren	37
2. Verfassungsmäßigkeit	38
3. Offensichtliche Unzulässigkeit oder Unbegründetheit	40
4. Umfang des Rechtsmittelausschlusses	44
V. Sprungrevision gemäß Abs. 6	53
VI. Rechtsbehelfe gegen Gerichtsbescheid	55

I. Entstehungsgeschichte

Ursprünglich waren die Rechtsmittel in Asylsachen wie auch sonst im Verwaltungsprozess[1] nicht 1
beschränkt. Gemäß § 34 AuslG 1965[2] war freilich seit 1.1.1978 die Berufung nach einstimmiger
Abweisung der Klage als offensichtlich unzulässig oder als offensichtlich unbegründet ausgeschlossen
und nur die Revision – nach Zulassung – gegeben.

Die **Vorgängervorschrift** des § 32 AsylVfG 1982 ging auf unterschiedliche Vorschläge im Gesetz- 2
gebungsverfahren zurück. Nach dem Gesetzesentwurf BT-Drs. 9/875 (SPD und FDP) sollte die
Berufung nur bei Abweisung der Klage als unzulässig oder als offensichtlich unbegründet ausgeschlossen sein; als weitere Zulassungsgründe waren vorgesehen: besondere rechtliche oder tatsächliche
Schwierigkeit und Unrichtigkeit der Entscheidung aus sonstigen Gründen (§ 28 Entwurf). Nach dem
Bundesrat-Entwurf (BT-Drs. 9/221) sollten nur Grundsatzbedeutung und Divergenz die Zulassung
der Berufung ermöglichen (§ 7b Entwurf). Im Wesentlichen hatte der Bundestag-Rechtsausschuss die
endgültige Fassung erarbeitet[3]. Nur Abs. 6 war noch vom Vermittlungsausschuss eingefügt worden
(BT-Drs. 9/1792, 4).

Die auf dieser Grundlage beruhende Vorschrift stimmte in ihrer ursprünglichen Fassung weitgehend 3
mit dem **Gesetzesentwurf 1992**[4] überein. Auf Vorschlag des Bundestag-Innenausschusses[5] waren nur
Abs. 3 Nr. 3 eingefügt und Abs. 6 des Gesetzesentwurf 1992 gestrichen worden, der eine Beschränkung der Revisionszulassungsgründe auf den Grund des § 132 II Nr. 3 VwGO vorsah. MWv
1.7.1993 wurde Abs. 7 angefügt und in Abs. 6 die Erwähnung der Gerichtskosten gestrichen (Art. 1
Nr. 43 **AsylVfÄndG 1993**). MWv 11.8.1993 wurde in Abs. 3 Nr. 2 das BVerfG eingefügt[6] und zum
1.1.1997 der frühere Abs. 6 gestrichen[7]. Das **RLUmsG 2007** ersetzte in Abs. 4 S. 1 die bisherige
Zwei-Wochen-Frist durch die neue Monatsfrist (vergaß dies aber wohl bzgl. des Gerichtsbescheids in
Abs. 7). Der Gesetzgeber begründete dies wie folgt[8]: „Nach der bisherigen Rechtslage ist der Antrag
auf Zulassung der Berufung innerhalb von zwei Wochen zu stellen und zu begründen. Angesichts der
komplexer gewordenen Fallgestaltungen und des starken Rückgangs der Asylanträge in den letzten
Jahren erscheint es vertretbar, diese Frist auf einen Monat anzuheben, ohne den Beschleunigungsgedanken im Asylverfahren übermäßig zu beeinträchtigen." Das RLUmsG 2011 und das RLUmsG
2013 sowie insbesondere das IntG 2016 haben keine Änderungen vorgenommen, wohl aber – erst
nach Beschlussempfehlung des Bundestag-Innenausschusses – das **Gesetz zur besseren Durchsetzung der Ausreisepflicht** vom 20.7.2017. Gemäß dessen Art. 2 Nr. 7 wurde mWv 29.7.2017
(BGBl. 2017 I S. 2780) Abs. 2 S. 2 („Die Revision gegen das Urteil des Verwaltungsgerichts findet
nicht statt.") aufgehoben sowie der neue Abs. 6, dh die Sprungrevision, eingeführt. Der Bundestag-
Innenausschuss hatte seine entsprechende Empfehlung ua wie folgt begründet: „Die Eröffnung der
Sprungrevision (...) kann dazu beitragen, das dem Bundesverwaltungsgericht verfügbare Fallmaterial
zu vermehren. Außerdem erweist sich die Sprungrevision als ein Instrument, das gezielt eingesetzt
werden kann, um eine praxisrelevante Rechtsfrage von grundsätzlicher Bedeutung einer zügigen
höchstrichterlichen Klärung zuzuführen. (...) Mit Verfahrensverzögerungen ist nicht in einer relevanten Zahl von Fällen zu rechnen. Dem stehen bereits die engen Voraussetzungen des § 134 der
Verwaltungsgerichtsordnung für den Zugang zur Revisionsinstanz entgegen (unter anderem die
schriftliche Zustimmung von Kläger und Beklagtem). Im Übrigen überwiegt der Vorteil, der sich
daraus ergibt, dass das Bundesverwaltungsgericht seiner Funktion besser als bislang nachkommen kann,
die Rechtsanwendung im Bereich des Asyl- und Asylverfahrensrechts durch die Herbeiführung von

---

[1] Ausnahme in § 131 VwGO.
[2] IdF des Gesetzes v. 25.7.1978, BGBl. I S. 1108.
[3] BT-Drs. 9/1630, 10 f., 25 f.
[4] § 76, BT-Drs. 12/2062, 19.
[5] BT-Drs. 12/2817, 40.
[6] Art. 2 Gesetz v. 2.8.1993, BGBl. I S. 1442.
[7] Gesetz v. 1.11.1996, BGBl. I S. 1626.
[8] BT-Drs. 16/5065, 220.

Leitentscheidungen zu vereinheitlichen." (vgl. BT-Drs. 18/12415, 19). **Europarecht** verlangt iÜ keinen Instanzenzug, wie Art. 39 Asylverfahrens-RL aF bzw. Art. 46 der novellierten Asylverfahrens-RL 2013/32/EU illustrieren[9].

II. Allgemeines

4   Die Vorschrift enthält ein ganzes **Bündel von Sonderregelungen,** die das gerichtliche Hauptsacheverfahren straffen und beschleunigen sollen: Zulassung der Berufung ausschließlich durch OVG/VGH, Rechtskraft der Abweisung aussichtsloser Klagen, keine Begründung der Entscheidung über den Zulassungsantrag, Fortsetzung des Verfahrens nach Berufungszulassung durch OVG/VGH ohne Berufungseinlegung. Die damit und mit §§ 74–77 und 79–83 verbundenen Abweichungen von den allgemeinen Verfahrensvorschriften der VwGO sind insgesamt so gewichtig, dass der Asylprozess seit dem AsylVfG 1982 als **eigenständige Sonderform** des regulären Verwaltungsprozesses bezeichnet werden muss. Die zwischenzeitlichen Änderungen haben diese Entwicklung zunächst noch verstärkt. Inzwischen ist jedoch der allgemein Verwaltungsprozess durch Einführung der Zulassungsberufung[10] zum 1.1.1997 seinerseits dem Asylgerichtsverfahren angeglichen worden.

5   **Heftig umstritten** war zunächst va die Einführung der Zulassungsberufung in den Asylprozess[11]. Dieses Institut ist als Mittel zur Verfahrensstraffung und -beschleunigung nicht ungeeignet. Es erfordert aber einen sehr guten Informationsstand der Richter am VG über die allgemeine Sachlage in den Herkunftsländern und über den Stand der Rspr., weil sonst die Gefahr der Rechtszersplitterung wächst. Gerade die Auslandsbezogenheit asylrechtlicher Sachverhalte verträgt keine Unterschiede in der Rspr., weil sich die zu entscheidenden Probleme für alle Gerichte grundsätzlich gleich darstellen. Ebenso wie beim Einzelrichter eignet sich der Asylprozess eigentlich am wenigsten für eine Erprobung der Zulassungsberufung. Die Erfahrungen rechtfertigen aber durchaus die[12] **Erstreckung auf den gesamten Verwaltungsprozess,** der früher nur in seltenen Ausnahmefällen[13] die Zulassungsbedürftigkeit der Berufung kannte[14].

6   Aus **verfassungsrechtlicher Sicht** (Art. 3 I, 16a I, 19 IV, 103 I GG) können gegen drei Beschränkungen der Berufung in § 78 Bedenken bestehen: Rechtskraft der Ablehnung aussichtsloser Klagen (Abs. 1), generelle Zulassungsbedürftigkeit der Berufung (Abs. 2) sowie Begründungsverzicht bei Zulassungsentscheidungen (Abs. 5 S. 1). Dabei ist zu bedenken: Von Verfassungs wegen ist – im Einklang mit **Europarecht** (vgl. Art. 46 der novellierten Asylverfahrens-RL) – kein Instanzenzug gewährleistet und der Gesetzgeber ist frei, unter Beachtung des Gleichheitssatzes die Rechtsmittel nach sachlichen Kriterien zu differenzieren. Während das System der Zulassungsberufung und der Katalog der Zulassungsgründe sowie der Begründungsverzicht bei entsprechender Auslegung und Anwendung der betreffenden Normen die Gewährleistungen des Asylrechts, des effektiven Rechtsschutzes und des rechtlichen Gehörs sowie das Willkürverbot nicht verletzen, erscheint der vollständige Ausschluss von Berufung und Revision im Falle des Abs. 1 weitaus problematischer; er ist letztlich nur wegen der außerordentlichen Belastung der Verwaltungsgerichtsbarkeit mit Asylverfahren und bei sorgfältiger Auslegung und Anwendung dieser Vorschrift verfassungsrechtlich nicht zu beanstanden[15].

III. Berufungszulassung

1. In Betracht kommende Streitverfahren

7   Das System der Zulassungsberufung nach dem AsylG sieht die Zulassung der Berufung auf Antrag durch OVG/VGH nur für bestimmte Streitverfahren vor. **Erfasst sind** dieselben Verfahren wie nach § 76 für den Einzelrichter[16] und in § 52 Nr. 2 S. 3 VwGO für die örtliche Zuständigkeit der Gerichte für Asylsachen[17]. Die unterschiedliche Formulierung – „Streitigkeiten" in § 76 und in § 52 Nr. 2 S. 3 VwGO einerseits und „Rechtsstreitigkeiten" in Abs. S. 1 andererseits – ist inhaltlich ohne Bedeutung. Zulassungsbedürftig ist die Berufung demnach in allen Verfahren, die auf der Grundlage des AsylG zu entscheiden sind. Die Beschränkung gilt für alle Beteiligten gleichermaßen.

---

[9] Ausdrücklich EuGH Urt. v. 28.7.2011 – C-69/10 Rn. 69: „Der Grundsatz des effektiven gerichtlichen Rechtsschutzes eröffnet dem Einzelnen den Zugang zu einem Gericht und nicht zu mehreren Gerichtsinstanzen." Vgl. auch die Kommentierung zu Art. 47 GRCh.
[10] Durch Gesetz v. 1.11.1996, BGBl. I S. 1626.
[11] Vgl. BDVR NVwZ 1982, 610; *Pagenkopf* NVwZ 1982, 592; *Reermann* ZAR 1982, 127; *Renner* ZAR 1985, 62; *Ritter* NVwZ 1983, 202; *Schmellenbach* DVBl 1981, 164.
[12] Seit 1.1.1997 verwirklichte, → Rn. 4.
[13] § 131 VwGO.
[14] *Renner* in Barwig ua, Asylrecht im Binnenmarkt, 1989, S. 66, 83 ff.
[15] BVerfG Beschl. v. 12.7.1983 – 1 BvR 1470/82, BVerfGE 65, 76 Rn. 37 ff.
[16] → § 76 Rn. 7.
[17] → § 74 Rn. 11.

Alle Teile des Klageverfahrens sind hinsichtlich der Rechtsmittel **grundsätzlich gesondert** zu 8 betrachten. Trotz der grundsätzlichen Notwendigkeit der Verbindung[18] bleiben die Verpflichtungsklagen auf Asylanerkennung, Flüchtlingsanerkennung und Feststellung von Verboten nach § 60 II–V oder VII AufenthG sowie die Anfechtungsklage gegen die Abschiebungsandrohung eigenständige Rechtsmittel. Hieran hat sich durch das Hinzutreten der selbstständig anfechtbaren Flüchtlingsanerkennung und Feststellung zu § 60 II–V und VII AufenthG nichts geändert[19]. Zulassungsgründe brauchen nicht notwendig alle Verfahrensteile zu erfassen. Was für grundsätzliche Bedeutung und Divergenz ohne Weiteres einleuchtet, gilt grundsätzlich auch für Verfahrensmängel. Während aber zB die Versagung rechtlichen Gehörs (§ 138 Nr. 3 VwGO) auf ein nur ausländerrechtlich relevantes Vorbringen beschränkt sein kann, ergreift ein Besetzungsmangel (§ 138 Nr. 1 VwGO) alle Teile des Verfahrens.

Die zum Verbundverfahren nach §§ 28, 30 AsylVfG 1982 vom BVerwG angestellte Überlegung, 9 asylrechtliche und ausländerrechtliche Verfahrensteile sollten in keinem Fall im **Instanzenzug** bei verschiedenen Gerichten anhängig sein, fand im AsylVfG 1982 keine Stütze und folgte auch nicht zwingend aus Sinn und Zweck des asylrechtlichen Verbundverfahrens[20]. Nach Fortfall des Zwangsverbunds[21] ist sie jedenfalls nicht mehr aufrechtzuerhalten[22]. § 78 enthält außer in Abs. 1 S. 2 keinen Hinweis auf den Klagenverbund, und diese Vorschrift regelt nur einen einzelnen Sonderfall, ohne generell auf die Einheit des Klagenverbunds im Rechtsmittelzug hinzuwirken oder diese vorauszusetzen.

2. Verfassungsmäßigkeit

Gegen die Zulassungsbedürftigkeit der Berufung in Asylsachen bestehen **keine** durchgreifenden 10 verfassungsrechtlichen **Bedenken**. Derartige Rechtsmittelbeschränkungen sind grundsätzlich statthaft. Weder der Katalog der Zulassungsgründe noch die Modalitäten des Zulassungsverfahrens (ausschließlich durch OVG/VGH, Frist- und Formerfordernisse für Zulassungsantrag, keine „Abhilfe" durch VG, keine Begründung der Antragsbescheidung) verstoßen gegen die Grundrechte aus Art. 3 I, 16a I, 19 IV, 103 I GG.

3. Grundsätzliche Bedeutung

Die Grundsatzberufung ist der Grundsatzrevision iSd § 132 II Nr. 1 VwGO vergleichbar, sie 11 erstreckt sich aber wegen der Funktion der Berufung auch auf Tatsachenfragen[23]. Grundsätzliche Bedeutung hat eine Rechtsstreitigkeit also dann, wenn sie eine **rechtliche oder** eine **tatsächliche Frage** aufwirft, die für die Berufungsinstanz **entscheidungserheblich** ist und im Interesse der Rechtseinheit der **Klärung bedarf.** Auf Einzelfallgerechtigkeit kommt es ebenso wenig an wie auf bloße Schwierigkeiten rechtlicher oder tatsächlicher Art; maßgeblich ist lediglich die Erwartung, dass in der Berufungsentscheidung eine klärungsbedürftige Frage mit Verbindlichkeit über den Einzelfall hinaus in verallgemeinerungsfähiger Form beantwortet werden kann. Ziel ist die Rechtsvereinheitlichung, und zwar auch in der Form der Rechtsfortbildung. Rechts- und Tatsachenfragen sind nicht immer sauber zu trennen. Oft besteht eine Gemengelage, zB bei Feststellung der für eine Gruppenverfolgung geforderten Verfolgungsdichte oder der für die Staatlichkeit der Verfolgung nötigen Zurechenbarkeit. Neben der Klärungsbedürftigkeit der Frage kommt es auf deren allgemeine Bedeutung und auf deren Klärungsfähigkeit anhand des Einzelfalls an.

Zahlreiche allgemein klärungsbedürftige **Rechtsfragen** zu Voraussetzungen, Umfang und Aus- 12 wirkungen des Asyls und zu aufenthaltsrechtlichen Positionen von Asylbewerbern ergeben sich aus der Unbestimmtheit des Begriffs der politischen Verfolgung. Trotz bedeutender Grundsatzentscheidungen des BVerfG und des BVerwG bleiben oft Einzelfragen offen, die (noch oder wieder) zusätzlicher Klärung bedürfen. Hinzu kommen inzwischen fast turnusmäßige Verfahrensnovellen, die neue Rechtsprobleme enthalten. Im **tatsächlichen Bereich** (hierzu gehören auch ausländische Rechtsvorschriften) tragen ständige Veränderungen der politischen Verhältnisse in den Herkunftsländern immer wieder zur Bildung neuer Unsicherheiten und Unklarheiten bei. Insoweit ist die Asyl-Rspr. besonders stark von der politischen Entwicklung abhängig. Andererseits besteht gerade hier eine dringende Notwendigkeit zu einer möglichst einheitlichen Sichtweise, da eine je nach Gericht verschiedene Feststellung der Verhältnisse in einem Herkunftsstaat dem Interesse an rechtlicher Gleichbehandlung zuwiderliefe und letztlich die Vorteile der Konzentration der Asylverfahren bei einer zentralen Behörde (BAMF) zunichte machte. Nach dem Urteil des VG veränderte Umstände können je

---

[18] → § 74 Rn. 6 ff.
[19] Zum Streitgegenstand näher → § 74 Rn. 3.
[20] → 5. Aufl., AsylVfG § 32 Rn. 11.
[21] → § 74 Rn. 5 ff.
[22] AA jetzt auch betr. asylrechtlicher Teil einerseits und aufenthaltsrechtlicher Teil andererseits BVerwG Beschl. v. 27.2.1991 – 9 B 18.91, EzAR 633 Nr. 17.
[23] *Höllein* ZAR 1989, 109 mwN.

nach ihrer Art entweder Klärungsbedarf aufwerfen oder aufgrund neuer Einzelfallverhältnisse einen Folgeantrag rechtfertigen. Im Asylprozess lässt sich die Grundsatzbedeutung einer Frage aber nicht unter Annahme eines Sachverhalts begründen, der von dem durch das VG festgestellten Sachverhalt abweicht, solange dessen Feststellungen nicht mit durchgreifenden Verfahrensrügen (insbesondere § 78 III Nr. 3 AsylG iVm § 138 VwGO) erschüttert worden sind[24]. Auch die Frage, ob eine Berufung aus anderen als den in Abs. 3 genannten Gründen zuzulassen ist (hier wegen „offensichtlicher Unrichtigkeit"), begründet keine Grundsatzbedeutung[25].

13 Nicht der Klärung bedarf eine Frage, die sich aus dem Gesetz mehr oder weniger zweifelsfrei beantworten lässt. **Klärungsbedarf** entsteht nicht schon dann, wenn Schrifttum und Rspr. sich mit einem Problem noch gar nicht befasst haben. Wenn eine hM besteht und das erkennende Gericht hierzu schon – zustimmend oder ablehnend – Stellung bezogen hat, ist nicht in jedem Fall wieder eine Klärung notwendig, allenfalls dann, wenn neue Gesichtspunkte vorgebracht werden, die zuvor nicht bedacht waren oder in die frühere Argumentation nicht hineinpassten. Neue Aspekte können uU in dem Urteil selbst oder in dem Beschluss über den Zulassungsantrag berücksichtigt und mit der früheren Rspr. in Einklang gebracht werden, ohne dass hierfür ein Berufungsverfahren notwendig ist. Nicht jede Abweichung von einer hM zwingt zu erneuter Klärung durch ein Berufungsverfahren. Anlass für eine Klärung können abweichende Entscheidungen eines anderen VG oder OVG/VGH oder einzelner Spruchkörper[26] geben, und zwar auch nach dem VG-Urteil ergangene[27]; sie zwingen aber nicht in jedem Fall dazu. Ebenso verhält es sich mit neuen Gutachten über die Entwicklung in dem betreffenden Herkunftsstaat, die entweder neue Tatsachen aufzeigen oder aber eine abweichende Bewertung enthalten können. Angesichts der Maßgeblichkeit der Tatsachenlage im Entscheidungszeitpunkt für die asylrechtliche wie für die ausländerrechtliche Gefahrenprognose entsteht die Notwendigkeit weiterer Klärung meist durch Veränderung der politischen Verhältnisse im Herkunftsstaat, die sich nicht ohne Weiteres in die Reihe der früheren Prognosetatsachen einfügen lassen, sondern näherer Aufklärung und einer neuen Gesamtbewertung bedürfen.

14 Zu den Gerichten, deren Entscheidungen Streitfragen einer Klärung zuführen können, gehören va für Rechtsfragen das **BVerwG** – das bislang keine Kompetenz für **„Länderleitentscheidungen"** (nach bspw. britischem Vorbild[28]) hat[29] – und die **OVG/VGH** für Rechts- und für Tatsachenfragen. Eine besondere Stellung nimmt das BVerfG ein. Das **BVerfG** ist ein Verfassungsorgan und keine „Superrevisionsinstanz". Seine Entscheidungen haben zum Teil Gesetzeskraft (§ 31 BVerfGG), wirken aber auch im Übrigen richtungsweisend. Das BVerfG hat nicht nur die Übereinstimmung von Normen und Gerichtsentscheidungen mit dem GG zu prüfen und dabei – wenn auch in beschränktem Umfang – den grundrechtsrelevanten Sachverhalt erforderlichenfalls selbst zu ermitteln[30]. Es kann auch Leitlinien aufstellen, die ungeachtet einer Anwendung des § 31 BVerfGG zur Klärung von Rechts- und Tatsachenfragen beitragen können. Deshalb kann beim Streit über Grundsatzfragen – zB Zweckrichtung und Intensität der Verfolgung, Gruppenverfolgung, Sippenhaft, staatliche Verantwortung für private Übergriffe, inländische Fluchtalternative, anderweitige Verfolgungssicherheit – zwischen OVG/VGH und BVerwG eine Klärung oft nur durch das BVerfG erwartet werden[31].

15 Eine (grundsätzliche) Klärung ist nur zu erwarten, wenn in dem künftigen Berufungsverfahren über den Einzelfall hinaus **verallgemeinerungsfähige Aussagen** getroffen werden können. Unklarheiten oder Fehler bei der Rechtsanwendung im Einzelfall geben hierzu in der Regel keine Veranlassung. Sie führen allenfalls zu klärenden Feststellungen für diesen Fall. Die erwartete Aussage muss zumindest für einige andere Fälle von Bedeutung und auf sie übertragbar sein. Die Voraussetzungen einer Gruppenverfolgung oder einer Übergriffe erleichternden allgemeinen innenpolitischen Situation bilden typischerweise die Grundlage für die Beurteilung einer größeren Anzahl von Einzelschicksalen.

16 Die Grundsatzfrage muss anhand des Einzelfalls einer Klärung zugeführt werden können, also **entscheidungserheblich** sein. Hieran fehlt es zB in folgenden Fällen: Wenn eine Sachentscheidung im Hinblick auf die Unzulässigkeit der Klage nur hilfsweise ergangen und Letztere nicht Gegenstand des Zulassungsbegehrens ist. Wenn die Entscheidung auf mehrere selbstständig tragende (also nicht

---

[24] VGH BW Beschl. v. 29.8.2018 – A 11 S 1911/18.
[25] VGH BW Beschl. v. 20.11.2018 – A 11 S 2688/18.
[26] Auch Einzelrichter.
[27] Zur zwischenzeitlichen Klärung einer Grundsatzfrage → Rn. 22.
[28] Hierzu instruktiv *Reiling/Mitsch*, Wissen im Asylprozess, Die Verwaltung 2017, 537.
[29] Vgl. BVerwG Beschl. v. 24.7.2017 – 1 B 70.17, Rn. 4: „Der Gesetzgeber hat insoweit auch für das gerichtliche Asylverfahren an den allgemeinen Grundsätzen des Revisionsrechts festgehalten und für das BVerwG keine Befugnis eröffnet, Tatsachen(würdigungs)fragen grundsätzlicher Bedeutung in ‚Länderleitentscheidungen', wie sie etwa das britische Prozessrecht kennt, zu treffen. Nach der Rechtsprechung des BVerwG <Urt. v. 8.9.2011 – 10 C 14.10 – BVerwGE 140, 319 Rn 28 – zur Feststellung einer extremen Gefahrenlage> haben sich allerdings die Berufungsgerichte nach § 108 VwGO <erkennbar> mit abweichenden Tatsachen- und Lagebeurteilungen anderer OVG/VGH auseinanderzusetzen."
[30] BVerfG Beschl. v. 1.7.1987 – 2 BvR 478/86 ua, BVerfGE 76, 143 mwN; vgl. auch → § 74 Rn. 55–57.
[31] Noch weitergehend *Höllein* ZAR 1989, 109; vgl. auch seit 11.8.1993 die Neufassung von Abs. 3 Nr. 2, → Rn. 3.

kumulative) Gründe gestützt ist und diese nicht alle mit Zulassungsgründen angegriffen sind. Wenn es auf die Grundsatzfrage nach den Tatsachenfeststellungen des VG nicht ankommt. In diesem Zusammenhang ist grundsätzlich die Rechtsauffassung des VG zugrunde zu legen; dessen Tatsachenfeststellungen sind nur dann außer Acht zu lassen, wenn gegen sie begründete Verfahrensrügen erhoben sind. Eine vollständige Überprüfung findet im Antragsverfahren nicht statt. Die Entscheidungserheblichkeit einer klärungsbedürftigen Grundsatzfrage kann vom OVG/VGH nicht unter Hinweis auf rechtliche oder tatsächliche Gesichtspunkte verneint werden, die in dem VG-Urteil entweder übergangen oder anders beurteilt worden sind; denn eine § 144 IV VwGO ähnliche Vorschrift fehlt für das Zulassungsverfahren.

Aufgehobenes und auslaufendes Recht hat idR keine grundsätzliche Bedeutung mehr[32]. Anders **17** kann es sich verhalten, wenn noch eine Vielzahl von gleichartigen Fällen zu entscheiden ist oder wenn eine Übergangsvorschrift oder deren Fehlen Anlass zu grundsätzlichen Ausführungen gibt. In der Vergangenheit liegende **tatsächliche Ereignisse** oder Entwicklungen verlieren dagegen idR trotz ihrer relativen Vergänglichkeit[33] ihre grundsätzliche Bedeutung nicht durch bloßen Zeitablauf; sie bleiben zumindest für die Feststellung einer Vorverfolgung von allgemeinem Interesse auch für andere Fälle. Nach zwischenzeitlicher Klärung einer Grundsatzfrage (nach Antragstellung) durch BVerfG, BVerwG oder ein OVG/VGH kommt eine Zulassung (mittels Umdeutung des Antrags) allenfalls noch wegen Divergenz in Betracht[34].

4. Abweichung

Die Divergenzberufung ist ähnlich wie die Divergenzrevision[35] ein **Unterfall der Grundsatz-** **18** **berufung**. Sie dient der Sicherung der Rechtseinheit und nicht der Einzelfallgerechtigkeit, kann aber entsprechend der Funktion der Berufungsinstanz auch auf **tatsächliche Fragen** gestützt werden[36]. Als Gerichte, von deren Entscheidung abgewichen sein muss, kommen nur in Betracht: das dem VG jeweils im Land übergeordnete OVG/VGH, BVerwG oder der Gemeinsame Senat der obersten Gerichtshöfe des Bundes und (seit 11.8.1993, → Rn. 3) das BVerfG. Der EuGH ist aufgrund der abschließenden Aufzählung in III Nr. 2 kein divergenzrelevantes Gericht. Beim BVerfG sind grundsätzlich nur Senats- und nicht Kammerentscheidungen als Grundlage für Abweichungen geeignet[37]. Der Meinungsstreit über diese Frage ist für die forensische Praxis allerdings von geringer Bedeutung, weil Kammerentscheidungen in aller Regel auf der Grundlage einer in Bezug genommenen Senats-Rspr ergehen und daher ohne Weiteres eine Divergenz zu bestimmten Senatsentscheidungen besteht und gerügt werden kann[38]. Es ist unbedenklich, dass es damit für die Divergenz auf die Spruchpraxis anderer oberster Bundesgerichte als des BVerwG und anderer OVG/VGH nicht ankommt. Ergibt sich insoweit eine Abweichung, wird eine Zulassung unter Umständen wegen grundsätzlicher Bedeutung möglich und geboten sein. Vergleichbares kann bei einer Divergenz zu EuGH-Urteilen gelten.

Die **Abweichung** muss **grundsätzlicher Art** sein. Sie ist nur gegeben, wenn das VG in dem Urteil **19** objektiv einen Rechtssatz rechtlicher oder tatsächlicher Art aufstellt, der in Widerspruch zu einem Rechtssatz steht, den eines der genannten Gerichte in einer Entscheidung aufgestellt hat. Es müssen also zwei Rechtssatzaussagen einander gegenüberstehen, die nicht miteinander vereinbar sind. Eine die Zulassung begründende Divergenz ist aber nicht schon dann gegeben, wenn das VG einen derartigen Rechtssatz übergangen, übersehen oder **unrichtig angewendet** oder den Sachverhalt ungenügend aufgeklärt oder fehlerhaft gewürdigt hat, denn nicht jeder Rechtsverstoß gefährdet die Rechtseinheit, deren Bewahrung die Zulassungsvorschriften dienen[39]; so etwa das Unterlassen einer nach der Rspr. gebotenen Prüfung tatsächlicher Art. Ebenso wie bei der Grundsatzberufung kommt eine Zulassung auch bei **abgelaufenem oder Übergangsrecht** nicht in Betracht, es sei denn, es geht um grundsätzliche Fragen der Gestaltung von Übergangsrecht selbst. Auch liegt keine Divergenz iSv Abs. 3 Nr. 2 vor, wenn das VG einer Rechtsansicht entgegengetreten ist, die ein divergenzfähiges Gericht zwar in der Vergangenheit vertreten hat, inzwischen aber nicht mehr vertritt[40]. Schwierig ist bisweilen die Abgrenzung zwischen der Divergenz und einem nur (unbewusst) „unrichtigen" Urteil. Denn auch Schweigen kann beredt sein und die ausdrückliche Aufstellung eines abstrakten Rechtssatzes ist nicht

---

[32] BVerwG Beschl. v. 20.12.1995 – 6 B 35.95, NVwZ-RR 1996, 712; zur Divergenz in diesen Fällen → Rn. 19.
[33] Dazu → Rn. 13.
[34] → Rn. 22.
[35] § 132 II Nr. 2 VwGO.
[36] Eine entscheidungserhebliche Abweichung hinsichtlich allgemeiner Tatsachenfeststellungen iSv § 78 III Nr. 2 AsylG einer zu einem nationalen Abschiebungsverbot ergangenen Entscheidung des erstinstanzlichen Gerichts von einer Tatsachenfeststellung des Rechtsmittelgerichts zur Frage des internen Schutzes iSd § 3e AsylG kommt allerdings nur in Betracht, wenn das Rechtsmittelgericht für die Situation am vermeintlichen Schutzort bereits festgestellt hat, dass eine Rückführung dorthin aufgrund der allgemeinen Lebensumstände die Verletzung von Art. 3 EMRK zur Folge hätte, vgl. VGH BW Beschl. v. 8.8.2018 – A 11 S 1753/18.
[37] AA GK-AsylG § 78 Rn. 195.
[38] Vgl. dazu auch *Marx* § 78 Rn. 57.
[39] *Höllein* ZAR, 1989, 109.
[40] Vgl. VGH BW Beschl. v. 27.6.2018 – A 9 S 1371/18.

zu fordern. Ob das Übersehen einer Rechtsfrage oder deren konkludente Entscheidung vorliegt, ist wohl immer nur im konkreten Einzelfall und kaum generell zu entscheiden.

20 Die **Form der Entscheidung,** von der abgewichen wird, ist unerheblich; der Rechtssatz kann auch in einem Beschluss enthalten sein[41]. Die Rechtssatzaussage muss aber verbindlich getroffen sein; hieran fehlt es oft in Entscheidungen über vorläufigen Rechtsschutz, Prozesskostenhilfe oder Nichtzulassung von Berufung oder Revision sowie bei obiter dicta oder bloßem Hinweis für die weitere Sachbehandlung („Segelanweisung").

21 Auf den **Zeitpunkt** der Entscheidung, von der abgewichen wird, kommt es ebenso wenig an wie auf deren Veröffentlichung und auf die Kenntnis des VG. Das Urteil des VG muss ihr nur in einer Rechtssatzaussage objektiv widersprechen. Die Entscheidung braucht nicht rechtskräftig zu sein, sie muss aber noch gelten; dies ist nicht der Fall, wenn sie im Rechtsmittelzug aufgehoben ist.

22 Ist eine offene **Grundsatzfrage** nach Erlass des Urteils **geklärt** und kann dies von dem Beteiligten innerhalb der Monatsfrist nicht berücksichtigt werden (weil die Klärung erst später erfolgt oder bekannt wird), ist die angestrebte Grundsatzberufung in eine Divergenzberufung umzudeuten[42]; sonst ist Art. 19 IV GG verletzt. Allerdings muss zuvor die grundsätzliche Bedeutung tatsächlich vorgelegen haben. Eine Divergenz ist nicht (mehr) festzustellen, wenn das Gericht zwischenzeitlich seine Auffassung geändert hat und seine Rspr. deshalb nicht mehr fortführt[43]. Damit kann die Rechtssache aber (wieder) grundsätzliche Bedeutung gewinnen. Haben sich etwa die tatsächlichen **Verhältnisse** im Verfolgerstaat zwischenzeitlich **geändert** und werden sie deswegen ganz allgemein vom VG anders beurteilt als in einer früheren Entscheidung des Gerichts, von dessen Urteil abgewichen sein soll, liegt ebenfalls in Wahrheit keine Divergenz vor. In diesen Fällen erweist sich der Charakter der Divergenzberufung als Unterfall der Grundsatzberufung, die bei dieser Konstellation wegen eines zwischenzeitlich neu entstandenen Klärungsbedarfs in Betracht kommt.

23 Das Urteil muss auf der Divergenz **beruhen,** die abweichende Grundsatzaussage muss also für das VG-Urteil **entscheidungserheblich** sein. Insoweit ist allein auf die Rechtsauffassung des VG, nicht auf die des OVG/VGH, abzustellen und auf das Endergebnis und nicht allein auf Teile der Begründung. Die Abweichung muss in einem das Urteil selbstständig tragenden Teil der Begründung erfolgt sein; das Urteil darf nicht daneben auf weiteren selbstständigen Gründen beruhen, gegen die Zulassungsgründe nicht vorgebracht sind[44]. Letztlich ist daher nicht maßgeblich, ob in einem Berufungsverfahren wahrscheinlich zu der Abweichung – bestätigend oder ändernd – Stellung genommen werden muss. Für die Zulassung ausschlaggebend sind nur die Rechtsauffassung des VG und die Begründung des Urteils. Zudem wird das Urteil auf Divergenzrüge hin ebenso wie bei Geltendmachung einer grundsätzlichen Bedeutung nicht vollständig schon im Zulassungsverfahren auch hinsichtlich möglicher anderer Gründe überprüft[45]; für die Berufungszulassung fehlt es nämlich an einer § 144 IV VwGO vergleichbaren Vorschrift.

5. Schwere Verfahrensmängel

24 a) **Allgemeines.** Die Bezugnahme auf § 138 VwGO in Abs. 3 Nr. 3 ist abschließend. Andere Verfahrensfehler rechtfertigen nicht die Zulassung, selbst wenn eine VB erfolgreich darauf gestützt werden könnte. Die Zulassung wegen Verfahrensmängeln ist (anders als bei der **Revision,** die zwar nicht wegen grundsätzlich bedeutsamer Tatsachenfragen, aber aufgrund der vom BVerwG ernst genommenen Begründungspflicht nach § 108 I 2 VwGO etwa wegen unterlassener Auseinandersetzung mit der Rspr. eines anderen OVG/VGH in Betracht kommen kann[46]) nicht allgemein bei jedem Fehler vorgesehen, sondern nur bei **absoluten Revisionsgründen** iSd § 138 VwGO. Im Unterschied zur Revisionszulassung wegen allgemeiner Verfahrensmängel kommt es nicht darauf an, ob das Urteil auf dem Verfahrensmangel „beruhen kann". Auch im allgemeinen Verwaltungsprozess erfolgt eine Berufungszulassung aufgrund von Verfahrensfehlern, wenn ein der Beurteilung des Berufungsgerichts unterliegender Verfahrensmangel vorliegt und die Entscheidung darauf beruhen kann und gegebenenfalls kein rügeloses Einlassen vorliegt[47]. Wenn für die schweren Verfahrensfehler des § 138 VwGO die Frage der Kausalität nicht ausdrücklich erwähnt ist, spricht dies weder für deren Unbeachtlichkeit noch für eine aus der „Natur der Sache" folgende Notwendigkeit einer Ursächlichkeitsprüfung. Das Schweigen des Gesetzgebers beruht vielmehr allein auf der Eigenart dieser Verfahrensmängel; denn das Urteil beruht, wenn sie vorliegen, stets auf der Verletzung von

---

[41] Marx § 78 Rn. 62.
[42] → Rn. 17; BVerfG-K Beschl. v. 26.1.1993 – 2 BvR 1058/92 ua, DVBl 1993, 315.
[43] Zur nachträglichen Divergenz s. VGH BW Beschl. v. 16.3.2021 – A 11 S 123/20.
[44] Dazu auch → Rn. 16.
[45] → Rn. 16.
[46] § 132 II Nr. 3 VwGO; vgl. BVerwG Beschl. v. 24.4.2017 – 1 B 22.17 sowie *Berlit* jurisPR-BVerwG 16/2017 Nr. 2.
[47] § 124 II Nr. 5 VwGO; zum rügelosen Einlassen in eine falsche Richterbank s. BVerwG Beschl. v. 6.9.2021 – 1 B 39.21.

Bundesrechten[48]. Eine „objektiv willkürliche Beweiswürdigung" kann über § 78 allerdings nicht gerügt werden[49].

Danach ist für die Zulassung der Berufung in Asylsachen die Feststellung eines **Verfahrensfehlers iSd § 138 VwGO** erforderlich, aber auch ausreichend. Die bloße Behauptung genügt nicht. Andererseits ist nicht zu prüfen, ob das Urteil auf dem Fehler beruhen kann oder beruht. Für die fehlerhafte Besetzung des Gerichts, die Mitwirkung eines ausgeschlossenen oder abgelehnten Richters, die nicht ordnungsgemäße Vertretung eines Beteiligten, die mangelnde Öffentlichkeit des Verfahrens und das Fehlen von Urteilsgründen leuchtet dies ohne Weiteres ein. Schwieriger verhält es sich mit der Verletzung rechtlichen Gehörs. Insoweit ist für die Notwendigkeit rechtlichen Gehörs auf die Auffassung des VG von der Entscheidungserheblichkeit der betreffenden Tatsache abzustellen. Rechtliches Gehör ist nämlich nur hinsichtlich (letztlich) entscheidungserheblicher Tatsachen zu gewähren. Infolgedessen geht eine Gehörsrüge betreffend Tatsachen fehl, auf die es nach der Auffassung des VG aus rechtlichen oder tatsächlichen Gründen nicht ankommt. Dabei ist allein auf das Urteil abzustellen, nicht auf Erörterungen in der mündlichen Verhandlung oder der vorangegangenen Korrespondenz; denn vor der endgültigen Beratung mit abschließender Entscheidungsfindung muss uU die letztlich vertretene Auffassung noch offenbleiben mit der Folge, dass auch über Tatsachen verhandelt wird, die dann für das Urteil unerheblich sind. Der Verfahrensfehler wird nicht dadurch „geheilt", dass das Berufungsgericht eine vom VG als erheblich zugrunde gelegte Tatsache für unerheblich hält. Nach alledem knüpft die Zulassung an das bloße Vorliegen des Verfahrensfehlers an, nicht an dessen tatsächliche oder mögliche Ursächlichkeit für den Ausgang des Verfahrens.

Da die Zurückverweisung durch OVG/VGH an das VG[50] ohnehin für Asylsachen ausgeschlossen ist, ist **unerheblich,** ob das VG eine Sachentscheidung überhaupt getroffen hat. Ebenso wenig kommt es darauf an, auf welche tatsächliche oder rechtliche Grundlage (wahrscheinlich) eine spätere **Berufungsentscheidung** gestützt werden wird. Hierin ist auch der Unterschied zur allgemeinen Berufungszulassung und zur Revisionszulassung zu sehen, die eine evtl. Kausalität voraussetzt[51], wobei die Zulassung der Revision ausgeschlossen sein kann, wenn im Blick auf § 144 IV VwGO eine Revision iE erfolglos erscheint. Entscheidend für die Berufungszulassung ist nach der Gesetzesformulierung allein, dass wegen der Schwere des festgestellten Verfahrensfehlers die Durchführung eines Berufungsverfahrens ermöglicht werden soll. Auch hierin kommt der Kompromisscharakter der gesamten Zulassungsregelung deutlich zum Ausdruck[52].

Als die Zulassung begründende Verfahrensfehler kommen in der Praxis seltener in Betracht: Mitwirkung eines ausgeschlossenen oder mit Erfolg abgelehnten **Richters,** nicht ordnungsgemäße **Prozessvertretung,** Verletzung der Vorschriften über die **Öffentlichkeit** der mündlichen Verhandlung[53]. Öfter werden dagegen geltend gemacht: nicht vorschriftsmäßige Besetzung des Gerichts, Verletzung des rechtlichen Gehörs, Fehlen von Urteilsgründen[54]. Bezüglich der Überschreitung der Zweiwochenfrist des § 116 II VwGO kommt es auf den Einzelfall an[55].

b) Fehlerhafte Besetzung des Gerichts. Bei der Besetzung des Gerichts treten im Asylverfahren spezifische Schwierigkeiten beim Einsatz des **Einzelrichters** auf. Wird ein Verfahren unter Verstoß gegen § 76 I, III auf den Einzelrichter übertragen oder rückübertragen, ist die Garantie des gesetzlichen Richters (Art. 101 I 2 GG) verletzt. Dennoch ist eine inhaltliche Überprüfung dieser unanfechtbaren Beschlüsse (§ 80) im Berufungsverfahren versagt[56]; infolgedessen sind derartige Fehler idR auch nicht als Zulassungsgrund geeignet. Zudem können Besetzungsfehler allgemein nur bei willkürlichen oder manipulatorischen Erwägungen festgestellt werden und zur Zulassung führen[57]. Ein Zulassungsantrag kann im Übrigen grundsätzlich nicht darauf gestützt werden, dass ein **Befangenheitsantrag** während des der Sachentscheidung vorausgegangenen Verfahrens zu Unrecht abgelehnt worden sei[58].

c) Verletzung des rechtlichen Gehörs. Das Gebot des rechtlichen Gehörs (Art. 103 I GG) verpflichtet das Gericht, das Vorbringen der Beteiligten **zur Kenntnis zu nehmen** und bei der Entscheidung zu **berücksichtigen** sowie den Beteiligten **Gelegenheit zur Stellungnahme** zu dem entscheidungserheblichen Sachverhalt zu geben, wobei ein Verstoß hiergegen exakt gerügt werden muss[59]. Das rechtliche Gehör ist deshalb verletzt, wenn das VG wesentliches Vorbringen einschließlich

---

[48] Vgl. den Wortlaut des § 138 VwGO.
[49] VGH BW Beschl. v. 28.7.2020 – A 2 S 873/19.
[50] § 130 VwGO.
[51] §§ 131 III Nr. 3, 132 II Nr. 3 VwGO: „(...) beruhen kann".
[52] → Rn. 2f.
[53] § 138 Nr. 2, 4, 5 VwGO; zur Öffentlichkeit vgl. HessVGH Beschl. v. 28.3.1994 – 12 UZ 152/94.
[54] § 138 Nr. 1, 3, 6 VwGO.
[55] Vgl. VGH BW Beschl. v. 4.3.2020 – A 4 S 457/20.
[56] §§ 128, 173 VwGO iVm § 512 ZPO.
[57] *Höllein* ZAR 1989, 109, mwN.
[58] Vgl. VGH BW Beschl. v. 7.2.2011 – A 2 S 238/11, VBlBW 2011, 363.
[59] § 108 II VwGO; *Fritz* ZAR 1984, 189; *Renner* ZAR 1985, 70, jeweils mwN; vgl. auch VGH BW Beschl. v. 4.3.2022 – A2 S 362/22.

Beweisanträgen übergeht oder seiner Entscheidung Erkenntnisse aus Gutachten, amtlichen Auskünften, Medienberichten oder sonstigen Quellen zugrunde legt, zu denen die Beteiligten sich nicht äußern konnten. Fremdsprachige Erkenntnismittel sind nicht allein wegen der Sprache unverwertbar[60]. Übersetzungsfehler in der mündlichen Verhandlung müssen grundsätzlich sofort gerügt werden[61]. Die fehlerhafte Nichtvereidigung des Dolmetschers führt grundsätzlich nur bei mangelhafter Übersetzung zum Gehörsverstoß[62]. Außer Betracht bleiben im Übrigen Tatsachen, auf welche die Entscheidung nicht gestützt ist; zu ihnen braucht kein Gehör gewährt zu werden. Ansonsten ist aber im Zulassungsverfahren nicht zu prüfen, ob das VG-Urteil (im Ergebnis) auf der Gehörsverletzung beruht[63].

30 Das VG darf **Parteivorbringen** aus Gründen des formellen oder materiellen Rechts unberücksichtigt lassen, muss dabei aber das jeweilige Prozessrecht beachten. Die Nichterwähnung von Beteiligtenvortrag in Tatbestand und Entscheidungsgründen des Urteils erlaubt nicht in jedem Fall schon den Schluss darauf, dass das VG ihn nicht zur Kenntnis genommen und nicht in Erwägung gezogen hat, liefert aber ein gewichtiges Indiz dafür. Die Ablehnung eines **Beweisantrags** verletzt den Gehörsanspruch, wenn sie im Prozessrecht keine Stütze findet[64], wobei insoweit eine objektive Betrachtung maßgeblich ist, nicht (nur) die vom VG genannte Begründung. Ein in der mündlichen Verhandlung unbedingt gestellter Beweisantrag muss sofort beschieden werden[65]. Sofern seine Ablehnung nicht aus den gesetzlich festgelegten Gründen geboten ist[66], muss ihm stattgegeben werden. Mit dem Beweisantrag müssen **Beweisthema** und **Beweismittel** konkret bezeichnet werden[67]. Ein Beweisantrag kann abgelehnt werden, wenn er sich nicht auf Tatsachen bezieht, sondern auf Prognosen, Wertungen und Schlussfolgerungen, wenn die genannten Tatsachen unerheblich, offenkundig erwiesen oder völlig wirklichkeitsfremd sind. Dies gilt auch, wenn das Gericht selbst über genügend eigene Sachkunde verfügt oder wenn bereits ein Gutachten vorliegt und der neue Sachverständige nicht über eine bessere Sachkunde oder überlegenere Erkenntnisse verfügt. Einem Antrag auf Ladung eines Sachverständigen zur **Erläuterung des Gutachtens** in bestimmten Punkten muss stattgegeben werden, wobei nicht alle Fragen bereits vorher angekündigt sein müssen; dies gilt auch dann, wenn das Gutachten aus einem anderen Verfahren beigezogen ist[68]. Die fehlerhafte Ablehnung eines **Hilfsbeweisantrags** fällt jedenfalls dann in den Anwendungsbereich der Gehörsrüge nach § 78 III Nr. 3 iVm § 138 Nr. 3 VwGO, wenn der Sache nach nicht ein Verstoß gegen die gerichtliche Aufklärungspflicht geltend gemacht, sondern die Nichtberücksichtigung wesentlichen Sachvortrags gerügt wird[69].

31 **Erkenntnisquellen** sind grundsätzlich ohne Rücksicht auf Art und Inhalt ordnungsgemäß in das Verfahren einzuführen (soweit der Kläger dies nicht selbst getan hat[70]); grundsätzlich ist diejenige Form zu wählen, die rechtliches Gehör erleichtert[71]. Im Zeitalter der e-Akte kann eine Erkenntnismittelliste auch **digital** zur Verfügung gestellt, dh etwa auf der Homepage des Gerichts eingestellt werden; dann genügt es, wenn in der Ladung hierauf verwiesen wird[72]. Ein pauschaler Hinweis auf die allgemeine Lage ohne die Angabe konkreter Erkenntnisquellen genügt nicht. Die Gehörsverpflichtung gilt auch, wenn die Erkenntnisquellen allgemein oder dem Gericht bekannte Tatsachen enthalten oder sonst allgemein zugänglich sind. Ein ausdrücklicher Hinweis auf die beabsichtigte Verwertung erübrigt sich nur dann, wenn eine Tatsache allgemein bekannt und die Beteiligten gegenwärtig ist und diese mit einer Berücksichtigung im Prozess rechnen. Sonst müssen die Erkenntnisgrundlagen, auch wenn sie (wie sehr oft) aus anderen Verfahren stammen und bei den Gerichten verteilt sind und vorgehalten werden, den Beteiligten benannt und so zugänglich gemacht werden, dass diese sachgemäße Kenntnis und auch Stellung nehmen können. Auf Gutachten **aus anderen Verfahren** sind die Regeln über den Sachverständigenbeweis entsprechend anzuwenden. Gegen die Verwertung von amtlichen Auskünften und Gutachten aus anderen Verfahren bestehen keine Bedenken im Blick auf die Unmittelbarkeit der Beweisaufnahme; sie dürfen aber nicht die Rechte der Beteiligten verkürzt werden, zB das Recht, den Sachverständigen zur Erläuterung seines Gutachtens laden zu lassen. Eine andere Behandlung „fremder" Gutachten erscheint nicht nur formalistisch, sondern auch kontraproduktiv und damit rechtsschutzfeindlich. Nur die Heranziehung bereits zu dem einschlägigen Beweisthema erstatteter Gutachten spart in ganz beträchtlichem Umfang Zeit und Kosten und sichert eine möglichst bundesweit einheitlich hohe Aktualität der Rspr. Hieran besteht ein außerordentliches öffentliches Interesse,

---

[60] Vgl. VGH BW Beschl. v. 11.5.2017 – A 11 S 1002/17.
[61] VGH BW Beschl. v. 15.5.2020 – A 2 S 1745/19.
[62] VGH BW Beschl. v. 20.10.2020 – A 3 S 2953/20.
[63] Dazu → Rn. 25.
[64] *Dahm* ZAR 2002, 227 und 348 mwN.
[65] § 86 II VwGO.
[66] Etwa § 244 III StPO *Deibel* InfAuslR 1984, 114; *Jacob* VBlBW 1997, 4, jeweils mwN.
[67] *Dahm* ZAR 2002, 227 mN aus der Rspr. von BVerfG und BVerwG.
[68] *Marx* § 78 Rn. 238.
[69] VGH BW Beschl. v. 5.12.2011 – A 9 2939/11 (hier Ablehnung eines Hilfsbeweisantrags wegen Wahrunterstellung).
[70] NdsOVG Beschl. v. 5.1.2016 – 2 LA 285/15.
[71] Vgl. *Höllein* ZAR 1989, 109; *Jobs* ZAR 2002, 219; *Marx* ZAR 2002, 400.
[72] Vgl. *Bühs*, Die Erkenntnismittel und der Asylprozess, ZAR 2018, 424 mwN.

weil es in aller Regel um die Aufklärung auslandsbezogener Sachverhalte geht, die nicht je nach Gerichtsbezirk unterschiedlich festgestellt werden sollten, zumal deren Bewertung ohnehin Unterschiede aufweisen kann. Die Vorteile der sachlich gebotenen Konzentration bei einer zentralen Bundesbehörde würden sonst auf der gerichtlichen Ebene ohne Not aufs Spiel gesetzt. Der notwendige einheitliche Kenntnisstand über die jeweilige aktuelle Gutachten- und Auskunftslage wird va durch mehrere Fachdokumentationen gewährleistet[73]. Fremdsprachige Erkenntnismittel sind nicht allein wegen der Sprache unverwertbar[74]. Wird in der Ladung auf eine irrtümlich nicht mitübersandte „anliegende" bzw. eine **falsche** Erkenntnismittelliste verwiesen, besteht eine Rügepflicht spätestens in der mündlichen Verhandlung[75]. Gibt das VG allerdings als Beleg für tatsächliche Feststellungen lediglich Entscheidungen anderer Gerichte an, ohne diese Urteile oder die ihnen zugrunde liegenden Erkenntnisquellen zum Gegenstand der mündlichen Verhandlung gemacht oder sonst in das Verfahren eingeführt zu haben, wird der Anspruch auf rechtliches Gehör verletzt[76]. In **Dublin-Verfahren** gilt die Pflicht zur Einführung von Erkenntnismittellisten wegen des Beschleunigungsgrundsatzes nur bedingt. Nur diejenigen Quellen sind unbedingt einzuführen, mit denen das Vorbringen des Klägers widerlegt werden soll[77].

Die Garantie rechtlichen Gehörs iSv § 78 III Nr. 3 AsylG, § 138 Nr. 3 VwGO ist nicht verletzt, **32** wenn der Beteiligte es verabsäumt, sich unter Einsatz der ihm nach der Prozessordnung zur Verfügung stehenden Mittel[78] **rechtliches Gehör zu verschaffen**. Ein plötzlich erkrankter Prozessbevollmächtigter muss seine Verhinderung gegebenenfalls telefonisch beim Gericht melden, um einer Gehörsverletzung vorzubeugen[79]. Gegenüber einem Gerichtsbescheid[80] steht den Beteiligten statt der Zulassung der Berufung wegen Gehörsverletzung vorrangig der Antrag auf mündliche Verhandlung zur Verfügung.

d) Fehlen der Urteilsgründe. Ein Urteil ist ohne Gründe iSd § 18 Nr. 6 VwGO ergangen, wenn **33** die nach § 117 II Nr. 5 VwGO erforderliche Begründung gänzlich **fehlt** oder ganz und gar **unzureichend** ist. Eine knappe Begründung schadet ebenso wenig wie eine unvollständige oder unzutreffende; die Beteiligten müssen aber die Entscheidungsfindung erkennen können. Deshalb dürfen die Gründe nicht verworren oder unverständlich sein. An der erforderlichen Begründung fehlt es auch, wenn das schriftliche Urteil so spät abgefasst ist, dass der Zusammenhang mit der Urteilsberatung nicht mehr gewährleistet ist. Dies ist (erst) bei einer Zeitspanne von mehr als fünf Monaten immer anzunehmen[81].

6. Berufungszulassungsverfahren

Eine Zulassung der Berufung durch das VG ist nicht möglich[82], sie kann nur auf Antrag durch **34** OVG/VGH erfolgen. Dieser Antrag ist innerhalb der (neuen[83]) **Monatsfrist**[84] beim VG nicht nur einzulegen, sondern auch zu begründen. Die Umdeutung einer Berufung in einen Zulassungsantrag kommt zumindest bei anwaltlicher Vertretung im Allgemeinen nicht in Betracht. Zudem dürften in diesem Fall die Anforderungen des Abs. 4 S. 4 selten erfüllt sein, weil sie erheblich von denen an eine Berufungsbegründung abweichen. Antrag und Begründung müssen beim VG eingereicht werden; der Eingang beim OVG/VGH wahrt die Frist[85]. Die Begründung kann innerhalb der Frist nachgeholt werden. Eine fristgemäß erfolgte Begründung kann nach Fristablauf ergänzt und näher ausgeführt werden, auch unmittelbar beim OVG/VGH. Ein neuer Zulassungsgrund[86] darf aber nicht nachgeschoben werden. Für den Fall zwischenzeitlicher Klärung einer Grundsatzfrage und daraus evtl. folgender Divergenz[87] kann das Vorbringen im Hinblick auf den neuen Zulassungsgrund geändert und ergänzt werden.

---

[73] Dazu → § 74 Rn. 32.
[74] Vgl. VGH BW Beschl. v. 11.5.2017 – A 11 S 1002/17.
[75] Vgl. VGH BW Beschl. v. 27.12.2017 – A 4 S 2775/17.
[76] Vgl. VGH BW Beschl. v. 9.3.2017 – A 12 S 235/17.
[77] Vgl. NdsOVG Beschl. v. 5.1.2016 – 2 LA 285/15.
[78] Ua Akteneinsicht, Bestellung eines Bevollmächtigten, Teilnahme an der mündlichen Verhandlung, Antrag auf deren Aktenlegung oder Vertagung, Beweisantrag, Nachbesserung des Beweisantrags nach Ablehnung in mündlicher Verhandlung.
[79] VGH BW Beschl. v. 4.11.2020 – A 11 S 3308/20.
[80] Vgl. § 84 II Nr. 2 VwGO.
[81] BVerwG Urt. v. 5.10.1990 – 4 CB 18.90, NJW 1991, 313.
[82] Anders noch § 32 I AsylVfG 1982; anders auch seit 1.1.2002 für den allgemeinen Verwaltungsprozess nach § 124a I iVm § 124 II Nr. 3 und 4 VwGO.
[83] → Rn. 1.
[84] Die Berechnung bzw. Überprüfung der Monatsfrist obliegt grundsätzlich dem Rechtsanwalt; vgl. VGH BW Beschl. v. 12.6.2007 – 9 S 315/07, NVwZ-RR 2007, 819.
[85] Vgl. § 124a IV 2 und 5 VwGO für die allg. Berufungszulassung; zT anders § 146 IV 2 VwGO für die Beschwerde.
[86] Verfahrensfehler statt Divergenz; Grundsatzfrage B statt Grundsatzfrage A; Gehörsrüge statt Besetzungsrüge.
[87] → Rn. 22.

35 An die Begründung stellt das Gesetz ausdrücklich dieselben Anforderungen wie bei dem Antrag auf Berufungszulassung im allgemeinen Verwaltungsprozess und bei der Beschwerde gegen die Nichtzulassung der Revision[88]. Der Grund für diese Gleichbehandlung ist auch in der Einführung des Anwaltszwangs für die OVG/VGH zu sehen. Der Beschwerdeführer muss mindestens einen der **Zulassungsgründe** deutlich **bezeichnen** und außerdem **erläutern,** aus welchen Gründen die Zulassung geboten ist. Er muss ferner substantiiert darlegen oder sonst deutlich werden lassen, auf welchen der vier Streitgegenstände[89] sich Antrag und Begründung beziehen. Bei der Grundsatzberufung bedarf es konkreter Angaben über die tatsächliche oder rechtliche Grundsatzfrage und deren Klärungsbedürftigkeit und Klärungsfähigkeit. Die Grundsatzfrage muss nach Maßgabe des VG-Urteils rechtlich aufgearbeitet sein. Für die Divergenzberufung müssen mindestens eine Entscheidung hinreichend genau bezeichnet und außerdem die divergierenden Grundsätze genannt werden. Dazu bedarf es der Darlegung der abstrakten Auffassung des Obergerichts und der Abweichung des VG. Außerdem muss substantiiert dargelegt werden, dass das Urteil auf der Divergenz beruht, es sei denn, dies liegt ohne Weiteres auf der Hand. Nicht gerügte Divergenzen dürfen nicht (von Amts wegen) berücksichtigt werden. Mit der Gehörsrüge muss vorgetragen werden, wie sich der Beteiligte bei ordnungsgemäßer Prozessführung verhalten, welche Tatsachen er zusätzlich vorgetragen und welche Beweisanträge er noch gestellt hätte. Die Nachholung entsprechenden Vorbringens erübrigt sich allerdings in Fällen des Übergehens entscheidungserheblichen Parteivorbringens oder der prozessordnungswidrigen Ablehnung von Beweisanträgen.

7. Prozesskostenhilfe

36 Die Gewährung von PKH (§ 166 VwGO iVm §§ 114 ff. ZPO) erfolgt auch in Asylsachen nach den allgemeinen Regeln[90]; in zweiter Instanz allerdings einheitlich für Zulassungsantrag und Berufungsverfahren[91]. Dazu gehört, dass die Anforderungen an die **Erfolgsaussichten** nicht überspannt und im PKH-Verfahren schwierige ungeklärte Rechtsprobleme nicht „durchentschieden" werden dürfen. Dem in der Vorinstanz siegreichen Beteiligten ist PKH ohne Rücksicht auf die Erfolgsprognose zu bewilligen[92]; hiervon kann allenfalls in seltenen Ausnahmefällen abgewichen werden[93]. Bei dem Antrag auf Zulassung der Berufung geht es nur um die Erfolgsaussicht hinsichtlich der Zulassung; die Aussichten der Revision sind gesondert zu beurteilen, auch wenn das Antrags- in das Berufungsverfahren „durchstartet" (Abs. 5 S. 3).

IV. Ausschluss der Berufung und der Revision nach Abs. 1

1. In Betracht kommende Streitverfahren

37 Die Vorschriften über den Rechtsmittelausschluss bei aussichtslosen Klagen erfassen dieselben **Arten von Streitverfahren** wie § 76 für den Einzelrichter und Abs. 1 für die Zulassungsberufung[94]. Nach Übertragung der Flüchtlingsanerkennung (zusätzlich zur Asylanerkennung), der Feststellungen zu § 60 AufenthG und der Abschiebungsandrohung auf das BAMF[95] können der asylrechtliche und der aufenthaltsrechtliche Verfahrensteil aus jeweils zwei selbstständigen Streitgegenständen bestehen[96]; für alle gilt Abs. 1 S. 1, weil sie „Rechtsstreitigkeiten nach diesem Gesetz" darstellen. Als **Rechtsmittelführer** kommt außer dem Asylbewerber das BAMF in Betracht, und zwar auch mit je unterschiedlicher Beteiligtenstellung. Der Rechtsmittelausschluss gilt ebenso unterschiedslos für alle Beteiligten[97] wie die Kompetenzen des Einzelrichters und die Berufungszulassung; er kann auch durch Gerichtsbescheid erfolgen.

2. Verfassungsmäßigkeit

38 Der Ausschluss der Berufung (und insoweit der Revision) gegen die Abweisung aussichtsloser Klagen ist **verfassungsrechtlich** nicht zu beanstanden. Wegen der außerordentlichen Belastung der Verwaltungsgerichtsbarkeit mit Asylverfahren ist es mit Art. 16a I, 19 IV, 103 I GG und dem Rechtsstaatsprinzip vereinbar, dass ein weiteres Rechtsmittel nicht stattfindet, wenn die Kammer des VG die Asylklage als offensichtlich unzulässig oder offensichtlich unbegründet abweist[98]. Das BVerfG (1. Senat)

---

[88] Vgl. §§ 124a IV 3 und 4, 133 III 3 VwGO.
[89] Dazu → § 74 Rn. 2.
[90] → § 74 Rn. 49 ff.
[91] VGH BW Beschl. v. 29.7.1998 – 9 S 1592/98.
[92] § 119 S. 2 ZPO.
[93] → § 74 Rn. 52.
[94] → Rn. 7; → § 76 Rn. 7.
[95] Vgl. § 31.
[96] Dazu → § 74 Rn. 2.
[97] AA *Bell* DVBl 1988, 1148.
[98] BVerfG Beschl. v. 12.7.1983 – 1 BvR 1470/82, BVerfGE 65, 76.

Rechtsmittel § 78 AsylG 7

hat die Vereinbarkeit mit Art. 16 II 2 GG mit dem Zusatz „noch" versehen und verlangt, dass sich die **ersichtliche Aussichtslosigkeit** der Klage nach Aufhebung des Einstimmigkeitserfordernisses[99] zumindest eindeutig aus der Entscheidung ergeben müsse. Zuvor hatte schon ein Richterausschuss des 2. Senats des BVerfG die Gesamtregelung für verfassungsgemäß erklärt und besonders betont, dass die „gewichtige Mehrbelastung" der VG mit Asylverfahren die Sonderbestimmungen für einen Teil der Verwaltungsgerichtsverfahren rechtfertige.

Diese Überlegungen sind ohne Weiteres auf die seit 1.1.1991 hinzugekommene Verpflichtungsklage **39** auf Flüchtlingsanerkennung[100] und die seit 1.7.1992 in Betracht kommende Verpflichtungsklage auf Feststellung von Abschiebungsverboten iSd § 60 II–V und VII AufenthG (früher § 53 AuslG) zu **übertragen**. Sie werden nicht dadurch gegenstandslos, dass das Asylgrundrecht nunmehr durch Art. 16a GG nur noch unter erheblichen Einschränkungen, va verfahrensrechtlicher Art, garantiert ist. Die Risiken einer Fehlentscheidung werden zwar durch die Möglichkeit, dass der Einzelrichter eine Entscheidung nach Abs. 1 S. 1 erlässt[101], vergrößert; da aber der Einsatz des Einzelrichters in Asylsachen verfassungsrechtlich nicht zu beanstanden ist[102], können auch daraus keine durchgreifenden Argumente für eine Verfassungswidrigkeit des Ausschlusses von weiteren Rechtsmitteln gewonnen werden.

3. Offensichtliche Unzulässigkeit oder Unbegründetheit

Wichtiger als die Gerichtsorganisation sind in diesem Zusammenhang die Anforderungen an die **40** Entscheidung selbst und die Überzeugungsbildung der Richter. In beiden genannten (→ Rn. 38) und in weiteren Entscheidungen des BVerfG[103] ist für eine verfassungskonforme Anwendung Rechtsmittel ausschließender Vorschriften die Einhaltung konkreter Anforderungen an die Feststellung evidenter Aussichtslosigkeit vorausgesetzt. Als **offensichtlich unzulässig** darf eine Klage danach nur abgewiesen werden, wenn kein vernünftiger Zweifel an der Richtigkeit der zu den Sachurteilsvoraussetzungen getroffenen vollständigen Feststellungen besteht und diese die Verwerfung der Klage nach der eindeutigen Rechtslage gebieten. Als **offensichtlich unbegründet** darf eine Klage – sei es bezüglich Asyl, Flüchtlingseigenschaft oder subsidiärem Schutz bzw. der Feststellung eines Abschiebungsverbots[104] – nur dann abgewiesen werden, wenn nach vollständiger Erforschung des Sachverhalts kein vernünftiger Zweifel an der Richtigkeit der tatsächlichen Feststellungen bestehen kann und sich bei einem solchen Sachverhalt die Abweisung der Klage nach allgemein anerkannter Rechtsauffassung (nach dem Stand von Rspr. und Lehre) geradezu aufdrängt[105]. Diese Anforderungen bleiben davon unberührt, dass für den vorläufigen Rechtsschutz aufgrund Art. 16a III GG der Maßstab der ernstlichen Zweifel an der Richtigkeit der Entscheidung eingeführt ist[106]. Für Asylbewerber aus sicheren Herkunftsstaaten ist aber die Vermutung des Art. 16a III 2 GG zu beachten[107], und nach Einreise aus einem sicheren Drittstaat ist, falls eine Anordnung nach § 34a nicht ergeht oder nicht durchzusetzen ist, auch im Verfahren vor dem BAMF die Asylanerkennung ausgeschlossen; auf die Feststellung zu § 60 I AufenthG sind die genannten Grundsätze entsprechend anzuwenden. Ein Asylantrag iSd Abs. 1 S. 2 umfasst das Begehren auf Anerkennung als Asylberechtigter und Zuerkennung internationalen Schutzes (§ 13 I und II); diese wiederum umfasst gemäß § 1 I Nr. 2 die Zuerkennung der Flüchtlingseigenschaft (§ 3) und die Zuerkennung subsidiären Schutzes (§ 4). Das **Offensichtlichkeitsurteil** nach Abs. 1 S. 2 kann daher bezüglich der drei selbstständigen Streitgegenstände „Anerkennung als Asylberechtigter", „Zuerkennung der Flüchtlingseigenschaft" und „Zuerkennung subsidiären Schutzes", soweit sie Gegenstand des Verfahrens sind, **nur einheitlich** erfolgen. Deshalb können die Anforderungen an die Abweisung einer Klage als offensichtlich unbegründet im Hinblick auf die Zuerkennung subsidiären Schutzes keine anderen sein als im Hinblick auf die Zuerkennung der Flüchtlingseigenschaft oder im Hinblick auf die Anerkennung als Asylberechtigter. Daher ist für jeden einzelnen Streitgegenstand eine **Begründung** der Offensichtlichkeitsentscheidung erforderlich, und es müssen die Entscheidungen zu jedem einzelnen Streitgegenstand auf einer hinreichend verlässlichen Grundlage beruhen[108].

Die Verfassungsmäßigkeit des Rechtsmittelausschlusses ist nach Aufhebung des früher geltenden **41** Einstimmigkeitserfordernisses mit Recht an **besonders strenge Anforderungen** an die sonst nicht näher konkretisierbare Evidenzerkenntnis gebunden. Wenn ein oder gar zwei Richter der Kammer die

---

[99] § 34 AuslG 1965 aF; → Rn. 1.
[100] → Rn. 10.
[101] Anders noch § 32 VI AsylVfG.
[102] → § 76 Rn. 6.
[103] ZB BVerfG Urt. v. 11.12.1985 – 2 BvR 361/83 ua, BVerfGE 71, 276.
[104] Zur Übertragung des Offensichtlich-unbegründet-Maßstabes auf Folgeschutzgesuche vgl. BVerfG Beschl. v. 27.9.2007 – 2 BvR 1613/07.
[105] Vgl. BVerwG Beschl. v. 6.12.1982 – 9 B 3520.82, BVerwGE 66, 312.
[106] → GG Art. 16a Rn. 86 f.; → § 36 Rn. 21 f.
[107] GG Art. 16a Rn. 75 ff.; → § 29a Rn. 7 ff.
[108] BVerfG, stattgebender Beschl. v. 25.4.2018 – 2 BvR 2435/17, Rn. 25, mwN.

erforderliche eindeutige Überzeugung von der Aussichtslosigkeit der Klage nicht gewinnen können, müssen auch gewichtige Zweifel an der Richtigkeit der Auffassung der Kammermehrheit aufkommen. Die Klageabweisung als (schlicht) unzulässig oder unbegründet mag dann noch zu verantworten sein, nicht aber die als eindeutig aussichtslos. Jeder vernünftige Zweifel auch nur eines Richters kann das Offensichtlichkeitsurteil der anderen erschüttern. Wegen des Ausschlusses jeglichen weiteren Rechtsschutzes können die für das BAMF in § 30 II–V bestimmten Kriterien als Anhaltspunkte herangezogen, nicht aber unmittelbar angewendet werden[109].

42 Wie die Rspr. des BVerfG belegt[110], werden diese besonderen **Anforderungen** an die richterliche Überzeugungsgewissheit oft **missachtet,** indem statt konkreter Feststellungen formelhafte Wendungen gebraucht werden, die in tatsächlicher oder rechtlicher Hinsicht entscheidungserhebliche Gesichtspunkte übergehen oder sonst vernachlässigen. Dabei werden entweder substantiierte Darlegungen und Beweisangebote des Asylbewerbers sowie Meinungen in Rspr., Schrifttum und Gutachten überhaupt nicht zur Kenntnis genommen oder erkennbar fehlerhaft ausgewertet. Verlangt ist aber eine vollständige Erforschung des Sachverhalts unter Einbeziehung der vorliegenden und zugänglichen Erkenntnismittel.

43 **Offensichtliche Unbegründetheit** darf zB unter den folgenden Voraussetzungen **nicht angenommen** werden (schon entschiedene Beispiele):
 – wenn zur evtl. politischen **Verfolgungstendenz** der Bestrafung wegen Wehrdienstentziehung keine Feststellungen getroffen werden und hinsichtlich des anderweitigen **Verfolgungsschutzes** von der Rspr. des BVerwG abgewichen wird (BVerfGE 71, 276);
 – wenn zur **Kollektivverfolgung** einer Gruppe eine anerkannte Rechtsauffassung nicht existiert, weil zumindest ein OVG/VGH anders entschieden hat und die Auskunftslage nicht eindeutig und widerspruchsfrei ist oder aktuelle Ereignisse noch nicht erfasst sind;
 – wenn das VG eine inländische **Fluchtalternative** annimmt, sich aber mit abweichender Rspr. des OVG/VGH eines anderen Bundeslandes nicht auseinandersetzt;
 – wenn nur die Überlegung angestellt wird, es sei nicht ersichtlich, warum ein minderjähriger Kurde nicht in der Westtürkei sollte leben können, warum also keine **Fluchtalternative** gegeben sei;
 – wenn die rechtlichen Voraussetzungen einer inländischen **Fluchtalternative** vom BVerwG noch nicht geklärt sind und diese im Schrifttum als Ausschlussgrund verstanden werden;
 – wenn die Ausländerbehörde einen **Folgeantrag** für unbeachtlich erklärt hat und die Unglaubwürdigkeit oder Unschlüssigkeit des neuen Vorbringens nicht „gewissermaßen mit Händen zu greifen" ist;
 – wenn die Bestrafung wegen eines **Asylantrags** nach zurückhaltenden Formulierungen des AA nicht in jedem Fall erfolgen müsse und immerhin einige wenige Fälle bekannt seien, in denen jetzt ehemalige Asylbewerber relativ unbehelligt wieder in ihrer Heimat lebten;
 – wenn eine Verfolgungsgefahr allein mit der Überlegung abgelehnt wird, ein **Militärstrafverfahren** sei in Abwesenheit des Asylbewerbers durch Freispruch oder Einstellung beendet worden und deshalb seien Nachteile nicht mehr zu befürchten;
 – wenn nur Vorfluchtgründe erörtert und geltend gemachte **Nachfluchtgründe** wie Haft und Folter wegen Aufenthalt und Asylantragstellung im Ausland überhaupt nicht geprüft werden;
 – wenn bei einem subjektiven **Nachfluchtgrund** die Betätigung einer politischen Überzeugung im Heimatstaat nicht von Amts wegen aufgeklärt ist;
 – wenn das Asylvorbringen als widersprüchlich und wenig glaubhaft gewertet, aber nicht erläutert wird, warum **späterer Vortrag** nicht als Ergänzung angesehen werden kann (BVerfGE 65, 76);
 – wenn aus **Widersprüchen** bei der Schilderung nur mittelbar den Verfolgungstatbestand betreffender Tatsachen nicht auf die Unschlüssigkeit des Kerns des Vorbringens geschlossen werden kann;
 – wenn ganz erhebliche Zweifel an der **Glaubwürdigkeit** des Asylbewerbers geäußert und gleichwohl einige Angaben als glaubhaft zugrunde gelegt werden, denen Asylrelevanz nicht ohne Weiteres abgesprochen werden kann, und wenn eine Beweiserhebung wegen bloßer Zweifel an der Glaubwürdigkeit abgelehnt wird;
 – wenn die Einholung eines Gutachtens zur **Echtheit einer Anklageschrift** nur mit der Begründung abgelehnt wird, die Übergabe von Anklageschriften an Verwandte von Gesuchten sei in der Türkei ebenso unüblich wie die von Haftbefehlen;
 – wenn die offensichtliche Unbegründetheit durch **schlichtes Unterstreichen** gekennzeichnet und die tatsächlichen Entscheidungsgrundlagen bewusst vorenthalten werden.

4. Umfang des Rechtsmittelausschlusses

44 Mit der Berufung ist insoweit gleichzeitig[111] die **Revision ausgeschlossen.** Damit kommt auch die Sprungrevision nicht mehr in Betracht, die den Beteiligten sonst unter Übergehung der Berufungs-

---

[109] Vgl. auch zT aA *Rothfuß* VBlBW 1994, 183.
[110] Vgl. etwa BVerfG Beschl. v. 27.9.2007 – 2 BvR 1613/07; dazu auch *Krumsiek* DRiZ 1994, 46.
[111] Anders als nach § 34 AuslG aF, → Rn. 1.

instanz¹¹² zusteht. Ohnehin reicht eine Tatsachenfrage grundsätzlicher Bedeutung für eine Zulassung der Revision nicht aus; maßgebend ist der rechtliche Maßstab, der klärungsbedürftig sein muss¹¹³.

45 Besondere Schwierigkeiten kann die Behandlung mehrerer miteinander **verbundener Klagen** bereiten, wenn diese zT aussichtslos erscheinen, sonst aber nur (schlicht) unzulässig oder unbegründet oder aber begründet sind. Auszugehen ist von der Überlegung, dass Abs. 1 S. 1 auf die vier möglichen asylrechtlichen und ausländerrechtlichen Klagen¹¹⁴ anwendbar ist und dass die Erfolgschancen dieser Klagen nicht notwendig identisch sind. Trotz Aussichtslosigkeit der asylrechtlichen Verpflichtungsklagen (auf Asyl- oder Flüchtlingsanerkennung) können die ausländerrechtlichen (betreffend § 60 II–VII AufenthG und Abschiebungsandrohung) nur (schlicht) unzulässig oder unbegründet oder sogar begründet sein. Umgekehrt folgt aus der Stattgabe im asylrechtlichen Teil nicht schon die Aufhebung der Abschiebungsandrohung. Deshalb sind die Klagen trotz der Notwendigkeit der Verbindung¹¹⁵ auch hinsichtlich der Rechtsmittel grundsätzlich als selbstständig zu betrachten.

46 Eine andere Verfahrensweise schreibt das Gesetz auch nicht für **Fälle evidenter Unzulässigkeit oder Unbegründetheit** vor. Im Gegenteil: Es behandelt in Abs. 1 S. 2 ausdrücklich nur eine einzige Konstellation des Auseinanderfallens der Entscheidung und trifft für diese eine ausdrückliche Regelung. Hierzu sah sich der Gesetzgeber veranlasst, weil im Bundestag-Rechtsausschuss bei Beratung des AsylVfG-Entwurf 1982 auch erwogen worden war, den Rechtsmittelausschluss an die qualifizierte Abweisung beider Teile der (damaligen) Verbundklage zu binden; schließlich vertrat die Mehrheit aber doch im Hinblick auf den Annexcharakter der aufenthaltsbeendenden Maßnahmen die Ansicht, es sollte für die verfahrensrechtliche Rechtsfolgen auf die asylrechtliche Entscheidung ankommen¹¹⁶. Eine klare Stellungnahme des Gesetzgebers erschien schon deshalb angezeigt, weil bereits zu der Regelung in § 34 AuslG aF und in § 7 2. AsylVfBG die Frage aufgetreten war, ob der Rechtsmittelausschluss von der qualifizierten Abweisung beider Klageteile abhängig sein sollte¹¹⁷.

47 Angesichts dieser Entstehungsgeschichte kann Abs. 1 S. 2 nach Wortlaut, Sinn und Zweck nur dahin ausgelegt werden, dass die Berufung hinsichtlich der **gesamten asylrechtlichen und ausländerrechtlichen Klage** in dem dort bezeichneten Fall ausgeschlossen ist. Ersichtlich behandelt die Vorschrift nur eine einzige von mehreren denkbaren Fallkonstellationen. Dabei geht sie von dem Grundfall der Aussichtslosigkeit aller Klagen aus, der in Abs. 1 S. 1 trotz des Singulars „Klage" miterfasst ist, und erstreckt die Rechtsfolge (des Berufungsausschlusses) auf die beschriebene Entscheidungsvariante, ohne sie etwa auf den asylrechtlichen Teil zu beschränken. Zur Verdeutlichung wäre gewiss eine andere Formulierung besser gewesen, etwa durch Einfügen der Wörter „hinsichtlich aller Klagebegehren" nach dem Wort „gilt". Der Wille des Gesetzgebers war indes erkennbar darauf gerichtet, hinsichtlich des weiteren Verfahrens insgesamt nur auf das Schicksal der Asylklage abzustellen, und dies bestätigt das durch grammatische Auslegung gewonnene Ergebnis.

48 Nach Hinzutreten der Klage auf **Flüchtlingsanerkennung**¹¹⁸ bzw. **internationalen Schutzes** kann die Beurteilung der Klage auch innerhalb des asylrechtlichen Teils unterschiedlich ausfallen, falls der Asylantrag nicht von vornherein oder im Klageverfahren auf die Flüchtlingsanerkennung beschränkt war¹¹⁹. Werden (und bleiben) zB beide asylrechtlichen Verfahrensteile anhängig, so dass die ausländerrechtlichen Klagen erhoben werden, und erweist sich nur ein Klageteil – idR kommt nur die auf Asylanerkennung gerichtete in Betracht – als offenbar unzulässig oder offenbar unbegründet, ist eine Lösung innerhalb von Abs. 1 S. 1 zu suchen. Unter „Klage" iSd Abs. 1 sind allgemein (abgesehen von den möglichen ausländerrechtlichen Klagen) entweder beide asylrechtlichen Verpflichtungsklagen zu verstehen oder bei entsprechender Antrags- oder Klagebeschränkung nur die auf Flüchtlingsanerkennung gerichtete. In Abs. 1 S. 2 verhält es sich ebenso mit dem „Klagebegehren gegen die Entscheidung über den Asylantrag". Wegen der unterschiedlichen Voraussetzungen beider Anerkennungsformen und der verfahrensmäßigen Selbstständigkeit beider Klagen ist ein Auseinanderfallen iE möglich, und zwar auch in der Weise, dass die Klage hinsichtlich der Asylanerkennung offensichtlich unbegründet und iÜ begründet erscheint.

49 Erweist sich **nur eines** der beiden Anerkennungsbegehren als **aussichtslos** und das andere als (schlicht) unzulässig oder unbegründet, darf die Asylklage nicht insgesamt als offensichtlich unbegründet abgewiesen werden¹²⁰. Da der Gesetzgeber eine Erstreckung wie in Abs. 1 S. 2 nicht vorgesehen hat, ist darauf abzustellen, dass beide Verfahrensteile trotz der Unterschiede in den materiellen Voraussetzungen sachlich zusammengehören¹²¹. Eine Erstreckung kommt auch bei Aussichtslosigkeit des Asylanerkennungsbegehrens nicht in Betracht. Die Asylanerkennung ist zwar vor-

---

¹¹² Vgl. § 134 I 1 VwGO.
¹¹³ Dies gilt auch bei Divergenzen von OVG/VGH, vgl. BVerwG Beschl. v. 24.4.2017 – 1 B 70.17.
¹¹⁴ → Rn. 37.
¹¹⁵ → § 74 Rn. 6.
¹¹⁶ BT-Drs. 9/1630, 26.
¹¹⁷ Vgl. dazu *Fischer* NJW 1981, 468; *Gerhardt/Jacob* DÖV 1980, 745.
¹¹⁸ → § 74 Rn. 5.
¹¹⁹ § 13 II; → § 74 Rn. 5.
¹²⁰ *Marx* § 78 Rn. 7.
¹²¹ Vgl. va § 31 II.

rangig und höherwertig. Dies wirkt sich aber nicht auf den Asylprozess in der Weise aus, dass die qualifizierte Abweisung hinsichtlich der Asylanerkennung ohne gesetzliche Anordnung auf die Flüchtlingsanerkennung ausgedehnt wird.

50 Andererseits lässt sich § 30 I kein Grundsatz entnehmen, dass nur beide Asylbegehren gleichzeitig als aussichtslos angesehen werden können und nicht nur eines von beiden isoliert. Denn diese Vorschrift soll lediglich den Sofortvollzug verhindern, wenn auch nur ein Teil des Asylbegehrens nicht aussichtslos erscheint; für die Behandlung beider Teile im Gerichtsverfahren lassen sich hieraus **keine zwingenden Schlüsse** ziehen. Die Überschneidungen der jeweiligen Anerkennungsvoraussetzungen sind zwar so vielfältig, dass die Fortführung eines Verfahrensteils nach rechtskräftigem Abschluss des anderen nicht unbedingt sachgemäß erscheint. Dennoch sind die beiden Klageteile grundsätzlich unabhängig voneinander und können deshalb, wie gerade § 30 I deutlich macht, unterschiedlich beschieden werden.

51 Nicht anders verhält es sich, wenn die **Asylanerkennung** zweifellos **zu Unrecht**, die **Flüchtlingsanerkennung** aber **zu Recht** begehrt, was insbesondere bei Anreise aus einem sicheren Drittstaat vorkommen kann. Der umgekehrte Fall ist zwar weniger wahrscheinlich, aber zumindest im Bereich der Ausschlussstatbestände der GK nicht ausgeschlossen. Auch beim teilweisen Erfolg ergibt die rechtskräftige Abweisung des anderen Teils durchaus einen Sinn und kann daher dem Wortlaut des Abs. 1 S. 1 subsumiert werden. Soweit die Verpflichtung zur Flüchtlingsanerkennung oder deren Ablehnung rechtskräftig wird, kann dies eine Bindungswirkung iRd Asylanerkennungsverfahren auslösen[122].

52 Wird schließlich der **ausländerrechtlichen Klage** (Feststellung zu § 60 V oder VII AufenthG und/oder Abschiebungsandrohung) **stattgegeben,** ist hinsichtlich der Asylklage auf Abs. 1 S. 1 zurückzugreifen mit der Folge, dass (nur) insoweit die Berufung ausgeschlossen ist[123]. Trotz Rechtswidrigkeit des ausländerrechtlichen Bescheids besteht ein dringendes Interesse an der Beschleunigung des asylrechtlichen Verfahrens, und es erschiene höchst unsachgemäß, wenn der Asylbewerber hinsichtlich der asylrechtlichen Rechtsmittel bei Erlass einer rechtswidrigen (und deshalb vom VG aufgehobenen) Abschiebungsandrohung bessergestellt wäre als bei deren Nichterlass.

V. Sprungrevision gemäß Abs. 6

53 Die durch Streichung des alten Abs. 2 S. 2 und Einfügung des neuen Abs. 6 zur „Vermehrung des dem BVerwG verfügbaren Fallmaterials" sowie „zur Asylrechtsvereinheitlichung" 2017 wieder eingeführte Sprungrevision (→ Rn. 3) stellt insoweit einen **gewissen Systembruch** dar, als der Erstinstanzrichter nun im Asylrecht einerseits die Letztinstanz, andererseits weiterhin nicht die Berufungsinstanz aktivieren kann. Verfahrenspolitisch nicht unproblematisch ist auch der Umstand, dass das BVerwG das Verfahren ggf. gemäß § 144 V 1 VwGO zur anderweitigen Verhandlung und Entscheidung statt an das VG nach seinem Ermessen auch an das OVG/VGH zurückverweisen kann. Damit die asylspezifische Rechtsmittelbegrenzung nicht umgangen und auch keine Tatsacheninstanz genommen wird, dürfte das BVerwG jedenfalls in den Fällen regelmäßig an das VG **zurückverweisen** müssen, in denen, etwa wegen rechtsfehlerhafter Annahme der Unzulässigkeit der Klage, noch keine Sachverhaltsaufklärung stattgefunden hat. Die Sprungrevision nach Abs. 6 dürfte insbesondere bei **Dublin-Rechtsfragen** sinnvoll sein, die wegen des dort herrschenden besonderen Beschleunigungsgebots zeitnah höchstrichterlich geklärt werden sollten.

54 Die Sprungrevision kommt gemäß §§ 134 II 1, 132 II Nr. 1 und 2 VwGO nur bei **Grundsatzbedeutung** oder zur Ausräumung einer aufgetretenen **Rechtssatzdivergenz** (gemäß § 134 IV VwGO hingegen nicht bei Verfahrensmängeln) in Betracht, wobei die tatsächlichen Feststellungen des VG maßgeblich sind. Die Zulassung der Sprungrevision, an die das BVerwG nach § 134 II 2 VwGO selbst bei offensichtlicher Rechtswidrigkeit gebunden ist, setzt voraus, dass durch **Urteil** entschieden wurde (nicht Gerichtsbescheid oder Beschluss nach § 93a II 5 VwGO). In aller Regel muss dies bei Grundsatzbedeutung ein Urteil der **Kammer** sein, weil der Einzelrichter sein Ermessen missbraucht, wenn er statt Rückübertragung auf die Kammer gemäß § 6 III 1 VwGO stattdessen das BVerwG einschaltet; allerdings bindet das BVerwG auch eine Zulassung des Einzelrichters oder Berichterstatters. Das VG muss die Revisionszulassung ausdrücklich **tenorieren;** allein eine entsprechende Rechtsmittelbelehrung genügt idR nicht. Erfolgte die Zulassung nicht schon im Urteil, muss sie auf Antrag durch nachträglichen Beschluss erfolgen. Lässt das VG die Sprungrevision zu, ist zudem der **Antrag auf Zulassung der Berufung** statthaft, weswegen bzgl. beider Rechtsbehelfe belehrt werden muss. Die Beteiligten haben damit die Wahl; die wirksame Revisionszulassung gilt aber gemäß § 134 V VwGO als Berufungsverzicht. Kläger und Beklagte müssen nach § 134 I 1 VwGO der Einlegung der Sprungrevision **schriftlich zustimmen,** nicht deren Zulassung. Die schriftliche Zustimmung, die gem. § 134 I 3 VwGO vorzulegen ist, bedarf grundsätzlich der Einreichung des Originals; anwaltliche Beglaubigung genügt nicht. Bis zur Einlegung der Sprungrevision binnen Monatsfrist nach Zustellung des vollständigen Urteils ist die Zustimmung widerruflich. Für die Zu-

---
[122] Dazu *Rennert* VBlBW 1993, 281.
[123] *Marx* → § 78 Rn. 8.

stimmung und einen Zulassungsantrag gilt **kein Vertretungszwang.** Mit Zustellung des Urteils, das die Revision zulässt, wird die zweimonatige **Revisionsbegründungsfrist** des § 139 III VwGO in Lauf gesetzt, unabhängig von deren Einlegung. Hat das VG die Revision durch Beschluss zugelassen, läuft mit dessen Zustellung die Einlegungsfrist des § 139 I 1 VwGO und die Begründungsfrist des § 139 III 1 VwGO. Sowohl die Zulassung als auch die Ablehnung der Sprungrevision durch das VG ist **unanfechtbar.** Mit Zustellung des ablehnenden **Beschlusses** beginnt gem. § 134 III 1 VwGO die Monatsfrist des § 78 IV 1 AsylG erneut zu laufen.

VI. Rechtsbehelfe gegen Gerichtsbescheid

Für den Gerichtsbescheid ist durch Abs. 7 **klargestellt,** dass sowohl der Antrag auf mündliche 55 Verhandlung als auch der Zulassungsantrag (mit dessen Begründung, obwohl es unklar „erheben" heißt) binnen zwei Wochen zu stellen ist; die Monatsfrist des Abs. 4 S. 1 bzw. § 84 II VwGO gelten insoweit also nicht[124], was eine gewisse Ungereimtheit darstellt (→ Rn. 3). Da bei Erlass eines Gerichtsbescheids gem. § 84 I 1 VwGO die Sache keine besonderen Schwierigkeiten tatsächlicher oder rechtlicher Art aufweisen darf und der Sachverhalt geklärt sein muss, ist es gerechtfertigt, die gesetzliche Zwei-Wochen-Frist streng zu handhaben, dh nicht etwa im Wege richterlicher Rechtsfortbildung bezüglich der Begründung des Zulassungsantrags die Monatsfrist des Abs. 4 S. 1 für anwendbar zu erklären[125].

§ 79 Besondere Vorschriften für das Berufungsverfahren

(1) In dem Verfahren vor dem Oberverwaltungsgericht gilt in Bezug auf Erklärungen und Beweismittel, die der Kläger nicht innerhalb der Frist des § 74 Abs. 2 Satz 1 vorgebracht hat, § 128a der Verwaltungsgerichtsordnung entsprechend.

(2) § 130 Abs. 2 und 3 der Verwaltungsgerichtsordnung findet keine Anwendung.

I. Entstehungsgeschichte

Die Vorschrift hat kein Vorbild im AsylVfG 1982. Sie entspricht dem **Gesetzesentwurf 1992**[1]. 1 Abs. 3[2] wurde mWv 27.6.1997 aufgehoben[3]. Seit 1.1.2002 ist Abs. 2 der Neufassung des § 130 VwGO angepasst (Art. 4 RmBereinVpG). Die RLUmsG 2007 und 2011 und 2013 sowie die Asylpakete und das IntG 2016 haben keine Änderungen vorgenommen.

II. Nachträgliche Zulassung von Erklärungen und Beweismitteln

Abs. 1 behandelt die nachträgliche Zulassung von Vorbringen, mit dem der Kläger (Asylbewerber, 2 nicht die Bundesrepublik Deutschland, vertreten durch das BAMF) vor dem VG wegen Verspätung ausgeschlossen war. Die Zulassung ist **zwingend vorgeschrieben,** falls die Zulassung die Erledigung des Rechtsstreits nicht verzögert oder wenn der Kläger die Verspätung genügend entschuldigt (§ 128a I 1 VwGO). Der Ausschluss wirkt nicht fort, wenn der Kläger über die Folgen der Fristversäumnis nicht belehrt war oder wenn die Ermittlung des Sachverhalts mit geringem Aufwand auch ohne den Kläger möglich ist (§ 128a I 3 VwGO). Eine zu Recht erfolgte Zurückweisung bleibt im Berufungsverfahren wirksam (§ 128a II VwGO).

III. Zurückverweisung

Die Zurückverweisung auf Antrag eines Beteiligten im Falle schwerer Verfahrensfehler oder fehlen- 3 der Sachentscheidung des VG (§ 130 II VwGO) ist in vollem Umfang **ausgeschlossen.** Zweck ist die Beschleunigung des Verfahrens insgesamt; selbst, wenn das VG zügiger entscheiden könnte (uU durch Einzelrichter), wäre das Verfahren durch eine erneute Anrufung der zweiten Instanz im Wege der Berufung oder des Berufungszulassungsantrags verzögert. Unzulässig ist die Zurückverweisung auch dann, wenn das Klageverfahren zu Unrecht nach § 81 eingestellt wurde[4]. Für den vorläufigen Rechtsschutz gelten diese Sonderregeln eigentlich nicht; nach Ausschluss der Beschwerde (§ 80) ist dies aber ohne Bedeutung.

---

[124] Zum Vorrang der mündlichen Verhandlung gegenüber der Berufungszulassung → Rn. 32.
[125] Überzeugend: NdsOVG Beschl. v. 20.2.2012 – 7 LA 15/12; ebenso OVG NRW Beschl. v. 29.5.2018 – 4 A 1232/18.A; SchlHOVG Beschl. v. 18.12.2019 – 1 LA 72/19.
[1] § 77, BT-Drs. 12/2062, 19 f.
[2] → Rn. 4.
[3] Gesetz v. 18.6.1997, BGBl. I S. 1430.
[4] HessVGH Urt. v. 18.2.1999 – 9 UE 1158/96 und 9 UE 812/96; VGH BW Beschl. v. 28.2.2017 – A 2 S 271/17.

IV. Stattgabe durch Beschluss und Anschlussberufung

4   Abs. 3 ermöglichte bis zu seiner Aufhebung (→ Rn. 1) die **Stattgabe** zugunsten des Asylbewerbers (nicht des BB, des BAMF oder anderes) **ohne mündliche Verhandlung**. Nunmehr gilt uneingeschränkt die Möglichkeit der einstimmigen Entscheidung nach § 130a VwGO auch für Asylstreitverfahren, also sowohl bei Begründetheit als auch bei Unbegründetheit und auch zugunsten anderer Beteiligter[5]. Diese Verfahrensweise kommt va nach vorheriger Klärung gruppenspezifischer Rechts- und Tatsachenfragen zugunsten weiterer Gruppenangehöriger in Betracht, falls die individuellen Besonderheiten eindeutig zu bewerten sind und keine mündliche Verhandlung erfordern. Zulässig ist auch eine teilweise Stattgabe und teilweise Zurückweisung der Berufung. Vorher sind die Beteiligten dazu **zu hören**, es ist dasselbe Rechtsmittel wie gegen ein Urteil gegeben, und hierüber ist zu belehren[6].

5   Auch im gerichtlichen Asylverfahren ist eine **Anschlussberufung** zulassungsfrei statthaft und nicht an den Rahmen der zugelassenen Berufung gebunden. Die Monatsfrist für die Einlegung der Anschlussberufung wird bei einer gestaffelten Berufungsbegründung durch die Zustellung des Schriftsatzes in Lauf gesetzt, durch den in Verbindung mit vorangehenden Schriftsätzen erstmals den Anforderungen des § 124a III 4 VwGO entsprochen wird. Vorangehende Schriftsätze, die lediglich Teile der Berufungsbegründung iSd § 124a III 4 VwGO vorwegnehmen, dürfen formlos übermittelt werden. Auf die Frist zur Einlegung der Anschlussberufung braucht nicht nach § 58 I VwGO durch eine Rechtsmittelbelehrung hingewiesen zu werden[7].

§ 80 Ausschluss der Beschwerde

Entscheidungen in Rechtsstreitigkeiten nach diesem Gesetz können vorbehaltlich des § 133 Abs. 1 der Verwaltungsgerichtsordnung nicht mit der Beschwerde angefochten werden.

I. Entstehungsgeschichte

1   Die Vorschrift geht zT auf § 10 III 8 AsylVfG 1982 zurück. Sie entspricht dem **Gesetzesentwurf 1992**[1]. Die RLUmsG 2007 und 2011 und 2013 sowie die Asylpakete und das IntG 2016 haben keine Änderungen vorgenommen. § 80 ist **europarechtskonform** und steht insbesondere mit Art. 39 Asylverfahrens-RL aF bzw. Art. 46 der novellierten Asylverfahrens-RL 2013/32/EU im Einklang[2].

II. Beschwerdeausschluss

2   Während früher die Beschwerde gegen Entscheidungen des VG nur nach §§ 10 III 8, 11 II AsylVfG 1982 ausgeschlossen war, gilt dieser **Ausschluss** jetzt **umfassend**. Einbezogen sind alle Streitverfahren auf der Grundlage des AsylG[3], insbesondere alle Eilverfahren von Asylbewerbern nach §§ 80 V oder 123 VwGO sowie alle selbstständigen und unselbstständigen **Nebenverfahren**, zB über PKH, Streitwert, Gegenstandswert, Kostenfestsetzung, Sachverständigenvergütung, Richterablehnung[4]. Die früher zT streitige Frage der Erstreckung auf PKH-Verfahren[5*] ist damit endgültig gelöst. Der Beschwerdeausschluss greift auch, wenn der asylrechtlichen Abschiebungsandrohung mit ausländerrechtlichen Gründen entgegengetreten wird, und wird auch durch § 1 III RVG nicht verdrängt[6*].

3   Die Auslegung der Vorschrift bereitet trotz oder gerade wegen der **umfassenden** und **klaren Formulierung** Schwierigkeiten. Allgemein kann formuliert werden, dass immer auf den geltend gemachten Anspruch im jeweiligen Verfahren als Teil des verwaltungsprozessualen **Streitgegenstands** abzustellen ist. Es geht darum, ob die begehrte Maßnahme oder Entscheidung ihre rechtliche Grund-

---

[5] Zum vorangegangenen Streit über die Anwendbarkeit von § 130a VwGO vgl. *Lotz* BayVBl. 1997, 257.
[6] § 130a S. 2 iVm § 125 II 3–5 VwGO.
[7] So ausdrücklich BVerwG Urt. v. 1.3.2012 – 10 C 5.11.
[1] § 78, BT-Drs. 12/2062, 20.
[2] Vgl. EuGH Urt. v. 28.7.2011 – C-69/10 Rn. 56 – Samba Diouf: „Unter diesen Umständen stellt das Fehlen eines Rechtsbehelfs in diesem Verfahrensstadium keine Verletzung des Rechts auf einen wirksamen Rechtsbehelf dar, sofern die Rechtmäßigkeit der im beschleunigten Verfahren ergangenen endgültigen Entscheidung und insbesondere die Gründe, aus denen die zuständige Stelle den Asylantrag als unbegründet abgelehnt hat, im Rahmen des Rechtsbehelfs gegen die Ablehnung des Asylantrags einer eingehenden Prüfung durch den nationalen Richter zugänglich ist."
[3] Dazu → § 74 Rn. 11, → § 76 Rn. 7, → § 78 Rn. 7.
[4] BVerwG Beschl. v. 24.2.2000 – 9 B 74.00; VGH BW Beschl. v. 2.9.2011 – A 12 S 2451/11.
[5*] Dazu → 5. Aufl., AsylVfG § 32 Rn. 58.
[6*] HessVGH Beschl. v. 17.10.2019 – 4 B 1953/19; VGH BW Beschl. v. 16.12.2021 – A 9 S 3141/20.

lage im AsylG findet[7]. Die Beschreibung des Geltungsbereichs mit „Rechtsstreitigkeiten nach diesem Gesetz" stimmt im Übrigen mit ähnlichen Formulierungen in §§ 11, 74 I, 75, 76 I, 77 I, 78 I, 81, 83 I und II, 83b überein[8]. Sie knüpft nicht an einen bestimmten Personenkreis an, etwa den der Asylbewerber, sondern an den maßgeblichen Rahmen des AsylG. Damit werden einerseits § 80 und die anderen ähnlichen Vorschriften nicht einer bestimmten Personengruppe[9] zugeordnet. Andererseits beschränkt sich der Geltungsbereich nicht auf Entscheidungen über den Asylantrag (so §§ 4, 5, 31 I) oder Asylverfahren (so früher § 6 II). Unklarheiten ergeben sich allerdings daraus, dass nicht auf die materielle Grundlage der in einem Prozess umstrittenen Rechte abgestellt wird („aufgrund dieses Gesetzes"), sondern auf den maßgeblichen Rahmen des Prozesses („nach diesem Gesetz"). Die Bestimmungen des AsylG regeln aber nur zu einem kleinen Anteil den Asylprozess selbst. Überwiegend behandeln sie dagegen das Verwaltungsverfahren. Außerdem begründen sie materielle Aufenthaltsrechte für Asylbewerber (§ 55). Die Vollziehung aufenthaltsbeendender Maßnahmen richtet sich überwiegend nach den speziellen Normen des AsylG, diese greifen aber teilweise auf Vorschriften des AuslG und der Vollstreckungsgesetze des Bundes und der Länder zurück oder werden durch diese ergänzt. So werden im AsylG die Voraussetzungen für die im AuslG behandelten Maßnahmen der Abschiebung, Abschiebungsandrohung und Abschiebungsanordnung sowie Duldung speziell für Asylbewerber gestaltet. Um diese Vielfalt unterschiedlicher Grundlagen für Gerichtsverfahren mit dem dahinterstehenden gesetzgeberischen Willen vereinbaren zu können, verbleibt eigentlich nur der Rückgriff auf die allenthalben zum Ausdruck gelangte Absicht der möglichst umfassenden **Beschleunigung.**

Umstritten ist trotz der Rspr. des BVerwG[10], ob der Ausschluss auch die Maßnahmen der Aus- 4 länderbehörde zur Durchsetzung asylrechtlicher **Abschiebungsandrohungen** betrifft. Mit Rücksicht auf Wortlaut, Zusammenhang insbesondere mit §§ 74, 76 und Entstehungsgeschichte ist anzunehmen, dass auch die Vollstreckung von Abschiebungsandrohungen des BAMF durch die Ausländerbehörde hierunter fällt, zumal sonst der Beschleunigungszweck verfehlt würde[11]. Da für Einzelheiten der Vollstreckung durch die Ausländerbehörde ergänzend Bestimmungen des AufenthG und der VollstreckungsG heranzuziehen sind und die Abschiebung auf vielfältige Weise verzögert werden kann, wäre sonst gerade die Aufenthaltsbeendigung selbst von der Beschleunigung ausgenommen, ein offensichtlich mit dem Gesetzgeberwillen unvereinbares Ergebnis. Ebenso verhält es sich zB mit der Durchsuchungsanordnung zur Vollstreckung einer auf § 15 II Nr. 4 und 6 gestützten Passauflage[12]. **Nicht ausgeschlossen** ist die Beschwerde dagegen bei ausländerbehördlichen Maßnahmen gegen Asylbewerber oder ehemalige Asylbewerber, die nicht auf das AsylG gestützt sind und auch nicht asylrechtliche Maßnahmen im Wege des Verwaltungszwangs durchsetzen sollen, wie beispielsweise Fragen der Anschlussunterbringung[13] oder etwa beim Streit um eine ausländerbehördliche Abschiebungsandrohung im Anschluss an die Ablehnung einer Aufenthaltserlaubnis nach § 25 AufenthG für einen ehemaligen Asylbewerber. Oder bei der Androhung von Zwangsmaßnahmen gegen einen erfolglosen Asylbewerber. In diesen Fällen richtet sich die Zuordnung nach dem Gegenstand des Streits, nicht nach dem Status des Betroffenen. Das mögliche Nebeneinander asylrechtlicher und ausländerrechtlicher Abschiebungsandrohungen eröffnet der Ausländerbehörde grundsätzlich die Auswahl, ob sie eigene Androhungen oder solche des BAMF durchzusetzen beabsichtigt.

Der gänzliche Ausschluss der Beschwerde in jeder Verfahrensart[14] ist **verfahrensrechtlich** ebenso 5 wenig zu beanstanden wie der frühere Ausschluss für Eilverfahren nach §§ 10 III 8, 11 II AsylVfG 1982. Das GG gewährleistet keinen mehrstufigen Instanzenzug[15], dem Gesetzgeber erschienen offenbar Gesichtspunkte der Beschleunigung für diese Beschneidung des Rechtsschutzes als ausschlaggebend, und die verfassungsrechtlichen Anforderungen an einen effektiven Rechtsschutz in Nebenverfahren können zweifellos auch in erster Instanz erfüllt werden. Dessen ungeachtet bleiben schwere Zweifel an der Zweckmäßigkeit dieser Sonderregelung, die das Asylverfahren ohne Not noch weiter vom allgemeinen Verwaltungsprozess entfernt[16] und das BVerfG zusätzlich belastet[17].

Zulässig bleibt die **Abänderung** eines Beschlusses nach § 80 V VwGO durch das Gericht der 6 Hauptsache auf Antrag eines Beteiligten oder von Amts wegen[18]. Die Rechtskraft der ersten Eilentscheidung kann indes auf Antrag eines Beteiligten nur durchbrochen werden, wenn maßgebliche

---

[7] VGH BW Beschl. v. 18.12.2018 – 11 S 2125/18.
[8] Vgl. auch die jeweilige Kommentierung.
[9] Asylbewerber, Asylberechtigte, erfolglose Asylbewerber oÄ.
[10] Vgl. BVerwG Urt. v. 25.9.1997 – 1 C 3.97, NVwZ 1998, 297 (299); → § 74 Rn. 11.
[11] So Marx § 80 Rn. 3, 7; ausf. *Funke-Kaiser* in GK-AsylG § 80 Rn. 26 ff.; *Hailbronner*, AuslR, 6/2001, AsylG § 80 Rn. 13 ff.
[12] VG Meiningen Beschl. v. 26.7.2002 – 1 E 20 372/02.
[13] Vgl. etwa §§ 17, 18 FlüAG BW, VGH BW Beschl. v. 14.9.2020 – 11 S 1715/20.
[14] Ausnahme in → Rn. 4.
[15] BVerfG Beschl. v. 7.7.1992, BVerfGE 87, 48 und Kammerbeschl. v. 9.6.1993 – 1 BvR 983/93.
[16] *Renner* in Barwig ua, Asylrecht im Binnenmarkt, 1989, S. 65, 81.
[17] *Huber* NVwZ 1994, 138.
[18] § 80 VII VwGO.

Umstände im ursprünglichen Verfahren ohne Verschulden nicht geltend gemacht werden konnten oder sich nachträglich verändert haben. Bei der Änderung von Amts wegen ist das Gericht an diese Voraussetzungen nicht gebunden, sondern kann auch schon bei Änderung der eigenen Rechtsauffassung oder Tatsachenbeurteilung tätig werden, etwa im Hinblick auf eine zwischenzeitliche Klärung von Grundsatzfragen durch BVerfG oder BVerwG. Zuständig ist das jeweilige Gericht der Hauptsache, also nicht notwendigerweise das VG, das den Eilantrag beschieden hat. Die Beschwerde ist auch insoweit ausgeschlossen.

7 Die **Fristgebundenheit** des Aussetzungsantrags[19] steht der Änderungsbefugnis nicht entgegen; die Versäumung der Frist kann aber nicht mit einem Änderungsantrag geheilt werden. Ausgeschlossen ist zudem eine Änderung stattgebender Entscheidungen, die bereits **irreparable verfahrensrechtliche Folgen** nach sich gezogen haben. Diese Beschränkung ergibt sich aus den Besonderheiten asylrechtlicher Verfahren um vorläufigen Rechtsschutz. Sind die Entscheidung des BAMF über die Unbeachtlichkeit des Asylantrags und die Abschiebungsandrohung aufgrund einer Stattgabe unwirksam geworden und das Verfahren beim BAMF fortgeführt (§ 37 I), ist dies nicht mehr rückgängig zu machen. Anders verhält es sich im Falle eines als offensichtlich unbegründet abgelehnten Asylantrags mit der gesetzlichen Fristverlängerung nach § 37 II.

8 § 80 schließt auch eine „**außerordentliche Beschwerde**" wegen greifbarer Gesetzeswidrigkeit" aus[20]. Allerdings kann ein Beschluss auf **Gegenvorstellung** eines Beteiligten hin abgeändert werden. Eine derartige Anregung kann das Gericht jederzeit zum Anlass für eine Überprüfung und ggf. Abänderung von Amts wegen nehmen. Darüber hinaus ist – als außerordentlicher Rechtsbehelf – die **Anhörungsrüge** nach § 152a VwGO möglich, die allerdings nur bei substantiierter Berufung auf einen Verstoß gegen den Anspruch auf rechtliches Gehör innerhalb von zwei Wochen ab Kenntnis der Entscheidung Erfolg verspricht; insbesondere die „nur" inhaltlich falsche Entscheidung kann gemäß § 152a VwGO nicht gerügt werden. Eine Belehrung über die Möglichkeit der Anhörungsrüge ist nicht erforderlich[21].

9 Gegenüber **zweitinstanzlichen Entscheidungen** ist die Beschwerde ohnehin grundsätzlich unstatthaft (vgl. § 152 I VwGO). Nur die Möglichkeit der Revisionsnichtzulassungsbeschwerde nach § 133 VwGO[22] bleibt erhalten.

§ 80a Ruhen des Verfahrens

(1) ¹Für das Klageverfahren gilt § 32a Abs. 1 entsprechend. ²Das Ruhen hat auf den Lauf von Fristen für die Einlegung oder Begründung von Rechtsbehelfen keinen Einfluss.

(2) Die Klage gilt als zurückgenommen, wenn der Kläger nicht innerhalb eines Monats nach Ablauf der Geltungsdauer der Aufenthaltserlaubnis nach § 24 des Aufenthaltsgesetzes dem Gericht anzeigt, dass er das Klageverfahren fortführen will.

(3) Das Bundesamt unterrichtet das Gericht unverzüglich über die Erteilung und den Ablauf der Geltungsdauer der Aufenthaltserlaubnis nach § 24 des Aufenthaltsgesetzes.

I. Entstehungsgeschichte

1 Die Vorschrift wurde im Hinblick auf § 32a und § 32a AuslG entsprechend dem Gesetzesentwurf 1993[1] mWv 1.7.1993 eingefügt (Art. 1 Nr. 44 **AsylVfÄndG 1993**). MWv 1.1.**2005** wurden entsprechend dem Gesetzesentwurf[2] die Bezugnahmen auf § 32a AuslG in Abs. 2 und 3 durch solche auf § 24 AufenthG ersetzt (Art. 3 Nr. 47 **ZuwG**). Die RLUmsG 2007 und 2011 und 2013 sowie die Asylpakete und das IntG 2016 haben keine Änderungen vorgenommen. § 80a ist **europarechtskonform** und steht insbesondere mit Art. 17 I (Möglichkeit des jederzeitigen Asylantrags) und Art. 19 I (keine Kumulation von Asylrecht und vorübergehendem Schutz) der Schutzgewährungs-RL 2001/55/EG im Einklang.

II. Ruhen des Verfahrens

2 Die Vorschrift trifft die notwendigen Regelungen für die Dauer der Geltung der Aufenthaltserlaubnis nach § 24 AufenthG, allerdings nur für den Fall, dass die Ausländerbehörde nicht die Klagerücknahme oder die Erklärung, nicht politisch verfolgt zu sein, verlangt. Sie betrifft Klagen in allen Instanzen. Formulierung, Bezugnahme auf § 32a I und Interessenlage sprechen gegen die An-

---

[19] §§ 18a IV 1, 36 III 1.
[20] HmbOVG Beschl. v. 2.10.2008 – 3 Bs 182/08, NVwZ 2009, 62.
[21] Vgl. BVerwG Beschl. v. 15.11.2005 – 6 B 69.05.
[22] → § 74 Rn. 43.
[1] BT-Drs. 12/4450, 9.
[2] BT-Drs. 15/420, 44.

wendbarkeit auf andere Klagen als gegen das BAMF wegen eines abgelehnten Asylantrags[3]. Ungeachtet dessen wirkt sich die Rechtsstellung aufgrund der Aufenthaltserlaubnis nach § 24 AufenthG auch auf Klageverfahren anderer Art aus; die notwendigen Konsequenzen müssen bei ihnen je nach Streitgegenstand und Interessenlage durch Rücknahme oder Erledigterklärung oder aber durch einverständliches Ruhenlassen gezogen werden. Fristen für die Einlegung von Rechtsbehelfen bleiben unberührt[4].

III. Klagerücknahme

Die Fiktion der Klagerücknahme knüpft an die Versäumung der gesetzlichen Monatsfrist trotz 3 Belehrung[5] an. Nach Unterrichtung durch das BAMF ist das Verfahren einzustellen und über die Kosten zu entscheiden (§ 92 II VwGO).

§ 81 Nichtbetreiben des Verfahrens

[1] Die Klage gilt in einem gerichtlichen Verfahren nach diesem Gesetz als zurückgenommen, wenn der Kläger das Verfahren trotz Aufforderung des Gerichts länger als einen Monat nicht betreibt. [2] Der Kläger trägt die Kosten des Verfahrens. [3] In der Aufforderung ist der Kläger auf die nach Satz 1 und 2 eintretenden Folgen hinzuweisen.

Übersicht

	Rn.
I. Entstehungsgeschichte	1
II. Allgemeines	2
III. Fiktive Klagerücknahme	6
1. In Betracht kommende Verfahren	6
2. Aufforderung zum Betreiben	10
3. Nichtbetreiben	16
4. Klagerücknahme	18
5. Fortsetzung des Verfahrens	21

I. Entstehungsgeschichte

Die Vorschrift geht auf § 33 AsylVfG 1982 zurück, der im **Gesetzesentwurf 1982**[1] nicht enthalten 1 war und erst vom Bundestag-Rechtsausschuss aufgrund von Anregungen bei der Anhörung von Sachverständigen eingefügt wurde[2]. Sie entspricht dem **Gesetzesentwurf 1992**[3*]. Die RLUmsG 2007 und 2011 und 2013 sowie die Asylpakete und das IntG 2016 haben keine Änderungen vorgenommen. § 81 ist **europarechtskonform** und entspricht insbesondere § 39 VI Asylverfahrens-RL aF bzw. Art. 46 XI der novellierten Asylverfahrens-RL 2013/32/EU[4*].

II. Allgemeines

Mit der gesetzlichen Fiktion der Klagerücknahme[5*] bietet das AsylG ein **prozessrechtliches** 2 **Institut,** dessen Auswirkungen bei dessen Einführung durchaus als „einmalig"[6] bezeichnet werden konnten. Seine Voraussetzungen bedürfen einer besonders sorgfältigen Prüfung. Die Regelung sollte jedenfalls über die ursprünglich ins Auge gefasste Fallgruppe der ins Ausland ausgereisten Asylbewerber hinaus ausgedehnt werden und der Bundestag-Rechtsausschuss gab einige Anhaltspunkte für den Anwendungsbereich und verband damit die Erwartung einer erheblichen Verfahrensbeschleunigung[7].

Die gesetzliche Fiktion der Klagerücknahme[8] ist nicht nur europarechtlich, sondern auch **ver-** 3 **fassungsrechtlich** nicht zu beanstanden. Jede an einen Antrag gebundene gerichtliche Entscheidung setzt nämlich ein Rechtsschutzbedürfnis voraus. Die Fiktion belässt dem Kläger die Möglichkeit, sich effektiven Rechtsschutz mit ausreichendem rechtlichem Gehör zu verschaffen. Erforderlich ist jedoch

---

[3] AA etwa *Hailbronner* AsylG § 80a Rn. 4.
[4] Wie § 251 I 2 ZPO.
[5] Dazu § 24 VII AufenthG.
[1] BT-Drs. 9/875.
[2] BT-Drs. 9/1630, 11, 27.
[3*] § 79, BT-Drs. 12/2062, 20.
[4*] Der lautet: „(11) Die Mitgliedstaaten können ferner in ihren nationalen Rechtsvorschriften die Bedingungen für die Vermutung der stillschweigenden Rücknahme oder des Nichtbetreibens eines Rechtsbehelfs nach Absatz 1 durch den Antragsteller sowie das anzuwendende Verfahren festlegen." Folgen des Nichtbetreibens des Asylverfahrens regelt Art. 28 Asylverfahrens-RL.
[5*] Nach § 33 AsylVfG 1982: der Verfahrenserledigung.
[6] So *Pagenkopf* NVwZ 1982, 590.
[7] BT-Drs. 9/1630, 27.
[8] Nach § 33 AsylVfG 1982: des Wegfalls des Rechtsschutzinteresses.

die möglichst sichere Feststellung von Anhaltspunkten für den Fortfall des Rechtsschutzinteresses, zumal die Wirkungen der Rücknahmefiktion über die der Präklusion hinausreichen. Daher dürfen die Anforderungen an Mitwirkung und Förderung des Verfahrens durch den Kläger nicht überspannt werden. Eine handgreiflich unrichtige und offensichtlich mit dem Gesetz und seiner Zielsetzung unvereinbare Anwendung des § 81 stellt immer eine Verletzung der gerichtlichen Pflicht zur Gewährung rechtlichen Gehörs dar[9].

4   Die Vorschrift ist wegen der gesetzlichen Rücknahmefiktion ohne notwendigen Gerichtsbeschluss neuartig und war zunächst einmalig. Indem sie den Amtsermittlungsgrundsatz (§ 86 I VwGO) einschränkt, bildete sie zumindest anfangs zweifellos einen **„Fremdkörper"** im Verwaltungsprozess[10]. Ebenso ungewöhnlich ist die Verfahrensbeendigung kraft Gesetzes und ohne weiteres Zutun des Gerichts. Dementsprechend schwierig ist die Handhabung dieses prozessualen Hilfsmittels durch das Gericht und der in diesem Zusammenhang möglichen Anträge des Betroffenen. Die Erfahrungen mit dieser Vorschrift waren zunächst nicht zufriedenstellend; deshalb war der Versuch einer Übernahme in den allgemeinen Verwaltungsprozess[11] im Bundestag zunächst abgelehnt worden. Inzwischen wurde sie jedoch mWv 1.1.1997 auch für den allgemeinen Verwaltungsprozess eingeführt[12], allerdings mit zunächst einer Drei-Monats-Frist, die dann durch Art. 6 des 1. JustizmodernisierungsG vom 24.8.2004 (BGBl. I S. 2198) auf zwei Monate verkürzt wurde. Ähnliche Vorschriften befinden sich jetzt in § 80a II für Klageverfahren von Bürgerkriegsflüchtlingen und seit 1.7.1993 in § 33 für das Verfahren vor dem BAMF.

5   Die Vorschrift fußt auf allgemein **anerkannten Rechtsschutzerwägungen.** Das für jede Art von Verfahren notwendige Rechtsschutzinteresse entfällt allgemein mit dem Verhalten eines Beteiligten, das als Ausdruck des Desinteresses an der Weiterverfolgung des Rechtsschutzbegehrens gewertet werden muss; allerdings verbieten sich hier vorteilige pauschale Rückschlüsse. Die Berufung auf das in jedem Stadium des Verfahrens erforderliche allgemeine Rechtsschutzinteresse ist nicht durch § 81 als lex specialis ausgeschlossen. Wird der Rechtsschutzantrag unter den Umständen des S. 1 nicht zurückgenommen oder für erledigt erklärt, fehlt es an einem noch schützenswerten Interesse und kann hieraus auf den Willen geschlossen werden, das Verfahren nicht mehr fortzuführen. Ferner kann angesichts der besonderen Mitwirkungs- und Benachrichtigungspflichten des Asylbewerbers (§§ 10, 15) aus der beharrlichen Verweigerung der Bekanntgabe des Aufenthaltsorts im Inland gefolgert werden, dass dieser asylrechtliche Rechtsschutz unter den gesetzlich hierfür festgelegten Voraussetzungen in Wahrheit nicht erstrebt und ihm damit das allgemeine **Rechtsschutzbedürfnis** nicht zur Seite steht. Diese Annahme kann nicht allein aus dem Ausbleiben des Asylbewerbers in der mündlichen Verhandlung gefolgert werden, wenn dessen persönliches Erscheinen nicht angeordnet war. Eine derartige Schlussfolgerung verbietet sich selbst bei Anordnung des persönlichen Erscheinens, weil für das Nichterscheinen andere Sanktionen vorgesehen sind. In derartigen Konstellationen kommt die Anwendung des § 81 oft deshalb nicht in Betracht, weil der Bevollmächtigte das Verfahren betreibt, infolge Missachtung der Pflichten aus §§ 10, 15 I aber schon erhebliche Zweifel am weiteren Aufenthalt des Asylbewerbers im Inland bestehen können.

III. Fiktive Klagerücknahme

1. In Betracht kommende Verfahren

6   Zu den Verfahren, die durch Nichtbetreiben erledigt werden können, gehören alle **Streitverfahren auf der Grundlage des AsylG.** Damit sind grundsätzlich dieselben Gerichtsverfahren erfasst wie durch §§ 76 und 78[13].

7   Das Wort „Kläger" deutet eine Beschränkung auf **Klageverfahren** an. Es könnte aber auch dahin verstanden werden, dass es die das Verfahren betreibende Person meint; zudem ist in der Regel der Antragsteller gleichzeitig Kläger[14]. Schließlich sind Eilverfahren und andere Nebenverfahren nicht ausdrücklich ausgenommen; auch für sie kann das Rechtsschutzinteresse aufgrund Nichtbetreibens entfallen und auf einen fehlenden Willen zur Fortführung des Verfahrens geschlossen werden. Wegen der Monatsfrist eignen sich indes Eilverfahren kaum für diese Art von Erledigung. Außerdem erledigt sich das Eilverfahren auch dadurch, dass die zugrundeliegende Klage kraft Gesetzes als zurückgenommen gilt. Deshalb kann eine Erweiterung des Anwendungsbereichs über den Wortlaut hinaus nicht als vom Gesetzgeber gewollt angesehen werden[15].

8   Die Erledigung kann auch im **Berufungs- oder Revisionsverfahren** oder dem davor geschalteten Zulassungsverfahren eintreten. Wer als Kläger und damit als Prozessverursacher in irgendeiner Instanz

---

[9] VGH BW Beschl. v. 3.8.2018 – A 12 S 1286/18.
[10] So zutreffend *Schumacher* DÖV 1982, 806.
[11] § 92 II VwGO idF des Bundesrat-Entwurfs, BT-Drs. 11/7030, 45.
[12] Gesetz v. 1.11.1996, BGBl. I S. 1626.
[13] → § 74 Rn. 11, → § 76 Rn. 7, → § 78 Rn. 7, → § 80 Rn. 2.
[14] Va in den Fällen der §§ 18a III, 36 IV.
[15] *Hailbronner* AsylG § 81 Rn. 6; *Marx* § 81 Rn. 4.

Nichtbetreiben des Verfahrens **§ 81 AsylG 7**

trotz gerichtlicher Aufforderung das Verfahren nicht betreibt, zeigt sein Desinteresse, das die Erledigung kraft Gesetzes durch fiktive Klagerücknahme rechtfertigt. Vor dem BVerwG und den OVG/VGH besteht allerdings Vertretungszwang (§ 67 I VwGO) und vor dem BVerwG wenig Raum für geeignete Aufforderungen zur Förderung des Verfahrens, da die Lösung bloßer Rechtsfragen in der Regel eine Mitwirkung des Ausländers nicht erfordert. Eine entsprechende Anwendung auf den Rechtsmittelführer ist angesichts des eindeutigen Wortlauts nicht möglich.

Als Kläger kommt **jeder Beteiligte** in Betracht. Nicht anwendbar war die Vorschrift dagegen früher 9
auf den dem Rechtsstreit des BB gegen eine Anerkennung beigeladenen Asylbewerber[16].

2. Aufforderung zum Betreiben

Für **Anlass und Inhalt** der gerichtlichen Aufforderung zum Betreiben des Verfahrens ist zu 10
beachten, dass der Kläger im Verwaltungsprozess nach Einreichen der Klage mit den dafür notwendigen Angaben (§§ 81 f. VwGO) grundsätzlich (nach Maßgabe der §§ 87 ff. VwGO) zu weiteren Handlungen nicht verpflichtet ist und es ansonsten alleinige Aufgabe des Gerichts ist, von Amts wegen das Verfahren bis zur Entscheidung zu fördern und zu betreiben. So belegt denn auch die forensische Praxis, dass lange Verfahrensdauern fast ausschließlich auf mangelnden gerichtlichen Kapazitäten beruhen und nicht auf Versäumnissen der Beteiligten. Weitergehende Verpflichtungen enthält auch § 74 II für den Asylprozess nicht. Der Asylbewerber hat allerdings wie jeder Kläger auf gerichtliche Aufforderung hin den notwendigen Inhalt der Klageschrift zu vervollständigen, unklare Anträge zu erläutern, ungenügende tatsächliche Angaben zu ergänzen und bei der Amtsaufklärung mitzuwirken (durch Vorlage von Urkunden und Bezeichnung von Beweismitteln) sowie zur Vorbereitung der mündlichen Verhandlung Schriftsätze einzureichen (§§ 82, 86 I, III IV; 87 I Nr. 2, 87b I, II VwGO). Hierzu kann er unter Angabe konkreter Punkte aufgefordert werden.

Der Asylbewerber ist ebenso wenig wie andere Kläger allgemein zu einer über den gesetzlich 11
umschriebenen Mindestinhalt hinausgehenden umfassenden und ausführlichen **Klagebegründung** verpflichtet. Die zur Begründung dienenden Tatsachen und Beweismittel müssen zwar angegeben werden (§ 74 II 1); dieser verfahrensrechtlichen Obliegenheit kann der Kläger aber dadurch genügen, dass er sein durch VA abgewiesenes Begehren wiederholt und sich zur Begründung auf frühere Angaben bezieht. Vorbringen in späteren Verfahrensstadien führt grundsätzlich zu keiner Präklusion oder anderen Nachteilen, ausgenommen die Fälle des § 87b III VwGO. Das Berufungsverfahren kannte früher grundsätzlich keine Pflicht zu weitergehender Begründung; jetzt muss die Berufung allerdings binnen eines Monats nach Zulassung begründet werden, wobei ein Antrag zu stellen und die Berufungsgründe darzulegen sind[17].

Im Asylprozess sind indes **besondere Mitwirkungspflichten** deswegen zu beachten, weil an das 12
Asylvorbringen aufgrund der Eigenart des Asylgrundrechts spezielle Anforderungen gestellt werden. Abgesehen von den Verpflichtungen aus §§ 10, 15, 25 I 1 ist der Asylbewerber gehalten, die seinen persönlichen Bereich betreffenden Umstände und Ereignisse, die sein Asylgesuch rechtfertigen sollen, substantiiert zu schildern und auch anzugeben, woraus sich die asylrelevante Zweckrichtung ergeben soll. Hinsichtlich der allgemeinen Lage in dem angeblichen Verfolgerstaat genügt dagegen ein bloßer Hinweis ohne konkrete Einzelheiten[18]. Auch an diesen asylspezifischen Darlegungserfordernissen kann sich die gerichtliche Betreibensaufforderung ausrichten.

Die gerichtliche Aufforderung muss durch einen Umstand oder ein Ereignis veranlasst sein, die 13
Zweifel am Fortbestand des Rechtsschutzinteresses aufkommen lassen können und darf sich nicht in der formelhaften Wiedergabe des Gesetzesinhalts erschöpfen. Sie darf nicht allein deswegen ergehen, weil die Berufung nicht sogleich in der Berufungsschrift begründet worden ist. Für die Berufung gilt jetzt ohnehin die Pflicht zur Begründung binnen Monatsfrist[19]. Anlass für eine Aufforderung bietet aber das Unterlassen einer angekündigten Klagebegründung nach Ablauf von mehr als zwei Jahren[20] oder nach Ablauf von zehn Monaten trotz gerichtlicher Aufforderung. Dagegen geht es nicht an, in unbestimmter Form die Schilderung des persönlichen Verfolgungsschicksals zu verlangen, wenn Asylantrag und Klage bereits umfangreich begründet worden sind. Kein ausreichender Anlass für eine Aufforderung zum Betreiben des Verfahrens besteht schließlich dann, wenn dem Gericht vorliegende Erkenntnisse gegen die Begründetheit der Klage sprechen; dann hat das Gericht nach Gewährung rechtlichen Gehörs zu entscheiden, ohne zuvor nach § 81 vorzugehen.

Die Aufforderung zum Betreiben braucht nicht in Form eines **Gerichtsbeschlusses** zu ergehen, sie 14
kann auch durch **Verfügung** des Vorsitzenden oder des Berichterstatters erfolgen. Im Hinblick auf die weitreichenden Folgen der Aufforderung können allerdings gewichtige Bedenken dagegen bestehen, unter „Gericht" iSd S. 1 auch den Vorsitzenden oder den Berichterstatter zu verstehen. Die Aufforderung liegt zumindest hart an der Grenze von vorbereitenden Maßnahmen iSd §§ 82 II, 86 III, IV,

---

[16] Marx § 81 Rn. 5.
[17] § 124a III VwGO.
[18] → § 74 Rn. 26.
[19] § 124a III VwGO.
[20] Vgl. dazu jetzt § 74 II 1.

87 VwGO aF zur endgültigen Entscheidung, für die allein der Spruchkörper berufen ist. Bei einem späteren Streit über die Verfahrensbeendigung ist zwar die Ansicht des Spruchkörpers maßgeblich, die Weichen für die Erledigung werden aber bereits mit der Aufforderung gestellt. Nach allgemeiner Erweiterung der Kompetenzen des Vorsitzenden und des Berichterstatters[21] erscheint jedoch eine Aufforderung durch den Spruchkörper (Kammer oder Senat) nicht (mehr) notwendig. Falls die Sache dem Einzelrichter übertragen ist, ist dieser (allein) zuständig.

15 Das Gericht muss **unmissverständlich** zum Betreiben des Verfahrens auffordern und über die gesetzlichen Folgen des Nichtbetreibens belehren; sonst ist die Aufforderung fehlerhaft und löst die Rücknahmefiktion nicht aus. Die Aufforderung muss unabhängig davon, in welcher Form (Beschluss oder Verfügung) sie ergeht, **zugestellt** werden (§ 56 I VwGO). Als prozessleitende Maßnahme ist sie nicht selbstständig anfechtbar (§ 146 II VwGO).

3. Nichtbetreiben

16 Die fiktive Klagerücknahme tritt nur ein, wenn der Kläger das Verfahren länger als einen Monat seit Zustellung der Aufforderung nicht betreiben hat. Das Unterlassen weiteren Schriftverkehrs während eines solchen Zeitraums ist bei der üblichen Verfahrensdauer nicht ungewöhnlich, schädlich ist das Nichtbetreiben nur nach ergangener Aufforderung. Eine Klagerücknahme infolge von Nichtbetreiben darf nur angenommen werden, wenn der Kläger innerhalb der Frist überhaupt **nicht reagiert** oder zumindest den **Fortbestand seines Interesses** an der Rechtsverfolgung trotz anfänglich berechtigter Zweifel hieran **nicht substantiiert darlegt**[22]. Der Kläger muss bei objektiver Betrachtung den Anschein beseitigen, es sei ihm an der Weiterverfolgung des Klagebegehrens nichts mehr gelegen.

17 Die Rücknahmefiktion setzt nur ein, wenn der Kläger das Verfahren **überhaupt nicht betreibt**. Es wird nicht verlangt, dass er sein Asylgesuch zusätzlich über die Angaben vor dem BAMF hinaus begründet oder in irgendwie qualifizierter Form das Klageverfahren betreibt. Kommt er der Aufforderung in der Weise nach, dass er zB vom Gericht verlangte nähere Einzelheiten zu einem Verfolgungstatbestand nur zT nennt, betreibt er das Verfahren. Der bloße Hinweis auf sein früheres Vorbringen kann genügen, falls dies zur Beseitigung der aufgekommenen Zweifel am Fortbestehen des Rechtsschutzbedürfnisses geeignet ist. Die Erklärung des Willens zum Weiterbetreiben genügt freilich genauso wenig wie auf Seiten des Gerichts eine ähnlich inhaltslose Aufforderung. Es kann zweckmäßig erscheinen, dem Kläger zu mehreren Tatsachenkomplexen zahlreiche Fragen zu stellen und Unterlagen anzufordern[23]; kommt er diesen Anordnungen und Anfragen auch nur zT nach, kann ihm Nichtbetreiben nicht vorgehalten werden. Ebenso verhält es sich, wenn der Kläger die ihm aufgetragenen Angaben vollständig unterlässt, aber gleichzeitig sein Unvermögen detailliert erklärt. Wenn er aus Angst vor Abschiebung untergetaucht ist und sich evtl. im Ausland aufhält, aber über seinen Bevollmächtigten erreichbar bleibt, kann er uU durch entsprechende Erklärungen sein Verfahren iSd § 81 betreiben, ihm fehlt aber schon das allgemeine Rechtsschutzbedürfnis, weil er das Verfahren nicht unter Beachtung der gesetzlich vorgeschriebenen Formen betreibt[24].

4. Klagerücknahme

18 Die Klage gilt nach fruchtlosem Ablauf der Monatsfrist **kraft Gesetzes als zurückgenommen**. Einer Entscheidung des Gerichts hierüber bedarf es nicht, denn diesem steht keine irgendwie geartete Dispositionsbefugnis über die Verfahrensbeendigung zu. Die **Rechtsfolgen** der Klagerücknahme bestehen im formellen Abschluss des gesamten Verfahrens auf Kosten des Klägers, und zwar einschließlich des ausländerrechtlichen Verfahrensteils. Ein später gestellter weiterer Asylantrag ist deshalb ein Folgeantrag iSd § 71. Mit der fiktiven Rücknahme wird iE die Ablehnung des Asylantrags durch das BAMF bestätigt, bei Erledigung in der Rechtsmittelinstanz ohne Rücksicht darauf, ob der Kläger in einem vorangegangenen Rechtszug obsiegt hatte. Erfolgt die fiktive Klagerücknahme in der Rechtsmittelinstanz[25], werden inzwischen ergangene Urteile gegenstandslos.

19 Zur Wirksamkeit der fiktiven Klagerücknahme nach Stellung der Anträge in der mündlichen Verhandlung bedarf es nicht der sonst notwendigen **Zustimmung** der anderen Beteiligten[26]. Deren Einverständnis wird von § 81 ebenso vorausgesetzt wie von § 92 II VwGO und deshalb in Abänderung von § 92 I VwGO für entbehrlich gehalten.

20 Die Folgen der gesetzlichen Klagerücknahme[27] bedürfen zu ihrer Wirksamkeit keiner gerichtlichen **Entscheidung** (so früher § 33 S. 2 AsylVfG 1982 ausdrücklich). Die Kosten hat der Kläger kraft Gesetzes zu tragen, bei Erledigung in einer Rechtsmittelinstanz die Kosten des gesamten Verfahrens.

---

[21] Durch §§ 87–87b VwGO idF des Art. 1 Nr. 17 ff. des 4. VwGOÄndG.
[22] BVerwG Urt. v. 23.4.1985 – 9 C 48.84, BVerwGE 71, 213.
[23] Eine uU schon nach §§ 86 I, III, IV, 87 I, 87b I, II VwGO gebotene Verfahrensweise.
[24] Dazu → Rn. 5.
[25] Dazu → Rn. 8.
[26] Vgl. § 92 I VwGO.
[27] → Rn. 18.

Da Gerichtsgebühren und -auslagen nicht erhoben werden (§ 83b), betrifft die Kostenpflicht nur die außergerichtlichen Kosten des obsiegenden Beteiligten[28]. Die Einstellung des Verfahrens und die evtl. Unwirksamkeit bereits ergangener Urteile werden auch sonst nicht zwingend gerichtlich verlautbart[29]. Der dennoch ergehende Beschluss über Einstellung und Kostenpflicht hat lediglich deklaratorische Bedeutung.

5. Fortsetzung des Verfahrens

21 Wendet sich der Kläger gegen die fiktive Klagerücknahme, bedarf es grundsätzlich eines **Antrags auf Fortsetzung** des Verfahrens, wobei idR in einer „Beschwerde" bei sachgerechter Auslegung ein derartiger Antrag gesehen werden kann. Das Nachschieben der verlangten Erklärungen nach fruchtlosem Fristablauf reicht nicht aus. Über Einstellung oder Fortsetzung hat das Gericht – ähnlich wie beim Streit über die Wirksamkeit einer Klagerücknahme- oder Erledigterklärung – durch Urteil (mit oder ohne mündliche Verhandlung), nicht durch Beschluss, zu befinden. Entweder wird dann die Einstellung nach Klagerücknahme festgestellt oder über die Klage entschieden.

22 Beruft sich der Kläger gegenüber dem Fristablauf auf Hinderungsgründe, muss er zusammen mit dem Fortsetzungsantrag um **Wiedereinsetzung** in den vorigen Stand nachsuchen. Ob es sich hier um eine gesetzliche Ausschlussfrist handelt, muss fraglich erscheinen[30]. Die Frist ist zwar unabänderlich gesetzlich festgelegt und nicht vom Richter zu bestimmen; es lässt sich aber weder dem Gesetzeswortlaut noch den Materialien entnehmen, dass hier eine sog. uneigentliche gesetzliche Frist festgelegt werden sollte, gegen deren Versäumung eine Wiedereinsetzung nur nach §§ 58 II 2, 60 III VwGO stattfindet. Das Argument der Verfahrensbeschleunigung allein vermag diese Charakterisierung eigentlich nicht zu begründen. Wird das Instrument des § 81 auf diejenigen Fallgruppen beschränkt, auf die es gemünzt ist, und ordnungsgemäß angewendet, tritt eine Beschleunigung zweifellos ein. In anderen Fällen ist nicht recht einzusehen, warum dem Kläger die normale Möglichkeit der Wiedereinsetzung (bei Nichtverschulden nach § 60 I VwGO) verwehrt sein soll[31].

23 Nach Auffassung des BVerwG kann Wiedereinsetzung freilich nur gewährt werden, wenn die Fristversäumnis auf **höhere Gewalt** zurückzuführen ist (§§ 58 II, 60 III VwGO analog). Hierunter ist neben Naturereignissen jedes andere unabwendbare Ereignis zu verstehen, das an der Einhaltung der Frist hindert. Unabwendbar ist, was auch unter Anwendung größtmöglicher Sorgfalt nicht zu verhindern ist. Dabei kann es sich auch um ein Ereignis handeln, das nicht von außen her auf den Asylbewerber oder den BB einwirkt, sondern von diesen ausgeht oder allein ihrer jeweiligen Einflusssphäre zugehört. Hierzu zählen va: tatsächliche Kenntnisnahme von der Aufforderung kurz vor Fristende, fehlerhafte Fristberechnung, anormale Postlaufzeit, Erschwerung des Zugangs bei Gericht. Verschulden von Bevollmächtigten ist dem Asylbewerber auch hier zuzurechnen[32].

24 Die **Fortsetzung des Verfahrens** ist geboten, wenn die Voraussetzungen für die Einstellung kraft Gesetzes nicht vorlagen. Das Gericht hat insbesondere im Einzelnen zu prüfen, ob genügend Anlass für die Aufforderung bestand, ob diese formell fehlerfrei ergangen ist und der Kläger tatsächlich das Verfahren nicht weiterbetrieben hat. Wird die Fortsetzung abgelehnt, ist entsprechend zu tenorieren, wobei durch Urteil (oder Gerichtsbescheid) und nicht durch Beschluss zu entscheiden ist.

25 Gegen das Urteil über die Nichtfortsetzung kann die Zulassung der Berufung beantragt werden. Entscheidet das VG über die Fortsetzung des Verfahrens nur durch Beschluss statt durch Urteil, ist hiergegen eigentlich die **Beschwerde** gegeben, durch § 80 aber ausgeschlossen. Nach dem Grundsatz der Meistbegünstigung bei formell inkorrekten Gerichtsentscheidungen ist aber auch der Antrag auf Zulassung der Berufung als das Rechtsmittel bei gesetzlich nicht zugelassener Berufung statthaft. Ergeht der Beschluss in zweiter Instanz, ist die Nichtzulassungsbeschwerde zum BVerwG gegeben. Hält das Berufungsgericht die Einstellung des Verfahrens durch das VG für unzutreffend, ist zur Sache zu entscheiden; eine Zurückverweisung an das VG ist ausgeschlossen[33]. Wird das Verfahren vom Gericht versehentlich oder unter Verkennung der Voraussetzungen des § 81 trotz Klagerücknahme fortgeführt, ist das Sachurteil fehlerhaft und auf Rechtsmittel hin aufzuheben; gleichzeitig ist die Einstellung des Verfahrens festzustellen.

§ 82 Akteneinsicht in Verfahren des vorläufigen Rechtsschutzes

¹In Verfahren des vorläufigen Rechtsschutzes wird Akteneinsicht auf der Geschäftsstelle des Gerichts gewährt. ²Die Akten können dem bevollmächtigten Rechtsanwalt zur Mitnahme in seine Wohnung oder Geschäftsräume übergeben werden, wenn ausgeschlossen

---

[28] Vgl. § 162 VwGO.
[29] Vgl. § 269 III 1 und 3 ZPO.
[30] Krit. auch *Hailbronner* AsylG § 81 Rn. 36.
[31] Ebenso *Hailbronner* AsylG § 81 Rn. 36.
[32] § 173 VwGO iVm § 85 II ZPO; dazu näher → § 74 Rn. 22.
[33] § 79 II; dort → § 79 Rn. 3.

werden kann, dass sich das Verfahren dadurch verzögert. ³Für die Versendung von Akten gilt Satz 2 entsprechend.

I. Entstehungsgeschichte

1   Die Vorschrift hat kein Vorbild im AsylVfG 1982. Sie entspricht dem **Gesetzesentwurf 1992**[1]. Die RLUmsG 2007 und 2011 und 2103 sowie die Asylpakete und das IntG 2016 haben keine Änderungen vorgenommen.

II. Akteneinsicht

2   Die Vorschrift betrifft nur die **Gerichts-** und die beigezogenen **Behördenakten** (§ 100 I VwGO). Nicht erfasst sind also insbesondere diejenigen Urkunden oder sonstigen Unterlagen, die als Grundlage der Sachverhaltsermittlung und als Beweismittel dienen und zu denen den Beteiligten rechtliches Gehör zu gewähren ist[2]. Diese können den Beteiligten zur Einsichtnahme bei Gericht oder zur Mitnahme ausgehändigt oder zugesendet werden. Auch eine Übersendung von Ablichtungen kommt in Betracht.

3   Die Einschränkung des **richterlichen Ermessens** nach § 100 II 3 VwGO gilt für alle Verfahren des vorläufigen Rechtsschutzes nach dem AsylG, ist also nicht auf solche nach §§ 18a II, 36 III beschränkt[3]. Sie kann andererseits nicht auf Hauptsacheverfahren ausgedehnt werden, auch wenn diese eilbedürftig sind und etwa gleichzeitig mitentschieden werden sollen. Bei Asylbewerbern ohne anwaltlichen Beistand ist eine Versendung überhaupt nicht erlaubt. Bei der Frage nach einer evtl. Verzögerung ist stets der hohe Wert des rechtlichen Gehörs im Blick zu behalten, das durch die Verweigerung von ordnungsgemäßer Akteneinsicht leicht verletzt sein kann.

§ 83 Besondere Spruchkörper

(1) Streitigkeiten nach diesem Gesetz sollen in besonderen Spruchkörpern zusammengefasst werden.

(2) ¹Die Landesregierungen können bei den Verwaltungsgerichten für Streitigkeiten nach diesem Gesetz durch Rechtsverordnung besondere Spruchkörper bilden und deren Sitz bestimmen. ²Die Landesregierungen können die Ermächtigung auf andere Stellen übertragen. ³Die nach Satz 1 gebildeten Spruchkörper sollen ihren Sitz in räumlicher Nähe zu den Aufnahmeeinrichtungen haben.

(3) ¹Die Landesregierungen werden ermächtigt, durch Rechtsverordnung einem Verwaltungsgericht für die Bezirke mehrerer Verwaltungsgerichte Streitigkeiten nach diesem Gesetz hinsichtlich bestimmter Herkunftsstaaten zuzuweisen, sofern dies für die Verfahrensförderung dieser Streitigkeiten sachdienlich ist. ²Die Landesregierungen können die Ermächtigung auf andere Stellen übertragen.

I. Entstehungsgeschichte

1   Die Vorschrift hat kein Vorbild im AsylVfG 1982. Sie entsprach ursprünglich dem **Gesetzesentwurf 1992**[1*]. MWv 1.7.1993 wurden Abs. 1 und S. 3 in Abs. 2 eingefügt (Art. 1 Nr. 45 **AsylVfÄndG 1993**). Betreffend Abs. 1 vgl. die **Übergangsvorschrift** des § 87a III Nr. 5. Die RLUmsG 2007 und 2011 und 2013 sowie die Asylpakete und das IntG 2016 haben keine Änderungen vorgenommen. Das **AsylVfBeschlG 2015** fügte der Norm den neuen Abs. 3 an mit der Begründung[2*]: „Die Erweiterung des § 83 und korrespondierend § 52 Nr 2 VwGO um die Möglichkeit der Konzentration nach der Kategorie der Herkunftsländer auf ein einziges Verwaltungsgericht für die Gerichtsbezirke mehrerer Verwaltungsgerichte eines Landes ermöglicht eine Spezialisierung auf zugewiesene Herkunftsstaaten und dient darüber hinaus der Entlastung gerade kleinerer Verwaltungsgerichte."

II. Allgemeines

2   Die Vorschrift verfolgt, wie va durch die seit 1.7.1993 geltenden Änderungen bekräftigt wird, den Zweck, unter **Beschränkung des Ermessens** der Bundesländer und der Gerichtspräsidien Richterarbeitskraft für Asylsachen zu sichern. Die Bildung auswärtiger Spruchkörper ist indes auch ohne sie

---

[1] § 80, BT-Drs. 12/2062, 20.
[2] → § 78 Rn. 31.
[3] Zum Anspruch auf Übermittlung der Asylakte des BAMF nach § 36 II 1 vgl. dort → § 36 Rn. 27.
[1*] § 81, vgl. auch BT-Drs. 12/2062, 20.
[2*] BT-Drs. 18/6185, 51.

möglich, wenn auch nur durch Gesetz (§ 3 I Nr. 5 VwGO). Wenn beabsichtigt ist, auch gegen den Willen der Richterschaft „reine" Asylkammern einzurichten und durchzusetzen, bestehen dagegen gewichtige personalpolitische und gerichtsorganisatorische **Bedenken**[3]. Damit wird nämlich in die sachliche wie die personelle Geschäftsverteilung eingegriffen, die zur Sicherung des Rechts auf den gesetzlichen Richter (Art. 101 I 2 GG) allein dem frei gewählten Gerichtspräsidium obliegt (§ 21e I GVG). Schon dieser Hintergrund zwingt zu sorgfältiger Auslegung des Konzentrationszwangs und der Rechtsverordnung-Ermächtigung, weil diese einen gewichtigen Einfluss auf die innere Organisation der Gerichte und damit mittelbar auf die Rspr. ausüben. Immerhin handelt es sich bei der Landesregierung um ein Organ eines Landes, das in den betreffenden Gerichtsbezirken zu den Verfahrensbeteiligten (hinsichtlich Aufenthaltsbeschränkung und -beendigung, Verteilung ua) gehören kann.

Nicht nur dieser Vorschrift, sondern dem gesamten AsylG kann der beinahe unbedingte Wille des Gesetzgebers zur **rigorosen Beschleunigung** der Asylverfahren entnommen werden. Aus dieser gesetzlich verlautbarten Absicht und aus der gleichzeitigen erheblichen personellen Verstärkung der Gerichte kann ohne Weiteres der Schluss gezogen werden, dass sich Landesregierung und Gerichtspräsidien bei Ausübung ihres pflichtgemäßen Organisationsermessens vorbehaltlos an diesen Präferenzen orientieren müssen. Es liefe zweifellos dem Gesetz gewordenen öffentlichen Interesse an einer besonders schnellen Erledigung von Asylverfahren zuwider, wenn die Ausstattung der mit Asylsachen befassten Spruchkörper durch die Präsidien diesen Aufgaben trotz zusätzlicher Personalkapazität nicht gerecht würde. 3

III. Asylspruchkörper

Mit der (erst ab 1.1.1994 geltenden, vgl. § 87a III Nr. 5) Sollvorschrift über besondere Asylspruchkörper hat der Gesetzgeber nunmehr seinen dahingehenden Willen deutlich geäußert. Danach ist eine Zusammenfassung in derartigen Spezialspruchkörpern **obligatorisch**, soweit nicht atypische Verhältnisse dagegen sprechen[4]. Mit dieser Konzentration soll die Verfahrensführung durch Richter erreicht werden, die zumindest überwiegend mit Asylsachen befasst sind; die Verteilung von Streitsachen nach dem AsylG[5] auf mehrere Spruchkörper soll grundsätzlich nur noch möglich sein, wenn diese nicht mit Asylsachen ausgelastet sind[6]. Diese Konzentration erscheint als Mittel für die erforderliche effektive Beschleunigung der Rspr. bei gleichzeitiger Erhaltung der Einheitlichkeit jedenfalls nach der verbindlich fixierten Auffassung des Gesetzgebers in besonderem Maße geeignet. 4

Der Konzentrationszwang gilt für **alle Instanzen;** die Beschränkung des Abs. 2 auf die VG beruht darauf, dass dort das Schwergewicht der Belastung liegt und die besonders beschleunigungsbedürftigen Verfahren des vorläufigen Rechtsschutzes vor dort zu entscheiden sind (vgl. § 80). Die hiergegen vorgebrachten Bedenken[7] dürfen nicht dazu verleiten, von der Anwendung der zwingenden Konzentrationsbestimmung mehr oder weniger regelmäßig abzusehen, weil sie nicht opportun erscheint[8]. Zulässig erscheint dagegen die Berücksichtigung atypischer Verhältnisse betreffend Anzahl und Belastung der Spruchkörper sowie die Besetzung mit „jungen" Proberichtern einerseits und anderen (insbesondere gemäß § 76 V „asyltauglichen") Richtern. 5

Der Gesetzesbefehl richtet sich sowohl an die Landesregierung als auch unmittelbar an die für die **Geschäftsverteilung** zuständigen Gerichtspräsidien. Die richterliche Selbstverwaltung[9] ist damit erheblich eingeschränkt. Der Konzentrationszwang hängt nicht vom Erlass der Rechtsverordnung der Landesregierung ab. Diese kann das richterliche Ermessen bei der Geschäftsverteilung nur noch weiter beschränken, indem sie die Spruchkörper und deren (auswärtigen) Sitz selbst bestimmt. 6

Die Bildung **auswärtiger Spruchkörper** ist ein herkömmliches Mittel der Gerichtsorganisation[10] und deshalb auch für Asylstreitverfahren zur Verbesserung der Effektivität einsetzbar. Die **Ortsnähe** zur Aufnahmeeinrichtung und den Außenstellen des BAMF kann die Durchführung von Anhörungen und Vernehmungen sowie Verhandlungen erleichtern und unnötigen Aufwand an Zeit und Kosten sparen helfen. Andererseits verursacht die Abtrennung von Spruchkörpern erfahrungsgemäß einen erheblichen zusätzlichen Aufwand für Fahrten von Personal und den Transport von Akten. Va aber verschlechtern sich idR die Arbeitsmöglichkeiten der Richter, es sei denn, die auswärtige Abteilung wird mit Bücherei, Dokumentation, Schreibdienst und Urkundsbeamten ebenso gut ausgestattet wie die Zentrale. Schließlich wäre die Unterbringung der auswärtigen Spruchkörper in enger räumlicher Verbindung zu der Aufnahmeeinrichtung und Außenstelle des BAMF (**„Lagerrichter"**) durchaus 7

---

[3] Dazu zB *Hailbronner* AsylG § 83 Rn. 1; *Ruge* NVwZ 1995, 733; *Urban* NVwZ 1993, 1169.
[4] Ebenso wie nach § 188 S. 1 VwGO für Sozialhilfe ua.
[5] Dazu → § 74 Rn. 11, → § 76 Rn. 7, → § 78 Rn. 7.
[6] BT-Drs. 12/4450, 28.
[7] → Rn. 2.
[8] Zur Frage der Beliebtheit von Asylsachen bei Verwaltungsrichtern, zu „Leidensdruck" und „gesellschaftlicher Verachtung" vgl. *Kraft* BayVBl. 1998, 677.
[9] Vgl. § 21e I GVG.
[10] Vgl. § 3 I Nr. 5 VwGO.

geeignet, bei Asylbewerbern den Eindruck einer gewissen (gegenseitigen) Abhängigkeit von Behörde und Gerichten hervorzurufen.

8   Die Bestimmung der Zuständigkeit dieser Spruchkörper verursacht noch größere Bedenken. Durch die Zuweisung bestimmter Streitverfahren kann nämlich die gesamte **Geschäftsverteilung mittelbar gesteuert** werden. Zumindest wäre dies der Fall, wenn diesen Spruchkörpern ausschließlich Asylstreitigkeiten iSd § 52 Nr. 3 S. 2 VwGO „zugewiesen" würden. Damit wäre das Präsidium bei der Geschäftsverteilung je nach dem Anteil dieser Verfahren am gesamten Geschäftsanfall und je nach dem Anteil der dort eingesetzten Richterarbeitskraft an der gesamten Personalstärke unter Umständen in einem wesentlichen Umfang fremdbestimmt. Die Einrichtung auswärtiger Kammern (und Einzelrichter) mit der ausschließlichen Zuständigkeit für Streitverfahren nach §§ 29, 30, 34–36 wäre ohnehin wenig sinnvoll und mangels sachlicher Abgrenzungskriterien unzulässig.

9   Unproblematisch erscheint hingegen die durch das AsylVfBeschlG 2015 (→ Rn. 1) durch Abs. 3 eröffnete Möglichkeit der **Spezialisierung** hinsichtlich bestimmter Herkunftsstaaten. Dies dient zweifelsohne der effizienten Bearbeitung und Erledigung der betroffenen Verfahren, was letztlich allen dient.

§ 83a Unterrichtung der Ausländerbehörde

¹Das Gericht darf der Ausländerbehörde das Ergebnis eines Verfahrens formlos mitteilen. ²Das Gericht hat der Ausländerbehörde das Ergebnis mitzuteilen, wenn das Verfahren die Rechtmäßigkeit einer Abschiebungsandrohung oder einer Abschiebungsanordnung nach diesem Gesetz zum Gegenstand hat.

I. Entstehungsgeschichte

1   Satz 1 der Vorschrift hat kein Vorbild im AsylVfG 1982. Er wurde entsprechend dem **Gesetzesentwurf 1993**[1] zum 1.7.1993 eingefügt (Art. 1 Nr. 46 **AsylVfÄndG 1993**). Die RLUmsG 2007 und 2011 und 2013 sowie die Asylpakete und das IntG 2016 haben keine Änderungen vorgenommen. Satz 2 wurde durch das **AsylVerfBeschlG 2015** zum 24.10.2015 angefügt.

II. Mitteilungsbefugnis

2   Die Vorschrift ermöglicht Mitteilungen über das Ergebnis (nicht den Inhalt) eines gerichtlichen Asylverfahrens an die zuständige Ausländerbehörde, nachdem die Ausländerbehörde für e Abschiebungsandrohungen nicht mehr zuständig und deshalb in der Regel nicht mehr selbst am Gerichtsverfahren beteiligt ist. Zur Durchführung bedarf es entsprechender Anordnungen der Justizverwaltungen, weil es sich bei den Mitteilungen um Justizverwaltungsangelegenheiten handelt. Eine Mitteilungspflicht der Gerichte erscheint notwendig, soweit nicht die Ausländerbehörde ohnehin durch das BAMF unterrichtet wird[2]. Die Mitteilung ist nur statthaft, wenn die Entscheidung wirksam und zuvor den Verfahrensbeteiligten bekannt gemacht ist. Mitgeteilt werden darf der Tenor, nicht die Begründung; jedoch sowohl im Hauptsache- als auch im Eilverfahren, um eine rasche Abschiebung zu ermöglichen.

§ 83b Gerichtskosten, Gegenstandswert

Gerichtskosten (Gebühren und Auslagen) werden in Streitigkeiten nach diesem Gesetz nicht erhoben.

I. Entstehungsgeschichte

1   Die zunächst aus zwei Abs. bestehende Vorschrift hat kein Vorbild im AsylVfG 1982. Sie wurde entsprechend dem **Gesetzesentwurf 1993**[1*], geändert auf Empfehlung des Bundestag-Innenausschuss[2*], zum 1.7.1993 eingefügt (Art. 1 Nr. 46 **AsylVfÄndG 1993**). Seit 1.1.2002 waren die Beträge statt in DM in Euro ausgedrückt und in Abs. 2 S. 2 leicht erhöht. MWv 1.7.2004 ist Abs. 2 aufgehoben und als § 30 in das **RVG** übernommen (Art. 4 XIV Nr. 2 Gesetz vom 5.5.2004, BGBl. I S. 718). Er lautet jetzt:

> „(1) ¹In Klageverfahren nach dem Asylgesetz beträgt der Gegenstandswert 5 000 Euro, in Verfahren des vorläufigen Rechtsschutzes 2 500 Euro. ²Sind mehrere natürliche Personen an demselben Verfahren beteiligt, erhöht sich der Wert für jede weitere Person in Klageverfahren um 1 000 Euro und in Verfahren des vorläufigen Rechtsschutzes um 500 Euro.

---

[1] Vgl. BT-Drs. 12/4450, 9.
[2] Vgl. § 40.
[1*] BT-Drs. 12/4450, 9.
[2*] BT-Drs. 12/4984, 25.

(2) Ist der nach Absatz 1 bestimmte Wert nach den besonderen Umständen des Einzelfalls unbillig, kann das Gericht einen höheren oder einen niedrigeren Wert festsetzen."

Die RLUmsG 2007 und 2011 und 2013 sowie die Asylpakete und das IntG 2016 haben keine Änderungen vorgenommen.

II. Allgemeines

Von **Gerichtskosten** befreit waren sonst, solange die VG zuständig waren, zB Sozialhilfesachen[3]. 2 Auf ihre Erhebung soll auch in Asylstreitverfahren angesichts nicht unerheblicher Schwierigkeiten bei der Eintreibung verzichtet werden, um den damit verbundenen Verwaltungsaufwand zu vermeiden[4].

Die Festsetzung der **Streitwerte** in Asylstreitverfahren hat sich sehr uneinheitlich entwickelt[5]. Im 3 ursprünglichen Entwurf eines Streitwertkatalogs waren Asylsachen zum Teil sehr differenziert berücksichtigt[6]; dieser hat aber keine Verbindlichkeit erlangt[7]. Eine Übertragung der Sondervorschriften über Kostenfreiheit und Streitwert auf ausländerrechtliche oder staatsangehörigkeitsrechtliche Streitverfahren ist nicht zulässig. Seit Mitte des Jahres 2004 sind die Vorschriften über den Gegenstandswert in § 30 RVG übernommen und schon wieder angepasst worden (→ Rn. 1).

III. Gerichtskostenfreiheit

Die Gerichtskostenfreiheit betrifft **alle Asylverfahren**[8] in allen Instanzen und wirkt zugunsten aller 4 Beteiligter, auch des BAMF und der Ausländerbehörde[9]. Sie greift selbst dann, wenn das konkret eingelegte Rechtsmittel nicht statthaft ist[10]. Da gerichtliche Gebühren und Auslagen nicht mehr erhoben werden, entfällt insoweit auch eine gerichtliche Kostenentscheidung nach §§ 154 ff. VwGO. Diese bezieht sich nur auf die zu erstattenden Kosten der Beteiligten (vgl. § 162 VwGO). **Prozesskostenhilfe** für die außergerichtlichen Kosten, dh insbesondere Anwaltskosten, wird nach den Regelungen des § 166 VwGO iVm den §§ 114 ff. ZPO gewährt. Ergänzend sind insoweit die ausführlichen Regelungen der **Art. 19–23 Asylverfahrens-RL** zu beachten.

IV. Gegenstandswert

Die Festsetzung eines Streitwerts (§ 13 GKG) erübrigt sich nach Einführung der Gerichtskosten- 5 freiheit. Deshalb bedarf es nur der Bestimmung eines **Gegenstandswerts** für die Berechnung der Anwaltskosten (§ 2 RVG), der sich früher nach dem gerichtlichen Streitwert richtete (§ 8 BRAGO). Mit der gesetzlichen Festlegung verbindlicher Werte soll der früheren Uneinheitlichkeit begegnet und eine übersichtliche und weitgehend einheitliche Handhabung erreicht werden; der festgelegte Wert soll unabhängig davon maßgebend sein, welche Begehren im jeweiligen Streitfall verfolgt werden[11]. Sie sind in verschiedener Hinsicht seit Langem unzureichend[12] und dennoch bei Überführung in das RVG nicht angehoben worden.

Die Gegenstandswerte sind normativ festgelegt für die im Gesetz bezeichneten Klageverfahren und 6 Eilverfahren, für sonstige Klage- und Eilverfahren und für die Erhöhungen bei Beteiligung mehrerer natürlicher Personen. Damit wird ersichtlich eine Vereinfachung angestrebt und zumindest der Eindruck der **abschließenden** Regelung erweckt. Dies stimmt mit den og gesetzgeberischen Erwägungen über eine verbindliche Vereinheitlichung und die Vernachlässigung von Besonderheiten des Einzelfalls überein. Um dieses Zieles willen müssen die Einzelbestimmungen aber ergänzend ausgelegt werden, weil der Wortlaut wenig geglückt erscheint und daher für die erwünschte umfassende Anwendung nicht in vollem Umfang ausreicht. Wäre ein lückenloses System auch nicht durch Auslegung zu ermitteln, entspräche dies noch immer dem Anliegen des Gesetzesentwurfs, zu einer „weitgehend einheitlichen Handhabung zu gelangen".

Der in § 30 RVG geregelte Gegenstandswert für **Asylklagen** von 5.000 EUR umfasst die Ver- 7 pflichtungsklagen (auch in der Form der Untätigkeitsklage) auf Asyl und internationalen Schutz sowie die Feststellung von nationalen Abschiebungshindernissen nach § 60 V oder VII AufenthG. Die Abschiebungsandrohung ist miterfasst, falls sie erlassen und im Rechtsweg angegriffen wird[13]. Betrifft die Klage nicht alle Gegenstände, zB nur den subsidiären Schutz, beträgt der Wert nach dem klaren

---

[3] § 188 S. 2 VwGO aF.
[4] BT-Drs. 12/4450, 29.
[5] → 5. Aufl., AsylVfG § 30 Rn. 54–58.
[6] NVwZ 1989, 1044.
[7] Dazu *Bräutigam* NVwZ 1989, 1022; *Sendler* NVwZ 1989, 1041; *Zimmer* NVwZ 1988, 706.
[8] Dazu → § 74 Rn. 11, → § 76 Rn. 7, → § 78 Rn. 7.
[9] Sowie früher zugunsten des BB; zu dessen übergangsweise erhaltenen Prozessstellung vgl. § 87b.
[10] BVerwG Beschl. v. 12.1.2019 – 1 KSt 1.19 (in Abgrenzung zur aA bei § 66 VIII GKG).
[11] So BT-Drs. 12/4450, 29.
[12] Ausf. *Ton* ZAR 2004, 68.
[13] Ebenso *Hailbronner* AsylG § 83b Rn. 20.

Gesetzeswortlaut dennoch 5.000 EUR, was der gewachsenen Bedeutung insbesondere des internationalen Schutzes entspricht[14].

8 Anträge auf **vorläufigen Rechtsschutz** gegen aufenthaltsbeendende Maßnahmen sind gemäß § 30 RVG mit 2.500 EUR bewertet. Hiermit sind sowohl Abschiebungsandrohung und -anordnung als auch Einreiseverweigerung und Zurückschiebung gemeint.

9 Der Asylausspruch darf nach der Rspr. des EuGH zur Anerkennungs-RL gegebenenfalls keinen Flüchtlingsstatus mehr vermitteln, sondern nur noch ein nationales Aufenthaltsrecht[15]. Folgerichtig wird er auch in den BAMF-Bescheiden nur noch unter Nr. 2 geführt. Da heute praktisch kein Fall denkbar scheint, in dem Asyl gewährt wird, nicht aber zugleich die Flüchtlingsanerkennung, im Übrigen aber (bei Einreise über sich Drittstaat ohnehin) regelmäßig nur noch die Flüchtlingseigenschaft die „für den Kläger sich ergebende Bedeutung der Sache" bestimmt, sollte die hergebrachte **Kostenquotelung**[16] überdacht werden. Richtig (genauer „konsequent falsch") erscheint heute eine pragmatische Kostenquotelung zu **je einem Drittel** für „die Prozesspakete" Flüchtlingseigenschaft + Asyl, (hilfsweise) den subsidiären Schutz sowie (höchsthilfsweise) den komplementären Schutz von § 60 V bzw. VII AufenthG. Die Einreise- und Aufenthaltsverbote sind nur Annex und haben deshalb im Verhältnis zu den Statusfragen kostenmäßig kein eigenständiges Gewicht (Rechtsgedanke aus § 155 I 3 VwGO). Beantragt der Kläger also im Normalprozess „das volle Programm" und bekommt die Flüchtlingseigenschaft zuerkannt, aber Asyl abgelehnt, gewinnt er kostenmäßig voll; die Asylablehnung ist europarechtskonform als geringes Unterliegen iSd **§ 155 I 3 VwGO** anzusehen, dh der Beklagten werden dann sämtliche Verfahrenskosten auferlegt. Wird ihm hingegen nur der subsidiäre Schutz zuerkannt, dh über diesen Hilfsantrag geurteilt (nicht aber über den komplementären Schutz, der kostenmäßig deshalb nach § 45 I 2 GKG unbeachtlich bleibt), gewinnt der Kläger kostenmäßig nur zur Hälfte, weil ihm Flüchtlingseigenschaft und Asyl abgelehnt wurde. Wird dem Kläger hingegen lediglich komplementärer Schutz zuerkannt (einheitlicher Streitgegenstand, dh egal, ob § 60 V und/oder § 60 VII, also keine Ein-Sechstel-Quotelung angezeigt), so gewinnt er nur mit einem Drittel und muss zwei Drittel der Kosten tragen.

10 Streng juristisch müsste natürlich zum einen der Asylausspruch gesondert gewichtet werden, weil die Entscheidung hierüber für den Kläger Gewicht haben kann, wenn er sich die Verfassungsbeschwerde gewissermaßen „gesicherter" offenhalten will. Streng juristisch müsste des Weiteren natürlich der Flüchtlingsschutz kostenmäßig deutlich stärker gewichtet werden als der subsidiäre Schutz, weil hier eine Aufenthaltserlaubnis nach § 26 I AufenthG direkt für drei Jahre statt erst einmal ein Jahr und weil ein Reiseausweis erteilt wird, mit dem man auch außerhalb des Schengen-Gebietes reisen kann, und weil nach § 26 III AufenthG schon nach drei Jahren die Niederlassungserlaubnis erteilt wird und nicht erst nach sieben Jahren. Dann allerdings müsste auch gegenüber dem subsidiären Schutz der komplementäre Schutz deutlich abgewertet werden, weil dieser ja klar „weniger wert" ist, wie allein § 25 III AufenthG zeigt (zB nur „soll"). Im Ergebnis hätte man dann wieder die **fürchterliche Insider-Quotelei**, die auch kein Anwalt sicher prognostizieren kann. Pragmatisch betrachtet erscheint deshalb die vorgeschlagene Drittel-Quotelung als sinnvoller bzw. „gerechter", weil der Kläger ja bei allen drei „Prozesspakten" im Falle des jeweiligen Obsiegens hierbleiben darf, was für ihn das Allerwichtigste ist. Insbesondere darf eigentlich nicht die Flüchtlingseigenschaft kostenmäßig höher gewichtet werden als der inzwischen europarechtlich stark angenäherte subsidiäre Schutz, weil die Abgrenzung zwischen diesen beiden Streitgegenständen heute in vielen Fällen vor dem Richterspruch nicht abschätzbar ist, dh der Rechtsausschuss eigentlich immer „gezwungen" ist, beides einzuklagen. Wird dann jedoch nur subsidiärer Schutz zuerkannt, müssten dem Kläger beim angenommenen Verhältnis etwa von 2:1 konsequent auch zwei Drittel der Kosten auferlegt werden, was doch als „unfair" erscheint. Und die gesonderte Bewertung des Asylausspruchs va zur „Erziehung des Anwalts" ist vielleicht doch etwas „oberlehrerhaft".

11 Die Gegenstandswerterhöhung in § 30 RVG für Fälle **subjektiver Klagehäufung** ist nicht auf Angehörige einer Familie beschränkt, die gemeinsam klagen oder Eilanträge stellen. Es ist auch gleichgültig, ob die Streitverfahren von Anfang an verbunden waren oder nachträglich verbunden wurden[17]. Schließlich ist die Beteiligtenstellung unerheblich, die Personenmehrheit kann auch auf der Seite des Beigeladenen gegeben sein; das Gesetz stellt nämlich nicht auf das Interesse des jeweiligen Klägers ab[18], sondern nur auf die Beteiligung an demselben Verfahren. Das Gericht kann gemäß § 30 II RVG einen **höheren oder einen niedrigeren Gegenstandswert** festsetzen, was in der Praxis allerdings höchst selten beantragt wird.

---

[14] Vgl. zur früheren Rechtslage BVerwG Beschl. v. 21.12.2006 – 1 C 29.03.
[15] EuGH Urt. v. 9.11.2010 – C-57/09 Rn. 115–121 – B. und D.
[16] Vgl. zur früheren Rechtslage VGH BW Urt. v. 6.3.2012 – A 11 S 3070/11 sowie (ohne weitere Begründung bzgl. der Hilfsanträge) BVerwG Beschl. v. 29.6.2009 – 10 B 60.08, Rn. 9.
[17] Dazu → § 74 Rn. 6.
[18] Wie § 13 I GKG.

§ 83c Anwendbares Verfahren für die Anordnung und Befristung von Einreise- und Aufenthaltsverboten

Die Bestimmungen dieses Abschnitts sowie § 52 Nummer 2 Satz 3 der Verwaltungsgerichtsordnung gelten auch für Rechtsbehelfe gegen die Entscheidungen des Bundesamtes nach § 75 Nummer 12 des Aufenthaltsgesetzes.

I. Entstehungsgeschichte

Die Norm wurde durch das **AsylVfBeschlG 2015** mWz 24.10.2015 in das AsylG neu eingefügt. Der Gesetzgeber[1] begründete dies wie folgt: „Durch den neuen § 83c wird klargestellt, dass für Rechtsbehelfe gegen die Entscheidung des Bundesamtes zum Einreise- und Aufenthaltsverbot die gleichen Regeln und Zuständigkeiten gelten wie für die Rechtsbehelfe gegen die asylrechtliche Entscheidung." 1

II. Allgemeines

Nach Inkrafttreten des AufenthGÄndG 2015 am 1.8.2015 entstand bei den Verwaltungsgerichten eine Rechtsunsicherheit, ob die nun[2] vom BAMF gemäß § 11 AufenthG in den Asylbescheiden getroffenen Befristungsentscheidungen **ausländer oder asylrechtliche Streitigkeiten** sind[3], was Auswirkungen für die Frage hat, ob die diesbezüglichen. Verfahren abzutrennen und von den Ausländerrechtskammern, ggf. an anderen VG, zu bearbeiten sind. Hierauf hat der Gesetzgeber rasch und konstruktiv reagiert. Die Rechtsfrage kann nunmehr idR offenbleiben. Jedenfalls läuft das gesamte Verfahren bezüglich der Befristung nach den gleichen **Prozessregeln wie das Asylverfahren** ab. Ein Abtrennen bzw. Verweisen kommt nicht mehr in Betracht. 2

Abschnitt 10. Straf- und Bußgeldvorschriften

§ 84 Verleitung zur missbräuchlichen Asylantragstellung

(1) Mit Freiheitsstrafe bis zu drei Jahren oder mit Geldstrafe wird bestraft, wer einen Ausländer verleitet oder dabei unterstützt, im Asylverfahren vor dem Bundesamt oder im gerichtlichen Verfahren unrichtige oder unvollständige Angaben zu machen, um seine Anerkennung als Asylberechtigter oder die Zuerkennung internationalen Schutzes im Sinne des § 1 Absatz 1 Nummer 2 zu ermöglichen.

(2) ¹In besonders schweren Fällen ist die Strafe Freiheitsstrafe bis zu fünf Jahren oder Geldstrafe. ²Ein besonders schwerer Fall liegt in der Regel vor, wenn der Täter
1. für eine in Absatz 1 bezeichnete Handlung einen Vermögensvorteil erhält oder sich versprechen lässt oder
2. wiederholt oder zugunsten von mehr als fünf Ausländern handelt.

(3) Mit Freiheitsstrafe von sechs Monaten bis zu zehn Jahren wird bestraft, wer in den Fällen des Absatzes 1
1. gewerbsmäßig oder
2. als Mitglied einer Bande, die sich zur fortgesetzten Begehung solcher Taten verbunden hat,

handelt.

(4) Der Versuch ist strafbar.

(5) Wer die Tat nach Absatz 1 zugunsten eines Angehörigen im Sinne des § 11 Abs. 1 Nr. 1 des Strafgesetzbuches begeht, ist straffrei.

I. Entstehungsgeschichte

Die Vorschrift geht auf § 36 AsylVfG 1982 zurück, der weder im **Gesetzesentwurf 1982**[1*] noch in der Beschlussempfehlung des Bundestag-Rechtsausschusses[2*] vorgesehen war, sondern erst auf Vorschlag des Vermittlungsausschusses[3*] eingefügt worden war. Sie entspricht dem **Gesetzesentwurf** 1

---

[1] Vgl. dazu BT-Drs. 18/6185, 51.
[2] Bis 1.8.2015 waren diese Befristungen von den Ausländerbehörden vorzunehmen; vgl. § 104 XII AufenthG.
[3] → AufenthG § 11.
[1*] BT-Drs. 9/875.
[2*] BT-Drs. 9/1630.
[3*] BT-Drs. 9/1792.

1992[4]. MWv 1.12.1994 wurde die gesamte Vorschrift neu gefasst[5]; Abs. 1, 4 und 6 galten unverändert schon zuvor. MWv 1.1.2005 ist entsprechend dem Gesetzesentwurf[6] in Abs. 1 die Bezugnahme auf § 51 I AuslG durch eine solche auf § 60 I AufenthG ersetzt worden (Art. 3 Nr. 51 **ZuwG**). Die RLUmsG 2007 und 2011 haben keine Änderungen vorgenommen. Durch Art. 1 Nr. 52 **RLUmsG 2013** wurde mWz 1.1.2013 in Abs. 1 die Formulierung „die Feststellung, dass die Voraussetzungen des § 60 Abs. 1 des AufenthG vorliegen", auf die heutige Formulierung zum internationalen Schutz umgestellt. In der Gesetzesbegründung[7] heißt es hierzu: „Es handelt sich um eine Folgeänderung". Das IntG 2016 und die Asylpakete haben keine Änderungen vorgenommen.

II. Allgemeines

2   Die Vorschrift soll **unzutreffende Angaben** im Asylverfahren verhindern und damit die Richtigkeit der Asylentscheidung gewährleisten helfen. Damit verfolgt sie ähnliche Zwecke wie § 95 II AufenthG[8]. Der im Vergleich zu § 85 höhere Strafrahmen macht den Wert des geschützten Rechtsguts und das kriminalpolitische Interesse an der Verfolgung deutlich. Angesichts des Strafrahmens handelt es sich um Vergehen und nicht um Verbrechen (§ 12 StGB). Konkurrenzen können va in Form der Tateinheit mit falscher Versicherung an Eides Statt (§ 156 StGB) und mit Urkundenfälschung (§ 267 StGB) auftreten. Die Tatbestandsvoraussetzungen sind selbstständig vom Strafrichter zu prüfen und festzustellen, auch wenn sie eine asylrechtliche oder ausländerrechtliche Auslegung und Bewertung erfordern.

III. Täter und Teilnehmer

3   **Täter** kann sowohl ein Deutscher als auch ein Ausländer sein. Dabei kann es sich auch um einen Asylbewerber handeln; notwendig ist dies nicht. Als Täter kommt jedoch nicht derjenige **Asylbewerber** in Betracht, der mit unzutreffenden Angaben seine Anerkennung als Asylberechtigter oder die Zuerkennung von internationalem Schutz zu erreichen sucht. Denn er ist bewusst entgegen dem Gesetzesentwurf[9] nicht in die Strafvorschriften der §§ 34 und 36 AsylVfG 1982 aufgenommen worden, damit er im Prozess gegen Schlepper als Zeuge ohne Aussageverweigerungsrecht (§ 55 StPO) zur Verfügung steht; außerdem bestanden Bedenken dagegen, dass die Strafgerichte im Prozess gegen den Asylbewerber dessen Anerkennung überprüfen sollten und dabei uU zu anderen Ergebnissen gelangen könnten als BAMF und VG[10]. Aus demselben Grund scheidet der Asylbewerber als Teilnehmer aus, wenn er zB einen Dritten zur Unterstützung seiner missbräuchlichen Antragstellung anstiftet. Wer seine Anerkennung durch falsche Angaben zu erschleichen versucht, ist auch sonst nicht strafbar. In Betracht kommen im Zusammenhang mit dem Asylverfahren aber zB Urkundenfälschung (§ 267 StGB) und mittelbare Falschbeurkundung.

4   Aus dem möglichen Täterkreis nicht ausgenommen sind **Rechtsanwälte** oder andere Personen, die mit der Beratung, Betreuung und Vertretung von Asylbewerbern befasst sind[11]. Auch bei ihnen kann bei ordnungsgemäßer Erfüllung ihrer Aufgaben die Grenze zwischen sachgerechter Beratung und Hilfe einerseits und der bewussten Unterstützung eines unlauteren Asylgesuchs unschwer gezogen werden.

5   Als **Teilnehmer** kommen auch Ausländer, die keinen Asylantrag gestellt haben, und Deutsche in Betracht. Die dahingehende Klarstellung in § 36 III AsylVfG 1982 ist nicht übernommen, weil sie angesichts der Bestimmungen der §§ 26, 27 StGB entbehrlich ist[12]. Für Teilnehmer besteht die Möglichkeit der **Strafmilderung**[13]. Die Grenze zwischen Anstiftung zum Verleiten und dem Verleiten selbst wird im Einzelfall schwer zu ziehen sein; ebenso unsicher ist der Unterschied zwischen Beihilfe zum Unterstützen und dem Unterstützen selbst. In diesen Fällen wird meist Täterschaft vorliegen.

IV. Tathandlungen

6   Das unter Strafe gestellte Verleiten oder Unterstützen bezieht sich auf unrichtige oder unvollständige Angaben in den einzelnen Stationen des Asylverfahrens[14] gegenüber dem BAMF oder den Gerichten[15]. **Unrichtig** ist eine Angabe, die mit der Wahrheit nicht in Einklang steht. **Unvollständig** ist eine

---

[4] § 82, BT-Drs. 12/2062, 20.
[5] BGBl. 1994 I S. 3186.
[6] BT-Drs. 15/420, 44.
[7] BT Drs. 17/13063, 25.
[8] Früher § 47a AuslG 1965; dazu v. *Pollern* ZAR 1987, 12 und 1996, 175.
[9] § 32 Nr. 5 Gesetzesentwurf 1982, BT-Drs. 9/875, 8.
[10] BT-Drs. 9/1630, 28; *Reermann* ZAR 1982, 127.
[11] Dazu auch → Rn. 9 und 11.
[12] BT-Drs. 12/2062, 42.
[13] So auch BT-Drs. 9/1705, 7.
[14] Zu dessen Beginn § 14.
[15] AA v. *Pollern* ZAR 1996, 175: auch gegenüber Grenzbehörden.

Angabe, die wesentliche Bestandteile des Sachverhalts auslässt; Maßstab für die Vollständigkeit sind die rechtlichen Anforderungen an ein asylrelevantes Vorbringen. Da der Asylbewerber zur umfassenden Darlegung seines Verfolgungsschicksals und zur Vorlage von Unterlagen verpflichtet ist (va §§ 15, 25 I), läuft er beim Verschweigen oder auch schon beim bloßen Unterlassen tatsächlichen Vorbringens Gefahr, unvollständige Angaben zu machen.

Verleiten bedeutet beeinflussen dahin gehend, dass zweckgerichtet unzutreffende Angaben gemacht werden. Es handelt sich um eine besondere Art der Anstiftung, die auf einen noch nicht zur Tat Entschlossenen trifft; andernfalls kommt nur Versuch in Betracht[16] oder aber Unterstützen[17]. Die Tat ist vollendet, wenn der Asylbewerber die Angaben gemacht hat[18]. Die Bestimmung des Asylbewerbers zu unzutreffendem Vorbringen braucht nicht seinerseits mittels Täuschung oder sonst arglistig zu geschehen. Es genügt vielmehr jede Art von Willensbeeinflussung. 7

Unterstützen kann in jeder Handlung bestehen, die den zur Tat entschlossenen Asylbewerber bei seinem Vorhaben fördert oder auch nur bestärkt. In Betracht kommen „Rat oder Tat", also Unterstützungstätigkeiten psychischer wie physischer Art. Jede Hilfe beim Vorbereiten oder Beschaffen falscher Behauptungen, Beweismittel oder Unterlagen fällt hierunter; ebenso die Zusicherung späterer Hilfe nach einer Anerkennung oder für den Fall des Misserfolgs im Asylverfahren. Auch die Beratung vor oder während des Asylverfahrens und das Abfassen von Schriftsätzen können Unterstützungshandlungen darstellen. 8

Rechtsanwälte sind dazu berufen und befugt, Behauptungen der Mandanten an Behörden und Gerichte weiterzugeben. Auch insoweit handeln sie als Organ der Rechtspflege. Falls ein Rechtsanwalt die Unrichtigkeit oder Unvollständigkeit erkennt, ist er gehalten, das Gewicht der Angaben des Asylbewerbers nicht durch eigene Versicherungen der Glaubhaftigkeit zu verstärken. Seinen Verpflichtungen aus dem Mandatsverhältnis genügt er mit der schriftsätzlichen oder mündlichen Weitergabe des Vorbringens an Behörden oder Gerichte. Hierin allein kann eine Unterstützung nicht gesehen werden. Ist ihm die Unrichtigkeit oder Unvollständigkeit der Angaben bekannt oder hegt er zumindest Zweifel an deren Wahrheitsgehalt oder Vollständigkeit, darf er sie nur als Angaben des Mandanten vortragen und hat sich jeder eigenen Bekräftigung zu enthalten. Sollte er jedoch diese Grenze durch eigenes Zutun überschreiten, muss er sich eine Unterstützung vorhalten lassen. Dies gilt va für von ihm selbst frei erfundene Behauptungen[19]. 9

Das **Ziel** der Asylanerkennung oder von internationalem Schutz braucht **nicht erreicht** zu werden. Ebenso wenig kommt es darauf an, ob die unzutreffenden Angaben überhaupt dafür geeignet sind, eine Anerkennung zu ermöglichen oder wenigstens zu erleichtern. Schließlich ist nicht von Bedeutung, ob dem Asylbewerber ein Asylrecht bzw. internationaler Schutz zusteht oder nicht. Für den äußeren Tatbestand genügen vielmehr das Verleiten zu oder das Unterstützen von unzutreffenden Angaben. Der Täter braucht für seine Tätigkeit einen Gegenwert oder einen anderen Vorteil weder zu erhalten noch zu erwarten[20]. Auch wer uneigennützig, aus Mitleid oder aufgrund humanitären Pflichtbewusstseins oder aber mit Rücksicht auf (vermeintliche) Berufspflichten als Rechtsanwalt oder Sozialbetreuer handelt, kann sich strafbar machen. 10

V. Subjektiver Tatbestand

Der subjektive Tatbestand erfordert **Vorsatz**, wobei Eventualvorsatz ausreicht; Fahrlässigkeit, auch grobe, ist dagegen nicht strafbar (§ 15 StGB). Der (uU bedingte) Vorsatz muss sich auf die Unrichtigkeit oder Unvollständigkeit der Angaben und auf das Verleiten oder Unterstützen des Asylbewerbers beziehen. Zusätzlich ist die **Absicht** verlangt, die Asylanerkennung oder die Zuerkennung von internationalem Schutz zu ermöglichen. Unerheblich ist, welche Auffassung der Täter oder des Asylbewerbers von der Geeignetheit der unzutreffenden Angaben für das erstrebte Ziel zutrifft oder nicht. Unschädlich ist, wenn der Täter neben der Anerkennung des Asylbewerbers oder in erster Linie eigene Zwecke verfolgt, etwa eine vom Erfolg abhängige oder unabhängige Geldleistung (Prämie). Bei Rechtsanwälten, anderen Rechtsberatern und Sozialberatern wird es in aller Regel schon an der positiven Kenntnis der Unrichtigkeit oder Unvollständigkeit der Angaben fehlen. Außerdem können sie sich auf die bloße Weitergabe der Informationen des Mandanten beschränken und leisten damit schon keine Unterstützung. Schließlich muss bei bedingtem Vorsatz zusätzlich festgestellt werden, dass sie sich mit der Tatbestandsverwirklichung zumindest abfinden würden. 11

VI. Regelbeispiele (Abs. 2)

Die Straferhöhung für **besonders schwere Fälle** setzt **Vermögensvorteile, Wiederholung** oder **Handlung zugunsten von mehr als fünf Ausländern,** voraus. Unter Vermögensvorteil ist jede 12

---

[16] Dazu → Rn. 14.
[17] Dazu → Rn. 8.
[18] Zum Versuch → Rn. 14.
[19] Zum subjektiven Tatbestand → Rn. 11.
[20] Vgl. aber → Rn. 12.

günstigere Gestaltung der Vermögenslage zu verstehen, also nicht nur der Erwerb von Vermögen, sondern auch die Abwehr von Nachteilen vermögenswerter Art. Während mit dem Erhalten der Empfang des Vorteils gemeint ist, ist das Versprechen mit jeder Zusage erfüllt, wenn sie nur ernst gemeint ist; auf die Erfüllbarkeit kommt es dagegen nicht an. Das wiederholte Handeln steht der (einmaligen) Handlung zugunsten von mehr als fünf Ausländern gleich.

VII. Qualifikationen (Abs. 3)

13 Die Straferhöhung für **qualifizierte Fälle** setzt **Gewerbsmäßigkeit** oder **Mitgliedschaft in einer Bande** voraus. Der Begriff der **Bande** setzt den Zusammenschluss von mindestens drei Personen voraus, die sich mit dem Willen verbunden haben, künftig für eine gewisse Dauer mehrere selbständige, im Einzelnen noch ungewisse Straftaten des im Gesetz genannten Deliktstyps zu begehen. Ein „gefestigter Bandenwille" oder ein „Tätigwerden in einem übergeordneten Bandeninteresse" ist nicht erforderlich[21]. Es braucht sich nicht um eine kriminelle Vereinigung iSd § 129 StGB zu handeln. Für die Annahme einer Bandenabrede ist es nicht erforderlich, dass sich sämtliche Mitglieder einer bandenmäßig organisierten Gruppe persönlich verabredet haben und sich untereinander kennen, wenn nur jeder den Willen hat, sich zur künftigen Begehung von Straftaten mit (mindestens) zwei anderen zu verbinden[22]. **Gewerbsmäßig** handelt, wer sich aus einer wiederholten Tatbegehung eine nicht nur vorübergehende Einnahmequelle von einigem Umfang und einiger Dauer verschaffen will. Dabei muss die die Gewerbsmäßigkeit kennzeichnende Wiederholungsabsicht gerade dasjenige Delikt betreffen, dessen Tatbestand durch das Merkmal der Gewerbsmäßigkeit qualifiziert ist[23]. Die Einnahmequelle muss nicht in Geld bestehen. Gewerbsmäßiges Handeln setzt stets Eigennützigkeit voraus, sodass sich der Täter von seinem deliktischen Handeln einen eigenen wirtschaftlichen Vorteil versprechen muss.

VIII. Versuch (Abs. 4)

14 Der Versuch ist gemäß Abs. 4 strafbar. Versuch ist mehr als Vorbereitungshandlung; er liegt vor, wenn der Täter nach seiner Vorstellung **unmittelbar** zur Verwirklichung des Straftatbestands **angesetzt** hat (§ 22 StGB). Versuch sein müssen das Verleiten oder Unterstützen, nicht die Täuschungshandlung im Asylverfahren. Versuch und nicht Vollendung ist mithin gegeben, wenn der Asylbewerber vergeblich beeinflusst wird, die unzutreffenden Angaben also unterlässt und wahrheitsgemäß sein Schicksal vorträgt. Strafbefreiender **Rücktritt** ist vor oder nach Beendigung möglich (vgl. § 24 StGB).

IX. Persönlicher Strafausschließungsgrund (Abs. 5)

15 Straffreiheit wird nahen Angehörigen iSd § 11 I Nr. 1 StGB für den Tatbestand des Abs. 1 gewährt (persönlicher Strafausschließungsgrund), nicht jedoch für schwere Fälle iSd Abs. 2.

X. Rechtsfolge

16 Die **Freiheitsstrafe** beträgt einen Monat[24] bis drei Jahre, in besonders schweren Fällen bis zu fünf Jahre und in sonst qualifizierten Fällen nach Abs. 3 sechs Monate bis zehn Jahre, die **Geldstrafe** fünf bis 360 Tagessätze[25]. Während der Anstifter nach § 26 StGB grundsätzlich wie ein Täter bestraft wird, genießt der Gehilfe nach § 27 I StGB das Privileg der Strafmilderung nach § 49 I StGB.

§ 84a Gewerbs- und bandenmäßige Verleitung zur missbräuchlichen Asylantragstellung

(1) Mit Freiheitsstrafe von einem Jahr bis zu zehn Jahren wird bestraft, wer in den Fällen des § 84 Abs. 1 als Mitglied einer Bande, die sich zur fortgesetzten Begehung solcher Taten verbunden hat, gewerbsmäßig handelt.

(2) In minder schweren Fällen ist die Strafe Freiheitsstrafe von sechs Monaten bis zu fünf Jahren.

---

[21] BGH Beschl. v. 22.3.2001 – GSSt 1/00, NJW 2001, 2266.
[22] → AufenthG § 96.
[23] BGH Beschl. v. 24.8.2016 – 2 StR 6/16, BeckRS 2016, 18889.
[24] § 38 II 2. Hs. StGB.
[25] § 40 I StGB.

I. Entstehungsgeschichte

Die Vorschrift wurde mWv 1.12.1994 **neu aufgenommen**[1]. Die RLUmsG 2007 und 2011 und 2013 sowie das IntG 2016 und die Asylpakete haben keine Änderungen vorgenommen. 1

II. Allgemeines

Die Vorschrift stellt einen gegenüber § 84 qualifizierten Tatbestand unter Strafe. Wegen des höheren Strafrahmens handelt es sich bei Abs. 1 um ein **Verbrechen** und nicht nur um ein Vergehen (§ 12 StGB). 2

III. Tathandlung

Der **Täter muss** iSv § 84 I verleiten oder unterstützen, dabei als Mitglied einer Bande[2] und außerdem gewerbsmäßig handeln[3]. Er muss also beide Alternativen des § 84 III gleichzeitig verwirklichen. 3

IV. Rechtsfolge

Der **Strafrahmen** ist gegenüber § 84 III **verschärft,** indem die Mindeststrafe verdoppelt ist. Für den minder schweren Fall[4] betragen Mindest- und Höchststrafe nur die Hälfte. 4

§ 85 Sonstige Straftaten

Mit Freiheitsstrafe bis zu einem Jahr oder mit Geldstrafe wird bestraft, wer
1. entgegen § 50 Abs. 6, auch in Verbindung mit § 71a Abs. 2 Satz 1, sich nicht unverzüglich zu der angegebenen Stelle begibt,
2. wiederholt einer Aufenthaltsbeschränkung nach § 56 oder § 59b Absatz 1, jeweils auch in Verbindung mit § 71a Abs. 3, zuwiderhandelt,
3. einer vollziehbaren Anordnung nach § 60 Abs. 2 Satz 1, auch in Verbindung mit § 71a Abs. 3, nicht rechtzeitig nachkommt oder
4. entgegen § 61 Abs. 1, auch in Verbindung mit § 71a Abs. 3, eine Erwerbstätigkeit ausübt.

I. Entstehungsgeschichte

Die Vorschrift geht auf § 34 AsylVfG 1982 zurück. Sie stimmte ursprünglich im Wesentlichen mit dem **Gesetzesentwurf 1992**[1*] überein; auf Vorschlag des Bundestag-Innenausschusses[2*] waren in Nr. 1 das Wort „rechtzeitig" durch „unverzüglich" ersetzt und Nr. 2 dem Fortfall des § 54 III Gesetzesentwurf 1992 angepasst worden. MWv 1.7.1993 wurden entsprechend dem Gesetzesentwurf 1993[3*] die Nr. 3 und 5 eingefügt und die Ergänzungen betreffend § 71a III angebracht (Art. 1 Nr. 47 **AsylVfÄndG 1993**). Die RLUmsG 2007 und 2011 haben keine Änderungen vorgenommen. Durch Art. 2 Nr. 7 des **Gesetzes zur Verbesserung der Rechtsstellung von asylsuchenden und geduldeten Ausländern vom 23.12.2014**[4*] wurde mit Wirkung zum 1.1.2015 in Nr. 2 die Formulierung „Aufenthaltsbeschränkung nach § 56 Abs. 1 oder 2" durch „nach § 56 oder § 59b Abs. 1" ausgetauscht. Die frühere Nr. 3 („3. einer vollziehbaren Auflage nach § 60 Abs. 1, auch in Verbindung mit § 71a Abs. 3, mit der die Ausübung einer Erwerbstätigkeit verboten oder beschränkt wird, zuwiderhandelt") wurde aufgehoben und die alte Nr. 5 in Nr. 4 umbenannt. In der Gesetzesbegründung[5] heißt es zur neu gefassten Nr. 2: „Die Regelung enthält entsprechend der kraft Gesetzes geltenden Sanktionsbewehrung der räumlichen Beschränkung die Sanktionsbewehrung für die behördlich angeordnete räumliche Beschränkung. Im Übrigen enthält die Bestimmung eine Folgeänderung", sowie zum Wegfall der alten Nr. 3: „Es handelt sich um eine Folgeänderung aus dem Wegfall der Regelung in § 60 Abs. 1 aF". Die Asylpakete und das IntG 2016 haben keine Änderungen vorgenommen. 1

---

[1] BGBl. 1994 I S. 3186.
[2] Wie nach § 84 III Nr. 2.
[3] Vgl. dazu auch → § 84 Rn. 11.
[4] Dazu allg. *Eser* JZ 1981, 821.
[1*] § 83, BT-Drs. 12/2062, 20.
[2*] BT-Drs. 12/2817, 42.
[3*] BT-Drs. 12/4450, 9.
[4*] BGBl. 2014 I S. 2439.
[5] BR-Drs. 506/14, 14.

II. Allgemeines

2 Die Vorschrift war im **Zusammenhang** mit den Bußgeld- und Strafbestimmungen der §§ 92–93 AuslG und § 12a AufenthG/EWG zu sehen[6]. Soweit sie auch dort behandelte Tatbestände regelte, war sie lex specialis; ansonsten kam und kommt Tateinheit vor allem mit Urkundsdelikten in Betracht. Die Vorschrift wurde geschaffen, um die besonderen Obliegenheiten der Asylbewerber durchzusetzen, die der ordnungsgemäßen und zügigen Durchführung des Asylverfahrens dienen, und um zu verhindern, dass die Asylanerkennung zu Unrecht erreicht wird[7]. Hiergegen wurden allgemeine **Bedenken** erhoben, soweit das Gesetz Handlungsweisen unter Strafe stellt, die eher Ordnungswidrigkeiten darstellen als Straftaten, und zur Kriminalisierung von Asylbewerbern beiträgt[8]. Der Strafrichter hat den Tatbestand im Einzelnen selbst festzustellen und zu würdigen, auch wenn dies asylrechtliche und ausländerrechtliche Wertungen voraussetzt.

3 Auf die Bestrafung wegen eines Verstoßes gegen die Verpflichtung zur Duldung von **erkennungsdienstlichen Maßnahmen** wurde angesichts der Durchsetzbarkeit durch unmittelbaren Zwang verzichtet[9].

III. Täter und Teilnehmer

4 Zum **Täterkreis** zählen nur Ausländer in ihrer Eigenschaft als Asylbewerber, nicht sonstige Ausländer und auch nicht Deutsche, denn die Strafandrohung bezieht sich nur auf Verstöße gegen Pflichten und Obliegenheiten von Asylbewerbern. Die den Straftaten zugrundeliegenden Pflichten treffen nicht nur Asylanerkennungsbewerber, sondern auch Flüchtlinge, die lediglich ihre Anerkennung nach § 3 bzw. internationalen Schutz anstreben; auch diese unterliegen den besonderen asylrechtlichen Verpflichtungen. Andere Personen sind nur mit Strafe bedroht, soweit sie als **Teilnehmer** handeln. Der Täterkreis ergibt sich damit aus der **Umschreibung der Tathandlungen** und nicht aus einem bestimmten Täterbegriff. Danach kann Täter zB auch sein, wer an der Grenze um Asyl nachsucht und sodann zur formellen Antragstellung an die zuständige Aufnahmeeinrichtung weitergeleitet wird (§§ 13 I, 14 I, 19 I).

5 **Anstiftung** oder **Beihilfe** werden auch dann bestraft, wenn der Täter nicht Asylbewerber ist. Die entsprechende Klarstellung in § 35 III AsylVfG 1982 wurde im Hinblick auf §§ 26, 27 StGB nicht übernommen[10]. Die **Strafmilderung** nach §§ 26, 27 StGB wird davon nicht berührt.

IV. Einzelne Straftatbestände

1. Nichtbefolgen der Zuweisungsanordnung (Nr. 1)

6 Die Verpflichtung, sich unverzüglich an die in der Zuweisungsentscheidung angegebene Stelle zu begeben (§§ 50 VI, 71a II 1), ergibt sich aus einer entsprechenden Anordnung im **Zuweisungsbescheid**. Erforderlich ist eine klare und unmissverständliche Aufforderung mit einer ebenso eindeutigen Zielangabe (Bezeichnung und Anschrift der Stelle). Weitergehende Hinweise und Belehrungen über Art und Weise der Weiterreiseverpflichtung sind nicht vorausgesetzt; ihr Fehlen kann aber den Vorsatz entfallen lassen[11]. Die Anordnung ist nur dann nicht zu beachten, wenn sie nichtig ist[12]. Sie ist immer sofort vollziehbar (§ 75). Ob die Verpflichtung rechtzeitig erfüllt ist, kann zT erst nachträglich beurteilt werden, zB bei Krankheit, Unfall oder anderweitiger Verhinderung nach Zuweisung.

7 Nicht **unverzüglich** handelt, wer schuldhaft zögert (vgl. § 121 BGB). Eine sofortige Reise zu der angegebenen Stelle ist nicht verlangt, die Reise dorthin geht aber anderweitigen Verpflichtungen privater Art grundsätzlich vor. Versteht der Ausländer die Anordnung mangels ausreichender Sprachkenntnisse nicht, erledigt er zunächst eine dringende persönliche Angelegenheit wie etwa die Konsultation von UNHCR, eines Rechtsanwalts oder einer Hilfsorganisation oder ist er durch Krankheit oder andere objektive Umstände an der alsbaldigen Weiterreise gehindert, ist schon der objektive Tatbestand („unverzüglich") nicht erfüllt.

2. Wiederholter Verstoß gegen Aufenthaltsbeschränkung (Nr. 2)

8 Zuwiderhandeln bedeutet **Nichtbefolgen einer eindeutigen Beschränkung** auf den Bezirk der zunächst zuständigen oder einer anderen Ausländerbehörde aufgrund Gesetzes (§ 56 I) oder einer vollziehbaren behördlichen Anordnung (§ 59b I bzw. § 60 II 1). Bestand und Umfang der einzelfall-

---

[6] v. Pollern ZAR 1987, 12 und ZAR 1996, 175.
[7] BT-Drs. 9/875, 26; BT-Drs. 9/1630, 27.
[8] Henkel ZAR 1981, 85; Kanein NJW 1980, 1985; zur Systematik Auernhammer S. 30 ff., 83 ff., 147, 153 ff., 162 ff.
[9] BT-Drs. 12/2062, 42.
[10] → § 84 Rn. 13.
[11] → Rn. 15.
[12] Vgl. § 43 VwVfG.

bezogenen Beschränkung können verändert sein durch eine allgemeine Erlaubnis für den Bezirk einer angrenzenden Ausländerbehörde (§ 58 I 1) oder eine Rechtsverordnung für mehrere Behördenbezirke (§ 58 VI). Außerdem sind die Erlaubnisse zum vorübergehenden Verlassen des Aufenthaltsbezirks zu beachten (§§ 57, 58 I 1, II-V) und vom Strafrichter selbstständig zu prüfen. Gegenstand des strafbewehrten Verstoßes ist die asylspezifische Beschränkung des Aufenthalts auf diesen Bezirk zum Zwecke der jederzeitigen Erreichbarkeit. Daher liegt kein Verstoß vor, wenn das Asylverfahren bereits abgeschlossen ist und eine Aufenthaltsgestattung nicht mehr besteht oder wenn ein Folgeantrag gestellt und ein weiteres Asylverfahren, das eine neue Aufenthaltsgestattung auslöst, noch nicht begonnen ist.

Jedes auch nur **kurzfristige Verlassen** des zugewiesenen Aufenthaltsbereichs verstößt gegen die **9** Aufenthaltsbeschränkung. Die Zuwiderhandlung kann auch in der verspäteten oder gänzlich unterlassenen Rückkehr nach erlaubtem vorübergehendem Verlassen des Aufenthaltsbereichs bestehen. Das vorübergehende Verlassen ist nur nach Maßgabe der §§ 57, 58 I 1, II-V erlaubt. Ist die erforderliche Erlaubnis erteilt oder das vorübergehende Verlassen kraft Gesetzes gestattet, liegt eine Zuwiderhandlung gegen eine Aufenthaltsbeschränkung nicht vor, denn die Erlaubnis modifiziert die Beschränkung. Freilich genügt in den ersten beiden Fällen nicht schon der Anspruch auf die Erlaubnis, diese muss vielmehr schon erteilt sein. Ist danach das Verlassen des Aufenthaltsbereichs erlaubt, ist der objektive Tatbestand einer Zuwiderhandlung gegen eine Aufenthaltsbeschränkung ausgeschlossen.

Besondere Schwierigkeiten können sich ergeben, wenn der Ausländer den zugewiesenen Aufent- **10** haltsbereich mit dem Ziel verlässt, endgültig aus Deutschland auszureisen. Falls hierzu keine Erklärungen abgegeben werden, die als Rücknahme des Asylantrags zu werten sind, kann in der **Ausreise** idR keine stillschweigende Rücknahme gesehen werden[13]. Der Asylantrag könnte auch vom Ausland her weiterverfolgt werden, und die **Endgültigkeit** der Ausreise lässt sich meist aus Indizien allein nicht ableiten. Dem Asylbewerber steht zwar die Ausreise frei, er hat sich aber an asylrechtliche Beschränkungen zu halten, solange er sein Asylverfahren nicht beendet; deshalb erscheint auch eine entsprechende teleologische Reduktion der Vorschrift weder angezeigt noch vertretbar. Anders verhält es sich bei einer **Reise in den Herkunftsstaat** (§ 33 II).

Damit ergibt sich die Strafbarkeit letztlich nur unter Rückgriff auf nicht im Straftatbestand ausdrück- **11** lich benannte Voraussetzungen. Die insoweit zu erhebenden Bedenken gegen die **Bestimmtheit der Strafnorm** iSd Art. 103 II GG[14] sind gewichtig, rechtfertigen aber nicht den Schluss auf die Verfassungswidrigkeit der Norm, weil sich die erwähnte Einschränkung des Anwendungsbereichs aus einer systematischen Auslegung des Tatbestands „Zuwiderhandlung gegen eine Aufenthaltsbeschränkung" hinreichend sicher entnehmen lässt[15].

Nur eine **wiederholte Zuwiderhandlung** ist strafbar. Als Wiederholung gilt nur ein weiterer **12** Verstoß gegen dieselbe räumliche Beschränkung; es muss also gegen die Aufenthaltsgestattung aufgrund desselben Asylantrags verstoßen sein, nicht gegen die Gestattungen in zwei verschiedenen Verfahren. Der frühere Verstoß braucht nicht durch Bußgeld oder gerichtliche Entscheidung geahndet worden zu sein[16]. Verlangt ist auch keine (objektiv oder subjektiv) beharrliche oder sonst qualifizierte Zuwiderhandlung, sondern lediglich eine objektive Wiederholung des Verstoßes. Insoweit kommt es praktisch darauf an, dass der frühere Verstoß hätte geahndet werden können. Ob eine Wiederholung anzunehmen ist, wenn **Fortsetzungszusammenhang** besteht, ist seit der Entscheidung des BGH vom 3.3.1993[17] als erledigt anzusehen. Die Aburteilung führt idR nicht zum **Strafklageverbrauch** betreffend andere, während des Zeitraums des Dauerdelikts tatmehrheitlich begangenen Straftaten.

3. Verstoß gegen Wohnauflage (Nr. 3)

Jede, auch die **erstmalige Zuwiderhandlung** gegen eine Auflage der genannten Art (Nr. 3) zur **13** Aufenthaltsgestattung erfüllt den äußeren Tatbestand. Der Inhalt der Auflage im Einzelnen ist gleichgültig. Erfasst ist die Pflicht, innerhalb eines Landes im Bezirk einer Ausländerbehörde Wohnung zu nehmen oder umzuziehen und Wohnung zu nehmen oder Aufenthalt und Wohnung in einem anderen Ausländerbehörden-Bezirk zu nehmen. Auch ein weniger gewichtiger Verstoß gegen eine weniger bedeutsame Auflage genügt. Ein Verstoß gegen die räumliche Beschränkung nach § 56 oder § 59b I stellt lediglich eine Ordnungswidrigkeit dar (§ 86 I), führt also nur im Wiederholungsfalle zur Strafbarkeit (Nr. 2). Die Auflage muss vollziehbar sein. **Vollziehbar** sind Auflagen trotz dagegen erhobener Klage (§ 75). Wird die aufschiebende Wirkung durch das Gericht angeordnet (§ 80 V VwGO), entfällt die Vollziehbarkeit rückwirkend. Davon wird aber die Strafbarkeit nicht berührt; denn hierfür kommt es auf die Verhältnisse im Zeitpunkt der Tat an. Die Vollziehbarkeit setzt wieder ein, wenn die gerichtliche Anordnung bestimmungsgemäß endet (zB aufgrund zeitlicher Begrenzung) oder die Klage rechtskräftig abgewiesen wird.

---

[13] AA *Brandis* InfAuslR 1988, 18.
[14] Zu § 34 AsylVfG 1982 *Dierichs* ZAR 1986, 125.
[15] Mittelbar zur Verfassungsmäßigkeit der Vorgängernorm des § 34 I Nr. 3 AsylVfG 1982 BVerfG Beschl. v. 26.1.1999 – 2 BvL 2/98, BeckRS 1999, 30044047.
[16] *Ambs/Lutz* in Erbs/Kohlhaas/Schwarz ArbG § 11 Rn. 11.
[17] BGH Beschl. v. 3.3.1993 – GSSt 2/93, NJW 1994, 1663.

4. Verstoß gegen Erwerbstätigkeitsverbot (Nr. 4)

14 Jeder Verstoß gegen das **Verbot** der Ausübung einer Erwerbstätigkeit erfüllt den äußeren Tatbestand (Nr. 4). Das Verbot beruht bei nach § 47 I wohnpflichtigen Asylbewerbern unmittelbar auf §§ 61, 71a III. Die Zuwiderhandlung kann erstmalig und einmalig sein, sie braucht eine bestimmte Dauer nicht aufzuweisen.

V. Subjektiver Tatbestand

15 In jedem Fall ist **Vorsatz** erforderlich, weil Fahrlässigkeit nicht ausdrücklich unter Strafe gestellt ist (§ 15 StGB). Bedingter Vorsatz genügt. Besondere Belehrung über Rechtspflichten wird nicht vorausgesetzt; ebenso wenig eine besondere Absicht oder Gesinnung. Mangelnde Kenntnis der Strafvorschriften schließt Strafe nicht aus. Der Vorsatz kann aber infolge **Irrtums** über Tatumstände ausgeschlossen sein (§ 15 StGB). Nicht genügend ist dagegen im Allgemeinen ein Verbotsirrtum (§ 17 StGB), weil dieser auch bei Ausländern idR nicht unvermeidlich zu sein pflegt. Dennoch ist im Einzelfall entscheidend, ob die individuelle Einsichtsfähigkeit bei mangelnder Bildung und Rechtskenntnis trotz eines uU schweren Verfolgungsschicksals und der eingeschränkten Lebensverhältnisse für Asylbewerber in Deutschland bejaht werden kann.

VI. Versuch

16 Unter Strafe gestellt ist jeweils nur die Vollendung der Tat, **nicht der Versuch** (§ 23 I StPO) oder gar bloße Vorbereitungshandlungen.

VII. Rechtsfolge

17 Die angedrohte **Freiheitsstrafe** von bis zu einem Jahr beträgt mindestens einen Monat (§ 38 II StGB). Die **Geldstrafe** beläuft sich auf fünf bis 360 Tagessätze (§ 40 StGB). Die Strafe für den Gehilfen richtet sich nach der Strafdrohung für den Täter. Sie ist nach §§ 27 II 2, 49 I StGB) zu mildern. Angesichts des Strafrahmens handelt es sich um Vergehen und nicht um Verbrechen (§ 12 StGB).

§ 86 Bußgeldvorschriften

(1) Ordnungswidrig handelt ein Ausländer, der einer Aufenthaltsbeschränkung nach § 56 oder § 59b Absatz 1, jeweils auch in Verbindung mit § 71a Abs. 3, zuwiderhandelt.

(2) Die Ordnungswidrigkeit kann mit einer Geldbuße bis zu zweitausendfünfhundert Euro geahndet werden.

I. Entstehungsgeschichte

1 Die Vorschrift geht auf § 35 AsylVfG 1982 zurück, der im **Gesetzesentwurf 1982**[1] nicht vorgesehen war, sondern erst im Laufe des Gesetzgebungsverfahrens eingefügt wurde[2]. Sie stimmte ursprünglich im Wesentlichen mit dem Gesetzesentwurf 1992[3] überein. Auf Vorschlag des Bundestag-Innenausschusses[4] wurde aber in Abs. 1 der § 54 Abs. 3 Gesetzesentwurf 1992 betreffende Tatbestand gestrichen. MWv 1.7.1993 wurde die Vorschrift entsprechend dem Gesetzesentwurf 1993[5] um die Bezugnahme auf § 71a Abs. 3 ergänzt (Art. 1 Nr. 48 **AsylVfÄndG 1993**). Seit 1.1.2002 ist in Abs. 2 der Betrag von 5.000 DM durch 2.500 EUR ersetzt[6]. Die RLUmsG 2007 und 2011 haben keine Änderungen vorgenommen. Durch Art. 2 Nr. 8 des **Gesetzes**[7] vom 23.12.2014 (BGBl. I S. 2439) wurde mWz 1.1.2015 in Abs. 1 die Formulierung „Aufenthaltsbeschränkung nach § 56 Abs 1 oder 2" durch „nach § 56 oder § 59b Abs 1" ausgetauscht. In der Gesetzesbegründung[8] heißt es hierzu: „Die Regelung enthält entsprechend der kraft Gesetzes geltenden Sanktionsbewehrung der räumlichen Beschränkung die Sanktionsbewehrung für die behördlich angeordnete räumliche Beschränkung. Im Übrigen enthält die Bestimmung eine Folgeänderung." Die Asylpakete und das IntG 2016 haben keine Änderungen vorgenommen.

---

[1] BT-Drs. 9/875, 8.
[2] BT-Drs. 9/1630, 11, 27 f.
[3] BT-Drs. 12/2062, 20.
[4] BT-Drs. 12/2817, 42.
[5] BT-Drs. 12/4450, 9.
[6] Art. 33 Gesetz v. 3.12.2001, BGBl. I S. 3306.
[7] Gesetz zur Verbesserung der Rechtsstellung von asylsuchenden und geduldeten Ausländern.
[8] BR-Drs. 506/14, 14.

II. Allgemeines

Die Vorschrift steht in **enger Beziehung zu** § 85 und ist im Zusammenhang mit den früheren Bußgeld- und Strafvorschriften der §§ 92, 93 AuslG und § 12a AufenthG/EWG zu sehen[9]. Sie soll ebenso wie § 85 eine ordnungsgemäße und zügige Durchführung des Asylverfahrens fördern[10].

Vor Inkrafttreten des AsylVfG 1982 war strittig, ob ein Verstoß gegen ausländerbehördliche Aufenthaltsbeschränkungen für Asylbewerber aufgrund §§ 7, 17 AuslG 1965 nach § 47 I Nr. 5 AuslG 1965 strafbar war[11].

Zuständig ist die fachlich zuständige oberste Landesbehörde oder die von ihr bestimmte Stelle (§ 36 OWiG).

III. Täter und Teilnehmer

Täter kann ebenso wie bei § 85 nur ein Asylbewerber sein; als **Teilnehmer** kommen dagegen auch andere Personen in Betracht, nämlich sonstige Ausländer oder Deutsche[12]. Anstiftung und Beihilfe setzen nämlich nicht die persönlichen Merkmale voraus, die beim Täter vorliegen müssen (Asylbewerber); dies ergibt sich bereits aus §§ 9 I, 14 I OWiG.

IV. Tathandlung

Tathandlung ist die **Zuwiderhandlung** gegen eine der genannten gesetzlichen oder behördlichen Aufenthaltsbeschränkungen auch kurzfristiger Art, soweit das Verlassen des Aufenthaltsbereichs nicht gesetzlich oder behördlich erlaubt ist[13]. Der Versuch genügt nicht (§ 13 II OWiG). Durchgreifende **Bedenken** gegen die Bestimmtheit der Norm (Art. 103 II GG) bestehen nicht[14]. Anders als bei § 85 Nr. 2 erfüllt schon das **einmalige** unerlaubte Verlassen des Aufenthaltsbereichs (oder das Unterlassen der rechtzeitigen Rückkehr) den äußeren Tatbestand. Wer als Ausländer – etwa als Folgeantragsteller vor Einleitung eines weiteren Asylverfahrens – keine Aufenthaltsgestattung und (noch) keine Duldung besitzt, kann sich nicht einer Ordnungswidrigkeit nach Abs. 1 schuldig machen, wohl aber eines Vergehens nach § 95 I Nr. 1 AufenthG.

V. Subjektiver Tatbestand

Der Täter muss **vorsätzlich** handeln (§ 10 OWiG). Ein **Tatbestandsirrtum** kann den Vorsatz ausschließen (§ 11 I. 1 OWiG). Ein vermeidbarer **Verbotsirrtum** wirkt nur schuldausschließend (§ 11 II OWiG). Er wird auch bei erstmaligem Verstoß in der Regel nicht unvermeidlich sein, da auch Ausländer aus fremden Kulturkreisen über die Pflicht zur Befolgung staatlicher Anordnungen unterrichtet sind[15]. Allerdings ist die Vermeidbarkeit im Einzelfall je nach individueller Einsichtsfähigkeit sorgfältig zu ermitteln.

VI. Rechtsfolge

Die **Geldbuße** beträgt mindestens 5 und höchstens 1.000 EUR (§ 17 I OWiG).

Abschnitt 11. Übergangs- und Schlussvorschriften

§ 87 Übergangsvorschriften

(1) Für das Verwaltungsverfahren gelten folgende Übergangsvorschriften:
1. ¹**Bereits begonnene Asylverfahren sind nach bisher geltendem Recht zu Ende zu führen, wenn vor dem Inkrafttreten dieses Gesetzes das Bundesamt seine Entscheidung an die Ausländerbehörde zur Zustellung abgesandt hat.** ²**Ist das Asylverfahren vor dem Inkrafttreten dieses Gesetzes bestandskräftig abgeschlossen, ist das Bundesamt für die Entscheidung, ob Abschiebungshindernisse nach § 53 des Ausländergesetzes vorliegen, und für den Erlass einer Abschiebungsandrohung nur zuständig, wenn ein erneutes Asylverfahren durchgeführt wird.**

---

[9] v. Pollern ZAR 1987, 12 und 1996, 175.
[10] BT-Drs. 9/875, 26; BT-Drs. 9/1630, 27.
[11] Vgl. Kanein ZAR 1981, 188 mwN.
[12] → § 85 Rn. 4, 5.
[13] → § 85 Rn. 8.
[14] → § 85 Rn. 11; aA betr. § 35 AsylVfG 1982 Dierichs ZAR 1986, 125.
[15] Dazu auch → § 85 Rn. 15.

2. Über Folgeanträge, die vor Inkrafttreten dieses Gesetzes gestellt worden sind, entscheidet die Ausländerbehörde nach bisher geltendem Recht.
3. Bei Ausländern, die vor Inkrafttreten dieses Gesetzes einen Asylantrag gestellt haben, richtet sich die Verteilung auf die Länder nach bisher geltendem Recht.

(2) Für die Rechtsbehelfe und das gerichtliche Verfahren gelten folgende Übergangsvorschriften:

1. In den Fällen des Absatzes 1 Nr. 1 und 2 richtet sich die Klagefrist nach bisher geltendem Recht; die örtliche Zuständigkeit des Verwaltungsgerichts bestimmt sich nach § 52 Nr. 2 Satz 3 der Verwaltungsgerichtsordnung in der bis zum Inkrafttreten dieses Gesetzes geltenden Fassung.
2. Die Zulässigkeit eines Rechtsbehelfs gegen einen Verwaltungsakt richtet sich nach bisher geltendem Recht, wenn der Verwaltungsakt vor Inkrafttreten dieses Gesetzes bekannt gegeben worden ist.
3. Die Zulässigkeit eines Rechtsmittels gegen eine gerichtliche Entscheidung richtet sich nach bisher geltendem Recht, wenn die Entscheidung vor Inkrafttreten dieses Gesetzes verkündet oder von Amts wegen anstelle einer Verkündung zugestellt worden ist.
4. Hat ein vor Inkrafttreten dieses Gesetzes eingelegter Rechtsbehelf nach bisher geltendem Recht aufschiebende Wirkung, finden die Vorschriften dieses Gesetzes über den Ausschluss der aufschiebenden Wirkung keine Anwendung.
5. Ist in einem gerichtlichen Verfahren vor Inkrafttreten dieses Gesetzes eine Aufforderung nach § 33 des Asylverfahrensgesetzes in der Fassung der Bekanntmachung vom 9. April 1991 (BGBl. I S. 869), geändert durch Artikel 7 § 13 in Verbindung mit Artikel 11 des Gesetzes vom 12. September 1990 (BGBl. I S. 2002), erlassen worden, gilt insoweit diese Vorschrift fort.

I. Entstehungsgeschichte

1   Die Vorschrift stimmte ursprünglich im Wesentlichen mit dem **Gesetzesentwurf 1992**[1] überein. Auf Vorschlag des Bundestag-Innenausschusses[2] wurde Abs. 2 Nr. 5 Gesetzesentwurf 1992 gestrichen. Die Vorschrift ist ähnlich gestaltet wie § 43 AsylVfG 1982. MWv 1.7.1993 wurde entsprechend dem Gesetzesentwurf 1993[3] S. 2 in Abs. 1 Nr. 1 eingefügt (Art. 1 Nr. 49 **AsylVfÄndG 1993**). Die RLUmsG 2007 und 2011 und 2013 sowie die Asylpakete und das IntG 2016 haben keine Änderungen vorgenommen.

II. Allgemeines

2   Die Übergangsvorschriften für das am 1.7.1992 in Kraft getretene Gesetz[4] waren dringend erforderlich. Von dem allgemeinen Grundsatz des intertemporalen Prozessrechts, dass **neues Verfahrensrecht sofort anzuwenden** ist, gilt aufgrund der rechtsstaatlichen Grundsätze der Rechtssicherheit und des Vertrauensschutzes hinsichtlich der Statthaftigkeit bereits eingelegter Rechtsmittel eine Ausnahme: Diese entfällt nachträglich nur dann, wenn dies ausdrücklich vorgeschrieben wird. Außerdem müssen Übergangsvorschriften evtl. weiteren Änderungen des Asylverfahrens Rechnung tragen; zu diesem Zweck hätte anstelle der **statischen** eine dynamische **Formulierung** gewählt werden können[5]. Stattdessen sind jetzt die Bestimmungen des § 87a für die Überleitung der Verfahren am 1.7.1993 geschaffen worden. Diese Regelungen gelten nicht, auch nicht teilweise für spätere Änderungen, zB durch das **ZuwG**. Deshalb sind nachfolgend auch **nicht** die **Vorschriften des ZuwG** erwähnt, sondern ausschließlich die für diese Übergangsregelungen allein maßgeblich gebliebenen Vorschriften des AuslG.

3   Angesichts der differenzierten Regelungen erübrigt sich in der Regel die Frage, ob eine Vorschrift ausschließlich asylverfahrensrechtlichen Charakter trägt oder zumindest auch eine **materielle** Regelung trifft (zB §§ 27, 28). Soweit ein Regelungsbereich durch eine Übergangsvorschrift erfasst ist, gilt sie auch für die Anwendung des materiellrechtlichen Gehalts einer Regelung.

III. Verwaltungsverfahren

1. Grundsatz

4   Für das Verwaltungsverfahren ist die Grenze, bis zu der altes Recht weitergilt, im Zeitpunkt der **Absendung** des Bescheids an die Ausländerbehörde zum Zwecke der Zustellung an den Asylbewer-

---

[1] § 85, BT-Drs. 12/2062, 21.
[2] BT-Drs. 12/2718, 43.
[3] BT-Drs. 12/4450, 10.
[4] Art. 7 AsylVfNG; → Vorb. Rn. 12.
[5] Wie etwa in § 73 I GKG.

ber[6] gezogen. Dies leuchtet ein, weil nach diesem Zeitpunkt eine Berücksichtigung der neuen Zuständigkeit des BAMF nicht mehr möglich wäre oder zumindest eine Rücksendung des Bescheids, unter Umständen sogar eine Rückgängigmachung der bereits veranlassten Zustellung erforderte. Rechtsstaatliche Bedenken bestehen insoweit nicht, zumal eine echte oder unechte Rückwirkung damit nicht verbunden ist. Ist der Asylantrag zT abgelehnt, also zB trotz unbeschränkten Antrags nur die Feststellung zu § 51 I AuslG getroffen, ist ebenfalls die Absendung an die Ausländerbehörde maßgebend und altes Recht auf beide Teile weiterhin anzuwenden. Altes Recht bleibt auch insoweit maßgeblich, als das Nichterscheinen vor der Ausländerbehörde vor dem 1.7.1993 eine Entscheidung des BAMF nach Aktenlage rechtfertigt[7].

Offenbar nicht bedacht ist der Fall der **Anerkennung des Asylbewerbers ohne gleichzeitige** 5 **Teilablehnung,** denn den Anerkennungsbescheid stellte das BAMF (auch) nach altem Recht dem Asylbewerber und dem BB unmittelbar selbst zu[8]. In Betracht kommt nur eine analoge Anwendung dahingehend, dass es auf die Herausgabe des Bescheids zur Zustellung an den Asylbewerber ankommt. In diesem Zeitpunkt hat sich das BAMF des Bescheids entäußert und es sprechen zwingende Gründe der Gleichbehandlung dafür, den anerkannten Asylbewerber nicht anders zu behandeln als den abgelehnten.

Fraglich kann die Behandlung der Fälle sein, in denen sich die **Übertragung ausländerrechtlicher** 6 **Kompetenzen auf das BAFl** auswirkt. Unter den Voraussetzungen des Abs. 1 Nr. 1 S. 1 ist von der Ausländerbehörde in Anwendung früheren Rechts ggf. eine Abschiebungsandrohung zu erlassen; dabei sind Abschiebungshindernisse des § 53 AuslG inzident zu prüfen und zu berücksichtigen. Hat das BAFl vor dem 1.7.1992 entschieden, den Bescheid aber noch nicht abgefasst, zumindest nicht vor diesem Stichtag an die Ausländerbehörde abgesendet, so hat es das Verfahren nach neuem Recht fortzuführen, also unter Beachtung von §§ 31 ff. auch Feststellungen zu § 53 AuslG zu treffen und eine Abschiebungsandrohung zu erlassen. War das Verfahren bereits vor dem Stichtag bestandskräftig abgeschlossen, besteht für das BAFl ein Anlass für diese Entscheidungen nur bei Einleitung eines neuen Asylverfahrens; dies folgt bereits aus Abs. 1 Nr. 1 S. 1 und soll durch den neuen S. 2 nur klargestellt werden[9]. Wird dagegen auf Rechtsmittel hin eine nach altem Recht ergangene asylrechtliche Abschiebungsandrohung aufgehoben, ist nunmehr das BAMF zuständig für eine evtl. erneute aufenthaltsbeendende Maßnahme[10].

2. Folgeantrag

Für Folgeanträge ist der **Zeitpunkt der Antragstellung** maßgeblich dafür, ob die Ausländerbehör- 7 de noch nach altem Recht entscheidet. Mit Antragstellung ist hier wohl die förmliche Stellung des Antrags nach § 8 I 1 AsylVfG 1982 gemeint. Hat der Asylbewerber lediglich ein Asylgesuch iSd § 7 I AsylVfG 1982 geäußert, aber noch nicht bei der zuständigen Stelle aktenkundig angebracht, kann bei ihm eigentlich schon die Formvorschrift des § 71 II über die Antragstellung beim BAFl eingreifen, ohne dass der Verfahrensablauf zum Teil wieder rückgängig gemacht werden muss. Dies könnte aber deswegen fraglich sein, weil bis Ende März 1993 der Asylantrag noch bei der Ausländerbehörde zu stellen war[11]; allerdings war für § 71 eine Übergangsfassung nicht vorgesehen, der Folgeantrag also doch sofort beim BAMF zu stellen[12]. Zudem oblag die „Entscheidung" des Folgeantrags iSd Beachtlichkeitsprüfung auch in der Übergangszeit schon dem BAFl.

3. Verteilung

Die Fortgeltung alten Rechts für die Verteilung knüpft ebenfalls an die **förmliche Antragstellung** 8 an; denn ohne sie waren Verteilung und Zuweisung nach § 22 AsylVfG 1982 praktisch nicht möglich. Insoweit ist unerheblich, dass die Aufenthaltsgestattung schon mit der Äußerung des Asylgesuchs iSd § 7 I AsylVfG 1982 entstand[13].

IV. Gerichtliches Verfahren

1. Klagefrist, örtliche Zuständigkeit

Die fortdauernde Anwendbarkeit **früheren Rechts** auf Klagefrist und gerichtliche Zuständigkeit 9 richtet sich ebenfalls nach dem Zeitpunkt der Absendung des Bescheids des BAFl an die Ausländerbehörde bzw. den Asylbewerber (→ Rn. 4) und beim Folgeantrag nach dessen förmlicher Stellung

---

[6] §§ 12 VII 1, 28 V AsylVfG 1982.
[7] § 8 III AsylVfG 1982; Bell InfAuslR 1993, 103.
[8] §§ 12 VII, 28 V AsylVfG 1982.
[9] BT-Drs. 12/4450, 29.
[10] Zur gerichtlichen Überprüfung in diesen Fällen → § 77 Rn. 6 f.
[11] § 14 I idF des Art. 5 Abschnitt A Nr. 1 AsylVfNG.
[12] Vgl. § 14 idF des Art. 5 Abschnitt A Nr. 1 AsylVfNG.
[13] → AsylVfG § 19 Rn. 6.

7 AsylG § 87a

(→ Rn. 7). Für die derart weit geförderten Verfahren beträgt die Klagefrist weiterhin einen Monat[14] und bleibt primär das VG des mit Zustimmung der Ausländerbehörde innegehabten Wohnsitzes zuständig[15].

10 Die Übergangsvorschrift des Abs. 2 Nr. 1 ist va wegen der Abfassung der **Rechtsmittelbelehrung** wichtig, die sowohl die zutreffende Frist als auch das zuständige VG angeben muss (§ 58 I VwGO); sonst läuft die Jahresfrist des § 58 II VwGO. Neue Frist- und Zuständigkeitsbestimmungen konnte das BAFl in den vor Inkrafttreten des AsylVfNG ergangenen und abgefassten Bescheiden aber nur bis zur Absendung an die Ausländerbehörde bzw. den Asylbewerber berücksichtigen.

2. Rechtsbehelfe

11 Die Maßgeblichkeit **alten Rechts** für die Zulässigkeit von Rechtsbehelfen (Widerspruch, Klage oder Antrag auf vorläufigen Rechtsschutz) hängt vom Zeitpunkt der Bekanntgabe des Verwaltungsakts, insbesondere dessen Zustellung ab. Falls eine Zustellung nicht vorgeschrieben oder nicht erfolgt ist, kommt es auf die tatsächliche Mitteilung an. Insoweit ist nicht die Absendung bei der Behörde entscheidend, sondern der Zugang bei den Adressaten. Bei unterschiedlichen Zeitpunkten ist auf die Bekanntgabe an den Rechtsbehelfsführer abzustellen.

12 Zu **Unklarheiten** kann es kommen, wenn der VA vor dem 1.7.1992 abgesandt wurde, aber erst am 1.7.1992 oder später dem Adressaten bekannt wurde. In diesen Fällen wird idR die Rechtsmittelbelehrung unzutreffend sein mit der Folge des § 58 II VwGO[16]. Dieser Fehler kann (vor Eintritt der Bestandskraft) durch vollständige Aufhebung des Bescheids und dessen erneuten Erlass mit ordnungsgemäßer Rechtsmittelbelehrung oder durch Bekanntgabe einer geänderten Rechtsmittelbelehrung korrigiert werden. Im ersten Fall kommt allerdings in vollem Umfang neues Recht zur Anwendung, also auch hinsichtlich der Behördenzuständigkeit.

3. Rechtsmittel

13 Die Überleitung hinsichtlich der **Zulässigkeit** von Rechtsmitteln gegen Gerichtsentscheidungen (Berufung, Revision, Beschwerde, Nichtzulassungsbeschwerde, Berufungszulassungsantrag) ist verfassungskonform[17]. Maßgeblich sind je nach Art der Bekanntmachung[18] der Zeitpunkt der Verkündung oder der der Zustellung. Auch insoweit konnte es bei Absendung vor und Zustellung nach dem 1.7.1992 zu Unstimmigkeiten in der Rechtsmittelbelehrung kommen[19].

4. Aufschiebende Wirkung

14 Für die aufschiebende Wirkung eines Rechtsbehelfs ist dessen **Eingang bei Gericht** maßgeblich, nicht etwa der Ablauf der Rechtsmittelfrist.

5. Fiktive Verfahrenserledigung

15 Für die Erledigung nach § 33 AsylVfG 1982 kommt es auf den Zeitpunkt des Erlasses der **Aufforderung zum Weiterbetreiben** des Verfahrens an. Erlassen ist die Aufforderung mit Absendung, nicht erst mit dem Zugang. Falls insoweit Zweifel aufkommen, kann die Aufforderung aufgehoben und sodann nach neuem Recht wiederholt werden.

§ 87a Übergangsvorschriften aus Anlass der am 1. Juli 1993 in Kraft getretenen Änderungen

(1) ¹Soweit in den folgenden Vorschriften nicht etwas anderes bestimmt ist, gelten die Vorschriften dieses Gesetzes mit Ausnahme der §§ 26a und 34a auch für Ausländer, die vor dem 1. Juli 1993 einen Asylantrag gestellt haben. ²Auf Ausländer, die aus einem Mitgliedstaat der Europäischen Gemeinschaften oder aus einem in der Anlage I bezeichneten Staat eingereist sind, finden die §§ 27, 29 Abs. 1 und 2 entsprechende Anwendung.

(2) Für das Verwaltungsverfahren gelten folgende Übergangsvorschriften:
1. § 10 Abs. 2 Satz 2 und 3, Abs. 3 und 4 findet Anwendung, wenn der Ausländer insoweit ergänzend schriftlich belehrt worden ist.
2. § 33 Abs. 2 gilt nur für Ausländer, die nach dem 1. Juli 1993 in ihren Herkunftsstaat ausreisen.

---

[14] § 124 VwGO; → AsylVfG 1982 § 30 Rn. 46.
[15] § 52 Nr. 2 VwGO aF; → AsylVfG § 30 Rn. 25–27.
[16] → Rn. 10.
[17] Vgl. BVerfG Beschl. v. 12.7.1983 – 1 BvR 1470/82, BVerfGE 65, 76.
[18] Vgl. § 116 VwGO.
[19] → Rn. 10.

3. Für Folgeanträge, die vor dem 1. Juli 1993 gestellt worden sind, gelten die Vorschriften der §§ 71 und 87 Abs. 1 Nr. 2 in der bis zu diesem Zeitpunkt geltenden Fassung.

(3) Für die Rechtsbehelfe und das gerichtliche Verfahren gelten folgende Übergangsvorschriften:
1. Die Zulässigkeit eines Rechtsbehelfs gegen einen Verwaltungsakt richtet sich nach dem bis zum 1. Juli 1993 geltenden Recht, wenn der Verwaltungsakt vor diesem Zeitpunkt bekannt gegeben worden ist.
2. Die Zulässigkeit eines Rechtsbehelfs gegen eine gerichtliche Entscheidung richtet sich nach dem bis zum 1. Juli 1993 geltenden Recht, wenn die Entscheidung vor diesem Zeitpunkt verkündet oder von Amts wegen anstelle einer Verkündung zugestellt worden ist.
3. § 76 Abs. 4 findet auf Verfahren, die vor dem 1. Juli 1993 anhängig geworden sind, keine Anwendung.
4. Die Wirksamkeit einer vor dem 1. Juli 1993 bereits erfolgten Übertragung auf den Einzelrichter bleibt von § 76 Abs. 5 unberührt.
5. § 83 Abs. 1 ist bis zum 31. Dezember 1993 nicht anzuwenden.

I. Entstehungsgeschichte

Die Vorschrift, die im **Gesetzesentwurf 1993**[1] nicht enthalten war, wurde auf Empfehlung des Bundestag-Innenausschusses[2] eingefügt. Die RLUmsG 2007 und 2011 und 2013 sowie die Asylpakete und das IntG 2016 haben keine Änderungen vorgenommen.   1

II. Allgemeines

Durch die Einfügung besonderer Übergangsvorschriften aus Anlass der am 1.7.1993 in Kraft getretenen Änderungen[3] hat der Gesetzgeber zu erkennen gegeben, dass sich die Regelungen des § 87 lediglich auf die ursprüngliche Fassung des Gesetzes beziehen, also **statisch** und nicht dynamisch wirken sollen. Dies wird durch die Einfügung des § 87b zum 1.1.2005 bestätigt. Aus demselben Grund sind auch die Bestimmungen des § 87a nicht auf die Änderungen durch das **ZuwG** anwendbar.   2

Grundsätzlich sollen die neuen Vorschriften auch auf alle Ausländer angewendet werden, die vor dem 1.7.1993 Asyl beantragt haben. Einzelne Ausnahmen sind für Drittstaatenklausel, Verwaltungs- und Gerichtsverfahren vorgesehen.   3

III. Drittstaatenklausel

Die Vorschriften der §§ 26a, 34a über sichere Drittstaaten sollen nur auf solche Ausländer angewendet werden, die seit dem 1.7.1993 Asyl beantragt haben. Da auch **andere Vorschriften** Regeln über Asylbewerber enthalten, die aus sicheren Drittstaaten einreisen wollen oder eingereist sind, ist deren Anwendbarkeit zu klären. Art. 16a II GG, mit dem das Asylrecht für aus sicheren Drittstaaten einreisende Ausländer unmittelbar ausgeschlossen ist, ist bereits am 30.6.1993 in Kraft getreten[4]. Damit fehlt es seit diesem Zeitpunkt an einer verfassungsrechtlichen Grundlage für ein Asylrecht, wenn ein Ausländer aus einem EU-Mitgliedstaat einreist; dasselbe gilt von Verfassungs wegen seit 1.7.1993 für aus Staaten der Anlage I einreisende Ausländer.   4

Der Ausschluss der Anwenung der §§ 26a, 34a auf vor dem 1.7.1993 gestellte Asylanträge beruht auf der weitgehenden **Unmöglichkeit der Überstellung** dieser Personen in einen Drittstaat und der daraus resultierenden praktischen Bedeutungslosigkeit der Einbeziehung derartiger Altfälle[5]. Damit sind aber auch alle **sonstigen Vorschriften** für Altfälle **suspendiert,** denen die Regeln der §§ 26a, 34a zugrunde liegen, nämlich: §§ 18 III iVm II Nr. 1, 31 I 3, IV, 40 III, 55 I 3, 71 VI 2. Dagegen kann § 18 II Nr. 1, IV ohnehin nur bei Einreiseversuchen ab 1.7.1993 eingreifen.   5

Ausgenommen sind Ausländer, die vor dem 1.7.1993 aus einem EU-Mitgliedstaat oder einem Staat der Anlage I eingereist sind. Sie werden entsprechend § 27 I nicht als Asylberechtigte anerkannt und ihr Asylantrag ist unbeachtlich mit der Folge, dass sie, wenn möglich binnen drei Monaten in den letzten Durchreisestaat abgeschoben werden (§ 29 entsprechend). Ist ihre Rückübernahme nicht gesichert ist und in diesem Zeitraum nicht durchführbar, ist das Asylverfahren beim BAMF fortzuführen.   6

---

[1] Vgl. BT-Drs. 12/4450.
[2] BT-Drs. 12/4450, 26 f.
[3] Art. 9 AsylVfÄndG 1993; → Vorb. Rn. 15.
[4] → Vorb. Rn. 18.
[5] Bundestag-Innenausschuss, BT-Drs. 12/4984, 49.

IV. Verwaltungsverfahren

7   Die Anwendung der neuen **Zustellungsvorschriften** des § 10 II 2 und 3, III, IV setzt eine ergänzende Belehrung des Ausländers voraus. Die **Rücknahmefiktion** des §§ 33 II gilt nur bei Reisen in den Herkunftsstaat nach dem 1.7.1993. Für vor dem 1.7.1993 gestellte **Folgeanträge** bleibt es bei den Vorschriften der §§ 71, 87 I Nr. 2 aF.

V. Gerichtsverfahren

8   Die **Zulässigkeit** von Rechtsbehelfen und Rechtsmitteln ist ebenso geregelt wie in § 87 II Nr. 2 und 3. Unberührt bleiben die bisherigen Zuständigkeiten für Eilverfahren (§ 76 IV) und Übertragungen auf den Einzelrichter bei **Probrichtern** in den ersten sechs Monaten. Schließlich gilt der Konzentrationszwang (§ 83 I) erst ab 1.1.1994.

§ 87b Übergangsvorschrift aus Anlass der am 1. September 2004 in Kraft getretenen Änderungen

In gerichtlichen Verfahren nach diesem Gesetz, die vor dem 1. September 2004 anhängig geworden sind, gilt § 6 in der vor diesem Zeitpunkt geltenden Fassung weiter.

I. Entstehungsgeschichte

1   Die Vorschrift wurde entsprechend dem **Gesetzentwurf**[1] eingefügt. Die RLUmsG 2007 und 2011 und 2013 sowie die Asylpakete und das IntG 2016 haben keine Änderungen vorgenommen.

II. Übergangsregelung für Gerichtsverfahren

2   Von der **Abschaffung des BB** zum 1.9.2004 sind die damals anhängigen Verfahren in besonderer Weise betroffen. An nach diesem Zeitpunkt eingeleiteten Verfahren kann er nicht mehr teilnehmen. An den damals anhängigen Verwaltungsverfahren hätte er weiterhin beteiligt bleiben können, wenn der Gesetzgeber dies angeordnet hätte. Der Gesetzgeber wollte aber nicht die Verfahren vor dem BAMF, sondern nur die **damals bereits anhängigen Gerichtsverfahren** unter Beteiligung des BB fortführen lassen.

3   Unter **gerichtlichen Verfahren** ist hier dasselbe zu verstehen wie in §§ 74, 76, 78 und 80, also alle Verfahren gegen Maßnahmen aufgrund des AsylG[2].

4   **Betroffen** sind nicht die Verfahren, die erst nach Ende August 2004 bei Gericht eingehen. Dabei kommt es nicht darauf an, ob mit diesen Klagen und Anträgen die gesetzlich bestimmten Fristen eingehalten sind oder nicht. Es ist auch unerheblich, wer den Rechtsbehelf eingelegt hat. Auch wenn der Asylbewerber sich gegen einen Bescheid des BAMF wendet, ist dieses Verfahren erfasst und der BB an dem Verfahren beteiligt.

§ 87c Übergangsvorschriften aus Anlass der am 6. August 2016 in Kraft getretenen Änderungen

(1) ¹Eine vor dem 6. August 2016 erworbene Aufenthaltsgestattung gilt ab dem Zeitpunkt ihrer Entstehung fort. ²Sie kann insbesondere durch eine Bescheinigung nach § 63 nachgewiesen werden. ³§ 67 bleibt unberührt.

(2) Der Aufenthalt eines Ausländers, der vor dem 5. Februar 2016 im Bundesgebiet um Asyl nachgesucht hat, gilt ab dem Zeitpunkt der Aufnahme in der für ihn zuständigen Aufnahmeeinrichtung oder, sofern sich dieser Zeitpunkt nicht bestimmen lässt, ab dem 5. Februar 2016 als gestattet.

(3) Der Aufenthalt eines Ausländers, dem bis zum 6. August 2016 ein Ankunftsnachweis ausgestellt worden ist, gilt ab dem Zeitpunkt der Ausstellung als gestattet.

(4) ¹Der Aufenthalt eines Ausländers, der nach dem 4. Februar 2016 und vor dem 1. November 2016 um Asyl nachgesucht hat und dem aus Gründen, die er nicht zu vertreten hat, nicht unverzüglich ein Ankunftsnachweis ausgestellt worden ist, gilt mit Ablauf von zwei Wochen nach dem Zeitpunkt, in dem er um Asyl nachgesucht hat, als gestattet. ²Die fehlende Ausstellung des Ankunftsnachweises nach Satz 1 hat der Ausländer insbesondere dann nicht zu vertreten, wenn in der für die Ausstellung seines Ankunftsnachweises zustän-

---

[1] BT-Drs 15/420, 4.
[2] Näher dazu → § 80 Rn. 2 mwN.

digen Stelle die technischen Voraussetzungen für die Ausstellung von Ankunftsnachweisen nicht vorgelegen haben.

(5) Die Absätze 2 bis 4 finden keine Anwendung, wenn der Ausländer einen vor dem 6. August 2016 liegenden Termin zur Stellung des Asylantrags nach § 23 Absatz 1 aus Gründen, die er zu vertreten hat, nicht wahrgenommen hat.

(6) Ergeben sich aus der Anwendung der Absätze 1 bis 4 unterschiedliche Zeitpunkte, so ist der früheste Zeitpunkt maßgeblich.

I. Entstehungsgeschichte

Die Vorschrift wurde durch Art. 6 Nr. 21 des **Integrationsgesetzes 2016** mWz 6.8.2016 in das AsylG eingefügt. 1

II. Übergangsregelungen

Der Gesetzgeber kommentierte die neue Norm wie folgt[1]: „Die Übergangsvorschrift in einem 2 neuen § 87c AsylG ergänzt die Regelung zum Entstehen der Aufenthaltsgestattung in Anknüpfung an den Ankunftsnachweis in § 55 AsylG. Dadurch wird insbesondere **Rechtssicherheit** für diejenigen geschaffen, die vor Inkrafttreten der Neuregelung in Deutschland um Asyl nachgesucht haben."

In **Abs. 1** wird zunächst klargestellt, dass **vor Inkrafttreten der Neuregelung entstandene Aufenthaltsgestattungen** fortbestehen (S. 1), sofern sie nicht wieder erloschen sind (S. 3). Das Entstehen der Aufenthaltsgestattung kann insbesondere durch die Bescheinigung über die Aufenthaltsgestattung oder durch andere Nachweise belegt werden. Sollte sich nachträglich herausstellen, dass die Voraussetzungen für das Entstehen der Aufenthaltsgestattung nicht vorgelegen haben, kommt der Ausstellung einer Bescheinigung über die Aufenthaltsgestattung nicht nur deklaratorische, sondern konstitutive Wirkung zu (S. 2).

Abs. 2 regelt, dass der Aufenthalt von Personen, die vor dem Datum des Inkrafttretens des 3 1. **DatenaustauschverbesserungsG** 2016 um Asyl nachgesucht haben, ab dem Tag der Aufnahme in der zuständigen Aufnahmeeinrichtung als gestattet gilt. Dieser Anknüpfungspunkt wurde gewählt, da der mit dem 1. DatenaustauschverbesserungsG eingeführte Ankunftsnachweis grundsätzlich nach Erreichen der zuständigen Aufnahmeeinrichtung ausgestellt wird (§ 63a Abs. 4). Durch das Abstellen auf die Aufnahme in die zuständige Aufnahmeeinrichtung werden Ausländer, die vor dem Inkrafttreten des 1. DatenaustauschverbesserungsG um Asyl nachgesucht haben, daher so weit wie möglich denjenigen gleichgestellt, die ein Asylgesuch nach dem Inkrafttreten des 1. DatenaustauschverbesserungsG geäußert haben. Für den Fall, dass sich der Zeitpunkt der Aufnahme in der Aufnahmeeinrichtung nicht bestimmen lässt, gilt der Aufenthalt ab dem Tag des Inkrafttretens des 1. DatenaustauschverbesserungsG am 5.2.2016 als gestattet.

Abs. 3 ist für diejenigen Personen relevant, denen vor Inkrafttreten der Neuregelung nach Art. 6 4 Nr. 18 (§ 55 nF) ein Ankunftsnachweis ausgestellt worden ist. Ihr Aufenthalt gilt ab Ausstellung des Ankunftsnachweises als gestattet. Diese Personen werden grundsätzlich mit denen gleichgestellt, denen nach Inkrafttreten der Neuregelung nach Art. 6 Nr. 18 ein Ankunftsnachweis ausgestellt wird.

Abs. 4 trägt dem Umstand Rechnung, dass sich die **Ausstellung eines Ankunftsnachweises** aus 5 Gründen, die der Ausländer nicht zu vertreten hat, **verzögern kann**, insbesondere weil in der für die Ausstellung des Ankunftsnachweises jeweils zuständige Stelle die technischen Voraussetzungen für die Ausstellung von Ankunftsnachweisen noch nicht geschaffen worden sind. Dies soll nicht zu ihren oder seinen Lasten gehen, sodass sie oder er nach Ablauf einer angemessenen Zeit nach Äußerung des Asylgesuchs (zwei Wochen) in diesen Fällen so gestellt wird, als habe sie oder er einen Ankunftsnachweis erhalten und die Aufenthaltsgestattung erworben. Anhand des gegenwärtigen Stands der Implementierung des integrierten Identitätsmanagements und der Nacherfassung von Asylsuchenden, die noch keinen förmlichen Asylantrag gestellt haben, wird davon ausgegangen, dass spätestens mit Ablauf des Oktober 2016 in jedem Fall in einem engen zeitlichen Zusammenhang zur Äußerung des Asylgesuchs auch die Ausstellung eines Ankunftsnachweises in allen Erstaufnahmeeinrichtungen und Außenstellen des BAMF möglich ist. Deshalb soll die Regelung nur auf Personen Anwendung finden, die bis zum 1.11.2016 ein Asylgesuch geäußert haben. Die Äußerung des Asylgesuchs wird im AZR gespeichert (§ 3 I Nr. 3 iVm § 2 I a Nr. 2 AZRG).

Abs. 5 enthält eine Sonderregelung für diejenigen, die einen **Termin zur Asylbeantragung** aus 6 Gründen, die sie zu vertreten haben, **nicht wahrgenommen haben.** Für sie würde zwar regelmäßig auch der Erlöschenstatbestand in § 67 I 1 Nr. 2 iVm S. 2 greifen. Es erscheint jedoch sachgerecht, wenn in Fällen, in denen der Ausländer sein Asylverfahren nicht betreibt, die Aufenthaltsgestattung gar nicht erst entsteht. Dies berührt nicht die Fälle, in denen die Aufenthaltsgestattung bereits nach der vor Inkrafttreten der Neuregelung nach Art. 6 Nr. 18 (§ 55 nF) geltenden Rechtslage entstanden ist. Daher bezieht Abs. 5 sich nicht auf Abs. 1.

---

[1] BT-Drs 18/8615, 54 f.

7 Abs. 6 trägt dem Umstand Rechnung, dass die **Abs. 1–4** sich in ihrem Anwendungsbereich überschneiden und dass sie unterschiedliche Anknüpfungstatbestände für das Entstehen der Aufenthaltsgestattung enthalten, sodass sich aus ihnen zwei oder mehr unterschiedliche Zeitpunkte für das Entstehen der Aufenthaltsgestattung ergeben können. Da die Regelungen in den Abs. 1–4 begünstigenden Charakter haben, wird in diesem Fall auf den für den Ausländer günstigsten, dh frühesten Zeitpunkt abgestellt.

§ 88 Verordnungsermächtigungen

(1) **Das Bundesministerium des Innern, für Bau und Heimat kann durch Rechtsverordnung mit Zustimmung des Bundesrates die zuständigen Behörden für die Ausführung von Rechtsvorschriften der Europäischen Gemeinschaft und völkerrechtlichen Verträgen über die Zuständigkeit für die Durchführung von Asylverfahren bestimmen, insbesondere für**
1. **Auf- und Wiederaufnahmeersuchen an andere Staaten,**
2. **Entscheidungen über Auf- und Wiederaufnahmeersuchen anderer Staaten,**
3. **den Informationsaustausch mit anderen Staaten und der Europäischen Gemeinschaft sowie Mitteilungen an die betroffenen Ausländer und**
4. **die Erfassung, Übermittlung und den Vergleich von Fingerabdrücken der betroffenen Ausländer.**

(2) **Das Bundesministerium des Innern, für Bau und Heimat wird ermächtigt, durch Rechtsverordnung mit Zustimmung des Bundesrates Vordruckmuster und Ausstellungsmodalitäten sowie die Regelungen für die Qualitätssicherung der erkennungsdienstlichen Behandlung und die Übernahme von Daten aus erkennungsdienstlichen Behandlungen für die Bescheinigungen nach den §§ 63 und 63a festzulegen.**

(3) **Die Landesregierung kann durch Rechtsverordnung Aufgaben der Aufnahmeeinrichtung auf andere Stellen des Landes übertragen.**

I. Entstehungsgeschichte

1 Die Vorschrift hat kein Vorbild im AsylVfG 1982. Sie entspricht mit Abs. 2 dem **Gesetzesentwurf 1992**[1]. Zum 1.7.1993 wurde Abs. 1 entsprechend dem Gesetzesentwurf 1993[2] eingefügt (Art. 1 Nr. 51 AsylVfÄndG 1993). Seit 1.1.2002 ist Abs. 1 um die EG-Vorschriften und die Fingerabdruckdaten ergänzt[3]. Die Ermächtigung in Abs. 2 wurde aufgrund des Vermittlungsverfahrens zum ZuwG eingefügt[4]. Das **RLUmsG 2007** hat **Abs. 1** neu gefasst (bisher: „(1) Das Bundesministerium des Innern bestimmt durch Rechtsverordnung mit Zustimmung des Bundesrates die zuständigen Behörden für die Ausführung völkerrechtlicher Verträge und die von den EG erlassenen Rechtsvorschriften über die Zuständigkeit für die Durchführung von Asylverfahren hinsichtlich 1. der Übermittlung eines Ersuchens an einen anderen Vertragsstaat, einen Ausländer zur Behandlung des Asylbegehrens zu übernehmen, 2. der Entscheidung über das Ersuchen eines anderen Vertragsstaates, einen Ausländer zur Behandlung des Asylbegehrens zu übernehmen, 3. der Übermittlung eines Rückübernahmeantrages an einen anderen Vertragsstaat, 4. der Entscheidung über einen Rückübernahmeantrag eines anderen Vertragsstaates und 5. des Informationsaustausches und der Erfassung, Übermittlung und dem Vergleich von Fingerabdruckdaten."). Der Gesetzgeber begründete dies wie folgt[5]: „Absatz 1 ist nunmehr als optionale Regelung formuliert. Das Bundesministerium des Innern muss die für die Durchführung des Dubliner Übereinkommens und vergleichbarer Rechtsinstrumente zuständiger Behörden nicht mehr notwendigerweise durch Rechtsverordnung bestimmen. Die übrigen Änderungen in Absatz 1 ersetzen die noch auf dem Text des Schengener Durchführungsabkommens basierenden Begriffe durch die der Verordnung EG Nr. 343/2003. Ferner werden die bisherigen Nummern 1 und 3 sowie 2 und 4 in jeweils einem Satz unter den Nummern 1 und 2 zusammengefasst. Der Regelungskatalog wird um die mit der Verordnung EG Nr. 343/2003 notwendig gewordenen Mitteilungen an den Ausländer in Nummer 3 ergänzt. Nummer 4 entspricht der bisherigen Regelung der Nummer 5."

Seit **Abschaffung der EG** durch den Lissabon-Vertrag zum 1.12.2009 ist mit „Europäischer Gemeinschaft" deren Rechtsnachfolgerin Europäische Union gemeint (vgl. Art. 1 III EUV). Das RLUmsG 2011 und das RLUmsG 2013 haben keine Änderungen vorgenommen. Das **AsylVfBeschlG 2015** ergänzte mWz 24.10.2015 in Abs. 2 den bisherigen Verweis nur auf Bescheinigungen nach § 63 nun auch um solche nach § 63a, dh bzgl. der BüMA[6]. Das 1. **Datenaustausch-**

---

[1] Vgl. § 86, BT-Drs. 12/2062, 21.
[2] BT-Drs. 12/4450, 10.
[3] Art. 12 Nr. 3 TerrbG.
[4] BT-Drs. 15/3479, 14 f.; Art. 3 Nr. 49 ZuwG.
[5] BT-Drs. 16/5065, 220.
[6] Vgl. hierzu die Kommentierung bei § 63a.

verbesserungsG 2016 fügte mWz 5.2.2016 in **Abs. 2** nach „Ausstellungsmodalitäten" noch ein „sowie die Regelungen für die Qualitätssicherung der erkennungsdienstlichen Behandlung und die Übernahme von Daten aus erkennungsdienstlichen Behandlungen". Der Gesetzgeber begründete dies wie folgt[7]: „Mit der Einfügung soll der Verordnungsgeber ermächtigt werden, auch Regelungen für die Qualitätssicherung der erkennungsdienstlichen Behandlung für die den Ankunftsnachweis ausstellenden Behörden zu regeln. Um dauerhaft eine hohe Datenqualität im Ausländerzentralregister zu gewährleisten, sind technische und organisatorische Anforderungen an die durch die Aufnahmeeinrichtungen und die Außenstellen des BAMF bei der Ausstellung des Ankunftsnachweises erhobenen Daten notwendig."

II. Zuständigkeiten

Die **Ermächtigungen** betreffen nicht nur die Ausführung völkerrechtlicher Verträge, sondern 2 (bereits seit 1.1.2002) auch das gesamte gemeinschaftsrechtliche Sekundärrecht mit dem jeweils aktuellen Inhalt. Damit können auch die für die Ausführung der EURODAC-VO zuständigen Stellen bestimmt werden und ebenso die notwendigen Zuständigkeiten iRd Umsetzung der EU-Asylverfahrens-RL[8].

Durch VO über die Zuständigkeit für die **Ausführung des DÜ** vom 4.12.1997 (BGBl. I S. 2852) – 3 AsylZBV – wurden die Zuständigkeit des BAMF und der Grenzbehörden im Einzelnen bestimmt. Diese VO ist seit 1.12.1997 in Kraft. Gleichzeitig trat die AsylZBV v. 26.11.1993 (BGBl. I S. 1914) außer Kraft, mit der die Zuständigkeit bei Ausführung des SDÜ geregelt waren. Das DÜ wurde von der **Dublin** II-VO 343/2003/EG abgelöst[9], weswegen § 88 anzupassen war. Zwischenzeitlich hat die Dublin III-VO 604/2013/EU die Dublin II-VO ersetzt.

III. Aufgabenübertragung

Die Ermächtigung des BMI in Abs. 2 soll einheitliche Muster für die Aufenthaltsgestattung und den 4 Ankunftsnachweis – auch **qualitätssichernd** (→ Rn. 1) – ermöglichen. Ermächtigung zur Verteilung von Aufgaben der Aufnahmeeinrichtung auf andere Landesstellen nach Abs. 3 soll es den Ländern ermöglichen, **besonderen örtlichen Verhältnissen** Rechnung zu tragen.

§ 88a Bestimmungen zum Verwaltungsverfahren

Von der in § 60 getroffenen Regelung kann durch Landesrecht nicht abgewichen werden.

I. Entstehungsgeschichte

Die Vorschrift wurde durch Art. 2 Nr. 9 des **Gesetzes[1] vom 23.12.2014** (BGBl. I S. 2439) mWz 1 1.1.2015 in das AsylVfG eingefügt. In der Gesetzesbegründung[2] heißt es hierzu ausführlich: „§ 88a bestimmt im Interesse der gleichmäßigen Verteilung der Sozialkosten, dass die Länder von den Bestimmungen zur Anordnung einer Wohnsitzauflage nicht abweichen können. Eine Abweichung von § 60 Absatz 1 AsylVG-E soll nicht möglich sein, damit für Asylbewerber, die einer Verteilentscheidung unterliegen, eine Wohnsitzauflage angeordnet wird. Daneben soll eine Abweichung von § 60 Absatz 1 AsylVG-E auch deshalb nicht möglich sein, damit nur bei Asylbewerbern, deren Lebensunterhalt nicht gesichert ist, eine Auflage nach dieser Vorschrift ergehen kann. Aus diesem Grund soll auch eine Abweichung von § 60 Absatz 2 AsylVG-E nicht möglich sein. Eine Abweichung von Absatz 3 soll nicht möglich sein, damit nicht unterschiedliche Behörden für die Entscheidung über die Verteilung und die Erteilung der Wohnsitzauflage zuständig sein können."

II. Allgemeines

Durch Einfügung dieser Spezialbestimmung zu § 60 macht der Gesetzgeber unmissverständlich 2 deutlich, dass das neue Regime der Wohnsitzauflage insbesondere im Interesse der gleichmäßigen Verteilung der Sozialkosten unbedingt genauso und bundesweit einheitlich gelten soll. Den Ländern wird insoweit mithin keinerlei legislativer Regelungsspielraum eingeräumt.

---

[7] BT-Drs. 18/7043, 41.
[8] Dazu → GG Art. 16a Rn. 131 ff.
[9] Bei → § 34a Rn. 1 ff.
[1] Gesetz zur Verbesserung der Rechtsstellung von asylsuchenden und geduldeten Ausländern.
[2] BR-Drs. 506/14, 14.

§ 89 Einschränkung von Grundrechten

(1) Die Grundrechte der körperlichen Unversehrtheit (Artikel 2 Abs. 2 Satz 1 des Grundgesetzes) und der Freiheit der Person (Artikel 2 Abs. 2 Satz 2 des Grundgesetzes) werden nach Maßgabe dieses Gesetzes eingeschränkt.

(2) Das Verfahren bei Freiheitsentziehungen richtet sich nach Buch 7 des Gesetzes über das Verfahren in Familiensachen und in den Angelegenheiten der freiwilligen Gerichtsbarkeit.

I. Entstehungsgeschichte/Europarecht

1   Die Vorschrift entspricht dem **Gesetzesentwurf 1992**[1]. Sie ist ähnlich gestaltet wie § 37 AsylVfG 1982. Die RLUmsG 2007 und 2011 und 2013 haben keine Änderungen vorgenommen. Auf **freizügigkeitsberechtigte** Unionsbürger und EWR-Angehörige sowie ihre Familienangehörige findet § 89 keine Anwendung. Sobald ein Asylbewerber bzw. sein Kind insbesondere aufgrund Eheschließung mit oder familiärer Zugehörigkeit zu einem Unionsbürger ebenfalls freizügigkeitsberechtigt wird, wird § 89 unanwendbar.

II. Einschränkung von Grundrechten

2   Die Vorschrift soll dem **Zitiergebot** des Art. 19 I 2 GG Genüge tun. Asylbewerber stehen wie alle Ausländer unter dem Schutz der Grundrechte, soweit diese nicht ausdrücklich Deutschen vorbehalten sind (zB Art. 1 I – Menschenwürde –, Art. 2 I, II – Handlungsfreiheit ua, Art. 3 I–III – Gleichheitssatz ua, Art. 4 I–III – Religionsfreiheit ua, Art. 5 I–III – Meinungsfreiheit ua, Art. 6 I–V – Familienschutz ua, Art. 19 IV – Rechtsschutzgarantie, Art. 103 I–III – rechtliches Gehör ua, Art. 104 I–IV GG – Schutz gegen Freiheitsentziehungen ua). Durch einzelne Bestimmungen des AsylG wird zT auch der Schutzbereich dieser Grundrechte berührt, etwa durch Aufenthaltsbeschränkungen oder Gemeinschaftsunterbringung.

3   Der Umstand, dass diese Grundrechte nicht als eingeschränkt bezeichnet sind, führt indes **nicht** zur **Verfassungswidrigkeit** der betreffenden Bestimmungen. Das Zitiergebot entfaltet eigentlich nur psychologische Wirkungen, indem es den Gesetzgeber auf die Tragweite von Grundrechtsbeschränkungen aufmerksam macht. Es kommt nur zum Tragen, wenn das Grundrecht aufgrund eines speziellen grundgesetzlich vorgesehenen Gesetzesvorbehalts über die im Grundrecht selbst angelegten Grenzen hinaus eingeschränkt werden soll; es gilt nicht, wenn der Gesetzgeber ihm obliegende Regelungsaufträge, Inhaltsbestimmungen oder Schrankenziehungen vornimmt. Deshalb sind zu Recht lediglich Art. 2 II 1 und 2 GG genannt, in deren Schutzbereich nur aufgrund eines Gesetzes eingegriffen werden darf (Art. 2 II 3 GG) und die durch erkennungsdienstliche Maßnahmen nach § 13 und die Haftvorschrift des § 59 II tangiert werden.

III. Freiheitsentziehung

4   Für das Verfahren der Inhaftierung nach § 59 II sind[2] die **Vorschriften des FEVG** maßgeblich[3].

§ 90 Ermächtigung zur vorübergehenden Ausübung von Heilkunde (außer Kraft)

(1) Stehen für die ärztliche Versorgung von Asylbegehrenden in Aufnahmeeinrichtungen nach § 44 oder Gemeinschaftsunterkünften nach § 53 Ärzte, die über eine Approbation oder Berufserlaubnis nach der Bundesärzteordnung verfügen, nicht in ausreichender Zahl zur Verfügung und ist hierdurch die Sicherstellung der ärztlichen Versorgung der Asylbegehrenden gefährdet, können Asylbegehrende, die über eine abgeschlossene Ausbildung als Arzt verfügen, auf Antrag vorübergehend zur Ausübung von Heilkunde in diesen Einrichtungen ermächtigt werden, um Ärzte bei der medizinischen Versorgung der Asylbegehrenden zu unterstützen.

(2) Für die Ermächtigung nach Absatz 1 gelten die folgenden Beschränkungen:
1. die Tätigkeit erfolgt unter der Verantwortung eines Arztes;
2. die Berufsbezeichnung „Ärztin" oder „Arzt" darf nicht geführt werden;
3. die Behandlungserlaubnis erstreckt sich nur auf Asylbegehrende in Aufnahmeeinrichtungen nach § 44 oder Gemeinschaftsunterkünften nach § 53;
4. eine sprachliche Verständigung der ermächtigten Personen mit den zu behandelnden Asylbegehrenden muss sichergestellt sein.

---

[1] Vgl. § 87, BT-Drs. 12/2062, 21.
[2] Wie für die Abschiebungshaft nach § 62 AufenthG.
[3] → § 59 Rn. 11; → AufenthG § 62 Rn. 18.

Ermächtigung zur vorübergehenden Ausübung von Heilkunde § 90 AsylG 7

(3) ¹Die Ermächtigung nach Absatz 1 wird befristet erteilt. ²Sie kann jederzeit widerrufen werden, wenn die Voraussetzungen nach Absatz 1 nicht mehr gegeben sind oder berechtigte Zweifel an der Qualifikation als Arzt erkennbar werden.

(4) ¹Die Erteilung der Ermächtigung nach Absatz 1 setzt voraus, dass
1. *der Antragsteller seine Qualifikation als Arzt glaubhaft macht und*
2. *ihm eine Approbation oder Berufserlaubnis nach § 3 oder § 10 der Bundesärzteordnung nicht erteilt werden kann, weil die erforderlichen Unterlagen und Nachweise aus Gründen, die nicht in der Person des Antragstellers liegen, nicht vorgelegt werden können.*

²Zur Glaubhaftmachung nach Satz 1 Nummer 1 hat der Antragsteller eidesstattlich zu versichern, dass er über eine abgeschlossene Ausbildung als Arzt verfügt und in einem Fachgespräch mit einem von der zuständigen Behörde beauftragten Arzt seinen Ausbildungsweg sowie seine ärztliche Kompetenz nachzuweisen.

(5) Ein späteres Approbationsverfahren nach § 3 der Bundesärzteordnung oder Verfahren auf Erteilung einer Berufserlaubnis nach § 10 der Bundesärzteordnung bleibt von der Ermächtigung zur vorübergehenden Ausübung von Heilkunde nach Absatz 1 unberührt.

(6) Das Verfahren zur Erteilung der Ermächtigung nach den Absätzen 1 bis 5 führt die zuständige Behörde des Landes durch, in dem der ärztliche Beruf ausgeübt werden soll, oder die Stelle, die nach § 12 Absatz 3 Satz 2 der Bundesärzteordnung vereinbart wurde.

(7) § 61 Absatz 1 wird von der Ermächtigung nach Absatz 1 nicht berührt.

(8) Diese Regelung tritt am 24. Oktober 2017 außer Kraft.

I. Entstehungsgeschichte

Die Vorschrift wurde durch das **AsylVfBeschlG 2015** zum 24.10.2015 in das AsylG eingefügt 1 und fiel am 24.10.2017 weg. Der **Gesetzgeber** begründete die Regelung wie folgt[1]: „Nach geltendem Recht sind die Ausübung von Heilkunde und das Führen der Berufsbezeichnung **„Arzt"** an eine ärztliche Approbation oder die vorübergehende Erlaubnis zur Ausübung des Berufs geknüpft. Deren Erteilung setzt eine abgeschlossene ärztliche Ausbildung voraus, die der deutschen Ausbildung gleichwertig ist. Dies ist nachzuweisen. Kann der Nachweis nicht erbracht werden, sind Ausgleichsmaßnahmen in Form einer Kenntnisprüfung erforderlich. Neben der fachlichen Qualifikation sind für die Approbation oder Berufserlaubnis die zur Ausübung des Berufs erforderlichen Kenntnisse der deutschen Sprache nachzuweisen. Der reglementierte Zugang zum Arztberuf dient dem Patientenschutz.

Der derzeitige Zustrom von Asylbegehrenden kann dazu führen, dass eine ausreichende **medizi-** 2 **nische Versorgung** der Ausländer in den Aufnahmeeinrichtungen für Asylbegehrende nach § 44 oder Gemeinschaftsunterkünften nach § 53 durch Ärzte nicht mehr sichergestellt werden kann. Das macht es erforderlich, den Personenkreis, der zur Versorgung dieser Asylbegehrenden zur Verfügung steht, zu erweitern. Hierbei kommt die Einbeziehung von Personen in Betracht, die über eine ärztliche Ausbildung verfügen. Eine Erteilung der Approbation oder Berufserlaubnis würde nach geltendem Recht aber gegebenenfalls an fehlenden Unterlagen zum Nachweis der ärztlichen Qualifikation oder dem Fehlen deutscher Sprachkenntnisse in dem erforderlichen Umfang scheitern. Zur kurzfristigen Lösung dieser Problematik und zur Sicherstellung einer ausreichenden und qualifizierten medizinischen Versorgung in den genannten Einrichtungen soll daher eine Ermächtigung zur vorübergehenden Ausübung von Heilkunde befristet eingeführt werden.

Bei der Ermächtigung handelt es sich um eine **Regelung eigener Art, die keine Ansprüche für** 3 **die Zukunft auslöst.** Ihre Erteilung wird an strenge Voraussetzungen geknüpft. Sie erfolgt auf Antrag und setzt voraus, dass die ärztliche Versorgung der Personen in den Aufnahmeeinrichtungen und Gemeinschaftsunterkünften gefährdet ist, weil Ärzte nicht in ausreichender Zahl zur Verfügung stehen (Abs. 1). Sie erfordert zudem eine Glaubhaftmachung der ärztlichen Qualifikation (Abs. 4 S. 1 Nr. 1). Hierzu hat der Antragsteller eidesstattlich zu versichern, dass er über eine abgeschlossene ärztliche Ausbildung verfügt, und seinen Ausbildungsweg sowie fachliche ärztliche Kompetenzen in einem Gespräch mit einem Arzt darzulegen (Abs. 4 S. 2). Zudem ist erforderlich, dass der Antragsteller mangels Unterlagen keinen Antrag auf Approbation oder Berufserlaubnis nach §§ 3 oder 10 der Bundesärzteordnung stellen kann (Abs. 4 S. 1 Nr. 2).

Die Erteilung der Ermächtigung erfolgt **befristet** (Abs. 3 S. 1). Die für ihre Erteilung zuständige 4 Behörde hat über die Dauer der Befristung anhand des abzuschätzenden Bedarfs zu entscheiden. Sie endet spätestens mit dem Außerkrafttreten der Vorschrift. Sind die Voraussetzungen für eine Erteilung der Ermächtigung nicht mehr gegeben oder bestehen berechtigte Zweifel an der Qualifikation, ist die Ermächtigung zu widerrufen.

Als Regelung eigener Art gelten für die Ermächtigung zur vorübergehenden Ausübung von Heil- 5 kunde die in Abs. 2 aufgeführten **Einschränkungen.** Insbesondere erstreckt sich die Behandlungs-

[1] Vgl. auch BT-Drs. 18/6185, 51 f.

befugnis nur auf Ausländer, die sich in Aufnahmeeinrichtungen nach § 44 oder Gemeinschaftsunterkünften nach § 53 aufhalten und mit denen eine sprachliche Verständigung sichergestellt ist. Zudem erfolgt die Tätigkeit unter der Verantwortung eines Arztes. Dieser steht insbesondere als verantwortlicher Ansprechpartner zur Verfügung. Er kann die Tätigkeit der ermächtigten Person aber auch einschränken, sofern er dies aufgrund seiner Beurteilung der fachlichen Kompetenzen der ermächtigten Person für erforderlich hält. Im Rahmen der ihr übertragenen Verantwortung wird die ermächtigte Person eigenständig tätig; eine ständige Aufsicht ist nicht erforderlich.

6 Die Ermächtigung erlaubt nicht das Führen der **Berufsbezeichnung** „Arzt" oder „Ärztin" (Abs. 2 Nr. 2). Ein späteres Approbationsverfahren oder Verfahren auf Erteilung einer Berufserlaubnis bleibt davon unberührt (Abs. 5).

7 Nach Abs. 6 ist für die Erteilung der Ermächtigung die Behörde des Landes **zuständig,** in dem die Tätigkeit ausgeübt werden soll.

8 Das **Beschäftigungsverbot** des § 61 wird durch die Änderung nicht berührt. Die Ermächtigung soll lediglich die vorübergehende Ausübung von Heilkunde in dem dafür vorgesehenen Umfang ermöglichen, ohne zur Aufnahme einer entgeltlichen Tätigkeit zu berechtigen.

9 Da die Änderung dazu dient, in einer **Ausnahmesituation** die medizinische Versorgung der Asylbegehrenden sicherzustellen, und zu diesem Zweck eine eigene Rechtsfigur neben der Approbation und der vorübergehenden Erlaubnis zur Ausübung des Berufes schafft, ist ein Außerkrafttreten nach zwei Jahren nach ihrem Inkrafttreten vorgesehen."

II. Allgemeines

10 Der ausführlichen Gesetzesbegründung musste nichts hinzugefügt werden. Diese Notmaßnahme war **sachdienlich,** um die medizinische Versorgung in den Einrichtungen und Unterkünften besser abzusichern, die im Zweifelsfall Vorrang haben muss vor formalen Anerkennungsverfahren.

Anlage I (zu § 26a)

Norwegen
Schweiz

Anlage II (zu § 29a)

Albanien
Bosnien und Herzegowina
Ghana
Kosovo
Mazedonien, ehemalige jugoslawische Republik
Montenegro
Senegal
Serbien

1 Aus der Anlage II wurden durch das **RLUmsG 2007** die neueren **EU-Mitgliedstaaten** Bulgarien, Rumänien, Slowakische Republik, Tschechische Republik und Ungarn gestrichen (→ § 29a Rn. 6). Der Gesetzgeber begründete dies wie folgt[2]: „Die Länder Bulgarien, Polen, Rumänien, Slowakische Republik, Tschechische Republik und Ungarn sind von der Liste zu nehmen, da sie als Mitgliedstaaten der EU bereits nach § 29a Abs 2 zu den sicheren Herkunftsstaaten zählen." Mit **Gesetz vom 27.10.2014**[3] wurden mWz 6.11.2014 **Bosnien und Herzegowina, Mazedonien sowie Serbien** aufgenommen (noch nicht aber insbesondere Kosovo und Albanien, dh nicht der gesamte sog. „Westbalkan"). Der Gesetzgeber begründete dies wie folgt[4]: „Die genannten Staaten werden als sichere Herkunftsstaaten nach § 29a des Asylverfahrensgesetzes (AsylVfG) eingestuft, um die Dauer der Asylverfahren von Antragstellern aus diesen Staaten und damit die Aufenthaltszeit dieser Antragsteller in Deutschland zu verkürzen. Deutschland wird dadurch als Zielland für Antragsteller, die aus nicht asylrelevanten Motiven Asylanträge stellen, weniger attraktiv." Mit dem **AsylVfBeschlG 2015** wurden zum 24.10.2015 auch die „Westbalkanländer" **Albanien, Kosovo und Montenegro** in Anlage II aufgenommen, dh zu sicheren Herkunftsstaaten erklärt. In der Gesetzesbegründung wird die Situation in diesen Ländern zum Zeitpunkt Herbst 2015 ausführlich dargestellt[5]. Das AsylVfBeschlG 2015 führte ergänzend im neuen § 29a IIa ein, dass zukünftig alle zwei Jahre überprüft wird, ob die Voraussetzungen

---

[2] BT-Drs. 16/5065, 221.
[3] Gesetz zur Einstufung weiterer Staaten als sichere Herkunftsstaaten und zur Erleichterung des Arbeitsmarktzugangs für Asylbewerber und geduldete Ausländer; BGBl. 2014 I S. 1649.
[4] BT-Drs. 18/1528, 1 f.
[5] Vgl. auch BT-Drs. 18/6185, 52–60.

für die Bewertung als sicherer Herkunftsstaat weiterhin vorliegen. Dem Vorschlag der Bundesregierung von 2016 (BT-Drs. 18/8039 und 18/8311), auch **Algerien, Marokko und Tunesien** in Anlage II aufzunehmen, hatte der Bundesrat nicht zugestimmt (hierzu → GG Art. 16a Rn. 69 f.). Auch der Entwurf des „Gesetzes zur Einstufung **Georgiens,** der Demokratischen Volksrepublik **Algerien,** des Königreichs **Marokko** und der **Tunesischen Republik** als sichere Herkunftsstaaten" vom 29.10.2018 (BT-Drs. 19/5314), der zudem vorsieht, § 61 II um einen neuen Satz 5 zu ergänzen, um die Weiterbeschäftigung von Asylbewerbern aus diesen Staaten zu sichern, war bei Redaktionsschluss nicht verabschiedet und steht seit längerem nicht mehr auf der aktuellen Tagesordnung.

Sachregister

Die fetten Zahlen verweisen auf die Hauptteile des Werks. Die mageren Zahlen bezeichnen
bei Teil 1 die Paragraphen des Aufenthaltsgesetzes, bei Teil 2 die Paragraphen des Freizügigkeitsgesetzes/EU,
bei Teil 3 die Artikel des ARB 1/80 bzw. die Artikel des EWG-Türkei-Abkommens,
bei Teil 4 die Artikel der Europäischen Menschenrechtskonvention, bei Teil 5 die Artikel der Grundrechte-Charta,
bei Teil 6 den Art. 16a des Grundgesetzes und bei Teil 7 die Paragraphen des Asylgesetzes.
Die in Klammern gesetzten Zahlen bezeichnen die Randnummern.

2. Rückkehrgesetz 2019 1 60 (1)
– Einreise- und Aufenthaltsverbot **1** 11 (11)

A-B-C-Urteil 5 21 (3)
Abdullahi-Urteil 5 18 (11); **7** 29 (33)
Abdulla-Urteil 7 3d (3), 73 (4)
Ablehnung
– bei Blauer Karte **1** 19f (1 f.)
– bei Forschung **1** 19f (1 f.)
– bei Freiwilligendienst **1** 19f (1 f.)
– bei Mobilität **1** 19f (10)
– bei Studium **1** 19f (1, 2)
Abschaffung des deutschen Asylgrundrechts 6 16a (155)
Abschiebehaft 4 3 (22)
Abschiebung 1 57 (22); **4** 3 (23); **6** 16a (8)
– Ablauf der Ausreisepflicht **1** 58 (31)
– Abschiebungsanordnung **1** 58 (43 f.)
– Abschiebungshaft **1** 58 (29)
– anerkannte Flüchtlinge **1** 58 (9)
– Angabeverweigerung **1** 58 (33)
– Aussetzung **7** 36 (19)
– Beendigung **1** 58 (48)
– Einreise- und Aufenthaltsverbot **1** 11 (12)
– Falschangaben **1** 58 (33)
– flüchtiger Ausländer **1** 58 (34)
– Freiheitsbeschränkung **1** 58 (35)
– Gefahr für öffentliche Sicherheit und Ordnung **1** 58 (22)
– Gestattung der Wiedereinreise **1** 58 (53)
– Gewähr für freiwillige Ausreise **1** 58 (25)
– aus der Haft **1** 58 (30)
– Kosten **1** 58 (55)
– Kostenschuldner **1** 66 (6, 14 ff.)
 – Arbeitgeber **1** 66 (12 ff., 18 ff.)
 – Beförderungsunternehmer **1** 66 (11)
 – Exkulpation des Arbeitgebers **1** 66 (18)
 – Sicherheitsleistung **1** 66 (21)
 – Unternehmer **1** 66 (15 f.)
– Kostentragung **1** 66 (2 ff.)
 – Rechtsschutz **1** 67 (17 ff.)
 – Verwaltungsverfahren **1** 67 (10 ff.)
– langfristig Aufenthaltsberechtigte **1** 58 (9)
– Mittellosigkeit **1** 58 (32)
– Passlosigkeit **1** 58 (32)
– Rechtsschutz **1** 58 (48 ff.)
– Rückführung **1** 58 (2)
– Rückholung **1** 58 (53)
– Schutz bei **5** 18 (12)
– Schwangerschaft **1** 60a (27)
– subsidiär Schutzberechtigte **1** 58 (9)
– Übergabe und Übernahme an der Grenze **1** 58 (47)
– Überstellung nach Dublin-Verordnungen **1** 58 (4)
– überwachte freiwillige Ausreise **1** 58 (13 f.)
– Überwachungsbedürftigkeit der Ausreise **1** 58 (25 ff., 29 ff.)
– Umfang Kostenhaftung **1** 67 (2 ff.)
– unbegleitete Minderjährige **1** 58 (3 ff.)
 – innereuropäische Abschiebung **1** 58 (8)
 – Jugendamt **1** 58 (5)

– unmittelbarer Zwang **1** 58 (45)
– Verwaltungsverfahren **1** 58 (42 ff.)
– Vollstreckungsmaßnahme **1** 58 (43)
– vollziehbare Ausreisepflicht **1** 58 (3, 14 ff.)
– Wohnungsbetretung **1** 58 (35 ff., 42)
– Wohnungsdurchsuchung **1** 58 (35 ff.)
Abschiebungsandrohung 1 58a (58)
– bei Abschiebung aus der Haft **1** 59 (30)
– Abschiebungshindernis **1** 59 (55)
– Abschiebungsverbot **1** 59 (8, 52 ff.)
– Ausnahme von Androhungspflicht **1** 59 (10)
– Ausreisefrist **2** 7 (38 f., 41)
– Ausschluss späteren Vorbringens **1** 59 (55 ff.)
– Begründung **1** 59 (2)
– Bekanntgabe des Abschiebewegs **1** 59 (47)
– Bemessung der Ausreisefrist **1** 59 (20)
– Bescheinigung über Fristgewährung **1** 59 (31 ff.)
– Bezeichnung der Zielstaaten **1** 59 (40 ff., 44 ff.)
 – Abschiebungshindernis **1** 59 (48)
 – entbehrlich **1** 59 (44)
 – mehrere Zielstaaten **1** 59 (49)
 – Reihenfolge **1** 59 (51)
 – teilautonome Hoheitsträger **1** 59 (42)
 – Teilgebiet des Abschiebezielstaats **1** 59 (46)
– Bürgerkrieg **1** 59 (55)
– Duldungsgründe **1** 59 (8, 52)
– Einreise auf dem Luftweg **7** 18a (23)
– Einreise- und Aufenthaltsverbot **1** 11 (43)
– kein Einreiseverbot **1** 11 (43 f.)
– ergänzende Vorbereitungshaft **1** 62c (17)
– bei Fluchtgefahr **1** 59 (26)
– Freizügigkeit **2** 7 (5, 35)
– Frist zur freiwilligen Ausreise **1** 59 (15 ff.)
– mehrere gleichzeitige Ausreiseverpflichtungen **1** 59 (12)
– Nachholbarkeit **1** 59 (3)
– Opfer illegaler Beschäftigung **1** 59 (62 ff., 68)
– Opfer von Menschenhandel **1** 59 (62 ff.)
– Rechtsschutz **1** 59 (38, 70 ff.)
– Rückkehrentscheidung **1** 59 (2, 14)
– Sanktions-Richtlinie **1** 59 (70)
– Schriftform **1** 59 (2)
– Sperrwirkung **1** 59 (75)
– Terminankündigung nach Fristablauf **1** 59 (34 ff., 39 f.)
– bei Überstellung im Dublin-Verfahren **1** 59 (40)
– Überwachungsbedürftigkeit der Ausreise **1** 59 (6)
– Unterbrechung der Ausreisefrist **1** 59 (19)
– Verzicht auf Fristsetzung **1** 59 (29)
– vollzogene **1** 59 (74)
– Zwecke **1** 59 (5)
Abschiebungsankündigung 1 59 (34 ff., 39 f.)
Abschiebungsanordnung 1 58 (55)
– 7-Tagesfrist verfassungsgemäß **1** 58a (18)
– Abschiebungsverbote **1** 58a (48 ff.)
– Befristung **1** 75 (23)
– besondere Gefahr **1** 58a (28)
– Einschätzungsprärogative der Exekutive **1** 58a (43)
– Eintritt des Bundesministeriums des Innern **1** 58a (43)
– gefährdete Objekte **1** 58a (26)

2641

Sachregister

fette Zahlen = Hauptteile des Werkes

- Gefährdungen der Staatssicherheit **1** 58a (3)
- Gefahrenprognose **1** 58a (20, 29 f., 32 f.)
- nachrichtendienstliche Behördenzeugnisse **1** 58a (37)
- Rechtsschutz **1** 58a (50)
- Rückführungs-Richtlinie **1** 58a (5)
- Sicherheit des Staates **1** 58a (22)
- Terrorismusbegriff **1** 58a (24)
- terroristische Bedrohungen **1** 58a (3)
- Unabhängigkeit anderer Entscheidungen **1** 58a (46 ff.)
- verfassungsrechtliche Fragen **1** 58a (9 ff.)
- Verwaltungsverfahren **1** 58a (50)
- Vollstreckungsgrundlage für Abschiebung **1** 58a (9)
- Würdigung der Persönlichkeit der Ausländer **1** 58a (35)

Abschiebungshaft 1 58 (29), 61 (40); **7** 71 (49)
- Abschiebung binnen drei Monaten **1** 62 (73)
- Abschiebungsanordnung **1** 62 (62)
- Aufenthaltsortwechsel **1** 58a (42)
- Ausreisegewahrsam **1** 62b (5)
  - Fluchtgefahr **1** 62b (3, 6)
  - Sammelabschiebung **1** 62b (4)
  - Vollzugsort **1** 62b (18)
- Ausreisepflicht **1** 62 (30)
- Ausschreibung zur Festnahme gemäß § 50 VI AufenthG **1** 62 (98)
- Aussetzung des Vollzugs **1** 62 (105)
- Beschleunigungsgebot **1** 62 (19, 69)
- Beschwerde **1** 62 (100)
- Beugehaft **1** 62 (6)
- effektiver Rechtsschutz **1** 62 (99)
- einstweilige Anordnung **1** 62 (98)
- Entziehung **1** 62 (46)
- Entziehungsabsicht **1** 62 (64 f.)
- erhebliche Geldbeträge **1** 62 (50)
- Festnahmerecht der Ausländer- und Polizeibehörden **1** 62 (95 f., 98)
- Feststellung der Rechtswidrigkeit **1** 62 (101)
- Fluchtgefahr
  - konkrete Anhaltspunkte **1** 62 (48 ff., 54 ff.)
  - widerlegliche Vermutung **1** 62 (34 f.)
- Freiheitsbeschränkung **1** 62 (10 f.)
- Freiheitsentziehung **1** 62 (10 ff., 17 f., 24)
- Gebot effektiven Rechtsschutzes
  - Art. 19 IV GG **1** 62 (23)
- Gefahr für Leib und Leben **1** 62 (53)
- getrennte Unterbringung **1** 62a (6)
- Grundrecht auf Freiheit der Person **1** 62 (9 f., 12)
- Haftbedingungen **1** 62a (31)
- Haftdauer **1** 62 (72, 75, 77)
- Haftgründe **1** 62 (33)
- Höchstdauer **1** 62 (77)
- Kindeswohl **1** 62 (8)
- Minderjährige **1** 62 (33, 67)
  - UN-Kinderrechtskonvention **1** 62 (68 ff.)
- Mitwirkungshaft
  - Mitwirkungspflichten **1** 62 (90)
  - Rückkehrvorbereitung **1** 62 (89 f., 92, 94)
- Nachtzeit **1** 62 (13)
- Notstandsklausel **1** 62a (16)
- Organisation **1** 62 (16)
- Overstayer **1** 62 (57)
- Prognose **1** 62 (75)
- Rechtsbeschwerde **1** 62 (100)
- Rechtsgarantien bei Freiheitsentziehungen **1** 62 (10)
- Rechtsschutz **1** 62 (98, 101, 103 f.)
- Rechtsschutzinteresse **1** 62 (22)
- Rechtswegspaltung **1** 62 (99 ff.)
- Rechtswegzuweisung **1** 62 (24)
- Richtervorbehalt **1** 62 (12)
- Scheitern der Abschiebung **1** 62 (66)
- Sicherungshaft **1** 62 (29)
- spezielle Hafteinrichtungen **1** 62a (7 f.)
- Tageszeit **1** 62 (13)
- Überhaft **1** 62 (86)
- Umfang Kostenhaftung **1** 67 (4)
- unerlaubte Einreise **1** 62 (57, 60 ff.)
- unheilbar rechtswidrig **1** 62 (19)
- Untertauchen **1** 62 (43 f.)
- Verhinderungsverhalten **1** 62 (81)
- versehentliche Einreise **1** 62 (60)
- Vollzug **1** 62 (108)
- Vorbereitungshaft **1** 62 (25, 28)
- Zustimmung der Staatsanwaltschaft **1** 62 (21)

Abschiebungshindernisse 1 79 (10 f., 14)
- zielstaatsbezogene **7** 29 (37 f.)

Abschiebungsschutz 7 13 (10)

Abschiebungsstopp 1 60a (9)
- Erlasse für Ausländergruppen **1** 60a (14)

Abschiebungsverbot 7 24 (10)
- nach § 60 V AufenthG **7** 4 (9)
- Abschiebung innerhalb der EU **1** 60 (18)
  - Grundsatz des gegenseitigen Vertrauens **1** 60 (20)
- Abschiebungsanordnung **1** 58a (48 ff.)
- Auslieferungsverfahren **1** 60 (114)
- Ausnahmen **1** 60 (50 ff., 59 f.)
- bewaffnete Konflikte **1** 60 (91 ff., 93 ff., 95)
- Duldung **1** 60 (6)
- existenzielle Gefährdungen **1** 60 (97, 101, 104, 111 f.)
- extreme materielle Not **1** 60 (20 ff.)
- Flüchtlingsanerkennung **1** 60 (46 f., 50)
- Folter **1** 60 (67 ff.)
- Gefahr der Weiterschiebung **1** 60 (44)
- gerichtliche Überzeugungsgewissheit **1** 60 (38 ff.)
- inlandsbezogen **1** 60 (2)
- interner Schutz **1** 60 (39)
- Menschenrechtsverletzungen **1** 60 (81, 85, 87, 91)
- national **1** 24 (10 f.)
- posttraumatische Belastungsstörung **1** 60 (109)
- Qualifikations-Richtlinie **1** 60 (4)
- Rechtsprechung von EGMR und EuGH **1** 60 (3)
- Rechtsschutz **1** 60 (115, 123)
- Strafverfahren im Ausland **1** 60 (112)
- Subsidiarität internationalen Flüchtlingsschutzes **1** 60 (36)
- Tarakhel-Rechtsprechung **1** 60 (20)
- Todesstrafe **1** 60 (74)
- unmenschliche oder erniedrigende Behandlung oder Bestrafung **1** 60 (71)
- bei Verfolgung
  - geschlechtsspezifische Verfolgung **1** 60 (43 ff.)
  - Verfolgungsbegriff **1** 60 (23 ff., 25)
  - verfolgungsfreies Gebiet **1** 60 (41)
  - Verfolgungsgründe **1** 60 (10, 29)
  - Verfolgungsprognose **1** 60 (15, 26 ff.)
  - Verhältnis zu Art. 1 GK **1** 60 (8)
  - Verhältnis zu Art. 16a GG **1** 60 (11)
  - Verursacher **1** 60 (35 ff.)
  - Vorverfolgung **1** 60 (48 ff.)
- Verhältnis zur Asylanerkennung **1** 60 (21, 23)
- Verwaltungsverfahren **1** 60 (115)
- zielstaatsbezogen **1** 60 (2)

Abschiebungs-/Zurückschiebungskosten
- Erhebungspflicht **1** 67 (11 ff.)
- Koppelungsverbot **1** 67 (13)
- Kostenhaftung nach öffentlich-rechtlichem Vertrag **1** 67 (12)
- Leistungsbescheid **1** 67 (11)
- Rechtsschutz **1** 67 (17)

absolutes Folterverbot 4 3 (5)

Abwehrrecht 4 3 (6 ff.)
- negative Handlungspflicht **4** 8 (4)

Abweichung 7 78 (17)

Adoption
- Familiennachzug **1** 27 (52)

magere Zahlen = §§ bzw. Artikel

Sachregister

agency situation 5 51 (1)
Åkerberg-Fransson-Urteil 5 Vor (14), 51 (4)
Albanien 7 90 (10)
Algerien 7 90 (10)
allgemeine Handlungsfreiheit 5 7 (1)
Alokpa & Moudoulou-Urteil 5 Vor (4)
Altausweisung
– Beitrittsstaaten 2 7 (34)
– Unionsbürger 2 7 (33)
ältere Menschen 5 24 (3)
Altersdiskriminierung 5 21 (1)
Alterssicherung
– Niederlassungserlaubnis 1 9 (46, 50, 53)
Altfallregelung 1 104 (34 f.)
– Aufenthaltserlaubnis auf Probe 1 104a (2)
– Bezug des Ausländers
  – zu extremistischen Organisationen 1 104a (25)
  – zu terroristischen Organisationen 1 104a (25)
– Ehegatten 1 104a (12, 14)
– Erteilungsvoraussetzungen 1 104a (19)
– Geduldete mit Mindestaufenthalt 1 104a (8)
– Lebenspartner 1 104a (11 ff., 14 ff.)
– Lebensunterhaltssicherung 1 104a (13)
  – Ausnahmen 1 104a (42)
– Sperrwirkung des § 10 III AufenthG 1 104a (19, 22 ff.)
– Straftaten 1 104a (29, 31)
– unbegleitete Minderjährige 1 104a (17)
– unbegleitete minderjährige Flüchtlinge 1 104a (15)
– Verlängerung 1 104a (37)
– vollziehbare Ausreisepflicht 1 104a (8)
A. M. E.-Urteil 7 29 (35 ff.)
Amsterdamer Vertrag 7 Vor 1 (23)
Amtsaufklärung 1 79 (3)
Amtsermittlung 7 74 (24)
Amtsermittlungspflicht 1 82 (5)
Amtswalterexzess
– Asyl
  – wegen staatlicher Verfolgung 6 16a (39)
– Verfolgungsverursacher 1 60 (35)
Änderung der Rechtslage 7 71 (23)
Änderung der Sachlage 7 71 (23)
Anerkannte
– unzulässiger Asylantrag 7 29 (9)
Anerkannten-Fälle 7 29 (26)
Angabeverweigerung
– Abschiebung 1 58 (33)
Anhörung
– Einreise auf dem Luftweg 7 18a (20)
Anklageerhebung 1 72 (16)
Ankunftsnachweis 7 18 (5), 55 (5), 63a (2)
Anlage AsylG 7 90 (10)
Anmeldebescheinigung
– Freizügigkeit 2 5 (9)
  – Nachweis 2 5 (15)
Annullierung
– Visum 1 6 (71), 15 (11)
Anrainerstaat
– sicherer Drittstaat 6 16a (99)
Anrechnung rechtmäßigen Aufenthalts
– Freizügigkeit 2 11 (110)
– Unterbrechungszeiten 2 11 (113)
Anrechnung von Aufenthaltszeiten
– Asylverfahren 7 55 (15)
Anschlussberufung 7 79 (3)
Anspruch auf Aufenthaltserlaubnis 4 8 (23)
Anspruch auf Zugang 4 3 (29)
Anstiftung 1 95 (13, 16)
Antrag
– Antragsfristen 1 81 (17)
– nach der Einreise 1 81 (13)
– per E-Mail 1 81 (9 f.)
– formlos 1 81 (9)
– Online-Terminvereinbarung 1 6 (96), 81 (10, 31)
– Rechtsfolgen 1 81 (12)
Antragsbedürftigkeit
– Aufenthaltstitel 1 81 (7)
Antragsstellung 1 6 (96), 81 (8 ff.)
Antragstellung 7 14 (9)
– Ankunftsnachweis 7 14 (21)
– Asylantrag aus Haft 7 14 (26)
– Haftarten 7 14 (33 ff.)
– Minderjährige 7 14 (18)
– mündliche Anträge 7 14 (21)
– persönliche 7 23 (2)
– schriftliche Anträge 7 14 (21)
– Überhaft 7 14 (37)
– Weiterleitung 7 14 (20)
– Zurückschiebungshaft 7 14 (38)
– Zurückweisungshaft 7 14 (38)
Anwendungsbereich
– der EU-Grundrechtecharta 5 50 (2)
Anwendungsbereich des AufenthG 1 1 (4, 6)
– Ausnahmen 1 1 (15)
– Diplomaten 1 1 (40)
– Flüchtlinge 1 1 (34)
– Heimatlose 1 1 (34)
– konsularische Vertretungen 1 1 (40)
– Staatenlose 1 1 (45)
– Streitkräfte 1 1 (36)
– Unionsbürger 1 1 (15, 24)
– völkerrechtliche Ausnahmen 1 1 (37 ff.)
– Vorrangregelungen 1 1 (15 f.)
Anwendungsbereich des FreizügG/EU 2 1 (8)
– Ausreisefreiheit 2 1 (115 ff.)
– EWR-Staaten 2 1 (17 ff.)
– Familienangehörige 2 1 (26)
– Familienangehörige Deutscher 2 1 (88)
– grenzüberschreitendes Moment 2 1 (109, 112)
– nahestehende Person 2 1 (39 ff.)
– Personenkreis 1 1 (22); 2 1 (9 ff.)
– rein innerstaatliche Sachverhalte 2 1 (111)
– sachlicher Geltungsbereich 2 12a (14)
– Täuschungsfälle 2 1 (95)
– Unionsbürger 2 1 (8)
– Vereinigtes Königreich 2 1 (19)
Anwendungsvorrang
– Ablauf der Umsetzungsfrist 2 Vor 1 (37)
– zugunsten des Bürgers 2 Vor 1 (38)
– Wirkung des EU-Rechts 2 Vor 1 (33 ff.)
Anwerbe- und Vermittlungsverfahren 1 4a (6 ff.)
Anwerbestopp 1 1 (9), 4a (2), 18b (12), 19c (2)
Anwerbung
– ausländische Arbeitnehmer 1 4a (2)
ARB 1/80
– Abschluss einer Berufsausbildung im Bundesgebiet 3 7 (68)
– Arbeitnehmerbegriff 3 6 (31)
– Arbeitslosigkeit 3 6 (80)
– Aufenthaltsrechte für Arbeitnehmer 3 6 (14)
– Ausweisung 3 14 (5)
– Begriff des Familienangehörigen 3 7 (16)
– Eigenkündigung 3 6 (93)
– Erlöschen der Rechtsposition 3 7 (43, 73)
– Erlöschen der Rechtsstellung 3 6 (100)
– Genehmigung zum Nachzug 3 7 (27)
– Merkmal Berufsausbildung 3 7 (72)
– ordnungsgemäße Beschäftigung 3 6 (58)
– ordnungsgemäßer Wohnsitz 3 7 (29)
– Rechtsstellung 3 6 (5)
– regulärer Arbeitsmarkt 3 6 (24)
– Sprachfassungen 3 6
– Straf- und Untersuchungshaft 3 6 (97)

2643

Sachregister

fette Zahlen = Hauptteile des Werkes

- Unterbrechung der Beschäftigung **3** 6 (75)
- Vorrang des supranationalen Rechts **3** 6 (22)
- Wechsel des Arbeitgebers **3** 6 (68)

Arbeitgeber
- Kostenschuldner
  - Abschiebung **1** 66 (12 ff., 18)

Arbeitnehmer 5 26 (2)
- Ausübung der Beschäftigung **2** Vor 1 (4)
- Freizügigkeit **2** Vor 1 (3)
- Gleichbehandlung **2** Vor 1 (4)
- öffentlicher Sektor **2** Vor 1 (7)
- soziale Sicherheit **2** Vor 1 (5)

Arbeitnehmereigenschaft
- Beendigung des Arbeitsverhältnisses **2** 2 (144)
- Berufsausbildung **2** 2 (147)
- Bezug von Arbeitslosengeld **2** 2 (139)
- Erwerbsfähigkeit **2** 2 (115)
- Erwerbsminderung **2** 2 (114)
- Haft **2** 2 (150)
- Praktikum **2** 2 (147)
- Schwangerschaft **2** 2 (151)
- Sperrzeit **2** 2 (123)
- unfreiwillige Arbeitslosigkeit **2** 2 (121)
- ununterbrochene Tätigkeit **2** 2 (117)
- zeitliche Grenzen der Fortgeltung **2** 2 (131)

Arbeitnehmerfreizügigkeit
- Arbeitnehmerbegriff
  - unionsrechtlicher **2** 2 (36)
- Arbeitsbeschaffungsmaßnahme **2** 2 (60)
- Berufsausbildung **2** 2 (54)
- Dauer der Beschäftigung **2** 2 (40)
- Erhalt der Erwerbstätigeneigenschaft **2** 2 (104)
- Erlöschen der Arbeitnehmereigenschaft **2** 2 (62)
- Erwerbsminderung **2** 2 (114)
- Fiktion der Erwerbstätigeneigenschaft **2** 2 (109)
- Gesamtbewertung des Sachverhalts **2** 2 (40)
- Grenze der Unwesentlichkeit **2** 2 (49)
- Merkmal der Dauerhaftigkeit **2** 2 (52)
- Missbrauchsfälle **2** 2 (56)
- öffentliche Verwaltung **2** 2 (63)
- Praktikum **2** 2 (54)
- Rentner **2** 2 (53 f.)
- Schwarzarbeit **2** 2 (56)
- Teilzeitbeschäftigungen **2** 2 (46)
- Umfang der Beschäftigung **2** 2 (40 f.)
- unfreiwillige Arbeitslosigkeit **2** 2 (121)
- Vergütung **2** 2 (59)

Arbeits- und Sozialrecht 7 2 (21)
- Asylverfahren **7** 55 (21)

Arbeitsbedingungen 5 30 (3)
Arbeitskampfsystem 5 28 (1)
Arbeitsmarktprüfung 1 39 (24)
Arbeitsplatzsuche 1 19f (17)
- Aufenthaltserlaubnis **1** 20 (2 f.)
- Erwerbstätigkeit nach Qualifikation im Inland **1** 20 (10)
- Fachkräfte mit akademischer Ausbildung **1** 20 (7)
- Fachkräfte mit Berufsausbildung **1** 20 (3)

Arbeitsuchende
- Aufenthaltszweck **2** 2 (68)
- begründete Aussicht auf Erfolg **2** 2 (71 f.)
- Freizügigkeit **2** 2 (64)
- Leistungsausschluss **2** 2 (76)
- kein objektiv aussichtsloses Bemühen **2** 2 (68)
- keine starre Frist **2** 2 (67)

Arbeitsverbot 7 61 (4)
Arbeitsvermittlungsdienst 5 29 (1)
Armutsflüchtling 6 16a (139 ff.)

Arzt
- Berufsbezeichnung **7** 90 (6 f.)
- **ärztliche Untersuchung 7** 62 (1 f.)

Assoziationsrecht EWG/Türkei
- Bedeutung der Aufenthaltserlaubnis **3** Vor 6 (10)
- Grundlagen **3** Vor 6

Asyl
- Strafverfolgung **6** 16a (60)

Asylabkommen 6 16a (10, 126)

Asylantrag
- Aufenthaltstitel **1** 10 (2, 4 f., 12 f., 15, 19, 22, 25, 30, 32, 34, 42, 44, 49 ff., 51 f., 53 f., 57)
- vom Ausland her **7** 13 (15)
- Einreise auf dem Luftweg **7** 18a (18 ff.)
- Familienzusammenführungs-Richtlinie **1** 10 (5)
- Rücknahme **7** 72 (25)
- Titelerteilungssperre **1** 10 (6)
- Verlängerungsantrag **1** 10 (24, 26)
- Visumerfordernis **1** 10 (4)

Asylberechtigte 7 2 (5)
- Ausweisung **1** 53 (94)

Asylbewerber
- Ausweisung **1** 51 (10), 53 (101)
  - Qualifikations-Richtlinie **1** 53 (104)
- Erlöschen der Aufenthaltsgestattung **1** 51 (10)

Asylersuchen
- Protokollierung
  - Grenzbehörde **7** 18 (8)

Asylgesetz 6 16a (155)
Asylgesuch 7 13 (2)
- nationales
- und Unionsrecht **7** 18 (12)

Asylgesuch bei Grenzbehörde
- Einreise auf dem Luftweg **7** 18a (14)

Asylharmonisierungsphase 7 Vor 1 (30)
Asylkompromiss 7 Vor 1 (13 ff.)
Asyl-Obergrenze 6 16a (93)
Asylpaket I 7 Vor 1 (19 ff., 33)
Asylpaket II 1 60 (1); **7** Vor 1 (34), 5 (2, 16), 26 (1), 30a (1)

Asylrecht 5 17 (2); **7** 54 (2)
- Ausschluss des **6** 16a (92); **7** 26a (8)
- europäisches **6** 16a (130)

Asylrechtsreformen 1992 und 1993 7 Vor 1 (10)
Asylreformen 1992 und 1993 6 16a (89)
Asylspruchkörper 7 83 (3)

Asylverfahren
- Aufenthaltsrecht während des **7** 54 (3)
- negatives
  - Einreise- und Aufenthaltsverbot **1** 11 (92, 95)
- weiteres **7** 71 (16)

Asylverfahrensbeschleunigungsgesetz (2015) 7 Vor 1 (19)
Asylverfahrensgesetz 1982 7 Vor 1 (4)
Asylverfahrens-Richtlinie 5 18 (9); **6** 16a (134); **7** Vor 1 (26)
- Art. 14 **7** 25 (1)

Asylverordnung 7 Vor 1 (1)
atypische Umstände
- Rechtsanspruch auf Aufenthaltstitel **1** 5 (14)

Aufenthalt
- Ausreiseeinrichtung **1** 61 (33)
- Dauer **1** 25b (43)
- räumliche Beschränkung **1** 61 (8, 12)
- Zulassungsbedürftigkeit **1** 4 (2, 8)

Aufenthalt aus humanitären Gründen 1 24 (17)
- Asylberechtigung **1** 25 (8, 14)
- außergewöhnliche Härte **1** 25 (66, 70, 75 f.)
- De-facto-Flüchtlinge **1** 25 (5)
- De-iure-Flüchtlinge **1** 25 (26 ff.)
- Erwerbstätigkeit **1** 25 (85 f.)
- internationaler Schutz **1** 25 (20 f.)
- komplementärer Schutz **1** 25 (24 f., 26, 31 f., 34 ff., 52 f.)
- Opferschutz **1** 25 (78 ff., 83 ff., 85)

2644

magere Zahlen = §§ bzw. Artikel

Sachregister

- Personengruppen **1** 25 (8 f.)
- Rücknahme **1** 25 (15)
- Schutz illegal Beschäftigter **1** 25 (88 ff., 92, 100)
- Unmöglichkeit der Ausreise **1** 25 (101, 106, 119 f., 122 f., 125, 128 ff.)
- Verlängerung **1** 25 (67, 69)
- vorübergehend **1** 25 (58 ff., 61 ff., 65 f.)

Aufenthaltsbedingungen 4 3 (14 ff.)
Aufenthaltsbeendigung 4 8 (15 f., 18 f.); **7** 33 (10)
Aufenthaltsberechtigung
- langfristige **1** 2 (175)

Aufenthaltsberechtigung-EU 1 2 (175)
Aufenthaltsbeschränkung 1 56 (14)
- Kontakt- und Kommunikationsverbote **1** 56 (17 f.)
- Meldeauflage **1** 61 (30 f.)
- räumliche Beschränkung **1** 61 (8 f., 12)
- Sparauflage **1** 61 (31 f.)
- Straftäter **1** 61 (14)
- Verstoß **7** 85 (7)
- Wohnsitzauflage **1** 56 (16), 61 (22)

Aufenthaltserlaubnis
- Arbeitsplatzsuche **1** 20 (2)
- Befristung **1** 7 (34 f., 37), 23 (13), 25 (15 ff.)
- im Bundesgebiet geborenes Kind **1** 33 (7 ff., 18)
- Daueraufenthalt-EU **1** 38a (10)
- Erteilung **1** 26 (5)
- Fachkräfte mit akademischer Ausbildung **1** 18b (5)
- fiktive **1** 81 (34, 37 f., 41 f.)
- Forschungszwecke **1** 18d (5)
- ICT-Karte **1** 19 (4, 6, 10 f.)
- mobile Forscher **1** 18f (2 ff.)
- Mobiler-ICT-Karte **1** 19b (12)
- Niederlassungserlaubnis **1** 9 (23 ff.)
- auf Probe **1** 25 (4 f.)
- qualifizierte Geduldete **1** 19d (3 f., 5 ff.)
  - Ausbildungsduldung **1** 19d (35 ff.)
  - im Ausland erworbene Qualifikation **1** 19d (8 ff.)
  - in Deutschland erworbene Qualifikation **1** 19d (5)
  - Lebensunterhalt **1** 19d (16 ff.)
  - Rechtsschutz **1** 19d (39 ff.)
  - Sperrwirkung **1** 19d (38)
  - Sprachkenntnisse **1** 19d (18 f.)
  - Täuschung **1** 19d (20)
  - Terrorismus **1** 19d (25)
  - Vergleichbarkeit ausländischer Qualifikationen **1** 19d (11)
  - Verwaltungsverfahren **1** 19d (39)
  - Zustimmung der Bundesagentur für Arbeit **1** 19d (31)
- sonstige Familienangehörige **1** 36 (4 ff.)
- Verlängerung **1** 26 (5 ff., 10)

Aufenthaltserlaubnis auf Probe 1 104a (5)
Aufenthaltsfreiheit 5 44 (2 f.)
Aufenthaltsgestattung
- Bescheinigung **7** 63 (1)
- räumliche beschränkte **7** 56 (3 f.)

Aufenthaltsgewährung 1 22 (16 f.)
- Anordnungsbefugnis **1** 23 (16 f.)
- Aufnahmebefugnis **1** 23 (2)
- Härtefälle **1** 23 (34 f.)
- Härtefallkommission **1** 23a (6 f.)
- Härtefallregelung
  - Geltungsdauer **1** 23a (6 f.)
- bei gut integrierten Jugendlichen und Heranwachsenden **1** 25 (133 f.)
  - Altersgrenze **1** 25a (15)
  - Ausschlussgründe **1** 25a (34)
  - Ehegatten, Lebenspartner und Kinder **1** 25a (33)
  - Eltern **1** 25a (26)
  - Familienangehörige **1** 25a (21, 23)
  - freiheitlich demokratische Grundordnung **1** 25a (17)

- Geschwister **1** 25a (32)
- maßgeblicher Zeitpunkt **1** 25a (9 ff.)
- Schulbesuch **1** 25a (13)
- Versagungsgründe **1** 25a (18)
- Vorbereitungsklasse **1** 25a (14)
- bei nachhaltiger Integration **1** 25a (35)
  - Anspruch **1** 25b (4)
  - atypischer Fall **1** 25b (4 ff.)
  - Deutschkenntnisse **1** 25b (25)
  - Erteilungsvoraussetzungen **1** 25b (9, 10)
  - Familienangehörige **1** 25b (36)
  - freiheitlich demokratische Grundordnung **1** 25b (15)
  - Integrationsleistungen **1** 25b (2)
  - Lebensunterhalt **1** 25b (19 ff.)
  - Spurwechsel **1** 25b (1, 40)
  - Streitgegenstand **1** 25b (2)
  - Versagungsgründe **1** 25b (30)

Aufenthaltskarte
- Altfälle **2** 2 (182 ff.)
- Bindungswirkung **2** 2 (16)
- Entziehung der Bescheinigung **2** 5 (60 ff.)
- konstitutive Bedeutung **2** 2 (184 ff.)
- Überprüfung **2** 5 (52)
- Verlustfeststellung **2** 5 (58)
- Widerruf **2** 5 (57 ff.)

Aufenthaltskarte für Familienangehörige
- Altfälle **2** 5 (32)
- Ausstellung von Amts wegen **2** 5 (25)
- Bindungswirkung **2** 5 (36)
- deklaratorische Bedeutung **2** 5 (30 f.)
- Erlöschensregelung **2** 5 (39)
- feststellender Verwaltungsakt **2** 5 (31)
- Freizügigkeit **2** 5 (18)
- Freizügigkeitsvermutung **2** 5 (35)
- Rechtsnatur **2** 5 (31)
- Widerruf **2** 5 (34)

Aufenthaltsrecht
- während des Asylverfahrens **7** 54 (3)
- eigenständiges
  - Ehegatten **1** 30 (99)
- integrierte Kinder **1** 104b (2)

Aufenthaltsrecht light
- Ausbildungsduldung **1** 60c (6)
- Beschäftigungsduldung **1** 60d (8)

Aufenthaltstitel 1 3 (34)
- Abschiebungsanordnung **1** 51 (9)
- Anspruch **1** 5 (72, 135)
  - Beurteilung **1** 5 (139)
  - Voraussetzungen **1** 5 (139, 146, 156)
- Antrag **1** 4 (51)
- Asylantrag **1** 10 (2, 4, 12, 15, 19, 22, 25, 30 f., 32 f., 34, 42, 44, 49 ff., 51 f., 53 f., 57)
- Aufenthaltserteilung auf Probe nach § 104a I 1 AufenthG **1** 4 (53)
- Aufenthaltskarte **1** 4 (46 ff.)
- Aufenthaltszwecke **1** 4 (49), **7** (6)
- Auflage **1** 12 (29, 38, 44, 49)
  - Rechtsschutz **1** 12 (55)
- Auslandsaufenthalt
  - nicht dauerhafter **1** 51 (12, 15, 17)
  - verspätete Rückkehr **1** 51 (10, 12, 18 f.)
- Ausnahmen und Privilegierungen
  - ICT-Karte **1** 51 (25 ff.)
  - Niederlassungserlaubnis **1** 51 (26 ff., 28 ff.)
  - Opfer von Zwangsheirat **1** 51 (32)
  - Wehrdienst **1** 51 (31)
  - Wiederkehr politisch Verfolgter **1** 51 (34 f.)
- Ausweisung **1** 51 (9)
- Ausweisungsschutz **1** 4 (64 ff.)
- Bedingung **1** 12 (15, 22)
- Befristung **1** 51 (6)

2645

Sachregister

fette Zahlen = Hauptteile des Werkes

- Besonderheiten nach § 38a AufenthG **1** 51 (21)
- Blaue Karte EU **1** 51 (38, 44 ff.)
- Daueraufenthalt-EU **1** 51 (38, 44)
- deklaratorischer **1** 4 (14 ff., 61)
- nach der Einreise **1** 4 (58)
- vor der Einreise **1** 4 (57 ff.)
- erforderlicher **1** 14 (7 ff., 18, 20)
- Erforderlichkeit für die Einreise **1** 4 (7)
- Erlöschungsgründe **1** 51 (2 f., 4)
- Erlöschungstatbestand **1** 51 (18 f.)
- Familienangehörige von Unionsbürgern **1** 4 (64)
- Fortgeltung **1** 100 (2)
- Fortgeltungsfiktion **1** 4 (43), 81 (18, 24 ff., 26, 32 ff.)
- Geltungsbereich **1** 11 (135)
- humanitärer **1** 4 (54), 5 (3 ff.)
- Integrationsverpflichtung **1** 51 (27)
- integrierter Jugendlicher **1** 4 (54)
- kurzfristige Mobilität für Forscher **1** 18d (19)
  - Aufenthaltserlaubnis **1** 18e (25)
- kurzfristige Rückreise **1** 51 (17 ff.)
- kurzfristiger **1** 4 (19)
- langfristige Aufenthaltsberechtigte **1** 51 (22 ff.)
- Lebensunterhaltssicherung **1** 51 (29 f.)
- Mobiler-ICT-Karte **1** 19a (30)
- Nebenbestimmung **1** 11 (135)
- Neuerteilung **1** 4 (52)
- räumliche Beschränkung **1** 12 (5)
- Regelerteilungsvoraussetzung **1** 5 (6, 9, 10, 17)
- Rückkehrhilfe **1** 5 (82)
- Rücknahme **1** 51 (7), 52 (3)
- Studenten-Richtlinie **1** 51 (20)
- Terrorismus **1** 51 (27)
- Titelzwang **1** 4 (3)
- Trennungsprinzip **1** 4 (41 ff., 47)
- türkische Staatsangehörige **1** 51 (23)
- Unionsrecht **1** 51 (20 ff.)
- Verfahrens- und Streitgegenstand **1** 4 (49)
- Verlängerung **1** 4 (52)
- Wechsel vom Aufenthaltsrecht ins Asylrecht **1** 51 (24)
- Widerruf **1** 51 (7), 52 (2)
  - Ausschluss **1** 52 (16)
  - Beschäftigungsaufenthalt **1** 52 (17)
  - Familienangehörige **1** 52 (14)
  - Forscher **1** 52 (21 ff.)
  - langfristig Aufenthaltsberechtigte **1** 52 (27)
  - Opfer illegaler Beschäftigung **1** 52 (21, 25)
  - Opfer von Menschenhandel **1** 52 (21, 24)
  - Rechtsschutz **1** 52 (31)
  - Studenten **1** 52 (17)
  - Verschulden **1** 52 (7)
  - Verwaltungsverfahren **1** 52 (31)
- Widerrufsgrund
  - Asylbewerber, Schutzberechtigter (Statusverlust) **1** 52 (10 ff.)
  - Passlosigkeit **1** 52 (6)
  - Staatsangehörigkeitswechsel und -verlust **1** 52 (8 ff.)
- Wiedereinreise **1** 51 (17)
- Wohnsitzauflage **1** 12 (32, 38 f., 44, 49 f.)
- Zweckwechsel **1** 17 (10 f.)
- zwingende Versagungsgründe **1** 5 (3, 169 f., 171, 174)

Aufenthaltstitel nach einheitlichem Vordruckmuster
- Übergangsvorschrift **1** 105a (33)

Aufenthaltstitelpflicht 1 4 (38)
- Befreiung **1** 4 (30 ff.)
- Visumspflicht **1** 4 (30 ff.)

Aufenthaltsverbot
- Betretenserlaubnis **1** 95 (101 ff.)
- Duldung **1** 95 (100)
- Freizügigkeit **2** 7 (50 f.)
- Verbot der Wiedereinreise **1** 95 (97)
- Verstoß **1** 95 (94, 101 f.)
- Wiedereinreisesperre **1** 95 (99)

Aufenthaltsverordnung
- Gebührentatbestände **1** 69 (11)

Aufenthaltszeit
- Anrechnung **7** 55 (15)

Aufenthaltszweck 1 7 (6, 11)
- Befreiung **1** 4 (8)
- Wechsel **1** 7 (10), 16 (3)
  - Studienaufenthalt **1** 16b (34, 37 ff., 41)

AufenthG
- Gesetzeszweck
  - Anwendungsbereich **1** 1 (15 ff.)
- Verwaltungsverfahren **1** 105 (5 f.)

Aufhebung
- Visum **1** 15 (11)

Aufhebung der Ehe
- Freizügigkeit **2** 3 (77 ff.)

Auflage
- sofortige Vollziehbarkeit **1** 84 (8 f.)
- Wohnsitzauflage **1** 12 (32, 38 f., 44, 49 f.)

Aufnahme 1 22 (5 f., 9); **7** 22 (2)
- aus dem Ausland **1** 21 (27)
- Ermessen **1** 22 (13)
- Erteilungsvoraussetzungen **1** 22 (12)
- Gründe **1** 22 (9)
- humanitäre Gründe **1** 22 (8 ff.)
- politische Interessen **1** 22 (9 ff., 16 ff.)
- sofortige Vollziehbarkeit **1** 22 (11)

Aufnahmeanordnung
- Ermessen **1** 23 (17 f.)
- jüdische Zuwanderung **1** 23 (20)
- Willkür **1** 23 (19)

Aufnahmebefugnis 1 22 (16)
- Altfallregelung **1** 23 (6)
- Anspruch auf Gleichbehandlung **1** 23 (9)
- Ermessen **1** 23 (4 ff.)
- Verwaltungsvorschrift **1** 23 (7)
- Zustimmung des Bundesministeriums des Innern **1** 23 (10)

Aufnahmeeinrichtung 7 25 (16)
- Art. 7 EU-Aufnahme-RL **7** 60 (1)
- Weiterleitung **7** 18 (5)
- zuständige **7** 46 (2)

Aufnahme-Richtlinie 5 18 (7); **6** 16a (134); **7** Vor 1 (26)

Aufnahmezentrum 7 5 (16)

aufschiebende Wirkung 1 84 (17)
- Anordnung **1** 84 (26, 35)
- Wiederherstellung **1** 84 (26, 35)

aufschiebenden Wirkung
- Ausschluss **1** 84 (4, 10, 15)
- Fortdauer **1** 84 (37)

Ausbildung 1 16 (4); **5** 13 (2)

Ausbildungs- und Arbeitsplatzsuche 1 16a (29 f.)

Ausbildungsaufenthalt 1 17 (2)

Ausbildungsduldung 1 60b (34)
- Antragstellung **1** 60c (49)
- Ausbildungsabbruch **1** 60c (52)
- Ausbildungsdauer **1** 60c (51 ff.)
- Ausschlusstatbestände **1** 60c (26 ff.)
- Berufsausbildungsvertrag **1** 60c (20 ff.)
- Beschäftigungserlaubnis **1** 60c (23)
- Einstiegsqualifizierung **1** 60c (19)
- bei Identitätsprüfung kooperativer Ausländer **1** 60c (59)
- konkret bevorstehende Maßnahmen zur Aufenthaltsbeendigung **1** 60c (40 ff., 45)
- qualifizierte Berufsausbildung **1** 60c (11)
- Rechtsanspruch **1** 60c (2)
- Rechtsschutz **1** 60c (61 ff.)
- Scheinausbildungsverhältnis **1** 60c (25)
- sicherer Herkunftsstaat **1** 60c (29)

magere Zahlen = §§ bzw. Artikel

Sachregister

- Sprachkenntnisse **1** 60c (25)
- Studium **1** 60c (16)
- ungeklärte Identität **1** 60c (33, 36 f.)
- Verfahren der Duldungserteilung **1** 60c (47 ff.)
- verkappter Aufenthaltstitel **1** 60c (4 ff.)
- Verwaltungsverfahren **1** 60c (61)
- vorzeitige Beendigung **1** 60c (52)
- weitere Ausbildungsplatzsuche **1** 60c (58)
- Wiederholungsprüfung **1** 60c (52)

Ausbildungsförderung 7 2 (28 f.), 3 (15)
Ausbildungsplatzsuche 1 17 (2, 5 f.)
Ausbürgerung 6 16a (28)
Auskünfte
- Blue Card-Richtlinie **1** 91e (4)

Auskunftsrechte
- Art. 8 EMRK **5** 8 (2)

Ausländer 1 1 (10, 12 ff.)
- Aufenthaltsbeschränkung **1** 61 (2)
- deutsch verheiratet **1** Vor 53 (48)
- mit deutschem Kind **1** Vor 53 (48)
- elektronische Aufenthaltsüberwachung **1** 56 (20)
- heimatloser **7** 1 (17 f.)
- innere Sicherheit **1** 55 (29)
- Kontakt- und Kommunikationsverbote **1** 56 (17)
- Meldepflicht **1** 56 (9)
- Überwachung vollziehbar ausreisepflichtiger **1** 55 (29), 56 (4)
 - Gefahrenabwehr **1** 56 (6)
- ungerechtfertigte Ungleichbehandlung **1** 93 (6 ff.)
- vollziehbar ausreisepflichtiger
 - räumliche Beschränkung **1** 60d (39)
- Wohnsitzauflage **1** 56 (16)

Ausländerbehörde
- erkunngsdienstliche Behandlung **7** 19 (7)
- Rechtsschutz **7** 19 (8)
- Unterrichtung **7** 24 (13)
- Weiterleitung **7** 19 (1)
- Zurückschiebung **7** 19 (2)

Ausländerzentralregister 2 8 (18); **7** 7 (11 ff.)
Ausländischer Flüchtling 7 1 (12)
Auslandsaufenthalt
- Anrechnung
 - Daueraufenthalt-EU **1** 9b (8)
- Besuchs- und Urlaubsreisen **1** 51 (13)
- der Natur nach vorübergehende Gründe **1** 51 (13)
- Sechsmonatsgrenze **1** 51 (15)

Auslieferung 5 18 (12); **6** 16a (6); **7** 4 (7), 6 (12)
Auslieferungsverfahren
- Abschiebungsverbot **1** 60 (114 ff.)

Ausnahmefall
- atypischer Sachverhalt **1** 5 (11)

Ausnahmevisum 1 6 (3), 13 (17), 14 (36)
ausreichende deutsche Sprachkenntnisse 1 2 (182, 184, 186)
ausreichender Wohnraum 1 2 (162, 164, 171)
Ausreise
- Ausreisezeitraum **1** 59 (15 f.)
- freiwillige **1** 59 (16, 20, 22, 26 f., 30)
- nicht nur vorübergehende **1** 51 (10, 12 f., 17)
- Überwachungsbedürftigkeit **1** 58 (25 ff., 29)

Ausreiseeinrichtung 1 61 (32 ff.)
Ausreisefrist
- Antragsrücknahme **7** 38 (5 f.)
- bei Ausreisepflicht **1** 50 (11)
- Bemessung **1** 59 (20, 24)
- fehlende Asylanerkennung **7** 38 (1)
- freiwillige Ausreise **1** 59 (17)
- Freizügigkeit **2** 7 (5 f.)
- freiwillige Ausreise **7** 38 (5)
- Länge **2** 7 (38 ff., 41 ff.)
- Trennung von Abschiebungsandrohung **1** 59 (23 ff.)
- Unterbrechung **1** 59 (19)

Ausreisegewahrsam 1 62b (5)
- Fluchtgefahr **1** 62b (3 f., 6 ff.)
- Sammelabschiebung **1** 62b (4)
- Vollzugsort **1** 62b (18)

Ausreisepflicht 1 49b; **7** 34 (5)
- Abschiebungsvoraussetzungen **1** 58 (9 f.)
- Anzeigepflicht **1** 50 (17)
- Aufenthaltsbeschränkung **1** 61 (3)
- Ausreisefrist **1** 50 (10)
- Ausschreibung
 - zur Fahndung/Festnahme **1** 50 (22)
 - Rechtsschutz **1** 50 (30)
 - im Schengener Informationssystem **1** 50 (26)
- Durchreiserecht **1** 50 (7)
- Durchsetzung **1** 61 (4)
- Einreise in anderen EU-Mitgliedstaat **1** 50 (13)
- Einreise- und Aufenthaltsverbot **1** 50 (25 ff.)
- Erfüllung **1** 50 (11 ff.)
- Erlöschen **2** 7 (31 f.)
- Freizügigkeit **2** 7 (5 ff.)
- Freizügigkeitsvermutung **2** 7 (13 f., 25 ff.)
- durch Gesetz **1** 50 (4 f.)
- kraft Gesetzes **1** Vor 53 (167 ff.)
- Grenzübertrittsbescheinigung **1** 50 (16)
- Kurzaufenthalt **1** 50 (5)
- Passverwahrung **1** 50 (18, 21)
- Rechtsschutz **1** 50 (30 ff.)
- Schengen-Visum **1** 50 (9)
- unbekannter Aufenthalt **1** 50 (24)
- durch Verwaltungsakt **1** 50 (4)
- Visakodex **1** 50 (7)
- Vollstreckbarkeit **2** 7 (25)
- vollziehbare **1** 58 (14)
 - Altfallregelung **1** 104a (8)
- Wegfall **2** 7 (28 f.)
- Wohnungswechsel **1** 50 (17 f.)

Ausreiseuntersagung
- sofortige Vollziehbarkeit **1** 84 (13)

Ausreiseverbot
- Ausreiseuntersagung **1** 95 (53 f.)
- Ausweisungsverfügung **1** 95 (98)
- Verstoß **1** 95 (50)
- zuständige Behörde **1** 71 (20)

Ausschluss
- des Asylrechts **6** 16a (92)

Ausschluss der aufschiebenden Wirkung 1 84 (4, 10 ff., 15)
Ausschluss des Widerspruchs 1 83 (4)
Ausschluss verspäteten Vorbringens 1 82 (20, 25, 29, 31)
Ausschreibung
- Speicherung im Schengener Informationssystem **1** 50 (26 ff.)
- Untertauchen ausreisepflichtiger Ausländer **1** 50 (22)

Ausschreibung im Schengener Informationssystem (SIS) 1 50 (26, 29 f., 30 ff.)
- Einreiseverweigerung **1** Vor 53 (23 ff.)

Außenstelle 7 5 (12 ff.)
außergewöhnliche Härte
- Nachzug sonstiger Familienangehöriger **1** 36 (23 ff., 25, 27, 34, 37, 42, 50)

Aussetzung der Abschiebung 7 36 (19)
Aussetzung der Duldungserteilung 1 79 (22)
Aussetzung des Familiennachzug 1 79 (19)
Aussetzung des Verfahrens
- bei Straf- und Ordnungswidrigkeitsverfahren **1** 79 (14)
- Untätigkeitsklage **1** 79 (15)
- Verdacht missbräuchlicher Vaterschaftsanerkennung **1** 79 (18)

Aussetzung von Entscheidungen 7 11 (5 ff.)
Aussetzungsbefugnis
- Abschiebung **1** 60a (7)

2647

Sachregister

fette Zahlen = Hauptteile des Werkes

Aussichtslosigkeit
- Asylantrag **7** 30 (5 ff.)

Austauschprogramm 1 16c (5 ff.)

Austrittsabkommen
- Aufenthaltsdokument-GB **2** 16 (7 f.)
- Aufenthaltsrecht nach Ablauf der Übergangsfrist **2** 16 (9)
- Aufenthaltsrecht vor Ablauf der Übergangsfrist **2** 16 (1 ff.)
- Ausbildungsaufenthalt **2** 16 (12 ff.)
- britische Staatsangehörige **2** 16 (1 ff.)
- Gleichstellungsregelung **2** 16 (58)
- Verfahrensregelungen **2** 16 (23)

Ausweisersatz 1 2 (207)
- Passpflicht **1** 3 (17)

Ausweispflicht 1 3 (26)

ausweisrechtliche Pflichten 1 47a (4)
- Aushändigung **1** 48 (4)
- Ausreise von gewaltbereiten Personen **1** 48 (5)
- Ausweisbesitzpflicht **2** 8 (9)
- Ausweisersatz **1** 48 (7, 12)
- Ausweispflicht **1** 48 (2)
- Datenträger **1** 48 (4)
- Diskriminierungsverbot **2** 8 (11)
- Durchsuchungsmaßnahmen **1** 48 (6)
- Freizügigkeit **2** 8 (7)
- humanitäre Gründe **1** 48 (11)
- Mitführungspflicht **2** 8 (9)
- Mitwirkungspflichten **1** 48 (6)
- qualifizierte Duldung **1** 48 (10)
- Vorlage **1** 48 (4 ff.)
- vorübergehende Überlassung **1** 48 (4 f.)
- Zumutbarkeit **1** 48 (6)
- der Erlangung **1** 48 (7)

Ausweisung 1 Vor 53 (21, 26, 31, 41); **7** 30 (17)
- Abwägungsentscheidung **1** 53 (78)
- Abwägungskriterien **1** 53 (66, 69, 71, 76)
  - Boultif/Üner-Kriterien **1** 53 (68)
  - Rechtstreue **1** 53 (78 ff.)
- anerkannte Flüchtlinge **1** 53 (96 ff.)
- Arbeitnehmerfreizügigkeit **1** Vor 53 (82)
- Art. 6 GG **1** Vor 53 (55)
- Art. 8 EMRK **1** Vor 53 (62)
- Asylberechtigte **1** 53 (96 ff.)
- Asylbewerber **1** 53 (101 f.)
- Ausländer mit deutschem Kind **1** Vor 53 (48, 50 ff.)
- Aussetzung der Strafvollstreckung zur Bewährung **1** 53 (53 ff.)
- Ausweisungsinteresse
  - verbrauchtes **1** 53 (39)
  - verwertbares **1** 53 (33)
- biologischer Vater **1** Vor 53 (55)
- Blue Card -Richtlinie **1** Vor 53 (110)
- Boultif/Üner-Kriterien **1** Vor 53 (58, 122)
- Daueraufenthalt – EU **1** 53 (86, 92 ff.)
- Daueraufenthalts-Richtlinie **1** Vor 53 (107)
- deutsch verheirateter Ausländer **1** Vor 53 (48)
- Dienstleistungsfreiheit **1** Vor 53 (85)
- Drittstaatsangehörige **1** Vor 53 (66)
  - wegen Drogendelikts **1** Vor 53 (125)
- Drogentherapie **1** 53 (58)
- Einreise- und Aufenthaltsverbot **1** Vor 53 (25, 161)
  - Befristung **1** 11 (17, 19 f., 20 ff.)
  - Verlängerung **1** Vor 53 (28 ff.)
- einreiseverhindernde **1** Vor 53 (21 f.)
- Einstellungen nach §§ 153, 153a StPO **1** 53 (44)
- Einzelfallgerechtigkeit **1** 53 (7)
- EMRK **1** Vor 53 (112)
- Entschließungsermessen **1** Vor 53 (27), 53 (13)
- erhebliche Interessen der Bundesrepublik Deutschland **1** 53 (27)
- Erlöschenswirkung **1** Vor 53 (22)

- Erziehungshilfe oder Hilfe für junge Volljährige **1** 53 (31)
- Europäische Sozialcharta (ESC) **1** Vor 53 (133)
- Europäisches Fürsorgeabkommen (EFA) **1** Vor 53 (134)
- Europäisches Niederlassungsabkommen (ENA) **1** Vor 53 (135)
- Europäisches Übereinkommen über den Übergang der Verantwortlichkeit für Flüchtlinge (EATRR) **1** 53 (96)
- Europa-Mittelmeer-Abkommen **1** Vor 53 (87)
- EWR-Staatsangehörige **1** Vor 53 (76 f.)
- faktischer Inländer **1** Vor 53 (62)
- Familienzusammenführungs-Richtlinie **1** Vor 53 (94 ff., 97, 98)
- Flüchtlinge **1** Vor 53 (136)
- Freundschaftsverträge **1** Vor 53 (152)
- Führungsaufsicht **1** 53 (57)
- gebundene Entscheidung **1** 53 (7, 10)
- Gefahr
  - für die Allgemeinheit **1** 53 (97 f.)
  - für erhebliche Interessen der Bundesrepublik Deutschland **1** 53 (16 f.)
  - für freiheitliche demokratische Grundordnung **1** 53 (15)
  - für die Sicherheit der Bundesrepublik Deutschland **1** 53 (100)
- Gefahrenprognose **1** 53 (21 ff., 48 f., 50 ff., 60 f.)
- Generalprävention **1** 53 (60)
- generalpräventive **1** Vor 53 (51)
- GK-Reiseausweis **1** 53 (96)
- Grundnorm **1** 53 (14)
- ICT-Richtlinie **1** Vor 53 (112)
- inlandsbezogene **1** Vor 53 (145 f.)
- Internationale Arbeitsorganisation **1** Vor 53 (130)
- Internationaler Pakt über bürgerliche und politische Rechte (IPBPR) **1** Vor 53 (128)
- Klageverfahren **1** Vor 53 (176)
  - Streitwert **1** Vor 53 (180)
  - Vergleich **1** Vor 53 (181 f.)
- Lebensunterhaltssicherung **1** 53 (31)
- maßgeblicher Zeitpunkt **1** Vor 53 (170 ff.)
- Mehrgenerationenfamilie **1** Vor 53 (46)
- eines minderjährigen Ausländers **1** Vor 53 (59)
- Niederlassungsabkommen **1** Vor 53 (152)
- Niederlassungsfreiheit **1** Vor 53 (81)
- Obdachlosigkeit **1** 53 (31)
- öffentliche Gesundheit **1** 53 (31 f.)
- öffentliche Sicherheit und Ordnung **1** 53 (21)
- Prognose zur Wiederholungsgefahr **1** 53 (54, 56, 60, 90)
- Prostitution **1** 53 (31)
- Prüfprogramm **1** 53 (21)
- Rechtsschutz **1** Vor 53 (157, 181 f.)
- Rechtsstellung der Beitrittsstaaten **1** Vor 53 (79)
- Refoulement-Verbot **1** Vor 53 (141)
- REST-Richtlinie **1** Vor 53 (111)
- Rückführungs-Richtlinie **1** 11 (20 ff.)
- Rückkehrentscheidung **1** 11 (22), Vor 53 (31)
- Scheinehe **1** Vor 53 (75 ff.)
- Schengener Informationssystem **1** Vor 53 (23)
- Schutz des Privat- und Familienlebens (Art. 8 EMRK) **1** Vor 53 (114)
  - Familienbegriff **1** Vor 53 (118)
- Schutz des Privatlebens **1** Vor 53 (61)
- Schutz von Ehe und Familie **1** Vor 53 (42)
- Schutzgut freiheitliche demokratische Grundordnung **1** 53 (24 ff.)
- schwerwiegende Gefahr **1** 11 (55)
- Sofortvollzug **1** Vor 53 (163)
  - aus generalpräventiven Gründen **1** Vor 53 (166 f.)
- Sperrwirkung **1** Vor 53 (25)

2648

magere Zahlen = §§ bzw. Artikel

Sachregister

- Spezialprävention **1** 53 (47, 54, 60)
- Staatenlose **1** Vor 53 (150 ff.)
- subsidiär Schutzberechtigte **1** Vor 53 (148 ff.)
- subsidiär Schutzberechtigte **1** 53 (101)
- Terrorismus
  - individueller Zurechnungszusammenhang **1** 54 (42)
  - tatbestandserhebliches Unterstützen **1** 54 (41 ff.)
  - Unterstützungsbegriffe **1** 54 (40)
- Terrorismusgefahr **1** 54 (23 ff.)
- Titelerteilungsverbot **1** Vor 53 (25)
- türkische Staatsangehörige **1** 53 (82)
- türkische Staatsangehörigkeit **1** Vor 53 (87 f.)
- Typenkorrektur **1** 53 (19)
- Überlagerung durch Verfassungs-, Unions- und Völkerrecht **1** Vor 53 (42)
- Umgang mit einem Kind **1** Vor 53 (54 f.)
- Umgangsrecht **1** Vor 53 (53 ff.)
  - Ausübung **1** Vor 53 (57)
- unbestimmter Rechtsbegriff **1** 53 (16)
- Unionsbürger **1** Vor 53 (63)
  - grenzüberschreitender Sachverhalt **1** Vor 53 (67)
  - unionsrechtliches Aufenthaltsrecht eigener Art **1** Vor 53 (71 ff.)
- UN-Kinderrechtskonvention **1** Vor 53 (122)
- Verlöbnis **1** Vor 53 (61 ff.)
- Verwaltungsverfahren **1** Vor 53 (157)
  - Amtsermittlungspflicht **1** Vor 53 (158)
  - Mitwirkungspflicht **1** Vor 53 (158)
- Verwertungsverbot **1** 53 (34, 41 ff.)
- volljährige Kinder **1** Vor 53 (60)
- vorläufiger Rechtsschutz **1** Vor 53 (181)
- Zuerkennung der Flüchtlingseigenschaft **1** 53 (95 ff.)
- Zweitausweisung **1** Vor 53 (27)

Ausweisung türkischer Staatsangehöriger
- Ausweisungsschutz für Selbstständige **3** 14 (60)
- Daueraufenthalts-Richtlinie
  - Anwendbarkeit **3** 14 (15)
- Drogendelikte **3** 14 (47)
- Einzelfallprüfung **3** 14 (14)
- Gefahr für Grundinteresse der Gesellschaft **3** 14 (38)
- Generalprävention **3** 14 (45)
- Grundinteresse der Gesellschaft **3** 14 (41)
- maßgeblicher Zeitpunkt **3** 14 (59)
- odre public-Vorbehalt
  - Konkretisierung **3** 14 (15)
- Prognosegutachten **3** 14 (44 ff.)
- Rechtsgrundlage **3** 14 (5)
- Serienstraftäter **3** 14 (48)
- Sprachfassungen **3** 14
- Strafaussetzung zur Bewährung **3** 14 (55)
- Unerlässlichkeit **3** 14 (42)
- Verhältnis bei bilateralen Abkommen **3** 14 (78)
- Vier-Augen-Prinzip **3** 14 (67)
- Wahrscheinlichkeitsmaßstab **3** 14 (50)
- Wiederholungsgefahr **3** 14 (53)

Ausweisungsinteresse 1 5 (50, 52, 63), 54 (7, 15, 21, 23)
- Abhalten von der gesellschaftlichen Teilhabe **1** 54 (76)
- Abwägungsentscheidung **1** 53 (78)
- Abwägungskriterien **1** 53 (66)
- Aktualität **1** 5 (57)
- Atypik **1** 5 (55)
- aufnahmebereiter Staat **1** 53 (75)
- Auslandstat **1** 54 (97 ff.)
  - schwere Straftat **1** 54 (101 ff.)
- Ausnahme **1** 5 (60 ff.)
- Ausweisungsgrund **1** 5 (51)
- Ausweisungstatbestand **1** 5 (53)
- Ausweisungs-und Abschiebungsschutz **1** 53 (76)
- Begriff **1** 5 (51 ff.)
- Betäubungsmittelkriminalität **1** 54 (21 ff., 23 f., 68)
- Boultif/Üner-Kriterien **1** 53 (68)

- Duldungsgründe **1** 53 (76)
- Fallgruppen für generalpräventive Ausweisungen **1** 53 (65 ff.)
- Familie **1** 53 (73)
- Familiennachzug **1** 27 (100, 104, 108)
- freiheitliche demokratische Grundordnung **1** 54 (25, 30)
- Freiheits- bzw. Jugendstrafe **1** 54 (8, 13, 15 ff.)
- Gefährdungsnachweis **1** 54 (31)
- Gefährdungsprognose **1** 5 (55 f., 66)
- gefährliche Betäubungsmittel **1** 54 (72)
- Generalprävention **1** 5 (56)
- gesetzlicher Vertreter **1** 80 (12 ff.)
- Gewalt bei der Verfolgung politischer oder religiöser Ziele **1** 54 (57 f.)
- Gewaltandrohungen **1** 54 (28 f.)
- Gewaltanschläge **1** 54 (28)
- harte Drogen **1** 54 (73 f.)
- Hassprediger **1** 54 (61, 66 ff.)
- Herkunftsstaat **1** 53 (74)
- inländisches Strafurteil **1** 54 (11)
- Interessen der Bundesrepublik Deutschland **1** 5 (70, 74 ff.)
- Jugendstrafe von einem Jahr ohne Bewährung **1** 54 (68)
- Leiter eines verbotenen Vereins **1** 54 (54)
- Maßregel der Besserung und Sicherung **1** 54 (15 ff.)
- Nachtatverhalten **1** 53 (71)
- öffentliche Gesundheit **1** 5 (84)
- persönliche, wirtschaftliche und sonstige Bindungen **1** 53 (70)
- Rechtmäßigkeit des Aufenthalts **1** 53 (69 f.)
- rechtskräftig verhängte Strafe **1** 54 (11)
- Rechtstreue **1** 53 (78)
- Rechtsverstoß **1** 54 (90)
  - Typenkorrektur **1** 54 (91)
- Sicherheit der Bundesrepublik Deutschland **1** 54 (25 f., 30)
- Sicherheitsgespräch **1** 54 (80 ff., 84, 86)
- Sicherungsverwahrung **1** 54 (9, 11, 14)
- Spezialprävention **1** 5 (55)
- Strafklageverbrauch **1** 54 (12)
- Straftaten gegen das Eigentum **1** 54 (18 f.)
- Terrorismus **1** 54 (23)
  - Abstandnahmeklausel **1** 54 (45 ff.)
  - Liste der Terrororganisationen **1** 54 (39)
  - Merkmale **1** 54 (36 ff.)
  - Qualifikation einer Organisation als terroristisch **1** 54 (39)
  - Terrorismusunterstützung und Meinungsfreiheit **1** 54 (43)
  - Unterstützungsbegriff **1** 54 (31, 40, 46 f.)
  - Unterstützungsbegriffe im Ausweisungsrecht **1** 54 (40)
  - vergangene Tatsachen **1** 54 (45)
  - Zeuge vom Hörensagen **1** 54 (35 f.)
- Verletzung von Mitwirkungspflichten **1** 54 (86 ff., 88)
- verwertbares **1** 53 (32)
- Vorbereitung einer schweren staatsgefährdenden Gewalttat **1** 54 (46, 54)
- Vorbereitungshandlungen **1** 54 (30)
- Vorsatz- und Fahrlässigkeitstaten **1** 54 (14 ff.)
- Wiederholungsgefahr **1** 5 (55 ff.)
- Zwangsehe **1** 54 (78)

Ausweisungsrecht
- Boultif/Üner-Kriterien **1** Vor 53 (15)
- historische Entwicklung **1** Vor 53
- Konzept **1** 53 (7, 12)
- Neuregelung **1** Vor 53 (17 ff.)
- Reformvorschläge Bergmann/Dörig **1** Vor 53 (16 ff.)
- wesentliche Prinzipien des Altrechts **1** Vor 53 (1 ff.)
  - Abschreckung **1** Vor 53 (4)

2649

Sachregister

fette Zahlen = Hauptteile des Werkes

- Ausländerpolizeiverordnung **1** Vor 53 (2)
- Ermessensausweisung **1** Vor 53 (11)
- Generalprävention **1** Vor 53 (5)
- Ist-Ausweisung **1** Vor 53 (7 f.)
- Regelausweisung **1** Vor 53 (10)
- Spezialprävention **1** Vor 53 (7)

Ausweisungsschutz 5 19 f.
- Europäische Sozialcharta (ESC) **1** Vor 53 (133)
- Europäisches Fürsorgeabkommen (EFA) **1** Vor 53 (134)
- Europäisches Niederlassungsabkommen (ENA) **1** Vor 53 (135 f.)
- Flüchtlinge **1** Vor 53 (136)
- Internationale Arbeitsorganisation **1** Vor 53 (130)
- Internationaler Pakt über bürgerliche und politische Rechte (IPBPR) **1** Vor 53 (127)
- Niederlassungsabkommen **1** Vor 53 (152)
- Staatenlose **1** Vor 53 (150)
- subsidiär Schutzberechtigte **1** Vor 53 (148)

Ausweisungsverfahren
- Amtsermittlungspflicht **1** Vor 53 (158)
- aufschiebende Wirkung **1** Vor 53 (162)
- maßgeblicher Zeitpunkt **1** Vor 53 (169, 170)
- Mitwirkungspflicht des Ausländers **1** Vor 53 (158)
- Sofortvollzug **1** Vor 53 (163 f.)

Ausweisungsverfügung
- Meldepflicht **1** 56 (8 ff.)

BAföG 1 2 (48 f.)
Balkan-Route 7 Vor 1 (37 f.)
BAMF 7 5 (3 f.)
Beamte 1 19c (17 f.)
Bearbeitungsgebühren 1 69 (15 ff.)
Bedarfsgemeinschaft
- Haushaltsgemeinschaft **1** 2 (72)
- Personenkreis **1** 2 (67)

Bedingungen
- Aufenthaltserlaubnis
  - Beendigung der ehelichen Lebensgemeinschaft **1** 12 (19)
  - Bezug von Leistungen nach dem SGB II **1** 12 (24 ff.)
- auflösende
  - Visum oder Aufenthaltserlaubnis **1** 12 (18)
- aufschiebende
  - Visum oder Aufenthaltserlaubnis **1** 12 (17 ff.)
- Nebenbestimmung
  - Aufenthaltstitel **1** 12 (15 ff., 22)

Beendigung der Flucht 7 27 (26)
Befangenheitsantrag 7 78 (28)
Beförderungsunternehmer 1 63 (3)
- Beförderungsverbot **1** 63 (14)
- finanzielle Sanktionen **1** 63 (5)
- Haftung
  - Vereinbarkeit mit Unionsrecht **1** 63 (6)
  - nach Verhältnismäßigkeit **1** 63 (12)
- Kostenschuldner **1** 66 (11)
- Null-Fehler-Toleranz **1** 63 (4)
- Pflicht zur Verhinderung illegaler Einreise **1** 64 (2)
- Rechtsschutz **1** 63 (25 ff.)
  - gegen Rückbeförderungsanordnung **1** 64 (13 ff., 15)
- Risikohaftung **1** 64 (2)
  - für illegale Einreise **1** 63 (4)
- Rückbeförderungspflicht **1** 64 (2)
  - Dauer **1** 64 (9)
  - Erlöschen **1** 64 (10 ff.)
- Unverhältnismäßigkeit der Rückbeförderung **1** 64 (6)
- Verfahren **1** 63 (25)
- Zwangsgeld **1** 63 (15)
  - Androhung **1** 63 (18)
  - Vereinbarkeit mit Unionsrecht **1** 63 (24 ff.)

Beförderungsverbot
- kein individuelles Verbot **1** 63 (15)
- Personen ohne Pass und Aufenthaltstitel **1** 63 (14)

Befristung
- Einreise- und Aufenthaltsverbot **1** 11 (67, 73)

Befristung eines Aufenthaltstitels
- anfängliche Befristung **1** 7 (37 ff.)
- Ausreisepflicht **1** 7 (72)
- Ausweisungstatbestand **1** 7 (58)
- Bezug von Sozialleistungen **1** 7 (63)
- Diskriminierungsverbote
  - Europa-Mittelmeer-Abkommen **1** 7 (42 f.)
- Ermessen **1** 7 (61 f.)
- Fortfall einer wesentlichen Voraussetzung **1** 7 (54)
- nachträgliche Befristung **1** 7 (39, 41)
- neuer Zweck **1** 7 (59)
- nicht rückwirkend **1** 7 (52 ff.)
- persönliche Bindungen **1** 7 (62 ff.)
- Rechtsschutz **1** 7 (67, 69, 78)
- schematische Befristungsmethodik **1** 7 (67)
- Trennungsprinzip **1** 7 (61)
- türkische Staatsangehörige **1** 7 (65)
- Verbot der Befristung **1** 7 (45)
- Verhältnismäßigkeit **1** 7 (66)
- Vertrauensschutz **1** 7 (66)
- Vollziehbarkeit **1** 7 (72)
- Voraussetzungen **1** 7 (34)
- Zweckfortfall **1** 7 (57)

Befristungsanspruch
- Einreise- und Aufenthaltsverbot **1** 11 (29)

begleitete Vorspracheanordnung 1 82 (16)

Behandlung
- unmenschliche oder erniedrigende **5** 3 (2 ff.)

Behandlung durch Private 4 3 (27)
Beherrschen der deutschen Sprache 1 2 (193)
Behinderung
- Menschen mit **5** 25 (2)

Behördenbezirke 7 58 (12)
Beihilfe 1 95 (13, 16)
Beitrittsstaaten
- Arbeitnehmerfreizügigkeit **2** 13 (6)
- Aufbau und Struktur der Beitrittsverträge **2** 13 (6 f.)
- ausländerrechtliche Rechtsstellung **2** 13 (39)
- Beschränkungen für Arbeitnehmer und Dienstleistungserbringer **2** 13 (22)
- Geltung des EU-Rechts **2** 13 (13)
- Rechtsstellung von Familienangehörigen **2** 13 (65 ff.)
- Standstill-Klausel **2** 13 (27)
- Übergangsphase **2** 13 (35)
- Übergangsregelung **2** 13 (2)
- völkerrechtliche Abkommen **2** 13 (13)
- Werkvertragsarbeitnehmer **2** 13 (80)

Berufsausbildung
- Ausbildungs- und Arbeitsplatzsuche **1** 16a (29 f.)
- Ausbildungsplatzsuche **1** 16 (6)
- betriebliche Aus- und Weiterbildung **1** 16a (11)
- qualifizierte **1** 2 (195), 16 (4, 6)
- schulische **1** 16a (22, 25)
- Sicherung des Lebensunterhalts **1** 16a (16)
- Sprachkenntnisse **1** 16a (10, 22)
- Verlängerung der Aufenthaltserlaubnis **1** 16a (19, 28)
- Vorrangprüfung **1** 16a (14 f.)
- Weiterbildung **1** 16a (4)
- Zustimmung der Bundesagentur für Arbeit **1** 16a (14)

berufsbezogene Deutschsprachförderung
- Verordnungsermächtigung **1** 45 (5)

Berufsfreiheit 5 15 (1)
Berufsleben 5 32 (2)
Berufsqualifikation 1 16d (1 f.)
- Gleichwertigkeit **1** 16d (10)

Berufung
- Ausschluss **7** 78 (36)

magere Zahlen = §§ bzw. Artikel

Sachregister

Berufungszulassung 7 78 (6, 34)
Beschäftigung 1 4a (28, 45, 49), 17 (8)
– Aufenthalt zum Zweck der 1 18 (2)
– Ausnahmen 1 18 (17)
– Berufsausübungserlaubnis 1 18 (13)
– Ermessenslenkung 1 18 (5)
– Fachkräfte mit und ohne Hochschulabschluss 1 18 (2)
– Gleichwertigkeit 1 18 (14)
– konkretes Arbeitsplatzangebot 1 18 (7)
– Mitteilungspflicht 1 4a (54)
– Pflichten des Arbeitgebers 1 4a (49 f., 51, 53)
– Pflichten des Vertragspartners 1 4a (49, 52, 55)
– Qualifikationsanerkennung 1 18 (14)
– qualifizierte 1 2 (199)
– Schutz vor Altersarmut und der Sozialsysteme 1 18 (16)
– Studienaufenthalt 1 16b (29)
– Verbot 1 4a (47, 49)
– Voraussetzungen 1 18 (5, 13)
– Zustimmung der Bundesagentur für Arbeit 1 18 (8)
Beschäftigungsduldung 1 60c (65 f.)
– 18 Monate Vorbeschäftigungszeit 1 60d (17, 19)
– Anwendungsbereich 1 60d (11)
– Einstiegsqualifizierung 1 60d (18 f.)
– Ende der 1 60d (29, 30)
– kooperativer Ausländer 1 60d (33)
– Lebensunterhaltssicherung 1 60d (21)
– Rechtsanspruch 1 60d (2)
– Rechtsschutz 1 60d (36 ff.)
– Rückführungs-Richtlinie 1 60d (9 f.)
– sozialversicherungspflichtige Beschäftigung 1 60d (3)
– Sprachkenntnisse 1 60d (22)
– Straftaten 1 60d (23)
– verkappter Aufenthaltstitel 1 60d (6 f.)
– Verwaltungsverfahren 1 60d (36 f.)
– zwölfmonatige Vorduldungszeit 1 60d (15)
Beschäftigungsverbot
– Geduldete 1 60a (70)
Beschäftigungsverordnung (BeschV) 1 16d (13), 19c (8 ff.)
beschleunigtes Fachkräfteverfahren 1 81 (55)
– zentrale Ausländerbehörde 1 81a (2)
Beschränkung politischer Betätigung
– Verstoß 1 95 (54)
Besetzung des Gerichts 7 74 (38), 78 (28)
besondere Härte
– eigenständiges Aufenthaltsrecht für Ehegatten 1 31 (46, 50, 55, 63, 65, 77 f.)
– Kindeswohl 1 31 (66)
– Rückkehrverpflichtung
– wirtschaftliche Nachteile 1 31 (58)
– Unzumutbarkeit 1 31 (74)
– Verfolgungsgefahr 1 31 (63)
Bestrafung 7 3a (6 f.)
– unmenschliche oder erniedrigende 1 60 (71)
Betäubungsmittelkriminalität
– Ausweisungsinteresse 1 54 (68)
Beteiligungserfordernisse 1 71a (8 ff.), 72a (12 ff.)
– Datenübermittlung an das BAMF 1 73 (29 ff., 30)
– Datenübermittlung an die Ausländerbehörde 1 73 (35, 41)
– Nachberichtigungspflicht 1 73 (42, 44)
– Verwaltungsvorschriften 1 73 (45)
– Visumverfahren 1 73 (9, 15, 19 f., 25 f.)
Betreiben 7 81 (9)
Betretenserlaubnis 1 62c (14), 72 (6)
– Einreise- und Aufenthaltsverbot 1 11 (112 ff.), 114
– kein Aufenthaltstitel 1 11 (114)
– kein freies Bewegungsrecht 1 11 (113)
Bett, Brot, Seife
– Fehlen von 7 29 (26 f.)
Beurteilungsspielraum

– margin of appreciation 4 8 (8 f.)
Beurteilungszeitpunkt
– in Asylsachen 7 77 (2 ff.)
bewaffneter Konflikt
– Abschiebungsverbot 1 60 (91, 93, 95)
Beweisantrag 7 78 (30)
Beweisaufnahme 7 74 (31)
Beweiserhebung
– BAMF 7 24 (3)
Beweisgebühr 7 74 (47)
Beweislast 4 3 (22 ff.)
Beweismittel
– neues 7 71 (25)
Bewertung einzelner Dublin-Staaten 7 29 (40)
Bildung 5 14 (1)
– Recht auf 5 13 (2)
Bildungseinrichtung 1 2 (200)
Bindungswirkung 7 6 (2)
biometrische Merkmale 1 78 (2)
BKA-Gesetz-Urteil 1997 1 56a (6)
Blankettstrafnorm 1 95 (8)
Blaue Karte EU 1 18b (9), 51 (38, 44)
– Ablehnungsgründe 1 18b (27)
– angemessene Beschäftigung 1 18b (23)
– Arbeitsplatzwechsel 1 18b (34)
– berechtigter Personenkreis 1 18b (18)
– Daueraufenthalt-EU 1 9b (24, 26)
– Erteilungsvoraussetzungen 1 18b (18)
– Fachkräfte mit akademischer Ausbildung 1 18a (10)
– Familiennachzug 1 18b (38)
– Gültigkeitsdauer 1 18b (34)
– Mangelberufe 1 18b (29 ff.)
– Mindestgehalt 1 18b (24)
– Mobilität 1 18b (37 f.)
– Visum 1 18b (22)
– Voll- und Teilzeittätigkeit 1 18b (26)
– zusätzliche Ablehnung 1 19f (4)
Bleibeinteresse 1 55 (5)
– Aufenthaltserlaubnis 1 55 (7)
– Ausländer in Deutschland geboren oder aufgewachsen 1 55 (8 f.)
– Ehe 1 55 (9)
– fünfjähriger Aufenthalt 1 55 (22)
– Lebenspartnerschaft 1 55 (9)
– Besitz eines Titels 1 55 (4 f.)
– Familie mit deutschen Staatsangehörigen 1 55 (9 f.)
– Heranwachsende 1 55 (19 ff.)
– humanitäre Gründe 1 55 (14)
– Familienangehörige 1 55 (16)
– Opfer von Menschenhandel 1 55 (17)
– Schutzberechtigte 1 55 (15 f.)
– Kindeswohl 1 55 (24 ff.)
– Minderjährige 1 55 (19 ff.)
– Niederlassungserlaubnis 1 55 (5)
– Personensorge 1 55 (14, 23)
– Rechtmäßigkeit des Aufenthalts 1 55 (26)
– Umgangsrecht 1 55 (14, 23 f.)
Blue Card-Richtlinie
– Datenaustausch 1 91f (1, 2 ff.)
Bosnien und Herzegowina 7 90 (10)
Boudjlida-Urteil 5 41 (3)
Boultf/Üner-Urteil 4 8 (15 ff.)
Boultif/Üner-Kriterien 1 11 (59), Vor 53 (15, 58 ff., 122); 5 7 (3)
Brexit/Dublin III-Urteil 7 29 (32 f.)
BüMA 7 63a (2)
Bundesagentur für Arbeit
– Beteiligung 1 72 (26)
Bundesamt für Migration und Flüchtlinge (BAMF) 1 74a (12)
– Aufgaben und Zuständigkeit 1 75 (3)
– Beirat für Forschungsmigration 1 75 (19)

2651

Sachregister

fette Zahlen = Hauptteile des Werkes

- Beschaffung von Heimreisedokumenten **1** 75 (24)
- Einreise- und Aufenthaltsverbote **1** 75 (23)
- Förderung der Rückkehr **1** 75 (15)
- Integrationskurse **1** 75 (7)
- Migrationsberatung **1** 75 (17)
- Migrationsforschung **1** 75 (11)
- als nationale Kontaktstelle
  - Datenübermittlung **1** 91a (7)
- Verfahren beim **7** 22a (6)

Bundesbeauftragter 7 5 (20)
Bundesgebührengesetz 1 69 (3)
Bundeszentralregistergesetz 1 61 (15)
Bürgerbeauftragte
- Europäischer **5** 42 (2)

Bürgerkrieg
- Abschiebungsandrohung trotz **1** 59 (55)
- Asyl
  - wegen staatlicher Verfolgung **6** 16a (38)

Bürgerkriegsflüchtling 7 1 (17)
Bürgerrechte 5 38 (2)
Bußgeldvorschriften AufenthG 1 98 (6, 7)
- Anzeigepflicht **1** 98 (21)
- Duldung mit ungeklärter Identität **1** 98 (34)
- grenzpolizeiliche Kontrolle **1** 98 (11)
- Grenzübergangsstelle **1** 98 (30)
- Identitätsfeststellung **1** 98 (12)
- Integrationskurs **1** 98 (14)
- Meldepflicht **1** 98 (32)
- Meldepflicht bei Arbeitsaufgabe **1** 98 (14)
- minderjähriger Ausländer **1** 98 (36)
- Mitteilungspflicht **1** 98 (19, 22)
- Passbeschaffung **1** 98 (34)
- Passmitführungspflicht **1** 98 (30)
- Rechtsverordnung **1** 98 (36)
- selbstständige Erwerbstätigkeit **1** 98 (23)
- unerlaubte Dienst- oder Werkleistung **1** 98 (18)
- Verpflichtung zur Wohnsitznahme **1** 98 (28)
- Verstoß gegen räumliche Beschränkung **1** 98 (27, 33)
- Verstoß gegen vollziehbare Auflage **1** 98 (27)
- vollziehbar ausreisepflichtiger Ausländer **1** 98 (30)

Datenabgleich 1 89a (2)
- zwischen Ausländer- und Meldebehörde **1** 90a (6)

Datenaustausch 1 91c (1)
Datenaustausch aufgrund der Blue Card-Richtlinie 1 91f (1)
Datenaustauschverbesserungsgesetz 7 8 (1), 16 (1)
Datenerhebung 7 7 (4)
Datengewinnung auf Vorrat 7 16 (8)
Datenschutz 1 85a (25); **5** 7 (4), 8 (1)
- Adressaten der Datenübermittlungspflichten **1** 87 (2)
- Daten auf Vorrat **1** 98 (11)
- Datenaustauch zwischen Ausländerbehörde und Meldebehörde **1** 90b (3 f.)
- Datenübermittlung **1** 87 (1, 8, 10 f., 18, 20, 25)
- Erhebung personenbezogener Daten **1** 86 (2)
- erkennungsdienstliche Unterlagen **1** 89 (2)
- illegale Beschäftigung **1** 90 (2)
- informationelle Eingriffe **1** 86 (1)
- Integrationskurse **1** 88a (1)
- Verarbeitung personenbezogener Daten **1** 86 (2)
- Zweckbindung **1** 86 (11)

Datenschutzproblematik 7 15a (1 ff.)
Datenspeicherung
- Ausländerzentralregister **2** 8 (18)
- Diskriminierungsverbot **2** 8 (24 ff.)
- Erforderlichkeitsgebot **2** 8 (21)

Datenübermittlung 7 8 (2 f.)
- durch Ausländerbehörden **1** 89a (6 f.)
- an Meldebehörden **1** 90 (7)
- Unterrichtspflichten **1** 90 (4)

- Bundesamt für Migration und Flüchtlinge **1** 91a (7)
- Visumverfahren **1** 90b (8)

Datenübermittlung an das BAMF
- Asylwiderrufs- oder rücknahmeverfahren **1** 73 (30 f.)
- Aufnahmegesuch **1** 73 (32)
- Beteiligungserfordernisse **1** 73 (29)
- humanitäres Aufnahmeverfahren **1** 73 (33)
- Neuansiedlungsverfahren **1** 73 (33 ff.)
- Übernahmeersuchen **1** 73 (31)
- Umverteilungsverfahren **1** 73 (33)
- Wiederaufnahmegesuch **1** 73 (32)

Datenübermittlung an das BKA
- Beteiligungserfordernisse **1** 73 (35)

Datenübermittlung an die Ausländerbehörde
- Beteiligungserfordernisse **1** 73 (35, 41)

Datenverarbeitung 1 86a (2)
- Integrationskurse **1** 88 (1)
- Integrationsmaßnahmen **1** 88 (18)
- Migrationsberatung **1** 88a (6)

Datenverwendung 7 8 (2 f.)
Dauer
- Aufenthalt **1** 25b (43)

Daueraufenthalt – EU 1 9 (108)
- Aufenthaltszeiten in Irland und Dänemark **1** 51 (39)
- Ausweisungsvoraussetzungen **1** 53 (86, 92)
  - Grundinteresse der Gesellschaft **1** 53 (89)
  - Wiederholungsgefahr **1** 53 (90)
- Blaue Karte EU **1** 51 (44 ff.)
- Erlöschen **1** 51 (38 f., 42, 44 ff.)
- Erteilungsvoraussetzungen **1** 38a (10)
- Hochqualifizierten-Richtlinie **1** 51 (45)
- kein erhöhter Ausweisungsschutz **1** 53 (91)
- Konsultationsverfahren **1** 51 (45 ff.)
- Unterrichtspflichten **1** 51 (45 f., 47)

Daueraufenthaltsberechtigte
- Freizügigkeit **2** 2 (102)

Daueraufenthaltskarten
- Austrittsabkommen **2** 16 (61)

Daueraufenthaltsrecht
- Abwesenheit vom Bundesgebiet **2** 4a (88)
- Abwesenheitszeiten
  - Unschädlichkeiten **2** 4a (83)
- Altfälle **2** 4a (100)
- Aufenthaltskarte **2** 4a (23 f.)
- Aufenthaltszeiten **2** 4a (82)
- Aufenthaltszeiten Asylverfahren **2** 4a (20 f.)
- ausreichende Existenzmittel **2** 4a (12)
- Beendigung einer Erwerbstätigkeit **2** 4a (46)
- Bescheinigung **2** 5 (42 f.)
- Familienangehörige **2** 4a (37, 66)
  - Akzessorietät **2** 4a (41)
- Familiennachzug **2** 4a (74)
- fünfjähriger rechtmäßiger Aufenthalt **2** 4a (8)
- kurzfristige Unterbrechungen **2** 4a (40)
- Lebenspartner **2** 4a (37)
- nahestehende Personen **2** 4a (67)
- Verlust **2** 4a (88)
- Verlustfeststellung **2** 6 (64)

Daueraufenthalts-Richtlinie 1 9a (2), 9c (1, 7, 10, 12 ff.)
- Erlaubnis zum Daueraufenthalt-EU **1** 38a (4)
- Lebensunterhalt **1** 2 (119)

DDR 7 Vor 1 (10), 2 (9)
DEB-Urteil 5 47 (5)
Deutschkenntnisse 1 16d (25)
Deutschtest für Zuwanderer 1 2 (178, 180, 182 ff., 184 ff., 191 f., 193)
Diakité-Urteil 7 4 (14)
Dienstleistungen
- von allgemeinem wirtschaftlichen Interesse **5** 35 (2 ff.)

magere Zahlen = §§ bzw. Artikel

Sachregister

Dienstleistungsempfänger
- ARB 1/80
  - Stillhalteklausel 3 13 (55)
- Freizügigkeit 2 2 (97)
- Geschäftsreisen 2 2 (99)
- medizinische Behandlung 2 2 (99)
- Touristen 2 2 (99)

Dienstleistungserbringer
- ARB 1/80
  - Stillhalteklausel 3 13 (55)
- Dienstleistungs-Richtlinie 2 2 (97)
- entsandte Arbeitnehmer 2 2 (92)
- Freizügigkeit 2 2 (91 ff.)

Dienstleistungsfreiheit
- nachträgliche Beschränkung 1 4 (13)

Diplomaten
- akkreditierte
  - Anwendung des AufenthG 1 1 (40)

Diplomatenvisum 1 1 (43)

diplomatischer und konsularischer Schutz 5 45 (2)

Direktanwendung
- EU-Richtlinien 6 16a (142)
- Richtlinie 7 Vor 1 (29)

Diskriminierungsverbot 1 4 (10), 77 (13); 2 Vor 1 (32)
- ARB 1/80 3 9, 10
  - Anwendungsbereich 3 10 (15)
  - Auswirkungen 3 10 (22)
  - Rücknahme 3 10 (33)
  - sozialrechtliche Gleichbehandlung 3 9 (28)
  - Stand-Still-Klausel 3 10 (30)
  - Verlängerung eines Aufenthaltstitels 3 10 (17)
- Europa-Mittelmeer-Abkommen 1 7 (42)
- FreizügG/EU 1 1 (21); 2 1 (7)
- Freizügigkeitsvermutung 2 11 (104)
- Gleichbehandlung 2 11 (103)
- Günstigkeitsvergleich 2 11 (96)
- Nachweispflichten 2 5a (21)
- sozialrechtliche Leistungen 2 11 (105)
- türkische Staatsangehörige 1 7 (51)

Divergenzberufung 7 78 (18)

Divergenzrevision 7 78 (18)

Dokumente
- Zugang zu 5 41 (6)

Dokumente mit elektronischem Speicher- und Verarbeitungsmedium 1 78 (1, 3, 5)
- biometrische Merkmale 1 78 (2)

Dolmetscher 7 17 (3), 74 (38, 48)

Doppelstaater 1 1 (28 ff.); 2 1 (15)
- Familiennachzug 1 27 (16)

Drittstaat
- sicherer 6 16a (98 f.); 7 26a (2)

Drittstaaten-Bescheid 7 29 (10)

Drittstaatenklausel 7 87a (3)

Drogendelikte 4 8 (22)

Drogentherapie
- Ausweisung 1 53 (58)

Dublin 4 3 (38)

Dublin II-Verordnung 7 Vor 1 (24 ff.)

Dublin III-Verordnung 6 16a (134); 7 Vor 1 (24), 29
- Zuständigkeit
  - Grenzbehörde 7 18 (23)

Dublin-Asylsystem 5 18 (9); 7 29 (22)

Dublin-Einzelprobleme 7 29 (40)
- Aufenthaltstitel 7 29 (57)
- Begriff des Feststehens 7 29 (53)
- Bescheid-Tenorierung 7 29 (46)
- Drittschutz 7 29 (42)
- Eheschließung 7 29 (50)
- Einreise- und Aufenthaltsverbot 7 29 (56)
- Eurodac-Treffer 7 29 (59)
- freiwillige Ausreise 7 29 (55)

- Fristbeginn 7 29 (43)
- Fristunterbrechung 7 29 (43)
- Gegenstandswert 7 29 (62)
- gerichtliche Aufklärungspflicht 7 29 (41)
- illegale Wiedereinreise 7 29 (54)
- Kirchenasyl 7 29 (53)
- Klageart 7 29 (44)
- Minderjährigenschutz 7 29 (49)
- nachgeborene Anerkannten-Kinder 7 29 (51)
- Neugeborenes 7 29 (53)
- Rückkehrentscheidung 7 29 (56)
- Rücknahme des Asylantrags 7 29 (47)
- Überstellungsmodalitäten 7 29 (52)
- Umdeutung 7 29 (58)
- Verfassungsbeschwerde 7 29 (61)
- Verlassen des Dublin-Gebiets 7 29 (54)
- Zeitpunkt 7 29 (45)
- Zurückweisung an der Binnengrenze 7 29 (59)
- Zweitantrag 7 29 (58)

Dubliner Übereinkommen 5 18 (2 f.); 7 Vor 1 (22)

Dublin-Recht 7 29 (5)

Dublin-Regelungen
- Zurückschiebung 1 57 (14)

Dublin-Staaten
- Bewertung einzelner 7 29 (40)

Dublin-Überstellung
- zuständige Behörde 1 71 (17)

Dublin-Verordnung 5 18 (5); 7 18 (4)

Duldung 1 3 (23), 60 (123)
- Ablauf 1 60a (63)
- Abschiebestopp-Erlasse 1 60a (14)
- Abschiebungsstopp 1 60a (9)
- Anforderungen an ärztliche Atteste 1 60a (51)
- Art. 8 EMRK 1 60a (31)
- Aussetzung der Abschiebung 1 60a (4)
- Aussetzungsbefugnis 1 60a (6)
- beabsichtigte Eheschließung 1 60a (25)
- begünstigender Verwaltungsakt 1 60a (18)
- Beschäftigungsverbot 1 60a (70 f.)
- Betretenserlaubnis 1 60a (38)
- dringende persönliche Gründe 1 60a (42)
- Duldungsbescheinigung 1 60a (59, 60)
- Einvernehmen des Bundesministerium des Innern 1 60a (12)
- Erkrankungen 1 60a (29)
- fachärztliches Gutachten 1 60a (35)
- fiktive
  - verspäteter Antrag 1 81 (44)
- fortbestehende Ausreisepflicht 1 60a (58, 59)
- fortdauernde Passlosigkeit 1 60a (37)
- Geltungsdauer 1 60a (66)
- gescheiterte Abschiebung 1 60a (45 f.)
- qualifizierte ärztliche Bescheinigung 1 60a (52)
- Rechtsanspruch 1 60a (21)
- Rechtsfolge 1 60a (20)
- Rechtsschutz 1 60a (79, 82)
- Reiseunfähigkeit 1 60a (32)
- Rückführungs-Richtlinie 1 60a (6)
- Schwangerschaft 1 60a (27)
- Suizidgefahr 1 60a (35)
- Unmöglichkeit der Abschiebung 1 60a (24)
- Vater-Kind-Beziehung 1 60a (29)
- Vaterschaftsanerkennung 1 60a (44)
- Verwaltungsverfahren 1 60a (79)
- Verwaltungsvollstreckungsmaßnahme 1 60a (4)
- vollstreckungsrechtliche Funktion 1 60a (16)
- Vollziehbarkeit der Ausreisepflicht 1 60a (4 f.)
- zeitweilige Aussetzung der Abschiebung 1 60a (19)
- zuständige Behörde 1 71 (18)

Duldung bei ungeklärter Identität 1 60a (84 ff.)
- Anwendungsbereich 1 60b (7)
- besondere Passbeschaffungspflicht 1 60b (13 f.)

2653

Sachregister

fette Zahlen = Hauptteile des Werkes

- Erwerbstätigkeit **1** 60b (30)
- Rechtsfolgen **1** 60b (25)
- Rechtsschutz **1** 60b (30)
- unbegleitete Minderjährige **1** 60b (28)
- Unions- und Konventionsrecht **1** 60b (6)
- Verwaltungsverfahren **1** 60b (30)
- Vorduldungszeiten **1** 60b (27)
- zumutbare Mitwirkungshandlungen **1** 60b (15)

Duldung light **1** 60b (2)

Duldungsablauf
- Abschiebungsankündigung **1** 60a (68)
- Kettenduldung **1** 60a (62)

Duldungsbescheinigung 1 59 (34)
- kein Aufenthaltstitel **1** 60a (60)

Duldungsfiktion 1 81 (44)

Duldungspflichten 7 15 (4)

Duldungswiderruf 1 60a (59, 62)

Durchbeförderung
- von Ausländern **1** 74 (10)
- Befugnisse der Begleitkräfte **1** 74a (6)
- Freiheitsentziehung **1** 74a (8)
- Unterstützungsmaßnahmen **1** 74a (3 ff.)

Durchführung des Rechts der Union 5 51 (1)

Durchführungsanweisung 1 42 (9)

Durchreise 1 4 (24)
- Visum **1** 6 (43)

Durchreiserecht 1 3 (27)

Durchsetzung der Verlassenspflicht
- Ermessen **7** 59 (7 f.)
- Festnahme und Inhaftierung **7** 59 (9)
- richterliche Entscheidung **7** 59 (8)
- Verhältnismäßigkeit **7** 59 (7)

Durchsuchung
- Abschiebung **1** 58 (35)

EASO (Europäisches Unterstützungsbüro für Asylfragen) 7 Vor 1 (30)

eAT-Veordnung 7 Vor 1 (31 ff.)

Effektivitätsgebot 1 77 (13)

EGMR
- Ausweisung wegen Drogendelikts **1** Vor 53 (125)
- Boultif/Üner-Kriterien **1** Vor 53 (122)
- UN-Kinderrechtskonvention **1** Vor 53 (122)

Ehe 4 8 (12)
- Ausweisung **1** Vor 53 (42)
- Familiennachzug **1** 27 (45, 50, 54)
- kein unmittelbarer Anspruch auf Aufenthalt **1** Vor 53 (44)

Ehe und Familie 5 8 (11 ff.)

Ehegatten
- Altfallregelung **1** 104a (12, 14)

Ehegattennachzug
- Absehen vom Mindestalter **1** 30 (85)
- Aufenthaltserlaubnis seit zwei Jahren **1** 30 (11)
- Ausnahmeregelungen
  - EU-Bürger **1** 30 (75)
  - Flüchtlinge **1** 30 (68)
  - geringer Integrationsbedarf **1** 30 (72)
  - Mindestalter **1** 30 (53, 57 ff., 62 f.)
  - Sprachanforderungen **1** 30 (53 f., 59, 62)
- Bekämpfung von Scheinehen **1** 30 (24)
- Besitz einer Aufenthaltserlaubnis **1** 30 (18)
- eheliche Lebensgemeinschaft **1** 30 (19)
- Einzelfallprüfung **1** 30 (17)
- Ermessen **1** 30 (85, 89 f.)
- Inländerdiskriminierung **1** 30 (78 ff.)
- Mehrehe **1** 30 (97 ff.)
- Mindestalter **1** 30 (20 ff., 25)
- mobile Forscher **1** 30 (97 f.)
- Rechtsanspruch **1** 30 (7)
- Sprachanforderungen **1** 30 (29 ff., 47)
  - Vereinbarkeit mit Unionsrecht **1** 30 (43, 47)
  - Vereinbarkeit mit Verfassungsrecht **1** 30 (37, 43 f.)
- Spracherfordernis
  - Ehegatten eines EU-Bürgers **1** 30 (59)
  - Härtefallregelung **1** 30 (82)
- Verhältnis zu anderen Aufenthaltszwecken **1** 30 (5)
- Verlängerung der Aufenthaltserlaubnis **1** 30 (90 ff., 93 ff., 95 ff.)
- Verlobte **1** 30 (6 ff.)
- Vermeidung von Zwangsverheiratungen **1** 30 (21 ff.)
- Wartezeitregelung **1** 30 (16 ff.)

Ehegattenzuzug
- Anspruch **1** 30 (7 f.)

ehemalige Deutsche
- allgemeine Erteilungsvoraussetzungen **1** 38 (28 ff.)
- Antragsfrist **1** 38 (16 ff.)
- Aufenthaltsrecht **1** 38 (3, 5)
- gewöhnlicher Aufenthalt im Ausland **1** 38 (23)
- gewöhnlicher Aufenthalt im Bundesgebiet **1** 38 (14)
- Verlust der deutschen Staatsangehörigkeit **1** 38 (10 f.)
- Wiederaufnahme der türkischen Staatsangehörigkeit **1** 38 (19)

eigenständiges Aufenthaltsrecht
- Ehegatten **1** 31 (6)
  - Ablauf des Trennungsjahres **1** 31 (17)
  - Aufenthaltsstatus des Stammberechtigten **1** 31 (79)
  - Aufhebung der ehelichen Lebensgemeinschaft **1** 31 (11, 16 ff.)
  - Ausschluss der Verlängerung der Aufenthaltserlaubnis **1** 31 (87 f.)
  - besondere Härte **1** 31 (46 ff., 50, 55 ff., 63 ff., 65 ff., 77 ff.)
  - Darlegungslast **1** 31 (17)
  - dreijähriger Bestand der ehelichen Lebensgemeinschaft **1** 31 (19 ff., 24, 30 f.)
  - Einreichen des Scheidungsantrags **1** 31 (16 ff.)
  - Kindeswohl **1** 31 (66 f.)
  - Missbrauch **1** 31 (92 ff.)
  - Niederlassungserlaubnis **1** 31 (103 ff.)
  - rechtmäßiger Aufenthalt **1** 31 (31 ff., 37 ff.)
  - Rechtsfolgen **1** 31 (84)
  - Rechtsschutz **1** 31 (103)
  - Regelerteilungsvoraussetzung **1** 31 (81)
  - Scheidungsantrag **1** 31 (22)
  - Stillhalteklausel **1** 31 (30 ff.)
  - Tod des Stammberechtigten **1** 31 (46 f.)
  - Trennungsphase **1** 31 (21 f.)
  - Trennungszeiten **1** 31 (23)
  - türkische Staatsangehörige **1** 31 (30)
  - Verfolgungsgefahr **1** 31 (63)
  - Verlängerung der Aufenthaltserlaubnis **1** 31 (84)
  - Verlängerung nach Ermessen **1** 31 (92 ff., 97)
  - Verlängerungsfähigkeit der erteilten Aufenthaltserlaubnis **1** 31 (41)
  - Visum **1** 31 (35)
  - vorübergehendes Getrenntleben **1** 31 (14 ff.)
  - zweite Ehe **1** 31 (24)
- Familienangehörige eines Deutschen **1** 28 (60, 66)
- Kindernachzug
  - Volljährige **1** 34 (18, 24)
- nahestehende Person **2** 3a (37)
- sonstige Familienangehörige **1** 36 (65)

Eigentumsrecht 5 16 (2 ff.)

einfache deutsche Sprachkenntnisse 1 2 (178 f.)

Einreise 1 13 (2 f., 4, 7, 9, 15)
- Außengrenzen **1** 13 (5 ff.)
- ohne Einreisepapiere **7** 13 (18 f.)
- Fiktion der Nichteinreise **1** 13 (15 f.)
- Motiv **1** 4 (7)
- ordnungsgemäße **1** 5 (89, 91 ff.)
- Schengen-Binnengrenzen **1** 4 (23)

magere Zahlen = §§ bzw. Artikel

Sachregister

– türkischer Staatsangehöriger **1** 5 (106)
– unerlaubte **1** 4 (7), 14 (4 f., 7)
– Voraussetzungen des Art. 6 Ia SGK **1** 4 (17 ff.)
– zugelassene Übergangsstelle **1** 13 (5 f.)
– Zulassungsbedürftigkeit **1** 4 (2, 8)
Einreise auf dem Luftweg
– Abschiebungsandrohung **7** 18a (23)
– Anhörung **7** 18a (20)
– Asylantrag **7** 18a (18)
– Asylgesuch bei Grenzbehörde **7** 18a (14)
– Entscheidung der Grenzbehörde **7** 18a (23)
– Entscheidung des Bundesamts für Migration und Flüchtlinge **7** 18a (21)
– Passpflicht **7** 18a (9)
– Rechtsmittelfristen **7** 18a (29)
– Rechtsschutz **7** 18a (26)
– Verwaltungsverfahren **7** 18a (14)
Einreise- und Aufenthaltsverbot 1 10 (59); **4** 8 (26 f.)
– 2. Rückkehrgesetz 2019 **1** 11 (11)
– Abänderungen **1** 11 (75, 77, 85)
– Abschiebung **1** 11 (12)
– Abschiebungsandrohung **1** 11 (43)
– Altfälle **1** 11 (85)
– Ausreisepflicht
  – schuldhafte Nichteinhaltung **1** 11 (88)
– Ausweisung **1** 11 (17, 19)
– Befristung **1** 11 (67, 73)
  – 2. Rückkehrgesetz 2019 **1** 11 (38, 41)
  – AufenthGÄndG 2015 **1** 11 (33)
– Befristungsanspruch **1** 11 (15, 17, 19, 23, 29, 30 ff.)
  – Art. 8 EMRK **1** 11 (32)
  – gerichtliche Überprüfung **1** 11 (29 f.)
  – Höchstfrist **1** 11 (30 ff.)
– Begriff der Ausreise **1** 11 (76 ff.)
– Betretenserlaubnis **1** 11 (112, 114)
  – unbillige Härte **1** 11 (117 f.)
  – zwingende Gründe **1** 11 (116)
– dreifache Sperrwirkung **1** 11 (6, 10 f.)
– Dublin-Überstellung **1** 11 (94)
– Duldungsgründe **1** 11 (90)
– EGMR-Rechtsprechung **1** 11 (20 ff.)
– Einreise entgegen **1** 11 (118)
– Entscheidungen des BAMF **1** 11 (95, 102, 104, 107, 111 ff.)
– Gesetzessystematik **1** 11 (3)
– illegaler Aufenthalt **1** 11 (26)
– isolierte Ausweisung
  – Rückkehrentscheidung **1** 11 (23 ff.)
– Länge der Sperrfrist **1** 11 (53 ff.)
– lebenslange Sperre **1** 11 (72)
– Nebenbestimmungen **1** 11 (48)
  – Drogen **1** 11 (50)
  – Gefahr für die öffentliche Sicherheit und Ordnung **1** 11 (50 ff.)
– negatives Asylverfahren **1** 11 (92 ff., 95)
– Opt-out **1** 11 (25 f.)
– Rechtsschutz **1** 11 (125, 131, 133 f.)
– Rückführungs-Richtlinie **1** 11 (20)
– Rückkehrentscheidung **1** 11 (40)
– schweizerischer Staatsangehörige **1** 11 (9)
– sicherer Herkunftsstaat **1** 11 (103 ff.)
– sofortige Vollziehbarkeit **1** 84 (14)
– Sperrwirkung
  – kraft behördlicher Anordnung **1** 11 (11 ff.)
  – kraft Gesetzes **1** 11 (11)
– türkische Staatsangehörige **1** 11 (9)
– Unionsbürger **1** 11 (8)
  – Altausweisung **1** 11 (10)
– Verfahren **1** 11 (15, 21)
– Verhältnis zu Abschiebung und Zurückschiebung **1** 11 (41 f.)
– Verhältnis zu anderen Regelungen **1** 11 (121 ff., 123)
– Verwaltungsverfahren **1** 11 (125, 130)
Einreise- und Ausreisekontrolle 1 13 (2)
Einreisepapiere 7 13 (18 ff.)
Einreiseverbot 1 14 (24)
Einreiseverweigerung 1 14 (33); **7** 18 (22)
– Einreise auf dem Luftweg **7** 18a (26)
– Rechtsschutz **7** 18 (41)
– Zurückweisung **7** 18 (12)
Einreisevoraussetzungen 7 18 (16 ff.)
Einschleusen 1 95 (132)
– Bande **1** 96 (21 f.)
– Beisichführen einer Waffe **1** 96 (21)
– gewerbsmäßig **1** 96 (20 ff.)
– Leben gefährdende Behandlung **1** 96 (25, 27, 29 f.)
– limitierte Akzessorität **1** 96 (6)
– mit Todesfolge **1** 96 (48)
Einschränkung von Grundrechten 7 89 (1)
Einvernehmen
– mit der Staatsanwaltschaft **1** 72 (16)
Einzelrichter 7 74 (39)
Einzelverfolgung 6 16a (43)
Einziehung 1 95 (128), 96 (45)
El Dridi-Urteil 5 6 (3 ff.)
elektronische Aufenthaltsüberwachung
– Datennutzung **1** 56a (9)
– gefährlicher Ausländer **1** 56a (3)
– konkrete drohende Gefahr **1** 56a (7)
– Verfassungsmäßigkeit **1** 56a (5)
– Verstoß **1** 95 (102)
elektronische Fußfessel 1 56a (3)
elektronischer Aufenthaltstitel
– Gebühren **1** 69 (2)
elektronischer Identitätsnachweis
– Gebühr **1** 69 (14)
elektronisches Speicher- und Verarbeitungsmedium 1 78 (1, 3, 5 f.)
Elgafaji-Urteil 7 4 (15 f.)
Elterngeld 1 2 (105, 107)
Elternschutz 5 33 (2)
EMRK
– Konventionsrecht **4** 3 (1, 3)
Engpassberuf 1 16d (3)
Entlassung
– Schutz bei ungerechtfertigter **5** 29 (2)
Entscheider 7 5 (16)
Entscheidung der Grenzbehörde
– Einreise auf dem Luftweg **7** 18a (23)
Entscheidung des BAMF
– Einreise auf dem Luftweg **7** 18a (21)
Entscheidungsfrist 7 24 (15)
Entscheidungsgrundlage
– Amtsermittlung **1** 79 (3)
– Beschränkung **1** 79 (2, 6)
Entscheidungsstopp 7 5 (9 ff.), 11a (2)
Entziehung der Bescheinigung
– Voraussetzungen **2** 5 (57)
Entzug der Arbeitserlaubnis 1 40 (12)
ergänzende Vorbereitungshaft 1 62b (25)
– Richtervorbehalt **1** 62c (7)
– Trennungsgebot **1** 62c (21)
– Verhältnismäßigkeit **1** 62c (17)
Erhalt der ErwerbstätigeneigenschaftErhalt der Erwerbstätigeneigenschaft
– Freizügigkeit **2** 2 (104)
erhebliche Interessen der Bundesrepublik Deutschland
– Ausweisung **1** 53 (27)
Erhebung personenbezogener Daten
– asylspezifische Datensammlung **7** 7 (4)
– Ausländerzentralregister **7** 7 (11 f.)
– Erhebungszweck **7** 7 (6)

2655

Sachregister

fette Zahlen = Hauptteile des Werkes

- Hinweispflichten **7** 7 (14)
- Selbstauskunftsverlangen **7** 7 (17)
- überwiegende schutzwürdige Belange **7** 7 (10)

Erkenntnisquelle 7 78 (31)

erkennungsdienstliche Behandlung
- Grenzbehörde **7** 18 (12)

erkennungsdienstliche Maßnahmen 7 15 (12), 16 (4)
- Daten **1** 89 (1 f., 6)
- Identitätssicherung **1** 84 (7 ff.)
- Nichtduldung **1** 95 (64)

erkunngsdienstliche Behandlung
- Ausländerbehörde **7** 19 (7)
- Polizei **7** 19 (7)

Erlaubnis zum Daueraufenthalt – EU 1 9 (108)
- Abschiebungsandrohung **1** 38a (91 ff.)
- Altersversorgung **1** 9c (5, 7)
- Amtssprachen der EU **1** 9a (13)
- Anrechnung von Voraufenthaltszeiten **1** 9b (5)
  - Auslandsaufenthalt **1** 9b (5)
  - Ausschluss **1** 9b (23 ff.)
  - Berufsausbildung **1** 9b (20)
  - Blue-Card-Inhaber **1** 9b (24)
  - ehemalige Freizügigkeitsberechtigte **1** 9b (18)
  - Flüchtlinge **1** 9b (23)
  - früherer rechtmäßiger Aufenthalt **1** 9b (14 ff.)
  - Studium **1** 9b (20)
  - subsidiär Schutzberechtigte **1** 9b (23)
- Anwendungsausschluss **1** 9a (51)
  - Berufsausbildung **1** 9a (57)
  - Diplomaten **1** 9a (56)
  - Flüchtlinge **1** 9a (53)
  - Studium **1** 9a (57)
  - subsidiär Schutzberechtigte **1** 9a (53)
- Arbeitsmarktprüfung **1** 38a (8 f., 50)
- Ausreiseaufforderung **1** 38a (92 ff.)
- Beiträge in die gesetzliche Rentenversicherung **1** 9a (37)
- Berufsausbildung **1** 38a (52)
- besonderer Ausweisungsschutz **1** 9a (16 f.)
- Dienstleistungserbringer **1** 38a (43, 45)
- Drittstaatsangehörige **1** 9a (3)
- Einschränkung des Anwendungsbereichs **1** 38a (41)
- Entsende-Richtlinie **1** 38a (46)
- Erlöschen **1** 38a (83)
- erstmalige Titelverleihung **1** 38a (12)
- Erteilungsvoraussetzungen **1** 38a (10)
- Erwerbstätigkeit **1** 38a (48)
  - Erlaubnisse **1** 9c (11, 13)
- Familiennachzug **1** 9a (21), 38a (57)
- Flüchtlinge **1** 9a (5)
- fünfjähriger rechtmäßiger Aufenthalt **1** 9a (6)
- Gefahr für die öffentliche Ordnung **1** 9a (22)
  - Art. 8 EMRK **1** 9a (49)
  - Ordre-public-Vorbehalt **1** 9a (42 f.)
- Gefahr für die öffentliche Sicherheit und Ordnung **1** 9a (40)
  - generalpräventive Gründe **1** 9a (43)
- Grundkenntnisse der Rechts- und Gesellschaftsordnung **1** 9a (38)
- Inländergleichbehandlung **1** 9a (15)
- Integrationsanforderungen **1** 9a (9)
- Integrationsvoraussetzungen **1** 38a (7 ff.)
- Kranken-und Pflegeversicherung **1** 9c (9, 11)
- Krankenversicherung **1** 9a (8)
- Lebensunterhaltssicherung **1** 9a (34 f.), 9c (2, 8 f.)
  - Krankenversicherung **1** 9a (35)
- Mindestalter **1** 9a (34)
- Mindestsprachanforderungen **1** 9a (9)
- öffentliche Sicherheit und Ordnung **1** 38a (66 f.)
- Pflichtbeiträge zur Rentenversicherung **1** 9a (10 ff.)
- rechtmäßiger Aufenthalt **1** 9a (29)

- Rechtsstellung **1** 9a (14)
- regelmäßige Einkünfte **1** 9a (8 ff.)
- Sprachenliste **1** 38a (17)
- Sprachkenntnisse **1** 9a (38)
- Steuern und Sozialabgaben **1** 9c (3)
- subsidiär Schutzberechtigte **1** 9a (5)
- unbefristetes Arbeitsverhältnis **1** 9a (38)
- Unterbrechungen der Rechtmäßigkeit **1** 9a (31)
- Verhältnis zur Niederlassungserlaubnis **1** 9a (25)
- Verwaltungsverfahren **1** 38a (87)
- Visum **1** 9a (18)
- Visumverfahren **1** 38a (23 ff.)
- vorübergehender Zweck **1** 9a (58, 61)
- vorzulegende Unterlagen **1** 38a (34)
- Wohnraumerfordernis **1** 9a (51)

Erlaubnisfiktion 1 81 (35, 37 ff., 41)

Erleichterungsgebot 2 3a (15)

Erlöschen der Rechtsstellung 7 71a (11)

Erlöschungsgründe
- Aufenthaltstitel **1** 51 (4)
  - auflösende Bedingung **1** 51 (6)

Ermessensduldung 1 60a (40)
- dringende persönliche Gründe **1** 60a (42)
- Kindeswohl **1** 60a (43 f.)
- Lebensunterhaltssicherung **1** 60a (43)

erniedrigende Behandlung 4 3 (10)

Erreichbarkeit 7 47 (4)

Erschleichen eines Aufenthaltstitels oder einer Duldung
- Täuschung im Rechtsverkehr **1** 95 (108)
- unrichtige Angaben **1** 95 (103 ff., 112 ff.)

Erstversorgung von Flüchtlingen
- Menschenwürde **5** 1 (3)

Erteilungsvoraussetzungen
- Regelerteilungsvoraussetzungen **1** 5 (6, 8 ff., 17)
- Stufensystem **1** 5 (4 f.)
- zwingende **1** 5 (85, 87)

ERT-Rechtsprechungslinie 5 51 (1)

Erwerbstätigkeit 1 2 (15, 18), 4a (1, 6 f., 24 ff., 32)
- Asylverfahren **7** 55 (23)
- Ausländer ohne Aufenthaltstitel **1** 4a (40 ff., 42, 44)
- Beamtenverhältnis **1** 2 (33)
- Begriff **1** 2 (16)
- Berechtigung zur Ausübung
  - Altfallregelung **1** 104a (7)
- Beschäftigung **1** 2 (20 f.)
- Bescheinigung **1** 4a (33)
- beschleunigtes Asylverfahren **7** 30a (2)
- Beschränkung **1** 4a (27)
- Entwicklung der Erwerbsmigration in der Bundesrepublik Deutschland **1** 4a (2 ff., 6)
- Erlaubnis mit Verbotsvorbehalt **1** 4a (21)
- Erlaubnisbedürftigkeit **1** 4a (30)
- Familiennachzug **1** 27 (98)
- Neuregelung FEG **1** 4a (20, 22)
- nichtselbstständige **1** 4a (25)
- Niederlassungserlaubnis **1** 9 (61, 65)
- Rechtslage vor Inkrafttreten des FEG **1** 4a (15)
- Rechtsschutz **1** 4a (55, 57)
- Schengenvisum **1** 95 (87 ff., 89)
- selbstständige **1** 4a (32)
- selbstständige Tätigkeit **1** 2 (18)
- strafbarer Aufenthalt **1** 95 (86 f., 89)
- Studienaufenthalt **1** 16b (28, 31, 34)
- Suchphase **1** 16e (5)
  - Studien- oder Ausbildungsplatz **1** 17 (2 ff.)
- Verbot **1** 4a (27)
- Verbot mit Erlaubnisvorbehalt **1** 4a (15)
- Zulassung **7** 61 (2)
- Zustimmung der Bundesagentur für Arbeit **1** 4a (29, 31 f.)

Erwerbstätigkeitsrecht 7 2 (24), 3 (12 f.)

magere Zahlen = §§ bzw. Artikel

Sachregister

Erwerbstätigkeitsverbot
– Verstoß **7** 85 (13 ff.)
Erziehungsgeld 7 2 (28 f.), 3 (16 f.), 55 (35)
EU-Asylpaket 2016 7 Vor 1 (38)
EU-Asylpolitik 7 Vor 1 (19)
EU-Asyl-Richtlinien 6 16a (6)
EU-Asylsystem 7 29a (4)
EU-Beitrittsstaaten
– Ausweisung derer Staatsangehöriger **1** Vor 53 (86)
– Freizügigkeit **1** Vor 53 (81)
EU-Recht
– unzulässiger Asylantrag **7** 29 (7)
EURODAC 7 Vor 1 (24)
Eurodac-Treffer 7 29 (59)
Eurodac-Verordnung 6 16a (134); **7** 16 (5)
Europäischer Freiwilligendienst in der EU 1 19e (2)
– Bundesfreiwilligendienstgesetz **1** 19e (3)
– European Voluntary Service **1** 19e (3)
europäisches Asylrecht 6 16a (130)
Europa-Mittelmeer-Abkommen
– Diskriminierungsverbot **1** 7 (42)
EU-Visa-Verordnung 1 4 (16, 18)
Ewigkeitsgarantie
– Art. 79 III GG **6** 16a (13, 113)
EWR-Staaten
– Gemeinsamer EWR-Ausschuss **2** 12 (8)
– Gleichstellung **2** 12 (5)
existenzielle Gefährdung 1 60 (97, 101, 104, 111)
– Gefahrenprognose **1** 60 (106)
externe Dienstleistungserbringer
– Visumverfahren **1** 73b (5)
EZ-Urteil des EuGH 7 3a (6)

Facebook 5 8 (8)
Fachkraft 1 16 (4), 18 (18)
– mit akademischer Ausbildung **1** 18 (21), 18a (10)
– mit Berufsausbildung **1** 18 (20, 23)
– Blaue Karte EU **1** 18 (23 f.)
– Erteilungsdauer **1** 18 (21 ff.)
– Gleichwertigkeit der Qualifikation **1** 18a (4 f.)
– nicht akademische **1** 16d (3)
– Voraussetzungen für Aufenthaltserlaubnis **1** 18a (5, 8)
Fachkräfteeinwanderung 1 16 (4)
Fair Trial 5 47 (1)
faires Verfahren
– Entscheidungsfindungsprozess **4** 8 (14 ff.)
faktischer Inländer
– settled migrant **4** 8 (19)
Falschangaben
– Abschiebung **1** 58 (33)
Familie
– Art. 6 GG
  – Kernfamilie **1** Vor 53 (45)
  – Mehrgenerationenfamilie **1** Vor 53 (46)
  – kein unmittelbarer Anspruch auf Aufenthalt **1** Vor 53 (44)
– Ausweisung **1** Vor 53 (42 f.)
– Familiennachzug **1** 27 (45, 49, 52 f.)
Familienabschiebungsschutz 7 14a (3)
Familienangehörige
– FreizügG/EU **2** 2 (201)
– Freizügigkeit **2** 1 (26, 39), **2** (102 f.)
Familienangehörige Deutscher
– Freizügigkeit **2** 1 (88)
Familienangehörige von Unionsbürgern
– Hinterbliebene **2** 3 (23)
– Kinder in Ausbildung **2** 3 (37)
– Scheidung und Aufhebung der Ehe **2** 3 (77)
Familienasyl 7 2 (15), 13 (15 ff.), 14a (3 f.), 73 (13 ff.)
– Ehegatte **7** 26 (11)

– Eltern **7** 26 (13)
– Familienangehörige **7** 26 (8 ff.)
– Geschwister **7** 26 (13)
– Kinder **7** 26 (13)
– Lebenspartner **7** 26 (11)
– Personensorge **7** 26 (15)
– Rücknahme **7** 26 (8)
– Sorgeberechtigte **7** 26 (13)
– Widerruf **7** 26 (8)
Familienbegriff
– Art. 8 EMRK **1** Vor 53 (119)
– konventionsrechtlicher **1** Vor 53 (118)
Familieneinheit
– räumliche Aufenthaltsbeschränkung **1** 61 (10)
Familienflüchtlingsschutz 7 73 (13)
Familienflüchtlingsschutzantrag 7 26 (18)
Familienleben 5 6 (4), 32 (2)
– Familie **4** 8 (1)
– Schutzbereich **4** 8 (11)
Familienmitglied
– Asyl- oder Flüchtlingsanerkennung eines **7** 26 (4)
Familiennachzug 1 4a (2), 5 (16), 26 (65)
– Adoption **1** 27 (52)
– Anspruch auf Nachzug der Eltern **1** 36 (12 ff.)
– ARB 1/80
  – Stillhalteklausel **3** 13 (131)
– Austrittsabkommen **2** 16 (12)
– Ausweisungsinteresse **1** 27 (100, 104, 108)
– Doppelstaater **1** 27 (16)
– Ehe **1** 27 (45, 50, 54)
– Ehegattennachzug **1** 29 (45)
– zur Eingehung der Ehe **1** 27 (3)
– eingetragene Lebenspartnerschaft **1** 27 (63)
– EMRK **1** 27 (35, 37, 41, 44)
– Erlaubnis zum Daueraufenthalt-EU **1** 9a (21 ff.)
– familiäre Lebensgemeinschaft **1** 27 (55 f., 61)
– Familie **1** 27 (45 ff., 49 f., 52 f.)
– Familienzusammenführungs-Richtlinie **1** 27 (8, 12, 16 f., 19, 30 ff.)
– Herstellung familiäre Lebensgemeinschaft **1** 27 (3 f.)
– Kafala **1** 27 (53)
– Lebensunterhaltssicherung **1** 27 (90, 92 ff., 94, 98 ff.)
– Mehrehe **1** 27 (50 f.)
– Privilegierungen **1** 27 (32 ff.)
– Rechtsschutz **1** 27 (116 ff.)
– Schein- und Zwangsehe **1** 27 (66 f., 72 f., 75 ff., 78 f.)
– Scheinvaterschaft **1** 27 (68)
– sonstige Familienangehörige **1** 36 (22)
  – außergewöhnliche Härte **1** 36 (23, 42, 54 ff.)
  – Kinderbetreuung **1** 36 (51 f.)
  – Lebensbedingungen **1** 36 (48)
  – Nachteile im Heimatland **1** 36 (49)
– unbegleiteter minderjähriger Flüchtling **1** 36 (4, 8 ff., 10)
– Verlöbnis **1** 27 (51 f.)
– Versagungsgründe **1** 27 (83 f., 86, 88 f., 92 ff., 95 ff., 97, 100, 105, 109)
  – Erwerbstätigkeit **1** 27 (98 ff.)
  – Familienzusammenführungs-Richtlinie **1** 27 (97)
  – Generalprävention **1** 27 (108 ff.)
– völkerrechtliche Abkommen **1** 27 (44)
Familiennachzug zu Ausländern 1 28 (67 f.)
– ausreichender Wohnraum **1** 29 (12)
– Besitz eines Aufenthaltstitels **1** 29 (9, 10)
– bestandskräftige Zuerkennung der Flüchtlingseigenschaft **1** 29 (16)
– humanitärer Schutz **1** 29 (26, 29, 36 f., 40)
  – bleibeberechtigte Jugendliche **1** 29 (30 f.)
  – Bundesaufnahmeprogramm **1** 29 (31)
  – Opfer von Menschenhandel **1** 29 (29)
– international Schutzberechtigte **1** 29 (12, 20)
– Lebensunterhaltssicherung **1** 29 (8)

2657

Sachregister

fette Zahlen = Hauptteile des Werkes

- Resettlement-Flüchtlinge **1** 29 (12, 26)
- subsidiärer Schutz **1** 29 (20)
- Unanfechtbarkeit der Anerkennung **1** 29 (19 f.)
- unbegleiteter Minderjähriger **1** 29 (23 ff.)
- vorübergehender Schutz **1** 29 (41 f.)

Familiennachzug zu Deutschen 1 27 (121)
- Ausübung des Umgangsrechts **1** 28 (37)
- Ehegatten **1** 28 (16, 18, 22 ff., 25 ff.)
- eigenständiges Aufenthaltsrecht **1** 28 (60, 66 f.)
- Elternteil **1** 28 (26, 29, 33, 36, 38)
- familiäre Gemeinschaft **1** 28 (35)
- gewöhnlicher Aufenthalt **1** 28 (7)
- Grundrecht auf Freizügigkeit **1** 28 (9)
- Kinder **1** 28 (16 ff., 26 f., 29, 33 ff., 37 f.)
- Kindeswohl **1** 28 (30 f.)
- Lebenspartner **1** 28 (16 f., 18 f.)
- Lebensunterhaltssicherung **1** 28 (8, 14 ff.)
- nicht sorgeberechtigter Elternteil **1** 28 (33)
- Niederlassungserlaubnis **1** 28 (41, 43, 46, 48 f., 50 f., 54 f., 57 ff.)
- Personensorge **1** 28 (28)
- Rechtsanspruch **1** 28 (6)
- sonstige Familienangehörige **1** 28 (41 f.)
- Spracherfordernis **1** 28 (20, 22 ff.)
- ungeborenes Kind **1** 28 (28)

Familiennachzug zu EU-Bürgern
- Akzessorietät **2** 3 (16)
- Begleitung des Unionsbürgers **2** 3 (14 f.)
- drittstaatsangehörige Familienangehörige **1** 36 (61)
- Herstellung der Familieneinheit **2** 3 (17)
- Hinterbliebene eines Unionsbürgers **2** 3 (23 ff.)
- Inländergleichbehandlung **2** 3 (20)
- Nachziehen zum Unionsbürger **2** 3 (14 ff.)

Familiennachzug zu subsidiär Schutzberechtigten
- Ermessensausübung **1** 36a (93)
- Gefährdungen im Aufenthaltsstaat **1** 36a (66)
- humanitäre Gründe **1** 36a (38)
- Krankheit **1** 36a (71)
- minderjähriges lediges Kind **1** 36a (52 ff.)
- Pflegebedürftigkeit und Behinderung **1** 36a (71, 74)
- kein Rechtsanspruch **1** 36a (10, 15 f.)
- Regelausschlussgründe **1** 36a (78)
- sonstige Erteilungsvoraussetzungen **1** 36a (90)
- Trennungsdauer **1** 36a (46)

Familienzusammenführung 4 8 (24)

Familienzusammenführungs-Richtlinie 1 5 (16)
- Ausnahmen
  - Flüchtlingsanerkennung **1** 27 (20 ff.)
  - subsidiärer Schutz **1** 27 (26 ff.)
  - vorübergehender Schutz **1** 27 (24 ff.)
- Besitz eines Aufenthaltstitels **1** 27 (27 f.)
- dauerhaftes Aufenthaltsrecht **1** 27 (31 f.)
- Inländerdiskriminierung **1** 27 (17)
- Integrationsmaßnahmen **1** 30 (45 f., 50)
- Lebensunterhalt **1** 2 (119 f., 123)
  - Freibetrag für Erwerbstätigkeit **1** 2 (124 f.)
  - Werbekostenabzug **1** 2 (124)
- Nachzugsfälle
- Ausweisungsinteresse **1** 5 (69)
- personeller Anwendungsbereich **1** 27 (12)
- räumlicher Anwendungsbereich **1** 27 (8)
- Status des Zusammenführenden **1** 27 (26)

FEG 2019 1 16d (5), 19c (1)

Fehlen der Urteilsgründe 7 78 (32)

Festung Europa 7 Vor 1 (38)

Fiktion der Nichteinreise 1 13 (15)

Fiktionsbescheinigung 1 78a (4 f.), 81 (47)

fiktive Aufenthaltserlaubnis 1 81 (34, 37, 41)

fiktive Duldung
- verspäteter Antrag **1** 81 (44 f.)

fiktive Fortgeltung des Aufenthaltstitels 1 81 (18 f., 24 f., 26 f., 32)

Flucht
- Beendigung **7** 27 (26)

Fluchtalternative 7 27 (22)
- externe **6** 16a (125)
- inländische **6** 16a (65); **7** 3e (2)
- interne **6** 16a (124 f.)

Fluchtgefahr 1 2 (201 ff., 203 ff.)

Flüchtling
- ausländischer **7** 1 (12)
- Daueraufenthalt-EU **1** 9b (23 ff.)

Flüchtlingsanerkennung
- Art. 4 IV Qualifikations-Richtlinie **1** 60 (47)
- Ausschluss der
  - Beweislastumkehr **7** 3 (7 ff.)
  - Kriegsverbrechen **7** 3 (8 f.)
  - Terrorismusvorbehalt **7** 3 (7)
- Verfolgungsprognose **1** 60 (47)
- Vorverfolgung **1** 60 (48)

Flüchtlingseigenschaft
- Zuerkennung der **7** 1 (7), 3 (4)

Flüchtlingsfonds 7 Vor 1 (24)

Flüchtlingsstatus
- Ausschluss **1** 60 (52, 54 f., 56, 64)

Flughafenasylverfahren 7 18a (1)

Flughafentransit 7 26a (5)

Flughafentransitvisum 1 6 (9, 11)

Flughafenunternehmer 1 64 (15)
- Unterbringungskosten **1** 65 (6)
- Unterbringungsstandard **1** 65 (2)
- Unterkunftsbereitstellung **1** 65 (1, 5)

Flughafenverfahren 6 16a (84)

Folgeantrag 7 29 (15)

Folgeantragsverfahren 7 28 (20 ff.)

Folgeverpflichtung 7 20 (2)

Folter 4 3 (7); **5** 3 (2); **7** 4 (8)
- Abschiebungsverbot **1** 60 (67)

Folterverbot 1 60 (67, 69); **7** 4 (9)

Formerfordernisse 1 76 ff.

Forschung
- Aufenthaltserlaubnis
  - bei internationalem Schutz **1** 18d (18 f.)
- Aufnahmevereinbarung **1** 18d (8, 10)
- Forschungseinrichtung **1** 18d (12)
- Forschungsvertrag **1** 18d (8, 10)
- kurzfristige Mobilität **1** 18d (19)
- Verpflichtungserklärung **1** 18d (15)
- zusätzliche Ablehnung **1** 19f (5 ff.)

Fortgeltung
- alte Aufenthaltstitel **1** 101 (7)
- Aufenthaltstitel mit dem Vermerk „Daueraufenthalt-EU" **1** 101 (36)
- ausländerrechtlicher Maßnahmen
  - und Anrechnung **1** 101 (38 f.)
- befristete Titel **1** 101 (23, 30)
- behördliche Maßnahmen **1** 102 (1, 3)
- bisherige Aufenthaltsrechte **1** 100 (2 ff.)
- Fiktionswirkungen
  - Wirksambleiben **1** 102 (28)
- unbefristete Titel **1** 101 (17, 23 ff.)

Fortgeltungsanordnung 1 105c (1)

Fortgeltungsbescheinigung 1 84 (30 f.)

Fortgeltungsfiktion 1 81 (18 ff., 24 f., 26, 32 ff.)
- § 81 IV AufenthG **1** 8 (19 ff.)
- eingeschränkte **1** 84 (28)
- rechtzeitiger Verlängerungsantrag **1** 81 (24 ff.)
- unbillige Härte **1** 81 (28)

Fortgeltungswirkung
- Anordnung **1** 81 (27 f.)

Fortsetzung des Verfahrens 7 81 (20 ff.)

Freiheit und Sicherheit
- Recht auf **5** 5 (2)

2658

magere Zahlen = §§ bzw. Artikel

Sachregister

freiheitliche demokratische Grundordnung
– Ausweisung **1** 53 (25)
Freiheitsbeschränkung
– Abschiebung **1** 58 (35)
Freiheitsentziehung 1 62c (7 ff.)
Freispruch
– ne bis in idem **5** 50 (2)
freiwillige Ausreise
– nicht gesichert **1** 58 (25 ff.)
Freiwilligendienst
– zusätzliche Ablehnung **1** 19f (5 f.)
FreizügG/EU
– abschließendes Spezialgesetz **2** 1 (5)
– Anwendungsbereich **2** 1 (8)
– Diskriminierungsverbot **1** 1 (21); **2** 1 (7)
– Familienangehörige **2** 1 (26), 2 (201)
– Familienangehörige Deutscher **2** 1 (88)
– Günstigkeitsprinzip **1** 1 (21); **2** 1 (7)
– Inländerdiskriminierung **2** 1 (10)
– nahestehende Person **2** 1 (39)
– Täuschungsfälle **2** 1 (95)
Freizügigkeit 5 44 (2 f.)
– Abschiebungsandrohung **2** 7 (5)
– Altfälle **2** 2 (182)
– Anmeldebescheinigung **2** 5 (9)
– Anrechnung rechtmäßigen Aufenthalts **2** 11 (110)
– Anwendung des AufenthG **2** 11 (5 ff.)
 – Diskriminierungsverbot **2** 11 (85, 89)
 – Meistbegünstigungsklausel **2** 11 (85, 87)
– Arbeitnehmer **2** 2 (35)
– Arbeitsuchende **2** 2 (64)
– Aufenthaltskarte für Familienangehörige **2** 5 (18 ff.)
– Aufenthaltsrecht **2** 2 (10)
– Aufenthaltsrecht für drei Monate **2** 2 (155)
– Aufenthaltsverbot **2** 7 (50)
– Aufhebung der Ehe **2** 3 (77)
– Ausreisefreiheit **2** 1 (115)
– Ausreisefrist **2** 7 (5)
– Ausreisepflicht **2** 7 (5)
– ausweisrechtliche Pflichten **2** 8 (7 ff.)
– Befristungsentscheidung **2** 7 (88)
– Beteiligungserfordernisse **2** 11 (20 f.)
– Datenspeicherung
 – Ausländerzentralregister **2** 8 (18)
– Daueraufenthaltsberechtigte **2** 2 (102)
– Daueraufenthaltsrecht **2** 4a (8)
– Dienstleistungsempfänger **2** 2 (97 ff.)
– Dienstleistungserbringer **2** 2 (91)
– Einreisefreiheit **2** 2 (10)
– familiäre Lebensgemeinschaft **2** 3 (13)
– Familienangehörige **2** 1 (26), 2 (102)
– Familienangehörige Deutscher **2** 1 (88)
– Gebührenfreiheit **2** 2 (161)
– grenzüberschreitender Sachverhalt **2** 1 (109)
– Hinterbliebene eines Unionsbürgers **2** 3 (23)
– Kernbereich der Unionsbürgerschaft **2** Vor 1 (9 ff.)
– Kinder in Ausbildung **2** 3 (37)
– Lebensunterhalt
 – Familienangehöriger nicht erwerbstätiger Unionsbürger **2** 5a (16)
– Minderjährige **2** 2 (6)
– Missbrauch **2** 2 (164)
– Nachweispflichten **2** 5a (1 ff.)
– Nachzug von drittstaatsangehörigen Familienangehörigen **2** 3 (8)
– nahestehende Person **2** 1 (39 ff.)
– Nichterwerbstätige **2** 2 (99), 4 (7)
– Reiserecht **2** 2 (19)
– Rückkehrerfälle **2** 1 (118)
– Scheidung **2** 3 (77)
– Scheinehe **2** 2 (164)
– Selbstständige **2** 2 (80)

– Sperrwirkung **2** 7 (50)
– Täuschungsfälle **2** 1 (95)
– Überblick **2** Vor 1 f.
– Überprüfungen **2** 5 (52)
– Verbleibeberechtigte **2** 2 (104)
– Visum **2** 2 (13)
– Visumverfahren **2** 2 (21)
Freizügigkeitsabkommen EG/Schweiz 1 4 (15)
Freizügigkeitsrechte
– Art. 20 AEUV **5** Vorbemerkung (3)
Freizügigkeitsvermutung
– Ausreisepflicht **2** 7 (12)
– Scheinehe **2** 7 (20)
– Suspensiveffekt **2** 7 (21 f.)
– Täuschungsfälle **2** 7 (18)
Fristen
– beschleunigtes Asylverfahren **7** 30a (2)
Frontex 7 Vor 1 (37 ff.)
Führungskraft
– ICT-Karte **1** 19 (25)
Fürsorge 7 2 (24)

GEAS-Grundsätze 6 16a (139)
Gebühren
– für Amtshandlungen nach dem AufenthG **1** 68a (3)
 – Bundesgebührengesetz (BGebG) **1** 69 (4)
 – Gebührenverordnung **1** 69 (8)
 – individuell zurechenbare öffentliche Leistungen **1** 69 (5)
– Ermäßigungs- und Befreiungstatbestände **1** 69 (16 f.)
– FreizügG/EU **1** 69 (12)
– ICT-Richtlinie **1** 69 (14)
– türkische Staatsangehörige **1** 69 (13)
– Verjährung **1** 70 (2, 4)
Gebührenerhebung
– Amtshandlungen nach dem AufenthG
 – Bestimmtheitserfordernis **1** 69 (10)
Gebührenfreiheit
– Freizügigkeit **2** 2 (161)
Geburt eines Kindes
– Aufenthaltsrecht **1** 33 (7, 10, 12, 14, 17)
Gedankenfreiheit 5 10 (1)
Geduldete
– Beschäftigungsverbot **1** 60a (70)
Geduldete mit Mindestaufenthalt
– Altfallregelung **1** 104a (8)
Gefährder 1 62c (3)
Gefahrenprognose
– Ausweisungsinteresse **1** 53 (7, 9 ff.)
– Bleibeinteresse **1** 53 (7, 9 f.)
gefährliche Ausländer
– elektronische Überwachung **1** 56a (3 f.)
Geheimhaltungspflichten 1 97 (12)
– Sanktionierung bei Verletzung **1** 97a (6)
– Umfang **1** 97a (3 f.)
geistige Brandstifter 1 54 (61 ff., 66)
Geltungsbereich
– Aufenthaltstitel **1** 11 (135 f.)
– AufenthG **1** 1 (13 ff.)
Gemeinsames Europäisches Asylsystem (GEAS)
5 18 (1); **6** 16a (6, 132 f.); **7** Vor 1 (26 f.), 29 (23)
Gemeinschaftsunterkünfte
– Unterbringung **7** 53 (8)
Genfer Flüchtlingskonvention 6 16a (118, 133)
– Ausnahme von Abschiebungsverbot **1** 60 (55)
Georgien 7 90 (19)
Gerichtskostenfreiheit 7 83b (4)
Gerichtsverfahren
– Asylgesetz **7** 73c (5)
Geschäftsverteilung 7 83 (8)
geschlechtsspezifische Verfolgung 6 16a (149)

2659

Sachregister

fette Zahlen = Hauptteile des Werkes

Geschlechtszugehörigkeit **7** 3a (6)
Geschwister **7** 26 (13)
Gesetz zur besseren Durchsetzung der Ausreisepflicht 2017 **1** 56 (2 f.)
Gesetz zur Verbesserung des Schutzes der sexuellen Selbstbestimmung **1** 60 (1); **7** Vor 1 (36)
gesetzliche Grundlage
– gesetzlich vorgesehen **4** 8 (5)
Gesetzmäßigkeit
– Straftaten und Strafen **5** 48 (2)
Gesundheitsschutz **5** 34 (3)
Gewalt am Zielort **4** 3 (26)
Gewissensfreiheit **5** 10 (1)
Ghana **7** 90 (10)
Ghezelbash-Urteil **5** 18 (12); **7** 29 (34)
GK-Reiseausweis **7** 27 (60)
Glaube
– Konversion **4** 3 (32)
Gleichbehandlungsgebot
– ARB 1/80
– aufenthaltsrechtliche Auswirkungen **3** 9 (23)
– Voraussetzungen **3** 9 (5)
gleichgeschlechtliche Beziehung
– Homosexualität **4** 8 (11)
Gleichheit **5** 19 (2)
Gleichheit von Frauen und Männern **5** 22 (2)
Google-Urteil **5** 8 (7)
Gottesbezug
– Grundrechtecharta der Europäischen Union **5** Präambel (2)
Grave Violations **5** 49 (1)
Grenzbehörde
– Absehen von Einreiseverweigerung oder Zurückschiebung **7** 18 (30)
– Dublin-Zuständigkeit
– Anhaltspunkte **7** 18 (23)
– Eingang des Asylantrags beim BAMF **7** 18 (8)
– erkennungsdienstliche Behandlung **7** 18 (12)
– Folgeantragsteller **7** 18 (11)
– Mitwirkungspflichten **7** 18 (35)
– Prinzip der normativen Vergewisserung **7** 18 (43)
– Protokollierung des Asylersuchens **7** 18 (8)
– Rechtsschutz **7** 18 (41)
– Verwaltungsverfahren **7** 18 (33)
– Weiterleitungspflicht **7** 18 (3)
– Zurückschiebung **7** 18 (27)
Grenzgänger **2** Vor 1 (6)
– Austrittsvertrag **2** 16 (32)
Grenzgängerkarte **1** 3 (21)
Grenzkontrollen **1** 13 (6, 9); **7** Vor 1 (24)
Grenzübergangsstelle
– Einreise **1** 13 (5, 9, 10, 14, 16)
Grenzübertritt **1** 13 (2, 7, 9, 14)
– Einreisevoraussetzungen **1** 13 (3)
– Grenzkontrollen **1** 13 (6)
– (Schengen-) Binnengrenzen **1** 13 (4)
– Zurückweisung **1** 13 (6)
Grenzübertritt und Einreise **1** 13 (14)
– Fiktion der Nichteinreise **1** 13 (15)
– Grenzübergangsstelle **1** 13 (9 ff.)
Grenzübertrittsbescheinigung **1** 50 (16)
Grundrechte
– Einschränkung **1** 106 (1)
Grundrechteagentur **5** Vorbemerkung (13 ff.)
Grundrechtecharta der EU
– Bedeutungszuwachs **5** Vorbemerkung (3)
– Rechtsverbindlichkeit **5** Vorbemerkung (1 ff.)
– Sichtbarkeit **5** Vorbemerkung (2)
Grundrechtecharta der EU (GRCh) **3** 30
Grundrechtsfundamentalnorm
– Art. 6 EUV **5** Vorbemerkung (3)

Grundrechtsgefährdung
– elektronische Datenverarbeitung **1** 56a (5)
Grundrechtsprüfung **5** Vorbemerkung (10 ff.)
Grundrechtsträger **5** Vorbemerkung (10 ff.)
grundsätzliche Bedeutung **7** 78 (10)
Gruppenverfolgung **1** 60 (34); **6** 16a (43); **7** 3b (3)
Günstigkeitsprinzip **2** Vor 1 (32)
– FreizügG/EU **1** 1 (21); **2** 1 (7)

Haager Programm (2005) **6** 16a (132); **7** Vor 1 (30)
Haft
– Haftbedingungen **4** 3 (34 f.)
Haftkosten
– Abschiebung **1** 67 (5 f.)
– Zurückweisung **1** 67 (5)
Haftung
– des Beförderungsunternehmers
– für illegale Einreise **1** 63 (2, 8)
Handlungsfähigkeit **1** 79 (24)
Härtefälle
– Aufenthaltsgewährung **1** 23 (34)
– Härtefallkommission **1** 23a (6, 9)
Hassprediger **1** 54 (61, 66)
– Begriff des Einwirkens **1** 54 (64)
– Beweisprobleme **1** 54 (65)
– Gefährdung des Zusammenlebens **1** 54 (66)
Haushaltsgemeinschaft **1** 2 (72)
Hauspersonal
– berufskonsularischer Vertretungen **1** 4 (37)
heimatlose Ausländer **7** 1 (17 ff.)
Heranwachsende
– Aufenthaltsgewährung **1** 25 (133 ff.)
Herkunftsstaat
– sicherer **6** 16a (68)
– verfolgungsfreier **6** 16a (69)
Hilfsbeweisantrag **7** 78 (30)
hinreichende deutsche Sprachkenntnisse **1** 2 (180 f.)
Hinterbliebene eines Unionsbürgers
– Aufenthaltsrecht ausschließlich auf persönlicher Grundlage **2** 3 (37 f.)
– Freizügigkeit **2** 3 (23)
– rechtmäßiger Voraufenthalt **2** 3 (26)
H. N.-Urteil **5** 41 (2)
Hochqualifizierten-Richtlinie **7** Vor 1 (31)
Höchstarbeitszeiten **5** 31 (2)
Homosexualität
– sexuelle Orientierung **4** 3 (33)
homosexuelle Handlungen **7** 3a (5)
Hotspots **7** Vor 1 (38)
humanitäre Gründe
– Asylberechtigung **1** 25 (8, 14)
– Aufenthalt **1** 24 (17)
– außergewöhnliche Härte **1** 25 (66, 70, 75)
– illegal Beschäftigte **1** 25 (88, 92, 95, 100)
– internationaler Schutz **1** 25 (20)
– komplementärer Schutz **1** 25 (24, 26, 31 ff., 34 ff., 52)
– Opferschutz **1** 25 (78 f., 83 ff., 85 ff.)
– Unmöglichkeit der Ausreise **1** 25 (101 ff., 106 f., 119 ff., 122 f., 125 ff., 128)
– vorübergehende Aufenthaltsgründe **1** 25 (58, 61, 65)
humanitärer Aufenthalt
– Ausnahmen zugunsten von **1** 5 (159 f., 163 f.)

ICT-Karte **1** 18f (9)
– Aufenthaltsdauer **1** 19 (33 ff.)
– Erteilungsvoraussetzungen **1** 19 (27 ff.)
– Führungskraft **1** 19 (25 f.)
– kurzfristige Mobilität **1** 19a (3 f.)
– Lebensunterhaltssicherung **1** 19 (8)
– Spezialist **1** 19 (26)

magere Zahlen = §§ bzw. Artikel

Sachregister

- Trainee **1** 19 (32)
- unternehmensinterner Transfer **1** 19 (16 f., 19 f., 22)

ICT-Richtlinie 1 19b (1)
- Gebühren **1** 69 (5)
- Verfahren **1** 91f (8)

Identität
- Klärung **1** 5 (41, 49)
- Passpflicht **1** 5 (41, 44, 50)

Identitätsfeststellung 1 48a (4 f.)
- Altersbestimmung **1** 49 (20 f.)
- Anfechtungsklage **1** 49 (22 f.)
- Angaben zu Alter, Identität und Staatsangehörigkeit **1** 49 (1, 3)
- Asylbewerber **1** 49 (7)
- biometrische Daten **1** 49 (1)
- erkennungsdienstliche Maßnahmen **1** 49 (8)
- Feststellung von Alter, Identität und Staatsangehörigkeit **1** 49 (5 ff., 13, 16 f.)
- forensische Altersdiagnostik **1** 49 (20)
- Identitätssicherung **1** 48a (4)
- Identitätsüberprüfung **1** 49 (3)
- Kindeswohl **1** 49 (19)
- Minderjährige **1** 49 (20)
- Mitwirkungsverpflichtung **1** 49 (21)
- Personen über sechs Jahre **1** 49 (18 f.)
- Rechtsschutz **1** 49 (20, 22 ff.)
- routinemäßige Untersuchungen **1** 49 (6)
- Sprachaufzeichnung **1** 49 (16 ff.)
- Verwaltungsverfahren **1** 49 (20 f.)

Identitätspapier 7 15 (11 ff.)
Identitätssicherung 7 16 (4), 22 (7)
- erkennungsdienstliche Maßnahmen **1** 84 (7)

illegale Beschäftigung
- Rechtsfolgen **1** 98 (38)
- Subventionsausschluss **1** 98a (15)
- Vergabeausschluss **1** 98b (13)
- Vergütung **1** 98 (38)

Informationsaustausch aufgrund der Blue Card-Richtlinie 1 91f (2)
- Unterrichtungspflicht des BAMF **1** 91f (2)

Informationsfreiheit 5 10 (3)
Inhaftierung 6 16a (28)
Inkrafttreten
- AufenthG **1** 1 (14)

Inländerdiskriminierung 1 27 (63), 30 (78), 31 (11); **2** Vor 1 (9), 1 (10)
- Familienzusammenführungs-Richtlinie **1** 27 (17)

Inländergleichbehandlung
- Erlaubnis zum Daueraufenthalt-EU **1** 9a (15)
- Kommunalwahlen **5** 40 (2)

inländische Fluchtalternative 6 16a (65); **7** 3e (2 ff.)

Integrationsbeauftragte 1 92 (2)
- Aufgaben **1** 93 (1), 94 (4)
- Bericht **1** 94 (5)

Integrationsförderung 7 3 (18)
Integrationsgesetz 7 Vor 1 (35), 8 (1), 24 (1)
Integrationskurs 1 42 (9); **7** 2 (29)
- Abschlusstest **1** 43 (10)
- Beendigung **1** 44a (9)
- Berechtigung zur Teilnahme **1** 43 (18)
- Datenverarbeitung **1** 43 (17)
- Ermessen **1** 44 (10 ff.)
- Kosten **1** 43 (13)
- Nachweis der Integration **1** 8 (34)
- nicht ordnungsgemäße Teilnahme **1** 8 (28, 30)
- Orientierungskurs **1** 43 (9)
- sonstige Kursteilnahme **1** 44 (9)
- Sprachkursträger **1** 43 (11)
- Struktur der Kurse **1** 43 (6)
- Teilnahmeanspruch **1** 44 (1)
- Teilnahmepflicht **1** 8 (30)

- Teilnahmeverpflichtung **1** 44 (14)
- Ausnahme **1** 44a (9, 10)

Integrationskurse 1 75 (7 ff.)
Integrationsleistungen 1 25b (2)
- Aufenthaltserlaubnis **1** 25b (4)

Integrationsmaßnahmen
- Familienzusammenführungs-Richtlinie **1** 30 (45 ff., 50)

Integrationsprogramm 1 44a (25 ff.)
integrierte Jugendliche
- Aufenthaltsgewährung **1** 25 (133)

Interessen der Bundesrepublik Deutschland
- Ausweisungsinteresse **1** 5 (70 ff., 74 ff.)
- Erteilung eines Aufenthaltstitels
  - Ermessensreduktion auf Null **1** 5 (73)
  - strikter Rechtsanspruch auf Erteilung eines Aufenthaltstitels **1** 5 (72)

internationaler Flüchtlingsschutz
- Subsidiarität **7** 3c (5)

Internationaler Pakt über bürgerliche und politische Rechte (IPBPR)
- Ausweisungsschutz **1** Vor 53 (127)
- Wohnsitzauflage **1** Vor 53 (130)

internationaler Schutz 1 2 (194); **7** 1 (11 ff.)
interner Schutz 6 16a (65)
islamistische Gefahren 7 8 (6)
ius sanguinis 1 2 (13)
ius soli 1 2 (13)

Jawo/Ibrahim-Urteile 7 29 (11)
J. N.-Urteil 5 6 (4 f.)
jüdische Emigranten 7 1 (28)
- Rechtsstatus **1** 22 (3)

Jugendliche am Arbeitsplatz 5 31 (2)
Jugendschutz 5 32 (1 f.)
justizielle Rechte 5 46 (2)

Kafala 1 27 (53)
Kammer 7 74 (39)
- Rückübertragung auf **7** 76 (19)
- Übertragung auf **7** 76 (23)

Karim-Urteil 5 18 (12); **7** 29 (34)
Kernfamilie
- Nachzugsanspruch **1** 5 (18)

Kettenabschiebung 6 16a (104)
Kettenduldung 1 60a (62)
Kettenrückführung
- Zurückschiebung **1** 57 (14)

Kinder
- minderjährige
  - Altfallregelung **1** 104a (15)
- volljährige
  - Altfallregelung **1** 104a (16)

Kinder in Ausbildung
- akzessorisches Aufenthaltsrecht für Eltern **2** 3 (69)
- Ausbildungseinrichtungen **2** 3 (55)
- Berufsausbildung **2** 3 (54)
- Eintritt der Volljährigkeit **2** 3 (53)
- Freizügigkeit **2** 3 (37)
- Lehrlingsausbildung **2** 3 (54)
- Personensorge **2** 3 (57)
- Teilnahme am allgemeinen Unterricht **2** 3 (54)
- Zumutbarkeit des Abbruchs einer Ausbildung **2** 3 (64)

Kinderarbeit 5 31 (2)
Kindergeld 1 2 (86, 88); **7** 2 (28), 3 (15), 55 (35)
Kindernachzug
- Adoptionsentscheidungen **1** 32 (10)
- zu dem allein sorgeberechtigten Elternteil **1** 32 (32, 34, 36, 42, 47)
- Altersgrenzen **1** 32 (14)
- Ausnahmeregelung **1** 32 (60)
- Beherrschung der deutschen Sprache **1** 32 (53)

2661

Sachregister

fette Zahlen = Hauptteile des Werkes

- im Bundesgebiet geborenes Kind **1** 33 (7 ff., 18)
- eigenständiges Aufenthaltsrecht **1** 33 (23)
- zu den Eltern **1** 32 (32, 41, 46)
- EMRK **1** 32 (16, 28 f., 32 f.)
- Familienzusammenführungs-Richtlinie **1** 32 (6)
- Härtefallregelung **1** 32 (87 f., 95, 97 ff.)
- Kafala **1** 32 (12 f.)
- Kinder ab dem 16. Lebensjahr **1** 32 (48 ff., 51)
- Minderjährige **1** 34 (2 ff., 6 f., 10 f., 14, 16 ff., 18)
- mobile Forscher **1** 32 (103, 108 ff.)
- Nachzugsberechtigte **1** 32 (6)
- Niederlassungserlaubnis **1** 35 (4 ff., 8, 14 f., 17, 21 f., 25)
- ordre public **1** 32 (70, 72, 76, 79)
- Rechtsanspruch **1** 32 (32 f., 35, 42, 46 f.)
- Rechtsschutz **1** 32 (108)
- Sorgerecht **1** 32 (84 f.)
  - gemeinsames **1** 32 (63, 65 f., 69)
- Umzug der gesamten Familie **1** 32 (37)
- unbegleiteter minderjähriger Flüchtling **1** 36 (4 ff., 8 f., 10 f.)
- UN-Kinderrechtskonvention **1** 32 (16 f., 27 ff.)
- Verlängerung der Aufenthaltserlaubnis **1** 34 (2 f., 5 f., 9, 13, 18)
- Volljährige **1** 34 (18 f., 24)
Kinderrechte 5 23 (2)
Kinderzuschlag 1 2 (90 ff., 92, 100, 104 ff.)
- Ausschluss **1** 2 (102)
- Höchsteinkommensgrenze **1** 2 (96 f.)
- Mindesteinkommensgrenze **1** 2 (95 f.)
Kindeswohl 4 3 (23 f.), 8 (17 ff.); **5** 24 (2)
Klage
- Trennung **7** 74 (4 f.)
- Verbindung **7** 74 (4)
Klagerücknahme 7 80a (3), 81 (17)
- fiktive **7** 81 (5 ff.)
kleines Asyl 1 60 (4 ff.)
Kollektivausweisung 5 18 (12 f.)
Kollektivverfolgung 6 16a (44, 47)
Kollektivverhandlungen 5 27 (2)
Kommunalwahlen
- Wahlrecht für Unionsbürger **5** 39 (2)
Kommunikation 5 7 (1)
- Nutzung digitaler Kommunikationsmittel **1** 56 (17)
- Zugang zu **1** 56 (17)
Kommunikationsfreiheit 5 11 (1)
komplementärer Schutz 6 16a (136)
Konflikt
- bewaffneter **7** 4 (13)
  - Abschiebungsverbot **1** 60 (91, 93, 95)
Königsteiner Schlüssel
- unerlaubt eingereiste Ausländer **1** 15a (19 f.)
Kontingentflüchtling 1 1 (34); **7** 1 (26), 2 (8 f.)
Konvent 5 Vorbemerkung (8, 13)
Kosovo 7 90 (10)
Kosten 7 74 (44)
- Abschiebungshaft **1** 67 (4)
- Risikosphäre des Beförderers **1** 67 (8)
Kostenhaftung
- für Abschiebung **1** 66 (3, 5)
- für erfolglose Abschiebung **1** 66 (4)
- Leistungsbescheid **1** 66 (6)
- rechtmäßige Amtshandlung **1** 66 (5)
- Verjährung **1** 69 (17)
- für Zurückschiebung **1** 66 (3, 5)
- für Zurückweisung **1** 66 (3, 5)
Kostenquotelung
- Gerichtskosten **7** 83b (9)
Krankenversicherungsschutz 1 2 (56 ff., 63)
- Lebensunterhalt **1** 2 (57)
Krankheit 4 3 (31)
Kreisgebiet 7 58 (10)

Kriegsflüchtling 7 1 (17)
Kriegsverbrechen 7 3 (8)
- Ausnahme vom Abschiebungsverbot wegen **1** 60 (56, 59)
- Ausschluss vom Flüchtlingsstatus wegen **1** 60 (59)
Kulturenvielfalt 5 21 (4)
Kündigungsschutz 5 30 (1)
Kunstfreiheit 5 13 (1)
kurzfristige Mobilität 1 4 (26)
- Aufenthaltsdauer **1** 19a (7)
- Einreise- und Aufenthaltsrecht **1** 19a (12)
- für unternehmensintern transferierte Arbeitnehmer **1** 19 (39)
- Zuständigkeit der Ausländerbehörde **1** 19a (22, 25)

Lagerrichter 7 83 (7)
länderübergreifende Verteilung 7 51 (2)
langfristige Aufenthaltsberechtigung 1 2 (175)
Laptops 7 15a (2)
Leben
- Recht auf **5** 1 (3)
Lebensbedingungen 4 3 (31)
Lebenspartner
- Altfallregelung **1** 104a (11, 14)
Lebenspartnerschaft
- Familiennachzug **1** 27 (63)
Lebensunterhalt 1 5 (22, 24 f., 30, 35, 37, 39)
- auf Dauer **1** 5 (28)
- Einzelfallabwägung **1** 5 (37)
- Elternnachzug **1** 5 (39)
- feste und regelmäßige Einkünfte **1** 5 (25)
- Inanspruchnahme öffentlicher Mittel **1** 5 (28)
- Prognose **1** 5 (26)
- Rentennachzug **1** 5 (30 ff.)
- unbegleiteter minderjähriger Flüchtling **1** 5 (39)
- Unzumutbarkeit **1** 5 (31 ff., 34 f.)
- Zeitraum des voraussichtlichen Aufenthalts **1** 5 (29)
Lebensunterhaltssicherung 1 2 (33, 35, 39, 45, 50)
- Altersversorgung **1** 9c (5 f., 7)
- Altfallregelung **1** 104a (40)
- Arbeitsverhältnis **1** 2 (46)
- Ausländer
  - mit deutschem Ehegatten **1** 2 (136, 138 f., 143)
- Ausnahmen
  - aufgrund der EU-Richtlinien **1** 2 (118)
- BAföG **1** 2 (48)
- Bedarfsgemeinschaft **1** 2 (39 ff.)
  - mit deutschen Geschwistern **1** 2 (143 ff.)
- Beiträge der Familienangehörigen **1** 2 (44)
- Berechnung **1** 2 (66 ff., 70, 75 ff., 80 f.)
- Elterngeld **1** 2 (105, 107)
- Erlaubnis zum Daueraufenthalt-EU **1** 9a (34), 9c (2)
  - Kranken-und Pflegeversicherung **1** 9c (9, 11)
- Familienangehörige im Ausland **1** 2 (81)
- Familiennachzug **1** 27 (90, 92, 94, 98)
- Freibetrag für Erwerbstätigkeit **1** 2 (135)
- Hochschulstudium **1** 2 (51 f.)
- Kindergeld **1** 2 (86, 88 ff.)
- Kinderzuschlag **1** 2 (90, 92, 100, 104)
- Krankenversicherungsschutz **1** 2 (56)
- Mehrbedarfe **1** 2 (126)
- Nachzug von Rentnern **1** 2 (148, 150 ff.)
- Niederlassungserlaubnis **1** 2 (130 f., 132, 135), 9 (34)
- Pflegegeld **1** 2 (85 ff.)
- Pflegeversicherung **1** 2 (66)
- Prognose **1** 2 (40 ff.)
- Sozialgeld **1** 2 (86 ff.)
- Sperrkonto **1** 2 (51 f.)
- Steuern und Sozialabgaben **1** 9c (3)
- Studenten **1** 2 (152 f.)
- Studienaufenthalt **1** 16b (9)

magere Zahlen = §§ bzw. Artikel

Sachregister

- Unterhaltsverpflichtungen **1** 2 (77)
- Vereinbarkeit mit höherrangigem Recht **1** 2 (52)
- Verpflichtungserklärung **1** 2 (82 f.)
- Werbungskostenpauschale **1** 2 (135 f.)
- Wohngeld **1** 2 (116, 118)

Lebensunterhaltungssicherung 1 2 (48)
legitimer Zweck 4 8 (6 f.)
Leiharbeitnehmer 1 40 (3)
Lichtbildabgleich 1 47 (24)
LM-Urteil 7 29 (31)
Luftweg
- Einreise **6** 16a (80)

Machtkampf
- Unionsgrundrechtsschutz **5** 51 (3)

Mahdi-Urteil 5 6 (4)
Mangelberuf 1 18b (29), 91f (8)
Mare Nostrum-Operation 7 Vor 1 (37)
Marokko 7 90 (10)
Massenzustrom 6 16a (134); **7** Vor 1 (24)
maßgeblicher Entscheidungszeitpunkt 4 3 (20)
maßgeblicher Zeitpunkt 7 77 (2)
- für Entscheidungsgrundlagen **7** 74 (22)

MA-Urteil 5 24 (3)
Mazedonien, ehem. jugoslawische Republik 7 90 (10)
McB-Urteil 5 7 (4)
McCarthy-Urteil 5 Vorbemerkung (4), 24 (1 f.)
medizinische Versorgung 7 90 (2)
Mehrehe 1 30 (97)
- Familiennachzug **1** 27 (50)

Meinungsäußerung 5 10 (3)
Meinungsfreiheit
- Abgrenzung zur Terrorismusunterstützung **1** 54 (43)
- Hassprediger **1** 54 (63)

Meistbegünstigungsklausel
- Anwendung des AufenthG
- Freizügigkeit **2** 11 (85, 87)

Meldeauflage
- ausreisepflichtiger Ausländer **1** 61 (30)

Meldepflicht
- Verstoß **1** 95 (69)
- vollziehbar ausreisepflichtiger Ausländer **1** 56 (8)

Melloni-Urteil 5 53 (3)
Menschenrechtsverletzungen
- Abschiebungsverbot **1** 60 (81, 85, 87, 91)

Menschenwürde 5 1 (1); **6** 16a (27)
- Erstversorgung von Flüchtlingen **5** 1 (3)

M. G.-Urteil 5 6 (4)
Migrationsberatung
- Datenübermittlung **1** 88a (6 f.)

Militärdienst 7 3a (6)
Millionärsregelung 1 7 (16 f.)
minderjährige Kinder
- Altfallregelung **1** 104a (15 ff.)

Minderjähriger
- Asylantrag **7** 30 (18)
- unbegleiteter
  - Abschiebung **1** 58 (3)

Minderjährigkeit 1 80 (4)
- Altersdiagnostik **1** 80 (6 ff.)
- gesetzlicher Vertreter **1** 80 (12)
- UN-Kinderrechtskonvention **1** 80 (1 ff., 5 ff.)
- Vormund **1** 80 (6)

Mindestalter
- Ehegattennachzug
  - Ausnahmeregelungen **1** 30 (53, 57 ff., 62)

Mindestmaß an Schwere 4 3 (8)
Minimalliste 7 29a (2)
Missbrauch der Rechte
- GRCh **5** 53 (3)

missbräuchliche Vaterschaftsanerkennung 1 85 (8 ff.)
- Feststellung **1** 85a (12 ff.)
- konkrete Anhaltspunkte **1** 85a (3)
- sozial-familiäre Beziehung **1** 85a (10)
- Verbot **1** 85a (6)
- Verfahren **1** 85a (6 ff.)

Mitgliedschaft in einer Zielgruppe 4 3 (29)
Mitteilung
- an Bevollmächtigte **7** 10 (11 ff.)

Mitteilungspflichten 7 20 (8 ff.)
Mitteilungsverfahren 1 16c (3)
Mittellosigkeit
- Abschiebung **1** 58 (32)

Mitwirkungspflichten 1 82 (1, 9, 12 f., 15); **7** 74 (24)
- Abstammungsgutachten
  - Anfertigung **1** 82 (10)
- Amtsermittlungspflicht **1** 82 (5)
- Aufklärung im Ausland **1** 82 (9)
- familiengerichtliche Entscheidungen **1** 82 (10)
- Fingerabdrücke
  - Erhebung **1** 82 (18)
- Grenzbehörde **7** 18 (35)
- Identitätspapiere
  - Beschaffung **1** 82 (5)
  - Überlassung **1** 82 (5)
  - Vorlage **1** 82 (5)
- jugendamtliche Stellungnahme **1** 82 (10 ff.)
- Lichtbilder
  - Erhebung **1** 82 (18 f.)
- Visumantrag **1** 5 (113 f., 115 ff.)

Mobiler-ICT-Karte 1 19a (30)
- Ablehnungsgründe **1** 19b (23)
- Anzeigepflicht **1** 19b (24)
- Aufenthaltserlaubnis **1** 19b (13)
- Erlaubnisfiktion **1** 19b (17)

Montenegro 7 90 (10)
Motivationslehre
- Asyl
  - wegen politischer Verfolgung **6** 16a (41)

Muttersprache 7 17 (2)

Nachberichtspflicht
- Beteiligungserfordernisse **1** 73 (42, 44)

Nachfluchtgründe 6 16a (10, 48)
- Genfer Flüchtlingskonvention **6** 16a (123)

Nachfluchttatbestand
- objektiver **6** 16a (53)
- selbst geschaffener **7** 28 (8)
- subjektiver **6** 16a (55)

Nachweispflichten
- Anforderungen **2** 5a (1)
- Diskriminierungsverboten **2** 5a (11)

Nachzug sonstiger Familienangehöriger
- allgemeine Erteilungsvoraussetzungen **1** 36 (54, 59)
- außergewöhnliche Härte **1** 36 (23, 42, 54 f.)
  - Kinderbetreuung **1** 36 (51)
  - Lebensbedingungen **1** 36 (48)
  - Nachteile im Heimatland **1** 36 (49)
- Familienzusammenführungs-Richtlinie **1** 36 (40, 42, 45)
- Nachzug zu EU-Bürgern **1** 36 (61)

nahestehende Person
- Aufenthaltsverfestigung **2** 3a (42 ff.)
- Definition **2** 3a (8 f.)
- Dokumente **2** 5 (75)
- eigenständiges Aufenthaltsrecht **2** 3a (37)
- Erleichterungsgebot **2** 3a (15 f.)
- Seitenlinie **2** 3a (10 ff.)

nationale Kontaktstelle 1 91e (4)
- BAMF **1** 91f (2)
- Blaue Karte EU **1** 91f (1)

Sachregister

fette Zahlen = Hauptteile des Werkes

- Blue Card-Richtlinie **1** 91f (6)
- Datenaustausch **1** 91f (2 f.)
- Datenübermittlung **1** 91a (7)
- Unterrichtungspflicht **1** 91f (2 f.)

nationales Visum 1 6 (53 f., 55, 57, 59)
Nationalität
- Verfolgungsgrund **1** 60 (31); **7** 3b (2)

Nationalpass 7 72 (15)
Nato-Truppenstatut 1 1 (36 ff.)
ne bis in idem 5 49 (3)
Nebenbestimmung 1 12 (3)
- Aufenthaltstitel **1** 11 (135)
- Bedingungen
  - Aufenthaltstitel **1** 12 (15, 22 f.)
- Geltungsbereich **1** 12 (5)
- örtliche Beschränkung **1** 12 (13)
- räumliche Beschränkung **1** 12 (5, 8)
- räumliche Beschränkungen
  - Durchsetzung **1** 12 (14)
- Rechtsschutz **1** 12 (55)
- sofortige Vollziehbarkeit **1** 84 (10)

Negativstaater 1 5 (104 f., 133)
Neuansiedlung
- von Schutzsuchenden **1** 22 (16 ff.)

Neuzuwanderer 1 19c (5)
Nichtauslieferung 6 16a (7 ff.)
Nichtbetreiben 7 81 (15 ff.)
Nichtdiskriminierung 5 20 (2)
Nichteinreise
- Fiktion **1** 13 (15)

Nichterwerbstätige
- Auffangfunktion **2** 2 (100 f.)
- Freizügigkeit **2** 2 (99 ff.)
- Lebensunterhalt bei Familienangehörigen **2** 5a (16)
- Rentner **2** 2 (100)
- Studenten **2** 2 (100)

nichterwerbstätige Unionsbürger
- Existenzmittel **2** 4 (24)
- Freizügigkeit **2** 4 (7)
- Krankenversicherungsschutz **2** 4 (24)
- Nachweis des Unterhaltsbedarfs **2** 4 (17)
- Sozialleistungsbezug **2** 4 (33)
- Studenten **2** 4 (11)
- Unterhaltsgewährung **2** 4 (16)

Nichtfortführung des Verfahrens 7 32a (3)
nichtstaatlicher Akteur
- Verfolgung **7** 3c (4)
- Verfolgungsverursacher **1** 60 (35)

Nichtverfolgungsvermutung 7 29a (6)
Niederlassung 1 9 (2)
Niederlassungserlaubnis 1 9 (5, 7 ff., 28), 18b (44 ff.), 26 (11, 17, 31, 33, 37, 42, 48, 52, 55 f., 58, 63 ff.)
- abschließende Ausnahmeregelung **1** 9 (91)
- Alterssicherung **1** 9 (46, 50 ff., 53 ff.)
  - Ausnahmen bei Krankheit und Behinderung **1** 9 (54)
  - private Altersvorsorge **1** 9 (51 ff.)
  - staatliche Beitragszahlungen **1** 9 (48)
  - Zeiten der Kinderbetreuung **1** 9 (53 f.)
  - Zeiten häuslicher Pflege **1** 9 (53)
- Anrechnungsmöglichkeit **1** 9 (27)
- Arbeitnehmer **1** 9 (62)
- Aufenthaltsfiktion **1** 9 (32 ff.)
- Auslandsaufenthalt **1** 51 (26)
  - Zwölf-Monats-Frist **1** 51 (26)
- Ausnahmen für Sprachkenntnisse **1** 9 (81, 84 f., 91, 93, 96, 101)
  - alterstypische Erkrankungen **1** 9 (85)
  - Härtefallregelung **1** 9 (86)
  - Personen im Rentenalter **1** 9 (85)
- ausreichender Wohnraum **1** 9 (105)

- Ausreise **1** 51 (26)
- berechtigter Personenkreis **1** 18c (17)
- besonderer Fall **1** 18c (25)
- Blaue Karte EU **1** 18c (9, 10 ff.)
- Daueraufenthalts-Richtlinie **1** 9 (29)
- deutsch verheiratet **1** 51 (26 f.)
- deutsche Sprachkenntnisse **1** 9 (66 ff., 74 ff., 82)
- Deutschtest für Zuwanderer **1** 9 (69, 76, 79)
- Diskriminierungsverbot **1** 9 (99)
- Einbürgerung **1** 9 (13 f.)
- Ermessen **1** 18c (31)
- Erteilungsvoraussetzungen **1** 18c (4)
- Erwerbstätigkeit **1** 9 (10, 61 f., 65)
- Fachkräfte mit akademischer Ausbildung **1** 18c (3 ff., 14 ff.)
- Fachkräfte mit Berufsausbildung **1** 18c (3)
- Familiennachzug zu Deutschen **1** 28 (41 ff., 43, 46 f., 48, 50, 54, 57 ff.)
  - Ausweisungsinteresse **1** 28 (49)
  - Ehegatte eines Deutschen **1** 28 (46)
  - Lebensunterhaltssicherung **1** 28 (54)
  - Sprachkenntnisse **1** 28 (59, 60)
- Fiktionszeiten **1** 9 (16)
- Fiktionszeitraum **1** 26 (41)
- fünfjähriger rechtmäßiger Voraufenthalt **1** 9 (15 f.)
- Gefahr für öffentliche Sicherheit und Ordnung **1** 9 (55, 57, 59 ff.)
- Geltungsdauer **1** 9 (8)
- gesichertes Aufenthaltsrecht **1** 9 (25 ff.)
- Grundkenntnisse der Rechts- und Gesellschaftsordnung **1** 9 (65, 74)
- Härtefall **1** 9 (102)
- Integrationskurs **1** 9 (100)
- Integrationsvoraussetzungen **1** 9 (12)
- Jugendliche ab 16 Jahren **1** 35 (5, 10)
- Kindernachzug **1** 35 (4, 8, 14, 17, 21, 25)
- Lebenspartner **1** 51 (26)
- Lebensunterhalt **1** 9 (33 f., 35 ff., 43, 45, 88 ff.)
  - Absetzungsfreibeträge für Erwerbstätigkeit **1** 9 (44)
  - Bedarfsgemeinschaft **1** 9 (36 f., 40, 42 f.)
  - Familie **1** 9 (43)
  - öffentliche Mittel **1** 9 (40 f.)
- Nachweis ausreichender Sprachkenntnisse **1** 9 (74)
- Rechtsanspruch **1** 9 (7)
- Rechtsschutz **1** 9 (106)
- Studium **1** 9 (17 f.)
- Übergangsregelungen **1** 9 (20)
- Überleitung **1** 26 (13 f.)
- Versagungsgründe bei Minderjährigen **1** 35 (20, 22)
- Verwaltungsverfahren **1** 9 (106 f.)
- Volljährige **1** 35 (13, 17 ff.)
- Wehrdienst **1** 51 (31)
- Zustimmung der Bundesagentur für Arbeit **1** 18c (24)

Niederlassungsfreiheit 1 21 (2 ff.)
normative Vergewisserung
- sicherer Drittstaat **6** 16a (106)

Notwendigkeit
- Verhältnismäßigkeit **4** 8 (7)

N. S.-Urteil 5 18 (2, 10), 47 (4); **7** Vor 1 (24), 29 (31)

Obergrenze 6 16a (93, 139 ff.)
offensichtliche Unbegründetheit 7 78 (43)
Offensichtlichkeitsurteil
- Asylantrag **7** 30 (7)

öffentliche Gesundheit
- Ausweisungsinteresse **1** 5 (84)
- Krankheiten mit epidemischem Potenzial **2** 6 (47)
- Verlustfeststellung **2** 6 (46)

öffentliche Ordnung 1 62c (10)
- äußere Sicherheit **2** 6 (40)
- im Ausweisungsrecht **1** 53 (21, 24)

2664

magere Zahlen = §§ bzw. Artikel

Sachregister

- bandenmäßiger Handel mit Betäubungsmitteln **2** 6 (41)
- Diskriminierung **2** 6 (37)
- Drogenhandel **2** 6 (44)
- Gefährdungsprognose **2** 6 (19)
- innere Sicherheit **2** 6 (40)
- konkrete Wiederholungsgefahr **2** 6 (18)
- persönliches Verhalten **2** 6 (17)
- Schutz der Staatssicherheit **2** 6 (44)
- strafrechtliche Verurteilung **2** 6 (17)
- terroristische Straftaten **2** 6 (44)
- Ungültigkeit des Passes **2** 6 (30)
- Verlustfeststellung **2** 6 (12 f.)
- wirtschaftliche Zwecke **2** 6 (16)
- zwingende Gründe **2** 6 (45)

öffentliche Sicherheit 1 62c (11); **2** 6 (38)
- im Ausweisungsrecht **1** 53 (21)

Öffentlichkeit 7 78 (27)

Ombudsmann 5 43 (1)

Opferschutz-Richtlinie 1 72 (24)

ordnungsrechtliche Vorschriften 1 45a (5)

Ordnungsverfügungen 1 45a (5)
- allgemeine Handlungsfreiheit **1** 46 (2)
- Ausreiseförderung **1** 46 (2, 4 f.)
- Ausreisefreiheit **1** 46 (2)
- Ausreiseverbot **1** 46 (7, 9, 14, 18 ff.)
- Betäubungsmittel **1** 46 (16)
- Datei „Gewalttäter Sport" **1** 46 (14)
- erhebliche Belange **1** 46 (11)
- Gefährdung **1** 46 (11)
- innere Sicherheit
  - schwerwiegende Bedrohung **1** 46 (12)
- Meldeauflage **1** 46 (14)
- öffentliche Ordnung
  - schwerwiegende Bedrohung **1** 46 (12)
- Passgesetz, § 10 I **1** 46 (9 ff.)
- Rechtsschutz **1** 46 (22, 25)
- steuerliche Verpflichtungen **1** 46 (18 ff.)
- Strafverfolgung **1** 46 (15 ff.)
- Verwaltungsverfahren **1** 46 (22 ff.)
- Wehr- oder Zivildienstpflichtiger **1** 46 (19)

Ordre-public-Vorbehalt
- Daueraufenthalts-Richtlinie **3** 14 (15 f.)
- Familienzusammenführung **1** Vor 53 (98)
- Voraussetzungen
  - Ausweisung türkischer Staatsangehöriger **3** 14 (38)

O./S.+L.-Urteil 5 Vorbemerkung (4)

Palästina-Flüchtlinge 1 60 (11)

Parallelgesellschaften 1 12 (10)

Pass 1 2 (207)
- Anerkennung **1** 3 (3)
- Aushändigung **7** 65 (5)
- Ausweisersatz **1** 3 (5)
- Besitz und Mitführen **1** 3 (18 f.)
- Einreisevoraussetzung **1** 3 (2)
- Eintragungen **1** 3 (7)
- Fremdenpässe **1** 3 (3)
- Identitäts- und Grenzübertrittsdokument **1** 3 (2)
- Nationalpass **1** 3 (3)
- Passbesitz **1** 3 (9)
- Passersatzpapiere **1** 3 (5)
- Passmitführungspflicht **1** 3 (9)
- Proxy-Pässe **1** 3 (3)
- Schein- oder Pseudopass **1** 3 (4)
- verdachtsunabhängige Kontrollen **1** 3 (10)

Passersatz 1 2 (207), 3 (20, 24, 26, 30, 32), 14 (26, 30)

Passierschein 1 3 (21)

Passlosigkeit
- Abschiebung **1** 58 (32)
- Widerrufsgrund für Aufenthaltstitel **1** 52 (6)

Passpflicht 1 2 (207), 3 (11, 13), 5 (20 ff.); **7** 13 (20)

- Ausweisersatz **1** 3 (17)
- Befreiung **1** 3 (16)
- Einreise auf dem Luftweg **7** 18a (9)
- minderjähriger Ausländer **1** 3 (11)
- unerlaubte Einreise **1** 14 (5 f., 7)

Passverwahrung
- bei Ausreisepflicht **1** 50 (18, 21)

personenbezogene Daten 1 86a (3)
- Identitätsfeststellung **1** 87 (25)
- Sozialleistungen **1** 87 (27 ff.)
- Speicherung und Löschung **1** 90c (7 f.)

persönliches Erscheinen 1 82 (8, 13, 15, 17)
- Anordnung **1** 82 (13)
- ärztliche Nachprüfung **1** 82 (17)
- begleitete Vorspracheanordnung **1** 82 (16)
- unmittelbarer Zwang **1** 82 (15 f.)

Persönlichkeitsrecht 7 15a (3)

Petitionsrecht 5 43 (2 ff.)

Pflegeversicherung 1 2 (66)

Pflichtpraktikum 1 16 (6), 16a (33)

Plaumann-Formel 5 Vorbemerkung (10)

Poclava-Urteil 5 30 (3)

politisch Verfolgte 6 16a (18)
- Konventionspass **1** 51 (36)
- Rechtsstellung **6** 16a (11)
- Schutzbedürftigkeit **1** 51 (38)
- Wiederkehr **1** 51 (34)

politische Betätigung 7 57 (22)
- außenpolitische Interessen **1** 47 (14)
- Beschränkungen **1** 47 (4, 9, 13)
- konkrete Gefahr **1** 47 (8)
- Recht auf **1** 47 (4, 7, 9)
- Verbote **1** 47 (4, 9, 14)
  - zwingende **1** 47 (16 ff., 17, 20)
- Wahlkampfzwecke **1** 47 (6)

politische Überzeugung
- Verfolgungsgrund **1** 60 (33 f.); **7** 3b (2)

politische Verfolgung 7 1 (11)

Politmalus
- Asyl
  - wegen Strafverfolgung **6** 16a (62 f.)

Polizei
- erkunngsdienstliche Behandlung **7** 19 (7)
- Rechtsschutz **7** 19 (8)
- Weiterleitung **7** 19 (1)
- Zurückschiebung **7** 19 (4 f.)

Positivstaater 1 4 (16, 18), 5 (101, 103 f., 125, 152)

Posttraumatische Belastungsstörung (PTBS) 1 60 (109)

Präklusion 7 25 (8), 74 (27)

Praktikum 1 16e (7)

Privatleben 5 6 (4)
- Achtung des **5** 7 (1)
- privat **4** 8 (1)
- Schutzbereich **4** 8 (9)

Proberichter 7 76 (26)

Prozesskostenhilfe 5 47 (4); **7** 74 (48), 78 (36)

Prüfungsaufenthaltserlaubnis 1 16d (23)

Prüfungsvorbereitung
- Nebenverdienstmöglichkeit **1** 16d (25)

Puid-Urteil 7 29 (32)

Qualifikations-Richtlinie 5 18 (8); **6** 16a (135); **7** Vor 1 (26)
- Art. 6 **7** 3c (1)
- Art. 8 **7** 3e (2)
- Art. 10 **7** 3b (1)
- Art. 15 **7** 4 (1)
- Art. 15 lit. c **7** 4 (14)
- Art. 17 **7** 4 (1, 17)
- Art. 23 **7** 26 (1)

qualifizierte Berufsausbildung 1 2 (195)

2665

Sachregister

fette Zahlen = Hauptteile des Werkes

qualifizierte Beschäftigung 1 2 (199)
qualifizierte Geduldete
– Aufenthaltserlaubnis 1 19d (3, 5)
Qualifizierungsaufenthaltserlaubnis 1 16d (18)
Qualifizierungsmaßnahme 1 81a (13)
Quoten 5 23 (2)

Rasse
– Verfolgungsgrund 1 60 (29); 7 3b (2)
räumliche Beschränkung
– Aufenthaltstitel 1 12 (5, 6, 8)
– ausreisepflichtiger Ausländer 1 60d (39)
 – Ausreiseeinrichtungen 1 61 (33)
 – Meldeauflage 1 61 (30)
 – Rechtsfolge bei Auflagenverletzung 1 61 (32)
 – Sparauflage 1 61 (31)
 – Wohnsitzauflage 1 61 (22)
– Kosten 1 65 (6)
– Verstoß 1 95 (74)
räumlichen Beschränkung 1 72 (13)
real risk
– tatsächliche Gefahr 4 3 (21)
Rechsstellung
– anerkannter Flüchtling 7 3 (11)
Recht auf Vergessen-Beschlüsse des BVerfG 5 51 (2)
Recht auf Vergessenwerden 5 8 (7 ff.)
Recht auf Wiederkehr 1 37 (5)
– Antragsfrist 1 37 (15)
– Ausnahmen 1 37 (15, 19, 23)
– junge Ausländer 1 37 (5 ff., 8)
– Lebensunterhalt 1 37 (11 ff.)
– Mindestalter 1 37 (14)
– rechtmäßiger gewöhnlicher Aufenthalt 1 37 (6)
– Rentner 1 37 (54, 58, 60)
– Schulbesuch 1 37 (11)
– Verlängerung der Aufenthaltserlaubnis 1 37 (30)
– Versagung der Aufenthaltserlaubnis 1 37 (26 ff.)
– Zwangsheirat 1 37 (32, 36 ff., 38 f., 53 ff.)
Recht des Aufenthalts
– während des Asylverfahrens 7 54 (3 ff.)
Recht zu arbeiten 5 15 (1)
rechtliches Gehör 7 78 (29 ff.)
Rechtmäßigkeit des Aufenthalts
– Unterbrechung 1 85 (1 f.)
– nicht rechtzeitiger Antrag 1 85 (4)
Rechtsanspruch
– Aufenthaltstitel 1 5 (5 ff.)
Rechtsbehelf
– wirksamer 5 46 (2)
Rechtsbehelfsbelehrung 1 77 (2 ff., 7 ff.)
– kostenlose Übersetzung 1 77 (4 f.)
– Schriftform 1 77 (3)
Rechtsgemeinschaft 5 47 ff.
Rechtslage
– Änderung 7 71 (23)
– maßgebliche 7 77 (2)
Rechtsmittel 7 74 (40)
Rechtsmittelausschluss 7 78 (37, 43 ff.)
Rechtsschutz 1 84 (32)
– aufschiebende Wirkung
 – Ausschluss 1 84 (4, 10, 15 ff.)
– GRCh 5 47 (1 f.)
– vorläufiger 1 81 (49, 52)
– Aufschub des Vollzugs der Ausreisepflicht 1 81 (49)
Rechtsstellung
– Asylberechtigter 7 2 (3)
– Erlöschenstatbestände 7 72 (7)
– politisch Verfolgter 6 16a (11)
Refoulement-Verbot 6 16a (9, 119, 133 ff.); 7 18 (14 ff., 30 ff.), 18a (7 ff.)
– Ausweisung 1 Vor 53 (141)
– Qualifikations-Richtlinie 1 Vor 53 (141, 143)

Regelerteilungsvoraussetzung 1 5 (3, 6, 9 ff., 17 f., 165)
– atypische Umstände 1 5 (14)
– Ausnahmefall 1 5 (8)
– Ausweisungsinteresse 1 5 (50 f., 52, 63)
– Familienzusammenführungs-Richtlinie 1 5 (16 ff.)
– gerichtliche Überprüfbarkeit
 – in vollem Umfang 1 5 (55)
– Identität und Staatsangehörigkeit 1 5 (40, 42, 49)
– individuelle Prüfung 1 5 (17 f.)
– Lebensunterhalt beim Familiennachzug 1 27 (90, 92, 94, 98, 101 ff.)
– Passpflicht 1 5 (18 f., 20 ff.)
– Sicherung des Lebensunterhalts 1 5 (23, 30, 37 ff., 39 ff.)
Register zum vorübergehenden Schutz 1 91 (5 f.), 91d (7)
– Datenübermittlung und Speicherung 1 91a (2 f.)
Reise in den Herkunftsstaat 7 33 (5)
Reiseausweis 7 27 (60), 72 (31 ff.)
Reiseausweis für Ausländer 1 3 (22)
Reiseausweis für Flüchtlinge
– Gebührenerhebung 1 69 (17)
Reisedokument 1 3 (18 ff.)
Reiseunfähigkeit
– Duldung 1 60a (32)
Reiseweg 7 30 (16)
– sicherer Drittstaat 6 16a (102)
Religion 5 10 (1 f.)
– Verfolgungsgrund 1 60 (30); 7 3b (2)
Religionsfreiheit 5 10 (1)
Religionsneutralität
– Grundrechtecharta der Europäischen Union 5 Präambel (2)
Religionsunterricht
– islamischer 6 16a (32)
religiöses Existenzminimum 6 16a (30)
Remonstration
– Visumversagung 1 6 (79, 86)
– Akteneinsicht 1 6 (87)
– Rechtsbehelfsbelehrung 1 6 (82)
Rendon Martin-Urteil 5 Vorbemerkung (4)
Republikflucht 7 28 (16)
– Asyl 6 16a (59)
Resettlement 1 23 (29, 30)
Residenzpflicht 7 30a (2), 59a (1)
REST-Richtlinie 1 16c (1), 91d (7)
Revision
– Ausschluss 7 78 (36 ff.)
richtlinienkonforme Auslegung 6 16a (142 ff.); 7 Vor 1 (31)
– Gestaltungsspielräume 2 Vor 1 (50)
– Grenzen in der Auslegungsfähigkeit der Norm 2 Vor 1 (49)
– Grundlagen 2 Vor 1 (42)
– zu Lasten des Bürgers 2 Vor 1 (46)
Richtlinienumsetzungsgesetze (2007, 2011, 2013) 1 60 (1); 7 Vor 1 (19, 26, 31, 33)
Roulettespiel
– Asylanerkennungspraxis 6 16a (140)
Rückbeförderungspflicht
– Beförderungsunternehmer 1 64 (2)
– Dauer 1 64 (9)
– Erlöschen 1 64 (10)
Rückführungen in Mitgliedstaaten 4 3 (37)
Rückführungsentscheidung 1 51 (2)
– Abschiebung 1 58 (22)
Rückführungs-Richtlinie 1 95 (17); 6 16a (137); 7 Vor 1 (31)
– Einreise- und Aufenthaltsverbot 1 11 (20)
– Drittstaatsangehörige 1 11 (21)
– Opt-out 1 11 (25)

2666

magere Zahlen = §§ bzw. Artikel

Sachregister

Rückkehr
- Aufenthaltstitel **1** 5 (80)
- Entwicklungshilfepolitik **1** 5 (83)

Rückkehrentscheidung 1 77 (2, 4)
- Ausweisung **1** Vor 53 (31)
- Begründung **1** 77 (6)
- Einreise- und Aufenthaltsverbot **1** 11 (40)
- kostenlose Übersetzung **1** 77 (4 f.)
- Rechtsbehelfsbelehrung **1** 77 (7)
- Schriftform **1** 77 (5)

Rückkehrerfälle
- Abschreckung **2** 12a (21)
- Dänemark-Eheschließung **2** 12a (15 ff.)
- effet utile **2** 12a (14)
- Freizügigkeit **2** 12a (1 f.)
- kurzfristiger Aufenthalt **2** 12a (15)
- Nachhaltigkeit **2** 12a (13)
- Nachhaltigkeit des Aufenthalts **2** 12a (10)
- Schutzzweck **2** 12a (18)

Rückkehrmöglichkeit 7 27 (26)
Rücknahme 7 73 (20)
Rücknahme des Asylantrags 7 72 (25)
Rücknahmefiktion 7 33 (3)
Rückübernahmeabkommen 1 57 (10 f.)
Rückübertragung auf die Kammer 7 76 (19)
Ruiz-Zambrano-Urteil 1 Vor 53 (71); **5** Vorbemerkung (4), 24 (1)

Sachbearbeiter Asyl 7 5 (16)
Sachlage
- Änderung **7** 71 (23)
- maßgebliche **7** 77 (2)

Sachverhaltsermittlung 1 82 (2)
- BAMF **7** 24 (3)

Safe Harbor-Urteil 5 8 (8)
Saisonbeschäftigung 1 39 (48, 51)
Sanktions-Richtlinie 7 Vor 1 (31)
Schecke-Urteil 5 8 (5)
Scheidung
- Freizügigkeit **2** 3 (77)

Scheindeutsche
- Aufenthaltsrecht **1** 38 (3, 5, 30)
- kein schuldhaftes Verhalten **1** 38 (35)

Scheinehe
- Darlegungs- und Beweislast **1** 27 (66, 71)
- Familiennachzug **1** 27 (66, 72, 75 f., 78)
- Feststellung **2** 2 (164)
- Freizügigkeit **2** 2 (164)
  - Besonderheiten für Altfälle **2** 2 (182)
  - Rechtsschutz **2** 2 (185)
  - Sonderregelung für drittstaatsangehörige Familienangehörige **2** 2 (174)
  - Verwaltungsverfahren **2** 2 (185 ff.)
- konkrete Anhaltspunkte **1** 27 (78)
- Mitwirkungsverbot für Standesbeamte **1** 27 (80 ff.)
- Überzeugungsmaßstab **1** 27 (73 ff.)

Scheinselbstständigkeit 1 2 (28 ff.)
Scheinvaterschaft 1 27 (68)
Schengen-Besitzstand 1 4 (23, 32 ff.)
Schengen-Binnengrenzen 1 4 (23)
Schengener Durchführungsübereinkommen (SDÜ) 1 4 (16); **7** Vor 1 (21)
Schengener Informationssystem (SIS) 1 50 (26)
- Löschungsanspruch **1** 50 (26)

Schengener Vertragswerk 7 Vor 1 (21)
Schengen-Staaten 1 2 (171, 173 ff.)
Schengen-Visum 1 5 (98, 125, 133), 6 (2, 94), 51 (8)
- Ablehnung **1** 6 (77)
- Annullierung und Aufhebung **1** 4 (17)
- Ausreisepflicht **1** 50 (9)
- Gebühren **1** 68a (3)

- Geltungsdauer **1** 5 (140)
- Nebenbestimmung **1** 12 (8)

Schlechtbehandlung 7 4 (8)
Schlechtbestrafung 7 4 (8)
Schrankensystem
- EU-Grundrechtecharta **5** 52 (1)

Schulbesuch 1 16f (10)
Schule
- Art. 14 GRCh **5** 14 (2)
- berufsqualifizierende **1** 16a (23)

Schüleraustausch 1 16f (14)
Schülersammellisten
- Passpflicht **1** 3 (30)

Schutz
- diplomatischer **5** 45 (2)
- interner **1** 60 (39, 97); **6** 16a (65, 124); **7** 3d (3)
- komplementärer **6** 16a (136)
- konsularischer **5** 45 (2)
- subsidiärer **6** 16a (136 ff.); **7** 3e (3)

Schutz des Heimatstaats 7 72 (10)
Schutz des ungeborenen Lebens
- Abschiebung **1** 60a (27)

Schutz im Herkunftsland 4 3 (28)
Schutzakteure 7 3d (1)
Schutzgewährung 7 1 (28)
Schutzniveau 5 52 (5)
Schutzpflicht
- Handlungspflicht **4** 8 (3)

Schwachstellen 7 29 (31)
Schwarzarbeitsbekämpfung 1 71 (31)
Schweizer Bürger 2 12 (13)
Selbsteintrittsrecht 7 29 (28)
Selbstständige
- Abgrenzung zur Dienstleistungsfreiheit **2** 2 (84)
- Begriff der Niederlassung **2** 2 (83)
- Dauerhaftigkeit der Ansiedlung **2** 2 (86)
- Erwerbszweck **2** 2 (89)
- feste Einrichtung **2** 2 (81)
- Freizügigkeit **2** 2 (80 ff.)
- Gewinnerzielungsabsicht **2** 2 (81)

selbstständige Tätigkeit 1 5 (111 ff.), 20c
- Akademiker **1** 21 (26)
- Altersversorgung **1** 21 (16)
- Ermessen **1** 21 (18)
- Finanzierung **1** 21 (15)
- Freiberufler **1** 21 (21)
- geschäftsführende Gesellschafter **1** 21 (10)
- Inhaber anderer Aufenthaltstitel **1** 21 (23)
- Personenkreis **1** 21 (8)
- Rechtsschutz **1** 21 (27)
- türkische Staatsangehörige **1** 21 (17)
- Verwaltungsverfahren **1** 21 (27)

Selbstständigkeit 1 2 (30 f.)
Senegal 7 90 (10)
Serbien 7 90 (10)
Shepherd-Urteil 7 3a (6)
Shiri-Urteil 7 29 (34, 42)
sicherer Drittstaat 6 16a (98); **7** 18a (9)
- Wiederaufnahmebereitschaft **7** 29 (11)
- Zurückweisung **7** 18 (18)

sicherer Herkunftsstaat 6 16a (68); **7** 18a (9)
- Einreise- und Aufenthaltsverbot **1** 11 (103)

Sicherheit
- in einem anderen Staat **7** 27 (31 f.)

Sicherheit der Bundesrepublik Deutschland 1 54 (25, 30)
- äußere Sicherheit **1** 54 (27)
- innere Sicherheit **1** 54 (27)

Sicherheitsabgleich 1 73 (20)
Sicherheitsgespräch
- Ausweisungsinteresse **1** 54 (80, 84, 86)
- Recht zu Schweigen **1** 54 (85)

Sachregister

fette Zahlen = Hauptteile des Werkes

Sicherheitsleistung
- für Abschiebekosten **1** 66 (21)

Sicherungshaft
- Umfang Kostenhaftung **1** 67 (4)

Sichtvermerk 1 6 (2)
SIM-Karten 7 15a (2)
Sklaverei 5 4 (3 ff.)
Smartphones 7 15a (2)
Soering ./. Deutschland 4 3 (17)
sofortige Vollziehbarkeit
- Auflage **1** 84 (8)
- Ausreiseuntersagung **1** 84 (13)
- Einreise- und Aufenthaltsverbot **1** 84 (14 ff.)
- Nebenbestimmung **1** 84 (10)
- Widerruf **1** 84 (11)

Solidarität 5 26 (2)
Sorgeberechtigte 7 26 (13)
Sorgerecht
- Familienzusammenführungs-Richtlinie **1** 32 (84)
- Kindernachzug **1** 32 (63, 69, 75, 79)
  - Anhörung des Kindes **1** 32 (75)
  - Ordre-public-Klausel **1** 32 (70 f., 72, 76, 79)
  - Sorgerechtsentscheidungen anderer Gerichte **1** 32 (69)

soziale Gruppe
- Verfolgungsgrund **1** 60 (32); **7** 3b (2)

soziale Sicherheit 5 33 (2); **7** 2 (24 ff.)
soziale Unterstützung 5 33 (2 ff.)
Sozialhilfe 7 3 (17 f.)
- Arbeitssuchende **2** 2 (75 ff.)
- Asylverfahren **7** 55 (25)

Sozialrecht 5 34 (1); **7** 2 (25 ff.), 3 (12 f.)
Sozialversicherung
- Asylverfahren **7** 55 (23 f.)

Sparauflage
- vollziehbar ausreisepflichtiger Ausländer **1** 61 (31)

Spätaussiedlerbescheinigung 1 2 (14)
Sperrfrist
- Einreise- und Aufenthaltsverbot
  - Altfälle **1** 11 (85)
  - Boultif/Üner-Kriterien **1** 11 (59)
  - Dauer **1** 11 (37)
  - Ermessensregelung **1** 11 (35)
  - Generalprävention **1** 11 (58, 61)
  - Länge **1** 11 (54)
  - lebenslange Sperre **1** 11 (72)
  - öffentliche Sicherheit und Ordnung **1** 11 (80)
  - persönliche Umstände **1** 11 (59)
  - keine schematische Fristberechnung **1** 11 (56)
  - schwerwiegende Gefahr **1** 11 (65)
  - Wahrung schutzwürdiger Belange **1** 11 (83)

Sperrwirkung
- Asylantrag **1** 10 (2, 6, 12, 15 ff., 16, 18 f.)
  - Abschiebungsschutz **1** 10 (8 ff.)
  - Altfälle **1** 10 (41)
  - Asylablehnung **1** 10 (26, 28, 29, 32, 40, 46, 50 ff., 55, 58)
  - Belehrungspflicht **1** 10 (49)
  - Ermessensreduktion auf Null **1** 10 (13)
  - Familienzusammenführungs-Richtlinie **1** 10 (33)
  - Folgeantrag **1** 10 (9)
  - gesicherter Anspruch **1** 10 (12)
  - Offensichtlichkeitsausspruch **1** 10 (38)
  - Qualifikations-Richtlinie **1** 10 (51)
  - Rechtsschutz **1** 10 (54 f., 59 ff.)
  - Rücknahme des Asylantrags **1** 10 (42 f.)
  - Soll-Regelung **1** 10 (14 f.)
  - subsidär Schutzberechtigte **1** 10 (7)
  - wichtige Interessen der Bundesrepublik Deutschland **1** 10 (19)
  - Zweitantrag **1** 10 (9)
- Ausweisungen **2** 7 (95)

- Automatismus **2** 7 (67)
- Befristung auf den Jetzt-Zeitpunkt **2** 7 (82)
- Erstattung der Abschiebungskosten **2** 7 (93)
- Freizügigkeit **2** 7 (50)
- Höchstfrist **2** 7 (82)
- Rechtsanspruch auf Befristung **2** 7 (73)
- Wiedereinreisesperre **2** 7 (63)

Sperrwirkung des § 10 III AufenthG 1 104a (22)
Spezialisierung
- Spruchkörper **7** 83 (9)

Sprachanalyse 7 16 (14)
Sprachanforderung
- Ehegattennachzug
  - Ausnahmeregelungen **1** 30 (53, 59, 62)

Sprachaufzeichnung 7 16 (9)
Sprachenvielfalt 5 21 (4)
Spracherfordernis
- Daueraufenthalt-EU **1** 9a (9)
- Ehegattennachzug **1** 30 (29, 43 ff., 47)
  - Ausnahmen **1** 30 (66, 72, 75, 78, 82 f.)
  - Ehegatten eines EU-Bürgers **1** 30 (59)
  - Härtefallregelung **1** 30 (82 ff.)
  - Vereinbarkeit mit Unionsrecht **1** 30 (43, 47)
  - Vereinbarkeit mit Verfassungsrecht **1** 30 (37 f., 43 ff.)
- Niederlassungserlaubnis **1** 9 (68 f., 74 ff.)
- Stillhalteklausel
  - ARB 1/80 **3** 13 (131 ff.)

Sprachkenntnisse 1 16a (10 f.)
- ausreichende **1** 2 (182 f., 184, 186 f.)
- Beherrschen der deutschen Sprache **1** 2 (193)
- Ehegattennachzug von Deutschen **1** 28 (20, 22 f., 25 ff.)
- einfache **1** 2 (178 f.)
- gute **1** 2 (191)
- nicht ausreichende **1** 8 (35, 38 ff.)

Spruchkörper
- auswärtiger **7** 83 (7)

Sprungrevision 7 78 (52)
Staatenlose 1 2 (15); **6** 16a (20); **7** 1 (25 f.)
- Begriff **1** 1 (46)
- De-facto-Staatenlosigkeit **1** 1 (46)
- Rechtmäßigkeit des Aufenthalts **1** Vor 53 (152 f.)
- Rechtsstellung **1** 1 (48)
- Staatssicherheit **1** Vor 53 (152)

Staatsangehörigkeit 7 72 (20)
- Passpflicht **1** 5 (41, 44, 50)

Stadtstaatenklausel 1 106 (9)
Stammzellenurteil 5 1 (2)
Standesbeamter
- Mitwirkungsverbot bei Scheinehen **1** 27 (80)

Standstill-Klausel 1 4 (12), 5 (111)
Statusentscheidung 7 3 (2)
Stillhalteklausel 1 5 (106)
- ARB 1/80
  - Arbeitnehmer **3** 13 (12)
  - Ausweisung **3** 13 (65)
  - Befreiung vom Erfordernis einer Aufenthaltserlaubnis **3** 13 (146)
  - Befreiung von der Visumpflicht **3** 13 (114 f.)
  - Beschränkung des Zugangs zum Arbeitsmarkt **3** 13 (33)
  - Daueraufenthaltsrecht **3** 13 (83)
  - Dienstleistungserbringer und -empfänger **3** 13 (55)
  - Dienstleistungsfreiheit **3** 13 (114)
  - eigenständiges Aufenthaltsrecht von Ehegatten **3** 13 (77 f.)
  - Einreise Familienangehöriger **3** 13 (28)
  - Erlaubnisfiktion **3** 13 (175)
  - Erlöschenstatbestände **3** 13 (71)
  - Familienangehörige **3** 13 (12)
  - Familiennachzug **3** 13 (32, 131)

2668

magere Zahlen = §§ bzw. Artikel

Sachregister

– fehlende Lebensunterhaltsdeckung 3 13 (80)
– Gebühren 3 13 (152)
– immanente Schranke 3 13 (37)
– ordnungsgemäßer Aufenthalt 3 13 (22)
– Rechtsanspruch auf unbefristete Aufenthaltserlaubnis 3 13 (97)
– Selbstständige 3 13 (48)
– Selbstständigkeit 3 13 (127)
– Sprachanforderungen 3 13 (131)
– Sprachfassungen 3 13
– Touristen 3 13 (123)
– Überblick 3 13 (10)
– Verlängerung der Aufenthaltserlaubnis 3 13 (150)
– Vier-Augen-Prinzip 3 13 (182)
– Wirkungsweise 3 13 (12)
– zwingende Gründe des Allgemeininteresses 3 13 (37)
– Ausweisung 1 53 (85)
– eigenständiges Aufenthaltsrecht
  – Ehegatten 1 31 (30)
Stillhaltezusage 1 81 (50)
Stockholmer Programm (2010) 6 16a (132); **7** Vor 1 (32)
Straf- und Bußgeldvorschriften 7 83c (2)
Strafausschließungsgrund
– Begleitdelikte 1 95 (122)
– Fluchthelfer 1 95 (122)
– persönlicher 1 95 (116)
– subsidiär Schutzberechtigte 1 95 (124)
Strafe
– unmenschliche oder erniedrigende 5 3 (2)
Strafklageverbrauch 1 96 (36)
strafrechtliches Ermittlungsverfahren 1 72 (16)
Straftat im Ausland
– Ausweisungsinteresse 1 54 (97)
– Beschneidung 1 54 (100)
Straftat im Inland
– Ausweisungsinteresse 1 54 (91, 95)
– nicht geringfügiger Rechtsverstoß 1 54 (94)
– Vorsatztat 1 54 (101)
Straftaten
– Altfallregelung 1 104a (29, 31)
Straftäter
– räumliche Aufenthaltsbeschränkung 1 61 (14 ff.)
Strafverfolgung 7 3a (6)
– Asyl **6** 16a (60)
Strafvorschriften der §§ 95 ff. AufenthG
– Aufenthaltsverbot 1 95 (94, 101)
– Ausreiseverbot
  – Verstoß 1 95 (50 ff.)
– Beschränkung politischer Betätigung
  – Verstoß 1 95 (54)
– Blankettstrafnormen 1 95 (8 ff.)
– Einschleusen von Ausländern 1 95 (132 ff.)
– elektronische Aufenthaltsüberwachung
  – Verstoß 1 95 (102)
– Erschleichen
  – eines Aufenthaltstitels oder einer Duldung 1 95 (103, 110, 112)
– europarechtskonforme Auslegung 1 95 (20)
– Konnexitätsgrundsatz 1 95 (8)
– Meldepflicht und andere Beschränkungen
  – Verstoß 1 95 (69)
– ne bis in idem 1 96 (37 ff.)
– Nichtduldung erkennungsdienstlicher Maßnahmen 1 95 (64)
– persönlicher Strafausschließungsgrund 1 95 (116 ff.)
  – Begleitdelikte 1 95 (122 f.)
  – subsidiär Schutzberechtigte 1 95 (124)
– polizeiliche Kriminalstatistik 1 95 (6)
– räumliche Beschränkung
  – Verstoß 1 95 (74)
– Rückführungs-Richtlinie 1 95 (17 ff.)

– Schengenvisum 1 95 (87, 89 ff., 92)
– Schleuserkriminalität 1 96 (2)
– Schleusermerkmale 1 96 (14 f.)
– strafbarer Aufenthalt bei Erwerbstätigkeit 1 95 (86, 89 ff.)
– Täter und Teilnehmer 1 95 (13 ff., 16)
– Täuschung im Rechtsverkehr 1 95 (108)
– türkische Staatsangehörige 1 95 (14)
– unerlaubte Einreise 1 95 (44 ff., 50 f.)
– unerlaubter Aufenthalt
  – Nichtbesitz des erforderlichen Aufenthaltstitels 1 95 (27)
  – Nichtbesitz eines Passes 1 95 (23)
– unrichtige oder unvollständige Angaben 1 95 (55)
  – Altersfeststellung 1 95 (60 ff.)
  – Vortäuschung einer ehelichen Lebensgemeinschaft 1 95 (61 ff.)
– Verwaltungsakzessorietät 1 95 (7 f.)
– Zugehörigkeit zu geheimem Ausländerverein 1 95 (81 ff.)
Strafvorschriften FreizügG/EU
– Gleichstellung 2 9 (9)
– Strafbarkeitslücke 2 9 (6 f.)
Streitgegenstand 7 74 (4)
Streitkräfte 1 1 (36)
Streitkräfteaufenthaltsgesetz 1 1 (37 ff.)
Streitwert 7 74 (45)
Studienaufenthalt 1 17 (2 ff.)
Studienplatzsuche 1 17 (5 ff., 7 ff.)
Studium 1 16 (2)
– Abschluss 1 16b (23)
– Bachelor und Master 1 16b (17)
– Berufserfahrung 1 16b (42 ff.)
– Bewerbung 1 16 (6)
– Deutschkurs 1 16b (26)
– Erwerbstätigkeit
  – Praktikum 1 16b (33)
  – türkische Studierende 1 16b (34)
– Erwerbstätigkeit nach Studienabschluss 1 16b (42)
– Geltungsdauer 1 16b (11)
– Gesamtaufenthaltsdauer 1 16b (15)
– Großes Deutsches Sprachdiplom (GDS) 1 16b (26)
– höherer Abschluss
  – Erlangung eines von dem Mitgliedstaat anerkannten 1 16b (6)
– öffentliche Ordnung, Sicherheit oder Gesundheit 1 16b (48)
– öffentliche Sicherheit 1 16b (11)
– REST-Richtlinie 1 16b (1)
– Sprachkenntnisse 1 16b (8)
– studentische Mobilität 1 16 (6)
– Studiengangwechsel 1 16b (38)
– Studienkolleg 1 16b (7)
– Studienzwecke 1 16b (24)
  – sonstige 1 16b (27 f.)
– Unterhaltserfordernis
  – Krankenversicherung 1 16b (9 f.)
  – Stipendium 1 16b (9)
  – Studiengebühren 1 16b (9)
  – Verpflichtungserklärung 1 16b (9)
– Verwaltungsverfahren
  – Beurteilungsspielraum 1 16b (48)
– Vollzeitstudium 1 16b (4, 7)
  – Anspruch auf Erteilung einer Aufenthaltserlaubnis 1 16b (7)
– Vorbereitung 1 16 (6), 16b (2, 26)
– Wechsel des Aufenthaltszwecks 1 16b (34 f., 37, 41)
– Zeitraum 1 16b (15)
– zulässige Studiendauer
  – Überschreitung 1 16b (22)
– Zulassung 1 16b (7)
– zusätzliche Ablehnung 1 19f (5)

2669

Sachregister

fette Zahlen = Hauptteile des Werkes

subsidiär Schutzberechtigte
- Ausweisung **1** 53 (101)
- Daueraufenthalt-EU **1** 9b (23 f.)

subsidiärer Schutz 6 16a (136)
Subsidiarität 4 3 (19), 8 (8)
- internationaler Flüchtlingsschutz **7** 3c (5)

Subventionsausschluss 1 98a (15)
- Ausnahmen **1** 98b (9 f.)
- Dauer des Ausschlusses **1** 98b (7 f.)
- sachliche Voraussetzungen **1** 98b (2)

systematische Verstöße 4 3 (30)
systemischer Mangel 7 29 (31, 38)

Tampere (1999) 5 18 (2 f.); **7** Vor 1 (24)
Tampere-Programm (1999) 6 16a (132)
Tarakhel-Urteil 7 29 (26, 35)
Tarifvertragssystem 5 28 (1)
Tatsachenfeststellung
- BAMF **7** 24 (3)

Termine
- bei Behörden **7** 57 (9)
- bei Gerichten **7** 57 (9)

Terrorismus 7 73 (5 f.)
- Abstandnahmeklausel **1** 54 (45)
- Begriff **1** 54 (36), 58a (24)
- Unterstützung einer terroristischen Vereinigung **1** 54 (31, 35, 40, 46)
- Unterstützungsbegriff **1** 54 (40, 46)

Terrorismusbekämpfungsgesetz 7 16 (1)
Terrorismusvorbehalt 7 3 (7)
Titelerteilungssperre
- Abschiebungsschutz **1** 10 (8)
- Altfälle **1** 10 (41)
- Asylablehnung **1** 10 (26, 28, 32, 36, 46 ff., 50 ff., 55, 58)
- Asylantrag **1** 10 (3, 6 ff., 8, 12, 15)
- Belehrungspflicht **1** 10 (49)
- Ermessensreduktion auf Null **1** 10 (13)
- Familienzusammenführungs-Richtlinie **1** 10 (33)
- Folgeantrag **1** 10 (9 f.)
- gesicherter Anspruch **1** 10 (12 f.)
- Offensichtlichkeitsausspruch **1** 10 (38 ff.)
- Qualifikations-Richtlinie **1** 10 (51 f.)
- Rechtsschutz **1** 10 (54 f., 59)
- Soll-Regelung **1** 10 (14)
- subsidiär Schutzberechtigte **1** 10 (7)
- wichtige Interessen der Bundesrepublik Deutschland **1** 10 (19)
- Zweitantrag **1** 10 (9)

Tod des Stammberechtigten
- eigenständiges Aufenthaltsrecht
 - Ehegatten **1** 31 (46)

Todesstrafe 5 2 (2); **7** 4 (2)
- Abschiebungsverbot **1** 60 (74)

Touristen
- Visumpflicht
 - ARB 1/80 **3** 13 (123)

Trainee
- ICT-Karte **1** 19 (32)

Transitvisum 1 6 (44)
Transitzone 7 18a (8)
Trennung
- von Klagen **7** 74 (4)

Trennungsprinzip 1 81 (7)
- Aufenthaltstitel **1** 4 (41, 47)
- Zweckwechsel **1** 7 (14)

Triple Win 1 16d (13)
Triton-Operation 7 Vor 1 (37)
Tunesien 7 90 (10)
Türkei-Deal 7 Vor 1 (37)
türkische Arbeitnehmer
- Arbeitnehmerbegriff **3** 6 (31)
- Arbeitslosigkeit **3** 6 (80 ff.)
- Aufenthaltsrechte **3** 6 (14)
- Eigenkündigung **3** 6 (93 f.)
- Erlöschen der Rechtsstellung **3** 6 (100)
- ordnungsgemäße Beschäftigung **3** 6 (58)
- Rechtsstellung **3** 6 (5)
- Sprachfassungen **3** 6
- Straf- und Untersuchungshaft **3** 6 (97)
- Unterbrechung der Beschäftigung **3** 6 (75 ff.)
- Wechsel des Arbeitgebers **3** 6 (68)

türkische Familienangehörige
- Abschluss einer Berufsausbildung im Bundesgebiet **3** 7 (68)
- Begriff des Familienangehörigen **3** 7 (16)
- Berufsausbildung **3** 7 (72)
- im Bundesgebiet geborenes Kind **3** 7 (11)
- Erlöschen der Rechtsposition **3** 7 (43)
 - ARB 1/80 **3** 7 (73)
- Genehmigung zum Nachzug **3** 7 (27)
- Optionserklärung **3** 7 (16)
- ordnungsgemäßer Wohnsitz **3** 7 (39)
- Rechtsstellung **3** 7 (5)
- Sprachfassungen **3** 7
- Verlust der türkischen Staatsangehörigkeit **3** 7 (15)

türkische Staatsangehörige 1 4 (12)
- Ausweisung **1** 53 (82)

Übergangsregelung 1 104b (2)
Übergangsregelungen AufenthG 1 103 (5)
Übergangsvorschrift
- Aufenthaltstitel nach einheitlichem Vordruckmuster **1** 105a (33)

Übermittlung personenbezogener Daten
- an Ausländerbehörden **1** 86a (11)
- allgemeine Unterrichtungspflichten **1** 87 (5, 17, 20, 23, 27)
- Datensammlung auf Vorrat **1** 87 (10)
- Freizügigkeitsberechtigte **1** 87 (2)
- Mitteilungspflichten **1** 87 (3)
- Schulen, Bildungs- und Erziehungseinrichtungen **1** 87 (2)
- Übermittlungsverbot **1** 87 (12)
- Auslieferungsfälle **7** 8 (4 ff.)
- besondere Unterrichtungspflichten **1** 87 (30, 37)
- bei besonderen gesetzlichen Verarbeitungsregelungen **1** 87 (37)
 - ärztliche Schweigepflicht **1** 88 (10)
 - öffentliche Archive **1** 88 (7 ff.)
 - Sozialdaten **1** 88 (13 f.)
 - Sparkassen und Banken **1** 88 (8 f.)
 - Standesämter **1** 88 (6 f.)
 - Steuergeheimnis **1** 88 (16 f.)
- Gefahrenprävention und Strafverfolgung **7** 8 (8)
- Integrationsbemühungen **7** 8 (5)

Überstellungsfristen 7 29 (29 ff.)
Überstellungsschutz 7 29 (30)
Übertragung auf den Einzelrichter 7 76 (10)
Übertragung auf die Kammer 7 76 (23)
Überwachung
- von Ausländern **1** 55 (29 ff.)
- Gefahrenabwehr **1** 56 (6)
- Gewicht der konkrete Gefahr **1** 56 (7)

übliche Arbeitsbedingungen
- gesetzliche und tarifvertragliche Regelungen **1** 39 (32)

ultra vires
- Unionsgrundrechtsschutz **5** 51 (4)

Umverteilung 7 50 (37), 60 (14)
Umweltschutz 5 36 (2)
Umzug 7 50 (30), 60 (6)
Umzugsauflage 7 60 (8)

magere Zahlen = §§ bzw. Artikel

Sachregister

unbegleitete Minderjährige
- Altfallregelung **1** 104a (17)

unbegleitete minderjährige Flüchtlinge 4 3 (15)
- Altfallregelung **1** 104a (15)

Unbegründetheit
- offensichtliche **7** 78 (39)

unerlaubt eingereiste Ausländer
- Verteilungsverfahren **1** 15a (4)

unerlaubte Einreise 1 5 (64, 103), 14 (4, 7), 95 (44, 50); **7** 13 (23)
- Ausnahmevisum **1** 14 (26)
- Einreiseverbot **1** 14 (24)
- erforderlicher Aufenthaltstitel **1** 14 (7 f., 18, 20)
- Passersatz **1** 14 (26, 30)
- Passpflicht **1** 14 (4 ff., 7)
- Rechtsschutz **1** 14 (33 f.)

unerlaubte Vermittlung oder Anwerbung 1 40 (2)

unerlaubter Aufenthalt
- Abschiebung nicht ausgesetzt **1** 95 (43)
- Antragstellung aussichtslos **1** 95 (27 ff.)
- Ausweisersatz **1** 95 (25)
- Duldung **1** 95 (27, 30 ff.)
- Grenzübertrittsbescheinigung **1** 95 (40 f.)
- Kirchenasyl **1** 95 (44 ff.)
- Nichtbesitz des erforderlichen Aufenthaltstitels **1** 95 (27, 39 ff., 40)
- Nichtbesitz eines Passes **1** 95 (23 f.)
- räumliche Beschränkung **1** 95 (39)
- sichtvermerksfreie Drittausländer **1** 95 (32)
- Versagung des Aufenthaltstitels **1** 95 (35)
- Vollziehbarkeit der Ausreisepflicht **1** 95 (42)
- Wohnsitz in EU-Mitgliedstaat **1** 95 (32)
- zumutbare Bemühungen **1** 95 (26)

ungerechtfertigte Ungleichbehandlung
- Ausländer **1** 93 (6)

UNHCR 7 9 (3)

Unionsbürger
- Ausweisung **1** Vor 53 (63 f.)
- Einreise- und Aufenthaltsverbot **1** 11 (8)
- Familienzusammenführung **1** Vor 53 (94)
- ordre public-Vorbehalt **1** Vor 53 (98 ff.)
- türkische Staatsangehörige **1** Vor 53 (87)
- Verlust des Freizügigkeitsrechts **1** Vor 53 (75 ff.)

Unionsbürger-Richtlinie
- Anwendungsvorrang **2** Vor 1 (33 ff.)
- Kodifizierung **2** Vor 1 (25)
- richtlinienkonforme Auslegung **2** Vor 1 (42)
- Umsetzung in Deutschland **2** Vor 1 (28)
- Urteile des EuGH **2** Vor 1 (52)
- Verfahrensregelungen
  - Verlustfeststellung **2** 6 (111)

Unionsbürgerschaft
- Abhängigkeitsverhältnis **2** Vor 1 (22 ff.)
- Familieneinheit **2** Vor 1 (21)
- Kernbestand **2** Vor 1 (11)
- Nachzugsanspruch **2** Vor 1 (21)
- Patchworkfamilie **2** Vor 1 (17)
- Rechte deutscher Staatsbürger **2** 12a (36 ff., 39)
- Trennung von Ehegatten **2** Vor 1 (24)

Unionsrecht
- Anwendungsvorrang
  - bei Ausweisung **1** Vor 53 (153)

UN-Kinderrechtskonvention 1 80 (1, 5)

unmenschliche Behandlung 4 3 (9)

unmenschliche oder erniedrigende Behandlung oder Strafe 4 3 (8)

unmenschliche oder erniedrigende Strafe 5 3 (2)
- Abschiebungsverbot **1** 60 (71)

unparteiisches Gericht 5 46 (2)

unrichtige oder unvollständige Angaben 1 95 (56)
- Altersfeststellung **1** 95 (60)

- Aufenthaltszweck oder Reiseweg **1** 95 (59)
- Vortäuschung einer ehelichen Lebensgemeinschaft **1** 95 (61)

Unschuldsvermutung 5 47 (5)

Untätigkeitsklage
- Aussetzung des Verfahrens **1** 79 (15)

Unterbringung 7 43b (1)
- in Gemeinschaftsunterkünften **7** 53 (8)

Unterhaltserfordernis
- Studium **1** 16b (9)

Unterlagen
- Aushändigung **7** 21 (4)
- Verwahrung **7** 21 (2)
- Weitergabe **7** 21 (2)

unternehmensinterner Transfer
- ICT-Karte **1** 19 (16, 19, 22)

Unternehmer
- Kostenschuldner
  - Abschiebung **1** 66 (15 ff.)

unternehmerische Freiheit 5 15 (2)

Unterrichtung der Ausländerbehörde 7 24 (13)

Unterrichtung über Erteilung von Visa 1 73a (1)

Unterrichtungspflicht 7 24 (15)

Untersuchungsgrundsatz
- BAMF **7** 24 (4)

Untertauchen 7 33 (3)

Unversehrtheit
- Recht auf **5** 2 (2)

Unzulässigkeit
- offensichtliche **7** 78 (39)

Unzumutbarkeit der Rückkehr 7 73 (9)

Vaterschaftsanerkennung
- Verdacht einer missbräuchlichen **1** 79 (18)

Verarbeitung personenbezogener Daten 1 87 (2 ff.)

Verbindlichkeit asylrechtlicher Entscheidungen 7 6 (2 f.)

Verbindung
- von Klagen **7** 74 (4 f.)

Verbleibeberechtigte
- Freizügigkeit **2** 2 (104 f.)

Verbot des Missbrauchs der Rechte 5 54 (1)

Verbraucherschutz 5 37 (2)

Verbrechen gegen den Frieden 7 3 (8 f.)

Verbrechen gegen die Menschlichkeit 7 3 (8)
- Ausschluss vom Flüchtlingsstatus **1** 60 (59)

Vereinfachte Zustellung 7 10 (9 f.)

Vereinigungsfreiheit 5 11 (2)

Vereinsverbot
- Anforderungen an die Wiederholungsgefahr
  - Ausweisungsinteresse **1** 54 (57)
- Leiter eines verbotenen Vereins
  - Ausweisungsinteresse **1** 54 (54)

Verfahren beim Bundesamt 7 22a (6)

Verfahrenshandlungsfähigkeit 1 80 (6); **7** 12 (3)

Verfahrensmängel 7 78 (23)

Verfahrensrechtliche Pflichten 4 3 (24)

Verfassungsbeschwerde 7 74 (54)

Verfassungsidentität
- Unionsgrundrechtsschutz **5** 51 (4)

Verfassungspolitik
- Unionsgrundrechtsschutz **5** 51 (2)

verfassungsrechtliche Bedeutung der EMRK 4 3 (1 f.)

verfassungsrechtliche Bedeutung der Rechtsprechung des EGMR 4 3 (2)

Verfolgung 6 16a (26)
- geschlechtsspezifische **1** 60 (43)
- politische **6** 16a (39)
- staatliche **6** 16a (33)

Verfolgungsakteure 7 3c (2)

2671

Sachregister

fette Zahlen = Hauptteile des Werkes

Verfolgungsgründe 7 3b (1)
- Art. 10 Qualifikations-Richtlinie **1** 60 (29 ff.)
- geschlechtsspezifische **6** 16a (149)

Verfolgungshandlungen 7 3a (3 ff.)
Verfolgungsschutz 6 16a (88)
Verfolgungssicherheit 6 16a (103); 7 27 (37)
Vergabeausschluss 1 98b (13)
- Ausnahmen **1** 98c (8)
- Dauer **1** 98c (4)
- sachliche Voraussetzungen **1** 98c (2)
- Verfahren **1** 98c (5)

Vergütungsanspruch
- Bemessung **1** 98a (4)
- Exkulpationsmöglichkeiten **1** 98a (12)
- Fortbestand **1** 98a (3)
- Haftung
  - des Generalunternehmers **1** 98a (12)
  - des Unterauftraggebers **1** 98a (8 f.)
- Rechtsweg **1** 98a (15)

Verhältnismäßigkeit 4 8 (4 ff.)
- bei Straftaten und Strafen **5** 48 (2)

Verjährung
- Kostenhaftung **1** 69 (17)

Verjährungsunterbrechung
- Kostenhaftung **1** 70 (6)

Verknüpfungsklausel 7 3a (6)
Verlängerung
- Visum **1** 6 (44, 46)

Verlängerung der Aufenthaltserlaubnis 1 8 (2, 9)
- ARB 1/80
  - Art. 6 I **1** 8 (22 f.)
  - Art. 7 **1** 8 (22)
- Ehegattennachzug **1** 30 (90 ff., 93 ff., 95)
- Ermessen **1** 8 (9)
- Integrationskurs **1** 8 (28 ff., 30)
- Rechtsanspruch **1** 8 (9)
- rechtzeitiger Antrag **1** 8 (12)
- Regelversagung nach Ausschluss **1** 8 (22, 24)
- Unterbrechung **1** 8 (13)
- Verpflichtungsklage **1** 8 (40)
- Zustimmung der Bundesagentur für Arbeit **1** 8 (11 ff.)

Verlängerungsantrag
- Ablauf der Geltungsdauer **1** 81 (25 ff.)
- rechtzeitiger **1** 81 (24 f.)

Verlassen
- vorübergehendes 7 58 (2)

Verlöbnis
- Familiennachzug **1** 27 (51)

Verlobte
- Ehegattennachzug **1** 30 (6 f.)

Verlustfeststellung 2 5 (58), 6 (3)
- Austrittsabkommen **2** 16 (49)
- Befugnisnorm **2** 6 (8)
- Einreise- und Aufenthaltsverbot **2** 7 (71 ff.)
- Ermessen **2** 6 (95)
- nach Erwerb des Daueraufenthaltsrechts **2** 6 (64)
- maßgebliche Sach- und Rechtslage **2** 6 (102)
- Minderjährige **2** 6 (85 ff.)
- Minderjährigkeit **2** 6 (68)
- öffentliche Gesundheit **2** 6 (46)
- öffentliche Ordnung **2** 6 (12)
- öffentliche Sicherheit **2** 6 (38)
- Rechtsschutz **2** 2 (185), 5 (80), 6 (102)
- Sofortvollzug **2** 2 (199)
- spezialpräventiver Zweck **2** 7 (89)
- türkische Staatsangehörige **2** 6 (141)
- Verbüßung einer Freiheitsstrafe **2** 6 (6)
- Verfahrensregelungen
  - Unionsbürger-Richtlinie **2** 6 (111)
- Verlustgründe **2** 6 (12 ff.)
- Verwaltungsverfahren **2** 2 (185), 5 (80)
- Vier-Augen-Prinzip **2** 6 (128)

- Wiedereinreisesperre **2** 5 (67)
- nach zehnjährigem Aufenthalt **2** 6 (68)

Vermittlungsabsprachen 1 16d (12, 14)
Vermittlungsaufenthaltserlaubnis 1 16d (22)
Vermutungstatbestand
- dauerhafte Sicherheit vor Verfolgung 7 27 (54)

Verordnungsermächtigung AufenthG 1 41 (6), 98c (8)
- dauerhafte Zuwanderung **1** 42 (3)
- Vorrangprüfung **1** 42 (6)
- vorübergehende Zuwanderung **1** 42 (3)

Verpflichtungserklärung
- Lebensunterhaltssicherung **1** 2 (82), 62c (26)
- Altfälle **1** 68 (25)
- Anfechtung **1** 68 (12)
- Ausreisekosten **1** 68 (22)
- Bonität **1** 68 (13)
- Erstattungsanspruch **1** 68 (23)
- Erstattungspflicht bei Asylantrag **1** 68 (14)
- Inanspruchnahme aus der Verpflichtungserklärung **1** 68 (14)
- Inhalt **1** 68 (9)
- Krankenbehandlungskosten **1** 68 (21)
- Niederlassungserlaubnis **1** 68 (5)
- öffentlich-rechtliche Willenserklärung **1** 68 (8)
- syrische Flüchtlinge **1** 68 (6)
- Umfang **1** 68 (9)
- Verjährung des Erstattungsanspruchs **1** 68 (24 f.)

Versagung
- der Zustimmung der Bundesagentur für Arbeit **1** 40 (1)

Versagungsgründe
- Zustimmung der Bundesagentur für Arbeit **1** 39 (58), 40 (2, 11)
- zwingende
  - Aufenthaltstitel **1** 5 (169, 171, 174)

Versammlungsfreiheit 5 11 (2)
verspätetes Vorbringen
- Ausschluss **1** 82 (20, 25 ff., 29, 31)

Verteidigungsrechte 5 47 (5)
Verteilung 7 43b (1), 50 (8)
- unerlaubt eingereister Ausländer **1** 15 (73)
- Anhörung **1** 15a (15 f.)
- Aufnahmeeinrichtung **1** 15a (37)
- familiäre Gründe **1** 15a (41)
- Integrationsbemühungen **1** 15a (32 ff.)
- Personenkreis **1** 15a (6)
- Rechtsschutz **1** 15a (46, 49 f., 51)
- Umverteilung **1** 15a (43)
- Verteilungsverfahren **1** 15a (14 ff., 16)
- zentrale Verteilungsstelle **1** 15a (34)
- zwingende Gründe **1** 15a (23)

Vertragsasyl 7 22a (1)
Verwaltung
- gute **5** 40 (2)

Verwaltungsakzessorietät 1 95 (7)
Verwaltungsgebühren
- Berechnung **1** 69 (7)

Verwaltungsverfahren AufenthG 1 105 (5)
Verwaltungsvollstreckung 1 84 (17)
Verwaltungsvorschriften
- Beteiligungserfordernisse **1** 73 (45)

Verwandte
- Seitenlinien **2** 3a (10)

Verwurzelung 5 7 (1 f.)
Verzicht 7 32 (5 f.)
Vielfalt der Kulturen, Religionen und Sprachen 5 21 (4)
Vier-Augen-Prinzip 2 6 (128 f.)
- ARB 1/80
  - Stillhalteklausel **3** 13 (182)
- Ausweisung türkischer Staatsangehöriger **3** 14 (67)

magere Zahlen = §§ bzw. Artikel

Sachregister

Visakodex 1 5 (2 f.), 6 (1, 3 ff., 6, 75); **7** Vor 1 (21 f., 31)
– Durchreise **1** 50 (7)
Visa-Warndatei 1 72a (3)
Visum 1 4 (55, 57), 6 (2), 51 (25)
– Annullierung **1** 6 (71), 14 (24), 15 (12, 67)
– Aufhebung **1** 6 (71), 15 (12, 67)
– Ausnahmevisa **1** 6 (49, 51)
– Ausnahmevisum **1** 6 (3), 13 (17)
– Befreiung **1** 4 (57), 6 (28)
– Bezugszeitraum **1** 6 (25)
– einheitliches Visum **1** 6 (3)
– Einreiseerlaubnis **1** 6 (2)
– Einreisevoraussetzungen **1** 6 (22 ff.)
– einstweiliger Rechtsschutz **1** 6 (110)
  – einstweilige Anordnung **1** 6 (111)
  – Vorwegnahme der Hauptsacheentscheidung **1** 6 (112)
– erforderliches **1** 5 (86, 89)
– Erforderlichkeit **1** 4 (57), 5 (93)
– Erlaubnis zum Daueraufenthalt-EU **1** 9a (18)
– Erlöschen **1** 6 (71)
– erschlichen **1** 14 (24 ff.)
– Erwerbstätigkeit **1** 6 (13)
– EU-Visa-Verordnung **1** 6 (12)
– Flughafentransitvisum **1** 4 (35), 6 (9, 11)
– Fristenberechnung **1** 6 (26)
– Gebühren **1** 6 (61)
– Kategorie D **1** 6 (54)
– Klagefrist **1** 6 (83)
  – Rechtsbehelfsbelehrung **1** 6 (82)
– Klageverfahren **1** 6 (90, 92, 110)
  – Akteneinsicht **1** 6 (102)
  – Beurteilungsspielraum **1** 6 (108)
  – Klagebefugnis **1** 6 (101)
  – Klagefrist **1** 6 (94 ff.)
  – notwendige Beiladung **1** 6 (104)
  – Untätigkeitsklage **1** 6 (93, 95)
  – Versagungsgegenklage **1** 6 (93)
  – Zeugen **1** 6 (104)
  – Zustellungsbevollmächtigter im Inland **1** 6 (100)
– Konsultation **1** 6 (69)
– kurzfristiger Aufenthalt **1** 6 (28, 30, 39, 41)
– längerfristige Zwecke **1** 5 (98)
– längerfristiger Aufenthalt **1** 6 (55)
– mehrere Einreisen **1** 6 (42)
– nationales **1** 6 (53, 55, 57, 59)
– Negativstaater **1** 5 (104)
– Positivstaater **1** 5 (103)
– räumlich begrenzt **1** 6 (25)
– räumlicher Geltungsbereich **1** 6 (41)
– Remonstrationsverfahren **1** 6 (78 f., 80, 90)
  – Akteneinsicht **1** 6 (87)
  – formlose E-Mail **1** 6 (84)
  – Remonstrationsbefugnis **1** 6 (85)
  – schriftlich **1** 6 (84)
  – Vier-Augen-Prinzip **1** 6 (80)
– Rücknahme **1** 6 (71), 14 (24)
– Schengen-Visum **1** 6 (2)
– Sichtvermerkspflicht **1** 4 (56)
– Transitvisum **1** 6 (44)
– Typ C **1** 6 (3, 30)
– Verlängerung **1** 6 (44, 46)
– Versagung an der Grenze **1** 83 (3 1, 4)
– Visumbefreiung **1** 6 (12 f.)
– Visumgebühr **1** 6 (3)
– Visummarke **1** 6 (25 f., 61)
– Visumsfreiheit **1** 4 (2)
– Voraussetzungen
  – materielle und formelle **1** 6 (32)
– Widerruf **1** 6 (71)

– Zustimmung der Ausländerbehörde **1** 5 (94)
– Zustimmung der Bundesagentur für Arbeit **1** 5 (95)
Visumantrag
– Mitwirkungspflichten **1** 5 (113, 115 ff.)
Visumbefreiung 1 6 (12)
Visumgebühr 1 6 (3)
Visumpflicht 1 4 (13, 18), 6 (21); **7** 13 (20 ff.)
– Anspruch auf Erteilung eines Aufenthaltstitels **1** 5 (135 f.)
– Ausnahmen **1** 5 (115, 117, 119, 156)
  – bei humanitären Aufenthalten **1** 5 (159)
– Ausnahmetatbestände **1** 5 (120)
– befreite Personen **1** 5 (124)
– Befreiungstatbestände
  – des § 39 Aufenthaltsverordnung **1** 5 (117 ff.)
– Familiennachzug **1** 5 (113)
– Geltungsdauer der Befreiung **1** 5 (140)
– Negativstaater **1** 5 (133)
– Positivstaater **1** 5 (125, 152)
– Schengen-Visum **1** 5 (125)
Visumsantragsdaten
– Antiterrordatei **1** 72a (5 f.)
– automatisierter Abgleich **1** 72a (6)
– Berichtigung **1** 72a (12 f.)
– datenschutzrechtliche Verantwortung **1** 72a (11)
– Löschung **1** 72a (7)
– Visa-Warndatei **1** 72a (3)
Visumspflicht 1 4 (19)
Visumverfahren
– Beteiligungserfordernisse **1** 73 (9 f., 15, 19, 25)
– Datenübermittlung **1** 90b (8)
– Ehegatte des EU-Bürgers **2** 2 (28)
– Erteilung des Aufenthaltstitels **1** 73 (21)
– externe Dienstleistungsverfahren **1** 73b (5)
– Konsultationsverfahren **1** 73 (15)
– kurzfristige Mobilität **1** 73 (29)
– Nachberichtigungspflicht **1** 73 (21)
– Unterrichtung der zentralen Behörden anderer Mitgliedstaaten **1** 73a (1)
– zentrale Behörden **1** 73 (14)
– Zuverlässigkeitsüberprüfung **1** 73b (1)
Visumversagung
– Klageverfahren **1** 6 (90, 92, 110)
– Remonstrationsverfahren **1** 6 (78, 80, 90)
– Völkerrecht **4** 3 (1 ff.); **6** 16a (4)
– unzulässiger Asylantrag **7** 29 (7)
volljährige Kinder
– Altfallregelung **1** 104a (16)
Volljährigkeit 1 80 (3)
Vollstreckungshindernisse
– inlandsbezogene **7** 29 (37)
vollziehbare Ausreisepflicht
– Altfallregelung **1** 104a (8)
Vor- und Nachfluchtgründe 6 16a (48)
Vorabentscheidung 5 47 (2)
Vorabzustimmung 1 81a (6, 11)
Voraufenthalt
– Daueraufenthalt-EU **1** 9b (5 f.)
– Niederlassungserlaubnis **1** 9 (15)
Vorfluchtgründe
– Genfer Flüchtlingskonvention **6** 16a (123 ff.)
vorläufiger Rechtsschutz
– Aufschub des Vollzugs der Ausreisepflicht **1** 81 (49)
Vormund 1 80 (6)
Vorrang des Unionsrechts 5 53 (2)
Vorrangprüfung 1 4a (43), 19c (9 f.), 39 (24, 27, 42, 45), 42 (6)
Vorratsdatenspeicher-Richtlinie 5 8 (6)
vorübergehender Schutz 1 2 (173), 23a (26)
– EU-Ratsbeschluss **1** 24 (8)
– Rechtsstellung **1** 24 (9, 11)
vorübergehendes Verlassen 7 58 (2)

2673

Sachregister

fette Zahlen = Hauptteile des Werkes

Vorwirkungen
- EU-Richtlinien **6** 16a (142)
- Richtlinie **7** Vor 1 (27)

Vulnerabilität 4 3 (40)
vulnerable Personen 7 29 (36)

Wahlgrundsätze 5 39 (1)
Wahlrecht
- bei Kommunalwahlen **5** 39 (2)
- bei Wahlen zum Europäischen Parlament **5** 38 (2 f.)

Wehrdienst 1 51 (31)
Wehrdienstverweigerung 5 10 (2 f.)
Weisungsbefugnis 1 42 (9)
- des BMI **1** 73c (4 f.)
- der Bundesregierung **1** 74 (5 f.)

weiteres Asylverfahren 7 71 (16 f.)
Weiterleitung
- Asylersuchen **7** 18 (8)
- asylsuchender Ausländer **7** 18 (5)
  - Aufnahmeeinrichtung **7** 18 (5)
- Ausländerbehörde **7** 19 (1)
- Polizei **7** 19 (1)

Weiterschiebung 1 60 (44 ff.)
Weltanschauung 5 9 (2)
Wertegemeinschaft
- Europäische Union **5** 2 (2)

Westbalkan 6 16a (70)
Wettbewerb um die besten Köpfe 1 5 (83)
Widerruf
- sofortige Vollziehbarkeit **1** 84 (11)

Widerruf der Aufenthaltskarte
- Voraussetzungen **2** 5 (57)

Widerruf der Zustimmung der Bundesagentur für Arbeit 1 41 (1)

Widerruf des Aufenthaltstitels 1 52 (2, 4)
- Beschäftigungsaufenthalt **1** 52 (17)
- Familienangehörige **1** 52 (14)
- Forscher **1** 52 (21)
- langfristig Aufenthaltsberechtigte **1** 52 (27)
- Opfer von Menschenhandel und illegaler Beschäftigung **1** 52 (21, 24)
- Rechtsschutz **1** 52 (31)
- Studenten **1** 52 (17)
- Verwaltungsverfahren **1** 52 (31)
- Widerrufsgründe **1** 52 (5)

Widerspruchsausschluss 1 83 (4); **7** 11 (2)
Wiederaufnahmebereitschaft
- eines sicheren Drittstaats **7** 29 (11)
- eines sonstigen Drittstaats **7** 29 (13)

Wiederaufnahmefristen 7 29 (29)
Wiederaufnahmegrund
- § 580 ZPO **7** 71 (30)

Wiedereinreise 1 51 (17)
Wiedereinsetzung 7 74 (19 ff.)
Wiener Übereinkommen
- über diplomatische Beziehungen
  - AufenthG **1** 1 (40)

wirtschaftliche Betätigung 6 16a (29 ff.)
Wissenschaftsfreiheit 5 13 (2)
Wohnauflage
- Verstoß **7** 85 (12 ff.)

Wohngeld 1 2 (116, 118 ff.)
Wohnpflichtige
- in einer Aufnahmeeinrichtung **7** 25 (16 f.)

Wohnraum
- ausreichender **1** 2 (162 f., 164 ff., 171 ff.)
- Beurteilungsspielraum **1** 2 (165 f.)
- Qualifikationsmerkmale **1** 2 (169 ff.)
- Wohnberechtigungsschein **1** 2 (167 ff.)

Wohnsitzauflage 1 56 (16); **7** 60 (7)
- geduldeter Ausländer **1** 60d (39)
- Eltern-Kind-Beziehung **1** 61 (25)

Wohnsitzregelung 1 12a (1); **5** 7 (1)
- Akzessorietät **1** 12a (60 ff., 62)
- angemessener Wohnraum **1** 12a (31, 38)
- Aufheben **1** 12a (11, 45)
- Aufnahmeeinrichtung **1** 12a (9)
- aufschiebende Wirkung **1** 12a (12, 65)
- Ausbildungs- und Arbeitsmarkt **1** 12a (38)
- Bundesland **1** 12a (9 ff.)
- BVerwG **1** 12a (71)
- Dauer **1** 12a (21, 27, 61)
- Deutschkenntnisse **1** 12a (38)
- EMRK **1** 12a (75 ff.)
- Entfristung **1** 12a (1)
- Ermessen **1** 12a (34, 36, 45)
- Erwerbstätige **1** 12a (25)
- Erwerbstätigkeit **1** 12a (38)
- EuGH **1** 12a (72)
- Europa- und Völkerrecht **1** 12a (69)
- familiäre Bindungen **1** 12a (50)
- Familiennachzug **1** 12a (12, 17, 58)
- föderale Komponente **1** 12a (35)
- Frist **1** 12a (32, 37 ff.)
- Härtefall **1** 12a (46, 53)
- Härtefallklausel **1** 12a (20)
- Integrationsförderung **1** 12a (34)
- Integrationsleistungen **1** 12a (49)
- Interessenabwägung **1** 12a (53)
- landesinterne Verteilung **1** 12a (9, 29)
- negative **1** 12a (41)
- negative Prognoseentscheidung **1** 12a (43)
- negative Wohnsitzentscheidung **1** 12a (10)
- Ordnungswidrigkeit **1** 12a (8)
- persönlicher Anwendungsbereich **1** 12a (12 f.)
  - Abschiebungsverbot **1** 12a (13)
  - anerkannte Asylberechtigte **1** 12a (13)
  - aus dem Ausland aufgenommene Personen **1** 12a (13)
  - Berufsausbildung **1** 12a (15 ff.)
  - Flüchtlinge **1** 12a (13)
  - Gruppenregelung zur Aufnahme **1** 12a (13)
  - sozialversicherungspflichtige Beschäftigung **1** 12a (15)
  - Studien- oder Ausbildungsverhältnis **1** 12a (15)
  - subsidiär Schutzberechtigte **1** 12a (13)
- positive Zuweisungsentscheidung **1** 12a (10)
- Prognoseentscheidung **1** 12a (38)
- Qualifikations-Richtlinie **1** 12a (72)
- Rechtsverordnungen **1** 12a (67)
- Regelungslücken **1** 12a (27)
- Regelungsziel **1** 12a (2)
- Residenzpflicht **1** 12a (5)
- Stichtag **1** 12a (64)
- unechte Rückwirkung **1** 12a (18, 20)
- Verfassungsrecht **1** 12a (75)
- Verhältnismäßigkeitsgrundsatz **1** 12a (20)
- Verpflichtungsklage **1** 12a (47)
- Verteilung zwischen den Bundesländern **1** 12a (22)
- Verwaltungsakt **1** 12a (9, 36)
- Volljährigkeit **1** 12a (28)
- zeitlicher Anwendungsbereich **1** 12a (17)

Wohnung
- Abschiebung **1** 58 (35)

Wohnungsbetretung
- Abschiebung **1** 58 (35, 42)

Wohnungsdurchsuchung 7 2 (24 f.)
Wohnungswesen 7 47 (1)
Wohnverpflichtung 5 21 (4); **7** 60 (6)
- Beendigung in Gemeinschaftsunterkunft **7** 53 (20)

X-Y-Z-Urteil 5 10 (3)

magere Zahlen = §§ bzw. Artikel

Sachregister

Y und Z-Urteil 5 Vor (4)
Ymerga-Urteil
– Gebühren **1** 70 (5)

Zahlungsverjährung
– maßgeblicher **7** 74 (22)
Zeitpunkt
– beschleunigtes Fachkräfteverfahren **1** 81a (2)
zentrale Ausländerbehörde
– Terrorismusunterstützung **1** 54 (35)
Zeuge vom Hörensagen 1 72 (22)
Zeugenschutz 7 89 (2)
Zitiergebot 7 27 (17)
Zufluchtsort 1 48 (13)
Zugangsdaten
– Straftat **1** 95 (81)
Zugehörigkeit zu geheimem Ausländerverein 1 56a (11)
Zurückschiebung 7 18 (27 ff., 41)
– Ausländerbehörde **7** 19 (4)
– Dublin-Regelungen **1** 57 (14 ff.)
– Einreise- und Aufenthaltsverbot **1** 57 (9)
– Haft **1** 57 (18); **7** 18 (41)
– Kettenrückführung **1** 57 (14 f.)
– Kosten
  – Verwaltungsverfahren **1** 67 (10)
– Kostentragung **1** 66 (2)
– Polizei **7** 19 (4)
– räumlich-sachlicher Zusammenhang mit dem Grenzübertritt **1** 57 (7)
– Rechtsschutz **1** 57 (19)
– Rückkehrentscheidung **1** 57 (9)
– Rückübernahmeabkommen **1** 57 (10)
– unerlaubte Einreise **1** 57 (11)
– Verwaltungsverfahren **1** 57 (19, 22)
– vorläufige Gewahrsamnahme **1** 57 (19)
– Zielstaaten **1** 57 (12 ff.)
– zuständige Behörde **1** 71 (16)
Zurückschiebungshaft
– Asylsachen **7** 79 (3)
Zurückweisung 7 29 (59)
– Absehen von Einreiseverweigerung oder Zurückschiebung **7** 18 (30)
– Einreise auf dem Luftweg **7** 18a (24)
– Einreiseverweigerung **1** 15 (8); **7** 18 (12)
– ermessensabhängige **1** 15 (18, 20 ff.)
– Flughafentransitaufenthalt **1** 15 (51 ff., 53)
– Gefahr für die Allgemeinheit **7** 18 (23)
– Grenzübertritt **1** 13 (6 ff.)
– Haft **7** 18 (41)
– Kostentragung **1** 66 (2)
– Rechtsschutz **7** 18 (41)
– sicherer Drittstaat **7** 18 (18)
– Standardformular **1** 15 (66)
– Umfang Kostenhaftung **1** 67 (2)
– unerlaubte Erwerbstätigkeit **1** 15 (25)
– Voraussetzungen nach Art. 6 I SGK **1** 15 (10)
– Ziel der Zurückweisung **1** 15 (36)
– Zielstaat **1** 15 (37)
– Zurückweisungsgründe **1** 15 (10)
– Zurückweisungshaft **1** 15 (39, 50)
– Zurückweisungsverbot **7** 18 (3, 5)
– Zurückweisungsverbote und -hindernisse **1** 15 (33)
– Zweckwechsel **1** 15 (23)
– zwingende **1** 15 (15 ff.)
Zurückweisung an der Binnengrenze 7 18 (41)
Zurückweisungshaft
– Umfang Kostenhaftung **1** 67 (4)
– Verfolgungsgründe **7** 3b (2 ff.)
Zuschreibung 1 71 (2)

zuständige Behörden 1 71 (5, 16, 28 ff.)
– Anerkennung ausländischer Pässe und Passersatzpapiere **1** 71 (30 ff.)
– Aufnahmeeinrichtungen und Außenstellen des BAMF **1** 71 (29)
– Ausländerbehörde **1** 71 (10 ff.)
– Ausländervertretung **1** 71 (26)
– Ausreiseverbot **1** 71 (20 f.)
– Befristung **1** 71 (17 ff.)
– Beschaffung von Heimreisedokumenten **1** 71 (23 f.)
– Bescheinigungen **1** 71 (24)
– Dublin III-Verordnung **7** 29 (28)
– Dublin-Überstellung **1** 71 (17)
– Duldungserteilung **1** 71 (18 ff.)
– erkennungsdienstliche Maßnahmen **1** 71 (25)
– Flughafenbetreiber **1** 71 (21)
– Grenzbehörde **1** 71 (13, 20, 24)
– Länderpolizei **1** 71 (28)
– örtliche Zuständigkeit
  – gewöhnlicher Aufenthalt **1** 71 (3)
– Sicherheitsleistung **1** 71 (20 ff.)
– Überprüfung der Beförderungsunternehmer **1** 71 (21 ff.)
– Vermerke **1** 71 (24)
– Visum
  – Annullierung **1** 71 (19)
  – Aufhebung **1** 71 (19)
  – Rücknahme **1** 71 (19 ff.)
– zentrale Ausländerbehörde **1** 71 (12)
– Zurückschiebung **1** 71 (16)
Zuständigkeitskriterien
– Bekanntgabe **7** 10 (20)
Zustellungsvorschriften 1 5 (94)
– Belehrungspflicht **7** 10 (24)
– Bevollmächtigter **7** 10 (9, 11)
– Fiktion **7** 10 (21)
– Hauswirt **7** 10 (11)
– Mitbewohner **7** 10 (11 ff.)
– Mitteilung
  – besondere Arten **7** 10 (14 f.)
  – vereinfachte **7** 10 (9)
– Mitwirkungspflichten **7** 10 (4)
– Zustellung
  – besondere Arten **7** 10 (14)
  – vereinfachte **7** 10 (9)
Zustimmung der Ausländerbehörde 1 38a (92)
Zustimmung der Bundesagentur für Arbeit 1 38a (92)
– alte Rechtslage **1** 39 (22)
– Arbeitsmarktprüfung **1** 39 (24)
– Ausnahmen **1** 39 (9, 15 f., 19)
– Beschäftigungsverbot **1** 39 (6)
– Beschränkung der Zustimmung **1** 39 (47)
– Fachkräfte **1** 39 (13, 31)
– Geduldete **1** 39 (6)
– Globalzustimmung **1** 39 (16)
– Neuregelung durch FEG 2019 **1** 39 (29)
– Neuzuwanderer **1** 39 (5)
– notwendige Beiladung **1** 39 (3)
– Pflichten des Arbeitgebers **1** 39 (48)
– Saisonbeschäftigung **1** 39 (49)
– Verfahren **1** 39 (51)
– Versagung der Zustimmung **1** 40 (1, 11)
– Visum **1** 5 (95)
– Voraussetzungen **1** 39 (22 ff.)
– Vorrangprüfung **1** 39 (4, 25 ff., 42 ff., 45)
– Widerruf der Zustimmung **1** 41 (1)
– Zustimmungsfreiheit **1** 39 (11, 19)
Zustimmung zur Ausländerbeschäftigung 1 18 (8)
zustimmungsfreie Beschäftigung 1 18 (8, 9), 39 (15 ff.)
– Aufenthaltsgestattung **1** 39 (12)

Sachregister

fette Zahlen = Hauptteile des Werkes

- Ausländer mit Aufenthaltsgenehmigung **1** 39 (12, 15)
- besondere Berufs- und Personengruppen **1** 39 (12)
- Blaue Karte EU **1** 39 (13 f.)
- Duldung **1** 39 (12 ff.)
- Fachkräfte **1** 39 (13)
- Vorrangprüfung **1** 39 (42, 45)

zustimmungspflichtige Beschäftigung 1 18 (10)
- Personen und Dienstleitsungserbringer **1** 73b (2 f.)

Zuverlässigkeitsüberprüfung 7 Vor 1 (18 ff.)
- Schengen-Visa **1** 73c (2 f.)
- Visumverfahren **1** 73b (1 ff.)

Zuwanderungsgesetz 7 Vor 1 (19 f.), 50 (14)

Zuweisung 7 85 (5 ff.)
- Verteilung von Asylbewerbern **7** 51 (8)

Zuweisungsanordnung 5 4 (3 ff.)

Zwangsarbeit 1 37 (32)

Zwangsehe 1 37 (36 f., 38, 53); **7** 58 (1)
- Ausweisungsinteresse **1** 54 (79)
- Beförderungsunternehmer
  - Festsetzung **1** 63 (20)
- Darlegungs- und Beweislast **1** 27 (66, 71 f., 76)
- Erscheinungsformen **1** 37 (41)
- punktuelle Kontrollen **1** 27 (80)
- Recht auf Wiederkehr **1** 37 (32 f., 36, 38, 53 ff.)
- tatsächliche Anhaltspunkte **1** 27 (76)
- Überzeugungsmaßstab **1** 27 (73)
- Wegfall der Zwangslage **1** 37 (48)

Zwangsgeld
- gegen Aufenthalt **1** 7 (10)
- gegen Beförderungsunternehmer
  - Mindestbetrag **1** 63 (19)
  - kein Strafcharakter **1** 63 (17)
  - Verstoß gegen Transportverbot **1** 63 (20 f.)

Zweckwechsel 7 29 (15 f.)
- Studienaufenthalt **1** 16b (34 ff., 37, 41, 43)

Zweitantrag 1 Vor 53 (27)

Zweitausweisung 7 71a (4 f.)

Zweitverfahren
- Bekämpfung von Zwangsverheiratungen **3** 13 (46)

zwingender Grund des Allgemeininteresses
- Aufenthaltstitel **1** 4 (3 ff.)
- Gewährleistung einer erfolgreichen Integration **3** 13 (44)
- Verhinderung der rechtswidrigen Einreise **3** 13 (43 f.)
- wirksame Steuerung des Zuzugs **3** 13 (45)

zwingender Versagungsgrund 1 19c (10)

zwischenstaatliche Vereinbarungen
- Dominikanische Republik **1** 19c (11)
- Indonesien **1** 19c (11)
- Japan **1** 19c (11 ff.)
- Philippinen **1** 19c (11)
- Sri Lanka **1** 19c (11)
- Türkei **1** 19c (11)
- USA **1** 19c (11)